Köhler/Bornkamm/Feddersen
Gesetz gegen den unlauteren Wettbewerb

Beck'sche Kurz-Kommentare

Band 13a

Gesetz gegen den unlauteren Wettbewerb

GeschGehG · PAngV · UKlaG · DL-InfoV · P2B-VO · VDuG

kommentiert von

Dr. Helmut Köhler

em. o. Professor an der Universität München
Richter am OLG München a. D.

Dr. Dr. h. c. Joachim Bornkamm

Vorsitzender Richter am Bundesgerichtshof a. D.
Honorarprofessor an der Universität Freiburg i. Br.

Jörn Feddersen, LL. M. (A. U., Washington, D. C.)

Richter am Bundesgerichtshof

Dr. Christian Alexander

Professor an der Universität Jena

Bernd Odörfer, LL. M. (University of Auckland)

Richter am Bundesgerichtshof

Dr. Inge Scherer

Professorin an der Universität Würzburg

42., neu bearbeitete Auflage 2024

C.H.BECK

Zitiervorschlag:
Köhler/Bornkamm/Feddersen/Bearbeiter Gesetz § … Rn. …
oder
KBF/Bearbeiter Gesetz § … Rn. …

www.beck.de

ISBN 978 3 406 80334 5

© 2024 Verlag C.H.Beck oHG
Wilhelmstraße 9, 80801 München
Satz, Druck und Bindung: Druckerei C.H.Beck, Nördlingen
(Adresse wie Verlag)
Umschlag: Fotosatz Amann, Memmingen

chbeck.de/nachhaltig
Gedruckt auf säurefreiem, alterungsbeständigem Papier
(hergestellt aus chlorfrei gebleichtem Zellstoff)

Im Einzelnen haben bearbeitet:

Vorwort zur 42. Auflage

Die Neuauflage steht ganz im Zeichen der Umsetzung der Richtlinie (EU) 2020/1828 über Verbandsklagen zum Schutz der Kollektivinteressen der Verbraucher (Verbandsklagen-Richtlinie) durch das *Verbandsklagenrichtlinienumsetzungsgesetz (VRUG)* vom 8. Oktober 2023. Herzstück ist das darin enthaltene *Verbraucherrechtedurchsetzungsgesetz (VDuG)*, das von *Inge Scherer* kommentiert wird. Hinzu kommen wichtige Änderungen des UWG, des UKlaG und der PAngV.

Teile der bisherigen Kommentierung von *Helmut Köhler* werden von *Bernd Odörfer* (§ 3a UWG), *Christian Alexander* (§§ 4, 4a UWG; UKlaG) und *Jörn Feddersen* (§§ 5a, 5b, 5c UWG) fortgeführt.

Wie in den Vorauflagen wurden die zahlreichen neuen Entscheidungen des EuGH, des BVerfG und des BGH, aber auch der Oberlandesgerichte und Landgerichte sowie die Fülle neuer wissenschaftlicher Veröffentlichungen ausgewertet und berücksichtigt.

Aus der Rspr. des EuGH sei beispielhaft erwähnt die Entscheidung EuGH WRP 2023, 916 – Verband Sozialer Wettbewerb/famila-Handelsmarkt Kiel. Aus der Rspr. des BGH seien beispielhaft hervorgehoben die Entscheidungen des BGH GRUR 2023, 421 – Rahmenmodule; BGH GRUR 2023, 736 – KERRYGOLD; BGH GRUR-RS 2023, 17969 – muenchen.de, BGH GRUR 2022, 1832 – Herstellergarantie IV, BGH GRUR 2023, 732 – Rundfunkhaftung II, BGH GRUR 2023, 343 – Haftung für Affiliates, BGH GRUR 2023, 255 – Wegfall der Wiederholungsgefahr III, BGH GRUR 2023, 742 – Unterwerfung durch PDF, BGH GRUR 2023, 897 – Kosten für Abschlussschreiben III.

Die Kommentierung befindet sich auf dem Stand von Oktober 2023. Auch in Zukunft werden Verlag und Verfasser bestrebt sein, durch jährlich erscheinende Neuauflagen die Aktualität der Darstellung des Lauterkeitsrechts zu gewährleisten.

Anregungen, Hinweise und Kritik werden erbeten an *christian.alexander@uni-jena.de; Joachim@bornkamm.de; joern.feddersen@gmx.de; H.Koehler.neusaess@t-online.de; bernd.odoerfer@web.de* und *Scherer@jura.uni-wuerzburg.de.*

Jena, Freiburg i.Br., Hamburg, Neusäß, Würzburg,
Stuttgart im November 2023

Christian Alexander
Joachim Bornkamm
Jörn Feddersen
Helmut Köhler
Bernd Odörfer
Inge Scherer

Inhaltsverzeichnis

Einleitung (Einl. UWG)

Inhaltsverzeichnis

Gesetz gegen den unlauteren Wettbewerb (UWG)

Kapitel 1. Allgemeine Bestimmungen

Inhaltsverzeichnis

Inhaltsverzeichnis

Inhaltsverzeichnis

Inhaltsverzeichnis

Inhaltsverzeichnis

Inhaltsverzeichnis

Kapitel 3. Verfahrensvorschriften

Inhaltsverzeichnis

Gesetz zum Schutz von Geschäftsgeheimnissen (GeschGehG)

Abschnitt 1. Allgemeines

Abschnitt 2. Ansprüche bei Rechtsverletzungen

Inhaltsverzeichnis

Inhaltsverzeichnis

Inhaltsverzeichnis

Inhaltsverzeichnis

Verbraucherrechtedurchsetzungsgesetz (VDuG)

Inhaltsverzeichnis

Abkürzungsverzeichnis

aA	anderer Ansicht
aaO	am angegebenen Ort
Abk.	Abkommen
ABl.	Amtsblatt
ABl. EG	Amtsblatt der Europäischen Gemeinschaften (Jahr, Nummer und Seite)
abgedr.	abgedruckt
abw.	abweichend
AcP	Archiv für die civilistische Praxis (Band, Jahr, Seite)
aE	am Ende
AEUV	Vertrag über die Arbeitsweise der Europäischen Union
aF	alte Fassung
AfP	Zeitschrift für das gesamte Medienrecht (vormals: Archiv für Presserecht) (Jahr und Seite)
AG	Aktiengesellschaft, Amtsgericht, Zeitschrift „Die Aktiengesellschaft" (Jahr und Seite)
AGB	Allgemeine Geschäftsbedingungen
AGG	Allgemeines Gleichbehandlungsgesetz
AgrarOLkG	Agrarorganisationen-und-Lieferketten-Gesetz
AgV	Arbeitsgemeinschaft der Verbraucherverbände der deutschen Wirtschaft (Auslandsinvestitionsgesetz)
AktG	Aktiengesetz
allg.	allgemein
aM	anderer Meinung
AMG	Gesetz über den Verkehr mit Arzneimitteln (Arzneimittelgesetz)
AMPreisV	Arzneimittelpreisverordnung
Amtl. Begr.	Amtliche Begründung
AmV	Amsterdamer Vertrag
Anh.	Anhang
Anl.	Anlage
Anm.	Anmerkung
AnwBl	Anwaltsblatt
AnwS	Senat für Anwaltssachen
AO	Abgabenordnung
AöR	Archiv des öffentlichen Rechts (Band und Seite)
AP	Arbeitsrechtliche Praxis
ApoBetrO	Verordnung über den Betrieb von Apotheken (Apothekenbetriebsordnung)
ApoG	Gesetz über das Apothekenwesen (Apothekengesetz)
ARB	Allgemeine Bedingungen für die Rechtsschutzversicherung
ArbG	Arbeitsgericht
ArbGeb	Der Arbeitgeber (Jahr und Seite)
ArbGG	Arbeitsgerichtsgesetz
ArbnErfG	Gesetz über Arbeitnehmererfindungen
arg.	Argument aus
Art.	Artikel
Aufl.	Auflage
AÜG	Gesetz zur Regelung der Arbeitnehmerüberlassung (Arbeitnehmerüberlassungsgesetz – AÜG)
AuR	Arbeit und Recht (Jahr und Seite)
AVMD-RL	Richtlinie 2010/13/EU des Europäischen Parlaments und des Rates vom 10. März 2010 zur Koordinierung bestimmter Rechts- und Verwaltungsvorschriften der Mitgliedstaaten über die Bereitstellung audiovisueller Mediendienste (Richtlinie über audiovisuelle Mediendienste)
AWG	Außenwirtschaftsgesetz
AZG	Arbeitszeitgesetz
BAnz.	Bundesanzeiger (Jahr und Seite)
BÄO	Bundesärzteordnung
BayAnwGH	Bayerischer Anwaltsgerichtshof
BayGO	Bayerische Gemeindeordnung
BayObLG	Bayerisches Oberstes Landesgericht

Abkürzungsverzeichnis

BayVBl.	Bayerische Verwaltungsblätter
BayVerfGH	Bayerischer Verfassungsgerichtshof
BB	Betriebs-Berater (Jahr und Seite)
BB (AWD)	Betriebs-Berater, Außenwirtschaftsdienst (Jahr und Seite)
Bd.	Band
BDI	Bundesverband der Deutschen Industrie
BDSG	Bundesdatenschutzgesetz
BDZV	Bund Deutscher Zeitungsverleger
BeckRS	Beck-Rechtsprechung (Jahr und Nummer)
BeckOK	Beck'scher Online-Kommentar
Begr.	Begründung
Bek.	Bekanntmachung
Bekl.	Beklagter
ber.	berichtigt
bes.	besonders, besondere
Beschl.	Beschluss
betr.	betreffend
BetrVG	Betriebsverfassungsgesetz
BFH	Bundesfinanzhof
BGB	Bürgerliches Gesetzbuch
BGB-InfoV	Verordnung über Informations- und Nachweispflichten nach bürgerlichem Recht (BGB-Informationspflichten-Verordnung)
BGBl.	Bundesgesetzblatt
BGH	Bundesgerichtshof
BGHR	Bundesgerichtshof-Report
BGHSt	Entscheidungen des Bundesgerichtshofs in Strafsachen (Band und Seite)
BGHZ	Entscheidungen des Bundesgerichtshofs in Zivilsachen (Band und Seite)
BHO	Bundeshaushaltsordnung
BKartA	Bundeskartellamt
Bl.(PMZ)	Blatt für Patent-, Muster- und Zeichenwesen (Jahr und Seite)
BliWVG	Blindenwarenvertriebsgesetz (aufgehoben)
BNotO	Bundesnotarordnung
BO	Berufsordnung
BOKraft	Verordnung über den Betrieb von Kraftfahrunternehmen im Personenverkehr
BORA	Berufsordnung für Rechtsanwälte
BOStB	Berufsordnung der Bundessteuerberaterkammer
BPatG	Bundespatentgericht
BRAGO	Bundesrechtsanwaltsgebührenordnung (aufgehoben)
BranntwMonG	Branntweinmonopolgesetz (aufgehoben)
BRAO	Bundesrechtsanwaltsordnung
Brüssel Ia-VO	Verordnung (EU) Nr. 1215/2012 des Europäischen Parlaments und des Rates vom 12. Dezember 2012 über die gerichtliche Zuständigkeit und die Anerkennung und Vollstreckung von Entscheidungen in Zivil- und Handelssachen
BR-Drs.	Bundesrats-Drucksache
BSG	Bundessozialgericht
Bspr.	Besprechung
bspw.	beispielsweise
BStBl.	Bundessteuerblatt
BT-Drs.	Bundestags-Drucksache
BTÄO	Bundestierärzteordnung
BVerfG	Bundesverfassungsgericht
BVerfGE	Entscheidungen des Bundesverfassungsgerichts (Band und Seite)
BVerwG	Bundesverwaltungsgericht
BVerwGE	Entscheidungen des Bundesverwaltungsgerichts
Cass	Cour de Cassation, Paris
CB	Compliance-Berater (Jahr und Seite)
CC	Code Civil (franz.)
CCZ	Corporate Compliance Zeitschrift (Jahr und Seite)
CMR	Übereinkommen über den Beförderungsvertrag im internationalen Straßengüterverkehr
CR	Computer und Recht (Jahr und Seite)
CRi	Computer Law Review International (Jahr und Seite)
DAZ	Deutsche Apotheker Zeitung (Jahr und Seite)
DB	Der Betrieb (Jahr und Seite)
DBGM	Deutsches Bundesgebrauchsmuster
DBP	Deutsches Bundespatent

XXVI

DesignG	Designgesetz
dgl.	dergleichen
DGWR	Deutsches Gemein- und Wirtschaftsrecht (Jahr und Seite)
dh	das heißt
Dienstleistungs-RL	Richtlinie 2006/123/EG des Europäischen Parlaments und des Rates vom 12. Dezember 2006 über Dienstleistungen im Binnenmarkt
diff.	differenzieren, differenzierend
DIGH	Deutsches Institut zum Schutz von geographischen Herkunftsangaben eV
DIHK	Deutscher Industrie- und Handelskammertag
Diss.	Dissertation
DJZ	Deutsche Juristenzeitung (Jahr und Seite)
DL-InfoV	Dienstleistungs-Informationspflichten-Verordnung
DLR	Deutsche Lebensmittel Rundschau (Jahr und Seite)
DÖV	Die Öffentliche Verwaltung (Jahr und Seite)
DPMA	Deutsches Patent- und Markenamt, München
DR	Deutsches Recht (Jahr und Seite)
DRiG	Deutsches Richtergesetz
DRiZ	Deutsche Richterzeitung (Jahr und Seite)
Drs.	Drucksache
DRZ	Deutsche Rechtszeitschrift (Jahr und Seite)
DS-GVO	Verordnung (EU) 2016/679 des Europäischen Parlaments und des Rates vom 27. April 2016 zum Schutz natürlicher Personen bei der Verarbeitung personenbezogener Daten, zum freien Datenverkehr und zur Aufhebung der Richtlinie 95/46/EG (Datenschutz-Grundverordnung)
DSA	Verordnung (EU) 2022/2065 des Europäischen Parlaments und des Rates vom 19. Oktober 2022 über einen Binnenmarkt für digitale Dienste und zur Änderung der Richtlinie 2000/31/EG (Gesetz über digitale Dienste – Digital Service Act)
DSW	Deutscher Schutzverband gegen Wirtschaftskriminalität
DuD	Datenschutz und Datensicherung
DVBl	Deutsches Verwaltungsblatt (Jahr und Seite)
DVO	Durchführungsverordnung
DZWir	Deutsche Zeitschrift für Wirtschaftsrecht (Jahr und Seite)
E-Commerce-RL	Richtlinie 2000/31/EG des Europäischen Parlaments und des Rates vom 8. Juni 2000 über bestimmte rechtliche Aspekte der Dienste der Informationsgesellschaft, insbesondere des elektronischen Geschäftsverkehrs, im Binnenmarkt („Richtlinie über den elektronischen Geschäftsverkehr")
EASA	European Advertising Standards Alliance, Brüssel
EEA	Einheitliche Europäische Akte von 1986
EG	Bezeichnung des entsprechenden Artikels des Vertrages zur Gründung der Europäischen Gemeinschaft gemäß der Nummerierung nach der Fassung durch den Amsterdamer Vertrag
EGBGB	Einführungsgesetz zum Bürgerlichen Gesetzbuch
ECLI	European Case Law Identifier
EGInsO	Einführungsgesetz zur Insolvenzordnung
EGKS	Europäische Gemeinschaft für Kohle und Stahl
EGMR	Europäischer Gerichtshof für Menschenrechte
EGStGB	Einführungsgesetz zum Strafgesetzbuch
EGV	Vertrag zur Gründung der Europäischen Gemeinschaft
Einf.	Einführung
engl.	englisch
Einl.	Einleitung
EKMR	Europäische Kommission für Menschenrechte
EmoG	Gesetz zur Bevorrechtigung der Verwendung elektrisch betriebener Fahrzeuge (Elektromobilitätsgesetz – EmoG)
EMRK	Europäische Konvention für Menschenrechte
endg.	endgültig
engl.	englisch
Entsch.	Entscheidung
entspr.	entsprechend
ePrivacy-RL	Richtlinie 2002/58/EG des Europäischen Parlaments und des Rates vom 12. Juli 2002 über die Verarbeitung personenbezogener Daten und den Schutz der Privatsphäre in der elektronischen Kommunikation (Datenschutzrichtlinie für elektronische Kommunikation)
Erg.	Ergebnis
ErgBd	Ergänzungsband

Abkürzungsverzeichnis

GRUR Int.	....	Gewerblicher Rechtsschutz und Urheberrecht – Auslands- und Internationaler Teil (Jahr und Seite)
GRUR-Prax	....	Gewerblicher Rechtsschutz und Urheberrecht – Praxis im Immaterialgüter- und Wettbewerbsrecht
GRUR-RR	....	GRUR-Rechtsprechungs-Report (Jahr und Seite)
GRUR-RS	....	GRUR Rechtsprechungssammlung
GrZS	....	Großer Zivilsenat des RG oder des BGH
GS	....	Großer Zivilsenat des BGH
GüKG	....	Güterkraftverkehrsgesetz
GVBl.	....	Gesetz- und Verordnungsblatt
GVG	....	Gerichtsverfassungsgesetz
GVO	....	Gruppenfreistellungsverordnung
GVRZ	....	Zeitschrift für das gesamte Verfahrensrecht (Jahr und Seite)
GWB	....	Gesetz gegen Wettbewerbsbeschränkungen
GWR	....	Gesellschafts- und Wirtschaftsrecht (Jahr und Seite)
HdB	....	Handbuch
HDE	....	Hauptgemeinschaft des Deutschen Einzelhandels
HdSW	....	Handwörterbuch der Sozialwissenschaften
Health-Claim-VO	....	Verordnung (EG) Nr. 1924/2006 des Europäischen Parlaments und des Rates vom 20. Dezember 2006 über nährwert- und gesundheitsbezogene Angaben über Lebensmittel
HeilPraktG	....	Gesetz über die berufsmäßige Ausübung der Heilkunde ohne Bestallung (Heilpraktikergesetz)
HGB	....	Handelsgesetzbuch
HKG	....	Handelsklassengesetz
hins.	....	Hinsichtlich
HinSchG	....	Hinweisgeberschutzgesetz
hL	....	herrschende Lehre
hM	....	herrschende Meinung
HOAI	....	Honorarordnung für Architekten und Ingenieure
HPG	....	Hospiz- und Palliativgesetz
HRefG	....	Handelsrechtsreformgesetz
HRR	....	Höchstrichterliche Rechtsprechung (Band und Nr.)
HRRS	....	Onlinezeitschrift für Höchstrichterliche Rechtsprechung zum Strafrecht (Jahr und Seite)
Hs.	....	Halbsatz
HWG	....	Gesetz über die Werbung auf dem Gebiet des Heilwesens
HwO	....	Handwerksordnung
IATA	....	International Air Transport Association
ICC	....	International Chamber of Commerce
idF	....	in der Fassung
idR	....	in der Regel
iErg	....	im Ergebnis
IHK	....	Industrie- und Handelskammer
INN	....	International nonproprietary names
insbes.	....	insbesondere
InsO	....	Insolvenzordnung
IntHK	....	Internationale Handelskammer
IPQ	....	Intellectual Property Quarterly (Jahr und Seite)
IPR	....	Internationales Privatrecht
IPRax	....	Praxis des Internationalen Privat- und Verfahrensrechts (Jahr und Seite)
iSd	....	im Sinne des; im Sinne der
iSv	....	im Sinne von
IuKDG	....	Gesetz zur Regelung der Rahmenbedingungen für Informations- und Kommunikationsdienste
iVm	....	in Verbindung mit
iwS	....	im weiteren Sinne
iZw	....	im Zweifel
JbJZivRWiss	....	Jahrbuch Junger Zivilrechtswissenschaftler
JIPLP	....	Journal of Intellectual Property Law & Practice (Jahr und Seite)
JM	....	Juris – Die Monatszeitschrift (Jahr und Seite)
JMinBl (JMBl)	....	Justizministerialblatt (Jahr und Seite)
JMStV	....	Jugendmedienschutz-Staatsvertrag
JO	....	Journal Officiel
JR	....	Juristische Rundschau (Jahr und Seite)
JuS	....	Juristische Schulung (Jahr und Seite)

Abkürzungsverzeichnis

MMR	....	Zeitschrift für IT-Recht und Recht der Digitalisierung (vormals: MultiMedia und Recht) (Jahr und Seite)
Mot.	....	Motive zum BGB
MRK	....	s. EMRK
MStV	....	Medienstaatsvertrag
MinTafWV	....	Verordnung über natürliches Mineralwasser, Quellwasser und Tafelwasser (Mineral- und Tafelwasserverordnung)
MuR	....	Medien und Recht (Jahr und Seite)
MuW	....	Markenschutz und Wettbewerb (Jahr und Seite)
MV	....	Markenverband
mwN	....	mit weiteren Nachweisen
mWv	....	mit Wirkung vom
Nachw.	....	Nachweis
nF	....	neue Fassung
NJOZ	....	Neue Juristische Online-Zeitschrift (Jahr und Seite)
NJW	....	Neue Juristische Wochenschrift (Jahr und Seite)
NJW-CoR	....	NJW-Computerreport (Jahr und Seite)
NJWE-WettbR	....	NJW-Entscheidungsdienst Wettbewerbsrecht (Jahr und Seite)
NJW-RR	....	NJW-Rechtsprechungs-Report Zivilrecht (Jahr und Seite)
Nov.	....	Novelle
Nr.	....	Nummer
NRWGO	....	Nordrhein-Westfälische Gemeindeordnung
NStZ	....	Neue Zeitschrift für Strafrecht (Jahr und Seite)
NVersZ	....	Neue Zeitschrift für Versicherung und Recht (Jahr und Seite)
NVG	....	Österreichisches Bundesgesetz zur Verbesserung der Nahversorgung und der Wettbewerbsbedingungen
NVwZ	....	Neue Zeitschrift für Verwaltungsrecht (Jahr und Seite)
NVwZ-RR	....	Neue Zeitschrift für Verwaltungsrecht – Rechtsprechungs-Report (Jahr und Seite)
NZA	....	Neue Zeitschrift für Arbeits- und Sozialrecht (Jahr und Seite)
NZB	....	Nichtzulassungsbeschwerde
NZG	....	Neue Zeitschrift für Gesellschaftsrecht (Jahr und Seite)
NZKart	....	Neue Zeitschrift für Kartellrecht (Jahr und Seite)
NZS	....	Neue Zeitschrift für Sozialrecht (Jahr und Seite)
NZWiSt	....	Neue Zeitschrift für Wirtschafts-, Steuer- und Unternehmensstrafrecht (Jahr und Seite)
oÄ	....	oder Ähnliches
ÖBl	....	Österreichische Blätter für gewerblichen Rechtsschutz und Urheberrecht (Jahr und Seite)
ODR-VO	....	Verordnung (EU) Nr. 524/2013 über die Online-Beilegung verbraucherrechtlicher Streitigkeiten
og	....	oben genannt
OHG	....	offene Handelsgesellschaft
ÖJZ	....	Österreichische Juristenzeitung (Band und Seite)
OLG	....	Oberlandesgericht
OLGR	....	OLG-Report
OLGSt	....	Entscheidungen der Oberlandesgerichte zum Straf- und Strafverfahrensrecht
ÖOGH	....	Österreichischer Oberster Gerichtshof
ÖstJBl	....	Österreichische Juristische Blätter
östUWG	....	Österreichisches Gesetz gegen den unlauteren Wettbewerb
Ordo	....	Ordo, Jahrbuch für die Ordnung von Wirtschaft und Gesellschaft (Jahr und Seite)
OVG	....	Oberverwaltungsgericht
OWi	....	Ordnungswidrigkeit
OWiG	....	Gesetz über Ordnungswidrigkeiten
ÖZW	....	Österreichische Zeitschrift für Wirtschaftsrecht (Jahr und Seite)
P2B-VO	....	Verordnung (EU) 2019/1150 des Europäischen Parlaments und des Rates vom 20. Juni 2019 zur Förderung von Fairness und Transparenz für gewerbliche Nutzer von Online-Vermittlungsdiensten
PAngV	....	Verordnung zur Regelung der Preisangaben (Preisangabenverordnung)
PatG	....	Patentgesetz
Pauschalreise-RL	....	Richtlinie (EU) 2015/2302 des Europäischen Parlaments und des Rates vom 25. November 2015 über Pauschalreisen und verbundene Reiseleistungen, zur Änderung der Verordnung (EG) Nr. 2006/2004 und der Richtlinie 2011/83/EU des Europäischen Parlaments und des Rates sowie zur Aufhebung der Richtlinie 90/314/EWG des Rates

Abkürzungsverzeichnis

StBerG	Gesetz über die Rechtsverhältnisse der Steuerberater und Steuerbevollmächtigten (Steuerberatungsgesetz)
StBS	Senat für Steuerberatersachen
StGB	Strafgesetzbuch
StPO	Strafprozessordnung
str.	streitig
StrS	Strafsenat
stRspr	ständige Rechtsprechung
StVO	Straßenverkehrsordnung
SVO	Sachverständigenordnung
TabakerzG	Tabakerzeugnisgesetz
TabakerzV	Tabakerzeugnisverordnung
TabakStG	Tabaksteuergesetz
TDG	Teledienstegesetz (aufgehoben)
TextilKG	Textilkennzeichnungsgesetz (aufgehoben)
ThürGO	Thüringer Gemeindeordnung
TKG	Telekommunikationsgesetz
TKV	Telekommunikations-Kundenschutzverordnung
TMG	Telemediengesetz
TRIPS	Agreement on Trade-Related Aspects of Intellectual Property Rights
TTDSG	Telekommunikation-Telemedien-Datenschutz-Gesetz
ua	unter anderem
Üb	Übersicht
UAbs.	Unterabsatz
UFITA	Archiv für Medienrecht und Medienwissenschaft (vormals: Archiv für Urheber-, Film-, Funk- und Theaterrecht) (Jahr und Seite)
UGP-RL	Richtlinie 2005/29/EG des Europäischen Parlaments und des Rates vom 11. Mai 2005 über unlautere Geschäftspraktiken von Unternehmen gegenüber Verbrauchern im Binnenmarkt
UKlaG	Gesetz über Unterlassungsklagen bei Verbraucherrechts- und anderen Verstößen (Unterlassungsklagengesetz)
UMV	Verordnung (EU) 2017/1001 des Europäischen Parlaments und des Rates vom 14. Juni 2017 über die Unionsmarke
UmwG	Umwandlungsgesetz
unzutr.	unzutreffend
UrhG	Gesetz über Urheberrecht und verwandte Schutzrechte
Urt.	Urteil
usw.	und so weiter
UTR	Jahrbuch des Umwelt- und Technikrechts (Band, Jahr, Seite)
uU	unter Umständen
UWG	Gesetz gegen den unlauteren Wettbewerb
v.	von; vom
VDUR	Verbandsklagenrichtlinienumsetzungsgesetz
VDuG	Verbraucherrechtedurchsetzungsgesetz
Verbandsklagen-RL	Richtlinie (EU) 2020/1828 des Europäischen Parlaments und des Rates vom 25. November 2020 über Verbandsklagen zum Schutz der Kollektivinteressen der Verbraucher und zur Aufhebung der Richtlinie 2009/22/EG
Verbraucherkredit-RL	Richtlinie 2008/48/EG des Europäischen Parlaments und des Rates vom 23. April 2008 über Verbraucherkreditverträge und zur Aufhebung der Richtlinie 87/102/EWG des Rates
Verbraucherrechte-RL	Richtlinie 2011/83/EU des Europäischen Parlaments und des Rates vom 25. Oktober 2011 über die Rechte der Verbraucher
VerpackV	Verpackungsverordnung
VersR	Versicherungsrecht (Jahr und Seite)
VerstVO	Versteigererverordnung
VG	Verwaltungsgericht
VGH	Verwaltungsgerichtshof
vgl.	vergleiche
VO	Verordnung
VRS	Verkehrsrechtsammlung (Band und Seite)
VRUG	Verbandsklagenrichtlinienumsetzungsgesetz
VSBG	Verbraucherstreitbeilegungsgesetz
VuR	Verbraucher und Recht (Band und Seite)
VvA	Vertrag von Amsterdam zur Änderung des Vertrags über die Europäische Union, der Verträge zur Gründung der Europäischen Gemeinschaften sowie einiger damit zusammenhängender Rechtsakte

Abkürzungsverzeichnis

VVG	Versicherungsvertragsgesetz
VWBl	Wirtschaftsrechtliche Blätter (Jahr und Seite)
VwGO	Verwaltungsgerichtsordnung
VwVfG	Verwaltungsverfahrensgesetz
VwZG	Verwaltungszustellungsgesetz
vzbv	Verbraucherzentrale Bundesverband
WA	Wirtschaftsausschuss
WährG	Währungsgesetz
wbl	wirtschaftsrechtliche blätter – Zeitschrift für österreichisches und europäisches Wirtschaftsrecht (Jahr und Seite)
WeinG	Weingesetz
wN	weitere Nachweise
WHO	Weltgesundheitsorganisation
1. WiKG	Erstes Gesetz zur Bekämpfung der Wirtschaftskriminalität
2. WiKG	Zweites Gesetz zur Bekämpfung der Wirtschaftskriminalität
WIPO	World Intellectual Property Organization
WiPolA	Wirtschaftspolitischer Ausschuss des Bundestages
WiRO	Wirtschaft und Recht in Osteuropa (Jahr und Seite)
WiStG	Wirtschaftsstrafgesetz
wistra	Zeitschrift für Wirtschaft – Steuer – Strafrecht (Jahr und Seite)
WM	Wertpapier-Mitteilungen (Jahr und Seite)
WpHG	Wertpapierhandelsgesetz
WPO	Wirtschaftsprüferordnung
WRP	Wettbewerb in Recht und Praxis (Jahr und Seite)
WTO	World Trade Organisation
WuB	Wirtschafts- und Bankrecht (Jahr und Seite)
WuW	Wirtschaft und Wettbewerb (Jahr und Seite)
WuW/E	WuW-Entscheidungssammlung zum Kartellrecht
WZG	Warenzeichengesetz (aufgehoben)
zahlr.	zahlreich(e)
ZAP	Zeitschrift für Anwaltspraxis (Jahr und Seite)
ZAW	Zentralverband der deutschen Werbewirtschaft ZAW eV
zB	zum Beispiel
ZBB	Zeitschrift für Bankrecht und Bankwirtschaft (Jahr und Seite)
Zentrale	Zentrale zur Bekämpfung unlauteren Wettbewerbs (Wettbewerbszentrale)
ZEuP	Zeitschrift für Europäisches Privatrecht (Jahr und Seite)
ZfHF	Zeitschrift für Handelswissenschaftliche Forschung
ZfRV	Zeitschrift für Rechtsvergleichung, Internationales Privatrecht und Europarecht (Jahr und Seite)
ZHR	Zeitschrift für das gesamte Handelsrecht und Wirtschaftsrecht (Band, Jahr, Seite)
ZIP	Zeitschrift für Wirtschaftsrecht und Insolvenzpraxis (Jahr und Seite)
ZIS	Zeitschrift für Internationale Strafrechtsdogmatik (Jahr und Seite)
ZLR	Zeitschrift für das gesamte Lebensmittelrecht (Jahr und Seite)
ZPO	Zivilprozessordnung
ZRP	Zeitschrift für Rechtspolitik (Jahr und Seite)
ZS	Zivilsenat
zT	zum Teil
ZugabeVO	Zugabeverordnung (aufgehoben)
ZUM	Zeitschrift für Urheber- und Medienrecht/Film und Recht (Jahr und Seite)
zust.	zustimmend
zutr.	zutreffend
ZVertriebsR	Zeitschrift für Vertriebsrecht (Jahr und Seite)
ZVglRWiss	Zeitschrift für vergleichende Rechtswissenschaft (Jahr und Seite)
ZVP	Zeitschrift für Verbraucherpolitik (Band und Seite)
zw.	zweifelhaft
ZWeR	Zeitschrift für Wettbewerbsrecht (Jahr und Seite)
ZwV	Zwangsvollstreckung

Literaturverzeichnis

1. Kommentare zum UWG
BeckOK UWG Beck'scher Online-Kommentar UWG, Hrsg. Fritzsche, Münker, Stollwerck
Büscher Gesetz gegen den unlauteren Wettbewerb, 2. Aufl. 2021
Büscher/Dittmer/Schiwy Gewerblicher Rechtsschutz, Urheberrecht, Medienrecht, 3. Aufl. 2015
Fezer/Büscher/Obergfell Lauterkeitsrecht (UWG), 3. Aufl. 2016
Fritzsche/Münker/Stollwerck Gesetz gegen den unlauteren Wettbewerb, UWG, 2022
Götting/Nordemann UWG, 3. Aufl. 2016
Großkommentar UWG UWG, Gesetz gegen den unlauteren Wettbewerb, Hrsg. Peifer, Bd. 1 Einl.; §§ 1–3,
    3. Aufl. 2020; Bd. 2 §§ 3a–7, 3. Aufl. 2020; Bd. 3 §§ 8–20, 3. Aufl. 2021
Harte-Bavendamm/Henning-Bodewig UWG, Gesetz gegen den unlauteren Wettbewerb, 5. Aufl. 2021
MüKoUWG Münchener Kommentar zum Lauterkeitsrecht, Hrsg. Heermann, Schlingloff, 2 Bände, 3. Aufl.
    2020–2022
Ohly/Sosnitza UWG, Gesetz gegen den unlauteren Wettbewerb, 8. Aufl. 2023
jurisPK-UWG juris PraxisKommentar zum UWG, Gesetz gegen den unlauteren Wettbewerb, Begründer
    Ullmann, Hrsg. Seichter, 5. Aufl. 2021

2. Handbücher, Lehrbücher, Fallsammlungen
Alexander Lauterkeitsrecht, 3. Aufl. 2022
Beater Unlauterer Wettbewerb, 2011
Berlit Wettbewerbsrecht, 10. Aufl. 2017
Beurskens Geistiges Eigentum und Wettbewerbsrecht, 2013
Boesche Wettbewerbsrecht, 5. Aufl. 2016
Dreher/Kulka Wettbewerbs- und Kartellrecht, 11. Aufl. 2021
Ekey Grundriss des Wettbewerbs- und Kartellrechts, 5. Aufl. 2016
Emmerich/Lange Unlauterer Wettbewerb, 12. Aufl. 2022
Gloy/Loschelder/Danckwerts Handbuch des Wettbewerbsrechts, 5. Aufl. 2019
Götting/Kaiser Wettbewerbsrecht und Wettbewerbsprozessrecht, 2. Aufl. 2016
Himmelsbach Beck'sches Mandatshandbuch Wettbewerbsrecht, 5. Aufl. 2018
Hönn Examens-Repetitorium Wettbewerbs- und Kartellrecht, 3. Aufl. 2015
Hönn/Karb Klausurenkurs im Wettbewerbs- und Kartellrecht, 7. Aufl. 2019
Jänich Lauterkeitsrecht, 2019
Köhler/Alexander Fälle zum Lauterkeitsrecht, 4. Aufl. 2021
Koos/Menke/Ring Praxis des Wettbewerbsrechts, 2009
Lettl Lauterkeitsrecht, 5. Aufl. 2023
Lettl Lauterkeits- und Kartellrecht (PdW), 6. Aufl. 2023
Nordemann Wettbewerbs- und Markenrecht, 11. Aufl. 2012
Peifer Lauterkeitsrecht, 2. Aufl. 2016
Säcker/Wolf UWG und Markenrecht in Fällen, 2009
Schmidt-Kessel/Schubmehl (Hrsg.) Lauterkeitsrecht in Europa, 2011
Sosnitza Fälle zum Wettbewerbs- und Kartellrecht, 6. Aufl. 2011
Wehlau/Werner Wettbewerbsrecht und Gewerblicher Rechtsschutz, 2013

3. Wettbewerbsverfahrensrecht, Prozesspraxis
Ahrens Wettbewerbsprozess-HdB Der Wettbewerbsprozess, 9. Aufl. 2021
Ahrens/Spätgens Einstweiliger Rechtsschutz und Vollstreckung in UWG-Sachen, 4. Aufl. 2001
Berneke/Schüttpelz Die einstweilige Verfügung in Wettbewerbssachen, 4. Aufl. 2018
Cepl/Voß Prozesskommentar zum Gewerblichen Rechtsschutz, 3. Aufl. 2022
Danckwerts/Papenhausen/Scholz/Tavanti Wettbewerbsprozessrecht, 2. Aufl. 2022
Götting/Kaiser Wettbewerbsrecht und Wettbewerbsprozessrecht, 2. Aufl. 2016
Melullis Handbuch des Wettbewerbsprozesses, 3. Aufl. 2000
Mes Münchener Prozessformularbuch, Bd. 5, Gewerblicher Rechtsschutz, Urheber- und Presserecht,
    6. Aufl. 2022
Teplitzky Wettbewerbsrechtliche Ansprüche Wettbewerbsrechtliche Ansprüche und Verfahren, 12. Aufl.
    2019

4. Werke zum GeschGehG
BeckOK GeschGehG Beck'scher Online-Kommentar GeschGehG, Hrsg. Fuhlrott, Hiéramente
Brammsen/Apel GeschGehG, 2022
Harte-Bavendamm/Ohly/Kalbfus GeschGehG, 2020

Literaturverzeichnis

Hofmarcher Das Geschäftsgeheimnis – Der neue Schutz von vertraulichem Know-how und vertraulichen Geschäftsinformationen, 2020

Hoppe/Oldekop Geschäftsgeheimnisse – Schutz von Know-how und Geschäftsinformationen. Praktikerhandbuch mit Mustern, 2. Aufl. 2022

Reinfeld Das neue Gesetz zum Schutz von Geschäftsgeheimnissen, 2019

5. Ergänzende Werke

Bechtold/Bosch GWB, Kartellgesetz, Gesetz gegen Wettbewerbsbeschränkungen, 10. Aufl. 2021

Bechtold/Bosch/Brinker EU-Kartellrecht, 4. Aufl. 2023

Beck'sche Formularsammlung Gewerblicher Rechtsschutz, Urheber-, Presse und Kartellrecht, 6. Aufl. 2021

Bender Unionsmarke, 5. Aufl. 2022

Berlit Markenrecht, 11. Aufl. 2019

Brömmelmeyer Internetwettbewerbsrecht, 2007

Büchting/Heussen Beck'sches Rechtsanwalts-Handbuch, 12. Aufl. 2022

Bülow/Ring/Artz/Brixius Heilmittelwerbegesetz, 6. Aufl. 2022

Bunte Kartellrecht, Band 1: Deutsches Kartellrecht, Band 2: Europäisches Kartellrecht, 14. Aufl. 2022

Bunte/Stancke Kartellrecht, 4. Aufl. 2022

Burgi/Dreher Beck`scher Vergaberechtskommentar, Band 1, 4. Aufl. 2022; Band 2, 3. Aufl. 2019

Calliess/Ruffert (Hrsg) EUV/AEUV, 6. Aufl. 2022

Dauses Handbuch des EU-Wirtschaftsrechts, Loseblatt

Doepner/Reese Heilmittelwerbegesetz, 4. Aufl. 2023

Dreier/Schulze Urheberrechtsgesetz, 7. Aufl. 2022

Ehmann/Selmayr Datenschutz-Grundverordnung, 2. Aufl. 2018

Ekey/Bender/Fuchs-Wissemann Markenrecht, 4. Aufl. 2020

Emmerich/Lange Kartellrecht, 15. Aufl. 2021

Fezer Markenrecht, 4. Aufl. 2009

Gola/Heckmann DS-GVO/BDSG, Datenschutz-Grundverordnung, Bundesdatenschutzgesetz, 3. Aufl. 2022

Gola/Heckmann BDSG, 13. Aufl. 2019

Geiger/Khan/Kotzur EUV/EGV, 7. Aufl. 2023

Glöckner Kartellrecht – Recht der Wettbewerbsbeschränkungen, 3. Aufl. 2021

Götting Gewerblicher Rechtsschutz, 11. Aufl. 2020

Grabitz/Hilf/Nettesheim Das Recht der Europäischen Union, 76. Aufl. 2022

Gröning/Mand/Reinhardt Heilmittelwerberecht, Loseblatt, Stand: 2015

Grüneberg Kommentar zum Bürgerlichen Gesetzbuch, 82. Aufl. 2023

Hacker Markenrecht, 5. Aufl. 2020

Hasselblatt Münchener Anwaltshandbuch Gewerblicher Rechtsschutz, 6. Aufl. 2022

Härting Internetrecht, 7. Aufl. 2023

Hoeren/Sieber/Holznagel Handbuch Multimedia-Recht, Loseblatt

Immenga/Mestmäcker Wettbewerbsrecht, Bd. 1 und Bd. 2, 6. Aufl. 2018, 2019

Ingerl/Rohnke/Nordemann Markengesetz, Kommentar, 4. Aufl. 2023

Kling/Thomas Kartellrecht, 2. Aufl. 2016

Krebs/Becker Lexikon des Wettbewerbsrechts, 2015

Kühling/Buchner Datenschutz-Grundverordnung – BDSG, 3. Aufl. 2020

Kur/v. Bomhard/Albrecht Markengesetz, Verordnung über die Unionsmarke, 4. Aufl. 2023

Lange Marken- und Kennzeichenrecht, 2. Aufl. 2012

Lettl Gewerblicher Rechtsschutz, 2019

Lettl Kartellrecht, 5. Aufl. 2021

Lettl Urheberrecht, 4. Aufl. 2021

Löffler Presserecht, Kommentar, fortgeführt von Wenzel und Sedelmeier, hrsg. von Burkhardt, 7. Aufl. 2023

Loewenheim/Meessen/Riesenkampff/Kersting/Meyer-Lindemann Kartellrecht, 4. Aufl. 2020

Mes Patentgesetz, Gebrauchsmustergesetz, 5. Aufl. 2020

Mestmäcker/Schweitzer Europäisches Wettbewerbsrecht, 3. Aufl. 2014

Möhring/Nicolini Urheberrecht, 4. Aufl. 2018

Münchener Kommentar BGB Kommentar zum Bürgerlichen Gesetzbuch, 8. Aufl. 2019 ff.; soweit erschienen 9. Aufl. 2022

Münchener Kommentar WettbR Europäisches und Deutsches Wettbewerbsrecht (Kartellrecht), 3. Aufl. 2020 ff., soweit erschienen 4. Aufl. 2022

Münchener Kommentar ZPO Kommentar zur ZPO, 6. Aufl. 2020–2021

Musielak/Voit Kommentar zur ZPO, 19. Aufl. 2022

Paal/Pauly Datenschutz-Grundverordnung, 3. Aufl. 2021

Ricker/Weberling Handbuch des Presserechts, 7. Aufl. 2021

Schricker/Loewenheim Urheberrecht, Hrsg. Loewenheim, Leistner, Ohly, 6. Aufl. 2020,

Schröter/Jakob/Klotz/Mederer Europäisches Wettbewerbsrecht, 2. Aufl. 2014

Schwarze EU-Kommentar, 4. Aufl. 2019

Spindler/Schmitz TMG, Telemediengesetz, 2. Aufl. 2018

Ströbele/Hacker/Thiering Markengesetz, 13. Aufl. 2020

Streinz EUV/AEUV, 3. Aufl. 2018
Wandtke/Bullinger Urheberrecht, 6. Aufl. 2022
Wenzel Das Recht der Wort- und Bildberichterstattung, 6. Aufl. 2018
Wiedemann Handbuch des Kartellrechts, 4. Aufl. 2020
Wybitul EU-Datenschutz-Grundverordnung, 2017
Zöller Kommentar zur ZPO, 34. Aufl. 2022

6. Ältere Werke
Beater Unlauterer Wettbewerb, 2002
Ekey/Klippel/Kotthoff Heidelberger Kommentar zum Wettbewerbsrecht, 2. Aufl. 2005
v Gamm Gesetz gegen den unlauteren Wettbewerb, 3. Aufl. 1993
Graf Lambsdorff Handbuch des Wettbewerbsverfahrensrechts, 2000
Jacobs/Lindacher/Teplitzky UWG, Großkommentar, 1. Aufl., 1.–14. Lieferung, 1991–2000
Jestaedt Wettbewerbsrecht, 2008
Köhler/Piper Gesetz gegen den unlauteren Wettbewerb, 3. Aufl. 2002
Lange/Spätgens Rabatte und Zugaben im Wettbewerb, 2001
Lehmler Das Recht des unlauteren Wettbewerbs, 2002
Lehr Wettbewerbsrecht, 3. Aufl. 2007
Matutis Praktikerkommentar zum Gesetz gegen unlauteren Wettbewerb, 2. Aufl. 2009
Piper/Ohly Gesetz gegen den unlauteren Wettbewerb, 4. Aufl. 2006
Baumgärtel Handbuch der Beweislast im Privatrecht, Bd. 3, UWG, bearbeitet von Ulrich, 1986

7. Ausländisches Wettbewerbsrecht
Görg UWG Kommentar (ÖstUWG), 2020
Gumpoldsberger/Baumann Bundesgesetz gegen den unlauteren Wettbewerb (ÖstUWG), 2009
Hilty/Arpagaus Bundesgesetz gegen den unlauteren Wettbewerb (SchweizUWG), 2013
Koppensteiner/Thyri/Eckert Wettbewerbsrecht, Band 1, 4. Aufl. 2021
Wiebe/Kodek UWG (ÖstUWG), Loseblatt
Wiebe/Kodek UWG online (ÖstUWG)
Wiltschek/Horak Gesetz gegen den unlauteren Wettbewerb (ÖstUWG), 8. Aufl. 2016

Gesetz gegen den unlauteren Wettbewerb (UWG)[1]

in der Fassung der Bekanntmachung vom 3. März 2010[2]
(BGBl. I S. 254)
FNA 43-7
Zuletzt geänd. durch Gesetz vom 8. Oktober 2023 (BGBl. 2023 I Nr. 272)

Kapitel 1. Allgemeine Bestimmungen

§ 1 Zweck des Gesetzes; Anwendungsbereich

(1) [1]Dieses Gesetz dient dem Schutz der Mitbewerber, der Verbraucher sowie der sonstigen Marktteilnehmer vor unlauteren geschäftlichen Handlungen. [2]Es schützt zugleich das Interesse der Allgemeinheit an einem unverfälschten Wettbewerb.

(2) Vorschriften zur Regelung besonderer Aspekte unlauterer geschäftlicher Handlungen gehen bei der Beurteilung, ob eine unlautere geschäftliche Handlung vorliegt, den Regelungen dieses Gesetzes vor.

§ 2 Begriffsbestimmungen

(1) Im Sinne dieses Gesetzes ist

1. „geschäftliche Entscheidung" jede Entscheidung eines Verbrauchers oder sonstigen Marktteilnehmers darüber, ob, wie und unter welchen Bedingungen er ein Geschäft abschließen, eine Zahlung leisten, eine Ware oder Dienstleistung behalten oder abgeben oder ein vertragliches Recht im Zusammenhang mit einer Ware oder Dienstleistung ausüben will, unabhängig davon, ob der Verbraucher oder sonstige Marktteilnehmer sich entschließt, tätig zu werden;
2. „geschäftliche Handlung" jedes Verhalten einer Person zugunsten des eigenen oder eines fremden Unternehmens vor, bei oder nach einem Geschäftsabschluss, das mit der Förderung des Absatzes oder des Bezugs von Waren oder Dienstleistungen oder mit dem Abschluss oder der Durchführung eines Vertrags über Waren oder Dienstleistungen unmittelbar und objektiv zusammenhängt; als Waren gelten auch Grundstücke und digitale Inhalte, Dienstleistungen sind auch digitale Dienstleistungen, als Dienstleistungen gelten auch Rechte und Verpflichtungen;
3. „Marktteilnehmer" neben Mitbewerber und Verbraucher auch jede weitere Person, die als Anbieter oder Nachfrager von Waren oder Dienstleistungen tätig ist;

---

[1] **Amtl. Anm.:** Dieses Gesetz dient der Umsetzung der Richtlinie 2005/29/EG des Europäischen Parlaments und des Rates vom 11. Mai 2005 über unlautere Geschäftspraktiken von Unternehmen gegenüber Verbrauchern im Binnenmarkt und zur Änderung der Richtlinie 84/450/EWG des Rates, der Richtlinien 97/7/EG, 98/27/EG und 2002/65/EG des Europäischen Parlaments und des Rates sowie der Verordnung (EG) Nr. 2006/2004 des Europäischen Parlaments und des Rates (ABl. L 149 vom 11.6.2005, S. 22; berichtigt im ABl. L 253 vom 25.9.2009, S. 18) sowie der Richtlinie 2006/114/EG des Europäischen Parlaments und des Rates vom 12. Dezember 2006 über irreführende und vergleichende Werbung (kodifizierte Fassung) (ABl. L 376 vom 27.12.2006, S. 21). Es dient ferner der Umsetzung von Artikel 13 der Richtlinie 2002/58/EG des Europäischen Parlaments und des Rates vom 12. Juli 2002 über die Verarbeitung personenbezogener Daten und den Schutz der Privatsphäre in der elektronischen Kommunikation (ABl. L 201 vom 31.7.2002, S. 37), der zuletzt durch Artikel 2 Nummer 7 der Richtlinie 2009/136/EG (ABl. L 337 vom 18.12.2009, S. 11) geändert worden ist.
Die Verpflichtungen aus der Richtlinie 98/34/EG des Europäischen Parlaments und des Rates vom 22. Juni 1998 über ein Informationsverfahren auf dem Gebiet der Normen und technischen Vorschriften und der Vorschriften für die Dienste der Informationsgesellschaft (ABl. L 204 vom 21.7.1998, S. 37), die zuletzt durch die Richtlinie 2006/96/EG (ABl. L 363 vom 20.12.2006, S. 81) geändert worden ist, sind beachtet worden.
[2] Neubekanntmachung des UWG v. 3.7.2004 (BGBl. I S. 1414) in der ab 4.8.2009 geltenden Fassung.

4. „Mitbewerber" jeder Unternehmer, der mit einem oder mehreren Unternehmern als Anbieter oder Nachfrager von Waren oder Dienstleistungen in einem konkreten Wettbewerbsverhältnis steht;

5. „Nachricht" jede Information, die zwischen einer endlichen Zahl von Beteiligten über einen öffentlich zugänglichen elektronischen Kommunikationsdienst ausgetauscht oder weitergeleitet wird; nicht umfasst sind Informationen, die als Teil eines Rundfunkdienstes über ein elektronisches Kommunikationsnetz an die Öffentlichkeit weitergeleitet werden, soweit diese Informationen nicht mit dem identifizierbaren Teilnehmer oder Nutzer, der sie erhält, in Verbindung gebracht werden können;

6. „Online-Marktplatz" ein Dienst, der es Verbrauchern ermöglicht, durch die Verwendung von Software, die von einem Unternehmer oder in dessen Namen betrieben wird, einschließlich einer Website, eines Teils einer Website oder einer Anwendung, Fernabsatzverträge (§ 312c des Bürgerlichen Gesetzbuchs) mit anderen Unternehmern oder Verbrauchern abzuschließen;

7. „Ranking" die von einem Unternehmer veranlasste relative Hervorhebung von Waren oder Dienstleistungen, unabhängig von den hierfür verwendeten technischen Mitteln;

8. „Unternehmer" jede natürliche oder juristische Person, die geschäftliche Handlungen im Rahmen ihrer gewerblichen, handwerklichen oder beruflichen Tätigkeit vornimmt, und jede Person, die im Namen oder Auftrag einer solchen Person handelt;

9. „unternehmerische Sorgfalt" der Standard an Fachkenntnissen und Sorgfalt, von dem billigerweise angenommen werden kann, dass ein Unternehmer ihn in seinem Tätigkeitsbereich gegenüber Verbrauchern nach Treu und Glauben unter Berücksichtigung der anständigen Marktgepflogenheiten einhält;

10. „Verhaltenskodex" jede Vereinbarung oder Vorschrift über das Verhalten von Unternehmern, zu welchem diese sich in Bezug auf Wirtschaftszweige oder einzelne geschäftliche Handlungen verpflichtet haben, ohne dass sich solche Verpflichtungen aus Gesetzes- oder Verwaltungsvorschriften ergeben;

11. „wesentliche Beeinflussung des wirtschaftlichen Verhaltens des Verbrauchers" die Vornahme einer geschäftlichen Handlung, um die Fähigkeit des Verbrauchers, eine informierte Entscheidung zu treffen, spürbar zu beeinträchtigen und damit den Verbraucher zu einer geschäftlichen Entscheidung zu veranlassen, die er andernfalls nicht getroffen hätte.

(2) Für den Verbraucherbegriff ist § 13 des Bürgerlichen Gesetzbuchs entsprechend anwendbar.

§ 3 Verbot unlauterer geschäftlicher Handlungen

(1) Unlautere geschäftliche Handlungen sind unzulässig.

(2) Geschäftliche Handlungen, die sich an Verbraucher richten oder diese erreichen, sind unlauter, wenn sie nicht der unternehmerischen Sorgfalt entsprechen und dazu geeignet sind, das wirtschaftliche Verhalten des Verbrauchers wesentlich zu beeinflussen.

(3) Die im Anhang dieses Gesetzes aufgeführten geschäftlichen Handlungen gegenüber Verbrauchern sind stets unzulässig.

(4) [1] Bei der Beurteilung von geschäftlichen Handlungen gegenüber Verbrauchern ist auf den durchschnittlichen Verbraucher oder, wenn sich die geschäftliche Handlung an eine bestimmte Gruppe von Verbrauchern wendet, auf ein durchschnittliches Mitglied dieser Gruppe abzustellen. [2] Geschäftliche Handlungen, die für den Unternehmer vorhersehbar das wirtschaftliche Verhalten nur einer eindeutig identifizierbaren Gruppe von Verbrauchern wesentlich beeinflussen, die auf Grund von geistigen oder körperlichen Beeinträchtigungen, Alter oder Leichtgläubigkeit im Hinblick auf diese geschäftlichen Handlungen oder die diesen zugrunde liegenden Waren oder Dienstleistungen besonders schutzbedürftig sind, sind aus der Sicht eines durchschnittlichen Mitglieds dieser Gruppe zu beurteilen.

§ 3a Rechtsbruch

Unlauter handelt, wer einer gesetzlichen Vorschrift zuwiderhandelt, die auch dazu bestimmt ist, im Interesse der Marktteilnehmer das Marktverhalten zu regeln, und der Verstoß geeignet ist, die Interessen von Verbrauchern, sonstigen Marktteilnehmern oder Mitbewerbern spürbar zu beeinträchtigen.

§ 4 Mitbewerberschutz

Unlauter handelt, wer

1. die Kennzeichen, Waren, Dienstleistungen, Tätigkeiten oder persönlichen oder geschäftlichen Verhältnisse eines Mitbewerbers herabsetzt oder verunglimpft;
2. über die Waren, Dienstleistungen oder das Unternehmen eines Mitbewerbers oder über den Unternehmer oder ein Mitglied der Unternehmensleitung Tatsachen behauptet oder verbreitet, die geeignet sind, den Betrieb des Unternehmens oder den Kredit des Unternehmers zu schädigen, sofern die Tatsachen nicht erweislich wahr sind; handelt es sich um vertrauliche Mitteilungen und hat der Mitteilende oder der Empfänger der Mitteilung an ihr ein berechtigtes Interesse, so ist die Handlung nur dann unlauter, wenn die Tatsachen der Wahrheit zuwider behauptet oder verbreitet wurden;
3. Waren oder Dienstleistungen anbietet, die eine Nachahmung der Waren oder Dienstleistungen eines Mitbewerbers sind, wenn er
   a) eine vermeidbare Täuschung der Abnehmer über die betriebliche Herkunft herbeiführt,
   b) die Wertschätzung der nachgeahmten Ware oder Dienstleistung unangemessen ausnutzt oder beeinträchtigt oder
   c) die für die Nachahmung erforderlichen Kenntnisse oder Unterlagen unredlich erlangt hat;
4. Mitbewerber gezielt behindert.

§ 4a Aggressive geschäftliche Handlungen

(1) [1]Unlauter handelt, wer eine aggressive geschäftliche Handlung vornimmt, die geeignet ist, den Verbraucher oder sonstigen Marktteilnehmer zu einer geschäftlichen Entscheidung zu veranlassen, die dieser andernfalls nicht getroffen hätte. [2]Eine geschäftliche Handlung ist aggressiv, wenn sie im konkreten Fall unter Berücksichtigung aller Umstände geeignet ist, die Entscheidungsfreiheit des Verbrauchers oder sonstigen Marktteilnehmers erheblich zu beeinträchtigen durch

1. Belästigung,
2. Nötigung einschließlich der Anwendung körperlicher Gewalt oder
3. unzulässige Beeinflussung.

[3]Eine unzulässige Beeinflussung liegt vor, wenn der Unternehmer eine Machtposition gegenüber dem Verbraucher oder sonstigen Marktteilnehmer zur Ausübung von Druck, auch ohne Anwendung oder Androhung von körperlicher Gewalt, in einer Weise ausnutzt, die die Fähigkeit des Verbrauchers oder sonstigen Marktteilnehmers zu einer informierten Entscheidung wesentlich einschränkt.

(2) [1]Bei der Feststellung, ob eine geschäftliche Handlung aggressiv im Sinne des Absatzes 1 Satz 2 ist, ist abzustellen auf

1. Zeitpunkt, Ort, Art oder Dauer der Handlung;
2. die Verwendung drohender oder beleidigender Formulierungen oder Verhaltensweisen;
3. die bewusste Ausnutzung von konkreten Unglückssituationen oder Umständen von solcher Schwere, dass sie das Urteilsvermögen des Verbrauchers oder sonstigen Marktteilnehmers beeinträchtigen, um dessen Entscheidung zu beeinflussen;
4. belastende oder unverhältnismäßige Hindernisse nichtvertraglicher Art, mit denen der Unternehmer den Verbraucher oder sonstigen Marktteilnehmer an der Ausübung seiner vertraglichen Rechte zu hindern versucht, wozu auch das Recht gehört, den Vertrag zu kündigen oder zu einer anderen Ware oder Dienstleistung oder einem anderen Unternehmer zu wechseln;
5. Drohungen mit rechtlich unzulässigen Handlungen.

[2]Zu den Umständen, die nach Nummer 3 zu berücksichtigen sind, zählen insbesondere geistige und körperliche Beeinträchtigungen, das Alter, die geschäftliche Unerfahrenheit, die Leichtgläubigkeit, die Angst und die Zwangslage von Verbrauchern.

§ 5 Irreführende geschäftliche Handlungen

(1) Unlauter handelt, wer eine irreführende geschäftliche Handlung vornimmt, die geeignet ist, den Verbraucher oder sonstigen Marktteilnehmer zu einer geschäftlichen Entscheidung zu veranlassen, die er andernfalls nicht getroffen hätte.

(2) Eine geschäftliche Handlung ist irreführend, wenn sie unwahre Angaben enthält oder sonstige zur Täuschung geeignete Angaben über folgende Umstände enthält:

1. die wesentlichen Merkmale der Ware oder Dienstleistung wie Verfügbarkeit, Art, Ausführung, Vorteile, Risiken, Zusammensetzung, Zubehör, Verfahren oder Zeitpunkt der Herstellung, Lieferung oder Erbringung, Zwecktauglichkeit, Verwendungsmöglichkeit, Menge, Beschaffenheit, Kundendienst und Beschwerdeverfahren, geographische oder betriebliche Herkunft, von der Verwendung zu erwartende Ergebnisse oder die Ergebnisse oder wesentlichen Bestandteile von Tests der Waren oder Dienstleistungen;
2. den Anlass des Verkaufs wie das Vorhandensein eines besonderen Preisvorteils, den Preis oder die Art und Weise, in der er berechnet wird, oder die Bedingungen, unter denen die Ware geliefert oder die Dienstleistung erbracht wird;
3. die Person, Eigenschaften oder Rechte des Unternehmers wie Identität, Vermögen einschließlich der Rechte des geistigen Eigentums, den Umfang von Verpflichtungen, Befähigung, Status, Zulassung, Mitgliedschaften oder Beziehungen, Auszeichnungen oder Ehrungen, Beweggründe für die geschäftliche Handlung oder die Art des Vertriebs;
4. Aussagen oder Symbole, die im Zusammenhang mit direktem oder indirektem Sponsoring stehen oder sich auf eine Zulassung des Unternehmers oder der Waren oder Dienstleistungen beziehen;
5. die Notwendigkeit einer Leistung, eines Ersatzteils, eines Austauschs oder einer Reparatur;
6. die Einhaltung eines Verhaltenskodexes, auf den sich der Unternehmer verbindlich verpflichtet hat, wenn er auf diese Bindung hinweist, oder
7. Rechte des Verbrauchers, insbesondere solche auf Grund von Garantieversprechen oder Gewährleistungsrechte bei Leistungsstörungen.

(3) Eine geschäftliche Handlung ist auch irreführend, wenn

1. sie im Zusammenhang mit der Vermarktung von Waren oder Dienstleistungen einschließlich vergleichender Werbung eine Verwechslungsgefahr mit einer anderen Ware oder Dienstleistung oder mit der Marke oder einem anderen Kennzeichen eines Mitbewerbers hervorruft oder
2. mit ihr eine Ware in einem Mitgliedstaat der Europäischen Union als identisch mit einer in anderen Mitgliedstaaten der Europäischen Union auf dem Markt bereitgestellten Ware vermarktet wird, obwohl sich diese Waren in ihrer Zusammensetzung oder in ihren Merkmalen wesentlich voneinander unterscheiden, sofern dies nicht durch legitime und objektive Faktoren gerechtfertigt ist.

(4) Angaben im Sinne von Absatz 2 sind auch Angaben im Rahmen vergleichender Werbung sowie bildliche Darstellungen und sonstige Veranstaltungen, die darauf zielen und geeignet sind, solche Angaben zu ersetzen.

(5) [1] Es wird vermutet, dass es irreführend ist, mit der Herabsetzung eines Preises zu werben, sofern der Preis nur für eine unangemessen kurze Zeit gefordert worden ist. [2] Ist streitig, ob und in welchem Zeitraum der Preis gefordert worden ist, so trifft die Beweislast denjenigen, der mit der Preisherabsetzung geworben hat.

§ 5a Irreführung durch Unterlassen

(1) Unlauter handelt auch, wer einen Verbraucher oder sonstigen Marktteilnehmer irreführt, indem er ihm eine wesentliche Information vorenthält,

1. die der Verbraucher oder der sonstige Marktteilnehmer nach den jeweiligen Umständen benötigt, um eine informierte geschäftliche Entscheidung zu treffen, und
2. deren Vorenthalten dazu geeignet ist, den Verbraucher oder den sonstigen Marktteilnehmer zu einer geschäftlichen Entscheidung zu veranlassen, die er andernfalls nicht getroffen hätte.

(2) Als Vorenthalten gilt auch

1. das Verheimlichen wesentlicher Informationen,
2. die Bereitstellung wesentlicher Informationen in unklarer, unverständlicher oder zweideutiger Weise sowie
3. die nicht rechtzeitige Bereitstellung wesentlicher Informationen.

(3) Bei der Beurteilung, ob wesentliche Informationen vorenthalten wurden, sind zu berücksichtigen:

1. räumliche oder zeitliche Beschränkungen durch das für die geschäftliche Handlung gewählte Kommunikationsmittel sowie
2. alle Maßnahmen des Unternehmers, um dem Verbraucher oder sonstigen Marktteilnehmer die Informationen auf andere Weise als durch das für die geschäftliche Handlung gewählte Kommunikationsmittel zur Verfügung zu stellen.

(4) [1]Unlauter handelt auch, wer den kommerziellen Zweck einer geschäftlichen Handlung nicht kenntlich macht, sofern sich dieser nicht unmittelbar aus den Umständen ergibt, und das Nichtkenntlichmachen geeignet ist, den Verbraucher oder sonstigen Marktteilnehmer zu einer geschäftlichen Entscheidung zu veranlassen, die er andernfalls nicht getroffen hätte. [2]Ein kommerzieller Zweck liegt bei einer Handlung zugunsten eines fremden Unternehmens nicht vor, wenn der Handelnde kein Entgelt oder keine ähnliche Gegenleistung für die Handlung von dem fremden Unternehmen erhält oder sich versprechen lässt. [3]Der Erhalt oder das Versprechen einer Gegenleistung wird vermutet, es sei denn der Handelnde macht glaubhaft, dass er eine solche nicht erhalten hat.

§ 5b Wesentliche Informationen

(1) Werden Waren oder Dienstleistungen unter Hinweis auf deren Merkmale und Preis in einer dem verwendeten Kommunikationsmittel angemessenen Weise so angeboten, dass ein durchschnittlicher Verbraucher das Geschäft abschließen kann, so gelten die folgenden Informationen als wesentlich im Sinne des § 5a Absatz 1, sofern sie sich nicht unmittelbar aus den Umständen ergeben:
1. alle wesentlichen Merkmale der Ware oder Dienstleistung in dem der Ware oder Dienstleistung und dem verwendeten Kommunikationsmittel angemessenen Umfang,
2. die Identität und Anschrift des Unternehmers, gegebenenfalls die Identität und Anschrift desjenigen Unternehmers, für den er handelt,
3. der Gesamtpreis oder in Fällen, in denen ein solcher Preis auf Grund der Beschaffenheit der Ware oder Dienstleistung nicht im Voraus berechnet werden kann, die Art der Preisberechnung sowie gegebenenfalls alle zusätzlichen Fracht-, Liefer- und Zustellkosten oder in Fällen, in denen diese Kosten nicht im Voraus berechnet werden können, die Tatsache, dass solche zusätzlichen Kosten anfallen können,
4. Zahlungs-, Liefer- und Leistungsbedingungen, soweit diese von den Erfordernissen unternehmerischer Sorgfalt abweichen,
5. das Bestehen des Rechts auf Rücktritt oder Widerruf und
6. bei Waren oder Dienstleistungen, die über einen Online-Marktplatz angeboten werden, die Information, ob es sich bei dem Anbieter der Waren oder Dienstleistungen nach dessen eigener Erklärung gegenüber dem Betreiber des Online-Marktplatzes um einen Unternehmer handelt.

(2) [1]Bietet ein Unternehmer Verbrauchern die Möglichkeit, nach Waren oder Dienstleistungen zu suchen, die von verschiedenen Unternehmern oder von Verbrauchern angeboten werden, so gelten unabhängig davon, wo das Rechtsgeschäft abgeschlossen werden kann, folgende allgemeine Informationen als wesentlich:
1. die Hauptparameter zur Festlegung des Rankings der dem Verbraucher als Ergebnis seiner Suchanfrage präsentierten Waren oder Dienstleistungen sowie
2. die relative Gewichtung der Hauptparameter zur Festlegung des Rankings im Vergleich zu anderen Parametern.

[2]Die Informationen nach Satz 1 müssen von der Anzeige der Suchergebnisse aus unmittelbar und leicht zugänglich sein. [3]Die Sätze 1 und 2 gelten nicht für Betreiber von Online-Suchmaschinen im Sinne des Artikels 2 Nummer 6 der Verordnung (EU) 2019/1150 des Europäischen Parlaments und des Rates vom 20. Juni 2019 zur Förderung von Fairness und Transparenz für gewerbliche Nutzer von Online-Vermittlungsdiensten (ABl. L 186 vom 11.7.2019, S. 57).

(3) Macht ein Unternehmer Bewertungen zugänglich, die Verbraucher im Hinblick auf Waren oder Dienstleistungen vorgenommen haben, so gelten als wesentlich Informationen darüber, ob und wie der Unternehmer sicherstellt, dass die veröffentlichten Bewertungen von solchen Verbrauchern stammen, die die Waren oder Dienstleistungen tatsächlich genutzt oder erworben haben.

(4) Als wesentlich im Sinne des § 5a Absatz 1 gelten auch solche Informationen, die dem Verbraucher auf Grund unionsrechtlicher Verordnungen oder nach Rechtsvorschriften zur Umsetzung unionsrechtlicher Richtlinien für kommerzielle Kommunikation einschließlich Werbung und Marketing nicht vorenthalten werden dürfen.

§ 5c Verbotene Verletzung von Verbraucherinteressen durch unlautere geschäftliche Handlungen

(1) Die Verletzung von Verbraucherinteressen durch unlautere geschäftliche Handlungen ist verboten, wenn es sich um einen weitverbreiteten Verstoß gemäß Artikel 3 Nummer 3 der Verordnung (EU) 2017/2394 des Europäischen Parlaments und des Rates vom 12. Dezember 2017 über die Zusammenarbeit zwischen den für die Durchsetzung der Verbraucherschutzgesetze zuständigen nationalen Behörden und zur Aufhebung der Verordnung (EG) Nr. 2006/2004 (ABl. L 345 vom 27.12.2017, S. 1), die zuletzt durch die Richtlinie (EU) 2019/771 (ABl. L 136 vom 22.5.2019, S. 28; L 305 vom 26.11.2019, S. 66) geändert worden ist, oder einen weitverbreiteten Verstoß mit Unions-Dimension gemäß Artikel 3 Nummer 4 der Verordnung (EU) 2017/2394 handelt.

(2) Eine Verletzung von Verbraucherinteressen durch unlautere geschäftliche Handlungen im Sinne des Absatzes 1 liegt vor, wenn

1. eine unlautere geschäftliche Handlung nach § 3 Absatz 3 in Verbindung mit den Nummern 1 bis 31 des Anhangs vorgenommen wird,
2. eine aggressive geschäftliche Handlung nach § 4a Absatz 1 Satz 1 vorgenommen wird,
3. eine irreführende geschäftliche Handlung nach § 5 Absatz 1 oder § 5a Absatz 1 vorgenommen wird oder
4. eine unlautere geschäftliche Handlung nach § 3 Absatz 1 fortgesetzt vorgenommen wird, die durch eine vollziehbare Anordnung der zuständigen Behörde im Sinne des Artikels 3 Nummer 6 der Verordnung (EU) 2017/2394 oder durch eine vollstreckbare Entscheidung eines Gerichts untersagt worden ist, sofern die Handlung nicht bereits von den Nummern 1 bis 3 erfasst ist.

(3) Eine Verletzung von Verbraucherinteressen durch unlautere geschäftliche Handlungen im Sinne des Absatzes 1 liegt auch vor, wenn

1. eine geschäftliche Handlung die tatsächlichen Voraussetzungen eines der in Absatz 2 geregelten Fälle erfüllt und
2. auf die geschäftliche Handlung das nationale Recht eines anderen Mitgliedstaates der Europäischen Union anwendbar ist, welches eine Vorschrift enthält, die der jeweiligen in Absatz 2 genannten Vorschrift entspricht.

§ 6 Vergleichende Werbung

(1) Vergleichende Werbung ist jede Werbung, die unmittelbar oder mittelbar einen Mitbewerber oder die von einem Mitbewerber angebotenen Waren oder Dienstleistungen erkennbar macht.

(2) Unlauter handelt, wer vergleichend wirbt, wenn der Vergleich

1. sich nicht auf Waren oder Dienstleistungen für den gleichen Bedarf oder dieselbe Zweckbestimmung bezieht,
2. nicht objektiv auf eine oder mehrere wesentliche, relevante, nachprüfbare und typische Eigenschaften oder den Preis dieser Waren oder Dienstleistungen bezogen ist,
3. im geschäftlichen Verkehr zu einer Gefahr von Verwechslungen zwischen dem Werbenden und einem Mitbewerber oder zwischen den von diesen angebotenen Waren oder Dienstleistungen oder den von ihnen verwendeten Kennzeichen führt,
4. den Ruf des von einem Mitbewerber verwendeten Kennzeichens in unlauterer Weise ausnutzt oder beeinträchtigt,
5. die Waren, Dienstleistungen, Tätigkeiten oder persönlichen oder geschäftlichen Verhältnisse eines Mitbewerbers herabsetzt oder verunglimpft oder
6. eine Ware oder Dienstleistung als Imitation oder Nachahmung einer unter einem geschützten Kennzeichen vertriebenen Ware oder Dienstleistung darstellt.

§ 7 Unzumutbare Belästigungen

(1) [1]Eine geschäftliche Handlung, durch die ein Marktteilnehmer in unzumutbarer Weise belästigt wird, ist unzulässig. [2]Dies gilt insbesondere für Werbung, obwohl erkennbar ist, dass der angesprochene Marktteilnehmer diese Werbung nicht wünscht.

(2) Eine unzumutbare Belästigung ist stets anzunehmen

1. bei Werbung mit einem Telefonanruf gegenüber einem Verbraucher ohne dessen vorherige ausdrückliche Einwilligung oder gegenüber einem sonstigen Marktteilnehmer ohne dessen zumindest mutmaßliche Einwilligung,
2. bei Werbung unter Verwendung einer automatischen Anrufmaschine, eines Faxgerätes oder elektronischer Post, ohne dass eine vorherige ausdrückliche Einwilligung des Adressaten vorliegt, oder
3. bei Werbung mit einer Nachricht,
   a) bei der die Identität des Absenders, in dessen Auftrag die Nachricht übermittelt wird, verschleiert oder verheimlicht wird oder
   b) bei der gegen § 6 Absatz 1 des Telemediengesetzes verstoßen wird oder in der der Empfänger aufgefordert wird, eine Website aufzurufen, die gegen diese Vorschrift verstößt, oder
   c) bei der keine gültige Adresse vorhanden ist, an die der Empfänger eine Aufforderung zur Einstellung solcher Nachrichten richten kann, ohne dass hierfür andere als die Übermittlungskosten nach den Basistarifen entstehen.

(3) Abweichend von Absatz 2 Nummer 2 ist eine unzumutbare Belästigung bei einer Werbung unter Verwendung elektronischer Post nicht anzunehmen, wenn

1. ein Unternehmer im Zusammenhang mit dem Verkauf einer Ware oder Dienstleistung von dem Kunden dessen elektronische Postadresse erhalten hat,
2. der Unternehmer die Adresse zur Direktwerbung für eigene ähnliche Waren oder Dienstleistungen verwendet,
3. der Kunde der Verwendung nicht widersprochen hat und
4. der Kunde bei Erhebung der Adresse und bei jeder Verwendung klar und deutlich darauf hingewiesen wird, dass er der Verwendung jederzeit widersprechen kann, ohne dass hierfür andere als die Übermittlungskosten nach den Basistarifen entstehen.

§ 7a Einwilligung in Telefonwerbung

(1) Wer mit einem Telefonanruf gegenüber einem Verbraucher wirbt, hat dessen vorherige ausdrückliche Einwilligung in die Telefonwerbung zum Zeitpunkt der Erteilung in angemessener Form zu dokumentieren und gemäß Absatz 2 Satz 1 aufzubewahren.

(2) [1]Die werbenden Unternehmen müssen den Nachweis nach Absatz 1 ab Erteilung der Einwilligung sowie nach jeder Verwendung der Einwilligung fünf Jahre aufbewahren. [2]Die werbenden Unternehmen haben der nach § 20 Absatz 3 zuständigen Verwaltungsbehörde den Nachweis nach Absatz 1 auf Verlangen unverzüglich vorzulegen.

Kapitel 2. Rechtsfolgen

§ 8 Beseitigung und Unterlassung

(1) [1]Wer eine nach § 3 oder § 7 unzulässige geschäftliche Handlung vornimmt, kann auf Beseitigung und bei Wiederholungsgefahr auf Unterlassung in Anspruch genommen werden. [2]Der Anspruch auf Unterlassung besteht bereits dann, wenn eine derartige Zuwiderhandlung gegen § 3 oder § 7 droht.

(2) Werden die Zuwiderhandlungen in einem Unternehmen von einem Mitarbeiter oder Beauftragten begangen, so sind der Unterlassungsanspruch und der Beseitigungsanspruch auch gegen den Inhaber des Unternehmens begründet.

(3) Die Ansprüche aus Absatz 1 stehen zu:

1. jedem Mitbewerber, der Waren oder Dienstleistungen in nicht unerheblichem Maße und nicht nur gelegentlich vertreibt oder nachfragt,
2. denjenigen rechtsfähigen Verbänden zur Förderung gewerblicher oder selbstständiger beruflicher Interessen, die in der Liste der qualifizierten Wirtschaftsverbände nach § 8b eingetragen sind, soweit ihnen eine erhebliche Zahl von Unternehmern angehört, die Waren oder Dienst-

leistungen gleicher oder verwandter Art auf demselben Markt vertreiben, und die Zuwiderhandlung die Interessen ihrer Mitglieder berührt,

3. den qualifizierten Verbraucherverbänden, die in der Liste nach § 4 des Unterlassungsklagengesetzes eingetragen sind, und den qualifizierten Einrichtungen aus anderen Mitgliedstaaten der Europäischen Union, die in dem Verzeichnis der Europäischen Kommission nach Artikel 5 Absatz 1 Satz 4 der Richtlinie (EU) 2020/1828 des Europäischen Parlaments und des Rates vom 25. November 2020 über Verbandsklagen zum Schutz der Kollektivinteressen der Verbraucher und zur Aufhebung der Richtlinie 2009/22/EG (ABl. L 409 vom 4.12.2020, S. 1) eingetragen sind,

4. den Industrie- und Handelskammern, den nach der Handwerksordnung errichteten Organisationen und anderen berufsständischen Körperschaften des öffentlichen Rechts im Rahmen der Erfüllung ihrer Aufgaben sowie den Gewerkschaften im Rahmen der Erfüllung ihrer Aufgaben bei der Vertretung selbstständiger beruflicher Interessen.

(4) Stellen nach Absatz 3 Nummer 2 und 3 können die Ansprüche nicht geltend machen, solange ihre Eintragung ruht.

(5) ¹§ 13 des Unterlassungsklagengesetzes ist entsprechend anzuwenden; in § 13 Absatz 1 und 3 Satz 2 des Unterlassungsklagengesetzes treten an die Stelle der dort aufgeführten Ansprüche nach dem Unterlassungsklagengesetz die Ansprüche nach dieser Vorschrift. ²Macht eine anspruchsberechtigte Stelle nach Absatz 3 Nummer 3 Ansprüche nach Absatz 1 gerichtlich geltend, so sind die §§ 5a und 6a des Unterlassungsklagengesetzes entsprechend anzuwenden. ³Im Übrigen findet das Unterlassungsklagengesetz keine Anwendung, es sei denn, es liegt ein Fall des § 2a des Unterlassungsklagengesetzes vor.

§ 8a Anspruchsberechtigte bei einem Verstoß gegen die Verordnung (EU) 2019/1150

Anspruchsberechtigt nach § 8 Absatz 1 sind bei einem Verstoß gegen die Verordnung (EU) 2019/1150 des Europäischen Parlaments und des Rates vom 20. Juni 2019 zur Förderung von Fairness und Transparenz für gewerbliche Nutzer von Online-Vermittlungsdiensten (ABl. L 186 vom 11.7.2019, S. 57) abweichend von § 8 Absatz 3 die Verbände, Organisationen und öffentlichen Stellen, die die Voraussetzungen des Artikels 14 Absatz 3 und 4 der Verordnung (EU) 2019/1150 erfüllen.

§ 8b Liste der qualifizierten Wirtschaftsverbände

(1) Das Bundesamt für Justiz führt eine Liste der qualifizierten Wirtschaftsverbände und veröffentlicht sie in der jeweils aktuellen Fassung auf seiner Internetseite.

(2) Ein rechtsfähiger Verband, zu dessen satzungsmäßigen Aufgaben es gehört, gewerbliche oder selbstständige berufliche Interessen zu verfolgen und zu fördern sowie zu Fragen des lauteren Wettbewerbs zu beraten und zu informieren, wird auf seinen Antrag in die Liste eingetragen, wenn

1. er mindestens 75 Unternehmer als Mitglieder hat,
2. er zum Zeitpunkt der Antragstellung seit mindestens einem Jahr seine satzungsmäßigen Aufgaben wahrgenommen hat,
3. auf Grund seiner bisherigen Tätigkeit sowie seiner personellen, sachlichen und finanziellen Ausstattung gesichert erscheint, dass er
   a) seine satzungsmäßigen Aufgaben auch künftig dauerhaft wirksam und sachgerecht erfüllen wird und
   b) seine Ansprüche nicht vorwiegend geltend machen wird, um für sich Einnahmen aus Abmahnungen oder Vertragsstrafen zu erzielen,
4. seinen Mitgliedern keine Zuwendungen aus dem Verbandsvermögen gewährt werden und Personen, die für den Verband tätig sind, nicht durch unangemessen hohe Vergütungen oder andere Zuwendungen begünstigt werden.

(3) ¹Die Vorschriften für qualifizierte Verbraucherverbände in § 4 Absatz 3 und 4 und in den §§ 4a bis 4c und 4f des Unterlassungsklagengesetzes sind auf die qualifizierten Wirtschaftsverbände entsprechend anzuwenden. ²Ergänzend zu den Berichtspflichten der qualifizierten Wirtschaftsverbände nach § 4b Absatz 1 Satz 1 Nummer 1 des Unterlassungsklagengesetzes sind auch die Anzahl der gestellten Anträge auf Erlass von einstweiligen Verfügungen und die Anzahl der erhobenen Klagen zur Durchsetzung der in dieser Vorschrift genannten Ansprüche anzugeben.

§ 8c Verbot der missbräuchlichen Geltendmachung von Ansprüchen; Haftung

(1) Die Geltendmachung der Ansprüche aus § 8 Absatz 1 ist unzulässig, wenn sie unter Berücksichtigung der gesamten Umstände missbräuchlich ist.

(2) Eine missbräuchliche Geltendmachung ist im Zweifel anzunehmen, wenn

1. die Geltendmachung der Ansprüche vorwiegend dazu dient, gegen den Zuwiderhandelnden einen Anspruch auf Ersatz von Aufwendungen oder von Kosten der Rechtsverfolgung oder die Zahlung einer Vertragsstrafe entstehen zu lassen,
2. ein Mitbewerber eine erhebliche Anzahl von Verstößen gegen die gleiche Rechtsvorschrift durch Abmahnungen geltend macht, wenn die Anzahl der geltend gemachten Verstöße außer Verhältnis zum Umfang der eigenen Geschäftstätigkeit steht oder wenn anzunehmen ist, dass der Mitbewerber das wirtschaftliche Risiko seines außergerichtlichen oder gerichtlichen Vorgehens nicht selbst trägt,
3. ein Mitbewerber den Gegenstandswert für eine Abmahnung unangemessen hoch ansetzt,
4. offensichtlich überhöhte Vertragsstrafen vereinbart oder gefordert werden,
5. eine vorgeschlagene Unterlassungsverpflichtung offensichtlich über die abgemahnte Rechtsverletzung hinausgeht,
6. mehrere Zuwiderhandlungen, die zusammen hätten abgemahnt werden können, einzeln abgemahnt werden oder
7. wegen einer Zuwiderhandlung, für die mehrere Zuwiderhandelnde verantwortlich sind, die Ansprüche gegen die Zuwiderhandelnden ohne sachlichen Grund nicht zusammen geltend gemacht werden.

(3) [1] Im Fall der missbräuchlichen Geltendmachung von Ansprüchen kann der Anspruchsgegner vom Anspruchsteller Ersatz der für seine Rechtsverteidigung erforderlichen Aufwendungen fordern. [2] Weitergehende Ersatzansprüche bleiben unberührt.

§ 9 Schadensersatz

(1) Wer vorsätzlich oder fahrlässig eine nach § 3 oder § 7 unzulässige geschäftliche Handlung vornimmt, ist den Mitbewerbern zum Ersatz des daraus entstehenden Schadens verpflichtet.

(2) [1] Wer vorsätzlich oder fahrlässig eine nach § 3 unzulässige geschäftliche Handlung vornimmt und hierdurch Verbraucher zu einer geschäftlichen Entscheidung veranlasst, die sie andernfalls nicht getroffen hätten, ist ihnen zum Ersatz des daraus entstehenden Schadens verpflichtet. [2] Dies gilt nicht für unlautere geschäftliche Handlungen nach den §§ 3a, 4 und 6 sowie nach Nummer 32 des Anhangs.

(3) Gegen verantwortliche Personen von periodischen Druckschriften kann der Anspruch auf Schadensersatz nach den Absätzen 1 und 2 nur bei einer vorsätzlichen Zuwiderhandlung geltend gemacht werden.

§ 10 Gewinnabschöpfung

(1) [1] Wer vorsätzlich oder grob fahrlässig eine nach § 3 oder § 7 unzulässige geschäftliche Handlung vornimmt und hierdurch zu Lasten einer Vielzahl von Abnehmern einen Gewinn erzielt, kann von den gemäß § 8 Absatz 3 Nummer 2 bis 4 zur Geltendmachung eines Unterlassungsanspruchs Berechtigten auf Herausgabe dieses Gewinns an den Bundeshaushalt in Anspruch genommen werden. [2] Ist zwischen den Parteien streitig, ob durch die unzulässige geschäftliche Handlung zu Lasten einer Vielzahl von Abnehmern ein Gewinn erzielt wurde oder wie hoch der erzielte Gewinn ist, so entscheidet hierüber das Gericht unter Würdigung aller Umstände nach freier Überzeugung.

(2) [1] Auf den Gewinn sind die Leistungen anzurechnen, die der Schuldner auf Grund der Zuwiderhandlung an Dritte oder an den Staat erbracht hat. [2] Soweit der Schuldner solche Leistungen erst nach Erfüllung des Anspruchs nach Absatz 1 erbracht hat, erstattet das Bundesamt für Justiz dem Schuldner den abgeführten Gewinn in Höhe der nachgewiesenen Zahlungen zurück.

(3) Beanspruchen mehrere Gläubiger den Gewinn, so gelten die §§ 428 bis 430 des Bürgerlichen Gesetzbuchs entsprechend.

(4) Die Gläubiger haben dem Bundesamt für Justiz über die Geltendmachung von Ansprüchen nach Absatz 1 Auskunft zu erteilen.

(5) Haben die Gläubiger einen Anspruch gegen den Schuldner auf Ersatz der für die Geltend-machung des Anspruchs erforderlichen Aufwendungen und können sie vom Schuldner keinen Ausgleich erlangen, so können sie die Erstattung dieser Aufwendungen vom Bundesamt für Justiz verlangen. Der Anspruch nach Satz 1 ist auf die Höhe des an den Bundeshaushalt abgeführten Gewinns beschränkt.

(6) Die Gläubiger können vom Bundesamt für Justiz Ersatz der Aufwendungen verlangen, die für eine Finanzierung des gerichtlichen Verfahrens durch einen gewerblichen Prozessfinanzierer entstanden sind, wenn das Bundesamt für Justiz vor Einleitung des gerichtlichen Verfahrens die Inanspruchnahme dieser Finanzierung bewilligt hat. Das Bundesamt für Justiz bewilligt die Inanspruchnahme der Finanzierung, wenn die beabsichtigte Rechtsverfolgung unter Berück-sichtigung der gesamten Umstände nicht missbräuchlich ist und die Aufwendungen für den Prozessfinanzierer üblich und angemessen sind.

§ 11 Verjährung

(1) Die Ansprüche aus den §§ 8, 9 Absatz 1 und § 13 Absatz 3 verjähren in sechs Monaten und der Anspruch aus § 9 Absatz 2 Satz 1 verjährt in einem Jahr.

(2) Die Verjährungsfrist beginnt, wenn
1. der Anspruch entstanden ist und
2. der Gläubiger von den den Anspruch begründenden Umständen und der Person des Schuld-ners Kenntnis erlangt oder ohne grobe Fahrlässigkeit erlangen müsste.

(3) Schadensersatzansprüche verjähren ohne Rücksicht auf die Kenntnis oder grob fahrlässige Unkenntnis in zehn Jahren von ihrer Entstehung, spätestens in 30 Jahren von der den Schaden auslösenden Handlung an.

(4) Andere Ansprüche verjähren ohne Rücksicht auf die Kenntnis oder grob fahrlässige Unkenntnis in drei Jahren von der Entstehung an.

Kapitel 3. Verfahrensvorschriften

§ 12 Einstweiliger Rechtsschutz; Veröffentlichungsbefugnis; Streitwertminderung

(1) Zur Sicherung der in diesem Gesetz bezeichneten Ansprüche auf Unterlassung können einstweilige Verfügungen auch ohne die Darlegung und Glaubhaftmachung der in den §§ 935 und 940 der Zivilprozessordnung bezeichneten Voraussetzungen erlassen werden.

(2) [1]Ist auf Grund dieses Gesetzes Klage auf Unterlassung erhoben worden, so kann das Gericht der obsiegenden Partei die Befugnis zusprechen, das Urteil auf Kosten der unterliegen-den Partei öffentlich bekannt zu machen, wenn sie ein berechtigtes Interesse dartut. [2]Art und Umfang der Bekanntmachung werden im Urteil bestimmt. [3]Die Befugnis erlischt, wenn von ihr nicht innerhalb von drei Monaten nach Eintritt der Rechtskraft Gebrauch gemacht worden ist. [4]Der Ausspruch nach Satz 1 ist nicht vorläufig vollstreckbar.

(3) [1]Macht eine Partei in Rechtsstreitigkeiten, in denen durch Klage ein Anspruch aus einem der in diesem Gesetz geregelten Rechtsverhältnisse geltend gemacht wird, glaubhaft, dass die Belastung mit den Prozesskosten nach dem vollen Streitwert ihre wirtschaftliche Lage erheblich gefährden würde, so kann das Gericht auf ihren Antrag anordnen, dass die Verpflichtung dieser Partei zur Zahlung von Gerichtskosten sich nach einem ihrer Wirtschaftslage angepassten Teil des Streitwerts bemisst. [2]Die Anordnung hat zur Folge, dass
1. die begünstigte Partei die Gebühren ihres Rechtsanwalts ebenfalls nur nach diesem Teil des Streitwerts zu entrichten hat,
2. die begünstigte Partei, soweit ihr Kosten des Rechtsstreits auferlegt werden oder soweit sie diese übernimmt, die von dem Gegner entrichteten Gerichtsgebühren und die Gebühren seines Rechtsanwalts nur nach dem Teil des Streitwerts zu erstatten hat und
3. der Rechtsanwalt der begünstigten Partei, soweit die außergerichtlichen Kosten dem Gegner auferlegt oder von ihm übernommen werden, seine Gebühren von dem Gegner nach dem für diesen geltenden Streitwert beitreiben kann.

(4) [1]Der Antrag nach Absatz 3 kann vor der Geschäftsstelle des Gerichts zur Niederschrift erklärt werden. [2]Er ist vor der Verhandlung zur Hauptsache anzubringen. [3]Danach ist er nur zulässig, wenn der angenommene oder festgesetzte Streitwert später durch das Gericht herauf-gesetzt wird. [4]Vor der Entscheidung über den Antrag ist der Gegner zu hören.

§ 13 Abmahnung; Unterlassungsverpflichtung; Haftung

(1) Die zur Geltendmachung eines Unterlassungsanspruchs Berechtigten sollen den Schuldner vor der Einleitung eines gerichtlichen Verfahrens abmahnen und ihm Gelegenheit geben, den Streit durch Abgabe einer mit einer angemessenen Vertragsstrafe bewehrten Unterlassungsverpflichtung beizulegen.

(2) In der Abmahnung muss klar und verständlich angegeben werden:

1. Name oder Firma des Abmahnenden sowie im Fall einer Vertretung zusätzlich Name oder Firma des Vertreters,
2. die Voraussetzungen der Anspruchsberechtigung nach § 8 Absatz 3,
3. ob und in welcher Höhe ein Aufwendungsersatzanspruch geltend gemacht wird und wie sich dieser berechnet,
4. die Rechtsverletzung unter Angabe der tatsächlichen Umstände,
5. in den Fällen des Absatzes 4, dass der Anspruch auf Aufwendungsersatz ausgeschlossen ist.

(3) Soweit die Abmahnung berechtigt ist und den Anforderungen des Absatzes 2 entspricht, kann der Abmahnende vom Abgemahnten Ersatz der erforderlichen Aufwendungen verlangen.

(4) Der Anspruch auf Ersatz der erforderlichen Aufwendungen nach Absatz 3 ist für Anspruchsberechtigte nach § 8 Absatz 3 Nummer 1 ausgeschlossen bei

1. im elektronischen Geschäftsverkehr oder in Telemedien begangenen Verstößen gegen gesetzliche Informations- und Kennzeichnungspflichten oder
2. sonstigen Verstößen gegen die Verordnung (EU) 2016/679 des Europäischen Parlaments und des Rates vom 27. April 2016 zum Schutz natürlicher Personen bei der Verarbeitung personenbezogener Daten, zum freien Datenverkehr und zur Aufhebung der Richtlinie 95/46/EG (Datenschutz-Grundverordnung) (ABl. L 119 vom 4.5.2016, S. 1; L 314 vom 22.11.2016, S. 72; L 127 vom 23.5.2018, S. 2) und das Bundesdatenschutzgesetz durch Unternehmen sowie gewerblich tätige Vereine, sofern sie in der Regel weniger als 250 Mitarbeiter beschäftigen.

(5) [1]Soweit die Abmahnung unberechtigt ist oder nicht den Anforderungen des Absatzes 2 entspricht oder soweit entgegen Absatz 4 ein Anspruch auf Aufwendungsersatz geltend gemacht wird, hat der Abgemahnte gegen den Abmahnenden einen Anspruch auf Ersatz der für seine Rechtsverteidigung erforderlichen Aufwendungen. [2]Der Anspruch nach Satz 1 ist beschränkt auf die Höhe des Aufwendungsersatzanspruchs, die der Abmahnende geltend macht. [3]Bei einer unberechtigten Abmahnung ist der Anspruch nach Satz 1 ausgeschlossen, wenn die fehlende Berechtigung der Abmahnung für den Abmahnenden zum Zeitpunkt der Abmahnung nicht erkennbar war. [4]Weitergehende Ersatzansprüche bleiben unberührt.

§ 13a Vertragsstrafe

(1) Bei der Festlegung einer angemessenen Vertragsstrafe nach § 13 Absatz 1 sind folgende Umstände zu berücksichtigen:

1. Art, Ausmaß und Folgen der Zuwiderhandlung,
2. Schuldhaftigkeit der Zuwiderhandlung und bei schuldhafter Zuwiderhandlung die Schwere des Verschuldens,
3. Größe, Marktstärke und Wettbewerbsfähigkeit des Abgemahnten sowie
4. wirtschaftliches Interesse des Abgemahnten an erfolgten und zukünftigen Verstößen.

(2) Die Vereinbarung einer Vertragsstrafe nach Absatz 1 ist für Anspruchsberechtigte nach § 8 Absatz 3 Nummer 1 bei einer erstmaligen Abmahnung bei Verstößen nach § 13 Absatz 4 ausgeschlossen, wenn der Abgemahnte in der Regel weniger als 100 Mitarbeiter beschäftigt.

(3) Vertragsstrafen dürfen eine Höhe von 1 000 Euro nicht überschreiten, wenn die Zuwiderhandlung angesichts ihrer Art, ihres Ausmaßes und ihrer Folgen die Interessen von Verbrauchern, Mitbewerbern und sonstigen Marktteilnehmern in nur unerheblichem Maße beeinträchtigt und wenn der Abgemahnte in der Regel weniger als 100 Mitarbeiter beschäftigt.

(4) Verspricht der Abgemahnte auf Verlangen des Abmahnenden eine unangemessen hohe Vertragsstrafe, schuldet er lediglich eine Vertragsstrafe in angemessener Höhe.

(5) [1]Ist lediglich eine Vertragsstrafe vereinbart, deren Höhe noch nicht beziffert wurde, kann der Abgemahnte bei Uneinigkeit über die Höhe auch ohne Zustimmung des Abmahnenden eine Einigungsstelle nach § 15 anrufen. [2]Das Gleiche gilt, wenn der Abgemahnte nach Absatz 4 nur

eine Vertragsstrafe in angemessener Höhe schuldet. [3]Ist ein Verfahren vor der Einigungsstelle anhängig, so ist eine erst nach Anrufung der Einigungsstelle erhobene Klage nicht zulässig.

§ 14 Sachliche und örtliche Zuständigkeit; Verordnungsermächtigung

(1) Für alle bürgerlichen Rechtsstreitigkeiten, mit denen ein Anspruch auf Grund dieses Gesetzes geltend gemacht wird, sind die Landgerichte ausschließlich zuständig.

(2) [1]Für alle bürgerlichen Rechtsstreitigkeiten, mit denen ein Anspruch auf Grund dieses Gesetzes geltend gemacht wird, ist das Gericht zuständig, in dessen Bezirk der Beklagte seinen allgemeinen Gerichtsstand hat. [2]Für alle bürgerlichen Rechtsstreitigkeiten, mit denen ein Anspruch auf Grund dieses Gesetzes geltend gemacht wird, ist außerdem das Gericht zuständig, in dessen Bezirk die Zuwiderhandlung begangen wurde. [3]Satz 2 gilt nicht für

1. Rechtsstreitigkeiten wegen Zuwiderhandlungen im elektronischen Geschäftsverkehr oder in Telemedien oder
2. Rechtsstreitigkeiten, die von den nach § 8 Absatz 3 Nummer 2 bis 4 zur Geltendmachung eines Unterlassungsanspruchs Berechtigten geltend gemacht werden,

es sei denn, der Beklagte hat im Inland keinen allgemeinen Gerichtsstand.

(3) [1]Die Landesregierungen werden ermächtigt, durch Rechtsverordnung für die Bezirke mehrerer Landgerichte eines von ihnen als Gericht für Wettbewerbsstreitsachen zu bestimmen, wenn dies der Rechtspflege in Wettbewerbsstreitsachen dienlich ist. [2]Die Landesregierungen können die Ermächtigung durch Rechtsverordnung auf die Landesjustizverwaltungen übertragen. [3]Die Länder können außerdem durch Vereinbarung die den Gerichten eines Landes obliegenden Klagen nach Absatz 1 insgesamt oder teilweise dem zuständigen Gericht eines anderen Landes übertragen.

(4) Abweichend von den Absätzen 1 bis 3 richtet sich die Zuständigkeit für bürgerliche Rechtsstreitigkeiten, mit denen ein Anspruch nach § 9 Absatz 2 Satz 1 geltend gemacht wird, nach den allgemeinen Vorschriften.

§ 15 Einigungsstellen

(1) Die Landesregierungen errichten bei Industrie- und Handelskammern Einigungsstellen zur Beilegung von bürgerlichen Rechtsstreitigkeiten, in denen ein Anspruch auf Grund dieses Gesetzes geltend gemacht wird (Einigungsstellen).

(2) [1]Die Einigungsstellen sind mit einer vorsitzenden Person, die die Befähigung zum Richteramt nach dem Deutschen Richtergesetz hat, und beisitzenden Personen zu besetzen. [2]Als beisitzende Personen werden im Falle einer Anrufung durch eine nach § 8 Absatz 3 Nummer 3 zur Geltendmachung eines Unterlassungsanspruchs berechtigte qualifizierte Einrichtung Unternehmer und Verbraucher in gleicher Anzahl tätig, sonst mindestens zwei sachverständige Unternehmer. [3]Die vorsitzende Person soll auf dem Gebiet des Wettbewerbsrechts erfahren sein. [4]Die beisitzenden Personen werden von der vorsitzenden Person für den jeweiligen Streitfall aus einer alljährlich für das Kalenderjahr aufzustellenden Liste berufen. [5]Die Berufung soll im Einvernehmen mit den Parteien erfolgen. [6]Für die Ausschließung und Ablehnung von Mitgliedern der Einigungsstelle sind die §§ 41 bis 43 und § 44 Absatz 2 bis 4 der Zivilprozessordnung entsprechend anzuwenden. [7]Über das Ablehnungsgesuch entscheidet das für den Sitz der Einigungsstelle zuständige Landgericht (Kammer für Handelssachen oder, falls es an einer solchen fehlt, Zivilkammer).

(3) [1]Die Einigungsstellen können bei bürgerlichen Rechtsstreitigkeiten, in denen ein Anspruch auf Grund dieses Gesetzes geltend gemacht wird, angerufen werden, wenn der Gegner zustimmt. [2]Soweit die geschäftlichen Handlungen Verbraucher betreffen, können die Einigungsstellen von jeder Partei zu einer Aussprache mit dem Gegner über den Streitfall angerufen werden; einer Zustimmung des Gegners bedarf es nicht.

(4) Für die Zuständigkeit der Einigungsstellen ist § 14 entsprechend anzuwenden.

(5) [1]Die der Einigungsstelle vorsitzende Person kann das persönliche Erscheinen der Parteien anordnen. [2]Gegen eine unentschuldigt ausbleibende Partei kann die Einigungsstelle ein Ordnungsgeld festsetzen. [3]Gegen die Anordnung des persönlichen Erscheinens und gegen die Festsetzung des Ordnungsgeldes findet die sofortige Beschwerde nach den Vorschriften der Zivilprozessordnung an das für den Sitz der Einigungsstelle zuständige Landgericht (Kammer für Handelssachen oder, falls es an einer solchen fehlt, Zivilkammer) statt.

(6) [1] Die Einigungsstelle hat einen gütlichen Ausgleich anzustreben. [2] Sie kann den Parteien einen schriftlichen, mit Gründen versehenen Einigungsvorschlag machen. [3] Der Einigungsvorschlag und seine Begründung dürfen nur mit Zustimmung der Parteien veröffentlicht werden.

(7) [1] Kommt ein Vergleich zustande, so muss er in einem besonderen Schriftstück niedergelegt und unter Angabe des Tages seines Zustandekommens von den Mitgliedern der Einigungsstelle, welche in der Verhandlung mitgewirkt haben, sowie von den Parteien unterschrieben werden. [2] Aus einem vor der Einigungsstelle geschlossenen Vergleich findet die Zwangsvollstreckung statt; § 797a der Zivilprozessordnung ist entsprechend anzuwenden.

(8) Die Einigungsstelle kann, wenn sie den geltend gemachten Anspruch von vornherein für unbegründet oder sich selbst für unzuständig erachtet, die Einleitung von Einigungsverhandlungen ablehnen.

(9) [1] Durch die Anrufung der Einigungsstelle wird die Verjährung in gleicher Weise wie durch Klageerhebung gehemmt. [2] Kommt ein Vergleich nicht zustande, so ist der Zeitpunkt, zu dem das Verfahren beendet ist, von der Einigungsstelle festzustellen. [3] Die vorsitzende Person hat dies den Parteien mitzuteilen.

(10) [1] Ist ein Rechtsstreit der in Absatz 3 Satz 2 bezeichneten Art ohne vorherige Anrufung der Einigungsstelle anhängig gemacht worden, so kann das Gericht auf Antrag den Parteien unter Anberaumung eines neuen Termins aufgeben, vor diesem Termin die Einigungsstelle zur Herbeiführung eines gütlichen Ausgleichs anzurufen. [2] In dem Verfahren über den Antrag auf Erlass einer einstweiligen Verfügung ist diese Anordnung nur zulässig, wenn der Gegner zustimmt. [3] Absatz 8 ist nicht anzuwenden. [4] Ist ein Verfahren vor der Einigungsstelle anhängig, so ist eine erst nach Anrufung der Einigungsstelle erhobene Klage des Antragsgegners auf Feststellung, dass der geltend gemachte Anspruch nicht bestehe, nicht zulässig.

(11) [1] Die Landesregierungen werden ermächtigt, durch Rechtsverordnung die zur Durchführung der vorstehenden Bestimmungen und zur Regelung des Verfahrens vor den Einigungsstellen erforderlichen Vorschriften zu erlassen, insbesondere über die Aufsicht über die Einigungsstellen, über ihre Besetzung unter angemessener Beteiligung der nicht den Industrie- und Handelskammern angehörenden *Unternehmern*[1] (§ 2 Abs. 2 bis 6 des Gesetzes zur vorläufigen Regelung des Rechts der Industrie- und Handelskammern in der im Bundesgesetzblatt Teil III, Gliederungsnummer 701-1, veröffentlichten bereinigten Fassung), und über die Vollstreckung von Ordnungsgeldern, sowie Bestimmungen über die Erhebung von Auslagen durch die Einigungsstelle zu treffen. [2] Bei der Besetzung der Einigungsstellen sind die Vorschläge der für ein Bundesland errichteten, mit öffentlichen Mitteln geförderten Verbraucherzentralen zur Bestimmung der in Absatz 2 Satz 2 genannten Verbraucher zu berücksichtigen.

(12) Abweichend von Absatz 2 Satz 1 kann in den Ländern Brandenburg, Mecklenburg-Vorpommern, Sachsen, Sachsen-Anhalt und Thüringen die Einigungsstelle auch mit einem Rechtskundigen als Vorsitzendem besetzt werden, der die Befähigung zum Berufsrichter nach dem Recht der Deutschen Demokratischen Republik erworben hat.

§ 15a Überleitungsvorschrift zum Gesetz zur Stärkung des fairen Wettbewerbs

(1) § 8 Absatz 3 Nummer 2 ist nicht anzuwenden auf Verfahren, die am 1. September 2021 bereits rechtshängig sind.

(2) Die §§ 13 und 13a Absatz 2 und 3 sind nicht anzuwenden auf Abmahnungen, die vor dem 2. Dezember 2020 bereits zugegangen sind.

Kapitel 4. Straf- und Bußgeldvorschriften

§ 16 Strafbare Werbung

(1) Wer in der Absicht, den Anschein eines besonders günstigen Angebots hervorzurufen, in öffentlichen Bekanntmachungen oder in Mitteilungen, die für einen größeren Kreis von Personen bestimmt sind, durch unwahre Angaben irreführend wirbt, wird mit Freiheitsstrafe bis zu zwei Jahren oder mit Geldstrafe bestraft.

(2) Wer es im geschäftlichen Verkehr unternimmt, Verbraucher zur Abnahme von Waren, Dienstleistungen oder Rechten durch das Versprechen zu veranlassen, sie würden entweder vom

---

[1] Richtig wohl: „Unternehmer".

Veranstalter selbst oder von einem Dritten besondere Vorteile erlangen, wenn sie andere zum Abschluss gleichartiger Geschäfte veranlassen, die ihrerseits nach der Art dieser Werbung derartige Vorteile für eine entsprechende Werbung weiterer Abnehmer erlangen sollen, wird mit Freiheitsstrafe bis zu zwei Jahren oder mit Geldstrafe bestraft.

§§ 17, 18 *(aufgehoben)*

§ 19 Bußgeldvorschriften bei einem weitverbreiteten Verstoß und einem weitverbreiteten Verstoß mit Unions-Dimension

(1) Ordnungswidrig handelt, wer vorsätzlich oder fahrlässig entgegen § 5c Absatz 1 Verbraucherinteressen verletzt.

(2) [1]Die Ordnungswidrigkeit kann mit einer Geldbuße bis zu fünfzigtausend Euro geahndet werden. [2]Gegenüber einem Unternehmer, der in den von dem Verstoß betroffenen Mitgliedstaaten der Europäischen Union in dem der Behördenentscheidung vorausgegangenen Geschäftsjahr mehr als eine Million zweihundertfünfzigtausend Euro Jahresumsatz erzielt hat, kann eine höhere Geldbuße verhängt werden; diese darf 4 Prozent des Jahresumsatzes nicht übersteigen. [3]Die Höhe des Jahresumsatzes kann geschätzt werden. [4]Liegen keine Anhaltspunkte für eine Schätzung des Jahresumsatzes vor, so beträgt das Höchstmaß der Geldbuße zwei Millionen Euro. [5]Abweichend von den Sätzen 2 bis 4 gilt gegenüber einem Täter oder einem Beteiligten, der im Sinne des § 9 des Gesetzes über Ordnungswidrigkeiten für einen Unternehmer handelt, und gegenüber einem Beteiligten im Sinne des § 14 Absatz 1 Satz 2 des Gesetzes über Ordnungswidrigkeiten, der kein Unternehmer ist, der Bußgeldrahmen des Satzes 1. [6]Das für die Ordnungswidrigkeit angedrohte Höchstmaß der Geldbuße im Sinne des § 30 Absatz 2 Satz 2 des Gesetzes über Ordnungswidrigkeiten ist das nach den Sätzen 1 bis 4 anwendbare Höchstmaß.

(3) Die Ordnungswidrigkeit kann nur im Rahmen einer koordinierten Durchsetzungsmaßnahme nach Artikel 21 der Verordnung (EU) 2017/2394 geahndet werden.

(4) Verwaltungsbehörden im Sinne des § 36 Absatz 1 Nummer 1 des Gesetzes über Ordnungswidrigkeiten sind

1. das Umweltbundesamt,
2. die Bundesanstalt für Finanzdienstleistungsaufsicht bei einer Zuwiderhandlung, die sich auf die Tätigkeit eines Unternehmens im Sinne des § 2 Nummer 2 des EU-Verbraucherschutzdurchführungsgesetzes bezieht, und
3. die nach Landesrecht zuständige Behörde bei einer Zuwiderhandlung, die sich auf die Tätigkeit eines Unternehmens im Sinne des § 2 Nummer 4 des EU-Verbraucherschutzdurchführungsgesetzes bezieht.

§ 20 Bußgeldvorschriften

(1) Ordnungswidrig handelt, wer vorsätzlich oder fahrlässig

1. entgegen § 7 Absatz 1 Satz 1 in Verbindung mit Absatz 2 Nummer 1 oder 2 mit einem Telefonanruf oder unter Verwendung einer automatischen Anrufmaschine gegenüber einem Verbraucher ohne dessen vorherige ausdrückliche Einwilligung wirbt,
2. entgegen § 7a Absatz 1 eine dort genannte Einwilligung nicht, nicht richtig, nicht vollständig oder nicht rechtzeitig dokumentiert oder nicht oder nicht mindestens fünf Jahre aufbewahrt,
3. entgegen § 8 Absatz 5 Satz 2 in Verbindung mit § 6a Absatz 1 Satz 3 des Unterlassungsklagengesetzes eine dort genannte Zustellung nicht oder nicht rechtzeitig bekannt macht,
4. einer Rechtsverordnung nach 8b Absatz 3 Satz 1 in Verbindung mit § 4f Nummer 1 oder 2 des Unterlassungsklagengesetzes oder einer vollziehbaren Anordnung auf Grund einer solchen Rechtsverordnung zuwiderhandelt, soweit die Rechtsverordnung für einen bestimmten Tatbestand auf diese Bußgeldvorschrift verweist, oder
5. entgegen § 8b Absatz 3 in Verbindung mit § 4b Absatz 1 Satz 1 des Unterlassungsklagengesetzes, auch in Verbindung mit einer Rechtsverordnung nach § 4f Nummer 3 des Unterlassungsklagengesetzes, einen dort genannten Bericht nicht, nicht richtig, nicht vollständig oder nicht rechtzeitig erstattet.

(2) Die Ordnungswidrigkeit kann in den Fällen des Absatzes 1 Nummer 1 mit einer Geldbuße bis zu dreihunderttausend Euro, in den Fällen des Absatzes 1 Nummer 2 mit einer Geldbuße bis

zu fünfzigtausend Euro und in den übrigen Fällen mit einer Geldbuße bis zu hunderttausend Euro geahndet werden.

(3) Verwaltungsbehörde im Sinne des § 36 Absatz 1 Nummer 1 des Gesetzes über Ordnungswidrigkeiten ist in den Fällen des Absatzes 1 Nummer 1 und 2 die Bundesnetzagentur für Elektrizität, Gas, Telekommunikation, Post und Eisenbahnen, in den übrigen Fällen das Bundesamt für Justiz.

Anhang (zu § 3 Absatz 3)

Folgende geschäftliche Handlungen sind gegenüber Verbrauchern stets unzulässig:
Irreführende geschäftliche Handlungen

1. unwahre Angabe über die Unterzeichnung eines Verhaltenskodexes
   die unwahre Angabe eines Unternehmers, zu den Unterzeichnern eines Verhaltenskodexes zu gehören;
2. unerlaubte Verwendung von Gütezeichen und Ähnlichem
   die Verwendung von Gütezeichen, Qualitätskennzeichen oder Ähnlichem ohne die erforderliche Genehmigung;
3. unwahre Angabe über die Billigung eines Verhaltenskodexes
   die unwahre Angabe, ein Verhaltenskodex sei von einer öffentlichen oder anderen Stelle gebilligt;
4. unwahre Angabe über Anerkennungen durch Dritte
   die unwahre Angabe,
   a) ein Unternehmer, eine von ihm vorgenommene geschäftliche Handlung oder eine Ware oder Dienstleistung sei von einer öffentlichen oder privaten Stelle bestätigt, gebilligt oder genehmigt worden, oder
   b) den Bedingungen für die Bestätigung, Billigung oder Genehmigung werde entsprochen;
5. Lockangebote ohne Hinweis auf Unangemessenheit der Bevorratungsmenge
   Waren- oder Dienstleistungsangebote im Sinne des § 5b Absatz 1 zu einem bestimmten Preis, wenn der Unternehmer nicht darüber aufklärt, dass er hinreichende Gründe für die Annahme hat, er werde nicht in der Lage sein, diese oder gleichartige Waren oder Dienstleistungen für einen angemessenen Zeitraum in angemessener Menge zum genannten Preis bereitzustellen oder bereitstellen zu lassen; ist die Bevorratung kürzer als zwei Tage, obliegt es dem Unternehmer, die Angemessenheit nachzuweisen;
6. Lockangebote zum Absatz anderer Waren oder Dienstleistungen
   Waren- oder Dienstleistungsangebote im Sinne des § 5b Absatz 1 zu einem bestimmten Preis, wenn der Unternehmer sodann in der Absicht, stattdessen eine andere Ware oder Dienstleistung abzusetzen,
   a) eine fehlerhafte Ausführung der Ware oder Dienstleistung vorführt,
   b) sich weigert zu zeigen, was er beworben hat, oder
   c) sich weigert, Bestellungen dafür anzunehmen oder die beworbene Leistung innerhalb einer vertretbaren Zeit zu erbringen;
7. unwahre Angabe über zeitliche Begrenzung des Angebots
   die unwahre Angabe, bestimmte Waren oder Dienstleistungen seien allgemein oder zu bestimmten Bedingungen nur für einen sehr begrenzten Zeitraum verfügbar, um den Verbraucher zu einer sofortigen geschäftlichen Entscheidung zu veranlassen, ohne dass dieser Zeit und Gelegenheit hat, sich auf Grund von Informationen zu entscheiden;
8. Sprachenwechsel für Kundendienstleistungen bei einer in einer Fremdsprache geführten Vertragsverhandlung
   Kundendienstleistungen in einer anderen Sprache als derjenigen, in der die Verhandlungen vor dem Abschluss des Geschäfts geführt worden sind, wenn die ursprünglich verwendete Sprache nicht Amtssprache desjenigen Mitgliedstaats der Europäischen Union ist, in dem der Unternehmer niedergelassen ist; dies gilt nicht, soweit Verbraucher vor dem Abschluss des Geschäfts darüber aufgeklärt werden, dass diese Leistungen in einer anderen als der ursprünglich verwendeten Sprache erbracht werden;
9. unwahre Angabe über die Verkehrsfähigkeit
   die unwahre Angabe oder das Erwecken des unzutreffenden Eindrucks, eine Ware oder Dienstleistung sei verkehrsfähig;

10. Darstellung gesetzlicher Verpflichtungen als Besonderheit eines Angebots
    die unwahre Angabe oder das Erwecken des unzutreffenden Eindrucks, gesetzlich bestehende Rechte stellten eine Besonderheit des Angebots dar;
11. als Information getarnte Werbung
    der vom Unternehmer finanzierte Einsatz redaktioneller Inhalte zu Zwecken der Verkaufsförderung, ohne dass sich dieser Zusammenhang aus dem Inhalt oder aus der Art der optischen oder akustischen Darstellung eindeutig ergibt;
11a. verdeckte Werbung in Suchergebnissen
    die Anzeige von Suchergebnissen aufgrund der Online-Suchanfrage eines Verbrauchers, ohne dass etwaige bezahlte Werbung oder spezielle Zahlungen, die dazu dienen, ein höheres Ranking der jeweiligen Waren oder Dienstleistungen im Rahmen der Suchergebnisse zu erreichen, eindeutig offengelegt werden;
12. unwahre Angabe über Gefahren für die persönliche Sicherheit
    unwahre Angaben über Art und Ausmaß einer Gefahr für die persönliche Sicherheit des Verbrauchers oder seiner Familie für den Fall, dass er die angebotene Ware nicht erwirbt oder die angebotene Dienstleistung nicht in Anspruch nimmt;
13. Täuschung über betriebliche Herkunft
    Werbung für eine Ware oder Dienstleistung, die der Ware oder Dienstleistung eines bestimmten Herstellers ähnlich ist, wenn in der Absicht geworben wird, über die betriebliche Herkunft der beworbenen Ware oder Dienstleistung zu täuschen;
14. Schneeball- oder Pyramidensystem
    die Einführung, der Betrieb oder die Förderung eines Systems zur Verkaufsförderung, bei dem vom Verbraucher ein finanzieller Beitrag für die Möglichkeit verlangt wird, eine Vergütung allein oder zumindest hauptsächlich durch die Einführung weiterer Teilnehmer in das System zu erlangen;
15. unwahre Angabe über Geschäftsaufgabe
    die unwahre Angabe, der Unternehmer werde demnächst sein Geschäft aufgeben oder seine Geschäftsräume verlegen;
16. Angaben über die Erhöhung der Gewinnchancen bei Glücksspielen
    die Angabe, durch eine bestimmte Ware oder Dienstleistung ließen sich die Gewinnchancen bei einem Glücksspiel erhöhen;
17. unwahre Angaben über die Heilung von Krankheiten
    die unwahre Angabe, eine Ware oder Dienstleistung könne Krankheiten, Funktionsstörungen oder Missbildungen heilen;
18. unwahre Angabe über Marktbedingungen oder Bezugsquellen
    eine unwahre Angabe über die Marktbedingungen oder Bezugsquellen, um den Verbraucher dazu zu bewegen, eine Ware oder Dienstleistung zu weniger günstigen Bedingungen als den allgemeinen Marktbedingungen abzunehmen oder in Anspruch zu nehmen;
19. Nichtgewährung ausgelobter Preise
    das Angebot eines Wettbewerbs oder Preisausschreibens, wenn weder die in Aussicht gestellten Preise noch ein angemessenes Äquivalent vergeben werden;
20. unwahre Bewerbung als kostenlos
    das Angebot einer Ware oder Dienstleistung als „gratis", „umsonst", „kostenfrei" oder dergleichen, wenn für die Ware oder Dienstleistung gleichwohl Kosten zu tragen sind; dies gilt nicht für Kosten, die im Zusammenhang mit dem Eingehen auf das Waren- oder Dienstleistungsangebot oder für die Abholung oder Lieferung der Ware oder die Inanspruchnahme der Dienstleistung unvermeidbar sind;
21. Irreführung über das Vorliegen einer Bestellung
    die Übermittlung von Werbematerial unter Beifügung einer Zahlungsaufforderung, wenn damit der unzutreffende Eindruck vermittelt wird, die beworbene Ware oder Dienstleistung sei bereits bestellt;
22. Irreführung über Unternehmereigenschaft
    die unwahre Angabe oder das Erwecken des unzutreffenden Eindrucks, der Unternehmer sei Verbraucher oder nicht für Zwecke seines Geschäfts, Handels, Gewerbes oder Berufs tätig;
23. Irreführung über Kundendienst in anderen Mitgliedstaaten der Europäischen Union
    die unwahre Angabe oder das Erwecken des unzutreffenden Eindrucks, es sei im Zusammenhang mit Waren oder Dienstleistungen in einem anderen Mitgliedstaat der Europäi-

schen Union als dem des Warenverkaufs oder der Dienstleistung ein Kundendienst verfügbar;

23a. Wiederverkauf von Eintrittskarten für Veranstaltungen

der Wiederverkauf von Eintrittskarten für Veranstaltungen an Verbraucher, wenn der Unternehmer diese Eintrittskarten unter Verwendung solcher automatisierter Verfahren erworben hat, die dazu dienen, Beschränkungen zu umgehen in Bezug auf die Zahl der von einer Person zu erwerbenden Eintrittskarten oder in Bezug auf andere für den Verkauf der Eintrittskarten geltende Regeln;

23b. Irreführung über die Echtheit von Verbraucherbewertungen

die Behauptung, dass Bewertungen einer Ware oder Dienstleistung von solchen Verbrauchern stammen, die diese Ware oder Dienstleistung tatsächlich erworben oder genutzt haben, ohne dass angemessene und verhältnismäßige Maßnahmen zur Überprüfung ergriffen wurden, ob die Bewertungen tatsächlich von solchen Verbrauchern stammen;

23c. gefälschte Verbraucherbewertungen

die Übermittlung oder Beauftragung gefälschter Bewertungen oder Empfehlungen von Verbrauchern sowie die falsche Darstellung von Bewertungen oder Empfehlungen von Verbrauchern in sozialen Medien zu Zwecken der Verkaufsförderung;

Aggressive geschäftliche Handlungen

24. räumliches Festhalten des Verbrauchers

das Erwecken des Eindrucks, der Verbraucher könne bestimmte Räumlichkeiten nicht ohne vorherigen Vertragsabschluss verlassen;

25. Nichtverlassen der Wohnung des Verbrauchers trotz Aufforderung

bei persönlichem Aufsuchen des Verbrauchers in dessen Wohnung die Nichtbeachtung seiner Aufforderung, die Wohnung zu verlassen oder nicht zu ihr zurückzukehren, es sei denn, das Aufsuchen ist zur rechtmäßigen Durchsetzung einer vertraglichen Verpflichtung gerechtfertigt;

26. unzulässiges hartnäckiges Ansprechen über Fernabsatzmittel

hartnäckiges und unerwünschtes Ansprechen des Verbrauchers mittels Telefonanrufen, unter Verwendung eines Faxgerätes, elektronischer Post oder sonstiger für den Fernabsatz geeigneter Mittel der kommerziellen Kommunikation, es sei denn, dieses Verhalten ist zur rechtmäßigen Durchsetzung einer vertraglichen Verpflichtung gerechtfertigt;

27. Verhinderung der Durchsetzung vertraglicher Rechte im Versicherungsverhältnis

Maßnahmen, durch die der Verbraucher von der Durchsetzung seiner vertraglichen Rechte aus einem Versicherungsverhältnis dadurch abgehalten werden soll, dass

a) von ihm bei der Geltendmachung eines Anspruchs die Vorlage von Unterlagen verlangt wird, die zum Nachweis dieses Anspruchs nicht erforderlich sind, oder

b) Schreiben zur Geltendmachung eines Anspruchs systematisch nicht beantwortet werden;

28. Kaufaufforderung an Kinder

die in eine Werbung einbezogene unmittelbare Aufforderung an Kinder, selbst die beworbene Ware zu erwerben oder die beworbene Dienstleistung in Anspruch zu nehmen oder ihre Eltern oder andere Erwachsene dazu zu veranlassen;

29. Aufforderung zur Bezahlung nicht bestellter Waren oder Dienstleistungen

die Aufforderung zur Bezahlung nicht bestellter, aber gelieferter Waren oder erbrachter Dienstleistungen oder eine Aufforderung zur Rücksendung oder Aufbewahrung nicht bestellter Waren;

30. Angaben über die Gefährdung des Arbeitsplatzes oder des Lebensunterhalts

die ausdrückliche Angabe, dass der Arbeitsplatz oder der Lebensunterhalt des Unternehmers gefährdet sei, wenn der Verbraucher die Ware oder Dienstleistung nicht abnehme;

31. Irreführung über Preis oder Gewinn

die unwahre Angabe oder das Erwecken des unzutreffenden Eindrucks, der Verbraucher habe bereits einen Preis gewonnen oder werde ihn gewinnen oder werde durch eine bestimmte Handlung einen Preis gewinnen oder einen sonstigen Vorteil erlangen, wenn

a) es einen solchen Preis oder Vorteil tatsächlich nicht gibt oder

b) die Möglichkeit, einen solchen Preis oder Vorteil zu erlangen, von der Zahlung eines Geldbetrags oder der Übernahme von Kosten abhängig gemacht wird.

32. Aufforderung zur Zahlung bei unerbetenen Besuchen in der Wohnung eines Verbrauchers am Tag des Vertragsschlusses

bei einem im Rahmen eines unerbetenen Besuchs in der Wohnung eines Verbrauchers geschlossenen Vertrag die an den Verbraucher gerichtete Aufforderung zur Bezahlung der Ware oder Dienstleistung vor Ablauf des Tages des Vertragsschlusses; dies gilt nicht, wenn der Verbraucher einen Betrag unter 50 Euro schuldet.

Einleitung (Einl. UWG)

---

* Detailübersichten finden sich zu Beginn der Abschnitte.

1. Abschnitt. Wettbewerb und Wettbewerbsordnung

Übersicht

A. Wettbewerb und Wettbewerbskonzeptionen

Schrifttum: Böge, Der „more economic approach" und die deutsche Wettbewerbspolitik, WuW 2004, 726; Böhm, Wettbewerb und Monopolkampf, 1933; Borchardt/Fikentscher, Wettbewerb, Wettbewerbsbeschränkung, Marktbeherrschung, 1957; Christiansen, Die Ökonomisierung der EG-Fusionskontrolle: Mehr Kosten als Nutzen?, WuW 2005, 285; Everling, Zur Wettbewerbskonzeption in der neuen Rechtsprechung des Gerichtshofs der Europäischen Gemeinschaften, WuW 1990, 995; v. Hayek, Der Wettbewerb als Entdeckungsverfahren, in Freiburger Studien, Gesammelte Aufsätze von F. A. von Hayek, 1969; Hildebrand, Der „more economic approach" in der Wettbewerbspolitik, WuW 2005, 513; Hoppmann, Wirtschaftsordnung und Wettbewerb, 1988; Hoppmann, Workable Competition als wettbewerbspolitisches Konzept, FS Wessels, 1967, 150; Kantzenbach, Die Funktionsfähigkeit des Wettbewerbs, Wirtschaftspolitische Studien aus dem Institut für Europäische Wirtschaftspolitik der Universität Hamburg, Heft 1, 1966; Mestmäcker, Der verwaltete Wettbewerb, 1984; Möschel, Die Wettbewerbsordnung als Grundelement der Sozialen Marktwirtschaft, FS Nörr, 2003, 609; Möschel, Juristisches versus ökonomisches Verständnis eines Rechts der Wettbewerbsbeschränkungen, FS Tilmann, 2003, 705; Möschel, Wettbewerb zwischen Handlungsfreiheiten und Effizienzzielen, FS Mestmäcker, 2006, 356; I. Schmidt, Wettbewerbspolitik und Kartellrecht, 9. Aufl. 2012;

I. Schmidt, More economic approach: Ein wettbewerbspolitischer Fortschritt?, FS Bechtold, 2006, 409; Schmidtchen, Effizienz als Leitbild der Wettbewerbspolitik, in Oberender (Hrsg.), Effizienz und Wettbewerb, 2005, 9; Schmidtchen, Der „more economic approach" in der Wettbewerbspolitik, WuW 2006, 1; Schwalbe/Zimmer, Kartellrecht und Ökonomie, 3. Aufl. 2020.

I. Allgemeine Bedeutung

Das Wort **Wettbewerb** ist eine seit langem eingebürgerte Verdeutschung des Wortes Kon- **1.1** kurrenz, das seinerseits auf dem Umweg über das französische concurrence vom lateinischen concurrere, zusammenlaufen, sich in einen Kampf einlassen, stammt (lat competitio, davon das englische competition). Man bewirbt sich mit anderen um die Wette. Jeder Wettbewerber strebt (petit), eilt (court) nach demselben Ziel. Jeder will die anderen überholen, mindestens aber mit ihnen Schritt halten; denn Stillstand bedeutet, wenn alles vorwärts eilt, Zurückbleiben. Kein Gesetz gibt eine Begriffsbestimmung dieser Urkraft menschlichen Handelns. Da es sich um ein natürliches Phänomen handelt, ist eine exakte Begriffsbestimmung kaum möglich; der Begriff lässt sich nur allgemein umschreiben. Nach dem gewöhnlichen Sprachgebrauch ist Wettbewerb ein Verhalten mehrerer Personen, dadurch gekennzeichnet, dass der eine das zu gewinnen strebt, was ein anderer zu gleicher Zeit zu gewinnen strebt (rivalry for the same thing). Aus der Gleichheit des Ziels, das mehrere zu erreichen suchen, ergibt sich zwangsläufig der Wettbewerb. Er findet sich im menschlichen Leben auf den verschiedensten Gebieten: in der Kunst, im Sport, im Beruf, in der Politik, in der Wirtschaft. Er zeigt sich in den verschiedensten Arten und Graden. In seiner stärksten Form wird der Wettbewerb zum Kampf der Konkurrenten, in seiner schwächsten Form führt er zur Verständigung der Konkurrenten. Zwischen den Konkurrenten können demnach Beziehungen verschiedenster Art entstehen, die Ausdruck ihrer gegensätzlichen Interessen sind. Unter den zahlreichen Gebieten, in denen der Wettbewerb als Form aktiver Entfaltung (type of action) auftritt, kommt bes. Bedeutung dem Wettbewerb auf **wirtschaftlichem** Gebiet zu. Nur dieser interessiert hier.

II. Wirtschaftlicher Wettbewerb

1. Grundlagen

a) Volkswirtschaftsbezug. Der Begriff Wettbewerb (Konkurrenz) wird in dreifacher Bezie- **1.2** hung gebraucht: In diesem Sinne durchzieht das Wettbewerbsprinzip in einem marktwirtschaftlichen System – von Ausnahmebereichen abgesehen – die ganze Wirtschaft und bewirkt durch seine Ergebnisse den gesamtwirtschaftlichen Prozess. Überlegene Erzeugnisse und Leistungen verdrängen die weniger geeigneten oder beliebten. Es geht primär um die Konkurrenz zwischen verschiedenen, aber substituierbaren Gütern (zB Heizöl – Erdgas), nicht zwischen Anbietern oder Nachfragern dieser Güter auf einem bestimmten Markt.

b) Marktbezug. In Beziehung auf den Markt für bestimmte Waren oder Dienstleistungen **1.3** dient der Wettbewerbsbegriff zur Umschreibung der Marktlage. Das Kriterium für das Bestehen von Wettbewerb auf einem bestimmten Markt ist das Vorhandensein von Alternativen für die Marktgegenseite: „Competition consists in access by buyers and sellers to a substantial number of alternatives and in their ability to reject those which are relatively unsatisfactory" (C. D. Edwards, Maintaining Competition, S. 9). Das Auftreten von Substitutionsgütern wirkt sich als Vermehrung der Alternativen aus und kann den Konkurrenzgrad des Marktes erhöhen. Bei dieser Betrachtung wird an Wirkungen angeknüpft, die der Wettbewerb auf einem bestimmten Markt auslöst.

c) Unternehmensbezug. In Beziehung auf ein einzelnes Unternehmen sind die horizontalen **1.4** Wettbewerbsbeziehungen zu Unternehmen derselben Marktstufe und die vertikalen Austauschbeziehungen zu Unternehmen der vor- und nachgeordneten Wirtschaftsstufen und zu den Endverbrauchern zu unterscheiden. Aus der Sicht des einzelnen Unternehmens besteht Wettbewerb, wenn es einen oder mehr Mitbewerber hat, die ihm den Abschluss von Geschäften mit Dritten (Marktpartnern) streitig machen. Für diese ergeben sich aus dem wettbewerblichen Verhalten der Anbieter oder Nachfrager Alternativen, zwischen denen sie wählen können. Unter beiden Aspekten, dem des Verhaltens mehrerer Unternehmen auf einer Marktseite und dem Bestehen von Alternativen auf der Marktgegenseite ist der Wettbewerb zu begreifen. Solange Nachfrager auf andere Anbieter unschwer ausweichen können, ist der Markt nicht vermachtet und kann der Wettbewerb seine Steuerungsfunktion entfalten. Während der Verbraucher typischerweise nur als Nachfrager auf einem bestimmten Markt auftritt, werden Unternehmen, insbes. solche des Handels, gewöhnlich als Anbieter und als Nachfrager auf verschiedenen Märkten tätig. Beide Tätigkeiten stehen in enger Beziehung zueinander. Mit dem Verhalten des einzelnen Wettbewerbers befasst sich, soweit es um die Verhinderung unlauterer geschäftlicher Handlungen geht, das Lauterkeitsrecht, soweit es um den Schutz des Wettbewerbs vor Beschränkungen geht, das Kartellrecht. Der Wettbewerb ist demnach eine komplexe Erscheinung, die sich in einer Vielfalt von Beziehungen und Wirkungen manifestiert.

2. Methodische Erfassung

1.5   **a) Wesen.** Das Verhalten selbstständiger Unternehmen, die zum Geschäftsabschluss mit Dritten zu gelangen suchen, macht den Kern des wirtschaftlichen Wettbewerbs aus. Man erstrebt dadurch die Förderung des eigenen Unternehmens, insbes. die Erzielung von Gewinn. Ein solches Verhalten tritt sowohl auf der Seite der Anbieter als auch auf der Seite der Nachfrager auf. Beim Wettbewerb der Anbieter geht es um die Verwertung einer Ware oder Leistung auf einem bestimmten Markt, im weitesten Sinne ökonomisch betrachtet um die Kaufkraft des Kunden, da jeder Markt sich wieder einem größeren zuordnen lässt. Beim Wettbewerb der Nachfrager geht es um den Erwerb, um die Beschaffung einer Ware oder Leistung auf einem bestimmten Markt, im weiteren Sinne um die Leistungskraft des Lieferanten. Das Bemühen zweier oder mehrerer Unternehmen um das „Geschäft", den „gewinngerichteten Leistungsaustausch", die „Förderung des Wirtschaftserfolges" eines Gewerbetreibenden kennzeichnet den wirtschaftlichen Wettbewerb. Die Unternehmer, die sich im geschäftlichen Verkehr um denselben Abnehmer oder Lieferanten bemühen und sich im wettbewerblichen Parallelprozess gegenseitig zu verdrängen suchen, sind die Mitbewerber (Konkurrenten). Ohne eine äußere Tätigkeit, ein tatsächliches Wetteifern durch Einsatz von Wettbewerbsmitteln, lässt sich das Streben nach Geschäftsabschlüssen, nach Gewinn und Vorteil nicht verwirklichen. Wettbewerb als Vorgang ist daher stets ein Verhalten mehrerer Unternehmen (Handeln oder Unterlassen) auf einem bestimmten Markt. Das kompetitive Verhalten kann sich im Bereich des Absatzes oder der Beschaffung auf mannigfache Art und Weise vollziehen. So wird der Wettbewerb der Absatzleistungen mit Preisen, Rabatten, Konditionen, aber auch mit der Qualität und der Produktpalette, mit dem Service und der Werbung geführt. Häufig wird ein Wettbewerber seine Mitbewerber dadurch zu übertreffen suchen, dass er den Marktpartnern im Austauschverhältnis günstigere Bedingungen bietet, um ihn zum Geschäftsabschluss zu bestimmen, zB ein Anbieter bei Käufermarkt durch niedrigere Preise, bessere Qualität oder neue Erzeugnisse, ein Nachfrager bei Verkäufermarkt dadurch, dass er einen höheren Preis als andere Nachfrager bietet oder sich mit geringerer Qualität begnügt.

1.6   **b) Definitionsversuche.** Es gab im Schrifttum zahlreiche Versuche, den wirtschaftlichen Wettbewerb zu definieren (vgl. Baur ZHR 134 (1970), 97 ff.; 130 ff.; Knöpfle, Die marktbezogene Unlauterkeit, 1983, 97; GK-UWG/Schünemann/Peifer, 3. Aufl. 2021, Einl. Teil A Rn. 37–105). Der WiPolA hat in seinem Bericht zu § 1 GWB (BT-Drs. 2/3644) unter wirtschaftlichem Wettbewerb jede Art wirtschaftlicher Handlung verstanden, die darauf gerichtet ist, sich im Wirtschaftskampf auf Kosten eines Mitbewerbers einen Vorteil zu verschaffen. Fragwürdig ist dabei, ob der Vorteil stets „auf Kosten der Mitbewerber" erzielt sein muss. Denn bei wachsenden Märkten ist es möglich, dass Unternehmen ihre Umsätze erhöhen, ohne dass dies auf Kosten der Mitbewerber geht. Es handelt sich insoweit um eine von der Marktlage abhängige Folge, nicht aber um eines der Wesensmerkmale des Wettbewerbs. Ausgewogener ist die Definition von Fikentscher (WuW 1961, 788 (798)): „Wirtschaftlicher Wettbewerb ist das selbstständige Streben sich gegenseitig im Wirtschaftserfolg beeinflussender Anbieter oder Nachfrager (Mitbewerber) nach Geschäftsverbindung mit Dritten (Kunden oder Lieferanten) durch Inaussichtstellen günstig erscheinender Geschäftsbedingungen." Aber kommt es wirklich auf die „Selbstständigkeit" des Strebens und die tatsächliche gegenseitige Beeinflussung an, so dass bei Fehlen eines dieser Merkmale kein Wettbewerb vorliegen kann? Viele Definitionen kranken daran, dass sie entweder die Grundgegebenheiten, unter denen Wettbewerb bestehen kann, in den Wettbewerbsbegriff einbeziehen oder an bes. Erscheinungsformen des Wettbewerbs anknüpfen, die indessen nicht unbedingt vorzuliegen brauchen. Zu einem wertfreien Begriff lässt sich auf diese Weise nicht gelangen. Unter Aussonderung der Monopol- und anderer Nicht-Wettbewerbsverhältnisse definiert Sandrock, Grundbegriffe des GWB, 1968, S. 129 den wirtschaftlichen Wettbewerb als „das selbstständige Streben von Unternehmen nach Geschäftsabschlüssen mit Kunden oder Lieferanten, wenn das einzelne Unternehmen dabei in seinem Geschäftserfolg von dem Verhalten anderer, ihm als Einzelunternehmen oder als Gruppe zur Seite stehender Unternehmen fühlbar abhängig ist und wenn es sein marktstrategisches Verhalten deshalb nach dem Verhalten dieser anderen Unternehmen, zu denen auch potenzielle Wettbewerber zu rechnen sind, ausrichten muss, indem es bei der Vornahme von Wettbewerbshandlungen zur Förderung des Absatzes/Bezuges die entspr. Wettbewerbshandlungen der anderen Unternehmen berücksichtigt". So überlegt diese Definition auch ist, sie umreißt nur eine Erscheinungsform des Wettbewerbs. Sie rechtfertigt nicht die Annahme, dass bei Fehlen eines dieser Merkmale kein Wettbewerb vorläge. Nach I. Schmidt, Wettbewerbspolitik und Kartellrecht, 9. Aufl. 2012, S. 1) ist Wettbewerb als das Streben von zwei oder mehr Personen bzw. Gruppen nach einem Ziel zu verstehen, wobei der höhere Zielerreichungsgrad des einen idR einen geringeren Zielerreichungsgrad des anderen bedingt. – Mittlerweile dürfte sich die Einsicht durchgesetzt haben, dass eine **Definition des Wettbewerbs als reales Phänomen nicht möglich** ist (vgl. Hoppmann, Schriften für Sozialpolitik N. F. Bd. 48, 1968, S. 9; Köhler, Wettbewerbsbeschränkungen durch Nachfrager, S. 1 ff.; Immenga/Mestmäcker/Zimmer GWB § 1 Rn. 109 mwN). Denn Wettbewerb setzt Freiheit der Marktteilnehmer voraus und aus diesem Grunde lässt sich nicht vorhersagen, welche Art von Marktprozessen sich aus der Ausübung dieser Freiheit ergeben. Wettbewerb ist in diesem Sinne ein Such-, Lern- und Informationsprozess. Jeder Versuch einer Definition läuft Gefahr, dass bestimmte Maßnahmen entweder nicht als wettbewerbsschädlich erfasst werden oder aber als wettbewerbsfremd eingestuft werden.

c) Der Begriff des Wettbewerbs im UWG. Im neuen **Lauterkeitsrecht** geht es nicht mehr **1.7** wie früher um die Beurteilung von Wettbewerbshandlungen, sondern um die Beurteilung von **geschäftlichen Handlungen** (§ 2 I Nr. 2), die sich ohne vorherige Bestimmung des Wettbewerbs als solche feststellen lassen. Das **UWG** definiert folgerichtig den Begriff Wettbewerb nicht, sondern verwendet ihn lediglich bei der Schutzzweckbestimmung (§ 1 I 2) und bei der Definition des Mitbewerbers (§ 2 I Nr. 4). Als **geschäftliche Handlung** definiert § 2 I Nr. 2 „jedes Verhalten einer Person zugunsten des eigenen oder eines fremden Unternehmens vor, während oder nach einem Geschäftsabschluss, das mit der Förderung des Absatzes oder des Bezugs von Waren oder Dienstleistungen oder mit dem Abschluss oder der Durchführung eines Vertrags über Waren oder Dienstleistungen unmittelbar und objektiv zusammenhängt; als Waren gelten auch Grundstücke und digitale Inhalte, Dienstleistungen sind auch digitale Dienstleistungen, als Dienstleistungen gelten auch Rechte und Pflichten". Mit der Erwähnung des „Bezugs" von Waren oder Dienstleistungen wird zum Ersten klargestellt, dass auch der **Nachfragewettbewerb** zu den vom UWG geschützten Erscheinungsformen des Wettbewerbs gehört. Zum Zweiten wird zum Ausdruck gebracht, dass eine geschäftliche Handlung auch dann vorliegen kann, wenn die Maßnahme einem anderen Unternehmen nicht zum **Nachteil** gereicht, sei es, dass auf dem Markt überhaupt kein Mitbewerber vorhanden ist (vgl. § 19 II Nr. 1 GWB: „ohne Wettbewerber ist"), sei es, dass (wie zB bei wachsenden Märkten) Mitbewerber nicht betroffen sind. Zum Dritten ergibt sich daraus, dass auch **Dritte** (zB Verbände oder Private), die nicht selbst unternehmerisch tätig sind, geschäftliche Handlungen vornehmen können, wenn sie zu Gunsten eines Unternehmens tätig werden. – Aber auch der Grundbegriff des Kartellrechts, die **Wettbewerbsbeschränkung,** setzt keine Definition des Wettbewerbs voraus, der Gegenstand der Beschränkung ist. Das Kartellrecht will den Wettbewerb gegen bestimmte, tatbestandlich genau festgelegte Beschränkungen schützen, die die wirtschaftliche Betätigungs- und Entscheidungsfreiheit der Marktteilnehmer einengen. Es genügt ein allgemeines Vorstellungsbild vom wirtschaftlichen Wettbewerb, das seinen Bezug in der **Wettbewerbsfreiheit** hat, die für beide Rechtsgebiete, das Lauterkeits- und das Kartellrecht, den rechtlichen Ansatzpunkt bietet. Während das Kartellrecht die Wettbewerbsfreiheit als solche gegen Beschränkungen schützt, schützt das Lauterkeitsrecht sie gegen unlautere geschäftliche Handlungen. Im Regelfall geht es um das Verhalten von Unternehmen, die auf einem bestimmten Markt unter Anwendung der verschiedensten Mittel (Aktionsparameter) zu Geschäftsabschlüssen mit Dritten (Kunden/Lieferanten) zu gelangen suchen. Dieser kompetitive Verhaltensprozess ist in seinen Bedingungen, Zusammenhängen und Wirkungen zu erfassen.

3. Wettbewerb als zweiseitiges Phänomen

a) Ausgangspunkt. Der wirtschaftliche Wettbewerb vollzieht sich zwischen Wettbewerbern **1.8** (Konkurrenten) untereinander und erstreckt sich gemäß seiner Zielsetzung auf die Marktpartner (Abnehmer, Lieferanten), mit denen sich der einzelne Wettbewerber verständigen muss, um zum Geschäftsabschluss zu gelangen. Die wirtschaftliche Bedeutung des Wettbewerbs für die Erzeugung von Gütern und Leistungen sowie für die Verteilung und die Versorgung des Verbrauchers im Parallel- und Austauschprozess wird in diesen Marktfunktionen evident, wobei unter „Markt" die Gesamtheit der wirtschaftlichen Beziehungen zwischen Anbietern und Nachfragern in Bezug auf ein bestimmtes Gut (einschließlich der Substitutionsgüter) zu verstehen ist. Während sich die juristische Wertung nach Lauterkeitsrecht in der Vergangenheit vor allem auf das kompetitive Verhalten der Wettbewerber untereinander bezog und nur gelegentlich, meist allein im engen Rahmen der §§ 138, 826 BGB, die Austauschbeziehungen zu den Marktpartnern berücksichtigt wurden, ging die ökonomische Wertung von jeher von den Wirkungen des Wettbewerbs auf den Markt aus und suchte sie unter den verschiedensten Aspekten zu erfassen, wobei der Ausdruck „Wettbewerb" als Metapher dient. Erst die funktionsorientierte Beurteilung der Rechtsinstitute des Zivilrechts und des Kartellrechts führten dazu, dass in die wettbewerbsrechtliche Wertung einer Wettbewerbshandlung auch ihre Wirkungen auf den Markt einbezogen wurden. Die Rechtsanwendung wurde dadurch vor neue Aufgaben gestellt. Schon für die Generalklausel des § 1 aF **UWG 1909** war anerkannt, dass sie unter dem Gesichtspunkt des Wettbewerbs als Ordnungsprinzip nicht einseitig in Begrenzung auf die Beziehungen der Wettbewerber untereinander, sondern auch im Hinblick auf die Beziehungen der Wettbewerber zu ihren Marktpartnern (Anbietern oder Nachfragern) sowie den Bestand eines seine Aufgaben erfüllenden Wettbewerbs zu praktizieren war. Im **UWG 2004** ist dies durch die Schutzzweckbestimmung in § 1 ausdrücklich festgeschrieben worden. Die **UWG-Novellen 2008** und **2015** haben daran in der Sache nichts geändert, auch wenn darin – im Gefolge der Umsetzung der UGP-RL – der **Verbraucherschutz** in den Vordergrund gerückt ist. Aus der Doppelfunktion des wirtschaftlichen Wettbewerbs folgt, dass zwischen den horizontalen Beziehungen der Wettbewerber untereinander und den vertikalen Beziehungen der Wettbewerber zu den Marktteilnehmern (§ 2 I Nr. 2) zu unterscheiden ist.

1.9   **b) Wettbewerbsverhältnis.** Wettbewerber, die sich auf einem bestimmten Markt um Geschäftsabschlüsse bemühen und deshalb in ihrem Verhalten meist gegenseitig oder einseitig beeinflussen, stehen in einer durch den Wettbewerb begründeten Beziehung zueinander, die man im heutigen Lauterkeitsrecht als **konkretes Wettbewerbsverhältnis** bezeichnet (→ § 2 Rn. 96 ff.; BGH WRP 2014, 1307 – nickelfrei). Es setzt mindestens zwei Wettbewerber als Anbieter oder Nachfrager und einen Dritten (Kunden, Lieferanten) voraus. Nicht nötig ist es, dass sich Wettbewerber um den Absatz oder die Beschaffung des gleichen (homogenen) Gutes bemühen. Der Wettbewerb erstreckt sich auch auf Substitutionsgüter, die geeignet sind, ein anderes Gut zu ersetzen oder gar zu verdrängen. Hierbei kann der Grad der Substitutionsfähigkeit differieren und sich im Laufe der Zeit verändern (→ § 6 Rn. 34; EuGH GRUR 2007, 511 Rn. 28, 32 – de Landtsheer). Auch Anbieter oder Nachfrager heterogener Güter können nach Lage des Falles miteinander konkurrieren (→ § 2 Rn. 100 ff.). Zwar stehen alle Unternehmer mit ihren verschiedenartigsten Gütern und Leistungen miteinander im Wettbewerb um die Kaufkraft des Kunden (Beater, Unlauterer Wettbewerb, 2011, § 11 Rn. 32 ff.). Dieser sog Kaufkraftwettbewerb bleibt jedoch außer Betracht. Wenn auch der Verbraucher in der Lage ist, an Stelle eines Gutes ein völlig andersartiges zu kaufen, zB statt eines Kühlschrankes einen Fernsehapparat, so folgt daraus nicht, dass deshalb die Anbieter dieser Güter miteinander konkurrieren. Das Bestehen von Wahlmöglichkeiten aus der Sicht des Kunden begründet allein noch keine Wettbewerbsbeziehung zwischen den Anbietern, solange diese sich nicht auch als Wettbewerber um Kunden bemühen. Erst wenn ein Anbieter sein Angebot auf dem Markt durchzusetzen sucht, um selbst anstelle eines anderen Anbieters zum Geschäftsabschluss zu gelangen, liegt ein wettbewerblicher Tatbestand vor. Das bedeutet aber nicht, dass der Anwendungsbereich des Lauterkeitsrechts auf das Vorliegen eines Wettbewerbsverhältnisses zwischen Wettbewerbern um denselben Kundenkreis beschränkt ist. Vielmehr erfasst das UWG geschäftliche Handlungen auch dann, wenn Mitbewerber davon nicht betroffen sind.

1.10   **c) Austauschverhältnis.** Von dem zwischen Wettbewerbern als Anbietern oder Nachfragern untereinander bestehenden Wettbewerbsverhältnis ist das zwischen Anbietern und Nachfragern bestehende Austausch- oder **Vertikalverhältnis** zu trennen. Es ist kein Wettbewerbsverhältnis. Es handelt sich im Gegensatz zu den meist horizontalen Beziehungen der Wettbewerber untereinander um die vertikalen Beziehungen zwischen Verkäufern und Käufern, also zwischen Hersteller und Großhändler, Groß- und Einzelhändler, allen diesen und dem Verbraucher. Die Einwirkung auf die Marktgegenseite, deren Alternativen bestimmt werden, ist eine essentielle Funktion des wirtschaftlichen Wettbewerbs, macht aber die Marktpartner des jeweiligen Austauschverhältnisses nicht zu Wettbewerbern untereinander. Zwar stehen auch sie in einem

Interessengegensatz, der ein Spannungsverhältnis begründet. Aber sie verfolgen nicht wie Wettbewerber gleiche, sondern konträre Ziele. Hierin liegt der grds. Unterschied. Sie wollen sich nicht wie Wettbewerber gegenseitig überflügeln oder gar verdrängen, sondern in einem Vertrag verbinden. Das Verhältnis von Wettbewerbern im Parallelprozess hat distrahierende, das Spannungsverhältnis der Marktpartner im Austauschprozess kontrahierende Tendenz. Zwischen Wettbewerbs- und Vertikalverhältnissen besteht jedoch ein innerer Zusammenhang. Ohne Angebot und Nachfrage gibt es keinen Wettbewerb. Die Marktkommunikation zwischen Anbietern und Nachfragern und umgekehrt beeinflusst wechselseitig den Wettbewerb der Anbieter und Nachfrager untereinander, da Gegenstand des Wettbewerbs der Geschäftsabschluss ist. Das kompetitive Verhältnis zwischen den Wettbewerbern und das kooperative Verhältnis zwischen den Marktpartnern sind demnach einerseits zu unterscheiden, andererseits in ihrem Beziehungszusammenhang zu werten. Da Unternehmen sowohl als Nachfrager gegenüber Anbietern der vorgeordneten, als auch als Anbieter gegenüber Nachfragern der nachgeordneten Marktstufe auftreten, ist es möglich, dass sie insoweit mit Anbietern der vorgelagerten Marktstufe im Wettbewerb stehen. Das ist bspw. der Fall, wenn ein Hersteller seine Waren nicht nur an Einzelhändler, sondern auch an Verbraucher direkt verkauft. Der grds. Unterschied zwischen Wettbewerbs- und Austauschverhältnis wird dadurch nicht berührt.

4. Wettbewerbspolitische Konzeptionen

a) Allgemeines. In der Wirtschaftswissenschaft wird der Begriff „Wettbewerb" oder „Konkurrenz" wegen seines Bezugs auf die Austauschbeziehungen zwischen anbietenden und nachfragenden Wirtschaftssubjekten zur Kennzeichnung bestimmter Marktformen verwendet, die sich unter gewissen Gegebenheiten einstellen können. Versteht man den Wettbewerb, wie oben näher dargelegt, als einen Prozess sich laufend verändernder Verhaltensweisen, so ist die Marktform „Wettbewerb" lediglich ein für einen bestimmten Augenblick gedachter Wettbewerbszustand, demnach nicht mit dem Wettbewerb als Verhaltensprozess zu identifizieren. Für die Einteilung der Märkte hat die Marktformenlehre Modelle entwickelt, die von gegebenen Formen des Wettbewerbs auf einem bestimmten Markt ausgehen und dazu dienen, vor allem Preisbildungsprozesse theoretisch zu analysieren. Diese Typen sind Denkmodelle, die über ihre rein erkenntnistheoretische Funktion hinaus wirtschaftspolitische Bedeutung erlangen, sobald angestrebt wird, das reale Wirtschaftsgeschehen nach ihnen normativ auszurichten. Über die Entwicklung wettbewerbspolitischer Konzeptionen unterrichtet ein umfangreiches Schrifttum (vor → Rn. 1). Instruktiv die Darstellung von I. Schmidt, Wettbewerbspolitik und Kartellrecht, 9. Aufl. 2012, S. 1 ff. Im Folgenden ein kurzer Überblick. **1.11**

b) Vollkommener Wettbewerb. Die Preislehre der klassischen Nationalökonomie ging von **1.12** den Grenzfällen des vollkommenen Wettbewerbs und des vollkommenen Monopols aus. Der Begriff des vollkommenen (reinen, perfekten) Wettbewerbs wird durch Negation des Monopolbegriffs gewonnen. Je weiter der eine verstanden wird, umso enger erscheint der andere. Man sieht den Wettbewerb als vollkommen an, wenn auf der Angebots- und der Nachfrageseite eine möglichst große Zahl von Marktpartnern annähernd gleicher Größe vorhanden ist, die angebotenen Güter homogen, dh in der Meinung der Abnehmer völlig gleichwertig sind und keine Präferenzen irgendwelcher Art (qualitative, räumliche, zeitliche) aufweisen, ein einheitlicher Preis besteht und die Märkte allen offen stehen. Unter diesen vier Voraussetzungen sind die einzelnen Marktteilnehmer machtlos. Es bilden sich einheitliche Marktpreise, die jeder als „Datum" hinnehmen muss, da er keinen irgendwie entscheidenden Einfluss auf den Preis hat. Damit entsteht ein Gleichgewichtszustand zwischen Angebot und Nachfrage, dem sich jeder mengenmäßig anpassen muss. Es herrscht „atomistische" Konkurrenz. Von der Vorstellung eines vollkommenen Wettbewerbs als Idealbild gingen vor allem die Vertreter der Freiburger Schule (Eucken, Böhm ua) aus. Noch in der amtlichen Begründung zum GWB-Entwurf hieß es unter A. V: „Es darf als sichere wirtschaftliche Erkenntnis angesehen werden, dass die Marktverfassung des freien Wettbewerbs das Vorhandensein der Marktform des vollkommenen Wettbewerbs als wirtschaftliche Gegebenheit zur Voraussetzung hat, dh die Zahl der Marktteilnehmer muss so groß sein, dass der Marktpreis für den Unternehmer eine von seinem Verhalten im Wesentlichen unabhängige Größe ist. Soweit diese Voraussetzung zutrifft bzw. herstellbar ist, muss der Gesetzgeber dafür Sorge tragen, dass der vollständige Wettbewerb nicht durch beschränkende Maßnahmen beeinträchtigt wird." Die gegensätzliche Marktform ist danach das Monopol, das „vollkommen" ist, wenn nur ein einziger (individueller oder kollektiver) Anbieter (bzw. Nachfrager) eines nicht substitutionsfähigen Gutes vorhanden und der Markt geschlossen ist. In der Wirklichkeit kommen diese beiden Grenzfälle nicht vor. Es sind gedankliche Modelle, Idealtypen, die zwar für die Bestimmung des niedrigsten Preises homogener Güter erkenntnistheoretischen Wert besitzen, jedoch nicht auf die wirtschaftliche Wirklichkeit zugeschnitten sind. Bei ihr gibt es kein starres System unveränderter Bedingungen. Weder finden sich auf allen Märkten zahlreiche und ungefähr gleich große Anbieter oder Nachfrager, noch gibt es, zumal in der Endproduktion, völlig homogene Güter ohne irgendwelche Substitute und Präferenzen, noch existiert ein einheitlicher Preis, noch besteht vollkommene Markttransparenz mit freiem Zutritt zum Markt für alle. Das statische Modell des vollkommenen Wettbewerbs widerspricht der wirtschaftlichen Wirklichkeit. Man darf nicht den vollkommenen Wettbewerb als die normale Marktform und das Monopol als Ausnahme betrachten. Die Antithese „Wettbewerb" und „Monopol" kann höchstens als Maßstab für die Bewertung einer bestimmten Marktkonstellation verwendet werden (Borchardt/Fikentscher, Wettbewerb, Wettbewerbsbeschränkung, Marktbeherrschung, 1957, S. 18). In der wirtschaftlichen Wirklichkeit ist der Wettbewerb nicht vollkommen im Sinne eines gedanklichen Modells.

1.13   **c) Workable Competition.** Der wirkliche Wettbewerb ist unvollkommen. Kennzeichnend für ihn sind die geringe Zahl der Marktteilnehmer, die Heterogenität der Güter, Preisdifferenzen, unzulängliche Markttransparenz und kein völlig freier Marktzugang. Nur wenn sich die Marktteilnehmer durch ihr Verhalten beeinflussen, bedrohen und unter Druck setzen, ist in der Wirklichkeit und nach dem Sprachgebrauch des Lebens auf einem bestimmten Markt Wettbewerb vorhanden. Der wirkliche Wettbewerb enthält monopolistische und kompetitive Elemente. Je nach den Mischungsgraden dieser Elemente können sich die unterschiedlichsten Marktstrukturen ergeben. Treffend sprachen E. H. Chamberlin („The Theory of Monopolistic Competition", 7. Aufl. 1956) und J. Robinson („The Economics of Imperfect Competition", 5. Aufl. 1954) zur Kennzeichnung dieser Marktform von einer „monopolistischen" Konkurrenz, die sich auf die für die moderne Wirtschaft typische Produktdifferenzierung gründet. Damit war die statische Betrachtung nicht aufgegeben, da man dem Idealbild vollständiger Konkurrenz durch Beseitigung der Unvollkommenheiten nahe kommen wollte. Aber mit statischen Modellen lässt sich der Wettbewerb der Realität nicht sachgerecht beurteilen. Damit wird dem wirtschaftlichen und technischen Fortschritt ungenügend Rechnung getragen. Der Wettbewerb als Koordinator des Marktgeschehens ist ein dynamischer Prozess, in dem die Beseitigung unvollkommener Elemente nicht stets zu guten ökonomischen Ergebnissen zu führen braucht, sondern im Gegenteil der Fortschritt durch monopolistische Elemente gefördert werden kann. Von dieser Erkenntnis ausgehend ist der Wettbewerb unvollkommen und mit monopolistischen Elementen durchsetzt. Clark („Towards a Concept of Workable Competition", The American Economic Review, 1940; Competition as a Dynamic Process, 1961) bezeichnete diesen Wettbewerb der Realität als **Workable Competition** und später als **effective competition.** Das Bild des vorstoßenden und nachfolgenden Wettbewerbs steht in fundamentalem Gegensatz zum statischen Modell des vollkommenen Wettbewerbs, das auf einen bestimmten Zeitpunkt fixiert ist. Unter dem Aspekt der Zeitdimension entwickelt sich der Markt in Phasen, die das wettbewerbliche Verhalten der Unternehmen bestimmen. Bei einem Erzeugnis lassen sich die Experimentierungs-, die Expansions-, die Ausreifungs- und die Stagnations- und Rückbildungsphase unterscheiden (Heuß, Allgemeine Markttheorie, 1965, S. 40 ff.). Zur Beurteilung der Wettbewerbsprozesse sind zahlreiche Kriterien entwickelt worden, die sich auf die Marktstruktur, die Marktergebnisse und das Marktverhalten beziehen.

1.14   **d) Funktionsfähiger Wettbewerb.** Ausgehend von der Konzeption der Workable Competition (→ Rn. 1.13) muss der Wettbewerb nach Kantzenbach (Funktionsfähigkeit des Wettbewerbs, 1965) fünf Funktionen erfüllen. Es sind drei statische und zwei dynamische: die funktionelle Einkommensverteilung nach der Marktleistung, die Lenkung des Angebots durch die Nachfrage, die Optimalkombination der Produktionsverfahren sowie die Anpassung der Produktionskapazität an außerwirtschaftliche Daten und die Durchsetzung des technischen Fortschritts. Diese Marktergebnisse sollen in optimaler Weise von weiten Oligopolen mit mäßiger Produktdifferenzierung und beschränkter Markttransparenz erreicht werden. Das Konzept Kantzenbachs ist auf starke Kritik gestoßen (Hoppmann, Jahrbücher für Nationalökonomie und Statistik, Bd. 179, Heft 4, 1966; F. U. Willeke, Grundsätze wettbewerbspolitischer Konzeptionen, 1973, 69 ff.), hat aber in hohem Maße das neue Leitbild des „funktionsfähigen Wettbewerbs" beeinflusst (BGHZ 41, 42 (51) = NJW 1964, 925 – Fensterglas; Kartte, Ein neues Leitbild für die Wettbewerbspolitik, 1969, S. 33 ff.). Danach hat die Wettbewerbspolitik die Aufgabe, bis zum jeweiligen Optimum hin erwünschte Unvollkommenheiten der Märkte iSd

Modells vollkommener Konkurrenz zu ermöglichen, jenseits des Optimums aber mit der gleichen Konsequenz zu bekämpfen. Der auf optimale Leistung gerichtete „funktionsfähige Wettbewerb" soll der Erreichung volkswirtschaftlich erwünschter Ziele, insbes. dem Wohlstand und Fortschritt dienen. Die unternehmerische Entscheidungsfreiheit ist nur so lange maßgebend, als ihr Gebrauch nicht zur Vermachtung der Märkte und damit zur Beseitigung des Wettbewerbs und der Freiheit anderer führt (Begr. RegE, BT-Drs. VI/2520, 16). Aufgabe der Wettbewerbs-politik ist es, den Wettbewerb in möglichst allen Wirtschaftsbereichen durchzusetzen und vor Vermachtung durch enge Oligopole und marktbeherrschende Stellungen zu schützen. – In neuerer Zeit wird verstärkt zwischen den **ökonomischen** und den **gesellschaftspolitischen Funktionen** des Wettbewerbs unterschieden. Zu den ersteren gehören die Steuerungsfunktion des Wettbewerbs hinsichtlich des Wirtschaftsablaufs; die Ordnungs- und Koordinierungsfunktion hinsichtlich der Entscheidungen der Wirtschaftssubjekte; die Antriebs- und Leistungsfunktion hinsichtlich der Herstellung und des Vertriebs von Wirtschaftsgütern sowie die Schutzfunktion hinsichtlich der Auswahlentscheidung von Anbietern und Nachfragern und die Einkommens-verteilungsfunktion. Zu den letzteren gehören die Entmachtungsfunktion und die Freiheits-sicherungsfunktion (vgl. Langen/Bunte/Bunte GWB Einl. Rn. 140, 141).

e) Konzeption der Wettbewerbsfreiheit. Sie wird als normativer Bezugspunkt von Hopp-   **1.15** mann (Workable Competition als wettbewerbspolitisches Konzept, FS Wessels, 1967, 159 ff., 172 ff.) negativ dahin bestimmt, dass künstliche Wettbewerbshindernisse, die von den Markt-teilnehmern selbst oder dem Staat geschaffen werden (Wettbewerbsbeschränkungen), fehlen. Solange nur natürliche Hindernisse vorliegen, ist der Wettbewerb zwar unvollkommen iSd Abweichung von einem statischen Modell der Gleichgewichtszustandes, er ist aber ein freier, unbe-schränkter Wettbewerb, der durch den Abbau der natürlichen Wettbewerbshindernisse gefördert werden kann. Nach der neoklassischen Konzeption wird der Wettbewerb als Entdeckungsver-fahren (v. Hayek, Freiburger Studien, 1969, 249 ff.) begriffen. Seine Ergebnisse sind ungewiss und lassen sich nicht im Voraus ermitteln. Eine Orientierung an ökonomischen Performance-Vorstellungen wird abgelehnt. Man vertraut auf die Selbstregulierungskräfte des Wettbewerbs und beschränkt ordnungspolitische Eingriffe auf ein Minimum (Möschel, Pressekonzentration und Wettbewerbsgesetz, 1978, S. 42 f., 47 ff.). Ist der Wettbewerb ein langfristiger zeitlicher Prozess, so gibt es zwischen freiem Wettbewerb und wirtschaftlichem Fortschritt grds. kein Dilemma. Der Wettbewerb gewährleistet allen Marktteilnehmern einen Mindestgrad an wirt-schaftlicher Freiheit und führt über die Möglichkeiten freier Entscheidung zu guten ökonomi-schen Ergebnissen und damit zu wirtschaftlichem Wohlstand (Hoppmann FS Wessels, 1967, 159 (172 ff.)). Fragwürdig ist, ob der freie Wettbewerb in einer sozialen Marktwirtschaft das alleinige Koordinationsmittel sein kann. Zur Kritik gegenüber der neoklassischen Konzeption s. Gotthold ZHR 145 (1981), 286; Gotthold ZHR 146 (1982), 55; zur Ablehnung dieser Kritik s. Möschel ZHR 145 (1981), 590.

f) „More economic approach". Aus der Diskussion über das amerikanische Antitrust-   **1.15a** Recht ist die Forderung nach einem **„more economic approach"** auch nach Europa getragen worden und hat Einfluss auf die Auslegung der (jetzt) Art. 101 und 102 AEUV und der Vorschriften über die Fusionskontrolle (vgl. Art. 2 II, III VO 139/2004; § 36 GWB) gewonnen. Danach soll bei Anwendung kartellrechtlicher Vorschriften eine zu juristische Betrachtungsweise durch eine stärker ökonomische abgelöst werden. Dahinter steht eine Orientierung der Wett-bewerbspolitik an **Effizienzkriterien** (Marktergebnissen), wobei der **Verbrauchernutzen** (consumer welfare; Konsumentenwohlfahrt) als Ziel der Wettbewerbspolitik im Vordergrund steht (dazu Schmidtchen WuW 2006, 6). Die Problematik ist dabei, dass sich kaum verlässliche Aussagen über die gesamtwirtschaftliche Effizienz wettbewerblicher Handlungen machen lassen (dazu Möschel FS Mestmäcker, 2006, 356 ff.; Christiansen WuW 2005, 285) und dass dadurch die **Justiziabilität** der Normen und die **Rechtssicherheit** leiden (dazu I. Schmidt FS Bechtold, 2006, 409; Basedow WuW 2007, 712). Dies gilt auch für das Bestreben, den „more economic approach" für das Lauterkeitsrecht fruchtbar zu machen (dazu Podszun WRP 2009, 509), mag es auch Unlauterkeitstatbestände geben, die einen Wettbewerbsbezug haben, wie bspw. die „all-gemeine Marktbehinderung" (→ § 3a Rn. 2.1 ff.) und einzelne Formen der „gezielten Behin-derung von Mitbewerbern" (§ 4 Nr. 4).

g) Würdigung. Zu unterscheiden sind zwei ordnungspolitische Grundrichtungen: Die eine   **1.16** betrachtet den Wettbewerb als ein Instrument zur Erreichung bestimmter gesamtwirtschaftlicher Ziele. Sie geht davon aus, dass zwischen dem normativen Ziel der Wettbewerbsfreiheit und dem

Ziel guter ökonomischer Ergebnisse ein Konflikt besteht (Dilemma-These), so dass es gerecht-fertigt sei, die wirtschaftliche Freiheit zu beschränken, um ökonomische Marktergebnisse zu erreichen, die der Zielsetzung staatlicher Wirtschaftspolitik entsprechen. Der Wettbewerb wird „instrumentalisiert". Er ist nicht nur Ausdruck persönlicher Freiheit, sondern ein gesamtwirt-schaftliches Koordinierungsinstrument. Demgegenüber stellt die „neoklassische Konzeption" unter Berufung auf v. Hayek auf die Wettbewerbsfreiheit als Norm der Wettbewerbspolitik ab und leugnet einen Zielkonflikt. Die Konzeption des funktionsfähigen Wettbewerbs und die Konzeption der Wettbewerbsfreiheit sind die beiden heute vorherrschenden und umstrittenen Grundrichtungen der Wettbewerbstheorie. Für die Beurteilung von Wettbewerbshandlungen nach Lauterkeitsrecht besitzen allerdings wettbewerbs- und wirtschaftspolitische Konzeptionen keine rechtliche Bedeutung. Der Richter ist im Rahmen der Lauterkeitsprüfung nicht zu ihrer Durchsetzung berufen. Einen justiziablen Ansatz bietet nur die Konzeption der **Wettbewerbs-freiheit,** die die Handlungs- und Entscheidungsfreiheit aller Marktteilnehmer im Parallel- und Austauschprozess verlangt, wobei die Freiheit eines Marktteilnehmers durch die Freiheit seiner Konkurrenten und Marktpartner relativiert wird. Sie bietet die Grundlage für die Wertung, ob ein bestimmtes Wettbewerbsverhalten unlauter ist und dadurch den Wettbewerb verfälscht (vgl. § 1 S. 2).

5. Grundvoraussetzungen

1.17   Wettbewerb setzt den freien Zugang zum Markt und die Möglichkeit freier wirtschaftlicher Betätigung voraus. Anbieter müssen ihre Leistungen in Bezug auf Preis, Güte, Service und andere Aktionsparameter frei bestimmen, Nachfrager die ihnen angebotenen Leistungen frei auswählen können. Die Freiheit dieser Betätigung erfordert eine selbstständige Willensbildung, die sich auf die Werbung, die Wahl des Vertragspartners sowie den Abschluss und die inhaltliche Gestaltung des Vertrages beziehen muss. Ohne Handlungsfreiheit kann Wettbewerb weder entstehen noch sich entfalten. Erst durch sie wird der dynamische Wettbewerbsprozess ausgelöst, der den einzelnen Anbieter zwingt, seine Leistung zu verbessern, und dem Nachfrager Alternati-ven verschafft, zwischen denen er frei wählen kann. Die Freiheit aller Marktteilnehmer, der Wettbewerber im Parallelprozess und der Marktpartner im Austauschprozess, ist eine unerläss-liche Voraussetzung dafür, dass auf einem bestimmten Markt Wettbewerb herrscht. Ohne Hand-lungsfreiheit kann Wettbewerb weder entstehen noch sich entfalten. Soweit diese Grundvoraus-setzung beseitigt wird – sei es durch staatliche Maßnahmen, sei es durch Abreden oder das Verhalten der Marktteilnehmer –, ist der Wettbewerb eingeschränkt. Jede Einengung der wirt-schaftlichen Betätigungsfreiheit bewirkt notwendig eine Beschränkung des Wettbewerbs. Eine Rechtsordnung, die den Wettbewerb als Ordnungsprinzip für die Steuerung des Marktgesche-hens will, muss den Zutritt zu den Märkten für alle Unternehmen offen halten und die Beschränkungen wirtschaftlicher Betätigungsfreiheit auf den Märkten soweit wie möglich besei-tigen. Ob sich der Einzelne seiner Freiheit bedient, ist jedoch seine Sache. In einer freiheitlichen Wirtschaft ist niemand gezwungen, sich wirtschaftlich zu betätigen. Es besteht kein Zwang zum Wettbewerb. Aber die Möglichkeit, sich auf einem bestimmten Markt wirtschaftlich und damit wettbewerblich mit anderen Unternehmen zu betätigen, muss offen gehalten werden. Verein-barungen zwischen Unternehmen, die darauf gerichtet sind, den Wettbewerb zu vermeiden und andere am Wettbewerb zu hindern, können deshalb in einer Wettbewerbswirtschaft grds. keine rechtliche Anerkennung finden (Art. 101 AEUV; §§ 1 ff. GWB).

6. Wettbewerb als Verhaltensprozess

1.18   **a) Tatbestand.** Besteht wirtschaftliche Betätigungsfreiheit, so kann sich „Wettbewerb" als Erscheinungsform eines bestimmten Verhaltens zweier oder mehrerer Unternehmen auf einem bestimmten Markt einstellen. Ihr Verhalten ist kompetitiv, wenn sie durch Einsatz von Wett-bewerbsmitteln das erreichen oder zu erreichen suchen, was zu gleicher Zeit ein anderes Unternehmen zu erreichen sucht oder erreicht, nämlich Geschäfte mit Marktpartnern zu schließen. Dabei handelt es sich nicht um einen momentanen Zustand, sondern einen Prozess oder Geschehensablauf (Lukes FS Böhm, 1965, 199 (217 ff.)), der sich in einem differenzierten und komplexen System ständig sich wandelnder Verhaltensweisen offenbart. Jeder Wettbewerber strebt danach, einen Vorsprung vor dem anderen zu erlangen, den er möglicherweise auch erreicht, ohne deshalb schon ein „Monopol" zu haben, wenn er jederzeit wieder von einem Mitbewerber eingeholt oder überholt werden kann. Solange der wettbewerbliche Prozess des Vorstoßens und Gleichziehens der Wettbewerber und die Auswahlfreiheit ihrer Marktpartner auf einem bestimmten Markt bestehen, ist gewährleistet, dass sich der Wettbewerber mit der besseren Leistung gegenüber dem Mitbewerber mit der weniger guten Leistung durchsetzen kann.

b) Erscheinungsformen. Der Wettbewerb mehrerer Unternehmen offenbart sich in den **1.19** vielfältigsten Formen, die sich nicht generell erfassen lassen. Die Zahl der Wettbewerber kann groß oder klein, ihr wettbewerbliches Verhalten als aktiv oder passiv zu werten sein. Der Wettbewerb kann lauter oder unlauter, beschränkt oder unbeschränkt, funktionsfähig oder funktionsunfähig sein. Es handelt sich um Erscheinungsformen existenten Wettbewerbs. Gleichgültig ist, ob der Vorteil eines Unternehmens auf Kosten anderer Unternehmen erzielt wird oder ob überhaupt Vorteile erzielt werden. Auch der für den Wettbewerb typische Spannungszustand, der die Mitbewerber nach ihrem Gutdünken zu einer Zug-um-Zug-Strategie – wenn nicht veranlasst, so doch – veranlassen kann, ist Ausdruck bestehenden oder möglichen Wettbewerbs. Angesichts der Dynamik des Wettbewerbs ist der Grad – die Intensität – des zwischen mehreren Mitbewerbern bestehenden Spannungszustandes ständigen Schwankungen ausgesetzt. Sie sind von der Zahl der Mitbewerber, ihrem Marktverhalten, dem Vorhandensein oder Auftreten von Substitutionsgütern, dem Verhalten der Marktgegner und den Schwankungen der Konjunktur abhängig. Keinesfalls ist die Wettbewerbsintensität auf einem Markt am heftigsten, auf dem eine Vielheit von Wettbewerbern auftritt. So können auf einem Markt nur wenige Wettbewerber vorhanden sein, die aufs Schärfste miteinander rivalisieren, während die Wahlmöglichkeiten für die Marktgegner nur gering sind. Auch Kartelle können sich in scharfem Wettbewerb mit Außenseitern befinden; trotzdem kann der Markt als solcher vermachtet sein, weil der Marktgegenseite mögliche Alternativen genommen sind.

c) Potenzieller Wettbewerb. Besteht kein Wettbewerb, so kann dies darauf beruhen, dass **1.20** Wettbewerb entweder überhaupt nicht möglich ist, zB infolge einer gesetzlichen Marktregelung, oder zwar möglich ist, jedoch noch nicht ausgeübt wird. In diesem Fall spricht man von „potenziellem" Wettbewerb. Es kann sich entweder um das mögliche Auftreten neuer Wettbewerber auf einem bestimmten Markt oder um mögliche Maßnahmen vorhandener Wettbewerber handeln, die sich bisher nicht wettbewerblich verhalten haben. Der Ausdruck darf indessen nicht missverstanden werden. Der „potenzielle" Wettbewerb ist – für den Augenblick betrachtet – kein bestehender Wettbewerb. Es werden noch keine Wettbewerbsmittel eingesetzt. Im Gegensatz zu einem nicht möglichen Wettbewerb kann der potenzielle Wettbewerb jedoch, sofern er greifbar ist, jederzeit in aktuellen Wettbewerb umschlagen. Hierauf beruht es, dass sich der für den Wettbewerb typische Spannungszustand auch schon bei potentiellem Wettbewerb auswirken kann. Diese Wirkung zeigt sich nicht erst, wenn das Streben, den Mitbewerber zu überflügeln, offen hervortritt, zB in akuten Maßnahmen oder Kampfsituationen (Abbott: „continuous struggle"), sondern schon dann, wenn das kompetitive Verhalten lediglich droht („continuous existence of potential struggle"). Unternehmer fühlen sich bereits kraft der latenten Ausstrahlungskraft möglichen Wettbewerbs in ihrem Gewinnstreben bedroht und werden in ihrem Verhalten auf dem Markt dadurch beeinflusst, dass Konkurrenten plötzlich auftreten können. Potenzielle Wettbewerber gehören zum relevanten Markt (Hoppmann, Wirtschaftsordnung und Wettbewerb, 1988, S. 495). Ein auf die Herstellung freier Konkurrenz bedachtes Wirtschaftssystem muss auch Beschränkungen des künftig möglichen Wettbewerbs zu verhindern suchen. Das geschieht im Kartellrecht durch das grds. Verbot von wettbewerbsbeschränkenden Vereinbarungen und abgestimmten Verhaltensweisen (§ 1 GWB). Auch nach Lauterkeitsrecht werden künftige Wettbewerbsbeziehungen berücksichtigt, wenn sie greifbar sind (BGH GRUR 1955, 342 (344) – Holländische Obstbäume; GRUR 1961, 535 (537) – arko). Es ist nicht erforderlich, dass der Wettbewerb schon in bestimmter naher Zukunft aufgenommen werden soll (BGH GRUR 1955, 342 (344) – Holländische Obstbäume; → § 2 Rn. 71).

7. Wettbewerb als Ausleseprozess

a) Kundenverlust als Folge des Wettbewerbs. Zum Wesen des wirtschaftlichen Wett- **1.21** bewerbs gehört es, Kunden zu gewinnen, mit denen der Mitbewerber rechnet, oder ihm Kunden abzunehmen, die er schon hat. Die ganze Wirtschaft und die Unternehmer leben davon. Keiner hat Anspruch auf die Wahrung seiner Position. Bei freiem Wettbewerb muss jeder Gewerbetreibende es hinnehmen, dass der Absatz und Vertrieb seiner Waren sowie die Verwertung seiner Leistungen durch die wettbewerbliche Tätigkeit der Mitbewerber beeinträchtigt werden. Die Beeinträchtigung ist eine Folgeerscheinung der freien wettbewerblichen Betätigung von Unternehmen, die um Absatz oder Beschaffung ringen. Soweit freier Wettbewerb besteht, kann weder das bloße Eindringen in den fremden Kundenkreis noch das Vereiteln seiner Vermehrung unerlaubt sein (hM; → § 4 Rn. 4.33 mwN). Der Kundenkreis ist kein geschütztes Rechtsgut. Es ist daher nicht wettbewerbswidrig, wenn ein Wettbewerber die von einem erfolgreichen Mitbewerber ausgelöste Nachfrage für sich ausnutzt. Nicht nur der schöpferische, sondern auch der nachahmende Wettbewerb ist grds. erlaubt (vgl. § 4 Nr. 3). Erst durch das Zusammenwirken von schöpferischem und nachahmendem Wettbewerb entsteht der dynamische Prozess des Wettbewerbs. Ohne den nachahmenden Wettbewerb würde der Wettbewerb in Monopolstellungen erstarren. Auch die Ausnutzung eines vom Mitbewerber mit Mühe und Kosten errungenen Arbeitsergebnisses ist erlaubt, falls nicht Ausschlussrechte verletzt werden oder bes. Umstände vorliegen, die dem Verhalten den Stempel des Unlauteren aufdrücken. Hier tritt der Satz zutage, der im Grunde das gesamte Wettbewerbsrecht enthält: Jede Beeinträchtigung des Mitbewerbers ist erlaubt, die der Wettbewerb seiner Natur nach mit sich bringt, vorausgesetzt, dass dies mit erlaubten Mitteln geschieht. Erst die Art und Weise, wie zur Verbesserung der eigenen Wettbewerbsstellung neue Kunden gewonnen und alte zurück gewonnen werden, kann eine Wettbewerbshandlung unzulässig machen. Der Wettbewerbsbegriff als solcher ist ein wertfreier, insbes. ethisch neutraler Begriff. Wo Wettbewerb stattfindet, kann er erwünscht oder unerwünscht, erlaubt oder unerlaubt, lauter oder unlauter sein.

1.22 **b) Marktaustritt als Folge des Wettbewerbs.** Folge des Wettbewerbs kann nicht nur die Beeinträchtigung, sondern auch das endgültige Ausscheiden von Mitbewerbern sein, die mit ihren Leistungen nicht Schritt halten können. Der Ausleseprozess mag für die Betroffenen hart sein, liegt aber im Wesen des Wettbewerbs begründet, der der besseren Leistung zum Siege verhelfen will. Unrichtig wäre es aber, die Verdrängung oder Vernichtung des Mitbewerbers, die eine mögliche Folge des Wettbewerbs sein können und zwangsläufig in Kauf zu nehmen sind, zum Sinn des Wettbewerbs zu machen. Träfe dies zu, so wäre der Wettbewerb gemeinschaftsschädlich. Zur Erhaltung eines funktionsfähigen, die Gesamtwirtschaft fördernden Wettbewerbs ist es unerlässlich, dass möglichst viele Einzelwettbewerber auf dem Markt als Anbieter oder Nachfrager auftreten und der Markt nicht vermachtet wird. Ein Vorgehen, das darauf zielt, nicht durch bessere Leistung, sondern wirtschaftliche Macht den Mitbewerber vom Markt zu verdrängen, um freie Bahn für den eigenen Absatz zu haben, widerspricht dem Sinn und Zweck des wirtschaftlichen Wettbewerbs. Dieser besteht darin, den Mitbewerber durch die bessere Leistung zu überflügeln, nicht aber ihn durch den Missbrauch einer marktstarken Stellung vom Markt auszuschließen. Es ist für die wettbewerbsrechtliche Beurteilung gleichgültig, ob die Verdrängung des Mitbewerbers von einem Kartell oder marktstarken Einzelunternehmen betrieben wird. Ein solcher allein auf Machtvorteilen beruhender Verdrängungswettbewerb, der sich gezielt auf die Ausschaltung von Mitbewerbern richtet, ist wettbewerbswidrig, weil er die dem Wettbewerb eigenen Wirkungen nicht zur Geltung kommen lässt, sondern das Wetteifern der Mitbewerber vereitelt. Der Schutz des Wettbewerbs in seinem Bestand ist nicht nur eine Aufgabe des Kartell- sondern auch des Lauterkeitsrechts. So verstoßen Werbemaßnahmen, wie das Verschenken von Originalware zu Erprobungszwecken, gegen § 3, wenn sie geeignet sind, den Bestand des Wettbewerbs, an dessen Aufrechterhaltung ein Allgemeininteresse besteht, dadurch aufzuheben, dass sie den Mitbewerbern die Möglichkeit nehmen, an dem grds. allen offen stehenden Wettbewerb teilzunehmen (→ § 4 Rn. 12.1 ff.).

8. Zusammenfassung

1.23 **a) Problematik.** Sie liegt darin, dass es sich bei dem wirtschaftlichen Wettbewerb um einen äußerst komplexen Sachverhalt handelt, der einmal gewisse Gegebenheiten voraussetzt, damit er überhaupt eintreten und sich entfalten kann, zum anderen aber wegen seiner vielfältigen Funktionen unter den verschiedensten Aspekten und mit verschiedenen Zielvorstellungen gewürdigt werden kann. Hieraus erklärt sich, dass der Begriff Wettbewerb sowohl zur Charakterisierung der Verhaltensprozesse mehrerer Unternehmen auf einem bestimmten Markt und der sich für sie daraus ergebenden Beziehungen untereinander und zu den Marktpartnern auf der Marktgegenseite, als auch zur Umschreibung der Marktsituation eines bestimmten Erzeugnisses einschließlich seiner Substitutionsgüter sowie zur Kennzeichnung eines die gesamte Wirtschaft beherrschenden Ordnungsprinzips dient. Um Missverständnisse zu vermeiden, ist es deshalb erforderlich, sich darüber im Klaren zu sein, wofür man den Begriff Wettbewerb verwendet.

1.24 **b) Wettbewerb als Verhaltensprozess.** Es geht um das Verhalten mehrerer Unternehmen, die auf einem bestimmten Markt miteinander um Geschäftsabschlüsse mit Dritten wetteifern.

Von diesem natürlichen Vorstellungsbild eines in Funktion befindlichen dynamischen Wettbewerbs ist im Lauterkeits- und im Kartellrecht auszugehen. Der rechtliche Ansatzpunkt für die Beurteilung nach Lauterkeitsrecht ist die einzelne Wettbewerbshandlung („geschäftliche Handlung" iSv § 2 I Nr. 2) eines Gewerbetreibenden, die nach Maßgabe bestimmter objektiver Verhaltensregeln auf ihre Lauterkeit oder Unlauterkeit hin zu prüfen ist. Was „Wettbewerb" begrifflich ist, braucht hierfür nicht beantwortet zu werden. Es genügt die Feststellung einer geschäftlichen Handlung iSd § 2 I Nr. 2. Die rechtlichen Ansatzpunkte für die Beurteilung nach Kartellrecht sind die künstlichen Maßnahmen oder Zustände, die den freien Wettbewerb auf den Märkten einschränken. Jede Wettbewerbshandlung ist Markthandlung, jeder Wettbewerbsprozess als Verhaltensprozess ein Marktprozess.

c) Wettbewerb als Ordnungsprinzip. Soweit Wettbewerb herrscht, werden den Marktpartnern auf der Marktgegenseite Alternativen geboten, zwischen denen sie frei wählen können. Der einzelne Unternehmer ist genötigt, die Leistungen seiner Mitbewerber zu übertreffen, zumindest mit ihnen Schritt zu halten. Wer mit seinen Leistungen nachlässt, fällt zurück und wird, wenn er sich nicht wieder fängt und Besseres leistet, aus dem Wettbewerb verdrängt. Unter diesem Gesichtspunkt dient der Wettbewerb der Leistungssteigerung und wird als Triebfeder der wirtschaftlichen Evolution zum entscheidenden Faktor des Fortschritts. Er besitzt Steuerungsfunktion. Auch planwirtschaftliche Wirtschaftssysteme pflegen sich die stimulierende Funktion des Wettbewerbs auf verschiedene Weise nutzbar zu machen. Eine bes. Funktion gewinnt der Wettbewerb jedoch in einem auf dem Fundament freier wirtschaftlicher Betätigung beruhenden marktwirtschaftlichen Wirtschaftssystem, wenn er durch die Rechtsordnung zu einer geschützten Veranstaltung erhoben wird. Dann wirkt der Wettbewerb nicht nur als Antrieb zur Steigerung der Leistung, sondern auch als Regulator des wirtschaftlichen Gesamtprozesses. Angebot und Nachfrage individueller Wettbewerber werden durch den Wettbewerb vom Markt bestimmt. In diesem Sinne ist der Wettbewerb ein Ordnungsprinzip für die gesamte Volkswirtschaft. In der Bundesrepublik ist der Wettbewerb durch das GWB als Institution einer marktwirtschaftlich orientierten Wirtschaftsordnung rechtlich geschützt. Das fundamentum competitionis ist die **Freiheit wirtschaftlicher Betätigung.** Sie wird durch die Rechtsordnung ermöglicht und vor Beschränkung durch kollektive oder individuelle Machtgebilde geschützt, damit eine freiheitliche Ordnung der sozialen Beziehungen aller Marktbeteiligten gewährleistet ist. Der Wettbewerb wirkt als „Entmachtungsinstrument". Er übt gesamtwirtschaftlich gesehen eine soziale Kontrolle über die Wettbewerber als Inhaber von Machtpositionen aus. Der einzelne Wettbewerber muss das Verhalten seiner Mitbewerber beachten, das ihn durch ihr Verhalten hindern, zu hohe Preise zu verlangen und seine Gewinne zu maximieren. Absprachen, die den Wettbewerb beschränken, werden nicht verboten, um die beteiligten Unternehmer vor einer Selbstaufgabe ihrer wirtschaftlichen Betätigungsfreiheit zu schützen, sondern um zu verhindern, dass durch Selbstfesselung die Betätigungsmöglichkeiten der Marktpartner und außerhalb des Vertrages stehender Dritter beeinträchtigt werden. Wettbewerb ist insoweit nicht Selbstzweck, sondern Koordinator der vertraglichen Beziehungen der Marktpartner und damit Regulator eines sich selbst steuernden Marktprozesses. Die kompetitiven Beziehungen zwischen den Wettbewerbern müssen erhalten bleiben, damit in einer arbeitsteiligen Wirtschaft die kooperativen Beziehungen zwischen den Marktpartnern auf Grund beiderseits freier Entschließung gestaltet werden. Um seine Ordnungs- und Steuerungsaufgabe zu erfüllen, muss der Wettbewerb in Funktion gesetzt werden. Der Markt darf nicht strukturell vermachtet werden, weil sonst ein Ungleichgewicht eintritt, das einen Wettbewerb ausschließt und Vertragsgerechtigkeit nicht mehr gewährleistet. **1.25**

III. Wettbewerbsfreiheit

1. Elemente der Wettbewerbsfreiheit

a) Wettbewerbsfreiheit als Vertragsfreiheit. Der Wettbewerb ist frei, wenn es jedem erlaubt ist, sich auf einem bestimmten Markt mit anderen Wirtschaftssubjekten um Geschäftsabschlüsse mit Marktpartnern zu bewerben. Von den Rahmenbedingungen hängt es ab, ob man sich auch wirtschaftlich frei betätigen kann. Fehlt es an dieser Grundvoraussetzung, so kann der wettbewerbliche Marktmechanismus nicht funktionieren. **1.26**

b) Wettbewerbsfreiheit als Freiheit des Marktzutritts. Wettbewerbsfreiheit ist auch die Freiheit des Marktzutritts. Es muss jeder in der Lage sein, als neuer Wettbewerber (Anbieter oder Nachfrager) auf einem bestimmten Markt aufzutreten. Der Markt muss offen sein, so dass jeder **1.27**

potenzielle Verkäufer oder Käufer freien Zugang hat und die Gruppe der schon vorhandenen Marktteilnehmer vermehren kann. Zum anderen muss jeder Marktteilnehmer seine Entschlüsse auf dem Markt frei fassen und durchführen können. Die Anbieter müssen in der Lage sein, ihre Preise und Erzeugnisse jederzeit nach eigenem Gutdünken zu variieren, so dass die Nachfrager zwischen verschiedenen, wenn auch einander verwandten Erzeugnissen zu unterschiedlichen Preisen wählen können.

1.28   **c) Wettbewerbsfreiheit als Freiheit des Marktaustritts.** Die Freiheit, sich im wirtschaftlichen Verkehr frei zu betätigen, umfasst auch das Recht, von dieser Freiheit keinen Gebrauch zu machen. Es besteht kein Zwang, sich wirtschaftlich zu betätigen und am Wettbewerb zu beteiligen. Eine andere Frage ist es, ob man auf seine Freiheit, allein und selbstständig zu handeln, ganz oder teilweise wirksam verzichten kann. In einer Marktwirtschaft, deren Ordnungsprinzip der Wettbewerb ist, können solche Verzichte keine rechtliche Anerkennung finden (vgl. Art. 101 AEUV; § 1 GWB).

2. Die Wettbewerbsfreiheit als rechtlich gebundene Freiheit

1.29   Eine gesetzlich verbotene wettbewerbliche Betätigung ist nicht frei. Nur im Rahmen des erlaubten Verhaltens ist die Wettbewerbsfreiheit durch die Rechtsordnung gewährleistet. Die Lauterkeit bzw. Unlauterkeit eines Verhaltens ist jedoch nicht isoliert, sondern im Kontext der Verfassung und der bestehenden Wirtschaftsordnung, insbes. der Wertungen des europäischen und deutschen Kartellrechts, zu bestimmen. Nur in diesem Sinne ist der Satz zu verstehen, dass der vom Kartellrecht geschützte freie Wettbewerb nur der lautere und erlaubte Wettbewerb ist.

3. Einschränkungen der Wettbewerbsfreiheit

1.30   Die Wettbewerbsfreiheit ist eingeschränkt, soweit für den Einzelnen die Möglichkeit, sich auf einem Wirtschaftsgebiet wettbewerblich zu betätigen, nicht besteht. Im wirtschaftlichen Bereich steht der Einzelne nicht nur in einer Beziehung zum Staat, sondern auch zu Verbänden, Organisationen und anderen Wirtschaftssubjekten. Die Wettbewerbsfreiheit kann deshalb aus den verschiedensten Gründen beseitigt sein.

1.31   **a) Staatliche Beschränkungen der Wettbewerbsfreiheit.** Der Staat kann die freie wirtschaftliche Betätigung auf bestimmten Wirtschaftsgebieten ganz oder teilweise ausschließen, zB durch Beschränkung der Niederlassungsfreiheit, Konzessionszwang oder Bildung von Monopolen (Branntwein und früher Post, Eisenbahn) oder bestimmter Marktordnungen. Wenn der Staat in Notzeiten einem Händler einen Kundenkreis garantiert, indem er den Verkauf nur an Stammkunden zulässt, so schaltet er den Wettbewerb insoweit nahezu aus; der Händler wird als Verteiler zum Staatsfunktionär. Durch Maßnahmen des Staates kann der freie Wettbewerb weitgehend ausgeschlossen werden und an die Stelle des Wettbewerbs als Koordinator des Marktgeschehens der Plan treten. Auf die Dauer wird sich allerdings kein Staat erlauben können, auf den wirtschaftlichen Wettbewerb seiner Bürger völlig zu verzichten. Ob und inwieweit in einer Wirtschaft freier Wettbewerb besteht, ist eine rechts- und wirtschaftspolitische Grundsatzfrage von größter Tragweite. Sie steht in engstem Zusammenhang mit dem Verhältnis von Staat und Wirtschaft, das sich im Laufe der Entwicklung mehrfach gewandelt hat. Typisch für die Staaten der westlichen Welt ist das Nebeneinanderbestehen eines öffentlichen und eines privaten Bereichs. Der private Bereich gründet sich auf die freie wirtschaftliche Betätigung des Einzelnen und das Privateigentum. Der öffentliche Bereich kann dem Staat entweder eine Monopolstellung geben, die eine private Betätigung überhaupt ausschließt, oder ihn zum Konkurrenten der privaten Wirtschaft machen (→ § 3a Rn. 2.1 ff.).

1.32   **b) Vertragliche und machtbedingte Beschränkungen der Wettbewerbsfreiheit.** Die Wirtschaft selbst kann in dem ihr vorbehaltenen privaten Bereich den freien Wettbewerb mit den Mitteln des Vertragsrechts künstlich durch wettbewerbsbeschränkende Vereinbarungen, insbes. Kartelle, ausschließen. Weiter kann der freie Wettbewerb durch das Verhalten von Wettbewerbern (Art. 101 AEUV; §§ 1 ff. GWB) und das Bestehen von marktbeherrschenden Unternehmen (Art. 102 AEUV; §§ 19 ff. GWB) beschränkt werden. Der Staat kann solche Beschränkungen des Wettbewerbs durch die Wirtschaft dulden oder sogar, um eigene Lenkungsmaßnahmen durchzusetzen, fördern. Er kann aber auch zur Wiederherstellung und Sicherung des freien Wettbewerbs intervenieren und die Beseitigung kollektiver und individueller Machtstellungen anstreben, die Preis und Ertrag maßgebend bestimmen und die Freiheit anderer Marktpartner beeinträchtigen. Ob und in welchem Ausmaß und mit welchen Mitteln eine staatliche Intervention erfolgt, um die Voraussetzungen für einen freien Wettbewerb zu schaffen, ist eine komplexe Frage. Sie birgt verfassungs-, gesellschafts-, wirtschafts- und steuerrechtliche Probleme in sich. Ihre Beantwortung kann verschieden ausfallen. Letzten Endes geht es um eine Grundsatzfrage: die Schaffung einer freiheitlichen Ordnung.

4. Normative Sicherung der Wettbewerbsfreiheit

Soll der Wettbewerb nicht nur als Antrieb zur Leistungssteigerung, sondern auch als Regulator **1.33** der wirtschaftlichen Beziehungen zwischen Anbietern und Nachfragern auf dem Markt funktionieren, so muss die Freiheit des Wettbewerbs normativ gesichert werden. Hierbei ergibt sich eine doppelte Schwierigkeit: Einmal ist ein direkter Zwang zu wettbewerblichem Verhalten in einer auf dem Freiheitsgedanken beruhenden Marktwirtschaft nicht durchführbar, zum anderen kann gerade der in Aktion gesetzte Wettbewerb zu Monopolstellungen führen und dadurch den Automatismus des Wettbewerbs außer Kraft setzen. Der Wettbewerb selbst kann den Wettbewerb beseitigen. Gesetzliche Maßnahmen müssen diesen Erkenntnissen angepasst sein und die Rahmenbedingungen für die Förderung und Entfaltung des Wettbewerbs schaffen. Sie können nur anstreben, bestimmte Formen der Beschränkung des Wettbewerbs entweder von vornherein zu verhindern oder nachträglich durch ein Verbot missbräuchlichen Verhaltens zu kontrollieren. Die Akzente lassen sich verschieden setzen. Das Kartellrecht sucht in erster Linie präventiv zu verhindern, dass bestehender oder möglicher Wettbewerb künstlich durch Vertrag, Beschluss oder ein aufeinander abgestimmtes Verhalten von Unternehmen (Art. 101 AEUV; §§ 1 ff. GWB) oder durch Druck, Bestechung, Boykott oder Diskriminierung (§ 21 II, III GWB; § 20 I, II GWB) beseitigt wird. Eine Kontrolle von Zusammenschlüssen (FKVO; §§ 35 ff. GWB) dient der Erhaltung des Wettbewerbs. Nutzt ein marktbeherrschendes Unternehmen, das keinem wesentlichen Außenwettbewerb ausgesetzt ist, seine Marktstellung missbräuchlich aus, so wird repressiv eingegriffen. Hierbei ist es gleichgültig, ob es sich um ein Einzelunternehmen oder um zwei oder mehr Unternehmen handelt, zwischen denen aus tatsächlichen Gründen kein Wettbewerb besteht (Oligopol). Ferner sichert die Lauterkeitskontrolle des UWG die Freiheit wirtschaftlicher Betätigung.

5. Verfassung

Die Wettbewerbsfreiheit ist durch die Grundrechte der **Handlungsfreiheit,** der **Meinungs-** **1.34** **freiheit** und der **freien Berufswahl** und **Berufsausübung** nur in begrenztem Umfang rechtlich gesichert. Das Grundgesetz ist wirtschaftspolitisch neutral (→ Rn. 1.43). Der Staat kann durch gesetzliche Regelung in den Ablauf des wirtschaftlichen Geschehens eingreifen und den Wettbewerb durch Herstellung günstigerer oder ungünstigerer Chancen, insbes. durch Beihilfen, beeinflussen. Auch durch Steuergesetze kann die Wirtschaft gelenkt werden (BVerfGE 12, 341 (347)). Zu beachten sind bei gesetzlichen Lenkungsmaßnahmen nicht nur die durch das Grundgesetz, sondern auch die durch das **Unionsrecht** gezogenen Schranken, insbes. hins. der Grundfreiheiten, Art. 28 ff. AEUV) und der Beihilfen, Art. 107f AEUV (früher Art. 87f EGV).

B. Wettbewerbsordnung

Schrifttum: Badura, Wirtschaftsverfassung und Wirtschaftsverwaltung, 1971; Bleckmann, Begründung und Anwendungsbereich des Verhältnismäßigkeitsprinzips, NJW 1994, 177; di Fabio, Wettbewerbsprinzip und Wirtschaftsverfassung, 2007; Hoffmann, Staatliche Wirtschaftsregulierung und grundrechtlicher Schutz der Unternehmensfreiheit durch Art. 12 Abs. 1 GG und Art. 2 Abs. 1 GG, BB 1995, 53; Kisseler, Die Werbeselbstkontrolle in Deutschland, FS Piper, 1996, 283; Scholz, Europäische Union und Grundgesetz, NJW 1993, 1690.

I. Grundformen

1. Ausgangspunkt

Staatliche Planwirtschaft (Verwaltungswirtschaft) oder freie Marktwirtschaft (Verkehrswirt- **1.35** schaft) sind die bekannten Wirtschaftsformen, mit denen seit jeher die politische Auseinandersetzung um die Gestaltung der Wirtschaft geführt wird. In einer freien Marktwirtschaft kann der Einzelne selbst entscheiden, ob, in welcher Form, in welchem Ausmaß, auf welchem Vertriebsweg und wo er sich wirtschaftlich betätigen will. Er hat freien Zugang zum Markt, um zu

Geschäftsabschlüssen zu gelangen. Als Anbieter oder Nachfrager steht er mit anderen Marktteilnehmern im Wettbewerb. Dieser ist eine Grundvoraussetzung für die Funktionsfähigkeit einer Marktwirtschaft. Er koordiniert die Beziehungen der Marktpartner zueinander mit der Wirkung, dass der Marktprozess sich selbst steuert. Es besteht Wirtschaftsfreiheit, deren Grundelemente Wettbewerbs-, Vertrags-, Berufs-, Vereinigungs- und Konsumfreiheit sind. Das Wirtschaftsrecht ist vorwiegend privat gesetztes Vertragsrecht. In einer reinen Planwirtschaft ordnet dagegen der Staat die wirtschaftliche Betätigung. An die Stelle des Wettbewerbs als Koordinationsmittel tritt der Plan. Der Staat bestimmt, ob, in welcher Form, in welchem Umfang und wo sich der Einzelne wirtschaftlich betätigen darf. Es besteht ein geschlossenes Wirtschaftssystem. Das Wirtschaftsrecht ist hier vorwiegend öffentliches Recht.

2. Wirtschaftsformen

1.36   Die Gegenüberstellung von freier Marktwirtschaft und Planwirtschaft besitzt eine gewisse theoretische Anschaulichkeit. Von ihr geht Eucken (Grundsätze der Wirtschaftspolitik, 1952) aus, der zwei Grundtypen der Wirtschaftsverfassung herausstellt: die freie Marktwirtschaft, beruhend auf der Initiative der einzelnen Wirtschaftssubjekte, und die Zentralverwaltungswirtschaft, beruhend auf der Autorität des Staates. Aber die Zurückführung auf zwei reine Grundformen birgt die Gefahr in sich, die realen Gegebenheiten zu übersehen. Beide Wirtschaftssysteme haben in dieser Form niemals bestanden. Es sind Verfassungsmodelle, die der Wirklichkeit nicht entsprechen. Weder kann ein privatwirtschaftliches System ohne jede staatliche Ordnung auskommen noch kann ein planwirtschaftliches System jede freie Erwerbstätigkeit beseitigen. Wohl aber kann, wie die historische Entwicklung gezeigt hat, in bestimmten Epochen das eine oder das andere System dominieren. Die meisten Wirtschaftssysteme der westlichen Welt beruhen auf einem Mischungsverhältnis. Dieses stellt eine jederzeit veränderliche Größe dar, wie der folgende Überblick über die Entwicklung der Wirtschaftsverfassung in Europa und Deutschland zeigt.

II. Entwicklung

1. Liberalismus des 19. Jahrhunderts

1.37   Für den Entwicklungsverlauf der europäischen Wirtschaft im 19. Jahrhundert ist der Grundsatz des „Laissez faire, laissez aller, le monde va de lui-même" kennzeichnend. Er besagt, dass sich eine vernünftige Wirtschaftsordnung am besten frei von jeder staatlichen Einmischung dadurch verwirklichen lässt, dass im Rahmen des Rechts alles dem „freien Spiel der Kräfte" überlassen bleibt. Die Freiheit wirtschaftlicher Betätigung ist nicht nur ein ökonomisches, sondern auch ein naturrechtliches Postulat. Wenn der Mensch frei sein soll, so muss dies auch für seine wirtschaftliche Betätigung gelten, die den größten Teil des menschlichen Lebens ausmacht. Vom Standpunkt der klassischen Nationalökonomie (Adam Smith) aus bewirkt die „vollständige Konkurrenz" die höchste Leistung des Unternehmers und zugleich die beste Versorgung des Verbrauchers. Sie führt zur „sozialen Harmonie" und dient dem Gesamtwohl. Die Liberalisierung brachte einen grds. Wandel. Während der Staat in der vorliberalen Zeit die Zunftverfassungen förderte und alle Privilegien, Rechtsmonopole und Ausschlussrechte der Zünfte anerkannte, wurde jetzt die ungleiche Machtverteilung der feudalen und merkantilistischen Gesellschaft durch Aufhebung der noch bestehenden öffentlich-rechtlichen Gewerbebeschränkungen beseitigt. In Preußen begann die neue Ära mit der Stein/Hardenbergschen Reform (1810/1811). Zugleich mit der Aufhebung der feudalen Agrarverfassung gingen die mittelalterliche Zunftverfassung und das fürstliche Privilegienwesen unter. Unter diesen geistigen Einflüssen wurde 1869 die Reichsgewerbeordnung erlassen, die in § 1 den Grundsatz der Gewerbefreiheit verkündete. Dieser Grundsatz wurde sodann in der Reichsverfassung sowie in der Weimarer Verfassung (Art. 151 III WV) verankert. Um das Funktionieren einer nach dem Freiheitsideal orientierten Wirtschaft zu ermöglichen, wurden Vertragsfreiheit, Eigentum und Erbrecht gewährleistet. Die am Ende des liberalen Zeitalters in Kraft getretenen großen Kodifikationen des Privatrechts bauen auf diesem Gedankengut auf.

2. Zeitraum bis zum Ersten Weltkrieg

1.38   Bis 1914 herrschte in Deutschland die liberalistische Wirtschaftskonzeption. Sie führte zu einem starken Aufblühen des Wirtschaftslebens und zur fortschreitenden Industrialisierung

Deutschlands. Aber die Verabsolutierung der wirtschaftlichen Freiheit zeigte auch ihre Schattenseiten. Es entbrannte ein rücksichtsloser Konkurrenzkampf, der zwangsläufig zur Anwendung unlauterer Kampfmittel führte, um den Mitbewerber auszuschalten. Das staatliche Recht bot keinen Schutz gegen unlauteren Wettbewerb. Die alten Schranken der Zunftordnung waren gebrochen. Die Rspr. war hilflos. Sie sah im Wettbewerb jedes Mittel für erlaubt an, das nicht durch besonderes Gesetz verboten war (RGZ 3, 67), und wagte nicht, durch Aufstellung von Schranken den soeben errungenen Grundsatz der Gewerbefreiheit wieder einzuengen. Um diesen Notstand zu beseitigen, schritt die Wirtschaft zur Selbsthilfe. Schon in den siebziger Jahren entstanden Zusammenschlüsse rechtlich und wirtschaftlich selbstständiger Unternehmen, um unter Ausschaltung gegenseitigen Wettbewerbs den Wirtschaftsablauf zu regulieren, insbes. die Produktion an den Bedarf anzugleichen und Konjunkturschwankungen zu mildern. Es begann der industrielle Konzentrationsprozess, dessen Schwerpunkt zunächst bei den Kartellen lag, die sich neben Fachverbänden bildeten oder aus ihnen hervorgingen. Ein bes. Anreiz zur Kartellbildung lag darin, dass sich durch die Entwicklung Deutschlands vom Agrar- zum Industriestaat die Wirtschaftsverhältnisse in steigendem Maße komplizierten. Die fortschreitende Kartellierung, vor allem in der Eisen- und Stahlindustrie, schuf wirtschaftliche Machtträger, die die freie Konkurrenz mehr und mehr beseitigten. Widerstrebende Außenseiter wurden niedergekämpft. Diese Entwicklung wurde durch die Rspr. begünstigt, die trotz des Grundsatzes der Gewerbefreiheit die Rechtsgültigkeit von Kartellen anerkannte und damit die Ausschaltung freien Wettbewerbs durch Verträge zuließ. Die 1897 ergangene Entscheidung des Reichsgerichts (RGZ 38, 155), insbes. ihre Vereinbarkeit mit § 1 GewO, ist vielfach kritisiert worden. Als Rechtstatsache ist hier allein festzustellen, dass die kartellfreundliche Entscheidung des Reichsgerichts die wirtschaftspolitische Entwicklung maßgebend bestimmt hat. Die Wettbewerbsfreiheit konnte auf Grund der Vertragsfreiheit eingeengt oder aufgehoben werden. Ein paradoxes Ergebnis, das darauf beruhte, dass man versäumt hatte, die bestehenden Freiheitsrechte in ihrem Sinnzusammenhang zu werten. Die Gewerbefreiheit wurde lediglich als staatsbezogener Grundsatz verstanden. Damit wurde die Freiheit des Wettbewerbs unter einzelnen Wirtschaftssubjekten zu einer Fata Morgana. Die vom klassischen Liberalismus erwartete natürliche Harmonie stellte sich nicht ein. Trotz, ja gerade wegen der Politik des Laissez faire verengte sich das Feld des freien Wettbewerbs immer mehr. Das System freier Konkurrenz geriet ins Wanken. Eine weitgehend merkantile Richtung begann das „Manchestertum" des 19. Jahrhunderts abzulösen. Vereinbarungen zwischen selbstständigen Unternehmen zum Zwecke der Konkurrenzbegrenzung waren unbeschränkt zulässig. Das bedeutete zwar nicht das Ende einer „Marktwirtschaft", wohl aber das Ende einer „Konkurrenzwirtschaft", in der die Märkte durch den Wettbewerbsmechanismus geregelt werden. Eine in den Jahren 1903 bis 1906 vom Reichstag durchgeführte Kartellenquete ließ zwar die wirtschaftliche Bedeutung der Kartelle erkennen, gab jedoch keinen Anstoß zu staatlichen Maßnahmen gegen Kartellbildungen. Die private Vermachtung der Wirtschaft setzte sich mehr und mehr durch. Deutschland wurde zum klassischen Land der Kartelle.

3. Zeitraum während des Ersten Weltkriegs

1.39 Bis zum Ersten Weltkrieg bestand in Deutschland freie Wirtschaft, deren Kennzeichen in der Freiheit vom staatlichen Zwang lag. Die einzelnen Wirtschaftssubjekte konnten ihre individuellen Interessen in fast unbegrenztem Umfang durchsetzen. Es bestand Kartellfreiheit. Erst die kriegswirtschaftlichen Verhältnisse machten planwirtschaftliche Regelungen und Eingriffe erforderlich. Bewirtschaftung, Beschlagnahmen, Verteilung, Höchstpreise, Kontrahierungszwang und Kontingentierungen waren der Ausdruck dieser kriegsbedingten Maßnahmen. Es lag in der Natur der Sache, dass der Staat sich bei seinen Eingriffen in die Wirtschaft weitgehend der Verbände und Kartelle bediente, um das vorhandene Wirtschaftspotenzial auszuschöpfen. Die Kartelle als vorhandene Machtgebilde wurden zu Instrumenten staatlicher Intervention.

4. Zeitraum bis zum Zweiten Weltkrieg

1.40 Nach dem Kriege setzte eine zwiespältige Wirtschaftspolitik ein, die teils sozialistischem, teils liberalistischem Gedankengut entstammte. Der Sozialismus strebte eine staatlich geordnete Wirtschaft und damit eine starke Begrenzung der Freiheit auf wirtschaftlichem Gebiet an. Rathenau und Möllendorf entwickelten die Konzeption einer umfassenden Planwirtschaft, die alle Gewerbezweige zu Selbstverwaltungskörpern zusammenschließen sollte (Isay S. 34 f.). Dieser Gedanke wurde jedoch nur im Bereich der Kohle- und Kaliwirtschaft zu verwirklichen versucht. Bei allen sonstigen Wirtschaftszweigen verzichtete man auf eine Sozialisierung. Die Zwangswirtschaft des

Krieges wurde abgebaut und die liberalistische Konzeption der Vorkriegszeit wieder aufgegriffen. Die Konzentrationsbewegung schritt weiter vor; neben die Kartellbildung trat die Konzernbildung. Der Konzern wurde als steuerliche Einheit anerkannt. Um dem Missbrauch wirtschaftlicher Machtstellungen zu begegnen, wurde die KartellVO v. 2.11.1923 (RGBl. 1923 I 1067) erlassen. Sie erkannte die Kartelle als grds. nützlich und unvermeidbar an, wirkte daher keinesfalls hemmend, sondern eher fördernd auf die Kartellbildung. Durch die staatliche Missbrauchsaufsicht und Kontrolle gerieten die Kartelle aber wieder in das öffentlich-rechtliche Fahrwasser. Ergänzungen brachten die KartNotVO v. 26.7.1930 (RGBl. 1930 I 328) und die VO v. 20.10.1942 (RGBl. 1942 I 619). Die sich unter staatlicher Anerkennung vollziehende private Vermachtung der Wirtschaft (über 3.000 Kartelle) führte zwangsläufig zu einer immer stärker werdenden staatlichen Einmischung in die Wirtschaft, die nach 1933 im nationalsozialistischen Staat zur Planwirtschaft wurde. An die Stelle der Verbände trat eine nach fachlichen Gesichtspunkten gegliederte Gruppenorganisation (vgl. Gesetz v. 27.2.1934, RGBl. 1934 I 185) mit Pflichtmitgliedschaft sowie festen Über- und Unterordnungsverhältnissen. Zugleich wandelten sich Sinn und Zweck der Kartellbildung. Die Kartelle wurden zu Trägern staatlicher Wirtschaftslenkung, faktisch zu Staatsorganen. Nach dem Ausbruch des Zweiten Weltkrieges wurden die Kartelle durch die VO v. 20.10.1942 (RGBl. 1942 I 619) dem Reichswirtschaftsminister unterstellt. Dieser konnte in marktregelnde und marktbeeinflussende Verträge eingreifen, jedoch nicht etwa um den freien Wettbewerb zu sichern, sondern um die Kriegswirtschaft zu stärken. Die Kriegswirtschaft des Zweiten Weltkrieges (1939–1945) stellte sich lediglich als Fortführung des bereits 1933 begonnenen zwangswirtschaftlichen Systems dar. Im Zuge der Kriegswirtschaft wurde der freie Wettbewerb nahezu vollständig ausgeschaltet. Die Zwangswirtschaft dominierte.

5. Nachkriegszeit

1.41   Nach 1945 hatten die Besatzungsmächte durch die **Dekartellierungsgesetzgebung** eine grds. Wende der deutschen Wirtschaftspolitik im Bundesgebiet eingeleitet. Angestrebt wurde die Dekonzentrierung (Entflechtung) und Dekartellierung der deutschen Wirtschaft. Nach dem Vorbild des USA-Antitrustrechts wurden wettbewerbsbeschränkende Abreden jeder Art verboten. Weiter wurde die Entflechtung von Großunternehmen und Konzernen, soweit sie als übermäßige Konzentrationen anzusehen waren, angeordnet. Zur Durchführung ergingen für bestimmte Industriezweige und einige Großunternehmen bes. Entflechtungsgesetze. Seit der Währungsreform (27.6.1948) lag die allgemeine Linie der deutschen Wirtschaftspolitik im Bundesgebiet in der Richtung eines Abbaus der Reste staatlicher Planwirtschaft und der Herstellung einer freien Marktwirtschaft. Wiederaufbau und Wachstum ergaben das Phänomen des „deutschen Wirtschaftswunders". Die DekartG blieben nach Aufhebung des Besatzungsstatuts (5.5.1955) zunächst weiterhin in Kraft. Am 1.1.1958 trat nach langen Vorarbeiten das Gesetz gegen Wettbewerbsbeschränkungen (GWB) v. 27.7.1957 (BGBl. 1957 I 1081) zugleich mit dem Vertrag zur Gründung der Europäischen Wirtschaftsgemeinschaft (EWG-Vertrag) v. 25.3.1957 (BGBl. 1957 II 753) in Kraft, das in den Art. 85, 86 EGV (jetzt: Art. 101, 102 AEUV) das Kartellrecht der Gemeinschaft regelte.

III. Die gegenwärtige Wirtschaftsverfassung

1. Europäische Wirtschaftsverfassung

1.42   Die Europäische Wirtschaftsverfassung ist im Vertrag über die Arbeitsweise der Union (AEUV) niedergelegt. Nach Art. 119 AEUV umfasst die Tätigkeit der Mitgliedstaaten und der Union „nach Maßgabe der Verträge die Einführung einer Wirtschaftspolitik, die auf einer engen Koordinierung der Wirtschaftspolitik der Mitgliedstaaten, dem Binnenmarkt und der Festlegung gemeinsamer Ziele beruht und dem Grundsatz einer offenen Marktwirtschaft mit freiem Wettbewerb verpflichtet ist". Der **Binnenmarkt** umfasst nach Art. 26 II AEUV (früher Art. 14 II EGV) einen „Raum ohne Binnengrenzen, in dem der freie Verkehr von Waren, Personen, Dienstleistungen und Kapital gemäß den Bestimmungen der Verträge gewährleistet ist". Die Säulen des Binnenmarkts sind demnach die **vier Grundfreiheiten,** nämlich die **Freiheit des Warenverkehrs** (Art. 34 ff. AEUV), die **Niederlassungsfreiheit** (Art. 49 ff. AEUV), die **Dienstleistungsfreiheit** (Art. 56 ff. AEUV) und die **Freiheit des Kapital- und Zahlungsverkehrs** (Art. 63 ff. AEUV). Diese Grundfreiheiten binden nicht nur den nationalen Gesetzgeber, sondern gewähren zugleich **subjektive Rechte.** Der Einzelne kann sich also gegenüber den nationalen Gerichten und Behörden unmittelbar auf die Grundfreiheiten berufen (vgl.

EuGH Slg. 1963, 1 (24 ff.)). Neben den Grundfreiheiten bilden die Regelungen der Art. 101 ff., 107 ff. AEUV ein tragendes Element der Europäischen Wirtschaftsverfassung. Kernelemente sind das **Verbot wettbewerbsbeschränkender** Vereinbarungen zwischen Unternehmen, soweit sie geeignet sind, den Handel zwischen den Mitgliedstaaten zu beeinträchtigen (Art. 101 AEUV) sowie das **Verbot des Missbrauchs einer marktbeherrschenden Stellung,** soweit dieser den Handel zwischen den Mitgliedstaaten beeinträchtigen kann (Art. 102 AEUV). Hinzu kommen die Regelungen über **staatliche Beihilfen** (Art. 107–109 AEUV). Danach sind staatliche Beihilfen (Subventionen), die mit dem Binnenmarkt unvereinbar sind, grds. verboten und nur ausnahmsweise erlaubt oder freistellungsfähig. Um das Ziel des Binnenmarktes (Art. 26 AEUV) zu erreichen, geben die Art. 114 ff. AEUV der Union eine Kompetenz zur **Rechtsanglei-chung.** Die Rechtsangleichung wird typischerweise durch **Richtlinien** herbeigeführt, die einen unterschiedlichen Grad der Harmonisierung, von der absoluten Angleichung bis zur Mindest-angleichung haben können.

2. Deutsche Wirtschaftsverfassung

a) Die wirtschaftspolitische Neutralität des Grundgesetzes. Das Grundgesetz ist wirt- **1.43** schaftspolitisch neutral (BVerfGE 4, 7 (17) – Investitionshilfe; BVerfGE 7, 377 (400) – Apo-theken). Das bedeutet: Wirtschaftsgesetze können der jeweils sachgemäß erscheinenden Wirt-schaftspolitik dienen, sofern dabei nur die Grenzen des Grundgesetzes beachtet werden. Unter diesem Vorbehalt kann der Gesetzgeber die ihm richtig erscheinende Wirtschaftspolitik ver-folgen, insbes. sich für ein bestimmtes Wirtschaftssystem entscheiden und es durch Gesetze instituieren. Dieses System braucht kein wettbewerblich-marktwirtschaftliches, insbes. nicht das der „Sozialen Marktwirtschaft" zu sein (BVerfGE 4, 7 (17); 39, 210 (225); 50, 290 (337) – Mitbestimmung). Es besteht im Rahmen der durch das Grundgesetz gezogenen Grenzen ein weitgehender Gestaltungsspielraum. Auch bei der Wahl der technischen Mittel, mit denen in den Ablauf des wirtschaftlichen Geschehens eingegriffen wird, hat der Gesetzgeber innerhalb der Grenzen des Grundgesetzes freie Hand. Aus bestimmten wirtschaftspolitischen Auffassungen und Lehrmeinungen lassen sich keine verfassungsrechtlichen Folgen ableiten. Die Wirtschaft kann demnach auch mit nicht marktkonformen Mitteln gesteuert werden, wenn es um die Gestaltung der sozialen Ordnung geht. Auch die Einführung einer Marktordnung für bestimmte Produkte ist zulässig. Zwar stellt im System der Marktwirtschaft eine solche Marktordnung einen Fremd-körper dar. Aber Einschränkungen der wirtschaftlichen Betätigungsfreiheit sind zulässig, soweit überwiegende Gründe des Gemeinwohls sie rechtfertigen oder gar gebieten (BVerfGE 18, 315). Die Kompetenz des Bundes und der Länder zur Wirtschaftslenkung ergibt sich aus Art. 74 Nr. 11, 70 GG. Zum „Recht der Wirtschaft" gehören nicht nur organisatorische, sondern alle das wirtschaftliche Leben und die wirtschaftliche Betätigung als solche regelnden Gesetze, wie zB das StabG v. 8.6.1967 (BGBl. 1967 I 582), insbes. aber auch Normen, die sich in irgendeiner Form auf die Erzeugung, Herstellung und Verteilung von Gütern des wirtschaftlichen Bedarfs beziehen (BVerfGE 8, 143 (148); 28, 119 (146)). Bei ihrer Haushaltswirtschaft haben Bund und Länder den Erfordernissen des gesamtwirtschaftlichen Gleichgewichts Rechnung zu tragen (Art. 109 II GG). Sie haben nach § 1 S. 2 StabilitätsG ihre Maßnahmen so zu treffen, dass sie im Rahmen der marktwirtschaftlichen Ordnung gleichzeitig zur Stabilität des Preisniveaus, zu einem hohen Beschäftigungsstand und außenwirtschaftlichem Gleichgewicht bei stetigem und angemessenem Wirtschaftswachstum beitragen. Durch das „magische Viereck" wird die gesamte staatliche Tätigkeit am gesamtwirtschaftlichen Gleichgewicht für Gegenwart und Zukunft aus-gerichtet. Die Entwicklung vollzieht sich hierbei im Rahmen des Binnenmarkts und der Annäherung der Wirtschaftspolitik der Mitgliedstaaten (Art. 119 AEUV).

b) Rahmenordnung. Wenn auch das Grundgesetz kein bestimmtes Wirtschaftssystem fest- **1.44** legt, so enthält es doch eine wegweisende Grundkonzeption. Sie lässt sich aus verschiedenen Einzelartikeln des Grundgesetzes erschließen, die in ihrem Sinnzusammenhang zu werten sind. Es treten dann zwei große Verfassungsprinzipien hervor, die auch für die Wirtschaftskonzeption bedeutsam sind: das Individualprinzip, das sich in der Statuierung zahlreicher Freiheitsrechte des Einzelnen zeigt, und das Sozialprinzip, das die Gemeinschaftsgebundenheit jedes Individualrechts in einem demokratischen und sozialen Bundesstaat zum Ausdruck bringt (Art. 20, 28, 79 III GG). Beide Komponenten, die freiheitlich-liberale und die soziale, sind gleichwertig und zu einer sinnvollen Ordnung zu fügen. Eine bestimmte Wirtschaftsordnung wird dadurch nicht festgelegt. Aus der gleichrangigen Geltung des Individual- und Sozialprinzips lässt sich lediglich folgern, dass extrem planwirtschaftliche ebenso wie extrem liberale Wirtschaftssysteme verfassungsrechtlich nicht erlaubt sind. Innerhalb der beiden Pole ist der Gesetzgeber in der Ausgestaltung der Wirtschafts- und Sozialordnung insoweit frei, als es das Grundgesetz zulässt. Von bes. Bedeutung ist die Bindung an die Grundrechte (Art. 1–19, 28 GG), die auch auf wirtschaftlichem Gebiet gelten. Das Grundgesetz ist demnach hins. der Gestaltung der Wirtschaftsordnung relativ offen (BVerfGE 50, 290 (337) – Mitbestimmung). Zusammenfassend ist festzustellen: Das Grundgesetz schreibt weder ein bestimmtes Wirtschaftssystem noch eine bestimmte wirtschaftspolitische Konzeption vor. Es steckt aber den Gesamtrahmen für eine dualistische Wirtschaftsordnung ab, die auf den Prinzipien individueller Freiheit und sozialer Gebundenheit beruht. Insoweit liegt eine wirtschaftsverfassungsrechtliche Grundentscheidung vor, die den Gesetzgeber bindet. Die Grundrechte und das Sozialstaatsprinzip bestimmen die Grundlagen der offenen Wirtschaftsverfassung des Grundgesetzes.

1.45   **c) Grundrechte.** Grundrechte, welche die freie wirtschaftliche Betätigung des Einzelnen auf dem Markt ermöglichen und sichern sollen, sind vor allem die Rechte auf freie Entfaltung der Persönlichkeit (Art. 2 I GG), auf freie Meinungsäußerung (Art. 5 GG), auf freie Berufswahl und Berufsausübung (Art. 12 GG), auf Vereinigungs- und Koalitionsfreiheit (Art. 9 GG), auf Freizügigkeit (Art. 11 GG) sowie die Garantie des Eigentums (Art. 14 GG). Diese Rechtsprinzipien sind zwar nicht Ausdruck eines bestimmten Wirtschaftssystems, setzen aber der wirtschaftspolitischen Gesetzgebung und der Wirtschaftsverwaltung Grenzen. Sie gewährleisten für die wirtschaftliche Betätigung die Marktfreiheiten. Ihre Wirkung ist noch dadurch verstärkt, dass sie auch dort, wo ein Gesetzesvorbehalt besteht, in ihrem Wesensgehalt unantastbar sind, Art. 19 II GG. Dazu tritt als Fundament der rechtsstaatlichen Ordnung der Gleichheitssatz (Art. 3 GG), mit dem jedes Gesetz und jede Verwaltungsmaßnahme im Einklang stehen muss, sowie der Grundsatz der Verhältnismäßigkeit (Übermaßverbot). Im Lüth-Urteil betonte das BVerfG, dass die Grundrechte in erster Linie Abwehrrechte des Bürgers gegen den Staat seien und eine unmittelbare Drittwirkung deshalb nicht bestehe (BVerfGE 7, 198 (204 ff.)). Die nach den Grundrechten bestehenden Bindungen des Staates gegenüber dem Einzelnen passen nicht für das Verhältnis der einzelnen Privatrechtssubjekte untereinander, denen allen als Grundrechtsträgern eine staatlich geschützte Freiheitssphäre verbürgt ist. Unter dem Aspekt der Einheit der Gesamtordnung bejahte das BVerfG jedoch eine „Ausstrahlungswirkung" der Grundrechte auf das Privatrecht insoweit, als das Grundgesetz eine objektive Wertordnung aufgerichtet hat, die als verfassungsrechtliche Grundentscheidung für alle Bereiche des Rechts Geltung beansprucht. Diese Wertordnung beeinflusst die Auslegung wertausfüllungsbedürftiger Begriffe des Privatrechts, wie „gute Sitten", „Treu und Glauben" und „Unlauterkeit". Durch das Medium der Generalklauseln (§§ 242, 826 BGB, § 3 UWG), die nach den Wertentscheidungen des Grundgesetzes ausgefüllt werden, wirken die Grundrechtsartikel mittelbar auf das Privatrecht ein (BVerfGE 7, 198 (207); 34, 269 (280); 61, 1 (6); 73, 261 (263, 269)).

IV. Gegenwärtige Wirtschaftsordnung

1. Kennzeichnung

1.46   **a) Grundgedanke.** In der Bundesrepublik ist ein Wirtschaftssystem verwirklicht worden, das als **Soziale Marktwirtschaft** bezeichnet wird (vgl. Präambel und Art. 1 III 1 Staatsvertrag zwischen der BRD und der DDR v. 31.8.1990). Es ist seinem Kern nach ein marktwirtschaftliches Wirtschaftssystem. Es beruht darauf, dass selbstständige Wirtschaftssubjekte vorhanden sind, die freien Zugang zum Markt haben und sich als Anbieter und Nachfrager im Markt wirtschaftlich frei betätigen können. Der Wirtschaftsablauf bestimmt sich nach den autonomen Dispositionen der einzelnen Marktteilnehmer. Die Steuerung des Ausgleichs zwischen Angebot und Nachfrage erfolgt durch den Wettbewerb. Ohne ihn kann eine Marktwirtschaft nicht funktionieren. Sinn des Wettbewerbs ist es, die Wirtschaftssubjekte auf einem freien Markt selbsttätig zu koordinieren. Ein Individualrecht auf freie wirtschaftliche und damit wettbewerbliche Betätigung folgt aus Art. 2 I GG, Art. 12 I GG. Jedermann steht es frei, mit anderen als Anbieter oder Nachfrager in Wettbewerb zu treten. Im Gegensatz zur klassisch-liberalen Wirtschaftspolitik des 19. Jahrhunderts wird jedoch in einer „Sozialen Marktwirtschaft" auch der Bestand des freien Wettbewerbs normativ gesichert, damit der Wettbewerb die Funktion der Marktregelung erfüllen kann. Der Liberalismus alter Prägung ging davon aus, dass sich auch ohne jede staatliche Intervention und Vorsorge der freie Wettbewerb als Ordnungsprinzip von selbst einstellen werde und soziale Harmonie bewirke. Das Kartell- und Monopolproblem hat den Irrtum dieser Ideologie erwiesen. Zwar würde es dem freiheitlichen Charakter einer Wirtschaftsordnung widersprechen, den Einzelnen zu zwingen, sich wettbewerblich zu betätigen. Aber es muss verhindert werden, dass der Einzelne auf seine Wettbewerbsfreiheit verzichtet, und Unternehmen, die marktbeherrschend sind, ihre Stellung im Markt missbrauchen. Ein solches Wirtschaftssystem lässt sich ohne eine darauf zielende Rechtsordnung nicht erreichen. Sie wird durch das europäische und deutsche Kartellrecht gewährleistet. Die **Wettbewerbsfreiheit** ist damit als Ordnungsform des wirtschaftlichen Gesamtprozesses rechtlich gewährleistet. Die Rechtfertigung des Konkurrenzprinzips gründet sich auf die Erkenntnisse der Wirtschaftswissenschaft. Wettbewerb zwingt die Anbieter, das Bestmögliche zu leisten, und verschafft den Nachfragern Alternativen, zwischen denen sie frei wählen können. Das Wirtschaftssystem des freien Wettbewerbs bewirkt die volkswirtschaftlich beste Versorgung und damit „Wohlstand für alle". Daraus erklärt sich zugleich der von Müller-Armack geprägte Name „Soziale Marktwirtschaft".

b) Entstehung. Das gegenwärtige Wirtschaftssystem der „Sozialen Marktwirtschaft" ist aus **1.47** zwei Wurzeln erwachsen, die in ihren Zielsetzungen teilweise paradox waren: Die Dekartellierungs- und Entflechtungsgesetze der Besatzungsmächte bezweckten die deutsche Wirtschaft durch das Verbot von Kartellen und die Entflechtung von Konzernen zu entmachten sowie die Grundlage für den Aufbau einer gesunden und demokratischen Wirtschaft zu schaffen. Im Laufe der Zeit trat allmählich die Verfolgung des letzten Ziels in den Vordergrund: Die Umgestaltung der deutschen Wirtschaft in eine Wettbewerbswirtschaft nach dem Vorbild des USA-Antitrustrechts, das im Sherman Act (1890), im Federal Trade Commission Act und im Clayton Act (beide 1914) seine Grundlage hat. Hier begegnete sich die Zielsetzung des Dekartellierungsrechts mit den ökonomischen Zielen der Freiburger Schule (Hauptvertreter: Eucken, Böhm, Röpke ua). Sie erstrebte mit dem Wettbewerbsprinzip, die deutsche Wirtschaft nach dem Zusammenbruch wiederaufzurichten und zu stärken. Es ist ihr Verdienst, mit Erfolg die Abkehr von dem zwangswirtschaftlichen System der Kriegs- und Nachkriegsjahre durchgesetzt zu haben. Der politischen Freiheit des Einzelnen muss die wirtschaftliche Freiheit entsprechen, da die Freiheit selbst unteilbar ist. Nach der „neoliberalen" Lehre hat der Staat die Aufgabe, den Wettbewerb als Ordnungsprinzip des wirtschaftlichen Lebens zu sichern. Zu diesem Zweck werden individuelle und kollektive Monopole bekämpft, da sie die Konkurrenz als Entmachtungsinstrument beschränken oder ausschalten. Ohne Konkurrenz besteht die Gefahr, dass der Markt nur der Ausbeutung der einen durch die andere Marktseite dient. Erst bei Konkurrenz wird der Markt funktionsfähig. Die von der Freiburger Schule erstrebte Wirtschaftsordnung freier Konkurrenz wird zugleich als die Gesellschaftsordnung betrachtet, die der menschlichen Würde in einer Gemeinschaft freier Menschen am meisten entspricht. Der Wettbewerb soll eine staatlich geschützte Veranstaltung sein, nicht zur Verwirklichung eines planwirtschaftlichen, sondern im Gegenteil zur sinnvollen Regulierung eines auf der Freiheit aller Beteiligten beruhenden marktwirtschaftlichen Systems. Die Auffassungen der Freiburger Schule haben sich weitgehend in dem „Grundgesetz" der deutschen Wirtschaft, dem GWB, durchgesetzt. Man hat es jedoch auch vermieden, die stark theoretische Grundkonzeption der sozialen Marktwirtschaft auf allen Wirtschaftsgebieten doktrinär zu verwirklichen. Das Ideal eines freien Wettbewerbs kann durch die Rechtsordnung ohnehin nicht verwirklicht werden. Die Mittel des Rechts sind begrenzt.

c) Korrekturen. Staatliche Eingriffe sind unbedenklich, wenn sie dazu dienen, den Wett- **1.48** bewerb zu verbessern, insbes. dort zu korrigieren, wo die Wettbewerbswirtschaft auf Grund von Unvollkommenheiten des Marktes nicht funktioniert. In den meisten Wirtschaftsbereichen ist der freie Wettbewerb der Regulator des Marktgeschehens. Dieses Ordnungsprinzip gilt in einem Sozialstaat nur unter gleichzeitiger Wahrung der Belange der Verbraucher, der Arbeitnehmer und der Allgemeinheit. Wie die geschichtliche Entwicklung gezeigt hat, wirkt die Steuerung von Angebot und Nachfrage durch den Wettbewerb nicht immer sozialgerecht. Das Sozialstaatsprinzip kann auch die Durchsetzung nicht-marktkonformer Maßnahmen erforderlich machen, und zwar nicht nur auf bestimmten Wirtschaftsgebieten, wie zB der Landwirtschaft oder der Wohnungswirtschaft, sondern auf allen Wirtschaftsgebieten, wenn der Wettbewerb zu sozialwidrigen Verhältnissen führt, zB bei einer Verknappung lebenswichtiger Waren. Was der Wettbewerb im Markt nicht selbstständig steuern kann, kann im Wege sozialgerechter Intervention geordnet werden.

2. Globalsteuerung

Für die Regelung der wirtschaftlichen Beziehungen der einzelnen Wirtschaftssubjekte im **1.49** Bereich der Mikrorelationen reicht der Wettbewerb als Steuerungsmittel aus. Es bedarf jedoch flankierender Maßnahmen, um in einer Wettbewerbsordnung bestimmte gesamtwirtschaftliche Ziele zu verwirklichen. Für den Bereich der Makrorelationen ist deshalb eine systematische globale Steuerung des gesamtwirtschaftlichen Kreislaufs vorgesehen, durch die indirekt die Funktionsfähigkeit des Wettbewerbs als Regulator der Mikrobeziehungen gesteigert wird. Die Rechtsgrundlage für diese Wirtschaftspolitik wurde im Zusammenhang mit einer Änderung des Art. 109 GG durch das StabG v. 8.6.1967 (BGBl. 1967 I 582) geschaffen. Bund und Länder haben nach Art. 109 II GG bei ihrer Haushaltswirtschaft den Erfordernissen des gesamtwirtschaftlichen Gleichgewichts Rechnung zu tragen. Im Rahmen der marktwirtschaftlichen Ordnung sollen vier Ziele in ein ausgeglichenes Verhältnis zueinander gebracht werden: die Stabilität des Preisniveaus, ein hoher Beschäftigungsstand, außenwirtschaftliches Gleichgewicht sowie stetiges und angemessenes Wirtschaftswachstum, § 1 StabG. Die Herstellung der Harmonie unter diesen vier Zielen (magisches Viereck) erfordert ständige Korrekturen des Wirtschaftsprozesses. Zur Verwirklichung dieser Ziele steht den politischen Organen des Bundes und der Länder ein weiter Beurteilungsspielraum zu. Im Falle der Gefährdung eines der Ziele des magischen Vierecks stellt die Bundesregierung Orientierungsdaten für ein gleichzeitiges, aufeinander abgestimmtes Verhalten (konzertierte Aktion) der Gebietskörperschaften, Gewerkschaften und Unternehmensverbände zur Erreichung der Ziele zur Verfügung (§ 3 StabG). Die Zuständigkeit der konzertierten Aktion als Mittel der Globalsteuerung erfasst die gesamte Wirtschaftspolitik (vgl. Hoppmann, Wirtschaftsordnung und Wettbewerb, 1988, 39 ff.).

3. Strukturpolitische Maßnahmen

1.50 Die Durchsetzung eines funktionierenden Wettbewerbs auf den Märkten setzt voraus, dass vor Vermachtung geschützt wird. Dies ist die Aufgabe des europäischen und deutschen Kartellrechts (Art. 101 ff. AEUV; §§ 1 ff., 19 ff., 32 II 2 GWB, §§ 35 ff. GWB).

4. Zusammenfassung

1.51 Der Schwerpunkt der gegenwärtigen Wirtschaftsordnung liegt auf dem marktwirtschaftlichen Prinzip. In den meisten Wirtschaftsbereichen ist der freie Wettbewerb der Regulator der einzelwirtschaftlichen Beziehungen. Zur Durchsetzung einer sozialgerechten Ordnung ist die staatliche Intervention nicht auf marktkonforme Mittel beschränkt, die nur dem Schutz der Marktwirtschaft dienen. Der Gesetzgeber hat vielmehr im Rahmen des Grundgesetzes freie Hand. Zur Regelung aller Konflikte ist der Marktmechanismus nicht geeignet. Für einige Wirtschaftsbereiche, insbes. für die Ernährungs- und Landwirtschaft, die Verkehrs- und Energiewirtschaft, gelten staatliche Marktordnungen und Festpreissysteme. Weiter bestehen vereinzelt staatliche Monopole, wie das Post- und Telegrafenmonopol der früheren Deutschen Bundespost kraft befristeter Verleihung an die Deutsche Post AG und die Deutsche Telekom AG (Art. 143b II 1 GG) oder das Branntweinmonopol der Bundesmonopolverwaltung. Für die Erreichung der großen gesamtwirtschaftlichen Ziele, wie Stabilität des Preisniveaus, hoher Beschäftigungsstand, außenwirtschaftliches Gleichgewicht und stetiges angemessenes Wachstum, setzt der Staat das Mittel der Globalsteuerung ein. Solange der Dirigismus die Freiheit der unternehmerischen Einzelentscheidungen im Markt nicht antastet, besteht ein marktwirtschaftliches Wirtschaftssystem. Hierbei darf jedoch nicht übersehen werden, dass das **Unionsrecht** die Verpflichtungen aus Art. 109 II GG sowie des § 1 StabG überlagert und die Wirtschaftsziele des magischen Vierecks im Einklang mit den Aufgaben der Union (Art. 2 ff. AEUV) zu verwirklichen sind.

2. Abschnitt. Grundlagen des deutschen Wettbewerbsrechts (Lauterkeitsrechts)

Übersicht

A. Entwicklung des Rechts gegen den unlauteren Wettbewerb

Schrifttum: Beater, Verbraucherschutz und Schutzzweckdenken im Wettbewerbsrecht, 2000; Beater, Entwicklungen des Wettbewerbsrechts durch die gesetzgebende und die rechtsprechende Gewalt, FS Erdmann, 2002, 513; Beater, Verbraucherverhalten und Wettbewerbsrecht, FS Tilmann, 2003, 87; Borck, UWG-Deregulierung als Reformersatz, WRP 1994, 349; H. G. Borck, „Überprüfung" der „Überprüfung des Wettbewerbsrechts", WRP 1997, 399; H. G. Borck, Gesetz zur Änderung des Gesetzes gegen den unlauteren Wettbewerb, WRP 1994, 719; Bornkamm, Wettbewerbs- und Kartellrechtsprechung zwischen nationalem und europäischem Recht, FS 50 Jahre Bundesgerichtshof, 2000, 343; Dieselhorst, Der „unmittelbar Verletzte" nach der UWG-Novelle, WRP 1995, 1; v. Gierke, Die Entwicklung des Lauterkeitsrechts, FS 100 Jahre Wettbewerbszentrale, 2012, 115; Gloy, Brauchen wir eine neue UWG-Novelle?, FS Vieregge, 1995, 297; Gloy, Die Entwicklung des Wettbewerbsrechts und seiner Nebengebiete, FS Gewerblicher Rechtsschutz und Urheberrecht in Deutschland, 1991, 855; Gröning, 100 Tage UWGÄndG, WRP 1994, 775; Gröning, Notwendigkeit und Spielräume einer Reform von § 1 UWG, WRP 1996, 1135; Gröning, Vom Saulus zum Paulus – Der Wettbewerbsrichter in einem geänderten UWG, WRP 1994, 435; Groß, Josef Kohler – Wege zu einem deutschen Wettbewerbsrecht, FS Ullmann, 2006, 615; Kisseler, Die UWG-Novelle 1994 in der Praxis, WRP 1994, 768; Kisseler, Die Verantwortung der Rechtsprechung für den lauteren Wettbewerb, WRP 1999, 274; v. Linstow, Klagebefugnis und Gerichtsstand nach der UWG-Novelle, WRP 1994, 787; Loschelder, Die Novellierung des Gesetzes gegen den unlauteren Wettbewerb, GR 1994, 535; Nacken, Anmerkungen zu den Änderungen des UWG, WRP 1994, 791; Niederleithinger, Die vernachlässigte Einheit der Rechtsordnung im Wettbewerbsrecht, GRUR-Int. 1996, 467; Ohly, Richterrecht und Generalklausel im Recht des unlauteren Wettbewerbs; Ein Methodenvergleich des englischen und deutschen Rechts, 1997 – Bericht der Arbeitsgruppe „Überprüfung des Wettbewerbsrechts", GRUR 1997, 201; Schill, Der Einfluss der Wettbewerbsideologie des Nationalsozialismus auf den Schutzzweck des UWG, 2004; Schliesky, Über Notwendigkeit und Gestalt eines Öffentlichen Wettbewerbsrechts, DVBl 1999, 78; Schricker, Deregulierung im Recht des unlauteren Wettbewerbs, GRUR-Int. 1994, 586; Schricker, 100 Jahre Gesetz gegen den unlauteren Wettbewerb – Licht und Schatten, GRUR-Int. 1996, 473; Schricker, Reformen im Recht des unlauteren Wettbewerbs, ZRP 1994, 430; v. Stechow, Das Gesetz zur Bekämpfung des unlauteren Wettbewerbs vom 27. Mai 1896, 2002; Tilmann, Die UWG-Novelle 1994, BB 1994, 1793; Zöller, Ansätze zur Bekämpfung des Abmahnvereinunwesens, WRP 1994, 156.

I. Verwirklichung der Gewerbefreiheit und Versagen der Rspr.

2.1   Die Proklamierung der **Gewerbefreiheit** durch § 1 der Gewerbeordnung von 1869 setzte die Kräfte des wirtschaftlichen Wettbewerbs frei. Die wachsende Produktion und das Entstehen neuer Absatzformen verbunden mit einer Verschlechterung der Konjunktur ab Mitte der 70er Jahre des 19. Jahrhunderts führten zu einer Verschärfung des Konkurrenzkampfs. Damit kam es verstärkt zu unlauteren Verhaltensweisen im Wettbewerb. Dass die Gewerbefreiheit auch missbraucht werden kann, wurde allerdings der Rspr. lange Zeit nicht bewusst. Es gelang ihr nicht, einen Mindestschutz gegen unerlaubten Wettbewerb zu entwickeln. Zwar machten die Instanzgerichte des französischen Rechtsgebiets im Deutschen Reich verheißungsvolle Ansätze zur Bekämpfung der „concurrence déloyale" (vgl. Beater, Unlauterer Wettbewerb, 2011, § 3 Rn. 60 ff. mwN). Dem bereitete das Reichsgericht aber in den Apolinaris-Entscheidung v. 30.11.1880 (RGZ 3, 67 (69)) durch einen fragwürdigen Umkehrschluss ein Ende: Weil der Gesetzgeber ein MarkenschutzG (30.11.1874) geschaffen habe (ein Gesetz, das nur ein Sondergebiet regelte), sei alles erlaubt, was dort nicht verboten sei. Anders als in Frankreich und England, wo die Gerichte unlauteren Wettbewerb durch eine kluge Fortbildung des Bürgerlichen Rechts bekämpften, gab es für lange Zeit in Deutschland praktisch keinen wirksamen Schutz vor unlauterem Wettbewerb.

II. Erste gesetzliche Regelungen

2.2   Die erste gesetzliche Regelung des unlauteren Wettbewerbs war in den §§ 15, 16 des Gesetzes zum Schutz der Warenbezeichnung v. 12.5.1894 enthalten. Danach war es verboten, eine fremde Ausstattung, die sich im Verkehr durchgesetzt hat, nachzuahmen und unrichtige Ursprungsangaben bei Waren zu verwenden. Dieser Schutz reichte nicht aus. Es folgte das **UWG 1896,** nämlich das Gesetz zur Bekämpfung des unlauteren Wettbewerbs v. 27.5.1896 (dazu Wadle JuS 1996, 1064). Dieses erste Wettbewerbsgesetz war ganz auf Einzelfallbestimmungen zugeschnitten, kannte keine Generalklausel und war darum wenig brauchbar.

III. Das UWG 1909

1. Einführung einer Generalklausel

Das Gesetz gegen unlauteren Wettbewerb v. 7.6.1909 (RGBl. 1909, 499) sollte für fast ein- **2.3** hundert Jahre die gesetzliche Grundlage des Lauterkeitsrechts bilden (dazu Beater, Unlauterer Wettbewerb, 2011, § 3 Rn. 84 ff.; GK/Pahlow Einl. Teil Rn. B Rn. 21 ff.). Es suchte die Fehler des Gesetzes von 1896 zu vermeiden, indem es an die Spitze des Gesetzes die berühmte Generalklausel (§ 1 UWG aF) stellte. Sie lautete: „Wer im geschäftlichen Verkehr zu Zwecken des Wettbewerbs Handlungen vornimmt, die gegen die guten Sitten verstoßen, kann auf Unterlassung und Schadensersatz in Anspruch genommen werden."

2. Konkretisierung der Generalklausel durch Richterrecht

Im Laufe der Zeit entwickelte sich die Generalklausel von einer die Einzeltatbestände nur **2.4** ergänzenden zur beherrschenden Vorschrift des Rechts gegen den unlauteren Wettbewerb. Der auf die guten Sitten im Wettbewerb bezogene Tatbestand machte das Wettbewerbsrecht zu einem weitgehend offenen Recht. Was als lauter oder als unlauter anzusehen ist, ergab sich erst auf Grund einer Konkretisierung der Generalklausel durch die Rspr. Dementsprechend ent- wickelte sich das Wettbewerbsrecht weithin zu einem Richterrecht. Die Rspr. entwickelte bestimmte Leitnormen für das Verhalten im Wettbewerb und gab damit der Generalklausel das nötige Maß an Rationalität und Berechenbarkeit.

3. Ergänzung durch Spezialtatbestände

Außer der Generalklausel des § 1, die das ganze Wettbewerbsrecht beherrschte, enthielt das **2.5** Gesetz eine Reihe von Einzeltatbeständen (§§ 3 ff. aF), darunter die kleine Generalklausel zur irreführenden Werbung (§ 3).

4. Aufbau des UWG 1909

Das Gesetz wies – von den Schlussbestimmungen (§§ 21 ff.) abgesehen – eine Zweiteilung auf. **2.6** Der erste Teil (§§ 1 ff.) bezog sich auf Wettbewerbshandlungen gegenüber einer unbestimmten Mehrheit von Mitbewerbern. Es waren dies das generelle Verbot sittenwidriger Wettbewerbs- handlungen (§ 1), die Regelung vergleichender Werbung (§ 2), das Verbot irreführender Wer- bung (§ 3), das Verbot der irreführenden Werbung beim Insolvenzwarenverkauf (§ 6), das Verbot des Hinweises auf die Hersteller- oder Großhändlereigenschaft (§ 6a), das Verbot des Kaufscheinhandels (§ 6b), das Verbot der progressiven Kundenwerbung (§ 6c), die Regelung der Sonderveranstaltungen (§§ 7, 8). Bei diesen Tatbeständen waren zur Erhebung der Unterlas- sungsklage nicht nur der unmittelbar Verletzte, sondern auch abstrakt betroffene Mitbewerber (§ 13 II Nr. 1) berechtigt, Verbände zur Förderung gewerblicher Interessen (§ 13 II Nr. 2) und Verbände, zu deren satzungsgemäßen Aufgaben es gehört, die Interessen der Verbraucher durch Aufklärung und Beratung wahrzunehmen (§ 13 II Nr. 3), sowie Industrie- und Handelskam- mern und Handwerkskammern (§ 13 II Nr. 4). – Der zweite Teil (§§ 14 ff.) bezog sich auf Wettbewerbshandlungen gegenüber bestimmten Mitbewerbern. Es waren dies die Tatbestände der Anschwärzung (§§ 14, 15) und des Verrats von Geschäfts- und Betriebsgeheimnissen (§§ 17–20a).

5. Weitere Entwicklung

Das UWG 1909 galt mit einigen Änderungen nicht grundsätzlicher Art bis zum Inkrafttreten **2.7** des UWG 2004. Im Folgenden soll die weitere Rechtsentwicklung kurz dargestellt werden (eingehend dazu Beater Unlauterer Wettbewerb Rn. 297 ff.; GK/Pahlow Einl. Teil B Rn. 32 ff.).

a) Änderungen in der Vorkriegszeit. In der Kaiserzeit und der Zeit der Weimarer Repu- **2.8** blik wurde das Wettbewerbsrecht weitgehend als Sonderrecht der Kaufmannschaft zum Schutze der Mitbewerber verstanden. Erst ab Ende der 30er Jahre des vorigen Jahrhunderts brach sich der Gedanke Bahn, dass der (Leistungs-)Wettbewerb auch im Interesse der Verbraucher und der Allgemeinheit zu schützen sei (sog sozialrechtliches Verständnis des UWG; vgl. RGZ 120, 47 (49); 128, 330 (343); RG GRUR 1933, 782 (786)). Im Zuge der Verschärfung der Wettbewerbssituation nach Ausbruch der Weltwirtschaftskrise kam es zu verstärkter Gesetzgebung. So wurden durch die Notverordnung v. 9.3.1932 (RGBl. 1932 I 121) die §§ 7–10, 17 und 18 neu gefasst und die §§ 7a, 7b, 20a und 27a eingefügt. Einschneidende Bedeutung bis in die jüngste Zeit brachten die zum Schutze des Mittelstands erlassene ZugabeVO v. 9.3.1932 (RGBl. 1932 I 121) und das RabattG v. 25.11.1933 (RGBl. 1933, 1011). Durch das Gesetz zur Änderung des UWG v. 26.2.1935 (RGBl. 1935 I 311) wurden die §§ 7, 7a, 8 Nr. 2, 9, 10 geändert und die §§ 7c, 9a eingefügt. Für die Praxis gewannen die Richtlinien des Werberats der deutschen Wirtschaft maßgebliche Bedeutung. Das nationalsozialistische Gedankengut gewann über die Generalklausel des § 1 allmählich Einfluss auf die Entscheidungspraxis (vgl. einerseits RGZ 150, 298, andererseits RG JW 1939, 429 (430) zum Hinweis auf jüdische Abstammung eines Mitbewerbers).

2.9   b) Änderungen und Änderungsbestrebungen in der Nachkriegszeit. Der nach der Währungsreform einsetzende wirtschaftliche Aufschwung und das Bekenntnis zur Freiheit des Wettbewerbs, wie es insbes. im Erlass des Gesetzes gegen Wettbewerbsbeschränkungen (GWB) zum Ausdruck kam, brachten zunächst keine Wandlungen in der Beurteilung des unlauteren Wettbewerbs mit sich (vgl. GK/Pahlow Einl. Teil B Rn. 38 ff.). Kleinere Änderungen brachten das Gesetz v. 11.3.1957 (BGBl. 1957 I 172), das § 27a neu fasste; das Gesetz v. 21.7.1965 (BGBl. 1965 I 625), das § 13 Ia (Klagebefugnis der Verbraucherverbände) einfügte; der Art. 55 1. StrRG v. 25.6.1969 (BGBl. 1969 I 645), der § 23 änderte; das Gesetz v. 26.6.1969 (BGBl. 1969 I 633), das die §§ 3, 23, 24 änderte und §§ 6a, 6b sowie § 27 II–IV neu einfügte; das Gesetz v. 23.6.1970 (BGBl. 1970 I 805), das § 27a XI änderte, das EGStGB v. 2.3.1974 (BGBl. 1974 I 469), das §§ 4 I, 6 II, 8, 10, 12, 15 I, 17 I und III, 18, 20a, 22, 23 I, 27a V und XI aF änderte und §§ 11 IV, 26 aF aufhob, sowie das Gesetz v. 10.3.1975 (BGBl. 1975 I 685), das § 7d aF einführte. – Eine Verbesserung des Rechtsschutzes gegen unlauteren Wettbewerb wurde vor allem unter dem Gesichtspunkt des Verbraucherschutzes angestrebt. Im Mai 1978 legte die Bundesregierung dem Bundesrat den Entwurf eines Gesetzes zur Änderung des UWG nebst Begründung vor. Der Entwurf ging auf einen vom BMJ am 6.12.1977 veröffentlichten Referentenentwurf eines Gesetzes zur Änderung des UWG nebst Begründung (abgedruckt in WRP 1978, 277) zurück. Die CDU/CSU-Bundestagsfraktion hatte im März 1978 einen eigenen Entwurf eingebracht (dazu Gaedertz WRP 1977, 681). Der RegE 1978 konnte in der 8. Wahlperiode nicht verabschiedet werden und wurde in der 9. Wahlperiode erneut vorgelegt. Auch der 2. RegE wurde nicht verabschiedet. Erst 1986 konnten verschiedene Änderungen im Rahmen zweier Artikelgesetze verwirklicht werden: Durch das 2. Gesetz zur Bekämpfung der Wirtschaftskriminalität (2. WiKG) v. 15.5.1986 (BGBl. 1986 I 721) wurde in Art. 4 Nr. 1 2. WiKG der Straftatbestand des § 6c eingefügt, der die progressive Kundenwerbung verbietet, und in Art. 4 Nr. 3 2. WiKG der Tatbestand des § 17 über den Geheimnisverrat erweitert. – Durch das Gesetz zur Änderung wirtschafts-, verbraucher-, arbeits- und sozialrechtlicher Vorschriften v. 25.7.1986 (BGBl. 1986 I 1169, berichtigt BGBl. 1987 I 565) wurden §§ 6d, 6e neu eingefügt (Art. 1 Nr. 1). Sie verboten die öffentliche Werbung mit mengenbeschränkenden Angaben und mit Gegenüberstellungen eigener Preise mit vorher höheren eigenen Preisen. – Das Sonderveranstaltungsrecht wurde zusammenfassend in §§ 7, 8 neu geregelt (Art. 1 Nr. 2 G v. 25.7.1986). Die §§ 7a–7d sowie §§ 9, 9a, 10 und 11 wurden aufgehoben (Art. 1 Nr. 3 und 5 G v. 25.7.1986). – § 13 wurde zum besseren Verständnis redaktionell umgestaltet und in § 13 II Nr. 4 die Klagebefugnis der Industrie- und Handelskammern sowie der Handwerkskammern ausdrücklich festgelegt (Art. 1 Nr. 6 G v. 25.7.1986). In § 13a wurde ein Rücktrittsrecht für Abnehmer vorgesehen, die durch unwahre Werbung zum Vertragsschluss bestimmt wurden. Ferner wurde in § 23a die Streitwertminderung erleichtert. – Durch das am 1.8.1994 in Kraft getretene Gesetz zur Änderung des UWG (UWGÄndG) v. 25.7.1994 (BGBl. 1974 I 1738) – die „kleine UWG-Reform" – wurden §§ 6d, 6e wieder aufgehoben und die Klagebefugnis der „abstrakt" betroffenen Gewerbetreibenden und der Wirtschaftsverbände nach § 13 II Nr. 1, 2 eingeschränkt sowie der „fliegende Gerichtsstand" durch den neuen § 24 II 2 weitgehend beseitigt. – Durch Art. 25 MarkenrechtsreformG v. 25.10.1994 (BGBl. 1994 I 3082) wurde § 16 aufgehoben. Der Schutz geschäftlicher Bezeichnungen wurde auf Grund Art. 1 Markenrechtsreform im MarkenG (§ 1 Nr. 2 MarkenG, §§ 5, 6, 15 MarkenG) geregelt, das am 1.1.1995 in Kraft trat. – § 12 wurde durch Art. 4 Gesetz zur Bekämpfung der Korruption v. 13.8.1997 (BGBl. 1997 I 2039) aufgehoben. – Etwa seit 1996 kam es, verstärkt auf Grund der Einflussnahme des Gemeinschaftsrechts auf die deutsche Gesetzgebung und Rspr., zu einer sog Deregulierung des Wettbewerbsrechts. Durch Gesetz v. 1.9.2000 (BGBl. 2000 I 1374) wurde in § 2 die vergleichende Werbung in Umsetzung der RL 97/55 geregelt. Im Juli 2001 wurden das

RabattG und die ZugabeVO ersatzlos aufgehoben. Auf der Ebene der Rspr. ist sinnfälligster Ausdruck die Abkehr vom Leitbild des unkritischen Verbrauchers hin zum mündigen Verbraucher (→ § 1 Rn. 24 ff.).

IV. Das UWG 2004

Schrifttum: Deutsche Vereinigung für gewerblichen Rechtsschutz und Urheberrecht, Stellungnahme zum Entwurf für eine europäische Richtlinie und ein deutsches Gesetz gegen unlauteren Wettbewerb von Köhler/Bornkamm/Henning-Bodewig, GRUR 2003, 127; Engels/Salomon, Vom Lauterkeitsrecht zum Verbraucherschutz: UWG-Reform 2003, WRP 2004, 32; Fezer, Modernisierung des deutschen Rechts gegen den unlauteren Wettbewerb auf der Grundlage einer Europäisierung des Wettbewerbsrechts, WRP 2001, 989; Fezer, Das wettbewerbsrechtliche Vertragsauflösungsrecht in der UWG-Reform, WRP 2003, 127; Geis, Das Lauterkeitsrecht in der rechtspolitischen Diskussion, FS Tilmann, 2003, 121; Henning-Bodewig, Richtlinienvorschlag über unlautere Geschäftspraktiken und UWG-Reform, GRUR-Int. 2004, 183; Henning-Bodewig, Das neue Gesetz gegen den unlauteren Wettbewerb; Köhler, UWG-Reform und Verbraucherschutz, GRUR 2003, 265; Köhler, Das neue UWG, NJW 2004, 2121; Köhler/Bornkamm/Henning-Bodewig, Vorschlag für eine Richtlinie zum Lauterkeitsrecht und eine UWG-Reform, WRP 2002, 1317; Köhler/Lettl, Das geltende europäische Lauterkeitsrecht, der Vorschlag für eine EG-Richtlinie über unlautere Geschäftspraktiken und die UWG-Reform, WRP 2003, 1019; Lettl, Das neue UWG, 2004; Micklitz/Keßler, Funktionswandel des UWG, WRP 2003, 919; Münker/Kaestner, Das reformierte UWG im Überblick – Die Sicht der Praxis, BB 2004, 1689; Sack, Regierungsentwurf einer UWG-Novelle – ausgewählte Probleme, BB 2003, 1073; Sack, Vergleichende Werbung und die Erheblichkeitsschwelle in § 3 des Regierungsentwurfs einer UWG-Novelle, WRP 2004, 30; Schnorr/Wissing, Reform des Gesetzes gegen den unlauteren Wettbewerb, ZRP 2002, 143; Schricker/Henning-Bodewig, Elemente einer Harmonisierung des Rechts des unlauteren Wettbewerbs in der Europäischen Union, WRP 2001, 1392; Sosnitza, Das Koordinatensystem des Rechts des unlauteren Wettbewerbs im Spannungsfeld zwischen Europa und Deutschland, GRUR 2003, 739; Ullmann, Das Koordinatensystem des Rechts des unlauteren Wettbewerbs im Spannungsfeld von Europa und Deutschland, GRUR 2003, 817.

1. Vorarbeiten

Das BMJ setzte 2001 eine Arbeitsgruppe Unlauterer Wettbewerb ein. Ziel war die weitere   2.10
Liberalisierung und europakonforme Modernisierung des Wettbewerbsrechts (vgl. BT-Drs. 15/1487, 12 v. 22.8.2003). Zur Ermittlung der rechtstatsächlichen Grundlagen für die Gesetzgebung holte das BMJ Gutachten von Fezer (WRP 2001, 989) und Schricker/Henning-Bodewig (WRP 2001, 1367) ein. Die Mitglieder der Arbeitsgruppe Köhler, Bornkamm und Henning-Bodewig erstellten im Mai 2002 einen Entwurf für ein vollständig neues UWG (WRP 2002, 1317), der dann Grundlage der weiteren Beratungen und in weiten Teilen vom Gesetzgeber übernommen wurde. Der Regierungsentwurf für das neue UWG wurde im Mai 2003 veröffentlicht. Der Bundesrat nahm dazu am 20.6.2003 Stellung und forderte eine Reihe von Änderungen (BT-Drs. 15/1487, 29 ff.). In der Gegenäußerung der Bundesregierung (BT-Drs. 15/1487, 40 ff.) wurden einige dieser Änderungsvorschläge aufgegriffen. Am 14.1.2004 erfolgte eine Sachverständigenanhörung vor dem Rechtsausschuss des Bundestags. In den Beratungen des Bundestags wurden die Vorschläge der Bundesregierung weitgehend berücksichtigt.

2. Grundzüge der Reform

a) Rechtspolitische Anliegen. Der Gesetzgeber verfolgte mit der Novelle die Ziele der   2.11
Modernisierung, Europäisierung, Kodifizierung und Intensivierung des Wettbewerbsrechts.

aa) Modernisierung. Nach der Abschaffung von RabattG und ZugabeVO im Jahre 2001   2.12
setzte der Gesetzgeber die Politik der Deregulierung und Modernisierung des Wettbewerbsrechts konsequent fort. Die abstrakten Gefährdungstatbestände der § 6 UWG 1909 (Insolvenzwarenverkauf), § 6a UWG 1909 aF (Hersteller- und Großhändlerwerbung), § 6b UWG 1909 (Einkaufsausweise) und die Vorschriften über Sonderveranstaltungen (§§ 7, 8 UWG 1909) wurden nicht in das neue UWG übernommen. Der Handel darf also das ganze Jahr über Werbeaktionen durchführen. Eine Grenze setzt lediglich das Irreführungsverbot, insbes. das Verbot, mit Preisherabsetzungen zu werben, wenn der ursprüngliche Preis nur für eine unangemessen kurze Zeit gefordert worden ist (§ 5 IV).

bb) Europäisierung. Der Gesetzgeber setzte die von der Rspr. seit etwa 1995 eingeleitete   2.13
Annäherung an die Regelungen und Wertmaßstäbe des Gemeinschaftsrechts fort. Sinnfälliger Ausdruck war die redaktionelle Anpassung des § 5 (Irreführung) an Art. 3 RL 84/450/EWG

über irreführende Werbung. In § 7 II und III wurde die ePrivacy-RL umgesetzt. Die Regelungen in § 4 Nr. 4 und 5 UWG 2004 knüpften an entspr. Vorschriften in der E-Commerce-RL über den elektronischen Geschäftsverkehr an. Das vom EuGH entwickelte und vom BGH übernommene Verbraucherleitbild („durchschnittlich informierter, aufmerksamer und verständiger Durchschnittsverbraucher") wurde in der Begr. RegE (BT-Drs. 15/1487, 19) ausdrücklich aufgegriffen und der Regelung des § 5 zugrunde gelegt. Die parallel zur deutschen Gesetzgebung betriebenen Vorhaben der Kommission, nämlich der Erlass einer RL über unlautere Geschäftspraktiken und einer Verordnung über Verkaufsförderung im Binnenmarkt, hatten dagegen auf den Inhalt des UWG 2004 keinen nennenswerten Einfluss genommen.

2.14   **cc) Kodifizierung.** In Konkretisierung und Ergänzung des geschriebenen Rechts hatte die Rspr. zahlreiche Rechtssätze entwickelt, die der Gesetzgeber in das UWG 2004 übernahm, um das Wettbewerbsrecht transparenter zu machen. Dazu gehören insbes. viele Beispielstatbestände in § 4 und auch § 7. Kodifiziert wurden auch der Beseitigungsanspruch und der vorbeugende Unterlassungsanspruch (§ 8 I) sowie die Rechtsinstitute der Abmahnung und Unterwerfung (§ 12 I).

2.15   **dd) Intensivierung.** Um die Durchsetzung des Lauterkeitsrechts auch und gerade im Interesse der Verbraucher zu intensivieren, wurde in § 10 ein Gewinnabschöpfungsanspruch eingeführt. Damit sollen vorsätzliche Wettbewerbsverstöße, bei denen zu Lasten einer Vielzahl von Abnehmern ein Gewinn erzielt wird, geahndet werden. Da der Gewinn an den Bundeshaushalt abzuführen ist, wird auch die Neigung der anspruchsberechtigten Verbände, auf eigenes Risiko einen Prozess zu führen, nicht sehr groß sein. Überdies sind die Schwierigkeiten beim Nachweis der Anspruchsvoraussetzungen nicht zu unterschätzen. Vermutlich wird der Anspruch daher wohl nur in einfach gelagerten Fällen (zB Mogelpackungen, Adressbuchschwindel) geltend gemacht werden. Dagegen sah der Gesetzgeber davon ab, Individualansprüche auch im Vertikalverhältnis anzuerkennen, da insoweit die Regelungen des Bürgerlichen Rechts einen ausdifferenzierten und angemessenen Schutz gewähren.

2.16   **b) Gesetzesaufbau.** Das UWG 2004 gliederte sich in fünf Kapitel. Das erste Kapitel hatte „Allgemeine Bestimmungen" zum Gegenstand. Der Schutzzweckbestimmung (§ 1) folgten Definitionen zentraler Begriffe (§ 2). Die eigentlichen materiellrechtlichen Regelungen fanden sich in § 3 (Generalklausel) und den §§ 4–7 (Beispielstatbestände). Das zweite Kapitel regelte die „Rechtsfolgen", nämlich die Ansprüche auf Unterlassung und Beseitigung, Schadensersatz und Gewinnherausgabe sowie die Verjährung (§§ 8–11). Das dritte Kapitel enthielt „Verfahrensvorschriften" (§§ 12–15). Das vierte Kapitel fasste die „Strafvorschriften" (§§ 16–19) zusammen. Das fünfte Kapitel gab „Schlussbestimmungen" (§§ 20–22).

2.17   **c) Schutzzwecke.** In § 1 wurden – in Anlehnung an Art. 1 RL 84/450/EWG über irreführende Werbung und an Art. 1 SchweizUWG – die Schutzzwecke des Wettbewerbsrechts verdeutlicht. Neben dem Schutz der Mitbewerber wurde ausdrücklich auch der Schutz der „Verbraucherinnen und Verbraucher" erwähnt. Dies entsprach der bisherigen Rechtslage. Praktisch bedeutsamer war die Schutzzweckpräzisierung in § 1 S. 2 UWG. Darin wurde auch das Allgemeininteresse als Schutzzweck erwähnt, jedoch nur im Hinblick auf einen unverfälschten Wettbewerb. Der Schutz sonstiger Allgemeininteressen (wie zB Umweltschutz, Gesundheitsschutz, Schutz der Rechtspflege, Arbeitnehmerschutz) wurde daher nicht als Aufgabe des Wettbewerbsrechts angesehen. Allenfalls wurden diese Allgemeininteressen reflexartig mitgeschützt, soweit ein Wettbewerbsverstoß auch derartige Interessen berührt.

2.18   **d) Generalklausel.** Die neue Generalklausel in § 3 verwendete nicht mehr den antiquierten und Missverständnissen ausgesetzten Begriff der „guten Sitten", sondern sprach nur noch von „unlauteren Wettbewerbshandlungen". Damit war aber keine Änderung der Wertmaßstäbe verbunden. Neu war dagegen, dass unlautere Wettbewerbshandlungen nicht schlechthin verboten wurden, sondern nur dann, wenn sie „geeignet sind, den Wettbewerb zum Nachteil der Mitbewerber, der Verbraucher oder der sonstigen Marktbeteiligten nicht unerheblich zu beeinträchtigen". Die Verfolgung von Bagatellverstößen war also generell ausgeschlossen.

2.19   **e) Beispielstatbestände.** Die zu § 1 UWG 1909 von der Rspr. entwickelten Fallgruppen standen Pate bei der Ausformulierung einer Reihe von Beispielstatbeständen in den §§ 4–7. Einige von diesen Beispielstatbeständen hatten ihrerseits den Charakter von kleinen Generalklauseln (zB das Verbot der unangemessenen unsachlichen Beeinflussung der Entscheidungsfreiheit von Verbrauchern, § 4 Nr. 1, und das Verbot der gezielten Behinderung von Mitbewerbern, § 4 Nr. 10). Bei ihrer Auslegung ließ sich an die bisherige Fallgruppen-Rspr. anknüpfen, jedoch nur, soweit sie sich an dem Leitbild des durchschnittlich informierten, (situationsadäquat) aufmerksamen und verständigen Verbrauchers orientiert. Das galt auch für die irreführende Werbung, die ebenfalls als Beispielstatbestand unlauteren Handelns geregelt wurde (§ 5).

f) Sanktionen. Der Gesetzgeber hielt am bewährten System der Durchsetzung des Wett- **2.20** bewerbsrechts mit Hilfe von zivilrechtlichen Ansprüchen fest. Als klassische Ansprüche wurden der Unterlassungsanspruch (§ 8 I), der Beseitigungsanspruch (§ 8 I) und der Schadensersatzanspruch (§ 9) vorgesehen. Hinzu trat der Gewinnabschöpfungsanspruch (§ 10). Die Verjährung wurde in § 11 UWG unter Anpassung an das neue Verjährungsrecht des BGB (§§ 195, 199 BGB) geregelt. Aus dem Kreis der Anspruchsberechtigten schied der „abstrakt" verletzte Gewerbetreibende (§ 13 II Nr. 1 UWG 1909) aus, dafür wurde der Anspruch des (unmittelbar verletzten) Mitbewerbers in § 8 III Nr. 1 kodifiziert. Die auch dem Schuldnerinteresse dienenden, gewohnheitsrechtlich anerkannten Rechtsinstitute der Abmahnung und Unterwerfung wurden in § 12 I 1 geregelt. Auch der Anspruch auf Aufwendungsersatz bei berechtigter Abmahnung wurde geregelt (§ 12 I 2). Er braucht daher nicht, wie früher, auf die Grundsätze der Geschäftsführung ohne Auftrag gestützt zu werden.

g) Strafrecht. Die in den §§ 16 ff. enthaltenen Straftatbestände entsprachen dem früheren **2.21** Recht. Nicht übernommen wurde lediglich § 15 UWG 1909.

V. Die UWG-Novelle 2008

Schrifttum: Keßler/Micklitz, Das neue UWG – auf halbem Wege nach Europa?, VuR 2009, 88; Köhler, „Wettbewerbshandlung" und „Geschäftspraktiken", WRP 2007, 1393; Köhler, Vom deutschen zum europäischen Lauterkeitsrecht, NJW 2008, 3032; Köhler, Die UWG-Novelle 2008, WRP 2009, 109; Köhler, Richtlinienkonforme Gesetzgebung statt richtlinienkonforme Auslegung: Plädoyer für eine weitere UWG-Novelle, WRP 2012, 251; Köhler/Lettl, Das geltende europäische Lauterkeitsrecht, der Vorschlag für eine EG-Richtlinie über unlautere Geschäftspraktiken und die UWG-Reform, WRP 2003, 1019; Kulka, Der Entwurf eines „Ersten Gesetzes zur Änderung des Gesetzes gegen den unlauteren Wettbewerb", DB 2008, 1548; Lettl, Das neue UWG, GRUR-RR 2009, 41; Sosnitza, Der Gesetzentwurf zur Umsetzung der Richtlinie über unlautere Geschäftspraktiken, WRP 2008, 1014; Stuyck/Terryn/van Dyck, Confidence through fairness? The new Directive on unfair Business-to-Consumer Commercial Practices in the Internal Market, CML Rev 43 (2006), 107.

1. Umsetzung der Richtlinie über unlautere Geschäftspraktiken als Ziel

Das am 8.7.2004 in Kraft getretene UWG 2004 musste bereits nach wenigen Jahren erneut **2.22** geändert werden. Das „Erste Gesetz zur Änderung des Gesetzes gegen den unlauteren Wettbewerb" (UWG-Novelle 2008) dient der (verspäteten) Umsetzung der **UGP-RL** (→ Rn. 3.56 ff.). Da diese Richtlinie in ihrem Anwendungsbereich (Art. 3 I) eine Vollharmonisierung vorsieht, hatte der deutsche Gesetzgeber keinen sachlichen Gestaltungsspielraum. Er konnte den Aufbau des Gesetzes weitgehend unangetastet lassen, sah sich jedoch im Einzelnen zu einschneidenden Änderungen veranlasst. Allerdings war die Umsetzung in vielen Punkten nicht geglückt (vgl. Köhler WRP 2012, 251).

2. Erweiterung des Anwendungsbereichs des UWG

Das bisherige UWG regelte nur das Verhalten im Wettbewerb, genauer das Marktverhalten. **2.23** Die UGP-RL machte eine Ausweitung des Anwendungsbereichs auf das unternehmerische Verhalten gegenüber Verbrauchern (und folgerichtig auch gegenüber sonstigen Marktteilnehmern) während und nach Vertragsschluss erforderlich. Dementsprechend konnte auch der Begriff der Wettbewerbshandlung nicht beibehalten werden, sondern musste durch den weitergehenden Begriff der geschäftlichen Handlung, definiert jetzt in § 2 I Nr. 2, ersetzt werden.

3. Änderung der Generalklausel

Auch die Generalklausel des § 3 wurde tiefgreifend umgestaltet. In § 3 I wurde die bisherige **2.24** Bagatellklausel auf ihre eigentliche Bedeutung reduziert und von dem eher irreführenden Tatbestandsmerkmal der „nicht nur unerheblichen Beeinträchtigung des Wettbewerbs" befreit. In § 3 II trug der Gesetzgeber den speziellen Anforderungen des Art. 5 II, III UGP-RL an die

Beurteilung der Zulässigkeit von geschäftlichen Handlungen gegenüber Verbrauchern Rechnung. In § 3 III erfolgte ein Hinweis darauf, dass die im Anh. des Gesetzes aufgeführten geschäftlichen Handlungen gegenüber Verbrauchern („Schwarze Liste") stets unzulässig sind, eine Berücksichtigung der Umstände des Einzelfalls also ausgeschlossen ist.

4. Änderung einzelner Unlauterkeitstatbestände

2.25   Während § 4 weitgehend (von § 4 Nr. 2 abgesehen) unangetastet blieb, wurde der Irreführungstatbestand des § 5 neu formuliert und ein neuer § 5a hinsichtlich der „Irreführung durch Unterlassen" eingeführt. Die Regelungen spiegeln die Art. 6 und 7 UGP-RL wider. Der bisherige Unlauterkeitstatbestand des § 7 wurde zum selbstständigen Tatbestand einer Zuwiderhandlung erhoben und punktuell (in § 7 II Nr. 1) ergänzt.

5. Einführung von Per-Se-Tatbeständen

2.26   Im Anh. zu § 3 III sind 30 Tatbestände aufgeführt, deren Verwirklichung eine stets unzulässige geschäftliche Handlung darstellt. Damit trug der Gesetzgeber dem Anh. I UGP-RL Rechnung. Neben eher eigenartigen Beispielen enthält dieser Anhang im Großen und Ganzen Tatbestände, deren Unlauterkeit nicht zweifelhaft sein kann.

VI. Das Gesetz zur Bekämpfung unerlaubter Telefonwerbung

Schrifttum: Köhler, Neue Regelungen zum Verbraucherschutz bei Telefonwerbung und Fernabsatzverträgen, NJW 2009, 2567.

2.27   Das Gesetz zur Bekämpfung unerlaubter Telefonwerbung und zur Verbesserung des Verbraucherschutzes bei besonderen Vertriebsformen v. 29.7.2009 (BGBl. 2009 I 2413) fügte in § 7 II Nr. 2 das Erfordernis einer „ausdrücklichen" Einwilligung des Verbrauchers in eine Telefonwerbung ein und schuf zugleich – unter Aufhebung der bisherigen §§ 20–22 – einen entsprechenden Bußgeldtatbestand in § 20. Davon versprach sich der Gesetzgeber zusammen mit der Ausweitung der Widerrufsrechte bei bestimmten Vertragsschlüssen eine wirksamere Eindämmung der unerlaubten Telefonwerbung gegenüber Verbrauchern.

VII. Die UWG-Novelle 2015

Schrifttum: Alexander, Anmerkungen zum Referentenentwurf eines Zweiten Gesetzes zur Änderung des UWG, WRP 2014, 1384; Fritzsche, Überlegungen zum Referentenentwurf eines Zweiten Gesetzes zur Änderung des UWG, WRP 2014, 1392; Glöckner, UWG-Novelle mit Konzept und Konsequenz, WRP 2014, 1399; Henning-Bodewig, Erneute UWG-Reform? Einige Anmerkungen zum Referentenentwurf 2014, WRP 2014, 1407; Hetmank, Im Korsett der UGP-Richtlinie, GRUR 2015, 323; Kirchhoff, UWG-Novelle 2015 – nur Kodifizierung der Rechtsprechung oder substantiell Neues?, WRP 2015, 659; Köhler, Stellungnahme zum Referentenentwurf eines Zweiten Gesetzes zur Änderung des UWG, WRP 2014, 1410; Köhler, Der Regierungsentwurf zur UWG-Novelle 2015: Nur Klarstellung oder doch tiefgreifende Änderungen?, WRP 2015, 275; Köhler, UWG-Reform 2015: Im Regierungsentwurf nicht angesprochene Defizite bei der Umsetzung der UGP-Richtlinie, WRP 2015, 1037; Köhler, Alternativentwurf (UWG-AE) zum Regierungsentwurf (UWG-E) eines 2. Gesetzes gegen den unlauteren Wettbewerb, WRP 2015, 1311; Ohly, Nach der Reform ist vor der Reform, GRUR 2014, 1137; Ohly, Alternativentwurf („Große Lösung") zum Regierungsentwurf eines 2. Gesetzes zur Änderung des Gesetzes gegen den unlauteren Wettbewerb, WRP 2015, 1443; Peukert, Aufbau und innere Logik des UWG-Bestandsaufnahme und Alternativvorschlag, WRP 2019, 546; Sack, Anmerkungen zur geplanten Änderung des UWG, WRP 2014, 1418; Schlingloff, Keine Änderungen für die Rechtspraxis? Ein erster Blick auf den Referentenentwurf zur Änderung des UWG, WRP 2014, 1424; Sosnitza, Der Regierungsentwurf zur Änderung des Gesetzes gegen den unlauteren Wettbewerb, GRUR 2015, 318.

1. Verbesserte Umsetzung der Richtlinie über unlautere Geschäftspraktiken als Ziel

2.28   Das Zweite Gesetz zur Änderung des Gesetzes gegen unlauteren Wettbewerb v. 2.12.2015 (BGBl. 2015 I 2158), die sog UWG-Novelle 2015, diente der verbesserten Umsetzung der UGP-RL (→ Rn. 3.56 ff.). Der Gesetzgeber musste erneut tätig werden, weil die in der UWG-Novelle 2008 erfolgte Umsetzung nicht den Anforderungen des EuGH an eine korrekte Umsetzung entsprach und die Kommission dies beanstandet hatte (vgl. Köhler WRP 2015, 275; Köhler WRP 2015, 1037 (1311)). Jedoch sind auch durch diese Novelle nicht alle Defizite der

Umsetzung beseitigt. Dies gilt insbes. für die unzureichende Umsetzung der Anh. I Nr. 26 UGP-RL in § 7.

2. Änderung und Ergänzung des Definitionenkatalogs des § 2 I

Der Begriff der „fachlichen Sorgfalt" wurde in § 2 I Nr. 7 aF wurde durch den Begriff der **2.29** „unternehmerischen Sorgfalt" ersetzt. Innerhalb der Definition wurde der Begriff der „Markt-gepflogenheiten" durch den der „anständigen Marktgepflogenheiten" ersetzt. Neu hinzukamen in § 2 I Nr. 8 aF die Definition der „wesentlichen Beeinflussung des wirtschaftlichen Verhaltens des Verbrauchers" in Umsetzung des Art. 2 lit. e UGP-RL sowie in § 2 I Nr. 9 aF die Definition der „geschäftlichen Entscheidung" in Umsetzung des Art. 2 lit. k UGP-RL.

3. Änderung der Generalklausel des § 3 I

Aus der Generalklausel des § 3 I wurde die Spürbarkeitsklausel entfernt und damit ein Gleich- **2.30** klang mit Art. 5 I UGP-RL hergestellt. Allerdings fungiert die Generalklausel nach wie vor als Grund- und Auffangtatbestand und nicht, wie im RegE vorgeschlagen, als bloße Rechtsfolgen-anordnung. Geschäftliche Handlungen, die nicht von den nachfolgenden Unlauterkeitstatbestän-den erfasst werden, aber einen vergleichbaren Unlauterkeitsgehalt aufweisen, können daher wie bisher auf der Grundlage des § 3 I untersagt werden. Dazu → § 3 Rn. 2.21.

4. Änderung der Verbrauchergeneralklausel des § 3 II

Die Verbrauchergeneralklausel des § 3 II wurde stärker dem Wortlaut des Art. 5 II UGP-RL **2.31** angenähert. So wurde die Relevanzklausel des Art. 5 II UGP-RL (Eignung zur wesentlichen Beeinflussung des wirtschaftlichen Verhaltens des Verbrauchers) übernommen. Ferner wurde aus Art. 5 II UGP-RL die Unterscheidung zwischen geschäftlichen Handlungen, die Verbraucher erreichen, und solchen, die sich an sie richten, übernommen. Unberücksichtigt blieb nach wie vor das Erfordernis des „Bezugs" der Handlung „auf das jeweilige Produkt". Der Begriff der „fachlichen Sorgfalt" wurde durch den der „unternehmerischen Sorgfalt" ersetzt.

5. Änderung des Anhangs zu § 3 III

In der Schwarzen Liste des Anh. zu § 3 III wurden die Nr. 13, 14 und 29 stärker dem **2.32** Wortlaut der entspr. Bestimmungen des Anh. I UGP-RL angepasst.

6. Einführung eines § 3 IV

Die Regelungen in § 3 II 2 und 3 UWG 2008 wurden in einen Abs. 4 S. 1 und 2 transferiert, **2.33** um deutlich zu machen, dass sie Geltung auch für die Spezialtatbestände unlauteren Handelns gegenüber Verbrauchern beanspruchen. Die Regelung in § 3 IV 2 wurde stärker an den Wort-laut des Art. 5 III 1 UGP-RL angepasst.

7. Einführung eines § 3a

Der Rechtsbruchtatbestand des § 4 Nr. 11 UWG 2008 wurde in § 3a verselbständigt und mit **2.34** einer Spürbarkeitsklausel iSd bisherigen § 3 I UWG 2008 versehen.

8. Umgestaltung des § 4

Der bisherige § 4 UWG 2008 enthielt „Beispiele unlauterer geschäftlicher Handlungen". Er **2.35** wurde völlig entkernt und enthält nur noch die bisherigen Regelungen über den Mitbewerber-schutz (§ 4 Nr. 7–10 UWG 2008), überführt in § 4 Nr. 1–4. An die Stelle der Tatbestände des § 4 Nr. 1 und 2 UWG 2008 trat § 4a. Der Tatbestand des § 4 Nr. 3 UWG 2008 entfiel. An seine Stelle trat, soweit es Verbraucher betrifft, § 5a VI. Der Schutz sonstiger Marktteilnehmer wird durch § 5a I sichergestellt. Die Tatbestände des § 4 Nr. 4 und 5 UWG 2008 entfielen. Ihr Regelungsgehalt soll durch § 5a II und IV abgedeckt werden. § 4 Nr. 6 UWG 2008 entfiel ersatzlos, da die Regelung mit der UGP-RL nicht vereinbar war. § 4 Nr. 11 UWG 2008 wurde in den neuen § 3a transferiert.

9. Einführung des § 4a

2.36   Der neue § 4a diente der korrekten Umsetzung der Art. 8 und 9 UGP-RL und führte damit den Begriff der aggressiven geschäftlichen Handlungen in das UWG ein. In § 4a II 2 wurde der Regelungsgehalt des § 4 Nr. 2 übernommen.

10. Umgestaltung des § 5 I

2.37   Der Irreführungstatbestand des § 5 I 1 UWG 2008 wurde durch die Einfügung einer Relevanzklausel dem Art. 6 I UGP-RL angepasst. Zugleich wurde klargestellt, dass die Vorschrift auch dem Schutz der sonstigen Marktteilnehmer dient.

11. Umgestaltung des § 5a II und Einführung des § 5a V

2.38   Die Vorgaben des Art. 7 I–III UGP-RL zu den „Irreführenden Unterlassungen" waren in § 5a II UWG 2008 in stark verkümmerter und auch missverständlicher Weise umgesetzt worden. Dieses Umsetzungsdefizit wurde durch die Neufassung des § 5a II und die Einführung eines § 5a V und VI beseitigt.

VIII. Gesetz zur Stärkung des fairen Wettbewerbs

2.38a   Das Gesetz zur Stärkung des fairen Wettbewerbs v. 26.11.2020 brachte zahlreiche Änderungen des UWG mit sich (vgl. Fritzsche WRP 2020, 1367). Die wesentlichen Neuerungen waren: **(1)** Neuregelung der Anspruchsberechtigung nach § 8 III Nr. 1 (Mitbewerber), nach Nr. 2 („qualifizierte Wirtschaftsverbände" iSd § 8b) und nach Nr. 4 (Einbeziehung von Organisationen des Handwerks und anderer berufsständische Organisationen sowie der Gewerkschaften); **(2)** Überführung des in § 8 IV 1 aF enthaltenen Missbrauchstatbestands in den § 8c I und Konkretisierung durch einen Katalog von Beispielstatbeständen in § 8c II; **(3)** Überführung der Abmahnregelung in § 12 I aF in den § 13 I, Konkretisierung der inhaltlichen Anforderungen an eine wirksame Abmahnung (§ 13 II), Ausschluss des Anspruchs von Mitbewerbern auf Ersatz der erforderlichen Aufwendungen bei bestimmten Rechtsverstößen (§ 13 III) und Regelung des Gegenanspruchs des Abgemahnten (§ 13 IV); **(4)** Konkretisierung der Anforderungen an eine angemessene Vertragsstrafe in § 13a; **(5)** Ausschluss des fliegenden Gerichtsstands bei Streitigkeiten wegen Zuwiderhandlungen im elektronischen Geschäftsverkehr oder in Telemedien (§ 14 II 2 Nr. 1) sowie bei Geltendmachung eines Unterlassungsanspruchs durch die nach § 8 III Nr. 2–4 Anspruchsberechtigten (§ 14 II Nr. 2 Nr. 2); **(6)** Erstreckung des Bußgeldtatbestands des § 20 I auf weitere Tatbestände.

IX. Gesetz zur Änderung des TMG

2.38b   Durch das Gesetz zur Änderung des Telemediengesetzes v. 19.11.2020 (BGBl. 2020 I 2456) wurde ein neuer § 8a in das UWG eingefügt. Darin wird die Anspruchsberechtigung nach § 8 I bei einem Verstoß gegen die P2B-VO abweichend von § 8 III geregelt.

X. Gesetz über faire Verbraucherverträge

2.38c   Durch das Gesetz über faire Verbraucherverträge v. 10.8.2021 (BGBl. 2021 I 3433) wurde ein § 7a in das UWG eingefügt. Danach müssen Unternehmer, die mit Telefonanrufen gegenüber Verbrauchern werben, deren vorherige Einwilligung dokumentieren und den entsprechenden Nachweis fünf Jahre aufbewahren. Darüber hinaus wurde der Bußgeldtatbestand des § 20 neu gefasst.

XI. Gesetz zur Stärkung des Verbraucherschutzes im Wettbewerbs- und Gewerberecht

2.38d   Das Gesetz zur Stärkung des Verbraucherschutzes im Wettbewerbs- und Gewerberecht v. 10.8.2021 (BGBl. 2021 I 3504) trat am 28.5.2022 in Kraft. Es dient in erster Linie der Umsetzung der zahlreichen Änderungen der UGP-RL durch die RL (EU) 2019/2161. Darüber hinaus brachte es eine Reihe sonstiger Änderungen und Ergänzungen mit sich. Die wesentlichen Neuerungen sind: **(1)** Einfügung eines Abs. 2 in den § 1; **(2)** Aufnahme der neuen Begriffe „Online-Marktplatz" und „Ranking" in den § 2 I sowie Alphabetisierung der einzelnen Begriffsbestimmungen; **(3)** In § 5 wurde der bisherige Abs. 2 zu Abs. 3; darin wurde in Nr. 2 eine Regelung zur Vermarktung wesentlich unterschiedlicher Waren als identisch aufgenommen; **(4)** Der bisherige § 5a wurde in einen § 5a und § 5b aufgespalten. Der bisherige § 5a I wurde ersatzlos gestrichen; der Anwendungsbereich des § 5a wurde auf sonstige Marktteilnehmer erweitert; in § 5b wurde der Begriff der wesentlichen Information iSd neuen § 5a I geregelt, dabei wurden auch bestimmte Informationen hinsichtlich des Online-Marktplatzes (§ 5b I Nr. 6), des Rankings (§ 5b II) und der Verbraucherbewertungen (§ 5b III) aufgenommen. **(5)** Der neue § 5c IV mit dem neuen § 19 betrifft die Sanktionierung der Verletzung von Verbraucherinteressen bei weitverbreiteten Verstößen und bei weitverbreiteten Verstößen mit Unions-Dimension durch Bußgelder; **(6)** Der Tatbestand des § 7 II Nr. 1 wurde in einen neuen Tatbestand der Nr. 26 Anh zu § 3 III umgewandelt. **(7)** In den § 9 wurde ein Abs. 2 eingefügt, der einen individuellen Schadensersatzanspruch der Verbraucher begründet. Seine Verjährung bestimmt sich nach § 11 I, seine gerichtliche Geltendmachung nach § 14 IV. **(8)** Der Tatbestand des § 20 wurde an die Änderungen des § 7 II angepasst. **(9)** Der Anh. zu § 3 III wurde, der UGP-RL folgend, in irreführende und aggressive geschäftliche Handlungen unterteilt, alle Tatbestände wurden mit Überschriften versehen; es kamen die neuen Tatbestände der Nr. 11a, 23a, 23b, 23c und 26 hinzu; außerdem wurde, gestützt auf Art. 3 V UGP-RL, in Nr. 32 ein neues Verbot der Geltendmachung von Zahlungsansprüchen aus Verträgen, die im Rahmen unerbetener Hausbesuche geschlossen wurden, eingefügt.

XII. VRUG

Das Verbandsklagenrichtlinienumsetzungsgesetz (VRUG) v. 8.10.2023 (BGBl. 2023 I Nr. 272) trat am 13.10.2023 Kraft. Es enthält in Art. 12 VRUG mehrere Änderungen des UWG, nämlich der §§ 5, 8, 8b, 10 und 20. Am bedeutsamsten ist die Stärkung des Gewinnabschöpfungsanspruchs (§ 10), ua durch die Möglichkeit der Einschaltung eines gewerblichen Prozessfinanzierers auf Kosten des Bundeshaushalts. **2.38e**

B. Die Durchsetzung des Lauterkeitsrechts

I. Möglichkeiten der Durchsetzung

Die Anforderungen des Lauterkeitsrechts an die Wirtschaft lassen sich mit unterschiedlichen rechtlichen Instrumenten durchsetzen. In Betracht kommen staatliche Sanktionen mit den Mitteln des Zivilrechts, des Strafrechts und des öffentlichen Rechts sowie ergänzend eine freiwillige Selbstkontrolle der Wirtschaft. Alle diese Regelungsmodelle finden sich in Europa. **2.39**

1. Anforderungen des Unionsrechts

Die UGP-RL (geändert durch die RL 2019/2161/EU) regelt in den **Art. 11, 11a und 13 UPR-RL** die Durchsetzung der Anforderungen dieser Richtlinie und die Sanktionen bei Verstößen. Sie überlässt dabei den Mitgliedstaaten einen Wertungsspielraum bezüglich der Wahl der nationalen Maßnahmen (EuGH WRP 2015, 698 Rn. 57 – UPC). Die Mitgliedstaaten müssen Mittel zur Bekämpfung unlauterer Geschäftspraktiken vorsehen, die **geeignet** und **wirksam** sind. Dazu gehören nach Art. 11 I 2 UGP-RL Rechtsvorschriften, die es Personen oder Organisationen, die nach dem nationalen Recht ein berechtigtes Interesse an der Bekämpfung unlauterer Geschäftspraktiken haben, einschließlich Mitbewerbern, gestatten, gerichtlich gegen eine solche unlautere Geschäftspraktiken vorzugehen und/oder gegen solche unlautere Geschäftspraktiken ein Verfahren bei einer Verwaltungsbehörde einzuleiten, die für die Entscheidung über Beschwerden oder für die Einleitung eines geeigneten gerichtlichen Verfahrens zuständig ist. Eine dem Art. 11 UGP-RL vergleichbare Regelung enthält Art. 5 Werbe-RL. Art. 11a UGP-RL gewährt geschädigten Verbrauchern individuelle Rechtsbehelfe, die auf Schadensersatz und ggf. Preisminderung oder Vertragsbeendigung gerichtet sein können. Die für Verstöße vorgesehenen **Sanktionen** müssen nach Art. 13 I 2 UGP-RL wirksam, verhältnismäßig und abschreckend sein. Diese Anforderungen werden in Art. 13 II–IV UGP-RL konkretisiert. Eine vergleichbare Regelung enthält Art. 8 Preisangaben-RL, geändert durch RL 2019/2161/EU. – Die **VO (EU) 2017/2394** über die Zusammenarbeit zwischen den für die Durchsetzung der Verbraucherschutzgesetze zuständigen nationalen Behörden v. 12.12.2017 hat die VO (EG) 2006/2004 mWv 17.1.2020 aufgehoben. Sie hat das Ziel, die Zusammenarbeit **2.40** von nationalen Behörden untereinander und mit der Kommission bei der Feststellung, Ermittlung und Bekämpfung von Verstößen innerhalb der Union, weitverbreitete Verstöße und weitverbreitete Verstöße mit Unionsdimension zu koordinieren (→ Rn. 3.67 ff.).

2. Rechtslage in Deutschland

2.41   Vgl. auch → Rn. 3.63. In Deutschland steht seit jeher die Durchsetzung des Lauterkeitsrechts vor den staatlichen Gerichten mit den Mitteln des zivilrechtlichen Anspruchs (§ 194 I BGB) im Vordergrund (sog. **private enforcement**). Auch das UWG folgt diesem Regelungsmodell (§§ 8–10). Das Interesse der Allgemeinheit an einem unverfälschten Wettbewerb (§ 1 S. 2) wird dadurch gewahrt, dass auch bestimmte Verbände der Wirtschaft und der Verbraucher Wettbewerbsverstöße verfolgen dürfen (§ 8 III Nr. 2–4). Um zeitraubende und kostspielige Gerichtsverfahren zu vermeiden, hat sich in der Praxis die außergerichtliche Streitbeilegung mittels Abmahnung und Unterwerfung (§ 12 I) eingebürgert. Eine vergleichbare Funktion hat, wenn es bereits zum Erlass einer einstweiligen Verfügung gekommen ist, das sog Abschlussverfahren mittels Abschlussschreiben und Abschlusserklärung (→ § 12 Rn. 3.69 ff.). Die meisten Wettbewerbsstreitigkeiten werden auf diese Weise erledigt. Daneben gibt es die Möglichkeit der zivilrechtlichen Streitschlichtung durch die Einigungsstellen bei den Industrie- und Handelskammern (§ 15; → Rn. 2.27). Das Strafrecht und das Ordnungswidrigkeitenrecht als ultima ratio ergänzen das zivilrechtliche Lauterkeitsrecht, kommt aber nur bei einigen schwerwiegenden Zuwiderhandlungen (§§ 16, 20) zum Einsatz. – In der Praxis spielt ferner die freiwillige Selbstkontrolle der Wirtschaft eine nicht unbedeutende Rolle (§ 15 UWG). Es ist das erklärte Ziel der UGP-RL (vgl. ErwGr. 20 UGP-RL), diese Selbstkontrolle anhand von Verhaltenskodizes zu stärken. – De lege ferenda wird eine (zusätzliche) **behördliche Durchsetzung** des Lauterkeitsrechts (sog. **public enforcement**) diskutiert (vgl. Henning-Bodewig WRP 2019, 537; Köhler WRP 2018, 519 und WRP 2020, 803; Podszun/Busch/Henning-Bodewig GRUR 2018, 1004; Wolf WRP 2019, 283). Eine Vorstufe dazu stellt die Möglichkeit einer Sektoruntersuchung durch das BKartA gem. § 32e V GWB dar.

II. Die Rolle der Gerichte

2.42   Die Durchsetzung lauterkeitsrechtlicher Ansprüche erfolgt durch gerichtliche Geltendmachung vor den **ordentlichen Gerichten,** sei es durch Erhebung einer Klage, sei es durch Antrag auf Erlass einer einstweiligen Verfügung. Eingangsgericht ist nach § 13 I UWG, unabhängig vom Streitwert, stets das **LG.** Durch Rechtsverordnung kann für die Bezirke mehrerer Landgerichte eines von ihnen als Gericht für Wettbewerbsstreitsachen bestimmt werden, wenn dies der Rechtspflege in Wettbewerbsstreitsachen, insbes. der Sicherung einer einheitlichen Rspr. dienlich ist (§ 13 II). Im Instanzenzug folgen das **OLG** als Berufungsgericht und der **BGH** als Revisionsgericht. Berufung gegen Urteile des Landgerichts ist nach § 511 ZPO möglich, wenn der Streitwert 600 EUR übersteigt oder das Landgericht die Berufung zugelassen hat. Revision gegen Urteile des Oberlandesgerichts ist nach § 543 I ZPO möglich, wenn sie das Oberlandesgericht oder das Revisionsgericht auf Beschwerde gegen die Nichtzulassung zugelassen hat. – Gegen Entscheidungen der ordentlichen Gerichte kann unter dem Gesichtspunkt der Verletzung von Grundrechten Verfassungsbeschwerde zum **BVerfG** erhoben werden. Dies kam in jüngerer Zeit immer häufiger vor. Für die Auslegung des Lauterkeitsrechts am Maßstab der Grundrechte hat die Rspr. des Bundesverfassungsgerichts immer größere Bedeutung gewonnen. Sie führte zu einer weitreichenden Liberalisierung des Lauterkeitsrechts. Allerdings scheidet eine Berufung auf deutsche Grundrechte aus, soweit das deutsche Recht lediglich einer europäischen Richtlinie nachkommt und dementsprechend richtlinienkonform auszulegen ist. – Zunehmende Bedeutung für das deutsche Lauterkeitsrecht kommt dementsprechend der Rspr. des **EuGH** zu (→ Rn. 3.11 ff.). Er entscheidet zwar nur über die Auslegung des primären und sekundären Unionsrechts. Soweit das Lauterkeitsrecht auf Richtlinien der Union fußt, ist auf Grund des Gebots der richtlinienkonformen Auslegung des nationalen Rechts seine Rspr. auch für das deutsche Lauterkeitsrecht maßgeblich.

III. Die Rolle der Einigungsstellen

2.43   In gewissem Umfang **entlasten** die bei den Industrie- und Handelskammern errichteten Einigungsstellen die ordentlichen Gerichte. Zu Einzelheiten → § 15 Rn. 1 ff.

IV. Die Rolle der Verbände

1. Allgemeines

Bei der Durchsetzung lauterkeitsrechtlicher Ansprüche vor den Gerichten (und den Eini-   **2.44**
gungsstellen) spielen neben den verletzten Mitbewerbern (§ 8 III Nr. 1) auch und vor allem die
Wirtschafts- und Wettbewerbsverbände (§ 8 III Nr. 2), in geringerem Maße auch die Verbraucherverbände (qualifizierte Einrichtungen iSd § 8 III Nr. 3), die Industrie- und Handelskammern sowie die Handwerkskammern (§ 8 III Nr. 4) dagegen praktisch keine Rolle. Die Wirt-
schafts- und Wettbewerbsverbände werden teils von sich aus, teils auf Anregung von betroffenen
Unternehmen oder Verbrauchern tätig. Sie haben durch ihr Wirken maßgeblich zu einer wirksamen Kontrolle des unlauteren Wettbewerbs und zugleich zur Konkretisierung des Lauterkeitsrechts durch die Rspr. beigetragen. Zu den wichtigsten Verbänden gehören die „Zentrale zur
Bekämpfung unlauteren Wettbewerbs" (→ Rn. 2.45) und der „Deutsche Schutzverband gegen
Wirtschaftskriminalität" (→ Rn. 2.46). Daneben gibt es noch eine Vielzahl von Wettbewerbsvereinen, wie etwa den „Schutzverband gegen Unwesen in der Wirtschaft" (→ Rn. 2.47).

2. Zentrale zur Bekämpfung unlauteren Wettbewerbs

Die Zentrale zur Bekämpfung unlauteren Wettbewerbs Frankfurt am Main eV (Wettbewerbs-   **2.45**
zentrale) wurde am 17.1.1912 in Berlin gegründet und hat ihren Sitz in Frankfurt und ihre
Verwaltung in Bad Homburg (Kontaktadresse: Tannenwaldallee 6, 61348 Bad Homburg, Tel.:
06172/12150; E-Mail: mail@wettbewerbszentrale.de). Zur Gesamtentwicklung und Bedeutung
ihrer Arbeit vgl. FS „75 Jahre Zentrale zur Bekämpfung unlauteren Wettbewerbs", 1987 sowie
FS „100 Jahre Wettbewerbszentrale", 2012. Im Bundesgebiet unterhält die Wettbewerbszentrale
auch Büros in Berlin und Hamburg. Aufgrund der wettbewerbsrechtlichen Relevanz vieler
branchenbezogener Spezialgesetze hat die Wettbewerbszentrale Schwerpunktabteilungen eingerichtet, die über umfassende Branchenkenntnisse verfügen. Das Aufgabengebiet der Zentrale, die
mit den Spitzenverbänden der gewerblichen Wirtschaft zusammenarbeitet, ist die Bekämpfung
unlauterer geschäftlicher Handlungen, die Beteiligung an der Rechtsforschung sowie die Aufklärung und Belehrung zur Förderung des lauteren Geschäftsverkehrs. Wirtschaftspolitische
Aufgaben obliegen ihr nicht. Sie hat keine Zwangsbefugnisse, aber sie kann bei Verstößen gegen
§ 3 und § 7 sowie gegen §§ 1, 2 UKlaG den Anspruch auf Unterlassung geltend machen (§ 8 III
Nr. 2, § 3 I Nr. 2 UKlaG). Auf Grund ihrer Mitgliederstruktur hat die Wettbewerbszentrale die
umfassende Verbandsklagebefugnis für das gesamte Bundesgebiet (stRspr; zuletzt BGH WRP
2014, 686 – Typenbezeichnung; WRP 2015, 444 – Monsterbacke). Die Bedeutung der Wettbewerbszentrale ist in den letzten Jahren, auch durch die Ausweitung ihrer Anspruchsberechtigung auf unwirksame Allgemeine Geschäftsbedingungen und verbraucherschutzgesetzwidrige
Praktiken sowie die Einräumung eines Auskunftsanspruchs durch § 13 I UKlaG, weiter stark
gestiegen. Hinzugekommen ist die Tätigkeit als beauftragter Dritter iSd § 7 EU-VSchDG bei
der Durchsetzung der Verbraucherschutzgesetze. Der Wettbewerbszentrale gehören heute über
1.900 Mitglieder an, ca. 1.100 Unternehmen und ca. 800 Verbände, darunter alle Industrie- und
Handelskammern des Bundesgebietes (außer IHK Aachen), die Handwerkskammern und weitere Verbände. Ca. 776.000 Fälle hat die Wettbewerbszentrale seit ihrer Neugründung nach dem
2. Weltkrieg bearbeitet und über 560 BGH-Verfahren geführt. Ihre Beratung beschränkt sich
jedoch nicht auf die Mitglieder (vgl. Nr. 260c RiStBV). Etwa 11.000 Anfragen und Beschwerden werden der Wettbewerbszentrale und ihren Büros im Jahr zur Begutachtung und Schlichtung vorgelegt. Daneben gibt der Verein Publikationen für seine Mitglieder und die Öffentlichkeit zur Unterrichtung über alle im wettbewerbsrechtlichen Bereich bedeutsamen Rechtsent-
wicklungen heraus (zB Wettbewerbsrecht Aktuell), informiert auf www.wettbewerbszentrale.de
und veranstaltet öffentliche Seminare. Offizielles Organ der Wettbewerbszentrale ist die Zeitschrift WRP, die in Zusammenarbeit mit der Wettbewerbszentrale erscheint. Im Rahmen der
Berichterstattung über Instanzurteile berichtet sie auch über ihre eigene Tätigkeit. Integriert in
die Wettbewerbszentrale ist auch der „Förderkreis für internationales Wettbewerbsrecht", der die
deutsche Landesgruppe der „Internationalen Liga für Wettbewerbsrecht" (LIDC/Liga) repräsentiert. Die Wettbewerbszentrale ist Mitglied der Liga mit Sitz in Lausanne und Verwaltung in Paris
sowie der EASA (European Advertising Standards Alliance), Brüssel.

3. Deutscher Schutzverband gegen Wirtschaftskriminalität

2.46   Der Deutsche Schutzverband gegen Wirtschaftskriminalität eV Frankfurt am Main (DSW) wurde 1911 als Verein gegen das Bestechungsunwesen eV in Berlin gegründet, jedoch 1944 durch Anordnung des RWM aufgelöst. Im Hinblick auf verschiedene Bestechungsfälle wurde der Verein auf Wunsch weiter Wirtschaftskreise am 25.2.1955 in Bonn neu gegründet. Am 1.1.1973 erhielt der Verein den gleichen Verwaltungssitz wie die Wettbewerbszentrale (Kontaktadresse: Tannenwaldallee 6, 61348 Bad Homburg, Tel.: 06172/121575, E-Mail: mail@dsw-schutzverband.de). Durch Beschluss der Mitgliederversammlung v. 14.6.1973 wurde der Zweck des Vereins wesentlich erweitert. Er führte seitdem den Namen „Verein gegen Bestechung und Wirtschaftskriminalität eV". Eine nochmalige Erweiterung des Aufgabenkreises erfolgte durch die Mitgliederversammlung am 1.12.1977. Zugleich wurde auch die Aufgabenstellung der Deutschen Zentrale zur Bekämpfung der Schwindelfirmen eV, HH, übernommen. Der Verband verfolgt strafbare bzw. ordnungswidrige Werbung, zB nach § 16 UWG. Darüber hinaus bekämpft er betrügerische Geschäftspraktiken im Spannungsfeld von § 263 StGB und § 5 UWG. Der DSW hat die umfangreiche Verbandsklagebefugnis nach § 8 III Nr. 2 UWG, § 3 I Nr. 2 UKlaG und einen Auskunftsanspruch gegen Anbieter von Post-, Telekommunikations-, Tele- oder Mediendiensten gem. § 13 I UKlaG. Darüber hinaus bekämpft er Schwindelfirmen und die verschiedenen Formen der Wirtschaftskriminalität. Durch Belehrung und Aufklärung wird Verstößen vorgebeugt. Er unterstützt weiter die Tätigkeit der Strafverfolgungsbehörden und erstattet Gutachten (vgl. auch Nr. 260c RiStBV). Seine Mitgliederstruktur ist vor allen Dingen dadurch geprägt, dass die bedeutenden Spitzenverbände der gewerblichen Wirtschaft, nämlich der Deutsche Industrie- und Handelskammertag, der Bundesverband der Deutschen Industrie, der Hauptverband des Deutschen Einzelhandels, der Zentralverband des Deutschen Handwerks und der Deutsche Handwerkskammertag den DSW tragen. Im Übrigen sind nahezu sämtliche Industrie- und Handelskammern Deutschlands Mitglied im DSW. Zur Gesamtentwicklung des Verbandes s. Kisseler WRP 1986, 589; Tätigkeitsbericht WRP 1994, 342; Münker MA 1996, 88; zur Arbeit des Verbandes s. WRP 2001, 666; 2002, 487. Bei Wettbewerbsverstößen ist der Verband nach § 8 III Nr. 2 klagebefugt, da ihm nicht nur Industrie- und Handelskammern, sondern auch die oben genannten Spitzenverbände angehören (BGH GRUR 1995, 358 – Folgeverträge II).

4. Schutzverband gegen Unwesen in der Wirtschaft eV

2.47   Der 1962 gegründete Schutzverband repräsentiert über die verschiedenen korporativen Mitgliedschaften heute die Interessen von mehr als 70.000 Gewerbetreibenden. Ferner gehören ihm zahlreiche Einzelunternehmen unterschiedlichster Branchen und Größenordnung sowie zahlreiche andere Fachverbände, zB aus der Bauwirtschaft, der Verlage und Buchhandlungen, an. – Kontaktadresse: Schutzverband gegen Unwesen in der Wirtschaft eV, Schwanthalerstraße 110, 80339 München, Tel: 0 89/5 40 56-1 50; E-Mail: info@Schutzverband.de

5. Verbraucherzentrale Bundesverband eV (vzbv)

2.48   Der Verbraucherzentrale Bundesverband ist die bundesweite Dachorganisation der 16 Verbraucherzentralen und von weiteren 26 verbraucherpolitisch ausgerichteten Verbänden sowie 9 Fördermitgliedern. Er ist seinerseits Mitglied des europäischen Verbraucherverbandes BEUC und von Consumers International (CI). Er wird vom Bundesministerium der Justiz und für Verbraucherschutz (BMJV) sowie aus Projektmitteln und Mitgliedsbeiträgen finanziert und vertritt die Interessen der Verbraucher gegenüber Politik, Wirtschaft und Verwaltung. Im Bereich des UWG und UKlaG wird der vzbv durch Abmahnungen und Klagen gegen schwerwiegende und neuartige Wettbewerbsverstöße sehr engagiert tätig und trägt damit maßgeblich zur Rechtsfortbildung durch die Gerichte bei. – Kontaktadresse: Rudi-Dutschke-Straße 17, 10969 Berlin, Tel: 030/2 58 00–0, E-Mail: info@vzbv.de

6. Weitere Verbände

2.49   Eine Auflistung weiterer Verbände findet sich in der „Liste der qualifizierten Verbraucherverbände nach § 4" (§ 18 I UKlaG).

V. Die Rolle sonstiger Organisationen

1. IHK

Auf dem Gebiet des Wettbewerbsrechts sind die IHK beratend und begutachtend tätig. **2.50** Besondere Bedeutung hat die Gutachter- und Auskunftstätigkeit für die Feststellung von Handelsbräuchen sowie für das Bestehen einer Verkehrsgeltung; vgl. auch Nr. 260c RiStBV. Die IHK können auf Grund ihrer in § 8 III Nr. 4 ausdrücklich anerkannten Anspruchsberechtigung bei Wettbewerbsverstößen den Anspruch aus § 8 I auf Unterlassung und Beseitigung geltend machen. Darüber hinaus fungieren die IHK auf dem Gebiet des Wettbewerbsrechts als Träger der Einigungsstellen zur Beilegung von Wettbewerbsstreitigkeiten (§ 15).

2. Handwerkskammern

Sie sind Körperschaften des öffentlichen Rechts. Ihre Rechtsstellung und Aufgaben beruhen **2.51** auf den §§ 90 ff. HwO idF v. 28.12.1965 (BGBl. 1966 I 1). Auf dem Gebiet des Wettbewerbsrechts erfüllen sie die gleichen Aufgaben wie die IHK (→ Rn. 1.32). Auch sind sie nach § 8 III Nr. 4 in den Fällen des § 3 zur Klage auf Unterlassung und Beseitigung befugt.

3. Gutachterausschuss für Wettbewerbsfragen (GA)

Dieser Ausschuss ist bei der Dachorganisation aller Kammern, dem Deutschen Industrie- und **2.52** Handelskammertag (DIHK), gebildet worden. Träger des Ausschusses sind alle Spitzenorganisationen der Wirtschaft. Die Mitglieder des Ausschusses setzen sich vorwiegend aus Unternehmern und Geschäftsführern von Unternehmerverbänden und Kammern zusammen, die von den Spitzenorganisationen in den Ausschuss entsandt werden. Mitglied ist weiter der Hauptgeschäftsführer der Zentrale (→ Rn. 1.30). Der Gutachterausschuss wird von Gerichten, Kammern, Wirtschaftsverbänden und Unternehmen in Anspruch genommen. Die in Grundsatzfragen des Wettbewerbsrechts erstatteten Gutachten werden in einer bes. Schriftenreihe und in der WRP (vgl. zuletzt WRP 2016, 700) veröffentlicht. Sie sind nicht nur für Kammern und Einigungsstellen, sondern vor allem auch für die Gerichte und Kartellbehörden eine wichtige Erkenntnisquelle bei der Beurteilung von Wettbewerbsfragen.

4. Zentralverband der deutschen Werbewirtschaft eV (ZAW)

Der Zentralverband der Werbewirtschaft (ZAW) ist die Dachorganisation der deutschen **2.53** Werbewirtschaft (www.zaw.de). Er wurde am 19.1.1949 in Wiesbaden gegründet und hat seinen Sitz in Berlin. Es handelt sich rechtlich um einen freiwilligen Zusammenschluss aller an der Werbung beteiligten Wirtschaftskreise aus den Bereichen Werbungtreibende, Medien, Werbeagenturen und Marktforschung mit derzeit 43 Mitgliedern. Er ist der „runde Tisch" für die Erarbeitung gemeinsamer Positionen gegenüber Politik und Gesellschaft sowie für den ordnenden Interessenausgleich aller am Werbegeschäft Beteiligten. Er vertritt die deutsche Werbewirtschaft in allen grds. Belangen nach außen. Angesichts des weiter voranschreitenden Integrationsprozesses der Gemeinschaft hin zur Europäischen Union hat dies in den letzten Jahren zur gleichberechtigten Einbeziehung der europäischen Rechts- und Wirtschaftspolitik geführt. Organe des ZAW sind das Präsidium und der Präsidialrat, in dem die Mitgliederorganisationen durch Angehörige der einzelnen Gruppen vertreten sind. Innerhalb des Dachverbandes der deutschen Werbewirtschaft wurde 1972 der **Deutsche Werberat** gegründet. Er setzt sich aus dreizehn Mitgliedern des ZAW-Präsidiums zusammen. Seine Aufgabe ist es, im Rahmen freiwilliger Selbstverantwortung die Werbung im Hinblick auf Inhalt, Aussage und Gestaltung weiterzuentwickeln, Missstände im Werbewesen festzustellen und zu beseitigen sowie als ständiges Ansprechorgan für verbraucherbezogene Werbeprobleme im Vorfeld der gesetzlichen Bestimmungen zur Verfügung zu stehen. Mit der Wettbewerbszentrale besteht ein wechselseitiges Kooperationsverhältnis. Außer der Beurteilung einzelner Werbemaßnahmen obliegt ihm die Erstellung von Grundsatzempfehlungen, Leitlinien und Verhaltensregeln, die vom Präsidialrat des ZAW verabschiedet werden. So hat der ZAW generelle **Grundregeln** und eine Reihe von speziellen **Verhaltenskodizes** für bes. sensible Schutzbereiche aufgestellt. Der Deutsche Werberat will im Rahmen der Selbstkontrolle durch Aufklärung und Selbstkritik der Branchenbeteiligten auf eine in Form und Inhalt einwandfreie, den gesellschaftlichen Grundüberzeugungen entspr. Wirtschaftswerbung hinwirken. Über die Entscheidungspraxis des Gremiums wird jährlich berichtet (zuletzt Jahresbilanz 2015). Die Verlautbarungen des Deutschen Werberats haben zwar nur empfehlenden Charakter, sind aber wertvoll für die Beurteilung dessen, was anständige Berufskreise für lauter im Wettbewerb halten. Seit 2012 gibt es daneben den **Deutschen Datenschutzrat Online-Werbung (DDOW),** der ebenfalls Verhaltenskodizes aufgestellt hat. – Am 20.6.1991 haben sich in Brüssel nationale Instanzen der Werbewirtschaft aus allen EG-Mitgliedstaaten, einschließlich der neueren Beitrittsländer, der Schweiz und einer Reihe weiterer Staaten (zB Russland, USA, Kanada) zur Allianz der europäischen Werbeselbstkontrolle – **Alliance for Advertising Standards in Europe (EASA)** – zusammengeschlossen. Deutschland wird darin durch den Deutschen Werberat vertreten. Hauptaufgabe der EASA ist die Durchführung eines Verfahrens, das eine selbstdisziplinäre Behandlung grenzüberschreitender Werbung ermöglicht.

5. Markenverband

2.54   Der Markenverband eV ist ein überfachlicher, freiwilliger Zusammenschluss namhafter Hersteller von Markenartikeln aus verschiedenen Wirtschaftszweigen. Die Mitgliedsunternehmen stehen größtenteils nicht miteinander im Wettbewerb, sie haben aber gleiche wirtschaftliche Belange und Ziele, die sich aus der Herstellung und dem Vertrieb von Markenartikeln ergeben. Zweck des Markenverbandes ist es, die gewerblichen Interessen seiner Mitglieder zu fördern. Der Verband wurde 1903 gegründet. Die Aufgaben des heutigen Markenverbands (www.markenverband.de; Anschrift: 10117 Berlin, Unter den Linden 42) beziehen sich auf alle wirtschaftlichen, rechtlichen und technischen Fragen, die sich aus Herstellung und Absatz von Markenartikeln ergeben. Dem Markenverband gehören heute rund 400 Unternehmen verschiedener Wirtschaftszweige an.

3. Abschnitt. Lauterkeitsrecht und Unionsrecht

Übersicht

Schrifttum: Ackermann, Vollharmonisierung im Wettbewerbsrecht, in Gsell/Herresthal, Vollharmonisierung im Privatrecht, 2009, S. 289; Alexander, Neue Transparenzanforderungen im Internet – Ergänzungen der UGP-RL durch den „New Deal for Consumers", WRP 2019, 1235; Alexander/Jüttner, Rechtsharmonisierung durch privatrechtsgestaltende Richtlinien, JuS 2020, 1137; Bernreuther, Die Rechtsdurchsetzung des Herkunftslandsrechts nach Art. 3 Abs. II EC-RiL und das Grundgesetz, WRP 2001, 384; Bodewig, Elektronischer Geschäftsverkehr und Unlauterer Wettbewerb, GRUR-Int. 2000, 475; Busch, Lauterkeitsrecht in Europa: Acquis communautaire, in Schmidt-Kessel/Schubmehl, Lauterkeitsrecht in Europa, 2011, S. 1; Canaris, Die richtlinienkonforme Auslegung und Rechtsfortbildung im System der juristischen Methodenlehre, FS Bydlinski, 2002, 47; Drexl, Mehr oder weniger Verbraucherschutz durch Europäisches Lauterkeitsrecht?, in Hilty/Henning-Bodewig, Lauterkeitsrecht und Acquis Communautaire, 2009, S. 227; Frenz, Stand der Keck-Judikatur, WRP 2011, 1034; Glöckner, Ist die Union reif für die Kontrolle an der Quelle?, WRP 2005, 795; Glöckner, Europäisches Lauterkeitsrecht, 2006; Haberkamm, Die Auslegung der Richtlinie über unlautere Geschäftspraktiken im Lichte der europäischen Grundrechte, 2013; Hauschild, Das neue „Frühwarnsystem" für den freien Warenverkehr in der EG, EuZW 1999, 236; Heermann, Warenverkehrsfreiheit und deutsches Unlauterkeitsrecht, 2004; Henning-Bodewig, Herkunftslandprinzip im Wettbewerbsrecht: Erste Erfahrungen, GRUR 2004, 822; Henning-Bodewig, EU-Richtlinie zum unlauteren Wettbewerb, GRUR-Int. 2005, 629; Henning-Bodewig, Europäisches Lauterkeitsrecht und nationale Eigenständigkeit, GRUR-Int. 2010, 549; Herresthal, Die richtlinienkonforme und die verfassungskonforme Auslegung im Privatrecht, JuS 2014, 289; Heselhaus, Rechtfertigung unmittelbar diskriminierender Eingriffe in die Warenverkehrsfreiheit, EuZW 2001, 645; Höpfner/Rüthers, Rechtsgrundlage einer europäischen Methodenlehre, AcP 209 (2009), 1; Hucke, Erforderlichkeit der Harmonisierung des Wettbewerbsrechts, 2001; Knops, Die Unanwendbarkeit unionsrechtswidriger Normen in Privatrechtsstreitigkeiten, NJW 2020, 2297; Köhler, Zur Umsetzung der Richtlinie über unlautere Geschäftspraktiken, GRUR 2005, 793; Köhler, Richtlinienkonforme Gesetzgebung statt richtlinienkonforme Auslegung: Plädoyer für eine weitere UWG-Novelle, WRP 2012, 251; Köhler, Übersetzer als Gesetzgeber? – Zur deutschen Fassung der Richtlinie über unlautere Geschäftspraktiken, FS Fezer, 2016, 969; Köhler/Lettl, Das geltende europäische Lauterkeitsrecht, der Vorschlag für eine EG-Richtlinie über unlautere Geschäftspraktiken und die UWG-Reform, WRP 2003, 1019; Kur, Das Herkunftsland der E-Commerce-Richtlinie: Chancen und Risiken, FS Erdmann, 2002, 629; Leistner, Bestand und Entwicklungsperspektiven des Europäischen Lauterkeitsrechts, ZEuP 2009, 56; Lenz, Warenverkehrsfreiheit nach der DocMorris-Entscheidung zum Versand von Arzneimitteln, NJW 2004, 332; Lettl, Gemeinschaftsrecht und neues UWG, WRP 2004, 1079; Mand, EU- und grundrechtliche Vorgaben für die Anwendung und Auslegung des nationalen Werberechts, JZ 2010, 337; Micklitz/Keßler, Europäisches Lauterkeitsrecht, GRUR-Int. 2002, 885; Micklitz/Schirmbacher, Distanzkommunikation im europäischen Lauterkeitsrecht, WRP 2006, 148; Millarg, Die Schranken des freien Warenverkehrs in der EG, 2001; Ohly, Das Herkunftslandprinzip im Bereich vollständig angeglichenen Wettbewerbsrechts, WRP 2006, 1401; Oliver, Free movement of goods in the EU, 4. Aufl. 2002; Ranacher, Grundfreiheiten und Spürbarkeitstheorie, ZfRV 2001, 95; Roth, Diskriminierende Regelungen des Warenverkehrs und Rechtfertigung durch die „zwingenden Erfordernisse" des Allgemeininteresses, WRP 2000, 979; Roth, Die richtlinienkonforme Auslegung, in Riesenhuber (Hrsg.), Europäische Methodenlehre, 2. Aufl. 2011, S. 393; Roth, Die Warenverkehrsfreiheit nach Art. 34 AEUV und die Ungleichbehandlung von Inlands- und Importware, EWS 2011, 265; Schroeder, Die Auslegung des EU-Rechts, JuS 2003, 180; Sack, Warenverkehrsfreiheit und Verkaufsmodalitäten im Wandel der EuGH- Rechtsprechung, WRP 2022, 403; Schroeder, Verbraucherleitbild – Verbraucherverantwortung – Verbrauchererziehung, ZLR 2002, 275; Steindorff, EG-Vertrag und Privatrecht, 1996; Streinz/Leible, Die unmittelbare Drittwirkung der Grundfreiheiten, EuZW 2000, 459; Streinz, Grundrechte und Grundfreiheiten, in Merten/Papier (Hrsg.), Handbuch der Grundrechte, Bd. VI/1, 2010, S. 663; Weber, Grenzen EU-rechtskonformer Auslegung und Rechtsfortbildung, 2010; Weiler, Grammatikalische Auslegung des vielsprachlichen Unionsrechts, ZEuP 2010, 861; Wunderle, Verbraucherschutz im Europäischen Lauterkeitsrecht, 2010.

A. Grundlagen des Unionsrechts – Unmittelbare und vorrangige Geltung

I. Grundsatz

Das (primäre und sekundäre) Unionsrecht (früher: Gemeinschaftsrecht) gilt in den Mitglied-   **3.1** staaten **unmittelbar** und **vorrangig** vor widerstreitendem innerstaatlichem Recht (EuGH Slg. 1964, 1251 (1269 f.) – Costa/ENEL; Slg. 1978, 629 (644); BGH GRUR 1994, 794 (796) – Rolling Stones). Für den Bereich des Rechts des unlauteren Wettbewerbs ist die Union zur Rechtssetzung befugt (Art. 4 lit. a und f AEUV). Sie hat diese Befugnis bisher nur für Teilbereiche genutzt, eine umfassende Regelung des Lauterkeitsrechts steht noch aus. Immerhin wurden durch die UGP-RL die unlauteren Geschäftspraktiken von Unternehmen gegenüber Verbrauchern (B2C) in ihrem Anwendungsbereich abschließend geregelt (→ Rn. 3.56 ff.). Hinzu kommt die Werbe-RL. Das nationale Lauterkeitsrecht unterliegt darüber hinaus vielfältigen Einwirkungen des Unionsrechts, und zwar sowohl auf der Ebene des primären Unionsrechts (→ Rn. 3.14 ff.) als auch auf der Ebene des sekundären Unionsrechts (→ Rn. 3.37 ff.).

II. Quellen des Unionsrechts

1. Primäres Unionsrecht

Zum primären Unionsrecht gehören der **EUV** sowie der **AEUV**. Sie sind am 1.10.2009 in   **3.2** Kraft getreten (ABl. EG 2007 C 306, 1) und haben den EGV samt seinen späteren Ergänzungen und Änderungen (Fassung durch den Amsterdamer Vertrag v. 2.10.1997) abgelöst. Für das Lauterkeitsrecht (iSd Rechts des unlauteren Wettbewerbs) sind aus dem Bereich des EUV insbes. von Bedeutung: Art. 3 III EUV (= früher Art. 2 EGV) (Binnenmarkt), Art. 4 III EUV (= früher Art. 10 EGV) (Loyalitätsgrundsatz), Art. 6 EUV (Grundrechte der EU-Grundrechte-Charta und des EMRK). Aus dem Bereich des AEUV sind von Bedeutung: Art. 18 AEUV (= früher Art. 12 EGV) (Diskriminierungsverbot), dazu EuGH Slg. 1993, I-5145 = GRUR 1994, 280 – Collins/Imtrat; EuGH Slg. 1991, I-5357 = EuZW 1991, 758 – Francovich; BGH GRUR 1994, 794 (795) – Rolling Stones); Art. 34 ff. AEUV (= früher Art. 28 ff. EGV) (freier Warenverkehr); → Rn. 3.17 ff.; Art. 56 ff. AEUV (= früher Art. 49 ff. EGV) (freier Dienstleistungsverkehr), → Rn. 3.34 ff.; sowie Art. 120 AEUV (= früher Art. 98 EGV) (Koordinierung der Wirtschaftspolitik). Die in früher Art. 3 lit. g EGV enthaltene Zielbestimmung findet sich nur noch ansatzweise in der Präambel zum AEUV „In der Erkenntnis … einen redlichen Wettbewerb zu gewährleisten".

2. Sekundäres Unionsrecht

a) Verordnungen. Verordnungen des Rats oder der Kommission haben allgemeine Geltung,   **3.3** sind in allen ihren Teilen verbindlich und gelten unmittelbar in jedem Mitgliedstaat (Art. 288 II AEUV = früher Art. 249 II EGV).

b) Richtlinien. Richtlinien des Rats oder der Kommission sind für jeden Mitgliedstaat, an   **3.4** den sie gerichtet werden, hins. des zu erreichenden Zieles, nicht aber hins. der Form und der Mittel verbindlich (Art. 288 III AEUV = früher Art. 249 III EGV). Sie haben daher grds. keine unmittelbare Geltung, sondern bedürfen der Umsetzung in innerstaatliches Recht. Nach Ablauf einer in der Richtlinie gesetzten Frist wirkt die Richtlinie außerdem unmittelbar. Abweichendes innerstaatliches Recht darf dann nicht zum Nachteil des Betroffenen angewendet werden. Begünstigt die Richtlinie den Einzelnen, ist sie ferner inhaltlich unbedingt und ausreichend genau, so kann sich der Einzelne unmittelbar darauf berufen (EuGH Slg. 1986, 723 (749)). Belastet die Richtlinie dagegen den Einzelnen, so kann er daraus nicht in Anspruch genommen werden (EuGH Slg. 1987, 3969 (3985 f.)). Die nicht rechtzeitige Umsetzung einer Richtlinie begründet eine Schadensersatzpflicht gegenüber dem Einzelnen (EuGH Slg. 1991, I-5357 = NJW 1992, 165 (166 f.); vgl. weiter EuGH Slg. 1996, I-1029 = NJW 1996, 1267). Allerdings entfaltet eine nicht umgesetzte Richtlinie keine unmittelbare Wirkung zwischen Privatpersonen (EuGH Slg. 1996, I-1281 = NJW 1996, 1401).

3.5 **c) Beschlüsse.** Beschlüsse sind in allen ihren Teilen verbindlich. Sind sie nur an bestimmte Adressaten gerichtet, so sind sie nur für diese verbindlich (Art. 288 IV AEUV = früher Art. 249 IV EGV).

3.6 **d) Empfehlungen und Stellungnahmen.** Empfehlungen und Stellungnahmen sind nicht verbindlich (Art. 288 V AEUV = früher Art. 249 V EGV).

III. Das Vorabentscheidungsverfahren

1. Vorlagerecht und Vorlagepflicht

3.7 Das nationale Gericht hat bei der Anwendung des nationalen Rechts den Vorrang des Unionsrechts zu beachten. Es muss daher prüfen, ob einem auf das nationale Wettbewerbsrecht gestützten Begehren nicht Unionsrecht entgegensteht. Hält ein nicht letztinstanzliches Gericht die Rechtsfrage für entscheidungserheblich, so kann es sie dem EuGH zur Vorabentscheidung vorlegen **(Art. 267 II AEUV)**. Das letztinstanzlich entscheidende Gericht ist dagegen zur Vorlage verpflichtet **(Art. 267 III AEUV)**. Der EuGH darf ein Ersuchen um Vorabentscheidung nur zurückweisen, wenn die erbetene Auslegung des Unionsrechts offensichtlich in keinem Zusammenhang mit der Realität oder dem Gegenstand des Ausgangsrechtsstreits steht, wenn das Problem hypothetischer Natur ist oder wenn der Gerichtshof nicht über die tatsächlichen oder rechtlichen Angaben verfügt, die für eine zweckdienliche Beantwortung der ihm vorgelegten Fragen erforderlich sind (EuGH WRP 2014, 1044 Rn. 20 – Assica).

2. Entfallen der Vorlagepflicht

3.8 Eine Vorlagepflicht **entfällt** nur, wenn **(1)** die Rechtsfrage **nicht entscheidungserheblich** ist oder **(2) bereits Gegenstand einer Auslegung durch den EuGH** war oder **(3)** die **richtige Anwendung** des Unionsrechts derart **offenkundig** ist, dass für einen vernünftigen Zweifel kein Raum ist (EuGH Slg. 1982, 3415 Rn. 14 ff. = NJW 1983, 1257 – C. I. L. F. I. T.; BVerfG NJW 2011, 1131 Rn. 6; BGH WRP 2015, 1464 Rn. 48 – Der Zauber des Nordens; WRP 2017, 1094 Rn. 39 – Teststreifen zur Blutzuckerkontrolle II). Bei der Beurteilung der Offenkundigkeit sind die Eigenheiten des Unionsrechts, die besonderen Schwierigkeiten seiner Auslegung und die Gefahr abweichender Gerichtsentscheidungen innerhalb der Union zu berücksichtigen (EuGH Slg. 2005, I-8151 Rn. 33 – Intermodal Transports). Ob Offenkundigkeit in diesem Sinne vorliegt, bleibt allerdings allein der Beurteilung des nationalen Gerichts überlassen (EuGH Slg. 2005, I-8151 Rn. 37 – Intermodal Transports). – Eine Vorlagepflicht besteht auch nicht im **Eilverfahren,** weil die Parteien das Hauptverfahren betreiben können (EuGH Slg. 1977, 957 = NJW 1977, 1585; KG GRUR 1986, 471).

3. Verletzung der Vorlagepflicht

3.9 Der **EuGH** ist **gesetzlicher Richter iSv Art. 101 I 2 GG** (BVerfG NJW 2016, 3153 Rn. 52). Ein Verstoß gegen Art. 101 I 2 GG wird vom BVerfG aber nur angenommen, wenn die Auslegung und Anwendung des Art. 267 III AEUV bei verständiger Würdigung der das Grundgesetz bestimmenden Gedanken nicht mehr verständlich erscheint und offensichtlich unhaltbar ist (BVerfG NJW 2011, 1131 Rn. 7; BGH GRUR-RR 2012, 148 Rn. 29–34 – Thüringer Klöße; BVerfG NJW 2016, 3153 Rn. 54). Dies wird in drei Fällen angenommen: **(1) „grds. Verkennung der Vorlagepflicht“.** Das Gericht legt trotz der – nach seiner Auffassung bestehenden – Entscheidungserheblichkeit der unionsrechtlichen Frage und trotz eigener Zweifel an ihrer richtigen Beantwortung nicht vor. **(2) „bewusstes Abweichen ohne Vorlagebereitschaft“.** Das Gericht weicht bewusst von der Rspr. des EuGH zu entscheidungserheblichen Fragen ab und legt gleichwohl nicht (neuerlich) vor. Dies gilt erst recht, wenn sich das Gericht hinsichtlich des Unionsrechts nicht hinreichend kundig macht. **(3) „Unvollständigkeit der Rspr.“.** In der einschlägigen Rspr. des EuGH ist die entscheidungserhebliche Frage noch nicht oder möglicherweise nicht erschöpfend behandelt oder eine Fortentwicklung der Rspr. des EuGH erscheint nicht nur als entfernte Möglichkeit. Überschreitet das Gericht dann seinen Beurteilungsspielraum in unvertretbarer Weise und legt aus diesem Grund nicht vor, ist Verfassungsbeschwerde möglich.

4. Wirkung der Vorabentscheidung

Hat der EuGH eine Auslegungsfrage entschieden, so sind an sich nur die im Ausgangsver- **3.10** fahren befassten staatlichen Gerichte an diese Auslegung gebunden (EuGH Slg. 1977, 163 (183, 184) – Benedetti/Munari). Im Interesse einer einheitlichen Auslegung des Europarechts in allen Mitgliedstaaten sind jedoch (zumindest) die letztinstanzlichen Gerichte iSd Art. 267 III AEUV gehalten, das Unionsrecht in der Auslegung durch den EuGH anzuwenden oder aber die Auslegungsfrage erneut vorzulegen (EuGH Slg. 1982, 3415 (3430); BGH GRUR 1994, 794 (795) – Rolling Stones). Nicht dagegen entscheidet der EuGH im Vorlageverfahren über die Vereinbarkeit einer innerstaatlichen Norm mit den Unionsverträgen (EuGH Slg. 1990, I-4827 = GRUR-Int. 1991, 215 – Pall/Dahlhausen). Vorabentscheidungen des EuGH haben grds. Rück-wirkung, sofern die Entscheidung keine zeitliche Einschränkung enthält (EuGH Slg. 1980, 1205 (1222 f.); Slg. 1988, 355 (375); BGH GRUR 1994, 794 (795) – Rolling Stones).

Hat der EuGH entschieden, dass eine nationale Vorschrift mit dem Unionsrecht unvereinbar **3.10a** ist, sind die Behörden des betreffenden Mitgliedstaats verpflichtet, die allgemeinen oder besonde-ren Maßnahmen zu ergreifen, die geeignet sind, die Beachtung des Unionsrechts in ihrem Hoheitsgebiet zu sichern. Solange dies nicht geschehen ist, muss das nationale Gericht eine unionsrechtswidrige nationale Bestimmung außer Anwendung lassen, ohne dass es ihre vorherige Aufhebung durch den Gesetzgeber beantragen oder abwarten müsste (EuGH NJW 2007, 3625 Rn. 38, 41 – Jonkmann; WRP 2019, 61 Rn. 27 – Applikationsarzneimittel).

IV. Die Auslegung des Unionsrechts

1. Allgemeines

Die verbindliche Auslegung des Unionsrechts ist dem EuGH vorbehalten (sog. **Auslegungs-** **3.11** **monopol des EuGH;** Art. 19 III lit. b EUV; Art. 344 AEUV = früher Art. 220, 292 EGV). Dazu hat er bestimmte **Grundsätze** entwickelt: So ist jede Vorschrift des Unionsrechts im Lichte des gesamten Unionsrechts und seiner Ziele auszulegen (EuGH Slg. 1982, 3415 Rn. 20 = NJW 1983, 1257 – C. I. L. F. I. T.). Bei der Auslegung (einschließlich der Rechtsfortbildung) einer Unionsvorschrift sind nicht nur ihr **Wortlaut,** sondern auch ihre **Entstehungsgeschichte,** ihr **Zusammenhang** und die **Ziele** zu berücksichtigen, die von der Regelung, zu der sie gehört, verfolgt werden (stRspr; EuGH WRP 2017, 1451 Rn. 22 – Kamin und Grillshop; EuGH WRP 2019, 41 Rn. 23 – German Wings). Dem entspricht in der deutschen Methoden-lehre die grammatikalische, historische, systematische und teleologische Auslegung. Was den **Wortlaut** angeht, ist zu beachten, dass das Unionsrecht vielfach eigene Rechtsbegriffe entwickelt hat, deren Inhalt nicht mit entspr. Begriffen in den nationalen Rechten übereinstimmen muss. Die Auslegung muss daher in der Union **autonom** und **einheitlich** unter Berücksichtigung des Regelungszusammenhangs und des mit der Regelung verfolgten Ziels sowie der allgemeinen Rechtsgrundsätze, die sich aus der Gesamtheit der nationalen Rechtsgrundsätze ergeben, erfol-gen (EuGH GRUR 2012, 613 Rn. 40 – Génesis/Boys Toys; WRP 2013, 1454 Rn. 25 – BKK Mobil Oil; WRP 2015, 1206 Rn. 45 – Abcur/Apoteket Farmaci; WRP 2017, 1457 Rn. 72 – Nintendo/BigBen; WRP 2020, 1549 Rn. 33 – Belgischer Staat/Movic). Das Problem dabei ist, dass alle Sprachfassungen des Unionsrechts gleichermaßen verbindlich, und dementsprechend unterschiedliche Auslegungen nach dem Wortsinn möglich sind. Daher kann die in einer der Sprachfassungen einer Vorschrift des Unionsrechts verwendete Formulierung nicht als alleinige Grundlage für die Auslegung der Vorschrift herangezogen werden oder Vorrang vor den übrigen Sprachfassungen beanspruchen (EuGH WRP 2020, 1004 Rn. 30 – ratiopharm/Novartis). Viel-mehr sind Vorschriften des Unionsrechts nach dem wirklichen Willen ihres Urhebers und dem von diesem verfolgten Zweck namentlich im Licht ihrer Fassung in allen Sprachen auszulegen (EuGH GRUR 2014, 680 Rn. 20 - 4 finance). Dazu ist ein **Vergleich der unterschiedlichen Fassungen** erforderlich (stRspr; vgl. EuGH GRUR 2012, 613 Rn. 42–54 – Génesis/Boys Toys; WRP 2014, 161 Rn. 26 – Trento Sviluppo; allg. Weiler ZEuP 2010, 861; Köhler FS Fezer, 2016, 969). Die Notwendigkeit einer einheitlichen Anwendung und damit Auslegung des Unionsrechts verbietet es, im Fall von Zweifeln eine Bestimmung in einer ihrer Fassungen isoliert zu betrachten (EuGH GRUR 2016, 1146 Rn. 52 – McFadden; WRP 2020, 836 Rn. 43 – Deutsche Homöopathie-Union), und gebietet es vielmehr, sie unter Berücksichtigung ihrer Fassungen in den anderen Amtssprachen auszulegen und anzuwenden (EuGH WRP 2011, 1052 Rn. 23 – ALTER CHANNEL). Allerdings lässt sich die Tragweite eines Begriffs oder einer Bestimmung oft auch durch die Analyse der verschiedenen Sprachfassungen nicht ermitteln. In diesem Fall muss die Auslegung anhand der allgemeinen Systematik und den Zielen der betreffenden Regelung erfolgen (EuGH WRP 2017, 403 Rn. 19 – comtech; WRP 2019, 977 Rn. 35 ff. – vzbv/Amazon EU; WRP 2020, 836 Rn. 43 – Deutsche Homöopathie-Union). – Von mehreren möglichen Auslegungen ist diejenige vorzuziehen, die allein geeignet ist, die **praktische Wirksamkeit** der betreffenden Vorschrift zu sichern und damit die Ziele des Unionsrechts zu verwirklichen (Gebot des **effet utile;** EuGH Slg. 1998, I-4951 Rn. 35 – Edis; Slg. 1999, I-7081 Rn. 24 – Adidas).

2. Auslegung des sekundären Unionsrechts

3.12   Das sekundäre Unionsrecht und damit auch die Richtlinien sind im Lichte des primären Unionsrechts, insbes. der **Grundfreiheiten** und **Grundrechte** (Art. 6 EUV; Art. 51 I 1 GRCh) und der allgemeinen Grundsätze des Unionsrechts wie dem **Grundsatz der Verhältnismäßigkeit,** auszulegen (EuGH Slg. 1992, I-3669 Rn. 26 – Delhaize et Le Lion; Slg. 1994, I-317 Rn. 12 – Clinique; Slg. 2000, I-117 – Rn. 26 ff. – Estée Lauder). Die Auslegung einer Richtlinie kann zum Gegenstand einer Vorlage zum EuGH gemacht werden (→ Rn. 3.7 ff.; EuGH Slg. 1982, 2771; Slg. 1997, I-7411 = WRP 1998, 290 (292 ff.) – Inter-Environnement Wallonie). – Eine Überprüfung des sekundären Unionsrechts am Maßstab der **deutschen** Grundrechte ist grds. (vgl. BVerfG NJW 2000, 3124 – Bananenmarktordnung; RIW 2011, 864 Rn. 46) ausgeschlossen, weil (und soweit) ein ausreichender Schutz durch die europäischen Grundrechte gewährleistet ist. Dies gilt auch für nationale Rechtsvorschriften, die eine Richtlinie umsetzen, wenn die Richtlinie keinen Umsetzungsspielraum gewährt, sondern zwingende Vorgaben macht (BVerfGE 125, 260 (306 f.)). – Bei der Auslegung von einzelnen Bestimmungen in **Richtlinien** sind nicht nur ihr **Wortlaut,** sondern auch ihr **Zusammenhang** (Kontext) und die **Ziele** (Zwecke), die mit der Regelung, zu der sie gehören, verfolgt werden, zu berücksichtigen (vgl. etwa EuGH WRP 2012, 1509 Rn. 25 ff., 35 ff., 43 ff. – Purely Creative). Letztere lassen sich häufig nur aus den Erwägungsgründen erschließen. Daher ist der verfügende Teil eines Unionsrechtsakts untrennbar mit seiner Begründung verbunden und erforderlichenfalls unter Berücksichtigung der Gründe auszulegen, die zu seinem Erlass geführt haben (EuGH RIW 2011, 869 Rn. 54, 55 – eDate Advertising). Soweit erforderlich, ist auch die **Entstehungsgeschichte** der Bestimmung heranzuziehen (vgl. EuGH WRP 2012, 1509 Rn. 28 – Purely Creative). – Bestimmungen, die **Ausnahmen** von einem allgemeinen Grundsatz darstellen, sind **eng auszulegen** (stRspr; EuGH WRP 2015, 1206 Rn. 54 – Abcur/Apoteket Farmaci; WRP 2017, 1451 Rn. 20 – Kamin und Grillshop; WRP 2020, 568 Rn. 27 – Verbraucherzentrale Berlin/DB Vertrieb), wobei allerdings die praktische Wirksamkeit der Beschränkung gewahrt bleiben muss und deren Ziel zu beachten ist (EuGH WRP 2017, 1457 Rn. 74 – Nintendo/BigBen).

3. Unionsrechtskonforme Auslegung des nationalen Rechts

3.13   Das nationale Recht ist dem Unionsrecht untergeordnet. Daher ist es im Lichte des Wortlauts und der Ziele des Unionsrechts auszulegen und anzuwenden (EuGH Slg. 2004, I-8835 Rn. 114 – Pfeiffer). Auf Grund des Umsetzungsgebots gem. **Art. 288 III AEUV** (früher Art. 249 III EGV) sowie des Grundsatzes der Gemeinschaftstreue gem. Art. 4 III EUV folgt die Verpflichtung, Bestimmungen des nationalen Rechts im Regelungsbereich der Richtlinie **richtlinienkonform,** dh im Lichte des Wortlauts und Zwecks der Richtlinie auszulegen (vgl. EuGH Slg. 2006, I-6057 Rn. 108 = NJW 2006, 2465 – Adeneler; GRUR 2012, 1269 Rn. 41 – Purely Creative; BGH NJW 2009, 427 Rn. 19 – Quelle; NJW 2012, 1073 Rn. 24; GRUR 2012, 842 Rn. 21 – Neue Personenkraftwagen). Das nationale Gericht muss also die Auslegung des nationalen Rechts **soweit wie möglich** am **Wortlaut** und **Zweck** der Richtlinie ausrichten, um das in ihr festgelegte Ergebnis zu erreichen (EuGH GRUR 2012, 1269 Rn. 41 – Purely Creative; WRP 2017, 31 Rn. 32 f. – Canal Digital Danmark). Das impliziert eine Auslegung der Richtlinie selbst. Die Auslegung der nationalen Norm darf sich aber nicht auf eine Auslegung der Richtlinie stützen, die im Widerspruch zu den EU-Grundrechten oder allgemeinen Grundsätzen des Unionsrechts wie dem Grundsatz der Verhältnismäßigkeit (Art. 5 EUV) stehen würde (BGH GRUR 2011, 513 Rn. 20 – AnyDVD). Das Gebot der richtlinienkonformen Auslegung gilt auch dann, wenn eine fristgerechte Umsetzung einer inhaltlich eindeutigen Richtlinie nicht erfolgt ist (EuGH Slg. 2006, I-6057 Rn. 115 = NJW 2006, 2465 – Adeneler; BGH WRP 1998, 600 – SAM; GRUR 1998, 824 (827) – Testpreis-Angebot). – Das Gebot der richtlinienkonformen Auslegung gilt unabhängig davon, ob im zu Grunde liegenden Fall der zwischenstaatliche Handel berührt ist oder ob ein reiner Inlandssachverhalt vorliegt.

Ob und inwieweit eine richtlinienkonforme Auslegung möglich ist, beurteilt sich nach dem **3.13a** Beurteilungsspielraum, d. h. nach den Auslegungsgrundsätzen des jeweiligen nationalen Rechts, und nach den Kompetenzen der jeweiligen nationalen Gerichte (vgl. EuGH Slg. 2009, I-6686 Rn. 61 ff. – Mono Car Styling). Für das deutsche Recht bedeutet das, dass die dazu anerkannten Grundsätze der **Gesetzesauslegung** und der **Gesetzesfortbildung,** einschließlich der teleologischen Reduktion und der verfassungskonformen Auslegung und Rechtsfortbildung, heranzuziehen sind, um ein Ergebnis zu erreichen, das den Vorgaben der Richtlinie entspricht (vgl. BGH NJW 2009, 427 Rn. 21 – Quelle; GRUR 2016, 497 Rn. 35 – Davidoff HotWater II). Der Wortlaut der nationalen Regelung bildet dabei keine Grenze (BGH WRP 2018, 1069 Rn. 20 – Namensangabe). Eine richtlinienkonforme Rechtsfortbildung im Wege der teleologischen Reduktion setzt aber eine verdeckte Regelungslücke im Sinne einer **planwidrigen Unvollständigkeit** des Gesetzes voraus. Letztere kann sich auch aus der unrichtigen Annahme des Gesetzgebers ergeben, eine richtlinienkonforme Regelung zu schaffen (BGH NJW 2009, 427 Rn. 22 ff. – Quelle; NJW 2012, 1073 Rn. 34; NJW 2016, 1718 Rn. 37; WRP 2020, 1009 Rn. 54 – Cookie-Einwilligung II zu § 15 III 1 TMG). Dazu ist nicht erforderlich, dass sich der Gesetzgeber explizit mit der Frage der Richtlinienkonformität einer Vorschrift auseinandergesetzt hat. Vielmehr genügt es, dass er diese stillschweigend vorausgesetzt hat (BGH NJW 2012, 1073 Rn. 34). – Eine Auslegung **contra legem** im Sinne einer unzulässigen richterlichen Rechtsfortbildung nach nationalen Methoden ist allerdings nicht gerechtfertigt (EuGH Slg. 2006, I-6057 Rn. 110 = NJW 2006, 2465 – Adeneler; NJW 2012, 509 Rn. 25 – Dominguez; BVerfG NJW 2012, 669 Rn. 47; NJW 2018, 2542 Rn. 73; BGH NJW 2016, 1718 Rn. 41–43; WRP 2018, 420 Rn. 19 – Energieausweis). Eine verfassungsrechtlich unzulässige richterliche Rechtsfortbildung liegt insbes. vor, wenn sie, ausgehend vom teleologischen Interpretation, den klaren Wortlaut des Gesetzes hintanstellt, ihren Widerhall nicht im Gesetz findet und vom Gesetzgeber nicht ausdrücklich oder – bei Vorliegen einer erkennbar planwidrigen Gesetzeslücke – stillschweigend gebilligt wird (BVerfG NJW 2012, 669 Rn. 56). Daher kommt eine richtlinienkonforme Auslegung nur in Betracht, wenn eine Norm tatsächlich unterschiedliche Auslegungsmöglichkeiten im Rahmen dessen zulässt, was der gesetzgeberischen Zweck- und Zielsetzung entspricht (BGH WRP 2018, 420 Rn. 19 – Energieausweis; WRP 2018, 1069 Rn. 20 – Namensangabe). Ab Erlass der Richtlinie dürfen die Gerichte das innerstaatliche Recht nicht mehr in einer Weise auslegen, die die Ziele der Richtlinie ernsthaft gefährden würde (EuGH Slg. 2006, I-6057 Rn. 123 = NJW 2006, 2465 – Adeneler).

Scheidet eine richtlinienkonforme Auslegung einer nationalen Verbotsnorm, die im Wider- **3.13b** spruch zu einer Richtlinie steht, aus, so darf der nationale Richter diese Norm wegen des **Vorrangs des Unionsrechts** nicht anwenden (vgl. EuGH Slg. 2000, I-7535 Rn. 45 ff. – Unilever Italia; vgl. auch BGH GRUR 1998, 824 (827) – Testpreis-Angebot; GRUR 2014, 576 Rn. 17 - 2 Flaschen GRATIS; WRP 2019, 61 Rn. 27 – Applikationsarzneimittel). Denn die verbindliche Wirkung der Richtlinie und ihre praktische Wirksamkeit („effet utile") wären in Frage gestellt, wenn sich Mitgliedstaaten durch bloße Nichtumsetzung ihren Verpflichtungen entziehen könnten (BVerfGE 126, 286 Rn. 77; Streinz Europarecht Rn. 492). Verbietet bspw. eine nationale Vorschrift eine Geschäftspraktik, die nach der UGP-Richtlinie nicht verboten werden darf, so darf das Gericht diese Vorschrift nicht anwenden (so wohl auch Glöckner GRUR 2013, 224 (229)).

B. Die Bedeutung des primären Unionsrechts für das Lauterkeitsrecht

I. Allgemeines

1. Lauterkeitsrechtlich bedeutsame Bestimmungen des primären Unionsrechts

Das primäre Unionsrecht wirkt vornehmlich über die **Grundfreiheiten** und die **Grund- 3.14 rechte,** darüber hinaus auch über das **Diskriminierungsverbot** (Art. 18 AEUV) auf das nationale Lauterkeitsrecht (Wettbewerbsrecht ieS) ein. Aus dem Bereich der Grundfreiheiten sind insbes. die Regelungen zum Schutze des **freien Warenverkehrs** (Art. 28 ff., 34 ff. AEUV), der **Niederlassungsfreiheit** (Art. 49 ff. AEUV) und des **freien Dienstleistungsverkehrs** (Art. 56 ff. AEUV) für das Lauterkeitsrecht von Bedeutung. Die **Grundrechte** ergeben sich nach Art. 6 EUV aus der **GRCh** und der **EMRK.** Für das Lauterkeitsrecht sind insbes. die

Freiheit der Meinungsäußerung und die **Freiheit der Medien** (Art. 11 GRCh) sowie die **Berufsfreiheit** (Art. 15 GRCh) und die **unternehmerische Freiheit** (Art. 16 GRCh) in Betracht zu ziehen. Die Anwendung des nationalen Rechts muss sich an diesen Regelungen messen lassen. Allerdings sind nationale Regelungen in einem Bereich, der auf Unionsebene abschließend harmonisiert wurde, anhand der betreffenden Harmonisierungsmaßnahmen und nicht des primären Unionsrechts zu beurteilen (EuGH Slg. 2003, I-14887 Rn. 64 = NJW 2004, 131 (133) – DocMorris). – Die Grundrechte spielen in der – sich weitgehend auf eine Prüfung der Verhältnismäßigkeit des Eingriffs beschränkenden – Rspr. des EuGH bis jetzt nur eine geringe Rolle (dazu Mand JZ 2010, 337 (340 f.)).

2. Auswirkungen auf das nationale Lauterkeitsrecht

3.15   Würde die Anwendung einer nationalen Vorschrift gegen das primäre Unionsrecht verstoßen, so würde dies nicht zur Nichtigkeit dieser Vorschrift führen. Jedoch darf das nationale Gericht sie nicht anwenden. Geschieht dies gleichwohl, so hat der Mitgliedstaat dem Geschädigten den daraus entstehenden Schaden zu ersetzen (vgl. EuGH Slg. 1996, I-1029 Rn. 54 – Brasserie du Pecheur).

3. Problem der Inländerdiskriminierung

3.16   Die Nichtanwendung von Wettbewerbsnormen auf Ausländer auf Grund des primären Unionsrechts kann zu einer Wettbewerbsverzerrung im Inland führen, soweit diese Normen für Inländer weiterhin gelten. Diese sog **Inländerdiskriminierung** verstößt nicht gegen das unionsrechtliche Diskriminierungsverbot des Art. 18 AEUV = früher Art. 12 EGV (EuGH Slg. 1981, 1993 – Oebel), ihre Beseitigung ist nicht Aufgabe des Unionsrechts (EuGH Slg. 1986, 3359 (3376); Slg. 1994, I-2715 Rn. 9 – Stehen). – Die weitere Anwendung des innerstaatlichen Lauterkeitsrechts auf Inländer verstößt auch nicht gegen Art. 3 GG, es sei denn, diese Differenzierung ist willkürlich, weil sich schlechterdings kein sachlich einleuchtender Grund dafür erkennen lässt (BGH GRUR 1985, 886 – Cocktail-Getränk; offengelassen in BGH WRP 1996, 284 (285) – Wegfall der Wiederholungsgefahr II; vgl. auch Ullmann JZ 1994, 928 (935)). Sofern eine unionsrechtskonforme, einschränkende Auslegung der entspr. nationalen Vorschrift durch die Gerichte nicht möglich ist, bleibt daher nur der Weg über eine Änderung der innerstaatlichen Gesetzgebung. Ein Beispiel dafür ist die auf Grund der Yves Rocher-Entscheidung (EuGH Slg. 1993, I-2361 Rn. 12 = GRUR 1993, 747 (748) – Yves Rocher) erfolgte Abschaffung der §§ 6d, 6e UWG 1909 durch das UWGÄndG v. 25.7.1994 (BGBl. 1994 I 1738), die ausdrücklich mit der sonst drohenden Ungleichbehandlung von Inländern begründet wurde.

II. Der Schutz des freien Warenverkehrs

1. Überblick

3.17   Nach Art. 34 AEUV (früher Art. 28 EGV) sind mengenmäßige Einfuhrbeschränkungen sowie **Maßnahmen gleicher Wirkung** zwischen den Mitgliedstaaten verboten. Dieses grds. Verbot wird durch Art. 36 AEUV (früher V) eingeschränkt. Darauf aufbauend hat der EuGH in vier Grundsatzentscheidungen (Dassonville; Cassis de Dijon; Keck; DocMorris) Leitlinien zur Beurteilung solcher nationaler Vorschriften des Lauterkeitsrechts entwickelt, die sich im Handel zwischen den Mitgliedstaaten als Hemmnis erweisen können.

2. Die Dassonville-Entscheidung (Maßnahmen gleicher Wirkung)

3.18   Als „Maßnahme mit gleicher Wirkung" iSd Art. 34 AEUV (früher Art. 28 EGV) ist jede Regelung der Mitgliedstaaten anzusehen, **die geeignet ist, den innergemeinschaftlichen Handel zwischen den Mitgliedstaaten unmittelbar oder mittelbar, tatsächlich oder potenziell zu behindern** (stRspr seit EuGH Slg. 1974, 837 Rn. 5 = GRUR-Int. 1974, 467 – Dassonville; Slg. 2003, I-14887 Rn. 66 = NJW 2004, 131 (133) – DocMorris; Slg. 2009, I-519 Rn. 33 – Kommission/Italien; GRUR 2011, 243 Rn. 47 – Ker-Optika/ÀNTSZ; WRP 2017, 36 Rn. 22 – Deutsche Parkinson Vereinigung). Es ist also nicht erforderlich, dass die nationale Regelung bezweckt, den Handel zwischen den Mitgliedstaaten zu regeln. Vielmehr kommt es lediglich darauf an, wie sich die Regelung tatsächlich oder potenziell auf den innergemeinschaftlichen Handel auswirkt. Eine spürbare Beeinträchtigung des Handels im ist nicht erforderlich (EuGH Slg. 1974, 837 Rn. 5 = GRUR-Int. 1974, 467 – Dassonville; Slg. 1993, I-2361 Rn. 21

– Yves Rocher). Nach diesen Grundsätzen kann die Anwendung nationaler Lauterkeitsnormen in den Verbotsbereich des Art. 34 AEUV (früher Art. 28 EGV) fallen, sofern ein Rechtsgefälle zum Ursprungsland vorliegt, dh eine Harmonisierung noch nicht vollständig erfolgt ist (vgl. EuGH Slg. 2003, I-14887 Rn. 64, 78, 102 = NJW 2004, 131 (134 f.) – DocMorris).

3. Die Cassis de Dijon-Entscheidung (ungeschriebene Rechtfertigungsgründe)

Nach der Cassis de Dijon-Entscheidung (EuGH Slg. 1979, 649 Rn. 14 f. – Cassis de Dijon) **3.19** sind auch solche Regelungen als Maßnahmen gleicher Wirkung anzusehen, die sich nicht nur auf eingeführte Waren beziehen, sondern **unterschiedslos** für ausländische und inländische Waren gelten, sofern sie die Einfuhr solcher ausländischer Waren behindern, die nach ausländischem Recht rechtmäßig hergestellt und in den Verkehr gebracht werden. Erfasst wird bspw. auch eine Preisbindung, die zwar für alle Apotheken gilt, aber sich auf ausländische Apotheken stärker auswirkt und daher geeignet ist, den Marktzugang für Waren aus anderen Mitgliedstaaten stärker zu behindern als für inländische Erzeugnisse (EuGH WRP 2017, 36 Rn. 2 – Deutsche Parkinson Vereinigung). Allerdings können solche Regelungen nicht nur nach Art. 36 AEUV (früher Art. 30 EGV), sondern auch nach ungeschriebenen Rechtfertigungsgründen zulässig sein (→ Rn. 3.27 ff.).

4. Die Keck-Entscheidung (Unterscheidung zwischen warenbezogenen Regelungen und Regelungen von Verkaufsmodalitäten)

a) Grundsatz. Seit der sog. Keck-Entscheidung (EuGH Slg. 1993, I-6097 Rn. 15 f. – Keck **3.20** und Mithouard) ist zu unterscheiden zwischen Regelungen, welche die Merkmale der Ware selbst, und solchen, die lediglich Modalitäten des Verkaufs der Ware betreffen.

b) Warenbezogene Regelungen. Soweit sich Hemmnisse für den freien Warenverkehr **3.21** daraus ergeben, dass Waren aus anderen Mitgliedstaaten, die dort rechtmäßig hergestellt und in den Verkehr gebracht worden sind, bestimmten Vorschriften entsprechen müssen, sind sie selbst dann, wenn diese Vorschriften unterschiedslos für alle Erzeugnisse gelten, nach Art. 34 AEUV verbotene Maßnahmen mit gleicher Wirkung, es sei denn, dass sich ihre Anwendung durch einen Zweck rechtfertigen lässt, der im Allgemeininteresse liegt und den Erfordernissen des freien Warenverkehrs vorgeht (EuGH Slg. 1979, 649 Rn. 6, 14 f – Cassis de Dijon; Slg. 1993, I-6097 Rn. 15 – Keck und Mithouard; Slg. 1997, I-3689 Rn. 8 = EuZW 1997, 470 – Familiapress; Slg. 2003, I-14887 Rn. 67 = NJW 2004, 131 (133) – DocMorris). Als warenbezogene Regelung sind ua anzusehen: Regelungen, die Waren bestimmten Anforderungen, etwa Bezeichnung, Form, Abmessung, Gewicht, Zusammensetzung, Aufmachung, Etikettierung und Verpackung, unterstellen (EuGH Slg. 1974, 837 Rn. 5 = GRUR-Int. 1974, 467 – Keck und Mithouard; Slg. 1994, I-317 Rn. 13 = GRUR 1994, 303 – Clinique; Slg. 1995, I-1923 Rn. 13 = WRP 1995, 677 – Mars). Dies schließt die Werbung auf der Verpackung (EuGH Slg. 1995, I-1923 Rn. 13 = WRP 1995, 677 – Mars) und den werblichen Inhalt einer Zeitschrift ein (EuGH Slg. 1997, I-3689 Rn. 11 = WRP 1997, 706 – Zeitschriften-Gewinnspiel).

c) Regelungen von Verkaufsmodalitäten. Soweit eine Vorschrift nicht die Merkmale der **3.22** Ware selbst regelt, sondern nur bestimmte Modalitäten ihres Verkaufs beschränkt oder verbietet, stellt sie eine Maßnahme gleicher Wirkung iSd Art. 34 AEUV nur dann dar, wenn sie zwei Voraussetzungen nicht genügt: Sie muss erstens für alle betroffenen Wirtschaftsteilnehmer gelten, die ihre Tätigkeit im Inland ausüben, und sie muss zweitens den Absatz der inländischen Erzeugnisse und der Erzeugnisse aus anderen Mitgliedstaaten rechtlich wie tatsächlich in gleicher Weise berühren (stRspr seit EuGH Slg. 1993, I-6097 Rn. 16 = GRUR 1994, 296 – Keck und Mithouard; Slg. 2003, I-14887 Rn. 68 = NJW 2004, 131 (133) – DocMorris; Slg. 2008, I-6935 Rn. 29 = NJW 2008, 3693 – Kommission/Deutschland; GRUR 2011, 243 Rn. 51 – Ker-Optika/ÀNTSZ; WRP 2021, 1277 Rn. 35 – Doc Morris/Apothekenkammer Nordrhein zu § 7 HWG). Zu Einzelheiten vgl. Frenz WRP 2011, 1034 mwN; Sack WRP 2022, 403.

aa) Begriff der Verkaufsmodalitäten. Als „bestimmte" Verkaufsmodalitäten sind insbes. **3.23** anzusehen Maßnahmen, die das **Wer, Wo, Wann und Wie** der Produktvermarktung regeln. Dazu gehört das Verbot einer bestimmten **Preisgestaltung**, etwa des Weiterverkaufs zu Verlustpreisen (EuGH Slg. 1993 I-6097 – Keck und Mithouard; Slg. 1995, I-2467 (2490) Rn. 12 – Belgapom) oder der Einhaltung von gesetzlich vorgeschriebenen Festpreisen (§ 78 II 2 AMG iVm § 3 I AMPreisV; dazu OLG München GRUR-RR 2010, 53 (54)). Weiter gehören dazu

Werbebeschränkungen und **–verbote,** etwa bezüglich der Fernsehwerbung (EuGH Slg. 1995, I-179 – Leclerc-Siplec; Slg. 1997, I-3843 – de Agostini); der Werbung für Apothekerwaren außerhalb der Apotheke (EuGH Slg. 1993, I-6787 – Hünermund); der Arzneimittelwerbung (BGH GRUR 2009, 509 Rn. 13 – Schoenenberger Artischockensaft); der Werbung für Tabakerzeugnisse mit Handzetteln (BGH WRP 2011, 858 Rn. 22 – BIO TABAK); **Ladenschlussregelungen** (EuGH Slg. 1994, I-2355 – Punto Casa; Slg. 1994, I-2199 – 't Heukske und Boermans); Sonntagsverkaufsverbote (EuGH Slg. 1996, I-2975 (3004 f.)); das Verbot des **Versandhandels** mit apothekenpflichtigen Arzneimitteln (EuGH Slg. 2003, I-14887 = NJW 2004, 131 – DocMorris; dazu Lenz NJW 2004, 332); die Anforderungen an den **Arzneimittelversorgungsvertrag** gem. § 14 V, VI ApoG (EuGH Slg. 2008, I-6935 Rn. 31 = NJW 2008, 3693 – Kommission/Deutschland). Für das deutsche Wettbewerbsrecht ist festzuhalten: Die Tatbestände der unlauteren Wettbewerbs, die in den Anwendungsbereich von Richtlinien falle, wie etwa die unzumutbare Belästigung (zB durch unerbetene Telefonwerbung iSd § 7 II Nr. 2) oder die Kampfpreisunterbietung (§ 4 Nr. 4), betreffen idR bloße Vertriebsmodalitäten.

3.24 **bb) Universalität.** Nationale Regelungen werden idR für alle betroffenen inländischen und ausländischen Wirtschaftsteilnehmer gelten.

3.25 **cc) Neutralität.** Schwieriger zu beurteilen ist, ob eine nationale Regelung von Verkaufsmodalitäten den Absatz inländischer und ausländischer Erzeugnisse rechtlich wie tatsächlich in gleicher Weise berührt und daher aus diesem Grund nicht in den Anwendungsbereich des Art. 34 AEUV fällt. Hier ist zunächst die Reichweite der nationalen Regelung durch Auslegung zu ermitteln (vgl. EuGH Slg. 1993, I-6787 Rn. 19 – Hünermund; Slg. 1995, I-179 Rn. 22 – Leclerc-Siplec; Slg. 1997, I-3843 – de Agostini; Slg. 2001, I-1795 Rn. 21–24 – Gourmet International Products; Slg. 2003, I-14887 Rn. 71f – DocMorris). Sodann kommt es darauf an, wie sich die Regelung tatsächlich auswirkt. Dies hängt auch von den (geänderten) Möglichkeiten der Vermarktung (zB über das Internet) ab (vgl. EuGH Slg. 2003, I-14887 Rn. 73 – DocMorris). Von einer stärkeren Behinderung des Marktzutritts für ausländische Erzeugnisse ist auszugehen, wenn eine nationale Regelung sich dahin auswirkt, dass einem ausländischen Unternehmen der Zutritt zum inländischen Markt unmöglich gemacht oder doch wesentlich erschwert wird, weil ihm andere, wirtschaftlich gleichwertige und zumutbare Werbemöglichkeiten nicht zur Verfügung stehen (vgl. EuGH Slg. 1997, I-3843 – de Agostini; Steindorff S. 181 ff., 208; Heermann WRP 1999, 381 (386)). Es reicht sogar aus, dass die nationale Regelung **geeignet** sein könnte, den Marktzugang für Waren aus anderen Mitgliedstaaten zu versperren oder stärker zu behindern als für inländische Erzeugnisse (EuGH GRUR 2004, 174 (177) – DocMorris; GRUR 2011, 243 Rn. 51). Damit wird der früher vom betroffenen Marktteilnehmer verlangte Nachweis, dass die nationale Regelung ihn stärker belastet als inländische Mitbewerber (EuGH Slg. 1997, I-3843 Rn. 44 = GRUR-Int. 1997, 913 (917) – de Agostini; dazu Heermann GRUR-Int. 1999, 579 (587)), entbehrlich.

3.26 **d) Abgrenzung.** Die Abgrenzung der warenbezogenen Regelungen von den Verkaufsmodalitäten ist im Einzelfall schwierig (vgl. Bornkamm GRUR 1994, 297 (298)). Einen Grenzfall stellt zB die Herstellergarantie für ein Kraftfahrzeug dar (zutr. für Warenbezogenheit Leible WRP 1997, 517 (527); Heermann WRP 1999, 381 (382); für Vertriebsbezogenheit OLG Dresden GRUR 1997, 231 (233)). Auch sonst dürfte es Vorschriften geben, die sich weder der einen noch der anderen Kategorie eindeutig zuordnen lassen. So etwa das Verbot des Vertriebs von Produktnachahmungen (§§ 3, 4 Nr. 3). Art. 34 AEUV sollte letztlich immer dann eingreifen, soweit durch die nationale Vorschrift der Zugang zum nationalen Markt gehemmt oder erschwert wird (vgl. Heermann WRP 1998, 381 (383); Sack EWS 2011, 265).

III. Ungeschriebene Rechtfertigungsgründe in Art. 34 AEUV

1. Allgemeines

3.27 Der EuGH hat den Anwendungsbereich des Art. 34 AEUV (= früher Art. 28 EG) durch ungeschriebene Rechtfertigungsgründe eingeschränkt (stRspr seit EuGH Slg. 1979, 649 – Cassis de Dijon; Slg. 1995, I-1923 Rn. 15 = WRP 1995, 677 (678) – Mars; WRP 2014, 1044 Rn. 37 – Assica; vgl. auch EuGH Slg. 1997, I-3843 Rn. 46 = GRUR-Int. 1997, 913 (917) – de Agostini): Nationale Regelungen, die unterschiedslos für einheimische wie für eingeführte Erzeugnisse gelten, aber zu Hemmnissen für den freien Binnenhandel führen, müssen in Ermangelung einer unionsrechtlichen Regelung hingenommen werden, wenn sie notwendig sind, um

zwingenden Gründen des Allgemeininteresses, insbes. des **Verbraucherschutzes,** des Schutzes der Gesundheit von Menschen, der **Lauterkeit des Handelsverkehrs** und des Umweltschutzes, gerecht zu werden. Das Vorliegen einer solchen Rechtfertigung ist im Lichte der allgemeinen Rechtsgrundsätze und der Grundrechte der Union, insbes. des Art. 11 GRCh, auszulegen (EuGH Slg. 1997, I-3689 Rn. 24–26 = GRUR-Int. 1997, 829 – Familiapress). Das Ziel der jeweiligen nationalen Regelung muss daher mit dem Unionsrecht vereinbar sein. Anders gewendet: Lauterkeits- und Verbraucherschutz haben einen unionsrechtlichen Inhalt. Dies wirkt sich insbes. bei der Frage des Verbraucherleitbildes aus (→ § 1 Rn. 19 ff.). Derartige Regelungen sind außerdem nur dann zulässig, wenn sie dem Grundsatz der **Verhältnismäßigkeit** entsprechen, also in einem angemessenen Verhältnis zum verfolgten Zweck stehen, und wenn dieser Zweck nicht durch Maßnahmen erreicht werden kann, die den Handel im Binnenmarkt weniger beschränken (stRspr seit EuGH Slg. 1989, 1235 Rn. 11 – Buet; Slg. 1997, I-3843 Rn. 45 = GRUR-Int. 1997, 913 (917) – de Agostini).

2. Lauterkeit des Handelsverkehrs

Die Lauterkeit des Handelsverkehrs beurteilt der EuGH unter „allseitiger Achtung lauterer **3.28** Praktiken und herkömmlicher Übungen in den verschiedenen Mitgliedstaaten" (vgl. dazu Beater, Unlauterer Wettbewerb, 2011, § 7 Rn. 67). Dazu gehört insbes. der Schutz vor unlauterem Wettbewerb, ohne dass damit notwendig alle einzelstaatlichen Lauterkeitskriterien hingenommen werden. Da der Schutz des lauteren Wettbewerbs in den meisten Wettbewerbsrechten auch dem Schutz des Verbrauchers dient, überschneiden sich beide Zwecke. Der EuGH trennt daher auch nicht klar zwischen Lauterkeitsschutz und Verbraucherschutz, sondern behandelt sie häufig gemeinsam (vgl. Ahlfeld S. 97 ff., 129 ff.). Selbstständige Bedeutung hat der Lauterkeitsschutz hins. des Schutzes anderer Marktteilnehmer, insbes. der Mitbewerber (vgl. EuGH Slg. 1989, 229 Rn. 12 ff., 17 ff. – Kommission/Deutschland).

3. Verbraucherschutz

Den Verbraucherschutz versteht der EuGH als Schutz des **„durchschnittlich informierten, 3.29 aufmerksamen und verständigen Durchschnittsverbrauchers"** (vgl. näher → § 1 Rn. 19; EuGH Slg. 1998, I-4657 Rn. 31 = WRP 1998, 848 (850) – Gut Springenheide zur Auslegung der Irreführungsrichtlinie; Slg. 1999, I-513 Rn. 36, 38 = WRP 1999, 307 – Sektkellerei Kessler). Allerdings sind, wenn es um die Beurteilung einer Irreführungsgefahr geht, auch „soziale, kulturelle oder sprachliche Eigenheiten" der Verbraucher in den jeweiligen Mitgliedstaaten zu berücksichtigen (EuGH Slg. 2000, I-117 Rn. 29 f. = WRP 2000, 289 (292) – Lifting-Creme; übernommen in ErwGr. 18 UGP-RL). Somit kommt es nicht darauf an, wie eine Werbung in anderen Mitgliedstaaten verstanden wird (bedenklich daher EuGH Slg. 1994, I-317 Rn. 21 = GRUR 1994, 303 – Clinique). Auch kann nicht unberücksichtigt bleiben, dass bestimmte Verbrauchergruppen (zB Kinder; geschäftlich Unerfahrene) eines besonderen Schutzes bedürfen (vgl. EuGH Slg. 1989, 1235 Rn. 13 – Buet; übernommen in Art. 5 III UGP-RL). Der Verbraucherschutzgedanke legitimiert andererseits nicht die Verfestigung überkommener Verbrauchergewohnheiten zugunsten bestimmter Produkte und Hersteller (EuGH Slg. 1987, 1227 (1271) – Bier). Durch die UGP-RL – und in ihrer Umsetzung in § 3 II 2, 3 – wurde zwischenzeitlich für das Verhältnis von Unternehmer zu Verbraucher eine vollständige Rechtsangleichung erzielt.

4. Angemessenheit und Verhältnismäßigkeit

Die nationale Regelung muss in einem angemessenen Verhältnis zum verfolgten Zweck **3.30** (Verbraucherschutz usw) stehen, dieser Zweck darf nicht durch Maßnahmen erreichbar sein, die den Handel im Binnenmarkt weniger beschränken und die Regelung darf nicht in diskriminierender Weise angewendet werden (stRspr; EuGH WRP 2014, 1044 Rn. 37 – Assica). Eine nationale Regelung, die dem Schutze des Verbrauchers vor Irreführung dient, ist zB dann nicht angemessen, wenn sie auch wahre Werbung verbietet und dem Verbraucher nützliche Informationen vorenthält (EuGH Slg. 1993, I-2361 Rn. 16 ff. = GRUR 1993, 747 (748) – Yves Rocher zum früheren § 6e UWG 1909). Übermäßig strenge Anforderungen an den Schutz vor Irreführung, wie sie in der Vergangenheit das deutsche Lauterkeitsrecht auszeichneten, wären mit dem Verbraucherleitbild des Unionsrechts nicht vereinbar. Die neuere deutsche Rspr. zu § 3 UWG 1909 hatte dem aber bereits Rechnung getragen und bei der Bejahung der Irreführungsgefahr deutlich zurückgesteckt (vgl. BGH GRUR 1994, 519 (521) – Grand Marnier; GRUR 1995, 612 (614) – Sauerstoff-Mehrschritt-Therapie; GRUR 1996, 910 (912) – Der meistverkaufte Europas; GRUR 2000, 619 – Orient-Teppichmuster; wN → § 1 Rn. 24). Mit der an die Irreführungs-Richtlinie angepassten Regelung der irreführenden Werbung in § 5 UWG 2004 und dem Bekenntnis zum gemeinschaftsrechtlichen Verbraucherleitbild hatte der deutsche Gesetzgeber zu erkennen gegeben, dass insoweit eine Angleichung an die Standards des (jetzt) Unionsrechts beabsichtigt war. In den §§ 5, 5a UWG 2008 wurde dann – in Umsetzung der UGP-RL – eine vollständige Rechtsangleichung vollzogen.

5. Beispiele

3.31   **a) Zulässige nationale Regelungen.** Als zulässig wurden angesehen: (niederländisches) Verbot sklavischer Verwechslungen hervorrufender Nachahmungen (EuGH Slg. 1982, 707 = WRP 1982, 455 – Multi Cable Transit); (damaliges niederländisches) Zugabeverbot (EuGH Slg. 1982, 4575 – Oosthoek); (deutsches) Verbot einer irreführenden und die Volksgesundheit gefährdenden Werbung (OLG Hamburg GRUR 1988, 66); (französisches) Verbot bestimmter Haustürgeschäfte (EuGH Slg. 1989, 1235 = GRUR-Int. 1990, 459 – Buet); (deutsches) Verbot der verdeckten Laienwerbung (BGH GRUR 1992, 622 (625) – Verdeckte Laienwerbung); (deutsches) Verbot der Preisgegenüberstellung (BGH WRP 1996, 284 – Wegfall der Wiederholungsgefahr II).

3.32   **b) Unzulässige nationale Regelungen.** Als grds. unzulässig wurden Einfuhrbeschränkungen angesehen, soweit sich der damit bezweckte Schutz des Verbrauchers vor Irreführung auch durch eine geeignete Warenkennzeichnung erreichen ließ. So zB der Schutz einer bestimmten Flaschenform zugunsten bestimmter einheimischer Erzeuger, sofern die Verwendung dieser Form im Ursprungsland lauterer Praxis und herkömmlicher Übung entspricht, weil eine Verwechslungsgefahr durch entspr. Etikettierung vermieden wird (EuGH Slg. 1984, 1299 (1301) – Bocksbeutel; vgl. weiter EuGH Slg. 1987, 1227 = GRUR-Int. 1987, 404 – Bier; EuGH Slg. 1988, 4285 = NJW 1988, 2169 – Teigwaren; Slg. 1989, 1021 = NJW 1989, 2184 – Milcherzeugnisse). Unzulässig ist ein Verbot der Verwendung eines in einem anderen Mitgliedstaat rechtmäßig verwendeten Firmensignets (EuGH Slg. 1984, 3651 zu § 3 aF), des Hinweises auf ein Warenzeichen, das lediglich im Ursprungsland eingetragen ist (EuGH Slg. 1990, I-4827 = GRUR-Int. 1991, 215 – Pall/Dahlhausen zu § 3 UWG 1909), oder das Verbot, ein kosmetisches Mittel mit „Clinique" zu bezeichnen (EuGH Slg. 1994, I-317 = GRUR 1994, 303 – Clinique). Problematisch war die Nissan-Entscheidung des EuGH (EuGH Slg. 1992, I-131 = WRP 1993, 233 – Nissan): Danach war eine unzulässige Irreführung offenbar erst dann anzunehmen, wenn eine bedeutsame Zahl von Verbrauchern tatsächlich einer Täuschung beim Kauf erlegen ist (vgl. demgegenüber BGH GRUR 1992, 171 – Vorgetäuschter Vermittlungsauftrag).

IV. Rechtfertigungsgründe nach Art. 36 AEUV

3.33   Die Prüfung einer Rechtfertigung nach Art. 36 AEUV (= früher Art. 30 EG) hat an sich vor der Prüfung der immanenten Einschränkungen von Art. 34 AEUV (= früher Art. 28 EG) zu erfolgen. Denn „zwingende Erfordernisse" iSd Cassis de Dijon-Rspr. sind nur solche, die nicht in Art. 36 AEUV aufgeführt sind (EuGH Slg. 1991, I-4151 (4184) Rn. 13 – Aragonesa; EuGH Slg. 1992, I-3617 = EuZW 1993, 129 – Michel Debus). Jedoch fällt der Schutz des unlauteren Wettbewerbs nicht unter den Begriff des „gewerblichen und kommerziellen Eigentums" und der „öffentlichen Ordnung" iSd Art. 36 AEUV, sieht man von Einzeltatbeständen ab (vgl. Sack GRUR 1998, 871 (874 f.) mwN zum Streitstand). Im Übrigen ist diese Vorschrift **eng auszulegen** (EuGH Slg. 2007, I-9811 Rn. 88 = GRUR 2008, 271 (274) – Knoblauch-Extrakt-Pulver-Kapsel; WRP 2017, 36 Rn. 29 – Deutsche Parkinson Vereinigung). Sie ist nicht anzuwenden, wenn Richtlinien die Harmonisierung der Maßnahmen vorsehen, die zur Verwirklichung des konkreten Ziels, das durch Rückgriff auf Art. 36 AEUV erreicht werden soll, erforderlich sind (EuGH Slg. 2007, I-9811 Rn. 83 = GRUR 2008, 271 (274) – Knoblauch-Extrakt-Pulver-Kapsel). Außerdem ist der Grundsatz der **Verhältnismäßigkeit** zu beachten (EuGH Slg. 2007, I-9811 Rn. 96 = GRUR 2008, 271 (274) – Knoblauch-Extrakt-Pulver-Kapsel). – Der **wettbewerbsrechtliche Leistungsschutz** nach § 3 I iVm § 4 Nr. 3 weist zwar Parallelen zum Immaterialgüterrecht auf (dreifache Schadensberechnung des Verletzten), begründet jedoch keine subjektiven Ausschließlichkeitsrechte und fällt daher nicht unter den

Begriff des „gewerblichen und kommerziellen Eigentums" (aA Sack GRUR 1998, 871 (874 f.) mwN; diff. Beater, Unlauterer Wettbewerb, 2011, Rn. 531 ff.). Auch der EuGH hat in einem vergleichbaren Fall eine Regelung zum Schutze vor sklavischer Nachahmung nur danach beurteilt, ob sie gegen zwingende Erfordernisse des Verbraucherschutzes und der Lauterkeit des Handelsverkehrs verstößt (EuGH Slg. 1982, 707 = WRP 1982, 455 – Multi Cable Transit). – Bei dem in Art. 36 S. 1 AEUV erwähnten Rechtfertigungsgrund des **„Schutzes der Gesundheit"** ist zu berücksichtigen, dass es Sache der Mitgliedstaaten ist, in den durch den Vertrag gezogenen Grenzen zu bestimmen, auf welchem Niveau sie den Schutz der Bevölkerung gewährleisten wollen und wie dieses Niveau erreicht werden soll (EuGH Slg. 2008, I-6935 Rn. 46 = NJW 2008, 3693 – Kommission/Deutschland; GRUR 2011, 243 Rn. 58 – Ker-Optika/ÀNTSZ; WRP 2017, 36 Rn. 30 – Deutsche Parkinson Vereinigung; vgl. auch Art. 3 III UGP-RL). Jedoch muss die Maßnahme geeignet und erforderlich sein, das angestrebte Ziel zu erreichen (EuGH WRP 2017, 36 Rn. 34 – Deutsche Parkinson Vereinigung; dazu BGH WRP 2017, 694 Rn. 42 ff. – Freunde werben Freunde).

V. Der Schutz der Niederlassungsfreiheit (Art. 49 AEUV)

1. Begriff der Niederlassung

Voraussetzung einer Niederlassung ist die Möglichkeit, in stabiler und kontinuierlicher Weise **3.33a** am Wirtschaftsleben im Aufnahmemitgliedstaat mittels einer ständigen Präsenz teilzunehmen, die durch ein einfaches Büro wahrgenommen werden kann (EuGH Slg. 2011, I-8185 = EuZW 2011, 841 Rn. 35 – Dickinger und Ömer). Die dauerhafte Erbringung grenzüberschreitender, auch elektronischer Dienstleistungen, wie zB über eine Anwendung für Smartphones (App) begründet noch keine Niederlassung (BGH WRP 2017, 801 Rn. 28 – Uber Black).

2. Rechtfertigung von Beschränkungen der Niederlassungsfreiheit

Beschränkungen der Niederlassungsfreiheit sind gem. Art. 49 S. 1 AEUV nach Maßgabe der **3.33b** Art. 50 ff. AEUV verboten. Sie sind nach Art. 52 I AEUV dann nicht verboten, wenn sie aus Gründen der öffentlichen Ordnung, Sicherheit oder Gesundheit gerechtfertigt sind. Sie können ferner gerechtfertigt sein, wenn sie zwingenden Gründen des Allgemeininteresses entsprechen und soweit sie geeignet sind, die Verwirklichung des mit ihnen verfolgten Ziels zu gewährleisten, und nicht über das hinausgehen, was zur Erreichung dieses Ziels erforderlich ist. Eine nationale Regelung ist nur dann dazu geeignet, wenn sie tatsächlich dem Anliegen gerecht wird, es in kohärenter und systematischer Weise zu erreichen (vgl. BGH WRP 2021, 753 Rn. 29 – Steuerberater-LLP mwN aus der EuGH-Rspr.).

VI. Der Schutz des freien Dienstleistungsverkehrs

1. Allgemeines

Lauterkeitsrechtliche Regelungen können auch in den freien Dienstleistungsverkehr **3.34** (Art. 56 ff. AEUV = früher Art. ff. EGV) eingreifen (vgl. EuGH GRUR 2014, 876 Rn. 21 – Digibet: Werbung für Lotterien; EuGH Slg. 1995, I-1141 = NJW 1995, 2541 – Alpine Investments: Telefonwerbung; Slg. 2003, I-13031 Rn. 54 = NJW 2004, 139 (140) – Gambelli: Internet-Sportwetten; WRP 2010, 859 Rn. 16 – Ladbrokes Betting & Gaming: Internet-Glücksspiele; WRP 2011, 1294 – Zeturf: Pferdewetten). Betrifft die Regelung zugleich den freien Warenverkehr, so kommt es darauf an, ob im konkreten Fall eine der beiden Freiheiten der anderen zugeordnet werden kann und ihr gegenüber völlig zweitrangig ist. Dann ist nur die vorrangige Grundfreiheit Prüfungsmaßstab (EuGH WRP 2017, 670 Rn. 58 – Luc Vanderborght). Danach ist zB eine Werbebeschränkung für bestimmte Waren ausschließlich nach Art. 34 AEUV zu beurteilen. Art. 56 AEUV erfasst auch Dienstleistungen, die ein Leistungserbringer potenziellen Leistungsempfängern, die in anderen Mitgliedstaaten ansässig sind, **telefonisch** oder über das **Internet** anbietet und die er ohne Ortswechsel von dem Mitgliedstaat aus erbringt, in dem er ansässig ist (EuGH Slg. 1995, I-1141 = NJW 1995, 2541 – Alpine Investments; Slg. 2003, I-13031 Rn. 54 = NJW 2004, 139 (140) – Gambelli). Außerdem erfasst Art. 56 AEUV die Freiheit des Leistungserbringers, Leistungsempfängern, die in einem anderen Mitgliedstaat ansässig sind, Dienstleistungen anzubieten und zu erbringen, sowie die Freiheit, als Leistungsempfänger von einem Leistungserbringer mit Sitz in einem anderen Mitgliedstaat angebotene Dienstleistungen zu empfangen oder in Anspruch zu nehmen (vgl. EuGH Slg. 1999,

I-7447 Rn. 33, 34 – Eurowings Luftverkehr; WRP 2010, 859 Rn. 15 – Ladbrokes Betting & Gaming). Art. 56 AEUV erstreckt sich schließlich auch auf das bloße Angebot von Dienstleistungen (EuGH Slg. 1995, I-1141 Rn. 19 – Alpine Investments). Allerdings ist die Dienstleistungsfreiheit gegenüber der Niederlassungsfreiheit (Art. 49 AEUV) subsidiär. Ein Wirtschaftsteilnehmer, der in dem Mitgliedstaat niedergelassen ist, in dem er eine Dienstleistung anbietet, unterliegt daher dem Anwendungsbereich des Art. 49 AEUV (BGH WRP 2021, 753 Rn. 24 – Steuerberater-LLP). – Nach Art. 58 I AEUV gilt Art. 56 AEUV nicht für Dienstleistungen auf dem Gebiet des Verkehrs, zu denen auch Vermittlungsdienste mittels Smartphones wie „Uber Black" gehören (BGH WRP 2019, 327 Rn. 45 – Uber Black II; EuGH WRP 2018, 167 Rn. 39 – Elite Taxi).

2. Begriff der Dienstleistung

3.35   Dienstleistungen sind nach Art. 57 S. 1 AEUV (früher Art. 50 EGV) Leistungen, die idR gegen Entgelt erbracht werden, soweit sie nicht den Vorschriften über den freien Waren- und Kapitalverkehr und über die Freizügigkeit von Personen unterliegen. Nach S. 2 gelten als Dienstleistungen insbes. a) gewerbliche Tätigkeiten, b) kaufmännische Tätigkeiten, c) handwerkliche Tätigkeiten, d) freiberufliche Tätigkeiten. Dazu gehören zB Reiseleistungen (EuGH Slg. 1987, 3801 Rn. 32 – Vlaamse Reisbureaus), Fernsehsendungen (EuGH Slg. 1974, 409 Rn. 6 – Sacchi), Kreditvermittlungen (EuGH Slg. 1995, I-1141 – Alpine Investments). Keine Dienstleistungen sind die von einem Arbeitnehmer erbrachten Leistungen.

3. Rechtfertigung von Beschränkungen der Dienstleistungsfreiheit

3.36   Unter **Beschränkungen** der Dienstleistungsfreiheit sind alle Maßnahmen zu verstehen, die die Ausübung dieser Freiheit untersagen, behindern oder weniger attraktiv machen (EuGH WRP 2017, 670 Rn. 61 – Luc Vanderborght). Der Begriff der Beschränkung umfasst auch Maßnahmen eines Mitgliedstaates, die obwohl sie unterschiedslos anwendbar sind, den freien Dienstleistungsverkehr in den übrigen Mitgliedstaaten berühren (EuGH WRP 2021, 593 Rn. 44 – Fussl). Beschränkungen der Dienstleistungsfreiheit sind nach der Rspr. des EuGH zulässig, wenn sie aus **zwingenden Gründen des Allgemeininteresses** oder zur Erreichung eines der Ziele des **Art. 52** AEUV (= früher Art. 46 EGV) geeignet und erforderlich sind, hierzu in einem angemessenen Verhältnis stehen und diese zwingenden Gründe oder Ziele nicht durch weniger einschneidende Maßnahmen hätten erreicht werden können (EuGH WRP 2010, 859 Rn. 17 ff. – Ladbrokes Betting & Gaming; WRP 2011, 1294 Rn. 37 ff. – Zeturf; GRUR 2014, 876 Rn. 22 – Digibet; WRP 2017, 670 Rn. 65 – Luc Vanderborght; WRP 2021, 593 Rn. 52 – Fussl). Stets müssen die Beschränkungen in nichtdiskriminierender Weise angewandt werden (EuGH Slg. 2003, I-13031 Rn. 65 – Gambelli; WRP 2017, 1069 Rn. 41 – Unibet). Zu den „zwingenden Gründen des Allgemeininteresses" zählen, wie bei Art. 34 AEUV, insbes. die **Lauterkeit des Handelsverkehrs,** der **Schutz der Verbraucher,** die Betrugsvorbeugung, die Vermeidung von Anreizen für Bürger zu überhöhten Ausgaben für das Spielen und die Verhütung von Störungen der sozialen Ordnung im Allgemeinen (EuGH WRP 2010, 859 Rn. 18 – Ladbrokes Betting & Gaming; WRP 2011, 1294 Rn. 37 ff. – Zeturf; WRP 2017, 670 Rn. 67 – Luc Vanderborght; WRP 2017, 1069 Rn. 39 – Unibet). Mit Rücksicht auf die sittlichen, religiösen oder kulturellen Besonderheiten steht den Mitgliedstaaten ein Ermessensspielraum zu, um festzulegen, welche Erfordernisse sich aus dem Schutz der Verbraucher ergeben (EuGH WRP 2017, 670 Rn. 67 – Luc Vanderborght). – Zur Frage, ob und inwieweit die Keck-Doktrin auch auf Art. 56 AEUV anwendbar ist (abl. Sack GRUR 1998, 871 (874); diff. Timmermans S. 33 f.), ist noch keine Entscheidung ergangen. Die dafür herangezogene Alpine Investments-Entscheidung (EuGH Slg. 1995, I-1141 = WRP 1995, 801 – Alpine Investments) betraf lediglich die Beschränkung der Telefonwerbung durch das Herkunftsland. – Eine Einschränkung der Dienstleistungsfreiheit aus Gründen der öffentlichen Ordnung ist nur dann erforderlich, wenn eine tatsächliche und hinreichend schwere Gefährdung vorliegt, die ein Grundinteresse der Gesellschaft berührt (EuGH Slg. 2004, I-9609 Rn. 30 – Omega). Dabei besitzen die Mitgliedstaaten jedoch einen Beurteilungsspielraum innerhalb der Grenzen des Unionsrechts (BGH WRP 2017, 801 Rn. 42 – Uber Black I).

C. Sekundäres Unionsrecht und Lauterkeitsrecht

I. Regelungstechniken

1. Regelung durch Verordnungen

Die Wahl des Instruments der Verordnung hat aus Sicht der Europäischen Union den Vorzug, **3.37** dass die betreffende Regelung sofort, unmittelbar und mit gleichem Inhalt in allen Mitgliedstaaten Geltung hat. Gleichwohl wird im Bereich des Lauterkeitsrechts von diesem Instrument kaum Gebrauch gemacht. Zu erwähnen ist jedoch **VO (EG) 1008/2008 über Luftverkehrsdienste** (dazu EuGH WRP 2015, 326 – Air Berlin). – Der Vorschlag für eine **Verordnung über Verkaufsförderung im Binnenmarkt** v. 2.10.2001 (KOM (2001) 546 endg.; geänderte Fassung KOM (2002) 585 endg. und geänderte Fassung v. 15.5.2003 (9416/03)) wurde 2006 von der Kommission zurückgezogen. Er hat daher für den Anwendungsbereich der UGP-RL keine Bedeutung (vgl. EuGH GRUR 2010, 244 Rn. 33 – Plus Warenhandelsgesellschaft). Der Vorschlag hatte sich auf eine Regelung bestimmter Verkaufsförderungsmaßnahmen (sales promotion), nämlich Rabatte (Art. 2 lit. e VO-E), unentgeltliche Zuwendungen (Art. 2 lit. f VO-E), Zugaben (Art. 2 lit. g VO-E), Preisausschreiben (Art. 2 lit. h VO-E) sowie Gewinnspiele (Art. 2 lit. i VO-E), beschränkt. Diese Maßnahmen sollten grds. erlaubt sein. Der Verbraucher sollte jedoch durch weitreichende Informationspflichten (aufgelistet im Anh. VO-E) geschützt werden. Die Verletzung dieser Informationspflichten sollte wie eine irreführende Werbung geahndet werden. – Die **VO (EU) 2017/2394** bezweckt, die Durchsetzung verbraucherschützender Vorschriften im grenzüberschreitenden Verkehr zu verbessern. Dazu schreibt sie die Einrichtung entsprechender Behörden in den Mitgliedstaaten vor. Die Umsetzung dieser VO erfolgte durch das EU-VerbraucherschutzdurchsetzungsG (EU-VSchDG) v. 21.12.2006 (BGBl. 2006 I 3367; zuletzt geändert durch G v. 24.6.2022, BGBl. 2022 I 959). Zu den Einzelheiten → Rn. 3.67 ff.

2. Regelung durch Richtlinien

a) Allgemeines. Die Regelung des Lauterkeitsrechts durch Richtlinien hat den Vorzug, dass **3.38** die Mitgliedstaaten die jeweilige Regelung bruchlos in ihr Rechtssystem einfügen und gewisse Spielräume bei der Umsetzung nutzen können.

b) Voll- und Teilharmonisierung. Das klassische Instrument zur Angleichung des Lauter- **3.39** keitsrechts in den Mitgliedstaaten ist die Harmonisierung durch Richtlinien (vgl. Micklitz/Keßler GRUR-Int. 2002, 885 (886 f.)). Je nach dem Grad des erzielten Konsenses kann dabei eine Voll- oder Teilharmonisierung angestrebt sein (vgl. Alexander/Jüttner JuS 2020, 1137 (1139)). Als wichtigstes Beispiel für eine **Vollharmonisierung** ist die UGP-RL anzuführen, die freilich in Art. 3 UGP-RL Einschränkungen vorsieht. Als Beispiel für eine **Teilharmonisierung** gilt die Regelung über die irreführende Werbung (vgl. Art. 7 I Werbe-RL). Weitere Beispiele sind die AVMD-RL (früher: Fernseh-RL), die ePrivacy-RL und die Preisangaben-RL.

c) Herkunftslandprinzip. Soweit eine Vollharmonisierung (noch) nicht möglich ist, ver- **3.40** sucht die Kommission die Verwirklichung des Binnenmarkts durch Einführung des Herkunftslandprinzips zu fördern (dazu ua Köhler/Lettl WRP 2003, 1019 (1030); Kur FS Erdmann, 2002, 629; Ohly GRUR-Int. 2001, 899; Micklitz/Keßler GRUR-Int. 2002, 885 (888 f.); Glöckner WRP 2005, 795). Dieses Prinzip besagt, dass die Zulässigkeit einer geschäftlichen Handlung nicht strenger beurteilt werden darf als nach dem Recht des Mitgliedstaates, in dem der Handelnde seinen Sitz hat. Der Handelnde soll sich grds. nur an seinem Heimatrecht orientieren müssen und nicht bei grenzüberschreitenden Aktivitäten das Recht aller Mitgliedstaaten berücksichtigen müssen, in denen sich seine Handlung auswirkt. Dadurch soll eine Doppelkontrolle des unternehmerischen Verhaltens sowohl nach dem Recht des Heimatstaates als auch nach dem Recht des Empfangsstaates vermieden werden. – Rechtspolitisch ist die Einführung des Herkunftslandprinzips sehr umstritten (vgl. Fezer/Koos IPRax 2000, 349; Groeschke/Kiethe WRP 2001, 230; Micklitz/Keßler GRUR-Int. 2002, 885 (886); Schricker/Henning-Bodewig WRP 2001, 1367 (1370)). Denn zum einen werden die Verbraucher mit unterschiedlichen Schutzstandards konfrontiert, je nachdem, in welchem Mitgliedstaat das werbende Unternehmen seinen Sitz hat. Zum anderen werden Unternehmen, die ihren Sitz in einem Staat mit strengen wettbewerbsrechtlichen Anforderungen haben, dadurch gegenüber solchen Unternehmen benachteiligt, die ihren Sitz in einem Staat mit geringeren wettbewerbsrechtlichen Anforderungen haben. Die Benachteiligung wirkt sich aber auch dann aus, wenn ein Unternehmen nur im Export in Länder tätig ist, die geringere wettbewerbsrechtliche Standards kennen (vgl. Glöckner WRP 2005, 795 (804 f.)). Diese Ungleichbehandlung (Inländerdiskriminierung) mag das Abwandern von Unternehmen aus Mitgliedstaaten mit einem hohen Schutzniveau begünstigen (vgl. Mankowski GRUR-Int. 1999, 909 (914); Schricker/Henning-Bodewig WRP 2001, 1367 (1370)). Sie kann auch einen politischen Druck auf diese Mitgliedstaaten ausüben, ihr Schutzniveau abzusenken (sog „race to the bottom"). Das Herkunftslandprinzip findet sich erstmals in Art. 2, 2a, 3 der früheren Fernseh-RL, jetzt in **Art. 2 und 3 AVMD-RL,** geändert durch die RL (EU) 2018/1808 (dazu Sack WRP 2015, 1281), und wurde sodann in **Art. 3 E-Commerce-RL** (umgesetzt in § 3 II TMG) verankert (→ Rn. 3.47, 3.52, 5.7–5.10). In der **UGP-RL** ist es dagegen nicht vorgesehen. Die Binnenmarktklausel des Art. 4 UGP-RL verbietet lediglich den Mitgliedstaaten, den freien Waren- und Dienstleistungsverkehr aus Gründen einzuschränken, die mit dem angeglichenen Bereich zusammenhängen (dazu Brömmelmeyer GRUR 2007, 295).

II. Einzelne Richtlinien zum materiellen Lauterkeitsrecht

1. Werbe-RL

3.41   **a) Inhalt. aa) Regelungsgegenstand.** Die **RL 2006/114/EG über irreführende und vergleichende Werbung** v. 12.12.2006 (Werbe-RL) hat die mehrfach geänderte RL 84/450/EWG abgelöst. Sie bezweckt nach Art. 1 Werbe-RL den Schutz der **Gewerbetreibenden** vor irreführender Werbung und deren unlauteren Auswirkungen sowie die Festlegung der Bedingungen für zulässige vergleichende Werbung. Der Schutz der **Verbraucher** vor Irreführung ist in der **UGP-RL** abschließend geregelt (vgl. Art. 6, 7, 14 UGP-RL sowie Anh. I Nr. 1–23 UGP-RL). Diese Regelung wurde in Art. 4 lit. a Werbe-RL übernommen.

3.42   **bb) Teilharmonisierung des Rechts der irreführenden Werbung.** Die Richtlinie beschränkt sich insoweit nach Art. 8 I Werbe-RL auf eine **Mindestharmonisierung** der nationalen Rechtsvorschriften über **irreführende Werbung.** Die Mitgliedstaaten sind danach nicht gehindert, Bestimmungen aufrechtzuerhalten oder zu erlassen, die bei irreführender Werbung einen weiter reichenden Schutz der Gewerbetreibenden und Mitbewerber vorsehen. Die Richtlinie enthält nach ErwGr. 7 Werbe-RL lediglich objektive Mindestkriterien, anhand derer sich feststellen lässt, ob eine Werbung irreführend ist, und sie stellt Mindestanforderungen in Bezug auf die Einzelheiten des Schutzes gegen eine solche Werbung (EuGH Slg. 1990, I-4827 – Pall/Dahlhausen; Slg. 1994, I-317 = GRUR 1994, 303 – Clinique; Slg. 2003, I-3095 Rn. 40 = GRUR 2003, 533 (536) – Pippig Augenoptik/Hartlauer). Gleichwohl ist auch dieser Teil der Richtlinie im Lichte des AEUV, insbes. des Art. 34 AEUV (= früher Art. 28 EGV), auszulegen (vgl. dazu EuGH Slg. 1992, I-131 = WRP 1993, 233 – Nissan; Köhler GRUR-Int. 1994, 396). Zu beachten ist allerdings, dass die Irreführung im Verhältnis von Unternehmern zu **Verbrauchern abschließend** geregelt ist (→ Rn. 3.41).

3.43   **cc) Vollharmonisierung des Rechts der vergleichenden Werbung.** Für den Bereich der **vergleichenden Werbung** ist im Anwendungsbereich der Werbe-RL eine abschließende Harmonisierung erfolgt, wie sich aus Art. 8 I 2 ergibt (vgl. EuGH Slg. 2003, I-3095 Rn. 43, 44 = GRUR 2003, 533 (536) – Pippig Augenoptik/Hartlauer; → § 6 Rn. 3). Daher ist es unzulässig, strengere nationale Vorschriften zum Schutze vor Irreführung auf vergleichende Werbung anzuwenden (EuGH Slg. 2003, I-3095 Rn. 43, 44 = GRUR 2003, 533 (536) – Pippig Augenoptik/Hartlauer).

3.44   **b) Umsetzung. aa) Recht der irreführenden Werbung.** Den Anforderungen der Art. 2 lit. b, Art. 3 Werbe-RL hinsichtlich der irreführenden Werbung ist durch die – sowohl für Verbraucher als auch für sonstige Marktteilnehmer geltenden – §§ 5, 5a I Genüge getan. Denn Art. 8 I 1 Werbe-RL gestattet strengere nationale Vorschriften zum Schutze vor Irreführung als sie Art. 3 Werbe-RL vorsieht.

3.45   **bb) Recht der vergleichenden Werbung.** Den Anforderungen der Art. 2 lit. c, Art. 4 Werbe-RL und des Art. 6 II lit. a UGP-RL hinsichtlich der vergleichenden Werbung ist in den § 5 II, III und § 6 – wenngleich unzureichend – Rechnung getragen. Vergleichende Werbung (§ 6 I) ist danach nur unter bestimmten, abschließend geregelten Voraussetzungen (§ 5 III, § 6

II) unlauter. Insbes. die Regelung in § 5 III bleibt hinter den Anforderungen des Art. 4 lit. a Werbe-RL zurück (→ § 6 Rn. 23 ff.).

2. E-Commerce-RL

a) Inhalt. aa) Regelungsgegenstand. Die **RL 2000/31/EG über den elektronischen** **3.46** **Geschäftsverkehr** v. 4.5.2000 (ABl. EG 2000 L 178, 1) schafft einen einheitlichen Rechtsrahmen für den elektronischen Geschäftsverkehr **(electronic commerce)**. Sie regelt ua die elektronisch, insbes. über Internet und E-Mail, abgewickelte „kommerzielle Kommunikation" (zur Definition vgl. Art. 2 lit. f E-Commerce-RL; § 2 Nr. 5 TMG) zwischen „Diensteanbietern" (zur Definition vgl. Art. 2 lit. b E-Commerce-RL; § 2 Nr. 1 TMG) und „Nutzern" (zur Definition Art. 2 lit. d E-Commerce-RL; § 2 Nr. 3 TMG). Darunter fallen insbes. Maßnahmen der Werbung und des Marketings.

bb) Herkunftslandprinzip. Ein Kernelement der E-Commerce-RL ist die Einführung des **3.47** Herkunftslandprinzips in Art. E-Commerce-RL (→ Rn. 3.40; → 5.7), das in § 3 TMG umgesetzt wurde (dazu BGH GRUR 2012, 850 Rn. 28 ff. – www.rainboat.at II; Sack WRP 2021, 557; Sack WRP 2021, 971). Danach hat der Staat, in dem der Werbende („Diensteanbieter") seine Niederlassung hat, dafür zu sorgen, dass sein innerstaatliches Recht, bezogen auf den koordinierten Bereich, eingehalten wird (Art. 3 I E-Commerce-RL; vgl. § 3 I TMG). Die anderen Mitgliedstaaten dürfen den freien Verkehr von Diensten der Informationsgesellschaft, insbes. die kommerzielle Kommunikation, nicht aus Gründen einschränken, die den koordinierten Bereich betreffen (Art. 3 II E-Commerce-RL; vgl. § 3 II TMG). Für die Werbung im Internet bedeutet dies, dass der Mitgliedstaat, in dem der Verbraucher die Information abruft („Nutzer"), zwar grds. sein Recht auf diese Werbung anwenden darf. Allerdings darf dies nicht dazu führen, dass die Maßnahme strenger beurteilt wird als nach dem Recht des Herkunftslandes. Der Richter, der nach den Grundsätzen des deutschen IPR deutsches Wettbewerbsrecht anzuwenden hat, muss daher gleichzeitig prüfen, ob die Werbung im Heimatstaat des Werbenden zulässig ist (vgl. dazu OLG Hamburg GRUR 2004, 880; Henning-Bodewig GRUR 2004, 822). Ist dies der Fall, darf er die Werbung nicht untersagen. Allerdings setzt sich nur das mildere Recht des Herkunftslandes durch. Das Herkunftslandprinzip kann angesichts des Rechtsgefälles innerhalb der Union zur Inländerdiskriminierung (→ Rn. 3.16) führen. Ausgenommen ist nach Art. 3 III E-Commerce-RL iVm Anh. E-Commerce-RL ua die Regelung der Zulässigkeit nicht angeforderter kommerzieller Kommunikation mittels elektronischer Post. Jedoch ist insoweit eine Harmonisierung durch **Art. 13 ePrivacy-RL** (geändert durch RL 2009/136/EG) erfolgt. Die ePrivacy-RL wird allerdings **demnächst durch die E-Privacy-VO abgelöst** (dazu Köhler WRP 2017, 1291). – Zu weiteren Ausnahmen vom Herkunftslandprinzip vgl. Art. 3 IV und V E-Commerce-RL (dazu Sack EWS 2010, 70). Von Bedeutung ist insoweit der Verbraucherschutz (§ 3 V 1 Nr. 3 TMG; dazu Spindler RIW 2002, 182 (184)). Gänzlich von der Geltung der Richtlinie ausgenommen ist das „Kartellrecht" (Art. 1 V lit. c E-Commerce-RL sowie § 3 IV Nr. 8 TMG).

cc) Informationspflichten. In Art. 5 E-Commerce-RL stellt die Richtlinie allgemeine **3.48** Informationspflichten, ua hins. des Namens und der Adresse des Diensteanbieters, auf (umgesetzt in § 5 TMG). In Art. 6 E-Commerce-RL werden für die kommerzielle Kommunikation zusätzliche Informationspflichten begründet (umgesetzt in § 6 TMG). Das UWG 2004 hatte die Regelungen der Art. 6 lit. a, c und d E-Commerce-RL in verallgemeinerter Form übernommen (vgl. § 4 Nr. 3–5). Diese Regelungen wurden jedoch durch die UWG-Novelle 2015 aufgehoben. Ihre Funktion hat § 5a übernommen.

dd) Nicht angeforderte kommerzielle Kommunikation. Für die „nicht angeforderte **3.49** kommerzielle Kommunikation mittels elektronischer Post" (= unerbetene E-Mail-Werbung) stellt Art. 7 E-Commerce-RL Mindestanforderungen auf. Jedoch ist diese Regelung durch Art. 13 ePrivacy-RL überholt (→ Rn. 3.54).

b) Umsetzung. Die E-Commerce-RL wurde durch Art. 1 Gesetz über rechtliche Rahmen- **3.50** bedingungen für den elektronischen Geschäftsverkehr (Elektronischer Geschäftsverkehr-Gesetz – EGG) v. 14.12.2001 unter Änderung des **TDG** und durch den **Mediendienstestaatsvertrag** (idF v. 1.4.2003) umgesetzt. Die entsprechenden Regelungen sind nunmehr im **TMG** v. 26.2.2007 enthalten. Lauterkeitsrechtliche Bedeutung erlangen diese Regelungen über den Tatbestand der Irreführung durch Unterlassen (§ 5a IV iVm §§ 5, 6 TMG), nach der Rspr. über den Rechtsbruchtatbestand (§ 3a).

3.50a **c) Verhältnis zur VO (EU) 2022/2065 (Gesetz über digitale Dienste).** Die E-Commerce-RL wurde durch Art. 89 VO (EU) 2022/265 v. 19.10.2022 dahin geändert, dass die Art. 12 bis 15 E-Commerce-RL gestrichen wurden und dass Bezugnahmen auf diese Artikel jeweils als Bezugnahmen auf die Art. 4, 5, 6 und 8 VO (EU) 2022/265 gelten. Die VO enthält harmonisierte Vorschriften für die Erbringung von Vermittlungsdiensten im Binnenmarkt:

3. AVMD-RL

3.51 **a) Inhalt. aa) Regelungsgegenstand.** Die **RL 2010/13/EU über audiovisuelle Mediendienste** (früher: Fernseh-RL = RL 89/552/EWG), geändert und aktualisiert durch die RL 2018/1808/EU) sieht ua in den Art. 9–11 AVMD-RL allgemeine Beschränkungen der audiovisuellen Kommunikation, in den Art. 19–26 AVMD-RL allgemeine Regelungen ua für die Fernsehwerbung und das Teleshopping und in den Art. 28a AVMD-RL und Art. 28b AVMD-RL Bestimmungen für Videoplattformdienste vor.

3.52 **bb) Herkunftslandprinzip.** Nach Art. 2 I AVMD-RL hat jeder Mitgliedstaat dafür zu sorgen, dass alle audiovisuellen Mediendienste, die von seiner Rechtshoheit unterworfenen Mediendiensteanbietern übertragen werden, den Vorschriften des Rechtssystems entsprechen, die auf für die Allgemeinheit bestimmte audiovisuelle Mediendienste in ihrem Mitgliedstaat anwendbar sind **(Verantwortlichkeit des Sendestaats).** Der Empfangsstaat muss nach Art. 3 I AVMD-RL den freien Empfang gewährleisten und darf die Weiterverbreitung von audiovisuellen Mediendiensten aus anderen Mitgliedstaaten in ihrem Hoheitsgebiet nicht aus Gründen behindern, die Bereiche betreffen, die durch die Richtlinie koordiniert sind. (Relativierungen enthält Art. 3 II–V AVMD-RL.) Es gilt also nur das Lauterkeitsrecht des Sendestaates, soweit es nach den Art. 9 ff., 19 ff. AVMD-RL koordiniert ist (dazu Sack WRP 2015, 1281; Sack WRP 2015, 1417). Allerdings ist in den Art. 9 ff. AVMD-RL das Lauterkeitsrecht nicht abschließend koordiniert (EuGH Slg. 1997, I-3843 = GRUR-Int. 1997, 913 – de Agostini), insbes. ist die irreführende und vergleichende Werbung nicht erfasst (Sack WRP 2000, 269 (284)). In diesem verbleibenden Bereich hindert Art. 3 I AVMD-RL die Empfangsstaaten nicht, ihr Lauterkeitsrecht für anwendbar zu erklären (vgl. Art. 31 AVMD-RL).

3.53 **b) Umsetzung.** Die AVMD-RL wurde im **Rundfunkstaatsvertrag (RStV)** und im **Jugendmedienschutz-Staatsvertrag (JMStV)** umgesetzt. Um den inhaltsbezogenen Änderungen dieser Richtlinie durch die RL 2018/1808/EU Rechnung zu tragen, wurde 2020 der Rundfunkstaatsvertrag durch den **Medienstaatsvertrag (MStV)** ersetzt und den JMStV geändert. Lauterkeitsrechtliche Bedeutung erlangen diese Regelungen insbes. über § 5a VI und über den Rechtsbruchtatbestand (§ 3a). Die wirtschaftsbezogenen Anforderungen der geänderten AVMD-RL wurden durch entsprechende Änderungen des **TMG** umgesetzt.

4. ePrivacy-RL

3.54 **a) Inhalt.** Die **RL 2002/58/EG v. 12.7.2002 über die Verarbeitung personenbezogener Daten und den Schutz der Privatsphäre in der elektronischen Kommunikation,** geändert durch RL 2009/136/EG v. 25.11.2009, regelt in Art. 13 ePrivacy-RL die **„unerbetenen Nachrichten".** Dadurch sollen natürliche und juristische Personen als Teilnehmer eines elektronischen Kommunikationssystems vor einer Verletzung ihrer **Privatsphäre** bzw. vor einer Verletzung ihrer berechtigten Interessen durch unerbetene Nachrichten für Zwecke der Direktwerbung geschützt werden (vgl. ErwGr. 40–45 ePrivacy-RL). Im Einzelnen gilt: Die Verwendung von automatischen Anrufmaschinen, Faxgeräten oder elektronischer Post für die Zwecke der Direktwerbung gegenüber natürlichen Personen darf nach **Art. 13 I ePrivacy-RL** nur bei vorheriger Einwilligung der Teilnehmer oder Nutzer gestattet werden. Eine Ausnahme davon macht **Art. 13 II ePrivacy-RL** für die Direktwerbung mittels elektronischer Post, wenn der Werbende die E-Mail-Adresse des Kunden im Zusammenhang mit dem Verkauf eines Produkts oder einer Dienstleistung erhalten hat, sofern die Kunden klar und deutlich die Möglichkeit erhalten, eine solche Nutzung ihrer E-Mail-Adresse bei der Erhebung und bei jeder Übertragung gebührenfrei und problemlos abzulehnen, wenn der Kunde diese Nutzung nicht von vornherein abgelehnt hat. Für die individuelle Telefonwerbung eröffnet **Art. 13 III ePrivacy-RL** den Mitgliedstaaten die Möglichkeit sowohl der Opt-in- als auch der Opt-out-Lösung.

Sowohl gegenüber natürlichen als auch juristischen Personen ist es nach **Art. 13 IV ePrivacy-RL** verboten, eine E-Mail zu Zwecken der Direktwerbung zu verschicken, in der die Identität des Absenders verschleiert oder verheimlicht wird, bei der gegen Art. 6 E-Commerce-RL (= § 7 TMG) verstoßen wird oder bei der keine gültige Adresse vorhanden ist, an die der Empfänger eine Aufforderung zur Einstellung solcher Nachrichten richten kann, oder in denen der Empfänger aufgefordert wird, Websites zu besuchen, die gegen den genannten Artikel verstoßen. **Art. 13 V 2 ePrivacy-RL** hält die Mitgliedstaaten dazu an, dafür Sorge zu tragen, dass die berechtigten Interessen anderer Teilnehmer als natürlicher Personen vor unerbetenen Nachrichten ausreichend geschützt werden. Bemerkenswert an der Regelung des Art. 13 ePrivacy-RList, dass bei den Empfängern der Werbung nicht zwischen Verbrauchern und Unternehmern, sondern zwischen natürlichen und juristischen Personen unterschieden wird. Nach Art. 13 VI ePrivacy-RList dementsprechend nicht Mitbewerbern und Verbänden, sondern nur den betroffenen natürlichen und juristischen Personen ein Klagerecht einzuräumen. Art. 13 ePrivacy-RLdient dem Individualschutz natürlicher und juristischer Personen, nicht aber dem Schutz kollektiver Verbraucherinteressen, wie etwa die UGP-RL. Dementsprechend ist die Datenschutz-RL auch nicht in die Liste verbraucherschützender Richtlinien in Anh. I Unterlassungsklagen-RL aufgenommen (vgl. Köhler GRUR 2012, 1073 (1080)). – Zum Verhältnis der ePrivacy-RL zu den RL 97/7/EG, E-Commerce-RL und RL 2002/65/EG vgl. Köhler/Lettl WRP 2003, 1019 (1025); Leistner/Pothmann WRP 2003, 815 (824 f.).

b) Umsetzung. Art. ePrivacy-RL wurde durch § 7 II und III, wenngleich unzureichend, **3.55** umgesetzt (→ § 7 Rn. 34 ff.; Köhler GRUR 2012, 1073; Köhler WRP 2012, 1329; Köhler WRP 2017, 253; Köhler WRP 2017, 1025).

c) Geplante Aufhebung durch die ePrivacy-VO. Die ePrivacy-RL soll durch eine **Ver- 3.55a ordnung über Privatsphäre und elektronische Kommunikation (ePrivacy-VO)** abgelöst werden. Derzeit liegt allerdings nur ein entsprechender Vorschlag der Kommission vor (COM (2017)final). An die Stelle der Regelung in Art. 13 ePrivacy-RL soll die Regelung über „unerbetene Kommunikation" in Art. 16 e-Privacy-VO treten, die dann Vorrang vor § 7 Abs. 2 Nr. 1 und 2 hätte (dazu Köhler WRP 2017, 1291).

5. UGP-RL

a) Inhalt. aa) Grundkonzept. Die **RL 2005/29/EG über unlautere Geschäftspraktiken 3.56** v. 11.5.2005 (ABl. EG 2005 L 149, 22), zuletzt geändert durch die RL 2019/2161/EU v. 27.11.2019, die sog. UGP-RL, strebt für den Bereich der unlauteren Geschäftspraktiken von Unternehmern gegenüber Verbrauchern (Business to Consumer = B2C) eine **Vollharmonisierung** des Lauterkeitsrechts an (**Art. 4 UGP-RL; → Rn. 3.62a**). Allerdings begrenzt die UGP-RL selbst ihren Anwendungsbereich in mehrfacher Hinsicht (**Art. 3 II – VIII UGP-RL**). Sie lässt das Vertragsrecht (**Art. 3 II UGP-RL**) und Vorschriften der Gemeinschaft oder der Mitgliedstaaten in Bezug auf die Gesundheits- und Sicherheitsaspekte von Produkten unberührt (**Art. 3 III UGP-RL**). Kollidieren die Bestimmungen der UGP-RL mit anderen Rechtsvorschriften der Gemeinschaft bzw. Union, die besondere Aspekte unlauterer Geschäftspraktiken regeln, kollidieren, so gehen Letztere vor und sind für diese Aspekte maßgebend (**Art. 3 IV UGP-RL;** dazu EuGH WRP 2018, 1304 Rn. 60, 61 – Wind Tre und das Beispiel in EuGH WRP 2018, 1049 Rn. 33 – Dyson). Eine befristete Ausnahmeregelung (bis 12.6.2013) zugunsten bestimmter nationaler Vorschriften, von der UGP-RL abweichen, enthielt **Art. 3 V UGP-RL.** Der durch die RL 2019/2161/EU **neugefasste Art. 3 V UGP-RL** enthält eine Öffnungsklausel für die Mitgliedstaaten hinsichtlich Regelungen im Zusammenhang mit unerbetenen Hausbesuchen und Wanderlagern (Anh. § 3 III Nr. 32). Zu Einzelfragen vgl. Jüttner WRP 2021, 863.

Die Richtlinie gliedert sich in **vier Kapitel.** Kapitel 1 enthält „Allgemeine Bestimmungen", **3.56a** Kapitel 2 Regelungen über „Unlautere Geschäftspraktiken", Kapitel 3 eine Regelung über „Verhaltenskodizes" und Kapitel 4 „Schlussbestimmungen", insbes. Sanktionen und Durchsetzungsmaßnahmen.

Zur **rechtspolitischen Bewertung** der UGP-RL vgl. insbes. Henning-Bodewig GRUR-Int. **3.56b** 2005, 629; Henning-Bodewig GRUR 2013, 238; Gamerith WRP 2005, 391; Glöckner WRP 2004, 936; Köhler/Bornkamm/Henning-Bodewig WRP 2002, 1317 (1324); Köhler/Lettl WRP 2003, 1019; Lettl WRP 2004, 1079; Schulte-Nölke/Busch ZEuP 2004, 99; Veelken WRP 2004, 1.

3.57   **bb) Schutzzweck.** Nach Art. 1 UGP-RL besteht der Zweck der UGP-RL darin, durch die Angleichung des Rechts über unlautere Geschäftspraktiken, die die **wirtschaftlichen Interessen der Verbraucher** beeinträchtigen, zu dem reibungslosen Funktionieren des gemeinsamen Marktes und dem Erreichen eines hohen Verbraucherschutzniveaus beizutragen. Sie beschränkt sich sonach auf das Verhältnis **Unternehmer zu Verbraucher (B2C).** Vom Anwendungsbereich der Richtlinie ausgeschlossen sind solche nationalen Vorschriften, die „lediglich die wirtschaftlichen Interessen von Mitbewerbern schädigen oder sich auf ein Rechtsgeschäft zwischen Gewerbetreibenden beziehen" (ErwGr. 6 S. 3 UGP-RL). Nach stRspr des EuGH gilt dies aber nur für solche nationalen Vorschriften, die (auch) den Schutz der Verbraucher und nicht lediglich den Schutz der Mitbewerber oder der sonstigen Marktteilnehmer **bezwecken** (vgl. EuGH GRUR 2010, 244 Rn. 39, 40 – Plus Warenhandelsgesellschaft; GRUR 2011, 76 Rn. 21, 23 – Mediaprint; GRUR-Int. 2013 Rn. 31 – Euronics). Daher fallen die rein mitbewerberschützenden Tatbestände des § 4 Nr. 1–4 nicht in den Anwendungsbereich der UGP-RL (→ § 4 Rn. 0.5). – Der Schutz der Verbraucher vor unlauteren Geschäftspraktiken gewährleistet lediglich mittelbar einen Schutz der Mitbewerber und des lauteren Wettbewerbs (ErwGr. 8 S. 2 UGP-RL). Der Richtlinie geht es überdies nur um den Schutz der **wirtschaftlichen,** nicht auch sonstiger **Interessen** des Verbrauchers. Sie will den Verbraucher vor einer unlauteren Beeinflussung seiner geschäftlichen Entscheidung (→ Rn. 3.60a) durch Unternehmer schützen oder, anders gewendet, eine **freie und „informierte" geschäftliche Entscheidung** des Verbrauchers gewährleisten (BGH WRP 2016, 184 Rn. 18 – All Net Flat). Dagegen lässt sie es den Mitgliedstaaten unbenommen, Geschäftspraktiken aus Gründen der „guten Sitten und des Anstands" („taste and decency") zu verbieten, auch wenn diese Praktiken die Wahlfreiheit des Verbrauchers nicht beeinträchtigen (ErwGr. 7 S. 5 UGP-RL). Das gilt insbes. für bloße Belästigungen, ohne Rücksicht darauf, ob sie Einfluss auf die Entscheidungsfreiheit des Verbrauchers haben. Aus diesem Grund ist § 7 grds. – wenngleich nicht in allen Punkten – mit der UGP-RL vereinbar (→ § 4a Rn. 1.38; Köhler GRUR 2012, 1073; Köhler WRP 2015, 798; Köhler WRP 2017, 253; Köhler WRP 2017, 1025).

3.58   **cc) Grundbegriffe. (1) „Geschäftspraktiken".** Die Richtlinie umschreibt die zu regelnden Verhaltensweisen mit den Begriffen der „Geschäftspraxis" bzw. „Geschäftspraktiken". Nach Art. 2 lit. d UGP-RL fällt darunter „jede unmittelbar mit der Absatzförderung, dem Verkauf oder der Lieferung eines Produkts an Verbraucher zusammenhängende Handlung, Unterlassung, Verhaltensweise oder Erklärung, kommerzielle Mitteilung einschließlich Werbung und Marketing eines Gewerbetreibenden". Es handelt sich dabei um eine bes. weite Formulierung (EuGH GRUR 2011, 76 Rn. 17 – Mediaprint; GRUR 2013, 297 Rn. 26 – Köck). Der Begriff der „Geschäftspraxis" schließt also den in der Irreführungsrichtlinie verwendeten Begriff der „Werbung" und den in der E-Commerce-RL verwendeten Begriff der „kommerziellen Kommunikation" ein. Erfasst werden alle Geschäftspraktiken unabhängig davon, ob sie vor, bei oder nach Abschluss eines auf ein Produkt bezogenen Rechtsgeschäfts angewandt werden (Art. 3 I UGP-RL). Erfasst sind also nicht nur die Vertragsanbahnung, sondern auch der Abschluss und die Durchführung eines Vertrages. – Zum Verhältnis der Begriffe „geschäftliche Handlung" (§ 2 I Nr. 2) und „Geschäftspraxis" → § 2 Rn. 2.7–2.11.

3.59   **(2) „Verbraucher".** Verbraucher ist nach Art. 2 lit. a UGP-RL jede natürliche Person, die im Geschäftsverkehr zu Zwecken handelt, die nicht ihrer gewerblichen, handwerklichen oder beruflichen Tätigkeit zugerechnet werden können. **Durchschnittsverbraucher** ist nach ErwGr. 18 UGP-RL im Anschluss an die Rspr. des EuGH der „Durchschnittsverbraucher, der angemessen gut unterrichtet und angemessen aufmerksam und kritisch ist". Diese Begriffsbestimmung sollte auch im deutschen Recht künftig anstelle der Formel vom „durchschnittlich informierten, aufmerksamen und verständigen Durchschnittsverbraucher" verwendet werden.

3.60   **(3) „Gewerbetreibender".** Gewerbetreibender ist nach Art. 2 lit. b UGP-RL nicht nur jede natürliche oder juristische Person, die im Geschäftsverkehr im Rahmen ihrer gewerblichen, handwerklichen oder beruflichen Tätigkeit handelt, sondern auch jede Person, die **im Namen oder Auftrag** des Gewerbetreibenden handelt. Diese Person muss aber selbst Unternehmereigenschaft besitzen (EuGH WRP 2013, 1575 Rn. 38 – RLvS Verlagsgesellschaft). Gewerbetreibender kann auch eine Körperschaft des öffentlichen Rechts (zB Krankenkassen) sein (EuGH WRP 2013, 1454 Rn. 32 ff. – BKK MobilOil). – Zur Abgrenzung der Begriffe Gewerbetreibender und Verbraucher vgl. EuGH WRP 2018, 1311 Rn. 33 ff. – Kamenova.

(4) „Geschäftliche Entscheidung". Geschäftliche Entscheidung ist nach Art. 2 lit. k UGP- **3.60a**
RL jede Entscheidung eines Verbrauchers darüber, ob, wie und unter welchen Umständen er
einen Kauf tätigen, eine Zahlung insgesamt oder teilweise leisten, ein Produkt behalten oder
abgeben oder ein vertragliches Recht im Zusammenhang mit dem Produkt ausüben will,
unabhängig davon, ob der Verbraucher beschließt, tätig zu werden oder ein Tätigwerden zu
unterlassen. Der Begriff des Kaufs ist dabei in einem weiten Sinne zu verstehen und erfasst alle
entgeltlichen Geschäfte über ein Produkt. Unter einer Entscheidung ist dabei nicht nur die
endgültige Entscheidung zu verstehen, sondern auch die damit unmittelbar zusammenhängenden
Entscheidungen (vgl. EuGH WRP 2014, 161 Rn. 36 – Trento Sviluppo), nämlich zur endgültigen Entscheidung hinführende Zwischenschritte, wie etwa die durch eine Werbung beeinflusste Entscheidung, ein Geschäft zu betreten oder einen Vertreter zu empfangen oder die
Einwilligung in Werbeanrufe. Zu Einzelheiten → § 2 Rn. 1.10–1.14 ff.

dd) Generelles Verbot unlauterer Geschäftspraktiken. Nach Art. 5 I UGP-RL sind **3.61**
„unlautere Geschäftspraktiken" verboten. Was unter einer „unlauteren" Geschäftspraxis zu verstehen ist, wird als Grundsatz in Art. 5 II UGP-RL definiert. Danach gilt eine Geschäftspraxis als
unlauter, wenn sie dem Gebot der beruflichen Sorgfaltspflicht widerspricht und sie in Bezug auf
das jeweilige Produkt das wirtschaftliche Verhalten des Durchschnittsverbrauchers, den sie
erreicht oder an den sie sich richtet, oder des durchschnittlichen Mitglieds einer Gruppe von
Verbrauchern, wenn sich eine Geschäftspraxis an eine bestimmte Gruppe von Verbrauchern
wendet, wesentlich beeinflusst oder dazu geeignet ist, es wesentlich zu beeinflussen. Die Begriffe
der „beruflichen Sorgfaltspflicht" und der „wesentlichen Beeinflussung des wirtschaftlichen Verhaltens des Verbrauchers" werden im Definitionenkatalog des Art. 2 UGP-RL, nämlich in
Art. 2 lit. h und lit. e UGP-RL, näher beschrieben. Die Generalklausel soll die in den Mitgliedstaaten bestehenden unterschiedlichen Generalklauseln und Rechtsprinzipien ersetzen, um
Hemmnisse für den Binnenmarkt zu beseitigen (ErwGr. 13 UGP-RL).

ee) Beispielstatbestände. Art. 5 IV UGP-RL nennt als Beispielstatbestände („insbesonde- **3.62**
re") **irreführende** und **aggressive** Geschäftspraktiken. Art. 5 V UGP-RL enthält durch
Verweis auf Anh. I eine Liste jener Geschäftspraktiken, die unter allen Umständen als unlauter
anzusehen sind. Der in Art. 5 IV lit. a UGP-RL genannte Beispielstatbestand der Irreführung
wird in Art. 6 UGP-RL für irreführende Handlungen, in Art. 7 UGP-RL für irreführendes
Unterlassen konkretisiert. Der in Art. 5 IV lit. b UGP-RL genannte Beispielstatbestand der
aggressiven Geschäftspraktiken wird in den Art. 8 und 9 UGP-RL konkretisiert. Art. 8 UGP-
RL nennt als aggressive Geschäftspraktiken die Tatbestände der Belästigung, Nötigung und
unzulässigen Beeinflussung. Sie werden durch Art. 9 näher erläutert. Da die Art. 6–8 UGP-RL
bereits selbst die Unlauterkeit einer Geschäftspraxis iSd Art. 5 I UGP-RL begründen, bedarf es
für die darin genannten Fälle nicht zusätzlich des Nachweises der Voraussetzungen des Art. 5 II
UGP-RL. Dasselbe gilt für die in Anh. I UGP-RL genannten Einzelfälle **(„Schwarze Liste"),**
da diese unter allen Umständen (also ohne Berücksichtigung der Umstände des Einzelfalls, dh
ohne Rücksicht auf die geschäftliche Relevanz) als unlauter gelten (Art. 5 V UGP-RL) und
daher in allen Mitgliedstaaten verboten sind (dazu EuGH GRUR 2010, 244 Rn. 45 – Plus
Warenhandelsgesellschaft). Das nationale Lauterkeitsrecht der Mitgliedstaaten muss diese Fallgestaltungen erfassen, als unlauter beurteilen und verbieten. – Welche Fallgestaltungen nicht mit
den Beispielstatbeständen, sondern nur mit der Generalklausel des Art. 5 II UGP-RL erfasst
werden können, bedarf noch der Klärung (→ § 3 Rn. 2.4, 2.5).

ff) Binnenmarktprinzip. Nach Art. 4 UGP-RL dürfen die Mitgliedstaaten den freien **3.62a**
Dienstleistungsverkehr und den freien Warenverkehr nicht aus Gründen, die mit dem durch
diese Richtlinie angeglichenen Bereich zusammenhängen, einschränken (ErwGr. 9 UGP-RL),
selbst wenn mit solchen Maßnahmen ein höheres Verbraucherschutzniveau erreicht werden soll
(EuGH GRUR 2010, 244 Rn. 50 – Plus Warenhandelsgesellschaft; GRUR 2018, 303 Rn. 39 –
Europamur). Dies gilt insbes. für nationale Per-se-Verbote, die nicht in der Schwarzen Liste des
Anh. I aufgeführt sind. Geschäftspraktiken, die nicht darunter fallen, können nur dann verboten
werden, wenn sie nach den Kriterien der Art. 5–9 UGP-RL unlauter sind (EuGH GRUR 2013,
297 Rn. 35 – Köck). Unberührt bleibt dagegen die Befugnis der Mitgliedstaaten, unter Berufung
auf den Schutz der Gesundheit und der Sicherheit der Verbraucher Beschränkungen aufrechtzuerhalten oder einzuführen (Art. 3 III UGP-RL; ErwGr. 9 UGP-RL). Art. 4 UGP-RL führt
nicht das Herkunftslandprinzip ein, sondern stellt nur die Vollharmonisierung des koordinierten

Bereichs sicher (dazu Ackermann S. 296 ff.; Brömmelmeyer GRUR 2007, 295; Leistner ZEuP 2009, 56 (67 f.); Ohly WRP 2006, 1401; MüKoBGB/Drexl Rom II-VO Art. 6 Rn. 104).

3.63   **gg) Durchsetzung, Rechtsschutz und Sanktionen.** Die Richtlinie regelt in den Art. 11–13 UGP-RL, wie das Verbot unlauterer Geschäftspraktiken durchzusetzen ist und welche Sanktionen dafür in Betracht kommen. In Art. 11a UGP-RL (Rechtsschutz) werden den durch unlautere Geschäftspraktiken geschädigten Verbrauchern Rechtsbehelfe eingeräumt, die auch das Recht auf Schadensersatz und ggf. auf Preisminderung oder Beendigung des Vertrags enthalten. Nach Art. 13 Abs. 1 2 UGP-RL müssen die Mitgliedstaaten wirksame, verhältnismäßige und abschreckende Sanktionen bei Verstößen gegen die Richtlinie festlegen. In Abs. 2 sind – beispielhaft und nicht abschließend – Kriterien aufgelistet, die bei der Verhängung von Sanktionen zu berücksichtigen sind, wie ua die Art, die Schwere, der Umfang und die Dauer des Verstoßes, Maßnahmen des Gewerbetreibenden zur Minderung oder Beseitigung des Schadens des Verbrauchers, frühere Verstöße des Gewerbetreibenden und von ihm erlangte finanzielle Vorteile oder vermiedene Verluste. In Abs. 3 ist die Verhängung von Geldbußen im Verwaltungsverfahren und/oder im gerichtlichen Verfahren bis zu einem Betrag von 4 % des Jahresumsatzes des Gewerbetreibenden vorgesehen. Damit wurde auch der Rspr. des EuGH Rechnung getragen (EuGH GRUR 2013, 297 Rn. 44 ff. – Köck; EuGH WRP 2015, 698 Rn. 57, 58 – UPC).

3.63a   **b) Auslegung.** Die Auslegung der UGP-RL hat im Einklang mit dem primären Unionsrecht und unter Berücksichtigung des sonstigen sekundären Unionsrechts zu erfolgen (dazu Alexander WRP 2013, 17). Zur verbindlichen Klärung von Auslegungsfragen ist der **EuGH** berufen (vgl. EuGH Slg. 2009, I-2949 = GRUR 2009, 599 – VTB/Total Belgium u. Galatea/Sanoma; EuGH GRUR 2010, 244 – Plus Warenhandelsgesellschaft). Zur **Rechtsprechung** des **EuGH** zur UGP-RL vgl. die Übersichten bei Alexander WRP 2013, 17; Alexander WRP 2015, 286; Alexander WRP 2017, 121; Alexander WRP 2019, 152. – Die **Kommission** hat – ohne sich insoweit zu binden – am 3.12.2009 eine Auslegungshilfe in Gestalt von „Leitlinien zur Umsetzung/Anwendung der Richtlinie 2005/29/EG über unlautere Geschäftspraktiken" (= „Guidance on the Implementation/Application of Directive 2005/29/EC on Unfair Commercial practices") veröffentlicht (http://ec.europa.eu/consumers/rights/docs/Guidance_UCP_Directive_en.pdf). Die jüngste Aktualisierung erfolgte am 29.12.2021 (ABl. EU 2021 C 526, S. 1–129).

3.64   **c) Umsetzung.** Der deutsche Gesetzgeber hat verspätet, nämlich erst mit dem Ersten Gesetz zur Änderung des UWG (**UWG-Novelle 2008**) – wenngleich nicht exakt (Köhler WRP 2012, 251; Köhler GRUR 2012, 1073) – die Richtlinie umgesetzt. Sie brachte vor allem Änderungen im Definitionenkatalog (§ 2), bei der Generalklausel (§ 3), beim Irreführungstatbestand (§§ 5, 5a), beim Belästigungstatbestand (§ 7) sowie eine nahezu vollständige Übernahme der im Anh. I aufgeführten Beispielstatbestände von unter allen Umständen unlauteren Geschäftspraktiken im Anh. § 3 III mit sich (→ Rn. 2.22–2.22d). Bei den Sanktionen waren dagegen keine Änderungen veranlasst (Alexander GRUR-Int. 2005, 809). – Im Zweiten Gesetz zur Änderung des UWG (**UWG-Novelle 2015**) wurden zentrale Bestimmungen des UWG zur Verbesserung der Umsetzung geändert. Sie betrafen ua den Definitionenkatalog (§ 2 I Nr. 7–9 aF), die Verbrauchergeneralklausel (§ 3 II), den Rechtsbruchtatbestand (§ 3a), den Tatbestand der Irreführung durch Unterlassen (§ 5a II–VI) und den der aggressiven geschäftlichen Handlungen (§ 4a). Im Übrigen war der Richtlinie durch richtlinienkonforme Auslegung des UWG seit dem 12.12.2007 Rechnung zu tragen (BGH GRUR 2012, 184 Rn. 16 – Branchenbuch Berg). – Die durch die RL 2019/2161/EU erfolgten Änderungen der UGP-RL waren bis zum 28.11.2021 umzusetzen, die durch das **G zur Stärkung des Verbraucherschutzes im Wettbewerbs- und Gewerberecht** erfolgten zahlreichen Änderungen des UWG sind ab dem 28.5.2022 anzuwenden. – Zur Bedeutung der **deutschen Fassung der UGP-RL** für die Umsetzung vgl. Köhler FS Fezer, 2016, 969.

3.64a   **d) Geplante Änderungen der UGP-RL im Zuge des „Green Deals".** Die Kommission hat am 30.3.3022 einen Vorschlag für eine Richtlinie zur Änderung der Richtlinien 2005/29/EG und 2011/83/EG hinsichtlich der Stärkung der Verbraucher für den ökologischen Wandel durch besseren Schutz gegen unlautere Praktiken und bessere Information vorgelegt (COM (2022) 143 final). Für Verbraucher sollen bessere Informationen für Verbraucher über die Haltbarkeit und Reparierbarkeit bestimmter Produkte bereitgestellt werden. Sie sollen des Weiteren vor unlauteren Geschäftspraktiken geschützt werden, durch die nachhaltige Käufe verhindert werden, wie Grünfärberei (Greenwashing) bei Umweltaussagen, frühzeitige Obsoleszenz von

Produkten und Verwendung unzuverlässiger und nicht transparenter Nachhaltigkeitssiegel und -informationsinstrumente. Dazu sollen der Definitionskatalog des Art. 2 UGP-RL stark erweitert und die Art. 6 und 7 UGP-RL sowie deren Anh. I um zahlreiche neue Tatbestände ergänzt werden. Zu Einzelheiten und zur Kritik vgl. Alexander WRP 2022, 657. – Die Diskussion über die Praktikabilität dieses Vorschlags dürfte noch zu manchen Änderungen führen.

III. Regelungen zur Durchsetzung des Lauterkeitsrechts

1. Unterlassungsklagen-RL

a) Inhalt. Die RL 2009/22/EG (früher 98/27/EG) über Unterlassungsklagen zum Schutz der **3.65** Verbraucherinteressen v. 23.4.2009 (ABl. EG 2009 L 110, 30) wurde nach Art 21 S. 1 RL (EU) 2020/1828 mWv 25.6.2023 aufgehoben, galt aber bis zu diesem Zeitpunkt weiter. Sie ordnete an, dass **„qualifizierten Einrichtungen"** die Möglichkeit eröffnet wird, „zum Schutz der Kollektivinteressen der Verbraucher" in anderen Mitgliedstaaten Unterlassungsklage wegen Verstoßes gegen die im Anh. I RL 2009/22/EG aufgeführten Richtlinien zu erheben (Art. 1, 3 Unterlassungsklagen-RL). Dazu gehörten auch die Werbe-RL sowie die UGP-RL. Hinter dem Begriff der „qualifizierten Einrichtung" standen zwei unterschiedliche Rechtsschutzkonzepte, die durch die Zusammenfassung unter einem gemeinsamen Oberbegriff rechtlich für gleichwertig erklärt wurden. Den Mitgliedstaaten war es freigestellt, sich nur für eine oder auch für beide Möglichkeiten gleichzeitig zu entscheiden (vgl. ErwGr. 10 Unterlassungsklagen-RL). Die erste Art des Rechtsschutzes war die Klage von Verbänden („Organisationen"), deren Zweck auf den Verbraucherschutz gerichtet ist (Art. 3 lit. b Unterlassungsklagen-RL). Darüber hinaus eröffnete die Richtlinie als zweite Art des Rechtsschutzes den Mitgliedstaaten die Möglichkeit, speziell für den Verbraucherschutz zuständige „öffentliche Stellen" mit den in der Richtlinie vorgesehenen Handlungsbefugnissen zu betrauen.

b) Umsetzung. Das deutsche Lauterkeitsrecht trug den Anforderungen der Unterlassungs- **3.66** klagen-RL in **§ 8 III Nr. 3** (früher § 13 II Nr. 3 UWG 1909) sowie im **UKlaG** Rechnung. Die Vorschriften des UKlaG waren jedoch nur noch auf Verbandsklagen, die vor dem 25.6.2023 erhoben wurden, anzuwenden (Art. 22 II RL (EU) 2020/1828). Durch Art. 11 VRUG v. 7.7.2023 wurden umfangreiche Änderungen des UKlaG vorgenommen.

2. Verbandsklagen-RL

a) Inhalt. Die **RL (EU) 2020/1828 über Verbandsklagen zum Schutz der Kollektiv-** **3.66a** **interessen der Verbraucher** und zur Aufhebung der RL 2009/22/EG v. 25.11.2020 (ABl. 2020 EG L 409, 1) war an sich bis zum 25.12.2022 umzusetzen. Die entsprechenden Vorschriften waren an sich ab dem 25.6.2023 anzuwenden (Art. 24 I UAbs. 2 Verbandsklagen-RL). Im Anh. I Verbandsklagen-RL sind 66 Unionsvorschriften aufgelistet, die dem Schutz der kollektiven Verbraucherinteressen dienen, darunter auch in Nr. 56 die **DS-GVO**. Die Richtlinie verpflichtet die Mitgliedstaaten, zwei Arten von Verbandsklagen vorzusehen: **Unterlassungsklagen** und **Abhilfeklagen**. In den Art. 4 ff. Verbandsklagen-RL werden Verbandsklagen von qualifizierten Einrichtungen geregelt. Dazu gehört nach Art. 7 Abs. 4 Verbandsklagen-RL die Klage auf **Unterlassungsentscheidungen** gem. Art. 8 Verbandsklagen-RL und auf **Abhilfeentscheidungen** gem. Art. 9 Verbandsklagen-RL. Abhilfe kann nach Art. 9 I Verbandsklagen-RL in Form von Schadensersatz, Reparatur, Ersatzleistung, Preisminderung, Vertragsauflösung oder Erstattung des gezahlten Preises erfolgen.

b) Umsetzung. Die Umsetzung erfolgte im Verbandsklagenrichtlinienumsetzungsgesetz **3.66b** **(VRUG)** v. 8.10.2023 (BGBl. 2023 I Nr. 272). Art. 1 VRUG enthält das Verbraucherrechtedurchsetzungsgesetz **(VDuG)**, darunter die Regelung der **„Abhilfeklagen"** in den §§ 14 ff. VDuG; Art. 9 VRUG enthält eine **„Änderung des Unterlassungsgesetzes"**; Art. 13 VRUG enthält eine **„Änderung des Gesetzes gegen den unlauteren Wettbewerb"**, nämlich der §§ 5, 8, 8b, 10 und 20.

3. VO (EU) 2017/2394 über die Zusammenarbeit im Verbraucherschutz

a) Inhalt. Die **VO (EU) 2017/2394** über die Zusammenarbeit zwischen den für die Durch- **3.67** setzung der Verbraucherschutzgesetze zuständigen nationalen Behörden v. 12.12.2017 hat die VO (EG) Nr. 2006/2004 mWv 17.1.2020 aufgehoben. Sie hat das Ziel, die Zusammenarbeit von nationalen Behörden untereinander und mit der Kommission bei der Feststellung, Ermittlung und Bekämpfung von Verstößen innerhalb der Union, weitverbreitete Verstöße und weitverbreitete Verstöße mit Unionsdimension zu koordinieren. Dadurch soll das reibungslose Funktionieren des Binnenmarkts sichergestellt und der Schutz der wirtschaftlichen Interessen der Verbraucher gefördert werden (vgl. Art. 1, 2 VO (EU) 2017/2394). Im Kern geht es um Regelungen der **innergemeinschaftlichen Amtshilfe.** Dazu muss jeder Mitgliedstaat die **zuständigen Behörden** und eine zentrale Verbindungsstelle benennen, die für die Anwendung der VO zuständig sind (Art. 5 I VO (EU) 2017/2394).

3.68   Der **sachliche Anwendungsbereich** der VO beschränkt sich auf Verstöße gegen das „Unionsrecht zum Schutze der Verbraucherinteressen". Dazu gehören nach Art. 3 Nr. 1 VO (EU) 2017/2394, die im Anh. aufgeführten Verordnungen und Richtlinien, letztere in der in die innerstaatliche Rechtsordnung der Mitgliedstaaten umgesetzten Form. Dazu gehört ua das UWG, soweit es die Richtlinie über unlautere Geschäftspraktiken, die Richtlinie über irreführende und vergleichende Werbung, die Richtlinie über audiovisuelle Mediendienste und die Richtlinie über den elektronischen Geschäftsverkehr umsetzt.

3.69   Die **zuständigen Behörden und ihre Befugnisse** sind in den Art. 5–10 VO (EU) 2017/2394, der **Amtshilfemechanismus** ist in den Art. 11–14 VO (EU) 2017/2394 geregelt.

3.70   **b) Umsetzung durch das EU-VSchDG.** Der deutsche Gesetzgeber hat die Verpflichtungen aus der VO (EU) 2017/2394 im **EU-Verbraucherschutzdurchsetzungsgesetz** (EU-VSchDG) v. 25.6.2020 (BGBl. 2020 I 1474) mWv 30.6.2020 umgesetzt. Vgl. → § 12 Rn. 6.1 ff.

IV. Regelungen mit Lauterkeitsbezug

3.71   Eine Regelung mit Lauterkeitsbezug stellt die **VO (EU) 2019/1150 (P2B-VO)** v. 20.6.2019 dar, die ab dem 12.7.2020 gilt. Sie dient der Förderung von Fairness und Transparenz für gewerbliche Nutzer von Online-Vermittlungsdiensten und Online-Suchmaschinen. Online-Vermittlungsdienste sind insbes. Online-Marktplätze (wie zB Amazon und eBay). Ein wesentliches Anliegen der Verordnung ist der Schutz gewerblicher Nutzer vor intransparenten AGB von Online-Vermittlungsdiensten. Zu Einzelheiten vgl. die Kommentierung ab → P2B-VO Art. 1 Rn. 1 ff.

4. Abschnitt. Wettbewerbsrecht im Ausland

Übersicht

A. Belgien

Schrifttum: Van den Bergh, Das neue belgische Gesetz über die Handelspraktiken und die Information und den Schutz des Verbrauchers, GRUR-Int. 1992, 803; Van den Bergh, Wettbewerbsrechtliche Grenzen des Preiswettbewerbs nach belgischem Recht, GRUR-Int. 1991, 192; Bodewig/Henning-Bodewig, Rabatte und Zugaben in den Mitgliedstaaten der EU, WRP 2000, 1342; Buydens, Produktpiraterie und unlauterer Wettbewerb – Die Situation in Belgien und Frankreich mit Hinweisen auf die Rechtslage in Deutschland, GRUR-Int. 1995, 15; Francq, Le Décloisonnement progressif du Droit relatif à la concurrence déloyale en Belgique, GRUR-Int. 1996, 448; Heitkamp in Heidelberger Kommentar zum Wettbewerbsrecht, Belgien, 2004, 847; Henning-Bodewig, Die Bekämpfung unlauteren Wettbewerbs in den EU-Mitgliedstaaten: eine Bestandsaufnahme, GRUR-Int. 2010, 273; Henning-Bodewig in Schricker (Hrsg.), Recht der Werbung in Europa, 1995 ff., Bd. I, Belgien, 1995; Kocks in Schotthöfer (Hrsg.), Handbuch des Werberechts in den EU-Staaten, 1997, Belgien, S. 113; Lettl, Der lauterkeitsrechtliche Schutz von irreführender Werbung in Europa, 2004; Stuyck, Neuere Entwicklungen im belgischen Lauterkeitsrecht, GRUR-Int. 2015, 899; Wohlgemuth, Das Recht des unlauteren Wettbewerbs in Belgien, WRP 1992, 457.

Das belgische Recht des unlauteren Wettbewerbs ist seit 2013 Bestandteil des „Code de droit **4.1** économique", enthalten in „Livre VI". Darin ist im Titel 4, der die „pratiques interdites" regelt, auch die **UGP-RL** umgesetzt. Gegen Wettbewerbsverstöße ist eine Unterlassungsklage (action en cessation) möglich, die auch von Verbrauchern erhoben werden kann. Schadensersatzklagen sind nach Maßgabe des Art. 1382 Code Civil möglich.

B. Bulgarien

Schrifttum: Bakardjieva, Das neue Wettbewerbsgesetz in Bulgarien, GRUR-Int. 1999, 395; Bakardjieva, Das Recht des unlauteren Wettbewerbs in Bulgarien, GRUR-Int. 1994, 671; Bakardjieva-Engelbrekt in Schricker (Hrsg.), Recht der Werbung in Europa, 1995 ff., Bd. I, Bulgarien, 2002; Chivarorov, Länderbericht Bulgarien, in Beier/Bastian/Kur (Hrsg.), Wettbewerbsrecht und Verbraucherschutz in Mittel- und Osteuropa, 1992, 98; Dietz, Die Einführung von Gesetzen gegen den unlauteren Wettbewerb in ehemals sozialistischen Staaten Mittel- und Osteuropas, GRUR-Int. 1994, 649; Dimitrov, Die Neuregelung des Wettbewerbsrechts in Bulgarien, GRUR-Int. 1994, 676; Verny, Wettbewerbs- und Kartellrecht in Bulgarien, WiRO 1993, 381.

Das Recht des unlauteren Wettbewerbs ist in zwei Gesetzen geregelt. Zum einen im Gesetz **4.2** zum Schutz des Wettbewerbs v. 14.11.2008 (WettG), zum anderen im Gesetz zum Schutz der Verbraucher vom 24.11.2005 (VSchG), zuletzt geändert am 28.7.2015. Letzteres dient der Umsetzung der UGP-Richtlinie. Zu Einzelheiten vgl. Harte-Bavendamm/Henning-Bodewig/ Henning-Bodewig Einl. F Rn. 802–804.

C. China

Schrifttum: Au, Das Wettbewerbsrecht der VR China, 2004; Fikentscher, Die Rolle von Markt und Wettbewerb in der Volksrepublik China: Kulturspezifisches Wirtschaftsrecht, GRUR-Int. 1993, 901; Cammerer, Die Revision des chinesischen Gesetzes gegen unlauteren Wettbewerb, WRP 2018, 1160; Chai, The New Anti-Unfair Competition Law of the People's Republic of China 2018; Guo Shoukang, TRIPS and Intellectual Property in the Peoples Republic of China, GRUR-Int. 1996, 292; Han, Die gegenwärtige Regelung der Werbung in der VR China, GRUR-Int. 2001, 703; Han, Die Regelung der irreführenden Werbung in der VR China, GRUR-Int. 2000, 192; Han, Die Regelung der vergleichenden Werbung in der VR China, GRUR-Int. 1998, 947; Maier, Das Lauterkeitsrecht in der Bundesrepublik Deutschland im Vergleich zur Rechtslage in der VR China, 2009; Qiao, Das Recht des unlauteren Wettbewerbs in China im Vergleich zu Deutschland, 2000; Shao, Irreführende Werbung als unlautere Wettbewerbshandlung im chinesischen UWG, GRUR-Int. 1995, 752; Zhou, Neue Rechtsprechung gegen unlauteren Wettbewerb und Markenpiraterie in der VR China, GRUR-Int. 2009, 201.

4.3   Ab dem 1.1.2018 gilt das Gesetz gegen den unlauteren Wettbewerb v. 4.11.2017 (dazu Chai GRUR-Int. 2018, 636; Cammerer WRP 2018, 1160). Es trat an die Stelle des Gesetzes vom 2.9.1993 (deutsche Übersetzung in GRUR-Int. 1994, 1001). Es enthält in Art. 2 chinUWG eine Generalklausel und in den Art. 6 und 8 chinUWG Einzeltatbestände, wie die Verwendung von verwechslungsfähigen Bezeichnungen, irreführende falsche Angaben auf der Ware oder in der Werbung. In Art. 12 chinUWG ist eine spezielle Regelung zu Internet-Aktivitäten von Unternehmen enthalten. – Zum MarkenG der VR China vgl. GRUR-Int. 2002, 489; Blasek, Markenrecht in der Volksrepublik China, 2007.

D. Dänemark

Schrifttum: Eckhardt-Hansen in Schotthöfer (Hrsg.), Handbuch des Werberechts in den EU-Staaten, 1997, Dänemark, S 147; Kur in Schricker (Hrsg.), Recht der Werbung in Europa, 1995 ff., Bd. I, Dänemark, 1998; Lettl, Der lauterkeitsrechtliche Schutz vor irreführender Werbung in Europa, 2004; Madsen, Markedsret, Teil 2, 6. Aufl. 2015; Reinel, Wettbewerbsrecht in Dänemark, WRP 1990, 92.

4.4   Der unlautere Wettbewerb in Dänemark wird durch das „Lov om markedsføring" v. 17.12.2013 (Marktverhaltensgesetz) geregelt. Dieses enthält in § 1 eine Generalklausel, in § 3 ein Verbot irreführender Werbung und in den §§ 4 ff. verschiedene Einzeltatbestände. Die Umsetzung der UGP-RL erfolgte durch ein Änderungsgesetz (Lov om ændring af lov om markedsføring). Die Änderungen traten am 1.12.2007 in Kraft.

E. Finnland

Schrifttum: Castren, EU-Suomen markkinaoikeus, 1997; Erme, Markkinointioikeus, 1990; Fahlund/Salmi in Schotthöfer (Hrsg.), Handbuch des Werberechts in den EU-Staaten, 1997, Finnland, S. 217; Kaulamo in Schricker (Hrsg.), Recht der Werbung in Europa, 1995 ff., Bd. I, Finnland, 2002; Kaulamo, Probleme des finnischen Wettbewerbs- und Marketingrechts, 2004; Kocher, Ungenügende Harmonisierung im Bereich der irreführenden Werbung am Beispiel der finnischen Rechtsprechung über Tiefstpreisgarantien, GRUR-Int. 2002, 707; Koivuhovi, Das Wettbewerbsrecht in Finnland, in Heidelberger Kommentar, IV Finnland, S. 705; Kur, Neuere Entwicklungen im Verbraucherschutzrecht der skandinavischen Länder, GRUR-Int. 1979, 510; Lettl, Der lauterkeitsrechtliche Schutz vor irreführender Werbung in Europa, 2004.

4.5   Sowohl das Gesetz über unlauteres Verhalten im Geschäftsverkehr (SopMenL = „Laki sopimattomasta menettelystä elinkeinotoiminnassa") v. 22.12.1978 als auch das Verbraucherschutzgesetz (KS L = „Kuluttajansuojalaki") v. 20.1.1978 enthalten Vorschriften gegen den unlauteren Wettbewerb. Dabei wird das Verhältnis zwischen Gewerbetreibenden in Ersterem, das Verhältnis zwischen Gewerbetreibenden und Verbrauchern in Letzterem geregelt. Inhaltlich sind die Vorschriften jedoch weitgehend gleich. Sie enthalten eine Generalklausel und verschiedene Einzeltatbestände. Das SopMenL wendet sich gegen Verstöße gegen die guten Sitten oder unlautere Handlungen gegenüber Gewerbetreibenden. Das KS L knüpft an die guten Sitten sowie die Interessen der Verbraucher an. Darin wurde auch die **UGP-RL** umgesetzt. Für die Überwachung von Verstößen gegen das Verbraucherschutzgesetz ist ein Ombudsmann für Verbraucherschutz zuständig, während die Gewerbetreibenden untereinander auf Privatklagen vor dem Marktordnungsgericht angewiesen bleiben. Neben diesen gesetzlichen Regelungen behält die Selbstkontrolle der Gewerbetreibenden, insbes. durch die Handelskammer, große Bedeutung.

F. Frankreich

Schrifttum: Baudenbacher/Klauer, Der Tatbestand der „concurrence déloyale" des französischen Rechts und der Vertrieb selektiv gebundener Ware durch einen Außenseiter, GRUR-Int. 1991, 799; Buydens, Produktpiraterie und unlauterer Wettbewerb – Die Situation in Belgien und Frankreich mit Hinweisen auf die Rechtslage in Deutschland, GRUR-Int. 1995, 15; Chouchuana/Ehlers, Das Wettbewerbsrecht in Frankreich, in Heidelberger Kommentar zum UWG, 2000, Länderbericht Frankreich, S. 711; Dehlfing, Das Recht der irreführenden Werbung in Deutschland, Großbritannien und Frankreich, 1999; Dreier/v. Lewinski in Schricker (Hrsg.), Recht der Werbung in Europa, 1995 ff., Bd. I, Frankreich, 1995; Ebenroth, Französisches Wettbewerbs- und Kartellrecht im Markt der Europäischen Union, 1995; Fischer, Das französische Rechtsschutzsystem gegen irreführende Werbung im Vergleich mit dem deutschen Recht, 1998; Großerichter/Regeade, Französische Gesetzgebung und Rechtsprechung zum Handels- und Wirtschaftsrecht im Jahr 2001, RIW 2002, 866; Heuer, Der Code de la consommation, 2002; Langer, Das französische Wettbewerbsrecht, WRP 1991, 11; Lettl, Der lauterkeitsrechtliche Schutz vor irreführender Werbung in Europa, 2004; Lewinski in Schricker (Hrsg.), Recht der Werbung in Europa, Bd. I, Frankreich, 1995; Lucas-Schoetter, Länderbericht Frankreich, in Schmidt-Kessel/Schubmehl, Lauterkeitsrecht in Europa, 2011, 237; Ludwig, Irreführende und vergleichende Werbung in der Europäischen Gemeinschaft, 1993; Puttfarken/Franke, Die action civile der Verbände in Frankreich, in Basedow/Hopt/Kötz/Baetge (Hrsg.), Die Bündelung gleichgerichteter Interessen im Prozeß: Verbandsklage und Gruppenklage, 1999, 149; Ranke in Schotthöfer (Hrsg.), Handbuch des Werberechts in den EU-Staaten, 1997, Frankreich, S. 245; v. Sachsen Gessaphe, Das kränkelnde deutsche Adhäsionsverfahren und sein französischer Widerpart der action civile, ZZP 1999, 3; Schlötter, Der Schutz von Betriebs- und Geschäftsgeheimnissen und die Abwerbung von Arbeitnehmern, 1997; Schmidt-Szalewski, Der Unterschied zwischen der Klage wegen Verletzung gewerblicher Schutzrechte und der Wettbewerbsklage in der französischen Rechtsprechung, GRUR-Int. 1997, 1; Schricker, Die Bekämpfung der irreführenden Werbung in den Mitgliedstaaten der EG, GRUR-Int. 1990, 112; Sonnenberger, Betrachtungen zur Methodik des französischen Wettbewerbsrechts am Beispiel der résponsabilité, FS Köhler, 2014, 673; Sonnenberger/Dammann, Französisches Handels- und Wirtschaftsrecht, 3. Aufl. 2008; Stadelmann, Die Entwicklung der kritisierenden vergleichenden Werbung in Deutschland und in Frankreich, 1999; Szönyi, Das französische Werbe- und Verbraucherrecht, GRUR-Int. 1996, 83; Szönyi, Die Neufassung des Kartell- und Wettbewerbsrechts in Frankreich, GRUR-Int. 2002, 105; Thiébart in Campbell (Hrsg.), Unfair Trading Practices, 1997, France, S. 91; Victor-Granzer in Heidelberger Kommentar zum Wettbewerbsrecht, Frankreich, 2004, S. 871; Vogel, Französisches Wettbewerbs- und Kartellrecht, 2003; Witz/Wolter, Das neue französische Verbrauchergesetzbuch, ZEuP 1995, 33.

Grundlagen des eher unübersichtlichen französischen Lauterkeitsrechts sind die Art. 1382 und **4.6** 1383 Code Civil. Die Generalklausel des Art. 1382 Code Civil lautet: „Tout fait quelconque de l'homme, qui cause à autrui un dommage, oblige celui par la faute duquel il est arrivé, à le réparer." Es handelt sich dabei um eine Blankettnorm von ähnlicher Allgemeinheit wie § 3 UWG oder § 826 BGB. In Frankreich gibt es somit kein besonderes Gesetz gegen den unlauteren Wettbewerb.

Auf den deliktischen Generalklauseln hat sich ein umfangreiches Richterrecht aufgebaut. **4.6a** Gemeinhin werden innerhalb der Generalklausel vier Fallgruppen unlauteren Verhaltens unterschieden: **(1)** Herabsetzung eines Mitbewerbers (dénigrement); **(2)** Irreführung (confusion); **(3)** Rufausbeutung (parasitisme); **(4)** Störung des Konkurrenzunternehmens (désorganisation de l'entreprise rivale) oder des Marktes (désorganisation du marché). Hinzu kommen Verstöße gegen spezialgesetzliche Verbotstatbestände (concurrence interdite). Der Verbraucherschutz wird durch den Code de la Consommation (Gesetz Nr. 93–494 v. 26.7.1993) geregelt. In Titel II des Code de la Consommation v. 26.7.1993 sind bestimmte Handelspraktiken aufgeführt, die per se als wettbewerbswidrig angesehen werden. Dazu gehören ua Verkaufs- und Dienstleistungsverweigerung, Koppelungsgeschäfte, Verkauf unbestellter Waren, „Schneeballsysteme" und der Missbrauch von Schwächen und Unerfahrenheit. Diese Regelungen bleiben jedoch lückenhaft, so dass nach wie vor auf den CC zurückgegriffen werden muss (vgl. Szönyi GRUR-Int. 1996, 83 (86)). Zugaben sind grundsätzlich nicht erlaubt, wohl aber Rabatte (vgl. Bodewig/Henning-Bodewig WRP 2001, 1341 (1349)). Der Verkauf unter Einstandspreis (vente à perte) ist grds. untersagt. Das Verhältnis von Industrie und Handel, insbes. die missbräuchliche Ausnutzung von Nachfragemacht, ist in Art. L 410-1–Art. L 470-8 Code de Commerce durch die Loi relative aux nouvelles regulations economiques v. 15.5.2001 geregelt. Als wirtschaftspolitisches Gesetz ist außerdem noch das Loi de Modernisation de l'Economie v. 4.8.2008 (Loi n 2008-776) zu nennen. – Bei Wettbewerbsverstößen kann neben Schadensersatz (dommages-intérets) auch Unterlassung (cessation) und Beseitigung verlangt werden. Einstweiliger Rechtsschutz ist möglich gemäß Art. 809 NCPC iVm Art. 873 NCPC. Die Umsetzung der **UGP-RL** erfolgte in dem **Code de la Consommation** durch Gesetz v. 3.1.2008 (Loi n 2008-3 pour le développement de la concurrence au service des consommateurs). Eine Neuregelung erfolgte durch Code de la Consommation – Ordonnance no 2016-301 v. 14.3.2016, zuletzt geändert durch modification v. 19.7.2019. Die Ermittlungen erfolgen durch Behörden, häufig nach Hinweisen Dritter.

G. Griechenland

Schrifttum: Alexandridou, Consumer Protection Act of 1994, GRUR-Int. 1996, 400; Alexandridou, Die gesetzgeberische Entwicklung des Verbraucherschutz- und Wettbewerbsrechts in Griechenland, GRUR-Int. 1992, 1209; Alexandridou, Die Liberalisierung des griechischen Lauterkeitsrechts im Rahmen der europäischen Rechtsangleichung, 2007; Cocalis in Campbell (Hrsg.), Unfair Trading Practices, 1997, Greece, S. 123; Fasouli, Die Richtlinie über unlautere Geschäftspraktiken und ihre Umsetzung in Griechenland, 2014; Gouga, Länderbericht Griechenland, in Schmidt-Kessel/Schubmehl, Lauterkeitsrecht in Europa, 2011, 323; Koutsonassios, Das Wettbewerbsrecht in Griechenland, in Heidelberger Kommentar zum UWG, 2000, IV Griechenland, S. 715; Lettl, Der lauterkeitsrechtliche Schutz vor irreführender Werbung in Europa, 2004;

Muchtaris in Schotthöfer (Hrsg.), Handbuch des Werberechts in den EU-Staaten, 1997, Griechenland, S. 303; Papathoma-Baetge, Die Verbandsklage im griechischen Recht, in Basedow/Hopt/Kötz/Baetge (Hrsg.), Die Bündelung gleichgerichteter Interessen im Prozeß: Verbandsklage und Gruppenklage, 1999, 187; Selekos, Die Preisunterbietung als Mittel des unlauteren Wettbewerbs nach griechischem Recht, GRUR-Int. 1994, 121; Ulmer/Beier/Schricker/Alexandridou, Das Recht des unlauteren Wettbewerbs in den Mitgliedstaaten der EWG, Bd. VII, Griechenland, 1994.

4.7   Das griechische Lauterkeitsrecht ist zweispurig angelegt: Das Gesetz Nr. 146/1914 über den unlauteren Wettbewerb v. 21.1.1914 schützt die Mitbewerber vor unlauteren Wettbewerbshandlungen (und allenfalls reflexartig die Verbraucher). Es ähnelt dem deutschen UWG, was sich insbes. in den Generalklauseln der Art. 1 und 3 griechUWG zeigt. Rundfunk- und Fernsehwerbung werden gesondert erfasst durch das Präsidialdekret Nr. 1730/87. Das Verbraucherschutzgesetz Nr. 2251/1994 v. 16.11.1994 (GRUR-Int. 1995, 894) bezweckt, „die Gesundheit und Sicherheit des Verbrauchers zu gewährleisten und ihre wirtschaftlichen Interessen zu schützen". In Art. 9 griechUWG werden die unlautere, irreführende, vergleichende und direkte Werbung geregelt. Die Werbung mit Zugaben ist nicht generell untersagt. Auch für Griechenland gilt das Gebot der Gesetzesauslegung im Lichte der Richtlinie über unlautere Geschäftspraktiken. Die Umsetzung der **UGP-RL** erfolgte durch Änderung des Gesetzes Nr. 2251/1994.

H. Großbritannien

Schrifttum: Arnold, English Unfair Competition Law, IIC 2013, 63; Carty, Registered Trade Marks and Permissable Comparative Advertising, Vol. 24 EIPR 2002, 294; Davis in Henning-Bodewig (Hrsg.), International Handbook on Unfair Competition Law, 2013, 591; Davis, Why the United Kingdom should have a law against misappropriation, Vol. 69 CLJ 2010, 561; Dehlfing, Das Recht der irreführenden Werbung in Deutschland, Großbritannien und Frankreich, 1999; Eckel, Markenrechtliche Zulässigkeit vergleichender Werbung in Deutschland und Großbritannien, GRUR-Int. 2015, 438; Eckel, A common approach for Collective Redress in Antitrust and Unfair Competition: A comparison between the EU, Germany and the United Kingdom, IIC 2015, Heft 9; Eckel, Grenzen der Rechtsdurchsetzung durch materiell-rechtliche Harmonisierung, EuZW 2015, 418; Eckel, Die Kohärenz der Harmonisierung von irreführender vergleichender Werbung in Deutschland und England, 2015; Engel, Grenzen des Direktmarketing aus europarechtlicher, rechtsvergleichender und wettbewerbsrechtlicher Sicht, 2000; Fröndhoff, Die Inhaltsbeschränkungen irreführender und vergleichender Werbung in England und Deutschland im Vergleich, 2002; Guthy, Die Umsetzung der Richtlinie 2005/29/EG in Deutschland und Großbritannien, 2012; Haesen, Der Schutz gegen den unlauteren Wettbewerb in Deutschland und England vor dem Hintergrund fortschreitender europäischer Harmonisierung, 2014; Jergolla, Der neue British Code of Advertising, Sales Promotion and Direct Marketing, WRP 2003, 606; Jergolla, Die britische Werbeselbstkontrolle anhand des Advertising Code – eine Gegenüberstellung mit der Rechtslage in Deutschland, WRP 2003, 431; Jergolla, Die Werbeselbstkontrolle in Großbritannien, 2003; Kilian, Direktmarketing in Großbritannien nach der Umsetzung der EU-Richtlinie 97/66, GRUR-Int. 2000, 198; Lettl, Der lauterkeitsrechtliche Schutz vor irreführender Werbung in Europa, 2004; Mountstephens, Das Markenrecht in Großbritannien und Nordirland, 2003; Mountstephens/Ohly in Schricker/Bastian/Knaak (Hrsg.), Gemeinschaftsmarke und Recht der EU-Mitgliedstaaten, 2006, S. 616; Vereinigtes Königreich von Großbritannien; Müller, Länderbericht England, in Schmidt-Kessel/Schubmehl, Lauterkeitsrecht in Europa, 2011, 163; Obermair, Der Schutz des Verbrauchers vor unlauterer Werbung in Deutschland und Großbritannien, 2005; Ohly, Die vergleichende Werbung im britischen Recht, GRUR-Int. 1993, 730; Ohly, Generalklausel und Richterrecht, AcP 201 (2001), 1; Ohly in Schricker (Hrsg.), Recht der Werbung in Europa, 1995 ff., Bd. II, Vereinigtes Königreich von Großbritannien, 1995; Ohly, Richterrecht und Generalklausel im Recht des unlauteren Wettbewerbs, 1997; Ohly/Spence, Vergleichende Werbung: Die Auslegung der Richtlinie 97/55/EG in Deutschland und Großbritannien, GRUR-Int. 1999, 681; Schricker, Die Bekämpfung der irreführenden Werbung in den Mitgliedstaaten der EG, GRUR-Int. 1990, 112; de Vrey, Towards a European Unfair Competition Law, 2006; Wadlow, The Law of Passing-off. Unfair Competition by Misrepresentation, 4. Aufl. 2011; Wußmuß, Wettbewerbsrecht und Verbraucherschutz in England, 2014.

4.8   Lange Zeit kam die englische Rspr., abgesehen vom Markenschutz, der durch den Trade Marks Act (1994) geordnet ist, ohne ein Gesetz gegen unerlaubten Wettbewerb aus. Auch der Begriff „unfair competition" wurde kaum verwendet. Auf Grund entsprechender Richtlinien des Europarechts (Werbe-RL; UGL-RL) wurden jedoch die Business Protection from Misleading Marketing Regulations 2008 und die Consumer Protection from Unfair Trading Regulations 2008 bzw. 2014 (Amendment) erlassen, welche überwiegend verwaltungsrechtlich durch die Competition and Markets Authority (CMA) durchgesetzt werden. Die Rechtslage im Bereich Business-to-Business (B2B) ist dagegen noch sehr unübersichtlich. Nach allgemeinem Deliktsrecht kann ein Mitbewerber insbes. mit der passing-off-Klage vorgehen, die umfassend gegen das

Hervorrufen einer Verwechslungsgefahr im geschäftlichen Verkehr schützt (vgl. Erven Warnink v. Townend & Sons GRUR-Int. 1980, 120; Reckitt & Colman v. Borden GRUR-Int. 1991, 142; British Telecommunications v. One In A Million GRUR-Int. 1999, 551; Irvine v. Talksport GRUR-Int. 2003, 255). Mit der injurious-falsehood-Klage kann er gegen vorsätzlich oder grob fahrlässig aufgestellte schädigende Falschangaben vorgehen. Zur Bekämpfung aller Arten von Anschwärzung des Mitbewerbers und der Herabsetzung seiner Waren dienen die Klagen aus slander oder libel of title und slander oder libel of goods. Hinzu kommen einige Spezialgesetze mit Bezug zum Wettbewerbsrecht, etwa der Trade Descriptions Act 1968, der Unsolicited Goods and Services Act 1971, der Fair Trading Act 1973, der Consumer Credit Act 2006, der Financial Services Act 2012 und der Consumer Protection Act 1987. Verbraucher können vor Zivilgerichten gegen Verletzung der Consumer Protection from Unfair Trading Practices (Amendment) Regulations vorgehen. – Von großer praktischer Bedeutung für die Rechtsdurchsetzung ist die **Selbstkontrolle** der Werbewirtschaft (insbes. durch die Advertising Standard Authority) anhand von Verhaltenskodizes. Dazu gehören der British Code of Advertising, Sales Promotion and Direct Marketing sowie der Radio Advertising Standard Code und der Television Advertising Standard Code. Zu den Sanktionen gehört die öffentliche Bekanntgabe von Verstößen.

I. Irland

Schrifttum: Bodewig, Unlauterer Wettbewerb in Irland, GRUR-Int. 2004, 827; Conrads-Hassel, Das Wettbewerbsrecht in der Republik Irland, WRP 1990, 223; Grehan in Schotthöfer (Hrsg.), Handbuch des Werberechts in den EU-Staaten, 1997, Irland, S. 367.

Die Rechtslage ist der in Großbritannien dahingehend vergleichbar, als es an einer wett- **4.9** bewerbsrechtlichen Gesamtkodifikation fehlt und so eine Regulierung nur über case law und einige Spezialregelungen erfolgt. Wichtigste Rechtssetzungsakte sind der Consumer Protection Act 2007 sowie die European Communities (Misleading and Comparative Marketing Communications) Regulations 2008. Die Durchsetzung erfolgt überwiegend administrativ durch die Competition and Consumer Protection Commission. In der Praxis steht die seitens der Advertising Standards Authority for Ireland (ASAI) überwachte Selbstkontrolle nach dem Code of Standards for Advertising, Promotional and Direct Marketing in Ireland (7. Aufl. ab 1.3.2016) im Vordergrund.

J. Italien

Schrifttum: Bastian, Länderbericht Italien, in Schmidt-Kessel/Schubmehl, Lauterkeitsrecht in Europa, 2011, 355; De Franceschi, Unlautere Geschäftspraktiken und Luftbeförderungsverträge: Der Fall Ryanair und die Leitlinien der italienischen Rechtsprechung, euvr 2012, 41; Engel, Grenzen des Direktmarketing aus europarechtlicher, rechtsvergleichender und wettbewerbsrechtlicher Sicht, 2000; Fabbio, Die Umsetzung der Richtlinie 98/71/EG über den rechtlichen Schutz von Mustern und Modellen in Italien, GRUR-Int. 2002, 914; Fauceglia, Die Werbesendung im neuen italienischen Rundfunkgesetz, GRUR-Int. 1992, 271; Francetti in Campbell (Hrsg.), Unfair Trading Practices, 1997, Italy, S. 209; Hofer/Lösch/Torricelli/Genta in Schotthöfer (Hrsg.), Handbuch des Werberechts in den EU-Staaten, 1997, Italien, S. 389; Kindler, Italienisches Handels- und Wirtschaftsrecht, 2002; Lehmann, Werbeselbstkontrolle in Italien und Deutschland – Vor- und Nachteile der Systeme freiwilliger Selbstregulierung im Vergleich, GRUR-Int. 2006, 123; Lettl, Der lauterkeitsrechtliche Schutz vor irreführender Werbung in Europa, 2004; Liuzzo, Prozessuale Aspekte des italienischen Werberechts, GRUR-Int. 1992, 559; Omodeí-Salé, Der neue italienische Codice del consumo: Echte Kodifikation oder reine Kompilation?, ZEuP 2007, 785; Preussler, Das Wettbewerbsrecht in Italien, in Heidelberger Kommentar zum UWG, 2000, IV Italien, S. 727; Schaltenberg, Die Bekämpfung irreführender und unlauterer Werbung in Italien, 1988; Schellenberg/Cavezza, Die Verfolgung von Vertriebsbindungen im italienischen Recht, WRP 1997, 697; Schricker, Die Bekämpfung der irreführenden Werbung in den Mitgliedstaaten der EG, GRUR-Int. 1990, 116; Schulz, Das Recht des unlauteren Wettbewerbs in Italien, WRP 1991, 556; Somariello, Vergleichende und irreführende Werbung in Italien nach Umsetzung der Richtlinie 97/55/EG, GRUR-Int. 2003, 29; Ulmer/Schricker, Das Recht des unlauteren Wettbewerbs in den Mitgliedstaaten der EWG, Band V, Italien, 1965.

Den Schutz gegen unlauteren Wettbewerb (della concorrenza sleale) gewähren **4.10** **Art. 2598–2601 Codice Civile.** Zentrale Norm ist Art. 2598 CC, der in drei Einzeltatbestände und eine Generalklausel mit ergänzender Funktion gegliedert ist. Nr. 1 regelt das Hervorrufen einer Verwechslungsgefahr (confusione) durch Benutzung von Namen oder Unterscheidungszeichen, durch sklavische Nachahmung der Erzeugnisse eines Wettbewerbers (imitazione servile) und durch Verwendung anderer Mittel. Nr. 2 regelt die Anschwärzung (denigrazione) und die Anmaßung von Vorzügen (appropiazione di pregi). Die Generalklausel in Nr. 3 verbietet alle Handlungen, die gegen die Grundsätze der beruflichen Korrektheit verstoßen und geeignet sind, das Unternehmen eines anderen zu schädigen. Diese Generalklausel greift jedoch nur ergänzend ein, wenn keiner der Einzeltatbestände des Art. 2598 Nr. 1 und 2 CC erfüllt ist (Corte di Appello di Milano GRUR-Int. 1961, 200 Nr. 607). – Zugaben und Rabatte sind erlaubt, dürfen aber nicht irreführen. – Durch VO 74/1992 (GRUR-Int. 1992, 479) ist die RL 84/450 EWG über irreführende Werbung, durch VO 67/2000 (GRUR-Int. 2003, 51) die RL über vergleichende Werbung umgesetzt worden (dazu Somariello GRUR-Int. 2003, 29). Das italienische Lauterkeitsrecht stand lange Zeit im Zeichen des Mitbewerberschutzes, der Verbraucherschutzaspekt war noch unterentwickelt. Das änderte sich mit Erlass des **Codice del Consumo** vom 6.9.2005, das durch den Decreto Legislativo Nr. 146 v. 2.8.2007, der die **UGP-RL** umsetzte, ergänzt. Verbraucher und Verbraucherverbände waren jedoch bei irreführender und unzulässiger vergleichender Werbung auf Grund der VO Nr. 74 v. 25.1.1992 bereits klagebefugt. – Die Rechtsdurchsetzung, einschließlich der einstweiligen Verfügung (Art. 700 c. p. c.), erfolgt durch Anrufung der ordentlichen Gerichte. Für die Praxis von Bedeutung ist die freiwillige Selbstkontrolle nach dem „**Codice di Autodisciplina Pubblicitaria**". – Im Bereich der irreführenden und vergleichenden Werbung ist die **Autorità Garante della Concorrenza e del Mercato** zuständig; die freiwillige Selbstkontrolle wird durch die Giuri wahrgenommen. Inwieweit das durch das Gesetz Nr. 281 v. 30.6.1998 zur Regelung der Rechte der Verbraucher eingeführte Klagerecht der Verbraucherverbände gegen Verbraucherinteressen verletzende Handlungen auch unlautere Wettbewerbshandlungen iSd Art. 2598 GG erfasst, ist noch ungeklärt.

K. Luxemburg

Schrifttum: Birden, Das Wettbewerbsrecht in Luxemburg, in Heidelberger Kommentar, IV Luxemburg, S. 731; Emering, Das Recht des unlauteren Wettbewerbs in Luxemburg, WRP 1991, 72; Henning-Bodewig, Das Wettbewerbsrecht in Luxemburg, GRUR-Int. 1994, 809; Henning-Bodewig/Decker in Schricker (Hrsg.), Recht der Werbung in Europa, 1995 ff., Bd I, Luxemburg, 2002; Lettl, Der lauterkeitsrechtliche Schutz vor irreführender Werbung in Europa, 2004.

4.11   Die Rechtsgrundlage für den Schutz gegen unlauteren Wettbewerb bietet das Gesetz v. 27.11.1986 über bes. Gepflogenheiten im Handel und Maßnahmen gegen den unlauteren Wettbewerb (GRUR-Int. 1988, 768). Das Gesetz trat am 1.12.1986 in Kraft und wurde geändert durch Gesetz v. 14.5.1992 (GRUR-Int. 1994, 144) sowie – in Umsetzung der Irreführungsrichtlinie – das Gesetz v. 16.8.2002. Das am 14.8.2000 verabschiedete Gesetz zum „commerce électronique" hat in Art. 48 die Regelung des Art. 7 der Richtlinie über den elektronischen Geschäftsverkehr zu den nicht angeforderten kommerziellen Kommunikationen übernommen (GRUR-Int. 2001, 371). Das luxemburgische Handelspraktikengesetz definiert den unlauteren Wettbewerb in einer Generalklausel und verschiedenen Einzeltatbeständen. Es ist ähnlich streng wie das deutsche, allerdings wesentlich mehr als Strafgesetz konzipiert. Nach Art. 14 begeht eine Handlung unlauteren Wettbewerbs jeder Kaufmann, Gewerbetreibende oder Handwerker, der durch eine Handlung, die entweder gegen die anständigen Gebräuche auf kaufmännischem oder gewerblichem Gebiet oder aber gegen eine vertragliche Verpflichtung verstößt, seinen Konkurrenten oder einem von ihnen einen Teil ihrer Kunden wegnimmt oder wegzunehmen versucht oder ihre Wettbewerbsfähigkeit angreift oder anzugreifen versucht. Schadensersatzansprüche für den Konkurrenten können sich nur aus Art. 1382f Code Civil ergeben. – Die **UGP-RL** wurde im Code de la Consommation v. 8.4.2011 umgesetzt, zuletzt geändert durch Gesetz v. 23.12.2016 (Mémorial A-302 v. 28.12.2016).

L. Niederlande

Schrifttum: Adam-van Straaten/Varela, Passing off is gaining grounds in the Netherlands – Dutch slavish imitation doctrine, GRUR Int 2018, 423; Frenk/Boele-Woelki, Die Verbandsklage in den Niederlanden, in Basedow/Hopt/Kötz/Baetge (Hrsg.), Die Bündelung gleichgerichteter Interessen im Prozeß: Verbandsklage und Gruppenklage, 1999, 213; Henning-Bodewig, Das neue (alte) Recht des unlauteren Wettbewerbs der Niederlande, GRUR-Int. 1993, 126; Henning-Bodewig/Quaedvlieg/Verkade in Schricker (Hrsg.), Recht der Werbung in Europa, 1995 ff., Bd. II, Niederlande, 1995; Lettl, Der lauterkeitsrechtliche Schutz vor irreführender Werbung in Europa, 2004; Mehring, Das Recht des unlauteren Wettbewerbs in den Nieder-

landen, WRP 1990, 477; Nillessen/v. d. Zandt in Campbell (Hrsg.), Unfair Trading Practices, 1997, The Netherlands, S. 251; Quaedvlieg, Leistungsschutz in den Niederlanden, GRUR-Int. 1997, 971; Ribbink in Schotthöfer (Hrsg.), Handbuch des Werberechts in den EU-Staaten, 1997, Niederlande, S. 445; van Veen, Das Wettbewerbsrecht in den Niederlanden, in Heidelberger Kommentar zum UWG, 2000, IV Niederlande, S. 735.

Vgl. die eingehende Darstellung bei Harte-Bavendamm/Henning-Bodewig/Henning-Bode-   **4.12** wig Einl. F XVI Rn. 883–892. Ein umfassendes Spezialgesetz gegen unlauteren Wettbewerb existiert nicht. Im Mittelpunkt steht die nunmehr auf das B2B-Verhältnis beschränkte delikts-rechtliche Generalklausel in Art. 6:162 BW des am 1.1.1992 in Kraft getretenen neuen Burger-lijk Wetboek (Bürgerliches Gesetzbuch). Die **UGP-RL** wurde durch die neu eingefügten Art. 6:193a–j BW gemäß dem Anpassungsgesetz v. 25.9.2008 umgesetzt. Die bisherigen Vor-schriften über irreführende Werbung in Art. 6:194–196 BW gelten nach der Umsetzung noch im B2B-Verhältnis. Flankierend gilt das Täuschungsverbot gem. Art. 328bis Wetboek van Straf-recht (Strafgesetzbuch). Die wettbewerbsrechtlichen Straftatbestände stellen Schutzgesetze für Unterlassungs- und Schadensersatzklagen der geschädigten Mitbewerber dar. Zur Bekämpfung der irreführenden Werbung ist das Institut der Verbandsklage eingeführt worden. Die Zugabe-regelung von 1977 (Wet beperking Cadeaustelsel) wurde 1997 aufgehoben; Rabatte und Zu-gaben sind grds. zulässig. Für die Praxis bedeutsam ist die Selbstkontrolle insbes. im Bereich der Werbung („Nederlands Reclame Code"). Die vergleichende Werbung ist in Art. 6:194a ff. BW geregelt. Die kollektiven Interessen der Verbraucher werden durch die Consumentenautorität wahrgenommen.

M. Österreich

Schrifttum: Alexander, Die „Schwarze Liste" der UGP-Richtlinie und ihre Umsetzung in Deutschland und Österreich, GRUR-Int. 2010, 1025; Alexander, Die Umsetzung von Art. 7 der Richtlinie 2005/29/EG über unlautere Geschäftspraktiken in Deutschland und Österreich, GRUR-Int. 2012, 1; Fehringer/Freund, Die Umsetzung der RL über unlautere Geschäftspraktiken in das UWG, MR 2007, 115; Fitz/Gamerith, Wettbewerbsrecht, 2000; Gamerith, Der Richtlinienvorschlag über unlautere Geschäftspraktiken – Möglich-keiten einer harmonischen Umsetzung in die nationale Rechtsordnung, WRP 2005, 391; Gamerith, Wett-bewerbsrecht I, 2008; Griss/Wiebe, UWG, 2009; Gumpoldsberger/Baumann, UWG, 2006; Harrer, Die Aktivlegitimation des Verbrauchers im Lauterkeitsrecht, ÖBl 2012, 100; Koppensteiner, Österreichisches und europäisches Wettbewerbsrecht, 3. Aufl.1997; Koppensteiner, Das UWG nach der Novelle 2007, in Augen-hofer (Hrsg.), Die Europäisierung des Kartell- und Lauterkeitsrechts, 2009, 85; Kucsko, Österreichisches und europäisches Wettbewerbs-, Marken-, Muster- und Patentrecht, 1995; Lettl, Der lauterkeitsrechtliche Schutz vor irreführender Werbung in Europa, 2004; Paiser/Kusznier/Pöchhacker, Länderbericht Österreich, in Schmidt-Kessel/Schubmehl, Lauterkeitsrecht in Europa, 2011, 433; Pöch in Campbell (Hrsg.), Unfair Trading Practices, 1997, Austria, S. 1; Schuhmacher, Die UWG-Novelle 2007, wbl 2007, 557; Schuhmacher, Das Ende der österreichischen per-se-Verbote von „Geschäftspraktiken" gegenüber Verbrauchern, wbl 2011, 612; Seidelberger, UWG in Österreich und Deutschland, FS 100 Jahre Wettbewerbszentrale, 2012, 165; Wiebe/Kodek, UWG online; Wiltschek/Majchrzak, Wettbewerbs- und Markenrecht in Österreich, WRP 2008, 987; WRP 2009, 875; WRP 2010, 963; WRP 2011, 994; WRP 2012, 893; WRP 2013, 1004, 1137; WRP 2014, 926; WRP 2014, 1024; WRP 2015, 957; WRP 2015, 1068; WRP 2016, 1082; WRP 2017, 909; WRP 2018, 917; WRP 2019, 972; WRP 2019, 1129; WRP 2020, 1137, 1271; WRP 2021, 1259, 1406; WRP 2023, 910, 1047; Wiltschek/Horak UWG, 8. Aufl. 2016.

Das **östUWG** ist in weiten Teilen dem deutschen UWG von 1909 ähnlich, insgesamt aber   **4.13** sehr viel detaillierter und damit auch engmaschiger angelegt. In der **UWG-Novelle 2007** v. 17.10.2007 (BGBl. 2007 I 79), in Kraft getreten am 12.12.2007, wurde die Richtlinie 2005/29/ EG über unlautere Geschäftspraktiken weitgehend detailgetreu umgesetzt (dazu Schuhmacher wbl 2007, 557). Der 1. Abschnitt enthält zivil- und strafrechtliche Bestimmungen. In den §§ 1–12 östUWG werden unlautere Geschäftspraktiken geregelt. Am Anfang steht eine zweige-teilte Generalklausel, die sich einerseits an Art. 5 UGP-RL anlehnt, andererseits aber auch unlautere Handlungen zum Nachteil von Unternehmen (B2B) erfasst. Aggressive und irrefüh-rende Geschäftspraktiken sind in den §§ 1a und 2 östUWG beschrieben. Die vergleichende Werbung ist in § 2a östUWG geregelt. Die §§ 8 und 9 östUWG regeln den Schutz von geografischen Herkunftsangaben und von Unternehmenskennzeichen. Die Ausgabe von Ein-kaufsausweisen an Verbraucher wird durch § 9c östUWG untersagt. Den Schutz vor Bestechung und vor Verrat von Geschäftsgeheimnissen und Vorlagen gewährleisten die §§ 10–12. Daran schließen sich Regelungen der Rechtsfolgen an (§§ 14–26 östUWG). Der 2. Abschnitt enthält „Verwaltungsrechtliche Bestimmungen", insbes. über die Ankündigung von Ausverkäufen

(§§ 33a–33f östUWG). Eine Fülle von **Kennzeichnungsverordnungen** auf der Grundlage des § 32 östUWG reglementieren die Herstellung und den Handel mit Konsumgütern. Im Anh. ist die „Schwarze Liste" unter allen Umständen unlauterer Geschäftspraktiken wiedergegeben. – Die **UWG-Novelle 2015** v. 22.4.2015 (BGBl. I Nr. 49/2015) glich das bisherige UWG stärker an die UGP-RL an. Dies betrifft insbes. die Vorschriften über aggressive und irreführende Geschäftspraktiken (§ 1a II östUWG, § 2 IV, V östUW). – Die **UWG-Novelle 2018** v. 28.12.2018 (BGBl. I 109/2018) setzte die RL (EU) 2016/943 (Geheimnisschutz-RL) um. – Im Rahmen der Umsetzung des Art. 11a UGP-RL wurde in § 16 I östUWG auch der Schadensersatzanspruch der Verbraucher geregelt. – Zum östUWG tritt das **NahversorgungsG** hinzu, das in § 1 II NahversorgungsG ua das sog. Anzapfen von Lieferanten verbietet. Der Schutz der Marke ist im **MarkenschutzG**, der Schutz des freien Wettbewerbs im **KartellG** geregelt. – Die wettbewerbsrechtliche Praxis wird vornehmlich durch die Entscheidungen des OGH geprägt, die auch in Deutschland weithin Beachtung finden (umfangreiche Nachw. in den periodischen Rspr.-Berichten in der WRP; s. Schrifttum).

N. Polen

Schrifttum: Gralla, Polen: Gesetz über die Bekämpfung des unlauteren Wettbewerbs, WiRO 1993, 304; Kepinski, Geographische Bezeichnungen im polnischen Recht des gewerblichen Eigentums, GRUR-Int. 2003, 37; Metzlaff/Schröder, Das neue polnische Kartellrecht, GRUR-Int. 2002, 399; Nestoruk, Poland: The impact of the UGP-Direktive on National Contract and Tort-Law, EuGLM 2015, 198; Skubisz, Das Recht des unlauteren Wettbewerbs in Polen, GRUR-Int. 1994, 681; Szwaja, Die Genese der Generalklausel des neuen polnischen UWG, GRUR-Int. 1996, 484; Wiszniewska in Schricker (Hrsg.), Recht der Werbung in Europa, 1995 ff., Bd. II, Polen, 1999; Wiszniewska, Novellierung des polnischen Gesetzes zur Bekämpfung unlauteren Wettbewerbs, GRUR-Int. 2001, 213.

4.14   Im Prozess der Umwandlung der zentral gelenkten Wirtschaft in die Marktwirtschaft ist das polnische UWG v. 16.4.1993 (GRUR-Int. 1994, 148), novelliert durch Gesetz v. 16.3.2000 (GRUR-Int. 2001, 218), ua zwecks Anpassung an die Werbe-RL (GRUR-Int. 2001, 193), geändert durch Gesetz v. 5.7.2002 eine der Regelungen in Ost- und Mitteleuropa, die sich durch die eigenständige Regelung des Rechts gegen den unlauteren Wettbewerb am deutlichsten diesem in Mitteleuropa üblichen Regelungstypus anschließt. Das polnische UWG schützt den lauteren Wettbewerb im Interesse der Allgemeinheit, der Unternehmer und Kunden, insbes. der Verbraucher. Es enthält in Art. 3 polUWG eine dem deutschen § 1 UWG vergleichbare Generalklausel. Im 2. Kapitel (Art. 5–17 polUWG) werden einzelne unlautere Wettbewerbshandlungen aufgeführt (Irreführung; Verrat von Unternehmensgeheimnissen; Verleitung zum Vertragsbruch; Nachahmung; Verbreitung falscher Information; Behinderung und Boykott; unlautere Werbung). Im 3. Kapitel (Art. 18–22 polUWG) wird die zivilrechtliche Verantwortlichkeit (Ansprüche; Klageberechtigung; Verjährung; einstweilige Verfügung) geregelt, das 4. Kapitel (Art. 23–27 polUWG) enthält Strafvorschriften. Insgesamt sind starke Parallelen zum deutschen Recht des unlauteren Wettbewerbs festzustellen. Die Umsetzung der UGP-RL erfolgte durch Gesetz v. 23.9.2007 (Ustawa o przeciwdziałaniu nieuczciwym praktykom rynkowym).

O. Portugal

Schrifttum: Jalles/Dein in Schotthöfer (Hrsg.), Handbuch des Werberechts in den EU-Staaten, 1997, Portugal, S. 507; Lettl, Der lauterkeitsrechtliche Schutz vor irreführender Werbung in Europa, 2004; Maia, The implementation of Directive 2005/29/EU from the perspective of Portugues private law, EuGLM 2015, 204; Monteiro/Nogueira Serens/Maia/Herzog, Länderbericht Portugal, in Schmidt-Kessel/Schubmehl, Lauterkeitsrecht in Europa, 2011, 531; Oliveira Ascensão, Das Recht des unlauteren Wettbewerbs in den Mitgliedstaaten der Europäischen Wirtschaftsgemeinschaft, Bd. VIII, Portugal, 2005; Schricker, Einführung in das portugiesische Recht des unlauteren Wettbewerbs, GRUR-Int. 1994, 819.

4.15   Grundlage der Bekämpfung des unlauteren Wettbewerbs sind die Art. 317, 318, 331 Código da Propriedade Industrial v. 5.3.2003 (Gesetz über das gewerbliche Eigentum) sowie die Art. 11 und 16 des Código da Publicidade v. 23.10.1990 (Werbegesetz) idF von 2008, die die irreführende und vergleichende Werbung regeln. Die UGP-RL wurde umgesetzt durch Decreto-Lei n.º 57/2008 v. 26.3.2008.

P. Schweden

Schrifttum: Bernitz, Das neue schwedische Marktgesetz – insbesondere der Schutz von Gewerbetreibenden gegen Nachahmung, GRUR-Int. 1996, 433; Bernitz, Schwedisches Verbraucherschutzrecht, RabelsZ 40 (1976), 593; Deichsel, Verbraucherschutz in Lauterkeitsrecht in Skandinavien und Deutschland – Der verhältnismäßige Verbraucherschutz als Eingriffsmaßstab im nationalen und europäischen Lauterkeitsrecht, 2005; Dopffel/Scherpe, „Grupptalan" – Die Bündelung gleichgerichteter Interessen im schwedischen Recht, in Basedow/Hopt/Kötz/Baetge (Hrsg.), Die Bündelung gleichgerichteter Interessen im Prozeß: Verbandsklage und Gruppenklage, 1999, 429; Keßner, Täuschung durch Unterlassen – Informationspflichten in der Werbung, Rechtsvergleichende Untersuchung zum deutschen, schwedischen und dänischen Recht, 1986; Kur, Das Recht des unlauteren Wettbewerbs in Finnland, Norwegen und Schweden, GRUR-Int. 1996, 38; Kur, Die „geschlechtsdiskriminierende Werbung" im Recht der nordischen Länder, WRP 1995, 790; Kur in Schricker (Hrsg.), Recht der Werbung in Europa, 1995 ff., Bd. II, Schweden, 1995; Kur, Neuere Entwicklungen im Verbraucherschutzrecht der skandinavischen Länder, GRUR-Int. 1979, 510; Kur, Rundfunkwerbung in den nordischen Ländern, GRUR-Int. 1989, 368; Lettl, Der lauterkeitsrechtliche Schutz vor irreführender Werbung in Europa, 2004; Plogell in Schotthöfer (Hrsg.), Handbuch des Werberechts in den EU-Staaten, 1997, Schweden, 527; Treis, Recht des unlauteren Wettbewerbs und Marktvertriebsrecht in Schweden, 1991.

Die wichtigste Regelung ist das Marktvertriebsgesetz vom April 1995 (GRUR-Int. 1996, 37), **4.16** das am 1.1.1996 in Kraft getreten ist (Prop 1994/95: 123 Ny Marknadsföringslag). Es ermöglicht neben der primären Sanktion der Unterlassungsanordnung die Verhängung einer sog „Marktstörungsabgabe" in variabler Höhe bis zu 5 Mio. Skr. Daneben kann Schadensersatz eingeklagt werden, und zwar sowohl von Gewerbetreibenden als auch von Verbrauchern. Materiell enthält auch das neue schwedische Recht eine Generalklausel, daneben jedoch auch mehrere Einzeltatbestände, insbes. über irreführende Werbung, sonstige Irreführungen, Zugaben etc Die Umsetzung der UGP-RL erfolgte durch Änderung des Marktvertriebsgesetzes v. 5.6.2008 (Prop 2007/08: 115). Die Änderungen traten am 1.7.2008 in Kraft. Bei der Rechtsdurchsetzung kommt dem Konsumentenombudsmann eine zentrale Rolle zu.

Q. Schweiz

Schrifttum: Baudenbacher, Länderbericht Schweiz, in Schmidt-Kessel/Schubmehl (Hrsg.), Lauterkeitsrecht in Europa, 2011, 585; Das neue schweizerische UWG in der europäischen Rechtsentwicklung, 1988; Baudenbacher (Hrsg.), Das UWG auf neuer Grundlage, 1989; Baudenbacher (Hrsg.), Lauterkeitsrecht, 2001; v. Büren/David/Jacobs, Schweizerisches Immaterial- und Wettbewerbsrecht, Bd 5/1, Wettbewerbsrecht, 5. Aufl. 2012; v. Büren/Marbach/Ducrey, Immaterialgüter- und Wettbewerbsrecht, 3. Aufl. 2008; Fountoulakis, Tupperware-Parties und Co. – die wettbewerbsrechtliche Beurteilung des Vertriebs unter Einsatz von Laien, GRUR-Int. 2009, 979; Frick, Das neue schweizerische Markenrecht, RIW 1993, 372; Hilty/Arpagaus, Bundesgesetz gegen den unlauteren Wettbewerb (UWG), 2013; Hofer in Schotthöfer (Hrsg.), Handbuch des Werberechts in den EU-Staaten, 1997, Schweiz, S. 545; Jung/Spitz, Bundesgesetz gegen den unlauteren Wettbewerb (UWG), 2. Aufl. 2016.

Es gilt das BundesG gegen den unlauteren Wettbewerb (UWG) v. 19.12.1986 (Stand **4.17** 1.1.2021). Das Gesetz, das nach Art. 1 schweizUWG bezweckt, den lauteren und unverfälschten Wettbewerb im Interesse aller Beteiligten zu gewährleisten, stellt in Art. 2 schweizUWG eine Generalklausel auf. Danach ist unlauter und widerrechtlich jedes täuschende oder in anderer Weise gegen den Grundsatz von Treu und Glauben verstoßende Verhalten oder Geschäftsgebaren, welches das Verhältnis zwischen Mitbewerbern oder zwischen Anbietern und Abnehmern beeinflusst. Der Generalklausel ist ein 2011 aktualisierter Katalog einzelner Verbotstatbestände angeschlossen (Art. 3–8 schweizUWG). Die Klagebefugnis der Mitbewerber, Kunden und Verbände sowie des Bundes ist in den Art. 9 und 10 schweizUWG geregelt. – Der Markenschutz beruht auf dem MarkenschutzG v. 28.8.1992, das am 1.4.1993 in Kraft getreten ist (Frick RIW 1993, 372), und der MarkenschutzVO v. 23.12.1992 (BlPMZ 1993, 422 (429)). – Der Datenschutz ist im DatenschutzG (DSG), in der DatenschutzVO (DSV) und der VO über Datenschutzzertifizierungen (VDSZ) geregelt. Diese Regelung sind am 1.9.2023 in Kraft getreten (Bühlmann/Königseder K&R 2023, 39).

R. Slowakei

Schrifttum: Zajacova, Tschechisches und slowakisches Lauterkeitsrecht im Lichte der europäischen Rechtsangleichung, 2015.

4.18   Das Gesetz über Werbung (Nr. 147/2001 Gbl), in Kraft getreten am 1.5.2001, legt die Anforderungen an die Zulässigkeit der Werbung, insbes. für bestimmte Produktgruppen, fest und statuiert den Schutz von Verbrauchern und Unternehmern vor irreführender und unzulässiger vergleichender Werbung (deutsche Übersetzung in GRUR-Int. 2003, 714). Die UGP-RL wurde umgesetzt durch das Verbraucherschutzgesetz v. 9.5.2007 Nr. 250/2007).

S. Slowenien

Schrifttum: Krneta, Die Neuregelung des Wettbewerbsrechts in Slowenien, GRUR-Int. 1994, 289; Straus, Das Recht des unlauteren Wettbewerbs in Slowenien mit Hinweisen auf die Rechtslage in Kroatien, GRUR-Int. 1994, 700.

4.19   Das slowenische Wettbewerbsschutzgesetz v. 25.3.1993 enthält eine umfassende Regelung zum Schutz von Freiheit und Lauterkeit des Wettbewerbs und weist große Ähnlichkeit mit den Regelungen in Ungarn und Bulgarien auf. Der UWG-Teil knüpft an das jugoslawische Gesetz über den Handel v. 8.8.1990 an. Die Umsetzung der UGP-RL erfolgte durch das Gesetz zum Schutz der Verbraucher vor unlauteren Geschäftspraktiken v. 31.5.2007.

T. Spanien

Schrifttum: Adomeit/Frühbeck, Einführung in das spanische Recht, 2001; Berg, Das neue spanische Gesetz gegen den unlauteren Wettbewerb von 1991, 1997; Chiulia, Das spanische Gesetz gegen den unlauteren Wettbewerb im Meinungsstreit, GRUR-Int. 1994, 14; Devesa, Der Schutz des Verbrauchers im Allgemeinen Werbegesetz Spaniens, GRUR-Int. 1990, 208; Dominguez Pérez, Nachahmung und ungerechtfertigte Ausnutzung fremder Leistung im spanischen Recht gegen unlauteren Wettbewerb, GRUR-Int. 2001, 1017; Freyer, Das neue spanische Gesetz gegen unlauteren Wettbewerb, ZVglRWiss 91 (1992), 96; Garcia Péres, Länderbericht Spanien, in Schmidt-Kessel/Schubmehl, Lauterkeitsrecht in Europa, 2011, 633; Klein, Die Entwicklung des Rechts gegen unlauteren Wettbewerb in Spanien unter besonderer Berücksichtigung der Irreführung durch Unterlassen, 2013; Knothe/Penadés, Der einstweilige Rechtsschutz im spanischen Wettbewerbsrecht, GRUR-Int. 1998, 667; Lastres, Das neue spanische Gesetz gegen unlauteren Wettbewerb, GRUR-Int. 1992, 183; Leible, Bedeutung und Bestimmung der Verkehrsauffassung im spanischen Recht des unlauteren Wettbewerbs, WRP 1992, 1; Leible, Das neue spanische Gesetz gegen den unlauteren Wettbewerb, ZfRV 1992, 257; Lettl, Der lauterkeitsrechtliche Schutz vor irreführender Werbung in Europa, 2004; Mascaray Marti/Schmidt, Das Wettbewerbsrecht in Spanien, in Heidelberger Kommentar zum UWG, 2000, IV Spanien, 767; Rauscher, Neue verbraucherfreundliche „Spielregeln" im spanischen Markt, RIW 1998, 26; v. Schiller in Schotthöfer (Hrsg.), Handbuch des Werberechts in den EU-Staaten, 1997, Spanien, 571; Tato Plaza, Das neue System zur Selbstkontrolle der Werbung in Spanien, GRUR-Int. 1999, 853; Wirth, Die Werbeselbstkontrolle in Spanien, WRP 1994, 94; Wirth, Das neue Recht des unlauteren Wettbewerbs in Spanien, 1996.

4.20   Das Gesetz 3/1991 gegen den unlauteren Wettbewerb v. 10.1.1991 (GRUR-Int. 1991, 551) bezweckt den Schutz des Wettbewerbs im Interesse aller Marktteilnehmer durch das Verbot von Handlungen, die einen unlauteren Wettbewerb darstellen (Art. 1 Gesetz 3/1991). Es wurde durch das Reformgesetz 29/2009 v. 30.12.2009 an die UGP-RL angeglichen. Als unlauter gilt nach der Generalklausel (Art. 5 Gesetz 3/1991) grds. jede Verhaltensweise, die offensichtlich gegen den Grundsatz der gutgläubigen Rechtsausübung gerichtet ist (Art. 7 Codigo Civil). Außer der Generalklausel sind in Art. 6–17 eine Reihe von Einzeltatbeständen aufgezählt. – Nach dem allgemeinen Gesetz über Werbung v. 11.11.1988 gilt jede Werbung als unlauter, die gegen die Menschenwürde verstößt oder verfassungsrechtlich anerkannte Grundwerte und Rechte verletzt, insbes. hins. Kindern, Jugendlichen und Frauen, sowie jede irreführende, unlautere oder verführerische Werbung (Art. 3 Gesetz 3/1991). Dazu treten Einzeltatbestände unlauterer Werbung (Art. 4–7 Gesetz 3/1991).

U. Tschechien

Schrifttum: Opltová, Das Recht des unlauteren Wettbewerbs in der Tschechischen Republik, GRUR-Int. 1994, 710; Winter, Pravo a reklama, 1996; Zajacova, Tschechisches und slowenisches Lauterkeitsrecht im Lichte der europäischen Rechtsangleichung, 2015.

Der unlautere Wettbewerb ist unter der Überschrift „Wirtschaftlicher Wettbewerb" im 5. Ka- **4.21** pitel des tschechHGB v. 5.11.1991 geregelt. Das Gesetz enthält in § 44 I eine Generalklausel, in §§ 45–52 ausführliche, aber nicht erschöpfende Einzeltatbestände. Es kennt ua den Tatbestand der Gefährdung von Gesundheit und Umwelt (§ 52 tschechHGB), der den unlauteren Wettbewerbsvorsprung durch Nichtbeachtung umweltschutz- und gesundheitsbezogener Vorschriften verhindern will. Des Weiteren sind verboten die täuschende Werbung (§ 45 tschechHGB), die täuschende Bezeichnung von Waren und Dienstleistungen (§ 46 tschechHGB) sowie die Verletzung von Betriebsgeheimnissen (§ 51 tschechHGB). Wahre vergleichende Werbung ist zulässig. Unternehmer- und Verbraucherverbände sind klagebefugt. Nach dem Überleitungsrecht gilt dieses Handelsgesetzbuch sowohl in Tschechien als auch in der Slowakei weiter. Das Kartellrecht ist in einem separaten Gesetz zum Schutz des wirtschaftlichen Wettbewerbs geregelt (Gesetz v. 30.1.1991), das nach der Überleitung ebenfalls weiter gilt. Ein Verbot der Verbrauchertäuschung und eine zusammenfassende Regelung der unerlaubten Werbung sind im Verbraucherschutzgesetz v. 16.12.1992 enthalten. Hinzu kommen Spezialregelungen, zB das Gesetz zur Regulierung der Werbung (Nr. 40/1995 GS). Mit Gesetz v. 17.1.2008 wurde die UGP-RL weitgehend wortlautgetreu umgesetzt (Nr. 36/2008).

V. Ungarn

Schrifttum: Bak, Verbraucherschutz in der digitalen Wirtschaft – Ausblick Ungarn, WRP 2019, 306; Darázs in Campbell (Hrsg.), Unfair Trading Practices, 1997, Hungary, S. 183; Hegyi, Neuere Entwicklungen im Kartell- und Wettbewerbsrecht Ungarns unter Berücksichtigung der ungarischen Gruppenfreistellungsverordnung, GRUR-Int. 1999, 312; Graf Lambsdorff, Das Recht des unlauteren Wettbewerbs in Ungarn, GRUR-Int. 1994, 714; Levente, Das ungarische Wettbewerbsgesetz, RIW 1998, 929; Petsche, Die Generalklausel des unlauteren Wettbewerbs in Ungarn, WiRO 1998, 12; Tilmann, Neuere Entwicklungen im ungarischen Wirtschaftsrecht, GRUR-Int. 1992, 814; Vida, Die unlautere Nachahmung im ungarischen Wettbewerbsrecht, WRP 2010, 44; Vida, Länderbericht Ungarn, in Schmidt-Kessel/Schubmehl, Lauterkeitsrecht in Europa, 2011, 679.

Es gilt das Gesetz Nr. LVII/1997 v. 26.6.1996 über das Verbot des unlauteren Wettbewerbs **4.22** und der Wettbewerbsbeschränkungen (GRUR-Int. 2001, 1025). Es enthält eine dem deutschen Recht ähnliche Generalklausel. Gesondert geregelt sind etwa die Rufschädigung, der Schutz von Geschäftsgeheimnissen, der Boykottaufruf, die Nachahmung und die unlautere Versteigerung. Die UGP-RL wurde durch das Gesetz XLVII über unlautere Geschäftspraktiken, in Kraft getreten am 1.9.2008, umgesetzt. Die behördliche Rechtsdurchsetzung obliegt der Ungarischen Wettbewerbsbehörde (Gazdasági Versenyhivatal).

W. Vereinigte Staaten von Amerika

Schrifttum: Baetge/Eichholtz, Die Class Action in den USA, in Basedow/Hopt/Kötz/Baetge (Hrsg.), Die Bündelung gleichgerichteter Interessen im Prozeß: Verbandsklage und Gruppenklage, 1999, 287; Baums, Rechtsnorm und richterliche Entscheidung im Wettbewerbsrecht, GRUR-Int. 1992, 1; Bernstein, Das Wettbewerbsrecht in den USA, in Heidelberger Kommentar zum UWG, 2000, IV USA, S. 777; Corgill, Die Bekämpfung unlauteren Wettbewerbs in den USA, GRUR Int. 2012, 1065; Deutsch, Virtuelle Werbung im US-amerikanischen Recht, GRUR-Int. 2001, 400; Frank, Neue U.S. Werberichtlinien für Empfehlungen und Testimonials, GRUR-Int. 2010, 125; Mandel in Campbell (Hrsg.), Unfair Trading Practices, 1997, United States, S. 361; McCarthy, McCarthy on Trademarks and Unfair Competition, 4. Aufl. 2007; Pitofsky, Verbraucherschutz und Kontrolle der Werbung in den USA, GRUR-Int. 1977, 304; Thiedemann/Maxeiner in Schotthöfer (Hrsg.), Handbuch des Werberechts in den EU-Staaten, 1997, Vereinigte Staaten von Amerika, S. 589.

Das amerikanische Recht des unlauteren Wettbewerbs hat seine Wurzeln im „common law **4.23** tort of deceit" (U.S. Supreme Court, Bonito Boats, Inc v. Thunder Craft, Inc, 489 U.S. 141, 157 (1989)). Im Vordergrund standen dabei Klagen unter dem Gesichtspunkt des passing off. Erst allmählich entwickelte sich daraus ein „law of unfair competition", das sich auf bundesstaatliche und einzelstaatliche Gesetze stützt. Die wesentlichen Quellen des amerikanischen Lauterkeitsrechts sind zum einen § 43 (a) Lanham Act, der falsche Angaben über die Herkunft oder die wesentlichen Merkmale von Waren und Dienstleistungen verbietet und Klagen von Wettbewerbern ermöglicht (15 U. S. C. § 1125 (a)), sowie der Federal Trade Commission Act, der unfaire und irreführende Handlungen oder Praktiken verbietet, soweit sie im Wirtschaftsverkehr erfolgen oder sich auf diesen auswirken, und von der Federal Trade Commission durchgesetzt wird (15 U. S. C. § 45a (1)). Die Federal Trade Commission hat darüber hinaus zahlreiche Vorschriften zur Zulässigkeit bestimmter Werbemaßnahmen erlassen. Dass die Federal Trade Commission, eine zuvörderst zur Entscheidung in Fragen des Antitrust-Rechts berufene wirtschaftspolitische Behörde, auch unlautere Wettbewerbshandlungen in einem besonderes Verfahren verbieten kann, erklärt manche Eigenart des amerikanischen Rechts. Weiter kommt hinzu die Gesetze der Einzelstaaten über „unfair und deceptive acts and practices", deren Beachtung sowohl von Mitbewerbern als auch von Verbrauchern eingeklagt werden kann. Weiter kommt hinzu das common law der Einzelstaaten als Richterrecht. Die wichtigsten Klagen zum Schutz gegen unfair competition sind ebenso wie in England die Klagen aus passing-off und false advertising. Unter den Begriff der unfair competition fallen im Gegensatz zum deutschen Begriff des unlauteren Wettbewerbs aber auch Verstöße gegen das Antitrust-Recht. Dessen Grundlagen beruhen auf dem Sherman Act (1890), der Magna Charta der wirtschaftlichen Freiheit, dem Federal Trade Commission Act und dem Clayton Act (1914), dem Miller Tidings Act (1937) sowie dem Robinson-Patman Act (1936).

5. Abschnitt. Internationales Wettbewerbsrecht und Verfahrensrecht

Übersicht

Schrifttum: Ahrens, Die internationale Verbandsklage in Wettbewerbssachen, WRP 1994, 649; Ahrens, Das Herkunftslandprinzip in der E-Commerce-Richtlinie, CR 2000, 835; Ahrens, Internationale Zuständigkeit für Äußerungsdelikte im Wettbewerb, WRP 2018, 17; Arndt/Köhler, Elektronischer Handel nach der E-Commerce-Richtlinie, EWS 2001, 102; Bauermann, Der Anknüpfungsgegenstand im europäischen Internationalen Lauterkeitsrecht, 2015; Bernhard, Cassis de Dijon und Kollisionsrecht – am Beispiel des unlauteren Wettbewerbs, EuZW 1992, 437; Bernhard, Das Internationale Privatrecht des unlauteren Wettbewerbs in den Mitgliedstaaten der EG, 1994; Bodewig, Elektronischer Geschäftsverkehr und unlauterer Wettbewerb, GRUR-Int. 2000, 475; Bornkamm, Gerichtsstand und anwendbares Recht bei Kennzeichen- und Wettbewerbsverstößen im Internet, in Bartsch/Lutterbeck (Hrsg.), Neues Recht für neue Medien, 1998, 99; Brannekämper, Wettbewerbsstreitigkeiten mit Auslandsbeziehung im Verfahren der einstweiligen Verfügung, WRP 1994, 661; Brödermann/Iversen, Europäisches Gemeinschaftsrecht und Internationales Privatrecht, 1994; Bröhl, EGG-Gesetz über rechtliche Rahmenbedingungen des elektronischen Geschäftsverkehrs, MMR 2001, 67; Buchner, Rom II und das Internationale Immaterialgüter- und Wettbewerbsrecht, GRUR-Int. 2005, 1004; Dethloff, Europäisches Kollisionsrecht des unlauteren Wettbewerbs, JZ 2000,179; Dethloff, Europäisierung des Wettbewerbsrechts, 2001; Dethloff, Marketing im Internet und Internationales Wettbewerbsrecht, NJW 1998, 1596; Dieselhorst, Anwendbares Recht bei internationalen Online-Diensten, ZUM 1998, 293; Drasch, Das Herkunftslandprinzip im internationalen Privatrecht, 1997; Drexl, Zum Verhältnis von lauterkeits- und kartellrechtlicher Anknüpfung nach der Rom-II-VO, FS Hopt, 2010, 2713; Drexl in MüKoBGB, 8. Aufl. 2021, Bd. 13; Fezer/Koos, Das gemeinschaftsrechtliche Herkunftslandprinzip und die e-commerce-Richtlinie, IPRax 2000, 349; Fischer, Der Schutz von Know-how im deutsche materiellen und internationalen Privatrecht; Fritze/Holzbach, Die Electronic-Commerce-Richtlinie, WRP 2000, 872; Gierschmann, Die E-Commerce-Richtlinie, DB 2000, 1315; Glöckner, Wettbewerbsverstöße im Internet – Grenzen einer kollisionsrechtlichen Problemlösung, ZVglRWiss 99 (2000), 278; Glöckner, Der grenzüberschreitende Lauterkeitsprozess nach BGH v. 11.2.2010 – Ausschreibung in Bulgarien, WRP 2011, 137; Grandpierre, Herkunftsprinzip kontra Marktortanknüpfung, 1999; Handig, Neues im Internationalen Wettbewerbsrecht – Auswirkungen der Rom II–Verordnung, GRUR-Int. 2008, 24; Härting, Gesetzentwurf zur Umsetzung der e-commerce-Richtlinie, CR 2001, 271; Hau, Klagemöglichkeiten juristischer Personen nach Persönlichkeitsrechtsverletzungen im Internet, GRUR 2018, 163; Höder, Die kollisionsrechtliche Behandlung unteilbarer Multistate-Verstöße, 2002; Hoeren, Cybermanners und Wettbewerbsrecht – Einige Überlegungen zum Lauterkeitsrecht im Internet, WRP 1997, 993; Hoeren, Grundzüge des Internetrechts, 2001; Hoeren, Vorschlag für eine EU-Richtlinie zum E-commerce, MMR 1999, 192; Junker, Die Rom II–Verordnung: Neues Internationales Deliktsrecht auf europäischer Grundlage, NJW 2007, 3675; Karenfort/Weißgerber, Lauterkeit des Wirtschaftsverkehrs in Gefahr?, MMR Beilage 7/2000, 38; Klinkert, Wettbewerbsrechtliche Ansprüche mit Auslandsbezug vor inländischen Gerichten, WRP 2018, 1038; Koch, Internationale Gerichtszuständigkeit und Internet, CR 1999, 121; Köhler, Wettbewerbsstatut oder Deliktsstatut? Zur Auslegung des Art. 6 Rom II-VO, FS Coester-Waltjen, 2015, 501; Köhler, Zur territorialen Reichweite wettbewerbsrechtlicher Unterlassungstitel, FS Ahrens, 2016, 111; Köhler, Der Schutz von Kollektivinteressen und Individualinteressen im UWG, FS Büscher, 2018, 333; M. Köhler, Der fliegende Gerichtsstand, WRP 2013, 1130; Koos, Grundsätze des Lauterkeitskollisionsrechts im Lichte der Schutzzwecke des UWG, WRP 2006, 499; Kotthoff, Das Tatortprinzip des internationalen Deliktsrechts und Europäisches Gemeinschaftsrecht, FS Koppensteiner, 2001, 609; Kotthoff, Die Anwendbarkeit des deutschen Wettbewerbsrechts auf Werbemaßnahmen im Internet, CR 1997, 676; Kubis, Zum Tatortgerichtsstand bei grenzüberschreitenden Äußerungsdelikten zu Lasten von Unternehmen, WRP 2018, 139; Kur, Das Herkunftslandprinzip der E-Commerce-Richtlinie: Chancen und Risiken, FS Erdmann, 2002, 629; Lindacher, Die internationale Verbandsklage in Wettbewerbssachen, FS Lüke, 1997, 377; Lindacher, Internationale Zuständigkeit in Wettbewerbssachen, FS Nakamura, 1996, 321; Lindacher, Zum Internationalen Privatrecht des unlauteren Wettbewerbs, WRP 1996, 645; Lindacher, Zur Anwendung ausländischen Rechts, FS Beys, 2003, 909; Lindacher, Die internationale Dimension lauterkeitsrechtlicher Unterlassungsansprüche: Markt-territorialität versus Universalität, GRUR-Int. 2008, 453; Löffler, Werbung im Cyberspace – Eine kollisionsrechtliche Betrachtung, WRP 2001, 379; Mankowski, Das Herkunftslandprinzip als Internationales Privatrecht der e-commerce-Richtlinie, ZVglRWiss 100 (2001), 137; Mankowski, Herkunftslandprinzip und Günstigkeitsvergleich in § 4 TDG-E, CR 2001, 630; Mankowski, Internet und Internationales Wettbewerbsrecht, GRUR-Int. 1999, 909; Mankowski, Was soll der Anknüpfungspunkt des (europäischen) Internationalen Wettbewerbsrechts sein?, GRUR-Int. 2005, 634; Mankowski, Deliktsrechtliche Ausweichklausel, Handlungsort und Gewichtung, RIW 2021, 93; Martiny, Die Anknüpfung an den Markt, FS Drobnig, 1999, 390; McGuire, Fliegender v. allgemeiner Gerichtsstand; Über Wertungswidersprüche und Regelungsalternativen im Zuständigkeitsrecht, FS Büscher, 2018, 525; Nettlau, Die kollisionsrechtliche Behandlung von Ansprüchen aus unlauterem Wettbewerbsverhalten gemäß Art. 6 Abs. 1 und 2 Rom-II-VO, 2013; Ohly, Herkunftslandprinzip und Kollisionsrecht, GRUR-Int. 2001, 899; Pflüger, Der internationale Schutz gegen unlauteren Wettbewerb, 2010; Piekenbrock, Die Bedeutung des Herkunftslandprinzips im europäischen Wettbewerbsrecht, GRUR-Int. 2005, 997; Rieländer, Zur Qualifikation außervertraglicher Ansprüche zwischen Vertragsparteien im europäischen IZVR und IPR, RIW 2021, 103; Rüßmann, Wettbewerbshandlungen im Internet – Internationale Zuständigkeit und anwendbares Recht, K&R 1998, 422; Sack, Internationales Lauterkeitsrecht nach der Rom II-VO, WRP 2008, 845; Sack, Das Herkunftslandprinzip der E-Commerce-Richtlinie und der Vorlagebeschluss des BGH vom 10.11.2009, EWS 2010, 70; Sack, Die IPR-Neutralität der E-Commerce-Richtlinie und des Telemediengesetzes, EWS 2011, 65; Sack, der EuGH zu Art. 3 E-Commerce-Richtlinie – die Entscheidung „eDate Advertising", EWS 2011, 513; Sack, Art. 6 Abs. 2 Rom II-VO und „bilaterales" unlauteres Wettbewerbsverhalten, GRUR-Int. 2012, 601; Sack, Internetwerbung – ihre Rechtskontrolle außerhalb des Herkunftslandes des Werbenden, WRP 2013, 1407; Sack, Grenzüberschreitende Werbung in audiovisuellen Medien – ihre Rechtskontrolle im Herkunftsland, WRP 2015, 1281; Sack, Grenzüberschreitende Werbung in audiovisuellen Medien – ihre Rechtskontrolle außerhalb des Herkunftslands, WRP 2015, 1417; Sack, Die Kognitionsbefugnis nach Art. 7 Nr. 2 EuGVVO und das internationale Lauterkeitsrecht, WRP 2018, 897; Sack, Negative Feststellungsklagen und Torpedos, GRUR 2018, 893; Sack, Herkunftslandprinzip und internationales Lauterkeitsrecht, WRP 2019, 1095; Sack, Internationales Lauterkeitsrecht, 2019; Schack, Internationale Urheber-, Marken- und Wettbewerbsrechtsverletzungen im Internet – Internationales Privatrecht, MMR 2000, 59; Sieber, Verantwortlichkeit im Internet, 1999; Sieber, E-commerce in Europa, Die E-Commerce-Richtlinie in ihrer endgültigen Fassung, MMR Beilage 7/2000, 4; Spindler, Der Entwurf zur Umsetzung der E-Commerce-Richtlinie, ZRP 2001, 203; Stagl, Multistate-Werbung im Internet, ÖBl 2004, 244; Thünken, Die EG-Richtlinie über den elektronischen Geschäftsverkehr und das internationale Privatrecht des unlauteren Wettbewerbs, IPRax 2001, 15; Wagner, Die neue Rom II-Verordnung, IPRax 2008, 1; Willems, Wettbewerbsstreitsachen am Mittelpunkt der klägerischen Interessen?, GRUR 2013, 462; Wittlinger, Der internationale Lauterkeitsprozess – Eine Untersuchung der internationalen Entscheidungszuständigkeit nach der Brüssel-Ia-Verordnung, 2021.

A. Überblick über das internationale Wettbewerbsrecht (Kollisionsrecht)

I. Funktion

Vom räumlichen Geltungsbereich eines Gesetzes, der sich bei deutschen Gesetzen regelmäßig **5.1** auf das Gebiet der Bundesrepublik Deutschland erstreckt, ist dessen Anwendungsbereich zu unterscheiden, der sich nach den kollisionsrechtlichen Regeln des Internationalen Privatrechts richtet. Der Begriff Internationales Wettbewerbs(privat)recht bezeichnet das Kollisionsrecht des unlauteren Wettbewerbs. Es regelt die Frage nach der internationalprivatrechtlichen Anknüpfung lauterkeitsrechtlicher Sachverhalte mit Auslandsbezug. Mit dieser Anknüpfung wird das auf den Sachverhalt anwendbare nationale Recht, das **Wettbewerbsstatut,** ermittelt. Das Wettbewerbsstatut entscheidet über die Voraussetzungen und Rechtsfolgen eines Wettbewerbsverstoßes.

II. Rechtsquellen

1. Internationale Verträge zum Schutz gegen unlauteren Wettbewerb

Zu nennen ist insbes. die **Pariser Verbandsübereinkunft (PVÜ)** zum Schutze des gewerb- **5.2** lichen Eigentums v. 20.3.1883, die zwischenzeitlich mehrfach revidiert wurde (dazu näher Pflüger, Der internationale Schutz gegen unlauteren Wettbewerb, 2010, S. 105 ff.). Für die Bundesrepublik ist die Stockholmer Fassung v. 14.7.1967 verbindlich (BGBl. 1970 II 1073, berichtigt 1971 II 1015). Nach Art. 2 II PVÜ hat der Schutz des gewerblichen Eigentums auch „die Unterdrückung des unlauteren Wettbewerbs" zum Gegenstand. Dies wird in Art. 10bis I PVÜ näher präzisiert. Danach sind die Verbandsländer gehalten, den Verbandsangehörigen einen wirksamen Schutz gegen unlauteren Wettbewerb zu gewähren (Art. 10bis I PVÜ). Als unlauterer Wettbewerb wird jede Wettbewerbshandlung, die den anständigen Gepflogenheiten im Gewerbe oder Handel zuwiderläuft, angesehen (Art. 10bis II PVÜ). Eine beispielhafte Aufzählung erfolgt in Art. 10bis III PVÜ. Das Kernstück der PVÜ liegt im Grundsatz der Inländerbehandlung (Art. 2 PVÜ). Angehörige anderer Verbandsländer genießen den gleichen Rechtsschutz wie Inländer. Das gilt zB auch für den wettbewerbsrechtlichen Leistungsschutz (BGH GRUR 1992, 523 (524) – Betonsteinelemente) oder für die Klagebefugnis von Verbänden nach § 8 III Nr. 2 und 3. Ausländische Verbandsangehörige haben darüber hinaus noch den Anspruch auf Gewährung der Mindestrechte, wie sie die PVÜ vorsieht („unbeschadet der durch diese Übereinkunft vorgesehenen Rechte"), ohne Rücksicht darauf, ob auch Inländer diesen Schutz genießen.

Das **TRIPS**-Übereinkommen v. 15.4.1994 (BGBl. 1994 II 1730) hat nicht den Schutz vor **5.3** unlauterem Wettbewerb als solchen zum Regelungsgegenstand, sondern regelt nur Einzelsachverhalte durch Verweisung auf PVÜ-Regelungen (vgl. Art. 22 lit. b zu geografischen Herkunftsangaben; Art. 39 I zu Know-how; zum Ganzen Reger, Der internationale Schutz gegen unlauteren Wettbewerb und das TRIPS-Übereinkommen, 1999; Pflüger, Der internationale Schutz gegen unlauteren Wettbewerb, 2010, 56 ff.). – Weder die PVÜ noch das TRIPS-Übereinkommen enthalten allerdings wettbewerbsrechtliche Kollisionsnormen, sondern lediglich fremdenrechtliche Regelungen. Dasselbe gilt für die meisten bilateralen Verträge. Lediglich die zweiseitigen Abkommen über den Schutz von Herkunftsangaben, Ursprungsbezeichnungen und anderen geografischen Angaben, die mit Frankreich, Italien, Spanien, Griechenland und der Schweiz geschlossen wurden, enthalten vorrangige Kollisionsnormen in Form des Schutzlandprinzips/Ursprungslandprinzips. – Eine umfassende internationale Regelung des unlauteren Wettbewerbs steht noch aus (zum Entwurf eines solchen Gesetzes durch die WIPO vgl. Model Provisions on Protection Against Unfair Competition – Articles and Notes, WIPO Publication No 832 (E), 1996; dazu näher Pflüger, Der internationale Schutz gegen unlauteren Wettbewerb, 2010, S. 147 ff.).

2. Unionsrecht

a) Art. 34 ff. AEUV. Die Art. 34 ff. AEUV (früher Art. 28 ff. EGV) haben mangels interna- **5.4** tionalprivatrechtlichen Gehalts keine Auswirkungen auf das Wettbewerbskollisionsrecht (hM; vgl. MüKoBGB/Drexl Rom II-VO Art. 6 Rn. 46, 47 mwN). Vielmehr setzen sie den lauterkeitsrechtlichen Sachnormen des Einfuhrlandes Schranken (vgl. EuGH Slg. 1990, I-667 = GRUR-Int. 1990, 995 – GB-INNO; Sack WRP 2000, 269 (280 ff.)). Zu dem in einigen Richtlinien verwirklichten Herkunftslandprinzip → Rn. 5.21 ff.

5.5   **b) Rom II-VO.** Eine unionsrechtliche Regelung des Internationalen Deliktsrechts enthält die **Rom II-VO** (VO (EG) 864/2007 des Europäischen Parlaments und des Rates v. 11.7.2007 über das auf außervertragliche Schuldverhältnisse anwendbare Recht). Sie ersetzt nach ihrem Inkrafttreten am 11.1.2009 (Art. 32 Rom II-VO) die Art. 38–42 EGBGB. Die allgemeine Kollisionsnorm für unerlaubte Handlungen ist in Art. 4 Rom II-VO enthalten. Für außervertragliche Schuldverhältnisse aus **unlauterem Wettbewerbsverhalten** trifft Art. 6 Rom II-VO besondere Regelungen (→ Rn. 5.12 ff.).

3. Deutsches IPR

5.6   Das deutsche Internationale Wettbewerbsrecht wurde zuletzt durch das Gesetz zum Internationalen Privatrecht für außervertragliche Schuldverhältnisse und für Sachen v. 21.5.1999 (BGBl. 1999 I 1026) in den **Art. 40–42 EGBGB** geregelt (→ Rn. 5.11). Diese Bestimmungen gelten jedoch nach dem Inkrafttreten der Rom II-VO (→ Rn. 5.5) am **11.1.2009** in deren Anwendungsbereich nur noch für Ereignisse bis zu diesem Zeitpunkt (**„Altfälle"**).

III. Das Herkunftslandprinzip

1. Inhalt und Funktion

5.7   Das Herkunftslandprinzip bezweckt eine Liberalisierung des Binnenmarkts. Der Anbieter soll bei grenzüberschreitenden Aktivitäten nicht eine Vielzahl unterschiedlicher Rechte in den Mitgliedstaaten berücksichtigen müssen; vielmehr soll es genügen, dass er sich an die Vorschriften des Staates hält, in dem er seine Niederlassung hat. Dieser Gedanke wurde in Ansätzen bereits in der Rspr. zu Art. 34, 56 AEUV entwickelt. Ob es sich insoweit um kollisionsrechtliche oder sachrechtliche Regelungen handelt, war und ist umstritten. Bestrebungen der Kommission, das Herkunftslandprinzip für weitere nicht harmonisierte Bereiche einzuführen, um die Verwirklichung des Binnenmarktes zu beschleunigen, sind bislang gescheitert (vgl. Art. 4 UGP-RL).

2. Anwendungsbereich

5.8   Derzeit ist das Herkunftslandprinzip in der Union nur für Teilbereiche wirtschaftlicher Tätigkeit vorgesehen, nämlich in der **RL über den elektronischen Geschäftsverkehr 2001/31/ EG (E-Commerce-RL)** und in der **RL über audiovisuelle Mediendienste 2010/13/EU** (geändert durch die **RL 2018/1808/EU**). Zu Einzelheiten vgl. Ohly/Sosnitza/Ohly Einf. C Rn. 65 ff.; Sack WRP 2021, 557 und 971). Im Folgenden ist kurz auf die Bereiche des elektronischen Geschäftsverkehrs und der audiovisuellen Werbung einzugehen.

3. Das Herkunftslandprinzip im elektronischen Geschäftsverkehr

5.9   Für den Bereich des elektronischen Geschäftsverkehrs (e-Commerce) ist in **Art. 1 IV E-Commerce-RL** festgehalten, dass diese Richtlinie weder zusätzliche Regeln im Bereich des internationalen Privatrechts noch in Bezug auf die Zuständigkeit der Gerichte schaffen soll. Das in **Art. 3 E-Commerce-RL** verankerte **Herkunftslandprinzip** hat daher keine kollisionsrechtliche Funktion (EuGH GRUR 2012, 300 Rn. 60 – eDate Advertising; dazu MüKoBGB/ Drexl Rom II-VO Art. 6 I Rn. 92–94; Sack WRP 2019, 1095) und verlangt daher keine Umsetzung in Form einer speziellen Kollisionsregel (EuGH GRUR 2012, 300 Rn. 68 – eDate Advertising). Die Umsetzung ist in **§ 3 TMG** (Telemediengesetz) erfolgt. Nach § 3 I TMG unterliegen in Deutschland nach § 2a TMG niedergelassene Diensteanbieter und ihre Telemedien den Anforderungen des deutschen Rechts auch dann, wenn die Telemedien in einem anderen Staat innerhalb des Geltungsbereichs der E-Commerce-RL geschäftsmäßig angeboten oder erbracht werden. Nach § 3 II 1 TMG wird der freie Dienstleistungsverkehr von Telemedien, die in Deutschland von Diensteanbietern geschäftsmäßig angeboten oder erbracht werden, die in einem anderen Staat innerhalb des Geltungsbereichs der E-Commerce-RL niedergelassen sind, nicht eingeschränkt. Darin ist in richtlinienkonformer Auslegung ein **sachrechtliches Beschränkungsverbot** zu erblicken (BGH GRUR 2012, 850 Rn. 25 ff. – www.rainbow.at II; GRUR 2017, 397 Rn. 37 – World of Warcraft II; BGHZ 217, 350 Rn. 23; BGH WRP 2020, 483 Rn. 25 – Yelp; krit. Sack WRP 2021, 971 Rn. 10 ff.). Es handelt sich um ein Korrektiv auf materiellrechtlicher Ebene, durch das das sachrechtliche Ergebnis des nach den nationalen Kollisionsnormen für anwendbar erklärten Rechts inhaltlich modifiziert und auf die Anforderungen des Herkunftslandes reduziert wird. Die Diensteanbieter dürfen daher keinen strengeren

Anforderungen unterliegen, als sie das in ihrem Sitzmitgliedstaat geltende Sachrecht vorsieht. Im Bereich des Lauterkeitsrechts beurteilt sich dies nach dem **Marktortprinzip** des Art. 6 I Rom II-VO. Ist danach deutsches Lauterkeitsrecht anwendbar, beschränkt es aber den Anbieter im Vergleich zu seinem Heimatrecht unzulässig, so kann die entspr. deutsche Norm keine Anwendung finden (sog. **Günstigkeitsprinzip**). Deutsches Lauterkeitsrecht als Recht des Niederlassungsstaats kommt aber nur dann zur Anwendung, wenn dieses Recht auch nach Art. 6 I Rom II-VO anwendbar ist. – Zu beachten sind die Einschränkungen des Herkunftslandsprinzips in § 3 III–V TMG.

4. Das Herkunftslandprinzip bei audiovisuellen Mediendiensten

Vgl. auch → Rn. 3.52. Nach **Art. 2 I AVMD-RL,** geändert durch **RL 2018/1808/EU)** **5.10** unterliegt Werbung in audiovisuellen Mediendiensten, insbes. also im **Fernsehen,** grds. dem gesamten Lauterkeitsrecht des Sendelandes und nach Art. 3 I AVMD-RL gilt der Grundsatz der Verkehrsfreiheit. Es gilt also das Herkunftslandprinzip. Soweit nach den Art. 9 ff., 19 ff. AVMD-RL das Lauterkeitsrecht koordiniert ist, darf das Empfangsland nach Art. 3 I AVMD-RL nur in Ausnahmefällen den freien Empfang und die Weiterverbreitung von audiovisuellen Mediendiensten einschränken (vgl. auch EuGH Slg. 1997, I-3846 Rn. 57 ff. = GRUR-Int. 1997, 913 – de Agostini). Dadurch soll eine Doppelkontrolle im Sendeland und in den Empfangsländern grds. ausgeschlossen werden. Allerdings ist in den Art. 9 ff., 19 ff. AVMD-RL das Lauterkeitsrecht nicht abschließend koordiniert (vgl. EuGH Slg. 1997, I-3846 Rn. 57 ff. = GRUR-Int. 1997, 913 – de Agostini), insbes. ist die irreführende und vergleichende Werbung nicht erfasst (Sack WRP 2000, 269 (284)). In diesem verbleibenden Bereich hindert Art. 3 I AVMD-RL die Empfangsländer nicht, ihr Lauterkeitsrecht für anwendbar zu erklären. Im Ausland ausgestrahlte Fernsehsendungen, die im Inland spürbar empfangen werden können, unterliegen daher nach dem Marktortprinzip dem deutschen Lauterkeitsrecht (Sack WRP 2015, 1281; Sack WRP 2015, 1417). – Die **Umsetzung** ist in § 3 TMG iVm § 2 MStV geregelt (dazu krit. Sack WRP 2019, 1095 Rn. 37 ff.; Sack WRP 2021, 557; Sack WRP 2021, 971).

B. Das bis zum 11.1.2009 geltende Kollisionsrecht (Art. 40–42 EGBGB)

Die kollisionsrechtlichen Regelungen für unerlaubte Handlungen, einschließlich Wett- **5.11** bewerbsverstößen, in den Art. 40–42 EGBGB wurden durch die Rom II-VO innerhalb deren Anwendungsbereich mWv 11.1.2009 abgelöst. Sie gelten daher, soweit es Wettbewerbsverstöße betrifft, nur noch für **Altfälle** (zB BGH GRUR 2010, 847 Rn. 10 – Ausschreibung in Bulgarien; WRP 2016, 586 Rn. 14 – Eizellspende; WRP 2017, 434 Rn. 39, 40 – World of Warcraft II). Vgl. → 36. Aufl. 2017, Rn. 5.4–5.26.

C. Das ab dem 11.1.2009 geltende Kollisionsrecht (Rom II-VO)

I. Allgemeines

1. Vereinheitlichung des Kollisionsrechts innerhalb der Union

Durch die VO (EG) 864/2007 v. 11.7.2007 über das auf außervertragliche Schuldverhältnisse **5.12** anzuwendende Recht **(Rom II-VO)** wird sichergestellt, dass in allen Mitgliedstaaten dieselben Verweisungen zur Bestimmung des anzuwendenden Lauterkeitsrechts gelten, unabhängig von dem Staat, in dem der Anspruch geltend gemacht wird. Damit ist bezweckt, den Ausgang von Rechtsstreitigkeiten vorhersehbarer zu machen und die Sicherheit in Bezug auf das anzuwendende Recht sowie den freien Verkehr gerichtlicher Entscheidungen zu fördern (vgl. ErwGr. 6 Rom II-VO). Dänemark ist zwar nicht Mitgliedstaat dieser VO, hat sich jedoch gegenüber der EU verpflichtet, die die Rom II-VO umzusetzen, so dass diese auch im Verhältnis zu diesem Land anzuwenden ist (vgl. Thomas/Putzo/Nordmeier EuGVVO Vor Art. 1 Rn. 2).

2. Zeitliche und territoriale Geltung

Die Kollisionsregelungen der Rom II-VO gelten nur für **Ereignisse ab dem 11.1.2009 5.13** (Art. 31, 32 Rom II-VO). Sie haben nach Art. 3 Nr. 1 lit. a EGBGB Vorrang vor den Art. 40 ff. EGBGB, die daher nur noch für „Altfälle" gelten (→ Rn. 5.10). Bei (Verletzungs-)Unterlassungsansprüchen kann sich die Situation ergeben, dass die Verletzungshandlung vor diesem Zeitpunkt lag, die Wiederholungsgefahr sich aber auf Handlungen nach diesem Zeitpunkt bezieht. In diesen Fällen ist, soweit es die künftigen Handlungen betrifft, ausschließlich das nach der Rom II-VO anwendbare Recht maßgebend (OGH GRUR Int. 2012, 468 (471) – HOBAS-Rohre). Ob die Verletzungshandlung rechtswidrig war, ist eine Vorfrage, die sich nach dem damals geltenden deutschen IPR beurteilt. – Die Kollisionsregelungen der Rom II-VO gelten nicht nur im Verhältnis der Mitgliedstaaten untereinander, sondern haben **universelle Geltung.** Das nach der Rom II-VO bezeichnete Recht ist daher auch dann anzuwenden, wenn es nicht das Recht eines Mitgliedstaates ist (Art. 3 Rom II-VO).

II. Die allgemeine Regel des Art. 6 I Rom II-VO

1. Norm und Normzweck

5.14   Nach Art. 6 I Rom II-VO ist auf außervertragliche Schuldverhältnisse aus unlauterem Wettbewerbsverhalten das Recht des Staates anzuwenden, in dessen Gebiet die **Wettbewerbsbeziehungen** oder die **kollektiven Interessen der Verbraucher** beeinträchtigt worden sind oder wahrscheinlich beeinträchtigt werden. Diese spezielle Kollisionsnorm soll die Wettbewerber, die Verbraucher und die Öffentlichkeit schützen und das reibungslose Funktionieren der Marktwirtschaft sicherstellen (ErwGr. 21 S. 2 Rom II-VO).

2. Grundbegriffe

5.15   **a) Außervertragliches Schuldverhältnis.** Der Begriff des „außervertraglichen Schuldverhältnisses" ist als **autonomer Begriff** des Unionsrechts zu verstehen (ErwGr. 11 Rom II-VO) und entsprechend auszulegen. Durch Art. 6 I Rom II-VO ist allerdings klargestellt, dass unlauteres Wettbewerbsverhalten eine „besondere unerlaubte Handlung" darstellt (vgl. ErwGr. 19 Rom II-VO) und dementsprechend ein außervertragliches Schuldverhältnis begründen kann. Auf strafrechtliche Bestimmungen (zB § 16) bezieht sich die VO nicht. Diese können nur über entsprechende lauterkeitsrechtliche oder bürgerlichrechtliche Transmissionsnormen Bedeutung erlangen (§ 3a; § 823 II BGB).

5.16   **b) Unlauteres Wettbewerbsverhalten.** Der Begriff des unlauteren Wettbewerbsverhaltens ist ebenfalls ein **autonomer Begriff** des Unionsrechts, dessen verbindliche Auslegung letztlich dem EuGH obliegt. Zur Konkretisierung sind die Regelungen in Art. 6 I und II Rom II-VO sowie ErwGr. 21 Rom II-VO (Schutz der Wettbewerber, der Verbraucher und der Öffentlichkeit sowie des reibungslosen Funktionierens der Marktwirtschaft) heranzuziehen. – Unter **Wettbewerbsverhalten** ist ein Verhalten zu verstehen, das der Erhaltung oder Verbesserung der **Marktchancen** des eigenen oder eines fremden Unternehmens dient. Dabei muss es sich nicht notwendig um ein Marktverhalten handeln, wie sich aus Art. 6 II Rom II-VO ergibt. – Unter einem **unlauteren** Wettbewerbsverhalten sind insbesondere Verhaltensweisen zu verstehen, die Gegenstand der unionsrechtlichen Regelungen des unlauteren Wettbewerbs in der UGP-RL und Werbe-RL sind. Diese Richtlinien decken aber nicht alle Bereiche ab, wie sich schon aus Art. 3 IV UGP-RL („besondere Aspekte unlauterer Geschäftspraktiken") ergibt. Für sonstige Ausnahmebereiche der UGP-RL (vgl. Art. 3 II, III, VIII–X UGP-RL und ErwGr. 6, 7, 9 und 14 UGP-RL) muss noch geklärt werden, inwieweit unionsrechtliche oder nationale Regelungen von Art. 6 Rom II-VO erfasst sind. Insoweit sollte eine Rolle spielen, ob es sich dabei um Marktverhaltensregelungen zum Schutze der Mitbewerber, der Verbraucher oder der sonstigen Marktteilnehmer (vgl. § 3a) handelt (vgl. EuGH WRP 2014, 1047 Rn. 42 – Coty Germany/ First Note Perfumes: „innerstaatliches Gesetz gegen den unlauteren Wettbewerb"; vgl. auch Sack WRP 2008, 845 (846)). – Die Verwendung von vermeintlich unzulässigen AGB fällt unter den Begriff des unlauteren Wettbewerbsverhaltens, sofern dadurch die kollektiven Interessen der Verbraucher als Gruppe beeinträchtigt und damit die Wettbewerbsbedingungen auf dem Markt beeinflusst werden können (EuGH WRP 2016, 1469 Rn. 42 – Verein für Konsumenteninformation/Amazon EU). Im Fall einer verbraucherschutzrechtlichen Unterlassungsklage ist das Land, in dem die kollektiven Interessen der Verbraucher beeinträchtigt worden sind, jenes Land, in dem die Verbraucher, auf die das Unternehmen seine Geschäftsinteressen ausrichtet und deren kollektive Interessen vom betreffenden Verbraucherschutzverein mittels dieser Klage geschützt werden, ihren Wohnsitz haben (EuGH WRP 2016, 1469 Rn. 43 – Verein für Konsumenteninformation/Amazon EU). Das Gleiche gilt für Verstöße gegen andere Verbraucherschutzvorschriften (OLG München WRP 2019, 1067 Rn. 45 zu § 312j BGB). – Problematisch könnten allenfalls die Fälle der unzumutbaren Belästigung iSd § 7 sein, soweit sie ohne Rücksicht darauf untersagt sind, ob sie die wirtschaftlichen Interessen der angesprochenen Marktteilnehmer beeinträchtigen (vgl. demgegenüber Art. 8 UGP-RL und Anh. I Nr. 26 UGP-RL). Zwar stellt es die UGP-RL den Mitgliedstaaten ausdrücklich frei, Geschäftspraktiken „aus Gründen der guten Sitten und des Anstands" zu verbieten (vgl. ErwGr. 7 S. 3 und 4 UGP-RL). Daraus lässt sich allerdings nicht zwingend der Schluss ziehen, dass entsprechende Handlungen noch dem unlauteren Wettbewerb iSd Art. 6 Rom II-VO zuzurechnen sind. Die Frage ist letztlich vom EuGH zu klären.

c) Beeinträchtigung. Von einer **Beeinträchtigung der Wettbewerbsbeziehungen** ist 5.17 auszugehen, wenn das betreffende unlautere Verhalten im Wettbewerb die Marktchancen von Mitbewerbern beeinträchtigt, es also zu einer **„wettbewerblichen Interessenkollision"** kommt (BGH WRP 2017, 434 Rn. 42 – World of Warcraft II; WRP 2018, 1081 Rn. 23 – goFit). – Von einer **Beeinträchtigung der kollektiven Interessen** ist auszugehen, wenn das betreffende unlautere Verhalten die Interessen mehrerer Verbraucher schädigt oder schädigen kann (vgl. Art. 3 lit. Nr. 14 VO (EU) 2017/2394). **Verbraucherinteressen** sind dann geschädigt, wenn das Verhalten geeignet ist, ihre **Fähigkeit, eine informierte Entscheidung zu treffen** oder ihre **Entscheidungsfreiheit spürbar zu beeinträchtigen** (vgl. Art. 2 lit. e UGP-RL, Art. 5 II UGP-RL und Art. 8 UGP-RL). Es muss sich um **kollektive** (im Gegensatz zu individuellen) Verbraucherinteressen handeln (dazu Köhler FS Büscher, 2018, 333). Das ist stets anzunehmen, wenn sich die Maßnahme an eine Vielzahl von Verbrauchern richtet (zB Zeitungs- oder Plakatwerbung). Es genügt aber auch eine gegenüber einem einzelnen Verbraucher vorgenommene Handlung, wenn sie ihrer Art nach auf Fortsetzung angelegt ist und damit in ihrem Gewicht und ihrer Bedeutung über den Einzelfall hinausreicht (zB unerbetene E-Mail-Werbung oder Telefonwerbung oder Auskunft gegenüber einem einzelnen Verbraucher). – Art. 6 I Rom II-VO ist **entsprechend anwendbar,** wenn sich die Maßnahme gegen **andere Marktteilnehmer als Verbraucher** wendet (z B Werbung eines Herstellers gegenüber Händlern). – Es genügt, dass das unlautere Verhalten entweder die Wettbewerbsbeziehungen **oder** die kollektiven Interessen der Verbraucher beeinträchtigt. Damit ist sichergestellt, dass auch das Verhalten von Monopolisten erfasst wird.

d) Wahrscheinliche Beeinträchtigung. Nach Art. 6 I Rom II-VO genügt eine **wahr-** 5.18 **scheinliche** Beeinträchtigung. Das ist dann anzunehmen, wenn unter Berücksichtigung der Umstände des Einzelfalls eine Beeinträchtigung **droht** (vgl. ErwGr. 21 S. 2 Rom II-VO), also unmittelbar bevorsteht. Damit ist sichergestellt, dass auch vorbeugende **Unterlassungsansprüche** wegen eines drohenden unlauteren Wettbewerbsverhaltens von der Kollisionsnorm erfasst werden.

3. Maßgeblicher Ort der Beeinträchtigung

Die Regel des Art. 6 I Rom II-VO ist nicht als Ausnahme, sondern als **Präzisierung** der 5.19 allgemeinen Regel des Art. 4 Rom II-VO zu verstehen (ErwGr. 21 S. 1 Rom II-VO; EuGH GRUR 2016, 1183 Rn. 41 – Verein für Konsumenteninformation/Amazon EU; BGH WRP 2009, 1545 Rn. 19), so dass grds. auch die Anwendung des Art. 4 II, III Rom II-VO ausgeschlossen ist (Umkehrschluss aus Art. 6 I Rom II-VO). Sonach ist der Ort der „Beeinträchtigung" als Ort des „Schadenseintritts" iSd Art. 4 I Rom II-VO anzusehen. Dementsprechend ist das Recht des Staates anzuwenden, in dessen Gebiet sich die Beeinträchtigung der Wettbewerbsbeziehungen oder der kollektiven Verbraucherinteressen ereignet oder ereignen kann. Zu einer Beeinträchtigung kommt es, wenn der Handelnde in **unlauterer** Weise auf die Mitbewerber oder die Marktgegenseite einwirkt. Maßgebend ist also der Ort, an dem diese Einwirkung stattfindet. In Fortsetzung der bisherigen deutschen Rspr. wird insoweit vom **Marktort** gesprochen (vgl. BGH WRP 2018, 1081 Rn. 23 – goFit; WRP 2016, 586 Rn. 16 – Eizellspende; BGHZ – Gms-OGB – 194, 354 Rn. 15; OGH GRUR 2015, 481 (483); Handig GRUR-Int. 2008, 24 (27); Sack WRP 2008, 845 (846 ff.)). Dementsprechend ist bei einer Werbemaßnahme maßgebend, auf welchen Markt die Werbemaßnahme ausgerichtet ist (BGH WRP 2016, 586 Rn. 16 – Eizellspende). Da auf Grund von Art. 3 I UGP-RL unlautere Verhaltensweisen nicht nur **vor,** sondern auch **bei** und **nach Vertragsschluss** erfasst werden, ist folgerichtig bei der Ermittlung des Marktorts (besser: Einwirkungsort) zu unterscheiden.

5.20   **a) Handlungen vor Vertragsschluss.** Bei Handlungen vor Vertragsschluss ist **Marktort** (bzw. Einwirkungsort) der Ort, an dem auf die potenziellen Vertragspartner eingewirkt wird (BGH GRUR 2010, 847 Rn. 19 – Ausschreibung in Bulgarien). Für die Bestimmung dieses Orts, soweit es die **Werbung** betrifft, ist auf das jeweilige Werbemedium und seine Verbreitung abzustellen (Internet; Werbeplakat; Zeitungsanzeige; Briefwerbung; Prospektwerbung usw). Bei der Einwirkung durch Übermittlung von Informationen ist der Ort maßgebend, an dem die Information die betreffenden Verkehrskreise bestimmungsgemäß erreicht oder doch den Umständen nach erreichen kann. Bei anderen Handlungen, wie der unerbetenen persönlichen Ansprache von Verbrauchern in der Öffentlichkeit oder in ihrer Wohnung, ist der Ort maßgeblich, an dem die Kontaktaufnahme stattfindet. Bei **Absatzhandlungen** ist Einwirkungsort der Ort, an dem das Produkt zum Kauf angeboten wird. Bei behaupteten Verstößen gegen **Marktverhaltensregelungen** (§ 3a) ist Einwirkungsort der Ort, an dem das betreffende Marktverhalten auf die Mitbewerber und/oder Verbraucher einwirkt. Nach dem Recht dieses Ortes ist zu bestimmen, ob das Marktverhalten unlauter ist. – Bei der **Verwendung missbräuchlicher AGB,** durch die kollektive Interessen von Verbrauchern beeinträchtigt werden oder beeinträchtigt werden können, ist der Ort maßgebend, an dem die von der Rechtsordnung missbilligten AGB verwendet worden sind oder wahrscheinlich verwendet werden (EuGH GRUR 2016, 1183 Rn. 42 ff. – Verein für Konsumenteninformation/Amazon EU; BGH WRP 2009, 1545 Rn. 19), dh es ist der Wohnsitz der Verbraucher maßgebend, auf die das Unternehmen seine Geschäftstätigkeit ausrichtet und deren kollektive Interessen betroffen sind. Allerdings ist das bei der Beurteilung der Zulässigkeit einer bestimmten Vertragsklausel anwendbare Recht als Vorfrage stets anhand des Art. 6 Rom I-VO zu beurteilen, sei es im Rahmen einer Individualklage oder einer Verbandsklage (EuGH GRUR 2016, 1183 Rn. 49 ff. – Verein für Konsumenteninformation/Amazon EU). Damit wird der Gleichlauf des anwendbaren Rechts unabhängig davon, ob die Zulässigkeit einer Klausel im Rahmen einer Verbandsklage oder eines Individualprozesses zu klären ist, sichergestellt. – Bei der **Mitbewerberbehinderung,** soweit sie nicht ausschließlich die Interessen eines bestimmten Mitbewerbers beeinträchtigt (dann Art. 6 II Rom II-VO), ist Einwirkungsort der Ort, an dem auf die Marktgegenseite eingewirkt wird. Dazu gehören ua die Fälle der gezielten Behinderung (§ 4 Nr. 4), soweit diese „marktvermittelt" ist (BGH WRP 2017, 434 Rn. 43 – World of Warcraft II) und die Fälle der Herabsetzung eines Mitbewerbers iSd § 4 Nr. 1, weil diese Vorschrift nicht nur die Interessen des Mitbewerbers, sondern auch das Interesse der Allgemeinheit an einem unverfälschten Wettbewerb schützt (BGH WRP 2014, 548 Rn. 37 – englischsprachige Pressemitteilung).

5.21   **b) Handlungen bei Vertragsschluss.** Bei Handlungen bei Vertragsschluss, insbes. bei der Abgabe von Willenserklärungen, ist der Marktort der Ort, an dem die Erklärung dem potenziellen Vertragspartner in der Weise nahegebracht wird, dass er von ihr Kenntnis erlangt oder doch den Umständen nach erlangen kann. Am Beispiel der Übersendung von Briefen mit Vertragsangeboten: Maßgebend ist der Ort, an dem die Erklärung dem Empfänger zugeht. Unerheblich ist, ob und wie der Empfänger darauf reagiert.

5.22   **c) Handlungen nach Vertragsschluss.** Bei Handlungen nach Vertragsschluss, etwa Zahlungsaufforderungen oder Erklärungen über das (Nicht-)Bestehen von Verbraucherrechten, ist der Marktort (Einwirkungsort) ebenfalls der Ort, an dem die Erklärung dem Vertragspartner in der Weise nahegebracht wird, dass er von ihr Kenntnis erlangt oder doch den Umständen nach erlangen kann.

4. Behandlung der Multi-state-Fälle

5.23   Bei Handlungen, die die Interessen von Verbrauchern oder sonstigen Marktteilnehmern in mehreren Staaten beeinträchtigen, ist zu unterscheiden:

5.24   **a) Vielzahl gleichartiger Handlungen.** Vielfach nimmt ein Unternehmer gleichartige Handlungen gegenüber einer Vielzahl von Verbrauchern oder sonstigen Marktteilnehmern vor. So etwa bei einer Telefon-, Fax- oder E-Mail-Werbung oder beim Ansprechen von Passanten in der Öffentlichkeit. In diesem Fall ist jeder Ort, an dem auf einen Verbraucher oder sonstigen Marktteilnehmer eingewirkt wird, relevant. Liegen diese Orte im Gebiet mehrerer Staaten, führt dies dazu, dass das Recht jedes dieser Staaten anwendbar ist. So kann beispielsweise die unerbetene Telefonwerbung nach dem Recht des einen Staates zu verbieten, nach dem Recht eines anderen Staates zuzulassen sein.

b) Unteilbare Handlungen. Eine besondere Problematik ergibt sich, wenn sich ein Unter-   5.25
nehmer für seine Werbung eines Mediums bedient, das eine unbestimmte Vielzahl von Verbrauchern oder sonstigen Marktteilnehmern gleichzeitig in mehreren Staaten anspricht (Multistate-Wettbewerbshandlungen). So etwa beim grenzüberschreitenden Vertrieb einer **Zeitschrift,** bei grenzüberschreitender **Fernsehwerbung** – ob gewollt oder bloßer overspill – und vor allem bei Werbe- und Marketingmaßnahmen im **Internet.** In Art. 6 I Rom II-VO ist dazu keine besondere Regelung getroffen. Grundsätzlich ist daher auch in diesen Fällen vom **Marktortprinzip** auszugehen (vgl. Handig GRUR-Int. 2008, 24 (28); Sack WRP 2008, 845 (851 ff.)). Dabei ist jedoch zu unterscheiden.

aa) Wettbewerbshandlungen in Funk und Fernsehen. Bei der Werbung in Funk und   5.26
Fernsehen kommen alle Gebiete als Marktort in Betracht, in denen die Sendung ausgestrahlt wird (vgl. BGH GRUR 1994, 530 (532) – Beta; GRUR 1998, 945 (946) – Co-Verlagsvereinbarung). Allerdings ist dabei das **Herkunftslandprinzip** (→ Rn. 3.57, 5.9) zu beachten, wie es in den **Art. 2 I AVMD-RL, Art. 3 I AVMD-RL** geregelt ist. Dieses Prinzip gilt aber nur für Mediendiensteanbieter, insbes. Fernsehveranstalter, und nur für den „koordinierten Bereich", wie er in den Art. 9 ff., 19 ff. AVMD-RL geregelt ist, also bspw. nicht für irreführende oder unzulässig vergleichende Werbung.

bb) Wettbewerbshandlungen im Internet. Die auf einer Website veröffentlichten Angaben   5.27
und Inhalte können grds. umfassend und weltweit abgerufen werden (EuGH WRP 2017, 1465 Rn. 48 – Bolagsupplysningen). Dementsprechend können durch ein und dieselbe Handlung (Einstellen eines Inhalts in das Internet) die Märkte einer Vielzahl von Staaten betroffen sein. Dementsprechend kann darauf das Recht aller Staaten, in deren Gebiet die Wettbewerbsbeziehungen oder die kollektiven Interessen der Verbraucher (wahrscheinlich) beeinträchtigt werden, anwendbar sein. Dabei ist allerdings das **Herkunftslandprinzip,** wie es in **Art. 3 E-Commerce-RL** und in Umsetzung dieser Richtlinie in **§ 3 TMG** geregelt ist (→ Rn. 5.7 ff.), zu beachten. Über die Rechtsnatur (Sachnormverweisung oder Gesamtverweisung) und die Reichweite des Herkunftslandprinzips herrschte lange Zeit Streit (vgl. die Nachw. bei BGH GRUR 2006, 513 Rn. 29 – Arzneimittelwerbung im Internet; Sack WRP 2013, 1407; Sack WRP 2013, 1545). Der EuGH hat jedoch zu Art. 3 E-Commerce-RL entschieden, dass er keine Umsetzung in Form einer speziellen Kollisionsregel verlangt. Allerdings müssen die Mitgliedstaaten, vorbehaltlich der Ausnahmen nach Art. 3 IV E-Commerce-RL, sicherstellen, dass der Diensteanbieter keinen strengeren Anforderungen unterliegt, als sie das im Sitzmitgliedstaat dieses Anbieters geltende Sachrecht vorsieht (EuGH GRUR 2012, 300 Rn. 53 ff. – eDate Advertising). Der BGH ist dem gefolgt (BGH WRP 2017, 434 Rn. 35 ff. – World of Warcraft II). § 3 TMG enthält danach keine Kollisionsnorm, sondern ein sachrechtliches Beschränkungsverbot. Dementsprechend ist das nach den nationalen Kollisionsregeln anwendbare Recht, soweit es strengere Anforderungen als das im Sitzmitgliedstaat des Diensteanbieters geltende Sachrecht vorsieht, inhaltlich zu modifizieren und auf die weniger strengen Anforderungen des Rechts des Herkunftslandes des Diensteanbieters zu reduzieren.

Durch den Einsatz von **Disclaimern,** dh der Erklärung, dass das Angebot sich nicht an   5.28
Kunden in bestimmten Ländern richte, kann allerdings der Werbende das Risiko, dass seine Werbung auf Grund des strengeren Sachrechts in einem bestimmten Staat untersagt wird, begrenzen. Vorausgesetzt ist jedoch, dass die Erklärung überhaupt ernst gemeint ist und dass der Werbende sich auch daran hält und keine Lieferungen in dieses Land vornimmt (BGH WRP 2006, 736 Rn. 25 – Arzneimittelwerbung im Internet; OGH ÖBl. 2003, 31 – BOSS-Zigaretten; OLG Düsseldorf WRP 2020, 88 Rn. 18).

cc) Schadensersatz. Das Nebeneinander mehrerer nationaler Rechte des unlauteren Wett-   5.29
bewerbs ist unproblematisch, soweit es um den in den einzelnen Staaten erlittenen **Schaden** geht, weil dieser nur nach Maßgabe des dort geltenden Rechts zu ersetzen ist (hM; vgl. Grüneberg/Thorn Rom II-VO Art. 6 Rn. 12). Man spricht insoweit von einer **Mosaikbetrachtung** oder **Schadensparzellierung.**

dd) Unterlassung und Beseitigung. Anders verhält es sich mit dem Anspruch auf **Unter-**   5.30
lassung und/oder **Beseitigung** der betreffenden Äußerungen im Internet. Denn dessen Inhalte können umfassend und weltweit abgerufen werden und dementsprechend hat eine Verpflichtung zur Richtigstellung oder Entfernung wettbewerbswidriger Inhalte aufgrund des Rechts auch nur eines Marktorts grds. weltweite Wirkung. Diesen Besonderheiten des Internets ist bei der

Feststellung der **internationalen Zuständigkeit** und **Kognitionsbefugnis** (→ Rn. 5.38 ff.) der angerufenen Gerichte Rechnung zu tragen.

III. Die Sonderregel des Art. 6 II Rom II-VO

1. Anwendungsbereich

5.31   Nach Art. 6 II Rom II-VO ist die allgemeine Kollisionsnorm des Art. 4 Rom II-VO anwendbar, wenn ein unlauteres Wettbewerbsverhalten **ausschließlich** die Interessen eines bestimmten Wettbewerbers beeinträchtigt. Man spricht insoweit von **„unternehmensbezogenen", „betriebsbezogenen"** oder **„bilateralen Handlungen".** Dazu gehören jedenfalls Handlungen **ohne Marktbezug,** wie bspw.

– Sabotageakte gegenüber dem Mitbewerber (Beschädigung oder Zerstörung von Betriebseinrichtungen, Rohstoffen oder Waren);
– unlautere Abwerbung oder **Bestechung** von Mitarbeitern (Glöckner WRP 2011, 137 (142); Grüneberg/Thorn, Rom II 6 Rn. 17
– unlautere Herstellerverwarnung;
– Domain-Anmeldung zwecks Grabbing (vgl. KOM (2003) 427 endg., 18; OGH GRUR-Int. 2012, 464 (467) – alcom-international.at; Ohly/Sosnitza/Ohly Einf. B Rn. 21; Lindacher GRUR-Int. 2008, 453 (457); Sack GRUR-Int. 2012, 601 (606 ff.)).

5.32   Ist allerdings ein unternehmensbezogener Eingriff mit **marktvermittelten Einwirkungen auf die geschäftlichen Entscheidungen der ausländischen Marktgegenseite** verbunden, so bleibt Art. 6 I Rom II-VO anwendbar (BGH GRUR 2010, 847 Rn. 19 – Ausschreibung in Bulgarien; WRP 2014, 548 Rn. 37, 38 – englischsprachige Pressemitteilung; WRP 2017, 434 Rn. 43 – World of Warcraft II; WRP 2018, 1081 Rn. 23 – goFit; Sack WRP 2008, 845 (850, 851); Glöckner WRP 2011, 137 (139)). Dazu gehören ua die folgenden Fälle: **Herabsetzung, Anschwärzung** oder **unlautere Behinderung** eines Mitbewerbers bei seinen Kunden; Angebot von Produktnachahmungen unter **Täuschung** über die betriebliche Herkunft; unzulässige **vergleichende Werbung;** unlautere **Verleitung von Kunden zum Vertragsbruch;** unlauterer **Boykottaufruf; unberechtigte Abnehmerverwarnung**). Zu beachten ist jedoch, dass in all diesen Fällen auf den Verbraucher (oder sonstigen Marktpartner) **unlauter** (→ Rn. 5.19; vgl. BGH GRUR 2010, 847 Rn. 18 – Ausschreibung in Bulgarien) eingewirkt wird, insbes. deren Fähigkeit zu einer informierten Entscheidung oder deren Entscheidungsfreiheit beeinträchtigt wird. Das ist ua auch dann anzunehmen, wenn Teilnehmer eines Computer-Spiels veranlasst werden, sog. „Bots" (Automatisierungssoftware) zu erwerben, die sie unter Verstoß gegen die Nutzungsbedingungen einsetzen können, um sich gegenüber ehrlichen Mitspielern einen Vorteil zu verschaffen, und letztere sich veranlasst sehen, sich von dem Spiel abzuwenden (BGH WRP 2017, 434 Rn. 43 ff. – World of Warcraft II). – Das Gleiche gilt für das Angebot von Waren, die unter Einsatz eines unlauter abgeworbenen Mitarbeiters hergestellt wurden. In diesen Fällen liegt auch keine Beeinträchtigung der „Wettbewerbsbeziehungen", nämlich der schutzwürdigen Interessen rechtmäßig handelnder Mitbewerber vor. Für diese (und für die Kunden) stellt sich das Marktverhalten nur als Verschärfung des Wettbewerbs dar. Es muss dem unmittelbar verletzten Wettbewerber überlassen bleiben, ob er gegen den Verletzer vorgeht oder nicht.

2. Verweisung auf Art. 4 Rom II-VO

5.33   Die Verweisung in Art. 6 II Rom II-VO bezieht sich auf alle drei Absätze des Art. 4 Rom II-VO. Nach Art. 4 I Rom II-VO ist, sofern nicht die Spezialregelungen des Abs. 2 und 3 eingreifen, das Recht des Staates anwendbar, in dem der Schaden eintritt (Erfolgsort), unabhängig davon, in welchem Staat das schadensbegründende Ereignis (Handlungsort) oder indirekte Schadensfolgen eingetreten sind. Maßgebend ist demnach der Sitz (Art. 23 I Rom II-VO) des betroffenen Unternehmens (OGH GRUR-Int. 2012, 468 (472) – Rohrprodukte; Lindacher GRUR-Int. 2008, 453 (457 ff.)).

3. Sonderfall: Verletzung von Geschäftsgeheimnissen

5.33a   Die Verletzung von Geschäftsgeheimnissen wurde bislang als Fall des unlauteren Wettbewerbs iSd Art. 6 II Rom II-VO angesehen (Köhler FS Coester-Waltjen, 2015, 501 (508 ff.)). Unter Geltung der **RL 2016/943/EU** lässt sich dies aber nicht mehr aufrechterhalten. Der rechtswidrige Erwerb, die rechtswidrige Nutzung und die rechtswidrige Offenlegung von Geschäftsgeheimnissen iSd Art. 4 iVm Art. 2 Nr. 1 RL 2016/943/EU stellen **unerlaubte Handlungen iSd Art. 4 I Rom II-VO,** nicht notwendig aber ein unlauteres Wettbewerbsverhalten iSd Art. 6 I und II Rom II-VO dar. Auch **Art. 8 Rom II-VO** ist nicht anwendbar, da Geschäftsgeheimnisse zwar ein Immaterialgut, aber kein Recht des geistigen Eigentums iSd Art. 8 Rom II-VO darstellen (arg. ErwGr. 1, 2, 16, 39 RL 2016/943/EU; → GeschGehG Vor § 1 Rn. 97 (Alexander); aA Kiefer WRP 2018, 910).

IV. Unzulässigkeit einer Rechtswahlvereinbarung (Art. 6 IV Rom II-VO)

Nach Art. 6 IV Rom II-VO kann von „dem nach diesem Artikel anzuwendenden Recht" nicht durch eine Vereinbarung gem. Art. 14 Rom II-VO abgewichen werden. Eine Rechtswahlvereinbarung ist also ausgeschlossen. Dies gilt auch für Art. 6 II Rom II-VO. Der Ausschluss rechtfertigt sich daraus, dass an der Verfolgung von Wettbewerbsverstößen auch ein Interesse Dritter und ein öffentliches Interesse bestehen kann.   5.34

V. Ausschluss der Rück- und Weiterverweisung (Art. 24 Rom II-VO)

Nach Art. 24 Rom II-VO sind unter dem nach dieser Vorschrift anzuwendenden Recht eines Staates die in diesem Staat geltenden Rechtsnormen unter Ausschluss derjenigen des Internationalen Privatrechts zu verstehen. Eine Rück- oder Weiterverweisung auf ein anderes Recht ist daher ausgeschlossen.   5.35

VI. Unvereinbarkeit mit dem ordre public (Art. 26 Rom II-VO)

Nach Art. 26 Rom II-VO kann die Anwendung des nach dieser Verordnung bezeichneten Rechts nur versagt werden, wenn ihre Anwendung mit der öffentlichen Ordnung („ordre public") des Staates des angerufenen Gerichts offensichtlich unvereinbar ist (dazu Sack WRP 2008, 845 (862 ff.)). Das ist jedoch noch nicht der Fall, wenn eine nach Auslandsrecht zulässige Maßnahme gegen das UWG verstößt. Vielmehr greift die **Ordre-public-Klausel** nur in Ausnahmefällen ein, in denen das ausländische Recht keinen Rechtsschutz gegenüber krass unlauteren Verhaltensweisen gewährt (BGHZ 35, 329 (337) = GRUR 1962, 243 – Kindersaugflaschen). Innerhalb der Union dürfte dies nicht der Fall sein.   5.36

D. Internationales Verfahrensrecht

I. Gerichtsbarkeit

Deutsche Gerichte sind befugt, über Auslandssachverhalte (auch) unter Anwendung ausländischen Rechts zu urteilen, sofern sie nach den Regeln über die internationale Zuständigkeit zuständig sind. Die Gerichtsbarkeit fehlt nur dann, wenn die Souveränität eines fremden Staates betroffen wird oder die Parteien Exterritoriale (§§ 18 ff. GVG) sind.   5.37

II. Internationale Zuständigkeit

1. Grundsatz

Ob ein deutsches oder ein ausländisches Gericht zur Entscheidung berufen ist, bestimmt sich nach den Regeln über die **örtliche** Zuständigkeit (Doppelfunktionalität; BGH GRUR 1987, 172 (173) – Unternehmensberatungsgesellschaft I; OLG Düsseldorf WRP 2020, 88 Rn. 4). Grundsätzlich ist daher, soweit keine vorrangigen Regelungen im Unionsrecht oder in Staatsverträgen vorliegen, ein (nach § 14 UWG bzw. den §§ 12 ff. ZPO) örtlich zuständiges deutsches Gericht im Verhältnis zu ausländischen Gerichten auch international zuständig (BGH GRUR 2010, 461 Rn. 7 ff. – The New York Times; NJW 2011, 2518 Rn. 7). Letztlich geht es also um Fälle, in denen der Beklagte weder in einem Mitgliedstaat noch in einem Vertragsstaat des LugÜ II einen Sitz hat. § 39 ZPO (rügelose Einlassung) ist entspr. anwendbar (OLG Koblenz GRUR 1993, 763). Die Zuständigkeit ist nicht davon abhängig, dass tatsächlich eine Verletzungshandlung erfolgt ist. Vielmehr reicht es aus, dass eine Verletzung schlüssig behauptet wird und diese nicht von vornherein ausgeschlossen werden kann; ob sie tatsächlich eingetreten ist, ist eine Frage der Begründetheit der Klage, die vom zuständigen Gericht anhand des anwendbaren nationalen   5.38

Rechts zu prüfen ist (BGH GRUR 2014, 601 Rn. 17 – englischsprachige Pressemitteilung; GRUR 2018, 84 Rn. 47 – Parfummarken; krit. MüKoUWG/Mankowski IntWettbR Rn. 383).

2. Brüssel Ia-VO

5.39   **a) Vorrangige Geltung.** Die Vorschriften der VO (EU) 1215/2012 **(Brüssel Ia-VO)** v. 12.12.2012 über die gerichtliche Zuständigkeit und die Anerkennung und Vollstreckung von Entscheidungen in Zivil- und Handelssachen (ABl. EU 2012 L 351, 1) haben in ihrem Anwendungsbereich **Vorrang** vor dem nationalen Recht. Zu beachten ist, dass diese VO nach Art. 81 UAbs. 1 und 2 Brüssel Ia-VO mWv **10.1.2015** in Kraft getreten ist. Sie gilt daher nur für Verfahren die nach dem 9.1.2015 eingeleitet worden sind (BGH GRUR 2018, 84 Rn. 43 – Parfummarken). Bis zu diesem Zeitpunkt gilt die **Brüssel I-VO** (VO (EG) 44/2001). – Zum **Lugano-Übereinkommen** (= LugÜ II) v. 30.10.2007 (ABl. 2009 L 147, 5), das im Verhältnis zu Dänemark, Norwegen, Island und der Schweiz gilt, vgl. BGH NJW 2014, 2798 Rn. 13 ff.; Thomas/Putzo/Nordmeier, ZPO, 43. Aufl. 2022, EuGVVO Vor Art. 1 Rn. 5.

5.40   **b) Zuständigkeiten. aa) Wohnsitz oder Sitz des Beklagten (Art. 4, 6 Brüssel Ia-VO; Art. 63 Brüssel Ia-VO).** Die internationale Zuständigkeit deutscher Gerichte bestimmt sich nach der Brüssel Ia-VO, wenn der **Beklagte** seinen Wohnsitz bzw. Sitz in einem Mitgliedstaat der EU hat. Das gilt auch für die negative Feststellungsklage (BGH GRUR-RR 2013, 228 Rn. 11 – Trägermaterial für Kartenformulare). Für natürliche Personen ist deren Wohnsitz ohne Rücksicht auf die Staatsangehörigkeit maßgebend (Art. 4 I Brüssel Ia-VO). Bei Gesellschaften und juristischen Personen ist deren Sitz maßgeblich (Art. 63 Brüssel Ia-VO). Hat der Beklagte keinen Wohnsitz im Hoheitsgebiet eines Mitgliedstaats, gilt Art. 6 Brüssel Ia-VO. Von diesem allgemeinen Grundsatz weichen die nachfolgenden Ausnahmebestimmungen ab, in denen eine Person vor den Gerichten eines anderen Mitgliedstaats verklagt werden kann oder muss. Diese sind daher in dem Sinn eng auszulegen, dass sie einer Auslegung über die in der VO ausdrücklich vorgesehenen Fälle hinaus nicht zugänglich sind (EuGH WRP 2018, 304 Rn. 27 – Maximilian Schrems/Facebook zur Brüssel I-VO).

5.41   **bb) Vertrag oder Ansprüche aus einem Vertrag (Art. 7 Nr. 1 Brüssel Ia-VO).** Dazu BGH NJW 2019, 76 Rn. 38 ff.; Musielak/Voit/Stadler, ZPO, 17. Aufl. 2020, EuGVVO Art. 7 Rn. 1–15; Thomas/Putzo/Nordmeier, ZPO, 43. Aufl. 2022, EuGVVO Art. 7 Rn. 2–15. – Für die Abgrenzung von Art. 7 Nr. 1 und Art. 7 Nr. 2, wenn die Parteien Vertragspartner sind, kommt es darauf an, auf welche Bestimmung der Kläger seine Klage stützt. Art. 7 Nr. 1 ist anwendbar, wenn eine Auslegung des Vertrags zwischen den Parteien unerlässlich erscheint, um zu klären, ob das angegriffene rechtmäßig oder rechtswidrig ist. Dies ist ua der Fall bei einer Klage, die auf den Bestimmungen dieses Vertrags oder auf Vorschriften beruht, die aufgrund dieses Vertrags anwendbar sind. Beruft sich der Kläger hingegen auf Vorschriften über die Haftung aus unerlaubter Handlung, und erscheint es nicht unerlässlich, den Inhalt des Vertrags daraufhin zu überprüfen, ob das Verhalten rechtmäßig oder rechtswidrig ist, da die Haftung des Beklagten unabhängig von diesem Vertrag besteht, so ist Art. 7 Nr. 2 anwendbar (EuGH GRUR 2021, 116 Rn. 24 ff., 32, 33 – Wikingerhof/Booking.com; dazu Rieländer RIW 2021, 103).

5.42   **cc) Begehungsort einer unerlaubten Handlung (Art. 7 Nr. 2 Brüssel Ia-VO).** Nach **Art. 7 Nr. 2 Brüssel Ia-VO** kann eine Person, die ihren Wohnsitz im Hoheitsgebiet eines Mitgliedstaats hat, wenn eine unerlaubte Handlung oder eine Handlung, die einer unerlaubten Handlung gleichgestellt ist, oder wenn Ansprüche aus einer solchen Handlung den Gegenstand eines Verfahrens bilden, in einem anderen Mitgliedstaat vor dem Gericht des Ortes verklagt werden, an dem das schädigende Ereignis eingetreten ist oder einzutreten droht. Diese Vorschrift ist an die Stelle des inhaltsgleichen **Art. 5 Nr. 3 Brüssel I-VO** getreten und wie diese Bestimmung auszulegen, nämlich autonom und unter Berücksichtigung der Systematik und der Zielsetzung der Verordnung (EuGH WRP 2017, 1465 Rn. 24, 25 – Bolagsupplysningen; GRUR 2021, 116 Rn. 20 – Wikingerhof/Booking.com).

5.43   Die Regelung beruht darauf, dass zwischen der Streitigkeit und den Gerichten des Ortes, an dem das schädigende Ereignis eingetreten ist oder einzutreten droht, eine besonders enge Beziehung besteht, die aus Gründen einer geordneten Rechtspflege und einer sachgerechten Gestaltung des Prozesses eine Zuständigkeit dieser Gerichte rechtfertigt. Diese Gerichte sind insbes. wegen ihrer Nähe zum Streitgegenstand und der leichteren Beweisaufnahme in der Regel am besten in der Lage, den Rechtsstreit zu entscheiden. Zudem soll das Erfordernis der engen Verbindung Rechtssicherheit schaffen und verhindern, dass die Gegenpartei vor einem Gericht eines Mitgliedstaats verklagt werden kann, mit dem sie vernünftigerweise nicht rechnen konnte (EuGH WRP 2017, 1465 Rn. 26–28 – Bolagsupplysningen; GRUR 2021, 116 Rn. 37 – Wikingerhof/Booking.com). **Zweck** der Bestimmung ist sonach die Vorhersehbarkeit des Gerichtsstands und die Rechtssicherheit, nicht aber ein verstärkter Schutz der schwächeren Partei (EuGH WRP 2017, 1465 Rn. 39 – Bolagsupplysningen).

Das angerufene Gericht hat im Stadium der **Prüfung** der internationalen Zuständigkeit weder **5.44** die Zulässigkeit noch die Begründetheit der Klage zu prüfen, sondern nur die Anknüpfungspunkte mit dem Staat des Gerichtsstands zu ermitteln, der seine Zuständigkeit nach Art. 7 Nr. 2 Brüssel Ia-VO rechtfertigt (vgl. EuGH GRUR 2013, 98 Rn. 50 – Folien Fischer). Art. 7 Nr. 2 Brüssel Ia-VO regelt dabei die **örtliche Zuständigkeit** des Gerichts (OLG München WRP 2019, 1067 Rn. 29 mwN).

Zu den unerlaubten Handlungen zählen auch **Wettbewerbsverstöße** (EuGH WRP 2014, **5.45** 1047 Rn. 42, 55 ff. – Coty Germany/First Perfume Notes; BGH GRUR 2005, 431 – HOTEL MARITIME; GRUR 2005, 519 – Vitamin-Zell-Komplex; GRUR 2008, 275 Rn. 18 – Versandhandel mit Arzneimitteln; GRUR 2014, 601 Rn. 16 – englischsprachige Pressemittteilung; WRP 2015, 714 Rn. 11 – Uhrenankauf im Internet; BGHZ 167, 91 Rn. 20 ff. – Arzneimittelwerbung im Internet; WRP 2016, 958 Rn. 15 – Freunde finden; WRP 2016, 1142 Rn. 18 – Deltamethrin II), einschließlich der **Verwendung missbräuchlicher AGB**, sofern dadurch die kollektiven Interessen der Verbraucher als Gruppe beeinträchtigt und damit die Wettbewerbsbedingungen auf dem Markt beeinflusst werden können (EuGH GRUR 2016, 1183 Rn. 42 ff. – Verein für Konsumenteninformation/Amazon EU; BGH WRP 2009, 1545 Rn. 12).

Begehungsort („Ort … an dem das schädigende Ereignis eingetreten ist oder einzutreten **5.46** droht") ist sowohl der **Ort des für den Schaden ursächlichen Geschehens (Handlungsort)** als auch der **Ort der Verwirklichung des Schadenserfolgs (Erfolgsort)**. Der Kläger hat die **Wahl**, den Beklagten vor dem Gericht eines der beiden Orte zu verklagen (stRspr; EuGH WRP 2014, 1047 Rn. 46 – Coty Germany/First Note Perfumes; WRP 2017, 416 Rn. 26 – Concurrence/Samsung; BGH WRP 2015, 735 Rn. 26 – Parfumflakon III; GRUR 2016, 946 Rn. 15 – Freunde finden). **Handlungsort** ist in der Regel der Ort der Niederlassung des handelnden Unternehmens. Erfolgsort ist der Ort, an dem aus einem Ereignis, das eine Schadensersatzpflicht wegen unerlaubter Handlung oder wegen einer Handlung, die einer unerlaubten Handlung gleichgestellt ist, auslösen kann, ein Schaden entstanden ist (EuGH WRP 2014, 1047 Rn. 54 – Coty Germany/First Note Perfumes; BGH WRP 2015, 735 Rn. 30 – Parfumflakon III). Geht es um einen Wettbewerbsverstoß, setzt die Annahme einer internationalen Zuständigkeit unter dem Aspekt des Erfolgsortes voraus, dass die in einem anderen Mitgliedstaat begangene Handlung nach dem Vortrag des Klägers einen Schaden im Zuständigkeitsbereich des angerufenen Gerichts verursacht (EuGH WRP 2014, 1047 Rn. 54 – Coty Germany/First Note Perfumes; BGH WRP 2015, 735 Rn. 30 – Parfumflakon III). Hat der Beklagte im Inland keine Niederlassung, kann nur der Erfolgsort die Zuständigkeit eines inländischen Gerichts begründen. Diese Grundsätze ergeben sich aus der Rspr. des **EuGH** (EuGH GRUR 2012, 300 Rn. 41 – eDate Advertising; GRUR 2013, 98 Rn. 39 – Folien Fischer; WRP 2014, 1047 Rn. 55 ff. – Coty Germany/First Perfume Notes; WRP 2017, 416 Rn. 30 ff. – Concurrence/Samsung) und des **BGH** (BGH GRUR 2014, 601 Rn. 17 – englischsprachige Pressemittteilung; GRUR 2016, 946 Rn. 15 – Freunde finden). Die Unterscheidung ist so zu verstehen, dass nicht jeder Ort in Betracht kommt, an dem sich irgendeine (bloße) Schadensfolge verwirklicht hat. Vielmehr kommt neben dem Handlungsort nur noch der Ort der tatbestandsmäßigen Deliktsvollendung in Betracht (BGHZ 98, 263 (275)).

Durch die Worte „oder einzutreten droht" ist klargestellt, dass die Vorschrift auch für die **5.47** **vorbeugende Unterlassungsklage** gilt. – Zur Frage, ob Art. 7 Nr. 2 Brüssel Ia-VO auch auf **Teilnahmehandlungen** anzuwenden ist, vgl. EuGH NJW 2013, 2099 – Melzer; WRP 2014, 1047 Rn. 43 ff. – Coty Germany/First Note Perfumes; BGH WRP 2015, 735 Rn. 28 – Parfumflakon III. – Art. 7 Nr. 2 Brüssel Ia-VO gilt auch für **negative Feststellungsklagen** (EuGH GRUR 2013, 98 Rn. 41 ff. – Folien Fischer; BGH GRUR-RR 2013, 228 Rn. 13 – Trägermaterial für Kartenformulare; dazu Sack GRUR 2018, 893). – Zu den **Ansprüchen,** die von Art. 7 Nr. 2 Brüssel Ia-VO erfasst werden, gehören neben den Ansprüchen auf Geldersatz, Unterlassung und Beseitigung auch Auskunftsansprüche (BGH WRP 2015, 735 Rn. 26 – Parfumflakon III).

dd) Unerlaubte Handlungen im Internet. (1) Allgemeines. Die Besonderheit unerlaub- **5.48** ter Handlungen im **Internet** besteht darin, dass die darin enthaltenen Inhalte und Angaben grds.

umfassend und **weltweit abrufbar** sind. Dem ist bei der Zuerkennung von Unterlassungs-, Beseitigungs- und Schadensersatzansprüchen Rechnung zu tragen (EuGH WRP 2017, 1465 Rn. 47–49 – Bolagsupplysningen). Für die Fälle der Verletzung von **Persönlichkeitsrechten** natürlicher und juristischer Personen im Internet hat der EuGH zum Erfolgsort iSd Art. 7 Nr. 2 Brüssel Ia-VO das Kriterium des **Mittelpunkts der Interessen** entwickelt (vgl. EuGH WRP 2011, 1571 Rn. 52 – eDate Advertising; WRP 2017, 1465 Rn. 32 ff. – Bolagsupplysningen). Dieses Kriterium steht mit dem Ziel der Vorhersehbarkeit der Zuständigkeitsvorschriften im Einklang, da es sowohl dem Kläger ermöglicht, ohne Schwierigkeiten festzustellen, welches Gericht er anrufen kann, als auch dem Beklagten, bei vernünftiger Betrachtung vorherzusehen, vor welchem Gericht er verklagt werden kann. Es soll damit der Ort bestimmt werden, an dem sich der Erfolg des durch einen Online-Inhalt verursachten Schaden verwirklicht hat, und damit der Mitgliedstaat, dessen Gerichte am besten in der Lage sind, über den Rechtsstreit zu entscheiden.

5.49   Der **Mittelpunkt der Interessen** einer Person kann, muss aber nicht mit dem Ort ihres gewöhnlichen Aufenthalts oder ihres Sitzes zusammenfallen. Maßgebend ist allein der Ort, an dem die betroffene Person den **größten** (bzw. wesentlichen oder überwiegenden) **Teil ihrer wirtschaftlichen Tätigkeit** ausübt (EuGH WRP 2017, 1465 Rn. 40 ff. – Bolagsupplysningen). Klagen auf **Unterlassung** und **Beseitigung** können im Hinblick darauf, dass ein entsprechender Klageantrag einheitlich und untrennbar ist, unter Anknüpfung an den **Erfolgsort** nur bei einem Gericht des Mitgliedstaats erhoben werden, in dem sich der Mittelpunkt der Interessen des Klägers befindet, nicht aber bei den Gerichten eines jeden Mitgliedstaats, in dessen Hoheitsgebiet die im Internet veröffentlichten Informationen zugänglich sind oder waren (EuGH WRP 2017, 1465 Rn. 48 – Bolagsupplysningen). Lässt sich ein solcher Mittelpunkt der Interessen nicht ermitteln, so kann eine entsprechende Klage nur bei den Gerichten eines Mitgliedstaates erhoben werden, in dessen Hoheitsgebiet der Beklagte seinen (Wohn-)Sitz hat oder der Handlungsort liegt. – Klagen auf Ersatz des **gesamten entstandenen Schadens** können unter Anknüpfung an den Erfolgsort ebenfalls nur bei den Gerichten des Mitgliedstaates erhoben werden, in dem sich der Mittelpunkt der Interessen des Klägers befindet (EuGH WRP 2017, 1465 Rn. 44 – Bolagsupplysningen). Klagen auf Ersatz nur des in einem Mitgliedstaat verursachten Schadens können dagegen unter Anknüpfung an den Erfolgsort bei den Gerichten des jeweiligen Mitgliedstaats erhoben werden.

5.50   Inwieweit sich diese Grundsätze auf andere unerlaubte Handlungen im Internet übertragen lassen, muss letztlich vom EuGH geklärt werden. Es zeichnet sich jedoch ab, dass hinsichtlich der Verletzung von **Immaterialgüterrechten** die fragliche Website nicht auf den Mitgliedstaat des angerufenen Gerichts „ausgerichtet" sein muss (EuGH GRUR 2015, 296 Rn. 39, 40 – Hejduk zum Urheberrecht) bzw. der Inhalt einer Website „bestimmungsgemäß" in einem Mitgliedstaat abgerufen werden kann (vgl. BGH WRP 2018, 1081 Rn. 18 – goFit).

5.51   **(2) Wettbewerbsverletzungen.** Unerlaubte Wettbewerbshandlungen gehören unstreitig zu den unerlaubten Handlungen iSd Art. 7 Nr. 2 Brüssel Ia-VO (→ Rn. 5.45). Bei Verletzungshandlungen im **Internet** ist **Handlungsort** der Ort der Niederlassung des handelnden Unternehmens (BGH GRUR 2014, 601 Rn. 18 – englischsprachige Pressemitteilung), genauer: der Ort, an dem der Inhalt in das Internet durch einen technischen Vorgang eingestellt wurde (EuGH GRUR 2015, 296 Rn. 39, 40 – Hejduk). – Problematisch ist hingegen die Bestimmung des **Erfolgsorts.** Nach der bisherigen Rspr. des BGH liegt der Ort der Verwirklichung des Schadenserfolgs (Erfolgsort) im Falle von im Internet begangenen Wettbewerbsverletzungen jedenfalls dann im Inland, wenn sich der Internetauftritt bestimmungsgemäß auf den **inländischen Markt** auswirken soll (BGH GRUR 2006, 513 Rn. 21 – Arzneimittelwerbung im Internet; GRUR 2014, 601 Rn. 24 – englischsprachige Pressemitteilung; GRUR 2015, 1129 Rn. 12 – Hotelbewertungsportal; WRP 2018, 1081 Rn. 19 – goFit), weil es – anders als bei Verletzungen des Persönlichkeitsrechts – darauf ankomme, ob die wettbewerblichen Interessen des Mitbewerbers auf dem fraglichen Markt beeinträchtigt würden. Das könne bezogen auf Deutschland auch bei einer englischsprachigen Pressemitteilung auf einer englischsprachigen Internetseite der Fall sein (BGH GRUR 2014, 601 Rn. 27 ff. – englischsprachige Pressemitteilung).

5.52   Ob an dieser Rspr. im Anwendungsbereich des Art. 7 Nr. 2 Brüssel Ia-VO uneingeschränkt festzuhalten ist, erscheint jedoch sehr zw. Außer Streit sollte sein, dass eine internationale Zuständigkeit deutscher Gerichte jedenfalls dann besteht, wenn sich der Internetauftritt bestimmungsgemäß auf den deutschen Markt auswirken soll (OLG Frankfurt WRP 2020, 101 Rn. 11;

2019, 648 Rn. 17 aE: Verwendung der „de"-Top-Level-Domain). Im Übrigen sollte darauf abgestellt werden, ob die Äußerungen im Internet nach dem Vorbringen des Klägers ein wettbewerbliches Verhalten eines Unternehmers darstellen, das für ihn **vorhersehbar** die **Wettbewerbsbeziehungen** oder die **kollektiven Interessen der Verbraucher** (oder sonstigen Marktteilnehmer) auf einem oder mehreren nationalen Märkten beeinträchtigen (kann). Dies beurteilt sich nach den Besonderheiten des Wettbewerbsverhaltens des Unternehmers (verwendete Sprache; Besonderheiten des Produkts, Lieferentfernung, Einsatz von Disclaimern usw.) und des betreffenden Markts (zB Verbot des An- und Verkaufs bestimmter Produkte in dem betreffenden Staat), wobei eine **typisierende Betrachtung** angezeigt ist.

Sind von dem Internetinhalt Märkte in **mehreren** Mitgliedstaaten betroffen, so kann der **5.53** Kläger grds. in jedem dieser Staaten den dort erlittenen Schaden einklagen. Damit ist aber noch nicht geklärt, ob auch in jedem dieser Staaten eine Klage auf Ersatz des **gesamten** Schadens und auf **Unterlassung** und **Beseitigung** des betreffenden Internetinhalts erhoben werden kann. Es stellt sich insoweit die Frage, ob sich die Rspr. des EuGH zur Verletzung von **Persönlichkeitsrechten** durch Äußerungen im Internet (→ Rn. 5.48, 5.49) auch auf das Wettbewerbsrecht übertragen lässt (bejahend Ahrens WRP 2018, 17 Rn. 11 ff.; Klinkert WRP 2018, 1083; verneinend Sack WRP 2018, 897 Rn. 43 ff.). Richtigerweise sollte nach dem Schutzzweck der verletzten wettbewerbsrechtlichen Normen differenziert werden.

Erfüllt der Internetauftritt nach dem Vortrag des Klägers für den beklagten Unternehmer **5.54** vorhersehbar den Tatbestand einer **mitbewerberschützenden Norm** (§ 4 Nr. 1–4 sowie § 3a in Bezug auf mitbewerberschützende Marktverhaltensregeln) und werden damit die Wettbewerbsbeziehungen iSd Art. 6 I Rom II-VO beeinträchtigt, ist es gerechtfertigt, darauf abzustellen, ob der **Mittelpunkt der Interessen** des Klägers in dem Staat liegt, in dem er unter Anknüpfung an den Erfolgsort klagt. Dies beurteilt sich danach, ob er überwiegend in diesem Staat seine geschäftliche Tätigkeit ausübt. Dies lässt sich ggf. anhand der jeweiligen Umsatzzahlen oder Werbeanstrengungen auf den einzelnen Märkten ermitteln. (Nicht zu folgen ist daher der Auffassung von Sack (WRP 2018, 897 Rn. 47), dass der Verletzte an allen Marktorten einen Mittelpunkt seiner Interessen habe.) Das angerufene Gericht hat dann die Kognitionsbefugnis hinsichtlich des **gesamten** Schadens des Klägers und hinsichtlich des Anspruchs auf **Unterlassung** und **Beseitigung** (Klinkert WRP 2018, 1038 Rn. 23). Das rechtfertigt sich daraus, dass in dem betreffenden Staat die Beeinträchtigung seiner wettbewerblichen Interessen am stärksten spürbar ist und das Gericht des betreffenden Mitgliedstaates am besten beurteilen kann, ob eine Beeinträchtigung vorliegt und welchen Umfang sie hat. Insoweit lässt sich eine Parallele zur Rspr. des EuGH zu den Persönlichkeitsverletzungen ziehen. Die Anerkennung der Kognitionsbefugnis des danach zuständigen Gerichts bedeutet aber nicht gleichzeitig, dass der in anderen Mitgliedstaaten entstandene Schaden nach dem Recht des Staates zu beurteilen ist, in dem das zuständige Gericht seinen Sitz hat (aA Klinkert WRP 2018, 1038 Rn. 33). Dies ist vielmehr eine materiellrechtliche Frage. So beurteilt sich bspw. bei Verletzungen eines Geschäftsgeheimnisses eines deutschen Unternehmens der Gesamtschaden nach deutschem Recht, auch wenn er durch Handlungen im Ausland verursacht wurde. Lässt sich ein solcher Mittelpunkt **nicht** feststellen, so bleibt es dabei, dass das angerufene Gericht des Erfolgsorts nur über den in dem betreffenden Mitgliedstaat entstandenen Schaden urteilen darf. Über den Unterlassungs- und Beseitigungsanspruch kann dagegen nur das Gericht des Handlungsorts iSd Art. 7 Nr. 2 Brüssel Ia-VO urteilen.

Erfüllt der Internetauftritt nach dem Vortrag des Klägers für den beklagten Unternehmer **5.55** **vorhersehbar** den Tatbestand einer **verbraucherschützenden** Norm (z B § 3 I, Anh. § 3 III, §§ 3a, 4a, 5, 5a, 6) und werden damit die **kollektiven Interessen der Verbraucher** beeinträchtigt, verbietet sich eine ausschließliche Anknüpfung des Erfolgsorts an den Mittelpunkt der Interessen des Klägers (Mitbewerber oder Verband), da es in erster Linie um die Interessen der Verbraucher und nicht um seine Interessen geht. Zum Schutz der Interessen aller betroffenen Verbraucher ist es daher geboten, eine Unterlassungs- und Beseitigungsklage bei den Gerichten **aller** Mitgliedstaaten zuzulassen, in denen Verbraucherinteressen beeinträchtigt sind (so auch OLG Karlsruhe GRUR-RR 2020, 386 Rn. 28). Dies belastet den beklagten Unternehmer auch nicht unzumutbar. Denn dies gilt nur, wenn für ihn vorhersehbar war, dass sein Internetinhalt die geschäftlichen Entscheidungen der Verbraucher in den betreffenden Mitgliedstaaten beeinflussen und er folglich auch sein Risiko einschätzen konnte. (Das Gleiche gilt für Normen, die **sonstige Marktteilnehmer** vor unlauteren geschäftlichen Handlungen schützen.)

Im Bereich der von **Art. 6 II Rom II-VO** erfassten bilateralen Wettbewerbsverletzungen im **5.56** Internet ist die internationale Zuständigkeit hinsichtlich des **Erfolgsorts** grds. nach dem Sitz des betroffenen Unternehmens zu beurteilen (vgl. Art. 4, 63 Brüssel Ia-VO; Art. 4 I Rom II-VO).

5.57   **(3) Verletzung von Urheberrechten.** Der Erfolgsort ist bei einer behaupteten Verletzung des Urheberrechts oder verwandter Schutzrechte durch ein öffentliches Zugänglichmachen des Schutzgegenstands über eine Internetseite im Inland belegen, wenn die geltend gemachten Rechte im Inland geschützt sind und die Internetseite (auch) im Inland öffentlich zugänglich ist. Es ist nicht zusätzlich erforderlich, dass der Internetauftritt bestimmungsgemäß (auch) im Inland abgerufen werden kann (EuGH GRUR 2014, 100 Rn. 42 – Pinckney; GRUR 2015, 296 Rn. 32 – Hejduk zu Art. 5 Nr. 3 Brüssel I-VO; ebenso BGH GRUR 2016, 1048 Rn. 18 – An evening with Marlene Dietrich zu § 32 ZPO; aA noch BGH GRUR 2010, 628 Rn. 14 – Vorschaubilder).

5.58   **(4) Verletzung von Markenrechten.** Nach den Art. 122 II lit. a UMV, Art. 124 UMV ist die Anwendung des Art. 7 Nr. 2 Brüssel Ia-VO auf Streitigkeiten über Unionsmarken ausgeschlossen, weil die Art. 125, 126 UMV als leges speciales Vorrang haben (EuGH GRUR 2014, 806 Rn. 26 ff. – Coty/First Note Perfumes; BGH GRUR 2018, 84 Rn. 23 – Parfummarken; krit. Kur GRUR 2018, 358). Das Gleiche gilt für IR-Marken, die Schutz für das gesamte Gebiet der Union beanspruchen. Nach (jetzt) Art. 125 V UMV ist Anknüpfungspunkt für die internationale Zuständigkeit der Mitgliedstaat, „in dem eine Verletzungshandlung begangen worden ist oder droht" (Handlungsort). Bei der Verletzung von Unionsmarken im Internet ist dies aber nicht der Mitgliedstaat, in dem der Prozess der Veröffentlichung eines Angebots durch den Wirtschaftsteilnehmer auf seiner Internetseite in Gang gesetzt worden ist (so noch BGH GRUR 2018, 84 Rn. 31 – Parfummarken), sondern der Mitgliedstaat, in dem sich die Verbraucher oder Händler befinden, an die sich die elektronisch angezeigten Angebote oder Werbemaßnahmen richten (EuGH GRUR 2019, 1047 Rn. 34 ff. – AMS Neve/Heritage Audio zu Art. 97 V UMV 2009 aF). – Bei Verletzung national registrierter Marken ist hingegen Art. 7 Nr. 2 Brüssel Ia-VO maßgeblich. Der Erfolgsort liegt insoweit in dem Staat, in dem die Marke registriert ist (EuGH GRUR 2012, 654 Rn. 27 – Wintersteiger). Der BGH hat jedoch bislang offengelassen, ob sich zusätzlich der Internetauftritt bestimmungsgemäß auch auf das Inland beziehen muss (BGH WRP 2012, 716 Rn. 21 – OSCAR; GRUR 2015, 1004 Rn. 15 – IPS/ISP). Dies dürfte indessen zu verneinen sein.

5.59   **(5) Verletzung von Designrechten und Gemeinschaftsgeschmacksmusterrechten.** Zur internationalen Zuständigkeit bei der Verletzung von Gemeinschaftsgeschmacksmusterrechten vgl. EuGH GRUR 2017, 1120 Rn. 38 ff. – Nintendo/BigBen mAnm Kur; GRUR 2017, 1129 Rn. 37 ff. – BMW/Acacia.

5.60   **(6) Verletzung von Geschäftsgeheimnissen.** Bei der Verletzung von Geschäftsgeheimnissen sollte es für die internationale Zuständigkeit unter dem Gesichtspunkt des Erfolgsorts grds. auf den Sitz des Inhabers des Geschäftsgeheimnisses ankommen, soweit er den Mittelpunkt seiner wirtschaftlichen Interessen (insbes. hinsichtlich der Nutzung seines Geheimnisses) bildet.

5.61   **ee) Zweigniederlassung, Agentur oder sonstige Niederlassung (Art. 7 Nr. 5 Brüssel Ia-VO).** Zu Einzelheiten vgl. FBO/Hausmann/Obergfell IntLautVerfR Rn. 418 ff.

5.62   **ff) Beklagtenmehrheit (Art. 8 Nr. 1 Brüssel Ia-VO).** Die Klage kann vor dem Gericht erhoben werden, in dessen Bezirk einer der Beklagten seinen Sitz hat, sofern zwischen beiden Klagen ein sachlicher Zusammenhang besteht. Zu Einzelheiten vgl. FBO/Hausmann/Obergfell IntLautVerfR Rn. 424 ff.

5.63   **gg) Gerichtsstandsvereinbarungen (Art. 25 Brüssel Ia-VO).** Gerichtsstandsvereinbarungen sind nach Art. 25 I 1 Brüssel Ia-VO grds. zulässig. Zu Einzelheiten der zu wahrenden Form vgl. Art. 25 I 3, II Brüssel Ia-VO. Die Vereinbarung darf nach Art. 25 II Brüssel Ia-VO nicht den Art. 15, 19 und 23 Brüssel Ia-VO zuwiderlaufen. Auch haben sie keine rechtliche Wirkung, wenn die Gerichte, deren Zuständigkeit abbedungen wird, nach Art. 24 Brüssel Ia-VO ausschließlich zuständig sind.

5.64   **hh) Rügelose Einlassung (Art. 26 Brüssel Ia-VO).** Nach Art. 26 I 1 Brüssel Ia-VO führt die rügelose Einlassung ebenfalls zur Zuständigkeit des angerufenen Gerichts (BGH WRP 2018, 1081 Rn. 20 – goFit). Dies gilt nach Art. 26 I 2 Brüssel Ia-VO nicht, wenn der Beklagte sich einlässt, um den Mangel der Zuständigkeit geltend zu machen oder wenn ein anderes Gericht nach Art. 24 Brüssel Ia-VO ausschließlich zuständig ist. Unschädlich ist es auch, wenn der Beklagte sich hilfsweise auf die Hauptsache einlässt (EuGH NJW 1982, 1213; BGH NJW 2009, 148 Rn. 9).

3. Prüfung

Die internationale Zuständigkeit ist eine **selbstständige Prozessvoraussetzung,** die – auch 5.65 unter Geltung des § 545 II ZPO – in jeder Lage des Verfahrens, auch noch in der Revisionsinstanz, von Amts wegen zu prüfen ist (BGHZ 162, 246 (249) = GRUR 2005, 519 – Vitamin-Zell-Komplex; BGHZ 167, 91 Rn. 20 = GRUR 2006, 513 – Arzneimittelwerbung im Internet; BGH WRP 2016, 586 Rn. 10 – Eizellspende). Für die Zuständigkeitsbeurteilung ist die Richtigkeit des Klagevorbringens zu unterstellen, wenn die Behauptungen, die die Zuständigkeit begründen, zugleich notwendige Tatbestandsmerkmale des Anspruchs selbst sind (sog. doppelrelevante Tatsachen; vgl. BGH GRUR 1987, 172 (173) – Unternehmensberatungsgesellschaft I). Die schlüssige Behauptung eines Wettbewerbsverstoßes genügt daher zur Begründung des inländischen Gerichtsstands des Begehungsortes (BGH GRUR 2014, 601 Rn. 17 – englischsprachige Pressemitteilung).

E. Territoriale Reichweite von Unterlassungstiteln

I. Grundsatz

Die territoriale Reichweite eines wettbewerbsrechtlichen Unterlassungstitels eines deutschen 5.66 Gerichts bestimmt sich nach der Urteilsformel, die ggf. der Auslegung unter Berücksichtigung des Tatbestands, namentlich des Klageantrags und der Klagebegründung, und der Entscheidungsbegründung, bedarf (BGH WRP 2013, 1613 Rn. 25 – Kinderhochstühle im Internet; GRUR 2014, 385 Rn. 20 – H 15). Es steht dem Kläger frei, ein auf Deutschland oder ein anderes Land begrenztes Verbot oder aber ein weltweit geltendes Verbot zu beantragen. Enthält der Klageantrag keine territoriale Begrenzung, so ist nicht ohne Weiteres anzunehmen, dass der Antrag auf das Inland beschränkt ist. Vielmehr ist die Klagebegründung zur Auslegung heranzuziehen. Weist der vorgetragene Lebenssachverhalt eine Auslandsberührung auf, etwa weil eine Wiederholung der beanstandeten Handlung im Ausland zu befürchten ist, muss das Gericht prüfen, ob auf diesen Sachverhalt deutsches oder – ggf. auch – ausländisches Lauterkeitsrecht anzuwenden ist.

II. Anwendbares Recht

Das anwendbare Recht beurteilt sich nach Art. 6 I und II Rom II-VO. Geht es bspw. um den 5.67 Antrag, eine bestimmte unlautere Werbung zu verbieten, ist nach Art. 6 I Rom II-VO das Marktortprinzip anzuwenden. Der Kläger muss daher darlegen oder erkennen lassen, dass er ein Verbot nicht nur für Deutschland, sondern auch für bestimmte andere Staaten begehrt. Nur dann hat das Gericht Anlass, das jeweils anwendbare nationale Recht zu ermitteln. Allerdings braucht der Kläger keinen Vortrag zu dem anzuwendenden ausländischen Recht zu halten (vgl. BGH GRUR 2010, 847 Rn. 22 – Ausschreibung in Bulgarien). Geht es dagegen um eine nicht marktbezogene, sondern „bilaterale" unlautere Wettbewerbshandlung iSd Art. 6 II Rom II-VO, wie bspw. um die nach **§ 3 GeschGehG** verbotenen Handlungen, so ist nach Art. 4 I Rom II-VO das Recht des Landes anzuwenden, in dem der Schaden eintritt, dh das betroffene Unternehmen seinen Sitz hat (→ Rn. 5.56). Hat der Kläger daher seinen Sitz in Deutschland, so ist deutsches Recht anzuwenden, auch soweit es (künftige) Handlungen im Ausland betrifft.

Ergibt sich aus dem Klageantrag und seiner Begründung ein erkennbares Interesse daran, dass 5.68 dem Beklagten eine bestimmte Handlung iSd Art. 6 II Rom II-VO verboten werden soll, unabhängig davon, ob sie im Inland oder im Ausland vorgenommen wird, braucht der Kläger folgerichtig seinem Verbotsantrag keine territoriale Spezifizierung beizufügen. Gibt das Urteil dem Klageantrag uneingeschränkt statt, so ist die Urteilsformel dementsprechend dahin auszulegen, dass das Verbot weltweite Geltung beansprucht (Köhler FS Ahrens, 2016, 111 (114 ff.)). Dies bedeutet selbstverständlich nicht, dass das Verbot damit automatisch im Ausland vollstreckbar wäre. Wohl aber kann der Kläger in Deutschland wegen eines im Ausland begangenen Verstoßes aus dem Titel vollstrecken.

6. Abschnitt. Lauterkeitsrecht und Kartellrecht

Übersicht

Schrifttum: Alexander, Die Probeabonnement-Entscheidung des BGH – Schnittbereich kartellrechtlicher, lauterkeitsrechtlicher und medienrechtlicher Aspekte, ZWeR 2007, 239; Alexander, Neue Aufgaben des Bundeskartellamts bei Verstößen gegen Verbraucherschutzbestimmungen, NZKart 2017, 391; Bosch, Die Entwicklung des deutschen und europäischen Kartellrechts, NJW 2017, 1714; NJW 2018, 1731; NJW 2019, 1724; NJW 2020, 1713; NJW 2021, 1791; NJW 2022, 1653; Emmerich, Überlegungen zum Verhältnis von Kartellrecht und Lauterkeitsrecht aus deutscher Sicht, in Augenhofer (Hrsg.), Die Europäisierung des Kartell- und Lauterkeitsrechts, 2009, 73; Fikentscher, Das Verhältnis von Kartellrecht und Recht des unlauteren Wettbewerbs, GRUR-Int. 1966, 161; Hefermehl, Grenzen des Lauterkeitsschutzes, GRUR 1983, 507; Hirtz, Die Relevanz der Marktmacht bei der Anwendung des UWG, GRUR 1980, 93; Kessler, Was lange währt, wird endlich gut? – Annotationen zur 8. GWB-Novelle, WRP 2013, 1116; Köhler, Zur Konkurrenz lauterkeitsrechtlicher und kartellrechtlicher Normen, WRP 2005, 645; Knöpfle, Die marktbezogene Unlauterkeit, 1983; Lettl, Die Normadressaten des Gesetzes über digitale Märkte (Digital Markets Act), WM 2023, 953; Merz, Die Vorfeldthese, 1988; Mestmäcker, Der verwaltete Wettbewerb, 1984; Möschel, Pressekonzentration und Wettbewerbsgesetz, 1978; Petrasincu, Überblick über die 9. GWB-Novelle, WRP 2017, 921; Pichler, Das Verhältnis von Kartell- und Lauterkeitsrecht, 2009; Tilmann, Über das Verhältnis von GWB und UWG, GRUR 1979, 825; E. Ulmer, Sinnzusammenhänge im modernen Wettbewerbsrecht, 1932; P. Ulmer, Der Begriff „Leistungswettbewerb" und seine Bedeutung für die Anwendung von GWB- und UWG-Tatbeständen, GRUR 1977, 565; Weitbrecht, Die 9. GWB-Novelle, NJW 2017, 1574; Wolf, Das Recht gegen Wettbewerbsbeschränkungen (GWB) und das Recht gegen unlauteren Wettbewerb – ein Vergleich, WRP 1995, 543; Wrage, UWG-Sanktionen bei GWB-Verstößen, 1984.

A. Aufgabe des Kartellrechts

6.1   Das Kartellrecht soll die Freiheit des Wettbewerbs schützen und wirtschaftliche Macht dort beseitigen, wo sie die Wirksamkeit des Wettbewerbs und die ihm innewohnenden Tendenzen zur Leistungssteigerung beeinträchtigt und die bestmögliche Versorgung des Verbrauchers in Frage stellt (vgl. Begr. RegE GWB 1957, Einl. A I). Es reicht über den Kartelltatbestand weit hinaus, so dass jede Gleichsetzung nur Verwirrung schafft. Aber auch das Kartellrecht ist lediglich ein wichtiger Teil dieses der Sicherung und Förderung des Wettbewerbs schlechthin dienenden Rechtsgebiets, das daneben auch das Lauterkeitsrecht umfasst (dazu Köhler WRP 2005, 645;

Pichler, Das Verhältnis von Kartell- und Lauterkeitsrecht, 2009). Seine Zielsetzung ist einmal eine **wirtschaftspolitische:** die Schaffung eines marktwirtschaftlich-wettbewerblichen Wirtschaftssystems. Der „freie Wettbewerb" wird deshalb nicht nur ermöglicht, sondern zu einer staatlich geschützten Veranstaltung erhoben, damit eine automatische Koordination der Wirtschaftssubjekte auf dem Markt gewährleistet ist. Folgerichtig wendet sich das Kartellrecht gegen Beschränkungen der Wettbewerbsfreiheit. Zum anderen soll neben der ökonomischen zugleich eine **gesellschaftspolitische** Zielsetzung verwirklicht werden: die Schaffung einer freiheitlichen Ordnung für alle Marktteilnehmer. Sie macht die Wertmaxime des Grundgesetzes, die freie menschliche Persönlichkeit (Art. 1, 2 GG), auch auf wirtschaftlichem Gebiet wahr. Der Wettbewerb garantiert allen Marktteilnehmern ein Mindestmaß an wirtschaftlicher Freiheit, so dass sie unter mehreren Entscheidungsmöglichkeiten wählen können. Ohne Wettbewerb besteht die Gefahr, dass der Markt der Ausbeutung der einen Marktseite durch die andere dient. Daher wird die Möglichkeit, am Wettbewerb teilzunehmen, für jedes Wirtschaftssubjekt als ein zwingendes Rechtsprinzip statuiert.

B. Rechtsquellen des Kartellrechts

I. Unionsrecht

1. Allgemeines

Das Kartellrecht der EU ist in den **Wettbewerbsregeln der Art. 101–106 AEUV** (früher **6.2** Art. 81–86 EGV) sowie in den dazu ergangenen Verordnungen niedergelegt. Das Unionsrecht hat in seinem Anwendungsbereich Vorrang vor dem nationalen Kartellrecht. Es ist allerdings nur anwendbar, soweit die betreffenden Maßnahmen geeignet sind, den zwischenstaatlichen Handel zu beeinträchtigen. Da diese Zwischenstaatlichkeitsklausel vom EuGH und von der Kommission sehr weit ausgelegt wird, fallen mittlerweile nahezu alle wettbewerbsbeschränkenden Verhaltensweisen von einigem Gewicht in den Anwendungsbereich des Europarechts. Die Grundpfeiler des europäischen Kartellrechts sind die **Art. 101 und 102 AEUV.** Der Durchführung der Wettbewerbsregeln dient die **VO Nr. 1/2003** v. 16.12.2002 (ABl. EG 2003 L 1, 1). Sie löst die frühere VO Nr. 17 v. 6.2.1962 ab und ist seit 1.5.2004 in Kraft. Die **RL 2014/104/EU** regelt Schadensersatzklagen nach nationalem Recht wegen Zuwiderhandlungen gegen das Wettbewerbsrecht (=Kartellrecht) der Mitgliedstaaten und der EU. Sie bezweckt den effektiven Schutz der von Zuwiderhandlungen betroffenen Marktteilnehmer. Sie bedarf noch der Umsetzung in das deutsche Kartellrecht.

2. Kartellverbot

Nach Art. 101 I AEUV sind grds. alle Vereinbarungen zwischen Unternehmen, Beschlüsse **6.3** von Unternehmensvereinigungen und aufeinander abgestimmte Verhaltensweisen, welche den Handel zwischen Mitgliedstaaten zu beeinträchtigen geeignet sind und eine Verhinderung, Einschränkung oder Verfälschung des Wettbewerbs innerhalb des Binnenmarkts bezwecken oder bewirken, verboten. Dieses sog Kartellverbot gilt unterschiedslos für horizontale und vertikale Wettbewerbsbeschränkungen, greift jedoch nur bei **spürbaren** Auswirkungen auf den Wettbewerb ein. Vereinbarungen oder Beschlüsse, die gegen Art. 1011 I AEUV verstoßen, sind nach Art. 101 II AEUV nichtig. Verstöße gegen Art. 101 I AEUV lösen zivilrechtliche Ansprüche gem. § 33 GWB aus (vgl. EuGH Slg. 2006, 6619 Rn. 60 ff. – Manfredi; Slg. 2001, 6297 Rn. 26 f. – Courage; WRP 2013, 898 Rn. 20–27 – Donau Chemie). **Legalausnahmen** vom Kartellverbot sind in Art. 101 III AEUV vorgesehen. Auf Grund der Regelung in Art. 1 II VO Nr. 1/2003 bedarf es nicht mehr der Freistellung vom Verbot des Art. 101 I AEUV durch die Kommission. Durch eine Reihe von **Gruppenfreistellungsverordnungen (GVO),** insbes. die VO (EU) 2022/720 (Vertikal-GVO), wird die Reichweite des Art. 101 III AEUV näher bestimmt.

3. Missbrauch einer marktbeherrschenden Stellung

Die missbräuchliche Ausnutzung einer beherrschenden Stellung auf dem Gemeinsamen Markt **6.4** oder auf einem wesentlichen Teil desselben durch ein oder mehrere Unternehmen ist nach Art. 102 S. 1 AEUV verboten, soweit dies dazu führen kann, den Handel zwischen den Mitgliedstaaten zu beeinträchtigen. Einige Beispielsfälle des Missbrauchs sind in Art. 102 S. 2 AEUV geregelt.

II. Deutsches Recht

1. Rechtsentwicklung

6.5 Die Rechtsgrundlage des deutschen Kartellrechts ist das **Gesetz gegen Wettbewerbs-beschränkungen** (GWB) v. 27.7.1957 (BGBl. 1957 I 1081) idF der Bekanntmachung v. 15.7.2005 (BGBl. 2005 I 2114), geändert durch neun Novellen. Es trat am 1.1.1958 in Kraft. Die Vorschriften, die auf die Verhinderung wettbewerbsbeschränkender Verträge und Praktiken gerichtet waren, reichten indessen nicht aus, um einen funktionsfähigen Wettbewerb zu sichern, der gewährleistet, dass die jeweils beste Leistung auf dem Markt zur Geltung kommt. Zum Schutz des Wettbewerbs musste einer zunehmenden Vermachtung der Märkte begegnet werden. Diesem strukturpolitischen Ziel dienen die GWB-Novellen v. 3.1.1966 (BGBl. 1966 I 37) und 3.8.1973 (BGBl. 1973 I 917). – Die **1. GWB-Novelle** führte die Freistellungsfähigkeit von Spezialisierungskartellen ein (§ 5 GWB), schaffte einen allgemeinen Machtmissbrauchstatbestand in § 22 III GWB und präzisierte und erweiterte die Anzeigepflichten für Unternehmenszusammenschlüsse. – Die **2. GWB-Novelle** führte eine Zusammenschlusskontrolle ein (§§ 23 ff. GWB) und verstärkte die Eingriffsmöglichkeiten gegenüber marktbeherrschenden und marktmächtigen Unternehmen (§ 22 I, III GWB, § 26 II GWB). Die vertikale Preisbindung für Markenwaren wurde abgeschafft und zur Ausschaltung künstlicher Wettbewerbsbeschränkungen wurden auch aufeinander abgestimmte Verhaltensweisen verboten (§ 25 I GWB) sowie die Missbrauchsaufsicht über marktbeherrschende Unternehmen verbessert. – Die **3. GWB-Novelle** v. 28.6.1976 (BGBl. 1976 I 1697) verschärfte die Zusammenschlusskontrolle für die Pressemärkte. – Die **4. GWB-Novelle** v. 26.4.1980 (BGBl. 1980 I 458) verbesserte das kartellrechtliche Instrumentarium (BT-Drs. 8/2136 und 8/3690). Zum einen wurden die Zusammenschlusskontrolle und die Missbrauchsaufsicht über marktbeherrschende Unternehmen verschärft, zum anderen der Wettbewerb durch eine Erweiterung des Diskriminierungs- und Behinderungsverbots (§§ 26 II 3, III, § 37a III GWB) gesichert. – Durch die **5. GWB-Novelle** v. 22.12.1989 (BGBl. 1986 I 2486) wurde im Interesse des Handels den Gefahren der Konzentration und des Machtmissbrauchs durch eine Verbesserung der Fusionskontrolle (§ 22 I Nr. 2 GWB) und der Verhaltenskontrolle (§ 26 I–IV GWB) begegnet und die Ausnahmebereiche des GWB (Verkehr, Banken, Versicherungen) stärker auf das europäische Kartellrecht ausgerichtet. – Die **6. GWB-Novelle** v. 26.8.1998 (BGBl. 1998 I 2546) brachte eine Neufassung des GWB unter Einbeziehung des Vergaberechts (§§ 97 ff. GWB). Inhaltlich wurden die Regelungen über Kartelle (§§ 1 ff. GWB) präzisiert und gestrafft. Der Tatbestand des Missbrauchs einer marktbeherrschenden Stellung (§ 19 I GWB) wurde in ein unmittelbar wirkendes Verbot umgestaltet; als weiterer Beispielsfall des Missbrauchs wurde die missbräuchliche Zugangsverweigerung zu Netzen oder Infrastruktureinrichtungen eingeführt (§ 19 IV Nr. 4 GWB). Auch wurde der Verkauf unter Einstandspreis geregelt (§ 20 IV 2 GWB). Die Zusammenschlusskontrolle wurde weiter verschärft. – Die **7. GWB-Novelle** v. 7.7.2005 (BGBl. 2005 I 1954) wurde auf Grund der Vorgaben des Art. 3 II der VO Nr. 1/2003 v. 16.12.2002 (→ Rn. 6.2) erforderlich. Danach darf das nationale Kartellrecht nicht zum Verbot von Vereinbarungen, Beschlüssen oder abgestimmten Verhaltensweisen führen, welche den Handel zwischen den Mitgliedstaaten zu beeinträchtigen geeignet sind, aber den Wettbewerb iSd Art. 101 I AEUV nicht einschränken oder die Bedingungen des Art. 101 III AEUV erfüllen oder die durch eine Gruppenfreistellungsverordnung erfasst sind. Strengere Vorschriften dürfen die Mitgliedstaaten nur hins. der Unterbindung oder Ahndung einseitiger Handlungen von Unternehmen erlassen oder anwenden. Zugleich wird die Zusammenarbeit der Kartellbehörden verbessert. Dementsprechend wurde das Kartellverbot des § 1 GWB auch auf vertikale Vereinbarungen ausgedehnt und wurden die Vorschriften über Vertikalvereinbarungen aufgehoben. Die Freistellung vom Kartellverbot ist in § 2 GWB entspr. den Grundsätzen des Art. 101 III AEUV und den dazu ergangenen Gruppenfreistellungsverordnungen geregelt. Ein Überbleibsel aus dem früheren Recht ist die Freistellung von Mittelstandskartellen nach § 3 GWB. Die Vorschriften über die Marktbeherrschung und einseitiges wettbewerbsbeschränkendes Verhalten wurden präzisiert und zum Teil (§ 20 III GWB) verschärft. Die Vorschriften über die Wettbewerbsregeln (§§ 24 ff. GWB) wurden dahin abgeändert, dass eine Genehmigung durch die Kartellbehörde keine Freistellung vom Kartellverbot begründet, sondern nur zum Inhalt hat, dass die Kartellbehörde dagegen nicht vorgehen wird. Die

Befugnisse der Kartellbehörden wurden in den §§ 32–32e GWB stark erweitert, so wurde ua die Befugnis zu Beseitigungsverfügungen, zu einstweiligen Maßnahmen, zur Bindenderklärung von Verpflichtungszusagen von Unternehmen und zur Untersuchung einzelner Wirtschaftszweige und einzelner Arten von Vereinbarungen eingeführt. Darüber hinaus wurde die Vorteilsabschöpfung durch die Kartellbehörde verschärft (§ 34 GWB) und zugleich den Wirtschaftsverbänden ein entspr. Anspruch eingeräumt (§ 34a GWB). – Eine weitere Änderung des GWB erfolgte durch das **Gesetz zur Bekämpfung von Preismissbrauch im Bereich der Energieversorgung und des Lebensmittelhandels** v. 18.12.2007 (BGBl. 2007 I 2966). Darin wurde insbes. das Verbot des Verkaufs unter Einstandspreis weitgehend neu geregelt (§ 20 IV 2–4 GWB). Des Weiteren wurde § 29 GWB verschärft, um einen Missbrauch durch überhöhte Energiepreise wirksam bekämpfen zu können. – Die **8. GWB-Novelle** trat am 30.6.2013 in Kraft (dazu Bechtold NZKart 2013, 263; Gronemeyer/Slobodenjuk WRP 2012, 290; Keßler WRP 2013, 1116). Sie regelte die **Missbrauchsaufsicht** über marktbeherrschende Unternehmen in den §§ 18, 19 GWB klarer als bisher (§§ 19, 20 GWB aF) und nähert die deutsche **Fusionskontrolle** der europäischen an (ua Einführung des **SIEC-Tests** (Significant Impediment to Effective Competition) in § 36 I 1 GWB). Der **Kartellbehörde** wurde die Möglichkeit eingeräumt, im Rahmen einer Abstellungsverfügung die Rückerstattung der kartellrechtswidrig erzielten Vorteile anzuordnen (§ 32 IIa GWB). Das **Bußgeldverfahren** wurde effizienter gestaltet. Den **Verbraucherverbänden** wurde die Befugnis eingeräumt, Unterlassungs- und Beseitigungsansprüche sowie den Vorteilsabschöpfungsanspruch geltend zu machen (§ 33 II Nr. 2 GWB, § 34a GWB). Für die **Presse** werden Erleichterungen hinsichtlich der Übernahme kleinerer und mittlerer Verlage (§ 36 I 2 Nr. 3 GWB) sowie für die Zusammenarbeit von Verlagen und Presse-Grossisten (§ 30 IIa, III GWB) geschaffen. Die **Krankenkassen** wurden grundsätzlich der Fusionskontrolle unterworfen (§ 172a SGB V), allerdings sind für die gerichtliche Überprüfung nicht die ordentlichen, sondern die Sozialgerichte zuständig (dazu Bechtold NZKart 2013, 263 (269); Becker/Schweitzer Editorial WRP 8/2013). – Die **9. GWB-Novelle** trat am 9.6.2017 in Kraft. Sie diente ua der Umsetzung der RL 2014/104/EU (Kartellschadensersatz-RL) in den §§ 33a–33h GWB. Damit sollte es den durch Kartellverstöße geschädigten Unternehmen und Verbrauchern ermöglicht werden, **Schadensersatzansprüche** schneller und leichter durchzusetzen. – Ferner wurde die Marktmacht- und Fusionskontrolle an die zunehmende **Digitalisierung** der Wirtschaft angepasst. Nach § 18 IIa steht der Annahme eines Marktes nicht entgegen, dass eine Leistung unentgeltlich erbracht wird. – Das sog. **Anzapfverbot** (§ 19 II Nr. 5 GWB) wurde präzisiert. – **Verkäufe unter Einstandspreis** wurden eingehender geregelt (§ 20 III 2–4 GWB). Für verlagswirtschaftliche Kooperationen wurde eine Ausnahme vom Kartellverbot geschaffen (§ 30 IIb). Konzernmuttergesellschaften und Rechtsnachfolger trifft nunmehr eine verschuldensunabhängige **Haftung für Bußgelder** (§ 81 IIIa–IIIe GWB). Das **BKartA** kann nach § 32e V GWB bei begründetem Verdacht auf erhebliche, dauerhafte oder wiederholte Verstöße gegen Verbraucherrechtsbestimmungen, ua des UWG und des UKlaG, **Sektoruntersuchungen** durchführen (dazu Alexander NZKart 2017, 391), darf aber (derzeit noch) nicht selbst gegen Verstöße vorgehen. Ergänzt wird dies durch die Regelungen in § 90 VI GWB über die Benachrichtigung und Beteiligung des BKartA durch die Gerichte in derartigen Streitigkeiten. – Die **10. GWB-Novelle** (GWB-Digitalisierungsgesetz) v. 18.1.2021 (BGBl. 2021 I 2) verfolgte insbes. mit einem neuen **§ 19a GWB** das Ziel, die Marktmacht von großen **Plattformbetreibern,** wie zB Amazon und Facebook, zu begrenzen, die zur Selbstbevorzugung Nutzerdaten sammeln und auswerten und anderen Anbietern den Zugang zu Kundengruppen erschweren können. Dazu werden dem BKartA Feststellungs- und Untersagungsbefugnisse eingeräumt (vgl. Stellungnahme des BKartA v. 19.1.2021; Kleineberg WRP 2020, 832; Körber MMR 2020, 290; Körber NZKart 2019, 633; Lettl WRP 2021, 413; Polley/Kaup NZKart 2020, 113). Darüber hinaus wurden zahlreiche Vorschriften des GWB geändert. – Die **11. GWB-Novelle** soll neue Eingriffsinstrumente nach **Sektoruntersuchungen** (§§ 32e, 32f GWB), Erleichterungen bei der **Vorteilsabschöpfung** (§ 34 GWB) und eine Anpassung der Verfahrensvorschriften zur Durchsetzung des **Digital Market Act** (§ 32g GWB) enthalten. Vgl. dazu Käseberg NZKart 2023, 245; Kersting NZKart 2022, 659; Körber ZRP 2023, 5; Mundt NZKart 2023, 1; Suchsland/Schröder NZKart 2023, 300; Wagner-von Papp NZKart 2022, 605.

2. Kartellverbot

6.6   Nach § 1 GWB sind Vereinbarungen zwischen Unternehmen, Beschlüsse von Unternehmensvereinigungen und aufeinander abgestimmte Verhaltensweisen, die eine Verhinderung, Einschränkung oder Verfälschung des Wettbewerbs bezwecken oder bewirken, verboten. Das entspricht der Regelung des Art. 101 I AEUV. Anders als im früheren Recht gilt dieses Kartellverbot unterschiedslos für horizontale und vertikale Vereinbarungen. Ausgenommen vom Kartellverbot ist die Preisbindung bei Zeitungen und Zeitschriften (§ 30 GWB).

3. Freistellung vom Kartellverbot

6.7   Nach § 2 I GWB sind wettbewerbsbeschränkende Vereinbarungen kraft Gesetzes vom Kartellverbot freigestellt, wenn sie bestimmte Voraussetzungen erfüllen. Diese Voraussetzungen entsprechen denen des Art. 101 III AEUV. Nach § 3 GWB gelten diese Voraussetzungen bei Mittelstandskartellen als erfüllt.

4. Entsprechende Anwendung der Gruppenfreistellungsverordnungen

6.8   Bei der Anwendung des Freistellungstatbestands des § 2 I GWB sind nach § 2 II GWB die sog Gruppenfreistellungsverordnungen entspr. anwendbar. Von Bedeutung ist insoweit vor allem die Vertikal-GVO.

5. Verbot des Missbrauchs von Marktmacht

6.9   In § 19 I GWB wird der Missbrauch einer marktbeherrschenden Stellung verboten. Die unbillige Behinderung und die sachlich nicht gerechtfertigte Ungleichbehandlung sind nach den § 19 II Nr. 1 GWB, § 20 II GWB nicht nur marktbeherrschenden Unternehmen untersagt, sondern auch marktstarken Unternehmen im Verhältnis zu den von ihnen abhängigen Unternehmen. Nach § 19 II Nr. 5 GWB ist diesen Unternehmen auch untersagt, solche Unternehmen zur Gewährung von sachlich nicht gerechtfertigten Vorteilen aufzufordern oder zu veranlassen. In § 19a GWB wird das missbräuchliche Verhalten von Unternehmen mit überragender marktübergreifender Bedeutung für den Wettbewerb einer Kontrolle durch Untersagungsverfügung des BKartA unterworfen. In § 20 I GWB wird das Verbot der unbilligen Behinderung auch auf Unternehmen erstreckt, die im Verhältnis zu kleinen und mittleren Wettbewerbern eine überlegene Marktmacht besitzen. Eine unbillige Behinderung liegt nach § 20 III 2 GWB insbes. dann vor, wenn Unternehmen Waren oder Dienstleistungen nicht nur gelegentlich unter Einstandspreis anbieten, es sei denn, dies ist sachlich gerechtfertigt.

6. Sonstige wettbewerbsbeschränkende Verhaltensweisen

6.10   In § 21 GWB werden bestimmte wettbewerbsbeschränkende Verhaltensweisen, ua der Boykott (§ 21 I GWB), ohne Rücksicht auf das Bestehen von Marktmacht verboten.

C. Lauterkeitsrecht und Kartellrecht als Gesamtordnung des Wettbewerbs

I. Einheitliche Erfassung

6.11   Das Kartellrecht und das Lauterkeitsrecht sind einander ergänzende Regelungen zum Schutze des Wettbewerbs vor Beeinträchtigungen. Sie haben auch keine unterschiedlichen, sondern übereinstimmende Schutzzwecke, nämlich den Schutz des Wettbewerbs im Allgemeininteresse und im Interesse der Marktteilnehmer. Der Schutz des freien und der Schutz des lauteren Wettbewerbs sind dementsprechend keine Gegensätze. Vielmehr handelt es sich dabei um zwei Aufgabenbereiche einer in ihrem Sinnzusammenhang einheitlichen Gesamtordnung (vgl. Köhler WRP 2005, 645). Das Kartellrecht schützt die Freiheit des Wettbewerbs gegen Beschränkungen, das Lauterkeitsrecht die Lauterkeit des Wettbewerbs vor unlauteren Wettbewerbsmethoden. Beide Rechtsbereiche stehen in einer wechselseitigen Abhängigkeit. Freiheit und Lauterkeit des Wettbewerbs sind in einer marktwirtschaftlichen Ordnung keine Gegensätze, sondern korrelative Postulate. Mit einer einheitlichen Erfassung der Wettbewerbsordnung sollen nicht die Verschiedenheiten geleugnet werden, die zwischen Kartellrecht und Lauterkeitsrecht in ihren Anwendungsbereichen und Wertungen bestehen. Insoweit ist es aus systematischer Sicht nötig, die Einzelmaterien zu trennen. Zu vermeiden ist jedoch, beide Rechtsbereiche antithetisch zu begreifen. Die Freiheit wirtschaftlicher Betätigung besteht nur insoweit, als die Lauterkeit gewahrt ist. Die Anforderungen an die Lauterkeit von geschäftlichen Handlungen müssen jedoch mit dem Grundziel des Kartellrechts, den freien Wettbewerb und dessen Funktionsfähigkeit zu gewährleisten, im Einklang stehen. Es darf deshalb die Wettbewerbsfreiheit zum einen nicht durch eine Verschärfung der wettbewerblichen Verhaltensregeln eingeengt, zum anderen nicht mit unlauteren Mitteln beeinträchtigt werden. Freiheits- und Lauterkeitsschutz sind im Rahmen einer einheitlichen Wettbewerbsordnung einander bedingende Schutzformen.

II. Zusammenhänge

Die beiden großen Zweige des Rechts zur Ordnung des wirtschaftlichen Wettbewerbs, das **6.12** Recht gegen unlauteren Wettbewerb und das Recht gegen Wettbewerbsbeschränkungen, regeln den Wettbewerb demnach unter verschiedenen Aspekten. Einmal geht es um die Bekämpfung unlauterer geschäftlicher Handlungen, zum anderen um die Sicherung wettbewerblicher Marktstrukturen. Trotz ihrer verschiedenen Zielsetzungen stehen beide Rechtsgebiete in einem Funktionszusammenhang. Dies folgt daraus, dass sie auf ein und dasselbe Phänomen, den Wettbewerb, bezogen sind und sich bei der Verhinderung missbräuchlicher Verhaltensweisen wechselseitig beeinflussen. Das Lauterkeitsrecht ist deshalb materiell nicht als eine „Beschränkung" der Wettbewerbsfreiheit zu werten (aA Emmerich UnlWb § 5/8). Eine Wettbewerbsbeschränkung liegt erst vor, wenn für das einzelne Unternehmen die Möglichkeit zu freier, nicht wettbewerbswidriger wirtschaftlicher Betätigung eingeengt wird. Die Wettbewerbsfreiheit allein ist nicht in der Lage, unlautere Geschäftspraktiken zu verhindern. Da sich der Einzelne nur mit und neben anderen wirtschaftlich betätigen kann, ist ein wirksamer Schutz gegen unlautere wettbewerbliche Betätigung unerlässlich. Je härter der Wettbewerb, umso größer die Gefahr unlauterer Praktiken. Der Wettbewerb als Ordnungsprinzip einer marktwirtschaftlich orientierten Wirtschaftsordnung rechtfertigt nicht die Aufgabe des Lauterkeitsprinzips. Im Gegenteil, die Lauterkeit des Wettbewerbs ist der allerbeste Schutz des Einzelnen und der Allgemeinheit. Gerade hier zeigt sich die Korrelation beider Rechtsgebiete. Einerseits braucht die Wettbewerbsfreiheit den notwendigen Spielraum und darf nicht durch eine isolierte Erfassung und Überspannung des Unlauterkeitsbegriffs über Gebühr eingeengt werden, andererseits gibt die Wettbewerbsfreiheit keinen Freibrief für unlautere Verhaltensweisen. Die Verbote des Lauterkeitsrechts sind hierbei jedoch nicht als einseitige Beschränkung der durch das Kartellrecht garantierten Wettbewerbsfreiheit aufzufassen, sondern ihrerseits im Kontext mit den Grundwertungen des Kartellrechts auszulegen. Es besteht nur ein schmaler Grat. Werden die Anforderungen an die Lauterkeit gesteigert und dadurch der Bereich unlauteren Wettbewerbs ausgedehnt, so wird der Bereich freier wirtschaftlicher Betätigung eingeschränkt; wird umgekehrt die wirtschaftliche Betätigung ungehemmt zugelassen, so werden die Anforderungen an die Lauterkeit herabgesetzt und der Verbotsbereich unlauteren Wettbewerbs eingeengt. Die Korrelation beider Rechtsgebiete ist somit evident. Sie richtig zu bestimmen, ist die schwierige Aufgabe bei der Handhabung der Generalklausel des § 3 und der dazugehörigen Beispielstatbestände der §§ 3a–6.

III. Schutzgegenstand

Beide Rechtsgebiete schützen, wenn auch mit unterschiedlicher Zielrichtung, den Wett- **6.13** bewerb. Dieser Schutz umfasst die Interessen der Mitbewerber, Verbraucher und der sonstigen Marktteilnehmer und der Allgemeinheit. Während das Kartellrecht den freien Wettbewerb als Koordinator der Marktbeziehungen vorwiegend unter wirtschaftspolitischen Gesichtspunkten gegen Beschränkungen schützt, steht im Lauterkeitsrecht der Schutz der Marktteilnehmer gegen unlautere Wettbewerbshandlungen einzelner Unternehmen im Vordergrund. Beide Ziele schließen sich im Hinblick auf die Dualität der zu schützenden individuellen und kollektiven Interessen nicht aus. Vielmehr dienen beide Rechte sowohl dem Schutz der Individualinteressen der Marktteilnehmer (für das GWB vgl. § 33 GWB; für Art. 101 AEUV vgl. EuGH Slg. 2006, 6619 Rn. 60f – Manfredi; Slg. 2001, 6297 Rn. 26f – Courage; für das UWG vgl. § 1 S. 1, § 8 III) als auch dem Schutz des Allgemeininteresses (für das UWG vgl. § 1 S. 2). Es besteht daher heute Einigkeit darüber, dass beide Normkomplexe einander ergänzen und dementsprechend so auszulegen und zu handhaben sind, dass Wertungswidersprüche vermieden werden (vgl. Köhler WRP 2005, 645; Ohly/Sosnitza/Ohly Einf. D UWG Rn. 71). Insbes. bei der Auslegung der

Generalklausel des § 3, aber auch bei der Auslegung der Beispielstatbestände der §§ 3a–6, ist darauf zu achten, dass die freiheitssichernde Zielsetzung des Kartellrechts nicht beeinträchtigt wird (BGH GRUR 2004, 602 (603) – 20 Minuten Köln). Daher kann es nicht Aufgabe des Lauterkeitsrechts sein, vorhandene Wettbewerbsstrukturen zu sichern und neuartige Entwicklungen nur deshalb zu verbieten, weil sie bestehende Wettbewerbskonzeptionen in Frage stellen (BGH GRUR 1999, 256 (258) – 1.000,– DM Umweltbonus; GRUR 2004, 602 (603 f.) – 20 Minuten Köln). Dem ist die Rspr. insgesamt gerecht geworden (fragwürdig allerdings zB BGH GRUR 1977, 619 (621) – Eintrittsgeld zum „Anzapfen" als einem „funktionswidrigen" Händlerverhalten). Der Prozess der fortschreitenden Annäherung von Kartellrecht und Lauterkeitsrecht hin zu ihrer Verschränkung findet seinen Niederschlag aber nicht nur in der Rspr., sondern auch (zumindest verbal) in der Gesetzgebung (vgl. zum GWB etwa § 24 I GWB „Grundsätze des lauteren Wettbewerbs"; zum UWG etwa § 1 S. 2 („Interesse der Allgemeinheit an unverfälschtem Wettbewerb"). Ob und inwieweit Ansprüche für den einzelnen Marktteilnehmer begründet werden, ergibt sich aus dem Schutzzweck der verletzten Vorschrift. Das Kartellrecht ist kein Sonderrecht gegenüber dem Lauterkeitsrecht, das dessen Anwendung ausschließt. Allerdings kann es notwendig sein, beide Rechtsgebiete auf Grund der unterschiedlichen privatrechtlichen Sanktionen aufeinander abzustimmen (BGHZ 166, 154 = GRUR 2006, 773 Rn. 13 ff. – Probeabonnement; dazu Alexander ZWeR 2007, 239 ff.). Beide Rechtsgebiete dienen gemeinsam dem Schutz der Wettbewerbsordnung, unterscheiden sich aber in den rechtlichen Ansatzpunkten und Schutzzielen. Weder ist jede kartellrechtswidrige Maßnahme unlauterer Wettbewerb noch umgekehrt unlauteres Verhalten stets kartellrechtswidrig. Wohl aber können im Einzelfall beide Rechtsgebiete nebeneinander zur Anwendung gelangen, wenn dasselbe Verhalten sowohl gegen Lauterkeits- als auch gegen Kartellrecht verstößt (stRspr; BGHZ 13, 33 (37) – Warenkredit; BGH GRUR 2004, 602 (603) – 20 Minuten Köln). Allerdings dürfen die einer kartellrechtlichen Norm zu Grunde liegenden Wertungen nicht dadurch unterlaufen werden, dass vermeintliche Schutzlücken mit Hilfe der lauterkeitsrechtlichen Generalklausel des § 3 I geschlossen werden (Köhler WRP 2005, 645 (647)).

D. Einzelfragen

I. Kartellverbot

1. Horizontalvereinbarungen

6.14   Die unlautere Behinderung von Mitbewerbern iSv § 4 Nr. 4 wird nicht dadurch ausgeschlossen, dass sie auf einer wettbewerbsbeschränkenden Vereinbarung iSv Art. 101 I AEUV oder § 1 GWB beruht. Dies gilt unzweifelhaft dann, wenn sich das Kartell gezielt gegen Außenseiter als Mitbewerber richtet (GK/Köhler UWG 1909 § 1 Rn. D 19). Dies gilt aber auch dann, wenn sich die Maßnahme gegen ein Kartellmitglied richtet. Dass es der Kartellabsprache (uU unter Zwang) zugestimmt hat, ändert daran nichts, da die Vereinbarung verboten und unwirksam ist (vgl. Mestmäcker, Der verwaltete Wettbewerb, 1984, 131 f.). Nur beim Schadensersatzanspruch kann die freiwillige Mitwirkung am Kartell als Mitverschulden zu berücksichtigen sein. Das Kartellverbot schützt allerdings nur den rechtlich zulässigen Wettbewerb. Unlautere Verhaltensweisen können daher vertraglich verboten werden, ohne dass Art. 101 I AEUV (vgl. EuGH Slg. 1966, 457 (483); Slg. 1981, 181 Rn. 15 f.) oder § 1 GWB tangiert wäre (vgl. BGH WuW/E BGH 2347 – Aktion Rabattverstoß). Die eigentliche Problematik besteht in der Feststellung, ob ein vertraglich geregeltes Verhalten unzulässigen oder zulässigen Wettbewerb betrifft (Problem der Grauzonen). Das Risiko für die Unternehmen ist im deutschen Kartellrecht allerdings derzeit noch dadurch gemildert, dass Wirtschafts- und Berufsvereinigungen **Wettbewerbsregeln** aufstellen können, die den Zweck verfolgen, „einem den Grundsätzen des lauteren oder der Wirksamkeit eines leistungsgerechten Wettbewerbs zuwiderlaufenden Verhalten im Wettbewerb entgegenzuwirken" (§ 24 II GWB). Derartige Regeln können aber seit der 7. Kartellnovelle nicht mehr durch die Kartellbehörde vom Kartellverbot freigestellt werden Die Anerkennung durch die Kartellbehörde beschränkt sich vielmehr darauf, dass für die Kartellbehörde kein Anlass besteht, Einwände gegen die Wettbewerbsregeln zu erheben (§ 26 I 2 GWB). Soweit die Wettbewerbsregeln auf Sachverhalte anzuwenden sind, die den zwischenstaatlichen Handel betreffen, sind sie ohnehin bereits auch am Maßstab des Art. 101 AEUV zu messen.

2. Vertikalvereinbarungen

Das Verbot des Art. 101 I AEUV und des § 1 GWB gilt auch für wettbewerbsbeschränkende **6.15** Vertikalvereinbarungen, wie insbes. Preis- und Konditionenbindungen, soweit sie nicht nach Art. 101 I, III AEUV oder § 2 II GWB iVm Vertikal-GVO (VO (EU) 2022/720 idF v. 10.5.2022, in Kraft seit dem 1.6.2022, freigestellt sind. Ein Verstoß gegen diese das Marktverhalten regelnden Normen kann aber nicht zugleich nach § 3 I, § 3a geahndet werden. Denn das Kartellrecht ist als abschließende Regelung zu begreifen (→ § 3a Rn. 1.12; BGHZ 166, 154 = GRUR 2006, 773 Rn. 13 ff. mwN – Probeabonnement). Die abweichende frühere Rspr. ist damit überholt. Die Unlauterkeit eines Verstoßes gegen das Preis- und Konditionenbindungsverbot lässt sich daher nur aus den Wertungen des Lauterkeitsrechts selbst begründen.

II. Boykottverbot

Die Aufforderung zum Boykott verstößt gegen § 21 I GWB, wenn sie von der Absicht **6.16** getragen wird, bestimmte Unternehmen unbillig zu beeinträchtigen. Soweit der Aufruf zur Förderung des eigenen Wettbewerbs erfolgt, ist in aller Regel auch der Tatbestand des § 3 iVm § 4 Nr. 4 erfüllt (→ § 4 Rn. 4.116 ff.; BGH GRUR 1980, 242 (243) – Denkzettelaktion). Die Unbilligkeit kann aber nicht mit Hilfe der Wertungen des UWG konkretisiert werden, vielmehr sind es dieselben Wertmaßstäbe, die sowohl bei den §§ 3, 4 Nr. 4 UWG wie bei § 21 I GWB zu Grunde zu legen sind (vgl. Mestmäcker, Der verwaltete Wettbewerb, 1984, 135 f.). Wird der Boykott befolgt, greifen auch die Art. 101 AEUV, §§ 1, 2 GWB ein (→ § 4 Rn. 4.127; Werner, Wettbewerbsrecht und Boykott, 2008, S. 175).

III. Behinderungsverbot

In den Fällen der individuellen Behinderung von Mitbewerbern (→ § 4 Rn. 4.1 ff.) und der **6.17** allgemeinen Marktbehinderung (→ § 4 Rn. 2.1 ff.) begegnen sich die Verbotsbereiche des Lauterkeitsrechts und des Kartellrechts. Die Behinderung von Mitbewerbern kann sowohl unter den Tatbestand des § 3 I iVm § 4 Nr. 4 als auch unter die Tatbestände des Art. 102 AEUV sowie der § 19 II Nr. 1 GWB, § 20 I, III GWB fallen. Für die Prüfung, ob ein Verhalten unlauterer Wettbewerb ist, ist jedoch nur Raum, wenn eine geschäftliche Handlung (§ 2 I Nr. 2) vorliegt. Liegt keine geschäftliche Handlung vor, so kann ein durch wettbewerbsbeschränkendes Verhalten betroffenes Unternehmen nur aus § 33 GWB oder §§ 1004, 823 II BGB Unterlassungs- und Ersatzansprüche haben. – Die von der Rspr. verwendeten Wertmaßstäbe zur Feststellung, ob eine unlautere oder unbillige Behinderung vorliegt, sind weitgehend identisch (→ § 4 Rn. 4.18; BGH GRUR 1985, 883 – Abwehrblatt I; GRUR 1986, 397 – Abwehrblatt II; BGHZ 107, 40 – Krankentransportbestellung; BGH GRUR 1990, 685 – Anzeigenpreis I; WRP 1999, 105 (109) – Schilderpräger im Landratsamt; krit. Ulmer FS v. Gamm, 1990, 677 (691 ff.)). Nur bei Vorliegen bes. Umstände kann sich eine unterschiedliche Beurteilung nach § 19 IV GWB, § 20 I, II GWB einerseits und § 3 iVm § 4 Nr. 4 andererseits ergeben (BGHZ 56, 327 (336 f.) – Feld und Wald I; BGH GRUR 1986, 397 – Abwehrblatt II). Die im GWB gezogenen Grenzen einer Verhaltenskontrolle (Anknüpfung des Behinderungsverbots an eine bestimmte Marktmacht) dürfen allerdings nicht durch eine extensive Auslegung des § 3 iVm § 4 Nr. 4 beiseite geschoben werden. Das ist jedoch im Hinblick auf die strengen Anforderungen der lauterkeitsrechtlichen Rspr. etwa an die Unlauterkeit einer Preisunterbietung (Vernichtungsabsicht oder Gefährdung des Wettbewerbsbestands; → § 4 Rn. 4.188 ff., 2.14 ff.) nicht der Fall. Bedenklich wäre dagegen eine Absenkung der Eingriffsschwelle, etwa mit Hilfe der sog Vorfeldthese, die „nicht leistungsgerechte" geschäftliche Handlungen mittels § 3 bereits im Vorfeld kartellrechtlicher Missbrauchstatbestände bekämpft wissen will (näher → § 4 Rn. 2.2). Erst recht wäre es nicht statthaft, aus § 3 iVm § 4 Nr. 4 ein allgemeines Diskriminierungsverbot abzuleiten. Allerdings können die Verhaltensanforderungen der §§ 19, 20 GWB strenger sein als die des § 4 Nr. 4 UWG, da sie sich nicht an jedermann, sondern nur an marktmächtige Unternehmen richten (dazu Wolf WRP 1995, 543 (545); Ulmer FS v. Gamm, 1990, 677 (691 ff.)).

IV. Verbot des Missbrauchs einer marktbeherrschenden Stellung

Ein Verstoß gegen das Verbot des Art. 102 AEUV oder des § 19 GWB stellt nicht zwangs- **6.18** läufig zugleich einen Wettbewerbsverstoß dar (dazu auch Immenga/Mestmäcker/Markert GWB § 19 Rn. 240; MüKoWettbR/Wolf GWB § 19 Rn. 16 ff.). Das ist evident bei einem Preismissbrauch iSd Art. 102 S. 2 lit. a AEUV und des § 19 II Nr. 2 GWB. Vielmehr kommt es darauf an, ob der Machtmissbrauch sich nach den Wertungen des UWG als unlautere geschäftliche Handlung darstellt (zur allg. Marktbehinderung vgl. → § 4 Rn. 5.2). Im Übrigen stellt das Kartellrecht eine abschließende Regelung dar (→ § 3a Rn. 1.37). Die Unlauterkeit eines Verstoßes gegen das Missbrauchsverbot lässt sich daher nur aus den Wertungen des Lauterkeitsrechts selbst begründen, aber nicht aus dem Kartellrecht ableiten.

V. Unterschiedliche Verjährungsfristen

6.19 Ansprüche aus Wettbewerbsverstößen unterliegen der (kurzen) Verjährungsfrist des § 11 UWG, Ansprüche aus Kartellrechtsverstößen dagegen der fünfjährigen Verjährungsfrist des § 33h GWB.

7. Abschnitt. Lauterkeitsrecht und Bürgerliches Recht

Übersicht

A. Allgemeines

Der Gesetzgeber hat die Bekämpfung des unlauteren Wettbewerbs mit den Gestaltungsmitteln **7.1** des Privatrechts (und des Strafrechts) organisiert. Das Wettbewerbsrecht ist insoweit ein **Sonderprivatrecht,** das die Normen des Bürgerlichen Rechts überlagert. Soweit das Wettbewerbsrecht keine abschließenden Regelungen trifft, greift daher ergänzend und konkurrierend das Bürgerliche Recht ein. Ob und inwieweit das Lauterkeitsrecht bestimmte Sachverhalte abschließend regelt, ist durch **Auslegung** zu ermitteln. Die Besonderheiten des Wettbewerbsgeschehens sind allerdings auch bei der Auslegung und Anwendung des Bürgerlichen Rechts zu berücksichtigen (zB bei der Schadensberechnung oder bei der Verwirkung). Den Lauterkeitsschutz ergänzende Funktion hat insbes. der Schutz des Rechts am Unternehmen nach § 823 I BGB (→ Rn. 7.14 ff.).

B. Lauterkeitsrecht und Deliktsrecht

I. Lauterkeitsrecht als Sonderdeliktsrecht

Das Lauterkeitsrecht verbietet bestimmte Handlungen und bezweckt damit den Schutz nicht **7.2** nur der Institution Wettbewerb (§ 1 S. 2), sondern auch und vor allem den Schutz von Individualinteressen (§ 1 S. 1). Insoweit ist das Lauterkeitsrecht als **Sonderdeliktsrecht** zu begreifen (BGH GRUR 1999, 751 (754) – Güllepumpen; WRP 2002, 532 (533) – Meißner Dekor; WRP 2013, 1183 Rn. 17 – Standardisierte Mandatsbearbeitung; Köhler, Die Stellung des UWG innerhalb der allgemeinen Zivilrechtsdogmatik, FS Canaris II, 2017, 969). Auf lauterkeitsrechtliche Ansprüche finden daher ergänzend die Normen des allgemeinen Deliktsrechts (etwa die §§ 827–829, §§ 830, 831, 840 BGB) Anwendung, sofern das UWG keine Sonderregelung (zB § 8 II) bereithält.

II. Konkurrenz zwischen lauterkeitsrechtlichen und bürgerlichrechtlichen Ansprüchen

1. Allgemeines

Ein und dieselbe Handlung kann den Tatbestand sowohl lauterkeitsrechtlicher als auch **7.3** bürgerlichrechtlicher Abwehr- bzw. Ersatzansprüche erfüllen. Dabei ist jedoch zu unterscheiden: Wer nicht zum Kreis der nach § 8 III Anspruchsberechtigten gehört, kann bürgerlichrechtliche Ansprüche selbstverständlich auch dann geltend machen, wenn die tatbestandsmäßige Handlung zugleich einen Wettbewerbsverstoß darstellt (LG Frankfurt GRUR-RR 2021, 326 Rn. 30). So etwa der Verbraucher, der durch wettbewerbswidrige Werbemaßnahmen in seinem Eigentum oder seinem allgemeinen Persönlichkeitsrecht verletzt wird. Das Lauterkeitsrecht schränkt diesen Schutz nicht ein, soweit dies nicht durch die UGP-RL und die Werbe-RL geboten ist (dazu Eckel EuZW 2015, 418 (422)). Die Konkurrenzproblematik stellt sich nur im Hinblick auf

Personen, die nach § 8 III anspruchsberechtigt sind. Im Wesentlichen geht es dabei um die Anspruchsverjährung: Wettbewerbsrechtliche Ansprüche verjähren in der (kurzen) Frist des § 11, bürgerlichrechtliche dagegen in den (längeren) Fristen der §§ 195, 199 BGB. Die Frage, ob bürgerlichrechtliche Ansprüche bzw. die für sie geltende Verjährungsregelung vom Lauterkeitsrecht verdrängt werden, lässt sich nicht generell beantworten, sondern ist für jeden einzelnen Anspruch zu beurteilen. Es ist jeweils zu prüfen, ob eine der Regelungen als erschöpfende und deshalb die anderen ausschließende Regelung der jeweiligen Teilfrage anzusehen ist. Dies gilt auch und insbes. für die Verjährung (BGH GRUR 1984, 820 (822) – Intermarkt II; → § 11 Rn. 1.8 ff.).

2. Ansprüche aus § 823 I BGB

7.4   Stellt der Wettbewerbsverstoß zugleich eine rechtswidrige Verletzung der Gesundheit, der Freiheit, des Eigentums oder des allgemeinen Persönlichkeitsrechts des Betroffenen dar, so ist § 823 I BGB neben § 3 anwendbar. Denn insoweit ist eine Privilegierung des Verletzers (§ 11 UWG statt §§ 195, 199 BGB), nur weil er im Wettbewerb gehandelt hat, nicht gerechtfertigt. – Auf eine Verletzung des **„Rechts am eingerichteten und ausgeübten Gewerbebetrieb"** kann sich der von einem Wettbewerbsverstoß betroffene **Mitbewerber** dagegen nicht berufen. Denn dieses Recht stellt einen „Auffangtatbestand" (BGHZ 105, 346 (350)) dar und hat lediglich subsidiäre, lückenfüllende Funktion (BGH GRUR 1972, 189 (191) – Wandsteckdose II; GRUR 1983, 467 (468) – Photokina; GRUR 2004, 877 (880) – Werbeblocker; GRUR 2014, 904 Rn. 12 – Aufruf zur Kontokündigung; OLG Nürnberg WRP 2020, 244 Rn. 70 ff.). Soweit der Verletzte daher einen Anspruch aus den §§ 8, 9 geltend machen kann, ist er darauf beschränkt. Ob er wenigstens dann auf § 823 I BGB zurückgreifen kann, wenn zwar ein Wettbewerbsverhältnis besteht, aber die §§ 8 ff. nicht eingreifen (so BGHZ 38, 200 – Kindernähmaschinen für die „unberechtigte Schutzrechtsverwarnung"), erscheint zweifelhaft. Richtigerweise ist zu fragen, ob derartige Fälle – falls überhaupt – nicht doch unter §§ 3, 8 ff. zu subsumieren sind (näher → § 4 Rn. 4.178 ff.). – Eingriffe **Dritter** in den eingerichteten und ausgeübten Gewerbebetrieb sind nicht ohne Weiteres, sondern nur dann rechtswidrig, wenn das Schutzinteresse des Betroffenen die schutzwürdigen Belange der anderen Seite überwiegt. Bei dieser Abwägung sind insbes. die betroffenen Grundrechte (Art. 5 I GG einerseits, Art. 12 I GG) zu berücksichtigen (BGHZ 193, 227 Rn. 18 – Vorbeugende Unterlassungserklärung). Daher kann auch der Boykottaufruf eines Verbraucherverbands zum Schutze der Verbraucher vor systematischer Täuschung rechtmäßig sein (BGH GRUR 2014, 904 Rn. 15 ff. – Aufruf zur Kontokündigung). – Dagegen können **Verbraucher** und **sonstige Marktteilnehmer** Ansprüche aus § 823 I BGB (und § 1004 BGB) geltend machen, wenn sie von einem Verstoß gegen § 7 II Nr. 2 oder 3 betroffen sind (BGH WRP 2016, 866 Rn. 14 ff. – Lebens-Kost; → § 7 Rn. 23). Allerdings ist zu beachten, dass diese Normen nur den Schutz der Privatsphäre bzw. betrieblichen Sphäre bezwecken, nicht dagegen den Schutz vor einer Beeinträchtigung der Entscheidungsfreiheit (BGH WRP 2016, 866 Rn. 16 – Lebens-Kost).

3. Ansprüche aus § 823 II BGB

7.5   Schutzgesetze iSd § 823 II BGB sind nicht die § 3 und § 7. Ansprüche und Anspruchsberechtigung wegen eines Verstoßes gegen § 3 und gegen § 7 sind nämlich abschließend in den §§ 8–10 geregelt (vgl. Begr. RegE UWG 2004 zu § 8, BT-Drs. 15/1487, 22; BGH GRUR 2021, 497 Rn. 65 – Zweitmarkt für Lebensversicherungen), soweit nicht ausnahmsweise § 823 I BGB eingreift (→ Rn. 7.4). Dagegen stellt die Straftatbestände des § 16 und des allgemeinen Strafrechts sehr wohl Schutzgesetze iSd § 823 II BGB dar, da diese Bestimmungen keine – abschließenden – Regelungen der zivilrechtlichen Rechtsfolgen enthalten (BGH GRUR 2008, 818 Rn. 87 – Strafbare Werbung im Versandhandel; Alexander WRP 2004, 407 (420); → § 16 Rn. 29). Dazu gehören ua strafbare Behinderungshandlungen gegenüber Mitbewerbern, wie Nötigung, Erpressung oder Sachbeschädigung (vgl. BGH GRUR 1960, 135 (136 f.) – Druckaufträge). Ansprüche aus § 823 II BGB werden insoweit nicht vom Lauterkeitsrecht verdrängt. Durch Auslegung der jeweiligen Normen ist auch zu ermitteln, welche Personen Ansprüche aus § 823 II BGB geltend machen können.

4. Ansprüche aus § 824 BGB

§ 824 BGB setzt eine Tatsachenbehauptung voraus. Die Vorschrift bietet also keinen Schutz **7.6**
vor abwertenden Meinungsäußerungen und Werturteilen (BGH WRP 2020, 483 Rn. 27 –
Yelp). Ansprüche aus § 824 BGB sind neben § 3 iVm § 4 Nr. 2 möglich (BGH GRUR 1962,
312 (314) – Gründerbildnis zu § 14 UWG 1909 aF). Darin liegt kein Wertungswiderspruch: Da
§ 824 BGB dem Verletzten den Beweis für die Unwahrheit aufbürdet, also strengere Anforderungen als § 4 Nr. 2 stellt, ist es gerechtfertigt, diesen Anspruch (mit der Folge der Verjährung
nach den §§ 195, 199 BGB) neben lauterkeitsrechtlichen Ansprüchen zu gewähren.

5. Ansprüche aus § 826 BGB

Sie sind (mit Folge der §§ 195, 199 BGB) neben Ansprüchen aus dem UWG möglich. Denn **7.7**
§ 826 BGB stellt strengere Voraussetzungen (Schädigungsvorsatz!) als das Lauterkeitsrecht auf
(BGH GRUR 1962, 312 (314) – Gründerbildnis; BGH GRUR 1977, 539 (541) – Prozessrechner). Der Schädiger darf nicht privilegiert werden, nur weil er (auch) in Wettbewerbsabsicht
gehandelt hat. Allerdings ist der Begriff der „Unlauterkeit" in § 3 I und der Begriff der „guten
Sitten" in § 826 BGB schon im Hinblick auf die Funktionsunterschiede beider Normen nicht
identisch (vgl. BGH GRUR 1999, 751 (753) – Güllepumpen; BGHZ 150, 343 (347) – Elektroarbeiten zu § 1 UWG 1909). Sittenwidrigkeit setzt eine besondere Verwerflichkeit des Handelns
voraus, die nicht schon bei jedem unlauteren Handeln gegeben ist (vgl. auch BGH GRUR 2009,
871 Rn. 39 – Ohrclips).

C. Lauterkeitsrecht und Vertragsrecht

Schrifttum: Alexander, Vertrag und unlauterer Wettbewerb, 2002; Alexander, Vertragsrecht und Lauterkeitsrecht unter dem Einfluss der Richtlinie 2005/29/EG über unlautere Geschäftspraktiken, WRP 2012,
515; Bernreuther, Sachmängelhaftung durch Werbung, WRP 2002, 368; Busch, Informationspflichten in
Wettbewerbs- und Vertragsrecht, 2008; Köhler, UWG-Reform und Verbraucherschutz, GRUR 2003, 265;
Köhler, Unzulässige geschäftliche Handlungen bei Abschluss und Durchführung eines Vertrags, WRP 2009,
898; Köhler, Die Durchsetzung des Vertragsrechts mit den Mitteln des Lauterkeitsrechts, FS Medicus, 2009,
225; Köhler, Wettbewerbsverstoß und Vertragsnichtigkeit, JZ 2010, 767; Leistner, Richtiger Vertrag und
lauterer Wettbewerb, 2007; Mankowski, Die durch Marketing beeinflusste Willenserklärung – Wertungslinien
zwischen Lauterkeitsrecht und Zivilrecht, FS Köhler, 2014, 477; Tiller, Gewährleistung und Irreführung,
2005; Weiler, Ein lauterkeitsrechtliches Vertragslösungsrecht des Verbrauchers?, WRP 2003, 423.

I. Wettbewerbsverstoß und Vertragsunwirksamkeit nach den §§ 134, 138 BGB

1. Grundsatz

Die Verbote der § 3 und § 7 können grds. **Verbotsgesetze iSd § 134 BGB** sein (BGH **7.8**
GRUR 2009, 606 Rn. 11 – Buchgeschenk vom Standesamt). Allerdings führen Wettbewerbs-
verstöße nicht automatisch zur Nichtigkeit eines damit zusammenhängenden Vertrages nach
§ 134 BGB. Denn Nichtigkeit tritt nur dann ein, „wenn sich nicht aus dem Gesetz ein anderes
ergibt" (dazu Köhler JZ 2010, 767). Wettbewerbsverstöße führen auch nicht automatisch zur
Nichtigkeit damit zusammenhängender Verträge nach **§ 138 BGB**, zumal die Begriffe der
„Unlauterkeit" in § 3 I und der „guten Sitten" in § 138 I BGB nicht deckungsgleich sind (vgl.
BGH GRUR 1990, 522 (528) – HBV-Familien- und Wohnrechtsschutz; BGH GRUR 1998,
415 – Wirtschaftsregister; BGH GRUR 1998, 945 (946) – Co-Verlagsvereinbarung). Verträge,
die infolge eines Wettbewerbsverstoßes zustande kommen (sog **Folgeverträge**) sind daher grds.
wirksam (zu Einzelheiten → § 3 Rn. 10.2 ff.).

2. Ausnahmen

Sog **Basisverträge**, also Verträge, die zu einem wettbewerbswidrigen Handeln verpflichten, **7.9**
sind der Rspr. zufolge nach **§ 134 BGB** nichtig (→ § 3 Rn. 158). Voraussetzung ist jedoch, dass
der rechtsgeschäftlichen Verpflichtung selbst das wettbewerbswidrige Verhalten innewohnt
(BGH GRUR 1998, 945 (947) – Co-Verlagsvereinbarung; GRUR 2009, 606 Rn. 13 – Buchgeschenk vom Standesamt; GRUR 2012, 1050 Rn. 20 – Dentallaborleistungen). Die bloße
Gefahr, dass eine vertragliche Verpflichtung mit wettbewerbswidrigem Verhalten erfüllt wird,

reicht nicht aus (BGH GRUR 1998, 945 (947) – Co-Verlagsvereinbarung); ebenso wenig, dass es bei Durchführung des Vertrages im Einzelfall zu wettbewerbswidrigem Verhalten kommen kann (BGH GRUR 2009, 606 Rn. 22 – Buchgeschenk vom Standesamt). Sachangemessener, auch im Interesse des vom Wettbewerbsverstoß betroffenen Vertragspartners, erscheint es jedoch, auf diese Fälle nicht § 134 BGB, sondern die Grundsätze über die **anfängliche (rechtliche) Unmöglichkeit** der Leistung (§ 311a BGB) anzuwenden (Köhler JZ 2010, 767 (769 f.)). – Bei Verstößen gegen § 3 iVm § 4 Nr. 2 kann der auf Grund dieses Verhaltens zustande gekommene Vertrag nach § 138 II BGB nichtig sein. Voraussetzung ist jedoch, dass Leistung und Gegenleistung in einem auffälligen Missverhältnis zueinander stehen.

II. Wettbewerbsverstoß und Vertragsanfechtung

7.10   Geschäftliche Handlungen, die nach § 4a (aggressives Verhalten) oder §§ 5, 5a II (Irreführung) unlauter sind, können zugleich die Anfechtbarkeit des Folgevertrages nach § 123 BGB begründen. Dabei ist jedoch zu beachten, dass die widerrechtliche Drohung und arglistige Täuschung iSd § 123 I BGB Vorsatz voraussetzen, während für die Unlauterkeit nach den § 4a, §§ 5, 5a II bereits die objektive Eignung der geschäftlichen Handlung zur Verbraucherbeeinflussung ausreicht. Kommt ein Vertrag durch eine strafbare Werbung iSd § 16 I zustande, dann ist dieser Vertrag regelmäßig wegen arglistiger Täuschung nach § 123 BGB anfechtbar (→ § 16 Rn. 29).

III. Wettbewerbsverstoß und Vertragswiderruf

7.11   Besteht der Wettbewerbsverstoß in der Verletzung von Informationspflichten über bestehende gesetzliche Widerrufsrechte, wie zB bei Fernabsatzverträgen oder außerhalb von Geschäftsräumen geschlossenen Verträgen, Art. 246a § 1 II 1 Nr. 1 EGBGB und Art. 246b § 2 I EGBGB), so führt dies dazu, dass die Widerrufsfrist nicht zu laufen beginnt bzw. das Widerrufsrecht erst viel später erlischt (vgl. § 356 III–V BGB).

IV. Wettbewerbsverstoß und Sachmängelhaftung

7.12   Die irreführende Werbung über Produkteigenschaften begründet nach §§ 437 ff. BGB unter den Voraussetzungen des § 434 I 3 BGB eine Einstandspflicht des Verkäufers für das Vorhandensein dieser Eigenschaften nach Sachmängelrecht (zu Einzelheiten vgl. Bernreuther WRP 2002, 368; Lehmann DB 2002, 1090; Leistner, Richtiger Vertrag und lauterer Wettbewerb, 2007, 750, 761 ff.; Tiller, Gewährleistung und Irreführung, 2005, 25 ff.).

V. Wettbewerbsverstoß und culpa in contrahendo

7.13   Unlautere Werbung, etwa in Gestalt irreführender Angaben (§ 5), irreführender Unterlassung (§ 5a II) oder aggressiver Beeinflussung (§ 4a), kann im Einzelfall eine culpa in contrahendo (Verschulden bei Vertragsverhandlungen) darstellen. Daraus kann sich nach den § 311 II BGB, § 241 II BGB, §§ 280, 249 I BGB ein Anspruch auf Vertragsaufhebung ergeben, sofern der Vertrag für den Käufer einen Vermögensschaden bewirkt (vgl. Ahrens AcP 208 (2008), 135 (138); Alexander, Vertrag und unlauterer Wettbewerb, 2002, 134 ff.; Köhler GRUR 2003, 265 (268); Leistner, Richtiger Vertrag und lauterer Wettbewerb, 2007, 931 ff.). Dasselbe gilt bei der Verletzung vorvertraglicher Informationspflichten nach § 312a II BGB iVm Art. 246 EGBGB und nach § 312d I BGB iVm Art. 246a § 1 EGBGB.

VI. Unlautere geschäftliche Handlungen bei und nach Vertragsschluss

7.13a   Da sich der Begriff der geschäftlichen Handlung (§ 2 I Nr. 2) auch auf Verhaltensweisen bei und nach Geschäftsabschluss erstreckt und die Unlauterkeitstatbestände des § 4 Nr. 1 sowie der §§ 5, 5a auch solche Verhaltensweisen erfassen, stellt sich die Frage, ob diese Regelungen auch Einfluss auf das Vertragsrecht haben, etwa das Zustandekommen des Vertrages beeinflussen oder vertragliche Rechte der Verbraucher begründen können. Das ist im Grundsatz zu verneinen. Denn die der Neuregelung zu Grunde liegende UGP-RL sieht in Art. 3 II UGP-RL vor, dass sie „das Vertragsrecht und insbes die Bestimmungen über die Wirksamkeit, das Zustandekommen oder die Wirkungen eines Vertrages unberührt" lässt (dazu EuGH WRP 2012, 547 Rn. 45 – Perenicová und Perenic/SOS; Alexander WRP 2012, 515 (521 ff.)). Das schließt es indessen nicht aus, dass die Wertungen des Lauterkeitsrechts zumindest längerfristig in die Auslegung der vertragsrechtlichen Bestimmungen des BGB einfließen. Jedenfalls begründen die Regelungen des UWG keine unmittelbaren bürgerlichrechtlichen Rechtsfolgen.

D. Bürgerlichrechtlicher Schutz des Unternehmens

Schrifttum: Beater, Der Schutz von Eigentum und Gewerbebetrieb vor Fotografien, JZ 1998, 1101; Katzenberger, Recht am Unternehmen und unlauterer Wettbewerb, 1967; Köhler, Die Stellung des UWG in der allgemeinen Zivilrechtsdogmatik, FS Canaris II, 2017, 969; Krings, Haben §§ 14 Abs. 2 Nr. 3 und 15 Abs. 3 MarkenG den Schutz der berühmten Marke sowie des berühmten Unternehmenskennzeichens aus §§ 12, 823 Abs. 1, 1004 BGB ersetzt?, GRUR 1996, 624; Möschel, Der Schutzbereich des Eigentums nach § 823 I BGB, JuS 1977, 1; Sack, Das Recht am Gewerbebetrieb, 2007; Schaub, Haftung des Betreibers eines Bewertungsportals, GRUR 2020, 494; Scherer, Abwehransprüche von Verbrauchern und sonstigen Marktteilnehmern gegen unzulässige geschäftliche Handlungen, GRUR 2019, 361; Schildt, Der deliktische Schutz des Rechts am Gewerbebetrieb, WM 1996, 2261; K. Schmidt, Integritätsschutz von Unternehmen nach § 823 BGB – Zum „Recht am eingerichteten und ausgeübten Gewerbebetrieb", JuS 1993, 985; Werner, Wettbewerbsrecht und Boykott, 2008.

I. Allgemeines

Das deutsche Deliktsrecht kennt mit den § 823 II BGB, §§ 824, 826 BGB nur einen eng   **7.14** begrenzten Schutz von Vermögensinteressen. Das **Recht am eingerichteten und ausgeübten Gewerbebetrieb** (moderner: Recht am Unternehmen), das den sonstigen Rechten des § 823 I BGB zugeordnet wird, dient dem Schutz der unternehmerischen Tätigkeit vor Vermögensschäden auf Grund spezifischer Beeinträchtigungen (Schild WM 1996, 2261 (2264); Staudinger/Hager BGB § 823 Rn. D 2; MüKoBGB/Wagner BGB § 823 Rn. 184). Da ein Unternehmer in einer freien und auf Wettbewerb ausgerichteten Wirtschaftsordnung keinen Anspruch auf Erhalt seiner Marktposition, seines Kundenstamms, seiner Erwerbschancen und auf Schutz vor Konkurrenz haben kann, besteht das Hauptproblem in einer sachgerechten Ausgestaltung und Eingrenzung des zivilrechtlichen Unternehmensschutzes. Erst durch die Ausfüllung des generalklauselartigen „Rahmenrechts" (Fikentscher/Heinemann Schuldrecht, 10. Aufl. 2006, Rn. 1571; näher zur dogmatischen Einordnung Staudinger/Hager BGB § 823 Rn. D 3) gewinnt das Recht am Unternehmen die zur Rechtsanwendung notwendigen Konturen.

II. Entwicklung der Rspr.

1. Rspr. des Reichsgerichts

Nach anfänglichen Versuchen, das Recht am Unternehmen über § 1 GewO zu schützen   **7.15** (RGZ 45, 61), erkannte das RG ein Recht am eingerichteten und ausgeübten Gewerbebetrieb an, und zwar als sonstiges Recht iSd § 823 I BGB: „Dadurch, dass es sich bei dem bestehenden selbstständigen Gewerbebetrieb nicht bloß um die freie Willensbetätigung des Gewerbetreibenden handelt, sondern dieser Wille bereits seine gegenständliche Verkörperung gefunden hat, ist die feste Grundlage für die Annahme eines subjektiven Rechts an diesem Betrieb gegeben." (RGZ 58, 29). Das Reichsgericht bejahte zunächst nur dann, wenn sich der Eingriff unmittelbar gegen den Bestand des eingerichteten und ausgeübten Gewerbebetriebs richtete. In RG GRUR 1935, 577 – Bandmotiv wurde die Beschränkung des Unternehmensschutzes auf den Bestandschutz aufgegeben, zunächst allerdings nur für das Gebiet des Marken- und Lauterkeitsrechts (RGZ 158, 377 – Rundfunkeinrichtungen; RGZ 163, 21 (32) – Taxi).

2. Fortentwicklung durch den Bundesgerichtshof

Der BGH hat die Rspr. des Reichsgerichts weiterentwickelt. Die Voraussetzung eines un-   **7.16** mittelbaren Eingriffs in den Bestand des Betriebs wurde auch außerhalb des Gebiets des Wettbewerbs und der gewerblichen Schutzrechte aufgegeben. Jede Beeinträchtigung des Rechts am eingerichteten und ausgeübten Gewerbebetrieb genügte, wenn sie einen unmittelbaren, nämlich betriebsbezogenen (→ Rn. 7.22) Eingriff in den gewerblichen Tätigkeitsbereich darstellte (BGHZ 3, 270 (279) – Constanze I; BGHZ 8, 142 (144) – Schwarze Listen; BGHZ 24, 200 – Spätheimkehrer; BGHZ 29, 65 (69) – Stromunterbrechung I; BGHZ 41, 210 – ÖTV; BGHZ 69, 128 (138) – Fluglotsen; BGH GRUR 2011, 1018 Rn. 75 – Automobil-Onlinebörse; GRUR 2012, 417 Rn. 31 – gewinn.de; WRP 2014, 1067 Rn. 12 ff. – Aufruf zur Kontokündigung). Ebenso wie das Eigentum soll das Recht am eingerichteten und ausgeübten

Gewerbebetrieb nicht nur in seinem eigentlichen Bestand, sondern auch in seinen einzelnen Erscheinungsformen, wozu der gesamte gewerbliche Tätigkeitskreis („die freie gewerbliche Entfaltung des Unternehmens") zu rechnen ist, vor unmittelbaren rechtswidrigen Störungen geschützt sein.

3. Gewohnheitsrechtliche Geltung

7.17   Das Recht am eingerichteten und ausgeübten Gewerbebetrieb als sonstiges Recht iSd § 823 I BGB ist mittlerweile gewohnheitsrechtlich anerkannt. Es hat aber nur die Funktion eines Auffangtatbestands gegenüber den Tatbeständen des § 4.

III. Inhalt

1. Schutzgegenstand

7.18   **a) Allgemeines.** Schutzgegenstand ist nicht nur der **Gewerbebetrieb** ieS, sondern das **Unternehmen** im Sinne einer selbständigen Erwerbstätigkeit. Geschützt sind daher – wie im Lauterkeitsrecht (vgl. § 2 I Nr. 8) auch – die **Angehörigen freier Berufe** (BGH NJW 2012, 2579 Rn. 19). Jeder Inhaber eines Unternehmens, nicht nur eines Gewerbebetriebs, muss das Recht haben, vor widerrechtlichen Störungen bewahrt zu bleiben, die sein Unternehmen nicht zur vollen, in der Gesamtheit seiner materiellen und immateriellen Elemente begründeten Entfaltung kommen lassen. Das Unternehmen umfasst sachlich eine Vielzahl einzelner Rechte und Güter und stellt gewissermaßen die Verkörperung der wirtschaftlichen Betätigung des Unternehmers dar. Bei formaler Betrachtung würde jeder Eingriff in einen dem Unternehmen zugeordneten Einzelwert zugleich eine Verletzung des Unternehmens selbst sein. Bei wertender Prüfung trifft das nicht zu. Das Recht am Unternehmen dient dem Zweck, das Unternehmen als Organismus in seiner wirtschaftlichen Betätigung zu schützen. Aus dieser Zweckrichtung folgt, dass eine Beeinträchtigung des gewerblichen Tätigkeitsbereichs nur vorliegt, wenn das **Funktionieren** des Unternehmens irgendwie in Mitleidenschaft gezogen ist (BGH WRP 2014, 1067 Rn. 12 ff. – Aufruf zur Kontokündigung). Die Verletzung einzelner zum Unternehmen zählender Güter und Rechte beinhaltet grds. nicht zugleich eine Verletzung des Rechts am Unternehmen selbst (BGH NJW 1983, 812 f.). Ob das verletzte Einzelgut selbstständigen Rechtsschutz genießt oder nicht, ist ohne Belang. Der wirtschaftliche Tätigkeitsbereich wird nicht dadurch gestört, dass jederzeit auswechselbare Einzelwerte oder vom Gewerbebetrieb ohne weiteres ablösbare Rechte oder Rechtsgüter betroffen werden (BGHZ 29, 65 (74)). Es bedarf deshalb stets einer genauen Prüfung, ob sich ein Eingriff auf die Verletzung unternehmensgebundener Einzelwerte beschränkt, für deren Ausfall sich unschwer Ersatz beschaffen lässt, oder ob der Wirkungsbereich des Unternehmens, das „fonctionnement", angegriffen ist. Daher stellt die Verletzung eines Arbeitnehmers oder des geschäftsführenden Gesellschafters einer Personengesellschaft keine Verletzung des Rechts am Unternehmen dar (BGHZ 7, 30 (51) – Laderampe), ebenso wenig die Beschädigung oder Zerstörung eines Lieferautos (BGHZ 29, 65 (74) – Stromunterbrechung I).

7.19   **b) Einzelheiten.** Das Unternehmen wird in seinen Funktionen geschützt, nach herkömmlicher Betrachtungsweise wurde das Schutzobjekt als eingerichteter und ausgeübter Gewerbebetrieb umschrieben. Unter dem Gewerbebetrieb ist all das zu verstehen, was in seiner Gesamtheit den Betrieb zur Entfaltung und Betätigung in der Wirtschaft befähigt, also nicht nur Betriebsräume und -grundstücke, Warenvorräte, Maschinen und sonstige Einrichtungen, sondern auch Geschäftsverbindungen, Kundenkreis und Außenstände (BGHZ 29, 65 (70) – Stromunterbrechung I). Es muss eine auf Dauer angelegte Organisation schon bestehen. Hierunter fällt auch der Ausbau eines schon bestehenden Betriebs sowie die Aufnahme eines im Rahmen der Entwicklung des Unternehmens liegenden neuen Produktionszweiges, nicht aber ein erst „werdendes", im Aufbau befindliches neues Unternehmen. In diesem Fall geht es nämlich um den Schutz der freien wirtschaftlichen Betätigung schlechthin, also unabhängig vom Bestehen eines Unternehmens. Diese wird als ein wichtiger Teil des Rechts auf freie Entfaltung der Persönlichkeit durch das allgemeine Persönlichkeitsrecht geschützt Die Rspr. beschränkt den Schutz des Rechts am Gewerbebetrieb auf die gewerbliche Betätigung in einem bestehenden Unternehmen (BGH NJW 1969, 1207 (1208) – Hydrokultur).

2. Rechtsträger

Geschützt ist der Inhaber des Unternehmens, der Unternehmer. Inhaber ist derjenige, unter **7.20** dessen Namen der Gewerbebetrieb betrieben wird, nicht der Vorstand oder ein Angestellter. Es kann sich um eine natürliche Person, eine Personenhandelsgesellschaft oder eine juristische Person handeln. Unerheblich ist, ob auch die Produktionsfaktoren im Eigentum des Inhabers stehen. Auch ein Pächter ist Betriebsinhaber.

3. Eingriff und Begrenzung des Schutzbereichs

a) Allgemeines. Die Begrenzung des Schutzbereiches des Rechts am Unternehmen erfolgt **7.21** im Wesentlichen auf drei verschiedenen Stufen. Die erste Einschränkung betrifft die Eingriffsqualität, da das Recht am Unternehmen nur vor betriebsbezogenen Eingriffen schützt. Weiterhin erfordert die Rechtswidrigkeitsprüfung eine umfassende Abwägung der betroffenen Güter und Interessen und schließlich tritt ein deliktischer Unternehmensschutz hinter spezialgesetzliche Schutzvorschriften zurück (Grundsatz der Subsidiarität).

b) Unmittelbarkeit und Betriebsbezogenheit des Eingriffs. Um eine sachwidrige Aus **7.22** dehnung der Haftung zu vermeiden, verlangt die Rspr. in tatbestandlicher Hinsicht einen **unmittelbaren Eingriff** in den gewerblichen Tätigkeitsbereich (stRspr; vgl. BGH GRUR 2004, 877 (880) – Werbeblocker; WRP 2014, 1067 Rn. 12 – Aufruf zu Kontokündigung; WRP 2020, 483 Rn. 35 – Yelp). Dieses Erfordernis beruht auf dem Gedanken, dass nach dem deliktischen Haftungssystem des BGB ein mittelbarer Schaden, der bei Dritten als Folge einer Schädigung der Rechte oder Rechtsgüter der Person entsteht, gegen die das Delikt begangen ist, grds. nicht ersetzt wird. Aber die Abgrenzungsschwierigkeiten zwischen unmittelbaren und mittelbaren Eingriffen sind bei dem komplexen Begriff des Unternehmens naturgemäß bes. groß. Die meisten Beeinträchtigungen des unternehmerischen Tätigkeitsbereiches werden erst über Zwischenursachen effektiv. Die Rspr. lehnt es deshalb mit Recht ab, die Unmittelbarkeit eines Eingriffs allein unter dem Aspekt der Kausalität zu beantworten (BGHZ 29, 65 (71) – Stromunterbrechung I). Um Umfang und Grenzen des Rechtsschutzes zu ermitteln, gibt die Rspr. dem Begriff der „Unmittelbarkeit" eine bes. Deutung. Unmittelbare Eingriffe in das Recht am bestehenden Gewerbebetrieb sollen nur diejenigen sein, die sich gegen den Betrieb und seine Organisation oder gegen die unternehmerische Entscheidungsfreiheit richten, also **betriebsbezogen** sind und über eine bloße Belästigung oder sozial übliche Behinderung hinausgehen (BGH WRP 2020, 483 Rn. 35 – Yelp mwN). Nicht erfasst werden Verletzungshandlungen, die vom Gewerbebetrieb ohne weiteres ablösbare Rechte oder Rechtsgüter betreffen (BGH GRUR 2012, 417 Rn. 31 – gewinn.de; GRUR 2013, 917 Rn. 16 – Vorbeugende Unterwerfungserklärung; WRP 2014, 1067 Rn. 12 – Aufruf zur Kontokündigung).

c) Erfassung des Unrechtsgehalts. aa) Offener Tatbestand. Die Feststellung, wann eine **7.23** Beeinträchtigung des unternehmerischen Tätigkeitsbereichs einer Person rechtswidrig ist, stößt bei dem Recht am Unternehmen auf bes. Schwierigkeiten. Von einer Unrechtsindikation des tatbestandlichen Eingriffs kann bei den nur im äußeren Gewand eines absoluten Rechts auftretenden Generalklauseln, die dem Schutz des Unternehmens, aber etwa auch der Persönlichkeit dienen, keine Rede sein. Das ist evident, wenn man die Rechtswidrigkeit stets nach dem Verhalten einer Person beurteilt. Der Eingriff in das Unternehmen ist als solcher nicht rechtswidrig. Für den Schutz des Rechts am Unternehmen enthält § 823 I BGB – nicht anders als § 826 BGB – einen nach Umfang und Inhalt **offenen Tatbestand** („generalklauselartiger Auffangtatbestand", BGHZ 65, 325 (328) – Warentest II; BGH WRP 2014, 1067 Rn. 12, 15 – Aufruf zur Kontokündigung; BGH WRP 2020, 483 Rn. 43 – Yelp). Was das Gesetz offen lässt, ist durch Richterrecht auszufüllen (BVerfGE 66, 116 (138)). Ob ein rechtswidriger Eingriff vorliegt, kann erst auf Grund einer wertenden Beurteilung der Eingriffshandlung, der Art der Schädigung und des Schutzzwecks des verletzten Rechts erschlossen werden.

bb) Interessen- und Güterabwägung. Die Rechtswidrigkeit eines Eingriffs in einen Ge **7.24** werbebetrieb ist auf Grund einer Interessen- und Güterabwägung, dh einer Abwägung mit den konkret kollidierenden Interessen anderer, unter Würdigung aller relevanten Umstände des Einzelfalles zu bestimmen (stRspr; BGH GRUR 2013, 917 Rn. 18 – Vorbeugende Unterwerfungserklärung; WRP 2014, 1067 Rn. 12, 15 – Aufruf zur Kontokündigung). Die Behinderung der Erwerbstätigkeit ist nur dann rechtswidrig, wenn das Schutzinteresse des Betroffenen die schutzwürdigen Belange der anderen Seite überwiegt (BGHZ 193, 227 Rn. 27 mwN; BGH

WRP 2020, 483 Rn. 43 – Yelp). Bei der Abwägung sind insbes. die betroffenen Grundrechte, zumeist einerseits Art. 5 I 1 GG; Art. 10 EMRK, andererseits Art. 12 GG, zu berücksichtigen (BVerfGE 114, 339 (348); BGH WRP 2008, 813 Rn. 12). Es muss sich stets um ein Interesse handeln, das weder gegen die Rechtsordnung noch gegen die Lauterkeit im Wettbewerb verstößt. Niemals ist ein schutzwürdiges Interesse bspw. für Äußerungen anzuerkennen, deren objektive Unrichtigkeit bereits feststeht. Der Handelnde muss ferner zur Wahrung des Interesses berechtigt sein. Das ist stets der Fall, wenn es sich um ein eigenes berechtigtes Interesse handelt. Zur Wahrnehmung fremder Interessen ist der Handelnde nur berechtigt, wenn sie ihm irgendwie persönlich nahe gehen; denn sind es im weiteren Sinne zugleich seine eigenen Interessen. Berechtigte Interessen der Allgemeinheit gehen auch den einzelnen Staatsbürger unmittelbar an, woraus folgt, dass sie jedermann grds. wahrnehmen kann (BVerfGE 12, 113 – Schmid/Spiegel). Interessenverbände, wie zB Verbraucherverbände, dürfen die Interessen ihrer Mitglieder, aber auch der Allgemeinheit wahrnehmen (BGH WRP 2014, 1067 Rn. 25 – Aufruf zur Kontokündigung. Der Handelnde muss schließlich zum Zweck der Interessenwahrnehmung tätig werden, also nicht primär das Ziel verfolgen, den Betroffenen zu schädigen. Das zur Wahrnehmung der Interessen eingesetzte Mittel muss **verhältnismäßig** sein (BGH WRP 2014, 1067 Rn. 28 ff. – Aufruf zur Kontokündigung). Bei besonders schwerwiegenden Eingriffen, wie zB der Aufforderung zur Kontokündigung, ist grds. zunächst der Rechtsweg zu beschreiten, soweit dies zielführend ist, es sei denn, das Interesse des Unternehmers erscheint im Einzelfall nicht hinreichend schutzbedürftig (BGH WRP 2014, 1067 Rn. 33 – Aufruf zur Kontokündigung).

IV. Schutz des Unternehmerpersönlichkeitsrechts

7.24a   Neben dem Schutz des Rechts am eingerichteten und ausgeübten Gewerbebetrieb steht der Schutz des **Unternehmerpersönlichkeitsrechts** als Ausprägung des allgemeinen Persönlichkeitsrechts (Art. 2 I GG, Art. 19 III GG; Art. 8 I EMRK). Es kommt zum Tragen, wenn eine natürliche oder juristische Person, insbes. auch eine Kapitalgesellschaft, in ihrem sozialen Geltungsanspruch als Unternehmer (vgl. § 4 Nr. 2: „über den Unternehmer") beeinträchtigt wird (BGH WRP 2020, 483 Rn. 34 – Yelp mwN; dazu Schaub GRUR 2020, 494 (495)). Die Rechtswidrigkeit eines Eingriffs in dieses Recht ist wegen seiner Eigenart als Rahmenrecht aufgrund einer Abwägung der widerstreitenden grundrechtlich geschützten Interessen unter Berücksichtigung der Umstände des Einzelfalls festzustellen (BGH WRP 2017, 1085 Rn. 36 – Wettbewerbsbezug). Es muss das Schutzinteresse des betroffenen Unternehmers (Art. 2 I GG iVm Art. 1 GG, Art. 12 I GG) die schutzwürdigen Belange des anderen Teils (Art. 5 I GG, Art. 12 I GG) überwiegen (BGH GRUR 2015, 92 Rn. 19; WRP 2020, 483 Rn. 43 – Yelp). Kritische Werturteile, die nicht die Grenze der Schmähkritik überschreiten, sind grundsätzlich hinzunehmen, wenn sie einen Sachbezug aufweisen (vgl. BGH WRP 2016, 847 Rn. 43 ff. – Im Immobiliensumpf zu § 4 Nr. 7 UWG aF; BGH WRP 2020, 483 Rn. 52 – Yelp zur Bewertungsdarstellung eines Unternehmens im Internet als „momentan nicht empfohlen").

V. Anwendungsfälle

1. Eingriffe innerhalb des Wettbewerbs

7.25   **a) Grundauffassung.** Liegt ein Wettbewerbsverstoß vor, der sich gegen eine oder mehrere bestimmte Personen richtet, wie zB eine Herabsetzung oder eine Boykottmaßnahme, so wird gewöhnlich tatbestandlich auch ein Eingriff in den Bestand oder den Tätigkeitsbereich eines Unternehmens vorliegen (§§ 1004, 823 I BGB). Die meisten Wettbewerbsverstöße beeinträchtigen (zumindest auch) die Unternehmen der Mitbewerber. Was der eine gewinnt, verliert der andere. Unabhängig von der Frage, wie die Rechtswidrigkeit des Eingriffs zu bestimmen ist, ergibt sich damit ein Konkurrenzproblem. Dieses ist grds. dahin zu lösen, dass die Vorschriften des Lauterkeitsrechts insoweit den Vorrang haben, als die geschäftliche Handlung keinen über den Tatbestand der Sonderregelung hinausreichenden Eingriff in das Recht am Unternehmen enthält (Subsidiarität). Es besteht dann kein Anlass, noch zusätzlich die allgemeinen deliktsrechtlichen Vorschriften heranzuziehen (→ Rn. 7.4). Auch soweit diese eine abweichende Regelung vorsehen, müssen aus rechtspolitischen Gründen die Sondervorschriften des Wettbewerbsrechts maßgebend sein (vgl. BGH GRUR 2004, 877 (880) – Werbeblocker I). Dazu gehören außer den Vorschriften des UWG auch die des GWB, insbes. die §§ 20 ff. GWB.

b) Ergänzende Funktion. Eine Anwendung der §§ 1004, 823 I BGB unter dem Gesichts-   7.26
punkt der Verletzung des Rechts am Unternehmen kann nur in Betracht kommen, wenn es
nötig ist, Lücken zu schließen, die durch den Tatbestand der lauterkeitsrechtlichen Sonderregelung nicht gedeckt und daher regelungsbedürftig sind. Diese Auffassung wird dem Zweck
des von der Rspr. und Lehre entwickelten Unternehmensschutzes gerecht, der dazu bestimmt
ist, den wettbewerbsrechtlichen Schutz zu ergänzen. So hat schon die Rspr. des RG auf die
§§ 1004, 823 I BGB nur zurückgegriffen, um Lücken zur Wahrung schutzwürdiger Interessen
zu schließen (RGZ 132, 311 (316)). Auch die Rspr. des BGH betont, dass dem § 823 I BGB im
Lauterkeitsrecht nur lückenausfüllender Charakter zukommt (BGH GRUR 1983, 398 (399) –
Photokina; GRUR 2004, 877 (880) – Werbeblocker I; WRP 2014, 1067 Rn. 12 – Aufruf zur
Kontokündigung; GRUR 2021, 497 Rn. 64 – Zweitmarkt für Lebensversicherungen). Ein
ergänzender Schutz kann in Betracht kommen, wenn es an der für die Anwendung der §§ 3 ff.
erforderlichen geschäftlichen Handlung gem. § 2 I Nr. 2 fehlt. Zweifelhaft ist jedoch, ob eine
regelungsbedürftige Lücke angenommen werden kann, wenn eine geschäftliche Handlung vorliegt. Die Rspr. hat dies bei **unberechtigten Schutzrechtsverwarnungen** angenommen
(BGHZ 38, 200 – Kindernähmaschinen; BGHZ 164, 1 = GRUR 2005, 882 – Unberechtigte
Schutzrechtsverwarnung; BGH GRUR 2006, 433 Rn. 17 – Unbegründete Abnehmerverwarnung; GRUR 2006, 432 Rn. 20 – Verwarnung aus Kennzeichenrecht II; dazu näher → § 4
Rn. 4.172 ff.).

c) Subsidiarität. Bei **Wettbewerbsverstößen** verdrängt die lauterkeitsrechtliche Regelung   7.27
(§ 3 I, § 4 Nr. 1, 2, 4) den deliktsrechtlichen Unternehmensschutz nach § 823 I BGB, § 1004
BGB. Eine geschäftliche Handlung, die nicht gegen lauterkeitsrechtliche Vorschriften verstößt,
ist nicht schon deshalb rechtswidrig, weil sie den Tätigkeitsbereich eines Unternehmens beeinträchtigt. Lautere geschäftliche Handlungen stellen schon tatbestandsmäßig keinen Eingriff in
Konkurrenzunternehmen dar (BGH GRUR 2004, 877 (880) – Werbeblocker I). Diese Beeinträchtigungen sind nach der Grundordnung des freien Wettbewerbs hinzunehmen. Der Kundenkreis als solcher ist kein geschütztes Rechtsgut (→ § 4 Rn. 4.24). Da § 3 nur unlautere geschäftliche Handlungen verbietet, geht es nicht an, zulässige geschäftliche Handlungen als rechtswidrige Beeinträchtigung fremder Unternehmen zu werten, denn das wäre ein offener Widerspruch,
zumal wenn man bedenkt, dass die meisten geschäftlichen Handlungen typischerweise die Tätigkeitsbereiche anderer Unternehmen berühren. Das Unwerturteil der Widerrechtlichkeit in
§ 823 I BGB, das sich aus der Verletzung von Verhaltensregeln ergibt, müsste sich mit dem der
Unlauterkeit in § 3 decken. Hieraus folgt aber, dass bei Vorliegen einer nach § 3 unlauteren
geschäftliche Handlung eine zusätzliche Heranziehung der §§ 1004, 823 I BGB ausscheidet. Es
besteht Gesetzeskonkurrenz iSv Subsidiarität. Nur soweit Lücken bestehen, kann eine ergänzende Anwendung der §§ 1004, 823 I BGB in Betracht kommen. Das wird bei geschäftlichen
Handlungen, wenn überhaupt, nur selten zutreffen. Anders liegt es bei nicht wettbewerblichen
Eingriffen in den Bestand oder den Tätigkeitsbereich eines Unternehmens. Hier befindet sich
das Hauptfeld für die Anwendung der §§ 1004, 823 I BGB. Doch geht § 824 BGB dem Recht
am Unternehmen aus §§ 1004, 823 I BGB vor (BGH GRUR 1975, 89 (91) – Brüning-
Memoiren I), nicht jedoch § 826 BGB (BGHZ 69, 128 (139) – Fluglotsen).

2. Eingriffe außerhalb des Wettbewerbs

a) Grundauffassung. Liegt keine geschäftliche Handlung, also ein Handeln zur Förderung   7.28
eigenen oder fremden Wettbewerbs, vor, so können, wenn Sondervorschriften fehlen, und auch
§ 826 BGB nicht eingreift, rechtswidrige Eingriffe in den Bestand oder Tätigkeitsbereich eines
Unternehmens nach §§ 1004, 823 I BGB abgewehrt werden. Für die Rechtswidrigkeit eines
Eingriffs genügt es jedoch nicht, dass eine Störung oder Beeinträchtigung des Unternehmens
verursacht worden ist. Vielmehr kommt es, weil der Tatbestand der Unternehmensbeeinträchti-
gung nicht das Unrecht indizieren kann, auf die Bewertung der Handlung des Verletzers an.
Diese muss im Hinblick auf die Beeinträchtigung des fremden Unternehmens widerrechtlich
sein. Erst der Handlungsunwert begründet bei Eingriffen in den gewerblichen Tätigkeitsbereich
den Unrechtsgehalt. Auch außerhalb des wettbewerblichen Bereichs gibt es zahlreiche Handlungen, die zwar zur Beeinträchtigung eines fremden Unternehmens führen, aber keine Haftung
des Handelnden begründen, weil er sich sachgerecht verhalten hat. Die Grenze zwischen
erlaubten und unerlaubten Eingriffen lässt sich nur nach den für die Lösung von Interessenkonflikten geltenden Grundsätzen der Güter- und Pflichtenabwägung unter Würdigung aller rele-

vanten Umstände des Einzelfalls bestimmen. Im Folgenden werden die wichtigsten Fallgruppen aus dem Bereich außerwettbewerblicher Eingriffe in den Gewerbebetrieb genannt.

7.29   **b) Fallgruppen. aa) Geschäftsschädigende Äußerungen. Unwahre Tatsachenbehauptungen,** die geeignet sind, den Kredit eines anderen zu gefährden oder sonstige Nachteile für dessen Erwerb oder Fortkommen herbeizuführen, können im außerwettbewerblichen Bereich eine Ersatzpflicht nach § 824 BGB begründen. Der Schädiger muss jedoch die Unwahrheit gekannt haben oder hätte sie zumindest kennen müssen; der Geschädigte muss Unwahrheit und Verschulden beweisen. Günstiger für den Geschädigten ist § 4 Nr. 2 UWG, der voraussetzt, dass eine geschäftliche Handlung des Verletzers vorliegt; er ist schon dann ersatzpflichtig, wenn er die Wahrheit der behaupteten Tatsachen nicht beweisen kann. Bei geschäftsschädigenden Meinungsäußerungen und Werturteilen und bei Behauptung nachteiliger, aber wahrer Tatsachen greift § 824 BGB nicht ein (BGH WRP 2017, 1085 Rn. 25 – Wettbewerbsbezug). Wohl aber kann unter bes. Umständen in beiden Fällen – abgesehen von § 826 BGB – ein Eingriff in das Recht am Unternehmen vorliegen, der nach § 823 I BGB zum Schadenersatz verpflichtet, wenn er widerrechtlich und schuldhaft vorgenommen wurde (stRspr; BGHZ 45, 296 (306) – Höllenfeuer; BGH GRUR 1957, 360 – Phylax-Apparate; GRUR 1970, 465 – Prämixe). Die Problematik dieser Fallgruppe liegt in der Beurteilung der Rechtswidrigkeit. Sie erfordert grds. eine Interessenabwägung, bei der die Frage Bedeutung gewinnt, ob die geschäftsschädigende Äußerung durch das Grundrecht der Meinungsäußerungs- und Pressefreiheit **(Art. 5 I GG)** gedeckt ist. Hierbei kommt es darauf an, ob die Meinungsäußerung als Mittel zum geistigen Meinungskampf in einer die Öffentlichkeit wesentlich berührenden Frage dient, es dem Handelnden also um eine argumentative Auseinandersetzung über politische, soziale, kulturelle oder wirtschaftliche Belange der interessierten Öffentlichkeit geht, oder die Äußerung nur als Mittel zum Zweck der Förderung privater Wettbewerbsinteressen eingesetzt wird (BVerfGE 25, 256 (264) – Blinkfüer; BVerfG GRUR 1984, 357 (359) – „markt-intern"; BGH GRUR 1984, 214 (215) – Copy-Charge; BGH WRP 2014, 1067 Rn. 26 – Aufruf zur Kontokündigung).

7.30   **bb) Kritische Berichterstattung, Warentests und Bewertungsportale.** Die kritische Berichterstattung über unternehmerische Leistungen, insbes. zum Zwecke der Verbraucherinformation, gehört zur Funktionsfähigkeit des Wettbewerbs. Der Unternehmer muss eine sachliche Kritik daher grds. hinnehmen (BGH NJW 1998, 2141 (2143); 1987, 2746 (2747); BGH GRUR 1966, 633 (635) – Teppichkehrmaschine) und kann für sich kein ausschließliches Recht auf eigene Außendarstellung und uneingeschränkte Selbstdarstellung auf dem Markt in Anspruch nehmen. Dies gilt insbes. für **Warentests,** deren Veröffentlichung nach der stRspr zulässig ist, wenn die dem Bericht zugrunde liegenden Untersuchungen neutral, objektiv und sachkundig durchgeführt worden sind und sowohl die Art des Vorgehens bei der Prüfung als auch die aus den Untersuchungen gezogenen Schlüsse vertretbar, das heißt diskutabel, erscheinen (BGH GRUR 1997, 942 (943) – Druckertest; BGHZ 65, 325 (328, 334 f.); BGH VersR 1987, 783 f.; 1989, 521 f.). Auch die Art und Weise der Durchführung des Tests sowie die Darstellung der Testergebnisse unterliegt einem erheblichen Ermessensfreiraum der Tester (BGH GRUR 1997, 942 (943) – Druckertest). Die Grundsätze zu Warentests finden auch für sonstige Tests und Bewertungen Anwendung, zB in der Gastronomiekritik, die naturgemäß stark von subjektiven Faktoren geprägt ist. Die Grenze der kritischen Berichterstattung ist jedenfalls dort zu ziehen, wo der Unternehmer durch Schmähkritik herabgesetzt wird (sehr anschaulich OLG Frankfurt NJW 1990, 2002, wo die in einem Lokal angebotenen Gerichte als „wie eine Portion Pinscherkot" in den Teller „hineingeschissen" und „zum Kotzen", die Bedienungen als „radikal vor sich hindämmernd" und vor dem „ersten Herzinfarkt" stehend, die Zustände in dem Lokal als „heilloses Chaos" usw bezeichnet worden waren). – Die in **Bewertungsportalen** wiedergegebenen kritischen Bewertungen von Unternehmen können zwar das Ansehen und die Geschäftschancen eines Unternehmens beeinträchtigen. Allerdings handelt der Betreiber des Bewertungsportals idR nicht rechtswidrig, weil ihn, anders als bei einem Warentest keine Pflicht zur Objektivität und Neutralität trifft, und ihm das Recht zur freien Meinungsäußerung zur Seite steht (BGH WRP 2020, 483 Rn. 42 ff. – Yelp).

7.31   **cc) Boykott.** Ob ein aus sittlichen, sozialen, religiösen oder politischen Gründen veranstalteter Boykott als widerrechtlicher Eingriff in das Recht am eingerichteten Gewerbebetrieb anzusehen ist, beurteilt sich auf Grund einer Interessenabwägung. Hierbei dürfen Mittel und Zweck nicht getrennt, sondern müssen im Verhältnis zueinander gewertet werden. Wegen der schwerwiegenden Folgen und weil jedenfalls nicht das notwendige und mildeste Mittel eingesetzt wurde, hat der BGH früher eine Aufforderung zum Boykott ebenso wie die Ausübung einer Boykottmaßnahme grds. als widerrechtlichen Eingriff angesehen (BGHZ 24, 200 (206) – Spätheimkehrer im Anschluss an BGHZ 3, 270 (279) – Constanze I). Jedoch kann auch der Aufruf zu einem Boykott von **Art. 5 I GG** gedeckt sein (BVerfG NJW-RR 2008, 200 (201); BGH WRP 2014, 1067 Rn. 17 – Aufruf zur Kontokündigung). Wegen der äußerst nachteiligen Folgen für den Betroffenen wird eine Boykottmaßnahme jedoch nur selten das angemessene Mittel zur Durchsetzung ideeller Ziele sein. Sie darf nicht zur Vernichtung der wirtschaftlichen Existenz des Betroffenen führen (BGH GRUR 1964, 77 (81) – Blinkfüer).

dd) Streik. Als arbeitsrechtliches Kampfmittel wird der Streik von der Rspr. unter dem   7.32 Gesichtspunkt des Eingriffs in das Recht des Betriebsinhabers „am eingerichteten und ausgeübten Gewerbebetrieb" beurteilt. Dieses Recht stellt ein „sonstiges Recht" iSd § 823 I BGB dar. Allerdings ist nur ein „betriebsbezogener" Eingriff relevant. Ein solcher Eingriff liegt daher nur bei einem Streikaufruf gegenüber dem bestreikten, nicht aber gegenüber einem kampfunbeteiligten Arbeitgeber vor (BAG NJW 2016, 666 Rn. 38). Ist der Streik rechtswidrig und liegt schuldhaftes Handeln vor, so folgt daraus eine Schadensersatzpflicht der am Streik beteiligten Arbeitnehmer und Gewerkschaften (BAGE 142, 98). Zur Rechtswidrigkeit eines Streiks vgl. Grüneberg/Weidenkaff BGB Vorb v § 620 Rn. 12 ff.

ee) Blockade. Im Rahmen politischer Demonstrationen sind wiederholt Unternehmen durch   7.33 Blockademaßnahmen beeinträchtigt worden, insbes. Zeitungsverlage und kommunale Verkehrsunternehmen. Die auf Schadensersatz in Anspruch genommenen Demonstranten stützen sich zur Rechtfertigung der von ihnen begangenen Akte aktiver oder passiver Gewalt auf die Grundrechte der freien Meinungsäußerung und das Demonstrationsrecht (Art. 5, 8 GG). Beide Rechte sind auf den geistigen Kampf der Meinungen angelegt. Sie rechtfertigen nicht die Anwendung von Gewalt im Rahmen einer Demonstration (BGHZ 59, 30 – Demonstrationsschaden; BGH NJW 1972, 1571; s. auch BVerfG NJW 1985, 2395 – Brokdorf).

ff) Unberechtigte Schutzrechtsverwarnung. Dazu grds. BGHZ 164, 1 = GRUR 2005,   7.34 882 – Unberechtigte Schutzrechtsverwarnung; zu Einzelheiten → Rn. 7.26 und → § 4 Rn. 4.169 ff.

gg) Unberechtigte Abmahnung. Dazu → § 4 Rn. 4.166 ff.   7.35

hh) Unberechtigtes gerichtliches Vorgehen. Wird gegen den Inhaber eines Gewerbe-   7.36 betriebs eine unbegründete Klage erhoben oder ein unbegründeter Mahnbescheid erwirkt, so kann sich das auf den gewerblichen Tätigkeitsbereich schädigend auswirken. Meist wird angenommen, dass die Ingangsetzung eines gesetzlich vorgesehenen und geregelten gerichtlichen Verfahrens, das zur objektiven Klärung der Sach- und Rechtslage führt, nicht als eine gegen die Rechtsordnung verstoßende Handlung anzusehen sei. Es wurde daher ein widerrechtlicher Eingriff für den Fall verneint, dass ein unbegründeter Rückerstattungsantrag auf Rückgabe eines Grundstücks zu dessen treuhänderischer Verwaltung nach MRG 52 führte (BGH LM BGB § 823 (Da) Nr. 4). Auch wer gegen den Inhaber eines Gewerbebetriebs fahrlässig einen unbegründeten Insolvenzantrag stellt, handelt nach BGHZ 36, 18 nicht rechtswidrig, es sei denn, dass eine vorsätzlich sittenwidrige Schädigung iSd § 826 BGB vorliegt. Zwar fehlt es auch hier nicht an der „Unmittelbarkeit" oder „Betriebsbezogenheit" des Eingriffs, aber die Ingangsetzung eines mit den notwendigen Garantien für den Schuldner ausgestatteten Verfahrens wird grds. nicht als rechtswidrig angesehen (BGH NJW 2003, 1934 (1935) mwN; NJW 2004, 446 (447)).

ii) Ergänzender bürgerlichrechtlicher Marken- und Kennzeichenschutz. Ein das Mar-   7.37 kenrecht ergänzender bürgerlichrechtlicher Schutz von Marken und Unternehmenskennzeichen kommt nur in Ausnahmefällen in Betracht, nämlich bei Eingriffen, die von den speziellen Tatbeständen des Markenrechts weder erfasst noch freigestellt sind (vgl. BGH GRUR 2014, 506 Rn. 8 – sr.de; GRUR 2012, 304 Rn. 32 – Basler Haar-Kosmetik). Das ist insbes. der Fall, wenn die Marke oder das Kennzeichen außerhalb des geschäftlichen Verkehrs oder der Branchennähe benutzt werden oder wenn mit der Löschung eines Domainnamens eine Rechtsfolge begehrt wird, die aus kennzeichenrechtlichen Vorschriften grds. nicht hergeleitet werden kann.

jj) Unerwünschte Werbenachrichten. Unerwünschte Werbenachrichten iSd § 7 können   7.38 einen rechtswidrigen Eingriff in das Recht aus eingerichtetem und ausgeübtem Gewerbebetrieb des Adressaten darstellen, weil und soweit sie den Betriebsablauf beeinträchtigen. Die gebotene Interessenabwägung kann anhand der Maßstäbe des § 7 erfolgen (BGH WRP 2017, 700

Rn. 15). Daher stellt bereits die einmalige unverlangte Zusendung einer E-Mail mit Werbung einen solchen Eingriff dar (BGH GRUR 2009, 980 Rn. 12 ff. – E-Mail-Werbung II); WRP 2016, 866 Rn. 16 – Lebens-Kost). Der auf die Verletzung von § 7 I, II Nr. 2 und 3 iVm § 823 I BGB gestützte Schadensersatzanspruch ist auf den Schaden begrenzt, der vom Schutzbereich dieser Normen erfasst ist (BGH WRP 2016, 866 Rn. 15 – Lebens-Kost).

7.39   **kk) Streit um Domainnamen.** Domainnamen werden durch Registrierung erworben. Dadurch erlangt der Inhaber aber kein absolutes Recht an dem Domainnamen und damit auch kein sonstiges Recht iSd § 823 I BGB. Der Inhaber kann sich, wenn ein Dritter diesen Namen für sich in Anspruch nimmt und bei einer WHOIS-Anfrage als Inhaber genannt wird, auch nicht auf eine Verletzung seines Rechts am Unternehmen berufen. Wohl aber kann er vom Dritten nach § 812 I 1 Fall 2 BGB Herausgabe der erlangten Vermögensposition verlangen (BGH WRP 2012, 1265 – gewinn.de).

E. Bürgerlichrechtlicher Schutz des Verbrauchers

Schrifttum: Köhler, Der Schutz von Kollektivinteressen und Individualinteressen im UWG, FS Büscher, 2018, 333; Scherer, Abwehransprüche von Verbrauchern und sonstigen Marktteilnehmern gegen unzulässige geschäftliche Handlungen, GRUR 2019, 361.

7.40   Das UWG schützte zwar auch und insbes. die Verbraucher (§ 1 S. 1), gewährte ihnen aber keine subjektiven Rechte und Ansprüche, wie sich aus einem Umkehrschluss zu § 8 III, § 9 S. 1 ergab. Jedoch sah der neu geschaffene Art. 11a UGP-RL Rechtsbehelfe der geschädigten Verbraucher vor, die auch das Recht auf Schadensersatz und ggf. auf Preisminderung oder Beendigung des Vertrags enthalten. Die Umsetzung dieser Bestimmung erfolgte durch das **Gesetz zur Stärkung des Verbraucherschutzes im Wettbewerbs- und Gewerberecht** v. 10.8.2021 (BGBl. 2021 I 3504), das in Gestalt eines § 9 II einen Schadensersatzanspruch der Verbraucher einführte. Diese Regelung trat am 28.5.2021 in Kraft (→ Rn. 3.64). Aber auch dann steht das UWG der Anwendung des Bürgerlichen Rechts zum Schutz der Verbraucher nicht entgegen, soweit ein Wettbewerbsverstoß zugleich einen Haftungtatbestand des BGB erfüllt. Dazu gehört insbes. § 823 I BGB, soweit eine unzulässige geschäftliche Handlung das Allgemeine Persönlichkeitsrecht oder das Eigentum oder den Besitz von Verbrauchern verletzt. Das ist in der Rspr. für die Fälle der unzumutbaren Belästigung iSd § 7 anerkannt (vgl. BGH WRP 2016, 493 Rn. 10 ff.; Scherer GRUR 2019, 361 (364 f.)). Dagegen stellen Verstöße gegen die Generalklausel des § 3 II, gegen das Aggressionsverbot des § 4a und gegen die Irreführungsverbote der §§ 5, 5a, auch wenn sie sich gezielt gegen einen einzelnen Verbraucher richten, noch keine Verletzung des Allgemeinen Persönlichkeitsrechts unter dem Aspekt der Gefährdung ihrer Entschließungsfreiheit dar (aA Scherer GRUR 2019, 361 (365 f.)). Vielmehr kommen insoweit nur Ansprüche aus § 826 BGB bzw. aus § 823 II BGB iVm mit einem Straftatbestand (Nötigung, Betrug) in Betracht.

Gesetz gegen den unlauteren Wettbewerb (UWG)[1]

in der Fassung der Bekanntmachung vom 3. März 2010 (BGBl. 2010 I 254),[2]

zuletzt geändert durch Gesetz v. 8. Oktober 2023 (BGBl. 2023 I Nr. 272)

Kapitel 1. Allgemeine Bestimmungen

Zweck des Gesetzes; Anwendungsbereich

1 (1) [1]Dieses Gesetz dient dem Schutz der Mitbewerber, der Verbraucher sowie der sonstigen Marktteilnehmer vor unlauteren geschäftlichen Handlungen. [2]Es schützt zugleich das Interesse der Allgemeinheit an einem unverfälschten Wettbewerb.

(2) Vorschriften zur Regelung besonderer Aspekte unlauterer geschäftlicher Handlungen gehen bei der Beurteilung, ob eine unlautere geschäftliche Handlung vorliegt, den Regelungen dieses Gesetzes vor.

---

[1] **Amtl. Anm.:** Dieses Gesetz dient der Umsetzung der Richtlinie 2005/29/EG des Europäischen Parlaments und des Rates vom 11. Mai 2005 über unlautere Geschäftspraktiken von Unternehmen gegenüber Verbrauchern im Binnenmarkt und zur Änderung der Richtlinie 84/450/EWG des Rates, der Richtlinien 97/7/EG, 98/27/EG und 2002/65/EG des Europäischen Parlaments und des Rates sowie der Verordnung (EG) Nr. 2006/2004 des Europäischen Parlaments und des Rates (ABl. L 149 vom 11.6.2005, S. 22; berichtigt im ABl. L 253 vom 25.9.2009, S. 18) sowie der Richtlinie 2006/114/EG des Europäischen Parlaments und des Rates vom 12. Dezember 2006 über irreführende und vergleichende Werbung (kodifizierte Fassung) (ABl. L 376 vom 27.12.2006, S. 21). Es dient ferner der Umsetzung von Artikel 13 der Richtlinie 2002/58/EG des Europäischen Parlaments und des Rates vom 12. Juli 2002 über die Verarbeitung personenbezogener Daten und den Schutz der Privatsphäre in der elektronischen Kommunikation (ABl. L 201 vom 31.7.2002, S. 37), der zuletzt durch Artikel 2 Nummer 7 der Richtlinie 2009/136/EG (ABl. L 337 vom 18.12.2009, S. 11) geändert worden ist.

Die Verpflichtungen aus der Richtlinie 98/34/EG des Europäischen Parlaments und des Rates vom 22. Juni 1998 über ein Informationsverfahren auf dem Gebiet der Normen und technischen Vorschriften und der Vorschriften für die Dienste der Informationsgesellschaft (ABl. L 204 vom 21.7.1998, S. 37), die zuletzt durch die Richtlinie 2006/96/EG (ABl. L 363 vom 20.12.2006, S. 81) geändert worden ist, sind beachtet worden.

[2] Neubekanntmachung des UWG v. 3.7.2004 (BGBl. 2004 I 1414) in der ab 4.8.2009 geltenden Fassung.

Schrifttum: Ahrens, Verwirrtheiten juristischer Verkehrskreise zum Verbraucherleitbild einer „normati-ven" Verkehrsauffassung, WRP 2000, 812; Alexander, Verhältnis des UWG nF zu spezialgesetzlichen Regelungen und individueller Schadensersatz für Verbraucher, GRUR 2021, 1445; Alexander, Grundlagen, Auslegung und Auswirkungen des § 1 Abs. 2 UWG n.F., WRP 2022, 394; Beater, Verbraucherschutz und Schutzzweckdenken im Wettbewerbsrecht, 2000; Beater, Entwicklungen des Wettbewerbsrechts durch die gesetzgebende und die rechtsprechende Gewalt, FS Erdmann, 2002, 513; Beater, Verbraucherverhalten und Wettbewerbsrecht, FS Tilmann, 2003, 87; Beater, Allgemeininteressen und UWG, WRP 2012, 6; Bornkamm, Wettbewerbs- und Kartellrechtsprechung zwischen nationalem und europäischem Recht, FS 50 Jahre Bundesgerichtshof, 2000, 343; Bornkamm, Die Feststellung der Verkehrsauffassung im Wett-bewerbsprozeß, WRP 2000, 830; Büscher, Neue Unlauterkeitstatbestände und Sanktionen im neuen UWG (Teil 1), WRP 2022, 1; Drexl, Die wirtschaftliche Selbstbestimmung des Verbrauchers, 1998; Engels/Salomon, Vom Lauterkeitsrecht zum Verbraucherschutz: UWG-Reform 2003, WRP 2004, 32; Fezer, Modernisierung des deutschen Rechts gegen den unlauteren Wettbewerb auf der Grundlage einer Europäisie-rung des Wettbewerbsrechts, WRP 2001, 989; Fezer, Der Dualismus der Lauterkeitsrechtsordnungen des b2c-Geschäftsverkehrs und des b2b-Geschäftsverkehrs, WRP 2009, 1163; Geis, Das Lauterkeitsrecht in der rechtspolitischen Diskussion, FS Tilmann, 2003, 121; Groeschke/Kiethe, Die Ubiquität des europäischen Verbraucherleitbildes – Der europäische Pass des informierten und verständigen Verbrauchers, WRP 2001, 230; Helm, Das Verbraucherleitbild des Europäischen Gerichtshofs und des Bundesgerichtshofs im Vergleich, FS Tilmann, 2003, 135; Helm, Der Abschied vom „verständigen" Verbraucher, WRP 2005, 931; Helm, Hohes Verbraucherschutzniveau, WRP 2013, 710; Hetmank, „Wettbewerbsfunktionales Verständnis" im Lauterkeitsrecht, GRUR 2014, 437; Jahn/Palzer, Der mündige Verbraucher ist tot, es lebe der mündige Verbraucher, K&R 2015, 444; Keller, Zeitenwende im Lauterkeitsrecht, GRUR 2022, 761; Kemper/Rosenow, Der Irreführungsbegriff auf dem Weg nach Europa, WRP 2001, 370; Keßler, Vom Recht des unlauteren Wettbewerbs zum Recht der Marktkommunikation – Individualrechtliche und institutionelle Aspekte des deutschen und europäischen Lauterkeitsrechts, WRP 2005, 1203; Köhler, UWG-Reform und Verbraucherschutz, GRUR 2003, 265; Köhler, Der Schutz von Kollektivinteressen und Individualinteressen im UWG, FS Büscher, 2018, 333; Köhler/Bornkamm/Henning-Bodewig, Vorschlag für eine Richtlinie zum Lauterkeitsrecht und eine UWG-Reform, WRP 2002, 1317; Köhler/Lettl, Das geltende europäische Lauterkeitsrecht, der Vorschlag für eine EG-Richtlinie über unlautere Geschäftspraktiken und die UWG-Reform, WRP 2003, 1019; Lettl, Der lauterkeitsrechtliche Schutz vor irreführender Werbung in Europa, 2004; A. H. Meyer, Das Verbraucherleitbild des Europäischen Gerichtshofs – „Abkehr vom flüchtigen Ver-braucher"– WRP 1993, 1215; Möstl, Wandel des Verbraucherleitbilds?, WRP 2014, 906; Niemöller, Das Verbraucherleitbild in der deutschen und europäischen Rechtsprechung, 1999; Nordemann, Wie sich die Zeiten ändern – Der Wandel der Rechtsprechung zum Verbraucherleitbild in § 3 UWG, WRP 2000, 977; Ohly, Richterrecht und Generalklausel im Recht des unlauteren Wettbewerbs, 1997; Ohly, Irreführende vergleichende Werbung, GRUR 2003, 641; Ohly, Das neue UWG – Mehr Freiheit für den Wettbewerb, GRUR 2004, 889; Ohly, Die ab dem 28.5.2022 geltenden Änderungen des UWG im Überblick, GRUR

2022, 763; Oppermann/Müller, Wie verbraucherfreundlich muss das neue UWG sein?, GRUR 2005, 280; Peukert, Die Ziele des Primärrechts und ihre Bedeutung für das Europäische Lauterkeitsrecht: Auflösungserscheinungen eines Rechtsgebiets?, in Hilty/Henning-Bodewig, Lauterkeitsrecht und Accquis Communautaire, 2009, 27; Pichler, Das Verhältnis von Kartell- und Lauterkeitsrecht, 2009; Podszun, Der „more economic approach" im Lauterkeitsrecht, WRP 2009, 509; Roth, Zur Tragweite der Harmonisierung im Recht des unlauteren Wettbewerbs, FS Mestmäcker, 1996, 725; Rüffler, Verbraucherschutz durch Lauterkeitsrecht, in Aicher/Holoubek, Der Schutz von Verbraucherinteressen, 2000, 193; Sack, Regierungsentwurf einer UWG-Novelle – ausgewählte Probleme, BB 2003, 1073; Sack, Folgeverträge unlauteren Wettbewerbs, GRUR 2004, 625; Sack, Die neue deutsche Formel des europäischen Verbraucherleitbilds, WRP 2005, 462; Scherer, Der EuGH und der mündige Verbraucher – eine Beziehungskrise?, WRP 2013, 705; Scherer, Die Leerformel vom „hohen Verbraucherschutzniveau", WRP 2013, 977; Schmitt, Das unionsrechtliche Verbraucherleitbild, 2018; Schricker/Henning-Bodewig, Elemente einer Harmonisierung des Rechts des unlauteren Wettbewerbs in der Europäischen Union, WRP 2001, 1392; Sosnitza, Das Koordinatensystem des Rechts des unlauteren Wettbewerbs im Spannungsfeld zwischen Europa und Deutschland, GRUR 2003, 739; Streinz, Die Bedeutung eines „Verbraucherleitbilds" im Lebensmittelrecht, FS Köhler, 2014, 745; Streinz, Verbraucherleitbild – Existenz? Wandel? Differenzierungen?, in Möstl, Verbraucherinformation im Wandel, 2014, S. 23; Ullmann, Das Koordinatensystem des Rechts des unlauteren Wettbewerbs im Spannungsfeld von Europa und Deutschland, GRUR 2003, 817; v. Ungern-Sternberg, Wettbewerbsbezogene Anwendung des § 1 UWG und normzweckgerechte Auslegung der Sittenwidrigkeit, FS Erdmann, 2002, 741; Wiebe, Das Leid des Verbrauchers mit dem Verbraucherleitbild, FS Köhler, 2014, 799; Wunderle, Verbraucherschutz im Europäischen Lauterkeitsrecht, 2010.

A. Allgemeines

I. Entstehungsgeschichte

1. UWG 1909

1 **a) Rspr. des RG.** Das UWG 1909 (vgl. GK-UWG/Pahlow, 3. Aufl. 2021, Einl. Teil B Rn. 21 ff.) enthielt keine Schutzzweckbestimmung. Vielmehr wurden die Schutzzwecke des Lauterkeitsrechts erst im Laufe der Zeit von Rspr. und Schrifttum herausgearbeitet. Ursprünglich war das UWG als reiner **Mitbewerberschutz** konzipiert (vgl. Baumbach Wettbewerbsrecht, 1929, S. 128). Erst allmählich setzte sich die Auffassung durch, dass das Lauterkeitsrecht nicht nur das Individualinteresse von Mitbewerbern, sondern auch das Interesse der **Allgemeinheit** an der Lauterkeit des Wettbewerbs schützt (vgl. Kisseler WRP 1972, 557; Ulmer GRUR 1937, 772 f.; sog **sozialrechtliches Verständnis**). So führte das RG aus, die Unterlassungsklage solle „nicht nur den Wettbewerber schützen, sondern, wie das ganze Wettbewerbsgesetz, auch im öffentlichen Interesse den Auswüchsen des Wettbewerbs überhaupt, dh auf irgendeinem Gebiet, entgegentreten" (RGZ 128, 330 (342)). Unter dem Interesse der Allgemeinheit wurde insbes. auch das Interesse der Verbraucher (Publikum) verstanden (vgl. RG MuW 1930, 231: „Das UWG dient sowohl der Reinerhaltung des Verkehrs im Interesse des Publikums als auch dem Schutz der Mitbewerber.").

2 **b) Rspr. des BGH.** Der BGH setzte die vom RG eingeschlagene Linie fort (vgl. BGHZ 19, 392 – Anzeigenblatt; BGHZ 23, 371 – Suwa; BGHZ 43, 278 – Kleenex; BGHZ 54, 188 (190) – Telefonwerbung; BGHZ 56, 18 (21) – Grabsteinaufträge II; BGHZ 65, 68 (72) – Vorspannangebote; BGH GRUR 1965, 315 (316) – Werbewagen; GRUR 1969, 295 – Goldener Oktober; GRUR 1972, 40 (42) – Feld und Wald I; GRUR 1976, 637 – Rustikale Brettchen; GRUR 1977, 608 – Feld und Wald II). Allmählich wurde, auch unter dem Einfluss der Werbe-RL (RL 84/450/EWG; jetzt RL 2006/114/EG), explizit der Verbraucherschutz (und der Schutz der sonstigen Marktteilnehmer) als Schutzzweck des Lauterkeitsrechts anerkannt (vgl. Burmann WRP 1968, 258, der zwischen konkurrentenbezogener, verbraucherbezogener und marktbezogener Unlauterkeit unterschied). Damit gelangte man zu der sog Schutzzwecktrias: Das UWG schütze die Lauterkeit des Wettbewerbs im Interesse der Mitbewerber, der sonstigen Marktteilnehmer, insbes. der Verbraucher, und der Allgemeinheit (vgl. BGHZ 123, 330 (334) – Folgeverträge; BGHZ 140, 134 (138) – Hormonpräparate; BGHZ 144, 255 (265) = GRUR 2000, 1076 – Abgasemissionen; BGH GRUR 2000, 237 (238) – Giftnotruf-Box; BGHZ 147, 296 (303) = GRUR 2001, 1178 – Gewinn-Zertifikat; GRUR 2001, 1181 (1182) – Telefonwerbung für Blindenwaren; GRUR 2002, 360 (362) – H. I. V. POSITIVE II; GRUR 2002, 825 (826) – Elektroarbeiten). Auch das Schrifttum folgte dem im Grundsatz (vgl. Köhler/Piper/Piper Einf. Rn. 271).

c) Rspr. des BVerfG. Das BVerfG billigte die Schutzgutbestimmung des UWG durch den **3** BGH (vgl. BVerfG GRUR 2002, 455 – Tier- und Artenschutz; GRUR 2003, 965 (966) – Interessenschwerpunkt „Sportrecht"; GRUR 2008, 81 (82) – Pharmakartell). Es hatte allerdings angemahnt, dass die Bezugnahme auf anerkannte Fallgruppen unlauteren Handelns, möge ihnen auch eine praktische Indizwirkung für die Unlauterkeit eines Handelns zukommen, nicht Feststellungen zur tatsächlichen Gefährdung des Schutzguts (Leistungs-)Wettbewerb ersetze (vgl. BVerfG GRUR 2002, 455 (456) – Tier- und Artenschutz). Das Lauterkeitsrecht schütze nicht die „guten Sitten" als solche, sondern nur als Grundlage der „Funktionsfähigkeit des Leistungswettbewerbs". Missbilligt würden im Interesse des Schutzes der Wettbewerber und der sonstigen Marktbeteiligten, allen voran der Verbraucher, Verhaltensweisen, welche die Funktion des an der Leistung orientierten Wettbewerbs im wettbewerblichen Handeln einzelner Unternehmen oder als Institution stören (BVerfG GRUR 2008, 81 (82) – Pharmakartell). – Zur Kritik am Begriff des Leistungswettbewerbs → Rn. 44.

2. UWG 2004

Das **UWG 2004** übernahm in § 1 die in Rspr. und Schrifttum entwickelte **Schutzzwecktrias** **4** (vgl. Begr. RegE UWG 2004 zu § 1, BT-Drs. 15/1487, 15 f.). Gesetzestext und Begründung lehnen sich eng an den Vorschlag von Köhler/Bornkamm/Henning-Bodewig (WRP 2002, 1317, dort § 1 sowie Erl. 3 und 4) an. Allerdings weist § 1 S. 2 eine Präzisierung des Allgemeininteresses auf: Geschützt wird nicht jedes beliebige Allgemeininteresse, sondern nur das Interesse der Allgemeinheit an einem unverfälschten Wettbewerb (→ Rn. 35). Mit der Aufnahme des Verbraucherschutzes in die Schutzzweckbestimmung war keine inhaltliche Neuausrichtung des Lauterkeitsrechts verbunden, wie teils befürchtet (Engel/Salomon WRP 2004, 32: Paradigmenwechsel), teils kritisiert wurde. Vielmehr wurde nur der schon früher bestehende Rechtszustand wiedergegeben.

3. UWG 2008 und UWG 2015

Die **UWG-Novelle 2008** diente der **Umsetzung** der **UGP-RL.** Sie änderte die Zweck- **5** bestimmung in § 1 dahin, dass an die Stelle des Schutzes vor unlauterem Wettbewerb der Schutz vor unlauteren geschäftlichen Handlungen trat. Damit sollte der Begriff der „geschäftlichen Handlung" (§ 2 I Nr. 2) als zentraler Begriff des UWG hervorgehoben werden (Begr. RegE UWG 2008 zu § 1, BR-Drs. 345/08, 38). Die Änderung stellt keine Einschränkung, sondern eine Erweiterung der Schutzzweckbestimmung und des Anwendungsbereichs des UWG dar. Sie wurde erforderlich, um den Anforderungen der UGP-RL gerecht zu werden. Die UGP-RL erfasst nämlich auch unlautere Handlungen während und nach Vertragsschluss und diese Handlungen haben nicht notwendigerweise einen Bezug zum Wettbewerb. Seither ist das UWG kein reines Wettbewerbsrecht mehr, sondern ein **Recht der unlauteren geschäftlichen Handlungen** (und im Anwendungsbereich der UGP-RL ein **Verbraucherschutzrecht**). Dies rechtfertigt, ja gebietet es, künftig das UWG als **Lauterkeitsrecht** zu bezeichnen. Jedenfalls im Hinblick auf die Normen des UWG, die der Umsetzung der UGP-RL und der Werbe-RL dienen, kann die Rspr. des BVerfG (→ Rn. 3) zur Orientierung des UWG an der Funktionsfähigkeit des Leistungswettbewerbs keine Geltung mehr beanspruchen (→ Rn. 44). Denn insoweit steht der Schutz der Mitbewerber, der Verbraucher und sonstigen Marktteilnehmer, auch in ihrer Eigenschaft als Vertragspartner, im Vordergrund und der Schutz des unverfälschten Wettbewerbs wird nur mittelbar bezweckt (→ Rn. 8). Diese unionsrechtlichen Schutzzwecke werden durch das UWG voll abgedeckt. – Die **UWG-Novelle 2015** diente der **verbesserten Umsetzung der UGP-RL.** Eine Änderung des § 1 war damit nicht verbunden.

4. Gesetz zur Stärkung des Verbraucherschutzes im Wettbewerbs- und Gewerberecht

Das G zur Stärkung des Verbraucherschutzes im Wettbewerbs- und Gewerberecht v. **5a** 10.8.2021 (BGBl. 2021 I 3504) ergänzte den § 1 um einen Abs. 2, um den Art. 3 IV UGP-RL umzusetzen. Außerdem spricht § 1 I 1nur noch von Verbrauchern und nicht mehr auch von Verbraucherinnen. Diese Regelungen traten am 28.5.2022 in Kraft.

II. Funktion der Schutzzweckbestimmung

1. Allgemeines

6 Die Schutzzweckbestimmung des § 1 I soll nicht nur das Gesetz gegen unlauteren Wettbewerb wirtschafts- und verbraucherpolitisch legitimieren, sondern zugleich dem Richter einen **verlässlichen** und zugleich **bindenden** Maßstab für die **(teleologische) Auslegung** und Fortbildung des UWG geben. Das schließt es nicht aus, auch andere Auslegungskriterien (Wortlaut, Entstehungsgeschichte, Gesetzessystematik, besonders Normzwecke, Unionsrecht) heranzuziehen. Wohl aber nimmt die Schutzzweckbestimmung des § 1 einen besonderen Rang ein (vgl. allgemein Larenz, Methodenlehre, 6. Aufl. 1991, 343 ff.). Sie ermöglicht es dem Richter, die **Wertungen** für die Beurteilung von geschäftlichen Handlungen **offenzulegen** (vgl. Beater, Unlauterer Wettbewerb, 2011, § 10 Rn. 11 ff. mwN), ohne auf Gemeinplätze („kaufmännischer Anstand"; „Verwilderung der Wettbewerbssitten"; „Vergiftung des Wettbewerbs", „Auswüchse" usw) zurückgreifen zu müssen. Im Übrigen indiziert gerade die Verwendung solcher Gemeinplätze in aller Regel ein Argumentationsdefizit (vgl. einerseits BGH GRUR 2002, 360 (362) – H. I. V. POSITIVE II; andererseits BVerfG GRUR 2003, 442 – Benetton-Werbung II).

7 Die Schutzzweckbestimmung gilt nicht nur für einzelne, sondern für alle Bestimmungen des UWG (arg. § 1 I 1: „Dieses Gesetz dient …"), also nicht nur für die Generalklausel des § 3 I (vgl. Begr. RegE UWG zu § 3, BT-Drs. 15/1487, 17), sondern auch für die Beispielstatbestände der §§ 3 II, III, 3a–6, für den Tatbestand des § 7 und für die Rechtsfolgenregelungen der §§ 8 ff.

2. Ermittlung der geschützten Interessen

8 In § 1 I wird nicht erläutert, welche Interessen der Mitbewerber und der Verbraucher vor einer Beeinträchtigung durch unlautere geschäftliche Handlungen geschützt werden und wie sich das Verhältnis zum Schutz des Allgemeininteresses an einem unverfälschten Wettbewerb gestaltet. Die Schutzzweckbestimmung des § 1 I ist daher nicht nur Auslegungsmaßstab, sondern ihrerseits auslegungsfähig und auslegungsbedürftig. Wichtige Anhaltspunkte ergeben dafür die Beispielstatbestände der § 3 II, III, §§ 3a–6. Umgekehrt erschließt sich die Bedeutung dieser Regelungen vollständig erst aus der Schutzzweckbestimmung des § 1 I. Die Schutzzweckbestimmung des § 1 I und die Beispielstatbestände der §§ 4–6 stehen insoweit in einem hermeneutischen Zusammenhang der wechselseitigen Erhellung (allg. dazu Larenz, Methodenlehre, 6. Aufl. 1991, S. 206 ff.). Bei der Auslegung sind auch die einschlägigen Richtlinien zu berücksichtigen (→ Rn. 15). Innerhalb ihres Anwendungsbereichs gibt die **UGP-RL** eine wichtige Orientierung. Sie bezweckt nach Art. 1 UGP-RL eine Angleichung der Vorschriften der Mitgliedstaaten über unlautere Geschäftspraktiken, die die **wirtschaftlichen Interessen der Verbraucher** beeinträchtigen. Nach ErwGr. 8 UGP-RL schützt sie **unmittelbar** die wirtschaftlichen Interessen der Verbraucher vor unlauteren Geschäftspraktiken im Geschäftsverkehr zwischen Unternehmen und Verbrauchern und **mittelbar** auch rechtmäßig handelnde Unternehmen vor Mitbewerbern, die sich nicht an die Regeln der Richtlinie halten, und gewährleistet damit einen lauteren Wettbewerb in dem durch sie koordinierten Bereich. – Die **Werbe-RL** schützt in erster Linie die Gewerbetreibenden vor irreführender und unzulässiger vergleichender Werbung, mittelbar aber auch das Allgemeininteresse an einem unverfälschten Wettbewerb (vgl. Art. 5 I und III Werbe-RL). – Die **DS-GVO** ist bei der Auslegung des § 7 und damit auch des § 1 heranzuziehen.

B. Schutz der Mitbewerber

I. Allgemeines

9 Dieser Schutzzweck betrifft das **Horizontalverhältnis** zwischen einem Unternehmen und seinen Mitbewerbern (zum Begriff des Mitbewerbers vgl. § 2 I Nr. 4). Der Schutz der Mitbewerber steht in § 4 Nr. 1–4 sowie in § 6 II Nr. 3–6 im Vordergrund. Aber auch die primär marktpartnerschützenden Beispielstatbestände (wie zB § 3 II und III, §§ 4a, 5, 5a, 6 II Nr. 1 und 2) dienen **mittelbar** dem Schutz der Mitbewerber. Das kommt zB auch in Art. 2 lit. b Werbe-RL bei der Definition der irreführenden Werbung zum Ausdruck („aus diesen Gründen einen Mitbewerber schädigt oder zu schädigen geeignet ist").

II. Geschützte Interessen

Das Interesse der Mitbewerber ist auf den Schutz ihrer **wettbewerblichen Entfaltungs-** 10 **freiheit** gerichtet. Diese Freiheit beschränkt sich nicht darauf, das eigene Angebot ungehindert am Markt zur Geltung zu bringen, sondern erstreckt sich auf **alle wettbewerblichen Aktionsparameter** (insbes. Forschung und Entwicklung, Einkauf, Herstellung, Personal, Finanzierung, Außendarstellung, Produktwerbung, Vertrieb usw; vgl. BGH GRUR 2004, 877 (879) – Werbeblocker zum Tatbestand des § 4 Nr. 4). Das schließt den Schutz der wirtschaftlichen Interessen des Mitbewerbers (vgl. § 4 Nr. 1 und 2) und den Schutz des Unternehmens und seiner Bestandteile (zB Geschäftsgeheimnisse, Schutzrechte) als Vermögensgegenstand (Bestandsschutz) vor Beeinträchtigungen ein (vgl. Schünemann WRP 2004, 925 (932)). Das Lauterkeitsrecht dient also auch dem Schutz der wirtschaftlichen Interessen des Unternehmers und dem Schutz des Unternehmens (zum früheren Streit über diese Frage vgl. Baumbach/Hefermehl, 22. Aufl. 2001, Einl. Rn. 44 ff.). Allerdings begründet das Lauterkeitsrecht keine entspr. subjektiven Rechte der Mitbewerber, und zwar auch nicht beim ergänzenden Leistungsschutz iSd § 4 Nr. 3. Vielmehr stellt es objektive Verhaltensnormen auf, deren Verletzung Ansprüche der verletzten Mitbewerber (iSd § 2 I Nr. 4) sowie der Verbände und Kammern (§ 8 III Nr. 2–4) auslöst. Seiner Struktur nach ist das Lauterkeitsrecht also nicht dem Regelungsmodell des § 823 I BGB, sondern dem des § 823 II BGB vergleichbar.

III. Schutzhöhe

Bei der Frage nach der Schutzhöhe geht es um das Maß an **Schutzbedürftigkeit** des Mit- 11 bewerbers oder – aus der Sicht des Handelnden – um das Maß an **Rücksicht** des Handelnden gegenüber dem Mitbewerber. Darüber sagt § 1 I 1 unmittelbar nichts aus. Es existiert auch (noch) kein Mitbewerberleitbild, an dem sich die Rspr. ähnlich wie beim Verbraucherleitbild orientieren könnte. Wenn in der Rspr. zu § 1 UWG 1909 bisweilen die Rede vom „verständigen Durchschnittsgewerbetreibenden" ist, bezieht sich dies nicht auf den Schutz des Mitbewerbers, sondern auf die Feststellung dessen, was dem „Anstandsgefühl" dieser Kreise entspricht (vgl. zB BGH GRUR 1995, 595 (597) – Kinderarbeit). Das Maß an Schutz für den betroffenen Mitbewerber ist vielmehr durch eine **Abwägung und Bewertung der Interessen** des Handelnden, des betroffenen Mitbewerbers und der sonstigen Marktteilnehmer und des Interesses der Allgemeinheit an einem unverfälschten Wettbewerb anhand insbes. der **verfassungsrechtlichen** und **unionsrechtlichen** Wertungen und des Grundsatzes der **Verhältnismäßigkeit** (eines Verbots) zu ermitteln. **Nicht schutzwürdig** sind insbes. folgende Interessen der Mitbewerber: das Interesse an der Erhaltung des bestehenden Kunden- oder Mitarbeiterstamms (→ § 4 Rn. 4.33, → § 4 Rn. 4.103); das Interesse, vor Preisunterbietungen verschont zu werden; das Interesse, auch von sachlicher Kritik ihres Unternehmens und ihrer Leistungen verschont zu bleiben (→ § 4 Rn. 1.16, → § 4 Rn. 1.21); das Interesse, keiner für sie nachteiligen vergleichenden Werbung ausgesetzt zu werden (→ § 6 Rn. 8); das Interesse, vor Testkäufen von Mitbewerbern zur Feststellung von Wettbewerbsverstößen bewahrt zu bleiben (→ § 4 Rn. 4.161); das Interesse, vor Störungen des selektiven Vertriebs durch Außenseiter bewahrt zu bleiben (→ § 4 Rn. 4.63); das Interesse, vor deep links zum eigenen Internet-Angebot verschont zu bleiben (vgl. BGH GRUR 2003, 958 – Paperboy). Die Auffassungen des „durchschnittlich empfindlichen Mitbewerbers" können bei der Bewertung von Maßnahmen hilfreich sein, die sich im weiteren Sinn als Belästigung iSd § 7 darstellen (zB unerbetene telefonische Mitarbeiterabwerbung).

IV. Schutzsanktionen

1. Individueller Mitbewerberschutz

Nur solche Mitbewerber können individuelle Unterlassungs-, Beseitigungs- und Schadens- 12 ersatzansprüche gegen den Verletzer geltend machen, die in einem konkreten Wettbewerbsverhältnis zu ihm stehen (§ 2 I Nr. 4; zum unionsrechtlichen Mitbewerberbegriff in § 6 → § 6 Rn. 34) und damit als unmittelbar Verletzte anzusehen sind. Anders als im UWG 1909 (vgl. § 13 II Nr. 1 UWG 2009) reicht ein nur abstraktes Wettbewerbsverhältnis dazu nicht aus. Die nur abstrakt betroffenen Konkurrenten sind darauf beschränkt, eine der in § 8 III Nr. 2–4 anspruchsberechtigten Organisationen zur Bekämpfung eines Wettbewerbsverstoßes einzuschalten (vgl. Begr. RegE UWG zu § 8 III Nr. 1, BT-Drs. 15/1487, 23).

2. Kollektiver Mitbewerberschutz

13   Unabhängig davon, ob die verletzten Mitbewerber ihre Ansprüche geltend machen, können die in § 8 III Nr. 2–4 genannten Organisationen auch deren Interessen wahrnehmen und insoweit einen kollektiven Mitbewerberschutz gewährleisten. Eine andere Frage ist es, ob diese Anspruchsberechtigung auch dann besteht, wenn sich die Verletzung unmittelbar gegen einen ganz bestimmten Mitbewerber richtet, wie zB bei der Herabsetzung (§ 4 Nr. 1; § 6 II Nr. 5), bei der Rufausbeutung (§ 6 II Nr. 4), bei der Anschwärzung (§ 4 Nr. 2), bei der unlauteren Leistungsübernahme (§ 4 Nr. 3; vgl. auch § 5 II, § 6 II Nr. 3 und 6) sowie in den Fällen der gezielten Behinderung (§ 4 Nr. 4) und vielen Fällen des Rechtsbruchs (§ 3a). Insoweit muss es dem verletzten Mitbewerber überlassen bleiben, ob er sich gegen den Verstoß zur Wehr setzt (→ § 8 Rn. 3.5 f.), es sei denn, dass die Verletzung auch zu einer Wettbewerbsbeeinträchtigung und damit zu einer Beeinträchtigung der Interessen Dritter, insbes. der Verbraucher führt.

C. Schutz der Verbraucher und sonstigen Marktteilnehmer

I. Allgemeines

14   Nach § 1 I 1 dient das Gesetz auch dem Schutz der „**Verbraucher**" sowie der „**sonstigen Marktteilnehmer**". Zum Begriff des „Verbrauchers" vgl. § 2 II (→ § 2 Rn. 12.1 ff.); zum Begriff der „sonstigen Marktteilnehmer" vgl. § 2 Nr. 3 (→ § 2 Rn. 3.1 ff.). Der Schutz der Verbraucher und sonstigen Marktteilnehmer vor unlauteren geschäftlichen Handlungen betrifft das **Vertikalverhältnis** zu (potenziellen) Marktpartnern (Anbietern oder Nachfragern). Typischerweise treten Verbraucher als Nachfrager auf. Jedoch können Verbraucher auch Anbieter gegenüber Unternehmern sein (zB beim Verkauf privater Gegenstände an Händler) und sind insoweit zwar nicht durch die UGP-RL (arg. Art. 3 I UGP-RL), wohl aber durch das UWG geschützt.

II. Geschützte Interessen

1. Durch das Unionsrecht geschützte Interessen

15   Nach Art. 169 AEUV soll die Union einen Beitrag zur Förderung der Interessen der Verbraucher und zur Gewährleistung eines **hohen Verbraucherschutzniveaus** (→ Rn. 28a) zum Schutze ua der **wirtschaftlichen Interessen** der Verbraucher und ihres **Rechts auf Information** leisten (vgl. auch Art. 38 GRCh). Dem Schutz der wirtschaftlichen Interessen der Verbraucher dient insbes. die **UGP-RL** (vgl. Art. 1 UGP-RL und ErwGr. 6 und 8 UGP-RL). Sie will die Verbraucher davor schützen, dass ihre geschäftlichen Entscheidungen durch unlautere, insbes. irreführende und oder aggressive Geschäftspraktiken beeinflusst werden, nämlich veranlasst werden können, geschäftliche Entscheidungen zu treffen, die sie andernfalls nicht getroffen hätten (vgl. Art. 5–9 UGP-RL). Den Schutz sonstiger Verbraucherinteressen, insbes. das Interesse an der Respektierung ihrer **Privatsphäre,** bezweckt die UGP-RL hingegen nicht. Dies ist bspw. Aufgabe der **DS-GVO**. Im Übrigen überlässt die UGP-RL es den Mitgliedstaaten, die Privatsphäre der Verbraucher zu schützen, auch wenn ihre Wahlfreiheit nicht beeinträchtigt wird (vgl. ErwGr. 7 S. 4–6 UGP-RL). Auch der Schutz der **Gesundheit** und **Sicherheit** der Verbraucher ist nicht das Anliegen der UGP-RL (vgl. ErwGr. 9 S. 2 und 3 UGP-RL, Art. 3 III UGP-RL).

2. Durch das UWG geschützte Verbraucherinteressen

16   In Übereinstimmung mit dem Unionsrecht (→ Rn. 12) ist der Verbraucherschutz im UWG auf den **Schutz der geschäftlichen Entscheidungsfreiheit** (Begr. RegE UWG, BT-Drs. 15/1487, 13), daneben aber auch auf den **Schutz der sonstigen Rechte und Rechtsgüter des Verbrauchers** gerichtet.

17   **a) Schutz der geschäftlichen Entscheidungsfreiheit.** Der Verbraucher soll in seinen geschäftlichen Entscheidungen (iSd § 2 I Nr. 1) frei sein. Er soll also frei entscheiden können, ob

er sich mit einem Angebot näher befassen will und ob, wie und unter welchen Bedingungen er mit einem Unternehmer einen Vertrag über den Erwerb einer Ware oder Dienstleistung schließt. Auch soll er frei entscheiden können, wie er sich bei Durchführung des Vertrages verhält, insbes. ob er Rechte aus einem Vertrag geltend macht. Das bedeutet aber nicht, dass jegliche Beeinflussung des Verbrauchers unzulässig ist. Denn Wettbewerb ist ohne Einflussnahme auf den Verbraucher nicht möglich. Beim Schutz der Entscheidungsfreiheit geht es darum, die Grenzen der noch zulässigen Beeinträchtigung der freien Entscheidung aufzuzeigen. Diese Grenzen sind überschritten, wenn der Verbraucher auf Grund des Verhaltens des Unternehmers zu einer **informierten Entscheidung** außerstande ist oder wenn er unmittelbar in seiner **Entscheidungsfreiheit** beeinträchtigt wird. Die UGP-RL verwendet dafür den Begriff der **„wesentlichen Beeinflussung des wirtschaftlichen Verhaltens des Verbrauchers"** (Art. 5 II UGP-RL) und definiert ihn in Art. 2 lit. k UGP-RL als „Anwendung einer Geschäftspraxis, um die Fähigkeit des Verbrauchers, eine informierte Entscheidung zu treffen, spürbar zu beeinträchtigen, und damit den Verbraucher zu einer geschäftlichen Entscheidung zu veranlassen, die er andernfalls nicht getroffen hätte". Die Umsetzung ist in § 3 II iVm § 2 I Nr. 11 erfolgt (näher → § 2 Rn. 11.1 ff.). Während das **Vertragsrecht** eine unangemessene Beeinflussung des Verbrauchers repressiv durch Gewährung von Vertragslösungsrechten (Anfechtungs-, Widerrufs-, Rücktrittsrechten usw) und Ausgleichsansprüchen (zB aus Mängelhaftung oder culpa in contrahendo) bekämpft, ist es Aufgabe des **Lauterkeitsrechts,** den Verbraucher **generalpräventiv** vor unlauteren Beeinflussungen vor, bei oder nach Vertragsschluss zu schützen und damit seine (rechtsgeschäftliche) Entscheidungsfreiheit zu gewährleisten. Dies dient nicht nur dem Schutz des Verbrauchers, sondern mittelbar auch dem Schutz der Mitbewerber und gewährleistet einen unverfälschten Wettbewerb. Denn zur Freiheit des Wettbewerbs gehört nicht nur die freie Entfaltungsmöglichkeit der Mitbewerber, sondern auch die freie Entscheidung der Verbraucher darüber, ob und welches Angebot sie annehmen **(Konsumentensouveränität).** Hier wird vielfach von einer **Schiedsrichterfunktion** des Verbrauchers gesprochen (vgl. Beater FS Tilmann, 2003, 87; Lettl, Der lauterkeitsrechtliche Schutz vor irreführender Werbung in Europa, 2004, S. 88 ff.).

aa) Gewährleistung richtiger und pflichtgemäßer Informationen. Das Lauterkeitsrecht **18** hat zum einen dafür zu sorgen, dass der Unternehmer den „durchschnittlichen Verbraucher" nicht falsch informiert, zum anderen dafür, dass der Unternehmer – soweit möglich und zumutbar – alle Informationen liefert, die „der durchschnittliche Verbraucher je nach den Umständen benötigt, um eine informierte geschäftliche Entscheidung zu treffen" (Art. 7 I UGP-RL). Dem tragen die §§ 5, 5a, 5b und 6 Rechnung. Informationspflichten können sich als geschriebene (vgl. § 5b) oder ungeschriebene Pflichten (vgl. § 5a I, II) aus dem UWG ergeben. Soweit sie in anderen Gesetzen (zB dem BGB und dem EGBGB) angeordnet sind, kann ihre Einhaltung nicht nur über die § 5a I, § 5b IV, sondern ggf. auch über den Rechtsbruchtatbestand (§ 3a) lauterkeitsrechtlich sanktioniert werden.

bb) Gewährleistung der freien Willensbildung. Der Unternehmer will auf die Willens- **19** bildung des Verbrauchers Einfluss nehmen. Dabei ist das Verhalten des Unternehmers nicht nur **vor,** sondern auch **bei** und **nach Vertragsschluss** (arg. Art. 3 I UGP-RL) zu berücksichtigen. Um den Verbraucher zu erreichen, wird er idR nicht bei der Bereitstellung von Informationen über das Unternehmen und sein Angebot stehen bleiben. Er wird auch versuchen, den Willen des Verbrauchers zu beeinflussen. Das kann im Rahmen der Werbung insbes. durch die Schaffung von Kaufmotiven geschehen. Dass diese Motive vielfach „unsachlich" sind, also mit dem Kaufgegenstand als solchem nichts zu tun haben, macht die Beeinflussung aber nach heutigem Verständnis nicht ohne Weiteres unlauter. Vielmehr ist ein Großteil der Werbung durch das Bestreben gekennzeichnet, durch emotionale („gefühlsbetonte") Motive Aufmerksamkeit zu erregen und Sympathie zu gewinnen (vgl. BVerfG GRUR 2001, 170 – Schockwerbung; GRUR 2002, 455 (456) – Tier- und Artenschutz; näher → § 3 Rn. 9.1 ff.). Dementsprechend heißt es in der Begründung zum RegE UWG 2004, „dass der Versuch einer gewissen unsachlichen Beeinflussung der Werbung nicht fremd und auch nicht per se unlauter ist" (Begr. RegE UWG 2004 zu § 4 Nr. 1, BT-Drs. 15/1487, 17). Unlauterkeit ist demnach, wenn nicht einer der Per-se-Tatbestände des Anh. § 3 III erfüllt ist, erst dann anzunehmen, wenn das Verhalten entweder den Tatbestand des § 4a oder des § 3 II erfüllt, wobei diese Vorschriften richtlinienkonform am Maßstab der Art. 5 II und IV UGP-RL auszulegen sind.

20　**b) Schutz sonstiger Rechte und Rechtsgüter.** Wettbewerbsmaßnahmen können einen Eingriff in sonstige Rechte (allgemeines Persönlichkeitsrecht, Eigentum, Besitz) und Rechtsgüter (Gesundheit, Freiheit, Vermögen) des Verbrauchers darstellen (Fälle der **Belästigung** iSd § 7). Davor soll ihn das Lauterkeitsrecht auch dann schützen, wenn seine Entscheidungsfreiheit nicht beeinträchtigt wird. Denn jedenfalls werden seine Zeit, seine Aufmerksamkeit und vielfach auch seine Ressourcen ohne oder sogar gegen seinen Willen in Anspruch genommen. Das Problem ist dabei, festzulegen, von welchem Punkt an die Belästigung für den Verbraucher **unzumutbar** wird (vgl. § 7 I). Dies lässt sich nur unter Berücksichtigung des jeweils eingesetzten Kommunikationsmittels (Ansprechen auf öffentlichen Verkehrswegen, Vertreterbesuch, Telefonwerbung, Faxwerbung, E-Mail-Werbung usw) beurteilen. Dementsprechend sieht § 7 II und III eine differenzierte Regelung vor, die freilich nicht alle Formen der belästigenden Werbung erfasst. Soweit eine geschäftliche Handlung eine unerlaubte Handlung iSd §§ 823 ff. BGB gegenüber dem Verbraucher darstellt, wird dadurch auch ihre Unlauterkeit indiziert und umgekehrt.

III. Schutzhöhe (Verbraucherleitbild)

1. Fragestellung

21　Bei der Frage nach der **Schutzhöhe** geht es um das Maß an **Schutzbedürftigkeit** des Verbrauchers. Das ist eine Frage der Wertung und die Antwort darauf hängt von den jeweils herrschenden wirtschafts- und gesellschaftspolitischen Anschauungen ab. Damit ist das sog **Verbraucherleitbild** angesprochen. Die Funktion des Verbraucherleitbilds und seine Rechtsnatur sind nicht eindeutig geklärt. Auszugehen ist davon, dass das Lauterkeitsrecht Verhaltensnormen aufstellt und dementsprechend Verhaltensanforderungen an den Unternehmer stellt. Es geht also um die Sicht aus der Warte des Unternehmers, genauer um das **Maß an Rücksicht auf den Verbraucher,** das er aufzubringen hat. Damit wird auch klar, dass es beim Verbraucherleitbild in Wahrheit um eine **Abwägung der Interessen des Unternehmers und der Verbraucher** geht. Bezogen auf die **Informationen,** die der Verbraucher für eine sachgerechte Entscheidung benötigt, ist zu fragen, welchen Informationsstand und welches Informationsbemühen der Unternehmer beim Verbraucher voraussetzen darf. Bezogen auf die **Willensbildung** ist zu fragen, in welchem Maße der Unternehmer auf den Willen des Verbrauchers Einfluss nehmen darf. Bezogen auf die **sonstigen Rechte und Rechtsgüter** des Verbrauchers ist zu fragen, welches Maß an Einwirkung der Verbraucher hinnehmen muss.

2. Das Verbraucherleitbild im Unionsrecht

22　**a) Grundsatz.** Der EuGH stellte bei der Auslegung des primären und sekundären Unionsrechts auf das Kriterium des **„durchschnittlich informierten, aufmerksamen und verständigen Durchschnittsverbrauchers"** ab (vgl. EuGH Slg. 1998, I-4657 Rn. 31, 37 = GRUR-Int. 1998, 795 – Gut Springenheide; Slg. 1999, I-513 = GRUR-Int. 1999, 345 – Sektkellerei Kessler; GRUR 1999, 723 – Windsurfing Chiemsee; GRUR-Int. 1999, 734 – Lloyds/Loints; Slg. 2000, I-117 Rn. 27 f. = GRUR-Int. 2000, 354 – Lifting-Creme; GRUR 2002, 354 Rn. 52 – Toshiba/Katun; GRUR 2003, 533 Rn. 55 – Pippig Augenoptik/Hartlauer). Diese Formulierung ist unterschiedlichen Auslegungen zugänglich. So ist zB umstritten, ob sich das Adverb „durchschnittlich" nur auf das Adjektiv „informiert" bezieht (so Ackermann WRP 2000, 807 (808)) oder auch auf die Adjektive „aufmerksam" und „verständig" (so Bornkamm FG 50 Jahre BGH, 2000, 343 (361); Helm FS Tilmann, 2003, 135 (140 ff.); Lettl, Der lauterkeitsrechtliche Schutz vor irreführender Werbung in Europa, 2004, S. 93 f.; Sack WRP 2000, 327 (339); Spätgens WRP 2000, 1023 (1026 f.)). Zum besseren Verständnis der Formel des EuGH sind daher ergänzend die entspr., in gleicher Weise verbindlichen Fassungen anderer Amtssprachen, insbes. die englische und französische Fassung, heranzuziehen (vgl. EuGH Slg. 1997, I-1111 Rn. 30 – Ebony). Sie lauten: **„Average consumer who is reasonably well-informed and reasonably observant and circumspect"** und **„consommateur moyen, normalement informé et raisonnablement attentif et avisé"** (vgl. WRP 1998, 1213 (1214); eingehend dazu Helm FS Tilmann, 2003, 135 ff.). Dieses Verbraucherleitbild lag bereits dem englischen und französischen Recht zu Grunde (vgl. Köhler/Lettl WRP 2003, 1019 (1032)). Es beruht letztlich auf einer Abwägung zwischen den Gefahren einer Wettbewerbsmaßnahme für den Verbraucher einerseits und den Erfordernissen des freien Waren- und Dienstleistungsverkehrs (Art. 34, 56 AEUV) andererseits und trägt insoweit dem Grundsatz der **Verhältnismäßigkeit** von Eingriffen in die unternehmerische Freiheit Rechnung (vgl. EuGH Slg. 2000, I-117 Rn. 27,

28 – Lifting-Creme sowie ErwGr. 18 S. 2 UGP-RL: „Dem Verhältnismäßigkeitsprinzip entsprechend …“).

Die **UGP-RL** spricht vom **„Durchschnittsverbraucher, der angemessen gut unterrich- 23 tet und angemessen aufmerksam und kritisch ist“** (vgl. ErwGr. 18 S. 2 UGP-RL; dazu Helm WRP 2005, 931). Damit ist aber kein sachlicher Unterschied zu den früher vom EuGH gewählten Formulierungen verbunden. Vielmehr handelt es sich nur um **unterschiedliche deutsche Übersetzungen ein und desselben englischen und französischen Richtlinientextes,** der auf die Rspr. des EuGH zurückgeht. Das setzt sich in den späteren Entscheidungen fort (vgl. EuGH WRP 2012, 189 Rn. 22: „kritischer“, Rn. 23: „verständiger“ Verbraucher – Ving Sverige; WRP 2015, 847 Rn. 36: „verständiger“ und Rn. 42: „kritischer“ Verbraucher – Teekanne; WRP 2016, 1342 Rn. 32 – Deroo-Blanquart „kritischer“; EuGH WRP 2018, 1049, 1049 Rn. 56: „kritischer“ – Dyson). Letztlich gehen die unterschiedlichen Formulierungen auf die jeweiligen Übersetzer der Entscheidungen des EuGH zurück. Der sprachliche Unterschied zwischen „kritisch“ und „verständig“ sollte daher (entgegen Helm WRP 2013, 710 (714 f.)) nicht überbewertet werden (zutr. Scherer WRP 2013, 977 (979)).

Die Grundsätze zum Verbraucherleitbild gelten sinngemäß auch für **sonstige Marktteilneh- 24 mer** (vgl. EuGH GRUR 2002, 354 Rn. 52 – Toshiba Europe: „durchschnittlich informierte, aufmerksame und verständige Person“, betreffend eine an Fachhändler gerichtete vergleichende Werbung).

b) Konkretisierung. Das Leitbild des „durchschnittlich informierten, aufmerksamen und 25 verständigen Durchschnittsverbrauchers“ könnte dahin verstanden werden, dass gerade die **unterdurchschnittlich** informierten, aufmerksamen und verständigen Verbraucher durch das Wettbewerbsrecht nicht mehr ausreichend geschützt werden („The poor pay more“; dazu Beater, Unlauterer Wettbewerb, 2011, § 13 Rn. 43 ff.; Köhler GRUR 2001, 1067 (1069)). Dies dürfte indessen nicht der Intention des EuGH entsprechen. Vielmehr ist seiner Rspr. durchaus zu entnehmen, dass es darauf ankommt, ob das Angebot an jedermann oder an eine bestimmte **Zielgruppe** gerichtet ist und welches **Produkt** beworben wird (vgl. EuGH Slg. 2000, I-117 Rn. 29 = GRUR-Int. 2000, 354 – Lifting-Creme; GRUR 2003, 604 Rn. 46 – Libertel; WRP 2015, 847 Rn. 36–42 – Himbeer-Vanille-Abenteuer). Dem trägt auch die UGP-RL in **Art. 5 III 1 UGP-RL** für Geschäftspraktiken gegenüber Gruppen besonders schutzbedürftiger Verbraucher Rechnung (dazu EuGH WRP 2012, 1509 Rn. 53 ff. – Purely Creative). – Im Übrigen sind stets die **Umstände des Einzelfalles** zu berücksichtigen (EuGH Slg. 2000, I-117 Rn. 30 – Lifting-Creme). Dazu gehören – wie auch in ErwGr. 18 S. 2 UGP-RL betont – insbes. **soziale, kulturelle und sprachliche Eigenheiten** bzw. **Faktoren** (EuGH WRP 2016, 1342 Rn. 32 – Deroo-Blanquart; WRP 2018, 1049 Rn. 56 – Dyson: „kritischer“). Ferner ist die Situation, in der die Werbung dem Verbraucher gegenübertritt, zu berücksichtigen (vgl. Bornkamm FG 50 Jahre BGH, 2000, 343 (359 ff.)). – Zu Einzelheiten vgl. Helm FS Tilmann, 2003, 135 (138 ff.); Lettl, Der lauterkeitsrechtliche Schutz vor irreführender Werbung in Europa, 2004, S. 94 ff.; Möstl WRP 2014, 906; Jahn/Palzer K&R 2015, 444.

aa) Informiertheit des Verbrauchers. Bei der Informiertheit des Verbrauchers geht es 26 darum, welchen Informationsstand der Unternehmer beim Verbraucher voraussetzen darf (Lettl, Der lauterkeitsrechtliche Schutz vor irreführender Werbung in Europa, 2004, S. 93). Da dieser Informationsstand bei den einzelnen Verbrauchern unterschiedlich hoch sein kann, braucht sich der Unternehmer grds. nur an dem (bezogen auf die von ihm angesprochene Zielgruppe; vgl. Art. 5 II lit. b, III UGP-RL) „durchschnittlich“ oder „normal“ oder „angemessen gut“ informierten Verbraucher zu orientieren. Weitergehende Informationen braucht er dann nicht zu geben. **Beispiel:** Wird für eine Erdbeerkonfitüre mit der Angabe „naturrein“ geworben, weiß der Durchschnittsverbraucher, dass dies nicht auch die Freiheit von jeglichen Cadmium- und Bleirückständen bedeuten kann. Denn diese Stoffe sind infolge der Verschmutzung von Luft und Wasser in der natürlichen Umwelt vorhanden. Folglich wird er insoweit durch die Angabe „naturrein“ auch nicht irregeführt (EuGH Slg. 2000, I-2297 Rn. 27, 28 = WRP 2000, 489 (492) – darbo).

bb) Aufmerksamkeit des Verbrauchers. Bei der Aufmerksamkeit des Verbrauchers geht es 27 darum, inwieweit der Unternehmer vom Verbraucher erwarten darf, dass er die ihm angebotenen Produktinformationen auch wahrnimmt, also verarbeitet und bei seiner Entscheidung berücksichtigt (Lettl, Der lauterkeitsrechtliche Schutz vor irreführender Werbung in Europa, 2004, S. 93). Hier darf der Unternehmer von einer „durchschnittlichen“ bzw. „angemessenen“

Aufmerksamkeit ausgehen. Selbst wenn also eine Information in einer Fremdsprache abgefasst ist, ist dies unschädlich, wenn sie für den Verbraucher leicht verständlich oder die Unterrichtung des Verbrauchers durch andere Maßnahmen gewährleistet ist (EuGH Slg. 1991, I-2971 Rn. 31 – Piageme I; Slg. 1995, I-2955 Rn. 31 – Piageme II; Slg. 2000, I-6579 Rn. 23, 28 – Geffroy). Nimmt der Verbraucher die ihm angebotenen Informationen – etwa aus Uninteressiertheit – nicht zur Kenntnis, ist das sein Risiko. Ihm kann eine gewisse Selbstverantwortung nicht abgenommen werden (vgl. Köhler GRUR 2001, 1067 (1069)). **Beispiel:** Ist auf einer Erdbeerkonfitüre im Zutatenverzeichnis das Geliermittel Pektin aufgelistet, so ist davon auszugehen, dass der Verbraucher, der sich bei seiner Kaufentscheidung nach der Zusammensetzung des Produkts richtet, zunächst das Zutatenverzeichnis liest. Die Angabe „naturrein" kann den Verbraucher nicht deswegen irreführen, weil die Konfitüre dieses Geliermittel enthält (EuGH Slg. 2000, I-2297 Rn. 22 = WRP 2000, 489 (491) – darbo).

28   **cc) Verständigkeit des Verbrauchers.** Bei der Verständigkeit (Umsichtigkeit, Kritikfähigkeit) des Verbrauchers geht es vornehmlich darum, wie **kritisch** er mit den ihm angebotenen Informationen umgeht, insbes., ob er die Vor- und Nachteile eines Angebots sachgerecht würdigen kann (Lettl, Der lauterkeitsrechtliche Schutz vor irreführender Werbung in Europa, 2004, S. 93). **Beispiel:** Werden Schokoladenriegel mit dem Aufdruck „+ 10 %" versehen, so ist dieser Aufdruck nicht deshalb irreführend, weil er flächenmäßig größer ist als die Mengensteigerung. Denn der „verständige" Verbraucher weiß, dass zwischen der Größe von Werbeaufdrucken, die auf eine Erhöhung der Menge des Erzeugnisses hinweisen, und dem Ausmaß dieser Erhöhung nicht notwendig ein Zusammenhang besteht (EuGH Slg. 1995, I-1923 Rn. 24 – Mars). – Verständigkeit bedeutet aber auch die Bereitschaft zum **Lernen** und **Umdenken** bei neu auf den Markt kommenden Produkten, die vom Verbraucher erwartet wird (vgl. EuGH Slg. 1980, 417 Rn. 14 – Kommission/Vereinigtes Königreich; Slg. 1987, 1227 Rn. 32 – Reinheitsgebot; GRUR 2007, 511 Rn. 37–41 – de Landtsheer). – Im Übrigen ist im Auge zu behalten, dass das Konzept des „verständigen" Verbrauchers wertungsoffen ist (Möstl WRP 2014, 906).

28a   **c) Hohes Verbraucherschutzniveau.** Entsprechend den Vorgaben aus Art. 169 I AEUV ist es Zweck der UGP-RL, durch Rechtsangleichung „zu einem reibungslosen Funktionieren des Binnenmarkts und zum Erreichen eines hohen Verbraucherschutzniveaus beizutragen" (vgl. Art. 1 UGP-RL und ErwGr. 11, 23 UGP-RL; EuGH GRUR 2012, 1269 Rn. 44 – Purely Creative; WRP 2014, 161 Rn. 31 – Trento Sviluppo). Die Bestimmungen der UGP-RL, insbes. das generelle Verbot des Art. 5 UGP-RL, sollen dementsprechend ein **hohes Verbraucherschutzniveau** gewährleisten. Der Verbraucher soll umfassend vor unlauteren Geschäftspraktiken geschützt werden, da er sich im Vergleich zu einem Unternehmer in einer unterlegenen Position befindet, nämlich als wirtschaftlich schwächer und rechtlich weniger erfahren angesehen werden muss (EuGH WRP 2013, 1454 Rn. 35 – BKK MOBIL OIL). Die Bestimmungen der UGP-RL sind daher im Wesentlichen aus der Sicht des Verbrauchers als des Adressaten und Opfers unlauterer Geschäftspraktiken konzipiert und in diesem Sinne **auszulegen** (vgl. EuGH WRP 2012, 189 Rn. 22, 23, 29 – Ving Sverige; WRP 2014, 38 Rn. 43, 47 – CHS Tour Services; WRP 2013, 1454 Rn. 36 – BKK MOBIL OIL; vgl. dazu Helm WRP 2013, 710; Scherer WRP 2013, 977). – So kann das Ziel eines hohen Verbraucherschutzniveaus eine bestimmte strenge oder „nicht restriktive" Auslegung eines Tatbestands der UGP-RL zugunsten der Verbraucher stützen (vgl. EuGH WRP 2012, 189 Rn. 29 – Ving Sverige; GRUR 2012, 1269 Rn. 48 – Purely Creative). Beurteilungsmaßstab ist und bleibt allerdings der **„Durchschnittsverbraucher"** („der angemessen gut unterrichtet und angemessen aufmerksam und kritisch ist"; ErwGr. 18), und soweit eine bestimmte Gruppe von Verbrauchern angesprochen wird, das **„durchschnittliche Mitglied dieser Gruppe"** (vgl. Art. 5 II lit. b UGP-RL; EuGH GRUR 2012, 1269 Rn. 53 – Purely Creative). – Sind **besonders schutzbedürftige Verbraucher** betroffen, ist dies nach Maßgabe des Art. 5 III 1 UGP-RL zu berücksichtigen (vgl. ErwGr. 19; EuGH GRUR 2012, 1269 Rn. 54 – Purely Creative). Dazu § 3 IV 2.

3. Das Verbraucherleitbild im UWG

29   **a) Rechtsentwicklung bis zum UWG 2004.** Ursprünglich legte die Rspr. bei der Anwendung des UWG das Leitbild des **„flüchtigen"** bzw. **„unkritischen"** Verbrauchers zu Grunde (vgl. BGH GRUR 1982, 564 (566) – Elsässer Nudeln; GRUR 1984, 741 (742) – patented; GRUR 1990, 604 (605) – Dr. S.-Arzneimittel; GRUR 1992, 450 (452 f.) – Beitragsrechnung). Davon löste sie sich allmählich seit Mitte der 90er Jahre. **Beispiele** für einen **Wechsel der**

Rspr.: einerseits BGH GRUR 1972, 829 – Der meistgekaufte der Welt, andererseits GRUR 1996, 910 (912) – Der meistverkaufte Europas; einerseits BGH GRUR 1986, 622 – Umgekehrte Versteigerung I; andererseits BGH GRUR 2003, 626 (627) – Umgekehrte Versteigerung II. In der Folgezeit übernahm die Rspr. das (jetzt) **unionsrechtliche Verbraucherleitbild,** und zwar nicht nur für den Bereich der irreführenden Werbung, sondern auch für das gesamte **Lauterkeitsrecht** (stRspr; vgl. BGH GRUR 2000, 619 – Orient-Teppichmuster; GRUR 2001, 1061 (1063) – Mitwohnzentrale.de; GRUR 2002, 828 (829) – Lottoschein; GRUR 2002, 976 (978) – Kopplungsangebot I; GRUR 2002, 979 (981) – Kopplungsangebot II; GRUR 2003, 626 (627) – Umgekehrte Versteigerung II). Eine entspr. Entwicklung vollzog sich im **Markenrecht** (vgl. BGH GRUR 2000, 875 (877) – Davidoff; GRUR 2002, 160 (162) – Warsteiner III; GRUR 2002, 809 (811) – FRÜHSTÜCKS-DRINK I; GRUR 2002, 812 (813) – FRÜHSTÜCKS-DRINK II; GRUR 2002, 814 (815) – Festspielhaus; GRUR 2002, 1067 (1070) – DKV/OKV; GRUR 2003, 332 (334) – Abschlussstück), ferner im **Arzneimittel-** und **Lebensmittelrecht** (vgl. BGH GRUR 2002, 528 (529) – L-Carnitin).

b) Rechtsentwicklung ab dem UWG 2004. Bereits bei der Aufhebung des Rabattgesetzes **30** und der Zugabeverordnung war der Gesetzgeber von dem unionsrechtlichen Verbraucherleitbild ausgegangen (vgl. BT-Drs. 14/5441; BT-Drs. 14/4424). Die Begründung zum **UWG 2004** knüpfte an die neuere Rspr. des BGH an und bekannte sich ausdrücklich zum Leitbild des **„durchschnittlich informierten und verständigen Verbrauchers …, der das Werbeverhalten mit einer der Situation angemessenen Aufmerksamkeit verfolgt"** (vgl. Begr. RegE UWG zu § 5, BT-Drs. 15/1487, 19). In den von Richtlinien erfassten Bereichen des Lauterkeitsrechts entspricht dies dem Gebot der **richtlinienkonformen Auslegung** (→ Einl. Rn. 3.13). So legt die **UGP-RL** in ErwGr. 18 UGP-RL als „Maßstab" für die Rechtsanwendung den „Durchschnittsverbraucher, der angemessen gut unterrichtet und angemessen aufmerksam und kritisch ist", zu Grunde. In der **UWG-Novelle 2008** wurde mit Einführung des § 3 II 2 dieser Ansatz übernommen. In der **UWG-Novelle 2015** wurde diese Bestimmung in den § 3 IV 1 überführt. Dieser Maßstab gilt nicht nur für die Tatbestände des Anh. § 3 III, sondern auch für den Bereich der irreführenden geschäftlichen Handlungen und Unterlassungen (§§ 5, 5a) und der vergleichenden Werbung (§ 6) sowie für aggressive geschäftliche Handlungen, die auf die Entscheidung des Verbrauchers einwirken (§ 4a). Hinsichtlich der Einwirkung auf die Privatsphäre des Verbrauchers durch Belästigung iSd § 7 (→ § 7 Rn. 2) ist auf den **durchschnittlich (normal) empfindlichen** Verbraucher abzustellen (→ Rn. 37; BGH GRUR 2011, 747 Rn. 17 – Kreditkartenübersendung). – Die Grundsätze zum Verbraucherleitbild gelten, wie im Unionsrecht (vgl. EuGH GRUR 2002, 355 Rn. 52 – Toshiba Europe; → Rn. 19), sinngemäß auch für **sonstige Marktteilnehmer.**

c) Konkretisierung des Verbraucherleitbilds. aa) Allgemeines. Das Verbraucherleitbild **31** bedarf der Konkretisierung durch die Gerichte unter stetiger Beachtung der Rspr. des EuGH (vgl. auch die Darstellung in → § 5 Rn. 1.46 ff.). Dabei stehen die Verantwortlichkeit des Werbenden und die Selbstverantwortung des Verbrauchers in einem Spannungsverhältnis. Was den Verbraucher angeht, ist zu fragen, welche Anstrengungen ihm möglich und zumutbar sind, sich vor nachteiligen Geschäften zu schützen. Was den Werbenden angeht, ist zu fragen, welche Anforderungen an die konkrete Gestaltung seiner Werbung ihm zumutbar sind. Vom Werbenden ist nicht zu verlangen, dass er auf die intellektuellen und sozialen Besonderheiten eines jeden Einzelnen Rücksicht nimmt. Andernfalls wäre ihm eine Werbung praktisch nicht möglich und nicht finanzierbar. Vielmehr darf er sich grds. an dem durchschnittlich informierten, aufmerksamen und verständigen Durchschnittsverbraucher orientieren. Allerdings sind folgende Präzisierungen geboten (vgl. hierzu eingehend auch Lettl, Der lauterkeitsrechtliche Schutz vor irreführender Werbung in Europa, 2004, S. 94 ff.):

(1) Maßgeblichkeit der jeweiligen Zielgruppe. Das Abstellen auf den „Durchschnitt" **32** bedeutet nicht, dass es stets auf den Durchschnitt der Bevölkerung insgesamt ankommt. Maßgebend ist vielmehr, an wen sich die betreffende geschäftliche Handlung wendet. Wendet sie sich an die Allgemeinheit, so ist auf die Sichtweise des durchschnittlichen Verbrauchers abzustellen **(§ 3 II 2 Alt. 1).** Dies gilt auch dann, wenn sich auch besonders schutzbedürftige Personen von der geschäftlichen Handlung angesprochen fühlen (vgl. zu § 1 UWG 1909 BGH GRUR 2003, 1057 – Einkaufsgutschein). Wendet sich die geschäftliche Handlung an eine **bestimmte Gruppe von Verbrauchern** (zB Hausfrauen, Rentner, Migranten, Touristen, Arbeitslose, Studenten), ist auf ein durchschnittliches Mitglied dieser Zielgruppe abzustellen **(§ 3 IV 1).** Handelt es sich dabei um eine **bes. schutzbedürftige** und **eindeutig identifizierbare Gruppe** von Verbrauchern (zB Kinder, Jugendliche, Kranke, Behinderte), ist auf die Sicht eines durchschnittlichen Mitglieds dieser Gruppe abzustellen, wenn für den Unternehmer **vorhersehbar** ist, dass seine geschäftliche Handlung das wirtschaftliche Verhalten **nur** dieser Gruppe wesentlich beeinflusst **(§ 3 IV 2)**. Es kommt also darauf an, wie ein durchschnittliches Mitglied einer solchen Gruppe auf die geschäftliche Handlung typischerweise reagiert. – Die genannten Regelungen stellen eine Umsetzung des Art. 5 II lit. b, III 1 UGP-RL dar und sind dementsprechend richtlinienkonform auszulegen vgl. dazu ErwGr. 18 und 19 UGP-RL). Eine besondere Ausprägung des Schutzes von bes. schutzbedürftigen Personen stellt **§ 4a II 2** dar. Jedoch ist sehr zw., ob diese Regelung mit der UGP-RL vereinbar ist (→ § 4a Rn. 2.8 ff.).

33   **(2) Schutz von Minderheiten.** Soweit sich eine geschäftliche Handlung nicht auf eine eindeutig identifizierbare Gruppe von besonders schutzbedürftigen Verbrauchern beschränkt (§ 3 IV 2), ist auf den Durchschnittsverbraucher abzustellen (§ 3 IV 1). Das hat zunächst zur Folge, dass der Werbende auf die Kenntnis- und Verständnismöglichkeiten von Minderheiten, die **unterdurchschnittlich** informiert, verständig und aufmerksam sind, an sich nicht Rücksicht nehmen muss (vgl. BGH GRUR 2002, 550 (552) – Elternbriefe; GRUR 2003, 1057 – Einkaufsgutschein). Das kann aber dann nicht gelten, wenn der Werbende **bewusst** unwahre oder missverständliche Behauptungen aufstellt und er darauf spekuliert, dass ein gewisser Teil der Angesprochenen auf sein Angebot „hereinfällt" (→ § 5 Rn. 279). Hier geht es nämlich nicht um den Schutz des Werbenden vor unzumutbaren Anforderungen und um das berechtigte Informationsinteresse der Mehrheit der angesprochenen Verbraucher, sondern um den Schutz der sozial und intellektuell schwächeren Schichten der Bevölkerung. Schutz verdienen ferner die Personen, bei denen der Werbende bewusst darauf spekuliert, dass sie nicht die Zeit aufbringen, sein Angebot kritisch zu überprüfen (wie zB beim Adressbuchschwindel). – Aber auch durchschnittlich informierte und verständige Verbraucher können eine Werbeaussage unterschiedlich auffassen (BGH GRUR 2004, 162 (163) – Mindestverzinsung). In diesem Fall genügt es für eine Irreführung iSd § 5 nicht, dass nur etwa 15–20 % der angesprochenen Verbraucher irregeführt werden. Vielmehr muss die Werbeaussage geeignet sein, einen erheblichen Teil der durchschnittlich informierten, aufmerksamen und verständigen Durchschnittsverbraucher irrezuführen (BGH GRUR 2004, 162 (163) – Mindestverzinsung; → § 5 Rn. 2.106 ff.).

34   **bb) Der angemessen gut informierte Verbraucher.** Maßgebend ist der Wissensstand, den der Werbende bei einem Durchschnittsverbraucher voraussetzen darf (Wiebe FS Köhler, 2014, 799 (808)). Dies hängt zum einen davon ab, ob der Werbende jedermann oder nur eine bestimmte Zielgruppe anspricht. Bei einer Werbung, die sich nur an Fachleute richtet, darf ein höherer Wissensstand vorausgesetzt werden als bei einer Werbung, die an jedermann gerichtet ist. Wendet sich die Werbung hingegen an Gruppen bes. schutzbedürftiger Verbraucher, bei denen typischerweise ein geringerer Wissensstand vorliegt, muss der Werbende darauf Rücksicht nehmen (vgl. § 3 IV 2 und Art. 5 III 1 UGP-RL). Zum anderen hängt der Wissensstand von der Art des Produkts ab. (Darauf zielt die betriebswirtschaftliche Unterscheidung zwischen sog **Erfahrungs-, Such-** und **Vertrauensgütern** ab; vgl. Beater, Unlauterer Wettbewerb, 2011, § 15 Rn. 143 ff. mwN). **Beispiel:** Wird beim Abschluss eines Netzkartenvertrages ein Mobiltelefon (nahezu) unentgeltlich hinzugegeben, so weiß der durchschnittlich informierte Verbraucher, dass er dieses Gerät letztlich nicht geschenkt bekommt, sondern über die Gebühren des Netzkartenvertrags finanziert (BGH GRUR 1999, 261 (263) – Handy-Endpreis). – Die Frage, inwieweit von den angesprochenen Verkehrskreisen die Beschaffung weiterer Informationen zu erwarten ist, stellt sich dagegen erst beim Kriterium der Verständigkeit.

35   **cc) Der angemessen aufmerksame Verbraucher.** Die Aufmerksamkeit bezieht sich auf die Wahrnehmung des Angebots und der darin enthaltenen Informationen (Lettl, Der lauterkeitsrechtliche Schutz vor irreführender Werbung in Europa, 2004, S. 93). Werden dem Durchschnittsverbraucher die Informationen in verkehrsüblicher Weise so nahe gebracht, dass er sie unschwer zur Kenntnis nehmen kann, so ist von ihm eine entspr. Kenntnisnahme auch zu erwarten (vgl. auch BGH GRUR 2002, 160 (162) – Warsteiner III zu den Informationen auf den Rück-Etiketten auf Bierflaschen). Der Grad der Aufmerksamkeit, den der Verbraucher einer Werbung entgegenbringt, ist jedoch abhängig von der jeweiligen Situation, in der er mit ihr konfrontiert wird (sog **situationsadäquate Aufmerksamkeit;** vgl. BGH GRUR 2000, 619 (621) – Orient-Teppichmuster; GRUR 2004, 162 (163) – Mindestverzinsung; GRUR 2004, 605 (606) – Dauertiefpreise; WRP 2015, 1098 Rn. 22 – TIP der Woche; WRP 2018, 413

Rn. 27 – Tiegelgröße). Dies stellt keinen Gegensatz zum unionsrechtlichen Verbraucherleitbild, sondern lediglich eine Präzisierung dar (vgl. Bornkamm WRP 2000, 830 (834 f.); Helm FS Tilmann, 2003, 135 (143 ff.)). Der Grad der Aufmerksamkeit ist vor allem von der Art und Bedeutung der angebotenen Waren oder Dienstleistungen für den Verbraucher abhängig (BGH WRP 2015, 1098 Rn. 22 – TIP der Woche; WRP 2018, 413 Rn. 27 – Tiegelgröße). Beim Erwerb geringwertiger Gegenstände des täglichen Bedarfs (sog. **Erfahrungsgüter**) oder beim ersten Durchblättern von Werbebeilagen oder Zeitungsanzeigen wird sich auch der verständige Verbraucher meist nicht die Zeit für eine gründliche Prüfung des Angebots nehmen, sich ihm also nur „flüchtig" zuwenden (BGH WRP 2018, 413 Rn. 27 – Tiegelgröße). Die Begriffe „verständig" und „flüchtig" schließen sich daher nicht aus (BGH GRUR 2000, 619 (621) – Orient-Teppichmuster; GRUR 2002, 81 (83) – Anwalts- und Steuerkanzlei). Anders verhält es sich beim Angebot nicht nur geringwertiger Gegenstände. Hier wird der Verbraucher die Werbung idR mit größerer Aufmerksamkeit wahrnehmen. Dies gilt vor allem für Waren von nicht unerheblichem Preis und nicht nur kurzer Lebensdauer (sog. **Suchgüter**). Bei ihnen wird der Verbraucher eine Werbung nicht nur flüchtig betrachten, sondern sich ihr mit situationsadäquat gesteigerter Aufmerksamkeit zuwenden und seine Kaufentscheidung erst dann treffen, wenn er sich weiter informiert hat. Geht es um **Lebensmittel** oder **Kosmetikprodukte,** wird der Verbraucher seine Kaufentscheidung regelmäßig auch von ihrer Zusammensetzung abhängig machen. Er wird daher bspw. regelmäßig nicht nur die Schauseite einer Verpackung, sondern auch die an anderer Stelle angebrachten näheren Angaben wahrnehmen (BGH WRP 2016, 838 Rn. 15 – Himbeer-Vanille-Abenteuer II; WRP 2018, 413 Rn. 27, 28 – Tiegelgröße). Mögliche Missverständnisse flüchtiger oder uninteressierter Leser sind daher unerheblich (BGH GRUR 2000, 619 (621) – Orient-Teppichmuster). Allerdings entbindet dies den Werbenden nicht davon, wichtige Informationen mit der gebotenen Klarheit und Deutlichkeit zu übermitteln. **Beispiel:** Wer blickfangmäßig einen Preis herausstellt, den der Verbraucher auf das Komplettangebot, nämlich PC mit Monitor, bezieht, kann sich nicht damit salvieren, dass er an anderer Stelle im Zusammenhang mit der Produktbeschreibung darauf hinweist, der Preis gelte nur für einen Teil der Geräte, nämlich den PC ohne Monitor (BGH GRUR 2003, 249 – Preis ohne Monitor). – Von Bedeutung ist auch die **Zeitspanne,** die dem Verbraucher für die nähere Prüfung des Angebots zur Verfügung steht. **Beispiel:** Wirbt ein Buchclub in einer Werbebroschüre Mitglieder mit dem Angebot der unentgeltlichen Überlassung von fünf Büchern und kann der Verbraucher die Broschüre zu Hause in Ruhe durchsehen und hat er nach Erhalt der fünf Testbücher noch zehn Tage Zeit, um sich zu entscheiden, ob er die Bücher behalten und Mitglied werden will, so stellt dies keine unangemessene unsachliche Beeinflussung dar (BGH GRUR 2003, 890 (891) – Buchclub-Kopplungsangebot).

dd) Der angemessen kritische (verständige) Verbraucher. Bei der Kritikfähigkeit (= **36** Verständigkeit = Umsichtigkeit) des Verbrauchers geht es – wie im Unionsrecht (→ Rn. 23) – vornehmlich um seine Fähigkeit, Informationen richtig einzuordnen und daraus zutreffende Schlüsse zu ziehen. Mit der Formel vom „angemessen kritischen" Verbraucher ist das Maß an Kritikfähigkeit (Verständigkeit, Umsichtigkeit) gemeint, das **vernünftigerweise** bei den angesprochenen Verbraucherkreisen vorausgesetzt werden darf (dazu GK-UWG/Fritzsche § 2 Rn. 798, 808). Dabei sind insbes. folgende Umstände von Bedeutung: **(1) Zielgruppe.** Es macht einen Unterschied, ob der Werbende sich an jedermann oder nur an eine bestimmte Zielgruppe (Fachleute, Kinder und Jugendliche, Immigranten, Aussiedler usw) wendet. Im letzteren Fall kommt es auf die Verständigkeit eines durchschnittlichen Mitglieds der Gruppe an (vgl. Art. 5 III 1 UGP-RL). **(2) Angebot.** Von Bedeutung ist weiter, welches Produkt zu welchen Bedingungen der Werbende anbietet, welche Vor- und Nachteile für den Verbraucher damit verbunden sind und wie es um Vergleichsmöglichkeiten bestellt ist (vgl. Streinz FS Köhler, 2014, 745 (750)). Beim Kauf **hochwertiger** und **langlebiger** Güter ist vom verständigen Verbraucher zu erwarten, dass er seine Entscheidung erst nach reiflicher Überlegung und Prüfung von Vergleichsangeboten trifft. Eine Beeinträchtigung der Entscheidungsfreiheit iSd § 4a I ist daher noch nicht bei einer „umgekehrten Versteigerung" von Gebrauchtwagen anzunehmen (vgl. BGH GRUR 2003, 626 (627) – Umgekehrte Versteigerung II). Der verständige Verbraucher wird bei Buchung einer Flugreise, wenn ihm mitgeteilt wird, dass die anfallenden Steuern und Gebühren vom jeweiligen Flugziel und der Flugroute abhängen und der endgültige Flugpreis nach der Auswahl der gewünschten Flugverbindung angezeigt wird, den dort angegebenen Preis als Gesamtpreis iSd PAngV auffassen (BGH WRP 2003, 1222 (1223) – Internet-Reservierungssystem). Aus der Sicht des verständigen Verbrauchers ist es auch zu beurteilen, ob Produkte substituierbar sind und daher iSd § 6 verglichen werden dürfen (vgl. BGH GRUR 2002, 828 (830) – Lottoschein). **(3) Werturteile.** Vom verständigen Verbraucher ist zu erwarten, dass er zwischen humorvollen, nicht ernst gemeinten Behauptungen und echter Kritik zu unterscheiden weiß (vgl. BGH GRUR 2002, 982 (984) – DIE „STEINZEIT" IST VORBEI!; GRUR 2010, 161 Rn. 20, 23 – Gib mal Zeitung). Dem entspricht es, wenn der (nicht umgesetzte) Art. 5 III 2 UGP-RL „die übliche und rechtmäßige Werbepraxis, übertriebene Behauptungen oder nicht wörtlich zu nehmende Behauptungen aufzustellen", als nicht unlauter ansieht.

37   **ee) Der durchschnittlich empfindliche Verbraucher.** Soweit es um die Beeinträchtigung der sonstigen Rechte und Rechtsgüter des Verbrauchers durch **belästigende** geschäftliche Handlungen (§ 7) geht (→ Rn. 32), hilft der Maßstab des durchschnittlich informierten, aufmerksamen und verständigen Durchschnittsverbrauchers nicht weiter, weil er auf den Schutz der (insbes. rechtsgeschäftlichen) Entscheidungsfreiheit zugeschnitten ist. Maßgebend ist insoweit der (gegenüber belästigenden Wettbewerbsmaßnahmen) **durchschnittlich (normal) empfindliche** Verbraucher oder sonstige Marktteilnehmer (BGH GRUR 2010, 1113 Rn. 15 – Grabmalwerbung; GRUR 2011, 747 Rn. 17 – Kreditkartenübersendung), der also weder bes. feinfühlig reagiert noch besonders unempfindlich ist.

38   **d) Feststellung der Auffassung des Durchschnittsverbrauchers.** Der Begriff des Durchschnittsverbrauchers beruht nicht auf einer statistischen Grundlage (ErwGr. 18 S. 5 UGP-RL). Vielmehr müssen sich die Gerichte „auf ihre eigene Urteilsfähigkeit unter Berücksichtigung der Rechtsprechung des Gerichtshofs verlassen" (ErwGr. 18 S. 6 UGP-RL; EuGH WRP 2012, 1509 Rn. 53 – Purely Creative). Der Richter kann aber, wenn er sich kein sicheres Urteil zutraut, eine **Verkehrsbefragung** durchführen (vgl. EuGH Slg. 1998, I-4657 Rn. 32 = GRUR-Int. 1998, 795 – Gut Springenheide; dazu eingehend Lettl, Der lauterkeitsrechtliche Schutz vor irreführender Werbung in Europa, 2004, S. 109 ff. mwN; weiter → § 5 Rn. 3.1 ff.; → § 12 Rn. 2.76 ff.).

IV. Schutzsanktionen

39   Bei der Frage, ob dem Verbraucher aus einem Verstoß gegen verbraucherschützende Vorschriften ein eigener Schadensersatzanspruch zustehen soll, ist aufgrund des Art. 11a UGP-RL, der durch die RL (EU) 2019/2161 in die UGP-RL eingefügt wurde, ein fundamentaler Wandel der Beurteilung eingetreten. Denn diese Bestimmung räumt den Verbrauchern, die durch unlautere Geschäftspraktiken geschädigt wurden, bestimmte Rechtsbehelfe, einschließlich Ersatz des dem Verbraucher entstandenen Schadens, ein. Ihre Umsetzung ist in § 9 II erfolgt.

1. Rechtslage bis zur Umsetzung des Art. 11a UGP-RL in § 9 II

39a   Bis zur Umsetzung des Art. 11a UGP-RL in § 9 II war es die nahezu einhellige Meinung, dass dem Verbraucher kein eigener Schadensersatzanspruch zustehen sollte (→ 40. Aufl. 2022, § 1 Rn. 39 mwN).

2. Rechtslage nach Inkrafttreten des § 9 II

39b   Durch das G zur Stärkung des Verbraucherschutzes im Wettbewerbs- und Gewerberecht v. 10.8.2021 (BGBl. 2021 I 3504) wurde mit Wirkung ab dem 28.5.2022 in den § 9 ein Abs. 2 eingefügt. Danach ist derjenige, der vorsätzlich oder fahrlässig eine nach § 3 unzulässige geschäftliche Handlung vornimmt und hierdurch Verbraucher zu einer geschäftlichen Entscheidung veranlasst, die sie andernfalls nicht getroffen hätten, ihnen zum Ersatz des darauf entstehenden Schadens verpflichtet (zu Einzelheiten → § 9 Rn. 2.1 ff.).

D. Schutz des Allgemeininteresses an einem unverfälschten Wettbewerb

I. Fragestellung

40   Als weiteren Schutzzweck führt § 1 S. 2 das „Interesse der Allgemeinheit an einem unverfälschten Wettbewerb" an. Was das im Einzelnen bedeutet, bedarf der Klärung (vgl. dazu Harte-

Bavendamm/Henning-Bodewig/Podszun Rn. 61 ff.; Pichler, Das Verhältnis von Kartell- und Lauterkeitsrecht, 2009, S. 143 ff.).

II. Abgrenzung zu sonstigen Allgemeininteressen

Die ältere Rspr. hatte der Generalklausel des § 1 UWG 1909 noch die Funktion beigemessen **41** zu verhindern, dass Wettbewerb „unter Missachtung gewichtiger Interessen der Allgemeinheit" betrieben wird (BGH GRUR 1997, 761 (764) – Politikerschelte; BGHZ 140, 134 (138 f.) = GRUR 1999, 1128 – Hormonpräparate; BGHZ 144, 255 (266) – Abgasemissionen; BGH GRUR 2000, 237 (238) – Giftnotrufbox; GRUR 2002, 360 (362) – H. I. V. POSITIVE II). Dabei blieb aber unklar, was unter solchen Allgemeininteressen zu verstehen war. Seit Inkrafttreten des UWG 2004 ist diese Frage geklärt. Der klare Wortlaut des § 1 S. 2 („Interesse der Allgemeinheit an einem unverfälschten Wettbewerb") schließt eine Deutung aus, auch sonstige, außerhalb der Schutzzwecke des UWG liegende Allgemeininteressen mittels des Lauterkeitsrechts zu schützen. Dass die **europäischen** und **deutschen Grundrechte** den Anwendungsbereich des § 3 einschränken können, steht auf einem anderen Blatt. Vielmehr geht es in § 1 S. 2 ausschließlich um das Allgemeininteresse an einem unverfälschten Wettbewerb. Wie in der Begründung des RegE UWG 2004 ausgeführt, ist der Schutz „sonstiger Allgemeininteressen weiterhin nicht Aufgabe des Wettbewerbsrechts" (vgl. Begr. RegE UWG 2004 zu § 1, BT-Drs. 15/1487, 16). Das Lauterkeitsrecht soll und darf nicht zu Zwecken instrumentalisiert werden, die außerhalb seines Regelungsbereichs, nämlich des **Marktverhaltens,** liegen (Köhler NJW 2002, 2761 (2763); Ullmann GRUR 2003, 817 (821)). Anliegen etwa des Schutzes der **Rechtspflege,** des **Arbeitnehmerschutzes,** des **Umweltschutzes,** des **Tierschutzes** usw lassen sich mit dem Instrumentarium des Lauterkeitsrechts nicht durchsetzen, außer wenn die Interessen der Marktteilnehmer (und ggf. der Wettbewerb) betroffen sind (ähnlich Harte-Bavendamm/Henning-Bodewig/Podszun Rn. 71). „Das UWG hat den Wettbewerb zu schützen. Andere Gesetze haben andere Schutzzwecke" (Geis FS Tilmann, 2003, 121 (128)). Dies gilt auch dann, wenn solche Allgemeininteressen grundgesetzlich geschützt sind. Diese Selbstbeschränkung des Lauterkeitsrechts auf seine eigentliche Funktion als Regelung des Marktverhaltens kommt im Erfordernis einer „geschäftlichen Handlung" (§ 2 I Nr. 2) und auch im Rechtsbruchtatbestand (§ 3a), der von Marktverhaltensregelungen spricht, zum Ausdruck.

III. Schutz des Wettbewerbs als Institution

1. Allgemeines

Die getrennte Erwähnung des Interesses der Allgemeinheit an einem unverfälschten Wettbewerb in § 1 I 2 macht deutlich, dass es noch um mehr geht als um den Schutz der Markt- **42** teilnehmer und deren individuelle oder kollektive Interessen: Es geht um den Schutz des Wettbewerbs als **Institution.** Das ist aber keine neue Einsicht, vielmehr war dies bereits zum früheren Lauterkeitsrecht anerkannt (vgl. BVerfG GRUR 2002, 455 – Tier- und Artenschutz; Baumbach/Hefermehl, 22. Aufl. 2001, Einl. Rn. 51; Möschel, Pressekonzentration und Wettbewerbsgesetz, 1978, S. 133 ff.).

2. Begriff des unverfälschten Wettbewerbs

a) Unionsrechtliche Grundlagen. Der Begriff des „unverfälschten Wettbewerbs" in § 1 I 2 **43** knüpft an die Terminologie des Unionsrechts an. Das gilt zunächst für das primäre Unionsrecht (vgl. früher Art. 3 lit. g EGV: „Schutz des Wettbewerbs vor Verfälschungen"; nunmehr Protokoll Nr. 27 über den Binnenmarkt und den Wettbewerb v. 13.12.2007, ABl. 2007 C 306, 156: „Der Binnenmarkt umfasst ein System, das den Wettbewerb vor Verfälschungen schützt"). Er bezieht sich insoweit nicht nur auf das Kartellrecht (vgl. Art. 101 I AEUV: „Verfälschung des Wettbewerbs"), sondern auch auf das Markenrecht (vgl. EuGH GRUR 2003, 604 Rn. 48 – Libertel) und vor allem auf das Lauterkeitsrecht. Das gilt weiter für das sekundäre Unionsrecht. So heißt es in ErwGr. 3 Werbe-RL, dass irreführende und unzulässig vergleichende Werbung geeignet sei, „zur Verfälschung des Wettbewerbs im Binnenmarkt zu führen". In ErwGr. 8 S. 2 UGP-RL heißt es „… und gewährleistet damit einen lauteren Wettbewerb …". – Der Begriff des unverfälschten Wettbewerbs bringt damit zum Ausdruck, dass der reale Wettbewerbsprozess auf Grund eines wettbewerbswidrigen Verhaltens eines Marktteilnehmers einen anderen Verlauf nimmt oder doch nehmen kann. Unverfälscht ist der Wettbewerb in Bezug auf das Lauterkeitsrecht folglich dann, wenn er nicht durch unlautere geschäftliche Handlungen verzerrt wird und sich sonach frei entfalten kann. Der Schutz des unverfälschten Wettbewerbs ist daher iErg nichts anderes als der Schutz des **freien Wettbewerbs** (vgl. BGH GRUR 2002, 825 – Elektroarbeiten; v. Ungern-Sternberg FS Erdmann, 2002, 741 (763)). Darin enthalten ist der Schutz der Grundbedingungen und der Funktionen des Wettbewerbs (dazu Hetmank GRUR 2014, 437).

44   **b) Abgrenzung zum Begriff des „Leistungswettbewerbs".** Nicht dagegen geht es in § 1 I 2 um den Schutz des sog. **Leistungswettbewerbs,** dh des Wettbewerbs mit Preis und Qualität einer Ware oder Dienstleistung. Dieser Begriff wurde zwar (seit RGZ 134, 342) auch in der Schutzzweckdiskussion zum UWG vielfach (FBO/Fezer § 3 Rn. 379 ff.; vgl. auch Hetmank GRUR 2014, 437 (439)) und auch vom BGH und vom BVerfG verwendet (vgl. BGH GRUR 1971, 322 (323) – Lichdi-Center; BVerfG GRUR 2001, 1058 (1059 f.) – Therapeutische Äquivalenz; BVerfG GRUR 2002, 455 – Tier- und Artenschutz; BVerfG GRUR 2008, 81 (82) – Pharmakartell). Er soll den Gegensatz zum (unlauteren) Nichtleistungswettbewerb ausdrücken. Doch kann der Begriff des Leistungswettbewerbs von vornherein bestimmte Erscheinungsformen des Wettbewerbs, wie zB den Nachfragewettbewerb oder den Wettbewerb um die Aufmerksamkeit des Kunden, nicht erfassen (vgl. BGH GRUR 2002, 360 (367) – H.I.V. POSITIVE II: „Leistungswettbewerb …, auf dessen Schutz sich der Zweck des Wettbewerbsrechts allerdings nicht beschränkt"). Auch ist der Begriff unklar, weil es an praktikablen Kriterien zur Konkretisierung dessen, was „Leistung" und was „Nichtleistung" sein soll, fehlt, wie sich vor allem am Beispiel der Aufmerksamkeitswerbung und der Preisunterbietung zeigt (vgl. Köhler, Wettbewerbs- und kartellrechtliche Kontrolle von Nachfragemacht, 1979, S. 23 ff.). Auf viele Fragestellungen (zB Beurteilung belästigender Werbung) ist er von vornherein nicht zugeschnitten. Vor allem lässt sich der Begriff dazu missbrauchen, geschäftliche Handlungen, die nicht einem tradierten Wettbewerbsverständnis entsprechen, als „Nichtleistungswettbewerb" und damit als unlauter zu brandmarken. Ob die Unterscheidung zwischen Leistungswettbewerb und Nichtleistungswettbewerb im Kartellrecht praktikabel ist (vgl. einerseits BGHZ 199, 289 Rn. 55, 56 – Stromnetz Berkenthin; andererseits Immenga/Mestmäcker/Möschel GWB § 19 Rn. 102 ff.; Immenga/Mestmäcker/Markert GWB § 20 Rn. 15 ff.), mag dahinstehen. Jedenfalls eignet er sich nicht für das Lauterkeitsrecht (GLE/Leistner § 4 Rn. 21 ff.; Harte-Bavendamm/Henning-Bodewig/Podszun Rn. 91; Schricker/Henning-Bodewig WRP 2001, 1367 (1396); Ohly/Sosnitza/Sosnitza Rn. 5; v. Ungern-Sternberg FS Erdmann, 2002, 741 (759)). Auch der UGP-RL ist der Begriff des Leistungswettbewerbs fremd. Er sollte daher jedenfalls für den Bereich des UWG aufgegeben werden, weil er in Grenzfällen nicht zur Abgrenzung zwischen lauteren und unlauteren geschäftlichen Handlungen beitragen kann (ähnlich BeckOK UWG/Alexander Rn. 79.3).

E. Das Verhältnis der Schutzzwecke zueinander

I. Gleichrangigkeit des Schutzes der Mitbewerber und des Schutzes der Verbraucher und sonstiger Marktteilnehmer

1. Parallelität der Schutzzwecke

45   Nach § 1 I 1 stehen der Schutz der Mitbewerber (Horizontalverhältnis) und der Schutz der Verbraucher und sonstigen Marktteilnehmer (Vertikalverhältnis) **gleichrangig** nebeneinander. Nach § 1 I 2 soll das UWG damit zugleich das Interesse der Allgemeinheit an der Erhaltung eines unverfälschten und damit funktionsfähigen Wettbewerbs schützen (vgl. Begr. RegE UWG 2004 zu § 1, BT-Drs. 15/1487, 16). Dies wird als **„integriertes Modell eines gleichberechtigten Schutzes der Mitbewerber, der Verbraucher und der Allgemeinheit"** bezeichnet (Begr. RegE UWG zu § 1, BT-Drs. 15/1487, 16). In den meisten Fällen werden durch eine unlautere geschäftliche Handlung die Interessen nicht nur der Mitbewerber, sondern auch der Marktgegenseite (Verbraucher und sonstige Marktteilnehmer), wenngleich vielfach in unterschiedlichem Ausmaß, berührt. Die Bekämpfung der Maßnahme dient dann dem Schutz aller Marktteilnehmer.

2. Selbständigkeit der Schutzzwecke

Gleichrangigkeit bedeutet aber auch **Selbständigkeit** der Schutzzwecke. Unlauterkeit kann **46** daher auch dann vorliegen, wenn entweder nur die Interessen der Mitbewerber oder nur die Interessen der Marktgegenseite berührt sind. So kann der Vertrieb einer Produktnachahmung unlauter sein, auch wenn ausschließlich die Interessen des Originalherstellers als Mitbewerber betroffen sind (vgl. § 4 Nr. 3 lit. c), die Interessen der Verbraucher dagegen in keiner Weise berührt werden. Umgekehrt kann die Werbemaßnahme eines Monopolisten unter dem Aspekt des Verbraucherschutzes (zB wegen Irreführung) unlauter sein, obwohl davon keine Mitbewerber betroffen sind. Auch bei Maßnahmen der belästigenden Werbung (§ 7) kann es sich so verhalten, dass Interessen der Mitbewerber nicht oder nur am Rande betroffen sind.

3. Konflikt der geschützten Interessen

Problematisch sind allein Fälle, in denen es zu einem **Konflikt** der Interessen zwischen den **47** betroffenen Mitbewerbern einerseits und den Interessen der Marktgegenseite andererseits kommt. Vielfach ist der Konflikt durch eine klare gesetzliche Entscheidung gelöst. So etwa bei Verstößen gegen das Ladenschlussgesetz, die nach § 3a lauterkeitsrechtlich sanktioniert sind. Zwar haben Verbraucher ein Interesse an längeren Ladenöffnungszeiten. Doch dieses Interesse hat der Gesetzgeber zu Gunsten des Schutzes der Arbeitnehmer und der Mitbewerber bewusst zurückgestellt. In anderen Fällen muss der Konflikt durch Auslegung der betreffenden Norm entschieden werden. Am Beispiel einer vergleichenden Preiswerbung, bei der der Werbende immer wieder gezielt solche Produkte aus dem Sortiment eines Mitbewerbers auswählt, bei denen der Preisunterschied überdurchschnittlich groß ist (vgl. EuGH GRUR 2003, 533 Rn. 82 – Pippig Augenoptik/Hartlauer): Daraus mag der Verkehr den Eindruck gewinnen, dass die vom Mitbewerber geforderten Preise generell überhöht seien und darin könnte man eine „Herabsetzung" des Mitbewerbers iSd § 6 II Nr. 5 erblicken. Andererseits besteht ein Interesse der Verbraucher daran, die tatsächlichen Preisunterschiede bei den verglichenen Produkten und nicht nur den durchschnittlichen Unterschied zwischen den vom Werbenden und den vom Mitbewerber verlangten Preisen zu erfahren. – Die Lösung solcher Konflikte hat letztlich anhand einer **Abwägung der Interessen** der Mitbewerber und der Verbraucher zu erfolgen (vgl. auch BGHZ 139, 378 (383 f.) – Vergleichen Sie). Im konkreten Fall hat der EuGH (GRUR 2003, 533 Rn. 82 – Pippig Augenoptik/Hartlauer) zu Gunsten der Verbraucherinteressen entschieden, weil vergleichende Werbung dazu beitragen solle, die Vorteile der verschiedenen vergleichbaren Erzeugnisse objektiv herauszustellen (vgl. ErwGr. 6 Werbe-RL).

II. Verhältnis des Institutionsschutzes zum Marktteilnehmerschutz

1. Ergänzungsfunktion

a) Allgemeines. Mit dem Schutz der Marktteilnehmer vor unlauterem Wettbewerb wird **48** zugleich auch immer der Wettbewerb als Institution geschützt. Zutr. heißt es in der Begründung zum RegE UWG 2004, der eigentliche Zweck des UWG liege darin, das Marktverhalten der Unternehmen im Interesse der Marktteilnehmer, insbes. der Mitbewerber und der Verbraucher und damit (!) zugleich das Interesse der Allgemeinheit an einem unverfälschten Wettbewerb zu regeln (Begr. RegE UWG 2004 zu § 1, BT-Drs. 15/1487, 16). Auch die UGP-RL steht auf diesem Standpunkt (vgl. ErwGr. 8 S. 2 UGP-RL). Umgekehrt ist eine Verfälschung des Wettbewerbs ohne gleichzeitige nachteilige Auswirkungen auf Mitbewerber, Verbraucher oder sonstige Marktteilnehmer nicht vorstellbar. Dementsprechend hatte § 3 I UWG 2008 unlautere geschäftliche Handlungen nicht schlechthin verboten, sondern nur dann, wenn sie geeignet waren, die Interessen von Mitbewerbern, Verbrauchern oder sonstigen Marktteilnehmern spürbar zu beeinträchtigen. Dass § 3 I auf diese Spürbarkeitsklausel verzichtet, ändert daran nichts, weil die Spürbarkeit bei den einzelnen Unlauterkeitstatbeständen zu prüfen oder – bei den Perse-Verboten – zu unterstellen ist. Dennoch ist der Schutz der Institution Wettbewerb nicht die bloße Folge des Schutzes der Marktteilnehmer. Eigenständige ergänzende Bedeutung als Schutzzweck kommt dem Allgemeininteresse an einem unverfälschten Wettbewerb sowohl auf der Tatbestandsebene als auch auf der Rechtsfolgenebene zu.

b) Institutionsschutz auf der Tatbestandsebene. Ein Rückgriff auf das Allgemeininteresse **49** an einem unverfälschten Wettbewerb ist insbes. in den Fällen der **allgemeinen Marktbehinderung** (näher → § 4 Rn. 12.1 ff.) unerlässlich (aA Ohly GRUR 2004, 891 (894)). Es geht dabei

um geschäftliche Handlungen, die zwar nicht von vornherein unlauter, aber doch wettbewerblich bedenklich sind. Wenn solche Handlungen entweder für sich allein oder iVm den zu
erwartenden gleichartigen Maßnahmen von Mitbewerbern die ernstliche Gefahr einer Ausschaltung des Wettbewerbs auf dem betreffenden Markt begründen, rechtfertigt dies nach der Rspr.
unter dem Gesichtspunkt des Institutionsschutzes das Unlauterkeitsurteil (vgl. BGHZ 114, 82 =
GRUR 1991, 616 (617) – Motorboot-Fachzeitschrift; BGH GRUR 2001, 80 (81) – ad-hoc-
Meldung; GRUR 2001, 752 (753) – Eröffnungswerbung; GRUR 2004, 960 (961) – 500 DM-
Gutschein für Autokauf). Die Ergänzungsfunktion kommt ferner dann zum Tragen, wenn der
Nachteil einer unlauteren geschäftlichen Handlung für den einzelnen Marktteilnehmer für sich
gesehen keine Auswirkungen auf den Wettbewerb hat, aber in der Summe doch den Wettbewerb
verfälschen kann.

50   **c) Institutionsschutz auf der Rechtsfolgenebene.** Das Allgemeininteresse an einem unverfälschten Wettbewerb rechtfertigt auch die Anspruchsberechtigung der in § 8 III Nr. 2–4 genannten Verbände, Einrichtungen und Kammern (vgl. BGH GRUR 2000, 1089 (1090) –
Missbräuchliche Mehrfachverfolgung; GRUR 2002, 357 (358) – Missbräuchliche Mehrfachabmahnung). Es rechtfertigt weiter die bundesweite Geltung eines Verbots auf Grund eines sich
nur regional auswirkenden Wettbewerbsverstoßes (vgl. BGH GRUR 1999, 509 (510) – Vorratslücken).

2. Begrenzungsfunktion

51   Dem Interesse der Allgemeinheit an einem unverfälschten Wettbewerb kann aber auch eine
den Schutz der Mitbewerber oder der sonstigen Marktteilnehmer **begrenzende** Funktion
zukommen. Insoweit kann es in der Tat zu **Schutzzweckkonflikten** kommen. So werden dem
Interesse eines Herstellers, vor Produktnachahmungen geschützt zu werden, durch das Interesse
der Mitbewerber und der Verbraucher am Vertrieb von Nachahmungen Grenzen gezogen
(→ § 4 Rn. 3.4).

F. Unternehmer als Normadressaten

I. Das UWG als Marktverhaltensrecht

52   Das UWG regelt das Verhalten von **Unternehmern** gegenüber Mitbewerbern, Verbrauchern
und sonstigen Marktteilnehmern beim Absatz und Bezug von Waren oder Dienstleistungen,
einschließlich des Abschlusses und der Durchführung von Verträgen. Normadressaten sind also
Unternehmer einschließlich der Personen, die zugunsten eines Unternehmers handeln (§ 2 I
Nr. 8).

II. Das Unternehmerleitbild des UWG

53   Der Schutz der Interessen von Mitbewerbern, Verbrauchern und sonstigen Marktteilnehmern
wird durch entsprechende Verhaltensanforderungen an die Unternehmer gewährleistet. Daraus
ergibt sich die Frage, welches **Maß an Rücksicht** auf die Interessen der Marktteilnehmer vom
Unternehmer zu fordern ist. Dies ist die Frage nach dem **Unternehmerleitbild** des UWG. Im
Verhältnis zu **Verbrauchern** (B2C), also im Anwendungsbereich der UGP-RL (B2C), wird
dieses Unternehmerleitbild durch den Maßstab der „**beruflichen Sorgfalt**" (Art. 5 II lit. a
UGP-RL iVm Art. 2 lit. h UGP-RL) bzw. „**unternehmerischen Sorgfalt**" (§ 3 II iVm § 2 I
Nr. 9) festgelegt. Im Verhältnis zu **sonstigen Marktteilnehmern** sind mangels besonderer
Regelung vergleichbare Maßstäbe anzulegen, wobei allerdings typischerweise geringere Ver-
haltensanforderungen zu stellen sind. Im Verhältnis zu **Mitbewerbern** ist von den Grundsätzen
der **Wettbewerbsfreiheit,** der **Nachahmungsfreiheit** und der **Meinungsfreiheit** auszugehen.
Beeinträchtigungen von Mitbewerbern bis hin zur Verdrängung vom Markt sind daher hin-
zunehmen, soweit sie kartellrechtlich nicht verboten sind und auch keine sonstigen besonderen
Umstände vorliegen, die ein Verbot der Handlung erfordern.

G. Die Vorrangregelung in § 1 Abs. 2

I. Wortlaut, Entstehungsgeschichte und unionsrechtliche Grundlage des § 1 II

Nach § 1 II gehen Vorschriften zur Regelung besonderer Aspekte unlauterer Handlungen bei **54** der Beurteilung, ob eine unlautere geschäftliche Handlung vorliegt, den Regelungen dieses Gesetzes vor. Diese Vorschrift wurde durch das G zur Stärkung des Verbraucherschutzes im Wettbewerbs- und Gewerberecht v. 10.8.2021 (BGBl. 2021 I 3504) eingefügt und soll den bislang nicht ausdrücklich im deutschen Recht kodifizierten Art. 3 IV UGP-RL umsetzen (BT-Drs. 19/27873, 31). Sie soll damit den „Anwendungsbereich" (→ Rn. 56) des UWG präzisieren. Notwendigkeit und Nutzen dieser Regelung werden im Schrifttum zu Recht in Zweifel gezogen (vgl. Alexander GRUR 2021, 1445–1449; Alexander WRP 2022, 394 Rn. 82, 83; Büscher WRP 2022, 1 Rn. 13–20).

Der Gesetzgeber ging davon aus, dass die Rspr. die Problematik des Verhältnisses des UWG **55** zu anderen Vorschriften zwar überwiegend entsprechend dieser Bestimmung gelöst habe. Er sah sich aber vor dem Hintergrund der aktuellen Diskussion über neue Formen der Kommunikation und des Marketings im Internet, wie zB des Influencer-Marketing, veranlasst, eine ausdrückliche Klarstellung des Vorrangs von Vorschriften vorzunehmen, die besondere Aspekte unlauterer geschäftlicher Handlungen regeln. Der Vorrang der speziellen Vorschrift soll nur soweit gelten, wie der betreffende Aspekt in der spezielleren Vorschrift auch abschließend geregelt werden solle. Enthalte die speziellere Vorschrift zB nur ergänzende Informationsanforderungen, so sollen die allgemeinen Informationsanforderungen der §§ 5a und 5b weiter anwendbar bleiben (BT-Drs. 19/27873, 31).

II. Regelungszweck und Problematik des § 1 II

Zweck des § 1 II ist es, den Anwendungsbereich des UWG insoweit zu präzisieren, als es um **56** das Rangverhältnis der Vorschriften, die besondere Aspekte unlauterer geschäftlicher Handlungen regeln, zu den materiellrechtlichen Regelungen des UWG geht. Hierfür soll der allg. Grundsatz gelten, dass eine spezielle Regelung der allgemeinen Regelung vorgeht (lex specialis derogat legi generali). Die Vorschrift und ihre Begründung werfen jedoch eine Reihe von Fragen auf, die durch Auslegung zu klären sind.

III. Auslegung des § 1 II

1. § 1 II als Vorschrift zur Umsetzung des Art. 3 IV UGP-RL

a) Gebot der richtlinienkonformen Auslegung des § 1 II. Nach der Gesetzesbegründung **57** dient § 1 II der Umsetzung des Art. 3 IV UGP-RL (→ Rn. 54). Dagegen wird zwar an sich mit Recht eingewandt, diese Bestimmung löse keinen Umsetzungsbedarf aus, da sie allein den Anwendungsbereich der UGP-RL und ihr Verhältnis zu anderen Sekundärrechtsakten regle (Alexander WRP 2021, 136 Rn. 6; Harte-Bavendamm/Henning-Bodewig/Podszun Rn. 8). Da aber das UWG auch und vor allem der Umsetzung der UGP-RL dient, erscheint es zulässig, eine entsprechende Regelung für das Verhältnis der Vorschriften, die der Umsetzung der UGP-RL dienen, zu damit kollidierenden verbraucherschützenden Vorschriften in EU-Verordnungen oder zur Umsetzung von EU-Richtlinien in das UWG zu übernehmen. Im Anwendungsbereich des Art. 3 IV UGP-RL gilt daher das Gebot der richtlinienkonformen Auslegung des § 1 II.

b) Notwendigkeit einer Auslegung des Art. 3 IV UGP-RL. aa) Allgemeines. Eine **58** richtlinienkonforme Auslegung des § 1 II setzt jedoch ihrerseits Klarheit über Inhalt und Reichweite des Art. 3 IV UGP-RL voraus. Dies erfordert wiederum eine unionsrechtskonforme Auslegung dieser Bestimmung, bei der auch die dazugehörenden Erwägungsgründe heranzuziehen sind. Sie lautet: „Kollidieren die Bestimmungen dieser Richtlinie mit anderen Rechtsvorschriften der Gemeinschaft, die besondere Aspekte unlauterer Geschäftspraktiken regeln, so gehen die Letzteren vor und sind für diese maßgebend." Nach ErwGr. 10 S. 3 UGP-RL geht es dabei um spezifische Vorschriften des Unionsrechts, die spezielle Aspekte unlauterer Geschäftspraktiken regeln, wie etwa Informationsanforderungen oder Regeln darüber, wie dem Verbraucher Informationen zu übermitteln sind. Dem entspricht es, dass nach ErwGr. 10 S. 4 UGP-

RL diese Richtlinie den Verbrauchern in den Fällen Schutz bieten soll, in denen es keine spezifischen sektoralen Vorschriften auf Gemeinschaftsebene gibt.

59   **bb) Vorliegen „kollidierender" Vorschriften.** Art. 3 IV UGP-RL regelt den Fall, dass Bestimmungen der UGP-RL mit anderen Rechtsvorschriften der Gemeinschaft, die besondere Aspekte unlauterer Geschäftspraktiken regeln, **„kollidieren"**. Eine solche Kollision liegt nur dann vor, wenn außerhalb der UGP-RL stehende Bestimmungen, die besondere Aspekte unlauterer Geschäftspraktiken regeln, Gewerbetreibenden ohne jeglichen Gestaltungsspielraum Verpflichtungen auferlegen, die mit denen aus der UGP-RL unvereinbar sind (EuGH WRP 2020, 1304 Rn. 60, 61 – Wind Tre). Daher müssen diese Vorschriften ein Verhalten regeln, das beim Fehlen einer solchen Vorschrift von der UGP-RL erfasst würde. Sie müssen zumindest auch dem Schutz der wirtschaftlichen Interessen der Verbraucher dienen (ErwGr. 6 UGP-RL) und sie haben dann Vorrang vor den Bestimmungen der UGP-RL, wenn sie im Vergleich zu ihnen „besondere Aspekte" der Unlauterkeit regeln. Zu diesen Bestimmungen der Gemeinschaft (jetzt: Europäische Union) gehören zum einen **EU-Verordnungen,** wie zB die VO (EG) 1008/2008 über Luftverkehrsdienste oder die VO (EU) 1924/2006 (HCVO), und zum anderen **nationale Vorschriften zur Umsetzung von Richtlinien,** wie zB die Vorschriften der PAngV, soweit sie der Umsetzung der Preisangaben-RL, geändert durch Art. 2 RL (EU) 2019/2161, dienen. Damit werden auch die in Art. 7 V UGP-RL iVm Anh. II in Bezug genommenen Richtlinien erfasst.

60   **cc) Bedeutung der „Ausnahmebereiche" des Art. 3 UGP-RL.** Die Kollisionsregel des Art. 3 IV UGP-RL erstreckt sich insbes. auch auf Vorschriften, die in einen sog. **Ausnahmebereich** iSd Art. 3 UGP-RL (dazu Jüttner WRP 2021, 863) fallen, sofern sie auch dem Schutz der wirtschaftlichen Interessen der Verbraucher dienen. Denn die betreffenden Regelungen sollen von der UGP-RL „unberührt" bleiben. Dazu gehören ua die „Rechtsvorschriften der Gemeinschaft oder der Mitgliedstaaten in Bezug auf die Gesundheits- und Sicherheitsaspekte von Produkten" (Art. 3 III UGP-RL) und die „spezifischen Regeln für reglementierte Berufe" iSd Art. 3 VIII UGP-RL, soweit sie auch dem Schutz der Verbraucher dienen, wie etwa die Regelungen über die Werbung von Anwälten, Steuerberatern und Ärzten.

61   **dd) Bedeutung der ergänzenden Informationsanforderungen nach Art. 7 V UGP-RL.** Nach Art. 7 V UGP-RL gelten „die im Gemeinschaftsrecht festgelegten Informationsanforderungen in Bezug auf kommerzielle Kommunikation einschließlich Werbung oder Marketing, auf die in der nicht erschöpfenden Liste des Anhangs II verwiesen wird, als wesentlich". Diese Liste enthält eine chronologisch gereihte Anzahl von einzelnen Bestimmungen aus Richtlinien. Dazu gehören ua die Art. 86–100 RL 2001/83/EG (Gemeinschaftskodex für Humanarzneimittel), umgesetzt im HWG, sowie die Art. 5 und 6 E-Commerce-RL, umgesetzt in § 6 TMG und § 22 MStV. Die besonderen Informationsanforderungen dieser Bestimmungen ergänzen die allgemeinen Regelungen über wesentliche Informationen, die dem Verbraucher nicht vorenthalten werden dürfen, und haben nach Art. 3 IV UGP-RL für die darin geregelten „besonderen Aspekte" Vorrang vor diesen.

62   **ee) Leitlinien der Kommission zur Auslegung des Art. 3 IV UGP-RL.** Die verbindliche Auslegung des Art. 3 IV UGP-RL und der dazugehörigen Erwägungsgründe ist dem EuGH vorbehalten (dazu EuGH WRP 2018, 1304 Rn. 60, 61 – Wind Tre). Jedoch lassen sich zur Auslegung die **Leitlinien der Kommission** zur Auslegung und Anwendung der Richtlinie 2005/29/EG über unlautere Geschäftspraktiken, ABl EU 2021 C 526, 1 v. 29.12.2021 (1.2.1) heranziehen. Danach geht eine andere Vorschrift vor, wenn sie drei Bedingungen erfüllt:

– Bei der betreffenden Bestimmung handelt sich um eine EU-Rechtsvorschrift;
– sie regelt einen besonderen Aspekt von Geschäftspraktiken;
– es besteht ein Konflikt zwischen beiden Vorschriften bzw. der Inhalt der anderen EU-Rechtsvorschrift überschneidet sich mit der maßgeblichen Bestimmung der UGP-RL, beispielsweise, weil das jeweilige Verhalten genauer geregelt wird und/oder die Vorschrift auf einem bestimmten Sektor anwendbar ist.

63   **c) Ergebnis.** Die für Art. 3 IV geltenden Beurteilungsmaßstäbe sind im Wege der richtlinienkonformen Auslegung auf § 1 II anzuwenden, soweit es um Vorschriften geht, die der Umsetzung der UGP-RL dienen. Es sind dies die Vorschriften des § 3 II, der §§ 4a, 5, 5a und 5b, soweit letztere dem Verbraucherschutz dienen, sowie den Anh. § 3 III Nr. 1–31.

2. Auslegung der Begriffe des § 1 II

a) „Regelungen dieses Gesetzes". Unter den „Regelungen dieses Gesetzes" sind – dem **64** Wortlaut nach – alle Regelungen unlauteren Verhaltens in den §§ 3–7 sowie des Anh. § 3 III zu verstehen. Ein erstes Problem dabei ist, was für **§ 7** gelten soll, da diese Vorschrift nicht von unlauteren, sondern nur von unzulässigen geschäftlichen Handlungen spricht, und auch nicht dem Schutz der wirtschaftlichen Interessen der Verbraucher, sondern dem Schutz der Privatsphäre der Verbraucher und der geschäftlichen Sphäre der sonstigen Marktteilnehmer dient. Ein Konflikt mit verbraucherschützenden Vorschriften iSd Art. 3 IV UGP-RL ist daher ausgeschlossen. Die eigentliche Problematik stellt sich daher nur beim Rechtsbruchtatbestand des **§ 3a** und bei den ergänzenden Informationsanforderungen nach **§ 5a I** iVm **§ 5b IV.** Denn formal gesehen gehören diese Vorschriften ebenfalls zu den „Regelungen dieses Gesetzes", also des UWG. Sie sind es aber gerade, die es ermöglichen und bezwecken, „Vorschriften zur Regelung besonderer Aspekte unlauterer Handlungen" **außerhalb des UWG in das UWG zu integrieren.** Sie stellen nämlich einen funktionalen Bezug der dadurch erfassten Vorschriften zu den materiellrechtlichen Vorschriften des UWG her und ermöglichen es dadurch, ihre Verletzung mit den dafür geltenden Vorschriften des UWG durchzusetzen. Sie sind daher im Wege der teleologischen Reduktion von den „Regelungen dieses Gesetzes" auszunehmen.

b) „Vorschriften zur Regelung besonderer Aspekte unlauterer Handlungen". 65 aa) § 3a und § 5b IV 4 als Schlüsselnormen zur Anwendung des § 1 II. Zu den „Vorschriften zur Regelung besonderer Aspekte unlauterer geschäftlicher Handlungen" gehören daher zum einen die Marktverhaltensregelungen iSd des § 3a und zum anderen die ergänzenden Informationsanforderungen des Anh. I UGP-RL, auf die in § 5b IV (= § 5a IV aF) verwiesen wird. Sie unterscheiden sich in den weiteren Voraussetzungen für einen Wettbewerbsverstoß iSd des § 8 I. Das Vorenthalten von Informationsanforderungen nach § 5b IV stellt nur dann einen Wettbewerbsverstoß dar, wenn die sonstigen Voraussetzungen des § 5a I erfüllt sind. Die Verletzung einer Marktverhaltensregelung iSd § 3a stellt nur dann einen Wettbewerbsverstoß dar, wenn sie die Interessen von Marktteilnehmern spürbar beeinträchtigt.

bb) Die Marktverhaltensregelungen im Sinne des § 3a. Marktverhaltensregeln sind Vor- **66** schriften, „die auch dazu bestimmt sind, im Interesse der Marktteilnehmer das Marktverhalten zu regeln". Sie haben dann Vorrang vor den allgemeinen Verhaltensvorschriften des UWG, wenn ihr Tatbestand spezifische Merkmale aufweist, die sie von diesen Vorschriften unterscheiden. Nur ein Beispiel von vielen: Art. 23 I 4 VO (EG) 1008/2008 stellt eine Marktverhaltensregelung iSd § 3a dar (BGH WRP 2017, 296 Rn. 16 ff. – Servicepauschale). In diesem Sinne ist auch die Amtl. Begründung zu § 1 II zu verstehen, in der es heißt: „Die Ergänzung dient allein der vorrangigen Berücksichtigung der in spezielleren Regelungen getroffen Bewertungen zur Unlauterkeit eines Verhaltens und hat keine Auswirkungen auf den Rechtsbruchtatbestand des § 3a. Liegt ein Verstoß gegen eine Vorschrift vor, die besondere Aspekte unlauterer geschäftlicher Handlungen regelt und ist diese als Marktverhaltensregelung einzuordnen, ist § 3a grundsätzlich weiterhin anwendbar" (BT-Drs. 19/27873, 32). Dazu ist ergänzend zu vermerken, dass Verstöße gegen Verhaltensvorschriften für Unternehmer, die in den Anwendungsbereich des § 3a fallen, nach den für alle Wettbewerbsverstöße geltenden Vorschriften der §§ 8 ff., 12 ff. und 16 ff. sanktioniert werden können.

Soweit die Durchsetzung von Marktverhaltensregelungen, die an sich in den Anwendungs- **67** bereich des § 3a fallen würden, in den betreffenden Gesetzen **abschließend** geregelt ist, scheidet die Anwendung des § 3a nach wohl allgM (→ § 3a Rn. 1.32 ff. mwN) von vornherein aus. Von § 1 II nicht erfasst werden daher zB die Vorschriften des allg. Deliktsrechts, des Kartellrechts, des Sozialrechts, des GeschGehG und des Immaterialgüterrechts.

cc) Die ergänzenden Informationsanforderungen iSd § 5b IV. Zu den „Vorschriften **68** zur Regelung besonderer Aspekte unlauterer geschäftlicher Handlungen" gehören zum anderen die ergänzenden Informationsanforderungen iSd § 5b IV (= § 5a IV aF). Danach gelten auch solche Informationen als wesentlich iSd § 5a I, die dem Verbraucher auf Grund unionsrechtlicher Verordnungen oder nach Rechtsvorschriften zur Umsetzung unionsrechtlicher Richtlinien für kommerzielle Kommunikation einschließlich Werbung und Marketing nicht vorenthalten werden dürfen. Durch die Bezeichnung „ergänzend" wird klargestellt, dass die allgemeinen Informationsanforderungen der § 5a und § 5b weiter anwendbar sind. § 5b IV dient der Umsetzung des Art. 7 V UGP-RL. Darin wird klargestellt, dass es sich um Informationsanforderungen handelt, **„auf die in der nicht erschöpfenden Liste des Anhangs II verwiesen**

wird". § 5b IV ist dementsprechend richtlinienkonform auszulegen. Zu dieser Liste gehören ua die Art. 86–100 RL 2001/83/EG (Gemeinschaftskodex für Humanarzneimittel), umgesetzt im HWG, sowie Art. 5 und 6 E-Commerce-RL, umgesetzt im TMG, zuletzt geändert durch Art. 24 G v. 25.6.2021 (BGBl. 2021 I 2099) und im MStV. – Im Ergebnis entspricht dies der Amtl. Begr. zu § 1 II (BT-Drs. 19/27873, 32), in der es heißt: „Die Ergänzung hat auch keine Auswirkungen darauf, dass nach dem neu gefassten § 5b IV UWG-E (bisher: § 5a IV) auch weiterhin bei der Beurteilung einer Information als wesentlich Informationspflichten zu berücksichtigen sein werden, welche sich auf das Unionsrecht gründen. Insoweit entsprechen sich die Vorschriften in ihrer Wertung, indem sie jeweils festlegen, dass bei der Beurteilung, ob eine unlautere geschäftliche Handlung vorliegt, jeweils Wertungen speziellerer Gesetze zu berücksichtigen sind."

69   **dd) Das Verhältnis des § 3a zu § 5b IV.** Die Anwendung des § 5b IV hat Vorrang vor einer Anwendung des § 3a, weil die damit erfassten Informationsanforderungen durch Art. 7 V UGP-RL iVm Anh. II UGP-RL unmittelbar in das Regelungssystem der UGP-RL integriert sind (vgl. BGH GRUR 2022, 930 Rn. 23 – Knuspermüsli II mwN). Zur Preisangaben-RL (geändert durch RL 2019/2161), hat der EuGH entschieden, dass sie bes. Aspekte iSd Art. 3 IV UGP-RL regelt und daher der UGP-RL, nämlich Art. 7 IV lit. c UGP-RL vorgeht (EuGH GRUR 2016, 945 Rn. 37, 44–46 – Citroën; BGH WRP 2017, 296 Rn. 15 – Hörgeräteausstellung). Er hatte dabei die Anwendbarkeit des Art. 7 V UGP-RL iVm Anh. II Art. 3 IV Preisangaben-RL nicht geprüft (und auch nicht zu prüfen).

70   **c) „Beurteilung, ob eine unlautere geschäftliche Handlung vorliegt".** Die Vorschriften zur Regelung besonderer Aspekte unlauterer geschäftlicher Handlungen sollen nach § 1 II bei der „Beurteilung, ob eine unlautere geschäftliche Handlung vorliegt", den Regelungen dieses Gesetzes vorgehen. Im RefE des G zur Stärkung des Verbraucherschutzes im Wettbewerbs- und Gewerberecht hatte es noch geheißen: „Vorschriften zur Regelung besonderer Aspekte unlauterer geschäftlicher Handlungen gehen im Fall unterschiedlicher Rechtsfolgen den Regelungen dieses Gesetzes vor." (dazu mit Recht krit. Alexander WRP 2021, 136 Rn. 4–9). Auch die jetzige Fassung erscheint indes nicht unproblematisch. Denn letztlich geht es nicht allein darum, „ob" eine unlautere geschäftliche Handlung vorliegt, sondern vor allem darum, nach welcher Vorschrift eine geschäftliche Handlung unlauter ist. Daher sollte dieses Tatbestandsmerkmal dahin erweiternd ausgelegt werden, dass es bei der Beurteilung darauf ankommt, „ob und gegebenenfalls welche unlautere geschäftliche Handlung vorliegt".

IV. Weitergehender Anwendungsbereich des § 1 II

1. Ausgangspunkt

71   § 1 II ist nicht auf eine Umsetzung des Art. 3 IV UGP-RL beschränkt. Denn nach § 1 I schützt dieses Gesetz nicht nur die Verbraucher, sondern auch die Mitbewerber und sonstigen Marktteilnehmer. Außerdem enthält das UWG nicht nur Vorschriften zur Umsetzung der UGP-RL, sondern auch zur Umsetzung der Werbe-RL (vergleichende Werbung) und zum Schutz der Privatsphäre der Marktteilnehmer (§ 7). Eine weitergehende, nämlich über Art. 3 IV UGP-RL hinausreichende Bedeutung hat § 1 II insbes. für folgende Bereiche:

2. Spezielle Regelungen in § 3a zum Schutze der sonstigen Marktteilnehmer

72   Da die UGP-RL nicht dem Schutz sonstiger Marktteilnehmer dient (vgl. ErwGr. 6 S. 3 UGP-RL), diese aber in den Schutz durch die §§ 4a, 5 und 5a einbezogen sind, haben spezielle Regelungen zum Schutz von sonstigen Marktteilnehmern, die von § 3a erfasst werden, ebenfalls Vorrang vor den allgemeinen Regelungen zum Schutz von sonstigen Marktteilnehmern in § 4a, 5 und 5a.

3. Spezielle Regelungen in § 3a zum Schutze der Mitbewerber

73   Soweit Marktverhaltensregelungen iSd § 3a speziell dem Schutz von Mitbewerbern dienen, wie zB die Vorschriften über Ladenöffnungszeiten (→ § 3a Rn. 1.65, 1.66 mwN), haben sie grds. Vorrang vor den allgemeinen Vorschriften über den Mitbewerberschutz in § 4.

V. Abgrenzung

1. Sonstige spezielle Regelungen „innerhalb" des UWG

Für das Verhältnis sonstiger Vorschriften innerhalb des UWG zueinander gilt der allgemeine **74** Spezialitätsgrundsatz. Das betrifft das Rangverhältnis des Tatbestands des § 3 II zu den Tatbeständen der §§ 4a, 5, 5a, 5b und wiederum deren Verhältnis zu den Tatbeständen des Anh. § 3 III. Ferner gilt der Spezialitätsgrundsatz für Verhältnis der Tatbestände des § 4 Nr. 1–3 zum Tatbestand des § 4 Nr. 4 sowie für das Verhältnis der Tatbestände des § 6 II Nr. 3–5 zu § 4 Nr. 1 und 3. – Die insbes. auf Influencer bezogene Regelung in **§ 5a IV 2** stellt eine Spezialregelung gegenüber § 5a IV 1, bezogen auf geschäftliche Handlungen zugunsten eines fremden Unternehmens, dar. Sie verstößt nicht gegen Art. 7 II UGP-RL, weil solche Handlungen nicht in den Anwendungsbereich der UGP-RL fallen (→ Anh. § 3 III Nr. 11 Rn. 11.10). Insoweit besteht ein Regelungsgleichlauf mit § 6 I Nr. 1 TMG und § 22 I 1 MStV. § 1 II ist daher nicht anwendbar (vgl. Alexander WRP 2022, 394 Rn. 63).

2. Nebeneinander von Regelungen innerhalb des UWG

Nebeneinander anwendbar sind die Vorschriften: (1) des § 4 Nr. 3 lit. a und des § 5 IV; (2) **75** des § 7 zu Anh. Nr. 26 und Nr. 32 zu § 3 III.

Begriffsbestimmungen

2 (1) **Im Sinne dieses Gesetzes ist**

1. „geschäftliche Entscheidung" jede Entscheidung eines Verbrauchers oder sonstigen Marktteilnehmers darüber, ob, wie und unter welchen Bedingungen er ein Geschäft abschließen, eine Zahlung leisten, eine Ware oder Dienstleistung behalten oder abgeben oder ein vertragliches Recht im Zusammenhang mit einer Ware oder Dienstleistung ausüben will, unabhängig davon, ob der Verbraucher oder sonstige Marktteilnehmer sich entschließt, tätig zu werden;
2. „geschäftliche Handlung" jedes Verhalten einer Person zugunsten des eigenen oder eines fremden Unternehmens vor, bei oder nach einem Geschäftsabschluss, das mit der Förderung des Absatzes oder des Bezugs von Waren oder Dienstleistungen oder mit dem Abschluss oder der Durchführung eines Vertrags über Waren oder Dienstleistungen unmittelbar und objektiv zusammenhängt; als Waren gelten auch Grundstücke und digitale Inhalte, Dienstleistungen sind auch digitale Dienstleistungen, als Dienstleistungen gelten auch Rechte und Verpflichtungen;
3. „Marktteilnehmer" neben Mitbewerber und Verbraucher auch jede weitere Person, die als Anbieter oder Nachfrager von Waren oder Dienstleistungen tätig ist;
4. „Mitbewerber" jeder Unternehmer, der mit einem oder mehreren Unternehmern als Anbieter oder Nachfrager von Waren oder Dienstleistungen in einem konkreten Wettbewerbsverhältnis steht;
5. „Nachricht" jede Information, die zwischen einer endlichen Zahl von Beteiligten über einen öffentlich zugänglichen elektronischen Kommunikationsdienst ausgetauscht oder weitergeleitet wird; nicht umfasst sind Informationen, die als Teil eines Rundfunkdienstes über ein elektronisches Kommunikationsnetz an die Öffentlichkeit weitergeleitet werden, soweit diese Informationen nicht mit dem identifizierbaren Teilnehmer oder Nutzer, der sie erhält, in Verbindung gebracht werden können;
6. „Online-Marktplatz" ein Dienst, der es Verbrauchern ermöglicht, durch die Verwendung von Software, die von einem Unternehmer oder in dessen Namen betrieben wird, einschließlich einer Website, eines Teils einer Website oder einer Anwendung, Fernabsatzverträge (§ 312c des Bürgerlichen Gesetzbuchs) mit anderen Unternehmern oder Verbrauchern abzuschließen;
7. „Ranking" die von einem Unternehmer veranlasste relative Hervorhebung von Waren oder Dienstleistungen, unabhängig von den hierfür verwendeten technischen Mitteln;

8. „Unternehmer" jede natürliche oder juristische Person, die geschäftliche Handlungen im Rahmen ihrer gewerblichen, handwerklichen oder beruflichen Tätigkeit vornimmt, und jede Person, die im Namen oder Auftrag einer solchen Person handelt;

9. „unternehmerische Sorgfalt" der Standard an Fachkenntnissen und Sorgfalt, von dem billigerweise angenommen werden kann, dass ein Unternehmer ihn in seinem Tätigkeitsbereich gegenüber Verbrauchern nach Treu und Glauben unter Berücksichtigung der anständigen Marktgepflogenheiten einhält;

10. „Verhaltenskodex" jede Vereinbarung oder Vorschrift über das Verhalten von Unternehmern, zu welchem diese sich in Bezug auf Wirtschaftszweige oder einzelne geschäftliche Handlungen verpflichtet haben, ohne dass sich solche Verpflichtungen aus Gesetzes- oder Verwaltungsvorschriften ergeben;

11. „wesentliche Beeinflussung des wirtschaftlichen Verhaltens des Verbrauchers" die Vornahme einer geschäftlichen Handlung, um die Fähigkeit des Verbrauchers, eine informierte Entscheidung zu treffen, spürbar zu beeinträchtigen und damit den Verbraucher zu einer geschäftlichen Entscheidung zu veranlassen, die er andernfalls nicht getroffen hätte.

(2) **Für den Verbraucherbegriff ist § 13 des Bürgerlichen Gesetzbuchs entsprechend anwendbar.**

_____
[*] Detailübersichten finden sich zu Beginn der Abschnitte.

Rn.

12. Abschnitt. Verbraucher (§ 2 II)

Schrifttum: Alexander, Verhaltenskodizes im europäischen und deutschen Lauterkeitsrecht GRUR-Int. 2012, 965; Apetz, Das Verbot aggressiver Geschäftspraktiken, 2011; Beater, Mitbewerber und sonstige unternehmerische Marktteilnehmer, WRP 2009, 768; Beater, Die Anwendbarkeit des UWG auf Medien und Journalisten (Teil 1), WRP 2016, 787; (Teil 2), WRP 2016, 929; Beater, Kommunale Print- und Onlinemedien, WRP 2022, 1202; Berneke, Absicht und Versehen bei Massengeschäften, FS Doepner, 2008, 3; Birk, Corporate Responsibility, unternehmerische Selbstverpflichtungen und unlauterer Wettbewerb, GRUR 2011, 196; Birk, Fehler in der Nachhaltigkeitsberichterstattung und in „Umweltzertifikaten" – ein Fall für das UWG?, GRUR 2022, 1791; Bornkamm, Das Wettbewerbsverhältnis und die Sachbefugnis des Mitbewerbers, GRUR 1996, 927; Bürglen, Die Verfremdung bekannter Marken zu Scherzartikeln, FS Gaedertz, 1992, 71; Dohrn, Die Generalklausel der Richtlinie über unlautere Geschäftspraktiken – ihre Interpretation und Umsetzung, 2008; Drexl, Die wirtschaftliche Selbstbestimmung des Verbrauchers, 1998; Drexl, Verbraucherschutz und Electronic Commerce in Europa, in Lehmann, Electronic Business in Europa, 2002, 473; Dreyer, Verhaltenskodizes im Referentenentwurf eines Ersten Gesetzes zur Änderung des Gesetzes gegen unlauteren Wettbewerb, WRP 2007, 1294; Dreyer, Konvergenz oder Divergenz – Der deutsche und der europäische Mitbewerberbegriff im Wettbewerbsrecht, GRUR 2008, 123; Engels/Stulz-Herrnstadt, Aktuelle Rechtsfragen des Direktmarketings nach der UWG-Reform, WRP 2005, 1218; Engels/Mücke, Das Einwerben von Spenden im wettbewerbsrechtlichen Fokus, NJW 2023, 1542; Fezer, Objektive Theorie der Lauterkeit im Wettbewerb, FS Schricker, 2005, 671; Fezer, Plädoyer für eine offensive Umsetzung der Richtlinie über unlautere Geschäftspraktiken in das deutsche UWG, WRP 2006, 781; Glöckner, Der gegenständliche Anwendungsbereich des Lauterkeitsrechts nach der UWG-Novelle 2008 – ein Paradigmenwechsel mit Folgen, WRP 2009, 1175; Glöckner, Good News from Luxembourg? Die Anwendung des Lauterkeitsrechts auf Verhalten zur Förderung eines fremden Unternehmens nach EuGH – RLvS Verlagsgesellschaft mbH, FS Köhler, 2014, 159; Glöckner/Henning-Bodewig, EG-Richtlinie über unlautere Geschäftspraktiken: Was wird aus dem neuen UWG?, WRP 2005, 1311; Gomille, Äußerungsfreiheit und geschäftliche Handlung, WRP 2009, 525; Guilliard, Die Tätigkeiten der öffentlichen Hand als geschäftliche Handlung im UWG, GRUR 2018, 791; Henning-Bodewig, Richtlinienvorschlag über unlautere Geschäftspraktiken und UWG-Reform, GRUR-Int. 2004, 183; Henning-Bodewig, Die Richtlinie 2005/29/EG über unlautere Geschäftspraktiken, GRUR-Int. 2005, 629; Henning-Bodewig, Der „ehrbare Kaufmann", Corporate Social Responsibility und das Lauterkeitsrecht, WRP 2012, 1014; Henning-Bodewig, Prominente und Werbung, FS 100 Jahre Wettbewerbszentrale 2012, 125; Henning-Bodewig, Haften Privatpersonen nach dem UWG?, GRUR 2013, 26; Herresthal, Scheinunternehmer und Scheinverbraucher im BGB, JZ 2006, 695; Hoeren, Das neue UWG und dessen Auswirkungen auf den B2B-Bereich, WRP 2009, 789; Isele, Von der „Wettbewerbshandlung" zur „geschäftlichen Handlung": Hat die „Änderung der Voreinstellung", GRUR 2009, 727; Keßler, Der Unternehmensbegriff im deutschen und europäischen Wettbewerbs- und Lauterkeitsrecht, WRP 2014, 765; Kessler/Micklitz, Das neue UWG – auf halbem Wege nach Europa?, VuR 2009, 88; Klöhn, Wettbewerbswidrigkeit von Kapitalmarktinformation?, ZHR 172 (2008), 388; Koch, GOOD NEWS aus Luxemburg? Förderung fremden Wettbewerbs ist keine Geschäftspraktik, FS Köhler, 2014, 359; Köhler, „Wettbewerbshandlung" und „Geschäftspraktiken", WRP 2007, 1393; Köhler, Spendenwerbung und Wettbewerbsrecht, GRUR 2008, 281; Köhler, Die Unlauterkeitstatbestände des § 4 UWG und ihre Auslegung im Lichte der Richtlinie über unlautere Geschäftspraktiken, GRUR 2008, 841; Köhler, Vom deutschen zum europäischen Lauterkeitsrecht – Folgen der Richtlinie über unlautere Geschäftspraktiken für die Praxis, NJW 2008, 3032; Köhler, Der „Mitbewerber", WRP 2009, 499; Köhler, Unzulässige geschäftliche Handlungen bei Abschluss und Durchführung eines Vertrags, WRP 2009, 898; Köhler, Die Durchsetzung des Vertragsrechts mit den Mitteln des Lauterkeitsrechts, FS Medicus, 2009, 225; Köhler, Der „Unternehmer" im Lauterkeitsrecht, FS Hopt, 2010, 2825; Köhler, „Fachliche Sorgfalt" – Der weiße Fleck auf der Landkarte des UWG, WRP 2012, 22; Köhler, Mitteilungen über Corporate Social Responsibility – eine geschäftliche Handlung?, in Hilty/Henning-Bodewig, Corporate Social Responsibility (2014) 161; Köhler, Internet-Werbeblocker als Geschäftsmodell, WRP 2014, 1017; Köhler, Verbraucher und Unternehmer – zur Rollenverteilung im Lauterkeitsrecht, FS Roth, 2015, 299; Köhler, UWG-Reform 2015: Im Regierungsentwurf nicht angesprochene Defizite bei der Umsetzung der UGP-Richtlinie, WRP 2015, 1037; Köhler, Funktion und Anwendungsbereich des Mitbewerberbegriffs im UWG, GRUR 2019, 123; Köhler,

Einheitlicher, gespaltener oder funktionaler Mitbewerberbegriff im UWG?, GRUR 2021, 426; Köhler/Lettl, Das geltende europäische Lauterkeitsrecht, der Vorschlag für eine EG-Richtlinie über unlautere Geschäftspraktiken und die UWG-Reform, WRP 2003, 1019; Kulka, Der Entwurf eines „Ersten Gesetzes zur Änderung des Gesetzes gegen den unlauteren Wettbewerb", DB 2008, 1548; Lettl, Das neue UWG, GRUR-RR 2009, 41; Lettl, Der Begriff des Mitbewerbers im Lauterkeitsrecht und im Kartellrecht, FS Köhler, 2014, 429; Meier, Der Verbraucherbegriff nach der Umsetzung der Verbraucherrechterichtlinie, JuS 2014, 777; Meier, Private Enforcement der Rechnungslegung durch das Lauterkeitsrecht, GRUR 2019, 581; Meier/Schmitz, Verbraucher und Unternehmer – ein Dualismus?, NJW 2019, 2345; Nägele, Das konkrete Wettbewerbsverhältnis – Entwicklungen und Ausblick, WRP 1996, 977; Nippe, Belästigung zwischen Wettbewerbshandlung und Werbung, WRP 2006, 951; Paal/Nikol, Spendenwerbung durch E-Mail-Direktmarketing zwischen UWG und DSGVO, GRUR 2023, 781; Peukert, Faktenchecks auf Facebook aus lauterkeitsrechtlicher Sicht, WRP 2020, 391; Pfeiffer, Der Verbraucher nach § 13 BGB, in Schulze/Schulte-Noelke, Schuldrechtsreform vor dem Hintergrund des Gemeinschaftsrechts, 2001, 177; Rohlfing, Unternehmer qua Indizwirkung?, MMR 2006, 271; Sack, Der Mitbewerberbegriff des § 6 UWG, WRP 2008, 1141; Sack, Individualschutz gegen unlauteren Wettbewerb, WRP 2009, 1330; Sack, Die Klagebefugnis des unmittelbar Verletzten, WRP 2020, 675; Scherer, Lauterkeitsrecht und Leistungsstörungsrecht – Veränderung des Verhältnisses durch § 2 I UWG?, WRP 2009, 761; Scherer, Ungeschriebenes Tatbestandsmerkmal für die „Geschäftspraxis" nach Art. 2d) UGP-RL, WRP 2014, 517; Schlingloff, Werbung um Geldspenden gegenüber Verbrauchern als geschäftliche Handlung – Änderungsbedarf im europäischen Kontext?, FS Köhler, 2014, 617; K. Schmidt, Verbraucherbegriff und Verbrauchervertrag – Grundlagen des § 13 BGB, JuS 2006, 1; Schmidtke, Unlautere geschäftliche Handlungen bei und nach Vertragsabschluss, 2011; Schmitt, Das unionsrechtliche Verbraucherleitbild, 2018; Schmitt-Mücke, Libra, das Gebot der Staatsferne der Presse und das Wettbewerbsrecht, WRP 2023. 412; Schürnbrand, Zwingender Verbraucherschutz und das Verbot unzulässiger Rechtsausübung, JZ 2009, 133; Sosnitza, Der Gesetzentwurf zur Umsetzung der Richtlinie über unlautere Geschäftspraktiken, WRP 2008, 1014; Stuyck/Terryn/van Dyck, Confidence through fairness? The new Directive on unfair Business-to-Consumer Commercial Practices in the Internal Market, CML Rev 43 (2006), 107; Tiller, Gewährleistung und Irreführung, 2005; Ultsch, Der einheitliche Verbraucherbegriff, 2006; Veelken, Kundenfang gegenüber Verbrauchern, WRP 2004, 1; Voigt, Spendenwerbung – ein Fall für das Lauterkeitsrecht?, GRUR 2006, 466; Wilhelm, Der durch unlauteren Wettbewerb Verletzte, FS Musielak, 2004, 675.

Allgemeines

A. Entstehungsgeschichte

0.1   Während das frühere Recht keine Definitionen kannte, die Konkretisierung der im Gesetz verwendeten zentralen Begriffe vielmehr der Rspr und Lehre überließ, stellte die **UWG-Novelle 2004** in § 2 – weitgehend dem Entwurf von Köhler/Bornkamm/Henning-Bodewig (WRP 2002, 1317; dort § 2) folgend – eine Reihe von Begriffsbestimmungen auf. Das entsprach der europäischen Gesetzgebungstechnik (vgl. etwa Art. 2 Werbe-RL; Art. 2 E-Commerce-RL; Art. 2 Datenschutz-RL für elektronische Kommunikation; Art. 2 UGP-RL). Der Definitionenkatalog in **§ 2 UWG 2008** orientierte sich weitgehend an dem entsprechenden Katalog des Art. 2 UGP-RL, wich aber teilweise davon ab (vgl. § 2 II) und war auch unvollständig. Die **UWG-Novelle 2015** änderte § 2 I Nr. 7 aF und fügte in § 2 I Nr. 8 und 9 aF weitere Definitionen aus Art. 2 UGP-RL hinzu. An anderer Stelle im UWG finden sich zusätzliche Definitionen (zB in § 4a I 3, § 5 III, § 6 I und § 15 I).

0.2   Durch das **G zur Stärkung des Verbraucherschutzes im Wettbewerbs- und Gewerberecht** v. 10.8.2021 (BGBl. 2021 I 3504) wurde § 2 mWv 28.5.2022 neu gefasst (vgl. dazu BT-Drs. 19/27873/30, 31 v. 24.3.2021; BT-Drs. 19/30527). Die Überschrift des § 2 wurde, entsprechend vergleichbaren Gesetzen wie dem TMG, in „Begriffsbestimmungen" geändert. In Abs. 1 wurde die bisherige Nummerierung der Begriffe durch eine alphabetische Reihung ersetzt. Damit sollte die Übersichtlichkeit der Liste erhöht werden. Eine inhaltliche Aktualisierung erfolgte beim Begriff der geschäftlichen Handlung insbes. zwecks Einbeziehung digitaler Inhalte und Dienstleistungen. Neu aufgenommen wurden die Begriffsbestimmungen „Online-Marktplatz" und „Ranking" zur Umsetzung der entsprechenden Definitionen in Art. 2 UGP-RL nF. Eine lediglich formale Änderung erfolgte bei § 2 II.

B. Normzweck und Auslegung

Die Aufstellung von Begriffsbestimmungen dient der **Rechtsklarheit** für Rechtsanwender **0.3** und Rechtsunterworfene. Dies soll eine einheitliche Auslegung ein und desselben Begriffs, der vom Gesetz an mehreren Stellen verwendet wird, gewährleisten. Allerdings bedürfen diese Definitionen wegen ihres Abstraktionsgrades ihrerseits der **Auslegung**, um sie für den Einzelfall anwendbar zu machen. Daher ist es auch theoretisch nicht ausgeschlossen, je nach dem Regelungszusammenhang, in dem der einzelne Begriff steht, zu einer speziellen Auslegung zu gelangen. Außerdem kann der Zweck der einzelnen Regelung ggf. eine Erweiterung (Analogie) oder Einschränkung (teleologische Reduktion) des Anwendungsbereichs erforderlich machen. Die Auslegung hat sich ferner am einschlägigen Unionsrecht, insbes. an der UGP-RL zu orientieren.

1. Abschnitt. Geschäftliche Entscheidung (§ 2 I Nr. 1 (= Nr. 9 aF))

Nr. 1

„geschäftliche Entscheidung" jede Entscheidung eines Verbrauchers oder sonstigen Marktteilnehmers darüber, ob, wie und unter welchen Bedingungen er ein Geschäft abschließen, eine Zahlung leisten, eine Ware oder Dienstleistung behalten oder abgeben oder ein vertragliches Recht im Zusammenhang mit einer Ware oder Dienstleistung ausüben will, unabhängig davon, ob der Verbraucher oder sonstige Marktteilnehmer sich entschließt, tätig zu werden.

Die Regelung dient der Umsetzung von Art. 2 lit. k UGP-RL.

Art. 2 lit. e UGP-RL „geschäftliche Entscheidung" jede Entscheidung eines Verbrauchers darüber, ob, wie und unter welchen Bedingungen er einen Kauf tätigen, eine Zahlung insgesamt oder teilweise leisten, ein Produkt behalten oder abgeben oder ein vertragliches Recht im Zusammenhang mit dem Produkt ausüben will, unabhängig davon, ob der Verbraucher beschließt, tätig zu werden oder ein Tätigwerden zu unterlassen.

Übersicht

Schrifttum: Alexander, Die geschäftliche Entscheidung des Verbrauchers, FS Ahrens, 2016, 17; Omsels, Die geschäftliche Entscheidung, WRP 2016, 553.

A. Unionsrechtliche Grundlage und Funktion des Begriffs und seiner Definition

1.1   Die Definition der „geschäftlichen Entscheidung" in § 2 I Nr. 1 (= Nr. 9 aF) dient der **Umsetzung des Art. 2 lit. k UGP-RL.** Die Umsetzung hätte an sich schon in der UWG-Novelle 2008 erfolgen sollen, war aber noch nicht einmal im RegE der UWG-Novelle 2015 vorgesehen (krit. Köhler WRP 2015, 1037 Rn. 14–16). Sie geht vielmehr auf die Beschluss-empfehlung des Rechtsausschusses zurück (BT-Drs. 18/6571, 14). – Der **Begriff** der geschäftli-chen Entscheidung gehört zu den zentralen Begriffen des UWG. Seine **Funktion** besteht darin, im Einklang mit der UGP-RL Verbraucher vor den **Auswirkungen** unlauterer geschäftlicher Handlungen zu schützen, soweit diese als **wesentlich** anzusehen sind (vgl. ErwGr. 6 S. 2 UGP-RL). Dies ist wiederum dann und nur dann anzunehmen, wenn die geschäftliche Handlung eine geschäftliche Entscheidung des Verbrauchers **beeinflussen** kann (vgl. ErwGr. 7 S. 1 UGP-RL). Daher enthalten alle Unlauterkeitstatbestände des UWG, die auf die UGP-RL zurückgehen, das Tatbestandsmerkmal der Eignung der Handlung oder Unterlassung, den Verbraucher zu einer **geschäftlichen Entscheidung zu veranlassen, die er andernfalls nicht getroffen hätte.** Man spricht insoweit vom Erfordernis der **geschäftlichen Relevanz.** Bei § 3 II ergibt sich dieses Erfordernis mittelbar aus dem Tatbestandsmerkmal der „wesentlichen Beeinflussung des wirtschaftlichen Verhaltens der Verbraucher" und seiner Definition in § 2 I Nr. 11 (= Nr. 8 aF). → Rn. 11.1 ff. Bei den Tatbeständen der aggressiven und irreführenden Handlungen ist es ausdrücklich genannt (§ 4a I, § 5 I, § 5a I). Bei den Unlauterkeitstatbeständen des § 3 III ist es nicht aufgeführt, da die geschäftliche Relevanz insoweit vermutet wird und dementsprechend nicht gesondert zu prüfen ist. Die Definition geht über Art. 2 lit. k UGP-RL insoweit hinaus, als auch geschäftliche Entscheidungen von sonstigen Marktteilnehmern erfasst werden, was insbes. für die Anwendung der §§ 4a, 5 und 5a und mittelbar auch für § 3a von Bedeutung ist.

B. Gebot der richtlinienkonformen Auslegung

1.2   In § 2 I Nr. 1 (= Nr. 9 aF) hat der Gesetzgeber Begriff und Definition der geschäftlichen Entscheidung in Art. 2 lit. k UGP-RL weitgehend wortlauttreu übernommen. Gleichwohl ist § 2 I Nr. 1 (= Nr. 9 aF) **richtlinienkonform** auszulegen (vgl. BGH WRP 2015, 851 Rn. 20 – Schlafzimmer komplett). Dabei ist zu beachten, dass die Begriffe der Richtlinie **autonom** unter Beachtung auch der anderen Sprachfassungen der Richtlinie auszulegen sind. Das ist deshalb bedeutsam, weil der EuGH den Begriff der geschäftlichen Entscheidung zur Gewährleistung eines hohen Verbraucherschutzniveaus **weit** auslegt und auf solche Entscheidungen erstreckt, die mit der eigentlichen Entscheidung **unmittelbar zusammenhängen** (EuGH GRUR 2014, 196 Rn. 36 – Trento Sviluppo). Dazu → Rn. 1.10 ff.

C. Personelle und sachliche Reichweite der Definition

1.3   Die **personelle** Reichweite der Definition ist nicht auf **Verbraucher** beschränkt, sondern erstreckt sich auch auf sonstige Marktteilnehmer. Mit der UGP-RL ist dies vereinbar, weil sie den Bereich B2B nicht regelt. – Die **sachliche** Reichweite der Definition bezieht sich auf geschäftliche Entscheidungen **vor, bei oder nach Abschluss eines Geschäfts** (vgl. Art. 3 I UGP-RL; § 2 I Nr. 2). Die geschäftliche Entscheidung kann auch darin bestehen, dass der Verbraucher **ein Tätigwerden unterlässt,** etwa von einem Kündigungsrecht keinen Gebrauch macht.

D. Inhaltliche Reichweite der Definition

I. Entscheidung, ein Geschäft abzuschließen

1.4   Als geschäftliche Entscheidung gilt zunächst „**jede Entscheidung eines Verbrauchers oder sonstigen Marktteilnehmers darüber, ob, wie und unter welchen Bedingungen er ein Geschäft abschließen ... will**". Unter einem **Geschäft** ist ein **gegenseitiger (entgeltlicher)**

Vertrag über Waren oder Dienstleistungen zu verstehen. Art. 2 lit. k UGP-RL verwendet zwar den Begriff **„Kauf"**. Dieser Begriff der UGP-RL ist aber nicht iSd § 433 BGB, sondern autonom und in einem weiten Sinne auszulegen (arg. Art. 3 I UGP-RL: „auf ein Produkt bezogenes Handelsgeschäft" iVm der Produktdefinition in Art. 2 lit. c UGP-RL). Es gilt insoweit nichts anderes als bei dem Begriff des Kaufs in Art. 2 lit. d UGP („Verkauf … eines Produkts"), umgesetzt in § 2 I Nr. 2 (= Nr. 1 aF) („Vertrag über Waren oder Dienstleistungen") und Art. 2 lit. i UGP-RL („Aufforderung zum Kauf"), umgesetzt in § 5a III („Geschäft"). Es ist daher mit der UGP-RL vereinbar, den Oberbegriff des **Geschäfts** zu verwenden. – Der Abschluss von **sonstigen** Verträgen, die mit einem solchen entgeltlichen Vertrag verbunden sind (zB Vertrag über eine unentgeltliche Finanzierung des Kaufpreises; vgl. OLG Düsseldorf WRP 2015, 899 Rn. 26–30), fällt unter die Kategorie der „unmittelbar damit zusammenhängenden" geschäftlichen Entscheidungen" (→ Rn. 1.10 ff.).

Zur Entscheidung über das **„ob"** eines Geschäftsabschlusses gehören insbes. die **Abgabe** oder **1.5** **Annahme** eines Angebots (§§ 145 ff. BGB), die **Ablehnung** eines Angebots (§ 146 BGB) und die **Genehmigung** eines von einem Minderjährigen oder einem Vertreter ohne Vertretungsmacht abgeschlossenen Geschäfts oder deren Verweigerung (§§ 108, 177 BGB). Ferner gehören dazu die **Abänderung, Verlängerung** oder **Aufhebung** eines Vertrags, weil dafür jeweils wiederum der Abschluss eines Vertrags erforderlich ist. – Die Entscheidung über das **„wie"** eines Geschäftsabschlusses betrifft insbes. den **Ort,** die **Zeit** und die **Form** (mündlich, schriftlich, digital, notariell) des Geschäfts. Auch ein Abweichen von gesetzlichen Form- oder Vertretungserfordernissen fällt darunter. – Die Entscheidung über die **„Bedingungen"** eines Geschäfts bezieht sich nicht nur auf aufschiebende und auflösende Bedingungen (§§ 158 ff. BGB), Rücktritts- oder Kündigungsrechte, sondern auf den gesamten Inhalt des Rechtsgeschäfts, insbes. auf Leistung, Gegenleistung und Nebenabreden einschließlich AGB. – Ob die Erklärung des Verbrauchers oder sonstigen Marktteilnehmers oder der zugrunde liegende Vertrag bürgerlichrechtlich wirksam ist oder nicht, ist unerheblich (Alexander FS Ahrens, 2016, 17 (24)).

II. Entscheidung, eine Zahlung zu leisten

Auch die Entscheidung des Verbrauchers oder sonstigen Marktteilnehmers darüber, **„ob, wie** **1.6** **und unter welchen Bedingungen er eine Zahlung insgesamt oder teilweise leisten …** **will",** ist eine geschäftliche Entscheidung. Sie betrifft den Bereich der Vertragsdurchführung (vgl. § 2 I Nr. 2 (= Nr. 1 aF), der nach Art. 3 I UGP-RL ebenfalls in den Anwendungsbereich der UGP-RL und damit des UWG fällt. Verbraucher und sonstige Marktteilnehmer sind auch insoweit schutzbedürftig, da eine solche Entscheidung durch eine irreführende, aggressive oder sorgfaltswidrige geschäftliche Handlung beeinflusst werden kann. **Beispiele:** Nötigung zur Zahlung mittels kaum verhohlener Gewaltandrohung (OLG München WRP 2010, 295 (297)) oder rechtswidriger Androhung eines Schufa-Hinweises (BGH WRP 2015, 1341 Rn. 17 – Schufa-Hinweis). – Irreführung über eine Zahlungspflicht (OLG Frankfurt GRUR-RR 2018, 23 Rn. 13). – Die rechtlichen Folgen einer nicht rechtzeitigen Zahlung (zB über Höhe der Verzugszinsen) oder die erfolgte Bestellung eines Produkts (Anh. Nr. 22 zu § 3 III).

III. Entscheidung, eine Ware oder Dienstleistung zu behalten oder abzugeben

Eine geschäftliche Entscheidung ist ferner die Entscheidung eines Verbrauchers oder sonstigen **1.7** Marktteilnehmers, „ob, wie und unter welchen Bedingungen er … eine Ware oder Dienstleistung behalten oder abgeben will". Was darunter zu verstehen ist, bedarf noch der Klärung. Näheren Aufschluss gibt die engl. Fassung des Art. 2 lit. k UGP-RL („retain oder dispose of a product"). Der Begriff des „Abgebens" ist daher im Sinne eines „Entsorgens" oder „Sich-Entledigens" zu verstehen. Offenbar sollen mit dieser Regelung die Fälle der Lieferung einer unbestellten Ware oder der Erbringung einer unbestellten Dienstleistung (vgl. Anh. Nr. 29 zu § 3 III) erfasst werden, weil dadurch noch keine Zahlungspflicht (vgl. Art. 27 Verbraucherrechte-RL), aber auch keine vertraglichen Rechte, die der Verbraucher ausüben könnte, begründet werden.

IV. Entscheidung, ein vertragliches Recht im Zusammenhang mit der Ware oder Dienstleistung auszuüben

1.8   Eine geschäftliche Entscheidung ist schließlich die Entscheidung eines Verbrauchers oder sonstigen Marktteilnehmers, **„ob, wie und unter welchen Bedingungen er … ein vertragliches Recht im Zusammenhang mit der Ware oder Dienstleistung ausüben will".** Dazu gehören im deutschen Recht die **Gestaltungsrechte,** insbes. Anfechtung (§§ 119, 123 BGB), Widerruf (§§ 355 ff. BGB), Rücktritt und Minderung (§ 437 Nr. 2 BGB, § 634 Nr. 3 BGB), Kündigung (§ 314 BGB) und daraus ggf. folgende vertragliche (zB § 346 BGB) oder gesetzliche (zB § 812 BGB) Ansprüche auf Rückgewähr erbrachter Leistungen (OLG Frankfurt GRUR-RR 2018, 23 Rn. 13). – Ferner gehören hierher originäre **vertragliche** (und ggf. konkurrierende gesetzliche) **Ansprüche** auf Nacherfüllung, Schadensersatz, Garantie usw (vgl. § 437 Nr. 1 und 3 BGB, §§ 443, 634 Nr. 1, 2 und 4 BGB). – Schließlich gehört hierher auch die Ausübung von **Gegenrechten** des Verbrauchers oder sonstigen Marktteilnehmers, wie bspw. die **Mahnung** (§ 286 BGB), die Einrede der **Verjährung** (§ 214 BGB) oder das Recht auf **Aufrechnung** (§ 387 BGB) oder auf Erteilung einer **Quittung** (§ 368 BGB). – Stets muss jedoch ein Bezug zur Ware oder Dienstleistung bestehen, die Gegenstand des Vertrags ist. – Typischerweise handelt es sich um Fälle, in denen der Unternehmer den Verbraucher oder sonstigen Marktteilnehmer durch irreführende, aggressive oder sorgfaltswidrige Handlungen daran hindern möchte, solche Rechte, einschließlich Ansprüche, form- und fristgerecht geltend zu machen (vgl. § 4a II Nr. 3 und 4; § 5 II Nr. 7; Anh. Nr. 27 zu § 3 III). Das Lauterkeitsrecht trägt damit zum generalpräventiven Schutz der Verbraucher bei der Durchsetzung ihrer vertraglichen Rechte bei.

V. Unabhängigkeit von einer Entschließung zum Tätigwerden

1.9   Die Wendung am Ende der Definition der geschäftlichen Entscheidung „unabhängig davon, ob der Verbraucher oder sonstige Marktteilnehmer sich entschließt, tätig zu werden" ist nicht leicht zu verstehen. Gemeint kann aber nur der Fall sein, dass das Unterlassen eines Tätigwerdens selbst eine geschäftliche Entscheidung bewirkt, die der Unternehmer mit seiner geschäftlichen Handlung anstrebt. Beispiel: Versicherungsunternehmen gibt Verbraucher eine unrichtige Auskunft über die Kündigungsfrist eines Versicherungsvertrags. Dieser unterlässt im Vertrauen darauf die rechtzeitige Kündigung. Das Unterlassen hat die Fortgeltung des Vertrags zur Folge und ist insoweit eine geschäftliche Entscheidung.

E. Erweiterung auf „unmittelbar zusammenhängende Entscheidungen"

I. Allgemeines

1.10   Als geschäftliche Entscheidungen sind in **richtlinienkonformer Auslegung** des § 2 I Nr. 1 (= Nr. 9 aF) auch solche Entscheidungen anzusehen, die mit den darin aufgeführten Entscheidungen **unmittelbar zusammenhängen** (vgl. EuGH WRP 2014, 161 Rn. 38 – Trento Sviluppo; BGH WRP 2015, 851 Rn. 20 – Schlafzimmer komplett; WRP 2016, 1228 Rn. 34 – Geo-Targeting; WRP 2017, 1081 Rn. 23 – Komplettküchen; WRP 2019, 874 Rn. 29 – Energieeffizienzklasse III; KG GRUR-RR 2019, 34 Rn. 26: „mittelbare geschäftliche Entscheidung"). Diese Erweiterung knüpft insbes. an Entscheidungen des Verbrauchers über den Abschluss eines Geschäfts, dh den entgeltlichen **Erwerb einer Ware oder Dienstleistung** an (→ Rn. 1.4). Um sein eigentliches Ziel, nämlich die Förderung seines Absatzes, zu erreichen, kann es für den Unternehmer von Nutzen sein, den Verbraucher zu Entscheidungen zu veranlassen, die der eigentlichen Erwerbsentscheidung **vorgelagert** sind oder sie **ergänzen.** In diesem Sinne ist der Begriff der „unmittelbar damit zusammenhängenden Entscheidung" zu verstehen. – Je nach der Geschäftsstrategie eines Unternehmers kann es sich dabei um ganz unterschiedliche Entscheidungen handeln. Typischerweise geht es aber um geschäftliche Entscheidungen, die die **Absatzchancen** des Unternehmers erhöhen. In Zweifelsfällen ist darauf abzustellen, ob der Unternehmer an der vorgelagerten oder ergänzenden Entscheidung des Verbrauchers ein **wirtschaftliches Interesse** hat (ebenso OLG Karlsruhe GRUR-RR 2010, 47 (48); vgl. auch KG GRUR-RR 2005, 162 (163)).

Dazu gehört auch die Veranlassung des Verbrauchers zur Entgegennahme **unentgeltlich** 1.11
angebotener Waren oder Dienstleistungen (zB Warenproben; kostenloses befristetes Zeitungs-
oder TV-Abonnement), soweit die Maßnahme darauf abzielt, dass der Verbraucher das betreffende Produkt danach entgeltlich erwirbt. – Anders verhält es sich bei kostenlos angebotenen
„Inhalten", die mittels **Werbung für Dritte** finanziert werden (zB Anzeigenblätter; Online-
Angebote von Wetterberichten, Bewertungsportale usw). Die Entgegennahme solcher kostenlosen Inhalte, seien es Waren oder Dienstleistungen, stellt keine geschäftliche Entscheidung dar (aA
Omsels WRP 2016, 553 Rn. 42 ff., der den Begriff der geschäftlichen Entscheidung auf „jede
marktbezogene Reaktion" eines Verbrauchers auf eine geschäftliche Handlung eines Unternehmers erstrecken will). Es verhält sich im Prinzip nicht anders als bei jeglicher Werbung, mit der
der Verbraucher ohne oder gegen seinen Willen tagtäglich im Fernsehen, in der Zeitung, auf der
Straße usw konfrontiert wird. – Unlauter ist das Angebot oder die Werbung für solche werbefinanzierten Waren oder Dienstleistungen nur dann, wenn sie gegen **mitbewerberschützende**
Vorschriften verstoßen. Dazu gehört neben § 6 auch § 5 I, wie sich aus Art. 2 lit. b Werbe-RL
(arg. „ihr wirtschaftliches Verhalten einen anderen Gründen einen Mitbewerber schädigt oder
zu schädigen geeignet ist") ergibt. **Beispiel:** Werbefinanzierter Online-Wetterdienst vergleicht
seine Leistungen unlauter mit denen eines Mitbewerbers.

Einige Regelungen des UWG knüpfen ohnehin nicht an die eigentliche Erwerbsentschei- 1.12
dung, sondern an vorgelagerte oder ergänzende Entscheidungen des Verbrauchers an. Dann ist
die geschäftliche Relevanz anhand dieser Entscheidungen zu beurteilen. So etwa die Entscheidung über die Inanspruchnahme von Verkaufsförderungsmaßnahmen wie Preisnachlässen, Zugaben und Geschenken, über die Teilnahme an Preisausschreiben und Gewinnspielen (vgl.
§ 5a IV iVm § 6 Nr. 3 und 4 TMG) und über die Preisgabe persönlicher Daten (vgl. BGH
WRP 2014, 835 Rn. 25 ff. – Nordjob-Messe). Es macht dabei keinen Unterschied, ob entsprechende Angebote mit dem eigentlichen Angebot von Waren oder Dienstleistungen verknüpft sind (zB Kopplungsangebote) oder ihm vorgelagert sind (zB Werbung mit Gewinnspielen).

II. Beispiele für rechtsgeschäftliche Entscheidungen

Beispiele: 1.13
(1) Inanspruchnahme einer Verkaufsförderungsmaßnahme (vgl. OLG Düsseldorf WRP 2015,
    899 Rn. 26–30 zu einem Zusatzvertrag über eine zinslose Kaufpreisfinanzierung).
(2) Teilnahme an einem Gewinnspiel oder Preisausschreiben (arg. § 762 BGB; vgl. auch Anh.
    Nr. 17, 20 zu § 3 III).
(3) Kündigung eines Vertrags mit einem Mitbewerber, um einen Vertragsschluss mit dem
    Unternehmer zu ermöglichen (Köhler WRP 2014, 259 (260)).

III. Beispiele für tatsächliche Entscheidungen

Beispiele: 1.14
(1) Betreten eines Geschäfts, wenn es durch die Werbung für das Vorhandensein einer Ware
    veranlasst wird (EuGH WRP 2014, 161 Rn. 35–38 – Trento Sviluppo). Vgl. auch Anh.
    Nr. 5 und 6 zu § 3 III.
(2) Nichtbetreten des Geschäfts eines Mitbewerbers, wenn es durch aggressives Verhalten des
    Unternehmers veranlasst wird.
(3) Aufsuchen einer Internetseite, wenn der Verbraucher dazu in einer Werbeanzeige veranlasst
    wird, damit er dort die beworbenen Waren bestellt oder sich näher damit befasst (BGH
    WRP 2016, 459 Rn. 16, 17 – MeinPaket.de I; WRP 2018, 65 Rn. 19, 23 – MeinPaket.de
    II; WRP 2016, 1228 Rn. 34 – Geo-Targeting; WRP 2019, 874 Rn. 29 – Energieeffizienz-
    klasse III; OLG Frankfurt WRP 2020, 208 Rn. 17; OLG Köln WRP 2021, 362 Rn. 32). –
    Erst recht gilt dies für das Einlegen der Ware in den Warenkorb (OLG Frankfurt GRUR-RR
    2019, 267 Rn. 23).
(4) Näheres Befassen mit einem Angebot in einer Printwerbung? Enthält eine Printwerbung ein
    Angebot iSd § 5a III, so stellt das nähere Befassen mit diesem Angebot noch keine geschäft-
    liche Entscheidung dar (BGH WRP 2017, 1081 Rn. 23 – Komplettküchen). Davon zu
    unterscheiden ist die Frage, ob die Werbung irreführende Angaben enthält oder wesentliche
    Informationen nicht enthält. Vermittelt eine blickfangmäßige Angabe in einer Werbung bei
    isolierter Betrachtung eine fehlerhafte Vorstellung, kann dieser Irrtum regelmäßig nur durch

einen klaren und unmissverständlichen Hinweis ausgeschlossen werden, der selbst am Blickfang teilhat (BGH WRP 2016, 184 Rn. 16 – All Net Flat; zu einem Ausnahmefall BGH
WRP 2015, 851 Rn. 19 – Schlafzimmer komplett; vgl. auch OLG Frankfurt WRP 2016,
257).
(5) Einwilligung in Haustür-, Brief-, Telefon-, Fax- oder E-Mail-Werbung (vgl. Köhler WRP
2014, 259 (260)).
(6) Überlassung persönlicher Daten (vgl. BGH WRP 2014, 835 Rn. 25 ff. – Nordjob-Messe).
Mit der Überlassung solcher Daten „bezahlt" der Verbraucher für einen Vorteil (Gewinnchancen, Rabatt usw), den ein Unternehmer dafür verspricht (vgl. BGH WRP 2017, 700
Rn. 22). Es handelt sich um ein „Geschäft" iSd § 2 I Nr. 1 (= Nr. 9 aF) (vgl. auch § 18 IIa
GWB). Zur Überlassung persönlicher Daten als Gegenleistung bei Abschluss eines Ver-
brauchervertrags vgl. § 312 I a 1 BGB (dazu Grüneberg/Grüneberg BGB § 312 Rn. 3b).

2. Abschnitt. Geschäftliche Handlung (§ 2 I Nr. 2 (= Nr. 1 aF))

Nr. 2

**„geschäftliche Handlung" jedes Verhalten einer Person zugunsten des eigenen oder
eines fremden Unternehmens vor, bei oder nach einem Geschäftsabschluss, das mit
der Förderung des Absatzes oder des Bezugs von Waren oder Dienstleistungen oder
mit dem Abschluss oder der Durchführung eines Vertrags über Waren oder Dienstleistungen unmittelbar und objektiv zusammenhängt; als Waren gelten auch Grundstücke und digitale Inhalte, Dienstleistungen sind auch digitale Dienstleistungen, als
Dienstleistungen gelten auch Rechte und Verpflichtungen;**

Übersicht

Rn.

A. Allgemeines

I. Funktion

2.1   Der Begriff der **geschäftlichen Handlung** ist – neben dem Begriff der Unlauterkeit – der **Zentralbegriff** des UWG. Er dient dazu, den Anwendungsbereich des Lauterkeitsrechts gegenüber dem allgemeinen Deliktsrecht (§§ 823 ff. BGB) abzugrenzen (ebenso BGH WRP 2013, 1183 Rn. 17 – Standardisierte Mandatsbearbeitung). Denn nur bei Vorliegen einer geschäftlichen Handlung kann das Lauterkeitsrecht Anwendung finden. Ist das zu verneinen, stellt sich die Frage nach der Unzulässigkeit des Verhaltens iSd § 3 und § 7 gar nicht. Das UWG verwendet – anders als etwa § 1 I öUWG („unlautere Geschäftspraktik oder sonstige unlautere Handlung" – einen einheitlichen Begriff des lauterkeitsrechtlich relevanten Verhaltens, der sowohl für das Verhalten im Vertikalverhältnis gegenüber Verbrauchern und sonstigen Marktteilnehmer als auch für das Verhalten im Horizontalverhältnis zu Mitbewerbern Geltung beansprucht (vgl. Begr. RegE UWG 2008 zu § 2, BT-Drs. 16/10 145, 20).

II. Entstehungsgeschichte

1. UWG 1909

2.2   Das **UWG 1909** verwendete in den §§ 1, 3 aF den Begriff des **Handelns im geschäftlichen Verkehr zu Zwecken des Wettbewerbs.** Dieser Begriff wurde weit ausgelegt. Er erfasste alle Maßnahmen (positives Tun, konkludentes Handeln, Unterlassen, soweit eine Verpflichtung zum Tätigwerden besteht), die auf die Förderung eines beliebigen – auch fremden – Geschäftszwecks gerichtet sind, dh jede selbständige, der Verfolgung eines wirtschaftlichen Zwecks dienende Tätigkeit, in der eine Teilnahme am Wettbewerb irgendwie zum Ausdruck gelangt ist (stRspr; BGH GRUR 1995, 595 (596) – Kinderarbeit).

2. UWG 2004

Das **UWG 2004** ersetzte den Begriff des Handelns im geschäftlichen Verkehr zu Zwecken des **2.3**
Wettbewerbs durch den der **Wettbewerbshandlung** und definierte ihn in § 2 I Nr. 1 aF als
„jede Handlung einer Person mit dem Ziel, zugunsten des eigenen oder eines fremden Unternehmens den Absatz oder den Bezug von Waren oder die Erbringung oder den Bezug von
Dienstleistungen, einschließlich unbeweglicher Sachen, Rechte und Verpflichtungen zu fördern" (vgl. Begr. RegE UWG 2004 zu § 2 I Nr. 1 aF, BT-Drs. 15/1487, 16). Begriff und
Definition gingen zurück auf den Entwurf von Köhler/Bornkamm/Henning-Bodewig (WRP
2002, 1317; dort § 2 Nr. 1). Inhaltlich lehnte sich die Definition an die Begriffsbestimmung der
Werbung in Art. 2 Nr. 1 RL 84/450/EWG (jetzt: Art. 2 lit. a Werbe-RL) über irreführende
und vergleichende Werbung an, ging aber darüber hinaus.

3. UWG-Novelle 2008

Die UWG-Novelle 2008 ersetzte den Begriff der Wettbewerbshandlung durch den der **2.4**
geschäftlichen Handlung (vgl. den Vorschlag von Köhler WRP 2007, 1393 (1397)) und passte
die Definition in § 2 I Nr. 1 UWG 2004 den Anforderungen der UGP-RL an. Dieser Begriff
ist jedenfalls nicht enger als der der Wettbewerbshandlung (BGH GRUR 2010, 1125 Rn. 17 –
Femur-Teil; WRP 2011, 866 Rn. 17 – Werbung mit Garantie; WRP 2011, 59 Rn. 12 – Rote
Briefkästen; GRUR 2013, 301 Rn. 17 – Solarinitiative). Wesentlicher Unterschied zur früheren
Regelung war die Ersetzung des (ungeschriebenen) Tatbestandsmerkmals der Wettbewerbsförderungsabsicht durch das Erfordernis des objektiven Zusammenhangs (dazu BGH WRP 2015,
854 Rn. 14 – Hohlkammerprofilplatten) und die Erstreckung auf Handlungen, die in objektivem Zusammenhang mit dem Abschluss oder der Durchführung eines Vertrages über Waren
oder Dienstleistungen stehen. Die Definition der geschäftlichen Handlung lehnt sich an Art. 2
lit. d UGP-RL und Art. 3 I UGP-RL an (→ Rn. 2.7 ff.). Der in der Richtlinie verwendete
Begriff der „Geschäftspraktiken" (→ Rn. 2.7) wurde absichtlich nicht übernommen, weil ihm in
der deutschen Sprache eine abwertende Bedeutung zukommt (vgl. Begr. RegE UWG 2008 zu
§ 1, BT-Drs. 16/10145, 20), der Begriff der geschäftlichen Handlung dagegen wertungsneutral
ist.

4. UWG-Novelle 2015

Die UWG-Novelle 2015 brachte keine Änderungen des Begriffs und der Definition der **2.5**
geschäftlichen Handlung mit sich.

5. Änderungen durch das Gesetz zur Stärkung des Verbraucherschutzes im Wettbewerbs- und Gewerberecht

Das G zur Stärkung des Verbraucherschutzes im Wettbewerbs- und Gewerberecht, das am **2.6**
28.5.2022 in Kraft trat, ergänzte die Begriffsbestimmung der geschäftlichen Handlung in zweifa-
cher Hinsicht. Zum einen wurde klargestellt, dass der Begriff der Waren auch digitale Inhalte
und der Begriff der Dienstleistungen auch digitale Dienstleistungen erfasst. Damit wurde Art. 3
Nr. 1 lit. a RL (EU) 2019/2161 umgesetzt, der an die entsprechenden Begriffe in Art. 2 Nr. 1
und 2 RL (EU) 2019/770 anknüpft. Zum anderen wurde der Begriff des Zusammenhangs in der
Definition dahin ergänzt, dass es sich nicht wie bisher nur um einen objektiven, sondern um
einen unmittelbaren und objektiven" Zusammenhang mit einer Förderung des Absatzes oder
Bezugs usw. handeln muss (→ Rn. 2.37 ff.). Grund und Zweck dieser Gesetzesänderung sind
nicht leicht zu verstehen. Nach der Amtl. Begründung (BT-Drs. 19/27873, 32) sollte damit
klargestellt werden, dass es sich nicht nur um einen objektiven, sondern auch um einen unmittelbaren Zusammenhang mit einer Absatzförderung handeln müsse Dies entspreche der Definition
der Geschäftspraktik in Art. 2 lit. d UGP-RL. Zwar müsse das Kriterium „objektiv" auch derzeit
bei Handlungen gegenüber Verbrauchern so ausgelegt werden, dass es „unmittelbar" umfasse;
aufgrund der Bedeutung dieser zentralen Begriffsbestimmung sei eine Klarstellung jedoch angebracht. So erscheine es möglich, dass bei bestimmten Formen der Förderung des eigenen
Unternehmens kein unmittelbarer Zusammenhang zur Absatzförderung bestehe, z. B. wenn ein
Influencer Waren oder Dienstleistungen empfehle oder erwähne und hierfür kein Entgelt oder
eine ähnliche Gegenleistung erhalten habe und die Erwähnung gegebenenfalls lediglich seine
eigene Bekanntheit fördere. Ersichtlich wird damit eine Annäherung an die Regelung in
§ 5a IV 2 bezweckt (dazu mit Recht krit. Feddersen WRP 2022, 789 Rn. 29 unter Hinweis auf

BGH WRP 2021, 1415 Rn. 44 – Influencer I). Es ist davon auszugehen, dass (1) die Einfügung des Begriffs „unmittelbar" der Definition der Geschäftspraktiken in Art. 2 lit. d UGP-RL hinsichtlich des Verhältnisses zwischen Unternehmer und Verbrauchern (und sonstigen Marktteilnehmern) Rechnung tragen soll; (2) der Begriff „unmittelbar" insoweit iSd der bisherigen Auslegung des Begriffs „objektiv" zu verstehen ist; (3) der Begriff „objektiv" aber eine eigenständige Bedeutung für geschäftliche Handlungen, die sich in erster Linie gegen Mitbewerber richten (§ 4), behält.

B. Verhältnis zum Begriff der „Geschäftspraktiken"

I. Reichweite der Definition der Geschäftspraktiken

2.7   Die UGP-RL verwendet zur Beschreibung des relevanten Verhaltens den Begriff der **„Geschäftspraktiken"** (in der Einzahl: „Geschäftspraxis" und – sprachlich wohl richtiger – „Geschäftspraktik"). Sie definiert diesen Begriff in Art. 2 lit. d UGP-RL wie folgt:

„Geschäftspraktiken im Geschäftsverkehr zwischen Unternehmen und Verbrauchern" (nachstehend auch „Geschäftspraktiken" genannt) jede Handlung, Unterlassung, Verhaltensweise oder Erklärung, kommerzielle Mitteilung einschließlich Werbung und Marketing eines Gewerbetreibenden, die unmittelbar mit der Absatzförderung, dem Verkauf oder der Lieferung eines Produkts zusammenhängt.

Die verbindliche Auslegung dieser Definition ist Sache des EuGH. Nach dem EuGH ist der Begriff der Geschäftspraktik **„sehr weit konzipiert"** (EuGH GRUR 2010, 244 Rn. 36 – Plus Warenhandelsgesellschaft; GRUR 2011, 76 Rn. 17 – Mediaprint; WRP 2015, 698 Rn. 34 – UPC). Erfasst werden alle Praktiken, die sich in den **Rahmen der Geschäftsstrategie** eines Unternehmers einfügen und mit der Absatzförderung, dem Verkauf und der Lieferung seiner Produkte unmittelbar zusammenhängen (EuGH GRUR 2011, 76 Rn. 16 – Mediaprint; WRP 2013, 1575 Rn. 36 – RLvS Verlagsgesellschaft; WRP 2015, 698 Rn. 35 – UPC; WRP 2019, 1285 Rn. 43 – Kirschstein). Dazu gehören bspw. auch Werbekampagnen, mit denen die kostenlose Teilnahme an Preisausschreiben oder Lotterien mit dem Kauf von Waren oder der Inanspruchnahme von Dienstleistungen verknüpft werden (EuGH GRUR 2011, 76 Rn. 16 – Mediaprint). Allerdings werden nur solche Handlungen erfasst, die dem Absatz der **eigenen** Produkte des Unternehmers dienen. Das Handeln einer Person zugunsten des Absatzes eines **fremden** Unternehmens stellt nur dann eine Geschäftspraktik dar, wenn sie **im Namen** und/oder **Auftrag** eines Gewerbetreibenden tätig wird und **beide „Gewerbetreibende"** iSd UGP-RL sind (EuGH WRP 2013, 1575 Rn. 38 – RLvS Verlagsgesellschaft; Scherer WRP 2014, 517 (519); → Rn. 8.8). In diesem Fall sind dann beide nebeneinander verantwortlich (EuGH WRP 2013, 1575 Rn. 38 – RLvS Verlagsgesellschaft). Ferner fallen unter den Begriff der Geschäftspraktik nach Art. 2 lit. c UGP-RL und ErwGr. 13 UGP-RL die Tätigkeiten des Gewerbetreibenden **nach Abschluss** eines Handelsgeschäfts und während dessen Ausführung (EuGH WRP 2015, 698 Rn. 36 – UPC), wie bspw. eine Auskunft über die Laufzeit eines Vertrags (EuGH WRP 2015, 698 Rn. 37 – UPC).

2.8   Für das Vorliegen einer Geschäftspraktik ist unerheblich, dass das Verhalten des Unternehmers nur **einmal** vorkam und nur **einen** Verbraucher betraf (EuGH WRP 2015, 698 Rn. 41–46 – UPC). Unerheblich ist auch, ob das Verhalten des Unternehmers schuldhaft (vorsätzlich oder fahrlässig) erfolgte und ob die Auswirkungen auf den Verbraucher geringfügig sind (EuGH WRP 2015, 698 Rn. 47–50 – UPC). – Eine andere Frage ist es, unter welchen Voraussetzungen Verstöße verfolgt werden und mit welchen Sanktionen sie belegt werden (dazu Art. 11, 11a, 13 UGP-RL).

2.9   Allerdings ist der Anwendungsbereich der UGP-RL durch zahlreiche Ausnahmen eingeschränkt, die sich aus Art. 3 II–V, VIII–X UGP-RL und den ErwGr. 6, 7, 9 und 14 ergeben. – Außerdem erfasst die UGP-RL nicht Handlungen des Unternehmers, die sich auf den **Bezug** von Waren oder Dienstleistungen von Verbrauchern beziehen. – Eine weitere Einschränkung ergibt sich daraus, dass nur solche nationalen Vorschriften in den Anwendungsbereich der UGP-RL fallen, die (zumindest auch) den Verbraucherschutz bezwecken (stRspr; GRUR 2010, 244 Rn. 39, 40 – Plus Warenhandelsgesellschaft; GRUR 2011, 76 Rn. 21, 23 – Mediaprint; GRUR 2011, 76 Rn. 21 – Mediaprint; GRUR-Int. 2011, 853 Rn. 20–40 – WAMO; GRUR-Int. 2013, 936 Rn. 17, 31 – Euronics). Dies ist bspw. bei den mitbewerberschützenden Vorschriften des § 4 Nr. 1–4 nicht der Fall (→ § 4 Rn. 0.5).

II. Geschäftliche Handlung als weiter reichender Begriff

Der Begriff der geschäftlichen Handlung reicht in **fünffacher Hinsicht** weiter als der unions- 2.10
rechtliche Begriff der Geschäftspraktiken. Denn er erfasst auch **(1)** Maßnahmen im Vertikalverhältnis gegenüber sonstigen Marktteilnehmern; **(2)** Maßnahmen, die sich unmittelbar gegen
Mitbewerber richten; **(3)** Maßnahmen beim Bezug von Waren und Dienstleistungen; **(4)** Maßnahmen Dritter, die nicht im Namen und/oder im Auftrag des Unternehmers handeln oder
nicht Unternehmer sind, zur Förderung des Absatzes oder Bezugs eines fremden Unternehmens
(ebenso BGH GRUR 2009, 878 Rn. 11 – Fräsautomat; WRP 2014, 1058 Rn. 13– GOOD
NEWS II; WRP 2015, 856 Rn. 26 – Bezugsquellen für Bachblüten; WRP 2021, 1415 Rn. 63
– Influencer I); **(5)** Maßnahmen, die außerhalb des Anwendungsbereichs der UGP-RL liegen
(zB Belästigung iSv § 7 ohne Beeinträchtigung der wirtschaftlichen Interessen der Verbraucher;
jurisPK-UWG/Koch § 7 Rn. 4 f., 9). – Die weiter reichende Definition der geschäftlichen
Handlung steht auch **nicht im Widerspruch zur UGP-RL,** die bewusst nur einen Ausschnitt
aus dem Spektrum des unlauteren Wettbewerbs (B2C) und auch dies nur mit zahlreichen
Einschränkungen regelt (vgl. ErwGr. 6, 7, 9 und 14 UGP-RL und Art. 3 UGP-RL; BGH
WRP 2014, 1058 Rn. 13 – GOOD NEWS II; Koch FS Köhler, 2014, 359 (367)). Von
Bedeutung ist dies ua bei der Anwendung der Tatbestände des Anh. § 3 III **(„Schwarze
Liste"),** die eine geschäftliche Handlung voraussetzen und damit einen breiteren Anwendungs-
bereich als die Tatbestände des Anh. I UGP-RL haben können, ohne dass damit der abschlie-
ßende Charakter dieser Tatbestände in Frage gestellt würde.

III. Gebot der richtlinienkonformen Auslegung

Der Begriff der geschäftlichen Handlung ist, soweit es Handlungen von Unternehmen gegen- 2.11
über Verbrauchern angeht und der Anwendungsbereich der UGP-RL eröffnet ist, im Lichte der
Definition der Geschäftspraktiken in Art. 2 lit. d UGP-RL und der Beispielstatbestände der
UGP-RL auszulegen (BGH GRUR 2014, 682 Rn. 16 – Nordjobmesse; WRP 2015, 856
Rn. 22 – Bezugsquellen für Bachblüten). Im Interesse der Rechtssicherheit und um Wertungswidersprüche zu vermeiden, muss diese Auslegung grds. auch für geschäftliche Handlungen
gegenüber sonstigen Marktpartnern gelten (ebenso BGH WRP 2013, 1183 Rn. 19 – Standardisierte Mandatsbearbeitung; Koch FS Köhler, 2014, 359 (368)).

C. „Verhalten einer Person"

I. Begriff des Verhaltens einer Person

Erste Voraussetzung für das Vorliegen einer geschäftlichen Handlung ist das **Verhalten einer** 2.12
Person. Anders als im UWG 2004 hat der Gesetzgeber nicht den Begriff der „Handlung" als
Anknüpfungspunkt gewählt, sondern den umfassender erscheinenden Begriff des **„Verhaltens".**
Er soll zum Ausdruck bringen, dass als geschäftliche Handlung gleichermaßen ein positives Tun
wie auch ein **Unterlassen** in Betracht kommen (Begr. RegE UWG 2008 zu § 2, BT-Drs. 16/
10145, 20). Die Einführung dieses neuen Begriffs ist aus Sicht der deutschen Rechtsterminologie
an sich überflüssig und eher verwirrend, weil seit jeher (und auch im allgemeinen Deliktsrecht)
der Begriff des Handelns als Oberbegriff nicht nur das positive Tun, sondern auch das pflichtwidrige Unterlassen umfasste. Im Folgenden wird daher der Begriff der Handlung gleichsinnig
mit dem des Verhaltens verwendet.

Der Begriff des Verhaltens ist weit zu fassen und erstreckt sich auf alle menschlichen Ver- 2.13
haltensweisen, auf positives Tun und Unterlassen, auf Äußerungen und rein tatsächliche Handlungen. Erfasst wird auch der Einsatz von technischen Mitteln. Eine geschäftliche Handlung
kann auch – etwa mit Hilfe eines von der Person entwickelten oder genutzten Computerprogramms – technisch gestützt oder automatisiert vorgenommen werden (BGH WRP 2021, 1437
Rn. 25 – Vertragsdokumentengenerator). Diese Auslegung entspricht den Vorgaben des Art. 2
lit. d UGP-RL, die unter Geschäftspraktiken „jede Handlung, Unterlassung, Verhaltensweise
oder Erklärung, kommerzielle Mitteilung einschließlich Werbung und Marketing" erfasst. Beim
positiven Tun ist erforderlich, dass das Verhalten von einem natürlichen Handlungswillen
getragen ist. Verhaltensweisen, die nicht vom Bewusstsein gesteuert sind, wie zB Reflexhand-
lungen oder Handlungen im Schlaf oder in Hypnose, stellen kein Verhalten iSd § 2 I Nr. 2

(= Nr. 1 aF) dar, jedenfalls ist die betreffende Person dafür nicht verantwortlich (vgl. auch § 827 BGB). Dass das Tun unter Einfluss äußeren psychischen oder körperlichen Zwangs erfolgt, ist dagegen unerheblich. Das Verhalten muss von einer **natürlichen** oder **juristischen Person** ausgehen. Bei juristischen Personen ist das Verhalten ihrer Organe maßgeblich (§ 31 BGB).

II. Unterlassen

2.14   In Art. 2 lit. d UGP-RL ist die „Unterlassung" der „Handlung" gleichgestellt. Allerdings gilt dies nur für die Fälle, in denen das Unterlassen einer Tätigkeit oder das Vorenthalten einer Information im jeweiligen Tatbestand einer unlauteren Geschäftspraktik berücksichtigt ist (vgl. den Tatbestand der „irreführenden Unterlassungen" in Art. 7 UGP-RL; vgl. ferner Anh. I Nr. 5, 8, 19, 25, 26 UGP-RL). Das Gleiche gilt für die entsprechenden Regelungen im UWG (vgl. §§ 5a, 5b sowie Anh. Nr. 5, 8, 19, 25, 26, 27 zu § 3 III). Im Übrigen steht das **Unterlassen** dem positiven Tun nur dann gleich, wenn eine **Erfolgsabwendungspflicht** besteht. Unter Erfolg ist dabei der Eintritt einer den Tatbestand des § 3 oder § 7 erfüllenden Beeinträchtigung der Interessen von Mitbewerbern, Verbrauchern oder sonstigen Marktteilnehmern zu verstehen. Die Erfolgsabwendungspflicht kann sich aus Gesetz, Vertrag oder vorangegangenem Gefahr begründenden – auch schuldlosem – Tun ergeben (BGH GRUR 2001, 82 (83) – Neu in Bielefeld I). Eine geschäftliche Handlung iSd § 3a kann daher auch in der Nichterfüllung einer gesetzlichen Pflicht zu einem bestimmten Handeln bestehen (OLG Köln WRP 2020, 1613 (1614)). Sie kann ferner darin bestehen, einen Dritten an einem unlauteren Verhalten zu hindern (insbes. Fälle der **wettbewerbsrechtlichen Verkehrspflichten;** vgl. BGH GRUR 2007, 890 Rn. 22, 26 ff. – Jugendgefährdende Medien bei eBay; OLG Hamburg WRP 2008, 1569 (1582); näher → § 8 Rn. 2.5 ff.). – Von der Haftung für eigenes pflichtwidriges Unterlassen (wozu auch § 831 BGB gehört) zu unterscheiden ist die **Haftung für fremdes Verhalten kraft Zurechnung,** wie sie sich zB aus § 8 II oder aus § 31 BGB ergeben kann.

III. Einzelne Aktivitäten

2.15   In Art. 2 lit. d UGP-RL ist als konkretes Beispiel einer Geschäftspraktik die **„kommerzielle Mitteilung einschließlich Werbung und Marketing"** angeführt. Dies ist im Wege der richtlinienkonformen Auslegung auch bei der Auslegung des Begriffs der geschäftlichen Handlung zu berücksichtigen. Vgl. ferner § 5b IV.

1. „Kommerzielle Mitteilung"

2.16   Der Begriff der geschäftlichen Handlung umfasst ebenso wie der Begriff der Geschäftspraktiken auch die **„kommerzielle Mitteilung".** Dieser Begriff ist gleichbedeutend mit dem der **„kommerziellen Kommunikation"** („commercial communication"). Er umfasst nach der Definition in Art. 2 lit. f E-Commerce-RL „alle Formen der Kommunikation, die der unmittelbaren oder mittelbaren Förderung des Absatzes von Waren und Dienstleistungen oder des Erscheinungsbildes eines Unternehmens, einer Organisation oder einer natürlichen Person dienen, die eine Tätigkeit in Handel, Gewerbe, Handwerk oder einen reglementierten Beruf ausübt". Dieser Begriff wurde in § 2 Nr. 5 TMG in das deutsche Recht übernommen und in § 2 Nr. 9 TMG um den Begriff der audiovisuellen kommerziellen Kommunikation erweitert. – Die eigentliche Bedeutung der Definition der „kommerziellen Mitteilung" liegt darin, dass sie auch solche Formen der Kommunikation erfasst, die lediglich der **mittelbaren Förderung des Absatzes** oder der **unmittelbaren oder mittelbaren Förderung des Erscheinungsbilds** eines Unternehmens dienen. Dazu gehören insbes. die Aufmerksamkeitswerbung, einschließlich des Sponsoring (BGH WRP 2014, 1058 Rn. 14 – GOOD NEWS II), sowie Hinweise auf Maßnahmen der **„Corporate Social Responsibilty" (CSR)** (dazu Köhler in Hilty/Henning-Bodewig, Corporate Social Responsibility, 2014, 161). Solche Maßnahmen der „kommerziellen Kommunikation", die weder Werbung noch Marketing darstellen, stehen aber nur dann in einem „unmittelbaren Zusammenhang" mit der Absatzförderung und sind damit Geschäftspraktiken, wenn sie ausschließlich oder doch vorrangig **Verbraucher** ansprechen oder erreichen. Denn das objektive Ziel der Maßnahme kann dann nur die Einwirkung auf die Kaufentscheidung des Verbrauchers und damit die Förderung des Absatzes sein (arg. ErwGr. 7 S. 1, 2 UGP-RL). Davon gehen auch verschiedene Regelungen in der UGP-RL aus, wie zB Art. 6 I lit. c UGP-RL („Sponsoring"), Anh. I Nr. 1, 3 und 22 UGP-RL.

2. „Werbung"

Werbung ist ein Unterfall der kommerziellen Mitteilung, damit auch der Geschäftspraktiken **2.17** und insoweit auch der geschäftlichen Handlung (BGH WRP 2016, 958 Rn. 23 – Freunde finden). Mangels einer Definition in der UGP-RL ist auf Art. 2 lit. a Werbe-RL zurückzugreifen. Werbung ist danach „jede Äußerung bei der Ausübung eines Handels, Gewerbes, Handwerks oder freien Berufs mit dem Ziel, den Absatz von Waren oder die Erbringung von Dienstleistungen, einschließlich unbeweglicher Sachen, Rechte und Verpflichtungen zu fördern". Diese **„besonders weite Definition"** kann sehr unterschiedliche Formen von Werbung erfassen und ist nicht auf die Formen klassischer Werbung beschränkt (EuGH WRP 2013, 1161 Rn. 35 – Belgian Electronic Sorting Technology mAnm Rauer/Pfuhl). Daher stellt bspw. Zwar noch nicht die Eintragung eines Domain-Namens, wohl aber die **Nutzung eines Domain-Namens,** der auf ein bestimmtes Unternehmen oder dessen Produkte hinweist, sowie die **Nutzung von Metatags,** die den Bezeichnungen von Mitbewerbern oder deren Produkten entsprechen, in den Metadaten einer Website eine Werbung dar (EuGH WRP 2013, 1161 Rn. 48, 54 – Belgian Electronic Sorting Technology); ferner Einladungs-E-Mails, die mit Hilfe der „Freunde finden"-Funktion von Facebook versandt werden (BGH WRP 2016, 958 Rn. 36 – Freunde finden), sowie die Darstellung eines Unternehmens auf einem Briefbogen (OLG Köln WRP 2020, 777 Rn. 37 ff. zum Anwaltsbriefkopf). Auch hier stellt sich das Problem der Abstimmung mit der Definition der Geschäftspraktiken, die nicht vom „Ziel" der Absatzförderung spricht, sondern vom „unmittelbaren Zusammenhang" damit. Mindestens ist immer dann, wenn eine Äußerung dem „Ziel" der Absatzförderung dient, auch ein „unmittelbarer Zusammenhang" (vgl. EuGH GRUR 2010, 244 Rn. 37 – Plus Warenhandelsgesellschaft; GRUR 2011, 76 Rn. 18 – Mediaprint) und damit auch ein „objektiver Zusammenhang" iSd der Definition der geschäftlichen Handlung gegeben. Der Begriff der „(vergleichenden) Werbung" in den § 5 II, III, § 6, § 7 I 2, II und in Anh. Nr. 28 zu § 3 III ist ohnehin am Maßstab der Definition in Art. 2 lit. a Werbe-RL auszulegen. Darüber hinaus ist es geboten, den Begriff der Werbung auch auf die **Nachfragewerbung** zu erstrecken, da § 2 I Nr. 2 (= Nr. 1 aF) ausdrücklich auch den Bezug von Waren oder Dienstleistungen erfasst (auch → § 7 Rn. 129; BGH GRUR 2008, 923 Rn. 9 ff. – Faxanfrage im Autohandel; GRUR 2008, 925 Rn. 12 ff. – FC Troschenreuth mAnm Köhler zum Begriff der Werbung in § 7 II).

3. „Marketing"

Der Begriff des „Marketing" ist in der UGP-RL nicht definiert. Allerdings sprechen Art. 6 II **2.18** UGP-RL von der „Vermarktung eines Produkts, einschließlich vergleichender Werbung" und dementsprechend § 5 II von der „Vermarktung von Waren oder Dienstleistungen einschließlich vergleichender Werbung". Daraus erhellt bereits, dass die Grenzen zum Begriff der Werbung fließend sind. Erfasst werden insbes. auch Maßnahmen der Verkaufsförderung, wie etwa Preisnachlässe, Zugaben, Werbegeschenke, Gewinnspiele, Preisausschreiben (vgl. Art. 6 lit. c und d E-Commerce-RL). Da solche Maßnahmen unmittelbar der Absatzförderung dienen, sind sie stets Geschäftspraktiken und damit geschäftliche Handlungen.

D. „Zugunsten des eigenen oder eines fremden Unternehmens"

I. Allgemeines

Das Verhalten muss, um eine geschäftliche Handlung zu sein, zugunsten des **eigenen** oder **2.19** eines **fremden Unternehmens** erfolgen, es muss also einen **Unternehmensbezug** haben. Zum Begriff des Unternehmens → Rn. 2.22 ff.; → Rn. 8.3, 8.4. Zum Fehlen eines Unternehmensbezugs → Rn. 2.20, 2.21. Zum Handeln für ein **fremdes** Unternehmen → Rn. 2.57 ff.

II. Abgrenzung zu Handlungen ohne Unternehmensbezug

1. Handlungen von Verbrauchern

Handelt eine natürliche Person nicht als Unternehmer, also als Inhaber eines Unternehmens **2.20** oder als Vertreter oder Beauftragter eines Unternehmers (§ 2 I Nr. 8 (= Nr. 6 aF)) und auch sonst nicht zugunsten eines fremden Unternehmens, sondern als Verbraucher im Eigeninteresse, so liegt von vornherein keine geschäftliche Handlung vor. Es fehlt an der Förderung eines

Unternehmens. Die Abgrenzung hat nach objektiven Kriterien unter Berücksichtigung der Umstände des Einzelfalls zu erfolgen (→ Rn. 8.4; zu Art. 2 lit. d UGP-RL vgl. EuGH WRP 2018, 1311 Rn. 35 ff., 41 ff. – Komenova; vgl. auch OLG Karlsruhe GRUR-RR 2010, 47). Zum Verhältnis der Begriffe Unternehmer und Verbraucher zueinander vgl. EuGH WRP 2013, 1454 Rn. 33 – BKK Mobil Oil; WRP 2018, 1311 Rn. 33, 34 – Komenova: „korrelativ, aber antinomisch". – Zum Handeln als Verbraucher gehören **Privatkäufe und -verkäufe,** wie sie insbes. auf der Internet-Plattform von eBay getätigt werden (→ Rn. 2.25; → Rn. 8.4). Sie stellen auch dann keine geschäftlichen Handlungen dar, wenn sie ein Unternehmer in seiner Eigenschaft als Privatmann vornimmt. Bietet zB ein Immobilienmakler ein Grundstück aus seinem Privatbesitz in Zeitungsanzeigen zum Kauf an, so handelt er nicht als Unternehmer, auch wenn durch den Verkauf die Liquidität im geschäftlichen Bereich verbessert wird; er begeht auch keine Irreführung, wenn er in der Zeitungsanzeige nicht auf seine berufliche Tätigkeit als Immobilienmakler hinweist (BGH GRUR 1993, 760 (761) – Makler-Privatangebot; Gröning WRP 1993, 621). Wer unter dem Namen eines Unternehmens auf einer Internet-Plattform fremde Mitarbeiter abzuwerben versucht, handelt nicht als Verbraucher (LG Heidelberg K&R 2012, 537). – Dem Handeln von Verbrauchern steht grds. das Handeln solcher **Organisationen** gleich, die **keine Unternehmereigenschaft** besitzen, wie zB Idealvereine, Stiftungen oder religiöse Körperschaften (zu Ausnahmen → Rn. 2.26).

2. Hoheitliche Handlungen

2.21   Rein hoheitliche Handlungen stellen mangels Unternehmensbezugs ebenfalls keine geschäftlichen Handlungen dar. Dazu gehört das Handeln der öffentlichen Hand **auf Grund gesetzlicher Ermächtigung** (vgl. BGH GRUR 2020, 755 Rn. 49 mwN – WarnWetter-App; OLG Köln GRUR 2022, 1455 Rn. 11–15; zu Einzelheiten vgl. → § 3a Rn. 2.17 ff.). Grds. sind aber öffentlich-rechtliche Einrichtungen oder Einrichtungen, die eine im Allgemeininteresse liegende Aufgabe erfüllen, wie zB die Verwaltung eines gesetzlichen Krankenversicherungssystems (Krankenkassen), als Unternehmer anzusehen und daher nicht von der Anwendung des UWG ausgenommen (→ Rn. 8.3; EuGH WRP 2013, 1454 Rn. 32, 37 – BKK Mobil Oil; BGH GRUR 2006, 428 Rn. 12 – Abschleppkosten-Inkasso).

III. Begriff des Unternehmens

1. Abgrenzung zum Begriff des Unternehmers

2.22   Das Gesetz verwendet sowohl den Begriff des **Unternehmens** (vgl. § 2 I Nr. 2 (= Nr. 1 aF); § 4 Nr. 2; § 8 II; § 17) als auch den des **Unternehmers** (vgl. § 2 I Nr. 4 (= Nr. 3 aF) und Nr. 8 (= Nr. 6 aF); § 4 Nr. 2; § 8 II, III Nr. 2; § 15 II). Mit dem Begriff des Unternehmens wird die organisatorische Einheit beschrieben, in der eine gewerbliche oder selbständige berufliche Tätigkeit ausgeübt wird, mit dem Begriff des Unternehmers (§ 2 I Nr. 8 (= Nr. 6 aF)) der Inhaber des Unternehmens (vgl. § 8 II, § 17 II).

2. Merkmale des unternehmerischen Handelns

2.23   Der Begriff des Unternehmens dient einmal dazu, ein geschütztes Gut zu beschreiben (vgl. § 4 Nr. 2). Vor allem dient er dazu, das unternehmerische Handeln von anderen Handlungsformen abzugrenzen (→ Rn. 2.20, 2.21). Letztlich geht es also darum, wann eine Tätigkeit unternehmerischen Charakter hat. Der Begriff des Unternehmens bzw. des Unternehmers ist im Lauterkeitsrecht zum Schutze der wirtschaftlichen Interessen der Marktteilnehmer, insbes. der Verbraucher **weit** auszulegen (EuGH WRP 2013, 1454 Rn. 32 – BKK Mobil Oil; WRP 2018, 1311 Rn. 30 – Kamenova). Geboten ist eine wirtschaftliche Betrachtungsweise, die nicht auf die Rechtsform, sondern auf die tatsächliche Stellung im Wettbewerb abhebt (BGH GRUR 1976, 370 (371) – Lohnsteuerhilfevereine I). Davon sind weder Einrichtungen, die eine im Allgemeininteresse liegende Aufgabe erfüllen, noch öffentlich-rechtliche Einrichtungen ausgenommen (EuGH WRP 2013, 1454 Rn. 32 – BKK Mobil Oil; WRP 2018, 1311 Rn. 30 – Kamenova). Erforderlich ist lediglich eine **auf eine gewisse Dauer angelegte, selbständige wirtschaftliche Betätigung, die darauf gerichtet ist, Waren oder Dienstleistungen gegen Entgelt zu vertreiben** (vgl. BGH GRUR 2009, 871 Rn. 33 – Ohrclips; BGHZ 167, 40 Rn. 14; OLG München GRUR 2017, 1147 Rn. 73). Im Markenrecht entspricht dem das Erfordernis des Handelns „im geschäftlichen Verkehr" (§ 14 II MarkenG). – Im Anwendungsbereich der **UGP-**

RL, der **Werbe-RL** und der **Verbraucherrechte-RL** ist in richtlinienkonformer Auslegung auf den unionsrechtlichen und daher **autonom** und **einheitlich** auszulegenden Begriff des „Gewerbetreibenden" bzw. „Unternehmers" (engl. „trader"; frz. „professionel") abzustellen (dazu Art. 2 lit. b UGP-RL; Art. 2 lit. d Werbe-RL; Art. 2 Nr. 2 Verbraucherrechte-RL). Aus der Rspr. Vgl. EuGH WRP 2013, 1454 Rn. 25 – BKK Mobil Oil; WRP 2015, 98 Rn. 33 – UPC; WRP 2018, 1311 Rn. 30 – Kamenova; BGH WRP 2012, 309 Rn. 7 ff. – Betriebs-krankenkasse I). Es handelt sich um einen funktionalen Begriff, der „anhand des korrelativen, aber antinomischen Begriffs „Verbraucher" zu bestimmen" ist (EuGH WRP 2013, 1454 Rn. 33 – BKK Mobil Oil; WRP 2018, 1311 Rn. 33–35 – Kamenova). – Im Hinblick auf die Funktionsunterschiede zwischen Lauterkeitsrecht und Kartellrecht ist der Begriff des Gewerbetreibenden iSd UGP-RL, der Werbe-RL und der Verbraucherrechte-RL aber nicht deckungsgleich mit dem Unternehmensbegriff iSd Art. 101, 102 AEUV (dazu BGH WRP 2012, 309 Rn. 14 – Betriebskrankenkasse I; Becker/Schweizer NJW 2014, 269 (271); Keßler WRP 2014, 765).

2.24   **Selbständig** ist die Tätigkeit, wenn der Handelnde sie in eigener Verantwortung gestaltet (vgl. § 84 I HGB zum selbständigen **Handelsvertreter;** BGH NJW 1998, 2058; OLG Karlsruhe GRUR-RR 2010, 51 (52)).

2.25   **Auf Dauer angelegt** (und damit **planmäßig**) ist die Tätigkeit, wenn sie nicht bloß gelegentlich erfolgt, also sich nicht in gelegentlichen Geschäftsakten erschöpfen soll. Verkäufe aus Privatvermögen, mögen sie auch einen gewissen Umfang erreichen (zB Haushaltsauflösung), begründen daher keine Unternehmenseigenschaft. Die Abgrenzung ist vor allem beim **Verkauf über Internet-Plattformen** (zB **eBay**) und für die Tätigkeit von **Marketing-Influencern** (→ § 5a Rn. 7.80c) von Bedeutung. Dabei sind die Umstände des Einzelfalls in einer Gesamtschau zu würdigen. **Anhaltspunkte** für eine unternehmerische Tätigkeit sind insbes.: (1) ob der Verkauf über die Plattform planmäßig erfolgte; (2) ob der Verkäufer über Informationen oder technische Fähigkeiten hinsichtlich der von ihm angebotenen Waren verfügt, über die der Verbraucher nicht notwendigerweise verfügt, so dass er sich gegenüber diesem Verbraucher in einer vorteilhafteren Position befindet; (3) ob der Verkäufer eine Rechtsform hat, die ihm die Vornahme von Handelsgeschäften erlaubt, (4) in welchem Umfang der Online-Verkauf mit einer wirtschaftlichen Tätigkeit des Verkäufers zusammenhängt; (5) ob der Verkäufer mehrwertsteuerpflichtig ist; (6) ob der Verkäufer, der im Namen oder Auftrag eines bestimmten Unternehmers oder durch eine andere Person auftritt, die in seinem Namen oder Auftrag handelt, eine Vergütung oder Erfolgsbeteiligung erhalten hat; (7) ob der Verkäufer neue oder gebrauchte Waren zum Zweck des Wiederverkaufs erwirbt und dieser Tätigkeit auf diese Weise eine gewisse Regelmäßigkeit, Häufigkeit und/oder Gleichzeitigkeit im Verhältnis zu seiner gewerblichen oder beruflichen Tätigkeit verleiht; (8) ob die zum Verkauf gestellten Waren alle gleichartig sind oder den gleichen Wert haben; (9) insbes. ob sich das Angebot auf eine begrenzte Anzahl von Waren konzentriert (EuGH WRP 2018, 1311 Rn. 38 – Kamenova). Diese Kriterien sind weder abschließend noch ausschließlich. Daher ist ein Online-Verkäufer nicht schon deshalb als Unternehmer anzusehen, wenn er eines oder mehrere dieser Kriterien erfüllt, wie etwa, dass mit dem Verkauf ein Erwerbszweck verfolgt wird, oder dass er gleichzeitig eine Reihe von Anzeigen für neue und gebrauchte Waren veröffentlicht (EuGH WRP 2018, 1311 Rn. 39, 40 – Kamenova). Zu berücksichtigen sind ggf. auch sonstige Anhaltspunkte, wie etwa wiederholte, gleichartige Angebote, ggf. auch von neuen Gegenständen, Angebote erst kurz zuvor erworbener Waren und häufige Bewertungen (vgl. BGH GRUR 2009, 871 Rn. 23–25, 33 – Ohrclips; GK-UWG/Fritzsche Rn. 761). – Ergeben sich objektive Merkmale, die für ein Handeln im geschäftlichen Verkehr sprechen, ist es Sache des Bekl., dies substanziiert zu widerlegen (BGH GRUR 2007, 708 Rn. 46 – Internetversteigerung II). – Die **Anmeldung** und **Eintragung einer Marke** reicht nicht aus, um die Unternehmenseigenschaft zu begründen, mag auch die Möglichkeit der Veräußerung oder Lizenzvergabe bestehen. Erst recht nicht lässt sich aus der Eintragung der Marke für bestimmte Waren der Schluss ziehen, der Markeninhaber treibe mit diesen Waren Handel (BGH GRUR 1995, 697 (699) – FUNNY PAPER). – Ausreichend ist dagegen der Erwerb mehrerer **Domain-Namen** in der Absicht, sie an Interessenten gegen Entgelt abzugeben (**Domain-Grabbing;** → § 4 Rn. 4.94).

2.26   **Entgeltlich** ist die Tätigkeit, wenn sie auf Erzielung einer Gegenleistung gerichtet ist, die nicht notwendig vom Empfänger der Leistung (vgl. § 18 Ia GWB) und auch nicht notwendig in Geld bestehen muss (zB kann auch die **Datenüberlassung** eine Gegenleistung darstellen; vgl. § 312 Ia 1 BGB). Die rechtliche Gestaltung ist unerheblich, so dass das Entgelt auch in der Zahlung von **Mitgliedsbeiträgen** bestehen kann (BGH GRUR 1976, 370 (371) – Lohnsteuerhilfevereine I: Mitgliedsbeitrag als „pauschaliertes Leistungsentgelt"; BAG GRUR 2006, 244

(245)). Dementsprechend sind auch **Idealvereine** (§ 21 BGB) als Unternehmen anzusehen, soweit sie gegenüber ihren **Mitgliedern** für sich gesehen unentgeltliche, aber durch den Mitgliedsbeitrag abgedeckte Leistungen erbringen, die auch auf dem Markt gegen Entgelt angeboten werden (BGH GRUR 1976, 370 – Lohnsteuerhilfevereine I; GRUR 1978, 180 – Lohnsteuerhilfevereine II; GRUR 1983, 120 (124) – ADAC-Verkehrsrechtsschutz; GRUR 1984, 283 (284) – Erbenberatung; BAG GRUR 2006, 244 (246); aA OLG Koblenz GRUR-RR 2002, 114). Für Lohnsteuerhilfevereine ist das unstreitig, da sie mit ihren Beratungsleistungen in Wettbewerb zu Steuerberatern treten (BGH GRUR 1976, 370 – Lohnsteuerhilfevereine I). Aber auch Sportvereine können daher im lauterkeitsrechtlichen Sinne Unternehmen sein, soweit sie ihren Mitgliedern Leistungen anbieten, die auch von privaten Unternehmern (Fitnessstudios; Tennisplatzbetreiber usw) erbracht werden und damit mit ihnen in Wettbewerb treten. Ob derartige Tätigkeiten vom Vereinszweck (einschließlich des sog Nebenzweckprivilegs) gedeckt sind, der Verein also in Erfüllung seiner satzungsmäßigen Aufgaben handelt, ist für die lauterkeitsrechtliche Beurteilung unerheblich (BGH GRUR 1972, 40 (42) – Feld und Wald I; aA OLG Nürnberg NJWE-WettbR 1998, 178 (179)). Erst recht sind **Idealvereine** als Unternehmen anzusehen, wenn sie – sei es auch in Verwirklichung ihres Satzungszwecks – Waren oder Dienstleistungen an **Dritte** gegen Entgelt abgeben (BGH WRP 2014, 552 Rn. 13 – Werbung für Fremdprodukte; LG Berlin WRP 2011, 130 (133)). – Für die Entgeltlichkeit reicht es ferner aus, wenn ein Entgelt (zB für Heilkundeleistungen) zwar nicht gefordert, aber genommen wird (BGH GRUR 1981, 665 (666) – Knochenbrecherin). Eine **Gewinnerzielungsabsicht** ist – jedenfalls im Lauterkeitsrecht – nicht erforderlich (BGH GRUR 1976, 370 (371) – Lohnsteuerhilfevereine I; GRUR 1981, 823 (825) – Ecclesia-Versicherungsdienst; BGHZ 82, 375 (395) = GRUR 1982, 425 (430) – Brillen-Selbstabgabestellen; GRUR 2008, 810 Rn. 21 – Kommunalversicherer; OLG Celle WRP 2010, 1548 (1550); vgl. auch BGHZ 95, 158 (160)). Auch **gemeinnützige** (zB auch kirchliche) Unternehmen unterliegen daher dem Lauterkeitsrecht. Maßgeblich ist nämlich nicht der Anlass und Grund (ideelle Zwecksetzung) für ein Tätigwerden im Wettbewerb, sondern die tatsächliche Stellung im Wettbewerb (BGH GRUR 1981, 823 (825) – Ecclesia-Versicherungsdienst; OLG Köln GRUR-RR 2013, 219 (221)) oder gegenüber Verbrauchern (EuGH WRP 2013, 1454 Rn. 32 ff. – BKK Mobil Oil). Bei **Gewerkschaften** ist die Unternehmenseigenschaft zu verneinen, soweit sich ihre Tätigkeit im Rahmen des Satzungszwecks bewegt, wozu auch die Gewährung von Rechtsschutz für die Mitglieder gehört (offengelassen in BAG GRUR 2006, 244 (246); vgl. ferner BGH GRUR 1980, 309 – Straßen- und Autolobby: Aufruf einer Eisenbahnergewerkschaft zur Unterstützung der Bahn). – **Gesetzliche Krankenkassen** sind Unternehmen, soweit sie in Ausnutzung der ihnen vom Gesetzgeber eingeräumten Handlungsspielräume um Mitglieder werben, weil damit Privatpersonen als Verbraucher angesprochen werden (EuGH WRP 2013, 1454 Rn. 32, 37 – BKK Mobil Oil; BGH WRP 2014, 835 Rn. 16 – Nordjob-Messe; WRP 2014, 1304 Rn. 28 – Betriebskrankenkasse II). – Unerheblich für die Unternehmenseigenschaft ist es, wenn ein Unternehmen im Einzelfall, etwa im Rahmen einer Werbeaktion, Waren oder Dienstleistungen unentgeltlich abgibt (vgl. BGH GRUR 1975, 320 (321) – Werbegeschenke).

2.27   Die Tätigkeit muss (auch) auf den **Absatz** von Waren oder Dienstleistungen gerichtet sein. Nicht ausreichend ist daher eine **reine Beschaffungstätigkeit,** mag sie auch – wie zB bei der öffentlichen Hand (→ § 3a Rn. 2.18) – einen großen Umfang haben (Köhler FS Hopt, 2010, 2825 (2830)). Dies entspricht weitgehend der Rspr. Des EuGH zum funktionalen Unternehmensbegriff im europäischen Kartellrecht (vgl. EuGH Slg. 2006, I-6295 Rn. 25 – FENIN; WuW/E EU-R 19929 Rn. 42 – AG2R Prévoyance). Danach ist unter einem Unternehmen jede eine wirtschaftliche Tätigkeit ausübende Einheit und unter wirtschaftlicher Tätigkeit das Angebot von Waren und Dienstleistungen auf einem bestimmten Markt zu verstehen.

2.28   Unerheblich ist die **Größe** des Unternehmens. Sie spielt nur im Kartellrecht eine Rolle, das kleinen und mittleren Unternehmen besonderen Schutz gewährt (vgl. § 3 I Nr. 2, § 20 II, IV 1 GWB).

2.29   Unerheblich ist grds. Auch, ob die unternehmerische Tätigkeit im Einzelfall **rechtlich erlaubt** ist, zB die erforderliche öffentlich-rechtliche Erlaubnis vorliegt (BGH GRUR 2005, 519 (520) – Vitamin-Zell-Komplex; OLG Düsseldorf GRUR-RR 2011, 474 (475); OLG Hamburg GRUR-RR 2012, 21 (23); Ahrens Wettbewerbsprozess-HdB/Jestaedt Kap. 18 Rn. 16; offengelassen in BGH GRUR 2005, 176 – Nur bei Lotto). Auch derjenige, der sein Unternehmen oder seinen Produktabsatz in rechtlich unzulässiger Weise betreibt, kann ein schutzwürdiges Interesse an der Unterbindung unlauteren Wettbewerbs durch Mitbewerber haben, zumal dadurch auch das Allgemeininteresse an unverfälschtem Wettbewerb geschützt wird (§ 1 S. 2; BGH GRUR 2005, 519 (520) – Vitamin-Zell-Komplex). Daher kann zB auch der Hersteller eines Produkts, dessen Vertrieb unzulässig ist, Ansprüche gegen einen Mitbewerber unter dem Gesichtspunkt des „ergänzenden wettbewerbsrechtlichen Leistungsschutzes" (§ 4 Nr. 3) geltend machen (BGH GRUR 2005, 519 (520) – Vitamin-Zell-Komplex). Dagegen kann der Entgang des Gewinns aus einer verbotenen Betätigung grds. Nicht verlangt werden (BGH GRUR 2005, 519 (520) – Vitamin-Zell-Komplex; → § 9 Rn. 1.35). Auch kann im Einzelfall die Geltendmachung des Unterlassungsanspruchs unlauter oder missbräuchlich sein (BGH GRUR 2005, 519 (520) – Vitamin-Zell-Komplex).

3. Rechtsform

Unerheblich ist die Rechtsform, in der das Unternehmen betrieben wird. Auch **Idealvereine**   2.30
(§ 21 BGB) können daher Unternehmer sein, soweit sie sich tatsächlich – erlaubt („Neben-zweckprivileg") oder nicht – unternehmerisch betätigen (→ Rn. 2.26; vgl. BGH GRUR 1962, 254 – Fußball-Programmheft; GRUR 1976, 370 (371) – Lohnsteuerhilfevereine I; WRP 2014, 552 Rn. 13 – Werbung für Fremdprodukte). Entsprechendes gilt für die **öffentliche Hand** (vgl. EuGH WRP 2013, 1454 Rn. 26 ff. – BKK Mobil Oil; BGH WRP 2018, 186 Rn. 23 – Eigenbetrieb Friedhöfe; WRP 2019, 886 Rn. 14 – Durchleitungssystem; → § 3a Rn. 2.2). Unerheblich ist auch, ob es sich um ein inländisches oder **ausländisches** Unternehmen handelt.

4. Sachliche Reichweite

Der Unternehmensbegriff ist nicht auf Gewerbetreibende (Handel, Handwerk, Industrie,   2.31
Banken, Versicherungen) im engeren Sinne beschränkt, sondern erfasst auch die **selbständige berufliche Tätigkeit,** insbes. die **freiberufliche Tätigkeit,** etwa der Ärzte, Anwälte, Steuerberater, Architekten usw (so auch die frühere Rspr. Zum Begriff des Gewerbetreibenden; BGH GRUR 1981, 529 – Rechtsberatungsanschein; GRUR 1993, 675 (676) – Kooperationspartner), die Tätigkeit von **Berufssportlern,** soweit sie selbständig gegen Entgelt ihre Leistung vermarkten (dazu Frisinger/Summerer GRUR 2007, 554 (555); Figura Doping, 2009, 212 ff.) sowie **wissenschaftliche** und **künstlerische Tätigkeiten** (OLG Frankfurt GRUR 1962, 323 – Zauberkünstler) und die **Land- und Forstwirtschaft.** – Auch **gesetzliche Krankenkassen** sind Unternehmen, soweit sie Mitglieder werben und bei der Festlegung der Beiträge und Tarife einen gewissen Spielraum haben (→ Rn. 2.26; EuGH WRP 2013, 1454 Rn. 26 ff. – BKK Mobil Oil; BGH WRP 2012, 309 Rn. 7 ff. – Betriebskrankenkasse). – Selbst die Verwertung von Immaterialgüterrechten (gewerblichen Schutzrechten und Urheberrechten) und sonstigen Vermögensgegenständen kann Gegenstand eines Unternehmens sein (vgl. BGHZ 26, 58 – Sherlock Holmes). – **Kammern,** wie zB Industrie- und Handelskammern sind Unternehmen, soweit sie Dienstleistungen (zB Fortbildungskurse) gegen Entgelt anbieten (BGH WRP 2009, 1369 Rn. 18 – Auskunft der IHK). – Dagegen stellt die bloße **Vermögensverwaltung** noch keine unternehmerische Tätigkeit dar (vgl. BGH NJW 2002, 368; Pfeiffer NJW 1999, 169 (172)).

5. Zeitliche Reichweite

Das eigene oder fremde Unternehmen, für das gehandelt wird, muss im Zeitpunkt des   2.32
Handelns schon und noch **existent** sein. Allerdings ist dafür eine Aufnahme des eigentlichen Geschäftsbetriebs nicht erforderlich. Es reicht aus, dass **konkrete Vorbereitungshandlungen** zur Aufnahme des Geschäftsbetriebs getroffen wurden, also ein **Markteintritt unmittelbar bevorsteht** (BGH GRUR 1984, 823 f. – Charterfluggesellschaften; WRP 1993, 396 (397) – Maschinenbeseitigung; OLG Hamburg GRUR-RR 2012, 21 (23); aA Ahrens Wettbewerbsprozess-HdB/Jestaedt Kap. 18 Rn. 14; MüKoUWG/Bähr Rn. 42). Vorbereitungshandlungen sind zB: Ladenanmietung; Ankauf von Waren; Erwerb von Maschinen (BGH WRP 1993, 396 (397) – Maschinenbeseitigung); Einstellung von Mitarbeitern; Anmeldung zum Handelsregister; Ankündigung der Geschäftseröffnung durch Anzeigen oder Plakate usw (OLG Hamm GRUR 1988, 241 Ls.; aA KG WRP 1981, 461; vgl. auch OLG Hamburg WRP 1982, 533); gewerbepolizeiliche Anmeldung eines Gewerbes, mag dazu auch eine öffentlich-rechtliche Verpflichtung bestehen (vgl. OLG Brandenburg GRUR-RR 2006, 167 (168); aA zu § 13 II Nr. 1 aF BGH GRUR 1995, 697 (699) – FUNNY PAPER). Die Anmeldung oder Eintragung einer Marke reicht hingegen für sich allein nicht aus. Denn dies rechtfertigt noch nicht den Schluss, der Inhaber der Marke beabsichtige die Aufnahme einer dauernden unternehmerischen Betätigung

(BGH GRUR 1995, 697 (699) – FUNNY PAPER). Zu beachten ist aber, dass nicht die Vorbereitungshandlung als solche eine geschäftliche Handlung ist, sondern nur eine solche Handlung, die sich auf die künftige unternehmerische Tätigkeit bezieht (zB Werbung für Eröffnungsangebote); ggf. besteht insoweit nur ein vorbeugender Unterlassungsanspruch. – Das Unternehmen **endet,** wenn die Geschäftstätigkeit vollständig aufgegeben wird (BGH GRUR 1995, 697 (699) – FUNNY PAPER), es also endgültig aus dem Markt ausgeschieden ist. Das ist noch nicht der Fall, wenn sich das Unternehmen noch im Abwicklungsstadium oder im Insolvenzverfahren befindet, weil eine Wiederaufnahme des Geschäftsbetriebs in diesem Stadium noch möglich ist.

6. Beweislast; Vortäuschen der Verbrauchereigenschaft

2.33   Grds. Trifft den Kläger die Darlegungs- und Beweislast dafür, dass der Beklagte zugunsten des eigenen oder eines fremden Unternehmens gehandelt hat. Jedoch trifft den Beklagten insoweit eine **sekundäre Darlegungslast** (BGH GRUR 2009, 871 Rn. 27 – Ohrclips; GRUR 2008, 702 Rn. 47 – Internet-Versteigerung III), wenn der Kläger keine weitergehende Kenntnis von den näheren Umständen des Handelns des Beklagten hat, während der Beklagte ohne Weiteres Aufklärung leisten kann. – **Täuscht** ein Unternehmer **vor,** er nehme die Handlung (zB Verkauf von Waren über eBay) nicht im Rahmen seiner gewerblichen, handwerklichen oder beruflichen Tätigkeit, sondern als Verbraucher (Privatmann) vor, kann er sich damit seiner Verantwortung nicht entziehen. Im Übrigen erfüllt das Vortäuschen der Verbrauchereigenschaft bereits den Tatbestand von Anh. Nr. 23 zu § 3 III.

E. Handlungen „vor, bei oder nach einem Geschäftsabschluss"

I. Allgemeines

2.34   Der für das UWG 2004 zentrale Begriff der Wettbewerbshandlung war auf Verhaltensweisen beschränkt, die der Förderung des Absatzes oder Bezugs von Waren oder Dienstleistungen dienten. Er deckte damit nur den Zeitraum vor Geschäftsabschluss mit einem Nachfrager oder Anbieter ab, mochten diese auch bereits Vertragspartner sein (vgl. zB BGH GRUR 2007, 805 Rn. 13 – Irreführender Kontoauszug). Die UGP-RL erfasst hingegen nach ihrem Art. 3 I alle unlauteren Geschäftspraktiken „zwischen Unternehmen und Verbrauchern vor, während und nach Abschluss eines auf ein Produkt bezogenen Handelsgeschäfts". Die Pflicht zur Umsetzung der UGP-RL zwang daher den Gesetzgeber dazu, in der UWG-Novelle 2008 die Definition der geschäftlichen Handlung auch auf Verhaltensweisen bei und nach einem Geschäftsabschluss zu erstrecken. Damit wurde der Anwendungsbereich des UWG grundlegend erweitert: Es regelt nicht mehr nur das Verhalten im Wettbewerb oder allgemeiner das Marktverhalten, sondern auch das geschäftliche Verhalten gegenüber Verbrauchern und sonstigen Marktteilnehmern bei und nach Abschluss eines Vertrages über Waren oder Dienstleistungen, also in einer Phase, in der der Wettbewerb um Anbieter oder Abnehmer an sich bereits abgeschlossen ist. Das UWG 2008 ist daher **kein reines Wettbewerbsrecht** mehr, sondern ein **Recht der unlauteren geschäftlichen Handlungen** (vgl. § 1 S. 1). Folgrichtig sollte die – ohnehin mehrdeutige, weil auch für das europäische Kartellrecht gebrauchte – Bezeichnung Wettbewerbsrecht durch die Bezeichnung **Lauterkeitsrecht** abgelöst werden.

II. Bedeutung

2.35   Die Erwähnung der Phasen „vor, bei oder nach einem Geschäftsabschluss" hat Bedeutung nur für das geschäftliche Verhalten im **Vertikalverhältnis,** also gegenüber Nachfragern oder Anbietern als (potenziellen) Vertragspartnern. Während die UGP-RL allerdings nur das Verhalten gegenüber Verbrauchern regelt, bezieht das UWG 2008 auch das Verhalten gegenüber „sonstigen Marktteilnehmern" iSd § 2 I Nr. 3 ein. Das ist nur folgerichtig, weil insoweit grds. Gleiche Wertmaßstäbe gelten müssen. – Für das Verhalten im **Horizontalverhältnis,** also Handlungen gegenüber Mitbewerbern ohne Einwirkung auf Marktpartner (Fälle des Art. 6 II Rom-II-VO), ist die Erweiterung des Anwendungsbereichs über die Förderung des Absatzes oder Bezugs von Waren oder Dienstleistungen hinaus dagegen bedeutungslos.

III. Geschäftsabschluss

Unter „Geschäftsabschluss" ist nur der Abschluss eines Vertrages eines Unternehmers mit **2.36** einem Verbraucher oder sonstigen Marktteilnehmer über Waren oder Dienstleistungen zu verstehen. Das ergibt sich aus dem weiteren Bestandteil der Definition („mit dem Abschluss oder der Durchführung eines Vertrages über Waren oder Dienstleistungen"). Sonstige Geschäftsabschlüsse, wie etwa der Abschluss von Kartell-, Kooperations- oder Gesellschaftsverträgen, Beherrschungsverträgen, Stimmbindungsverträgen, familien- und erbrechtlichen Verträgen werden nicht erfasst, sofern sie sich nicht als Umgehungsgeschäfte zu Absatz- oder Bezugsverträgen darstellen und daher wie solche zu behandeln sind (vgl. auch § 306a BGB). – IdR wird ein Verhalten vor Geschäftsabschluss mit der Förderung des Absatzes oder Bezugs, ein Verhalten bei Geschäftsabschluss mit dem Abschluss eines Vertrags und ein Verhalten nach Geschäftsabschluss mit der Durchführung eines Vertrags zusammenhängen. Notwendig ist dies aber nicht. So kann ein Verhalten nach Geschäftsabschluss durchaus der Förderung des Absatzes oder Bezugs dienen. **Beispiel:** Ablehnung einer Mängelrüge verbunden mit der Aufforderung, ein neues Produkt zu kaufen.

F. Unmittelbarer und objektiver Zusammenhang mit der Förderung des Absatzes oder Bezugs von Waren oder Dienstleistungen

I. Allgemeines

Die wichtigste Erscheinungsform der geschäftlichen Handlung ist ein **„Verhalten ..., das** **2.37** **mit der Förderung des Absatzes oder Bezugs von Waren oder Dienstleistungen unmittelbar und objektiv zusammenhängt".** Zu einer Förderung des Absatzes oder des Bezugs kann es aber nur kommen, wenn das fragliche Verhalten nach **außen** in Erscheinung tritt. Die Handlung muss also einen **Marktbezug** aufweisen (→ Rn. 2.38) und darf sich nicht auf unternehmensinterne Vorgänge beschränken (→ Rn. 2.39).

II. Erforderlichkeit eines Marktbezugs der Handlung

Damit ein Verhalten überhaupt den Tatbestand einer geschäftlichen Handlung erfüllen kann, **2.38** muss es eine Außenwirkung haben, genauer: einen **Marktbezug** aufweisen, wie dies auch schon zum Tatbestand der Wettbewerbshandlung im UWG 2004 anerkannt war (vgl. BGH GRUR 2007, 987 Rn. 22 – Änderung der Voreinstellung I; GRUR 2007, 805 Rn. 16 – Irreführender Kontoauszug; krit. Büscher/Franzke § 2 Rn. 56 Fn. 111). Ein Marktbezug liegt dann vor, wenn die Handlung ihrer Art nach auf die Marktteilnehmer (Mitbewerber, Verbraucher und sonstige Marktteilnehmer) einwirken und damit das Marktgeschehen beeinflussen kann (ebenso LG Düsseldorf WRP 2012, 1162 Rn. 23). Werden im Rahmen eines einheitlichen Geschäftsmodells einzelne Waren oder Dienstleistungen unentgeltlich an Verbraucher abgegeben, stellt dies eine geschäftliche Handlung dar, wenn diese Maßnahmen letztlich der Förderung des Absatzes des Unternehmens auf diesem oder auf einem anderen Markt dienen (BGH WRP 2018, 1322 Rn. 21 – Werbeblocker II). Das Gleiche gilt für Veröffentlichungen eines Influencers auf Instagram zu Gunsten Dritter, für die er kein Entgelt bekommt, soweit sie sich zu Gunsten seines Absatzes von Waren und Dienstleistungen auswirken (BGH WRP 2021, 1415 Rn. 49 – Influencer I; vgl. auch EuGH GRUR 2016, 1146 Rn. 41, 42 – McFadden sowie § 18 II GWB: „Der Annahme eines Marktes steht nicht entgegen, dass eine Leistung unentgeltlich erbracht wird"). Es ist dagegen nicht erforderlich, dass der Maßnahme eine „gewisse Breitenwirkung" zukommt (aA Glöckner WRP 2009, 1175 (1181)). – Mangels Marktbezugs stellen bspw. Verletzende Äußerungen in einer Streitwertbeschwerde keine geschäftliche Handlung dar (OLG Frankfurt WRP 2016, 1544).

III. Abgrenzung zu unternehmensinternen Handlungen

Mangels Marktbezugs, also Einwirkung auf die Marktteilnehmer, stellen auch rein **unter-** **2.39** **nehmensinterne** (betriebsinterne) **Handlungen** keine geschäftlichen Handlungen dar (vgl. BGH GRUR 1971, 119 (120) – Branchenverzeichnis; GRUR 1974, 666 (667 f.) – Reparaturversicherung; BGHZ 144, 255 (262) – Abgasemissionen; OLG Hamburg WRP 1985, 652;

OLG Koblenz WRP 1988, 557 (558); Mees FS Traub, 1994, 275 (278 f.); Sack WRP 1998, 683 (686 f). Dazu gehören bspw. interne Anweisungen an Mitarbeiter oder Beauftragte, bestimmte Werbebehauptungen zu verwenden (BGH GRUR 1971, 119 (120) – Branchenverzeichnis; OLG Hamburg WRP 1985, 652), soweit sie (noch) keine Außenwirkung entfalten. Erst wenn die Anweisung befolgt wird, liegt eine geschäftliche Handlung vor. – Entsprechendes gilt für die Herstellung von Waren. Nicht schon ihre Herstellung, sondern erst ihr Vertrieb stellt eine geschäftliche Handlung dar (BGH GRUR 1971, 119 f. – Branchenverzeichnis; BGHZ 144, 255 (262) – Abgasemissionen; → § 4 Rn. 3.80). Soweit solche Maßnahmen Außenwirkung entfalten sollen, stellen sie Vorbereitungshandlungen dar, die Erstbegehungsgefahr und damit einen vorbeugenden Unterlassungsanspruch (§ 8 I 2) begründen können, nicht aber als solche verboten werden können. – Maßnahmen innerhalb eines **Konzerns** (zB Warenlieferungen an ein anderes Konzernunternehmen; Weisungen an abhängige Unternehmen) stellen ebenfalls unternehmensinterne Handlungen dar (BGH GRUR 1969, 479 (480) – Colle de Cologne), es sei denn, das Konzernunternehmen steht bei der Belieferung mit anderen Lieferanten in Wettbewerb (BGH GRUR 1958, 544 – Colonia). – Bei kritischen Äußerungen über Mitbewerber innerhalb eines Unternehmens ist zu unterscheiden: Dienen sie dazu, Mitarbeiter zu informieren und zu motivieren, liegt eine rein interne Maßnahme vor; dienen sie dagegen dazu, Mitarbeiter von einem Überwechseln zu dem Mitbewerber abzuhalten, ist eine Außenwirkung anzunehmen (vgl. OLG Stuttgart WRP 1983, 446: Unternehmen wendet sich in einem Rundschreiben an seine Außendienstmitarbeiter gegen Abwerbeversuche von Mitbewerbern; OLG München WRP 1971, 280: Bank, die Investmentanteile vertreibt, stellt herabsetzende Behauptungen über einen Mitbewerber in einer für ihre Mitarbeiter bestimmten Informationsschrift auf). Auch Maßnahmen, die der Anwerbung von fremden Mitarbeitern oder Beauftragten dienen, haben Außenwirkung (BGH GRUR 1974, 666 (667 f.) – Reparaturversicherung). – **Verbandsinterne Mitteilungen** (zB Bericht eines Verbandes an seine Mitglieder über günstige Gerichtsentscheidungen) haben idR ebenfalls keinen geschäftlichen Bezug, weil sie nicht in das Marktgeschehen eingreifen (vgl. OLG Brandenburg GRUR-RR 2006, 199 (200); OLG Brandenburg GRUR 2008, 356).

IV. Förderung des Absatzes oder Bezugs von Waren oder Dienstleistungen

1. Objektive Eignung zur Förderung des Absatzes oder Bezugs

2.40   Die Handlung muss dagegen **objektiv geeignet** sein, den Absatz oder Bezug des eigenen oder eines fremden Unternehmens zu fördern. Denn nur dann kann sie Auswirkungen auf die Mitbewerber oder die geschäftlichen Entscheidungen der Verbraucher und sonstigen Marktteilnehmer haben. Die bloße Absicht als Wunschvorstellung reicht daher nicht aus. Eine **Förderung** kann sowohl durch erstmaligen Absatz oder Bezug von Waren oder Dienstleistungen, als auch durch die Steigerung oder die bloße Erhaltung der Absatz- oder Bezugsmengen erfolgen (OLG Hamm WRP 2017, 609 Rn. 21). Gleichbedeutend ist es, wenn man auf die **Gewinnung, Erweiterung** oder **Erhaltung des Kundenstammes** abstellt (BGH GRUR 1986, 615 (618) – Reimportierte Kraftfahrzeuge). Unerheblich ist es dagegen, ob es **tatsächlich** zu einer Förderung des Absatzes oder Bezugs kommt (wichtig für Testkäufe; vgl. OLG Hamm WRP 2014, 217 Rn. 46). Auch kommt es nicht darauf an, ob den Unternehmer eine gesetzliche Pflicht trifft, bestimmte Waren oder Dienstleistungen abzusetzen oder zu beziehen. Ein gewerblicher Pfandverleiher kann sich daher nicht auf eine gesetzliche Verpflichtung berufen, Waren innerhalb einer bestimmten Frist zu verkaufen (OLG Düsseldorf GRUR-RR 2006, 99).

2. Absatz und Bezug

2.41   Mit den Begriffen des Absatzes und des Bezugs stellt das Gesetz klar, dass nicht nur Maßnahmen des **Absatzwettbewerbs,** sondern auch Maßnahmen des **Nachfragewettbewerbs** geschäftliche Handlungen sein können (vgl. Begr. RegE UWG 2004 zu § 2 I Nr. 1, BT-Drs. 15/1487, 16). Damit geht § 2 I Nr. 2 (= Nr. 1 aF) über die Vorgaben des Art. 2 lit. d UGP-RL hinaus, der nur Maßnahmen der Absatzförderung erfasst (BGH NJW-RR 2010, 399 Rn. 12 – Blutspendedienst), den Bezug von Waren und Dienstleistungen aber nicht erfasst, obwohl an sich auch Verbraucher als Anbieter von Waren oder Dienstleistungen an Unternehmer auftreten können.

3. Waren und Dienstleistungen

Die UGP-RL definiert in Art. 2 lit. b UGP-RL den Begriff des **„Produkts"** als „jede Ware **2.42** oder Dienstleistung, einschließlich Immobilien, digitaler Dienstleistungen und digitaler Inhalte, sowie Rechte und Verpflichtungen". zu bezeichnen, sondern den der Waren oder Dienstleistungen. Das UWG verwendet stattdessen in § 2 I Nr. 1 und Nr. 2 HS 1 die Begriffe **„Waren und Dienstleistungen".** In § 2 I Nr. 2 HS 2 werden diese beiden Begriffe richtlinienkonform präzisiert. **Waren** sind – anders als etwa im HGB – nicht nur bewegliche Sachen, sondern auch **Grundstücke** und **digitale Inhalte** (→ Rn. 2.6; § 327 II 1 BGB). Dazu gehören darüber hinaus alle Wirtschaftsgüter, die auf einen anderen übertragen oder ihm zur Verfügung gestellt werden können, wie etwa Energie (Wärme; Strom). **Dienstleistungen** sind auch **digitale Dienstleistungen** (→ Rn. 2.6; § 327 II 2 BGB). Zu den Dienstleistungen gehören alle geldwerten unkörperlichen Leistungen (BGH GRUR 2007, 981 Rn. 27 – 150 % Zinsbonus) eines Unternehmers (vgl. auch die Definition in Art. 57 AEUV), einschließlich der Reparatur, Montage, Wartung oder Vermietung von Sachen, der Finanzierung, der Kapitalanlage, der Versicherung von Risiken, der rechtlichen und sonstigen Beratung, der ärztlichen Behandlung. Auf die rechtliche Qualifikation des zugrunde liegenden Vertrags kommt es nicht an (BGH GRUR 2007, 981 Rn. 27 – 150 % Zinsbonus). Auch die Nachfrage nach Arbeitskräften, etwa in Stellenanzeigen (BGH GRUR 2005, 877 (879) – Werbung mit Testergebnis; OLG Nürnberg WRP 1991, 521; Schlosser WRP 2004, 145 (146)) oder in Gestalt einer Abwerbung (zur Unlauterkeit → § 4 Rn. 4.103 ff.), stellt im Rechtssinne eine Nachfrage nach Dienstleistungen iS unternehmerischer Ressourcen dar. Die von der Werbung angesprochenen Personen sind zwar nicht in ihrer Eigenschaft als Verbraucher, wohl aber als sonstige Marktteilnehmer vor unlauteren, zB irreführenden Werbemaßnahmen geschützt. – Als Dienstleistungen im Rechtssinne gelten auch **Rechte** (zB gewerbliche Schutzrechte; übertragbare Namensrechte, wie Domain-Namen; beschränkte dingliche Rechte; Wertpapiere; Forderungen; Gesellschaftsanteile) und **Verpflichtungen** (zB aus Kreditverträgen). Schwierig ist die Zuordnung von **Immaterialgütern,** die (noch) keine Rechte darstellen (zB Werbeideen; geheimes technisches oder kaufmännisches Wissen (= Know-how), unpatentierte Erfindungen). Man wird sie wohl den Rechten gleichstellen müssen. – Eine genaue Abgrenzung der Begriffe Waren und Dienstleistungen ist aber entbehrlich, da das Gesetz beide gleich behandelt. (Zum Begriff der Waren und Dienstleistungen im Markenrecht vgl. Ströbele/Hacker/Thiering/Miosga MarkenG § 3 Rn. 12 ff.).

4. Abgrenzung

a) Mitgliederwerbung. Nicht unter den Begriff des Absatzes oder Bezugs von Waren oder **2.43** Dienstleistungen fällt die **Mitgliederwerbung** von Verbänden aller Art (vgl. BGHZ 42, 210 (218); BGH GRUR 1968, 205 (207) – Teppichreinigung; NJW 1970, 378 (380) – Sportkommission; GRUR 1971, 591 (592) – Sabotage; GRUR 1972, 427 (428) – Mitgliederwerbung; GRUR 1973, 371 – Gesamtverband; GRUR 1980, 309 – Straßen- und Autolobby; GRUR 1984, 283 (285) – Erbenberatung; BAG GRUR 2006, 244 (246) zu Gewerkschaften; OLG Köln WRP 1990, 544; OLG Nürnberg NJWE-WettbR 1998, 178 (179); OGH wbl 2000, 239 – L-Nachrichten; Ellscheid GRUR 1972, 284 (286)). Allerdings kann die Mitgliederwerbung im Einzelfall zugleich der Förderung des Absatzes eigener oder fremder Waren oder Dienstleistungen dienen. Das ist anzunehmen, wenn die Werbung der Förderung des Wettbewerbs von Mitgliedsunternehmen dient (BGH GRUR 1972, 427 (428) – Mitgliederwerbung), etwa, wenn die Mitglieder in irgendeiner Beziehung als leistungsfähiger oder aus anderen Gründen gegenüber den Mitbewerbern als den Vorzug verdienend hervorgehoben werden (BGH GRUR 1972, 427 (428) – Mitgliederwerbung). Soweit der Verband seinerseits unternehmerisch tätig ist, kann mit der Mitgliederwerbung eine Förderung des eigenen Wettbewerbs verbunden sein. Das ist zB der Fall, wenn ein Verband von Wertpapierbesitzern sich nicht auf die reine Mitgliederwerbung beschränkt, sondern im Wettbewerb mit anderen gewerblich tätigen Beratern ein Beratungsangebot auf dem Gebiet der Wertpapieranlage an die Mitglieder für deren Erben richtet, ohne Rücksicht darauf, ob diese dem Verein beitreten (BGH GRUR 1984, 283 (285) – Erbenberatung). – Die Werbung von **Lohnsteuerhilfevereinen** um Mitglieder dient gleichzeitig dem Zweck der Erbringung von Dienstleistungen an die Mitglieder und ist daher eine geschäftliche Handlung (BGH GRUR 2005, 877 (879) – Werbung mit Testergebnis). – Die Werbung von **gesetzlichen Krankenkassen** um Mitglieder dient dem Absatz von Waren und Dienstleistungen an die Mitglieder, so dass ebenfalls eine geschäftliche Handlung vorliegt (vgl. BGH WRP 2014, 835 Rn. 1 ff. – Nordjob-Messe; WRP 2014, 1304 Rn. 28 – Betriebskrankenkasse II). Zur

Unternehmereigenschaft gesetzlicher Krankenkassen vgl. EuGH WRP 2013, 1454 Rn. 32 – BKK Mobil Oil; BGH WRP 2014, 835 Rn. 17 – Nordjob-Messe).

2.44 **b) Spendenwerbung.** Auf dem sog **Spendenmarkt** stehen insbes. gemeinnützige, mildtätige und kirchliche Einrichtungen, aber auch Unternehmen untereinander in Wettbewerb um Geld- oder Sachspenden (vgl. Köhler GRUR 2008, 281; Ohly/Sosnitza/Sosnitza Rn. 42; Schlingloff FS Köhler, 2014, 617 (628); Voigt GRUR 2006, 466 und WRP 2007, 44; Paal/Nikol GRUR 2023, 781 (782); aA LG Köln GRUR-RR 2008, 198 (199)). Zur **Unternehmenseigenschaft** spendensammelnder Organisationen vgl. Schlingloff FS Köhler, 2014, 617 (627); Engels/Mücke NJW 2023, 1542 Rn. 9, 20. Eine **geschäftliche Handlung** stellt die Spendenwerbung nur dann dar, wenn damit zugunsten des eigenen oder eines fremden Unternehmens der Absatz oder der Bezug von Waren oder die Erbringung oder der Bezug von Dienstleistungen gefördert wird (LG Berlin WRP 2012, 237 Rn. 6 ff.: Werbemöglichkeiten; OLG Karlsruhe GRUR-RR 2020, 429 Rn. 64). Bei der reinen Spendenwerbung ist dies unter folgenden Voraussetzungen anzunehmen (Köhler GRUR 2008, 281 (282 ff.); VG Köln BeckRS 2014, 10435): (1) Die Einrichtung muss eine Dienstleistung erbringen. Dafür reicht es aus, dass sie die Verwendung der Spenden für einen bestimmten Zweck verspricht (aA LG Köln GRUR-RR 2008, 198 (199)). (2) Die Dienstleistung muss gegen Entgelt erfolgen. Dafür reicht es aus, dass die Einrichtung die Aufwendungen für ihre Mitarbeiter (Gehalt, Honorar, Provision usw) aus dem Spendenaufkommen finanziert (aA Engels/Mücke NJW 2023, 1542 Rn. 26 ff.). (3) Die Einrichtung muss, um Unternehmenseigenschaft zu haben, die Spendenwerbung und Spendenverwendung dauerhaft, dh planmäßig und nicht nur gelegentlich, betreiben. – Bietet eine gemeinnützige Einrichtung gelegentlich Waren oder Dienstleistungen unentgeltlich, aber verbunden mit der Bitte um eine Spende, an, fehlt es idR an der Unternehmenseigenschaft und damit an einer geschäftlichen Handlung. – Bei Spendenaufrufen von Kirchen und anderen Religionsgemeinschaften ist das Grundrecht der Religionsfreiheit zu beachten (vgl. BVerfGE 24, 236 = GRUR 1969, 137 (138) – Aktion Rumpelkammer). – Zur Anwendung des § 7 II, III und der DSGVO auf Spendenwerbung durch E-Mail-Direktmarketing vgl. Paal/Nikol GRUR 2023, 781 (783 ff.):

2.44a Bei der Spendenwerbung von **wirtschaftlich tätigen Unternehmen** ist zu unterscheiden. Ruft ein Unternehmer seine Lieferanten einmalig zu Spenden für einen Verein auf, stellt dies keine geschäftliche Handlung dar, da insoweit weder sein eigener Absatz oder Bezug noch der Absatz der Lieferanten gefördert wird (BGH GRUR 1983, 374 (376) – Spendenbitte mAnm Tilmann). Eine geschäftliche Handlung ist dagegen anzunehmen, wenn das Unternehmen mit der Spendenwerbung erkennbar die Förderung des Absatzes seiner eigenen Produkte bezweckt. Das ist insbes. der Fall bei einer mittelbaren Spendenwerbung. So wenn der Unternehmer in seiner Produktwerbung verspricht, einen Teil des Kaufpreises für ideelle Zwecke (Schutz der Umwelt usw.) zu spenden (vgl. Engels/Mücke NJW 2023, 1542 Rn. 32 ff.)

V. Allgemeines zum „unmittelbaren und objektiven Zusammenhang"

2.45 Nach der Neufassung der Definition der geschäftlichen Handlung in § 2 I Nr. 2 UWG mit Wirkung ab dem 28.5.2022 muss das Verhalten einer Person zugunsten des eigenen oder eines fremden Unternehmens „unmittelbar und objektiv" mit der Förderung des Absatzes oder des Bezugs von Waren oder Dienstleistungen usw. zusammenhängen (→ Rn. 2.6). In der zuvor geltenden Fassung der Definition in § 2 I Nr. 1 aF war nur die Rede von einem „objektiven" Zusammenhang. Mit diesem Begriff hatte der damalige Gesetzgeber beabsichtigt, einerseits den Anforderungen der UGP-RL in Bezug auf Geschäftspraktiken gegenüber Verbrauchern, wonach ein „unmittelbarer" Zusammenhang erforderlich" ist, Rechnung zu tragen, andererseits aber gleichzeitig Handlungen gegenüber Mitbewerbern zu erfassen (→ Rn. 2.6). Dass es sich dabei um einen sehr unbestimmten neuen Rechtsbegriff handelte, war hinzunehmen. Es ist Aufgabe von Rspr. und Wissenschaft, dem Begriff „objektiv" klare Konturen zu verleihen und inhaltlich zu konkretisieren. Dabei ist grds. zu unterscheiden zwischen Handlungen im **Vertikalverhältnis** und Handlungen im **Horizontalverhältnis**. Zu ersteren gehören Handlungen, die in erster Linie auf Verbraucher (oder sonstige Marktteilnehmer) einwirken sollen (→ Rn. 2.46 ff.). Zu letzteren gehören Handlungen, die in erster Linie auf Mitbewerber einwirken sollen (→ Rn. 2.55 ff.). Dass viele Handlungen gleichermaßen das Vertikalverhältnis und das Horizontalverhältnis berühren, macht die Unterscheidung nicht überflüssig.

VI. Unmittelbarer und objektiver Zusammenhang bei geschäftlichen Handlungen gegenüber Verbrauchern und sonstigen Marktteilnehmern

1. Gebot der richtlinienkonformen Auslegung

Die Definition der Geschäftspraktiken in Art. 2 lit. d UGP-RL verwendet den Begriff des **2.46** „unmittelbaren" Zusammenhangs. Der deutsche Gesetzgeber hatte dagegen in der Definition der geschäftlichen Handlung in § 2 I Nr. 1 aF stattdessen den Begriff des „objektiven" Zusammenhangs gewählt. Daher ist es ein Gebot der richtlinienkonformen Auslegung, den Begriff des „objektiven" Zusammenhangs jedenfalls im Anwendungsbereich der UGP-RL iSd „unmittelbaren" Zusammenhangs auszulegen. Dementsprechend kommt es drauf an, wie dieser unionsrechtliche Begriff zu verstehen ist. Allerdings ist dieser Begriff seinerseits in hohem Maße unbestimmt und auslegungsbedürftig und damit Missverständnissen ausgesetzt (vgl. Henning-Bodewig GRUR-Int. 2004, 183 (189); Glöckner/Henning-Bodewig WRP 2005, 1311 (1326); Köhler WRP 2007, 1393 und WRP 2009, 109; Köhler/Lettl WRP 2003, 1019 (1034 f.); Kulka DB 2008, 1548 (1551); Sosnitza WRP 2008, 1014 (1016 ff.); Scherer WRP 2009, 761; Stuyck/Terrin/Van Dyck CML Rev 43 (2006) 107 (122). Eine verbindliche Klärung kann nur durch den EuGH im Rahmen von Vorabentscheidungsverfahren erfolgen. Solange dies nicht geschehen ist, muss versucht werden, die Frage anhand der Schutzzwecke der UGP-RL und der einzelnen Unlauterkeitstatbestände unter Berücksichtigung der Erwägungsgründe und des Sachzusammenhangs mit anderen Richtlinien zu beantworten. Für die **Auslegung** sind jedenfalls die **Erwägungsgründe** der UGP-RL (teleologische Auslegung) und **einzelne Regelungen** (systematische Auslegung) heranzuziehen. Nach ErwGr. 7 UGP-RL sollen solche Geschäftspraktiken erfasst werden, „die in unmittelbarem Zusammenhang mit der Beeinflussung der geschäftlichen Entscheidung des Verbrauchers in Bezug auf Produkte stehen". Ferner heißt es, die Richtlinie beziehe „sich nicht auf Geschäftspraktiken, die vorrangig anderen Zielen dienen, wie etwa bei kommerziellen, für Investoren gedachten Mitteilungen, wie Jahresberichten und Unternehmensprospekten". Schließlich sollen bei der Anwendung der Richtlinie „die Umstände des Einzelfalls umfassend gewürdigt werden". Aus einzelnen Regelungen der Richtlinie lässt sich zudem erschließen, ob bestimmte Verhaltensweisen als Geschäftspraktiken anzusehen sind (vgl. zB Art. 6 I lit. c UGP-RL zum Sponsoring). – Zur Vermeidung von Wertungswidersprüchen sollten die gleichen Erwägungen auch für Handlungen von Unternehmern gegenüber **sonstigen Marktteilnehmern** iSd § 2 I Nr. 3 (= Nr. 2 aF) gelten. – Die Änderung der Definition der geschäftlichen Handlung in § 2 I Nr. 2, wonach ein „unmittelbarer und objektiver" Zusammenhang erforderlich ist, sollte – entgegen dem Wortlaut – nicht im Sinn eines kumulativen Erfordernisses verstanden werden. Vielmehr sollte das Erfordernis des objektiven Zusammenhangs iSd bisherigen Rspr. als Konkretisierung des Erfordernisses des „unmittelbaren" Zusammenhangs bei Handlungen gegenüber Verbrauchern und sonstigen Marktteilnehmern verstanden werden. Eine eigenständige Bedeutung sollte dem Erfordernis des „objektiven" Zusammenhangs nur im Verhältnis zu Mitbewerbern zukommen.

2. Kein Handeln zum Nachteil eines Mitbewerbers erforderlich

Wie im bisherigen Recht (vgl. BGH GRUR 2007, 805 Rn. 16 – Irreführender Kontoauszug) **2.47** ist es nicht erforderlich, dass das Handeln für einen Mitbewerber Nachteile mit sich bringt. Es ist also nicht einmal – anders als bei der Definition des Mitbewerbers in § 2 I Nr. 4 (= Nr. 3 aF) – ein konkretes Wettbewerbsverhältnis zu einem anderen Unternehmen erforderlich. Das Lauterkeitsrecht gilt daher auch für **Monopolunternehmen**, die keinem Wettbewerb ausgesetzt sind (vgl. Begr. RegE UWG 2004 zu § 2 I Nr. 1, BT-Drs. 15/1487, 16). Das ist vor allem für die Tatbestände der Unlauterkeit im **Vertikalverhältnis** (unlautere Einflussnahme auf Verbraucher und andere Marktteilnehmer) von Bedeutung. Gerade wenn die Verbraucher wegen Fehlens jeden Wettbewerbs in höchstem Maße schutzbedürftig sind, muss das Lauterkeitsrecht helfend eingreifen.

3. Ziel der Förderung des Absatzes oder Bezugs

Die objektive Eignung zur Förderung des Absatzes oder Bezugs reicht allerdings noch nicht **2.48** aus, um einen „objektiven Zusammenhang" anzunehmen. Die eigentliche Bedeutung des Begriffs erschließt sich aus ErwGr. 7 S. 1 und 2 UGP-RL („Diese Richtlinie bezieht sich auf

Geschäftspraktiken, die in unmittelbarem Zusammenhang mit der Beeinflussung der geschäftlichen Entscheidungen des Verbrauchers in Bezug auf Produkte stehen. Sie bezieht sich nicht auf Geschäftspraktiken, die vorrangig anderen Zielen dienen, …"). Daraus ist zu schließen, dass eine **„objektiver Zusammenhang"** zwischen der Handlung und der Absatzförderung nur anzunehmen ist, wenn sie das **Ziel** hat, die **geschäftlichen Entscheidungen des Verbrauchers** in Bezug auf Produkte zu beeinflussen. Für diese Auslegung spricht auch die Erwähnung der „Werbung" als Beispielsfall einer kommerziellen Mitteilung in Art. 2 lit. d UGP-RL. Denn darunter ist nach Art. 2 lit. a Werbe-RL Werbung jede „Äußerung … mit dem Ziel, den Absatz von Waren oder die Erbringung von Dienstleistungen … zu fördern", zu verstehen. Der **Begriff** der **geschäftlichen Entscheidung** ist iSd Definition in § 2 I Nr. 1 (= Nr. 9 aF) zu verstehen (→ § 2 Rn. 1.1 ff.).

4. Keine Wettbewerbsförderungsabsicht erforderlich

2.49   Anders als die „Wettbewerbshandlung" im UWG 2004 setzt die geschäftliche Handlung, auch dann, wenn man für den „objektiven Zusammenhang" ein Ziel der Handlung zur Beeinflussung der Entscheidung der Verbraucher oder sonstigen Marktteilnehmer verlangt, eine **Wettbewerbsförderungsabsicht (= Wettbewerbsabsicht)** nicht voraus. Zwar wäre eine entsprechende Auslegung des § 2 I Nr. 2 (= Nr. 1 aF) auch unter der Geltung der UGP-RL denkbar. Jedoch ist der Gesetzesbegründung (Begr. RegE UWG 2008 zu § 2, BT-Drs. 16/10145, 20 f.) zu entnehmen, dass es auf einen „finalen Zurechnungszusammenhang" nicht mehr ankommen soll, womit offensichtlich das Erfordernis einer Wettbewerbsförderungsabsicht gemeint ist. Auch lässt sich die wesentliche Funktion dieses Kriteriums, nämlich Handlungen mit anderen geschäftlichen Zielsetzungen aus dem Anwendungsbereich des Lauterkeitsrechts auszunehmen, durch objektive Kriterien gewährleisten. Daher ist für den Tatbestand der geschäftlichen Handlung eine **Wettbewerbsförderungsabsicht entbehrlich** (vgl. OLG Karlsruhe GRUR-RR 2020, 429 Rn. 58; OLG Frankfurt GRUR-RR 2023, 139 Rn. 38; Fezer WRP 2006, 781 (786); Köhler GRUR 2005, 793 (795)). Der Verzicht auf dieses Kriterium fällt umso leichter, als auch im bisherigen Recht bei der Eignung der Handlung eines Unternehmers zur Wettbewerbsförderung eine entsprechende Wettbewerbsabsicht vermutet wurde. (Auch die Rspr. zu § 4 Nr. 4 interpretiert das Tatbestandsmerkmal der „gezielten" Behinderung zutr. nicht im Sinn einer entsprechenden Absicht; vgl. → § 4 Rn. 4.7 ff.; BGH GRUR 2007, 800 Rn. 22 – Außendienstmitarbeiter; GRUR 2009, 685 Rn. 41 – ahd.de; WRP 2014, 424 Rn. 42 – wetteronline.de).

5. Kein unmittelbarer Kausalzusammenhang erforderlich

2.50   Das Merkmal des „unmittelbaren und objektiven Zusammenhangs" setzt keinen unmittelbaren Kausalzusammenhang zwischen Handlung und Förderung des Absatzes oder Bezugs voraus. Es spielt keine Rolle, ob der Handelnde unmittelbar oder mittelbar auf die Entscheidung des Verbrauchers einwirkt. Dies ergibt sich nicht zuletzt aus der Erwähnung der „kommerziellen Mitteilung" in der Definition der Geschäftspraktiken in Art. 2 lit. d UGP-RL (→ Rn. 2.13). Denn unter dem inhaltsgleichen Begriff der „kommerziellen Kommunikation" (in der englischen Fassung ist jeweils von „commercial communication" die Rede) versteht Art. 2 lit. f RL 2000/31/EG (e-Commerce-RL) alle Formen der Kommunikation, die der unmittelbaren oder mittelbaren Förderung des Absatzes von Waren und Dienstleistungen oder des Erscheinungsbilds eines Unternehmens … dienen. Ein „unmittelbarer und objektiver" Zusammenhang" der Handlung mit der Absatzförderung kann daher auch bei der Aufmerksamkeitswerbung (→ Rn. 2.53; Begr. RegE UWG 2008 zu § 2, BT-Drs. 16/10145, 21), bei Meinungsumfragen oder bei der Verbreitung unwahrer Tatsachenbehauptungen über einen Mitbewerber gegeben sein.

6. Funktionaler Zusammenhang erforderlich

2.51   Das Merkmal des „unmittelbaren und objektiven Zusammenhangs" (und damit auch des „Ziels") ist richtigerweise **funktional** zu verstehen. Dafür spricht entscheidend der ErwGr. 7 S. 1 und 2 UGP-RL. Danach bezieht sich die Richtlinie „auf Geschäftspraktiken, die in unmittelbarem Zusammenhang mit der Beeinflussung der geschäftlichen Entscheidungen des Verbrauchers in Bezug auf Produkte stehen. Sie bezieht sich nicht auf Geschäftspraktiken, die vorrangig anderen Zielen dienen …". Die Handlung muss daher bei **objektiver Betrachtung auf die Beeinflussung der geschäftlichen Entscheidungen der Verbraucher (oder sons-**

tigen Marktteilnehmer) gerichtet sein (BGH WRP 2013, 1183 Rn. 17, 18 – Standardisierte Mandatsbearbeitung; WRP 2015, 856 Rn. 22 – Bezugsquellen für Bachblüten; WRP 2016, 843 Rn. 12 – Im Immobiliensumpf). Eine geschäftliche Handlung kann daher auch in einem Verhalten liegen, das sich auf geschäftliche Entscheidungen im Rahmen eines bestehenden oder behaupteten Vertragsverhältnisses auswirkt, wie bspw. Zahlungsaufforderungen (BGH GRUR 2019, 1202 Rn. 13, 14 – Identitätsdiebstahl).

7. Erfüllung gesetzlicher Pflichten

Ein „unmittelbarer und objektiver Zusammenhang" und damit eine geschäftliche Handlung 2.52 können auch dann gegeben sein, wenn die Handlung zugleich der **Erfüllung einer gesetzlichen Pflicht** dient. Eine andere Frage ist es, wann derartige Handlungen unlauter sind. Das ist jedenfalls dann anzunehmen, wenn die in Erfüllung einer gesetzlichen Verpflichtung gemachten Angaben irreführend sind. **Beispiele: ad-hoc-Mitteilungen** nach Art. 17 VO (EU) Nr. 596/ 2014 v. 16.4.2014 (früher: § 15 I 1 WpHG aF) (OLG Hamburg GRUR-RR 2006, 377 (378), ausführlich Lettl ZGR 2003, 853 (859 f.); Klöhn ZHR 172 (2008), 388 (402 ff.)); **gesetzliche Produktkennzeichnungspflichten** (vgl. BGH GRUR 1988, 832 (834) – Benzinwerbung zu § 2a BzBlG; § 1 BzAngVO); nach § 11a IV 1 AMG vorgeschriebene **Fachinformation** über Arzneimittel (BGH WRP 2016, 44 Rn. 17 – Äquipotenzangabe in Fachinformation).

8. Beispiele für einen „unmittelbaren und objektiven Zusammenhang"

Ein „unmittelbarer und objektiver Zusammenhang" besteht auch bei der **Aufmerksamkeits-** 2.53 **werbung** (Imagewerbung), die zwar nicht das konkrete Waren- und Dienstleistungsangebot anspricht, aber dazu dient, den Namen des werbenden Unternehmens im Verkehr bekannt zu machen oder dessen Verkehrsbekanntheit zu steigern und damit mittelbar dessen Absatz zu fördern. Davon geht auch die UGP-RL aus, wenn sie in Art. 6 I lit. c UGP-RL „Aussagen oder Symbole jeder Art, die im Zusammenhang mit direktem oder indirektem Sponsoring stehen" und in Art. 6 I lit. f UGP-RL Angaben über „die Person, die Eigenschaften oder Rechte eines Gewerbetreibenden …" als Anknüpfungspunkte für eine Irreführung auflistet (vgl. OLG Köln WRP 2012, 1454 Rn. 13, 14: „auch zugelassen am OLG"). – Diese Beurteilung entspricht der früheren Rechtslage in Deutschland (vgl. BGH GRUR 1995, 595 (596) – Kinderarbeit; BGHZ 130, 196 (199) = GRUR 1995, 598 (599) – Ölverschmutzte Ente; BGH GRUR 1997, 761 (763) – Politikerschelte; KG GRUR-RR 2005, 162). Eine solche Aufmerksamkeitswerbung kann daher auch in der Nennung eines Sponsornamens (BGH WRP 2014, 1058 Rn. 14 – GOOD NEWS II) bzw. in einem **Sponsoring** oder in einem **Spendenaufruf** (LG Berlin WRP 2012, 237 Rn. 16) enthalten sein; ferner in einer **Stellenanzeige**, sofern neben dem Stellenangebot auch das Unternehmen selbst dargestellt wird und dieser Zweck der Selbstdarstellung nicht völlig hinter der Suche nach Arbeitskräften zurücktritt (BGH GRUR 2003, 540 (541) – Stellenanzeige; WRP 2005, 1242 (1245) – Werbung mit Testergebnis). Dazu gehören weitere Maßnahmen, die der Aufrechterhaltung des guten Rufs des Unternehmens oder seiner Produkte dienen (BGH GRUR 1962, 45 (47) – Betonzusatzmittel). Wird in einer Fachzeitschrift für Apotheker ein sog Entwesungsverfahren (Befreiung von tierischen Schädlingen bei Lebensmittelrohstoffen, Kräutern und Teedrogen) für in Apotheken verkaufte Erzeugnisse unter Umweltschutzgesichtspunkten beschrieben, so können die Veröffentlichungen, auch wenn sie sich nur an Apotheker und damit an Wiederverkäufer und nicht an Letztverbraucher richten, geeignet sein, die Bestellentscheidung der Apotheker zu beeinflussen (BGH GRUR 1996, 798 (799) – Lohnentwesungen). – Veranstaltet ein Unternehmer eine **Meinungsumfrage**, um seine Werbung zu intensivieren, so ist dies eine den eigenen Absatz fördernde Maßnahme, gleichgültig, ob es sich um eine echte oder getarnte Umfrage handelt (BGH GRUR 1973, 268 (269) – Verbraucher-Briefumfrage). Zu Meinungsumfragen von Meinungsforschungsinstituten → Rn. 2.50; → § 7 Rn. 155. – Auch die **Verwendung von AGB,** also die vor oder bei Geschäftsabschluss abgegebene Erklärung, Verträge unter Einbeziehung bestimmter Vertragsklauseln abzuschließen, stellt eine geschäftliche Handlung dar (BGH GRUR 2010, 1117 Rn. 18 – Gewährleistungsausschluss im Internet; dazu Köhler GRUR 2010, 1047; Hennigs, Unlauterer Wettbewerb durch Verwendung unwirksamer Vertragsklauseln, 2017, 117 ff.). Denn dieses Verhalten hängt objektiv mit dem Abschluss eines Vertrags zusammen, weil es objektiv darauf gerichtet ist, die Entscheidung des Marktpartners, „ob, wie und unter welchen Bedingungen er einen Kauf tätigen will" (vgl. Art. 2 lit. k UGP-RL; § 2 I Nr. 1 (= Nr. 9 aF)), zu beeinflussen (→ § 3a Rn. 1.287). Der Unternehmer mag mit dieser Maßnahme zugleich das Ziel verfolgen, den eigenen Absatz (oder Bezug) zu fördern, und sie mag darüber hinaus auch geeignet sein, dieses Ziel zu erreichen, etwa weil die Verwendung einer – wenn auch nicht durchsetzbaren – Vertragsklausel den Kunden davon abhalten kann, gesetzliche Ansprüche geltend zu machen, und der Unternehmer dadurch Kosten einsparen und billiger anbieten kann (BGH GRUR 2010, 1117 Rn. 18 – Gewährleistungsausschluss im Internet). Für die Frage, ob eine geschäftliche Handlung vorliegt, ist dies jedoch unerheblich. Entsprechendes gilt, wenn sich der Unternehmer zur Geltendmachung eigener Ansprüche oder zur Abwehr von Kundenansprüchen auf unwirksame AGB beruft, weil dies darauf gerichtet ist, eine nachvertragliche Entscheidung des Kunden „ob er eine Zahlung leisten, eine Ware oder Dienstleistung behalten oder abgeben usw. will" zu beeinflussen. – Ferner stellt bei der Werbung auf einer Internetseite das Setzen eines **Hyperlinks** (elektronischer Verweis) eine geschäftliche Handlung dar, wenn der Werbende die fremde Internetseite für den eigenen werblichen Auftritt nutzt, der dem Nutzer weitere Informationen über das eigene Angebot erschließen soll (BGH GRUR 2016, 209 Rn. 10 – Haftung für Hyperlink). Allerdings haftet der Werbende damit nicht ohne weiteres für etwaige wettbewerbswidrige Inhalte der verlinkten Internetseite, sondern nur dann, wenn er sich die fremden Inhalte in einer Weise zu Nutze macht, dass der Verkehr sie ihm zurechnet (BGH GRUR 2016, 209 Rn. 17 – Haftung für Hyperlink), oder wenn er eine wettbewerbsrechtliche Verkehrspflicht verletzt (BGH GRUR 2016, 209 Rn. 22 ff. – Haftung für Hyperlink; dazu Ohly NJW 2016, 1417; → § 8 Rn. 2.8). – Die unrichtige Eintragung einer Heilpraktikerin in die Rubrik „Ärzteverzeichnis" in einem **Telefonbuch** stellt jedenfalls dann eine geschäftliche Handlung des Herausgebers zugunsten eines fremden Unternehmens dar, wenn dieser trotz Kenntniserlangung in den Folgeaufträgen daran festhält (OLG Frankfurt WRP 2016, 254 Rn. 16; OLG Frankfurt WRP 2016, 1530).

9. Fehlen eines „unmittelbaren und objektiven Zusammenhangs" bei nichtgeschäftlichen Zielen

2.54   An einem „unmittelbaren und objektiven Zusammenhang" (und meist schon an einem Handeln zugunsten des eigenen oder eines fremden Unternehmens) fehlt es dann, wenn die Handlung sich zwar auf die geschäftlichen Entscheidungen von Verbrauchern und sonstigen Marktteilnehmern tatsächlich **auswirken** kann, aber **vorrangig** anderen Zielen als der Förderung des Absatzes oder Bezugs dient (vgl. ErwGr. 7 S. 2 UGP-RL). Dazu gehören nach diesem ErwGr. bspw. „kommerzielle, für Investoren gedachte Mitteilungen, wie Jahresberichte und Unternehmensprospekte". Aus diesem Grund stellt auch die bloße Nichterfüllung handelsrechtlicher Pflichten zur Offenlegung von Rechnungsunterlagen (§§ 242, 289 HGB) keine geschäftliche Handlung dar (vgl. Glöckner WRP 2009, 1175 (1180); aA Meier GRUR 2019, 581 (583)). – Vorrangig andere Ziele sind insbes. bei Handlungen anzunehmen, die der (insbes. redaktionellen) **Unterrichtung der Öffentlichkeit,** insbes. der **Verbraucher,** oder **weltanschaulichen, religiösen, kirchlichen, sozialen, karitativen, erzieherischen, verbraucherpolitischen, wissenschaftlichen, redaktionellen oder künstlerischen Zielen** dienen (vgl. Begr. RegE UWG 2008 zu § 2, BT-Drs. 16/10145, 40; BGH WRP 2016, 843 Rn. 13 – Im Immobiliensumpf; OLG München MMR 2012, 463 (465); OLG Frankfurt WRP 2015, 1246 Rn. 25; OLG Frankfurt GRUR-RR 2018, 105 Rn. 15). Dazu gehört auch die Tätigkeit von **Faktencheckern,** die im Auftrag von **Facebook** die auf ihrer Plattform veröffentlichten Beiträge auf deren Richtigkeit überprüfen und mit Factcheck-Hinweisen (zB „Behauptungen teilweise falsch") versehen, die in einem verlinkten Beitrag erläutert werden (aA Peukert WRP 2020, 391 Rn. 9). – Eine derartige Zielsetzung schließt indessen nicht aus, dass die Handlung **gleichzeitig** dem Ziel der Förderung des Absatzes oder Bezugs dient. Ist auf Grund einer Würdigung der Umstände des Einzelfalls bei objektiver Betrachtung vorrangig ein solches Ziel anzunehmen, so liegt eine geschäftliche Handlung vor. Eine Förderung fremden Wettbewerbs kann sich aus den Begleitumständen von Äußerungen ergeben. So bspw., wenn auf einer Internetseite auf eine bestimmte Therapie und „Originalprodukte" zu dieser Therapie hingewiesen und für die Verbraucher ein Link bereitgestellt wird, der zum Angebot der „Originalprodukte" eines bestimmten Herstellers führt (BGH WRP 2015, 856 Rn. 30 – Bezugsquellen für Bachblüten). Zum **Influencer-Marketing** → § 5a Rn. 4.90 ff. – Ein, wenngleich maßgebliches Indiz ist auch, ob ein **erwerbswirtschaftliches Interesse** des Handelnden an einer Beeinflussung der Verbraucherentscheidung besteht (vgl. BGH GRUR 1986, 812 – Gastrokritiker; WRP 2015, 856 Rn. 28 – Bezugsquellen für Bachblüten; WRP 2016, 843 Rn. 16 – Im Immobiliensumpf; OLG München WRP 2012, 1145 Rn. 8; OLG Braunschweig GRUR-RR

2020, 452 Rn. 40). **Fälle:** Anwalt nutzt seine Kontakte zu Medien, um über eine Bericht-erstattung zu aktuellen Rechtsstreitigkeiten vorrangig potentielle Mandanten auf seine anwalt-lichen Dienstleistungen aufmerksam zu machen (BGH WRP 2016, 843 Rn. 16 – Im Immobi-liensumpf). – Betreiber eines online-Reisebüros hält zugleich eine Hotelbewertungsfunktion bereit und veröffentlicht nach Prüfung und Freigabe fremde Hotelbewertungen, weil dies das Aufsuchen der Website des Betreibers und damit seiner Angebote bes. attraktiv macht (LG Hamburg WRP 2012, 94 Rn. 29 ff.). – Anwaltskanzlei veröffentlicht auf ihrer Internetseite einen kritischen Kommentar eines Internetnutzers über einen Mitbewerber und betreibt damit zugleich Mandantenpflege und -werbung (OLG Hamm GRUR 2012, 279 (280)). – Ist ein solches wirtschaftliches Interesse nicht nachweisbar, kann es ein Indiz für eine geschäftliche Handlung sein, wenn die Handlung in **bewusst irreführender** Weise auf die geschäftliche Entscheidung des Verbrauchers Einfluss nimmt. Das entspricht in der Sache der bisherigen Rspr. (vgl. BGH GRUR 1990, 373 (374) – Schönheits-Chirurgie; GRUR 1992, 450 (452) – Beitrags-rechnung; WRP 1996, 1099 – Testfotos II; GRUR 1997, 761 (763) – Politikerschelte; GRUR 2002, 987 (993) – Wir Schuldenmacher; GRUR 2003, 800 (801) – Schachcomputerkatalog; OLG Frankfurt GRUR-RR 2018, 105 Rn. 19). – Damit ist auch den europäischen und – soweit anwendbar – deutschen **Grundrechten** der **Meinungs- und Informationsfreiheit** (BGH WRP 2015, 856 Rn. 34 – Bezugsquellen für Bachblüten) sowie der **Kunstfreiheit** (dazu BGHZ 130, 205 (213) = GRUR 1995, 744 – Feuer, Eis & Dynamit I) und der **Wissenschafts-freiheit** (dazu BGH GRUR 1996, 798 – Lohnentwesungen; GRUR 2002, 633 (634) – Hormonersatztherapie; KG GRUR-RR 2005, 162 (163)) Rechnung getragen. Deren Bedeu-tung ist dann im Rahmen der Unlauterkeitsprüfung zu würdigen (BGH WRP 2015, 856 Rn. 34 – Bezugsquellen für Bachblüten; vgl. auch Glöckner WRP 2009, 1175 (1183 ff.)). Näher zur Beurteilung redaktioneller Äußerungen in **Medienunternehmen** bei → Rn. 2.66 ff. – Zur Frage, ob bereits die Verletzung der handelsrechtlichen Pflichten zur Veröffentlichung von **Rechnungslegungsunterlagen** (§§ 242, 289 HGB) eine geschäftliche Handlung darstellt, vgl. Meier GRUR 2019, 581.

VII. Unmittelbarer und objektiver Zusammenhang bei geschäftlichen Handlungen gegenüber Mitbewerbern

1. Allgemeines

Anders als die UGP-RL bezieht das UWG auch das Verhältnis des Unternehmers zu seinen   2.55
Mitbewerbern **(Business-to-Business = B2B)** ein. Die UGP-RL verwehrt es dem nationalen Gesetzgeber aber auch nicht, „über den Regelungsbereich der Richtlinie hinausgehende lauter-keitsrechtliche Bestimmungen zu erlassen, die das Verhältnis der Unternehmen zu ihren Mit-bewerbern betreffen" (Begr. RegE UWG 2008 zu § 2, BT-Drs. 16/10145, 21). Daher können Handlungen, die sich primär auf das Verhältnis des Unternehmers zu seinen Mitbewerbern beziehen, ebenfalls geschäftliche Handlungen iSd § 2 I Nr. 2 (= Nr. 1 aF) sein (→ Rn. 2.1, → Rn. 2.45). Das Erfordernis des „unmittelbaren und objektiven Zusammenhangs" ist insoweit aber autonom anhand der Regelungen und Wertungen des UWG auszulegen.

2. Vorliegen eines „unmittelbaren und objektiven Zusammenhangs"

Grds. gilt das Erfordernis des funktionalen Bezugs zur Beeinflussung der geschäftlichen Ent-   2.56
scheidung des Verbrauchers oder sonstigen Marktteilnehmers auch im Hinblick auf das Verhalten gegenüber **Mitbewerbern,** selbst wenn es nicht in den Anwendungsbereich der UGP-RL fällt (BGH WRP 2016, 843 Rn. 13 – Im Immobiliensumpf). Da solche Praktiken, wie etwa Betriebsstörungen, unberechtigte Schutzrechtsverwarnungen, Absatz- oder Werbebehinderun-gen, vielfach keine unmittelbaren Auswirkungen auf geschäftliche Entscheidungen der Kunden oder Lieferanten und damit auf den Absatz oder Bezug des betroffenen Unternehmens haben, war nach Auffassung des damaligen Gesetzgebers insoweit das Kriterium des „unmittelbaren Zusammenhangs" aus Art. 2 lit. d UGP-RL zu ihrer Erfassung nicht geeignet. Dementspre-chend wählte der Gesetzgeber stattdessen den weiter reichenden Begriff des „objektiven Zu-sammenhangs". Ein solcher „objektiver Zusammenhang" zwischen derartigen Praktiken und dem Absatz oder dem Bezug von Waren und Dienstleistungen sollte deshalb bestehen, weil derartige Praktiken den Absatz oder der Bezug von Waren und Dienstleistungen regelmäßig – ggf. mit einer gewissen zeitlichen Verzögerung – die geschäftliche Entscheidung der Verbraucher oder sonstigen Marktteilnehmer zugunsten des unlauter handelnden Unternehmens beeinflussen

können. Der Begriff des „objektiven Zusammenhangs" wurde insoweit im Interesse der Rechts-
sicherheit **einheitlich** ausgelegt. Dies folgte aus dem insoweit klaren und eindeutigen Gesetzes-
wortlaut („objektiver Zusammenhang") und auch aus der Gesetzesbegründung (Begr. RegE
UWG 2008 zu § 2, BT-Drs. 16/10145, 21; BGH WRP 2013, 1183 Rn. 19 – Standardisierte
Mandatsbearbeitung; WRP 2016, 843 Rn. 13 – Im Immobiliensumpf). – Bei der Änderung der
Definition der geschäftlichen Handlung durch das G zur Stärkung des Verbraucherschutzes im
Wettbewerbs- und Gewerberecht v. 10.8.2021, in Kraft am 28.5.2022, wonach ein „unmittel-
barer und objektiver Zusammenhang" erforderlich ist, wurde diese Rspr. offenbar nicht bedacht.
Sie sollte aber im Wege einer restriktiven Auslegung beibehalten werden.

G. Handeln zur Förderung eines fremden Unternehmens

I. Allgemeines

2.57   Schwieriger zu beurteilen sind die Fälle der Förderung des Absatzes oder Bezugs eines
fremden Unternehmens durch Dritte. Hier kann ein geschäftlicher Bezug nicht von vornherein verneint werden (OLG Hamburg GRUR-RR 2002, 113 (114)). Bereits zum UWG 1909
war anerkannt, dass Normadressat auch Personen sein können, die lediglich fremden Wettbewerb
fördern (vgl. BGH GRUR 1964, 210 (212) – Landwirtschaftsausstellung; GRUR 1964, 392
(394) – Weizenkeimöl). Im UWG 2004 war durch § 2 I Nr. 1 auch im Gesetzeswortlaut
(„zugunsten des eigenen oder eines fremden Unternehmens") klargestellt, dass eine Wettbewerbshandlung nicht nur bei Förderung des eigenen, sondern auch eines **fremden** Unternehmens vorliegen kann. Wer sich zugunsten eines fremden Unternehmens in den Wettbewerb
einmischt, soll nicht anders behandelt werden, als wenn er selbst Unternehmer wäre. Daran hat
auch die Definition der geschäftlichen Handlung in der UWG-Novelle 2008 nichts geändert.
Die UGP-RL steht dem nicht entgegen. Soweit es um Personen geht, die im Namen oder
Auftrag von Gewerbetreibenden handeln (Art. 2 lit. b UGP-RL; § 2 I Nr. 8 (= Nr. 6 aF)), ist
geklärt, dass diese ebenfalls Unternehmereigenschaft besitzen müssen, also unselbständig beruflich tätige Personen nicht gemeint sind (EuGH WRP 2013, 1575 Rn. 38 – RLvS Verlagsgesellschaft; → Rn. 8.8). Eine Erstreckung des Anwendungsbereichs des UWG auf sonstige Dritte
liegt daher außerhalb des Regelungsbereichs der UGP-RL und ist damit zulässig (ebenso BGH
GRUR 2009, 878 Rn. 11 – Fräsautomat; WRP 2014, 1058 Rn. 13 – GOOD NEWS II; WRP
2015, 856 Rn. 26 – Bezugsquellen für Bachblüten; Koch FS Köhler, 2014, 359 (367 f.)). Die
Förderung braucht nicht auf ein bestimmtes Unternehmen gerichtet zu sein; es genügt die
Förderung einer Unternehmensvereinigung oder eines Wirtschaftszweiges, weil und soweit
dadurch mittelbar auch die Mitglieder oder Branchenangehörigen gefördert werden (BGH
GRUR 1962, 47 – Betonzusatzmittel; OLG Frankfurt WRP 2015, 1119 Rn. 9). Die eigentliche
Schwierigkeit besteht in der Feststellung des „unmittelbaren und objektiven Zusammenhangs"
zwischen der Handlung und der Förderung des Absatzes oder Bezugs des fremden Unternehmens. Dabei spielt die jeweilige Stellung des Handelnden im Wirtschaftsleben und seine Zielsetzung eine maßgebliche Rolle.

II. Personenkreis

1. Gesetzliche Vertreter, Mitarbeiter und Beauftragte

2.58   Nach der Legaldefinition in § 2 I Nr. 8 (= Nr. 6 aF) ist als Unternehmer nicht nur der
Unternehmensinhaber anzusehen, sondern darüber hinaus „jede Person, die im Namen oder
Auftrag einer solchen Person handelt". Darunter sind in richtlinienkonformer Auslegung
(→ Rn. 8.8) nur Personen zu verstehen, die selbst Unternehmer sind. Nicht dazu gehören alle
unselbständig beruflich tätigen Personen, die gesetzliche Vertreter des Unternehmers sind (zB
AG-Vorstand, GmbH-Geschäftsführer) oder von ihm bevollmächtigt sind (zB Prokuristen, Ver-
käufer, Einkäufer), sowie alle Personen, die in einem irgendwie gearteten Auftragsverhältnis (zB
Geschäftsbesorgungsvertrag) zum Unternehmer stehen (→ Rn. 8.9). Nach § 8 II bzw. § 31 BGB
ist der Unternehmensinhaber auch für deren Handeln verantwortlich. Davon zu trennen ist die
Frage, ob sie zugunsten des eigenen (so zB Dreher/Kulka WettbR § 2 Rn. 168) oder eines
fremden Unternehmens handeln. Richtigerweise ist ein Handeln zugunsten eines fremden
Unternehmens anzunehmen, wenn sie im Namen oder Auftrag des anderen Unternehmers tätig
werden (ebenso Koch FS Köhler, 2014, 359 (365)). Dafür ist nicht erforderlich, dass ihnen eine

für das Unternehmen bedeutsame Funktion zur selbständigen, eigenverantwortlichen Erfüllung zugewiesen wurde und sie das Unternehmen gewissermaßen „repräsentieren" (so aber Harte-Bavendamm/Henning-Bodewig/Keller Rn. 25). Es reicht vielmehr aus, dass sie nach **außen** als Vertreter oder Beauftragte in Erscheinung treten. Das kann bspw. Auch eine Kassiererin sein, wenn sie irreführende Auskünfte erteilt. Fällt die fragliche Handlung in den Aufgabenkreis dieser Personen, ist nach der Lebenserfahrung ein Handeln zur Förderung eines fremden Unternehmens zu **vermuten** (ebenso OLG München GRUR-RR 2006, 268 (271) zur Wettbewerbsabsicht). Anders verhält es sich, wenn die Handlung nicht in den typischen Aufgabenkreis dieser Personen fällt, wie zB die Veröffentlichung einer wissenschaftlichen Untersuchung (BGH GRUR 1962, 45 (48) – Betonzusatzmittel). Hier ist das Vorliegen einer geschäftlichen Handlung positiv festzustellen (vgl. BGH GRUR 1996, 798 (800) – Lohnentwesungen zur Wettbewerbsabsicht). Dafür ist es ein Indiz, wenn der Handelnde sich dessen bewusst ist, dass er den Wettbewerb des Unternehmens fördert und er nicht alles vermeidet, was eine werbliche Auswirkung begründen könnte. Daher kann auch die private Äußerung eines Mitarbeiters in einem Internet-Blog eine geschäftliche Handlung zugunsten des (fremden) Unternehmens sein (OLG Hamm MMR 2008, 757). – Personen, die (wie etwa Plakatkleber oder Prospektverteiler) nicht entscheidungsbefugt sind und in völlig untergeordneter Stellung ohne eigenen Entscheidungsspielraum tätig werden, nehmen bei Wahrnehmung ihrer Aufgaben idR keine geschäftliche Handlung vor, da sie gegenüber Marktteilnehmern nicht als Vertreter oder Beauftragte auftreten (vgl. BGH GRUR 2011, 340 Rn. 27 – Irische Butter; → § 8 Rn. 2.15b).

2. Unternehmen

Der Absatz oder Bezug eines fremden Unternehmens kann auch durch ein anderes Unternehmen gefördert werden, selbst wenn es nicht im Namen oder Auftrag eines fremden Unternehmens gehandelt hat (Koch FS Köhler, 2014, 359 (367)). Eine geschäftliche Handlung zugunsten des fremden Unternehmens ist zu **vermuten,** wenn das betreffende Unternehmen von dem fremden Unternehmen damit **beauftragt** worden ist. Dagegen ist es nur ein **Indiz** für eine geschäftliche Handlung zugunsten des fremden Unternehmens, wenn das Unternehmen mit dem geförderten Unternehmen in einer **sonstigen geschäftlichen Beziehung** (zB als Abnehmer, Lieferant, Kreditgeber) steht oder eine solche anstrebt und sie von der Handlung einen **eigenen wirtschaftlichen Vorteil** verspricht. Hierher gehört der Fall, dass ein Hersteller für seine Vertragshändler wirbt; aber auch der Fall, dass ein Unternehmer bei seinen Arbeitnehmern für eine bestimmte Krankenkasse wirbt (vgl. OLG Stuttgart GRUR-RR 2006, 20). Auch ein Geschäftsmann, der sich rein privat im Wirtshaus unterhält, kann durch seine Äußerungen den Wettbewerb eines Unternehmens fördern, an dessen Umsatzsteigerung er als Lieferant oder Handelsvertreter interessiert ist (BGH GRUR 1953, 293 – Fleischbezug; GRUR 1960, 384 (386) – Mampe Halb und Halb). Ferner kann eine Agentur, die aus Anlass der Emission von Schuldverschreibungen ein unerbetenes Rating (Beurteilung der Bonität) eines Unternehmens vornimmt, zur Förderung des Wettbewerbs dieses Unternehmens handeln, wenn sie es als zukünftigen Kunden gewinnen möchte (vgl. v. Randow ZBB 1996, 85). Ein **Meinungsforschungsunternehmen,** das im Auftrag eines Pharmaherstellers Ärzte gegen Zahlung eines Entgelts zur Behandlung bestimmter Krankheiten befragt, fördert damit dessen Wettbewerb (OLG Oldenburg GRUR-RR 2006, 239). – Fehlt es an einem eigenen wirtschaftlichen Interesse des Handelnden, ist ein Handeln zugunsten eines fremden Unternehmens grds. – auch schon im Hinblick auf das Grundrecht der **Meinungsfreiheit** – zu verneinen. Gegen eine geschäftliche Handlung spricht es insbes., wenn das Unternehmen mit einer Äußerung vorrangig einen im Allgemeininteresse liegenden Zweck verfolgt, mag sie sich auch zugunsten eines fremden Unternehmens auswirken. – Eine geschäftliche Handlung zugunsten eines Dritten liegt nicht schon dann vor, wenn der Verlag eines Branchenverzeichnisses einen Telefoneintrag (betreffend Heilpraktiker) irrtümlich in einer falschen Rubrik (Ärzte) vornimmt, wohl aber dann, wenn der Verlag in Kenntnis der falschen Einordnung die Rubrizierung fortsetzt (OLG Frankfurt WRP 2015, 1530 Rn. 14, 16).

3. Unternehmensverbände

a) Förderung von Mitgliedsunternehmen. Soweit Unternehmensverbände kraft **Satzung** die Belange ihrer **Mitgliedsunternehmen** fördern (und damit nach § 8 III Nr. 2 klagebefugt sein können), ist bei entsprechenden Maßnahmen eine geschäftliche Handlung **zu vermuten** (vgl. BGH GRUR 1992, 707 (708) – Erdgassteuer; OLG Köln WRP 2019, 1491 Rn. 26). Zu

2.59

2.60

derartigen Fördermaßnahmen gehört zB die Herstellung von Geschäftsverbindungen mit Dritten, aber auch schon die Verwendung des Vereinsnamens in diesem Zusammenhang (BGH GRUR 1973, 371 (372) – Gesamtverband; GRUR 1975, 377 (378) – Verleger von Tonträgern); ferner ein Boykottaufruf oder kritische Äußerungen über ein Konkurrenzprodukt zum Nachteil von Mitbewerbern der Mitgliedsunternehmen (OLG Köln WRP 2019, 1471 Rn. 26). Ein Verband, der satzungsgemäß die wirtschaftlichen Interessen seiner Mitglieder wahrnimmt, nimmt auch dann eine geschäftliche Handlung vor, wenn er zwar in einer bundesweiten Anzeigenaktion ein bestimmtes wirtschaftspolitisches Ziel verfolgt (hier: Ablehnung der Einführung einer Erdgassteuer), in dem Inhalt der Anzeige aber nicht nur eine Meinungskundgabe als Mittel zum geistigen Meinungskampf in einer die Interessen der Öffentlichkeit berührenden Frage zu sehen ist, sondern die Anzeige darüber hinaus auch geeignet und darauf gerichtet ist, die wettbewerblichen Interessen der im Verband zusammengeschlossenen Wirtschaftsunternehmen zu fördern (BGH GRUR 1992, 707 – Erdgassteuer). Desgleichen stellt die außergerichtliche Vertretung eines Mitgliedsunternehmens durch einen Wirtschaftsverband in einer wettbewerbs- oder markenrechtlichen Streitigkeit eine geschäftliche Handlung zugunsten dieses Unternehmens dar (BGH GRUR 2012, 79 Rn. 13 – Rechtsberatung durch Einzelhandelsverband). – Die Geltendmachung von lauterkeitsrechtlichen Ansprüchen durch **Wettbewerbs-** oder **Verbraucherverbände** iSd § 8 III Nr. 2 und 3 ist dagegen nicht, jedenfalls nicht vorrangig auf die Förderung des Absatzes oder Bezugs von Waren oder Dienstleistungen gerichtet und stellt somit keine geschäftliche Handlung dar (vgl. OLG Hamburg GRUR 1983, 389). Die auf die Erzielung von Einnahmen gerichtete Abmahntätigkeit von „Abmahnvereinen" lässt sich daher nicht mit den Mitteln des Lauterkeitsrechts bekämpfen. Insoweit hilft allein § 8 IV. – Ebenso wenig sind Angaben zur Anzahl der Mitglieder und deren Marktanteil, die der Selbstdarstellung eines Verbands dienen, geschäftliche Handlungen (OLG Köln WRP 2019, 1509 Rn. 21).

2.61   **b) Förderung von außenstehenden Unternehmen.** Unternehmensverbände können aber auch den Wettbewerb **außenstehender** Unternehmen fördern. **Fälle:** Ein Landwirtschaftsverband, der an einem Fachverlag beteiligt ist, liefert eine Fachzeitschrift dieses Verlages auf seine Kosten an seine Mitglieder. Dadurch erleidet eine andere Fachzeitschrift empfindliche Einbußen im Absatz und im Inseratengeschäft (BGH GRUR 1972, 40 (42) – Feld und Wald I). – Ein Fachverband für Windenergie-Erzeuger weist seine Mitglieder darauf hin, er habe für sie bei bestimmten Versicherungen „beste Versicherungsbedingungen" erreicht. Denn dadurch wird der Wettbewerb der betreffenden Versicherungsgesellschaften gefördert (OLG Hamburg GRUR-RR 2002, 113). – Unternehmensverbände sind selbst Unternehmer, wenn sie anderen Unternehmen Waren oder Dienstleistungen gegen Entgelt anbieten (→ Rn. 2.26).

4. Öffentliche Hand

2.62   Dazu näher unter → § 3a Rn. 2.17 ff.

5. Verbraucherverbände

2.63   Das Handeln von Verbraucherverbänden („qualifizierte Einrichtungen" iSv § 8 III Nr. 3) kann objektiv geeignet und darauf gerichtet sein, den Absatz oder Bezug eines fremden Unternehmens zu fördern. Es fehlt jedoch an einem „unmittelbaren und objektiven Zusammenhang" und damit an einer geschäftlichen Handlung, wenn sich der Verband im Rahmen seiner satzungsmäßigen Aufgaben hält und sich um eine objektive Information der Verbraucher bemüht (vgl. BGH GRUR 1976, 268 – Warentest II; GRUR 1981, 658 – Preisvergleich; OLG München NJW 1963, 2129). Auch handelt ein Verbraucherverband nicht zur Förderung fremden Wettbewerbs, wenn er ein von ihm in einer Wettbewerbssache erzieltes, noch nicht rechtskräftiges Urteil veröffentlicht (KG BB 1978, 468 mAnm Brinkmann). – Nur wenn ein Verbraucherverband **gezielt** zu Gunsten einzelner Unternehmen oder mit unsachlichen Mitteln und Methoden in den Wettbewerb eingreift, ist eine geschäftliche Handlung zu bejahen (BGH WRP 2014, 552 Rn. 28 – Werbung für Fremdprodukte; OLG Düsseldorf WRP 2019, 899 Rn. 22). **Beispiele:** Gezielte Werbung für Produkte einzelner Hersteller; gezielte Auswahl von Anwälten durch Mieterverein für Streitigkeiten seiner Mitglieder (BGH WRP 1990, 282 (283) – Anwaltswahl durch Mieterverein; OLG Frankfurt WRP 2015, 1246 Rn. 25); Boykottaufruf mit dem Ziel, dadurch den Absatz eines bestimmten Unternehmens zu fördern; Veröffentlichung eines Warentests oder Preisvergleichs; Nachweis von günstigen Bezugsmöglichkeiten; Ausstellen von Mitgliedsausweisen, die zum Kauf bei bestimmten Vertragshändlern berechtigen (OLG Celle WRP 1974, 273); Empfehlung bestimmter Anwälte. – Ein gezieltes Eingreifen liegt dagegen nicht schon dann vor, wenn ein Verband Literatur zum Kauf anbietet, deren Lektüre Verbraucher zum Kauf bestimmter Produkte veranlassen kann (BGH WRP 2014, 552 Rn. 28 – Werbung für Fremdprodukte).

6. Sonstige Organisationen

Auch das Handeln sonstiger Organisationen und Einrichtungen (**Parteien, Kirchen, Ge-** **2.64** **werkschaften, Umweltschutzorganisationen, Berufsorganisationen** usw) kann objektiv geeignet und darauf gerichtet sein, den Wettbewerb eines fremden Unternehmens zu fördern. Jedoch besteht keine Vermutung für eine geschäftliche Handlung (vgl. BGHZ 110, 156 (160) = GRUR 1990, 522 (524) – HBV-Familien- und Wohnungsrechtsschutz). Beispiel: Dachverband von Landeszahnärztekammern äußert sich kritisch zu Themen, die zwar das Fachgebiet des Berufs, nicht aber unmittelbar die von den Berufsangehörigen erbrachten Dienstleistungen betreffen (OLG Düsseldorf WRP 2019, 899 Rn. 22). – Dass ein Boykottaufruf hins. Bestimmter Lebensmittel den Absatz nichtboykottierter Produkte fördern kann, ist nicht Ziel, sondern nur Nebenfolge der Maßnahme (OLG Stuttgart GRUR-RR 2006, 20 (21)).

7. Private

Das Handeln **Privater** stellt jedenfalls dann keine geschäftliche Handlung dar, wenn sie keine **2.65** Absatzförderungsabsicht haben, wie zB positive Kundenbewertungen im Internet (BGH WRP 2020, 574 Rn. 32 – Kundenbewertungen auf Amazon). Eine geschäftliche Handlung liegt aber auch dann nicht vor, wenn Private mit ihrer Äußerung den Zweck verfolgen, den Absatz eines fremden Unternehmens zu fördern. Vielmehr beurteilt sich dieses Handeln grds. Nach dem Bürgerlichen Recht. **Beispiel:** Empfiehlt ein Privater ein Restaurant mit der unwahren Behauptung, es habe vor kurzem einen Michelin-Stern bekommen, ist dieses Verhalten nicht nach den § 3 I, § 5 I 2 Nr. 3, sondern nur nach § 675 II BGB zu beurteilen. Es fehlt an einem Handeln im geschäftlichen Verkehr. – Etwas anderes gilt aber dann, wenn der Private im **Namen** oder **Auftrag** eines fremden Unternehmers handelt, unabhängig davon, ob er dafür ein Entgelt bekommt, sofern er bereits eine **selbständige berufliche Tätigkeit** ausübt. Er ist in diesem Fall nach der Definition in § 2 I Nr. 8 (= Nr. 6 aF) selbst Unternehmer und damit insoweit eine geschäftliche Handlung vor (→ Rn. 8.8). Davon geht auch § 8 II aus, da diese Vorschrift eine persönliche Haftung des „Mitarbeiters" oder „Beauftragten" voraussetzt. **Laienwerber** (→ § 3 Rn. 6.23 ff.) oder prominente Personen (**„Stars"**), die offen für ein fremdes Unternehmen oder dessen Produkte in der Öffentlichkeit werben, erfüllen den Tatbestand der geschäftlichen Handlung, wenn sie entweder selbst bereits Unternehmer sind oder wenn sie dafür eine Gegenleistung fordern oder erhalten (vgl. dazu auch Henning-Bodewig GRUR 2013, 26). **Influencer,** die ohne selbst bereits Unternehmer zu sein, in Sozialen Medien verdeckt für fremde Unternehmen werben, erfüllen den Tatbestand der geschäftlichen Handlung ebenfalls erst dann, wenn sie dafür eine Gegenleistung fordern oder erhalten (→ § 5a Rn. 7.80a ff.) – Davon zu unterscheiden ist die Frage, ob sie auch für wettbewerbswidrige Inhalte der Werbung haften, wenn sie sich diese zu eigen machen, insbes. ob und in welchem Umfang sie Prüfungspflichten treffen.

H. Besonderheiten bei Medienunternehmen

I. Allgemeines

Die Medien (Presse, Rundfunk) haben die bes. Aufgabe, die Öffentlichkeit über Vorgänge **2.66** von allgemeiner Bedeutung zu unterrichten und zur öffentlichen Meinungsbildung beizutragen. Das ist bei der Anwendung des Lauterkeitsrechts zu berücksichtigen, und zwar auch im Rahmen der richtlinienkonformen Auslegung. Denn die Meinungs- sowie Presse- und Rundfunkfreiheit gehören sowohl zu den deutschen (vgl. Art. 5 I GG), als auch zu den europäischen Grundrechten (vgl. Art. 11 GRCh und Art. 10 EMRK; vgl. Köhler GRUR 2005, 273 (276); Gomille WRP 2009, 525). Jedoch ist nach den jeweiligen Aktivitäten und der vorrangigen Zielsetzung des Medienunternehmens zu unterscheiden.

II. Redaktionelle Beiträge

1. Früheres Recht

2.67   Bei redaktionellen Beiträgen trug die bisherige Rspr. dem Grundrecht der Presse- und Rundfunkfreiheit in der Weise Rechnung, dass sie eine **Wettbewerbsabsicht** des Medienunternehmens bzw. des betreffenden Redakteurs oder Journalisten **nicht vermutete** (BGH GRUR 1998, 167 (168) – Restaurantführer; WRP 1998, 169 (171) – Auto '94; WRP 1998, 595 (596) – AZUBI '94; GRUR 2000, 703 (706) – Mattscheibe; GRUR 2002, 987 (993) – Wir Schuldenmacher; GRUR 2004, 693 (694) – Schöner Wetten; GRUR 2006, 875 Rn. 23 – Rechtsanwalts-Ranglisten). Es mussten deshalb konkrete Umstände vorliegen, die erkennen ließen, dass neben der Wahrnehmung der publizistischen Aufgabe die Absicht des Presseorgans, eigenen oder fremden Wettbewerb zu fördern, eine größere als nur eine notwendigerweise begleitende Rolle gespielt hatte (BGH GRUR 1992, 707 (708) – Erdgassteuer; GRUR 1994, 441 (442) – Kosmetikstudio; WRP 1994, 862 – Bio-Tabletten; GRUR 1997, 473 – Versierter Ansprechpartner; GRUR 1997, 912 (913) – Die Besten I; GRUR 1997, 907 – Emil-Grünbär-Klub; WRP 1998, 42 – Unbestimmter Unterlassungsantrag III; WRP 1998, 48 – Restaurantführer; GRUR 2002, 987 (993) – Wir Schuldenmacher; GRUR 2006, 875 Rn. 23 – Rechtsanwalts-Ranglisten).

2.68   Im Laufe der Zeit zeigte sich die Rspr. Bei der Bejahung einer Wettbewerbsabsicht und damit einer geschäftlichen Handlung zurückhaltender. Eine Wettbewerbsabsicht und damit eine „Werbung im redaktionellen Gewand" wurde für den Fall verneint, dass in einem Online-Pressebericht über ein Unternehmen ein Hyperlink zu dessen Internet-Adresse gesetzt wurde (BGH GRUR 2004, 693 (694) – Schöner Wetten). – Einem positiven Bericht über einen Unternehmer, der eine Person des öffentlichen Interesses war, wurde ebenfalls nicht die Absicht zugesprochen, auch für sein Unternehmen zu werben (BGH GRUR 2004, 693 (694) – Schöner Wetten). – Bei einem Redakteur, der in einem Pressebericht aus Anlass der Übergabe eines Neubaus an einen Rechtsanwalt zur Benutzung als Anwaltskanzlei dessen berufliche Betätigung im Vergleich zu einem anderen Rechtsanwalt gleichen Namens an demselben Ort positiv herausstellte, wurde die Wettbewerbsförderungsabsicht verneint, weil er primär seiner journalistischen Pflicht zur Berichterstattung in Erfüllung der öffentlichen Aufgabe der Presse nachkommen wollte und die Förderung des Wettbewerbs des gelobten Anwalts nicht sein wesentlicher Beweggrund war, er vielmehr nur den anderen Anwalt schädigen wollte (BGH GRUR 1986, 898 – Frank der Tat mAnm Tilmann). – Bei einem redaktionellen Bericht in einem Anzeigenblatt über die Ausbildungsmöglichkeiten in der Region wurde eine Wettbewerbsabsicht verneint, obwohl darin inserierende Unternehmen namentlich erwähnt und beschrieben wurden. Im Hinblick auf das Informationsinteresse der Allgemeinheit an Ausbildungsstellen wurde die etwaige Wettbewerbsförderungsabsicht des Anzeigenblattes als eine notwendige Nebenfolge der Presseberichterstattung angesehen (BGH WRP 1998, 595 – AZUBI '94). – Bei der Veröffentlichung eines Verlags, in der Anwälte nach den Recherchen des Verlags in einer Reihenfolge auf Grund einer subjektiven, aber einer kritischen Würdigung zugänglichen Einschätzung ihrer Reputation aufgeführt werden, wurde eine Absicht, den Wettbewerb der genannten Anwälte zu fördern, verneint (BGH GRUR 2006, 785 – Rechtsanwalts-Ranglisten). – Dagegen wurde eine Wettbewerbsabsicht bejaht, wenn die Äußerung **übermäßig werbenden Charakter** hatte und damit der Boden sachlicher Information verlassen wurde (BGH GRUR 1997, 912 (913) – Die Besten I; GRUR 1997, 914 (915) – Die Besten II). Das wurde insbes. angenommen, wenn das Unternehmen eines Anzeigenkunden oder seine Waren oder Dienstleistungen namentlich genannt und angepriesen wurden (BGH GRUR 1992, 463 (465) – Anzeigenplatzierung; WRP 1998, 164 (168) – Modenschau im Salvator-Keller; WRP 1998, 595 (596) – AZUBI '94). Doch wurde auch hier auf die Umstände des Einzelfalls, insbes. auf die Aufmachung, den Inhalt und die Zielsetzung des Beitrags sowie darauf abgestellt, inwieweit die Erwähnung der werbenden Unternehmen für eine die Allgemeinheit interessierende Information erforderlich war. – Auch wurde eine Wettbewerbsabsicht für den Fall bejaht, dass in einem redaktionell aufgemachten Zeitschriftenbeitrag einzelne Erzeugnisse unter **bewusst unrichtigen** Preisangaben herausgestellt wurden (BGH WRP 1994, 862 – Bio-Tabletten). Desgleichen für den Fall, dass ein Testbericht eine **klare und deutliche Irreführung** der Leser enthielt (OLG Frankfurt GRUR-RR 2007, 16 (17)).

Bei der **Medienkritik** an einem Unternehmen wurde idR eine Wettbewerbsabsicht verneint, **2.69** und zwar auch dann, wenn die Kritik sich nach Inhalt und Form nicht im Rahmen des Erforderlichen hielt. Denn auch bei polemisch überspitzten, subjektiv einseitigen oder gar gewollt herabsetzend gehaltenen Beiträgen konnte durchaus die Absicht einer öffentlichen Information und Meinungsbildung bestehen oder eine andere Motivation im Spiele sein, die ihrerseits keinen Wettbewerbsbezug aufwies (BGH GRUR 1995, 270 (273) – Dubioses Geschäftsgebaren). – Aus einer kritischen Äußerung über Sonderangebote eines Kaufhauses durch einen Online-Dienst mit redaktionellem Bereich wurde ebenfalls nicht auf eine Wettbewerbsabsicht geschlossen (OLG Hamburg GRUR-RR 2005, 385 (386)). – Eine Wettbewerbsabsicht wurde bejaht bei der nicht näher begründeten Äußerung in der Öffentlichkeit, ein Mitbewerber sei unseriös (BGH GRUR 1982, 234 (236) – Großbanken-Restquoten); bei der Warnung vor dem Bezug weltlicher Zeitschriften durch den Redakteur eines Kirchenblatts, der dabei auch das Ziel verfolgt, die Werbung für die Lesemappe einer anderen Organisation zu fördern (BGHZ 14, 170 – Constanze II). – Bei einer Filmkritik im Rundfunk, in der lediglich die Verleihfirma in dem Kommentar namentlich genannt und die Art, wie sie den Film auf den Markt gebracht hat, als „fix und clever" bezeichnet wurde, wurde eine Wettbewerbsabsicht verneint (BGH GRUR 1968, 314 – fix und clever). – Ein Gastrokritiker, der sich über Eindrücke in einem Weinlokal negativ geäußert hatte, förderte dadurch objektiv fremden Wettbewerb. Dies brauchte aber, auch wenn er sich dessen bewusst war, deshalb noch nicht in Wettbewerbsabsicht zu geschehen. Grund für seine Äußerung konnte das Anliegen der Presse sein, die Öffentlichkeit über Vorgänge von allgemeiner Bedeutung zu unterrichten und zur öffentlichen Meinungsbildung beizutragen, nicht aber in den individuellen Bereich des Wettbewerbs bestimmter Konkurrenten einzugreifen (BGH GRUR 1986, 812 (813) – Gastrokritiker).

2. Jetziges Recht

Da eine geschäftliche Handlung keine Wettbewerbsförderungsabsicht, sondern einen **„unmit-** **2.70** **telbaren und objektiven Zusammenhang"** zwischen Handlung und Absatzförderung erfordert, sind auch **redaktionelle Beiträge** nach diesem Kriterium zu beurteilen. Ein „unmittelbarer und objektiver Zusammenhang" mit der Förderung des Absatzes eines fremden Unternehmens ist zu verneinen, wenn der redaktionelle Beitrag nur der Information und Meinungsbildung der Leser, Zuschauer oder Zuhörer dient (vgl. Begr. RegE UWG 2008 zu § 2, BT-Drs. 16/10145, 21; BGH WRP 2012, 77 Rn. 15, 38 – Coaching-Newsletter; GRUR 2015, 694 – Bezugsquellen für Bachblüten; GRUR-RR 2016, 410 Rn. 11 – Dr. Estrich); so auch die frühere Rspr. (vgl. BGH GRUR 2006, 875 Rn. 23 ff. – Rechtsanwalts-Ranglisten). Die entscheidende Frage ist indessen, wann ein redaktionell gestalteter Beitrag nur der Information und Meinungsbildung oder aber **vorrangig** der Werbung für ein fremdes Unternehmen dient. Von einer geschäftlichen Handlung ist stets auszugehen, wenn bereits der durchschnittlich informierte, aufmerksame und verständige Leser, Zuschauer oder Hörer des redaktionell gestalteten Beitrags erkennt, dass damit der Absatz eines Unternehmens gefördert werden soll (BGH WRP 2012, 77 Rn. 16 – Coaching-Newsletter). Eine geschäftliche Handlung ist andererseits nicht schon deshalb zu verneinen, wenn dies nicht der Fall ist (aA Gomille WRP 2009, 525 (530)). Denn es ist idR gerade das Ziel der redaktionellen Werbung, dass sie als solche nicht erkennbar ist. Von einer Werbung ist allerdings – schon im Hinblick auf die Presse- und Rundfunkfreiheit (Art. 5 GG; Art. 11 GR-Charta) – nicht bereits dann auszugehen, wenn der Beitrag objektiv geeignet ist, den Absatz eines fremden Unternehmens zu fördern. Stets liegt dagegen eine geschäftliche Handlung vor, wenn das durch den redaktionellen Beitrag geförderte Unternehmen dem Medienunternehmen (oder dem Redakteur) dafür ein **Entgelt** (Geldbetrag oder sonstiger wirtschaftlicher Vorteil, wie etwa ein Anzeigenauftrag oder „Geschenke", etwa für ein Preisrätsel) verspricht oder gewährt hat (OLG Köln WRP 2022, 352 Rn. 33). (In diesem Fall kann der Tatbestand des **§ 5a IV**, ggf. auch der Tatbestand der Anh. Nr. 11 zu § 3 IIIerfüllt sein; vgl. aber EuGH WRP 2013, 1575 Rn. 39 ff. – RLvS Verlagsgesellschaft.) Dagegen reicht ein allgemeines Interesse des Medienunternehmens an der Erlangung von Anzeigen- oder Werbeaufträgen nicht aus (BGH GRUR 2006, 875 Rn. 28 – Rechtsanwalts-Ranglisten). Lässt sich – wie zumeist – eine konkrete Verknüpfung von redaktioneller Berichterstattung und Vorteilsgewährung nicht nachweisen, kommt es auf den Inhalt des Beitrags unter Berücksichtigung der Begleitumstände an (OLG Köln WRP 2022, 352 Rn. 35). Für einen „objektiven Zusammenhang" mit der Absatzförderung spricht es, wenn der Beitrag eine übermäßig werbende Darstellung enthält (→ Rn. 2.68), bestimmte Unternehmen besonders erwähnt oder ein publizistischer Anlass für ihn fehlt, insbes. wenn der Beitrag jede Objektivität und Unvoreingenommenheit gegenüber dem Unternehmen und seinen Produkten vermissen lässt und einseitig und unkritisch deren Vorzüge herausstreicht oder irreführende Behauptungen über das geförderte Unternehmen oder seine Produkte enthält. Dabei sind die Umstände des Einzelfalls zu berücksichtigen, der Presse ist aber zugleich ein weiter Spielraum bei Form und Inhalt ihrer Beiträge zuzubilligen. Beispiel: Ein Artikel mit „Tipps zum Stromanbieterwechsel" stellt noch keine geschäftliche Handlung dar, auch wenn darin mit empfehlenden Hinweisen auf den Strompreisvergleichsrechner eines dritten Unternehmens verlinkt wird (OLG Köln WRP 2022, 352 Rn. 36). – Die bloße **Kritik** eines Medienunternehmens an einem Unternehmen oder an seinen Produkten stellt für sich allein auch dann noch keine geschäftliche Handlung dar, wenn sie unsachlich und überzogen ist (OLG Frankfurt WRP 2014, 1483 Rn. 8; OLG Frankfurt WRP 2015, 1119 Rn. 10). Vielmehr muss sich die Kritik als Mittel darstellen, den Wettbewerb eines **Mitbewerbers** zu fördern. Dies ist zwar idR nur dann anzunehmen, wenn sich das Medienunternehmen (oder der Redakteur) dafür einen Vorteil versprechen oder gewähren lässt. Jedoch kommt es auch hier auf eine **Einzelfallwürdigung** unter Berücksichtigung aller Umstände an. Daher ist auch eine etwaige Interessenverflechtung zwischen dem Medienunternehmen und dem begünstigten Mitbewerber und die Art der Kritik zu berücksichtigen (OLG Frankfurt WRP 2014, 1483 Rn. 9). **Beispiel:** Presseorgan stellt sich als „publizistisches Sprachrohr" einer bestimmten Bankengruppe dar und empfiehlt Werbepartnern, die Zusammenarbeit mit einer als „Schmuddelkind der Bankenbranche" bezeichneten Bank zu beenden (OLG Frankfurt WRP 2015, 1119 Rn. 15).

III. Anzeigengeschäft

2.71   Beim **Anzeigengeschäft** der Presse handelt es sich um eine typisch wettbewerbsfördernde Maßnahme, die außerhalb des meinungsbildenden und informierenden Aufgabenbereichs liegt. Für eine Förderung des Absatzes oder Bezugs des Auftraggebers spricht daher eine tatsächliche Vermutung (vgl. BGH GRUR 1994, 841 (842) – Suchwort; GRUR 1995, 595 – Kinderarbeit; GRUR 1995, 600 (601) – H. I. V. POSITIVE; GRUR 1997, 909 (910) – Branchenbuch-Nomenklatur). – Doch kann der Schutz der Pressefreiheit nach Art. 5 I 2 GG, der auch für das Anzeigengeschäft gilt (BVerfGE 21, 271 (278)), zu einer einschränkenden Haftung des Presseunternehmens Anlass geben, insbes. bei wettbewerbswidrigen Anzeigen Dritter (→ § 9 Rn. 2.11 ff.).

IV. Kundenwerbung

2.72   Soweit Medienunternehmen Werbung um Abonnenten oder Anzeigenkunden oder Werbung für eigene Waren oder Dienstleistungen treiben, liegt stets eine geschäftliche Handlung vor (vgl. EuGH WRP 2013, 1575 Rn. 44 – RLvS Verlagsgesellschaft; BGH GRUR 2000, 703 (706) – Mattscheibe; GRUR 2002, 987 (993) – Wir Schuldenmacher; OLG München WRP 2012, 1456 Rn. 18). Ein Zeitschriftenverlag, der in einer Programmzeitschrift, die sich ganz überwiegend mit dem Angebot der frei empfangbaren Fernsehsender („Free-TV") befasst, Filme als „TV-Premiere" ankündigt, die zuvor schon im Pay-TV gesendet wurden, nimmt damit eine geschäftliche Handlung zugunsten des eigenen Absatzes und zugunsten des Absatzes der frei empfangbaren Fernsehsender vor (OLG Köln GRUR-RR 2008, 404).

I. Besonderheiten bei Influencern

I. Die Rolle von Influencern im Marktgeschehen

2.73   Aus der Sicht der Wirtschaft stellen **Influencer (m/w/d)** einen weiteren Vertriebskanal beim Absatz von Waren und Dienstleistung an bestimmte Gruppen von Verbrauchern, die sog. **Follower (m/w/d),** dar. Denn sie haben über Accounts in **sozialen Medien,** zumeist Instagram, zu diesen Verbrauchergruppen iSd § 3 IV 1 unmittelbar Zugang und können auf diese Weise deren Kaufverhalten beeinflussen. Bei Influencern handelt es sich um natürliche Personen, die sich und ihr Privatleben in sozialen Medien in Wort und Bild darstellen und ihre Follower daran teilhaben lassen. Gerade die Öffnung des privaten Lebensbereichs macht es für die Follower attraktiv, den Influencern zu folgen, da diese umso glaubwürdiger, nahbarer und sympathischer wirken (BGH WRP 2021, 1415 Rn. 43 – Influencer I). Aufgrund ihrer Bekanntheit und

Beliebtheit stellen sie für ihre Follower eine Art Vorbild dar. Da die Influencer im Rahmen ihrer Selbstdarstellung gleichsam nebenbei auf bestimmte Waren oder Dienstleistungen hinweisen, stellt dies besonderen, über die klassische Werbung hinausgehenden Anreiz für ihre Follower dar, auch selbst diese Waren oder Dienstleistungen zu erwerben. Die Influencer selbst sind bestrebt, aus dieser Beziehung zu ihren Followern wirtschaftlichen Nutzen als **Absatzmittler** zu ziehen, und sind idR selbst Unternehmer im Rechtssinne. Die technischen Mittel für entsprechende Kaufanreize bei den Followern sind das **„Tagging"** und **„Linking"**. Unter „Tagging" oder „Tap-Tagging" ist eine Kennzeichnung von Bildern zu verstehen, bei deren Anklicken eines Produkts die Firma oder Marke eines Unternehmens erkennbar wird, von denen der Nutzer das Produkt beziehen kann. Der Influencer kann darüber hinaus den angeklickten „Tap Tag" mit einem Link versehen, dessen Anklicken zum Unternehmensprofil dieses Unternehmens in dem jeweiligen sozialen Medium oder sogleich auf dessen Webseite führt, über das das gepostete Produkt zu erwerben ist („Linking"). Diese Unterscheidung ist wichtig für die Frage, ob im Einzelfall eine geschäftliche Handlung zugunsten eines fremden Unternehmens vorliegt.

II. Die Influencer-Entscheidungen des BGH und die Neuregelung in § 5a IV 2 und 3

In drei umfangreich begründeten Urteilen **Influencer I, II** und **III** hat der BGH zum   **2.74** bisherigen, facettenreichen Meinungsstreit in der instanzgerichtlichen Rspr. und im Schrifttum Stellung genommen (BGH WRP 2021, 1415 – Influencer I; WRP 2021, 1429 – Influencer II; WRP 2022, 441; dazu Schaub GRUR 2021, 1358). Mit diesen Grundsatzentscheidungen sollte für die Praxis ein verlässlicher Rahmen für die Beurteilung des Influencer-Marketing geschaffen werden. Allerdings wurde durch das G zur Stärkung des Verbraucherschutzes im Wettbewerbs- und Gewerberecht dazu eine Neuregelung in **§ 5a IV 2** und **3** mWv 28.5.2022 geschaffen, die davon abweicht (dazu krit. Alexander WRP 2021, 136 Rn. 18; Büscher WRP 2022, 1; Hauch GRUR-Prax 2021, 370 (371); Peifer GRUR 2021, 1453 (1458 ff.)).

III. Unternehmereigenschaft von Influencern

Influencer sind **Unternehmer** iSd § 2 I Nr. 8 (= Nr. 6 aF), wenn sie gewerblich tätig sind.   **2.75** Dies setzt wiederum ein selbständiges und planmäßiges, auf eine gewisse Dauer angelegtes Anbieten entgeltlicher Leistungen am Markt voraus. Ein solches Anbieten kann auch durch das Vermarkten des eigenen Images und der Kommerzialisierung durch Werbeeinnahmen erfolgen (BGH WRP 2021, 1415 Rn. 35, 36 – Influencer I).

IV. Geschäftliche Handlung des Influencers

Entsprechend der Definition der geschäftlichen Handlung in § 2 I Nr. 2 (= Nr. 1 aF) ist   **2.76** zwischen Handlungen zugunsten des **eigenen** oder eines **fremden** Unternehmens zu unterscheiden. Dass eine geschäftliche Handlung vorliegt, weil der Influencer zugunsten des eigenen Unternehmens handelt, ist noch kein Indiz für das Vorliegen einer geschäftlichen Handlung zugunsten eines fremden Unternehmens (BGH WRP 2021, 1415 Rn. 42 – Influencer I).

1. Geschäftliche Handlung zugunsten des eigenen Unternehmens

Ein Influencer, der eigene Waren und Dienstleistungen anbietet und über seinen Auftritt in   **2.77** sozialen Medien bewirbt, nimmt mit seinen in diesem Auftritt veröffentlichten Beiträgen regelmäßig geschäftliche Handlungen zugunsten seines eigenen Unternehmens vor (BGH WRP 2021, 1415 Ls. B und Rn. 36 ff. – Influencer I). Darüber hinaus fördern Influencer durch ihre Beiträge in sozialen Medien ihre Bekanntheit und steigern die Bindung von Followern an sie. Sie können auf diese Weise ihren Werbewert bei Unternehmen, die an einem Influencer-Marketing für ihre Produkte interessiert sind, steigern und damit Umsätze in Gestalt von Werbeeinnahmen generieren (BGH WRP 2021, 1415 Rn. 42 – Influencer I). Auch insoweit liegt eine geschäftliche Handlung zugunsten des eigenen Unternehmens vor. Dies gilt unabhängig davon, dass in dem Auftritt auch redaktionelle Beiträge veröffentlicht werden (BGH WRP 2021, 1415 Rn. 44 – Influencer I).

2. Geschäftliche Handlung zugunsten eines fremden Unternehmens

2.78   **a) bei Vorliegen einer Gegenleistung.** Erhält ein Influencer für einen werblichen Beitrag in sozialen Medien, wie zB Instagram, eine **Gegenleistung,** stellt diese Veröffentlichung eine geschäftliche Handlung zugunsten des beworbenen Unternehmens dar (BGH WRP 2021, 1415 Ls. c und Rn. 50 mwN – Influencer I). Dem steht der Fall gleich, dass eine Gegenleistung versprochen wird. Ob die Gegenleistung unmittelbar vom beworbenen Unternehmen oder von einem sonstigen Drittunternehmen erbracht wird, ist unerheblich. Worin die Gegenleistung besteht (kostenlose Überlassung oder verbilligter Bezug eines Produkts; Gewährung oder Zusage einer finanziellen Vergütung usw.) ist ebenfalls unerheblich.

2.79   **b) bei Fehlen einer Gegenleistung.** Erhält ein Influencer für einen in sozialen Medien veröffentlichten Beitrag mit Bezug zu einem Drittunternehmen **keine Gegenleistung,** stellt diese Veröffentlichung gleichwohl eine geschäftliche Handlung zugunsten dieses Unternehmens dar, wenn der Beitrag nach seinem Gesamteindruck **übertrieben werblich** ist, also einen **werblichen Überschuss** enthält, so dass die Förderung fremden Wettbewerbs eine größere als eine nur notwendigerweise begleitende Rolle spielt (BGH WRP 2021, 1415 Ls. e und Rn. 60 – Influencer I im Anschluss an BGH GRUR 2006, 875 Rn. 23 – Rechtsanwalts-Ranglisten). – Allerdings ist dieses Kriterium nach Inkrafttreten des § 5a IV 2 und 3 nF am 28.5.2022 für den Tatbestand der Irreführung durch Unterlassen irrelevant.

2.80   **c) Feststellung eines werblichen Überschusses.** Das Vorliegen eines werblichen Überschusses ist aufgrund einer **umfassenden Würdigung der Gesamtumstände des Einzelfalls** zu beurteilen. Dabei ist das Zusammenwirken der Gestaltungsmerkmale, wie zB gepostete Produktfotos, redaktioneller Kontext, Verlinkung auf Internetseiten von Drittunternehmen, zu berücksichtigen. In diesem Zusammenhang kann es eine Rolle spielen, inwieweit das Drittunternehmen auf die Gestaltung des Beitrags in Text und Bild Einfluss genommen hat. Für einen werblichen Überschuss genügt es idR noch nicht, wenn der Influencer Bilder mit **„Tap Tags"** versehen hat. Etwas anderes gilt idR dann, wenn der „Tap Tag" aus Sicht eines durchschnittlich informierten, aufmerksamen und verständigen Nutzers keinen erkennbaren Bezug zu dem Text- oder Bildbeitrag aufweist (BGH WRP 2021, 1415 Rn. 65, 66 – Influencer I). Dagegen ist regelmäßig ein werblicher Überschuss anzunehmen, wenn eine Verlinkung auf eine Internetseite des Herstellers des abgebildeten Produkts erfolgt, auch wenn auf der verlinkten Internetseite der Erwerb von Produkten nicht unmittelbar möglich ist (BGH WRP 2021, 1415 Ls. e und Rn. 67 – Influencer I). – Allerdings ist das Kriterium des werblichen Überschusses nach Inkrafttreten des § 5a IV 2, 3 nF am 28.5.2022 für den Tatbestand der Irreführung durch Unterlassen irrelevant.

J. Handlungen bei und nach Vertragsschluss als geschäftliche Handlungen

I. Früheres Recht

1. Überblick

2.81   Mit Abschluss eines Vertrages ist an sich der Wettbewerb um diesen Kunden beendet. Maßnahmen, die der Durchführung, Beendigung oder Rückabwicklung eines Vertragsverhältnisses dienen, haben daher idR keinen Marktbezug. Nach bisherigem Recht stellten sie demgemäß keine Wettbewerbshandlung dar (vgl. OLG Jena GRUR-RR 2008, 83). Dasselbe galt für Maßnahmen der inhaltlichen Präzisierung oder Umgestaltung von Vertragsverhältnissen, wie zB Ausübung von vertraglichen Leistungsbestimmungsrechten (vgl. §§ 315 ff. BGB) oder die Änderungskündigung. Es wurde daher auch nicht als Wettbewerbshandlung angesehen, wenn ein Versicherer in einem Rundschreiben an seine Versicherungsnehmer für unwirksam erklärte Versicherungsbedingungen durch andere Bedingungen ersetzte, die lediglich die Pflichten der Versicherungsnehmer betrafen (BGH WRP 2003, 76 (77) – Ersetzung unwirksamer Versicherungsbedingungen; aA Schünemann WRP 2003, 16 (17)). Ebenso wenig stellte die bes. Ausgestaltung einer Rechnung eine Wettbewerbshandlung dar (OLG Dresden NJW-WettbR 1997, 241 (243): Zusammenfassung von amtlichen Gebühren und fiskalischen Forderungen in einer Rechnung).

2. Vertragsbezogene Maßnahmen zur Erhaltung des Kundenstamms

Dagegen waren auch nach bisherigem Recht Maßnahmen, die der Aufrechterhaltung, Erwei- **2.82** terung oder Fortsetzung eines bestehenden Vertragsverhältnisses dienten, insbes. entspr. Angebote, grds. Wettbewerbshandlungen, weil und soweit der Kunde die Wahl hatte, ob er sich darauf einließ oder seinen Bedarf anderweitig deckte. Denn der Wettbewerb beschränkt sich nicht auf die Gewinnung neuer Kunden, sondern erstreckt sich auch auf die Erhaltung des bisherigen Kundenstamms. Auch vertragsbezogene Maßnahmen, die verhindern sollten, dass Kunden zu Mitbewerbern abwandern, wurden folglich als Wettbewerbshandlungen angesehen (BGH GRUR 1970, 465 (467) – Prämix; GRUR 1992, 450 (452) – Beitragsrechnung; OLG Jena GRUR-RR 2008, 83 (84)). Dazu gehörten zB auch die Fälle, dass wider besseres Wissen die Wirksamkeit einer Kündigung bestritten oder ein Kunde aufgefordert wurde, eine Kündigung zurückzunehmen. Folgerichtig konnten auch Kulanzmaßnahmen, wie zB die Mängelbeseitigung nach Ablauf der Garantiefrist, Wettbewerbshandlungen sein. Entscheidend war letztlich immer, ob die Maßnahme bezweckte, den Kunden zu einer geschäftlichen Entscheidung für oder gegen das Unternehmen zu veranlassen.

3. Verletzung vertraglicher Pflichten

Die Verletzung vertraglicher Pflichten, insbes. die Nicht- oder Schlechterfüllung, stellte nach **2.83** bisherigem Recht für sich gesehen keine Wettbewerbshandlung dar (BGH GRUR 2002, 1093 (1094) – Kontostandsauskunft). Denn die Durchführung von Verträgen hat in aller Regel keinen Bezug auf die Mitbewerber und jedenfalls keine unmittelbaren Auswirkungen auf den Wettbewerb (BGH GRUR 1986, 816 (818) – Widerrufsbelehrung bei Teilzahlungskauf I; GRUR 1987, 180 f. – Ausschank unter Eichstrich II; OLG Frankfurt GRUR 2002, 727 (728)). Eine Wettbewerbshandlung wurde nur bei schwerwiegenden Vertragsverletzungen angenommen (BGH GRUR 2007, 987 Rn. 24 – Änderung der Voreinstellung I). So etwa, wenn ein Unternehmer von vornherein auf eine Übervorteilung seiner Kunden abzielte und diese planmäßige Kundentäuschung zum Mittel seines Wettbewerbs machte (BGHZ 123, 330 (333) = GRUR 1994, 126 – Folgeverträge I; BGH GRUR 1987, 180 (181) – Ausschank unter Eichstrich II; GRUR 1995, 358 (360) – Folgeverträge II; GRUR 2002, 1093 (1094) – Kontostandsauskunft; OLG Frankfurt GRUR 2002, 727 (728)). Eine Wettbewerbshandlung wurde ferner dann angenommen, wenn das vertragswidrige Handeln auf eine Neubegründung oder Erweiterung von Vertragspflichten, insbes. von Zahlungspflichten des Kunden gerichtet war (BGH GRUR 2007, 805 Rn. 13 ff. – Irreführender Kontoauszug; OLG Frankfurt GRUR 2002, 727 (728)). – **Beispiele:** Wettbewerbshandlung bejaht: Ausgestaltung einer Rechnung in der Weise, dass sie den Vertragspartner oder Dritte zu weiteren Bestellungen veranlassen konnte (vgl. BGH GRUR 1990, 609 (611) – Monatlicher Ratenzuschlag: Irreführende Angabe über monatliche Belastung in der Rechnung). – Erteilung unrichtiger automatisierter Kontostandsauszüge durch eine Bank, weil dies den Kunden zu Kontoüberziehungen und damit zur Inanspruchnahme von Dienstleistungen der Bank veranlassen kann (BGH GRUR 2002, 1093 (1094) – Kontostandsauskunft; GRUR 2007, 805 Rn. 13 ff. – Irreführender Kontoauszug). – Täuschung über das Bestehen eines Widerrufsrechts, wenn es sich um einen Teil eines planmäßigen Gesamtverhaltens handelt, das bereits bei Vertragsanbahnung, zB durch Verwendung irreführender Vertragsbedingungen, begonnen hatte (BGH GRUR 1986, 816 (818) – Widerrufsbelehrung bei Teilzahlungskauf I). – Täuschung über eine angeblich zulässige Erhöhung des Reisepreises wegen gestiegener Treibstoffkosten (OLG Frankfurt GRUR 2002, 727 (728)).

4. Geltendmachung von Vertragsansprüchen

Auch die **Geltendmachung von** (bestehenden oder angeblichen) **Vertragsansprüchen** **2.84** wurde für sich gesehen noch nicht als Wettbewerbshandlung angesehen (OLG Frankfurt GRUR 2002, 727 (728)). Etwas anderes wurde angenommen, wenn der Unternehmer es von vornherein darauf angelegt hatte, Kunden über das Bestehen eines Vertrages zu täuschen oder sie durch Irreführung zum Vertragsschluss zu veranlassen, und er mittels Geltendmachung der (wirklichen oder angeblichen) Vertragsansprüche die Früchte seines Tuns ernten wollte (vgl. BGH GRUR 2000, 731 (733) – Sicherungsschein; BGHZ 147, 296 (302 f.) = GRUR 2001, 1178 = LM § 1 Nr. 851 mAnm Köhler – Gewinn-Zertifikat; BGH GRUR 1998, 415 (416) – Wirtschaftsregister; krit. Sack GRUR 2004, 625 (633)).

II. Jetziges Recht

1. Allgemeines

2.85   Nach der Legaldefinition in § 2 I Nr. 2 (= Nr. 1 aF) ist das Verhalten einer Person zugunsten des eigenen oder eines fremden Unternehmens auch dann eine geschäftliche Handlung, wenn es **„mit dem Abschluss oder der Durchführung eines Vertrags über Waren oder Dienstleistung unmittelbar und objektiv zusammenhängt"**. Die Regelung dient der Umsetzung der entsprechenden Vorgaben der UGP-RL. Denn nach der Definition in Art. 2 lit. d UGP-RL gehört zu den Geschäftspraktiken auch jedes Verhalten, das „mit dem Verkauf oder der Lieferung eines Produkts an Verbraucher unmittelbar zusammenhängt". Dementsprechend bezieht Art. 3 I UGP-RL unlautere Geschäftspraktiken „vor, während und nach Abschluss eines auf ein Produkt bezogenen Handelsgeschäfts" in den Geltungsbereich der Richtlinie ein. Nicht erforderlich ist insoweit – und dies ist der wesentliche Unterschied zum bisherigen Recht –, dass Handlungen des Unternehmers bei und nach Vertragsschluss zugleich auf eine **Förderung des Absatzes oder Bezugs** gerichtet sein müssen. Die **Verwendung von AGB** stellt daher eine geschäftliche Handlung dar, ohne dass es darauf ankommt, ob dieses Verhalten die Förderung des Absatzes bezweckt und dazu auch geeignet ist (→ Rn. 2.53). Damit erledigen sich schwierige Abgrenzungs- und Beweisfragen, wie sie der Begriff der Wettbewerbshandlung aufgeworfen hatte. Das UWG regelt daher nicht mehr nur das eigentliche **Marktverhalten im Wettbewerb,** sondern auch das **Verhalten gegenüber Vertragspartnern.** Sein Anwendungsbereich wird dadurch wesentlich erweitert. Es beschränkt sich nicht mehr auf ein „Wettbewerbsrecht", sondern hat sich zu einem Lauterkeitsrecht in Bezug auf das Verhalten bei Abschluss und die Durchführung von Verträgen weiterentwickelt. Für die Anwendbarkeit des UWG genügt ein einmaliges Verhalten gegenüber einem einzelnen Verbraucher (EuGH WRP 2015, 698 Rn. 41 – UPC). Eine „gewisse Breitenwirkung" der Maßnahme in dem Sinne, dass eine Mehrzahl von Verbrauchern betroffen ist, ist daher nicht erforderlich (aA Glöckner WRP 2009, 1175 (1181)).

2. Gebot der richtlinienkonformen Auslegung

2.86   Die Regelung ist anhand der UGP-RL, insbes. anhand der Definition der Geschäftspraktiken in Art. 2 lit. d UGP-RL, der Festlegung ihres Geltungsbereichs in Art. 3 I UGP-RL und der ErwGr., auszulegen. Dabei ist auch zu beachten, dass nach Art. 3 II UGP-RL „das Vertragsrecht und insbes die Bestimmungen über die Wirksamkeit, das Zustandekommen oder die Wirkungen eines Vertrags unberührt" lässt. Von besonderer Bedeutung für die Auslegung ist ErwGr. 7 S. 1 und 2 UGP-RL. Danach bezieht sich die Richtlinie „auf Geschäftspraktiken, die in unmittelbarem Zusammenhang mit der Beeinflussung der geschäftlichen Entscheidungen des Verbrauchers in Bezug auf Produkte stehen. Sie bezieht sich nicht auf Geschäftspraktiken, die vorrangig anderen Zielen dienen …". Um dies zu verstehen, ist wiederum die Definition der „geschäftlichen Entscheidung" in Art. 2 lit. k UGP-RL heranzuziehen. Dazu gehört „jede Entscheidung eines Verbrauchers darüber, ob, wie und unter welchen Bedingungen er einen Kauf tätigen, eine Zahlung insgesamt oder teilweise leisten, ein Produkt behalten oder abgeben oder ein vertragliches Recht im Zusammenhang mit dem Produkt ausüben will, unabhängig davon, ob der Verbraucher beschließt, tätig zu werden oder ein Tätigwerden zu unterlassen". Diese Präzisierung ist gerade für das Verhalten bei Abschluss und Durchführung eines Vertrages von entscheidender Bedeutung. Wie die Vorgaben der UGP-RL ihrerseits im Einzelnen auszulegen sind, ist der Entscheidung des EuGH vorbehalten. Eine endgültige Klärung von Zweifelsfragen lässt sich daher nur im Wege von Vorabentscheidungsverfahren herbeiführen. – Im Interesse einheitlicher Beurteilungsmaßstäbe sind die Ergebnisse der richtlinienkonformen Auslegung nicht nur im Verhältnis zu Verbrauchern (B2C), sondern grds. auch im Verhältnis zu **sonstigen Marktteilnehmern** (B2B) anzuwenden.

3. Vertrag über Waren oder Dienstleistungen

2.87   Das Verhalten muss sich auf einen Vertrag eines **Unternehmers** mit einem **Verbraucher** über Waren oder Dienstleistungen beziehen. Während die UGP-RL sich aber auf das Verhalten gegenüber Verbrauchern als Nachfrager beschränkt, reicht der Anwendungsbereich des § 2 I Nr. 2 (= Nr. 1 aF) weiter: Erfasst werden auch Verträge mit Verbrauchern und mit **sonstigen Marktteilnehmern** als Anbietern. Auch bei letzteren ist es unerheblich, ob der Unternehmer den Vertrag in seiner Eigenschaft als Anbieter oder **Nachfrager** von Waren oder Dienstleistungen abschließt. Es muss sich um einen **schuldrechtlichen** Vertrag über die Lieferung oder den Bezug von Waren oder Dienstleistungen handeln. Der Vertrag muss eine **Gegenleistung** vorsehen, wobei dem Abschluss oder der Durchführung dieses Hauptvertrags förderliche Hilfsgeschäfte, wie zB unentgeltliche Zuwendungen, außer Betracht bleiben. – **Unerheblich** ist dagegen, ob der Vertrag **zivilrechtlich wirksam** ist. – Nicht erfasst werden **horizontale Vereinbarungen,** wie etwa **Kartellverträge** oder **Gesellschaftsverträge,** sowie mangels Marktbezugs **erbrechtliche** und **familienrechtliche** Verträge (zum Ganzen vgl. auch Köhler WRP 2009, 898 (900)). Nicht erfasst werden auch **Arbeitsverträge,** da sich das UWG in richtlinienkonformer Auslegung am Maßstab der UGP-RL auf **produktbezogene Handelsgeschäfte** (Art. 3 I UGP-RL) beschränkt und der Schutz der Arbeitnehmer durch das Arbeitsrecht gewährleistet wird.

III. Unmittelbarer und objektiver Zusammenhang mit dem Abschluss eines Vertrags über Waren oder Dienstleistungen

1. Allgemeines

Unter dem **Abschluss** eines Vertrages ist sein Zustandekommen zu verstehen. Ein Verhalten 2.88 steht dann in einem „unmittelbaren und objektiven Zusammenhang mit dem Abschluss eines Vertrags über Waren oder Dienstleistungen" und ist damit eine geschäftliche Handlung, wenn es sich um den **Vertragsschluss bezogene Erklärung oder Mitteilung handelt, die unmittelbar und objektiv darauf gerichtet ist, die geschäftlichen Entscheidungen des (potenziellen) Vertragspartners zu beeinflussen.** Dabei sind die Umstände des Einzelfalls zu berücksichtigen. Ob ein solches Verhalten bürgerlichrechtlich wirksam ist oder nicht, ist unerheblich. Vielfach wird ein solches Verhalten **gleichzeitig ein Verhalten zur Förderung des Absatzes** oder Bezugs einer Ware oder Dienstleistung darstellen. Eine genaue Abgrenzung der beiden Erscheinungsformen der geschäftlichen Handlung ist aber entbehrlich, da die rechtliche Bewertung gleich ist. Daher braucht der Rechtsanwender nicht mehr das Vorliegen eines unmittelbaren und objektiven Zusammenhangs mit der Absatzförderung zu prüfen, wenn bereits ein unmittelbarer und objektiver Zusammenhang mit dem Vertragsschluss gegeben ist. So ist die Abgabe eines Verkaufsangebots nicht nur eine Maßnahme zur Förderung des Absatzes, sondern zugleich ein Akt, der in einem unmittelbaren und objektiven Zusammenhang mit dem Vertragsschluss steht. Eigenständige Bedeutung kommt dem Kriterium des „unmittelbaren und objektiven Zusammenhangs" mit dem Vertragsschluss zu, wenn das Werben um den Kunden bereits beendet ist, weil dieser seine Kaufentscheidung bereits getroffen, etwa ein Kaufangebot abgegeben hat. Auch eine genaue dogmatische Abgrenzung der Verhaltensweisen im Zusammenhang mit dem Vertragsschluss oder mit der Durchführung des Vertrages ist entbehrlich, weil die rechtliche Beurteilung gleich ist. Im Folgenden sollen einige Fallgruppen erörtert werden, wobei im Einzelnen durchaus Überschneidungen möglich oder andere dogmatische Zuordnungen (wie zB bei der Beurteilung des Widerrufs nach § 355 BGB) vertretbar sind.

2. Fallgruppen

a) Zustandekommen des Vertrages. Hierher gehören zunächst die Fälle der Abgabe eines 2.89 **Vertragsangebots.** Es handelt sich dabei um eine geschäftliche Handlung schon deshalb, weil das Angebot darauf gerichtet ist, die Entscheidung des Verbrauchers oder sonstigen Marktteilnehmers, den Vertrag abzuschließen, zu beeinflussen. Die Unlauterkeit dieser Handlung kann sich zB daraus ergeben, dass das Angebot, sei es in Form von beigefügten AGB, sei es in Form individueller Formulierung, unwirksame Klauseln zum Nachteil des Vertragspartners enthält, und es somit geeignet ist, ihn über seine ihm gesetzlich zustehenden vertraglichen Rechte zu täuschen (vgl. § 5 I 2 Nr. 7). Hierher gehören weiter die Fälle, dass der Unternehmer in einer **Auftragsbestätigung** (= Annahmeerklärung) oder einem **kaufmännischen Bestätigungsschreiben** auf seine Allgemeinen Geschäftsbedingungen Bezug nimmt (→ § 3a Rn. 1.285 ff.; Köhler NJW 2008, 177; Köhler WRP 2009, 898 (904)) oder seine Annahme unter sonstigen Einschränkungen (und damit ein neues Angebot) abgibt (vgl. § 150 II BGB), unabhängig davon, ob und zu welchen Bedingungen dann ein Vertrag zustande kommt. Denn diese Akte sind darauf gerichtet, dass der Kunde sie akzeptiert. Auch eine fehlende gesetzlich vorgeschriebene Widerrufsbelehrung in der Annahmeerklärung stellt einen Anwendungsfall dar (zur fehlenden Widerrufsbelehrung in der „Aufforderung zur Angebotsabgabe" vgl. § 5a III Nr. 5). Denn sie ist darauf gerichtet, den Kunden von einem Widerruf abzuhalten. Ein Verhalten, das in einem unmittelbaren und objektiven Zusammenhang mit dem Vertragsschluss steht, liegt, unabhängig davon, ob es zugleich der Absatzförderung dient, stets auch dann vor, wenn es darauf gerichtet ist, für den Vertragspartner zusätzliche oder weitergehende vertragliche Pflichten zu begründen. Das entspricht der bisherigen Rechtslage (vgl. BGH GRUR 2007, 805 Rn. 13 ff. – Irreführender Kontoauszug). Hierher gehören auch die aus dem bisherigen Recht bekannten Fälle der Ausgestaltung einer Rechnung in der Weise, dass sie den Vertragspartner oder Dritte zu weiteren Bestellungen veranlassen kann (vgl. BGH GRUR 1990, 609 (611) – Monatlicher Ratenzuschlag: Irreführende Angabe über monatliche Belastung in der Rechnung) sowie der Erteilung unrichtiger automatisierter Kontostandsauszüge durch eine Bank, weil dies den Kunden zu Kontoüberziehungen und damit zur Inanspruchnahme von Dienstleistungen der Bank veranlassen kann (BGH GRUR 2002, 1093 (1094) – Kontostandsauskunft; GRUR 2007, 805 Rn. 13 ff. – Irreführender Kontoauszug).

2.90 **b) Änderung oder Beendigung des Vertrages.** Auch Erklärungen oder Mitteilungen des Unternehmers, die auf die Änderung oder Beendigung des Vertrages gerichtet sind, stellen geschäftliche Handlungen dar, die sich iwS noch auf den Abschluss des Vertrages beziehen. Hierher gehören die Fälle, in denen der Unternehmer ein Angebot zu einer nachträglichen Vertragsänderung oder Vertragsauflösung abgibt oder sich einseitig vom Vertrag, etwa durch Anfechtung, Rücktritt oder Kündigung, löst, sofern man diese Fälle nicht dem Bereich der „Durchführung" des Vertrags zuschlägt.

IV. Unmittelbarer und objektiver Zusammenhang mit der Durchführung eines Vertrags über Waren oder Dienstleistungen

1. Allgemeines

2.91 Ein „unmittelbarer und objektiver Zusammenhang" des Verhaltens des Unternehmers mit der Durchführung eines Vertrags über Waren oder Dienstleistungen ist dann gegeben, wenn es **objektiv darauf gerichtet ist, die geschäftlichen Entscheidungen des Vertragspartners bei Durchführung des Vertrages zu beeinflussen.** Dagegen wird zwar eingewandt, damit werde ein Tatbestandsmerkmal der Unlauterkeit oder Unzulässigkeit (vgl. Art. 5 II lit. b UGP-RL) in den Tatbestand der geschäftlichen Handlung vorverlagert (Scherer WRP 2009, 761 (766); Sosnitza WRP 2008, 1014 (1017); Ohly/Sosnitza/Sosnitza Rn. 26). Indessen geht es nur um die Zielrichtung der Handlung, nicht aber um die tatsächliche Eignung zur Beeinflussung der Verbraucherentscheidung, die erst bei der Prüfung der Unlauterkeit zu berücksichtigen ist. Unerheblich ist, ob das betreffende Verhalten des Unternehmers vor, bei oder nach Geschäftsabschluss erfolgt und ob es sich vor, bei oder nach Geschäftsabschluss auswirkt (BGH GRUR 2010, 1117 Rn. 18 – Gewährleistungsausschluss im Internet). Erfasst wird auch ein Verhalten vor oder bei Geschäftsabschluss, das sich erst bei Durchführung des Vertrags auswirkt (ebenso BGH WRP 2018, 1069 Rn. 45 – Namensangabe). **Beispiel:** Ankündigung und Vereinbarung eines unwirksamen Gewährleistungsausschlusses kann den Käufer davon abhalten, Gewährleistungsansprüche geltend zu machen (BGH GRUR 2010, 1117 Rn. 18 – Gewährleistungsausschluss im Internet). Erfasst werden aber vor allem auch Handlungen des Unternehmers im Zeitraum zwischen dem Abschluss des Vertrags und seiner vollständigen Beendigung, gleichgültig ob sie der Erfüllung vertraglicher Pflichten dienen oder nicht. Dazu gehört insbes. die Einwirkung auf Entscheidungen des Vertragspartners hinsichtlich der Vertragserfüllung (Zahlung) und hinsichtlich der Geltendmachung von vertraglichen Rechten, wie sich aus der Definition der geschäftlichen Entscheidung in Art. 2 lit. k UGP-RL ergibt. **Beispiel:** Erteilung einer Auskunft über die Laufzeit eines Vertrags (EuGH WRP 2015, 698 Rn. 37 – UPC). – Dabei sind die Umstände des Einzelfalls zu berücksichtigen. Ob und welche bürgerlichrechtlichen Folgen die Handlung des Unternehmers auslöst, ist unerheblich. Die lauterkeitsrechtliche Bewertung einer Handlung ist grds. auch ohne Bedeutung für ihre vertragsrechtliche Bewertung, wie sich aus einer richtlinienkonformen Auslegung (vgl. Art. 3 II UGP-RL) ergibt (zu Ausnahmen vgl. EuGH GRUR 2012, 639 Rn. 42 ff. – Pereničová und Perenič).

2. Fallgruppen

a) Vertragspflichtverletzungen durch den Unternehmer. aa) Nicht- oder Schlecht- 2.92
leistung. Erfüllt der Unternehmer seine vertragliche Hauptleistungspflicht **nicht, nicht recht-**
zeitig oder **nicht richtig,** so ist zunächst zu fragen, ob nicht bereits eine unlautere geschäftliche
Handlung „vor Geschäftsabschluss", nämlich eine **Irreführung** (§ 5 I) über die **Lieferbereit-**
schaft oder **Lieferfähigkeit** vorliegt (→ Rn. 2.93; vgl. auch Anh. Nr. 5, 6, 8; § 5a I, § 5b I
Nr. 1 zu § 3 III). So bspw., wenn der Unternehmer bei seiner Ankündigung von vornherein
eine Schlechterfüllung des Vertrags und damit eine Übervorteilung des Kunden beabsichtigt, er
also die **Täuschung als Mittel** einsetzt, um zum Vertragsschluss zu gelangen (BGH WRP 2013,
1183 Rn. 35, 37 – Standardisierte Mandatsbearbeitung). Erst wenn dies nicht der Fall ist, stellt
sich die Frage, ob eine bloße Nicht- oder Schlechtleistung für sich allein eine geschäftliche
Handlung darstellt. Leistet der Unternehmer **nicht** oder **nicht rechtzeitig,** so ist dies schon
deshalb zu verneinen, weil dieses Verhalten (Unterlassen) von vornherein nicht auf eine Beeinflussung einer geschäftlichen Entscheidung des Vertragspartners gerichtet ist. Nichts Anderes gilt
aber, wenn der Unternehmer **nicht vertragsgemäß** leistet, etwa eine **mangelhafte** oder eine
andere als die bestellte **Ware** liefert. Denn selbst wenn der Unternehmer dies weiß oder wissen
muss, so bleibt es doch das vorrangige Ziel seines Verhaltens, den Vertrag – wenn auch nicht
vertragsgemäß – zu erfüllen. Zwar kann die nicht vertragsgemäße Lieferung vertragliche Rechte
des Kunden, etwa Gewährleistungs- oder Zurückbehaltungsrechte (§§ 437 ff., 320 BGB), begründen. Dieses Verhalten ist aber ebenfalls nicht unmittelbar und objektiv darauf gerichtet,
darüber hinaus den Kunden von der Geltendmachung solcher Rechte abzuhalten und stellt aus
diesem Grund keine geschäftliche Handlung dar. Vielmehr bedarf es insoweit grds. einer
gesondert darauf gerichteten Maßnahme des Unternehmers, etwa das Bestreiten eines Mangels
oder einer Falschlieferung oder die Aufforderung zur Zahlung (ebenso BGH WRP 2013, 1183
Rn. 26 – Standardisierte Mandatsbearbeitung). Dass die bloße Lieferung eines Produkts für sich
allein keine geschäftliche Handlung darstellt, ergibt sich auch aus der Definition der Geschäftspraktiken in Art. 2 lit. d UGP-RL („Handlung …, die unmittelbar mit der … Lieferung eines
Produkts … zusammenhängt"). Etwas anderes gilt, wenn der Unternehmer **vorsätzlich** den
Kunden über die Vertragsmäßigkeit der Leistung **täuscht,** um die volle Gegenleistung zu
erlangen. Denn in diesem Fall des **„Erfüllungsbetrugs"** ist es in der Tat das vorrangige Ziel des
Unternehmers, den Kunden zu einer geschäftlichen Entscheidung iSd § 2 I Nr. 1 (= Nr. 9 aF)
(Zahlung und Nichtgeltendmachen vertraglicher Rechte) zu veranlassen. Die bloße Nicht- oder
Schlechterfüllung einer vertraglichen Leistungspflicht kann daher idR nur vertragsrechtliche
Rechtsfolgen (insbes. Schadensersatz- oder Gewährleistungsansprüche des Vertragspartners) auslösen, nicht aber mit den Mitteln des Lauterkeitsrechts (Unterlassungsanspruch; Beseitigungsanspruch; Schadensersatzanspruch des Mitbewerbers) sanktioniert werden. Die unter Geltung
des UWG 2004 zum Begriff der „Wettbewerbshandlung" entwickelte **Unterscheidung** zwischen **bloß versehentlichen Vertragsverletzungen** und solchen **von besonderem Gewicht**
in Umfang und Ausmaß (BGH GRUR 2007, 987 Rn. 24 – Änderung der Voreinstellung I;
dazu krit. Berneke FS Doepner, 2008, 3) ist unter Geltung des UWG 2008 **obsolet** geworden
(Köhler WRP 2009, 898 (902 ff.); anders Isele GRUR 2009, 727, der aber das Tatbestandsmerkmal „bei Durchführung eines Vertrages" nicht anspricht).

Allerdings kann im **Einzelfall** eine Vertragspflichtverletzung eine **geschäftliche Handlung** 2.93
gegenüber Verbrauchern oder sonstigen Marktteilnehmern darstellen, nämlich auf die Beeinflussung einer geschäftlichen Entscheidung des Verbrauchers gerichtet sein und damit in einem
objektiven Zusammenhang mit der **Absatzförderung** oder der **Vertragsdurchführung** stehen. Gleichzeitig kann darin eine geschäftliche Handlung gegenüber Mitbewerbern zu erblicken
sein (BGH GRUR 2009, 876 Rn. 24–26 – Änderung der Voreinstellung II). Das ist bspw.
anzunehmen, wenn eine Bank irreführende Angaben über den Kontostand macht und dies den
Kunden veranlassen kann, sein Konto zu überziehen und damit einen Überziehungskredit in
Anspruch zu nehmen (BGH GRUR 2007, 805 Rn. 13 ff. – Irreführender Kontoauszug). Das
Gleiche gilt, wenn ein Unternehmen irreführende Angaben über die Laufzeit eines Vertrags
macht und dies den Kunden veranlassen kann, nicht rechtzeitig zu kündigen (EuGH WRP 2015,
698 Rn. 37 – UPC). Denn dies fördert den Absatz der Unternehmen. – Ein Fall der Absatzförderung ist ferner anzunehmen, wenn ein Unternehmer einen Auftrag des Kunden zur
Umstellung des Telefonanschlusses auf einen anderen Anbieter **(Preselection-Auftrag)** nicht
ausführt. Denn damit wird der Kunde gezwungen, gegen seinen Willen weiterhin die Dienstleistungen dieses Unternehmers in Anspruch zu nehmen und zugleich daran gehindert, die

Dienstleistungen des anderen Anbieters in Anspruch zu nehmen (vgl. den Fall BGH GRUR 2007, 987 – Änderung der Voreinstellung I; WRP 2013, 1183 Rn. 26 – Standardisierte Mandatsbearbeitung). Das Gleiche gilt, wenn ein Unternehmer einen solchen Auftrag auftragswidrig so ausführt, dass nicht die Dienstleistungen des erwünschten Anbieters, sondern nur die eigenen in Anspruch genommen werden können (vgl. den Fall BGH GRUR 2009, 876 Rn. 10 – Änderung der Voreinstellung II) oder wenn ein Unternehmer einen Preselection-Auftrag eines Kunden an einen Mitbewerber weiterleitet, obwohl der Kunde diesen Auftrag bereits widerrufen hat (OLG Düsseldorf MMR 2009, 565; OLG Frankfurt WRP 2009, 348 (349)), weil damit dieser Kunde gewonnen werden soll. Der Tatbestand der geschäftlichen Handlung zur Absatzförderung setzt zwar voraus, dass die Handlung objektiv darauf gerichtet ist, durch Beeinflussung der geschäftlichen Entscheidungen der Verbraucher (oder sonstigen Marktteilnehmer) den Absatz oder Bezug zu fördern (→ Rn. 2.51). Die angestrebte geschäftliche Entscheidung des Verbrauchers besteht hier aber darin, Dienstleistungen in Anspruch zu nehmen und damit einen Vertrag über diese Leistungen abzuschließen oder eine vertragliche Bindung nicht zu beenden. Dies dient der Absatzförderung. In Fällen des „Ausschanks unter Eichstrich" (BGH GRUR 1987, 180 (181) – Ausschank unter Eichstrich II) führt die darin liegende Pflichtverletzung allerdings nicht ohne weiteres zur Förderung des weiteren Absatzes beim Gast, sondern eher zu seiner Verärgerung. Unlauter handelt ein Gastwirt in solchen Fällen nur, wenn er entweder den Verbraucher vor Vertragsschluss irreführt, nämlich über seine Bereitschaft, einen Vertrag korrekt zu erfüllen (BGH WRP 2013, 1183 Rn. 37 – Standardisierte Mandatsbearbeitung; zu einem vergleichbaren Fall vgl. Anh. Nr. 6 zu § 3 III), oder wenn er sich weigert nachzuschenken (so der Fall in BGH GRUR 1987, 180 (181) – Ausschank unter Eichstrich II). Nur im Hinblick auf die Irreführung vor Vertragsschluss kann es von Bedeutung sein, ob der Unternehmer planmäßig oder systematisch handelt. Im Hinblick auf die Weigerung, dem Nachschenkverlangen nachzukommen, und damit den Gast von der „Ausübung seiner vertraglichen Rechte" (Art. 9 lit. d UGP-RL) abzuhalten (→ Rn. 2.97), spielt dies dagegen keine Rolle. – Stellt die Vertragsverletzung nach dem Gesagten eine geschäftliche Handlung dar, so ist es an sich unerheblich, ob sie **bewusst** oder nur **versehentlich** erfolgt ist. Auch wenn es sich nur um einen Einzelfall handelt, ist also das UWG anwendbar. Davon zu unterscheiden ist aber die Frage, ob eine bloß versehentliche Vertragsverletzung gegenüber einem Kunden **unlauter** iSd § 4a oder § 4 Nr. 4 sein kann (→ § 4 Rn. 4.27a; BGH GRUR 2009, 876 Rn. 27 – Änderung der Voreinstellung II) oder ggf. nach § 3 II zu beurteilen ist.

2.94   **bb) Schutzpflichtverletzungen.** Auch sonstige Pflichtverletzungen gegenüber einem Vertragspartner, wie etwa die Verletzung von Schutzpflichten in Bezug auf das sonstige Vermögen oder die Gesundheit des Vertragspartners, fallen nicht in den Anwendungsbereich des UWG, weil sie nicht geeignet sind, eine geschäftliche Entscheidung des Vertragspartners zu beeinflussen.

2.95   **cc) Verletzung von Wettbewerbsverboten.** Wer unter Verletzung eines vertraglichen Wettbewerbsverbots auf dem Markt Waren oder Dienstleistungen anbietet, erfüllt den Tatbestand der geschäftlichen Handlung in Gestalt eines Verhaltens, das in einem unmittelbaren und objektiven Zusammenhang mit der Absatzförderung (!) steht. Dagegen stellt die Verletzungshandlung kein Verhalten dar, das mit der Durchführung des Vertrags (!) objektiv zusammenhängt. Denn es ist nicht auf die Beeinflussung einer geschäftlichen Entscheidung des Vertragspartners des Wettbewerbsverbots (!) gerichtet.

2.96   **b) Geltendmachung von Erfüllungsansprüchen gegen den Vertragspartner.** Die Geltendmachung von Erfüllungsansprüchen, insbes. Von Zahlungs- oder Abnahmeansprüchen (vgl. § 433 II BGB), durch den Unternehmer steht stets in unmittelbaren und objektiven Zusammenhang mit der Vertragsdurchführung (ebenso OLG München WRP 2010, 295 (297)). Denn zu den geschäftlichen Entscheidungen des Vertragspartners gehört auch „die Entscheidung eines Verbrauchers darüber, ob, wie und unter welchen Umständen er … eine Zahlung insgesamt oder teilweise leisten, ein Produkt behalten oder abgeben … will, unabhängig davon, ob der Verbraucher beschließt, tätig zu werden oder ein Tätigwerden zu unterlassen" (Art. 2 lit. k UGP-RL). Dies ist im Wege der richtlinienkonformen Auslegung zu berücksichtigen. Unlauter ist die Maßnahme (zB Zahlungsaufforderung) aber nur dann, wenn der Unternehmer den Vertragspartner (zB über die Kaufpreishöhe oder über die Höhe von Abschlagszahlungen; OLG Düsseldorf GRUR-RR 2015, 65 (66)) irreführt, seine Entscheidungsfreiheit durch aggressives Verhalten (§ 4a) beeinträchtigt oder die unternehmerische Sorgfalt (§ 3 II) verletzt (vgl. Köhler GRUR 2008, 841 (843 f.) und WRP 2009, 898 (904)). Die Auffassung, eine geschäftliche

Entscheidung des Kunden liege nicht vor, wenn er lediglich seine Vertragspflicht, zB Zahlungspflicht, erfülle (Scherer WRP 2009, 761 (767)), dürfte mit Art. 2 lit. k UGP-RL nicht vereinbar sein.

c) Abwehr vertraglicher Rechte des Vertragspartners. Eine geschäftliche Handlung bei **2.97** Durchführung eines Vertrages liegt auch dann vor, wenn die Handlung objektiv geeignet und darauf gerichtet ist, den Vertragspartner an der Geltendmachung vertraglicher Rechte zu hindern. Denn auch dies gehört zu den geschäftlichen Entscheidungen des Vertragspartners, die vom Unternehmer beeinflusst werden können. Dies ergibt sich aus einer richtlinienkonformen Auslegung (vgl. Art. 2 lit. k UGP-RL: „die Entscheidung des Verbrauchers darüber, ob, wie und unter welchen Bedingungen er … ein vertragliches Recht im Zusammenhang mit dem Produkt ausüben will"). Zu den vertraglichen Rechten des Vertragspartners gehören insbes. **Erfüllungs-, Schadensersatz- und Gewährleistungsansprüche** sowie **Anfechtungs-, Rücktritts-, Kündigungs- und Widerrufsrechte.** Wie die Beeinflussung des Vertragspartners erfolgt, ist unerheblich. Sie kann durch **rechtsgeschäftliche Erklärungen,** durch **tatsächliche Mitteilungen** oder durch **schlichtes Untätigbleiben** gegenüber dem Vorbringen des Vertragspartners erfolgen. Zu den rechtsgeschäftlichen Erklärungen gehören bspw. Die Vereinbarung eines Gewährleistungsausschlusses (BGH WRP 2013, 1183 Rn. 126 – Standardisierte Mandatsbearbeitung; GRUR 2010, 1117 Rn. 18 – Gewährleistungsausschluss im Internet) oder die Abgabe eines Vergleichs- oder Verzichtsangebots. Zu den **tatsächlichen Mitteilungen** gehört insbes. Die Behauptung, die tatsächlichen Voraussetzungen des vertraglichen Rechts seien nicht gegeben. Das kann der Fall sein, wenn der Verbraucher auf eine an den Unternehmer zu dem Zweck gerichtete Anfrage, von seinem Kündigungsrecht Gebrauch zu machen, eine objektiv **falsche Auskunft** über die Laufzeit des Vertrags bekommt (EuGH WRP 2015, 698 Rn. 40 – UPC); ferner gehört dazu bspw. Das Bestreiten eines objektiv gegebenen Sachmangels Zu den Mitteilungen über die **rechtlichen** Voraussetzungen gehört etwa die Behauptung, das Recht könne wegen wirksamen vertraglichen Ausschlusses (zB durch **AGB**) oder Verjährung oder Fristablaufs nicht mehr geltend gemacht werden (vgl. OLG Jena GRUR-RR 2008, 83 zur Mitteilung, ein Rücktrittsrecht bestehe nicht). Ein schlichtes Untätigbleiben gegenüber dem Vorbringen des Vertragspartners liegt vor, wenn der Unternehmer entweder überhaupt nicht oder nur ausweichend reagiert (vgl. den Beispielstatbestand Anh. Nr. 27 zu § 3 III). Unlauter ist ein solches Verhalten aber nur dann, wenn es in einem Rechtsbruch (§ 3a), einer Irreführung (§§ 5, 5a), einem aggressiven Verhalten (§ 4a) oder in einem Sorgfaltsverstoß iSd § 3 II besteht.

Das eigentliche Problem dieser Fälle ist: Sind derartige Maßnahmen zur Abwehr vertraglicher **2.98** Rechte des Verbrauchers mit den Mitteln des **Lauterkeitsrechts** zu bekämpfen oder soll ein Streit über das Bestehen vertraglicher Rechte allein zwischen den Vertragsparteien ausgetragen werden? An sich ist es nicht Aufgabe der Wettbewerbsgerichte, vertragsrechtliche Streitigkeiten zu entscheiden. Allerdings sind Verbraucher in aller Regel nicht willens oder in der Lage, ihre vertraglichen Rechte gerichtlich durchzusetzen. Das ermöglicht es Unternehmern, Verbraucher um ihre Rechte zu bringen. Daher ist das Lauterkeitsrecht anwendbar (auch → Rn. 2.101). Das Wettbewerbsgericht hat die bürgerlichrechtliche Frage als Vorfrage zu entscheiden. Zum Problem der Wiederholungsgefahr → Rn. 2.99.

V. Geltendmachung von Unterlassungsansprüchen

Erfüllt eine geschäftliche Handlung bei oder nach Vertragsschluss einen der Tatbestände des **2.99** § 3, können die nach § 8 III anspruchsberechtigten Mitbewerber und Verbände grds. einen Unterlassungsanspruch nach § 8 I 1 gegen den Unternehmer geltend machen, sofern Wiederholungsgefahr besteht. Dabei stellt sich die Frage, ob ein Unterlassungsanspruch schon dann gegeben ist, wenn es zu einem **einmaligen Fehlverhalten** des Unternehmers gekommen ist. (**Beispiel:** Ein Unternehmer bestreitet zu Unrecht die tatsächlichen oder rechtlichen Voraussetzungen eines Gewährleistungsanspruchs eines Kunden. Der Kunde wendet sich an einen Verbraucherverband um Abhilfe.) Das Problem sollte auf der Ebene der Wiederholungsgefahr gelöst werden (krit. Harte-Bavendamm/Henning-Bodewig/Keller Rn. 35 Fn. 103; Büscher/ Franzke Rn. 63 Fn. 126). Es sollte also darauf ankommen, ob **Wiederholungsgefahr** iSv § 8 I 1 für die Vornahme der gleichen oder einer kerngleichen Handlung besteht. Die sonst geltende Vermutung für das Bestehen einer Wiederholungsgefahr sollte nicht gelten, wenn und soweit das Handeln des Unternehmers auf die Besonderheiten des konkreten Falles bezogen ist, wie zB beim Bestreiten eines Sachmangels in einem Einzelfall. Insoweit sollte die Wiederholungsgefahr positiv nachgewiesen werden. Dagegen ist dann von einer Wiederholungsgefahr auszugehen, wenn das konkrete Handeln des Unternehmers seiner Art nach wiederholbar ist, wie zB beim Bestreiten des Gewährleistungsanspruchs unter Berufung auf unwirksame Allgemeine Geschäftsbedingungen. Denn in solchen Fällen ist davon auszugehen, dass der Unternehmer auch in gleich gelagerten Fällen so verfahren wird (vgl. Köhler WRP 2009, 898 (903)).

VI. Verhältnis zum Vertragsrecht

1. Allgemeines

2.100   Die Erstreckung des Anwendungsbereichs des UWG auf geschäftliche Handlungen des Unternehmers bei und nach Vertragsschluss wirft die Frage nach dem Verhältnis zum Vertragsrecht auf (dazu EuGH GRUR 2012, 639 – Pereničová und Perenič). Die UGP-RL lässt nach Art. 3 II UGP-RL das Vertragsrecht und insbes. die Bestimmungen über die Wirksamkeit, das Zustandekommen oder die Wirkungen eines Vertrages unberührt. Das würde auf Grund des Gebots der richtlinienkonformen Auslegung auch für das UWG gelten. Allerdings ist durchaus denkbar, dass unter dem Gesichtspunkt der Vermeidung von Wertungswidersprüchen zwischen dem Bürgerlichen Recht und dem Lauterkeitsrecht die lauterkeitsrechtlichen Wertungen auch auf das Bürgerliche Recht, etwa im Bereich der Anfechtungstatbestände (§ 123 BGB) und der Aufklärungspflichten (§§ 241, 280, 311 BGB), ausstrahlen (dazu Leistner, Richtiger Vertrag und lauterer Wettbewerb, 2007, 525 ff.; Köhler WRP 2009, 898 (912); Alexander WRP 2012, 515 ff.).

2. Verhältnis der lauterkeitsrechtlichen zu den vertragsrechtlichen Sanktionen

2.101   Eine für die Praxis wichtige Frage ist das Verhältnis der lauterkeitsrechtlichen zu den vertragsrechtlichen Sanktionen. Ob und wie der Vertragspartner sich gegen vertragliche Rechte und Ansprüche des Unternehmers zur Wehr setzt oder eigene vertragliche Rechte und Ansprüche durchsetzt, bleibt grds. seiner freien Entscheidung überlassen (vgl. ErwGr. 9 S. 1 UGP-RL). Aufgabe des Lauterkeitsrechts ist es nicht, den Vertragspartner, insbes. Den Verbraucher insoweit zu bevormunden. Wohl dagegen ist es Aufgabe des Lauterkeitsrechts und der zu seiner Durchsetzung berufenen Mitbewerber und Verbände (§ 8 III), das unlautere Verhalten des Unternehmers bei und nach Vertragsschluss als solches für die Zukunft zu unterbinden. Es nimmt daher nur Einfluss auf das **künftige** Verhalten des Unternehmers. Das Lauterkeitsrecht sorgt insoweit für einen **präventiven kollektiven Verbraucherschutz** (Köhler WRP 2009, 898 (912)). **Beispiel:** Mittels des Lauterkeitsrechts (und des UKlaG) kann es einem Unternehmer verboten werden, bestimmte unwirksame AGB zu verwenden. Es bleibt Sache des Vertragspartners, ob er seine durch die AGB nicht wirksam beschränkten vertraglichen Ansprüche durchsetzt.

3. Abschnitt. Marktteilnehmer (§ 2 I Nr. 3 (= Nr. 2 aF))

Nr. 3

„Marktteilnehmer" neben Mitbewerber und Verbraucher auch jede weitere Person, die als Anbieter oder Nachfrager von Waren oder Dienstleistungen tätig ist;

3.1   „Marktteilnehmer" sind nach der Definition in § 2 I Nr. 3 (= Nr. 2 aF) neben Mitbewerbern (§ 2 I Nr. 4 (= Nr. 3 aF)) und Verbrauchern (§ 2 II UWG iVm § 13 BGB) „alle Personen, die als Anbieter oder Nachfrager von Waren oder Dienstleistungen tätig sind". Es sind dies die **„sonstigen Marktteilnehmer".** Dieser Begriff wird ua verwendet in § 1, § 3a, § 4a, § 5 I und § 7 II Nr. 1. Er soll in diesen Bestimmungen vor allem gewährleisten, dass der Schutz vor unlauterem Wettbewerb im **Vertikalverhältnis** nicht auf Verbraucher beschränkt, sondern auf alle sonstigen Personen erstreckt wird, die als Abnehmer (oder Anbieter) in Betracht kommen. Sie müssen nicht notwendig Unternehmer iSd § 2 I Nr. 8 (= Nr. 6 aF) sein, wie zB Verbände, Stiftungen oder sonstige Organisationen, Behörden als Nachfrager von Waren oder Dienstleistungen (zur Einordnung von **Arbeitnehmern** → Rn. 12.14). Bei der Beurteilung von geschäftlichen Handlungen gegenüber sonstigen Marktteilnehmern ist entsprechend § 3 IV 1 auf ein **durchschnittliches** Mitglied der betreffenden Gruppe von sonstigen Marktteilnehmern, zB von Händlern oder Freiberuflern, abzustellen. – Die Begriffe des **Kunden** in § 7 III und des

Abnehmers in § 10 sind nicht auf Verbraucher beschränkt, sondern beziehen sich auch auf sonstige Marktteilnehmer.

4. Abschnitt. Mitbewerber (§ 2 I Nr. 4 (= Nr. 3 aF))

Nr. 4

„Mitbewerber" jeder Unternehmer, der mit einem oder mehreren Unternehmern als Anbieter oder Nachfrager von Waren oder Dienstleistungen in einem konkreten Wettbewerbsverhältnis steht;

Übersicht

Schrifttum: Eckel, Online-Plattformbetreiber als Mitbewerber im UWG, GRUR 2021, 1125; Jung, Der entscheidungsbezogene Mitbewerberbegriff, WRP 2021, 1138; Köhler, Einheitlicher, gespalteter oder funktionaler Mitbewerberbegriff im UWG?, GRUR 2021, 426; Lettl, Der Begriff des Mitbewerbers im Lauterkeitsrecht und Kartellrecht, FS Köhler, 2014, 429.

A. Allgemeines

I. Die Legaldefinition und ihr Anwendungsbereich

4.1   **Mitbewerber** ist nach der Legaldefinition in § 2 I Nr. 4 (= Nr. 3 aF) **jeder Unternehmer, der mit einem oder mehreren Unternehmern als Anbieter oder Nachfrager von Waren oder Dienstleistungen in einem konkreten Wettbewerbsverhältnis steht.** Der Begriff des Mitbewerbers findet sich in einigen Verhaltensnormen (§ 3a, § 4 Nr. 1–4; § 5 II; § 6 I, II), in einigen Sanktionsnormen (§ 8 III Nr. 1, § 9 I) und in der Schutzzweckbestimmung (§ 1 I 1) des UWG. Mittelbar ist er auch in den Normen angesprochen, die dem Schutze aller Marktteilnehmer dienen (§ 3a; § 7 I).

II. Der unionsrechtliche Mitbewerberbegriff und seine Bedeutung für die Auslegung des Mitbewerberbegriffs des UWG

1. Der unionsrechtliche Mitbewerberbegriff

4.2   Sowohl die **UGP-RL** als auch die **Werbe-RL** verwenden den Begriff des Mitbewerbers in materiellrechtlichen Regelungen (vgl. ErwGr. 6, 8 UGP-RL; Art. 2 lit. b, c, und Art. 4 lit. d, f, h Werbe-RL). Eine Definition fehlt jedoch. Bis jetzt gibt es lediglich eine Entscheidung des EuGH zur Auslegung des Mitbewerberbegriffs in der Definition der vergleichenden Werbung (EuGH GRUR 2007, 511 Rn. 27–47 – De Landtsheer; → § 6 Rn. 73 ff.). Danach sind Unternehmen dann Mitbewerber, wenn die von ihnen auf dem Markt angebotenen Waren (oder Dienstleistungen) oder zumindest ein Teil von ihnen in allgemeiner Weise **„in gewissem Grad substituierbar"** sind. Davon sei auszugehen, wenn sie „in gewisser Weise gleichen Bedürfnissen dienen können". Hierfür müssten zusätzlich zu einer abstrakten Beurteilung der Warengattungen auch die konkreten Merkmale der beworbenen Produkte, die konkrete Werbung und die Möglichkeit einer Änderung der Verbrauchergewohnheiten berücksichtigt werden (dazu Lettl FS Köhler, 2014, 429 (436 ff.)).

4.3   Der Begriff des Mitbewerbers findet darüber hinaus Erwähnung in Art. 11 I UAbs. 2 S. 1 UGP-RL. Danach sollen auch Mitbewerber befugt sein, gegen unlautere Geschäftspraktiken gegenüber Verbrauchern vorzugehen. Die Bedeutung dieser Regelung erschließt sich aus den ErwGr. 6 und 8 UGP-RL. Danach schützt die UGP-RL unmittelbar die wirtschaftlichen Interessen der Verbraucher und **mittelbar die wirtschaftlichen Interessen rechtmäßig handelnder Mitbewerber.** Dementsprechend sind nur diejenigen Unternehmer als Mitbewerber anzusehen, deren Absatz bei den von der unlauteren Geschäftspraxis betroffenen Verbrauchern beeinträchtigt werden kann. Es muss sich demnach um Unternehmen handeln, die „in gewissem Grad substituierbare" Waren oder Dienstleistungen anbieten.

2. Zur richtlinienkonformen Auslegung des deutschen Mitbewerberbegriffs

Soweit Vorschriften des UWG der **Umsetzung** dieser beiden Richtlinien dienen, ist der darin   4.4
verwendete Begriff des Mitbewerbers **richtlinienkonform** auszulegen. Das betrifft **§ 5 III
Nr. 1** und **§ 6 I, II Nr. 3, 4, 5.** Die UGP-RL hindert allerdings die Mitgliedstaaten nicht, im
Interesse von Unternehmen einen weiter reichenden Begriff des Mitbewerbers zu verwenden,
wenn dadurch das Verbraucherschutzniveau nicht verändert wird (ebenso Blankenburg WRP
2008, 186 (191); Dreyer GRUR 2008, 123; Sack WRP 2008, 1141; Ohly/Sosnitza/Sosnitza
Rn. 56; anders Lettl FS Köhler, 2014, 429). Das betrifft insbes. den Mitbewerberbegriff in § 9 I,
soweit es um den unmittelbaren Schutz von Mitbewerbern iS ua des § 4 Nr. 1–4, geht, zumal
eine allgemeine unionsrechtliche Regelung der mitbewerberschädigenden Handlungen noch
aussteht (vgl. ErwGr. 8 UGP-RL). Dementsprechend kann das „konkrete Wettbewerbsverhältnis" iSd § 2 I Nr. 4 (= Nr. 3 aF) je nach dem **jeweiligen Schutzzweck der Norm** nach
unterschiedlichen Kriterien zu beurteilen sein (→ Rn. 4.18 ff.; Köhler WRP 2009, 499 (502 ff.);
Köhler GRUR 2019, 123 (124 f.); Köhler GRUR 2021, 426; Sack WRP 2020, 675; OLG
Nürnberg GRUR 2020, 198 Rn. 38 ff.; aA BGH GRUR 2021, 497 Rn. 15 ff. – Zweitmarkt
für Lebensversicherungen I). Das führt im Ergebnis zu einem **dualen Mitbewerberbegriff**
(→ Rn. 4.18 ff.); BGH WRP 2014, 1307 Rn. 24 ff., 31 ff. – nickelfrei).

III. Abgrenzung zum Begriff des Wettbewerbers im Kartellrecht

Sowohl das europäische als auch das deutsche Kartellrecht verwenden den Begriff des **Wett-**   4.5
bewerbers. Eine unionsrechtliche Definition wurde vom EuGH (Slg. 1983, 3461 – Michelin)
entwickelt. Eine spezifisch für die Zwecke der Vertikal-GVO (VO (EG) 330/2010 v. 20.4.2010)
geltende Definition des Begriffs des Wettbewerbers enthält Art. 1 lit. c Vertikal-GVO (vgl. auch
Bek. Der Kommission über den relevanten Markt, ABl. EG 1997, C 372, 5). Für das deutsche
Kartellrecht (vgl. § 19 II GWB, § 20 IV 1 GWB) existiert keine Definition. Jedoch orientiert
sich die deutsche Rspr. am Unionsrecht (BGH GRUR 2009, 514 Rn. 7 – Stadtwerke Uelzen).
Die Funktion des Wettbewerberbegriffs im Kartellrecht ist allerdings eine andere als die des
Mitbewerberbegriffs im Lauterkeitsrecht (vgl. auch Schlussanträge GA Mengozzi in der Rs. C-
381/05 Rn. 61 ff. – de Landtsheer/CIVC). Im Kartellrecht geht es insbes. um die Feststellung,
inwieweit Unternehmen **Marktmacht** besitzen und dazu ist vorab eine Marktabgrenzung
erforderlich (BGH GRUR 2009, 514 Rn. 7 – Stadtwerke Uelzen). Im Lauterkeitsrecht geht es
dagegen vornehmlich um die Beurteilung von konkreten Maßnahmen zur Gewinnung von
Kunden, die sich zum Nachteil anderer Unternehmen auswirken können. Daher sind kartellrechtliche Aussagen zum Begriff des Wettbewerbers und zum relevanten Markt nur bedingt auf
den lauterkeitsrechtlichen Begriff des Mitbewerbers übertragbar (ebenso Lettl FS Köhler, 2014,
429 (434, 442); vgl. auch Keßler WRP 2014, 765). – Der Begriff des **Mitbewerbers** in der
Sanktionsnorm des § 33 III GWB ist offensichtlich aus dem UWG übernommen worden und
hat eine ähnliche Funktion wie in den § 8 III Nr. 1 und § 9 I UWG. Er ist jedoch autonom
auszulegen.

B. Unternehmer

Mitbewerber kann nur ein Unternehmer in seiner Eigenschaft als **Anbieter** oder **Nachfrager**   4.6
von Waren oder Dienstleistungen sein. Damit ist der Unternehmensinhaber gemeint. Allgemein
zum Begriff des Unternehmers → Rn. 2.22 ff., → Rn. 8.1 ff. Mangels Unternehmereigenschaft
kann aber Mitbewerber auf einem Beschaffungsmarkt nicht sein, wer nur Waren oder Dienstleistungen nachfragt, aber nicht selbst anbietet (→ Rn. 2.27). **Beispiel:** Gemeinde möchte für
einen Rathausbau ein Grundstück erwerben, für das sich auch Bauträger interessieren. Sie kann
– ebenso wie ein Privatmann, der sich für das Grundstück interessiert – nur Schutz nach
allgemeinem Deliktsrecht beanspruchen.

C. Konkretes Wettbewerbsverhältnis

I. Was bedeutet „konkret"?

4.7   Der Begriff des **konkreten Wettbewerbsverhältnisses** geht zurück auf die Rspr. zum UWG 1909. Im früheren Recht reichte für die Klagebefugnis von Gewerbetreibenden nach § 13 II Nr. 1 UWG 1909 das Vorliegen eines **abstrakten** Wettbewerbsverhältnisses aus. Es setzte den Vertrieb von Waren oder gewerblichen Leistungen gleicher oder verwandter Art voraus (vgl. zB BGH GRUR 2001, 260 (261) – Vielfachabmahner). Das Vorliegen eines konkreten Wettbewerbsverhältnisses war dagegen für die sich aus der verletzten Norm ergebende (gegenüber § 13 II Nr. 1 aF weiter reichende) Klagebefugnis des „unmittelbar Verletzten" von Bedeutung (vgl. BGH GRUR 1990, 375 (376) – Steuersparmodell; GRUR 2001, 260 – Vielfachabmahner; Bornkamm GRUR 1996, 527 mwN). Diese Unterscheidung hat sich mit der Regelung im UWG 2004 erledigt. Im Hinblick darauf war die Einbeziehung des Merkmals „konkret" überflüssig; es fand lediglich auf Grund einer (eher unbedachten) Intervention des Bundesrats Eingang in das UWG 2004 (vgl. Köhler WRP 2009, 499 (503 f.)). Allerdings lässt sich dem Merkmal „konkret" eine neue, sinnvollere Bedeutung beimessen: Es macht deutlich, dass bei der Feststellung eines Wettbewerbsverhältnisses an die **konkrete geschäftliche Handlung** anzuknüpfen ist (→ Rn. 4.9). Andere wollen hingegen das Merkmal „konkret" dahin verstehen, dass lauterkeitsrechtlich schützenswerte Interessen eines konkurrierenden Unternehmens irgendwie fassbar (eben nicht nur abstrakt) negativ betroffen werden können. Erforderlich, aber auch ausreichend sei, dass die geschäftliche Handlung die Angebots- oder Nachfragestellung eines konkurrierenden Unternehmens negativ beeinflussen kann (Harte-Bavendamm/Henning-Bodewig/Keller Rn. 133).

II. Allgemeine Grundsätze zur Feststellung eines konkreten Wettbewerbsverhältnisses

1. Grundsatz der weiten Auslegung

4.8   Grundsätzlich sind im Interesse eines wirksamen lauterkeitsrechtlichen Individualschutzes an das Bestehen eines konkreten Wettbewerbsverhältnisses iSd § 2 I Nr. 4 (= Nr. 3 aF) **keine hohen Anforderungen** zu stellen (BGH GRUR 2004, 877 (878) – Werbeblocker I; GRUR 2006, 1042 Rn. 16 – Kontaktanzeigen; WRP 2014, 552 Rn. 17 – Werbung für Fremdprodukte; WRP 2014, 1307 Rn. 32 – nickelfrei; WRP 2015, 1326 Rn. 19 – Hotelbewertungsportal; WRP 2017, 1085 Rn. 16 – Wettbewerbsbezug; WRP 2018, 1322 Rn. 17 – Werbeblocker II; vgl. auch Sack WRP 2008, 1141 (1144 ff.)). Allerdings ist dabei stets der jeweilige **Zweck** der Norm, die den Begriff des Mitbewerbers verwendet, zu berücksichtigen (→ Rn. 4.4; OLG Brandenburg K&R 2021, 435 (436)).

2. Anknüpfung an die konkrete geschäftliche Handlung

4.9   Die Mitbewerbereigenschaft eines Unternehmers lässt sich nicht abstrakt feststellen, vielmehr ist an die **jeweilige konkrete geschäftliche Handlung** anzuknüpfen. Sie entscheidet darüber, ob sich der handelnde Unternehmer zu einem anderen Unternehmer in Wettbewerb stellt. Der Mitbewerberbegriff des Lauterkeitsrechts ist also **handlungsbezogen**. Es genügt, dass das Wettbewerbsverhältnis erst durch die konkret beanstandete geschäftliche Handlung begründet worden ist (vgl. BGH GRUR 2001, 260 (261) – Vielfachabmahner; GRUR 2004, 877 (878) – Werbeblocker; GRUR 2007, 978 Rn. 17 – Rechtsberatung durch Haftpflichtversicherer; WRP 2009, 1001 Rn. 40 – Internet-Videorecorder; WRP 2014, 552 Rn. 17 – Werbung für Fremdprodukte; WRP 2017, 1085 Rn. 16 – Wettbewerbsbezug; GRUR 2022, 729 Rn. 21 – Zweitmarkt für Lebensversicherungen II; OLG München WRP 2016, 1404 Rn. 54; Harte-Bavendamm/Henning-Bodewig/Keller Rn. 130).

4.10   **Beispiele:** Ein Anlageberater, der mit steuerlichen Gründen für ein von ihm entworfenes Immobilienanlagemodell wirbt, tritt in Wettbewerb zu Steuerberatern, weil deren Tätigkeit auch die Wirtschaftsberatung umfasst (BGH GRUR 1990, 375, 376 – Steuersparmodell). – Ebenso tritt ein Kaffeehersteller, der für Kaffee als Geschenk mit dem Hinweis „statt Blumen ONKO-Kaffee" wirbt, in Wettbewerb mit Blumenhändlern (vgl. Begr. RegE UWG 2004 zu § 2 Nr. 3, BT-Drs. 15/1487, 16 im Anschluss an BGH GRUR 1972, 553 – Statt Blumen ONKO-Kaffee; vgl. noch OGH ÖBl 1998, 26, 28 – Entec 2500). – Ein

Fernsehsender steht in Wettbewerb mit dem Anbieter eines Videorecorders zur Aufzeichnung von Fernseh-sendungen (BGH GRUR 2009, 845 Rn. 40 – Internet-Videorecorder). Man sprach insoweit auch von einem „mittelbaren" Wettbewerbsverhältnis (Begr. RegE UWG 2004 zu § 2 Nr. 3 aF, BT-Drs. 15/1487, 16).

3. Unerheblichkeit unterschiedlicher Branchenangehörigkeit

Unerheblich ist, dass die Beteiligten unterschiedlichen Branchen angehören (stRspr seit BGH　**4.11** GRUR 1972, 553 – Statt Blumen ONKO-Kaffee; GRUR 2004, 877 (878) – Werbeblocker; GRUR 2006, 1042 Rn. 16 – Kontaktanzeigen; GRUR 2007, 978 Rn. 17 – Rechtsberatung durch Haftpflichtversicherer; GRUR 2009, 845 Rn. 40 – Internet-Videorecorder; WRP 2014, 552 Rn. 17 – Werbung für Fremdprodukte; WRP 2014, 1307 Rn. 30 – nickelfrei; GRUR 2022, 729 Rn. 21 – Zweitmarkt für Lebensversicherungen II).

Beispiele: Konkretes Wettbewerbsverhältnis bejaht zwischen: Maklern, Bauträgern und Bauunterneh-　**4.12** mern im Hinblick auf Immobilienangebote (BGH GRUR 1997, 934 (935) – 50% Sonder-AfA; GRUR 2001, 260 (261) – Vielfachabmahner). – Vertreiber von Werbeblockern und werbefinanziertem TV-Sender, da eine geringere Anzahl von Werbezuschauern die Attraktivität der Werbesendungen und damit deren Absatz behindern kann (BGH GRUR 2004, 877 (878) – Werbeblocker). – Prostituierten, die mit Kontaktanzeigen werben, und Betreiber einer Bar, in der sexuelle Kontakte ermöglicht werden (BGH GRUR 2006, 1042 Rn. 16 – Kontaktanzeigen). – Haftpflichtversicherern, die Rechtsrat erteilen, und Rechtsanwälten (BGH GRUR 2007, 978 Rn. 17 –Rechtsberatung durch Haftpflichtversicherer). – Haftpflichtversicherern, die Sachverständigengutachten anbieten, und Kfz-Sachverständigen (OLG Nürnberg WRP 2007, 202 (203)). – Hotelbetreiber und Online-Reisebüro, das mit einem Hotelbewertungsportal verknüpft ist (BGH WRP 2015, 1326 Rn. 20 – Hotelbewertungsportal). – Versicherer und Versicherungsmakler, der mit Versiche-rungsnehmer des Versicherers einen Versicherungsmaklervertrag abgeschlossen hat (BGH WRP 2016, 1354 Rn. 16, 17 – Ansprechpartner). – Rechtsanwälte und Aufkäufer von ua Versicherungsverträgen, die Bera-tungsleistungen für Versicherungsnehmer in Form einer Überprüfung von Versicherungsverträgen auf eine Rückabwicklungsmöglichkeit erbringen (BGH GRUR 2022, 729 Rn. 15 – Zweitmarkt für Lebensversiche-rungen). – Händler und Apotheker beim Vertrieb von Aminosäureprodukten (BGH WRP 2023, 961 Rn. 39 – Aminosäurekapseln).
Konkretes Wettbewerbsverhältnis verneint zwischen: Fernsehsender und Unternehmer, der es Inter-netnutzern ermöglicht, Sendungen aus Fernsehprogrammen auszuwählen und zeitversetzt auf dem PC anzusehen, weil dem Fernsehsender dadurch keine Zuschauer verloren gehen (OLG Köln GRUR-RR 2006, 5 (6)). – Anbietern von Waren und Betreiber eines Online-Marktplatzes für derartige Waren (OLG Koblenz GRUR-RR 2006, 380 (381); aA Weber GRUR-RR 2007, 65). – Anbieter von Herrenbekleidung und Anbieter von Damenkleidung (OLG Braunschweig MMR 2010, 252). – Medienunternehmen und von diesem kritisierten Unternehmen (OLG Frankfurt WRP 2014, 1483 Rn. 5, 6). – Anbieter geschlossener Immobilienfonds und auf Kapitalmarktrecht spezialisierte Rechtsanwaltsgesellschaft (BGH WRP 2017, 1085 Rn. 19, 20 – Wettbewerbsbezug).

4. Unerheblichkeit unterschiedlicher Wirtschaftsstufenangehörigkeit

Unerheblich ist weiter, dass die Beteiligten auf **unterschiedlichen Wirtschaftsstufen** (zB　**4.13** Hersteller/Händler; Hersteller/Handwerker) tätig sind, sofern sie sich nur iErg an den gleichen Abnehmerkreis wenden (Begr. RegE UWG 2004 zu § 2 Nr. 3, BT-Drs. 15/1487, 16; BGH GRUR 2012, 74 Rn. 20 – Coaching-Newsletter; GRUR 2012, 1053 Rn. 12 – Marktführer Sport; WRP 2014, 552 Rn. 17 – Werbung für Fremdprodukte; WRP 2014, 1307 Rn. 27, 30 – nickelfrei; WRP 2016, 974 Rn. 20 – Kundenbewertung im Internet). Zwar sind die Kunden des Einzelhändlers die Verbraucher und die Kunden des Herstellers die Händler. Aber **mittelbar** sind die Kunden des Händlers auch Kunden des Herstellers, um die dieser meist selbst wirbt. Ein konkretes Wettbewerbsverhältnis zwischen einem Hersteller und einem Händler wird sonach nicht stets dadurch ausgeschlossen, dass dieser nur an Verbraucher, jener nur an Händler liefert.

Beispiele: Bejaht wurde ein konkretes Wettbewerbsverhältnis zwischen: Hersteller und Einzelhändler, der　**4.14** unter dem Einstandspreis verkauft (BGH GRUR 1984, 204 – Verkauf unter Einstandspreis II); Großhändler und einem Händler, der das Produkt in einer vergleichenden Werbung kritisiert (BGH GRUR 1986, 618, 620 – Vorsatz-Fensterflügel; GRUR 1993, 563 (564) – Neu nach Umbau). – Hersteller und Warenvermittler (OLG Zweibrücken GRUR 1997, 77 (78)). – Alleinimporteur und von der Belieferung ausgeschlossener Händler, der Ware vertreibt, bei der die vom Hersteller angebrachten Kontrollnummern entfernt worden sind (BGH GRUR 1988, 826 (827) – Entfernung von Kontrollnummern II; GRUR 2001, 448 – Kontrollnum-mernbeseitigung II). – Spirituosenhersteller und Gastwirt (BGH GRUR 1957, 347 – Underberg). – Pro-duzent einer Fernsehsendung und Fernsehsender (BGH GRUR 2000, 703 (706) – Mattscheibe). – Anlage-berater, der für ein von ihm entworfenes Immobilienanlagemodell mit steuerlichen gründen wirbt, und

Steuerberatern, weil zu deren Berufsbild auch die Wirtschaftsberatung, insbes. in betriebswirtschaftlichen Angelegenheiten, gehört (BGH GRUR 1990, 375 (376) – Steuersparmodell). – Rentenberater und Zeitschrift, die Rentenberatungen anbietet (BGH GRUR 1987, 373 – Rentenberater). – Vergeber von Vertragslizenzen und Zeitungsverlag (BGHZ 18, 175 (182) – Werbeidee). – Verleger, der seine Bücher auch über Buchgemeinschaften vertreibt, und Buchgemeinschaft, die ein zum Erfolgsschlager gewordenes Buch als Werbeprämie ihren Mitgliedern für die Werbung neuer Mitglieder gewährt (BGH GRUR 1969, 413 (414) – Angélique II). – Arzt, der Lizenzen an Schuhfabriken vergibt, und Inhaber eines ebenfalls durch Lizenzvergabe und Eigenproduktion ausgewerteten Patents für eine Schuheinlage (BGH GRUR 1962, 34 (36) – Torsana). – GEMA und Hersteller bzw. Verkäufer GEMA-freier Schallplatten wegen der Einbuße von Lizenzgebühren (BGH GRUR 1965, 309 – gemafrei). – Tageszeitung und Werbeagentur auf dem Anzeigenmarkt (OLG Hamm WRP 1979, 477). – Hersteller von Kraftfahrzeugen, der diese nur an Endabnehmer vertreibt, und Erwerber, der nur zum Schein als „Endabnehmer" auftritt, jedoch die Fahrzeuge zum Zweck des Weiterverkaufs erwirbt (BGH GRUR 1988, 916 – PKW-Schleichbezug). – Anwalt und Abschleppunternehmer, der die ihm abgetretenen Forderungen eines Privaten gegen den Kfz-Halter geltend macht (OLG Naumburg GRUR-RR 2006, 169). – Anbieter einer Filtersoftware, die „Spam" erkennbar macht, und Anbieter von Leistungen, die als „Spam" gekennzeichnet werden (OLG Hamm GRUR-RR 2007, 282 (283)). – Anbieter von Glücksspielen und Anbieter von Anteilen an GbRs, die an Glücksspielen teilnehmen (KG GRUR 2010, 22 (26)). – Verbundgruppe von Sportfachgeschäften und Sportfachgeschäft (BGH GRUR 2012, 1053 Rn. 12 – Marktführer Sport). – Berufsverband von Coaching-Anbietern und solchem Anbieter (BGH GRUR 2012, 74 Rn. 20 – Coaching-Newsletter).

Verneint wurde ein konkretes Wettbewerbsverhältnis zwischen: Diskothek, in der Musik aufgeführt und getanzt wird, und Rundfunkanstalt, die im Hörfunkprogramm neuere Unterhaltungsmusik sendet (BGH GRUR 1982, 431 (433) – POINT). – Anbieter von Call-by-Call-Tarifen und Anbieter von Gewinnspielen, der einen Mehrwertdienstanschluss unterhält (OLG Düsseldorf GRUR 2005, 523). – Kapitalanlageunternehmen und Betreiber einer Online-Plattform (OLG Frankfurt GRUR-RR 2016, 121). – Stromanbietern, wenn die Abnehmer den Strom in jeder beliebigen Menge zum gesetzlichen Preis abnehmen müssen (OLG Köln WRP 2017, 997 Rn. 18). – Kapitalanlageunternehmen und auf Kapitalmarktrecht spezialisierte Anwaltskanzleien (BGH GRUR 2017, 918 Rn. 17 ff. – Wettbewerbsbezug). – Vertreiber von Computerspielen und Anwälte, die wegen Urheberrechtsverstößen abgemahnte Personen vertreten (BGH GRUR 2017, 918 Rn. 21 – Wettbewerbsbezug). – Vermittler von Studienplätzen an ausländischen Universitäten und Rechtsanwalt, der Studienplatzbewerber bei der Erstellung einer strategisch sinnvollen Bewerbung unterstützt (OLG Köln WRP 2020, 777 Rn. 26).

5. Berücksichtigung potenziellen Wettbewerbs

4.15 Mitbewerber kann auch ein Unternehmen sein, das sich erst anschickt, auf einem bestimmten Markt tätig zu werden, und somit nur **potenzieller Mitbewerber** ist (→ § 8 Rn. 3.29; BGH GRUR 2002, 828 (829) – Lottoschein; GRUR 1995, 697 (699) – FUNNY PAPER; MüKoUWG/Bähr Rn. 229; vgl. auch EuGH GRUR 2007, 511 Rn. 42 – de Landtsheer; aA Harte-Bavendamm/Henning-Bodewig/Keller Rn. 151). Allerdings reicht die bloß **abstrakte** Möglichkeit eines Marktzutritts (etwa durch Erweiterung oder Umstellung der Produktion oder Änderung des Nachfrageverhaltens) nicht aus (ebenso OLG Frankfurt WRP 2017, 997 Rn. 16). Sie hatte in der Vergangenheit Bedeutung für das abstrakte Wettbewerbsverhältnis iSd § 13 II Nr. 1 aF (vgl. BGH GRUR 1964, 389 (391) – Fußbekleidung; GRUR 1997, 681 (682) – Produktwerbung). Vielmehr muss die konkrete Wahrscheinlichkeit eines Marktzutritts bestehen (OLG Braunschweig MMR 2010, 252 (253)). – Allerdings gilt diese Erweiterung des Mitbewerberbegriffs nur für die Fälle des Schutzes vor unlauteren Handlungen iSd § 4, die einen Marktauftritt des potenziellen Mitbewerbers verhindern oder erschweren sollen. – Einen Verletzungsanspruch wegen Verstößen zB gegen Marktverhaltensregeln kann ein Mitbewerber dagegen nur geltend machen, wenn er eine entsprechende Tätigkeit im Zeitpunkt der Verletzungshandlung bereits aufgenommen und im Zeitpunkt der letzten Verhandlung noch nicht aufgegeben hatte (BGH GRUR 2016, 1187 Rn. 16 – Stirnlampen; GRUR 2020, 303 Rn. 16 – Pflichten des Batterieherstellers; WRP 2023, 961 Rn. 29 – Aminosäurekapseln).

6. Förderung fremden Wettbewerbs

4.16 Geht es um die Förderung fremden Wettbewerbs, etwa durch einen Berufs- oder Verbraucherverband oder durch einen Werbepartner, muss das konkrete Wettbewerbsverhältnis zwischen dem **geförderten Unternehmen** und **dessen Mitbewerber** bestehen (BGH WRP 2012, 77 Rn. 20 – Coaching-Newsletter; WRP 2014, 552 Rn. 19 – Werbung für Fremdprodukte; GRUR 2021, 497 Rn. 16 – Zweitmarkt für Lebensversicherungen I; OLG Köln WRP 2017, 1007 Rn. 20; OLG Frankfurt WRP 2019, 643 Rn. 16: Anbieten gekaufter Kundenbewertungen; OLG Köln WRP 2022, 1413 Rn. 34). Der betroffene Mitbewerber ist dann nach § 8 III Nr. 1 berechtigt, gegen den Förderer vorzugehen, wenn er durch die Förderung des dritten Unternehmens in seinen eigenen wettbewerbsrechtlich geschützten Interessen berührt ist (BGH WRP 2014, 552 Rn. 19 – Werbung für Fremdprodukte; GRUR 2021, 497 Rn. 17 – Zweitmarkt für Lebensversicherungen I). – Umgekehrt kann aber das fördernde Unternehmen nicht selbst nach § 8 I, III Nr. 1 gegen Handlungen des Mitbewerbers des geförderten Unternehmens vorgehen, weil es insoweit an seiner eigenen Mitbewerbereigenschaft fehlt (BGH WRP 2014, 552 Rn. 20 – Werbung für Fremdprodukte). Daran ändert es nichts, wenn das fördernde Unternehmen mittelbar in seinen (zB Provisions-)Interessen betroffen ist.

7. Nachfragewettbewerb

Ein konkretes Wettbewerbsverhältnis kommt nach der Legaldefinition auch beim **Bezug** von   4.17 Waren oder Dienstleistungen in Betracht (BGH GRUR 1967, 138 (141) – Streckenwerbung; OLG Karlsruhe GRUR-RR 2010, 51 (52); Harte-Bavendamm/Henning-Bodewig/Keller Rn. 150; MüKoUWG/Bähr Rn. 142; Ohly/Sosnitza/Sosnitza Rn. 74). Praktische Bedeutung kann der **Nachfragewettbewerb** vor allem bei **knappem Angebot** erlangen (BGH WRP 2009, 803 Rn. 40 – ahd.de: Nachfrage nach Domainnamen; NJW-RR 2010, 399 – Blutspendedienst: Nachfrage nach Blutspenden; OLG Karlsruhe GRUR-RR 2010, 51 (52): Nachfrage nach Vertriebspartnern als Dienstleistern). Dann kann es dazu kommen, dass Nachfrager im Bezug behindert oder gestört werden, etwa wenn ein Unternehmen sie mit unlauteren Maßnahmen (zB Herabsetzung oder Anschwärzung beim Lieferanten; Täuschung über ihre Zahlungsfähigkeit oder Bezugsberechtigung; gezielte Behinderung wie Boykottaufruf) am Bezug hindern will. – Mitbewerber beim Bezug von Dienstleistungen sind Unternehmen auch, soweit sie **Arbeitskräfte** nachfragen (→ Rn. 2.42); BGH GRUR 2003, 540 (541) – Stellenanzeige). Im Nachfragewettbewerb um Arbeitskräfte sind daher ebenfalls unlautere geschäftliche Handlungen möglich (zB **Abwerbung** unter unlauterer Verleitung zum Vertragsbruch; → § 4 Rn. 4.103 ff.). Nicht erforderlich ist es, dass die Unternehmen zugleich in Absatzwettbewerb stehen. Unlauter iSd § 4 Nr. 4 kann daher eine Abwerbemaßnahme auch dann sein, wenn sie sich gegen ein Unternehmen richtet, das auf einem ganz anderen Absatzmarkt tätig ist. Nicht als Mitbewerber sind aber Einrichtungen anzusehen, die von vornherein nur Güter nachfragen, aber nicht absetzen, wie zB Behörden, weil es insoweit bereits an der Unternehmereigenschaft fehlt (→ Rn. 4.6).

8. Wettbewerb bei Online-Plattformen

a) Beschreibung. Die Betreiber von Online-Plattformen sind als **Intermediäre** tätig, nämlich   4.17a als Anbieter von Plattform-Leistungen, deren Geschäftsmodell in der Sammlung, Aggregation und Auswertung von Daten zur Vermittlung von Angebot und Nachfrage (vgl. Bechtold/Bosch, GWB, 10. Aufl. 2022, GWB § 18 Rn. 58a; MüKoWettbR/Wolf GWB § 18 Rn. 19, 46, 47). Insoweit spricht man auch von „mehrseitigen" oder „zweiseitigen" Märkten (vgl. LG München MMR 2021, 995 Rn. 544 mwN). Beispiele sind insbes. **Online-Marktplätze** (zB Amazon), die unmittelbare Transaktionen zwischen den Anbietern und Nachfragern von Waren oder Dienstleistungen ermöglichen, sowie **Bewertungs-** und **Preisvergleichs-Portale** (vgl. dazu BeckOK UWG/Alexander § 2 nach Rn. 294; Eckel GRUR 2021, 1125 (1126)).

b) Vorliegen eines konkreten Wettbewerbsverhältnisses. Ein konkretes Wettbewerbsver-   4.17b hältnis iSd § 2 I Nr. 4 **zwischen den Betreibern einer Plattform** ist dann anzunehmen, wenn die von ihnen angebotenen Dienstleistungen aus der Sicht der angesprochenen Nutzer austauschbar (substituierbar) sind (OLG Hamburg WRP 2017, 1249; OLG Köln GRUR-RR 2019, 386; Eckel GRUR 2021, 1125 (1129). Dagegen ist eine Austauschbarkeit der Dienstleistung eines Online-Marktplatzes im Verhältnis zu den Betreibern von Preisvergleichsportalen und Suchmaschinen zu verneinen, weil deren Dienstleistung mit der Vermittlungsleistung des Online-Marktplatzes nicht austauschbar ist (vgl. LG München MMR 2021, 995 Rn. 51). Das Gleiche gilt im Verhältnis zu Unternehmen, die auf einer Website Waren oder Dienstleistungen zum Kauf anbieten, weil es insoweit an einer von den Händlern nachgefragten Vermittlungsdienstleistung fehlt (vgl. LG München MMR 2021, 995 Rn. 52).

Ein konkretes Wettbewerbsverhältnis zwischen dem Betreiber einer Plattform und dem An-   4.17c bieter von Waren oder Dienstleistungen auf dieser Plattform ist ebenfalls zu verneinen, sofern er nicht selbst als Anbieter austauschbarer Produkte tätig wird. Es kommt lediglich der Fall in

Betracht, dass der Plattformbetreiber durch eine Beeinflussung geschäftlicher Entscheidungen von Nachfragern den Absatz eines Anbieters auf seiner Plattform bewusst fördert (dazu BGH GRUR 2015, 1129 Rn. 18 – 20 – Hotelbewertungsportal; OLG Frankfurt GRUR-RR 2016, 121 Rn. 9–11; OLG München GRUR 2020, 770 Rn. 34 – 38; LG Stuttgart MMR 2021, 1000 Rn. 79).

4.17d **c) Kartellrechtliche und lauterkeitsrechtliche Bedeutung.** Das Verhalten der Betreiber von Online-Plattformen unterliegt der kartellrechtlichen Kontrolle ua nach den § 18a IIIa und IIIb GWB sowie der lauterkeitsrechtlichen Kontrolle ua nach den § 4 Nr. 1 und 4, § 5 und § 6 II.

III. Definition des konkreten Wettbewerbsverhältnisses in der Rechtsprechung des BGH

4.18 Der BGH definiert das konkrete Wettbewerbsverhältnis iSd § 2 I Nr. 4 (= Nr. 3 aF) in stRspr (vgl. BGH WRP 2018, 1322 Rn. 17 – Werbeblocker II; GRUR 2019, 189 Rn. 58 – Crailsheimer Stadtblatt II; GRUR 2019, 970 Rn. 23 – Erfolgshonorar für Versicherungsberater; GRUR 2021, 497 Rn. 15 – Zweitmarkt für Lebensversicherungen I; GRUR 2022, 729 Rn. 13 – Zweitmarkt für Lebensversicherungen II; WRP 2023, 961 Rn. 40 – Aminosäurekapseln) wie folgt:

„Ein konkretes Wettbewerbsverhältnis ist gegeben, wenn beide Parteien gleichartige Waren oder Dienstleistungen innerhalb desselben Endverbraucherkreises abzusetzen versuchen und daher das Wettbewerbsverhalten des einen den anderen beeinträchtigen, dh im Absatz behindern oder stören kann. Da im Interesse eines wirksamen lauterkeitsrechtlichen Individualschutzes grundsätzlich keine hohen Anforderungen an das Vorliegen eines konkreten Wettbewerbsverhältnisses zu stellen sind, reicht es hierfür aus, dass sich der Verletzer durch seine Verletzungshandlung im konkreten Fall in irgendeiner Weise in Wettbewerb zu dem Betroffenen stellt. Ein konkretes Wettbewerbsverhältnis ist daher anzunehmen, wenn zwischen den Vorteilen, die die eine Partei durch eine Maßnahme für ihr Unternehmen oder eines Dritten zu erreichen sucht, und den Nachteilen, die die andere Partei dadurch erleidet, eine Wechselwirkung in dem Sinne besteht, dass der eigene Wettbewerb gefördert und der fremde Wettbewerb beeinträchtigt werden kann und die von den Parteien angebotenen Waren oder Dienstleistungen einen wettbewerblichen Bezug zueinander aufweisen".

4.19 Insoweit lässt sich von einem **dualen,** nämlich einem **engen** (→ Rn. 4.20 ff.) und einem **weiten** (→ Rn. 4.28 ff.) Mitbewerberbegriff sprechen (→ Rn. 4.4); ebenso OLG Nürnberg GRUR 2020, 198 Rn. 15). Vereinfacht ausgedrückt geht es beim engen Mitbewerberbegriff um den **„Substitutionswettbewerb"** (→ Rn. 4.20 ff.) und beim weiten Mitbewerberbegriff um den **„Behinderungswettbewerb"** (→ Rn. 4.28 ff.). Problematisch ist jedoch der Anwendungsbereich des engen und des weiten Mitbewerberbegriffs. Es geht darum, ob beide Erscheinungsformen unterschiedslos auf alle Normen des UWG anzuwenden sind, die den Begriff des Mitbewerbers verwenden, oder ob insoweit Differenzierungen nach dem jeweiligen Schutzzweck der betreffenden Norm erforderlich sind (→ Rn. 4.33 ff.). Dazu ist auch eine Abstimmung mit dem unionsrechtlichen Mitbewerberbegriff erforderlich (→ Rn. 4.2, → Rn. 4.3).

IV. Absatz gleichartiger Waren oder Dienstleistungen innerhalb desselben Endabnehmerkreises (Substitutionswettbewerb)

1. Grundsatz

4.20 Ein konkretes Wettbewerbsverhältnis zwischen den beteiligten Unternehmen als Anbietern ist nach der Rspr. (→ Rn. 4.18) jedenfalls (aber nicht nur) dann gegeben, wenn sie die **gleichen oder gleichartige Waren oder Dienstleistungen** (vgl. § 8 III Nr. 2) **innerhalb desselben Endabnehmerkreises** abzusetzen versuchen und daher das Wettbewerbsverhalten des einen den anderen beeinträchtigen, dh in seinem Absatz behindern oder stören kann (vgl. weiter BGH GRUR 2007, 1079 Rn. 18 – Bundesdruckerei; GRUR 2009, 845 Rn. 40 – Internet-Videorecorder; GRUR 2009, 980 Rn. 9 – E-Mail-Werbung II; GRUR 2012, 193 Rn. 17 – Sportwetten im Internet II; WRP 2014, 552 Rn. 15 – Werbung für Fremdprodukte; WRP 2014, 424 Rn. 26 – wetteronline.de; WRP 2016, 843 Rn. 19 – Im Immobiliensumpf; WRP 2016, 1228 Rn. 18 – Geo-Targeting; GRUR 2017, 397 Rn. 45 – World of Warcraft II; GRUR 2019, 970 Rn. 23 – Erfolgshonorar für Versicherungsberater). Unerheblich ist, ob sich der Kundenkreis und das Angebot von Waren und Dienstleistungen völlig oder nur teilweise decken (BGH GRUR 2007, 1079 Rn. 22 – Bundesdruckerei; WRP 2014, 552 Rn. 15 – Werbung für Fremdprodukte).

Diese Auslegung des Begriffs des konkreten Wettbewerbsverhältnisses stellt auf die **Substitu-** **4.21** **ierbarkeit** der von den beteiligten Unternehmen angebotenen Produkte aus der Sicht der Endabnehmer, idR also der Verbraucher, ab. Insofern lässt sich von **Substitutionswettbewerb** sprechen (ebenso OLG Nürnberg GRUR 2020, 198 Rn. 16). Substituierbarkeit ist jedenfalls dann gegeben, wenn für einen nicht unbeträchtlichen Teil der Endabnehmer die angebotenen Produkte in sachlicher, räumlicher und zeitlicher Hinsicht austauschbar sind. Die beteiligten Unternehmen müssen mit anderen Worten auf **demselben sachlich, räumlich und zeitlich relevanten Markt** tätig sein (vgl. BGH GRUR 2007, 1079 Rn. 18 – Bundesdruckerei; WRP 2014, 552 Rn. 15 – Werbung für Fremdprodukte) oder zumindest tätig werden wollen (potenzieller Wettbewerb; BGH GRUR 2002, 828 (829) – Lottoschein). Die Austauschbarkeit ist aber nicht abstrakt-typisierend wie im Kartellrecht, sondern anhand der konkreten **Werbemaßnahme** zu beurteilen (→ Rn. 4.9). Maßgebend ist dabei die Sichtweise des **Durchschnittsverbrauchers** oder des durchschnittlichen Mitglieds der betreffenden Verbrauchergruppe.

2. Sachlich relevanter Markt

Für die **sachliche Marktabgrenzung** kommt es darauf an, ob sich die von den beteiligten **4.22** Unternehmen angebotenen Waren oder Dienstleistungen nach ihren Eigenschaften, ihrem Verwendungszweck und ihrer Preislage so nahe stehen, dass sie der durchschnittlich informierte, situationsadäquat aufmerksame und verständige Nachfrager als **austauschbar** ansieht (vgl. BGH GRUR 2002, 828 (829) – Lottoschein; zur Marktabgrenzung nach dem Bedarfsmarktkonzept im Kartellrecht vgl. Bechtold/Bosch GWB § 18 Rn. 7 mwN). Beispiel: Versicherer und Versicherungsmakler stehen zueinander in einem konkreten Wettbewerbsverhältnis, weil beide die Dienstleistung der Beratung über Versicherungsleistungen anbieten (BGH GRUR 2019, 970 Rn. 25 – Erfolgshonorar für Versicherungsberater). Ob Austauschbarkeit zu bejahen ist, hängt von den jeweiligen Umständen des Einzelfalls ab (Gestaltung der konkreten Werbemaßnahme; derzeitige und künftige Verbrauchergewohnheiten und Marktverhältnisse usw). Die Anforderungen an den Grad der Austauschbarkeit dürfen nicht zu hoch angesetzt werden (→ Rn. 4.6). Das gilt jedenfalls im Anwendungsbereich des unionsrechtlichen Mitbewerberbegriffs (→ Rn. 4.2; EuGH GRUR 2007, 511 Rn. 47 – De Landtsheer: „gewisser Grad an Substitution" ausreichend). Es genügt bereits, dass sich die Beeinträchtigung eines anderen Unternehmens aus der irrigen Annahme des Verkehrs von der Substituierbarkeit der angebotenen Güter ergeben kann (BGH GRUR 1981, 529 (530) – Rechtsberatungsschein). Dagegen ist ein Unternehmer, der zwar die gleiche Vertriebsform oder -methode verwendet wie ein anderer Unternehmer, aber auf einem anderen Markt tätig ist, kein Mitbewerber (so auch schon (zu § 13 II Nr. 1 und 2 UWG 1909) BGH GRUR 1997, 478 – Haustürgeschäft II; OLG Karlsruhe NJWE-WettbR 1997, 42 (43)).

3. Räumlich relevanter Markt

Für die **räumliche Marktabgrenzung** ist ebenfalls von der Geschäftstätigkeit des werbenden **4.23** Unternehmens auszugehen (BGH WRP 1998, 42 (45) – Unbestimmter Unterlassungsantrag III; GRUR 2000, 619 (620) – Orient-Teppichmuster; GRUR 2001, 260 (261) – Vielfachabmahner) und zu fragen, ob die Werbemaßnahme sich zumindest auf den tatsächlichen oder potenziellen Kundenkreis des Gewerbetreibenden auswirken kann (vgl. OLG Frankfurt WRP 1995, 333; OLG Karlsruhe WRP 1995, 413; OLG Köln GRUR 1997, 316 (317)). Es kommt also darauf an, ob sich die Gebiete überschneiden, in denen die Beteiligten Kunden haben oder zu gewinnen suchen. Der räumlich relevante Markt kann daher – je nach den Umständen – örtlich oder regional begrenzt sein (vgl. BGH GRUR 2001, 78 – Falsche Herstellerpreisempfehlung zu Verbrauchermärkten), aber auch – etwa bei bundesweiter Werbung, wie zB im Fernsehen oder im Internet – das ganze Bundesgebiet erfassen (BGH GRUR 1996, 804 (805) – Preisrätselgewinnauslobung III; GRUR 1997, 479 (480) – Münzangebot; GRUR 1998, 170 – Händlervereinigung; WRP 2000, 389 (391) – Gesetzeswiederholende Unterlassungsanträge). Ob mit einiger Wahrscheinlichkeit eine Auswirkung der Wettbewerbsmaßnahme auf einen anderen Unternehmer gegeben oder zu befürchten ist, beurteilt sich nach den Umständen des Einzelfalls. Hierbei sind die Marktstellung (Größe, Bekanntheit usw.) des werbenden Unternehmens, der Inhalt und die Attraktivität seines Angebots, die Vertriebsart (Versandhandel oder

Ladengeschäft) sowie die Art, die Reichweite und die Dauer der Werbung von Bedeutung (BGH GRUR 1997, 379 (380) – Münzangebot; BGH GRUR 1998, 170 – Händlervereinigung; OLG Celle WRP 2012, 743; 2012, 1427). Grundsätzlich kommt es darauf an, ob trotz der räumlichen Entfernung des Kunden zum Anbieter noch ein Vertragsschluss möglich erscheint. Mitbewerber kann ein Unternehmen, das auf demselben sachlichen, räumlichen und zeitlichen Markt Waren oder Dienstleistungen anbietet, aber auch dann sein, wenn die angesprochenen Verbraucher in dem Gebiet, in dem die beanstandete Werbung erscheint, dessen Waren oder Dienstleistungen zwar nicht erwerben können, aber das andere Unternehmen Umsatzeinbußen erleiden kann, weil sein Angebot vergleichsweise weniger attraktiv erscheint (BGH WRP 2016, 1228 Rn. 19 – Geo-Targeting).

4.24 **Beispiele:** Bei **Ladengeschäften** für den täglichen Bedarf ist der jeweilige örtliche Einzugsbereich und die Entfernung zum Mitbewerber maßgebend (BGH GRUR 1998, 1039 (1040) – Fotovergrößerungen; GRUR 2001, 78 – Falsche Herstellerpreisempfehlung). – Bei **Anwälten** kommt es, auch soweit es Internet-Werbung betrifft, auf die Ausrichtung und die Größe der Kanzleien an (BGH GRUR 2005, 520 (521) – Optimale Interessenvertretung: konkretes Wettbewerbsverhältnis zwischen mittelgroßen Kanzleien in benachbarten Städten bejaht; OLG Dresden NJW 1999, 144 (145): konkretes Wettbewerbsverhältnis zwischen überörtlichen Sozietäten in Sachsen bejaht; LG Hamburg GRUR-RR 2001, 95 (96): konkretes Wettbewerbsverhältnis zwischen Anwälten in Berlin und Flensburg verneint). Privatleute werden, soweit es nicht bedeutsame Angelegenheiten betrifft, idR nur ortsnahe Kanzleien aufsuchen (OLG Frankfurt GRUR-RR 2003, 248). – Beim Kfz-Händler ist der räumliche Markt nicht auf den Ort seiner Niederlassung begrenzt, vielmehr sind jedenfalls auch die umliegenden Gemeinden noch erfasst (BGH GRUR 1998, 170 – Händlervereinigung); bei seltenen Modellen („Oldtimer") kann der räumliche Markt auch größer sein. – Die Reichweite der Zeitung, in der geworben wird, bildet zwar regelmäßig, aber nicht notwendig den räumlich relevanten Markt für das beworbene Produkt (OLG München WRP 1995, 1057 (1059); OLG Celle GRUR 1998, 77 (78)), doch kommt es auch hier auf das beworbene Produkt und seine potenziellen Abnehmer an. Andererseits dürfen auch bei überregionalen Blättern keine zu strengen Maßstäbe angelegt werden. Jedoch dürfte es ausgeschlossen sein, dass zB in einer Werbung eines Münchner Immobilienmaklers in einer überregionalen Zeitung für Immobilien in München auch ein Berliner Immobilienmakler im Hinblick auf die von ihm angebotenen Berliner Immobilien betroffen sein kann (vgl. BGH GRUR 2001, 260 (261) – Vielfachabmahner; GRUR 2001, 258 (259) – Immobilienpreisangaben). – Beim Wettbewerb der Zeitungsverleger ist zu berücksichtigen, dass sich die Verbreitungsgebiete von Zeitungen nicht exakt abgrenzen lassen und es Überschneidungsgebiete gibt, insbes. beim Wettbewerb um Anzeigenkunden (BGH WRP 1998, 42 (45) – Unbestimmter Unterlassungsantrag III). – Konkretes Wettbewerbsverhältnis zwischen Anwalt und Anwaltsnotar, die beide in Berlin im Bereich des Immobilienrechts tätig sind, bejaht, wenn abträgliche Äußerungen des Anwalts über die Notartätigkeit sich nachteilig auch im Bereich der anwaltlichen Tätigkeit des Anwaltsnotars auswirken können (BGH WRP 2016, 843 Rn. 20, 21 – Im Immobiliensumpf).

4. Zeitlich relevanter Markt

4.25   Bei der zeitlichen Marktabgrenzung geht die Fragestellung dahin, ob die Angebote des einen Unternehmers auch in zeitlicher Hinsicht mit dem Angebot eines anderen Unternehmers austauschbar sind. Das spielt aber in der Praxis kaum eine Rolle.

5. Einbeziehung der sonstigen Marktteilnehmer

4.26   In die Definition des konkreten Wettbewerbsverhältnisses ist auch der Absatz gleichartiger Waren oder Dienstleistungen an denselben Kreis von sonstigen Marktteilnehmern einzubeziehen, unabhängig davon, ob sie diese für den eigenen Bedarf benötigen oder an Dritte weiterveräußern.

6. Einbeziehung des Nachfragewettbewerbs

4.27   In die Definition des konkreten Wettbewerbsverhältnisses ist, schon aufgrund des Wortlauts des § 2 I Nr. 4 (= Nr. 3 aF), auch die Betätigung von Unternehmen als **„Nachfrager von Waren oder Dienstleistungen"** und damit auf dem relevanten Nachfragemarkt einzubeziehen (→ Rn. 4.17). Mitbewerber sind Unternehmen dann, wenn sie denselben Bedarf an bestimmten Waren oder Dienstleistungen von bestimmten Anbietern haben und daher das Wettbewerbsverhalten beim Bezug solcher Waren oder Dienstleistungen des einen den anderen behindern oder stören kann. Insoweit geht es vornehmlich um die Tatbestände des § 4.

V. Wechselwirkung zwischen Förderung eigenen Wettbewerbs und Beeinträchtigung fremden Wettbewerbs (Behinderungswettbewerb)

1. Grundsatz

Im Interesse eines effektiven Individualschutzes hatte die Rspr. schon früher in Einzelfällen ein **4.28** konkretes Wettbewerbsverhältnis auch dann bejaht, wenn die von den beteiligten Unternehmen angebotenen Produkte aus der Sicht der Abnehmer zwar nicht austauschbar waren, die Unternehmen also nicht auf demselben Markt tätig waren, die Wettbewerbsmaßnahme aber den Absatz eines anderen Unternehmens beeinträchtigte (vgl. etwa BGH GRUR 2004, 877 – Werbeblocker I; GRUR 1985, 876 – Tchibo/Rolex I; weitere Beispiele in BGH WRP 2014, 1307 Rn. 32 ff. – nickelfrei; ferner LG Köln GRUR-RR 2012, 122 (123); OLG Köln WRP 2012, 989 zur Tippfehler-Domain; Beater WRP 2009, 768; Köhler WRP 2009, 499 (505 ff.)). Sie hat daher einen **zweiten allgemeinen Grundsatz** aufgestellt (→ Rn. 4.18). Danach besteht ein konkretes Wettbewerbsverhältnis auch dann, wenn zwischen den Vorteilen, die eine Partei durch eine Maßnahme für ihr Unternehmen oder das eines Dritten zu erreichen sucht, und den Nachteilen, die die andere Partei dadurch erleidet, eine Wechselwirkung in dem Sinne besteht, dass der eigene Wettbewerb gefördert und der fremde Wettbewerb beeinträchtigt werden kann (BGH WRP 2014, 1307 Rn. 32 – nickelfrei; WRP 2015, 1326 Rn. 19 – Hotelbewertungsportal; WRP 2016, 1354 Rn. 15 – Ansprechpartner; WRP 2018, 1322 Rn. 17 – Werbeblocker II; GRUR 2019, 970 Rn. 23 – Erfolgshonorar für Versicherungsberater). Nicht ausreichend war es dagegen, wenn die Maßnahme ein anderes Unternehmen nur „irgendwie in seinem Marktstreben betrifft" (BGH WRP 2014, 1307 Rn. 32 – nickelfrei; GRUR 2014, 573 Rn. 21 – Werbung für Fremdprodukte; WRP 2017, 1085 Rn. 16 – Wettbewerbsbezug; OLG Köln WRP 2017, 1007 Rn. 19).

2. Stellungnahme

Die Schwierigkeit lag jedoch darin, ein brauchbares Abgrenzungskriterium zu finden, um zu **4.29** vermeiden, dass jede beliebige oder zufällige („reflexartige"; Büscher GRUR 2016, 113 (115)) nachteilige Auswirkung einer Wettbewerbsmaßnahme auf Dritte für ein konkretes Wettbewerbsverhältnis ausreichen würde. Das Merkmal der **„Wechselwirkung"** ist dazu wenig geeignet, wie das Beispiel Tchibo/Rolex zeigt: Zwar kann eine Werbung für Billigimitationen von Rolex-Uhren den Absatz der Original-Rolex-Uhren beeinträchtigen, aber nicht umgekehrt. Es versagt auch bei Fällen, in denen zwar eine Wechselwirkung besteht, aber kein Anlass für eine Anwendung des UWG besteht. So bspw., wenn ein Getränkehersteller das Werbeplakat eines Autoherstellers überkleben lässt (→ Rn. 4.43). Solche Fälle sind nach § 823 BGB zu lösen, nicht nach § 4 Nr. 4. Einzelne Abgrenzungsversuche im Schrifttum (Harte-Bavendamm/Henning-Bodewig/Keller Rn. 141: „wettbewerblich verdichtete Sonderbeziehung"; Dreyer GRUR 2008, 123 (126): „gesteigerte Nähebeziehung") gehen zwar in die richtige Richtung, sind aber letztlich nicht präzise genug. Voraussetzung für ein konkretes Wettbewerbsverhältnis ist vielmehr ein **konkreter, nämlich wettbewerblicher Bezug** der Ware oder Dienstleistung des handelnden Unternehmers zur Ware oder Dienstleistung eines anderen Unternehmers (BGH WRP 2017, 1085 Rn. 19 – Wettbewerbsbezug). Dieser konkrete (sachliche, funktionale) Bezug kann sich aus der Eigenart der Produkte oder aus der getroffenen Werbemaßnahme ergeben. Hinzukommen muss die **Eignung** der Förderung des eigenen Absatzes zur Beeinträchtigung des fremden Absatzes. – **Wettbewerblicher Bezug verneint:** zwischen der Leistung eines Abschleppunternehmers und dem Vertrieb von Kfz-Schutzbriefen eines Versicherers (OLG Köln WRP 2017, 1007 Rn. 19; OLG München GRUR-RR 2018, 21 Rn. 27); zwischen dem Angebot geschlossener Immobilienfonds und dem Angebot von Beratungsmandaten eines Anwalts (BGH WRP 2017, 1085 Rn. 21 – Wettbewerbsbezug); zwischen Vertreiben von Computerspielen und Anwälten, die wegen Urheberrechtsverletzungen abgemahnte Personen vertreten (BGH WRP 2017, 1085 Rn. 21 – Wettbewerbsbezug); zwischen dem Organisator eines „Unternehmensnetzwerkes" und einem Unternehmer, der Gütesiegel vergibt (OLG Hamm WRP 2015, 1532 Rn. 25); zwischen Fluggastrechteportalen, die Rechtsdienstleistungen bei der Geltendmachung von Entschädigungsansprüchen nach der FluggastrechteVO anbieten, und Fluggesellschaften (OLG Düsseldorf GRUR-RR 2021, 278 Rn. 14, 15); zwischen einem Versandhändler und einem Logistikunternehmen (OLG Brandenburg K&R 2021, 435 (436)).

4.30   Ein **konkretes Wettbewerbsverhältnis** ist daher auch dann zu bejahen, **wenn die Ware oder Dienstleistung des handelnden Unternehmers einen wettbewerblichen Bezug zur Ware oder Dienstleistung eines anderen Unternehmers aufweist und mit der Förderung des eigenen Absatzes die Beeinträchtigung des fremden Absatzes einhergehen kann.** Dieser Bezug kann insbes. dadurch hergestellt werden, dass sich der Verletzer durch seine Handlung im konkreten Fall in irgendeiner Weise in Wettbewerb zu dem Betroffenen stellt (BGH WRP 2015, 1326 Rn. 19 – Hotelbewertungsportal; WRP 2017, 1085 Rn. 16 – Wettbewerbsbezug; sehr weitgehend BGH WRP 2018, 1322 Rn. 17 – Werbeblocker II und dazu krit. Köhler GRUR 2019, 123 (126 f.)). Insofern lässt sich von **Behinderungswettbewerb** (ebenso OLG Nürnberg GRUR 2020, 198 Rn. 18, 19) sprechen. Die **Intensität** der Auswirkungen der geschäftlichen Handlung auf den Absatz eines Mitbewerbers spielt keine Rolle (ebenso KG WRP 2010, 129 (137)). Sie ist erst im Rahmen der Prüfung der Unlauterkeit zu prüfen.

VI. Anwendungsbereich des engen und des weiten Mitbewerberbegriffs

1. Die Auffassung des BGH

4.31   **a) Grundsatz: Einheitliche Auslegung des Mitbewerberbegriffs im gesamten UWG.** Der BGH geht davon aus, dass der Begriff des Mitbewerbers nach § 2 I Nr. 4 (= Nr. 3 aF) grundsätzlich im gesamten UWG einheitlich auszulegen ist (BGH GRUR 2021, 497 Rn. 32 – Zweitmarkt für Lebensversicherungen I mwN zum Streitstand). An die Mitbewerbereigenschaft iSd mitbewerberschützenden Normen seien grds. keine anderen Anforderungen zu stellen als an die iSd verbraucherschützenden Normen. Gem. § 8 III Nr. 1 seien die Mitbewerber grds. umfassend zur Verfolgung von Abwehr- und Folgeansprüchen aktivlegitimiert. Die Vorschrift unterscheide nicht danach, ob der vom Wettbewerber begangene Wettbewerbsverstoß allein die Interessen der Mitbewerber, deren Interessen und zugleich die Interessen der Verbraucher oder aber allein die Interessen der Verbraucher beeinträchtige. Mitbewerber im weiten Sinne seien daher auch zur Geltendmachung von Verstößen gegen nur oder auch verbraucherschützende Vorschriften berechtigt.

4.32   **b) Ausnahme: Gespaltener Mitbewerberbegriff im Rahmen richtlinienkonformer Auslegung.** Eine Ausnahme vom Grundsatz der einheitlichen Auslegung des Mitbewerberbegriffs gelte nur, soweit eine richtlinienkonforme Auslegung dies erfordere. Dies sei bei § 6 I und II Nr. 3–5, möglicherweise auch bei § 5 II der Fall, nicht aber bei den übrigen Tatbeständen des UWG. Insoweit gelte aufgrund der Werbe-RL und der dazu ergangenen Rspr. (EuGH GRUR 2007, 511 Rn. 28, 30 – De Landtsheer) der enge Mitbewerberbegriff iSd des Substitutionswettbewerbs.

2. Stellungnahme

4.33   **a) Grundsatz: Funktionaler Mitbewerberbegriff.** Für die Auffassung des BGH spricht zwar, dass die Anwendung eines einheitlichen, nämlich den weiten und engen Mitbewerberbegriff umfassenden Mitbewerberbegriffs die Rechtsanwendung erleichtert. Jedoch sieht sich der BGH zu einer Ausnahme im Hinblick auf die Rspr. des EuGH zur vergleichenden Werbung genötigt. Nichts anderes sollte aber für die Auslegung des Art. 11 I UAbs. 2 UGP-RL gelten. Daher sollte zumindest diese Frage dem EuGH vorgelegt werden. Vorzugswürdig erscheint es, auf den Sinn und Zweck der Normen abzustellen, die den Mitbewerberbegriff verwenden. Dabei sollte zwischen der Rolle des Mitbewerbers als „Opfer" von Verstößen gegen mitbewerberschützende Vorschriften (§ 4, § 6 II Nr. 3–5, ggf. § 3a) und seiner Rolle als „Beschützer" (§ 8 III Nr. 1) von Verbrauchern (§ 3 II, §§ 4a, 5, 5a) unterschieden werden. Insoweit ließe sich von einem funktionalen Mitbewerberbegriff sprechen (vgl. Köhler GRUR 2021, 426).

4.34   **b) Differenzierende Auslegung des Mitbewerberbegriffs in § 2 I Nr. 4 (= Nr. 3 aF).** Um den unterschiedlichen Funktionen des Mitbewerberbegriffs gerecht zu werden, ließe sich das Erfordernis eines „konkreten Wettbewerbsverhältnisses" in § 2 I Nr. 4 (= Nr. 3 aF) wie folgt auslegen:

> *„Ein konkretes Wettbewerbsverhältnis zwischen Unternehmern ist anzunehmen im Hinblick auf Zuwiderhandlungen gegen*

a) Vorschriften zum Schutz der Verbraucher und sonstigen Marktteilnehmer, wenn die Unternehmer Waren oder Dienstleistungen auf demselben relevanten Markt oder auf unterschiedlichen, aber unmittelbar zusammenhängenden Märkten anbieten oder nachfragen;

b) Vorschriften über vergleichende Werbung, wenn sich die Werbung auf Unternehmer bezieht, die Waren oder Dienstleistungen auf demselben relevanten Markt wie der werbende Unternehmer anbieten;

c) Vorschriften zum individuellen Schutz von Unternehmern, wenn Unternehmer Waren oder Dienstleistungen auf demselben relevanten Markt oder auf unterschiedlichen, aber unmittelbar zusammenhängenden Märkten anbieten oder nachfragen. "

c) Anwendungsbereich des weiten Mitbewerberbegriffs bei § 8 III Nr. 1. aa) Grund- **4.35** **satz.** Mit der Rspr. (vgl. zuletzt BGH GRUR 2021, 497 Rn. 32 ff., 39 – Zweitmarkt für Lebensversicherungen I) und ganz hL (zB Büscher/Büscher § 1 Rn. 30; → § 8 Rn. 3.27a) ist grds. davon auszugehen, dass der Mitbewerberbegriff in § 2 I Nr. 4 und damit auch in § 8 III Nr. 1 nF grds. einheitlich und zwar im weiten Sinne auszulegen ist. Allerdings steht dies unter dem Vorbehalt, dass keine abweichende Entscheidung des EuGH hinsichtlich der verbraucherschützenden Tatbestände des UWG, soweit diese auf Unionsrecht beruhen (§ 3 II, Anh. § 3 III, § 4a, § 5 I) erfolgt. (Zur vergleichenden Werbung → Rn. 4.36). Es macht daher für die Anwendung des § 8 III Nr. 1 keinen Unterschied, welche Verhaltensnorm iSd § 8 I ein Unternehmer verletzt hat, nämlich ob diese Norm die Interessen seiner Mitbewerber, deren Interessen und zugleich die Interessen von Verbrauchern und sonstigen Marktteilnehmern („doppelrelevante Handlungen") oder aber allein die Interessen der Verbraucher und sonstigen Marktteilnehmer schützt.

bb) Ausnahme. Eine Ausnahme von diesem Grundsatz ist derzeit nur für den Bereich der **4.36** **vergleichenden Werbung** iSd **§ 6 I und II Nr. 3–5** anzuerkennen (BGH GRUR 2021, 497 Rn. 40, 41 – Zweitmarkt für Lebensversicherungen I). Dies folgt aus der Entscheidung EuGH GRUR 2007, 511 Rn. 28, 30, 36 ff. – De Landtsheer Emmanuel (→ § 6 Rn. 73–75). Danach ist es für das Bestehen eines Wettbewerbverhältnisses erforderlich, aber auch ausreichend, dass die von den Unternehmen angebotenen Waren oder Dienstleistungen oder zumindest ein Teil von ihnen in allgemeiner Weise „in gewissem Grad substituierbar" sind, nämlich „in gewisser Weise gleichen Bedürfnissen dienen können". Dies dürfte sinngemäß auch für den Tatbestand **§ 5 III Nr. 1** (= § 5 II aF) gelten, soweit es um die irreführende „Vermarktung von Waren oder Dienstleistungen einschließlich vergleichender Werbung" geht (dafür ua Büscher/Wille § 2 I 3 Rn. 2; Köhler → Rn. 4.3; offengelassen in BGH GRUR 2021´, 497 Rn. 41 – Zweitmarkt für Lebensversicherungen I).

VII. Fallgruppen und Beispiele des individuellen Mitbewerberschutzes

1. Herabsetzung (§ 4 Nr. 1) und Anschwärzung (§ 4 Nr. 2)

Die Tatbestände des § 4 Nr. 1 und 2 setzen eine Herabsetzung oder eine Anschwärzung eines **4.37** **Mitbewerbers** voraus. Dafür ist aber nicht erforderlich, dass der herabgesetzte oder angeschwärzte Unternehmer auf demselben relevanten Markt wie der Anschwärzende tätig ist (OLG Köln WRP 2016, 268 Rn. 44; aA OLG Brandenburg GRUR-RR 2009, 140 (141)). Es genügt vielmehr, wenn der Handelnde mit seiner Kritik Kunden eines anderen Unternehmens für seine Waren oder Dienstleistungen gewinnen möchte. Behauptet Bspw. ein Unternehmer, er sei der einzige Unternehmer am Ort, der seine Kunden nicht betrüge, erfüllt dies den Tatbestand des § 4 Nr. 1 und ggf. des § 4 Nr. 2, auch wenn die anderen Unternehmer völlig andere Produkte vertreiben. Dagegen genügt es Bspw. nicht, wenn ein Anwalt mit seiner Kritik an einem Anbieter von Fondsbeteiligungen dessen frühere Kunden als Mandanten gewinnen will und diese Kritik sich reflexartig auf potentielle neue Kunden des Anbieters auswirken kann (OLG Frankfurt WRP 2017, 338 Rn. 18 f.). Insoweit kommt lediglich ein Schutz nach den § 823 I BGB, § 824 BGB in Betracht (→ § 4 Rn. 1.8).

2. Unlautere Produktnachahmung (§ 4 Nr. 3)

Der Tatbestand des § 4 Nr. 3 setzt voraus, dass Waren oder Dienstleistungen angeboten **4.38** werden, die eine Nachahmung der Waren oder Dienstleistungen eines Mitbewerbers sind. Der Begriff des Mitbewerbers ist dabei iSd Behinderungswettbewerbs zu verstehen. Es ist daher zwar ausreichend, aber nicht erforderlich, dass der Unternehmer, dessen Produkt nachgeahmt wird, auf demselben relevanten Markt tätig ist wie der Nachahmer. Das wird an folgenden **Beispielen** deutlich:

4.39 **a) Massenhafte Nachahmung eines Luxusprodukts.** Beim Vertrieb von Billigimitationen eines exklusiven Luxusprodukts (zu Rolex-Uhren vgl. BGH GRUR 1985, 876 – Tchibo/Rolex I; zu Hermès-Handtaschen vgl. BGH GRUR 2007, 795 – Handtaschen) ist schon wegen des eklatanten Preisunterschieds ein Substitutionswettbewerb idR ausgeschlossen. Gleichwohl ist der Hersteller des Luxusprodukts Mitbewerber des Nachahmers, weil der Vertrieb der Nachahmung zu seinen Lasten geht (→ Rn. 4.13); ebenso Beater WRP 2009, 768 (777)).

4.40 **b) Herstellung eines Vorprodukts.** Ahmt ein Autohersteller ein Vorprodukt (zB Autofelgen) eines anderen Unternehmers nach, das Teil des von ihm angebotenen Endprodukts (Kraftfahrzeug) ist, so ist der andere Unternehmer (Felgenhersteller) Mitbewerber iSd § 4 Nr. 3. Denn der Absatz des Endprodukts geht letztlich auch zu Lasten des Absatzes seines Vorprodukts an diesen oder andere Unternehmer.

4.41 **c) Lizenzerteilung.** Stellt ein Unternehmer ein Produkt nicht selbst her, sondern erteilt er lediglich eine Lizenz zur Herstellung, so ist er Mitbewerber des Unternehmers, der eine Produktnachahmung vertreibt. Denn letztlich hängt sein Absatzerfolg als Lizenzgeber vom Absatzerfolg des lizenzierten Produkts ab (BGH WRP 2014, 1307 Rn. 32 – nickelfrei).

3. Gezielte Behinderung (§ 4 Nr. 4)

4.42 **a) Gekoppelte Märkte.** Ein Unternehmer setzt ein Produkt auf einem Markt ab, der mit einem anderen Markt gekoppelt ist. Er ist Mitbewerber des Unternehmers, der nur auf dem anderen Markt tätig ist. **Beispiel:** Private Fernsehsender, die auf dem Werbemarkt ihre Leistungen entgeltlich anbieten, aber den Fernsehzuschauern ihr Programm kostenlos anbieten, sind Mitbewerber des Vertreibers von TV-Werbeblockern an Fernsehzuschauer gegen Entgelt (BGH GRUR 2004, 877 (878 f.) – Werbeblocker I). Denn der Absatzerfolg der Fernsehsender auf dem Werbemarkt hängt davon ab, dass die Fernsehzuschauer auch die Werbung betrachten. Der Absatz der Werbeblocker kann daher den Absatz auf dem Werbemarkt beeinträchtigen. Eine andere Frage ist es, ob diese Beeinträchtigung unlauter ist.

4.43 **b) Beeinträchtigung fremder Werbung.** Die Beeinträchtigung fremder Werbung im Rahmen einer geschäftlichen Handlung kann den Tatbestand des § 4 Nr. 4 erfüllen. Voraussetzung dafür ist, dass dies einen Mitbewerber betrifft. Als Mitbewerber sind nach der Rspr. Unternehmen anzusehen, die sich mit redaktionellen Gratisangeboten, die durch begleitende Werbung finanziert werden, an Nutzer wenden. **Beispiele:** Anbieter werbefinanzierter TV-Sendungen und Anbieter eines TV-Werbeblockers (BGH GRUR 2004, 877 (879) – Werbeblocker I); Anbieter werbefinanzierter Internet-Inhalte und Anbieter eines Internet-Werbeblockers (BGH WRP 2018, 1322 Rn. 18 – Werbeblocker II; krit. Köhler GRUR 2019, 123). Der Wettbewerbsbezug zwischen den unterschiedlichen Waren oder Dienstleistungen wird durch die Wahrnehmung der angesprochenen Nutzer hergestellt.

4.44 **c) Rufausbeutung.** Ein Unternehmer beutet den Ruf des Produkts eines anderen Unternehmers für den Absatz seines Produkts aus, ohne dass ein Fall der Produktnachahmung (§ 4 Nr. 3) bzw. der Tätigkeit auf demselben relevanten Markt vorliegt. Der Nachteil für den anderen Unternehmer kann im Entgang von Lizenzeinnahmen (vgl. BGH GRUR 1994, 732 – McLaren; GRUR 1983, 247 (249) – Rolls Royce; BGHZ 93, 967 (969) – DIMPLE) oder in der Beeinträchtigung des Absatzes seines Produkts bestehen (vgl. BGH GRUR 1988, 455 – Ein Champagner unter den Mineralwässern). Allerdings ist in diesen Fällen ggf. zu prüfen, ob eine Kennzeichenverletzung vorliegt, die durch § 14 II Nr. 3 MarkenG, § 15 III MarkenG abschließend geregelt ist (Harte-Bavendamm/Henning-Bodewig/Keller Rn. 149).

5. Abschnitt. Nachricht (§ 2 I Nr. 5 (= Nr. 4 aF))

Nr. 5

„Nachricht" jede Information, die zwischen einer endlichen Zahl von Beteiligten über einen öffentlich zugänglichen elektronischen Kommunikationsdienst aus-

getauscht oder weitergeleitet wird; nicht umfasst sind Informationen, die als Teil eines **Rundfunkdienstes über ein elektronisches Kommunikationsnetz an die Öffentlichkeit weitergeleitet werden, soweit diese Informationen nicht mit dem identifizierbaren Teilnehmer oder Nutzer, der sie erhält, in Verbindung gebracht werden können;**

Die Definition des Begriffs der Nachricht ist aus Art. 2 lit. d Datenschutz-RL (RL 2002/58/ **5.1** EG) übernommen. Sie hat Bedeutung nur für § 7 II Nr. 3. An sich würde sich der Anwendungsbereich dieser Vorschrift daher auf Sprachtelefone, Faxgeräte und elektronische Post, also E-Mail, SMS und MMS erstrecken. Allerdings hat der Gesetzgeber in § 7 II Nr. 3 den zu Grunde liegenden Art. 13 IV Datenschutz-RL (RL 2002/58/EG) nicht korrekt umgesetzt. Denn diese Bestimmung bezieht sich nur auf das **„Versenden elektronischer Nachrichten“**, damit ist aber nur die elektronische Post, also E-Mail, SMS und MMS, gemeint, wie sich ua aus der engl. Fassung („electronic mail“) ergibt. Aus diesem Grund ist § 7 II Nr. 3 richtlinienkonform auf das Versenden elektronischer Post zu beschränken (→ § 7 Rn. 268).

6. Abschnitt. Online-Marktplatz (§ 2 I Nr. 6)

Nr. 6

„Online-Marktplatz“ ein Dienst, der es Verbrauchern ermöglicht, durch die Verwendung von Software, die von einem Unternehmer oder in dessen Namen betrieben wird, einschließlich einer Website, eines Teils einer Website oder einer Anwendung, Fernabsatzverträge (§ 312c des Bürgerlichen Gesetzbuchs) mit anderen Unternehmern oder Verbrauchern abzuschließen;

Übersicht

A. Entstehungsgeschichte

In § 2 I Nr. 6 wurde der neue Begriff des **„Online-Marktplatzes“** eingefügt. Die Regelung **6.1** dient der Umsetzung des Art. 2 lit. n UGP-RL, geändert durch Art. 3 Nr. 1 lit. b RL (EU) 2019/2161:

„Online-Marktplatz' einen Dienst, der es Verbrauchern durch die Verwendung von Software, einschließlich einer Website, eines Teils einer Website oder einer Anwendung, die vom oder im Namen des Gewerbetreibenden betrieben wird, ermöglicht, Fernabsatzverträge mit anderen Gewerbetreibenden oder Verbrauchern, abzuschließen.“

B. Begriff

Ein Online-Marktplatz ist ein virtueller, auf das Internet bezogener Marktplatz, den der **6.2** Betreiber für geschäftliche Transaktionen zur Verfügung stellt, und den insbes. Verbraucher für den Abschluss von Fernabsatzverträgen isv § 312c I BGB nutzen können. Dies wird durch eine Software, einschließlich einer Website, eines Teils einer Website oder einer Anwendung, ermöglicht, die von oder im Namen des Unternehmers betrieben wird.

Von der Definition erfasst werden insbes. die zahlreichen Internet-Plattformen, wie ua **6.3** Amazon oder eBay, auf denen Waren oder Dienstleistungen vertrieben werden, aber auch Bewertungs- und Vergleichsportale, auf denen Verbraucher unmittelbar Verträge abschließen können. Die Definition setzt voraus, dass der Betreiber des Markplatzes über diesen zumindest auch Dritten das Angebot von Waren oder Dienstleistungen an Verbraucher ermöglicht. – Keine Online-Marktplätze sind Online-Shops von Unternehmern, in denen diese nur ihre eigenen

Waren oder Dienstleistungen anbieten. Ebenfalls nicht erfasst werden Preisvergleichsseiten oder Bewertungsportale, die auf Angebote hinweisen, bei denen die Verbraucher aber für einen Vertragsschluss auf die Internetseite eines anderen Anbieters weitergeleitet werden (BT-Drs. 19/27873, 33).

C. Funktion

6.4   Die Funktion der Begriffsbestimmung beschränkt sich auf die Verwendung des Begriffs des Online-Marktplatzes in § 5b I Nr. 6. Diese Vorschrift begründet eine Informationspflicht iSd § 5a I. Eine ergänzende vertragsrechtliche Regelung der Allgemeinen Informationspflichten für Betreiber von Online-Marktplätzen enthält Art. 246d EGBGB.

7. Abschnitt. Ranking (§ 2 I Nr. 7)

Nr. 7

„Ranking" die von einem Unternehmer veranlasste relative Hervorhebung von Waren oder Dienstleistungen, unabhängig von den hierfür verwendeten technischen Mitteln;

Übersicht

Schrifttum: Alexander, Geschäftsgeheimnisse und Ranking-Transparenz, MMR 2021, 690; Feddersen, Neue Transparenzanforderungen im Online-Bereich, WRP 2022, 789; Omsels, Informationspflichten beim Ranking, WRP 2022, 275; Peifer, Die neuen Transparenzregeln im UWG (Bewertungen, Rankings und Influencer), GRUR 2021, 1453; Sosnitza, Bewertungen und Rankings im Internet – Neue lauterkeitsrechtliche Anforderungen, CR 2021, 329.

A. Entstehungsgeschichte

7.1   In § 2 I Nr. 7 wurde der neue Begriff des **„Ranking"** eingefügt. Die Regelung dient der Umsetzung des Art. 2 I Buchst. m UGP-RL, geändert durch Art. 3 Nr. 1 Buchst. b RL (EU) 2019/2161:

„Ranking" die relative Hervorhebung von Produkten, wie sie vom Gewerbetreibenden dargestellt, organisiert oder kommuniziert wird, unabhängig von den technischen Mitteln, die für die Darstellung, Organisation oder Kommunikation verwendet werden;

Eine verwandte Definition findet sich in Art. 2 Nr. 8 VO (EU) 2019/1150 (P2B-VO).

„Ranking" die relative Hervorhebung von Waren und Dienstleistungen, die über Online-Vermittlungsdienste angeboten werden, oder die Relevanz, die Suchergebnissen von Online-Suchmaschinen zugemessen wird, wie von Anbietern von Online-Vermittlungsdiensten bzw. von Anbietern von Online-Suchmaschinen organisiert, dargestellt und kommuniziert, unabhängig von den für diese Darstellung, Organisation oder Kommunikation verwendeten technischen Mitteln;

B. Begriff

7.2   Mit dem aus dem Englischen übernommenen **Begriff** des „Ranking" (frz. classement) von Produkten wird die „relative Hervorhebung" (frz. priorité relative) von Produkten bezeichnet. Für seine richtlinienkonforme Auslegung ist ErwGr. 19 RL 2019/2161 heranzuziehen. Danach bezieht sich der Begriff „Ranking" auf die relative Hervorhebung der Angebote von Unternehmern oder die Relevanz, die Suchergebnissen zugemessen wird, je nachdem, wie sie von den Anbietern von Online-Suchfunktionen, einschließlich in Folge der Verwendung von algorithmischer Sequenzierung, Beurteilungs- oder Bewertungsmechanismen oder von visueller Hervorhebung oder anderen Hervorhebungsinstrumenten oder einer Kombination davon, dargestellt, organisiert oder kommuniziert werden. Die Definition entspricht inhaltlich weitgehend der Begriffsbestimmung in Art. 2 Nr. 8 VO (EU) 2019/1150. Entscheidend ist, dass Waren oder Dienstleistungen strukturiert präsentiert werden.

C. Funktion

Die **Funktion** der Begriffsbestimmung bezieht sich auf die Verwendung des Begriffs des **7.3** Rankings in § 5b II (Informationspflicht iSd § 5a I) und in Anh. Nr. 11a zu § 3 III (irreführende Werbung durch Anzeige von Suchergebnissen ohne Aufklärung über Einflussnahme auf ein höheres Ranking durch finanzielle Zuwendungen). Zu § 5b II vgl. Feddersen WRP 2022, 789 Rn. 11–17. Nach Art. 246d § 1 Nr. 1 und 2 EGBGB treffen die Betreiber von Online-Marktplätzen bürgerlichrechtliche Informationspflichten zum Ranking, die denjenigen in § 5b II entsprechen.

8. Abschnitt. Unternehmer (§ 2 I Nr. 8 (= Nr. 6 aF))

Nr. 8

„Unternehmer" jede natürliche oder juristische Person, die geschäftliche Handlungen im Rahmen ihrer gewerblichen, handwerklichen oder beruflichen Tätigkeit vornimmt, und jede Person, die im Namen oder Auftrag einer solchen Person handelt;

Übersicht

A. Funktionen des Unternehmerbegriffs

Das UWG verwendet den Begriff des Unternehmers an vielen Stellen (vgl. § 2 I Nr. 4 (= **8.1** Nr. 3 aF), § 3 II, § 4 Nr. 2, § 5 II Nr. 3, 4 und 6, § 5b II Nr. 2, § 7 III 1, § 8 III Nr. 2, § 15 II; vgl. auch § 8 II, der vom „Inhaber des Unternehmens" spricht). Der Begriff dient zum einen dazu, den Kreis der verantwortlichen und der geschützten Personen, zum anderen den Kreis der Anspruchsberechtigten (§ 8 III Nr. 1 iVm § 2 I Nr. 4 (= Nr. 3 aF)) zu beschränken.

B. Entstehungsgeschichte

8.2   Während das **UWG 1909** noch den altertümlichen und (im Hinblick auf die freien Berufe) zu eng gefassten Begriff des „Gewerbetreibenden" verwendet hatte, benutzte das **UWG 2004** den modernen Begriff des Unternehmers und verwies zu seiner Umschreibung in § 2 II UWG 2004 auf die Definition in § 14 BGB. Nach § 14 I BGB ist Unternehmer eine natürliche oder juristische Person oder eine rechtsfähige Personengesellschaft, die bei Abschluss eines Rechtsgeschäfts in Ausübung ihrer gewerblichen oder selbständigen beruflichen Tätigkeit handelt. Diese Definition war schon damals für die Zwecke des UWG wenig brauchbar, da das UWG auch und vor allem das Verhalten des Unternehmers vor Abschluss eines Rechtsgeschäfts regelt. In der **UWG-Novelle 2008** wurde diese Begriffsbestimmung daher durch eine neue Definition in § 2 I Nr. 6 ersetzt. Durch das **G zur Stärkung des Verbraucherschutzes im Wettbewerbs- und Gewerberecht** wurde mit Wirkung vom 28.5.2022 daraus die Nr. 8.

C. Definition und richtlinienkonforme Auslegung

I. Grundsatz der weiten Auslegung

8.3   **Unternehmer** iSd § 2 I Nr. 8 (= Nr. 6 aF) ist **„jede natürliche oder juristische Person, die geschäftliche Handlungen im Rahmen ihrer gewerblichen, handwerklichen oder beruflichen Tätigkeit vornimmt, und jede Person, die im Namen oder Auftrag einer solchen Person handelt."** Die Regelung dient der Umsetzung der Definition des „Gewerbetreibenden" in Art. 2 lit. b UGP-RL. Sie ist daher im Lichte des Wortlauts und Zwecks der UGP-RL unter Berücksichtigung der Rspr. des EuGH auszulegen (BGH WRP 2014, 835 Rn. 15 – Nordjob-Messe). Danach hat der Unionsgesetzgeber den Begriff des „Gewerbetreibenden" (= „Unternehmer") bes. weit konzipiert als „jede natürliche oder juristische Person", die eine entgeltliche Tätigkeit ausübt (EuGH WRP 2013, 1454 Rn. 32 – BKK Mobil Oil; WRP 2018,1311 Rn. 30 – Kamenova). Erfasst werden demnach auch Einrichtungen, die eine im Allgemeininteresse liegende Aufgabe erfüllen sowie öffentlich-rechtliche Einrichtungen (EuGH WRP 2018, 1311 Rn. 30 – Kamenova), wie zB gesetzliche Krankenkassen (EuGH WRP 2013, 1454 Rn. 32 – BKK Mobil Oil; BGH WRP 2014, 835 Rn. 17 – Nordjob-Messe). – Entsprechendes gilt für die Auslegung des Begriffs des „Unternehmers" iSd Art. 2 Nr. 2 RL 2011/83 (EuGH WRP 2018, 1311 Rn. 31 – Kamenova).

II. Abgrenzung zum Verbraucherbegriff

8.4   Andererseits ist der Begriff des Unternehmers vom „korrelativen, aber antinomischen Begriff ‚Verbraucher', der jeden nicht gewerblich oder beruflich Tätigen bezeichnet", abzugrenzen. Denn der Verbraucher befindet sich im Vergleich zu einem Unternehmer in einer unterlegenen Position, da er als wirtschaftlich schwächer und rechtlich weniger erfahren als sein Vertragspartner angesehen werden muss (EuGH WRP 2013, 1454 Rn. 33 – BKK Mobil Oil; WRP 2018, 1311 Rn. 33 – Kamenova). Diese Abgrenzung ist vor allem deshalb von Bedeutung, weil davon abhängt, ob eine Person, die Waren bspw. im Internet zum Verkauf anbietet, als Unternehmer und damit als Adressat der Verhaltensanforderungen des Lauterkeitsrechts und des Verbrauchervertragsrechts anzusehen ist. Insoweit ist der Begriff des Unternehmers ein **funktionaler** Begriff, der die Beurteilung impliziert, ob eine geschäftliche Handlung oder eine Vertragsbeziehung innerhalb der Tätigkeiten liegt, die eine Person im Rahmen ihrer gewerblichen oder beruflichen Tätigkeit vornimmt (EuGH WRP 2018, 1311 Rn. 35 – Kamenova). – Diese für das Vorliegen einer geschäftlichen Handlung maßgebliche Beurteilung ist anhand aller relevanten Umstände des Einzelfalls vorzunehmen (EuGH WRP 2018, 1311 Rn. 33 – Kamenova). Beim **Verkauf von Waren im Internet** können zur **Abgrenzung von gewerblichen und privaten Angeboten** insbes. eine Rolle spielen: Verkauf erfolgt planmäßig; Verkäufer verfolgt Erwerbszwecke; Verkäufer verfügt über Informationen oder technische Fähigkeiten, über die der Verbraucher nicht notwendigerweise verfügt; Verkäufer hat eine Rechtsform, die ihm die Vornahme von Handelsgeschäften erlaubt (zB eingetragener Kaufmann); Verkäufer ist mehrwertsteuerpflichtig; Verkäufer, der im Namen oder Auftrag eines bestimmten Unterneh-mers oder durch eine andere Person auftritt, die in seinem Namen oder Auftrag handelt, hat eine Vergütung oder Erfolgsbeteiligung erhalten; Verkäufer erwirbt neue oder gebrauchte Waren zum Zweck des Wiederverkaufs und verleiht auf diese Weise dieser Tätigkeit eine gewisse Regelmäßigkeit, Häufigkeit und/oder Gleichzeitigkeit im Verhältnis zu seiner gewerblichen oder beruflichen Tätigkeit; die zum Verkauf gestellten Waren sind alle gleichartig oder haben denselben Wert; Angebot konzentriert sich auf eine begrenzte Zahl von Waren (EuGH WRP 2018, 1311 Rn. 38 – Kamenova). Diese Kriterien sind weder abschließend noch ausschließlich. Eine Person ist daher nicht schon deshalb als Unternehmer einzustufen, weil sie mit dem Verkauf einen Erwerbszweck verfolgt oder gleichzeitig eine Reihe von Anzeigen für neue und gebrauch-te Waren auf einer Internet-Plattform veröffentlicht (EuGH WRP 2018, 1311 Rn. 39, 40 – Kamenova).

III. Abgrenzung zum Handeln sonstiger Dritter

Die Regelung in § 2 I Nr. 8 (= Nr. 6 aF) lässt nicht den Umkehrschluss zu, dass sonstige **8.5** Dritte (Behörden, Verbände), die zugunsten eines fremden Unternehmens handeln, nicht mehr lauterkeitsrechtlich zur Verantwortung gezogen werden könnten. Insoweit ist der nationale Gesetzgeber durch die UGP-RL nicht gebunden (→ Rn. 8.12).

IV. Abgrenzung im Rahmen der Anspruchsberechtigung

Die Unternehmereigenschaft ist dann abstrakt zu bestimmen, wenn es um die Geltendma- **8.6** chung von wettbewerbsrechtlichen Ansprüchen geht. Es kommt also nicht darauf, ob der Anspruchsteller selbst konkret geschäftliche Handlungen der Art vornimmt wie der Anspruchs-gegner (BGH WRP 2016, 974 Rn. 18 – Kundenbewertung im Internet), so dass auch Unter-nehmen anspruchsberechtigt sein können, die lediglich konzerninterne Lieferungen vornehmen.

D. Unternehmensträger als Unternehmer

Unternehmer ist jede natürliche oder juristische Person, die geschäftliche Handlungen im **8.7** Rahmen ihrer gewerblichen, handwerklichen oder beruflichen Tätigkeit vornimmt. Das ist der **Unternehmensträger** (Betriebsinhaber), in dessen Eigentum das Unternehmen steht. Unter beruflicher Tätigkeit ist dabei die **selbständige** berufliche Tätigkeit, wie sie insbes. für die freien Berufe kennzeichnend ist, zu verstehen. Das wird durch die englische Fassung des Art. 2 lit. b UGP-RL bestätigt („acting for purposes relating to his trade, business, craft or profession"). Zum Begriff der geschäftlichen Handlung vgl. § 2 I Nr. 2 (= Nr. 1 aF). Zu den juristischen Personen gehören in richtlinienkonformer Auslegung auch rechtsfähige Personengesellschaften (vgl. § 14 II BGB).

E. Vertreter und Beauftragte als Unternehmer

I. Anwendungsbereich der Legaldefinition

1. Vertreter und Beauftragte müssen selbst Unternehmer sein

Nach der Legaldefinition in § 2 I Nr. 8 (= Nr. 6 aF) werden aber auch die Personen als **8.8** Unternehmer behandelt, die **„im Namen oder Auftrag"** des Unternehmers handeln. Die Vorschrift ist richtlinienkonform im Einklang mit Art. 2 lit. b UGP-RL auszulegen („jede Person, die im Namen oder Auftrag des Gewerbetreibenden handelt"; engl. Fassung „acting in the name of or on behalf of a trader"; frz. Fassung „agissant au nom ou pour le compte d'un professionel"). Nach Auffassung des EuGH sind damit nur solche Dritte gemeint, die ihrerseits der Definition des „Gewerbetreibenden" entsprechen, also „im Geschäftsverkehr im Sinne dieser Richtlinie im Rahmen ihrer gewerblichen, handwerklichen oder beruflichen Tätigkeit" handeln (EuGH WRP 2013, 1575 Rn. 38 – RLvS Verlagsgesellschaft). **Der Dritte muss also selbst Unternehmer sein.** Ob die Vertretungsmacht oder der Auftrag zivilrechtlich wirksam erteilt worden sind, spielt für die Haftung keine Rolle; entscheidend ist nur das äußere Auftreten. Bezweckt ist mit dieser Regelung, dass in einer solchen Situation **beide** Unternehmer den Verhaltensanforderungen der UGP-RL unterliegen, also nebeneinander in Anspruch genommen werden können (vgl. auch Art. 11 I UAbs. 4 lit. a UGP-RL). Die Auffassung des EuGH ist in richtlinienkonformer Auslegung für § 2 I Nr. 8 (= Nr. 6 aF) zu übernehmen. Damit ist gleichzeitig klargestellt, dass **unselbständig beruflich Tätige,** also Organe, Mitarbeiter und unselbständige Beauftragte eines Unternehmens, **nicht Unternehmer** iSd § 2 I Nr. 8 (= Nr. 6 aF) sind.

2. Haftung unselbständig beruflich tätiger Vertreter und Beauftragter

8.9   Die UGP-RL geht wie selbstverständlich davon aus, dass nur Unternehmen die Adressaten der lauterkeitsrechtlichen Verhaltensanforderungen sind (vgl. Art. 11 I UGP-RL) und ihr deshalb die Tätigkeit ihrer Organe bzw. Mitarbeiter ohne weiteres zuzurechnen sind (vgl. Anh. I Nr. 23 zu § 3 III("Vertreter"), Nr. 30 ("Arbeitsplatz")). Sie schließt aber eine persönliche Verantwortlichkeit dieser unselbständig beruflich tätigen Personen nach nationalem Recht nicht aus. Eine Grenze bildet lediglich das Gebot der Verhältnismäßigkeit der Sanktionen (Art. 13 UGP-RL). – Dem UWG liegt ein anderes Haftungskonzept zu Grunde: Es geht von der persönlichen Haftung des **„zugunsten eines fremden Unternehmens"** handelnden Dritten (§ 2 I Nr. 2 (= Nr. 1 aF)) aus und regelt in § 8 II (ergänzt durch § 31 BGB) nur die **Zurechnung** seiner Handlung zu dem fremden Unternehmen. Für die Zurechnung nach § 8 II ist es unerheblich, ob der Dritte selbst die Unternehmereigenschaft besitzt (zB selbständiger Handelsvertreter) oder nicht (zB Angestellter oder unselbständiger Handelsvertreter). Zu Einzelheiten → § 8 Rn. 2.32 ff.

3. Unternehmer als Adressaten von Verhaltensanforderungen

8.10   Das UWG verwendet in einzelnen Bestimmungen den Begriff des Unternehmers. Grds. muss sich der Unternehmer nach § 8 II (bzw. § 31 BGB) Handlungen des in seinem Namen oder Auftrag handelnden Unternehmers zurechnen lassen. **Beispiel:** Selbständiger Handelsvertreter macht im Verkaufsgespräch irreführende Angaben iSv § 5 II Nr. 3 über die Person oder Eigenschaften des Geschäftsherrn. – Davon zu unterscheiden ist die Frage, ob die Verhaltensanforderungen des UWG an Unternehmer ihn auch persönlich treffen. Das ist grds. ebenfalls zu bejahen. **Beispiel:** Selbständiger Handelsvertreter macht im Verkaufsgespräch irreführende Angaben über seine Person oder Eigenschaften iSv § 5 II Nr. 3. In § 5b I Nr. 2 ist dies hinsichtlich der Angabe seiner Identität und Anschrift sogar ausdrücklich geregelt.

4. Unternehmer als geschützte Personen

8.11   Das UWG schützt den Unternehmer in vielerlei Hinsicht (§ 4), insbes. auch in seiner Eigenschaft als Mitbewerber (vgl. § 4 Nr. 1–4; § 6 II Nr. 3–5). Der im Namen oder Auftrag eines anderen Unternehmers handelnde Unternehmer ist aber nur dann geschützt, wenn sich die Handlung des Verletzers zumindest auch gegen ihn richtet. **Beispiel:** Setzt ein Versicherer einen konkurrierenden Versicherer und seine Vertriebsorganisation herab, ist auch der selbständige Versicherungsvertreter als (mittelbarer) Mitbewerber betroffen. – Entsprechendes gilt für die Anwendung des § 8 III Nr. 1 und § 9.

II. Verhältnis zu anderen Regelungen

1. Verhältnis zu § 2 I Nr. 2 (= Nr. 1 aF) (Handeln „zugunsten eines fremden Unternehmens")

8.12   Der Begriff des „Handelns zugunsten … eines fremden Unternehmens" iSd § 2 I Nr. 2 (= Nr. 1 aF) erfasst auch das Handeln von Personen, die „im Namen oder Auftrag eines Unternehmers" handeln, gleichgültig, ob sie selbst Unternehmer iSd § 2 I Nr. 8 (= Nr. 6 aF) oder nur unselbständig beruflich tätige Personen sind. Allerdings geht § 2 I Nr. 2 (= Nr. 1 aF) – in zulässiger Weise – darüber hinaus (dazu Scherer WRP 2014, 517 Rn. 26 ff.). Als sonstige Personen, die zugunsten eines fremden Unternehmers, aber nicht in seinem Namen oder im Auftrag handeln, kommen insbes. Verbände (BGH GRUR 2012, 79 Rn. 13 – Rechtsberatung durch Einzelhandelsverband) oder Behörden in Betracht, wenn sie aus eigener Initiative tätig werden. Zum Handeln von **Privatpersonen** zugunsten eines Dritten → Rn. 2.65.

2. Verhältnis zu § 8 II (Verantwortlichkeit für Mitarbeiter und Beauftragte)

Die Vorschrift setzt die persönliche Verantwortlichkeit von Mitarbeitern und Beauftragten für **8.13** die von ihnen begangenen Zuwiderhandlungen voraus. Sie lässt im Wege der Zurechnung unter bestimmten Voraussetzungen („Zuwiderhandlung in einem Unternehmen") „auch", also zusätzlich, den Inhaber des Unternehmens für diese Zuwiderhandlungen haften.

F. Einzelfragen

Wird das Unternehmen von einer **Gesellschaft** betrieben, ist Unternehmer nur die Gesell- **8.14** schaft, nicht der einzelne Gesellschafter (Teplitzky Wettbewerbsrechtliche Ansprüche/Büch Kap. 14 Rn. 38). Ob es sich um eine **Kapital-** oder **Personengesellschaft** (OHG, KG, BGB-Gesellschaft; Partnerschaftsgesellschaft usw) handelt, spielt keine Rolle. Der einzelne Gesellschafter kann also nur namens der Gesellschaft, nicht aber in eigenem Namen Ansprüche aus § 8 III Nr. 1 geltend machen. Die bloße finanzielle Beteiligung (zB als stiller Gesellschafter) oder ein sonstiges mittelbares Interesse an einem Unternehmen (zB als Lizenzgeber, Verpächter, Kreditgeber) genügt nicht zur Begründung der Unternehmereigenschaft, da es insoweit an der Ausübung einer gewerblichen oder selbständigen beruflichen Tätigkeit fehlt. Unternehmereigenschaft haben auch die **gesetzlichen Verwalter** eines Unternehmens, wie zB Insolvenz-, Zwangs-, Nachlassverwalter, Treuhänder und Testamentsvollstrecker (Ahrens Wettbewerbsprozess-HdB/Bacher Kap. 20 Rn. 34).

9. Abschnitt. Unternehmerische Sorgfalt (§ 2 I Nr. 9 (= Nr. 7 aF))

Nr. 9

„unternehmerische Sorgfalt" der Standard an Fachkenntnissen und Sorgfalt, von dem billigerweise angenommen werden kann, dass ein Unternehmer ihn in seinem Tätigkeitsbereich gegenüber Verbrauchern nach Treu und Glauben unter Berücksichtigung der anständigen Marktgepflogenheiten einhält;

Die Regelung dient der Umsetzung des Art. 2 lit. h UGP-RL.

Art. 2 lit. h UGP-RL „berufliche Sorgfalt" der Standard an Fachkenntnissen und Sorgfalt, bei denen billigerweise davon ausgegangen werden kann, dass der Gewerbetreibende sie gegenüber dem Verbraucher gemäß den anständigen Marktgepflogenheiten und/oder dem allgemeinen Grundsatz von Treu und Glauben in seinem Tätigkeitsbereich anwendet.

Übersicht

A. Entstehungsgeschichte, unionsrechtliche Grundlage und richtlinienkonforme Auslegung des Begriffs und seiner Definition

I. Entstehungsgeschichte

9.1   § 2 I Nr. 7 aF wurde durch die UWG-Novelle 2008 in das UWG aufgenommen. Die UWG-Novelle 2015 ersetzte lediglich den Begriff der „fachlichen Sorgfalt" durch den Begriff der „unternehmerischen Sorgfalt" und den Begriff der „Marktgepflogenheiten" durch den der „anständigen Marktgepflogenheiten". Damit wurde der Kritik an der bisherigen Fassung des § 2 I Nr. 7 aF teilweise Rechnung getragen (vgl. Köhler WRP 2012, 22 (23 ff.) und WRP 2015, 1037 (1038)). Durch das G zur Stärkung des Verbraucherschutzes im Wettbewerbs- und Gewerberecht wurde mit Wirkung ab dem 28.5.2022 daraus die Nr. 9.

II. Unionsrechtliche Grundlage

1. Begriff und Definition der „beruflichen Sorgfalt" in Art. 2 lit. h UGP-RL

9.2   § 2 I Nr. 9 (= Nr. 7 aF) dient der Umsetzung der Definition der beruflichen Sorgfalt in Art. 2 lit. h UGP. Im System der UGP-RL kommt dem Begriff der beruflichen Sorgfalt eine Schlüsselrolle zu. Er stellt das maßgebliche Unwertkriterium der Unlauterkeit innerhalb der Generalklausel des Art. 5 II UGP-RL dar. Dem deutschen Lauterkeitsrecht war der Begriff der Sorgfalt bis dahin fremd. In der deutschen Rechtsterminologie spielte er nur bei der Definition der Fahrlässigkeit in § 276 II BGB („die im Verkehr erforderliche Sorgfalt") eine Rolle. Jedoch darf dieses bürgerlichrechtliche Verständnis der Sorgfalt nicht auf das UWG übertragen werden. Denn § 2 I Nr. 9 (= Nr. 7 aF) ist richtlinienkonform, der dieser Regelung zugrunde liegende unionsrechtliche Begriff der „beruflichen Sorgfalt" und seine Definition sind wiederum autonom auszulegen. Maßgebend ist daher die Auslegung durch den EuGH, mag es auch bis jetzt noch an aussagekräftigen Entscheidungen fehlen (vgl. aber EuGH WRP 2016, 1342 Rn. 33 – Deroo-Blanquart). – Die vielfach geäußerte scharfe Kritik an der Leistungsfähigkeit von Begriff und Definition der beruflichen Sorgfalt zur Konkretisierung der Unlauterkeit mag wettbewerbspolitisch gerechtfertigt sein, zumal die Definition bisher in der Entscheidungspraxis noch keine größere Rolle spielte. Gleichwohl kommt dem Begriff und der Definition der „beruflichen Sorgfalt" eine wichtige Rolle bei der Rechtsanwendung zu. Sie besteht darin, „die in den Mitgliedstaaten existierenden unterschiedlichen Generalklauseln und Rechtsgrundsätze zu ersetzen" (ErwGr. 13 S. 1 UGP-RL) und damit einen einheitlichen Beurteilungsmaßstab innerhalb der Union aufzustellen. Damit werden jedenfalls Fehldeutungen des objektiven Maßstabs der Unlauterkeit (zB Anknüpfung an eine sittliche Verwerflichkeit oder Unüblichkeit eines Verhaltens) vermieden (vgl. Köhler GRUR 2005, 793 (796)). Das ist insbes. für solche Mitgliedstaaten der Union von Bedeutung, die bis zum Erlass der UGP-RL kein ausgeprägtes Lauterkeitsrecht, insbes. keine Generalklausel besaßen.

2. Konkretisierung durch nationale Gerichte und Gesetzgeber

9.3   Die Befugnis des EuGH zur verbindlichen Auslegung der Regelungen und Begriffe des Unionsrechts bedeutet nicht, dass die Anforderungen an die berufliche Sorgfalt in allen Mitgliedstaaten gleich sein müssten. So können Bspw. die „anständigen Marktgepflogenheiten" in den einzelnen Mitgliedstaaten durchaus unterschiedlich sein. Insoweit steht den nationalen **Gerichten** ein Beurteilungsspielraum bei der Konkretisierung des Maßstabs der beruflichen Sorgfalt zu, ähnlich wie dies bei der Berücksichtigung „sozialer, kultureller und sprachlicher Faktoren" beim Maßstab des Durchschnittsverbrauchers (ErwGr. 18 S. 2 UGP-RL) der Fall ist.

9.4   Eine andere Frage ist es, ob auch der nationale **Gesetzgeber** befugt ist, den Begriff der „beruflichen Sorgfalt" zu konkretisieren (dafür BGH GRUR 2008, 807 Rn. 20 – Millionen-Chance I). **Außerhalb** des Geltungsbereichs der UGP-RL ist dies unproblematisch möglich. Das betrifft bspw. Regelungen für reglementierte Berufe iSd Art. 2 lit. l UGP-RL, wie sich aus Art. 3 VIII UGP und ErwGr. 20 S. 2 UGP-RL ergibt. Im Rahmen des UWG stellen sich solche Vorschriften als Marktverhaltensregelungen iSd § 3a dar. **Innerhalb** des Geltungsbereichs der UGP-RL ist die Richtlinienkonformität von nationalen Marktverhaltensregelungen anhand der Vorgaben der UGP-RL zu beurteilen, ua auch des Art. 5 II UGP-RL. Der nationale Gesetzgeber ist daher Grds. befugt, anständige Marktgepflogenheiten in Rechtsnormen zu gießen und den Grundsatz von Treu und Glauben zu konkretisieren. Allerdings sind dabei die vom EuGH noch zu definierenden **Schranken** des Art. 5 II lit. b UGP-RL und Art. 2 lit. h UGP-RL sowie des sonstigen Unionsrechts zu beachten. Dazu gehört insbes. der Grundsatz der **Verhältnismäßigkeit.** Er gebietet es, dem Unternehmer keine Verhaltenspflichten aufzuerlegen, die ihn übermäßig belasten, weil sie über das hinausgehen, was zum angemessenen Schutz der wirtschaftlichen Interessen der Verbraucher erforderlich und zumutbar ist (Köhler WRP 2012, 22 (25)). Letztlich hat über die Einhaltung dieser Grenzen der EuGH zu entscheiden.

III. Richtlinienkonforme Auslegung des § 2 I Nr. 9 (= Nr. 7 aF)

§ 2 I Nr. 9 (= Nr. 7 aF) ist richtlinienkonform am Maßstab des Art. 2 lit. h UGP-RL **9.5** auszulegen. Dabei ist allerdings nicht bloß auf die deutsche Sprachfassung der UGP-RL abzustellen, vielmehr sind – wie auch sonst – auch andere Sprachfassungen heranzuziehen, soweit dies erforderlich ist, um die Bedeutung der Bestimmung nach dem Willen des Unionsgesetzgebers zu ermitteln. Dies entspricht der stRspr des EuGH zur Auslegung der UGP-RL (vgl. EuGH WRP 2014, 161 Rn. 26 – Trento Sviluppo). Zur Auslegung des Art. 2 lit. h UGP-RL eingehend Dohrn, Die Generalklausel der Richtlinie über unlautere Geschäftspraktiken – ihre Interpretation und Umsetzung, 2008, 81 ff.

B. Der Begriff der „unternehmerischen Sorgfalt"

Der Begriff der **„unternehmerischen Sorgfalt"** ist im Zuge der UWG-Reform 2015 an die **9.6** Stelle des Begriffs der „fachlichen Sorgfalt" getreten. Mit letzterem Begriff wollte der Gesetzgeber des UWG 2008 die Bedeutung des Begriffs der „beruflichen Sorgfalt" adäquat wiedergeben. Dabei wurde jedoch zu wenig berücksichtigt, dass damit nicht nur die (selbständige) berufliche Tätigkeit eines Unternehmers iSd Definition in Art. 2 lit. b UGP-RL gemeint war. Vielmehr soll der Begriff auch gewerbliche Tätigkeiten eines Unternehmers erfassen. Daher war es von vornherein wenig sachgerecht, den Begriff der fachlichen Sorgfalt zu verwenden und dies damit zu begründen, nur natürliche Personen könnten einen Beruf ausüben, die Sorgfaltspflichten iSd Richtlinie könnten aber auch juristische Personen treffen (vgl. Begr. RegE UWG 2008 zu § 2 I Nr. 5–7, BT-Drs. 16/10145, 21, 22). Die Begriffswahl entsprach nicht dem Regelungszweck der UGP-RL, einen allgemeinen Maßstab für das Verhalten von Unternehmern gegenüber Verbrauchern aufzustellen. Aus der Sicht der Kommission sollte mit dem Begriff der „beruflichen Sorgfalt" an den in den meisten Mitgliedstaaten bekannten Begriff des „ordnungsgemäßen Geschäftsgebarens" oder der „Sorgfalt eines ordentlichen Kaufmanns" (vgl. § 347 I HGB) angeknüpft werden (vgl. den Richtlinienvorschlag der Kommission v. 18.6.2003 KOM (2003) 356 endg.). Berücksichtigt man zudem andere Sprachfassungen der UGP-RL (vgl. engl. „professional diligence"; frz. „diligence professionelle"; ital. „diligenza professionale"), so ergibt sich zweifelsfrei, dass der Unionsgesetzgeber die Sorgfalt eines jeden Unternehmers (frz. „professionel"; ital. „professionista") im geschäftlichen Verkehr gegenüber dem Verbraucher und damit eben die **unternehmerische Sorgfalt** regeln wollte (vgl. Köhler WRP 2012, 22 (23) und WRP 2015, 1037 (1038)). Dem hat nunmehr auch der Gesetzgeber des UWG 2015 entsprochen.

C. Die Definition der „unternehmerischen Sorgfalt"

Die **primäre Funktion** des § 2 I Nr. 9 (= Nr. 7 aF) besteht darin, innerhalb der Ver- **9.7** brauchergeneralklausel des **§ 3 II** den Begriff der unternehmerischen Sorgfalt zu präzisieren. Es werden damit die jeweiligen **Verhaltensanforderungen** an einen Unternehmer gegenüber Verbrauchern in seinem Tätigkeitsbereich vor, bei oder nach einem Geschäftsabschluss umschrieben. Damit werden zugleich die **Grenzen des zulässigen Einflusses auf geschäftliche Entscheidungen** des Verbrauchers festgelegt. Die Einhaltung des „Standards an Fachkenntnissen und Sorgfalt" bildet den Maßstab dafür, ob eine geschäftliche Handlung im Einzelfall unlauter ist, sofern im Gesetz nicht speziellere Verhaltensanforderungen aufgestellt sind. – Daneben kommt der Definition eine **sekundäre Funktion** für die Auslegung der Unlauterkeitstatbestände der §§ 4a, 5, 5a zu. Denn nach der Konzeption der UGP-RL sind die Tatbestände der irreführenden und der aggressiven Geschäftspraktiken (Art. 5 IV iVm Art. 6–9

UGP-RL; Art. 5 S. 1 UGP-RL iVm Anh. I UGP-RL) als Konkretisierungen der Generalklausel anzusehen (vgl. ErwGr. 13 UGP-RL), mögen sie auch auf die allgemeinen Kriterien
des Art. 5 II UGP-RL nicht Bezug nehmen und letztlich daher nur die Grundregel des
Art. 5 I UGP-RL umsetzen und konkretisieren (vgl. EuGH WRP 2014, 38 Rn. 39, 40 –
CHS Tour Services). Denn dies schließt es nicht aus, die Tatbestandsmerkmale der irreführen-
den und aggressiven geschäftlichen Handlungen (§§ 4a, 5, 5a II–VI) richtlinienkonform so
auszulegen, dass sie zumindest den „Erfordernissen der beruflichen Sorgfalt" iSd Art. 5 II lit. a
UGP-RL bzw. der „unternehmerischen Sorgfalt" iSd § 3 II entsprechen. So zB bei der
Auslegung des Begriffs der „Notwendigkeit" einer „Reparatur" iSd § 5 II Nr. 5 oder des
Begriffs der „wesentlichen Information" iSd § 5a I (Köhler WRP 2012, 22 (29)). – Dass der
Begriff der beruflichen bzw. unternehmerischen Sorgfalt auch in Art. 7 III lit. d UGP-RL bzw.
§ 5a III Nr. 4 verwendet wird, hat – soweit ersichtlich – keine Bedeutung für die Systematik
der UGP-RL bzw. des UWG.

D. Die Bestandteile der Definition

I. „Standard an Fachkenntnissen und Sorgfalt"

9.8   Die Definition knüpft an einen **„Standard an Fachkenntnissen und Sorgfalt"** an. Damit
wird die deutsche Fassung des Art. 2 lit. h UGP-RL wörtlich übernommen. Der aus der
englischen Fassung übernommene Begriff **„Standard"** ist dabei im Sinne von **„Anforderungen"** zu verstehen. Dahinter steht die Erwägung, dass typischerweise ein Unternehmer in
seinem Tätigkeitsbereich über besondere Fachkenntnisse verfügen sollte, die dem Verbraucher
nicht zu Gebote stehen („Informationsasymmetrie"; vgl. EuGH GRUR 2015, 391 Rn. 23 –
Siba/Devėnas), und er diese zum Nutzen des Verbrauchers einsetzt. Ein Blick auf andere Sprachfassungen (engl. „standard of special skill"; frz. „le niveau de compétence spécialisée"; ital. „grado
della specifica competenza") zeigt, dass vom Unternehmer nicht nur **„Fachkenntnisse"**, sondern darüber hinaus auch **fachliche Kompetenzen** erwartet werden. Von Bedeutung ist dies
insbes. bei der Tätigkeit von Fachhändlern, Handwerkern und Freiberuflern, wie bspw. Ärzten
und Anwälten. **Beispiel:** Von einem Kfz-Händler ist zu erwarten, dass er den Verbraucher auf
Verlangen nicht nur über die Funktionen des Fahrzeugs informiert, sondern auch mit der
Handhabung der Instrumente vertraut macht. – Nicht ganz klar ist, was die (nochmalige)
Verwendung des Begriffs der **„Sorgfalt"** innerhalb der Definition bedeutet. Auch hier zeigt ein
Blick auf andere Sprachfassungen (engl. „care"; frz. „soins"; ital. „attenzione"), was genau
darunter zu verstehen ist, nämlich die **Rücksicht** des Unternehmers bei seinem Handeln auf die
Unterlegenheit des Verbrauchers. Dies erschließt sich aus der Grundannahme der UGP-RL,
nämlich, „dass sich ein Verbraucher im Vergleich zu einem Gewerbetreibenden in einer
unterlegenen Position befindet, da er als wirtschaftlich schwächer und rechtlich weniger erfahren
als sein Vertragspartner angesehen werden muss" und dass ihre „Bestimmungen im Wesentlichen
aus der Sicht des Verbrauchers als des Adressaten und Opfers unlauterer Geschäftspraktiken
konzipiert sind" (EuGH GRUR 2013, 1159 Rn. 35, 36 – BKK MOBIL OIL). – Der Begriff des
„Standards" ist objektiv zu verstehen und meint das von einem Unternehmer zu erwartende
Maß sowohl an fachlicher Kompetenz als auch an Rücksicht auf die **Interessen** und die
Schutzbedürftigkeit der von ihm angesprochenen Verbraucherkreise (vgl. BGH GRUR 2020,
550 Rn. 28 – Sofort-Bonus II). Bes. Bedeutung gewinnt dies beim Umgang mit besonders
schutzbedürftigen Verbrauchern iSd § 3 IV 2. **Beispiel:** Bei der Beurteilung von Werbemaßnahmen mit aleatorischen Reizen (Gewinnspielen usw.), die sich gezielt an Minderjährige
richten, kommt es darauf an, welches Maß an Rücksicht gegenüber dieser Verbrauchergruppe
geboten ist. Jedoch hat der Unternehmer ganz allgemein auch zu berücksichtigen, ob der
Verbraucher aufgrund seines Handelns eine für ihn wirtschaftlich nachteilige geschäftliche Entscheidung trifft (BGH GRUR 2020, 550 Rn. 28 – Sofort-Bonus II). **Beispiel:** Es stellt einen
Verstoß gegen die unternehmerische Sorgfalt dar, wenn der Unternehmer dem Verbraucher
einen Vorteil verspricht, den er jedoch nur unter Verletzung seiner vertraglichen Pflichten
gegenüber einem Dritten (Kfz-Kasko-Versicherer), den Vorteil an ihn weiterzugeben, wahrnehmen kann (BGH GRUR 2008, 530 Rn. 14 – Nachlass bei der Selbstbeteiligung). Dieser Fall
ist jedoch nicht gegeben, wenn der Verbraucher lediglich einen Gutschein von einem Apotheker
erlangt, den er beim späteren Erwerb nicht verschreibungspflichtiger Produkte einlösen kann
(BGH GRUR 2020, 550 Rn. 35 – Sofort-Bonus II). Letztlich stehen hinter dem Begriff der

unternehmerischen Sorgfalt die **Anforderungen an die Rücksicht des Unternehmers gegenüber dem ihm in wirtschaftlicher, fachlicher und rechtlicher Hinsicht unterlegenen Verbraucher.** Sie gehen dahin, dass der Unternehmer den Verbraucher nicht in seinem **wirtschaftlichen Verhalten wesentlich beeinflussen** darf. Es muss also dem Verbraucher die Möglichkeit zu einer **informierten und freien geschäftlichen, mithin rationalen Entscheidung** verbleiben (vgl. dazu BGH WRP 2014, 831 Rn. 23 – Goldbärenbarren; GRUR 2020, 550 Rn. 28 – Sofort-Bonus II).

II. „Tätigkeitsbereich gegenüber Verbrauchern"

Die Verhaltensanforderungen an den Unternehmer beschränken sich auf seinen **„Tätigkeits- 9.9 bereich"** (engl. „field of activity"; frz. „domaine d'activité") gegenüber Verbrauchern. Er bestimmt sich nach dem **Marktauftritt** des Unternehmers gegenüber Verbrauchern, weil sich daran entsprechende Erwartungen der Verbraucher knüpfen. In aller Regel geht es dabei um die Zugehörigkeit zu einer bestimmten **Branche** (zB Kfz-Handwerk). Tritt der Unternehmer als **Spezialist** für ein bestimmtes Fachgebiet (zB Restaurierung von Oldtimern) auf, muss er die für die Ausübung dieses Berufs erforderlichen Fachkenntnisse aufweisen. Bei **neuartigen** Berufen bestimmt sich der Tätigkeitsbereich nach dem Werbeauftritt oder der Selbstcharakterisierung des Unternehmers (zB „Berater für …"), einschließlich des Vertragstyps, den er für seine Leistungen zugrunde legt. Unter den Begriff des Tätigkeitsbereichs fällt aber nicht nur der gegenständliche Bereich der Tätigkeit, der durch die vom Unternehmer angebotenen **Waren** oder **Dienstleistungen** bestimmt wird, sondern auch das Verhalten des Unternehmers **bei** und **nach Vertragsschluss.** Dies entspricht der Reichweite des Begriffs der geschäftlichen Handlung.

Maßgeblich ist der Tätigkeitsbereich eines Unternehmers gegenüber **Verbrauchern.** Die 9.10 Definition bezieht sich dagegen nicht auf das Verhältnis zu **sonstigen Marktteilnehmern** iSd § 2 I Nr. 3 (= Nr. 2 aF). Dies schließt es nicht aus, die Grundsätze der „unternehmerischen Sorgfalt" im Rahmen der Anwendung des § 3 I in seiner Funktion als Auffangtatbestand auch auf das Verhalten gegenüber sonstigen Marktteilnehmern anzuwenden, sofern dies nach den Umständen des Einzelfalls geboten ist (vgl. auch die Parallelproblematik bei der Verwendung von AGB gegenüber Unternehmern und ihre Regelung in § 310 I BGB).

III. „Treu und Glauben unter Berücksichtigung der anständigen Marktgepflogenheiten"

Welcher konkreten Anforderungen an „Fachkenntnisse und Sorgfalt" vom Unternehmer zu 9.11 stellen sind, beurteilt sich nach **„Treu und Glauben unter Berücksichtigung der anständigen Marktgepflogenheiten".** (Das entspricht in etwa den Vorgaben des Art. 2 lit. h UGP-RL, der auf das Handeln „gemäß dem allgemeinen Grundsatz von Treu und Glauben und/oder den anständigen Marktgepflogenheiten" abstellt.) Mit diesen Einschränkungen wird zum einen klargestellt, dass es nicht auf eine (uU übertriebene) tatsächliche Erwartung der Verbraucher ankommt. Zum anderen wird sichergestellt, dass es nicht auf bloße **„Marktgepflogenheiten"** im Sinne einer Branchenüblichkeit („Das machen alle so") ankommt, sondern auf die **„anständigen Marktgepflogenheiten".** Schon in der älteren Rspr. des BGH wurde zwischen rechtlich anerkennenswerten und missbräuchlichen Gepflogenheiten unterschieden (vgl. BGHZ 30, 7 (29) – Caterina Valente; BGH GRUR 1971, 320 (321) – Schlankheitskur). Unter der Herrschaft des § 3 UWG 2004 stellte der BGH (am Beispiel von – sogar kartellbehördlich anerkannten – Wettbewerbsregeln) klar, dass die Beurteilung der Unlauterkeit nicht davon abhängen könne, ob eine Verkehrssitte und damit eine im Verkehr herrschende tatsächliche Übung verletzt wurde (BGHZ 166, 154 = GRUR 2006, 773 Rn. 18, 19 – Probeabonnement). Dass in § 2 I Nr. 7 UWG 2004 nur die Rede von Marktgepflogenheiten war, musste schon damals in richtlinienkonformer Auslegung korrigiert werden (vgl. OLG Hamm GRUR-RR 2014, 208 (209); Helm WRP 2013, 710 Rn. 15). Aber erst die Neufassung des § 2 I Nr. 7 in der UWG-Novelle 2015 stellte dies auch im Gesetzestext klar. Letztlich kommt es also darauf an, ob sich **(1)** eine **tatsächliche** Marktgepflogenheit ermitteln lässt und ob diese **(2)** den Anforderungen an den „kaufmännischen" **Anstand** entspricht.

Unter **„Marktgepflogenheiten"** sind gesetzlich nicht normierte Regeln für einen bestimm- 9.12 ten Beruf oder Geschäftszweig zu verstehen, die ein bestimmtes Marktverhalten gebieten, verbieten oder erlauben. Die Regelung muss, um Berücksichtigung finden zu können, in dem betreffenden Beruf oder Geschäftszweig anerkannt sein und auch angewendet werden. Unerheblich ist dagegen, ob sie auch in einem Regelwerk niedergelegt ist und ob sich die betreffenden Unternehmen zu ihrer Einhaltung verpflichtet haben. Es können darunter Übungen, Verkehrssitten, Handelsbräuche, Traditionen, Usancen, Verbandsrichtlinien, Wettbewerbsregeln oder Standessitten fallen. Dazu gehören insbes. auch „Verhaltenskodizes" iSv § 2 I Nr. 10 (= Nr. 5 aF), sofern sie nicht gegen bestehende Rechtsvorschriften, insbes. auch des Kartellrechts (§§ 24 ff. GWB), verstoßen. Zur Ermittlung von Marktgepflogenheiten bietet es sich an, **Gutachten** bei den zuständigen Industrie- und Handelskammern, Handwerkskammern, Ärztekammern usw einzuholen.

9.13   Das Bestehen einer Marktgepflogenheit beweist noch nicht ihre **Anständigkeit.** Die entscheidende Frage ist daher, was unter „anständig" zu verstehen ist. Das lässt sich auch nicht mit dem Hinweis auf **Art. 10bis II PVÜ** beantworten. Danach ist unlauterer Wettbewerb jede geschäftliche Handlung, die **„den anständigen Gepflogenheiten in Gewerbe oder Handel zuwiderläuft."** Denn mehr als Beispiele dafür bietet die PVÜ auch nicht. Auch die Rspr. des EuGH zum Tatbestandsmerkmal der „anständigen Marktgepflogenheiten" in Art. 6 I lit. c Markenrechts-RL 89/104/EWG hilft nicht weiter. Denn der EuGH begreift dieses Tatbestandsmerkmal als „Pflicht, den berechtigten Interessen des Markeninhabers nicht in unlauterer Weise zuwiderzuhandeln" (EuGH Slg. 1999, I-905 Rn. 61 – BMW; GRUR 2004, 234 Rn. 24 – Gerolsteiner/Putsch) und damit dreht man sich im Kreis. – Ob eine Marktgepflogenheit **anständig** ist, muss daher letztlich das Gericht unter Berücksichtigung der **Wertungen der UGP-RL** beurteilen (vgl. ErwGr. 20 S. 1 UGP-RL zu den Verhaltenskodizes (§ 2 I Nr. 10 (= Nr. 5 aF)). Beispiel: Die Behauptung, dass vergleichende Werbung mit nicht auf einer validen Tatsachengrundlage ermittelten Neupreisen im Gebrauchtwarenhandel allgemein üblich sei, würde, wenn sie zuträfe, keine anständige Marktgepflogenheit, sondern eine rechtlich unbeachtliche Unsitte darstellen (KG WRP 2021, 1068 Rn. 73).

9.14   Lassen sich anständige Marktgepflogenheiten nicht ermitteln, wie etwa bei **neuartigen** Berufen, Geschäftsmodellen oder Absatzstrategien, kommt es allein auf den Grundsatz von **Treu und Glauben** an. Dies erfordert eine **Abwägung der Interessen** von Unternehmer und Verbrauchern unter Berücksichtigung einerseits des Zwecks der UGP-RL, ein **hohes Verbraucherschutzniveau** (ErwGr. 5 S. 3 UGP-RL) zu gewährleisten, andererseits des Grundsatzes der **Verhältnismäßigkeit** (ErwGr. 6 S. 2 und 18 S. 2 UGP-RL).

IV. „Billigerweise angenommen werden kann"

9.15   Der Standard an Fachkenntnissen und Sorgfalt ist nicht schlechthin bei der Beurteilung der Unlauterkeit einer geschäftlichen Handlung zugrunde zu legen, sondern nur insoweit, als „billigerweise angenommen werden kann, dass der Unternehmer ihn … einhält". Unter **„billigerweise"** ist unter Berücksichtigung der englischen und französischen Fassung der UGP-RL („reasonable"; „raisonablement") so viel wie **„vernünftigerweise"** zu verstehen (vgl. den entsprechenden englischen und französischen Begriff in Art. 5 III 1 UGP-RL, der in der deutschen Fassung ebenfalls mit „vernünftigerweise" wiedergegeben wird). Es kommt daher nicht auf irgendwelche Billigkeitserwägungen an. Maßgebend ist vielmehr, welches **Verhalten der Verbraucher** vom Unternehmer **berechtigterweise** unter den gegebenen Umständen **erwarten** darf (vgl. EuGH WRP 2016, 1342 Rn. 34 – Deroo-Blanquart). Dabei ist auf den Durchschnittsverbraucher bzw. das durchschnittliche Mitglied der angesprochenen Verbrauchergruppe abzustellen (§ 3 IV 1). Hat der Unternehmer eine eindeutig identifizierbare Gruppe von besonders schutzbedürftigen Verbrauchern angesprochen, kommt es auf die Sichtweise eines durchschnittlichen Mitglieds dieser Gruppe an (§ 3 IV 2). Ob der Unternehmer tatsächlich in der Lage ist, diesen Standard einzuhalten, ist unerheblich. Er kann sich daher nicht darauf berufen, er sei ohne sein Verschulden dazu nicht in der Lage gewesen (arg. Art. 11 II UGP-RL; OLG Köln GRUR-RR 2013, 116 (117)). Ein persönliches Verschulden ist lediglich beim Schadensersatzanspruch nach § 9 I und II erforderlich, wobei allerdings ein „Übernahmeverschulden" genügt, so dass in aller Regel auch Verschulden zu bejahen ist.

10. Abschnitt. Verhaltenskodex (§ 2 I Nr. 10 (= Nr. 5 aF)

Nr. 10

„Verhaltenskodex" jede Vereinbarung oder Vorschrift über das Verhalten von Unternehmern, zu welchem diese sich in Bezug auf Wirtschaftszweige oder einzelne geschäftliche Handlungen verpflichtet haben, ohne dass sich solche Verpflichtungen aus Gesetzes- oder Verwaltungsvorschriften ergeben;

Übersicht

Schrifttum: Alexander, Verhaltenskodizes im europäischen und deutschen Lauterkeitsrecht, GRUR-Int. 2012, 965; W. Beck, Verhaltenskodizes im Lauterkeitsrecht, 2015; Birk, Corporate Responsibility, unternehmerische Selbstverpflichtung und unlauterer Wettbewerb, GRUR 2011, 196; Bornkamm, Verhaltenskodizes und Kartellverbot – Gibt es eine Renaissance der Wettbewerbsregeln, FS Canenbley, 2012, 67; Dreyer, Verhaltenskodizes im Referentenentwurf eines Ersten Gesetzes zur Änderung des Gesetzes gegen unlauteren Wettbewerb, WRP 2007, 1294; Halfmeier/Herbold, Zur lauterkeitsrechtlichen Beurteilung von Nachhaltigkeitswerbung bei Kooperation mit einem nicht nachhaltig handelnden Unternehmen, WRP 2017, 1430; Henning-Bodewig, Der „ehrbare Kaufmann", Corporate Social Responsibility und das Lauterkeitsrecht, WRP 2012, 1014; Hoeren, Das neue UWG und dessen Auswirkungen auf den B2B-Bereich, WRP 2009, 789; Kocher, Unternehmerische Selbstverpflichtungen im Wettbewerb, GRUR 2005, 647; Kopp, Selbstkontrolle durch Verhaltenskodizes im europäischen und deutschen Lauterkeitsrecht, 2016; Lamberti/Wendel, Verkäufe außerhalb von Vertriebsbindungssystemen, WRP 2009, 1479; Nordemann, Verhaltenskodizes und Wettbewerbsregeln – Die kartellrechtliche Zulässigkeit selbstregulierender Abreden nach Art. 101 AEUV und §§ 1, 2 GWB, FS Ahrens, 2016, 121; Pfister, Sportverbandsregeln als Verhaltenskodizes im Sinne des Wettbewerbsrechts, GRUR 2017, 1091; Reichelt, Verhaltenskodizes im Recht des unlauteren Wettbewerbs, 2017; Schmidhuber, Verhaltenskodizes im neuen UWG, WRP 2012, 593; Sosnitza, Wettbewerbsregeln nach §§ 24 ff. im Lichte der 7. GWB-Novelle und des neuen Lauterkeitsrechts, FS Bechtold, 2006, 515; Spindler, Codes of Conduct im UWG – de lege lata und de lege ferenda, FS Fezer, 2016, 849.

A. Begriff, Funktion und Verbreitung von Verhaltenskodizes

Der **Begriff** der Verhaltenskodizes ist in § 2 I Nr. 10 definiert als **„Vereinbarungen oder** **10.1** **Vorschriften über das Verhalten von Unternehmern, zu welchem diese sich in Bezug auf Wirtschaftszweige oder einzelne geschäftliche Handlungen verpflichtet haben, ohne dass sich solche Verpflichtungen aus Gesetzes- oder Verwaltungsvorschriften ergeben".** Das entspricht im Großen und Ganzen der Definition in Art. 2 lit. f UGP-RL, die wie folgt lautet:

Art. 2 UGP-RL Definitionen

Im Sinne dieser Richtlinie bezeichnet der Ausdruck ...

f) „Verhaltenskodex" eine Vereinbarung oder einen Vorschriftenkatalog, die bzw. der nicht durch die Rechts- und Verwaltungsvorschriften eines Mitgliedstaates vorgeschrieben ist und das Verhalten der Gewerbetreibenden definiert, die sich in Bezug auf eine oder mehrere spezielle Geschäftspraktiken oder Wirtschaftszweige auf diesen Kodex verpflichten;

Zur **Entstehungsgeschichte** der Norm vgl. GK-UWG/Peukert Rn. 525 ff. Die **Funktion** **10.2** der Verhaltenskodizes besteht nach ErwGr. 20 S. 1 UGP-RL darin, es den Gewerbetreibenden zu ermöglichen, „die Grundsätze dieser Richtlinie in spezifischen Wirtschaftsbranchen wirksam anzuwenden", also die Anforderungen der UGP-RL an lautere Geschäftspraktiken iSd Art. 2 lit. d UGP-RL branchenspezifisch zu verdeutlichen und zu konkretisieren. Nach Art. 3 VIII UGP-RL lässt die Richtlinie alle „… berufsständischen Verhaltenskodizes oder andere spezifische Regeln für reglementierte Berufe unberührt", damit die „strengen Integritätsstandards" der Mitgliedstaaten für die in diesen Berufen tätigen Personen gewährleistet bleiben. Den Urhebern eines Verhaltenskodexes bleibt es im Übrigen unbenommen, auch bestehende lauterkeitsrechtliche Rechtsvorschriften zu wiederholen (Dreyer WRP 2007, 1294 (1297)), um entsprechende vertragliche Sanktionen von Verstößen zu ermöglichen.

10.3   Verhaltenskodizes iSd § 2 I Nr. 10 setzen definitionsgemäß eine entsprechende **Verpflichtung** der **Unternehmer** zu ihrer Einhaltung voraus. Sie muss durch den Urheber oder eine entsprechende Einrichtung daher nachprüfbar und durchsetzbar sein. Bloße **Absichtserklärungen** genügen daher nicht. Etwas anderes ergibt sich auch nicht aus Art. 6 II lit. b (i) UGP-RL, da auch insoweit Voraussetzung ist, dass sich der Gewerbetreibende auf den Kodex verpflichtet hat (aA Alexander GRUR 2012, 965 (969)).

10.4   Verhaltenskodizes iSd UWG müssen auf die **Lauterkeit** des geschäftlichen Handelns iSd §§ 3–7 bezogen sein (→ Anh. § 3 Rn. 1.6; dazu Kopp, Selbstkontrolle durch Verhaltenskodizes, 2016, 91). Es geht um die Regelung von **geschäftlichen Handlungen** iSd § 2 I Nr. 2 (= Nr. 1 aF), dh um Verhaltensweisen, die mit der Förderung des Absatzes oder des Bezugs von Waren oder Dienstleistungen oder mit dem Abschluss oder der Durchführung von entsprechenden Verträgen unmittelbar und objektiv zusammenhängen. Sie können sich auf einen bestimmten Wirtschaftszweig oder auf einzelne geschäftliche Handlungen (zB Werbung hinsichtlich der Zusammensetzung von Produkten) beziehen. Erfasst werden insbes. auch Verpflichtungen, bestimmte soziale Standards (Verbot von „Kinderarbeit") oder Umweltstandards beim Einkauf, bei der Herstellung und beim Vertrieb von Waren oder Dienstleistungen einzuhalten, weil und soweit sie der Öffentlichkeit kommuniziert werden und damit der Förderung des Absatzes oder Bezugs zugunsten des eigenen oder eines fremden Unternehmens dienen (Alexander GRUR-Int. 2012, 965 (969); Spindler FS Fezer, 2016, 849 (861); Halfmeier/Herbold WRP 2017, 1430 (1432 f.)). Wirbt daher ein Unternehmen wahrheitswidrig mit der Einhaltung von entsprechenden hinreichend konkreten Verpflichtungen, um damit seinen Absatz zu fördern, so ist dies irreführend iSd § 5 I 2 Nr. 6.

10.5   Verhaltenskodizes sind vor allem in Großbritannien und den skandinavischen Ländern, in geringerem Umfang auch in Deutschland verbreitet. **Beispiele:** „Verhaltensregeln" des Zentralverbandes der Werbewirtschaft (ZAW); Wettbewerbsrichtlinien der Versicherungswirtschaft (dazu Köhler FS Egon Lorenz, 2014, 831); Regelungen der Freiwilligen Selbstkontrolle Film (FSK), der Multimedia-Dienstleister (FSM), der Telefonmehrwertdienste (FST), der Freiwilligen Selbstkontrolle Fernsehen (FSF) und der Freiwilligen Selbstkontrolle für die Arzneimittelindustrie (FSA-Kodizes; dazu BGH GRUR 2011, 631 – FSA-Kodex I; OLG München WRP 2012, 347 Rn. 26 ff.); Verhaltensregeln für den Umgang mit personenbezogenen Daten durch die deutsche Versicherungswirtschaft (code of conduct); der „code of conduct" der „Organisation Werbetreibende im Markenverband"; der ICC-Marketing- und Werbekodex. – Auch **Sportverbandsregelungen** können, soweit sie das Verhalten von Unternehmen (z B Profivereine; Profisportler) regeln, Verhaltenskodizes darstellen (vgl. Pfister GRUR 2017, 1091).

10.6   Nicht unter den Begriff des Verhaltenskodexes fallen dagegen Vereinbarungen über Art und Umfang der Geschäftstätigkeit von Unternehmen, wie etwa selektive Vertriebssysteme oder F & E-Verträge (wie hier iErg Schmidhuber WRP 2010, 593 (597 f.); Birk GRUR 2011, 196 (199); aA Hoeren WRP 2009, 789 (793); Lamberti/Wendel WRP 2009, 1479 (1481)). Ebenso wenig fallen darunter der Deutsche und Europäische **Corporate Governance Kodex,** weil und soweit ihnen keine Verpflichtung der Unternehmen zu Grunde liegt (→ § 5 Rn. 5.163; Birk GRUR 2011, 196 (199); aA Götting/Nordemann/Nordemann § 5 Rn. 6.8). Das Gleiche gilt für **DIN-Normen** (Ohly/Sosnitza/Sosnitza Rn. 106; aA Busch NJW 2010, 3061 (3065)). Verhaltenskodizes sollen den Kunden signalisieren, dass die angeschlossenen Unternehmen sich freiwillig zu einem lauteren geschäftlichen Verhalten gegenüber Verbrauchern iSd Vorgaben der UGP-RL bzw. des UWG verpflichten.

B. Zulässigkeit und Rechtsnatur von Verhaltenskodizes

I. Zulässigkeit

Verhaltenskodizes können die gesetzlichen Anforderungen an das **unternehmerische** Verhalten gegenüber Verbrauchern wiederholen, vor allem aber sollen sie diese Anforderungen im Hinblick auf die Besonderheiten bestimmter Branchen oder geschäftlicher Handlungen **konkretisieren**. Sie dürfen diese Anforderungen aber **nicht verschärfen**. Sie dienen vielmehr dazu „die Grundsätze dieser Richtlinie in spezifischen Wirtschaftsbranchen wirksam anzuwenden" (ErwGr. 20 S. 1 UGP-RL), indem sie eine zusätzliche Kontrolle unlauterer Geschäftspraktiken (Art. 10 UAbs. 1 UGP-RL) ermöglichen und damit die Anrufung von Gerichten und Verwaltungsbehörden unnötig machen können (ErwGr. 20 S. 3 UGP-RL). Daran ändert es nichts, dass die Verhaltenskodizes auf freiwilliger Verpflichtung beruhen und ggf. ein höheres als das gesetzlich vorgeschriebene Verbraucherschutzniveau gewährleisten könnten. Denn Ziel der UGP-RL ist es, innerhalb der Union ein einheitliches hohes Verbraucherschutzniveau zu gewährleisten. Im Übrigen dürfte zweifelhaft sein, ob strengere Regelungen in Verhaltenskodizes wirklich dem Verbraucher nutzen. **Beispiel:** Generelles Verbot von Zugaben in einer Branche wäre vermutlich nicht im Interesse der Verbraucher. Ein Verhaltenskodex kann daher nicht verbindlich anstelle des Gesetzgebers strengere Voraussetzungen der Unlauterkeit von geschäftlichen Handlungen festlegen. Eine **Ausnahme** gilt nach Art. 3 VIII UGP-RL nur für **„berufsständische Verhaltenskodizes"** für reglementierte Berufe, die strengere Anforderungen vorsehen dürfen. (Anh. Nr. 1 zu § 3 III ist allerdings auf solche strengeren Verhaltenskodizes ebenfalls anwendbar, weil der Bezugspunkt nur das Vorliegen eines Verhaltenskodexes – gleich welchen Inhalts – ist.)   **10.7**

II. Rechtsnatur

Ihrer **Rechtsnatur** nach sind Verhaltenskodizes – je nach Ausgestaltung – Verträge oder Satzungen, die bestimmte Verhaltensregelungen für Unternehmer einer bestimmten Branche aufstellen, und zu deren Einhaltung sich die Unterzeichner verpflichten.   **10.8**

C. Bedeutung von Verhaltenskodizes

I. Kartellrechtliche Bedeutung

Typischerweise handelt es sich bei Verhaltenskodizes um besondere Erscheinungsformen der in den §§ 24–27 GWB geregelten **Wettbewerbsregeln** (→ § 5 Rn. 5.163). Es sind dies nach § 24 II GWB „Bestimmungen, die das Verhalten im Wettbewerb regeln zu dem Zweck, einem den Grundsätzen des lauteren oder der Wirksamkeit eines leistungsgerechten Wettbewerbs zuwiderlaufenden Verhalten im Wettbewerb entgegenzuwirken und ein diesen Grundsätzen entsprechendes Verhalten anzuregen". Derartige Wettbewerbsregeln können unter bestimmten Voraussetzungen von der Kartellbehörde nach § 26 GWB anerkannt werden. Die Anerkennung bedeutet aber nur, dass die Kartellbehörde von ihren Untersagungsbefugnissen keinen Gebrauch machen wird (§ 26 I 2 GWB). Es tritt daher nur eine Selbstbindung der Kartellbehörde, nicht dagegen eine Bindung der Gerichte ein. Verhaltenskodizes können auch nicht mit verbindlicher Wirkung festlegen, ob bestimmte Verhaltensweisen unlauter und damit verboten sind oder nicht. Es kommt ihnen allenfalls eine Indizwirkung zu (BGHZ 166, 154 = GRUR 2006, 773 Rn. 19 – Probeabonnement; → § 5 Rn. 5.166; vgl. auch Kocher GRUR 2005, 647). Die Wirksamkeit von Verhaltenskodizes, die strengere Anforderungen als die Richtlinie aufstellen, beurteilt sich nach **Art. 101 I AEUV** und **§§ 1, 2 GWB** (BGHZ 166, 154 = GRUR 2006, 773 Rn. 19, 20 – Probeabonnement; Bornkamm FS Canenbley, 2012, 67; Kopp, Selbstkontrolle durch Verhaltenskodizes, 2016, 211). Die Urheber eines Verhaltenskodexes können daher nicht die kartellrechtlichen Grenzen für wettbewerbsbeschränkende Vereinbarungen unterlaufen.   **10.9**

II. Lauterkeitsrechtliche Bedeutung

Verhaltenskodizes können zwar die Qualität von **„anständigen Marktgepflogenheiten"** iSd Art. 2 lit. h UGP-RL erlangen oder im Einzelfall auch eine gewisse indizielle Bedeutung für   **10.10** die Frage der Unlauterkeit besitzen. Ob eine von einem Kodex erfasste geschäftliche Handlung unlauter iSd § 3 I ist, müssen aber letztlich die Gerichte beurteilen (so iErg auch BGH GRUR 2011, 631 Rn. 11 – FSA-Kodex I mAnm Nemeczek). Sie stellen, selbst wenn sie von der Kartellbehörde anerkannt worden sind, keinesfalls gesetzliche Vorschriften iSd § 3a dar (BGH GRUR 2006, 773 – Rn. 20 – Probeabonnement; GRUR 2011, 631 Rn. 11 – FSA-Kodex I). Ein Verstoß gegen einen Verhaltenskodex stellt daher auch nicht unter dem Gesichtspunkt des Rechtsbruchs eine Zuwiderhandlung gegen § 3 dar (zu Einzelheiten → § 3a Rn. 1.58). – Verhaltenskodizes dürfen sich nicht über bestehende **gesetzliche Vorschriften** der Union oder der Mitgliedstaaten hinwegsetzen, dh ein Verhalten vorschreiben, das gegen das Unionsrecht oder das nationale Recht verstößt. Dementsprechend sind nach Art. 11 I UAbs. 4 lit. b UGP-RL und Art. 5 II UAbs. 2 lit. b Werbe-RL die Mitgliedstaaten berechtigt, Rechtsbehelfe gegen den Urheber eines Verhaltenskodex zuzulassen, **„wenn der betreffende Kodex der Nichteinhaltung rechtlicher Vorschriften Vorschub leistet".** Ob dies nach dem UWG möglich ist, beurteilt sich nach den allg. Grundsätzen über Täterschaft und Teilnahme an einer Zuwiderhandlung.

III. Verhältnis der Selbstkontrolle zur gerichtlichen Rechtsdurchsetzung

10.11   Die Kontrolle unlauterer geschäftlicher Handlungen erfolgt grds. durch die Gerichte (bzw. Verwaltungsbehörden). Jedoch ist es zulässig, zusätzlich die Möglichkeit einer **Selbstkontrolle der Wirtschaft** anhand von Verhaltenskodizes durch Gründung entsprechender Einrichtungen zu schaffen (vgl. Art. 10 UAbs. 1 UGP-RL). Die Überwachung der Einhaltung der Vorschriften eines Kodexes durch seine Urheber kann die Anrufung von Gerichten oder Verwaltungsbehörden zur Unterbindung unlauterer geschäftlicher Handlungen überflüssig machen (ErwGr. 20 S. 3 UGP-RL). Allerdings bedeutet die Inanspruchnahme derartiger Kontrolleinrichtungen keinen Verzicht auf die gerichtliche Rechtsdurchsetzung (Art. 10 UAbs. 2 UGP-RL). Die Mitgliedstaaten können andererseits vorsehen, dass vor einem gerichtlichen Verfahren ein Verfahren zur Regelung von Beschwerden vor derartigen Einrichtungen durchgeführt wird (Art. 11 I UAbs. 3 UGP-RL). De lege ferenda würde sich eine Einschaltung der Einigungsstellen nach § 15 anbieten (Kopp, Selbstkontrolle durch Verhaltenskodizes, 2016, S. 235 ff.).

IV. Irreführende Berufung auf einen Verhaltenskodex

10.12   Die Berufung auf einen Verhaltenskodex kann für ein Unternehmen ein wirksames Werbemittel sein. Denn gibt ein Unternehmen in seiner Werbung an, es habe sich auf die Einhaltung eines bestimmten Verhaltenskodexes verpflichtet oder ein Verhaltenskodex sei von einer amtlichen oder sonstigen Stelle gebilligt worden, so kann dies den Eindruck von besonderer Seriosität und Zuverlässigkeit erwecken. Daran knüpfen die Irreführungstatbestände des § 5 II Nr. 6 (→ § 5 Rn. 5.163 ff.) und Anh. Nr. 1 und 3 zu § 3 III (vgl. dort) an. Die Regelungen entsprechen weitgehend den Art. 6 II lit. b und Nr. 1 und 3 Anh. I UGP-RL.

11. Abschnitt. Wesentliche Beeinflussung des wirtschaftlichen Verhaltens des Verbrauchers (§ 2 I Nr. 11 (= Nr. 8 aF))

Nr. 11

„wesentliche Beeinflussung des wirtschaftlichen Verhaltens des Verbrauchers" die Vornahme einer geschäftlichen Handlung, um die Fähigkeit des Verbrauchers, eine informierte Entscheidung zu treffen, spürbar zu beeinträchtigen und damit den Verbraucher zu einer geschäftlichen Entscheidung zu veranlassen, die er andernfalls nicht getroffen hätte.

Die Regelung dient der Umsetzung des Art. 2 lit. e UGP-RL.

Art. 2 lit. e UGP-RL „wesentliche Beeinflussung des wirtschaftlichen Verhaltens des Verbrauchers" die Anwendung einer Geschäftspraxis, um die Fähigkeit des Verbrauchers, eine informierte Entscheidung zu treffen, spürbar zu beeinträchtigen und damit den Verbraucher zu einer geschäftlichen Entscheidung zu veranlassen, die er andernfalls nicht getroffen hätte.

A. Unionsrechtliche Grundlage und Funktion des Begriffs und seiner Definition

In § 2 I Nr. 11 (= Nr. 8 aF) wird die **„wesentliche Beeinflussung des wirtschaftlichen** **11.1** **Verhaltens des Verbrauchers"** definiert. Dieser Begriff wird in der durch die UWG-Novelle 2015 neugefassten Verbrauchergeneralklausel des **§ 3 II** zur Beschreibung des **Relevanzkriteriums** der Unlauterkeit verwendet. Begriff und Definition dienen der verbesserten Umsetzung der Art. 2 lit. e und Art. 5 II lit. b UGP-RL und sind dementsprechend richtlinienkonform unter Berücksichtigung auch anderer Sprachfassungen der UGP-RL auszulegen.

B. Die Definition und ihre Elemente

Nach § 2 I Nr. 11 (= Nr. 8 aF) besteht die „wesentliche Beeinflussung des wirtschaftlichen **11.2** Verhaltens des Verbrauchers" in der „Vornahme einer geschäftlichen Handlung, um die Fähigkeit des Verbrauchers, eine informierte Entscheidung zu treffen, spürbar zu beeinträchtigen und damit den Verbraucher zu einer geschäftlichen Entscheidung zu veranlassen, die er andernfalls nicht getroffen hätte." Diese Definition entspricht zwar weitgehend dem deutschen Wortlaut des zugrunde liegenden Art. 2 lit. e UGP-RL, trifft aber in einem wesentlichen Punkt („um") nicht das vom Unionsgesetzgeber wirklich Gemeinte (→ Rn. 11.4).

I. Geschäftliche Handlung

Der Begriff der geschäftlichen Handlung ist iSd Definition des § 2 I Nr. 2 (= Nr. 1 aF) zu **11.3** verstehen. Die Handlung muss sich jedoch an Verbraucher richten oder sie erreichen (verbraucherbezogene Handlung).

II. Spürbare Beeinträchtigung der Fähigkeit zu einer informierten Entscheidung

1. Kein vorsätzliches Handeln erforderlich

Nach dem **Wortlaut** des § 2 I Nr. 11 (= Nr. 8 aF) ist Voraussetzung die „Vornahme einer **11.4** geschäftlichen Handlung, **um** die Fähigkeit des Verbrauchers, eine informierte Entscheidung zu treffen, spürbar zu beeinträchtigen ...". Das könnte dahin zu verstehen sein, dass beim Handelnden eine entsprechende Zielsetzung iSv Vorsatz oder gar Absicht vorliegen muss. Ein solches subjektives Tatbestandsmerkmal wäre jedoch mit der Zielsetzung eines hohen Verbraucherschutzes kaum vereinbar. Vor allem zeigt aber ein Blick auf andere Sprachfassungen des Art. 2 lit. e UGP-RL, dass dies vom Unionsgesetzgeber nicht gewollt war. Vielmehr genügt es, dass die **geschäftliche Handlung geeignet ist, die Fähigkeit des Verbrauchers zu einer informierten Entscheidung spürbar zu beeinträchtigen.** So heißt es in der frz. Fassung „l'utilisation d'une pratique commerciale compromettant sensiblement l'aptitude du consommateur à prendre une décision ..." und in der italienischen Fassung: „l'impiego di una pratica commerciale idonea ad alterare sensibilmente la capacità ...". In diesem Sinne ist auch die engl. Fassung zu verstehen: „using a commercial practice to appreciably impair the consumer's ability ...". Zwar ist in Art. 5 II lit. b UGP-RL die Rede von „wesentlich beeinflusst oder dazu geeignet ist, es wesentlich zu beeinflussen". Doch handelt es sich insoweit um eine unschädliche Doppelung des Erfordernisses der Eignung.

2. Fähigkeit zu einer informierten Entscheidung

11.5   Das UWG 2015 übernimmt aus der deutschen Fassung der UGP-RL den sprachlich wenig überzeugenden Begriff der **„informierten Entscheidung",** der letztlich nur eine wörtliche Übersetzung des engl. Begriffs „informed decision" darstellt. In § 3 II 1 UWG 2008 wurde noch auf die Fähigkeit des Verbrauchers, „sich auf Grund von Informationen zu entscheiden" abgestellt (vgl. Begr. RegE UWG 2008, BT-Drs. 16/10145, 19). Die Rspr. verwendete bisher stattdessen den Begriff der „informationsgeleiteten Entscheidung" (BGH WRP 2014, 831 Rn. 23 – Goldbärenbarren). Ungeachtet dessen sollte die neue Terminologie übernommen werden. – Unter einer informierten **Entscheidung** ist die **geschäftliche** Entscheidung des Verbrauchers iSd § 2 I Nr. 1 (= Nr. 9 aF) zu verstehen (→ Rn. 1.1 ff.). – Wann dagegen eine Entscheidung als **„informiert"** anzusehen ist, bedarf noch der Klärung im Wege richtlinienkonformer Auslegung. Der EuGH versteht darunter offenbar eine Entscheidung, die der Verbraucher **„in voller Kenntnis der Sachlage"** trifft (EuGH WRP 2015, 698 Rn. 40 – UPC). Darin mag man eine Anlehnung an den französischen Begriff der „decision en connaissance de cause" erkennen (vgl. auch ErwGr. 18 Verbraucherkredit-RL 2008/48/EG: Entscheidung „in voller Sachkenntnis"). Für die Auslegung ist auch ErwGr. 14 S. 1 UGP-RL hilfreich. Darin ist die Rede von Geschäftspraktiken, die den Verbraucher durch Täuschung davon abhalten, „eine informierte und deshalb effektive Wahl zu treffen". Die Fähigkeit, eine informierte Entscheidung zu treffen, setzt sonach voraus, dass der Verbraucher in der Lage ist, **auf der Grundlage von ausreichenden Informationen eine für ihn nützliche und damit rationale geschäftliche Entscheidung zu treffen.** Ausreichend sind Informationen dann, wenn sie dem Verbraucher die **Abwägung der Vor- und Nachteile** der Entscheidung ermöglichen. Diese Fähigkeit und der jeweilige Informationsstand können bei den angesprochenen Verbrauchern unterschiedlich ausgeprägt sein. Maßgebend ist der „angemessen gut informierte und angemessen aufmerksame und kritische" Durchschnittsverbraucher. Ist nur eine Gruppe von Verbrauchern angesprochen, kommt es auf das durchschnittliche Mitglied dieser Gruppe an (§ 3 IV 1; Art. 5 II lit. b UGP-RL). Für besonders schutzbedürftige Verbraucher gilt die Regelung in § 3 IV 2, der dem Art. 5 III 1 UGP-RL entspricht. (Aus der Rspr. zu § 4 Nr. 2 aF vgl. BGH WRP 2014, 835 Rn. 25 – Nordjob-Messe; WRP 2014, 1301 Rn. 30 – Zeugnisaktion.)

3. Spürbare Beeinträchtigung

11.6   Die Beeinträchtigung der Fähigkeit zu einer informierten Entscheidung kann dadurch erfolgen, dass dem Verbraucher nicht die Informationen zur Verfügung gestellt werden, die er für eine rationale (sachgerechte, effiziente) Entscheidung benötigt (dazu § 5a II), ferner durch die Behinderung des **Zugangs** zu unbekannten Informationen und durch die Behinderung der **Nutzung** vorhandener **Informationen** (vgl. auch Helm WRP 2013, 710 (713)). Sie muss **spürbar** sein. Dazu muss einerseits die **Rationalität der Kaufentscheidung** nicht vollständig ausgeschaltet sein. Andererseits reicht eine bloß theoretische Beeinträchtigung nicht aus. Es muss vielmehr die **tatsächliche Gefahr** einer Beeinträchtigung bestehen. Dabei ist allerdings ein **normativer Maßstab** anzulegen, weil es auf den „angemessen gut informierten und angemessen aufmerksamen und kritischen" Durchschnittsverbraucher (bzw. das durchschnittliche Mitglied der jeweils angesprochenen Verbrauchergruppe iSd § 3 IV 1) ankommt. Eine **spürbare** Beeinträchtigung ist sonach dann anzunehmen, wenn sie die geschäftliche Handlung den Durchschnittsverbraucher davon **abhalten** kann, die **Vor- und Nachteile einer geschäftlichen Entscheidung abzuwägen und auf dieser Grundlage eine für ihn nützliche Entscheidung zu treffen** (Köhler WRP 2014, 259 Rn. 17 ff.; anschauliches Beispiel: OLG Hamm WRP 2014, 217 (219 f.)). Betrifft die Handlung nur eine Gruppe **besonders schutzbedürftiger Verbraucher** (§ 3 IV 2), sind dementsprechend zum Schutze dieses Personenkreises **geringere** Anforderungen an die spürbare Beeinträchtigung zu stellen. – Nutzt der Unternehmer gezielt Eigenschaften von Verbrauchern aus, die ihre besondere Schutzbedürftigkeit begründen (Alter, Leichtgläubigkeit, geschäftliche Unerfahrenheit usw), ist dies im Rahmen der jeweiligen Unlauterkeitstatbestände (§§ 3 II, 4a, 5, 5a) zu berücksichtigen. (Zu § 4 Nr. 2 aF vgl. BGH WRP 2014, 831 Rn. 34 ff. – Goldbärenbarren.)

4. Veranlassung zu einer geschäftlichen Entscheidung

Weitere Voraussetzung ist, dass die Beeinträchtigung der Fähigkeit zu einer informierten **11.7** Entscheidung **ursächlich** dafür ist, dass der Verbraucher eine **geschäftliche Entscheidung** (→ Rn. 9.15 ff.) trifft, die er **andernfalls nicht getroffen hätte** („damit zu ... veranlassen"; vgl. Engl. thereby causing; frz. l'amenant par conséquent). Dieses Tatbestandsmerkmal dient dazu, den Bezugspunkt der spürbaren Beeinträchtigung der Entscheidungsfähigkeit klarzustellen. Es kommt darauf an, wie der Verbraucher im konkreten Fall **typischerweise reagieren** würde (vgl. EuGH WRP 2012, 1509 Rn. 53 – Purely Creative). An den **Nachweis** der Ursächlichkeit sind keine großen Anforderungen zu stellen. Denn es entspricht der Lebenserfahrung, dass die spürbare Beeinträchtigung der Fähigkeit zu einer informierten Entscheidung den Verbraucher zu einer Entscheidung veranlasst, die er sonst nicht getroffen hätte. Jedoch steht dem Handelnden der Nachweis frei, dass der Verbraucher im konkreten Fall keine andere Entscheidung getroffen hätte, etwa weil er von vornherein die Absicht hatte, die vom Handelnden erwartete Entscheidung zu treffen. – Allerdings setzt der Unlauterkeitstatbestand des **§ 3 II** keine tatsächlich eingetretene wesentliche Beeinflussung des wirtschaftlichen Verhaltens des Verbrauchers voraus, sondern lässt die dafür bestehende **Eignung** genügen.

12. Abschnitt. Verbraucher (§ 2 II)

§ 2 II Für den Verbraucherbegriff ist § 13 des Bürgerlichen Gesetzbuches entsprechend anwendbar

§ 13 BGB

Verbraucher ist jede natürliche Person, die ein Rechtsgeschäft zu Zwecken abschließt, die überwiegend weder ihrer gewerblichen noch ihrer selbständigen beruflichen Tätigkeit zugerechnet werden können.

Die Regelung ist richtlinienkonform am Maßstab des Art. 2 lit. a UGP-RL auszulegen.

Art. 2 lit. a UGP-RL „Verbraucher" jede natürliche Person, die im Geschäftsverkehr im Sinne dieser Richtlinie zu Zwecken handelt, die nicht ihrer gewerblichen, handwerklichen oder beruflichen Tätigkeit zugerechnet werden können.

Übersicht

A. Entstehungsgeschichte, unionsrechtliche Grundlage und richtlinienkonforme Auslegung

I. Entstehungsgeschichte

12.1   § 2 II gibt keine Definition des Begriffs des Verbrauchers, sondern verweist stattdessen auf die Definition in § 13 BGB. Dies geht auf § 2 II UWG 2004 zurück. Im UWG 2008 wurde zwar die in dieser Vorschrift ebenfalls enthaltene Verweisung auf den Unternehmerbegriff in § 14 BGB durch die Definition des Unternehmers in § 2 I Nr. 6 ersetzt. Jedoch verblieb es hinsichtlich des Verbraucherbegriffs bei dem Verweis auf die Legaldefinition des § 13 BGB. Diese wurde durch Art. 1 Nr. 2 G v. 20.9.2013 (BGBl. 2013 I 3642) mWv 13.6.2014 neu gefasst, um den Vorgaben der Verbraucherrechterichtlinie in Art. 2 Nr. 1 und ErwGr. 17 Verbraucherrechte-RL nachzukommen. (Die Umsetzung ist allerdings missglückt, weil nach dem Wortlaut des § 13 BGB die Verbrauchereigenschaft erst dann entfallen würde, wenn der private Zweck überwiegen würde, sich aus ErwGr. 17 Verbraucherrechte-RL aber das Gegenteil ergibt: Die Verbrauchereigenschaft entfällt erst dann, wenn der geschäftliche Zweck überwiegt; vgl. Meier JuS 2014, 777. – Richtig müsste es in § 13 BGB heißen: „zu Zwecken abschließt, die nicht überwiegend ihrer gewerblichen oder selbständigen beruflichen Tätigkeit zugeordnet werden können.") – Der Wortlaut des § 2 II blieb auch im UWG 2015 unverändert (zur Kritik vgl. Köhler WRP 2015, 1037 f.).

II. Unionsrechtliche Grundlage

12.2   Das Unionsrecht unterscheidet ua zwischen einem **lauterkeitsrechtlichen** und einem **vertragsrechtlichen** Verbraucherbegriff (vgl. Schmitt, Das unionsrechtliche Verbraucherleitbild, 2018, 260 ff., 384 ff.). Ersterer wird in Art. 2 lit. a UGP-RL definiert, letzterer zuletzt in Art. 2 Nr. 1 = Verbraucherrechte-RL (geändert durch RL 2019/2161/EU v. 27.11.2019). Der Unionsgesetzgeber hat bei Erlass der Verbraucherrechte-RL davon abgesehen, den Verbraucherbegriff der UGP-RL zu ändern. Dies mit gutem Grund, weil beide Teilrechtsordnungen unterschiedliche Funktionen im Bereich des Verbraucherschutzes zu erfüllen haben. Im **Lauterkeitsrecht** geht es um den generalpräventiven Schutz der Verbraucher vor unlauteren Geschäftspraktiken „vor, während und nach Abschluss eines auf ein Produkt bezogenen Handelsgeschäfts" (Art. 3 I UGP-RL). Subjektive Rechte der Verbraucher werden dadurch nicht begründet (vgl. ErwGr. 15 UGP-RL; vgl. aber Art. 11a UGP-RL). Im **Vertragsrecht** geht es in erster Linie darum, den Verbraucher als wirtschaftlich schwächeren Vertragspartner beim Abschluss von Verträgen zu schützen. Dazu gehört der Schutz des Verbrauchers vor missbräuchlichen Vertragsklauseln (Klausel-RL) sowie die Begründung von vorvertraglichen und vertraglichen Informationspflichten des Unternehmers und von Widerrufsrechten des Verbrauchers (Verbraucherrechte-RL); vgl. weiter EuGH WRP 2018, 304 Rn. 25 ff. – Schrems/Facebook zum Verbraucherbegriff in Art. 15 VO Nr. 44/2001. Dass es dabei zu Überschneidungen kommt, wie sich aus Art. 7 V UGP-RL ergibt, ändert an der grundsätzlichen Unterscheidung nichts. Die unionsrechtliche Grundlage für den Verbraucherbegriff des **UWG** kann daher nur Art. 2 lit. a UGP-RL, nicht hingegen Art. 2 lit. b Klausel-RL bzw. Art. 2 Nr. 1 Verbraucherrechte-RL sein (**aA** BGH WRP 2017, 1328 Rn. 19 – Testkauf im Internet), ausgenommen bei Anwendung des § 3a auf vertragsrechtliche Marktverhaltensregelungen.

III. Richtlinienkonforme Auslegung

12.3   Die Verweisung auf den § 13 BGB soll dazu dienen, den Verbraucherbegriff des Bürgerlichen Rechts auf das Lauterkeitsrecht zu erstrecken. Diese Vereinheitlichung des Verbraucherbegriffs ist aber mit Art. 2 lit. a UGP-RL nicht vereinbar (→ Rn. 12.2), weil er zu einer Verkürzung des lauterkeitsrechtlichen Verbraucherschutzes führen würde. Denn es geht im UWG nicht nur um die geschäftliche Entscheidung des Verbrauchers, ein Rechtsgeschäft abzuschließen, sondern nach § 2 I Nr. 1 (= Nr. 9 aF) auch um Entscheidungen nach Vertragsschluss und nach der Rspr. des EuGH auch um Entscheidungen, die mit geschäftlichen Entscheidungen iSd § 2 I Nr. 1 (= Nr. 9 aF) unmittelbar zusammenhängen (→ Rn. 1.4 ff.). § 2 II ist daher im Wege richtlinienkonformer Auslegung zu korrigieren. Das ist zulässig, weil der Gesetzgeber offenbar nicht bewusst von den Vorgaben der UGP-RL abweichen wollte. Verbraucher iSd UWG ist sonach in

EuGH WRP 2015, 698 Rn. 41 ff. – UPC), kommt es in solchen Fällen zunächst darauf an, in welcher Eigenschaft der Unternehmer den Kunden ansprechen oder der Kunde vom Unternehmer angesprochen werden will, nämlich als Verbraucher oder als Unternehmer (ebenso Büscher/Schilling § 2 II Rn. 11). Ergibt sich daraus eindeutig, dass keine gemischte Nutzung, sondern eine rein private oder rein geschäftliche Nutzung angestrebt ist, ist der Fall klar. Ergibt sich dagegen aus den Umständen, dass eine gemischte Nutzung angestrebt wird oder doch für den Kunden in Betracht kommt, so kann es – anders als im Vertragsrecht (§ 13 BGB) – nicht darauf ankommen, welche Nutzungsform im konkreten Fall überwiegt. Denn der Unternehmer kann dies in aller Regel nicht zuverlässig beurteilen. Er muss daher im Verhältnis zu diesem Kunden die verbraucherschützenden Anforderungen des UWG einhalten, um kein Risiko einzugehen. Will man die dual-use-Regelung des ErwGr. 17 Verbraucherrechte-RL auch für die Verbraucherdefinition des Art. 2 lit. a UGP-RL und damit für das UWG fruchtbar machen, muss der Kläger (zB Verbraucherverband) im Streitfall beweisen, dass der Kunde vor oder bei Geschäftsabschluss bei objektiver Betrachtung die Verbrauchereigenschaft besaß, nämlich der Verwendungszweck mindestens zur Hälfte privat war. Im Zweifel ist aber von der Verbrauchereigenschaft des angesprochenen Kunden auszugehen (BGH NJW 2009, 3780 Rn. 10; GK-UWG/Fritzsche Rn. 763). Nur, wenn die dem Anbieter vor oder bei Vertragsschluss erkennbaren Umstände eindeutig und zweifelsfrei darauf hinweisen, dass die natürliche Person (überwiegend) im Rahmen ihrer gewerblichen oder selbständigen beruflichen Tätigkeit handelt, ist ihre Verbrauchereigenschaft zu verneinen (BGH NJW 2009, 3780 Rn. 11; Köhler FS Roth, 2015, 299 (302); vgl. aber EuGH WRP 2018, 304 Rn. 32 – Maximilian Schrems/Facebook).

3. Irrtum über die Verbrauchereigenschaft

Die Verbrauchereigenschaft muss **objektiv** vorliegen. Es kommt daher nicht darauf an, ob **12.12** eine Person sich irrtümlich für einen Verbraucher hält oder vom Unternehmer irrtümlich als solcher angesehen wird, sondern ob sie bezogen auf die konkrete geschäftliche Handlung **objektiv** die Verbrauchereigenschaft besitzt. Es kommt insoweit auf die **äußeren Umstände** an. Hält der Anbieter einen Kunden irrtümlich nicht für einen Verbraucher, sondern für einen Unternehmer, kann dies nur bei der verschuldensabhängigen Schadensersatzhaftung eine Rolle spielen. **Beispiel:** Telefonwerbung gegenüber einem Privaten, den der Werbende irrtümlich für einen Unternehmer hält. – Anders verhält es sich, wenn der Kunde den Anbieter **arglistig täuscht:** Täuscht ein Verbraucher dem Anbieter vor, er sei Unternehmer (zB Verwendung einer Firma im Briefkopf), kann er sich später nicht auf seine objektive Verbrauchereigenschaft berufen. Er handelt insoweit wegen widersprüchlichen Verhaltens (venire contra factum proprium) rechtsmissbräuchlich (vgl. BGH NJW 2005, 1045 (1046) zum Verbrauchsgüterkauf). Im Bereich des Vertragsrechts ist er nach Rechtsscheinsgrundsätzen als Unternehmer zu behandeln ("Scheinunternehmer"; vgl. Herresthal JZ 2006, 695; Köhler FS Hopt, 2010, 2825 (2831 f.)). Das Gleiche gilt, wenn umgekehrt ein Unternehmer dem Anbieter vortäuscht, er sei Verbraucher (**"Scheinverbraucher"**), um in den Genuss verbraucherschützender Bestimmungen zu kommen (BGH WRP 2017, 1328 Rn. 20 ff. – Testkauf im Internet). In beiden Fällen sind die verbraucherschützenden Vorschriften des UWG nicht anwendbar.

4. Verbraucher als Anbieter

Der Verbraucherbegriff beschränkt sich nicht auf die **private Nachfrage** nach Waren oder **12.13** Dienstleistungen, sondern erstreckt sich auch auf das **private Angebot** von Waren oder Dienstleistungen. Verbraucher ist also auch, wer in seiner Eigenschaft als nicht gewerblich oder selbständig beruflich tätiger **Anbieter** von Waren oder Dienstleistungen von einem Unternehmer angesprochen wird. Beispiel: Ruft ein Antiquitätenhändler bei Privatpersonen an, um sie zum Verkauf von alten Möbeln zu veranlassen (Fall der "Nachfragewerbung"; vgl. BGH GRUR 2008, 923 Rn. 11 – Faxanfrage im Autohandel; GRUR 2008, 925 Rn. 12 ff. – FC Troschenreuth), so stellt dies eine unzumutbare Belästigung von Verbrauchern iSv § 7 II Nr. 1 dar, wenn er nicht deren vorherige ausdrückliche Einwilligung eingeholt hat. Dass Art. 2 lit. d UGP-RL nur solche Geschäftspraktiken von Unternehmen erfasst, die auf den Absatz, den Verkauf oder die Lieferung eines Produkts gerichtet sind, somit also auf derartige Fallgestaltungen nicht anwendbar ist, ist unerheblich. Denn die UGP-RL beansprucht nur innerhalb ihres Anwendungsbereichs Geltung. – Davon zu trennen ist die Frage, ob eine natürliche Person, die Waren oder Dienstleistungen anbietet, wirklich (noch) Verbraucher oder (schon) Unternehmer ist. Das kann insbes. bei Kleinanbietern im Internet zweifelhaft sein (→ Rn. 2.20 ff., 2.25; Henning-Bodewig GRUR 2013, 26).

5. Arbeitnehmer als Verbraucher oder sonstige Marktteilnehmer?

12.14   Eine natürliche Person ist als Verbraucher anzusehen, wenn sie zu Zwecken handelt, die nicht ihrer unternehmerischen Tätigkeit zuzurechnen sind (→ Rn. 12.3). Arbeitnehmer als unselbständig beruflich Tätige sind daher ohne weiteres als Verbraucher anzusehen, wenn sie als **Nachfrager** von Waren oder Dienstleistungen angesprochen werden. **Beispiel:** Eine Werbung gegenüber einem Verbraucher liegt auch dann vor, wenn eine Person zum Kauf von Gegenständen für ihre arbeitsvertragliche Tätigkeit (zB Kauf von Arbeitskleidung) bestimmt werden soll (vgl. BAG NJW 2005, 3305 (3308)). – Davon zu unterscheiden ist der Fall, dass Unternehmer natürliche Personen in ihrer Eigenschaft als **Anbieter** ihrer Arbeitskraft, mithin als Anbieter von Dienstleistungen ansprechen. Die UGP-RL regelt diesen Fall nicht, wie sich aus Art. 3 I UGP-RL ergibt („Handelsgeschäft"). Es ist daher grds. möglich, Arbeitnehmer als Verbraucher iSd UWG anzusehen. Die Interessen und die Schutzbedürftigkeit des Arbeitnehmers in Bezug auf die Anbahnung, Eingehung, Durchführung und Beendigung eines Arbeitsverhältnisses (dh als Anbieter seiner Arbeitskraft) unterscheiden sich zwar von denen des „normalen" Verbrauchers als Abnehmer von Waren und Dienstleistungen (OLG Frankfurt GRUR 2015, 401 Rn. 32). Allerdings sorgt das Arbeitsrecht nur für einen zusätzlichen Schutz des Arbeitnehmers. Richtigerweise sollte daher unterschieden werden: Geht es um den Schutz einer natürlichen Person vor einer unzulässigen Beeinflussung ihrer Entscheidung, einen Arbeitsvertrag mit einem Unternehmer zu schließen, etwa iSd §§ 4a, 5, 5a, 5b, ist es gerechtfertigt, sie als Verbraucher anzusehen (ggf. mit der Folge eines Schadensersatzanspruchs nach § 9 II). Geht es dagegen darum, eine natürliche Person vor einer unzumutbaren Belästigung durch bspw. eine telefonische Anfrage ohne vorherige Einwilligung (§ 7 II Nr. 1) zu schützen, sollte wiederum unterschieden werden, ob der Unternehmer sie in seiner Privatsphäre oder in seiner Arbeitsstätte anspricht. Zu Einzelheiten → § 7 Rn. 165. Für Maßnahmen, die der Durchführung (zB Versetzung, Abmahnung) oder Beendigung (Kündigung) des Arbeitsverhältnisses dienen, haben dagegen die besonderen Schutzbestimmungen des **Arbeitsrechts** Vorrang vor dem UWG. Denn die Interessen und die Schutzbedürftigkeit des Arbeitnehmers in Bezug auf ein bestehendes Arbeitsverhältnis unterscheiden sich grundlegend von denen des „normalen" Verbrauchers als Abnehmer von Waren und Dienstleistungen (vgl. OLG Frankfurt GRUR 2015, 401 Rn. 32; auch BAG NJW 2005, 3164 (3167) zu § 312 BGB).

6. Verbraucher als „Abnehmer"

12.15   Spricht das UWG von **Abnehmern** (vgl. § 4 Nr. 3 lit. a; § 10 I), bezieht sich dies unterschiedslos auf Verbraucher und sonstige Marktteilnehmer iSv § 2 I Nr. 3 (= Nr. 2 aF).

D. Darlegungs- und Beweislast

12.16   Die Darlegungs- und Beweislast trägt im Prozess derjenige, der sich auf die Verbrauchereigenschaft des Angesprochenen beruft (vgl. BGH NJW 2007, 2619 Rn. 13).

Verbot unlauterer geschäftlicher Handlungen

3 (1) **Unlautere geschäftliche Handlungen sind unzulässig.**

(2) **Geschäftliche Handlungen, die sich an Verbraucher richten oder diese erreichen, sind unlauter, wenn sie nicht der unternehmerischen Sorgfalt entsprechen und dazu geeignet sind, das wirtschaftliche Verhalten des Verbrauchers wesentlich zu beeinflussen.**

(3) **Die im Anhang dieses Gesetzes aufgeführten geschäftlichen Handlungen gegenüber Verbrauchern sind stets unzulässig.**

(4) [1]**Bei der Beurteilung von geschäftlichen Handlungen gegenüber Verbrauchern ist auf den durchschnittlichen Verbraucher oder, wenn sich die geschäftliche Handlung an eine bestimmte Gruppe von Verbrauchern wendet, auf ein durchschnittliches Mit-**

glied dieser Gruppe abzustellen. [2] **Geschäftliche Handlungen, die für den Unternehmer vorhersehbar das wirtschaftliche Verhalten nur einer eindeutig identifizierbaren Gruppe von Verbrauchern wesentlich beeinflussen, die auf Grund von geistigen oder körperlichen Beeinträchtigungen, Alter oder Leichtgläubigkeit im Hinblick auf diese geschäftlichen Handlungen oder die diesen zugrunde liegenden Waren oder Dienstleistungen besonders schutzbedürftig sind, sind aus der Sicht eines durchschnittlichen Mitglieds dieser Gruppe zu beurteilen.**

Gesamtübersicht*

---

* Detailübersichten finden sich zu Beginn der Abschnitte.

Köhler

1. Abschnitt. Allgemeines

Übersicht

Schrifttum: Ahrens, Die Benetton-Rechtsprechung des BVerfG und die UWG-Fachgerichtsbarkeit, JZ 2004, 763; Ahrens, Menschenwürde als Rechtsbegriff im Wettbewerbsrecht, FS Schricker, 2005, 619; Alexander, Fachliche Sorgfalt und Gewinnspielwerbung gegenüber Kindern, WRP 2014, 1010; Alexander, Grundfragen des neuen § 3 UWG, WRP 2016, 411; Apostolopoulos, Einige Gedanken zur Auslegung der nationalen Generalklausel im Hinblick auf eine Vollharmonisierung des europäischen Lauterkeitsrechts, WRP 2005, 152; Augenhofer, Kopplungsangebote im Spannungsverhältnis zwischen Lauterkeits-, Kartell- und Vertragsrecht, GRUR 2016, 1243; v. Becker, Werbung Kunst Wirklichkeit, GRUR 2001, 1101; Berlit, Das neue Gesetz gegen den unlauteren Wettbewerb: Von den guten Sitten zum unlauteren Verfälschen, WRP 2003, 563; Berlit, Die Zukunft des Preisausschreibens im Lichte der Entscheidung „Millionen-Chance II", WRP 2011, 1225; Calliess, Werbung, Moral und Europäische Menschenrechtskonvention, AfP 2000, 248; De Cristofaro, Die zivilrechtlichen Folgen des Verstoßes gegen das Verbot unlauterer Geschäftsprakti- ken: eine vergleichende Analyse der Lösungen der EU-Mitgliedstaaten, GRUR-Int. 2010, 1017; Dohrn, Die Generalklausel in Art. 5 der Richtlinie über unlautere Geschäftspraktiken – ihre Interpretation und Umset- zung, 2008; Dröge, Lauterkeitsrechtliche Generalklauseln im Vergleich, 2007; Ernst/Seichter, Bestimmung des Kaufpreises durch Spiel-Glücksspielelemente im Werberecht, WRP 2013, 1437; Fezer, Imagewerbung mit gesellschaftskritischen Themen im Schutzbereich der Meinungs- und Pressefreiheit, NJW 2001, 580; Fezer, Der Dualismus der Lauterkeitsordnungen des b2c-Geschäftsverkehrs und des b2b-Geschäftsverkehrs im UWG, WRP 2009, 1163; Fezer, Eine Replik: Die Auslegung der UGP-RL vom UWG aus?, WRP 2010, 677; Fezer, Die Generalklausel – eine Sternstunde des Lauterkeitsrechts in der Europäischen Union, FS Büscher, 2018, 297; Fritzsche, Die Unlauterkeit im Sinne der UGP-Richtlinie nach der Rechtsprechung des EuGH, FS Köhler, 2014, 145; Fritzsche, Zur Relevanz des Alters eines Adressaten im UWG, FS Fezer, 2016, 885; Gamerith, Der Richtlinienvorschlag über unlautere Geschäftspraktiken – Möglichkeiten einer harmo- nischen Umsetzung, WRP 2005, 391; Glöckner, Wettbewerbsbezogenes Verständnis der Unlauterkeit und Vorsprungserlangung durch Rechtsbruch, GRUR 2008, 960; Haberkamm, Wirklich nichts Neues? Das EuGH-Urteil Mediaprint und seine Implikationen für die UGP-RL, WRP 2011, 296; Haberkamm, H. I. V. POSITIVE II – zugleich Abschied vom Verbot „gefühlsbetonter Werbung"?, WRP 2003, 582; Haberkamm, Neuere Literatur zum Verhältnis von Werbung und Meinungsfreiheit, WRP 2003, 1193; Hartwig, Meinungsfreiheit und lauterer Wettbewerb, GRUR 2003, 924; Heermann, Die Erheblichkeits- schwelle iSd § 3 UWG-E, GRUR 2004, 94; Helm, Hohes Verbraucherschutzniveau, WRP 2013, 710; Henning-Bodewig, UWG und Geschäftsethik, WRP 2010, 1094; Henning-Bodewig, Der „ehrbare Kauf- mann", Corporate Social Responsibility und das Lauterkeitsrecht, WRP 2011, 1014; Henning-Bodewig, Lauterkeit im B2B-Verhältnis – „anständige Marktgepflogenheiten", nicht „fachliche Sorgfalt"!, GRUR-Int. 2015, 529; Hetmank, Im Korsett der UGP-Richtlinie, GRUR 2015, 323; Hofmann, Mittelbare Verantwort- lichkeit im Internet – Eine Einführung in die Intermediärshaftung, JuS 2017, 713; v. Jagow, Sind Verstöße gegen lebensmittelrechtliche Vorschriften lauterkeitsrechtlich immer relevant?, FS Doepner, 2008, 21; v. Ja- gow, Auswirkungen der UWG-Reform 2008 auf die Durchsetzung wettbewerbsrechtlicher Ansprüche im Gesundheitsbereich, GRUR 2010, 190; Junker, Die besonders schutzbedürftigen Verbraucher nach der UWG-Novelle 2015, 2019; Kaplan, Das Interesse der Allgemeinheit bei der Konkretisierung der General- klausel des § 3 UWG, 2008; Keller, Die „fachliche Sorgfalt" – ein sich entwickelnder Zentralbegriff des Lauterkeitsrechts, FS Bornkamm, 2014, 381; Kessler/Micklitz, Die Harmonisierung des Lauterkeitsrechts in den Mitgliedstaaten der Europäischen Gemeinschaft und die Reform des UWG, 2003; Kessler/Mieklitz, Das neue UWG – auf halbem Wege nach Europa, VuR 2009, 88; Kießling/Kling, Die Werbung mit Emotionen, WRP 2002, 615; Kirchhoff, Die UWG-Novelle 2015 – nur Kodifizierung der Rechtsprechung oder sub- stantiell Neues?, WRP 2015, 663; Köhler, Die „Bagatellklausel" in § 3 UWG, GRUR 2005, 1; Köhler, Die UWG-Novelle 2008, WRP 2009, 109; Köhler, Zur richtlinienkonformen Auslegung und Neuregelung der „Bagatellklausel" in § 3 UWG, WRP 2008, 10; Köhler, Die Durchsetzung des Vertragsrechts mit den Mitteln des Lauterkeitsrechts, FS Medicus, 2009, 225; Köhler, Neujustierung des UWG am Beispiel der Verkaufs- förderungsmaßnahmen, GRUR 2010, 761; Köhler, Grenzstreitigkeiten im UWG – Zum Anwendungs- bereich der Verbotstatbestände des § 3 Abs. 1 UWG und des § 3 Abs. 2 S. 1 UWG, WRP 2010, 1293; Köhler, Die Verwendung unwirksamer Vertragsklauseln: ein Fall für das UWG, GRUR 2010, 1047; Köhler, Die Kopplung von Gewinnspielen an Umsatzgeschäfte: Wende in der lauterkeitsrechtlichen Beurteilung, GRUR 2011, 478; Köhler, „Fachliche Sorgfalt" – Der weiße Fleck auf der Landkarte des UWG, WRP 2012, 22; Köhler, Richtlinienumsetzung im UWG – eine unvollendete Aufgabe, WRP 2013, 403; Köhler, Zur „geschäftlichen Relevanz" unlauterer geschäftlicher Handlungen gegenüber Verbrauchern, WRP 2014, 259; Köhler, Zu den „unter allen Umständen unlauteren" irreführenden und aggressiven Geschäftspraktiken, FS Bornkamm, 2014, 393; Köhler, Der Regierungsentwurf zur UWG-Novelle 2015: Nur Klarstellungen oder doch tiefgreifende Änderungen?, WRP 2015, 275; Köhler, Im UWG-Regierungsentwurf 2015 nicht angesprochene Defizite bei der Umsetzung der UGP-Richtlinie, WRP 2015, 1037; Köhler, Alternativent- wurf (UWG-AE) zum Regierungsentwurf eines 2. Gesetzes zur Änderung des Gesetzes gegen den unlauteren Wettbewerb, WRP 2015, 1311; Köhler, Die neue UWG 2015: Was ändert sich für die Praxis?, NJW 2016, 593; Koppensteiner, Verbraucherleitbilder bei der Bewerbung von Kapitalanlagen, FS Köhler, 2014, 371; Kulka, Der Entwurf eines „Ersten Gesetzes zur Änderung des Gesetzes gegen den unlauteren Wettbewerb", DB 2008, 1548; Lettl, Die geschäftliche Relevanz nach §§ 3 Abs. 2, 3a, 4a Abs. 1, 5 Abs. 1 und 5a Abs. 1, Abs. 2 Nr. 2 UWG, WRP 2019, 1265; Linke, Die Menschenwürde im Überblick: Konstitutionsprinzip, Grundrecht, Schutzpflicht, JuS 2916, 888; Nasall, Lauterkeit und Sittlichkeit – Zivilrechtliche Konsequenzen unlauterer Wettbewerbshandlungen, NJW 2006, 127; A. Nordemann, Die wettbewerbliche Erheblichkeit –

relevant oder irrelevant?, FS Köhler, 2014, 489; Ohly, Richterrecht und Generalklausel im Recht des unlauteren Wettbewerbs, 1997; Ohly, Das neue UWG – Mehr Freiheit für den Wettbewerb?, GRUR 2004, 889; Ohly, Alternativentwurf („Große Lösung") zum Regierungsentwurf eines 2. Gesetzes zur Änderung des Gesetzes gegen den unlauteren Wettbewerb, WRP 2015, 1443; Ohly, Der unionsrechtliche Rahmen der Haftung für die Verletzung lauterkeitsrechtlicher Verkehrspflichten, FS Ahrens, 2016, 135; Ohly, Das neue UWG im Überblick, GRUR 2016, 3; Ohly, Die lauterkeitsrechtliche Haftung für Hyperlinks, NJW 2016, 1417; Ohly, Die Haftung von Internet-Dienstleistern für die Verletzung lauterkeitsrechtlicher Verkehrspflichten, GRUR 2017, 441; Omsels, Die geschäftliche Entscheidung, WRP 2016, 553; Ruess/Voigt, Wettbewerbsrechtliche Regelung von diskriminierenden Werbeaussagen – Notwendigkeit oder abzulehnende Geschmackszensur?, WRP 2002, 171; Sack, Folgeverträge unlauteren Wettbewerbs, GRUR 2004, 625; Sack,, Die lückenfüllende Funktion der Generalklausel des § 3 UWG, WRP 2005, 531; Sack, Individualschutz gegen unlauteren Wettbewerb, WRP 2009, 1330; Sack, Leistungsschutz nach § 3 UWG, GRUR 2016, 782; Sack, Fallgruppen des Leistungsschutzes nach § 3 UWG, Teil 1, WRP 2017, 7 und Teil 2, WRP 2017, 132; Scherer, Ende der Werbung in Massenmedien?, WRP 2008, 563; Scherer, Die „Verbrauchergeneralklausel" des § 3 II 1 UWG – eine überflüssige Norm, WRP 2010, 586; Schlemmer, Die Europäisierung des UWG, 2005; Schmidt, Unlauter und darüber hinaus ..., GRUR 2009, 353; Schöttle, Aus eins mach zwei – die neuen Generalklauseln im Lauterkeitsrecht, GRUR 2009, 546; Schünemann, Generalklausel und Regelbeispiele, JZ 2005, 271; Seichter, Der Umsetzungsbedarf der Richtlinie über unlautere Geschäftspraktiken, WRP 2005, 1087; Sosnitza, Das Koordinatensystem des Rechts des unlauteren Wettbewerbs im Spannungsfeld zwischen Europa und Deutschland, GRUR 2003, 739; Sosnitza, Der Gesetzentwurf zur Umsetzung der Richtlinie über unlautere Geschäftspraktiken, WRP 2008, 1014; Sosnitza, Die Generalklausel des Art 5 Abs. 2 UGP-RL – Totes Recht oder „undiscovered country"?, FS Köhler, 2014, 685; Spengler, Die lauterkeitsrechtlichen Schranken von In-App-Angeboten, WRP 2015, 1187; Spengler, Die Verbrauchergeneralklausel des UWG, 2016; Steinbeck, Der Beispielskatalog des § 4 UWG – Bewährungsprobe bestanden?, GRUR 2008, 848; Teplitzky, Die große Zäsur, GRUR 2004, 900; Ullmann, Das Koordinatensystem des Rechts des unlauteren Wettbewerbs im Spannungsfeld von Europa und Deutschland, GRUR 2003, 817; Wassermeyer, Schockierende Werbung, GRUR 2002, 126; Zabel, Das Regelungskonzept des § 3 UWG und die lauterkeitsrechtliche Beurteilung von Gewährleistungsausschlüssen in Verbrauchsgüterkaufverträgen, VuR 2011, 403 und VuR 2011, 449.

A. Allgemeines

I. Die Aufgabe des § 3 UWG im Lauterkeitsrecht

1.1   § 3 stellt die Zentralnorm des UWG seit der UWG-Novelle 2004 dar. Sie hat in den UWG-Novellen 2008 und 2015 zum Zwecke der Umsetzung der UGP-RL weitreichende Änderungen erfahren. Während die UGP-RL für unlautere Handlungen von Unternehmen gegenüber Verbrauchern (B2C) eine abschließende, wenngleich von vielen Ausnahmen durchbrochene Regelung trifft, kommt dem UWG die Aufgabe zu, alle unlauteren Handlungen gegenüber Mitbewerbern, Verbrauchern und sonstigen Marktteilnehmern zu regeln und dabei auch noch weitere Richtlinien, wie bspw. die Werbe-RL, zu berücksichtigen. Das machte und macht es schwer, eine systematisch stringente Lösung zu finden. Immerhin lässt sich das bisherige Spannungsverhältnis des UWG zur UGP-RL, wie es insbes. bei der Bestimmung des Verhältnisses der „großen" Generalklausel des § 3 I zur „Verbrauchergeneralklausel" des § 3 II zu Tage trat, nach den Änderungen des § 3 in der UWG-Novelle 2015 richtlinienkonform auflösen.

II. Der Aufbau des § 3

1.2   § 3 ist in vier Absätze unterteilt. Der erste Absatz bildet die „große" Generalklausel, die für alle unlauteren geschäftlichen Handlungen gilt. Die folgenden Absätze zwei bis vier behandeln dagegen nur geschäftliche Handlungen gegenüber Verbrauchern. Der zweite Absatz regelt, dem Art. 5 II UGP-RL folgend, die Generalklausel für unlautere Handlungen von Unternehmern gegenüber Verbrauchern („Verbrauchergeneralklausel"). Der dritte Absatz bezieht sich, dem Art. 5 V 1 UGP-RL folgend, auf die im Anhang aufgeführten „stets unzulässigen" geschäftlichen Handlungen gegenüber Verbrauchern. Der vierte Absatz regelt, aus wessen Sicht die Unlauterkeit geschäftlicher Handlungen gegenüber Verbrauchern und Verbrauchergruppen zu beurteilen ist.

III. Der Gang der Kommentierung

1.3   Die Kommentierung folgt dem Aufbau des § 3 in den Kapiteln 2–5. Die Kapitel 6–9 haben Fallgruppen zum Gegenstand, die unter Geltung des UWG 2008 bei den Tatbeständen des § 4

Nr. 1–6 kommentiert wurden und nach Aufhebung dieser Vorschriften durch die UWG-Novelle 2015 anhand des UWG 2015 neu beurteilt werden müssen. Das Kapitel 10 behandelt die Rechtsfolgen von Zuwiderhandlungen.

B. Entstehungsgeschichte des § 3

I. UWG 1909

Das **UWG 1909**, das für fast einhundert Jahre die gesetzliche Grundlage des deutschen Lauter- **1.4** keitsrechts bildete, enthielt in seinem § 1 die berühmte Generalklausel: „Wer im geschäftlichen Verkehr zu Zwecken des Wettbewerbs Handlungen vornimmt, die gegen die guten Sitten verstoßen, kann auf Unterlassung und Schadensersatz in Anspruch genommen werden." (→ Einl. Rn. 2.1 ff.). Die Gerichte bauten diese Generalklausel von einer die Einzeltatbestände nur ergänzenden zur beherrschenden Vorschrift des Rechts gegen den unlauteren Wettbewerb aus und konkretisierten sie durch die Bildung von Fallgruppen unlauteren Verhaltens im Wettbewerb.

II. UWG 2004

Bei den Vorarbeiten zur UWG-Reform 2004 und im Gesetzgebungsverfahren selbst bestand **1.5** Einigkeit darüber, an einer Generalklausel festzuhalten. In der Begründung zum RegE UWG 2004 heißt es dazu: „Ein solches allgemein gehaltenes Verbot ist deshalb sinnvoll, weil der Gesetzgeber nicht alle denkbaren Fälle unlauteren Handelns im Einzelnen regeln kann. Auch soll der Rechtsanwender die Möglichkeit haben, neuartige Wettbewerbsmaßnahmen sachgerecht zu beurteilen. Zudem kann dadurch den sich wandelnden Anschauungen und Wertmaßstäben in der Gesellschaft besser Rechnung getragen werden." (Begr. RegE UWG 2004 zu § 1, BT-Drs. 15/1487, 16). Der Gesetzgeber übernahm im **UWG 2004** im Wesentlichen den Entwurf einer Generalklausel von Köhler/Bornkamm/Henning-Bodewig WRP 2002, 1317 (dort § 3) und gab ihr in § 3 folgende Fassung: „Unlautere Wettbewerbshandlungen, die geeignet sind, den Wettbewerb zum Nachteil der Mitbewerber, der Verbraucher oder der sonstigen Marktteilnehmer nicht nur unerheblich zu beeinträchtigen, sind unzulässig".

Diese Generalklausel wich in vier Punkten von der früheren Generalklausel des § 1 UWG **1.6** 1909 ab: **(1)** Während in § 1 UWG 1909 von Handlungen im geschäftlichen Verkehr zu Zwecken des Wettbewerbs die Rede war, sprach § 3 von „Wettbewerbshandlungen". **(2)** Der Begriff des Verstoßes „gegen die guten Sitten" (Sittenwidrigkeit) in § 1 UWG 1909 wurde durch den Begriff der „Unlauterkeit" ersetzt. Für diesen Wechsel der Terminologie waren zwei Erwägungen maßgebend: Zum einen wirkte der Maßstab der guten Sitten in heutiger Zeit antiquiert, weil er den Wettbewerber unnötig mit dem Makel der Unsittlichkeit belastet. Zum anderen verbesserte die Verwendung des Begriffs der Unlauterkeit die Kompatibilität mit dem Unionsrecht, da dieser Begriff in vielen Vorschriften, insbes. auch in der UGP-RL verwendet wurde (vgl. Begr. RegE UWG 2004 zu § 1, BT-Drs. 15/1487, 16). **(3)** Anders als in § 1 UWG 1909 wurde in § 3 UWG 2004 unlauterer Wettbewerb nicht schlechthin verboten, sondern nur dann, wenn die Handlung geeignet war, den Wettbewerb zum Nachteil der Mitbewerber, der Verbraucher oder der sonstigen Marktteilnehmer nicht nur unerheblich zu verfälschen. Eine vergleichbare Regelung enthielt das frühere UWG nur in § 13 II Nr. 1 und 2 UWG 1909 für die Anspruchsberechtigung von abstrakt verletzten Gewerbetreibenden und von Wirtschaftsverbänden („Handlung, die geeignet ist, den Wettbewerb auf diesem Markt wesentlich zu beeinträchtigen"). Für Verbraucherverbände (§ 13 II Nr. 3 UWG 1909) galt die Einschränkung, dass die Zuwiderhandlung „wesentliche Belange der Verbraucher" berühren musste. **(4)** Anders als § 1 UWG 1909 enthielt § 3 UWG 2004 auch keine konkrete Rechtsfolgenanordnung (Unterlassungs- und Schadensersatzanspruch), sondern lediglich ein allgemeines Verbot („unzulässig"). Die Rechtsfolgen eines Verstoßes gegen § 3 UWG wurden in den §§ 8–10 geregelt.

III. UWG-Novelle 2008

Die **UWG-Novelle 2008** gestaltete im Zuge der Umsetzung der UGP-RL den § 3 tief- **1.7** greifend um. Statt eines einzigen Verbots enthielt die Generalklausel nunmehr drei Verbote mit unterschiedlicher Struktur und unterschiedlichen Funktionen. Die Regelung in § 3 I entsprach im Großen und Ganzen dem früheren § 3 UWG 2004, wenngleich in einer gestrafften Fassung, die auf das sachlich entbehrliche Merkmal einer Beeinträchtigung des Wettbewerbs verzichtete. Die Regelung in § 3 II diente der Umsetzung der Generalklausel des Art. 5 II UGP-RL und des Maßstabs des Art. 5 III 1 UGP-RL. Die Regelung in § 3 III bezweckte die Umsetzung des Art. 5 V UGP-RL iVm dem Anh. I UGP-RL („Schwarze Liste"). Die Erweiterung des Anwendungsbereichs des UWG auf geschäftliche Handlungen bei und nach Vertragsschluss brachte eine entsprechende Erweiterung des Anwendungsbereichs des § 3 mit sich. Durch die Umwandlung des Beispielstatbestands der unzumutbaren Belästigung in § 7 UWG 2004 zu einem selbstständigen Verbotstatbestand in § 7 UWG 2008 wurde die Generalklausel des § 3 von dieser Fallgruppe entlastet.

IV. UWG-Novelle 2015

1.8   Die **UWG-Novelle 2015** brachte weitere Änderungen des § 3 mit sich, die insbes. der besseren Umsetzung des Art. 5 I–III UGP-RL dienten. So wurde die Grundnorm des § 3 I von der bisherigen Spürbarkeitsklausel entlastet und damit formal dem Wortlaut des Art. 5 I UGP-RL angeglichen. Der Tatbestand der Verbrauchergeneralklausel in § 3 II wurde weitgehend, wenn auch nicht vollständig dem Wortlaut des Art. 5 II UGP-RL angeglichen. Die bisherigen Regelungen in § 3 II 2 und 3 wurden in einen neuen § 3 IV überführt, um deutlich zu machen, dass sie nicht nur für die Verbrauchergeneralklausel Geltung beanspruchen. Der bisherige § 3 II 3 wurde korrekt an die Vorgaben des Art. 5 III 1 UGP-RL angepasst. Weitergehende Reformvorschläge des Regierungsentwurfs (BT-Drs. 18/4535, 10), nämlich die Umgestaltung des § 3 I von einer Generalklausel mit Auffangfunktion in eine bloße Rechtsfolgenregelung sowie die Einführung einer „Unternehmergeneralklausel" in einem § 3 III RegE (dazu krit. Köhler WRP 2015, 275 (276) und WRP 2015, 1311; Ohly WRP 2015, 1443) wurden dagegen nicht übernommen. – Das **G zur Stärkung des Verbraucherschutzes im Wettbewerbs- und Gewerberecht** v. 10.8.2021 ließ § 3 unangetastet. Änderungen erfolgten nur bei den Tatbeständen des Anh. § 3 III.

C. Regelungsstruktur des § 3

I. Die Regelung in § 3 I

1.9   § 3 I enthält mit dem Verbot unlauterer geschäftlicher Handlungen die **Grundnorm** des UWG. Dem Wortlaut nach entspricht diese der Grundnorm des Art. 5 I UGP-RL, die ein Verbot unlauterer Geschäftspraktiken aufstellt. Dem Inhalt nach besteht aber ein entscheidender Unterschied. Die UGP-RL sieht innerhalb ihres (begrenzten) Anwendungsbereichs eine abschließende Regelung der Unlauterkeit von Geschäftspraktiken gegenüber Verbrauchern vor. Dementsprechend stellt Art. 5 I UGP-RL keinen Auffangtatbestand für sonstige, von den Art. 5 II–V UGP-RL, Art. 6–9 UGP-RL und Anh. I UGP-RL nicht erfasste unlautere Geschäftspraktiken dar. Dagegen kommt dem § 3 I, soweit die UGP-RL keine vorrangige abschließende Regelung trifft, durchaus die Funktion einer Generalklausel, wenngleich materiellrechtlich auf einen Auffangtatbestand beschränkt, zu (vgl. BT-Drs. 18/6571, 14). Dazu → Rn. 2.4, → Rn. 2.21 ff.

II. Die Regelung in § 3 II

1.10   § 3 II enthält die sog **Verbrauchergeneralklausel.** Die Vorschrift dient der Umsetzung des Art. 5 II UGP-RL. Allerdings ist der Anwendungsbereich der UGP-RL auf das Verhältnis von Unternehmern zu Verbrauchern als **Abnehmern** von Waren oder Dienstleistungen beschränkt (vgl. Art. 2 lit. d UGP-RL: „Absatzförderung, Verkauf oder Lieferung eines Produkts"), während das UWG auch das Verhältnis von Unternehmern zu Verbrauchern als **Anbietern** von Produkten erfasst (vgl. § 2 I Nr. 2: „Förderung des … Bezugs von Waren oder Dienstleistungen"). Die UGP-RL steht einer solchen Erweiterung des Anwendungsbereichs des § 3 II nicht entgegen. Ob und inwieweit dafür eine sachliche Notwendigkeit besteht oder ob ggf. § 3 I als Auffangtatbestand eingreift, ist durch die Rspr. zu klären (→ Rn. 3.2).

III. Die Regelung in § 3 III

§ 3 III verweist auf „die im Anhang dieses Gesetzes aufgeführten geschäftlichen Handlungen **1.11** gegenüber Verbrauchern" und erklärt sie für „stets unzulässig". Dies ist in richtlinienkonformer Auslegung am Maßstab des Art. 5 1 UGP-RL iSv „unter allen Umständen unlauter" zu verstehen. Die Vorschrift stellt also keinen Verbotstatbestand neben § 3 I dar. Sie dient der Umsetzung des Art. 5 V 1 UGP-RL iVm Anh. I UGP-RL (→ Rn. 4.1 ff.).

IV. Die Regelung in § 3 IV

§ 3 IV regelt die Beurteilung einer geschäftlichen Handlung aus der **Sicht** der jeweils an- **1.12** gesprochenen oder doch erreichten Verbraucher. Maßgebend ist, wie diese typischerweise darauf reagieren würden. Nach S. 1 ist eine geschäftliche Handlung gegenüber Verbrauchern aus der Sicht des durchschnittlichen Verbrauchers oder, wenn sich die Handlung an eine bestimmte Gruppe von Verbrauchern richtet, aus der Sicht eines durchschnittlichen Mitglieds dieser Gruppe zu beurteilen. Dies entspricht der Regelung in Art. 5 II lit. b UGP-RL. S. 2 enthält eine Spezialregelung zum Schutz bes. schutzbedürftiger Verbraucher und dient der Umsetzung des Art. 5 III 1 UGP-RL. Dazu → Rn. 5.16 ff. Der daran anknüpfende Art. 5 III 2 UGP-RL wurde dagegen auch in der UWG-Novelle 2015 noch nicht umgesetzt.

D. Grundrechtskonforme Auslegung des UWG

I. Überblick

1. Verfassungsrechtliche Zulässigkeit der Generalklausel des § 3 I

Das generelle Verbot unlauterer geschäftlicher Handlungen in § 3 I verstößt nicht gegen das **1.13** verfassungsrechtliche **Bestimmtheitsgebot.** Dies war schon bisher anerkannt. Denn angesichts der unübersehbaren Vielfalt möglicher Verhaltensweisen im Wettbewerb ist dem Gesetzgeber eine abschließende Regelung aller missbilligenswerten geschäftlichen Handlungen nicht möglich (vgl. BVerfGE 32, 311 (317) = GRUR 1972, 358 – Grabsteinwerbung; BVerfGE 102, 347 (360 f.) = GRUR 2001, 170 (173) – Schockwerbung; BVerfG GRUR 2001, 1058 (1059) – Therapeutische Äquivalenz zu § 1 UWG 1909). Durch die Aufnahme von Beispielstatbeständen unlauteren bzw. unzulässigen Handelns in den § 3 II, III, §§ 3a–7 hat der Gesetzgeber überdies für eine weitreichende Konkretisierung gesorgt. Dass auch neuartige, von den Beispielstatbeständen nicht erfasste Fallgestaltungen unter die Generalklausel subsumiert werden können und müssen, liegt in der Funktion und dem Wesen der Generalklausel begründet. Andernfalls könnte sie der Vielgestaltigkeit der Lebenssachverhalte, die der Normzweck erfassen will, nicht gerecht werden (BVerfG GRUR 2001, 170 (173) – Schockwerbung). Auch das Regelungsziel der Generalklausel, unlautere geschäftliche Handlungen zu verhindern und bei Eintritt eines Schadens diesen auszugleichen, steht mit der Wertordnung des Grundgesetzes im Einklang (BVerfG GRUR 2001, 1058 (1059) – Therapeutische Äquivalenz mwN).

2. Grundrechtskonforme Auslegung des § 3 I und der besonderen Unlauterkeitstatbestände

§ 3 I in seiner Funktion als Auffangtatbestand und die den § 3 I konkretisierenden besonderen **1.14** Unlauterkeitstatbestände sind zwar unter dem Gesichtspunkt der Bestimmtheit verfassungsrechtlich unbedenklich (→ Rn. 1.13). Jedoch kann ein darauf gestütztes Verbot einer geschäftlichen Handlung in **Grundrechte** des Handelnden eingreifen, wie umgekehrt ein Verbot zum Schutz der Grundrechte der betroffenen Marktteilnehmer erforderlich sein kann. Die Gerichte müssen daher bei der Anwendung dieser Bestimmungen grds. – **soweit dem nicht der Vorrang des Unionsrechts entgegensteht** – auf die verfassungsrechtlichen Grundentscheidungen Rücksicht nehmen (BVerfGE 96, 375 (394 f.) = NJW 1998, 519 (521)). Diese **verfassungskonforme Auslegung** wahrt den Vorrang der Grundrechte auch auf der Ebene der richterlichen Entscheidung (BVerfG GRUR 1993, 751 – Großmarkt-Werbung I mwN; BVerfG WRP 2001, 1160 (1161) – Therapeutische Äquivalenz; BGH GRUR 1995, 595 (597) – Kinderarbeit; WRP 1997, 1054 (1058) – Kaffeebohne). Die sog **Ausstrahlungswirkung** der Grundrechte (BVerfG GRUR-RR 2011, 217 (218) – WM-Marken) besteht in Schutzgeboten einerseits und Eingreifverboten andererseits (dazu Canaris, Grundrechte und Privatrecht, 1999). Das kann sowohl zur Bejahung als auch zur Verneinung der Unlauterkeit eines Verhaltens führen. Übersehen oder verkennen die Gerichte die Ausstrahlungswirkung der Grundrechte im konkreten Fall, so verletzen sie als Träger öffentlicher Gewalt die dadurch betroffene Prozesspartei in ihren Grundrechten (BVerfGE 89, 214 (229 f.) = NJW 1994, 36). Allerdings ist spezifisches Verfassungsrecht erst dann verletzt, wenn Auslegungsfehler sichtbar werden, die auf einer grundsätzlich unrichtigen Anschauung von der Bedeutung eines Grundrechts, insbes. vom Umfang seines Schutzbereichs beruhen und auch in ihrer materiellen Bedeutung für den konkreten Rechtsfall von einigem Gewicht sind (BVerfG GRUR-RR 2011, 217 (218) – WM-Marken). – Stets ist jedoch vorab zu fragen, inwieweit bei der Anwendung der Generalklausel des § 3 I und der einzelnen Unlauterkeitstatbestände die Vorgaben von Richtlinien, die eine vollständige Rechtsangleichung vorsehen, zu berücksichtigen sind. Denn die **richtlinienkonforme Auslegung** hat im Hinblick auf den Vorrang des Unionsrechts in einem Konfliktfall **Vorrang vor der verfassungskonformen Auslegung** (→ Einl. Rn. 3.11 ff.; BGH WRP 2010, 764 Rn. 60 – WM-Marken; OLG Hamburg GRUR-RR 2010, 74 (77)). Insoweit scheidet eine verfassungskonforme Auslegung am Maßstab der deutschen Grundrechte und damit auch die Kontrollzuständigkeit des BVerfG aus (verkannt in BVerfG GRUR 2008, 81 (82) – Pharmakartell). Dagegen behält die verfassungskonforme Auslegung außerhalb des durch die UGP-RL und andere Richtlinien vollharmonisierten Bereichs ihre Bedeutung. Das gilt nicht nur für alle Regelungen zum Schutz der **Mitbewerber** und **sonstigen Marktteilnehmer,** sondern auch für Regelungen zum Schutz der **Verbraucher,** soweit sie nicht in den Anwendungsbereich vollharmonisierender Richtlinien fallen. Diese Richtlinien als sekundäres Unionsrecht und das ihrer Umsetzung dienende nationale Recht sind ihrerseits am Maßstab der **europäischen Grundrechte** (Art. 6 EUV; Art. 51 I 1 GRCh) auszulegen (BGH WRP 2011, 762 Rn. 20 – AnyDVD; WRP 2011, 870 Rn. 19 ff. – Unser wichtigstes Cigarettenpapier; vgl. auch ErwGr. 25 UGP-RL). Mittelbar wird dadurch auch das Anliegen der verfassungskonformen Auslegung verwirklicht.

II. Einzelne Grundrechte

1. Menschenwürde (Art. 1 I GG; Art. 1 GRCh)

1.15 Das Grundrecht der Menschenwürde (Art. 1 I GG; Art. 1 GRCh) strahlt auch auf das Verhältnis der Wirtschaftssubjekte (Marktteilnehmer) zueinander aus. Geschäftliche Handlungen, die gegen die Menschenwürde verstoßen, sind stets unlauter. Zu Einzelheiten → Rn. 2.33–2.35.

2. Handlungsfreiheit (Art. 2 I GG)

1.15a Das Grundrecht der Handlungsfreiheit (Art. 2 I GG) wird durch speziellere Grundrechte, wie etwa des Art. 4 GG (BVerfG GRUR 1969, 137 (140) – Aktion Rumpelkammer) oder des Art. 12 I GG, verdrängt (BVerfG GRUR 1993, 751 (753) – Großmarkt-Werbung I). Dieses Grundrecht kommt daher nur ergänzend zum Zuge, etwa soweit die Normen des Lauterkeitsrechts auch das Verhalten von ausländischen Unternehmern oder von Privatpersonen außerhalb der beruflichen Sphäre erfassen. Wegen der Begrenzung dieses Grundrechts durch die „verfassungsmäßige Ordnung" sind jedoch Eingriffe mindestens im gleichen Umfang zulässig wie bei Art. 12 GG.

3. Gleichheitsgrundsatz (Art. 3 GG)

1.16 Der Gleichheitsgrundsatz (Art. 3 GG) in seiner Ausprägung als Willkürverbot bei der Rechtsanwendung ist erst tangiert, wenn die richterliche Entscheidung bei verständiger Würdigung der das Grundgesetz beherrschenden Gedanken nicht mehr verständlich ist und sich daher der Schluss aufdrängt, dass sie auf sachfremden Erwägungen beruht (BVerfGE 67, 90 (94); BVerfG GRUR 1993, 751 (753) – Großmarkt-Werbung I). Art. 3 I GG kann aber auch dann verletzt sein, wenn das Gericht eine Gruppe von Normadressaten im Vergleich zu anderen Normadressaten anders behandelt, obwohl zwischen beiden Gruppen keine Unterschiede von solcher Art und solchem Gewicht bestehen, dass sie die ungleiche Behandlung rechtfertigen könnten (BVerfGE 55, 72 (88); 83, 395 (401); BVerfG GRUR 1993, 751 (753) – Großmarkt-Werbung I). Nicht dagegen richtet sich der Gleichheitsgrundsatz an den Werbenden. Er kann, sofern er nur die Menschenwürde wahrt, seine Kunden oder Lieferanten grds. ungleich behandeln, zB einzelne Kunden von der Belieferung ausschließen oder ihnen unterschiedliche Preise berechnen. Grenzen setzen insoweit nur die zivilrechtlichen Benachteiligungsverbote der §§ 19, 20 AGG, die über § 3a auch im Lauterkeitsrecht zu beachten sind, die kartellrechtlichen Machtmissbrauchsverbote der §§ 19 und 20 GWB sowie § 826 BGB.

4. Religions- und Gewissensfreiheit (Art. 4 GG; Art. 10 GRCh)

Das Grundrecht der Religions- und Gewissensfreiheit (Art. 4 GG; Art. 10 GRCh) ist bei der **1.17** Frage nach dem Vorliegen einer geschäftlichen Handlung (§ 2 I Nr. 2), aber auch bei der Auslegung des Begriffs der Unlauterkeit zu berücksichtigen. Von Bedeutung ist dies zB bei Sammlungen für kirchliche oder religiöse Zwecke und der Kanzelwerbung hierfür (BVerfGE 24, 236 = GRUR 1969, 137 (138) – Aktion Rumpelkammer).

5. Meinungs- und Pressefreiheit (Art. 5 I GG; Art. 11 GRCh)

a) Reichweite. Das Grundrecht der Meinungs- und Pressefreiheit (Art. 5 I GG; Art. 11 **1.18** GRCh) gilt auch für kommerzielle Meinungsäußerungen und die Wirtschaftswerbung, soweit sie einen wertenden, meinungsbildenden Inhalt hat oder Angaben enthält, die der Meinungsbildung dienen (BVerfG GRUR 2003, 442 – Benetton-Werbung II; NJW 2003, 2229; BGHZ 169, 340 Rn. 15 – Rücktritt des Finanzministers; vgl. auch BGH WRP 2015, 1343 Rn. 51 – Springender Pudel). **Produktwerbung** besitzt meinungsbildenden Charakter nicht schon deshalb, weil sie ein Produkt zum Kauf empfiehlt (vgl. BGH WRP 2015, 1343 Rn. 51 – Springender Pudel zum Markenrecht; anders Ackermann WRP 1998, 665 (668); Köhler WRP 1998, 455 (460); v. Becker GRUR 2001, 1101 (1102)). **Aufmerksamkeitswerbung** (Imagewerbung) eines Unternehmens kann eine Meinungsäußerung enthalten, und zwar selbst dann, wenn sie lediglich mit meinungsbildenden Bildern arbeitet (BVerfG GRUR 2001, 170 (173) – Schockwerbung; GRUR 2003, 442 – Benetton-Werbung II). Denn auch in Bildern kann eine Meinungsäußerung (Ansicht, Werturteil oder Anschauung) zum Ausdruck kommen. Darauf, ob das Bild kommentiert wird oder in einem Werbekontext steht, kommt es nicht an (BVerfG GRUR 2003, 442 – Benetton-Werbung II). Das Grundrecht aus Art. 5 I GG wird zwar durch § 3 I berührt. Jedoch handelt es sich dabei um ein allgemeines Gesetz iSv Art. 5 II GG (BVerfG GRUR 2001, 170 (173) – Schockwerbung; GRUR 2001, 1058 (1059) – Therapeutische Äquivalenz), da sich diese Norm nicht gegen die Äußerung der Meinung als solche richtet, vielmehr dem Schutz eines schlechthin, ohne Rücksicht auf eine bestimmte Meinung zu schützenden Rechtsguts dient (vgl. BVerfG GRUR 1984, 357 (359) – markt-intern; GRUR 1992, 866 (870) – Hackethal; BGH GRUR 1984, 461 (463) – Kundenboykott; GRUR 1986, 812 (813) – Gastrokritiker).

b) Einschränkung durch das UWG als allgemeines Gesetz (Art. 5 II GG). Die Normen **1.19** des Lauterkeitsrechts stellen zwar „**allgemeine Gesetze**" iSd Art. 5 II GG dar (BVerfG GRUR 2001, 170 (173) – Schockwerbung; GRUR 2007, 1083 – Dr. R's Vitaminprogramm; GRUR 2008, 81 (82) – Pharmakartell – jeweils zu § 1 UWG 1909; BGH GRUR 2010, 74 Rn. 31 – Coaching-Newsletter). Sie sind jedoch ihrerseits im Lichte der wertsetzenden Bedeutung dieses Grundrechts zu sehen und so in ihrer grundrechtsbeschränkenden Wirkung selbst wieder einzuschränken (BVerfGE 12, 124 f.; BGH GRUR 1995, 593 (597) – Kinderarbeit). Die durch das Grundrecht und die durch ein „allgemeines Gesetz" geschützten Rechtsgüter und Interessen sind daher unter Berücksichtigung der Umstände des Einzelfalls gegeneinander abzuwägen. Eine Einschränkung der Meinungs- und Pressefreiheit (und des Informationsinteresses der Allgemeinheit) durch das Lauterkeitsrecht setzt, da die freie Meinungsäußerung für eine freiheitlich demokratische Staatsordnung schlechthin konstituierend ist, eine Rechtfertigung durch hinreichend gewichtige Gemeinwohlbelange oder schutzwürdige Interessen Dritter voraus (BVerfG GRUR 2001, 170 (173) – Schockwerbung). Bei der Prüfung, ob eine Äußerung Grundrechtsschutz genießt, ist sie unter Einbeziehung ihres (auch situativen) Kontexts auszulegen. Es darf ihr keine Bedeutung zugeschrieben werden, die sie objektiv nicht haben kann. Bei mehrdeutigen Äußerungen muss sich das Gericht mit den verschiedenen Deutungsmöglichkeiten auseinandersetzen und für die gefundene Lösung nachvollziehbare Gründe angeben (BVerfG GRUR 2001, 170 (174) – Schockwerbung).

Dient die Äußerung der Durchsetzung wirtschaftlicher Interessen gegen andere wirtschaftliche **1.20** Interessen, sind insbes. die Motive, Ziele und Zwecke der Äußerung zu bewerten (BVerfG GRUR 1984, 357 (360) – markt-intern zum Boykottaufruf). Je weniger daher eine Äußerung zur Meinungsbildung in einer die Öffentlichkeit berührenden Frage beiträgt und je mehr sie eigennützigen Geschäftsinteressen wirtschaftlicher Art dient, desto weniger schutzwürdig ist sie (BGH WRP 2015, 1098 Rn. 37 – TIP der Woche). Der Prüfung, ob Presseveröffentlichungen eine geschäftliche Handlung darstellen, kommt daher maßgebliche Bedeutung zu und ihre Feststellung bedarf eingehender Prüfung (BGH WRP 1995, 186 (189) – Dubioses Geschäftsgebaren; BVerfG GRUR 2008, 81 (82) – Pharmakartell). – Umgekehrt gilt, dass Meinungsäußerungen (sei es auch in der Werbung), die wirtschaftliche, politische, soziale und kulturelle Probleme zum Gegenstand haben, den Schutz des Art. 5 I GG in besonderem Maße genießen (BVerfG GRUR 2001, 170 (173) – Schockwerbung; GRUR 2008, 81 (82) – Pharmakartell).

1.21 Bei der Abwägung ist der Grundsatz der **Verhältnismäßigkeit** zu beachten, ein Verbot muss also geeignet, erforderlich und angemessen sein (BGH GRUR 2010, 74 Rn. 31 – Coaching-Newsletter). Eine Abwägung ist nicht erforderlich, wenn die Äußerung eine **Schmähkritik** darstellt, also nicht mehr die Auseinandersetzung in der Sache, sondern die Diffamierung der Person im Vordergrund steht (→ § 4 Rn. 1.19). Dafür reicht aber die bloße Überspitztheit einer Äußerung oder ihre teilweise Unsachlichkeit nicht aus. Insbes. ist eine Äußerung nicht allein deswegen unzulässig, weil sie weniger scharf oder sachlicher hätte formuliert werden können, und zwar auch dann, wenn Unternehmen angegriffen werden (BVerfG GRUR 2008, 81 (82) – Pharmakartell). – Die Pressefreiheit kann auch verletzt sein, wenn einem Verleger die Veröffentlichung einer Anzeige untersagt wird, für die der Werbende den Schutz der Meinungsfreiheit genießt (BVerfG GRUR 2001, 170 (172) – Schockwerbung).

1.22 **c) Anwendung des Art. 10 EMRK und des Art. 11 GRCh.** Die aufgeführte Rspr. betrifft zumeist Fälle, die nach dem **UWG 1909** entschieden wurden, das noch nicht vom Unionsrecht überwölbt war. Soweit Bestimmungen des **UWG 2015** der Umsetzung von Richtlinien dienen, sind daher die **europäischen** Grundrechte des Art. 10 EMRK und Art. 11 GRCh heranzuziehen. Der Schutz der Meinungsfreiheit nach **Art. 10 EMRK** ist auch auf wettbewerbliche Äußerungen zu erstrecken (EGMR GRUR-Int. 1984, 631 – Barthold; GRUR-Int. 1985, 468 – Tierärztlicher Nachtdienst II; NJW 1995, 857 – Jacubowski; NJW 2003, 497 – Stambuk; BGH WRP 2011, 870 Rn. 20 – Unser wichtigstes Cigarettenpapier). Jedoch darf Werbung in bestimmten Fällen Beschränkungen unterworfen werden, um insbes. unlauteren Wettbewerb und unwahre oder irreführende Werbung zu verhindern. Unter bestimmten Umständen kann sogar die Veröffentlichung sachlicher und wahrheitsgemäßer Werbung Beschränkungen unterworfen werden, um Rechte Dritter zu schützen oder weil die Beschränkungen wegen bes. Umstände bei bestimmten Geschäftstätigkeiten oder Berufen geboten sind. Dabei ist der Grundsatz der Verhältnismäßigkeit zu beachten. Allerdings haben die staatlichen Gerichte einen Beurteilungsspielraum bei der Frage, ob ein Verbot einer Äußerung notwendig iSv Art. 10 II EMRK ist (EGMR 2003, 497 f. – Stambuk). Zu **Art. 11 I** GRCh vgl. die Einschränkung in Art. 52 GRCh (dazu EuGH EuZW 2007, 46 Rn. 54; BGH WRP 2011, 870 Rn. 20–27 – Unser wichtigstes Cigarettenpapier).

6. Kunst- und Wissenschaftsfreiheit (Art. 5 III GG; Art. 13 GRCh)

1.23 Das Grundrecht der Kunst- und Wissenschaftsfreiheit (Art. 13 GRCh; Art. 5 III 1 GG) kann auch für die Werbung Bedeutung erlangen. Denn sie kann sich auch als „Kunstwerk" (insbes. in Form von Film und Fotografie) darstellen (zum Kunstbegriff vgl. BVerfGE 67, 213 (226 f.); BVerfG NJW 1985, 261 (262)). Dann greift Art. 5 III GG als das speziellere Grundrecht gegenüber der Meinungsfreiheit ein (BVerfGE 81, 278 (291); v. Becker GRUR 2001, 1101 (1102 f.)). Das hat zur Folge, dass die Schrankenbestimmung des Art. 5 II GG nicht anwendbar ist. Das Grundrecht findet jedoch seine Grenzen in den Grundrechten Dritter (BVerfGE 30, 191), so dass im Rahmen der Anwendung des **Lauterkeitsrechts** eine **Abwägung** der kollidierenden Grundrechte (insbes. mit Art. 2, 14 GG; Art. 17 II GRCh) vorzunehmen ist. (Zur Abwägung im Bereich des **Markenrechts** vgl. BGH WRP 2015, 1343 Rn. 48 – Springender Pudel.) Gegen die Verbreitung „künstlerischer" Werbung kann daher nur vorgegangen werden, wenn dadurch Grundrechte Dritter, etwa das Grundrecht Dritter auf freie, dh auch von Manipulationen unbeeinflusste, Entfaltung der Persönlichkeit oder das Eigentum beeinträchtigt werden (BGH GRUR 1995, 744 (749 f.) – Feuer, Eis & Dynamit I; GRUR 2005, 583 (584 f.) – Lila-Postkarte; in der Begründung bedenklich BGH GRUR 1995, 598 (600) – Ölverschmutzte Ente). Dabei ist aber der Grundsatz der Verhältnismäßigkeit zu beachten. Es kann daher nicht die Aufführung des Films, der getarnte Werbung enthält, untersagt werden, weil die Auflage, auf den werblichen Charakter des Films hinzuweisen, ausreicht (BGH GRUR 1995, 750 (751) – Feuer, Eis & Dynamit II).

Ein auf § 3 I gestützter Eingriff ist daher nur zulässig, soweit es dem Schutz der freien, dh auch **1.24** von Manipulation unbeeinflussten, Entfaltung der eigenen Persönlichkeit dient und dieser Schutz im Einzelfall vorrangig ist (BVerfGE 77, 240 (255); BGH GRUR 1995, 744 (748 f.) – Feuer, Eis & Dynamit I). Auf das Grundrecht aus Art. 5 III GG kann sich nicht nur der Schöpfer, sondern auch der Vertreiber des Kunstwerks berufen, soweit er nicht nur eine rein wirtschaftliche Verwertung, sondern zugleich die kommunikative Vermittlung des Kunstwerks als solches anstrebt, wie bspw. die Vorführung eines Films (BGH GRUR 1995, 744 (748) – Feuer, Eis & Dynamit I). Diese Grundsätze gelten auch für die künstlerische Gestaltung von Werbung. Daher kann sich auch der Träger der künstlerisch gestalteten Werbung auf Art. 5 III GG berufen, wenn er mindestens zugleich und gleichermaßen notwendiger Vermittler dieser Werbung ist (BGH GRUR 2005, 583 (584) – Lila-Postkarte zum Vertrieb einer künstlerisch gestalteten Postkarte; einschränkend v. Becker GRUR 2001, 1101: Einflussnahme auf Kunstwerk erforderlich).

Auf die **Wissenschaftsfreiheit** kann sich der Handelnde jedenfalls dann nicht berufen, wenn **1.25** seine Handlung tatsächlich nur kommerziellen Interessen und nicht der Forschung dient (OLG Oldenburg GRUR-RR 2006, 239).

7. Berufsfreiheit (Art. 12 GG; Art. 15, 16 GRCh)

Zur Berufsfreiheit einschließlich der Berufsausübungsfreiheit (Art. 15, 16 GRCh; Art. 12 **1.26** GG) gehört in der bestehenden, durch das Prinzip der Freiheit des Wettbewerbs geprägten Wirtschaftsverfassung auch das unternehmerische Verhalten im Wettbewerb, einschließlich der Werbung (BVerfGE 32, 311 (317); 65, 237 (247); 94, 372 (389); BVerfG GRUR 1993, 751 – Großmarkt-Werbung I; BGH GRUR 1999, 1014 (1015) – Verkaufsschütten vor Apotheken). Das in § 3 I aufgestellte Verbot unlauterer geschäftlicher Handlungen stellt daher zwar einen Eingriff in die Freiheit der Berufsausübung des **handelnden** Unternehmers dar. Jedoch genügt es den Anforderungen des Art. 12 I 2 GG und ist daher verfassungsgemäß (BVerfG GRUR 1993, 751 – Großmarkt-Werbung I zu § 1 UWG 1909). Allerdings ist bei der verfassungskonformen Auslegung des § 3 I und der sie konkretisierenden Beispielstatbestände darauf zu achten, dass die für Berufsausübungsregelungen geltenden Grundsätze (Rechtfertigung durch hinreichende Gründe des Gemeinwohls, Geeignetheit und Erforderlichkeit der gewählten Mittel und Zumutbarkeit der Beschränkung für den Betroffenen) berücksichtigt werden (vgl. BVerfG GRUR 1999, 247 (249) – Metro; BVerfG GRUR 2008, 806 – Architektur; BVerfG GRUR 2011, 530 Rn. 21 – Zahnarzt-Preisvergleich). – Bei der verfassungskonformen Auslegung des § 3 I am Maßstab des Art. 12 GG ist zwar auch die Berufsfreiheit des von der Handlung **betroffenen** Unternehmers zu berücksichtigen (BGH WRP 2010, 764 Rn. 60 – WM-Marken). Zu diesem Grundrecht gehört auch das Recht zur wirtschaftlichen Verwertung der beruflich erbrachten Leistung, einschließlich der Möglichkeit, Werbeeinnahmen zu erzielen. Ein Schutz käme jedoch allenfalls bei einem überwiegenden Interesse des betroffenen Unternehmers in Betracht, dann nämlich, wenn ohne die Anwendung des § 3 I als Auffangtatbestand eine Schutzlücke entstünden, die geschlossen werden müsste, um ihn in der wirtschaftlichen Verwertung seiner Leistung nicht rechtlos zu stellen (BGH WRP 2016, 850 Rn. 27 – Pippi-Langstrumpf-Kostüm II). Allerdings entfaltet Art. 12 GG Schutzwirkung nur gegenüber solchen Normen oder Akten, die sich entweder unmittelbar auf die Berufstätigkeit beziehen oder zumindest eine objektiv berufsregelnde Tendenz haben (BVerfGE 97, 228 (553 f.)). Ein Unternehmer, der nur mittelbar von einer geschäftlichen Handlung eines Mitbewerbers betroffen ist, kann daher nicht gestützt auf Art. 12 GG Schutz nach § 3 I begehren, wenn keiner der Beispielstatbestände unlauteren Handelns erfüllt ist (BGH WRP 2010, 764 Rn. 60 – WM-Marken).

Spezielle **Werbeverbote,** wie sie in Marktverhaltensregelungen des § 3a zu finden sind, sind **1.27** ebenfalls Regelungen der Berufsausübung, die dann zulässig sind, wenn sie durch ausreichende Gründe des Gemeinwohls gerechtfertigt sind und dem Grundsatz der Verhältnismäßigkeit entsprechen. Insoweit kommt es darauf an, ob das gewählte Mittel zur Erreichung des verfolgten Zwecks geeignet und auch erforderlich ist und bei einer Gesamtabwägung zwischen der Schwere des Eingriffs und dem Gewicht der ihn rechtfertigenden Gründe die Grenze der Zumutbarkeit noch gewahrt ist (BVerfGE 85, 248 (259); 94, 372 (390); BGH GRUR 1999, 1014 (1015) – Verkaufsschütten vor Apotheken). Berufsrechtliche Werbeverbote sind nur dann mit Art. 12 GG vereinbar, wenn sie sich auf das Verbot berufswidriger Werbung beschränken. Berufswidrig ist Werbung, die keine interessengerechte und sachangemessene Information darstellt. Dementsprechend darf ein auf § 3 I (oder Berufsordnungen) gestütztes Werbeverbot nur berufswidrige Werbung erfassen (BVerfG GRUR 2004, 68 – Werbung einer Zahnarzt-GmbH; BVerfG

GRUR 2011, 530 Rn. 27 ff. – Zahnarzt-Preisvergleich). Verstößt eine Marktverhaltensregelung (zB § 284 StGB iVm einer landesrechtlichen Regelung) gegen Art. 12 GG, stellt eine Zuwiderhandlung auch keine unlautere Handlung iSv § 3 I, § 3a dar (BGH WRP 2008, 661 Rn. 14 ff. – ODDSET).

8. Eigentumsfreiheit (Art. 14 GG; Art. 17 GRCh)

1.28   Das Grundrecht der Eigentumsfreiheit (Art. 17 GRCh; Art. 14 I GG) wird durch das Lauterkeitsrecht nicht berührt. Lauterkeitsrechtliche Marktverhaltensregeln können zwar Erwerbschancen oder eine bereits bestehende Marktstellung eines Unternehmens beeinträchtigen, doch genießen diese durch den Wettbewerb konstituierten Positionen keinen Eigentumsschutz (BVerfGE 51, 193 (221 f.); 78, 205 (211)). Denn dieses Grundrecht schützt nur Rechtspositionen, die einem Rechtssubjekt bereits zustehen, also grds. nicht in der Zukunft liegende Chancen und Verdienstmöglichkeiten (BVerfG WRP 1997, 424 (428) – Rauchen schadet der Gesundheit). Art. 14 I GG garantiert daher auch nicht die Beibehaltung einer einmal erreichten Marktstellung gegenüber Mitbewerbern (BVerfG GRUR 1993, 751 (753) – Großmarkt-Werbung I). Dementsprechend wird das Grundrecht aus Art. 14 GG nicht schon dann berührt, wenn gerichtliche Unterlassungsgebote das Handeln im Wettbewerb beschränken und dabei nur Erwerbschancen berührt werden.

III. Kontrolle fachgerichtlicher Entscheidungen durch das BVerfG

1.29   Das BVerfG überlässt es grds. den Fachgerichten, den Sachverhalt festzustellen und das einfache Gesetzesrecht auszulegen und anzuwenden. Es gesteht den Fachgerichten einen gewissen Spielraum bei der Auslegung zu und verlangt nur, dass sie nachvollziehbar, vertretbar und widerspruchsfrei ist. Insbes. sind die Fachgerichte befugt, zu den lauterkeitsrechtlichen Generalklauseln Fallgruppen zu entwickeln (BVerfG GRUR 2001, 1058 (1060) – Therapeutische Äquivalenz). Im heutigen § 3 I hat dies Bedeutung für die Auffangfunktion der Norm. Wie die Fachgerichte sich ihre Überzeugung von der Unlauterkeit eines Verhaltens bilden und welche Erkenntnisquellen sie dabei benutzen, bleibt grds. ihnen überlassen (BVerfG GRUR 1972, 358 (360) – Grabsteinwerbung). Eine Überprüfung erfolgt grds. nur unter dem Aspekt, ob die grundrechtlichen Normen und Maßstäbe beachtet wurden, insbes., ob die Entscheidung den Umfang des Schutzbereichs und der Ausstrahlungswirkung des Grundrechts richtig erfasst und iErg nicht zu einer unverhältnismäßigen Beschränkung der grundrechtlichen Freiheit geführt hat (BVerfG WRP 2000, 720 (721) – Sponsoring; GRUR 2001, 170 (173) – Schockwerbung). Auch müssen etwaige Auslegungsfehler von einigem Gewicht für die konkreten Rechtsfälle sein (BVerfGE 42, 143 (148 f.); BVerfG GRUR 1984, 357 (359) – markt-intern; BVerfG GRUR 2001, 1058 (1059) – Therapeutische Äquivalenz). Die Überprüfung durch das BVerfG ist umso eingehender, je intensiver die gerichtliche Entscheidung in die Grundrechte des Betroffenen eingreift (BVerfG GRUR 1993, 751 – Großmarkt-Werbung I). Greift ein auf § 3 I gestütztes Verbot in ein Grundrecht des Werbenden (zB aus Art. 5 I GG) ein, so genügt es zur Rechtfertigung des Verbots nicht, dass sich die Maßnahme einer von den Gerichten in abstrakt-typisierender Auslegung entwickelten Fallgruppe unlauteren Verhaltens zuordnen lässt. Vielmehr kommt diesen Fallgruppen nur Indizwirkung zu, die eine Interessenabwägung im konkreten Fall nicht ausschließen darf.

1.30   Für das BVerfG ergibt sich daraus eine Kontrollkompetenz, die auf verfassungsrechtliche Fragen beschränkt ist. Sie betrifft nur Auslegungsfehler, die eine grds. unrichtige Auffassung von der Bedeutung eines Grundrechts, insbes. vom Umfang seines Schutzbereichs, erkennen lassen und auch in ihrer materiellen Tragweite von einigem Gewicht sind (BVerfGE 85, 248 (257 f.) = NJW 1992, 2341; BVerfGE 90, 22 (25) = NJW 1994, 993; BVerfGE 96, 375 (394 f.) = NJW 1998, 519 (521); BVerfG NJW 2003; 229; GRUR 2003, 442 – Benetton-Werbung II).

IV. Kontrolle fachgerichtlicher Entscheidungen durch den EuGH

1.31   Die Bedeutung der verfassungsrechtlichen Kontrolle durch das BVerfG reduziert sich heute in dem Umfang, in dem das UWG durch das Unionsrecht, insbes. durch die UGP-RL, geprägt wird.

1.32   Die Frage, ob nationales Recht mit dem Unionsrecht vereinbar und ob das Unionsrecht mit den Grundrechten der GRCh vereinbar ist, kann verbindlich nur der **EuGH** im Rahmen eines **Vorabentscheidungsverfahrens** nach Art. 267 AEUV klären (→ Einl. Rn. 3.7 ff.).

2. Abschnitt. Die „große" Generalklausel des § 3 I

Übersicht

A. Die Funktionen des § 3 I

I. Abgrenzungsfunktion

Nach § 3 I sind unlautere **geschäftliche Handlungen** unzulässig. Insoweit kommt dem § 3 I **2.1** eine **Abgrenzungsfunktion** zu. Die Anknüpfung an den Begriff der **geschäftlichen Handlung** ermöglicht es, den Anwendungsbereich des Lauterkeitsrechts von dem des **allgemeinen Deliktsrechts** (§§ 823 ff. BGB) abzugrenzen (vgl. Begr. RegE UWG 2004 zu § 1, BT-Drs. 15/1487, 16; BGH WRP 2013, 1183 Rn. 17 – Standardisierte Mandatsbearbeitung). Der Begriff der geschäftlichen Handlung ist definiert in § 2 I Nr. 2 (→ § 2 Rn. 2.1 ff.).

II. Verbotsfunktion

2.2   Die zweite Funktion des § 3 I besteht in der **Rechtsfolgenregelung.** Unlautere geschäftliche Handlungen werden für **unzulässig** erklärt. Sie dürfen daher nicht vorgenommen werden oder, wie es Art. 5 I UGP-RL ausdrückt, sie sind **verboten.** Welche konkreten lauterkeitsrechtlichen Rechtsfolgen sich aus **Zuwiderhandlungen** ergeben, ergibt sich aus den §§ 8–10 (Unterlassungs-, Beseitigungs-, Schadensersatz- und Gewinnherausgabeansprüche). Zu den bürgerlich-rechtlichen Rechtsfolgen → Rn. 10.2 ff.).

III. Integrationsfunktion

2.3   § 3 I hat vor allem eine **Integrationsfunktion** hinsichtlich der speziellen Unlauterkeitstatbestände in den § 3 II, § 3 III iVm Anh. § 3, §§ 3a–6. Diese konkretisieren das Tatbestandsmerkmal der Unlauterkeit in § 3 I, damit werden sie in die Generalklausel integriert, und für sie gilt automatisch das Verbot des § 3 I.

IV. Auffangfunktion

2.4   Dem § 3 I kommt darüber hinaus eine Funktion als **Auffangtatbestand** zu. Über die Spezialtatbestände der Unlauterkeit in den § 3 II, III, §§ 3a–6 hinaus gibt es nämlich noch sonstige Fälle oder Fallgruppen, die auf Grund einer Bewertung der widerstreitenden Interessen aller Beteiligten, unter Berücksichtigung der europäischen und deutschen Grundrechte und des Allgemeininteresses an einem unverfälschten Wettbewerb (§ 1 S. 2) einen **vergleichbaren Unlauterkeitsgehalt** aufweisen. Sie lassen sich unmittelbar von § 3 I erfassen (→ Rn. 2.21 ff.). Dies entspricht der Rspr. zu § 3 I UWG 2008. Daran hat der Gesetzgeber des UWG 2015 – entgegen dem Vorschlag im RegE (vgl. BT-Drs. 18/4535, 10: § 3 I nur noch Rechtsfolgenregelung) – festgehalten (vgl. BT-Drs. 18/6571, 14). § 3 I als Auffangtatbestand ist jedoch nicht anwendbar, soweit es um die abschließenden Regelungen des Unionsrechts geht (→ Rn. 2.5). Daher wird in der Begründung der UWG-Novelle 2015 nochmals klargestellt, dass § 3 I „für den Geltungsbereich der Richtlinie eine Rechtsfolgenregelung" enthält (BT-Drs. 18/6571, 14).

V. Verhältnis der besonderen Unlauterkeitstatbestände zu § 3 I

2.5   § 3 I ist in seiner Funktion als Auffangtatbestand nur anwendbar, wenn eine geschäftliche Handlung keinen der besonderen Unlauterkeitstatbestände erfüllt und diese Tatbestände **keine abschließende Regelung** darstellen. Abschließende Regelungen enthalten die UGP-RL innerhalb ihres (begrenzten) Anwendungsbereichs und die Werbe-RL hinsichtlich der vergleichenden Werbung (vgl. BT-Drs. 18/6571, 15). Dies gilt auch, wenn die Auslegung des § 3 I dazu dienen sollte, ein höheres Verbraucherschutzniveau zu erreichen. Denn andernfalls würde der Vorrang des Unionsrechts (Art. 4 UGP-RL) verletzt (EuGH WRP 2011, 45 Rn. 30 – Mediaprint). Von Bedeutung ist dies für alle verbraucherschützenden Tatbestände des UWG, soweit sie der Umsetzung der UGP-RL dienen, sowie für die vergleichende Werbung (§ 6). Im Übrigen, wie insbes. bei § 3a, ist die Frage durch Auslegung zu klären.

VI. Verhältnis der besonderen Unlauterkeitstatbestände untereinander

2.6   Das Verhältnis der besonderen Unlauterkeitstatbestände untereinander ist im UWG nicht geregelt, sondern durch **Auslegung,** insbes. durch richtlinienkonforme Auslegung am Maßstab der UGP-RL und anderer Richtlinien, zu klären. So ist das Verhältnis der verbraucherschützenden Regelungen des UWG untereinander nach den Grundsätzen der UGP-RL in der Auslegung durch den EuGH zu bestimmen (vgl. EuGH WRP 2014, 38 Rn. 39 ff. – CHS Tour Services; WRP 2015, 698 Rn. 63 – UPC). Die mitbewerberschützenden Regelungen des § 4 stehen selbstständig neben den verbraucherschützenden Tatbeständen, weil sie nicht in den Anwendungsbereich der UGP-RL fallen, wie sich aus der Auslegung des ErwGr. 6 UGP-RL durch den EuGH ergibt (vgl. EuGH WRP 2011, 45 Rn. 15–38 – Mediaprint; GRUR-Int. 2013, 936 Rn. 31 – Euronics). Die Regelung der vergleichenden Werbung (§ 6 II) hat ihrerseits wieder Vorrang vor allen anderen Bestimmungen.

B. Der Tatbestand des § 3 I

I. Überblick

Die Generalklausel des § 3 I stellt keine bloße Rechtsfolgenregelung dar, sondern ist eine 2.7 vollständige Rechtsnorm, bestehend aus Tatbestand und Rechtsfolge. Tatbestand ist das Vorliegen einer unlauteren geschäftlichen Handlung, Rechtsfolge ist deren Unzulässigkeit. Die Regelung in § 3 I ist – obwohl formal übereinstimmend – streng von der Generalklausel des Art. 5 I UGP-RL („Unlautere Geschäftspraktiken sind verboten") zu unterscheiden. Nach ErwGr. 13 UGP-RL soll diese Generalklausel zwar die in den Mitgliedstaaten existierenden Generalklauseln und Rechtsgrundsätze ersetzen. Dies gilt aber nur für den (durch zahlreiche Ausnahmen eingeschränkten) Geltungsbereich der UGP-RL, während das UWG einen viel weiteren Anwendungsbereich hat. § 3 I darf daher zwar nicht in einer Weise ausgelegt werden, die den Vorgaben der UGP-RL zuwiderläuft, insbes. nicht in einer Weise, die zu einem höheren Verbraucherschutzniveau führen würde (stRspr des EuGH; vgl. EuGH WRP 2011, 45 Rn. 30 – Mediaprint). Im Übrigen sind aber Gesetzgeber und Gerichte frei, diesen verbliebenen Freiraum gestalterisch zu nutzen.

II. „Geschäftliche Handlung"

Der Anwendungsbereich des § 3 I beschränkt sich auf geschäftliche Handlungen. Dazu gehö- 2.8 ren nach der Legaldefinition in § 2 I Nr. 2 nicht nur Handlungen, die in einem unmittelbaren und objektiven Zusammenhang mit der Förderung des Absatzes oder Bezugs von Waren oder Dienstleistungen stehen, sondern auch solche, die sich auf den Abschluss oder die Durchführung entsprechender Verträge beziehen. § 3 I unterscheidet nicht danach, gegenüber wem die geschäftliche Handlung vorgenommen wurde, erfasst daher – entsprechend der Schutzzweckbestimmung des § 1 S. 1 – nicht nur geschäftliche Handlungen gegenüber sonstigen Marktteilnehmern und Mitbewerbern, sondern grds. auch geschäftliche Handlungen gegenüber Verbrauchern (aA Alexander WRP 2016, 411 Rn. 52). Dies gilt jedoch nur für Sachverhalte, die nicht in den Anwendungsbereich der UGP-RL fallen, dh nicht den abschließenden Charakter dieser Richtlinie tangieren.

III. „Unlauterkeit"

1. Fehlen einer Definition

Die geschäftliche Handlung muss unlauter sein. Obwohl die Unlauterkeit der zentrale Begriff 2.9 des § 3 I UWG und auch namensgebend für das UWG selbst ist, fehlt es an einer Definition. Es handelt sich hier um das gleiche Phänomen wie beim Begriff des Wettbewerbs: Er entzieht sich einer abschließenden Definition durch den Gesetzgeber, im UWG wird er daher nur in Gestalt von einzelnen besonderen Unlauterkeitstatbeständen konkretisiert. Für die Vorschriften, die der Umsetzung der UGP-RL dienen, stellt zwar Art. 5 II UGP-RL eine allgemeine Definition der Unlauterkeit zur Verfügung, die in § 3 II übernommen wird. Jedoch gilt auch für diese Definition, dass sie durch bes. Unlauterkeitstatbestände konkretisiert wird (vgl. EuGH WRP 2014, 38 Rn. 39 ff. – CHS Tour Services). Sie beansprucht überdies nur Geltung für den begrenzten Anwendungsbereich der UGP-RL. Zu Recht knüpfen daher die verbraucherschützenden Tatbestände der §§ 4a, 5 und 5a I, VI unmittelbar an § 3 I und nicht an § 3 II an.

2. Synonyme für Unlauterkeit

Vielfach wird der Begriff der Unlauterkeit durch Begriffe umschrieben, die sich letztlich als 2.10 bloße Synonyme, nicht aber als hilfreiche Konkretisierungen erweisen.

a) Verstoß gegen die „guten Sitten". Das UWG 1909 verwendete zur Beschreibung der 2.11 Unlauterkeit den Begriff des Verstoßes gegen die **„guten Sitten",** wie er sich heute noch in den §§ 138, 826 BGB findet. Die Rspr. verstand darunter eine Handlung, „die dem Anstandsgefühl eines verständigen Durchschnittsgewerbetreibenden widerspricht oder von der Allgemeinheit missbilligt und für untragbar gehalten wird" (so BGHZ 81, 291 (295 f.) = GRUR 1982, 53 – Bäckerfachzeitschrift; BGH GRUR 1988, 614 (615) – Btx-Werbung; GRUR 1994, 220 (222) – PS-Werbung II; GRUR 1995, 592 (593 f.) – Busengrapscher; GRUR 2001, 1181

(1182) – Telefonwerbung für Blindenwaren). Zum Begriff der „guten Sitten" in § 23 MarkenG vgl. BGH GRUR 2011, 1135 Rn. 26 – GROSSE INSPEKTION FÜR ALLE; WRP 2015, 1351 Rn. 39 – Tuning.

2.12 **b) Verstoß gegen die „anständigen Marktgepflogenheiten".** Art. 10bis II PVÜ verwendet zur Beschreibung der Unlauterkeit den Begriff der „anständigen Marktgepflogenheiten", konkretisiert ihn aber nur anhand von Beispielen (dazu Henning-Bodewig GRUR-Int. 2015, 529). Es bleibt offen, was unter „anständig" zu verstehen ist und was für Handlungen gelten soll, für die es noch keine „Marktgepflogenheiten" gibt, an denen man sich orientieren könnte. Zum Begriff der „anständigen Marktgepflogenheiten" in § 2 Nr. 9 vgl. → § 2 Rn. 9.11 ff) Zum Begriff der „anständigen Marktgepflogenheiten" in Art. 6 I Marken-RL vgl. BGH WRP 2015, 1351 Rn. 39 – Tuning.

2.13 **c) Verstoß gegen „Treu und Glauben".** Das schweizerische UWG versteht unter Unlauterkeit einen Verstoß gegen **„Treu und Glauben"**, einem Begriff, den das Bürgerliche Recht in den §§ 157, 242 BGB verwendet. Ein Mehr an Klarheit ergibt sich auch daraus nicht.

2.14 **d) Verstoß gegen die „berufliche Sorgfalt" bzw. „unternehmerische Sorgfalt".** Die UGP-RL versucht den Begriff der Unlauterkeit in Art. 5 I UGP-RL durch den Begriff der „beruflichen Sorgfalt" und dessen Definition in Art. 2 lit. h UGP-RL konkreter zu fassen, sieht sich aber wiederum genötigt, auf den Begriff der „anständigen Marktgepflogenheiten" und den Grundsatz von „Treu und Glauben" zurückzugreifen. Das Gleiche gilt für den Begriff der „unternehmerischen Sorgfalt" iSd § 2 I Nr. 9.

3. Unlauterkeit als bereichsspezifische Bezeichnung der Rechtswidrigkeit

2.15 Der Begriff der Unlauterkeit dient dazu, **erlaubtes** und **unerlaubtes** geschäftliches Handeln gegenüber Marktteilnehmern zu unterscheiden. Die Bezeichnung eines Verhaltens als unlauter bedeutet daher nichts anderes als eine bereichsspezifische Bezeichnung der **Rechtswidrigkeit** eines Verhaltens. Dem entspricht es, wenn im frz. Recht für „unlauter" die Bezeichnung „déloyale" und im ital. Recht die Bezeichnung „sleale" gebraucht wird. Ein Verhalten ist dann „unlauter", wenn es gegen eine vom Gesetzgeber oder den Gerichten für den Anwendungsbereich des UWG aufgestellte **Verhaltensregel** verstößt und damit rechtswidrig ist. Es ist also die **Summe der Verhaltensregeln** für geschäftliche Handlungen, die den Begriff der Unlauterkeit im UWG konstituiert. Unlauterkeit ist daher kein feststehender Begriff, unter den sich ein konkretes geschäftliches Handeln subsumieren lässt. Vielmehr ist stets nach der jeweils dafür geltenden Verhaltensregel zu fragen. Diese Regeln können sich im Laufe der Zeit – entsprechend den jeweiligen wirtschaftlichen und gesellschaftlichen Anschauungen – wandeln: Was gestern noch als unlauter galt (zB Rabatte und Zugaben), ist heute erlaubt oder gar im Sinne eines innovativen Wettbewerbs erwünscht. Die Liberalisierung des deutschen Lauterkeitsrechts in den letzten Jahrzehnten geht auf den Einfluss des europäischen Rechts zurück. Im Anwendungsbereich der UGP-RL und der Werbe-RL wird die Unlauterkeit geschäftlicher Handlungen durch Verhaltensregeln des Unionsgesetzgebers in der Auslegung durch den EuGH konkretisiert. In dem verbleibenden Bereich hat der deutsche Gesetzgeber Verhaltensregeln zur Konkretisierung der Unlauterkeit aufgestellt. Diese Regeln sind aber nicht abschließender Natur. Vielmehr verbleibt den Gerichten aufgrund des § 3 I in seiner Funktion als Auffangtatbestand noch ein eigenständiger Bereich zur Aufstellung solcher Verhaltensregeln.

4. Unlauterkeit als objektiver Verhaltensmaßstab

2.16 Die Frage, ob der Vorwurf der Unlauterkeit ein **subjektives** Element voraussetzt, wurde im Laufe der Zeit unterschiedlich beantwortet. So forderte die Rspr. zu § 1 UWG 1909 zwar nicht, dass sich der Handelnde der Sittenwidrigkeit seines Handelns bewusst war oder dass er dies hätte wissen müssen. Wohl aber musste der Handelnde grds. alle **Tatumstände** gekannt haben, die bei objektiver Würdigung die Sittenwidrigkeit seiner geschäftlichen Handlung begründeten (vgl. BGH GRUR 1992, 448 (449) – Pullovermuster; GRUR 1995, 693 (695) – Indizienkette). Der Vorwurf an den Handelnden ging dahin, er habe trotz Kenntnis der Tatumstände gehandelt. Dementsprechend schloss Unkenntnis oder Irrtum über die Tatumstände die Sittenwidrigkeit aus. Erlangte der Handelnde erst nachträglich Kenntnis von den Tatumständen, die sein Verhalten sittenwidrig machten, so handelte er erst von diesem Augenblick an sittenwidrig (BGH GRUR 1992, 448 (449) – Pullovermuster). – Der positiven Kenntnis von den sittenwidrigkeitsbegründenden Umständen wurde es gleich erachtet, wenn der Handelnde mit dem Vorliegen solcher Umstände rechnete (bedingter Vorsatz) oder sich der Kenntnis bewusst verschloss (BGH GRUR 1983, 587 f. – Letzte Auftragsbestätigung; GRUR 1995, 693 (695) – Indizienkette). Diese Auffassung wird von manchen auch heute wieder vertreten (vgl. GK-UWG/Peukert Rn. 371). – Unter Geltung des UWG 2004 setzte sich indessen zu Recht die Auffassung durch, dass es für die grds. Beurteilung nicht auf eine subjektive, das Verhalten aus der Sicht des Handelnden wertende, sondern nur eine funktionelle, dh am Schutzzweck des Lauterkeitsrechts ausgerichtete und damit objektive Betrachtung ankommt (vgl. BGH GRUR 2007, 800 Rn. 21 – Außendienstmitarbeiter mwN). Daran haben auch die UWG-Novelle 2008 und 2015 nichts geändert (BGH GRUR 2009, 1080 Rn. 21 – Auskunft der IHK).

Das Tatbestandsmerkmal der Unlauterkeit ist daher **objektiv** zu verstehen. Weder ist ein   **2.17**
Bewusstsein der Unlauterkeit noch eine Kenntnis der unlauterkeitsbegründenden Umstände erforderlich. Da es die Aufgabe des Lauterkeitsrechts ist, das Marktverhalten im Interesse der Marktteilnehmer, insbes. der Verbraucher und Mitbewerber zu regeln, kann die Feststellung der Unlauterkeit nicht von der Kenntnis der objektiven, die Unlauterkeit begründenden Umstände abhängen (BGH WRP 2007, 951 Rn. 21 – Außendienstmitarbeiter). Dies gilt auch für den Rechtsbruchtatbestand des § 3a (vgl. zu § 1 UWG 1909 BGHZ 163, 265 (270) – Atemtest). Umgekehrt wird eine objektiv zulässige Beeinträchtigung von Marktteilnehmern nicht deshalb unlauter, weil sie in Kenntnis ihrer Wirkungen herbeigeführt wird (BGH WRP 2007, 951 Rn. 21 – Außendienstmitarbeiter). Dem entspricht es, dass auch das Tatbestandsmerkmal der geschäftlichen Handlung nach der Definition in § 2 I Nr. 2 kein subjektives Element voraussetzt. Objektiv zu missbilligende Handlungen sind daher grds. ohne Rücksicht auf den Wissensstand des Handelnden mit dem (verschuldensunabhängigen) Unterlassungs- und Beseitigungsanspruch (§ 8 I) zu bekämpfen. Fehlende Kenntnis von den unlauterkeitsbegründenden Umständen kann nur im Rahmen der verschuldensabhängigen Schadensersatz- und Gewinnabschöpfungsansprüche (§§ 9, 10) eine Rolle spielen.

Das objektive Verständnis der Unlauterkeit liegt auch der UGP-RL zugrunde. Nach   **2.18**
Art. 11 II 1 UGP-RL ist der Nachweis von „Vorsatz oder Fahrlässigkeit des Gewerbetreibenden" für das Verbot einer unlauteren Geschäftspraxis nicht erforderlich. Auch der Definition der „beruflichen Sorgfalt" in Art. 5 II lit. a UGP-RL ist kein subjektives Tatbestandsmerkmal zu entnehmen.

Eine **Ausnahme** vom objektiven Verständnis der Unlauterkeit ist nur dann zu machen, wenn   **2.19**
einzelne Beispielstatbestände der Unlauterkeit subjektive Tatbestandsmerkmal enthalten (vgl. § 4a II Nr. 3: („bewusste Ausnutzung"); Anh. Nr. 6 und Nr. 13 zu § 3 III („in der Absicht")) oder die Rspr. dies fordert (zB bei der gezielten Preisunterbietung iSd § 4 Nr. 4).

IV. Kein Spürbarkeitserfordernis

Anders als die Vorgängernormen des § 3 I UWG 2004 und § 3 I UWG 2008, weist § 3 I   **2.20**
keine Spürbarkeitsklausel mehr auf. Damit wurde eine Anpassung an die Systematik der UGP-RL vollzogen. Denn im System der UGP-RL ist die sog geschäftliche Relevanz einer Geschäftspraktik im Begriff der Unlauterkeit enthalten. Die Unlauterkeitstatbestände der Art. 5 II UGP-RL und Art. 5 IV UGP-RL iVm Art. 6–9 UGP-RL enthalten neben dem jeweiligen Unwertkriterium (Sorgfaltsverstoß; irreführendes oder aggressives Verhalten) noch ein Relevanzkriterium, nämlich die Eignung der Handlung, das Verbraucherverhalten zu beeinflussen. Dies wurde in den Unlauterkeitstatbeständen der § 3 II, §§ 4a, 5 und 5a übernommen. Beim Rechtsbruchtatbestand des § 3a wurde hingegen die Spürbarkeitsklausel aus dem § 3 I UWG 2008 übernommen und bei den Tatbeständen des Mitbewerberschutzes (§ 4) bedurfte es ohnehin keiner gesonderten Prüfung der Spürbarkeit, da diese tatbestandsimmanent ist. Ob in den Fällen, in denen § 3 I als Auffangtatbestand dient (→ Rn. 2.21 ff.), in Konkretisierung des Tatbestandsmerkmals der Unlauterkeit Spürbarkeitserfordernisse aufzustellen sind, bleibt wie bisher der Rspr. überlassen. Dies kann insbes. dazu beitragen, die Abmahnung von Bagatellverstößen zu verhindern (BT-Drs. 18/6571, 15).

C. § 3 I als Auffangtatbestand für sonstige unlautere Handlungen

I. Überblick

2.21 § 3 I dient als **Auffangtatbestand** für solche geschäftlichen Handlungen, die von den besonderen Unlauterkeits- bzw. Verbotstatbeständen der § 3 II, III, §§ 3a–7 nicht oder nur in Teilaspekten erfasst werden. Diese ermöglichen keine umfassende Bewertung der Interessen der betroffenen Marktteilnehmer und der Interessen der Allgemeinheit, wie sie für die Anwendung des § 3 I erforderlich ist (vgl. BGH GRUR 2009, 1080 Rn. 13 – Auskunft der IHK; GRUR 2013, 301 Rn. 26 – Solarinitiative; WRP 2018, 424 Rn. 27 – Knochenzement I; WRP 2018, 429 Rn. 24, 26 – Knochenzement II). Davon ist auch der Gesetzgeber bei Erlass des UWG 2004 (BT-Drs. 15/1487, 16) und des UWG 2015 (BT-Drs. 18/6571, 14) ausgegangen. Voraussetzung ist aber, dass sie einen den diesen Tatbeständen **vergleichbaren Unlauterkeitsgehalt** aufweisen (stRspr; vgl. BGH GRUR 2006, 426 Rn. 16 – Direktansprache am Arbeitsplatz II; 2008, 262 Rn. 9 – Direktansprache am Arbeitsplatz III; GRUR 2009, 1080 Rn. 12 – Auskunft der IHK; GRUR 2011, 431 Rn. 11 – FSA-I; GRUR 2013, 301 Rn. 26 – Solarinitiative; WRP 2018, 424 Rn. 27 – Knochenzement I; WRP 2022, 315 Rn. 28 – Kopplungsangebot III; BT-Drs. 18/6571, 14, 15) oder den **„anständigen Gepflogenheiten in Handel und Gewerbe"** widersprechen (vgl. BGH GRUR 2006, 1042 Rn. 29 – Kontaktanzeigen; GRUR 2009, 1080 Rn. 13 – Auskunft der IHK). Dagegen ist § 3 I nicht schon immer dann heranzuziehen, wenn eine Handlung keinen der besonderen Unlauterkeitstatbestände verwirklicht (OLG Frankfurt GRUR 2005, 1064 (1066)). Denn dadurch würden die diesen Tatbeständen zugrunde liegenden Wertungen unterlaufen. Das gilt insbes. für § 4 Nr. 3 (→ Rn. 2.28).

II. Verfassungsrechtliche Anforderungen an die richterliche Konkretisierung des § 3 I

2.22 Die Gerichte haben bei der Konkretisierung des § 3 I in seiner Funktion als Auffangtatbestand (und auch bei der Auslegung von Unlauterkeitstatbeständen mit generalklauselartiger Weite, wie bspw. § 3a und § 4 Nr. 4) bestimmte verfassungsrechtliche Vorgaben einzuhalten. Denn sie nehmen dabei in der Sache Aufgaben der Rechtssetzung wahr. Ganz allg. ist die Bindung an das vorrangige Unionsrecht und an die verfassungsmäßige Ordnung zu beachten. Dazu gehört nicht nur die Beachtung der Grundrechte (→ Rn. 1.14 ff.), sondern auch das auf Art. 20 GG gestützte Gebot der Rechtssicherheit und das auf Art. 3 GG gestützte Gebot der Widerspruchsfreiheit. Rechtssicherheit bedeutet dabei, dass die Adressaten des Lauterkeitsrechts hinreichende Klarheit haben, wie sie ihr Verhalten einrichten müssen, um nicht dem Vorwurf der Unlauterkeit ausgesetzt zu sein. Widerspruchsfreiheit bedeutet insbes., dass der Richter sich bei der Aufstellung neuer Verhaltensnormen nicht in Widerspruch zu den Regelungen und Wertungen der Beispielstatbestände der §§ 4–7 setzen darf. Insbes. können nicht im Unrechtsgehalt weniger schwerwiegende geschäftliche Handlungen unter Rückgriff auf § 3 I verboten werden.

2.23 Darüber hinaus haben sich die Gerichte an den Schutzzwecken des Lauterkeitsrechts zu orientieren (vgl. BVerfG WRP 2003, 69 (71) – Veröffentlichung von Anwalts-Ranglisten; BGHZ 144, 255 (266) – Abgasemissionen; BGH GRUR 2001, 1181 (1182) – Telefonwerbung für Blindenwaren). Die Schutzzweckbestimmung des § 1 gibt dem Richter einen Maßstab an die Hand, schutzzweckkonforme Verhaltensnormen zu entwickeln. Zugleich wird es ihm ermöglicht, seine Wertungen offen zu legen (vgl. Weber AcP 192 (1992), 517 (560 ff.)). Den Schutzzwecken kommt dabei sowohl eine legitimierende als auch eine begrenzende Funktion zu. Die Gerichte können daher die Anwendung des § 3 I zwar mit dem Interesse der Allgemeinheit an einem unverfälschten Wettbewerb (§ 1 S. 2), aber nicht mit sonstigen Allgemeininteressen (zB Umweltschutz, Kinderschutz, Tierschutz, Arbeitnehmerschutz usw) begründen. Das war bereits in der Rspr. zu § 1 UWG 1909 anerkannt, wenngleich nicht immer konsequent verwirklicht (vgl. BGH GRUR 2001, 1181 (1183) – Telefonwerbung für Blindenwaren zu „allgemein sozialpolitischen Gesichtspunkten").

2.24 Der Richter kann sich aber nicht damit begnügen, eine Norm nur allg. mit einem Hinweis auf die Schutzzwecke des UWG zu rechtfertigen. Vielmehr hat er stets zu prüfen, ob die aufzustellende Norm auch tatsächlich **erforderlich** und **geeignet** ist, diese Schutzzwecke zu verwirklichen. Denn Marktverhaltensnormen und ihre Anwendung greifen in Grundrechte des

Handelnden aus Art. 5 und Art. 12 GG ein und müssen daher dem verfassungsrechtlichen Grundsatz der **Verhältnismäßigkeit** genügen.

III. Kein Rückgriff auf „Leerformeln"

Zur Konkretisierung des Begriffs der Unlauterkeit in § 3 I vermögen auf das Rechtsgefühl 2.25 gestützte „Leerformeln", wie „Untragbarkeit", „Verwilderung der Wettbewerbssitten", „Auswüchse des Wettbewerbs", nichts beizutragen (vgl. BGH GRUR 2006, 773 Rn. 19 – Probeabonnement).

IV. Grenzen der Anwendbarkeit des § 3 I

1. Vorrangiges Unionsrecht

Ein Rückgriff auf die Generalklausel ist ausgeschlossen, soweit die Unlauterkeit von Hand- 2.26 lungen auf Grund verbindlicher Vorgaben des Unionsrechts **abschließend** geregelt ist. Handlungen, die in den Anwendungsbereich der UGP-RL fallen, aber nach deren Bestimmungen nicht zu beanstanden sind, dürfen daher nicht unter Berufung auf § 3 I verboten werden (vgl. EuGH WRP 2013, 460 Rn. 35 – Köck).

2. Reichweite der besonderen Unlauterkeitstatbestände

Der Anwendungsbereich des § 3 I als Auffangtatbestand beginnt jenseits der durch Auslegung 2.27 zu bestimmenden **Reichweite** der besonderen Unlauterkeitstatbestände. Hier ist von Bedeutung, dass einige wichtige Unlauterkeitstatbestände, wie bspw. der Tatbestand der gezielten Behinderung (§ 4 Nr. 4), ihrerseits eine generalklauselartige Weite aufweisen. Das Tatbestandsmerkmal „gezielt" lässt nämlich eine Interessenabwägung zu, bei der auch die Interessen der Verbraucher, der sonstigen Marktteilnehmer und der Allgemeinheit berücksichtigt werden können (vgl. BGH WRP 2014, 839 Rn. 23 – Flugvermittlung im Internet mwN). So ist zu § 4 Nr. 3 (unlautere Produktnachahmung) anerkannt, dass die darin enthaltene Aufzählung von Fallgruppen nicht abschließend ist, sondern in Ausnahmefällen eine gezielte Behinderung auch bei der Nachahmung eines fremden Produkts vorliegen kann (vgl. BGH GRUR 2007, 795 Rn. 50 f.; 2008, 115 Rn. 32 – ICON).

3. Keine Funktion als „Unternehmergeneralklausel"

Dem § 3 I ist keine „Unternehmergeneralklausel" zu entnehmen, wie dies noch im RegE zur 2.27a UWG-Novelle 2015 (BT-Drs. 18/4535, 12) angenommen und zur Rechtfertigung einer entsprechenden Neuregelung in § 3 III RegE als Pendant zur Verbrauchergeneralklausel herangezogen worden war (aA wohl Ohly/Sosnitza/Sosnitza Rn. 47). Der Gesetzgeber hat eine solche Regelung bewusst nicht in das UWG 2015 übernommen. Der Schutz der Unternehmer, sei es in ihrer Rolle als Mitbewerber oder als sonstige Marktteilnehmer, ist in den besonderen Unlauterkeitstatbeständen des UWG geregelt. Eine dem § 3 II entsprechende allgemeine Regelung kann nicht in den § 3 I hineingelesen werden. Denkbar ist allenfalls eine punktuelle Anwendung des § 3 I auf geschäftliche Handlungen gegenüber Mitbewerbern oder sonstigen Marktteilnehmern. Was den Schutz der **Mitbewerber** betrifft, so sind die Tatbestände des § 4 zwar ggf. weit auszulegen (→ § 4 Rn. 0.3), aber nicht als lückenhafte und generell durch § 3 I zu vervollständigende Regelungen zu verstehen. – Was den Schutz **sonstiger Marktteilnehmer** betrifft, ist noch zu klären, ob es Fälle gibt, die die Anwendung des § 3 I über die Tatbestände der §§ 3a, 4a und 5 hinaus rechtfertigen (vgl. Alexander WRP 2016, 411 Rn. 23; Ohly in Alexander/Augenhofer, 10 Jahre UGP-Richtlinie, 2016, S. 125, 128). Im Rahmen der gebotenen Interessenabwägung könnten bspw. kleine Unternehmen im Verhältnis zu großen Unternehmen im Einzelfall in gleicher Weise schutzbedürftig sein wie Verbraucher. Allerdings haben insoweit die besonderen Schutzvorschriften des § 20 I GWB Vorrang.

4. Grundlage für einen „unmittelbaren Leistungsschutz"?

Ob § 3 I die Grundlage für einen sog. unmittelbaren Leistungsschutz bieten kann, wenn die 2.28 Voraussetzungen des § 4 Nr. 3 oder § 4 Nr. 4 nicht erfüllt sind, ist noch nicht abschließend geklärt. Der BGH hat dies bisher offengelassen, aber für den jeweiligen konkreten Fall verneint BGH GRUR 2011, 436 Rn. 19 ff. – Hartplatzhelden.de mAnm Ohly; WRP 2016, 850

Rn. 21 ff. – Pippi-Langstrumpf-Kostüm II; WRP 2017, 51 Rn. 97 – Segmentstruktur). – Das Schrifttum ist gespalten. Für eine Anwendung des § 3 I in Ausnahmefällen, nämlich wenn für die fragliche Leistung im Recht des geistigen Eigentums eine planwidrige Regelungslücke bestehe und eine Abwägung aller beteiligten Interessen für einen Leistungsschutz spreche, treten ein: Becker GRUR 2017, 346 (352 ff.); Büscher GRUR 2017, 105 (106); Ohly GRUR 2010, 487 (492 f.); Ohly GRUR 2011, 439 (440); Ohly GRUR 2017, 90 (92); Ruess/Slopek WRP 2011, 834; Sack GRUR 2016, 782 (783 ff.); Sack WRP 2017, 1; Sack WRP 2017, 132; Sack FS Büscher 2018, 359 (368 f.)). – Grds. gegen eine Anwendung sind: jurisPK-UWG/Ullmann Rn. 34; Nemeczek WRP 2010, 1204; Nemeczek GRUR 2011, 292). – Dieser ablehnenden Auffassung ist zu folgen. Dem Recht des geistigen Eigentums liegt keine planmäßige Gesamtregelung zu Grunde und es kann daher auch keine planwidrige Regelungslücke geben. Jedenfalls wäre die Wahrscheinlichkeit einer solchen Lücke im Hinblick auf die Ausdehnung des Sonderrechtsschutzes gering (Ohly GRUR-Int. 2015, 693 (704)). Auch ist ein Bedürfnis für einen unmittelbaren Leistungsschutz nach § 3 I derzeit nicht zu erkennen, zumal die Anerkennung eines Leistungsschutzrechts und eine damit verbundene ausschließliche Verwertungsbefugnis die Wettbewerbsfreiheit und damit auch die Interessen der Allgemeinheit und die ebenfalls grundrechtlich geschützten Interessen der „Verwerter" (Art. 12 I 2 GG) einschränken würde, der Schöpfer hingegen für seine Leistung ggf. Marken- und Designschutz in Anspruch nehmen kann (BGH WRP 2016, 850 Rn. 27 – Pippi-Langstrumpf-Kostüm II). Fehlt es an einer Produktnachahmung iSd § 4 Nr. 3, so lässt sich die Unlauterkeit einer Handlung nicht schon damit begründen, dass eine Herkunftstäuschung oder eine Rufausbeutung vorliegt (BGH GRUR 2008, 115 Rn. 32 – ICON). Liegt umgekehrt zwar eine Nachahmung einer Leistung vor, ist aber weder der Tatbestand des § 4 Nr. 3 noch der des § 4 Nr. 4 erfüllt, kann der Vertrieb der Nachahmung nicht unter Berufung auf § 3 I untersagt werden. Dem Leistungserbringer steht es frei, seine Leistung als Marke oder Design schützen zu lassen. Nimmt er diese Möglichkeit nicht wahr, ist er insoweit auch nicht schutzbedürftig. Die in § 4 Nr. 3 und Nr. 4 vom Gesetzgeber gezogene Trennlinie bei der Wertung der widerstreitenden Interessen unter Berücksichtigung der Wettbewerbsfreiheit und damit der Interessen der Allgemeinheit sollte nicht durch die richterrechtliche Schaffung eines sonstigen Leistungsschutzrechts zu Lasten der Mitbewerber verschoben werden, zumal bereits § 4 Nr. 4 eine generalklauselartige Weite aufweist (→ Rn. 4.208 ff.) und auch § 823 I BGB („Recht am eingerichteten und ausgeübten Gewerbebetrieb") in Betracht kommt (vgl. BGH GRUR 2011, 436 Rn. 28, 31 – Hartplatzhelden.de). Daher ist das Angebot von gewerblichen Leistungen, die auf Arbeitsergebnissen von Mitbewerbern aufbauen, rechtlich grds. nicht zu beanstanden (BGH WRP 2016, 850 Rn. 27, 28 – Pippi-Langstrumpf-Kostüm II betreffend Merchandising-Produkte). Daran ändert auch nichts die (angebliche) Gefahr eines Marktversagens (dazu Ohly/Sosnitza/Ohly § 4 Rn. 3/79). Jedenfalls dem derzeitigen UWG kommt keine „Schrittmacherfunktion" für die Entwicklung neuer Immaterialgüterrechte im Gewande des Unlauterkeitsvorwurfs zu (Köhler GRUR 2010, 657 (658); aA Sack GRUR 2016, 782 (784)). Wollte man darüber hinausgehen, würden über den Sonderrechtsschutz hinaus mittels des UWG faktisch weitere Immaterialgüterrechte geschaffen (ebenso Nemeczek WRP 2010, 1204; Nemeczek GRUR 2011, 292; Körber/Ess WRP 2011, 697 (702)). Dies ist aber nicht (mehr) die Aufgabe des Lauterkeitsrechts als eines Marktverhaltensrechts. Insoweit ist es Aufgabe des (ggf. europäischen) Gesetzgebers, bei Bedarf aufgrund von technischen und wirtschaftlichen Veränderungen solche neuen Rechte zu schaffen. Dies gilt auch für Werke, die durch Künstliche Intelligenz (KI) geschaffen wurden (Dornis GRUR 2019, 1252 (1256 f.)). – Das Lauterkeitsrecht schützt die wirtschaftlichen Interessen von Mitbewerbern, Verbrauchern und sonstigen Marktteilnehmern. Der Schutz dieser Interessen kann zwar im Ergebnis der Leistung des betroffenen Mitbewerbers gleichsam den Rang eines Ausschließlichkeitsrechts gewähren (vgl. § 5 II, § 6 II Nr. 3 und 4). Das Lauterkeitsrecht schafft aber keine neuen Ausschließlichkeitsrechte, sondern knüpft allenfalls an solche Rechte an.

5. Keine Erweiterung des Rechtsbruchtatbestands (§ 3a)

2.29   Verstöße gegen **außerwettbewerbsrechtliche Normen,** die keine Marktverhaltensregelungen iSd § 3a sind, können auch dann nicht über § 3 I für unlauter erklärt werden, wenn sie dem Unternehmer einen **Wettbewerbsvorsprung** vor seinen Mitbewerbern verschaffen (BGH GRUR 2010, 654 Rn. 25 – Zweckbetrieb mwN; WRP 2016, 586 Rn. 35 – Eizellspende). Vielmehr hat der Gesetzgeber in § 3a zu erkennen gegeben, dass Verstöße gegen außerwettbewerbsrechtliche Rechtsnormen nur unter den bes. Voraussetzungen dieser Vorschrift als unlauter anzusehen sind. Denn es kann nicht Aufgabe des Lauterkeitsrechts sein, alle nur denkbaren Gesetzesverstöße (zB gegen Produktions-, Straßenverkehrs-, Steuervorschriften oder gegen Marktzutrittsregelungen), die in einem Zusammenhang mit geschäftlichen Handlungen stehen oder sich auf das Marktverhalten der Marktteilnehmer auswirken, (auch) lauterkeitsrechtlich zu sanktionieren (BGH GRUR 2010, 654 Rn. 25 – Zweckbetrieb; BT-Drs. 15/1487, 19; OLG Frankfurt GRUR-RR 2019, 305 Rn. 19). Ist der Tatbestand des Rechtsbruchs (§ 3a) nicht erfüllt, weil eine – wenngleich rechtswidrige – Genehmigung vorliegt, kann das Handeln nicht kurzerhand nach § 3 I für unlauter erklärt werden. Denn damit würde der Vorrang der verwaltungsgerichtlichen Kontrolle von Verwaltungsakten ausgeschaltet (→ § 3a Rn. 1.48; OLG Saarbrücken GRUR-RR 2007, 344 (347)).

6. Keine Erstreckung auf Verstöße gegen vertragliche Bindungen

Verstöße gegen lediglich **vertragliche Bindungen,** einschließlich AGB, die das Marktverhalten regeln, erfüllen grds. nicht den Tatbestand des § 3 I (BGH WRP 2014, 839 Rn. 35 – Flugvermittlung im Internet; OLG Hamm GRUR-RR 2011, 218 (219)). Denn dies würde zu einer Art Verdinglichung schuldrechtlicher Pflichten führen, die mit der Aufgabe des Lauterkeitsrechts nicht im Einklang stünde. Erforderlich ist insoweit ein Hinzutreten **besonderer Umstände,** die das Wettbewerbsverhalten als unlauter erscheinen lassen (BGH WRP 2014, 839 Rn. 35 – Flugvermittlung im Internet).   **2.30**

7. Keine Erstreckung auf Verstöße gegen Verhaltenskodizes (§ 2 I Nr. 10)

Verstöße gegen **Verhaltenskodizes** (§ 2 I Nr. 10) oder **sonstige Regelwerke von Verbänden** sind ebenfalls nicht ohne weiteres unlauter iSd § 3 I. Sie können zwar eine bestimmte tatsächliche Übung widerspiegeln. Daraus folgt aber nicht, dass ein von dieser Übung abweichendes Verhalten ohne weiteres unlauter ist. Vielmehr kann umgekehrt ein Verhaltenskodex „der Nichteinhaltung rechtlicher Vorschriften Vorschub leisten" (Art. 11 I UAbs. 3 S. 1 UGP-RL). Im Übrigen würde der Wettbewerb in bedenklicher Weise beschränkt, wenn das Übliche zur Norm erhoben würde (BGH GRUR 2011, 431 Rn. 13 – FSA-Kodex I mAnm Nemeczek). Derartigen Regelwerken unterhalb des Ranges einer Rechtsnorm kann daher allenfalls innerhalb der Gesamtwürdigung **indizielle Bedeutung** für die Feststellung der Unlauterkeit einer geschäftlichen Handlung iSd § 3 I zukommen (vgl. BGH GRUR 1991, 462 (463) – Wettbewerbsrichtlinien der Privatwirtschaft; GRUR 2002, 548 (550) – Mietwagenkostenersatz; BGHZ 166, 154 = GRUR 2006, 773 Rn. 19, 20 – Probeabonnement zu den VDZ-Wettbewerbsregeln für den Vertrieb von abonnierbaren Tages- und Wochenzeitungen; GRUR 2011, 431 Rn. 13 – FSA-Kodex I zum FS-Arzneimittel-Kodex). Dies ersetzt aber nicht eine abschließende Beurteilung nach den Wertungen des UWG, zumal es verfassungsrechtlich bedenklich wäre, zur Konkretisierung der Generalklausel des § 3 I derartige Regelwerke heranzuziehen (BGH GRUR 2011, 431 Rn. 13, 14 – FSA-Kodex I; Kopp, Selbstkontrolle durch Verhaltenskodizes, 2016, 177 ff.). – Ein Rückgriff auf § 3 I kommt daher nur in Betracht, wenn das betreffende regelwidrige Verhalten von seinem Unlauterkeitsgehalt her den in den besonderen Unlauterkeitstatbeständen geregelten Verhaltensweisen entspricht (BGH GRUR 2011, 431 Rn. 11 – FSA-Kodex I; OLG München WRP 2012, 347 Rn. 28). Ist dies nicht der Fall, können solche Regelungswerke sogar gegen § 1 GWB oder Art. 101 AEUV verstoßen. Das ist insbes. dann von Bedeutung, wenn es sich um Regelwerke handelt, die bei ihrem Erlass zwar den damals geltenden Standards des Lauterkeitsrechts entsprachen, aber durch die zwischenzeitlichen Änderungen des UWG und der dazu ergangenen Rspr. überholt sind (dazu Sosnitza FS Bechtold, 2006, 515). Ferner dann, wenn solche Regelwerke lediglich die Interessen der jeweiligen Unternehmen, nicht aber die Interessen der sonstigen Marktteilnehmer und insbes. der Verbraucher, schützen wollen (vgl. BGH GRUR 1991, 462 (463) – Wettbewerbsrichtlinie der Privatwirtschaft). Unter diesem Gesichtspunkt sind einige Bestimmungen der „Wettbewerbsrichtlinien der Versicherungswirtschaft" (Stand: 1.9.2006) angreifbar (dazu Köhler FS Lorenz, 2014, 831). – Im Anwendungsbereich der **UGP-RL** sind zwar deren Wertungen zu beachten. Verstöße gegen Verhaltenskodizes iSd Art. 2 lit. f UGP-RL bzw. § 2 I Nr. 10 sind aber nicht ohne weiteres, sondern nur unter bestimmten Voraussetzungen (vgl. Art. 5 II UGP-RL, Art. 6 II lit. b UGP-RL, Anh. I Nr. 1 und 3 UGP-RL) nach § 3 I unzulässig (BGH GRUR 2011, 431 Rn. 15 – FSA-Kodex I). Dementsprechend erfüllen derartige Verstöße auch nicht ohne weiteres den Tatbestand des § 3 II (Verletzung der unternehmerischen Sorgfalt; OLG München WRP 2012, 347 Rn. 28).   **2.31**

V. Fallgruppen der Anwendung des § 3 I als Auffangtatbestand

2.32   Entsprechend der Vielgestaltigkeit geschäftlicher Handlungen kann sich § 3 I in seiner Funktion als Auffangtatbestand auf ganz unterschiedliche Sachverhalte beziehen, die sich einer systematischen Einordnung entziehen.

1. Verstöße gegen die Menschenwürde

2.33   Die Unlauterkeit einer geschäftlichen Handlung kann sich daraus ergeben, dass sie gegen die **Menschenwürde** verstößt (allg. Ahrens FS Schricker, 2005, 619). Die **UGP-RL** enthält zwar keine Bestimmungen zum Schutz von Grundrechten der Verbraucher. Jedoch ist sie ihrerseits im Lichte der Grundrechte und Grundsätze der GRCh auszulegen (ErwGr. 25 UGP-RL). Sie steht auch einem nationalen Schutz der Grundrechte auch nicht entgegen. Denn die Mitgliedstaaten sollen nach **ErwGr. 7 S. 5 UGP-RL** „Geschäftspraktiken aus Gründen der guten Sitten und des Anstands verbieten können, auch wenn diese Praktiken die Wahlfreiheit der Verbraucher nicht beeinträchtigen". Nach Auffassung der **Kommission** fallen in diesen Ausnahmebereich auch nationale Verbote, die auf den Schutz der Menschenwürde, die Verhinderung von Diskriminierung aufgrund des Geschlechts, der Rasse und der Religion oder das Verbot der Abbildung nackter Personen bzw. der Darstellung von Gewalt und antisozialem Verhalten abzielen (Leitlinien der Kommission zur Umsetzung/Anwendung der Richtlinie über unlautere Geschäftspraktiken v. 25.5.2016 SWD(2016) 163 final, S. 10).

2.34   Enthält eine geschäftliche Handlung (§ 2 I Nr. 2) einen Angriff auf die Menschenwürde (Art. 1 GRCh; Art. 1 GG), etwa durch Erniedrigung, Brandmarkung, Verfolgung, Ächtung und andere Verhaltensweisen, so ist sie schon aus diesem Grunde unlauter iSd § 3 I (aA offenbar Ohly/Sosnitza/Sosnitza Rn. 65: nur § 4a). Der Handelnde kann sich demgegenüber nicht auf eigene Grundrechte berufen. Denn die Menschenwürde als Fundament aller Grundrechte ist mit keinem Einzelgrundrecht abwägungsfähig. Insbes. setzt die Menschenwürde auch der Meinungsfreiheit (Art. 5 I GG) im Lauterkeitsrecht eine absolute Grenze (BVerfG GRUR 2001, 170 (174) – Schockwerbung; BVerfG GRUR 2003, 442 (443) – Benetton-Werbung II). Bereits zu § 1 UWG 1909 hatte das BVerfG ausgeführt, der Schutz der Menschenwürde rechtfertige unabhängig vom Nachweis einer Gefährdung des Leistungswettbewerbs ein Werbeverbot, wenn die Werbung wegen ihres Inhalts auf die absolute Grenze der Menschenwürde stoße (BVerfG GRUR 2003, 442 (443) – Benetton-Werbung II; vgl. weiter BVerfG GRUR 2001, 170 (174) – Schockwerbung; vgl. auch BGH GRUR 1995, 592 (594) – Busengrapscher; GRUR 1995, 600 (601) – H. I. V. POSITIVE I). Der Handelnde kann sich auch nicht darauf berufen, dass sein Handeln nicht geeignet sei, das wirtschaftliche Verhalten des Verbrauchers wesentlich zu beeinflussen (§ 3 II) oder die Interessen von Verbrauchern sonst spürbar zu beeinträchtigen (§ 3 I UWG 2008). Denn die geschäftliche Relevanz ist keine Voraussetzung des § 3 I mehr und auch die Regelung in § 4 Nr. 1 UWG 2008 zur Unlauterkeit menschenverachtender Handlungen, die die Entscheidungsfreiheit von Verbrauchern beeinträchtigen ist entfallen. Dass die Menschenwürde auch durch spezielle Vorschriften des Medienrechts (§ 3 MStV) und des Strafrechts (§ 131 StGB) geschützt wird, schließt eine Anwendung des § 3 I nicht aus.

2.35   Eine andere Frage ist indessen, wann im **Einzelfall** eine geschäftliche Handlung, insbes. Werbemaßnahme, die Menschenwürde verletzt. In der Vergangenheit war die Rspr. mit dem Vorwurf der Verletzung der Menschenwürde schnell bei der Hand (vgl. BGH GRUR 1995, 592 (594) – Busengrapscher; GRUR 1995, 600 – H. I. V. POSITIVE I; GRUR 2002, 360 – H. I. V. POSITIVE II). Das BVerfG urteilte hier deutlich zurückhaltender (vgl. BVerfG GRUR 2001, 170 – Schockwerbung; BVerfG GRUR 2003, 442 – Benetton-Werbung II).

2. Schlichthoheitliche Eingriffe in den Wettbewerb

2.36   Soweit die öffentliche Hand als **Unternehmer** iSd § 2 I Nr. 8 tätig wird, unterliegt sie den Anforderungen des UWG, ungeachtet dessen, dass sie zugleich öffentliche Aufgaben erfüllt oder öffentlich-rechtlich (als Körperschaft usw) organisiert ist. Dies ergibt sich aus einer richtlinienkonformen Auslegung des Unternehmerbegriffs am Maßstab der Definition des Gewerbetreibenden in Art. 2 lit. b UGP-RL. Denn der EuGH legt diesen Begriff im Interesse eines effektiven Verbraucherschutzes weit aus und stellt lediglich darauf ab, ob die betreffende Einrichtung gegen Entgelt tätig wird (EuGH WRP 2013, 1454 Rn. 32–41 – BKK MOBIL OIL). – Anders verhält es sich, wenn die öffentliche Hand nicht unternehmerisch, sondern **schlicht-**

hoheitlich, nämlich durch Empfehlungen, Warnungen, Auskünfte usw zugunsten eines eigenen oder fremden Unternehmens zur Förderung von dessen Absatz oder Bezug tätig wird. Insoweit liegt nämlich ein **geschäftliches Handeln** iSd § 2 I Nr. 2 der öffentlichen Hand vor. Unabhängig von der Möglichkeit und Effizienz einer öffentlich-rechtlichen Kontrolle einer solchen Tätigkeit greift daher die lauterkeitsrechtliche Kontrolle ein. Die schlichthoheitliche Tätigkeit unterliegt allerdings nicht bloß der Kontrolle nach den verbraucherschützenden Vorschriften des UWG, soweit sie Bestimmungen der UGP-RL umsetzen. Insbes. ist der Kontrollmaßstab des § 3 II, nämlich die Verletzung der unternehmerischen Sorgfalt (iSd § 2 I Nr. 9), mangels unternehmerischer Tätigkeit nicht anwendbar. Vielmehr gelten für diese Tätigkeit der öffentlichen Hand **strengere** Maßstäbe. Insbes. hat die öffentliche Hand wegen des Vertrauens, das ihr entgegengebracht wird, wenn sie in amtlicher Funktion handelt, Auskünfte und Empfehlungen **objektiv und sachgerecht zu** erteilen, weil sie zu **neutraler und objektiver Amtsführung** verpflichtet ist (stRspr; vgl. BGH GRUR 2009, 1080 Rn. 18, 21 – Auskunft der IHK; GRUR 2013, 301 Rn. 29 – Solarinitiative mwN). Verletzt sie diese Pflicht, so handelt sie unlauter iSd § 3 I. Handelt die öffentliche Hand **aggressiv** oder **irreführend** iSd §§ 4a, 5, 5a, so ist sie selbstverständlich dafür verantwortlich. Denn sie unterliegt mindestens den gleichen Verhaltensanforderungen wie ein privater Unternehmer.

3. Verletzung von lauterkeitsrechtlichen Verkehrspflichten

Im UWG nicht unmittelbar geregelt ist die Verantwortlichkeit von Personen, die durch ihr **2.37** Handeln im geschäftlichen Verkehr die ernsthafte Gefahr begründen, dass Dritte durch das Lauterkeitsrecht geschützte Interessen von Marktteilnehmern verletzen. Aus dieser Gefahrenbegründung folgt nach der Rspr. eine **lauterkeitsrechtliche Verkehrspflicht.** Ihr liegt der Gedanke zu Grunde, dass derjenige, der in seinem Verantwortungsbereich eine Gefahrenquelle schafft oder andauern lässt, die ihm zumutbaren Maßnahmen und Vorkehrungen treffen muss, die zur Abwendung der daraus drohenden Gefahren notwendig sind (BGH GRUR 2013, 301 Rn. 51 – Solarinitiative). Zu derartigen Pflichten können Prüf-, Überwachungs- und Eingreifpflichten gehören. Allerdings ist eine Verletzung von Verkehrspflichten nur unter engen Voraussetzungen anzunehmen, um einer unangemessenen Ausdehnung der Haftung für Rechtsverstöße Dritter entgegenzuwirken (BGH GRUR 2018,203 Rn. 37 – Betriebspsychologe; OLG Frankfurt GRUR-RR 2021, 120 Rn. 24). Um **Verstöße** gegen eine solche Pflicht ahnden zu können, greift die Rspr. auf § 3 I zurück, geht also von einer **täterschaftlichen Haftung** aus (vgl. BGH GRUR 2007, 890 Rn. 22, 36 ff. – Jugendgefährdende Medien bei eBay; vgl. weiter BGHZ 180, 134 = GRUR 2009, 597 – Halzband). Zu Einzelheiten → § 8 Rn. 2.6 ff.; Ohly GRUR 2017, 441. Im Verhältnis zu Verbrauchern ist der Anwendungsbereich des § 3 II eröffnet (→ Rn. 3.38; → § 8 Rn. 2.8 ff.; BGH WRP 2014, 1050 Rn. 22 – Geschäftsführerhaftung).

4. Allgemeine Marktbehinderung

Dazu → § 4 Rn. 5.1 ff.   **2.38**

5. Fruchtziehung aus vorangegangenem wettbewerbswidrigem Verhalten

Unter dem Gesichtspunkt der **Fruchtziehung,** dh der Ausnutzung der Auswirkungen aus **2.38a** vorangegangenem wettbewerbswidrigem Verhalten, hat die Rspr. in einer Reihe von Fällen ein Verbot auf der Grundlage der wettbewerbsrechtlichen Generalklausel ausgesprochen (vgl. BGH GRUR 1988, 829 (830) – Verkaufsfahrten II; GRUR 1999, 177 – Umgelenkte Auktionskunden; GRUR 1999, 261 (264) – Handy-Endpreis; GRUR 2001, 1178 (1180) – Gewinnzertifikat). Jedoch ist eine solche Fruchtziehung **nicht per se verboten.** Vielmehr muss (a) von dem angegriffenem Verhalten eine unmittelbare Störung des lauteren Wettbewerbs ausgehen oder sonst ein unmittelbarer Zusammenhang zwischen dem unlauteren Vorgehen und der als Fruchtziehung beanstandeten Handlung bestehen, und (b) die Fruchtziehung muss ihrerseits die Voraussetzungen einer unlauteren geschäftlichen Handlung iSv § 3 I erfüllen (BGH WRP 2018, 424 Rn. 23, 24 – Knochenzement I). Das Kriterium der **Unmittelbarkeit** soll verhindern, dass unter dem Gesichtspunkt der unlauteren Fruchtziehung in einer mit dem Erfordernis der Rechtssicherheit und dem gebotenen Schutz der Interessen unbeteiligter Dritter nicht im Einklang stehenden konturlosen Weise Verhaltensweisen nach § 3 I unterbunden werden, die für sich genommen mit den Grundsätzen des lauteren Wettbewerbs im Einklang stehen (BGH

WRP 2018, 424 Rn. 24 – Knochenzement I; WRP 2018, 429 Rn. 21 – Knochenzement II. An der Unmittelbarkeit fehlt es bspw., wenn ein Unternehmen Produkte vertreibt und bewirbt, die zwar Nachfolgeprodukte von unter Verletzung von Geschäftsgeheimnissen hergestellter Produkte sind, selbst aber nicht unter Verletzung solcher Geheimnisse hergestellt werden (BGH WRP 2018, 424 Rn. 25 – Knochenzement I). Auch spricht in einem solchen Fall eine Gesamtabwägung der Interessen der Beteiligten und ihrer Kunden sowie der Allgemeinheit gegen ein Belieferungs- und Werbeverbot (BGH WRP 2018, 424 Rn. 26 ff. – Knochenzement I).

6. Sonstige Fälle

2.39   Nach der Rspr. ist der Fall der unerwünschten **Direktansprache von Mitarbeitern** eines anderen Unternehmens an deren Arbeitsplatz durch „Headhunter" nach § 3 I zu beurteilen, weil sich nur auf diese Weise die rechtlich geschützten Interessen aller Beteiligten abwägen ließen (vgl. BGH GRUR 2006, 426 Rn. 16 – Direktansprache am Arbeitsplatz; zu Einzelheiten → § 7 Rn. 235.). – Stellen **Richtlinien** neue Anforderungen an die Lauterkeit von Geschäftspraktiken auf, sind diese aber noch nicht in nationales Recht umgesetzt, so können die Gerichte in richtlinienkonformer Auslegung des § 3 I gleichwohl schon diese Anforderungen zur Begründung der Unlauterkeit einer geschäftlichen Handlung heranziehen (vgl. BGHZ 138, 55 = GRUR 1998, 824 – Testpreis-Angebot zur vergleichenden Werbung). – Im Übrigen bietet § 3 I Raum für die Beurteilung **neuartiger Fallgestaltungen** im Bereich des Schutzes der **Mitbewerber** und **sonstigen Marktteilnehmer.** Ob und inwieweit eine geschäftliche Relevanz der Handlung zu berücksichtigen ist, bleibt den Gerichten überlassen (BT-Drs. 18/6571, 14; Köhler NJW 2016, 593 (594)).

3. Abschnitt. Die Verbrauchergeneralklausel des § 3 II

Übersicht

A. Entstehungsgeschichte, unionsrechtliche Grundlage und Normzweck

Die sog **Verbrauchergeneralklausel** des **§ 3 II** geht auf das UWG 2008 zurück und wurde **3.1** im UWG 2015 neugefasst. Sie dient der Umsetzung des **Art. 5 II UGP-RL** (vgl. BT-Drs. 16/ 10145, 30) und ist dementsprechend **richtlinienkonform** anhand des Wortlauts und Zwecks dieser Bestimmung auszulegen (vgl. EuGH GRUR 2012, 1269 Rn. 41 – Purely Creative). Die Neufassung des § 3 II beseitigt die Mängel der Umsetzung in § 3 II 1 UWG 2008 und unter-scheidet sich, wenn man § 3 IV 1 hinzunimmt, von der Regelung in Art. 5 II UGP-RL nur noch durch den fehlenden „Bezug auf das jeweilige Produkt". Die Vorschrift dient – wie auch alle anderen auf die UGP-RL zurückgehenden verbraucherschützenden Vorschriften des UWG – unmittelbar dem Schutz der **wirtschaftlichen Interessen** der **Verbraucher** und damit mittelbar auch dem Schutz der rechtmäßig handelnden Mitbewerber (ErwGr. 6 S. 1 UGP-RL). Unter dem Schutz der wirtschaftlichen Interessen der Verbraucher ist dabei nichts anderes zu verstehen als das Interesse der Verbraucher, eine **freie und informierte geschäftliche Ent-scheidung** treffen zu können.

B. Anwendungsbereich

I. Beschränkung auf Verbraucher

§ 3 II bezweckt nur den Schutz der Verbraucher, nicht auch den Schutz der Mitbewerber und **3.2** sonstigen Marktteilnehmer, der durch die Spezialtatbestände der §§ 3a, 4a, 5 und 5a I sowie durch § 3 I in seiner Funktion als Auffangtatbestand gewährleistet ist. Die zugrunde liegende Generalklausel des Art. 5 II UGP-RL beschränkt sich allerdings auf den Schutz der Verbraucher in ihrer Eigenschaft als Nachfrager nach Waren oder Dienstleistungen, wie sich aus der De-finition der Geschäftspraktiken in Art. 2 lit. d UGP-RL („Absatzförderung, Verkauf oder Liefe-rung") ergibt. Eine solche Beschränkung besteht aber für § 3 II nicht, weil der Begriff der geschäftlichen Handlung nach § 2 I Nr. 2 ausdrücklich auch den Bezug von Waren oder Dienst-leistungen durch den Unternehmer erfasst. Im Grundsatz lässt sich § 3 II daher auch auf den Schutz der Verbraucher in ihrer Eigenschaft als Anbieter von Waren oder Dienstleistungen (bspw. Verkauf von Antiquitäten, Gebrauchtwagen; Vermietung von Immobilien) erstrecken. Das erscheint auch sachlich geboten, weil Verbraucher insoweit gegenüber Unternehmen in gleicher Weise unterlegen und damit schutzbedürftig sind.

II. Verhältnis des § 3 II zu § 3 I (Generalklausel)

3.3   Im (allerdings beschränkten) Geltungsbereich der UGP-RL kommt dem § 3 I im Verhältnis zu § 3 II nur die Funktion einer **Rechtsfolgenregelung** (BT-Drs. 18/6571, 14), **nicht** dagegen eines **Auffangtatbestands** zu. Geschäftliche Handlungen gegenüber Verbrauchern können nicht aus Gründen des Verbraucherschutzes daher nicht unter Berufung auf § 3 I verboten werden, wenn sie nicht (einmal) den Tatbestand des § 3 II erfüllen (vgl. Köhler WRP 2010, 1293 (1299)). Dies wäre mit dem Charakter der UGP-RL als einer abschließenden Regelung (Vollharmonisierung) nicht vereinbar. (Das Gleiche muss sinngemäß gelten, wenn man § 3 II auf das Handeln von Unternehmern als Nachfrager erstreckt; → Rn. 3.2.) – Da § 3 I **keine Spürbarkeitsklausel** mehr enthält, hat sich auch die frühere Diskussion über das Nebeneinander der Spürbarkeitsklausel des § 3 I UWG 2008 und der Relevanzklausel des § 3 II 1 UWG 2008 erledigt (bejahend BGH GRUR 2010, 852 Rn. 20 – Gallardo Spyder; GRUR 2010, 1117 Rn. 34 – Gewährleistungsausschluss im Internet; auch noch Nordemann FS Köhler, 2014, 489 (490 ff.); krit. Köhler WRP 2010, 1293 (1298 f.); Schöttle GRUR 2009, 546 (550, 551)).

III. Verhältnis des § 3 II zu den § 3 III, §§ 4a, 5 und 5a (aggressive und irreführende Handlungen)

3.4   Art. 5 II–V UGP-RL enthält ein vom Allgemeinen zum Besonderen fortschreitendes Verbotssystem (dazu EuGH WRP 2014, 38 Rn. 36 ff. – CHS Tour Services). Art. 5 II UGP-RL enthält die allgemeine Bestimmung der Unlauterkeit von Geschäftspraktiken. Diese Regelung wird durch Regelungen der irreführenden und aggressiven Geschäftspraktiken in Art. 5 IV iVm Art. 6–9 UGP-RL konkretisiert (ErwGr. 13 S. 4 UGP-RL). Art. 5 V 1 UGP-RL verweist schließlich auf eine Liste jener irreführenden und aggressiven Geschäftspraktiken, die unter allen Umständen unlauter sind (ErwGr. 17 UGP-RL). Das Rangverhältnis dieser Regelungen untereinander bestimmt sich umgekehrt danach, dass jeweils die besondere Regelung der nächstfolgenden vorgeht. Die Generalklausel des Art. 5 II UGP-RL kommt daher erst dann zur Anwendung, wenn die fragliche Geschäftspraxis weder irreführend noch aggressiv ist (EuGH WRP 2015, 698 Rn. 63 – UGP).

3.5   Dieses Vorrangverhältnis gilt entsprechend für die verbraucherschützenden Tatbestände des UWG. Ein Rückgriff auf § 3 II ist also erst dann möglich, wenn die betreffende geschäftliche Handlung nicht schon von einem der besonderen Unlauterkeitstatbestände des § 3 III iVm Anh. sowie der §§ 4a, 5 und 5a erfasst wird. Im Verhältnis zu diesen Tatbeständen stellt § 3 II daher einen **Auffangtatbestand** dar. – Soweit die §§ 4a, 5 und 5a I auch **sonstige Marktteilnehmer** schützen, wird ihre Anwendung durch § 3 II selbstverständlich nicht berührt.

IV. Verhältnis zu § 3a (Rechtsbruch)

3.6   Auch unter Geltung des UWG 2015 ist das Verhältnis des § 3 II zu § 3a noch nicht abschließend geklärt. Ggf. wird eine Vorlage an den EuGH erforderlich sein.

1. Rechtsprechung

3.7   Die Rspr. (BGH GRUR 2010, 1117 Rn. 16 – Gewährleistungsausschluss im Internet; GRUR 2010, 1120 Rn. 20 ff. – Vollmachtsnachweis; WRP 2012, 1086 Rn. 48 – Missbräuchliche Vertragsstrafe; OLG Köln GRUR-RR 2013, 116 (117)) ließ sich bisher von folgenden Erwägungen leiten: Im Hinblick auf die abschließende Regelung der Unlauterkeit von Geschäftspraktiken von Unternehmern gegenüber Verbrauchern durch die UGP-RL könne ein Verstoß gegen Marktverhaltensregelungen eine Unlauterkeit nach § 4 Nr. 11 UWG 2008 (jetzt: § 3a) grds. nur noch begründen, wenn die betreffende Regelung eine **Grundlage im Unionsrecht** habe. Dies ergebe sich aus ErwGr. 15 S. 2 UGP-RL. Dies wurde bspw. für § 475 I 1 BGB bejaht, weil diese Regelung der Umsetzung des Art. 7 I Verbrauchsgüterkauf-RL diene und diese Richtlinie durch die UGP-RL nach deren Art. 3 IV UGP-RL nicht berührt werde. Ferner für die Klauselverbote der §§ 307 ff. BGB, die ihre Grundlage in der Klausel-RL haben. Ergänzend führte der BGH in der Entscheidung Gewährleistungsausschluss im Internet aus, dass die Verletzung derartiger Marktverhaltensregelungen regelmäßig den Erfordernissen der beruflichen Sorgfalt iSd Art. 5 II lit. a UGP-RL widerspreche und unter den weiteren Voraussetzungen des Art. 5 II b UGP-RL unlauter sei (BGH GRUR 2010, 1117 Rn. 17 – Gewährleistungsausschluss im Internet). In der Entscheidung Missbräuchliche Vertragsstrafe hieß es, dass die Verwendung unwirksamer AGB regelmäßig den Erfordernissen der fachlichen (jetzt: unternehmerischen) Sorgfalt widerspreche (BGH WRP 2012, 1086 Rn. 46 – Missbräuchliche Vertragsstrafe; GRUR 2014, 88 Rn. 26 – Vermittlung von Netto-Policen). Es wurde also ein Bezug zu § 3 II 1 UWG 2008 hergestellt. Allerdings stützte der BGH bislang ein Verbot nur auf § 4 Nr. 11 UWG 2008 (jetzt: § 3a), nicht dagegen zugleich auf § 3 II. Möglicherweise wollte er nur klarstellen, dass die Anwendung des Rechtsbruchtatbestands in den genannten Fällen mit der UGP-RL vereinbar war.

2. Schrifttum

Im Schrifttum herrscht Streit. Teilweise wird angenommen, dass § 3 II neben (jetzt) § 3a **3.8** angewendet werden könne, wenn der Tatbestand des Art. 5 II UGP-RL erfüllt sei (vgl. Alexander WRP 2012, 515; Keller FS Bornkamm, 2014, 381 (389); Köhler GRUR 2010, 1047 (1051)). Teils wird von einem weitgehenden Vorrang des § 3a ausgegangen (Spengler, Die Verbrauchergeneralklausel des UWG, 2016, 128 f.).

3. Stellungnahme

Es empfiehlt sich, danach zu unterscheiden, ob die fragliche Marktverhaltensregelung in den **3.9** **Geltungsbereich** der UGP-RL fällt oder nicht. Das setzt zunächst einmal voraus, dass sie (zumindest auch) dem **Schutz der Verbraucher** dient (EuGH WRP 2011, 45 Rn. 15–38 – Mediaprint). Im Übrigen schreibt die UGP-RL zwar eine vollständige Rechtsangleichung vor, sie weist aber zahlreiche **Ausnahmebereiche** auf, wie sie in Art. 3 UGP-RL und mehreren Erwägungsgründen aufgelistet sind. Dazu gehören ua die Bereiche **Vertragsrecht** (Art. 3 II UGP-RL), **Gesundheits- und Sicherheitsaspekte** (Art. 3 III UGP-RL), **reglementierte Berufe** (Art. 3 VIII UGP-RL) und **Glücksspiele** (ErwGr. 9 S. 2 UGP-RL). Aus diesen Regelungen ergibt sich, dass auch rein nationale Vorschriften darunter fallen können. Eine Marktverhaltensregelung iSd § 3a muss daher – entgegen der Auffassung des BGH – nicht notwendig eine Grundlage im Unionsrecht haben, um mit der UGP-RL vereinbar zu sein. Vielmehr hängt dies vom jeweiligen Ausnahmebereich ab. Daraus folgt:

Verstöße gegen **Marktverhaltensregelungen innerhalb eines Ausnahmebereichs** der **3.10** UGP-RL sind ausschließlich nach § 3a zu beurteilen. § 3 II ist nicht daneben anwendbar, weil (und soweit) diese Vorschrift den Art. 5 II UGP-RL umsetzt, dessen Geltung auf den Anwendungsbereich der UGP-RL beschränkt ist. Es besteht auch keine sachliche Notwendigkeit für eine zusätzliche (ggf. analoge) Anwendung des § 3 II, da keine Rechtsschutzlücke besteht. Auch wäre die Anwendung des § 3 II mit der Unsicherheit behaftet, die Marktverhaltensregelung unter den Begriff der unternehmerischen Sorgfalt zu subsumieren und die geschäftliche Relevanz danach prüfen zu müssen, ob die Handlung geeignet ist, das wirtschaftliche Verhalten des Verbrauchers wesentlich zu beeinflussen. Entgegen der bisherigen Rspr. (vgl. BGH GRUR 2010, 852 Rn. 20 – Gallardo Spyder; GRUR 2010, 1117 Rn. 34 – Gewährleistungsausschluss im Internet; OLG Frankfurt GRUR-RR 2019, 305 Rn. 19) ist es daher nicht angezeigt, die Relevanzklauseln der Verbrauchergeneralklausel und des Rechtsbruchtatbestands nebeneinander anzuwenden. Das gilt umso mehr, wenn Marktverhaltensregelungen den Charakter von Per-se-Verboten haben.

Fällt eine Marktverhaltensregelung dagegen in den **Geltungsbereich** der UGP-RL, ist zu- **3.11** nächst zu fragen, ob die UGP-RL ihrer Anwendung entgegensteht. Das ist bspw. bei Marktverhaltensregelungen der Fall, die ein Verhalten schlechthin (per se) verbieten, obwohl es in der Schwarzen Liste des Anh. I UGP-RL nicht aufgeführt ist (vgl. EuGH GRUR 2010, 244 Rn. 47 ff. – Plus Warenhandelsgesellschaft zu § 4 Nr. 6 UWG 2008). Soweit hingegen eine Marktverhaltensregelung ein Verbot der UGP-RL lediglich inhaltlich **konkretisiert,** ist sie mit der UGP-RL vereinbar. Denn, was für Verhaltenskodizes gilt (vgl. ErwGr. 20 S. 1 UGP-RL), muss erst recht für gesetzliche Regelungen gelten. Das gilt auch für Konkretisierungen des Verbots sorgfaltswidrigen Verhaltens nach Art. 5 II UGP-RL. Ob die Grenzen zulässiger Konkretisierung eingehalten sind, obliegt der Überprüfung durch den EuGH, wobei dem nationalen Gesetzgeber ein gewisser Beurteilungsspielraum zuzugestehen ist. Stellt aber eine Marktverhaltensregelung eine bloße Konkretisierung des Art. 5 II UGP-RL dar, so sind folgerichtig Verstöße **nicht nach § 3a,** sondern nur nach **§ 3 II** iVm dieser Regelung zu beurteilen. Es kommt also darauf an, ob der Verstoß geeignet ist, das wirtschaftliche Verhalten des Verbrauchers wesentlich zu beeinflussen. Damit erübrigt es sich auch, zusätzlich § 3a anzuwenden.

V. Verhältnis zu § 4 (Mitbewerberschutz)

3.12   Die Regelungen des Mitbewerberschutzes in § 4 stehen selbständig neben § 3 II (und den anderen verbraucherschützenden Vorschriften). Ein und dieselbe geschäftliche Handlung kann also sowohl einen verbraucherschützenden als auch einen mitbewerberschützenden Tatbestand verwirklichen. Ein Vorrang des § 3 II (oder anderer verbraucherschützender Regelungen) lässt sich nicht mit ErwGr. 6 S. 3 UGP-RL begründen. Denn nach stRspr des EuGH bezieht sich diese Regelung nur auf solche nationalen Vorschriften, die sowohl dem Schutz der Verbraucher als auch dem Schutz der Mitbewerber dienen (vgl. EuGH WRP 2011, 45 Rn. 15–38 – Mediaprint; EuGH GRUR-Int. 2013, 936 Rn. 31 – Euronics; EuGH GRUR 2011, 853 Rn. 20–40 – WAMO). Dies ist aber nach stRspr des BGH bei den Tatbeständen des § 4 nicht der Fall. Diese dienen lediglich dem Schutz der Mitbewerber und dem Interesse der Allgemeinheit an einem unverfälschten Wettbewerb (vgl. BGH WRP 2012, 77 Rn. 28 – Coaching-Newsletter; WRP 2010, 94 Rn. 17 – LIKEaBIKE). Es gilt also das Prinzip der **„Doppelkontrolle doppelrelevanter Handlungen"** (Köhler WRP 2015, 275 (280 ff.); Ohly WRP 2015, 1443 (1447); Alexander WRP 2016, 411 Rn. 61). Das bedeutet aber nicht, dass Verbände iSd § 8 III Nr. 2 auch gegen Zuwiderhandlungen gegen rein mitbewerberschützende Tatbestände des § 4 vorgehen könnten (aA FBO/Fezer Rn. 112 ff.).

VI. Verhältnis zu § 6 (vergleichende Werbung)

3.13   Die Regelung der vergleichenden Werbung in § 3 I iVm § 6 II dient der Umsetzung des Art. 4 Werbe-RL, der seinerseits die vergleichende Werbung abschließend auch im Verhältnis zur UGP-RL regelt, soweit es „den Vergleich anbelangt" (vgl. ErwGr. 6 S. 4 UGP-RL). Sie geht daher dem § 3 II vor (→ § 6 Rn. 19–22).

VII. Verhältnis zu § 7 (unzumutbare Belästigung)

3.14   § 7 schützt nur die Privatsphäre natürlicher Personen, nicht dagegen die wirtschaftlichen Interessen der Verbraucher. Die Vorschrift steht daher selbständig neben § 3 II (und den anderen verbraucherschützenden Vorschriften).

C. Tatbestand

I. Geschäftliche Handlungen gegenüber Verbrauchern

3.15   Die Anwendung des § 3 II setzt eine **geschäftliche Handlung** (§ 2 I Nr. 2) voraus, die sich an **Verbraucher** (§ 2 II) **richtet** oder diese **erreicht**. Zum Begriff der geschäftlichen Handlung → § 2 Rn. 2.1 ff.; zum Begriff des Verbrauchers → § 2 Rn. 12.1 ff. An Verbraucher **„gerichtet"** ist eine geschäftliche Handlung dann, wenn die Äußerung des Unternehmers für sie bestimmt ist. **„Erreicht"** werden Verbraucher, wenn eine geschäftliche Äußerung zwar an andere Personen (zB Unternehmer) gerichtet ist, aber sie davon gleichwohl Kenntnis erlangen und für den Unternehmer vorhersehbar ist, dass dies ihre geschäftliche Entscheidung beeinflussen kann (**Beispiel:** Auslegen von Werbeprospekten auf einer Messe für Handwerker, die auch von Verbrauchern besucht wird). Von § 3 II erfasst werden auch geschäftliche Handlungen **bei** und **nach Vertragsschluss**.

II. Verstoß gegen die „unternehmerische Sorgfalt"

1. Begriff und Definition der „unternehmerischen Sorgfalt"

3.16   Erste Voraussetzung für die Unlauterkeit von geschäftlichen Handlungen gegenüber Verbrauchern nach § 3 II ist, dass **„sie nicht der unternehmerischen Sorgfalt entsprechen"**. Der Begriff der „unternehmerischen Sorgfalt" ist in der UWG-Novelle 2015 – abweichend vom RegE – an die Stelle des Begriffs der „fachlichen Sorgfalt" getreten (vgl. den entsprechenden Vorschlag bei Köhler WRP 2012, 22 (24); WRP 2015, 1311 (1312)). Seine Definition findet sich in § 2 I Nr. 9 (vgl. dazu die Kommentierung bei → § 2 Rn. 9.1 ff.). Dieses Unwertkriterium der Unlauterkeit dient der Umsetzung von Art. 5 II lit. a UGP-RL, der von „beruflicher Sorgfalt" spricht.

2. „Unternehmerische Sorgfalt" als Beurteilungsmaßstab

a) Ersetzung der nationalen Beurteilungskriterien der Unlauterkeit durch einen uni- **3.17** **onsrechtlichen Beurteilungsmaßstab.** Die UGP-RL verwendet zur Konkretisierung des Tatbestandsmerkmals der Unlauterkeit einer Geschäftspraxis gegenüber Verbrauchern in Art. 5 II UGP-RL ein **Unwertkriterium,** nämlich die Nichteinhaltung der „Erfordernisse der beruflichen Sorgfaltspflicht", und ein **Relevanzkriterium,** nämlich die Eignung zur „wesentlichen Beeinflussung des wirtschaftlichen Verhaltens des Verbrauchers". Damit bezweckte der Richtliniengeber, „die in den Mitgliedstaaten existierenden unterschiedlichen Generalklauseln und Rechtsgrundsätze zu ersetzen" (ErwGr. 13 S. 1 UGP-RL) und innerhalb der Union ein einheitliches Kriterium zur Beurteilung der Unlauterkeit einer Geschäftspraxis zu schaffen. Bedeutung und Reichweite des Begriffs der beruflichen Sorgfalt sind letztlich durch den EuGH verbindlich zu klären. Daher ist auch die Verbrauchergeneralklausel des § 3 II und der darin verwendete (und in § 2 I Nr. 9 definierte) Begriff der unternehmerischen Sorgfalt richtlinienkonform unter Berücksichtigung der Rspr. des EuGH zu Art. 5 II UGP-RL und Art. 2 lit. h UGP-RL (dazu EuGH WRP 2016, 1342 Rn. 32 ff. – Deroo-Blanquart mAnm Alexander) auszulegen. Dies bedeutet zugleich, dass die frühere deutsche Rspr. zur Sittenwidrigkeit (§ 1 UWG 1909) bzw. Unlauterkeit (§ 3 UWG 2004) eines Verhaltens nicht unbesehen weitergeführt werden kann. – Mit der Verwendung des Begriffs der „unternehmerischen Sorgfalt" zur Kennzeichnung der Unlauterkeit wird klargestellt, worauf es bei der Prüfung der Unlauterkeit **nicht** ankommt: nämlich auf die moralische Verwerflichkeit eines Verhaltens einerseits und seine bloße Unüblichkeit andererseits (vgl. Köhler GRUR 2005, 793 (796)).

b) Verhältnis zu den Beurteilungsmaßstäben „irreführend" und „aggressiv". Im Ver- **3.18** botssystem der UGP-RL kommt dem Tatbestand des Art. 5 II UGP-RL zwar formal die Funktion einer **übergreifenden Generalklausel** zu. Der Sache nach kommt ihr aber nur die Funktion eines **Auffangtatbestands** zu, der erst dann zur Anwendung kommt, wenn eine Geschäftspraxis weder unter Tatbestand des Anh. I UGP-RL erfüllt noch eine irreführende oder aggressive Geschäftspraxis iSd Art. 5 IV UGP-RL iVm Art. 6–9 UGP-RL darstellt (vgl. EuGH WRP 2014, 38 Rn. 36 ff. – CHS Tour Services). Das gilt entsprechend für § 3 II (→ Rn. 3.5). Folgerichtig kommt dem Beurteilungskriterium der Nichteinhaltung der unternehmerischen Sorgfaltspflicht nur **subsidiäre** Bedeutung zu (Köhler WRP 2010, 1293 (1294 ff.)). – Die **praktische** Bedeutung der Generalklausel wurde bereits vom Richtliniengeber skeptisch beurteilt, wie es in ErwGr. 13 S. 3 UGP-RL zum Ausdruck kommt (irreführende und aggressive Geschäftspraktiken als die „bei weitem am meisten verbreiteten Arten von Geschäftspraktiken"). Die Entwicklung der Rspr. seit Umsetzung der UGP-RL bestätigt dies. Keinen Verstoß gegen die unternehmerische Sorgfalt stellt bspw. ein Kopplungsangebot verschiedener Waren oder Dienstleistungen bei zutreffender Information des Verbrauchers über den Inhalt dar (dazu EuGH WRP 2016, 1342 Rn. 36, 37 – Deroo-Blanquart). – Dies schließt es aber nicht aus, die Tatbestände der irreführenden und aggressiven geschäftlichen Handlungen (§§ 4a, 5, 5a) im Lichte des Kriteriums der Nichteinhaltung der unternehmerischen Sorgfalt gegenüber Verbrauchern auszulegen (vgl. BGH GRUR 2010, 248 Rn. 31 – Kamerakauf im Internet; WRP 2012, 450 Rn. 29 – Treppenlift; Köhler WRP 2010, 1293 (1298)). Der BGH hat es in der Entscheidung Kamerakauf im Internet als Gebot der fachlichen Sorgfalt angesehen, „mit Testergebnissen nur zu werben, wenn dem Verbraucher dabei die Fundstelle eindeutig und leicht zugänglich angegeben und ihm so eine einfache Möglichkeit eröffnet wird, den Test selbst zur Kenntnis zu nehmen". Das bedeutet allerdings nicht, dass bei der Prüfung der Unlauterkeit einer geschäftlichen Handlung, die den Tatbestand eines irreführenden oder aggressiven Verhaltens erfüllt, noch zusätzlich zu prüfen wäre, ob sie auch gegen die unternehmerische Sorgfalt verstößt (EuGH WRP 2014, 38 Rn. 36 ff. – CHS Tour Services; WRP 2015, 698 Rn. 63 – UPC; dazu Spengler, Die Verbrauchergeneralklausel des UWG, 2016, 16 ff.).

c) Regelung der Verhaltenspflichten gegenüber Verbrauchern. Begriff und Definition **3.19** der unternehmerischen Sorgfalt dienen letztlich dazu, die Verhaltenspflichten des Unternehmers gegenüber Verbrauchern zu konkretisieren. Ausgangspunkt ist dabei das Verbraucherschutzkonzept der UGP-RL in der Auslegung durch den EuGH. Danach beruht das Ziel der Richtlinie, die Verbraucher umfassend vor unlauteren Geschäftspraktiken zu schützen, auf dem Umstand, „dass sich ein Verbraucher im Vergleich zu einem Gewerbetreibenden in einer unterlegenen Position befindet, da er als wirtschaftlich schwächer und rechtlich weniger erfahren als sein Vertragspartner angesehen werden muss" (EuGH WRP 2013, 154 Rn. 35 – BKK MOBIL OIL;

EuGH WRP 2015, 698 Rn. 53 – UPC). Dementsprechend sind die Bestimmungen der Richt-
linie „im Wesentlichen aus der Sicht des Verbrauchers als des Adressaten und Opfers unlauterer
Geschäftspraktiken konzipiert" (EuGH WRP 2013, 1454 Rn. 36 – BKK MOBIL OIL). Ande-
rerseits ist dabei der Grundsatz der Verhältnismäßigkeit zu beachten (ErwGr. 6 S. 2 UGP-RL).
Der Begriff der beruflichen Sorgfalt wird in Art. 2 lit. h UGP-RL definiert als der „Standard an
Fachkenntnissen und Sorgfalt, bei denen billigerweise davon ausgegangen werden kann, dass der
Gewerbetreibende sie gemäß den anständigen Marktgepflogenheiten und/oder dem allgemeinen
Grundsatz von Treu und Glauben in seinem Tätigkeitsbereich anwendet." (Der auch in § 2 I
Nr. 9 verwendete Begriff „Standard" ist dabei iSv „Anforderungen" zu verstehen.) Ob das
Verhalten eines Unternehmers in einem bestimmten Tätigkeitsbereich gegen die unternehmeri-
sche Sorgfalt verstößt, ist daher anhand der **berechtigten Erwartungen** eines Durchschnittsverbrauchers zu beurteilen (EuGH WRP 2016, 1342 Rn. 34 – Deroo-Blanquart). Das setzt
wiederum eine umfassende Abwägung der Interessen des Unternehmers und der angesprochenen oder erreichten Verbraucher voraus. Umfang und Intensität der jeweiligen Rücksichts-
pflichten bestimmen sich danach, mit welchen Verbrauchern es der Unternehmer zu tun hat.
Maßstab ist grds. der **Durchschnittsverbraucher**, der angemessen gut unterrichtet und angemessen aufmerksam und kritisch (bzw. verständig) ist (ErwGr. 18 UGP-RL; EuGH WRP
2016, 1342 Rn. 32 – Deroo-Blanquart). Richtet sich die geschäftliche Handlung an eine
bestimmte Gruppe von Verbrauchern (§ 3 IV 1), ist auf das durchschnittliche Mitglied dieser
Gruppe abzustellen. Im Verhältnis zu besonders schutzbedürftigen Verbrauchern (Art. 5 III
UGP-RL; § 3 IV 2) kann eine gesteigerte Rücksichtspflicht bestehen (Köhler WRP 2012, 22
(23, 24)).

3.20 **d) Keine Erstreckung auf das Verhältnis von Unternehmer zu Mitbewerbern und
sonstigen Marktteilnehmern.** Aus dem Gesagten ergibt sich zugleich, dass sich der Begriff der
unternehmerischen Sorgfalt in § 3 II nicht unbesehen auf das Verhältnis des Unternehmers zu
sonstigen Marktteilnehmern und zu Mitbewerbern erstrecken lässt, sondern dass es insoweit
zumindest zu einer Begriffsverwirrung kommen würde.

3.21 **e) Objektiver Maßstab.** Der Begriff der unternehmerischen Sorgfalt ist **objektiv** zu verstehen, wie sich aus seiner Definition in § 2 I Nr. 9 ergibt. Vom Unternehmer wird erwartet,
dass er einen bestimmten „Standard an Fachkenntnissen und Sorgfalt" in seinem „Tätigkeitsbereich gegenüber Verbrauchern" einhält (→ § 2 Rn. 9.8). Es kommt daher nicht darauf an, ob
der Unternehmer persönlich in der Lage ist, diesen Anforderungen nachzukommen (arg.
Art. 11 II lit. b UGP-RL; OLG Köln GRUR-RR 2013, 116 (117)). Ein persönliches Verschulden ist lediglich beim Schadensersatzanspruch nach § 9 I und II vorausgesetzt, wobei
allerdings ein „Übernahmeverschulden" genügt, so dass in aller Regel Verschulden ohnehin zu
bejahen ist.

III. Eignung zur Beeinflussung des wirtschaftlichen Verhaltens des Verbrauchers

1. Begriff und Definition

3.22   Eine geschäftliche Handlung ist nicht schon dann unlauter iSd § 3 II, wenn sie nicht der
unternehmerischen Sorgfalt entspricht. Vielmehr muss sie darüber hinaus dazu **geeignet** sein,
„das wirtschaftliche Verhalten des Verbrauchers wesentlich zu beeinflussen". Dieses
Erfordernis der **geschäftlichen Relevanz** (dazu Köhler WRP 2014, 259 ff.) entspricht genauer
den Vorgaben des Art. 5 II lit. b UGP-RL als die Regelung in § 3 II 1 UWG 2008. Letztere
hatte noch auf die Eignung der Handlung abgestellt, „die Fähigkeit des Verbrauchers, sich auf
Grund von Informationen zu entscheiden, spürbar zu beeinträchtigen und ihn damit zu einer
geschäftlichen Entscheidung zu veranlassen, die er andernfalls nicht getroffen hätte". Der Begriff
der „wesentlichen Beeinflussung des wirtschaftlichen Verhaltens des Verbrauchers" ist in § 2 I
Nr. 11 definiert (vgl. → § 2 Rn. 11.1 ff.) als „Vornahme einer geschäftlichen Handlung, um die
Fähigkeit des Verbrauchers, eine informierte Entscheidung zu treffen, spürbar zu beeinträchtigen
und damit den Verbraucher zu einer geschäftlichen Handlung zu veranlassen, die er andernfalls
nicht getroffen hätte". Diese Definition entspricht zwar der deutschen Fassung des Art. 2 lit. e
UGP-RL, aber – wie ein Blick auf andere Sprachfassungen der UGP-RL zeigt – hinsichtlich der
Konjunktion „um" nicht dem Sinn und Zweck der Regelung. Denn es geht nicht um eine

Zielsetzung der Handlung, sondern um ihre objektive Eignung (→ § 2 Rn. 11.4). Insofern ist eine richtlinienkonforme Einschränkung angezeigt.

2. Unterscheidung zwischen dem Einwirkungserfordernis und dem Auswirkungserfordernis

Die Definition der geschäftlichen Relevanz in § 3 II hat demnach **zwei Voraussetzungen:** 3.23
(1) Ein **Einwirkungserfordernis,** nämlich die Eignung der geschäftlichen Handlung, die Fähigkeit des Verbrauchers, eine informierte Entscheidung zu treffen, spürbar zu beeinträchtigen. **(2)** Ein **Auswirkungserfordernis,** nämlich damit den Verbraucher zu einer geschäftlichen Entscheidung zu veranlassen, die er andernfalls nicht getroffen hätte. Diese Umschreibung der geschäftlichen Relevanz gilt wohlgemerkt nur für den Tatbestand des § 3 II, nicht auch für die Tatbestände der aggressiven und irreführenden geschäftlichen Handlungen gegenüber Verbrauchern. Bei diesen besteht die Einwirkung bereits im aggressiven und irreführenden Verhalten selbst, so dass nur noch die Auswirkung auf die geschäftliche Entscheidung des Verbrauchers zu prüfen ist.

3. Eignung zur spürbaren Beeinträchtigung der Fähigkeit, eine informierte Entscheidung zu treffen (Einwirkungserfordernis)

a) Eignung. Durch den Begriff der Eignung wird klargestellt, dass ein positiver Nachweis 3.24
einer tatsächlichen Beeinträchtigung der Fähigkeit, eine informierte Entscheidung zu treffen, nicht erforderlich ist (OLG Hamm WRP 2014, 217 (220)). Es genügt die objektive Wahrscheinlichkeit, die auf Grund einer Würdigung aller Umstände des konkreten Falles festzustellen ist.

b) Fähigkeit, eine informierte Entscheidung zu treffen. Die Formulierung entspricht 3.25
dem Art. 2 lit. e UGP-RL. Sie löste die Formulierung in § 3 II 1 UWG 2008 ab, in der noch die Rede von der „Fähigkeit, sich auf Grund von Informationen zu entscheiden", war (dazu krit. Helm WRP 2013, 710 Rn. 16). Der BGH sprach stattdessen von einer Fähigkeit zu einer „informationsgeleiteten" Entscheidung (vgl. BGH WRP 2014, 831 Rn. 23 – Goldbärenbarren). Der aus dem Englischen („informed decision") übernommene Begriff der „informierten Entscheidung" ist zwar sprachlich bedenklich, seine Bedeutung erschließt sich jedoch aus seiner Verwendung in Art. 2 lit. j UGP-RL und Art. 7 I UGP-RL sowie in den Erwägungsgründen 6 S. 5 und 14 S. 1, 2 UGP-RL. Gemeint ist eine geschäftliche Entscheidung **in Kenntnis der dafür relevanten Informationen** (vgl. auch → § 2 Rn. 11.4; → § 5a Rn. 3.37; Lettl WRP 2019, 1265). Ob der Verbraucher sich von diesen Informationen tatsächlich leiten lässt, ist hingegen unerheblich. Diese Auslegung entspricht der insoweit klareren frz. Fassung der UGP-RL, die von einer „décision commerciale en connaissance de cause" spricht. In diesem Sinne ist es auch zu verstehen, wenn der EuGH von einer Entscheidung **„in Kenntnis der Sachlage"** spricht (vgl. EuGH WRP 2015, 698 Rn. 40 – UPC). Der Verbraucher muss in der Lage sein, auf Grund der Informationen die Vor- und Nachteile einer Entscheidung abzuwägen (vgl. Köhler WRP 2013, 403 Rn. 23 Fn. 18). Maßgebend ist der angemessen gut informierte und angemessen aufmerksame und verständige Durchschnittsverbraucher, soweit nicht einer der Fälle des § 3 IV vorliegt.

c) Eignung zur „spürbaren Beeinträchtigung". Eine **Beeinträchtigung** der Fähigkeit zu 3.26
einer informierten Entscheidung ist dann anzunehmen, wenn der Unternehmer mit seinem Verhalten eine Situation schafft oder nutzt, die es dem Verbraucher zumindest erschwert, für seine Entscheidung bestimmte Informationen zu nutzen. Eine vollständige Ausschaltung der Rationalität der geschäftlichen Entscheidung ist dabei nicht erforderlich; es genügt ihre Beeinträchtigung. Die geschäftliche Handlung muss nach § 3 II nur die entsprechende **Eignung** besitzen, es muss also keine tatsächliche Beeinträchtigung vorliegen. Eine Eignung zu einer **spürbaren** Beeinträchtigung ist dann anzunehmen, wenn eine Beeinträchtigung nicht lediglich theoretisch, sondern **tatsächlich möglich** ist und **voraussichtlich** auch eintritt (vgl. dazu auch Omsels WRP 2016, 553 (554 ff.)). Dabei darf man aber nicht bei einer bloßen Kausalitäts- und Wahrscheinlichkeitsbetrachtung stehen bleiben; vielmehr ist ein **normativer Maßstab** anzulegen. Es kommt darauf an, wie sich die geschäftliche Handlung auf die Entscheidungsfähigkeit des angemessen gut informierten und angemessen aufmerksamen und verständigen Durchschnittsverbrauchers oder des durchschnittlichen Mitglieds der jeweils angesprochenen bzw. erreichten Verbrauchergruppe (iSd § 3 IV 1 und 2) auswirkt oder auswirken kann. Eine Eignung zu einer

„spürbaren" Beeinträchtigung ist insbes. dann anzunehmen, wenn das Verhalten des Unternehmers den Durchschnittsverbraucher davon abhalten kann, die **Vor- und Nachteile einer geschäftlichen Entscheidung zu erkennen, abzuwägen und eine „effektive Wahl"** (vgl. ErwGr. 14 UGP-RL) **zu treffen** (Köhler WRP 2014, 259 (261); anschauliches Beispiel: OLG Hamm WRP 2014, 217 (219 f.)).

3.27   Nach Abschaffung des § 4 Nr. 2 UWG 2008 (dazu BGH WRP 2014, 831 Rn. 34 ff. – Goldbärenbarren) kann das Kriterium der spürbaren Beeinträchtigung der Fähigkeit zu einer informierten Entscheidung vor allem bei geschäftlichen Handlungen Bedeutung erlangen, die für den Unternehmer vorhersehbar nur eine **eindeutig identifizierbare Gruppe besonders schutzbedürftiger Verbraucher** betreffen (§ 3 IV 2). Geschäftliche Handlungen sind in diesem Fall aus der Sicht eines durchschnittlichen Mitglieds einer solchen Verbrauchergruppe zu beurteilen. Der Unternehmer muss daher von einer geringeren Fähigkeit dieser Personen, eine informierte Entscheidung zu treffen, ausgehen, und seine unternehmerische Sorgfaltspflicht steigert sich entsprechend.

4. Eignung zur Beeinflussung der „geschäftlichen Entscheidung" (Auswirkungserfordernis)

3.28   Eine Eignung zu einer spürbaren Beeinträchtigung der Entscheidungsfähigkeit reicht für die geschäftliche Relevanz noch nicht aus. Sie muss darüber hinaus **ursächlich** für die Eignung sein, den Verbraucher zu einer geschäftlichen Entscheidung zu veranlassen, die er andernfalls nicht getroffen hätte (arg. „damit zu … veranlassen"). Dieses Tatbestandsmerkmal dient dazu, den Bezugspunkt der spürbaren Beeinträchtigung der Entscheidungsfähigkeit klarzustellen. Es kommt darauf an, wie der Verbraucher im konkreten Fall **typischerweise reagieren** würde (vgl. EuGH WRP 2012, 1509 Rn. 53 – Purely Creative). Ein Nachweis, wie der Verbraucher tatsächlich reagiert hat, ist nicht erforderlich. Ist die Handlung aber geeignet, die Entscheidungsfähigkeit des Verbrauchers spürbar zu beeinträchtigen, dann entspricht es allerdings der Lebenserfahrung, dass sie aufgrund dessen auch dazu geeignet ist, ihn zu geschäftlichen Entscheidung zu veranlassen, die er andernfalls nicht getroffen hätte. Daher ist von einer widerleglichen tatsächlichen Vermutung der Ursächlichkeit auszugehen. – Der Begriff der **geschäftlichen Entscheidung** ist richtlinienkonform anhand der Legaldefinition in Art. 2 lit. k UGP-RL und damit **weit auszulegen** (EuGH GRUR 2014, 196 Rn. 36 – Trento Sviluppo). Diese Definition umfasst nämlich „jede Entscheidung eines Verbrauchers darüber, ob, wie und unter welchen Bedingungen er einen Kauf tätigen, eine Zahlung insgesamt oder teilweise leisten, ein Produkt behalten oder abgeben oder ein vertragliches Recht im Zusammenhang mit dem Produkt ausüben will, unabhängig davon, ob der Verbraucher beschließt, tätig zu werden oder ein Tätigwerden zu unterlassen" (→ § 2 Rn. 1.1 ff.; Köhler WRP 2014, 259 (260); GK-UWG/ Fritzsche § 3 Rn. 635; Omsels WRP 2016, 553). Erfasst werden darüber hinaus auch **unmittelbar mit dem Erwerb oder Nichterwerb eines Produkts zusammenhängende Entscheidungen** (→ § 2 Rn. 1.10 ff.), wie zB das Betreten eines Geschäfts (EuGH GRUR 2014, 196 Rn. 36 – Trento Sviluppo), sowie Entscheidungen **nach Vertragsschluss,** soweit sie in einem unmittelbaren Zusammenhang mit der vom Unternehmer angestrebten Entscheidung stehen, wie zB die Bitte um Stundung des Kaufpreises.

IV. Innerer Zusammenhang zwischen Sorgfaltsverstoß und geschäftlicher Relevanz

3.29   Zwischen den beiden Tatbestandsmerkmalen des Sorgfaltsverstoßes und der geschäftlichen Relevanz besteht ein **innerer Zusammenhang** (Köhler WRP 2014, 259 (260 f.)), der über einen bloßen Ursachenzusammenhang (GK-UWG/Fritzsche § 3 Rn. 621) hinausgeht. Denn der Sorgfaltsverstoß ist kein abstraktes Beurteilungskriterium, sondern ist mit Blick auf den Verbraucher und seine Interessen zu beurteilen. Es geht darum, dass der Unternehmer die von ihm nach Maßgabe des § 2 I Nr. 9 zu erwartende **Rücksicht gegenüber dem Verbraucher** nicht einhält. Die gebotene Rücksicht bezieht sich letztlich darauf, die Fähigkeit des Verbrauchers zu einer informierten (und damit auch einer freien) Entscheidung nicht zu beeinträchtigen (vgl. BGH WRP 2014, 831 Rn. 23 – Goldbärenbarren). In § 2 I Nr. 9 wird lediglich das Maß der gebotenen Rücksicht näher bestimmt. Wird diese Fähigkeit des Verbrauchers spürbar beeinträchtigt (Einwirkungserfordernis), so kann dies sogar ein **Indiz** für einen Sorgfaltsverstoß sein. Aus der bloßen Eignung einer geschäftlichen Handlung, den Verbraucher zu einer geschäftlichen

Entscheidung zu veranlassen, die er sonst nicht getroffen hätte (Auswirkungserfordernis), ist dagegen noch nicht auf einen Sorgfaltsverstoß zu schließen (EuGH GRUR 2011, 76 Rn. 46 – Mediaprint).

V. Beispiele

1. Allgemeines

Die große Mehrzahl aller unlauteren geschäftlichen Handlungen gegenüber Verbrauchern **3.30** wird bereits durch die (richtlinienkonform auszulegenden) Beispielstatbestände des Anh. § 3 III und der §§ 4a–6 erfasst. Dem § 3 II kommt daher nur die Funktion eines **Auffangtatbestandes** insbes. für neu aufkommende unlautere Handlungen zu (→ Rn. 3.5). Allerdings wurden in der Vergangenheit Fälle nach § 4 Nr. 1 und 2 UWG 2008 beurteilt, die aus heutiger Sicht keine Beeinträchtigung der Entscheidungsfreiheit des Verbrauchers darstellen, sich daher nach Ersetzung dieser Vorschriften durch den § 4a nur noch über § 3 II, ggf. iVm § 3 IV 2, erfassen lassen (zutr. jedoch OLG Hamm WRP 2014, 217 Rn. 42). Welche Fälle dies im Einzelnen betrifft, ist allerdings noch weitgehend ungeklärt (vgl. Köhler WRP 2012, 22; Spengler, Die Verbrauchergeneralklausel des UWG, 2016, 179 ff.). Im Entwurf zur UGP-RL hatte die Kommission (KOM (2003) 356 endg., Rn. 40 und 50) zwei Beispiele angeführt, die angeblich unter die Generalklausel fallen: Zum einen den Fall, dass „ein Gewerbetreibender Pauschalreisen nur unter der Bedingung verkauft, dass diese auch eine Reiserücktrittsversicherung und eine Reiseversicherung abschließen"; zum anderen den Fall, dass ein Gewerbetreibender „die Internetverbindung eines Verbrauchers auf einen Server in einem entfernten Land umleitet, so dass dem Verbraucher unerwartet hohe Telefongebühren in Rechnung gestellt werden". In **Kap. 7** werden weitere mögliche Anwendungsfälle des § 3 II dargestellt.

2. Verkaufsförderungsmaßnahmen

a) Allgemeines. Einen praktisch wichtigen Anwendungsbereich des § 3 II können **Ver- 3.31 kaufsförderungsmaßnahmen** bilden, die **weder aggressiv** iSd § 4a, **noch irreführend** iSd § 5 oder des § 5a II iVm § 5a IV und § 6 I Nr. 4 TMG sind. Sie können im Einzelfall gegen die berufliche Sorgfalt iSd Art. 5 II lit. a UGP-RL (BGH WRP 2014, 831 Rn. 23 – Goldbärenbarren) und dementsprechend gegen die unternehmerische Sorgfalt iSd § 3 II verstoßen. Dafür ist es zwar ausreichend (OLG Köln WRP 2013, 92 Rn. 19 ff.), allerdings nicht erforderlich, dass ihre Anlockwirkung geeignet ist, die „Rationalität der Nachfrageentscheidung der Verbraucher vollständig in den Hintergrund treten zu lassen" (offengelassen in BGH GRUR 2011, 532 Rn. 26 – Millionen-Chance II; dazu Köhler GRUR 2011, 478 (482 ff.)). Vielmehr genügt es für einen Verstoß gegen die unternehmerische Sorgfalt, wenn die **Anlockwirkung** der Verkaufsförderungsmaßnahme dazu eingesetzt wird, die Verbraucher von einer informierten Entscheidung **abzuhalten** oder ihre aufgrund persönlicher Eigenschaften **(§ 3 IV 2)** unzureichende Fähigkeit zu einer informierten Entscheidung **auszunutzen** (dazu die Darstellung in Kapitel 7).

b) Unangemessene zeitliche Begrenzung von Verkaufsförderungsangeboten. Sorg- **3.32** faltswidrig sind unangemessene **zeitliche Begrenzungen** einer Verkaufsförderungsmaßnahme, „um so den Verbraucher zu einer sofortigen Entscheidung zu verleiten, so dass er weder Zeit noch Gelegenheit hat, eine informierte Entscheidung zu treffen" (Anh. Nr. 7 zu § 3 III erfasst nur die „falsche Behauptung"). Unangemessen ist eine zeitliche Begrenzung, wenn ein Verkaufsförderungsangebot überraschend erfolgt, es dafür keinen triftigen Grund gibt und der Verbraucher keine Möglichkeit hat, innerhalb dieses Zeitraums konkurrierende Angebote zu ermitteln. **Beispiel:** Durchsage in einem Bekleidungsgeschäft, dass es in der nächsten Stunde auf alle Hemden einen Rabatt von 10 % gebe.

c) Kopplung von Absatzgeschäften mit Gewinnspielen; sonstige aleatorische Reize. **3.33** Die **Kopplung** unterschiedlicher Waren oder Dienstleistungen zu einem Gesamtangebot, verbunden mit einem (angeblichen) Preisvorteil (**Beispiel:** Handy für 1 Euro bei gleichzeitigem Abschluss eines Mobilfunkvertrags) ist lauterkeitsrechtlich unbedenklich, wenn keine Irreführung vorliegt. Die **Kopplung von Absatzgeschäften mit Gewinnspielen** war zwar unter Geltung des UWG 2008 nach § 4 Nr. 6 UWG 2008 unlauter. Die Vorschrift war indessen vom EuGH beanstandet worden, weil sie unter Verstoß gegen Art. 4 UGP-RL von der Rspr. wie ein Per-Se-Verbot gehandhabt worden war (EuGH GRUR 2010, 244 Rn. 43, 47 ff. – Plus Warenhandelsgesellschaft). Nach heutiger Auffassung stellt eine derartige Kopplung für sich gesehen weder eine irreführende noch eine aggressive geschäftliche Handlung dar. Sie verstößt auch nicht generell gegen die unternehmerische Sorgfalt (BGH GRUR 2011, 532 Rn. 23 ff. – Millionen-Chance II). Vielmehr ist dies im Einzelfall zu prüfen (BGH WRP 2014, 831 Rn. 23 – Gold-bärenbarren; vgl. auch Berlit WRP 2011, 1225 (1229); Köhler GRUR 2010, 177 (180 f.); GRUR 2010, 767; GRUR 2011, 478 (482 f., 485)). Bei der Prüfung sind die Art des beworbenen Produkts, seine wirtschaftliche Bedeutung und die durch die Teilnahme an dem Gewinnspiel entstehende finanzielle Gesamtbelastung zu berücksichtigen; ferner kann von Bedeutung sein, welche Gewinne ausgelobt werden und ob die Gewinnchancen transparent dargestellt werden. Vor allem aber kann es eine Rolle spielen, ob die Maßnahme bes. schutzbedürftige Verbraucher iSd § 3 IV 2 beeinträchtigt. – Auch **sonstige aleatorische Reize,** bei denen die Höhe des Kaufpreises von einem Zufallselement abhängig gemacht wird (zB „Jeder Hundertste bekommt den Einkauf gratis"; „Rabattwürfeln"; dazu OLG Köln WRP 2007, 678; allg. Ernst/Seichter WRP 2013, 1437) verstoßen nicht generell gegen die unternehmerische Sorgfalt. – Ein Verstoß gegen § 3 II liegt auch nicht schon dann vor, wenn Glücksspiele in den gleichen Räumlichkeiten wie Süßwaren vertrieben werden (KG GRUR 2010, 22 (29)).

3.34   Ein Sorgfaltsverstoß ist jedoch dann zu bejahen, wenn im Hinblick auf die fragliche Handlung oder die ihr zugrunde liegende Ware oder Dienstleistung das **Alter** oder die **Leichtgläubigkeit** von Verbrauchern ausgenutzt wird (§ 3 II iVm § 3 IV 2). Dazu die Darstellung einschlägiger Fallgruppen in Kapitel 7.

3.35   **d) Anreize zur Erlangung von Vorteilen auf Kosten Dritter.** Das Anbieten von **Rabatten** und **Zugaben** bei der Werbung für eine Kfz-Reparatur bei Kaskoschäden mit Selbstbeteiligung ist sorgfaltswidrig, wenn der Versicherungsnehmer dadurch veranlasst werden kann, auf das Angebot einzugehen, ohne den Vorteil an den Versicherer weiterzuleiten und dadurch seine vertraglichen Pflichten zu verletzen (BGH GRUR 2008, 530 Rn. 14 – Nachlass bei der Selbstbeteiligung; OLG Hamm WRP 2014, 217 Rn. 42, 47 ff.: Gutscheine für Folgeaufträge). Gegen § 3 II verstößt auch die Ausstellung von Quittungen durch eine ausländische Versandapotheke zur Vorlage bei der gesetzlichen Krankenkasse über eine Zuzahlung, die die Kunden wegen einer nicht auf dieser Quittung vermerkten anderweitigen Gutschrift nur zur Hälfte geleistet haben, weil der Kunde damit veranlasst werden kann, sich einen wirtschaftlichen Vorteil gegenüber der Krankenkasse oder dem Finanzamt zu verschaffen (OLG Stuttgart GRUR-RR 2017, 246 Rn. 26 ff.). – Dagegen stellt die Werbung einer ausländischen Internet-Apotheke für einen Bonus bei Einreichung eines Rezepts, der nicht auf den Kaufpreis für das rezeptpflichtige Arzneimittel, sondern auf den Kaufpreis für ein später erworbenes nicht rezeptpflichtiges Arzneimittel verrechnet wird, keinen Verstoß gegen § 3 II dar, weil der Verbraucher mit der Annahme dieses Vorteils nicht gegen seine Pflichten gegenüber dem Krankenversicherer verstößt (BGH GRUR 2020, 550 Rn. 28 ff. – Sofort-Bonus II; → § 2 Rn. 9.8).

3. Einsatz von Verkaufsförderern

3.36   Der Einsatz von Privatleuten („Laienwerbern") oder beruflich Selbstständigen (Ärzten, Anwälten, Steuerberatern) als Verkaufsförderer für Waren oder Dienstleistungen ist für sich gesehen lauterkeitsrechtlich unbedenklich. Weiß der Unternehmer jedoch oder muss er damit rechnen, dass diese Verkaufsförderer unlautere Mittel einsetzen (zB unerwünschte Werbeanrufe; Nichtkenntlichmachen des kommerziellen Zwecks der Handlung; berufsrechtlich unzulässiges Vorgehen), so ist er für deren Handeln zwar nicht nach § 8 II, wohl aber unter dem Gesichtspunkt der Teilnahme (Anstiftung, Beihilfe) verantwortlich. Darüber hinaus haftet er persönlich als **Täter** unter dem Gesichtspunkt der Verletzung der unternehmerischen Sorgfaltspflicht, wenn es zu derartigen unlauteren Absatzhandlungen kommt. Zu den einzelnen in Betracht kommenden Unlauterkeitstatbeständen, einschließlich des § 3 II, → Rn. 6.14 ff.

4. Verwendung unwirksamer Vertragsklauseln?

3.37   Die Verwendung unwirksamer Vertragsklauseln, insbes. unwirksamer AGB-Klauseln, erfüllt den **Rechtsbruchtatbestand** des **§ 3a** (BGH GRUR 2010, 1117 Rn. 13 ff. – Gewährleistungsausschluss im Internet; WRP 2012, 1086 Rn. 47 – Missbräuchliche Vertragsstrafe; → § 3a Rn. 1.285 ff.). Man mag darin zugleich einen Verstoß gegen die **unternehmerische Sorgfalt** sehen (BGH GRUR 2010, 1117 Rn. 17 – Gewährleistungsausschluss im Internet; WRP 2012, 1086 Rn. 46 – Missbräuchliche Vertragsstrafe). Gleichwohl besteht für eine Anwendung des § 3 II kein Raum (Köhler WRP 2012, 1475 (1477)). Denn erstens besteht dafür kein Bedürfnis, weil bereits § 3a anwendbar ist (→ § 3a Rn. 1.288) und Marktverhaltensregelungen, die in einen Ausnahmebereich der UGP-RL fallen, von Art. 5 II UGP-RL nicht erfasst werden. Die fraglichen Unwirksamkeitstatbestände der §§ 307 ff. BGB haben nämlich ihre unionsrechtliche Grundlage in der Verbrauchsgüterkauf-RL und in der Klausel-RL und damit im **Vertragsrecht**. Dieser Bereich wird von der UGP-RL nach Art. 3 II UGP-RL nicht erfasst; jedenfalls wäre die Anwendung der UGP-RL nach Art. 3 IV UGP-RL ausgeschlossen. Zweitens hinge die Anwendung des § 3 II von der zusätzlichen ungewissen Voraussetzung ab, dass die Verwendung geeignet wäre, die Fähigkeit des Verbrauchers, sich aufgrund von Informationen zu entscheiden, spürbar zu beeinträchtigen (aA Alexander WRP 2012, 515 (520): Vorrang des § 3 II vor den § 3 I UWG 2008, § 4 Nr. 11 UWG 2008).

5. Verletzung wettbewerbsrechtlicher Verkehrspflichten?

Die Rspr. hat – noch vor Inkrafttreten des UWG 2008 – die Rechtsfigur der **wettbewerbs** **3.38** **rechtlichen Verkehrspflichten** entwickelt, um bestimmte Rechtsschutzlücken zu schließen (vgl. BGH GRUR 2007, 890 Rn. 32, 36 ff. – Jugendgefährdende Medien bei eBay). Diese Verkehrspflichten sind als Erscheinungsform der unternehmerischen Sorgfalt zu begreifen. Damit ist im Verhältnis zu **Verbrauchern** der Anwendungsbereich des **§ 3 II** eröffnet, soweit die zugrunde liegende Handlung in den Anwendungsbereich der UGP-RL fällt (wie hier Spengler, Die Verbrauchergeneralklausel des UWG, 2016, S. 204; aA Ohly NJW 2016, 1417 (1418), GRUR 2017, 441 (443) und FS Ahrens 2016, 135, der eine analoge Anwendung des Art. 11 S. 3 Durchsetzungs-RL vorschlägt). Im Übrigen und im Verhältnis zu **sonstigen Marktteilnehmern** ist der Anwendungsbereich des § 3 I eröffnet (→ § 8 Rn. 2.8 ff.; BGH WRP 2014, 1050 Rn. 20 ff., 22 – Geschäftsführerhaftung).

4. Abschnitt. Die stets unzulässigen geschäftlichen Handlungen (§ 3 III)

Übersicht

A. Stets unzulässige geschäftliche Handlungen (§ 3 III)

I. Entstehungsgeschichte

§ 3 III wurde im Zuge der Umsetzung der UGP-RL in das UWG eingefügt. Die Vorschrift **4.1** ordnet an, dass die im Anh. zum UWG aufgeführten geschäftlichen Handlungen gegenüber Verbrauchern **„stets unzulässig"** sind. Sie dient damit der Umsetzung des Art. 5 V UGP-RL, der seinerseits auf einen Anh. I und damit auf eine Liste jener 31 Geschäftspraktiken verweist, **„die unter allen Umständen als unlauter anzusehen"** (sog „Schwarze Liste") und damit nach Art. 5 I UGP-RL **„verboten"** sind. Die im Anh. § 3 III aufgeführten geschäftlichen Handlungen entsprechen weitgehend in Reihenfolge und Wortlaut dem Anh. I UGP-RL. Die Nr. 31 Anh. I UGP-RL wurde allerdings – in der zweifelhaften Annahme, es handle sich nicht um eine aggressive, sondern um eine irreführende Geschäftspraxis – in die Nr. 17 überführt (anders EuGH WRP 2012, 1509 Rn. 37, 49 – Purely Creative). Damit verschoben sich die in Nr. 17–25 geregelten Tatbestände der UGP-RL jeweils um eine Nummer. Die Anh. I Nr. 26 UGP-RL wurde nicht übernommen, da sich bereits eine entsprechende Regelung in § 7 II findet. Folgerichtig entsprechen die Nr. 27–30 wiederum denen der UGP-RL. Abweichungen in den Formulierungen sollen sich teils aus der Notwendigkeit, die Regelungen mit den Definitionen in § 2 und ganz allgemein mit der deutschen Rechtsterminologie in Einklang zu bringen, teils aus den sprachlichen Mängeln der deutschen Fassung der UGP-RL erklären (vgl. Begr. RegE UWG 2008 zu Nr. 12, BT-Drs. 16/10145, 30). In der UWG-Novelle 2015 wurden die Nr. 13, 14 und 29 stärker an den Wortlaut der entsprechenden Tatbestände der UGP-RL angenähert. Allerdings wurden die Nr. 5 und 26 auch in dieser Novelle noch nicht exakt umgesetzt (vgl. Köhler WRP 2013, 403 (411)). – Erst durch das G zur Stärkung des Verbraucherschutzes im Wettbewerbs- und Gewerberecht v. 10.8.2021 (BGBl. 2021 I 3504) wurden die Tatbestände des Anh. zu § 3 III an die Anforderungen des Anh. I UGP-RL angepasst. Dabei kommt der richtlinienkonformen Auslegung nach wie vor besondere Bedeutung zu.

II. Normzweck

4.2   Entsprechend den Vorgaben der UGP-RL (ErwGr. 17 UGP-RL) soll die Regelung in § 3 III iVm dem Anh. größere Rechtssicherheit schaffen und ein hohes Verbraucherschutzniveau gewährleisten (vgl. auch BT-Drs. 16/10145, 30). In diesem Sinne ist es auch zu verstehen, wenn es in ErwGr. 17 UGP-RL heißt, es handle sich „um die einzigen Geschäftspraktiken, die ohne eine Beurteilung des Einzelfalls anhand der Bestimmungen der Art. 5–9 als unlauter gelten können". Die Tatbestände der Schwarzen Liste sind daher jedenfalls so auszulegen, dass „schwierige Beurteilungen des Einzelfalls" vermieden werden (EuGH WRP 2012, 1509 Rn. 46, 47 – Purely Creative). Allerdings handelt es sich bei diesen Tatbeständen nicht um „Verbote ohne Wertungsvorbehalt" (so aber Begr. RegE UWG 2008 zu § 3 III, BT-Drs. 16/10145, 30). Denn zahlreiche Tatbestände der Schwarzen Liste enthalten sehr wohl Begriffe, deren Ausfüllung eine Wertung erfordert (vgl. bspw. Nr. 5: „angemessener Zeitraum", „angemessene Menge", „gleichartig", „hinreichende Gründe", Nr. 6: „vertretbare Zeit", Nr. 7: „sehr begrenzte Zeit", Nr. 13: „ähnlich", Nr. 19: „angemessenes Äquivalent", Nr. 20: „unvermeidbar", Nr. 27: „vernünftigerweise"). Die Subsumtion eines konkreten Falles unter diese Normen ist daher ohne eine Würdigung der Umstände des Einzelfalls und eine wertende Beurteilung nicht möglich. Gemeint kann daher nur sein, dass eine gesonderte Prüfung der „geschäftlichen Relevanz" der geschäftlichen Handlung für das Verhalten des Verbrauchers nicht stattfindet. Verwirklicht eine geschäftliche Handlung einen Tatbestand der Schwarzen Liste, ist nicht mehr zu prüfen, ob sie auch die Voraussetzungen des § 4a oder der §§ 5, 5a erfüllt.

B. Auslegung

I. Gebot der richtlinienkonformen Auslegung

4.3   Vgl. auch → Anh. § 3 Rn. 0.3–0.9. Bei der Auslegung des § 3 III und der „Schwarzen Liste" im Anh. § 3 III ist das Gebot der richtlinienkonformen Auslegung zu beachten, die Vorrang vor der verfassungskonformen Auslegung hat (→ Rn. 1.14). Die richtlinienkonforme Auslegung erfordert ihrerseits wiederum eine Auslegung der Richtlinie anhand der Maßstäbe der unionsrechtlichen Auslegungsgrundsätze (→ Einl. Rn. 3.11 ff.). Dabei sind die Regelungen in den Art. 6–9 und die Regelungen im Anh. I UGP-RL im systematischen Zusammenhang zu sehen und wechselseitig bei der Auslegung zu berücksichtigen („hermeneutischer Zirkel"). Bei der **Auslegung** der Schwarzen Liste ist zu berücksichtigen, dass sich der Sinn und Zweck des jeweiligen Beispielstatbestands häufig erst aus einem Vergleich der deutschen Fassung mit anderen Fassungen, insbes. der **englischen** und **französischen,** erschließt. Auch weisen viele Beispielstatbestände unbestimmte Rechtsbegriffe auf, die ihrerseits **auslegungsbedürftig** sind. Eine verbindliche Klärung von Zweifelsfragen kann nur schrittweise durch den EuGH erfolgen (vgl. zu Nr. 31 Anh. I UGP-RL EuGH WRP 2012, 1509 – Purely Creative; zu Anh. I Nr. 11 UGP-RL EuGH WRP 2013, 1575 Rn. 42 ff. – RLvS Verlagsgesellschaft).

II. Keine analoge Anwendung auf vergleichbare Sachverhalte

4.4   Die Tatbestände des Anh. I UGP-RL und dementsprechend des Anh. § 3 III sind sehr eng und kasuistisch gefasst. Aus ihnen spricht der Wille des Richtliniengebers, sie nicht als verallgemeinerungsfähige Regelungen anzusehen. Daher sieht Art. 5 V 2 UGP-RL auch vor, dass diese Liste in allen Mitgliedstaaten einheitlich gilt und nur durch eine Änderung dieser Richtlinie abgeändert werden kann. Das gebietet zwar nicht notwendig eine richtlinienkonforme restriktive Auslegung der Tatbestände. Vielmehr hat sich die Auslegung am jeweiligen Wortlaut und Zweck der zugrunde liegenden Regelung in der UGP-RL zu orientieren. Wohl aber ist nach dem Konzept der UGP-RL eine **analoge** Anwendung der Tatbestände auf vergleichbare Sachverhalte **ausgeschlossen** (→ Anh. § 3 Rn. 0.8). Nur dies gewährleistet die vom Richtliniengeber angestrebte einheitliche Rechtsanwendung in allen Mitgliedstaaten. Es handelt sich also um eine **abschließende,** nicht der Analogie fähige Regelung. Andererseits ist den Beispielstatbeständen der „Schwarzen Liste" nicht durch Umkehrschluss zu entnehmen, dass ein von ihnen nicht erfasstes Verhalten zulässig wäre. Vielmehr greift dann die Prüfung nach den allgemeinen Bestimmungen des § 3 I iVm §§ 3a–6, des § 3 II und des § 7 ein.

C. Tatbestand

I. Geschäftliche Handlung

Die Anwendung des § 3 III setzt eine „geschäftliche Handlung" voraus. Entsprechend der **4.5** Legaldefinition in § 2 I Nr. 2 muss es sich also grds. um ein „Verhalten einer Person zugunsten des eigenen oder eines fremden Unternehmens vor, während oder nach einem Geschäftsabschluss" handeln, „das mit der Förderung des Absatzes oder des Bezugs von Waren oder Dienstleistungen oder mit dem Abschluss oder der Durchführung eines Vertrags über Waren oder Dienstleistungen unmittelbar und objektiv zusammenhängt". Vom Wortlaut des § 3 III miterfasst sind daher auch solche geschäftlichen Handlungen, die sich auf den **Bezug** von Waren oder Dienstleistungen beziehen. Zwar erfasst die UGP-RL nach ihrem Art. 2 lit. d UGP-RL nur Verhaltensweisen, die sich auf den Absatz von Waren oder Dienstleistungen und auf den Abschluss und die Durchführung entsprechender Verträge beziehen (dazu EuGH WRP 2013, 1575 Rn. 35 ff. – RLvS Verlagsgesellschaft). Es verstößt aber nicht gegen die UGP-RL, außerhalb ihres Anwendungsbereichs zusätzliche Per-se-Verbote aufzustellen. Allerdings ist einzuräumen, dass sich der Gesetzgeber dieser Problematik nicht bewusst war und die Frage daher von der Rspr. zu klären ist.

II. Geschäftliche Handlung gegenüber Verbrauchern

Es muss sich weiter um eine geschäftliche Handlung **„gegenüber Verbrauchern"** handeln. **4.6** Der Begriff des Verbrauchers wird in § 2 II durch einen Verweis auf die Legaldefinition in § 13 BGB definiert (→ § 2 Rn. 12.1 ff.). Das entbindet nicht davon, auch diesen Begriff richtlinienkonform, nämlich im Lichte der Definition des Art. 2 lit. a UGP-RL auszulegen (dazu EuGH WRP 2013, 1454 Rn. 36 – BKK Mobil Oil). **Nicht** zu den Verbrauchern in diesem Sinne gehören die **„sonstigen Marktteilnehmer"** iSd § 2 I Nr. 3, insbes. also **Unternehmer** in ihrer Eigenschaft als (potenzielle) Kunden. In der Begr. zum RegE UWG 2008 zu § 3 (BT-Drs. 16/10145, 22) wurde dies damit gerechtfertigt, dass die betreffenden Regelungen aus Gründen des Verbraucherschutzes besonders streng ausgefallen seien. Es wäre daher nicht gerechtfertigt, den kaufmännischen Verkehr mit derart starren Regeln zu belasten (auch → Anh. § 3 Rn. 0.1). Dass sonstige Marktteilnehmer möglicherweise im Einzelfall in gleicher Weise schutzbedürftig sind wie Verbraucher (wie zB Kleingewerbetreibende und Kleinvereine), ändert daran nichts. Zwar würde die UGP-RL einer Analogie nicht entgegenstehen, da sie sich auf die Regelung des Verhältnisses von Unternehmer zu Verbraucher beschränkt. Indessen ist zu beachten, dass die Schutzwürdigkeit eines „sonstigen Marktteilnehmers" im konkreten Fall erst ermittelt werden müsste und dies mit dem Zweck der Vorschrift, die Rechtssicherheit zu fördern, nicht im Einklang stünde. Den Interessen der sonstigen Marktteilnehmer lässt sich im Übrigen im Rahmen des § 3 I iVm den §§ 4a, 5, 5a I angemessen Rechnung tragen. Denn die den Beispielstatbeständen des Anh. § 3 III zugrunde liegenden **Wertungen** lassen sich idR auch für die Beurteilung von geschäftlichen Handlungen gegenüber sonstigen Marktteilnehmern heranziehen, soweit eine entsprechende Schutzbedürftigkeit besteht. Allerdings sind dabei stets die Umstände des Einzelfalls zu berücksichtigen.

D. Keine geschäftliche Relevanz erforderlich

4.7   Die im Anh. § 3 III aufgeführten geschäftlichen Handlungen sind „**stets unzulässig**". Das entspricht der Bezeichnung der Geschäftspraktiken des Anh. I UGP-RL als „unter allen Umständen unlauter" (Art. 5 V 1 UGP-RL). Nach ErwGr. 17 UGP-RL handelt es sich dabei „um die einzigen Geschäftspraktiken, die ohne eine Beurteilung des Einzelfalls anhand der Bestimmungen der Art. 5–9 als unlauter gelten können". Im Gegensatz zum allgemeinen Verbotstatbestand des Art. 5 II UGP-RL und der besonderen Verbotstatbestände der Art. 6–9 UGP-RL ist bei den Tatbeständen der Schwarzen Liste kein Erfordernis der geschäftlichen Relevanz vorgesehen. Es ist also nicht zu prüfen, ob die Handlung geeignet ist, den Verbraucher zu einer geschäftlichen Entscheidung zu veranlassen, die er andernfalls nicht getroffen hätte. Das hat auch für § 3 III zu gelten: „**Es handelt sich um Per-se-Verbote ohne Relevanzprüfung**" (RegE zu § 3 III, BT-Drs. 16/10145, 30). Allerdings sollen auch die Tatbestände der Schwarzen Liste im Lichte des Art. 5 II lit. b UGP-RL auszulegen sein (EuGH WRP 2012, 1509 Rn. 49, 65 – Purely Creative; vgl. auch EuGH WRP 2014, 161 Rn. 30 – Trento Sviluppo). Diesem Dilemma lässt sich durch eine **Auslegungs-** und eine **Beweisregel** Rechnung tragen (Köhler WRP 2014, 259 Rn. 72, 73; Köhler FS Bornkamm, 2014, 393 (394 f.)): Die Tatbestände der Schwarzen Liste sind so auszulegen, dass sie geschäftliche Handlungen, die generell nicht geeignet sind, eine geschäftliche Entscheidung des Verbrauchers zu beeinflussen, nicht erfassen. Ist eine Beeinflussung der geschäftlichen Entscheidung möglich, so wird die geschäftliche Relevanz **unwiderleglich vermutet**. Dem Unternehmer ist also der Gegenbeweis verwehrt, dass seine geschäftliche Handlung im konkreten Fall nicht geeignet gewesen sei, eine geschäftliche Entscheidung des Verbrauchers zu beeinflussen. Daher kann grds. jede Verwirklichung eines der Beispielstatbestände des Anh. § 3 III die Rechtsfolgen der §§ 8–10 auslösen, auch wenn im Einzelfall keine geschäftliche Relevanz gegeben ist. – Allerdings soll auch insoweit der Grundsatz der **Verhältnismäßigkeit** gelten (vgl. MüKoUWG/Alexander Vor Anh. § 3 Abs. 3 Rn. 80). Aus diesem Grund soll es Fallgestaltungen geben können, „bei denen ein nach § 3 Abs 3 … unlauteres Verhalten gleichwohl keine wettbewerbsrechtlichen Sanktionen auslöst" (Begr. RegE UWG 2008 zum Anh. § 3 III, BT-Drs. 16/10145, 30). Das ist an sich durch Art. 13 UGP-RL gedeckt, der von den Mitgliedstaaten verlangt, dass die festzulegenden Sanktionen „wirksam, verhältnismäßig und abschreckend" sein müssen. Indessen darf mit Hilfe des Verhältnismäßigkeitsgrundsatzes nicht gleichsam durch die Hintertür doch wieder eine Relevanzprüfung in den § 3 III eingeführt werden (Köhler FS Bornkamm, 2014, 393 (396)). Die bloße Tatsache, dass es sich um einen versehentlichen Verstoß gehandelt hat, kann bspw. für sich allein niemals ausreichen, um von Sanktionen abzusehen. Im Übrigen sind durch das Erfordernis der Wiederholungsgefahr beim Verletzungsunterlassungsanspruch (§ 8 I 1) einerseits und durch den Missbrauchstatbestand des § 8 IV andererseits bereits Sicherungen vorhanden, die einer unverhältnismäßigen Rechtsdurchsetzung vorbeugen.

5. Abschnitt. Durchschnittsverbraucher und durchschnittliches Mitglied einer Verbrauchergruppe als Beurteilungsmaßstab (§ 3 IV)

Übersicht

Schrifttum: Junker, Die besonders schutzbedürftigen Verbraucher nach der UWG-Novelle 2015, 2019.

A. Durchschnittsverbraucher und durchschnittliches Mitglied einer Verbrauchergruppe als Beurteilungsmaßstab (§ 3 IV)

I. Die Regelungen und ihre Entstehungsgeschichte

Die Regelungen in § 3 IV stellen keinen Unlauterkeitstatbestand dar, sondern legen nur fest, **5.1** aus wessen Sicht die Unlauterkeit einer geschäftlichen Handlung zu beurteilen ist. § 3 IV hat also in der Rechtsanwendung nur Bedeutung im Zusammenhang mit einem konkreten Unlauterkeitstatbestand (→ Rn. 5.6 ff.). Maßgebend ist nach § 3 IV 1 grds. die Sicht des durchschnittlichen Verbrauchers, oder wenn sich die geschäftliche Handlung an eine bestimmte Gruppe von Verbrauchern wendet, die Sicht eines durchschnittlichen Mitglieds dieser Gruppe. Zum Schutze der Verbraucher, die aufgrund bestimmter Eigenschaften **besonders schutzbedürftig** sind, stellt § 3 IV 2 noch eine besondere Regelung auf. Diese Regelungen wurden durch die UWG-Novelle 2015 in das UWG eingefügt. Sie treten an die Stelle der bisherigen Regelungen in § 3 II 2 und 3 UWG 2008. Die Überführung in einen eigenen Absatz des § 3 sollte nach dem RegE klarstellen, dass diese Regelungen nicht nur für die Generalklausel des § 3 II, sondern auch für die Spezialtatbestände unlauteren Handelns Anwendung finden (BT-Drs. 18/4535, 12).

II. Unionsrechtliche Grundlage und Normzweck

§ 3 IV 1 und 2 dienen der Umsetzung der entsprechenden Regelungen in Art. 5 II lit. b **5.2** UGP-RL und Art. 5 III 1 UGP-RL. Der Zweck dieser Regelungen erschließt sich aus den Erwägungsgründen der UGP-RL. Geschäftspraktiken sind Handlungen, die bei objektiver Betrachtung darauf gerichtet sind, geschäftliche Entscheidungen des Verbrauchers zu beeinflussen (vgl. ErwGr. 7 S. 1 UGP-RL). Die Bestimmungen der UGP-RL sind dementsprechend „im Wesentlichen aus der Sicht des Verbrauchers als des Adressaten und Opfers unlauterer Geschäftspraktiken konzipiert" (EuGH WRP 2013, 1454 Rn. 36 – BKK MOBIL OIL). Ob und inwieweit eine Einflussnahme auf Verbraucher möglich ist, hängt davon ab, wie die Verbraucher darauf reagieren. Auf die individuellen Eigenschaften der angesprochenen Verbraucher kann der Unternehmer aber kaum Rücksicht nehmen, wenn er sich an eine Vielzahl von Verbrauchern wendet. Die Rechtsordnung kann dies auch nicht von ihm erwarten. Aus diesem Grund nimmt die UGP-RL, dem Verhältnismäßigkeitsgrundsatz entsprechend, den „Durchschnittsverbraucher, der angemessen gut unterrichtet und angemessen aufmerksam und kritisch ist", als Maßstab zur Beurteilung der Unlauterkeit einer Geschäftspraxis (ErwGr. 18 S. 2 UGP-

RL). Es handelt sich dabei um einen „fiktiven typischen Verbraucher" (ErwGr. 18 S. 1 UGP-RL) und es kommt darauf an, wie dieser in einem gegebenen Fall typischerweise reagieren würde (ErwGr. 18 S. 6 UGP-RL). Wendet sich der Unternehmer nur an eine bestimmte Gruppe von Verbrauchern, ist es daher folgerichtig, wenn das „durchschnittliche Mitglied" dieser Gruppe als Maßstab dient. Dies gilt auch, wenn es sich dabei um eine Gruppe von Verbraucher handelt, deren Eigenschaften sie für unlautere Geschäftspraktiken bes. anfällig macht. Jedoch braucht der Unternehmer darauf nur Rücksicht zu nehmen, wenn die Verbraucher aufgrund solcher Eigenschaften besonders für eine Geschäftspraxis oder das ihr zugrunde liegende Produkt anfällig sind und durch diese Praxis das wirtschaftliche Verhalten nur dieser Verbraucher wesentlich beeinflusst wird (ErwGr. 19 UGP-RL). Der **Normzweck** der Regelungen in Art. 5 II lit. b UGP-RL und Art. 5 III 1 UGP-RL und damit in richtlinienkonformer Auslegung auch des § 3 IV besteht sonach in einem Ausgleich der widerstreitenden Interessen von Unternehmen und Verbrauchern auf der Grundlage einer differenzierenden und zugleich typisierenden Beurteilung der Unlauterkeit einer geschäftlichen Handlung aus Verbrauchersicht.

III. Gebot der richtlinienkonformen Auslegung

5.3   § 3 IV 1 und 2 sind richtlinienkonform am Maßstab der zugrunde liegenden Regelungen in Art. 5 II lit. b und III UGP-RL auszulegen. Das ist deshalb von besonderer Bedeutung, weil auch die UWG-Novelle 2015 noch zu keiner vollständigen Umsetzung dieser Bestimmungen geführt hat. Folgende Abweichungen von Art. 5 II lit. b und III UGP-RL sind zu verzeichnen, die im Rahmen der richtlinienkonformen Auslegung zu berücksichtigen sind.

5.4   § 3 IV 1 enthält einen Maßstab zur „Beurteilung von geschäftlichen Handlungen gegenüber Verbrauchern". Das weicht von den Vorgaben aus Art. 5 II lit. b UGP-RL ab. Denn danach ist zu fragen, ob eine Geschäftspraxis „in Bezug auf das jeweilige Produkt das wirtschaftliche Verhalten" von Verbrauchern oder Verbrauchergruppen „wesentlich beeinflusst oder dazu geeignet ist, es wesentlich zu beeinflussen" (vgl. dazu die Definition in § 2 I Nr. 11).

5.5   Überhaupt nicht umgesetzt wurde die auch den Art. 5 III 1 UGP-RL (und damit den § 3 IV 2) einschränkende Regelung in Art. 5 III 2 UGP-RL, wonach „die übliche und rechtmäßige Werbepraxis, übertriebene Behauptungen oder nicht wörtlich zu nehmende Behauptungen aufzustellen, davon unberührt bleibt".

B. Anwendung des § 3 IV auf alle Unlauterkeitstatbestände

I. Allgemeines

5.6   Die Beurteilungsmaßstäbe des Art. 5 II lit. b und III 1 UGP-RL – und damit des § 3 IV – scheinen sich auf die Anwendung der Generalklausel des **Art. 5 II UGP-RL** zu beschränken. Denn in beiden Bestimmungen wird auf die Beeinflussung des wirtschaftlichen Verhaltens der Verbraucher Bezug genommen, ein Kriterium, das sich so in den speziellen Unlauterkeitstatbeständen der Art. 6–9 UGP-RL nicht findet. Allerdings sind diese Bestimmungen ihrerseits im Lichte ihrer systematischen Stellung in Art. 5 UGP-RL zu sehen, und der Zweck der UGP-RL, ein hohes Verbraucherschutzniveau zu gewährleisten, zu berücksichtigen.

5.7   Dies gebietet eine richtlinienkonforme Auslegung des § 3 IV dahin, dass sich die darin genannten Beurteilungsmaßstäbe nicht nur auf den Tatbestand der **Generalklausel** (§ 3 II), sondern auf **alle verbraucherschützenden Unlauterkeitstatbestände** des UWG beziehen, und zwar nicht nur auf das **Relevanzkriterium,** sondern auch auf das **Unwertkriterium** des jeweils anzuwendenden Unlauterkeitstatbestands.

II. Anwendung auf § 3 II

5.8   Das Unwertkriterium des Verstoßes gegen die unternehmerische Sorgfalt in § 3 II steht in einem funktionalen Zusammenhang mit dem Relevanzkriterium der Eignung der Handlung, das wirtschaftliche Verhalten des Verbrauchers wesentlich zu beeinflussen und ihn zu einer geschäftlichen Entscheidung zu veranlassen, die er andernfalls nicht getroffen hätte. Für die Anwendung des § 3 IV auf § 3 II bedeutet das, dass die Beurteilungsmaßstäbe des § 3 IV auch bei der Beurteilung, ob der Unternehmer gegen die **unternehmerische Sorgfalt** verstoßen hat, anzuwenden sind. Es ist also vom Unternehmer das Maß an Sorgfalt gegenüber den Verbrauchern oder der von ihm angesprochenen oder erreichten Verbrauchergruppe zu fordern, das nach Treu und Glauben unter Berücksichtigung der anständigen Marktgepflogenheiten von ihm verlangt werden kann. Das führt unter den Voraussetzungen des **§ 3 IV 2** zu einer **Verschärfung** der Sorgfaltsanforderungen gegenüber den Gruppen besonders schutzbedürftiger Verbraucher (ebenso Alexander WRP 2016, 411 Rn. 80). Denn diese Gruppen sind aufgrund bestimmter Eigenschaften **„besonders für eine Geschäftspraxis oder das ihr zugrunde liegende Produkt anfällig"** (ErwGr. 19 und auch ErwGr. 18 S. 2 UGP-RL), und die UGP-RL will vermeiden, dass der Unternehmer dies **ausnutzt** (ErwGr. 18 S. 2 UGP-RL „Vermeidung der Ausnutzung"). Darauf muss der Unternehmer Rücksicht nehmen. Sind daher die tatbestandlichen Voraussetzungen des § 3 IV 2 erfüllt, so indiziert dies auch einen entsprechenden Verstoß gegen die unternehmerische Sorgfalt. Die geschäftliche Handlung erfüllt sonach den Tatbestand des § 3 II, vorausgesetzt, es geht nicht um Fälle einer aggressiven oder irreführenden geschäftlichen Handlung. Nur auf diese Weise lässt sich ein effektiver Schutz dieser Verbrauchergruppen gewährleisten.

III. Anwendung auf andere Unlauterkeitstatbestände

Der Beurteilungsmaßstab des § 3 IV gilt auch für die Tatbestände der **aggressiven** und **5.9** **irreführenden** geschäftlichen Handlungen (§§ 4a, 5, 5a II). Denn diese sind letztlich nur Konkretisierungen der Generalklausel (arg. ErwGr. 13 S. 4 UGP-RL). Bei der Feststellung, ob eine Verhaltensweise aggressiv oder irreführend ist, ist daher ebenfalls auf die Sicht des durchschnittlichen Mitglieds der jeweils betroffenen Verbrauchergruppe abzustellen. **Beispiel:** Der Veranstalter einer Busreise mit „Gelegenheit zum Besuch einer Verkaufsveranstaltung" gibt bekannt, die Heimfahrt werde sich noch etwas verzögern, weil einige Teilnehmer sich noch nicht zum Kauf eines bestimmten Produkts entschieden hätten. Hier ist aus der Sicht eines durchschnittlichen Mitglieds dieser Gruppe zu prüfen, ob dieses Verhalten eine Nötigung, Belästigung oder Ausübung einer Machtposition zur Ausübung von Druck mit der Folge einer erheblichen Beeinträchtigung der Entscheidungsfreiheit iSd § 4a I darstellt (vgl. auch die Wertung in Anh. Nr. 25 zu § 3 III).

Der Beurteilungsmaßstab des § 3 IV gilt an sich nicht für die Tatbestände der **Schwarzen** **5.10** **Liste** des Anh. § 3 III), weil diese kein Relevanzkriterium aufweisen. Die Besonderheit dieser Tatbestände besteht gerade darin, dass sie „ohne eine Beurteilung des Einzelfalls anhand der Bestimmungen der Artikel 5–9 als unlauter gelten können" (ErwGr. 17 S. 3). Eine Prüfung der Auswirkungen der Geschäftspraxis auf die geschäftliche Entscheidung des Verbrauchers soll im Interesse der Rechtssicherheit gerade nicht erfolgen. Vielmehr werden schädliche Auswirkungen auf den Verbraucher vermutet. Da aber die Beurteilungsmaßstäbe des § 3 IV auch auf die Unwertkriterien der jeweiligen Unlauterkeitstatbestände anzuwenden sind, muss dies auch für die Tatbestände der Schwarzen Liste gelten. Das gilt insbes. für die Frage, ob eine geschäftliche Handlung beim Verbraucher einen bestimmten „Eindruck" erweckt (vgl. Anh. Nr. 17, 21–24 zu § 3 III). Spezielle Ausprägungen des Schutzes besonders schutzbedürftiger Verbraucher enthalten Anh. Nr. 16 und 28 zu § 3 III.

Um Wertungswidersprüche zu vermeiden, sollte § 3 IV schließlich auch für die Tatbestände **5.11** des Rechtsbruchs (§ 3a), der unzulässigen vergleichenden Werbung (§ 6 II) und der unzumutbaren Belästigung (§ 7) angewendet werden.

C. Geschützter Personenkreis

§ 3 IV bezieht sich nach seinem Wortlaut nur auf die Verbraucher. Eine entsprechende **5.12** Regelung für geschäftliche Handlungen gegenüber **sonstigen Marktteilnehmern** iSd § 2 I Nr. 3 fehlt. Im Hinblick darauf, dass dieser Personenkreis noch weniger homogen ist als der der Verbraucher, sollte zumindest **§ 3 IV 1 analog** auf die Vorschriften zum Schutze sonstiger Marktteilnehmer angewandt werden. Es wäre dann auf den durchschnittlichen sonstigen Marktteilnehmer bzw. auf das durchschnittliche Mitglied einer bestimmten Gruppe sonstiger Marktteilnehmer abzustellen. Darüber hinaus wäre zu erwägen, auch **§ 3 IV 2 analog** anzuwenden, wenn eine vergleichbare Schutzbedürftigkeit bei Unternehmern (zB Einzelkaufleuten) oder den gesetzlichen Vertretern von NGOs vorliegt.

D. Der Beurteilungsmaßstab des § 3 IV 1

5.13   Nach § 3 IV 1 ist bei der Beurteilung von geschäftlichen Handlungen „auf den durchschnittlichen Verbraucher oder, wenn sich die geschäftliche Handlung an eine bestimmte Gruppe von Verbrauchern wendet, auf ein durchschnittliches Mitglied dieser Gruppe abzustellen". Es ist also zu fragen, wie ein derartiger Verbraucher „in einem gegebenen Fall typischerweise reagieren würde" (ErwGr. 18 S. 5 UGP-RL).

I. Der Maßstab des Durchschnittsverbrauchers

5.14   Auf den Durchschnittsverbraucher ist abzustellen, wenn geschäftliche Handlungen „sich an Verbraucher richten oder diese erreichen" (§ 3 II). Entsprechend ErwGr. 18 UGP-RL ist der **Durchschnittsverbraucher** als Maßstab zu nehmen, „der angemessen gut unterrichtet und angemessen aufmerksam und kritisch ist", wobei soziale, kulturelle und sprachliche Faktoren zu berücksichtigen sind. Das entspricht der Rspr. des EuGH (vgl. EuGH WRP 2000, 289 Rn. 29 – Lifting Creme; EuGH WRP 2012, 189 Rn. 23 – Ving Sverige) und der bisherigen Rechtslage im UWG (vgl. BT-Drs. 15/1487, 19; BT-Drs. 16/10145, 22). Zu Einzelheiten → § 1 Rn. 22 ff.

II. Der Maßstab des durchschnittlichen Mitglieds einer bestimmten Verbrauchergruppe

5.15   Auf das durchschnittliche Mitglied einer **Gruppe** von Verbrauchern ist abzustellen, wenn sich die geschäftliche Handlung an eine „bestimmte Gruppe von Verbrauchern wendet". Es muss sich um eine **bestimmte** handeln, also um eine nach bestimmten typischen Eigenschaften von anderen Verbrauchern abgrenzbare Gruppe handeln (zB Alleinstehende; Studenten; Frauen). Die geschäftliche Handlung muss sich an eine Gruppe von Verbrauchern **wenden,** dh an sie **gerichtet** sein (engl. directed to; frz. ciblée vers) oder sie **gezielt** ansprechen (BGH WRP 2014, 831 Rn. 21 – Goldbärenbarren). Es genügt also nicht, dass diese Gruppe von der geschäftlichen Handlung lediglich „erreicht" wird.

E. Der Beurteilungsmaßstab des § 3 IV 2

I. Allgemeines

5.16   Nach **§ 3 IV 2** sind geschäftliche Handlungen, die für den Unternehmer vorhersehbar das wirtschaftliche Verhalten nur einer eindeutig identifizierbaren Gruppe von Verbrauchern wesentlich beeinflussen, die auf Grund von geistigen oder körperlichen Beeinträchtigungen, Alter oder Leichtgläubigkeit im Hinblick auf diese Handlungen oder die diesen zugrunde liegenden Waren oder Dienstleistungen besonders schutzbedürftig sind, aus der Sicht eines durchschnittlichen Mitglieds dieser Gruppe zu beurteilen. Damit wird **Art. 5 III 1 UGP-RL** – anders als noch in § 3 II 3 UWG 2008 (dazu BGH WRP 2014, 831 Rn. 14 – Goldbärenbarren) – weitgehend wortlautgetreu umgesetzt. Die Vorschrift gilt auch für die Tatbestände der **aggressiven** und **irreführenden** geschäftlichen Handlungen der §§ 4a, 5, 5a (→ Rn. 5.9). An die Stelle des auf den Tatbestand des § 3 II bezogenen Erfordernisses der vorhersehbaren Beeinflussung des wirtschaftlichen Verhaltens dieser Verbrauchergruppen tritt insoweit das jeweilige Unwert- und Relevanzkriterium dieser Tatbestände. Allerdings setzt die (nicht umgesetzte") Bestimmung des **Art. 5 III 2 UGP-RL** eine gewisse Schutzgrenze, als „die übliche und rechtmäßige Werbepraxis, übertriebene Behauptungen oder nicht wörtlich zu nehmende Behauptungen aufzustellen, davon unberührt bleibt. Gemeint sind Fälle, in denen „selbst der Dümmste" erkennen müsste, dass derartige Werbeaussagen nicht ernst gemeint sind.

5.17   Im Unterschied zu § 3 IV 1 kommt es bei § 3 IV 2 nicht darauf an, ob sich die geschäftliche Handlung an die betreffende Gruppe schutzbedürftiger Verbraucher „wendet", sich also an sie richtet oder sie gezielt anspricht (so bereits zu § 3 II 3 UWG 2008 BGH WRP 2014, 831 Rn. 21 – Goldbärenbarren). Erfasst werden vielmehr auch geschäftliche Handlungen, die sich an alle Verbraucher richten oder sie erreichen. Für die Anwendung des § 3 IV 2 ist lediglich erforderlich, aber auch ausreichend, dass die geschäftliche Handlung voraussichtlich und für den

Unternehmer vernünftigerweise vorhersehbar **nur** das wirtschaftliche Verhalten der Mitglieder dieser Verbrauchergruppe wesentlich beeinflussen wird (BGH WRP 2014, 831 Rn. 16 – Goldbärenbarren). (Zur Definition der wesentlichen Beeinflussung vgl. § 2 I Nr. 11). Es muss sich also so verhalten, dass die geschäftliche Handlung den Durchschnittsverbraucher nicht in seinem wirtschaftlichen Verhalten wesentlich beeinflusst. Der strengere Prüfungsmaßstab des § 3 IV 2 ist daher nicht schon dann heranzuziehen, wenn möglicherweise **auch** besonders schutzbedürftige Verbraucher, wie Kinder und Jugendliche, durch die fragliche geschäftliche Handlung in ihrem wirtschaftlichen Verhalten wesentlich beeinflusst werden können, weil sie jedenfalls auch von ihr angesprochen werden (BGH WRP 2014, 831 Rn. 17 – Goldbärenbarren). Wendet sich die geschäftliche Handlung jedoch gezielt oder speziell (engl. specifically aimed) an eine Gruppe besonders schutzbedürftiger Verbraucher, wie Kinder und Jugendliche, ist das Erfordernis der eindeutig identifizierbaren Gruppe erfüllt, und es kommt nur noch darauf an, ob die Handlung das wirtschaftliche Verhalten der Mitglieder dieser Gruppe wesentlich beeinflussen kann. Dies aber beurteilt sich aus der Sicht eines durchschnittlichen Mitglieds dieser Gruppe (vgl. auch ErwGr. 18 S. 3 UGP-RL).

II. Besonders schutzbedürftige Verbraucher

1. Abgrenzung

Der Begriff der **besonders schutzbedürftigen Verbraucher** soll zum Ausdruck bringen, **5.18** dass es über die grundsätzliche Schutzbedürftigkeit eines jeden Verbrauchers „als des Adressaten und Opfers unlauterer Geschäftspraktiken" (EuGH WRP 2013, 1454 Rn. 36 – BKK MOBIL OIL) hinaus Personen gibt, die in noch höherem Maße schutzbedürftig sind. Es sind dies nach § 3 IV 2 Verbraucher, die „aufgrund von geistigen oder körperlichen Beeinträchtigungen, Alter oder Leichtgläubigkeit im Hinblick auf diese Handlungen oder die diesen zugrunde liegenden Waren oder Dienstleistungen besonders schutzbedürftig sind". Die besondere Schutzbedürftigkeit von Verbrauchern hängt also von der jeweiligen geschäftlichen Handlung und den betreffenden angebotenen Produkten ab (→ Rn. 5.19). Noch nicht geklärt ist, ob die Aufzählung der Kriterien der besonderen Schutzbedürftigkeit **abschließend** ist. Dagegen könnte ErwGr. 19 S. 1 UGP-RL sprechen, in dem von „bestimmten Eigenschaften wie Alter, geistige oder körperliche Gebrechen oder Leichtgläubigkeit" die Rede ist. Jedoch ist im Hinblick auf den eindeutigen Wortlaut des Art. 5 III 1 UGP-RL und im Interesse der Rechtssicherheit (auch für den Unternehmer) von einer abschließenden Aufzählung auszugehen. Es dürfen daher nicht noch weitere Fallgruppen besonders schutzbedürftiger Verbraucher, wie etwa Überschuldete, Erwerbslose, Asylbewerber, gebildet werden. Soweit konkrete Ereignisse (zB Unfall) eine besondere Schutzbedürftigkeit begründen, lässt sich dem mittels § 4a II 1 Nr. 3 Rechnung tragen. Außerdem sind die Begriffe der geistigen und körperlichen Beeinträchtigung, des Alters und der Leichtgläubigkeit ohnehin schon eine beträchtliche Unschärfe aufweisen und in einem **weiten** Sinne zu verstehen, so dass kaum Schutzlücken bestehen dürften.

2. Schutzbedürftigkeit im Hinblick auf die geschäftliche Handlung oder die ihr zugrunde liegende Ware oder Dienstleistung

Eine wichtige und praktisch bedeutsame **Einschränkung** des Schutzes nach § 3 IV 2 ergibt **5.19** sich daraus, dass die besondere Schutzbedürftigkeit im Hinblick auf die konkrete geschäftliche Handlung oder die ihr zugrunde liegenden Waren oder Dienstleistungen bestehen muss. (Das war in der Vorgängervorschrift des § 3 II 3 UWG 2008 noch nicht vorgesehen, entspricht aber den Vorgaben des Art. 5 III 1 UGP-RL.) Es gibt also **keine absolute**, sondern nur eine **relative Schutzbedürftigkeit.** Die betreffende Verbrauchergruppe muss wegen ihrer Eigenschaften für eine derartige geschäftliche Handlung oder die zugrunde liegende Ware oder Dienstleistung **besonders anfällig** (ErwGr. 18 S. 2 und 19 UGP-RL) sein, und es soll verhindert werden, dass der Unternehmer dies für seine Zwecke **ausnutzt** (vgl. ErwGr. 18 S. 2 letzter Hs. UGP-RL: „Vermeidung der Ausnutzung"). **Praktische Bedeutung** entfaltet § 3 IV 2 daher in den Fällen, in denen die konkrete Werbe- oder Marketingmaßnahme oder die konkret beworbene Ware oder Dienstleistung gerade auf besonders schutzbedürftige Verbraucher **„zugeschnitten"** ist (zB Hörgeräte, Gehhilfen usw für ältere Menschen; Computerspiele speziell für Kinder und Jugendliche), aber die Fähigkeit eines Durchschnittsverbrauchers, eine informierte Entscheidung zu treffen, nicht spürbar beeinträchtigen würde, dieser sich also davon nicht beeindrucken lassen würde. Einzelne geschäftliche Handlungen des Anh. § 3 III lassen sich daraus erklären, dass sie wahrscheinlich nur besonders schutzbedürftige Verbraucher betreffen, wie bspw. im Fall der Nr. 16 (Behauptung, durch eine bestimmte Ware oder Dienstleistung ließen sich die Gewinnchancen bei Glücksspielen erhöhen) die Gruppe leichtgläubiger Verbraucher.

3. Geistige oder körperliche Beeinträchtigungen

5.20   Der Begriff der **„geistigen oder körperlichen Beeinträchtigungen"** ist aus Art. 5 III 1 UGP-RL übernommen, wobei lediglich das veraltete Wort „Gebrechen" durch das der „Beeinträchtigungen" ersetzt wurde (vgl. BT-Drs. 18/6571, 15 sowie den entsprechenden Vorschlag bei Köhler WRP 2015, 1311 (1314)). Er ist richtlinienkonform im Hinblick auf den Schutz der Verbraucher im geschäftlichen Verkehr auszulegen (dazu Scherer WRP 2008, 563 (567 f.)). Daher ist von einer geistigen oder körperlichen Beeinträchtigung dann auszugehen, wenn die Fähigkeit der Betroffenen, eine informierte geschäftliche Entscheidung im Hinblick auf die betreffende geschäftliche Handlung oder die ihr zugrunde liegende Ware oder Dienstleistung zu treffen, hinter der eines angemessen gut unterrichteten und angemessen aufmerksamen und kritischen **Durchschnittsverbrauchers** zurückbleibt, und sie aufgrund dessen für bestimmte unlautere geschäftliche Handlungen **anfällig** sind (vgl. ErwGr. 18 S. 2 UGP-RL). **Beispiele:** Legastheniker oder Sehschwache werden dazu veranlasst, einen Vertrag zu unterschreiben, dessen Inhalt sie nicht richtig lesen können und den ein Durchschnittsverbraucher (so) nicht geschlossen hätte; Spielsüchtige werden dazu veranlasst, Reisen zu Spielcasinos im Ausland ohne Eingangskontrolle zu buchen.

5.21   Zu den **körperlichen Beeinträchtigungen** gehören zB Einschränkungen des Seh- oder Hörvermögens oder der Schreibfähigkeit bis hin zu Blindheit, Taubheit und Lähmung. Zu den **geistigen Beeinträchtigungen** gehören insbes. auffällige intellektuelle Defizite (Minderbegabung, Demenz), aber auch psychische Störungen, etwa aufgrund von Medikamenten-, Alkohol- oder Drogenabhängigkeit oder Spielsucht. Auf die genaue Abgrenzung kommt es im Hinblick auf die Gleichbehandlung beider Erscheinungsformen einer Beeinträchtigung nicht an, zumal eine klare Unterscheidung ohnehin kaum möglich sein wird. Ebenso wenig kommt es darauf an, ob die betroffenen Personen (noch) voll geschäftsfähig sind oder nicht, oder ob sie einen Betreuer (§§ 1896 ff. BGB) besitzen. Allerdings kann die Anordnung einer Betreuung ein schwerwiegendes Indiz für das Vorliegen einer geistigen oder körperlichen Beeinträchtigung sein. Der Begriff der „Beeinträchtigung" ist im Interesse eines hohen Verbraucherschutzniveaus weit auszulegen. Jedoch fallen **vorübergehende** „Ausfallerscheinungen", etwa aufgrund Unfalls, Trunkenheit oder Übermüdung, nicht darunter. Der Schutz der davon betroffenen Verbraucher wird bereits über § 4a I, II 1 Nr. 3 gewährleistet („bewusste Ausnutzung von konkreten Unglückssituationen oder Umständen von solcher Schwere, dass sie das Urteilsvermögen des Verbrauchers beeinträchtigen").

4. Alter

5.22   **a) Überblick.** Der etwas diffuse Begriff des **Alters** ist aus Art. 5 III 1 UGP-RL übernommen und daher richtlinienkonform auszulegen. Er bezieht sich in erster Linie auf alle Personen, die auf Grund ihres geringen Lebensalters **(Kinder, Jugendliche)** vom Typus des Durchschnittsverbrauchers insoweit abweichen, als sie typischerweise noch nicht über die gleiche geschäftliche Erfahrung verfügen wie Erwachsene. Dem entspricht es, dass sie – nach deutschem Recht – noch nicht voll geschäftsfähig sind. Kinder und Jugendliche sind im Übrigen nicht stets besonders schutzbedürftig; vielmehr kommt es auch insoweit auf die jeweilige geschäftliche Handlung und/ oder die ihr zugrunde liegende Ware oder Dienstleistung an. – Ob der Begriff des Alters auch im Sinne eines **hohen Lebensalters** („Senioren") zu verstehen ist, wie zumeist angenommen wird, muss dagegen noch geklärt werden. Denn erstens ist zu bezweifeln, ob und ab welchem Lebensjahr alte Menschen typischerweise in ihrer Fähigkeit zu einer informierten Entscheidung derart eingeschränkt sind, dass sie besonders schutzbedürftig sind. Daher ist zweitens auch zweifelhaft, ob und inwieweit sich im Einzelfall von einer **eindeutig identifizierbaren Gruppe** iSv § 3 IV 2 sprechen lässt. Drittens aber ist ein spezifischer Schutz alter Menschen idR nicht erforderlich, weil mittels der Begriffe der „geistigen oder körperlichen Beeinträchtigungen" und der „Leichtgläubigkeit" ein angemessener Schutz erreicht werden kann. Eine gewisse Präzisierung lässt sich jedoch dadurch erreichen, dass es bei der Beurteilung auf die jeweilige geschäftliche Handlung oder die ihr zugrunde liegenden Waren oder Dienstleistungen abzustellen ist (**Beispiel:** Verkauf überteuerter Heizdecken an „Senioren" auf einer Verkaufsveranstaltung im Rahmen einer „Kaffeefahrt").

b) Minderjährige. Der Begriff des Alters bezieht sich in erster Linie auf Minderjährige, also   5.23
Kinder und **Jugendliche.** Hier sorgt bereits Anh. Nr. 28 zu § 3 III („unmittelbare Aufforderung an Kinder") für einen gewissen Schutz. Von bes. Bedeutung ist der Unlauterkeitstatbestand
des § **4a,** weil eine Ausnutzung einer Machtposition zur Ausübung von Druck auch darin
bestehen kann, dass das besondere Vertrauen von Minderjährigen zu Lehrern oder anderen
Autoritätspersonen ausgenutzt wird (vgl. auch Art. 9 I lit. g AVMD-RL, geändert durch die RL
2018/1808/EU). § 4a iVm § 3 IV 2 nimmt die Schutzfunktion wahr, die vormals § 4 Nr. 2
UWG 2008 zu erfüllen hatte und die nach dem Willen des Gesetzgebers nunmehr § 4a II 2
erfüllen soll (zur Kritik → § 4a Rn. 2.9 ff.). Der Begriff des Alters deckt im Hinblick auf
Minderjährige deren alterstypische **geschäftliche Unerfahrenheit** ab, die in der Rspr. zu § 4
Nr. 2 UWG 2008 eine große Rolle spielte (→ Rn. 7.2 ff.; s. § 4a II 2).

c) Ältere Menschen. Selbst wenn man den Begriff des Alters auch auf **ältere Menschen**   5.24
(„Senioren") bezieht, ist zu beachten, dass es insoweit keine starren Altersgrenzen gibt und daher
Menschen im vorgerückten Alter gerade in der heutigen Zeit nicht per se als besonders schutzbedürftig anzusehen sind (dazu eingehend Fritzsche FS Fezer, 2016, 885 (892)). Vielmehr
begründet ein hohes Lebensalter die besondere Schutzbedürftigkeit von Personen allenfalls
insoweit, als diese altersbedingt nicht mehr die Kenntnisse, Aufmerksamkeit und Kritikfähigkeit
eines Durchschnittsverbrauchers besitzen und daher für bestimmte geschäftliche Handlungen
oder die ihnen zugrunde liegenden Produkte besonders anfällig sind (vgl. ErwGr. 19 UGP-RL;
Kommission, Leitlinien zur Umsetzung/Anwendung der Richtlinie 2005/29/EG, SEK (2009)
1666). **Beispiel:** Bewohner eines Altersheims, denen zur Steigerung der Vitalität bestimmte
Nahrungsergänzungsmittel angeboten werden. (Soweit bei solchen Personen gleichzeitig geistige
oder körperliche Beeinträchtigungen oder Leichtgläubigkeit vorliegen, kann bereits darauf abgestellt werden).

5. Leichtgläubigkeit

Der Begriff der **Leichtgläubigkeit** ist aus Art. 5 III 1 UGP-RL (engl. „credulity"; frz.   5.25
„crédulité") übernommen und daher richtlinienkonform auszulegen. Eine Begriffsbestimmung
durch den EuGH steht noch aus. Leichtgläubigkeit ist anzunehmen, wenn ein Verbraucher
aufgrund mangelnden **Urteilsvermögens** nicht in der Lage ist, die Vor- und Nachteile eines
Angebots richtig einzuschätzen und gegeneinander abzuwägen oder die Eigenschaften eines
Produkts zutreffend zu beurteilen, und aus diesem Grund geneigt ist, bestimmten Behauptungen
des Werbenden leichter Glauben zu schenken als ein Durchschnittsverbraucher. Vergleichsmaßstab ist daher der angemessen gut unterrichtete und angemessen aufmerksame und verständige
Durchschnittsverbraucher. Ein Indiz für die Ausnutzung der Leichtgläubigkeit ist es, wenn
Produkte angeboten werden, die ein Durchschnittsverbraucher typischerweise nicht kaufen
würde, der Unternehmer also auf „Dummenfang" geht. Der Schutz leichtgläubiger Verbraucher
wird aber durch (den nicht umgesetzten) Art. 5 III 2 UGP-RL beschränkt.

Worauf die Leichtgläubigkeit beruht und für welche Lebensbereiche sie besteht, ist unerheb-   5.26
lich. Sie ist nicht auf sprach- oder schreibunkundige Personen beschränkt, sondern kann insbes.
bei Kindern und Jugendlichen sowie bei Aussiedlern, Migranten oder Personen, die bspw.
krankheits- oder haftbedingt lange Zeit nicht am geschäftlichen Verkehr teilgenommen haben,
vorliegen. Sie wird idR – aber nicht notwendig – einhergehen mit **geschäftlicher Unerfahrenheit** (→ Rn. 7.2 ff.; § 4a II 2) im Hinblick auf die konkrete geschäftliche Handlung und das ihr
zugrunde liegende Produkt, sowie insbes. auf die finanzielle und zeitliche Tragweite der
geschäftlichen Entscheidung. Es muss sich um Verbraucher handeln, die auf Grund bestimmter
Umstände bestimmten Personen, Geschäften oder Produkten unkritisch gegenüberstehen und
insoweit zu unüberlegten, leichtsinnigen Entscheidungen neigen (dazu näher Gloy/Loschelder/
Danckwerts WettbR–HdB/Loschelder § 49 Rn. 25). Das kann insbes. der Fall sein, wenn ein
Unternehmer aufgrund seiner beruflichen Stellung bes. Vertrauen in seine Fähigkeiten und
Kenntnisse in Anspruch nimmt und Verbrauchern Produkte „aufschwatzt", die sie gar nicht
benötigen oder die für sie sogar gefährlich sind. **Beispiele:** Anlageberater empfiehlt Rentnern
zur Altersvorsorge eine bestimmte Geldanlage mit hohen Renditen, ohne adäquat auf die damit
verbundenen Risiken hinzuweisen (vgl. Art. 6 I lit g UGP-RL: „Risiken"); Versicherungsvertreter empfiehlt Hausbesitzern eine bestimmte Versicherung, für die sie objektiv betrachtet
keinen Bedarf haben; Heilpraktiker empfiehlt Behandlungen, die für den „eingebildeten" Kranken objektiv keinerlei Nutzen haben.

III. Eindeutige Identifizierbarkeit der Gruppe

1. Gruppe

5.27   Art. 5 III 1 UGP-RL und dementsprechend in richtlinienkonformer Auslegung auch § 3 IV 2 setzen voraus, dass es eine **Gruppe** von Verbrauchern gibt, die aufgrund ihrer Eigenschaften im Hinblick auf die zu beurteilende geschäftliche Handlung oder das ihr zugrunde liegende Produkt besonders schutzbedürftig sind. Von einer Gruppe lässt sich nur sprechen, wenn es eine **Vielzahl,** mindestens aber **drei Personen** gibt, die sich ihr zuordnen lassen. Nur dann kann es ein durchschnittliches Mitglied einer Gruppe geben. Die Personen müssen mindestens ein **gemeinsames charakteristisches Merkmal** aufweisen, das ihre besondere Schutzbedürftigkeit im Hinblick auf die geschäftliche Handlung und das ihr zugrunde liegende Produkt begründet und sie vom Durchschnittsverbraucher unterscheidet. Unerheblich ist dagegen, ob der Unternehmer sich mit seiner konkreten geschäftlichen Handlung an jedermann, an eine bestimmte Gruppe oder nur an einen einzelnen Verbraucher wendet. **Beispiel:** Hausbesuch bei einem altersdementen Verbraucher.

2. Eindeutige Identifizierbarkeit

5.28   Die Gruppe muss des Weiteren **„eindeutig identifizierbar"** sein. Dieses Erfordernis dient der **Rechtssicherheit** und darüber hinaus dem **Schutz des Unternehmers.** Es muss für ihn vorhersehbar sein, welche und ggf. wie viele Verbraucher von seiner geschäftlichen Handlung betroffen werden, damit er sich bei der Planung und Durchführung seiner geschäftlichen Handlung auf deren besondere Schutzbedürftigkeit einstellen kann. Eindeutige Identifizierbarkeit ist dann gegeben, wenn sich aufgrund der konkreten geschäftlichen Handlung und dem ihr zugrunde liegenden Produkt mit hinreichender Gewissheit sagen lässt, welche Verbraucher eines besonderen Schutzes bedürfen. Die eindeutige Identifizierbarkeit ist gewährleistet, wenn der Unternehmer von vornherein gezielt eine bestimmte Gruppe von Verbrauchern anspricht, die im Allgemeinen besonders schutzbedürftig ist. **Beispiel:** Werbung, die sich gezielt an Kinder oder Jugendliche oder Altenheimbewohner richtet. – Eindeutige Identifizierbarkeit kann aber auch bei einer an **jedermann** gerichteten Werbung, insbes. in **Massenmedien,** im Hinblick auf die konkrete geschäftliche Handlung und die ihr zugrunde liegende Ware oder Dienstleistung gegeben sein, weil den Umständen nach **nur** eine bestimmte Gruppe von schutzbedürftigen Verbrauchern dafür anfällig ist und der Unternehmer dies ausnutzt. **Beispiel:** Angebot der Vorhersage der richtigen Lottozahlen auf einer Internetseite spricht zwar alle Verbraucher an, anfällig dafür ist aber nur die Gruppe der leichtgläubigen Lottospieler. – Für die Anwendung des § 3 IV 2 muss jeweils noch hinzukommen, dass die geschäftliche Handlung für den Unternehmer vorhersehbar (→ Rn. 5.29) nur die geschäftlichen Entscheidungen der betreffenden Verbrauchergruppe wesentlich beeinflusst.

IV. Vorhersehbarkeit

5.29   Für den Unternehmer muss **„vorhersehbar"** sein, dass seine geschäftliche Handlung nur eine Gruppe besonders schutzbedürftiger und eindeutig identifizierbarer Verbraucher betrifft. Das Kriterium der **Vorhersehbarkeit** ist wiederum in richtlinienkonformer Auslegung dahin zu verstehen, dass die wesentliche Beeinflussung des wirtschaftlichen Verhaltens nur dieser Verbrauchergruppe **„voraussichtlich in einer für den Unternehmer vernünftigerweise vorhersehbaren Art und Weise"** erfolgt. „Vernünftigerweise" (reasonably) bedeutet dabei so viel wie für einen Unternehmer der betreffenden Branche **objektiv** vorhersehbar (vgl. § 2 I Nr. 9). Diese Einschränkung entspricht dem Grundsatz der **Verhältnismäßigkeit** und schützt den Unternehmer vor übermäßigen Belastungen. Der Unternehmer braucht nur dann auf die besondere Schutzbedürftigkeit dieser Gruppe Rücksicht zu nehmen, wenn für ihn **objektiv** vorhersehbar (und damit kalkulierbar) ist, dass seine geschäftliche Handlung und die ihr zugrunde liegende Ware oder Dienstleistung nur das wirtschaftliche Verhalten dieser Gruppe wesentlich beeinflusst wird. Nach der Definition in § 2 I Nr. 11 setzt dies voraus, dass die Fähigkeit des Verbrauchers zu einer informierten Entscheidung spürbar beeinträchtigt wird und er damit veranlasst wird, eine geschäftliche Entscheidung zu treffen, die er andernfalls nicht getroffen hätte. Das Erfordernis der Vorhersehbarkeit stellt sicher, dass nur solche Fälle erfasst werden, in denen der Unternehmer die Eigenschaften von Verbrauchern, die sie für unlautere geschäftliche

Handlungen „besonders anfällig machen" (ErwGr. 18 S. 2 UGP-RL), erkennen und daher ausnutzen kann.

V. Sicht eines durchschnittlichen Mitglieds der Gruppe

Es ist auf die Sicht eines **durchschnittlichen** Mitglieds der betreffenden Gruppe besonders **5.30** schutzbedürftiger Verbraucher abzustellen. Auch diese Voraussetzung schützt den Unternehmer: Er braucht sich bei der Planung seiner geschäftlichen Handlung nicht an dem „schwächsten" Mitglied der Gruppe zu orientieren. Eine andere Frage ist es, wie man im Falle der körperlichen und geistigen Beeinträchtigungen oder der Leichtgläubigkeit einen „Durchschnitt" ermitteln kann. Eine Orientierung kann auch hier wieder nur die konkrete geschäftliche Handlung und die ihr zugrunde liegende Ware oder Dienstleistung geben.

VI. Schutzgrenzen

Auch die besonders schutzbedürftigen Verbraucher genießen keinen uneingeschränkten **5.31** Schutz, wie sich aus Art. 5 III 2 UGP-RL ergibt. Danach bleibt auch im Verhältnis zu besonders schutzbedürftigen Verbrauchergruppen **„die übliche und rechtmäßige Werbepraxis, übertriebene Behauptungen oder nicht wörtlich zu nehmende Behauptungen aufzustellen, ... unberührt".** Diese Bestimmung ist zwar nicht umgesetzt worden, aber im Wege richtlinienkonformer Auslegung bei der Anwendung des § 3 IV 2 zu berücksichtigen (BGH WRP 2014, 831 Rn. 25 – Goldbärenbarren). Die Behauptung kann verbal („Red Bull verleiht Flügel"), aber auch bildlich („Spiderman") erfolgen.

6. Abschnitt. Einsatz von Verkaufsförderern

Übersicht

Schrifttum: Boesche, Drum kopple, was sich (nicht) ewig bindet, WRP 2011, 1345; Brammsen/Leible, Multi-Level-Marketing im System eines deutschen Lauterkeitsrechts, BB 1997, Beilage 10 zu Heft 32; Burrer, Laienwerbung, 2014; Fountoulakis, Tupperware-Parties und Co. – die wettbewerbsrechtliche Beurteilung des Vertriebs unter Einsatz von Laien, GRUR-Int. 2009, 979; Fritzsche, Wettbewerbsrechtliche Fragen von Vergütungsvereinbarungen und Kooperationsmodellen zwischen Krankenhäusern und externen Laborfachärzten, WRP 2019, 555; Hartlage, Progressive Kundenwerbung – immer wettbewerbswidrig?, WRP 1997, 1; Heermann, Prämien, Preise, Provisionen, WRP 2006, 1; Heil, Gewinnspiele – eine unendliche Geschichte?, WRP 1998, 839; Isele, Die Haftung des Unternehmers für wettbewerbswidriges Verhalten von Laienwerbern, WRP 2010, 1215; John, Zur Frage der Unlauterkeit von Verkaufsförderungsmaßnahmen gegenüber drittverantwortlichen Marktteilnehmern; Köhler, Wettbewerbsrechtliche Grenzen des Mitgliederwettbewerbs der gesetzlichen Krankenkassen, WRP 1997, 37; Leible, Multi-Level-Marketing ist nicht wettbewerbswidrig!, WRP 1998, 18; Lorenz, Vertriebsfördermaßnahmen marktbeherrschender Unternehmen: Die Beurteilung nach Art. 82 EG, UWG und StGB, WRP 2005, 992; Maier, Die lauterkeitsrechtliche Beurteilung der Laienwerbung, 2014; Matern, Absatzförderung auf nachgeordneten Vertriebsstufen – lauterkeitsrechtliche Bewertung von Verkaufswettbewerben in der Reisebranche, WRP 2008, 575; Möller, Laienwerbung, WRP 2007, 6; Pfuhl, Von erlaubter Verkaufsförderung und strafbarer Korruption, 2010; Schröder, Dreieckskopplung, WRP 2017, 281; Steinbeck, Die Dreieckskopplung – ein Fall des übertriebenen Anlockens?, GRUR 2005, 15; Thume, Multi-Level-Marketing – ein stets sittenwidriges Vertriebssystem?, WRP 1999, 280; Ulrich, Die Laienwerbung FS Piper, 1996, 495.

A. Allgemeines

I. Begriff und Erscheinungsformen von Verkaufsförderern

1. Begriff und Abgrenzung

6.1   Als **Verkaufsförderer (Absatzmittler)** lässt sich bezeichnen „**jede Person, die einen Unternehmer beim Absatz seiner Waren oder Dienstleistungen durch gezielte Einwirkung auf mögliche Abnehmer unterstützt und dafür eine Gegenleistung erhält**". Darauf, ob sie in einem Dienst- oder Auftragsverhältnis zum Unternehmer steht (und damit zugleich selbst Unternehmer iSd § 2 I Nr. 8 Hs. 2 ist), kommt es nicht an. Unerheblich ist auch die Art der Gegenleistung (Gehalt, Geld- oder Sachprämie, Provision oder sonstige geldwerte Vergünstigung, wie Teilnahme an einem Gewinnspiel). – Vom Verkaufsförderer zu unterscheiden sind die **Werbebotschafter,** die in die Aufmerksamkeitswerbung für ein Unternehmen oder seine Produkte eingeschaltet werden, ohne selbst gezielt mögliche Kunden anzusprechen. **Beispiel:** Fernseh- oder Plakatwerbung mit bekannten Persönlichkeiten („Stars") aus Sport und Unterhaltung. – Zur Produktempfehlung durch die **öffentliche Hand** → § 3a Rn. 2.38 ff.

2. Erscheinungsformen

Zu den Verkaufsförderern gehören insbes.   6.2

– gewerbliche Unternehmer;
– Mitarbeiter gewerblicher Unternehmer;
– interessenwahrungspflichtige Unternehmer;
– Privatpersonen („Laien").

II. Lauterkeitsrechtliche Problematik

Grds. ist jeder Unternehmer darin frei, wie er seinen Absatz organisiert. Er hat jedoch beim   6.3
Einsatz von Verkaufsförderern und bei der Ausgestaltung ihrer Tätigkeit die durch das Lauterkeitsrecht gezogenen Schranken zu beachten. Der Einsatz von Verkaufsförderern wirft dann lauterkeitsrechtliche Probleme auf, wenn diese nicht offen im Interesse ihres Auftraggebers auftreten und/oder wenn sie ihre beruflichen oder privaten Einflussmöglichkeiten für den Absatz der Produkte ihres Auftraggebers einsetzen. Soweit die Verkaufsförderer ihr persönliches Interesse an der Empfehlung einer bestimmten Ware oder Dienstleistung gegenüber den Kunden verschweigen, kann dies den Tatbestand des § 5a IV erfüllen. Ist dem Verkaufsförderer die Entgegennahme einer Zuwendung gesetzlich verboten, so liegt darüber hinaus ein Fall des § 3a vor (→ § 3a Rn. 1.229 zu § 7 HWG). Soweit die Verkaufsförderer die Kunden nicht objektiv, sondern von ihrem Eigeninteresse geleitet beraten, kann dies den Tatbestand der Irreführung (§ 5), der Irreführung durch Unterlassen (§ 5a I; § 5a IV), der aggressiven Beeinflussung (§ 4a), des Sorgfaltsverstoßes (§ 3 II) oder der Generalklausel des § 3 I als Auffangtatbestand erfüllen. Ein wesentlicher Gesichtspunkt ist dabei, ob die angesprochenen Verbraucher oder sonstigen Marktteilnehmer von dem Verkaufsförderer, sei es auf Grund seiner beruflichen Stellung oder einer vertraglichen Verpflichtung, sei es auf Grund seines Auftretens, eine objektive Beratung und neutrale Kaufempfehlung erwarten dürfen (vgl. OLG Frankfurt WRP 2010, 563 (564); OLG München WRP 2012, 347 Rn. 31). – Begeht der Verkaufsförderer einen Wettbewerbsverstoß, so muss sich der Unternehmer dies grds. nach § 8 II zurechnen lassen. Die entscheidende Frage ist aber, ob dem Unternehmer persönlich ein Wettbewerbsverstoß zur Last fällt, wenn er einen Verkaufsförderer einsetzt, der seine Interessenwahrungspflicht verletzt.

B. Gewerbliche Unternehmer als Verkaufsförderer

I. Beschreibung

Unternehmer, die Waren oder Dienstleistungen **mehrerer konkurrierender Anbieter** sei es   6.4
im eigenen, sei es im fremden Namen vertreiben, sind grds. darin frei, ob und wie sie den Absatz der einzelnen Anbieter in besonderer Weise fördern. Sie sind nicht der „Anwalt des Verbrauchers" und dementsprechend grds. auch nicht zur „Neutralität" in Form einer uneigennützigen Beratung und Empfehlung verpflichtet. Sie können sich vielmehr bei ihren Absatzbemühungen an ihren Gewinn- und Nutzenüberlegungen orientieren. Dementsprechend sind auch die Anbieter grds. – dh innerhalb der kartellrechtlichen Grenzen der §§ 19, 20 GWB – darin frei, ihnen **besondere Vorteile** (Werbekostenzuschüsse, Sach- oder Geldprämien, Teilnahme an Verlosungen usw) für den Absatz ihrer Produkte einzuräumen (vgl. OLG Oldenburg GRUR-RR 2004, 209 (210); Matern WRP 2008, 575 (583)). In diesem Fall werden die Unternehmer als Verkaufsförderer des Anbieters tätig.

II. Lauterkeitsrechtliche Beurteilung

1. Unlautere Beeinflussung des Verkaufsförderers

a) Allgemeines. Die aggressive Beeinflussung des „Anbieters" (idR Hersteller) auf den   6.5
Verkaufsförderer (idR Händler) kann den Tatbestand des § 4a deshalb erfüllen, weil er Nachfrager der Produkte des Anbieters und damit **sonstiger Marktteilnehmer** ist. Der Tatbestand

des § 4a setzt jedoch voraus, dass der Anbieter mit den Mitteln der Belästigung, Nötigung oder unzulässigen Beeinflussung auf die Kaufentscheidung des Verkaufsförderers einwirkt. Praktisch kommt nur der Tatbestand der **unzulässigen Beeinflussung** (§ 4a I 2 Nr. 3) in Betracht. Von einer Machtposition des „Anbieters", die eine Druckausübung ermöglicht, kann jedoch nur dann die Rede sein, wenn der Verkaufsförderer auf den Bezug der Waren angewiesen, also letztlich von ihm **abhängig** ist. Eine unzulässige Beeinflussung kann bspw. darin liegen, dass der „Anbieter" die Belieferung davon abhängig macht, dass der Verkaufsförderer bestimmte Preise einhält. Diese Fallgestaltung ist aber im Kartellrecht (§§ 1, 20 I, II GWB) abschließend geregelt.

6.6   **b) Gewährung von Vergünstigungen.** Gewährt der Hersteller dem Händler bestimmte Vergünstigungen (Rabatte, Werbekostenzuschüsse, Teilnahme an Gewinnspielen usw) in der Erwartung, dass sich der Händler in besonderem Maße für den Absatz seiner Produkte einsetzt, kann dies bei **beratungsbedürftigen Produkten** (zB Reisen, Kosmetika, Nahrungsergänzungsmittel, Smartphones) die Gefahr begründen, dass der Händler den Verbraucher nicht objektiv und neutral berät, um in den Genuss der Vergünstigung zu gelangen. Unter Geltung des **UWG 2008** wurde dazu die Auffassung vertreten, es komme auf das Ausmaß der versprochenen Vergünstigung einerseits und auf den Beratungsbedarf des Abnehmers andererseits an. Zwar wisse der verständige Durchschnittsverbraucher oder rechne damit, dass sich die Einkaufskonditionen bei den Produkten unterscheiden können und der Händler bei der Präsentation und Empfehlung der Produkte bestimmter Hersteller sich auch von seinen wirtschaftlichen Interessen leiten lässt (vgl. OLG Frankfurt WRP 2010, 563 (564); aA noch BGH GRUR 1974, 394 (395) – Verschlusskapsel-Prämie; Lorenz WRP 2005, 992 (993)). Je stärker aber der versprochene Anreiz sei, desto größer sei naturgemäß die Gefahr, dass der Verkaufsförderer das Interesse des Verbrauchers an einer sachkundigen und objektiven Beratung vernachlässige und vorzugsweise das Produkt dieses Anbieters anpreise. Das Versprechen einer Vergünstigung sei lauterkeitsrechtlich jedenfalls dann bedenklich, wenn der Verbraucher mit einem Anreiz in diesem Umfang nicht rechne und er auf eine sachkundige und objektive Beratung angewiesen sei und sie auch erwarte. Dementsprechend wurde die Veranstaltung eines „Buchungswettbewerbs" eines Reiseveranstalters, bei dem die erfolgreichsten Reisebüros lukrative Preise gewinnen konnten, als Verstoß gegen § 4 Nr. 1 UWG 2008 angesehen (OLG Frankfurt WRP 2010, 563 (564 ff.); ähnlich LG Frankfurt WRP 2012, 1304).

6.7   Mit dieser Begründung lässt sich diese Auffassung jedoch spätestens nach Abschaffung des § 4 Nr. 1 UWG 2008 und unter Geltung des § 4a UWG 2015 nicht mehr vertreten. Denn die Anlockwirkung der Vergünstigung reicht nicht aus, um die Entscheidungsfreiheit des Händlers spürbar zu beeinträchtigen und damit den Tatbestand des § 4a zu verwirklichen, wenn nicht noch weitere Umstände hinzutreten (bspw. Drohung mit Einstellung der Belieferung). In Betracht kommt lediglich eine Mitverantwortlichkeit des Herstellers unter dem Gesichtspunkt der Anstiftung oder Beihilfe, wenn sich der Händler unlauter gegenüber dem Verbraucher verhält (zB irreführende Angaben über das Produkt macht oder unzulässige vergleichende Werbung betreibt oder sich sorgfaltswidrig verhält).

2. Unlautere Beeinflussung des Verbrauchers durch den Verkaufsförderer

6.8   In Betracht kommt lediglich eine **Mitverantwortlichkeit** des Herstellers unter dem Gesichtspunkt der Anstiftung oder Beihilfe, wenn sich der Händler aufgrund der Vergünstigung unlauter gegenüber dem Verbraucher verhält (zB irreführende Angaben über das Produkt macht, unzulässige vergleichende Werbung betreibt oder sich sorgfaltswidrig iSd § 3 II verhält).

6.9   Eine einseitige Beratung des Verbrauchers zugunsten den Händler eine Vergünstigung gewährt, stellt noch kein Nichtkenntlichmachen des kommerziellen Zwecks der Handlung iSd § 5a IV dar. Denn der Durchschnittsverbraucher weiß oder muss damit rechnen, dass der Händler stets ein eigenes wirtschaftliches Interesse verfolgt. Liegt auch kein anderer spezieller Unlauterkeitstatbestand vor, kommt daher allenfalls ein Verstoß des Händlers gegen § 3 II in Betracht. Die Frage ist daher dahin zu stellen, ob der Händler gegen seine **unternehmerische Sorgfalt** verstößt, wenn er den Kunden einseitig berät. Das ist umso eher anzunehmen, je mehr der Verbraucher auf die Beratungskompetenz des Verkaufsförderers vertraut und je weniger er damit rechnen muss, dass der Verkaufsförderer besondere Vergünstigungen für die Empfehlung bestimmter Angebote erhält. Maßgebend sind die Umstände des Einzelfalls. Für Sorgfaltsverstöße des Händlers ist der Hersteller unter dem Gesichtspunkt der **Anstiftung** bzw. **Beihilfe** mitverantwortlich, wenn deren tatbestandliche Voraussetzungen erfüllt sind (→ § 8

Rn. 2.15 ff.). Ggf. ist auch an eine täterschaftliche Verantwortung unter dem Gesichtspunkt der Verletzung einer **wettbewerbsrechtlichen Verkehrspflicht** zu denken.

C. Mitarbeiter fremder Unternehmer als Verkaufsförderer

I. Beschreibung

Vielfach versprechen und gewähren Anbieter den **Mitarbeitern** eines Unternehmers einen **6.10** Anreiz (Prämie usw), damit sie bevorzugt ihre Produkte zum Kauf empfehlen. Das ist den Kunden idR nicht bekannt. Vielmehr gehen sie davon aus und rechnen damit, dass es keine solchen Anreize gibt, die Mitarbeiter sich jedenfalls nicht von derartigen Anreizen bei ihrer Beratung und Kaufempfehlung leiten lassen.

II. Lauterkeitsrechtliche Beurteilung

Setzt ein Anbieter den Mitarbeiter eines Unternehmers als Verkaufsförderer ein, ist zunächst **6.11** zu fragen, ob dies mit **Einverständnis** des Unternehmers geschieht oder nicht. Liegt ein Einverständnis vor, so liegt der Fall nicht anders als beim Versprechen der Vergünstigung unmittelbar an den Geschäftsinhaber (→ Rn. 6.5 ff.; ähnlich Heermann WRP 2006, 8 (13 f.)).

Wird hingegen die Vergünstigung den **Mitarbeitern** ohne Wissen und Billigung des Unter- **6.12** nehmers gewährt, so stellt dies im Verhältnis zum **Unternehmer** jedenfalls eine erhebliche Beeinträchtigung der **Entscheidungsfreiheit** durch Nötigung in Gestalt mittelbaren Zwangs dar. Denn die Maßnahme unterläuft das Weisungsrecht des Geschäftsinhabers gegenüber seinen Mitarbeitern und schränkt seine Möglichkeiten ein, seine geschäftlichen Entscheidungen über den Bezug und den Absatz von Waren, nämlich seine Einkaufs- und Absatzstrategie nach seinem Ermessen festzulegen. Damit wird der Tatbestand des § 4a I verwirklicht.

Im Verhältnis zu den **Kunden** begründet die Vergünstigung die Gefahr, dass der Mitarbeiter **6.13** den Verbraucher entgegen dessen Erwartung nicht mehr sachlich, sondern überwiegend vom Eigeninteresse an der Erlangung einer Herstellerprämie geleitet, berät. Denn der Verbraucher geht nicht davon aus und braucht auch nicht damit zu rechnen, dass der Mitarbeiter sich bei der Beratung von einem Eigeninteresse leiten lässt. Das Verhalten stellt zwar **keinen Verstoß** gegen § 4a dar (anders noch zu § 4 Nr. 1 UWG 2004 und 2008 OLG Hamburg GRUR-RR 2004, 117; OLG Frankfurt WRP 2010, 563 (565); Steinbeck GRUR 2005, 15; vgl. auch Matern WRP 2008, 575 (584)); wohl aber verletzt der Anbieter, der die Mitarbeiter als „williges Werkzeug" benutzt, die unternehmerische Sorgfalt gegenüber den Kunden und verstößt gegen **§ 3 II,** wenn das Verhalten der Mitarbeiter das wirtschaftliche Verhalten der Kunden wesentlich beeinflusst. Etwas anderes mag gelten, wenn die Prämie so geringfügig ist, dass sie als bloße Aufmerksamkeit gegenüber dem Verkaufspersonal erscheint (vgl. LG Frankfurt GRUR-RR 2002, 204). – Ferner kann eine **gezielte Behinderung** der konkurrierenden Anbieter iSd § 4 Nr. 4 vorliegen. Schließlich kommt auch der Tatbestand des **Rechtsbruchs** iSd § 3a iVm § 299 StGB (Bestechung) in Betracht (dazu OLG Oldenburg GRUR-RR 2004, 209; Gloy/Loschelder/Danckwerts WettbR-HdB/Harte-Bavendamm § 78 Rn. 1 ff.; Heermann WRP 2006, 8 (9 f.); Matern WRP 2008, 575 (592); Rengier FS Tiedemann, 2008, 837; Schröder WRP 2017, 281 Rn. 32 ff.).

D. Berufliche Interessenwahrer als Verkaufsförderer

I. Beschreibung

Unternehmer können auf Grund gesetzlicher und/oder vertraglicher Verpflichtung gehalten **6.14** sein, die Interessen ihrer Kunden zu wahren. Dazu gehören typischerweise die Angehörigen **freier (reglementierter) Berufe,** wie zB **Ärzte, Apotheker, Rechtsanwälte, Wirtschaftsprüfer, Steuerberater.** Weiter gehören dazu **gewerblich tätige Unternehmer,** soweit sie kraft **Vertrags** die Wahrnehmung der Interessen ihrer Kunden übernommen haben (wie zB **Vermögensberater, Makler**). Da die Kunden (Mandanten, Patienten, Klienten usw) dieser Unternehmer auf Grund von deren Interessenwahrungspflicht darauf vertrauen und vertrauen dürfen, dass sie sachkundig, objektiv und uneigennützig beraten werden, werden sie von „Anbietern" häufig als Verkaufsförderer für ihre Produkte eingesetzt. Diese Fallkonstellation wird vielfach als **„Dreieckskopplung"** bezeichnet, obwohl darin weder ein Dreieck noch eine Kopplung zu erkennen ist.

II. Lauterkeitsrechtliche Beurteilung

1. Aggressive Beeinflussung der Interessenwahrer (§ 4a)?

6.15   **a) Stand der Rspr. zu § 4 Nr. 1 UWG 2004/2008.** Werden Unternehmer als Verkaufsförderer eingesetzt, die bei ihren geschäftlichen Entscheidungen auf Grund gesetzlicher oder vertraglicher Pflichten die Interessen Dritter zu wahren haben (**„Interessenwahrer"**), lag darin nach stRspr stets eine Beeinträchtigung ihrer Entscheidungsfreiheit durch unangemessene unsachliche Einflussnahme iSv § 4 Nr. 1 UWG 2004/2008. Denn das Inaussichtstellen, Versprechen oder Gewähren eines geldwerten Vorteils könne sie dazu veranlassen, ihre Entscheidung nicht allein am Interesse des Dritten auszurichten, sondern sich auch von dem zu erwartenden Vorteil leiten zu lassen. Damit würden sie aber ihre Interessenwahrungspflicht verletzen (BGH GRUR 2005, 1059 (1060) – Quersubventionierung von Laborgemeinschaften I; GRUR 2009, 969 Rn. 11 – Winteraktion; GRUR 2010, 850 Rn. 17 – Brillenversorgung II; BH GRUR 2011, 431 Rn. 16 – FSA-Kodex; GRUR 2012, 1050 Rn. 26 – Dentallaborleistungen; OLG München WRP 2014, 1078 Rn. 21 ff.). Auf die Größe oder Art des Vorteils (Geschenke, Provisionen, Teilnahme an Verlosungen usw) solle es nicht ankommen. Der Vorteil könne bspw. auch in der Abgabe einer Dienstleistung unter Selbstkosten bestehen. So wurde es als unlauter angesehen, dass ein Laborarzt niedergelassenen Ärzten die Durchführung von Laboruntersuchungen, die diese selbst gegenüber der Kasse abrechnen können, unter Selbstkosten in der Erwartung anbietet, dass diese ihm dafür Patienten für Untersuchungen überweisen, die nur von einem Laborarzt vorgenommen werden können. Dem Angebot unter Selbstkosten steht die unentgeltliche oder verbilligte Überlassung von freien Laborkapazitäten gleich (BGH GRUR 2005, 1059 (1060) – Quersubventionierung von Laborgemeinschaften I). – Zu unterscheiden sind davon die Fälle der Werbung für den Absatz von Produkten für den Eigenbedarf solcher Unternehmer (dazu BGH GRUR 2003, 624 (626) – Kleidersack; WRP 2009, 1385 Rn. 18 – DeguSmiles & more; OLG München GRUR-RR 2010, 305 (307)).

6.16   **b) Kritik.** Schon unter Geltung des § 4 Nr. 1 UWG 2004/2008 bestanden Bedenken gegen diese Rspr., weil in derartigen Fällen die Entscheidungsfreiheit der Interessenwahrer nicht beeinträchtigt war (vgl. → 33. Aufl. 2015, § 4 Rn. 189; OLG München WRP 2012, 347 (348); Fritzsche JZ 2010, 575 (577); John WRP 2011, 147; Ohly/Sosnitza/Sosnitza § 4 Rn. 1/152; Schwippert FS Samwer, 2008, 197 (199)). In der Sache geht es nur um den Schutz der Kunden der Verkaufsförderer vor nicht sachgerechter Beratung und vor nicht objektiver und neutraler Empfehlung.

6.17   **c) Beurteilung nach § 4a.** Eine Anwendung des § 4a auf Interessenwahrer als Verkaufsförderer ist im Grunde schon deshalb fraglich, weil zweifelhaft ist, ob sie als sonstige Marktteilnehmer iSd § 2 I Nr. 3 anzusehen sind. Dazu müssten sie gegenüber dem „Anbieter" (idR Hersteller) als „Anbieter oder Nachfrager von Waren oder Dienstleistungen" tätig sein. Das im Einzelfall möglich, wenn der Interessenwahrer Waren oder Dienstleistungen vom Hersteller bezieht und dabei seine Interessenwahrungspflicht verletzt (vgl. BGH GRUR 2012, 1050 Rn. 26 – Dentallaborleistungen: Vertrag von Zahnärzten mit einem Dentallabor, alle anfallenden Dentallaborleistungen von diesem Labor erbringen zu lassen; vgl. auch KG GRUR-RR 2013, 78 (82)). In diesem Fall wäre an eine Anwendung des § 4a zu denken, weil durch den Abschluss eines entsprechenden Vertrags der Interessenwahrer in seiner Entscheidungsfreiheit beeinträchtigt wird, mag ihm auch der Einwand der Nichtigkeit des Vertrags bei Inanspruchnahme aus dem Vertrag rechtlich nicht verwehrt sein. – Im Allg. bezieht jedoch der Interessenwahrer keine Waren oder Dienstleistungen vom „Anbieter". Es entspräche auch nicht dem Willen der Parteien, den Interessenwahrer als Anbieter von verdeckten „Absatzmittlungsleistungen" anzusehen, zumal entsprechende Verträge nach § 134 BGB oder § 138 I BGB nichtig wären. Selbst wenn man sich darüber hinwegsetzen wollte, wäre zw., ob eine Beratung oder Empfehlung gegenüber Kunden eine geschäftliche Entscheidung iSd § 2 I Nr. 1 darstellt. Schließlich fehlt es an einer erheblichen Beeinträchtigung der Entscheidungsfreiheit. Der Interessenwahrer ist nicht „Opfer" einer Geschäftspraktik des „Anbieters", sondern sein „Handlanger". Es geht lauterkeitsrechtlich nicht um den Schutz der Interessenwahrer, sondern um den Schutz der betroffenen Kunden (Mandanten, Patienten, Klienten), zumeist also der **Verbraucher.**

2. Unlautere Beeinflussung der Kunden

a) Aggressive Beeinflussung (§ 4a). Aus der Sicht des „Anbieters" stellt der Interessenwah- 6.18
rer einen „Handlanger" zur Beeinflussung der geschäftlichen Entscheidung von deren Kunden
dar. Setzt der Interessenwahrer dabei das Mittel der Belästigung, Nötigung oder der unzulässigen
Beeinflussung ein und ist dies geeignet, den Kunden in seiner Entscheidungsfreiheit erheblich zu
beeinträchtigen, erfüllt dies den Tatbestand der aggressiven geschäftlichen Handlung (§ 4a). Der
Interessenwahrer ist dafür als **unmittelbarer** Täter, der „Anbieter" als **mittelbarer** Täter verantwortlich. Solche Handlungsweisen werden aber in der Realität selten vorkommen. Am
ehesten können es Fälle der unzulässigen Beeinflussung (§ 4a I 2 Nr. 3) sein. Die Ausnutzung
einer Machtposition zur Ausübung von Druck in einer Weise, die die Fähigkeit des Kunden zu
einer informierten Entscheidung wesentlich einschränkt, könnte bspw. gegeben sein, wenn ein
Arzt seine fachliche Autorität dazu missbraucht, einen Kunden zur Wahl eines bestimmten
Arzneimittels, Medizinprodukts oder Dienstleisters zu bestimmen. Die **Entscheidungsfreiheit**
bspw. von Patienten wird jedoch nicht schon dann erheblich beeinträchtigt, wenn sie sich bei
ihrer Entscheidung möglicherweise von der Erwägung leiten lassen, den Arzt nicht zu enttäuschen oder ihn – etwa für künftige Terminvergaben – wohlwollend zu stimmen (BGH GRUR
2010, 850 Rn. 13 – Brillenversorgung II).

b) Rechtsbruch (§ 3a). Gesetzliche Berufspflichten zur Wahrung der Interessen Dritter 6.19
stellen Marktverhaltensregelungen iSd § 3a dar. **Beispiele** für berufsrechtliche Pflichten sind:
§§ 1, 3, 43a I BRAO, § 49b II 1 BRAO; § 33 S. 1 StBerG, § 57 I StBerG; §§ 2, 43 I WPO
(BGH GRUR 2009, 969 Rn. 11 – Winteraktion); §§ 3 II, 34 V BOÄ (BGH GRUR 2010, 850
Rn. 21, 22 – Brillenversorgung II); § 8 V MBO Zahnärzte (BGH GRUR 2012, 1050 Rn. 23 –
Dentallaborleistungen). – Bei Verstößen gegen § 3a ist der Interessenwahrer persönlich als Täter
verantwortlich. Der „Anbieter" haftet dagegen mangels Täterqualifikation nicht als mittelbarer
Täter, sondern nur unter den Voraussetzungen der Teilnahme (Anstiftung, Beihilfe).

c) Irreführung durch Unterlassen (§ 5a IV). Macht der Interessenwahrer bei seiner Emp- 6.20
fehlung oder Beratung nicht deutlich, dass er damit einen kommerziellen Zweck verfolgt und
ergibt sich dies auch nicht unmittelbar aus den Umständen, erfüllt er damit den Tatbestand des
§ 5a IV, sofern auch geschäftliche Relevanz gegeben ist. (Aus heutiger Sicht wäre im Fall
„Brillenversorgung II" (BGH GRUR 2010, 850 – Brillenversorgung II)) ein Fall des **§ 5a IV** zu
bejahen, weil – und soweit – die Ärzte den Patienten ihr Provisionsinteresse verheimlichten.
Denn der Kunde rechnet bei beruflichen Interessenwahrern, wie Ärzten, Anwälten oder Steuerberatern, nicht damit, dass sie für ihren erfolgreichen Rat eine Provision beziehen. Praktische
Bedeutung kann § 5a IV insbes. in den Fällen der Anlageberatung – auch im Verhältnis zu
sonstigen Marktteilnehmern – haben. Der „Anbieter" ist für das Handeln des Interessenwahrers
als mittelbarer Täter verantwortlich, wenn er weiß oder billigend in Kauf nimmt, dass der
Interessenwahrer den kommerziellen Zweck (zB Provisionsinteresse) nicht kenntlich macht.

d) Verstoß gegen die unternehmerische Sorgfalt (§ 3 II). Ist kein besonderer Unlauter- 6.21
keitstatbestand verwirklicht, kommt gleichwohl noch eine Verantwortlichkeit des Interessenwahrers nach § 3 II im Verhältnis zu Verbrauchern in Betracht (vgl. auch OLG München WRP
2012, 347 Rn. 31). Von Bedeutung ist dies insbes. in den Fällen einer lediglich vertraglichen
und nicht gesetzlichen Interessenwahrungspflicht (da insoweit bereits § 3a eingreift). Der Tatbestand des § 3 II setzt die Verletzung einer unternehmerischen Sorgfaltspflicht gegenüber Verbrauchern voraus. Erteilt der Interessenwahrer entgegen seiner Vertragspflicht eine unsachliche
Beratung oder gibt er eine nicht neutrale und objektive Empfehlung ab, so stellt dies einen
geradezu klassischen Fall der Verletzung der unternehmerischen Sorgfaltspflicht iSd Definition in
§ 2 I Nr. 9 dar. In der Regel wird dieses Verhalten auch geeignet sein, das wirtschaftliche
Verhalten des Verbrauchers wesentlich zu beeinflussen (§ 2 I Nr. 11). Den „Anbieter" trifft eine
Verantwortlichkeit als mittelbarer Täter, wenn er weiß oder billigend in Kauf nimmt, dass der
Interessenwahrer seine Pflichten gegenüber dem Verbraucher verletzt (vgl. auch BGH GRUR
2003, 624 (626) sub 3 – Kleidersack). Allerdings besteht nur **Erstbegehungsgefahr** und damit
nur ein vorbeugender Unterlassungsanspruch, solange keine sorgfaltswidrige Einwirkung auf
Verbraucher erfolgt ist. – Ggf. kommt eine Verantwortlichkeit nach den Grundsätzen über die
Teilnahme in Betracht.

e) Verstoß gegen die Generalklausel (§ 3 I). Handelt es sich bei den Kunden des Interes- 6.22
senwahrers um sonstige Marktteilnehmer, so kommt zwar nicht § 3 II, wohl aber die General-

klausel des § 3 I in ihrer Funktion als Auffangtatbestand in Betracht. Dabei sind mutatis mutandis die gleichen Wertmaßstäbe wie bei § 3 II heranzuziehen.

E. Privatpersonen als Verkaufsförderer („Laienwerbung")

I. Begriff, Erscheinungsformen und Bedeutung der Laienwerbung

1. Begriff

6.23   Unter **Laienwerbung** ist die Kundenwerbung durch nicht unternehmerisch tätige natürliche Personen („Laien"), die für einen Unternehmer gegen Gewährung einer Werbeprämie tätig werden, zu verstehen (vgl. BGH GRUR 1995, 122 (123) – Laienwerbung für Augenoptiker). Der Laienwerber geht dabei typischerweise so vor, dass er Personen aus seinem privaten oder beruflichen Bekanntenkreis (Verwandte, Freunde, Bekannte, Berufskollegen, Untergebene, Vereinskameraden usw) anspricht und sie – sei es mit, sei es ohne Offenbarung seines Prämieninteresses – als Kunden zu gewinnen sucht (BGH GRUR 1991, 150 – Laienwerbung für Kreditkarten; GRUR 2002, 637 (639) – Werbefinanzierte Telefongespräche). Für die lauterkeitsrechtliche Bewertung ist nicht maßgebend, wie die Tätigkeit bezeichnet wird (vgl. OLG München WRP 1996, 42 (43): „Vertreter im Nebenberuf") und ob auf sie im Einzelfall Handelsrecht (§§ 84 ff. HGB) oder Arbeitsrecht anwendbar ist. Entscheidend ist vielmehr, dass die persönlichen Beziehungen des Werbers zu Dritten für die Kundenwerbung nutzbar gemacht werden (ebenso Möller WRP 2007, 6 (7)). Unerheblich ist, auf welche Weise ein Unternehmer Laienwerber rekrutiert. Insbes. gehören hier auch Aktionen nach dem Motto „Kunden werben Kunden".

2. Erscheinungsformen

6.24   Die Laienwerbung weist unterschiedliche Erscheinungs- bzw. Sonderformen auf (eingehend hierzu Ulrich FS Piper, 1996, 495 (502 ff.)).

6.25   **a) Sammelbestellung.** Der Sammelbesteller wird für ein Versandhandelsunternehmen in der Weise tätig, dass er auf Provisionsbasis in seinem Bekanntenkreis Bestellungen sammelt und weiterleitet. Um eine progressive Kundenwerbung (vgl. § 16 II) handelt es sich dabei nicht. Bei dieser wird dem Käufer der Preis für eine von ihm gekaufte Ware zurückerstattet oder gutgeschrieben, wenn er neue Kunden wirbt, denen dieselbe Vergünstigung eingeräumt wird. Der Sammelbesteller wird dagegen erst beliefert, wenn seine Werbebemühungen erfolgreich waren; er braucht keinen Einsatz zu leisten. Während Handelsvertreter gewerblich tätig sind, lässt sich dies bei Sammelbestellern nicht allgemein sagen. Soweit sie Gewerbetreibende sind, müssen sie ein stehendes Gewerbe anmelden (§ 14 I GewO); für das Reisegewerbe genügt eine Reisegewerbekarte, ggf. eine Anzeige (§ 55 I Nr. 1 GewO; § 55c GewO). Ob ein Sammelbesteller als Gewerbetreibender anzusehen ist, hängt stets vom Einzelfall ab. Auch wenn mit dem Einsatz von Sammelbestellern die ernste Gefahr von Verstößen gegen die gewerberechtliche Anzeigepflicht verbunden sein sollte, wäre ein generelles Verbot des Sammelbesteller-Vertriebssystems unter dem Gesichtspunkt des Wettbewerbsverstoßes durch Rechtsbruch (§ 3a) nicht gerechtfertigt (vgl. BGH GRUR 1963, 578 (587) – Sammelbesteller). Denn dann wäre auch der Einsatz von Sammelbestellern verboten, die kein Gewerbe betreiben. Es genügt deshalb, wenn das Versandhandelsunternehmen alles ihm Zumutbare tut, um mögliche Gesetzesverletzungen zu verhindern, insbes. seine Sammelbesteller auf die aus gewerblicher Betätigung entstehenden Pflichten hinweist. Im Übrigen bestehen gegen den Einsatz von Sammelbestellern als einer (atypischen) Form der Laienwerbung keine grds. lauterkeitsrechtlichen Bedenken (BGH GRUR 1963, 578 – Sammelbesteller).

6.26   **b) Partywerbung.** Sie besteht darin, dass sich eine Privatperson (zB Hausfrau) bereit erklärt, eine private Veranstaltung (Party; Kaffeekränzchen usw) zu veranstalten, auf der sie oder ein Vertreter des Unternehmens Produkte vorführt und ggf. zum Kauf anbietet. In der Vergangenheit bekannt geworden sind ua die „Tupperware"-Parties und die „Herbalife"-Veranstaltungen.

6.27   **c) Arbeitsplatzwerbung.** Sie besteht darin, dass ein Unternehmer Werber einsetzt, die von ihrem Arbeitsplatz aus Kunden werben (vgl. BGH GRUR 1994, 443 – Versicherungsvermittlung im öffentlichen Dienst). Bei der lauterkeitsrechtlichen Bewertung kommt es an sich nicht darauf an, ob der Laienwerber damit seine arbeitsvertraglichen oder dienstlichen Pflichten verletzt, da dies allein das Verhältnis zu seinem Arbeitgeber betrifft. Doch soll es nach der Rspr. (BGH GRUR 1994, 443 – Versicherungsvermittlung im öffentlichen Dienst) unlauter sein, wenn der Laienwerber dem öffentlichen Dienst angehört und während der Dienstzeit tätig wird, weil er sich damit auf Kosten der Allgemeinheit, die ihn und seinen Arbeitsplatz finanziere, einen Wettbewerbsvorsprung vor seinen Mitbewerbern (zB privaten Versicherungsvertretern) verschaffe. Der Schutz dieses Allgemeininteresses ist indessen nicht (mehr) Aufgabe des UWG, wie aus § 1 I 2 erhellt. Es ist allein Sache des Arbeitgebers oder Dienstherrn, gegen die Arbeitsplatzwerbung einzuschreiten.

d) Verdeckte Laienwerbung. Sie ist dadurch gekennzeichnet, dass der Laienwerber dem   **6.28**
Unternehmen die Adressen potenzieller Kunden ohne deren Einverständnis und Wissen übermittelt (vgl. BGH GRUR 1992, 622 – Verdeckte Laienwerbung; OLG Stuttgart GRUR 1990, 205). Dazu näher → Rn. 6.45.

e) Progressive Kundenwerbung. Sie unterscheidet sich von der üblichen Laienwerbung   **6.29**
dadurch, dass der Laienwerber selbst versuchen soll, weitere Werber zu gewinnen. Zu diesem Zweck wird er veranlasst, Waren oder Dienstleistungen über seinen persönlichen Bedarf hinaus zu erwerben, so dass er faktisch gezwungen ist, neue Abnehmer zu gewinnen, will er nicht Verlust erleiden. Dazu näher → Rn. 6.46.

f) Multi-Level-Marketing (Strukturvertrieb). Im Gegensatz zur eigentlichen progressiven   **6.30**
Kundenwerbung wird dem Laienwerber beim Multi-Level-Marketing-System lediglich die Möglichkeit eingeräumt, sich durch Anwerbung weiterer Werber und Abnehmer einen zusätzlichen Verdienst zu verschaffen. Dazu → Rn. 6.47.

g) Laienwerbung im Internet. Laienwerbung kann vorliegen, wenn Unternehmer die   **6.31**
Nutzer sozialer Medien (social media) dazu einsetzen, mittels E-Mail oder SMS andere Nutzer als Kunden zu werben. So wird beim Powershopping im Internet zT der Nutzer aufgefordert, mittels einer vorbereiteten E-Mail Freunde, Bekannte, Kollegen usw zum Eintritt in eine gemeinsame Bestellung zu veranlassen. – In jüngster Zeit werden „Vorbilder" als sog **„influencer"** eingesetzt, die auf Youtube-Videos oder auf Instagram Produktempfehlungen für ihre „followers" aussprechen (→ § 5a Rn. 7.80a ff.). Eine eigentliche „Laienwerbung" ist aber darin nicht zu erblicken, solange kein konkreter Kontakt zu Personen hergestellt wird, der eine individuelle „Kundenbearbeitung" ermöglicht.

3. Bedeutung

Die Laienwerbung ist in verschiedenen Branchen, etwa im Buch-, Zeitungs- und Zeitschrif-   **6.32**
tenvertrieb (OLG Karlsruhe WRP 1995, 960 mAnm Ulrich), im Versicherungs- (BGH GRUR 1994, 443 – Versicherungsvermittlung im öffentlichen Dienst), Bauspar- und Kreditgewerbe (BGH GRUR 1991, 150 – Laienwerbung für Kreditkarten; OLG Hamm NJW-RR 1986, 1236) und im Krankenkassenbereich von erheblicher wirtschaftlicher Bedeutung. Die hohen Kosten eines Außendienstes lassen den Einsatz von Laienwerbern als attraktive Alternative erscheinen, zumal keine Fixkosten anfallen und die Sachprämien für die Laienwerber oft sehr günstig eingekauft werden können. Die umfangreiche Rspr. zeigt auf, dass Laienwerbung darüber hinaus in vielen anderen Wirtschaftszweigen anzutreffen ist: Automobile (BGH GRUR 1992, 622 – Verdeckte Laienwerbung; OLG München WRP 1989, 126); Immobilien- und Wohnungsvermittlung (BGH GRUR 1981, 655 – Laienwerbung für Makleraufträge; OLG Stuttgart GRUR 1990, 205); Kosmetika (BGH GRUR 1974, 341 – Campagne; KG WRP 1988, 672); Reisen (OLG Frankfurt NJWE-WettbR 1996, 109; OLG München NJWE-WettbR 1997, 1; OLG Saarbrücken WRP 2000, 791; OLG Hamm WRP 2004, 1401 (1403)). – Das Internet hat in neuerer Zeit weitere Formen der Laienwerbung hervorgebracht (→ Rn. 6.31).

II. Lauterkeitsrechtliche Beurteilung

1. Grundsatz

Der Einsatz von Laienwerbern für den Absatz von Waren und Dienstleistungen ist eine lauter-   **6.33**
keitsrechtlich **grds. zulässige Werbemethode** (stRspr seit BGH GRUR 1959, 285 (286 f.) – Bienenhonig; WRP 1995, 104 – Laienwerbung für Augenoptiker; GRUR 2002, 637 (639) – Werbefinanzierte Telefongespräche; GRUR 2006, 949 Rn. 13 – Kunden werben Kunden). Sie ermöglicht Unternehmen eine kostengünstige und effektive Kundenwerbung. Auch ist das

Interesse von Laien, sich durch entsprechende Bemühungen eine Prämie zu verdienen, nicht unberechtigt und vielfach wird auch der Umworbene mit dieser Art von Werbung einverstanden sein. Andererseits birgt Laienwerbung Gefahren für die umworbenen Verbraucher und für den Wettbewerb in sich. Denn naturgemäß wird sich der Laienwerber vor allem an Personen aus seinem Bekanntenkreis wenden und seine persönlichen Beziehungen nutzbar machen. Es steht zu befürchten, dass der Umworbene sich für ein bestimmtes Angebot nicht so sehr auf Grund seiner Qualität und Preiswürdigkeit entscheidet, sondern mit Rücksicht auf die persönliche Beziehung zum Werber. Ferner ist zu bedenken, dass der Laienwerber bestrebt sein kann, sein Prämieninteresse möglichst lange zu verschleiern oder zu verheimlichen, um seine Empfehlung als uneigennützigen Rat erscheinen zu lassen und ihr dadurch ein besonderes Gewicht zu verleihen. Auch kann die Gefahr einer sachlich unzureichenden Beratung bestehen. Vor allem aber ist nicht auszuschließen, dass der Werber zu unsachlichen Mitteln greift, um die Prämie zu erlangen. Diese Gefahr ist umso höher zu veranschlagen, als das Werbegespräch in der Privatsphäre („unter vier Augen") stattfindet und sich damit einer öffentlichen Kontrolle entzieht (vgl. OLG München WRP 1996, 42 (44)). In diesem Zusammenhang wurde auch eine Gefährdung des Wettbewerbs durch Nachahmung befürchtet, da sich die Mitbewerber veranlasst sehen können, diese Werbemethode nachzuahmen, so dass eine unzumutbare Belästigung der Allgemeinheit zu befürchten sein kann (BGH GRUR 1981, 655 (656) – Laienwerbung für Maklerauftrage). – Aus diesem Grund stand die **ältere** Rspr. der Laienwerbung sehr kritisch gegenüber (BGH GRUR 1959, 285 (286) – Bienenhonig; GRUR 1981, 655 (656) – Laienwerbung für Maklerauftrage; GRUR 1991, 150 (151) – Laienwerbung für Kreditkarten; GRUR 1995, 122 (123) – Laienwerbung für Augenoptiker; GRUR 2002, 637 (639) – Werbefinanzierte Telefongespräche; Ulrich FS Piper, 1996, 495). Sie legte einen **strengen Maßstab** bei der Bewertung einer konkreten Wettbewerbsmaßnahme an und prüfte im Einzelfall sorgfältig, ob sich die genannten Gefahren verwirklichten. Insbes. richtete sie das Augenmerk dabei auf die Art und den Preis der beworbenen Waren oder Dienstleistungen, auf die Art des Personenkreises, dem der Laienwerber und die möglichen Kunden angehörten, und auf den von der Prämie ausgehenden Anreiz (vgl. BGH GRUR 1992, 622 (624) – Verdeckte Laienwerbung). – Davon ist die **neuere** Rspr. unter der Geltung des UWG 2004 auf Grund eines Wandels des Verbraucherleitbilds und auch der gesetzgeberischen Wertung bei der Aufhebung von RabattG und ZugabeVO abgerückt (BGH GRUR 2006, 949 Rn. 13 ff. – Kunden werben Kunden). Die UGP-RL und in der Folge die UWG-Novellen 2008 und 2015 brachten insoweit keine sachlichen Änderungen mit sich.

2. Einzelne Unlauterkeitskriterien

6.34   **a) Überblick.** Der Einsatz von Laienwerbern durch einen Unternehmer und auch die Werbung durch den einzelnen Laien selbst stellen eine **geschäftliche Handlung** iSd § 2 I Nr. 2 dar. Für den Laienwerber ergibt sich dies daraus, dass er gegen Entgelt „zugunsten eines fremden Unternehmens" handelt. Damit ist der Anwendungsbereich des UWG eröffnet. Die Unlauterkeit der Laienwerbung kann sich insbes. aus dem Gesichtspunkt der unzumutbaren Belästigung (§ 7), der aggressiven Beeinflussung (§ 4a), des Nichtkenntlichmachens des kommerziellen Zwecks (§ 5a IV), der Irreführung (§ 5), der unzulässigen vergleichenden Werbung (§ 6), des Sorgfaltsverstoßes (§ 3 II) oder aus speziellen Werbeverboten ergeben. Erforderlich ist jeweils eine Gesamtwürdigung aller Umstände des Einzelfalls (BGH GRUR 2006, 949 Rn. 17 – Kunden werben Kunden). Dabei ist grds. vom Leitbild des normal informierten und angemessen aufmerksamen und verständigen Durchschnittsverbrauchers auszugehen, sofern nicht § 3 IV 2 eingreift (vgl. LG Münster WRP 2020, 377 Rn. 42 zum Ansprechen pflegebedürftiger Senioren durch Pflegedienstmitarbeiter). Der Unternehmer ist für ein unlauteres Handeln des Laienwerbers stets dann verantwortlich, wenn es auf sein Vertriebskonzept zurückgeht. Im Übrigen kommt eine Verantwortlichkeit unter dem Gesichtspunkt der Verletzung wettbewerbsrechtlicher Verkehrspflichten in Betracht, soweit er von Wettbewerbsverstößen der Laienwerber Kenntnis erlangt und sie nicht durch geeignete Maßnahmen abstellt.

6.35   **b) Unzumutbare Belästigung (§ 7).** Der Laienwerber wird sich typischerweise an Personen wenden, zu denen er in einer bestimmten Beziehung steht (Verwandte, Freunde, Bekannte, Nachbarn, Berufskollegen, Geschäftsfreunde, Vereinskameraden usw). Diese können zwar ein ihnen aufgedrängtes Werbegespräch als Belästigung empfinden, weil sie es nicht so leicht und folgenlos abwehren können wie den Werbekontakt eines berufsmäßigen Werbers (vgl. BGH GRUR 2006, 949 Rn. 20 – Kunden werben Kunden; OLG München WRP 1996, 42 (44);

OLG Hamm WRP 2004, 1401 (1404)). Diese Belästigung ist aber für sich allein noch nicht unzumutbar iSv § 7 I. Die Grenze ist erst überschritten, wenn der Unternehmer fordert, weiß oder damit rechnen muss, dass der Laienwerber zu Methoden greift, die auch berufsmäßigen Werbern nach § 7 verboten sind (BGH GRUR 2006, 949 Rn. 20 – Kunden werben Kunden; lehrreich die Instruktionen des Unternehmens im Falle OLG München WRP 1996, 42 (44)). Dazu gehört etwa die Telefon-, Telefax- oder E-Mail-Werbung ohne vorheriges Einverständnis (§ 7 II Nr. 1 und 2). Eine unzumutbare Belästigung ist aber nicht schon bei werbefinanzierten Telefongesprächen anzunehmen, weil – im Gegensatz zur gezielten Telefonwerbung – der Angerufene lediglich, wie etwa bei Werbeunterbrechungen im Fernsehen, einer „Berieselung" ausgesetzt ist, die zwar lästig, aber noch nicht unzumutbar ist und zudem hier ein konkludentes Einverständnis des Angerufenen vorliegt (BGH GRUR 2002, 637 (639) – Werbefinanzierte Telefongespräche). – Als unzumutbare Belästigung iSv § 7 I ist ferner der unangemeldete Hausbesuch schon deshalb anzusehen, weil der Umworbene mit Rücksicht auf die persönlichen Beziehungen sich gehindert sehen kann, das Werbegespräch abzubrechen (OLG München WRP 1996, 42 (44); aA Ohly/Sosnitza/Sosnitza § 4 Rn. 1/160).

c) Nichtkenntlichmachen des kommerziellen Zwecks (§ 5a IV). Bei der Laienwerbung   **6.36** besteht naturgemäß die Gefahr, dass der Werber sein Prämien- oder Provisionsinteresse verheimlicht, um seiner Werbung den Charakter eines freundschaftlichen, uneigennützigen Rats zu geben (BGH GRUR 1958, 285 (287) – Bienenhonig; GRUR 1981, 655 (656) – Laienwerbung für Makleraufträge; WRP 1992, 646 (649) – Verdeckte Laienwerbung; GRUR 1991, 150 (151) – Laienwerbung für Kreditkarten; GRUR 2006, 949 Rn. 21 – Kunden werben Kunden; OLG München WRP 2001, 72). Diese Gefahr hat besonderes Gewicht, wenn der Werber seine besondere berufliche oder sonstige Erfahrung in die Werbung einbringen soll (zB Sportler beim Vertrieb von Sportartikeln; Busfahrer bei der Auswahl von Gaststätten für Fahrpausen; OLG München WRP 2001, 979; Pflegepersonal bei der Vermittlung von Maklerverträgen (LG Münster WRP 2020, 377: Fall des § 7 I). – Ergibt sich aus dem Vorgehen des Laienwerbers nicht unmittelbar aus den Umständen der kommerzielle Zweck seines Handelns, und macht er ihn auch nicht kenntlich, erfüllt dies den Tatbestand des § 5a IV 1. Ein Beispiel dafür ist die Einladung zu privaten Verkaufsveranstaltungen (Parties), wenn der wahre Zweck der Veranstaltung zunächst verschwiegen wird (OLG München WRP 1996, 42 (44)), weil bereits die Annahme der Einladung eine geschäftliche Entscheidung iwS darstellt. – Sieht das Vertriebskonzept des Unternehmers ein solches Kenntlichmachen des kommerziellen Zwecks nicht vor, erfüllt auch der Unternehmer selbst diesen Tatbestand. Ein Indiz dafür, dass der Werber sein Prämieninteresse nicht offenbaren muss, kann die Ausgestaltung der Bestell- oder Vermittlungsformulare sein (vgl. OLG München NJWE-WettbR 1997, 1 (2); Möller WRP 2007, 6 (10 f.)). Anders verhält es sich, wenn sich aus dem Faltblatt, das der Laienwerber einem Neukunden mitzugeben hat, die Werbeprämie deutlich zu ersehen ist (BGH GRUR 2006, 949 Rn. 21 – Kunden werben Kunden).

d) Aggressive Beeinflussung (§ 4a). aa) Unzulässige Beeinflussung (§ 4a I 2 Nr. 3).   **6.37** Eine aggressive Beeinflussung in Gestalt einer „unzulässigen Beeinflussung" iSd § 4a I 2 Nr. 3 kommt insbes. bei Ausübung eines **autoritären Drucks** in Betracht. Vielfach werden nämlich nach der Werbekonzeption des Unternehmers Autoritäts- oder Vertrauensträger als Werber tätig, wie zB Lehrer, Trainer, Dienstvorgesetzte, Arbeitgeber, Betriebsräte (OLG Zweibrücken NJWE-WettbR 2000, 40), Feuerwehr (OLG Saarbrücken WRP 2005, 759) oder sogar Geistliche (OLG München NJWE-WettbR 1997, 1 (2)). Hier besteht die Gefahr, dass der Laienwerber seine Machtposition aufgrund seiner Autoritäts- oder seiner (beruflichen oder fachlichen) Vertrauensstellung gegenüber den von ihm abhängigen oder ihm vertrauenden Personen zur Ausübung von Druck einsetzt, um sie zu einer Bestellung zu veranlassen. Informiert dagegen die Autoritäts- oder Vertrauensperson produktneutral, so mag dadurch zwar ein Kaufanreiz geschaffen werden; doch reicht dies nicht aus, um die Fähigkeit des Verbrauchers zu einer informierten und damit rationalen Nachfrageentscheidung wesentlich einzuschränken und seine Entscheidungsfreiheit erheblich zu beeinträchtigen (anders OLG Saarbrücken WRP 2005, 759).

bb) Belästigung (§ 4a I 2 Nr. 1). Eine Belästigung iSd § 4a I 2 Nr. 1 ist noch nicht   **6.38** gegeben, wenn sich der Laienwerber an Personen wendet, zu denen er eine besondere (verwandtschaftliche, nachbarschaftliche, freundschaftliche, berufliche usw) Beziehung hat. Vielmehr muss der Laienwerber in der Art vorgehen, dass der umworbene Verbraucher in erster Linie deshalb kauft, um sich dieser Belästigung zu entziehen. Der Unternehmer ist dafür verantwortlich, wenn sein Konzept **bewusst darauf angelegt** ist, dass der Laienwerber seine persönlichen Beziehungen als Hebel einsetzt, um Kunden zu werben. So bspw., wenn genaue Anweisungen gegeben werden, wie gegenüber Freunden usw vorzugehen ist (bedenklich daher LG Offenburg WRP 1998, 85 (88)), etwa der Umworbene bewusst darauf angesprochen werden soll, dem Laienwerber die Prämie zukommen zu lassen (OLG Saarbrücken WRP 2000, 791 (794)). Denn hier wird bewusst darauf spekuliert, dass der Umworbene rational-kritische Erwägungen zurückstellt und sich vor allem deshalb zum Kauf entschließt, weil er dem Laienwerber einen Gefallen erweisen oder ihn nicht brüskieren möchte (vgl. BGH GRUR 1981, 655 (656) – Laienwerbung für Makleraufträge; OLG Karlsruhe WRP 1993, 340 (341); OLG Hamm WRP 1982, 479 (481); Speckmann Rn. 132). Dass der Laienwerber dabei Gefahr läuft, seine privaten Beziehungen zu gefährden, und er deshalb von sich aus von dieser bedenklichen Werbemethode Abstand nimmt, ist nicht anzunehmen (aA Hartlage WRP 1997, 1 (4)). Dagegen begründet die abstrakte Gefahr eines Missbrauchs der privaten Beziehungen nicht die Unlauterkeit des Einsatzes von Laienwerbern, da sonst jede Laienwerbung unlauter wäre (bedenklich daher OLG Hamm WRP 2004, 1401 (1404)).

6.39   **e) Irreführung (§ 5).** Der Einsatz von Laienwerbern kann unlauter unter dem Gesichtspunkt der Irreführung (§ 5) sein (vgl. OLG Karlsruhe WRP 1995, 960 (961) mAnm Ulrich). So bspw., wenn entweder der Unternehmer dem Laienwerber unrichtige Informationen über das Produkt an die Hand gibt oder der Laienwerber selbst – sei es auch eigenmächtig – falsche Informationen gibt.

6.40   **f) Irreführung durch Unterlassen (§ 5a I).** Von besonderer Bedeutung ist die Irreführung durch Unterlassen (§ 5a I), nämlich durch Vorenthalten wesentlicher Informationen, die der Verbraucher je nach den Umständen für eine informierte geschäftliche Entscheidung benötigt. Im Fall eines „Angebots" zum Abschluss eines Geschäfts, wie es der Laienwerber idR unterbreiten wird, gehören dazu alle wesentlichen Merkmale der Ware oder Dienstleistung. Derartige Informationen wird der Laienwerber mangels ausreichender Schulung oder Vertrautheit mit den Eigenschaften und Risiken des beworbenen Produkts und etwaiger Konkurrenzprodukte häufig nicht geben können und es wird ihm die erforderliche Sachkunde für die gebotene und vom Verbraucher erwartete Beratung fehlen, wenn es sich um beratungsbedürftige Produkte handelt (BGH GRUR 1991, 150 (151) – Laienwerbung für Kreditkarten zur Beratung hinsichtlich der Serviceleistungen des Kreditkarteninstituts und damit konkurrierender Kreditkartenanbieter; LG Frankfurt WRP 1979, 80 (81)). Für eine hinreichende Information reicht es nicht aus, dass der Laienwerber selbst bereits Kunde ist (BGH GRUR 1991, 150 (151) – Laienwerbung für Kreditkarten; OLG Karlsruhe GRUR 1969, 224 (225)). Hinsichtlich der Verantwortlichkeit des Unternehmers spielt es eine Rolle, ob er den Laienwerber geschult und ihm Informationsmaterialien oder Vorführstücke überlassen hat (OLG Düsseldorf NJW 1957, 187 (188)). – Darüber hinaus kann im Einzelfall die Gefahr bestehen, dass der Laienwerber die gesetzlichen Beschränkungen missachtet, die dem Geschäftsherrn auferlegt sind (vgl. OLG Frankfurt WRP 1996, 643 (644) betreffend die Aufklärungspflichten des Veranstalters von Verkaufsfahrten über den Zweck der Fahrt und die Freiwilligkeit der Teilnahme an Verkaufsveranstaltungen).

6.41   **g) Vergleichende Werbung (§ 6).** Im Einzelfall kann sich die Unlauterkeit der Laienwerbung daraus ergeben, dass die Laienwerber veranlasst werden, unzulässige vergleichende Werbung iSv § 6, etwa durch Herabsetzung von Konkurrenzprodukten, zu treiben (vgl. auch OLG Karlsruhe GRUR 1989, 615 (617)). Die bloße Möglichkeit, dass die Laienwerber von sich aus so verfahren, reicht indessen nicht aus.

6.42   **h) Rechtsbruch (§ 3a).** Setzt ein Unternehmer Laien zur Förderung des Absatzes von **Heilmitteln** ein, und stellt er ihnen eine Werbeprämie für die Gewinnung eines Neukunden in Aussicht, verstößt dies gegen das Zuwendungsverbot des § 7 HWG, weil die Entscheidung des Neukunden für den Erwerb des Heilmittels von der Aussicht beeinflusst werden kann, dem werbenden Dritten die ausgelobte Werbeprämie zu verschaffen (vgl. BGH GRUR 2006, 949 Rn. 25 – Kunden werben Kunden). Dabei handelt es sich um eine Marktverhaltensregelung iSd § 3a, so dass der Verstoß den Rechtsbruchtatbestand des § 3a erfüllt, zumal bei Verstößen gegen derartige Vorschriften stets eine spürbare Interessenbeeinträchtigung anzunehmen ist.

6.43   **i) Verstoß gegen die unternehmerische Sorgfalt (§ 3 II).** Nach heutiger Auffassung verstößt das Versprechen von übermäßigen, nämlich absolut oder relativ hohen Prämien für sich allein noch nicht gegen die unternehmerische Sorgfalt iSd § 3 II (vgl. zu § 4 Nr. 1 UWG 2004,

BGH GRUR 2006, 949 Rn. 17 – Kunden werben Kunden). Denn ein Durchschnittsverbraucher wird sich allein wegen der dem Laienwerber versprochenen Prämie bei seiner Entscheidung nicht unangemessen unsachlich beeinflussen lassen. Dies auch dann nicht, wenn er bei seiner Entscheidung von dem Wunsch beeinflusst ist, dem Laienwerber die Prämie zukommen zu lassen (BGH GRUR 2006, 949 Rn. 19 – Kunden werben Kunden; vgl. auch Hartwig NJW 2006, 1326 (1328 f.)). Die Prämie stellt nichts anderes als die Gegenleistung für die erfolgreiche Vermittlung eines Kunden dar. Ihre Höhe spielt für die Zulässigkeit der Laienwerbung ebenso wenig eine Rolle wie die der Handelsspanne oder Provision bei gewerblich tätigen Verkaufsförderern. Die Unzulässigkeit der Laienwerbung kann deshalb nur aus anderen Kriterien als dem des Prämienanreizes hergeleitet werden (ebenso BGH GRUR 2006, 949 Rn. 19 – Kunden werben Kunden).

Die **Wettbewerbsregeln** des Bundesverbands Digitalpublisher und Zeitungsverleger für den 6.44 Vertrieb von abonnierbaren Tages- und Wochenzeitungen (Stand: Sept. 2012) sehen ua in Nr. 4 vor, dass der Wert der Prämie für die Vermittlung eines neuen Abonnenten bei zwölfmonatiger und darüber hinausgehender Verpflichtungsdauer des Geworbenen den sechsfachen monatlichen Bezugspreis nicht übersteigen darf. Das ist kartellrechtlich nicht unbedenklich (§ 1 GWB). Verstößt ein Verleger gegen diese Regelung, ist dies aber nicht unlauter iSd § 3 II bzw. § 4a und stellt auch keine gezielte Behinderung von Mitbewerbern iSd § 4 Nr. 4 dar.

III. Besondere Fallgruppen

1. Verdeckte Laienwerbung

Sie ist dadurch gekennzeichnet, dass der Laienwerber gegen Zahlung einer Prämie dem 6.45 Unternehmen die Adressen potenzieller Kunden ohne deren Einverständnis und Wissen übermittelt (vgl. BGH GRUR 1992, 622 – Verdeckte Laienwerbung). (Allerdings wird auch im Falle der Verschleierung des Prämieninteresses von einer „verdeckten Laienwerbung" gesprochen; vgl. BGH GRUR 2006, 949 Rn. 17 – Kunden werben Kunden.) Rechtswidrig ist die verdeckte Laienwerbung mangels Einwilligung bereits nach Art. 6 I lit. a DS-GVO. Daneben kann ein Verstoß gegen **§ 3 I** in seiner Funktion als Auffangtatbestand vorliegen. Denn zum einen läuft die Aufforderung des Unternehmens an Altkunden zur Übermittlung von Adressen potenzieller Kunden mit dem Versprechen einer Prämie auf das Ansinnen hinaus, gegen eine Prämie Informationen aus ihrem Bekanntenkreis zu liefern. Zum anderen ist diese Art der Laienwerbung im Verhältnis zu den Umworbenen bedenklich, weil sich das Unternehmen privates Wissen der Adressaten über Personen ihres persönlichen Umfelds zunutze machen möchte und damit auf die Ausspähung von Daten zielt, die ihm diese Personen nicht ohne weiteres selbst mitteilen würden (Verletzung des Rechts auf informationelle Selbstbestimmung; vgl. BGH GRUR 1992, 622 – Verdeckte Laienwerbung). Diese Bedenken werden nicht dadurch ausgeräumt, dass die Maßnahme keine unmittelbare Werbeanstrengung des Laienwerbers gegenüber dem potenziellen Kunden voraussetzt. Denn typischerweise wird der Werber gleichwohl den Kontakt zum Kunden suchen, um seine Chancen, die Prämie zu erlangen, zu vergrößern (BGH GRUR 1992, 622 – Verdeckte Laienwerbung; Möller WRP 2007, 6 (12)). Unerheblich ist auch, dass das Unternehmen bei der Kontaktaufnahme mit der benannten Person auf den Laienwerber Bezug nimmt. Wird dabei zusätzlich auf eine „Empfehlung" des Laienwerbers hingewiesen, verstärken sich die Bedenken noch, weil dann der Kunde sich widerstrebend zur Bestellung veranlasst fühlen könnte, und zwar auch deshalb, um den Laienwerber nicht gegenüber dem Unternehmen bloßzustellen. Auch würden Laienwerber möglicherweise von der Adressenweitergabe absehen, wenn sie wüssten, dass sie als Empfehlende genannt würden. Außerdem kann ein solcher Hinweis irreführend iSd § 5 sein, weil ein Teil der Adressaten ihn so verstehen kann, der Laienwerber würde das Produkt zum Bezug empfehlen (OLG Karlsruhe WRP 1995, 960 (961)).

2. Progressive Kundenwerbung

Die nach **Nr. 14 Anh. § 3 III** unter allen Umstände unzulässige progressive Kundenwerbung 6.46 (Schneeballsystem; Pyramidensystem) hat folgende Eigenart: Verbraucher werden zur Abnahme von Waren, Dienstleistungen oder Rechten durch das Versprechen veranlasst, sie würden entweder vom Veranstalter selbst oder von einem Dritten besondere Vorteile erlangen, wenn sie andere zum Abschluss gleichartiger Geschäfte veranlassen. Diese sollen ihrerseits nach der Art dieser Werbung derartige Vorteile für eine entsprechende Werbung weiterer Abnehmer erlangen. Progressiv ist diese Art der Kundenwerbung deshalb, weil bei gedachter Durchführung des Systems der Kundenkreis von Stufe zu Stufe lawinenartig anschwillt und damit die Absatzchancen der später Geworbenen notwendigerweise gegen Null tendieren (zu Einzelheiten vgl. EuGH WRP 2014, 816 - 4 finance). Ergänzend ist der Straftatbestand **§ 16 II** anwendbar, der über § 3a auch lauterkeitsrechtlich sanktioniert ist. Voraussetzung für die Anwendbarkeit des § 16 II ist allerdings, dass der Verbraucher genötigt wird, mehr Waren oder Dienstleistungen zu erwerben, als er für seinen persönlichen Bedarf benötigt, er also gezwungen ist, weitere Kunden zu werben, will er nicht Verluste erleiden. Ein objektiver Verstoß gegen § 16 II erfüllt zugleich den Rechtsbruchtatbestand des **§ 3a.** – Unabhängig davon ist die progressive Kundenwerbung regelmäßig bereits nach **§ 5 I** wegen Irreführung über die Gewinnchancen unlauter. Selbst wenn dies aber nicht der Fall ist, die Kunden also sehenden Auges sich in die Gefahr begeben, kann der Tatbestand des **§ 3 II** iVm **§ 3 IV 2** erfüllt sein. Denn das Vertriebssystem der progressiven Kundenwerbung begründet seiner Anlage nach für die Teilnehmer die Gefahr von Vermögenseinbußen und für die Mitbewerber die Gefahr einer Behinderung bis hin zur Marktverstopfung. Es zielt darauf ab, die Leichtgläubigkeit, Unerfahrenheit und Spiellust auszunutzen (BGHZ 15, 356 (368) – Indeta). Gerade geschäftlich unerfahrene und idR vermögensschwache Verbraucher glauben nämlich, die Bedingungen, an die der verbilligte Erwerb geknüpft ist, leicht erfüllen zu können. In Wahrheit sind aber die Bedingungen infolge der systembedingten Marktverengung schwer zu erfüllen und werden, je rascher sich der Vertrieb ausdehnt und die Progression steigt, umso schwieriger und mitunter sogar überhaupt nicht erfüllbar. – Zivilrechtlich sind die zur Durchführung der progressiven Kundenwerbung abgeschlossenen Rechtsgeschäfte nach **§ 134 BGB** oder **§ 138 I BGB** idR nichtig (BGHZ 71, 358 (366); BGH WM 1997, 1212).

3. Multi-Level-Marketing

6.47   Im Gegensatz zur strafbaren progressiven Kundenwerbung wird der Kunde beim Multi-Level-Marketing (MLM)-System (sog Strukturvertrieb) nicht veranlasst, Waren über den eigenen Bedarf hinaus zu erwerben. Er erhält vielmehr lediglich die Möglichkeit, sich durch Werben von weiteren Verkaufsförderern eine Provision oder einen sonstigen Vermögensvorteil zu verdienen. Eine derartige Absatzorganisation ist daher grds. zulässig (→ § 16 Rn. 42; OLG Frankfurt GRUR-RR 2012, 77; LG Offenburg WRP 1998, 85 (86); Hartlage WRP 1997, 1; Leible WRP 1998, 18; Thume WRP 1999, 280 (284 f.)). Die Grenze zu **§ 16 II** und zu **Nr. 14 Anh. § 3 III** ist jedoch überschritten, wenn das Vergütungssystem progressiv ausgestaltet ist, dh auf jeder Stufe alle vorangegangenen Stufen mit Provisionen bedacht werden (→ Anh. § 3 III Nr. 14 Rn. 14.4 und → § 16 Rn. 42). Unabhängig davon ist stets zu prüfen, ob das betreffende System im **Einzelfall** bestimmte Unlauterkeitskriterien aufweist. In Betracht kommt insbes. ein Verstoß gegen **§ 3 II** iVm **§ 3 IV 2** wegen Ausnutzung der geschäftlichen Unerfahrenheit und damit der Leichtgläubigkeit der Verbraucher sowie ein Verstoß gegen **§ 5** wegen Irreführung, insbes. über die Verdienstmöglichkeiten, in Betracht.

IV. Verantwortlichkeit des Laienwerbers und des Unternehmers

6.48   Ist bereits das System der Laienwerbung als solches lauterkeitsrechtlich unzulässig, ist der Unternehmer dafür verantwortlich. Ist das System an sich nicht zu beanstanden, bedient sich der Laienwerber aber im Einzelfall bei seinem Vorgehen lauterkeitsrechtlich unzulässiger Methoden (zB irreführende, belästigende oder unzulässig vergleichende Werbung; Ausübung autoritären Drucks), so haftet er stets persönlich und der Unternehmer für ihn nach § 8 II (→ § 8 Rn. 2.45; Isele WRP 2010, 1215; aA Möller WRP 2010, 321 (332)). Das System als solches wird unzulässig, wenn für den Unternehmer erkennbar wird, dass die eingesetzten Laienwerber zu unlauteren Mitteln greifen, und er dies nicht unverzüglich abstellt. Er haftet insoweit wegen Verletzung einer wettbewerbsrechtlichen Verkehrspflicht.

7. Abschnitt. Ausnutzung der „geschäftlichen Unerfahrenheit" und der „Rechtsunkenntnis"

Übersicht

A. Einführung

In diesem Kapitel werden zwei Fallgruppen behandelt, die in der Rspr. zu § 4 Nr. 2 UWG **7.1** 2008 große praktische Bedeutung hatten, deren rechtliche Beurteilung aber nach Inkrafttreten der UWG-Novelle 2015 (BGBl. 2015 I 2158) am 7.12.2015 noch unklar ist. Das ist insbes. für den Unterlassungsanspruch von Bedeutung, weil die Unlauterkeit einer Handlung sowohl für den Zeitpunkt ihrer Begehung, als auch für den Zeitpunkt der letzten mündlichen Verhandlung festgestellt werden muss. Es sind dies die „Ausnutzung der geschäftlichen Unerfahrenheit" und die „Ausnutzung der Rechtsunkenntnis".

B. Die „Ausnutzung der geschäftlichen Unerfahrenheit"

I. Begriff der geschäftlichen Unerfahrenheit

Geschäftliche Unerfahrenheit liegt vor, wenn eine Person nicht über die Erfahrungen im **7.2** Geschäftsleben verfügt, die bei einem durchschnittlich informierten, aufmerksamen und verständigen Verbraucher zu erwarten sind (BGH GRUR 2007, 978 Rn. 27 – Rechtsberatung durch Autoversicherer) und die es ihr ermöglichen würden, die rechtliche und wirtschaftliche Bedeutung einer geschäftlichen Entscheidung zu erfassen und kritisch zu bewerten.

II. Rechtliche Einordnung

7.3   Der Begriff der **„geschäftlichen Unerfahrenheit"** findet sich weder in Art. 5 III 1 UGP-RL noch in Art. 9 UGP-RL. Er ist aber dem Unionsrecht nicht fremd. So ist es nach Art. 9 I lit. g S. 2 AVMD-RL untersagt, „Aufrufe zum Kaufen oder Mieten von Waren oder Dienstleistungen an Minderjährige (zu) richten, die deren Unerfahrenheit und Leichtgläubigkeit ausnutzen". (Eine weitergehende Regelung enthält Anh. § 3 III Nr. 28). Die Ausnutzung der geschäftlichen Unerfahrenheit ist **§ 4a II 1 Nr. 3** und **S. 2** geregelt, einer Bestimmung, deren Vereinbarkeit mit Art. 9 UGP-RL allerdings sehr zw. ist (→ § 4a Rn. 2.9 ff.).

7.4   Sofern nicht bereits **§ 4a** eingreift (→ Rn. 7.3), ist die Ausnutzung der geschäftlichen Unerfahrenheit nach **§ 3 II** (Verletzung der unternehmerischen Sorgfalt) iVm **§ 3 IV 2** („Alter" bzw. „Leichtgläubigkeit") zu beurteilen. Diese rechtliche Zuordnung der „geschäftlichen Unerfahrenheit" zu den Begriffen des „Alters" und der „Leichtgläubigkeit" ist mit Art. 5 III 1 UGP-RL vereinbar, wie mittelbar durch ErwGr. 18 S. 3 UGP-RL („Kinder") bestätigt wird (→ Rn. 5.26). Der Schutz geschäftlich unerfahrener Personen setzt nach § 3 II iVm § 3 IV 2 voraus, dass die Handlung für den Unternehmer vorhersehbar das wirtschaftliche Verhalten nur einer eindeutig identifizierbaren Gruppe von Verbrauchern wesentlich beeinflusst, die aufgrund ihrer geschäftlichen Unerfahrenheit im Hinblick auf diese Handlung oder die ihr zugrunde liegenden Waren oder Dienstleistungen besonders schutzbedürftig sind. Wendet sich der Unternehmer **gezielt** oder **speziell** an eine solche Verbrauchergruppe (vgl. ErwGr. 18 S. 3 UGP-RL), so ist ohne weiteres die eindeutige Identifizierbarkeit gegeben. Ist weiter vorhersehbar, dass die Handlung geeignet ist, das wirtschaftliche Verhalten dieser Verbraucher wesentlich zu beeinflussen (§ 3 II iVm § 2 I Nr. 11), so indiziert dies auch, dass der Unternehmer die besondere Anfälligkeit dieser Verbraucher für die Handlung oder die ihr zugrunde liegende Ware oder Dienstleistung **ausnutzt** (ErwGr. 19 UGP-RL), und sein Verhalten daher auch gegen die **unternehmerische Sorgfalt** verstößt (→ Rn. 5.8). Maßstab ist aber die Sicht eines durchschnittlichen Mitglieds dieser Gruppe. Richtet sich die geschäftliche Handlung nur an eine **einzelne** Person (wie zB in einem individuellen Verkaufsgespräch), so kommt es naturgemäß auf deren geschäftliche Unerfahrenheit an, soweit diese für den Unternehmer erkennbar ist.

III. Geschäftliche Unerfahrenheit bei Kindern und Jugendlichen

7.5   Geschäftliche Unerfahrenheit wird insbes. bei **Kindern** und **Jugendlichen** vorliegen (vgl. OLG München WRP 2000, 1321 (1323)). Dies entspricht den Wertungen der §§ 104–115 BGB (ebenso OLG Hamm WRP 2013, 375 Rn. 41). Allerdings sind Kinder und Jugendliche nicht generell der Gruppe geschäftlich unerfahrener Personen zuzuordnen. Vielmehr sind der mit dem Alter zunehmende Reifeprozess bei Minderjährigen und die konkrete geschäftliche Handlung, die ihr zugrunde liegende Ware oder Dienstleistung und die zu treffende geschäftliche Entscheidung (vgl. auch § 110 BGB) zu berücksichtigen. Dementsprechend sind **altersbezogene Abstufungen** hinsichtlich der geschäftlichen Unerfahrenheit vorzunehmen (vgl. OLG Hamm WRP 2013, 375 Rn. 41; Steinbeck GRUR 2006, 163 (164)). Dabei ist nach § 3 IV 2 auf den durchschnittlichen Angehörigen der jeweiligen Altersgruppe abzustellen und die Eigenart der jeweiligen geschäftlichen Handlung, insbes. des jeweiligen Angebots von Waren oder Dienstleistungen, zu berücksichtigen. Im Gegensatz zu Erwachsenen sind Kinder und Jugendliche typischerweise noch nicht in ausreichendem Maße in der Lage, Waren- oder Dienstleistungsangebote kritisch zu beurteilen (BGH GRUR 2009, 71 Rn. 14 – Sammelaktion für Schoko-Riegel). Sie entscheiden sich zumeist gefühlsmäßig und folgen einem spontanen Begehren (vgl. OLG München WRP 1984, 46 (47); OLG Frankfurt GRUR 1994, 522 (523); 2005, 782 (783); 2005, 1064 (1065); OLG Hamburg GRUR-RR 2003, 316 (317)).

IV. Geschäftliche Unerfahrenheit bei Erwachsenen

7.6   Geschäftliche Unerfahrenheit kann auch bei **Erwachsenen** vorliegen. Dabei kommen vor allem Personen in Betracht, die wegen einer psychischen Erkrankung oder einer körperlichen, geistigen oder seelischen Beeinträchtigung unter **Betreuung** (§§ 1896 ff. BGB) stehen. Unabhängig davon können erwachsene Personen geschäftlich unerfahren sein, wenn sie lese-, schreib- oder sprachunkundig oder körperlich (zB aufgrund einer Seh- oder Hörschwäche) oder geistig beeinträchtigt sind. Insoweit ist dann zugleich das Merkmal der „geistigen oder körperlichen Beeinträchtigung" erfüllt. Darüber hinaus kommt geschäftliche Unerfahrenheit – und damit „Leichtgläubigkeit" in Betracht bei Verbrauchern, die mit den hiesigen Verhältnissen nicht oder nicht mehr vertraut sind, wie Aussiedlern (BGH GRUR 1998, 1041 (1042) – Verkaufsveranstaltung in Aussiedlerwohnheim), Migranten, Gastarbeitern, Rückkehrern und längere Zeit Inhaftierten. Der Schutz solcher Erwachsener nach § 3 II oder § 4a setzt aber ebenfalls voraus, dass die Voraussetzungen des § 3 IV 2 erfüllt sind.

V. Bezug der geschäftlichen Handlung zur Gruppe geschäftlich unerfahrener Verbraucher

Die geschäftliche Handlung muss nach § 3 IV 2 für den Unternehmer vorhersehbar nur das   **7.7** wirtschaftliche Verhalten einer eindeutig identifizierbaren Gruppe von geschäftlich unerfahrenen Verbrauchern wesentlich beeinflussen (vgl. BGH WRP 2014, 831 Rn. 16 – Goldbärenbarren). Es ist daher weder erforderlich noch ausreichend, dass sich die geschäftliche Handlung **gezielt** oder **speziell** an solche Verbraucher wendet (BGH WRP 2014, 831 Rn. 16 – Goldbären-barren), vielmehr ist auch in diesem Fall zu fragen, ob die konkrete geschäftliche Handlung das wirtschaftliche Verhalten dieser Zielgruppe der geschäftlich unerfahrenen Verbraucher wesentlich beeinflusst. Das hängt wiederum von der jeweiligen geschäftlichen Handlung und der ihr zugrunde liegenden Ware oder Dienstleistung ab.

Indizien für eine **Zielgruppenwerbung,** bei der die eindeutige Identifizierung der Gruppe   **7.8** iSd § 3 IV 2 gegeben ist, können das verwendete **Medium** (zB Jugendzeitschrift; Kinder- und Jugendsendungen; Werbung bei Freizeitveranstaltungen), die Art des **Produkts** (zB Spielzeug; In-App-Angebote speziell für Kinder), die inhaltliche Gestaltung der **Werbung** (Zagouras GRUR 2006, 731 (734)), die Anrede der **Werbeadressaten** (wobei in der heutigen Zeit die Verwendung des „Du" für sich allein kaum mehr einen solchen Rückschluss erlaubt) oder die Werbung mit **Zugaben, Preisnachlässen, Gewinnen** oder sonstigen **Vergünstigungen** spe-ziell für diese Zielgruppe sein.

§ 3 IV 2 greift nicht ein, wenn die geschäftliche Handlung möglicherweise **auch** – aber eben   **7.9** nicht ausschließlich („nur") – das wirtschaftliche Verhalten von geschäftlich unerfahrenen Per-sonen wesentlich beeinflusst, weil sie jedenfalls auch von der geschäftlichen Handlung angespro-chen werden (vgl. BGH WRP 2014, 831 Rn. 17 – Goldbärenbarren zu § 3 II 3 UWG 2008). Andererseits ist die Anwendung des § 3 IV 2 nicht deshalb ausgeschlossen, weil die betreffende Werbung zusätzlich auch in anderen Medien veröffentlicht wird, die sich nicht gezielt an Minderjährige richten (vgl. BGH GRUR 2006, 776 Rn. 21 – Werbung für Klingeltöne).

VI. Ausnutzung der geschäftlichen Unerfahrenheit von Kindern und Jugendlichen

1. Allgemeines

Eine geschäftliche Handlung, die vorhersehbar nur das wirtschaftliche Verhalten geschäftlich   **7.10** unerfahrener Kinder und Jugendlicher wesentlich beeinflusst, ist nicht schon aus diesem Grund unlauter iSd § 4a oder des § 3 II. Vielmehr muss der Unternehmer entweder aggressiv iSd § 4a I 2 Nr. 3 („unzulässige Beeinflussung") oder sorgfaltswidrig iSd § 3 II handeln. Ein Verstoß gegen die **unternehmerische Sorgfalt** ist aber bereits dann anzunehmen, wenn der Unterneh-mer die geschäftliche Unerfahrenheit **ausnutzt,** um sie zu der angestrebten geschäftlichen Entscheidung zu veranlassen (→ Rn. 5.7; aus der früheren Rspr. vgl. BGH GRUR 2006, 161 Rn. 21 – Zeitschrift mit Sonnenbrille; GRUR 2006, 776 Rn. 22 – Werbung für Klingeltöne; GRUR 2009, 71 Rn. 14 – Sammelaktion für Schoko-Riegel; WRP 2014, 835 Rn. 25 – Nordjob-Messe).

Eine Ausnutzung der geschäftlichen Unerfahrenheit und damit ein Verstoß gegen die unter-   **7.11** nehmerische Sorgfalt scheiden dagegen von vornherein aus, wenn der Werbende den Vertrags-schluss erkennbar von der **Einwilligung** des gesetzlichen Vertreters des Minderjährigen (§ 107 BGB) oder des Betreuers eines Volljährigen (§ 1903 BGB) abhängig macht. Dem steht aber nicht der Fall gleich, dass der abzuschließende Vertrag mangels Einwilligung (§ 107 BGB) oder mangels Erfüllung (§ 110 BGB) zunächst nach § 108 BGB **schwebend unwirksam** ist (Köhler FS Ullmann, 2006, 679 (682 f.); Mankowski GRUR 2007, 1013 (1015)). Denn die Eltern oder Betreuer als gesetzliche Vertreter können sich moralisch genötigt sehen, den abgeschlossenen Vertrag zu erfüllen, oder sie können die Unannehmlichkeiten einer Rückabwicklung nach den

§§ 812 ff. BGB scheuen (bedenklich daher BGH GRUR 2004, 343 (344) sub d – Playstation; vgl. auch → § 5 Rn. 2.79; Lettl GRUR 2004, 449 (457)).

7.12   Eine Ausnutzung der geschäftlichen Unerfahrenheit von Kindern oder Jugendlichen ist anzunehmen, wenn ein durchschnittliches Mitglied der angesprochenen Altersgruppe die **Tragweite** der ihm angetragenen geschäftlichen Entscheidung, insbes. den Erwerb von Waren oder Dienstleistungen, nicht hinreichend kritisch beurteilen kann, weil sein **Urteilsvermögen** dazu nicht ausreicht (BGH GRUR 2006, 161 Rn. 22 – Zeitschrift mit Sonnenbrille; GRUR 2006, 776 Rn. 22 f. – Werbung für Klingeltöne; GRUR 2009, 71 Rn. 16 – Sammelaktion für Schoko-Riegel; WRP 2014, 835 Rn. 25 – Nordjob-Messe, WRP 2014, 1301 Rn. 30 – Zeugnisaktion). Die Fähigkeit, eine informierte Entscheidung zu treffen, musste nach der früheren Rspr. derart beeinträchtigt sein, dass rationale Kriterien wie Bedarf, finanzielle Belastung, Qualität und Preiswürdigkeit des Angebots vollständig in den Hintergrund treten (BGH WRP 2014, 1301 Rn. 31 – Zeugnisaktion). Nach § 3 IV 2 iVm § 2 I Nr. 11 muss es jedoch unter Geltung des UWG 2015 genügen, dass die Fähigkeit der Minderjährigen zu einer informierten Entscheidung **spürbar** beeinträchtigt ist. Dabei ist nach typischen Fallgestaltungen zu unterscheiden.

2. Einzelne Fallgestaltungen

7.13   **a) Unentgeltliche Zuwendungen. Werbegeschenke** an Minderjährige sind grds. zulässig, weil damit keinerlei Risiken oder Belastungen verbunden sind (vgl. OLG Nürnberg GRUR-RR 2003, 315: Werbegeschenke an Kinder und Jugendliche, die im Geschäftslokal abgeholt werden müssen). Das Gleiche gilt für das Angebot zur Teilnahme an **Gewinnspielen** und **Preisausschreiben.** Dies entspricht auch der Wertung des § 107 BGB („lediglich rechtlicher Vorteil").

7.14   **b) Bargeschäfte des täglichen Lebens.** Die Werbung für **Waren und Dienstleistungen des täglichen Lebens** (zB Bücher, Zeitschriften, Getränke, Lebensmittel, Besuche von Kinos oder Sportveranstaltungen; vgl. auch § 105a BGB), die Minderjährige nach ihrem Nutzen und Wert beurteilen und regelmäßig auch mit ihrem **Taschengeld** finanzieren können, ist grds. zulässig, selbst wenn dafür mit (auch wertvollen oder attraktiven) **Zugaben,** mit **Preisnachlässen** oder mit **Gewinnspielen** geworben wird (vgl. BGH GRUR 2006, 161 Rn. 17 – Zeitschrift mit Sonnenbrille: Abgabe einer Jugendzeitschrift mit Sonnenbrille zum Kaufpreis von 4,50 DM; GRUR 2009, 71 Rn. 18 – Sammelaktion für Schoko-Riegel: Anschaffung von 25 Schoko-Riegeln zum Preis von je 40 Cent; WRP 2014, 831 Rn. 35 – Goldbärenbarren: Werbung für Fruchtgummis mit Gewinnspielteilnahme). – Derartige geschäftliche Handlungen sind auch unter Geltung des § 3 II iVm § 3 IV 2 als zulässig anzusehen. Die Fähigkeit der Minderjährigen zu einer informierten Entscheidung ist nicht spürbar beeinträchtigt.

7.15   **c) Unwirtschaftliche und unnötige Geschäfte.** Eine Ausnutzung der geschäftlichen Unerfahrenheit kommt in Betracht bei **objektiv unwirtschaftlichen** Geschäften. Das ist der Fall, wenn das Produkt **überteuert** ist, also zu einem wesentlich höheren als dem Marktpreis angeboten wird (vgl. OLG Frankfurt GRUR 2005, 782 und GRUR 2005, 1064 (1066)) und der Minderjährige dies mangels Kenntnis des Markts und der Werthaltigkeit des Angebots nicht beurteilen kann (BGH GRUR 2009, 71 Rn. 17 – Sammelaktion für Schoko-Riegel). In diesem Fall sind die Voraussetzungen des § 3 II iVm § 3 IV 2 erfüllt, da der Minderjährige insoweit in seiner Fähigkeit zu einer informierten Entscheidung spürbar beeinträchtigt ist. – Von den unwirtschaftlichen Geschäften sind die **unnötigen** Geschäfte zu unterscheiden, also der Kauf von Produkten, die aus Sicht von Erwachsenen nicht erforderlich oder sogar unvernünftig sind. Dies zu kontrollieren, ist nicht Aufgabe des Lauterkeitsrechts.

7.16   **d) Riskante Geschäfte.** Eine Ausnutzung der geschäftlichen Unerfahrenheit kommt ferner in Betracht bei **riskanten Geschäften.** Das ist der Fall, wenn der Minderjährige die mit dem Rechtsgeschäft verbundenen **finanziellen** Belastungen und Risiken nicht klar erkennen und beurteilen kann. Dabei sind bei einer Werbung gegenüber Minderjährigen höhere Anforderungen an die **Transparenz** zu stellen als bei einer Werbung gegenüber Erwachsenen (BGH GRUR 2009, 71 Rn. 20 – Sammelaktion für Schoko-Riegel; WRP 2014, 1301 Rn. 30 – Zeugnisaktion). Ihnen muss ausreichend deutlich gemacht werden, welche finanziellen Belastungen auf sie zukommen (BGH GRUR 2006, 776 Rn. 24 – Werbung für Klingeltöne; Zagouras GRUR 2006, 731). Ist dies nicht der Fall, ist § 3 II iVm § 3 IV 2 anwendbar. Daneben kommt auch eine Anwendung der §§ 5, 5a iVm § 3 IV 2 sowie des § 3a iVm § 1 PAngV in Betracht.

Beispiele: Werbung für das kostenpflichtige Herunterladen von Handyklingeltönen, wenn nur der nicht unerhebliche Minutenpreis angegeben ist, nicht aber die voraussichtlich entstehenden, aber nicht abschätzbaren höheren tatsächlichen Kosten (BGH GRUR 2006, 776 Rn. 24 – Werbung für Klingeltöne; OLG Hamburg GRUR-RR 2003, 316; KG WRP 2005, 1183). – Werbung gegenüber Minderjährigen mit „Sonderpreisen", Zugaben oder anderen Vergünstigungen zum Abschluss von **Dauerverträgen** (vgl. OLG Nürnberg GRUR-RR 2003, 315 (316)) oder zur Eingehung von **Mitgliedschaften.** Hierher gehört etwa der Fall, dass eine Bank mittels Gutscheinen und sonstigen Vorteilen Minderjährige veranlasst, ihre Geschäftsräume aufzusuchen und einen Girovertrag abzuschließen, ohne in der Werbung deutlich das Zustimmungserfordernis der Eltern hervorzuheben (OLG Nürnberg GRUR-RR 2003, 315 (316)).

e) Aleatorische Geschäfte; Gewinnspielkopplung. Eine nach § 3 II iVm § 3 IV 2 unlautere Ausnutzung der geschäftlichen Unerfahrenheit kommt ferner bei aleatorischen Geschäften in Betracht. Zwar sind sog **Sammel-** oder **Treueaktionen,** auch wenn sie sich an Minderjährige richten, grds. zulässig (BGH GRUR 2009, 71 Rn. 15 – Sammelaktion für Schoko-Riegel). Unlauterkeit ist jedoch dann anzunehmen, wenn letztlich nur die **Sammelleidenschaft** oder der **Spieltrieb** von Minderjährigen ausgenutzt wird, um sie zu einem **Kauf über Bedarf** zu veranlassen (BGH GRUR 2009, 71 Rn. 19 – Sammelaktion für Schoko-Riegel; OLG Frankfurt GRUR 2005, 782; 2005, 1064 (1066); Harte-Bavendamm/Henning-Bodewig/Stuckel UWG 2008 § 4 Nr. 2 Rn. 11). Maßgebend sind die Umstände des Einzelfalls (zB Dauer der Aktion, OLG Frankfurt GRUR 2005, 782 (784 f.); 2005, 1064 (1066); Art und Preis des Produkts; Attraktivität des Vorteils; Zeitdruck, BGH GRUR 2009, 71 Rn. 19 – Sammelaktion für Schoko-Riegel). Die Schwelle zur Unlauterkeit war noch nicht überschritten bei einer Werbung für Schoko-Riegel zum Kaufpreis von ca. 40 Cent mit einer Sammelaktion, bei der 25 Schoko-Riegel erworben werden mussten, um einen Gutschein im Wert von 5 Euro zu erhalten (BGH GRUR 2009, 71 Rn. 15 – Sammelaktion für Schoko-Riegel). – Ob durch eine **Gewinnspielkopplung** die geschäftliche Unerfahrenheit ausgenutzt wird, hängt vom Einzelfall ab. Dabei spielt eine Rolle, ob den Minderjährigen die Eigenschaften und Preiswürdigkeit des beworbenen Produkts bekannt sind, die finanzielle Gesamtbelastung einer Teilnahme am Gewinnspiel sich im Rahmen ihres üblichen Taschengelds hält, keine unzutreffenden Gewinnchancen suggeriert werden und der Wert der Hauptgewinne sich im Rahmen des Üblichen hält (BGH WRP 2014, 831 Rn. 34–37 – Goldbärenbarren). – Bietet eine Krankenkasse gezielt Minderjährigen die Teilnahme an einem **Gewinnspiel** an und fordert sie sie in diesem Zusammenhang auf, ihre Daten (auch) zum Zweck der **Mitgliederwerbung** zur Verfügung zu stellen, nützt sie damit deren geschäftliche Unerfahrenheit aus (BGH WRP 2014, 835 Rn. 35 ff. – Nordjob-Messe). Denn für Minderjährige sind die mit der Preisgabe der persönlichen Daten und der Einwilligung zu ihrer Nutzung verbundenen Nachteile sowie die wirtschaftlichen Vorteile für das werbende Unternehmen nur schwer zu erkennen bzw. zu beurteilen (BGH WRP 2014, 835 Rn. 35 ff. – Nordjob-Messe; krit. Fritzsche WRP 2016, 1 Rn. 2).

f) Einsatz von Verkaufsförderern. Der bloße Einsatz von **Stars** (zB bekannten Sportlern, Sängern oder Schauspielern) für den Absatz von Waren oder Dienstleistungen an Minderjährige reicht für sich allein nicht aus, um eine Ausnutzung der geschäftlichen Unerfahrenheit zu begründen, sofern nicht bes. Umstände vorliegen. Beim Einsatz von **Autoritätspersonen** (zB Lehrern) greift ohnehin § 4a I 2 Nr. 3 ein. Zum Einsatz von **Influencern** → § 5a Rn. 7.80a ff.

g) Veranlassung zu Aufwendungen. Veranlasst der Werbende Minderjährige zu Aufwendungen, deren Kosten sie aufgrund ihres Alters gar nicht abschätzen können, wird dadurch ihre geschäftliche Unerfahrenheit ausgenutzt. **Beispiel:** Aufforderung in Jugendzeitschriften an Kinder im Grundschulalter, eine bestimmte Telefonnummer – die LEGO-Hotline – zu wählen, um auf Kosten ihrer Eltern, die die Telefonrechnung bezahlen müssen, zu erfahren, welche „tollen" neuen Lego-Spielzeuge es gibt (OLG Frankfurt GRUR 1994, 522; Engels WRP 1997, 6 (13)).

3. Einsatz von Kindern als Absatzhelfer („Kaufmotivatoren")

Werden Kinder in einer Werbung unmittelbar dazu aufgefordert, ihre Eltern oder sonstige Erwachsene zu veranlassen, die beworbenen Waren oder Dienstleistungen zu erwerben, erfüllt dies bereits den Tatbestand der **Nr. 28 des Anh. § 3 III** (vgl. dort). Ist dieser Tatbestand nicht erfüllt, so kann ein Einsatz von Kindern als Absatzhelfer (sog „Kaufmotivatoren") mit dem Ziel, ihre Eltern zu einer geschäftlichen Entscheidung zu veranlassen, den Tatbestand des § 4a in Gestalt der **unzulässigen Beeinflussung** der Eltern iSd § 4a I 2 Nr. 3 allenfalls dann erfüllen,

7.17

7.18

7.19

7.20

wenn man die (idR nicht unbeträchtliche) Möglichkeit der Beeinflussung der Eltern durch hartnäckige Kinderwünsche als Machtposition ansieht, die der Werbende für seine Zwecke ausnutzt. Ob dies der Fall ist und ob die Werbung geeignet ist, die Entscheidungsfreiheit der Eltern erheblich zu beeinträchtigen, ist nach den Umständen des Einzelfalls zu beurteilen (vgl. § 4 Nr. 1 UWG 2004 BGH GRUR 2008, 183 Rn. 14 – Tony Taler mwN). Der Tatbestand des § 4a I 2 ist jedenfalls nicht schon dann erfüllt, wenn eine Werbung bei Kindern und Jugendlichen Kaufwünsche weckt mit dem Ziel, ihre Eltern zu einer entsprechenden Kaufentscheidung zu veranlassen (BGH GRUR 2008, 183 Rn. 17 – Tony Taler; vgl. auch OLG Frankfurt GRUR 2005, 782 (785); OLG Hamburg GRUR-RR 2005, 224 (225)). Denn grds. ist davon auszugehen, dass verständige Eltern sich durch derartige Wünsche nicht in ihrer rationalen Entscheidung über den Kauf eines Produkts beeinflussen lassen (BGH GRUR 2008, 183 Rn. 17 – Tony Taler; Dembowski FS Ullmann, 2006, 599 (601 f.)). Damit dürften frühere strengere Entscheidungen überholt sein (vgl. OLG München WRP 2000, 1321 (1323): Veranstaltung eines Gewinnspiels für Kinder bis zu zwölf Jahren in der Weise, dass Kinder die Spielwarenabteilung betreten und einen Wunschzettel ausfüllen müssen; vgl. auch BGH GRUR 1979, 157 (158) – Kindergarten-Malwettbewerb: Veranstaltung eines Kindergarten-Malwettbewerbs, wobei der Eindruck erweckt wird, die Gewinnchancen der Teilnehmer würden sich durch die Teilnahme möglichst vieler Kinder erhöhen). – Unlauterkeit nach § 4a I 1 und 2 Nr. 3 kommt daher nur bei Vorliegen **besonderer Umstände** in Betracht. So etwa, wenn ein **Gruppenzwang** bei den angesprochenen Kindern und Jugendlichen geschaffen und ausgenutzt wird (BGH GRUR 2008, 183 Rn. 18–22 – Tony Taler); ferner bei einer irreführenden Werbung gegenüber den Kindern mit dem Ziel, ihre Eltern zum Kauf zu veranlassen (OGH ÖBl 2009, 33 – PonyClub). – Auch ein **Warengeschenk** an Kinder, das einen Ergänzungsbedarf hervorruft, kann den Tatbestand des § 4a I 2 Nr. 3 erfüllen, wenn im Einzelfall davon auszugehen ist, dass die Kinder Druck auf die Eltern ausüben, entsprechende Zukäufe zu tätigen.

4. Medienspezifische Werbeverbote zum Schutz von Kindern und Jugendlichen

7.21   An **medienspezifischen Werbeverboten** zum Schutz von Kindern und Jugendlichen sind zu erwähnen:

– **§ 6 II JMStV** (Jugendmedienschutz-Staatsvertrag idF von 2020). Danach darf Werbung in Rundfunk und Telemedien nicht: 1. direkte Kaufappelle an Kinder oder Jugendliche enthalten, die deren Unerfahrenheit und Leichtgläubigkeit ausnutzen, 2. Kinder und Jugendliche unmittelbar auffordern, ihre Eltern oder Dritte zum Kauf der beworbenen Waren oder Dienstleistungen zu bewegen, 3. das besondere Vertrauen ausnutzen, das Kinder oder Jugendliche zu Eltern, Lehrern und anderen Vertrauenspersonen haben.

– **§ 6 IV JMStV.** Danach darf Werbung, die sich auch an Kinder oder Jugendliche richtet oder bei der Kinder oder Jugendliche eingesetzt werden, nicht ihren Interessen schaden oder ihre Unerfahrenheit ausnutzen.

– **§ 6 VI JMStV.** Danach gelten diese Regelungen auch für das Teleshopping. Darüber hinaus darf Teleshopping Kinder und Jugendliche nicht dazu anhalten, Kauf-, Miet- oder Pachtverträge für Waren oder Dienstleistungen zu schließen.

7.22   An **produktspezifischen Werbeverboten** sind zu erwähnen:

– **§ 21 I Nr. 2 TabakerzG.** Danach ist es verboten, im Verkehr mit Tabakerzeugnissen oder in der Werbung dafür Informationen zu verwenden, die ihrer Art nach besonders dazu geeignet sind, Jugendliche oder Heranwachsende zum Konsum zu veranlassen oder darin zu bestärken.

– **§ 6 V JMStV.** Danach darf sich Werbung für alkoholische Getränke weder an Kinder oder Jugendliche richten noch durch die Art der Darstellung Kinder und Jugendliche besonders ansprechen oder diese beim Alkoholgenuss darstellen. Entsprechendes gilt für die Werbung für Tabak in Telemedien.

– **§ 11 I 1 Nr. 12 HWG.** Danach ist eine Heilmittelwerbung, die sich ausschließlich oder überwiegend an Kinder unter 14 Jahren richtet, verboten.

7.23   Derartige gesetzliche Werbeverbote zum Schutze von Kindern und Jugendlichen stellen Marktverhaltensregelungen im Interesse der Verbraucher außerhalb des Anwendungsbereich des UGP-RL dar (Art. 3 III UGP-RL). Verstöße sind unter dem Gesichtspunkt des Rechtsbruchs (§ 3a) unlauter. Daneben kann jedoch im Einzelfall auch der Tatbestand des § 4a I oder des § 3 II iVm § 3 IV 2 erfüllt sein.

VII. Ausnutzung der geschäftlichen Unerfahrenheit von Erwachsenen

Wendet sich die geschäftliche Handlung, insbes. Werbung, an erwachsene Verbraucher, so ist **7.24** die geschäftliche Unerfahrenheit gesondert festzustellen. Bei bestimmten Gruppen (zB Aussiedlern oder Migranten, die noch nicht lange in Deutschland leben; Betreute) spricht die Lebenserfahrung für das Vorliegen von Unerfahrenheit. Sind die übrigen Voraussetzungen des § 3 IV 2 erfüllt, so ist eine geschäftliche Handlung unlauter nach § 3 II iVm § 3 IV 2. Das kann bspw. bei der Durchführung einer Verkaufsveranstaltung in einem Asylbewerberheim der Fall sein (vgl. BGH GRUR 1998, 1041 (1042) – Verkaufsveranstaltung in Aussiedlerwohnheim).

VIII. Datenerhebung unter Ausnutzung der geschäftlichen Unerfahrenheit

Die Erhebung von Daten bei Verbrauchern zur kommerziellen Verwertung ist für sich allein **7.25** nicht unlauter (vgl. auch OLG Frankfurt WRP 2005, 1029 (1031); OLG Hamm WRP 2013, 375 Rn. 37). Werden allerdings **Kinder** oder **Jugendliche** zur Überlassung ihrer oder ihrer Eltern Daten gegen ein „Entgelt" (zB Teilnahme an einem Gewinnspiel oder Werbegeschenk) aufgefordert, ist idR eine Ausnutzung ihrer geschäftlichen Unerfahrenheit und damit ein Verstoß gegen **§ 3 II iVm § 3 IV 2** anzunehmen (ebenso BGH WRP 2014, 835 Rn. 35 – Nordjob-Messe; Böhler WRP 2011, 1028 (1031) mwN). Die Überlassung von Daten stellt eine geschäftliche Entscheidung iSd § 2 I Nr. 1 dar, weil sie in einem unmittelbaren Zusammenhang mit der vom Werbenden letztlich angestrebten Kaufentscheidung steht (→ § 2 Rn. 1.12, 1.14). Unlauter ist daher eine zu Werbezwecken erfolgende Datenerhebung bei Kindern, die ohne Einschaltung der Eltern über das Internet zu einer von einem Unternehmen angebotenen Club-Mitgliedschaft veranlasst werden (OLG Frankfurt WRP 2005, 1029 (1031)). Unlauter ist es auch, wenn eine Krankenkasse ohne Zustimmung des Erziehungsberechtigten bei Gewinnspielen Daten von Minderjährigen erhebt, um diese als Mitglieder zu werben (BGH WRP 2014, 835 Rn. 35 – Nordjob-Messe). Die von Minderjährigen ohne Zustimmung der Erziehungsberechtigten erteilte Einwilligung ist im Übrigen unwirksam. Wird der wahre Grund der Datenerhebung, die Verwertung der Daten zu Werbezwecken, verschwiegen und ist er auch nicht ohne weiteres erkennbar, ist auch der Tatbestand des § 5a IV verwirklicht. – Unerheblich ist es, ob die Einwilligung des Minderjährigen bürgerlichrechtlich oder datenschutzrechtlich (Art. 6 – 8 DS-GVO) wirksam ist, da es nach § 3 II iVm § 3 IV 2 allein auf die Ausnutzung der geschäftlichen Unerfahrenheit ankommt (vgl. BGH WRP 2014, 835 Rn. 20 – Nordjob-Messe).

C. Die „Ausnutzung der Rechtsunkenntnis"

I. Anwendbarkeit des § 3 II iVm § 3 IV 2

Die „Ausnutzung der Rechtsunkenntnis" gehörte in der früheren Rspr. zu den anerkannten **7.26** Fallgruppen des § 1 UWG 1909 (vgl. BGH GRUR 2000, 731 (733) – Sicherungsschein; GRUR 1986, 816 (818) – Widerrufsbelehrung bei Teilzahlungskauf). Doch lässt sich diese Rechtsfigur nicht ohne weiteres dem Merkmal der geschäftlichen Unerfahrenheit zuordnen. Denn die geschäftliche Unerfahrenheit von Verbrauchern kann sich zwar auch in **Rechtsunkenntnis** äußern. Beurteilungsmaßstab ist allerdings der durchschnittlich informierte, aufmerksame und verständige **Durchschnittsverbraucher.** Auszugehen ist also von dem Stand der Rechtskenntnis, der bei einem solchen Verbraucher vorausgesetzt werden kann (BGH GRUR 2011, 747 Rn. 30 – Kreditkartenübersendung). **Beispiel:** Händler behauptet gegenüber Asylbewerbern, das Berühren der Ware verpflichte zum Kauf. – Die durchschnittliche Rechtskenntnis darf freilich nicht zu hoch angesetzt werden. Insbes. kann keine genauere Kenntnis von Rechtsvorschriften und ihrer Auslegung durch die Gerichte erwartet werden (BGH GRUR 2007, 978 Rn. 27 – Rechtsberatung durch Haftpflichtversicherer). Dementsprechend liegt keine unlautere Ausnutzung der geschäftlichen Unerfahrenheit iSv § 3 IV 2 vor, wenn der Unternehmer weiß oder damit rechnen muss, dass seine (potenziellen) Vertragspartner nicht die zur Beurteilung einer bestimmten Frage erforderlichen Rechtskenntnisse haben, und er somit lediglich seine überlegene Rechtskenntnis ausnutzt (vgl. Gloy/Loschelder/Danckwerts WettbR-HdB/Loschelder § 49 Rn. 23; Peterek WRP 2008, 714 (721 f.)). Doch kommen insoweit andere Beurteilungsgrundlagen in Betracht (→ Rn. 7.27 ff.), so dass keine Regelungslücke besteht.

II. Anwendbarkeit anderer Vorschriften

1. Irreführung (§§ 5, 5a I)

7.27   Die Ausnutzung der Rechtsunkenntnis kann sich in einer Irreführung über Rechte (§ 5 II Nr. 7) des Kunden vor, bei oder nach Vertragsschluss oder im Unterlassen einer Aufklärung über wesentliche rechtliche Gesichtspunkte bei der geschäftlichen Entscheidung (§ 5a I) niederschlagen.

2. Rechtsbruch (§ 3a)

7.28   Verstöße gegen marktverhaltensregelnde bürgerlichrechtliche Vorschriften über die Verbraucherinformation (§§ 312 ff. BGB) können den Tatbestand des Rechtsbruchs verwirklichen (→ § 3a Rn. 1.311 ff.).

3. Aggressives Verhalten (§ 4a I)

7.29   Dazu gehören die Nötigung und die unzulässige Beeinflussung, um den Verbraucher trotz ungeklärter Rechtslage zu einer geschäftlichen Entscheidung zu veranlassen (vgl. OLG Frankfurt GRUR 2002, 727: Reiseveranstalter erklärt Kunden, die einen erhöhten Preis nur unter Vorbehalt der Überprüfung zahlen wollen, die Reiseunterlagen nur bei vollständiger Bezahlung auszuhändigen und den Vorbehalt nicht zu akzeptieren).

8. Abschnitt. Verkaufsförderungsmaßnahmen

Übersicht

Schrifttum: Berlit, Auswirkungen der Aufhebung des Rabattgesetzes und der Zugabeverordnung auf die Auslegung von § 1 UWG und § 3 UWG, WRP 2001, 349; Berneke, Zum Lauterkeitsrecht nach einer Aufhebung von Zugabeverordnung und Rabattgesetz, WRP 2001, 615; Boesche, Drum kopple, was sich (nicht) ewig bindet, WRP 2011, 1345; Bülow, Kein Abschied vom psychischen Kaufzwang, WRP 2005, 954; Eppe, Der lauterkeitsrechtliche Tatbestand des übertriebenen Anlockens im Wandel – am Beispiel der Wertreklame, WRP 2004, 153; Fezer, Modernisierung des deutschen Rechts gegen den unlauteren Wettbewerb auf der Grundlage einer Europäisierung des Wettbewerbsrechts, WRP 2001, 989; Freytag/Gerlinger, Kombinationsangebote im Pressemarkt, WRP 2004, 537; Kleinmann, Rabattgestaltung durch marktbeherrschende Unternehmen, EWS 2002, 466; Köhler, Kopplungsangebote (einschließlich Zugaben) im geltenden und künftigen Wettbewerbsrecht, GRUR 2003, 739; Köhler, Die Unlauterkeitstatbestände des § 4 und ihre Auslegung im Lichte der Richtlinie über unlautere Geschäftspraktiken, GRUR 2008, 841; Köhler, Kopplungsangebote neu bewertet – zugleich Besprechung der „Plus Warenhandelsgesellschaft"-Entscheidung des EuGH, GRUR 2010, 177; Köhler, Neujustierung des UWG am Beispiel der Verkaufsförderungsmaßnahmen, GRUR 2010, 767; Köhler, Die Kopplung von Gewinnspielen an Umsatzgeschäfte: Wende in der lauterkeitsrechtlichen Beurteilung, GRUR 2011, 478; Lehrfeld, Die Verkaufsförderung im europäischen und deutschen Lauterkeitsrecht, 2015; Lindacher, „Bei Nichtzufriedenheit Geld zurück" zur bürgerlichrechtlichen und lauterkeitsrechtlichen Verortung einschlägiger Händler- und Herstellerversprechen, FS Köhler, 2014, 445; Ohly, Die wettbewerbsrechtliche Beurteilung von Gesamtpreisangeboten, NJW 2003, 2135; Peifer, Aufräumen im UWG – Was bleibt nach der Kodifikation zum irreführenden Unterlassen für § 4 Nr. 1, 4, 5 und 6 UWG?, WRP 2010, 1432; Pluskat, Kopplungsangebote und kein Ende, WRP 2004, 282; Ruttig, „Verkaufsverlosungen": Verkaufsförderung zwischen Gewinnspiel und Sonderangebot, WPR 2005, 925; Scherer, Abschied vom „psychischen Kaufzwang" – Paradigmenwechsel im neuen Unlauterkeitsrecht, WRP 2005, 672; Schmits, „Übertriebenes Anlocken" und „psychologischer Kaufzwang" durch Gewinnspiele?, NJW 2003, 3034; Seichter, „20 % auf alles – nur heute!" – Zur wettbewerbsrechtlichen Beurteilung von kurzfristigen Rabattaktionen, WRP 2006, 628; Steinbeck, Die Dreieckskopplung – ein Fall des übertriebenen Anlockens, GRUR 2005, 15; Steinbeck, Übertriebenes Anlocken, psychischer Kaufzwang etc. – gibt es sie noch?, GRUR 2005, 540; Steingass/Teworte, Stellung und Reichweite des Transparenzgebots im neuen UWG, WRP 2005, 676; Weiler, Psychischer Kaufzwang – Ein Abschiedsplädoyer, WRP 2002, 871.

A. Einführung

In diesem Kapitel wird mit den „Verkaufsförderungsmaßnahmen" eine Fallgruppe behandelt, **8.1**
die in der Rspr. vor Inkrafttreten der UWG-Novelle 2015 (BGBl. 2015 I 2158) am 7.12.2015
große praktische Bedeutung hatte, deren rechtliche Beurteilung nach dem UWG 2015 aber
noch unklar ist. Das ist auch und vor allem für den Unterlassungsanspruch von Bedeutung, weil
die Unlauterkeit einer Handlung sowohl für den Zeitpunkt ihrer Begehung, als auch für den
Zeitpunkt der letzten mündlichen Verhandlung festgestellt werden muss. Verkaufsförderungsmaßnahmen wurden in der Vergangenheit von Rspr. und Schrifttum vor allem im Zusammenhang mit § 4 Nr. 1–5 UWG 2008 erörtert. Nach Aufhebung dieser Bestimmungen durch die
UWG-Novelle 2015 ist nunmehr an die Verbotstatbestände vornehmlich des § 3 II und des § 5a
I–IV anzuknüpfen.

B. Begriff, Erscheinungsformen und wirtschaftliche Bedeutung von Verkaufsförderungsmaßnahmen

I. Begriff

Verkaufsförderungsmaßnahmen sind alle zur Förderung des Absatzes von Waren oder **8.2**
Dienstleistungen gewährten **geldwerten Vergünstigungen,** die die Kaufentscheidung der Verbraucher oder sonstigen Marktteilnehmer beeinflussen können (vgl. BGH GRUR 2009, 1064
Rn. 22 – Geld-zurück-Garantie II). Der Begriff der Verkaufsförderungsmaßnahmen (sales promotion) geht auf Art. 6 lit. c E-Commerce-RL zurück. Er ist an die Stelle des früher verwendeten Begriffs der **Wertreklame** getreten (vgl. BGH GRUR 2004, 602 (603) – 20 Minuten
Köln). – Im weiteren (betriebswirtschaftlichen) Sinne sind unter Verkaufsförderungsmaßnahmen
alle Aktivitäten mit Aktionscharakter zu verstehen, die der Aktivierung der Marktteilnehmer
(Händler, sonstige Vertriebsorgane, Kunden) zur Erhöhung des Absatzes dienen.

II. Erscheinungsformen

Typische Maßnahmen der Verkaufsförderung sind, wie sich aus § 6 I Nr. 3 und 4 TMG **8.3**
ergibt, **Preisnachlässe, Zugaben, Geschenke, Preisausschreiben** und **Gewinnspiele.** Diese
Aufzählung ist jedoch nur beispielhaft. Erfasst werden alle sonstigen Erscheinungsformen geldwerter Vergünstigungen, insbes. die sog. **Kopplungsangebote** (vgl. BGHZ 151, 84 = GRUR
2002, 976 (978) – Kopplungsangebot I). Verkaufsförderungsmaßnahmen stellen aber auch sonstige **aleatorische Reize** (vgl. BGH GRUR 2009, 875 Rn. 12 – Jeder 100. Einkauf gratis) oder
Maßnahmen der **Kundenbindung** dar. Weiter gehören hierher sonstige kaufunabhängige Vergünstigungen, wie zB die kostenlose Beförderung zum Geschäftslokal, die Bereitstellung kostenloser Parkplätze und die kostenlose Bewirtung. Schließlich stellen auch Versteigerungen in
gewisser Weise eine Maßnahme der Verkaufsförderung dar.

III. Wirtschaftliche Bedeutung

Verkaufsförderungsmaßnahmen sind ein beliebtes und wirksames Mittel der Absatzsteigerung. **8.4**
Unternehmen können dadurch ihren Bekanntheitsgrad steigern, Sympathien gewinnen, vorhandene Kunden binden und neue Kunden gewinnen. Sie bieten sich insbes. dann an, wenn es
um das Eindringen in einen neuen Markt mit hohen Marktzutrittsschranken geht (vgl. BGH
GRUR 2002, 976 (978) – Kopplungsangebot I; GRUR 2002, 979 (981) – Kopplungsangebot II) oder wenn ein Preiswettbewerb bei der Hauptleistung nicht möglich (vgl. BGHZ 139,
368 (372) – Handy für 0,00 DM) oder (zB aus Gründen der Markenpflege) nicht wünschenswert
ist.

C. Entwicklung der lauterkeitsrechtlichen Beurteilung

I. Beurteilung nach dem UWG 1909

8.5 Verkaufsförderungsmaßnahmen galten in der Vergangenheit als wettbewerbsrechtlich bedenklich (ausf. → 28. Aufl. 2010, § 4 Rn. 1.41, 1.42). „Wertreklame" war gleichbedeutend mit „Kundenbestechung" (vgl. Baumbach/Hefermehl, 22. Aufl. 2001, UWG 1909 § 1 Rn. 85). Zugaben und Rabatte waren bis 2001 nach der ZugabeVO und dem RabattG ohnehin grundsätzlich verboten. Sonstige Verkaufsförderungsmaßnahmen wurden nach der Generalklausel des § 1 UWG 1909 beurteilt. Mit dem Urteil der Sittenwidrigkeit wegen **„psychologischen Kaufzwangs"** oder **„übertriebenen Anlockens"** war die Rspr. schnell bei der Hand. Der Kunde würde durch solche Maßnahmen davon abgehalten, das Angebot näher auf Preiswürdigkeit und Qualität im Vergleich zu Konkurrenzangeboten zu prüfen, und sich zum Kauf in erster Linie deshalb entschließen, um in den Genuss der Vergünstigung zu kommen. Dies widerspreche den Grundsätzen des Leistungswettbewerbs und der Funktion des Verbrauchers in dieser Ordnung (vgl. etwa BGH GRUR 1976, 637 (639) – Rustikale Brettchen zu „branchenfremden Kopplungsangeboten"). Auch bestehe, insbes. bei Zugaben und sonstigen Kopplungsangeboten, ein erhebliches Irreführungs- und Preisverschleierungspotenzial.

8.6 Erst allmählich lockerte sich diese Strenge unter dem Einfluss des europäischen Verbraucherleitbilds, der Aufhebung des RabattG und der ZugabeVO sowie der Rezeption des kartellrechtlichen Leitbilds des freien und funktionsfähigen Wettbewerbs. Die endgültige Wende brachten die beiden **„Kopplungsangebot"-Entscheidungen** des BGH aus dem Jahr 2002 (BGH GRUR 2002, 976 – Kopplungsangebot I; GRUR 2002, 979 – Kopplungsangebot II). Der BGH beschränkt sich darin auf „eine Art Missbrauchskontrolle, die sich nicht allein auf § 3 UWG und § 1 PAngV, sondern unmittelbar auf § 1 UWG stützen" könne. Diese Kontrolle müsse sich an den Gefahren orientieren, die von derartigen Geschäften für den Verbraucher ausgehe. Im Vordergrund stehe dabei der Schutz vor Täuschung sowie die Sicherung der Transparenz des Angebots und der Rationalität der Nachfrageentscheidung. Die Grenze des Zulässigen sei aber erst dann überschritten, wenn vom Kopplungsangebot eine **so starke Anlockwirkung ausgehe, dass auch bei einem verständigen Verbraucher die Rationalität der Nachfrageentscheidung vollständig in den Hintergrund trete.** Das sei nur dann anzunehmen, wenn ein verständiger Verbraucher sich zum Abschluss des beworbenen Kopplungsgeschäfts bewegen lasse und dabei – blind für die mit dem Geschäft möglicherweise verbundenen wirtschaftlichen Belastungen – allein von dem Wunsch beherrscht werde, in den Genuss der versprochenen Vergünstigung zu gelangen. Zwar könne dieser Gesichtspunkt die Wettbewerbswidrigkeit eines Kopplungsangebots immer noch – etwa im Falle einer auf besonders schutzbedürftige Verbraucherkreise gerichteten Werbung – begründen. Im Allgemeinen sei aber davon auszugehen, dass der verständige Verbraucher mit den Marktgegebenheiten vertraut sei und sich nicht vorschnell durch das Angebot einer besonderen Vergünstigung verleiten lasse.

II. Beurteilung nach dem UWG 2004

8.7 An den zu § 1 UWG 1909 entwickelten Grundsätzen hielt die Rspr. auch nach dem Inkrafttreten der UWG-Novelle 2004 fest, zumal sie in der Amtlichen Begründung (BT-Drs. 15/1487, 17) bestätigt wurden. Als Beurteilungsmaßstab dienten der Rspr. seither neben dem Irreführungsverbot des § 5, den Transparenzgeboten des § 4 Nr. 4, 5 und der PAngV, dem Verbot des § 4 Nr. 6 insbes. § 4 Nr. 1, 2 und 10 (BGH GRUR 2007, 981 Rn. 33 – 150 % Zinsbonus; GRUR 2009, 875 Rn. 11, 12 – Jeder 100. Einkauf gratis; GRUR 2009, 1064 Rn. 27 ff. – Geld-zurück-Garantie II; GRUR 2010, 455 Rn. 17 – Stumme Verkäufer II). Allerdings wurde seinerzeit nicht ausdrücklich geprüft, ob Verkaufsförderungsmaßnahmen gegenüber Verbrauchern überhaupt deren Entscheidungsfreiheit beeinträchtigen können.

III. Beurteilung nach der UGP-RL

1. Bedeutung der UGP-RL

8.8 Das UWG ist seit dem 12.12.2007 im Lichte der UGP-RL auszulegen (BGH GRUR 2008, 807 Rn. 9 – Millionen-Chance). Daher ist zu fragen, welche Beurteilungsmaßstäbe die UGP-RL für Verkaufsförderungsmaßnahmen vorsieht. Die UGP-RL verwendet den Begriff der

Verkaufsförderungsmaßnahmen – anders als Art. 6 lit. c E-Commerce-RL („Verkaufsförderungsangebote") – nicht. Sie enthält auch keine allgemeinen Regelungen, sondern nur punktuelle Bestimmungen über einzelne Verkaufsförderungsmaßnahmen, wie zB in Art. 6 lit. d UGP-RL oder in Anh. I Nr. 5, 7, 19 und 31 UGP-RL. Das hat seinen Grund darin, dass im Zeitpunkt des Erlasses der Richtlinie noch der **Vorschlag** der Kommission für eine **Verordnung über Verkaufsförderung im Binnenmarkt** (KOM (2001) 546 endg.; KOM (2002) 585 endg) vorlag. Dieser Vorschlag ging von der grundsätzlichen Zulässigkeit von Verkaufsförderungsmaßnahmen aus, stellte für sie aber sehr detaillierte Informationspflichten auf. Der Richtliniengeber hatte daher keinen Anlass, seinerseits tätig zu werden. Insoweit ließe sich von einer anfänglichen Regelungslücke sprechen. Allerdings zog die Kommission ihren Vorschlag im Jahre 2006 zurück. Damit wurde der Weg frei, Verkaufsförderungsmaßnahmen vollständig den Bestimmungen der UGP-RL zu unterwerfen. Dementsprechend sind **Verkaufsförderungsmaßnahmen** gegenüber Verbrauchern als **Geschäftspraktiken** iSd Art. 2 lit. d UGP-RL anzusehen und fallen in den Anwendungsbereich der UGP-RL (EuGH GRUR 2010, 244 Rn. 35–37 – Plus Warenhandelsgesellschaft). Sie sind daher **ausschließlich nach den Bestimmungen des Art. 5 UGP-RL** zu beurteilen (EuGH GRUR 2010, 244 Rn. 42 ff. – Plus Warenhandelsgesellschaft; EuGH GRUR 2009, 599 Rn. 50 – VTB/Total Belgium und Galatea/Sanoma). – Dies gilt allerdings nur im **Anwendungsbereich der UGP-RL**, insbes. also nicht im Hinblick auf Vorschriften in Bezug auf die **Gesundheits- und Sicherheitsaspekte** von Produkten (Art. 3 III UGP-RL). Regelungen über Verkaufsförderungsmaßnahmen, wie sie ua in § 7 HWG enthalten sind, stehen daher nicht in Widerspruch zur UGP-RL (BGH GRUR 2010, 1133 Rn. 11 – Bonuspunkte). Sind Verkaufsförderungsmaßnahmen nach diesen Bestimmungen zulässig, können sie auch nicht unlauter iSd UWG sein (BGH GRUR 2010, 1133 Rn. 23 – Bonuspunkte).

2. Beurteilungsmaßstäbe der UGP-RL

a) Überblick. Verkaufsförderungsmaßnahmen sind aus der Sicht des Richtliniengebers trotz   **8.9** der von ihnen ausgehenden Anreize **grundsätzlich zulässig** (vgl. ErwGr. 6 S. 5 UGP-RL: „anerkannte Werbe- und Marketingmethoden, wie … Anreize, die auf rechtmäßige Weise die Wahrnehmung von Produkten durch den Verbraucher und sein Verhalten beeinflussen können, die jedoch seine Fähigkeit, eine informierte Entscheidung zu treffen, nicht beeinträchtigen"). Sie können den Wettbewerb auf den Märkten beleben und insbes. dazu beitragen, Außenseitern den Marktzutritt zu erleichtern, wenn das Verbraucherverhalten durch ein gewisses Beharren gekennzeichnet ist (vgl. BGH GRUR 2002, 976 (978) – Kopplungsangebot I). Ob sie im Einzelfall unlauter und damit verboten sind, beurteilt sich nach dem dreistufigen Unlauterkeitskonzept der UGP-RL. Es ist also zu fragen, ob eine unter allen Umständen unlautere Geschäftspraktik iSd Art. 5 V UGP-RL iVm Anh. I vorliegt, ob es sich um eine irreführende oder aggressive Geschäftspraktik iSd Art. 5 IV, 6–9 UGP-RL handelt oder ob sie von der Generalklausel des Art. 5 II UGP-RL erfasst wird.

b) Der Kontrollmaßstab des Anhangs I UGP-RL. Zu den Per-se-Verboten der Schwar-   **8.10** zen Liste, die sich auf Verkaufsförderungsmaßnahmen beziehen, gehören die Irreführungstatbestände **Anh. I Nr. 7, 19, 20, 31 UGP-RL.** Nach Anh. I Nr. 7 UGP-RL ist es unlauter, wenn ein Anbieter die falsche Behauptung aufstellt, „dass das Produkt … nur eine sehr begrenzte Zeit zu bestimmten Bedingungen verfügbar sein werde, um so den Verbraucher zu einer sofortigen Entscheidung zu verleiten, so dass er weder Zeit noch Gelegenheit hat, eine informierte Entscheidung zu treffen". – Nach Anh. I Nr. 19 UGP-RL ist es unlauter, wenn Wettbewerbe oder Preisausschreiben angeboten werden, ohne dass die beschriebenen Preise oder ein angemessenes Entgelt vergeben werden. – Nach Anh. I Nr. 20 UGP-RL ist es unlauter, ein Produkt als „gratis", „umsonst", „kostenfrei" oder Ähnliches zu beschreiben, obwohl der Verbraucher weitere Kosten als die Kosten zu tragen hat, die im Rahmen des Eingehens auf die Geschäftspraktik und für die Abholung oder Lieferung der Ware unvermeidbar sind. – Nach Anh. I Nr. 31 UGP-RL ist es unlauter, den fälschlichen Eindruck zu erwecken, der Verbraucher habe bereits einen Preis gewonnen, werde einen Preis gewinnen oder werde durch eine bestimmte Handlung einen Preis oder einen sonstigen Vorteil gewinnen, obwohl es in Wirklichkeit diesen Preis nicht gibt oder diese Chancen von der Zahlung eines Betrags oder der Übernahme von Kosten abhängig gemacht sind.

8.11 **c) Der Kontrollmaßstab der Art. 6, 7 UGP-RL.** Die Bestimmungen über irreführende Handlungen in **Art. 6 I UGP-RL** sind grds. auch auf Verkaufsförderungsmaßnahmen anzuwenden. Bezieht sich die Verkaufsförderungsmaßnahme auf bestimmte Waren oder Dienstleistungen (Zugaben, Geschenke, Preisausschreiben, Gewinnspiele usw), stellen sie „Produkte" iSv Art. 6 I lit. a und b UGP-RL dar. Bezieht sie sich auf den Preis, ist Art. 6 I lit. d UGP-RL („Vorhandensein eines besonderen Preisvorteils") einschlägig. Werden den Verbrauchern Informationen über Verkaufsförderungsmaßnahmen vorenthalten oder unzureichend oder nicht rechtzeitig erteilt, ist dies nach **Art. 7 I–III UGP-RL** zu beurteilen. Es muss sich dabei um wesentliche Informationen handeln, die der durchschnittliche Verbraucher benötigt, um eine informierte Entscheidung zu treffen. Im Falle der Aufforderung zum Kauf – also zB nicht bei bloßen Werbegeschenken – gelten die in Art. 7 III UGP-RL genannten Informationen als wesentlich. Daran knüpfen sich schwierige Auslegungsfragen: so etwa, ob zu den „wesentlichen Merkmalen" eines Produkts auch die Merkmale der Zugabe gehören. Das dürfte grds. zu bejahen sein, allerdings sind Angaben nur in dem dafür „angemessenem Umfang" zu machen. – Im elektronischen Geschäftsverkehr sind noch die speziellen Regelungen des Art. 6 lit. c und d E-Commerce-RL, umgesetzt in § 6 I Nr. 3 und 4 TMG heranzuziehen (vgl. dazu die gesonderte Kommentierung in → § 5a Rn. 5.26 ff.).

8.12 **d) Der Kontrollmaßstab der Art. 8, 9 UGP-RL.** Verkaufsförderungsmaßnahmen können allenfalls dann aggressive Geschäftspraktiken darstellen, wenn sie zu einer **„unzulässigen Beeinflussung"** des Verbrauchers iSd Art. 8 UGP-RL iVm Art. 2 lit. j UGP-RL führen. Das würde die „Ausnutzung einer Machtposition gegenüber dem Verbraucher zur Ausübung von Druck in einer Weise, die die Fähigkeit des Verbrauchers zu einer informierten Entscheidung wesentlich einschränkt", voraussetzen. Von Verkaufsförderungsmaßnahmen, die sich an die Allgemeinheit wenden, geht aber kein Druck, sondern lediglich ein Anreiz aus (vgl. Köhler GRUR 2010, 177 (182); BGH GRUR 2011, 532 Rn. 22 – Millionen-Chance II). Der Anbieter befindet sich insoweit nicht in einer Machtposition gegenüber den Verbrauchern. Davon abgesehen führen Verkaufsförderungsmaßnahmen nicht zu einer wesentlichen Einschränkung der Fähigkeit des **Durchschnittsverbrauchers** zu einer informierten Entscheidung iSd Art. 2 lit. j UGP-RL. Vom Durchschnittsverbraucher ist vielmehr zu erwarten, dass er mit derartigen Kaufanreizen umgehen kann (vgl. BGH GRUR 2009, 875 Rn. 12 – Jeder 100. Einkauf gratis). Wenn die Verkaufsförderungsmaßnahme zeitlich sehr begrenzt ist und der Verbraucher „weder Zeit noch Gelegenheit hat, eine informierte Entscheidung zu treffen", kann jedoch § 3 II eingreifen (→ Rn. 3.32). (Im Fall unwahrer Angaben über die Befristung greift bereits das Per-se-Verbot des Anh. I Nr. 7 UGP-RL ein).

8.13 Daher kommt eine unzulässige Beeinflussung iSd Art. 8 UGP-RL allenfalls dann in Betracht, wenn aus Anlass der Verkaufsförderungsmaßnahme auf Verbraucher gezielt psychischer oder physischer Druck ausgeübt wird, um sie zum Kauf von sonstigen Waren oder Dienstleistungen zu veranlassen.

8.14 **e) Der Kontrollmaßstab der Generalklausel des Art. 5 II UGP-RL.** Als Auffangtatbestand zur Beurteilung von Verkaufsförderungsmaßnahmen kommt die Generalklausel des Art. 5 II UGP-RL in Betracht (vgl. EuGH GRUR 2011, 76 Rn. 42–47 – Mediaprint; BGH GRUR 2011, 532 Rn. 24 f. – Millionen-Chance II; allg. Köhler GRUR 2010, 177 (181 ff.); Köhler GRUR 2010, 767 (774); Köhler GRUR 2011, 478; Haberkamm WRP 2011, 296 (300)). Allerdings ist dabei Zurückhaltung geboten, da Verkaufsförderungsmaßnahmen grds. zulässig sind. Sind die Voraussetzungen einer irreführenden oder aggressiven Geschäftspraktik nicht erfüllt, kann nicht schon wegen der besonderen Anlockwirkung einer Verkaufsförderungsmaßnahme ein Verstoß gegen Art. 5 II UGP-RL angenommen werden. Selbst wenn also bspw. ein Angebot zur Teilnahme an einem Gewinnspiel, das vom Kauf einer Ware abhängt, für die Verbraucher das ausschlaggebende Motiv für den Kauf der Ware darstellt, ist damit nicht gesagt, dass das Angebot die Fähigkeit des Verbrauchers zu einer informierten Entscheidung spürbar beeinträchtigt und damit iSd Art. 5 II lit. b UGP-RL geeignet ist, das wirtschaftliche Verhalten des Verbrauchers wesentlich zu beeinflussen, und dass die Geschäftspraktik den Erfordernissen der beruflichen Sorgfalt iSd Art. 5 II lit. a UGP-RL widerspricht (vgl. EuGH GRUR 2011, 76 Rn. 46 – Mediaprint). Ein solcher Verstoß kommt grds. nur in Betracht, wenn der Unternehmer die Anlockwirkung der Verkaufsförderungsmaßnahme gegenüber bes. schutzbedürftigen Verbrauchern iSd Art. 5 III 1 UGP-RL einsetzt, um Verbraucher von einer informierten Entscheidung abzuhalten oder um die mangelnde Fähigkeit von Verbrauchern zu einer informierten Entscheidung auszunutzen (Köhler GRUR 2011, 478 (482 ff.)). Dagegen kommt es nicht – wie früher – darauf an, ob die Verkaufsförderungsmaßnahme geeignet ist, die Rationalität der Nachfrageentscheidung des Verbrauchers vollständig in den Hintergrund treten zu lassen (offengelassen in BGH GRUR 2011, 532 Rn. 26, 27 – Millionen-Chance II).

IV. Beurteilungsmaßstab des UWG 2008

Aufgrund der verbindlichen Vorgaben der UGP-RL (→ Rn. 1.91-1.96) ließen sich unter   **8.15**
Geltung des UWG 2008 die bisherigen Grundsätze zur Beurteilung von Verkaufsförderungsmaßnahmen nicht unverändert beibehalten (noch offengelassen in BGH GRUR 2009, 875 Rn. 8 – Jeder 100. Einkauf gratis). Folgende Tatbestände kamen für eine Beurteilung nach dem UWG 2008 in Betracht: **(1)** die Per-se-Verbote Anh. § 3 III Nr. 7, 17, 20 und 21; **(2)** die Irreführungstatbestände der §§ 5 I, 5a II–IV; **(3)** die Transparenzgebote des § 4 Nr. 4 und 5; **(4)** die Tatbestände der unangemessenen unsachlichen Beeinflussung (§ 4 Nr. 1 und 2); **(5)** der Tatbestand der Kopplung von Absatzgeschäft und Gewinnspiel (§ 4 Nr. 6); **(6)** der Tatbestand des Rechtsbruchs (§ 4 Nr. 11); **(7)** die Generalklausel des § 3 II 1. – Ergänzend kamen dazu **(8)** der Tatbestand der gezielten Mitbewerberbehinderung (§ 4 Nr. 10) und **(9)** der Tatbestand der allgemeinen Marktbehinderung.

V. Derzeitige Beurteilungsmaßstäbe des UWG

Die am 7.12.2015 in Kraft getretene UWG-Novelle 2015 brachte eine Reihe von Gesetzes-   **8.16**
änderungen mit sich, die sich auch auf die Beurteilung von Verkaufsförderungsmaßnahmen auswirken (→ Rn. 8.17 ff.). So wurden die Tatbestände des § 4 Nr. 3–6 UWG 2008 ersatzlos abgeschafft. § 5a II wurde neugefasst und ein neuer § 5a V und VI wurde hinzugefügt. Der bisherige § 3 II 3 wurde in § 3 IV 2 überführt und inhaltlich stärker an den Art. 5 III 1 UGP-RL angepasst. Durch das G zur Stärkung des Verbraucherschutzes im Wettbewerbs- und Gewerberecht v. 10.8.2021 wurde mit Wirkung vom 28.5.2022 die bisherige Regelung in § 5a aF durch die Regelungen in den §§ 5a, 5b ersetzt.

D. Kopplungsangebote (einschließlich Zugaben)

I. Begriff, Erscheinungsformen und Abgrenzung

1. Begriff

Kopplungsangebote sind Angebote, in denen **unterschiedliche** Waren und/oder Dienst-   **8.17**
leistungen zu einem **Gesamtangebot** zusammengefasst werden. Sie stellen Verkaufsförderungsmaßnahmen dar, wenn dem Verbraucher ein Vorteil in Gestalt eines günstigeren Gesamtpreises oder einer (völlig oder teilweise) kostenlosen Überlassung von einzelnen Waren oder Dienstleistungen **(Zugaben)** in Aussicht gestellt wird. Dazu gehören auch die Fälle, dass neben der Hauptleistung **Garantien** gewährt (BGH GRUR 2009, 1064 Rn. 22 – Geld-zurück-Garantie II) oder **Gewinnchancen,** sei es bei Gewinnspielen oder Preisausschreiben, sei es bei Glücksspielen (vgl. BGH GRUR 2008, 807 Rn. 12, 13 – Millionenchance) eingeräumt werden. Unerheblich ist, ob die gekoppelten Waren oder Dienstleistungen funktionell oder branchenüblich zusammengehören (BGH GRUR 2003, 538 (539) – Gesamtpreisangebot) oder ob sie – wie freilich nach § 5b I Nr. 3 erforderlich – zu einem Gesamtpreis angeboten werden.

2. Besondere Erscheinungsformen

a) Zugabe. Eine bes. Erscheinungsform des Kopplungsangebots ist die **Zugabe,** also die   **8.18**
(völlig oder teilweise) unentgeltliche Gewährung einer Ware oder Dienstleistung für den Fall des Kaufs anderer Waren oder Dienstleistungen (vgl. BGH GRUR 2002, 976 (978) – Kopplungsangebot I). – Vom reinen **Geschenk** unterscheidet sich die Zugabe dadurch, dass ihre Gewährung vom entgeltlichen Bezug einer Ware oder Dienstleistung rechtlich oder tatsächlich abhängig gemacht wird; vom (allgemeinen) Kopplungsangebot dadurch, dass sie (völlig oder teilweise) unentgeltlich gewährt wird. – Im weiteren Sinne liegt eine Zugabe auch dann vor, wenn für den Fall des Bezugs einer Ware oder Dienstleistung ein **Zuschuss** zum Bezug einer Komplementärware oder -dienstleistung gewährt wird. Dazu gehörte zB das Angebot eines „Umwelt-Bonus" von 1.000 DM durch Stadtwerke für die Umrüstung einer vorhandenen Heizungsanlage auf Eigenbetrieb oder den Einbau einer Gaszentralheizungsanlage (vgl. BGH GRUR 1999, 857 –

1.000 DM Umwelt-Bonus). Hierher gehört auch der Fall, dass für Einkäufe in einem bestimmten Warenwert Wertmarken ausgegeben werden, die zum Erwerb bestimmter Waren zu besonders günstig erscheinenden Preisen berechtigen (BGH GRUR 2004, 344 (345) – Treue-Punkte; GRUR 2004, 350 – Pyrex). Dagegen stellen **Geldzuwendungen** oder **Geldgutscheine,** die für den Fall des Erwerbs einer Ware oder Dienstleistung gewährt werden, keine Zugabe, sondern eine Erscheinungsform des **Preisnachlasses** dar (BGH GRUR 2003, 1057 – Einkaufsgutschein I; OLG Stuttgart WRP 2011, 366 (371 f.); vgl. auch BGH GRUR 2010, 1136 Rn. 18 – UNSER DANKESCHÖN FÜR SIE). – Die Zugabe schafft einen **besonderen Anreiz** für den Verbraucher, der – zu Recht oder zu Unrecht – glaubt, er bekäme beim Erwerb einer Ware oder Dienstleistung etwas umsonst. Dies rechtfertigt es, sie im Rahmen der Würdigung der Kopplungsangebote gesondert zu betrachten, zumal auch § 6 I Nr. 3 TMG den Begriff der Zugabe verwendet.

8.19   **b) Gekoppelte Gewinnchance (Preisausschreiben und Gewinnspiele).** Auch die Einräumung einer bloßen **Gewinnchance** im Rahmen von Preisausschreiben oder Gewinnspielen, die vom entgeltlichen Bezug einer Ware oder Dienstleistung abhängig gemacht wird, gehört iwS zu den Kopplungsangeboten. Man kann darin auch eine besondere Erscheinungsform der Zugabe sehen (vgl. BGH GRUR 2002, 976 (978) – Kopplungsangebot I; GRUR 2002, 1003 (1004) – Gewinnspiel im Radio). Wegen ihrer Besonderheiten wird zwischen Zugaben (und Preisnachlässen und Geschenken) einerseits und Gewinnspielen und Preisausschreiben andererseits getrennt (vgl. Art. 6 lit. c und lit. d E-Commerce-RL, umgesetzt in § 6 I Nr. 3 und Nr. 4 TMG).

3. Abgrenzung

8.20   Von den verkaufsfördernden Kopplungsangeboten sind die **machtbedingten Kopplungsangebote** zu unterscheiden. Erstere sollen durch eine Vergünstigung einen Kaufanreiz schaffen, letztere bezwecken die Übertragung von Marktmacht auf einen Drittmarkt. Dies ist in erster Linie eine kartellrechtliche Problematik (→ Rn. 8.34 ff.).

II. Lauterkeitsrechtliche Beurteilung

1. Grundsätzliche Zulässigkeit von Kopplungsangeboten (einschließlich Zugaben)

8.21   Verkaufsfördernde Kopplungsangebote einschließlich Zugaben stellen keine an sich wettbewerbsfremden, sondern **wettbewerbskonforme Maßnahmen** dar (BGHZ 151, 84 (88) = GRUR 2002, 976 (978) – Kopplungsangebot I: „Ausdruck gesunden Wettbewerbs"; BGH GRUR 2006, 161 Rn. 16 – Zeitschrift mit Sonnenbrille; GRUR 2007, 247 Rn. 18 – Regenwaldprojekt I). In Übereinstimmung mit der UGP-RL sind sie daher als **grds. zulässig** anzusehen (EuGH WRP 2016, 1342 Rn. 30 ff. – Deroo-Blanquart; GRUR 2006, 161 Rn. 16 – Zeitschrift mit Sonnenbrille), sofern keine speziellen gesetzlichen Kopplungsverbote eingreifen (→ Rn. 8.32). Für Zugaben usw. ergibt sich dies auch aus § 6 I Nr. 3 TMG iVm § 5b IV. Unerheblich ist, ob die gekoppelten Waren üblicherweise in denselben Betrieben oder Branchen vertrieben werden und ob sie funktionell im Sinne eines Gebrauchszusammenhangs oder einer Gebrauchsnähe zusammengehören (BGH GRUR 2004, 343 – Playstation; OLG Rostock GRUR-RR 2020, 376 Rn. 56). Unerheblich ist auch, ob einzelne Leistungen ganz oder teilweise ohne Berechnung abgegeben werden (BGH GRUR 2003, 890 (891) – Buchclub-Kopplungsangebot; GRUR 2004, 343 – Playstation) und ob es sich dabei um gering- oder höherwertige Waren oder Dienstleistungen handelt. Ob ein Kaufmann seine Waren oder Dienstleistungen einzeln oder nur zusammen abgeben will und wie er die Kombination gestaltet, gehört zu seiner wettbewerblichen Entscheidungsfreiheit (BGHZ 151, 84 (88) = GRUR 2002, 976 (978) – Kopplungsangebot I; GRUR 2003, 538 (539) – Gesamtpreisangebot). Er muss zwar für die gekoppelten Waren und/oder Dienstleistungen einen „Gesamtpreis" angeben (§ 5a III Nr. 3; § 1 I PAngV); jedoch braucht er für die einzelnen Bestandteile keine Einzelpreise auszuweisen, um Preisvergleiche zu erleichtern (so bereits zu § 1 UWG 1909 BGHZ 151, 84 (88) – Kopplungsangebot I; BGH GRUR 2003, 77 (78) – Fernwärme für Börnsen; GRUR 2003, 538 (539) – Gesamtpreisangebot; WRP 2022, 315 Rn. 27 – Kopplungsangebot III; näher → Rn. 8.26).

2. Grenzen der Zulässigkeit

a) Aggressive Beeinflussung (§ 4a). Da Kopplungsangebote weder eine Nötigung, noch **8.22**
eine Belästigung, noch eine unzulässige Beeinflussung der Verbraucher iSv § 4a darstellen (vgl.
Köhler GRUR 2010, 767 (772) zu Art. 8 UGP-RL), scheidet § 4a als Prüfungsmaßstab aus. Die
besondere Anlockwirkung von Kopplungsangeboten auf **Verbraucher** ist vielmehr, soweit
keine Irreführung vorliegt, nur nach § 3 II iVm § 3 IV zu beurteilen. Bei Kopplungsangeboten
gegenüber **sonstigen Marktteilnehmern,** die **nicht** als **Verkaufsförderer** (zu diesen
→ Rn. 6.4 ff.) eingeschaltet werden, scheidet § 4a ebenfalls als Prüfungsmaßstab aus. Auch § 3 I
in seiner Funktion als Auffangtatbestand ist nicht einschlägig, soweit es um die bloße Anlockwirkung von Kopplungsangeboten geht.

b) Irreführung (§ 5 I 2 Nr. 1, 2). Kopplungsangebote dürfen **keine irreführenden Anga-** **8.23**
ben über „**die wesentlichen Merkmale der Ware oder Dienstleistung**" (§ 5 II Nr. 1) oder
über die „**Bedingungen, unter denen die Ware geliefert oder die Dienstleistung erbracht**
wird" (§ 5 II Nr. 2), enthalten. Zu den Waren oder Dienstleistungen idS gehören auch
Zugaben, einschließlich Garantien, Preisausschreiben und Gewinnspiele und die dazugehörigen
Gewinne und Gewinnchancen. Stets irreführend ist es, Waren oder Dienstleistungen anzubieten,
ohne zugleich auf eine bestehende Kopplung hinzuweisen, nämlich dass sie nur beim Erwerb
weiterer Waren oder Dienstleistungen erhältlich sind. Insoweit liegt eine Irreführung durch
positives Tun und nicht bloß durch Unterlassen vor. So bspw., wenn ein Möbelversandgeschäft
in Zeitungsanzeigen Brautpaaren Mietwohnungen anbietet, ohne darauf hinzuweisen, dass der
Mietvertrag nur bei einem gleichzeitigen Möbelkauf geschlossen wird (OLG Stuttgart GRUR
1972, 658). Ferner, wenn Waren angeboten werden, ohne darauf hinzuweisen, dass an den Kauf
die Mitgliedschaft in einem Lesering mit weiteren Abnahmepflichten geknüpft ist (OLG Stuttgart GRUR 1978, 722). Hierher gehört auch der Fall, dass der Werbende sein Zugabeversprechen von vornherein nicht einhalten kann oder will (vgl. BGH GRUR 2000, 820 (822) – Space
Fidelity Peep-Show). Irreführend ist es ferner, wenn der Verbraucher über den tatsächlichen
Wert des Angebots, über den Gegenstand oder die Eigenschaften der Zugabe oder über die
Voraussetzungen ihrer Gewährung getäuscht wird (BGH GRUR 2002, 976 (978) – Kopplungsangebot I; GRUR 2003, 538 (539) – Gesamtpreisangebot; GRUR 2006, 161 Rn. 26 f. –
Zeitschrift mit Sonnenbrille). Die Täuschung über den Wert einer Zugabe kann auch **kon-**
kludent etwa dadurch erfolgen, dass ihr Geldwert zu hoch angesetzt oder dass sie in der
Werbung als wertvoller dargestellt wird, als sie es tatsächlich ist (vgl. OLG Düsseldorf WRP
2001, 711: Bezeichnung als „hochwertig und attraktiv"). Die bloße Herausstellung der Unentgeltlichkeit einer Leistung stellt dagegen auch dann keine Irreführung dar, wenn die Kosten
dieser Leistung in den Preis der anderen Leistung einkalkuliert sind, weil der verständige Durchschnittsverbraucher damit rechnen muss (vgl. BGHZ 139, 368 (373) – Handy für 0,00 DM). –
Eine Irreführung über „**das Vorhandensein eines besonderen Preisvorteils**" (§ 5 I 2 Nr. 2)
liegt vor, wenn mehrere Waren gekoppelt zu einem im Vergleich zur Summe der angegebenen
Einzelpreise ungewöhnlich günstigen Gesamtpreis angeboten werden, die Einzelpreise jedoch
Mondpreise sind, dh nicht ernsthaft kalkulierte Preise, die regelmäßig gefordert und vom
Kunden regelmäßig gezahlt werden (vgl. BGH GRUR 1984, 212 (213) – Unechter Einzelpreis).

c) Irreführung durch Unterlassen (§ 5a I–II; § 5b I, IV). Auch für Kopplungsangebote, **8.24**
einschließlich Zugaben, gilt der Unlauterkeitstatbestand des **§ 5a I.** Dem Verbraucher dürfen
also keine **wesentlichen Informationen** vorenthalten werden, die er je nach den Umständen
für eine informierte Entscheidung benötigt. Werden Waren oder Dienstleistungen unter Hinweis
auf deren Merkmale und Preis in einem dem verwendeten Kommunikationsmittel angemessenen
Umfang so angeboten, dass ein durchschnittlicher Verbraucher das Geschäft abschließen kann
(„Aufforderung zum Kauf" iSd Art. 7 IV UGP-RL), so gelten nach **§ 5b I** bestimmte Informationen als wesentlich, sofern sie sich nicht unmittelbar aus den Umständen ergeben. Im Umkehrschluss folgt daraus, dass die bloße Aufmerksamkeitswerbung noch keine entsprechenden Informationspflichten auslöst. Nach **§ 5b IV** gelten als wesentlich ferner Informationen, die dem
Verbraucher aufgrund unionsrechtlicher Verordnungen oder nach Rechtsvorschriften zur Umsetzung unionsrechtlicher Richtlinien für kommerzielle Kommunikation einschließlich Werbung
und Marketing nicht vorenthalten werden dürfen (→ Rn. 8.27).

aa) „Wesentliche Merkmale der Ware oder Dienstleistung" (§ 5b I Nr. 1). Nach § 5b I **8.25**
Nr. 1 gelten als wesentlich „**alle wesentlichen Merkmale der Ware oder Dienstleistung in**
dem der Ware oder der Dienstleistung und dem verwendeten Kommunikationsmittel

angemessenen Weise" angegeben werden. Bezogen auf Kopplungsangebote, einschließlich Zugaben, bedeutet dies, dass für alle Waren oder Dienstleistungen, die Gegenstand des Angebots sind, die wesentlichen Merkmale in angemessenem Umfang angegeben werden müssen. Das ermöglicht eine Differenzierung. Die **Angemessenheit** (= Verhältnismäßigkeit) beurteilt sich danach, welche **Informationsanforderungen** dem Werbenden und welche **Informationsrisiken** dem Verbraucher zumutbar sind (vgl. Köhler GRUR 2003, 729 (734); Lettl S. 94 ff.). Dabei ist zunächst das Leitbild des Durchschnittsverbrauchers zugrunde zu legen. Daraus ergibt sich, dass der Unternehmer jedenfalls nicht solche Informationen geben muss, deren Kenntnis bei einem Durchschnittsverbraucher (bezogen auf die durch die Werbung angesprochene Gruppe) vorausgesetzt werden darf. Aus den Attributen „aufmerksam" und „kritisch" ergibt sich weiter, dass vom Verbraucher eine kritische Würdigung von Werbeaussagen erwartet werden darf. Ferner ist daran zu erinnern, dass im Unterschied zu den machtbedingten Kopplungsangeboten der Verbraucher bei den wettbewerbsbedingten Kopplungsangeboten gerade nicht auf den Erwerb einer bestimmten Ware oder Dienstleistung vom Anbieter angewiesen ist, sondern das Kopplungsangebot ohne Weiteres unbeachtet lassen kann. Auf dieser Grundlage hat eine **Abwägung der Interessen** des werbenden Unternehmens mit denen des Verbrauchers zu erfolgen. Bei dieser Abwägung sind allerdings auch die beim Unternehmer oder Verbraucher anfallenden **Informationskosten** zu berücksichtigen. Es ist also zu fragen, welche Kosten für die Informationsbeschaffung und -weitergabe beim Werbenden anfallen und welche Kosten die entsprechende Informationsbeschaffung beim Verbraucher verursacht. Kann der Unternehmer die Informationen ohne größeren Kostenaufwand beschaffen und/oder geben, während für den Verbraucher der Kostenaufwand für die Informationsbeschaffung erheblich wäre, so spricht dies dafür, dem Werbenden eine Informationspflicht aufzuerlegen, vergleichbar der Informationskostenabwägung bei der Prüfung eines Auskunftsanspruchs aus § 242 BGB. Eine Rolle spielt dabei auch, insbes. bei kurz befristeten Angeboten, welcher Zeitraum dem Verbraucher für eine Informationsbeschaffung zur Verfügung steht. Ferner kann nicht unberücksichtigt bleiben, inwieweit bei der Informationsbeschaffung externe und damit die Volkswirtschaft belastende Kosten entstehen. Schließlich können sich Unterschiede aus der Eigenart der Werbung und des beworbenen Produkts ergeben. So macht es einen Unterschied, ob die Zugabe im Rahmen eines Fernabsatzgeschäfts angeboten wird, oder ob der Verbraucher die Waren im Geschäft des Unternehmers vor dem Kauf besichtigen kann. Stellt bspw. die Zugabe eine geringwertige Kleinigkeit dar, so genügt die Angabe der dafür üblichen Verkehrsbezeichnung. Bei wertvolleren oder wertvoller erscheinenden Zugaben sind dagegen genauere Angaben in Gestalt einer Beschreibung oder Abbildung erforderlich. **Beispiele:** Beim Angebot eines kostenlosen Mobiltelefons im Zusammenhang mit dem Abschluss eines Netzkartenvertrages muss zumindest die wörtliche oder bildliche Angabe von Hersteller und Typenbezeichnung erfolgen. – Bei einem Angebot von Möbeln verbunden mit dem Gratisangebot einer einwöchigen Traumreise in die Türkei muss zumindest die Angabe von Zielort und Zeitpunkt (OLG Frankfurt WRP 2002, 109 (111)), darüber hinaus aber auch die Angabe der Hotelkategorie und der wesentlichen Leistungen (Vollpension usw) erfolgen (Köhler GRUR 2001, 1067 (1073)). Diese Angaben sind auch deshalb erforderlich, damit der Kunde einen Anhaltspunkt für die Geltendmachung etwaiger Mängelrechte nach den §§ 434 ff. BGB hat (dazu Köhler BB 2001, 1589). – Dagegen sind **keine Angaben zum Wert** der gekoppelten Produkte, einschließlich der Zugabe, erforderlich. Geht allerdings der Verbraucher auf Grund der Aufmachung etwa der Zugabe davon aus, sie habe einen höheren als den wahren Wert, so kann darin eine Irreführung durch positives Tun vorliegen (→ Rn. 8.23). – Zur Rechtslage unter dem UWG 2004 vgl. BGH WRP 2008, 928 Rn. 19 – Werbung für Telefondienstleistungen mwN.

8.26   **bb) Angabe des Gesamtpreises (§ 5b I Nr. 3).** Nach § 5b I Nr. 3 muss der „Gesamtpreis" angegeben werden. Bei Kopplungsangeboten muss daher nur der Gesamtpreis, nicht müssen auch die Einzelpreise der gekoppelten Waren oder Dienstleistungen angegeben werden (vgl. EuGH WRP 2016, 1342 Rn. 51 – Deroo-Blanquart mAnm Alexander). Dass es damit dem Verbraucher erschwert wird, die Preise der einzelnen Bestandteile des Kopplungsangebots zu vergleichen, ist hinzunehmen. Umgekehrt ersetzt die Angabe der Einzelpreise nicht die Angabe des Gesamtpreises.

8.27   **cc) Sonstige „wesentliche Informationen" (§ 5b IV).** Zu den Informationspflichten aus sonstigen Rechtsvorschriften iSd § 5b IV gehören ua die **Preisinformationspflichten** aus der **PAngV,** soweit sie ihre Grundlage im Unionsrecht haben (→ PAngV Vor § 1 Rn. 9 ff.; BGH GRUR 2009, 1180 Rn. 30 - 0,00 Grundgebühr; Köhler WRP 2013, 723), sowie die **Produkt-**

informationspflichten bei Fernabsatzverträgen aus Art. 246 § 1 I Nr. 4 EGBGB. Auch sie beanspruchen Geltung für Kopplungsangebote. Die Informationsanforderungen aus § 5a III und aus § 5a IV decken sich zwar teilweise, aber nicht vollständig, so dass eine getrennte Prüfung erforderlich sein kann.

d) Rechtsbruch (§ 3a). Die Verletzung von Informationspflichten mit Bezug auf Kopplungs-   **8.28**
angebote konnte nach der bisherigen Rspr. nicht nur auf § 5b IV, sondern auch auf § 3a gestützt werden. Das galt insbes. für die Preisinformationspflichten aus der PAngV (dazu BGH GRUR 2006, 164 Rn. 20 – Aktivierungskosten II), für die Produktinformationspflichten aus Art. 246 § 1 I Nr. 4 EGBGB sowie für die Informationspflichten aus § 6 I Nr. 3 TMG. Diese Rspr. hat der BGH aufgegeben (BGH 2022, 930 Rn. 23 – Knuspermüsli II), so dass Verstöße nur noch nach den §§ 5a I, 5b IV verfolgt werden können.

e) Verstoß gegen die unternehmerische Sorgfalt (§ 3 II). Kopplungsangebote stellen   **8.29**
zwar keine per se verbotenen geschäftlichen Handlungen dar, sind jedoch anhand der Umstände des Einzelfalls daraufzu überprüfen, ob sie gegen § 3 II verstoßen (EuGH WRP 2016, 1342 Rn. 30–42 – Deroo-Blanquart zu Art. 5 II UGP-RL; BGH WRP 2022, 315 Rn. 28 – Kopplungsangebot III). Ein Verstoß ist jedenfalls zu verneinen, wenn ein PC mit vorinstallierter Software und damit sofort einsetzbar angeboten wird, dies der berechtigten Erwartungen eines wesentlichen Teils der Verbraucher entspricht und der Verbraucher zusätzlich darüber informiert wird, dass der PC ohne seine solche Software nicht angeboten wird, und der Verbraucher frei entscheiden kann, ein anderes Modell ohne Software oder mit anderer Software zu erwerben (dazu EuGH WRP 2016, 1342 Rn. 34–42 – Deroo-Blanquart). Auch eine – je nach Aus-gestaltung – mehr oder weniger starke Anlockwirkung auf den Verbraucher ausgeht, begründet für sich allein noch keinen Verstoß des Unternehmers gegen die „unternehmerische Sorgfalt" iSd § 3 II. Dies gilt auch bei einem absolut oder relativ (gemessen am Hauptprodukt) hohen Wert einer Zugabe oder eines sehr preisgünstig angebotenen Teils des Kopplungsangebots (vgl. BGH GRUR 2003, 890 (891) – Buchclub-Kopplungsangebot; OLG Stuttgart GRUR 2002, 906 (908); Köhler GRUR 2001, 1067 (1073)). Im Übrigen ist die Anlockwirkung für sich allein auch nicht geeignet, das wirtschaftliche Verhalten des Verbrauchers wesentlich zu beeinflussen. Jedoch kann es eine Rolle spielen, in welcher **Entscheidungssituation** sich der mit dem Kopplungsangebot konfrontierte Verbraucher befindet (vgl. auch § 4a II 1 Nr. 1). So kann es einen Unterschied machen, ob der Käufer, wie bei der Bestellung beim Versandhandel, in Ruhe, mit räumlicher Distanz und ohne Einflussnahme von außen seine Entscheidung treffen kann, oder ob er der Einflussnahme von Verkäufern ausgesetzt ist (vgl. BGH GRUR 2002, 1000 (1002) – Testbestellung). Weiter spielt eine Rolle, welcher **Zeitraum** dem Verbraucher für eine Entscheidung zur Verfügung steht (BGH GRUR 2003, 890 (891) – Buchclub-Kopplungs-angebot; GRUR 2004, 344 (345) – Treue-Punkte), insbes. ob er noch ausreichend Zeit hat, sich mit Konkurrenzangeboten zu befassen (Heermann WRP 2001, 855 (864); Köhler GRUR 2001, 1067 (1074)). Eine Anwendung des § 3 II iVm § 3 IV 2 kommt ferner bei Kopplungsangeboten in Betracht, die sich gezielt oder vorhersehbar nur an eine Gruppe **besonders schutzbedürfti-ger Verbraucher** wenden. Dazu gehören insbes. Kinder und Jugendliche (BGH GRUR 2002, 976 (979) – Kopplungsangebot I), Aussiedler (BGH GRUR 1998, 1041 (1042) – Verkaufsver-anstaltung in Aussiedlerwohnheim), Migranten oder Kranke. Maßgebend sind die Umstände des Einzelfalls. Insgesamt müssen allerdings noch andere Gesichtspunkte, wie etwa der vergleichs-weise überhöhte Preis der Hauptleistung oder der zweifelhafte Nutzen der Zugabe für die angesprochene Zielgruppe, hinzukommen, um einen Sorgfaltsverstoß bejahen zu können. **Bei-spiele:** Wendet sich eine Werbung mit Zugaben an Fahrschulinteressenten im Alter von etwa 17 bis 20 Jahren, ist nicht davon auszugehen, dass sie sich bei der Wahl der Fahrschule vorrangig von der Aussicht auf die Vergünstigung beeinflussen lassen (BGH GRUR 2004, 960 (961) – 500 DM-Gutschein für Autokauf). Ebenso wenig ist dies der Fall, wenn eine Zeitschrift zu-sammen mit einer Sonnenbrille für DM 4,50 abgegeben wird, zumal es sich um ein Geschäft handelt, das im Rahmen des üblichen Taschengelds liegt und Jugendliche über eine ausreichende Kenntnis des Markts für solche Produkte und ihres Werts verfügen (BGH GRUR 2006, 161 Rn. 19 – Zeitschrift mit Sonnenbrille).

f) Gezielte Mitbewerberbehinderung (§ 4 Nr. 4). Kopplungsangebote begründen für sich   **8.30**
allein auch keine **gezielte Behinderung** von Mitbewerbern iSd § 4 Nr. 4. Das schließt aber nicht aus, dass sie im Einzelfall zur gezielten Behinderung eingesetzt werden (Köhler GRUR 2001, 1067 (1076); verneint im Fall BGH GRUR 1999, 256 (258) – 1.000,– DM Umwelt-

bonus). Kopplungsangebote begründen für sich allein auch keine **allgemeine Marktbehinderung** (→ § 4 Rn. 5.1 ff.). Das schließt aber nicht aus, dass sie von marktmächtigen Unternehmen dazu eingesetzt werden können (verneint im Fall BGH GRUR 1999, 256 (258) – 1.000,– DM Umweltbonus).

8.31   **g) Aggressive geschäftliche Handlung (§ 4a); Generalklausel (§ 3 I).** Geht von einem Kopplungsangebot eine übermäßige Anlockwirkung aus, so kommt die Anwendung des § 4a und im Verhältnis zu sonstigen Marktteilnehmern auch des § 3 I in Betracht (BGH WRP 2022, 315 Rn. 28 – Kopplungsangebot III).

3. Spezialgesetzliche Kopplungsverbote

8.32   Spezialgesetzliche Kopplungsverbote enthalten:

– **§ 7 HWG** (Verbot von Werbegaben; → § 3a Rn. 1.229);
– **§ 24 I TabStG**;
– **§ 31 MBO-Ä**;
– **§ 2 ArchLG** (Kopplung von Grundstückskaufverträgen mit Ingenieur- und Architektenverträgen).

4. Prozessuale Fragen

8.33   Ist ein Kopplungsangebot wegen unrichtiger oder unzureichender Information unlauter, kann nur die Werbung untersagt werden, nicht dagegen auch das Gewähren der versprochenen Vorteile. Denn ein Informationsdefizit kann grds. bis zum Abschluss des betreffenden Vertrages beseitigt werden (BGH GRUR 2002, 979 (982) – Kopplungsangebot II). – Generell gilt, dass der Kläger, der einen Antrag auf Unterlassung der Werbung für ein Kopplungsangebot stellt, darlegen muss, worin er das Charakteristische der Verletzungshandlung sieht, oder unter welchem Gesichtspunkt er die Werbung angreift (zB unzureichende Information über Folgekosten). Geschieht dies nicht, kann ein etwaiger Verstoß von dem Unterlassungsantrag nicht – auch nicht als Minus – erfasst werden (BGH GRUR 2003, 890 (891) – Buchclub-Kopplungsangebot mwN).

III. Kartellrechtliche Beurteilung

1. Vertikalvereinbarungen

8.34   **Zugabeaktionen** von Herstellern können Händler in ihrer Freiheit der Gestaltung ihrer Preise und Konditionen in gewisser Weise beeinträchtigen. So, wenn der Hersteller den Händler verpflichtet, den Verbrauchern bestimmte Zugaben beim Kauf von bestimmten Waren zu gewähren. Eine solche Verpflichtung kann bereits dann anzunehmen sein, wenn der Hersteller im Rahmen einer Aktion dem Händler eine bestimmte Ware für eine bestimmte Zeit gekoppelt mit einer Zugabe zur Verfügung stellt und dafür wirbt. Denn würde der Händler den Abgabepreis erhöhen, würde er ggf. gegen das Verbot der irreführenden Werbung (§ 5) verstoßen. Er ist also wirtschaftlich gehalten, den Abgabepreis nicht zu erhöhen. Diese Einschränkung ist aber unbedeutend, zumal der Händler, ohne eine finanzielle Einbuße zu erleiden, lediglich seine Absatzchancen erhöht (vgl. BGH GRUR 2003, 637 - 1 Riegel extra). Solche Aktionen werden daher in aller Regel den Wettbewerb auf dem betreffenden Markt **nicht spürbar** beeinträchtigen, so dass kein Verstoß gegen das Kartellverbot (Art. 101 I AEUV; § 1 GWB) vorliegt (vgl. zu § 14 GWB aF BGH GRUR 2003, 637 - 1 Riegel extra unter Aufgabe von BGH GRUR 1978, 445 - 4 zum Preis von 3). – **Kopplungsverträge** zwischen Lieferanten und gewerblichen Abnehmern, die diese verpflichten, Warengesamtheiten abzunehmen, verstoßen vor vornherein nicht gegen das Kartellverbot. Nur wenn die Verpflichtung dahin geht, sachlich oder handelsüblich nicht zugehörige Waren oder gewerbliche Leistungen abzunehmen, kommt ein Verstoß gegen Art. 101 I lit. e AEUV oder § 1 GWB in Betracht. Allerdings kann auch eine solche Vereinbarung nach Art. 2 Vertikal-GVO (iVm § 2 II GWB) freigestellt sein. Im Übrigen kann ein Kartellrechtsverstoß nicht über § 3a lauterkeitsrechtlich sanktioniert werden (→ § 3a Rn. 1.37; BGHZ 166, 154 = GRUR 2006, 773 Rn. 13–16 – Probeabonnement).

2. Marktmachtkontrolle

Kartellrechtswidrig können Kopplungsgeschäfte, auch mit Verbrauchern, dann sein, wenn sie **8.35** von einem Unternehmen unter Ausnutzung einer marktbeherrschenden Stellung (Art. 102 AEUV; §§ 19, 20 I GWB) zur Ausbeutung von Verbrauchern oder zur Behinderung von Mitbewerbern („Hebelwirkung"; „Leverage-Effekt") praktiziert werden (vgl. BGHZ 101, 100 (104) – Gekoppelter Kartenverkauf; BGH GRUR 2003, 77 (79) – Fernwärme für Börnsen; GRUR 2004, 255 (257) – Strom und Telefon I; WRP 2004, 1181 (1183) – Der Oberhammer; Immenga/Mestmäcker/Fuchs GWB § 19 Rn. 200–202). Das gilt insbes. dann, wenn Waren oder Dienstleistungen, die weder sachlich noch aufgrund einer Branchenübung zusammengehören, gekoppelt werden. Auch nach Art. 101 I lit. e AEUV bzw. Art. 102 S. 2 lit. d AEUV kann eine unzulässige Wettbewerbsbeschränkung bzw. ein Missbrauch einer marktbeherrschenden Stellung darin bestehen, dass an den Abschluss von Verträgen die Bedingung geknüpft wird, der Vertragspartner müsse zusätzliche Leistungen annehmen, die weder sachlich noch nach Handelsbrauch in Beziehung zum Vertragsgegenstand stehen. – Soweit die Kopplung von Unternehmen mit (nur) überlegener Marktmacht zur Behinderung von kleinen oder mittleren Mitbewerbern eingesetzt wird, greift auch § 20 III 1 GWB ein (BGH GRUR 2003, 77 (79) – Fernwärme für Börnsen; Immenga/Mestmäcker/Markert GWB § 20 Rn. 110). Eine unbillige Behinderung liegt aber nicht schon in der Tatsache der Produktkopplung, wenn sie aus Verbrauchersicht sinnvoll ist. Es müssen dann zusätzliche Umstände (zB nicht kostendeckende Preisgestaltung) oder eine Verdrängungsabsicht hinzutreten. Koppelt eine Gemeinde den Verkauf von Grundstücken in einem Neubaugebiet mit der Verpflichtung, den Heizenergiebedarf durch ein kommunales Blockheizwerk zu decken, stellt dies noch keine unbillige Behinderung anderer Energieversorgungsunternehmen dar (BGH GRUR 2003, 77 (79) – Fernwärme für Börnsen). Nicht zu beanstanden ist auch ein Kopplungsangebot, mit dem ein marktbeherrschender Stromversorger Strom und Telekommunikationsdienstleistungen zu einem vergünstigten Gesamtpreis anbietet, sofern keine Zwangskopplung vorliegt und auf dem Telekommunikationsmarkt keine Marktzutrittsschranken für Wettbewerber begründet werden (BGH GRUR 2004, 255 (257 f.) – Strom und Telefon I).

IV. Bürgerlichrechtliche Fragen

Verkaufsfördernde Kopplungsangebote (→ Rn. 1.99) sind aufgrund der Vertragsfreiheit grds. **8.36** zulässig. Davon gingen auch die §§ 471, 472 II BGB aF aus. Für machtbedingte Kopplungsangebote (→ Rn. 7.48, 7.62f) gelten hingegen die Schranken der §§ 134, 138 BGB (vgl. Palandt/Ellenberger BGB § 138 Rn. 89 mwN). – Zur **bürgerlichrechtlichen Haftung** für Zugabeversprechen vgl. Köhler BB 2001, 1589.

E. Preisnachlässe (Rabatte)

I. Begriff, Erscheinungsformen und Abgrenzung

1. Begriff

Preisnachlass (Rabatt) ist ein betragsmäßig oder prozentual festgelegter Abschlag vom **8.37** angekündigten oder allgemein geforderten Preis (Grundpreis, Ausgangspreis).

2. Erscheinungsformen

Eine Erscheinungsform des Preisnachlasses (und nicht der Zugabe) ist der sog **Naturalrabatt, 8.38** also die unentgeltliche Gewährung einer zusätzlichen Menge der zu einem bestimmten Preis gekauften Ware oder Dienstleistung („3 zum Preis von 2"). Dagegen ist die Ankündigung, beim Kauf einer bestimmten Anzahl beliebiger Waren werde der billigste Artikel kostenlos abgegeben mit der Maßgabe, dass der Käufer das Leistungsbestimmungsrecht hat, als Zugabe zu werten. – Auf die Modalitäten des Preisnachlasses kommt es nicht an. Auch die Gewährung einer **Geldzuwendung** oder eines **Gutscheins** über einen bestimmten Geldbetrag, der beim Kauf auf den Kaufpreis angerechnet wird, oder über eine bestimmte Menge der zu kaufenden Ware stellt einen (vorweggenommenen) Preisnachlass und nicht etwa ein Geldgeschenk dar (BGH GRUR 2003, 1057 – Einkaufsgutschein I).

3. Abgrenzung

8.39   Das Versprechen, unter bestimmten Voraussetzungen den Kaufpreis ganz oder teilweise zurückzuerstatten, stellt keinen (aufschiebend bedingten) Preisnachlass, sondern eine Verkaufsförderungsmaßnahme in Gestalt einer **Garantie** dar (dazu BGH WRP 1993, 749 (751) – Geld-
zurück-Garantie I; GRUR 2009, 1064 Rn. 22, 23 – Geld-zurück-Garantie II; OLG Hamm
GRUR-RR 2009, 313; vgl. auch – zu § 4 Nr. 4 – BGH GRUR 2009, 416 Rn. 11 ff. –
Küchentiefstpreis-Garantie). Wird bei Nichtgefallen des Artikels unter bestimmten Voraussetzungen der Kaufpreis zurückerstattet, ist nach der Rspr. (BGH GRUR 2009, 1064 Rn. 22, 23 –
Geld-zurück-Garantie II) eine derartige Garantie mit einem kostenlosen Probierexemplar oder
Geschenk vergleichbar (vgl. aber § 454 BGB).

II. Lauterkeitsrechtliche Beurteilung

1. Vorgaben des Unionsrechts

8.40   Nationale Regelungen über Preisnachlässe stellen **Verkaufsmodalitäten** dar, die grds. nicht
in den Anwendungsbereich des Art. 34 AEUV (früher Art. 28 EGV) fallen (vgl. EuGH GRUR-
Int. 1994, 56 (57) – Keck und Mithouard; BGH GRUR 1995, 515 - 2 für 1-Vorteil). Allerdings
ist auf der Ebene des sekundären Unionsrechts eine gewisse Harmonisierung des Rechts der
Preisnachlässe erfolgt. So schreibt **Art. 6 lit. c E-Commerce-RL** vor, dass Preisnachlässe,
soweit sie im Mitgliedstaat der Niederlassung des Diensteanbieters zulässig sind, klar als solche
erkennbar sein müssen, und die Bedingungen für ihre Inanspruchnahme leicht zugänglich sein,
sowie klar und unzweideutig angegeben werden müssen. Die Umsetzung ist in § 6 I Nr. 3
TMG (→ § 5a Rn. 5.26 ff.) erfolgt. Die **UGP-RL** geht von der grds. Zulässigkeit von Preisnachlässen aus. Sie verbietet aber in Anh. I Nr. 7 UGP-RL die „falsche Behauptung, dass das Produkt
… nur eine sehr begrenzte Zeit zu bestimmten Bedingungen verfügbar sein werde, um den
Verbraucher zu einer sofortigen Entscheidung zu verleiten, so dass er weder Zeit noch Gelegenheit hat, eine informierte Entscheidung zu treffen". Sie verbietet weiter in Art. 6 I lit. d UGP-
RL die Irreführung „über das Vorhandensein eines besonderen Preisvorteils". Als Auffangtatbestand kommt noch Art. 5 II UGP-RL in Betracht.

2. Grundsätzliche Zulässigkeit von Preisnachlässen

8.41   **Preisnachlässe** als Erscheinungsform der Verkaufsförderung sind, wie sich aus der UGP-RL
und der E-Commerce-RL (→ Rn. 8.40) ergibt, **grds. zulässig.** Das war nicht immer so: Das
grds. Verbot von Rabatten im RabattG wurde erst 2001, die Begrenzung der Werbung mit
Preisherabsetzungen durch das sog. Sonderveranstaltungsrecht (§ 7 UWG 1909) erst durch die
UWG-Novelle 2004 aufgehoben. Allerdings hatte die Rspr. schon vor der UWG-Novelle 2004
ein unzulässiges „übertriebenes Anlocken" mit der Begründung verneint, ein Preisnachlass hebe
nur die eigene Leistungsfähigkeit hervor und sei daher für sich allein niemals wettbewerbswidrig
(BGH GRUR 2002, 287 (288) – Erklärung des Klägers im Rechtsstreit; GRUR 2003, 1057 –
Einkaufsgutschein). Die Werbung mit einem Preisnachlass führe auch nicht dazu, dass die
Rationalität der Nachfrageentscheidung völlig in den Hintergrund trete.

3. Grenzen der Zulässigkeit

8.42   **a) Aggressive Beeinflussung (§ 4a).** Da von einer Werbung mit einem Preisnachlass lediglich eine Anlockwirkung ausgeht, damit aber keine Beeinträchtigung der Entscheidungsfreiheit
verbunden ist, scheidet eine Anwendung des § 4a von vornherein aus (zu § 4 Nr. 1 UWG 2008
vgl. Köhler GRUR 2010, 767 (772); BGH WRP 2012, 450 Rn. 34 – Treppenlift). Unerheblich
ist daher auch, an welchen Personenkreis sich die Preisnachlasswerbung wendet (so schon BGH
GRUR 2003, 1057 – Einkaufsgutschein) und wie dieser ermittelt wird (so schon OLG Frankfurt
GRUR-RR 2005, 388 (390)). Unerheblich ist ferner die Höhe des Preisnachlasses. Das gilt grds.
auch dann, wenn das Angebot mit einem Verlust für den Anbieter verbunden ist (vgl. OLG
Frankfurt GRUR-RR 2005, 388 (391)) oder durch einen Dritten subventioniert wird.

8.43   **b) Irreführung (§ 5 I 2 Nr. 2; § 5 IV).** Nach § 5 I 2 Nr. 2 ist eine geschäftliche Handlung
irreführend, wenn sie zur Täuschung geeignete Angaben über **„das Vorhandensein eines
besonderen Preisvorteils"** enthält. Dazu gehören insbes. auch irreführende Angaben über
Höhe, Dauer, Begünstigtenkreis und Gründe des Preisnachlasses (vgl. auch → § 5 Rn. 7.7).

Irreführend ist die Ausgabe von Gutscheinen für Preisnachlässe, wenn der Preisnachlass jedermann auch ohne Vorlage des Gutscheins gewährt wird (OLG Schleswig WRP 2001, 322 (323)). Irreführend ist auch eine Werbung, in der bei Nachweis eines günstigeren Konkurrenzangebots die Auszahlung der Differenz versprochen wird, in Wahrheit aber die betreffenden Waren oder Dienstleistungen nur beim Werbenden erhältlich sind (BGH WRP 1993, 749 (751) – Geldzurück-Garantie I; Heermann WRP 2001, 855 (861)). Nach § 5 IV 1 wird vermutet, dass es irreführend ist, mit der Herabsetzung eines Preises zu werben, sofern der (Ausgangs-)Preis nur für eine unangemessen kurze Zeit gefordert worden ist. Diese Vorschrift ist richtlinienkonform am Maßstab des Anh. I Nr. 5 UGP-RL auszulegen.

c) Irreführung durch Unterlassen (§ 5a II, IV iVm § 6 I Nr. 3 TMG). Nach § 6 I Nr. 3 **8.44** TMG iVm § 5a IV müssen im elektronischen Geschäftsverkehr Preisnachlässe klar als solche erkennbar sein und die Bedingungen für ihre Inanspruchnahme müssen klar und unzweideutig angegeben werden. Dies gilt entsprechend für den nichtelektronischen Geschäftsverkehr (→ § 5a Rn. 5.29). Unter den weiteren Voraussetzungen des § 5a II sind Verstöße gegen diese Bestimmung unlauter (vgl. auch BGH GRUR 2009, 1064 Rn. 20 – Geld-zurück-Garantie II).

d) Verstoß gegen die unternehmerische Sorgfalt (§ 3 II). Dass von einem Preisnachlass **8.45** eine – je nach Ausgestaltung – mehr oder weniger starke Anlockwirkung auf den Verbraucher ausgeht, begründet noch keinen Verstoß des Unternehmers gegen die „unternehmerische Sorgfalt" iSd § 3 II, letztlich also gegen die Verpflichtung zur Rücksichtnahme auf berechtigte Interessen des Verbrauchers (vgl. auch EuGH GRUR 2011, 76 Rn. 43–47 – Mediaprint). Im Übrigen wäre die Anlockwirkung auch nicht geeignet, die Fähigkeit des durchschnittlichen Verbrauchers zu einer informierten Entscheidung spürbar zu beeinträchtigen. Etwas anderes kann gelten, wenn die Preisnachlasswerbung bewusst so ausgestaltet ist, dass der Verbraucher sich sofort entscheiden muss und weder die Zeit noch die Gelegenheit hat, sich über das Produkt und über etwaige Konkurrenzangebote zu informieren, der Verbraucher also **überrumpelt** wird (→ Rn. 3.32; BGH GRUR 2010, 1022 Rn. 17 – Ohne 19% Mehrwertsteuer (allerdings zu § 4 Nr. 1 UWG 2008); Köhler GRUR 2010, 767 (774)). Dabei sind jedoch alle Umstände des Einzelfalls, insbes. auch die Marktverhältnisse, die Höhe des Preisnachlasses, die wirtschaftliche Bedeutung des Produkts und die Möglichkeiten zur anderweitigen Information, zu berücksichtigen. Aus der Rspr. zum UWG 2004 und 2008 vgl. BGH WRP 2002, 1105; GRUR 2010, 1022 Rn. 19 – Ohne 19% Mehrwertsteuer; OLG Frankfurt GRUR-RR 2001, 222; OLG Hamm GRUR-RR 2006, 86 (87); 2009, 313 (314); OLG Dresden WRP 2006, 283. – Etwas anderes kann ferner für eine Preisnachlasswerbung gelten, die nur das wirtschaftliche Verhalten einer Gruppe **besonders schutzbedürftiger Verbraucher** wesentlich beeinflusst (§ 3 IV 2 iVm § 2 I Nr. 11). Maßgebend sind auch insoweit die Umstände des Einzelfalls.

e) Rechtsbruch (§ 3a). Zu den Marktverhaltensregelungen iSd § 3a gehört auch **§ 7 I Nr. 2** **8.46** **lit. a HWG.** Nach dieser Vorschrift sind Zuwendungen oder Werbegaben in Gestalt von Geldbeträgen oder der Gewährung gleicher Waren unter bestimmten Voraussetzungen unzulässig (→ § 3a Rn. 1.229). Lauterkeitsrechtlich unerheblich ist es, wenn ein Preisnachlass nicht allen Kunden, sondern nur einzelnen Kundengruppen (zB Schülern, Studenten, Rentnern, Parteimitgliedern, Vereinsmitgliedern, Einheimischen, Frauen, Behinderten) oder nur aufgrund individueller Preisverhandlungen gewährt wird. Grenzen setzt insoweit nur das über § 3a lauterkeitsrechtlich sanktionierte **zivilrechtliche Benachteiligungsverbot** des § 19 AGG (→ § 3a Rn. 1.294), soweit nicht die Ausnahmeregelung des § 20 I 2 Nr. 3 AGG eingreift.

f) Gezielte Mitbewerberbehinderung (§ 4 Nr. 4). Die Gewährung von Preisnachlässen **8.47** kann nur ausnahmsweise den Tatbestand der gezielten Mitbewerberbehinderung erfüllen, nämlich dann, wenn der Selbstkostenpreis unterschritten wird, und außerdem eine Verdrängungsabsicht vorliegt (→ § 4 Rn. 4.185 ff.; BGH GRUR 2009, 416 Rn. 11 ff. – Küchentiefstpreis-Garantie; GRUR 2010, 1022 Rn. 20 – Ohne 19% Mehrwertsteuer).

g) Allgemeine Marktbehinderung (§ 3 I). Die Gewährung von Preisnachlässen kann nur **8.48** unter ganz bestimmten strengen Voraussetzungen den Tatbestand der allgemeinen Marktbehinderung erfüllen (→ § 4 Rn. 5.14 ff.; BGH GRUR 2009, 416 Rn. 25 – Küchentiefstpreis-Garantie).

h) Spezialgesetzliche Rabattverbote. Ein spezielles Rabattverbot enthält **§ 3 S. 1** **8.49** **BuchPrG** (BGH GRUR 2003, 807 (808) – Buchpreisbindung; WRP 2016, 323 – Gutscheinaktion beim Buchankauf). Danach muss, wer gewerbs- oder geschäftsmäßig Bücher an Letztabnehmer verkauft, den nach § 5 BuchPrG festgesetzten Preis einhalten, sofern nicht die Ausnahmeregelungen des § 3 S. 2 und des § 7 BuchPrG eingreifen. Die Einräumung eines Barzahlungsrabatts ist ein Verstoß gegen dieses Verbot. Wer nicht Normadressat der Buchpreisbindung ist, kann entsprechend den deliktsrechtlichen Teilnahmeregelungen (§ 830 II BGB) als Anstifter in Anspruch genommen werden, wenn er Buchhändler oder Verleger vorsätzlich zu einem Verstoß gegen das BuchPrG zu bewegen versucht (BGH GRUR 2003, 807 (808) – Buchpreisbindung). – Dagegen begründet ein Verstoß gegen kartellrechtlich zulässige **vertragliche Preisbindungen** (vgl. § 30 I GWB) nur vertragliche, aber keine lauterkeitsrechtlichen Ansprüche gegen den Verletzer (→ § 3a Rn. 1.259; aA OLG Hamburg GRUR 2003, 811 (813)).

III. Kartellrechtliche Beurteilung

8.50   Weder das europäische noch das deutsche Kartellrecht kennen ein allgemeines Diskriminierungsverbot. Daher darf ein Unternehmen seine gewerblichen oder privaten Abnehmer bei der Gewährung von Preisnachlässen auch ohne sachlich gerechtfertigten Grund unterschiedlich behandeln (vgl. auch → § 4 Rn. 4.212). Etwas anderes gilt für marktbeherrschende (Art. 102 AEUV; § 19 II Nr. 1 GWB) und marktstarke Unternehmen (§ 20 I und III GWB) unter dem Aspekt der unbilligen Behinderung von Mitbewerbern und der ungerechtfertigten Ungleichbehandlung von gewerblichen Abnehmern. Unzulässig kann danach insbes. ein **Treuerabatt** sein, den ein Unternehmen einem Abnehmer dafür gewährt, dass dieser seinen Bedarf ausschließlich (oder doch zu einem hohen Prozentsatz) bei ihm deckt, weil dies auf eine Bezugsbindung und damit auf eine Behinderung des Mitbewerbers hinausläuft (vgl. EuGH Slg. 1983, 3461 (3514) – N.V. Nederlandsche Banden-Industrie Michelin; Grabitz/Hilf/Nettesheim/Deselaers AEUV Art. 102 Rn. 436 ff.; Immenga/Mestmäcker/Markert GWB § 20 Rn. 177 mwN).

F. Kundenbindungssysteme

I. Begriff und Erscheinungsformen

1. Begriff

8.51   **Kundenbindungssysteme** (Treueprogramme; Bonusprogramme) sind Verkaufsförderungssysteme von Unternehmen mit dem Ziel, die Verbraucher durch Gewährung von Preisnachlässen, Zugaben oder sonstigen geldwerten Vergünstigungen zu einer Konzentration ihrer Bezüge auf das oder die Betreiberunternehmen zu veranlassen. Zugleich dienen diese Systeme dazu, Kundendaten zu gewinnen und für gezielte Werbung einzusetzen. Technisch wird dies durch Ausgabe einer persönlichen Kundenkarte (Chipkarte) bewerkstelligt, auf denen der Kunde Punktegutschriften sammeln kann, die ihrerseits bei jedem Einkauf abgefragt werden können.

2. Erscheinungsformen

8.52   Kundenbindungssysteme können von einem oder branchenübergreifend von mehreren Unternehmen praktiziert werden. IdR werden dem Kunden pro Einkauf bestimmte Punkte gutgeschrieben. Bei Erreichen einer bestimmten Punktzahl werden entweder Geldbeträge ausgeschüttet (so zB beim Pay-Back-System) oder unentgeltliche Sach- oder Dienstleistungen oder sonstige Vergünstigungen gewährt (so zB beim Miles & More-System der Lufthansa). Es handelt sich letztlich um Spielarten des Mengen- und Umsatzrabatts und der Zugaben, wie sie im Verhältnis zwischen Industrie und Handel seit langem bekannt sind und jetzt (wieder) für das Verhältnis zum Verbraucher entdeckt wurden.

II. Lauterkeitsrechtliche Beurteilung

1. Grundsätzliche Zulässigkeit von Kundenbindungssystemen

8.53   Grds. sind Kundenbindungssysteme als Maßnahmen der Verkaufsförderung lauterkeitsrechtlich zulässig. Wettbewerbswidrig kann allenfalls die konkrete Ausgestaltung des Kundenbindungssystems sein.

2. Grenzen der Zulässigkeit

a) Aggressive Beeinflussung (§ 4a). Soweit von Kundenbindungssystemen lediglich eine 8.54 Anlockwirkung ausgeht, aber damit keine Beeinträchtigung der Entscheidungsfreiheit verbunden ist, scheidet eine Anwendung des § 4a grds. aus. Die besondere Problematik von Kundenbindungssystemen im Vergleich zum einmaligen Rabatt und zur einmaligen Zugabe liegt allerdings in ihrer **Sogwirkung**. Es besteht die Gefahr, dass Verbraucher ihre Bezüge auf die Betreiberunternehmen konzentrieren, ohne noch die Angebote der Mitbewerber auf ihre Preiswürdigkeit oder Qualität zu prüfen. Diese Sogwirkung kann umso stärker sein, je attraktiver die versprochenen Vergünstigungen sind. Dies ist zwar für sich allein kein Gesichtspunkt, der die Unlauterkeit begründen könnte. Ein Verstoß gegen § 4a kommt jedoch dann in Betracht, wenn die Gewährung der Vergünstigung davon abhängt, dass innerhalb einer unangemessen kurzen Frist ein bestimmter Umsatz getätigt wird, andernfalls die gesammelten Punkte **verfallen** (vgl. OLG Jena GRUR-RR 2002, 32). Unabhängig davon, dass derartige Verfallklauseln nach § 307 BGB unwirksam sind, kann hier in der Tat die Befürchtung des Verfalls der „angesparten" Punkte dazu führen, dass der Kunde entweder überflüssige Käufe tätigt oder von jeglicher Prüfung der Konkurrenzangebote absieht. Die Praktizierung eines derartigen Kundenbindungssystems kann daher eine unzulässige Beeinflussung iSd § 4a I 2 Nr. 3 mit der Folge einer Beeinträchtigung der Entscheidungsfreiheit der Verbraucher bewirken. Jedenfalls kommt aber eine Anwendung des § 3 II in Betracht. – Ein Fall des § 4a kann ferner dann vorliegen, wenn der Kunde durch eine Vertragsstrafenvereinbarung daran gehindert wird, Fremdbezüge zu tätigen (vgl. OLG Jena GRUR-RR 2010, 113 (115)).

b) Irreführung (§ 5 II Nr. 2, 7). Kundenbindungssysteme dürfen keine irreführenden Angaben über „das Vorhandensein eines besonderen Preisvorteils" (§ 5 II Nr. 2), wie etwa den Wert von Bonuspunkten oder über „Rechte des Verbrauchers" (§ 5 II Nr. 7), etwa auf Ausschüttung von Geldbeträgen, enthalten. 8.55

c) Irreführung durch Unterlassen (§ 5a I, § 5b IV iVm § 6 I Nr. 3 TMG). Kundenbindungssysteme müssen den Transparenzanforderungen des § 6 I Nr. 3 TMG iVm § 5b IV genügen. Ist das nicht der Fall, so sind sie unter den weiteren Voraussetzungen des § 5a I unlauter. **Beispiele:** Die Aussage „Mit der L. Card bekommen sie für jeden Euro eine Meile" wurde weder als irreführend noch als intransparent angesehen, da der verständige Verbraucher nicht davon ausgehe, damit sei ein kostenloser Flug gemeint (OLG Köln WRP 2001, 721). 8.56

d) Verstoß gegen die unternehmerische Sorgfalt (§ 3 II). Auch die besondere Sogwirkung, die von einem Kundenbindungssystem ausgehen kann, ist grds. nicht geeignet, die Fähigkeit des Durchschnittsverbrauchers zu einer informierten Entscheidung spürbar zu beeinträchtigen. Der Durchschnittsverbraucher kann typischerweise erkennen, welche Vorzüge und Nachteile die Teilnahme an einem solchen System mit sich bringen kann. Der Tatbestand des § 3 II kann jedoch erfüllt sein, wenn das Kundenbindungssystem nur das wirtschaftliche Verhalten einer Gruppe besonders schutzbedürftiger Verbraucher, wie insbes. Kinder und Jugendliche, wesentlich beeinflusst (§ 3 IV 2). Maßgebend sind die Umstände des Einzelfalls, insbes. die Gefahr unkontrollierter Käufe mit entsprechend hohen finanziellen Belastungen. 8.57

e) Gezielte Mitbewerberbehinderung (§ 4 Nr. 4). Kundenbindungssysteme dürfen Mitbewerber nicht gezielt behindern. Das ist aber nur dann anzunehmen, wenn sie als Treuerabatt- oder Treueprämiensystem ausgestaltet sind, die Vergünstigung also gezielt davon abhängig gemacht wird, dass keine Fremdbezüge stattfinden. Eine solche Gestaltung wird idR aber nur gegenüber sonstigen Marktteilnehmern, insbes. Unternehmen, vorkommen (vgl. OLG Jena GRUR-RR 2010, 113 (115); zum früheren Recht vgl. Berneke WRP 2001, 615 (618 f.); Köhler GRUR 2001, 1067 (1077)). Insoweit haben aber die Bestimmungen des Kartellrechts Vorrang (→ Rn. 8.60). 8.58

f) Allgemeine Marktbehinderung (§ 3 I). Kundenbindungssysteme dürfen auch nicht zu einer allgemeinen Marktbehinderung führen. Dazu gelten vergleichbare Erwägungen wie zu § 4 Nr. 4 (→ § 4 Rn. 5.1 ff.; OLG Jena GRUR-RR 2010, 113 (115)). 8.59

III. Kartellrechtliche Beurteilung

Kundenbindungssysteme, die von miteinander konkurrierenden Unternehmen betrieben werden, können gegen § 1 GWB oder Art. 101 I AEUV verstoßen. Allerdings besteht eine Frei- 8.60

stellungsmöglichkeit nach § 2 GWB oder Art. 101 III AEUV. Werden Kundenbindungssysteme von oder unter Beteiligung von marktbeherrschenden oder marktstarken Unternehmen betrieben, kommt ein Verstoß gegen das Missbrauchs- oder Behinderungsverbot (§§ 19, 20 GWB; Art. 102 AEUV) in Betracht. Dies setzt allerdings voraus, dass das Kundenbindungssystem ein Treuerabattsystem darstellt oder ihm in seiner Wirkung gleichkommt. Auch kann das Verbot des Verkaufs unter Einstandspreis (§ 20 III 2 GWB) verletzt sein (Köhler BB 2001, 1157).

G. Geschenke

I. Begriff

8.61   **Geschenke** (Werbegeschenke) sind Waren und Dienstleistungen, die der Werbende unentgeltlich und unabhängig vom Kauf abgibt, um die Bereitschaft des Verbrauchers zum Kauf derselben oder anderer Waren oder Dienstleistungen zu fördern. Es handelt sich dabei um eine Verkaufsförderungsmaßnahme iSd § 6 I Nr. 3 TMG. Kein Geschenk in diesem Sinne ist die kostenlose Abgabe einer anzeigenfinanzierten Zeitung, weil der Leser nicht für den Kauf einer anderen Ware oder Dienstleistung geworben werden soll (BGH GRUR 2004, 602 (603) – 20 Minuten Köln).

II. Lauterkeitsrechtliche Beurteilung

1. Grundsätzliche Zulässigkeit von Geschenken

8.62   Geschenke sind, wie sich mittelbar aus Art. 6 lit. c E-Commerce-RL und § 6 I Nr. 3 TMG ergibt, grds. zulässige Maßnahmen der Verkaufsförderung.

2. Grenzen der Zulässigkeit

8.63   **a) Aggressive Beeinflussung (§ 4a).** Da von einer Werbung mit Geschenken lediglich eine Anlockwirkung ausgeht, aber kein Druck scheidet eine Anwendung des § 4a grds. aus. Daran ändert es nichts, wenn der Kunde zur Entgegennahme des Geschenks das Geschäft betreten und ggf. einen persönlichen Kontakt zum Verkaufspersonal herstellen muss (OLG Köln GRUR-RR 2018, 197 Rn. 4). Denn mag auch der Unternehmer darauf spekulieren, dass der Kunde bei dieser Gelegenheit – und sei es nur anstandshalber – eine andere Ware kaufen wird, so stellt dies noch keine unzulässige Beeinflussung iSd § 4a I 2 Nr. 3 dar, jedenfalls wird dadurch noch nicht die Entscheidungsfreiheit des Verbrauchers erheblich beeinträchtigt. (Zur Rechtslage unter dem UWG 1909 vgl. BGH GRUR 2000, 820 (821 f.) – Space Fidelity Peep-Show; GRUR 2003, 804 (805) – Foto-Aktion.) Auch die Ausgestaltung des Geschenks als **aleatorischer Reiz** (zB „Jeder 100. Einkauf gratis") begründet für sich allein nicht die Unlauterkeit nach § 4a. (Nach der bisherigen Rspr. war dies deshalb nicht der Fall, weil die Rationalität der Kaufentscheidung auch dann nicht völlig in den Hintergrund tritt, wenn der Kunde im Hinblick auf die angekündigte Chance eines Gratiserwerbs möglichst oft oder viel einkauft; vgl. BGH GRUR 2009, 875 Rn. 12 – Jeder 100. Einkauf gratis; dazu krit. Berlit WRP 2009, 1188 (1191)). – Eine aggressive Beeinflussung kommt daher allenfalls in Ausnahmefällen in Betracht, wenn über die Gewährung des Geschenks hinaus **zusätzliche Umstände** vorliegen, die den Verbraucher veranlassen können, eine Ware oder Dienstleistung zu erwerben, die er an sich gar nicht haben wollte. So etwa, wenn der Werber den Verbraucher **belästigt**, etwa ihm gegenüber „beleidigende Formulierungen oder Verhaltensweisen" (§ 4a II 1 Nr. 2) gebraucht, um ihn zum Kauf zu veranlassen (vgl. Steinbeck GRUR 2005, 540 (545)).

8.64   **b) Irreführung (§ 5 II Nr. 1).** Irreführend iSv § 5 II Nr. 1 kann ein Geschenk sein, wenn der Verbraucher über seine Merkmale und damit über seinen tatsächlichen Wert getäuscht wird und diese Täuschung ihn veranlassen kann, eine andere Ware oder Dienstleistung zu erwerben. Irreführung kommt darüber hinaus dann in Betracht, wenn das Geschenk den Umständen nach geeignet ist, den Verbraucher über die Preiswürdigkeit oder Qualität des sonstigen Angebots zu täuschen (vgl. BGH GRUR 2003, 804 (805) – Foto-Aktion). Das ist auch der Fall beim Verschenken echter bzw. wertvoller Ware, um den Verbraucher zum Kauf gefälschter oder minderwertiger Ware zu animieren und von einer nochmaligen Qualitätsprüfung abzuhalten.

c) Irreführung durch Unterlassen (§ 5a I, § 5b IV iVm § 6 I Nr. 3 TMG). Nach § 6 I   **8.65**
Nr. 3 TMG iVm § 5b IV müssen im elektronischen Geschäftsverkehr Geschenke klar als solche
erkennbar sein und die Bedingungen für ihre Inanspruchnahme müssen klar und unzweideutig
angegeben werden. Dies gilt entsprechend für den nichtelektronischen Geschäftsverkehr (→ § 5b
Rn. 5.29). Unter den weiteren Voraussetzungen des § 5a I sind Verstöße gegen diese Bestim-
mung unlauter (vgl. auch BGH GRUR 2009, 1064 Rn. 20 – Geld-zurück-Garantie II).
Unlauter ist daher zB das Angebot eines Geschenks, wenn dem Verbraucher nicht klar vor
Augen geführt wird, wo und von wem er das Geschenk erhält, was er tun muss, um es zu
erlangen (zB Empfang eines Vertreters; Teilnahme an einer Verkaufsveranstaltung) und welche
Folgekosten ggf. auf ihn zukommen. In diesem Zusammenhang ist auch das Per-se-Verbot des
Anh. § 3 III Nr. 21 zu beachten.

d) Rechtsbruch (§ 3a). Zu den Marktverhaltensregelungen iSd § 3a gehört auch das Verbot   **8.66**
von „Zuwendungen und Werbegaben" iSv § 7 HWG (→ § 3a Rn. 1.229). Ein Verstoß gegen
§ 3a iVm § 78 II 2 AMG und § 3 I AMPreisV liegt vor, wenn durch Geldzuzahlungen die
vorgeschriebenen Endabgabepreise unterschritten werden (OLG München GRUR-RR 2010,
53 (55)).

e) Sorgfaltsverstoß (§ 3 II). Dass von einem Geschenk eine – je nach Ausgestaltung – mehr   **8.67**
oder weniger starke Anlockwirkung auf den Verbraucher ausgeht, begründet noch keinen Verstoß des Unternehmers gegen die „unternehmerische Sorgfalt" iSd § 3 II, also gegen die Verpflichtung zur Rücksichtnahme auf berechtigte Interessen des Verbrauchers. Im Übrigen wäre
die Anlockwirkung auch nicht geeignet, „das wirtschaftliche Verhalten des Verbrauchers wesentlich zu beeinflussen" (vgl. OLG Köln GRUR-RR 2018, 197 Rn. 4, 5 zum Angebot einer
„Gratisinspektion" für gebrauchte Hörgeräte anderer Anbieter). Soweit der „Schenker" mit dem
Geschenk gegen Marktverhaltensregelungen verstößt, die nicht in den Anwendungsbereich der
UGP-RL fallen, ist der Anwendungsbereich des § 3 II ohnehin nicht eröffnet und es besteht im
Hinblick auf § 3a (→ Rn. 7.94) auch keine Rechtsschutzlücke.

f) Gezielte Mitbewerberbehinderung (§ 4 Nr. 4). Geschenke dürfen nicht zu einer geziel-   **8.68**
ten Behinderung von Mitbewerbern eingesetzt werden.

g) Allgemeine Marktbehinderung (§ 3 I). Geschenke dürfen nicht zu einer allgemeinen   **8.69**
Marktbehinderung führen (vgl. BGH GRUR 2003, 804 (805) – Foto-Aktion). Derartige Fallgestaltungen kommen indessen allenfalls beim massenhaften und längerfristigen Verschenken von
Originalware durch marktmächtige Unternehmen, aber nicht beim Verschenken von Aufmerk-
samkeiten in Betracht. Zu Einzelheiten → § 4 Rn. 5.17 ff.

III. Kartellrechtliche Beurteilung

Marktmächtige Unternehmen können die Abgabe von Werbegeschenken zur Behinderung   **8.70**
von kleinen und mittleren Mitbewerbern einsetzen. Dann unterliegt das Verhalten der Kontrolle
nach Art. 102 AEUV und den §§ 19, 20 I und III GWB (vgl. BGH GRUR 2003, 804 (805) –
Foto-Aktion).

H. Preisausschreiben, Gewinnspiele und sonstige aleatorische Reize

I. Begriffe, Erscheinungsformen und Abgrenzung

1. Begriffe und Erscheinungsformen

a) Aleatorische Reize. Unter **aleatorischen Reizen** (lat. alea = Würfel) sind Verkaufsför-   **8.71**
derungsmaßnahmen zu verstehen, bei denen dem Verbraucher eine **zufallsabhängige geldwerte Vergünstigung** in Aussicht gestellt wird. Sie können, aber müssen nicht vom Erwerb
einer Ware oder Dienstleistung abhängig sein. Wichtige Erscheinungsformen sind **Preisausschreiben** (→ Rn. 8.72) und **Gewinnspiele** (→ Rn. 8.73) **mit Werbecharakter.** Zu den
sonstigen aleatorischen Reizen gehören bspw. der zufallsabhängige Erlass oder die zufallsabhängige Rückgewähr des Kaufpreises (BGH GRUR 2009, 875 – Jeder 100. Einkauf gratis; OLG
Celle GRUR-RR 2008, 349; OLG Hamm GRUR-RR 2009, 313 (314)), die Gewährung eines
Rabatts, dessen Höhe vom Zufall abhängt („Rabattwürfeln"; OLG Köln GRUR-RR 2007,
364), die zufallsabhängige Gewährung eines Gewinns (OLG Köln GRUR-RR 2007, 48: „Jeder

20. Käufer gewinnt") und die zufallsabhängige Gewährung eines Zinsbonus auf eine Festgeld-anlage (BGH GRUR 2007, 981 - 150 % Zinsbonus). Bei diesen Verkaufsförderungsmaßnahmen handelt es sich um keine mit dem Absatz gekoppelte Gewinnspiele, sondern um **besondere Verfahren der Preisgestaltung** (BGH GRUR 2009, 875 Rn. 9 – Jeder 100. Einkauf gratis) oder sonstigen Vorteilsgewährung.

8.72   **b) Preisausschreiben.** Unter einem Preisausschreiben ist ein Wettbewerb zu verstehen, bei dem der Gewinner ausschließlich auf Grund seiner Kenntnisse und Fertigkeiten ermittelt werden soll. Eine Unterart des Preisausschreibens ist das **Preisrätsel,** dessen Lösung idR denkbar einfach ist, um möglichst viele Verbraucher anzusprechen.

8.73   **c) Gewinnspiel.** Unter einem Gewinnspiel ist ein Spiel zu verstehen, bei dem der Gewinner durch irgendein Zufallselement ermittelt wird.

2. Abgrenzung

8.74   An dem für **aleatorische Reize** erforderlichen Zufallselement soll es bspw. fehlen, wenn eine Prämie „für die Ersten 500 Neukunden" versprochen wird (OLG Karlsruhe GRUR-RR 2008, 407 (408); zw.); anders soll es liegen, wenn lediglich mit einer „Chance auf je zwei Sitzplatz-karten" geworben wird, weil die Realisierung dieser Chance aus der Sicht des Verbrauchers vom Zufall abhängig ist (OLG Karlsruhe GRUR-RR 2008, 407 (409)). – Im Unterschied zum **Glücksspiel** ist beim Gewinnspiel für die Teilnahme kein Einsatz erforderlich. – Vom (echten) **Preisausschreiben** (§ 661 BGB) unterscheiden sich Preisausschreiben und Gewinnspiele **mit Werbecharakter** (§ 6 I Nr. 4 TMG) dadurch, dass entweder keine wirkliche oder überhaupt keine Leistung zu erbringen ist, der Gewinner vielmehr durch Zufall ermittelt wird. Für die lauterkeitsrechtliche Bewertung ist die Unterscheidung von Preisausschreiben und Gewinnspiel ohnehin bedeutungslos, da sie rechtlich gleichbehandelt werden (vgl. BGH GRUR 1973, 474 – Preisausschreiben). Kein eigentliches Gewinnspiel, sondern lediglich einen Sammleranreiz stellt die Beifügung von „Überraschungsgaben" von unterschiedlichem Sammlerwert in Waren-packungen dar („Überraschungseier"), gegen die lauterkeitsrechtlich nichts einzuwenden ist.

II. Lauterkeitsrechtliche Beurteilung

1. Grundsätzliche Zulässigkeit von Preisausschreiben, Gewinnspielen und sonstigen aleatorischen Reizen

8.75   Der Einsatz aleatorischer Reize, insbes. die Veranstaltung von Gewinnspielen und Preisaus-schreiben, zu Werbezwecken stellt eine seit jeher und auch unter der Geltung der UGP-RL grds. zulässige Verkaufsförderungsmaßnahme dar. Mittelbar ergibt sich dies auch aus § 6 I Nr. 4 TMG.

2. Grenzen der Zulässigkeit

8.76   **a) Unzulässigkeit nach Anh. § 3 III Nr. 17, 20.** Zu den stets unzulässigen geschäftlichen Handlungen gehören die im **Anh. Nr. 17** und **20 zu § 3 III** aufgeführten irreführenden Hand-lungen (vgl. dazu die dortige Kommentierung). Dass bei Gewinnzusagen der Kunde einen Erfüllungsanspruch gem. § 661a BGB besitzt, lässt die Unlauterkeit der Irreführung nicht entfallen, sondern ist nur eine zusätzliche vertragsrechtliche Sanktion.

8.77   **b) Aggressive Beeinflussung (§ 4a).** Da aleatorische Reize, insbes. Preisausschreiben und Gewinnspiele, lediglich eine **Anlockwirkung** haben, der Verbraucher dadurch aber nicht unter Druck gesetzt wird, liegt darin keine aggressive geschäftliche Handlung (BGH GRUR 2011, 532 Rn. 22 – Millionen-Chance II). Als Prüfungsmaßstab kommt daher nicht § 4a, sondern lediglich § 3 II in Betracht. Darauf, ob die Maßnahme geeignet ist, die Rationalität der Nachfragenent-scheidung völlig in den Hintergrund treten zu lassen (BGH GRUR 2009, 875 Rn. 12 – Jeder 100. Einkauf gratis; OLG Hamm GRUR-RR 2009, 313 (314)) kommt es weder bei § 4a noch bei § 3 II an (offengelassen noch in BGH GRUR 2011, 532 Rn. 27 – Millionen-Chance II).

8.78   **c) Irreführung (§ 5 II Nr. 1).** Irreführende Angaben iSd § 5 II Nr. 1 können sich auch auf Preisausschreiben und Gewinnspiele (Dienstleistungen) beziehen. Erfasst werden daher auch irreführende Angaben über die **Gewinnchancen** und deren **Höhe** (BGH GRUR 1989, 434 (435) – Gewinnspiel I; WRP 1995, 591 (593) – Gewinnspiel II; GRUR 2002, 1003 (1004) –

Gewinnspiel im Radio; GRUR 2011, 532 Rn. 26 – Millionen-Chance II). **Beispiele:** Erwecken des Eindrucks, die angekündigten Gewinne würden unter den Besuchern einer bestimmten Werbeveranstaltung verlost, während die Verlosung in Wahrheit unter allen Losinhabern stattfindet, die während eines halbjährigen Zeitraums Werbeveranstaltungen besucht haben (BGH GRUR 1962, 461 (465) – Filmvorführung). – Blickfangartige Ankündigung „Sie haben schon gewonnen" mit herausgestellten Hauptgewinnen über 2.000–10.000 DM und dem nur klein gedruckten Hinweis auf die „Auf-jeden-Fall-Gewinne", wenn die vielversprechende Ankündigung im Blickfang zu den tatsächlich gebotenen Gewinnchancen in krassem Missverhältnis steht (BGH GRUR 1974, 729 (731) – Sweepstake). – Vortäuschung der Verlosung wertvoller Gegenstände, die in Wahrheit nicht verteilt werden oder geringwertig sind (OLG Karlsruhe WRP 1964, 409). – Ankündigung, Gewinne von nicht unerheblichem Wert auszuspielen, wenn nicht deutlich darauf hingewiesen wird, dass zu den Gewinnen auch eine Vielzahl von Warengutscheinen geringeren Wertes (5 DM) gehören (BGH GRUR 1989, 434 (435) – Gewinnspiel I). – Täuschung über die Attraktivität der Hauptpreise eines von einem Versandhandelsunternehmen veranstalteten Gewinnspiels (BGH WRP 1995, 591 – Gewinnspiel II; OLG Koblenz NJW-RR 1996, 1261).

d) Irreführung durch Unterlassen (§ 5a I, § 5b IV iVm § 6 I Nr. 4 TMG). Dazu → § 5a   **8.79**
Rn. 5.26 ff., 5.61 ff. Nach § 6 I Nr. 4 TMG müssen Preisausschreiben und Gewinnspiele als solche klar erkennbar sein, und die Teilnahmebedingungen müssen leicht zugänglich sein sowie klar und unzweideutig angegeben werden. Diese Bestimmung ist analog auf den nicht elektronischen Geschäftsverkehr anzuwenden. **Klare Erkennbarkeit** bedeutet, dass der Verbraucher nicht im Unklaren gelassen wird, worauf er sich einlässt und womit er rechnen kann. Dem Erfordernis der **leichten Zugänglichkeit** im elektronischen Geschäftsverkehr ist genügt, wenn der Verbraucher die Teilnahmebedingungen von der Homepage des Werbenden herunterladen oder per Fax abrufen kann. Jedoch dürfen insoweit keine höheren Kosten als nach den Basistarifen entstehen, dh die Zugänglichmachung der Teilnahmebedingungen darf nicht zum Geschäft gemacht werden. Für den nichtelektronischen Geschäftsverkehr ist leichte Zugänglichkeit anzunehmen, wenn die Teilnahmebedingungen mittels Postkarte angefordert werden können oder wenn sie im Geschäftslokal bereitliegen oder erbeten werden können. Leichte Zugänglichkeit ist zu verneinen, wenn der Kunde mehrmals ein Geschäft betreten oder Namen und Adresse angeben muss.

Ferner muss der **Inhalt** der Teilnahmebedingungen **klar und eindeutig** angegeben werden.   **8.80**
Grds. braucht der Werbende nicht die tatsächlichen Gewinnchancen anzugeben. Dazu ist er idR schon deshalb nicht in der Lage, weil er im Voraus die Zahl der Teilnehmer nicht kennt. Die Ungewissheit hierüber gehört zum Charakter eines Preisausschreibens und eines Gewinnspiels (vgl. Begr. RegE zu § 4 Nr. 5, BT-Drs. 15/1487, 18). Der Werbende braucht auch nicht in der Werbung die Zahl der ausgesetzten Gewinne sowie die Anzahl der zur Verteilung vorgesehenen Gewinnlose im Einzelnen genau anzugeben. Jedoch muss eine entsprechende Anfrage eines Interessenten wahrheitsgemäß beantwortet werden. Der Tatbestand des § 6 I Nr. 4 TMG (ggf. analog) bzw. des § 5a II unmittelbar ist aber dann erfüllt, wenn das Angebot einer Teilnahme an einem Gewinnspiel mit der Bitte um Vereinbarung eines unverbindlichen Beratungsgesprächs über eine „neue Urlaubsidee" verbunden wird, ohne dem Teilnehmer zu sagen, dass das Beratungsgespräch dem Verkauf von Nutzungsrechten an Ferienimmobilien dient (vgl. OLG Hamburg NJW-RR 1995, 1254).

e) Rechtsbruch (§ 3a). Ein spezialgesetzliches Verbot der Werbung mit Preisausschreiben,   **8.81**
Verlosungen usw enthält **§ 11 I 1 Nr. 13 HWG** für den Bereich der Arzneimittelwerbung. Da es sich um eine Marktverhaltensregelung im Interesse der Verbraucher handelt, können Verstöße nach den §§ 3 I, 3a sanktioniert werden.

f) Verstoß gegen die unternehmerische Sorgfalt (§ 3 II). Der Tatbestand des § 3 II setzt   **8.82**
zwar nicht voraus, dass der aleatorische Reiz geeignet ist, die Rationalität der Nachfrageentscheidung völlig in den Hintergrund treten zu lassen, wie dies die bisherige Rspr. zu § 4 Nr. 1 UWG 2008 verlangte (vgl. BGH GRUR 2009, 875 Rn. 12 – Jeder 100. Einkauf gratis; offengelassen in BGH GRUR 2011, 532 Rn. 27 – Millionen-Chance II). Gleichwohl reicht die bloße Anlockwirkung, die von aleatorischen Reizen ausgehen kann, für sich allein nicht aus, um einen Sorgfaltsverstoß zu begründen und die Fähigkeit des Durchschnittsverbrauchers zu einer informierten Entscheidung spürbar zu beeinflussen. Dies gilt auch dann, wenn der aleatorische Anreiz sehr stark ist. Daher erfüllt bspw. das Versprechen der vollständigen Kaufpreisrückzahlung

für alle innerhalb einer Woche getätigten Möbelkäufe für den Fall, dass Deutschland Europameister wird, für sich allein nicht den Tatbestand des § 3 II und erst recht nicht den Tatbestand des § 4a (anders zum UWG 2008 OLG Hamm GRUR-RR 2009, 313 (314)).

8.83   Es müssen vielmehr zu dem aleatorischen Anreiz **besondere, den Verbraucher belastende Umstände** hinzutreten. Dazu reicht auch die bloße **Kopplung eines Preisausschreibens oder Gewinnspiels mit einem Absatzgeschäft** iSd aufgehobenen § 4 Nr. 6 UWG 2008 grds. nicht aus. Etwas anderes kann jedoch gelten, wenn sich die Maßnahme speziell an eine Gruppe **bes. schutzbedürftiger Verbraucher** iSd § 3 IV 2, insbes. Kinder und Jugendliche, richtet. Die gleichen Grundsätze gelten, wenn die Teilnahme an einem Preisausschreiben oder Gewinnspiel von der **Überlassung persönlicher Daten** (Postadresse, E-Mail-Adresse, Telefon- und Faxnummer) und von der Einwilligung in bestimmte Werbemaßnahmen (Telefonwerbung, E-Mail-Werbung usw) abhängig gemacht wird. Auch dies ist grds. zulässig (dazu BGH NJW 2010, 864 Rn. 24 – Happy Digits). Jedoch kann auch insoweit etwas anderes gelten, wenn sich diese Maßnahme speziell an eine Gruppe bes. schutzbedürftiger Verbraucher iSd § 3 IV 2, insbes. an Kinder und Jugendliche richtet. Wird der Verbraucher von der Kopplung der Gewinnspielteilnahme an die Datenüberlassung erst dann unterrichtet, wenn er sich bereits für die Teilnahme entschieden hat, liegt bereits ein Verstoß gegen Anh. Nr. 17 zu § 3 III und gegen das Transparenzgebot des § 6 I Nr. 4 TMG vor (vgl. auch OLG Köln WRP 2008, 261 (263): Fall des § 4 Nr. 1 UWG 2008).

8.84   **g) Gezielte Mitbewerberbehinderung (§ 4 Nr. 4).** Als weiteres Unlauterkeitskriterium kommt die Behinderung von (insbes. kleineren) Mitbewerbern in Betracht (vgl. zu § 1 UWG 1909 BGH GRUR 1998, 735 (736) – Rubbelaktion; GRUR 2000, 820 (821) – Space Fidelity Peep-Show). Allerdings ist insoweit Zurückhaltung geboten. Der bloße Umstand, dass kleinere Mitbewerber finanziell nicht zu gleichartigen Aktionen in der Lage sind, kann nicht ausschlaggebend sein (OLG Köln GRUR-RR 2005, 194 (195); aA noch BGH GRUR 1974, 156 (157) – Geld-Gewinnspiel; vgl. auch EuGH EuZW 1997, 470 – Familiapress). Entscheidend ist vielmehr, ob Gewinnspiele und Preisausschreiben von einem marktmächtigen Unternehmen gezielt dazu eingesetzt werden, kleine und mittlere Mitbewerber vom Markt zu verdrängen, und es dadurch zu einer konkreten Marktbehinderung kommt.

8.85   **h) Allgemeine Marktbehinderung (§ 3 I).** Theoretisch könnten Gewinnspielaktionen auch den Tatbestand der allgemeinen Marktbehinderung erfüllen. Die Voraussetzung dieser und auch der kartellrechtlichen Behinderungstatbestände (§§ 19, 20 I und III 1 GWB) werden idR jedoch nicht erfüllt sein.

III. Rechtsfolgen

1. Lauterkeitsrechtliche Rechtsfolgen

8.86   Ist die Veranstaltung eines Gewinnspiels oder eines Preisausschreibens wettbewerbswidrig, so kann nicht nur die Ankündigung, sondern auch die nicht gesondert, sondern als Teil des Verletzungstatbestandes angegriffene Durchführung der gesamten Werbeaktion verboten werden (BGH WRP 1976, 172 (174) – Versandhandelspreisausschreiben; WRP 1976, 100 (101) – Gewinnspiel; GRUR 1988, 829 – Verkaufsfahrten II; OLG Hamburg NJW-RR 1993, 1456). Bei einem auf ein Verbot der Durchführung selbstständig gestellten Antrag kommt es darauf an, ob auch diese als wettbewerbswidrig anzusehen ist, weil sie den lauteren Wettbewerb stört, zB den Verbraucher unlauter beeinflusst (BGH GRUR 1977, 727 (728) – Kaffee-Verlosung I; GRUR 1981, 286 (287) – Goldene Karte I). Die Durchführung einer Werbeaktion, von der unmittelbare Störungen des lauteren Wettbewerbs ausgehen, kann nur verboten werden, solange sie noch nicht beendet ist, nach Beendigung nur bei Wiederholungsgefahr. Ein Preisausschreiben ist noch nicht mit dem Ablauf des Einsendetermins abgeschlossen; auch die Prüfung der Einsendungen, die Bekanntmachung der Preisträger und die Preisverteilung gehören dazu (OLG Düsseldorf NJW 1952, 70). Verboten werden kann daher nicht nur die Werbung, sondern auch die Verteilung der Preise und Gewinne (LG München GRUR 1970, 367; LG Hamburg GRUR 1970, 368). Das gilt aber dann nicht, wenn nach § 661a BGB ein Rechtsanspruch der Teilnehmer auf die ausgesetzten Preise und Gewinne besteht (→ Rn. 8.87).

Köhler

2. Bürgerlichrechtliche Rechtsfolgen

Nach § 661a BGB hat ein Unternehmer, der Gewinnzusagen oder vergleichbare Mitteilun- **8.87** gen an Verbraucher sendet und durch die Gestaltung dieser Zusendungen den Eindruck erweckt, dass der Verbraucher einen Preis gewonnen hat, dem Verbraucher diesen Preis zu leisten. Die Regelung ist nicht verfassungswidrig (BGH NJW 2003, 3620; BVerfG NJW 2004, 762; Schröder/Thiessen NJW 2004, 719). Ihr Zweck ist es, unlauteren Geschäftspraktiken entgegenzuwirken, nämlich durch Gewinnmitteilungen den Verbraucher zur Bestellung von Waren oder Dienstleistungen zu bewegen, die Gewinne auf Nachfrage aber nicht auszuhändigen (vgl. BT-Drs. 14/2658, 48; BGH NJW 2003, 426 (428); Leible NJW 2003, 407; Feuchtmeyer NJW 2002, 3598; Lorenz JuS 2000, 833 (842); Stieper NJW 2013, 2849). Der Verbraucher kann den Unternehmer beim Wort nehmen und Leistung des mitgeteilten Gewinns verlangen. Es handelt sich dabei (jedenfalls auch) um einen **Anspruch aus unerlaubter Handlung** (zur im Einzelnen streitigen dogmatischen Einordnung vgl. BGH BB 2003, 2532 (2533) mwN).

IV. Versteigerungen

I. Begriff und Erscheinungsformen

Bei einer normalen Versteigerung wird eine Ware an den Meistbietenden verkauft. Der **8.88** Vertrag kommt dabei idR durch den Zuschlag zu Stande (§ 156 S. 1 BGB). Dabei ist zu unterscheiden zwischen der gesetzlich vorgesehenen **öffentlichen Versteigerung** (vgl. §§ 383, 753, 966, 979, 983, 1219, 1233 BGB; §§ 373, 376 HGB; § 815 ZPO) und der **freiwilligen Versteigerung** (Auktion). – Freiwillige Versteigerungen können auch in Form der **umgekehrten Versteigerung** erfolgen. Dabei ermäßigt sich der Preis in gewissen Zeitabständen so lange, bis jemand die Ware oder Dienstleistung erwirbt. **Beispiel:** Für ein gebrauchtes Kraftfahrzeug wird mit dem Hinweis geworben, dass sich das Angebot jeden Tag um 100 Euro verbilligt. Auch im Internet-Handel hat diese Absatzmethode Eingang gefunden (vgl. BGH WRP 2004, 345 – Umgekehrte Versteigerung im Internet; OLG Hamburg GRUR-RR 2001, 113; OLG Hamburg GRUR-RR 2002, 232). – Die gewerbsmäßige Durchführung von Versteigerungen ist erlaubnispflichtig (§ 34b GewO). – Von der Versteigerung iSd § 34b GewO sind sog **Internet-Auktionen** zu unterscheiden. Bei Letzteren wird das Höchstgebot nicht in einem offenen Bieterwettbewerb bestimmt, sondern der Verkauf erfolgt an denjenigen, der innerhalb eines bestimmten Zeitraums das höchste Gebot abgegeben hat (vgl. OLG Frankfurt GRUR-RR 2001, 317). – Zur **zivilrechtlichen** Beurteilung vgl. BGH NJW 2002, 363; KG NJW 2002, 1583; Lettl JuS 2002, 219; Mehrings BB 2002, 469; Wenzel NJW 2002, 1550. – Zur Klagebefugnis von Auktionatoren vgl. BGH WRP 2004, 348 – Hamburger Auktionatoren.

V. Lauterkeitsrechtliche Beurteilung

1. Grundsätzliche Zulässigkeit

Versteigerungen lassen bei den Verbrauchern den Eindruck besonders günstiger Angebote **8.89** entstehen (BGH WRP 1998, 1168 (1169) – Umgelenkte Auktionskunden) und sind daher beliebte Maßnahmen der Verkaufsförderung. Die Ankündigung und Durchführung von Versteigerungen ist, da gesetzlich zugelassen, grds. wettbewerbskonform. Nur besondere Umstände können daher die Unlauterkeit begründen.

2. Grenzen der Zulässigkeit

a) Aggressive Beeinflussung (§ 4a). Von Versteigerungen geht keine „unzulässige Beein- **8.90** flussung" iSd § 4a I 2 Nr. 3 auf die Verbraucher aus. Dies gilt auch für die „umgekehrte Versteigerung" (→ Rn. 8.88) trotz des von ihr ausgehenden aleatorischen Reizes.

b) Irreführung (§ 5 II Nr. 2). Die Bezeichnung „Auktion" oder „Versteigerung" für Ver- **8.91** käufe im Internet ist nicht deshalb irreführend iSv § 5 II Nr. 2, weil es sich um keine herkömmliche Versteigerung iSd § 34b GewO handelt und sie nicht den Regeln der Versteigerungsverordnung unterliegt. Denn der Begriff ist im Laufe der Zeit vieldeutig geworden und der Verkehr achtet auf die konkreten Versteigerungsbedingungen (OLG Frankfurt GRUR-RR 2001, 317). Eine Irreführung liegt aber vor, wenn eine öffentliche Versteigerung vorgetäuscht wird, während es sich in Wahrheit um eine private Versteigerung handelt (vgl. BGH GRUR 1988, 838 – Kfz-Versteigerung). Denn bei einer amtlichen Versteigerung rechnet der Verbraucher mit besonders günstigen Erwerbschancen. Er nimmt eine Zwangslage an und hofft, Waren sehr preisgünstig ersteigern zu können, zumal sie ohnehin unter dem gewöhnlichen Verkaufswert angeboten werden. – Besonders verwerflich ist es, wenn Händler mit fingierten Schuldtiteln als „Gläubiger" gegen „Schuldner" eine öffentliche Versteigerung im Wege der Zwangsvollstreckung erschleichen. Mit solchen Tricks suchen mitunter Teppichhändler ihre Orientteppiche mit hohem Gewinn abzusetzen, indem sie die Vollstreckungsorgane über den gewöhnlichen Verkaufswert täuschen, so dass schon mit dem Mindestgebot (§ 817a ZPO) ein guter Gewinn erzielt wird. In diesem Fall liegt sogar eine strafbare irreführende Werbung iSd § 16 I vor (vgl. OLG Köln DB 1976, 1107). – Irreführend ist es, wenn der Internet-Versteigerer dem Verbraucher nicht mitteilt, dass die Auslieferung erst nach 15 Werktagen erfolgt, weil der Verbraucher unverzügliche Lieferung nach Bezahlung erwartet (LG Hamburg GRUR-RR 2001, 315). – Irreführend ist es ferner, eine Versteigerung anzukündigen, dann aber einen normalen Einzelverkauf durchzuführen (BGH WRP 1998, 1168 (1170) – Umgelenkte Auktionskunden).

8.92   **c) Rechtsbruch (§ 3a).** Ein Verkauf von Waren unter Verstoß gegen § 34b VI GewO stellt, da es sich insoweit um eine Marktverhaltensregelung zum Schutze der Verbraucher handelt, zugleich einen Wettbewerbsverstoß iSd § 3a dar, sofern – wie idR – die Spürbarkeit gegeben ist. Erfasst wird dadurch insbes. die Versteigerung „ungebrauchter Waren" iSv § 34b VI Nr. 5 lit. b GewO (vgl. OLG Karlsruhe GRUR 1996, 75 (76)).

8.93   **d) Verstoß gegen die unternehmerische Sorgfalt (§ 3 II).** Auch eine „umgekehrte Versteigerung" begründet idR keinen Verstoß gegen die „unternehmerische Sorgfalt" iSd § 3 II und ist nicht geeignet, das wirtschaftliche Verhalten des Verbrauchers wesentlich zu beeinflussen. Schon unter Geltung des UWG 1909 hatte die Rspr. zuletzt diese Art der Versteigerung nicht mehr beanstandet (BGH GRUR 2003, 626 (627) – Umgekehrte Versteigerung II; WRP 2004, 345 (347) – Umgekehrte Versteigerung im Internet). Der durchschnittlich informierte, situationsadäquat aufmerksame und verständige Verbraucher lasse sich durch dieses aleatorische Moment nicht von einer reiflichen Prüfung der Preiswürdigkeit des Angebots unter Vergleich mit Konkurrenzangeboten abhalten. Dies gelte jedenfalls dann, wenn es sich um größere und nicht alltägliche Anschaffungen handelt, wie einen Gebrauchtwagenkauf. Die bloße Befürchtung eines potenziellen Kunden, ein anderer Kaufinteressent könne ihm bei weiterem Zuwarten zuvorkommen, gehöre zum Wesen eines jeden Angebots eines bestimmten Gegenstands und damit zum normalen Risiko. Dieses Risiko habe der Kaufinteressent auch bei jeder „normalen" Versteigerung an den Meistbietenden. Im Übrigen sei der Kaufmann frei, seine allgemein angekündigten Preise jederzeit zu senken oder zu erhöhen, soweit er dies nach Marktlage für erforderlich halte und er nicht missbräuchlich (zB zur Verschleierung von Mondpreisen durch Preisschaukelei) handle (BGH GRUR 2003, 626 (627 f.) – Umgekehrte Versteigerung II). Dementsprechend müsse es ihm auch freistehen, künftige Preisherabsetzungen schon vorher anzukündigen. – Von vornherein nicht wettbewerbswidrig ist eine umgekehrte Versteigerung, wenn der Zuschlag für den Teilnehmer nicht verbindlich ist, es ihm vielmehr freisteht, ob er später den Kaufvertrag abschließt (BGH WRP 2004, 345 (347) – Umgekehrte Versteigerung im Internet). – Werden Internet-Auktionen in der Weise organisiert, dass der Verkäufer mehrere Preisstufen angibt und je nach Gesamtabnahme durch mehrere Käufer einen niedrigeren Preis anbietet **(Powershopping; Community-Shopping),** ist dies ebenfalls lauterkeitsrechtlich grds. unbedenklich.

8.94   Ein Verstoß gegen § 3 II kommt nur ausnahmsweise in Betracht. So bspw. dann, wenn die Versteigerung vor einer Gruppe „leichtgläubiger Verbraucher" durchgeführt wird und nur das wirtschaftliche Verhalten dieser Gruppe wesentlich beeinflusst (§ 3 IV 2).

9. Abschnitt. Emotionale („gefühlsbetonte") Werbung

Übersicht

Schrifttum: Ahrens, Benetton und Busengrapscher – ein Test für die wettbewerbsrechtliche Sittenwidrigkeitsklausel und die Meinungsfreiheit, JZ 1995, 1096; Bamberger, Mitleid zu Zwecken des Eigennutzes?, FS Piper, 1996, 41; Bottenschein, „Regenwald Projekt" und der Kaufzwang bei der akzessorischen Werbung, WRP 2002, 1107; Brandner, Imagewerbung mit dem World Trade Center?, FS Erdmann, 2002, 533; Federhoff-Rink, Social Sponsoring in der Werbung – Zur rechtlichen Akzessorietät der Werbung mit Umweltsponsoring, GRUR 1992, 643; Fezer, Umweltwerbung mit unternehmerischen Investitionen in den Nahverkehr, JZ 1992, 143; Fezer, Diskriminierende Werbung – Das Menschenbild der Verfassung im Wettbewerbsrecht, JZ 1998, 265; Fezer, Imagewerbung mit gesellschaftskritischen Themen im Schutzbereich der Meinungs- und Pressefreiheit, NJW 2001, 580; Fischer, Politische Aussagen in der kommerziellen Produktwerbung, GRUR 1995, 641; Gaedertz/Steinbeck, Diskriminierende und obszöne Werbung, WRP 1996, 978; Gärtner, Zum Einfluss der Meinungsfreiheit auf § 1 UWG am Beispiel der Problemwerbung, 1998; v. Gierke, Wettbewerbsrechtlicher Schutz der Persönlichkeitssphäre, insbesondere im Bereich der gefühlsbetonten Werbung, FS Piper, 1996, 243; Harrer, Benetton und das Wettbewerbsrecht, VVBl 1996, 465; Hartwig, Über das Verhältnis von informativer und suggestiver Werbung, WRP 1997, 825; Hartwig, Zulässigkeit und Grenzen der Imagewerbung – das Beispiel „Benetton", BB 1999, 1775; Hartwig, „H. I. V. POSITIVE II" – zugleich Abschied vom Verbot „gefühlsbetonter Werbung"?, WRP 2003, 582; Hartwig, Meinungsfreiheit und lauterer Wettbewerb, GRUR 2003, 924; Heermann, Sponsoringverträge als Teil von Kopplungsgeschäften, WRP 2014, 897; Henning-Bodewig, Schockierende Werbung, WRP 1992, 533; Henning-Bodewig, „Werbung mit der Realität" oder wettbewerbswidrige Schockwerbung, GRUR 1993, 950; Henning-Bodewig, Neue Aufgaben für die Generalklausel – Von „Benetton" zu „Busengrapscher", GRUR 1997, 180; Hösch, Meinungsfreiheit und Wettbewerbsrecht am Beispiel der „Schockwerbung", WRP 2003, 936; Hoffmann-Riem, Kommunikationsfreiheit für Werbung, ZUM 1996, 1; Hoffrichter-Daunicht, Unlauterer Wettbewerb auf dem Spendenmarkt, FS v. Gamm, 1990, 39; Kassebohm, Grenzen schockierender Werbung, 1995; Keßler, Wettbewerbsrechtliche Grenzen sozial orientierter Absatzsysteme, WRP 1999, 146; Kisseler, Das Bild der Frau in der Werbung, FS Gaedertz, 1992, 283; Kisseler, Schlankheitswerbung im Zwielicht, FS Vieregge, 1995, 401; Kort, Zur wettbewerbsrechtlichen Bewertung gefühlsbetonter Werbung, WRP 1997, 526; Kübler/Kübler, Werbefreiheit nach „Benetton", FS Ulmer, 2003, 907; Kur, Die „geschlechtsdiskriminierende Werbung" im Recht der nordischen Länder, WRP 1995, 790; Lange, Verhindern die Zivilgerichte das soziale Engagement von Unternehmen?, WRP 1999, 893; Lindacher, Gefühlsbetonte Werbung nach BVerfG, GRUR 2002, 455 – Tier- und Artenschutz, FS Tilmann, 2003, 195; Manssen, Verfassungswidriges Verbot der Benetton-Werbung – BVerfG, NJW 2001, 591, JuS 2001, 1169; Menke, Zur Fallgruppe „Gefühlsbetonte Werbung", GRUR 1995, 534; Müller, Gesundheitswerbung für Lebens- und Genußmittel, WRP 1971, 295; v. Münch, Benetton: bene oder male?, NJW 1999, 2413; Nordemann/Dustmann, Gefühlsbetonte Werbung – quo vadis, FS Tilmann, 2003, 207; Reichardt, Gestattet § 1 UWG gefühlsansprechende unsachliche Werbung?, WRP 1995, 796; Reichold, Unlautere Werbung mit der „Realität", WRP 1994, 219; Scherer, Verletzung der Menschenwürde durch Werbung, WRP 2007, 594; Schneider, Mit der Meinungsfreiheit auf Kriegsfuß? – Zur Grundrechtsferne von Zivilgerichten, NJW 2003, 1845; Schnorbus, Werbung mit der Angst, GRUR 1994, 15; Schramm, Die gefühlsbetonte Werbung, GRUR 1976, 689; Seichter, Das Regenwaldprojekt – Zum Abschied von der Fallgruppe der gefühlsbetonten Werbung, WRP 2007, 230; Sevecke, Wettbewerbsrecht und Kommunikationsgrundrechte, 1997; Sosnitza, Werbung mit der Realität, GRUR 1993, 540; Sosnitza, Zulässigkeit und Grenzen der sog Image-Werbung, WRP 1995, 786; Sosnitza, Wettbewerbsbeschränkungen durch die Rechtsprechung, 1995; Steinbeck, Das Bild der Frau in der Werbung, ZRP 2002, 435; Teichmann/van Krüchten, Kriterien gefühlsbetonter Werbung, WRP 1994, 704; Ullmann, Das Koordinatensystem des Rechts des unlauteren Wettbewerbs im Spannungsfeld von Europa und Deutschland, GRUR 2003, 817; Wassermeyer, Schockierende Werbung, GRUR 2002, 126; Wiebe, Super-Spar-Fahrkarten für Versicherungskunden im Dienste des Umweltschutzes aus wettbewerbsrechtlicher Sicht, WRP 1995, 445; Wünnenberg, Schockierende Werbung – Verstoß gegen § 1 UWG?, 1996.

A. Allgemeines

9.1   Für die Kaufentscheidung des Verbrauchers können neben der Preiswürdigkeit und Qualität der angebotenen Ware oder Dienstleistung noch andere Faktoren eine Rolle spielen. Dazu gehören insbes. auch immaterielle Bedürfnisse. Es liegt daher nahe, dass Werbung versucht, auch solche immateriellen Bedürfnisse zu wecken, anzusprechen und zu befriedigen. Dafür wurde der Begriff der **gefühlsbetonten Werbung** entwickelt. Es geht um **Emotionen** iwS, also Gefühle, Wünsche, Wertvorstellungen, Triebe, Motive, Ziele, Hoffnungen, Tabus, Ressentiments, Vorurteile. So beispielsweise, um einige herauszugreifen, um Umweltschutz, Tierschutz, um Sicherheit und Gesundheit, um Sexualität und Aggression, um Mitleid, Solidarität und Nächstenliebe, um patriotische, ethnische und religiöse Gefühle. Statt des eher missverständlichen Begriffs der **„gefühlsbetonten Werbung"** wird daher im Folgenden der Begriff der **emotionalen Werbung** verwendet. Ein Großteil heutiger Werbung ist durch das Bestreben gekennzeichnet, durch derartige emotionale Kaufmotive Aufmerksamkeit zu erregen, Sympathie zu gewinnen und Kaufinteresse zu wecken (vgl. BGH GRUR 1999, 1100 – Generika-Werbung; BVerfGE 102, 347 (364) = GRUR 2001, 170 – Schockwerbung). Nicht nur in der **Aufmerksamkeitswerbung (Imagewerbung),** sondern auch in der **Produktwerbung** ist dies eine weit geübte Praxis (vgl. BVerfG GRUR 2002, 455 (456) – Tier- und Artenschutz).

B. Lauterkeitsrechtliche Beurteilung

I. Entwicklung der Rechtsprechung

9.2   Nach der Rspr. des BGH zu **§ 1 UWG 1909** lag eine unzulässige **„gefühlsbetonte Werbung"** vor, wenn die Werbung an die soziale Hilfsbereitschaft und an das Mitgefühl der Mitmenschen appellierte und die so geschaffene Gefühlslage des Umworbenen planmäßig zu Gunsten des geschäftlichen Vorteils des werbenden Unternehmens nutzte, ohne dass irgendein sachlicher Zusammenhang mit der Leistung des werbenden Unternehmens bestand (BGH GRUR 1991, 545 – Tageseinnahmen für Mitarbeiter; GRUR 1995, 742 (743) – Arbeitsplätze bei uns; GRUR 1999, 1100 – Generika-Werbung). Entsprechendes sollte für die Image- oder Aufmerksamkeitswerbung gelten, wenn sie eine Solidarisierung des Verbrauchers mit dem werbenden Unternehmen, das bestimmte soziale Missstände anprangert, bewirken soll (BGHZ 130, 196 (201 f.) = GRUR 1995, 598 – Ölverschmutzte Ente; BGH GRUR 1995, 595 (597) – Kinderarbeit). Die „gefühlsbetonte Werbung" war nach dieser Rspr. wettbewerbswidrig, weil sie geeignet erschien, den Verbraucher im Widerspruch zum Leitbild des Leistungswettbewerbs unsachlich zu beeinflussen. Bei der Bewertung, ob eine solche Beeinträchtigung der Entschließungsfreiheit vorliegt, stellte die Rspr. auf das Vorliegen eines **sachlichen Zusammenhangs** zwischen der gefühlsbetonten Werbung und der angebotenen Ware oder Dienstleistung ab. Bestand ein unmittelbarer oder zumindest mittelbarer sachlicher Zusammenhang zwischen dem in der Werbung angesprochenen Engagement und der beworbenen Ware, wurde die Wettbewerbswidrigkeit der Erweckung des Kaufinteresses aus sozialem Verantwortungsgefühl, Hilfsbereitschaft oder Mitleid verneint (BGH GRUR 1995, 742 (743) – Arbeitsplätze bei uns;

GRUR 1999, 1100 – Generika-Werbung). Fehlte ein solcher Zusammenhang, so wurde die Wettbewerbswidrigkeit bejaht (BGH GRUR 1976, 308 (311) – UNICEF-Grußkarten; GRUR 1987, 534 (535) – McHappy-Tag; GRUR 1991, 542 (543) – Biowerbung mit Fahrpreiserstattung; GRUR 1991, 545 – Tageseinnahmen für Mitarbeiter; Ullmann FS Traub, 1994, 411 (419 ff.)). Ausnahmsweise wurde aber – trotz Fehlens eines Sachzusammenhangs – die Anprangerung lediglich politischer Missstände, welche Verbraucher in ihren eigenen "Stammtischparolen" bestätigen, als zulässig angesehen (BGH GRUR 1997, 761 (765) – Politikerschelte).

Diese Rspr. des BGH wurde indessen nach Auffassung des BVerfG der Tragweite des **9.3** Art. 5 I 1 GG nicht gerecht (BVerfG GRUR 2001, 170 (173 f.) – Schockwerbung; BVerfG GRUR 2002, 455 (456 f.) – Tier- und Artenschutz). Da das Grundrecht auf freie Meinungsäußerung auch für die Wirtschaftswerbung gelte, sei eine Einschränkung durch § 1 UWG 1909 nur gerechtfertigt, wenn von der Werbung eine konkrete Gefährdung des (an der Leistung orientierten) Wettbewerbs ausgehe. Eine Werbung mit Informationen, die sich nicht auf Angaben zur Preiswürdigkeit und Qualität der angebotenen Ware oder Dienstleistung beschränken, sondern weitere Kaufmotive darstellen, sei – sofern sie nicht irreführend sei – grds. zulässig. Darauf, ob ein sachlicher Zusammenhang mit dem Produkt bestehe oder nicht, komme es nicht an. Denn dem Käufer stehe es frei, ob er sich durch ein solches Motiv zum Kauf anregen lasse oder nicht (BVerfG GRUR 2002, 455 (456 f.) – Tier- und Artenschutz).

Der BGH hat unter Berufung auf die Regelung in § 4 Nr. 1 UWG 2004 seine frühere strenge **9.4** Rspr. ausdrücklich aufgegeben (BGH GRUR 2006, 75 Rn. 18 – Artenschutz; GRUR 2007, 247 Rn. 19 – Regenwaldprojekt I). Danach ist eine Werbeaussage nicht schon dann unlauter, wenn das Kaufinteresse durch Ansprechen des sozialen Verantwortungsgefühls, der Hilfsbereitschaft, des Mitleids oder des Umweltbewusstseins geweckt werden soll, ohne dass ein sachlicher Zusammenhang zwischen dem in der Werbung angesprochenen Engagement und der beworbenen Ware besteht. Die Feststellung, ob eine unangemessene unsachliche Einflussnahme iSv § 4 Nr. 1 UWG 2004 vorliegt, sollte vielmehr unter Abwägung der Umstände des Einzelfalls im Hinblick auf die Schutzzwecke des UWG und unter Berücksichtigung der Grundrechte der Beteiligten, getroffen werden (BGH GRUR 2006, 75 Rn. 19 – Artenschutz).

II. Vorgaben der UGP-RL

Die UGP-RL regelt innerhalb ihres Anwendungsbereichs die Unlauterkeit von Geschäfts- **9.5** praktiken gegenüber Verbrauchern abschließend. Daher ist an erster Stelle zu fragen, ob emotionale Werbung nach der UGP-RL zulässig ist. Nach ErwGr. 6 S. 5 UGP-RL berührt die Richtlinie nicht "die anerkannten Werbe- und Marketingmethoden wie ... Anreize, die auf rechtmäßige Weise die Wahrnehmung von Produkten durch den Verbraucher und sein Verhalten beeinflussen können, die jedoch seine Fähigkeit, eine informierte Entscheidung zu treffen, nicht beeinträchtigen". Grds. ist daher die emotionale Werbung zulässig, sie unterliegt jedoch im Anwendungsbereich der UGP-RL den Kontrollmaßstäben des Art. 5–9 UGP-RL. Allerdings bezieht sich die UGP-RL "nicht auf die gesetzlichen Anforderungen in Fragen der guten Sitten und des Anstands, die in den Mitgliedstaaten sehr unterschiedlich sein können" (ErwGr. 7 S. 3 UGP-RL). Dementsprechend können die Mitgliedstaaten "im Einklang mit dem Gemeinschaftsrecht in ihrem Hoheitsgebiet weiterhin Geschäftspraktiken aus Gründen der guten Sitten und des Anstands verbieten ..., auch wenn diese Praktiken die Wahlfreiheit des Verbrauchers nicht beeinträchtigen können" (ErwGr. 7 S. 5 UGP-RL).

III. Heutige Beurteilung

Es ist auch unter Geltung UWG 2015 grds. unbedenklich, wenn die Werbung sich nicht auf **9.6** Sachangaben, insbes. über die Eigenschaften und den Preis beworbener Erzeugnisse und die Leistungsfähigkeit des Unternehmers beschränkt, sondern **Emotionen** anspricht. Mit einer derartigen Werbung ist auch nicht zwangsläufig die Absicht verbunden, den Verbraucher von der Prüfung der Preiswürdigkeit oder Qualität des Angebots abzulenken. Vielmehr dient sie dazu, einen zusätzlichen Kaufanreiz zu schaffen. Der durchschnittliche Verbraucher lehnt die emotionale Werbung auch nicht von vornherein ab.

IV. Grenzen der Zulässigkeit

1. Allgemeines

9.7   Unzulässig wird eine emotionale Werbung erst, wenn besondere Umstände hinzukommen und dadurch die Einwirkung auf den Verbraucher ein Ausmaß annimmt, das aus der Sicht der Rechtsordnung nicht mehr hinnehmbar ist. Dabei sind – wie stets – alle Umstände des Einzelfalls, insbes. Anlass, Zweck, eingesetzte Mittel, Begleitumstände und Auswirkungen der Maßnahme, sowie die Schutzzwecke des UWG und die Grundrechte der Beteiligten zu berücksichtigen (BGH GRUR 2002, 360 (363) – H. I. V. POSITIVE II; GRUR 2006, 75 Rn. 19 – Artenschutz). Die Kontrollnormen des UWG sind dabei richtlinienkonform iSd Unlauterkeitskriterien der UGP-RL auszulegen, wobei diese jedoch nach ErwGr. 7 S. 3 und 5 UGP-RL weiter gehenden nationalen Unlauterkeitskriterien der „guten Sitten und des Anstands" (engl. „taste and decency") keine Grenzen setzen (→ Rn. 9.5).

2. Einzelne Unlauterkeitstatbestände

9.8   **a) „Gefährdung des Arbeitsplatzes oder Lebensunterhalts" (§ 3 III iVm Anh. Nr. 30).** Ein Per-se-Verbot der emotionalen Werbung in Bezug auf soziale Verantwortung, Hilfsbereitschaft und Mitleid enthält Anh. Nr. 30 zu § 3 III.

9.9   **b) Aggressive Beeinflussung (§ 4a).** § 4a setzt voraus, dass der Unternehmer durch Belästigung, Nötigung oder unzulässige Beeinflussung die **Entscheidungsfreiheit** des Verbrauchers erheblich beeinträchtigt. Bei emotionaler Werbung werden diese Voraussetzungen idR nicht erfüllt sein. Eine andere Beurteilung kann angezeigt sein, wenn die Werbung vorhersehbar nur das wirtschaftliche Verhalten einer eindeutig identifizierbaren Gruppe bes. schutzbedürftiger Verbraucher, insbes. Kinder und Jugendliche, wesentlich beeinflusst (§ 4a I iVm § 3 IV 2) oder die Angst der Verbraucher ausnutzt (§ 4a II 2).

9.10   **c) Irreführung (§ 5 I).** Irreführende Angaben im Rahmen der emotionalen Werbung sind bereits nach § 5 I 2 unlauter. Erfasst werden damit insbes. Fälle, in denen der Werbende über Anlass oder Umfang seines sozialen Engagements täuscht. Ein Verstoß gegen § 5 liegt dann vor, wenn die Leistungen des Werbenden hinter seinen Versprechungen zurückbleiben und der Verbraucher dadurch in seinen berechtigten Erwartungen getäuscht wird (BGH GRUR 2007, 251 Rn. 24 – Regenwaldprojekt II). Davon zu unterscheiden sind die Fälle, in denen der Werbende bloß ungenaue oder unklare Angaben macht (→ Rn. 9.11).

9.11   **d) Irreführung durch Unterlassen (§ 5a II).** Nach § 5a II 1 handelt unlauter, wer dem Verbraucher eine **wesentliche Information** vorenthält, die er je nach den Umständen für eine informierte Entscheidung benötigt. Dem steht nach § 5a II 2 der Fall gleich, dass „eine wesentliche Information verheimlicht oder in unklarer, unverständlicher oder zweideutiger Weise oder nicht rechtzeitig" bereitgestellt wird. Ob eine Information über die sich auf die gefühlsbezogene Werbung bezieht, **wesentlich** ist, hängt von den Umständen des Einzelfalls ab. Keinesfalls ist eine umfassende Aufklärung erforderlich, zumal der verständige Verbraucher sie auch gar nicht erwartet (BGH GRUR 2007, 247 Rn. 24 – Regenwaldprojekt I mwN; GRUR 2007, 251 Rn. 21 – Regenwaldprojekt II; OLG Hamburg GRUR-RR 2004, 216; 2003, 51 (52); Nordemann/Dustmann FS Tilmann, 2003, 207 (217)). Maßgebend ist, ob die Angaben des Werbenden Erwartungen bei den Verbrauchern wecken, die zu irrigen Vorstellungen führen können. In diesem Fall ist er gehalten, die entsprechende Aufklärung zu geben.

9.12   **e) Vergleichende Werbung (§ 6 II).** Nach § 6 II Nr. 1 und Nr. 2 ist vergleichende Werbung unzulässig, wenn sie sich nicht auf Waren oder Dienstleistungen für den gleichen Bedarf oder dieselbe Zweckbestimmung bezieht und nicht objektiv auf wesentliche, relevante, nachprüfbare und typische Eigenschaften oder den Preis dieser Waren oder Dienstleistungen bezogen ist. Demnach ist es unzulässig, den Vergleich auf Umstände (zB soziales Engagement) zu beziehen, die mit der Ware oder Dienstleistung als solcher nichts zu tun haben.

9.13   **f) Unzumutbare Belästigung (§ 7 I).** Emotionale Werbung kann wegen ihres Inhalts belästigend wirken. Die Konfrontation mit dem unerwünschten Inhalt einer Werbung stellt aber keine unzumutbare Belästigung iSd § 7 I dar (→ § 7 Rn. 29, 46).

g) Generalklausel als Auffangtatbestand (§ 3 I). Soweit emotionale Werbung gegen die **9.14** Menschenwürde oder andere Grundrechte verstößt, kann sie gegen § 3 I in seiner Funktion als Auffangtatbestand verstoßen (→ Rn. 2.33 ff.). Diese Grenze ist aber noch nicht überschritten, wenn die Bevölkerung mit Werbeplakaten schockierenden Inhalts konfrontiert wird (BVerfG GRUR 2001, 170 (174) – Schockwerbung; GRUR 2003, 442 (444) – Benetton-Werbung II).

C. Fallgruppen

I. Aufmerksamkeitswerbung

Auch die bloße **Aufmerksamkeitswerbung (Imagewerbung)** mit dem Ziel, ein Unterneh- **9.15** men bekannt zu machen oder seinen Bekanntheitsgrad zu steigern, gehört zu den geschäftlichen Handlungen iSd § 2 Nr. 2 (→ § 2 Rn. 2.16 sowie die Definition der kommerziellen Kommunikation in Art. 2 lit. f E-Commerce-RL und unterliegt der Kontrolle nach den §§ 3 ff. (vgl. zu § 1 UWG 1909 BGH GRUR 1995, 595 (596) – Kinderarbeit; GRUR 1997, 761 (763) – Politikerschelte; GRUR 2003, 540 (541) – Stellenanzeige). Allerdings wird Aufmerksamkeitswerbung, mag sie sich auf ein Unternehmen oder ein Produkt beziehen, so gut wie nie geeignet sein, den Tatbestand des § 4a oder des § 3 II zu erfüllen. Denn es fehlt bereits an einer konkreten Einflussnahme auf die Entscheidungsfähigkeit und -freiheit des Verbrauchers (ebenso Lindacher FS Tilmann, 2003, 195 (202)). Es spielt daher auch keine Rolle, ob die Werbung einen inhaltlichen Bezug zum Unternehmen oder zu seiner Leistungsfähigkeit aufweist (so auch BGH GRUR 1995, 595 (596) – Kinderarbeit; GRUR 1997, 761 (764) – Politikerschelte) und mit welchen Mitteln der Werbende Aufmerksamkeit gewinnen will. Die Fälle der sog **Schockwerbung** sind daher – entgegen der früheren Rspr. des BGH – lauterkeitsrechtlich nicht zu beanstanden, soweit nicht im Einzelfall der Tatbestand des § 3 I in seiner Funktion als Auffangtatbestand oder der des Rechtsbruchs (§ 3a) erfüllt ist. Im Übrigen dürften solche Fälle die Ausnahme bleiben, weil sie sich eher nachteilig auf den Produktabsatz auswirken können (vgl. dazu BGH NJW 1997, 3304 (3309) – Benetton I). – Auch Werbung mit **politischen** oder **gesellschaftskritischen Aussagen,** die in keinerlei Sachzusammenhang mit dem werbenden Unternehmen und seinen Produkten stehen, ist nicht geeignet, die Entscheidungsfähigkeit oder -freiheit des Verbrauchers zu beinträchtigen. Sie ist daher grds. zulässig (iErg ebenso BGH GRUR 1997, 761 – Politikerschelte). Ob damit ein Solidarisierungseffekt erreicht werden soll, ist unerheblich (ebenso Henning-Bodewig GRUR 1997, 180 (186, 189)). – Aufmerksamkeitswerbung kann jedoch wegen der konkreten Gestaltung ihres Inhalts wettbewerbswidrig sein (vgl. BGH GRUR 1997, 761 (765) – Politikerschelte: Verstoß gegen § 4 I HWG bejaht; GRUR 2003, 540 (541) – Stellenanzeige: Verstoß gegen Art. 1 § 1 I 1 RBerG aF verneint).

II. Werbung mit Appellen an die soziale Verantwortung

Schrifttum: Ackermann, Die deutsche Umweltrechtsprechung auf dem Weg zum Leitbild des verständigen Verbrauchers?, WRP 1996, 502; Brandner, Beiträge des Wettbewerbsrechts zum Schutz der Umwelt, FS v. Gamm, 1990, 27; Brandner/Michael, Wettbewerbsrechtliche Verfolgung von Umweltrechtsverstößen, NJW 1992, 278; Cordes, „Umweltwerbung" – Wettbewerbsrechtliche Grenzen der Werbung mit Umweltschutzargumenten, 1994; Faylor, Irreführung und Beweislast bei umweltbezogener Werbung, WRP 1990, 725; Federhoff-Rink, Umweltschutz und Wettbewerbsrecht, 1994; Friedrich, Umweltschutz durch Wettbewerbsrecht, WRP 1996, 1; Füger, Umweltbezogene Werbung, 1993; v. Gamm, Wettbewerbs- und kartellrechtliche Fragen im Bereich der Abfallwirtschaft, FS Traub, 1994, 133; Kisseler, Wettbewerbsrecht und Umweltschutz, WRP 1994, 149; Klindt, Die Umweltzeichen „Blauer Engel" und „Europäische Blume" zwischen produktbezogenem Umweltschutz und Wettbewerbsrecht, BB 1998, 545; Köhler, Der gerupfte Engel oder die wettbewerbsrechtlichen Grenzen der umweltbezogenen Produktwerbung, UTR 1990, Band 12, S. 344; Lappe, Die wettbewerbsrechtliche Bewertung der Umweltwerbung, 1995; Lappe, Zur ökologischen Instrumentalisierbarkeit des Wettbewerbsrechts, WRP 1995, 170; Lindacher, Umweltschutz in der Werbung – lauterkeitsrechtliche Probleme, 1997, Umwelt- und Technikrecht, S 67; Michalski/Riemenschneider, Irreführende Werbung mit der Umweltfreundlichkeit von Produkten – Eine Rechtsprechungsanalyse, BB 1994, 1157; Micklitz, Umweltwerbung im Binnenmarkt, WRP 1995, 1014; Paulus, Umweltwerbung – Nationale Maßstäbe und europäische Regelungen, WRP 1990, 739; Roller, Der „blaue Engel" und die „Europäische Blume", EuZW 1992, 499; Rüffler, Umweltwerbung und Wettbewerbsrecht, ÖBl 1995, 243; ÖBl 1996, 3; Spätgens, Umwelt und Wettbewerb – Stand der Dinge, FS Vieregge, 1995, 813; Strauch, Zur wettbewerbsrechtlichen Zulässigkeit von sog „Bio-Werbung" gem. § 3 UWG, WRP 1992, 540; Wiebe, Zur „ökologischen Relevanz" des Wettbewerbsrechts, WRP 1993, 799; Wiebe, EG-rechtliche

Grenzen des deutschen Wettbewerbsrechts am Beispiel der Umweltwerbung, EuZW 1994, 41; Wiebe, Umweltschutz durch Wettbewerb, NJW 1994, 289.

1. Beschreibung

9.16   Als Werbung mit Appellen an die soziale Verantwortung ist eine Werbung anzusehen, von der ein Appell an die soziale Hilfsbereitschaft, an das Verantwortungsbewusstsein insbes. für die **Umwelt,** an das **Mitleid** oder an die **Solidarität** ausgeht. Der Verbraucher soll durch den Kauf der beworbenen Ware einen Beitrag zur Förderung eines gesellschaftlich wertvollen Anliegens leisten.

2. Grundsätze der lauterkeitsrechtlichen Beurteilung

9.17   Die Werbung mit Appellen an die soziale Verantwortung ist, sofern nicht der Spezialtatbestand der Nr. 30 Anh. § 3 III eingreift, grds. zulässig, und zwar auch dann, wenn kein sachlicher Zusammenhang zwischen dem beworbenen Produkt und dem sozialen Anliegen besteht. Es liegt darin keine aggressive Beeinflussung des Verbrauchers iSv § 4a (zu § 4 Nr. 1 UWG 2004 vgl. BGH GRUR 2006, 75 Rn. 18 – Artenschutz) und auch kein sorgfaltswidriges Verhalten iSd § 3 II. Etwas anderes kann nach der Rspr. nur dann gelten, wenn die emotionale Einwirkung auf den Verbraucher so stark ist, dass sie die **Rationalität der Nachfrageentscheidung** völlig in den Hintergrund drängt. Der Reiz muss also so stark sein, dass auch beim verständigen Verbraucher rational-kritische Erwägungen, insbes. über Preis und Qualität des Angebots, völlig in den Hintergrund treten. Bei einer Publikumswerbung wird dies praktisch nie der Fall sein, am ehesten noch bei einer Werbung, die sich ausschließlich an eine Gruppe besonders schutzbedürftiger Verbraucher richtet (§ 3 IV 2). Im Übrigen kommt es, wie stets, auf die Gesamtumstände des Einzelfalls an. Insbes. wird dabei auch zu berücksichtigen sein, ob das Angebot für sich gesehen konkurrenzfähig, also zB nicht überteuert oder minderwertig, ist. Unrichtige Angaben darüber, ob und wie der Werbende sein Leistungsversprechen erfüllen will, erfüllen den Tatbestand des § 5. Dagegen ist der Werbende nicht nach § 5a II gehalten, die Art und den Umfang seiner sozialen Leistungen konkret anzugeben.

3. Produktbezogene Werbung

9.18   **a) Allgemeines.** Die Werbung mit Appellen an die soziale Verantwortung kann anknüpfen an die **Eigenschaften** eines Produkts. Im Vordergrund steht derzeit die Werbung mit **Umwelt-** und **Tierschutzargumenten.** Werbung mit Hinweisen, eine Ware (Leistung) enthalte nur pflanzliche Bestandteile, sei umweltfreundlich, „umweltgerecht", „umweltschonend", „umweltbewusst", verbessere die ökologischen Voraussetzungen oder besitze keine oder nur geringe umweltschädigende Auswirkungen, ferner mit Vorsilben wie „Bio" oder „Öko" oder mit typischen Umweltzeichen (zB „DER BLAUE ENGEL") besitzt angesichts des gesteigerten Verantwortungsbewusstseins der Bevölkerung eine starke suggestive Wirkung. Sofern es sich um **wahre** Angaben handelt, stellt eine solche Werbung keine aggressive Beeinflussung iSd § 4a dar. Vielmehr wird gerade dem verständigen Verbraucher eine nützliche Information gegeben. Der Schwerpunkt der lauterkeitsrechtlichen Beurteilung liegt demgemäß auf den **Irreführungstatbeständen** der §§ 5, 5a und dem Rechtsbruchtatbestand des § 3a.

9.19   **b) Umweltschutzwerbung.** → § 5 Rn. 2.180 ff. Irreführend wirbt, wer im geschäftlichen Verkehr ein Umweltzeichen verwendet, ohne die dafür erforderlichen Voraussetzungen zu erfüllen (BGH WRP 2014, 697 Rn. 11 – Umweltengel für Tragetasche). Da die beworbenen Waren meist nicht insgesamt und nicht in jeder Beziehung, sondern nur in Teilbereichen mehr oder weniger umweltschonend als andere Waren sind, besteht zur Vermeidung einer relativen Irreführungsgefahr ein gesteigertes Aufklärungsbedürfnis der umworbenen Verkehrskreise über Bedeutung und Inhalt der in der Werbung verwendeten Hinweise, Begriffe und Zeichen. Die Aufklärung über die behauptete Umweltfreundlichkeit muss hierbei, damit sie nicht übersehen wird, in unmittelbarem räumlichen Zusammenhang mit der Bezeichnung der Ware (Leistung) erfolgen. Mit der Gesundheitswerbung steht die Umweltwerbung insoweit im Zusammenhang, als sie sich auch auf Waren oder Leistungen bezieht, die sich auf die Gesundheit auswirken. Sie wurde seit jeher mit Recht ebenso wie diese im Hinblick auf das Umweltbewusstsein und die Schutzbedürftigkeit des Verbrauchers streng beurteilt (BGHZ 105, 277 (281) – Umweltengel; BGH GRUR 1991, 546 – aus Altpapier; GRUR 1991, 550 – Zaunlasur; GRUR 1994, 828 –

Unipor-Ziegel; GRUR 1996, 367 – Umweltfreundliches Bauen; GRUR 1997, 666 – Umweltfreundliche Reinigungsmittel).

c) Tierschutzwerbung. Die Werbung mit Tierschutzargumenten ist nach den gleichen   **9.20**
Grundsätzen zu beurteilen wie die Werbung mit Umweltschutzargumenten. Zu Recht als
zulässig angesehen wurde daher die Werbung für Pelzersatzprodukte unter Hinweis darauf, dass
damit die Tötung und die Leiden von Tieren für die Pelzherstellung vermieden werden können
(BVerfG GRUR 2002, 455 (456 f.) – Tier- und Artenschutz).

4. Herstellungsbezogene Werbung

Die Werbung mit Appellen an die soziale Verantwortung kann ferner anknüpfen an die Art   **9.21**
und Weise der Herstellung eines Produkts. So, wenn damit geworben wird, dass bei der
Herstellung auf Tierversuche verzichtet werde, dass die Herstellung umweltschonend erfolge,
dass die Herstellung durch hilfsbedürftige Arbeitnehmer (Behinderte, Notleidende, insbes. in
Entwicklungsländern) erfolge oder Arbeitsplätze in einer bestimmten Region erhalten würden
(vgl. BGH GRUR 1995, 742 – Arbeitsplätze bei uns). In derartigen Fällen ist die Rationalität
der Nachfrageentscheidung, auch in Bezug auf Preiswürdigkeit und Qualität, nicht völlig in den
Hintergrund gedrängt. Vielmehr handelt es sich auch insoweit um nützliche Informationen für
den verständigen Verbraucher. Als lauterkeitsrechtliche Grenze kommen daher weder der Tatbestand des § 4a noch der des § 3 II, sondern praktisch nur die **Irreführungstatbestände** der
§§ 5, 5a in Betracht. – Im Erg. zu Recht wurde die Unlauterkeit verneint bei einem unauffäl-
ligen Hinweis in einem Werbeplakat „Dieses Produkt schafft Arbeitsplätze bei UNS!" (BGH
GRUR 1995, 742 (743) – Arbeitsplätze bei uns) und bei dem Hinweis „Augen auf beim
Kohlenkauf – Wir liefern nur deutsche Ware" (OLG Rostock WRP 1995, 970).

5. Vertriebsbezogene Werbung

Die Werbung mit Appellen an die soziale Verantwortung kann weiter anknüpfen an den   **9.22**
Vertrieb der Ware; so, wenn der Vertrieb an der Haustür erfolgt, der Werbende dabei **gezielt**
und **systematisch** hilfsbedürftige oder hilfsbedürftig erscheinende Verkaufsförderer einsetzt (zB
Behinderte, Haftentlassene, Kranke, Kinder) und damit im Verbraucher das Gefühl erweckt,
diese Personen aus sozialer Verantwortung heraus unterstützen zu müssen. Soweit nicht schon
das Per-se-Verbot aus Anh. Nr. 30 zu § 3 III eingreift, kann diese Art von Werbung durchaus
den Tatbestand des § 4a iVm § 3 IV in Gestalt der unzulässigen Beeinflussung erfüllen. Zu
Recht wurde daher der planmäßige Einsatz Schwer-Sprachbehinderter in der Zeitschriftenwerbung, die sich nur durch Vorzeigen einer Schrifttafel verständlich machen konnten, als unzulässig
angesehen (OLG Hamburg GRUR 1986, 261).

III. Kopplung des Produktabsatzes mit Sponsorleistungen

1. Beschreibung

Vielfach werben Unternehmen damit, die Verkaufserlöse ganz oder teilweise für „gute   **9.23**
Zwecke" (Umweltschutzprojekte; Forschungsprojekte; kulturelle oder sportliche Veranstaltungen; Unterstützung hilfsbedürftiger Personen usw) zur Verfügung zu stellen (**erlösbezogene
Werbung**). Dabei handelt es sich nicht um **Sponsoring** im eigentlichen Sinn (dazu die
Definition bspw. in § 2 II Nr. 10 MStV). Vielmehr geht es um die Kopplung des Produkt-
absatzes mit Sponsorleistungen. Dem Verbraucher wird damit das Gefühl der Solidarität vermittelt. Er soll mit dem Kauf einen Beitrag für den guten Zweck leisten und damit selbst ein
„gutes Werk" tun. Die lauterkeitsrechtliche Bewertung dieser Art von Werbung hat sich gewandelt. Bei der Heranziehung früherer Entscheidungen (→ Rn. 9.24) ist daher, soweit sie die
Unlauterkeit bejahen, äußerste Zurückhaltung geboten.

2. Aggressive oder sorgfaltswidrige Beeinflussung (§ 4a, § 3 II)

Die Rspr. zu § 1 UWG 1909 hatte derartige Werbeaktionen wegen Gefühlsausnutzung als   **9.24**
wettbewerbswidrig angesehen, wenn kein sachlicher Zusammenhang zwischen dem beworbenen
Produkt und dem sozialen Zweck bestand (vgl. dazu die Darstellung in → 28. Aufl. 2010, § 4
Rn. 1.164). Aus heutiger Sicht kann das fehlende Sachzusammenhang das Urteil der Unlauterkeit nach § 4a oder § 3 II (und damit den Eingriff in das Grundrecht aus Art. 5 I GG) nicht

rechtfertigen (vgl. dazu BVerfG GRUR 2002, 455 (456 f.) – Tier- und Artenschutz; BGH GRUR 2006, 75 Rn. 18 – Artenschutz; OLG Hamburg GRUR-RR 2003, 51; OLG Hamm NJW 2003, 1745). Diese Art der Absatzwerbung schaltet nicht die Rationalität der Nachfrageentscheidung aus und beeinträchtigt auch nicht die Entscheidungsfreiheit des durchschnittlichen Verbrauchers erheblich. Es ist nicht anzunehmen, dass der kritische Durchschnittsverbraucher unter dem Eindruck derartiger Werbung von der Prüfung der Preiswürdigkeit und Qualität der angebotenen Ware völlig absieht und sozusagen „blind" kauft (vgl. BGH GRUR 2007, 247 Rn. 21 – Regenwaldprojekt I; Ahrens JZ 1995, 1096 (1099); Bottenschein WRP 2002, 1107; Seichter WRP 2007, 230 (234 f.)). Zu Recht als zulässig wurde daher angesehen: Werbung mit dem Hinweis: „E … unterstützt ab sofort die UNICEF-Aktion: ,Bringt die Kinder durch den Winter'," (OLG Hamburg GRUR 2003, 407); Werbung mit dem Hinweis „B-Optik unterstützt die Aktionsgemeinschaft Artenschutz e. V." (BGH GRUR 2006, 75 Rn. 16 – Artenschutz); Werbung mit dem Hinweis „Schützen Sie 1m² Regenwald" (BGH GRUR 2007, 247 Rn. 21 – Regenwaldprojekt I). – Der Tatbestand des § 4a könnte allenfalls dann erfüllt sein, wenn auf den Verbraucher zusätzlich **Druck ausgeübt** wird, sich an der Sponsoringaktion durch Kauf des Produkts zu beteiligen.

3. Irreführung und Irreführung durch Unterlassen (§§ 5, 5a)

9.25   Die Absatzwerbung mit Sponsorleistungen kann unter dem Gesichtspunkt der Irreführung und der Irreführung durch Unterlassen unlauter sein (dazu § 5 I 2 Nr. 4; § 5a I, II; zu § 5 UWG 2004 vgl. BGH GRUR 2007, 247 Rn. 21 – Regenwaldprojekt I; GRUR 2007, 251 Rn. 21 ff. – Regenwaldprojekt II; OLG Hamburg GRUR-RR 2004, 216; 2003, 51 (52); OLG Hamm WRP 2003, 369). Allerdings trifft den Werbenden nach den §§ 5, 5a keine allgemeine Verpflichtung, über die Art und Weise der Unterstützung oder die Höhe oder den Wert der Zuwendung aufzuklären (BGH GRUR 2007, 251 Rn. 22 – Regenwaldprojekt II mwN). Verspricht er lediglich für den Fall des Kaufs seiner Produkte eine nicht näher spezifizierte Leistung an einen Dritten, so wird der Verbraucher regelmäßig nur erwarten, dass die Leistung zeitnah erbracht wird und nicht so geringfügig ist, dass sie die werbliche Herausstellung nicht rechtfertigt (BGH GRUR 2007, 247 Rn. 25 – Regenwaldprojekt I; GRUR 2007, 251 Rn. 22 – Regenwaldprojekt II). Irreführend ist daher eine Werbung, wenn die Leistung überhaupt nicht erbracht wird oder bereits in der Vergangenheit erbracht worden ist (vgl. OLG Köln WRP 1993, 346 (348)). Enthält die Werbung konkrete Angaben zum Sponsoring, bleiben die tatsächlichen Leistungen aber hinter den Versprechungen zurück, so können dadurch die berechtigten Erwartungen des Verbrauchers enttäuscht werden. In diesem Fall kann eine kaufrelevante **Irreführung** nach den §§ 5, 5a vorliegen (BGH GRUR 2007, 247 Rn. 29 – Regenwaldprojekt I; GRUR 2007, 251 Rn. 24 – Regenwaldprojekt II; dazu Seichter WRP 2007, 230). Zur sekundären **Darlegungs-** und **Beweislast des Werbenden** in solchen Fällen → § 5 Rn. 3.23; BGH GRUR 2007, 251 Rn. 31 – Regenwaldprojekt II.

IV. Gesundheitswerbung

1. Beschreibung

9.26   Werden Waren oder Dienstleistungen als für die Gesundheit förderlich oder unentbehrlich angepriesen, so ist ein großer Teil der Verbraucher geneigt, solchen Angaben wegen des hochgradigen Interesses an der Erhaltung der Gesundheit blindlings zu vertrauen, sei es aus Angst oder übertriebener Vorsicht, sei es aus Gläubigkeit oder verzweifelter Hoffnung.

2. Lauterkeitsrechtliche Beurteilung

9.27   **a) Rechtsbruch (§ 3a).** In der Praxis stehen im Vordergrund die Regelungen der

– **Art. 10 VO (EG) 1924/2006** über nährwert- und gesundheitsbezogene Angaben (= Health-Claim-VO);
– **§§ 6, 11 HWG;**
– **§§ 11, 12 LFGB.**

Es handelt sich dabei um Marktverhaltensregelungen iSd § 3a (→ § 3a Rn. 1.242; → § 5 Rn. 4.181 ff.).

b) Nr. 18 Anh. § 3 III. In **Nr. 18 Anh. § 3 III** wird als stets unzulässig angesehen die 9.28 „unwahre Angabe, eine Ware oder Dienstleistung könne Krankheiten, Funktionsstörungen oder Missbildungen heilen".

c) Irreführung (§ 5). Soweit § 5 neben den spezialgesetzlichen Irreführungsverboten zur 9.29 Anwendung kommt (→ § 5 Rn. 1.45; BGH GRUR 2002, 182 (184 ff.) – Das Beste jeden Morgen; Köhler ZLR 2008, 135), sind bei der Gesundheitswerbung **besonders strenge Anforderungen** an die Richtigkeit, Eindeutigkeit und Klarheit der Aussagen zu stellen (stRspr; vgl. BGH GRUR 2002, 182 (185) – Das Beste jeden Morgen; WRP 2013, 772 Rn. 15 – Basisinsulin mit Gewichtsvorteil). Denn die Gesundheit hat in der Wertschätzung der Verbraucher einen hohen Stellenwert und Werbemaßnahmen, die an die Gesundheit anknüpfen, erweisen sich erfahrungsgemäß als besonders wirksam (BGH GRUR 2002, 182 (185) – Das Beste jeden Morgen). Die Gefahr, dass eine derartige Werbung die Rationalität der Nachfrageentscheidung in Bezug auf Preiswürdigkeit und Qualität völlig in den Hintergrund drängt, ist daher besonders groß. Auch kann eine Gesundheitswerbung die mit dem Genuss eines Produkts verbundenen Gefahren für die Gesundheit verharmlosen. Daraus können für den einzelnen Verbraucher, aber auch für die Volksgesundheit insgesamt erhebliche Gefahren erwachsen. Dementsprechend streng sind die Maßstäbe für die Gesundheitswerbung bei Spirituosen. Für sie darf auch dann nicht mit pauschalen Hinweisen auf eine gesundheitsfördernde oder gesundheitlich unbedenkliche Wirkung geworben werden, wenn sie der Gesundheit dienende Zusätze enthalten. Wird mit gesundheitsfördernden Angaben geworben, dürfen nachteilige Wirkungen nicht verschwiegen werden, wenn dies zum Schutze des Verbrauchers unter Berücksichtigung der berechtigten Interessen des Werbenden unerlässlich ist (BGH GRUR 2002, 182 (185) – Das Beste jeden Morgen).

10. Abschnitt. Die Rechtsfolgen

Übersicht

Schrifttum: Alexander, Vertrag und unlauterer Wettbewerb, 2002; Alexander, Vertragsrecht und Lauterkeitsrecht unter dem Einfluss der Richtlinie 2005/29/EG über unlautere Geschäftspraktiken, WRP 2012, 515; Bernreuther, Sachmängelhaftung durch Werbung, WRP 2002, 368; Busch, Informationspflichten im Wettbewerbs- und Vertragsrecht, 2008; De Cristofaro, Die zivilrechtlichen Folgen des Verstoßes gegen das Verbot unlauterer Geschäftspraktiken: eine vergleichende Analyse der Lösungen der EU-Mitgliedstaaten, GRUR-Int. 2010, 1017; Fezer, Das wettbewerbsrechtliche Vertragsauflösungsrecht in der UWG-Reform, WRP 2003, 127; Köhler, UWG-Reform und Verbraucherschutz, GRUR 2003, 265; Köhler, Unzulässige geschäftliche Handlungen bei Abschluss und Durchführung eines Vertrags, WRP 2009, 898; Köhler, Die Durchsetzung des Vertragsrechts mit den Mitteln des Lauterkeitsrechts, FS Medicus, 2009, 225; Köhler, Wettbewerbsverstoß und Vertragsnichtigkeit, JZ 2010, 767; Leistner, Richtiger Vertrag und lauterer Wettbewerb, 2007; Tiller, Gewährleistung und Irreführung, 2005.

A. Lauterkeitsrechtliche Rechtsfolgen

Anders als § 1 UWG 1909 ordnet § 3 I nicht konkrete Rechtsfolgen an, sondern belässt es bei 10.1 der Feststellung, dass unlautere geschäftliche Handlung **unzulässig,** also verboten sind. Die Rechtsfolgen unzulässiger geschäftlicher Handlungen sind in den §§ 8 ff. geregelt. Zuwiderhandlungen gegen § 3 und § 7 können verschuldensunabhängige Ansprüche (Unterlassungs- und Beseitigungsansprüche; § 8 I) und verschuldensabhängige Ansprüche (Schadensersatz- und Gewinnherausgabeansprüche; §§ 9 und 10) begründen. Im Falle einer berechtigten Abmahnung kann der Abmahner außerdem Ersatz der erforderlichen Aufwendungen verlangen (§ 12 I 2).

Anspruchsberechtigt sind nur Mitbewerber und bestimmte Verbände (§ 8 III), nicht dagegen einzelne Verbraucher und sonstige Marktteilnehmer. Anders als im früheren Recht (§ 13a UWG 1909) ist auch kein Vertragsauflösungsrecht für Verbraucher vorgesehen. Vielmehr bleibt es insoweit bei den bürgerlichrechtlichen Rechten und Ansprüchen.

B. Bürgerlichrechtliche Rechtsfolgen

I. Folgeverträge

10.2   Unter Folgeverträgen sind die Verträge zu verstehen, die aufgrund einer Zuwiderhandlung gegen § 3 oder § 7 zustande kommen. **Beispiel:** Aufgrund einer irreführenden Werbung schließt ein Verbraucher einen Kaufvertrag. Die Frage ist dann, ob die vorangegangene Zuwiderhandlung zur Unwirksamkeit des Folgevertrags führt.

1. Unwirksamkeit von Folgeverträgen nach § 134 BGB

10.3   Der Verstoß gegen § 3 oder § 7 führt für sich allein nicht zur Nichtigkeit des Folgevertrages nach § 134 BGB (vgl. zu § 1 UWG 1909 BGHZ 110, 156 (161) = GRUR 1990, 522 (528) – HBV-Familien- und Wohnrechtsschutz; OLG Hamburg GRUR 1994, 65; Alexander, Vertrag und unlauterer Wettbewerb, S. 88 ff. mwN). Denn § 3 und § 7 sind keine Verbotsgesetze iSd § 134 BGB. Sinn und Zweck dieser Normen gebieten nicht die Unwirksamkeit des Vertrages. Dies folgt schon daraus, dass selbst massivere Formen der unzulässigen Beeinflussung des Marktpartners, wie die arglistige Täuschung und die widerrechtliche Drohung (§ 123 BGB), nur zur Anfechtbarkeit des Rechtsgeschäfts führen. Auch würde die Annahme der Nichtigkeit dazu führen, dass der unlauter geworbene Kunde selbst dann keine Ansprüche aus dem Vertrag ableiten könnte, wenn er den Vertrag für vorteilhaft erachtet. Was den Schutz der Mitbewerber angeht, sind deren Interessen durch die lauterkeitsrechtlichen Ansprüche aus den § 8 und § 9 ausreichend gewahrt. Auch das Allgemeininteresse gebietet nicht die Rechtsfolge der Nichtigkeit. Vielmehr würde gerade der Rechtsverkehr verunsichert, weil vielfach nicht klar ist, ob die zum Vertragsschluss führende geschäftliche Handlung unzulässig ist oder nicht, und dementsprechend Unklarheit über die Wirksamkeit der betreffenden Folgeverträge herrschen würde. – Von der Frage der Unwirksamkeit des Folgevertrags zu unterscheiden ist die Frage, ob der Vertragspartner den Vertrag nach den §§ 119, 123 BGB anfechten kann oder nach den Grundsätzen der culpa in contrahendo (§ 241 I BGB, § 280 I BGB, § 311 II BGB) die Aufhebung des Vertrags verlangen kann. – Von diesen Grundsätzen abzuweichen, gebietet auch die UGP-RL nicht. Denn sie lässt nach Art. 3 II UGP-RL „das Vertragsrecht und insbesondere die Bestimmungen über die Wirksamkeit, das Zustandekommen oder die Wirkungen eines Vertrags unberührt" (dazu EuGH GRUR 2012, 639 Rn. 46 – Pereničová und Perenič; Alexander WRP 2012, 515 (521)).

10.4   Von der Frage der Unwirksamkeit des Folgevertrags zu unterscheiden ist weiter die Frage, ob Handlungen zur **Durchsetzung von Ansprüchen** aus dem Folgevertrag ihrerseits unlauter sind (dazu BGHZ 147, 296 = GRUR 2001, 1178 (1180) – Gewinnzertifikat; BGHZ 123, 330 = GRUR 1994, 126 (127) – Folgeverträge; OLG Düsseldorf GRUR-RR 2015, 66 Rn. 40 ff.). Kam der Folgevertrag infolge planmäßiger Irreführung (Vortäuschen, dass durch die Unterschrift nur eine amtlich geforderte Bestätigung erteilt wird; sog Adressbuchschwindel) zustande, wird jedoch im Nachfolgeschreiben deutlich, dass die Unterschrift als Annahme eines Vertragsangebots gewertet wurde, liegt darin keine erneute unlautere Beeinflussung durch Aufrechterhaltung des Irrtums (OLG Düsseldorf GRUR-RR 2015, 66 Rn. 46 ff.).

2. Unwirksamkeit von Folgeverträgen nach § 138 BGB

10.5   Unlauteres Handeln macht den Folgevertrag auch nicht automatisch sittenwidrig und damit nichtig iSv § 138 BGB (BGHZ 117, 280 (286) – Verschweigen der Wiederverkaufsabsicht; BGHZ 110, 156 (174) = GRUR 1990, 552 – HBV-Familien- und Wohnungsrechtsschutz; BGH GRUR 1998, 945 (946) – Co-Verlagsvereinbarung; MüKoUWG/Sosnitza § 3 Rn. 22; Alexander, Vertrag und unlauterer Wettbewerb, S. 98 ff.; Bernreuther WRP 2003, 846 (870)). Denn § 138 BGB wendet sich primär gegen den Inhalt des Rechtsgeschäfts, nicht gegen die Art und Weise seines Zustandekommens (vgl. Staudinger/Fischinger, 2021, BGB § 138 Rn. 1 ff.), während sich umgekehrt § 3 gerade auch gegen die unlautere Anbahnung des Rechtsgeschäfts wendet. Die unlautere Beeinflussung der Kaufentscheidung des Kunden reicht daher grds. nicht aus (aA Nasall NJW 2006, 127 (129)), zumal selbst arglistige Täuschung oder widerrechtliche Drohung nur zur Anfechtbarkeit (§ 123 BGB) führen (BGH NJW 2008, 982 Rn. 11). Auch die UGP-RL zielt nicht auf eine Regelung der Wirksamkeit von Verträgen (Art. 3 II UGP-RL; EuGH GRUR 2012, 639 Rn. 46 – Pereničová und Perenič). Daher kann allenfalls bei Vorliegen bes. Umstände im Einzelfall ein Folgevertrag nach § 138 BGB nichtig sein (vgl. BGH NJW 2005, 2991). Das setzt voraus, dass das Rechtsgeschäft seinem Inhalt nach mit den grundlegenden Werten der Sitten- und Rechtsordnung unvereinbar ist (BGH GRUR 1998, 945 (946) – Co-Verlagsvereinbarung). Dies ist zB bei einem sittenwidrigen Monopolmissbrauch oder bei einer unzulässigen progressiven Kundenwerbung (§ 16 II; vgl. BGH WRP 1997, 783 (784) – Sittenwidriges Schneeballsystem; Alexander WRP 2012, 515 (522)) anzunehmen, aber nicht schon dann, wenn der Vertrag die Vornahme unlauterer geschäftlicher Handlungen zwar einschließt, aber nicht gebietet (BGH GRUR 1998, 945 (946) – Co-Verlagsvereinbarung).

II. Basisverträge

Unter Basisverträgen sind Verträge zu verstehen, die zur Begehung wettbewerbswidriger   **10.6** Handlungen verpflichten. Sie sind der Rspr. zufolge nach § 134 BGB nichtig, sofern der rechtsgeschäftlichen Verpflichtung selbst das wettbewerbswidrige Verhalten innewohnt (BGHZ 110, 156 (175) = GRUR 1990, 522 – HBV-Familien- und Wohnungsrechtsschutz; BGH GRUR 1998, 945 (947) – Co-Verlagsvereinbarung; WRP 2009, 611 Rn. 13 – Buchgeschenk vom Standesamt; GRUR 2012, 1050 Rn. 20 – Dentallaborleistungen). Ein Verstoß gegen § 134 BGB liegt zB nicht schon dann vor, wenn sich ein Standesamt gegenüber einem Verlag verpflichtet, allen Heiratswilligen bei Anmeldung einer Eheschließung ein vom Verlag herausgegebenes, durch Werbung finanziertes Kochbuch zu übergeben (BGH WRP 2009, 611 Rn. 13 – Buchgeschenk vom Standesamt). Etwas anderes würde gelten, wenn es sich um eine Exklusivvereinbarung handelte, die Mitbewerber von dieser Werbemöglichkeit ausschlösse (vgl. BGH WRP 2009, 611 Rn. 19 ff. – Buchgeschenk vom Standesamt). – Sachangemessener, auch zum Schutze des vom Wettbewerbsverstoß betroffenen Vertragspartners, erscheint es jedoch, statt § 134 BGB die Grundsätze über die anfängliche (rechtliche) Unmöglichkeit (§§ 311a, 326, 280 ff. BGB) anzuwenden (Köhler JZ 2010, 767 (769 f.)). Denn Sinn und Zweck des § 3 und des § 7 erfordern nicht die Nichtigkeit des zugrunde liegenden Vertrags. Vielmehr lassen sich die Schutzzwecke des UWG über die Vorschriften über die anfängliche Unmöglichkeit sogar noch effektiver verwirklichen als über die Nichtigkeitssanktion des § 134 BGB. – Jedoch ist § 134 BGB dann anzuwenden, wenn beide Parteien gegen ein gesetzliches Verbot verstoßen (BGH GRUR 2012, 1050 Rn. 22 – Dentallaborleistungen). So bspw., wenn sich ein Zahnarzt dazu verpflichtet, Aufträge für Dentallaborleistungen nur an ein bestimmtes Labor, an dem er beteiligt ist, zu vergeben. Denn damit verstößt der Zahnarzt gegen § 3a iVm Berufsrecht und das Labor ist daran zwar nicht als Mittäter (mangels Täterqualifikation), wohl aber als Teilnehmer (Anstifter, Gehilfe) beteiligt. Es verstößt auch nicht gegen Treu und Glauben, wenn sich der Zahnarzt auf die Nichtigkeit der Vereinbarung beruft, weil das Verbot dem Schutz der Patienteninteressen dient (BGH GRUR 2012, 1050 Rn. 38, 39 – Dentallaborleistungen).

III. Bürgerlichrechtliche Ansprüche aus Zuwiderhandlungen

Sind (im Horizontalverhältnis) **Mitbewerber** von einer Zuwiderhandlung betroffen, stehen   **10.7** ihnen neben den lauterkeitsrechtlichen Ansprüchen aus den §§ 8–10 bürgerlichrechtliche Ansprüche nur ausnahmsweise zu (zB nach §§ 824, 826 BGB). Ansprüche aus dem Gesichtspunkt des Eingriffs in das **Recht am eingerichteten und ausgeübten Gewerbebetrieb** (§ 823 I BGB) scheiden wegen der Subsidiarität des bürgerlichrechtlichen Unternehmensschutzes aus (näher → Einl. Rn. 7.2 ff.).

Sind (im Vertikalverhältnis) **Marktpartner (Verbraucher** oder **sonstige Marktteilnehmer)**   **10.8** von einer Zuwiderhandlung betroffen, können ihnen daraus, soweit sie gleichzeitig den Tatbestand vertragsrechtlicher oder deliktsrechtlicher Normen erfüllt, Vertragsauflösungsrechte und Unterlassungs- und Schadensersatzansprüche aus dem Gesichtspunkt der Verletzung vertraglicher oder vorvertraglicher Pflichten (§ 241 I BGB, § 280 I BGB, § 311 II BGB) oder der unerlaubten Handlung (§§ 823 ff. BGB) erwachsen.

10.9 Dagegen stellen **§ 3** und auch **§ 7 I keine Schutzgesetze** iSd **§ 823 II BGB** dar (näher
→ § 8 Rn. 3.4; aA Sack WRP 2009, 1330). Allerdings wurde durch die RL (EU) 2019/2161
ein Art. 11a UGP-RL geschaffen, der einen wettbewerbsrechtlichen Schadensersatzanspruch für
Verbraucher vorsieht. Die Umsetzung dieser Bestimmung erfolgte durch das G zur Stärkung des
Verbraucherschutzes im Wettbewerbs- und Gewerberecht v. 10.8.2021 (BGBl. 2021 I 3504) mit
Wirkung ab dem 28.5.2022 in § 9 II.

Anh. § 3: Stets unzulässige geschäftliche Handlungen

Anhang (zu § 3 Abs. 3)

Folgende geschäftliche Handlungen sind gegenüber Verbrauchern stets unzulässig:

Irreführende geschäftliche Handlungen

1. **unwahre Angabe über die Unterzeichnung eines Verhaltenskodexes**
   die unwahre Angabe eines Unternehmers, zu den Unterzeichnern eines Verhaltenskodexes zu gehören;
2. **unerlaubte Verwendung von Gütezeichen und Ähnlichem**
   die Verwendung von Gütezeichen, Qualitätskennzeichen oder Ähnlichem ohne
   die erforderliche Genehmigung;
3. **unwahre Angabe über die Billigung eines Verhaltenskodexes**
   die unwahre Angabe, ein Verhaltenskodex sei von einer öffentlichen oder anderen
   Stelle gebilligt;
4. **unwahre Angabe über Anerkennungen durch Dritte**
   die unwahre Angabe,
   a) ein Unternehmer, eine von ihm vorgenommene geschäftliche Handlung oder
      eine Ware oder Dienstleistung sei von einer öffentlichen oder privaten Stelle
      bestätigt, gebilligt oder genehmigt worden, oder
   b) den Bedingungen für die Bestätigung, Billigung oder Genehmigung werde
      entsprochen;
5. **Lockangebote ohne Hinweis auf Unangemessenheit der Bevorratungsmenge**
   Waren- oder Dienstleistungsangebote im Sinne des § 5b Absatz 1 zu einem bestimmten Preis, wenn der Unternehmer nicht darüber aufklärt, dass er hinreichende Gründe für die Annahme hat, er werde nicht in der Lage sein, diese oder
   gleichartige Waren oder Dienstleistungen für einen angemessenen Zeitraum in
   angemessener Menge zum genannten Preis bereitzustellen oder bereitstellen zu
   lassen; ist die Bevorratung kürzer als zwei Tage, obliegt es dem Unternehmer, die
   Angemessenheit nachzuweisen;
6. **Lockangebote zum Absatz anderer Waren oder Dienstleistungen**
   Waren- oder Dienstleistungsangebote im Sinne des § 5b Absatz 1 zu einem bestimmten Preis, wenn der Unternehmer sodann in der Absicht, stattdessen eine
   andere Ware oder Dienstleistung abzusetzen,
   a) eine fehlerhafte Ausführung der Ware oder Dienstleistung vorführt,
   b) sich weigert zu zeigen, was er beworben hat, oder
   c) sich weigert, Bestellungen dafür anzunehmen oder die beworbene Leistung
      innerhalb einer vertretbaren Zeit zu erbringen;
7. **unwahre Angabe über zeitliche Begrenzung des Angebots**
   die unwahre Angabe, bestimmte Waren oder Dienstleistungen seien allgemein
   oder zu bestimmten Bedingungen nur für einen sehr begrenzten Zeitraum verfügbar, um den Verbraucher zu einer sofortigen geschäftlichen Entscheidung zu
   veranlassen, ohne dass dieser Zeit und Gelegenheit hat, sich auf Grund von
   Informationen zu entscheiden;
8. **Sprachenwechsel für Kundendienstleistungen bei einer in einer Fremdsprache
   geführten Vertragsverhandlung**
   Kundendienstleistungen in einer anderen Sprache als derjenigen, in der die Verhandlungen vor dem Abschluss des Geschäfts geführt worden sind, wenn die
   ursprünglich verwendete Sprache nicht Amtssprache desjenigen Mitgliedstaats
   der Europäischen Union ist, in dem der Unternehmer niedergelassen ist; dies gilt

nicht, soweit Verbraucher vor dem Abschluss des Geschäfts darüber aufgeklärt werden, dass diese Leistungen in einer anderen als der ursprünglich verwendeten Sprache erbracht werden;

9. **unwahre Angabe über die Verkehrsfähigkeit**
   die unwahre Angabe oder das Erwecken des unzutreffenden Eindrucks, eine Ware oder Dienstleistung sei verkehrsfähig;

10. **Darstellung gesetzlicher Verpflichtungen als Besonderheit eines Angebots**
    die unwahre Angabe oder das Erwecken des unzutreffenden Eindrucks, gesetzlich bestehende Rechte stellten eine Besonderheit des Angebots dar;

11. **als Information getarnte Werbung**
    der vom Unternehmer finanzierte Einsatz redaktioneller Inhalte zu Zwecken der Verkaufsförderung, ohne dass sich dieser Zusammenhang aus dem Inhalt oder aus der Art der optischen oder akustischen Darstellung eindeutig ergibt;

11a. **verdeckte Werbung in Suchergebnissen**
    die Anzeige von Suchergebnissen aufgrund der Online-Suchanfrage eines Verbrauchers, ohne dass etwaige bezahlte Werbung oder spezielle Zahlungen, die dazu dienen, ein höheres Ranking der jeweiligen Waren oder Dienstleistungen im Rahmen der Suchergebnisse zu erreichen, eindeutig offengelegt werden;

12. **unwahre Angabe über Gefahren für die persönliche Sicherheit**
    unwahre Angaben über Art und Ausmaß einer Gefahr für die persönliche Sicherheit des Verbrauchers oder seiner Familie für den Fall, dass er die angebotene Ware nicht erwirbt oder die angebotene Dienstleistung nicht in Anspruch nimmt;

13. **Täuschung über betriebliche Herkunft**
    Werbung für eine Ware oder Dienstleistung, die der Ware oder Dienstleistung eines bestimmten Herstellers ähnlich ist, wenn in der Absicht geworben wird, über die betriebliche Herkunft der beworbenen Ware oder Dienstleistung zu täuschen;

14. **Schneeball- oder Pyramidensystem**
    die Einführung, der Betrieb oder die Förderung eines Systems zur Verkaufsförderung, bei dem vom Verbraucher ein finanzieller Beitrag für die Möglichkeit verlangt wird, eine Vergütung allein oder zumindest hauptsächlich durch die Einführung weiterer Teilnehmer in das System zu erlangen;

15. **unwahre Angabe über Geschäftsaufgabe**
    die unwahre Angabe, der Unternehmer werde demnächst sein Geschäft aufgeben oder seine Geschäftsräume verlegen;

16. **Angaben über die Erhöhung der Gewinnchancen bei Glücksspielen**
    die Angabe, durch eine bestimmte Ware oder Dienstleistung ließen sich die Gewinnchancen bei einem Glücksspiel erhöhen;

17. **unwahre Angaben über die Heilung von Krankheiten**
    die unwahre Angabe, eine Ware oder Dienstleistung könne Krankheiten, Funktionsstörungen oder Missbildungen heilen;

18. **unwahre Angabe über Marktbedingungen oder Bezugsquellen**
    eine unwahre Angabe über die Marktbedingungen oder Bezugsquellen, um den Verbraucher dazu zu bewegen, eine Ware oder Dienstleistung zu weniger günstigen Bedingungen als den allgemeinen Marktbedingungen abzunehmen oder in Anspruch zu nehmen;

19. **Nichtgewährung ausgelobter Preise**
    das Angebot eines Wettbewerbs oder Preisausschreibens, wenn weder die in Aussicht gestellten Preise noch ein angemessenes Äquivalent vergeben werden;

20. **unwahre Bewerbung als kostenlos**
    das Angebot einer Ware oder Dienstleistung als „gratis", „umsonst", „kostenfrei" oder dergleichen, wenn für die Ware oder Dienstleistung gleichwohl Kosten zu tragen sind; dies gilt nicht für Kosten, die im Zusammenhang mit dem Eingehen auf das Waren- oder Dienstleistungsangebot oder für die Abholung oder Lieferung der Ware oder die Inanspruchnahme der Dienstleistung unvermeidbar sind;

21. **Irreführung über das Vorliegen einer Bestellung**
    die Übermittlung von Werbematerial unter Beifügung einer Zahlungsaufforde-

rung, wenn damit der unzutreffende Eindruck vermittelt wird, die beworbene Ware oder Dienstleistung sei bereits bestellt;

22. Irreführung über Unternehmereigenschaft
die unwahre Angabe oder das Erwecken des unzutreffenden Eindrucks, der Unternehmer sei Verbraucher oder nicht für Zwecke seines Geschäfts, Handels, Gewerbes oder Berufs tätig;

23. Irreführung über Kundendienst in anderen Mitgliedstaaten der Europäischen Union
die unwahre Angabe oder das Erwecken des unzutreffenden Eindrucks, es sei im Zusammenhang mit Waren oder Dienstleistungen in einem anderen Mitgliedstaat der Europäischen Union als dem des Warenverkaufs oder der Dienstleistung ein Kundendienst verfügbar;

23a. Wiederverkauf von Eintrittskarten für Veranstaltungen
der Wiederverkauf von Eintrittskarten für Veranstaltungen an Verbraucher, wenn der Unternehmer diese Eintrittskarten unter Verwendung solcher automatisierter Verfahren erworben hat, die dazu dienen, Beschränkungen zu umgehen in Bezug auf die Zahl der von einer Person zu erwerbenden Eintrittskarten oder in Bezug auf andere für den Verkauf der Eintrittskarten geltende Regeln;

23b. Irreführung über die Echtheit von Verbraucherbewertungen
die Behauptung, dass Bewertungen einer Ware oder Dienstleistung von solchen Verbrauchern stammen, die diese Ware oder Dienstleistung tatsächlich erworben oder genutzt haben, ohne dass angemessene und verhältnismäßige Maßnahmen zur Überprüfung ergriffen wurden, ob die Bewertungen tatsächlich von solchen Verbrauchern stammen;

23c. gefälschte Verbraucherbewertungen
die Übermittlung oder Beauftragung gefälschter Bewertungen oder Empfehlungen von Verbrauchern sowie die falsche Darstellung von Bewertungen oder Empfehlungen von Verbrauchern in sozialen Medien zu Zwecken der Verkaufsförderung;

Aggressive geschäftliche Handlungen

24. räumliches Festhalten des Verbrauchers
das Erwecken des Eindrucks, der Verbraucher könne bestimmte Räumlichkeiten nicht ohne vorherigen Vertragsabschluss verlassen;

25. Nichtverlassen der Wohnung des Verbrauchers trotz Aufforderung
bei persönlichem Aufsuchen des Verbrauchers in dessen Wohnung die Nichtbeachtung seiner Aufforderung, die Wohnung zu verlassen oder nicht zu ihr zurückzukehren, es sei denn, das Aufsuchen ist zur rechtmäßigen Durchsetzung einer vertraglichen Verpflichtung gerechtfertigt;

26. unzulässiges hartnäckiges Ansprechen über Fernabsatzmittel
hartnäckiges und unerwünschtes Ansprechen des Verbrauchers mittels Telefonanrufen, unter Verwendung eines Faxgerätes, elektronischer Post oder sonstiger für den Fernabsatz geeigneter Mittel der kommerziellen Kommunikation, es sei denn, dieses Verhalten ist zur rechtmäßigen Durchsetzung einer vertraglichen Verpflichtung gerechtfertigt;

27. Verhinderung der Durchsetzung vertraglicher Rechte im Versicherungsverhältnis
Maßnahmen, durch die der Verbraucher von der Durchsetzung seiner vertraglichen Rechte aus einem Versicherungsverhältnis dadurch abgehalten werden soll, dass
a) von ihm bei der Geltendmachung eines Anspruchs die Vorlage von Unterlagen verlangt wird, die zum Nachweis dieses Anspruchs nicht erforderlich sind, oder
b) Schreiben zur Geltendmachung eines Anspruchs systematisch nicht beantwortet werden;

28. Kaufaufforderung an Kinder
die in eine Werbung einbezogene unmittelbare Aufforderung an Kinder, selbst die beworbene Ware zu erwerben oder die beworbene Dienstleistung in Anspruch zu nehmen oder ihre Eltern oder andere Erwachsene dazu zu veranlassen;

29. Aufforderung zur Bezahlung nicht bestellter Waren oder Dienstleistungen
die Aufforderung zur Bezahlung nicht bestellter, aber gelieferter Waren oder

erbrachter Dienstleistungen oder eine Aufforderung zur Rücksendung oder Aufbewahrung nicht bestellter Waren;

30. **Angaben über die Gefährdung des Arbeitsplatzes oder des Lebensunterhalts**
die ausdrückliche Angabe, dass der Arbeitsplatz oder der Lebensunterhalt des Unternehmers gefährdet sei, wenn der Verbraucher die Ware oder Dienstleistung nicht abnehme;

31. **Irreführung über Preis oder Gewinn**
die unwahre Angabe oder das Erwecken des unzutreffenden Eindrucks, der Verbraucher habe bereits einen Preis gewonnen oder werde ihn gewinnen oder werde durch eine bestimmte Handlung einen Preis gewinnen oder einen sonstigen Vorteil erlangen, wenn
a) es einen solchen Preis oder Vorteil tatsächlich nicht gibt oder
b) die Möglichkeit, einen solchen Preis oder Vorteil zu erlangen, von der Zahlung eines Geldbetrags oder der Übernahme von Kosten abhängig gemacht wird.

32. **Aufforderung zur Zahlung bei unerbetenen Besuchen in der Wohnung eines Verbrauchers am Tag des Vertragsschlusses**
bei einem im Rahmen eines unerbetenen Besuchs in der Wohnung eines Verbrauchers geschlossenen Vertrag die an den Verbraucher gerichtete Aufforderung zur Bezahlung der Ware oder Dienstleistung vor Ablauf des Tages des Vertragsschlusses; dies gilt nicht, wenn der Verbraucher einen Betrag unter 50 Euro schuldet.

---

[*] Detailübersichten finden sich zu Beginn der Abschnitte.

Schrifttum: Alexander, Die „Schwarze Liste" der UGP-RL und ihre Umsetzung in Deutschland und Österreich, GRUR-Int. 2010, 1025; Alexander, Neue Transparenzanforderungen im Internet – Ergänzungen der UGP-RL durch den „New Deal for Consumers", WRP 2019, 1235; Apetz, Das Verbot aggressiver Geschäftspraktiken, 2011; Büllesbach, Auslegung der irreführenden Geschäftspraktiken des Anhangs I der Richtlinie 2005/29/EG über unlautere Geschäftspraktiken, 2008; Büscher, Neue Unlauterkeitstatbestände und Sanktionen im Gesetz zur Stärkung des Verbraucherschutzes im Wettbewerbs- und Gewerberecht (Teil I), WRP 2022, 1; Fritzsche/Eisenhut, Neues in der Black-List – Der Anhang zu § 3 Abs. 3 UWG 2022, WRP 2022, 529; Hoeren, Das neue UWG – der Regierungsentwurf im Überblick, BB 2008, 1182; Issa, Zur lauterkeitsrechtlichen Beurteilung von Hotelsternewerbung im Internet, K&R 2019, 77; Keller, Die „fachliche Sorgfalt" – ein sich entwickelnder Zentralbegriff des Lauterkeitsrechts, FS Bornkamm, 2014, 381; Keßler/Micklitz, Das neue UWG – auf halbem Weg nach Europa, VuR 2009, 88; Köhler, Zur Umsetzung der Richtlinie über unlautere Geschäftspraktiken, GRUR 2005, 793; Köhler, Der Schutz vor Produktnachahmung im Markenrecht, Geschmacksmusterrecht und neuen Lauterkeitsrecht, GRUR 2009, 445; Köhler, Zu den „unter allen Umständen unlauteren" irreführenden und aggressiven Geschäftspraktiken, FS Bornkamm, 2014, 393; Köhler, Zur „geschäftlichen Relevanz" unlauterer geschäftlicher Handlungen gegenüber Verbrauchern, WRP 2014, 259; Köhler, Das Verbot der unzumutbaren Belästigung (§ 7 UWG) im Lichte des Unionsrechts, WRP 2015, 798; Köhler, Übersetzer als Gesetzgeber? – Zur deutschen Fassung der Richtlinie über unlautere Geschäftspraktiken, FS Fezer, 2016, 969; Köhler, Zum „Bagatellverstoß" im Lauterkeitsrecht, WRP 2020, 1378; Köhler/Lettl, Das geltende europäische Lauterkeitsrecht, der Vorschlag für eine Richtlinie über unlautere Geschäftspraktiken und die UWG-Reform, WRP 2003, 1019; Leible, Auswirkungen der UWG-Reform 2008 auf die Durchsetzung wettbewerbsrechtlicher Ansprüche im Gesundheitsbereich – Die Bedeutung der „black list", GRUR 2010, 183; Lindacher, Geltungsweiteprobleme bei Black-List-Irreführungsverboten, WRP 2012, 40; Oechsler, Die Schwarze Liste im Wettbewerbsrecht als negativer Safe Harbor, GRUR 2019, 136; Scherer, Die „Schwarze Liste" als neuer UWG-Anhang, NJW 2009, 324; Scherer, Was bringt die „Schwarze Liste" tatsächlich? – Bestandsaufnahme und Konsequenzen, WRP 2011, 393; Scherer, Die weißen Flecken in der Schwarzen Liste, WRP 2014, 771; Scherer, Verdeckt gekaufte Werbung in Social Media – Rechtsänderungen durch RL (EU) 2019/2161 und den UWG-RegE, WRP 2021, 287; Schöttle, Die Schwarze Liste – Übersicht über die neuen Spezialtatbestände des Anhangs zu § 3 Abs. 3 UWG, WRP 2009, 673; Sosnitza, Der Gesetzentwurf zur Umsetzung der Richtlinie über unlautere Geschäftspraktiken, WRP 2008, 1014; Sosnitza, Bewertungen und Rankings im Internet, CR 2021, 329; ältere Lit. s. 41. Aufl. 2023.

1. Abschnitt. Einführung

Übersicht

A. Entstehungsgeschichte

I. UWG 2008

Vgl. auch → § 3 Rn. 4.1 ff. Der **Anh. (zu § 3 III)** wurde im Zuge der **Umsetzung der** **0.1** **UGP-RL** in das **UWG 2008** eingefügt. Er entspricht im Wesentlichen dem Anh. I der UGP-RL, in dem die irreführenden und aggressiven Geschäftspraktiken aufgeführt sind, die unter allen Umständen unlauter iSd Art. 5 V 1 UGP-RL und damit unzulässig iSd Art. 5 I UGP-RL sind. Diese sog. **„Schwarze Liste"** wurde weitgehend, aber nicht vollständig in Reihenfolge und Wortlaut unverändert übernommen. So wurde **Anh. I Nr. 31 UGP-RL** – allerdings in der Annahme, dass es sich nicht um eine aggressive, sondern um eine irreführende Geschäftspraxis handle – in die Nr. 17 überführt. (Allerdings hat der EuGH Anh. I Nr. 31 UGP-RL ausdrücklich als aggressive Geschäftspraxis gewertet; vgl. EuGH GRUR 2012, 1269 = WRP 2012, 1509 Rn. 49 – Purely Creative)). Damit verschoben sich die in Nr. 17–25 geregelten Tatbestände des Anh. I UGP-RL jeweils um eine Nummer. – **Anh. I Nr. 26 UGP-RL** wurde überhaupt nicht übernommen, da nach Auffassung des Gesetzgebers die entsprechende Regelung in § 7 II getroffen wurde. Das war ua deshalb nicht richtig, weil sich Anh. I Nr. 26 UGP-RL – entgegen dem deutschen Wortlaut („geworben"), aber in Übereinstimmung mit anderen Sprachfassungen (ua engl. „making solicitations") – auch auf nachvertragliche Verhaltensweisen (zB telefonische Zahlungsaufforderungen) erstreckt, während § 7 II sich nach dem Wortlaut eindeutig auf Fälle der „Werbung" beschränkt (vgl. Köhler FS Fezer, 2016, 969 (975 f.)). Dies wäre im Wege der richtlinienkonformen Auslegung zu korrigieren gewesen (→ § 7 Rn. 99). Die Nr. 27–30 entsprechen wiederum denen der UGP-RL. Die Nr. 1–24 waren dementsprechend (mit Ausnahme der Nr. 17) den irreführenden, die Nr. 25–30 den aggressiven Geschäftspraktiken zuzuordnen. Diese Zuordnung ist für die richtlinienkonforme Auslegung (→ Rn. 0.3) von Bedeutung. Der Gesetzgeber konnte und wollte von der Schwarzen Liste der UGP-RL **nicht inhaltlich abweichen** (vgl. Begr. RegE UWG 2008 zu Nr. 12, BR-Drs. 345/08, 61). Abweichungen in der Formulierung wurden teils mit der Notwendigkeit, die Regelungen mit den Definitionen in § 2 und ganz allgemein mit der deutschen Rechtsterminologie in Einklang zu bringen, teils mit den sprachlichen Mängeln der deutschen Fassung der UGP-RL (vgl. Begr. RegE UWG 2008 zu Nr. 12, BR-Drs. 345/08, 61) begründet.

II. UWG 2015

Die **UWG-Novelle 2015** korrigierte einzelne Mängel der Umsetzung in Anh. § 3 III Nr. 13, **0.2** 14 und 29 (vgl. Köhler WRP 2015, 1311 (1318)).

III. Gesetz zur Stärkung des Verbraucherschutzes im Wettbewerbs- und Gewerberecht

0.2a   Der Anh. I UGP-RL wurde durch Art. 3 RL (EU) 2019/2161 v 27.11.2019 (ABl. EU 2019 L 328, 7) durch **vier neue Tatbestände** irreführender Geschäftspraktiken (Nr. 11a, 23a, 23b und 23c) ergänzt. Im G zur Stärkung des Verbraucherschutzes im Wettbewerbs- und Gewerberecht v. 10.8.2021 wurden diese Tatbestände im Anh. § 3 III umgesetzt. Der Gesetzgeber nahm zugleich die Gelegenheit wahr, einzelne Tatbestände des Anh. § 3 III sprachlich zu verbessern, der UGP-RL folgend der bisherige Nr. 17 in die neue Nr. 31 zu überführen und die fehlerhaft in § 7 II Nr. 1 erfolgte Umsetzung der Nr. 26 UGP-RL nunmehr in der neu eingefügten Nr. 26 umzusetzen. Dies brachte eine Umnummerierung einzelner Tatbestände mit sich. Auch wurden die Gliederung in irreführende und aggressive geschäftliche Handlungen aus der UGP-RL übernommen und die einzelnen Tatbestände mit Überschriften versehen. Schließlich wurde eine neue Nr. 32 eingefügt. Diese Änderungen traten am 28.5.2022 in Kraft.

B. Gebot der richtlinienkonformen Auslegung

0.3   Bei der Auslegung und Anwendung der Tatbestände des Anh. § 3 III ist das Gebot der richtlinienkonformen Auslegung zu beachten (→ § 3 Rn. 4.3). Dies wiederum setzt Klarheit über die Struktur, den Anwendungsbereich und den Zweck der Regelungen in Anh. I UGP-RL voraus.

I. Systematische Stellung des Anhangs I innerhalb der UGP-RL

0.4   Zur **Konkretisierung** der Generalklausel des Art. 5 I UGP-RL und der in Art. 5 IV erwähnten Beispieltatbestände der irreführenden und aggressiven Geschäftspraktiken verweist Art. 5 V 1 UGP-RL auf den Anh. I. Die Tatbestände in den Nr. 1–23 werden unter der Bezeichnung **„Irreführende Geschäftspraktiken"**, die Tatbestände in den Nr. 24–31 unter der Bezeichnung **„Aggressive Geschäftspraktiken"** zusammengefasst. Die Tatbestände werden als **„Geschäftspraktiken, die unter allen Umständen als unlauter anzusehen sind"**, bezeichnet. Im Unterschied zu den Tatbeständen des Art. 5 II UGP-RL und der Art. 5 IV, 6–9 UGP-RL enthalten sie **kein Relevanzkriterium.** Es handelt sich nach ErwGr. 17 UGP-RL „um die einzigen Geschäftspraktiken, die ohne Beurteilung des Einzelfalls anhand der Bestimmungen der Art. 5–9 UGP-RL als unlauter gelten können" (dazu EuGH GRUR 2009, 599 Rn. 56, 61 – Total und Sanoma; GRUR 2010, 244 Rn. 45 – Plus Warenhandelsgesellschaft; GRUR 2011, 76 Rn. 34 – Mediaprint; GRUR 2012, 1269 = WRP 2012, 1509 Rn. 45, 46 – Purely Creative). Damit soll die Rechtssicherheit erhöht werden. Gemeint kann aber nur sein, dass keine Prüfung anhand der Umstände des Einzelfalls stattfinden darf, ob das Verhalten geeignet ist, die geschäftliche Entscheidung des Verbrauchers zu beeinflussen. Denn die Feststellung, ob ein Tatbestand des Anh. I verwirklicht ist, kann vielfach nur unter Berücksichtigung der Umstände des Einzelfalls erfolgen, insbes. dann, wenn diese Tatbestände wertende Begriffe wie „angemessen", „vertretbar" usw verwenden (vgl. EuGH GRUR 2010, 244 Rn. 44 – Plus Warenhandelsgesellschaft; Köhler GRUR 2009, 445 (448); Köhler GRUR 2010, 177 (179); → Rn. 0.10). Andererseits will der EuGH die Tatbestände des Anh. I im Lichte des Art. 5 II lit. b und III UGP-RL auslegen (vgl. EuGH WRP 2013, 1509 Rn. 65 – Purely Creative). Um einen Wertungswiderspruch zu vermeiden, sind daher diese Tatbestände so auszulegen, dass sie solche Geschäftspraktiken nicht erfassen, die **generell** nicht geeignet sind, das wirtschaftliche Verhalten der Verbraucher zu beeinflussen (Köhler WRP 2014, 259 Rn. 60 ff.; eingehend Scherer WRP 2014, 771 Rn. 22 ff.). Denn nach ErwGr. 6 S. 5 UGP-RL will die UGP-RL solche Handlungen nicht erfassen, die zwar das Verhalten des Verbrauchers beeinflussen können, „jedoch seine Fähigkeit, eine informierte Entscheidung zu treffen, nicht beeinträchtigen". Im Übrigen ist aber die Eignung zur wesentlichen Beeinflussung des Verbraucherverhaltens unwiderleglich zu **vermuten** (vgl. Köhler FS Bornkamm, 2014, 393 (394 ff.); → § 3 Rn. 4.7; → § 5 Rn. 1.27). Der Unternehmer kann sich daher nicht darauf berufen, im konkreten Fall habe keine geschäftliche Relevanz vorgelegen (Köhler WRP 2014, 259 (266)). Deswegen werden die in der sog „Schwarzen Liste" zusammengestellten Tatbestände zu Recht auch **Per-se-Verbote für bestimmte Handlungsweisen** genannt (→ § 3 Rn. 4.7).

Für die **Rechtsanwendung** bedeutet dies: Zunächst ist stets zu prüfen, ob ein Sachverhalt 0.5
von einem der Tatbestände des Anh. I UGP-RL erfasst wird. Trifft dies nicht zu, so ist in einem
zweiten Schritt zu prüfen, ob er sich unter einen in Art. 5 IV, 6–9 UGP-RL geregelten
Tatbestände subsumieren lässt. Ist auch dies nicht möglich, so muss in einem dritten Schritt
geprüft werden, ob er unter die Generalklausel des Art. 5 II UGP-RL fällt. Ist auch dies nicht
der Fall, so ist die Geschäftspraxis zulässig. – Allerdings wurden die allgemeinen Vorschriften der
§ 3 II, §§ 4–6 durch die speziellen Tatbestände des Anhangs nicht verdrängt, sondern lediglich
ergänzt, so dass sie auch nebeneinander anwendbar sein können (BGH WRP 2019, 1471 Rn. 29
– Identitätsdiebstahl I).

II. Zweck der Regelung und Auslegung der Tatbestände

Zweck der Schwarzen Liste ist es nach ErwGr. 17 UGP-RL, „größere Rechtssicherheit 0.6
zu schaffen". Nach Art. 5 V 2 UGP-RL gilt diese Liste einheitlich in allen Mitgliedstaaten
und kann nur durch eine Änderung dieser Richtlinie abgeändert werden. Es handelt sich also um
eine **abschließende Regelung**. Die Mitgliedstaaten dürfen daher keine Vorschriften erlassen,
die über diese Liste hinausgehend Geschäftspraktiken „unter allen Umständen", also ohne eine
Beurteilung des Einzelfalls anhand der Bestimmungen der Art. 5–9 UGP-RL, verbieten (EuGH
GRUR 2010, 244 Rn. 41 – Plus Warenhandelsgesellschaft; GRUR 2011, 76 Rn. 30 – Mediaprint; WRP 2014, 38 Rn. 38 – CHS Tour Services). Dies gilt auch dann, wenn sie damit ein
höheres Verbraucherschutzniveau erreichen wollen, weil nur auf diese Weise eine einheitliche
Regelung und Rechtsanwendung in allen Mitgliedstaaten gewährleistet werden kann (vgl. Art. 4
UGP-RL). – Allerdings können sich weitere Per-se-Verbote aus unionsrechtlichen Regelungen
ergeben, die nach **Art. 3 IV UGP-RL** vorrangig gelten (wie zB die Werbebeschränkungen des
Art. 9 I lit. b, c AVMD-RL, neu gefasst durch die RL 2018/1808/EU).

Bei der **Auslegung** ist zu berücksichtigen, dass sich der Sinn der jeweiligen Regelung häufig 0.7
erst durch einen Vergleich der deutschen Fassung mit anderen Fassungen, insbes. der englischen
und französischen, erschließt (vgl. dazu Köhler FS Fezer, 2016, 969). Auch weisen viele Beispielstatbestände unbestimmte Rechtsbegriffe auf, die **auslegungsbedürftig** sind. Die Auslegung hat nach den Grundsätzen der unionsrechtlichen Gesetzesauslegung zu erfolgen. Eine
verbindliche Klärung von Zweifelsfragen kann nur durch den EuGH erfolgen. Dabei sind die
Regelungen in den Art. 6–9 UGP-RL und die Regelungen im Anh. I UGP-RL im Zusammenhang zu sehen und **wechselseitig** bei der Auslegung zu berücksichtigen („hermeneutischer
Zirkel"). Allerdings ist die Zuordnung der einzelnen Tatbestände zu „irreführenden" bzw.
„aggressiven" Geschäftspraktiken im Anh. I UGP-RL nicht im Sinne einer bindenden Konkretisierung der Tatbestände der Art. 6 und 7 bzw. 8 und 9 UGP-RL zu verstehen (bedenklich
insoweit EuGH GRUR 2012, 1269 Rn. 37, 49 – Purely Creative; dazu krit. Köhler FS
Bornkamm, 2014, 393 (402 ff.)). Denn es stand dem europäischen Gesetzgeber frei, den 31
Tatbeständen die Attribute „irreführend" und „aggressiv" ohne Rücksicht darauf zu verleihen,
ob sie im Einzelfall wirkliche Konkretisierungen der Tatbestände der Art. 6–9 UGP-RL darstellen.

Die Tatbestände des Anh. I sind so **eng und kasuistisch gefasst,** dass aus ihnen der Wille des 0.8
Richtliniengebers spricht, sie nicht als verallgemeinerungsfähige Beispielsfälle anzusehen (ebenso
OLG Köln GRUR-RR 2011, 275 (276); OLG Jena GRUR-RR 2017, 314; OLG Celle WRP
2018, 587). Das gebietet zwar nicht eine enge Auslegung der Tatbestände (so für die Frage, ob
ein Tatbestand mit Wertungsmöglichkeit in Betracht kommt, Harte-Bavendamm/Henning-
Bodewig/Henning-Bodewig Anh. § 3 III Vorb. Rn. 14; Gloy/Loschelder/Danckwerts
WettbR-HdB/Bruhn § 46 Rn. 14). Vielmehr hat sich die Auslegung am jeweiligen Wortlaut
und Zweck der Regelung zu orientieren. Wohl aber ist eine **analoge Anwendung** der Tatbestände auf vergleichbare Sachverhalte idR (maßgebend ist nicht die deutsche, sondern die
europäische Lehre von der Gesetzesauslegung; → Rn. 0.7) **ausgeschlossen** (ebenso BGH
GRUR 2022, 170 Rn. 40 – Identitätsdiebstahl II; OLG Köln WRP 2011, 783; OLG Jena
GRUR-RR 2017, 314; Oechsler GRUR 2019, 136 (138 f.)). Andererseits lässt sich den Tatbeständen auch nicht durch Umkehrschluss entnehmen, dass ein von ihnen nicht erfasstes
Verhalten hingenommen werden müsste. Die allgemeinen Vorschriften über unlautere Geschäftspraktiken werden durch die spezielleren Tatbestände im Anh. § 3 III nicht verdrängt,
sondern lediglich ergänzt (BGH GRUR 2022, 170 Rn. 35 – Identitätsdiebstahl II). Vielmehr
greift dann, wenn ein Verhalten von diesen Tatbeständen nicht erfasst wird, die Prüfung nach
den allgemeinen Bestimmungen über unlautere, insbes. irreführende und aggressive Geschäfts-

praktiken (Art. 5–9 UGP-RL) ein (EuGH WRP 2014, 816 Rn. 32 - 4 finance; BGH WRP 2012, 194 Rn. 29 – Branchenbuch Berg). Das gilt dementsprechend auch für die § 3 II, §§ 4a, 5 und § 5a II–VI. – Bei Anwendung dieser Vorschriften ist zu fragen, ob die Tatbestände des Anhangs zumindest ähnliche Fälle erfassen und damit einen wertenden Rückschluss erlauben, ob das Verhalten zu missbilligen ist oder nicht (BGH WRP 2019, 1471 Rn. 29 – Identitätsdiebstahl I). Jedoch darf die Prüfung nach den allgemeinen Bestimmungen über unlautere Geschäftspraktiken nicht zu einem Wertungswiderspruch zu den speziellen Tatbeständen des Anhangs führen (BGH GRUR 2022, 170 Rn. 37 – Identitätsdiebstahl II). Ein solcher Wertungswiderspruch zwischen Anh. § 3 Nr. 29 einerseits und § 5 I andererseits besteht im Falle eines Identitätsdiebstahls allerdings nicht (BGH GRUR 2022, 170 Rn. 39 – Identitätsdiebstahl II).

III. Geschäftliche Handlung als gemeinsames Tatbestandsmerkmal

0.9 Allen Tatbeständen des Anh. § 3 III ist gemeinsam, dass es sich um **geschäftliche Handlungen von Unternehmern gegenüber Verbrauchern** iSd § 2 I Nr. 2 handeln muss. Dies ergibt sich aus dem Wortlaut des § 3 III („geschäftliche Handlungen") und entspricht der für alle Tatbestände des Anh. I UGP-RL geltenden Überschrift („Geschäftspraktiken, die unter allen Umständen als unlauter gelten") und der Definition in Art. 2 lit. d UGP-RL. Dort wird zum einen klargestellt, dass in der Richtlinie mit dem Begriff „Geschäftspraktiken" stets Geschäftspraktiken im Geschäftsverkehr zwischen Unternehmen und Verbrauchern gemeint sind. Zum anderen enthält diese Bestimmung eine **Legaldefinition:** Eine Geschäftspraxis iSd Richtlinie ist danach „jede Handlung, Unterlassung, Verhaltensweise oder Erklärung, kommerzielle Mitteilung einschließlich Werbung und Marketing eines Gewerbetreibenden, die unmittelbar mit der Absatzförderung, dem Verkauf oder der Lieferung eines Produkts an Verbraucher zusammenhängt" (dazu Köhler WRP 2007, 1293). Die im Anh. § 3 III beschriebenen Verhaltensweisen dürfen daher nicht in einer Weise ausgelegt werden, dass auch Handlungen erfasst werden, die nicht den Tatbestand einer geschäftlichen Handlung erfüllen. Dabei ist zu beachten, dass der Anwendungsbereich des § 2 I Nr. 2 weiter ist als der des Art. 2 lit. d UGP-RL. Zum einen erfasst der Begriff der geschäftlichen Handlung auch das Handeln **„zugunsten eines fremden Unternehmens",** zum anderen auch das Handeln eines Unternehmers als **Nachfrager.** Diese Ausweitung der Verantwortlichkeit ist mit der UGP-RL vereinbar, da damit deren abschließender Charakter nicht in Frage gestellt wird (ebenso Koch FS Köhler, 2014, 359 (368); Scherer WRP 2014, 517 (521)). Das kann zu einer Ausweitung des Anwendungsbereichs der Tatbestände des Anh. § 3 III führen (→ Rn. 0.11; → Rn. 11.10).

C. Anwendungsbereich und Rechtsnatur der Tatbestände des Anhangs

0.10 Die Tatbestände des Anh. § 3 III gelten – übereinstimmend mit der UGP-RL – nur für geschäftliche Handlungen iSd § 2 I Nr. 2 gegenüber **Verbrauchern** (→ Rn. 0.9). Da nach § 3 III die im Anh. aufgeführten geschäftlichen Handlungen gegenüber Verbrauchern **stets unzulässig** sind, handelt sich bei diesen Tatbeständen um **Per-se-Verbote.** Das bedeutet, dass es auf die geschäftliche (oder wettbewerbliche) Relevanz der Handlung für das Verhalten des Verbrauchers nicht ankommt (→ Rn. 0.4). Die Überschreitung der Spürbarkeitsschwelle des § 3 II ist also gar nicht mehr zu prüfen (→ Rn. 0.4). Dass einzelne Tatbestände des Anhangs unbestimmte Rechtsbegriffe enthalten (wie zB Nr. 5 und Nr. 20 „angemessen"; Nr. 6 „vertretbar"; Nr. 13 „ähnlich"; Nr. 21 „unvermeidbar"; Nr. 27 „systematisch"), die nur wertend und unter Berücksichtigung der Umstände des Einzelfalls konkretisiert werden können, steht auf einem anderen Blatt. Allerdings kann im Einzelfall die Verfolgung einer Zuwiderhandlung gegen den Grundsatz der **Verhältnismäßigkeit** verstoßen (Begr. RegE UWG 2008 zu Nr. 12, BR-Drs. 345/08, 60). Dies entspricht den Anforderungen des Art. 13 S. 2 UGP-RL („verhältnismäßig").

0.11 Während Anh. I UGP-RL nur die mit dem **Absatz von Waren und Leistungen** verbundenen Tätigkeiten umfasst, regeln die Tatbestände des Anh. § 3 III auch die **Tätigkeit eines Unternehmens als Nachfrager** von Waren oder Leistungen. Das kann zB bei Nr. 23 (Vortäuschen der Verbrauchereigenschaft) eine Rolle spielen. Damit reicht der Anwendungsbereich der „Schwarzen Liste" des UWG weiter als der Anwendungsbereich der Richtlinie (→ § 3 Rn. 4.5). Die Richtlinie steht dem nicht entgegen, da sie nur die Absatztätigkeit der Unternehmen im Verhältnis zum Verbraucher regelt. Für die Nachfragetätigkeit fehlt eine europäische

Regelung mit der Folge, dass es den Mitgliedstaaten freisteht, insofern weitergehende Regelungen zu treffen.

D. Bedeutung des Anhangs für die Beurteilung von geschäftlichen Handlungen im Verhältnis zwischen Unternehmen

Obwohl der Anh. § 3 III – in Übereinstimmung mit Anh. I UGP-RL – **nur geschäftliche** **0.12** **Handlungen im Verhältnis zwischen Unternehmen und Verbrauchern** regelt, lassen sich die den Beispielstatbeständen zugrunde liegenden Wertungen auch für die Beurteilung von geschäftlichen Handlungen zwischen Unternehmen (B2B) fruchtbar machen (→ § 3 Rn. 4.4; ebenso Hoeren WRP 2009, 789 (792)). Dies gilt jedenfalls, soweit es sonst zu ungerechtfertigten Wertungswidersprüchen käme (ebenso BGH WRP 2012, 194 Rn. 29 – Branchenbuch Berg; WRP 2019, 1471 Rn. 29 – Identitätsdiebstahl I). Es ist dann jeweils zu prüfen, ob einer der Tatbestände § 3 I, §§ 4–6 erfüllt ist.

2. Abschnitt. Kommentierung

Übersicht

Köhler   365

Köhler

Anh. § 3 Nr. 1

Folgende geschäftliche Handlungen sind gegenüber Verbrauchern stets unzulässig:

Irreführende geschäftliche Handlungen

1. unwahre Angabe über die Unterzeichnung eines Verhaltenskodexes
   **die unwahre Angabe eines Unternehmers, zu den Unterzeichnern eines Verhaltens-
   kodexes zu gehören;**

Die Regelung dient der Umsetzung von Anh. I UGP-RL:

1. Die Behauptung eines Gewerbetreibenden, zu den Unterzeichnern eines Verhaltenskodex zu gehören,
obgleich dies nicht der Fall ist.

Schrifttum: s. auch vor → Rn. 0.1; Bechtold, Probeabonnement – Anmerkung zum Urteil des BGH v.
7. Februar 2006, KZR 33/04, WRP 2006, 1162; Birk, Corporate Responsibility, unternehmerische Selbstverpflichtungen und unlauterer Wettbewerb, GRUR 2011, 196; Bornkamm, Das Verhältnis von Kartellrecht
und Lauterkeitsrecht: Zwei Seiten derselben Medaille?, FS Griss, 2011, 79; Dreyer, Verhaltenskodizes im
Referentenentwurf eines Ersten Gesetzes zur Änderung des Gesetzes gegen unlauteren Wettbewerb – Wird
das Wettbewerbsrecht zum Motor für die Durchsetzung vertraglicher Verpflichtungen?, WRP 2007, 1294;
Kopp, Selbstkontrolle durch Verhaltenskodizes im europäischen und deutschen Lauterkeitsrecht, 2016;
Lamberti/Wendel, Verkäufe außerhalb von Vertriebsbindungssystemen – Bringt die UWG-Reform neue
Handlungsmöglichkeiten gegen „Außenseiter"?, WRP 2009, 1479; Sosnitza, Wettbewerbsregeln nach
§§ 24 ff. GWB im Lichte der 7. GWB-Novelle und des neuen Lauterkeitsrechts, FS Bechtold, 2006, 515;
Weidert, In „Bio" we trust: Werbung mit Genehmigungen, Gütesiegeln und anderen Qualitätskennzeichen,
GRUR-Prax 2010, 351.

I. Normzweck und Normhintergrund

Die Vorschrift bezweckt den Schutz des Verbrauchers vor einer Irreführung durch den **1.1**
Unternehmer darüber, dass er zu den Unterzeichnern eines Verhaltenskodexes gehört. Mit dieser
Behauptung gibt der Unternehmer nämlich zu erkennen, dass er sich **verpflichtet** hat, den
Verhaltenskodex einzuhalten. Sie stellt eine präzise Umsetzung von Anh. I Nr. 1 UGP-RL dar.
Der europäische Gesetzgeber misst der unwahren Werbung eines Unternehmers mit diesem
Hinweis eine so starke Irreführungseignung bei, dass er die Vorschrift als Per-se-Verbot aus-
gestaltet hat. Verhaltenskodizes stellen allerdings keine zwingenden Rechtsvorschriften dar. Ihre
Einhaltung kann daher nicht mittels des UWG erzwungen werden. Sie können allenfalls
indizielle Bedeutung für Sorgfaltsverstöße iSd § 3 II haben (vgl. BGH GRUR 2011, 431 Rn. 15
– FSA-Kodex). Unzutreffende Hinweise auf Verhaltenskodizes in der Werbung regeln die UGP-
RL und das UWG nur unter dem Gesichtspunkt der Irreführung.

II. Verhältnis zu anderen Vorschriften

1.2   Hält sich der Unterzeichner nicht an den Verhaltenskodex, ist dies kein Fall der Nr. 1, sondern des Irreführungstatbestand des **§ 5 I 2 Nr. 6.** Danach ist eine geschäftliche Handlung irreführend, wenn sie eine unwahre Angabe oder eine sonstige zur Täuschung geeignete Angabe enthält über „die Einhaltung eines Verhaltenskodexes, auf den sich der Unternehmer verpflichtet hat, wenn er auf diese Bindung hinweist". Diese Vorschrift stellt eine (unzureichende) Umsetzung des Art. 6 II lit. b UGP-RL dar und ist dementsprechend richtlinienkonform auszulegen.

III. Tatbestand

1. Unwahre Angabe

1.3   Der Tatbestand setzt eine **unwahre Angabe** gegenüber Verbrauchern im Rahmen einer geschäftlichen Handlung, insbes. einer Werbung, voraus.

1.4   **a) Abgrenzung der Angabe vom Erwecken eines unzutreffenden Eindrucks.** Der Begriff der **Angabe** setzt den Begriff der Behauptung in Anh. I Nr. 1 UGP-RL um. Erforderlich, aber auch ausreichend ist daher jede **ausdrückliche** Erklärung eines Unternehmers, aus der sich für den Durchschnittsverbrauchers ergibt, dass er sich zur Einhaltung des Verhaltenskodexes **verpflichtet** hat. Eine **„Angabe"** iSd Nr. 1 liegt daher bspw. vor, wenn ein Unternehmen auf seiner Webseite angibt, es sei Mitglied eines Verbands, der den Kodex aufgestellt hat.

1.5   Das bloße **Erwecken eines unzutreffenden Eindrucks** steht der unwahren Angabe nach der Systematik des Anh. I UGP-RL und des Anh. zu § 3 III **nicht** gleich (wie hier Harte-Bavendamm/Henning-Bodewig/Dreyer Rn. 8; MüKoUWG/Alexander Rn. 16; **aA** Ohly/Sosnitza/Sosnitza Rn. 7; FBO/Obergfell Rn. 38; Lindacher WRP 2012, 40 f.; Schöttle WRP 2009, 673 (674)). Der Anh. § 3 III unterscheidet nämlich klar zwischen den Tatbeständen, die eine „unwahre Angabe" verlangen (vgl. Nr. 1, 3, 4, 7, 12, 15, 18 und 19), und solchen, die auch das „Erwecken des unzutreffenden Eindrucks" genügen lassen (vgl. Nr. 9, 10, 17, 23 und 24). Das entspricht in der Sache dem Sprachgebrauch des Anh. I UGP-RL. Bei einigen Tatbeständen ist die Rede von einer „Behauptung …, obgleich dies nicht der Fall ist", einer „sachlich falschen" oder „fälschlichen Behauptung" oder von der „Erteilung sachlich falscher Informationen" (Nr. 1, 3, 4, 7, 12, 15, 17 und 18). Andere Tatbestände lassen dagegen bei ebenfalls uneinheitlicher, in der Sache aber eindeutiger Terminologie neben der falschen Behauptung die anderweitige Herbeiführung des falschen Eindrucks ausreichen lässt (Nr. 9, 22, 23 und 31). Da es sich im Anh. um **Per-se-Verbote** handelt, die **„größere Rechtssicherheit"** schaffen (ErwGr. 17 S. 1 UGP-RL) und **leicht handhabbar** (vgl. EuGH GRUR 2012, 1269 = WRP 2012, 1509 Rn. 46 – Purely Creative) sein sollen, ist davon auszugehen, dass der Unionsgesetzgeber eine bewusste Trennung vorgenommen hat. Eine Gleichbehandlung beider Formen der Kommunikation scheidet daher aus.

1.6   Die Nr. 1 ist daher nicht anwendbar, wenn ein Unternehmer lediglich unterschwellig der Eindruck erweckt, er gehöre zu den Unterzeichnern des Verhaltenskodexes (so aber Begr. RegE, BT-Drs. 16/10145, 31), etwa mit dem Hinweis, er würde die Anforderungen eines bestimmten Verhaltenskodexes erfüllen. Der Meinungsstreit hat aber kaum praktische Auswirkungen, weil in solchen Fällen § 5 I 2 Nr. 6 als Auffangtatbestand eingreift, die geschäftliche Relevanz regelmäßig zu bejahen sein wird, und daher keine Rechtsschutzlücke besteht.

1.7   **b) Unwahrheit der Angabe.** Die Angabe muss **unwahr,** d h sachlich unzutreffend sein. Maßgebend dafür ist der objektive Tatbestand des Fehlens einer Unterzeichnung. Dass die eingegangene Verpflichtung ggf. wegen Geschäftsunfähigkeit oder mangelnder Vertretungsmacht des Unterzeichners unwirksam ist oder dass die Verpflichtung zwischenzeitlich durch Kündigung, Austritt oder Ausschluss beendet wurde, ist im Rahmen der Nr. 1 unerheblich. Denn maßgebend ist der äußere Anschein, den der Unternehmer mit seiner Angabe setzt. Umgekehrt kann sich der Unternehmer auch nicht damit rechtfertigen, er habe den Kodex zwar unterzeichnet, aber die Verpflichtungen freiwillig befolgt.

2. Verhaltenskodex

1.8   Der Begriff des **Verhaltenskodexes** ist definiert in § 2 I Nr. 10. Dazu und zu Beispielen → § 2 Rn. 10.1 ff., → § 5 Rn. 5.163. Nicht erfasst wird von der Nr. 1 mangels Vorliegens eines

Verhaltenskodexes der Fall, dass der Unternehmer die unwahre Behauptung aufstellt, er habe einen Vertragshändler-, Handelsvertreter-, Franchisenehmer- oder Lizenzvertrag oÄ mit einem Hersteller unterschrieben und sich verpflichtet, die Vorgaben des Herstellers einzuhalten. Insoweit ist wiederum auf § 5 I 2 zurückzugreifen.

3. Unterzeichner eines Verhaltenskodexes

Der Tatbestand der Nr. 1 setzt voraus, dass ein Unternehmer gegenüber Verbrauchern angibt, **1.9**
„zu den **Unterzeichnern eines Verhaltenskodexes** zu gehören". Unterzeichnung bedeutet, dass sich der Unternehmer **schriftlich** (und damit nachprüfbar) verpflichtet hat, den Kodex einzuhalten. Eine lediglich (fern-)mündliche Zusage reicht daher nicht aus. Die Unterzeichnungserklärung muss dem Urheber des Verhaltenskodexes oder der entsprechenden Organisation zugegangen sein. Die Nr. 1 knüpft an **objektiv nachprüfbare und leicht feststellbare Kriterien** an. Es kann daher keine Rolle spielen, ob die Unterzeichnung möglicherweise zivilrechtlich unwirksam ist (zB wegen mangelnder Geschäftsfähigkeit oder Vertretungsbefugnis), ob der Verhaltenskodex möglicherweise als solcher unwirksam ist (zB wegen Verstoßes gegen § 1 GWB) ist und ob der Unternehmer irrtümlich annimmt, zu den Unterzeichnern zu gehören.

Anh. § 3 Nr. 2

Folgende geschäftliche Handlungen sind gegenüber Verbrauchern stets unzulässig:

Irreführende geschäftliche Handlungen

2. unerlaubte Verwendung von Gütezeichen und Ähnlichem
die Verwendung von Gütezeichen, Qualitätskennzeichen oder Ähnlichem ohne die erforderliche Genehmigung;

Die Regelung dient der Umsetzung von Anh. I UGP-RL:
2. Die Verwendung von Gütezeichen, Qualitätskennzeichen oder Ähnlichem ohne die erforderliche Genehmigung.

I. Normzweck

Die Vorschrift will den Verbraucher vor einer Irreführung darüber schützen, dass der Unter- **2.1**
nehmer Gütezeichen usw. ohne die dazu die erforderliche Genehmigung verwendet. Die Schwere der Irreführung folgt daraus, dass der Verbraucher derartigen Zeichen ein besonderes Vertrauen entgegenbringt. Aus diesem Grund ist die Regelung als Per-se-Verbot ausgestaltet. Es ist daher nicht zusätzlich zu prüfen, ob die Behauptung des Unternehmers geschäftliche Relevanz besitzt.

II. Verhältnis zu anderen Vorschriften

Eine geschäftliche Handlung iSd Nr. 2 kann im Einzelfall gleichzeitig den Tatbestand der **2.2**
Nr. 4 erfüllen. Ist der Tatbestand der Nr. 2 nicht erfüllt, so kann als Auffangtatbestand entweder die Nr. 4 oder § 5 I 2 Nr. 1 oder Nr. 3 eingreifen. So bspw. dann, wenn es das betreffende Gütezeichen gar nicht gibt oder wenn die beworbene Ware oder Dienstleistung nicht die Eigenschaften besitzt, für die die Bezeichnung aus der Sicht des Durchschnittsverbrauchers steht (BGH GRUR 2012, 214 Rn. 11, 19 ff. – Zertifizierter Testamentsvollstrecker) oder wenn das Zeichen irreführend ist. Ein Verstoß gegen § 3a kann vorliegen, wenn das verwendete Zeichen eine nach § 1 II Nr. 2 ÖkoKennzG unzulässige Nachahmung eines Öko-Kennzeichens darstellt (BGHZ 194, 314 Rn. 58 ff. = GRUR 2013, 401 – Biomineralwasser).

III. Tatbestand

1. Verwendung eines Gütezeichens, Qualitätszeichens oder Ähnlichem

a) Allgemeines. Unter den Begriffen Gütezeichen, Qualitätszeichen oder Ähnlichem sind **2.3**
nach der bisherigen Rspr. Bezeichnungen zu verstehen, die (1) auf bestimmte Eigenschaften eines Unternehmens oder seiner Produkte bezogen sind, (2) auf Grund einer objektiven Prüfung anhand von festgelegten Standards durch eine unabhängige staatliche oder private Stelle (BGH

GRUR 2012, 215 Rn. 12 – Zertifizierter Testamentsvollstrecker) im Wege einer „Genehmigung" vergeben und (3) vom Durchschnittsverbraucher als Hinweis auf eine besondere Güte oder Qualität verstanden werden (BGH WRP 2016, 1221 Rn. 39 ff. – LGA tested; GRUR 2020, 299 Rn. 26 – IVD-Siegel). Dazu gehören insbes. Zertifikate, die auf Grund eines Zertifizierungsverfahrens, dh eines Verfahrens, mit dessen Hilfe die Einhaltung bestimmter Anforderungen an Waren oder Dienstleistungen einschließlich des Herstellungsverfahrens nachgewiesen werden kann, vergeben werden (BGH GRUR 2012, 214 Rn. 12 – Zertifizierter Testamentsvollstrecker). – Im Hinblick auf die neuen Bestimmungen über die **Gewährleistungsmarke** (Art. 83 ff. UMV; §§ 106a–106h MarkenG) sollte es jedoch genügen, dass ein Gütezeichen die darin aufgeführten Voraussetzungen, insbes. an die Gewährleistungsmarkensatzung nach § 106d II MarkenG erfüllt (vgl. OLG Düsseldorf GRUR-RR 2019, 84 Rn. 21 ff.). Die Eintragung einer derartigen Marke ermöglicht es zugleich, Gütezeichen usw. eine stärkere Stellung als bisher einzuräumen.

2.4   Unter **Verwendung** ist eine geschäftliche Handlung zu verstehen, die das Zeichen zur Förderung des Absatzes (§ 2 I Nr. 2) mit dem Unternehmen oder seinem Produkt in Verbindung bringt. So bspw. das Anbringen des Zeichens auf dem Produkt oder seiner Verpackung, die Darstellung auf der Webseite oder auf Gebäuden, Fahrzeugen oder Geschäftspapieren des Unternehmens. Die Verwendung des Zeichens muss nicht die vergebende Stelle erkennen lassen (aA OLG Celle WRP 2014, 1216 Rn. 4). Eine Verwendung liegt aber nicht vor, wenn das verwendete Zeichen in dieser Form gar nicht vergeben wird, sondern ihm nur ähnlich ist. In diesem Fall ist aber § 5 I 2 Nr. 1 zu prüfen, wenn der Verkehr irrtümlich davon ausgeht, dass es sich um das Zeichen einer vergebenden Stelle handelt (vgl. OLG Celle WRP 2014, 1216 Rn. 6 ff.: sechs Sterne an der Außenfassade eines Hotels).

2.5   **b) Beispiele.** „GS"-Zeichen („Geprüfte Sicherheit"), § 21 ProdSG; „TÜV"; „DEKRA" (OLG Hamm GRUR-RR 2012, 285); „VDE", „CMA" (OLG Köln GRUR 2011, 275 (276)); „trusted-shops"-Siegel; „Zertifizierter Testamentsvollstrecker (AGT)" (BGH GRUR 2012, 214 Rn. 12 – Zertifizierter Testamentsvollstrecker); „Biomineralwasser" (BGHZ 194, 314 Rn. 42 ff. = GRUR 2013, 401 – Biomineralwasser); „Der blaue Engel"; Europäisches Umweltzeichen nach der VO (EG) 66/2010; 4-Sterne-Kennzeichen der Gütegemeinschaft Buskomfort e.V (LG Saarbrücken WRP 2005, 386; LG Oldenburg WRP 2007, 474); „Deutsches Weinsiegel"; „Fair Trade"-Siegel; Prüfsiegel der Deutschen Hochdruck-Liga (OLG Koblenz WRP 2013, 922 Rn. 6); Verbandssiegel „Bioland" und „Demeter"; „Der Grüne Punkt"; „IVD-Gütesiegel" (BGH GRUR 2020, 299 – IVD-Gütesiegel).

2.6   **c) Abgrenzung. Nicht** unter die Nr. 2 fallen: Das „CE"-Zeichen, weil der Hersteller damit nur selbst die Konformität des Produkts mit EU-Bestimmungen erklärt (, sofern nicht mittels einer zusätzlichen Kennnummer auf eine Prüfung hingewiesen wird (§ 9 III 3 MPG). – Das „Testsiegel" der Stiftung Warentest mit dem Hinweis „Testsieger", weil es an vorab allgemein objektivierten Standardanforderungen fehlt (OLG Köln GRUR-RR 2011, 275 (276)). – Das sog. „Bio-Siegel" (EU-Gemeinschaftsemblem für ökologischen Landbau, weil keine Prüfung und Genehmigung durch eine unabhängige Stelle stattfindet, sondern nur eine Anzeigepflicht besteht (§ 3 ÖkoKennzVO). – Hinweis auf DIN-Normen auf dem Produkt (MüKoUWG/ Alexander Rn. 17). – Verwendung der Bezeichnung „Oberpfälzer Bierkönigin" durch eine Brauerei, da bereits nicht unternehmens- oder produktbezogen und kein Genehmigungserfordernis (OLG Nürnberg GRUR-RR 2012, 14 f.). – Verwendung allgemeiner Produktbezeichnungen.

2. Ohne Genehmigung

2.7   Das Zeichen muss ohne Genehmigung verwendet werden. Unter Genehmigung ist die ausdrückliche Erteilung der **Erlaubnis zur Verwendung des Zeichens** durch die prüfende öffentliche oder andere Stelle zu verstehen. Sie kann **öffentlich-rechtlich,** etwa durch einen Verwaltungsakt, oder zivilrechtlich, etwa durch Abschluss eines Lizenzvertrags, erteilt werden. Der Begriff darf nicht iSd § 184 I BGB (nachträgliche Zustimmung) verstanden werden. Die Genehmigung muss daher im Zeitpunkt der Verwendung vorliegen. Unerheblich ist es, dass der Unternehmer oder seine Produkte tatsächlich den Anforderungen der prüfenden Stelle entspricht (Begr. RegE UWG 2008, BT-Drs. 16/10145, 31) und möglicherweise sogar ein Rechtsanspruch auf eine Genehmigung besteht. Unerheblich ist für die Anwendung der Nr. 2 aber auch, dass der Unternehmer oder das Produkt nicht die „testierten" Eigenschaften aufweist. Dies ist ein Fall des § 5.

Anh. § 3 Nr. 3

Folgende geschäftliche Handlungen sind gegenüber Verbrauchern stets unzulässig:

Irreführende geschäftliche Handlungen

3. unwahre Angabe über die Billigung eines Verhaltenskodexes
die unwahre Angabe, ein Verhaltenskodex sei von einer öffentlichen oder anderen Stelle gebilligt;

Die Regelung dient der Umsetzung von Anh. I UGP-RL:

3. Die Behauptung, ein Verhaltenskodex sei von einer öffentlichen oder anderen Stelle gebilligt, obgleich dies nicht der Fall ist.

Schrifttum: vor → Rn. 1.1.

I. Normzweck

Die Vorschrift will den Verbraucher vor einer Irreführung darüber schützen, dass ein Ver- **3.1** haltenskodex von einer öffentlichen oder anderen Stelle gebilligt worden sei. Sie bezieht sich auf die Werbung eines Unternehmers mit der (tatsächlichen oder angeblichen) Beteiligung an dem betreffenden Verhaltenskodex (wie hier MüKoUWG/Alexander Rn. 16; aA Schöttle WRP 2009, 673 (675)). Die Schwere der Irreführung resultiert daraus, dass der Verbraucher einem derartigen Verhaltenskodex ein besonderes Vertrauen entgegenbringt. Trifft die Aussage nicht zu, wird der Verbraucher über eine wesentliche Eigenschaft des Verhaltenskodexes getäuscht (Begr. RegE UWG 2008, BT-Drs. 16/10145, 31). Aus diesem Grund ist die Regelung als Per-se-Verbot ausgestaltet. Es ist daher nicht zu prüfen, ob die Behauptung des Unternehmers geschäftliche Relevanz besitzt.

II. Tatbestand

1. Unwahre Angabe

Es muss eine (objektiv) unwahre Angabe, dh eine **Behauptung gegenüber einem Ver-** **3.2** **braucher** vorliegen. Das bloße Erwecken eines unzutreffenden Eindrucks steht dem nach der Systematik der UGP-RL nicht gleich. Unerheblich ist, ob der Unternehmer irrtümlich eine Billigung annimmt.

2. Verhaltenskodex

Die Behauptung muss sich auf einen Verhaltenskodex beziehen. Dieser Begriff ist **in § 2 I** **3.3** **Nr. 5 definiert.** Zur Bedeutung → § 2 Rn. 115; → § 5 Rn. 5.165.

3. Billigung durch eine öffentliche oder andere Stelle

Die Behauptung muss dahin gehen, dass eine öffentliche oder andere Stelle den Verhaltens- **3.4** kodex gebilligt habe. Zum Begriff der **öffentlichen Stelle** → Rn. 4.5. Unter einer **anderen** Stelle ist letztlich eine **private Stelle** (zB Verbraucherverband; Wirtschaftsverband) zu verstehen. Nicht erforderlich (und auch nicht zuverlässig feststellbar) ist, dass diese Stelle einen vergleichbaren Glaubwürdigkeitsstatus besitzt (wie hier MüKoUWG/Alexander Rn. 19; aA Ohly/Sosnitza/Sosnitza Rn. 11). Es muss sich jeweils um eine Einrichtung handeln, die ihre Entscheidungen unabhängig, neutral und objektiv trifft. Privatpersonen gehören nicht dazu, es sei denn, sie handeln in ihrer Funktion als Verbandsvertreter.

Aus dem Wortlaut der Vorschrift geht nicht eindeutig hervor, ob der Unternehmer die **3.5** betreffende Stelle **tatsächlich benannt** haben muss oder ob es genügt, dass er lediglich abstrakt auf eine Billigung durch eine öffentliche oder andere Stelle hinweist, wie zB „amtlich anerkannt"; „staatlich geprüft") (dafür MüKoUWG/Alexander Rn. 13). Im Hinblick auf den Charakter der

Vorschrift als Per-se-Verbot ist jedoch zu fordern, dass eine konkrete Stelle benannt wird. Eine Schutzlücke hat dies nicht zur Folge, weil andernfalls immer noch § 5 eingreift.

3.6 Eine **Billigung** liegt vor, wenn eine öffentliche oder andere Stelle den Verhaltenskodex überprüft hat und ihre Anerkennung in Gestalt eines Einverständnisses mit dem Inhalt des Verhaltenskodexes oder einer Empfehlung zur Beteiligung an diesem zum Ausdruck bringt. Hierher gehört auch die Anerkennung von Wettbewerbsregeln, soweit sie einen Verhaltenskodex darstellen, durch das Bundeskartellamt nach § 24 III GWB (dazu näher MüKoUWG/Alexander Rn. 22 ff.; Sosnitza FS Bechtold, 2006, 515).

Anh. § 3 Nr. 4

Folgende geschäftliche Handlungen sind gegenüber Verbrauchern stets unzulässig:

Irreführende geschäftliche Handlungen

4. unwahre Angabe über Anerkennungen durch Dritte
   die unwahre Angabe,
   a) ein Unternehmer, eine von ihm vorgenommene geschäftliche Handlung oder eine Ware oder Dienstleistung sei von einer öffentlichen oder privaten Stelle bestätigt, gebilligt oder genehmigt worden, oder
   b) den Bedingungen für die Bestätigung, Billigung oder Genehmigung werde entsprochen;

Die Regelung dient der Umsetzung von Anh. I UGP-RL:

4. Die Behauptung, dass ein Gewerbetreibender (einschließlich seiner Geschäftspraktiken) oder ein Produkt von einer öffentlichen oder privaten Stelle bestätigt, gebilligt oder genehmigt worden sei, obwohl dies nicht der Fall ist, oder die Aufstellung einer solchen Behauptung, ohne dass den Bedingungen für die Bestätigung, Billigung oder Genehmigung entsprochen wird.

Schrifttum: Heermann, Sind nicht autorisierte Ticket-Verlosungen lauterkeitsrechtlich unzulässiges Ambush Marketing?, GRUR-RR 2012, 313.

I. Normzweck und Anwendungsbereich

4.1 Die Nr. 4 bezweckt den Schutz des Verbrauchers vor einer Irreführung darüber, dass ein Unternehmer, eine von ihm vorgenommene geschäftliche Handlung oder eine Ware oder Dienstleistung durch eine öffentliche oder private Stelle bestätigt, gebilligt oder genehmigt worden sei. Es handelt sich um einen bes. gravierenden Fall einer Irreführung über die Qualität eines Unternehmers, seiner geschäftlichen Handlungen oder seiner Waren oder Dienstleistungen, da Verbraucher einer solchen „Anerkennung" durch eine neutrale Institution („Stelle") bes. **Vertrauen** entgegenbringen. Daher ist die Regelung als Per-se-Verbot ausgestaltet. Die Vorschrift enthält jedoch kein generelles Verbot von geschäftlichen Handlungen, die nicht von einer zuständigen Stelle genehmigt wurden (EuGH GRUR 2013, 297 Rn. 39 – Köck). Von der Nr. 2 unterscheidet sich die Nr. 4 dadurch, dass über das Vorliegen einer „Anerkennung" getäuscht wird, während die Nr. 2 die Irreführung über die Berechtigung zur Verwendung eines Gütezeichens zum Gegenstand hat. Überschneidungen mit der Nr. 2, aber auch mit der Nr. 9 sind möglich (FBO/Obergfell Rn. 12).

II. Verhältnis zu anderen Vorschriften

4.2 Die Nr. 4 enthält zwei spezielle Irreführungstatbestände, die vorrangig vor § 5 I 2 Nr. 3 zu prüfen sind. Letztere Vorschrift kann jedoch eingreifen, wenn keine unwahren Angaben gemacht werden, sondern lediglich ein unzutreffender Eindruck erweckt wird (MüKoUWG/Alexander Rn. 10).

III. Erste Fallgruppe

1. Unwahre Angabe

4.3 Der Tatbestand der Nr. 4 setzt eine (objektiv) unwahre Angabe voraus. Das entspricht dem Begriff der „Behauptung … obwohl dies nicht der Fall ist", wie ihn Anh. I Nr. 4 UGP-RL verwendet. Es muss also eine Äußerung vorliegen, der der Verbraucher entnehmen kann, dass eine Anerkennung iSd Nr. 4 vorliegt. **Beispiel:** Führung einer bestimmten Berufsbezeichnung wie „öffentlich vereidigter Sachverständiger", „Meister" oder „Meisterbetrieb". – Das bloße Erwecken eines unzutreffenden Eindrucks genügt daher nicht (wie hier MüKoUWG/Alexander Rn. 16; aA FBO/Obergfell Rn. 44; Ohly/Sosnitza/Sosnitza Rn. 14). So reicht es bspw. nicht aus, wenn ein Sachverständiger durch Verwendung eines Rundstempels den unzutreffenden Eindruck erweckt, er sei öffentlich vereidigt.

2. in Bezug auf den Unternehmer, seine geschäftlichen Handlungen oder seine Waren oder Dienstleistungen

Die Angabe muss sich entweder auf den Unternehmer selbst oder seine geschäftlichen Hand- **4.4** lungen oder seine Waren oder Dienstleistungen beziehen. Einen Bezug zum **Unternehmer** hat eine Angabe insbes. dann, wenn sie ihm oder seinen Mitarbeitern eine bestimmte **Qualifikation** (zB Meisterprüfung; Approbation) zuschreibt. Einen Bezug zu der von ihm vorgenommenen **geschäftlichen Handlung** (§ 2 I Nr. 1) oder den von ihm angebotenen **Waren** oder **Dienstleistungen** hat eine Angabe dann, wenn ihr damit eine bestimmte Qualität zugeschrieben wird (zB unter ständiger Kontrolle eines vereidigten Lebensmittelprüfers; unter „notarieller Aufsicht").

3. Bestätigung, Billigung oder Genehmigung durch eine öffentliche oder private Stelle

a) Öffentliche oder private Stelle. Die Angabe muss den Inhalt haben, dass eine öffentliche **4.5** oder private Stelle eine Bestätigung, Billigung oder Genehmigung ausgesprochen hat. Unter einer **„Stelle"** ist eine Einrichtung (Institution) zu verstehen, die in ihren Entscheidungen **unabhängig, neutral** und **objektiv** verfährt. Es kann sich dabei um eine **öffentliche** Stelle, dh eine öffentlich-rechtlich organisierte (zB IHK) oder überwachte (zB TÜV) Einrichtung handeln, aber auch um eine **private** Stelle (zB ADAC). **Nicht** erfasst werden **Privatpersonen,** auch wenn sie in bestimmten Kreisen als „fachliche Autoritäten" anerkannt sind.

b) Bestätigung, Billigung oder Genehmigung. Eine **Bestätigung** liegt vor, wenn eine **4.6** öffentliche oder private Stelle eine Prüfung nach bestimmten objektiven Kriterien vorgenommen hat und das positive Ergebnis dieser Prüfung durch eine entsprechende Erklärung zum Ausdruck bringt. **Beispiel:** Qualifizierung eines Hotels durch Verleihung von Sternen (dazu Issa K&R 2019, 77). Nicht darunter fallen jedoch Ergebnisse von vergleichenden Warentests (MüKoUWG/Alexander Rn. 21). – Eine **Billigung** liegt vor, wenn eine öffentliche oder private Stelle ihre Zustimmung zur Tätigkeit oder zu den Waren oder Dienstleistungen eines Unternehmers in Gestalt einer **Empfehlung** zum Ausdruck bringt („empfohlen durch …"). – Eine **Genehmigung** setzt voraus, dass eine bestimmte berufliche Tätigkeit oder das Inverkehrbringen einer bestimmten Ware oder Dienstleistung nur unter bestimmten Voraussetzungen zulässig ist, wenn eine Behörde nach Prüfung ihre Zustimmung, typischerweise in Form eines Verwaltungsakts erteilt.

Nicht unter die Nr. 4 fällt die unwahre Angabe, von einem anderen Unternehmen oder einer **4.7** Organisation (zB UEFA) als Vertragshändler, Lizenznehmer oder Sponsor anerkannt worden zu sein. Denn diese stellen keine „Stelle" iSd Nr. 4 dar (LG Stuttgart GRUR-RR 2012, 362; MüKoUWG/Alexander Rn. 22; aA Ohly/Sosnitza/Sosnitza Rn. 13). – Ebenso wenig fallen unter die Nr. 4 unwahre Angaben über Testergebnisse der Stiftung Warentest, weil es sich dabei um keine Bestätigung usw., sondern nur um nützliche Informationen handelt (OLG Köln GRUR-RR 2011, 275 (277); vgl. auch BGH WRP 2014, 67 Rn. 4, 7 – Testergebniswerbung für Kaffeepads; MüKoUWG/Alexander Rn. 21; jurisPK-UWG/Diekmann Rn. 8; Ohly/Sosnitza/Sosnitza Rn. 13; aA FBO/Obergfell Rn. 30).

IV. Zweite Fallgruppe

1. Tatbestand

Die zweite Fallgruppe hat die unwahre Angabe, den Bedingungen für die Bestätigung, Bil- **4.8** ligung oder Genehmigung werde entsprochen, zum Gegenstand. Es wird also vorausgesetzt, dass eine derartige Anerkennung an sich (noch) vorliegt. Erfasst wird also nur der Fall, dass der Unternehmer unwahre Angaben darüber macht, dass er die darin enthaltenen „Bedingungen" (noch) einhält (vgl. Büllesbach, Auslegung der irreführenden Geschäftspraktiken des Anhangs I der Richtlinie 2005/29/EG über unlautere Geschäftspraktiken, 2008, S. 56 f.). Maßgebend ist also der Zeitpunkt der Angabe. Unter **„Bedingungen"** sind alle Voraussetzungen („Qualifikationsmerkmale") zu verstehen, die der Unternehmer im Hinblick auf seine Person, seine geschäftlichen Handlungen und seine Waren oder Dienstleistungen für eine Bestätigung und ihren Fortbestand usw. erfüllen muss. Dieser Tatbestand ist bspw. verwirklicht, wenn sich die Bestätigung auf ein bestimmtes Produkt bezog, dieses aber nachträglich – und sei es auch nur geringfügig – geändert wurde. Erfasst wird aber auch die Konstellation, dass die Bestätigung, Billigung oder Genehmigung unter dem Vorbehalt erteilt wurde, dass bestimmte Voraussetzungen erfüllt sind, dies aber nicht der Fall ist.

2. Abgrenzung

4.9   Nicht von Nr. 4 Alt. 2, sondern von Nr. 4 Alt. 1 wird der Fall erfasst, dass die Genehmigung usw. im Zeitpunkt der Werbung weggefallen ist, zB der Meistertitel entzogen wurde. – Umstritten ist, wie der Fall zu beurteilen ist, dass eine Bestätigung, Billigung oder Genehmigung **zu Unrecht** ausgesprochen wurde. Hier ist zu unterscheiden. Handelt es sich um einen begünstigenden Verwaltungsakt („Genehmigung"), so bleibt dieser so lange in Kraft, bis er aufgehoben wird. Ist die Stelle irrtümlich von falschen Voraussetzungen für die Erteilung der Bestätigung, Billigung oder Genehmigung ausgegangen und werden diese – objektiv unrichtigen – Voraussetzungen erfüllt, ist der Tatbestand der Nr. 4 ebenfalls nicht erfüllt und auch nicht analog anwendbar. Jedoch kommt ggf. § 5 in Betracht (vgl. zum Fall der unrichtigen Zertifizierung eines Kreuzfahrtschiffs KG WRP 2012, 480 und LG Berlin WRP 2011, 130; zur unrichtigen Erteilung des GS-Zeichens BGH GRUR 1998, 1043 (1044) – GS-Zeichen).

Anh. § 3 Nr. 5

Folgende geschäftliche Handlungen sind gegenüber Verbrauchern stets unzulässig:

Irreführende geschäftliche Handlungen

5. Lockangebote ohne Hinweis auf Unangemessenheit der Bevorratungsmenge
Waren- oder Dienstleistungsangebote im Sinne des § 5b Absatz 1 zu einem bestimmten Preis, wenn der Unternehmer nicht darüber aufklärt, dass er hinreichende Gründe für die Annahme hat, er werde nicht in der Lage sein, diese oder gleichartige Waren oder Dienstleistungen für einen angemessenen Zeitraum in angemessener Menge zum genannten Preis bereitzustellen oder bereitstellen zu lassen; ist die Bevorratung kürzer als zwei Tage, obliegt es dem Unternehmer, die Angemessenheit nachzuweisen;

Die Regelung dient der Umsetzung von Anh. I UGP-RL:

5. Aufforderung zum Kauf von Produkten zu einem bestimmten Preis, ohne dass darüber aufgeklärt wird, dass der Gewerbetreibende hinreichende Gründe für die Annahme hat, dass er nicht in der Lage sein wird, dieses oder ein gleichwertiges Produkt zu dem genannten Preis für einen Zeitraum und in einer Menge zur Lieferung bereitzustellen oder durch einen anderen Gewerbetreibenden bereitstellen zu lassen, wie es in Bezug auf das Produkt, den Umfang der für das Produkt eingesetzten Werbung und den Angebotspreis angemessen wäre (Lockangebote).

Schrifttum: Alexander, Die „Aufforderung zum Kauf" im Lauterkeitsrecht, WRP 2012, 125; Lettl, Irreführung durch Lock(vogel)angebote im derzeitigen und künftigen UWG, WRP 2008, 155. Weitere Schrifttumsnachweise vor → § 5 Rn. 8.1.

I. Allgemeines

1. Entstehungsgeschichte, Verhältnis zum Unionsrecht und zu § 5 V UWG 2004

5.1   Die Vorschrift dient der Umsetzung von Anh. I Nr. 5 UGP-RL, weicht aber nicht unerheblich von deren Wortlaut ab. Auch enthält sie in Hs. 2 eine Beweislastregelung, die sich in Anh. I Nr. 5 UGP-RL nicht findet. Eine nationale Vorläufervorschrift war in § 5 V UWG 2004 enthalten, die aber – da überflüssig geworden – nicht in das UWG 2008 übernommen wurde. Nach der Rspr. soll die Nr. 5 „der Sache nach der Regelung in § 5 Abs. 5 S. 1 UWG 2004" entsprechen (BGH WRP 2016, 454 Rn. 20 – Smartphone-Werbung). Diese Gleichsetzung ist aber im Hinblick auf die gravierenden tatbestandlichen Unterschiede zwischen beiden Vorschriften nicht wörtlich zu nehmen. Dementsprechend sollten Entscheidungen zu § 5 V UWG 2004 zur Auslegung der Nr. 5 nur unter Berücksichtigung der Normunterschiede herangezogen werden. – Im Verhältnis zu **sonstigen Marktteilnehmern (B2B)** ist die Nr. 5 zwar nicht unmittelbar, wohl aber **analog** anwendbar (→ § 5 Rn. 2.3).

2. Normzweck und Normstruktur

a) Normzweck. Die Vorschrift dient dem Schutz der Verbraucher vor den Gefahren von **5.2**
„Lockangeboten". Dabei handelt es sich typischerweise um Angebote von Waren oder Dienstleistungen zu einem sehr günstigen, uU unter dem Einkaufspreis liegenden Preis („Sonderangebote"; „Aktionen"), um Verbraucher anzulocken und sie ggf. zum gleichzeitigen oder späteren Erwerb sonstiger Waren oder Dienstleistungen zu animieren. Diese Absatzpolitik ist grds. zulässig, aber dann lauterkeitsrechtlich bedenklich, wenn die angebotenen Produkte nicht oder nicht in ausreichender Menge vorhanden sind, um die zu erwartende Nachfrage zu decken. Im Allgemeinen erwartet nämlich der Verbraucher, dass er eine angebotene Ware oder Dienstleistung im Rahmen des üblichen Geschäftsverlaufs auch tatsächlich erwerben kann. In dieser Regelerwartung (BGH WRP 2016, 454 Rn. 20 – Smartphone-Werbung), die ihn ggf. in das Geschäft geführt hat, wird er enttäuscht, wenn das betreffende Produkt nicht (mehr) vorrätig ist.

b) Normstruktur. Anders als § 5 V UWG 2004 regelt die Nr. 5 keinen Fall der Irreführung **5.3**
über das angemessene Vorhalten der beworbenen Waren oder Dienstleistungen („irreführende Handlung"), sondern einen Fall der **„Irreführung durch Unterlassen",** nämlich der unterlassenen Aufklärung über eine unzureichende Bevorratung. Die Vorschrift gebietet dem Unternehmer im Falle einer „Aufforderung zum Kauf" nämlich nicht, einen angemessenen Vorrat der angebotenen Waren oder Dienstleistungen zu einem bestimmten Preis für eine angemessene Zeit bereitzuhalten. Wohl aber verpflichtet sie ihn dazu, den Verbraucher darüber aufzuklären, wenn er weiß oder damit rechnen muss, dass er dazu voraussichtlich nicht in der Lage sein wird. Ihrer Struktur nach enthält die Vorschrift also eine **Informationspflicht** und regelt letztlich einen Fall der **„Irreführung durch Unterlassen".** Der Nachweis einer konkreten Irreführung der Verbraucher ist nicht erforderlich.

Die Vorschrift ist nach den Vorgaben der UGP-RL als **Per-se-Verbot** konzipiert („stets **5.4**
unzulässig" iSd § 3 III) und enthält dementsprechend **keine Relevanzklausel** wie die § 5 I, § 5a II. Es ist daher nicht zu prüfen, ob das Vorenthalten dieser Information geeignet ist, den Verbraucher zu einer geschäftlichen Entscheidung, wozu bereits das Betreten des Geschäfts gehört (→ § 2 Rn. 1.14), zu veranlassen, die er andernfalls nicht getroffen hätte. Erst recht ist nicht zu prüfen, ob tatsächlich Kaufwünsche der Verbraucher unberücksichtigt blieben, wenngleich dies ein Indiz für eine unzureichende Bevorratung sein kann. – Jedoch weist die Vorschrift **zahlreiche unbestimmte Rechtsbegriffe** auf („hinreichende Gründe für die Annahme", „diese oder gleichartige Waren oder Dienstleistungen", „für einen angemessener Zeitraum", „in angemessener Menge"), deren Konkretisierung in der Rechtsanwendung letztlich nur unter Berücksichtigung der **Umstände des Einzelfalls** möglich ist.

Der Unternehmer kann einen Verstoß gegen die Nr. 5 dadurch vermeiden, dass er (1) eine **5.5**
ausreichende Bevorratung mit den angebotenen Waren oder Dienstleistungen sicherstellt (BGH WRP 2016, 454 Rn. 43 – Smartphone-Werbung), ggf. durch eine „Nachbestellung". (2) „gleichartige" (→ Rn. 5.24) Waren oder Dienstleistungen in ausreichendem Umfang bereitstellt, (3) diese oder gleichartige Waren oder Dienstleistungen in ausreichendem Umfang durch einen anderen Unternehmer bereitstellen lässt (→ Rn. 5.25) oder (4) die Verbraucher hinreichend über die fehlende oder beschränkte Verfügbarkeit der Waren oder Dienstleistungen aufklärt (→ Rn. 5.18 ff.).

3. Auslegung

Die Vorschrift ist **richtlinienkonform** am Maßstab der UGP-RL, insbes. von Anh. I Nr. 5 **5.6**
UGP-RL auszulegen. Ein Rückgriff auf den – vor Erlass der UGP-RL – in das UWG eingefügten, in der UWG-Novelle 2008 aber aufgehobenen § 5 V UWG 2004 und die dazu ergangenen Entscheidungen ist daher nur beschränkt möglich. Der richtlinienkonformen Auslegung kommt deshalb besondere Bedeutung zu, weil der deutsche Gesetzgeber nicht unerheblich vom Wortlaut der deutschen Fassung des Anh. I Nr. 5 UGP-RL abgewichen ist und auch andere Sprachfassungen dieser Bestimmung nicht berücksichtigt hat.

4. Verhältnis zu anderen Vorschriften

5.7   **a) Zu § 5.** Der Tatbestand der Irreführung iSd § 5 II Nr. 1 ist bei einem „Lockangebot" dann erfüllt, wenn der Unternehmer den Verbraucher über die **„Verfügbarkeit"** der beworbenen Ware oder Dienstleistung täuscht (→ § 5 Rn. 2.2, 2.3, 2.3a). Allerdings ist nach insoweit dem maßgeblichen Schutzkonzept der UGP-RL vorrangig der Tatbestand der Nr. 5 zu prüfen, so dass ein Rückgriff auf § 5 I einschließlich der darin enthaltenen Relevanzklausel zumeist entbehrlich ist.

5.8   **b) Zu § 5a II.** Der Tatbestand der Nr. 5 ist vorrangig vor § 5a I zu prüfen. Ist er erfüllt, so entfällt ein Rückgriff auf § 5a II. Ist er nicht erfüllt, so ist vorrangig vor § 5a I noch § 5 I zu prüfen. Der Tatbestand des § 5a I kommt insbes. dann in Betracht, wenn die Werbung noch keine „Aufforderung zum Kauf" iSd § 5b I darstellt oder wenn es an der Angabe eines „bestimmten Preises" fehlt. Zur Anwendbarkeit im Falle der erst nach Aufforderung zum Kauf nachträglich eintretenden unzureichenden Bevorratung → Rn. 5.22 aE.

5.9   **c) Zu Anh. § 3 III Nr. 6.** Neben der Nr. 5 kann im Einzelfall auch der Tatbestand der Nr. 6 erfüllt sein. So etwa in dem Fall, dass der Unternehmer seine Aufklärungspflicht nach Nr. 5 nicht erfüllt hat und darüber hinaus dann dem Verbraucher eine andere, nicht „gleichartige" Ware oder Dienstleistung verkaufen möchte.

II. Tatbestand

1. „Waren- oder Dienstleistungsangebote im Sinne des § 5b I zu einem bestimmten Preis"

5.10   Die Vorschrift knüpft an geschäftliche Handlungen in Gestalt von **„Waren- oder Dienstleistungsangeboten iSd § 5b I"** an. Es müssen also Waren oder Dienstleistungen unter Hinweis auf deren Merkmale und Preis in einer dem verwendeten Kommunikationsmittel angemessenen Weise auf Merkmale und Preis so angeboten werden, dass ein durchschnittlicher Verbraucher das Geschäft abschließen kann (→ § 5b Rn. 2.10–2.21). Das entspricht der „Aufforderung zum Kauf" iSd Art. 2 lit. i UGP-RL. Außerdem muss ein **„bestimmter Preis"** genannt sein. Das wird idR der Gesamtpreis iSv § 5b I Nr. 3 sein; jedoch ist dieses Bestimmtheitserfordernis im Interesse eines hohen Verbraucherschutzniveaus auch dann als erfüllt anzusehen, wenn der zu zahlende Preis im Ergebnis feststeht, wie bspw. bei einem Angebot eines Rabatts von 20 % auf alle oder doch näher bezeichnete Waren, da andernfalls die Vorschrift leicht zu umgehen wäre. Die Angabe von „ab"-Preisen (EuGH GRUR 2011, 930 Rn. 35 ff. – Ving Sverige) genügt dagegen nicht. In diesem Fall gelten nur die allgemeinen Vorschriften des § 5 I („Verfügbarkeit") und des § 5b I. Typischerweise betrifft die Nr. 5 einmalige oder wiederkehrende „Sonderangebote" oder „Aktionen", doch ist dies keine notwendige Voraussetzung.

2. Unzureichende Aufklärung über die Verfügbarkeit

5.11   **a) Voraussetzungen der Aufklärungspflicht.** Der Unternehmer ist nicht schlechthin zur Aufklärung der Verbraucher über die fehlende oder unzureichende Verfügbarkeit der angebotenen Waren oder Dienstleistungen verpflichtet, sondern nur unter bestimmten Voraussetzungen. Er muss **„hinreichende Gründe für die Annahme"** haben, dass er die angebotenen Waren oder Dienstleistungen **nicht für einen angemessenen Zeitraum in angemessener Menge zum genannten Preis zum Kauf** bereitstellen kann. In richtlinienkonformer Auslegung am Maßstab des Anh. I Nr. 5 UGP-RL ist die Angemessenheit **„in Bezug auf das Produkt, den Umfang der für das Produkt eingesetzten Werbung und den Angebotspreis"** zu beurteilen. Der Unternehmer muss also beurteilen, was nach Zeit und Menge **angemessen** ist und wann **hinreichende Gründe** vorliegen, die Anlass für eine Aufklärung geben.

5.12   **aa) Angemessener Zeitraum und angemessene Menge.** Bei der Beurteilung, welcher Zeitraum und welche Menge **angemessen** sind, ist in richtlinienkonformer Auslegung am Maßstab des Anh. I Nr. 5 UGP-RL **„auf das Produkt, den Umfang der für das Produkt eingesetzten Werbung und den Angebotspreis"** abzustellen. Dies lässt sich notwendigerweise nur anhand der Umstände des Einzelfalls beurteilen. Angemessen ist, was der durchschnittlich informierte, verständige und situationsadäquat aufmerksame **Verbraucher** unter den gegebenen Umständen redlicherweise vom Unternehmer erwarten darf, wobei jedoch dem Unternehmer ein Beurteilungsspielraum einzuräumen ist.

Die **Verbraucherwartung** kann geprägt sein durch: **5.12a**

(1) das **angebotene Produkt:** Damit sind insbes. die konkret angebotenen Waren oder Dienst-   **5.13** leistungen und ihre Eigenschaften gemeint. Bietet bspw. ein Lebensmitteldiscounter als „Aktionsangebot" einen Laptop an, so wird der durchschnittliche Verbraucher nicht erwarten, dass dieses Produkt für die gesamte Dauer der Aktion oder auch nur für mehrere Tage vorrätig sein wird. Anders mag es sich verhalten, wenn ein Produkt aus dem normalen Sortiment, wie bspw. Butter, angeboten wird. Bietet der Unternehmer „Restposten", „Restkarten" oder „Ausstellungsstücke" an, wird der Verbraucher naturgemäß nur eine sehr geringe Bevorratung erwarten, kann also von vornherein nicht auf eine Kaufmöglichkeit vertrauen.

(2) den **Umfang der für das Produkt eingesetzten Werbung:** Das gilt zum einen für die   **5.14** **räumliche** Reichweite der Werbung. So macht es im Hinblick auf die zu erwartende Nachfrage einen Unterschied, ob eine Prospektwerbung im normalen Einzugsbereich eines Geschäfts verteilt wird oder aber eine überregionale Werbung in einer Zeitungsanzeige erfolgt, weil typischerweise dann eine größere Nachfrage zu erwarten ist. Das gilt zum anderen für das eingesetzte **Werbemedium** und die konkrete Darstellung des Produkts in dieser Werbung: Je größer bspw. das Werbeplakat oder die Anzeige ist, desto mehr kann dies die Nachfrage anregen. Das gilt zum dritten für die **Dauer** der Werbung.

(3) den **Angebotspreis:** Je niedriger der Preis eines Produkts ist, desto höher wird die zu   **5.15** erwartende Nachfrage sein. Die Attraktivität des Preises kann bspw. auch von den Preisen konkurrierender Anbieter abhängen.

Bei der Frage nach der Verkehrserwartung ist die jeweils angesprochene **Verbrauchergruppe**   **5.16** (§ 3 IV) und ihr Kenntnisstand zu berücksichtigen. Bei der Beurteilung der Angemessenheit ist schließlich zu berücksichtigen, dass der **verständige** Verbraucher um das **Absatzrisiko** des Unternehmers weiß. Er wird von ihm nicht erwarten, Waren in einer Menge bereitzustellen, die er möglicherweise gar nicht absetzen kann. **Beispiele:** Bietet ein Lebensmittel-Discounter Smartphones in einem für eine Woche geltenden „Aktionsangebot" zu einem besonders günstigen Preis („Schnäppchen") an, so wird der Verbraucher nicht erwarten (können), dass dieses Produkt die ganze Woche erhältlich sein wird, sondern davon ausgehen muss, dass es uU sehr rasch ausverkauft sein wird. Allerdings wird er nicht damit rechnen, dass dieser Artikel bereits am Vormittag des ersten Aktionstags nicht mehr erhältlich sein könnte (BGH WRP 2016, 454 Rn. 21 – Smartphone-Werbung). – Eine relevante Verbrauchererwartung kann sich dann nicht bilden, wenn der Unternehmer in seiner Werbung die **Vorratsmenge** von vornherein **konkret** angibt (zB „10 Laptops Marke ... zum Preis von ... Euro") oder wenn dem Verbraucher die **Begrenztheit** des Vorrats bekannt ist (zB bei Theaterkarten; Flugtickets). Denn dann weiß der Verbraucher, woran er ist, und kann sich in seinem Kaufverhalten darauf einrichten.

bb) „Zum genannten Preis". Grds. erwartet der Verbraucher auch, dass der Unternehmer   **5.17** die beworbenen Waren oder Dienstleistungen zum „genannten Preis", nämlich dem **„bestimmten Preis",** bereitstellt. In dieser Erwartung wird der Verbraucher enttäuscht, wenn der Unternehmer innerhalb des angemessenen Zeitraums den Preis **erhöht.** Unschädlich ist es dagegen, wenn der Unternehmer, etwa durch Konkurrenzdruck oder zu geringe Nachfrage, den Preis herabsetzt. Etwaige Schutzlücken lassen sich durch Nr. 6 schließen.

cc) „Hinreichende Gründe für die Annahme". Die Aufklärungspflicht des Unternehmers   **5.18** hat zwei Voraussetzungen. Zum einen muss der Unternehmer die Verbrauchererwartung einigermaßen zutreffend einschätzen können. Dabei ist dem Unternehmer ein gewisser **Beurteilungsspielraum** zuzugestehen, zumal er letztlich das Absatzrisiko trägt. Dadurch relativiert sich die Aufklärungspflicht. Zum anderen muss der Unternehmer „hinreichende Gründe für die Annahme" haben, dass er nicht in der Lage sein wird, einen nach Menge und Zeitraum angemessenen Vorrat an Waren und Dienstleistungen zum genannten Preis bereitzustellen. Auch diese Anforderung lässt sich nicht abstrakt-generell festlegen, sondern hängt wiederum von den Umständen des Einzelfalls ab. Es muss für einen durchschnittlichen Unternehmer in dieser Branche **vorhersehbar** sein, dass er die nach Menge und Zeitraum zu erwartende Nachfrage nach den konkret angebotenen Waren oder Dienstleistungen zum genannten Preis **wahrscheinlich** nicht (vollständig) erfüllen kann. Ob und in welchem Umfang der Unternehmer danach zur Aufklärung verpflichtet ist, beurteilt sich nach der für ihn geltenden **„unternehmerischen Sorgfalt"** iSd § 2 I Nr. 9 (= Nr. 7 aF) (MüKoUWG/Alexander Nr. 5 Rn. 19). Dabei handelt es sich um einen objektiven Maßstab, ein persönliches Verschulden ist nicht erforderlich. Die

„Gründe für die Annahme" müssen **„hinreichend"** sein. Es muss also eine **überwiegende Wahrscheinlichkeit** bestehen, dass der vorhandene Vorrat die zu erwartende Nachfrage nicht decken wird. Ein Indiz dafür können Erfahrungswerte aus früheren vergleichbaren Aktionen sein. Der Tatbestand der Nr. 5 ist jedenfalls nicht erfüllt, wenn der Unternehmer aufgrund eines für ihn **nicht vorhersehbaren Umstands** die Nachfrage nicht befriedigen kann. **Beispiele:** Systematischer Aufkauf von „Schnäppchen durch einen Mitbewerber; Diebstahl oder Beschädigung der Produkte. Stets liegt ein hinreichender Grund für eine Aufklärung vor, wenn der Unternehmer nicht in der Lage ist, die Waren oder Dienstleistungen zum ursprünglich genannten Preis bereitzustellen, etwa weil er sich über die Höhe seines Einkaufspreises geirrt hat. Denn die Preisfestsetzung liegt allein in seinem Verantwortungsbereich.

5.19   **b) Ziel, Inhalt und Adressaten der Aufklärung.** Hat der Unternehmer „hinreichende Gründe für die Annahme", dass er die Regelerwartung der Verbraucher nicht erfüllen kann, muss er die Verbraucher darüber **„aufklären". Ziel** der Aufklärung muss es sein, die Verbraucher vor einer geschäftlichen Entscheidung iSd § 2 I Nr. 1 (= Nr. 9 aF) zu bewahren, zu der sie das „Lockangebot" veranlassen kann. Die durch das Lockangebot begründete Erwartung der Verbraucher muss daher durch einen aufklärenden Hinweis **wirksam neutralisiert** werden (BGH WRP 2016, 454 Rn. 20 – Smartphone-Werbung). An diesem Ziel orientieren sich auch **Inhalt** und **Adressaten** der Informationspflicht. Der Hinweis muss nach der Rspr. **klar formuliert, leicht lesbar und gut erkennbar sein** (BGH WRP 2011, 459 Rn. 26 – Irische Butter). Dabei ist das Verständnis des **durchschnittlich informierten, verständigen und situationsadäquat aufmerksamen Durchschnittsverbrauchers** maßgebend (BGH WRP 2016, 454 Rn. 20 – Smartphone-Werbung). – Noch klarer lässt sich die Hinweispflicht anhand der Formulierung in § 1 VI 2 PAngV verdeutlichen. Danach hat der Unternehmer den Hinweis **„dem Angebot oder der Werbung eindeutig zuzuordnen sowie leicht erkennbar und deutlich lesbar oder sonst gut wahrnehmbar zu machen".**

5.20   Des Weiteren muss der Hinweis **hinreichend bestimmt** sein. Der Verbraucher muss dem Hinweis so genau wie möglich entnehmen können, ob und ggf. bis wann und in welcher Menge und zu welchem Preis er das angebotene Produkt erwerben kann. Die Grenze bildet dabei das Maß an Genauigkeit, das vom Unternehmer nach dem Gebot der unternehmerischen Sorgfalt im Einzelfall erwartet werden kann. Im Allgemeinen reicht jedenfalls ein **pauschaler Hinweis** in der Werbung, wie etwa „Alle Artikel so lange der Vorrat reicht" oder „nur in limitierter Stückzahl" (OLG Koblenz GRUR-RR 2016, 201 Rn. 10) nicht aus, denn damit könnte der Unternehmer das Informationsgebot der Nr. 5 unterlaufen. (Zu einem besonderen Fall vgl. BGH GRUR 2010, 247 Rn. 15, 16 – Solange der Vorrat reicht: Werbung für eine Zugabe.) Als unzureichend beanstandet wurde auch der Hinweis „Dieser Artikel kann aufgrund begrenzter Vorratsmenge bereits im Lauf des ersten Aktionstags ausverkauft sein", weil der Vorrat schon am Vormittag des ersten Verkaufstags ausverkauft war (BGH WRP 2016, 454 Rn. 21 – Smartphone-Werbung). Allerdings ist diese Beanstandung nur dann gerechtfertigt, wenn der Unternehmer hinreichende Gründe dafür hatte, die Verbraucher konkreter zu informieren. So etwa, wenn für ihn aufgrund früherer Aktionen oder aufgrund einer sehr geringen Stückzahl vorhersehbar war, dass der Vorrat schon zu einem früheren Zeitpunkt erschöpft sein könnte. – Die Aufklärungspflicht kann allerdings nicht so weit gehen, dass der Unternehmer die Verbraucher fortlaufend über den noch vorhandenen Warenvorrat informieren muss.

5.21   Der Hinweis muss grds., nämlich so weit wie möglich, demselben **Adressatenkreis** zugänglich gemacht werden wie das Angebot. Dazu muss nicht zwingend dasselbe Kommunikationsmittel verwendet werden. Ist dies etwa aus zeitlichen oder technischen Gründen nicht (mehr) möglich, so muss der Unternehmer versuchen, die angesprochenen Verbraucher auf andere Weise zu informieren, etwa durch entsprechenden Aushang am Geschäftslokal.

5.22   **c) Zeitpunkt der Aufklärung.** Die Aufklärung muss ab dem Zeitpunkt erfolgen, in dem der Unternehmer „hinreichende Gründe für die Annahme" einer unzureichenden Bevorratung hat. Das wird zumeist bereits im Zeitpunkt der Veröffentlichung der Werbung der Fall sein. In diesem Fall muss die Aufklärung zusammen mit der Werbung erfolgen, vorzugsweise durch einen entsprechenden Hinweis in der Werbung selbst. Jedoch ist zu bedenken, dass zwischen einer Werbung mit einem vorteilhaften Angebot und der geschäftlichen Entscheidung des Verbrauchers idR eine nicht unbeträchtliche **Zeitspanne** liegt. Es können daher **nach** der Aufforderung zum Kauf Umstände eintreten, die eine angemessene Bevorratung verhindern (können). Dann stellt sich die Frage, ob in einem solchen Fall der Unternehmer, wenn er davon erfährt oder damit rechnen muss, die Verbraucher nachträglich darüber informieren muss. Der Wortlaut des

Anh. I Nr. 5 UGP-RL spricht eher gegen eine solche Pflicht zur nachträglichen Aufklärung, weil das Angebot zunächst einmal kein „Lockangebot" war („Aufforderung …, ohne dass darüber aufgeklärt wird, …"). Jedoch ist zu bedenken, dass von einer „Aufforderung zum Kauf" eine Dauerwirkung auf den Verbraucher ausgeht und auch ausgehen soll. Im Interesse eines hohen Verbraucherschutzniveaus ist daher auch eine **nachträgliche Pflicht zur Aufklärung** zu bejahen. Art und Umfang der Aufklärungspflicht bemessen sich nach der unternehmerische Sorgfalt (§ 2 I Nr. 9 (= Nr. 7 aF)), also nach dem, was dem Unternehmer möglich und zumutbar ist. Besonders deutlich wird dies in den Fällen der sog. Dauerhandlung, wie einer Werbung im Internet oder auf einem Aushang. Hier ist dem Unternehmer ohne Weiteres zuzumuten, seine Werbeaussage durch geeignete Maßnahmen entsprechend zu korrigieren. Dies gilt aber auch in den Fällen der Einmalhandlung, wie bspw. der Verteilung eines Prospekts. Denn dem Verbraucher, der auf eine solche Werbung vertraut, nützt auch eine nachträgliche Information noch, kann sie ihn doch vor einer vergeblichen Anfahrt oder dem vergeblichen Suchen nach der beworbenen Ware im Geschäft bewahren. **Beispiel:** Erfährt der Unternehmer am Sonntagabend, dass die am Freitag in einem Prospekt beworbenen „Aktionsartikel" während des Transports am Samstag beschädigt oder zerstört wurden, so muss er – soweit ihm dies organisatorisch möglich ist – die Verbraucher noch vor Verkaufsbeginn am Montag in angemessener und zumutbarer Weise, etwa durch Aushang am Geschäftslokal, darauf hinweisen. – Will man dieser Auffassung nicht folgen, so kommt jedenfalls die Anwendung des **§ 5a I** in Betracht (Vorenthalten einer wesentlichen Information).

d) Adressat der Aufklärungspflicht. Die Hinweispflicht nach Nr. 5 trifft auch ein Unter- **5.23** nehmen, das für das Angebot (zB Werbeprospekt) eines **fremden** Unternehmens wirbt (vgl. § 2 I Nr. 2 (= Nr. 1 aF)). Hat es nicht die entsprechenden Kenntnisse, muss es sich über die dem Angebot zugrunde liegende Bevorratung informieren (BGH WRP 2016, 454 Rn. 27 – Smartphone-Werbung), es sei denn, es habe auf den Inhalt der Werbung keinen Einfluss gehabt (BGH WRP 2016, 454 Rn. 30 – Smartphone-Werbung im Anschluss an BGH GRUR 2011, 340 Rn. 31 – Irische Butter).

3. Bereitstellung gleichartiger Waren oder Dienstleistungen

Nach Nr. 5 ist die unzureichende Bevorratung mit den beworbenen Produkten dann un- **5.24** schädlich, wenn der Unternehmer einen ausreichenden Vorrat an **„gleichartigen"** Produkten bereithält. Es handelt sich zivilrechtlich gesprochen um eine Art von Ersetzungsbefugnis. Was unter „gleichartig" zu verstehen ist, ist durch richtlinienkonforme Auslegung zu klären. Die deutsche Fassung des Anh. I Nr. 5 UGP-RL spricht von „gleichwertig", die englische von „equivalent products", die französische von „produits équivalents". Daher sollte jedenfalls kein sachlicher Unterschied zwischen „gleichartig" und „gleichwertig" gemacht werden (vgl. BT-Drs. 16/10145, 31; BGH GRUR 2011, 340 Rn. 25 – Irische Butter: Gleichartigkeit setzt tatsächliche Gleichwertigkeit und Austauschbarkeit voraus). Erste Voraussetzung ist, dass die Produkte zum gleichen **„genannten"** Preis wie die beworbenen Produkte erhältlich sein müssen. Der Unternehmer darf also nicht auf teurere Produkte verweisen. Zweite Voraussetzung ist, dass die „Ersatzprodukte" „gleichartig", nämlich nach **Verwendungszweck** und **Qualität** den beworbenen Produkte vergleichbar und damit austauschbar sind (vgl. Begr. RegE UWG 2008, BT-Drs. 16/10145, 31). Das ist aus der Sicht der angesprochenen Verkehrskreise zu beurteilen, wobei es auf die Sichtweise des durchschnittlich informierten, verständigen und situationsadäquat aufmerksamen Durchschnittsverbrauchers ankommt. Hierfür spielen wiederum die Umstände des Einzelfalls eine Rolle. **Beispiele:** Gleichartigkeit ist anzunehmen, wenn statt des angebotenen Smartphones eine baugleiche, aber höherwertige Version oder statt eines Weins eines bestimmten Jahrgangs derselbe Wein eines höherwertigen Jahrgangs als Ersatz angeboten wird. Bei der Abgrenzung können aber auch subjektive Gesichtspunkte, wie etwa der Wunsch nach Erwerb eines bestimmten Markenprodukts, eine Rolle spielen (BT-Drs. 16/10145, 31). Daher kann Gleichartigkeit zu verneinen sein, wenn statt eines bestimmten (Hersteller-)Markenprodukts nur ein bau- oder stoffgleiches No-name-Produkt oder ein (Handels-)Markenprodukt zur Verfügung gestellt wird (vgl. BGH GRUR 2011, 340 Rn. 25 – Irische Butter: Statt „Kerrygold"-Butter eine Butter der Handelsmarke „Eubona"). Das Gleiche kann auch für (Hersteller-)Markenprodukte gelten, wenn sie einen unterschiedlichen Geschmack aufweisen. So etwa, wenn für „Schweizer Emmentaler" als Ersatz „Allgäuer Emmentaler", wenn auch preiswerter, angeboten wird. In solchen Fällen kann sogar zusätzlich der Tatbestand der Nr. 6 („bait and switch") verwirklicht sein.

4. Bereitstellenlassen

5.25   Nach Nr. 5 ist die unzureichende Bevorratung mit den beworbenen Produkten auch dann unschädlich, wenn der Unternehmer diese oder gleichartige Produkte zwar nicht selbst bereitstellt, aber sie (durch einen anderen Unternehmer) **bereitstellen lässt** (vgl. die engl. und frz. Fassung des Anh. Nr. 5 UGP-RL: „or to procure another trader to supply"; „ou faire fournir par un autre professionel"). Damit ist gemeint, dass der Unternehmer dafür sorgt, dass der Verbraucher seinen Bedarf bei einem anderen Unternehmer decken kann. Der Unternehmer kann bspw. den Verbraucher auf eine andere Filiale der gleichen Handelsgruppe (etwa eine andere Lidl- oder Aldi-Filiale) verweisen, die die gleiche „Wochenaktion" durchführt. Allerdings muss es dem Verbraucher möglich und (zB entfernungsmäßig) zumutbar sein, seinen Bedarf bei dem anderen Unternehmen zu decken. Dem steht der Fall gleich, dass der Unternehmer seinen Lieferanten beauftragt, die begehrte Ware unmittelbar an den Verbraucher zu liefern, wenn dieser dies wünscht.

5. Angebote im Versandhandel, einschließlich Internet

5.26   Die Nr. 5 ist grds. auch auf Angebote im Fernabsatz, insbes. über das **Internet** anwendbar (vgl. OLG Koblenz GRUR-RR 2016, 201; LG Lüneburg WRP 2016, 912). Bietet ein Anbieter im Fernabsatz Waren oder Dienstleistungen iSd § 5a III ohne mengenmäßige oder zeitliche Beschränkungen an, so geht die Verbrauchererwartung idR dahin, dass die Liefermöglichkeit so lange besteht, wie das Angebot aufrechterhalten ist, dh die beworbene Ware oder Dienstleistung nach der Bestellung unverzüglich versandt werden kann (BGH GRUR 2005, 690 (692) – Internet-Versandhandel). Bei einem Angebot in einem **Katalog** gilt dies daher grds. für die Laufzeit des Katalogs, bei einem Angebot im **Internet,** solange das Angebot dort aufgerufen werden kann. Allerdings sind dabei die jeweiligen Besonderheiten der beworbenen Ware oder Dienstleistungen zu berücksichtigen. Bei zeitlich kurz befristeten Aktionen, etwa Sonderpreisen für je fünf Artikel im Zweistundentakt (vgl. LG Berlin MMR 2012, 378 (379)), erwartet der Verbraucher, dass die betreffenden Artikel in diesem Zeitraum auch tatsächlich verfügbar sind. Der Anbieter kann außerdem die Verbrauchererwartung durch Angabe von **Lieferfristen** bzw. der **Vorratsmenge** konkretisieren. Er muss dies aber in seiner Werbung ausreichend deutlich machen, damit der Verbraucher noch vor einer Bestellung davon Kenntnis erlangen kann. Bei bestimmten Dienstleistungen, wie etwa Veranstaltungen, Hotelzimmern, Reisen, weiß der Verbraucher ohnehin, dass der verfügbare „Vorrat" beschränkt ist, muss also damit rechnen, dass seine Bestellung erfolglos bleibt. Bei individuell zu erbringenden (zB handwerklichen) Dienstleistungen, weiß der Verbraucher, dass derartige Leistungen grds. nicht ohne Terminabsprache erbracht werden können (BGH GRUR 2013, 156 Rn. 13 – Meisterpräsenz). Kann aber der Verbraucher grds. erwarten, dass er die bestellte Ware oder Dienstleistung in angemessener Frist erhält, muss der Anbieter ihn so bald wie möglich informieren, wenn er hinreichende Gründe für die Annahme hat, dass er dazu zeitlich oder mengenmäßig nicht in der Lage ist. Ist bspw. dem Anbieter bekannt, dass sein Lieferant wegen eines Transportschadens die geordnete Menge nicht liefern kann, muss er die Verbraucher bereits vor, erst recht aber nach einer Bestellung darüber informieren. Daran ändert auch ein in den AGB vereinbarter Selbstbelieferungsvorbehalt nichts (LG Lüneburg WRP 2016, 912 Rn. 10).

6. Darlegungs- und Beweislast

5.27   **a) Die Regelung in Nr. 5 HS. 2 und ihre Entstehungsgeschichte.** Nach Nr. 5 Hs. 2 obliegt es dem Unternehmer, die Angemessenheit der Bevorratung nachzuweisen, wenn diese **kürzer als zwei Tage** ist. Diese Regelung geht zurück auf die Vorschrift des § 5 V 2 UWG 2004, die im Zuge der Umsetzung der UGP-RL in der UWG-Novelle 2008 aufgehoben wurde. Sie lautete: „Angemessen ist im Regelfall ein Vorrat für zwei Tage, es sei denn, der Unternehmer weist Gründe nach, die eine geringere Bevorratung rechtfertigen."

5.28   **b) Vereinbarkeit der Nr. 5 Hs. 2 mit der UGP-RL?** In Anh. I Nr. 5 UGP-RL ist keine der Nr. 5 Hs. 2 entsprechende Regelung enthalten. Das wirft die Frage nach der Richtlinienkonformität der Nr. 5 Hs. 2 auf. Nach den Vorstellungen der Gesetzesverfasser soll die Regelung zulässig sein, weil die Regelung der Beweislast grds. den Mitgliedstaaten überlassen sei (ErwGr. 21 S. 2 UGP-RL) und weil Nr. 5 Hs. 2 mit Art. 12 lit. a UGP-RL im Einklang stehe (BT-Drs. 16/10145, 31). Allerdings beschränkt sich die Nr. 5 S. 2 gerade nicht auf eine Beweislastregelung, sondern konkretisiert die „Angemessenheit" der Bevorratung auf zwei Tage.

Dabei handelt es sich in der Sache letztlich um eine **materiellrechtliche Einschränkung,** die bei einem Per-se-Verbot dem nationalen Gesetzgeber verwehrt ist (vgl. EuGH WRP 2014, 816 Rn. 26 – 4finance). Die Regelung lässt sich auch nicht richtlinienkonform „umformen" und ist daher als **richtlinienwidrig** anzusehen. Im Übrigen erscheint die Zwei-Tages-Regelung auch **willkürlich,** da die von der Nr. 5 erfassten Fallgestaltungen völlig unterschiedlich sein können, wie gerade das Beispiel von Dienstleistungsangeboten (Hotelzimmer, Flugreisen usw) zeigt. (Die frühere Regelung in § 5 V 2 UWG 2004 hatte dem noch dadurch Rechnung getragen, dass sie nur für den „Regelfall" galt.)

Hält man die Regelung in Nr. 5 Hs. 2 dagegen für richtlinienkonform, muss der Unterneh- **5.29** mer Tatsachen darlegen und ggf. beweisen, aus denen sich ergibt, dass seine Bevorratung angemessen war, obwohl sie nicht einmal für zwei Tage reichte.

c) Allgemeine Grundsätze für die Darlegungs- und Beweislast. Geht man von der **5.30** Unanwendbarkeit der Regelung in Nr. 5 Hs. 2 aus, verbleibt es bei den allgemeinen Regelungen der Darlegungs- und Beweislast des Anspruchstellers. Ausgangspunkt dabei ist, dass die Entscheidung darüber, welcher Zeitraum und welche Menge im konkreten Fall angemessen war, und ob der Unternehmer „hinreichende Gründe" für die Aufklärung der Verbraucher hatte, eine **Rechtsfrage** betrifft und vom Gericht zu treffen ist. Der **Anspruchsteller** muss daher die Tatsachen darlegen und ggf. beweisen, aus denen sich die durchschnittliche Verbrauchererwartung hinsichtlich Zeitraum und Menge der zur Verfügung stehenden Waren oder Dienstleistungen ergibt. Ferner muss er darlegen und ggf. beweisen, dass die tatsächliche Vorratsmenge nicht ausreichend war, um die voraussichtliche Nachfrage zu befriedigen. Dieser Nachweis kann idR durch Aussagen von Zeugen geführt werden, die zu einer bestimmten Zeit das Produkt nachgefragt, aber nicht erhalten haben. Dies reicht allerdings für sich allein nicht aus (und darin liegt der Unterschied zur Regelung in § 5 V UWG 2004). Er muss nämlich darüber hinaus Tatsachen darlegen und ggf. beweisen, die den Schluss zulassen, dass der Unternehmer hinreichende Gründe hatte, die Verbraucher über die unzureichende Bevorratung aufzuklären. So bspw., dass der Unternehmer von vornherein einen zu geringen Warenvorrat bestellt hatte. – Dem **Anspruchsgegner** obliegt es, Tatsachen darzulegen und ggf. zu beweisen, aus denen sich ergibt, dass er Gründe hatte, die eine geringere als die erforderliche Bevorratung rechtfertigten (BGH GRUR 2011, 340 Rn. 19 – Irische Butter). So etwa, weil die unzureichende Bevorratung darauf beruht, dass ihm unvorhergesehen keine oder zu wenige Waren geliefert worden waren (vgl. BT-Drs. 15/1487, 20), dass die Vorräte infolge unvorhersehbarer Ereignisse (höhere Gewalt) vollständig oder teilweise vernichtet oder beschädigt worden waren, oder dass eine nicht vorhersehbare Steigerung der Nachfrage eingetreten war (BGH GRUR 1987, 371 (372) – Kabinettwein; GRUR 1989, 609 (610) – Fotoapparate). Allerdings stellt sich dann immer noch das Problem der nachträglichen Aufklärungspflicht (→ Rn. 5.22). – Dem **Richter** obliegt es, eine (wertende) Entscheidung zu treffen, welche Bevorratung hinsichtlich Zeitraum und Menge „angemessen" war und ob der Kenntnisstand beim Anbieter derart war, dass er „hinreichende Gründe" für eine Information der Verbraucher hatte.

7. Unterlassungsanspruch und Unterlassungsantrag

Der Unterlassungsanspruch erstreckt sich im Hinblick auf die Reichweite der Wiederholungs- **5.31** fahr auf **kerngleiche Verletzungshandlungen** (→ § 8 Rn. 1.36, 1.37). Kerngleichheit im Hinblick auf die beworbenen Produkte kann zwar nicht für das gesamte Sortiment, wohl aber für bestimmte Produktgruppen angenommen werden, bei denen ein gleichartiger Bedarf besteht (zB wird bei einer Werbung für ein Notebook auch eine künftige Werbung für PCs und Tablets erfasst; vgl. BGH GRUR 1996, 800 (802) – EDV-Geräte; GRUR 2000, 907 (909) – Filialleiterfehler). Kerngleichheit kann auch für die Wiederholungsgefahr hinsichtlich des Zeitraums der Bevorratung gegeben sein (→ BGH GRUR 2011, 340 Rn. 21 – Irische Butter).

Der Unterlassungsantrag wird zweckmäßigerweise auf die konkrete Verletzungsform abstellen, **5.32** wobei zur Auslegung des Antrags auch das sonstige Vorbringen des Klägers zu berücksichtigen ist (BGH WRP 2016, 454 Rn. 18 – Smartphone-Werbung). Beispiel (nach BGH GRUR 2011, 340 – Irische Butter): „es zu unterlassen, für folgende Produkte … zu werben oder werben zu lassen, wenn diese Produkte nicht zumindest am ersten Geltungstag der Werbung vorgehalten werden". Die zusätzliche Bedingung „wenn … nicht" stellt dabei eine unschädliche Überbestimmung dar (BGH GRUR 2011, 340 Rn. 21 – Irische Butter).

Anh. § 3 Nr. 6

Folgende geschäftliche Handlungen sind gegenüber Verbrauchern stets unzulässig:

Irreführende geschäftliche Handlungen

6. **Lockangebote zum Absatz anderer Waren oder Dienstleistungen**
   Waren- oder Dienstleistungsangebote im Sinne des § 5b Absatz 1 zu einem bestimmten Preis, wenn der Unternehmer sodann in der Absicht, stattdessen eine andere Ware oder Dienstleistung abzusetzen,
   a) **eine fehlerhafte Ausführung der Ware oder Dienstleistung vorführt,**
   b) **sich weigert zu zeigen, was er beworben hat, oder**
   c) **sich weigert, Bestellungen dafür anzunehmen oder die beworbene Leistung innerhalb einer vertretbaren Zeit zu erbringen;**

Die Regelung dient der Umsetzung von Anh. I UGP-RL:
6. Aufforderung zum Kauf von Produkten zu einem bestimmten Preis und dann
   a) Weigerung, dem Verbraucher den beworbenen Artikel zu zeigen, oder
   b) Weigerung, Bestellungen dafür anzunehmen oder innerhalb einer vertretbaren Zeit zu liefern, oder
   c) Vorführung eines fehlerhaften Exemplars
   in der Absicht, stattdessen ein anderes Produkt abzusetzen ("bait-and-switch"-Technik).

I. Normzweck

6.1   Der Tatbestand der Nr. 6 dient dem Schutz der Verbraucher vor einer Irreführung über die Bereitschaft, das angebotene Produkt (typischerweise eine Ware, ausnahmsweise auch eine Dienstleistung) zu liefern, und über die Absicht, stattdessen ein anderes Produkt abzusetzen. Diese Geschäftspraktik wird in der deutschen Fassung der Anh. I Nr. 6 UGP-RL als „bait-and-switch"-Technik bezeichnet, worunter ein „Ködern und Umlenken" zu verstehen ist. Obwohl es sich nach der Systematik des Anh. I UGP-RL um einen Irreführungstatbestand handelt, enthält die Nr. 6 auch Elemente eines aggressiven Verhaltens („sich weigert"). In Deutschland waren bislang derartige Geschäftspraktiken nicht Gegenstand von Gerichtsentscheidungen.

II. Verhältnis zu anderen Normen

6.2   Die Nr. 6 hat ähnlich wie die Nr. 5 ein Lockangebot zum Gegenstand, jedoch mit der Besonderheit, dass es das Ziel des Unternehmers ist, dem Verbraucher ein bestimmtes anderes Produkt schmackhaft zu machen. Im Verhältnis zu § 5 II Nr. 1 (Irreführung über die „Verfügbarkeit") stellt die Nr. 6 eine spezielle Vorschrift dar, so dass, wenn dieser Tatbestand erfüllt ist, darauf nicht mehr zurückzugreifen ist.

III. Tatbestand

1. Anbieten von Waren oder Dienstleistungen im Sinne des § 5b I zu einem bestimmten Preis

6.3   Es muss eine geschäftliche Handlung des Inhalts vorliegen, dass ein Unternehmer Waren oder Dienstleistungen iSd § 5b I zu einem bestimmten Preis anbietet. Der Begriff des Angebots ist in einem weiten Sinne, nämlich einer „Aufforderung zum Kauf" (definiert in Art. 2 lit. i UGP-RL) zu verstehen, wie durch den Verweis auf § 5b I deutlich wird (→ Rn. 5.10). Die Nr. 6 bezieht sich auf den Fall eines Angebots, also auf eine geschäftliche Handlung **vor** Vertragsschluss. Eine analoge Anwendung der Nr. 6 auf vergleichbare Konstellationen nach Vertragsschluss (dafür MüKoUWG/Alexander Rn. 13) scheidet daher aus. Insoweit ist nur ein Rückgriff auf § 5a I möglich.

2. Maßnahmen zur Abwendung einer Bestellung

6.4   Der Tatbestand der Nr. 6 führt **vier Maßnahmen** des Unternehmers auf, um den Verbraucher von einer Bestellung abzuhalten. Diese Aufzählung ist abschließend. Andere Maßnahmen, wie etwa Äußerung „Eigentlich könnten wir Ihnen ein qualitativ noch viel besseres

Produkt anzubieten" oder die Frage „Ist es für die Frau Gemahlin oder darf es auch etwas Besseres sein?" werden nicht erfasst.

a) Vorführen einer fehlerhaften Ausführung der Ware oder Dienstleistung. Der Un- 6.5
ternehmer muss dem Verbraucher eine fehlerhafte Ausführung der Ware oder Dienstleistung vorführen. Fehlerhaft bedeutet dabei so viel wie mangelhaft. Ob der Mangel von Anfang an dem Produkt anhaftete oder vom Unternehmer bewusst herbeigeführt wurde, ist unerheblich. Vorführen bedeutet so viel wie dem Verbraucher das fehlerhafte Produkt vor Augen zu führen. Dazu gehört es auch, den Verbraucher das Produkt erproben zu lassen, wenn sich erst dabei seine fehlende Funktionstauglichkeit erweist (zB Probefahrt mit einem eBike).

b) Weigerung, die beworbene Ware oder Dienstleistung zu zeigen. Die **Weigerung** 6.6
setzt voraus, dass der Verbraucher zuvor einen entsprechenden Wunsch geäußert hat und der Unternehmer diesen Wunsch zwar erfüllen könnte, aber dies nicht will. Eine Weigerung iSd Nr. 6 ist daher nur anzunehmen, wenn der Unternehmer tatsächlich in der Lage ist, das Produkt zu zeigen. Umgekehrt liegt keine Weigerung vor, wenn der Unternehmer **wahrheits-gemäß** erklärt, die Ware sei wegen der großen Nachfrage derzeit nicht auf Lager.

c) Weigerung, Bestellungen dafür entgegenzunehmen. Der Unternehmer weigert sich, 6.7
eine Bestellung für die angebotene Ware oder Dienstleistung entgegenzunehmen. Auch hier ist eine Weigerung nicht anzunehmen, wenn der Unternehmer wahrheitsgemäß erklärt, warum er dazu nicht in der Lage ist (zB weil ein Feuer oder Wassereinbruch beim Lieferanten die betreffenden Artikel zerstört hätte; vgl. Lettl WRP 2008, 155 (160)). Dagegen liegt eine Weigerung auch dann vor, wenn sie in eine höfliche Lüge gekleidet wird, wie „Derzeit hätten wir größte Schwierigkeiten, Ihren Bestellwunsch zu erfüllen" oder „Unser Lieferant kann derzeit leider keine Bestellungen mehr annehmen".

d) Weigerung, die beworbene Leistung innerhalb einer vertretbaren Zeit zu erbrin- 6.8
gen. Diese Alternative ist dem Wortlaut nach auf Dienstleistungen bezogen. Im Wege der richtlinienkonformen Auslegung am Maßstab des Anh. I Nr. 6 UGP-RL („zu liefern") ist jedoch davon auszugehen, dass auch die Lieferung von **Waren** erfasst ist. Gemeint ist daher der Fall, dass der Unternehmer gegenüber dem Verbraucher erklärt, im Falle einer Bestellung könne er inner-halb vertretbarer Zeit die Ware nicht liefern oder Dienstleistung nicht erbringen. Unerheblich ist, wie der Unternehmer dies zum Ausdruck bringt. Es muss also keine konkrete Zeitangabe erfolgen, vielmehr genügen auch Bemerkungen wie „Ich kann Ihnen nicht versprechen, dass uns der Hersteller in absehbarer Zeit beliefert". Der Verbraucher soll den Eindruck gewinnen, es sei nicht sinnvoll, im Falle einer Bestellung derart lange warten zu müssen.

3. Absicht, stattdessen eine andere Ware oder Dienstleistung abzusetzen

Hinzukommen muss die **Absicht** des Unternehmers, anstelle der angebotenen eine andere 6.9
Ware oder Dienstleistung abzusetzen. Auf die Motive des Unternehmers kommt es nicht an. Zwar wird typischerweise der Unternehmer beabsichtigen, dem Verbraucher ein teureres Pro-dukt zu verkaufen. Doch ist auch der Fall denkbar, dass er tatsächlich in Lieferschwierigkeiten ist und aus diesem Grund dem Verbraucher ein anderes Produkt verkaufen möchte. An den Nach-weis der Absicht sind keine großen Anforderungen zu stellen, weil die genannten Verhaltens-weisen eine entsprechende Absicht indizieren (aA Ohly/Sosnitza/Sosnitza Rn. 20).

Anh. § 3 Nr. 7

Folgende geschäftliche Handlungen sind gegenüber Verbrauchern stets unzulässig:

Irreführende geschäftliche Handlungen

7. unwahre Angabe über zeitliche Begrenzung des Angebots
   die unwahre Angabe, bestimmte Waren oder Dienstleistungen seien allgemein oder
   zu bestimmten Bedingungen nur für einen sehr begrenzten Zeitraum verfügbar,
   um den Verbraucher zu einer sofortigen geschäftlichen Entscheidung zu veranlas-
   sen, ohne dass dieser Zeit und Gelegenheit hat, sich auf Grund von Informationen
   zu entscheiden;

Die Regelung dient der Umsetzung von Anh. I UGP-RL:

7. Falsche Behauptung, dass das Produkt nur eine sehr begrenzte Zeit oder nur eine sehr begrenzte Zeit zu bestimmten Bedingungen verfügbar sein werde, um so den Verbraucher zu einer sofortigen Entscheidung zu verleiten, so dass er weder Zeit noch Gelegenheit hat, eine informierte Entscheidung zu treffen.

I. Normzweck

7.1   Der Tatbestand der Nr. 7 bezweckt den Schutz des Verbrauchers vor **Irreführung** durch die unwahre Angabe, dass eine bestimmte Ware oder Dienstleistung nur für einen begrenzten Zeitraum zur Verfügung stehe, um ihn zu einer sofortigen Bestellung zu veranlassen. Diese Art der Irreführung ist deshalb schwerwiegend, weil sie den Verbraucher unter Zeitdruck setzt und er möglicherweise eine unüberlegte Kaufentscheidung trifft. Der Verbraucher wird also gehindert, eine informierte Entscheidung zu treffen. Da es sich um ein **Per-se-Verbot** handelt, ist es unerheblich, ob der Verbraucher tatsächlich irregeführt und zu einer geschäftlichen Entscheidung veranlasst wird.

II. Verhältnis zu anderen Vorschriften

7.2   Die Nr. 7 stellt einen Spezialtatbestand zu § 5 II Nr. 1 („Verfügbarkeit") dar. Das in Nr. 7 beschriebene Verhalten erfüllt jedoch nicht zugleich den Tatbestand einer aggressiven geschäftlichen Handlung iSd § 4a I, weil es weder eine Nötigung noch – mangels Ausnutzung einer Machtposition zur Ausübung von Druck (→ § 4a Rn. 1.59) – eine unzulässige Beeinflussung darstellt.

III. Tatbestand

1. Unwahre Angabe

7.3   Der Tatbestand setzt eine **unwahre Angabe** des Unternehmers voraus. Es muss sich also um eine ausdrückliche Behauptung handeln, die objektiv unrichtig ist (→ Rn. 1.4). Daher genügt es nicht, wenn das Verhalten des Unternehmers lediglich einen unrichtigen Eindruck erweckt (aA Ohly/Sosnitza/Sosnitza Rn. 25). Ist die Aussage objektiv richtig, wird sie aber vom Durchschnittsverbraucher oder einem durchschnittlichen Mitglied der angesprochenen Verbrauchergruppe falsch verstanden, erfüllt dies ebenfalls nicht den Tatbestand.

2. Bestimmte Waren oder Dienstleistungen

7.4   Die Angabe muss sich auf „bestimmte Waren oder Dienstleistungen" beziehen. Die UGP-RL verwendet den Ausdruck „das Produkt", ohne dass damit ein sachlicher Unterschied verbunden wäre. Der Verbraucher muss darauf hingewiesen werden, für welche konkreten Waren oder Dienstleistungen die Angabe gilt. Das können ggf. alle Produkte sein, die der Unternehmer in seinem Sortiment hat, wenn er dies ausdrücklich sagt.

3. Verfügbarkeit nur für sehr begrenzten Zeitraum

7.5   Die Angabe muss dahin gehen, dass die genannten Waren oder Dienstleistungen allgemein oder zu bestimmten Bedingungen nur für einen begrenzten Zeitraum verfügbar sind, dh vom Verbraucher erworben werden können.

7.6   **a) Sehr begrenzter Zeitraum.** Der **Zeitraum** muss vom Unternehmer so klar bestimmt sein, dass der Verbraucher weiß, von welchem und bis zu welchem Zeitpunkt das Produkt verfügbar ist. Völlig unbestimmte Angaben wie „Sofort zugreifen!" reichen daher nicht aus. Ob der Zeitraum der Verfügbarkeit **„sehr begrenzt"** ist, hängt von den Umständen des Einzelfalls ab. Dabei können die Art des Produkts, der Vertriebsweg und die Gepflogenheiten der jeweiligen Branche eine Rolle spielen. Maßgebend ist nach der ratio legis, ob sich der Verbraucher einem Entscheidungsdruck ausgesetzt sieht, der ihn veranlassen kann, eine sofortige und daher möglicherweise unüberlegte Kaufentscheidung zu treffen. Die Begrenzung von Sonderangeboten im Lebensmittelhandel auf eine Woche stellt demnach keinen sehr begrenzten Zeitraum dar. Ist eine entsprechende Ankündigung unwahr, hält also der Händler die betreffenden Waren auch noch danach feil, erfüllt dies daher nicht den Tatbestand der Nr. 7, selbst wenn er dies von

Anfang beabsichtigt hatte (aA Ohly/Sosnitza/Sosnitza Rn. 23). Jedoch kann in letzterem Fall § 5 II Nr. 1 eingreifen.

b) Allgemein oder zu bestimmten Bedingungen. Eine „allgemeine" Verfügbarkeit ist 7.7
gegeben, wenn die betreffenden Waren oder Dienstleistungen nur in diesem Zeitraum erhältlich sind. Eine Verfügbarkeit **„zu bestimmten Bedingungen"** ist gegeben, wenn die betreffenden Waren oder Dienstleistungen zwar auch sonst erhältlich sind, aber in diesem Zeitraum zu besonderen, für den Verbraucher vorteilhaft erscheinenden Bedingungen. Diese können die Gegenleistung des Verbrauchers (zB Preisnachlässe; Stundung; Finanzierungskosten) oder Zusatzleistungen des Unternehmers (zB Zugaben, Garantien, Lieferung frei Haus, Montage) betreffen.

4. Ziel der unwahren Angabe

a) Erfordernis einer Absicht? Aus der Formulierung „um" ist zu schließen, dass es das Ziel 7.8
der unwahren Angabe sein muss, den Verbraucher **„zu einer sofortigen Entscheidung zu veranlassen, ohne dass dieser Zeit und Gelegenheit hat, sich auf Grund von Informationen zu entscheiden".** Das könnte im Sinne einer **Absicht** zu verstehen sein (Büscher/Dittmer/Schiwy/Koch Rn. 48; FBO/Obergfell Rn. 26). Im Hinblick auf andere Sprachfassungen der UGP-RL, die das Erfordernis einer Absicht jeweils anders ausdrücken (engl. „deliberately" statt „in order to") und auf das Erfordernis eines hohen Verbraucherschutzniveaus muss es jedoch genügen, von einer **objektiven Finalität** oder Zweckrichtung auszugehen (wie hier MüKoUWG/Alexander Rn. 27). Im Ergebnis wird dies aber kaum einen Unterschied machen, weil die Absicht idR nur aus den äußeren Umständen erschlossen werden kann, wobei die Unwahrheit der Angabe die Hauptrolle spielt.

b) Veranlassung zu einer sofortigen Entscheidung. Der Hinweis auf den „sehr begrenzten Zeitraum" der Verfügbarkeit soll den Verbraucher zu einer **„sofortigen"** Entscheidung 7.9
veranlassen. Die Bedeutung des Begriffs „sofortig" erschließt sich aus dem folgenden Nebensatz „ohne dass dieser Zeit und Gelegenheit hat, sich auf Grund von Informationen zu entscheiden". Der Verbraucher soll aus Furcht, das Angebot nicht (mehr) rechtzeitig annehmen zu können, nicht mehr Ausschau nach alternativen Angeboten halten, sondern ohne weitere Überlegung den Vertrag abschließen. Darauf, ob der Verbraucher tatsächlich eine sofortige oder überhaupt eine Entscheidung trifft, kommt es nicht an.

c) Ohne Zeit und Gelegenheit, sich auf Grund von Informationen zu entscheiden. 7.10
Der Hinweis auf den sehr begrenzten Zeitraum soll den Verbraucher des Weiteren veranlassen, dass er seine geschäftliche Entscheidung trifft, „ohne dass dieser Zeit und Gelegenheit hat, sich auf Grund von Informationen zu entscheiden", in der Sprache des UWG 2015 also eine „informierte Entscheidung" zu treffen. Die Situation muss also so sein, dass der Verbraucher sich veranlasst sehen kann, das Produkt sofort zu kaufen, ohne seine Qualität und Preiswürdigkeit näher zu prüfen und ggf. nach Angeboten von Mitbewerbern Ausschau zu halten. So bspw., wenn in einem Kaufhaus eine Durchsage erfolgt, dass ab sofort für eine Stunde alle Hosen um 25 % billiger angeboten würden. Handelt es sich dagegen um Standardprodukte des täglichen Bedarfs, wie Getränke oder Obst, deren üblicher Preis den Verbrauchern bekannt ist, kann sich der Verbraucher sofort für den Kauf entscheiden, da dafür keine weiteren Überlegungen erforderlich sind. Daher fallen bspw. unwahre „Happy Hour" – Angebote nicht unter die Nr. 7.

Anh. § 3 Nr. 8

Folgende geschäftliche Handlungen sind gegenüber Verbrauchern stets unzulässig:

Irreführende geschäftliche Handlungen

8. Sprachenwechsel für Kundendienstleistungen bei einer in einer Fremdsprache geführten Vertragsverhandlung
Kundendienstleistungen in einer anderen Sprache als derjenigen, in der die Verhandlungen vor dem Abschluss des Geschäfts geführt worden sind, wenn die ursprünglich verwendete Sprache nicht Amtssprache desjenigen Mitgliedstaats der Europäischen Union ist, in dem der Unternehmer niedergelassen ist; dies gilt nicht,

soweit Verbraucher vor dem Abschluss des Geschäfts darüber aufgeklärt werden, dass diese Leistungen in einer anderen als der ursprünglich verwendeten Sprache erbracht werden;

Die Regelung dient der Umsetzung von Anh. I UGP-RL:

8. Verbrauchern, mit denen der Gewerbetreibende vor Abschluss des Geschäfts in einer Sprache kommuniziert hat, bei der es sich nicht um eine Amtssprache des Mitgliedstaats handelt, in dem der Gewerbetreibende niedergelassen ist, wird eine nach Abschluss des Geschäfts zu erbringende Leistung zugesichert, diese Leistung wird anschließend aber nur in einer anderen Sprache erbracht, ohne dass der Verbraucher eindeutig hierüber aufgeklärt wird, bevor er das Geschäft tätigt.

I. Normzweck und Tatbestand

8.1   Der Tatbestand der Nr. 8 bezweckt den Schutz der Verbraucher vor einer Irreführung über die Sprache, in der „**Kundendienstleistungen**" nach Vertragsschluss erbracht werden. Es sind dies, wie es in der engl. Fassung der Richtlinie heißt, die sog. „**after-sales services**". Gemeint ist der Fall, dass die Vertragsverhandlungen mit dem Unternehmer in einer Sprache geführt werden, die nicht die Amtssprache des Mitgliedstaats ist, in dem der Unternehmer niedergelassen ist, der versprochene Service aber dann in einer anderen Sprache erbracht wird. Die Irreführung besteht darin, dass der Verbraucher darüber vor Vertragsschluss nicht aufgeklärt worden ist. Er wird also in seinem Vertrauen geschützt, dass auch die „after-sales services" in derselben Sprache erbracht werden. Dagegen ergibt sich aus der Nr. 8 nicht die Pflicht des Unternehmer, diese Serviceleistungen in derselben Sprache zu erbringen. Vielmehr schuldet er dem Verbraucher lediglich vor Vertragsschluss eine eindeutige (arg. Anh. I Nr. 8 UGP-RL) Aufklärung, dass die Serviceleistungen in einer anderen Sprache durchgeführt werden.

8.2   Ein **Beispiel** für diese eher seltene Konstellation wäre: Ein deutscher Verbraucher hat in deutscher Sprache Vertragsverhandlungen mit einem Unternehmen mit Sitz in Südtirol über den Einbau einer Heizung in seine Wohnung in Malcesine geführt und den Vertrag auch in deutscher Sprache abgeschlossen. Nach dem Einbau möchte er die aufgetretenen Mängel beheben lassen. Der zu ihm geschickte Monteur spricht aber nur italienisch und kann sich mit ihm nicht verständigen. Darauf war er bei Vertragsschluss nicht hingewiesen worden.

II. Abgrenzung des Kundendienstes zur Erbringung der vertraglichen Hauptleistung

8.3   Von der Nr. 8 nicht erfasst ist die Erbringung der **Hauptleistung** in einer anderen Sprache als in der, in der die Vertragsverhandlungen geführt wurden und der Vertragsschluss erfolgt ist. Lässt bspw. im oben genannten Beispiel der Unternehmer den Heizungseinbau durch Monteure durchführen, die nur italienisch sprechen und mit denen sich der Verbraucher nicht verständigen kann, ist der Tatbestand nicht erfüllt. Nicht unter den Begriff des Kundendienstes fallen bspw. auch Bedienungsanleitungen oder Garantiebedingungen, die dem Verbraucher ausgehändigt werden.

Anh. § 3 Nr. 9

Folgende geschäftliche Handlungen sind gegenüber Verbrauchern stets unzulässig:

Irreführende geschäftliche Handlungen

9. unwahre Angabe über die Verkehrsfähigkeit
die unwahre Angabe oder das Erwecken des unzutreffenden Eindrucks, eine Ware oder Dienstleistung sei verkehrsfähig;

Die Regelung dient der Umsetzung von Anh. I UGP-RL:

9. Behauptung oder anderweitige Herbeiführung des Eindrucks, ein Produkt könne rechtmäßig verkauft werden, obgleich dies nicht der Fall ist.

Schrifttum: v. Jagow, Auswirkungen der UWG-Reform 2008 auf die Durchsetzung wettbewerbsrechtlicher Ansprüche im Gesundheitsbereich, GRUR 2010, 190; Leible, Auswirkungen der UWG-Reform 2008 auf die Durchsetzung wettbewerbsrechtlicher Ansprüche im Gesundheitsbereich – Die Bedeutung der „black list", GRUR 2010, 183.

I. Normzweck und Anwendungsbereich

Die Nr. 9 bezweckt den Schutz des Verbrauchers vor einer Irreführung über die Verkehrs- **9.1**
fähigkeit einer Ware oder Dienstleistung. Da ein nicht verkehrsfähiges Gut praktisch wertlos,
zumeist auch noch gefährlich ist, und es sich um eine bes. schwerwiegende Irreführung handelt,
ist ein Per-se-Verbot gerechtfertigt. Ihren hauptsächlichen Anwendungsbereich hat die Vorschrift im Bereich der Arzneimittel, Lebensmittel und kosmetischen Mittel.

II. Verhältnis zu anderen Vorschriften

Die Nr. 9 stellt einen Spezialtatbestand gegenüber **§ 5 II Nr. 1** („Verwendungsmöglichkeit"; **9.2**
„Zwecktauglichkeit") und Nr. 3 („Zulassung") dar. Dagegen stellt die Nr. 9 keinen verdeckten
Rechtsbruchtatbestand (§ 3a) dar. Wohl aber kann ein und dieselbe Handlung zugleich den
Tatbestand des **§ 3a** erfüllen, wenn das Anbieten eines nicht verkehrsfähigen Guts gegen eine
Marktverhaltensregelung verstößt (MüKoUWG/Alexander Rn. 6, 12). Ferner existiert eine
Reihe von speziellen gesetzlichen Regelungen, die in ihrem Anwendungsbereich der Nr. 9
vorgehen können.

III. Tatbestand

1. Unwahre Angabe oder Erwecken des unzutreffenden Eindrucks

Der Tatbestand der Nr. 9 erfordert eine geschäftliche Handlung, die eine unwahre, dh **9.3**
objektiv unrichtige Angabe enthält oder einen unzutreffenden, dh objektiv unzutreffenden Eindruck erweckt, die beworbene Ware oder Dienstleistung sei verkehrsfähig. Dass der Unternehmer irrtümlich glaubt, das Produkt sei verkehrsfähig, ist daher unerheblich. Das Tatbestandsmerkmal des Erweckens eines unzutreffenden Eindrucks ist bereits dann erfüllt, wenn der
Unternehmer das betreffende Produkt anbietet, ohne auf seine fehlende Verkehrsfähigkeit hinzuweisen (ganz hL; MüKoUWG/Alexander Rn. 20; Ohly/Sosnitza/Sosnitza Rn. 29; Leible
GRUR 2010, 183 (185); aA v. Jagow GRUR 2010, 190 (191). Denn der Durchschnittsverbraucher bzw. das durchschnittliche Mitglied einer Verbrauchergruppe wird daraus den Schluss
ziehen, das Produkt sei verkehrsfähig. Es handelt sich insoweit um eine konkludente Irreführung
iSd § 5a I, nicht aber um einen Fall der Irreführung durch Unterlassen iSd § 5a II (aA jurisPK-
UWG/Diekmann Rn. 4). Bietet der Unternehmer ein objektiv nicht verkehrsfähiges Gut an,
weist er aber den Verbraucher darauf hin, dass die Rechtslage zweifelhaft sei (zB ob ein
bestimmtes Kfz-Zubehör in Deutschland verwendet werden dürfe), erfüllt er nicht den Tatbestand der Nr. 9, wohl aber ggf. den Rechtsbruchtatbestand des § 3a. Anders verhält es sich,
wenn der Verbraucher selbst Zweifel an der Verkehrsfähigkeit äußert, der Unternehmer diese
aber zerstreut. Weiß der Verbraucher (zB Drogensüchtiger bei Abgabe von Drogen) im Einzelfall
um die fehlende Verkehrsfähigkeit und verlangt er das betreffende Produkt, kann er auch nicht
irregeführt werden. Bietet der Unternehmer das Produkt aber jedermann an, so ist es unerheblich, ob im Einzelfall ein Verbraucher die fehlende Verkehrsfähigkeit kennt, weil es sich um ein
Per-se-Verbot handelt, das einen abstrakt-generellen Verbraucherschutz bezweckt.

2. Verkehrsfähigkeit

a) Allgemeines. Die Irreführung muss sich auf die **Verkehrsfähigkeit** einer Ware oder **9.4**
Dienstleistung beziehen. Es muss sich also so verhalten, dass das Produkt aufgrund bestimmter
gesetzlicher Regelungen als solches **nicht rechtmäßig in den Verkehr gebracht** werden darf.
Es darf generell nicht Gegenstand eines Handelsgeschäfts sein. Welcher Sachgrund der gesetzlichen Regelung zugrunde liegt und welche Interessen damit geschützt werden sollen, ist unerheblich. Maßgebend ist die jeweils einschlägige Regelung. Ob die gesetzliche Regelung dem
Öffentlichen Recht, dem Strafrecht oder dem Bürgerlichen Recht (zB § 138 BGB) angehört, ist
unerheblich.

Beispiele: Fehlende Betriebserlaubnis für technische Geräte (BT-Drs. 16/10145, 32). – Fehlende Zulassung **9.5**
des Handels mit Betäubungsmitteln (§ 3 BtMG). – Inverkehrbringen von Arzneimitteln, die nicht behördlich
zugelassen sind (§ 21 I 1 AMG). – Inverkehrbringen von Medizinprodukten ohne die erforderliche CE-
Kennzeichnung (§ 6 MPG; OLG Köln GRUR-RR 2017, 435 Rn. 13). – Vertrieb von Lebensmitteln ohne
das erforderliche Mindesthaltbarkeitsdatum (§ 3 I Nr. 4 LMKV), Vertrieb von gesundheitsschädlichen Stoffen
als Lebensmittel (§ 5 II Nr. 1 LFGB), von Lebensmitteln unter irreführender Bezeichnung, Angabe oder

Aufmachung (Art. 7 I LMIV), von neuartigen Lebensmitteln ohne die erforderliche Genehmigung (§ 3 I Neuartige-Lebensmittel-VO iVm Art. 3, 4 Novel-Food-VO). – Vertrieb jugendpornographischer Schriften (§ 184b I Nr. 2 StGB). – Gestohlene Waren, da nach § 935 BGB kein gutgläubiger Erwerb möglich ist (vgl. Leitlinien zur Umsetzung/Anwendung der RL 2005/29/EG über unlautere Geschäftspraktiken v. 29.12.2021, Ziff. 3.1).

9.6   **b) Abgrenzung.** Der Tatbestand der Nr. 9 greift in folgenden Fällen nicht ein:

(1) Verbote des **Vertriebs** durch dazu **nicht befugte** Personen. Grund: Andere können das Produkt in den Verkehr bringen (wie hier FBO/Obergfell Rn. 20; GK-UWG/Lindacher Rn. 9; aA MüKoUWG/Alexander Rn. 31 unter Hinweis auf eine weitergehende Fassung in Anh. I Nr. 9 UGP-RL). Beispiele: Abgabe rezeptpflichtiger Arzneimittel durch einen Nicht-apotheker. Denn das Produkt als solches kann sehr wohl rechtmäßig verkauft werden. Dies dürfte auch mit dem Wortlaut des Anh. I Nr. 9 UGP-RL vereinbar sein.

(2) Verbote des **Erwerbs** durch dazu **nicht befugte** Personen. Grund: Andere Personen dürfen das Produkt erwerben (aA MüKoUWG/Alexander Rn. 31). Beispiel: Verkauf von Waffen an Personen ohne Waffenschein (§ 2 III WaffG).

(3) **Vertragliche** Vertriebsverbote. Grund: § 137 BGB. **Beispiele:** Verkauf von Produkten unter Verstoß gegen ein selektives Vertriebsbindungssystem (MüKoUWG/Alexander Rn. 24); Verkauf von „personalisierten Eintrittskarten" (aA FBO/Obergfell N. 24).

(5) Vertrieb unter Verstoß gegen **immaterialgüterrechtliche** Bestimmungen. Grund: Diese gewähren nur subjektive Ansprüche gegen den Inhaber, nehmen aber dem Produkt nicht die Verkehrsfähigkeit, da Lizenzvereinbarungen möglich sind (wie hier Ohly/Sosnitza/Sosnitza Rn. 28; FBO/Obergfell N. 24; aA MüKoUWG/Alexander Rn. 23; jurisPK-UWG/Diekmann Rn. 7).

(5) Vertrieb verstößt gegen bloße **Vertriebsmodalitäten.** Beispiel: Ladenschlussregelungen.

9.7   **c) Fehlende Verkehrsfähigkeit in anderen Mitgliedstaaten.** Der Durchschnittsverbraucher wird die Angabe oder das Erwecken des Eindrucks, ein Produkt sei verkehrsfähig, idR auf das Land beziehen, in dem das Produkt beworben oder angeboten wird. Eine Angabe ist daher nicht schon deshalb unwahr und das Erwecken eines Eindrucks nicht schon deshalb unzutreffend, weil das Produkt in anderen Mitgliedstaaten nicht verkehrsfähig ist. Darauf braucht der Unternehmer daher nicht gesondert hinweisen (vgl. Büllesbach, Auslegung der irreführenden Geschäftspraktiken des Anhangs I der Richtlinie 2005/29/EG über unlautere Geschäftspraktiken, 2008, S. 75 f.).

Anh. § 3 Nr. 10

Folgende geschäftliche Handlungen sind gegenüber Verbrauchern stets unzulässig:

Irreführende geschäftliche Handlungen

10. Darstellung gesetzlicher Verpflichtungen als Besonderheit eines Angebots die unwahre Angabe oder das Erwecken des unzutreffenden Eindrucks, gesetzlich bestehende Rechte stellten eine Besonderheit des Angebots dar;

Die Regelung dient der Umsetzung von Anh. I UGP-RL:

10. Den Verbrauchern gesetzlich zugestandene Rechte werden als Besonderheit des Angebots des Gewerbetreibenden präsentiert.

I. Normzweck

10.1   Der Tatbestand der Nr. 10 soll den Verbraucher vor einer **irreführenden Werbung mit Selbstverständlichkeiten** schützen (→ § 5 Rn. 2.115 ff.), weil er glauben könnte, das Angebot des Unternehmers stelle eine Besonderheit und damit einen Vorteil gegenüber den Angeboten von Mitbewerbern dar. Wegen der Schwere der Irreführung in seinem solchen Fall, ist die Vorschrift als Per-se-Verbot ausgestaltet.

II. Tatbestand

1. Unwahre Angabe oder Erwecken eines unzutreffenden Eindrucks

Die Nr. 10 setzt eine unwahre Angabe oder das Erwecken eines unzutreffenden Eindrucks 10.2 voraus. Dies dürfte kaum in Einklang mit Anh. I Nr. 10 UGP-RL stehen, denn darin wird lediglich ein „Präsentieren" (engl. „present") als Besonderheit (engl. „distinctive feature") des Angebots verlangt. Unter „Präsentieren" dürfte ein Herausstellen in der Werbung zu verstehen sein. Darin sieht der europäische Gesetzgeber bereits per se eine Irreführung. Die Nr. 10 ist entsprechend richtlinienkonform auszulegen.

2. Gesetzlich bestehende Rechte

Die Handlung muss sich auf ein **gesetzliches Recht** beziehen. Damit sind subjektive Rechte 10.3 des Verbrauchers gegenüber dem Unternehmer gemeint. Es sind dies insbes. die in der Verbraucherrechte-RL vorgesehenen Rechte, die sich in den Umsetzungsbestimmungen des BGB und des EGBGB wiederfinden. Dazu gehören insbes. die gesetzlichen Mängelhaftungsrechte (Art. 246a I Nr. 8 EGBGB), das Widerrufsrecht nach § 312g BGB, aber auch Kündigungsrechte. Im Umkehrschluss ergibt sich, dass die Herausstellung vertraglicher Rechte (zB Garantien) als Besonderheit gegenüber den Angeboten von Mitbewerbern nicht unter die Nr. 10 fällt. Jedoch kann § 5 eingreifen, wenn derartige Rechte auch von den Mitbewerbern angeboten werden.

Der Tatbestand der Nr. 10 erfasst auch Rechte, die auf dispositivem Recht beruhen, was 10.4 allerdings im Bereich des Verbraucherprivatrechts eher die Ausnahme ist (vgl. § 475 BGB). Werden solche Rechte als Besonderheit hervorgehoben, kommt es nicht darauf an, ob die Mitbewerber solche Rechte abbedungen haben oder nicht.

III. Herausstellung als Besonderheit

Der Unternehmer muss ein gesetzlich bestehendes Recht als **Besonderheit** seines Angebots 10.5 herausstellen. Es ist ihm daher nicht verwehrt, zumeist auch gesetzlich vorgeschrieben (vgl. § 5b I Nr. 5), auf diese Rechte hinzuweisen.

Ob ein bestehendes gesetzliches Recht als Besonderheit herausgestellt wird, ist nach den 10.6 Umständen des Einzelfalls zu beurteilen. Der Verbraucher muss den Eindruck gewinnen, dass ihm das betreffende Recht nicht bereits gesetzlich zusteht, sondern ihm vom Unternehmer **freiwillig** eingeräumt wird. Das kann bspw. durch eine Hervorhebung („Blickfang") im Angebot erfolgen. Hinweise im Fließtext haben demgegenüber idR rein informativen Charakter und sind für den Verbraucher nützlich, der vielfach nicht weiß, welche gesetzlichen Rechte ihm zustehen (vgl. OLG Köln WRP 2013, 662). Der Tatbestand ist daher nicht erfüllt, wenn dem angesprochenen Verbraucher gegenüber klargestellt wird, dass ihm keine Rechte eingeräumt werden, die ihm nicht schon kraft Gesetzes zustehen (BGH GRUR 2014, 1007 Rn. 11, 15 – Geld-Zurück-Garantie III). Ob durch die Herausstellung der Eindruck erweckt wird, das Angebot hebe sich in diesem Punkt von den Angeboten der Mitbewerber ab, ist für die Verwirklichung des Tatbestands der Nr. 10 unerheblich (aA Ohly/Sosnitza/Sosnitza Rn. 30). Es spielt also keine Rolle und ist nicht zu prüfen, ob auch die Mitbewerber in gleicher Weise werben.

Anh. § 3 Nr. 11

Folgende geschäftliche Handlungen sind gegenüber Verbrauchern stets unzulässig:

Irreführende geschäftliche Handlungen

11. als Information getarnte Werbung
   der vom Unternehmer finanzierte Einsatz redaktioneller Inhalte zu Zwecken der Verkaufsförderung, ohne dass sich dieser Zusammenhang aus dem Inhalt oder aus der Art der optischen oder akustischen Darstellung eindeutig ergibt;

Die Regelung dient der Umsetzung von Anh. I UGP-RL:

11. Es werden redaktionelle Inhalte in Medien zu Zwecken der Verkaufsförderung eingesetzt und der Gewerbetreibende hat diese Verkaufsförderung bezahlt, ohne dass dies aus dem Inhalt oder aus

den für den Verbraucher klar erkennbaren Bildern und Tönen eindeutig hervorgehen würde (als Information getarnte Werbung). Die Richtlinie 89/552/EWG bleibt davon unberührt.

Schrifttum: Ahrens/Richter, Fingierte Belobigungen im Internet, WRP 2011, 814; Demuth, „GOOD NEWS?" – Der EuGH äußert sich zum presserechtlichen Trennungsgebot, WRP 2014, 35; Glöckner, Good News from Luxembourg? Die Anwendung des Lauterkeitsrechts auf Verhalten zur Förderung eines fremden Unternehmens nach EuGH – RLvS Verlagsgesellschaft mbH, FS Köhler, 2014, 159; Heermann, Manipulierte Produktbewertungen im Lichte des Lauterkeitsrechts, WRP 2014, 509; John, Das rundfunkrechtliche Trennungsgebot im Lauterkeitsrecht unter Geltung der UGP-RL, WRP 2011, 1357; Koch, GOOD NEWS aus Luxemburg? Förderung fremden Wettbewerbs ist keine Geschäftspraktik, FS Köhler, 2014, 359; Scherer, Ungeschriebenes Tatbestandsmerkmal für die „Geschäftspraxis" nach Art. 2d) UGP-RL, WRP 2014, 517; Scherer, Rezeption kommerzieller Kommunikation in sozialen Netzwerken durch minderjährige Nutzer, WRP 2019, 277.

I. Allgemeines

11.1   Die Vorschrift regelt einen Fall der **Irreführung durch Unterlassen,** die den Verbraucher davon abhalten kann, eine von sachlichen Informationen geleitete geschäftliche Entscheidung zu treffen. Sie setzt voraus, dass (1) eine geschäftliche Handlung vorliegt, durch die (2) redaktionelle Inhalte in Medien zu Zwecken der Verkaufsförderung eingesetzt werden, (3) der Unternehmer diese Verkaufsförderung finanziert hat und (4) dies weder aus dem Inhalt noch aus klar erkennbaren Bildern und Tönen eindeutig hervorgeht. Sie regelt damit eine wichtige Erscheinungsform der getarnten Werbung, nämlich die **„als Information getarnte Werbung",** die im deutschen Lauterkeitsrecht traditionell als „redaktionelle Werbung" bezeichnet wird (→ § 5a Rn. 7.37 ff.). Zu den **Medien** gehören insbes. Presse, Rundfunk, Telemedien, Internet und Film. Der Verbraucher (Leser, Hörer, Zuschauer) erwartet im redaktionellen Teil eine objektiv-kritische, nicht von fremden unternehmerischen Interessen geleitete Information als Beitrag zur Unterrichtung und Meinungsbildung durch eine unabhängige und neutrale Redaktion. Er misst daher einem redaktionellen Beitrag, der Äußerungen über ein Unternehmen oder seine Produkte enthält, regelmäßig größere Beachtung bei und steht ihm weniger kritisch gegenüber, als wenn es sich um eine Werbung des betreffenden Unternehmens handelt. Aus diesem Grund kann die als Information getarnte Werbung weitaus wirksamer sein als eine Werbung, die als solche erkennbar ist. Der Verbraucher wird aber in seiner Erwartung einer redaktionellen Berichterstattung getäuscht, wenn ihm stattdessen bezahlte Werbung nahegebracht wird (ebenso LG Hamburg WRP 2013, 389 Rn. 1).

II. „Redaktionelle Inhalte"

11.2   Redaktionelle Inhalte setzen ein Medium zur Verbreitung von Informationen voraus. Zu den **Medien** gehören nicht nur die Printmedien (Presse), sondern auch die elektronischen Medien, insbes. Hörfunk, Fernsehen, Film, Telemedien und Internet, soweit sie einen **„redaktionellen"** Teil aufweisen, also eine Berichterstattung und Auseinandersetzung über Themen von allgemeinem Interesse durch eine unabhängige und neutrale Redaktion als Beitrag zur Unterrichtung und Meinungsbildung enthalten. Dazu gehören idR nicht sog. **Bewertungsportale** oder **Foren im Internet,** die lediglich ein Forum für die Bewertung von Waren oder Dienstleistungen durch Verbraucher bereitstellen (BGH WRP 2020, 483 Rn. 46 – Yelp; OLG Frankfurt WRP 2019, 643 Rn. 14; Heermann WRP 2014, 509 Rn. 10; Ohly/Sosnitza/Sosnitza Rn. 32). – Ein Beitrag hat einen **redaktionellen Inhalt,** wenn er seiner Gestaltung nach als objektive neutrale Berichterstattung durch das Medienunternehmen selbst erscheint (ebenso BGH WRP 2014, 1058 Rn. 24 – GOOD NEWS II; OLG Hamburg WRP 2012, 1287 Rn. 5). Bei Mitteilungen Privater in **sozialen Netzwerken** ist (derzeit noch) nicht anzunehmen, dass sie einen redaktionellen Teil aufweisen (aA Scherer WRP 2019, 277 Rn. 22 ff.). Maßstab ist das Verständnis des durchschnittlich informierten, situationsadäquat aufmerksamen und verständigen Verbrauchers (BGH WRP 2014, 1058 Rn. 24 – GOOD NEWS II; OLG Hamburg WRP 2012, 476 Rn. 11). Ob der Beitrag vom werbenden Unternehmen selbst verfasst und vom Redakteur übernommen wurde oder ob der Redakteur ihn verfasst hat, ist unerheblich (BGH WRP 2014, 1058 Rn. 24 – GOOD NEWS II). Eine „als Information getarnte Werbung" liegt dann vor, wenn der redaktionelle Inhalt **Werbung** für ein Unternehmen oder seine Waren oder Dienstleistungen enthält und damit der Verkaufsförderung dient. Die Werbung kann sich insbes. in Gestalt einer lobenden Berichterstattung zeigen.

III. Einsatz zu Zwecken der Verkaufsförderung

Der Begriff der Verkaufsförderung ist **weit** auszulegen. Er umfasst alle Maßnahmen, die **11.3** unmittelbar oder mittelbar dazu dienen, den Absatz der Waren oder Dienstleistungen eines Unternehmens zu fördern (ebenso BGH GRUR 2011, 163 Rn. 18 – Flappe; aA Harte-Bavendamm/Henning-Bodewig/Frank § 3 III Nr. 11 Rn. 16). Dazu kann auch eine bloße **Aufmerksamkeitswerbung,** wie etwa die Erwähnung des Namens eines Unternehmens oder Produkts oder das **Product Placement** gehören (Begr. RegE UWG 2008 zu Nr. 11, BT-Drs. 16/10145, 32; BGH GRUR 2011, 163 Rn. 18 – Flappe). Daher ist es auch nicht erforderlich, dass in dem Beitrag das geförderte Produkt kenntlich gemacht wird (BGH GRUR 2021, 1534 Rn. 58 – Rundfunkhaftung; aA Harte-Bavendamm/Henning-Bodewig/Frank Anh. § 3 III Nr. 11 Rn. 20). Ein Einsatz **zu Zwecken** der Verkaufsförderung ist dann anzunehmen, wenn der Unternehmer die Absicht hat, durch den redaktionellen Inhalt den Absatz seiner Waren oder Dienstleistungen zu fördern. Von einer solchen Absicht ist stets auszugehen, wenn der Beitrag objektiv eine Werbung enthält (BGH WRP 2021, 1429 Rn. 30 – Influencer II). Ein gleichzeitiger Verkaufsförderungszweck des Medienunternehmens oder des für den Beitrag verantwortlichen Redakteurs ist nicht erforderlich, ist aber anzunehmen, wenn sie dafür eine Bezahlung annehmen. Ob der zuständige Redakteur den Beitrag selbst verfasst oder (ggf. sogar ungelesen) von dem werbenden Unternehmen übernommen hat, ist unerheblich. – Beschränkt sich der redaktionelle Beitrag auf der Vorderseite eines Vorschaltblatts (Flappe) einer Zeitschrift auf eine allgemeine Information, die keine Schlussfolgerung auf ein bestimmtes Unternehmen oder Produkt nahe legt, liegt darin allerdings noch keine Werbung. Daran ändert es nichts, wenn der Leser zugleich aufgefordert wird, die Rückseite des Vorschaltblatts zu betrachten, auf der dann eine Werbung durch ein Unternehmen erfolgt (BGH GRUR 2011, 163 Rn. 19, 20 – Flappe).

IV. Finanzierung durch den Unternehmer

Der Unternehmer muss den redaktionellen Inhalt **finanziert** haben. Der Gesetzgeber be- **11.4** zweckte damit den in Anh. I Nr. 11 UGP-RL verwendeten Begriff **„bezahlt"** umzusetzen und in diesem Sinne ist auch der Begriff „finanziert" richtlinienkonform auszulegen. Der EuGH hat den Begriff „bezahlt" auf den Vorlagebeschluss des BGH (BGH GRUR 2020, 997 – GRAZIA StyleNights) hin in der Weise ausgelegt, dass dies nicht die Zahlung einer Geldsumme voraussetze, da dies nicht der Realität der journalistischen und werblichen Praxis entspreche und der Bestimmung der Anh. I Nr. 11 S. 1 UGP-RL weitgehend ihre praktische Wirksamkeit nehmen würde (EuGH GRUR 2021, 1312 Rn. 42 – P & C Düsseldorf/P & C Hamburg). Zum Schutz des Vertrauens der Verbraucher in die Neutralität der Presse legt der EuGH vielmehr diesen Begriff in einem weiten Sinne aus. Es genügt, dass der Gewerbetreibende für die Veröffentlichung einen Vorteil gewährt, sei es in Form der Zahlung eines Geldbetrags oder in jeder anderen Form einer geldwerten Leistung, wie etwa Gegenstände oder Dienstleistungen, der geeignet ist, den Inhalt dieser Veröffentlichung zu gewährleisten. Es müsse lediglich eindeutiger Zusammenhang zwischen der Vorteilsgewährung und der Veröffentlichung bestehen. Dies sei ua auch dann der Fall, wenn der Gewerbetreibende dem Medienunternehmer durch Nutzungsrechte geschützte Bilder kostenlos zur Verfügung stelle, auf denen seine Geschäftsräume und die von ihm angebotenen Produkte zu sehen sind. Ferner sehe Anh. I Nr. 11 S. 1 UGP-RL keine Regelung zu einem wertmäßigen Mindestbetrag der Bezahlung oder zu einem Anteil dieser Bezahlung an den Gesamtkosten der betreffenden Werbeaktion vor und schließe nicht aus, dass das Medienunternehmen im eigenen Interesse selbst einen Teil der Kosten der Veröffentlichung übernehme (EuGH GRUR 2021, 1312 Rn. 44–48 – P & C Düsseldorf/P & C Hamburg). Unter die Nr. 11 fällt zB auch das Versprechen eines Anzeigenauftrags (OLG Düsseldorf WRP 2011, 1085 (1086 f.)). Auch muss die Finanzierung nicht auf den konkreten redaktionellen Inhalt bezogen sein. Vielmehr genügt es, dass die Finanzierung ihn miterfasst, wie zB bei einer pauschalen Vorabzahlung für künftige Veröffentlichungen (vgl. BGH WRP 2014, 1058 Rn. 27 – GOOD NEWS II, zu § 10 BWPresseG). Nicht erfasst ist dagegen zB der Fall, dass ein Unternehmer einem Interviewpartner eines Journalisten Geld zuwendet, um indirekt dessen Berichterstattung zu beeinflussen (aA Heermann WRP 2014, 509 Rn. 10). Insoweit bleibt aber § 5a VI anwendbar. – Die Problematik der Anwendung der Vorschrift besteht nur im **Nachweis** einer „Finanzierung" (vgl. auch EuGH WRP 2011, 1052 Rn. 33 –

ALTER CHANNEL). Denn weder der zahlende Unternehmer noch der bezahlte Medienunternehmer oder der verantwortliche Redakteur haben ein Interesse daran, die Finanzierung publik zu machen. Die bloße Tatsache, dass ein Unternehmen in dem Medium gleichzeitig regulär, zB mittels Anzeigen, wirbt, lässt noch keinen Rückschluss zu, dass dies ein Entgelt für eine redaktionelle Werbung darstellt (ebenso OLG Hamburg WRP 2010, 1183 (1184); OLG Düsseldorf WRP 2011, 1085 (1088)). Allerdings kann sich der Schluss auf eine Finanzierung auch aus Indizien ergeben, etwa wenn in dem Beitrag nur das Produkt eines Unternehmers genannt, der Beitrag zweimal hintereinander veröffentlicht und außerdem von einer Anzeige des Unternehmers flankiert wird (OLG Düsseldorf WRP 2011, 1085 (1088)). Lässt sich der Nachweis einer Finanzierung nicht führen, so greift Nr. 11 nicht ein. Jedoch kann dann immer noch § 5a IV (= § 5a VI aF) anwendbar sein, da insoweit dieser Nachweis nicht zwingend erforderlich ist.

V. Keine eindeutige Erkennbarkeit des Werbecharakters des redaktionellen Inhalts und seiner Finanzierung

11.5   Der Tatbestand der Nr. 11 ist dann nicht erfüllt, wenn sich der Zusammenhang zwischen dem redaktionellen Beitrag zu Zwecken der Verkaufsförderung und seiner Finanzierung durch einen Unternehmer **eindeutig** aus dem Inhalt oder aus der Art der optischen oder akustischen Darstellung ergibt. Bei schriftlichen Beiträgen kann dies durch die Kennzeichnung als „Anzeige" oder durch einen vergleichbaren Begriff, wie zB „Werbung" geschehen. Der Begriff „Promotion" reicht, da nicht eindeutig, dafür nicht aus (OLG Düsseldorf WRP 2011, 127 (128)). Die Kennzeichnung muss außerdem derart sein, dass beim situationsadäquat aufmerksamen Durchschnittsleser kein Zweifel am werblichen Charakter des Beitrags aufkommen kann (ebenso OLG Hamburg WRP 2010, 1183 (1184); LG Hamburg WRP 2013, 389 Rn. 12). Es genügt also nicht, den Hinweis an versteckter Stelle (OLG Hamburg WRP 2012, 1287) oder kaum lesbar anzubringen oder lediglich einen Hinweis auf die Adresse des geförderten Unternehmens zu geben. **Beispiel:** Nicht ausreichend ist die Abtrennung des Beitrags durch einen vertikalen oder horizontalen Strich oder die kontrastarm in weißer Schrift auf hellem Hintergrund in kleiner Schrift angebrachte Kennzeichnung mit dem Wort „Werbung" (OLG Düsseldorf WRP 2009, 1155) oder „Anzeige" (OLG Hamburg WRP 2011, 268 (273); 2012, 476 Rn. 19). Die Kennzeichnung als Werbung muss vielmehr nach Schriftart, Schriftgröße, Platzierung und Begleitumständen so eindeutig sein, dass eine Irreführung vermieden wird (→ § 4 Rn. 3.21a; OLG Hamburg WRP 2011, 268 (273)). Es genügt ferner nicht, wenn der Verbraucher den Zusammenhang zwischen dem redaktionell gestalteten Beitrag und der Anzeige beim Lesen des Beitrags erkennen kann (OLG Hamburg WRP 2012, 476 Rn. 17) oder wenn bei einer doppelseitig redaktionell gestalteten Werbeanzeige die Kennzeichnung als Anzeige nicht bereits auf der ersten Seite erfolgt (LG Hamburg WRP 2013, 392 Rn. 12). Ist ein redaktioneller Inhalt als Werbung gekennzeichnet, so ist damit idR für den Verbraucher eindeutig erkennbar, dass der Unternehmer dafür bezahlt hat. Ist dies nicht der Fall, wie zB bei Presseberichten über „Spitzenmediziner" oder „Spitzenanwälte", so muss eine entsprechender Hinweis auf die Finanzierung erfolgen (OLG Karlsruhe WRP 2012, 1131 Rn. 39). Nicht erforderlich ist es allerdings, auch Art und Höhe der Vergütung mitzuteilen.

11.6   Insbes. bei Beiträgen in Bild und/oder Ton kann der werbliche Zweck des redaktionellen Inhalts und die Tatsache seiner Finanzierung durch einen Unternehmer auch durch die Art der optischen oder akustischen Darstellung, nämlich durch **„für den Verbraucher klar erkennbare Bilder und Töne"** (so Anh. I Nr. 11 UGP-RL) klargestellt werden. So bspw. durch vorherige Einblendung des Begriffs „Werbung" oder durch Verlesen eines entsprechenden Textes.

VI. Spezialregelungen; ergänzende Regelungen

1. Regelung für die audiovisuellen Medien

11.7   Nach Anh. I Nr. 11 S. 2 UGP-RL bleibt die **Fernseh-RL** (RL 89/552/EG) von der Regelung in S. 1 unberührt. Da damit lediglich dem Art. 3 IV UGP-RL Rechnung getragen wird, brauchte der Gesetzgeber diese Regelung nicht zu übernehmen (vgl. Begr. RegE UWG 2008 zu Nr. 11, BT-Drs. 16/10 145, 32). Die Fernseh-RL wurde mittlerweile abgelöst durch die **AVMD-RL** (geändert durch die RL 2018/1808/EU). Nach **Art. 9 I lit. a S. 1 AVMD-**

RL muss audiovisuelle Kommunikation leicht als solche erkennbar sein; nach **Art. 10 I lit. c AVMD-RL** muss bei gesponserten audiovisuellen Mediendiensten oder Sendungen auf das Sponsoring eindeutig hingewiesen werden und nach **Art. 19 I AVMD-RL** müssen Fernsehwerbung und Teleshopping als solche leicht erkennbar und vom redaktionellen Inhalt unterscheidbar sein. Ferner müssen Fernsehwerbung und Teleshopping durch optische und/oder akustische und/oder räumliche Mittel eindeutig von anderen Sendungsteilen abgesetzt sein. Zu den entsprechenden Regelungen im deutschen Recht vgl. § 7 III RStV (→ § 4 Rn. 3.38 ff.). Diese Regelungen gehen weiter als Anh. Nr. 11 zu § 3 III, weil sie nicht den Nachweis der Bezahlung der getarnten Werbung voraussetzen. – Die Verpflichtungen aus der AVMD-RL sind nur den **Anbietern audiovisueller Medien** auferlegt. Da das Unionsrecht keine entsprechenden Regelungen für Printmedien vorsieht, bleiben die Mitgliedstaaten befugt, Presseverlegern entsprechende Verpflichtungen aufzuerlegen (EuGH WRP 2013, 1575 Rn. 48 f. – RLvS Verlagsgesellschaft).

2. Regelungen für die Presse

Nach **§ 10 BWPresseG** muss ein Verleger eine Veröffentlichung, für die er ein Entgelt   **11.8** bekommt, diese deutlich mit dem Wort „Anzeige" bezeichnen, sofern sie nicht schon durch Anordnung und Gestaltung allgemein als Anzeige zu erkennen ist. Dabei handelt es sich (auch) um eine dem Verbraucherschutz dienende **Marktverhaltensregelung iSd § 3a** (BGH GRUR 2012, 1056 Rn. 10 – GOOD NEWS I; WRP 2014, 1058 Rn. 15, 16 – GOOD NEWS II). Sie ist aber mit Anh. I Nr. 11 UGP-RL vereinbar, weil sie nicht in den Anwendungsbereich der UGP-RL fällt (EuGH WRP 2013, 1575 Rn. 50 – RLvS Verlagsgesellschaft mAnm Alexander; BGH WRP 2014, 1058 Rn. 20 – GOOD NEWS II). Dies ergibt sich nach Auffassung des EuGH aus zwei Gründen: Zum einen daraus, dass der Verleger mit der Veröffentlichung keine Geschäftspraktik vornehme (zw.), vielmehr der inserierende Unternehmer Normadressat sei. Zum anderen daraus, dass der Unionsgesetzgeber für den Pressebereich noch keine den unionsrechtlichen Regelungen über die audiovisuellen Mediendienste entsprechende Regelung getroffen habe und es daher dem nationalen Gesetzgeber freistehe, unter Beachtung der Grundfreiheiten des AEUV Presseverlegern die Pflicht aufzuerlegen, die Leser auf das Sponsoring von redaktionellen Inhalten aufmerksam zu machen (EuGH WRP 2013, 1575 Rn. 48 f. – RLvS Verlagsgesellschaft).

3. Verhältnis zu § 5a VI

Ist der Tatbestand der Nr. 11 erfüllt, so erübrigt sich ein Rückgriff auf (den an sich ebenfalls   **11.9** erfüllten) § 5a VI (OLG Frankfurt WRP 2019, 643 Rn. 14). Diese Vorschrift fungiert als Auffangtatbestand, wenn sich eine Finanzierung des Beitrags nicht nachweisen lässt.

VII. Kreis der Verantwortlichen

Das Verbot der Anh. I Nr. 11 UGP-RL richtet sich nach Auffassung des EuGH an das   **11.10** **Unternehmen,** das die getarnte Werbung finanziert hat, aber **nicht** an den **Presseverleger,** es sei denn, dieser würde als Unternehmer für **eigene** Produkte werben oder im **Namen** oder **Auftrag** des Unternehmers (vgl. Art. 2 lit. d UGP-RL) handeln (EuGH WRP 2013, 1575 Rn. 44, 48 – RLvS Verlagsgesellschaft). Der Verleger sei nicht verpflichtet, unlautere Geschäftspraktiken durch Dritte zu verhindern. – Da aber Anh. Nr. 11 zu § 3 III nicht an eine Geschäftspraktik iSd Art. 2 lit. d UGP-RL, sondern an den (weitergehenden) Begriff der geschäftlichen Handlung iSd § 2 I Nr. 2 anknüpft und damit auch das Handeln **„zugunsten eines fremden Unternehmens"** erfasst, ist auch der **Presseverleger** (und der verantwortliche Redakteur, § 8 II) für einen Verstoß verantwortlich (OLG Hamburg WRP 2011, 268 (272)). Diese Ausweitung der Haftung ist mit der UGP-RL vereinbar, da damit deren abschließender Charakter nicht in Frage gestellt wird (ebenso Koch FS Köhler, 2014, 359 (368); Scherer WRP 2014, 517 (521)). Im Übrigen ergibt sich eine Haftung dieser Personen auch aus § 10 BWPresseG iVm § 3a.

Anh. § 3 Nr. 11a

Folgende geschäftliche Handlungen sind gegenüber Verbrauchern stets unzulässig:

Irreführende geschäftliche Handlungen

11a. verdeckte Werbung in Suchergebnissen
die Anzeige von Suchergebnissen aufgrund der Online-Suchanfrage eines Ver-
brauchers, ohne dass etwaige bezahlte Werbung oder spezielle Zahlungen, die
dazu dienen, ein höheres Ranking der jeweiligen Waren oder Dienstleistungen im
Rahmen der Suchergebnisse zu erreichen, eindeutig offengelegt werden;

Die Regelung dient der Umsetzung von Anh. I UGP-RL:

11a. Anzeige von Suchergebnissen aufgrund der Online-Suchanfrage eines Verbrauchers ohne dass
etwaige bezahlte Werbung oder spezielle Zahlungen, die dazu dienen, ein höheres Ranking der
jeweiligen Produkte im Rahmen der Suchergebnisse zu erreichen, eindeutig offengelegt werden.

I. Tatbestand und Normzweck

11a.1   Der Tatbestand der Nr. 11a bezweckt der Sache nach den Schutz des Verbrauchers vor einer
Irreführung durch Vorenthalten einer wesentlichen Information iSd Art. 7 II UGP-RL bzw.
§ 5a I. Er regelt den Fall einer **Online-Suchanfrage** eines Verbrauchers nach bestimmten
Waren oder Dienstleistungen, die von Anbietern einer **Online-Suchfunktion,** wie insbesondere von **Online-Marktplätzen** (§ 2 I Nr. 6), wie zB Amazon, Ebay, **Suchmaschinen,** wie zB
Google, Bing, oder **Vergleichsplattformen,** wie zB Flugportale, Hotelportale, bereitgestellt
werden und ein **Ranking** (§ 2 I Nr. 7) der Suchergebnisse enthalten. Grund für die Regelung
ist, dass sich Verbraucher bei der Auswahl und Entscheidung für ein bestimmtes Produkt
erfahrungsgemäß idR an der Reihenfolge der Suchergebnisse orientieren. Produktanbieter sind
dementsprechend an einem aussichtsreichen Ranking interessiert. Über die Höhe der Platzierung von Produkten entscheidet der Online-Anbieter nach bestimmten Kriterien. Dabei können
unmittelbare und mittelbare finanzielle Zuwendungen durch die Produktanbieter eine Rolle
spielen (vgl. ErwGr. 20 RL (EU) 2019/2161). Die Regelung spricht von „etwaige(r) bezahlter
Werbung oder speziellen Zahlungen".

II. Geschäftliche Handlung

11a.2   Der Anbieter einer Online-Suchfunktion nimmt mit der Bereitstellung von Produktangeboten
Dritter in Gestalt eines Rankings eine geschäftliche Handlung zugunsten des eigenen, aber auch
eines fremden Unternehmens vor, wenn er von einem Produktanbieter für ein höheres Ranking
eine finanzielle Gegenleistung bekommt. Erfasst werden zwei Fallgestaltungen, zum einen die
„bezahlte Werbung", zum anderen „spezielle Zahlungen" zu dem Zweck, ein höheres Ranking
zu erreichen.

III. Bezahlte Werbung

11a.3   Nr. 11a verbietet nicht die Anzeige eines Suchergebnisses für ein Produkt, wenn gleichzeitig
eine bezahlte Werbung für dieses Produkt angezeigt wird. Ob diese bezahlte Werbung auch dazu
dienen muss, ein höheres Ranking der jeweiligen Waren oder Dienstleistungen im Rahmen der
Suchergebnisse zu erreichen, ist zwar dem Wortlaut der Nr. 11a nicht eindeutig zu entnehmen
(vgl. einerseits Büscher WRP 2022, 1 Rn. 55; andererseits Alexander WRP 2019, 1235 Rn. 49,
50; Fritzsche/Eisenhut WRP 2022, 529 Rn. 13), aber nach dem Zweck der Vorschrift zu
bejahen. Jedenfalls muss bezahlte Werbung eindeutig offengelegt werden. An einer Offenlegung
fehlt es, wenn die Werbung so gestaltet ist, dass sie mit einem Suchergebnis verwechselt werden
kann, also der werbliche Inhalt des Suchergebnisses nicht ohne Weiteres erkennbar ist. Werbeanzeigen müssen daher also solche klar erkennbar und von den Suchergebnissen abgegrenzt sein.
Ausreichend dürfte aber der unmittelbar in Nähe des Suchergebnisses angebrachte Zusatz **„An-**
zeige" sein, sofern er für den Nutzer eindeutig erkennbar ist (→ Rn. 11a.5).

IV. Spezielle Zahlungen

Spezielle Zahlungen für ein bestimmtes höheres Ranking können nicht nur unmittelbar, **11a.4** sondern auch mittelbar erfolgen. Eine mittelbare Bezahlung kann darin bestehen, dass ein Unternehmer zusätzliche Verpflichtungen jeglicher Art gegenüber dem Anbieter der Online-Suchfunktion eingeht, die im konkreten Fall zu einem höheren Ranking führen. Die mittelbare Bezahlung kann bspw. aus einer erhöhten Provision pro Transaktion sowie aus unterschiedlichen Vergütungsregelungen bestehen, die gezielt zu einem höheren Ranking führen. Zahlungen für allgemeine Dienstleistungen wie Leistungsgebühren oder Mitgliedsbeiträge, die eine breite Palette an Funktionen abdecken, die der Anbieter der Online-Suchmaschine für den Unternehmer erbringt, sind nicht als spezielle Zahlungen für ein höheres Ranking eines Produkts zu betrachten, sofern diese Zahlungen nicht dazu bestimmt sind, ein höheres Ranking zu bewirken (vgl. ErwGr. 20 RL (EU) 2019/2161).

V. Verpflichtung zur eindeutigen Offenlegung der Vergütung für ein höheres Ranking

Der Online-Anbieter muss, wenn er nicht gegen Nr. 11a verstoßen will, **eindeutig offenle-** **11a.5** **gen,** dass er eine Vergütung in Gestalt von Werbeeinnahmen oder speziellen Zahlungen für ein höheres Ranking seines Produktangebots erhält. Dies soll sicherstellen, dass der Verbraucher die entsprechende Information zur Grundlage seiner geschäftlichen Entscheidung machen kann. Eindeutig offengelegt ist die Information, wenn sie klar erkennbar auf das betreffende Produktangebot bezogen, gut lesbar und zumindest auch in deutscher Sprache gehalten ist. Maßgebend ist das Verständnis des normal informierten, durchschnittlich aufmerksamen und verständigen Verbrauchers.

VI. Darlegungs- und Beweislast

Grds. liegt die Darlegungs- und Beweislast dafür, dass eine bezahlte Werbung oder spezielle **11a.6** Zahlungen zur Erreichung eines höheren Ranking vorliegen, beim Anspruchsteller. Das führt zu Schwierigkeiten, wenn es um spezielle Zahlungen für ein bestimmtes Suchergebnis geht, die für einen Außenstehenden nicht erkennbar sind. Sprechen bestimmte Umstände dafür, dass das höhere Ranking auf eine unmittelbare oder mittelbare Zahlung zurückzuführen ist, kommt eine sekundäre Darlegungslast des Anbieters in Betracht. Die Darlegungs- und Beweislast für eine eindeutige Offenlegung trifft den Anbieter.

VII. Verhältnis zur P2B-VO

Die VO (EU) 2019/1150 über Fairness und Transparenz für gewerbliche Nutzer von Online- **11a.7** Vermittlungsdiensten (P2B-VO) enthält vergleichbare Regelungen zum Ranking (vgl. die Definition in Art. 2 Nr. 8 P2B-VO und die Transparenzregelung in Art. 5 P2B-VO; → P2B-VO Art. 2 Rn. 43 und Art. 5 P2B-VO; Fritzsche/Eisenhut WRP 2022, 529 Rn. 9 ff.). Diese Regelungen dienen nur dem Schutz von gewerblichen Nutzern und nicht dem Schutz der Verbraucher. Daher werden sie nicht von Nr. 11a und § 5b II Nr. 6 erfasst.

VIII. Verhältnis zu anderen Vorschriften

Neben Nr. 11a sind auch die Tatbestände der § 5a IV, § 5b II Nr. 6 (dazu Sosnitza CR 2021, **11a.8** 329 Rn. 29 ff.) und § 6 sowie die Informationspflichten für die Betreiber eines Online-Marktplatzes nach § 312k I BGB iVm Art. 246d § 1 Nr. 1 EGBGB anwendbar.

IX. Täterschaft und Teilnahme

Täter eine unlauteren Handlung nach Nr. 11a ist der Anbieter eines Online-Suchdienstes. **11a.9** Der Unternehmer, der mit der bezahlten Werbung oder speziellen Zahlungen ein höheres Ranking zu erreichen sucht, haftet, soweit es um die Schadensersatzpflicht nach § 9 I und II geht, als Anstifter oder Gehilfe nach § 830 II BGB.

Anh. § 3 Nr. 12

Folgende geschäftliche Handlungen sind gegenüber Verbrauchern stets unzulässig:

Irreführende geschäftliche Handlungen

12. unwahre Angabe über Gefahren für die persönliche Sicherheit
unwahre Angaben über Art und Ausmaß einer Gefahr für die persönliche Sicherheit des Verbrauchers oder seiner Familie für den Fall, dass er die angebotene Ware nicht erwirbt oder die angebotene Dienstleistung nicht in Anspruch nimmt;

Die Regelung dient der Umsetzung von Anh. I UGP-RL:

12. Aufstellen einer sachlich falschen Behauptung über die Art und das Ausmaß der Gefahr für die persönliche Sicherheit des Verbrauchers oder seiner Familie für den Fall, dass er das Produkt nicht kauft.

I. Normzweck

12.1   Der Tatbestand der Nr. 12 bezweckt den Schutz des Verbrauchers vor einer **besonders wirkungsvollen Irreführung,** nämlich über die Folgen einer negativen geschäftlichen Entscheidung, nämlich ein Geschäft (Bezug der Ware oder Dienstleistung) nicht abzuschließen (§ 2 I Nr. 1). Besonders wirkungsvoll ist die Irreführung deshalb, weil die persönliche Sicherheit des Verbrauchers oder seiner Familie für den Verbraucher ein hohes Gut darstellt und die Irreführung daher in hohem Maße geeignet ist, den Verbraucher zu einem Bezug der betreffenden Ware oder Dienstleistung zu veranlassen, um damit die angebliche Gefahr abzuwenden. In diesem Zusammenhang kann insbes. von Bedeutung sein, ob mit der Angabe besonders schutzbedürftige Verbraucher iSd § 3 IV 2 („geistige oder körperliche Beeinträchtigung"; „Leichtgläubigkeit") gezielt angesprochen werden. Da es sich um ein Per-se-Verbot handelt, braucht jedoch nicht geprüft zu werden, ob die unwahre Angabe tatsächlich geeignet ist, den Verbraucher zum Bezug der Ware oder Dienstleistung zu veranlassen.

II. Verhältnis zu anderen Vorschriften

12.2   In seinem Anwendungsbereich hat der Tatbestand der Nr. 12 Vorrang vor **§ 5 II Nr. 1** (Irreführung über die „von der Verwendung zu erwartenden Ergebnisse"). Jedoch kann letztere Vorschrift eingreifen, wenn der Unternehmer lediglich den – von Nr. 12 nicht erfassten – unrichtigen Eindruck erweckt, der Bezug der betreffenden Ware oder Dienstleistung würde eine bestimmte Gefahr für die persönliche Sicherheit abwenden oder verringern. – Der Tatbestand der Nr. 12 ist zu unterscheiden vom Tatbestand der aggressiven geschäftlichen Handlung iSd **§ 4a I** iVm **§ 4a II 1 Nr. 3** („bewusstes Ausnutzen von Unglückssituationen oder Umständen von solcher Schwere, dass sie das Urteilsvermögen des Verbrauchers beeinträchtigen"), weil damit keine Irreführung verbunden ist.

III. Tatbestand

1. Unwahre Angabe

12.3   Der Tatbestand setzt eine **unwahre Angabe** voraus. Es muss also eine **ausdrückliche Behauptung** vorliegen, die **objektiv unrichtig** ist. Dem steht das Erwecken eines unrichtigen Eindrucks nicht gleich (→ Rn. 12.2). Unrichtig ist die Angabe dann, wenn entweder die behauptete Gefahr gar nicht besteht oder wenn die Ware oder Dienstleistung ungeeignet ist, die Gefahr zu beseitigen oder ihr Ausmaß zu verringern, also wirkungslos ist. **Wahre** Angaben sind hingegen zulässig, selbst wenn sie vom Verbraucher missverstanden werden.

2. Über Art oder Ausmaß einer Gefahr für die persönliche Sicherheit

12.4   Die Aussage muss sich auf eine Gefahr für die **persönliche Sicherheit** des Verbrauchers und/oder seiner Familie beziehen, sei es auf die Art oder das Ausmaß dieser Gefahr. Die persönliche Sicherheit ist zu unterscheiden von der persönlichen Gesundheit, wie sich im Umkehrschluss aus Art. 3 III UGP-RL („Gesundheits- und Sicherheitsaspekte von Produkten") ergibt. Die persönliche Sicherheit kann betroffen sein durch kriminelle Handlungen, wie Einbruch, Überfall oder Entführung, oder durch Naturereignisse, wie Erdbeben, Brände, oder sonstige **Gefahren für Leib, Leben, Freiheit oder Eigentum,** etwa im Straßenverkehr oder beim Sport. Der Schutz vor Irreführung hinsichtlich der Gefahren für die **Gesundheit** fällt nicht unter die Nr. 12 (wie hier jurisPK-UWG/Seichter Rn. 3; aA MüKoUWG/Alexander Rn. 20; Büscher/Büscher Rn. 173); ebenso wenig wie Gefahren für das Vermögen (wie Kursverluste, Inflation) oder den Arbeitsplatz des Verbrauchers (MüKoUWG/Alexander Rn. 20).

3. Für den Fall des Nichtabschlusses eines Geschäfts

Der Tatbestand der Nr. 12 erfordert, dass der Unternehmer einen Zusammenhang herstellt 12.5 zwischen der angeblichen Gefahr und dem Nichtabschluss eines Geschäfts über die betreffende Ware oder Dienstleistung („für den Fall"). Der Verbraucher soll annehmen, dass durch den Bezug der angebotenen Ware oder Dienstleistung die Gefahr als solche („Art") beseitigt oder doch ihr „Ausmaß" verringert wird. Dies muss in der Angabe zum Ausdruck gebracht werden. Dazu genügt aber nicht eine bloße Angabe in der Produktbeschreibung, wie etwa „Schutz vor Einbrechern". Vielmehr muss ein ausdrücklicher Hinweis darauf erfolgen, dass der **Nichterwerb** des Produkts sich auf Art oder Ausmaß einer Gefahr für die persönliche Sicherheit auswirkt. Beispiel: „Ohne unsere Alarmanlage sind Sie schutzlos Einbrechern ausgeliefert"). Eine nur mittelbare Auswirkung auf die persönliche Sicherheit, nämlich hinsichtlich der finanziellen Folgen einer Beeinträchtigung der persönlichen Sicherheit, wie bspw. der Abschluss einer Hausrats- oder Reiseversicherung, wird von der Nr. 12 auch dann nicht erfasst, wenn die Angabe irreführend ist, weil sie weitreichende Haftungsausschlüsse vorsieht (Scherer NJW 2009, 324 (328)).

Anh. § 3 Nr. 13

Folgende geschäftliche Handlungen sind gegenüber Verbrauchern stets unzulässig:

Irreführende geschäftliche Handlungen

13. Täuschung über betriebliche Herkunft
Werbung für eine Ware oder Dienstleistung, die der Ware oder Dienstleistung eines bestimmten Herstellers ähnlich ist, wenn in der Absicht geworben wird, über die betriebliche Herkunft der beworbenen Ware oder Dienstleistung zu täuschen;

Die Regelung dient der Umsetzung von Anh. I UGP-RL:

13. Werbung für ein Produkt, das einem Produkt eines bestimmten Herstellers ähnlich ist, in einer Weise, die den Verbraucher absichtlich dazu verleitet, zu glauben, das Produkt sei von jenem Hersteller hergestellt worden, obwohl dies nicht der Fall ist.

Schrifttum: s. auch vor → Rn. 0.1; Bärenfänger, Symbiotische Theorie zum Kennzeichen- und Lauterkeitsrecht, Teil 2, WRP 2011, 160; Fezer, Imitationsmarketing als irreführende Produktvermarktung, GRUR 2009, 451; Harte-Bavendamm, Wettbewerbsrechtlicher Verbraucherschutz in der Welt der „look-alikes", FS Loschelder, 2010, 111; Loschelder/Dörre, Das Verhältnis des wettbewerbsrechtlichen zum kennzeichenrechtlichen Schutz vor Verwechslungen, KSzW 2010, 242; Scherer, Das Verhältnis des lauterkeitsrechtlichen Nachahmungsschutzes nach § 4 Nr. 9 UWG zur europarechtlichen Vollharmonisierung der irreführenden oder vergleichenden Werbung, WRP 2009, 1446; M. Schmidt, Verschiebung markenrechtlicher Grenzen lauterkeitsrechtlicher Ansprüche nach Umsetzung der UGP-Richtlinie, GRUR-Prax 2011, 159.

I. Zweck, Auslegung und Anwendungsbereich der Norm

Der Tatbestand der Nr. 13 stellt innerhalb des UWG einen Ausschnitt aus dem Regelungs- 13.1 bereich des § 4 Nr. 3 lit. a, des § 5 I 2 Nr. 1 („betriebliche Herkunft"), des § 5 II und des § 6 II Nr. 3 dar. Er regelt einen besonders krassen Fall der **irreführenden Werbung** für ein dem Produkt eines anderen Herstellers (im Folgenden: „Originalprodukt") ähnliches Produkt. Die Vorschrift schützt unmittelbar den **Verbraucher** vor **Irreführung,** mittelbar aber auch den Hersteller des Originalprodukts vor einer Gefährdung seiner Absatzchancen und damit auch seines Erscheinungsbilds (Image), insbes. wenn das beworbene Produkt minderwertig ist. Die Auslegung der Norm hat richtlinienkonform zu erfolgen. Dabei sind insbes. die zugrunde

liegende Regelung in Anh. I Nr. 13 UGP-RL sowie ErwGr. 14 und 17 UGP-RL zu berücksichtigen. Nicht, auch nicht analog, anwendbar ist die Norm auf eine Werbung gegenüber
sonstigen Marktteilnehmern, insbes. Unternehmern. Insoweit verbleibt es bei der Anwendung der § 4 Nr. 3, § 5 II Nr. 1, II und § 6 II Nr. 3.

II. Tatbestand

1. Ware oder Dienstleistung eines bestimmten Herstellers

13.2   Die Vorschrift bezieht sich nach ihrer Neufassung durch die UWG-Novelle 2015 auf Waren
oder Dienstleistungen (dazu Art. 2 lit. c UGP-RL; → § 2 Rn. 39) eines **bestimmten Herstellers.** (Im UWG 2008 war dafür noch der Begriff des Mitbewerbers verwendet worden. Dabei
war übersehen worden, dass der betroffene Hersteller nicht zwangsläufig auch Mitbewerber iSd
§ 2 I Nr. 4 ist; dazu Alexander GRUR-Int. 2010, 1025 (1031)). Ob das Originalprodukt im In-
oder Ausland hergestellt wird, ist unbeachtlich. Es muss bereits existent, braucht aber noch nicht
abgesetzt worden sein. Es genügt also, wenn es bspw. in einer Werbeveranstaltung gezeigt worden
ist. Nicht erforderlich ist, dass das Originalprodukt im Zeitpunkt der Werbung für das ähnliche
Produkt schon oder noch auf dem Markt erhältlich ist (BGH WRP 2013, 1465 Rn. 70 – Hard
Rock Cafe). Denn der Tatbestand der Nr. 13 will nicht den Hersteller schützen, sondern nur
den **Verbraucher,** der glauben soll, er erwerbe das Originalprodukt. Eine bestimmte Beschaffenheit oder Qualität ist ebenfalls nicht erforderlich, insbes. ist – wie bei § 5 III Nr. 1 – auch
keine „wettbewerbliche Eigenart" iSd Rspr. zu § 4 Nr. 3 notwendig (Köhler GRUR 2009, 445
(450)). Daher muss das Produkt als solches keinen Hinweis auf die Herkunft von einem
bestimmten Hersteller enthalten.

2. Ähnlichkeit der beworbenen Ware oder Dienstleistung

13.3   Das Produkt, für das geworben wird, muss von einem anderen als dem Originalhersteller
herrühren und es muss dessen Produkt **„ähnlich"** sein. Für die Beurteilung sind – wie im
Markenrecht (vgl. EuGH GRUR 1998, 922 Rn. 23 – Canon) – alle erheblichen Umstände, die
das Verhältnis der Produkte zueinander kennzeichnen, insbes. die Art und der Verwendungszweck sowie die Nutzung und die Eigenart als miteinander konkurrierende oder einander
ergänzende Waren oder Dienstleistungen, heranzuziehen (Köhler GRUR 2009, 445 (448);
MüKoUWG/Alexander Rn. 35). Ähnlichkeit setzt danach ein gewisses Maß an **Übereinstimmung** in der **Gestaltung** oder **Funktion** der Produkte aus der Sicht der angesprochenen
Verbraucher voraus. IdR wird es sich dabei um **Produktnachahmungen** iSd § 4 Nr. 3
handeln, doch ist dies – ebenso wie bei § 5 III Nr. 1 – für die Anwendung der Nr. 13 nicht
zwingend erforderlich (Köhler GRUR 2009, 445 (448); jurisPK-UWG/Ullmann Rn. 5). Das
Gleiche gilt für die **Substituierbarkeit** der Produkte aus der Sicht der angesprochenen Verbraucher (wie hier FBO/Obergfell Rn. 19; MüKoUWG/Alexander Rn. 36; aA Büllesbach,
Auslegung der irreführenden Geschäftspraktiken des Anhangs I der Richtlinie 2005/29/EG über
unlautere Geschäftspraktiken, 2008, S. 93 ff.). Daher können auch als solche erkennbare Billigimitate von Prestigeprodukten, die aus Verbrauchersicht für sich gesehen nicht austauschbar sind,
unter Nr. 13 fallen, sofern nur die übrigen Voraussetzungen erfüllt sind. Ähnlichkeit setzt auch
nicht voraus, dass die Produkte für sich gesehen verwechslungsfähig sind (wie hier Harte-
Bavendamm/Henning-Bodewig/Dreyer Rn. 13; Harte-Bavendamm FS Loschelder, 2010, 111
(116); FBO/Obergfell Rn. 17; aA jurisPK-UWG/Ullmann Rn. 11). Die Verwechslungsgefahr
ist vielmehr selbstständig zu prüfen und kann sich auch aus der produktbezogenen Werbung
ergeben. Die Verwechslungsgefahr knüpft an die Produktähnlichkeit, nicht an eine Zeichenähnlichkeit an, so dass die Regelung nicht die Irreführung durch Verwendung verwechselbarer
Kennzeichen erfasst (BGH GRUR 2013, 631 Rn. 77 – AMARULA/Marulablu). Die bloße
Verwendung der **Marke** des Originalherstellers zur Kennzeichnung des beworbenen Produkts
genügt daher für sich allein nicht, um die Ähnlichkeit des Produkts zu begründen, und zwar
auch dann nicht, wenn der Verbraucher glauben könnte, es handle sich aus diesem Grund um
ein Produkt des Originalherstellers. **Beispiel:** Schuhhersteller verwendet Marke eines Anzugher-
stellers. – Nr. 13 ist nicht anwendbar, wenn zwei Händler (!) identische Waren (zB türkische
Lebensmittel) vertreiben und ein Händler dabei ein verwechslungsfähiges Logo verwendet (aA
OLG Köln GRUR-RR 2019, 18 Rn. 77). Eine analoge Anwendung ist mangels Regelungslücke ausgeschlossen (arg. § 5 II).

3. Werbung für die ähnliche Ware oder Dienstleistung

Es muss für das ähnliche Produkt geworben werden. **Werbung** ist dabei iSd Art. 2 lit. a   **13.4**
Werbe-RL zu verstehen. Sie kann in Begleitinformationen zum Produkt, aber auch in der
Gestaltung oder Präsentation des Produkts selbst enthalten sein. Nicht erforderlich ist, dass das
Produkt unmittelbar zum Kauf angeboten wird. Ob der Werbende zugleich Hersteller des
Nachahmungsprodukts ist, ist unerheblich. Auch ein Händler oder sonstiger Absatzmittler kann
den Tatbestand verwirklichen.

4. Absicht der Täuschung über die betriebliche Herkunft

Die Werbung muss in der Absicht erfolgen, den Verbraucher über die betriebliche Herkunft   **13.5**
der beworbenen Ware oder Dienstleistung zu täuschen. Das ist zwar richtlinienkonform dahingehend zu verstehen, dass der Verbraucher absichtlich dazu verleitet wird, zu glauben, das
ähnliche Produkt sei vom Hersteller des Originalprodukts hergestellt worden, obwohl dies nicht
der Fall ist. Allerdings ist die deutsche Fassung des Anh. I Nr. 13 UGP-RL nicht ganz eindeutig.
Ein Blick auf die engl. („in such a manner as deliberately to mislead the consumer in believing")
und die franz. Fassung („de manière à inciter délibérément le consommateur à penser") zeigt,
dass eine tatsächliche Täuschung der Verbraucher nicht erfolgt sein muss, um den Tatbestand zu
verwirklichen. Vielmehr genügt bereits die Absicht der Täuschung und eine entsprechende
Eignung zur Täuschung. So gesehen entspricht die Umsetzung des Anh. I Nr. 13 UGP-RL in
das deutsche Recht dem Zweck der UGP-RL besser als die deutsche Fassung des Richtlinientexts.

Die Täuschung muss sich, wie sich aus einer richtlinienkonformen Auslegung ergibt, auf das   **13.6**
Produkt eines **„bestimmten"** Herstellers beziehen (BGH GRUR 2013, 631 Rn. 78 – AMA-
RULA/Marulablu). Es muss also aus der Sicht des Verbrauchers das beworbene Produkt einem
identifizierbaren Hersteller zuzuordnen sein. Dazu braucht der Originalhersteller in der Werbung
nicht namentlich genannt zu werden; es genügt, wenn er für den Verbraucher zumindest auf
Grund der Werbung erkennbar ist. Allerdings ist für den Verbraucher häufig nicht erkennbar,
wie Unternehmen organisiert und wirtschaftlich verflochten sind. Daher muss es genügen, dass
dem Verbraucher vorgetäuscht wird, das Produkt sei von einem mit dem Originalhersteller
konzernmäßig verbundenen Unternehmen hergestellt worden. Dagegen reicht es nicht aus,
wenn dem Verbraucher eine **Lizenzberechtigung** vorgetäuscht wird. Dieser Fall ist nach § 5 II
Nr. 3 zu beurteilen (jurisPK-UWG/Ullmann Rn. 12). Andererseits kann sich der Werbende,
wenn der Tatbestand der Nr. 13 erfüllt ist, nicht darauf berufen, er sei kraft Lizenzvertrags mit
dem Originalhersteller berechtigt, das beworbene Produkt herzustellen (aA Büscher/Büscher
Rn. 181). Denn es macht für den Verbraucher (und meist auch objektiv) einen Unterschied, ob
ihm das Originalprodukt oder ein Lizenzprodukt angeboten wird. – Behauptet der Werbende
lediglich zu Unrecht, er sei zum **Vertrieb** der Originalware berechtigt, fällt dies nicht in den
Anwendungsbereich der Nr. 13 (jurisPK-UWG/Ullmann Rn. 14; MüKoUWG/Alexander
Rn. 42).

Der Werbung muss die **Absicht** zugrunde liegen, den Verbraucher über die betriebliche   **13.7**
Herkunft des beworbenen Produkts zu täuschen. Der Werbende handelt absichtlich (engl.
Fassung „deliberately"; franz. Fassung „delibérément"), wenn er weiß, dass es sich um ein
ähnliches Produkt handelt, und wenn er den Verbraucher bewusst darüber täuschen will, dass es
kein Produkt des Originalherstellers ist. Dem steht es gleich, wenn der Werbende sich einer
entsprechenden Einsicht bewusst verschließt. Bedingter Vorsatz genügt (BGH WRP 2013, 1465
Rn. 70 – Hard Rock Cafe; jurisPK-UWG/Ullmann Rn. 15; aA FBO/Obergfell Rn. 27;
Ohly/Sosnitza/Sosnitza Rn. 41), nicht dagegen Fahrlässigkeit und erst recht nicht bloße Eignung zur Irreführung (aA Fezer GRUR 2009, 451 (458)). Ein Händler, der für ein bestimmtes
Produkt wirbt, erfüllt also nicht den Tatbestand, wenn er – sei es auch fahrlässig – nicht weiß,
dass es sich um ein Produkt eines anderen Herstellers handelt. Der Nachweis der Absicht obliegt
dem Anspruchsteller. Er lässt sich idR nur anhand **objektiver Indizien** führen. Soweit das
Produkt nicht ausdrücklich als eines des Originalherstellers bezeichnet wird, ist eine Gesamtbetrachtung anzustellen. Dabei sind insbes. der Grad der Ähnlichkeit der Waren, die Bekanntheit
des Originalprodukts, die Art und der Inhalt der Werbung sowie die Verpackung zu berücksichtigen (Köhler GRUR 2009, 445 (448)). Die bloße Produktnachahmung und eine damit
verbundene Verwechslungsgefahr dürften für den Nachweis nicht ausreichen. Allenfalls eine
identische Übernahme der fremden Produktgestaltung lässt den Schluss auf eine Absicht zu. –
Anders als bei § 3 I, § 5 I ist bei Nr. 13 allerdings nicht erforderlich, dass die Täuschungshand-

lung auch tatsächlich geeignet ist, den Verbraucher zu einer geschäftlichen Entscheidung zu veranlassen. Das entspricht der Rechtsnatur der Nr. 13 als eines Per-se-Verbots. Fehlt es indessen an einer solchen Eignung, ist dies als Indiz für das Fehlen einer Täuschungsabsicht zu werten, zumal dann Verbraucherinteressen gar nicht beeinträchtigt werden können.

III. Verhältnis zum Sonderrechtsschutz und zum lauterkeitsrechtlichen Nachahmungsschutz

13.8 Die Vorschrift ist unabhängig davon anwendbar, ob der Sachverhalt gleichzeitig den Tatbestand einer Vorschrift des Sonderrechtsschutzes, insbes. des Markenrechts, oder den des lauterkeitsrechtlichen Nachahmungsschutzes (§ 4 Nr. 3) erfüllt (vgl. Köhler GRUR 2009, 445 (451); Harte-Bavendamm FS Loschelder, 2010, 111 (119)). Der Schutz des Verbrauchers vor Irreführung hat insoweit Vorrang vor einem etwaigen Interesse des Rechtsinhabers, nicht gegen die Produktnachahmung vorzugehen.

Anh. § 3 Nr. 14

Folgende geschäftliche Handlungen sind gegenüber Verbrauchern stets unzulässig:

Irreführende geschäftliche Handlungen

14. Schneeball- oder Pyramidensystem
die Einführung, der Betrieb oder die Förderung eines Systems zur Verkaufsförderung, bei dem vom Verbraucher ein finanzieller Beitrag für die Möglichkeit verlangt wird, eine Vergütung allein oder zumindest hauptsächlich durch die Einführung weiterer Teilnehmer in das System zu erlangen;

Die Regelung dient der Umsetzung von Anh. I UGP-RL:

14. Einführung, Betrieb oder Förderung eines Schneeballsystems zur Verkaufsförderung, bei dem der Verbraucher die Möglichkeit vor Augen hat, eine Vergütung zu erzielen, die hauptsächlich durch die Einführung neuer Verbraucher in ein solches System und weniger durch den Verkauf oder Verbrauch von Produkten zu erzielen ist.

Schrifttum: Brammsen/Apel, Madoff, Phoenix, Ponzi und Co. – Bedarf das „Schneeballverbot" der progressiven Kundenwerbung in § 16 II UWG der Erweiterung?, WRP 2011, 400; Brammsen/Apel, Schneeballsysteme nach der 4 finance-Entscheidung des EuGH – Abstimmungsprobleme im Verhältnis von Nr. 14 Anhang I UGP-RL und Nr. 14 Anhang zu § 3 Abs. 3 UWG untereinander und zu § 16 Abs. 2 UWG, GRUR-Int. 2014, 1119; Brammsen/Leible, Multi-Level-Marketing im System des deutschen Lauterkeitsrechts, BB 1997, Beilage 10 zu Heft 32; Finger, Strafbarkeitslücken bei so genannten Kettenbrief-, Schneeball- und Pyramidensystemen, ZRP 2006, 159; Hartlage, Progressive Kundenwerbung – immer wettbewerbswidrig?, WRP 1997, 1; A. Keller, Progressive Kundenwerbung – ein opferloses Delikt?, 2016; A. Keller, Progressive Systeme zur Verkaufsförderung im Recht des unlauteren Wettbewerbs, WRP 2017, 262; Kilian, Zur Strafbarkeit von Ponzi-schemes – Der Fall Madoff nach deutschem Wettbewerbs- und Kapitalmarktstrafrecht, HRRS 2009, 285; Köhler, Richtlinienkonforme Gesetzgebung statt richtlinienkonforme Auslegung, WRP 2012, 251; Leible, Multi-Level-Marketing ist nicht wettbewerbswidrig!, WRP 1998, 18; Mäsch/Hesse, Multi-Level-Marketing im straffreien Raum – Veränderungen der strafrechtlichen Beurteilung von Direktvertriebssystemen durch die UWG-Novelle 2004, GRUR 2010, 10; Olesch, § 16 II: Ein Schiff ohne Wasser, WRP 2007, 908; Otto, „Geldgewinnspiele" und verbotene Schneeballsysteme nach § 6c UWG, wistra 1997, 81; Otto, Wirtschaftliche Gestaltung am Strafrecht vorbei – Dargestellt am Beispiel des § 6c UWG, Jura 1999, 97; Otto, Zur Strafbarkeit der progressiven Kundenwerbung nach UWG § 6c, wistra 1998, 227; Sosnitza, Der Regierungsentwurf zur Änderung des Gesetzes gegen den unlauteren Wettbewerb, GRUR 2015, 318; Thume, Multi-Level-Marketing, ein stets sittenwidriges Vertriebssystem?, WRP 1999, 280; Többens, Die Straftaten nach dem Gesetz gegen den unlauteren Wettbewerb (§§ 16–19 UWG), WRP 2005, 552; Wegner, Reform der Progressiven Kundenwerbung (§ 6c), wistra 2001, 171; Willingmann, Sittenwidrigkeit von Schneeballsystem-Gewinnspielen und Konditionsausschluss, NJW 1997, 2932; Wünsche, Abgrenzung zulässiger Multi-Level-Marketing-Systeme von unzulässiger progressiver Kundenwerbung, BB 2012, 273. – **Weiteres Schrifttum** s. bei § 16 und vor → Rn. 34.

I. Entstehungsgeschichte, Schutzzweck und Auslegung

1. Entstehungsgeschichte

Die Nr. 14 wurde durch die UWG-Novelle 2008 in das UWG eingefügt. Sie entsprach aber **14.1**
nicht vollständig den Vorgaben aus Anh. I Nr. 14 UGP-RL (vgl. Köhler WRP 2012, 251) und
wurde daher im Zuge der UWG-Novelle 2015 stärker an den Wortlaut von Anh. I Nr. 14
UGP-RL und ihre Auslegung durch den EuGH (WRP 2014, 816 Rn. 16 ff. – 4finance)
angepasst (vgl. BT-Drs. 18/4535, 16/17). Eine Abstimmung mit dem vergleichbaren Straftatbestand des § 16 II erfolgte nicht. Zum Verhältnis beider Vorschriften zueinander → Rn. 14.5.

2. Schutzzweck

Die Vorschrift dient, wie sich aus der Einordnung des Anh. I Nr. 14 UGP-RL in die Gruppe **14.2**
der irreführenden Geschäftspraktiken ergibt, dem Schutz der Verbraucher vor einer besonders
schädlichen Form der **Irreführung** durch ein System der Verkaufsförderung, das für sein Fortbestehen den Beitritt einer immer größeren Zahl von Teilnehmern erfordert, um die Vergütungen zu finanzieren, die den bereits vorhandenen Teilnehmern ausgezahlt werden (sog.
progressive Kundenwerbung). Ein solches System, gleichgültig ob es als Schneeball- oder
Pyramidensystem (→ Rn. 14.8) organisiert ist, bricht notwendigerweise irgendwann einmal
zusammen, so dass die zuletzt eingetretenen Teilnehmer die versprochene Vergütung nicht mehr
erlangen (EuGH GRUR 2017, 193 Rn. 26 – Loterie Nationale/Adriaenesen). Allerdings setzt
die Nr. 14 nicht den Nachweis einer Irreführung voraus. Die Vorschrift ist daher auch dann
anwendbar, wenn ein Verbraucher durch aggressive Verhaltensweisen dazu gebracht wird, einem
System beizutreten.

3. Auslegung

Nr. 14 ist **richtlinienkonform** am Maßstab der UGP-RL, insbes. an Anh. I Nr. 14 UGP- **14.3**
RL auszulegen. Die Schwierigkeit besteht dabei darin, dass einerseits alle Sprachfassungen der
UGP-RL gleichermaßen verbindlich sind, andererseits aber zwischen den einzelnen Sprachfassungen erhebliche Unterschiede bestehen (vgl. EuGH GRUR 2017, 193 Rn. 19 – Loterie
Nationale/Adriaenesen). Das wird insbes. an der englischen Sprachfassung deutlich: „Establis-
hing, operating or promoting a pyramid promotional scheme where a consumer gives consideration for the opportunity to receive compensation that is derived primarily for the introduction of
other consumers into the scheme rather than from the sale or consumption of products." Dies
berücksichtigt der EuGH und legt die Bestimmung dahin aus, dass ein Schneeballsystem „nur
dann unter allen Umständen eine unlautere Geschäftspraxis darstellt, wenn ein solches System
vom Verbraucher einen finanziellen Beitrag gleich welcher Höhe im Austausch für die Möglichkeit verlangt, eine Vergütung zu erzielen, die hauptsächlich durch die Einführung neuer Verbraucher in ein solches System und weniger durch den Verkauf oder Verbrauch von Produkten
zu erzielen ist" (EuGH WRP 2014, 816 Rn. 19 ff., 34 – 4finance).

II. Verhältnis zu anderen Vorschriften

1. § 5

Sind die Voraussetzungen der Nr. 14 nicht erfüllt, so ist weiterhin zu prüfen, ob ein Verkaufs- **14.4**
förderungssystem einen anderen Unlauterkeitstatbestand, wie etwa § 5 I, erfüllt (vgl. EuGH
WRP 2014, 816 Rn. 32 – 4finance).

2. § 16 II

Der Straftatbestand des § 16 II (→ § 16 Rn. 31 ff.) deckt sich zwar nicht vollständig (so aber **14.5**
OLG Frankfurt WRP 2016, 631 Rn. 4), aber weitgehend mit dem Tatbestand der Nr. 14
(MüKoUWG/Alexander Nr. 14 Rn. 4; zu Einzelheiten vgl. Brammsen/Apel GRUR-Int.
2014, 1119 (1123); Keller, Progressive Kundenwerbung – ein opferloses Delikt?, 2016, S. 182 ff.;
Keller WRP 2017, 262 Rn. 24 ff.). Lauterkeitszivilrechtliche Bedeutung könnte die Strafvorschrift nur über den Rechtsbruchtatbestand des § 3a erlangen. Das ist aber zw., da die UGP-RL
für unlautere Geschäftspraktiken von Unternehmen gegenüber Verbrauchern grds. eine abschließende Regelung trifft, an die die Mitgliedstaaten gebunden sind, gleichgültig ob die Sanktionen

zivilrechtlicher oder strafrechtlicher Natur sind. Jedenfalls ist der Tatbestand Anh. I Nr. 14 nicht am Maßstab des § 16 II, sondern ausschließlich am Maßstab der UGP-RL, insbes. Anh. I Nr. 14 UGP-RL auszulegen. Entscheidungen zu § 16 II und zur Vorgängervorschrift des § 6c UWG 1909 (vgl. OLG Frankfurt GRUR-RR 2012, 77) sind daher zur Auslegung von Anh. § 3 III Nr. 14 nur bedingt tauglich. Vielmehr stellt sich umgekehrt die Frage, ob § 16 II am Maßstab der UGP-RL auszulegen ist. Diese Frage bedarf noch der abschließenden Klärung (zum Meinungsstand vgl. Brammsen/Apel GRUR-Int. 2014, 1119 (1122 f.)). Dabei ist auch zu berücksichtigen, ob und inwieweit sich der Schutzzweck des § 16 II mit dem der UGP-RL deckt (dazu A. Keller WRP 2017, 262 Rn. 25 ff.).

III. Persönlicher Anwendungsbereich

14.6   Die Vorschrift dient dem Schutz der **Verbraucher** (→ § 2 II). Die Verbrauchereigenschaft muss im Zeitpunkt der Anwerbung vorliegen. Dass die Angeworbenen mit der Teilnahme am System und im Rahmen der weiteren Absatzmittlung ggf. unternehmerisch tätig werden, ist für die Anwendung der Nr. 14 unerheblich (aA Mäsch/Hesse GRUR 2010, 10 zu § 16 II). Nach der Struktur der Vorschrift **(Per-se-Verbot)** spielt es keine Rolle, ob sich der Unternehmer an alle Verbraucher oder nur an eine bestimmte Gruppe von Verbrauchern, etwa an eine Gruppe besonders schutzbedürftiger Verbraucher, wendet. Denn eine Eignung der Handlung, den Verbraucher zu einer geschäftlichen Entscheidung zu veranlassen, die er andernfalls nicht getroffen hätte (Relevanzkriterium), wird nicht vorausgesetzt.

IV. Tatbestand

1. Tathandlung

14.7   Nr. 14 erfasst die „Einführung", den „Betrieb" und die „Förderung" eines bestimmten „Systems der Verkaufsförderung". Es sind dies besondere Erscheinungsformen einer **geschäftlichen Handlung** iSd § 2 I Nr. 2, nämlich eines Verhaltens, das mit der Förderung des Absatzes von Waren oder Dienstleistungen objektiv zusammenhängt. Unter **„Einführung"** ist der Aufbau eines derartigen Systems zu verstehen. Der Unternehmer muss daher mit dem entsprechenden Konzept am Markt auftreten, letztlich also dafür bei Verbrauchern werben. Unter **„Betrieb"** ist die Durchführung des Systems mit entsprechendem organisatorischen Aufwand zu verstehen. Unter **„Förderung"** ist jede Tätigkeit zu verstehen, die auf die Anwerbung von Teilnehmern gerichtet ist. Normadressat ist insoweit nicht nur der Initiator und Betreiber des Systems, sondern auch jeder Teilnehmer, der weitere Teilnehmer anwirbt. Nach der Konzeption der UGP-RL setzt dies jedoch voraus, dass der Teilnehmer insoweit als **Unternehmer** handelt.

2. „System der Verkaufsförderung" („Schnellball- oder Pyramidensystem")

14.8   **a) Allgemeines.** Der Tatbestand der Nr. 14 erfasst nicht alle denkbaren Systeme der „Verkaufsförderung", sondern nur solche, die einen progressiven Charakter aufweisen (sog. **progressive Kundenwerbung**). Sie treten typischerweise in zwei Gestaltungen auf, dem **„Schneeballsystem"** und dem **„Pyramidensystem",** wie sie in Nr. 14 ausdrücklich erwähnt sind. „Schneeballsysteme sind solche Verkaufsförderungsmaßnahmen, bei denen der Veranstalter zunächst mit einem von ihm unmittelbar geworbenen Erstkunden und dann mit den durch dessen Vermittlung geworbenen weiteren Kunden Verträge abschließt. Pyramidensysteme sind Verkaufsförderungsmaßnahmen, bei denen der unmittelbar vom Veranstalter geworbene Erstkunde selbst gleichlautende Verträge mit anderen Verbrauchern schließt" (BT-Drs. 16/10145, 32 f.). Beiden Systemen ist gemeinsam, dass jeder Teilnehmer durch eine Vergütung (idR Provision) an den Verträgen wirtschaftlich beteiligt ist, die die von ihm direkt oder indirekt angeworbenen Teilnehmer abschließen.

14.9   Dass Anh. I Nr. 14 UGP-RL nur von einem „Schneeballsystem" spricht, ist ohne Belang. Insbesondere ist daraus nicht zu schließen, dass Nr. 14 einen weitergehenden Anwendungsbereich hätte als Anh. I Nr. 14 UGP-RL. Denn aus anderen Sprachfassungen der UGP-RL ergibt sich, dass diese Vorschrift auch Pyramidensysteme erfasst (engl. „a pyramid promotional scheme"; frz. „une systeme de promotion pyramidale"; dazu näher Keller, Progressive Kundenwerbung – ein opferloses Delikt?, 2016, S. 19 ff.). Die Unterscheidung betrifft nur die innere Struktur des Vertriebssystems, die nach der tatbestandlichen Ausgestaltung von Anh. I Nr. 14

UGP-RL ohne Belang ist. Beide Erscheinungsformen werden von Anh. I Nr. 14 UGP-RL und Anh. § 3 III Nr. 14 gleichermaßen erfasst.

b) Charakteristische Merkmale des Systems. aa) Allgemeines. Der EuGH hat in seiner **14.10** 4finance-Entscheidung zunächst auf drei gemeinsame Voraussetzungen hingewiesen, die nach allen Sprachfassungen der UGP-RL ein „System der Verkaufsförderung" iSd Anh. I Nr. 14 UGP-RL charakterisieren. **(1)** Der Unternehmer gibt eine Zusage, dass der Verbraucher die Möglichkeit haben wird, einen wirtschaftlichen Vorteil zu erlangen. **(2)** Die Einhaltung dieser Zusage hängt von der Einführung weiterer Verbraucher in das System ab. **(3)** Der Großteil der Einkünfte, mit denen die den Verbrauchern zugesagte Vergütung finanziert werden kann, stammt nicht aus einer tatsächlichen wirtschaftlichen Tätigkeit (EuGH WRP 2014, 816 Rn. 21 – 4finance). – Hinzukommen muss jedoch eine weitere – entscheidende – Voraussetzung: **(4)** Die Teilnehmer müssen einen finanziellen Beitrag entrichten. Dabei handelt es um ein „konstitutives Element" eines Verkaufsförderungssystems iSd Anh. I Nr. 14 UGP-RL, auch wenn es in der deutschen Fassung dieser Bestimmung nicht enthalten ist. Der deutsche Gesetzgeber hat jedoch bei der Neufassung der Nr. 14 in der UWG-Novelle 2015 der 4finance-Entscheidung des EuGH Rechnung getragen. Auch die richtlinienkonforme Auslegung der Nr. 14 hat sich daran zu orientieren.

bb) System der „Verkaufsförderung". Anh. I Nr. 14 UGP-RL bezieht sich auf ein **14.11** „Schneeballsystem" bzw. „Pyramidensystem" der **„Verkaufsförderung".** Unter Verkaufsförderung ist ein System zu verstehen, das auf den Absatz von Waren oder Dienstleistungen zielt. Diese Begriffe sind iSd Art. 2 lit. c UGP-RL (= § 2 I Nr. 2 Hs. 2) auszulegen. Erfasst werden daher ua auch Grundstücke und digitale Inhalte sowie digitale Dienstleistungen, Rechte und Verpflichtungen. Ob der (weitere) Teilnehmer das Produkt zum Zwecke des Weiterverkaufs oder des Eigenverbrauchs erwerben soll, ist unerheblich, wie sich aus der englischen und französischen Fassung ergibt (engl. „the sale or consumption of products"; frz. „de la vente ou de la consommation de produits"). Unerheblich ist ferner, ob der Absatz von Waren oder Dienstleistungen wirklich bezweckt ist und von den Teilnehmern tatsächlich betrieben wird. Erfasst wird daher auch ein System, das in Wahrheit nur darauf zielt, Beiträge der Teilnehmer zu erlangen. Dies kommt allerdings nur im Wortlaut der Nr. 14 („allein oder zumindest hauptsächlich") zum Ausdruck.

cc) Verlangen eines „finanziellen Beitrags". Anh. § 3 III Nr. 14 setzt voraus, dass vom **14.12** Verbraucher ein **finanzieller Beitrag** verlangt wird. Das ergibt sich zwar nicht ohne Weiteres aus den einzelnen Sprachfassungen der UGP-RL (vgl. engl. „consideration"; frz. „participation"), entspricht aber der Auslegung des Anh. I Nr. 14 UGP durch den EuGH (→ Rn. 14.10). Es genügt also nicht irgendeine Gegenleistung (aA MüKoUWG/Alexander Nr. 14 Rn. 24), auch nicht eine geldwerte Gegenleistung (aA Brammsen/Apel GRUR-Int. 2014, 1119 (1122)). Vielmehr muss der Beitrag auf einen Geldbetrag lauten. Ist dies nicht der Fall, kann jedoch immer noch § 5 I als Auffangtatbestand eingreifen. Aus den Sprachfassungen des Anh. I Nr. 14 UGP-RL, die einen finanziellen Beitrag vorsehen, und auch aus Anh. Nr. 14 zu § 3 III ergibt sich **kein Mindestbetrag,** den der Teilnehmer zu leisten hat. Daraus und mit Rücksicht auf das Ziel des ErwGr. 17 UGP-RL, größere Rechtssicherheit bei der Identifizierung von unlauteren Geschäftspraktiken zu schaffen, schließt der EuGH, es genüge jeglicher finanzielle Beitrag, den der Verbraucher zu leisten habe, unabhängig von seiner Höhe (EuGH WRP 2014, 816 Rn. 26 – 4finance).

dd) Für die Möglichkeit, eine Vergütung zu erlangen. Der Beitrag muss als **Gegen-** **14.13** **leistung** dafür verlangt werden, dass der Verbraucher die Möglichkeit erhält, eine Vergütung zu erzielen (EuGH WRP 2014, 816 Rn. 34 – 4finance: „im Austausch"). Der Betreiber des Systems muss dem Verbraucher dementsprechend eine Zusage geben, dass er mit Entrichtung des Beitrags gewissermaßen als „Eintrittsgeld" Teilnehmer des Systems wird und dadurch die Möglichkeit einer Vergütung erlangt.

ee) „Allein oder hauptsächlich durch die Einführung weiterer Teilnehmer in das **14.14** **System".** Die Möglichkeit, eine Vergütung zu erzielen, muss sich **„allein oder zumindest hauptsächlich"** daraus ergeben, dass der Verbraucher weitere Teilnehmer in das System einführt, die ihrerseits entsprechende Beiträge leisten, aus denen wiederum die Vergütungen finanziert werden. Den Gegensatz bildet die Vergütung, die der Verbraucher aus einer „tatsächlichen wirtschaftlichen Tätigkeit", nämlich „durch den Verkauf oder Verbrauch von Produkten" erzielt (EuGH WRP 2014, 816 Rn. 20, 21, 34 – 4finance). Es muss sich also so verhalten, dass der Teilnehmer aus dem Absatz oder Verbrauch von Waren oder Dienstleistungen entweder keine oder doch keine ausreichenden Einkünfte erzielen kann, um den gezahlten Beitrag zu kompensieren, und die hauptsächliche „Verdienstchance" in der Gewinnung weiterer Teilnehmer besteht, die ihrerseits wieder finanzielle Beiträge leisten, aus denen ihm eine Vergütung zufließt. – Wann die Vergütung (zumindest) **„hauptsächlich"** durch die Einführung weiterer Teilnehmer und weniger durch den Verkauf oder Verbrauch von Produkten erlangt werden kann, hängt letztlich von den Umständen des Einzelfalls ab (OLG Frankfurt WRP 2016, 630 Rn. 4 ff.), obwohl dies eigentlich bei der Per-se-Verboten der Schwarzen Liste keine Rolle spielen sollte. Je geringer der vom Verbraucher zu zahlende Beitrag im Vergleich zu der tatsächlich zu erlangenden oder erlangten Vergütung ist, desto eher ist dies zu verneinen (vgl. EuGH WRP 2014, 816 Rn. 33 – 4finance und den darin behandelten Fall; dazu Brammsen/Apel GRUR-Int. 2014, 1119 (1120)). – **Beispiele:** BGHZ 125, 218 = NJW 1994, 1344; BGH WRP 2011, 572; A. Keller, Progressive Kundenwerbung – ein opferloses Delikt?, 2016, S. 35 ff.). – Zwischen den Beiträgen, die neue Mitglieder an das System zahlen, und den Vergütungen, die die bereits vorhandenen Teilnehmer beziehen, muss ein Zusammenhang bestehen. Jedoch genügt ein mittelbarer Zusammenhang, da andernfalls das Per-se-Verbot von Schneeballsystemen leicht zu umgehen wäre (EuGH GRUR 2017, 193 Rn. 30, 31 – Loterie Nationale/Adriaensen).

14.15   **c) Abgrenzung zu anderen Systemen der Verkaufsförderung.** Unter den (unscharfen) Begriffen des **Multi-Level-Marketing,** des **Strukturvertriebs** und der **Laienwerbung** werden verschiedenartige Erscheinungsformen des Vertriebs von Waren und Dienstleistungen außerhalb des herkömmlichen Vertriebs über den Einzelhandel oder über Handelsvertreter zusammengefasst (→ § 16 Rn. 42 f.; BGHZ 158, 26 = GRUR 2004, 607 – Genealogie der Düfte). Soweit sie nicht den Tatbestand der Nr. 14 erfüllen, ist die lauterkeitsrechtliche Zulässigkeit und praktische Handhabung dieser Vertriebssysteme nach den allgemeinen Vorschriften des UWG (§ 3 II, §§ 4a, 5, 5a und 7) zu prüfen.

V. Rechtsfolgen

1. Unterlassungs- und Beseitigungsansprüche

14.16   Ein Verstoß gegen die Nr. 14 stellt nach § 3 I, III eine unzulässige Handlung dar, die einen Unterlassungs- und Beseitigungsanspruch nach § 8 I auslösen kann. Anspruchsberechtigt sind allerdings nur die in § 8 III genannten Mitbewerber und Verbände, nicht dagegen die unmittelbar betroffenen Verbraucher (aA MüKoUWG/Alexander Nr. 14 Rn. 26: Nr. 14 sei ein Schutzgesetz iSd § 823 II BGB).

2. Schadensersatz- und Gewinnabschöpfungsansprüche

14.17   Nach § 9 I können Mitbewerber bei schuldhaft begangenen Zuwiderhandlungen Schadensersatz verlangen. Bei vorsätzlich begangenen Zuwiderhandlungen können die Verbände iSd § 8 III Nr. 2 – 4 auch einen Gewinnabschöpfungsanspruch gem. § 10 geltend machen.

3. Individualansprüche der Verbraucher

14.18   Unmittelbar betroffene Verbraucher („Teilnehmer") können nach § 9 II Schadensersatz verlangen. Daneben kommen Unterlassungs-, Beseitigungs- und Schadensersatzansprüche nach den § 823 II BGB, § 1004 BGB iVm § 16 II geltend machen, da letztere Vorschrift ein Schutzgesetz zugunsten der Verbraucher ist (→ § 16 Rn. 51; BGH GRUR 2008, 818 Rn. 87 zu § 16 I). Daneben können auch die Tatbestände des § 826 BGB und ggf. des § 823 II BGB iVm § 263 StGB verwirklicht sein.

4. Vertragsnichtigkeit

14.19   Die Nr. 14 stellt ein Verbotsgesetz iSd **§ 134 BGB** dar. Die in Durchführung des Systems mit Verbrauchern geschlossenen Verträge sind daher nichtig und gezahlte Beiträge können von den Empfängern nach den §§ 812, 818 IV, 819 I BGB zurückgefordert werden. Der Einwand aus § 817 S. 2 BGB ist ausgeschlossen (BGH NJW 2008, 1942 Rn. 7 ff.; MüKoUWG/Alexander Nr. 14 Rn. 28).

Anh. § 3 Nr. 15

Folgende geschäftliche Handlungen sind gegenüber Verbrauchern stets unzulässig:

Irreführende geschäftliche Handlungen

15. unwahre Angabe über Geschäftsaufgabe
   die unwahre Angabe, der Unternehmer werde demnächst sein Geschäft aufgeben
   oder seine Geschäftsräume verlegen;

Die Regelung dient der Umsetzung von Anh. I UGP-RL:

15. Behauptung, der Gewerbetreibende werde demnächst sein Geschäft aufgeben oder seine Geschäftsräume verlegen, obwohl er dies keineswegs beabsichtigt.

I. Allgemeines

Der Tatbestand der Nr. 15 bezweckt zwar augenscheinlich den Schutz der Verbraucher vor **15.1**
dem Anlockeffekt einer unwahren Behauptung des Unternehmers, er werde demnächst sein
Geschäft aufgeben oder seine Geschäftsräume verlegen. Denn der Durchschnittsverbraucher wird
davon ausgehen, dass Waren oder Dienstleistungen aus diesem Grund preisgünstiger angeboten
werden bzw. nur noch für kurze Zeit verfügbar sind. Es handelt sich um ein Per-se-Verbot, so
dass es nicht darauf ankommt, ob der Unternehmer noch mit Preisherabsetzungen usw. wirbt.
Aus dem Erfordernis der geschäftlichen Handlung ergibt sich aber, dass die Handlung in einem
objektiven Zusammenhang mit der Förderung des Absatzes stehen muss.

II. Angabe der baldigen Geschäftsaufgabe oder Geschäftsraumverlegung

Die Tathandlung besteht in der Angabe des Unternehmers, er werde demnächst sein Geschäft **15.2**
aufgeben oder seine Geschäftsräume verlegen. Unter einer **Geschäftsaufgabe** ist die vollständige, auf Dauer angelegte Einstellung des Geschäftsbetriebs zu verstehen. Darunter fällt auch die
Schließung von Filialen oder von einzelnen Abteilungen eines Warenhauses (MüKoUWG/
Alexander Rn. 17; aA Büscher/Büscher Rn. 207), wie etwa der Lebensmittelabteilung. Angaben über eine bloße Unterbrechung oder Einschränkung des Verkaufs (zB wegen Umbaus,
Renovierung) fallen nicht darunter. Unter einer **Geschäftsraumverlegung** ist die dauernde,
aber auch die vorübergehende Verlegung von Geschäftsräumen an einen anderen Ort zu verstehen. Auf die Entfernung zum bisherigen Verkaufsort kommt es nicht an.

Die Angabe muss den Hinweis enthalten, dass die angekündigte Maßnahme **demnächst** **15.3**
erfolgen wird. Die Angabe muss zwar keine absolute Zeitspanne (zB „Die letzten sechs Verkaufstage") vorsehen, jedoch muss der Zeitraum so bemessen sein, dass der Verbraucher einen Anreiz
bekommen kann, das Geschäft noch vorher aufzusuchen. Ein Indiz dafür ist es, wenn zugleich
Sonderangebote angekündigt werden. Eine Ankündigung ohne jegliche Zeitangabe („Wir
müssen leider schließen"), kann je nach den Begleitumständen (Sonderangebote) vom Verbraucher als „demnächst" verstanden werden. Angaben, die einen Termin in ferner Zukunft
vorsehen, werden dagegen nicht erfasst.

III. Unwahre Angabe

Es muss sich um eine unwahre Angabe handeln. Im Hinblick darauf, dass die UGP-RL **15.4**
innerhalb des Anh. I UGP-RL zwischen unwahren Angaben (Behauptungen) und dem Erwecken des unzutreffenden Eindrucks unterscheidet, wird man auch bei der Nr. 15 eine ausdrückliche Erklärung fordern müssen. Das Erwecken eines unzutreffenden Eindrucks, etwa
durch beginnende Räumungsmaßnahmen, reicht nicht aus (aA Ohly/Sosnitza/Sosnitza Rn. 44).
Die Angabe braucht an sich nur **objektiv unwahr** zu sein. Das ist sie dann, wenn entgegen der
Ankündigung die Geschäftsaufgabe oder Geschäftsraumverlegung unterbleibt. Aufgrund des
Gebots der richtlinienkonformen Auslegung am Maßstab der Anh. I Nr. 15 UGP-RL („obwohl
er dies keineswegs beabsichtigt") muss zur Angabe allerdings darüber hinaus ein subjektives
Element hinzukommen: Dem Unternehmer muss im Zeitpunkt der Angabe die **Absicht** fehlen,
das Geschäft aufzugeben oder die Geschäftsräume zu verlegen, bzw. anders gewendet, er muss
die Absicht gehabt haben, dies nicht zu tun (Büllesbach, Auslegung der irreführenden Geschäfts-

praktiken des Anhangs I der Richtlinie 2005/29/EG über unlautere Geschäftspraktiken, 2008, S. 110 ff.; OLG Köln GRUR-RR 2010, 250). Diese Voraussetzung muss grds. der Anspruchsteller darlegen und beweisen. Allerdings stellt es ein Indiz für die fehlende Absicht der Geschäftsaufgabe usw. dar, wenn der Unternehmer den Geschäftsbetrieb fortsetzt. Daher wird man vom Unternehmer fordern müssen, dass er plausible Gründe für die Fortsetzung entgegen seiner vorherigen Ankündigung angibt. Das gilt insbes. dann, wenn der betreffende Unternehmer schon mehrfach solche Geschäftsmethoden genutzt hat, wie dies häufig in der Teppichbranche der Fall war. Das Problem ist aber deshalb von geringer praktischer Bedeutung, weil § 5 II Nr. 2 als Auffangtatbestand zur Verfügung steht.

Anh. § 3 Nr. 16

Folgende geschäftliche Handlungen sind gegenüber Verbrauchern stets unzulässig:

Irreführende geschäftliche Handlungen

16. Angaben über die Erhöhung der Gewinnchancen bei Glücksspielen
die Angabe, durch eine bestimmte Ware oder Dienstleistung ließen sich die Gewinnchancen bei einem Glücksspiel erhöhen;
Die Regelung dient der Umsetzung von Nr. 16 UGP-RL:
16. Behauptung, Produkte könnten die Gewinnchancen bei Glücksspielen erhöhen.

I. Normzweck

16.1 Die Vorschrift will verhindern, dass Verbraucher Produkte erwerben, die angeblich ihre **Gewinnchancen bei einem Glücksspiel erhöhen.** Denn es ist davon auszugehen, dass solche Produkte nicht den versprochenen Nutzen haben, leichtgläubige (§ 3 IV 2), insbes. abergläubische Verbraucher aber auf solche Behauptungen hereinfallen können. – Die Vorschrift zielt dagegen nicht auf die Fälle der Kopplung von Absatzgeschäften mit Gewinnspielen oder Preisausschreiben ab.

II. Tatbestand

1. Geschäftliche Handlung

16.2 Die Vorschrift setzt unausgesprochen, weil selbstverständlich, voraus, dass der Behauptung eine **geschäftliche Handlung** iSv § 2 I Nr. 2 zu Grunde liegt. Die Behauptung muss also von einem Unternehmer ausgehen und in einem unmittelbaren und objektiven Zusammenhang mit der Förderung des Absatzes einer Ware oder Dienstleistung stehen.

2. Angabe

16.3 Eine Angabe setzt eine Äußerung, gleichgültig in welcher Form, voraus, der der Verbraucher entnehmen kann, das beworbene Produkt könne die **Gewinnchancen bei Glücksspielen erhöhen.** Wie schon der Wortlaut („ließen" bzw. nach der UGP-RL „könnten") nahelegt, ist es nicht erforderlich, dass der Unternehmer diese Wirkung als sicher hinstellt. Vielmehr genügt es, dass er diese Wirkung als möglich bezeichnet. Der Tatbestand setzt nicht voraus, dass die Angabe falsch ist (wie hier FBO/Hecker/Ruttig Rn. 29). Das ergibt sich bereits aus einem Umkehrschluss zu Nr. 1, 3, 4, 7, 9, 10, 12, 15, 17, 18, 19, 23, 24. Dagegen lässt sich nicht einwenden, dass die Nr. 16 zu den irreführenden Geschäftspraktiken gehöre (so aber Ohly/Sosnitza/Sosnitza Rn. 45). Die Irreführung wird vielmehr unwiderleglich vermutet. Im Prozess hat also der Kläger nicht zu beweisen, dass das Produkt wirkungslos ist. Umgekehrt kann sich der Beklagte aber auch nicht dadurch entlasten, dass er den Nachweis führt, das Produkt könne die Gewinnchancen tatsächlich erhöhen. Offenbar ging der Richtliniengeber davon aus, dass dieser Beweis ohnehin nicht geführt werden könne.

3. Glücksspiel

16.4 Der Begriff des „Glücksspiels" wird in der UGP-RL nicht definiert. Er kann auch nicht, da es sich um einen unionsrechtlichen Begriff handelt, ohne weiteres vom deutschen Rechtsverständnis (vgl. § 284 StGB sowie die Definition in § 3 I GlüStV 2021) her ausgelegt werden. Jedoch gibt Art. 1 V lit. d RL 2000/31/EG über den elektronischen Geschäftsverkehr darüber einen gewissen Aufschluss. Danach ist das Glücksspiel eine besondere Erscheinungsform des Gewinnspiels, der Gewinn also vom **Zufall** abhängt, aber darüber hinaus für die Gewinnchance ein **Entgelt** zu leisten ist. Dazu gehören vor allem auch **Lotterien** und **Wetten.** Das Glücksspiel weist danach zwei Voraussetzungen auf: Die Aussicht auf einen Gewinn setzt einen geldwerten Einsatz voraus und der Eintritt des Gewinns hängt vom Zufall ab. Darauf, ob es sich um ein rechtlich zulässiges oder unzulässiges Glücksspiel handelt, kommt es nicht an. – Dass in der deutschen Fassung nicht etwa versehentlich statt des Begriffs des Gewinnspiels der des Glücksspiels gebraucht wurde, ergibt sich aus einem Vergleich mit der englischen und französischen Fassung des Anh. I Nr. 16 UGP-RL („games of chance" und „jeux de hasard"). Auch ist eine analoge Anwendung der Vorschrift auf bloße Gewinnspiele nach allgemeinen Grundsätzen (→ Rn. 0.8) ausgeschlossen. Insoweit kommt nur der allgemeine Irreführungstatbestand des § 5 I Nr. 1 (Irreführung über die „Zwecktauglichkeit") in Betracht.

4. Erhöhung der Gewinnchancen durch die Ware oder Dienstleistung

Der Ware oder Dienstleistung muss die (mögliche) **Wirkung einer Erhöhung der Gewinn-**   **16.5** **chancen** bei Glücksspielen zugeschrieben werden. Der Verbraucher soll also glauben, durch den Einsatz des Produkts würden sich seine Gewinnchancen erhöhen. Das kann bspw. der Fall sein, wenn ihm Computerprogramme angeboten werden, anhand derer sich die „richtigen" Lottozahlen oder die „richtige" Zahl beim Roulette ermitteln lassen soll. Oder aber, so ein Fall aus der Praxis, wenn ein „Bio-Lotto-Programm" angeboten wird, anhand derer sich angeblich die persönlichen Lotto-Glückszahlen ermitteln lassen (vgl. KG GRUR 1988, 223; vgl. weiter OLG Stuttgart NJW-RR 1998, 934 zur „astrologischen Berechnung der persönlichen Lotto-Gewinntage").

5. Abgrenzung

Nicht unter den Tatbestand der Nr. 16 fallen Produkte, die es dem Verbraucher ermöglichen   **16.6** sollen, den **Ablauf des Glücksspiels** selbst zu **beeinflussen** und auf diese betrügerische Weise seine Gewinnchancen zu erhöhen (wie hier MüKoUWG/Alexander Rn. 24; aA jurisPK-UWG/Seichter Rn. 5). So bspw. der Verkauf von „gezinkten" Spielkarten für das Pokerspiel oder der Verkauf von Magneten zur Manipulation von Geldspielautomaten. Denn ein Verbraucher, der sich auf solche Geschäfte einlässt, ist nicht schutzwürdig iSd UGP-RL („Opfer einer Geschäftspraktik). Dies gilt auch dann, wenn die verkauften Produkte wirkungslos sind, der Verbraucher also getäuscht wurde.

Anh. § 3 Nr. 17

Folgende geschäftliche Handlungen sind gegenüber Verbrauchern stets unzulässig:

Irreführende geschäftliche Handlungen

17. unwahre Angaben über die Heilung von Krankheiten

die unwahre Angabe, eine Ware oder Dienstleistung könne Krankheiten, Funktionsstörungen oder Missbildungen heilen;

Die Regelung dient der Umsetzung von Anh. I UGP-RL:

17. Falsche Behauptung, ein Produkt könne Krankheiten, Funktionsstörungen oder Missbildungen heilen.

Schrifttum: v. Jagow, Auswirkungen der UWG-Reform 2008 auf die Durchsetzung wettbewerbsrechtlicher Ansprüche im Gesundheitsbereich, GRUR 2010, 190; Köhler, Verbraucherinformation im Spannungsverhältnis von Lebensmittelrecht und Lauterkeitsrecht, WRP 2014, 637; Leible, Auswirkungen der UWG-Reform 2008 auf die Durchsetzung wettbewerbsrechtlicher Ansprüche im Gesundheitsbereich – Die Bedeutung der „black list", GRUR 2010, 183.

I. Normzweck

17.1   Der Tatbestand der Nr. 17 bezweckt den Schutz der Verbraucher vor unwahren Aussagen über die Heilwirkungen von Waren oder Dienstleistungen und regelt insoweit einen **Teilbereich der Gesundheitswerbung**. Im Hinblick auf den hohen Rang der Gesundheit als Rechtsgut und die besondere Anfälligkeit von Verbrauchern für derartige Aussagen, ist die Vorschrift als Per-se-Verbot (abstrakter Verbraucherschutz) ausgestaltet. Daher ist nicht zusätzlich zu prüfen, ob die Behauptung tatsächlich den Verbraucher irreführt und ihn zu einer geschäftlichen Entscheidung veranlassen kann, die er andernfalls nicht getroffen hätte.

II. Verhältnis zu anderen Vorschriften

1. Allgemeines Irreführungsverbot

17.2   Die Nr. 17 hat Vorrang vor dem allgemeinen Irreführungsverbot des **§ 5 II Nr. 1** (Irreführung über die „Zwecktauglichkeit"; → § 5 Rn. 4.181 ff.). Letzteres kommt jedoch dann zur Anwendung, wenn eine Werbung lediglich den unzutreffenden Eindruck erweckt, eine Ware oder Dienstleistung könne Krankheiten usw. heilen (→ Rn. 17.4).

2. Spezialgesetzliche Irreführungsverbote

17.3   Neben der Nr. 17 sind im Hinblick auf Art. 3 III UGP-RL bestimmte spezialgesetzliche Irreführungsverbote, deren Nichtbeachtung nach § 5b IV (früher: § 3a) verfolgt werden kann, anwendbar. Dazu gehören:
- § 8 I Nr. 2 S. 2 lit. a AMG
- § 3 S. 2 Nr. 1 HWG.
- **Art. 7 III LMIV.** Diese Vorschrift regelt einen besonderen Aspekt unlauterer Geschäftspraktiken iSd Art. 3 IV UGP-RL und geht daher in ihrem Anwendungsbereich der Nr. 17 (früher: Nr. 18) vor (Köhler WRP 2014, 637 Rn. 16)
- **Art. 20 Kosmetik-VO** (VO (EG) 1223/2009) iVm VO (EU) 655/2013.

III. Tatbestandsmerkmale

1. Falsche Behauptung

17.4   Der Tatbestand setzt eine **ausdrückliche Behauptung** voraus, die **objektiv unrichtig** ist, d. h. dass die betreffende Ware oder Dienstleistung die ihr zugeschriebene Heilwirkung nicht hat. – Dagegen erfasst die Nr. 17 – anders als etwa Art. 7 III LMIV – nicht das Erwecken eines unrichtigen Eindrucks (MüKoUWG/Alexander Nr. 18; FBO/Reinhart Rn. 8; aA Ohly/Sosnitza/Sosnitza Rn. 52; Lindacher WRP 2012, 40 (41)). Der Tatbestand der Nr. 17 ist auch nicht erfüllt, wenn die Aussage objektiv zutreffend ist, aber vom durchschnittlichen Verbraucher falsch verstanden wird. Andererseits setzt die Nr. 17 nicht voraus, dass der Verbraucher tatsächlich irregeführt wird.

2. Waren oder Dienstleistungen

17.5   Die Nr. 17 bezieht sich auf alle Waren oder Dienstleistungen, also nicht nur auf Arzneimittel, Heilmittel, Lebensmittel, kosmetische Produkte, sondern auch auf Dienstleistungen, wie Massagen, Therapien, kosmetische Behandlungen (MüKoUWG/Alexander Rn. 20). Aber auch Waren und Dienstleistungen im esoterischen Bereich („Wundermittel"; „Geistheilung") werden erfasst. Dies ist gerade im Hinblick auf aus derzeitiger Sicht medizinisch unheilbare Krankheiten wichtig, da gerade Menschen mit „geistigen oder körperlichen Beeinträchtigungen" (§ 3 IV 2) besonders anfällig für derartige Mittel und Methoden und deshalb besonders schutzbedürftig sind.

3. Krankheiten, Funktionsstörungen oder Missbildungen

17.6   Der Begriff der **Krankheit** ist richtlinienkonform am Maßstab des **Unionsrechts** und im Interesse eines hohen Verbraucherschutzes – auch und gerade im Hinblick auf die Gefährdung besonders schutzbedürftiger Verbraucher (Art. 5 III 1 UGP-RL: „körperliche und geistige Gebrechen") – weit auszulegen. Obwohl eine allgemeine Definition im Unionsrecht fehlt, besteht weitgehend darüber Einigkeit, dass unter Krankheit zu verstehen ist „jede auch nur geringfügige oder vorübergehende Störung der normalen Beschaffenheit des Körpers", wobei auch psychische Erkrankungen erfasst sind (MüKoUWG/Alexander Rn. 21, 22; Ohly/Sosnitza/Sosnitza Rn. 51). **Funktionsstörungen** sind Erscheinungsformen einer Krankheit, so dass diesem Begriff keine selbständige Bedeutung zukommt. Allerdings kann die Abgrenzung zu normalen Schwankungen des körperlichen Befindens oder Zustands oder altersbedingtem Funktionsabbau (zB des Hör- oder Sehvermögens) im Einzelfall schwierig sein (zB Einschlafstörungen). **Missbildungen** des Körpers können, müssen aber nicht auf einer Krankheit zu beruhen. Obwohl der Wortlaut insoweit nicht eindeutig ist, ist davon auszugehen, dass Menschen betroffen sein müssen (MüKoUWG/Alexander Rn. 24); unwahre Aussagen über eine Heilwirkung bei Tieren sind aber durch § 5 II Nr. 1 erfasst.

4. Heilwirkung

Die Nr. 17 bezieht sich auf Aussagen, dass eine Ware oder Dienstleistung Krankheiten usw. 17.7 heilen könne. Unter einer Heilung ist die **dauerhafte und vollständige Beseitigung der betreffenden Krankheit, Funktionsstörung oder Missbildung** zu verstehen. Nicht erfasst werden daher Aussagen über die Linderung von Beschwerden oder die Verhütung von Krankheiten (OLG Jena GRUR-RR 2017, 314 Rn. 7), etwa durch Impfung. – Nach dem Wortlaut der Nr. 17 könnte bereits die Behauptung ausreichen, dass die Ware oder Dienstleistung die Heilwirkung haben „könne", also nicht notwendig zum Heilungserfolg führen werde. Die engl. und franz. Fassung von Anh. I Nr. 17 UGP-RL („product is able to cure"; „produit est de nature à guérir") legen jedoch die Auslegung nahe, dass die Aussage dahin gehen muss, die Ware oder Dienstleistung habe die Eigenschaft, eine Krankheit usw. zu heilen. Von der Nr. 17 werden daher nicht Aussagen erfasst, dass mit Kursen für autogenes Training oder für Tai Chi die Heilung bestimmter Krankheiten (zB Bluthochdruck) möglich sei.

IV. Beweislast

An sich muss nach allgemeinen Grundsätzen der Anspruchsteller darlegen und ggf. beweisen, 17.8 dass die Behauptung unwahr ist. Jedoch ist im sensiblen Bereich des Gesundheitsschutzes zu verlangen, dass der Unternehmer die Richtigkeit seiner Behauptung beweist. Dies ist mit der UGP-RL vereinbar (arg. Art. 12 lit. a UGP-RL). Wirbt der Unternehmer mit Aussagen, die fachlich umstritten sind, stellt er sie aber als wahr oder wissenschaftlich gesichert dar, trifft ihn ebenfalls die Beweislast dafür.

Anh. § 3 Nr. 18

Folgende geschäftliche Handlungen sind gegenüber Verbrauchern stets unzulässig:

Irreführende geschäftliche Handlungen

18. **unwahre Angabe über Marktbedingungen oder Bezugsquellen**
    eine unwahre Angabe über die Marktbedingungen oder Bezugsquellen, um den
    Verbraucher dazu zu bewegen, eine Ware oder Dienstleistung zu weniger güns-
    tigen Bedingungen als den allgemeinen Marktbedingungen abzunehmen oder in
    Anspruch zu nehmen;

Die Regelung dient der Umsetzung von Anh. I UGP-RL:

18. Erteilung sachlich falscher Informationen über die Marktbedingungen oder die Möglichkeit, das Produkt zu finden, mit dem Ziel, den Verbraucher dazu zu bewegen, das Produkt zu weniger günstigen Bedingungen als den normalen Marktbedingungen zu kaufen.

I. Normzweck und Anwendungsbereich

Der Tatbestand der Nr. 18 bezweckt den Schutz des Verbrauchers vor einer Irreführung über 18.1 Marktbedingungen und Bezugsquellen, also Umstände außerhalb der Ware oder Dienstleistung mit dem Ziel, ihn zu veranlassen, diese zu weniger günstigen Bedingungen als den allgemeinen Marktbedingungen zu erwerben. Dabei geht es zwar hauptsächlich um die Irreführung über die Preiswürdigkeit einer Ware oder Dienstleistung (so aber Begr. RegE, BT-Drs. 16/10145, 33), aber doch nicht ausschließlich. Unter Marktbedingungen sind nämlich auch sonstige Konditionen (zB Lieferbedingungen; Garantien; Kundendienst) zu verstehen. Nicht dagegen gehören dazu die Eigenschaften einer Ware oder Dienstleistungen. Vielmehr muss es sich um den Bezug einer identischen Ware oder Dienstleistung handeln (aA wohl MüKoUWG/Alexander Nr. 20).

II. Verhältnis zu anderen Vorschriften

18.2   In seinem Anwendungsbereich geht der Tatbestand der Nr. 18 dem § 5 II Nr. 2 vor. Erfüllt die Aussage den Tatbestand einer unzulässigen, weil irreführenden vergleichenden Werbung (§ 3 I, § 6 II iVm § 5 III), so geht dieser Tatbestand der Nr. 18 vor.

III. Tatbestand

1. Unwahre Angabe

18.3   Es muss eine objektiv unwahre Angabe („sachlich falsche Information") vorliegen. Das bloße Erwecken eines unzutreffenden Eindrucks reicht nicht aus.

2. Über Marktbedingungen oder Bezugsquellen

18.4   Die unwahre Angabe muss sich entweder auf die Marktbedingungen beziehen, zu denen die betreffende Ware oder Dienstleistung angeboten wird, oder auf die Bezugsquellen für diese. Unter **Marktbedingungen** sind die marktüblichen Konditionen für den Verkauf eines Produkts zu verstehen, dh die Konditionen, die von der Mehrzahl der Mitbewerber des Unternehmens auf dem sachlich und räumlich relevanten Markt angeboten werden und die der Verbraucher in Anspruch nehmen kann. Dazu gehören auch der Inhalt und Geltungsbereich eines Rücktrittsrechts (OGH WRP 2020, 488 Rn. 51 zu öUWG Anh. Nr. 18). – Unter **Bezugsquellen** sind die Bezugsmöglichkeiten des Verbrauchers bei anderen Unternehmen zu verstehen. Dazu gehören Angaben über die Zahl der Mitbewerber sowie über die Modalitäten des Bezugs, wie zB Kauf im Internet oder in stationären Geschäften; Kauf von Vertragshändlern oder freien Händlern; Kauf an bestimmten Orten oder zu bestimmten Zeiten. Aus dem Zusammenhang mit dem subjektiven Tatbestandsmerkmal „zu bewegen ... zu ungünstigeren Bedingungen" ergibt sich, dass die Marktbedingungen oder die Bezugsquellen als für den Verbraucher ungünstiger dargestellt werden, als sie es in Wahrheit sind.

3. Verfolgtes Ziel

18.5   Des Weiteren muss der Unternehmer das **Ziel** verfolgen, den Verbraucher dazu zu bewegen, die betreffende Ware oder Dienstleistung zu weniger günstigen Bedingungen als den allgemeinen Marktbedingungen zu beziehen. Es muss also eine entsprechende **Absicht** vorliegen, die allerdings bei einem Anbieten weniger günstiger Bedingungen zu vermuten ist. Diese Vermutung kann der Unternehmer bspw. dadurch widerlegen, dass er nachweist, falsche Informationen von Dritten bekommen zu haben. – Die eigenen Bedingungen müssen für den Verbraucher objektiv ungünstiger sein als die allgemeinen Marktbedingungen, dh die üblichen Konditionen von Mitbewerbern, zu denen der Verbraucher die Ware oder Dienstleistung grundsätzlich beziehen könnte. Es muss daher ein Konditionenvergleich vorgenommen werden, der aber dann Schwierigkeiten bereitet, wenn zwar einzelne Vertragsbedingungen ungünstiger, andere dagegen günstiger als die der Mitbewerber sind. Hier ist eine Per-saldo-Betrachtung angezeigt. Geringfügige Unterschiede, etwa im Preis, die sich auf die Kaufentscheidung eines durchschnittlichen Verbrauchers nicht auswirken, sollten außer Betracht bleiben.

Anh. § 3 Nr. 19

Folgende geschäftliche Handlungen sind gegenüber Verbrauchern stets unzulässig:

Irreführende geschäftliche Handlungen

19. Nichtgewährung ausgelobter Preise
    das Angebot eines Wettbewerbs oder Preisausschreibens, wenn weder die in Aussicht gestellten Preise noch ein angemessenes Äquivalent vergeben werden;

Die Regelung dient der Umsetzung von Anh. I UGP-RL:

19. Es werden Wettbewerbe und Preisausschreiben angeboten, ohne dass die beschriebenen Preise oder ein angemessenes Äquivalent vergeben werden.

Schrifttum: Boesche, Drum kopple, was sich (nicht) ewig bindet – Hohe Hürde der gemeinschaftsrechtlichen Unzulässigkeit von Kopplungsangeboten, WRP 2011, 1345.

I. Normzweck

Die Vorschrift will verhindern, dass der Verbraucher zur Teilnahme an „Wettbewerben" und **19.1** „Preisausschreiben" veranlasst wird, obwohl von vornherein die beschriebenen Preise nicht zu gewinnen sind, weil sie gar nicht vergeben werden.

II. Tatbestand

1. Verkaufsförderungsmaßnahme

Die Vorschrift bezieht sich nur auf Angebote im Rahmen einer geschäftlichen Handlung. **19.2** Dies kommt zwar nicht in der deutschen Fassung, wohl aber in der englischen („in a commercial practice") und in der französischen („dans le cadre d'une pratique commerciale") Fassung des Anh. I Nr. 19 UGP-RL deutlich zum Ausdruck. Das Angebot muss also einen „objektiven Zusammenhang" mit der Absatzförderung haben, also eine Verkaufsförderungsmaßnahme darstellen. Dazu genügt es aber, wenn das Unternehmen, das die Maßnahme durchführt, namentlich in Erscheinung tritt und damit die Aufmerksamkeit auf sich zieht (Aufmerksamkeitswerbung).

2. „Wettbewerb" und „Preisausschreiben"

Das Angebot muss, entsprechend der deutschen Fassung von Anh. I Nr. 19 UGP-RL, in **19.3** einem **„Wettbewerb"** („competition"; „concours") oder **„Preisausschreiben"** („prize promotion"; „qu'un prix peut être gagné") bestehen. In der Sache dürften – entsprechend der engl. und franz. Fassung – mit „Wettbewerb" **Preisausschreiben** und mit „Preisausschreiben" **Gewinnspiele** iSd § 6 I Nr. 4 TMG gemeint sein (aA MüKoUWG/Alexander Nr. 20 Rn. 17 zu Nr. 20 aF). Es muss also ein Preis, sei es auf Grund Zufalls, sei es auf Grund besonderer Fertigkeiten oder Kenntnisse des Teilnehmers, zu gewinnen sein. Die zu gewinnenden Preise müssen **„beschrieben"** sein. Es muss also eine zumindest allgemein gehaltene Angabe über die Art des Preises vorliegen. Eine nichts sagende Äußerung, wie „tolle Preise zu gewinnen", reicht also nicht aus (aA Ohly/Sosnitza/Sosnitza Rn. 56).

3. Nichtvergabe der Preise oder eines angemessenen Äquivalents

Der Unternehmer verwirklicht den Tatbestand nicht nur dann, wenn er von vornherein **19.4** beabsichtigt, die beschriebenen Preise nicht zu vergeben, sondern auch dann, wenn ihm wider Erwarten die Preise nicht oder nicht mehr in ausreichender Zahl zur Verfügung stehen. Er kann den Normverstoß aber vermeiden, wenn er stattdessen „ein angemessenes Äquivalent", also eine vergleichbare Ware oder Dienstleistung oder den Gegenwert in Geld, anbietet.

Anh. § 3 Nr. 20

Folgende geschäftliche Handlungen sind gegenüber Verbrauchern stets unzulässig:

Irreführende geschäftliche Handlungen

20. **unwahre Bewerbung als kostenlos**
    das Angebot einer Ware oder Dienstleistung als „gratis", „umsonst", „kostenfrei" oder dergleichen, wenn für die Ware oder Dienstleistung gleichwohl Kosten zu tragen sind; dies gilt nicht für Kosten, die im Zusammenhang mit dem Eingehen auf das Waren- oder Dienstleistungsangebot oder für die Abholung oder Lieferung der Ware oder die Inanspruchnahme der Dienstleistung unvermeidbar sind;

Die Regelung dient der Umsetzung von Anh. I UGP-RL:

20. Ein Produkt wird als „gratis", „umsonst", „kostenfrei" oder Ähnliches beschrieben, obwohl der Verbraucher weitere Kosten als die Kosten zu tragen hat, die im Rahmen des Eingehens auf die Geschäftspraktik und für die Abholung oder Lieferung der Ware unvermeidbar sind.

Schrifttum: Boesche, Drum kopple, was sich (nicht) ewig bindet – Hohe Hürde der gemeinschaftsrechtlichen Unzulässigkeit von Kopplungsangeboten, WRP 2011, 1345.

I. Normzweck

20.1   Die Vorschrift knüpft an die **Anlockwirkung eines kostenlos angebotenen Produkts** an. Sie will den Verbraucher vor einer Irreführung durch die Verwendung von Begriffen „gratis" usw und insbes. vor einer Irreführung über die Kosten schützen, die bei Inanspruchnahme des Angebots anfallen, sofern sie nicht unvermeidbar sind. Sie zwingt damit indirekt den Unternehmer, den Verbraucher über diese Kosten ausreichend zu informieren. Da die Vorschrift ein **Per-se-Verbot** darstellt, ist das Vorliegen oder gar der Nachweis einer Irreführung nicht erforderlich (OLG München WRP 2016, 1168 Rn. 35).

II. Tatbestand

1. Angebot eines kostenlosen Produkts

20.2   Wie sich aus Anh. I Nr. 20 UGP-RL („Eingehen auf die Geschäftspraktik") ergibt, muss es sich um eine **Maßnahme der Absatzförderung** handeln. Dabei muss ein Produkt angeboten werden, das als „gratis", „umsonst", „kostenfrei" oder in ähnlicher Weise (zB als „Geschenk", „kostenlos", „Null-Tarif", „0,00 Euro") beschrieben wird. Ob es sich dabei um ein reines Werbegeschenk oder um eine Zugabe handelt, ist unerheblich. Entscheidend ist nur eine Beschreibung des Produkts in der Weise, dass der Durchschnittsverbraucher den Eindruck gewinnt, er brauche dafür keine Zahlung zu entrichten. Ein wichtiger Anwendungsfall der Nr. 20 sind die sog **Abofallen** im Internet (MüKoUWG/Alexander Nr. 21 Rn. 21 zu Nr. 21 aF).

2. Verpflichtung zur Tragung von Kosten

20.3   Weitere Voraussetzung ist, dass der Verbraucher **Kosten** zu tragen hat, wenn er das Angebot annimmt. Ausgenommen sind jedoch die „unvermeidbaren" Kosten. Nach Sinn und Zweck der Vorschrift sind nur die Kosten gemeint, auf die der Verbraucher nicht ausdrücklich hingewiesen wird (LG Dortmund WRP 2014, 1360 Rn. 23; OLG Hamm GRUR-RR 2016, 28; OLG München WRP 2016, 1168 Rn. 36). Die Vorschrift ist also bspw. nicht anwendbar auf eine als „gratis" oder dergleichen beworbene Zugabe, wenn der Verbraucher nicht darüber im Unklaren gelassen wird, dass er die Hauptleistung zu bezahlen hat (BGH GRUR 2014, 576 Rn. 33 - 2 Flaschen GRATIS; OLG Köln GRUR 2009, 608). Das Gleiche gilt, wenn aus der Werbung hervorgeht, dass ein kostenpflichtiges Gesamtangebot ohne Gratischarakter vorliegt (OLG München WRP 2016, 1168 Rn. 38, 39: „1 Glas geschenkt" bei Werbung für Brille iSv 50% Rabatt auf Brille zu verstehen; OLG Nürnberg WRP 2019, 382 Rn. 14: (Brillen-)„Fassung geschenkt"). Der Begriff der Kosten ist zur Gewährleistung der Preistransparenz allerdings in einem weiten Sinne zu verstehen und erfasst auch im Gesamtangebot **versteckte** Kosten. **Beispiele:** Bei einer Werbung für „kostenlose" Zugaben oder Naturalrabatte („3 bekommen, 2 bezahlen") ist der Tatbestand der Nr. 20 erfüllt, wenn der Unternehmer gleichzeitig den Preis für die Hauptware erhöht oder die Qualität der Hauptware absenkt, ohne dies kenntlich zu machen. Erst recht ist der Tatbestand erfüllt, wenn bei einem unveränderten Angebot einer Gesamtleistung ein Bestandteil daraus nunmehr als „gratis" usw beworben wird, weil dies keinen Vorteil für den Verbraucher darstellt.

20.4   **a) Unvermeidbare Kosten.** Die Vorschrift ist nicht anwendbar auf die Kosten, die „im Zusammenhang mit dem Eingehen auf das Waren- oder Dienstleistungsangebot oder für die Abholung oder Lieferung der Ware oder die Inanspruchnahme der Dienstleistung unvermeidbar sind". Denn mit derartigen Kosten rechnet der Durchschnittsverbraucher, und er braucht daher nicht gesondert darüber informiert werden. Zu den unvermeidbaren Kosten für das Eingehen auf das Waren- oder Dienstleistungsangebot gehören etwa die **Portokosten** oder die **Kosten für Telefonanrufe** zu den Basistarifen, um das Angebot wahrnehmen zu können. Zu den unvermeidbaren Kosten für die Abholung der Ware gehören insbes. die **Fahrtkosten** des Verbrauchers. Dem stehen nach Nr. 20 die unvermeidbaren Kosten für die „Inanspruchnahme der Dienstleistung" (zB „kostenlose Blutdruckmessung" in einer Apotheke) gleich. Zu den unvermeidbaren Kosten der Lieferung der Ware gehören insbes. die Transportkosten. Allerdings muss für den Verbraucher erkennbar sein, dass insoweit Kosten entstehen, so dass er dies bei seiner Entscheidung, das Angebot anzunehmen, berücksichtigen kann. Unklare oder mehrdeutige Angaben darüber werden nur von § 5 oder von § 5b IV iVm § 6 I Nr. 3 TMG erfasst.

b) Weitere Kosten. Der Unternehmer muss den Verbraucher **mit weiteren als den unver-** 20.5
meidbaren Kosten belasten. Dazu gehören insbes. die Kosten für die Inanspruchnahme eines Mehrwertdienstes oder „Bearbeitungsgebühren". Unerheblich ist, ob der Unternehmer den Verbraucher über das Entstehen derartiger Kosten aufgeklärt hat. Die Irreführung des Verbrauchers wird insoweit fingiert. Das erscheint auch gerechtfertigt, weil derartige weitere Kosten letztlich eine verkappte Gegenleistung für das ausdrücklich als kostenlos angebotene Produkt darstellen.

Anh. § 3 Nr. 21

Folgende geschäftliche Handlungen sind gegenüber Verbrauchern stets unzulässig:

Irreführende geschäftliche Handlungen

21. Irreführung über das Vorliegen einer Bestellung
die Übermittlung von Werbematerial unter Beifügung einer Zahlungsaufforde-
rung, wenn damit der unzutreffende Eindruck vermittelt wird, die beworbene
Ware oder Dienstleistung sei bereits bestellt;

Die Regelung dient der Umsetzung von Anh. I UGP-RL:

21. Werbematerialien wird eine Rechnung oder ein ähnliches Dokument mit einer Zahlungsaufforderung beigefügt, die dem Verbraucher den Eindruck vermitteln, dass er das beworbene Produkt bereits bestellt hat, obwohl dies nicht der Fall ist.

Schrifttum: Köhler, Unbestellte Waren und Dienstleistungen – Neue Normen, neue Fragen, GRUR 2012, 217.

I. Normzweck

Die Vorschrift steht in engem Zusammenhang mit der Nr. 29 („Aufforderung zur … Bezah- 21.1 lung … von Produkten, die der Gewerbetreibende geliefert, der Verbraucher aber nicht bestellt hat"). Während bei der Nr. 29 die Nötigung im Vordergrund steht, ist es bei der Nr. 21 die **Irreführung über das Bestehen einer vertraglichen Bindung.** Der Verbraucher soll glauben, dass er ein Produkt bestellt hat und dementsprechend zur Zahlung verpflichtet ist. Vor dieser Täuschung soll ihn die Vorschrift schützen.

II. Tatbestand

1. Werbematerialien

Die Vorschrift setzt voraus, dass dem Verbraucher „Werbematerialien" zugesandt oder aus- 21.2 gehändigt werden. In diesen Materialien muss ein Produkt, also eine Ware oder Dienstleistung (zB Eintrag in ein Register) beworben werden. Bei Zusendung einer unbestellten Ware greift bereits Nr. 29 ein. Wird dem Verbraucher lediglich eine Rechnung oder eine ähnliche Zahlungsaufforderung ohne jegliches Werbematerial zugesandt, greift der Tatbestand der Nr. 21 nicht ein. Insoweit ist ein Rückgriff auf den allgemeinen Irreführungstatbestand des § 5 erforderlich. Dagegen ist die Nr. 21 anwendbar, wenn es sich um **rechnungsähnlich aufgemachte Angebote** handelt (vgl. die Sachverhalte in BGH GRUR 1998, 415 – Wirtschaftsregister; BGHZ 123, 330 = GRUR 1994, 126 – Folgeverträge I; BGH GRUR 1995, 358 – Folgeverträge II; eingehend dazu Alexander, Vertrag und unlauterer Wettbewerb, 2001, S. 246 ff.).

2. Beifügung einer Zahlungsaufforderung

21.3   Den Werbematerialien muss eine Rechnung oder ein ähnliches Dokument mit einer Zahlungsaufforderung (zB ausgefüllter Überweisungsträger; Mahnung) beigefügt sein. Der Verbraucher muss aus dem Dokument den Eindruck gewinnen können, dass er zur Zahlung eines bestimmten Betrages **verpflichtet** ist. Das ist nicht der Fall, wenn lediglich um die **freiwillige** Zahlung eines Betrags gebeten wird.

3. Vermittlung des Eindrucks einer vorherigen Bestellung

21.4   Das beigefügte Dokument muss dem Verbraucher den Eindruck vermitteln, dass er das beworbene Produkt **bereits bestellt** hat. Bei einer Rechnung oder einem ähnlichen Dokument mit einer Zahlungsaufforderung wird dies grds. der Fall sein. Der Unternehmer kann aus dem Verbot daher nur herauskommen, wenn er gleichzeitig deutlich macht, dass die Zahlungsaufforderung nur für den Fall der Bestellung gelten soll. Daran sind strenge Anforderungen zu stellen, weil der Verbraucher üblicherweise bloßen Werbematerialien nicht die gleiche Aufmerksamkeit schenkt wie einer Rechnung oder sonstigen Zahlungsaufforderung. Daher muss der Hinweis auf das Bestellerfordernis aus dem Dokument selbst hervorgehen.

III. Verhältnis zu anderen Vorschriften

21.5   Die Nr. 21 ist keine abschließende Regelung. Erfüllt eine Werbemaßnahme nicht den Tatbestand der Nr. 21, sei es, weil sie sich nicht an Verbraucher, sondern an sonstige Marktteilnehmer richtet, sei es, weil ihr keine Zahlungsaufforderung beigefügt ist, so ist ihre Zulässigkeit nach den allgemeinen Vorschriften zu prüfen (BGH WRP 2012, 194 Rn. 29 – Branchenbuch Berg). Dazu gehören **§ 5 II Nr. 2** (BGH WRP 2012, 194 Rn. 30 – Branchenbuch Berg; → § 5 Rn. 7.138) und **§ 5b IV 1**.

Anh. § 3 Nr. 22

Folgende geschäftliche Handlungen sind gegenüber Verbrauchern stets unzulässig:

Irreführende geschäftliche Handlungen

22. Irreführung über Unternehmereigenschaft
   die unwahre Angabe oder das Erwecken des unzutreffenden Eindrucks, der Unternehmer sei Verbraucher oder nicht für Zwecke seines Geschäfts, Handels, Gewerbes oder Berufs tätig;

   Die Regelung entspricht Anh. I Nr. 22 UGP-RL:

   22. Fälschliche Behauptung oder Erweckung des Eindrucks, dass der Händler nicht für die Zwecke seines Handels, Geschäfts, Gewerbes oder Berufs handelt, oder fälschliches Auftreten als Verbraucher.

I. Allgemeines

22.1   Der Tatbestand der Nr. 22 betrifft geschäftliche Handlungen eines Unternehmers gegenüber einem Verbraucher, bei denen er seine Eigenschaft als **Unternehmer** (§ 2 I Nr. 8 (= Nr. 6 aF) oder sein Handeln zu geschäftlichen Zwecken verschleiert. Es handelt sich um eine besondere Form der **Irreführung** (vgl. § 5a VI), jedoch nicht um einen Unterfall des § 5 II Nr. 3 (aA jurisPK-UWG/Diekmann). Gibt sich also ein Unternehmer zu Unrecht als Vertragshändler aus, ist dies nach § 5 II Nr. 3, nicht aber nach Nr. 22 zu beurteilen. Der Charakter der Nr. 22 als Per-se-Verbot rechtfertigt sich daraus, dass der Verbraucher typischerweise annimmt, bei den genannten Verhaltensweisen könne er Vorteile erzielen (zB Einsparung der MWSt) oder zu guten Zwecken handeln. Der Schutzzweck der Nr. 22 beschränkt sich nicht darauf, den Verbraucher vor einer Irreführung über den gewerblichen Charakter eines Angebots zu schützen (so aber Ohly/Sosnitza/Sosnitza Rn. 64), sondern vor allen irreführenden geschäftlichen Handlungen zu schützen, die für eine geschäftliche Entscheidung des Verbrauchers vor, bei oder nach Vertragsschluss von Bedeutung sein können. Erfasst wird daher bspw. auch der Fall, dass ein

Unternehmer bei einer Mängelrüge des Käufers behauptet, er sei Verbraucher und der Anspruch sei daher verjährt.

II. Unwahre Angabe oder Erwecken des unzutreffenden Eindrucks

Die Irreführung kann sowohl durch unwahre Angaben als auch durch das Erwecken eines **22.2** unzutreffenden Eindrucks erfolgen. Es genügt also, dass der Verbraucher aufgrund der Umstände darauf schließen wird, er habe es mit einem Verbraucher zu tun oder der Unternehmer handle nicht für Zwecke seines Geschäfts usw.

III. Auftreten als Verbraucher

Die Irreführung kann in der Weise erfolgen, dass der Unternehmer als **Verbraucher** (§ 2 II **22.3** iVm § 13 BGB) auftritt. So bspw., wenn er in Zeitungsanzeigen unter seinem privaten Namen Waren anbietet, ohne auf den gewerblichen Charakter des Angebots hinzuweisen. Ein solcher Hinweis ist nicht schon in der Abkürzung „gew." zu erblicken, da es sich nicht um eine allgemein bekannte und übliche Abkürzung handelt (KG WRP 2019, 635 Rn. 11), dagegen dürfte die Abkürzung „gewerbl." ausreichend verständlich sein. – Bei Angeboten auf **eBay** kann oft zw. sein, ob der Anbieter schon Unternehmer oder noch Verbraucher ist. Die Abgrenzung kann nicht schematisch, sondern fallweise unter Berücksichtigung der Umstände des Einzelfalls erfolgen (zu einzelnen Indizien für eine gewerbliche Tätigkeit vgl. EuGH WRP 2018, 1311 Rn. 37–39 – Kamenova). Ist der Anbieter bereits als Unternehmer anzusehen, macht er dies aber nicht deutlich, so erfüllt er damit den Tatbestand. –Kundenbewertungen von „Verbrauchern", die ein Unternehmer auf seiner Webseite aufführt, in Wahrheit aber von ihm oder in seinem Auftrag verfasst wurden, fallen unter Nr. 23c. Ebenso wenig ist dieses Tatbestandsmerkmal erfüllt, wenn sich der Unternehmer bspw. als Vertreter einer Behörde oder kirchlichen Einrichtung ausgibt. Hier greift jedoch § 5 II Nr. 3 ein.

IV. Tätigwerden „nicht für Zwecke seines Geschäfts, Handels, Gewerbes oder Berufs"

Die Irreführung kann auch in der Weise erfolgen, dass der Unternehmer die unwahre Angabe **22.4** macht oder den unzutreffenden Eindruck erweckt, er handle nicht für Zwecke seines Geschäfts, Handels, Gewerbes oder Berufs. Das ist bspw. dann anzunehmen, wenn er angibt oder den Eindruck erweckt, er verkaufe eine Immobilie oder ein Kfz aus seinem Privatbesitz. Hierher gehört auch der Fall, dass der Unternehmer die unwahre Angabe macht, der Verkaufserlös komme vollständig sozialen oder humanitären Zwecken zugute (Begr. RegE UWG 2008, BT-Drs. 16/10145, 34).

V. Tätigwerden als Nachfrager

Die Tatbestände des Anh. § 3 III erfassen auch die **Tätigkeit eines Unternehmers** als **22.5** **Nachfrager** (→ Rn. 0.11; Ohly/Sosnitza/Sosnitza Rn. 65; aA jurisPK-UWG/Diekmann Rn. 6). Dies hat insbes. für die Nr. 22 Bedeutung. Erfasst wird daher eine Irreführung von Verbrauchern bei der Nachfrage nach Gütern. So bspw. beim Ankauf von Antiquitäten oder Immobilien, beim Einsammeln von Altkleidern, Schuhen usw. als Spenden oder beim Sammeln von Adressen (vgl. Büllesbach, Auslegung der irreführenden Geschäftspraktiken des Anhangs I der Richtlinie 2005/29/EG über unlautere Geschäftspraktiken, 2008, S. 140).

Anh. § 3 Nr. 23

Folgende geschäftliche Handlungen sind gegenüber Verbrauchern stets unzulässig:

Irreführende geschäftliche Handlungen

23. Irreführung über Kundendienst in anderen Mitgliedstaaten der Europäischen Union

die unwahre Angabe oder das Erwecken des unzutreffenden Eindrucks, es sei im Zusammenhang mit Waren oder Dienstleistungen in einem anderen Mitgliedstaat

der Europäischen Union als dem des Warenverkaufs oder der Dienstleistung ein Kundendienst verfügbar;

Die Regelung dient der Umsetzung von Anh. I UGP-RL:

23. Erwecken des fälschlichen Eindrucks, dass der Kundendienst im Zusammenhang mit einem Produkt in einem anderen Mitgliedstaat verfügbar sei als demjenigen, in dem das Produkt verkauft wird.

23.1   Der Tatbestand der Nr. 23 betrifft den speziellen Fall einer Irreführung im grenzüberschreitenden Verkehr mit anderen Mitgliedstaaten (Begr. RegE, BT-Drs. 16/10145, 34): Der Unternehmer täuscht einen Verbraucher darüber, dass in einem anderen Mitgliedstaat, als dem, in dem er eine Ware oder Dienstleistung anbietet, dafür ein Kundendienst verfügbar ist. Unter **Kundendienst** (→ § 5 Rn. 6.36) sind, wie sich auch aus der engl. und frz. Fassung der UGP-RL („after sales service", „service après vente") ergibt, nachvertragliche Serviceleistungen zu verstehen, unabhängig davon, ob sie vertraglich im Rahmen der Lieferpflicht oder Gewährleistung ohnehin geschuldet sind oder freiwillig angeboten werden. Dazu gehören insbes. Installation, Reparatur, Ersatzteilbeschaffung, Umtausch. Von praktischer Bedeutung kann der Tatbestand werden, wenn der Verbraucher in einem anderen Mitgliedstaat als in dem Staat, in dem er das Produkt kauft, wohnhaft ist.

Anh. § 3 Nr. 23a

Folgende geschäftliche Handlungen sind gegenüber Verbrauchern stets unzulässig:

Irreführende geschäftliche Handlungen

23a. Wiederverkauf von Eintrittskarten für Veranstaltungen
       der Wiederverkauf von Eintrittskarten für Veranstaltungen an Verbraucher, wenn der Unternehmer diese Eintrittskarten unter Verwendung solcher automatisierter Verfahren erworben hat, die dazu dienen, Beschränkungen zu umgehen in Bezug auf die Zahl der von einer Person zu erwerbenden Eintrittskarten oder in Bezug auf andere für den Verkauf der Eintrittskarten geltende Regeln;

Die Regelung dient der Umsetzung von Anh. I UGP-RL:

23a. Der Wiederverkauf von Eintrittskarten für Veranstaltungen an Verbraucher, wenn der Gewerbetreibende diese Eintrittskarten unter Verwendung automatisierter Verfahren erworben hat, die dazu dienen, Beschränkungen in Bezug auf die Zahl der von einer Person zu erwerbenden Eintrittskarten oder andere für den Verkauf der Eintrittskarten geltende Regeln zu umgehen.

I. Hintergrund und Zweck der Regelung

23a.1   Hintergrund der neu geschaffenen Regelung in Nr. 23a sind Beschränkungen des Erwerbs von Eintrittskarten für Großveranstaltungen, insbes. im Sport- und Kulturbereich, wegen der zu erwartenden großen Nachfrage im Publikum. Sie sollen grds. den Zugang für alle Personen gewährleisten. Sie können in der Begrenzung der Zahl der Eintrittskarten, die eine Person erwerben kann, oder in anderen Verkaufsbeschränkungen bestehen. Diese Beschränkungen lassen sich von Dritten unter Einsatz automatisierter Verfahren, etwa von sog. Bots (dazu OLG Hamburg WRP 2015, 110) oder „Crawlern" (dazu LG Hamburg MMR 2006, 697 (698)), überwinden. Dabei handelt es sich um selbständig arbeitende Computerprogramme, die darauf ausgerichtet sind, Eintrittskarten in großen Mengen unmittelbar nach ihrer Freischaltung in Sekundenschnelle zu erwerben (vgl. ErwGr. 50 RL (EU) 2019/2161; RegE BT-Drs. 19/27873, 44). Dadurch lässt sich insbes. ein lukrativer Wiederverkauf an interessierte Verbraucher im „Schwarzhandel" ermöglichen. Mit der neuen Nr. 23a wird diese Geschäftspraktik nicht nur im Interesse der Veranstalter, sondern auch im Interesse aller Verbraucher untersagt. Die Irreführung potenzieller Käufer solcher Eintrittskarten liegt darin, dass ihnen der rechtswidrige Bezug dieser Karten vom Erstverkäufer verschwiegen wird.

II. Tatbestand

23a.2   Der Tatbestand der Nr. 23a knüpft an Beschränkungen beim Einkauf von Eintrittskarten für Veranstaltungen an. Sie können in der Zahl der von einer Person zu erwerbenden Eintrittskarten oder in anderen für den Verkauf der Eintrittskarten geltenden Regeln, wie zB dem Verbot des

Weiterverkaufs der Eintrittskarten (vgl. BGHZ 178, 63 = NJW 2009, 1504 – bundesligakarten.de) oder in der Regulierung der Wiederverkaufspreise liegen (ErwGr. 50 RL (EU) 2019/2161) liegen ErwGr. 50 RL (EU) 2019/2161. Der Verbotstatbestand setzt zum einen voraus, dass ein Unternehmer iSd § 2 I Nr. 8 Eintrittskarten unter Verwendung von automatisierten Verfahren erworben hat, die dazu dienen, derartige Beschränkungen zu umgehen. Zum anderen muss der Unternehmer diese Eintrittskarten an Verbraucher iSd § 2 II weiterverkaufen. Der mit der Nr. 23a bezweckte Schutz der Verbraucher vor Irreführung setzt notwendigerweise voraus, dass die Käufer der Karten über diesen Umstand nicht oder nicht ausreichend aufgeklärt wurden (aA Alexander WRP 2019, 1235 Rn. 56). Aus der Verwendung des Begriffs „Wiederverkauf" ist zu schließen, dass der Unternehmer zuvor diese Eintrittskarten gekauft haben muss.

III. Keine abschließende Regelung

Nach ErwGr. 50 RL (EU) 2019/2161 lässt die Vorschrift jede andere Maßnahme der Mit- | 23a.3
gliedstaaten unberührt, die den Zweck verfolgt, die berechtigten Interessen der Verbraucher zu schützen und die Kulturpolitik sowie einen breiten Zugang aller zu Kultur- und Sportveranstaltungen sicherzustellen, wie etwa die Regulierung der Wiederverkaufspreise für Eintrittskarten. Unberührt bleibt daher auch die Rspr. zum Schleichbezug solcher Eintrittskarten. Danach stellt es einen Verstoß gegen § 4 Nr. 4 dar, wenn ein gewerblich tätiger Abnehmer beim Ankauf von Eintrittskarten den Veranstalter, der die Eintrittskarten ausschließlich selbst vermarktet und vertraglich den gewerblichen Weiterverkauf verbietet, über seine Wiederverkaufsabsicht täuscht (BGH GRUR 2009, 173 Rn. 27 – bundesligakarten.de; GRUR 2014, 785 Rn. 28 – Flugvermittlung im Internet; Birk GRUR-Prax 2020, 605 (607); → § 4 Rn. 4.63a mwN). Die unterlassene Aufklärung des Erstverkäufers durch den Wiederverkäufer über seine Absicht, die Beschränkungen zu umgehen, kann zugleich den Tatbestand des § 5a I erfüllen.

Anh. § 3 Nr. 23b

Folgende geschäftliche Handlungen sind gegenüber Verbrauchern stets unzulässig:

Irreführende geschäftliche Handlungen

23b. Irreführung über die Echtheit von Verbraucherbewertungen
   die Behauptung, dass Bewertungen einer Ware oder Dienstleistung von solchen Verbrauchern stammen, die diese Ware oder Dienstleistung tatsächlich erworben oder genutzt haben, ohne dass angemessene und verhältnismäßige Maßnahmen zur Überprüfung ergriffen wurden, ob die Bewertungen tatsächlich von solchen Verbrauchern stammen;

Die Regelung dient der Umsetzung von Anh. I UGP-RL:

23b. Die Behauptung, dass Bewertungen eines Produkts von Verbrauchern stammen, die das Produkt tatsächlich verwendet oder erworben haben, ohne dass angemessene und verhältnismäßige Schritte unternommen wurden, um zu prüfen, ob die Bewertungen wirklich von solchen Verbrauchern stammen.

I. Tatbestand und Zweck der Regelung

Die Regelung knüpft an die Behauptung von Unternehmern an, dass Bewertungen einer | 23b.1
Ware oder Dienstleistung von Verbrauchern stammen, die diese Ware (iSd § 2 I Nr. 2 Hs. 2) oder Dienstleistung (iSd § 2 I Nr. 2 Hs. 3) tatsächlich erworben oder genutzt haben. Die Nutzung einer Ware oder Dienstleistung kann auch ohne deren Erwerb erfolgen, wie etwa bei kostenlosen Tests. In welchem Medium und in welcher Form die Behauptung erfolgt ist, spielt keine Rolle; ebenso wenig, ob die Behauptung die Bewertung unmittelbar oder mittelbar in Gestalt eines Berichts wiedergibt. Unlauter ist eine solche Behauptung aber nicht schon dann, wenn die Bewertungen rein tatsächlich nicht von Verbrauchern stammen, die das Produkt erworben oder genutzt haben. Vielmehr knüpft der Unlauterkeitsvorwurf daran an, dass derjenige, der die Behauptung aufgestellt hat, keine angemessenen und verhältnismäßigen Schritte unternommen hat, um zu prüfen, ob seine Behauptung zutreffend ist. Bezweckt ist also der Schutz der Verbraucher vor Irreführung durch Behauptungen des Unternehmers über Kundenbewertungen, deren Unrichtigkeit er bei Einhaltung bestimmter Prüfungsmaßnahmen hätte

erkennen können und müssen. Unterlässt der Unternehmer eine entsprechende Behauptung, besteht auch keine Pflicht zur Überprüfung von Verbraucherbewertungen.

II. Vorliegen einer „Behauptung"

23b.2   Das Verbot der Nr. 23b setzt eine **Behauptung** eines Unternehmers über Bewertungen von Waren oder Dienstleistungen durch Verbraucher an. In richtlinienkonformer Auslegung unter Einbeziehung anderer Tatbestände des Anh. I UGP-RL ist darunter nicht das bloße „Erwecken eines Eindrucks" zu verstehen (vgl. zB Anh. I Nr. Nr. 9, 22, 24, 31 UGP-RL). Es ist daher eine ausdrückliche, unzweideutige Erklärung des Unternehmers erforderlich (vgl. Büscher WRP 2022, 1 Rn. 64; aA Alexander WRP 2019, 1235 Rn. 60; Fritzsche/Eisenhut WRP 2022, 529 Rn. 27; Scherer WRP 2021, 287 Rn. 18). Andernfalls würde die Abgrenzung dieses Per-se-Verbots zum Tatbestand des § 5b III verwischt (Büscher WRP 2022, 1 Rn. 65). Der Unternehmer muss nicht notwendig der Anbieter der bewerteten Waren oder Dienstleistungen sein. Auch Behauptungen eines Dritten, etwa des Betreibers eines Such- oder Vergleichsportals, werden erfasst. Erforderlich ist lediglich, dass es sich um einen Unternehmer iSd § 2 Nr. 8 (= Nr. 6 aF) handelt. Behauptungen von Verbrauchern, etwa in den Sozialen Medien, werden nicht erfasst. Von einer Behauptung ist auch nur dann auszugehen, wenn die Äußerung an Verbraucher gerichtet ist, also dazu bestimmt ist, von Verbrauchern wahrgenommen zu werden. Denn Zweck der Nr. 23b ist es, den besonderen werblichen Effekt einer solchen Behauptung zu erfassen.

III. Vorliegen einer „Bewertung"

23b.3   Der Tatbestand der Nr. 23b setzt weiter eine „Bewertung" von Waren oder Dienstleistungen voraus. Dabei kann es sich sowohl um Tatsachenbehauptungen (zB Hotelbewertung: „mit Fitnessraum und Sauna") als auch um Werturteile handeln (zB Hotelbewertung: „Freundliches Personal). Erfasst werden alle Äußerungen, die für eine geschäftliche Entscheidung des Verbrauchers von Bedeutung sein können. Die Äußerung kann auch in abstrakten Begriffen (zB „sehr gut"; „super") oder Symbolen (zB erhobener Daumen) oder Zahlen (Note 2) erfolgen. Ob auch ein bloßes „like" ausreicht, ist zw., weil ohne konkreten Informationsgehalt. Die Bewertung kann positiv, aber auch negativ sein. Letzteres kommt insbes. dann in Betracht, wenn die Behauptung von einem Mitbewerber aufgestellt wurde.

IV. Unterlassen angemessener und verhältnismäßiger Prüfungsmaßnahmen

23b.4   Der Tatbestand der Nr. 23b setzt nicht voraus, dass die Behauptung nachweislich unwahr ist. Dieser Fall wäre vielmehr nach § 5 I zu beurteilen. Es müsste also zusätzlich die geschäftliche Relevanz geprüft werden. Bei den Per-se-Verboten des Anhangs wird die geschäftliche Relevanz der geschäftlichen Handlung zwar unwiderleglich vermutet. Der Tatbestand der Nr. 23b setzt aber nicht den (uU schwierigen) Nachweis der Unwahrheit der Behauptung voraus, sondern fordert von dem Unternehmer, der diese Behauptung aufgestellt hat, lediglich den Nachweis, dass er keine „angemessenen und verhältnismäßigen Maßnahmen" zur Überprüfung ergriffen hat, ob die Bewertungen tatsächlich von solchen Verbrauchern stammen. Erfasst wird damit stets der Fall, dass der Unternehmer überhaupt keine Prüfungsmaßnahmen durchgeführt hat. Ob bestimmte Maßnahmen angemessen und verhältnismäßig sind, beurteilt sich grds. nach den Maßstäben der unternehmerischen Sorgfalt iSd § 2 I Nr. 9. Als angemessene und verhältnismäßige Maßnahmen zur Überprüfung werden in ErwGr. 47 RL (EU) 2019/2161 technische Mittel zur Überprüfung der Glaubwürdigkeit einer Person, die eine Bewertung veröffentlicht, genannt. Das soll bspw. dadurch geschehen, dass Informationen zur Überprüfung, ob ein Verbraucher das Produkt tatsächlich verwendet oder erworben hat, angefordert werden. Dies kann bspw. durch Auswertung von Kundenlisten erfolgen. Letztlich läuft dies aber auf die Nennung der Klarnamen der Verfasser von Verbraucherbewertungen hinaus. Aus Gründen des Datenschutzes wird daher nur die Nennung im Einverständnis mit dem Verfasser der Bewertung oder gegenüber einer zur Verschwiegenheit verpflichteten Person gefordert werden können. – Nicht erfasst wird von Nr. 23b dagegen der Fall, dass Verbraucher zwar das Produkt erworben oder genutzt haben, aber durch eine Gegenleistung, zB durch das Versprechen einer Teilnahme an einem Gewinnspiel, zu einer Bewertung veranlasst wurden (Scherer WRP 2021, 287 Rn. 17).

V. Darlegungs- und Beweislast

Die Darlegungs- und Beweislast für das Vorliegen einer Behauptung iSd Nr. 23b trifft den **23b.5** Kläger. Die Beweislast für die Einhaltung angemessener und verhältnismäßiger Kontrollmechanismen trifft den Unternehmer als Beklagten (Anm. Albrecht zu OLG Frankfurt MMR 2020, 764 (767); Scherer WRP 2021, 287 Rn. 17).

VI. Verhältnis zu § 5b III

Die Regelung in Nr. 23b steht als per-se-Verbot neben dem allgemeiner gefassten § 5b III. **23b.6** Nach dieser Vorschrift müssen Unternehmer, die Bewertungen von Verbrauchern zugänglich machen, darüber informieren, ob und wie sie sicherstellen, dass die veröffentlichten Bewertungen von Verbrauchern stammen, die die Waren oder Dienstleistungen tatsächlich genutzt oder erworben haben. Diese Informationen gelten als wesentlich, so dass der Unlauterkeitstatbestand des § 5a I eingreift und daher eine Relevanzprüfung erforderlich ist. – Ein „zugänglich machen" setzt keine Behauptung iSd Nr. 23b voraus. Es genügt, dass die Veröffentlichung von Verbraucherbewertungen in der Weise erfolgt, dass sie von Verbrauchern wahrgenommen werden können, wie zB neben einem Produktangebot auf der Website des Unternehmers.

Anh. § 3 Nr. 23c

Folgende geschäftliche Handlungen sind gegenüber Verbrauchern stets unzulässig:

Irreführende geschäftliche Handlungen

23c. gefälschte Verbraucherbewertungen
  die Übermittlung oder Beauftragung gefälschter Bewertungen oder Empfehlungen von Verbrauchern sowie die falsche Darstellung von Bewertungen oder Empfehlungen von Verbrauchern in sozialen Medien zu Zwecken der Verkaufsförderung;

Die Regelung dient der Umsetzung von Anh. I UGP-RL:

23c. Die Abgabe gefälschter Bewertungen oder Empfehlungen von Verbrauchern bzw. die Erteilung des Auftrags an andere juristische oder natürliche Personen, gefälschte Bewertungen oder Empfehlungen von Verbrauchern abzugeben, sowie die falsche Darstellung von Verbraucherbewertungen oder Empfehlungen in sozialen Medien zu Zwecken der Verkaufsförderung.

I. Normzweck

Die Regelung in Nr. 23c bezweckt den Schutz der Verbraucher vor Irreführung durch **23c.1** gefälschte oder falsch dargestellte Bewertungen und Empfehlungen durch Verbraucher zu Zwecken der Verkaufsförderung. Hintergrund ist, dass Verbraucher Bewertungen und Empfehlungen von Verbrauchern als mutmaßlich uneigennützigen Äußerungen häufig mehr vertrauen als der Werbung des Unternehmers. Dies schafft einen Anreiz für Manipulationen bei Bewertungen und Empfehlungen von Unternehmen.

II. Tatbestände

Die Vorschrift enthält **drei** Tatbestände unlauterer geschäftlicher Handlungen eines Unter- **23c.2** nehmers. Sie beziehen sich auf gefälschte oder falsch dargestellte Bewertungen oder Empfehlungen von Verbrauchern. Unter einer **„Bewertung"** ist eine Beurteilung des Unternehmers oder seiner Waren oder Dienstleistungen zu verstehen, unter einer **„Empfehlung"** eine Einflussnahme auf die geschäftliche Entscheidungen von Verbrauchern. Beides kann zusammenfallen, etwa wenn eine Beurteilung in eine Empfehlung einmündet. Eine genaue Unterscheidung ist entbehrlich, da beide Formen einer Meinungsäußerung gleichbehandelt werden. Maßgebend ist das Verständnis des angesprochenen Durchschnittsverbrauchers iSd § 3 IV. Die Äußerung kann in Textform, aber auch in der Vergabe von Noten, Sternen oder sonstigen Symbolen erfolgen. Auf den konkreten Inhalt der Bewertung oder Empfehlung kommt es nicht an. Das Tatbestandsmerkmal **„zu Zwecken der Verkaufsförderung"** bezieht sich auf alle drei Tatbestände. Es verdeutlicht lediglich, dass eine geschäftliche Handlung iSd § 2 I Nr. 2 vorliegen muss.

1. Übermittlung gefälschter Bewertungen oder Empfehlungen von Verbrauchern

23c.3   Unter einer **Übermittlung** ist eine Mitteilung oder Zugänglichmachung von Bewertungen oder Empfehlungen zu verstehen. Sie muss sich (zumindest auch) an Verbraucher richten oder sie erreichen (vgl. § 3 II). In welcher Form und in welchem Medium die Übermittlung erfolgt, ist belanglos. Sie muss aber zu Zwecken der Verkaufsförderung, sei es des eigenen oder eines fremden Unternehmens, erfolgen. Die Übermittlung muss gefälschte Bewertungen oder Empfehlungen zum Inhalt haben. **Gefälscht** ist eine Bewertung oder Empfehlung, wenn sie nicht von einem Verbraucher stammt, der die Ware oder Dienstleistung selbst erworben oder genutzt hat, aber ein entsprechender Anschein durch den Fälscher erweckt wird. Die Fälschung kann von einem Unternehmer oder einem von ihm beauftragten Unternehmer oder Verbraucher zugunsten seines Unternehmens erfolgen. Erfasst wird auch der Fall, dass sich ein Unternehmer (zB in einem Fake-Account) als Verbraucher ausgibt und eine negative Beurteilung oder Empfehlung („nicht zu empfehlen") der Waren oder Dienstleistungen eines Mitbewerbers übermittelt.

2. Beauftragung gefälschter Bewertungen oder Empfehlungen von Verbrauchern

23c.4   Unter einer **Beauftragung** ist die Erteilung eines entsprechenden Auftrags an andere juristische oder natürliche Personen, insbes. spezielle Agenturen, aber auch Verbraucher, sofern sie die Ware oder Dienstleistung nicht selbsterworben oder genutzt haben. Entgeltlichkeit des Auftrags ist die Regel, aber nicht Voraussetzung. Bei der Beauftragung handelt sich um eine verbotene Vorbereitungshandlung zur Irreführung von Verbrauchern. Der Beauftragte ist zwar nicht (Mit-)Täter, da er nicht Adressat der Norm ist, wohl aber Gehilfe hinsichtlich der Nr. 23c bzw. Täter eines Verstoßes gegen § 5 (vgl. BGH WRP 2020,574 Rn. 41 – Kundenbewertungen auf Amazon).

3. Falsche Darstellung von Bewertungen oder Empfehlungen von Verbrauchern

23c.5   Der dritte Tatbestand erfasst die falsche Darstellung von Verbraucherbewertungen oder Empfehlungen in **sozialen Medien,** wie etwa Facebook, Twitter oder Instagram, zu Zwecken der Verkaufsförderung. Damit werden auch sog. „likes" in diesen Medien erfasst. **Falsch** ist eine Darstellung, wenn sie entweder inhaltlich unrichtig ist oder aus der Sicht der von der Übermittlung angesprochenen oder erreichten Verbraucher einen unrichtigen Eindruck erweckt. Eine falsche Darstellung liegt insbes. auch dann vor, wenn selektiv nur positive Bewertungen veröffentlicht, **negative hingegen gelöscht** werden. Ein weiteres Beispiel stellt die „Extrapolation von Empfehlungen" dar. Gemeint ist damit der Fall, dass die positive Interaktion eines Nutzers mit einem bestimmten Online-Inhalt mit einem anderen, jedoch im Zusammenhang stehenden Inhalt verknüpft oder auf diesen übertragen wird, und so der Anschein erweckt wird, der Nutzer befürworte auch den anderen Inhalt (vgl. ErwGr. 49 RL (EU) 2019/2161).

III. Abgrenzung

23c.6   Von Nr. 23c nicht erfasst wird der Fall von **„gekauften"** Kundenbewertungen, also von Bewertungen, die Käufer oder Nutzer des Produkts zwar (zB in Gestalt von Posts auf Facebook) tatsächlich abgegeben haben, deren Inhalt aber vom Unternehmer in seinem Sinne durch Zuwendungen (zB Gutscheine; Teilnahme an Gewinnspielen; Zahlungen) beeinflusst wurde. Insoweit ist aber § 5 I bzw. § 5b IV anwendbar (vgl. OLG Frankfurt MMR 2018, 763 Rn. 13; 2019, 313 (315); 2020, 764 mAnm Albrecht; LG Hamburg GRUR-RS 2021, 42670 Rn. 53; LG Hildesheim WRP 2022, 512; LG Stuttgart BeckRS 2015, 3267). – Neben Nr. 23c kann im Einzelfall auch Nr. 22 anwendbar sein, nämlich dann, wenn der Unternehmer sich (zB in einem Fake-Account) als Verbraucher ausgibt und darin, sei es für ihn günstige oder für einen Mitbewerber nachteilige, Bewertungen und Empfehlungen ausspricht.

Anh. § 3 Nr. 24

Folgende geschäftliche Handlungen sind gegenüber Verbrauchern stets unzulässig:

Aggressive geschäftliche Handlungen

24. **räumliches Festhalten des Verbrauchers**
    das Erwecken des Eindrucks, der Verbraucher könne bestimmte Räumlichkeiten
    nicht ohne vorherigen Vertragsabschluss verlassen;
    Die Regelung dient der Umsetzung von Anh. I UGP-RL:
24. Erwecken des Eindrucks, der Verbraucher könne die Räumlichkeiten ohne Vertragsabschluss nicht
    verlassen.

I. Normzweck und Normstruktur

Der Tatbestand der Nr. 24 bezweckt den Schutz des Verbrauchers vor einer **Nötigung** iSd   24.1
§ 4a I 2 Nr. 2. Es handelt sich um ein **Per-se-Verbot**, so dass nicht zusätzlich zu prüfen ist, ob
die Handlung geeignet ist, die Entscheidungsfreiheit des Verbrauchers erheblich zu beeinträchtigen, und ihn zu dem angesonnenen Vertragsabschluss zu veranlassen.

II. Tatbestand

1. Erwecken des Eindrucks

Die Tathandlung („Erwecken des Eindrucks") muss eine **geschäftliche Handlung** iSd § 2 I   24.2
Nr. 2 (= Nr. 1 aF) sein. Der Handelnde muss also **Unternehmer** iSd § 2 I Nr. 8 (= Nr. 6 aF)
oder ein für einen Unternehmer handelnder **Dritter** (gesetzlicher Vertreter; Mitarbeiter; Beauftragter) sein. Es muss eine **Äußerung** oder eine **Verhaltensweise** vorliegen, aus der der Verbraucher den Schluss ziehen kann, er könne bestimmte Räumlichkeiten ohne Vertragsschluss
nicht verlassen. Erst recht (arg. a fortiori) genügt es, wenn dem Verbraucher ausdrücklich gesagt
wird, ohne Vertragsschluss könne er die Räumlichkeiten nicht verlassen. – Maßstab ist die Sicht
des **Durchschnittsverbraucher** oder des durchschnittlichen Mitglieds einer Verbrauchergruppe (§ 3 IV). Ob es der Handelnde tatsächlich in der Hand hat, den (oder die) Verbraucher am
Verlassen der Räumlichkeit zu hindern, ist unerheblich. Es genügt, dass der Verbraucher dies
glaubt oder doch glauben kann. Auch ist unerheblich, ob der Unternehmer den Eindruck
schuldhaft oder schuldlos (zB wenn er glaubt, einen Scherz zu machen) erweckt hat. An das
Verhalten des Unternehmers sind keine strengen Anforderungen zu stellen. So kann bei einer
Verkaufsveranstaltung in einer Räumlichkeit die Bemerkung genügen, man könne erst dann
aufbrechen, wenn alle Teilnehmer etwas gekauft hätten. Entscheidend ist nur, dass der Verbraucher glaubt oder glauben kann, der Unternehmer habe es in der Hand, ihn am Verlassen der
Räumlichkeit zu hindern.

2. Räumlichkeiten

Der Begriff der **Räumlichkeiten** ist im Interesse eines wirksamen Verbraucherschutzes weit   24.3
zu verstehen und daher nicht auf Gebäude zu beschränken. Es muss sich lediglich um eine
abgegrenzte Einrichtung handeln, so dass auch umzäunte Grundstücksflächen (zB der umzäunte Hof eines Autohändlers), Flugzeuge oder Schiffe darunter fallen können. Unerheblich ist
dagegen, ob die Räumlichkeiten für jedermann frei zugänglich sind. Es muss sich auch nicht um
die Räumlichkeiten des Unternehmers, sondern es kann sich auch um die Räumlichkeiten eines
Dritten, ja sogar des Verbrauchers selbst, oder um öffentliche Einrichtungen handeln. Entscheidend ist nur, ob der Verbraucher auf Grund der Umstände den Eindruck gewinnt, dass er
sich ohne Vertragsschluss nicht ungehindert entfernen und damit dem Verkaufsdruck entziehen
kann. – Nicht erfasst ist dagegen die Einwirkung auf den Verbraucher auf frei zugänglichen
Flächen, wie zB Straßen oder Parkplätzen. Insoweit bleibt nur der Rückgriff auf § 4a und § 7 I.

3. Vertragsabschluss

24.4   Der Verbraucher muss auf Grund des Verhaltens des Unternehmers den Eindruck gewinnen, das einzige Mittel, die Räumlichkeiten zu verlassen, sei der **Abschluss** eines **Vertrages.** Ob der Vertrag mit dem Unternehmer selbst oder mit einem Dritten abgeschlossen werden soll, ist unerheblich. Die Begriffe des Vertrags und des Vertragsabschlusses sind im Interesse eines wirksamen Verbraucherschutzes **weit auszulegen.** So kann es genügen, dass der Verbraucher den Unternehmer zum Vertragsabschluss in seinem Namen bevollmächtigt oder dass er einen schwebend unwirksamen Vertrag genehmigt (vgl. § 177 BGB). Der Vertrag muss auch nicht auf den Erwerb von Waren oder Dienstleistungen gerichtet sein. Daher werden zB auch Verträge über die Einbeziehung von AGB, Vertragsaufhebungsverträge (zB in Bezug auf ein Mietverhältnis), Verträge über den Verzicht auf vertragliche Ansprüche, über eine Sicherheitsleistung und Verträge über die Überlassung persönlicher Daten und die Einwilligung in Werbung erfasst.

Anh. § 3 Nr. 25

Folgende geschäftliche Handlungen sind gegenüber Verbrauchern stets unzulässig:

Aggressive geschäftliche Handlungen

25. Nichtverlassen der Wohnung des Verbrauchers trotz Aufforderung bei persönlichem Aufsuchen des Verbrauchers in dessen Wohnung die Nichtbeachtung seiner Aufforderung, die Wohnung zu verlassen oder nicht zu ihr zurückzukehren, es sei denn, das Aufsuchen ist zur rechtmäßigen Durchsetzung einer vertraglichen Verpflichtung gerechtfertigt;

Die Regelung dient der Umsetzung von Anh. I UGP-RL:

25. Nichtbeachtung der Aufforderung des Verbrauchers bei persönlichen Besuchen in dessen Wohnung, diese zu verlassen bzw. nicht zurückzukehren, außer in Fällen und in den Grenzen, in denen dies nach dem nationalen Recht gerechtfertigt ist, um eine vertragliche Verpflichtung durchzusetzen.

I. Allgemeines

25.1   Die Vorschrift setzt voraus, dass der Unternehmer (§ 2 I 8 (= Nr. 6 aF)) oder eine für ihn handelnde Person (gesetzlicher Vertreter; Mitarbeiter; Beauftragter) den Verbraucher in seiner Wohnung aufsucht und dass es sich dabei um eine **geschäftliche Handlung** iSv § 2 I Nr. 2 (= Nr. 1 aF) handelt. Die Nichtbeachtung der Aufforderung stellt einen Fall der „Nötigung" iSd § 4a I 2 Nr. 2 dar. (Zugleich dürfte in diesen Fällen zumeist der Straftatbestand des Hausfriedensbruchs, § 123 StGB, oder der versuchten Nötigung, § 240 StGB, erfüllt sein). – Unter einer **Wohnung** sind abgegrenzte, für die private Lebensführung bestimmte Räumlichkeiten zu verstehen. Auf die Dauer der Nutzung kommt es nicht an, so dass auch Hotelzimmer oder Schiffskabinen erfasst werden. Auf die Besitz- und Eigentumsverhältnisse an der Wohnung kommt es nach dem Schutzzweck der Norm nicht an. Der **„Besuchte"** braucht daher weder Eigentümer noch Besitzer im Rechtssinne zu sein; es genügt, dass es auch „seine" Wohnung ist. Geschützt sind daher auch der Ehegatte und die Kinder des Wohnungsinhabers, nicht dagegen der Gast, der sich nur zufällig in der Wohnung aufhält. Darauf, ob der Hausbesuch als solcher erwünscht oder unerwünscht war, kommt es ebenfalls nicht an. Die Zulässigkeit eines Hausbesuchs ist vielmehr nach allgemeinen Grundsätzen zu beurteilen (→ § 7 Rn. 38 ff.). Auch spielt es keine Rolle, ob der Hausbesuch der Anbahnung eines Vertrages oder der Geltendmachung vertraglicher Ansprüche gegen den Verbraucher dient. – Der Verbraucher muss den Unternehmer **aufgefordert** haben, die Wohnung zu verlassen oder nicht in sie zurückzukehren. Dafür trägt er die Beweislast. Allerdings braucht die Aufforderung nicht in Befehlsform ausgesprochen zu werden. Auch eine Bitte, eine entsprechende Geste oder die Bekundung eines fehlenden Interesses („Danke, kein Interesse") kann ausreichen. Es muss lediglich für den Unternehmer erkennbar sein, dass sein Verbleiben oder ein erneuter Besuch nicht dem Willen des Besuchten entspricht. – Eine **Nichtbeachtung** der Aufforderung, die Wohnung zu verlassen, setzt voraus, dass der Unternehmer die Wohnung nicht sofort verlässt. Eine Nichtbeachtung der Aufforderung, zur Wohnung nicht zurückzukehren, liegt bereits dann vor, wenn der Unternehmer den Versuch unternimmt, zur Wohnung zurückzukehren. Dafür genügt eine erneute Kontaktaufnahme an der Wohnungstür. In diesem Fall muss es sich um dieselbe Person handeln, gegen die

die Aufforderung ausgesprochen wurde. Der Tatbestand ist also nicht erfüllt, wenn zB ein anderer Vertreter desselben Unternehmers vorstellig wird. Auf ein Verschulden kommt es nicht an, der Besucher kann sich daher nicht darauf berufen, er habe die frühere Aufforderung vergessen.

II. Rechtmäßigkeit des Verhaltens

Ausgenommen vom Verbot sind die Fälle, in denen das Verbleiben oder die Rückkehr in die **25.2** Wohnung nach deutschem Recht **rechtmäßig**, also **gesetzlich gerechtfertigt** ist, um eine **vertragliche Verpflichtung** des Verbrauchers auch gegen seinen Willen durchzusetzen. Es sind dies insbes. die Fälle der **Selbsthilfe** (§§ 229 ff. BGB; § 562b BGB). Dagegen gehören die Fälle, in denen der Verbraucher vertraglich verpflichtet ist, dem Unternehmer das Betreten der Wohnung zu ermöglichen, damit dieser seinerseits eine vertragliche Verpflichtung (zB aus Werkvertrag) erfüllen kann, nicht hierher (aA Begr. RegE UWG 2008 zu Nr. 26, BT-Drs. 16/10145, 34; Scherer NJW 2009, 324 (329)). Das Gleiche gilt, wenn der Unternehmer ein vertragliches Recht (zB Besichtigungsrecht des Vermieters; Recht des EVU zur Zählerablesung) durchsetzen möchte. Denn dies gibt dem Unternehmer nicht das Recht, gegen den Willen des Verbrauchers in der Wohnung zu verbleiben. Vielmehr kann der Unternehmer seinen Anspruch nur unter Inanspruchnahme der Gerichte durchsetzen.

Anh. § 3 Nr. 26

Folgende geschäftliche Handlungen sind gegenüber Verbrauchern stets unzulässig:

Aggressive geschäftliche Handlungen

26. **unzulässiges hartnäckiges Ansprechen über Fernabsatzmittel**
    hartnäckiges und unerwünschtes Ansprechen des Verbrauchers mittels Telefon-
    anrufen, unter Verwendung eines Faxgerätes, elektronischer Post oder sonstiger
    für den Fernabsatz geeigneter Mittel der kommerziellen Kommunikation, es sei
    denn, dieses Verhalten ist zur rechtmäßigen Durchsetzung einer vertraglichen
    Verpflichtung gerechtfertigt;

Die Regelung dient der Umsetzung von Anh. I UGP-RL:

26. Kunden werden durch hartnäckiges und unerwünschtes Ansprechen über Telefon, Fax, E-Mail oder sonstige für den Fernabsatz geeignete Medien geworben, außer in Fällen und in den Grenzen, in denen ein solches Verhalten nach den nationalen Rechtsvorschriften gerechtfertigt ist, um eine vertragliche Verpflichtung durchzusetzen. Dies gilt unbeschadet des Artikels 10 der Richtlinie 97/7/EG sowie der Richtlinien 95/46/EG und 2002/58/EG.

I. Entstehungsgeschichte

1. Ursprüngliche Umsetzung der Anh. I Nr. 26 UGP-RL in § 7 II Nr. 1

Im Zuge der Umsetzung der UGP-RL im UWG 2008 glaubte der Gesetzgeber, die Anh. I **26.1** Nr. 26 UGP-RL sei besser nicht in den Anh. § 3 III, sondern in einen § 7 II Nr. 1 einzufügen, weil es sich um den Fall einer stets unzumutbaren Belästigung handle (vgl. BT-Drs. 16/10145, 29). Dies entsprach schon deshalb nicht den Anforderungen an eine korrekte Umsetzung, weil die Anh. I Nr. 26 UGP-RL den Tatbestand einer aggressiven Geschäftspraktik regelt und daher, anders als § 7 UWG, nicht lediglich den Schutz der Privatsphäre, sondern den Schutz der Entscheidungsfreiheit des Verbrauchers bezweckt. Des Weiteren war der Gesetzgeber zu Unrecht davon ausgegangen, dass die in Anh. I Nr. 26 S. 1 UGP-RL aufgeführten Fernkommunikationsmittel Telefon, Fax, E-Mail in § 7 II Nr. 1 nicht zu berücksichtigen seien, weil dieser Ausschluss durch die RL 2002/58/EG gerechtfertigt sei (zur Kritik → 39. Aufl. 2021, § 7 Rn. 107, 108; Köhler WRP 2017, 253 Rn. 33). Schließlich entsprach die Beschränkung des Tatbestands des § 7 II Nr. 1 auf „Werbung" nur scheinbar dem Tatbestand von Anh. I Nr. 26 S. 1 UGP-RL, weil deren deutsche Fassung zwar von der Kundenwerbung handelt, dies aber mit dem übrigen Wortlaut der Regelung und auch mit anderen Sprachfassungen unvereinbar ist.

2. Umsetzung durch das Gesetz zur Stärkung des Verbraucherschutzes im Wettbewerbs- und Gewerberecht

26.2   Im G zur Stärkung des Verbraucherschutzes im Wettbewerbs- und Gewerberecht v. 10.8.2021 (BGBl. 2021 I 3504) wurde mWv 28.5.2022 der bisherige § 7 II Nr. 1 aufgehoben und durch die Nr. 26 ersetzt.

II. Normzweck und richtlinienkonforme Auslegung

26.3   Die Nr. 26 dient der Umsetzung der Anh. I Nr. 26 UGP-RL, die zu den aggressiven Geschäftspraktiken gehört und daher iSd Definition in Art. 8 UGP-RL auszulegen ist (zu Nr. 29 vgl. EuGH WRP 2021, 455 Rn. 55 – Stichting Waternet). Daran hat sich auch die richtlinienkonforme Auslegung der Nr. 26 zu orientieren. Es wird daher vermutet, dass die geschäftliche Handlung des Unternehmers iSd § 2 I Nr. 2 geeignet ist, die Entscheidungs- oder Verhaltensfreiheit des Durchschnittsverbrauchers in Bezug auf ein Produkt tatsächlich oder voraussichtlich erheblich zu beeinträchtigen und ihn tatsächlich oder voraussichtlich dazu zu veranlassen, eine geschäftliche Entscheidung zu treffen, die er andernfalls nicht getroffen hätte. Der Tatbestand der Nr. 26 bezweckt daher den Schutz des Verbrauchers nicht bloß vor einer Belästigung im Sinne einer Beeinträchtigung seiner Privatsphäre, sondern vor einer **Belästigung** iSd Art. 8 und 9 UGP-RL, die geeignet ist, seine **Entscheidungsfreiheit** im Hinblick auf eine bestimmte **geschäftliche Entscheidung** erheblich zu beeinträchtigen (→ Rn. 26.7).

III. Anwendungsbereich

26.4   Die Vorschrift gilt nach der Konzeption der UGP-RL nur für das Ansprechen eines **Verbrauchers** als Nachfrager nach Waren oder Dienstleistungen. Allerdings steht die Richtlinie nicht der Erweiterung des Anwendungsbereichs der Nr. 26 auf das Ansprechen eines Verbrauchers als Anbieter von Waren oder Dienstleistungen entgegen. Beispiel: Hartnäckige und unerwünschte Anrufe eines Maklers bei einem Verbraucher, um ihn zum Verkauf eines Grundstücks zu veranlassen. – Das Ansprechen eines **sonstigen Marktteilnehmers,** insbes. eines Unternehmers, beurteilt sich dagegen nach den allgemeinen Regelungen der § 7 I 1 und 2 und § 4a.

IV. Tatbestand

1. „Ansprechen“

26.5   Der Tatbestand setzt ein hartnäckiges und unerwünschtes Ansprechen des Verbrauchers voraus. Dies entspricht an sich nicht der Formulierung der deutschen Fassung von Anh. I Nr. 26 UGP-RL, in der von der Werbung von Kunden durch ein Ansprechen die Rede ist. Jedoch ist die deutsche Fassung dieser Bestimmung nicht allein maßgeblich, sondern im Lichte auch der anderen Sprachfassungen zu beurteilen. So spricht die engl. Fassung von „making persistent and unwanted solicitations", die franz. Fassung von „se livrer à des sollicitations répétées et non souhaitées" und die ital. Fassung von „effetuare sollecitazioni commerciali". Dass es nicht allein auf die Werbung von Kunden ankommen kann, ergibt sich unmittelbar aus der Einschränkung „es sei denn, dieses Verhalten ist zur rechtmäßigen Durchsetzung einer vertraglichen Verpflichtung gerechtfertigt". Es wird also das Ansprechen vor, bei und nach Geschäftsabschluss erfasst.

26.6   Das Ansprechen eines Verbrauchers setzt darüber hinaus eine **direkte und individuelle Kontaktaufnahme** voraus (EuGH GRUR 2022, 87 Rn. 69–71 – StWL/eprimo). Es genügt also nicht ein Ansprechen der Allgemeinheit, wie etwa auf Plakaten, im Fernsehen oder im Internet (BGH WRP 2020, 446 Rn. 53 – Inbox-Werbung; Köhler WRP 2017, 253 Rn. 19), bei nicht adressierter Briefwerbung, wie zB Werbebriefe „an alle Haushalte". Denn insoweit fühlt sich der Verbraucher nicht als individuelle Person angesprochen. Eine direkte und individuelle Kontaktaufnahme und damit ein Ansprechen iSd Nr. 26 liegt andererseits auch dann vor, wenn eine Werbenachricht in der Form einer E-Mail verbreitet und unmittelbar in der privaten Inbox des E-Mail-Systems des betreffenden Nutzers in einem privaten, passwortgeschützten Bereich eingeblendet wird, der ihm vorbehalten ist und in dem er nur individuell an ihn gerichtete Nachrichten erwartet (EuGH GRUR 2022, 87 Rn. 69–71 – StWL/eprimo; dazu Vorlagebeschluss: BGH WRP 2020, 446 Rn. 54 – Inbox-Werbung).

26.7   Da die Nr. 26 zu den aggressiven geschäftlichen Handlungen gehört, ist der Begriff des Ansprechens außerdem iSd Art. 8 und 9 UGP-RL zu verstehen (→ Rn. 26.3). Es geht also um eine direkte und individuelle Kommunikation, die die Entscheidungs- oder Verhaltensfreiheit des Verbrauchers in Bezug auf ein Produkt durch Belästigung tatsächlich oder voraussichtlich beeinträchtigt und ihn dadurch veranlassen kann, eine geschäftliche Entscheidung (iSd Art. 2 lit. k UGP-RL) zu treffen, die er andernfalls nicht getroffen hätte. Ein Ansprechen in diesem Sinne setzt daher voraus, dass der Verbraucher dadurch zu einer geschäftlichen Entscheidung, insbes. zum Kauf eines Produkts, veranlasst werden kann. Das kommt auch in den erwähnten anderen Sprachfassungen von Anh. I Nr. 26 UGP-RL („solicitations" usw.) zum Ausdruck.

Ein „Ansprechen" liegt sonach vor, wenn ein Unternehmer vor, bei oder nach einem **26.8** Geschäftsabschluss einen **direkten** und **individuellen Kontakt** zu einem Verbraucher aufnimmt und dieses Verhalten objektiv geeignet ist, ihn zu einer geschäftlichen Entscheidung iSd § 2 I Nr. 1 zu veranlassen. Daher scheiden von vornherein solche Fernkommunikationsmittel aus, die sich an die **Allgemeinheit** richten, wie bspw. Werbung im Fernsehen, im Hörfunk, im Internet und in Presseerzeugnissen.

Beispiele: (1) Ansprechen vor Geschäftsabschluss: Ein Ansprechen liegt bei einer an einen **26.9** individuellen Verbraucher gerichteten Direktwerbung vor. (2) Ansprechen bei oder nach Geschäftsabschluss: Ein Ansprechen liegt vor, wenn ein Verbraucher aufgefordert wird, bestimmte AGB zu akzeptieren, eine Ware abzuholen oder zurückzugeben, eine Rechnung zu bezahlen (Mahnung) oder eine Kündigung oder einen Widerruf zurückzunehmen.

2. Fernkommunikation als Mittel des Ansprechens

Das Ansprechen muss nach dem Wortlaut der Nr. 26 **„mittels Telefonanrufen, unter 26.10 Verwendung eines Faxgerätes, elektronischer Post oder sonstiger für den Fernabsatz geeigneter Mittel der kommerziellen Kommunikation"** erfolgen. Problematisch ist dabei der Begriff der „sonstigen für den Fernabsatz geeigneten Mittel der kommerziellen Kommunikation". Das gilt zunächst für den darin verwendeten Begriff der „kommerziellen Kommunikation", der naheliegenderweise iSd Definition in Art. 2 lit. f E-Commerce-RL zu verstehen ist. Er umfasst sonach „alle Formen der Kommunikation, die der unmittelbaren oder mittelbaren Förderung des Absatzes von Waren und Dienstleistungen eines Unternehmens … dienen". Demgegenüber ist in der deutschen Fassung von Anh. I Nr. 26 UGP-RL nur von „sonstigen für den Fernabsatz geeigneten Medien" die Rede. Aber auch diese Fassung ist geprägt von der unrichtigen Vorstellung, dass die Nr. 26 auf das „Werben" von Kunden beschränkt ist.

Klarheit schafft auch hier ein Blick auf andere Sprachfassungen von Anh. I Nr. 26 UGP-RL. **26.11** So heißt es in der engl. Fassung „or other remote media", in der frz. Fassung „ou tout autre outil de communication à distance" und in der ital. Fassung „o mediante altro mezzo di comunicazione a distanza". Letztlich ist die Nr. 26 daher im Lichte der sonstigen Sprachfassungen dieser Bestimmung dahin zu verstehen, dass ein **„sonstiges Mittel der Fernkommunikation"** gemeint ist. Damit wird zusätzlich klargestellt, dass die Nr. 26 auch das Ansprechen bei und nach Geschäftsabschluss erfasst. Den eigentlichen Gegensatz zur Nr. 26 bildet daher das unmittelbare Ansprechen eines Verbrauchers auf der Straße, in der Wohnung oder in Geschäftsräumen (vgl. auch ErwGr. 7 S. 4 UGP-RL).

Als „sonstiges Mittel der Fernkommunikation" neben Telefonanrufen, Verwendung eines **26.12** Faxgerätes und elektronischer Post kommen vor allem Mitteilungen in **Papierform** oder auf sonstigen Datenträgern in Betracht, die mit der Post oder durch Boten dem Verbraucher zugestellt werden und durch die er persönlich angesprochen wird. Das können zB an den Verbraucher adressierte **Briefe** mit werblichen Inhalten, aber auch Mahnungen oder Aufforderungen zur Rücknahme einer Kündigung sein. Nicht erfasst wird die sog. **Briefkastenwerbung,** also die nichtadressierte oder teiladressierte Werbung mit Druckerzeugnissen, wie etwa Katalogen, Werbeprospekten. Denn auch durch sie wird der Verbraucher nicht individuell und persönlich angesprochen.

3. Hartnäckig

Das Ansprechen muss hartnäckig erfolgen. Zum Verständnis dieses Begriffs sind auch andere **26.13** Sprachfassungen der Anh. I Nr. 26 UGP-RL heranzuziehen (engl. „persistent"; frz. „répété"; ital. „ripetute"). Daher ist darunter ein wiederholtes Ansprechen zu verstehen (ebenso BGH WRP 2020, 446 Rn. 56 – Inbox-Werbung; OGH ÖBl 2012, 111 (113); OLG Hamm WRP 2012, 585 Rn. 20; OLG München WRP 2014, 233 Rn. 27). Dafür ist kein bewusstes Handeln erforderlich, weil es nur auf die Sichtweise des angesprochenen Verbrauchers ankommt (aA jurisPK-UWG/Koch/Seichter § 7 Rn. 195). Damit steht aber nur fest, dass ein einmaliges

Ansprechen nicht ausreicht. Nach Auffassung des EuGH setzt dies vielmehr ein **häufiges** und **regelmäßiges** Ansprechen voraus (EuGH GRUR 2022, 87 LS 2 – StWL/eprimo). Konkret hatte er dies in einem Fall bejaht, in dem innerhalb eines Monats drei Werbe-E-Mails in die inbox eines Nutzers geleitet wurden (EuGH GRUR 2022, 87 Rn. 73 – StWL/eprimo). Dabei kann auch der jeweilige Grad der Belästigung des Verbrauchers durch den Einsatz eines bestimmten Fernkommunikationsmittels und das Maß der damit verbundenen möglichen Beeinträchtigung der Entscheidungsfreiheit des Verbrauchers im Hinblick auf eine bestimmte geschäftliche Entscheidung eine Rolle spielen. So macht es einen Unterschied, ob das wiederholte Ansprechen mittels Telefonanrufs oder E-Mail erfolgt. Auch kommt es ggf. auf „Zeitpunkt, Ort, Art oder Dauer des Einsatzes" des jeweiligen Fernkommunikationsmittels an (Art. 9 lit. a UGP-RL; § 4a II Nr. 1). Hartnäckig kann ein Ansprechen auch dann sein, wenn es mit wechselnden Fernkommunikationsmitteln erfolgt, wie zB zunächst mittels E-Mail und danach mittels Anrufs.

4. Unerwünscht

26.14   Das Ansprechen muss darüber hinaus **unerwünscht** sein. Das ist jedenfalls dann anzunehmen, wenn der Verbraucher seinen entgegenstehenden Willen erkennbar geäußert hat, etwa durch Mitteilung an den Unternehmer (BGH WRP 2020, 446 Rn. 56 – Inbox-Werbung) oder sonstige Maßnahmen. Das entspricht auch den anderen Sprachfassungen der Anh. I Nr. 26 UGP-RL (engl. „unwanted"; frz. „non souhaité"). Bei Nutzung der Medien Telefon, Fax und E-Mail ist dies außerdem der Fall, wenn der Verbraucher in diese Form der Kommunikation nicht ausdrücklich eingewilligt hat (vgl. Art. 13 I, III RL 2002/58/EG) oder ab dem Zeitpunkt, in dem er seine Einwilligung widerrufen hat (vgl. EuGH GRUR 2022, 87 Rn. 74, 75 – StWL/eprimo).

26.15   Bei der Verwendung sonstiger Fernkommunikationsmittel, insbes. bei der Zustellung adressierter Briefwerbung, ist idR von einer mutmaßlichen Einwilligung des Durchschnittsverbrauchers auszugehen. „Unerwünscht" ist dieses Ansprechen daher erst dann, wenn der Werbende davon ausgehen muss, dass der Empfänger damit nicht einverstanden ist, insbes. wenn dieser seinen entgegenstehenden Willen tatsächlich zum Ausdruck gebracht hat (vgl. OLG München WRP 2014, 233 Rn. 26). Dies gilt auch dann, wenn der Werbecharakter des Briefs ohne weiteres erkennbar ist. Ein Widerspruch ist unabhängig davon zu beachten, ob nach der Art der Werbeaktion eine Beachtung des Widerspruchs für den Werbenden mit Mühen und Kosten verbunden ist, die in keinem Verhältnis zu der Verärgerung und Belästigung des Umworbenen stehen. Das rechtfertigt sich daraus, dass das Verbot erst bei „hartnäckigem" Handeln eingreift und – anders als bei der Briefkastenwerbung – der Zusteller aufgrund der Adressangabe den Widerspruch leichter befolgen kann. Der **Widerspruch** muss jedoch für den Werbenden **erkennbar** sein. Das ist stets der Fall, wenn er unmittelbar gegenüber dem Werbenden erklärt wurde, etwa brieflich oder telefonisch. – Das ist weiter dann der Fall, wenn sich der Empfänger in eine (in ihrer Wirkung freilich zweifelhafte, weil missbrauchsanfällige) **Robinsonliste** hat eintragen lassen. Die Robinsonliste des DDV Deutschen Dialogmarketing Verbands verpflichtet zwar nur die angeschlossenen Unternehmen, den eingetragenen Personen keine Briefwerbung zukommen zu lassen. Indessen wird die Robinsonliste sowohl Mitgliedern als auch Nichtmitgliedern zum Abgleich angeboten. Auch Nichtmitglieder haben daher die Möglichkeit, mit zumutbarem Aufwand einen Datenabgleich vorzunehmen. Daher ist auch Nichtmitgliedern die Kenntnisnahme und Beachtung des entgegenstehenden Willens des Empfängers möglich und zumutbar (Weichert WRP 1996, 522 (531 f.)). – Problematisch ist der Fall, dass der Empfänger lediglich einen allgemeinen Sperrvermerk an seinem Briefkasten angebracht hat. Hier ist zu unterscheiden. Der (dem Werbenden unbekannte) Widerspruch ist unbeachtlich, soweit der Werbebrief mit der Post zugestellt wird. Denn für die Postbediensteten ist nicht erkennbar, ob es sich um einen unerbetenen Werbebrief handelt. Anders verhält es sich, wenn der Werbebrief von einem damit beauftragten Verteiler ausgetragen wird. Denn hier weiß der Verteiler, dass es sich um einen Werbebrief handelt. Ihm ist es daher möglich und zumutbar, den Sperrvermerk zu beachten. Der Werbende muss sich die Nichtbeachtung derartiger Sperrvermerke durch den Verteiler jedenfalls nach § 8 II zurechnen lassen.

V. Tatbestandseinschränkung durch Ausnahmeregelung

26.16   Der Tatbestand der Nr. 26 wird durch die Ausnahme eingeschränkt, dass das Verhalten des Unternehmers **„zur rechtmäßigen Durchsetzung einer vertraglichen Verpflichtung ge-**

rechtfertigt" ist. Damit ist eine Verpflichtung des Verbrauchers gemeint. Jedoch bedarf es auch insoweit einer Korrektur im Wege der richtlinienkonformen Auslegung. Denn in Anh. I Nr. 26 UGP-RL heißt es: „außer in Fällen und in den Grenzen, in denen ein solches Verhalten nach den nationalen Rechtsvorschriften gerechtfertigt ist, um eine vertragliche Verpflichtung durchzusetzen." Beispiel: Ein Unternehmer mahnt einen Verbraucher mehrfach, eine bestehende Kaufpreisschuld zu begleichen. Die mehrfache Mahnung ist also solche gerechtfertigt; jedoch wären die Grenzen der Rechtfertigung überschritten, wenn die Mahnung mehrfach während der Nachtruhe erfolgen würde.

VI. Verhältnis zu anderen Normen

1. Verhältnis zu § 7 II Nr. 1–3

Nach Anh. I Nr. 26 S. 2 UGP-RL gilt S. 1 **„unbeschadet des Artikels 10 der Richtlinie**   26.17 **97/7/EG sowie der Richtlinien 95/46/EG und 2002/58/EG".** Zwischenzeitlich wurde jedoch die RL 97/7/EG durch die Verbraucherrechte-RL ersetzt und die RL 95/46/EG wurde durch Art. 94 DS-GVO aufgehoben. Die RL 2002/58/EG soll durch eine ePrivacy-VO ersetzt werden. Aus Art. 13 RL 2002/58/EG folgt jedenfalls, dass Nr. 26 die Anwendung der Tatbestände des § 7 II Nr. 1–3 in der ab dem 28.5.2022 geltenden Fassung nicht ausschließt. Denn Nr. 26 dient dem Schutz der Verbraucher vor einer Beeinträchtigung ihrer Entscheidungsfreiheit, Art. 13 RL 2002/58/EG bezweckt dagegen den Individualschutz natürlicher und juristischer Personen vor einer Beeinträchtigung ihrer privaten oder geschäftlichen Sphäre durch unerbetene Nachrichten. Diesen Schutz will die Nr. 26 nicht einschränken.

2. Verhältnis zu § 4a

Da es sich bei Nr. 26 um eine aggressive geschäftliche Handlung handelt, kommt ergänzend   26.18 auch eine Anwendung des § 4a in Fällen des unmittelbaren Ansprechens von Verbrauchern auf der Straße, in einem Geschäftslokal oder in der Wohnung in Betracht, wenn dies „unerwünscht" und „hartnäckig" erfolgt oder ein Fall der Nötigung oder unzulässigen Beeinflussung vorliegt. Dabei sind insbes. die in § 4a II Nr. 1, 2 und 5 genannten Umstände zu berücksichtigen.

Anh. § 3 Nr. 27

Folgende geschäftliche Handlungen sind gegenüber Verbrauchern stets unzulässig:

Aggressive geschäftliche Handlungen

27. **Verhinderung der Durchsetzung vertraglicher Rechte im Versicherungsverhältnis**
Maßnahmen, durch die der Verbraucher von der Durchsetzung seiner vertraglichen Rechte aus einem Versicherungsverhältnis dadurch abgehalten werden soll, dass
    a) **von ihm bei der Geltendmachung eines Anspruchs die Vorlage von Unterlagen verlangt wird, die zum Nachweis dieses Anspruchs nicht erforderlich sind, oder**
    b) **Schreiben zur Geltendmachung eines Anspruchs systematisch nicht beantwortet werden;**

Die Regelung dient der Umsetzung von Anh. I UGP-RL:

27. Aufforderung eines Verbrauchers, der eine Versicherungspolice in Anspruch nehmen möchte, Dokumente vorzulegen, die vernünftigerweise nicht als relevant für die Gültigkeit des Anspruchs anzusehen sind, oder systematische Nichtbeantwortung einschlägiger Schreiben, umso den Verbraucher von der Ausübung seiner vertraglichen Rechte abzuhalten.

I. Allgemeines

Es handelt sich dabei um eine geschäftliche Handlung nach Vertragsschluss bzw. bei Durch-   27.1 führung eines Vertrages iSv § 2 I Nr. 2, die offenbar vornehmlich von Versicherungsgesellschaften angewendet wird, um Versicherungsnehmer von der Geltendmachung ihrer Ansprüche abzuhalten. Sie ist eine spezielle Erscheinungsform einer „unzulässigen Beeinflussung" iSv § 4a I 2 Nr. 3 (ähnlich MüKoUWG/Alexander Nr. 27 Rn. 10; aA jurisPK-UWG/Diekmann Nr. 27 Rn. 2: Fall der Irreführung iSv § 5 I 2 Nr. 1). Darauf, ob die Ansprüche tatsächlich bestehen, kommt es an sich nicht an. Dies ergibt sich aus einer richtlinienkonformen Auslegung am Maßstab des Anh. I Nr. 27 UGP-RL (Verbraucher, „der eine Versicherungspolice in Anspruch nehmen möchte") und der Art. 8 und 9 UGP-RL. Auch ist es der Zweck der Vorschrift, dass sich der Versicherer mit dem Anliegen des Verbrauchers ernsthaft auseinandersetzt, damit er selbst entscheiden kann, ob er den behaupteten Anspruch ggf. gerichtlich geltend macht oder nicht. Etwas anderes gilt, wenn die geltend gemachten Ansprüche **offensichtlich unbegründet** sind und der Verbraucher dies weiß oder davor die Augen verschließt (aA MüKoUWG/Alexander Nr. 27 Rn. 24: Grenze erst bei evidenter Missbräuchlichkeit des Verlangens). Denn in diesem Fall ist das Verhalten des Versicherers von vornherein nicht darauf gerichtet, den Verbraucher von der Durchsetzung seiner vertraglichen Rechte abzuhalten. **Beispiel:** Steht fest, dass der Versicherungsnehmer einen Brand vorsätzlich herbeigeführt hat, verlangt er aber gleichwohl die Versicherungssumme für den Brandschaden, so braucht der Versicherer nicht zu antworten, weil ein Anspruch auch für den Anspruchsteller offensichtlich nicht gegeben ist. Anders liegt es, wenn ein Haftungsausschluss eingreift, der für den Verbraucher nicht ohne weiteres erkennbar ist.

II. Aufforderung zur Vorlage von nicht erforderlichen Unterlagen

27.2   Die Aufforderung zur Vorlage von Unterlagen, die zum Nachweis des Anspruchs nicht erforderlich sind, muss ein Vorwand sein, um den Verbraucher von der Geltendmachung seiner Ansprüche abzuhalten. Die Erforderlichkeit der angeforderten Unterlagen („Dokumente") ist aus objektiver Sicht (arg. Anh. I Nr. 27 UGP-RL: „vernünftigerweise nicht als relevant anzusehen") zu bestimmen. Entscheidend ist, ob das Verlangen gegen die „unternehmerische Sorgfalt" iSd § 2 I Nr. 9 (bzw. „berufliche Sorgfalt" iSd Art. 2 lit. h UGP-RL) verstößt. Dementsprechend ist zu fragen, ob das Verlangen den anständigen Marktgepflogenheiten, im Zweifel also den geschäftsüblichen Versicherungsbedingungen, entspricht, es sei denn, sie sind unwirksam. Sind die Regelungen ihrerseits unbestimmt, ist zu fragen, ob die Anforderung der Unterlagen (zB Kaufbelege für gestohlene oder untergegangene Sachen bei Reise- oder Hausratversicherungen) mit dem Grundsatz von „Treu und Glauben" vereinbar ist, dh ihre Vorlage dem Verbraucher zumutbar ist.

III. Systematische Nichtbeantwortung von Schreiben

27.3   Von einer **„Nichtbeantwortung"** ist auszugehen, wenn eine Zeit verstrichen ist, in der den Umständen nach eine Beantwortung möglich und zumutbar war. Feste Zeitgrenzen (dafür Scherer NJW 2009, 324 (330): vier Wochen) lassen sich der Regelung nicht entnehmen. Der Nichtbeantwortung steht es gleich, wenn zwar eine Antwort erteilt wird, aber damit keine eigentliche Bearbeitung der Angelegenheit erfolgt (zB Standardschreiben des Inhalts: „Wir werden ihr Anliegen prüfen und unaufgefordert wieder auf Sie zukommen"). – Von einer **„systematischen"** Nichtbeantwortung von Schreiben zur Geltendmachung eines Anspruchs lässt sich nur sprechen, wenn derartige Schreiben nicht zufällig (zB Erkrankung des Sachbearbeiters), sondern planmäßig unbeantwortet bleiben. Ein solcher Plan (zB in Gestalt einer entsprechenden Anweisung an Sachbearbeiter) lässt sich vermutlich selten nachweisen. Daher wird der Beweis der „systematischen" Nichtbeantwortung idR nur durch den Nachweis zu führen sein, dass **mehrere** Schreiben, sei es verschiedener, sei es eines einzigen Versicherungsnehmers, unbeantwortet geblieben sind (aA jurisPK-UWG/Diekmann Rn. 10: bloßes Nichtreagieren genügt). Als Mindestzahl wird man drei Fälle fordern müssen. Der Versicherer kann sich allerdings durch den Nachweis entlasten, dass entsprechende Antwortschreiben abgesandt worden sind. – Der systematischen Nichtbeantwortung von **„Schreiben"** (Brief, Fax, E-Mail) wäre zwar wertungsmäßig die systematische Nichtbeantwortung von Telefonanrufen oder das systematische Nichtempfangen des Verbrauchers in den Geschäftsräumen ohne sachlichen Grund gleichzusetzen. Da allerdings eine analoge Anwendung der Nr. 27 nicht möglich ist (→ Rn. 0.8), kommt insoweit nur ein Rückgriff auf § 4a I in Betracht.

IV. Ziel, den Verbraucher von der Geltendmachung seiner Rechte abzuhalten

27.4   Das Verhalten des Versicherers muss darauf gerichtet sein, den Verbraucher von der Geltendmachung seiner Ansprüche abzuhalten. Das kann im Sinne einer Absicht („um … zu") zu verstehen sein (dafür Büscher/Dittmer/Schiwy/Koch Rn. 174; jurisPK-UWG/Diekmann Rn. 5). Sachgerechter erscheint es jedoch, eine **objektive Zielgerichtetheit** genügen zu lassen. Davon ist aber im Hinblick auf die beschriebenen Maßnahmen stets dann auszugehen, wenn sich das Verhalten des Versicherers bei objektiver Betrachtung nicht anders erklären lässt. Der Nachweis einer Absicht des Versicherers ist daher nicht erforderlich und wäre idR auch nicht zu führen. Geht der Streit bspw. darüber, ob Schreiben systematisch unbeantwortet geblieben sind, muss der Verbraucher nur darlegen und beweisen, dass mehrere Schreiben unbeantwortet geblieben sind. Der Versicherer muss dann, um sich zu entlasten, beweisen, dass dieses Verhalten auf einem Versehen beruhte und daher auch nicht das Ziel hatte, den Verbraucher von der Geltendmachung seiner Ansprüche abzuhalten.

V. Anwendung auf sonstige Marktteilnehmer?

Der Tatbestand gilt zwar nur für Verhaltensweisen von Versicherern gegenüber Verbrauchern **27.5** und kann nicht durch Analogie auf andere Unternehmen erweitert werden. Die zu Grunde liegende Wertung lässt sich jedoch bei Anwendung des **§ 4a** auf entsprechende Praktiken sonstiger Unternehmen (zB Banken, Telefongesellschaften, Reiseveranstalter, Kaufhäuser) übertragen, etwa dann, wenn Verbraucher Schadensersatz- oder Gewährleistungsansprüche geltend machen. Das Gleiche gilt für die Beurteilung derartiger Verhaltensweisen gegenüber sonstigen Marktteilnehmern.

Anh. § 3 Nr. 28

Folgende geschäftliche Handlungen sind gegenüber Verbrauchern stets unzulässig:

Aggressive geschäftliche Handlungen

28. **Kaufaufforderung an Kinder**
    die in eine Werbung einbezogene unmittelbare Aufforderung an Kinder, selbst die beworbene Ware zu erwerben oder die beworbene Dienstleistung in Anspruch zu nehmen oder ihre Eltern oder andere Erwachsene dazu zu veranlassen;

    Die Regelung dient der Umsetzung von Anh. I UGP-RL:

28. Einbeziehung einer direkten Aufforderung an Kinder in eine Werbung, die beworbenen Produkte zu kaufen oder ihre Eltern oder andere Erwachsene zu überreden, die beworbenen Produkte für sie zu kaufen. Diese Bestimmung gilt unbeschadet des Artikels 16 der Richtlinie 89/552/EWG über die Ausübung der Fernsehtätigkeit.

Schrifttum: Baukelmann, Jugendschutz und Lauterkeitsrecht – neue europäische Gesichtspunkte?, FS Ullmann, 2006, 587; Böhler, Wettbewerbsrechtliche Schranken für Werbemaßnahmen gegenüber Minderjährigen, WRP 2011, 827; Fuchs, Wettbewerbsrechtliche Schranken bei der Werbung gegenüber Minderjährigen, WRP 2009, 255; Gerecke, Werbung gegenüber Kindern und Jugendlichen, NJW 2015, 3185; Jahn/Palzer, Werbung gegenüber Kindern – „Dus" and don'ts, GRUR 2014, 332; Köhler, Minderjährigenschutz im Lauterkeitsrecht, FS Ullmann 2006, 679; Köhler, Werbung gegenüber Kindern: Welche Grenzen zieht die Richtlinie über unlautere Geschäftspraktiken?, WRP 2008, 700; Lober, „Du sollst nicht duzen!", WRP 2014, 294; Mankowski, Wer ist ein „Kind"?, WRP 2007, 1398; Mankowski, Was ist eine „direkte Aufforderung zum Kauf" an Kinder?, WRP 2008, 421; Mankowski, „Hol es dir und zeig es deinen Freunden", in Das Kind im Recht, 2009, 51; Prunbauer-Glaser, Kinder, Kinder! – Zum Kind in der Werbung nach der UWG-Novelle 2007, ÖBl 2008, 164; Scherer, Kinder als Konsumenten und Kaufmotivatoren, WRP 2008, 414; Scherer, Rezeption kommerzieller Kommunikation in sozialen Netzwerken durch minderjährige Nutzer, WRP 2019, 277; Sosnitza, An Kinder gerichtete Online-Werbung für Lebensmittel, WRP 2018, 905 = FS Preuß, 2018, 135; Spengler, Die lauterkeitsrechtlichen Schranken von In-App-Angeboten, WRP 2015, 1187.

I. Allgemeines

1. Verhältnis zum Unionsrecht

Die Vorschrift dient der Umsetzung der Anh. I Nr. 28 S. 1 UGP-RL. Eine Umsetzung des **28.1** S. 2, der eine Einschränkung des Anwendungsbereichs zugunsten des Art. 16 Fernseh-RL (nunmehr Art. 9 I lit. g AVMD-RL (geändert durch die RL 2018/1808/EU; → Rn. 28.17 f.) vorsieht, ist nicht erfolgt. Der Vorrang dieser Spezialregelung (→ Rn. 28.17f) ergibt sich nämlich bereits aus allgemeinen Grundsätzen (Begr. RegE zu Nr. 28, BT-Drs. 16/10 145, 34). Im

Unterschied zur Nr. 28 setzt der Tatbestand des Art. 9 I lit. g AVMD-RL voraus, dass die Aufforderung die Unerfahrenheit und Leichtgläubigkeit von Minderjährigen ausnutzt (Köhler WRP 2008, 700 (705)).

2. Auslegung und Normzweck

28.2   Die **Auslegung** der Nr. 28 hat richtlinienkonform im Lichte des Wortlauts und Zwecks von Anh. I Nr. 28 UGP-RL zu erfolgen. Mittelbar sind zur Auslegung auch die Art. 8 und 9 UGP-RL iVm Art. 5 III 1 UGP-RL heranzuziehen (vgl. allg. → Rn. 0.3 ff.). Das ist ua für die Auslegung des Begriffs „veranlassen" von Bedeutung (→ Rn. 28.15). In der Systematik des Art. 8, 9 UGP-RL und Art. 5 III 1 UGP-RL ließe sich die Nr. 28 als besondere Erscheinungsform der „Nötigung" („psychischer Zwang") von Kindern als besonders schutzbedürftigen Verbrauchern iSd Art. 5 III 1 UGP-RL begreifen. – **Zweck** der Regelung ist der **Schutz der Kinder** vor unmittelbaren Kaufaufforderungen (vgl. ErwGr. 18 UGP-RL) und zugleich der **Schutz der Eltern oder sonstigen Erwachsenen** vor einer Manipulation ihrer Kaufentscheidung durch Einschaltung von Kindern (aA MüKoUWG/Alexander Nr. 28 Rn. 13). Dahinter steht die Erwägung, dass Kinder auf Grund ihrer geschäftlichen Unerfahrenheit und Leichtgläubigkeit in geschäftlichen Angelegenheiten vom Werbenden leichter beeinflussbar sind und dass Kinder ihrerseits in der Lage sind, die Kaufentscheidungen ihrer Eltern oder sonstiger Erwachsener eher zu beeinflussen, als dies der Werbende unmittelbar könnte. Da es sich um ein Per-se-Verbot handelt, kommt es jedoch nicht darauf an, ob die Handlung im Einzelfall geeignet ist, die Kaufentscheidung der Kinder oder der Erwachsenen zu beeinflussen (OGH GRUR-Int. 2013, 817 (819) – Stickeralbum). Vielmehr ist eine Prüfung solcher Umstände des Einzelfalls gerade ausgeschlossen (vgl. ErwGr. 17 UGP-RL; EuGH GRUR 2009, 599 Rn. 56, 61 – Total und Sanoma; GRUR 2010, 244 Rn. 45 – Plus Warenhandelsgesellschaft).

3. Verhältnis zu § 4a

28.3   Die Nr. 28 stellt **strengere Anforderungen** an den Werbenden als **§ 4a I.** Es ist insbes. nicht zu prüfen, ob die Maßnahme im konkreten Fall geeignet ist, die Entscheidungsfreiheit der Kinder oder Eltern durch Belästigung, Nötigung oder unzulässige Beeinflussung iSv § 4a I zu beeinträchtigen oder das geringe Alter, die Unerfahrenheit oder die Leichtgläubigkeit von Kindern iSv § 4a II 2 auszunutzen (→ Rn. 28.2; Köhler WRP 2008, 700 (705); vgl. auch Begr. RegE zu Anh. Nr. 28, BT-Drs. 16/10 145, 34). Daher können Werbemaßnahmen, die in der Vergangenheit nach § 4 Nr. 1 und 2 aF nicht zu beanstanden waren (vgl. BGH GRUR 2009, 71 – Sammelaktion für Schoko-Riegel) bzw. nunmehr nach § 4a nicht zu beanstanden wären, durchaus nach Nr. 28 einem Per-se-Verbot unterliegen (→ Rn. 28.9).

4. Verhältnis zu § 6 II Nr. 1 und 2, V JMStV

28.3a   **§ 6 II Nr. 1** und 2 JMStV, dem Art. 9 I lit. g AVMD-RL zu Grunde liegt, hat Vorrang vor der Nr. 28 (→ Rn. 28.1; 28.17 f.; offengelassen in BGH WRP 2014, 831 Rn. 32 – Goldbärenbarren). Nach **§ 6 V JMStV,** dem Art. 9 I lit. e AVMD-RL zugrunde liegt, darf sich Werbung für alkoholische Getränke weder an Kinder und Jugendliche richten noch durch die Art der Darstellung Kinder und Jugendliche besonders ansprechen oder diese beim Alkoholgenuss darstellen. Dazu und zu **Selbstverpflichtungen** von Unternehmen der Lebensmittelindustrie hinsichtlich der Kinderwerbung, insbes. dem „EU-Pledge", vgl. Sosnitza WRP 2018, 905 = FS Preuß, 2018, 135 (139 ff.).

5. Verhältnis zum Bürgerlichen Recht

28.4   Die Zulässigkeit der Werbung hängt nicht davon ab, ob das Kind den Vertrag zivilrechtlich wirksam abschließen kann (vgl. § 110 BGB) oder nicht (vgl. §§ 107, 108 BGB). Umgekehrt ist es für die Wirksamkeit des Vertrages ohne Bedeutung, ob die Werbung unzulässig ist. Eine Anfechtung kommt nur unter den Voraussetzungen des § 123 BGB in Betracht.

II. Tatbestand

1. Kinder

Der Begriff der „**Kinder**" ist in der UGP-RL nicht definiert, aber gleichwohl richtlinienkon-   **28.5** form auszulegen. Daher kommt es nicht auf das deutsche Rechtsverständnis an (vgl. Begr. RegE zu Nr. 28, BT-Drs. 16/10 145, 34). Eine klärende Entscheidung des EuGH steht noch aus (vgl. BGH WRP 2014, 164 Rn. 18 – Runes of Magic I). Es bieten sich mehrere Auslegungsmöglichkeiten an. Da Art. 16 Fernseh-RL (nunmehr Art. 9 I lit. g AVMD-RL), auf den in Anh. I Nr. 28 S. 2 UGP-RL verwiesen wird, von „Minderjährigen" spricht, ist wahrscheinlich, dass der Unionsgesetzgeber bewusst den Begriff „Kinder" verwendet hat und damit nicht alle Minderjährigen erfassen wollte. Dafür spricht auch, dass der (allerdings von der Kommission zurückgezogene) Vorschlag für eine Verordnung über Verkaufsförderung im Binnenmarkt in einem Art. 2 lit. j VO-E den Begriff „Kind" als „Person unter 14 Jahren" definiert hatte. – Denkbar ist ferner, dass der Begriff „Kind" lediglich als Gegensatz zum Begriff des „Erwachsenen" zu verstehen ist (Mankowski WRP 2007, 1398 (1403 ff.)) und damit alle Minderjährigen erfasst. Dann wäre auch die Altersgruppe zwischen der Vollendung des 14. und des 18. Lebensjahrs einbezogen (vgl. Streinz GRCh Art. 24 Rn. 4). Gegen diese Deutung spricht allerdings, dass die AVMD-RL (früher: Fernseh-RL) nur solche direkten Aufrufe an Minderjährige erfasst, die deren Unerfahrenheit und Leichtgläubigkeit ausnutzen, während Nr. 28 diese Einschränkung gerade nicht vorsieht. – Vorzugswürdig erscheint eine Auslegung, die sich an ErwGr. 18 UGP-RL orientiert. Darin werden „Kinder" als eine „besondere Verbrauchergruppe" bezeichnet, deren Eigenschaften sie für unlautere Geschäftspraktiken besonders anfällig machen. Als Beispiel wird der Schutz vor „unmittelbaren Kaufaufforderungen" genannt, also Anh. I Nr. 28 UGP-RL angesprochen. Maßgebend ist insoweit die Perspektive eines durchschnittlichen Mitglieds dieser Gruppe. Was aber die Altersgrenze angeht, sollte sie nicht schematisch anhand einer Altersgrenze ab 14 Jahren gezogen werden. Vielmehr sollte sich die besondere Schutzbedürftigkeit dieser Gruppe auch nach den der Geschäftspraxis („unmittelbare Kaufaufforderung") zugrunde liegenden Produkten bestimmen (Art. 5 III 1 UGP-RL; § 3 IV 2). Ohne Weiteres anwendbar ist die Nr. 28, wenn sich die Werbung gezielt auch an Minderjährige **unter 14 Jahren** richtet (BGH WRP 2014, 1301 Rn. 16 – Zeugnisaktion). Für die Praxis wird die Frage dann bedeutsam werden, wenn Werbemaßnahmen zu beurteilen sind, die sich nur an Minderjährige über 14 Jahre richten, wie zB bei einer Werbung für den Erwerb des Führerscheins. Obere Grenze für die Schutzbedürftigkeit von „Kindern" dürfte die Vollendung des **16. Lebensjahres** sein (vgl. Art. 8 I 1 DS-GVO für die Einwilligung von „Kindern").

2. Unmittelbare Aufforderung an Kinder zum Kauf der beworbenen Produkte

a) Problematik. Von der Auslegung des Tatbestands der „unmittelbaren Aufforderung an   **28.6** Kinder" zum Kauf der beworbenen Produkte hängt es ab, auf welche Weise Kinder in der Werbung angesprochen werden dürfen.

b) Aufforderung an Kinder. Die Aufforderung muss an **Kinder** als solche gerichtet sein. Es   **28.7** ist also erforderlich, aber auch ausreichend, dass Kinder **gezielt** angesprochen werden (BGH WRP 2014, 831 Rn. 30 – Goldbärenbarren; WRP 2014, 1447 Rn. 26 – Runes of Magic II m. krit. Anm. Apel). Die Aufforderung an ein **einzelnes** Kind genügt, die Verwendung des Plurals im Gesetzeswortlaut steht dem nicht entgegen, da damit nicht eine Vielzahl von Kindern gemeint ist. Die Kinder müssen andererseits nicht als individuelle Personen, sondern können auch als Bevölkerungsgruppe angesprochen werden. Werden Kinder **gezielt** angesprochen, so ist es unerheblich, dass in ein und derselben Werbung daneben auch oder sogar überwiegend Erwachsene angesprochen werden (ebenso BGH WRP 2014, 1447 Rn. 24 – Runes of Magic II). Andernfalls würde der Anwendungsbereich der Nr. 28 grundlos übermäßig eingeschränkt. Eine Aufforderung an **jedermann** genügt dagegen nicht, selbst wenn sich Kinder von der Werbung angesprochen fühlen können (BGH WRP 2014, 164 Rn. 19 – Runes of Magic I; WRP 2014, 831 Rn. 30 – Goldbärenbarren). Ein Indiz dafür kann es sein, wenn ein Produkt ganz überwiegend von Erwachsenen gekauft wird. Bei In-App-Angeboten innerhalb bspw. von Online-Fatansy-Rollenspielen, kommt es daher nicht darauf an, ob überwiegend Erwachsene an diesem Spiel teilnehmen (so aber KG MMR 2016, 533 (535)), sondern ob das konkrete Kaufangebot sich gezielt an Kinder richtet (Spengler WRP 2015, 1187 (1189)). – Ob eine Aufforderung an Kinder vorliegt, beurteilt sich aus der Sicht der angesprochenen Personen. Dabei sind das beworbene **Produkt** (zB Spiele; Spielzeug) und die gesamte Art und Weise der **Werbung** (zB Verwendung der Umgangssprache von Kindern, Abbildung von Kindern) und ihr **Umfeld** (zB Werbung in Zeitschriften für Kinder und Jugendliche; Kindersendungen) zu berücksichtigen. Die Verwendung des „**Du**" allein genügt nicht, da dies mittlerweile auch gegenüber Erwachsenen nicht mehr unüblich ist (BGH WRP 2014, 1447 Rn. 34 – Runes of Magic II; KG MMR 2016, 533). Wohl aber kann es ausreichen, wenn darüber hinaus überwiegend **kindertypische** Begriffe einschließlich gebräuchlicher Anglizismen verwendet werden (BGH WRP 2014, 164 Rn. 19 – Runes of Magic I; zust. Spengler WRP 2015, 1187 (1189); krit. Jahn/Palzer GRUR 2014, 332 (335); Krüger/Apel K&R 2014, 200; Lober WRP 2014, 294). Dagegen reicht es nicht aus, wenn eine Werbung in einfacher Sprache gehalten ist, in ihr Kinder auftreten und das beworbene Produkt (Süßigkeit) besonders bei Kindern beliebt ist (BGH WRP 2014, 831 Rn. 28 – Goldbärenbarren).

28.8   **c) Unmittelbare Aufforderung zum Kauf von Produkten.** Die Werbung muss über den Produktbezug (→ Rn. 28.11) hinaus einen Käuferbezug aufweisen, der mit den Worten „unmittelbare Aufforderung an Kinder, selbst die beworbene Ware zu erwerben …" umschrieben wird. Die Aufforderung zum Kauf muss also „**unmittelbar**" erfolgen. Eine bloß indirekte oder mittelbare Aufforderung in der Weise, dass Kinder erst aus sonstigen Umständen darauf schließen sollen, ein Produkt zu kaufen, reicht nicht aus (Köhler WRP 2008, 700 (702); Scherer WRP 2008, 430 (435)). Umgekehrt ist es nicht erforderlich, dass Kinder im Wege des Direktkontakts, etwa im Rahmen einer Verkaufsveranstaltung gezielt angesprochen werden (BGH WRP 2014, 164 Rn. 21 – Runes of Magic I; WRP 2014, 831 Rn. 28 – Goldbärenbarren; aA Steinbeck WRP 2008, 865 (868)). Denn Werbung gegenüber Kindern in Print- und Telemedien, insbes. im Internet, vermag Kinder genauso leicht zu beeinflussen wie eine Direktansprache. Die Werbung muss vielmehr einen **Kaufappell** an die Kinder enthalten. Ob dies der Fall ist, beurteilt sich aus der Sicht der angesprochenen Gruppe, wobei auf „die Sicht eines durchschnittlichen Mitglieds dieser Gruppe" (§ 3 IV 2; Art. 5 III 1 UGP-RL) abzustellen ist (BGH WRP 2014, 164 Rn. 30 – Runes of Magic I). Unerheblich ist, **wie** die unmittelbare Kaufaufforderung (verbal, bildlich usw) erfolgt. Sie wird zwar **typischerweise** in der Form des **Imperativs** erklärt (BGH WRP 2014, 831 Rn. 28 – Goldbärenbarren). **Beispiele:** „Hol dir …"; „Schnapp Dir …" (BGH WRP 2014, 164 Rn. 20 – Runes of Magic I); „Nicht verpassen …"; „Nicht vergessen … ab … am Kiosk (LG Berlin VuR 2010, 106); „Ruf einfach an …"; „Sende einfach SMS an …". Jedoch ist dies nicht unerlässlich (BGH WRP 2014, 831 Rn. 28 – Goldbärenbarren). Vielmehr kann die Aufforderung auch auf andere Weise erfolgen. **Beispiele:** „Wir empfehlen euch …"; „Es lohnt sich für euch …"; „Noch heute kaufen". Auch eine vorformulierte Kaufentscheidung („Ja, ich will ein Girokonto haben!"), die ein Kind unterschreiben soll, kann eine unmittelbare Aufforderung darstellen. Entscheidend ist nur, dass die Kinder **gezielt** angesprochen werden und den Eindruck gewinnen, sie sollten einen Kauf bestimmter Produkte tätigen.

28.9   Die Abgrenzung kann im Einzelfall schwierig sein. Für eine unmittelbare Aufforderung zum Kauf reicht das Aufzeigen einer konkreten **Kaufmöglichkeit** im Sinne einer bloßen Information, der Hinweis auf den bestimmungsgemäßen **Gebrauch** der beworbenen Produkte (BGH WRP 2014, 1447 Rn. 29 – Runes of Magic II; jurisPK-UWG/Seicher Nr. 28 Rn. 13 oder die Aufforderung zum Betreten eines **Geschäftslokals** nicht aus (OGH GRUR-Int. 2014, 181 (182) – Videospiel D-Universe). So dürfte bspw. die Werbung „Kinder, bei McX gibt es jetzt den neuen X-Burger für nur 99 Cent" den Tatbestand der Nr. 28 nicht erfüllen. Es muss noch ein Appell zum Kauf hinzukommen, etwa bspw. „Kinder, holt euch jetzt bei McX den neuen X-Burger für 99 Cent". Der Appell kann andererseits auch in versteckter Form erfolgen. Eine unmittelbare Aufforderung an Kinder kann daher auch bei einer **Gewinnspielkopplung** vorliegen, wenn sie also zur Teilnahme an einem Gewinnspiel aufgefordert werden, die Teilnahme aber vom Kauf eines bestimmten Produkts abhängig ist (BGH WRP 2014, 831 Rn. 28 – Goldbärenbarren). Dem steht der Fall der unmittelbaren Aufforderung an Kinder, auf Produktverpackungen aufgedruckte Gutscheinpunkte oä zu sammeln, um eine **Zugabe** zu erlangen, gleich. Denn um den Gutschein zu erlangen, müssen die Kinder die Produkte erwerben oder ihren Erwerb veranlassen. Eine unmittelbare Aufforderung war daher in der Werbung „Einfach 25 N-Screens sammeln, die sich auf vielen N-Schoko-Riegeln befinden" (vgl. BGH GRUR 2009, 71 – Sammelaktion für Schoko-Riegel) enthalten. Um eine bloße Information handelt es sich dagegen bei einer „Wenn … dann"-Werbung („Wenn ihr 25 Punkte gesammelt habt, dann bekommt ihr dafür …"). – Eine unmittelbare Aufforderung kann auch dann vorliegen, wenn die Aufforderung auf einer **Internetseite** erscheint, die durch einen **Link** mit einer anderen Internetseite verbunden ist, auf der die Preise und Merkmale der zum Erwerb angebotenen Waren oder Dienstleistungen abgebildet sind (BGH WRP 2014, 164 Rn. 30, 31 – Runes of Magic I; LG Berlin WRP 2015, 1155 Rn. 11; Jahn/Palzer GRUR 2014, 332 (336); aA OGH GRUR-Int. 2014, 181 (182)). Denn auch Kinder als Internet-Nutzer wissen idR, dass Informationen zu angebotenen Waren oder Dienstleistungen auf mehrere, durch Links verbundene Seiten verteilt sein können. Es ist daher kein zusätzlicher (gedanklicher) Schritt zwischen der Aufforderung in der Werbung und der Entstehung des Erwerbsentschlusses erforderlich (BGH WRP 2014, 1447 Rn. 31 – Runes of Magic II). Andernfalls könnte auch das Verbot allzu leicht umgangen werden. – Darauf, ob die Werbung iSv § 4a II 2 geeignet ist, die Unerfahrenheit von Kindern auszunutzen (→ Rn. 28.3; BGH GRUR 2009, 71 Rn. 16 ff. – Sammelaktion für Schoko-Riegel), kommt es bei Anwendung der Nr. 28 nicht an.

Die Kinder müssen sich jedoch stets unmittelbar als potenzielle Käufer angesprochen fühlen **28.10** (jurisPK-UWG/Seichter Nr. 28 Rn. 4). Das ist **nicht** schon der Fall, wenn in der Werbung lediglich Kinder gezeigt werden, die direkt zum Kauf aufgefordert werden (OLG Köln WRP 2013, 92 Rn. 8; jurisPK-UWG/Seichter Nr. 28 Rn. 33; **aA** Harte-Bavendamm/Henning-Bodewig/Stuckel Nr. 28 Rn. 8), oder wenn ein Gruppenzwang in Gestalt von „Mitmachaktionen" ausgeübt wird (str.; aA Mankowski WRP 2008, 421 (425)). Derartige Fälle beurteilen sich nur nach § 4a I iVm § 3 IV 2. Erst recht reicht eine bloße Produktpräsentation an Orten, an denen sich Kinder länger aufhalten („Quengelware" an der Kasse; Kiosk am Strand oder in Spielplatznähe), nicht aus (ebenso OLG Koblenz GRUR-RR 2010, 20 (22); aA Mankowski WRP 2008, 421 (425)).

d) Produktbezug der Werbung. Nach der **deutschen Fassung** des Anh. I Nr. 28 UGP- **28.11** RL hat es den Anschein, als würde Nr. 28 auf die Legaldefinition des Begriffs der „Aufforderung zum Kauf" in Art. 2 lit. i UGP-RL zurückgreifen. Darunter fällt „jede kommerzielle Kommunikation, die die Merkmale des Produkts und den Preis in einer Weise angibt, die den Mitteln der verwendeten kommerziellen Kommunikation angemessen ist und den Verbraucher dadurch in die Lage versetzt, einen Kauf zu tätigen" (dazu EuGH GRUR 2011, 930 Rn. 24 ff. – Ving). In der **englischen Fassung** der UGP-RL wird dagegen zwischen der „invitation to purchase" (Art. 2 lit. i UGP-RL) und der „direct exhortation to children to buy advertised products" (Nr. 28) unterschieden. Auch die **französische Fassung** unterscheidet zwischen „invitation à l'achat" (Art. 2 lit. i UGP-RL) und dem „inciter directement les enfants à acheter … le produit …" (Nr. 28). Dies spricht dafür, bei der Auslegung der Nr. 28 sowohl des Anh. I UGP-RL als auch des Anh. 3 III nicht auf die Legaldefinition in Art. 2 lit. i UGP-RL zurückzugreifen (Köhler WRP 2008, 700 (703)). Eine „unmittelbare Aufforderung" zum Erwerb der beworbenen Produkte setzt daher nicht voraus, dass in der Werbung bereits der **Preis** und die Merkmale dieser Produkte genannt sind (ebenso MüKoUWG/Alexander Nr. 28 Rn. 27; jurisPK-UWG/ Seichter Rn. 15; aA Fuchs WRP 2009, 255 (262); FBO/Scherer Rn. 13; offengelassen in BGH WRP 2014, 164 Rn. 27 – Runes of Magic I). Dafür spricht auch, dass die Schutzbedürftigkeit der Kinder eher noch größer ist, wenn der Preis und die Merkmale der Produkte nicht genannt sind und dass andernfalls die Vorschrift leicht umgangen werden könnte (jurisPK-UWG/Seichter Rn. 15). Andererseits müssen die beworbenen **Produkte** in der Werbung **konkret aufgeführt** sein. Dies geht aus dem insoweit eindeutigen Wortlaut der Vorschrift („die beworbene Ware …") hervor (BGH WRP 2014, 1301 Rn. 19 – Zeugnisaktion). Es genügt also nicht, wenn nur ein allgemeiner Kaufappell ausgesprochen wird, wie bspw.: „Kinder, kommt heute ins X-Geschäft. Es warten viele Überraschungen auf euch." (BGH WRP 2014, 1301 Rn. 19 – Zeugnisaktion) oder wenn – zB in einer Zugabenaktion – ein nur mittelbarer Anreiz zum Erwerb von nicht näher bestimmten Waren gesetzt wird (OGH GRUR-Int. 2013, 817 (820) – Stickeralbum).

e) Aufforderung zum Erwerb der beworbenen Ware oder Dienstleistung. Die Auf- **28.12** forderung muss dahin gehen, **„selbst die beworbene Ware zu erwerben oder die beworbene Dienstleistung in Anspruch zu nehmen"**, also diese Produkte zu „kaufen". Das ist iwS, nämlich iSd Abschlusses eines **entgeltlichen Vertrages** zu verstehen, so dass insbes. auch Miet-, Dienst-, Werk- und Kreditverträge darunter fallen. Ob der Vertrag mit dem Werbenden oder einem Dritten (zB Händler im Falle einer Herstellerwerbung) geschlossen werden soll, ist unerheblich. – Eine Aufforderung zum Kauf liegt dagegen nicht vor, wenn Kinder lediglich aufgefordert werden, eine Ware zu besichtigen oder zu erproben oder ein Angebot einzuholen oder ihre Adressen oder die ihrer Eltern anzugeben oder Informationen im Internet abzurufen (Köhler WRP 2008, 700 (703)).

3. Unmittelbare Aufforderung an Kinder, ihre Eltern oder andere Erwachsene zum Kauf der beworbenen Produkte zu veranlassen

28.13   **a) Grund und Zweck der Regelung.** Bei dieser Variante werden die Kinder als **Absatzhelfer** („Kaufmotivatoren") eingespannt. Es handelt sich gewissermaßen um eine Regelung unzulässiger Laienwerbung (dazu allg. → § 3 Rn. 6.23 ff.). Geschützt werden in diesem Fall nicht nur die Kinder vor einer unzulässigen Einflussnahme auf ihr Kaufverhalten, sondern auch ihre Eltern und sonstige Erwachsene vor einer **„Manipulation"** ihrer Kaufentscheidung durch Kinder (Köhler WRP 2008, 700 (704); Böhler WRP 2011, 827 (832)). Zwar bedürfen Erwachsene an sich keines Schutzes vor unmittelbaren Kaufappellen des Werbers. Dies ändert sich jedoch, wenn Kinder dazu eingesetzt („instrumentalisiert") werden, auf ihre Eltern oder sonstige Erwachsene einzuwirken, ein bestimmtes Produkt zu kaufen. Denn die Widerstandsfähigkeit gegenüber erklärten Wünschen von Kindern ist typischerweise geringer als gegenüber der Werbung durch Unternehmer. Ob die Entscheidungsfreiheit der Eltern oder anderer Erwachsener beeinträchtigt wird oder werden kann, ist – anders als bei Anwendung des § 4a I (zu § 4 Nr. 1 aF vgl. BGH GRUR 2008, 183 Rn. 17 – Tony Taler) – unerheblich (→ Rn. 28.15). Es kommt daher auch nicht darauf an, ob im Einzelfall oder typischerweise diese Personen von sich aus den Kauf des beworbenen Produkts tätigen wollen (Köhler WRP 2008, 700 (704); Böhler WRP 2011, 827 (832); aA FBO/Scherer Anh. UWG Nr. 28 Rn. 25–27).

28.14   **b) Unmittelbare Aufforderung zur Veranlassung.** Die Vorschrift setzt voraus, dass an Kinder eine **unmittelbare Aufforderung** ausgesprochen wird. Ob dies gegenüber individuellen Personen oder gegenüber einer Gruppe erfolgt, ist unerheblich. Entscheidend ist nur, dass sich die Aufforderung **gezielt** an Kinder richtet. Zum Unmittelbarkeitserfordernis → Rn. 28.8 ff. Eine unmittelbare Aufforderung ist daher nicht schon dann anzunehmen, wenn in einer Werbung gezeigt wird, wie Kinder ihre Eltern usw zum Kauf eines Produkts veranlassen. In diesem Fall muss die Beurteilung nach § 4a I, II 2 Nr. 1 erfolgen.

28.15   Es genügt, dass die Kinder ihre Eltern oder sonstige Erwachsene **veranlassen** sollen, ein bestimmtes Produkt zu kaufen. Der Begriff des Veranlassens ist richtlinienkonform im Sinne eines **„Überredens"** (englisch „persuade"; französisch „persuader") auszulegen. Dafür genügt bereits die Äußerung eines **Wunsches** oder einer **Bitte**. Dagegen ist es nicht erforderlich, dass die Kinder auf ihre Eltern oder sonstige Erwachsene Druck in einem Maße ausüben sollen, dass deren freie Willensentschließung wesentlich beeinträchtigt werden kann (aA Fuchs WRP 2009, 255 (265); Nauen ZLR 2008, 488 (498); Scherer NJW 2009, 324 (330)). Vielmehr widerspräche dies gerade der Rechtsnatur des Per-se-Verbots (→ Rn. 28.2). Rechtspolitische Bedenken gegen diese Regelung (vgl. Scherer WRP 2008, 430 (435 f.); Fuchs WRP 2009, 255 (265)) rechtfertigen keine andere Auslegung. Die werbende Wirtschaft wird auch nicht übermäßig beschwert, wenn sie derartige Kaufappelle an Kinder unterlassen muss.

28.16   Die Veranlassung muss sich auf den **Kauf der beworbenen Ware oder Dienstleistung** beziehen. Unerheblich ist, ob sie für die Kinder (zB Spielzeug) oder für die Eltern oder sonstige Erwachsene (zB Auto) oder für beide (zB Urlaubsreise) bestimmt sind (Köhler WRP 2008, 700 (704)).

III. Die Spezialregelung des Art. 9 I lit. g AVMD-RL

28.17   Nach Anh. I Nr. 28 S. 2 UGP-RL soll die Regelung in S. 1 „unbeschadet des Art 16 der Richtlinie 89/552/EWG über die Ausübung der Fernsehtätigkeit" gelten. An die Stelle dieser Vorschrift ist nunmehr **Art. 9 I lit. g AVMD-RL** getreten. Diese Regelung lautet:

g) Audiovisuelle Kommunikation darf nicht zur körperlichen, geistigen oder sittlichen Beeinträchtigung Minderjähriger führen, daher darf sie keine direkten Aufrufe zum Kaufen oder zur Miete von Waren oder Dienstleistungen an Minderjährige richten, die deren Unerfahrenheit und Leichtgläubigkeit ausnutzen, Minderjährige nicht unmittelbar dazu anregen, ihre Eltern oder Dritte zum Kauf der beworbenen Waren oder Dienstleistungen zu bewegen, nicht das besondere Vertrauen Minderjähriger zu Eltern, Lehrern oder anderen Personen haben, oder Minderjährige nicht ohne berechtigten Grund in gefährlichen Situationen zeigen.

28.18   Eine Umsetzung dieser Vorschrift innerhalb der Nr. 28 war entbehrlich, da nach **Art. 3 IV UGP-RL** die AVMD-RL ohnehin Vorrang vor den Bestimmungen der UGP-RL hat (vgl.

Begr. RegE UWG 2008 zu Nr. 28, BT-Drs. 16/10145, 34; offengelassen in BGH WRP 2014, 831 Rn. 32 – Goldbärenbarren). Zum Begriff der ‚audiovisuellen kommerziellen Kommunikation' vgl. Art. 2 lit. h AVMD-RL. Die Regelung in Art. 9 I lit. g AVMD-RL unterscheidet sich von der Nr. 28 dadurch, dass sie den Begriff der „Minderjährigen" und nicht den der „Kinder" verwendet. Auch muss, soweit es die unmittelbare Aufforderung zum Kauf angeht, die Werbung geeignet sein, die „Unerfahrenheit oder Leichtgläubigkeit" der angesprochenen Minderjährigen auszunutzen. Soweit es die Einflussnahme auf Eltern usw. angeht, sind keine sachlichen Unterschiede zu verzeichnen. Weitergehend erfasst Art. 9 I lit. g AVMD-RL noch die Ausnutzung des besonderen Vertrauens von Minderjährigen zu „Eltern, Lehrern und anderen Personen". Dieser Fall ist gegeben, wenn in der Werbung Vertrauenspersonen eingesetzt werden, um Minderjährige zum Kauf eines Produkts zu veranlassen. Die Unlauterkeit solcher Werbemaßnahmen beurteilt sich nach § 4a UWG (vgl. BGH GRUR 2008, 183 Rn. 19 ff. – Tony Taler). Außerdem ist **§ 3a** iVm **§ 6 II JMStV** (idF des 19. Rundfunkänderungsstaatsvertrags) anwendbar (offengelassen in BGH WRP 2014, 831 Rn. 33 – Goldbärenbarren). – Zur Anwendbarkeit der Nr. 28 auf Youtube-Videos in sozialen Netzwerken vgl. Scherer WRP 2019, 277 Rn. 30 ff.

Anh. § 3 Nr. 29

Folgende geschäftliche Handlungen sind gegenüber Verbrauchern stets unzulässig:

Aggressive geschäftliche Handlungen

29. Aufforderung zur Bezahlung nicht bestellter Waren oder Dienstleistungen
  die Aufforderung zur Bezahlung nicht bestellter, aber gelieferter Waren oder erbrachter Dienstleistungen oder eine Aufforderung zur Rücksendung oder Aufbewahrung nicht bestellter Waren;

Die Regelung dient der Umsetzung von Anh. I UGP-RL:

29. Aufforderung des Verbrauchers zur sofortigen oder späteren Bezahlung oder zur Rücksendung oder Verwahrung von Produkten, die der Gewerbetreibende geliefert, der Verbraucher aber nicht bestellt hat (unbestellte Waren oder Dienstleistungen); ausgenommen hiervon sind Produkte, bei denen es sich um Ersatzlieferungen gemäß Artikel 7 Absatz 3 der Richtlinie 97/7/EG handelt.

Schrifttum: Alexander, Die Umsetzung der Verbraucherrechte-Richtlinie und die Auswirkungen auf das Lauterkeitsrecht, WRP 2014, 501; Fritzsche, Anm. zu EuGH Wind Tre, WRP 2018, 1309; Köhler, Unbestellte Waren und Dienstleistungen – Neue Normen, neue Fragen, GRUR 2012, 217; Köhler, Zur richtlinienkonformen Auslegung des neu gefassten § 241a BGB („Unbestellte Leistungen"), FS Gottwald, 2014, 383; Köhler, Unbestellte Leistungen – Die richtlinienkonforme Auslegung am Beispiel des neugefassten § 241a BGB, JuS 2014, 865; Köhler, UWG-Reform 2015: Im Regierungsentwurf nicht angesprochene Defizite bei der Umsetzung der UGP-Richtlinie, WRP 2015, 1037; Scherer, Zum Anwendungsbereich von Nr. 29 des UWG-Anhangs („Schwarze Liste"), WRP 2012, 139.

I. Entstehungsgeschichte, Auslegung, Normzweck und Verhältnis zu anderen Vorschriften

1. Entstehungsgeschichte und Auslegung

Die durch das **UWG 2008** in das UWG eingefügte Vorschrift wurde durch Art. 7 G v.   **29.1** 20.9.2013 (BGBl. 2013 I 3642) im Zuge der Umsetzung der **Verbraucherrechte-RL** geändert. Ferner wurde sie im **2. UWGÄndG** v. 2.12.2015 (BGBl. 2015 I 2158) stärker an den Wortlaut von Anh. I Nr. 29 UGP-RL angenähert. Sie regelt den Fall einer **aggressiven geschäftlichen Handlung,** wie sich aus der Einordnung der entsprechenden Regelung in Anh. I Nr. 29 UGP-RL unter die „aggressiven Geschäftspraktiken" ergibt. Dementsprechend sind für die richtlinienkonforme Auslegung nicht nur Anh. I Nr. 29 UGP-RL, sondern grds. auch die Art. 8 und 9 UGP-RL heranzuziehen (vgl. EuGH GRUR 2018, 1156 = WRP 2018, 1304 Rn. 44 – Wind Tre mAnm Fritzsche). Ob die Aufforderung iSd Nr. 29 als Fall der Belästigung (Köhler GRUR 2012, 217 (218 f.)) oder der unzulässigen Beeinflussung iSd Art. 8 und 9 UGP-RL anzusehen ist, ist letztlich unerheblich, da alle drei Mittel der Beeinflussung rechtlich gleichbehandelt werden. Zur Klärung der Frage, ob eine Aufforderung iSd Nr. 29 vorliegt, lassen sich jedenfalls ergänzend die Kriterien des Art. 9 UGP-RL, insbes. des Art. 9 lit. c UGP-RL heranziehen. – Vielfach wird die Aufforderung zur Bezahlung usw auch ein Element der **Irreführung,** nämlich über eine rechtliche, nicht notwendig vertragliche, Verpflichtung zur Bezahlung usw, enthalten (jurisPK-UWG/Koch Rn. 3). Das ist aber nicht notwendig so. Ob und wie der Unternehmer seine Aufforderung begründet, ist für die Verwirklichung des Tatbestands unerheblich. Daher rechtfertigt sich (entgegen Begr. RegE, BT-Drs. 16/10145, 71) das Unlauterkeitsurteil in erster Linie nicht aus dem Gesichtspunkt der Irreführung, sondern aus dem Gesichtspunkt des aggressiven Verhaltens. Die Nr. 29 stellt auf die in der Handlung des Unternehmers angelegte Drucksituation auf den Verbraucher ab (BGH GRUR 2019, 1202 Rn. 35 – Identitätsdiebstahl I). Wohl aber können im Falle einer Irreführung zusätzlich ein oder mehrere Irreführungstatbestände erfüllt sein. Das ist bspw. der Fall, wenn der Verbraucher der Aufforderung entnimmt, er habe eine Ware oder Dienstleistung bestellt (§ 5 II Nr. 2 Fall 1), auch wenn der Unternehmer schuldlos irrig von einer Bestellung ausgegangen ist (BGH GRUR 2019, 1202 Rn. 16 – Identitätsdiebstahl I). Dies schließt aber die Anwendung der Nr. 29 nicht aus (BGH GRUR 2019, 1202 Rn. 34 – Identitätsdiebstahl I).

2. Normzweck

29.2   Die Vorschrift schützt den Verbraucher vor der Gefahr einer Beeinträchtigung seiner **Entscheidungsfreiheit** (vgl. EuGH GRUR 2018, 1156 = WRP 2018, 1304 Rn. 44 – Wind Tre). Daraus folgt, dass der Erwerb einer Ware oder die Inanspruchnahme einer Dienstleistung eine freie Entscheidung des Verbrauchers sein muss. Dies setzt wiederum voraus, dass der Unternehmer dem Verbraucher klar und angemessen aufklärt und ihn damit in die Lage versetzt, eine informierte Entscheidung treffen zu können (EuGH GRUR 2018, 1156 = WRP 2018, 1304 Rn. 45, 46 – Wind Tre). Dazu gehört auch die Information über den Preis der Ware oder Dienstleistung (EuGH WRP 2021, 455 Rn. 56 – Stichting Waternet). Denn die Lieferung unbestellter Waren und die Erbringung unbestellter Dienstleistungen, verbunden mit der Aufforderung zur Bezahlung, bzw. bei gelieferten Sachen verbunden mit der Aufforderung zur Rücksendung oder Aufbewahrung, bringt den Empfänger ohne seinen Willen in eine Situation, in der er sich mit dem Anliegen des Unternehmers auseinandersetzen muss. Es besteht eine besondere Drucksituation für den Verbraucher (BGH WRP 2022, 172 Rn. 31 – Identitätsdiebstahl II). Selbst wenn er weiß, dass er rechtlich weder zur Zahlung noch zur Rücksendung oder Aufbewahrung verpflichtet ist (vgl. § 241a I BGB), kann er sich veranlasst sehen, dem Ansinnen des Unternehmers Folge zu leisten, sei es, weil er Unannehmlichkeiten bis hin zu einem Rechtsstreit vermeiden will, sei es, weil er sich moralisch dazu verpflichtet sieht (ebenso OLG Hamburg WRP 2021, 671 Rn. 45). Der Verbraucher kann daher in seiner Entscheidungsfreiheit erheblich beeinträchtigt werden und dies kann dazu führen, dass er eine geschäftliche Entscheidung trifft, die er andernfalls nicht getroffen hätte. Allerdings ist es für die Verwirklichung des Tatbestands unerheblich, ob sich diese Gefahr tatsächlich realisiert. Dementsprechend ist es auch unerheblich, ob der Verbraucher sich nachträglich mit der Lieferung der Ware oder der Erbringung der Dienstleistung einverstanden erklärt.

3. Verhältnis zu anderen Vorschriften

29.3   Da Nr. 29 einen Fall einer aggressiven geschäftlichen Handlung regelt (→ Rn. 29.1), kommt ergänzend auch der Tatbestand einer aggressiven geschäftlichen Handlung (§ 4a) in Betracht. Gleichzeitig kann aber auch der Tatbestand der Irreführung iSd Nr. 22 und des § 5 I (BGH WRP 2022, 172 Rn. 35 – Identitätsdiebstahl II) sowie der Nichtkenntlichmachung des kommerziellen Zwecks iSv § 5a IV erfüllt sein. – Daneben ist aber auch das Verbot der unzumutbaren Belästigung nach § 7 I 1 anwendbar (→ § 7 Rn. 77 ff.; jurisPK-UWG/Koch Rn. 4). Die Regelung in Nr. 29 verdrängt nämlich dieses generelle Verbot nicht, sondern ergänzt es (BGH GRUR 2012, 82 Rn. 16 – Auftragsbestätigung). – Zur **bürgerlichrechtlichen Beurteilung** vgl. § 241a BGB, der durch das G v. 20.9.2013 mWv 13.6.2014 in Abs. 1 und Abs. 3 neu gefasst wurde. Damit sollte Art. 27 Verbraucherrechte-RL umgesetzt werden. Allerdings geht der Ausschluss gesetzlicher Rechte des Unternehmers, wie insbes. der Ansprüche nach § 985 BGB und § 812 BGB, über die Vorgaben des Art. 27 Verbraucherrechte-RL in unzulässiger Weise (vgl. Art. 4 Verbraucherrechte-RL) hinaus. Dem ist durch richtlinienkonforme restriktive Auslegung Rechnung zu tragen (Köhler JuS 2014, 865; aA Grüneberg/Grüneberg BGB § 241a Rn. 7).

II. Tatbestand

1. Lieferung einer Ware oder Erbringung einer Dienstleistung

Der Gesetzgeber hatte im UWG 2008 Anh. I Nr. 29 UGP-RL nicht hinreichend genau **29.4**
umgesetzt. Diese Vorschrift bezieht sich nämlich nur auf „Produkte, die der Gewerbetreibende
geliefert, der Verbraucher aber nicht bestellt hat". Dieser Mangel wurde durch die UWG-
Novelle 2015 beseitigt. Die Nr. 29 setzt nunmehr in Übereinstimmung mit der UGP-RL
voraus, dass eine nicht bestellte Ware tatsächlich **geliefert** oder eine nicht bestellte Dienstleistung
tatsächlich **erbracht** worden ist. Der Verbraucher muss also in die Lage versetzt worden sein, auf
die Ware oder Dienstleistung tatsächlich zuzugreifen und sie zu nutzen (BGH WRP 2022, 172
Rn. 30 – Identitätsdiebstahl II). Bei Waren setzt dies voraus, dass sie in den Machtbereich des
Verbrauchers gelangt sind, insbes. er den Besitz erlangt. Bei Dienstleistungen setzt dies voraus,
dass sie gegenüber dem Verbraucher vorgenommen wurden (Reparatur eines Kfz) oder er davon
tatsächlich Gebrauch machen konnte (zB Bereitstellung einer Ferienwohnung oder einer Software).
Die Lieferung einer Ware oder Erbringung einer Dienstleistung an einen Dritten, den der
Unternehmer irrtümlich als Besteller ansieht, reicht daher nicht aus (OLG Hamburg WRP 2021,
671 Rn. 43). – Die bloße Ankündigung der Lieferung einer unbestellten Ware erfüllt daher den
Tatbestand noch nicht, sofern nicht eine Lieferung nachfolgt (jurisPK-UWG/Koch Rn. 4;
anders noch BGH GRUR 2012, 82 Rn. 12 – Auftragsbestätigung; auch MüKoUWG/Alexander
Rn. 23). Eine analoge Anwendung der Nr. 29 oder eine teleologische Tatbestandsextension
(dafür Scherer WRP 2012, 139) ist nicht möglich (→ Rn. 0.8; Köhler GRUR 2012, 217 (219)).
Es liegt allenfalls eine Vorbereitungshandlung vor, die einen vorbeugenden Unterlassungsanspruch begründen kann.

2. Nicht bestellt

„Nicht bestellt" ist eine Ware oder Dienstleistung, deren Lieferung oder Erbringung der **29.5**
Verbraucher nicht angefordert hat. Voraussetzung ist also, dass der Verbraucher noch keine
Erklärung abgegeben hat, in der sein Wille zum Erwerb der betreffenden Ware oder Dienstleistung zum Ausdruck kommt. Ob dies der Fall ist, beurteilt sich aus der Sicht des Empfängers
der Erklärung, wobei auf einen durchschnittlich informierten, aufmerksamen und verständigen
Unternehmer abzustellen ist (EuGH GRUR 2018, 1156 = WRP 2018, 1304 Rn. 50 – Wind
Tre). Eine informierte und damit freie Entscheidung liegt vor, wenn ein Verbraucher eine bereits
zuvor bewohnte Wohnung bezieht, Wasser aus dem öffentlichen Trinkwasserversorgungsnetz
verbraucht, das zu angemessenen Tarifen angeboten wird, und ihm die Entgeltlichkeit der
Wasserversorgung bewusst ist (EuGH WRP 2021, 455 Rn. 58 ff. – Stichting Waternet). Sind
dagegen die Anforderungen an eine informierte und damit auch freie Entscheidung des Verbrauchers nicht erfüllt, ist die Ware oder Dienstleistung als nicht bestellt anzusehen. Beispiele:
Telekommunikationsanbieter vertreibt SIM-Karten, auf denen bestimmte Dienste (zB Internetzugang) vorinstalliert und aktiviert sind, ohne dass der Verbraucher zuvor darüber aufgeklärt
wurde oder weiß, welche Kosten dafür anfallen; dann ist diese Dienstleistung „nicht bestellt"
(EuGH GRUR 2018, 1156 = WRP 2018, 1304 Rn. 47 ff. – Wind Tre). Es werden zu einem
Zeitungsabonnement zusätzlich unbestellte Gratis-Zeitungen geliefert und der Verbraucher soll
dafür nach einer Testphase bei fehlendem Widerspruch ein zusätzliches Entgelt zahlen (OGH
ecolex 2018, 1011). – Mängel der Erklärung, die zu ihrer bürgerlichrechtlichen Unwirksamkeit
führen (zB Geschäftsunfähigkeit; Anfechtung wegen Irrtums), aber für den Unternehmer nicht
erkennbar waren, bleiben daher außer Betracht. Dagegen ist Nr. 29 grds. anwendbar, wenn der
Unternehmer eine andere Ware liefert oder Dienstleistung erbringt als vertraglich vereinbart (zur
irrtümlichen Warenlieferung oder Leistungserbringung → Rn. 29.8). Zum Fall der Ersatzlieferung → Rn. 29.9.

3. Aufforderung zur Bezahlung

Die „Aufforderung zur Bezahlung" kann ausdrücklich (zB durch Beifügung einer Rechnung) **29.6**
oder konkludent (zB durch Angabe des Preises und Angabe der Kontonummer oder Beifügung
eines Überweisungsformulars) erfolgen. Eine Aufforderung zur Bezahlung kann auch in der
Ankündigung der Übersendung einer Rechnung liegen (BGH GRUR 2012, 82 Rn. 18 –
Auftragsbestätigung; Köhler GRUR 2012, 217 (219)). Unerheblich ist, in welche Form die

Aufforderung gekleidet ist, so dass auch die Äußerung einer Bitte genügen kann. Jedoch muss der Durchschnittsverbraucher die Äußerung dahin verstehen, dass eine Bezahlung von ihm erwartet wird. Eine Aufforderung liegt daher noch nicht vor, wenn die Bitte um Bezahlung mit dem ausdrücklichen Hinweis verbunden ist, dass den Verbraucher keine Pflicht zur Zahlung oder Rücksendung oder Aufbewahrung trifft (jurisPK-UWG/Koch Rn. 4; iErg auch Sosnitza WRP 2008, 1014 (1026); Scherer NJW 2009, 324 (330)). Zwar wird auch in diesem Fall ein gewisser psychischer oder moralischer Druck auf den Verbraucher ausgeübt, die Ware oder Dienstleistung nicht als „Geschenk" zu behalten. Doch ist dieses Verhalten nur nach § 7 I zu beurteilen. Die bloße unbestellte Zusendung von Waren oder Erbringung von Dienstleistungen, ohne dass damit eine Zahlungsaufforderung verbunden ist, erfüllt von vornherein den Tatbestand der Nr. 29 nicht. Dieses Verhalten beurteilt sich nur nach § 7 I.

4. Aufforderung zur Rücksendung oder Verwahrung

29.7   Die „Aufforderung zur Rücksendung oder Verwahrung" – meist für den Fall der Nicht-bezahlung vorgesehen – kann ebenfalls ausdrücklich oder konkludent erfolgen. Unerheblich ist es auch, wenn der Unternehmer anbietet, die Kosten für die Rücksendung oder Verwahrung zu übernehmen. Denn auch in diesem Fall bleibt die Belastung (und damit Belästigung) des Verbrauchers mit der Mühe der Verwahrung oder Rücksendung bestehen.

5. Subjektive Voraussetzungen

29.8   Die Nr. 29 stellt keine subjektiven Voraussetzungen auf. Es stellt sich aber die Frage, ob diese Vorschrift auch dann anwendbar ist, wenn der Unternehmer **irrtümlich** von einer Bestellung ausging, etwa weil die Ware von einem Dritten unter dem Namen des Belieferten bestellt wurde oder unter derselben Adresse mehrere Personen gleichen Namens wohnen (vgl. dazu § 241a II BGB). Nach der bisher hM war Nr. 29 auf diese Fälle nicht anzuwenden (vgl. BGH GRUR 2012, 82 Rn. 18 – Auftragsbestätigung; Köhler GRUR 2012, 217 (220); jurisPK-UWG/Koch Rn. 5). Dagegen spricht jedoch, dass die Vorschrift auf die objektive Handlung des Unternehmers und die daraus resultierende Drucksituation des Verbrauchers abstellt. Da es sich um ein per-se-Verbot handelt, dürfen Umstände des Einzelfalls, wie Motive, Irrtum oder Verschulden des Unternehmers, insbes. Vorhersehbarkeit und Vermeidbarkeit von missbräuchlichen Bestellungen Dritter, nicht berücksichtigt werden. Denn nur so kann größtmögliche Rechtssicherheit geschaffen und das Ziel eines hohen Verbraucherschutzniveaus verwirklicht werden (BGH 2019, 1202 Rn. 34 – 38 – Identitätsdiebstahl I). Jedoch sind Waren nur dann als „geliefert" und Dienstleistungen nur dann als „erbracht" iSv Nr. 29 anzusehen, wenn sie den zur Zahlung aufgeforderten Verbraucher in einer Weise erreicht haben, dass dieser tatsächlich in der Lage ist, sie zu nutzen oder sonst über ihre Verwendung zu bestimmen (BGH WRP 2022, 172 Rn. 30 – Identitätsdiebstahl II). Das bloße Inaussichtstellen einer Warenlieferung oder Dienstleistungs-erbringung genügt nicht (BGH WRP 2022, 172 Rn. 30 – Identitätsdiebstahl II). –Zur Frage, ob die Zusendung einer unberechtigten Zahlungsaufforderung eine Irreführung iSd § 5 I darstellen kann, wenn der Unternehmer irrtümlich, aber nicht vorwerfbar von einer Bestellung ausging, vgl. OLG Hamburg WRP 2021, 671 Rn. 48 ff.

6. Ersatzlieferungen

29.9   Nr. 29 aF enthielt im letzten Halbsatz die Einschränkung „sofern es sich nicht um eine nach den Vorschriften über den Fernabsatz zulässige Ersatzlieferung handelt". Damit waren Ersatz-lieferungen iSd Art. 7 III Fernabsatz-RL gemeint. Diese Einschränkung wurde aber im Zuge der Umsetzung der Verbraucherrechte-RL beseitigt, da diese ihrerseits die Fernabsatz-RL aufgehoben hat, aber keine entsprechende Bestimmung enthält. Dementsprechend wurde auch § 241a III aF BGB aufgehoben. – Wird dem Verbraucher daher statt der bestellten eine nach Qualität und Preis **gleichwertige** Leistung geliefert und er aufgefordert, sie zu bezahlen usw, erfüllt dies den Tatbestand der Nr. 29. Anders verhält es sich, wenn eine Ersatzlieferung lediglich angeboten wird, weil dies noch nicht den Tatbestand der Nr. 29 erfüllt.

7. Rechtfertigungsgrund

29.10   Nr. 29 ist nicht anwendbar, wenn dem Unternehmer ein Rechtfertigungsgrund, wie etwa Geschäftsführung ohne Auftrag (§§ 677, 683 BGB), zur Seite steht. Beispiel: Arzt behandelt ein bewusstloses Unfallopfer und stellt ihm anschließend eine Rechnung in Höhe der üblichen Vergütung (vgl. Grüneberg/Sprau BGB § 683 Rn. 8).

Anh. § 3 Nr. 30

Folgende geschäftliche Handlungen sind gegenüber Verbrauchern stets unzulässig:

Aggressive geschäftliche Handlungen

30. Angaben über die Gefährdung des Arbeitsplatzes oder des Lebensunterhalts
die ausdrückliche Angabe, dass der Arbeitsplatz oder der Lebensunterhalt des
Unternehmers gefährdet sei, wenn der Verbraucher die Ware oder Dienstleistung
nicht abnehme;

Die Regelung dient der Umsetzung von Anh. I UGP-RL:

30. Ausdrücklicher Hinweis gegenüber dem Verbraucher, dass Arbeitsplatz oder Lebensunterhalt des Gewerbetreibenden gefährdet sind, falls der Verbraucher das Produkt oder die Dienstleistung nicht erwirbt.

Es handelt sich um einen Fall der **unzulässigen Beeinflussung** iSd § 4a I 2 Nr. 3. Der **30.1** Verbraucher wird durch die Angabe moralisch unter Druck gesetzt, einen Vertrag über eine bestimmte Ware oder Dienstleistung abzuschließen, um damit seine Hilfsbereitschaft und Unterstützung zu beweisen. Unter **Unternehmer** sind in richtlinienkonformer Auslegung des § 2 I Nr. 8 am Maßstab des Art. 2 lit. b UGP-RL zwar auch und vor allem die im Namen oder Auftrag eines anderen Unternehmers handelnden Unternehmer zu verstehen, nicht dagegen unselbständig beruflich tätige Personen (EuGH WRP 2013, 1575 Rn. 38 – RLvS Verlagsgesellschaft). Allerdings werden geschäftliche Handlungen iSd Nr. 30 typischerweise von unselbständig beruflich tätigen Werbern („Drückern") vorgenommen. Die Vorschrift liefe daher weitgehend leer, wollte man sie nicht auch auf diese Personen anwenden, nämlich in der Weise, dass der Unternehmer, für diese Personen tätig sind, sich deren Verhalten zurechnen lassen muss (§ 8 II). Praktische Bedeutung kann die Vorschrift insbes. beim Direktvertrieb von Waren oder Dienstleistungen „an der Haustür", in der Öffentlichkeit oder am Telefon erlangen (zB Zeitschriftenvertrieb).

Der Hinweis auf die Gefährdung von Arbeitsplatz oder Lebensunterhalt muss **ausdrücklich** **30.2** erfolgen. Es genügt also nicht, wenn der Verbraucher auf Grund sonstiger Umstände den Eindruck gewinnt, dass es zu einer solchen Gefährdung kommt, wenn er nichts kauft (zB Auftreten des Werbers in Bettelhaltung). Ein ausdrücklicher Hinweis ist aber auch dann anzunehmen, wenn der Werber erklärt, er sei strafentlassen und würde rückfällig werden, wenn ihm nichts abgekauft werde. Dagegen reichen zB Räumungsverkäufe wegen Insolvenz oder der Verkauf einer Obdachlosenzeitung nicht aus (aA Hoeren BB 2008, 1182 (1191)). Der Hinweis muss **gegenüber dem Verbraucher** erfolgen. Das setzt einen unmittelbaren persönlichen Kontakt, etwa durch Hausbesuch oder telefonische Ansprache, voraus (jurisPK-UWG/Seichter Rn. 3. Allgemeine Ansprachen über Massenmedien reichen daher nicht aus (nicht eindeutig Henning-Bodewig WRP 2006, 621 (625)). Andererseits ist nicht erforderlich, dass die Entscheidungsfreiheit oder die rationale Entscheidungsfähigkeit des verständigen Verbrauchers beeinträchtigt wird (so aber Scherer NJW 2009, 324 (331)), weil es sich um ein Per-se-Verbot handelt.

Der Hinweis auf **sonstige Notlagen** oder **Bedürfnisse,** die nicht den Arbeitsplatz oder den **30.3** Lebensunterhalt betreffen (zB der Wunsch, sich eine Ausbildung leisten zu können), reicht nicht aus. Erst recht genügt nicht ein Hinweis auf Gefahren für Dritte oder die Umwelt, denen mit dem Kauf des Produkts begegnet werden soll. Derartige Fälle sind nur nach § 4a und § 5 zu beurteilen.

Ob der Verbraucher sich auf Grund des Hinweises zum Abschluss eines Vertrags entschließt, **30.4** ist unerheblich.

Anh. § 3 Nr. 31

Aggressive geschäftliche Handlungen

31. Irreführung über Preis oder Gewinn
die unwahre Angabe oder das Erwecken des unzutreffenden Eindrucks, der Verbraucher habe bereits einen Preis gewonnen oder werde ihn gewinnen oder werde durch eine bestimmte Handlung einen Preis gewinnen oder einen sonstigen Vorteil erlangen, wenn
a) es einen solchen Preis oder Vorteil tatsächlich nicht gibt oder
b) die Möglichkeit, einen solchen Preis oder Vorteil zu erlangen, von der Zahlung eines Geldbetrags oder der Übernahme von Kosten abhängig gemacht wird.

Die Regelung dient der Umsetzung von Anh. I UGP-RL:

31. Erwecken des fälschlichen Eindrucks, der Verbraucher habe bereits einen Preis gewonnen, werde einen Preis gewinnen oder werde durch eine bestimmte Handlung einen Preis oder einen sonstigen Vorteil gewinnen, obwohl:
– es in Wirklichkeit keinen Preis oder sonstigen Vorteil gibt, oder
– die Möglichkeit des Verbrauchers, Handlungen in Bezug auf die Inanspruchnahme des Preises oder eines sonstigen Vorteils vorzunehmen, in Wirklichkeit von der Zahlung eines Betrags oder der Übernahme von Kosten durch den Verbraucher abhängig gemacht wird.

Schrifttum: Boesche, Drum kopple, was sich (nicht) ewig bindet – Hohe Hürde der gemeinschaftsrechtlichen Unzulässigkeit von Kopplungsangeboten, WRP 2011, 1345; Göckler, Die Bedeutung der Purely Creative Entscheidung für die UGP-Richtlinie, WRP 2014, 1167; Köhler, „Gratuliere, Sie haben gewonnen!" – neue Kontrollmaßstäbe für Gewinnmitteilungen, GRUR 2012, 1211; Köhler, Die Rechte des Verbrauchers bei unlauteren Gewinnmitteilungen, K&R 2012, 788; Namyslwoska, Der Preis ist heiß – Urteil des Gerichtshofs der Europäischen Union vom 18.12.2012 in der Rs. C-428/11 (Purely Creative ua/Office of Fair Trading, euvr 2013, 97; Scherer, Massiver Irrtum bei Nr. 17 der „Schwarzen Liste" des UWG-Anhangs?, WRP 2013, 143.

I. Normcharakter und Normzweck

31.1   Die Vorschrift entspricht Anh. I Nr. 31 UGP-RL. Diese regelt nach Auffassung des EuGH – entgegen dem ersten Anschein – keinen Fall einer irreführenden, sondern einer **aggressiven Geschäftspraktik.** Dafür spricht, dass die Nr. 24–31 unter der Überschrift „aggressive Geschäftspraktiken" zusammengefasst sind (EuGH GRUR 2012, 1269 = WRP 2012, 1509 Rn. 38, 41, 49 – Purely Creative). Die Vorschrift will nach Auffassung des EuGH verhindern, dass Unternehmer die **psychologische Wirkung** der Erwähnung eines **„Preises"** ausnutzen, weil die Bezeichnung als „Preis" die Verbraucher zu einer **„nicht immer rationalen" geschäftlichen Entscheidung veranlassen könne** (EuGH GRUR 2012, 1269 = WRP 2012, 1509 Rn. 38, 49 – Purely Creative). Das ist im Hinblick auf das Verbraucherleitbild der UGP-RL (ErwGr. 18 UGP-RL) wenig überzeugend (vgl. Scherer WRP 2013, 143 Rn. 17 ff.). Insbes. ist zw., ob es sich dabei um eine Erscheinungsform der „unzulässigen Beeinflussung" iSd Art. 8 UGP-RL handelt. Jedenfalls sollte diese Deutung des EuGH nicht für die Auslegung der Art. 8 und 9 UGP-RL herangezogen werden (vgl. Köhler FS Bornkamm, 2014, 393 (402 ff.); aA wohl jurisPK-UWG/Seichter Rn. 9 aE). Allerdings ist der Unionsgesetzgeber darin frei, im Anh. I UGP-RL eine Geschäftspraktik zu einer aggressiven zu erklären. Zutreffend ist auch, dass dem Merkmal der „unwahren Angabe oder des Erweckens des unzutreffenden Eindrucks" keine eigenständige Bedeutung zukommt (EuGH GRUR 2012, 1269 = WRP 2012, 1509 Rn. 28–30 – Purely Creative). Vielmehr wird damit lediglich verstärkt ausgedrückt, dass in den beiden in der Vorschrift genannten Fällen ein Eindruck vermittelt wird, der nicht der Wirklichkeit entspricht. – Nicht zu leugnen ist allerdings, dass in der Sache das **Irreführungselement** bei der Nr. 31 im Vordergrund steht (vgl. Köhler GRUR 2012, 1211; Scherer WRP 2013, 143 Rn. 9 ff.).

II. Abgrenzung

31.2   Von der Regelung in Nr. 31 zu unterscheiden sind die **Irreführungstatbestände** der Nr. 19 und 20. Die Nr. 19 knüpft an die Einräumung einer bloßen Gewinnchance an, während bei

Nr. 31 ein wirklicher Gewinn („Preis" oder „sonstiger Vorteil" in Aussicht gestellt wird (vgl. Begr. RegE UWG 2008 zu Nr. 17 (aF), BT-Drs. 16/10145, 33). Die Regelung in Nr. 20 (= Anh. I Nr. 20 UGP-RL; dazu EuGH GRUR 2012, 1269 = WRP 2012, 1509 Rn. 49 – Purely Creative) knüpft an Gratisangebote von Waren und Dienstleistungen an.

III. Tatbestand

1. Geschäftliche Handlung

Die Vorschrift setzt unausgesprochen, weil selbstverständlich, voraus, dass der Maßnahme eine **31.3** **geschäftliche Handlung** iSv § 2 I Nr. 2 (= Nr. 1 aF) zu Grunde liegt. Sie muss also von einem Unternehmer ausgehen und in einem objektiven Zusammenhang mit der Förderung des Absatzes von Waren oder Dienstleistungen stehen. Erfasst wird daher insbes. die Kopplung der Mitteilung mit dem Produktabsatz, wie etwa das Versprechen eines Preises an die ersten zwanzig Kunden (wie hier Sosnitza WRP 2008, 1014 (1024)). Es genügt aber auch, dass durch die Gewinnankündigung usw Verbraucher lediglich angelockt werden.

2. Unwahre Angabe oder Erwecken des unzutreffenden Eindrucks eines sicheren Gewinns eines Preises oder sonstigen Vorteils

Aus der Äußerung des Unternehmers muss hervorgehen, dass der Verbraucher bereits einen **31.4** Preis gewonnen habe oder gewinnen werde oder durch eine bestimmte Handlung einen Preis gewinnen oder einen sonstigen Vorteil erlangen werde. Von der bloßen Veranstaltung eines **Gewinnspiels** oder **Preisausschreibens** oder einer sonstigen Verkaufsförderungsmaßnahme **unterscheidet** sich eine solche Äußerung dadurch, dass der Gewinn oder der sonstige Vorteil als **sicher** hingestellt werden. Erfasst werden aber auch unerbetene Gewinnbenachrichtigungen, etwa mittels Drucksachen, automatischer Anrufe oder E-Mails („Gratuliere, Sie haben gewonnen"). Unter **„Preis"** ist dabei ein Geldbetrag oder eine Ware oder Dienstleistung zu verstehen (wie hier jurisPK-UWG/Seichter Rn. 3). Der **„sonstige Vorteil"** kann in jeder sonstigen materiellen oder immateriellen Vergünstigung, wie etwa eine Vorzugsbehandlung oder Ehrung, bestehen. Die Äußerung ist dann unwahr oder erweckt einen unzutreffenden Eindruck, wenn es in Wahrheit einen solchen Preis oder Vorteil gar nicht gibt oder wenn jedenfalls die Möglichkeit, einen Preis oder sonstigen Vorteil zu erlangen, von der Zahlung eines Geldbetrags oder der Übernahme von Kosten abhängig gemacht wird. Maßgebend ist, wie der Durchschnittsverbraucher bzw. das durchschnittliche Mitglied der angesprochenen Verbrauchergruppe (vgl. § 3 II 2) die Äußerung versteht.

3. Fehlen eines Preises oder sonstigen Vorteils

Die erste Variante, dass es entgegen der Ankündigung in Wirklichkeit keinen Preis oder **31.5** sonstigen Vorteil gibt, stellt zugleich einen Fall der Irreführung durch positives Tun dar. Ein Verschulden des Werbenden ist nicht erforderlich. Nicht erfasst wird jedoch der Fall, dass **nach** der Ankündigung die Preise oder Vorteile wegfallen (zB Diebstahl oder Untergang der Sachpreise) und der Unternehmer dies nicht vorhersehen konnte. Die Beweislast dafür trägt jedoch der Unternehmer.

4. Abhängigkeit von einer Zahlung oder Kostenübernahme

a) Allgemeines. Die zweite Variante betrifft den Fall, dass der Verbraucher nur dann in den **31.6** Genuss des Preises oder sonstigen Vorteils gelangt, wenn er dafür eine **Zahlung leistet** oder **Kosten übernimmt.** Dabei ist zwischen der **Beschreibung des Preises** (oder sonstigen Vorteils) als solchen und seiner **Inanspruchnahme** zu unterscheiden. Der Unternehmer muss den Verbraucher aufklären, welchen Preis er gewonnen hat und worin dieser besteht. Das betrifft die Verfügbarkeit der Information, den Informationsträger sowie die Lesbarkeit der Texte und ihre Klarheit und Verständlichkeit. Diese Informationen müssen so **klar und verständlich** sein, dass die angesprochenen Verbraucher eine informierte Entscheidung treffen können. Maßgebend ist das Verständnis des durchschnittlichen Mitglieds der angesprochenen Gruppe von Verbrauchern (§ 3 IV; EuGH GRUR 2012, 1269 = WRP 2012, 1509 Rn. 50–55 – Purely Creative). So müssen etwa bei der Ausschreibung einer Kreuzfahrt als Preis deren Termine, Abfahrts- und Ankunftsorte und die Unterkunfts- und Verpflegungsbedingungen erkennbar sein (EuGH GRUR 2012, 1269 = WRP 2012, 1509 Rn. 56 – Purely Creative). Von der Beschreibung des

Preises hängt dann auch ab, ob und welche Handlungen des Verbrauchers in Bezug auf die Inanspruchnahme des Preises erforderlich sind (zB Erkundigungen nach der Natur des Preises oder dessen Entgegennahme). So macht es einen Unterschied, ob der Preis in der „Eintrittskarte" für ein Fußballspiel oder – ohne nähere Angabe – im „Besuch" dieses Spiels besteht. Im letzteren Fall fallen dem Unternehmer die Fahrtkosten zur Last, so dass er den Besuch des Spiels nicht von der Übernahme dieser Kosten durch den Verbraucher abhängig machen darf (EuGH GRUR 2012, 1269 = WRP 2012, 1509 – Purely Creative).

31.7   **b) „Zahlung eines Geldbetrags".** Dazu gehört auch der Fall, dass der Veranstalter eines Gewinnspiels die Aushändigung des Gewinns vom entgeltlichen Erwerb einer Ware oder Dienstleistung abhängig macht (so iErg auch Begr. RegE UWG 2008 zu Nr. 17aF, BT-Drs. 16/10145, 33).

31.8   **c) „Übernahme von Kosten".** Damit sind die Kosten für die Beschaffung von Informationen über den Preis oder über die Modalitäten seiner Inanspruchnahme gemeint. So etwa die Kosten für die telefonische oder briefliche Erkundigung beim Unternehmer, ob und welcher Preis gewonnen wurde sowie die Kosten für die Abholung oder Zusendung einer Ware und die Kosten für Inanspruchnahme einer Dienstleistung. Wie hoch diese Kosten sind, ist unerheblich. Die Vorschrift greift auch dann ein, wenn im Vergleich zum Wert des Preises nur **geringfügige** Kosten anfallen oder wenn die Kosten dem Unternehmer keinen Vorteil bringen (EuGH GRUR 2012, 1269 = WRP 2012, 1509 Rn. 42, 47, 48, 57 – Purely Creative: Kosten für eine Briefmarke ausreichend). Unerheblich ist es auch, dass der Unternehmer dem Verbraucher mehrere Möglichkeiten anbietet, den Preis oder Vorteil in Anspruch zu nehmen, sofern auch nur eine davon die Übernahme von Kosten voraussetzt (EuGH GRUR 2012, 1269 = WRP 2012, 1509 Rn. 50, 57 – Purely Creative).

31.9   **d) Unerheblichkeit einer vorherigen Information über anfallende Zahlungen und Kosten.** Es spielt es keine Rolle, dass der Unternehmer den Verbraucher **vorab** darüber unterrichtet, dass die Inanspruchnahme des Preises oder des Vorteils von der Zahlung eines Betrags oder von der Übernahme bestimmter Kosten abhängt und damit eine Irreführung des Verbrauchers ausgeschlossen wird. Denn ein Preis, für den der Verbraucher etwas bezahlen muss, darf nicht als „Preis" eingestuft werden (EuGH GRUR 2012, 1269 = WRP 2012, 1509 Rn. 49 – Purely Creative). Insoweit unterscheidet sich der Tatbestand der Nr. 31 von dem Irreführungstatbestand der Nr. 20 (= Anh. I Nr. 20 UGP-RL; EuGH GRUR 2012, 1269 = WRP 2012, 1509 Rn. 49 – Purely Creative).

Anh. § 3 Nr. 32

Folgende geschäftliche Handlungen sind gegenüber Verbrauchern stets unzulässig:

Aggressive geschäftliche Handlungen

32. Aufforderung zur Zahlung bei unerbetenen Besuchen in der Wohnung eines Verbrauchers am Tag des Vertragsschlusses
bei einem im Rahmen eines unerbetenen Besuchs in der Wohnung eines Verbrauchers geschlossenen Vertrag die an den Verbraucher gerichtete Aufforderung zur Bezahlung der Ware oder Dienstleistung vor Ablauf des Tages des Vertragsschlusses; dies gilt nicht, wenn der Verbraucher einen Betrag unter 50 Euro schuldet.

Die Regelung hat ihre Grundlage nicht im Anh. I UGP-RL, sondern in Art. 3 V UGP-RL:

(5) Diese Richtlinie hindert die Mitgliedstaaten nicht daran, Bestimmungen zum Schutz der berechtigten Interessen der Verbraucher in Bezug auf aggressive oder irreführende Vermarktungs- oder Verkaufspraktiken im Zusammenhang mit unerbetenen Besuchen eines Gewerbetreibenden in der Wohnung eines Verbrauchers oder Ausflügen, die von einem Gewerbetreibenden in der Absicht oder mit dem Ergebnis organisiert werden, dass für den Verkauf von Produkten bei Verbrauchern geworben wird oder Produkte an Verbraucher verkauft werden, zu erlassen. Diese Bestimmungen müssen verhältnismäßig, nicht diskriminierend und aus Gründen des Verbraucherschutzes gerechtfertigt sein.

I. Entstehungsgeschichte und Normzweck

Die Nr. 32 wurde durch das G zur Stärkung des Verbraucherschutzes im Wettbewerbs- und **32.1** Gewerberecht v. 10.8.2021 (BGBl. 2021 I 3504) in den Anh. zu § 3 III eingefügt (vgl. dazu BT-Drs. 19/30527, 12, 13 v. 9.6.2021). Sie trat am 28.5.2022 in Kraft. Ihr Zweck ist der Schutz der wirtschaftlichen Interessen von Verbrauchern, die nach dem Abschluss eines Vertrages über Waren oder Dienstleistungen im Rahmen eines unerbetenen Hausbesuch zur Zahlung des geschuldeten Betrags noch am gleichen Tag veranlasst werden, es sei denn, dieser liegt unter 50 Euro.

II. Unionsrechtliche Grundlage der Nr. 32

Nr. 32 ist auf Art. 3 V UGP-RL gestützt. Diese Bestimmung wurde durch die RL (EU) **32.2** 2019/2161 in die UGP-RL eingefügt. Nach ihrem **Wortlaut** gestattet sie es den Mitgliedstaaten, „Bestimmungen zum Schutz der berechtigten Interessen der Verbraucher in Bezug auf aggressive oder irreführende Vermarktungs- oder Verkaufspraktiken im Zusammenhang mit unerbetenen Besuchen eines Gewerbetreibenden in der Wohnung eines Verbrauchers … zu erlassen". Das könnte dahin auszulegen sein, dass die Mitgliedstaaten berechtigt sein sollen, Regelungen hinsichtlich einer Verschärfung der bestehenden Vorschriften der UGP-RL über aggressive oder irreführende Geschäftspraktiken, also die Art. 6–9 UGP-RL und den Anh. I UGP-RL, für den Fall eines unerbetenen Hausbesuchs zu treffen. Wäre dieser Auslegung zu folgen, so bestünden gegen die Nr. 32 keine unionsrechtlichen Bedenken. – Möglich ist aber auch die Auslegung, dass Art. 3 V UGP-RL den Anwendungsbereich der UGP-RL nicht einschränken, sondern es den Mitgliedstaaten lediglich gestatten soll, Bestimmungen zu erlassen, die sich auf die Regelung des unerbetenen Besuchs eines Gewerbetreibenden in der Wohnung eines Verbrauchers beziehen und insoweit dem zusätzlichen Schutz der berechtigten Interessen der Verbraucher vor unlauteren Geschäftspraktiken dienen. Dazu geben die ErwGr. 54–56 RL (EU) 2019/2161 nähere Erläuterungen, die es ermöglichen, die Nr. 32 daraufhin zu überprüfen, ob sie durch Art. 3 V UGP-RL gerechtfertigt ist.

III. Vereinbarkeit der Nr. 32 mit Art. 3 V UGP-RL?

1. Ausgangslage

Nach ErwGr. 54 S. 1 RL (EU) 2019/2161 stellen Verkäufe außerhalb von Geschäftsräumen **32.3** zwar einen legitimen und bewährten Verkaufskanal dar, jedoch könnten einige besonders aggressive oder irreführende Vermarktungspraktiken im Zusammenhang ua mit Besuchen in der Wohnung des Verbrauchers den Verbraucher unter Druck setzen, Waren zu kaufen oder Dienstleistungen in Anspruch zu nehmen, die er ansonsten nicht kaufen oder in Anspruch nehmen würden, bzw. Käufe zu übertuerten Preisen zu tätigen, für die oftmals eine sofortige Zahlung zu leisten ist. Solche Praktiken würden häufig auf ältere Menschen oder sonstige schutzbedürftige Verbraucher abzielen (ErwGr. 54 S. 2 RL (EU) 2019/2161). Einige Mitgliedstaaten würden diese Praktiken für nicht wünschenswert halten und es für erforderlich erachten, bestimmte Formen und Aspekte von Verkäufen außerhalb von Geschäftsräumen, zB die aggressive und irreführende Vermarktung oder den Verkauf eines Produkts im Rahmen eines unerbetenen Besuchs in der Wohnung des Verbrauchers zu beschränken (ErwGr. 54 S. 3 RL (EU) 2019/ 2161). Würden solche Beschränkungen aus anderen Gründen als aus denen des Verbraucherschutzes, etwa des öffentlichen Interesses oder des in Art. 7 GRCh verankerten Schutzes der Achtung des Privatlebens der Verbraucher, eingeführt, so würden sie nicht in den Anwendungsbereich der UGP-RL fallen (ErwGr. 54 S. 4 RL (EU) 2019/2161; vgl. auch EuGH WRP 2021, 455 Rn. 51, 52 – Stichting Waternet). – Dem deutschen Gesetzgeber hätte es daher freigestanden, eine der Nr. 32 inhaltlich entsprechende Regelung, etwa im Rahmen des § 7 (unzumutbare Belästigung), zu erlassen, da diese Bestimmung nur dem Schutz der Privatsphäre des Verbrauchers dient (vgl. BGH WRP 2019, 879 Rn. 12 – WiFiSpot). Er hat sich jedoch dafür entschieden, in Gestalt der Nr. 32 eine verbraucherschützende Regelung innerhalb des Anwendungsbereichs der RL 2005/29/EG und zwar in Gestalt eines Per-se-Verbots in Erweiterung der Liste der aggressiven geschäftlichen Handlungen im Anh. § 3 III zu treffen. Die Begründung dafür (in BT-Drs. 19/30527, 13) entspricht zwar den Feststellungen in ErwGr. 54 RL (EU)

2019/2161. Die entscheidende Frage ist aber, ob die Regelung in Nr. 32 mit der UGP-L vereinbar ist. Hierauf bezieht sich ErwGr. 55 RL (EU) 2019/2161.

2. Rechtfertigung der Nr. 32 durch ErwGr. 55 RL (EU) 2019/2161?

32.4   Eine Klarstellung erfolgt in ErwGr. 55 RL (EU) 2019/2161. Danach soll im Einklang mit dem **Subsidiaritätsprinzip** und zur Erleichterung der Durchsetzung klargestellt werden, dass die UGP-RL die Freiheit der Mitgliedstaaten unberührt lässt,

> *„Bestimmungen zu erlassen, die dem zusätzlichen Schutz der berechtigten Interessen der Verbraucher vor unlauteren Geschäftspraktiken im Zusammenhang mit unerbetenen Besuchen eines Gewerbetreibenden in der Wohnung eines Verbrauchers zwecks Angebot oder Verkauf von Waren …dienen, sofern diese Bestimmungen aus Gründen des Verbraucherschutzes gerechtfertigt sind. Diese Bestimmungen sollten verhältnismäßig und nichtdiskriminierend sein und diese Verkaufskanäle als solche nicht verbieten. In den von den Mitgliedstaaten erlassenen Bestimmungen könnte beispielsweise eine Tageszeit festgelegt werden, zu der Besuche in der Wohnung des Verbrauchers ohne dessen ausdrücklichen Wunsch nicht zulässig sind, derartige Besuche könnten untersagt werden, wenn der Verbraucher erkennbar zu verstehen gegeben hat, dass er sie nicht wünscht, oder es könnte das Zahlungsverfahren vorgeschrieben werden. “*

32.5   Dieser ErwGr. gibt den Inhalt des Art. 3 V UGP-RL wieder. Diese Bestimmung stellt keine Öffnungsklausel in dem Sinne dar, dass die Mitgliedstaaten Regelung innerhalb des eigentlichen Anwendungsbereichs der UGP-RL treffen dürften. Vielmehr gibt sie, gestützt auf das unionsrechtliche Subsidiaritätsprinzip (Art. 5 I und II EUV), den Mitgliedstaaten die Möglichkeit, Bestimmungen zu erlassen, die dem **zusätzlichen** Schutz der Verbraucher vor unlauteren Geschäftspraktiken im Zusammenhang mit ua unerbetenen Besuchen eines Gewerbetreibenden in der Wohnung des Verbrauchers zwecks Angebot oder Verkauf von Waren dienen. „Zusätzlich“ bedeutet in diesem Zusammenhang einen Schutz, der über den Schutz vor aggressiven und irreführenden Geschäftspraktiken iSd UGP-RL hinausgeht und sich ua auf den Verkaufskanal des Hausbesuchs bezieht. Die betreffenden Regelungen dürfen diesen Vertriebskanal als solchen nach ErwGr. 55 S. 2 RL (EU) 2019/2161 nicht verbieten. Es geht allein um Regelungen hinsichtlich des „unerbetenen“ Hausbesuchs, weil die UGP-RL dazu keine speziellen Regelungen trifft. Erhärtet wird dieser Befund durch Beispiele für mögliche zusätzliche verbraucherschützende Regelungen der Mitgliedstaaten in ErwGr. 55 S. 3 RL (EU) 2019/2161. Sie beziehen sich auf die Konkretisierung der Begriffe des „unerbetenen“ Hausbesuchs und des „Zahlungsverfahrens“, aber nicht auf ein unlauteres geschäftliches Handeln des Unternehmers während des Hausbesuchs. Die Nr. 32 regelt demgegenüber gerade nicht die Voraussetzungen, unter denen ein Hausbesuch als „unerbeten“ einzustufen ist. Sie regelt auch nicht ein bestimmtes „Zahlungsverfahren“, sondern knüpft lediglich an die „Aufforderung“, die gekaufte Ware oder Dienstleistung vor Ablauf des Tages des Vertragsschlusses zu bezahlen, an. Dieses Tatbestandsmerkmal betrifft aber den unmittelbaren Anwendungsbereich der UGP-RL (vgl. die Parallelregelung in Anh. I Nr. 29 UGP-RL: „Aufforderung … zur … Bezahlung“).

32.5a   Bestätigt wird dieser Befund durch ErwGr. 56 RL (EU) 2019/2161. Seinem S. 3 ist nämlich zu entnehmen, dass aggressive und irreführende Praktiken im Rahmen von Veranstaltungen außerhalb der Geschäftsräume eines Gewerbetreibenden, wozu eben nach ErwGr. 54 S. 1 RL (EU) 2019/2161 auch Besuche in der Wohnung eines Verbrauchers gehören, „auf Grundlage einer Einzelfallprüfung gemäß den Art. 5–9 UGP-RL verboten werden können“. Weiter heißt es im S. 4: „Zudem enthält Anhang I der genannten Richtlinie ein allgemeines Verbot von Praktiken, bei denen der Gewerbetreibende den Eindruck erweckt, er handle nicht für Zwecke seines Berufs, sowie von Praktiken, bei denen der Eindruck erweckt wird, der Verbraucher könne die Räumlichkeiten ohne Vertragsschluss nicht verlassen.“ Damit sind die Nr. 22 und – mit Bezug auf „Ausflüge iSd Art. 2 Nr. 8 Verbraucherrechte-RL – Nr. 24 gemeint. An diese Feststellungen knüpft S. 5 eine Prüfungsauftrag an die Kommission an. Sie soll prüfen, ob die geltenden Vorschriften (scl. der UGP-RL) ein angemessenes Maß an Verbraucherschutz und angemessene Instrumente zur wirksamen Beseitigung solcher Praktiken durch die Mitgliedstaaten bieten. Diese Prüfung könnte ggf. zum Ergebnis führen, dass ein weiteres Per-se-Verbot von Zahlungsaufforderungen im Zusammenhang mit unerbetenen Hausbesuchen – entsprechend etwa der Anh. I Nr. 29 UGP-RL – erforderlich sein könnte. Daraus folgt aber zugleich, dass die Mitgliedstaaten keine Regelungen innerhalb des genuinen Anwendungsbereichs der UGP-RL dürften.

Bezogen auf Art. 3 V UGP-RL ist daher festzustellen, dass diese Bestimmung es den Mitglied- **32.6** staaten zwar ermöglicht, Regelungen hinsichtlich der Vertriebskanäle, wie dem Besuch von Verbrauchern in ihrer Wohnung, zu treffen. Dies gilt aber nicht für Regelungen, die sich auf das eigentliche aggressive oder irreführende Verhalten im Zusammenhang mit einem unerbetenen Hausbesuch beziehen. Es ist Sache der Kommission, zu prüfen, ob die bestehenden Regelungen der UGP-RL zum angemessenen Schutz der Verbraucher nicht ausreichen, und es ist allein Sache des Unionsgesetzgebers, diese Richtlinie nachzubessern.

Die Regelung in Nr. 32 dürfte daher nicht durch Art. 3 V UGP-RL gerechtfertigt sein. Sie **32.6a** dürfte darüber hinaus auch gegen Art. 5 V 2 UGP-RL verstoßen, weil sie ein weiteres Per-se-Verbot aufstellt, dies aber nur durch eine Änderung der Richtlinie selbst zulässig wäre. Es besteht daher jedenfalls Anlass, die Frage der Richtlinienkonformität dem EuGH vorzulegen. Würde der EuGH die Richtlinienwidrigkeit der Nr. 32 feststellen, dürfte diese Vorschrift auch von den Gerichten nicht mehr angewendet werden. Vielmehr bliebe es dann dabei, das in Nr. 32 beschriebene Verhalten (Zahlungsaufforderung) ausschließlich nach § 4a zu beurteilen (→ § 4a Rn. 56).

IV. Tatbestandsvoraussetzungen

1. Besuch in der Wohnung des Verbrauchers

Der Unternehmer (bzw. der für ihn handelnde Mitarbeiter oder Beauftragte iSd § 8 II; vgl. **32.7** auch § 312b I 2 BGB) muss den Verbraucher in seiner Wohnung besucht haben. Der Begriff der **Wohnung** ist im Sinne eines effektiven Verbraucherschutzes in einem weiten Sinne zu verstehen. Es muss sich um eine abgrenzte Räumlichkeit handeln, die zumindest vorübergehend dem privaten Aufenthalt des Verbrauchers dient. Erfasst wird daher zB auch ein Zimmer in einem Seniorenheim, ein Wohnmobil, ein Hausboot und ein Hotelzimmer. Die Wohnung muss dem angesprochenen Verbraucher nicht gehören, er muss auch nicht der einzige Bewohner sein. Dem Aufsuchen des Verbrauchers in der Wohnung steht es gleich, wenn der Unternehmer die relevanten Handlungen, nämlich Aufnahme eines persönlichen Kontakts zum Verbraucher, Vertragsschluss und Zahlungsaufforderung, vor der Haustür bzw. Eingangstür des Verbrauchers vornimmt, da dieser Bereich noch dem Begriff der „Wohnung" zuzuordnen ist. Auch wäre es andernfalls ein Leichtes, die Vorschrift zu umgehen.

2. Unerbetener Besuch

Der Besuch in der Wohnung muss **unerbeten** (engl. unsolicited) sein. Der deutsche Gesetz- **32.8** geber hat davon abgesehen, diesen Begriff zu definieren oder zu konkretisieren, wie dies beispielhaft im ErwGr. 55 RL (EU) 2019/2161 erfolgt ist. Er hat sich stattdessen darauf beschränkt, das aggressive Verhalten während des Hausbesuchs zu beschreiben. Da es sich um einen unionsrechtlichen Begriff (arg. Art. 3 V 1 UGP-RL) handelt, verbietet es sich, bei der Auslegung die Maßstäbe des § 7 I 1 und 2 (unzumutbare Belästigung) anzulegen. Dies gilt umso mehr, als ein lebhafter Streit darüber besteht, ob eine „unbestellte Haustürwerbung" unter § 7 I fällt oder nicht (vgl. dazu die umfassenden Nachweise zur Rspr. und Lit. in KG GRUR-RR 2021, 290 Rn. 29 ff.). Allerdings kommt eine nach Mitgliedstaaten differenzierende Auslegung im Hinblick auf unterschiedliche „kulturelle Gründe" der Beurteilung von Hausbesuchen, ähnlich wie beim Ansprechen zu Werbezwecken auf der Straße (vgl. ErwGr. 7 S. 3 UGP-RL), in Betracht.

Im Grundsatz bieten sich zwei unterschiedliche Auslegungsmöglichkeiten an: (1) Der Ver- **32.9** braucher hat weder ausdrücklich noch zumindest mutmaßlich in den Hausbesuch durch den Unternehmer eingewilligt. Dafür spräche eine grammatikalische Auslegung des Begriffs „unerbeten", denn das logische Gegenteil davon ist der „erbetene" Hausbesuch. (2) Der Verbraucher hat den Hausbesuch nicht für den Unternehmer erkennbar abgelehnt. Dafür sprächen die Beispiele in ErwGr. 55 S. 3 UGP-RL.

Maßgebend sollte jedoch die Auffassung des normal informierten und angemessen bzw. **32.10** situationsadäquat aufmerksamen und verständigen Durchschnittsverbrauchers sein. Ggf. wäre an eine Verkehrsbefragung zu denken. Nach Umfragen von forsa im Auftrag des vzbv im Herbst 2020 (vgl. Stellungnahme des vzbv zum Entwurf eines Gesetzes zur Stärkung des Verbraucherschutzes im Wettbewerbs- und Gewerberecht v. 2.12.2020, S. 8) halten 98 % der Befragten Haustürgeschäfte nicht für eine gute Gelegenheit, Verträge zu schließen oder Produkte zu kaufen. Einzelne Gründe dafür sind: Verbraucher fühlen sich unter Druck gesetzt; sie halten den Vertriebsweg für unseriös; sie bemängeln, dass ihnen in dieser Situation der Marktüberblick bzw.

entsprechende Angebote anderer Anbieter fehlen; sie haben Angst vor Betrug; sie sind auf den Vertriebsweg nicht angewiesen. Es spricht daher viel dafür, dass Verbraucher in der heutigen Zeit einem „unerbetenen" Hausbesuch ablehnend gegenüberstehen, zumal er eine nicht unbeträchtliche Störung ihres Privatlebens oder ihrer beruflichen Tätigkeit („Homeoffice") bewirkt. Auch dürfte es rein schon rein tatsächlich schwierig sein, einen ablehnenden Willen durch entsprechende Schilder (zB mit der Aufschrift „keine Vertreterbesuche") nach außen erkennbar zu machen. Eine Ausnahme könnte für althergebrachte Vertriebstätigkeiten auf dem Land (Verkauf von Kartoffeln durch Bauern; Dienstleistungen wie Scherenschleifen), die noch als nützlich und erwünscht angesehen werden und bei denen insoweit eine mutmaßliche Einwilligung der Verbraucher anzunehmen ist.

32.11   Stellt man bei der Auslegung der Nr. 32 darauf ab, dass der Hausbesuch nur dann nicht „unerbeten" ist, wenn der Verbraucher darin ausdrücklich eingewilligt hat, kommt es weiter darauf an, ob die Einwilligung freiwillig, dh ohne Zwang, und in Kenntnis der Sachlage abgegeben wurde. Der Verbraucher muss also wissen, dass er sein Einverständnis dazu erteilt, dass der Unternehmer ihn zum Zweck der Werbung und des Verkaufs bestimmter Waren oder Dienstleistungen in seiner Wohnung aufsuchen möchte. Diese Einwilligung muss vor dem Hausbesuch erteilt worden sein. Ruft der Unternehmer den Verbraucher an, muss er den Verbraucher nach § 312a I BGB ohnehin über seine Identität und den geschäftlichen Zweck seines Anrufs informieren. Es genügt daher nicht, wenn der Unternehmer den Verbraucher erst unmittelbar vor dem Betreten der Wohnung kontaktiert, also zB klingelt und beim Öffnen der Tür oder bei einer Frage des Verbrauchers über die Sprechanlage sich vorstellt und sein Anliegen kurz schildert, und der Verbraucher ihn daraufhin einlässt. Da der Verbraucher auf den Besuch nicht vorbereitet ist, hebt dies den Überraschungseffekt des Hausbesuchs nicht auf. Vor allem ändert dies nichts daran, dass der Verbraucher keine Möglichkeit besaß, sich vorab über den Anbieter und sein Produkt zu informieren, und er überdies der unmittelbaren persönlichen Einflussnahme durch den Unternehmer in ganz anderer Weise ausgesetzt ist, als wenn er diesen in seinen Geschäftsräumen aufsucht.

3. Abschluss eines Vertrags über eine Ware oder Dienstleistung

32.12   Der Unternehmer muss den Verbraucher während des Hausbesuchs zum Abschluss eines (entgeltlichen) Vertrags über eine Ware oder Dienstleistung veranlasst haben. Es ist unerheblich, ob sich der Vertrag auf eine einmalige Leistung bezieht oder ob er eine dauernde Leistung zum Gegenstand hat (zB Energieversorgungsvertrag). Es spielt auch keine Rolle, ob der Vertrag schriftlich oder mündlich abgeschlossen wurde. Es kommt ferner auch nicht darauf an, ob der Vertrag wirksam abgeschlossen wurde, und ob die Voraussetzungen für außerhalb von Geschäftsräumen geschlossene Verträge (§ 312d BGB iVm Art. 246a EGBGB) erfüllt sind. Ebenso wenig ist es von Bedeutung, ob der Unternehmer den Vertrag noch während des Hausbesuchs ganz oder teilweise erfüllt.

4. Aufforderung zur Bezahlung der Ware oder Dienstleistung

32.13   Die eigentliche geschäftliche Handlung des Unternehmers, die den Unlauterkeitsvorwurf in der Nr. 32 begründet, besteht in der Aufforderung des Verbraucher zur Bezahlung der Ware oder Dienstleistung, die den Gegenstand des Vertrags bildet. Die **Aufforderung** braucht nicht ausdrücklich zu erfolgen. Sie kann auch im Sinne einer Frage oder Bitte („Könnten Sie vielleicht jetzt gleich…") oder der Vorlage einer Rechnung, die eine sofortige Zahlung vorsieht (Fritzsche/Eisenhut WRP 2022, 529 Rn. 50) ausgedrückt werden. Maßgebend ist nur, dass der Verbraucher erkennt, dass der Unternehmer von ihm die Bezahlung erwartet. Insoweit kann ggf. die Rspr. zur Auslegung des Begriffs der Aufforderung in Nr. 29 herangezogen werden. Nicht erfasst ist der Fall, dass sich der Verbraucher von sich aus bereit erklärt, den vereinbarten Preis zu bezahlen, etwa weil ihm die Ware bereits ausgehändigt wurde und er „nichts schuldig bleiben möchte". Nicht verboten wird daher die sofortige Erfüllung der Verbindlichkeit durch den Verbraucher und die Annahme der Bezahlung durch den Unternehmer, wenn er dazu nicht aufgefordert hat (BT-Drs. 19/30527, 12). Der Begriff der **Bezahlung** bezieht sich auf eine Geldforderung, die entweder durch Barzahlung oder durch Kartenzahlung mittels Abbuchung erfüllt werden kann. Es spielt keine Rolle, ob der Unternehmer das eine oder andere fordert oder beides genügen lässt. Die Aufforderung wird idR auf eine sofortige Bezahlung gerichtet sein; ausreichend ist aber auch eine Aufforderung zur Bezahlung **innerhalb einer bestimmten Frist,** weil dies nach § 286 II Nr. 1 BGB eine verzugsbegründende Mahnung entbehrlich macht. Die Aufforderung muss auch nicht auf die Bezahlung des ganzen Betrags gerichtet sein; es genügt die Aufforderung zur Zahlung eines **Teilbetrags.** Beides kann insbes. dann Bedeutung erlangen, wenn es sich um einen größeren Betrag handelt und der Unternehmer erkennt, dass der Verbraucher ihn nicht sogleich aufbringen kann. Die Aufforderung kann daher auch das Ergebnis eines Verhandelns mit dem Verbraucher sein („Sie zahlen also dann nur …"). Der Begriff des **geschuldeten** Betrags in Nr. 32 S. 2 ist nicht dahin zu verstehen, dass der Vertrag wirksam abgeschlossen worden sein müsste. Denn gerade in den Fällen des unwirksamen oder anfechtbaren Vertragsschlusses ist der Verbraucher besonders schutzwürdig. Zur Verwirklichung des Tatbestands genügt bereits die Aufforderung. Es ist also nicht erforderlich, dass der Verbraucher die geforderte Zahlung auch tatsächlich geleistet hat, wenngleich dies für die Beweislast von Bedeutung sein kann.

5. Aufforderung vor Ablauf des Tages des Vertragsschlusses

Die Aufforderung zur Bezahlung muss vor **Ablauf des Tages** des Vertragsschlusses, also bis   32.14
24 Uhr, also nicht notwendig noch während der Anwesenheit des Unternehmers in der Wohnung des Verbrauchers erfolgen. Sie kann auch noch zu einem späteren Zeitpunkt, etwa bei einem nochmaligen Aufsuchen des Verbrauchers oder fernmündlich oder mittels E-Mail, erklärt werden. Dahinter steht neben dem Gesichtspunkt der Rechtsklarheit offenbar die Erwägung, dass die persönliche Einflussnahme des Unternehmers am Tage des Vertragsschlusses noch auf den Verbraucher fortwirkt und ihn zur Bezahlung veranlassen kann.

6. Einschränkung auf einen Betrag unter 50 Euro

Das Verbot ist nicht anwendbar, wenn der Unternehmer den Verbraucher zur Zahlung eines   32.15
Betrags von **unter 50 Euro** auffordert. Die Einschränkung „schuldet" ist nicht dahin zu verstehen, dass der geschlossene Vertrag wirksam sein muss (→ Rn. 52). Sie greift ferner dann nicht ein, wenn die Kaufsumme zwar höher als 50 Euro ist, der Verbraucher aber freiwillig bereits einen bestimmten Betrag bezahlt hat und nur noch einen Betrag von unter 50 Euro schuldet. Problematisch ist der Fall, dass der Unternehmer im Rahmen des Hausbesuchs **mehrere** Verträge über Waren oder Dienstleistungen mit dem Verbraucher abschließt, deren jeweiliger Preis unter der 50-Euro-Grenze liegt, der Gesamtbetrag sich aber auf über 50 Euro beläuft. Nach der offiziellen Begründung der Ausnahmeregelung (Vermeidung eines unangemessenen bürokratischen Aufwands; → Rn. 55) würde die Beschränkung nicht eingreifen. Im Hinblick auf einen effektiven Verbraucherschutz wird man aber auf den insgesamt geschuldeten Betrag abstellen müssten, zumal wenn die Gefahr einer künstlichen Aufspaltung des Kaufs mehrerer Produkte (zB mehrerer Nahrungsergänzungsmittel) in mehrere getrennte Verträge besteht. Der Fall ist nicht anders zu beurteilen als Einkäufe mehrerer Produkte zB in einem Supermarkt, für die nur eine Quittung, ggf. mit der Auflistung der gekauften Produkte, ausgestellt wird. Insoweit ist auch das Verbot der unzulässigen Gesetzesumgehung zu beachten (vgl. auch § 312k I 2 BGB).

Es ist allerdings fraglich, ob die genannte Einschränkung mit der Rechtsnatur der Nr. 32 als   32.16
Fall einer stets unzulässigen aggressiven geschäftlichen Handlung vereinbar ist. Denn sie wird damit begründet, es solle „durch das neue Verbot kein unangemessener bürokratischer Aufwand für Verträge über geringwertige Waren oder Dienstleistungen geschaffen werden" (BT-Drs. 19/ 30527, 13). Dass der der Verkauf „geringwertiger" Produkte einen „unangemessenen bürokratischen Aufwand" verursachen würde, ist nämlich schwer nachvollziehbar. Denn idR genügt insoweit die Ausstellung einer Quittung, nicht anders als zB beim Kauf solcher Waren in einem Ladengeschäft. Die Ausnahmeregelung dient letztlich nicht den Interessen des Verbrauchers, sondern des Unternehmers. Im Übrigen können auch und gerade für ältere oder sonst schutzbedürftige Verbraucher Beträge bis zur Grenze von 50 Euro eine nicht unerhebliche finanzielle Beeinträchtigung darstellen.

V. Verhältnis zu anderen Vorschriften

1. Verhältnis zu § 4a

Sollte sich die Nr. 32 als richtlinienwidrig erweisen und daher nicht anwendbar sein, bleibt   32.17
jedenfalls § 4a anwendbar, so dass insoweit in aller Regel ein angemessener und die Umstände des Einzelfalls berücksichtigender Verbraucherschutz möglich ist. Sollte die Regelung wirksam sein, kann sie jedenfalls nicht dahin verstanden werden, dass Fälle, in denen ihr Tatbestand nicht

vollständig erfüllt ist, nicht mehr nach § 4a beurteilt werden dürften. Die Vorschrift sollte nicht als „Freibrief" aufgefasst werden, dass es künftig stets zulässig sei, im Rahmen von unerbetenen Hausbesuchen wirksame Verträge aller Art zu schließen, solange der Unternehmer den Verbraucher nicht auch noch am gleichen Tag zur Zahlung des geschuldeten Betrags von 50 Euro und mehr auffordert. Bei der gebotenen Einzelfallprüfung kann es durchaus eine Rolle spielen, ob es sich um einen schutzbedürftigen Verbraucher iSd § 3 IV 2 bzw. § 4a II 2 handelt, um welche Art und welchen Umfang von Verträgen es geht und ob und welchen Druck der Unternehmer ausübt. Ferner sind die in § 4a II 1 Nr. 1 (Zeitpunkt, Ort, Art oder Dauer der Handlung), sowie in Nr. 2, 3 und 5 genannten Umstände zu berücksichtigen. Der Unterschied zu einem Kauf in einem Ladengeschäft oder unter Nutzung eines Fernkommunikationsmittels (Internet; Katalog usw.) besteht eben darin, dass der Verbraucher unmittelbar der werblichen Ansprache des Unternehmens ausgesetzt ist, ohne sich zuvor über die Einzelheiten des Vertrags und seinen Bedarf an der Vertragsleistung informieren zu können. Dadurch allein wird schon seine Möglichkeit, eine freie und informierte geschäftliche Entscheidung über den Kauf und die Bezahlung zu treffen, unangemessen beeinträchtigt.

32.18   Bis zu einer Klärung der Rechtslage durch den EuGH wäre es daher sinnvoll, dass die Gerichte bei der Beurteilung solcher Fälle **neben Nr. 32** von vornherein stets **hilfsweise auf § 4a** zurückgreifen würden.

2. Verhältnis zu den §§ 5, 5a und 5b

32.19   Das Verbot der Nr. 32 schließt eine Beurteilung des Sachverhalts nach den §§ 5, 5a, 5b nicht aus. So kann es eine Irreführung darstellen, wenn der Unternehmer sich durch falsche Angaben über seine Identität oder seinen Auftraggeber oder über den Zweck seines Besuchs Zutritt zum Verbraucher verschafft (vgl. KG GRUR-RR 2021, 290 Rn. 45 ff.).

3. Verhältnis zu § 7 I

32.20   Das Verbot der Nr. 32 schließt auch die Anwendung des § 7 I nicht aus, da das Verbot der unzumutbaren Belästigung nicht den Schutz der wirtschaftlichen Interessen, sondern den Schutz der Privatsphäre der Verbraucher bezweckt (→ § 7 Rn. 2; BGH WRP 2019, 879 Rn. 12 – WiFI-Spot). Ist ein Hausbesuch mangels einer ausdrücklichen oder mutmaßlichen Einwilligung als „unerbeten" anzusehen, so bedeutet dies allerdings nicht zwangsläufig einen Verstoß gegen § 7 I. Vielmehr hängt dies von der Auslegung dieser Vorschrift ab. Das KG hat in seiner Entscheidung v. 1.12.2020 (KG GRUR-RR 2021, 290) nämlich entgegen der hL entschieden, dass ein Hausbesuch ohne vorherige Einwilligung grds. nicht gegen § 7 I verstoße und dies im Wesentlichen damit begründet, dass derzeit solche Fälle nur selten vorkämen und die damit verbundene Belästigung daher nicht unzumutbar sei. Da gegen diese Entscheidung die Nichtzulassungsbeschwerde eingelegt wurde, ist in absehbarer Zeit mit einer klärenden Entscheidung des BGH zu rechnen.

4. Verhältnis zu § 9 II 1

32.21   Bei einem Verstoß gegen Nr. 32 steht dem Verbraucher gem. § 9 II 2 kein Schadensersatzanspruch nach § 9 II 1 zu. Dies wird damit begründet, § 9 II sei auf eine 1:1-Umsetzung des Art. 11a UGP-RL beschränkt (BT-Drs. 19/30527, 13). Das ist aus Verbrauchersicht unbefriedigend. Denn Art. 11a UGP-RL stellt insoweit keinen Hinderungsgrund dar, Verbrauchern einen Schadensersatzanspruch zu versagen.

5. Verhältnis zu Nr. 25 und Nr. 30

32.22   Neben der Nr. 32 sind auch die Tatbestände der Nr. 25 (Aufforderung zum Verlassen der Wohnung) und der Nr. 30 (Mitleidserregung) anwendbar.

6. Verhältnis zu den §§ 312b, 312g BGB

32.23   Die Nr. 32 schließt die Anwendung der §§ 312b, 312g BGB (Widerrufsrecht des Verbrauchers) nicht aus.

Rechtsbruch

3a Unlauter handelt, wer einer gesetzlichen Vorschrift zuwiderhandelt, die auch dazu bestimmt ist, im Interesse der Marktteilnehmer das Marktverhalten zu regeln, und der Verstoß geeignet ist, die Interessen von Verbrauchern, sonstigen Marktteilnehmern oder Mitbewerbern spürbar zu beeinträchtigen.

Gesamtübersicht*

---

* Detailübersichten finden sich zu Beginn der Abschnitte.

1. Abschnitt. Rechtsbruch

Übersicht

Schrifttum: Alexander, Die Probeabonnemententscheidung des BGH – Schnittbereich kartellrechtlicher, lauterkeitsrechtlicher und medienrechtlicher Aspekte, ZWeR 2007, 239; Alexander, Das Vorenthalten wesentlicher Informationen im Regelungssystem des UWG, FS Bornkamm, 2014, 297; Beater, Rechtsvergleichende und europarechtliche Bemerkungen zum neuen § 4 Nr. 11 UWG, FS Schricker, 2005, 629; Bieber, Die Kontrolle des Berufsrechts der Freiberufler – insbesondere der Rechtsanwälte – mit Hilfe von § 4 Nr. 11 UWG, WRP 2008, 723; Birk, Lieferkettensorgfaltspflichtengesetz und unlauterer Wettbewerb, GRUR 2022, 361; Böhler, Alter und neuer Rechtsbruchtatbestand, 2009; Büscher, Das Regel-Ausnahme-Verhältnis und die sekundäre Beweislast bei der geschäftlichen Entscheidung des Verbrauchers, WRP 2019, 1249; Buchner, Facebook zwischen BDSG und UWG, FS Köhler, 2014, 51; Doepner, Unlauterer Wettbewerb durch Rechtsbruch – Quo vadis?, FS Helm, 2002, 47; Doepner, Unlauterer Wettbewerb durch Rechtsbruch – Quo vadis?, GRUR 2003, 825; Doepner, Unlauterer Wettbewerb durch Rechtsbruch durch Verletzung von Marktzutrittsregelungen?, WRP 2003, 1292; Doepner, Unlauterer Wettbewerb durch Rechtsbruch – Geltung des Gesetzlichkeitsprinzips?, FS Köhler, 2014, 77; Elskamp, Gesetzesverstoß und Wettbewerbsrecht, 2008; Ennuschat, Rechtsschutz privater Wettbewerber gegen private Konkurrenz, WRP 2008, 883; Ernst, Abmahnungen auf Grund von Normen außerhalb des UWG, WRP 2004, 1133; Fabi/Struß, Rechtsschutz gegen staatliche Pressetätigkeit. „Staatspresse" als unlauterer Wettbewerb, GRUR 2020, 144; Fervers, Verbandsklagebefugnis bei Verstößen gegen die DS-GVO, RDi 2022, 363; Frenzel, Neukonzeption des Rechtsbruchtatbestands abgeschlossen, WRP 2004, 1137; Frenzel, Die Unlauterkeit anwaltlicher Berufsrechtsverstöße, 2005; Galetzka, Datenschutz und unlauterer Wettbewerb, K&R 2015, 77; Gärtner/Heil, Kodifizierter Rechtsbruchtatbestand und Generalklausel, WRP 2005, 20; Glöckner, Wettbewerbsbezogenes Verständnis der Unlauterkeit und Vorsprungserlangung durch Rechtsbruch, GRUR 2008, 960; Glöckner, Rechtsbruchtatbestand oder … The Saga Continues!, GRUR 2013, 568; Götting, Der Rechtsbruchtatbestand, FS Schricker, 2005, 689; Gröning, Kommunalrechtliche Grenzen der wirtschaftlichen Betätigung der Gemeinden und Drittschutz auf dem ordentlichen Rechtsweg, WRP 2002, 17; Gutmayer, Die Neukonzeption des Rechtsbruchtatbestands in § 4 Nr. 11 UWG, 2012; Halfmeier, Die neue Datenschutzverbandsklage, NJW 2016, 1126; Hennigs, Unlauterer Wettbewerb durch die Verwendung unwirksamer Vertragsklauseln, 2017; Höfinghoff, Vorsprung durch Rechtsbruch in Deutschland und Spanien, 2004; Hoeren, Datenschutz als Wettbewerbsvorteil – Überlegungen zur aktuellen Facebook-Diskussion, FS 100 Jahre Wettbewerbszentrale, 2012, 117; Holtz, Die AGB-Kontrolle im Wettbewerbsrecht, 2010; Hüpers, Der Beitrag des UWG zur Lauterkeit im Handwerk, FS Köhler, 2014, 309; v. Jagow, Sind Verstöße gegen lebensmittelrechtliche Vorschriften lauterkeitsrechtlich immer relevant?, FS Doepner, 2008, 21; Kirchhoff, Der Beitrag des BGH zum Private Enforcement des Beihilfenrechts, FS Büscher, 2018, 323; Kleine-Cosack, Wettbewerbsrecht und Verfassungsrecht contra antiquierte Berufsbilder, NJW 2013, 271; Koch, Von „Anwaltswerbung I" zu „Anwaltswerbung II", FS Erdmann, 2002, 613; Koch, GOOD NEWS aus Luxemburg? Förderung fremden Wettbewerbs ist keine Geschäftspraktik, FS Köhler 2014, 359; Köhler, Wettbewerbsrecht im Wandel: Die neue Rechtsprechung zum Tatbestand des Rechtsbruchs, NJW 2002, 2761; Köhler, Wettbewerbsverstoß durch rechtswidrigen Marktzutritt?, GRUR 2001, 777; Köhler, Der Rechtsbruchtatbestand im neuen UWG, GRUR 2004, 381; Köhler, Zur Umsetzung der Richtlinie über unlautere Geschäftspraktiken, GRUR 2005, 793; Köhler, Die Unlauterkeitstatbestände des § 4 UWG und ihre Auslegung im Lichte der Richtlinie über unlautere Geschäftspraktiken, GRUR 2008, 841; Köhler, Dogmatik des Beispielskatalogs des § 4 UWG, WRP 2012, 638; Köhler, „Haircut" bei der Preisangabenverordnung am 12.6.2013, WRP 2013, 723; Köhler, Die Preisangabenverordnung: Noch richtlinienkonform oder schon richtlinienwidrig, WRP 2016, 541; Köhler, Die „Citroën"-Entscheidung und ihre Folgen, GRUR 2016, 891; Köhler, UWG 2015: Neue Maßstäbe für Informationspflichten der Unternehmer, WRP 2017, 1; Köhler, Die DS-GVO – eine neue Einnahmequelle für gewerbsmäßige Abmahner?, ZD 2018, 337; Köhler, Durchsetzung der DS-GVO mittels UWG und UKlaG? WRP 2018, 1269; Köhler, Datenschutz – eine neue Aufgabe für das Wettbewerbsrecht?, ZD 2019, 285; Köhler, Durchsetzung der DS-GVO – eine Aufgabe auch für Mitbewerber oder zumindest für Verbraucherverbände?, WRP 2019, 1279; Köhler, Stellungnahme zum Entwurf eines Gesetzes zur Stärkung des fairen Wettbewerbs, WRP 2019, 1550; Köhler, Zum „Bagatellverstoß" im Lauterkeitsrecht, WRP 2020, 1378; Köhler, Die Meta Platforms Ireland – Entscheidung des EuGH: Vom individuellen Datenschutz zum kollektiven Verbraucherschutz, WRP 2022, 1323; Laoutoumai/Hoppe, Setzt die DSGVO das UWG Schachmatt?, K&R 2018, 533; Lettl, Der unlautere Wettbewerb durch Rechtsbruch in der instanzgerichtlichen Rechtsprechung, GRUR-RR 2004, 225; Lettl, Missbräuchliche Ausnutzung einer marktbeherrschenden Stellung nach Art. 102 AEUV, § 19 GWB und Rechtsbruch, WuW 2016, 214; Lettl, Die geschäftliche

Relevanz nach § 3 Abs. 2, 3a, 4a Abs. 1, 5 Abs. 1 und 5a Abs. 1, Abs. 2 S. 1 Nr. 2 UWG, WRP 2019, 1265; Linsenbarth/Schiller, Datenschutz und Lauterkeitsrecht – Ergänzender Schutz bei Verstößen gegen das Datenschutzrecht durch das UWG?, WRP 2013, 576; Mees, Wettbewerbsrechtliche Ansprüche und EG-Beihilfenrecht, FS Erdmann, 2002, 657; Lühmann/Stegemann, Voraussetzungen für Verbandsklagen bei Verstößen gegen die Datenschutz-Grundverordnung, NJW 2022, 1715; Meier, Private Enforcement der Rechnungslegung durch das Lauterkeitsrecht, GRUR 2019, 581; Metzger, Die Entwicklung des Rechtsbruchtatbestands nach der Umsetzung der UGP-Richtlinie – ein Zwischenbericht, GRUR-Int. 2015, 687; Meyer, Cookies & Co. – Datenschutz und Wettbewerbsrecht, WRP 2002, 1028; Möllers/Mederle, Werbung von Rechtsanwälten, WRP 2008, 871; Ohly, Vom abstrakten zum konkreten Verbraucherschutz im Rahmen des Rechtsbruchtatbestands, FS Köhler, 2014, 507; Ohly, Die Haftung von Internet-Dienstleistern für die Verletzung lauterkeitsrechtlicher Verkehrspflichten, GRUR 2017, 441; Ohly, UWG-Rechtsschutz bei Verstößen gegen die Datenschutz-Grundverordnung?, GRUR 2019, 686; Ohly, Anm. zu EuGH GRUR 2022, 920 -Meta Platform Ireland, GRUR 2022, 924; Omsels, Die Auswirkungen einer Verletzung richtlinienwidriger Marktverhaltensregelungen auf § 4 Nr. 11 UWG, WRP 2013, 1286; Peifer, „Good News" und die Medien – Die lauterkeitsrechtliche Kontrolle publizistischer Belange am Scheideweg?, FS Köhler, 2014, 519; Peifer, „Good News" und die Medien – Die lauterkeitsrechtliche Kontrolle publizistischer Belange am Scheideweg?, FS Köhler, 2014, 519; Piper, Warenproduktion und Lauterkeitsrecht – Eine Anmerkung zu BGHZ 144, 255 = GRUR 2000, 1076 – Abgasemissionen, FS Erdmann, 2002, 679; Podszun/Deuschle, Schadensersatz bei Verstoß gegen eine Marktverhaltensregelung, WRP 2019, 1102; Podszun/de Toma, Die Durchsetzung des Datenschutzes durch Verbraucher-, Lauterkeits- und Kartellrecht, NJW 2016, 2987; Poelzig, Normdurchsetzung durch Privatrecht, 2012; Rothkopf, Wettbewerbsrechtlicher Rechtsbruchtatbestand und Produktsicherheitsrecht, 2016; Rumetsch, Ärztliche und zahnärztliche Werbung mit Gebiets- oder Zusatzbezeichnungen, WRP 2010, 691; Sack, Gesetzwidrige Wettbewerbshandlungen nach der UWG-Novelle, WRP 2004, 1307; Schaffert, Ist die Einhaltung datenschutzrechtlicher Bestimmungen mit wettbewerbsrechtlichen Mitteln durchsetzbar?, FS Bornkamm, 2014, 463; Schaffert, Der Schutz älterer Menschen und die Anwendung der Beweislastregel des § 22 AGG im Lauterkeitsrecht, FS Büscher, 2018, 373; Schantz, Die Datenschutz-Grundverordnung – Beginn einer neuen Zeitrechnung im Datenschutzrecht, NJW 2016, 1841; Schaub, Verletzung von Datenschutzregeln als unlauterer Wettbewerb?, WRP 2019, 1391; Scherer, Marktverhaltensregeln im Interesse der Marktbeteiligten – Funktionsorientierte Ausrichtung des neuen Rechtsbruchtatbestandes in § 4 Nr. 11 UWG, WRP 2006, 401; Schmitt, Datenschutzverletzungen als Wettbewerbsverstöße?, WRP 2019, 27; Spittka, Können Wettbewerber wegen DS-GVO-Verstößen klagen?, GRUR-Prax 2019, 4; Spittka, Können Verbraucherschützer wegen DS-GVO Verstößen klagen?, GRUR-Prax 2019, 272; Steinbeck, Der Atemtest und seine Auswirkungen, WRP 2005, 1351; Stutz, Wertbezogene Normen und unlauterer Wettbewerb, 2004; Uebele, Datenschutzrecht vor Zivilgerichten, GRUR 2019, 694; Uebele, Die Grenzen der Durchsetzung eines europäisierten Datenschutzrechts, WRP 2021, 11; Ullmann, Das Koordinatensystem des Rechts des unlauteren Wettbewerbs im Spannungsfeld von Europa und Deutschland, GRUR 2003, 817; v. Ungern-Sternberg, Wettbewerbsbezogene Anwendung des § 1 UWG und normzweckgerechte Auslegung der Sittenwidrigkeit, FS Erdmann, 2002, 741; v. Walter, Datenschutz – Rechtsbruch als unlauteres Marktverhalten? Zum Verhältnis des Lauterkeitsrechts zum Datenschutzrecht, FS Köhler, 2014, 771; v. Walter, Rechtsbruch als unlauteres Marktverhalten, 2007; v. Walter, Die Verbandsklage im Datenschutz nach Meta Platforms Ireland/vzbv, WRP 2022, 937; v. Walter/Fischer, Datenschutz und (kollektive) Rechtsdurchsetzung durch Dritte, K&R 2022, Beilage zu Heft 7/8, 28; Weber, Ansprüche aus § 1 UWG bei EG-Kartellrechtsverstößen, GRUR 2002, 485; Weber, Unlauterer Wettbewerb durch Rechtsbruch und Vertrauensschutz – causa finita?, FS Doepner, 2008, 69; Weber, C. A., Der Rechtsbruchtatbestand des § 3a UWG in Anwendung auf öffentlich-rechtliche Primärnormen GRUR 2019, 905; Weidert/Klar, Datenschutz und Werbung – gegenwärtige Rechtslage und Änderungen durch die Datenschutz-Grundverordnung, BB 2017, 1858; Wolff, DS-UWG und DS-GVO: Zwei separate Kreise?, ZD 2018, 248; Wüstenberg, Die Energieverbrauchskennzeichnung von Fernsehgeräten und Monitoren im Internet – Aktuelle Rechtslage und Rechtsprechung, WRP 2015, 833; Wüstenberg, Zur Zweckbestimmung der Marktverhaltensregelungen, WRP 2017, 396; Zeppernick, Vorsprung durch Rechtsbruch, 2002.

A. Allgemeines

I. Einführung

Die Frage, ob eine geschäftliche Handlung unlauter ist, weil sie gegen eine gesetzliche Vorschrift verstößt, gehörte und gehört zu den **schwierigsten und umstrittensten** des Lauterkeitsrechts (vgl. zum früheren Recht die Darstellungen bei Baumbach/Hefermehl, 22. Aufl. 2001, UWG 1909 § 1 Rn. 608–831; Köhler/Piper/Piper UWG 1909 § 1 Rn. 726–936; GK/Teplitzky UWG 1909 § 1 Rn. G 1–G 258; zum öst. Recht vgl. OGH GRUR-Int. 2009, 342 – Wiener Stadtrundfahrten). Im Hinblick auf die jetzige gesetzliche Regelung des Rechtsbruchtatbestands, der eine Wende in der Rspr. des BGH (eingeleitet durch BGHZ 144, 255 = GRUR 2000, 1076 – Abgasemissionen) vorangegangen war, können die frühere Rspr. und Literatur für die Beurteilung von Fällen nach § 3a nur mit größter Zurückhaltung herangezogen werden.

1.1

II. Frühere Rechtslage

1. Die Rechtsentwicklung bis zur Abgasemissionen-Entscheidung des BGH

1.2   In der Vergangenheit hatten sich Rspr. und hL (vgl. die Nachw. bei GK/Teplitzky UWG 1909 § 1 Rn. G 1–G 258; Baumbach/Hefermehl, 22. Aufl. 2001, UWG 1909 § 1 Rn. 608–831; Köhler/Piper/Piper UWG 1909 § 1 Rn. 726 ff.) von einer **Zweiteilung** leiten lassen: Verstöße gegen **wertbezogene** Normen sollten die Wettbewerbswidrigkeit einer damit zusammenhängenden Wettbewerbshandlung ohne weiteres begründen, Verstöße gegen **wert-neutrale** Normen dagegen nur dann, wenn der Verstoß bewusst und planmäßig erfolgt war (vgl. etwa BGH GRUR 1991, 769 (771) – Honoraranfrage). Als „wertbezogen" wurde dabei eine Norm angesehen, die entweder sittlich fundiert, dh Ausdruck einer sittlichen Grundanschauung, war oder dem Schutz eines wichtigen Gemeinschaftsgutes diente. Als „wertneutral" wurde eine Norm angesehen, die lediglich aus Gründen ordnender Zweckmäßigkeit erlassen worden war. Eine vorsichtige **Lockerung** dieser Grundsätze brachten Entscheidungen des BGH ab 1998 (BGHZ 140, 134 = GRUR 1999, 1128 – Hormonpräparate; BGH GRUR 2000, 237 – Giftnotruf-Box), in denen verstärkt auf den Schutzzweck des Lauterkeitsrechts und die Erheblichkeit des Gesetzesverstoßes abgestellt wurde (dazu Büttner FS Erdmann, 2002, 545 (546 ff.)).

2. Die Wende durch die Abgasemissionen-Entscheidung im Jahr 2000

1.3   Von seiner bisherigen Rspr. rückte der BGH endgültig in der Abgasemissionen-Entscheidung (BGHZ 144, 255 = GRUR 2000, 1076 – Abgasemissionen) ab. Es ging dabei um die Frage, ob der Vertrieb von Waren, die unter Verstoß gegen Umweltschutzvorschriften hergestellt wurden, wettbewerbswidrig sein kann, weil die dabei erzielten Kosteneinsparungen einen Wettbewerbsvorsprung ermöglichen. Der BGH verneinte dies: Es sei nicht Aufgabe des § 1 aF, Verstöße gegen gesetzliche Bestimmungen im Vorfeld des Wettbewerbshandelns zu sanktionieren, die zwar in irgendeiner Weise Auswirkungen auf die Wettbewerbschancen der Mitbewerber haben, aber kein Wettbewerbsverhalten darstellen und auch nicht geeignet sind, dem eigentlichen Wettbewerbsverhalten den Charakter eines gerade in wettbewerblicher Hinsicht unlauteren Handelns zu geben. Vielmehr sei zu unterscheiden:

(1) Verstößt das Wettbewerbsverhalten gegen ein Gesetz, das dem Schutz wichtiger Gemeinschaftsgüter wie dem Schutz der Gesundheit der Bevölkerung dient, indiziert die Verletzung einer derartigen wertbezogenen Norm grds. die wettbewerbsrechtliche Unlauterkeit mit der Folge, dass es regelmäßig nicht der Feststellung weiterer Unlauterkeitsmerkmale bedarf. Dies hat seinen Grund darin, dass es auch dann, wenn die verletzte Norm selbst keinen unmittelbar wettbewerbsbezogenen Zweck verfolgt, in der Zielsetzung des § 1 aF UWG liegt zu verhindern, dass Wettbewerb unter Missachtung gewichtiger Interessen der Allgemeinheit betrieben wird.

(2) Anders liegt es, wenn der Gesetzesverstoß dem wettbewerblichen Handeln vorausgeht oder nachfolgt. Denn insoweit fällt der Gesetzesverstoß nicht mit dem Wettbewerbsverhalten zusammen, sondern steht damit nur in einem mehr oder weniger engen Zusammenhang. Der Gesetzesverstoß macht das Wettbewerbsverhalten nur dann wettbewerbswidrig, wenn die verletzte Norm **„zumindest eine sekundäre wettbewerbsbezogene Schutzfunktion"** aufweist, also zumindest auch die Gegebenheiten eines bestimmten Marktes festlegt und so auch gleiche rechtliche Voraussetzungen für die auf dem Markt tätigen Mitbewerber schafft. Ein Marktverhalten ist folglich nicht schon dann unlauter, wenn es Vorteile aus einem Verstoß gegen ein Gesetz ausnutzt, das – selbst wenn es wertbezogen ist – keinen zumindest sekundären Marktbezug aufweist. – Mit der Abgasemissionen-Entscheidung hatte zwar der BGH den alten Kurs verlassen und eine neue Richtung gewiesen. Ungewiss blieb damals freilich noch die weitere Rechtsentwicklung.

3. Die weitere Rechtsentwicklung bis zum UWG 2008

1.4   In der Folgezeit führte der BGH seine Rspr. fort (ua BGHZ 150, 343 = GRUR 2002, 825 – Elektroarbeiten; BGH GRUR 2003, 969 – Ausschreibung von Vermessungsleistungen; BGH GRUR 2003, 164 – Altautoverwertung; BGH GRUR 2004, 255 (258) – Strom und Telefon I; BGH GRUR 2004, 259 (262) – Strom und Telefon II). Im Schrifttum fand sich neben Zustimmung (Köhler NJW 2002, 2761; GK/Teplitzky UWG 1909 § 1 Rn. 177 ff.; Ullmann GRUR 2003, 817 (820 ff.); v. Ungern-Sternberg FS Erdmann, 2002, 741) auch – zum Teil lebhafte – Kritik am Kurswechsel des BGH (vgl. Ackermann FS Tilmann, 2003, 73; Doepner WRP 2003, 1292; Piper WRP 2002, 1197; Spätgens FS Tilmann, 2003, 239 (252 ff.)). – Im Zuge der **UWG-Novelle 2004** führte der Gesetzgeber den Rechtsbruchtatbestand des § 4 Nr. 11 ein und übernahm dabei nahezu wörtlich den Vorschlag von Köhler/Bornkamm/Henning-Bodewig (WRP 2002, 1317, dort § 5 Nr. 4). Der **Begriff der Marktverhaltensregelung** (vgl. Köhler NJW 2002, 2761 (2763)) trat dabei an die Stelle der von der Rspr. zu § 1 UWG 1909 geprägten Formel, wonach die Normen eine „zumindest sekundäre Schutzfunktion zu Gunsten des Wettbewerbs" haben müssen (vgl. BGHZ 144, 255 (267) = GRUR 2000, 1076 – Abgasemissionen; BGHZ 150, 343 = GRUR 2002, 825 – Elektroarbeiten; BGH GRUR 2007, 162 Rn. 11 – Mengenausgleich in Selbstentsorgergemeinschaft; BGH GRUR 2010, 654 Rn. 18 – Zweckbetrieb; BGH GRUR 2017, 819 Rn. 27 – Aufzeichnungspflicht). – Die **UWG-Novelle 2008** behielt den § 4 Nr. 11 unverändert bei. Es änderte sich lediglich die Erheblichkeitsklausel des bisherigen § 3 I in eine Spürbarkeitsklausel.

III. Entstehungsgeschichte und Normzweck

1. Entstehungsgeschichte

Die **UWG-Novelle 2015** überführte den bisherigen § 4 Nr. 11 UWG 2008 in einen eigenen **1.5** Paragraphen, den § 3a, und fügte eine Spürbarkeitsklausel hinzu, die der bisherigen Regelung in § 3 I UWG 2008 entspricht. Damit war keine Änderung der bisherigen Rechtslage verbunden; vielmehr diente dies der einfacheren Rechtsanwendung (BGH GRUR 2016, 954 Rn. 11 – Energieeffizienzklasse I), zumal § 3a nunmehr die einzige Regelung im UWG ist, die eine derartige Spürbarkeitsklausel enthält. Der Gesetzgeber wies in diesem Zusammenhang etwas unbestimmt darauf hin, dass die Regelung ganz überwiegend Bestimmungen außerhalb des Geltungsbereichs der UGP-RL betreffe und im Übrigen im Einzelfall richtlinienkonform auszulegen sei (vgl. BT-Drs. 18/6571, 15).

2. Normzweck

Der Rechtsbruchtatbestand des § 3a ist vor dem Hintergrund der **Schutzzweckbestimmung** **1.6** **in § 1** zu sehen. Danach kann es nicht Aufgabe des Lauterkeitsrechts sein, alle nur denkbaren Gesetzesverstöße im Zusammenhang mit geschäftlichen Handlungen (auch) lauterkeitsrechtlich zu sanktionieren (vgl. Begr. RegE UWG 2004 zu § 4 Nr. 11, BT-Drs. 15/1487, 19; BGH GRUR 2010, 654 Rn. 25 – Zweckbetrieb). Vielmehr liegt „der eigentliche Zweck des UWG darin, das Marktverhalten der Unternehmen im Interesse der Marktteilnehmer, insbes. der Mitbewerber und der Verbraucher, und damit zugleich das Interesse der Allgemeinheit an einem unverfälschten Wettbewerb zu regeln" (Begr. RegE UWG 2004 zu § 1, BT-Drs. 15/1487, 15/16). In diese Schutzzweckbestimmung fügt sich § 3a ein. Daher ist der Tatbestand so gefasst, dass nicht jede geschäftliche Handlung, die auf dem Verstoß gegen eine gesetzliche Vorschrift beruht und Auswirkungen auf den Wettbewerb haben kann, unlauter ist. Vielmehr knüpft die Vorschrift an Marktverhaltensregelungen an. Das Marktverhalten der Unternehmer wird aber nicht nur durch speziell lauterkeitsrechtliche Verhaltensanforderungen (vgl. § 3 II, III, §§ 4–7), sondern auch durch eine Vielzahl **außerwettbewerbsrechtlicher Normen** geregelt. Zweck des § 3a ist es daher, zum Schutz der Verbraucher, der Mitbewerber und der sonstigen Marktteilnehmer Verstöße gegen solche **außerwettbewerbsrechtlichen Marktverhaltensregelungen** auch lauterkeitsrechtlich zu sanktionieren. Das geschieht dadurch, dass sie als unlauter bezeichnet werden. Einer zusätzlichen Interessenabwägung und -bewertung bedarf es dazu nicht. Denn diese Wertung hat bereits der Gesetzgeber selbst durch die Beschränkung auf gesetzliche Vorschriften, die auch dazu bestimmt sind, im Interesse der Marktteilnehmer das Marktverhalten zu regeln, vorgenommen. – **Nicht** dagegen ist es Zweck des § 3a, auch **reine Marktzutrittsregelungen** und damit den rechtswidrigen Marktzutritt zu erfassen. Dabei ist allerdings zu beachten, dass sich Marktverhaltens- und Marktzutrittsregelungen nicht scharf trennen lassen. Vielmehr kann eine Regelung sowohl den Marktzutritt als auch das Marktverhalten regeln (dazu näher → Rn. 1.76 ff.). – Verstöße gegen außerwettbewerbsrechtliche Normen, die keine Marktverhaltensregelungen darstellen, können auch nicht unter Zuhilfenahme des Vorsprungsgedankens nach der **Generalklausel des § 3 I** als unlauter angesehen werden (BGH GRUR 2010, 654 Rn. 25 – Zweckbetrieb mwN).

IV. Verhältnis zum Unionsrecht

1. Grundsatz

1.7   Zu den schwierigsten und noch nicht abschließend geklärten Fragen gehört das Verhältnis des Rechtsbruchtatbestands zum Unionsrecht. Problematisch ist die Anwendung des § 3a bereits, soweit es die Sanktionierung von **EU-Verordnungen** betrifft, die in den Anwendungsbereich des **§ 5b IV** fallen, wie bspw. Art. 23 VO (EG) Nr. 1008/2008 (vgl. BGH GRUR 2017, 283 Rn. 26, 35 – Servicepauschale [I] mit krit. Anm. Köhler; OLG München WRP 2015, 1522 Rn. 49; OLG Dresden GRUR-RR 2020, 73 Rn. 14; dazu näher → Rn. 1.262d ff.). Vor allem ergeben sich viele Streitfragen speziell zur **UGP-RL** (dazu insbes. Alexander WRP 2016, 139 (143); Glöckner GRUR 2013, 568; Köhler WRP 2012, 638 (646 ff.); Köhler WRP 2016, 541 (542 f.); Metzger GRUR-Int. 2015, 687; Ohly GRUR 2016, 3 (6)).

1.8   **a) Stand der Rspr.** Die UGP-RL kennt keinen dem § 3a vergleichbaren Verbotstatbestand (BGH GRUR 2015, 813 Rn. 11 – Fahrdienst zur Augenklinik), sieht jedoch in ihrem (begrenzten; Art. 3 UGP-RL) Anwendungsbereich eine vollständige Harmonisierung des Rechts der unlauteren Geschäftspraktiken von Unternehmen gegenüber Verbrauchern vor. Sie steht daher von vornherein nicht unionsrechtlichen oder nationalen Regelungen entgegen, die entweder nur das Verhalten gegenüber sonstigen Marktteilnehmern regeln oder in einen Ausnahmebereich fallen (vgl. BGH GRUR 2017, 819 Rn. 28 – Aufzeichnungspflicht). Davon abgesehen kann nach der Rspr. **ein Verstoß gegen nationale Bestimmungen eine Unlauterkeit nach § 3a nur noch begründen, wenn die betreffenden Regelungen eine Grundlage im Unionsrecht haben** (BGH GRUR 2009, 845 Rn. 38 – Internet-Videorecorder; BGH GRUR 2010, 652 Rn. 11 – Costa del Sol; BGH GRUR 2010, 1117 Rn. 16 – Gewährleistungsausschluss im Internet [zu § 475 I 1 BGB]; BGH GRUR 2012, 949 Rn. 47 – Missbräuchliche Vertragsstrafe [zu §§ 307–309 BGB]; BGH GRUR 2014, 1208 Rn. 11 – Preis zuzüglich Überführung [zu § 1 I 1 PAngV aF]; BGH GRUR 2015, 1240 Rn. 19 – Der Zauber des Nordens [zu § 1 PAngV aF]; BGH GRUR 2016, 516 Rn. 12 – Wir helfen im Trauerfall).

1.9   **b) Stellungnahme.** Dieser Ansatz der Rspr. bedarf der Erweiterung, um der Vielfalt der Marktverhaltensregelungen und den unterschiedlichen Regelungen des Unionsrechts gerecht zu werden. Es sollte nur darauf ankommen, ob die jeweilige Marktverhaltensregelung mit dem vorrangigen Unionsrecht vereinbar ist. Der Grundsatz sollte daher lauten: **§ 3a ist nur auf solche nationalen Marktverhaltensregelungen anzuwenden, die im Einklang mit dem primären (AEUV, GR-Ch) und dem sekundären Unionsrecht (Verordnungen, Richtlinien) stehen.** Dazu ist die jeweilige Marktverhaltensregelung, soweit möglich, **unionsrechtskonform,** insbes. **richtlinienkonform** auszulegen (BGH GRUR 2019, 203 Rn. 22 ff. – Versandapotheke; BGH GRUR 2020, 659 Rn. 18 – Gewinnspielwerbung I; → Einl. Rn. 3.11 ff.).

1.10   **c) Einzelheiten.** Im Einklang mit dem **primären** Unionsrecht steht eine nationale Marktverhaltensregelung, wenn sie nicht gegen die **Grundfreiheiten** und die **Wettbewerbsregeln** der Union (Art. 28 ff.; Art. 101 ff. AEUV) verstößt und die **Grundrechte** und **Grundsätze** der Grundrechte-Charta beachtet. Bei Marktverhaltensregelungen, die der Umsetzung von Richtlinien dienen, entfällt allerdings diese Prüfung, da die Richtlinien ihrerseits diesen Maßstäben genügen müssen (ebenso OLG Koblenz WRP 2016, 1293 Rn. 10). – Im Einklang mit dem **sekundären** Unionsrecht steht eine Marktverhaltensregelung in drei Fällen:

1.11   **aa) Die Marktverhaltensregelung konkretisiert das sekundäre Unionsrecht in zulässiger Weise.** Dazu ist der nationale Gesetzgeber grds. befugt, soweit Richtlinien dies gestatten. Das gilt auch für die UGP-RL und ihre Generalklauseln (vgl. ErwGr. 14 S. 4 UGP-RL). Wenn es nämlich den nationalen Gerichten und den Urhebern von Verhaltenskodizes (ErwGr. 20 UGP-RL) gestattet ist, dies zu tun, muss dies erst recht dem nationalen Gesetzgeber möglich sein. Er darf lediglich keine strengeren Regelungen erlassen, als die UGP-RL dies festlegt. Davor ging auch der Unionsgesetzgeber aus (vgl. EuGH GRUR 2009, 599 Rn. 52 – VTB/Total Belgium; BGH GRUR 2008, 807 Rn. 20 – Millionen-Chance I zu § 4 Nr. 6 UWG 2008; BGH GRUR 2009, 1064 Rn. 19 – Geld-zurück-Garantie II zu § 4 Nr. 4 UWG 2008; BGH GRUR 2010, 158 Rn. 11 – FIFA-WM-Gewinnspiel zu § 4 Nr. 5 UWG 2008; Glöckner GRUR 2013, 224 (232 f.)). Dem EuGH ist es lediglich vorbehalten, nationale Regelungen daraufhin zu überprüfen, ob sie den durch die UGP-RL gezogenen Rahmen überschreiten.

bb) Die Marktverhaltensregelung hat eine Grundlage im sekundären Unionsrecht. 1.12
Das ist der Fall, wenn sie eine Richtlinie korrekt umsetzt. Beispiele: Die Regelungen über die
Unwirksamkeit von AGB-Klauseln (§§ 307–309 BGB), die eine Grundlage in der Klausel-RL
93/3 EWG haben (BGH GRUR 2012, 949 Rn. 47 – Missbräuchliche Vertragsstrafe); die
Regelungen über die Werbung für Tabakerzeugnisse in den §§ 19, 20, 21 TabakerzG, die ihre
Grundlage in der Art. 3 RL 2003/33/EG haben (BGH GRUR 2017, 1273 Rn. 18 – Tabakwer-
bung im Internet; vgl. auch → Rn. 1.13); die Regelung über den grenzüberschreitenden Fernabsatz von Tabakerzeugnissen in § 22 TabakErzG (OLG Frankfurt GRUR-RR 2020, 156
Rn. 20); die Regelungen über das Saatgutrecht (BGH GRUR 2017, 819 Rn. 24 – Aufzeichnungspflicht).

cc) Die Marktverhaltensregelung betrifft einen vom sekundären Unionsrecht nicht 1.13
geregelten Bereich. Beispiele dafür sind die die Regelungen des GlüStV 2021 über **Glücks-**
spiele (vgl. ErwGr. 9 S. 2 UGP-RL; BGH GRUR 2021, 1534 Rn. 45 – Rundfunkhaftung I;
BGH GRUR 2023, 732 Rn. 27 – Rundfunkhaftung II → Rn. 1.243 ff.) und die **Regelungen**
in den Landespressegesetzen zur Kennzeichnung bezahlter Werbung (vgl. EuGH GRUR
2013, 1245 Rn. 48 f. – RLvS Verlagsgesellschaft; BGH GRUR 2014, 879 Rn. 16, 20–22 –
GOOD NEWS II zu § 10 LPresseG BW).

2. Verhältnis zu Art. 5 II UGP-RL

Fällt eine Marktverhaltensregelung in den Anwendungsbereich der UGP-RL und regelt sie 1.14
keinen Fall einer irreführenden oder aggressiven Geschäftspraxis iSd Art. 5 IV UGP-RL,
Art. 6–9 UGP-RL oder des Art. 5 V UGP-RL iVm Anh. I, so ist sie mit der UGP-RL nur
vereinbar, wenn sie das Erfordernis der **beruflichen Sorgfalt** in Art. 5 II UGP-RL (Auffangtatbestand) konkretisiert (→ Rn. 1.11).

Als Konkretisierungen des Art. 5 II UGP-RL sieht die Rspr. bspw. die Regelungen der 1.15
§§ 307–309 BGB zur Unwirksamkeit von AGB-Klauseln (vgl. BGH GRUR 2012, 949 Rn. 46
– Missbräuchliche Vertragsstrafe), zur Unwirksamkeit bestimmter Vertragsklauseln, wie etwa
eines gegen (jetzt) § 476 I 1 BGB verstoßenden Gewährleistungsausschlusses (BGH GRUR
2010, 1117 Rn. 17 – Gewährleistungsausschluss im Internet), sowie zum Inhalt einer Garantie
nach (jetzt) §§ 479 I 1, 443 I BGB (BGH GRUR 2011, 638 Rn. 20 – Werbung mit Garantie)
an. In erster Linie stellt die Rspr. auf Grundlagen im sonstigen Unionsrecht (→ Rn. 1.12),
nämlich auf die Richtlinie 93/13/EWG („Klausel-RL") und die Richtlinie 1999/44/EG („Verbrauchsgüterkauf-RL"), abgelöst seit dem 1.1.2022 durch die RL (EU) 2019/771 („Warenkauf-
RL"), ab. Diese Sichtweise ist fraglich, weil es sich um vertragsrechtliche Regelungen handelt,
die nach Art. 3 UGP-RL (und nicht nach Art. 3 IV UGP-RL) vom Anwendungsbereich der
UGP-RL ausgenommen sind, aber eine Grundlage im sonstigen Unionsrecht haben. Daher ist
Art. 5 II UGP-RL (und damit auch § 3 II) nicht einschlägig und § 3a uneingeschränkt anwendbar (so wohl auch OLG Frankfurt GRUR-RR 2020, 167 Rn. 19).

Keine Konkretisierungen des Art. 5 II UGP-RL stellen bestimmte gewerberechtliche Rege- 1.16
lungen über das Reisegewerbe (§§ 55 ff. GewO) dar, weil diese Tätigkeiten zu den reglementierten Berufen iSd Art. 2 lit. l UGP-RL gehören und daher in den Ausnahmebereich des
Art. 3 VIII UGP-RL fallen. Beispiel: § 56 I Nr. 2 lit. b GewO verbietet das Feilbieten und den
Ankauf von „Edelsteinen, Schmucksteinen und synthetischen Steinen sowie von Perlen" im
Reisegewerbe. Die lauterkeitsrechtliche Durchsetzung dieser öffentlich-rechtlichen Regelungen
hat daher nach § 3a und nicht nach § 3 II zu erfolgen (aA 39. Aufl.). Der Unterschied zeigt sich
an den unterschiedlichen Relevanzklauseln beider Regelungen.

3. Verhältnis zu Art. 6 UGP-RL

Denkbar sind auch Konkretisierungen des Irreführungsverbots des Art. 6 I UGP-RL. Dazu 1.17
gehört bspw. das Verbot von sog **Mogelpackungen** nach § 43 II MessEG (vgl. OLG Karlsruhe
GRUR-RR 2015, 253 Rn. 15 f.), weil es Art. 6 I lit. b UGP-RL („Menge") konkretisiert und
damit in einen Ausnahmebereich der UGP-RL fällt. Dementsprechend ist auf Verstöße § 3 I,
§ 5 II Nr. 1 und nicht § 3 I, § 3a anzuwenden. Der Unterschied zeigt sich bei den Relevanzklauseln beider Regelungen, mag er auch in der Praxis bedeutungslos sein.

4. Verhältnis zu Art. 7 IV UGP-RL

1.18   Die Regelungen zum Vorenthalten von wesentlichen Informationen iSd **Art. 7 IV UGP-RL** bei der **Aufforderung zum Kauf** sind in **§ 5b I** vollständig umgesetzt worden. Dient eine Marktverhaltensregelung der Umsetzung des Art. 7 IV UGP-RL und fällt sie nicht in einen Ausnahmebereich der UGP-RL, wie zB das Vertragsrecht nach Art. 3 II UGP-RL (BGH GRUR 2021, 752 Rn. 48 – Berechtigte Gegenabmahnung), stellt sich die Frage, ob Verstöße nach § 3a? oder nach den § 5a I, § 5b I zu beurteilen sind. Es dürfte sich insoweit um im Unionsrecht speziell geregelte **Informationsanforderungen in Bezug auf kommerzielle Kommunikation** im Sinne des Art. 7 V UGP-RL handeln, für die der BGH die Anwendung des **§ 3a mittlerweile ausgeschlossen** hat (BGHZ 233, 193 Rn. 23 = GRUR 2022, 930 – Knuspermüsli II; → Rn. 1.19). Dies fügt sich in die zu der Vorschrift ergangene Rspr. des EuGH ein (vgl. EuGH GRUR 2011, 930 Rn. 50–72 – Ving Sverige; EuGH WRP 2017, 31 Rn. 50–72 – Canal Digital Danmark).

1.18a   Ein Beispiel aus der früheren Rechtsprechung des BGH ist ist § 3 I PAngV (früher § 1 I 1 PangV) hinsichtlich der Preisangaben für Dienstleistungen. Die PangRL 98/6/EG ist insoweit nicht anwendbar. Die Informationsanforderungen der Dienstleistungs-RL 2006/123/EG ergänzen nach deren Art. 22 V Hs. 1 die im Unionsrecht vorgesehenen Anforderungen lediglich; sie gehen ihnen nicht vor, so dass kein Kollisionsfall iSd Art. 3 IV UGP-RL vorliegt (vgl. BGH GRUR 2015, 1240 Rn. 29 – Der Zauber des Nordens). Art. 7 IV lit. c UGP-RL bleibt daher anwendbar. Erfüllen Preisangaben im Falle eines Angebots zum Kauf iSd § 5b I nicht die Voraussetzungen des § 5b I Nr. 3, ist auf Verstöße sonach § 5a I anzuwenden. Der BGH hat die parallele Anwendbarkeit des § 3 I PAngV bejaht und eine richtlinienkonforme Auslegung des § 3 PangV am Maßstab des Art. 7 IV lit. c UGP-RL vorgenommen (BGH GRUR 2015, 1240 Rn. 29 f. und 37 – Der Zauber des Nordens). Die Anwendung der § 3a UWG, § 3 I PangV neben (so noch BGH GRUR 2010, 251 Rn. 17 – Versandkosten bei Froogle) oder anstatt der § 5a I, § 5b I Nr. 3 (so BGH GRUR 2016, 516 Rn. 12–21, 27–40 – Wir helfen im Trauerfall) ist in der Literatur kritisiert worden (vgl. Köhler WRP 2016, 541 (542 f.); WRP 2017, 1 Rn. 45 ff.). In der Sache dürfte die richtlinienkonforme Auslegung des § 3 PangV kaum zu anderen Ergebnissen führen als sie sich aus den § 3 I, § 5a I, § 5b I Nr. 3 ergeben, weil die Regelung in Art. 7 UGP-RL abschließend ist. Das ist nicht nur für die in § 5a I geregelte geschäftliche Relevanz von Bedeutung, sondern auch im Hinblick auf die Einschränkungen in Art. 7 I und III UGP-RL („je nach den Umständen"; „Beschränkungen des Kommunikationsmediums").

5. Verhältnis zu Art. 7 V UGP-RL

1.19   Nach Art. 7 V UGP-RL gelten die im Unionsrecht festgelegten Informationsanforderungen **„in Bezug auf kommerzielle Kommunikation einschließlich Werbung oder Marketing"**, auf die in der nicht erschöpfenden Liste des Anh. II verwiesen wird, als „wesentlich". Unter den weiteren Voraussetzungen des Art. 7 I–III UGP-RL erfüllt daher die Verletzung dieser Informationspflichten den Tatbestand der Irreführung durch Unterlassen. Diese Bestimmungen sind in § 3 I, § 5a I und § 5b IV vollständig umgesetzt worden. Auch hier stellt sich das Konkurrenzproblem zu § 3a, soweit die genannten Informationspflichten Marktverhaltensregelungen iSd § 3a darstellen:

(1) Unter kommerzieller Kommunikation sind in Anlehnung an Art. 2 lit. f RL 2000/31/EG über den elektronischen Geschäftsverkehr alle Formen der Kommunikation zu verstehen, die der unmittelbaren oder mittelbaren Förderung des Absatzes von Waren und Dienstleistungen oder des Erscheinungsbilds eines Unternehmens, einer Organisation oder einer natürlichen Person dienen, die eine Tätigkeit in Handel, Gewerbe oder Handwerk oder einen reglementierten Beruf ausübt (vgl. EuGH GRUR 2016, 1090 Rn. 25 f. – Verband Sozialer Wettbewerb; BGH GRUR 2022, 500 Rn. 64 – Zufriedenheitsgarantie; BGHZ 233, 193 Rn. 34 = GRUR 2022, 930 – Knuspermüsli II).

(2) Nach der **früher wohl hM** gibt die Umsetzung des Art. 7 I, V UGP-RL in **§ 5a II, IV** aF nur neben § 3a eine zusätzliche Möglichkeit, die betreffenden Informationspflichten durchzusetzen. Danach sollen also § 3a und § 5a II, IV aF **nebeneinander** anzuwenden sein (vgl. Begr. zum RegE BT-Drs. 16/10145, 27; BGH GRUR 2010, 251 Rn. 17 – Versandkosten bei Froogle I; BGH GRUR 2010, 1110 Rn. 19 – Versandkosten bei Froogle II; BGH GRUR 2010, 852 Rn. 12–15 und, 21 f. – Gallardo Spyder; BGH GRUR 2012, 842 Rn. 17 – Neue Personenkraftwagen I; BGH GRUR 2015, 1240 Rn. 29 f. – Der Zauber des Nordens; OLG

Dresden GRUR 2019, 264 Rn. 11; v. Oelffen, 2012, Rn. 780 f.). – Im Ergebnis wendete der BGH jedoch nur § 3a an (vgl. BGH GRUR 2016, 957 Rn. 10 – Mehrwertdienstenummer zu § 5 I Nr. 2 TMG; BGH GRUR 2017, 283 Rn. 16–29 und 26 – Servicepauschale [I]; BGH GRUR 2017, 286 Rn. 15 – Hörgeräteausstellung; BGH GRUR 2019, 82 Rn. 30 f. – Jogging-hosen; BGH GRUR 2019, 641 Rn. 13 – Kaffeekapseln; BGH GRUR 2019, 746 Rn. 19 – Energieeffizienzklasse III; BGH GRUR 2021, 84 Rn. 24 – Verfügbare Telefonnummer).

(3) An dieser Rechtsprechung ist kritisiert worden, dass auch im Fall des Art. 7 V UGP-RL die §§ 3 I, 5a I, 5b IV als leges speciales den **Vorrang** vor den §§ 3 I, 3a haben, um Wertungs-widersprüche zu vermeiden (vgl. OLG Frankfurt WRP 2017, 339 Rn. 12; OLG Frankfurt WRP 2018, 241 Rn. 22; Harte-Bavendamm/Henning-Bodewig/Dreyer § 5a Rn. 16, 211; MüKoUWG/Alexander § 5a Rn. 85 f.; Ohly/Sosnitza/Ohly § 3a Rn. 8a, 30d; Köhler WRP 2017, 1 Rn. 45–57; Köhler WRP 2017, 302 Rn. 7; Lettl WRP 2019, 1265 Rn. 40). Die Anwendung der § 5a I, § 5b IV ermöglicht die Berücksichtigung der Umstände des Einzelfalls sowie eine Prüfung der geschäftlichen Relevanz der Informationspflichtverletzung und vermei-det zugleich, dass über eine rigide Anwendung der Spürbarkeitsklausel des § 3a HS 2 ein der UGP-RL widersprechendes Per-se-Verbot in das UWG eingeführt wird. Auch ein Rückgriff auf § 3 II, der dem Art. 5 II UGP-RL entspricht, ist nicht angezeigt, weil dies der Systematik der UGP-RL widerspräche (EuGH WRP 2014, 38 Rn. 34–48 – CHS Tour Services).

(4) Dieser Auffassung hat sich nunmehr auch der BGH angeschlossen, um einen Widerspruch zu den unionsrechtlichen Vorgaben aus Art. 11a UGP-RL zu vermeiden (BGHZ 233, 193 Rn. 23–25 = GRUR 2022, 930 – Knuspermüsli II; BGH GRUR 2022, 1163 Rn. 60 – Grund-preisangabe im Internet; BGH GRUR 2022, 1832 Rn. 15–17 – Herstellergarantie IV mAnm Rätze WRP 2023, 63).

(5) **Nicht unter § 5a fallen** Informationspflichten, die nicht an das Vorliegen von kom-merzieller Kommunikation anknüpfen oder im Zuge des Vertragsschlusses oder bei der Vertrags-abwicklung zu erfüllen sind (vgl. BGH GRUR 2022, 500 Rn. 65 f.– Zufriedenheitsgarantie). Fraglich ist, wie die zeitliche Grenze im Rahmen des Vertragsschlusses zu bestimmen ist. Der BGH ordnet Informationspflichten, die der Unternehmer vor der Abgabe der Vertragserklärung des Verbrauchers zu erfüllen hat, ausschließlich dem Bereich des § 5a zu, so die Informationen nach § 312d I 1, Art. 246 § 1 I 1, § 4 I EGBGB bei außerhalb von Geschäftsräumen geschlosse-nen Verträgen und Fernabsatzverträgen mit Ausnahme von Verträgen über Finanzdienstleistun-gen (zur Herstellergarantie nach Art. 246 § 1 I 1 Nr. 12 vgl. BGH GRUR 2022, 1832 Rn. 16 f. – Herstellergarantie IV). Anders verhält es sich bei einer Garantie, die der Hersteller erst bei der Auslieferung – also nach Vertragsschluss – durch einen Hang-Tag an der Ware abgibt (vgl. BGH GRUR 2022, 500 Rn. 66 – Zufriedenheitsgarantie). Fraglich ist, wie es sich bei der ebenfalls vor Abgabe der Vertragserklärung des Verbrauchers zu erteilenden Widerrufsbelehrung nach § 312g I, Art. 246 § 1 II, § 4 I EGBGB verhält; es bedarf der Klärung, ob diese Informations-pflicht – etwa mit Blick auf das daran geknüpfte vertragliche Widerrufsrecht – unter § 3a (so noch BGH GRUR 2021, 752 Rn. 48 f. – Berechtigte Gegenabmahnung; BGH GRUR 2021, 1531 Rn. 14, 29 – Kurventreppenlift) oder unter § 5a fällt. – Um **Wertungswidersprüche** zur UGP-RL zu vermeiden, ist ferner zu erwägen, die vertragsrechtlichen Marktverhaltensrege-lungen iSd § 3a am Maßstab des Art. 7 I–III UGP-RL auszulegen. Eine Eignung zur spürbaren Beeinträchtigung der Verbraucherinteressen iSd § 3a sollte nur dann angenommen werden, wenn der Verbraucher die Information je nach den Umständen für eine informierte geschäftliche Entscheidung benötigt und das Vorenthalten dieser Information geeignet ist, den Verbraucher zu einer geschäftlichen Entscheidung zu veranlassen, die er andernfalls nicht getroffen hätte (so unter Bezugnahme auf § 5a II 1 Nr. 1 und 2 aF BGH GRUR 2019, 82 Rn. 30 f. – Joggingho-sen; BGH GRUR 2019, 641 Rn. 30 ff. – Kaffeekapseln; BGH GRUR 2019, 746 Rn. 26 – Energieeffizienzklasse III; BGH GRUR 2021, 84 Rn. 24 – Verfügbare Telefonnummer; BGH GRUR 2021, 752 Rn. 49 – Berechtigte Gegenabmahnung). Darüber hinaus sollten auch das Tatbestandsmerkmal des „Vorenthaltens" einer wesentlichen Information iSd § 5a I und die „auch als Vorenthalten" geltenden Verhaltensweisen iSd § 5a II berücksichtigt werden.

5. Marktverhaltensregelungen außerhalb des Anwendungsbereichs der UGP-RL

a) Der begrenzte Anwendungsbereich der UGP-RL. Zwar regelt die UGP-RL die **1.20** unlauteren Geschäftspraktiken von Unternehmen gegenüber Verbrauchern abschließend. Dies gilt jedoch nur für ihren Geltungsbereich, der durch zahlreiche Ausnahmen eingeschränkt ist. Diese Ausnahmen finden sich in den Art. 3 II–V, VIII–X UGP-RL und in den Erwägungsgründen 6, 7, 9, 10 und 14 UGP-RL. Eine weitere Ausnahme hat der EuGH für bestimmte presserechtliche Regelungen (§ 10 BWLPresseG) geschaffen (vgl. EuGH GRUR 2013, 1245 Rn. 48 f. – RLvS Verlagsgesellschaft (→ Rn. 1.13). Soweit Marktverhaltensregelungen in einen derartigen Ausnahmebereich der UGP-RL fallen und nicht gegen sonstige Bestimmungen des Unionsrechts verstoßen, können Zuwiderhandlungen nach § 3a geahndet werden. Darauf ist im Folgenden näher einzugehen.

1.21 **b) Vorschriften für das Verhältnis zu Mitbewerbern oder sonstigen Marktteilnehmern.** Nach Art. 3 I UGP-RL gilt die UGP-RL nur für das Verhältnis von Unternehmern zu Verbrauchern (B2C), also **nicht** im Verhältnis zu **Mitbewerbern** und **sonstigen Marktteilnehmern** (BGH GRUR 2010, 654 Rn. 15 – Zweckbetrieb). Dem Schutz der Mitbewerber dienen bspw. die **Ladenschluss-** bzw. **Ladenöffnungsgesetze** des Bundes und der Länder (→ Rn. 1.263; OLG Hamm GRUR-RR 2013, 297; LG Münster WRP 2017, 744 Rn. 26; LG Dortmund WRP 2022, 1444 Rn. 36). Soweit § 5 I auch den Schutz der sonstigen Marktteilnehmer bezweckt, ist dies durch Art. 8 I UAbs. 1 Werbe-RL (RL 2006/114/EG) gedeckt.

1.22 **c) Vorschriften mit vertragsrechtlichem Bezug.** Nach **Art. 3 II UGP-RL** und ErwGr. 9 S. 2 UGP-RL bleiben das Vertragsrecht und insbes. die Bestimmungen über die Wirksamkeit, das Zustandekommen oder die Wirkungen eines Vertrags unberührt. Marktverhaltensregelungen iSd § 3a, die sich auf den Abschluss und den Inhalt von Verträgen beziehen, stehen daher grds. im Einklang mit der UGP-RL (vgl. auch ErwGr. 15 S. 2 UGP-RL). Soweit das Vertragsrecht im sonstigen Unionsrecht geregelt ist, müssen die betreffenden Marktverhaltensregelungen mit den jeweiligen unionsrechtlichen Bestimmungen vereinbar sein (BGH GRUR 2021, 84 Rn. 23 – Verfügbare Telefonnummer; BGH GRUR 2021, 752 Rn. 48 – Berechtigte Gegenabmahnung → Rn. 1.19). Das ist jeweils gesondert zu prüfen.

1.23 In der bisherigen Entscheidungspraxis spielten insbes. die Vorschriften über **AGB** (§§ 307–309 BGB) und über den **Verbrauchsgüterkauf** (§§ 474–479 ff. BGB) eine Rolle (→ Rn. 1.285 ff., 1.292; BGH GRUR 2012, 949 Rn. 47 – Missbräuchliche Vertragsstrafe [zu §§ 307–309 BGB]; BGH GRUR 2010, 1117 Rn. 16 – Gewährleistungsausschluss im Internet [zu § 475 I 1 BGB, jetzt § 476 I 1 BGB]; BGH GRUR 2011, 638 Rn. 20 – Werbung mit Garantie [zu § 477 I 2 BGB aF, jetzt § 479 I 2 BGB]; BGH GRUR 2022, 500 Rn. 60 ff. – Zufriedenheitsgarantie [zu § 479 I 2 BGB]).

1.24 Von Bedeutung sind aber auch die Vorschriften über **vorvertragliche** und **vertragliche** Informationspflichten des Unternehmers gegenüber dem Verbraucher (insbes. § 312a BGB iVm Art. 246 EGBGB und § 312d, g BGB iVm Art. 246a EGBGB), die ihre Grundlage in der **Verbraucherrechte-RL 2011/83/EU,** geändert durch die RL (EU) 2019/2161, haben. Denn diese Richtlinie bezweckt nach ihrem Art. 1 eine „Angleichung … in Bezug auf Verträge". Sie räumt den Verbrauchern individuelle Rechte bzw. Rechtsbehelfe ein (vgl. ErwGr. 60 RL 2011/83/EU). Für die Durchsetzung dieser Informationspflichten und die Sanktionierung von Verstößen sieht Art. 23 RL 2011/83/EU besondere Regelungen vor. Auf solche „Informationsanforderungen in Bezug auf das Vertragsrecht oder mit vertragsrechtlichen Auswirkungen" ist die UGP-RL nach Art. 3 II UGP-RL und ErwGr. 10 S. 3 UGP-RL nicht anwendbar. Daher ist in diesen Fällen die § 3 I, § 3a im Hinblick auf die **vertragsrechtlichen** Folgen unabhängig davon anzuwenden, dass im Hinblick auf **vorvertragliche** Informationspflichten Art. 7 V UGP-RL und damit § 3 I, § 5a I, 5b IV eingreifen (BGH WRP 2018, 1069 Rn. 12 – Namensangabe; BGH GRUR 2021, 84 Rn. 23 – Verfügbare Telefonnummer; BGH GRUR 2022, 500 Rn. 67 – Zufriedenheitsgarantie [zu § 479 I 2 BGB]; OLG Frankfurt WRP 2021, 797 Rn. 22–34). Insoweit haben diese Informationspflichten eine **Doppelnatur** (→ § 5b Rn. 5.6). Sie stellen sowohl vertragliche Informationspflichten als auch unionsrechtliche Informationsanforderungen in Bezug auf kommerzielle Kommunikation dar (→ Rn. 1.18 f., 1.311).

1.25 **d) Vorschriften mit Gesundheits- oder Sicherheitsbezug.** Nach **Art. 3 III UGP-RL** bleiben „die Rechtsvorschriften der Gemeinschaft oder der Mitgliedstaaten in Bezug auf die Gesundheits- und Sicherheitsaspekte von Produkten" unberührt. Nach **ErwGr. 9 S. 3 UGP-RL** können die Mitgliedstaaten „unter Berufung auf den Schutz der Gesundheit und der Sicherheit der Verbraucher in ihrem Hoheitsgebiet für Geschäftspraktiken Beschränkungen aufrechterhalten oder einführen oder diese Praktiken verbieten, beispielsweise im Zusammenhang mit Spirituosen, Tabakwaren und Arzneimitteln". Dieser Ausnahmebereich gilt auch für Vorschriften, die die Möglichkeit beschränken, für solche Produkte zu werben. Hierher gehören ua: Art. 9 I lit. d, e, f RL 2010/13/EU über audiovisuelle Mediendienste (geändert durch RL

2018/1808/EU), die Health-Claim-VO (VO Nr. 1924/2006), die LebensmittelinformationsVO (VO Nr. 1169/2011), das ArzneimittelG, das HeilmittelwerbeG, das PflanzenschutzG, das Produktsicherheitsicherheits und das JugendschutzG. Soweit Marktverhaltensregelungen zumindest auch dem Schutz der Gesundheit und Sicherheit von Verbrauchern dienen und ggf. die einschlägigen Bestimmungen des Unionsrechts beachten, kann ihre Einhaltung nach § 3a durchgesetzt werden (stRspr zu § 4 Nr. 11 UWG 2008 und zu § 3a; vgl. BGH GRUR 2010, 1136 Rn. 13 – UNSER DANKESCHÖN FÜR SIE; BGH GRUR 2011, 633 Rn. 35 – BIO TABAK; BGH GRUR 2011, 843 Rn. 15 – Vorrichtung zur Schädlingsbekämpfung; BGH GRUR 2012, 407 Rn. 30 – Delan; BGH GRUR 2012, 647 Rn. 11 – INJECTIO; BGH GRUR 2013, 1056 Rn. 15 – Meisterpräsenz; BGH GRUR 2013, 739 Rn. 19 und 34 – Barilla; BGH GRUR 2013, 958 Rn. 22 – Vitalpilze; BGH GRUR 2015, 813 Rn. 11 f. – Fahrdienst zur Augenklinik; BGH GRUR 2015, 916 Rn. 15 – Abgabe ohne Rezept; BGH GRUR 2017, 641 Rn. 20 – Zuzahlungsverzicht bei Hilfsmitteln; BGH GRUR 2018, 745 Rn. 13, 14 – Bio-Gewürze II; BGH GRUR 2019, 1071 Rn. 60 – Brötchen-Gutschein; BGH GRUR 2019, 1078 Rn. 54 - 1 Euro-Gutschein). Die Eignung des Verstoßes zur spürbaren Interessenbeeinträchtigung beurteilt sich nach dem Schutzzweck der jeweils verletzten Marktverhaltensregelung (zu § 7 I 1 Nr. 1 HWG, § 78 II 2 und 3, III AMG vgl. BGH GRUR 2019, 1071 Rn. 54 ff. – Brötchen-Gutschein). Die Spürbarkeitsschwelle des Art. 2 lit. e, Art. 5 II UGP-RL (wesentliche Beeinflussung des wirtschaftlichen Verhaltens des Durchschnittsverbrauchers) ist insoweit nicht anwendbar (BGH GRUR 2019, 1071 Rn. 60 – Brötchen-Gutschein).

e) Unionsrechtliche Vorschriften mit Vorrang vor der UGP-RL. Nach **Art. 3 IV** 1.26
UGP-RL gehen bei einer Kollision der Bestimmungen der UGP-RL mit den **Bestimmungen anderer Richtlinien, die besondere Aspekte unlauterer Geschäftspraktiken regeln,** Letztere **vor.** Das ist insbes. der Fall bei folgenden Richtlinien: Werbe-RL (RL 2006/114/EG), soweit sie die vergleichende Werbung betrifft; Preisangaben-RL (RL 98/6/EG) (dazu EuGH WRP 2016, 1096 Rn. 44 – Citroën; BGH GRUR 2017, 286 Rn. 11 – Hörgeräteausstellung; Köhler GRUR 2016, 891); Pauschalreise-RL (RL 2015/2302/EU) (zur Vorgänger-RL 90/314/EWG vgl. BGH GRUR 2010, 652 Rn. 12 – Costa del Sol); Art. 5–11 RL über audiovisuelle Mediendienste (RL 2010/13/EU; geändert durch die RL 2018/1808/EU) im Hinblick auf Anh. I Nr. 11 S. 2 UGP-RL (dazu EuGH GRUR 2013, 1245 Rn. 48 f. – RLvS Verlagsgesellschaft; zur früheren Fernseh-RL vgl. BGH GRUR 2009, 845 Rn. 38 – Internet-Videorecorder); Art. 5–8 RL über den elektronischen Geschäftsverkehr (RL 2000/31/EG); Art. 6–8 VerbraucherrechteRL (RL 2011/83/EU) (dazu EuGH GRUR 2020, 753 Rn. 28–40 – EIS/TO; BGH GRUR 2019, 961 Rn. 42 – Werbeprospekt mit Bestellpostkarte II); Unterlassungsklagen-RL (RL 2009/22/EG). – **Nicht** dazu gehört die Dienstleistungs-RL (RL 2006/123/EG), da deren Informationsanforderungen nach Art. 22 V Hs. 1 Dienstleistungs-RL die im Unionsrecht vorgesehenen Anforderungen lediglich ergänzen (→ Rn. 1.18; BGH GRUR 2015, 1240 Rn. 29 – Der Zauber des Nordens; BGH GRUR 2016, 516 Rn. 21 – Wir helfen im Trauerfall).

f) Strengere nationale Vorschriften mit Vorrang vor der UGP-RL. Nach **Art. 3 V 1** 1.27
UGP-RL aF durften die Mitgliedstaaten bis zum **12.6.2013** Vorschriften beibehalten, die restriktiver oder strenger sind als die UGP-RL, also ein niedrigeres oder höheres Verbraucherschutzniveau vorsehen, und zur Umsetzung von Richtlinien erlassen wurden, die Mindestangleichungsklauseln enthalten (wie zB Art. 10 RL 98/6/EG [Preisangaben-RL]; dazu Köhler WRP 2013, 723). Ab diesem Zeitpunkt durften derartige Vorschriften nicht mehr angewendet werden (vgl. BGH GRUR 2015, 1240 Rn. 33 – Der Zauber des Nordens). Art. 3 V 1 UGP-RL galt grds. nicht für Mindestangleichungsklauseln in Richtlinien, die erst **nach Erlass der UGP-RL** in Kraft traten (Omsels WRP 2013, 1286; offengelassen in BGH GRUR 2015, 1240 Rn. 34 – Der Zauber des Nordens). Art. 3 V 1 UGP-RL galt daher von vornherein nicht für die später erlassene **RL über audiovisuelle Mediendienste** (RL 2010/13/EU; geändert durch die RL 2018/1808/EU) und Art. 4 RL 2010/13/EU (vgl. GRUR 2013, 1245 Rn. 48 f. – RLvS Verlagsgesellschaft). Das Problem stellte sich ferner nicht bei Richtlinien, die von vornherein nicht in den Anwendungsbereich der UGP-RL (mit Ausnahme des Art. 7 V UGP-RL) fallen, wie etwa die **Verbraucherrechte-RL (RL 2011/83/EU)** im Hinblick auf Art. 3 II UGP-RL (vgl. ErwGr. 14, 56, 60 RL 2011/83/EU). – **Art. 3 V UGP-RL** wurde durch die RL (EU) 2019/2161 v. 27.11.2019 völlig neugefasst (vgl. dazu Anh. zu § 3 III Nr. 32, in Kraft ab dem 28.5.2022).

1.28 **g) Strengere nationale Vorschriften für „reglementierte Berufe".** Nach **Art. 3 VIII UGP-RL** und ErwGr. 9 S. 2 UGP-RL können die Mitgliedstaaten für **reglementierte Berufe** iSv Art. 2 lit. l UGP-RL Vorschriften beibehalten oder schaffen, um die strengen Integritätsstandards zu gewährleisten, die die Mitgliedstaaten den in solchen Berufen tätigen Personen nach Maßgabe des Unionsrechts auferlegen können. Dementsprechend ist die Anwendung des § 3a auf unionsrechtskonforme Marktverhaltensregelungen für (zB nach Berufsordnungen, Gewerbeordnung) gesetzlich geregelte Berufe mit der UGP-RL vereinbar (stRspr; BGH GRUR 2011, 352 Rn. 16 – Makler als Vertreter im Zwangsversteigerungsverfahren; BGH GRUR 2011, 539 Rn. 23 – Rechtsberatung durch Lebensmittelchemiker; BGH GRUR 2012, 79 Rn. 11 – Rechtsberatung durch Einzelhandelsverband; BGH GRUR 2013, 1056 Rn. 15 – Meisterpräsenz; BGH WRP 2015, 344 Rn. 23 – Hörgeräteversorgung III; BGH GRUR 2015, 1237 Rn. 19 – Erfolgsprämie für Kundengewinnung; BGH GRUR 2016, 1189 Rn. 17 – Rechtsberatung durch Entwicklungsingenieur; BGH GRUR 2017, 95 Rn. 11 – Arbeitnehmerüberlassung; BGH GRUR 2021, 758 Rn. 30 – Rechtsberatung durch Architektin; BGH GRUR 2021, 1425 Rn. 15 – Vertragsdokumentengenerator; BGH GRUR 2022, 999 Rn. 10 – Prozessvertretung durch Haftpflichtversicherer).

1.29 **h) Strengere nationale Vorschriften für Finanzdienstleistungen und Immobilien.** Nach **Art. 3 IX UGP-RL** und ErwGr. 9 S. 4 UGP-RL können die Mitgliedstaaten für Finanzdienstleistungen und Immobilien Anforderungen stellen, die im Vergleich zur UGP-Richtlinie restriktiver und strenger sind.

1.30 **i) Nationale Verbote aus Gründen der „guten Sitten und des Anstands".** Diese Ausnahme ergibt sich aus **ErwGr. 7 S. 3–5 UGP-RL.** Dazu gehören insbes. auch gesetzliche Vorschriften zum Schutz der Menschenwürde, zum Jugendschutz (soweit nicht bereits vom Gesundheitsschutz iSd Art. 3 III UGP-RL erfasst), zum Schutz vor Diskriminierung, zum Schutz der Friedhofsruhe (OLG Stuttgart WRP 2018, 1252 Rn. 26) usw. Die entsprechenden Regelungen des an die Stelle des **Rundfunkstaatsvertrags** (§ 7 RStV) ab dem 8.11.2020 getretenen **Medienstaatsvertrags** (§ 8 I Nr. 1 und 2 MStV) haben eine unionsrechtliche Grundlage in Art. 9 I lit. c i, ii, iv, Art. 12 sowie ErwGr. 44 **RL über audiovisuelle Mediendienste** (RL 2010/13/EU; geändert durch die RL 2018/1808/EU). – Die Straftatbestände des § 1 I Nr. 1 und 2 ESchG (EmbryonenschutzG) stellen ebenfalls Regelungen hinsichtlich der guten Sitten dar und stehen in Einklang mit Art. 8 und Art. 14 EMRK, sind aber keine Marktverhaltensregelungen iSd § 3a (BGH GRUR 2016, 513 Rn. 19 – Eizellspende).

1.31 **j) Nationale Glücksspielregelungen.** Dieser Ausnahmebereich ergibt sich aus **ErwGr. 9 S. 2 UGP-RL.** Dazu gehören insbes. § 284 StGB und § 5 GlüStV (→ Rn. 1.243 ff.). Grenzen setzen insoweit nur die Bestimmungen über die Dienstleistungsfreiheit (Art. 49, 56 AEUV; EuGH GRUR 2014, 876 Rn. 20 ff. – Digibet; EuGH ZfWG 2014, 292 Rn. 56 – Pfleger; EuGH ZfWG 2016, 329 Rn. 30 ff – Admiral Casinos; BGH NJW 2020, 2282 Rn. 38–47).

V. Rechtsfolgenkonkurrenz, Normauslegungskonkurrenz und Normvollzugskonkurrenz

1. Das Problem

1.32 Die gesetzlichen Vorschriften (Primärnormen), an deren Verletzung der Rechtsbruchtatbestand anknüpft, sehen zumeist spezifische Rechtsfolgen vor (zB Durchsetzung mit Verwaltungszwang, Strafen, Bußgeldern; öffentlich-rechtlicher Klagebefugnis usw). Daraus ergeben sich Probleme der Konkurrenz zwischen den primär zuständigen Behörden und Gerichten (hier als Fachgerichte bezeichnet) einerseits und den Wettbewerbsgerichten andererseits. Dabei sind drei Fragenkreise zu unterscheiden: **(1)** Können neben den in der betreffenden Norm vorgesehenen Rechtsfolgen auch noch lauterkeitsrechtliche Rechtsfolgen eintreten? **(2)** Wie ist zu verfahren, wenn Behörden und Fachgerichte einerseits und Wettbewerbsgerichte andererseits die Norm unterschiedlich auslegen? **(3)** Können lauterkeitsrechtliche Sanktionen verhängt werden, wenn die für den Normvollzug zuständige Behörde das Marktverhalten duldet oder sogar ausdrücklich erlaubt?

2. Rechtsfolgenkonkurrenz

a) Grundsatz. Ein auf § 3 I, § 3a gestütztes lauterkeitsrechtliches Vorgehen ist grds. auch **1.33** dann möglich, wenn die gesetzliche Vorschrift spezifische Rechtsfolgen für ihre Durchsetzung vorsieht (vgl. Köhler FS Schmitt Glaeser, 2003, 499 (500 f.)). Denn der Anknüpfungspunkt des Lauterkeitsrechts ist ein anderer: Es geht nicht um die Durchsetzung der gesetzlichen Vorschrift um ihrer selbst, also ihrer spezifischen Zwecke willen, sondern um die Auswirkungen eines Gesetzesverstoßes auf den Wettbewerb (vgl. § 3). Dies gilt unabhängig davon, ob diese Rechtsfolgen unterschiedlich (zB Strafandrohung; Verwaltungszwang durch eine Behörde) oder vergleichbar sind (vgl. BGH GRUR 2020, 426 Rn. 11 – Ersatzteilinformation II). Selbst wenn also der Kläger befugt wäre, mittels einer Klage vor einem anderen (zB Verwaltungs-)Gericht die Unterlassung der Zuwiderhandlung durchzusetzen, würde ihn dies nicht hindern, zugleich eine lauterkeitsrechtliche Unterlassungsklage zu erheben. Aus dem gleichen Grund sind die öffentlich-rechtlichen Kammern trotz der ihnen zu Gebote stehenden berufsrechtlichen Sanktionsmöglichkeiten grds. nicht gehindert, gegen Gesetzesverstöße von Mitgliedern, die zugleich Wettbewerbsverstöße darstellen, auch lauterkeitsrechtlich vorzugehen (BGH GRUR 1998, 835 (836) – Zweigstellenverbot; BGH GRUR 2003, 349 (350) – Anwaltshotline; BGH GRUR 2006, 598 Rn. 12, 14 – Zahnarztbriefbogen; krit. Sack WRP 2004, 1307 (1314)).

b) Ausnahme. Eine andere Beurteilung kann dann angezeigt sein, wenn sich aus der gesetz- **1.34** lichen Vorschrift durch Auslegung insbes. aus dem Regelungszusammenhang entnehmen lässt, dass die Rechtsfolgenregelung **abschließend** sein soll (dazu Ullmann GRUR 2003, 817 (823); Alexander WRP 2012, 660 (663)).

aa) Beispiele für abschließende Regelungen. Abschließende Rechtsfolgenregelungen sind **1.35** ua für folgende Bereiche anzunehmen:

(1) Sozialrecht. Die **sozialversicherungsrechtlichen Regelungen** der Rechtsbeziehungen **1.36** der Krankenkassen und ihrer Verbände zu den Leistungserbringern und ihren Verbänden haben nach § 69 SGB V abschließenden Charakter, auch soweit dadurch die Rechte Dritter betroffen sind (OLG Stuttgart WRP 2015, 1133 Rn. 22). Dementsprechend unterliegen auch die Beziehungen von Leistungserbringern untereinander ausschließlich dem Sozialrecht und nicht dem Lauterkeitsrecht, soweit es um die Erfüllung des öffentlich-rechtlichen Versorgungsauftrags der Krankenkassen geht (BGH GRUR 2004, 247 (249) – Krankenkassenzulassung; BGH GRUR 2006, 517 Rn. 23 – Blutdruckmessungen; BSG MedR 2018, 187 Rn. 20, 24). **Beispiele:** Ein Kassenarzt kann keine Unterlassungs- und Schadensersatzansprüche nach UWG gegen einen anderen Kassenarzt geltend machen (BSG MedR 2018, 187 Rn. 20, 24, 26). Eine Handwerksinnung kann keinen Unterlassungsanspruch nach UWG gegen einen Leistungserbringer wegen fehlender Krankenkassenzulassung geltend machen (BGH GRUR 2004, 247 (249) – Krankenkassenzulassung zu § 126 SGB V). Ein Wettbewerbsverband iSd § 8 III Nr. 2 kann nicht aus UWG gegen eine mit einem Apotheker vereinbarte Gutscheinaktion einer Krankenkasse vorgehen (BGH GRUR 2006, 517 Rn. 24 – Blutdruckmessungen). – Unberührt bleibt die Möglichkeit privater Unternehmen, mit Abwehransprüchen aus Art. 12 GG oder Art. 3 GG gegen beeinträchtigendes oder diskriminierendes Verhalten von Krankenkassen vorzugehen (BGH GRUR 2006, 517 Rn. 26 – Blutdruckmessungen). – Eine Ausnahme von dieser Regelung kommt allenfalls dann in Betracht, wenn die ergänzende Anwendung von UWG-Vorschriften erforderlich wäre, um verfassungsrechtlich nicht hinnehmbare Rechtsschutzdefizite zu vermeiden (arg. Gebot des effektiven Rechtsschutzes, Art. 19 IV GG bzw. 20 Abs. 3 iVm Art. 2 Abs. 1 GG; BSG MedR 2018, 187).

(2) Kartellrecht. Auch die Normen des **Kartellrechts** (§§ 1–96, 185 GWB; Art. 101, 102 **1.37** AEUV), ausgenommen das **Vergaberecht** (§§ 97–184 GWB; → Rn. 1.41, 2.77), enthalten eine abschließende Regelung der Rechtsfolgen (BGH GRUR 2006, 773 Rn. 13–16 – Probeabonnement; BGH GRUR 2008, 810 Rn. 11 – Kommunalversicherer; OLG Frankfurt GRUR-RR 2017, 231 Rn. 23; Köhler WRP 2005, 645; Langen/Bunte/Bornkamm/Tolkmitt GWB § 33 Rn. 76; MüKoUWG/Schaffert Rn. 24, 25; Alexander ZWeR 2007, 239). Die frühere abweichende Rspr. (BGH GRUR 1978, 445 - 4 zum Preis von 3; BGH GRUR 1993, 137 – Zinssubvention; in Frage gestellt bereits durch BGH GRUR 2006, 161 Rn. 29 – Zeitschrift mit Sonnenbrille) ist damit überholt. Das Kartellrecht stellt für die von ihm geschützten Personen ausreichende zivilrechtliche Rechtsfolgen bereit (vgl. § 33 I und II GWB, § 33a I GWB, § 34a GWB), die weitgehend denen des UWG entsprechen. Auch der Kreis der nach Kartellrecht

Anspruchsberechtigten entspricht zwar nicht vollständig, aber doch weitgehend dem UWG. So sind neben Wirtschaftsverbänden (§ 33 IV Nr. 1 GWB) auch Verbraucherverbände (§ 33 IV Nr. 2 GWB) anspruchsberechtigt. Dass Industrie- und Handelskammern sowie Handwerkskammern (§ 8 III Nr. 4) nicht dazu gehören, ist für die Praxis irrelevant. Wichtiger ist, dass nach § 33 III GWB – anders als im UWG – neben Mitbewerbern auch „sonstige Marktbeteiligte", wozu auch Verbraucher gehören, anspruchsberechtigt sind. Hinzu kommt, dass dann auch die Verfahrensvorschriften in den §§ 12–15a UWG, die im Kartellrecht teilweise bewusst nicht vorgesehen sind, anwendbar wären. – Entsprechende Überlegungen haben für Verstöße gegen das europäische Kartellrecht zu gelten, zumal die §§ 33, 34a GWB ausdrücklich auch auf Verstöße gegen die Art. 101, 102 AEUV anwendbar sind. – Dass ein und dieselbe geschäftliche Handlung zugleich einen Verstoß gegen das Kartellrecht und das Lauterkeitsrecht darstellen und dementsprechend Rechtsfolgen nach beiden Rechten auslösen kann, steht auf einem anderen Blatt (vgl. dazu BGH GRUR 2006, 773 Rn. 13–16 – Probeabonnement; BGH WRP 2009, 1086 Rn. 10 – Änderung der Voreinstellung II; Immenga/Mestmäcker/Fuchs GWB § 19 Rn. 48–52; Köhler WRP 2005, 645; Lettl WuW 2016, 214). In diesem Fall liegen auch unterschiedliche Streitgegenstände vor (→ § 12 Rn. 2.23a; BGH GRUR 2009, 876 Rn. 10 – Änderung der Voreinstellung II). – Keine kartellrechtliche Regelung iSd §§ 1 ff. GWB, Art. 101, 102 AEUV stellt die Marktverhaltensregelung des Art. 6 VO (EG) Nr. 715/2007 (Zugangsgewährung zu Kfz-Daten für unabhängige Marktteilnehmer) dar (OLG Frankfurt GRUR-RR 2017, 231 Rn. 23).

1.38   **(3) Buchpreisbindungsgesetz.** Das BuchPrG v. 2.9.2002 (BGBl. 2002 I 3448), zuletzt geändert durch Art. 8 des G zur Stärkung des fairen Wettbewerbs v. 26.11.2020 (BGBl. 2020 I 2568), bezweckt, durch Festsetzung verbindlicher Preise beim Verkauf an Letztabnehmer ein umfangreiches, der breiten Öffentlichkeit zugängliches Buchangebot in einer großen Zahl von Verkaufsstellen zu sichern (§ 1 BuchPrG). Dieser Zweck kann nur erreicht werden, wenn Unterschreitungen des gebundenen Preises wirksam verhindert werden (BGH GRUR 2017, 199 Rn. 21 – Förderverein). Eine unzulässige Umgehung der Buchpreisbindung liegt vor, wenn dem Käufer im Gegenzug zur Entrichtung des gebundenen Buchpreises ein wirtschaftlicher Vorteil gewährt wird, der so erheblich ist, dass er die auf den Preis bezogene Kaufentscheidung maßgeblich beeinflussen kann. Die Gewährung ideeller oder immaterieller Vorteile reicht nicht (BGH GRUR 2017, 199 Rn. 23 – Förderverein). Ein Verstoß gegen die Buchpreisbindung liegt nicht vor, wenn ein Buch unentgeltlich, aber gegen Übernahme einer angemessenen Versandkostenpauschale an Verbraucher abgegeben wird (OLG Dresden WRP 2018, 979). – Die **Sanktionen** gegen Verstöße gegen das BuchPrG stellen eine abschließende Regelung dar (vgl. § 9 BuchPrG; dazu BGH GRUR 2003, 807 (808) – Buchpreisbindung; BGH GRUR 2016, 298 – Gutscheinaktion beim Buchankauf); BGH GRUR 2017, 199 Rn. 10 ff. – Förderverein). Sie entsprechen im Übrigen weitgehend denen des UWG, so dass auch kein Bedürfnis für dessen Heranziehung besteht (ebenso MüKoUWG/Schaffert Rn. 26; aA OLG Hamburg GRUR-RR 2006, 200). – Grds. nicht ausgeschlossen ist zwar die Anwendung des § 4a I 2 Nr. 3, 3; jedoch kann eine unzulässige Beeinflussung nur bei Vorliegen besonderer Umstände (zB Gruppenzwang) in Betracht kommen (BGH GRUR 2017, 199 Rn. 31–39 – Förderverein).

1.39   **(4) Markenrecht.** → § 4 Rn. 4.77 ff.

1.40   **(5) Telekommunikationsrecht. Die §§ 69, 70 TKG** stellen eine abschließende Regelung der Abwehr- und Schadensersatzansprüche der von einem Verstoß betroffenen Endnutzer oder Wettbewerber gegen den Anbieter von öffentlich zugänglichen Telekommunikationsdiensten dar.

1.40a   **(6) Datenschutz-Grundverordnung (DS-GVO)? (a) Teilweise ungeklärte Frage der abschließenden Regelung der Rechtsdurchsetzung in der DS-GVO.** In den Art. 77–80 DS-GVO werden sog Rechtsbehelfe geregelt, mit denen die Rechte der betroffenen Person geschützt werden können, wenn die sie betreffenden personenbezogenen Daten Gegenstand einer mutmaßlich rechtswidrigen Verarbeitung gewesen sind (dazu näher EuGH GRUR 2022, 920 – Meta Platforms Ireland). Ob die Regelung der „Rechtsbehelfe" in den Art. 77–80 DS-GVO eine abschließende Regelung der Rechtsdurchsetzung dieser Verordnung darstellt und damit die Anwendung des § 3a, soweit es um den Verstoß gegen Datenschutzbestimmungen geht, ausgeschlossen ist, war und ist noch sehr str. (dazu Vorlagebeschlüsse BGH GRUR 2020, 896 – App-Zentrum I; BGH GRUR 2022, 193 – App-Zentrum II; BGH GRUR 2023, 264 – Arzneimittelbestelldaten; Ohly GRUR 2019, 686).

(b) **Rechtsdurchsetzung durch Verbände, hier insbesondere: Auslegung des** 1.40b
Art. 80 II DS-GVO durch den EuGH. Eine Rechtsdurchsetzung durch **Dritte,** die im
eigenen Namen und unabhängig von einem Auftrag einer betroffenen Person deren Rechte
wahrnehmen, ist nur als Regelungsoption für die Mitgliedstaaten in **Art. 80 II DS-GVO**
vorgesehen. Diese **Öffnungsklausel** beschränkt sich auf Einrichtungen, Organisationen und
Vereinigungen iSd Art. 80 I DS-GVO und auch diese dürfen nur das in Art. 79 aufgeführte
Recht einer betroffenen Person in Anspruch nehmen, wenn „ihres Erachtens die Rechte einer
betroffenen Person gemäß dieser Verordnung infolge einer Verarbeitung verletzt worden sind".

Der EuGH geht davon aus, dass der deutsche Gesetzgeber nach dem Inkrafttreten der DS- 1.40c
GVO keine besonderen Bestimmungen erlassen hat, die speziell der Umsetzung von Art. 80 II
DS-GVO dienen sollten. Er hält eine solche spezielle Umsetzung wohl auch nicht für erforderlich. Denn die deutsche Regelung, die zur Umsetzung der RL 2009/22 erlassen wurde (gemeint:
§ 2 II 1 Nr. 11 UKlaG), ermögliche es Verbänden zur Wahrung von Verbraucherinteressen
bereits, gegen den mutmaßlichen Verletzer des Schutzes personenbezogener Daten Klage zu
erheben (EuGH GRUR 2022, 920 Rn. 61 – Meta Platforms Ireland). Offenbar hält der EuGH
insoweit eine Vorwegnahme der Umsetzung der Öffnungsklausel für ausreichend. Allerdings
setzt sich der EuGH mit der beschränkten Regelung in § 2 II 1 Nr. 11 UKlaG nicht auseinander
(zum Reformbedarf vgl. Ohly GRUR 2022, 924 (925)).

Allerdings hat der deutsche Gesetzgeber, was der EuGH mangels dahingehenden Vortrags
nicht berücksichtigen konnte, in **§ 13 IV Nr. 2 implizit von der Öffnungsklausel des**
Art. 80 II DS-GVO Gebrauch gemacht. Diese Vorschrift wurde mit dem G zur Stärkung des
fairen Wettbewerbs v. 26.11.2020 (BGBl. 2020 I 2568) in das UWG eingefügt und nimmt –
anders als § 2 II 1 Nr. 11 UKlaG – unmittelbar auf die DS-GVO Bezug. Dem Wortlaut nach
handelt sich dabei zwar um eine Sondervorschrift zum Schutz „insbesondere kleiner Unternehmen sowie gemeinnütziger Vereine vor kostenpflichtigen Datenschutzabmahnungen" (BT-Drs.
19/12084, 32). Sie impliziert aber, dass ein Vorgehen gegen Datenschutzverstöße nicht nur
Mitbewerbern iSd § 8 III Nr. 1, sondern auch den in § 8 III Nr. 2, 3 und 4 genannten
Einrichtungen, Kammern und Organisationen im Rahmen von Art. 80 II DS-GVO in der
Auslegung durch den EuGH möglich sein soll. Für die qualifizierten Einrichtungen iSd § 8 III
Nr. 3 gilt dies uneingeschränkt. Die qualifizierten Wirtschaftsverbände und Kammern iSd § 8 III
Nr. 2 und 4 können zwar nicht die Interessen natürlicher Personen in ihrer Eigenschaft als
Verbraucher schützen, wohl aber die Interessen natürlicher Personen in ihrer Eigenschaft als
sonstige Marktteilnehmer. Es sind dies insbes. Freiberufler, Handwerker und sonstige Unterneh-
mer, die genauso wie Verbraucher Opfer von Datenschutzverstößen werden können.

Der **EuGH** kommt in seiner **Auslegung des Art. 80 II DS-GVO** zu folgendem Ergebnis: 1.40d
Ein Verband zur Wahrung von Verbraucherinteressen, wie der klagende vzbv, könne die in
Art. 80 I DS-GVO aufgeführten Kriterien erfüllen, da er ein im öffentlichen Interesse liegendes
Ziel verfolge, das darin bestehe, die Rechte und Freiheiten der betroffenen Personen in ihrer
Eigenschaft als Verbraucher zu gewährleisten. Die Verwirklichung eines solchen Ziels könne mit
dem Schutz der personenbezogenen Daten dieser Verbraucher in Zusammenhang stehen (EuGH
GRUR 2022, 920 Rn. 65 – Meta Platforms Ireland). – Des Weiteren stellt der EuGH klar, dass
es für die Anerkennung der Klagebefugnis eines solchen Verbands nach Art. 80 II DS-GVO
ausreiche, „geltend zu machen, dass die betreffende Datenverarbeitung die Rechte identifizierter
oder identifizierbarer natürlicher Personen aus dieser Verordnung beeinträchtigen könne"
(GRUR 2022, 920 Rn. 67–72 – Meta Platforms Ireland). Für diese Auslegung führt der EuGH
eine Reihe von Gründen an: Sie stehe im Einklang mit den Anforderungen aus Art. 16 AEUV
und Art. 8 GRCharta; die Klagebefugnis der Verbände zur Wahrung von Verbraucherinteressen
trage dazu bei, die Rechte der betroffenen Personen zu stärken und ihnen ein hohes Schutzniveau zu gewährleisten; die Erhebung einer solchen Verbandsklage könne sich als wirksamer
erweisen als die Klage einer einzelnen betroffenen Person und sie gewährleiste die präventive
Funktion einer solchen Klage (GRUR 2022, 920 Rn. 73–76 – Meta Platforms Ireland). –
Ersichtlich kam es dem EuGH darauf an, keinen Widerspruch zu der inzwischen am 25.6.2023
in Kraft getretenen VerbandsklagenRL (RL (EU) 2020, 1828) zu erzeugen. Letztlich hat der
EuGH die Möglichkeit einer Verbandsklage zum Schutz der **kollektiven Verbraucherinteres-**
sen, wie sie in der RL (EU) 2020/1828 (Verbandsklagenrichtlinie) für Verstöße gegen die DS-
GVO in Anhang I Nr. 56 vorgesehen ist, vorweggenommen (EuGH GRUR 2022, 920
Rn. 80–82 – Meta Platforms Ireland).

Der EuGH hat, entsprechend der Vorlagefrage des BGH, auch zu der Frage Stellung genom- 1.40e
men, ob Art. 80 II einer Verbandsklage entgegensteht, wenn ein **Verstoß gegen Daten-**

schutzvorschriften im Rahmen eines Verfahrens zur Durchsetzung anderer Rechtsvorschriften zur Gewährleistung des Verbraucherschutzes geltend gemacht wird (GRUR 2022, 920 Rn. 51, 66, 77–82 – Meta Platforms Ireland). Er hat hervorgehoben, dass ein Verstoß gegen Vorschriften zum Schutz der Verbraucher oder zur Bekämpfung unlauterer Geschäftspraktiken mit einem Verstoß gegen die Vorschriften zum Schutz der personenbezogenen Daten dieser Verbraucher einhergehen könne (GRUR 2022, 920 Rn. 66, 78 – Meta Platforms Ireland). Daher stehe Art. 80 II DS-GVO einer nationalen Regelung nicht entgegen, wenn ein Verbraucherverband iSd Art. 80 I DS-GVO gegen eine Verletzung der in der DS-GVO vorgesehenen Rechte mit der Begründung vorgehe, dass gegen das Verbot unlauterer Geschäftspraktiken, ein Verbraucherschutzgesetz oder das Verbot der Verwendung unwirksamer AGB (GRUR 2022, 920 Rn. 79–82 – Meta Platforms Ireland). Solche „komplementäre Verbandsklagen" sind demnach in Deutschland zulässig. Mit dem Verbot unlauterer Geschäftspraktiken sind ersichtlich die Vorschriften zur Umsetzung der UGP-RL, nämlich die §§ 3 II, 4a, 5, 5a, 5b und Anh. zu § 3 III, mit Verbraucherschutzgesetzen ist jedenfalls § 2 II 1 Nr. 11 UKlaG und mit dem Verbot unwirksamer AGB ist § 1 UKlaG gemeint. Beispiele: Irreführung iSv § 5 II Nr. 7 über die Rechte der betroffenen Person nach den Art. 15 ff. DS-GVO; Irreführung durch Unterlassen iSv § 5a I hinsichtlich der Informationspflichten nach Art. 13, 14 DS-GVO; aggressives Verhalten iSv § 4a I, um einen Verbraucher zur Erteilung einer Einwilligung iSv Art. 6 I lit. a DS-GVO zu veranlassen (vgl. auch Ohly GRUR 2020, 924 (925); v. Walter WRP 2022, 937 Rn. 21). Problematisch ist bei solchen Fällen, ob die Schadensersatzpflicht des Verletzers nur nach Art. 11a UGP-RL, § 9 II 1 oder darüber hinaus auch nach Art. 82 DS-GVO (auch immaterieller Schaden) zu beurteilen ist.

1.40f Aus der weiten Auslegung des Art. 80 II DS-GVO durch den EuGH folgt, dass die Durchsetzungsbestimmungen der DS-GVO keine Sperrwirkung entfalten (aA noch 40. Aufl.). Legt man diese Auslegung zugrunde, sind Verbraucherverbände (wie der vzbv) als qualifizierte Einrichtungen iSd des **§ 3 I Nr. 1 UKlaG,** sofern sie die Anforderungen des Art. 80 I und II DS-GVO erfüllen, befugt, Verstöße gegen die DS-GVO nach Maßgabe des UKlaG zu verfolgen, ohne auf bestimmte betroffene Personen Bezug nehmen zu müssen (so ua Ohly GRUR 2022, 924 (925); v Walter WRP 2022, 937). – Verbandsklagen gegen Datenschutzverstöße können auch auf **§ 8 III Nr. 3** gestützt werden. Nach **§ 3 I, § 3a** kann allerdings nur ein Verstoß gegen solche Bestimmungen geltend gemacht werden, die zugleich **Marktverhaltensregelungen** im Interesse der Marktteilnehmer darstellen (→ Rn. 1.74a und b).

1.40g Damit sind jedoch noch nicht alle unionsrechtlichen Fragen geklärt. Der BGH hat eine erneute Vorlage an den EuGH zur Auslegung des Tatbestandsmerkmals „infolge einer Verarbeitung" in Art. 80 Abs. 2 DS-GVO gerichtet (BGH GRUR 2023, 193 – App-Zentrum II). Das Problem liegt insoweit in der Natur des geltend gemachten Verstoßes: Streitgegenständlich ist die Verletzung einer Informationspflicht über Zweck und Umfang einer Einwilligung des Nutzers in die Verarbeitung seiner personenbezogenen Daten nach Art. 12 Abs. 1 Satz 1, Art. 13 Abs. 1 lit. c und e DS-GVO, nicht aber die Rechtswidrigkeit einer möglichen Datenverarbeitung, nachdem der Nutzer im App-Zentrum den entsprechenden Button angeklickt hat (BGH GRUR 2023, 193 Rn. 24–26 – App-Zentrum II). Dementsprechend hat der BGH gefragt, ob Informationspflichten im Zusammenhang mit der Einholung einer Einwilligung in die angestrebte spätere Datennutzung bereits unter den Begriff der Verarbeitung nach Art. 4 Nr. 2 DS-GVO fallen (BGH GRUR 2023, 193 Rn. 27–31 – App-Zentrum II) und ob es sich unter diesen Umständen um eine Verletzung infolge einer Verarbeitung handelt (BGH GRUR 2023, 193 Rn. 32–34 – App-Zentrum II).

1.40h **(c) Rechtsdurchsetzung durch Mitbewerber bei Verstößen gegen die DS-GVO?** Über die Befugnis von **Mitbewerbern** zur Durchsetzung der DS-GVO hat sich der EuGH bislang nicht geäußert. Der BGH hat bei seiner ersten Vorlage den Meinungsstreit dargestellt, aber mangels Entscheidungserheblichkeit keine dahingehende Frage gestellt (vgl. BGH GRUR 2020, 896 Rn. 34 –App-Zentrum). Der EuGH hat die nicht explizit gestellte Frage ausdrücklich unbeantwortet gelassen (EuGH GRUR 2022, 920 Rn. 50 – Meta Platforms Ireland; vgl. zuvor auch EuGH GRUR 2019, 977 – Fashion ID). Nunmehr hat der BGH in einem anderen Rechtsstreit eine Vorlage zur Anspruchsberechtigung von Mitbewerbern gestellt, ohne sich selbst dazu zu positionieren (BGH GRUR 2023, 264 – Arzneimittelbestelldaten mAnm v. Walter, WRP 2023, 271). Da Art. 80 II DS-GVO in diesem Bereich nicht einschlägig ist, hat der BGH gefragt, ob die Regelungen in Kapitel VIII der Datenschutz-Grundverordnung nationalen Regelungen entgegenstehen, die – neben den Eingriffsbefugnissen der zur Überwachung und

Durchsetzung der Verordnung zuständigen Aufsichtsbehörden und den Rechtsschutzmöglichkeiten der betroffenen Personen – Mitbewerbern die Befugnis einräumen, wegen Verstößen
gegen die Datenschutz-Grundverordnung gegen den Verletzer im Weg einer Klage vor den
Zivilgerichten unter dem Gesichtspunkt des Verbots der Vornahme unlauterer Geschäftspraktiken vorzugehen (BGH GRUR 2023, 264 Rn. 8 bis 26 – Arzneimittelbestelldaten).

Die Entscheidung des EuGH bleibt abzuwarten. – Einschätzung: Der Gesetzgeber ist zwar in **1.40i**
13 IV Nr. 2 implizit von einer Rechtsdurchsetzungsbefugnis der Mitbewerber bei Verstößen
gegen die DS-GVO ausgegangen (→ Rn. 1.40f). Dagegen spricht jedoch, dass diese Verordnung
in der Regelung der Rechtsbehelfe in Kap. VIII keine solche Befugnis vorsieht und auch keine
entsprechende Öffnungsklausel enthält. Auch die Regelungen in Art. 82 und 84 DS-GVO
geben dafür nichts her. Im Übrigen liegt auch keine Regelungslücke vor. Denn der EuGH weist
ausdrücklich darauf hin, dass die DS-GVO, wie sich aus ihrem Art. 1 I im Licht insbes. ihrer
ErwGr. 9, 10 und 13 ergibt, eine grds. vollständige Harmonisierung der nationalen Rechtsvorschriften zum Schutz personenbezogener Daten sicherstellen soll. Da Art. 11 II UGP-RL
den Mitbewerbern des Verletzers ausdrücklich eine Klagebefugnis einräumt, hätte es nahegele-
gen, eine entsprechende Regelung auch in die DS-GVO aufzunehmen. Es ist daher anzunehmen, dass es sich um eine bewusste Entscheidung des Unionsgesetzgebers handelt. Einen
späteren Regelungsbedarf hat der Unionsgesetzgeber nur im Hinblick auf Verbandsklagen
gesehen und die Richtlinie (RL (EU) 2020/1828) erlassen. Dass eine Mitbewerberklage ebenso
wie eine Verbandsklage zu einem hohen Schutzniveau für betroffene Personen und zu einer
Präventionswirkung für Verletzer beitragen könnte, dürfte daran nichts ändern. Vieles spricht
daher dafür, dass es den Mitgliedstaaten verwehrt ist, eine Rechtsdurchsetzungsbefugnis für
Mitbewerber vorzusehen (ebenso Ohly GRUR 2022, 924 (925); Spittka GRUR-Prax 2022,
23; v. Walter WRP 2022, 937 Rn. 21).

(d) Regelung in der VerbandsklagenRL (RL 2020/1828). Die **RL (EU) 2020/1828** v. **1.40j**
25.11.2020 über **Verbandsklagen zum Schutz der Kollektivinteressen der Verbraucher**
führt als Vorschrift des Unionsrechts nach Art. 2 I im Anh. I Nr. 56 auch die DS-GVO aufführt.
Zur Gewährleistung eines hohen Verbraucherschutzes sollen auch Bereiche wie der Datenschutz
erfasst werden (ErwGr. 13) und dementsprechend Verbraucher auch geschützt werden, soweit
sie als „Datensubjekte" bezeichnet werden (ErwGr. 14). Soweit daher Bestimmungen der DS-
GVO auch dem Schutz von Verbrauchern in ihrer Eigenschaft als Marktteilnehmer dienen,
können Verstöße von qualifizierten Einrichtungen, insbes. Verbraucherorganisationen, im Weg
der Verbandsklage, gerichtet auf Unterlassungs- oder Abhilfeentscheidungen (Art. 8 und 9 RL
(EU) 2020/1828), geltend gemacht werden. Nach ErwGr. 15 sollen dadurch weder die Begriffsbestimmungen der DS-GVO geändert noch deren Durchsetzungsmechanismen ersetzt werden.
Die Richtlinie bezweckt also nur eine Ergänzung, keine Änderung der DS-GVO. Nicht
geschützt werden solche natürliche Personen, die keine Verbraucher iSd Richtlinie sind, wie zB
Freiberufler. Die Bestimmungen dieser Richtlinie waren nach Art. 24 RL (EU) 2020/1828 bis
zum 25.12.2022 umzusetzen und die entsprechenden Vorschriften sind seit dem **25.6.2023**
anzuwenden (→ UKlaG § 2 Rn. 13).

(7) Arbeitnehmerschutzrecht. Das ArbeitnehmerüberlassungsG (AÜG) sieht zum Schutz **1.40k**
des Leiharbeitnehmers ein spezielles Rechtsfolgensystem vor, das Vorrang vor dem UWG hat
(vgl. BGH GRUR 2017, 95 Rn. 41–44 – Arbeitnehmerüberlassung; MüKoUWG/Schaffert
Rn. 32). Zu Einzelheiten → Rn. 1.81.

(8) Gewerbliche Nutzung von Online-Vermittlungsdiensten (VO (EU) 2019/1150). **1.40l**
Die VO (EU) 2019/1150 zur Förderung von Fairness und Transparenz für gewerbliche Nutzer
von Online-Vermittlungsdiensten v. 20.6.2019 gilt für Online-Vermittlungsdienste und Online-
Suchmaschinen. Art. 1 I VO (EU) 2019/1150 soll für gewerbliche Nutzer von Online-Vermittlungsdiensten und Nutzer mit Unternehmenswebsite im Hinblick auf Suchmaschinen eine
angemessene Transparenz, Fairness und wirksame Abhilfemöglichkeiten schaffen. Die Rechtsdurchsetzung ist in Art. 14 VO (EU) 2019/1150 abschließend geregelt, so dass eine Anwendung
des § 3a ausscheidet.

bb) Beispiele für nicht abschließende Regelungen. (1) Vergaberecht. Das Vergaberecht **1.41**
regelt in § 156 II GWB abschließend nur die Geltendmachung von Rechten aus § 97 VI GWB
und sonstiger Ansprüche gegen öffentliche Auftraggeber, die auf die Vornahme oder das
Unterlassen einer Handlung in einem Vergabeverfahren gerichtet sind. Dagegen bleibt nach
§ 156 III GWB die Zuständigkeit der ordentlichen Gerichte für die Geltendmachung von

Schadensersatzansprüchen unberührt. Das Vergaberecht ist also nicht als abschließende Regelung der Sanktionen gedacht, das eine Anwendung des § 3a ausschließt (BGH GRUR 2008, 810 Rn. 11 – Kommunalversicherer; MüKoUWG/Schaffert Rn. 33; Alexander WRP 2004, 700 (708 ff.); aA Ullmann GRUR 2003, 817 (823) Fn. 59). Zu **Einzelheiten** → Rn. 2.77.

1.42   **(2) AGG.** Das AGG v. 14.8.2006 (BGBl. 2006 I 1897) enthält ua ein „zivilrechtliches Benachteiligungsverbot" bei der Begründung, Durchführung und Beendigung bestimmter zivilrechtlicher Schuldverhältnisse (§§ 19, 20 AGG). Dabei handelt es sich um eine Marktverhaltensregelung im Interesse der Verbraucher (→ Rn. 1.294). Bei Verletzung dieses Verbots stehen dem Benachteiligten Beseitigungs-, Unterlassungs- und Schadensersatzansprüche (§ 21 AGG) zu, bei deren Geltendmachung ihn Antidiskriminierungsverbände unterstützen dürfen (§ 23 AGG). Diese Regelungen sind jedoch nicht abschließend. Vielmehr können Verstöße gegen das zivilrechtliche Benachteiligungsverbot auch nach §§ 1, 2 UKlaG und nach §§ 3, 3a UWG von den jeweils anspruchsberechtigten Personen und Verbänden (§ 3 UKlaG; § 8 III UWG) verfolgt werden (vgl. BT-Drs. 16/1780 v. 8.6.2006 zu § 23 IV, S. 48 f.; MüKoUWG/Schaffert Rn. 36), allerdings nur, soweit diese Vorschriften der Umsetzung der RL 2000/78/EG dienen (vgl. Schaffert FS Büscher, 2018, 373 (379)). Denn erst dadurch wird ein umfassender und effektiver Schutz der Benachteiligten ermöglicht. – Zur Anwendung der Beweislastregelung des § 22 AGG vgl. Schaffert FS Büscher, 2018, 373 (380 f.).

1.43   **(3) UKlaG.** Wer unwirksame **AGB** verwendet oder gegen **Verbraucherschutzgesetze,** dh Vorschriften, die dem Schutz von Verbrauchern dienen, oder gegen § 95b UrhG oder die § 271a I-III BGB, § 286 V BGB, § 288 VI BGB verstößt, kann nach §§ 1, 1a, 2, 2a UKlaG auf Unterlassung in Anspruch genommen werden. Zu Einzelheiten vgl. die **Kommentierung des UKlaG.** Die Regelungen im UKlaG zur Ahndung von Verstößen gegen AGB-Recht und Verbraucherschutzgesetze stellen keine abschließende Regelung dar (BGH GRUR 2010, 1117 Rn. 31 – Gewährleistungsausschluss im Internet; MüKoUWG/Schaffert Rn. 35; Köhler WRP 2012, 1475 (1477)). Die in § 3 UKlaG nicht aufgeführten Mitbewerber können daher nach § 8 III Nr. 1 unter dem Gesichtspunkt des Wettbewerbsverstoßes durch Rechtsbruch (§ 3a) gegen Verstöße gegen AGB-Recht und Verbraucherschutzgesetze (zB § 476 I BGB) vorgehen (BGH GRUR 2010, 1117 Rn. 28 – Gewährleistungsausschluss im Internet; BGH GRUR 2012, 949 Rn. 45–48 – Missbräuchliche Vertragsstrafe; Grüneberg Home UKlaG § 3 Rn. 1). – Zu Einzelheiten → Rn. 1.284. – Zur Frage, ob umgekehrt Wettbewerbsverstöße auch nach Maßgabe des UKlaG verfolgt werden können, → UKlaG § 2 Rn. 11a.

3. Normauslegungskonkurrenz zu Behörden und Fachgerichten

1.44   Die Geltendmachung eines auf die § 3 I, § 3a gestützten lauterkeitsrechtlichen Anspruchs kann zu einem Normauslegungskonflikt mit den für die Durchsetzung der gesetzlichen Vorschrift zuständigen Behörden und Fachgerichten führen, wenn diese die gesetzliche Vorschrift anders als das Wettbewerbsgericht auslegen möchte (vgl. dazu Doepner GRUR 2003, 825 (829 ff.); Weber FS Doepner, 2008, 69 (76)). Grds. gilt hier, dass das Wettbewerbsgericht darauf keine Rücksicht zu nehmen braucht, weil keine Bindungswirkung besteht. Zwar kann man den Wettbewerbsgerichten raten, die bei „Überwachungsbehörden und Fachgerichten anzutreffende Fachkompetenz bezüglich der Primärnorm" zu berücksichtigen (Doepner GRUR 2003, 825 (830)). Für den konkreten Streitfall, dass das Wettbewerbsgericht abweichend von der Rechtsauffassung der Verwaltungsbehörden und Fachgerichte eine Zuwiderhandlung bejahen möchte, ist das aber keine Lösung. Wenn nämlich das Wettbewerbsgericht von der Richtigkeit seiner Auslegung überzeugt ist, muss es auch nach dieser Überzeugung entscheiden. Die Rechtsauffassung der zuständigen Verwaltungsbehörden ist für die Beurteilung der objektiven Rechtswidrigkeit eines Verhaltens nicht maßgeblich (BGHZ 163, 265 (271) = GRUR 2005, 778 (779) – Atemtest I; BGH GRUR 2006, 82 Rn. 21 – Betonstahl; BGH GRUR 2019, 298 Rn. 24 – Uber Black II; OLG Koblenz GRUR-RR 2019, 161 Rn. 22). Erst recht gilt dies für die Rechtsauffassung einer unzuständigen Behörde (BGH GRUR 2010, 1026 Rn. 19 – Photodynamische Therapie). Etwaige Divergenzen in der Normauslegung zwischen Gerichten unterschiedlicher Rechtswege lassen sich nur in den dafür vorgesehenen Verfahren (Entscheidung des Gemeinsamen Senats der obersten Gerichtshöfe des Bundes) beseitigen (vgl. GemS-OGB BGHZ 194, 210 Rn. 12–46; MüKoUWG/Schaffert Rn. 43).

1.45   Es bleibt die Frage, inwieweit dem Zuwiderhandelnden **Vertrauensschutz** zu gewähren ist, wenn er auf die Richtigkeit der Normauslegung durch Verwaltungsbehörden und Fachgerichte vertraut hat und von der Rechtmäßigkeit seines Verhaltens ausgegangen ist. Das sollte nach der **früheren Rspr.** insbes. dann gelten, wenn das Verhalten des Unternehmens von der zuständigen Behörde oder Fachgerichten ausdrücklich gebilligt wurde oder diese Behörde bewusst untätig geblieben ist (Normvollzugsdefizit) und der Unternehmer auch nicht auf die Haltung der Verwaltungsbehörde in unlauterer Weise eingewirkt hat (vgl. BGH GRUR 1988, 382 (383) – Schelmenmarkt; BGH GRUR 1994, 222 (224) – Flaschenpfand; BGH GRUR 1998, 407 (412) – TIAPRIDAL; BGH GRUR 2002, 269 (270) – Sportwetten-Genehmigung). Es soll dem Unternehmer nicht zugemutet werden, sich vorsichtshalber nach der strengsten Gesetzesauslegung und Einzelfallbeurteilung zu richten. Denn dies würde eine Überspannung der Pflicht zu lauterem geschäftlichen Handeln und einen unzulässigen Eingriff in die Wettbewerbsfreiheit bedeuten (BGH GRUR 2003, 162 – Progona). Auf die falsche Auskunft einer unzuständigen Behörde sollte sich der Unternehmer aber nicht verlassen dürfen (BGH GRUR 2003, 162 – Progona). Nach einer früher vertretenen Auffassung ist Vertrauensschutz bereits dann zu gewähren, wenn sich der Verletzer auf eine überwiegend vertretene, argumentativ fundierte, wenn auch umstrittene Rechtsmeinung stützen kann (Doepner GRUR 2003, 825 (831); Stolterfoht FS Rittner, 1991, 695 ff.; ebenso heute noch der **OGH** in stRspr, zB ecolex 2009, 881 – Lademulden). Das rechtstechnische Mittel des Vertrauensschutzes sollte die **Verneinung der Unlauterkeit** trotz festgestellten Gesetzesverstoßes sein. – Die **neuere Rspr.** (seit BGHZ 163, 265 (271) = GRUR 2005, 778 (779) – Atemtest I; BGH GRUR 2006, 82 Rn. 21 – Betonstahl) hat daran aber nicht festgehalten. Richtigerweise ist zwischen dem verschuldensabhängigen **Schadensersatzanspruch** (§ 9) und dem verschuldensunabhängigen **Unterlassungs- und Beseitigungsanspruch** (§ 8 I) zu unterscheiden. Was den Schadensersatzanspruch angeht, kommt es darauf an, ob der Rechtsirrtum vermeidbar war oder nicht. Er ist vermeidbar, wenn der Unternehmer auf die Auskunft einer unzuständigen Verwaltungsbehörde vertraut (BGH GRUR 2003, 162 f. – Progona; BGH GRUR 2010, 1026 Rn. 19 – Photodynamische Therapie). Das auf Grund entsprechender Auslegung oder Handhabung einer Vorschrift durch die zuständigen Verwaltungsbehörden und Fachgerichte berechtigte **Vertrauen** eines Unternehmers in die Rechtmäßigkeit seines Tuns kann ihn vor einem Schadensersatzanspruch wegen unvermeidbaren Rechtsirrtums bewahren (dazu BGHZ 163, 265 (271) = GRUR 2005, 778 – Atemtest I; BGH GRUR 2006, 82 Rn. 30 – Betonstahl). Was aber den Unterlassungs- und Beseitigungsanspruch angeht, kann es darauf nicht ankommen (OLG Köln WRP 2013, 1506 Rn. 11; OLG Düsseldorf WRP 2019, 904 Rn. 33), geht es doch darum, Marktteilnehmer und die Allgemeinheit wieder in die richtigen Bahnen zu lenken. Maßgebend ist insoweit allein, ob das Wettbewerbsgericht einen **objektiven** Gesetzesverstoß feststellt (BGH GRUR 2006, 82 Rn. 21 – Betonstahl; BGH GRUR 2010, 1026 Rn. 19 – Photodynamische Therapie).

1.46 Auf die subjektiven Vorstellungen des Handelnden von der Rechtmäßigkeit seines Tuns kommt es nicht an (ebenso MüKoUWG/Schaffert Rn. 45), und zwar auch nicht bei Prüfung der Relevanz isd § 3a (aA Weber FS Doepner, 2008, 69 (77 ff.)). Daher ist zB eine **Abmahnung** auch dann berechtigt iSv § 12 I 2, wenn der Verletzer im guten Glauben an die Rechtmäßigkeit seines Tuns gehandelt hat (aA Ohly/Sosnitza/Ohly § 3a Rn. 11 aE). Dementsprechend ist ein Unterlassungsgebot auch dann möglich, wenn der Verletzer auf die Rechtmäßigkeit seines Verhaltens in nicht vorwerfbarer Weise vertraut hat. Daher ist unerheblich, ob sich der Verletzer der Rechtmäßigkeit seines Verhaltens über die Verteidigung im Prozess hinaus berühmt (aA Doepner GRUR 2003, 825 (831)). – Zur Frage der Auslegung von Normen des Nebenstrafrechts bei Anwendung des § 3a vgl. Doepner FS Köhler, 2014, 77.

4. Normvollzugskonkurrenz zu Behörden

1.47 **a) Nichteinschreiten der Verwaltungsbehörden gegen Gesetzesverstoß.** Ein Unternehmer kann sich ferner nicht mit Erfolg darauf berufen, die zuständige Verwaltungsbehörde sei gegen einen von ihr erkannten Gesetzesverstoß nicht vorgegangen, sondern habe ihn **geduldet** (OLG Stuttgart WRP 2018, 1252 Rn. 34; OLG Düsseldorf WRP 2019, 904 Rn. 33; MüKoUWG/Schaffert Rn. 45). Unerheblich ist dabei, von welchen Erwägungen sich die Behörde leiten ließ (dazu Quack FS Trinkner, 1995, 265 (274)) und ob sie von ihrem Eingreifermessen einen fehlerfreien oder fehlerhaften Gebrauch machte. Denn **Vertrauensschutz** kann es insoweit nur gegenüber der betreffenden Behörde geben, aber nicht gegenüber den betroffenen Marktteilnehmern, deren Interessen durch die Wettbewerbsgerichte zu wahren sind (ebenso BGH GRUR 2021, 1534 Rn. 53 – Rundfunkhaftung I). Aus der Sicht des Lauterkeitsrechts geht es allein darum, den Wettbewerbsprozess in die richtigen Bahnen zu lenken. Das schließt es nicht aus, dem Verletzer durch Gewährung einer Aufbrauchfrist (Umstellungsfrist) entgegen-zukommen. – Eine andere Frage ist es, ob von einer lauterkeitsrechtlichen Ahndung eines Gesetzesverstoßes mangels Interesses der Allgemeinheit abzusehen ist, wenn die zuständigen Behörden den Gesetzesverstoß, ggf. als Ordnungswidrigkeit, ahnden können (dafür noch BGH GRUR 2001, 258 (259) – Immobilienpreisangaben; BGH GRUR 2001, 1166 (1169) – Fern-flugpreise). Das ist unter der Geltung der § 3 I, § 3a grds. zu verneinen, weil es nur darauf ankommt, ob der Verstoß geeignet ist, die Interessen von Marktteilnehmern spürbar zu beein-trächtigen (BGH GRUR 2010, 251 Rn. 20 – Versandkosten bei Froogle). Etwas anderes kann nur dann gelten, wenn der betreffende Gesetzesverstoß auf ein Eingreifen der zuständigen Behörde hin bereits abgestellt worden ist und aus diesem Grund (zB wegen Bußgeldandrohung) keine Wiederholungsgefahr mehr besteht.

1.48   **b) Rechtsgestaltende Erlaubnis eines Marktverhaltens.** Bei einem Verbot mit Erlaub-nisvorbehalt muss der Anspruchsteller lediglich darlegen und ggf. beweisen, dass das beanstandete Verhalten vom generellen Verbot erfasst wird. Es ist dann Sache des Anspruchsgegners, dar-zulegen und zu beweisen, dass sein Verhalten von der behördlichen Erlaubnis gedeckt ist (BGH GRUR 2012, 945 Rn. 32 – Tribenuronmethyl). Anders stellt sich die Rechtslage dar, wenn die zuständige Verwaltungsbehörde einen **Verwaltungsakt** (§ 35 S. 1 VwVfG) erlassen hat, durch den ein bestimmtes Marktverhalten eines Unternehmens ausdrücklich erlaubt wurde (BGH WRP 2018, 1452 Rn. 27 – Prozessfinanzierer I; BGHZ 205, 195 Rn. 31 – TagesschauApp; BGH GRUR 2020, 426 Rn. 15 – Ersatzteilinformation II mwN; BGH GRUR 2021, 1534 Rn. 53 – Rundfunkhaftung I; BGH GRUR 2023, 501 Rn. 27 – Gruppenversicherung II). Ist dieser Verwaltungsakt nicht nichtig, sondern nur fehlerhaft, so ist das Verhalten als rechtmäßig anzusehen, solange der Verwaltungsakt nicht in dem dafür vorgesehenen verwaltungsrechtlichen Verfahren von der Behörde oder dem Verwaltungsgericht aufgehoben worden ist (vgl. BGHZ 163, 265 (271) = GRUR 2005, 778 (779) – Atemtest I; BGH GRUR 2014, 405 Rn. 11 – Atemtest II; BGH GRUR 2015, 1244 Rn. 22 – Äquipotenzangabe in Fachinformation; BGH GRUR 2015, 1228 Rn. 31 – Tagesschau App; BGH WRP 2019, 327 Rn. 24 – Uber Black II; BGH GRUR 2023, 503 Rn. 27 – Gruppenversicherung II). Man spricht insoweit von der **Tatbestandswirkung eines Verwaltungsakts.** Die Reichweite der Tatbestandswirkung wird durch seinen Regelungsgehalt in analoger Anwendung der §§ 133, 157 BGB bestimmt (BGH GRUR 2018, 1166 Rn. 27 – Prozessfinanzier I). Ein Verwaltungsakt ist nach § 44 I VwVfG nichtig, wenn er an einem besonders schwerwiegenden Fehler leidet und dies bei verständiger Würdigung aller in Betracht kommenden Umstände offensichtlich ist. Schwerwiegend ist ein Fehler, wenn er den Verwaltungsakt schlechthin unerträglich, d. h. mit tragenden Verfassungs-prinzipien oder der Rechtsordnung immanenten wesentlichen Wertvorstellungen unvereinbar erscheinen lässt (BGH GRUR 2015, 1244 Rn. 22 – Äquipotenzangabe in Fachinformation; BVerwG NVwZ 1998, 1061; BVerwG BeckRS 2015, 52873). – Auch **Rechtsverordnungen** entfalten eine Legitimationswirkung; allerdings führt eine Unvereinbarkeit mit höherrangigem Recht grundsätzlich zu ihrer Nichtigkeit. Dies kann auch bei einer ursprünglich rechtmäßigen, im Ermessen des Normgebers stehenden Rechtsverordnung der Fall sein, wenn der Normgeber die Änderung oder Aufhebung der Rechtsverordnung unterlässt, obwohl sein Ermessen zu einem solchen Tätigwerden wegen einer nach Erlass der Rechtsverordnung eingetretenen Ver-änderung der maßgeblichen Umstände auf Null reduziert ist (vgl. BGH GRUR 2023, 1307 Rn. 17–24 – Zweibrücken Fashion Outlet).

VI. Die Verantwortlichkeit Dritter

1. Frühere Rechtslage

1.49   Nach der Rspr. zu § 1 UWG 1909 handelte unlauter, wer Dritte planmäßig zu Verstößen gegen für diese bindendes Recht aufforderte, um sich durch entsprechende Gesetzesverstöße der Angesprochenen Vorteile gegenüber solchen Wettbewerbern zu verschaffen, die die Rechts-verbindlichkeit der betreffenden Regelung anerkennen (vgl. BGH GRUR 1991, 540 (542) – Gebührenausschreibung; BGH GRUR 2001, 255 (256) – Augenarztanschreiben; BGH GRUR 2008, 816 Rn. 16 – Ernährungsberatung). Unlauter handelte ferner, wer lauterkeitsrechtlich relevante Gesetzesverstöße Dritter förderte (BGH GRUR 1999, 1009 (1010) – Notfalldienst für Privatpatienten mwN).

2. Heutige Rechtslage

Der Rspr. zu § 1 UWG 1909 ist iErg weitgehend zuzustimmen. Sie ist lediglich dogmatisch **1.50** zu präzisieren: Es geht zunächst einmal um Fälle der **Anstiftung** und **Beihilfe**. Wer selbst nicht Normadressat ist, aber gesetzesunterworfene Dritte dazu anstiftet oder sie dabei unterstützt, gegen Marktverhaltensregelungen iSd § 3a zu verstoßen, um damit den Absatz oder Bezug deren oder seines eigenen Unternehmens zu fördern (§ 2 I Nr. 2), handelt unlauter iSd § 3a (BGH GRUR 2015, 1025 Rn. 15 – TV-Wartezimmer; OLG Stuttgart GRUR-RR 2008, 429 (430); OLG Celle WRP 2010, 1565 (1566)). Denn Anstifter und Gehilfen stehen dem Täter gleich (§ 830 II BGB; LG Berlin WRP 2006, 1045 (1046)). Allerdings ist insoweit **Vorsatz** erforderlich (BGH GRUR 2015, 1025 Rn. 17 – TV-Wartezimmer). Außerdem erfüllen bloße Versuchshandlungen noch nicht den Tatbestand einer Zuwiderhandlung gegen § 3a (BGH GRUR 2015, 1025 Rn. 20 – TV-Wartezimmer). – Ein Dritter, der nicht Normadressat ist, jedoch zugunsten des Normadressaten handelt (§ 2 I Nr. 2), haftet auch dann nicht als Mittäter (§ 830 I BGB), wenn sein Tatbeitrag über eine bloße Anstiftung oder Beihilfe hinausgeht (BGH GRUR 2015, 1025 Rn. 17 – TV-Wartezimmer). – Für die sog **Störerhaftung** (§ 1004 BGB analog) ist neben der Teilnehmerhaftung im Lauterkeitsrecht kein Raum (BGH GRUR 2011, 152 Rn. 48 – Kinderhochstühle im Internet; → § 8 Rn. 2.11 ff.).

B. Tatbestand

I. Geschäftliche Handlung

Der Tatbestand des § 3a setzt eine **geschäftliche Handlung** iSv § 2 I Nr. 2 voraus. Der **1.51** Handelnde muss daher nicht selbst Unternehmer iSv § 2 I Nr. 8 sein, sofern er nur zugunsten eines fremden Unternehmens handelt. Den Tatbestand des § 3a kann aber nur verwirklichen, wer selbst den (objektiven) Tatbestand der Marktverhaltensregelung als Täter erfüllt oder zumindest Teilnehmer iSd § 830 II BGB (Gehilfe, Anstifter) ist (→ Rn. 1.50). Eine auf § 1004 BGB analog gestützte Mitverantwortlichkeit des sog Störers scheidet dagegen aus (BGH GRUR 2011, 152 Rn. 48 – Kinderhochstühle im Internet). – Das Handeln muss objektiv mit der **Förderung des Absatzes oder Bezugs** oder mit dem **Abschluss** oder der **Durchführung** eines **Vertrages** zusammenhängen (→ § 2 Rn. 2.37 ff., 2.81 ff.). Marktverhaltensregelungen beziehen sich typischerweise auf Maßnahmen zur Förderung des Absatzes oder Bezugs. Sie können jedoch auch das Verhalten bei Abschluss und Durchführung eines Vertrages regeln (→ Rn. 1.283; Köhler WRP 2009, 898 (905); OLG Karlsruhe WRP 2012, 1439 Rn. 7). So sind etwa die §§ 307–309 BGB Marktverhaltensregelungen, die sich auf den Abschluss von Verträgen beziehen (→ Rn. 1.285 ff.), und die § 651k IV 1 BGB, § 651l BGB (idF ab dem 1.1.2018), die sich auf die Durchführung von Verträgen beziehen.

II. Gesetzliche Vorschrift

1. Begriff

Gesetzliche Vorschrift iSd § 3a ist jede **Rechtsnorm** (vgl. Art. 2 EGBGB), die in **Deutsch-** **1.52** **land Geltung besitzt** (BGH GRUR 2005, 960 (961) – Friedhofsruhe). Das sind nicht nur die von deutschen Gesetzgebungsorganen erlassenen Normen, sondern auch die Normen des **primären und sekundären Unionsrechts,** insbes. also **EU-Verordnungen** (OLG Hamburg GRUR-RR 2010, 57 (58); OLG München WRP 2015, 1522 Rn. 49). Unter den Begriff der gesetzlichen Vorschrift fallen nicht nur Gesetze im formellen Sinne, sondern auch **Rechtsverordnungen, autonome Satzungen** von **Gemeinden** (BGH GRUR 2005, 960 (961) – Friedhofsruhe; OLG Stuttgart WRP 2018, 1252 Rn. 25) und **Kammern** (BGH GRUR 2005, 520 (521) – Optimale Interessenvertretung; OLG Stuttgart WRP 2008, 513 (515); OLG Hamm GRUR 2013, 746 (749) zur BORA) sowie **Gewohnheitsrecht.** Entscheidend ist nur, dass die Vorschrift für den Handelnden verbindlich ist (BGH GRUR 2011, 169 Rn. 45 – Lotterien und Kasinospiele). Dass ihr territorialer Anwendungsbereich, wie zB bei landesrechtlichen oder kommunalen Regelungen, begrenzt ist, ist unerheblich (vgl. BGH WRP 2017, 426 Rn. 28 – ARD-Buffet). Die früher beschränkte Revisibilität von Landesrecht (§ 545 I ZPO aF, § 560 ZPO; vgl. BGH GRUR 2005, 960 (961) – Friedhofsruhe) besteht im Revisionsverfahren seit 1.9.2009 nicht mehr. Ob die Vorschrift das Marktverhalten durch ein Gebot oder Verbot oder in sonstiger Weise, etwa durch Anordnung der Unwirksamkeit von Handlungen, regelt, ist ebenfalls unerheblich. – Die gesetzliche Vorschrift muss, soweit ihre Verletzung gerügt wird, wirksam sein. Das ist nicht der Fall, wenn sie gegen die Grundrechte (zB aus Art. 12 GG) verstößt oder ihre Anwendung Grundfreiheiten (zB Art. 49, 56 AEUV) verletzt (BGH GRUR 2008, 438 Rn. 24 – ODDSET; BGH GRUR 2011, 169 Rn. 30 ff. – Lotterien und Kasinospiele – jeweils zur Anwendung der §§ 284, 287 StGB und des Glücksspielstaatsvertrags auf Glücksspiele; BGH WRP 2014, 844 Rn. 17 – Teil-Berufsausübungsgemeinschaft).

2. Abgrenzung

Von den gesetzlichen Vorschriften zu unterscheiden sind:

1.53   **a) Ausländische Rechtsnormen.** Sie können allenfalls mittelbar Bedeutung erlangen, soweit kraft Unionsrechts das sog **Herkunftslandprinzip** gilt (vgl. § 3 II TMG).

1.54   **b) Gerichtsentscheidungen.** Sie entfalten zwar Bindungswirkung zwischen den am Rechtsstreit beteiligten Parteien, stellen aber keine Rechtsnorm iSd § 3a dar (ebenso OLG Stuttgart WRP 2007, 1503 (1505)). Verstöße gegen ein gerichtliches Verbot stellen auch keinen sonstigen Wettbewerbsverstoß iSd § 3 dar (ebenso MüKoUWG/Schaffert Rn. 60; aA OLG München NJWE-WettbR 1996, 229 (230) zu § 1 UWG 1909). Sie können nur im Weg der Vollstreckung des Urteils nach § 890 ZPO geahndet werden.

1.55   **c) Verwaltungsvorschriften.** Sie binden Behörden zwar im Innenverhältnis, haben aber nicht die Qualität einer Rechtsnorm (BGH GRUR 1984, 665 (667) – Werbung in Schulen; BGH GRUR 2009, 606 Rn. 23 – Buchgeschenk vom Standesamt; OLG Hamburg GRUR-RR 2010, 57 (58) zu EMEA-Leitlinien). Das gilt zB auch für die Bestimmungen der VOB/A (verkannt in LG Hamburg WRP 1999, 441 (442)).

1.56   **d) Verwaltungsakte.** Verwaltungsakte, die in Vollzug einer gesetzlichen Vorschrift ein bestimmtes Marktverhalten gebieten oder verbieten, stellen keine gesetzliche Vorschrift dar (ebenso OLG Stuttgart WRP 2007, 1503 (1505)). Soweit sie lediglich den Gesetzesbefehl wiederholen, stellt eine Nichtbefolgung des Verwaltungsakts zugleich eine Zuwiderhandlung gegen die gesetzliche Vorschrift dar, so dass aus diesem Grund § 3a eingreifen kann. Soweit die gesetzliche Vorschrift jedoch lediglich die Verwaltungsbehörde zu einem Eingreifen ermächtigt, ohne unmittelbar das Marktverhalten zu regeln, ist die Nichtbefolgung des Verwaltungsakts nicht zugleich ein Verstoß gegen die zu Grunde liegende Rechtsnorm. Im Übrigen liegt es im pflichtgemäßen Ermessen der Verwaltungsbehörde, ob sie den Verwaltungsakt mit den Mitteln des Verwaltungszwangs durchsetzt oder nicht. Dieses Ermessen würde ausgehöhlt, könnte ein Wettbewerbsgericht ein Verbot aussprechen, der verwaltungsbehördlichen Anordnung zuwider zu handeln.

1.57   **e) Privatautonome Regelungen. Verträge** sind keine gesetzlichen Vorschriften iSd § 3a (OLG Hamm WRP 2011, 498 (500) zu den eBay-Grundsätzen; OLG München GRUR-RR 2020, 170 R. 26 zu vertraglichen Entgelten für PayPal-Überweisungen). Davon zu unterscheiden ist die Frage, ob eine **Vertragsverletzung** aus anderen Gründen zugleich eine geschäftliche Handlung (→ § 2 Rn. 2.92 f.) und eine Zuwiderhandlung iSd § 3 sein kann (→ § 4 Rn. 4.36, 4.42, 4.44; OLG Hamm WRP 2011, 498 (500)). – Auch **Verkehrssitten** (§ 157 BGB) und **Handelsbräuche** (§ 346 HGB; BGH GRUR 1969, 474 (476) – Bierbezug) haben keine Rechtsnormqualität, sondern können allenfalls im Rahmen der Anwendung der Generalklausel Bedeutung erlangen. Ebenso wenig haben **Verbands-** oder **Vereinssatzungen** den Rang einer gesetzlichen Vorschrift. Dass sie ggf. das Marktverhalten ihrer Mitglieder regeln, ist unerheblich. Im früheren Recht wurde die Anwendung des § 1 UWG 1909 mit der Begründung abgelehnt, Satzungen hätten einen Lauterkeitsbezug, so dass auch aus diesem Grund kein lauterkeitsrechtlicher Anspruch auf ihre Einhaltung bestehe (BGH GRUR 2003, 973 Ls. = WRP 2003, 1111 – Satzungsregeln eines Vereins). – Ferner kommt **AGB** keine Rechtsnormqualität zu.

1.58   **f) Wettbewerbsregeln und Verhaltenskodizes.** Von Verbänden aufgestellte Wettbewerbsregeln iSd § 24 GWB stellen auch dann keine Rechtsnormen dar, wenn sie von der Kartellbehörde nach § 26 I GWB anerkannt sind (BGHZ 166, 154 = GRUR 2006, 773 Rn. 19 f. – Probeabonnement). Denn sie bewirken lediglich eine Selbstbindung der Kartellbehörde nach § 26 I 2 GWB. Es fehlt ihnen die normative Verbindlichkeit (vgl. BGH GRUR 2009, 970 Rn. 20 – Versicherungsberater, zu den Wettbewerbsrichtlinien der Versicherungswirtschaft), die einen Eingriff in die Berufsfreiheit nach Art. 12 GG rechtfertigen könnte (vgl. BVerfGE 76, 171 (188 f.); BVerfGE 76, 196 zum gleich liegenden Problem der Konkretisierung des § 43 BRAO durch Standesrichtlinien der Rechtsanwälte). Auch **Verhaltenskodizes** iSd § 2 I Nr. 10 (→ § 2 Rn. 10.1–10.12), die nicht zugleich Wettbewerbsregeln iSd § 24 GWB darstellen, sind keine Rechtsnormen (BGH GRUR 2011, 431 Rn. 11 – FSA-Kodex).

g) Technische Regeln. Technische Regeln, wie zB die **DIN-Normen,** sind keine gesetzli- **1.59** chen Vorschriften iSd § 3a (vgl. BGH GRUR 1987, 468 (469) – Warentest IV; BGH GRUR 1994, 640 (641) – Ziegelvorhangfassade). Verstöße gegen solche Regeln können nur mittelbar lauterkeitsrechtlich relevant werden. So etwa, wenn sie eine gesetzliche Norm konkretisieren (→ Rn. 1.281; § 3 ProdSG); ferner unter dem Gesichtspunkt der Irreführung (§ 5), wenn der Verletzer mit der Selbstverpflichtung zu ihrer Einhaltung geworben hat oder der Verkehr zB aufgrund einer CE-Kennzeichnung erwartet, dass das Produkt solchen Regeln entspricht (vgl. BGH GRUR 1985, 555 – Abschleppseile; OLG Frankfurt WRP 2015, 996 Rn. 23).

h) Standesregeln. Standesregeln sind, solange sie nicht ihren Niederschlag in Gesetzen oder **1.60** autonomen Körperschaftssatzungen gefunden haben, keine gesetzlichen Vorschriften iSd § 3a (vgl. BVerfGE 76, 196 (205); BGH GRUR 1989, 827 – Werbeverbot für Heilpraktiker; BGH GRUR 1996, 789 (791) – Laborbotendienst; BGH GRUR 1997, 136 (138) – Laborärzte; BGH NJW 1999, 2360; v. Ungern-Sternberg FS Erdmann, 2002, 741 (744)). Sie können allenfalls, soweit sie mit den Wertungen des Grundgesetzes und des Unionsrechts in Einklang stehen, bei der Gesamtwürdigung **indizielle Bedeutung** für die Feststellung der Unlauterkeit einer ge- schäftlichen Handlung haben (vgl. BGH GRUR 1989, 827 (828) – Werbeverbot für Heilprakti- ker). Dabei ist allerdings sorgfältig darauf zu achten, ob Standesregeln lediglich den Schutz vor unliebsamer Konkurrenz bezwecken oder auch die Interessen der sonstigen Marktteilnehmer, insbes. der Verbraucher, schützen.

III. Regelung des Marktverhaltens auch im Interesse der Marktteilnehmer

1. Allgemeines

Die Vorschrift muss (zumindest) auch dazu bestimmt sein, im Interesse der Marktteilnehmer **1.61** (iSv § 2 I Nr. 3) das Marktverhalten zu regeln. Wie sich aus dem Wort „auch" ergibt, muss dieser Zweck nicht der einzige und nicht einmal der primäre sein (BGH GRUR 2017, 641 Rn. 20 – Zuzahlungsverzicht bei Hilfsmitteln). Ob ein entsprechender Normzweck vorliegt, ist durch **Auslegung** der Norm zu ermitteln. Liegt eine Marktverhaltensregelung vor, stellt sie zugleich eine **Berufsausübungsregelung** iSd **Art. 12 I 2 GG** dar. Sie ist daher nur zulässig, wenn sie durch ausreichende Gründe des Gemeinwohls gerechtfertigt ist und der Eingriff nicht weiter geht, als es die rechtfertigenden Gemeinwohlbelange erfordern (BVerfGE 54, 301 (313) = NJW 1981, 22; BVerfG NJW 2003, 2520 (2521); BVerfG 2008, 1293 Rn. 48). Eingriffszweck und Eingriffsintensität müssen in einem angemessenen Verhältnis stehen (BVerfGE 101, 331 (347); BVerfGE 145, 20 Rn. 121; BVerfGE 161, 1 Rn. 148). Der Grundsatz der **verfassungs- konformen Auslegung** des einfachen Rechts kann zu einer einschränkenden Auslegung von Marktverhaltensregelungen führen (vgl. etwa BVerfG GRUR 2003, 966 (968) – Internetwer- bung von Zahnärzten). Im Anwendungsbereich der Dienstleistungs-RL (RL 2006/123/EG) wird Art. 12 GG allerdings durch **Art. 24 II Dienstleistungs-RL** verdrängt, so dass an die Stelle der verfassungskonformen die richtlinienkonforme Auslegung tritt. – Zur Frage, ob das bloße Erlangen eines **Vorsprungs** durch Verletzung gesetzlicher Vorschriften, die **nicht** das Marktverhalten regeln, den Tatbestand des § 3 I erfüllen kann, vgl. → Rn. 1.68; BGH GRUR 2010, 654 Rn. 25 – Zweckbetrieb.

2. Marktverhalten

Die Vorschrift muss eine Regelung des Marktverhaltens zum Gegenstand haben. Als **Markt-** **1.62** **verhalten** ist jede Tätigkeit auf einem Markt anzusehen, die objektiv der Förderung des Absatzes oder Bezugs dient und durch die ein Unternehmer auf Mitbewerber, Verbraucher oder sonstige Marktteilnehmer einwirkt. Dazu gehören nicht nur das Angebot und die Nachfrage von Waren oder Dienstleistungen (OLG Hamburg GRUR-RR 2010, 57 (60)), sondern auch die Werbung, einschließlich der bloßen Aufmerksamkeitswerbung (OLG Hamburg GRUR-RR 2017, 65 Rn. 92), und der Abschluss und die Durchführung von Verträgen (KG GRUR-RR 2012, 19 (20)). Den **Gegensatz** bilden Tätigkeiten, die keine Außenwirkung auf einem Markt für Waren oder Dienstleistungen haben, sondern der Betätigung auf dem Markt vorangehen oder nachfolgen, wie zB die **Produktion,** die **Forschung** und **Entwicklung,** die **Schulung** von Arbeitnehmern (vgl. BGH GRUR 2010, 654 Rn. 18 – Zweckbetrieb). Keine Marktverhaltensregelungen stellen bspw. Die Vorschriften der ApBetrO über die Herstellung von Arzneimitteln (OLG München GRUR-RR 2006, 343 (344)) oder des LieferkettensorgfaltsG (→ Rn. 1.70) dar.

3. Interesse der Marktteilnehmer

1.63   Die Vorschrift muss (auch) dazu bestimmt sein, das Marktverhalten **„im Interesse der Marktteilnehmer"** zu regeln. Dazu muss sie einen Wettbewerbsbezug in der Form aufweisen, dass sie die wettbewerblichen Belange der als Anbieter oder Nachfrager von Waren oder Dienstleistungen in Betracht kommenden Personen schützt (BGH GRUR 2019, 970 Rn. 28 – Erfolgshonorar für Versicherungsberater).

1.64   **a) Schutzzweckerfordernis.** Eine Vorschrift wird nur dann von § 3a erfasst, wenn sie (zumindest auch) den Schutz der Interessen der Marktteilnehmer **bezweckt.** Dies ergibt sich bereits aus dem Gesetzeswortlaut („dazu bestimmt"). Es genügt, dass die Norm **auch** das Interesse der Marktteilnehmer schützen soll, mag sie auch in erster Linie das Interesse der Allgemeinheit im Auge haben (→ Rn. 1.61). Es reicht dagegen nicht aus, dass sich die Vorschrift **lediglich reflexartig** zu Gunsten der Marktteilnehmer **auswirkt** (stRspr; BGH GRUR 2016, 513 Rn. 21 – Eizellspende; BGH GRUR 2017, 537 Rn. 20 – Saatgetreide; BGH GRUR 2017, 819 Rn. 20 – Aufzeichnungspflicht; BGH GRUR 2019, 970 Rn. 28 – Erfolgshonorar für Versicherungsberater; GRUR 2020, 203 Rn. 24 – Pflichten des Batterieherstellers; BGH GRUR 2022, 175 Rn. 25 – Kabel-TV-Anschluss; BGH GRUR 2023, 416 Rn. 19 – Stickstoffgenerator). Es gelten insoweit vergleichbare Grundsätze wie sie die Rspr. zu § 823 II BGB entwickelt hat (vgl. BGH NJW 2015, 2737 Rn. 20; BGHZ 232, 46 Rn. 51 zu § 823 II BGB; Wüstenberg WRP 2017, 396 Rn. 13).

1.65   **b) Begrenzung auf den Schutz der Interessen der Marktteilnehmer.** Eine Vorschrift wird ferner nur dann von § 3a erfasst, wenn sie (zumindest auch) den Schutz der Interessen der **Marktteilnehmer** bezweckt („Schutzfunktion"). Damit steht § 3a im Einklang mit der allgemeinen Schutzzweckbestimmung des § 1 S. 1. Marktteilnehmer sind nach der Legaldefinition des § 2 I Nr. 3 neben den Mitbewerbern und Verbrauchern alle Personen, die als Anbieter oder Nachfrager von Waren oder Dienstleistungen tätig sind. Unerheblich ist, ob die Vorschrift den Schutz aller Marktteilnehmer oder nur der Mitbewerber oder nur der Verbraucher oder nur der sonstigen Marktteilnehmer bezweckt. Auch muss dieser Zweck nicht der einzige und nicht einmal der primäre sein (OLG Hamburg GRUR-RR 2017, 65 Rn. 92; OLG Celle WRP 2018, 1099 Rn. 10). Allerdings genügt es nicht, dass die Norm ein wichtiges **Gemeinschaftsgut** (zB den Umweltschutz; BGH GRUR 2007, 162 Rn. 12 – Mengenausgleich in Selbstentsorgergemeinschaft; OLG Köln WRP 2015, 616 Rn. 20; den Sozialstaat (BGH GRUR 2017, 95 Rn. 21 – Arbeitnehmerüberlassung) oder die **Interessen Dritter** (zB Arbeitnehmer, Gläubiger, Schuldner) schützt, sofern damit nicht gleichzeitig auch die Interessen von Marktteilnehmern geschützt werden sollen (BGH GRUR 2007, 162 Rn. 12 – Mengenausgleich in Selbstentsorgergemeinschaft; BGH GRUR 2017, 641 Rn. 20 – Zuzahlungsverzicht bei Hilfsmitteln; OLG Brandenburg GRUR-RR 2021, 392 Rn. 12 zu § 6 SchutzMV). **Arbeitnehmer** sind keine Teilnehmer am Absatzmarkt der von ihnen (mit)hergestellten Waren oder (mit)erbrachten Dienstleistungen (BGH GRUR 2017, 95 Rn. 20 – Arbeitnehmerüberlassung; KG WRP 2017, 460 Rn. 11 ff.). Am Beispiel der **Ladenschlussgesetze** des Bundes und der Länder: Schützten diese Gesetze nur die Interessen der Arbeitnehmer (so Sack WRP 2005, 531 (541)) und nicht zugleich – zumindest auch – die Interessen der Mitbewerber (so BGHZ 79, 99 = GRUR 1981, 424 (426) – Tag der offenen Tür II; OLG Stuttgart WRP 2008, 977 (982); Ullmann GRUR 2003, 817 (822); Scherer WRP 2006, 401 (406)), so erfüllten sie nicht die Voraussetzungen des § 3a. In diesem Fall wäre auch kein Rückgriff auf § 3 I möglich. – Die Vorschriften der **Landespressegesetze** über die Trennung von redaktionellen Inhalten und Werbung (zB § 10 PresseG BW) stellen dagegen Marktverhaltensregelungen iSd § 3a dar, weil sie nicht nur dem Schutz der Unabhängigkeit der Presse, sondern auch dem Schutz der Verbraucher vor Irreführung dienen (BGH GRUR 2011, 163 Rn. 24 – Flappe; BGH GRUR 2014, 879 Rn. 16 – GOOD NEWS II; → Rn. 1.202). Diese Vorschriften sind mit dem Unionsrecht, insbes. Mit

Nr. 11 Anh. I UGP-RL vereinbar (EuGH GRUR 2013, 1245 Rn. 37, 41 – RLvS Verlagsgesellschaft).

c) Schutz der Interessen der Mitbewerber. Dem Interesse der Mitbewerber dient eine **1.66**
Norm, wenn sie die Freiheit ihrer **wettbewerblichen Entfaltung** schützt (→ § 1 Rn. 7; ebenso
BGH GRUR 2010, 654 Rn. 18 – Zweckbetrieb). Das Interesse der Mitbewerber an der
Einhaltung einer Vorschrift durch alle auf dem betreffenden Markt tätigen Unternehmen (par
condicio concurrentium) ist für sich allein dagegen nicht ausreichend. Denn die Schaffung
gleicher Voraussetzungen für alle Mitbewerber ist idR nicht der **Zweck,** sondern die **Folge**
einer gesetzlichen Regelung (Köhler NJW 2002, 2761 (2762) Fn. 18; OLG Hamburg WRP
2020, 499 Rn. 55). Daher ist im Einzelfall zu prüfen, ob die Herstellung gleicher Wettbewerbsbedingungen Zweck oder nur Folge der Vorschrift ist (vgl. § 6 I 4 VerpackV aF: „Zum Schutz
gleicher Wettbewerbsbedingungen …“); zu § 13 TMG vgl. OLG Hamburg WRP 2013, 1203
Rn. 40; OLG Köln WRP 2016, 885 Rn. 22–26; OLG Hamburg WRP 2020, 499 Rn. 53–57).
– Dagegen fehlt den Regelungen über die Zuzahlung für Hilfsmittel (§ 33 VIII SGB V) eine
Schutzfunktion zu Gunsten anderer Marktteilnehmer; sie bezwecken ausschließlich die Absiche-
rung der Leistungsfähigkeit der gesetzlichen Krankenversicherung (BGH GRUR 2017, 641
Rn. 21–31 – Zuzahlungsverzicht bei Hilfsmitteln); jedoch kann eine Werbung mit der Über-
nahme der Zuzahlung gegen § 7 I HWG verstoßen (BGH GRUR 2017, 641 Rn. 32–41 –
Zuzahlungsverzicht bei Hilfsmitteln). – Ob die zu Beginn der Corona-Pandemie bestehende
Regelung zur Ausgabe von Schutzmasken gegen Eigenbeteiligung gem. § 6 I 1 SchutzmV eine
Marktverhaltensregelung darstellt, ist in der obergerichtlichen Rechtsprechung umstritten (da-
gegen OLG Düsseldorf WRP 2021, 928 Rn. 6–39; dafür OLG Nürnberg Beschl. v. 30.9.2021 –
3 U 2128/21, juris Rn. 26–68).

d) Schutz der Interessen der Verbraucher und sonstigen Marktteilnehmer. Dem **1.67**
Interesse der Verbraucher und sonstigen Marktteilnehmer dient eine Norm, wenn sie deren
Informationsinteresse und **Entscheidungs-** und **Verhaltensfreiheit** in Bezug auf die Markt-
teilnahme schützt (OLG Hamburg WRP 2013, 1203 Rn. 40 zu § 13 TMG); darüber hinaus
auch dann, wenn sie den Schutz von **Rechten, Rechtsgütern** oder sonstigen **Interessen** dieser
Personen bezweckt (→ § 1 Rn. 20; BGH GRUR 2017, 819 Rn. 20 – Aufzeichnungspflicht;
BGH GRUR 2016, 513 Rn. 21 – Eizellspende; BGH GRUR 2019, 970 Rn. 28 – Erfolgshonorar für Versicherungsberater; MüKoUWG/Schaffert Rn. 65, 200, 201). Dem Interesse der
Verbraucher oder sonstigen Marktteilnehmer dient eine Vorschrift allerdings nur dann, wenn
dieses Interesse (zB an **Gesundheit** oder **Sicherheit**) gerade durch die **Marktteilnahme,** also
durch den Abschluss von Austauschverträgen und den nachfolgenden Verbrauch oder Gebrauch
der erworbenen Ware oder in Anspruch genommenen Dienstleistung berührt wird (ebenso
BGH GRUR 2016, 513 Rn. 21 – Eizellspende; BGH GRUR 2017, 537 Rn. 20 – Saatgetreide;
BGH GRUR 2017, 819 Rn. 20 – Aufzeichnungspflicht; BGH GRUR 2019, 970 Rn. 28 –
Erfolgshonorar für Versicherungsberater; BGH GRUR 2022, 175 Rn. 25 – Kabel-TV-An-
schluss). Nicht erforderlich ist eine spezifisch wettbewerbsbezogene Schutzfunktion in dem
Sinne, dass die Regelung die Marktteilnehmer speziell vor dem Risiko einer unlauteren Beein-
flussung ihres Marktverhaltens schützt (BGH GRUR 2016, 513 Rn. 21 – Eizellspende; BGH
GRUR 2017, 819 Rn. 20 – Aufzeichnungspflicht; BGH GRUR 2019, 970 Rn. 28 – Erfolgs-
honorar für Versicherungsberater; BGH GRUR 2022, 175 Rn. 25 – Kabel-TV-Anschluss). –
Die **Gegenansicht** (vgl. Ohly/Sosnitza/Ohly § 3a Rn. 25; wN → Rn. 1.334) beruft sich zu
Unrecht auf die UGP-RL und ihre Beschränkung auf den Schutz der wirtschaftlichen Interessen
des Verbrauchers. Denn derartige Regelungen fallen nicht in ihren Anwendungsbereich (vgl.
Art. 3 III, IV UGP-RL; ErwGr. 9 S. 2 und 3 UGP-RL; → Rn. 1.334). Das gilt insbes. für das
Verbot oder die Beschränkung der Abgabe von Waren oder Dienstleistungen und für Informationspflichten über den Umgang mit Produkten (dazu BGH GRUR 2010, 754 Rn. 20–23 –
Golly Telly; BGH GRUR 2017, 537 Rn. 20 – Saatgetreide). Dass eine Norm darüber hinaus
noch sonstige Zwecke verfolgt, ist ebenfalls für die Anwendung des § 3a unerheblich. Aus
diesem Grund sind zB die Vorschriften zum **Jugendschutz** durchaus Marktverhaltensregeln,
mögen sie gleichzeitig auch dazu dienen, die Entwicklung der Persönlichkeit der Jugendlichen
zu fördern (→ Rn. 1.334 f.; §§ 1, 4–6 JMStV; Art. 9 I lit. e, g, II RL 2010/13/EU, Art. 12, 27
RL 2010/13/EU; BGH GRUR 2007, 890 Rn. 35 – Jugendgefährdende Medien bei eBay;
BGH GRUR 2009, 845 Rn. 41 – Internet-Videorecorder). Insbes. Regelungen, die dem Schutz
der Menschenwürde, dem Schutz vor Diskriminierung und Gewaltverherrlichung oder dem
Jugendschutz dienen, stehen daher nicht in Widerspruch zur UGP-RL.

IV. Abgrenzung der Marktverhaltensregelungen von anderen Regelungen

1. Regelungen ohne Marktbezug

1.68   **a) Allgemeines.** Regelungen ohne Marktbezug scheiden von vornherein aus dem Anwendungsbereich des § 3a aus. Verstöße gegen derartige Vorschriften können auch nicht „durch die Hintertür", nämlich durch einen Rückgriff auf die Generalklausel des § 3 I, lauterkeitsrechtlich sanktioniert werden (→ § 3 Rn. 2.29; BGH GRUR 2016, 513 Rn. 35 – Eizellspende; OLG Frankfurt GRUR 2015, 401 Rn. 26; Ohly/Sosnitza/Ohly § 3a Rn. 8; aA Sack WRP 2005, 531 (532, 540)). Zwar ist § 3a nur ein Beispielstatbestand der Unlauterkeit; doch wird aus der Regelung deutlich, dass nur der Verstoß gegen Marktverhaltensregelungen lauterkeitsrechtlich relevant sein soll. – Ob eine Regelung einen Marktbezug aufweist, ist wiederum durch Auslegung anhand des Normzwecks zu klären (vgl. BGHZ 144, 255 (267 ff.) = GRUR 2001, 1076 – Abgasemissionen; OLG Oldenburg WRP 2007, 685 (687)). Dass sich ein Unternehmer durch Verstöße gegen derartige Vorschriften indirekt einen **Wettbewerbsvorsprung** vor seinen gesetzestreuen Mitbewerbern verschaffen kann, ist unerheblich (BGH GRUR 2010, 654 Rn. 25 – Zweckbetrieb; KG GRUR-RR 2012, 19 (21); MüKoUWG/Schaffert Rn. 72; aA Glöckner GRUR 2008, 960). – Im Folgenden sollen nur solche Vorschriften erwähnt werden, die in der Praxis eine Rolle spielen könnten.

1.69   **b) Produktionsvorschriften.** Vorschriften, die lediglich die Art und Weise der Produktion regeln, haben keinen Marktbezug und scheiden daher für eine Anwendung des § 3a aus (vgl. zu § 1 UWG 1909 BGHZ 144, 255 (267 ff.) = GRUR 2001, 1076 – Abgasemissionen). Hierher gehören insbes. Vorschriften über den **Umweltschutz** (BGH GRUR 2001, 1076 – Abgasemissionen) und den **Tierschutz** (vgl. dazu auch BGHZ 130, 182 = GRUR 1995, 817– Legehennenhaltung), soweit sie nicht auch den Verbraucherschutz bezwecken. Würden zB (reine) Tierschutzvorschriften verletzt (dies war im Legehennenhaltung-Fall nicht einmal geschehen), käme ein lauterkeitsrechtliches (!) Vermarktungsverbot nicht in Betracht (nur iErg richtig daher OLG Hamburg GRUR-RR 2003, 181 (182)). Es könnte auch nicht auf die Generalklausel des § 3 I unter Hinweis auf eine allgemeine Missbilligung solchen Verhaltens gestützt werden.

1.70   **c) Arbeitnehmerschutzvorschriften.** **Arbeitnehmerschutzvorschriften** haben keinen Marktbezug. Arbeitnehmer sind keine Teilnehmer am Absatzmarkt der Waren und Dienstleistungen, an deren Herstellung oder Erbringung sie mitwirken (BGH GRUR 2017, 95 Rn. 20 – Arbeitnehmerüberlassung). Verstöße gegen solche Vorschriften stellen daher kein unlauteres Marktverhalten dar. Dazu gehören u. a.
(1) **§ 1 I 1 AÜG** (vgl. BGH GRUR 2017, 95 Rn. 23–26, 36–44 – Arbeitnehmerüberlassung; → Rn. 1.81);
(2) **§ 9 I ArbZG** (vgl. LG Münster WRP 2017, 644 Rn. 22);
(3) **§ 2 SGB IV** (vgl. KG WRP 2017, 460 Rn. 9 zur Nichtabführung der gesetzlich geschuldeten **Sozialbeiträge** durch einen Arbeitgeber für seine Arbeitnehmer);
(4) **§§ 1, 3 MiLoG – Mindestlohngesetz** (vgl. KG WRP 2017, 460 Rn. 21–25). Zwar ist die Gesetzesbegründung (BT-Drs. 18/1558, 2) in diesem Punkt nicht eindeutig (Fehlen eines Mindestlohns könnte „Anreiz für einen Lohnunterbietungswettbewerb" sein), so dass dies für eine Marktverhaltensregelung für Unternehmer auf dem **Beschaffungsmarkt** für Arbeitsleistungen sprechen könnte (vgl. OLG Frankfurt GRUR 2015, 401 Rn. 31–35). Allerdings tritt dieser Aspekt hinter der sozialpolitischen Zielsetzung des MiLoG, nämlich dem Arbeitnehmer einen angemessenen Mindestschutz zu gewährleisten, in den Hintergrund. Es ist nicht Sache der Mitbewerber, für die Einhaltung dieser Vorschriften zu sorgen.
(5) Zum **Nachtbackverbot** → Rn. 1.264.
(6) **§§ 3 ff. LkSG (Lieferkettensorgfaltspflichtengesetz)** v. 16.7.2021 (BGBl. 2021 2959). Die §§ 1–12 LkSG traten am 1.1.2023 in Kraft. – Nach § 3 III 1 LkSG begründet eine Verletzung der Pflichten aus diesem Gesetz keine zivilrechtliche Haftung. Daher ist § 3a nicht anwendbar (vgl. Birk GRUR 2022, 361).

1.71   **d) Steuervorschriften; sozialrechtliche Vorschriften.** Vorschriften über **Steuern** und **Abgaben** haben grds. nicht den Zweck, das Marktverhalten im Interesse der Marktteilnehmer zu regeln (BGH GRUR 2010, 654 Rn. 19 – Zweckbetrieb mwN), sondern sollen die Finanzierung des Gemeinwesens ermöglichen (BGH GRUR 2017, 641 Rn. 26 – Zuzahlungsverzicht bei

Hilfsmitteln). Ein Unternehmer, der Steuern hinterzieht und sich dadurch einen Wettbewerbs-vorsprung vor seinen ehrlichen Mitbewerbern verschafft, handelt daher nicht zugleich unlauter (vgl. auch BGHZ 144, 255 (268) = GRUR 2001, 1076 – Abgasemissionen). Denn die Nicht-abführung von Steuern stellt kein Marktverhalten dar. Der Mitbewerber kann aber ggf. eine steuerrechtliche Konkurrentenklage gegen „das Finanzamt" mit dem Ziel der Besteuerung dieses Unternehmers erheben (BGH GRUR 2010, 654 Rn. 22 – Zweckbetrieb). Auch sog **Len-kungssteuern,** also Steuern, die dem Zweck der Wirtschaftslenkung dienen, sind keine Markt-verhaltensregelungen, weil sie lediglich die Kalkulation des Unternehmens, aber nicht unmittel-bar sein Verhalten am Markt regeln (ebenso OLG Oldenburg WRP 2007, 685 (687); aA Wehlau/v. Walter ZLR 2004, 645 (663)). Das Gleiche gilt für **Gebührenvorschriften** (OLG Hamburg GRUR-RR 2010, 57 (60)). – Anders verhält es sich bei Bestimmungen wie dem Verbot der Abgabe unter dem Kleinverkaufspreis nach § 24 TabaksteuerG (OLG Frankfurt GRUR-RR 2004, 255). Es handelt sich insoweit um eine Preisvorschrift (→ Rn. 1.256–1.259). – Auch die Vorschriften des **Sozialrechts,** die lediglich die finanzielle Leistungsfähigkeit des Systems aufrechterhalten sollen, stellen keine Marktverhaltensregelungen iSd § 3a dar (BGH GRUR 2017, 641 Rn. 27 f. – Zuzahlungsverzicht bei Hilfsmitteln).

e) Vorschriften zum Schutz des geistigen Eigentums. Die Vorschriften zum Schutz des **1.72** geistigen Eigentums (PatentG; MarkenG; DesignG; UrhG usw) begründen Ausschließlichkeits-rechte, die grds. von jedermann, also auch von Wettbewerbern zu beachten sind. Sie stellen aber **keine Marktverhaltensregelungen** im Interesse der Marktteilnehmer dar (iErg ebenso OGH GRUR-Int. 2007, 167 (170) – Werbefotos). Denn sie haben nicht den Zweck, den Wettbewerb durch Aufstellung gleicher Schranken zu regeln und damit zur Chancengleichheit der Wett-bewerber beizutragen (BGHZ 140, 183 (189) = GRUR 1999, 325 (326) – Elektronische Pressearchive zum Urheberrecht). Dass die (insbes. Systematische) Verletzung von Ausschließ-lichkeitsrechten zu einem Wettbewerbsvorsprung vor Mitbewerbern führen kann (zB durch Einsparung von Lizenzgebühren), ist unerheblich (aA Schricker/Loewenheim UrhG Einl. Rn. 53). Denn es muss dem verletzten Rechtsinhaber überlassen bleiben, ob er gegen die Verletzung seines Rechts vorgeht oder nicht (BGHZ 140, 183 (189) = GRUR 1999, 325 (326) – Elektronische Pressearchive; Stieper WRP 2006, 291 (293)).

f) Straßen- und Wegerecht; Verkehrsvorschriften. Die Vorschriften des Straßen- und **1.73** Wegerechts (zB über erlaubnispflichtige Sondernutzungen) stellen keine Marktverhaltensrege-lungen dar, da sie weder dem Mitbewerber noch dem Verbraucherschutz, sondern der Leichtig-keit und Sicherheit des Verkehrs dienen. Verstöße gegen derartige Vorschriften (zB Aufstellen von Kfz-Anhängern zu Werbezwecken ohne Erlaubnis) können daher nicht nach Lauterkeits-recht geahndet werden (BGH GRUR 2006, 872 Rn. 16 – Kraftfahrzeuganhänger mit Wer-beschildern zu § 16 HessStrG; Lettl GRUR-RR 2004, 226 (227)). Ebenso wenig sind Verkehrs-vorschriften (zB in der StVO) Marktverhaltensregelungen, weil sie lediglich die Sicherheit im Straßenverkehr im Interesse der Verkehrsteilnehmer gewährleisten sollen (LG Kiel GRUR 2005, 446). Weist zB ein Spediteur seine LKW-Fahrer an, Geschwindigkeitsbeschränkungen nicht zu beachten, begründet dies keinen Wettbewerbsverstoß, mag sich der Spediteur dadurch auch einen Wettbewerbsvorsprung vor seinen Mitbewerbern verschaffen. – Vorschriften der StVZO können nur dann Marktverhaltensregelungen darstellen, wenn sie den Schutz einzelner Markt-teilnehmer bezwecken (OLG Köln WRP 2020, 231 Rn. 26). Dazu gehören aber nicht die § 49a I StVZO, § 52 III StVZO, § 55 III StVZO (OLG Köln WRP 2020, 231 Rn. 27).

g) Datenschutzrecht. aa) Fragestellung. Das Datenschutzrecht bezweckt den Schutz na- **1.74** türlicher Personen bei der Verarbeitung (einschließlich Erhebung und Verwendung) personen-bezogener Daten und damit eines Grundrechts sowohl im Unionsrecht (vgl. Art. 8 I GRCh; Art. 16 I AEUV; Art. 1 II DS-GVO) als auch im deutschen Recht (Art. 2 I GG, Recht auf informationelle Selbstbestimmung; BVerfGE 65, 1 (43 ff.) = NJW 1984, 419 (421) – Volks-zählung). Eine andere Frage ist es, ob und inwieweit datenschutzrechtliche Regelungen auch Marktverhaltensregelungen zum Schutz der Verbraucher iSd § 3a sind. (Zur Rechtslage vor dem Inkrafttreten der DS-GVO → 40. Aufl. 2022, § 3a Rn. 1.74a.)

bb) Beurteilung nach der DS-GVO (ab dem 25.5.2018). Auf Grund der zur Öffnungs- **1.74a** klausel des Art. 80 II DS-GVO ergangenen Entscheidung des EuGH (EuGH GRUR 2022, 920 – Meta Platforms Ireland) im Anschluss an den Vorlagebeschluss des BGH (BGH GRUR 2020, 896 – App-Zentrum I) ist nunmehr geklärt, dass die DS-GVO keine abschließende Regelung ihrer Durchsetzung darstellt. So hat der EuGH Klagen von Verbraucherverbänden, wie zB des vzbv, gem **§ 3 I Nr. 1 UKlaG** zum Schutz der Verbraucher vor Verstößen gegen die DS-GVO nach **§ 2 II 1 Nr. 11 UKlaG** für zulässig erklärt. Gleiches gilt im Grundsatz für die Rechtsdurchsetzung nach **§ 8 III Nr. 3, § 3 I, § 3a** (→ Rn. 1.40f; aA noch → 40. Aufl. 2022). Zu beachten ist, dass zu den geschützten natürlichen Personen iSd DS-GVO nicht nur Verbraucher, sondern auch sonstige Marktteilnehmer, wie zB Freiberufler, Handwerker und Unternehmer gehören und dass die in Rede stehenden Bestimmungen der DS-GVO zugleich Marktverhaltensregelungen iSd § 3a sind. Diese Voraussetzung ist jeweils durch Auslegung zu klären. **Beispiele** dafür sind die Zulässigkeitsvorsaussetzungen für die Verarbeitung von Gesundheitsdaten nach Art. 9 DS-GVO (vgl. BGH GRUR 2023, 264 – Arzneimittelbestelldaten [Vorlagebeschluss]) und die Informationspflichten nach Art. 12 iVm Art. 13 und 14 DS-GVO. Zu beachten ist ferner, dass es nur um Unterlassungsklagen und nicht um Leistungsklagen auf Erfüllung der Ansprüche der betroffenen Personen nach der DS-GVO geht. Hierfür kommt nur Art. 80 I DS-GVO in Betracht.

1.74b   **cc) Ergänzende Regelungen.** Darüber hinaus können Unternehmen Datenschutzverstöße als Mittel der **Behinderung** (§ 4 Nr. 4) oder der **Wettbewerbsbeschränkung** einsetzen. **Beispiele:** Ein marktbeherrschendes Unternehmen weigert sich, einer Aufforderung zur Datenübertragung an ein anderes Unternehmen (Art. 20 II DS-GVO) nachzukommen. Unternehmen einer Branche vereinbaren, einem Löschungsbegehren (Art. 17 DS-GVO) nicht nachzukommen). Dann ist jedoch der Anwendungsbereich des **Kartellrechts** eröffnet und Mitbewerber und Verbände können gegen solche Praktiken nach § 33 I, III, IV GWB vorgehen. – Das Gleiche gilt, wenn Datenschutzverstöße als **Mittel zum Zweck der unlauteren Beeinflussung** der Verbraucher und sonstigen Marktteilnehmer (§§ 4a, 5, 5a) eingesetzt werden (→ Rn. 1.40e; Ohly GRUR 2019, 686 (691 ff.)). Auch können Verbände nach **§ 1 UKlaG** gegen Regelungen in **AGB,** die nach § 307 I BGB wegen Verstoßes gegen Art. 6 DS-GVO unwirksam sind, vorgehen (KG K&R 2019, 274 (276)).

1.75   **h) Sonstiges.** Vorschriften zum Schutz des **Eigentums** (wie zB § 823 I BGB) sind keine Marktverhaltensregelungen (vgl. BGH GRUR 2006, 879 Rn. 13 – Flüssiggastank; OLG Brandenburg NJW-RR 1996, 1514 zur Benutzung eines fremden Grundstücks). – Vorschriften zum Schutz des **allgemeinen Persönlichkeitsrechts** (wie zB § 823 I BGB) können zwar Marktverhaltensregelungen (etwa für Presseunternehmen) sein; sie dienen aber nicht dem Interesse der Mitbewerber, Verbraucher oder sonstigen Marktteilnehmer. – Die Publizitätspflicht nach **§ 325 HGB** dient dem Schutz der Funktion des Marktes und darüber hinaus auch dem Schutz der Marktteilnehmer (Hopt/Merkt HGB § 325 Rn. 1) und stellt daher eine Marktverhaltensregelung dar (Meier GRUR 2019, 581 (586 f.); aA OLG Köln WRP 2017, 864 Rn. 29–53).

2. Marktzutrittsregelungen

1.76   **a) Allgemeines.** Von den Marktverhaltensregelungen sind die **Marktzutrittsregelungen** zu unterscheiden (vgl. BGH GRUR 2002, 269 (270) – Sportwetten-Genehmigung; BGHZ 150, 343 = GRUR 2002, 825 (826) – Elektroarbeiten; BGH GRUR 2005, 875 (876) – Diabetesteststreifen; Köhler GRUR 2001, 777 (780); Köhler NJW 2002, 2761; Ullmann GRUR 2003, 817 (823); krit. Doepner WRP 2003, 1292 (1298 ff.)). Reine Marktzutrittsregelungen sind solche Normen, die Personen den Marktzutritt aus Gründen verwehren, die nichts mit ihrem Marktverhalten, also der Art und Weise des Agierens am Markt, zu tun haben (BGH WRP 2020, 320 Rn. 26 – Pflichten des Batterieherstellers; BGH GRUR 2023, 416 Rn. 20 – Stickstoffgenerator). Dazu gehören insbes. Normen, die bestimmten Personen zu ihrem eigenen Schutz oder zum Schutz des Unternehmens, in dem sie tätig sind, den Marktzutritt nicht oder nur unter Einhaltung bestimmter Voraussetzungen gewähren. Dazu gehören ferner **wirtschaftslenkende Normen,** die die Rahmenbedingungen des Wettbewerbs festlegen oder bestimmte Unternehmen von bestimmten Märkten fernhalten sollen, um die auf einem bestimmten Markt agierenden Unternehmen vor unerwünschtem Wettbewerb zu schützen (BGH GRUR 2010, 654 Rn. 23 – Zweckbetrieb; BGH GRUR 2015, 1228 Rn. 56 – Tagesschau-App; BGH GRUR 2019, 627 Rn. 37 – Deutschland-Kombi). Verstöße gegen reine Marktzutrittsregelungen fallen nicht unter § 3a und können auch nicht über die Generalklausel des § 3 I erfasst werden (ebenso Ohly/Sosnitza/Ohly § 3a Rn. 18). Es ist nämlich nicht die ordnungspolitische Aufgabe des UWG, Märkte vor dem Zutritt weiterer Wettbewerber abzuschotten (ebenso KG GRUR 2007, 515 (516)). Ihm geht es lediglich darum, unlautere Verhaltensweisen auf einem Markt zu unterbinden, die geeignet sind, den bestehenden Wettbewerb zum Nachteil der Mitbewerber, der

Verbraucher und der sonstigen Marktteilnehmer zu beeinträchtigen (vgl. BGHZ 150, 343 = GRUR 2002, 825 (826) – Elektroarbeiten; Köhler GRUR 2001, 777 (780)). Aus der Tatsache, dass ein Unternehmer gegen eine Marktzutrittsregelung verstößt, folgt daher nicht, dass damit gleichsam automatisch auch seine Marktteilnahme wettbewerbswidrig ist. Um es an einem **Beispiel** zu verdeutlichen: Wer ein Auto stiehlt und damit am Straßenverkehr teilnimmt, benutzt das Auto zwar rechtswidrig, aber er verstößt dadurch nicht gegen die Regeln der Straßenverkehrsordnung.

b) Einzelfälle. aa) Bürgerlichrechtliche Vorschriften. Die Vorschriften über **Rechts-** **1.77** **geschäfte** (§§ 104 ff. BGB) bezwecken im Allgemeinen keine Regelung des Marktverhaltens. Die Vorschriften über die Geschäftsfähigkeit (§§ 104 ff. BGB) verwehren es nicht (voll) Geschäftsfähigen, am Geschäftsverkehr teilzunehmen, sofern nicht bestimmte Voraussetzungen erfüllt sind. Diese Vorschriften dienen aber ausschließlich dem Schutz dieser Personen vor den Gefahren des Geschäftsverkehrs. Betreibt daher zB ein Minderjähriger ohne die Ermächtigung nach § 112 BGB ein Unternehmen, können Mitbewerber dagegen nicht nach Lauterkeitsrecht vorgehen. – Ebenso wenig sind die §§ 116 ff. BGB Marktverhaltensregelungen (vgl. OLG Frankfurt GRUR-RR 2019, 305 Rn. 17 zu § 117 BGB). – Anders verhält es sich bei **ge-** **schäftsbezogenen** Vorschriften zum **Schutz der Verbraucher** oder **sonstiger Marktteil-** **nehmer** (→ Rn. 1.283 ff.), insbes. bei den Vorschriften über die **Unwirksamkeit von AGB.** – Die Normen des **Vereinsrechts** (§§ 21 ff. BGB) bezwecken zwar in erster Linie nicht den Schutz des Vereins, sondern seiner Gläubiger (vgl. BGH GRUR 1983, 120 (123) – ADAC-Verkehrsrechtsschutz). Dies reicht aber nicht aus, um darin (auch) Marktverhaltensregelungen zu erblicken, zumal die Rspr. ein Nebenzweckprivileg anerkennt. Betreibt daher ein Idealverein ein Wirtschaftsunternehmen, ohne dass dies durch das sog Nebenzweckprivileg gedeckt wäre, stellt dies ebenfalls kein unlauteres Handeln dar (so bereits zu § 1 UWG 1909 K. Schmidt NJW 1983, 543 (544); GK/Teplitzky § 1 aF Rn. 255; Köhler GRUR 2001, 777 (781); v. Ungern-Sternberg FS Erdmann, 2002, 741 (759) Fn. 89). Die Rspr. zu § 1 UWG 1909 (vgl. BGHZ 85, 84 (88) = GRUR 1983, 120 (123) – ADAC-Verkehrsrechtsschutz; BGH GRUR 1986, 823 (824 f.) – Fernsehzuschauerforschung) sollte daher nicht fortgeführt werden. Mitbewerber sind darauf beschränkt, beim Gericht die Entziehung der Rechtsfähigkeit (§ 43 II BGB) anzuregen.

bb) Handels- und gesellschaftsrechtliche Vorschriften. Zahlreiche Vorschriften des Han- **1.78** dels- und Gesellschaftsrechts sehen **Wettbewerbsverbote** vor. So darf nach § 60 HGB der Handlungsgehilfe ohne Einwilligung des Prinzipals weder ein Handelsgewerbe betreiben noch in dem Handelszweig des Prinzipals für eigene oder fremde Rechnung Geschäfte machen. Einem Wettbewerbsverbot unterliegen Handelsvertreter auf Grund der Interessenwahrungspflicht (§ 86 I HGB). Nach § 112 HGB (ab dem 1.1.2024: § 117 HGB) (vgl. auch § 161 II HGB, § 284 AktG) ist es einem persönlich haftenden Gesellschafter verwehrt, ohne Einwilligung der übrigen Gesellschafter in dem Handelszweig der Gesellschaft Geschäfte zu machen oder an einer anderen gleichartigen Handelsgesellschaft als persönlich haftender Gesellschafter teilzunehmen. Nach § 88 I 1 AktG dürfen Vorstandsmitglieder einer AG ohne Einwilligung des Aufsichtsrats weder ein Handelsgewerbe betreiben noch im Geschäftszweig der Gesellschaft für eigene oder fremde Rechnung Geschäfte machen. Entsprechendes gilt für den Geschäftsführer einer GmbH auf Grund der Treuepflicht. Bei all diesen Vorschriften handelt es sich um reine **Marktzutritts-** **regelungen.** Ein Verstoß gegen sie stellt keinen Wettbewerbsverstoß dar (aA Mees WRP 1985, 373 (376) zu § 1 UWG 1909). Dies zeigt sich schon daran, dass diese Verbote auf die fehlende Einwilligung abstellen, ein Verstoß also ausschließlich die Interessen des durch das Wettbewerbsverbot geschützten Unternehmens, aber nicht die Belange Außenstehender berührt. Es ist daher allein Sache des geschützten Unternehmens, gegen einen solchen Verstoß mit den dafür vorgesehenen Sanktionen (vgl. zB § 61 HGB) vorzugehen (vgl. Köhler GRUR 2001, 777 (781); GK/Teplitzky UWG 1909 § 1 Rn. G 187f). In der Sache liegt es nicht anders als bei vertraglichen Wettbewerbsverboten, deren Verletzung nur vertragsrechtliche Sanktionen auslöst.

cc) Kommunalrechtliche Vorschriften. Kommunalrechtliche Vorschriften, die die er- **1.79** werbswirtschaftliche Betätigung von Gemeinden und kommunalen Unternehmen begrenzen (wie zB Art. 87 BayGO; § 107 NRWGO) stellen **bloße Marktzutrittsregelungen,** aber nicht zugleich Marktverhaltensregelungen im Interesse der Lauterkeit des Wettbewerbs auf dem Markt dar. Dies gilt auch für kommunalrechtliche Subsidiaritätsregelungen, die nicht nur die Aufnahme, sondern auch die Fortsetzung der wirtschaftlichen Betätigung kommunaler Unternehmen davon abhängig machen, dass der öffentliche Zweck nicht besser und wirtschaftlicher durch andere Unternehmen erfüllt werden kann (aA Poppen, Der Wettbewerb der öffentlichen Hand, 2007, S. 259 ff.). Dass derartige Vorschriften nicht lediglich den Schutz der Kommunen vor den Risiken einer erwerbswirtschaftlichen Betätigung, sondern auch den Schutz der privaten Mitbewerber vor der Konkurrenz durch die öffentliche Hand bezwecken, ist lauterkeitsrechtlich unerheblich. Verstöße gegen solche Vorschriften erfüllen daher nicht den Tatbestand des § 3a und begründen somit keine lauterkeitsrechtlichen Ansprüche Dritter (so bereits zu § 1 aF BGHZ 150, 343 = GRUR 2002, 825 (826) – Elektroarbeiten; BGH GRUR 2003, 164 (165) – Altautoverwertung; BGHZ 156, 379 = GRUR 2004, 255 (258) – Strom und Telefon I; BGH GRUR 2004, 259 (262) – Strom und Telefon II; Köhler GRUR 2001, 777 und NJW 2002, 2761; Ullmann GRUR 2003, 817 (823); Elskamp, Gesetzesverstoß und Wettbewerbsrecht, 2008, 197 f.; aA Dreher ZIP 2002, 1648). Daran ändert es nichts, wenn ein Landesgesetzgeber erklärt, ein Verstoß gegen solche Normen begründe lauterkeitsrechtliche Ansprüche (so in der Tat Bayern, LT-Drs. 13/10828, 19 sub 7.2). Denn dies überschreitet ihre Kompetenz. – Ebenso wenig stellen derartige Vorschriften Schutzgesetze zu Gunsten der privaten Mitbewerber iSd § 823 II BGB dar (BGHZ 150, 343 = GRUR 2002, 825 (828) – Elektroarbeiten; BGH GRUR 2003, 164 (166) – Altautoverwertung). Mitbewerber sind daher bei Verstößen gegen kommunalrechtliche Vorschriften darauf beschränkt, ein Eingreifen der Aufsichtsbehörden anzuregen oder selbst vor den Verwaltungsgerichten Klage zu erheben, sofern die betreffenden Normen ihnen eine Klagebefugnis einräumen (dazu OVG Münster NVwZ 2003, 1520; Tillmann FS Schricker, 2005, 763). Das Marktverhalten der Gemeinden und ihrer Unternehmen unterliegt hingegen den besonderen Schranken für die Tätigkeit der öffentlichen Hand (dazu BGH GRUR 2003, 164 (166) – Altautoverwertung; → Rn. 2.30 ff.).

1.80   **dd) Baurechtliche Vorschriften.** Baurechtliche Vorschriften, die gewerbliche Tätigkeiten in bestimmten Gebieten aus Gründen des Mitbewerberschutzes verbieten oder beschränken, stellen ebenfalls bloße Marktzutrittsregelungen dar. Soweit sie lediglich sonstige Zwecke (zB Umweltschutz) verfolgen, haben solche Vorschriften nicht einmal einen Marktbezug.

1.81   **ee) Arbeitnehmerüberlassungsgesetz.** § 1 ArbeitnehmerüberlassungsG (AÜG) macht die gewerbliche Arbeitnehmerüberlassung von einer behördlichen Genehmigung abhängig. Die Vorschrift ist mit dem Unionsrecht vereinbar und bleibt als Regelung der Berufsausübung iSd Art. 3 VIII UGP-RL auch von der UGP-RL unberührt (BGH GRUR 2017, 95 Rn. 11 – Arbeitnehmerüberlassung). Die Vorschrift dient lediglich sozialpolitischen Zwecken (Schutz der Leiharbeitnehmer vor Ausbeutung) und weist weder in Bezug auf den Absatzmarkt der Arbeitsleistungen der Leiharbeitnehmer noch in Bezug auf den Beschaffungsmarkt der Arbeitskraft von Leiharbeitnehmern eine wettbewerbsbezogene Schutzfunktion auf (BGH GRUR 2017, 95 Rn. 17, 19–26, 36–44 – Arbeitnehmerüberlassung). Sie stellt daher eine bloße Marktzutrittsregelung, aber keine Marktverhaltensregelung dar. Zudem enthält das AÜG ein spezielles Rechtsfolgensystem für den Fall einer unerlaubten Arbeitnehmerüberlassung, das Vorrang vor den UWG-Sanktionen hat (BGH GRUR 2017, 95 Rn. 43 f. – Arbeitnehmerüberlassung). Auch die § 823 II BGB, § 1004 I 2 BGB analog greifen nicht zugunsten anderer Verleiher ein (BGH GRUR 2017, 95 Rn. 47 – Arbeitnehmerüberlassung).

3. Vorschriften mit Doppelfunktion (Marktzutritts- und Marktverhaltensregelung)

1.82   Vielfach lässt sich eine Vorschrift nicht ausschließlich als Marktzutritts- oder als Marktverhaltensregelung qualifizieren, sondern enthält beide Elemente (Köhler GRUR 2001, 777 (781); Ullmann GRUR 2003, 817 (823 f.); krit. Doepner WRP 2003, 1292 (1300); Frenz WRP 2002, 1367 (1368 ff.)). Für die Anwendung des § 3a reicht es schon nach dessen Wortlaut aus, dass die gesetzliche Vorschrift **„auch"** eine Regelung des Marktverhaltens im Interesse der Marktbeteiligten darstellt. Verstöße gegen Marktzutrittsregelungen werden daher insoweit von § 3a erfasst, als sie „auch" Marktverhaltensregelungen darstellen, also eine „sekundäre wettbewerbsbezogene Schutzfunktion" aufweisen (vgl. Begr. RegE UWG zu § 4 Nr. 11 UWG 2004, BT-Drs. 15/1487, 19 im Anschluss an BGHZ 150, 343 = GRUR 2002, 825 (826) – Elektroarbeiten; BGH GRUR 2009, 881 Rn. 12–16 – Überregionaler Krankentransport; BGH WRP 2020, 320 Rn. 26 – Pflichten des Batterieherstellers). Eine Regelung, die den Marktzutritt reglementiert, stellt insbes. dann eine Marktverhaltensregelung dar, wenn sie unmittelbar auf die Herstellung der Wettbewerbsgleichheit zwischen den auf dem betreffenden Markt tätigen Unternehmen gerichtet ist (BGH GRUR 2017, 95 Rn. 23 – Arbeitnehmerüberlassung), dies also Zweck und nicht bloß Folge der Regelung ist (→ Rn. 1.66).

Ob eine Regelung „auch" das Marktverhalten regelt, ist durch **Auslegung** zu ermitteln. Von **1.83** einer Vorschrift mit **Doppelfunktion** ist idR auszugehen, wenn die Betätigung auf einem bestimmten Markt einer öffentlich-rechtlichen Erlaubnis bedarf und die betreffende Norm damit gleichzeitig im Interesse der Marktpartner, insbes. der Verbraucher, eine bestimmte **Qualität, Sicherheit oder Unbedenklichkeit der angebotenen Waren oder Dienstleistungen** sicherstellen will (vgl. BGHZ 150, 343 = GRUR 2002, 825 (826) – Elektroarbeiten; BGH GRUR 2017, 95 Rn. 16 – Arbeitnehmerüberlassung; BGH WRP 2020, 320 Rn. 26 – Pflichten des Batterieherstellers; Köhler GRUR 2001, 777 (781)). Das kann vor allem dadurch geschehen, dass die Norm eine bestimmte, zumeist **fachliche Qualifikation** eines Unternehmers (vgl. Begr. RegE UWG zu § 4 Nr. 11 UWG 2004, BT-Drs. 15/1487, 19) für den Marktzutritt vorschreibt. Dazu gehören insbes. die Zulassungsregelungen für **freie Berufe,** wie Ärzte, Zahnärzte, Apotheker, Rechtsanwälte, Steuerberater, Architekten, Heilpraktiker, für das **Handwerk** und für **sonstige Gewerbe** (zB **Privatkrankenanstalten,** § 30 I GewO; **Pfandleihgewerbe,** § 34 GewO (BGH GRUR 2009, 886 Rn. 17 – Die clevere Alternative); **Versicherungsvermittler,** § 34d GewO (BGH GRUR 2013, 1250 Rn. 9 – Krankenzusatzversicherungen; BGH GRUR 2014, 88 Rn. 14 – Vermittlung von Netto-Policen; BGH GRUR 2019, 970 Rn. 60 ff. – Erfolgshonorar für Versicherungsberater; BGH GRUR 2023, 501 Rn. 24 f. – Gruppenversicherung II → Rn. 1.47); **Gaststätten,** § 2 I GastG; **Personenbeförderung,** § 2 I 1 Nr. 4 PBefG (BGH GRUR 2013, 412 Rn. 15 – Taxibestellung; OLG Frankfurt GRUR-RR 2018, 199 Rn. 13; OLG Koblenz GRUR-RR 2019, 161); **Beförderung von Fluggästen,** §§ 4 I, 20 LuftVG (OLG Oldenburg GRUR-RR 2020, 110); **Krankentransporte,** §§ 18 ff. RettG NRW; **Arbeitnehmerüberlassung,** § 1 S. 1 AÜG (BGH GRUR 2017, 95 Rn. 16 – Arbeitnehmerüberlassung).

Als Regelung mit Doppelfunktion sind ferner Regelungen anzusehen, die Tätigkeiten der **1.83a** **öffentlichen Hand** auf bestimmten Märkten zum Schutz privater Unternehmen begrenzen. Hierzu gehören rundfunkrechtliche Vorschriften. So etwa das für den öffentlich-rechtlichen Rundfunk geltende Verbot **presseähnlicher Telemedienangebote** nach **§ 30 VII MStV.** Es bezweckt, die Betätigung öffentlich-rechtlicher Rundfunkanstalten auf dem Markt der Telemedien zum Schutz von Presseverlagen zu begrenzen (LG Stuttgart AfP 2022, 544; zu den entsprechenden Regelungen im früheren RStV vgl. BGH GRUR 2015, 1228 Rn. 57–59 – Tagesschau-App; BGH GRUR 2017, 422 Rn. 33 – ARD-Buffet). – In **§ 27 I 2 MStV** ist klargestellt, dass der öffentlich-rechtliche Rundfunk programmbegleitend Druckwerke mit programmbezogenem Inhalt anbieten darf. Der Vorschrift ist im Umkehrschluss zu entnehmen, dass der öffentlich-rechtliche Rundfunk keine sonstigen Druckwerke anbieten, anbieten lassen oder Angebote Dritter unterstützen darf (zu § 11a I 2 RStV vgl. BGH GRUR 2017, 422 Rn. 32–36 – ARD-Buffet). – Nach **§ 40 I 3 MStV** dürfen öffentlich-rechtliche Rundfunkanstalten bestimmte kommerzielle Tätigkeiten nur „unter Marktbedingungen" erbringen (zur entsprechenden Regelung im früheren § 16a I 3 RStV vgl. BGH GRUR 2019, 627 Rn. 39 – Deutschland-Kombi). – Ferner gehören hierzu die **§ 6 II 1** und **IIa Nr. 2 DWDG,** die es dem Deutschen Wetterdienst verbieten, unabhängig von Warnlagen die Allgemeinheit unentgeltlich laufend allgemein über das Wetter zu informieren, um eine Wettbewerbsverzerrung auf dem Markt für metereologische Dienstleistungen zu vermeiden (BGHZ 225, 59 = GRUR 2020, 755 Rn. 77 f. – WarnWetter-App).

V. Zuwiderhandlung gegen die gesetzliche Vorschrift

1. Allgemeines

Der Rechtsbruchtatbestand setzt eine Zuwiderhandlung gegen die gesetzliche Vorschrift **1.84** voraus (BGHZ 163, 265 (271) = GRUR 2005, 778 (779) – Atemtest I). Das Verhalten muss also den **Tatbestand** dieser Norm vollständig erfüllen (BGH GRUR 2008, 530 Rn. 11 – Nachlass bei der Selbstbeteiligung; BGH GRUR 2008, 530 Rn. 13 – Hagelschaden). Das ist nicht der Fall bei der (nicht strafbaren) versuchten Anstiftung zum Betrug (BGH GRUR 2008, 530 Rn. 11 – Nachlass bei der Selbstbeteiligung). Es genügt aber, soweit es den Unterlassungs- und Beseitigungsanspruch angeht, ein objektiv rechtswidriges Verhalten (BGHZ 163, 265 (271) = GRUR 2005, 778 (779) – Atemtest), und zwar auch dann, wenn der Tatbestand der Norm, wie etwa bei Strafvorschriften, Verschulden des Handelnden voraussetzt. Der vorbeugende Unterlassungsanspruch (§ 8 I 2) kann schon dann geltend gemacht werden, wenn eine Zuwiderhandlung gegen die gesetzliche Vorschrift droht, also unmittelbar bevorsteht. – Von einer Zuwiderhandlung ist nicht auszugehen, wenn das Verhalten zwar an sich den Tatbestand der Vorschrift erfüllt, aber die Anwendung dieser Vorschrift im konkreten Fall gegen die **Grundfreiheiten** des (jetzt) Art. 34 AEUV oder des (jetzt) Art. 56 AEUV verstieße (BGH GRUR 1998, 407 (409) – TIAPRIDAL). Eine Zuwiderhandlung liegt auch dann nicht vor, wenn der Handelnde sich auf eine **behördliche Genehmigung** (vgl. zB § 284 StGB) berufen kann, die zwar fehlerhaft, aber nicht nichtig ist (BGHZ 163, 265 (271) = GRUR 2005, 778 (779) – Atemtest I; anders noch BGH GRUR 2002, 269 (270) – Sportwetten-Genehmigung). Denn die Genehmigung kann dann nur in dem dafür vorgesehenen **verwaltungsrechtlichen** Verfahren beseitigt werden (OLG Hamburg GRUR-RR 2003, 354 (356): Bindung an Zulassungsbescheid des Bundesinstituts für Arzneimittel und Medizinprodukte [BfArM]). Solange dies nicht geschehen ist, liegt kein Gesetzesverstoß vor (→ Rn. 20). (Dies wurde in der Entscheidung BGH GRUR 2002, 269 – Sportwetten-Genehmigung nicht berücksichtigt; stattdessen wurde ein entschuldbarer Rechtsirrtum angenommen) – Teilnehmer (Anstifter, Gehilfen) an der Zuwiderhandlung sind nach den allgemeinen Grundsätzen auch lauterkeitsrechtlich dafür verantwortlich (→ § 8 Rn. 2.6).

2. Beweislast für Zuwiderhandlung

1.85   Grds. muss der Anspruchsteller den Verstoß gegen eine Marktverhaltensregelung als anspruchsbegründende Tatsache darlegen und ggf. beweisen (stRspr; BGH GRUR 2008, 834 Rn. 11 – HBM-Kapseln). Steht allerdings das beanstandete Verhalten unter einem Verbot mit Erlaubnisvorbehalt, muss er lediglich darlegen und beweisen, dass dieses Verhalten von dem generellen Verbot erfasst wird. Dann muss der Anspruchsgegner darlegen und beweisen, dass es ausnahmsweise zulässig ist (BGH GRUR 2010, 160 Rn. 15 – Quizalofop mwN).

3. Subjektive Erfordernisse

1.86   **a) Tatsachenkenntnis. aa) Frühere Rechtslage.** Nach der älteren Rspr. zu § 1 UWG 1909 setzte ein Wettbewerbsverstoß durch Verletzung einer wertneutralen Vorschrift ua voraus, dass der Handelnde sich **„bewusst"** über die Vorschrift hinweggesetzt hatte (vgl. nur BGH GRUR 1981, 424 (426) – Tag der offenen Tür II; BGH GRUR 1988, 382 (383) – Schelmenmarkt; BGH GRUR 1996, 786 (788) – Blumenverkauf an Tankstellen). Bewusstes Handeln wurde angenommen, wenn der Handelnde Kenntnis der Tatumstände hatte, die den Wettbewerbsverstoß begründen, also auch Kenntnis der Tatumstände, die den Gesetzesverstoß ausmachen (vgl. BGH GRUR 1974, 281 (282) – Clipper; GK/Teplitzky UWG 1909 § 1 Rn. G 197). Man sprach insoweit von „Vorsatz ohne Bewusstsein der Rechtswidrigkeit" (Köhler/Piper/Piper UWG 1909 § 1 Rn. 791).

1.87   **bb) Jetzige Rechtslage.** Der auf die § 3 I, § 3a gestützte Unterlassungs- und Beseitigungsanspruch setzt keinen bewusst begangenen Gesetzesverstoß voraus (OLG Stuttgart WRP 2005, 919 (920)). Es muss lediglich eine Zuwiderhandlung gegen eine Marktverhaltensregelung und deren Eignung zu einer spürbaren Beeinträchtigung der Interessen der geschützten Marktteilnehmer vorliegen (vgl. BGHZ 163, 265 (271) = GRUR 2005, 778 (779) – Atemtest I; OLG Karlsruhe WRP 2006, 1038 (1041)). Diese Sichtweise bahnte sich auch schon zu § 1 UWG 1909 an (vgl. BGH GRUR 2003, 971 (972) – Telefonischer Auskunftsdienst; Ullmann GRUR 2003, 817 (822)). Am **Beispiel** gesetzlicher Ladenschlussregelungen als einer Marktverhaltensregelung: Selbst wenn der Ladeninhaber beim Verstoß einem **Tatsachenirrtum** unterlag, etwa weil er die Umstellung von Sommer- auf Winterzeit übersah und deshalb länger als gesetzlich zulässig geöffnet hielt, liegt ein Gesetzesverstoß iSd § 3a vor. Erforderlich ist lediglich, dass der in Anspruch Genommene die objektive Zuwiderhandlung selbst begangen hat oder dass sie ihm zuzurechnen ist.

1.88   **b) Kenntnis oder Kennenmüssen des Gesetzesverstoßes. aa) Frühere Rechtslage.** Nach der Rspr. zu § 1 UWG 1909 konnte sich ein Unternehmer grds. nicht auf Unkenntnis der einschlägigen Vorschriften berufen. Denn ihm war zuzumuten, sich Kenntnis der für seinen Tätigkeitsbereich geltenden Vorschriften zu verschaffen und in Zweifelsfällen besonders sachkundigen Rechtsrat einzuholen (BGH GRUR 1988, 669 (670) – qm-Preisangaben II; BGH GRUR 2002, 269 (270) – Sportwetten-Genehmigung). Davon machte die Rspr. aber eine Ausnahme in den Fällen des **entschuldbaren** Rechtsirrtums (vgl. BGH GRUR 1994, 222 (224) – Flaschenpfand; BGH GRUR 1997, 313 (315) – Architektenwettbewerb). Dies wurde insbes. dann angenommen, wenn der Handelnde von der rechtlichen Zulässigkeit seines Verhaltens ausging und auch davon ausgehen durfte, weil die zuständigen Behörden und Verwaltungsgerichte es ausdrücklich als rechtlich zulässig bewerteten (BGH GRUR 1988, 382 (383) – Schelmenmarkt mit Anm. Schulze zur Wiesche; BGH GRUR 1995, 603 (604) – Räumungs-verkauf an Sonntagen; BGH GRUR 2002, 269 (270) – Sportwetten-Genehmigung). Der Unternehmer sollte nicht verpflichtet sein, sich vorsichtshalber nach der strengsten Gesetzes-auslegung und Einzelfallbeurteilung zu richten. Die Rspr. verneinte in diesen Fällen die Unlau-terkeit und damit das Bestehen eines Unterlassungsanspruchs. Sie wies lediglich den Handelnden darauf hin, dass er sich – nach Klärung der Rechtslage – in Zukunft nicht mehr auf seinen bis dahin entschuldbaren Rechtsirrtum berufen könne (BGH GRUR 1994, 222 (224) – Flaschen-pfand).

bb) Jetzige Rechtslage. Die frühere Beurteilung konnte schon für § 4 Nr. 11 UWG 2004   **1.89** und kann damit auch für § 3a nicht mehr gelten. Denn der Unterlassungsanspruch setzt lediglich objektiv rechtswidriges, nicht aber schuldhaftes Verhalten voraus (ebenso BGHZ 163, 265 (271) == GRUR 2005, 778 (779) – Atemtest I; BGH GRUR 2006, 82 Rn. 21 – Betonstahl; BGH GRUR 2010, 1026 Rn. 19 – Photodynamische Therapie). Ein etwaiger Verbotsirrtum, ob vorwerfbar oder nicht, ist daher unbeachtlich (BGH GRUR 2017, 409 Rn. 36 – Motivkon-taktlinsen). Der Unlauterkeitsvorwurf ist kein Schuldvorwurf, sondern knüpft an das objektive Marktverhalten an. Am **Beispiel** der gesetzlichen Ladenschlussregelungen als einer Marktver-haltensregelung: Hält sich ein Kaufmann nicht an die Ladenschlusszeiten, so handelt er unlauter iSd § 3, gleichgültig, ob er das betreffende LadenschlussG des Bundes oder der Länder bewusst oder nur versehentlich überschreitet. Dass der Handelnde in der Vergangenheit wegen behörd-licher oder gerichtlicher Billigung in nicht vorwerfbarer Weise darauf vertraut hat, sein Verhalten sei objektiv rechtmäßig, mag ihn vor einem Schadensersatzanspruch bewahren (ebenso BGHZ 163, 265 (271) = GRUR 2005, 778 (779) – Atemtest I). Es bleibt aber dabei, dass der Verstoß objektiv rechtswidrig war. Allenfalls könnte in einem solchen Fall die an sich zu vermutende Wiederholungsgefahr angezweifelt werden, weil nicht ohne weiteres angenommen werden kann, dass der Handelnde nach Belehrung über die wahre Rechtslage sein Verhalten fortsetzen wird. Indessen ist auch hier dem Handelnden zuzumuten, die Wiederholungsgefahr durch Abgabe einer strafbewehrten Unterlassungserklärung auszuschließen (ebenso OLG Düsseldorf WRP 2019, 904 Rn. 34). Das **Korrektiv** für **Bagatellfälle** bildet die Relevanzklausel des **§ 3a.** Liegt etwa ein nur einmaliger, versehentlicher oder gar entschuldbarer und geringfügiger Gesetzes-verstoß vor, so kann es an der Eignung der Handlung, die Interessen von Marktteilnehmern spürbar zu beeinträchtigen, fehlen. Das Verschulden spielt nur beim verschuldensabhängigen Schadensersatzanspruch des § 9 und beim vorsatzabhängigen Gewinnabschöpfungsanspruch des § 10 eine Rolle.

c) Planmäßigkeit des Gesetzesverstoßes. aa) Frühere Rechtslage. Nach der älteren   **1.90** Rspr. zu § 1 UWG 1909 war beim Verstoß gegen wertneutrale Normen weiter ein „plan-mäßiges" Handeln erforderlich. Die Bedeutung dieses Begriffs war str. und die Rspr. hierzu schwankend (vgl. GK/Teplitzky UWG 1909 § 1 Rn. G 198 ff.). Mindestvoraussetzung war, dass der Verletzer das Ziel verfolgte, auch künftig Zuwiderhandlungen zu begehen.

bb) Jetzige Rechtslage. Für die Anwendung des § 3a ist es unerheblich, ob der Gesetzes-   **1.91** verstoß planmäßig erfolgt (OLG Stuttgart WRP 2018, 1252 Rn. 30; MüKoUWG/Schaffert Rn. 101). Daher kommt es auch nicht darauf an, ob die Mitbewerber sich gesetzestreu verhalten und ob der Handelnde überhaupt einen Wettbewerbsvorsprung erzielen kann oder tatsächlich erzielt hat. Die Auswirkungen der Zuwiderhandlung sind vielmehr ausschließlich im Rahmen der Spürbarkeitsprüfung nach § 3a zu berücksichtigen.

d) Absicht der Vorsprungserzielung. aa) Frühere Rechtslage. Nach der älteren Rspr. zu   **1.92** § 1 UWG 1909 musste für den Verletzer erkennbar sein, dass er sich damit einen Wettbewerbs-vorsprung verschaffte. Weitergehend wurde gefordert, dass der Verletzer die Absicht hatte, sich einen Wettbewerbsvorsprung zu verschaffen (vgl. BGH GRUR 1994, 222 (224) – Flaschen-pfand; BGH GRUR 1994, 638 (639) – Fehlende Planmäßigkeit; BGH GRUR 1995, 601 (603) – Bahnhofs-Verkaufsstellen; BGH GRUR 1996, 786 (788) – Blumenverkauf an Tankstellen).

bb) Jetzige Rechtslage. Schon für die Anwendung des § 4 Nr. 11 UWG 2008 war es   **1.93** dagegen unerheblich, ob der Verletzer die Vorstellung oder die Absicht hatte, einen Wett-bewerbsvorsprung vor seinen Mitbewerbern zu erzielen (ebenso MüKoUWG/Schaffert Rn. 102). Daher konnte sich der Verletzer nicht darauf berufen, auch seine Mitbewerber würden gegen das Gesetz verstoßen und er würde insoweit nur Chancengleichheit herstellen.

Die Überführung des § 4 Nr. 11 UWG 2008 in den § 3a hat insoweit keine Änderung der Rechtslage bewirkt.

VI. Eignung zur spürbaren Interessenbeeinträchtigung

1. Allgemeines

1.94   Eine Zuwiderhandlung gegen eine Marktverhaltensregelung ist nur dann **unlauter** iSd § 3a, wenn sie geeignet ist, **die Interessen von Verbrauchern, Mitbewerbern oder sonstigen Marktteilnehmern spürbar zu beeinträchtigen.**

1.95   **a) Entstehungsgeschichte.** Bereits das UWG 2004 enthielt in § 3 I eine **Spürbarkeits-klausel** (Bagatellklausel, Relevanzklausel). Sie knüpfte an eine „nicht nur unerhebliche Beeinträchtigung des Wettbewerbs" an. Das UWG 2008 ersetzte dieses „unklare Merkmal" (Begr. RegE UWG 2008, BT-Drs. 16/10145, 22) durch das Merkmal der „Eignung zur spürbaren Beeinträchtigung der Interessen von Mitbewerbern, Verbrauchern oder sonstigen Marktteilnehmern" (entsprechend dem Vorschlag bei Köhler WRP 2008, 10 (14)). Diese im Grundsatz für alle Unlauterkeitstatbestände geltende Formel wurde aus § 3 I entfernt und beschränkt auf den Rechtsbruchtatbestand des § 3a übernommen. Verändert wurde sie nur insoweit, als nunmehr die Verbraucher an erster Stelle genannt sind.

1.96   **b) Normzweck.** Die Spürbarkeitsklausel hat den Zweck, solche Fälle des Verstoßes gegen eine Marktverhaltensregelung von der Verfolgung auszunehmen, die keine nennenswerte Auswirkung auf andere Marktteilnehmer haben. Denn daran besteht kein Interesse der Allgemeinheit. Ein Verbot ist vielmehr nur dann erforderlich, wenn dies der Schutz der Verbraucher, der Mitbewerber oder der sonstigen Marktteilnehmer erfordert (ebenso OLG Frankfurt WRP 2020, 758 Rn. 13). Das ist aber nur dann der Fall, wenn sich die unlautere geschäftliche Handlung tatsächlich auf die anderen Marktteilnehmer auswirkt oder doch auswirken kann. Die Spürbarkeitsklausel des § 3a entspricht daher dem **Schutzzweck** des UWG (§ 1 S. 1) und dem unionsrechtlichen Grundsatz der **Verhältnismäßigkeit** (vgl. ErwGr. 6 S. 2 UGP-RL; KG WRP 2018, 839 Rn. 42; Lettl WRP 2019, 1265).

2. Eignung zur spürbaren Beeinträchtigung der Interessen von Marktteilnehmern

1.97   **a) Eignung.** Nach dem klaren Wortlaut des § 3a ist nicht erforderlich, dass die unlautere geschäftliche Handlung tatsächlich die Interessen anderer Marktteilnehmer spürbar beeinträchtigt. Vielmehr genügt dazu die bloße Eignung. Sie liegt dann vor, wenn eine **objektive Wahrscheinlichkeit** besteht, dass die konkrete geschäftliche Handlung solche Interessen spürbar beeinträchtigt (ebenso OLG Hamburg GRUR-RR 2017, 65 Rn. 96). Das Eignungserfordernis rechtfertigt sich aus der Schwierigkeit für den Anspruchsberechtigten, im Einzelfall eine tatsächliche Beeinträchtigung nachzuweisen, zumal sich eine unlautere geschäftliche Handlung oft erst nach längerer Zeit auswirkt. Beim vorbeugenden Unterlassungsanspruch (§ 8 I 2) kann es ohnehin nicht auf den tatsächlichen Eintritt einer Interessenbeeinträchtigung ankommen. Der Kläger muss daher nicht den tatsächlichen Eintritt einer spürbaren Interessenbeeinträchtigung darlegen und beweisen, sondern lediglich die entsprechende Eignung (→ Rn. 1.112).

1.98   **b) Interessen von Mitbewerbern, Verbrauchern oder sonstigen Marktteilnehmern.** Bei Anwendung des § 3a kommt es nur auf die Beeinträchtigung der Interessen von Verbrauchern (§ 2 II), Mitbewerbern (§ 2 I Nr. 4) oder sonstigen Marktteilnehmern (§ 2 I Nr. 3), dagegen nicht auf eine Beeinträchtigung des Wettbewerbs, also der Auswirkung auf Marktergebnisse und Marktstrukturen an. Nur solche Interessen kommen in Betracht, die lauterkeitsrechtlich geschützt sind (→ § 1 Rn. 10). Bei den **Mitbewerbern** geht es um ihre wettbewerblichen Entfaltungsmöglichkeiten und damit ihre Marktchancen, letztlich also um den Schutz ihres Unternehmens. Bei den **Verbrauchern** und **sonstigen Marktteilnehmern** geht es in erster Linie darum, eine informierte und freie geschäftliche Entscheidung (§ 2 I Nr. 1) treffen zu können. In derartigen Fällen ist jedoch zu fragen, ob nicht § 5a I unmittelbar angewendet werden kann (→ Rn. 1.19). – Maßgebend ist jedoch stets der **Schutzzweck** der jeweiligen Marktverhaltensregelung.

1.99   **c) Spürbarkeit.** Ob eine Eignung zur **spürbaren** Interessenbeeinträchtigung besteht, beurteilt sich folgerichtig ebenfalls nach dem jeweiligen **Schutzzweck** der verletzten Marktverhaltensregelung (vgl. BGH GRUR 2008, 186 Rn. 25 – Telefonaktion; vgl. auch BGH GRUR

2001, 258 (259) – Immobilienpreisangaben; BGH GRUR 2002, 360 (366) – H. I. V. POSITI-VE II). Die Spürbarkeit ist dann zu bejahen, wenn eine Beeinträchtigung der geschützten Interessen nicht nur theoretisch, sondern auch **tatsächlich** mit einer gewissen Wahrscheinlichkeit eintreten kann (ebenso OLG Hamm MMR 2012, 29 (30); OLG Hamburg GRUR-RR 2017, 65 Rn. 96; OLG Stuttgart WRP 2018, 1252 Rn. 31; OLG Frankfurt WRP 2020, 758 Rn. 13). Dazu bedarf es keiner Feststellungen möglicher Auswirkungen auf das reale Marktgeschehen. In § 3a geht es – anders als im Kartellrecht – nicht um den Schutz von wettbewerblichen Marktstrukturen, sondern um den Schutz der Marktteilnehmer. Die Spürbarkeit eines Verstoßes gegen eine Marktverhaltensregelung ist daher **nicht marktbezogen,** sondern **marktteilnehmerbezogen** zu verstehen.

3. Spürbare Beeinträchtigung der Interessen von Mitbewerbern

Die Interessen von Mitbewerbern können dann **spürbar** beeinträchtigt sein oder werden, **1.100** wenn sie **Nachteile** in Gestalt einer Einbuße an vorhandenen Vermögenswerten (Ressourcen) oder in Gestalt einer Minderung ihrer Marktchancen erleiden oder erleiden können, wenn maW der Wert ihres Unternehmens gemindert wird oder werden kann. Dazu ist **nicht** ein **bestimmtes Ausmaß** der Beeinträchtigung erforderlich. Spürbar ist die Beeinträchtigung vielmehr bereits dann, wenn sie nicht bloß theoretisch möglich ist, sondern **tatsächlich** eintritt oder eintreten kann. Dafür ist eine gewisse Wahrscheinlichkeit des Schadenseintritts erforderlich (auf der Ebene des Prozessrechts entspricht dies den Anforderungen an die Zulässigkeit einer Schadensersatzfeststellungsklage; → § 12 Rn. 1.18 f.). Die Spürbarkeit ist idR zu bejahen, wenn der Verletzer sich einen nicht ganz unerheblichen Wettbewerbsvorsprung verschafft oder verschaffen kann. Maßstab ist aber nicht die subjektive Beurteilung durch den betroffenen Mitbewerber, sondern die Sichtweise eines **Durchschnittsunternehmers,** der die Sachlage verständig beurteilt. Richtet sich die Handlung gezielt gegen einen oder mehrere bestimmte Mitbewerber, so ist idR die Spürbarkeit zu bejahen. – Das Erfordernis der „spürbaren Beeinträchtigung" der Interessen der Mitbewerber ist auch bei der Auslegung des **§ 8 III Nr. 2** („soweit die Zuwiderhandlung die Interessen ihrer Mitglieder berührt") zu berücksichtigen.

4. Spürbare Beeinträchtigung der Interessen von Verbrauchern und sonstigen Marktteilnehmern

Je nach dem **Schutzzweck** der Marktverhaltensregelung ist zwischen einer zu vermutenden **1.101** und einer konkret festzustellenden Spürbarkeit zu unterscheiden.

a) Vermutung der Spürbarkeit. Einzelne Marktverhaltensregelungen sind dahin auszule- **1.102** gen, dass Verstöße **grds.** geeignet sind, die Interessen der Verbraucher spürbar zu beeinträchtigen. Die Spürbarkeit ist dann zu vermuten und nur ganz ausnahmsweise zu verneinen (BGH GRUR 2015, 813 Rn. 25 – Fahrdienst zur Augenklinik; KG GRUR-RR 2019, 183 Rn. 15). Dazu gehören alle Vorschriften, die dem Schutz der **Gesundheit** oder **Sicherheit** der Verbraucher dienen (vgl. Art. 3 III UGP-RL), wie bspw. Die Werbeverbote des HWG (BGH GRUR 2019, 1071 Rn. 54–61 – Brötchen-Gutschein), die Stoffverbote des ElektroG aF und der ElektrostoffV (BGH GRUR 2017, 203 Rn. 29 f. – Quecksilberhaltige Leuchtstofflampen), der Meisterzwang nach den §§ 1, 7 HwO (OLG Stuttgart WRP 2021, 116 Rn. 60), die Zulassungsregelungen des **PBefG** (OLG Frankfurt GRUR-RR 2018, 199 Rn. 18), das **JuSchG** (BGH GRUR 2015, 916 Rn. 16 – Abgabe ohne Rezept; BGH GRUR 2016, 213 Rn. 20 – Zuweisung von Verschreibungen) sowie Vorschriften, die der Spielsucht von Verbrauchern entgegenwirken sollen (OLG Düsseldorf WRP 2019, 904 Rn. 36 zu § 20 GlüSpVO NRW); krit. Ohly/Sosnitza/Ohly § 3a Rn. 30f). – An den Nachweis eines **Bagatellverstoßes** gegen derartige Vorschriften in Gestalt eines „Ausreißers", für den der Verletzer die Darlegungs- und Beweislast trägt, sind strenge Anforderungen zu stellen (BGH GRUR 2017, 203 Rn. 31 – Quecksilberhaltige Leuchtstofflampen). Bei derartigen Marktverhaltensregelungen, die außerhalb des Anwendungsbereichs der UGP-RL liegen, spielt es für die Spürbarkeit iSd § 3a keine Rolle, ob der Verstoß iSd Art. 2 lit. e UGP-RL geeignet ist, das wirtschaftliche Verhalten des Verbrauchers wesentlich zu beeinflussen, nämlich seine Fähigkeit, eine informierte Entscheidung zu treffen, spürbar zu beeinflussen und ihn damit zu einer geschäftlichen Entscheidung zu veranlassen, die er andernfalls nicht getroffen hätte. **Beispiel:** Für die Beurteilung des Verbots der Abgabe von Alkohol an Minderjährige nach dem JuSchG kommt es ausschließlich darauf an, ob der Verstoß geeignet ist, das durch das Verbot geschützte Verbraucherinteresse an Gesundheit zu beeinträchtigen. Der Schutzzweck der Vorschrift geht insoweit über den Schutz der Entscheidungsfähigkeit und -freiheit des Verbrauchers hinaus. Verkauft also ein Tankstellenpächter einem Minderjährigen Alkohol, so ist sein Handeln auch dann unzulässig, wenn der Verkauf nur auf den ausdrücklichen Wunsch des Minderjährigen hin erfolgt. – Unerheblich ist, ob die betreffenden Regelungen auch von **Verwaltungsbehörden** durchgesetzt werden können und diese einen Ermessensspielraum besitzen (→ Rn. 1.47; vgl. BGH GRUR 2010, 251 Rn. 20 – Versandkosten bei Froogle). Desgleichen kommt es nicht darauf an, ob der Verletzer einen Vorsprung vor seinen Mitbewerbern erzielt (aA Ohly FS Köhler, 2014, 507 (514 ff.)), da Rechtsverstöße nicht dadurch zulässig werden können, dass sie auch von Mitbewerbern begangen werden.

1.103   **b) Konkret festzustellende Spürbarkeit.** Ist nach dem Zweck der Marktverhaltensregelung die Spürbarkeit konkret festzustellen, ist eine spürbare Beeinträchtigung der Interessen der Verbraucher bzw. von Verbrauchergruppen grds. nur dann zu bejahen, wenn der Verstoß zusätzlich geeignet ist, den durchschnittlichen Verbraucher zu einer **geschäftlichen Entscheidung** zu veranlassen, die er andernfalls nicht getroffen hätte (ebenso OLG Hamburg GRUR-RR 2017, 65 Rn. 96). Das ist dann anzunehmen, wenn das **Verhalten des Unternehmers den Durchschnittsverbraucher davon abhalten kann, die Vor- und Nachteile einer geschäftlichen Entscheidung zu erkennen, abzuwägen und eine „effektive Wahl"** (vgl. ErwGr. 14 S. 1 UGP-RL) **zu treffen** (ebenso OLG Köln WRP 2016, 885 Rn. 32; OLG Stuttgart WRP 2018, 1248 Rn. 27; OLG München GRUR-RR 2019, 31 Rn. 49). Dies ist aber in der Regel zu bejahen (→ Rn. 1.112; krit. Ohly/Sosnitza/Ohly § 3a Rn. 30e). – Nach der früheren Rspr. des BGH war ein Verstoß gegen eine Marktverhaltensregelung in Gestalt des Vorenthaltens einer wesentlichen Information iSd Art. 7 UGP-RL bzw. § 5a I nicht ohne Weiteres, sondern nur dann spürbar iSd (uU daneben anzuwendenden) § 3a, wenn der Verbraucher diese Information je nach den Umständen benötigt, um eine informierte Entscheidung zu treffen, und deren Vorenthalten geeignet ist, ihn zu einer geschäftlichen Entscheidung zu veranlassen, die er andernfalls nicht getroffen hätte (BGH GRUR 2019, 746 Rn. 26 – Energieeffizienzklasse III mwN; BGH GRUR 2019, 82 Rn. 30 f. – Jogginghosen zum vom BGH mittlerweile angenommenen Vorrang des § 5a → Rn. 1.19). Sofern keine bes. Umstände vorliegen, ist dies im Regelfall anzunehmen. Den Unternehmer trifft daher eine sekundäre Darlegungslast, dass dies nicht der Fall ist, weil bspw. der Informationserfolg bereits anderweit eingetreten ist (BGH GRUR 2019, 746 Rn. 30 – Energieeffizienzklasse III; BGH GRUR 2021, 752 Rn. 59 – Berechtigte Gegenabmahnung; → Rn. 1.112).

5. Kriterien der Spürbarkeit

1.104   **a) Berücksichtigung der Umstände des Einzelfalls.** Bei der Prüfung der **Spürbarkeit** der Interessenbeeinträchtigung sind die **Umstände des Einzelfalls** zu berücksichtigen. Anhaltspunkte können insbes. die Schwere, Häufigkeit oder Dauer einer Zuwiderhandlung sein. Stets ist auch zu berücksichtigen, welche Gruppe von Verbrauchern oder sonstigen Marktteilnehmern von der Regelung geschützt wird.

1.105   **b) Schwere der Handlung.** Die Schwere einer unlauteren Handlung ist, wenn man darunter die **Intensität** des Eingriffs in geschützte Interessen bestimmter Marktteilnehmer versteht, sicher ein geeignetes Beurteilungskriterium. Bei Werbemaßnahmen kann dementsprechend der Grad der Anreizwirkung für die Umworbenen eine Rolle spielen (BGH GRUR 2000, 1087 (1089) – Ambulanter Schlussverkauf). Die Spürbarkeit kann danach zu verneinen sein, wenn die unlautere geschäftliche Handlung lediglich geeignet ist, für den Handelnden irgendeinen geringfügigen Wettbewerbsvorsprung zu begründen (BGH GRUR 2001, 258 (259) – Immobilienpreisangaben; BGH GRUR 2001, 1166 (1169) – Fernflugpreise). Das ist aber nicht quantitativ zu verstehen, sondern iS einer nur geringfügigen, letztlich nicht spürbaren Beeinflussung der Verbraucherentscheidung. – Der **Unrechtsgehalt** einer unlauteren Handlung kann ebenfalls ein Indiz für die Spürbarkeit sein. – Der **Verschuldensgrad** (fehlendes Verschulden, Fahrlässigkeit, Vorsatz) spielt grds. keine Rolle (Harte-Henning/Henning-Bodewig/Podszun § 3 Rn. 157), zumal der Unterlassungsanspruch kein Verschulden voraussetzt. Jedenfalls reicht es für die Verneinung der Spürbarkeit nicht aus, wenn der Unternehmer sich auf ein **Versehen** oder einen nicht zu vermeidenden **„Ausreißer"** beruft (ebenso OLG Frankfurt GRUR-RR 2018, 199 Rn. 18; jurisPK-UWG/Ullmann § 3 Rn. 63). Denn es kommt nicht auf die Verhältnisse im

Unternehmen des Verletzers oder die quantitativen Auswirkungen auf das Marktgeschehen an, sondern auf die Auswirkung seines Verhaltens auf konkrete Marktteilnehmer.

c) Häufigkeit oder Dauer der Handlung. Die Häufigkeit oder Dauer der unlauteren Handlung kann eine erhöhte Spürbarkeit begründen. Daraus ist aber nicht der Umkehrschluss zu ziehen, eine unlautere Handlung sei schon deshalb nicht „spürbar", weil sie nur einmal oder nur für kurze Zeit vorgenommen worden sei. Denn dies fällt in den Bereich der Wiederholungsgefahr, die erst beim Unterlassungsanspruch zu prüfen ist (§ 8 I 1).   **1.106**

d) Wiederholungsgefahr. Die Wiederholungsgefahr ist Voraussetzung für den Verletzungsunterlassungsanspruch (§ 8 I 1) und daher erst dann zu prüfen, wenn die Spürbarkeit und damit die Zuwiderhandlung feststehen. Folglich kann sie kein Kriterium zur Beurteilung der Spürbarkeit sein.   **1.107**

e) Nachahmungsgefahr. aa) Frühere Rechtslage. Unter Geltung des **UWG 1909** war nach der Rspr. zu § 1 UWG 1909 die Nachahmungsgefahr unter dem Gesichtspunkt der „Verwilderung der Wettbewerbssitten" noch als Indiz für die Sittenwidrigkeit einer Handlung angesehen worden (vgl. BGH GRUR 1967, 430 (431) – Grabsteinaufträge I; BGH GRUR 1970, 523 – Telefonwerbung I). Später wurde bei Anwendung des § 13 II Nr. 1 und 2 UWG 1909 die Nachahmungsgefahr berücksichtigt (vgl. BGH GRUR 1995, 122 (124) – Laienwerbung für Augenoptiker; BGH GRUR 1997, 767 (769) – Brillenpreise II; BGH GRUR 1999, 762 (846) – Herabgesetzte Schlussverkaufspreise; BGH GRUR 2001, 1166 (1169) – Fernflugpreise; BGH GRUR 2004, 253 (254) – Rechtsberatung durch Automobilclub). Nach der Rspr. musste von der Wettbewerbsmaßnahme eine Sogwirkung in der Weise ausgehen, dass Wettbewerber veranlasst würden, ein solches Verhalten deshalb zu übernehmen, weil sie sonst erhebliche Nachteile im Wettbewerb befürchten müssten (BGH GRUR 2001, 1166 (1169) – Fernflugpreise). Die Nachahmungsgefahr sollte aber nicht einfach unterstellt, sondern anhand konkreter Umstände festgestellt werden. Dazu gehörte die bes. Werbewirksamkeit einer Wettbewerbsmaßnahme (BGH GRUR 1997, 767 (770) – Brillenpreise II); ferner die Möglichkeit einer Kosteneinsparung, etwa durch Nichtbeachtung gesetzlicher Vorschriften (vgl. OLG Köln GRUR 1999, 1023 (1024): Nichtangabe des Mindesthaltbarkeitsdatums).   **1.108**

Unter Geltung des **§ 3 UWG 2004** sollte eine für sich gesehen unbedeutende Auswirkung auf den Wettbewerb und die Marktteilnehmer im Falle einer nicht unerheblichen Nachahmungsgefahr nach einer Auffassung gleichwohl geeignet sein, den Wettbewerb nicht nur unerheblich zum Nachteil der Mitbewerber, Verbraucher oder sonstigen Marktteilnehmer zu beeinträchtigen (Begr. RegE UWG 2004 zu § 3, BT-Drs. 15/1487, 17; OLG Jena GRUR 2006, 246 (247)). Gegen diese Auffassung sprach schon damals, dass damit letztlich wieder eine quantitative Spürbarkeit verlangt wurde. Auch wurde eingewandt, dass in vielen Fällen der beweisbelastete Anspruchsberechtigte sich nur auf einen Fall stützen könne. Würde von ihm der Nachweis einer konkreten Nachahmungsgefahr verlangt, erschwerte dies die Durchsetzung des Lauterkeitsrechts erheblich (Köhler GRUR 2005, 1 (5); ebenso OLG Koblenz GRUR-RR 2007, 23 (24); vgl. weiter Helm FS Bechtold, 2006, 155 (166)).   **1.109**

bb) Jetzige Rechtslage. § 3a weist ebenso wenig wie zuvor schon § 3 I UWG 2008 das Tatbestandsmerkmal der „nicht nur unerheblichen Beeinträchtigung des Wettbewerbs" (§ 3 I UWG 2004) auf. Das Kriterium der Spürbarkeit ist daher nicht (mehr) quantitativ iS einer tatsächlichen Auswirkung auf die Marktverhältnisse oder den Wettbewerb zu verstehen. Daher spielt auch die **Nachahmungsgefahr** grds. keine Rolle (ebenso Ohly/Sosnitza/Ohly § 3a Rn. 30c), zumal sie praktisch immer behauptet werden und daher kein zusätzliches Relevanzkriterium darstellen kann. Für die Verwirklichung des Tatbestands des § 3a genügt es, wenn auch nur in **einem Fall** die Eignung zur spürbaren Beeinträchtigung der Interessen eines einzigen Marktteilnehmers gegeben ist (vgl. OLG Frankfurt GRUR-RR 2009, 65 (67); OLG Hamburg GRUR-RR 2017, 65 Rn. 99; vgl. auch EuGH WRP 2015, 698 Rn. 41 – UPC). Denn sein Schutz kann nicht davon abhängen, dass durch das beanstandete Verhalten andere Marktteilnehmer in gleicher Weise betroffen sind oder werden können. Anders gewendet: Es kann den Verletzer nicht entlasten, dass sein Verhalten voraussichtlich keine Nachahmer findet. Im Übrigen sind Aussagen über eine konkrete Nachahmungsgefahr weitgehend spekulativ. Es lässt sich kaum verlässlich feststellen, ob eine bestimmte unlautere geschäftliche Handlung Nachahmer finden wird oder nicht. Auch der Rückgriff auf die allgemeine Lebenserfahrung hilft hier nicht weiter.   **1.110**

1.111   **f) Behördliche Sanktionen.** Nach der Rspr. zu § 3 UWG 2004 konnte bei der Prüfung der „Erheblichkeit" von Bedeutung sein, ob, inwieweit, wie rasch und wie effektiv ein Rechtsverstoß iSd § 4 Nr. 11 UWG 2004 von den zuständigen Behörden verfolgt werden konnte und ob daher das Interesse der Allgemeinheit an lauterkeitsrechtlichen Sanktionen in den Hintergrund trat (vgl. BGH GRUR 2001, 258 (259) – Immobilienpreisangaben; BGH GRUR 2001, 1166 (1169) – Fernflugpreise). Diese Auffassung hatte aber schon damals Ablehnung erfahren (OLG Jena GRUR 2006, 246 (247); Doepner GRUR 2003, 832; Heermann GRUR 2004, 94 (96); Köhler GRUR 2005, 1 (5)). Sie kann erst recht nicht mehr für die Anwendung des § 3a Geltung beanspruchen (BGH GRUR 2010, 251 Rn. 20 – Versandkosten bei Froogle; krit. Ohly FS Köhler, 2014, 507 (514 ff.)). Wenn der Rechtsverstoß die Interessen der betroffenen Mitbewerber, Verbraucher oder sonstigen Marktteilnehmer spürbar beeinträchtigt, kommt es nicht darauf an, ob zusätzlich noch ein Allgemeininteresse an der Verfolgung besteht. IdR ist auch ein behördliches Verfahren schon wegen seiner Dauer nicht geeignet, unzulässige Handlungen rasch abzustellen. Auch geht es nicht an, dass sich Wettbewerbsgerichte und Verwaltungsbehörden gegenseitig die Verantwortung für die Bekämpfung von Zuwiderhandlungen zuschieben. Dass eine Behörde untätig bleibt, ist von vornherein kein Indiz für den Bagatellcharakter einer Handlung, denn für das Untätigbleiben kann es viele Gründe geben (aA Helm FS Bechtold, 2006, 155 (166)). Aber auch dann, wenn eine Behörde die Zuwiderhandlung verfolgt, reicht dies nicht aus. Selbst wenn die Behörde den Verstoß tatsächlich abstellt, erledigt sich dadurch eine lauterkeitsrechtliche Streitigkeit nicht ohne weiteres. Vielmehr ist dann immer noch zu prüfen, ob auch die Wiederholungsgefahr beseitigt wurde.

6. Darlegungs- und Beweislast

1.112   Die Darlegungs- und Beweislast für die spürbarkeitsbegründenden Tatsachen trägt an sich der **Anspruchsteller.** Der Verstoß gegen eine Marktverhaltensregelung **indiziert** jedoch im **Regelfall,** dh soweit im Einzelfall keine bes. Umstände vorliegen, die Eignung zur spürbaren Beeinträchtigung der Interessen der Marktteilnehmer, an die sich die Handlung richtet (BGH GRUR 2021, 84 Rn. 35 – Verfügbare Telefonnummer; BGH GRUR 2021, 752 Rn. 59 – Berechtigte Gegenabmahnung; Köhler WRP 2014, 259 Rn. 59; aA Büscher/Hohlweck Rn. 138). Es ist dann Sache des Anspruchsgegners, Umstände darzulegen, die diese tatsächliche Vermutung erschüttern (BGH GRUR 2017, 203 Rn. 31 – Quecksilberhaltige Leuchtstofflampen; BGH GRUR 2021, 84 Rn. 35 – Verfügbare Telefonnummer). Dies gilt auch bei der Verletzung unionsrechtlicher Informationspflichten. – Dementsprechend prüfen die Gerichte die Spürbarkeit teilweise entweder gar nicht oder bejahen sie teilweise formelhaft. Fälle, in denen die Spürbarkeit verneint wird, sind eher selten (vgl. den Fall einer lediglich für ein Bundesland fehlenden Krankentransportgenehmigung vgl. BGH GRUR 2009, 881 Rn. 17 – Überregionaler Krankentransport; OLG Frankfurt WRP 2020, 758 Rn. 13, 15).

C. Einzelne Regelungen

I. Berufsbezogene Regelungen

Schrifttum: Ahrens, Anmerkung zu BGH, Beschluss vom 24.6.1996 – NotZ 35/95, GRUR 1996, 908 – Notarwerbung, GRUR 1996, 909; Bahner, Das neue Werberecht für Ärzte, 2001; Bieber, Die Kontrolle des Berufsrechts der Freiberufler – insbesondere der Rechtsanwälte – mit Hilfe von § 4 Nr. 11 UWG, WRP 2008, 723; Bornkamm, Die Grenzen anwaltlicher Werbung, WRP 1993, 643; Bürglen, Neue Werbeformen im Rahmen der §§ 43b BRAO und 6 Abs. 3 BORA – Verbliebene Schranken der Direktwerbung, FS Bornkamm (2014) 313; Busse, Gedanken zur anwaltlichen Berufsordnung, NJW 1999, 3017; Büttner, Anwaltswerbung zwischen Berufsrecht und Wettbewerbsrecht, FS Vieregge, 1995, 99; Deichfuß, Neue Werbemöglichkeiten für Rechtsanwälte, WRP 2001, 449; Doepner, Die Heilpraktikerschaft als Berufsstand, GRUR 1981, 546; Edenfeld, Anwaltliche Beratung über die Telefon-Hotline?, MDR 1999, 532; Grunewald, Die Berufsgerichtsbarkeit der freien Berufe, NJW 2002, 1369; Grunewald, Die Entwicklung der Rechtsprechung zum anwaltlichen Berufsrecht, NJW 2004, 1146; Hartung/Weberstaedt, Legal Outsourcing, RDG und Berufsrecht, NJW 2016, 2209; Henssler, Prozessfinanzierende Inkassodienstleister – Befreit von den Schranken des anwaltlichen Berufsrechts?, NJW 2019, 545; Hirte, Anwaltswerbung – Zulässigkeit, Grenzen und deren verfahrensrechtliche Durchsetzung, ZZP 116 (2003), 135; Huff, Die zielgruppenorientierte Werbung von Rechtsanwälten – ein zulässiges Werbeinstrument, NJW 2003, 3525; Huff, Werbung und Marketing des Rechtsanwalts, MDR 1999, 464; Kempter/Kopp, Die Rechtsanwalts-AG – eine Anwaltsgesellschaft sui generis außerhalb des anwaltlichen Berufsrechts?, NJW 2000, 3449; Kempter/Kopp, Hinweise zur Gestaltung der Satzung einer Rechtsanwalts-AG, NJW 2001, 777; Kleine-Cosack, Das Werberecht der rechts- und steuerberatenden Berufe, 2. Aufl. 2004; Kleine-Cosack, Vom Rechtsberatungsmonopol zum freien Wettbewerb, NJW 2000, 1593; Kleine-Cosack, Vom Universalanwalt zum Spezialanwalt, NJW 1992, 785; Kleine-Cosack, Vom Werbeverbot zum Werberecht des Arztes, NJW 2003, 868; Koch, Von „Anwaltswerbung I" zu „Anwaltswerbung II", FS Erdmann, 2002, 613; Kort, Wettbewerbsrechtliche Fragen der Werbung freier Berufe, GRUR 1997, 701; Krämer, Anwaltswerbung und UWG, FS Piper, 1996, 327; Lach, Die Möglichkeiten der Niederlassung europäischer Rechtsanwälte in Deutschland, NJW 2000, 1609; Laufs, Werbende Ärzte?, NJW 2001, 1768; Laufs, Zur neuen Berufsordnung für die deutschen Ärztinnen und Ärzte, NJW 1997, 3071; Lörcher, Anwaltliches Berufsrecht und europäisches Wettbewerbsrecht, NJW 2002, 1092; Lorz, Die Erhöhung der verfassungsgerichtlichen Kontrolldichte gegenüber berufsrechtlichen Einschränkungen der Berufsfreiheit, NJW 2002, 169; Reichelt, Werbefreiheit für Apotheker?, WRP 1997, 1133; Remmertz, Anwaltliche Werbung durch Zeitungsanzeigen, NJW 1997, 2785; Ricker, Das Rechtsberatungsgesetz im Konflikt mit den Grundrechten aus Art 5 I GG; Ring, Werberecht der Ärzte, 2000; Römermann, Aggressives Werben – Berufsrechtliche Grenzen, Anwalt 2001, 10, 13; Römermann, RDG – zwei Schritte vor, einen zurück, NJW 2008, 1249; Römermann/Günther, Legal Tech als berufsrechtliche Herausforderung, NJW 2019, 551; Scheuerl, Werbung der Rechtsanwälte, NJW 1997, 3219; Schulte, Das standesrechtliche Werbeverbot für Ärzte, 1991; Schweim, Das ärztliche Werbeverbot – Was bleibt?, NJW 2001, 1770; Spickhoff, Medizin und Recht zu Beginn des neuen Jahrhunderts, NJW 2001, 1757; Spickhoff, Die Entwicklung des Arztrechts, NJW 2015, 1728; Steinbeck, Werbung von Rechtsanwälten im Internet, NJW 2003, 1481; Taupitz, Die Ärzte-GmbH und das ärztliche Werbeverbot, FS Geiß, 2000, 503; Taupitz, Die GmbH als Organisationsform ambulanter heilkundlicher Tätigkeit, NJW 1992, 2317; Winkler, Die Liberalisierung der Werbung für anwaltliche Dienstleistungen, FS Mailänder, 2006, 231; Zuck, Die Berufsfreiheit der freien Berufe, NJW 2001, 2055.

1. Tätigkeitsbeschränkungen

a) Anwälte, Rechtsberatung. aa) Anwaltstätigkeit. (1) Allgemeines. Die anwaltsrechtlichen Vorschriften der **BRAO** und der **BORA** dienen zwar der Wahrung einer geordneten Rechtspflege und der Integrität der Anwaltschaft. Sie stellen aber nicht notwendig auch Marktverhaltensregelungen iSd § 3a dar (vgl. Ullmann GRUR 2003, 817 (822); Bieber WRP 2008, 723). Daher ist bei jeder Vorschrift eine Prüfung erforderlich, ob sie von § 3a erfasst wird (vgl. OLG Stuttgart WRP 2008, 513 (515)) und ob der Schutzzweck der jeweiligen Normen es ausschließt, die Spürbarkeit eines Verstoßes zu verneinen (vgl. BGH GRUR 2019, 1071 Rn. 57 aE – Brötchen-Gutschein). **1.113**

(2) Einzelfragen. Marktverhaltensregelungen im Interesse der Mandanten als Marktpartner an unvoreingenommener Beratung und Schutz vor Übervorteilung sind ua: das **Verbot, widerstreitende Interessen zu vertreten** (**§ 43a IV BRAO** iVm § 3 BORA; vgl. dazu BVerfG NJW 2003, 2520; BGH GRUR 2003, 349 (351) – Anwaltshotline; BGH ZIP 2019, 423 Rn. 20 ff.); das **grds. Verbot von Erfolgshonoraren** nach **§ 49b II 1 BRAO** (BGH GRUR 2019, 970 Rn. 32 – Erfolgshonorar für Versicherungsberater); das **Verbot der Vorteilsgewährung für die Vermittlung von Aufträgen** nach **§ 49b III BRAO** (OLG Karlsruhe GRUR-RR 2013, 338). Beim Verbot, in einer Sache als Anwalt **tätig zu werden,** in der man **vorher** schon beruflich tätig war **(§ 45 I Nr. 4 BRAO aF)** hat der BGH eine Rechtsverfolgung über § 1 UWG aF abgelehnt (BGH GRUR 2001, 354 (356) – Verbandsklage gegen Vielfachabmahner; mit überzeugender Kritik Bieber WRP 2008, 723 (729)). **1.114**

Zu den Marktverhaltensregelungen gehört weiter die **Verschwiegenheitspflicht des § 43a II BRAO** (wie hier MüKoUWG/Schaffert Rn. 119 f.; Ohly/Sosnitza/Ohly § 3a Rn. 38; Fezer/Büscher/Obergfell/Götting/Hetmank § 3a Rn. 111; aA OLG Köln GRUR-RR 2006, 166 (167); Harte-Henning/Henning-Bedewig/v. Jagow Rn. 64). Die Vorschrift regelt nicht nur die Integrität der Anwaltschaft und die Funktionsfähigkeit der Rechtspflege durch Sicherung der Verschwiegenheitspflicht, sondern „auch" das Marktverhalten des Anwalts, nämlich die Qualität seiner Dienstleistung (Verpflichtung zur Verschwiegenheit) gegenüber den Mandanten. Dies geschieht „auch" im Interesse der Mandanten als Marktteilnehmer, weil ihr Interesse an der Verschwiegenheit des Anwalts geschützt wird. Keine Marktverhaltensregelung ist dagegen das **Verbot der unmittelbaren Kontaktaufnahme mit der Gegenpartei** nach **§ 12 BORA** (OLG Nürnberg NJW 2005, 158 (159)). **1.114a**

Das **grds. Abtretungsverbot des § 49b IV BRAO** ist aus den gleichen Gründen ebenfalls eine Marktverhaltensregelung. Eine andere Frage ist es freilich, ob die Inanspruchnahme einer Verrechnungsstelle tatsächlich gegen diese Vorschriften verstößt, was bei einer verfassungskonformen Auslegung unter Berücksichtigung des Art. 12 GG zweifelhaft sein könnte. **1.114b**

Bei den **Organisationsvorschriften** ist zu unterscheiden: Vorschriften über die innere Organisation haben keinen Marktbezug. Soweit die Vorschriften dagegen das Auftreten auf dem **1.115**

Markt im Interesse der Mitbewerber oder der Verbraucher und sonstigen Marktteilnehmer in verfassungsrechtlich zulässiger Weise (dazu BGH GRUR 2004, 346 – Rechtsanwaltsgesellschaft) regeln, handelt es sich um Marktverhaltensregelungen. Dazu gehörten zB die früheren Regelungin in **§ 59c I BRAO aF** über den Unternehmensgegenstand einer Rechtsanwaltsgesellschaft (BGH GRUR 2016, 292 Rn. 29 – Treuhandgesellschaft: Treuhandtätigkeit als zulässiger Unternehmensgegenstand) und über die **Firma (§ 59k BRAO aF),** weil sie dem Schutz der Öffentlichkeit vor Irreführung dienen (vgl. BGH GRUR 2004, 346 – Rechtsanwaltsgesellschaft; vgl. ferner BGH GRUR 2004, 615 (616) – Partnerschaftskurzbezeichnung, zur Fantasiebezeichnung „Artax" als zulässiger Teil einer Kurzbezeichnung bei beruflicher Zusammenarbeit; OLG Nürnberg NJW 2003, 2245 (2246) zur Fantasiebezeichnung „ProVidentia" für eine Anwalts-AG; aA wohl Ullmann GRUR 2003, 817 (822)). Ebenfalls Marktverhaltensregelungen stellen die die **Residenzpflicht (§ 27 BRAO;** dazu BVerfG NJW 1986, 1801; BGHR BRAO § 27 II – Residenzpflicht I) und das frühere Verbot von **Zweigstellen (§ 28 BRAO aF und § 59i BRAO aF;** dazu BGH GRUR 1998, 835 – Zweigstellenverbot; BGH GRUR 2001, 348 – Beratungsstelle im Nahbereich zu § 34 II 2 StBerG; BGH GRUR 2002, 717 (719) – Vertretung der Anwalts-GmbH; aA Büttner FS Erdmann, 2002, 545 (558); Ullmann GRUR 2003, 817 (822)). Denn sie dienen dem Interesse des Rechtsuchenden an der Erreichbarkeit des Anwalts.

1.116   **bb) Unerlaubte Rechtsdienstleistung. (1) Allgemeines.** Das **Rechtsdienstleistungsgesetz (RDG)** v. 12.12.2007 (BGBl. 2007 I 2840), in Kraft getreten am 1.7.2008, hat das frühere RBerG abgelöst. Viele Streit- und Zweifelsfragen zum RBerG (zuletzt BGH GRUR 2009, 970 Rn. 17 ff. – Versicherungsberater) wurden damit einer ausdrücklichen gesetzlichen Regelung zugeführt. Die Rspr. zum RBerG ist daher großenteils überholt. Die Kernregelung ist in **§ 3 RDG** enthalten. Danach ist die selbständige Erbringung außergerichtlicher Rechtsdienstleistungen nur in dem Umfang zulässig, in dem sie durch das RDG oder durch oder auf Grund anderer Gesetze erlaubt wird (Verbot mit Erlaubnisvorbehalt). Unabhängig davon dürfen nach **§ 4 RDG** Rechtsdienstleistungen, die unmittelbaren Einfluss auf die Erfüllung einer anderen Leistungspflicht haben können, nicht erbracht werden, wenn hierdurch die ordnungsgemäße Erbringung der Rechtsdienstleistung gefährdet wird. Diese Regelung ist durch vernünftige Gründe des Gemeinwohls gerechtfertigt und daher mit Art. 56 AEUV und mit Art. 3 I GG, Art. 12 I GG vereinbar (BGH GRUR 2016, 820 Rn. 31 – Schadensregulierung durch Versicherungsmakler).

1.117   Das RDG liberalisiert die Anforderungen an die Erbringung von Rechtsdienstleistungen und trägt damit den verfassungsrechtlichen Anforderungen aus Art. 2 I GG, Art. 3 I GG, Art. 12 I GG Rechnung, die eine restriktive Auslegung des früheren RBerG geboten hatten (vgl. zum RBerG BVerfG NJW 2007, 2389 (2390); BVerfG NJW 2007, 2391 (2393); BGH GRUR 2003, 886 (889) – Erbenermittler; BGH GRUR 2004, 253 (254) – Rechtsberatung durch Automobilclub; BGH GRUR 2005, 355 (356) – Testamentsvollstreckung durch Steuerberater; BGH GRUR 2007, 245 Rn. 26 – Schulden Hulp). – Die Erlaubnis zur Rechtsdienstleistung kann sich in unterschiedlichem Umfang auch aus anderen Gesetzen, etwa der BRAO, der GewO, der PAO, dem StBerG und der WPO ergeben.

1.118   **(2) RDG als Marktverhaltensregelung, Verbraucherschutzgesetz und Schutzgesetz iSd § 823 II BGB.** Zweck des RDG ist es nach § 1 I 2 RDG, „die Rechtsuchenden, den Rechtsverkehr und die Rechtsordnung vor unqualifizierten Rechtsdienstleistungen zu schützen". Das entspricht, abgesehen vom nun nicht mehr bezweckten Konkurrentenschutz, weitgehend dem Schutzzweck des früheren RBerG (BVerfG NJW 2002, 1190; BVerfG NJW 2007, 2389 (2390); BGH GRUR 2005, 355 (356) – Testamentsvollstreckung durch Steuerberater; vgl. aber BGH GRUR 2016, 820 Rn. 47 f. – Schadensregulierung durch Versicherungsmakler). In jüngerer Zeit wurde in Zusammenhang mit dem G gegen unseriöse Geschäftspraktiken v. 10.10.2013 und dem G zur Stärkung des Verbraucherschutzes v. 22.12.2020 der Schutz des Rechtsverkehrs sowie der Verbraucherschutz zusehends in den Vordergrund gerückt (vgl. BGH BKR 2018, 510 Rn. 46; BGH NJW 2020, 208 Rn. 51, 86; OLG Köln WRP 2020, 1213 Rn. 36). Beim Erlaubniszwang des **§ 3 RDG** handelt es sich daher nicht nur um eine Marktzutrittsregelung, sondern zugleich um eine Vorschrift, die auch dazu bestimmt ist, das Marktverhalten im Interesse der Marktteilnehmer zu regeln und somit um eine **Marktverhaltensregelung** iSd § 3a (BGH GRUR 2011, 539 Rn. 25 – Rechtsberatung durch Lebensmittelchemiker; BGH GRUR 2012, 405 Rn. 18 – Kreditkontrolle; BGH GRUR 2012, 79 Rn. 12 – Rechtsberatung durch Einzelhandelsverband; BGH GRUR 2016, 1189 Rn. 18 – Rechtsberatung durch Entwicklungsingenieur), die nach Art. 3 VIII UGP-RL mit der UGP-RL vereinbar ist (BGH GRUR 2016, 820 Rn. 12 – Schadensregulierung durch Versicherungsmakler; BGH GRUR 2021, 758 Rn. 30 – Rechtsberatung durch Architektin). Verstöße gegen das RDG stellen ein **unlauteres** Verhalten iSd § 3a dar (BGH GRUR 2011, 539 Rn. 20 – Rechtsberatung durch Lebensmittelchemiker). Sie sind in aller Regel, schon im Hinblick auf den Rang der verletzten Interessen (vgl. BGH GRUR 2003, 886 (889) – Erbenermittler zu § 13 II Nr. 2 UWG aF) und wegen der Nachahmungsgefahr (vgl. BGH GRUR 2004, 253 (254) – Rechtsberatung durch Automobilclub zu § 13 II Nr. 2 aF), geeignet, die Interessen der Marktteilnehmer spürbar zu beeinträchtigen (vgl. OLG Brandenburg GRUR-RR 2019, 159 Rn. 28). Der Unterlassungsanspruch aus § 8 I entsteht bereits beim Erbieten zur Rechtsdienstleistung ohne entsprechende Erlaubnis. Denn dieses Verhalten begründet die Gefahr, der Empfänger des Angebots werde sich an einen nicht ausreichend qualifizierten Rechtsdienstleister wenden (vgl. zum früheren RBerG BGH GRUR 2002, 985 (986) – WISO; BGH GRUR 2005, 604 (606) – Fördermittelberatung). Schon das Erbeten einer Vollmacht zur Interessenvertretung in außergerichtlichen Verfahren enthält das Angebot einer Rechtsdienstleistung (OLG Köln WRP 2020, 1341 Rn. 33). – Das RDG ist nach § 2 II Nr. 8 UKlaG ein **Verbraucherschutzgesetz.** Bei Verstößen können daher nach § 2 I 1 UKlaG im Interesse des Verbraucherschutzes Unterlassungsansprüche geltend gemacht werden (OLG Koblenz WRP 2020, 641 Rn. 25). – Da § 3 RDG zugleich **Schutzgesetz** iSv § 823 II BGB ist, können sich auch daraus Unterlassungs- und Schadensersatzansprüche ergeben (BGH NJW-RR 2019, 1524 Rn. 19; zu Art. 1 § 1 RBerG aF BGH GRUR 2002, 987 (993) – Wir Schuldenmacher).

(3) Begriff der Rechtsdienstleistung. Nach § 2 I RDG ist Rechtsdienstleistung „**jede** 1.119 **Tätigkeit in konkreten fremden Angelegenheiten, sobald sie eine rechtliche Prüfung des Einzelfalls erfordert".** Darunter fällt jede konkrete Subsumtion eines Sachverhalts unter die maßgeblichen rechtlichen Bestimmungen, die über eine bloß schematische Anwendung von Rechtsnormen ohne weitere rechtliche Prüfung hinausgeht; ob es sich um einfache oder schwierige Rechtsfragen handelt, ist unerheblich (BGH GRUR 2016, 820 Rn. 40–48 – Schadensregulierung durch Versicherungsmakler; BGH GRUR 2021, 758 Rn. 32 – Rechtsberatung durch Architektin). Ein rein logisch-schematisch (automatisiert) ablaufender Übertragungsvorgang, der immer zu gleichen eindeutigen Ergebnissen führt, genügt nicht für die erforderliche objektive Rechtsprüfung im Rahmen eines Subsumtionsvorgangs (OLG Köln WRP 2020, 1213 Rn. 40). Ob eine **eigene** oder **fremde** Angelegenheit vorliegt, richtet sich danach, in wessen wirtschaftlichem Interesse die Besorgung der Angelegenheit liegt (BGH GRUR 2016, 1189 Rn. 26 – Rechtsberatung durch Entwicklungsingenieur; BGH GRUR 2021, 758 Rn. 32 – Rechtsberatung durch Architektin). Wird die Angelegenheit im eigenen und im fremden Interesse besorgt, erfüllt dies nicht notwendig den Tatbestand der fremden Rechtsangelegenheit (vgl. zum früheren RBerG BGH GRUR 2007, 978 Rn. 22 – Rechtsberatung durch Haftpflichtversicherer). Ein lediglich mittelbares Eigeninteresse reicht aber nicht aus. Ein unmittelbares Eigeninteresse ist anzunehmen, wenn ein Haftpflichtversicherer dem Geschädigten Hinweise gibt, die die Feststellung der Schadenshöhe durch einen von diesem beauftragten Sachverständigen betreffen (BGH GRUR 2007, 978 Rn. 23 – Rechtsberatung durch Haftpflichtversicherer). – Eine Rechtsdienstleistung stellt es jedenfalls dar: wenn ein Versicherungsmakler im Auftrag des Versicherers einem Geschädigten eine rechtliche Auskunft über die Höhe von dessen Schadensersatzanspruch erteilt (GRUR 2016, 820 Rn. 39, 50 – Schadensregulierung durch Versicherungsmakler); wenn ein Lebensmittelchemiker die Verkehrsfähigkeit eines Lebensmittels beurteilt (BGH GRUR 2011, 539 Rn. 28 – Rechtsberatung durch Lebensmittelchemiker); wenn ein Immobilienmakler potentiellen Vermietern in einer Anzeige anbietet, ihnen ein Mietvertragsformular zu überlassen und ihnen ggf. beim Ausfüllen des Formulars behilflich zu sein (OLG Karlsruhe WRP 2010, 1553 (1554)); wenn ein Ingenieur in offener Stellvertretung Schutzrechte beim DPMA oder EPA anmeldet (BGH GRUR 2016, 1189 Rn. 24 – Rechtsberatung durch Entwicklungsingenieur); wenn ein „Legal-Tech"-Anbieter die Durchsetzung von Schadensersatzansprüchen für eine rechtwidrig geschehene Nutzung eines Lichtbildes auch nach den einschlägigen Vorschriften der Rechtsordnungen verschiedener Staaten vornimmt (KG, GRUR-RS 2021, 21761 Rn. 40–53); wenn eine Architektin einen Grundstückseigentümer bei einer Bauvoranfrage und in einem Widerspruchsverfahren gegen die abschlägige Entscheidung der Bauvoranfrage und die Geltendmachung von damit zusammenhängenden Kostenerstattungsansprüchen vertritt (BGH GRUR 2021, 758 – Rn. 35 – Rechtsberatung durch Architektin), wenn ein Vergütungsberater ua für die Erarbeitung von Risikoanalysen, Selbsteinschätzungen und Vergütungssystemen wirbt, die den regulatorischen Anforderungen entsprechen (OLG Frankfurt aM GRUR-RS 2021, 28598 Rn. 18–31), wenn ein Immobilienmakler mit „Rat und Tat" bei Immobilienstreitigkeiten wirbt (LG Wiesbaden WRP 2020, 1508). – Als Rechtsdienstleistung gilt auch die **Einziehung fremder Forderungen,** wenn sie als eigenständiges Geschäft betrieben wird, einschließlich der auf die Einziehung bezogenen rechtlichen Prüfung und Beratung (§ 2 II RDG; → Rn. 1.127). – Als Rechtsdienstleistung sind dagegen nicht die in § 2 III RDG aufgezählten Tätigkeiten (zB Erstattung wissenschaftlicher Gutachten nach Nr. 1; dazu Büscher/Hohlweck Rn. 545; Hartung/Weberstaedt NJW 2016, 2209) anzusehen. – Eine außergerichtliche Rechtsdienstleistung (§ 3 RDG) wird nicht schon dadurch zulässig, dass ein Dienstleister sich eines zugelassenen Rechtsanwalts als Erfüllungsgehilfe bedient (BGH GRUR 2009, 1077 Rn. 24 – Finanz-Sanierung). – Allerdings ist nach § 3 RDG nur die selbständige Erbringung von außergerichtlichen Rechtsdienstleistungen unlauter, was voraussetzt, dass sich der Handelnde eigenverantwortlich und frei von Weisungsbefugnissen Dritter betätigt. So erbringt zB das Reisebüro, welches vom Reiseanbieter mit der Stornoabwehr beauftragt worden ist, zwar eine Rechtsdienstleistung, dies jedoch nicht selbständig, da es als Handelsvertreter gem. § 86 I HS 2 HGB das Unternehmensinteresse zu wahren verpflichtet ist und deshalb einer Weisungsfolgepflicht unterliegt (OLG Dresden GRUR-RS 2022, 9868 Rn. 13).

1.120   **(4) Rechtsdienstleistung als erlaubte Nebenleistung (§ 5 RDG).** Nach § 5 I 1 RDG sind Rechtsdienstleistungen im Zusammenhang mit einer anderen Tätigkeit erlaubt, wenn sie als **Nebenleistung** zum Berufs- oder Tätigkeitsbild gehören. Ob eine Nebenleistung vorliegt, ist nach ihrem Inhalt, Umfang und sachlichen Zusammenhang mit der Haupttätigkeit unter Berücksichtigung der Rechtskenntnisse zu beurteilen, die für die Haupttätigkeit erforderlich sind (§ 5 I 2 RDG). Maßgebend sind daher objektive Kriterien und nicht die Unterscheidung zwischen vertraglichen Haupt- und Nebenpflichten (BGH GRUR 2016, 1189 Rn. 32 – Rechtsberatung durch Entwicklungsingenieur). Eine andere Tätigkeit iSd § 5 I 1 RDG kann nach dem am 1.10.2021 in Kraft getretenen § 5 I 3 RDG auch eine andere Rechtsdienstleistung sein. Danach beurteilt sich die Zulässigkeit von rechtsberatenden Tätigkeiten bei Personen, die bereits erlaubte Rechtsdienstleistungen als Haupttätigkeit erbringen, deren Tätigkeiten aber über den danach zulässigen Umfang hinausgehen, nach § 5 I 1 RDG. Dies soll insbes. für die Prüfung, welche im Zusammenhang mit Inkassodienstleistungen vorgenommenen Rechtsdienstleistungen zulässig sind, gelten (BT-Drs. 19/27673, 40). Dadurch wird in Gesetzesform übernommen, was durch den Gesetzgeber gewollt und die Rspr anerkannt war (BT-Drs. 16/3655, 64; vgl. OLG Köln GRUR-RR 2014, 292 (293); OLG Düsseldorf GRUR-RR 2014, 399 (400)). Der Schwerpunkt der Tätigkeit muss nach der Verkehrsanschauung stets auf nicht rechtlichem Gebiet liegen (dazu näher BGH GRUR 2011, 539 Rn. 32–41 – Rechtsberatung durch Lebensmittelchemiker; BGH GRUR 2012, 405 Rn. 21–34 – Kreditkontrolle; BGH GRUR 2016, 820 Rn. 13–30 – Schadensregulierung durch Versicherungsmakler; Johnigk GRUR 2016, 1135). Liegt schon nach der Außendarstellung der Schwerpunkt der Tätigkeit in der gerichtlichen Durchsetzung von Ansprüchen, kann nicht mehr von einer bloßen Nebenleistung ausgegangen werden (OLG Köln WRP 2020, 1341 Rn. 32). Auch führen mehrere Haupttätigkeiten, neben denen eine Rechtsdienstleistung steht, nicht dazu, dass diese zu einer Nebentätigkeit schrumpft (OLG Frankfurt aM GRUR-RS 2021, 28598 Rn. 36). Sind für die Haupttätigkeit Rechtskenntnisse kaum erforderlich, ist grds. nicht anzunehmen, dass eine Rechtsdienstleistung, die erhebliche Anforderungen an die Rechtsberatung stellt, eine erlaubte Nebentätigkeit darstellt (BGH GRUR 2016, 1189 Rn. 32 – Rechtsberatung durch Entwicklungsingenieur). Die Vertretung eines Bauherrn im Rahmen gerichtlicher (Vor-)Verfahren geht typischerweise über die mit der beratenden Rolle des Architekten verbundenen Aufgaben hinaus und stellt daher keine erlaubte Nebenleistung dar (BGH GRUR 2021, 758 Rn. 53 – Rechtsberatung durch Architektin; zuvor OLG Koblenz WRP 2020, 641 Rn. 40–47). Ebenso wenig ist die (im Rahmen des Forderungsinkassos) internationale Geltendmachung von Lizenz- und Schadensersatzansprüchen als erlaubte Nebenleistung einzuordnen, wenn sie nach der Außendarstellung im Zentrum der jeweils angebotenen und entfalteten Tätigkeit steht (KG GRUR-RS 2021, 21761 Rn. 31 f., 55).

1.121   Als erlaubte Nebenleistungen gelten nach der ausdrücklichen gesetzlichen Regelung in § 5 II RDG:

(1) Testamentsvollstreckung

Vgl. zum RBerG aF BGH GRUR 2005, 355 (356) – Testamentsvollstreckung durch Steuerberater; BGH GRUR 2005, 353 (354 f.) – Testamentsvollstreckung durch Banken;

(2) Haus- und Wohnungsverwaltung

Dazu OLG Düsseldorf GRUR-RR 2014, 399);

(3) Fördermittelberatung

Vgl. zum RBerG aF BGH GRUR 2005, 604 (606) – Fördermittelberatung.

Im Übrigen ist für die Auslegung des § 5 I 2 RDG und damit für die **Abgrenzung** von **1.122** Bedeutung insbes., ob der Auftraggeber im Rahmen der Geschäftsbesorgung eine besondere rechtliche Prüfung des Inhalts oder der Risiken des Geschäfts ausdrücklich wünscht oder zumindest erkennbar erwartet. Die entsprechende Erwartung richtet sich im Zweifel nach der Person und der Qualifikation des Geschäftsbesorgers, nach den verkehrstypischen Gepflogenheiten und nach den objektiven Maßstäben des jeweiligen Geschäfts (BGH GRUR 2000, 729 (730) – Sachverständigenbeauftragung; BGH GRUR 2003, 886 (887) – Erbenermittler; BGH GRUR 2005, 604 (606) – Fördermittelberatung). Eine erlaubnispflichtige Rechtsdienstleistung liegt vor, wenn die ordnungsmäßige Erfüllung der Tätigkeit eine umfassende Beratung auf mindestens einem Teilgebiet des Rechts auf der Grundlage von Kenntnissen und Fertigkeiten erfordert, die durch ein Studium oder durch langjährige Berufserfahrung vermittelt werden (vgl. BVerfGE 97, 12 (28 f.) = GRUR 1998, 556 – Patentgebührenüberwachung). Dazu gehören zB die Schuldenregulierung, insbes. Prüfung von Forderungen des Schuldners und gegen den Schuldner und die Schuldenbereinigung nach den §§ 305 ff. InsO (BGH GRUR 2007, 245 Rn. 16 – Schulden Hulp), im Regelfall die Schadensregulierung durch einen Versicherungsmakler im Auftrag des Versicherers (BGH GRUR 2016, 820 Rn. 13 ff. – Schadensregulierung durch Versicherungsmakler) oder die Errichtung eines Testaments (OLG Karlsruhe GRUR-RR 2007, 51 (52)). Bietet eine Bank ihren Kunden einen „Rechtsservice" in Form telefonischer Rechtsberatung an, verstößt dies gegen § 3 RDG (OLG Hamburg GRUR-RR 2017, 65 Rn. 75 f.). Dem stehen solche Tätigkeiten wirtschaftlicher Art gegenüber, bei denen eine besondere rechtliche Prüfung weder verkehrsüblich noch vom Auftraggeber ausdrücklich gewünscht ist, sondern die notwendige rechtliche Betätigung in für die angesprochenen Verkehrskreise so geläufigen Bahnen verläuft, dass sie nicht mehr als ein Handeln auf dem Gebiet des Rechts empfunden wird (BGH GRUR 1989, 437 (439) – Erbensucher; BGH GRUR 2000, 729 (730 f.) – Sachverständigenbeauftragung; BGH GRUR 2003, 886 (888) – Erbenermittler). Entsprechende Nebenleistungen sind dadurch gekennzeichnet, dass sie typischerweise keine individuelle Beratung über rechtliche Sachverhalte unter Berücksichtigung der Umstände des Einzelfalls erfordern, dass sie nicht darauf gerichtet sind, dem Auftraggeber im Einzelfall bei auf dem Gebiet des Rechts liegenden Entscheidungsprozessen Hilfestellung zu leisten, dass die Aufgabenwahrnehmung keine maßgebliche rechtliche Vorbildung erfordert und dass sie sich auf eindeutige rechtliche Grundlagen stützen kann (vgl. BVerfG GRUR 1998, 556 (560) – Patentgebührenüberwachung).

Als erlaubte Nebenleistung ist demnach anzusehen   **1.123**

– die **Beschaffung von Informationen** und Tatsachenmaterial zur Geltendmachung von Ansprüchen (BVerfG NJW 2002, 3531 (3532)),

– die Tätigkeit als externer **Jugendschutzbeauftragter** iSd des § 7 JMStV (OLG Düsseldorf NJW 2003, 2247),

– die Tätigkeit als **Datenschutzbeauftragter** (str.; vgl. die Nachw. bei OLG Düsseldorf NJW 2003, 2247),

– die Beratung zur vorzeitigen Beendigung von Darlehensverträgen iSd § 490 II BGB bei der Tätigkeit der **Umschuldung,** aber nur, wenn der Sachverhalt einem anerkannten Kündigungstatbestand zuzuordnen ist (BGH GRUR 2012, 405 Rn. 32 – Kreditkontrolle),

– die Erteilung von einfachen Rechtsauskünften durch einen Makler beim Ausfüllen eines **Mietvertragsformulars** (OLG Karlsruhe WRP 2010, 1553 (1554)).

(5) Unentgeltliche Rechtsdienstleistungen (§ 6 RDG). Nach § 6 I RDG sind unentgelt- **1.124** liche Rechtsdienstleistungen, also Rechtsdienstleistungen, die nicht im Zusammenhang mit einer entgeltlichen Tätigkeit stehen, grds. erlaubt. Wer allerdings unentgeltliche Rechtsdienstleistungen außerhalb familiärer, nachbarschaftlicher oder ähnlich enger persönlicher Beziehungen erbringt, muss sicherstellen, dass die Rechtsberatung durch eine Person erfolgt, der die entgeltliche Erbringung dieser Rechtsdienstleistung erlaubt ist oder die die Befähigung zum Richteramt besitzt. Es reicht jedoch aus, wenn die Rechtsdienstleistung unter Anleitung einer solchen Person erbracht wird (§ 6 II RDG; dazu OLG Frankfurt WRP 2015, 1246 Rn. 14–18). Umgekehrt genügt ein entgeltlich tätiger Rechtsdienstleister dem Erlaubnisvorbehalt des § 3 RDG nicht dadurch, dass er sich intern einer Person mit der Befähigung zum Richteramt bedient (OLG Düsseldorf GRUR-RR 2011, 8 (9)). In den Fällen der unentgeltlichen Rechtsberatung wird es in aller Regel jedoch schon an einer geschäftlichen Handlung (§ 2 I Nr. 2) fehlen, so dass dann nur ein Anspruch nach dem UKlaG in Betracht kommt (vgl. OLG Frankfurt WRP 2015, 1246 Rn. 11).

1.125   **(6) Einzelfragen. (a) Medien (§ 2 III Nr. 5 RDG).** Keine Rechtsdienstleistung ist nach § 2 III Nr. 5 RDG „die an die Allgemeinheit gerichtete Darstellung und Erörterung von Rechtsfragen und Rechtsfällen in den Medien". Denn aufgrund der Presse- und Rundfunkfreiheit (Art. 5 I 2 GG) ist die aus Gründen der Veranschaulichung und Vertiefung erfolgende Darstellung einzelner konkreter Streitfälle stets zulässig (BVerfG NJW 2004, 672 (673). Das entspricht der Rspr. zum früheren RBerG (BGH GRUR 2002, 993 (995) – Wie bitte?!). Das Angebot eines Fernsehsenders, Rechtsrat im Einzelfall außerhalb einer laufenden **Fernsehsendung** zu erteilen, stellt dagegen eine erlaubnispflichtige Rechtsdienstleistung dar (BGH GRUR 2002, 987 (992 f.) – Wir Schuldenmacher). Ein solches Angebot liegt aber noch nicht in der Ankündigung in einer Fernsehsendung, anrufenden Zuschauern im Studio rechtliche Ratschläge zu erteilen. Denn typischerweise handelt es sich um allgemein interessierende Fälle, es steht der belehrende Zweck im Vordergrund. Wegen des Zeitdrucks und der fehlenden Möglichkeit auf die Umstände des Einzelfalls einzugehen, kann es sich erkennbar um keinen abschließenden Rechtsrat handeln. Anrufer und Zuschauer können daher nicht erwarten, umfassend informiert und beraten zu werden (BGH GRUR 2002, 985 (987) – WISO). – In dem Titel „Bürgeranwalt" einer Fernsehsendung und der Bezeichnung „Bürgeranwalt-Reporter" für die Reporter dieser Sendung liegt ebenfalls keine Ankündigung einer Rechtsdienstleistung. Denn der Verkehr versteht den Begriff Bürgeranwalt nicht iSv Rechtsanwalt (BGH GRUR 2002, 996 (997) – Bürgeranwalt). – Das Angebot einer **Zeitschrift,** der Verlag werde Ansprüche von Lesern, die sich an den Verlag wendeten, auf ihre rechtliche Begründetheit überprüfen, stellt dagegen eine erlaubnispflichtige Rechtsberatung dar (BGH GRUR 2002, 993 (996) – Wie bitte?!).

1.126   **(b) Betriebs- und Personalräte (§ 2 III Nr. 3 RDG); Berufs- und Interessenvereinigungen, Genossenschaften (§ 7 RDG).** Keine Rechtsdienstleistung ist nach § 2 III Nr. 3 RDG „die Erörterung der die Beschäftigten berührenden Rechtsfragen mit ihren gewählten Interessenvertretern, soweit ein Zusammenhang zu den Aufgaben dieser Vertretungen besteht". – Nach § 7 I RDG erlaubt sind unter bestimmten Voraussetzungen Rechtsdienstleistungen, die von Berufs- und Interessenvereinigungen (zB Automobilclubs; Mietervereine) und Genossenschaften im Rahmen ihres satzungsmäßigen Aufgabenbereichs für ihre Mitglieder erbracht werden. Die rechtliche Beratung der Mitglieder muss jedoch im Zusammenhang mit den eigentlichen satzungsmäßigen Aufgaben der Organisation stehen und darf diese nicht überlagern. Maßgebend sind der Satzungszweck und der Charakter der Organisation (BGH GRUR 2012, 79 Rn. 17 – Rechtsberatung durch Einzelhandelsverband). So kann es einem Einzelhandelsverband erlaubt sein, bei der Abgabe einer Unterwerfungserklärung zu beraten und zu vertreten (BGH GRUR 2012, 79 Rn. 18–25 – Rechtsberatung durch Einzelhandelsverband). Stets muss aber für eine qualifizierte Rechtsdienstleistung gesorgt sein (§ 7 II RDG).

1.127   **(c) Forderungsinkasso (§ 2 II RDG).** Das Forderungsinkasso (Inkassodienstleistung) ist nach § 2 II RDG unabhängig vom Vorliegen der Voraussetzungen des § 2 I RDG als Rechtsdienstleistung anzusehen und ist daher nach § 3 RDG erlaubnispflichtig (vgl. dazu § 10 I Nr. 1, III 2, § 11 I, 13a I RDG). Darunter fällt „die Einziehung fremder oder zum Zweck der Einziehung auf fremde Rechnung abgetretener Forderungen, wenn die Forderungseinziehung als eigenständiges Geschäft betrieben wird, einschließlich der auf die Einziehung bezogenen rechtlichen Prüfung und Beratung". Die Ergänzung des letzten HS. wurde mit dem G zur Förderung verbrauchergerechter Angebote im Rechtsdienstleistungsmarkt, in Kraft getreten am 1.10.2021 (sog **„Legal-Tech"-Gesetz**), aufgenommen. Damit wird hervorgehoben, dass die Tätigkeiten der Prüfung der Berechtigung der Forderung und die Beratung des Auftraggebers vom Begriff der Inkassodienstleistung erfasst sind, solange und soweit sie sich auf die Einziehung einer konkreten Forderung beziehen. Dagegen sind nicht mehr Tätigkeiten erfasst, die zwar in gewissem inhaltlichen Zusammenhang mit einer Forderungseinziehung stehen, aber sich nicht auf die Einziehung der im konkreten Fall gegenständlichen Forderung beziehen (BT-Drs. 19/ 27673, 39). – Zur Reichweite einer Inkassodienstleistungsbefugnis nach § 10 I 1 Nr. 1 RDG vgl. BGH NJW 2020, 208; BGH 234, 125; Breun-Goerke WRP 2020, 1403; Henssler NJW 2019, 545; Römermann/Günther NJW 2019, 551. Durch das G zur Verbesserung des Verbraucherschutzes im Inkassorecht und zur Änderung weiterer Vorschriften, in Kraft getreten am 1.10.2021, und das „Legal-Tech"-Gesetz wurden die Inkassovorschriften im RDG deutlich überarbeitet. Die vor allem lauterkeitsrechtlich relevanten Informationspflichten finden sich nun, punktuell erweitert, in § 13a RDG nF (gegenüber Privatpersonen als Schuldner, entspricht im Wesentlichen § 11a RDG aF) und in § 13b RDG nF (für Privatpersonen als Nachfrager auf dem Markt für Inkassodienstleistungen). Außerdem wurde eine ausdrückliche Regelung zur Vereinbarung von Erfolgshonoraren getroffen (§ 13e I RDG nF iVm § 4a I RVG nF). § 4 IV, V RDGEG aF wurde gestrichen. Die Vergütung gem. den RVG-Vorschriften ist nicht mehr auf das außergerichtliche Verfahren sowie nicht titulierte Forderungen beschränkt. Neu hinzugekommen sind für Inkassodienstleistungen ferner detaillierte Vorschriften zur Ausgestaltung von Vergütungsvereinbarungen (§ 13c I–IV RDG nF). Die Neuregelungen dienen dem Verbraucherschutz (BT-Drs. 19/27673, 18; BT-Drs. 19/20348, 35, 51). Lauterkeitsrechtlich dürfte sich an der Einordnung bestehender Regelungen nichts geändert haben, so dass auf bisher ergangene Rspr. hierzu zurückgegriffen werden kann (zu § 11a I Nr. 5 RDG aF iVm § 4 V RDGEG aF vgl. OLG Köln GRUR-RR 2019, 307 Rn. 26–36; OLG Köln WRP 2020, 1344 Rn. 25–27; OLG Brandenburg GRUR-RR 2019, 159 Rn. 29–34). Eine Inkassodienstleistung liegt auch dann vor, wenn ein Abschleppunternehmer die Herausgabe eines im Auftrag eines Grundeigentümers abgeschleppten Fahrzeugs von der Bezahlung der Abschleppkosten abhängig macht, weil darin ein Inkasso einer Forderung des Grundstückseigentümers liegt (OLG Naumburg GRUR-RR 2006, 169), sowie dann, wenn ein Policenaufkäufer das ewige Widerrufsrecht eines Versicherungsnehmers ausübt und Ansprüche aus dem Lebensversicherungsvertrag des Zedenten geltend macht (KG BeckRS 2020, 624 Rn. 18). Anders verhält es sich, wenn der Abschleppunternehmer im Auftrag der Polizei tätig geworden ist (vgl. BGH GRUR 2006, 428 – Abschleppkosten-Inkasso; → Rn. 2.18 und 2.21). Keine Inkassodienstleistung ist dagegen das echte und unechte **Factoring** (BGH GRUR 2001, 357 – Heizkraftwerke mwN). Die Erlaubnis zur Inkassodienstleistung schließt die Befugnis ein, den Forderungsinhaber über das Bestehen der Forderung zu beraten (BVerfG NJW 2002, 1190 (1191 f.)). – **Verbraucherverbände** dürfen nach § 8 I Nr. 3 RDG Rechtsdienstleistungen erbringen und damit auch Verbraucherforderungen einziehen, wenn dies im Rahmen ihres Aufgaben- und Zuständigkeitsbereichs liegt (vgl. auch zum RBerG aF BGH NJW 2007, 593. Im Einzelfall kann die Erbringung von Inkassodienstleistungen durch registrierte Inkassodienstleister (§ 10 I 1 Nr. 1 RDG) unzulässig sein, wenn Inkassodienstleistungen und die mit ihnen typischerweise einhergehenden Beratungsleistungen nicht auf Rechtsgebieten (vgl. § 11 I RDG) erbracht werden, für die die für die Registrierung erforderliche Sachkunde nachzuweisen ist, wie zB auf dem Gebiet des Urheberrechts, welches als Sonderprivatrecht von der Rechtsmaterie des Bürgerlichen Rechts zu unterscheiden ist (KG GRUR-RS 2021, 21761 Rn. 69 f., 71).

(d) Spezielle Tätigkeiten. Die **Überwachung von Fristen** anhand verlässlicher Unterlagen 　1.128 ist nicht notwendig Rechtsberatung (BVerfG GRUR 1998, 556 – Patentgebührenüberwachung; aA noch BGH GRUR 1987, 710 (711) – Schutzrechtsüberwachung). – Bei der Tätigkeit eines **Erbenermittlers** kommt es auf die konkrete Aufgabenstellung an, ob § 5 RDG eingreift (vgl. zum RBerG BGH GRUR 1989, 437 (438) – Erbensucher; BGH GRUR 2003, 886 (889) – Erbenermittler). – Die Schaltung von **Titelschutzanzeigen** für (anonym bleibende) Dritte stellt als rein formalisierte Handlung keine Rechtsdienstleistung dar (BGH GRUR 1998, 956 (957) – Titelschutzanzeigen für Dritte). – Das Angebot einer **Kfz-Werkstatt** im Zusammenhang mit der Erteilung eines Reparaturauftrags, einen Sachverständigen zu beauftragen, das Gutachten an die Versicherung weiterzuleiten und einen Ersatzwagen zu reservieren, ist keine Rechtsdienstleistung (BGH GRUR 2000, 729 (731) – Sachverständigenbeauftragung). – Die **Schuldenregulierung** stellt grds. eine erlaubnispflichtige Rechtsdienstleistung (BGH GRUR 1987, 714 (715) – Schuldenregulierung); daran ändert es nichts, dass sich der Handelnde dabei der Hilfe eines Rechtsberaters bedient (BGH GRUR 2009, 1077 Rn. 23–26 – Finanz-Sanierung). – Die bloße **Ermittlung von Tatsachen** zur späteren Durchsetzung von Rechtsansprüchen ist keine Rechtsdienstleistung (BVerfG NJW 2002, 3531). – Der Betreiber einer **Anwalts-Hotline,** der einen anwaltlichen Beratungsdienst organisiert und betreibt, ohne die Erlaubnis zur Rechtsberatung zu haben, verstößt gegen das RDG, wenn er die Beratung als eigene Leistung anbietet. Im Zweifel ist jedoch davon auszugehen, dass der Beratungsdienst nur den Vertragsschluss mit dem jeweils beratenden Anwalt vermittelt, da andernfalls der Vertrag nach § 134 BGB nichtig wäre (vgl. zum RBerG BGH GRUR 2003, 349 (351) – Anwaltshotline). – Keine Rechtsdienstleistung iSv § 2 I RDG ist die Erstellung eines Vertragsentwurfs mithilfe eines digitalen Rechtsdokumentengenerators, bei dem anhand von Fragen und vom Nutzer auszuwählenden Antworten standardisierte Vertragsklauseln abgerufen werden, weil sie nicht auf einen konkreten

Sachverhalt gerichtet ist (BGH GRUR 2021, 1425 – Rn. 17–40 – Vertragsdokumentengenerator). – Ein internationales **Copyright-Inkasso** ist keine zulässige Inkassodienstleistung. Denn es wird Rechtsberatung für Rechtsgebiete vorgenommen, die nicht durch die gesetzlichen Sachkundeanforderungen für Inkassounternehmer abgedeckt sind. Dies gefährdet den Schutzzweck des RDG, die Rechtsuchenden, den Rechtsverkehr und die Rechtsordnung vor unqualifizierten Rechtsdienstleistungen zu schützen (KG GRUR-RS 2021, 21761). – Die **Stellenanzeige** einer Unternehmensgruppe mit der Angabe „TAX & LEGAL SERVICES" bei den Tätigkeitsbereichen stellt nicht deshalb einen Verstoß gegen das RDG dar, weil zur Gruppe auch eine Wirtschaftsprüfungsgesellschaft gehört, die keine Erlaubnis zur Rechtsberatung hat. Denn der verständige Leser geht nicht davon aus, dass jedes der Gruppe angehörende Unternehmen alle in der Anzeige genannten Tätigkeiten anbietet (vgl. zum RBerG BGH GRUR 2003, 540 (541) – Stellenanzeige). – Rechtsdienstleistungen durch **Behörden** und **juristische Personen** sind nach § 8 I Nr. 2 RDG erlaubt (vgl. zum RBerG aF BGHZ 144, 68 (73 ff.) = GRUR 2000, 734 (735) – Rechtsbetreuende Verwaltungshilfe). Unzulässig ist auch nicht die Stornoabwehr eines Reisebüros im Auftrag des Reiseanbieters als Antwort auf die Anfrage eines Verbrauchers nach einem kostenfreien Rücktritt, da es dabei jedenfalls an einer Selbständigkeit der Rechtsdienstleistungserbringung iSd § 3 RDG fehlt (OLG Dresden GRUR-RS 2022, 9868).

1.129   **b) Steuerberater, unerlaubte Steuerberatung. aa) Tätigkeitsbeschränkungen für Steuerberater.** Steuerberater und Steuerbevollmächtigte unterliegen wie Anwälte gewissen Tätigkeitsbeschränkungen (vgl. BGHZ 98, 330 (336) = GRUR 1987, 172 (176) – Unternehmensberatungsgesellschaft I). Dazu gehören Beschränkungen für den Betrieb von Zweigstellen nach § 34 II 2 StBerG. Das Erfordernis eines vor Ort niedergelassenen Leiters soll sicherstellen, dass der Leiter einer Steuerberatungsstelle seine Aufgaben in angemessener Frist ausüben und auch zum Zweck eines kurzfristig notwendig werdenden Gesprächs mit einem Mandanten von einer Beratungsstelle zur anderen gelangen kann (BGH GRUR 2001, 348 (349) – Beratungsstelle im Nahbereich). Dabei handelt es sich nicht nur um eine Marktzutritts-, sondern zugleich um eine Marktverhaltensregelung zum Schutz der Verbraucher und sonstigen Marktteilnehmer (aA Ullmann GRUR 2003, 817 (822)). Ein Steuerberater verstößt nicht gegen § 34 II 2 StBerG und § 7 BOStB, wenn er selbständige Buchhalter ohne räumliche Beschränkung auf den Nahbereich seiner Kanzlei anwirbt (BGH GRUR 2011, 537 Rn. 13–20 – Anwerbung selbständiger Buchhalter). – Einem Steuerberater ist es nach § 57 I StBerG verwehrt, Hilfe in Steuersachen zu leisten, wenn die Steuerberatungsgebühren nicht der Beratene zahlt, sondern ein Dritter, der sich aus Anlass einer von ihm für den Beratenen entfalteten kaufmännischen Beratungstätigkeit diesem und dem Steuerberater gegenüber zur Zahlung der Gebühren verpflichtet hat (BGHZ 98, 337 (339) = GRUR 1987, 176 – Unternehmensberatungsgesellschaft II). Bei dem insoweit verletzten Unabhängigkeits- und Eigenverantwortlichkeitsgebot handelt es sich ebenfalls um eine Marktverhaltensregelung iSd § 3a (OLG Frankfurt WRP 2020, 498 zu § 57 II StBerG; MüKoUWG/Schaffert Rn. 169; aA Ohly/Sosnitza/Ohly § 3a Rn. 49). – Auch das Verbot nach § 9 StBerG, Gebühren oder sonstige Vorteile für die Vermittlung von Aufträgen abzugeben oder entgegenzunehmen, stellt eine Marktverhaltensregelung dar (OLG Köln WRP 2022, 899 Rn. 15 mAnm Deckenbrock EWiR 2022, 501). – Zur zwar nicht gesetzwidrigen, aber irreführenden Werbung mit der Bezeichnung „Mobiler Buchhaltungsservice iSd § 6 StBerG" vgl. BGH GRUR 2015, 1019 – Mobiler Buchhaltungsservice. – Zur Werbung mit den Begriffen „Buchführung" oder „Buchführungsbüro" durch die in § 6 Nr. 4 StBerG bezeichneten Personen vgl. BGH GRUR 2008, 815 Rn. 15–19 – Buchführungsbüro. – Ein Lohnsteuerhilfeverein, der in einer Werbeanzeige allein auf sein Bestehen hinweist, muss nicht zugleich darauf hinweisen, er könne nur Mitglieder beraten und sei auch nur eingeschränkt zur geschäftsmäßigen Hilfeleistung in Steuersachen befugt (BGH GRUR 2011, 535 Rn. 12–21 – Lohnsteuerhilfeverein Preußen).

1.130   **bb) Unerlaubte Steuerberatung.** Zur Hilfeleistung in Steuersachen (§ 1 I, II StBerG) sind nur die in den §§ 3 und 4 StBerG genannten Personen befugt (§ 5 I StBerG; zu Ausnahmen vgl. § 6 StBerG). Es handelt sich um eine Marktverhaltensregelung zum Schutz der Verbraucher und sonstigen Marktteilnehmer (BGH, GRUR 2007, 994 Rn. 13 – Gefälligkeit; BGH GRUR 2008, 815 Rn. 12 – Buchführungsbüro). Eine zur Hilfeleistung in Steuersachen nicht befugte Unternehmensberatungsgesellschaft darf Steuerberatung auch nicht durch von ihr beauftragte und bezahlte Steuerberater als ihre Erfüllungsgehilfen ausüben (BGHZ 98, 330 (335) = GRUR 1987, 172 (175 f.) – Unternehmensberatungsgesellschaft I zu § 5 StBerG; vgl. auch BGHZ 98, 337 (339) = GRUR 1987, 176 – Unternehmensberatungsgesellschaft II zu § 57 I StBerG). Zur

Hilfeleistung in Steuersachen nicht befugt ist eine im Ausland ansässige LLP, weil die LLP nicht zu den in den §§ 3, 4 und 6 Nr. 4 StBerG genannten Personen und Vereinigungen zählt und auch nicht nach § 3a I StBerG im Inland zur vorübergehenden und gelegentlichen geschäftsmäßigen Hilfeleistung in Steuersachen befugt ist (BGH GRUR 2021, 742 Rn. 20–38 – Steuerberater-LLP). Auch das Werbeverbot für nicht zur geschäftsmäßigen Hilfeleistung in Steuersachen befugte Personen stellt eine Marktverhaltensregelung dar (BGH GRUR 2021, 742 Rn. 19 – Steuerberater-LLP). – Zur irreführenden oder „überschießenden" Werbung von Personen, die nur im Rahmen von § 6 Nr. 3 und 4 StBerG zur Hilfeleistung in Steuersachen befugt sind, vgl. BGH GRUR 2002, 77 (79, 80) – Rechenzentrum; OLG Brandenburg GRUR-RR 2006, 167: Werbung unter Verwendung des Begriffs „Buchführung".

c) Ärzte. aa) Allgemeines. Die Ausübung des ärztlichen Berufs setzt grds. die **Approbation** 1.131 voraus (§ 2 BÄO). Dabei handelt es sich nicht nur um eine Marktzutritts-, sondern zugleich um eine Marktverhaltensregelung (vgl. BGHZ 150, 343 = GRUR 2002, 825 (826) – Elektroarbeiten; Köhler GRUR 2001, 777 (781)). Die Ausübung der Heilkunde ohne entsprechende Bestallung oder Erlaubnis ist daher eine unlautere geschäftliche Handlung iSd § 3a.

bb) Einzelne Beschränkungen. Die **Berufsordnungen der Landesärztekammern** 1.132 (BOÄ), die weitgehend die **Musterberufsordnung (M-BOÄ)** des Deutschen Ärztetags von 1997 (neugefasst **2011**) übernehmen, sehen vielfältige Beschränkungen vor. Sie – und nicht etwa die M-BOÄ – stellen Gesetze zwar nicht im formellen, wohl aber im materiellen Sinne dar (BVerfGE 33, 125 (155 f.); OLG Köln GRUR-RR 2006, 600). Sie sind verfassungsrechtlich **(Art. 12 GG)** aber nur zulässig, soweit sie dem Schutz der Bevölkerung vor unsachlicher Beeinflussung und vor Gefahren für die ärztliche Versorgung dienen und dem Grundsatz der Verhältnismäßigkeit entsprechen (vgl. BVerfG GRUR 2011, 838 (839) – Zahnarzt für Implantologie; BGH GRUR 2014, 791 Rn. 17–23 – Teil-Berufsausübungsgemeinschaft [zu § 18 I 3 Fall 1 BW BOÄ aF]; OLG Schleswig GRUR 2004, 171 (173)). Eine Gefahr für die ärztliche Versorgung ist insbes. dann gegeben, wenn sich der Arzt nicht allein von medizinischen Erwägungen mit Blick auf das Patientenwohl, sondern von sachfremden wirtschaftlichen Eigeninteressen leiten lässt. Regelungen, die dieser Gefahr vorbeugen, sind daher Marktverhaltensregelungen im Interesse der Verbraucher (BGH GRUR 2015, 1237 Rn. 18 – Erfolgsprämie für die Kundengewinnung). Ob die einzelnen Regelungen Marktverhaltensregelungen iSd § 3a sind, ist durch Auslegung zu ermitteln (BGH GRUR 2015, 1237 Rn. 17 f. – Erfolgsprämie für Kundengewinnung; BGH GRUR 2016, 513 Rn. 32 – Eizellspende). Marktverhaltensregelungen sind das Verbot, den eigenen Namen iVm einer ärztlichen Berufsbezeichnung in unlauterer Weise für gewerbliche Zwecke herzugeben (**§ 3 I 2 BOÄ RP;** dazu OLG Koblenz WRP 2019, 1049 Rn. 35), ebenso das Verbot, außerhalb der Therapie Waren abzugeben und Dienstleistungen zu erbringen (**§ 3 II MBO aF,** dazu BGH GRUR 2005, 875 (876) – Diabeteststeststreifen; BGH GRUR 2008, 816 Rn. 19 – Ernährungsberatung; BGH GRUR 2009, 977 Rn. 12 – Brillenversorgung I; OLG Celle GRUR-RR 2007, 109 (110); OLG Stuttgart GRUR-RR 2008, 429 (430)) und die Regelungen über das berufliche Verhalten (§§ 17–35 MBO aF; dazu vgl. auch BGH GRUR 2003, 798 – Sanfte Schönheitschirurgie). Zu **§ 27 III BOÄ BY aF** vgl. BVerfG GRUR 2006, 425; LG Hamburg WRP 2012, 602 Rn. 14. – Zu **§§ 32, 33 II BOÄ BY aF** vgl. OLG München GRUR-RR 2010, 305 (306 f.) und WRP 2012, 347 (348). – Zum Verbot von Empfehlungen anderer Anbieter gesundheitlicher Leistungen ohne hinreichenden Grund nach **§ 31 II BOÄ BW/BY** vgl. BGH GRUR 2015, 283 Rn. 23, 25 – Hörgeräteversorgung III; BGH GRUR 2017, 194 Rn. 41–48 – Zu **§ 34 I und V MBO** aF vgl. BGH GRUR 2000, 1080 (1082) – Verkürzter Versorgungsweg. – Zu **§ 3 II MBO, § 34 V MBO aF** vgl. BGH GRUR 2005, 875 (876) – Diabeteststeststreifen; BGH GRUR 2008, 816 Rn. 19–23 – Ernährungsberatung; BGH GRUR 2009, 977 Rn. 14–17, 22–25 – Brillenversorgung I; BGH GRUR 2011, 345 Rn. 24–30, 58–60 – Hörgeräteversorgung II; OLG Köln GRUR-RR 2006, 600 (602 f.); OLG Koblenz WRP 2008, 145 (147); OLG Celle WRP 2007, 198 (199 ff.); OLG Saarbrücken GRUR-RR 2008, 84 (85); OLG Stuttgart GRUR-RR 2008, 429 (430) (Anstiftung zu Verstoß gegen Vorschrift, die § 34 V M-BOÄ aF entspricht); OLG Düsseldorf GRUR-RR 2009, 179 (180); LG Düsseldorf WRP 2012, 1162; LG Karlsruhe WRP 2012, 1165. – Zu **D II Nr. 4 S. 2 BOÄ HH** (Verbot der Verwendung fremder Eizellen) vgl. BGH GRUR 2016, 513 Rn. 33 – Eizellspende).

d) Zahnärzte. aa) Allgemeines. Nach § 1 ZHG (Gesetz über die Ausübung der Zahnheil- 1.133 kunde v. 16.4.1987, BGBl. 1987 I 1225, zuletzt geändert durch Gesetz v. 19.5.2020

(BGBl. 2020 I 1018) ist die Ausübung der Zahnheilkunde durch andere Personen als Zahnärzte unzulässig. Jedoch steht § 1 ZHG dem Angebot einer GmbH oder eines anderen erwerbswirtschaftlich ausgerichteten Unternehmens, (auch) ambulante Zahnbehandlungen als eigene vertragliche Leistungen durch approbierte Zahnärzte zu erbringen, nicht grds. entgegen (BGHZ 124, 224 = WRP 1994, 172 – GmbH-Zahnbehandlungsangebot).

1.133a **bb) Einzelne Beschränkungen.** Es gelten die gleichen Grundsätze wie bei Ärzten. Zu **§ 1 V BOZÄ Nordrhein** vgl. BGH GRUR 2015, 1237 Rn. 17–21 – Erfolgsprämie für die Kundengewinnung; zu **§ 8 V BOZÄ BY** vgl. BGH GRUR 2011, 343 Rn. 22 – Zweite Zahnarztmeinung; zu **§ 7 V BOZÄ HE** aF vgl. BGH GRUR 2011, 652 Rn. 14 – Zahnarzt-Vergleichsportal; zu **§ 8 V BO ZÄ BW** vgl. BVerfG GRUR 2011, 530 (532).

1.134 **e) Apotheker. aa) Allgemeines.** Die Tätigkeit des Apothekers ist im **Apothekengesetz (ApoG)** v. 15.10.1980, BGBl. 1980 I 1993, zuletzt geändert durch G. v. 20.12.2022 (BGBl. 2022 I S. 2560) sowie in der **Apothekenbetriebsordnung (ApBetrO)** und in den **Berufsordnungen** der Apothekerkammern geregelt. Diese Vorschriften stellen Marktverhaltensregelungen iSd § 3a dar. Die damit verbundenen Beschränkungen der Berufsfreiheit (Art. 12 GG) sind nur insoweit verfassungskonform, als sie dem legitimen Zweck der Sicherstellung einer ordnungsgemäßen Versorgung der Bevölkerung mit Arzneimitteln dienen (vgl. § 1 I ApoG) und dem Grundsatz der Verhältnismäßigkeit entsprechen (grundlegend dazu BVerfGE 94, 372 = GRUR 1996, 899; BVerfGE 107, 186 = NJW 2003, 1027).

1.135 **bb) Einzelne Beschränkungen.** Nach **§ 1 II ApoG** bedarf der Betrieb einer Apotheke der Erlaubnis der zuständigen Behörde. Dabei handelt es sich nicht nur um eine Marktzutrittsregelung, sondern zugleich um eine Marktverhaltensregelung, so dass § 3a anwendbar ist. Denn im Interesse der Verbraucher soll sichergestellt werden, dass Arzneimittel nur von fachkundigen und zuverlässigen Personen abgegeben werden (OLG Saarbrücken GRUR 2007, 344 (345); zu § 1 UWG 1909 vgl. BGH GRUR 1981, 280 (281) – Apothekenbegünstigung; BGH GRUR 1981, 282 (283) – Apothekenbotin; BGH GRUR 1982, 313 (315 f.) – Rezeptsammlung für Apotheker; BGH GRUR 1983, 249 – Apothekenwerbung).

1.136 Nach **§ 1 III, §§ 6, 7 ApoG** darf der Apotheker seine Tätigkeit aus gesundheitspolitischen Gründen zur Sicherung der Arzneimittelversorgung der Bevölkerung nur in den in der Erlaubnisurkunde bezeichneten Betriebsräumen ausüben. – Nach **§ 10 ApoG** darf sich ein Apotheker ua nicht verpflichten, bestimmte Arzneimittel bevorzugt abzugeben (dazu KG GRUR-RR 2013, 78 (80 f.)). – Nach § 11 I 1 ApoG ist die an Patienten in Arztpraxen gerichtete Werbung verboten (dazu BGH GRUR 2015, 1025 Rn. 15 – TV-Wartezimmer).

1.137 Für die Berufsausübung im Einzelnen ist die **Apothekenbetriebsordnung** (ApBetrO) zu beachten (dazu BGH GRUR 1988, 767 (768) – Ernährungsbroschüre; BGH GRUR 1999, 1014 (1015 f.) – Verkaufsschütten vor Apotheken; BGH GRUR 2001, 352 (353) – Kompressionsstrümpfe; BGH GRUR 2004, 701 (702) – Klinik-Packung II). Jedoch ist dabei stets zu prüfen, ob die jeweilige Vorschrift eine Marktverhaltensregelung enthält. Das ist zu bejahen bei Vorschriften, die den **Verkauf** in Apotheken (OLG Oldenburg WRP 2008, 138 (140)) und die **pharmazeutische Beratung** (BGH GRUR 2013, 421 Rn. 17–20 – Phamazeutische Beratung über Call-Center) regeln, zu verneinen bei Vorschriften, die lediglich die Herstellung eines Arzneimittels regeln (OLG München GRUR-RR 2006, 343 (344) zu § 8 ApBetrO).

1.138 Nach **§ 11 I ApoG** sind ua Absprachen von Apothekern und Ärzten über die Zuführung von Patienten verboten. Die Regelung soll sicherstellen, dass der Erlaubnisinhaber einer Apotheke sich bei seinem Kontakt zu anderen Gesundheitsberufen, insbes. zu Ärzten, die Einfluss auf sein Entscheidungsverhalten haben, nicht von sachfremden und vor allem nicht von finanziellen Erwägungen leiten lässt. Sie soll damit Verhaltensweisen der Apotheker entgegenwirken, die die ordnungsmäßige Versorgung der Bevölkerung mit Arzneimitteln beeinträchtigen können. Außerdem soll damit das Recht des Patienten auf freie Wahl der Apotheke gewahrt werden (BGH GRUR 2018, 1271 Rn. 58 – Applikationsarzneimittel). Dabei handelt es sich um eine Marktverhaltensregelung (BGH GRUR 2014, 1009 Rn. 10 – Kooperationsapotheke; BGH GRUR 2015, 1025 Rn. 15 – TV-Wartezimmer; BGH WRP 2016, 213 Rn. 20 – Zuweisung von Verschreibungen; OLG Köln WRP 2017, 597 Rn. 59–62; OLG Köln GRUR-RR 2019, 124 Rn. 40), die jedoch durch die Regelungen über das Versorgungsmanagement (§ 11 IV SGB V) und das Entlassmanagement (§ 39 I 4–6 SGB V) eingeschränkt wird (dazu BGH GRUR 2014, 1009 Rn. 12–19 – Kooperationsapotheke). Dem Verbot des § 11 I ApoG unterliegen nur Inhaber einer Erlaubnis nach dem ApothekenG, nicht dagegen ausländische Internetapotheken

(BGH GRUR 2018, 1271 Rn. 63–66 – Applikationsarzneimittel). – Eine unzulässige Zuführung und Absprache kann bspw. der Werbung für einen bestimmten Apotheker mittels eines Wartezimmer-TV entnommen werden (OLG Frankfurt GRUR-RR 2014, 270). – Für **Rezeptsammelstellen** gilt: Ausnahmen von der Beschränkung auf die Betriebsräume bestehen für die Bedienung genehmigter Rezeptsammelstellen, die aber nicht bei Angehörigen der Heilberufe eingerichtet werden dürfen (§ 24 II ApBetrO). Unzulässig ist daher – als Betätigung außerhalb der Apothekenbetriebsräume – die Sammlung und Weiterleitung von Rezepten durch den behandelnden Arzt (BGH GRUR 1981, 280 (281) – Apothekenbegünstigung). Unzulässig ist ferner das Einsammeln und Verbringen von Rezepten in die Apothekenbetriebsräume durch Apothekenangestellte oder Dritte im Auftrag und mit (stillschweigender) Duldung des Apothekers (BGH GRUR 1981, 282 (283) – Apothekenbotin; BGH GRUR 1982, 313 (314 f.) – Rezeptsammlung für Apotheker). Zulässig ist dagegen das Sammeln von Rezepten über rezept- und apothekenfreie Medizinprodukte (OLG Naumburg GRUR-RR 2003, 114). – **§ 11 Ia ApoG** verbietet das „Vermakeln" von Verschreibungen; gegen diese Marktverhaltensregelung verstößt der Betrieb einer Online-Plattform, über die Apotheken gegen eine monatliche Grundgebühr oder eine umsatzabhängige Transaktionsgebühr Arnzeimittel an Verbraucher verkaufen können (LG Karlsruhe PharmR 2023, 125)

Unzulässig nach **§ 25 ApBetrO aF** war der Vertrieb von **nicht apothekenähnlichen Waren**   1.139
(BGH WRP GRUR 2014, 1013 Rn. 10–17 ff. – Original Bach-Blüten). – Medizinische Kompressionsstrümpfe durften als Mittel zur Krankenpflege iSd **§ 25 Nr. 2 ApBetrO aF** in der Apotheke in den Verkehr gebracht werden, jedoch nur in einem Umfang, der den ordnungsmäßigen Betrieb der Apotheke und den Vorrang des Arzneimittelversorgungsauftrags (§ 2 IV ApBetrO) nicht beeinträchtigt (BGH GRUR 2001, 352 f. – Kompressionsstrümpfe). – Krankenhausversorgende Apotheken dürfen sog Klinik- oder Anstaltspackungen zwar nicht zum Zweck des Einzelverkaufs außerhalb der Krankenhäuser (BGH GRUR 1990, 1010 (1012) – Klinikpackung I), wohl aber an Justizvollzugsanstalten abgeben (BGH GRUR 2004, 701 (703) – Klinikpackung II zu § 14 ApoG aF). Liegt eine unerlaubte Weitergabe an Pharmahändler vor, so kann dafür aber nicht der Pharmahändler in Anspruch genommen werden, da dieser nicht Normadressat ist und aus diesem Grunde auch eine Störerhaftung nicht in Betracht kommt (OLG Hamburg GRUR-RR 2006, 339 (341 f.)).

Der Verkauf von geringwertigen Weihnachtsartikeln in einer Apotheke ist ein von der Ap   1.140
BetrO nicht erfasstes und somit (arg. Art. 12 I 2 GG) grds. zulässiges **Nebengeschäft** iSd **§ 21 II Nr. 8 ApoG** (OLG Oldenburg WRP 2008, 138 (141)). – Zum **Selbstbedienungsverbot** des § 17 III ApBetrO für apothekenpflichtige Arzneimittel vgl. LG Köln WRP 2015, 392. – Zur Einholung einer Telefonnummer des Kunden bei der Bestellung eines Arzneimittels in einer Versandapotheke gem. **§ 17 IIa 1 Nr. 7 ApBetrO** vgl. KG GRUR-RR 2019, 183.

f) Heilpraktiker und andere Medizinberufe. Nach **§ 1 I HeilPraktG** (Heilpraktikergesetz   1.141
v. 17.2.1939, RGBl. 1939 I 251, zuletzt geändert durch Gesetz v. 23.12.2016, BGBl. 2016 I 3191) ist die Ausübung der Heilkunde ohne **Erlaubnis** verboten (dazu BGH GRUR 1992, 175 (176) – Ausübung der Heilkunde; BGH GRUR 1999, 512 (513) – Optometrische Leistungen I; OLG Frankfurt WRP 2011, 273 (274); OLG Karlsruhe WRP 2012, 1579). Dabei handelt es sich nicht nur um eine Marktzutrittsregelung, sondern zugleich um eine **Marktverhaltensregelung,** so dass § 3a anwendbar ist (OLG Celle GRUR-RR 2008, 427 (428); OLG Frankfurt WRP 2011, 273 (274); OLG Karlsruhe WRP 2012, 1579 Rn. 17). Nach **§ 1 II HeilPraktG** ist Ausübung der Heilkunde die berufs- und gewerbsmäßig vorgenommene Tätigkeit zur Feststellung, Heilung oder Linderung von Krankheiten oder Körperschäden, auch wenn sie im Dienst eines anderen ausgeführt wird. Diese ihrem Wortlaut nach sehr weite Begriffsbestimmung erfordert im Hinblick auf Art. 12 I GG Einschränkungen (BGH GRUR 2001, 1170 (1171) – Optometrische Leistungen II). Denn bei wörtlichem Verständnis der Vorschrift würden auch zahlreiche heilkundliche Verrichtungen handwerklicher oder technischer Art unter das Ausübungsverbot des § 1 HeilPraktG fallen. Dies aber sollte ersichtlich nicht der Sinn und Zweck des Gesetzes sein (BGH GRUR 2001, 1170 (1171) – Optometrische Leistungen II). Das Ausübungsverbot erfasst daher nur Tätigkeiten, die ärztliche Fachkenntnisse voraussetzen und die bei generalisierender und typisierender Betrachtung gesundheitliche Schädigungen verursachen können (OLG Karlsruhe WRP 2012, 1579 Rn. 19: Faltenunterspritzung). Insoweit können uU auch schon mittelbare Gesundheitsgefährdungen das Ausübungsverbot rechtfertigen, wenn das frühzeitige Erkennen ernster Leiden, das ärztliches Fachwissen voraussetzt, verzögert wird und die Wahrscheinlichkeit einer solchen Gefährdung nicht nur geringfügig ist (BVerfG NJW 2000,

2736 (2737); BGH GRUR 2001, 1170 (1172) – Optometrische Leistungen II). Doch kann der mittelbaren Gefährdung der Gesundheit der Kunden ggf. durch einen aufklärenden Hinweis begegnet werden, dass die betreffende Tätigkeit eine ärztliche Behandlung nicht ersetzt. Dazu ist Schriftlichkeit des Hinweises nicht erforderlich (BGH GRUR 2005, 607 (608) – Optometrische Leistungen III). Auch reicht die Möglichkeit, dass ein gebotener Arztbesuch unterbleibt, für eine mittelbare Gesundheitsgefährdung nicht aus (BVerfG NJW-RR 2004, 705). Ein Verstoß gegen § 1 I HeilPraktG liegt daher nicht vor, wenn physiotherapeutische Leistungen gegen Gutschein angeboten werden, ohne dass gleichzeitig ein Hinweis erfolgt, dass für die Abgabe eine ärztliche Verordnung erforderlich ist (OLG Celle GRUR-RR 2008, 427 (428)). Der Erlaubnispflicht nach § 1 I HeilPraktG unterfallen außerdem nur Tätigkeiten, die unmittelbar der Beratung und Behandlung dienen. Zulässig ist es daher, wenn eine **GmbH** durch Heilpraktiker, denen eine Erlaubnis erteilt ist, Heilkunde ausüben lässt (BGH NJW 1972, 1132 (1133) – Ausübung der Heilkunde). Nach § 3 HeilPraktG ist die unbefugte Ausübung der Heilkunde im Umherziehen untersagt (dazu BGH GRUR 1957, 606 (608) – Heilmittelvertrieb).

1.142   Nach § 1 I PodG (Podologengesetz) darf die Berufsbezeichnung „Podologin" oder „Podologe" (bzw. „Medizinische Fußpflegerin" oder „Medizinischer Fußpfleger") nur mit entsprechender Erlaubnis (bzw. staatl. Anerkennung) auf Grund entsprechender Ausbildung (§ 2 PodG) geführt werden (→ § 5 Rn. 5.154). Dabei handelt es sich um eine Marktverhaltensregelung (OLG Celle WRP 2013, 208 Rn. 25). Eine **Werbung** für „medizinische Fußpflege" durch eine Fußpflegerin, der die Führung der Berufsbezeichnung mangels entsprechender Ausbildung nicht erlaubt ist, ist dementsprechend irreführend, weil sie den Eindruck erweckt, sie besitze diese Ausbildung (OLG Hamm WRP 2012, 1576 Rn. 20 ff.; **aA** OLG Celle WRP 2013, 208 Rn. 28 ff.).

1.143   **g) Handwerker.** Nach § 1 HwO setzt die Ausübung eines Handwerks in einem selbständigen Betrieb die Eintragung in die Handwerksrolle und diese wiederum die Meisterprüfung voraus. Die Zuordnung einer bestimmten Tätigkeit zu einem bestimmten Handwerk entscheidet sich danach, ob sie den Kernbereich eines bestimmten Handwerks ausmacht und ihm sein essenzielles Gepräge gibt. Nicht dazu gehören Tätigkeiten, die ohne Beherrschung in handwerklicher Schulung erworbener Kenntnisse und Fertigkeiten einwandfrei und gefahrlos ausgeführt werden können (BGH GRUR 2001, 352 (354) – Kompressionsstrümpfe). Ebenso wenig gehören (zahn)ärztliche Leistungen hierher (BGH GRUR 1980, 246 – Praxiseigenes Zahnlabor; BGH GRUR 2000, 1080 (1081) – Verkürzter Versorgungsweg; BGH GRUR 2009, 977 Rn. 18 – Brillenversorgung I). Handwerksbetriebe dürfen nur bestimmte gewerbliche Tätigkeiten entsprechend den Berufsbildern ausführen. Die Regelungen der HwO stellen Berufszulassungs- und damit Marktzutrittsregelungen dar (an deren Verfassungsmäßigkeit iSv Art. 12 I 2 GG gewisse Zweifel bestehen; vgl. BVerfG WRP 2006, 463; aA OLG Nürnberg GRUR-RR 2007, 45 (47)). Eine andere Frage ist es, ob diese Vorschriften auch das **Marktverhalten** im Interesse der Marktteilnehmer regeln. Das ist insoweit anzunehmen, als sie eine bestimmte Qualität, Sicherheit oder Unbedenklichkeit der hergestellten Waren oder angebotenen Dienstleistungen gewährleisten sollen (BGH GRUR 2013, 1056 Rn. 15 – Meisterpräsenz; OLG Frankfurt GRUR 2005, 695; LG Arnsberg WRP 2011, 937 (939)). Das ist bei den §§ 1 und 7 HwO der Fall, so dass insoweit auch die UGP-RL nach deren Art. 3 III, VIII und ErwGr. 9 S. 2 und 3 nicht entgegensteht (BGH GRUR 2013, 1056 Rn. 15 – Meisterpräsenz; BGH GRUR 2017, 194 Rn. 19 – Orthopädietechniker; OLG Stuttgart WRP 2021, 116 Rn. 40). Im Hinblick auf § 3 II HwO aF war die Eigenschaft als Marktverhaltensregelung zwar fraglich (vgl. BVerfG WRP 2000, 716 (718); Ullmann GRUR 2003, 817 (824)). Jedoch dürften Zweifel durch die Neuregelung in den §§ 2, 3 HwO ausgeräumt sein (Hüpers FS Köhler, 2014, 309 (314 ff.)). Zum Gebot der **Meisterpräsenz** bei Raumnutzung in einer Arztpraxis vgl. BGH GRUR 2017, 194 Rn. 20–33 – Orthopädietechniker) – Wer mit Leistungen wirbt, die Handwerksbetrieben vorbehalten sind, selbst aber nicht in die Handwerksrolle eingetragen ist, handelt außerdem unlauter iSd § 3, § 5 II Nr. 3 (vgl. OLG Nürnberg GRUR-RR 2007, 45 (47); OLG Celle WRP 2016, 1541; → § 5 Rn. 5.132).

1.143a   **SchfHwG** (Schornsteinfeger-Handwerksgesetz v. 26.11.2008 (BGBl. 2008 I 2242), zuletzt geändert durch G v. 20.12.2022 (BGBl. 2022 I 2752). § 18 I SchfHwG, § 19 V SchfHwG sind Marktverhaltensregelungen (OLG Celle WRP 2018, 1099).

1.144   **h) Sonstige Berufszugangs- und Berufsausübungsregelungen.** Von sonstigen Regelungen des Berufszugangs und der Berufsausübung, die (zugleich) als Marktverhaltensregelungen iSd § 3a in Betracht kommen, sind zu erwähnen:

Architektenrecht. Gesetzliche Regelungen, nach denen die die Berufsbezeichnung „Archi- **1.145**
tekt" grundsätzlich nur führen darf, wer in die Architektenliste der zuständigen Architektenkammer eingetragen ist (zB § 2 BauKaG NW aF; § 17 Abs. 1 BauKaG NW nF), stellen Marktverhaltensregelungen zum Schutz der Marktpartner vor falschen Vorstellungen über die berufliche Stellung desjenigen dar, der die betreffende Berufsbezeichnung führt. Ihre Verletzung
beeinträchtigt spürbar die Interessen der geschützten Personen (BGH GRUR 2010, 1115 Rn. 19
– Freier Architekt). Die Regelungen stehen mit dem primären und sekundären Unionsrecht in
Einklang (BGH GRUR 2010, 1115 Rn. 12–18 – Freier Architekt).

FahrlehrerG (FahrlG). Das Erfordernis der **Fahrlehrerlaubnis** nach § 1 I 1 FahrlG stellt **1.146**
nicht nur eine Marktzutritts-, sondern zugleich eine Marktverhaltensregelung dar, weil die
Fahrschulausbildung der Sicherheit im Straßenverkehr und damit zumindest auch dem Schutz
von Leben und Gesundheit der Fahrschüler als Verbraucher dient (vgl. auch BGH GRUR 1991,
768 – Fahrschulunterricht).

Gewerbeordnung (GewO) idF der Bek. V. 22.2.1999 (BGBl. 1999 I 202), zuletzt geändert **1.147**
durch G v. 28.6.2023 (BGBl. 2023 I Nr. 172). Die **Anzeigepflicht** nach § 14 GewO (dazu
BGH GRUR 1963, 578 – Sammelbesteller) bezweckt lediglich, die behördliche Überwachung zu
ermöglichen und stellt daher keine Marktverhaltensregelung dar. Die **Erlaubnispflicht** zur Ausübung bestimmter Gewerbe (vgl. die Aufzählung in § 29 I 1 Nr. 1 GewO; § 55 II GewO) stellt
zwar eine Marktzutrittsregelung dar. Sie dient aber auch dem Schutz der Verbraucher vor einer
Gefährdung ihrer Rechtsgüter durch unzuverlässige Personen und ist daher zugleich eine Marktverhaltensregelung (BGH GRUR 2014, 794 Rn. 16 – Gebundener Versicherungsvermittler;
BGH GRUR 2014, 88 Rn. 14 – Vermittlung von Netto-Policen). – Zu **§ 34 IV GewO** vgl.
BGH GRUR 2009, 886 Rn. 17 – Die clevere Alternative; die Vorschrift verbietet jedermann und
nicht nur den gewerblichen Pfandleihern den Rückkaufhandel (BGH GRUR 2009, 886
Rn. 20–23 – Die clevere Alternative; OLG Frankfurt WRP 2018, 592). – Zu **§§ 33c, 33d GewO**
vgl. OLG Saarbrücken WRP 2003, 777. – Zu **§ 34c GewO** vgl. BGH GRUR 1976, 635 –
Sonderberater in Bausachen; LG Stuttgart WRP 2006, 918 Ls. – Zu **§ 34d GewO** vgl. BGH
GRUR 2013, 1250 Rn. 16 – Krankenzusatzversicherungen: Eine Krankenkasse kann zwar nach
§ 194 Ia 2 SGB V mit Privatversicherern kooperieren, braucht aber die Erlaubnis nach § 34d
GewO, wenn sie den bei ihr Versicherten den Abschluss privater Krankenzusatzversicherungen
vermittelt; BGH GRUR 2014, 398 Rn. 21 – Online-Versicherungsvermittlung: Das Vorliegen
einer Versicherungsvermittlung beurteilt sich nach dem objektiven Erscheinungsbild der Tätigkeit; BGH GRUR 2014, 794 Rn. 17–21 – Gebundener Versicherungsvermittler: Versicherungsvermittler, die ausschließlich im Auftrag eines Versicherungsunternehmens tätig sind, benötigen
nach § 34 VII 1 Nr. 1 GewO nF (§ 34 IV GewO aF) für „Nebentätigkeiten" unter bestimmten
Voraussetzungen keine Genehmigung nach § 34d I GewO; BGH GRUR 2014, 88 Rn. 15–24
und 29–32 – Vermittlung von Netto-Policen: Ein Versicherungsvertreter, der ggü. dem Versicherungsnehmer seine Agenturbindung offenlegt und sich von ihm für die Beratung und Vermittlung einer Netto-Police eine eigenständige Vergütung versprechen lässt, verstößt weder gegen
§ 34d GewO noch gegen § 5 I; BGH GRUR 2023, 501 Rn. 24 f. – Gruppenversicherung II: Ein
Unternehmen, das ua eine Auslandskrankenversicherung als Gruppenversicherung bei einem
Versicherungsunternehmen unterhält und gegenüber Verbrauchern entgeltpflichtige Mitgliedschaften vertreibt, die zur Inanspruchnahme der Versicherungsleistungen berechtigen, ist Versicherungsvermittler iSd § 34d I 1 GewO nF und benötigt eine Erlaubnis (vgl. auch BGH GRUR
2021, 80 – Gruppenversicherung I [Vorlagebeschluss]; EuGH GRUR 2022, 1682 Rn. 50 – TC
Medical Air Ambulance Agency). – Zu **§ 34f GewO** (Finanzanlagenvermittler) und dem Verbot
des § 2a V VermAnlG, Vermögensanlagen öffentlich anzubieten, wenn maßgebliche Interessen-
verflechtungen zwischen dem Emittenten und dem Betreiber der Internet-Dienstleistungsplatt-
form bestehen, vgl. OLG Frankfurt GRUR 2022, 1240. – Zu **§ 56 GewO** (Tätigkeitsverboten
im Reisegewerbe) vgl. OLG Schleswig GRUR-RS 2022, 8916. Zu **§ 56a GewO** nF, in Kraft seit
28.5.2022 (dazu BT-Drs. 19/27873, 21, 46–49): Nach § 56a IV 1 Nr. 4 GewO muss der Veranstalter eines anzeigepflichtigen **Wanderlagers** („Kaffeefahrten") in der öffentlichen Ankündigung darüber informieren, unter welchen Bedingungen dem Verbraucher bei Verträgen, die im
Rahmen des Wanderlagers abgeschlossen werden, ein Widerrufsrecht zusteht (§ 312g I BGB iVm
Art. 246a § 1 II, § 4 I EGBGB). Nach § 56a IV 2 GewO dürfen außerdem unentgeltliche
Zuwendungen in Form von Waren oder Leistungen einschließlich Preisausschreiben, Verlosungen und Ausspielungen nicht angekündigt werden. – Nach § 56a VI 1 GewO ist dem Ver-
anstalter eines anzeigepflichtigen **Wanderlagers** der Vertrieb von Medizinprodukten (Art. 2
Nr. 1 VO (EU) 2017/45) und Nahrungsergänzungsmitteln (§ 1 I NemV) verboten.

1.148   **PersonenbeförderungsG** (PBefG) und Verordnung üer den Betrieb von Kraftfahrunternehmen im Personenverkehr (BOKraft). Folgende Regelungen stellen nach der Rspr. (dazu krit. Wüstenberg WRP 2017, 396 Rn. 24–33) Marktverhaltensregelungen dar: das **Genehmigungserfordernis** der § 2 I § 13 I PBefG (BGH GRUR 2013, 412 Rn. 15–17 – Taxibestellung; OLG Frankfurt GRUR-RR 2018, 199 Rn. 13; MüKoUWG/Schaffert Rn. 200; Alexander/Knauff GewA 2015, 200 (205)); zum Unternehmerbegriff in § 2 I 1, 3 II 1 PBefG vgl. OLG Frankfurt GRUR 2022, 98 Rn. 20; die **Bereithaltungsregelungen** des § 47 I 1 PBefG und des § 47 II 1, 2 PBefG (BGH GRUR 2013, 412 Rn. 15–17 – Taxibestellung; BGH GRUR 2017, 926 Rn. 11 – Anwaltsabmahnung II; LG Frankfurt WRP 2019, 928 mAnm Wüstenberg; OLG Frankfurt WRP 2020, 1334 zur App „mytaxi"); das Gebot der **Vermietung** des PKW im Ganzen nach § 49 IV 1 PBefG (OLG Celle GRUR-RR 2014, 446; OLG Celle WRP 2015, 1238); die Annahme von **Beförderungsaufträgen durch Mietwagen** nach § 49 IV 2 und 5 PBefG (BGH GRUR 2017, 743 – Uber Black I; BGH GRUR 2019, 298 Rn. 29 – Uber Black II; OLG Frankfurt GRUR 2022, 98 Rn. 36 ff.); die **Rückkehrpflicht** des § 49 IV 3 und 5 PBefG (vgl. BGH GRUR 1990, 49 – Rückkehrpflicht II; BGH GRUR 1989, 835 – Rückkehrpflicht III; BGH NJW 1990, 1366 – Rückkehrpflicht IV; BVerfG GRUR 1990, 199 – Rückkehrgebot; BGH GRUR 2015, 1235 Rn. 11 – Rückkehrpflicht V; OLG Frankfurt GRUR 2022, 98 Rn. 51); das Verbot der **Verwechslung** mit dem Taxenverkehr nach § 49 IV 5 PBefG (BGH GRUR 2012, 645 Rn. 12 – Mietwagenwerbung; OLG Hamm WRP 2012, 1430); die **Tarifpflicht** nach § 39 III PBefG, § 51 V PBefG (BGH GRUR 2018, 946 Rn. 21 f. – Bonusaktion für Taxi App); das Erfordernis eines Wegstreckenzählers oder eines anderen geeichten Abrechnungssystems in Mietwagen (OLG Frankfurt GRUR-RR 2022, 1242 Rn. 20). – Dagegen dient § 49 IV 4 PBefG lediglich der behördlichen Überwachung und stellt keine Marktverhaltensregelung dar (MüKoUWG/Schaffert Rn. 204; Wüstenberg WRP 2016, 396 Rn. 33).

1.149   **RettungsG NRW.** Das Genehmigungserfordernis für Krankentransporte nach (jetzt) § 17 RettG NW stellt (zugleich) eine Marktverhaltensregelung zum Schutz der zu befördernden Personen dar (BGH GRUR 2009, 881 Rn. 14 – Überregionaler Krankentransport; OLG Düsseldorf GRUR-RR 2018, 471 Rn. 16).

1.149a **Versicherungen, Versicherungsmakler.** Das Verbot versicherungsfremder Geschäfte nach § 15 I VAG dient dem Zweck, das Solvenzkapital des Versicherers zu erhalten, dient aber nicht dem Schutz der Interessen der Versicherten und der Mitbewerber. Das sog. Provisionsabgabeverbot nach § 298 IV VAG stellt ebenfalls keine Marktverhaltensregelung dar (OLG Köln WRP 2017, 104 Rn. 10). Dagegen stellt § 6 I VAG (Bezeichnungsschutz für Versicherungsunternehmen) eine Marktverhaltensregelung dar (OLG Düsseldorf WRP 2020, 1060).

1.149b **WoVermittG** (Gesetz zur Regelung der Wohnungsvermittlung v. 4.11.1971 (BGBl. 1971 I 1745, 1747), zuletzt geändert durch Art. 3 G v. 21.4.2015 (BGBl. 2015 I 610). Ein Makler verstößt gegen § 3 III WoVermittG, wenn er sich für eine erstmalige Mietwohnungsbesichtigung eine Gebühr versprechen lässt (LG Stuttgart GRUR-RR 2017, 153 Rn. 44 f.).

1.149b **Zahlungsdiensteaufsichtsgesetz** (ZAG) v. 17.7.2017 (BGBl. 2017 I 1113), zuletzt geändert durch G v. 22.2.2023 (BGBl. 2023 I Nr. 51). Zum Begriff des Zahlungsdienstes (§ 1 I 2, § 2 ZAG) und der Erlaubnispflicht für das Erbringen gewerbsmäßiger Zahlungsdienste im Inland (§ 10 I 1 ZAG) vgl. OLG Köln WRP 2023, 358 Rn. 28–42).

2. Werbeverbote und -beschränkungen

1.150   **a) Europarechtliche und verfassungsrechtliche Vorgaben.** Die Liberalisierung des Lauterkeitsrechts hat auch vor den berufsbezogenen Werbeverboten und -beschränkungen nicht Halt gemacht. Werbung ist grds. erlaubt, auch wenn sie darauf abzielt, Kunden zu Lasten der Konkurrenz zu gewinnen (BVerfG NJW 2004, 3765 (3767)). Beschränkungen der Werbung werden auf Grund der europa- und verfassungsrechtlichen Vorgaben zunehmend restriktiv ausgelegt.

1.151   **aa) Vorgaben aus Art. 10 EMRK.** Werbebeschränkungen für Freiberufler wurden vom EGMR am Maßstab des **Art. 10 EMRK** (Freiheit der Meinungsäußerung) gemessen (vgl. EGMR NJW 2003, 497 – Stambuk; EGMR GRUR-RR 2009, 173 (174) – Gebührenhöchstbetrag; EGMR GRUR-RR 2009, 175 – Verkehrsspezialist).

1.152   **bb) Vorgaben aus Art. 24 Dienstleistungs-RL (RL 2006/123/EG).** Im Anwendungsbereich der **Dienstleistungs-RL (RL 2006/113/EG)** (vgl. Art. 2 Dienstleistungs-RL) sind die Bestimmungen in Art. 24 Dienstleistungs-RL für reglementierte Berufe zu beachten (zum

Begriff der reglementierten Berufe vgl. Art. 4 Nr. 11 Dienstleistungs-RL iVm Art. 3 I lit. a RL 2005/36/EG sowie Art. 2 lit. l UGP-RL). Die Vorschrift lautet:

Art. 24 Dienstleistungs-RL Kommerzielle Kommunikation für reglementierte Berufe

(1) Die Mitgliedstaaten heben sämtliche absoluten Verbote der kommerziellen Kommunikation für reglementierte Berufe auf.

(2) [1]Die Mitgliedstaaten stellen sicher, dass die kommerzielle Kommunikation durch Angehörige reglementierter Berufe die Anforderungen der berufsrechtlichen Regeln erfüllt, die im Einklang mit dem Gemeinschaftsrecht je nach Beruf insbesondere die Unabhängigkeit, die Würde und die Integrität des Berufsstandes sowie die Wahrung des Berufsgeheimnisses gewährleisten sollen. [2]Berufsrechtliche Regeln über die kommerzielle Kommunikation müssen nicht diskriminierend, durch einen zwingenden Grund des Allgemeininteresses gerechtfertigt und verhältnismäßig sein.

Zum Begriff des **absoluten Verbots** vgl. ErwGr. 100 Dienstleistungs-RL und EuGH EuZW **1.153** 2011, 681 Rn. 41 f. – Société fiduciaire nationale d'expertise comptable: Darunter fällt das Verbot einer kommerziellen Kommunikation unabhängig von ihrer Form, ihrem Inhalt oder den verwendeten Mitteln. Zum Begriff der **zwingenden Gründe des Allgemeininteresses** vgl. die Definition in Art. 4 Nr. 8 und ErwGr. 40 Dienstleistungs-RL. Dazu gehören insbes. die öffentliche Ordnung, die Lauterkeit des Handelsverkehrs und der Schutz der Verbraucher, der Dienstleistungsempfänger und der Arbeitnehmer. Zum Begriff der **kommerziellen Kommunikation** vgl. die Definition in Art. 4 Nr. 12 Dienstleistungs-RL. Die Dienstleistungs-RL war nach deren Art. 44 I bis zum 28.12.2009 umzusetzen. Von diesem Zeitpunkt an sind die nationalen Werbebeschränkungen für reglementierte Berufe richtlinienkonform auszulegen (BGHZ 199, 43 Rn. 14–21 = GRUR 2014, 86 — Kommanditistenbrief und BGH GRUR-RR 2015, 108 Rn. 11 – Anwaltsschreiben an Fondsanleger, zu § 43b BRAO; Bürglen FS Bornkamm, 2014, 313). Die Umsetzung ist ua in der GewO und der DL-InfoV erfolgt.

cc) Vorgaben aus Art. 12 GG. Eine verfassungskonforme Auslegung der berufsbezogenen **1.154** Werbebeschränkungen am Maßstab des **Grundrechts aus Art. 12 GG** kommt **nur noch** für die von der Dienstleistungs-RL gemäß deren Art. 2 II nicht erfassten Tätigkeiten in Betracht, wie zB Gesundheitsdienstleistungen und notarielle Tätigkeiten. Die vom BVerfG herausgearbeiteten Grundsätze stimmen allerdings mit den Anforderungen der Dienstleistungs-RL weitgehend überein (jedoch verlangt die Dienstleistungs-RL einen „zwingenden" Grund des Allgemeininteresses). Nach der Rspr. des BVerfG sind Werbeverbote und -beschränkungen **Berufsausübungsregelungen.** Sie sind daher nur zulässig, soweit sie mit Art. 12 I 2 GG vereinbar sind. Sie müssen daher durch ausreichende Gründe des **Gemeinwohls** (Schutz der Volksgesundheit, der Rechtspflege usw) gedeckt sein (BVerfGE 94, 372 = GRUR 1996, 899 – Werbeverbote für Apotheker; BVerfG NJW 2002, 3091; BVerfG NJW 2003, 879) und dem Grundsatz der **Verhältnismäßigkeit** entsprechen (BVerfG NJW 2003, 344; BVerfG NJW 2004, 3765 (3767); BVerfG GRUR 2008, 618 Rn. 12 – Anwaltsdienste bei eBay). Dementsprechend sind sie verfassungskonform dahin auszulegen, dass nur die **berufswidrige Werbung** unzulässig ist (BVerfG GRUR 2006, 425 – Informationen über Behandlungsmethoden; BVerfG GRUR 2003, 966 (967) – Internetwerbung von Zahnärzten; BVerfG GRUR 2011, 530 Rn. 27–32 – Zahnarzt-Preisvergleich).

b) Anwälte. aa) Allgemeines. Nach **§ 43b BRAO** sind der Werbung des Rechtsanwalts **1.155** Grenzen gesetzt. Die Vorschrift lautet:

§ 43b BRAO Werbung

Werbung ist dem Rechtsanwalt nur erlaubt, soweit sie über die berufliche Tätigkeit in Form und Inhalt sachlich unterrichtet und nicht auf die Erteilung eines Auftrags im Einzelfall gerichtet ist.

Diese Vorschrift war früher verfassungskonform auszulegen (Art. 12 GG; dazu BGHZ 147, 71 (74) = GRUR 2002, 84 – Anwaltswerbung II) und ist **seit dem 28.12.2009 richtlinienkonform** (Art. 24 Dienstleistungs-RL (RL 2006/123/EG); → Rn. 1.152; BGHZ 199, 43 Rn. 14–21 = GRUR 2014, 86 – Kommanditistenbrief; BGH GRUR-RR 2015, 108 Rn. 11 – Anwaltsschreiben an Fondsanleger) auszulegen. **Werbung** ist nicht grds. verboten, sondern **grds. erlaubt** (OLG Hamm GRUR 2013, 746 (749)). Daher bedarf nicht die Zulassung der Werbung, sondern ihre Beschränkung der Rechtfertigung durch **zwingende Gründe des Allgemeininteresses** unter Wahrung des Grundsatzes der **Verhältnismäßigkeit** (vgl. Art. 24 II 2 Dienstleistungs-RL (RL 2006/123/EG)). Ein Werbeverbot kann daher zum Schutz des Mandanten vor einer Beeinträchtigung seiner Entscheidungsfreiheit durch Belästigung, Nötigung und Überrumpelung gerechtfertigt sein. Jedoch ist stets eine **Interessenabwägung im Einzelfall** vorzunehmen und eine **konkrete Gefährdung** der durch § 43b BRAO geschützten Interessen festzustellen. Dabei sind neben der Beeinträchtigung der Unabhängigkeit der Würde oder der Integrität der Rechtsanwaltschaft auch Art und Grad der Beeinträchtigung der Entscheidungsfreiheit des Verbrauchers durch Form, Inhalt oder das verwendete Mittel der Werbung zu berücksichtigen. Außerdem kommt es darauf an, ob und inwieweit die Interessen des Verbrauchers deshalb nicht beeinträchtigt sind, weil er sich in einer Situation befindet, in der er auf Rechtsrat angewiesen ist und ihm eine an seinem Bedarf ausgerichtete sachliche Werbung **Nutzen** bringen kann (BGHZ 199, 43 Rn. 21 = GRUR 2014, 86 – Kommanditistenbrief; BGH GRUR-RR 2015, 108 – Anwaltsschreiben an Fondsanleger; vgl. auch Kleine-Cosack NJW 2014, 514). Die frühere strengere Rspr. (BGHZ 147, 71 (80) = GRUR 2002, 84 – Anwaltswerbung II; BGH WRP 2002, 71 (74) – Anwaltsrundschreiben) ist damit überholt. – **Rechtsbeiständen** ist, wie aus einer verfassungs- bzw. richtlinienkonformen Auslegung des RDG folgt, die Werbung in gleichem Umfang wie Rechtsanwälten erlaubt. Maßstab ist daher ebenfalls § 43b BRAO (vgl. BGH GRUR 2007, 165 Rn. 12 – Erbenermittler als Rechtsbeistand; KG NJW 2003, 2176).

1.156   Eine Konkretisierung der Werbebeschränkung durch § 43b BRAO enthalten die **§§ 6–10 BORA** (Berufsordnung für Rechtsanwälte), die auf der Grundlage der §§ 59b, 191a II BRAO, § 191e BRAO erlassen wurden (dazu BVerfG WRP 2001, 1284; BGH GRUR 2019, 854 Rn. 16; Remmertz NJW 1997, 2785). – Auch diese Bestimmungen unterliegen folgerichtig der richtlinienkonformen Auslegung am Maßstab des Art. 24 Dienstleistungs-RL.

Berufsordnung für Rechtsanwälte

in der Fassung vom 5.12.2022, zuletzt geändert durch BRAK-Beschluss vom 5.12.2022

(BRAK-Mitt 2023 Nr. 2 S. 100)

Zweiter Abschnitt. Besondere Berufspflichten im Zusammenhang mit der Werbung

§ 6 Werbung

(1) Rechtsanwältinnen und Rechtsanwälte dürfen über ihre Dienstleistungen und ihre Person informieren, soweit die Angaben sachlich unterrichten und berufsbezogen sind.

(2) [1]Die Angabe von Erfolgs- und Umsatzzahlen ist unzulässig, wenn sie irreführend ist. [2]Hinweise auf Mandate und Mandanten sind nur zulässig, soweit der Mandant ausdrücklich eingewilligt hat.

(3) Rechtsanwältinnen und Rechtsanwälte dürfen nicht daran mitwirken, dass Dritte für sie Werbung betreiben, die ihnen selbst verboten ist.

§ 7 Benennung von Teilbereichen der Berufstätigkeit

(1) [1]Unabhängig von Fachanwaltsbezeichnungen darf Teilbereiche der Berufstätigkeit nur benennen, wer seinen Angaben entsprechende Kenntnisse nachweisen kann, die in der Ausbildung, durch Berufstätigkeit, Veröffentlichungen oder in sonstiger Weise erworben wurden. [2]Wer qualifizierende Zusätze verwendet, muss zusätzlich über entsprechende theoretische Kenntnisse verfügen und auf dem benannten Gebiet in erheblichem Umfang tätig gewesen sein.

(2) Benennungen nach Absatz 1 sind unzulässig, soweit sie die Gefahr einer Verwechslung mit Fachanwaltschaften begründen oder sonst irreführend sind.

(3) Die vorstehenden Regelungen gelten bei gemeinschaftlicher Berufsausübung und bei anderer beruflicher Zusammenarbeit entsprechend.

§ 7a Mediaton

Rechtsanwältinnen und Rechtsanwälte, die sich als Mediatorin oder Mediator bezeichnen, haben die Voraussetzungen nach § 5 Abs. 1 Mediationsgesetz im Hinblick auf Aus- und Fortbildung, theoretische Kenntnisse und praktische Erfahrungen zu erfüllen.

§ 8 Kundgabe gemeinschaftlicher Berufsausübung und anderer beruflicher Zusammenarbeit

[1]Auf eine Verbindung zur gemeinschaftlichen Berufsausübung darf nur hingewiesen werden, wenn sie in Sozietät oder in sonstiger Weise mit den in § 59c Bundesrechtsanwaltsordnung genannten Berufsträgern erfolgt. [2]Die Kundgabe jeder anderen Form der beruflichen Zusammenarbeit ist zulässig, sofern nicht der Eindruck einer gemeinschaftlichen Berufsausübung erweckt wird.

§ 9 Kurzbezeichnungen

Eine Kurzbezeichnung muss einheitlich geführt werden.

§ 10 Briefbögen

(1) [1]Auf Briefbögen ist die Kanzleianschrift anzugeben. [2]Kanzleianschrift ist die im Rechtsanwaltsverzeichnis als solche eingetragene Anschrift (§ 31 Abs. 3 Nr. 2 Halbsatz 1, § 27 Abs. 1 Bundesrechtsanwaltsordnung). [3]Werden mehrere Kanzleien, eine oder mehrere Zweigstellen unterhalten, so ist für jeden auf den Briefbögen Genannten seine Kanzleianschrift anzugeben.

(2) ¹Auf Briefbögen müssen auch bei Verwendung einer Kurzbezeichnung die Namen sämtlicher Gesellschafterinnen und Gesellschafter mit mindestens einem ausgeschriebenen Vornamen aufgeführt werden. ²Gleiches gilt für Namen anderer Personen, die in einer Kurzbezeichnung gemäß § 9 enthalten sind. ³Es muss mindestens eine der Kurzbezeichnung entsprechende Zahl von Berufsträgerinnen und Berufsträgern auf den Briefbögen namentlich aufgeführt werden.

(3) Bei beruflicher Zusammenarbeit mit Angehörigen anderer Berufe sind die jeweiligen Berufsbezeichnungen anzugeben.

(4) Ausgeschiedene Berufsträgerinnen und Berufsträger können auf den Briefbögen nur weitergeführt werden, wenn ihr Ausscheiden kenntlich gemacht wird.

Diese Normen bezwecken die Sicherung der Unabhängigkeit des Rechtsanwalts als eines **1.157** Organs der Rechtspflege (§ 1 BRAO). Denn mit der Stellung eines Rechtsanwalts ist im Interesse des rechtsuchenden Bürgers eine Werbung unvereinbar, die ein reklamehaftes Anpreisen in den Vordergrund stellt und mit der eigentlichen Leistung des Anwalts und dem unabdingbaren Vertrauensverhältnis im Rahmen eines Mandats nichts mehr zu tun hat (BVerfG GRUR 2003, 965 [Interessenschwerpunkt „Sportrecht"]). Es handelt sich somit um **Marktverhaltensregelungen,** die dem Interesse der Marktteilnehmer, insbes. der Verbraucher, dienen (BGH GRUR 2005, 520 (521) – Optimale Interessenvertretung; OLG Karlsruhe GRUR-RR 2013, 171 (172); OLG Köln WRP 2018, 1119 Rn. 20). Verstöße stellen daher unlautere geschäftliche Handlungen iSd § 3a dar. Allerdings sind diese Vorschriften, da sie die Berufsausübung einschränken, im Lichte des **Art. 24 II 2 Dienstleistungs-RL** (dazu EuGH EuZW 2011, 681 Rn. 24 – Société fiduciaire d'expertise comptable) auszulegen und anzuwenden (→ Rn. 1.152). Entsprechende Grundsätze hatte bereits das BVerfG aus Art. 12 I 2 GG entnommen (BVerfG NJW 2004, 3765; BVerfG GRUR 2008, 618 Rn. 11 ff. – Anwaltsdienste bei eBay; BVerfG NJW 2008, 838; BGH NJW 2015, 72 Rn. 13). Die genannten Werbebeschränkungen sind auch nicht als abschließende Regelung zulässiger anwaltlicher Werbung zu verstehen (BGH NJW 2001, 1573, 1575 – Kanzleibezeichnung; OLG Frankfurt NJW 2005, 157 (158)).

bb) Begriff der Werbung in § 43b BRAO. Unter **Werbung** iSd § 43b BRAO ist ein **1.158** Verhalten zu verstehen, das planvoll darauf angelegt ist, andere dafür zu gewinnen, die Leistung desjenigen in Anspruch zu nehmen, für den geworben wird (BVerfG NJW 2004, 3765 (3767); BVerfG GRUR 2008, 618 Rn. 16 – Anwaltsdienste bei eBay; BVerfG GRUR 2015, 507 Rn. 28 [Schockwerbung durch Rechtsanwälte]; BGHZ 147, 71 (73) = GRUR 2002, 84 – Anwaltswerbung II). Der Begriff ist jedoch **richtlinienkonform** am Maßstab des Art. 24 iVm Art. 2 Nr. 12 Dienstleistungs-RL 2006/123/EG **(kommerzielle Kommunikation)** auszulegen. Der Begriff der Werbung ist weit zu verstehen und umfasst jegliche Öffentlichkeitsarbeit (BVerfG GRUR 2015, 507 Rn. 28, 30 [Schockwerbung durch Rechtsanwälte], auch die Aufmerksamkeitswerbung (BVerfG NJW 2000, 3195 (3196) [Sponsoring]; aA Koch FS Erdmann, 2002, 613 (617)), einschließlich der Verteilung von Werbetassen mit Aufdruck der Kontaktdaten (BVerfG GRUR 2015, 507 Rn. 28 [Schockwerbung durch Rechtsanwälte]), sowie das Angebot anwaltlicher Beratungsleistungen auf der Plattform eines Internetauktionshauses (BVerfG GRUR 2008, 618 Rn. 16 [Anwaltsdienste bei eBay]). Nicht dagegen wird ein bloß werbewirksames Verhalten, wie zB die grafische und farbliche Gestaltung eines Briefbogens, erfasst (vgl. BVerfG GRUR 1998, 71 (72) [Notarwerbung II]; Koch FS Erdmann, 2002, 613 (616)).

cc) Zulässigkeit der Werbung. (1) Erfordernis der berufsbezogenen Unterrichtung. 1.159 Die Werbung muss auf eine berufsbezogene Unterrichtung angelegt sein (§ 43b BRAO; § 6 I BORA), also einen – allerdings weit zu fassenden – Zusammenhang mit dem Beruf des Anwalts aufweisen. Sie kann sich auf erworbene Qualifikationen, Kenntnisse und Fähigkeiten beziehen (BVerfGE 33, 125 (170); BVerfG GRUR 2003, 965 (966) [Interessenschwerpunkt „Sportrecht"]), aber auch in einem Hinweis auf die Tätigkeit als Rechtsanwalt (Aufmerksamkeitswerbung) erschöpfen (vgl. BVerfG NJW 2000, 3195 (3196) [Sponsoring]; BGH GRUR 2002, 902 (904 f.) – Vanity-Nummer). Die Werbung muss sich auch nicht auf die Mitteilung nüchterner Fakten beschränken (BVerfG NJW 2004, 3565 (3567); BGH GRUR 2005, 520 (521) – Optimale Interessenvertretung). Daher können auch Informationen über die Art der beabsichtigten Zusammenarbeit (zB „Ihr Partner in Sachen …") oder die Atmosphäre bei der Erbringung der Dienstleistung zulässig sein. Maßgeblich ist, ob die Werbeaussagen ein legitimes Informationsinteresse der Nachfrager befriedigen (BVerfG NJW 2004, 3765 (3767)). Entsprechen Form, Inhalt und Mittel den beruflichen Aufgaben und enthält die Werbung im Wesentlichen berufs-

bezogene Aussagen, ist sie nicht berufswidrig (BVerfG NJW 2004, 3765 (3767)). Das Sachlichkeitsgebot erfordert nicht einmal einen Überschuss der Sachinformation gegenüber der Anlockwirkung der Werbung (BVerfG GRUR 2004, 164 (166) – Arztwerbung im Internet; BGH
GRUR 2010, 349 Rn. 25 – EKW-Steuerberater).

1.160 **(2) Erfordernis der Sachlichkeit der Unterrichtung. (a) Form der Unterrichtung.**
Form und Inhalt der Selbstdarstellung des Anwalts dürfen nicht unsachlich sein (BGH GRUR
2005, 520 (521) – Optimale Interessenvertretung). Es dürfen keine Formen der Werbung gewählt
werden, die von vornherein unzulässig sind. Es sind dies insbes. die E-Mail-, Telefax- oder
Telefonwerbung ohne entsprechende Einwilligung (vgl. § 7 II Nr. 2; zu § 1 aF vgl. Hartung
MDR 2003, 485). Davon abgesehen besteht der Grundsatz der **freien Wahl des Werbeträgers**
(BGH GRUR 2002, 902 (905) – Vanity-Nummer; BGH NJW 2015, 72 Rn. 14). Das zur
Selbstdarstellung gewählte Medium kann für sich allein nicht die Unzulässigkeit einer Werbung
begründen (BVerfG NJW 2002, 1331; BVerfG NJW 2004, 3765 (3767); BVerfG 2008, 838
(839)). Die § 6 II, § 7 I BORA sind dahin auszulegen, dass lediglich eine berufswidrige Werbung auch in anderen als den darin genannten Medien unzulässig ist (BVerfG BB 2004, 2262
(2263)). Welche Werbeformen als sachlich oder übertrieben bewertet werden, unterliegen
zeitbedingten Veränderungen. Unerheblich ist daher, dass der Einsatz eines bestimmten Mediums bisher **unüblich** war (BVerfG NJW 1996, 3067; BVerfG NJW 1997, 2510 (2511); BVerfG
NJW 2000, 3195 (3196) [Sponsoring]; BVerfG NJW 2004, 3765 (3767)). Insbes. rechtfertigt es
die Wahl des Mediums **Internet** nicht, die Grenzen für die erlaubte Selbstdarstellung enger zu
ziehen. Denn Internetwerbung als passive Darstellungsform drängt sich nicht unaufgefordert
potenziellen Kunden auf, sondern bedarf eines Aufrufs (BVerfG GRUR 2003, 966 (967);
BVerfG NJW 2003, 2818; BVerfG NJW 2004, 2656 (2658); BVerfG GRUR 2008, 352 –
Gegnerliste; BVerfG GRUR 2008, 618 Rn. 20; – Internetwerbung von Zahnärzten; Koch FS
Erdmann, 2002, 613 (619)). Grds. erlaubt ist aber auch die Werbung mittels Informationsveranstaltungen, Zeitung, Kino, Rundfunk und Fernsehen, Pressemitteilungen, Rundschreiben,
Handzetteln, Plakaten (auch an Litfasssäulen oder Taxiflächen), Vanity-Telefonnummern usw.
Unzulässig ist dagegen der unaufgeforderte Hausbesuch oder das Ansprechen auf öffentlichen
Straßen oder in öffentlichen Gebäuden wegen des damit verbundenen persönlichen Kontakts. –
Die tatsächliche Begrenztheit der Möglichkeiten, in einer bestimmten Form zu werben (wie zB
bei Domain-Namen oder Vanity-Nummern), ist unerheblich (BGH GRUR 2002, 902 (905) –
Vanity-Nummer; Abel WRP 2001, 1426 (1430 f.)).

1.161 Das **Sachlichkeitsgebot** ist erst **verletzt,** wenn sich die Werbung als aufdringliche oder
übertriebene reklamehafte („marktschreierische") oder sexualisierende Herausstellung darstellt.
Dies erfordert eine wertende Betrachtung unter Berücksichtigung von Anlass, Mittel, Zweck
und Begleitumständen der Werbung (BVerfG NJW 2000, 3195 (3196) [Sponsoring]). Die Form
einer Unterrichtung ist insbes. dann unsachlich, wenn ihr Erscheinungsbild derartig im Vordergrund steht, dass ihr Inhalt weit dahinter zurückbleibt oder gar nicht mehr erkennbar ist
(BGHZ 147, 71 (76) = GRUR 2002, 84 – Anwaltswerbung II; BGH GRUR 2002, 902 (905) –
Vanity-Nummer; BGH NJW 2015, 72 Rn. 14). Sonstige, über die Anwaltstätigkeit hinausgehende Informationen dürfen damit verbunden werden, wenn sie damit in ausreichendem
Zusammenhang stehen, nämlich für die Entscheidung des Rechtsuchenden, ggf. diesen Rechtsanwalt zu beauftragen, bei vernünftiger und sachlicher Betrachtung von Bedeutung sein können
(BGHZ 147, 71 (76) = GRUR 2002, 84 – Anwaltswerbung II; BVerfG GRUR 2003, 965 (966)
[Interessenschwerpunkt „Sportrecht"]; BVerfG NJW 2004, 3765 (3767) [zum Steuerberater]).
Denn die einschlägigen Vorschriften legen nicht abschließend fest, welche Informationen zulässig sind. Vielmehr hat es der einzelne Rechtsanwalt im Rahmen des allgemeinen Lauterkeitsrechts in der Hand, in welcher Weise er sich für die interessierte Öffentlichkeit darstellt, solange
er sich in dem durch geschützte Gemeinwohlbelange gezogenen Rahmen hält (BVerfG NJW
2000, 3195 (3196) [Sponsoring]). Die Werbung darf daher lediglich nicht zu einer Beeinträchtigung des Vertrauens der Rechtsuchenden führen, der Rechtsanwalt werde nicht aus Gewinnstreben zu Prozessen raten oder die Sachbehandlung an Gebühreninteressen ausrichten (BVerfG
WRP 2008, 492 Rn. 22).

1.162 **Unsachlichkeit bejaht:** Zeitungsanzeigen, die nach Größe, Platzierung oder Häufigkeit das
übliche Maß überschreiten (OLG Frankfurt NJW 1996, 1065; Remmertz NJW 1997, 2785
(2786) mwN – überholt, da die Üblichkeit kein Maßstab sein kann; vgl. BVerfG NJW 2004,
3765 (3767) mwN). – Rundfunkwerbung eines auf Verkehrsrecht spezialisierten Anwalts, die
mit Crash-Geräuschen eingeleitet und mit Musik unterlegt wird (OLG München NJW 1999,

140; sehr zw.). – Briefkopfgestaltung mit dem Logo eines die Hörner senkenden Stiers (OLG Düsseldorf BRAK-Mitt. 2000, 46; sehr zw.). – Werbung eines Anwalts mit der Aussage, für ein „Juristisches Forderungsmanagement" reiche das übliche Handwerkszeug eines routinierten, zivilrechtlich ausgerichteten Anwalts nicht aus und er habe sich durch Teilnahme an Seminaren und durch Fachliteratur fortgebildet (BGH NJW-RR 1999, 1076; OLG Düsseldorf BB 2000, 1376). – Einrichtung eines Gästebuchs auf einer Homepage (arg. § 6 IV BORA aF; OLG Nürnberg CR 2000, 243 (244)). – Verwendung eines Briefbogens oder eines Domain-Namens, der auf ein bestimmtes Rechtsgebiet hinweist (BGH NJW 2001, 1573 (1574): „Kanzlei für Arbeitsrecht"; BGH NJW 2003, 662 (663): „presserecht.de"). – Werbung mit dem Hinweis „Auf Wunsch Hausbesuche" (LG Bonn NJW-RR 2001, 916; sehr zw.). – Führung der Bezeichnung „Zertifizierter Testamentsvollstrecker", wenn keine praktischen Erfahrungen durch eine regelmäßige Tätigkeit als Testamentsvollstrecker nachgewiesen sind (BGH GRUR 2012, 215 Rn. 11, 21 – Zertifizierter Testamentsvollstrecker). – Irreführende, weil lückenhafte Werbung mit einer Zertifizierung (OLG Hamm GRUR-RR 2012, 285 (286)). – Sexualisierende Werbung auf Tassen (BGH NJW 2015, 72 Rn. 16; BVerfG GRUR 2015, 507 Rn. 28 [Schockwerbung durch Rechtsanwälte]). – Werbung auf Anwaltsrobe (BGH GRUR 2017, 646 Rn. 25–29 – Werbeaufdruck auf Anwaltsrobe).

Unsachlichkeit verneint: Werbung in Zeitungsanzeigen (BGH GRUR 1997, 765 (766 f.) – **1.163** Kombinationsanzeige). – Verbreitung einer zwölfseitigen Kanzleibroschüre auf starkem Hochglanzpapier mit einer Vielzahl von Fotos, sofern der Text der Broschüre sachliche Informationen über die Kanzleitätigkeit enthält und der Text durch die Fotos ergänzt wird (OLG München BB 2000, 1003). – Bereitstellung von allgemeinen Informationen über ein bestimmtes Rechtsgebiet (BGH NJW 2003, 662 (663) – presserecht.de). – Werbung auf Straßenbahnwagen mit sachlich gehaltenen Angaben (BVerfG NJW 2004, 3765 (3767) [Steuerberater]). – Versteigerung anwaltlicher Dienstleistungen (BVerfG GRUR 2008, 618 Rn. 19–22).

(b) Inhalt der Unterrichtung. Der Inhalt einer Information genügt dem Sachlichkeitsgebot, **1.164** wenn es sich um **Tatsachenbehauptungen** handelt, deren Richtigkeit überprüfbar ist (BGHZ 147, 71 (78) = GRUR 1991, 917 – Anwaltswerbung II) und die nicht geeignet sind, das Vertrauen der Rechtsuchenden in die Integrität der Anwaltschaft zu beeinträchtigen. Dabei kommt es auf die Sichtweise der angesprochenen Verkehrskreise, nicht auf die besonders strenge Auffassung des jeweiligen Berufsstands an (vgl. BVerfG NJW 2000, 3195 (3196) [Sponsoring]). Die Tatsachenbehauptungen dürfen **nicht unwahr** oder **irreführend** sein, andernfalls verstoßen sie zugleich gegen §§ 3, 5 I 2 Nr. 3 (BGH GRUR 2010, 349 Rn. 37, 39 f. – EKW-Steuerberater; BGH GRUR 2012, 215 Rn. 11, 21 – Zertifizierter Testamentsvollstrecker; BGH GRUR 2019, 854 Rn. 16). Dabei ist auf das Verständnis eines durchschnittlich informierten, aufmerksamen und verständigen Adressaten abzustellen (BGH NJW 2003, 662 (663) – presserecht.de; BGH GRUR 2012, 215 Rn. 14 – Zertifizierter Testamentsvollstrecker). Von einem Rechtsanwalt, der sich bspw. als „zertifizierter Testamentsvollstrecker" bezeichnet, erwartet der Verkehr, dass er nicht nur über bes. Kenntnisse, sondern auch über praktische Erfahrungen auf dem Gebiet der Testamentsvollstreckung verfügt (BGH GRUR 2012, 215 Rn. 16–18 – Zertifizierter Testamentsvollstrecker). – Das Sachlichkeitsgebot wird ferner dann verletzt, wenn die Werbung zu einer unlauteren **Herabsetzung** oder **Behinderung** von Mitbewerbern führt (BGH GRUR 2002, 902 (905) – Vanity-Nummer; BGH GRUR 2010, 349 Rn. 37, 38 – EKW-Steuerberater: Pauschale Herabsetzung der Preiswürdigkeit und Qualität von Mitbewerbern). In diesem Fall greifen zugleich § 4 Nr. 1 und 4 ein (BGH GRUR 2010, 349 Rn. 37 f., 40 – EKW-Steuerberater).

Pauschale **Werturteile** über die eigene Leistung sind regelmäßig als unsachlich anzusehen, **1.165** weil sich ihre Berechtigung objektiv kaum beurteilen lässt, sondern weitgehend von subjektiven Einschätzungen abhängt. Zudem können die Rechtsuchenden die Leistungen eines Rechtsanwalts idR nur schwer einschätzen (BVerfGE 76, 196 (208); BGHZ 115, 105 (113 f.) = GRUR 1991, 917 – Anwaltswerbung I; BGHZ 147, 71 (78) = GRUR 2002, 84 – Anwaltswerbung II). Bei der Abgrenzung von Tatsachenbehauptung und Werturteil ist aber zu berücksichtigen, dass auch Werturteile mit einem nachprüfbaren Tatsachenkern zulässig sind, sofern sich das Werturteil auf eine sachliche Schlussfolgerung aus mitgeteilten Tatsachen beschränkt. Allerdings verlangt das Sachlichkeitsgebot nicht eine Beschränkung der Werbung auf nüchterne Fakten. Daher können auch Werturteile zulässig sein, wenn sie in einem inneren Zusammenhang mit Sachangaben stehen und keine übermäßige reklamehafte Übertreibung (BGH GRUR 2005, 520 (521) – Optimale Interessenvertretung), sondern eine Schlussfolgerung darstellen. Zu Einzelheiten vgl. MüKoUWG/Ernst BRAO § 43b Rn. 8 ff.).

1.166 **Unsachlichkeit bejaht:** Vorstellung eines Rechtsanwalts als neuen Kollegen der werbenden Anwaltssozietät, der nicht als Sozius oder anwaltschaftlicher Mitarbeiter tätig ist, sondern lediglich auf Anfrage für eine bestimmte Rechtsberatung zur Verfügung steht (vgl. BGH GRUR 1991, 917 (921) – Anwaltswerbung I). – Werbung mit der Aussage: „Chefberatung für den Mittelstand" (BGH GRUR 1991, 917 (921) – Anwaltswerbung I). – Werbung mit der Angabe „führende Kanzlei deutschen Ursprungs" und „Partner Nummer 1 im internationalen Mittelstand" (LG Nürnberg-Fürth NJW 2004, 689). – Hinweis auf „Rekordwachstum" (vgl. § 6 III BORA; LG Nürnberg-Fürth NJW 2004, 689). – Kostenloses Angebot von üblicherweise entgeltlichen Leistungen, wozu aber nicht schon die allgemeine Erteilung von rechtlichen Ratschlägen und Informationen oder das Angebot eines kostenlosen Mittagsimbisses bei einer mehrstündigen Informationsveranstaltung zählt (BGHZ 147, 71 (77 f.) = GRUR 1991, 917– Anwaltswerbung II). – Werbung mit der Aussage „kreative und flexible Betreuung" und „überdurchschnittliche Kompetenz" (OLG Koblenz NJW 1999, 1074). – Werbung mit der Aussage „Wir werden als adäquate Gesprächspartner auch von den Richtern geschätzt" (OLG Frankfurt NJW 2005, 1283 (1284)). – Werbung mit der Aussage, in der Kanzlei arbeiteten nur „absolute Spezialisten" (LG Kiel NJW 2006, 2496).

1.167 **Unsachlichkeit verneint:** Unterrichtung über die Leistungsfähigkeit und die Tätigkeitsschwerpunkte (BGH GRUR 1995, 422 (423) – Kanzleieröffnungsanzeige; BGH GRUR 1997, 473 (475) – Versierter Ansprechpartner). – Einladung zu einem Informationsgespräch über bestimmte Rechtsfragen, damit die Geladenen sich ein Bild von den Kenntnissen und Fähigkeiten des Anwalts machen können (BGHZ 147, 71 (76) = GRUR 1991, 917 – Anwaltswerbung II), weil und soweit die Einladung es dem Rechtsanwalt ermöglicht, sich (potenziellen) Mandanten vorzustellen, und dem Rechtsuchenden ermöglicht, sich über das Angebot anwaltlicher Leistungen zu informieren. – Werbung mit den Aussagen: „Umfassende Rechtsberatung", da keine Selbstverständlichkeit (BVerfG NJW 2001, 3324). – Werbung mit einer 0800-Telefonnummer, die unentgeltlich angerufen werden kann (BGH GRUR 2002, 902 (905) – Vanity-Nummer). – Rundschreiben an potenzielle Mandanten, in dem eine Gesetzesänderung zum Anlass genommen wird, auf den dadurch entstandenen Beratungsbedarf hinzuweisen (BGH NJW 2001, 2886). – Hinweis auf rechtmäßig erlangte Titel (BVerfGE 71, 162 (174)), Mitgliedschaften in juristischen Gesellschaften (BGH NJW 2001, 2886 (2887)), eigene sportliche Erfolge bei einem Anwalt mit Interessenschwerpunkt „Sportrecht" (BVerfG GRUR 2003, 965 (966)). – Sponsoring, soweit es nicht im Einzelfall zu einer Gefährdung des Vertrauens der Bevölkerung in die Rechtspflege kommt (BVerfGE 94, 372 (395); BVerfG NJW 2000, 3195 (3196) – Sponsoring). – Werbung mit „fundierten" Ratschlägen und Informationen von „praxiserfahrenen" Rechtsanwälten (OLG Koblenz NJW 1999, 1074). – Hinweis „So kommen Sie zu Ihrem Recht" iVm einer Anfahrtsskizze, da (für den BayAnwGH nicht) erkennbar bloßer Sprachwitz (BVerfG NJW 2001, 3324 (3325)). – Aufnahme einer Fantasiebezeichnung („artax") in den Namen einer Partnerschaft, da dies in den Bereich der zulässigen Selbstdarstellung fällt (BGH GRUR 2004, 615 (616) – Partnerschafts-Kurzbezeichnung). – Werbung für eine Kanzlei mit der Aussage „optimale Vertretung", wenn sie im Kontext mit Sachaussagen steht, auf denen das Werturteil aufbaut (BGH GRUR 2005, 520 (521) – Optimale Interessenvertretung). – Werbung unter der Bezeichnung „Anwalt sofort" (OLG Naumburg GRUR-RR 2008, 173 (174)). – **Versteigerung** anwaltlicher Dienstleistungen in einer Internet-Auktion mit niedrigem Startpreis und Angabe des aktuellen Höchstgebots (BVerfG GRUR 2008, 618 Rn. 21: keine Irreführung). – Werbung mit einer **Kanzleibezeichnung,** die auf einen **Ort** oder ein **Gebiet** hinweist (OLG Celle GRUR-RR 2012, 162 (163) zu „Kanzlei-Niedersachsen"; vgl. auch BGH GRUR-RR 2011, 7 – steuerberater-suedniedersachsen.de), sofern darin nicht im Einzelfall eine irreführende Spitzenstellungsbehauptung liegt (vgl. OLG Stuttgart NJW 2006, 2273 zu „Bodenseekanzlei"). – Werbung mit „**Gegnerlisten**", dh gegen welche Personen und Unternehmen dem Anwalt Mandate erteilt worden sind (BVerfG NJW 2008, 838; dazu Schmidt-Gaedke/Arz WRP 2012, 1492). – Werbung mit einer Kanzleibezeichnung mit dem Zusatz „Steuerbüro", wenn der Anwalt überwiegend Hilfeleistungen in Steuersachen erbringt. Dass ein Teil der Verbraucher daraus den unrichtigen Schluss zieht, in der Kanzlei sei auch ein Steuerberater oder Fachanwalt für Steuerrecht tätig, ist unerheblich (BGH WRP 2013, 496 Rn. 15 ff. – Steuerbüro). – Werbung mit der Aussage „Scheidung online spart Zeit, Nerven und Geld" (OLG Hamm GRUR 2013, 746).

1.168 **(3) Kein Abzielen auf die Erteilung von Aufträgen im Einzelfall.** Nach § 43b BRAO ist grds. nur die Werbung um einzelne **Mandate** unzulässig (BGHZ 147, 71 (78) = GRUR 1991,

917 – Anwaltswerbung II). Die Maßnahme muss unmittelbar darauf gerichtet sein, in einem konkreten Einzelfall beauftragt zu werden. Dies ist anzunehmen, wenn ein möglicher Mandant in einer bestimmten Angelegenheit der **Beratung** oder Vertretung bedarf und der Anwalt dies **weiß** und zum Anlass seiner Werbung nimmt (vgl. BGHZ 147, 71 (80) = GRUR 1991, 917 – Anwaltswerbung II; OLG München GRUR-RR 2012, 163 (164)). Jedoch ist das Verbot **restriktiv** im Lichte des Art. 24 II 2 Dienstleistungs-RL auszulegen und daher nur anzuwenden, wenn es durch einen zwingenden Grund des Allgemeininteresses gerechtfertigt und verhältnismäßig ist (BGH GRUR 2014, 86 Rn. 21 – Kommanditistenbrief; zum gleichen Ergebnis führte früher eine Auslegung am Maßstab des Art. 12 I GG; vgl. BVerfG GRUR 2008, 618 Rn. 15, 22 – Anwaltsdienste bei eBay; OLG München GRUR-RR 2012, 163 (164)). – Schon bisher war die Werbung um einzelne **Mandanten,** die darauf gerichtet ist, die Leistungen des Anwalts in Anspruch zu nehmen, grds. erlaubt (BGHZ 147, 71 (80) = GRUR 1991, 917 – Anwaltswerbung II; OLG Köln WRP 2018, 1119 Rn. 23). Dementsprechend darf sich die Werbung auch an Personen richten, die noch keine Mandanten sind oder waren (BVerfG GRUR 2008, 618 Rn. 17 – Anwaltsdienste bei eBay; BGHZ 147, 71 (80) – Anwaltswerbung II; BGH NJW 2001, 2886 (2887) – Anwaltsrundschreiben). Die Werbung um Mandanten kann sich jedoch im Einzelfall als **versteckte Werbung um ein Mandat** darstellen, wenn der Angesprochene in einem konkreten Einzelfall der Beratung oder der Vertretung bedarf und der Werbende dies weiß und zum Anlass für seine Werbung nimmt (BGHZ 147, 71 (80) = GRUR 1991, 917 – Anwaltswerbung II). Das ist jedoch nicht der Fall, wenn der Werbende lediglich ein allgemeines Interesse an seinen Leistungen vermuten darf (BGHZ 147, 71 (80) = GRUR 1991, 917 – Anwaltswerbung II), selbst wenn die Werbung Personen mit konkretem Beratungsbedarf erreicht (OLG Jena GRUR 2006, 606 (607)). Die Grenzziehung im Einzelfall ist schwierig, eine Gesamtwürdigung aller Umstände daher geboten (OLG Hamburg NJW 2005, 2783 (2785)), dabei spielt auch die Intensität der Einflussnahme eine Rolle. Das Verbot der Werbung um ein Mandat ist nicht schon immer dann verletzt, wenn ein Anwalt sein Ziel, in einer konkreten Angelegenheit mandatiert zu werden, zu erkennen gibt (OLG Naumburg WRP 2007, 1502 (1503)). Im Zweifel ist bei einer „zielgruppenorientierten Werbung" von einer Werbung um Mandanten und nicht um Mandate auszugehen (vgl. Huff NJW 2003, 3525). Die Entscheidungsfreiheit des Verbrauchers bei der Anwaltswahl kann im konkreten Einzelfall beeinträchtigt sein, wie etwa beim Ansprechen in psychisch belastenden Situationen (Krankheit; Trauerfall; Unfall; Strafverfolgung). –

Unzulässige Werbung um Mandat verneint: Versteigerung anwaltlicher Dienstleistungen **1.169** in einer Internet-Auktion (BVerfG WRP 2008, 492 Rn. 15–18). – Verwendung einer Vanity-Telefonnummer (BGH GRUR 2002, 902 (904) – Vanity-Nummer). – Rundschreiben an Mandanten und Nichtmandanten, in denen eine Gesetzesänderung zum Anlass genommen wird, um auf den dadurch entstehenden Beratungsbedarf hinzuweisen (BGH NJW 2001, 2886 (2887) – Anwaltsrundschreiben). – Anschreiben an geschädigte Kapitalanleger (OLG München NJW 2002, 780; OLG Naumburg NJW 2003, 3566), sofern kein sonstiger Wettbewerbsverstoß vorliegt (OLG Naumburg NJW 2003, 3566 (3568)). – Rundschreiben an größere Zahl von Mietern eines bestimmten Vermieters (OLG Düsseldorf NJW 2003, 362). – Werbeschreiben an Autohäuser (OLG Braunschweig NJW-RR 2003, 686). – Werbeschreiben an Verbraucher für anwaltliche Mitwirkung bei der Schuldenbereinigung (OLG Jena GRUR 2006, 606 (607)). Verteilung eines Werbeflyers mit der Angabe „Anwalt sofort – Beratung oder Termin sofort – Rechtsklarheit und -sicherheit Beratung bei Kaffee und Kuchen" (OLG Naumburg GRUR-RR 2008, 173 (174)). – **Unzulässige Werbung um Mandat bejaht:** Verteilung von Werbeflyern an Teilnehmer einer Gesellschafterversammlung, bei denen jedenfalls teilweise konkreter Beratungsbedarf bestand (OLG München GRUR-RR 2006, 201 (202)). – Anschreiben an bestimmte Kapitalanleger, in denen Ängste geschürt werden und um Unterzeichnung und Rücksendung einer Prozessvollmacht gebeten wird (OLG Hamburg NJW 2005, 2783 (2785)). – Werbung als Antwort auf die vorhergehende Meldung eines Verstoßes gegen ein vom einem Nutzer ausgesprochenes Werbeverbot (OLG Köln WRP 2018, 1119 Rn. 23–28).

dd) Einzelfragen. (1) Werbung mit Fachanwaltsbezeichnung. Rechtsgrundlage für das **1.170** Führen einer Fachanwaltsbezeichnung bildet § 43c BRAO iVm der Fachanwaltsordnung (dazu Kleine-Cosack NJW 1997, 1257 (1261 f.)). Danach kann einem Rechtsanwalt, der besondere Kenntnisse in einem Fachgebiet erworben hat, von der Rechtsanwaltskammer die Befugnis verliehen werden, eine Fachanwaltsbezeichnung zu führen. Die Beschränkung auf **zwei Fachgebiete** (§ 43c I 3 BRAO) ist verfassungsmäßig (BGH NJW 2005, 1711; OLG Naumburg

GRUR-RR 2007, 210 (211)). – Allerdings stellen die Regelungen über die Fachanwaltsbezeichnungen keine abschließende Regelung des Werberechts der Rechtsanwaltschaft dar. Hinweise auf zusätzliche Qualifikationen sind dem Rechtsanwalt daher nicht von vornherein versagt (BGH GRUR 2012, 215 Rn. 12 – Zertifizierter Testamentsvollstrecker; → Rn. 1.172).

1.171 **(2) Werbung mit der Benennung von Teilbereichen der Berufstätigkeit.** Die seit 1.7.2006 geltende **Neufassung des § 7 BORA** hat die detaillierte frühere Regelung der Werbung mit Interessen- und Tätigkeitsschwerpunkten in § 7 I BORA aF abgelöst. Auslöser war die dazu ergangene einengende Rspr. (vgl. BVerfG NJW 2001, 2461; BVerfG NJW 2001, 2620; BVerfG NJW 2001, 3324 (3325); BGH NJW 2001, 1138 (1139)). Die Neuregelung hat, wie die Vorgängernorm, in § 59a II Nr. 3 BRAO eine ausreichende Ermächtigungsgrundlage (vgl. BVerfG NJW 2001, 2461; BGH NJW 2001, 1138 (1139)) und ist mit Art. 12 GG vereinbar (vgl. BGH NJW 2001, 1138 (1139)). Die darin verwendeten Kriterien („entsprechende Kenntnisse"; „erheblicher Umfang") sind allerdings sehr unbestimmt. Für deren Auslegung ist vor allem der **Zweck** der Regelung, nämlich das **Interesse der Rechtsuchenden an einer zutr. Information und an der Verhinderung einer Irreführung,** maßgebend (dazu BVerfG NJW 2001, 2620; OLG Nürnberg NJW 2001, 2481 (2482)). Es kommt dabei auf die Sichtweise des durchschnittlich informierten, aufmerksamen und verständigen Rechtsuchenden an, der sich bei der Wahl des Anwalts an der gewählten Bezeichnung orientiert.

1.172 Nach § 7 I 1 BORA darf **Teilbereiche der Berufstätigkeit** (zB „Arbeitsrecht", „allgemeines Zivilrecht", „Erbrecht"; vgl. BGH WRP 2001, 537 – Kanzleibezeichnung) nur benennen (und damit werben), wer seinen Angaben entsprechende **Kenntnisse** nachweisen kann, die in der Ausbildung, durch Berufstätigkeit, Veröffentlichungen oder in sonstiger Weise (zB Vortragstätigkeit) erworben wurden. Eine Unterscheidung zwischen Interessen- und Tätigkeitsbereichen, wie in § 7 I BORA aF vorgesehen, ist nicht mehr geboten. Zulässig ist es auch, über einzelne Teilgebiete innerhalb einer zulässigen Fachanwaltsbezeichnung zu informieren (BVerfG NJW 2001, 1926 (1927); BVerfG NJW 2001, 2620 (2621)). Wer **„qualifizierende Zusätze"** verwendet (zB „Spezialist für …"; „Experte"; „Fachmann": dazu BVerfG NJW 2004, 2656; „zertifizierter Testamentsvollstrecker": dazu BGH GRUR 2012, 215 – Zertifizierter Testamentsvollstrecker), muss nach § 7 I 2 BORA zusätzlich über entsprechende theoretische Kenntnisse verfügen und auf dem benannten Gebiet in erheblichem Umfang tätig gewesen sein. Der Nachweis der theoretischen Kenntnisse kann zB durch den Besuch von Fortbildungsveranstaltungen oder durch Vorträge oder Veröffentlichungen geführt werden. Die Kenntnisse müssen jedoch weit überdurchschnittlich sein (OLG Stuttgart WRP 2008, 513 (515)). Eine Tätigkeit „in erheblichem Umfang" setzt voraus, dass der Anwalt über eine ausreichende praktische Erfahrung auf diesem Rechtsgebiet verfügt. Das erfordert idR eine größere Zahl von Mandaten und eine mehrjährige Tätigkeit. Die gewählte Benennung darf nach **§ 7 II BORA** nicht die Gefahr einer Verwechslung mit Fachanwaltschaften begründen oder sonst irreführend iSv § 5 II Nr. 3 sein. So ist bspw. die Bezeichnung „Spezialist für Familienrecht" verwechslungsfähig mit der Bezeichnung „Fachanwalt für Familienrecht" (OLG Karlsruhe GRUR-RR 2013, 171). Allerdings ist dies im Hinblick auf die Interessen des rechtsuchenden Publikums und der Anwaltschaft und den Grundsatz der Verhältnismäßigkeit unerheblich, wenn die Fähigkeiten des sich als Spezialisten bezeichnenden Anwalts den an einen Fachanwalt zu stellenden Anforderungen an theoretische Kenntnisse und praktische Erfahrungen entsprechen. Dafür trägt der Anwalt die Darlegungs- und Beweislast (BGH GRUR 2015, 286 Rn. 25 – Spezialist für Familienrecht mit krit. Anm. Huff). Wer sich als „Spezialist für Erbrecht" bezeichnet und zusätzlich die Bezeichnung „Fachanwalt für Erbrecht" führt, verwendet aber beide Bezeichnungen nicht synonym, sondern bringt zum Ausdruck, dass seine Kenntnisse und Erfahrungen über die eines „Nur-Fachanwalts" hinausgehen (BGH NJW 2017, 669 Rn. 15 – Spezialist für Erbrecht mAnm Huff). Zur Werbung mit Fachanwaltsbezeichnungen vgl. § 7 II BORA und dazu AnwG Köln WRP 2018, 633.

1.173 **(3) Briefbogenwerbung.** Die Briefbogenwerbung ist in **§ 10 BORA** geregelt. Dabei handelt es sich um eine Marktverhaltensregelung iSd § 3a (OLG Jena WRP 2011, 784). § 10 BORA gebietet ebenso wenig wie § 2 I Nr. 2 DL-InfoV, eine voll ausgestattete Zweigstelle eines Anwalts als „Zweigstelle" zu bezeichnen (OLG Jena WRP 2011, 784). Wird auf dem Briefbogen einer Rechtsanwaltskanzlei in der Namensleiste der Name eines ausgeschiedenen, aber noch anderweitig tätigen Anwalts aufgeführt, liegt eine irreführende Werbung vor, wenn nicht gleichzeitig kenntlich gemacht wird, dass der Ausgeschiedene noch als Anwalt tätig ist (BGH GRUR 1997, 925 – Ausgeschiedener Sozius). – Die Fortführung des Namens eines Rechtsanwalts, der als Minister (Staatsminister der Justiz) an der Ausübung seines Berufs gehindert ist, auf dem Briefbogen der von den Sozien fortgeführten Kanzlei mit dem Zusatz „Rechte aus der Zulassung ruhen" ist nicht unlauter (BGH GRUR 1997, 922 – Rechtsanwalt als Minister). – Ein Verstoß gegen § 10 IV BORA liegt vor, wenn ein Anwalt mit dem Namen eines früheren Kanzleiinhabers wirbt, obwohl seine Kanzlei eine Neugründung ist (OLG Stuttgart NJW 2005, 3429).

(4) Umgehungsverbot. Nach § 6 III BORA, einer Konkretisierung des § 43b BRAO, darf **1.174** der Rechtsanwalt nicht daran mitwirken, dass Dritte für ihn Werbung betreiben, die ihm selbst verboten ist. Das setzt ein aktives Tun oder pflichtwidriges Unterlassen voraus. Bei Äußerungen in der **Presse** ist im Hinblick auf die Pressefreiheit (Art. 5 I GG) die Verantwortlichkeit des Rechtsanwalts allerdings begrenzt. Er ist von vornherein nicht verpflichtet, dagegen einzuwirken, dass ein Publikationsorgan im Rahmen einer die Öffentlichkeit interessierenden Berichterstattung seine berufliche Leistungsfähigkeit oder die Schwerpunkte seiner Tätigkeit sachlich richtig darstellt (BGH GRUR 1997, 473 (475) – Versierter Ansprechpartner), schon weil ihm diese Werbung als Eigenwerbung nicht verboten ist. Grds. besteht bei einem Interview auch keine Verpflichtung, sich einen Prüfungsvorbehalt auszubedingen (BVerfG NJW 1994, 123). Anders verhält es sich, wenn der Rechtsanwalt nach Lage der Dinge erwarten muss, dass der Beitrag keine Sachinformation, sondern eine reklamehafte Anpreisung liefern wird (BVerfG NJW 1994, 123).

(5) Verbot der Provisionszahlung. Nach § 49b III 1 BRAO ist es dem Rechtsanwalt **1.175** verboten, für die Vermittlung von Aufträgen eine Provision zu zahlen. Das Verbot erfasst jedoch nur Provisionszahlungen für ein konkret vermitteltes Mandat und daher nicht die Provisionszahlung an ein Internet-Auktionshaus, weil dieses lediglich ein Medium für die Werbung zur Verfügung stellt (BVerfG GRUR 2008, 618 Rn. 24 [Anwaltsdienste bei eBay]).

(6) Werbung mit Erfolgs- und Umsatzzahlen. Nach § 6 II 1 BORA ist die Angabe von **1.176** irreführenden Erfolgs- und Umsatzzahlen unzulässig (zu § 6 II 1 BORA aF, der ein generelles Verbot der Werbung mit Erfolgs- oder Umsatzzahlen vorsah, vgl. OLG Nürnberg GRUR-RR 2004, 256; Möllers/Mederle WRP 2008, 871 (875)).

c) Notare. Auch Notare dürfen grds. werben. Nach § 29 I BNotO hat der Notar jedoch **1.177** jedes gewerbliche Verhalten zu unterlassen, insbes. eine dem öffentlichen Amt widersprechende Werbung. Das entspricht dem allgemeinen Grundsatz, dass nur berufswidrige Werbung vom Gesetzgeber untersagt werden kann (BVerfG GRUR 1998, 71 (72 f.)). Diese Einschränkung ist mit Art. 12 I GG vereinbar (BVerfGE 73, 280 (292) = NJW 2005, 1483). Art. 24 II 2 Dienstleistungs-RL ist auf die Tätigkeit von Notaren nicht anwendbar (arg. Art. 2 lit. l Dienstleistungs-RL). Gerechtfertigt ist das Werbeverbot durch seinen Zweck, die Unparteilichkeit, Unabhängigkeit und ordnungsgemäße Berufsausübung des Notars als Trägers eines öffentlichen Amtes zu sichern (BVerfG GRUR 1998, 71 (72 f.)). Unzulässig ist dementsprechend eine Werbung des Notars, die den Eindruck erwecken kann, seine Unparteilichkeit und Unabhängigkeit werde durch sein gewerbliches, gewinnorientiertes Marktverhalten beeinflusst (BGH NJW-RR 2002, 58). Erlaubt sind dagegen Zeitungsanzeigen, ferner Briefbogengestaltungen mit Namen und Titel und bei Anwaltsnotaren im Rahmen einer zulässigen Sozietät mit Rechtsanwälten (vgl. § 59bBRAO) und den in § 9 II BNotO genannten weiteren Berufen auch die gemeinsame Außendarstellung. Allerdings darf der Anwaltsnotar, soweit es ihm als Rechtsanwalt (Patentanwalt, Steuerberater, Wirtschaftsprüfer, vereidigter Buchprüfer, vgl. § 8 II BNotO) gestattet ist, über die für den Notar geltenden Werbebeschränkungen hinaus (weitergehend) Werbung treiben, die sich nicht auf seine Tätigkeit als Notar erstreckt (§ 29 II BNotO). Zulässig ist eine Werbung unter der Angabe der Bezeichnung „Rechtsanwalt und Notar", wenn unmissverständlich klargestellt ist, dass sich die Werbung nur auf die anwaltliche Tätigkeit bezieht (OLG Celle GRUR 2007, 76 (77)). – Eine zurückhaltende grafische und farbliche Gestaltung des Briefpapiers, des Briefkopfes und des Kanzleilogos unterfällt dem Verbot der berufswidrigen Werbung ebenfalls nicht (BVerfG GRUR 1998, 71 (72)). – Die Angabe von Tätigkeitsschwerpunkten ist in der BNotO nicht geregelt, ist aber als zulässig anzusehen, da sie nicht dem öffentlichen Amt des Notars widerspricht. – Die Werbebeschränkung erfasst von vornherein nicht solche Tätigkeiten, die in Wahrnehmung einer grundrechtlich geschützten Tätigkeit eine gewisse Werbewirkung entfalten. Die Übernahme der Funktion des Vorsitzenden eines örtlichen Haus- und Grundbesitzervereins (BGH NJW 1989, 3281 (3282)) oder die Tätigkeit als Mitglied und Vorsitzender des Aufsichtsrats einer Volksbank (BGH DNotZ 1969, 312 (314)) ist daher von vornherein unbedenklich.

1.178   **d) Steuerberater und Wirtschaftsprüfer.** Die Werbebefugnis für Steuerberater ist begrenzt durch das Sachlichkeitsgebot des § 8 I StBerG. Dabei handelt es sich, wie bei den weiteren Werbebeschränkungen des § 8 StBerG, um eine Marktverhaltensregelung (BGH GRUR 2021, 742 Rn. 19 – Steuerberater-LLP). Aus ihr folgt, dass natürliche und juristische Personen, denen mangels Zugehörigkeit zum in den §§ 3, 3a, 4 und 6 Nr. 4 StBerG genannten Personenkreis eine geschäftsmäßige Hilfeleistung in Steuersachen nicht gestattet ist, für die Erbringung solcher Dienstleistungen nicht werben dürfen (BGH GRUR 2021, 742 Rn. 18 – Steuerberater-LLP). Die Werbebeschränkungen für Steuerberater (§ 57 I 1 StBerG, § 57a StBerG; § 9 BOStB; dazu Köhler DStR 2011, 428) und Wirtschaftsprüfer (§ 52 WPO) sind weitgehend identisch mit der entsprechenden Regelung für Anwälte in § 43b BRAO. Es gelten daher die gleichen Grundsätze (→ Rn. 1.155 ff.; aus der Rspr. vgl. BVerfG NJW 2004, 3765; BGH NJW 1998, 1965 (1966); BGH NJW 1999, 2444; BGH GRUR 2010, 349 Rn. 19 – EKW-Steuerberater; BGH GRUR-RR 2011, 7 – steuerberater-suedniedersachsen.de). Eine Marktverhaltensregelung stellt auch die Verpflichtung von Lohnsteuerhilfevereinen dar, die entsprechende Bezeichnung im Vereinsnamen zu führen (§ 18 StBerG), dar. Denn sie regelt die Außendarstellung des Vereins und dient dem Schutz der Öffentlichkeit vor Irreführung (BGH GRUR 2008, 186 Rn. 33 – Telefonaktion). Allerdings ist dieser Vorschrift nicht zu entnehmen, dass bei allen Werbemaßnahmen die Bezeichnung „Lohnsteuerhilfeverein" anzugeben ist (BGH GRUR 2008, 186 Rn. 35 – Telefonaktion). – Gegen § 43 II StBerG, der das Führen anderer Berufsbezeichnungen begrenzt, verstößt der Zusatz „Vorsitzender Richter a. D." neben der Berufsbezeichnung „Steuerberater" (OLG Karlsruhe WRP 2012, 1433) und die Verwendung der Bezeichnung „Mediator nach § 7 BORA" auf Briefbögen ohne räumliche Abgrenzung zur Berufsbezeichnung als Steuerberater (OLG Frankfurt WRP 2022, 766 Rn. 7).

1.179   **e) Ärzte (Zahnärzte, Tierärzte). aa) Grundsatz.** Die **Berufsordnungen der Landesärztekammern** (→ Rn. 1.132) enthalten Werbeverbot– und -beschränkungen (vgl. zB § 27 III BayBOÄ). Der Arzt ist aber zugleich Unternehmer, der mit seiner Tätigkeit seinen Lebensunterhalt verdienen muss. Dem **Arzt (Zahnarzt, Tierarzt)** dürfen daher neben der auf seiner Leistung und seinem Ruf beruhenden Werbewirkung auch Ankündigungen mit werbendem Charakter nicht verwehrt werden (BVerfGE 71, 162 (174); BVerfG NJW 2001, 2788 (2789); BGH GRUR 2004, 164 (165) – Arztwerbung im Internet; Fritzsche WRP 2013, 272). Dass die Werbung in erster Linie auf Akquisition gerichtet ist, macht sie nicht unzulässig (BVerfG GRUR 2004, 68 (69) – Werbung einer Zahnarzt-GmbH gegen BGH GRUR 2001, 181 (183) – dentalästhetika). Denn Konkurrenzschutz und Schutz vor Umsatzverlagerungen sind keine legitimen Zwecke, die Einschränkungen der Berufsfreiheit rechtfertigen könnten (BVerfG GRUR 2004, 68 (69) – Werbung einer Zahnarzt-GmbH). Für die Werbung ist daher auch kein besonderer Anlass (zB Praxisverlegung, Urlaubsabwesenheit) erforderlich. Werbeverbote sind nur dann verfassungsrechtlich zulässig, wenn sie verfassungskonform dahin ausgelegt werden können, dass nur die **berufswidrige Werbung** unzulässig ist (BVerfGE 71, 162 (174); BVerfGE 85, 248 (257); BVerfG WRP 2002, 521 – Tierarztwerbung; BVerfG GRUR 2003, 966 – Internetwerbung von Zahnärzten; BVerfG GRUR 2012, 72 Rn. 21 – Zahnärztehaus; vgl. auch EGMR NJW 2003, 497 – Stambuk). Dem ist in **§ 27 III MBO** entsprochen, der seit 2014 nur noch ein Verbot berufswidriger Werbung vorsieht (dazu BVerfG GRUR 2006, 425 – Informationen über Behandlungsmethoden) und dazu insbes. eine **anpreisende, irreführende** und **vergleichende Werbung** zählt. Bei Äußerungen, die das öffentliche Interesse berühren, kann neben der Berufsausübungsfreiheit nach Art. 12 I GG auch die Meinungsäußerungsfreiheit nach Art. 5 I GG, Art. 10 EMRK dem Werbeverbot vorgehen (EGMR GRUR-Int. 1985, 468 (470) = NJW 1985, 2885 (2886); BVerfG GRUR 1986, 382 (386) [Buchveröffentlichung]).

1.180   Der höchst unbestimmte Begriff der berufswidrigen Werbung bedarf allerdings der Konkretisierung. **Nicht berufswidrig** und damit zulässig sind jedenfalls **interessengerechte und sachangemessene Informationen, die keinen Irrtum erregen** (BVerfG GRUR 2003, 966; BVerfG GRUR 2004, 68 (69); BVerfG WRP 2011, 1438; BVerfG GRUR 2012, 72 Rn. 21; BGH GRUR 2003, 798 – Sanfte Schönheitschirurgie; BGH GRUR 2011, 343 Rn. 12 – Zweite Zahnarztmeinung). Auch einem Arzt ist es daher grds. unbenommen, in angemessener Weise auf seine Leistungen hinzuweisen und ein vorhandenes, an ihn herangetragenes Informationsinteresse zu befriedigen (BGH GRUR 2001, 181 (182) – dentalästhetika) sowie sein Bild in der Öffentlichkeit positiv zu zeichnen (BVerfG GRUR 2006, 425 (426) [Informationen über Behandlungsmethoden]). Im Einzelfall ist jeweils zu fragen, ob die Patienten ein legitimes Interesse an der betreffenden Information haben (BVerfG GRUR 2004, 68 (69)). Dieses Interesse kann sich auch auf das Vertrauensverhältnis zwischen Arzt und Patient beziehen (BVerfG GRUR 2006, 425 (426)).

Bei der **Abgrenzung** von sachangemessener Information und berufswidriger Werbung ist zu **1.181** berücksichtigen, dass die für Ärzte bestehende Werbebeschränkung eine Verfälschung des ärztlichen Berufsbilds verhindern soll. Sie träte ein, wenn der Arzt die in der Wirtschaft üblichen Werbemethoden verwendete (BVerfGE 85, 248 (260) = NJW 1992, 2341). Die ärztliche Berufsausübung soll sich nicht an ökonomischen Erfolgskriterien, sondern an medizinischen Notwendigkeiten orientieren. Dahinter steht das Rechtsgut der Gesundheit der Bevölkerung. Gesetzliche Verbote berufswidriger Werbung beugen damit einer gesundheitspolitisch unerwünschten Kommerzialisierung des Arztberufs vor (BVerfG NJW 2002, 1331 (1332); BGH GRUR 2004, 164 (165) – Arztwerbung im Internet). Dies gilt ua für das Verbot, die Berufsbezeichnung für gewerbliche Zwecke zu verwenden oder ihre Verwendung für gewerbliche Zwecke zu gestatten, sowie für das Verbot der Werbung für berufsfremde Tätigkeiten oder Produkte in den Praxisräumen (vgl. OLG Köln GRUR-RR 2003, 285; OLG Frankfurt GRUR-RR 2005, 230 (231) zu **§ 3 II HessBOÄ;** LG Lüneburg WRP 2016, 657 Rn. 30 zu **§ 3 I 2, 3 BOÄ BW**). Dies ist zwar an sich nicht das Anliegen des Lauterkeitsrechts. Gleichwohl stellen solche Verbote auch Marktverhaltensregelungen iSv § 3a dar. Sie dienen nämlich auch dem Schutz der Patienten als potenziellen Marktpartnern vor Irreführung und unangemessener unsachlicher Beeinflussung. Verstöße begründen daher die Unlauterkeit der betreffenden Werbung. In aller Regel sind derartige Verstöße auch geeignet, die Interessen der Verbraucher spürbar zu beeinträchtigen.

bb) Zulässigkeit von Informationen. Die **Heilberufsgesetze** der Länder und die jeweili- **1.182** gen **Berufsordnungen** der Kammern regeln ua die Zulässigkeit von Informationen. Dabei handelt es sich um Marktverhaltensregelungen, da sich Informationen unmittelbar auf die Werbemöglichkeiten auswirken (BGH GRUR 2010, 1024 Rn. 17 – Master of Science Kieferorthopädie). Nach § 27 II MBO sind berufsbezogene Informationen zulässig. Als **zulässig,** weil interessengerecht und sachangemessen, wurde angesehen: Verwendung der Bezeichnung **„Spezialist"** (zB Wirbelsäulen- oder Kniespezialist) für einen Arzt, der auf einem bestimmten Teilgebiet, das enger ist als seine Gebietsbezeichnung, über eine langjährige Erfahrung verfügt (BVerfG NJW 2002, 1331 (1332); OLG München MedR 1999, 76 (78)). – Einrichtung eines **Zahnarztsuchservices,** bei dem über die Tätigkeit und fachliche Qualifikation von Zahnärzten auf der Grundlage eigenverantwortlicher Mitteilungen informiert wird (BVerfG NJW 2002, 1864 (1866) = WRP 2001, 1437). – Angabe von mehreren **Tätigkeitsschwerpunkten** nebst sachlichen und dem Laien verständlichen Erläuterungen (BGH GRUR 2004, 164 (166) – Arztwerbung im Internet). – Hinweis auf die **Mitgliedschaft** in bestimmten ärztlichen Vereinigungen (BVerfG GRUR 2003, 966 (968); BGH GRUR 2004, 164 (166) – Arztwerbung im Internet). – In das Internet gestellte Informationen über den **beruflichen Werdegang** (zB Auslandsaufenthalte), die **Praxiserfahrungen** (zB Zahl der behandelten Patienten) und die Erfahrungen auf einem bestimmten **Behandlungsgebiet,** auch wenn es von den entsprechenden Berufskammern noch nicht anerkannt ist (BVerfG GRUR 2003, 966 (968)). – Angabe eines **Betätigungsfelds** (zB „Implantologie") im Branchentelefonbuch (BVerfG GRUR 2003, 966 (968)). – Hinweis auf Beherrschung des einheimischen **Dialekts** (BVerfG GRUR 2003, 966 (968)). – Hinweis auf **private Hobbys** (BVerfG GRUR 2003, 966 (968)). – Hinweis auf **„ruhige Atmosphäre"** (BVerfG GRUR 2004, 68 (69)). – Hinweis auf **„langjährig erfahrenes Ärzteteam"** (BVerfG GRUR 2004, 68 (69)). – Benutzung von für Laien **verständlichen Definitionen** der medizinischen Fachausdrücke (BVerfG GRUR 2004, 68 (69)). – Hinweise auf noch weitgehend unbekannte **Behandlungs-** und **Operationsmethoden** (BVerfG GRUR 2006, 425 (426)). – Hinweise in einer Aufmerksamkeitswerbung (Teilnahme an einem Gewinnspiel), die ein **Unternehmenskonzept** zur Qualitätssicherung nur schlagwortartig umreißt und für weitere Informationen auf eine Internetadresse verweist (BGH GRUR 2009, 883 Rn. 14f – MacDent zu § 21 II BOZÄ SH). – Hinweis auf eine mit der zahnärztlichen Tätigkeit verbundene zulässige gewerbliche Tätigkeit, wie zB zahntechnisches Labor (BVerfG GRUR 2011, 838 Rn. 43). – Erstellung eines **Heil-** und **Kostenplans** oder **Kostenvoranschlags,** sofern nicht im Einzelfall eine unzulässige aktive Werbung um Patienten vorliegt (BGH GRUR 2011, 343 Rn. 16 – Zweite Zahnarztmeinung). Die Erstellung ist auch dann zulässig, wenn ein Patient auf einer Internetplattform die ihm vorliegende Schätzung eines Arztes einstellt und damit anderen Ärzten die Gelegenheit gibt, eigene Schätzungen abzugeben, die dann vom Plattformbetreiber dem Patienten unter Angabe der Kontaktdaten mitgeteilt werden. Es ist auch nicht berufswidrig, wenn der daraufhin vom Patienten ausgewählte Arzt dem Betreiber der Internet-plattform ein Entgelt in Höhe eines bestimmten Prozentsatzes des vereinbarten Honorars für die Nutzung der Plattform bezahlt (BGH GRUR 2011, 343 Rn. 22 – Zweite Zahnarztmeinung). Denn darin liegt keine verbotene Gewährung eines Entgelts für die Zuweisung von Patienten.

1.183   **cc) Sachlichkeitsgebot.** Werbeaussagen müssen sich nicht auf sachangemessene Informationen oder nüchterne Fakten beschränken. Auch aus der Form der Werbung oder der Art des Werbeträgers lassen sich nicht ohne weiteres Rückschlüsse auf die Berufswidrigkeit ziehen (BVerfG GRUR 2011, 838 Rn. 55). Das Sachlichkeitsgebot schließt eine **Image-** und **Sympathiewerbung** (zB mit Angaben privater Hobbys) nicht aus, soweit sie nicht den Informationscharakter der Werbung in den Hintergrund drängt (BVerfG GRUR 2003, 966 (968); BVerfG GRUR 2006, 425 (426); BGH GRUR 2004, 164 (165) – Arztwerbung im Internet). Denn gewonnene Sympathie kann zum Vertrauensverhältnis zwischen Arzt und Patient beitragen. Die Werbung darf lediglich nicht die eigenen Leistungen – insbes. auch nicht gegenüber den Leistungen anderer – **anpreisen** (BVerfG NJW 2002, 1331 (1332); BGH GRUR 2003, 798 (800) – Sanfte Schönheitschirurgie). Für die Abgrenzung kommt es darauf an, wie ein **durchschnittlich informierter, aufmerksamer und verständiger Verbraucher** (BVerfG WRP 2003, 1099 (1101): „aufmerksamer Leser") die entsprechenden Formulierungen oder Darstellungen auffasst. Was leicht verständlich und einprägsam ist, ist nicht schon aus diesem Grund anpreisend, übertrieben, reklamehaft oder marktschreierisch. Was übertrieben ist, steht im Übrigen nicht ein für alle Mal fest, sondern unterliegt dem Wandel der Anschauungen. Daher ist eine bisher nicht übliche Werbung nicht schon aus diesem Grund berufswidrig (BVerfG 94, 372 = BVerfG GRUR 1996, 899 (904); BVerfG GRUR 2011, 838 Rn. 55). – Als zulässig angesehen wurden ua folgende Werbeaussagen und Werbemaßnahmen: „Schönheit ist das Ziel" und „Vertrauen Sie unserem Facharzt für plastische Chirurgie" (BGH GRUR 2003, 798 (800) – Sanfte Schönheitschirurgie); „Die Gesundheit ist unser Anliegen"; „Der Natur ein Stück näher … sicher"; „Zahn für Zahn mehr Lebensqualität"; „sicher – bequem – ästhetisch", „Implantate – ein guter Weg" (BVerfG NJW 2000, 2734 (2735)); Darstellung eines Kussmunds bei der Werbung eines Zahnarztes (OLG Hamm GRUR-RR 2005, 396); Verlosung von Gutscheinen für Dienstleistungen und Waren (BVerfG GRUR 2011, 838 Rn. 55). – Das Sachlichkeitsgebot ist **verletzt,** wenn die Werbung zwar Sachaussagen enthält, diese aber einen den Laien mehr verwirrenden als aufklärenden Umfang erreichen (BVerfGE 71, 183 (198) = GRUR 1986, 387; BGH GRUR 1999, 179 (182) – Patientenwerbung); ferner dann, wenn die Werbung durch übermäßig anpreisende Elemente geprägt ist und die sachliche Information über die angebotene Leistung und die genaueren Konditionen in den Hintergrund treten (LG Hamburg GRUR-RR 2012, 257 (258) zu § 27 III BOÄ).

1.184   **dd) Irreführungsverbot.** Die Werbeangaben dürfen nicht irreführend sein. Berufswidrig ist ua das Führen von Zusätzen, die im Zusammenhang mit den geregelten Qualifikationsbezeichnungen und Titeln zu Irrtümern führen können (dazu Fritzsche WRP 2013, 272 (274 ff.)). Denn sie können das Vertrauen in den Arztberuf untergraben und langfristig negative Rückwirkungen auf die medizinische Versorgung der Bevölkerung haben (BVerfG NJW 1993, 2988 (2989); BVerfG NJW 1994, 1591 (1592); BVerfG NJW 2002, 1331; BVerfG NJW 2002, 1864 (1865)). Insoweit greift aber auch **§ 5 II Nr. 3** und 4 ein (BGH GRUR 2010, 1024 Rn. 22 ff. – Master of Science Kieferorthopädie). **Beispiel:** Die von einem Internisten verwendete Angabe „Versorgungsschwerpunkt Kardiologie" ist verwechslungsfähig mit der Qualifikationsbezeichnung „Facharzt Innere Medizin Schwerpunkt; Kardiologie" (LG Karlsruhe WRP 2009, 101).

1.185   **ee) Wahl des Werbeträgers. (1) Allgemeines.** Grds. sind Ärzte – wie auch Anwälte (→ Rn. 1.160) – in der Wahl des Werbeträgers frei. Aus dem Werbeträger allein kann nicht auf eine Gefährdung eines Gemeinwohlbelangs wie der Gesundheit der Bevölkerung oder mittelbar auf einen Schwund des Vertrauens der Öffentlichkeit in die berufliche Integrität der Ärzte geschlossen werden, solange sich die Werbemittel im Rahmen des **Üblichen** bewegen (BVerfGE 94, 372 (393) = NJW 1996, 3067; BVerfG NJW 2002, 1331; BVerfG GRUR 2004, 68 – Werbung einer Zahnarzt-GmbH) und **nicht aufdringlich** sind (BVerfG NJW 2002, 1331 (1332)). Eine gesetzliche Beschränkung ist nur dann mit Art. 12 I GG vereinbar, wenn dem Schutz der Berufsfreiheit durch eine Würdigung aller maßgeblichen Umstände angemessen Rechnung getragen wird. Dabei ist auch zu berücksichtigen, inwieweit Leistungen beworben werden, die in vergleichbarer Weise auch von anderen niedergelassenen Ärzten erbracht werden (BGH GRUR 2003, 798 (800) – Sanfte Schönheitschirurgie; BGH GRUR 2001, 181 (184) – dentalästhetika).

(2) Einzelne Werbeträger. Die Veröffentlichung von **Zeitungsanzeigen** in Publikumszeit- **1.186** schriften ist grds. zulässig, sofern die Anzeigen nicht nach Form, Inhalt oder Häufigkeit übertrieben wirken (BGH GRUR 2003, 798 (800) – Sanfte Schönheitschirurgie). Format, Auflage und Leserkreis der Zeitung können dabei ebenso bedeutsam sein wie ihr Charakter und ihre Aufmachung (BVerfG WRP 2002, 521 (523) – Tierarztwerbung; BGH GRUR 2003, 798 (800) – Sanfte Schönheitschirurgie). Gegen Anzeigen in Sportzeitschriften ist nichts einzuwenden, da es sich auch insoweit um eine Publikumszeitschrift handelt. Zulässig ist die Verteilung von Werbeprospekten (OLG Stuttgart WRP 2003, 119), das Beilegen von **Faltblättern** in Werbebroschüren von Sportveranstaltern (BVerfG NJW 2002, 1331 (1332)) und erst recht das bloße Auslegen von Faltblättern in einer Klinik (BVerfG NJW 2000, 2734 (2735)). – Auch die Werbung im Internet ist zulässig, zumal es sich hierbei um eine passive Darstellungsform handelt (BVerfG NJW 2003, 2818 (2819); BVerfG GRUR 2003, 966; BGH GRUR 2004, 164 (165) – Arztwerbung im Internet).

ff) Umgehungsverbot. Um eine Umgehung des Verbots der berufswidrigen Werbung zu **1.187** verhindern, sehen die ärztlichen Berufsordnungen vor, dass ein Arzt eine ihm verbotene Werbung durch andere weder **veranlassen** noch **dulden** darf (vgl. § 27 II MBO). Dieses Umgehungsverbot (auch **Verbot der mittelbaren Werbung** genannt) ist verfassungsrechtlich zulässig, jedoch verfassungskonform auszulegen (BVerfG NJW 2000, 2734; BGH GRUR 1999, 1104 (1105) – Ärztlicher Hotelservice). Ein **Dulden** fremder Werbung liegt nur dann vor, wenn dem Arzt die Unterbindung tatsächlich und rechtlich möglich und zumutbar ist. Das ist etwa der Fall, wenn es sich um die Werbung durch Mitarbeiter oder durch eine zu diesem Zweck gegründete Gesellschaft oder durch einen Hersteller handelt (LG Lüneburg WRP 2016, 657). An Presseveröffentlichungen darf der Arzt grds. nur mitwirken (zB in Gestalt von Auskünften und Interviews), wenn die Presse einer Überprüfung und Genehmigung des Manuskripts zugestimmt hat (sog **Genehmigungsvorbehalt;** vgl. BVerfGE 85, 248 = GRUR 1992, 866 (869); BGH GRUR 1987, 241 (243) – Arztinterview). Angesichts der regelmäßigen Weigerung der Presse, sich einem solchen Genehmigungsvorbehalt zu unterwerfen, muss auf die Zumutbarkeit im Einzelfall abgestellt werden (BVerfGE 85, 248 = GRUR 1992, 866 (869)). Bei einer Abwägung der Interessen der Beteiligten und der Allgemeinheit unter Berücksichtigung auch der Pressefreiheit gelangt man zum Ergebnis, dass der Arzt an einer Presseveröffentlichung von vornherein nicht mitwirken darf, wenn zu erwarten ist, dass sie auf eine reklamehafte Werbung hinausläuft. – Das Umgehungsverbot gilt auch für den Belegarzt, der veranlasst oder duldet, dass Patienten, die sich auf Grund einer Werbeanzeige des Belegkrankenhauses melden, an seine Praxis weitergeleitet werden (BGH GRUR 2000, 613 (615) – Klinik Sanssouci). Das Umgehungsverbot ist noch nicht verletzt, wenn ein Unternehmen einen ärztlichen Notfall- oder Bereitschaftsdienst für Privatpatienten betreibt und sich unter dieser Bezeichnung in Telefonbüchern eintragen lässt, aber weder bestimmte Ärzte benannt noch bestimmte ärztliche Leistungen hervorgehoben werden (BGH GRUR 1999, 1009 (1011) – Notfalldienst für Privatpatienten; BGH GRUR 1999, 1102 (1104) – Privatärztlicher Bereitschaftsdienst; BGH GRUR 1999, 1104 (1106) – Ärztlicher Hotelservice). Denn insoweit handelt es sich lediglich um sachangemessene und nützliche Informationen für den Verbraucher. Die Grenze ist erst dann überschritten, wenn der beworbene ärztliche Bereitschaftsdienst nur vorgeschoben ist und der Sache nach Werbung für einzelne hinter ihm stehende Ärzte betrieben wird (BGH GRUR 1999, 1102 (1104) – Privatärztlicher Bereitschaftsdienst; BGH GRUR 1999, 1104 (1106) – Ärztlicher Hotelservice).

gg) Verantwortlichkeit Dritter. Eine (Mit-)Verantwortlichkeit des Dritten, der für den **1.188** Arzt wirbt, kommt zwar nicht unter dem Gesichtspunkt der Störerhaftung (vgl. BGH GRUR 2011, 152 Rn. 48 – Kinderhochstühle im Internet I; anders noch BGH GRUR 1996, 905 (907) – GmbH-Werbung für ambulante ärztliche Leistungen; BGH GRUR 1999, 504 (506) – Implantatbehandlungen; BGH GRUR 2000, 613 (616) – Klinik Sanssouci; BGH GRUR 2001, 181 (184) – dentalästhetika), wohl aber unter dem Gesichtspunkt der **Beihilfe** in Betracht. Dies setzt allerdings Vorsatz des Dritten voraus. Außerdem muss die Werbung vom Arzt aktiv in der Weise betrieben worden sein, dass er sie veranlasst hat. Es geht nicht an, aus der Werbung eines Dritten für einen Arzt auf einen Wettbewerbsverstoß des Arztes (durch Dulden) zu schließen, um anschließend daraus wiederum eine Mitwirkung des Dritten am Wettbewerbsverstoß des Arztes zu konstruieren.

f) Kliniken. Für **Kliniken** (und vergleichbare gewerbliche Unternehmen) gelten nicht diesel- **1.189** ben Werbebeschränkungen wie für Ärzte (BVerfGE 71, 183 (194 ff.)) = GRUR 1986, 387;

BVerfG NJW 2000, 2734 (2735); BVerfG NJW 2002, 1331 (1332); BVerfGNJW 2003, 2818; BVerfG GRUR 2004, 68 (69); BGH GRUR 1996, 905 (907) – GmbH-Werbung für ambulante ärztliche Leistungen; BGH GRUR 2001, 181 (184) – dentalästhetika; BGH GRUR 2002, 725 (726) – Haar-Transplantationen). Dieses **Klinikprivileg** rechtfertigt sich aus folgenden Erwägungen: Bei Kliniken (und vergleichbaren Unternehmen), die neben ärztlichen Leistungen noch weitere gewerbliche Leistungen wie Unterbringung und Verpflegung erbringen, handelt es sich um Gewerbebetriebe, die auf Grund des höheren personellen und sachlichen Aufwands und der laufenden Betriebskosten durch Werbebeschränkungen typischerweise stärker belastet sind als die Gruppe niedergelassener Ärzte. Zur Sicherung ihrer Existenz sind sie darauf angewiesen, auf ihr Leistungsangebot aufmerksam zu machen. Das Klinikprivileg darf auch nicht durch Heranziehung der (ohnehin überholten) Grundsätze der Störerhaftung unterlaufen werden (BVerfG GRUR 2004, 68 (69) gegen BGH GRUR 2001, 181 (184) – dentalästhetika.

1.190   Kliniken (und vergleichbare Unternehmen) dürfen daher in **sachangemessener Weise** für ihre eigenen – wenngleich durch angestellte Ärzte, Vertragsärzte oder Belegärzte erbrachten – Leistungen (BVerfG NJW 2000, 2734 (2735); BGH GRUR 2002, 725 (726) – Haar-Transplantationen) und für die Eigenschaften ihres Betriebs, insbes. Klinikführung, -ausstattung und -atmosphäre (BVerfG NJW 2003, 2818), werben. Sachangemessen ist die Werbung, wenn sie einem berechtigten Informationsbedürfnis der Patienten entspricht (OLG Celle WRP 2012, 341 (342)). Kliniken stehen den niedergelassenen Ärzten auch bei Vornahme ambulanter Eingriffe nicht gleich, soweit diese als klinische Leistungen abgerechnet werden (BVerfG GRUR 2004, 68 (69)). Der Bereich der erlaubten bloßen Klinikwerbung ist auch dann noch nicht überschritten, wenn die behandelnden Ärzte namentlich genannt werden. Dass die Werbung den Klinikärzten iErg zu Gute kommt, weil sie die beworbenen Leistungen gegen Vergütung erbringen, ist unerheblich (BGH GRUR 2002, 725 (726) – Haar-Implantationen; OLG Stuttgart WRP 2003, 119 (121)). Etwas anderes gilt erst dann, wenn damit zugleich den Benannten als niedergelassenen Ärzten Patienten zugeführt werden sollen (BVerfG NJW 2000, 2734 (2735); BVerfG NJW 2002, 1331 (1332)). Hierfür kommt es darauf an, ob die Werbung im Einzelfall dem niedergelassenen Arzt oder der Klinik zu Gute kommen soll (BVerfG NJW 2002, 1331 (1332)).

1.191   **g) Apotheker. aa) Allgemeines.** Werbebeschränkungen für **Apotheker** ergeben sich bereits aus den allgemeinen gesetzlichen Werbebeschränkungen des **HWG** (→ Rn. 1.218–1.238; BVerfGE 94, 372 = GRUR 1996, 899 (900) – Werbeverbot für Apotheker). Hinzu kommen die Werbebeschränkungen aus den **Berufsordnungen** der **Landesapothekerkammern.** Da diese Regelungen die Berufsausübungsfreiheit beschränken, müssen sie durch ausreichende Gründe des Gemeinwohls gerechtfertigt sein und dem Grundsatz der Verhältnismäßigkeit genügen. Legitimer Zweck solcher Regelungen ist es, dem Arzneimittelfehlgebrauch entgegenzuwirken und die ordnungsgemäße Berufsausübung zu stärken, insbes. das Vertrauen der Bevölkerung in die berufliche Integrität der Apotheker zu erhalten und zu fördern (BVerfGE 94, 372 = GRUR 1996, 899 (903)). Zulässig sind daher Regelungen, die nach Form, Inhalt und Häufigkeit übertriebene (marktschreierische) Werbung verbieten. Was übertrieben ist, steht nicht ein für alle Mal fest, sondern unterliegt dem Wandel der Anschauungen (BVerfGE 94, 372 = GRUR 1996, 899 (904); dazu Reichelt WRP 1997, 1133). Unverhältnismäßig und damit unzulässig sind jedoch Regelungen, die bestimmte Werbeträger ohne Rücksicht auf Form und Inhalt der Werbung vollständig ausschließen oder die als strikte Regelung für eine Würdigung aller maßgeblichen Umstände keinen Raum lassen (BVerfGE 94, 372 = GRUR 1996, 899 (903)). Unzulässig sind Regelungen auch dann, wenn sie ausschließlich oder überwiegend dem Konkurrenzschutz dienen. Denn das öffentliche Interesse, das das Sonderrecht für Apotheker legitimiert, ist auf die Sicherstellung einer ordnungsgemäßen Arzneimittelversorgung der Bevölkerung gerichtet und daran müssen sich Beschränkungen der Berufsfreiheit messen lassen. (BVerfGE 94, 372 = GRUR 1996, 899 (904)). Der Grundsatz der Verhältnismäßigkeit ist auch bei der Anwendung der werbebeschränkenden Regelungen der Berufsordnung im Einzelfall zu beachten. Die Grenze zur unsachlichen Werbung ist erst überschritten, wenn die Werbung Anlass zu Zweifeln an der ordnungsmäßigen Sicherstellung der Arzneimittelversorgung durch den Apotheker und an dessen beruflicher Integrität gibt. Dabei ist zu beachten, dass Apotheker nicht nur Angehörige eines freien Berufs, sondern zugleich Kaufleute sind, die beim Absatz von nicht apothekenpflichtigen Waren im Wettbewerb mit anderen Berufsgruppen stehen. Sie müssen daher die Möglichkeit haben, sich in diesem Bereich entsprechend werblich zu entfalten (BVerfGE 94, 372 = GRUR 1996, 899 (904)). Werbung für nicht verschreibungspflichtige Arzneimittel und für das Randsortiment ist daher nicht schon deshalb als unsachlich, aufdringlich oder marktschreierisch anzusehen, weil sich der Apotheker derselben Werbemethoden bedient, die üblicherweise auch von anderen Gewerbetreibenden beim Vertrieb der gleichen Artikel verwendet werden (BVerfGE 94, 372 = GRUR 1996, 899 (904)). Auch die Werbeaussagen sind anhand dieses Maßstabs zu beurteilen. Nicht zu beanstanden ist daher der Slogan „Mehr als eine Apotheke", da es sich um eine bloße Aufmerksamkeitswerbung handelt (vgl. LG Dresden GRUR-RR 2005, 232).

bb) Einzelne Werbemittel. Zeitungswerbung für das Nebensortiment kann unzulässig **1.192** sein, wenn sie nach Form, Inhalt, Erscheinungsweise und -häufigkeit massiv auf den Umworbenen einwirkt und den Eindruck hervorruft, dass die Hauptaufgabe des Apothekers, die Arzneimittelversorgung der Bevölkerung sicherzustellen, nicht mehr im Vordergrund steht und dass sich der Apotheker einträglicheren Geschäften zuwendet (BVerfGE 94, 372 = GRUR 1996, 899 (904); vgl. auch BGH GRUR 1983, 249 (250) – Apothekenwerbung; BGH GRUR 1994, 639 (640) – Pinguin-Apotheke; BGH GRUR 1994, 656 (658) – Stofftragetasche). Ist aber eine Anzeigenwerbung oder eine andere Werbeform, zB die Aufstellung von **Werbetafeln** oder von **Verkaufsschütten** auf dem Gehweg, nicht übertrieben, würde ein Verbot die Freiheit der Berufsausübung übermäßig beschränken. Nicht zu beanstanden ist eine Zeitungswerbung, die Waren des Randsortiments nach Artikelbezeichnung und Preis mit verkleinerter bildlicher Darstellung ohne besondere Heraushebung beschreibt (BGH GRUR 1983, 249 (250) – Apothekenwerbung). Solche Werbemaßnahmen sind nicht geeignet, das Vertrauensverhältnis von Apotheker und Verbraucher zu stören oder das Berufsbild des Apothekers zu beschädigen. Eine berufsrechtliche Verbotsnorm, die die Versendung von **Werbebriefen** ausnahmslos untersagt, wäre nichtig, Art. 12 I GG (BVerfGE 94, 372 = GRUR 1996, 899 (904); BVerfG NJW 1996, 3070 (3071) – Zeitungswerbung durch Apotheker; BGH GRUR 1999, 1014 (1016) – Verkaufsschütten vor Apotheken). Zulässig ist die Verteilung von kleinen **Werbegeschenken** vor einer Apotheke (BGH GRUR 1994, 639 (640) – Pinguin-Apotheke). – Zulässig ist weiter die Verwendung des Kennzeichens „Guten Tag-Apotheke" (BGH GRUR 1987, 178 (179 f.) – Guten Tag-Apotheke II) sowie die Abgabe von **Warenproben** apothekenüblicher Waren. Das satzungsrechtliche Verbot solcher Abgaben verstößt gegen Art. 12 I GG und Art. 3 GG (BGH GRUR 1991, 622 (624) – Warenproben in Apotheken). Anders liegt es bei der dem Apotheker durch § 17 I 1, II 1 ApBetrO und § 43 I 1 AMG grds. verbotenen berufs- und gewerbsmäßigen Abgabe von Arzneimitteln (§ 2 I AMG), zB von Impfstoffen (§ 4 IV AMG), an den letzten Verbraucher im Weg des Versands und bei der durch § 8 Abs. 1 HWG ebenfalls untersagten Werbung für den bestimmten Formen des Versandhandels. Die Verbote gelten nicht nur im Verhältnis Apotheker/Patient, sondern auch im Verhältnis Apotheker/Arzt/Apotheken/apothekenähnliche Einrichtungen (BGH GRUR 2001, 178 (179) – Impfstoffversand an Ärzte; BVerwG NJW 2001, 1808 (1809)[Versendung apothekenpflichtiger Arzneimittel]).

h) Führung akademischer Titel. Landesrechtliche Vorschriften über die zulässige Führung **1.192a** akademischer Titel (zB § 31 VII 1 HochSchG RP) stellen Marktverhaltensregelungen dar, soweit die Titel auch im geschäftlichen Verkehr mit Verbrauchern verwendet werden, wie zB von Ärzten (OLG Koblenz WRP 2020, 1480 Rn. 26).

II. Produktbezogene Regelungen

1. Produktbezogene Informationspflichten

a) Allgemeine deliktsrechtliche Informationspflichten. Wer freiverkäufliche Produkte **1.193** auf den Markt bringt, die **Gesundheits-** oder **Sicherheitsrisiken** enthalten, kann im Einzelfall zu entsprechenden **Warnhinweisen** aus dem Gesichtspunkt der **Verkehrssicherungspflicht** (§ 823 I BGB) verpflichtet sein (vgl. BGH NJW 1995, 1286; BVerfG NJW 1997, 249). Derartige Informationspflichten sind Marktverhaltensregelungen zum Schutz der Verbraucher (vgl. BGHZ 124, 230 = GRUR 1994, 219 – Warnhinweis; Kretschmer WRP 1997, 923 (924)). Allerdings besteht keine generelle Aufklärungspflicht bei allen nur denkbaren Gesundheits- oder Sicherheitsrisiken, da dies der Verkehr auch nicht erwartet. Auch lässt sich weder aus § 4a noch aus § 5a eine Pflicht ableiten, etwa beim Verkauf von Fertiglesebrillen in einem Kaufhaus auf die eingeschränkte Verwendbarkeit und die daraus resultierenden gesundheitlichen Einschränkungen hinzuweisen (BGH GRUR 1996, 793 (795) – Fertiglesebrillen zu §§ 1, 3 UWG 1909). Etwas anderes kann dann gelten, wenn durch die Art und Weise, wie eine Ware präsentiert und wie über sie informiert wird, Sicherheits- oder Gesundheitsrisiken verharmlost werden (BGH

GRUR 1993, 756 (757) – Mildabkommen) oder der unzutreffende Eindruck der gesundheitlichen Unbedenklichkeit (BGH GRUR 1996, 793 (795) – Fertiglesebrillen) erweckt oder gar Gesundheitswerbung betrieben wird. In diesen Fällen kann sich die Unlauterkeit auch aus § 4a I, II 2 ergeben (vgl. BGH GRUR 2006, 953 Rn. 19 – Warnhinweis II).

1.194   **b) Produktkennzeichnungspflichten. aa) Rechtsnatur.** Zahlreiche Vorschriften sehen eine bestimmte Kennzeichnung von Produkten vor. Sie dienen durchweg dem Schutz der Verbraucher und stellen somit Marktverhaltensregelungen im Interesse der Verbraucher iSd § 3a dar, soweit sie mit der UGP-RL vereinbar sind (vgl. ErwGr. 14 S. 5 UGP-RL). Verstöße gegen diese Vorschriften können zugleich den Tatbestand der **Irreführung** (§ 5; → § 5 Rn. 4.32 ff.) oder der **Irreführung durch Unterlassen** (§ 5a I) erfüllen. Soweit es sich um Informationsanforderungen in Bezug auf kommerzielle Kommunikation aufgrund unionsrechtlicher Vorschriften (§ 5b IV) handelt, ist allein § 5a anzuwenden (vgl. BGHZ 233, 193 Rn. 23 = GRUR 2022, 930 – Knuspermüsli II; → Rn. 1.19). Zur Frage, ob im Einzelfall der Verstoß geschäftlich relevant ist, vgl. v. Jagow FS Doepner, 2008, 21 (28).

1.195   **bb) Einzelne Vorschriften. Arzneimittelgesetz (AMG)** idF v. 12.12.2005 (BGBl. 2005 I 3394), zuletzt geändert durch G v. 19.7.2023 (BGBl. 2023 I Nr. 197).
Zu § 2 I Nr. 2 lit. a, III AMG (Funktionsarzneimittel) vgl. BGH GRUR 2010, 1140 Rn. 9 – Mundspüllösung; OLG Frankfurt GRUR 2022, 1073.
Zu § 8 AMG (Verbot irreführender Bezeichnungen, Angaben oder Aufmachungen): OLG Köln WRP 2022, 1425.
Zu § 10 I 1 AMG (Kennzeichnungspflicht für Fertigarzneimittel) vgl. BGH GRUR 2003, 447 – Bricanyl II; BGH GRUR 2013, 857 Rn. 10 f. – Voltaren. Soweit es sich um Pflichtangaben (§ 5b IV) handelt, dürfte nunmehr § 5a einschlägig sein (→ Rn. 1.19). – Zu § 10 I 5 AMG (Unzulässigkeit von Angaben mit Werbecharakter auf der Umhüllung) vgl. BGH GRUR 2013, 857 Rn. 13 – Voltaren). Ein Verstoß wurde verneint bei bloßem Hinweis auf eine geänderte Rezeptur (OLG München WRP 2020, 927), bejaht bei Angabe eines firmeneigenen Bio-Zeichens (OLG München WRP 2022, 1298 Rn. 21 ff.).

1.195a   **BatterieG (BattG)** v. 25.9.2009 (BGBl. 2009 I 1582), zuletzt geändert durch G v. 3.11.2020 (BGBl. 2020 I 2280).
Zur Verpflichtung nach § 3 III BattG, Batterien nur in den Verkehr zu bringen, wenn dies zuvor nach § 4 I 1 BattG dem Umweltbundesamt angezeigt worden ist, vgl. OLG Frankfurt WRP 2019, 1046 Rn. 14 ff. (Batterien für Kinderautos). § 4 I 1 BattG stellt eine dem Schutz der Mitbewerber dienende Marktverhaltensregelung dar (BGH WRP 2020, 320 Rn. 23–36 – Pflichten des Batterieherstellers).

1.195b   **Biozid-VO (VO (EU) 528/2012 über die Bereitstellung auf dem Markt und die Verwendung von Biozidprodukten)** v. 22.5.2012, zuletzt geändert durch VO (EU) 2021/807 vom 10.3.2021 (ABl. L 180 S. 81).
Zum Begriff „Biozidprodukt" iSd Art. 3 I lit. a vgl. EuGH GRUR 2022, 96 Rn. 24 – Biofa; BGH GRUR 2023, 416 Rn. 23–49 – Stickstoffgenerator; OLG Frankfurt WRP 2021, 69 Rn. 11–22; OLG Frankfurt WRP 2022, 82 Rn. 9; OLG Köln GRUR 2022, 1078; LG Essen WRP 2022, 917 Rn. 18 f.
Die Zulassungspflicht für Biozidprodukte nach Art. 17 I Biozid-VO stellt eine Marktverhaltensregelung iSd § 3a UWG dar (BGH GRUR 2023, 416 Rn. 18–22 – Stickstoffgenerator).
Zur Kennzeichnungspflicht nach Art. 69 II BiozidVO vgl. OLG Frankfurt WRP 2021, 69 Rn. 23 f.; OLG Frankfurt WRP 2022, 82 Rn. 27 f.; Soweit es sich um Pflichtangaben (§ 5b IV) handelt, dürfte nunmehr § 5a einschlägig sein (→ Rn. 1.19).
Zu den Werbebeschränkungen nach Art. 72 III BiozidVO (Verbot der Irreführung und der Verwendung verharmlosender Bezeichnungen) vgl. OLG Köln GRUR 2022, 1078; OLG Karlsruhe WRP 2022, 1289 Rn. 20–76; OLG Karlsruhe WRP 2023, 222 Rn. 60–100; LG Essen WRP 2022, 917 Rn. 22 f.).

1.196   **ChemikalienG (ChemG = Gesetz zum Schutz vor gefährlichen Stoffen)** idF v. 28.8.2013 (BGBl. 2013 I 3498), zuletzt geändert durch G v. 10.8.2021 (BGBl. 2021 I 3436).
Zu § 16e ChemG vgl. OLG Frankfurt WRP 2021, 69 Rn. 27–29.

1.196a   **VO (EG) 1272/2008 über die Einstufung, Kennzeichnung und Verpackung von Stoffen und Gemischen (CLP-VO)** v. 16.12.2008, zuletzt geändert durch Delegierte VO (EU) 2023/1434 v. 25.4.2023 (ABl. L 176 S. 3).
Zu Art. 17 CLP-VO vgl. OLG Frankfurt WRP 2021, 69 Rn. 34.

VO (EU) 2019/33 (Weinbezeichnungen) v. 17.10.2018, zuletzt geändert durch Art. 1 VO **1.197** (EU) 2021/1375 v. 11.6.2021 (ABl. L 297 S. 16) sowie **VO (EU) 1308/2013 (VO (EU) 1308/ 2013 über eine gemeinsame Marktorganisation für landwirtschaftliche Erzeugnisse** v. 17.12.2013 (ABl. 2013 Nr. L 347, 671 und Berichtigung ABl. 2016 Nr. L 130, 18; ber. ABl. 2017 L 34, 41, ber. ABl. 2020 L 106, 12), zuletzt geändert durch Art. 1 VO (EU) 2021/ 2117 vom 2.12.2021 (ABl. L 435 S. 262).

Zu Art. 45 I VO (EU) 2019/33 vgl. OLG Frankfurt WRP 2020, 1604 Rn. 11–17; zu Art. 78 II VO (EU) 1308/2013 LG Frankfurt WRP 2022, 1447 (→ auch § 5 Rn. 4.42). Soweit es sich um Pflichtangaben (§ 5b IV) handelt, dürfte nunmehr § 5a einschlägig sein (→ Rn. 1.19).

Elektro- und ElektronikgeräteG (ElektroG = Gesetz über das Inverkehrbringen, die Rück- **198** nahme und die umweltverträgliche Entsorgung von Elektro- und Elektronikgeräten) v. 20.10.2015 (BGBl. 2015 I 1739), zuletzt geändert durch G vom 8.12.2022 (BGBl. 2022 I 2240).

§ 9 I ElektroG (Gebot der ausreichend dauerhaften Kennzeichnung des Herstellers) stellt eine Marktverhaltensregelung zwar nicht zum Schutz der Verbraucher, wohl aber zum Schutz der Mitbewerber vor einer Belastung mit höheren Entsorgungskosten infolge nicht gekennzeichneter Elektrogeräte durch andere Marktteilnehmer dar (BGH GRUR 2015, 1021 Rn. 15 – Kopfhörer-Kennzeichnung zu § 7 S. 1 ElektroG aF; Metzger GRUR-Int. 2015, 687 (692); aA OLG Köln WRP 2015, 616 Rn. 46–50; diff. OLG Düsseldorf GRUR-RR 2014, 499: jedenfalls keine Spürbarkeit). Das Erfordernis der Dauerhaftigkeit der Kennzeichnung ist erfüllt, wenn sie ein Mindestmaß an Unzerstörbarkeit aufweist und auch sonst nicht unschwer zu entfernen ist (BGH GRUR 2015, 1021 Rn. 24–27 – Kopfhörer-Kennzeichnung). Erscheint der Name des Herstellers auf dem Gerät, ist der Vertreiber nicht verpflichtet, seine eigenen Kontaktdaten anzugeben (OLG Düsseldorf GRUR-RR 2015, 114 (116)). – Die Verpflichtung aus § 9 II ElektroG (Kennzeichnung bestimmter Produkte mit dem Symbol der durchgestrichenen Mülltonne) stellt eine Marktverhaltensregelung dar, da sie nicht nur dem Umweltschutz, sondern dem Interesse der Verbraucher an der leichten Entsorgbarkeit des Produkts dient (OLG Frankfurt WRP 2019, 1351 Rn. 11–17; OLG Hamm WRP 2021, 1346 Rn. 78–85; aA OLG Köln WRP 2015, 616 Rn. 27; Büscher/Hohlweck Rn. 297). Zu § 6 ElektroG → Rn. 1.282; Büscher/Hohlweck Rn. 295). Soweit es sich um im Unionsrecht wurzelnde Pflichtangaben (§ 5b IV) handelt, dürfte nunmehr § 5a einschlägig sein (→ Rn. 1.19).

FPackV (Fertigpackungsverordnung) v. 18.11.2020 (BGBl. 2020 I 2504); zur FPackV v. **1.199** 18.12.1981 (BGBl. 1981 I 1585) idF der Bek. v. 8.3.1994, vgl. BGH GRUR 1995, 760 – Frischkäsezubereitung.

GasgeräteDG (Gesetz zur Durchführung der Verordnung (EU) 2016/426 des Europäischen **1.200** Parlaments und des Rates vom 9. März 2016 über Geräte zur Verbrennung gasförmiger Brennstoffe und zur Aufhebung der Richtlinie 2009/142/EG v. 18.4.2019 (BGBl. 2019 I 473), zuletzt geändert durch G v. 27.7.2021 (BGBl. 2021 3146).

Kosmetik-VO (VO (EG) 1223/2009 über kosmetische Mittel) v. 30.11.2009 **1.201** (ABl. 2009 L 342, 59 v. 22.12.2009), zuletzt geändert durch VO (EU) 2023/1545 v. 26.7.2023 (ABl. L 188, 1).

Zum Begriff des kosmetischen Mittels vgl. Art. 2 I lit. a Kosmetik-VO (EG) Nr. 1223/2009 (dazu BGH GRUR 2017, 409 Rn. 15 – Motivkontaktlinsen). Die Vorschriften zur Kennzeichnung von kosmetischen Mitteln (Art. 19 Kosmetik-VO (EG) Nr. 1223/2009; §§ 4, 5 KosmetikV) und zu Werbeaussagen (Art. 20 I Kosmetik-VO (EG) Nr. 1223/2009) stellen Marktverhaltensregelungen zum Schutz der menschlichen Gesundheit und damit im Interesse der Verbraucher dar (BGH GRUR 2016, 463 Rn. 11 – Feuchtigkeitsspendendes Gel-Reservoir; OLG Köln GRUR-RR 2018, 417 Rn. 84; OLG Koblenz GRUR-RR 2023, 27). Verstöße dagegen sind unlauter und idR auch unzulässig iSv § 3 I, ohne dass es auf das Hinzutreten weiterer Umstände ankäme. (Insoweit kann noch die Rspr. zur früheren KosmetikVO v. 16.12.1977 herangezogen werden; vgl. BGH GRUR 1989, 673 (674) – Zahnpasta; BGH GRUR 1994, 642 (643) – Chargennummer; BGH GRUR 1999, 1109 (1111) – Entfernung der Herstellungsnummer I; BGH GRUR 2001, 841 (843) – Entfernung der Herstellungsnummer II). Soweit die Pflichtangaben nach Art. 19 Kosmetik-VO (EG) Nr. 1223/2009 betroffen sind, dürfte nunmehr § 5a einschlägig sein (→ Rn. 1.19; vgl. auch OLG Karlsruhe GRUR-RR 2019, 166 Rn. 24 f.). Das Irreführungsverbot des Art. 20 I KosmetikVO hat nach Art. 3 IV UGP-RL Vorrang vor Art. 6 I UGP-RL und dementsprechend auch vor § 5 UWG (BGH WRP 2016, 463 Rn. 12 – Feuchtigkeitsspendendes Gel-Reservoir; BGH GRUR 2018, 431 Rn. 41 – Tiegelgröße). Abweichend von der grundsätzlichen Darlegungs- und Beweislast hat der beklagte Hersteller zu beweisen, dass die Wirksamkeit des Kosmetikums wissenschaftlich abgesichert ist, wenn der Verbraucher eine Werbeangabe dahingehend versteht (BGH GRUR 2016, 463 Rn. 16 f. – Feuchtigkeitsspendendes Gel-Reservoir; OLG Koblenz GRUR-RR 2023, 27).

Die deutsche **KosmetikV** v. 16.7.2014 (BGBl. 2014 I 1054), zuletzt geändert durch Art. 9 G v. 27.7.2021 (BGBl. 2021 I 3274), dient nach ihrem § 1 der Überwachung des Verkehrs mit kosmetischen Mitteln sowie der Durchführung der genannten EG-Verordnung. Zu § 4 KosmetikV vgl. OLG Köln GRUR-RR 2018, 417 Rn. 85.

1.202 **Landespressegesetze.** Die Pressegesetze der meisten Bundesländer sehen vor, dass der Verleger eines periodischen Druckwerks oder der Verantwortliche eine **entgeltliche Veröffentlichung** deutlich mit dem Wort **„Anzeige"** bezeichnen muss, soweit sie nicht schon durch Anordnung und Gestaltung allgemein als Anzeige zu erkennen ist (vgl. zB § 10 LPresseG NRW; § 9 Sächs PresseG; § 10 BW PresseG; anders Art. 9 BayPresseG). Diese Bestimmungen dienen der Trennung der Werbung vom redaktionellen Teil und sind mit Art. 5 I GG vereinbar (BGH GRUR 2014, 879 Rn. 16 – GOOD NEWS II). Es handelt sich zum einen um **Marktverhaltensregelungen** zum Schutz der Verbraucher vor Irreführung. Diese resultiert daraus, dass Verbraucher häufig Werbemaßahmen, die als redaktionelle Inhalte getarnt sind, unkritischer gegenüberstehen als einer Wirtschaftswerbung, die als solche erkennbar ist (Koch FS Köhler, 2014, 359 (369); krit. Peifer FS Köhler, 2014, 519). Zum anderen sollen die Objektivität und Neutralität der Presse gesichert werden (BGH GRUR 2014, 879 Rn. 16 – GOOD NEWS II). Da es (noch) an einer unionsrechtlichen Grundlage für dieses presserechtliche Trennungsgebot fehlt, ist nach Auffassung des EuGH die deutsche presserechtliche Regelung mit dem Unionsrecht vereinbar (EuGH GRUR 2013, 1245 Rn. 48 f. – RLvS Verlagsgesellschaft). – Eine **Veröffentlichung** muss nicht in einer Werbeanzeige, sondern kann auch in einem gesponserten redaktionellen Beitrag bestehen. Maßgebend ist nur, ob sie zumindest mittelbar dem Absatz von Waren oder Dienstleistungen eines Unternehmers dient. Davon ist auszugehen, wenn der Beitrag **objektiv Werbung** enthält (BGH GRUR 2014, 879 Rn. 26 – GOOD NEWS II). Das **Entgelt** muss in keinem konkreten und unmittelbaren zeitlichen Zusammenhang mit der Veröffentlichung stehen (BGH GRUR 2014, 879 Rn. 27 – GOOD NEWS II). – Der Einwand der allgemeinen **Erkennbarkeit** der Veröffentlichung als Anzeige setzt voraus, dass der durchschnittliche Leser den Werbecharakter bereits auf den ersten Blick ohne jeden Zweifel und nicht erst nach einer analysierenden Lektüre erkennen kann. Das ist bei einer Kennzeichnung durch den unscharfen Begriff „sponsored by" nicht der Fall (BGH GRUR 2014, 879 Rn. 30 – GOOD NEWS II). – Neben § 3 I, § 3a kommen als Verbotstatbestände auch **§ 3 I, § 5a IV** und **Nr. 11 Anh. § 3 III** in Betracht (BGH GRUR 2014, 879 Rn. 32 – GOOD NEWS II).

1.203 **LebensmittelinformationsVO** (LMIV = VO (EU) 1169/2011 betreffend die Information der Verbraucher über Lebensmittel; Lebensmittelinformationsverordnung) v. 25.10.2011 (ABl. EU L 304, 18), zuletzt geändert durch Art. 33 ÄndVO (EU) 2015/2283 vom 25.11.2015 (ABl. EU 2015 L 327, 1). – Die Informationspflichten der LMIV sind seit der Entscheidung des BGH v. 7.4.2022 (BGHZ 233, 193 Rn. 27 = GRUR 2022, 930) als **wesentliche Informationsanforderungen** iSd (jetzt) § 5b IV anzusehen, so dass eine Anwendung des § 3a ausscheidet; dies gilt aber nicht für andere Vorschriften wie etwa das Irreführungsverbot. Die LMIV löste ab dem 13.12.2014 die **Lebensmittel-Kennzeichnungsverordnung** (LMKV) und die **Nährwert-KennzeichnungsV** (NKV) ab (dazu → 40. Aufl. 2022, § 3a Rn. 1.203). Zum Irreführungsverbot des **Art. 7 I LMIV** vgl. BGH GRUR 2016, 738 Rn. 21–23 – Himbeer-Vanille-Abenteuer II m. Anm. Apel/Fuchs; BGH GRUR 2022, 1347 Rn. 36, 42–52 – 7 x mehr; OLG Nürnberg GRUR-RR 2017, 350; Köhler WRP 2014, 637; Sosnitza FS Harte-Bavendamm 2020, 533. Zum Verbot krankheitsbezogener Angaben nach **Art. 7 III** vgl. OLG Celle Magazindienst 2022, 784; KG Magazindienst 2022, 1130; KG Magazindienst 2023, 35; LG Berlin WRP 2023, 384. Zu **Art. 9 LMIV** vgl. LG Düsseldorf WRP 2017, 1154. Zu **Art. 31, 33 LMIV** vgl. BGH GRUR 2020, 1101 – Knuspermüsli I [Vorlagebeschluss] und BGHZ 233, 193 Rn. 27 = GRUR 2022, 930– Knuspermüsli II. Zu **Art. 39 LMIV** vgl. EuGH GRUR 2020, 1233 Rn. 28 ff. – Lactalis.

1.204 **Los-KennzeichnungsV** (LKV) v. 23.6.1993 (BGBl. 1993 I 1022), zuletzt geändert durch G v. 25.7.2013 (BGBl. 2013 I 2722).

1.204a **MarktüberwachungsVO (VO (EU) 2019/1020 über Marktüberwachung und die Konformität von Produkten)** v. 20.6.2019 (ABl. EU 2019 L169, 1), zuletzt geändert durch Art. 91 VO (EU) 2023/1542 vom 12.7.2023 (ABl. 2023 L 191, 1). Die VO dient der Produktsicherheit im Interesse der Verbraucher.

Medizinproduktegesetz (MPG) v. 7.8.2002 (BGBl. 2002 I 3146), zuletzt geändert durch   **1.205**
Art. 223 der VO v.19.6.2020 (BGBl. 2020 I 1328). Die meisten Vorschriften des MPG wurden
dadurch mit Wirkung zum 25.5.2021 aufgehoben.

Zu **§ 2 MPG** aF vgl. BGH GRUR 2010, 1140 – Mundspüllösung. Zu **§§ 3, 6, 7 MPG** aF
vgl. BGH GRUR 2008, 922 – In-vitro-Diagnostika; BGH GRUR 2010, 169 Rn. 16 – CE-
Kennzeichnung; BGH GRUR 2010, 754 Rn. 13 – Golly Telly; BGH GRUR 2010, 756 – One
Touch Ultra; BGH GRUR 2010, 1125 Rn. 52–54 – Femur-Teil; OLG Celle WRP 2014, 597
Rn. 9, OLG Frankfurt WRP 2020, 757 Rn. 5; OLG Hamm WRP 2021, 515 Rn. 5 f.; OLG
Celle WRP 2023, 728 Rn. 24). Zu **§ 4 I Nr. 1 MPG** vgl. OLG Karlsruhe WRP 2022, 1153.

Medizinprodukterecht–Durchführungsgesetz (MPDG) v. 28.4.2020 (BGBl. 2020 I   **1.205a**
960), in Kraft überw. seit 26.5.2021, zuletzt geändert durch Art. 3f G v. 28.6.2022 (BGBl. 2022 I
938). Das MPDG dient der Durchführung und Ergänzung der **Medizinprodukte-VO (**VO
(EU) 2017/745 über Medizinprodukte v. 25.5.2017 (ABl. EU 2017 L 117, 1, ber. ABl. EU
2019 L 117, 9, ber. ABl. EU 2019 L 334, 165), zuletzt geändert durch VO (EU) 2023/607 vom
15.3.2023 (ABl. L 80 S. 24); dazu Schmidt WRP 2020, 700. Es löst schrittweise ab dem
26.5.2021 das MPG für alle Produkte im Anwendungsbereich dieser VO ab.

Das Irreführungsverbot nach Art. 7 VO (EU) 2017/745 ist eine Marktverhaltensregelung
(OLG Frankfurt GRUR 2022, 581, OLG Hamm GRUR 2022, 1083 Rn. 21). Gleiches gilt für
die Prüfpflichten der Händler, die Medizinprodukte auf dem Markt bereitstellen, nach Art. 14
VO (EU) 2017/745 (OLG Celle WRP 2023, 728 Rn. 37–41). Für In-Vitro-Diagnostika ist
nach § 2 I MPDG bis dahin noch das MPG anzuwenden. Von Bedeutung für § 3a sind weiter
§ 12 MPDG (Verbote zum Schutz von Patienten, Anwendern und Dritten, dazu OLG Karlsruhe
WRP 2022, 1153 Rn. 27 [Hörgerät]) und § 13 MPDG (Verbote zum Schutz vor Fälschungen
und Täuschungen). – Zur Abgabebeschränkung von Tests für den direkten Nachweis des
Coronavirus (SARS-CoV-2) nach § 3 IVa MPAV (Medizinprodukte-Abgabeverordnung) vgl.
OLG Brandenburg PharmR 2023, 252; LG Trier WRP 2022, 1581).

Mess- und EichG (MessEG) v. 25.7.2013 (BGBl. 2013 I 2722), zuletzt geändert durch G v.   **1.206**
9.6.2021 (BGBl. 2021 I 1663).

Zu **§ 43 II MessEG** (Verbot von Mogelpackungen) vgl. BGH WRP 2018, 413 Rn. 41 –
Tiegelgröße; OLG Karlsruhe GRUR-RR 2015, 253 Rn. 16; Oechsle WRP 2015, 827. (Zur
entspr. Regelung in § 7 II des früheren **EichG** vgl. BGH GRUR 1982, 118 – Kippdeckeldose;
BGH WRP 2013, 217 – Innenverpackung). Die Vorschrift bezweckt den Schutz der Ver-
braucher vor Irreführung beim Erwerb messbarer Güter und zugleich den Schutz des lauteren
Handelsverkehrs. Sie ist daher eine Marktverhaltensregelung iSd § 3a (BGH GRUR 2018, 431
Rn. 41 – Tiegelgröße). Jedoch ist daneben das allg. Irreführungsverbot des § 5 II Nr. 1 („Menge") anwendbar.

Gesetz über Einheiten im Messwesen und die Zeitbestimmung (EinhZeitG) idF v.   **1.207**
22.2.1985 (BGBl. 1985 I 408), zuletzt geändert durch G v. 18.7.2016 (BGBl. 2016 I 1666) und
die dazu ergangene **Ausführungsverordnung (EinhV)** v. 13.12.1985 (BGBl. 1985 I 2272),
zuletzt geändert durch V v. 25.9.2009 (BGBl. 2009 I 3169).

Nach § 1 I EinhZeitG sind im geschäftlichen Verkehr Größen in gesetzlichen Einheiten
anzugeben, wenn für sie Einheiten in einer Rechtsverordnung festgesetzt sind. Es handelt sich
um Marktverhaltensregelungen iSd § 3a. Jedoch ist bei Verstößen sehr sorgfältig zu prüfen, ob
dadurch die Interessen der Verbraucher spürbar beeinträchtigt werden. Das ist zu verneinen,
wenn statt der vorgeschriebenen Angaben in „m" solche in „Zoll" oder dem entsprechenden
Kürzel (") gemacht werden und dies allgemein gebräuchlich ist und akzeptiert wird (BGH
GRUR 1995, 427 – Zollangaben), ferner dann, wenn die gesetzliche Leistungseinheit „kW"
neben der Bezeichnung „PS" nicht, wie vorgeschrieben, hervorgehoben wird (BGH GRUR
1994, 220 (222) – PS-Werbung II). Anders kann es sich verhalten, wenn ausschließlich die
Bezeichnung „PS" verwendet wird (BGH GRUR 1993, 679 (680) – PS-Werbung I), es sei
denn, dies geschieht lediglich versehentlich und nicht planmäßig (BGH GRUR 1994, 638 (639)
– Fehlende Planmäßigkeit).

Mineral- und Tafelwasser-VO (MTVO) v. 1.8.1984 (BGBl. 1984 I 1036), zuletzt geändert   **1.208**
durch VO v. 20.6.2023 (BGBl. 2023 I Nr. 159).

Zu **§§ 2 ff. MTVO** vgl. BGHZ 194, 314 Rn. 37 = GRUR 2013, 401 – Biomineralwasser; zu
§ 6 MTVO vgl. OLG Frankfurt WRP 2021, 1203; zu § 15 MTVO vgl. BGH WRP 2002, 1267
– Bodenseetafelwasser.

Öko-KennzeichenG (ÖkoKennzG) v. 20.1.2009 (BGBl. 2009 I 78), zuletzt geändert   **1.209**
durch Gesetz v. 27.7.2021, BGBl. 2021 I 3176).

Zu § 1 II Nr. 2 ÖkoKennzG vgl. BGHZ 194, 314 Rn. 58–68 = GRUR 2013, 401

1.209a **VO (EG) Nr. 834/2007 über die ökologische/biologische Produktion und die Kennzeichnung von ökologischen/biologischen Erzeugnissen** v. 28.6.2007, aufgehoben gemäß Art. 56 I VO (EU) 2018/848 über die ökologische/biologische Produktion und die Kennzeichnung von ökologischen/biologischen Erzeugnissen

Zu Art. 28 II VO (EG) Nr. 834/2007 vgl. BGH GRUR 2016, 833 – Bio-Gewürze I; EuGH GRUR 2017, 1277 – Kamin und Grill Shop; BGH GRUR 2018, 745 – Bio-Gewürze II.

1.209b **ProduktsicherheitsG (ProdSG)** v. 27.7.2021 (BGBl. 2021 I 3146), zuletzt geändert durch Art. 2 G v. 27.7.2021 (BGBl. 2021 I 3146).

Zu § 7 ProdSG (CE-Kennzeichnung) → Rn. 1.281.

1.210 **Tabakerzeugnisverordnung** (TabakerzV) vom 27.4.2016, BGBl. 2016 I 980, zuletzt geändert durch G v. 24.7.2023 (BGBl. 2023 I Nr. 196). Die VO wurde erlassen aufgrund des **TabakerzG** (→ Rn. 1.240).

Zum Begriff des Anbietens iSd § 11 I Nr. 4 TabakerzV und zu § 11 II TabakerzV sowie zur Auslegung des Art. 8 III 1 und VIII RL 2014/40/EU zur Angleichung der Rechts- und Verwaltungsvorschriften der Mitgliedstaaten über die Herstellung, die Aufmachung und den Verkauf von Tabakerzeugnissen und verwandten Erzeugnissen vgl. BGH GRUR 2020, 1002 – Zigarettenausgabeautomat I; BGH GRUR 2022, 993 – Zigarettenausgabeautomat II; EuGH GRUR 2022, 93 und EuGH GRUR 2023, 501– Pro Rauchfrei/JS. Soweit es sich um Pflichtangaben (§ 5b IV) handelt, dürfte nunmehr § 5a einschlägig sein (→ Rn. 1.19). – Zur Mitteilungspflicht des Importeurs von E-Zigaretten nach § 24 TabakerzV vgl. LG Hamburg GRUR-RR 2019, 182 (Ls.).

1.211 **Textilkennzeichnungsverordnung** (VO (EU) 1007/2011 über die Bezeichnungen von Textilfasern und die damit zusammenhängende Etikettierung und Kennzeichnung der Faserzusammensetzung von Textilerzeugnissen) v. 7.11.2011 (ABl. EU 2011 L 272, 1), zuletzt geändert durch VO (EU) 2018/122 der Kommission vom 20.10.2017 (ABl. EU 2018 L 22, 3).

Dazu Wachsmut GRUR-Prax 2019, 200. Zu Art. 5 I und Art. 16 III vgl. BGH GRUR 2019, 82 Rn. 27 – Jogginghosen; zu Art. 4, 7, 9, 14 vgl. EuGH GRUR 2018, 1061 – Princesport GmbH; zu Art. 16 I vgl. BGH GRUR 2016, 1068 – Textilkennzeichnung (reine Werbeanzeigen–oder -prospekte ohne Bestellmöglichkeit werden davon nicht erfasst); zu Art. 5, 16 vgl. OLG Stuttgart WRP 2019, 250. Soweit es sich um Pflichtangaben (§ 5b IV) handelt, dürfte nunmehr § 5a einschlägig sein (→ Rn. 1.19). – Das **Textilkennzeichnungsgesetz** v. 15.2.2016 (BGBl. 2016 I 198) regelt die Durchführung und ergänzt die Textilkennzeichnungsverordnung.

1.211a **VO (EU) Nr. 1308/2013 über eine gemeinsame Marktorganisation für landwirtschaftliche Erzeugnisse** v. 17.12.2013 (ABl. EU 2013 L 347, 671 und Berichtigung ABl. EU 2016 L 130, 18; ber. ABl. EU 2017 L 34, 41, ber. ABl. EU 2020 L 106, 12), zuletzt geändert durch Art. 1 VO (EU) 2021/2117 vom 2.12.2021 (ABl. EU 2021 L 435, 262).

Zu Art. 78 II und Anh VII Teil III Nr. 1 und 2 vgl. EuGH WRP 2017, 784 – Tofu-Town.com und dazu Fritzsche/Knapp WRP 2017, 897.

c) Energieverbrauchskennzeichnungspflichten

Schrifttum: Amschewitz, Hinweispflichten der Aussteller neuer Personenkraftwagen nach der PKW-EnVKV, WRP 2014, 382; Brtka, Die PKW-EnVKV in der Praxis – Anforderungen an Online-Werbung und virtuelle Verkaufsräume, GRUR-Prax 2016, 399; Goldmann, Abgaswerte und Kraftstoffverbrauch als Gegenstand des Wettbewerbsrechts, WRP 2007, 38; Schabenberger/Amschewitz, (Keine) Pflicht zur Angabe von Kraftstoffverbrauchs- und CO²-Werten in Werbeschriften für Automarken und Baureihen, WRP 2012, 669; Sauer, § 5 Pkw-EnVKV und audiovisuelle Mediendienste, WRP 2016, 807; Torka, Die PKW-Energieverbrauchskennzeichnungsverordnung: Rechtsprechung und Reform, WRP 2012, 419; Wüstenberg, Die PKW-Energieverbrauchskennzeichnung im Internet, WRP 2014, 533; Zeidler, Marketing nach MiFiD, WM 2008, 238.

1.212 **Pkw-EnVKV** (VO über Verbraucherinformationen zu Kraftstoffverbrauch und CO$_2$-Emissionen neuer Personenkraftwagen v. 28.5.2004, BGBl. 2004 I 1037, zuletzt geändert durch VO vom 19.6.2020, BGBl. 2020 I 1328).

Grundlage ist das EnVKG v. 30.1.2002 (BGBl. 2002 I 570). Nach § 1 I Pkw-EnVKV, § 5 I Pkw-EnVKV müssen Hersteller und Händler, die **neue PKW** ausstellen, zum Kauf oder Leasing anbieten oder für diese werben, hierbei Angaben über den Kraftstoffverbrauch und die CO$_2$-Emissionen machen. Diese in Umsetzung der Richtlinie 1999/94/EG ergangene Regelung bezweckt auch, dem Verbraucher eine Kaufentscheidung auf der Grundlage dieser Informationen zu ermöglichen, zumal sie für die laufenden Betriebskosten und ggf. für die Höhe der Kfz-

Steuer und damit auch für den Wiederverkaufswert des Fahrzeugs von Bedeutung sind. Sie stellt daher nach der Rspr. eine **Marktverhaltensregelung** iSd § 3a dar, die ihre Grundlage im Unionsrecht **(Richtlinie 1999/94/EG)** hat (BGH GRUR 2012, 842 Rn. 15 f. – Neue Personenkraftwagen I; BGH GRUR 2015, 1017 Rn. 13 – Neue Personenkraftwagen II; BGH WRP 2017, 549 Rn. 16 – YouTube-Werbekanal I; BGH GRUR 2021, 977 Rn. 26 – Ferrari 458 Speciale; OLG Frankfurt WRP 2019, 491 Rn. 7). Nach der neueren Rechtsprechung des BGH ist nunmehr § 5a einschlägig (→ Rn. 1.19; vgl. auch OLG Frankfurt WRP 2022, 1282 Rn. 23–26).

Ein **„neues"** Fahrzeug liegt vor, wenn es noch nicht zu einem anderen Zweck als dem des **1.213** Weiterverkaufs oder der Auslieferung verkauft worden ist (vgl. § 2 Nr. 1 Pkw-EnVKV; Art. 2 Nr. 2 RL 1999/94/EG). Es kommt also darauf an, ob der Händler das Fahrzeug (auch) zu einem anderen Zweck als dem des Weiterverkaufs – und zwar für die nicht ganz unerhebliche Eigennutzung – erworben hat. Das ist nicht anhand schwer überprüfbarer subjektiver Vorstellungen, sondern anhand objektivierbarer Umstände zu beurteilen. Dabei ist in erster Linie auf die **Kilometerleistung** (aA OLG Frankfurt WRP 2019, 1491 Rn. 8), daneben aber auch auf die Dauer der **Zulassung** abzustellen (BGH GRUR 2015, 1017 Rn. 19 – Neue Personenkraftwagen II). Bietet der Händler ein Fahrzeug mit einer **Laufleistung bis 1.000 km** an, ist im Allg. davon auszugehen, dass er es zum Zweck des Weiterverkaufs erworben hat, auch wenn er es zwischenzeitlich als Vorführwagen genutzt hat (BGH GRUR 2012, 842 Rn. 23 – Neue Personenkraftwagen I). Eine ununterbrochene Dauer der Zulassung von 10 Monaten spricht gegen die Annahme einer nur kurzfristigen Zwischennutzung im Betrieb des Händlers (BGH GRUR 2015, 1017 Rn. 19 – Neue Personenkraftwagen II). Bietet der Händler das Fahrzeug als „neu" (zB „Neufahrzeug"; „km-Stand WRP 2015, 450 0") an, kommt es auf den tatsächlichen Zustand des Fahrzeugs nicht an. Ob der Werbende die Fahrzeuge auch tatsächlich zum Verkauf anbietet, ist unerheblich (OLG Stuttgart GRUR-RR 2009, 343 (346)). Ein „getuntes" Fahrzeug ist nicht mehr „neu" (OLG Frankfurt WRP 2014, 1342). Bei einem ausgestellten Fahrzeug kommt es nicht darauf an, ob es „neu" ist, sondern darauf, ob damit für den Kauf eines neuen Fahrzeugs dieses Modells geworben wird. Auch kommt es nicht darauf an, ob der werbende Hersteller oder Händler im Zeitpunkt der Werbung objektiv zur Lieferung des beworbenen Modells in der Lage ist (BGH GRUR 2021, 977 Rn. 24, 28–31 – Ferrari 458 Speciale). – Eine Informationspflicht besteht allerdings nur bei der **Werbung für bestimmte Modelle** neuer PKW. Zum Begriff des **Modells** vgl. § 2 Nr. 15 Pkw-EnVKV und BGH GRUR 2015, 393 Rn. 16 – Der neue SLK; OLG Frankfurt WRP 2019, 491 Rn. 11 f – Zum Begriff der **Werbung** nach § 5 Pkw-EnVKV vgl. OLG Düsseldorf WRP 2015, 1240 („PKW-Diashow" im Internet); OLG Köln K&R 2017, 517 (Facebook-Posting). Werbevideos, etwa auf You-Tube, stellen keine audiovisuellen Mediendienste iSd § 5 II 1 HS 2 Pkw-EnVKV dar (EuGH GRUR 2018, 321 – Peugeot Deutschland; BGH GRUR 2017, 412 Rn. 22–38 – YouTube-Werbekanal I; BGH GRUR 2018, 1258 Rn. 33–42 – YouTube-Werbekanal II). – Zum Begriff der **Pflichtangaben** iSd § 5 I PKW-EnVKV vgl. OLG Frankfurt GRUR-RR 2021, 314 Rn. 26–28; OLG Köln WRP 2022, 1166; OLG Frankfurt WRP 2022, 1282 Rn. 28–32 – Zu den zeitlichen Anforderungen bei Internetwerbung vgl. OLG Köln WRP 2022, 1166. – Zum Begriff **„deutlich sichtbar"** in § 3 I Pkw-EnVKV (betreffend die Hinweise am Verkaufsort) vgl. OLG Frankfurt WRP 2019, 1491 Rn. 14 f. – Ob das Tatbestandsmerkmal **„dafür Sorge zu tragen"** in § 3 I Nr. 1 und 2 Pkw-EnVKV nicht iS einer Erfolgshaftung (wie bei „Sicherstellen" in § 5 PKW-EnVKV), sondern iS einer Verhaltenspflicht zu verstehen ist (so Amschewitz WRP 2014, 382; offengelassen in OLG Stuttgart WRP 2014, 866 Rn. 17), wird idR nicht entscheidungserheblich sein. – Ein Verstoß gegen die Pkw-EnVKV war nach der früheren Rspr. regelmäßig geeignet, die Interessen von Verbrauchern oder sonstigen Marktteilnehmern iSv § 3a spürbar zu beeinträchtigen, nämlich sie iSd § 5a I Nr. 2 zu einer geschäftlichen Entscheidung zu veranlassen, die sie andernfalls nicht getroffen hätten (BGH GRUR 2010, 852 Rn. 20 – Gallardo Spyder mwN; BGH WRP 2018, 1476 Rn. 47–50 – YouTube-Werbekanal II; OLG Düsseldorf WRP 2015, 1240 Rn. 28). – Die nach der PKW-EnVKV bereitzustellenden Informationen sind zugleich als wesentlich iSd **§ 5a I, § 5b IV** anzusehen, so dass ein Verbot nach der neueren Rechtsprechung (→ Rn. 1.19) auf diese Vorschriften gestützt werden kann (BGH WRP 2010, 1143 Rn. 21 – Gallardo Spyder; BGH GRUR 2012, 842 Rn. 25 – Neue Personenkraftwagen; OLG Düsseldorf WRP 2015, 1240 Rn. 15, 17; OLG Frankfurt WRP 2018, 241 Rn. 27; OLG Frankfurt WRP 2019, 491 Rn. 6).

1.213a **EnVKV** (EnergieverbrauchskennzeichnungsVO v. 30.10.1997 (BGBl. 1997 I 2616), zuletzt geändert durch VO v. 19.2.2021 (BGBl. 2021 I 310); Grundlage ist das EnVKG v. 30.1.2002 (BGBl. 2002 I 570).

Ein Produkt ist nicht „ausgestellt" iSd § 4 IV 1 EnVKV, solange es sich im Verkaufsraum eines Händlers noch in einer undurchsichtigen Verpackung (Karton) befindet (OLG Hamm WRP 2016, 258 Rn. 26). – Zu **§ 6a EnVKV** vgl. OLG Köln WRP 2014, 873; OLG Zweibrücken WRP 2016, 1174; LG Ingolstadt WRP 2013, 235. Nach der neueren Rechtsprechung des BGH ist nunmehr § 5a einschlägig (→ Rn. 1.19).

1.213b **Energieeffizienz-Vorschriften der EU: Delegierte Verordnungen (EU) zur Ergänzung der VO (EU) 2017/1369**
VO (EU) 2019/2017; VO (EU) 2019/2016; VO (EU) 2019/2015; VO (EU) 2019/2014; VO (EU) 2019/2013
Diese Verordnungen sehen u. a. die Angabe des Energieverbrauchs bei bestimmten Geräten vor. Dazu BGH WRP 2017, 309 – Energieverbrauchskennzeichnung; BGH WRP 2017, 313 – Energieverbrauchskennzeichnung im Internet. Zur Angabe der Energieeffizienzklasse bei Fernsehgeräten vgl. BGH GRUR 2016, 952 Rn. 13–25 – Energieeffizienzklasse I; zu Luftkonditionierern BGH GRUR 2017, 928 Rn. 17, 22–26 – Energieeffizienzklasse II; zu Leuchten vgl. BGH GRUR 2019, 746 Rn. 20–30 – Energieeffizienzklasse III); zu Waschmaschinen vgl. OLG Frankfurt GRUR-RR 2022, 323 mAnm Kim. Nach der neueren Rechtsprechung des BGH dürfte nunmehr § 5a einschlägig sein (→ Rn. 1.19).

1.213c **§ 16a EnEV (VO über energiesparenden Wärmeschutz und energiesparende Anlagetechnik bei Gebäuden)**
Diese Vorschrift diente der Umsetzung des Art. 12 IV RL 2010/31/EU und regelte die Pflichtangaben in Immobilienanzeigen. Sie sollte gewährleisten, dass die Verbraucher über die Energieeffizienz der beworbenen Immobilie informiert werden und war daher eine Marktverhaltensregelung (BGH GRUR 2021, 438 Rn. 11, 12 – Energieausweis). Die Umsetzung war zwar unzureichend, weil die Vorschrift entgegen Art. 12 IV dieser Richtlinie nicht für Immobilienmakler galt (BGH GRUR 2021, 438 Rn. 13–21 – Energieausweis). Jedoch traf diesen die gleiche Verpflichtung nach § 5a II, IV aF (BGH GRUR 2021, 438 Rn. 22–37 – Energieausweis). Die Vorschrift ist am 1.11.2020 durch § 87 GEG (→ Rn. 1.213d) ersetzt worden.

1.213d **§ 87 GEG (Gebäudeenergiegesetz)** v. 8.8.2020 (BGBl. 2020 I 1728), zuletzt geändert durch G v. 20.7.2022 (BGBl. 2022 I 1237).
Die Vorschrift dient der Umsetzung der RL 2010/31/EU, zuletzt geändert durch die RL 2018/2001/EU, und regelt die Pflichtangaben in einer Immobilienanzeige. Sie ist am 1.11.2020 in Kraft getreten und hat den bis dahin geltenden § 16a EnEV (→ Rn. 1.213c) abgelöst. Normadressaten sind auch Immobilienmakler (dazu OLG Frankfurt WRP 2021, 793 Rn. 19, das – zutreffend – § 5a anstelle von § 3a anwendet).

1.214 **d) Sonstige Informationspflichten. § 63 VII WpHG, § 64 WpHG** stellen für Wertpapierdienstleistungsunternehmen sehr detaillierte Verhaltensregeln, insbes. auch für die Werbung auf. **§ 4 WpDVerOV** (Verordnung zur Konkretisierung der Verhaltensregeln und Organisationsanforderungen für Wertpapierdienstleistungsunternehmen) konkretisiert diese Anforderungen. Es handelt sich dabei um Marktverhaltensregeln zum Schutz der Marktteilnehmer, insbes. der Verbraucher (dazu OLG Schleswig-Holstein BB 2012, 2528; Köhler WM 2009, 385). Für vorvertragliche Informationspflichten, die auf die Delegierte VO (EU) 2017/565 zurückgehen, dürfte § 5a einschlägig sein (→ Rn. 1.19).

1.215 Nach **§ 8 I 2 AltölVO** hat ein Gewerbetreibender, der Motorenöl an Verbraucher abgibt, am Ort des Verkaufs auf die Möglichkeit der kostenlosen Rückgabe von Altöl bei einer Annahmestelle hinzuweisen. Dabei handelt es sich um eine Marktverhaltensregelung, die auch für den Versandhandel im Internet gilt (OLG Hamburg GRUR-RR 2010, 479; OLG Bamberg WRP 2012, 223; OLG Celle GRUR-RR 2017, 144). Die Verpflichtung nach § 8 AltölV erfasst jedoch nicht die Angabe der Öffnungszeiten im Internethandel (OLG Frankfurt WRP 2021, 67 Rn. 16–18). Es handelt sich nicht um eine unionrechtliche Informationspflicht, sondern um eine nationale Regelung aufgrund der Öffnungsklausel in Art. 21 II RL 2008/98/EG über Abfälle.

1.215a Nach **Art. 6 I 1 VO (EG) 715/2007** muss ein Automobilhersteller unabhängigen Marktteilnehmern über das Internet mittels eines standardisierten Formats Zugang zu Reparatur- und Wartungshinweisen auf leicht und unverzüglich zugängliche Weise gewähren (dazu EuGH GRUR 2019, 1196 – Gesamtverband Autoteile-Handel/KIA; BGH GRUR 2020, 426 Rn. 17–23 – Ersatzteilinformation II).

Nach § 42 I, II EnWG müssen Energieversorgungsunternehmen bestimmte Informationen **1.216**
zu Energieträgermix und Umweltauswirkungen ihres Stroms geben. Dabei handelt es sich zwar
um Marktverhaltensregelungen. Im Verhältnis zu **Verbrauchern** gilt dies jedoch im Hinblick
auf ErwGr. 15 UGP-RL nur, soweit diese Pflichten ihre Grundlage in der RL 2009/72/EG
über gemeinsame Vorschriften für den Elektrizitätsbinnenmarkt haben. Dies ist nicht der Fall
(dazu OLG Frankfurt GRUR-Prax 2012, 17).

2. Produktbezogene Werbebeschränkungen

Schrifttum: Burk, Die neuen Publikumswerbeverbote des § 11 HWG auf dem Prüfstand von Verfassungs-
und Europarecht, GRUR 2012, 1097; Feddersen, Wissenschaftliche Absicherung von Wirkungsangaben im
Heilmittelwerbeprozess, GRUR 2013, 127; Kappes, Gutschein- und Bonussysteme im Apothekenwesen,
WRP 2009, 250; Mand, Rabatte und Zugaben durch Apotheken, NJW 2010, 3681; Meyer, Produktspezifische Werberegelungen in Deutschland und der Europäischen Gemeinschaft, 1996; Sachs, Werbung für
kosmetische Mittel mit Studien- und Fachveröffentlichungen, WRP 2010, 26; Schmid, Über Sinn und
Unsinn des Verbots von Werbegaben nach § 7 UWG, FS Bornkamm, 2014, 477; Wudy/Pohl, Ein Überblick
über die durch den Gesetzesentwurf zur 16. AMG-Novelle geplanten Änderungen im Heilmittelwerberecht,
WRP 2012, 388.

a) Allgemeines. Werbebeschränkungen und –verbote, die sich auf bestimmte Waren oder **1.217**
Dienstleistungen beziehen, dienen typischerweise dem Schutz der Verbraucher und stellen daher
Marktverhaltensregelungen iSd § 3a dar (vgl. BGH GRUR 2009, 511 Rn. 24 – Schoenenberger
Artischockensaft; BGH GRUR 2009, 1189 Rn. 14 – Blutspendedienst; Ullmann GRUR 2003,
817 (823)).

**b) Einzelne Vorschriften. aa) Heilmittelwerbegesetz. (1) Schutzzweck. Heilmittel- 1.218
werbegesetz (HWG)** idF der Bek. v. 19.10.1994 (BGBl. 1994 I 3068), zuletzt geändert durch
Art. 7 G vom 19.7.2023 (BGBl. I 2023 Nr. 197).

Das HWG bezweckt den Schutz der Gesundheit des Einzelnen und der Allgemeinheit vor den
Gefahren einer unsachgemäßen Selbstmedikation und einer unsachlichen Werbung. Dabei ist
unerheblich, ob diese Gefahren im Einzelfall auch tatsächlich eintreten (BGH GRUR 2009, 984
Rn. 17 – Festbetragsfestsetzung). Darüber hinaus will es verhindern, dass eine mit Übertreibungen arbeitende, suggestive oder marktschreierische Werbung Kranke und insbes. ältere Menschen
zu Fehlentscheidungen beim Arzneimittelgebrauch und bei der Verwendung anderer Mittel zur
Beseitigung von Krankheiten oder Körperschäden verleitet. Es geht also um den Schutz der
menschlichen Gesundheit und um den Schutz vor wirtschaftlicher Übervorteilung besonders
schutzbedürftiger Personen (vgl. BVerfG GRUR 2007, 720 (721) – Geistheiler; BGH GRUR
2014, 689 Rn. 11 – Testen Sie Ihr Fachwissen; BGH GRUR 2015, 1244 Rn. 13 – Äquipotenzangabe in Fachinformation). Denn die Verbraucher als medizinische Laien haben nicht die
notwendige Sachkenntnis, um Werbeaussagen über Heilmittel und -methoden zutreffend beurteilen zu können, und sind bei Erkrankung häufig geneigt, Werbeaussagen blind zu vertrauen
(OLG München WRP 2017, 1011 Rn. 8). Zu prozessualen Fragen der Irreführung bei der
Werbung mit Wirkungsangaben für Heilmittel vgl. Feddersen GRUR 2013, 127.

(2) Auslegung. Bei der Auslegung des HWG ist die **RL 2001/83/EG** v. 6.11.2001 zur **1.219**
Schaffung eines **Gemeinschaftskodexes für Humanarzneimittel** (zuletzt geändert durch die
VO (EU) 2019/1243 v. 20.6.2019) im Weg der **richtlinienkonformen Auslegung** zu berück-
sichtigen, da diese eine vollständige Harmonisierung des Bereichs der Werbung für und der
Information über Humanarzneimittel bezweckt und die Fälle, in denen die Mitgliedstaaten
abweichende Regelungen erlassen dürfen, abschließend regelt (EuGH GRUR 2008, 267
Rn. 20, 39, 62 – Gintec; EuGH GRUR 2020, 764 Rn. 33 – ratiopharm; EuGH GRUR 2023,
268 Rn. 60 – EUROAPTIEKA; BGH GRUR 2011, 1163 Rn. 16–24 – Arzneimitteldatenbank;
BGH GRUR 2017, 833 – Weihrauch-Extrakt-Kapseln II; BGH GRUR 2019, 203 Rn. 22–24
– Versandapotheke; BGH WRP 2020, 722 Rn. 18 – Gewinnspielwerbung I). Der Gesetzgeber
hat dem durch Änderung insbes. des § 11 HWG im Gesetz v. 19.10.2012 Rechnung getragen
(dazu Burk GRUR 2012, 1097; Reese WRP 2013, 283). In dem von der Richtlinie erfassten
Bereich ist eine Überprüfung am Maßstab der deutschen Grundrechte grds. ausgeschlossen; es
kommt nur eine Überprüfung am Maßstab der **europäischen Grundrechte** in Betracht (OLG
Hamburg GRUR-RR 2010, 74 (77) zu § 11 I 1 Nr. 2 HWG; offengelassen in BGH GRUR
2012, 647 Rn. 39 – INJECTIO). Nur in dem **außerhalb** der Richtlinie **verbleibenden**
Bereich ist eine Überprüfung am Maßstab der **deutschen** Grundrechte aus Art. 12 I 2 GG und

Art. 5 I GG noch möglich. Grds. sind die Werbebeschränkungen des HWG **verfassungsrecht-lich zulässig,** weil sie allgemeine Gesetze iSd Art. 5 II GG sind und durch hinreichende Gründe des Allgemeinwohls gedeckt sind (BVerfG GRUR 2007, 720 (721) [zu § 11 I Nr. 10 HWG]; BGH GRUR 2009, 1082 Rn. 23 – DeguSmiles & more zu Medizinprodukten). Zwar ist eine **verfassungskonforme Auslegung** möglich und im Einzelfall geboten (dazu BGH GRUR 2009, 509 Rn. 14–23 – Schoenenberger Artischockensaft; BGH GRUR 2009, 984 Rn. 25 f. – Festbetragsfestsetzung; BGH GRUR 2009, 1189 Rn. 16 – Blutspendedienst; dazu Schmid FS Bornkamm, 2014, 477 (488)). Auch kann das Grundrecht aus Art. 5 I 1 GG im Einzelfall zu einer Verbotseinschränkung führen (BGH GRUR 2009, 984 Rn. 25 f. – Festbetragsfestsetzung). Allerdings dürfte eine einschränkende Auslegung der Werbeverbote des HWG dahin, dass sie nur bei einer positiv feststehenden unmittelbaren oder mittelbaren Gesundheitsgefährdung eingreifen, mit der Richtlinie 2001/83/EG unvereinbar sein (so zu § 5 HWG auch BGH GRUR 2012, 647 Rn. 37–41 – INJECTIO; zu § 7 HWG OLG Celle GRUR-RR 2014, 263). An der früheren Rspr. (vgl. BGH GRUR 2004, 799 (800) – Lebertrankapseln zu § 11 Nr. 10 HWG; BGH GRUR 2007, 809 Rn. 19 – Krankenhauswerbung zu § 11 I 1 Nr. 4 HWG) ist daher nicht festzuhalten. Die in § 7 I 1 HWG in Bezug genommenen Preisvorschriften des AMG verstoßen bei rein innerstaatlichen Sachverhalten ohne grenzüberschreitenden Bezug auch nach dem Urteil des EuGH GRUR 2016, 1312 – Deutsche Parkinson Vereinigung weder gegen Unionsrecht noch gegen Art. 3 I GG und 12 I GG (BGH GRUR 2019, 203 Rn. 35–47 – Versandapotheke; BGH GRUR 2019, 1071 Rn. 31–50 – Brötchen-Gutschein). – Die Anwendung des HWG auf „Geistheiler" ist verfassungsrechtlich nicht zu beanstanden (BVerfG GRUR 2007, 720 (721 ff.)).

1.220   **(3) Anwendungsbereich.** Die Verbote und Gebote der §§ 3–13 HWG richten sich nicht nur an Arzneimittelhersteller und Ärzte, sondern an alle **Werbungtreibenden** (BGH GRUR 2001, 453 (455) – TCM-Zentrum). Das HWG erfasst aber nur die **„Werbung für Heilmittel".** Es sind dies Arzneimittel (§ 1 I Nr. 1 HWG), Medizinprodukte (§ 1 I Nr. 1a HWG) und bestimmte andere Mittel (§ 1 I Nr. 2 HWG). Der Begriff der **Werbung** umfasst alle produkt- oder leistungsbezogenen Aussagen, die darauf angelegt sind, den Absatz der beworbenen Heilmittel zu fördern, sog **produktbezogene Absatzwerbung** (BGH GRUR 2009, 984 Rn. 13 – Festbetragsfestsetzung; BGH GRUR 2020, 543 Rn. 11 – Kundenbewertungen auf Amazon). (Zum unionsrechtlichen Begriff der „Werbung für Arzneimittel" iSd Art. 86 I RL 2001/83/EG vgl. EuGH GRUR 2011, 1160– MSD Sharp & Dohme; EuGH GRUR 2023, 268 Rn. 30–51 – EUROAPTIEKA).

1.221   **Nicht erfasst** ist dagegen die **allgemeine Unternehmenswerbung (Imagewerbung; Ver-trauenswerbung; Aufmerksamkeitswerbung),** die ohne Bezugnahme auf bestimmte Produkte, Verfahren oder Behandlungen für Ansehen und Leistungsfähigkeit des Unternehmens allgemein wirbt (BGH GRUR 2003, 353 (355) – Klinik mit Belegärzten; BGH GRUR 2006, 949 Rn. 23 – Kunden werben Kunden; BGH GRUR 2007, 809 Rn. 17 – Krankenhauswerbung; BGH GRUR 2009, 1082 Rn. 15 – DeguSmiles & More; BGH GRUR 2017, 635 Rn. 30 – Freunde werben Freunde). Als bloße Imagewerbung ist daher eine auf das gesamte Sortiment einer Apotheke bezogene Werbung anzusehen (vgl. BGH GRUR-RR 2011, 39 [Ls.] – Einkaufsgutschein für Arzneimittel). Für die Abgrenzung von zulässiger Unternehmens- und unzulässiger Produktwerbung kommt es nach der Rspr. darauf an, ob nach dem Gesamterscheinungsbild der Werbung die Darstellung des Unternehmens oder aber die Anpreisung bestimmter oder zumindest individualisierbarer Produkte **im Vordergrund** steht (BGH GRUR 2003, 353 (355 f.) – Klinik mit Belegärzten; BGH GRUR 2009, 1082 Rn. 16 – DeguSmiles; BGH GRUR 2017, 641 Rn. 37 – Zuzahlungsverzicht bei Hilfsmitteln). Für die Anwendung des HWG reicht es aus, dass die betreffende Werbemaßnahme **auch** auf den Absatz von Heilmitteln gerichtet ist (BGH GRUR 2009, 984 Rn. 13 f. – Festbetragsfestsetzung). Danach liegt eine über eine bloße Unternehmenswerbung hinausgehende produktbezogene Werbung bereits in der Nennung eines bestimmten Arzneimittels, mögen damit auch in erster Linie gesundheitspolitische Ziele verfolgt werden (BGH GRUR 2009, 984 Rn. 18 – Festbetragsfestsetzung). – Irreführende **Kundenbe-wertungen** (zB auf der Amazon-Plattform) muss sich ein Unternehmen nur zurechnen lassen, wenn es sich diese zu eigen macht, dh nach außen erkennbar die inhaltliche Verantwortung für die Äußerungen Dritter übernimmt oder den zurechenbaren Anschein erweckt, er identifiziert sich mit ihnen (BGH GRUR 2020, 543 Rn. 16 – Kundenbewertungen auf Amazon).

1.222   **(4) Lauterkeitsrechtliche Bedeutung.** Verstöße gegen die Werberegelungen des HWG sind idR unlauter iSd § 3a, weil sie geeignet sind, die Interessen der Verbraucher und Mitbewerber spürbar zu beeinträchtigen (BGH GRUR 2009, 1082 Rn. 22 – DeguSmiles & more; BGH GRUR 2009, 984 Rn. 34 – Festbetragsfestsetzung; BGH GRUR 2011, 843 Rn. 16 – Vorrichtung zur Schädlingsbekämpfung; BGH GRUR 2012, 647 Rn. 42 – INJECTIO; BGH GRUR 2019, 1071 Rn. 57 – Brötchen-Gutschein). In Ausnahmefällen können allerdings besonders gelagerte Umstände, die eine Gefährdung des Schutzzwecks des HWG praktisch ausschließen, die fehlende Spürbarkeit begründen (vgl. BGHZ 140, 134 (138 f.) = GRUR 1999, 1128 (1129) – Hormonpräparate zu § 1 UWG 1909), wenn nicht gar schon ein Verstoß gegen das HWG zu verneinen ist (OLG Koblenz WRP 2016, 1293 Rn. 9). – Eine an sich nach §§ 10, 11 HWG unzulässige Werbung kann durch Art. 5 I 1 GG gerechtfertigt sein, wenn die wirksame Ausübung des Grundrechts die Nennung des Arzneimittels erfordert (BGH GRUR 2009, 984 Rn. 25, 26 – Festbetragsfestsetzung).

(5) Einzelne Bestimmungen. § 3 HWG (Verbot der irreführenden Werbung).   **1.223**
BGH GRUR 2001, 181 (183) – dentalästhetika; BGH GRUR 2001, 273 (274) – Eusovit; BGH GRUR 2010, 1125 Rn. 56 – Femur-Teil; BGH GRUR 2013, 649 Rn. 15 – Basisinsulin mit Gewichtsvorteil; BGH GRUR 2015, 1244 Rn. 13 – Äquipotenzangabe in Fachinformation; BGH WRP 2017, 422 Rn. 11 ff. – Optiker-Qualität; BGH GRUR 2021, 513 – Sinupret.
OLG Brandenburg GRUR-RR 2021, 391 Rn. 15.
OLG Celle WRP 2015, 1115; GRUR-RR 2019, 87.
OLG Düsseldorf WRP 2017, 586 Rn. 22.
OLG Frankfurt WRP 2014, 1101 Rn. 20–22; GRUR-RR 2018, 251 Rn. 61–101; WRP 2018, 1360 Rn. 18–37; WRP 2020, 356 Rn. 12; WRP 2020, 757; GRUR-RR 2020, 400.
OLG Hamburg GRUR-RR 2010, 67; GRUR-RR 2010, 70; GRUR-RR 2010, 73; GRUR-RR 2010, 73; GRUR-RR 2011, 106; WRP 2013, 196 Rn. 23–35; WRP 2014, 98; WRP 2014, 615; WRP 2014, 619; WRP 2017, 1129; GRUR-RR 2018, 27; GRUR-RR 2018, 31; GRUR-RR 2018, 34; GRUR-RR 2018, 85; GRUR-RR 2018, 212; GRUR-RR 2018, 214; GRUR-RR 2018, 436; GRUR-RR 2018, 479; WRP 2019, 1501; GRUR-RR 2020, 39; GRUR-RR 2020, 220; GRUR 2020, 396; GRUR-RR 2020, 404; GRUR-RR 2021, 390.
OLG Hamm WRP 2014, 1108; WRP 2017, 617 Rn. 33–78; WRP 2021, 515 Rn. 7.
OLG Karlsruhe GRUR-RR 2022, 551.
KG WRP 2016, 389; WRP 2016, 392.
OLG München WRP 2017, 1011; WRP 2017, 1012 Rn. 5–16.
OLG Saarbrücken GRUR-RR 2019, 184.

§ 3a HWG (Verbot der Werbung für nicht zugelassene Arzneimittel).   **1.224**
BGH GRUR 2002, 910 – Muskelaufbaupräparate; BGH WRP 2003, 883 – L-Glutamin; BGH GRUR 2008, 1014 Rn. 28–31 – Amlodipin; BGH WRP 2017, 948 – Weihrauch-Extrakt-Kapseln II.
OLG Frankfurt GRUR-RR 2020, 402.
OLG Hamburg GRUR-RR 2008, 455 Ls.; GRUR-RR 2010, 67 (68); WRP 2015, 1143 Rn. 21–42.
KG GRUR-RR 2018, 36.
OLG Koblenz GRUR-RR 2015, 264; GRUR-RR 2016, 294.
OLG Köln WRP 2017, 597 Rn. 40–54.
OLG Stuttgart GRUR-RR 2018, 86.

§ 4 HWG (Pflichtangaben)   **1.225**
Die Vorschrift ist mit der RL 2001/83/EG vereinbar, wie sich aus deren Art. 89 I ergibt (BGH WRP 2014, 65 – Pflichtangaben im Internet). Da es sich um eine im Unionsrecht wurzelnde Informationspflicht handelt, dürfte nach der neueren Rechtsprechung des BGH nunmehr § 5a einschlägig sein (→ Rn. 1.19).
BGH GRUR 1997, 761 – Politikerschelte; BGH GRUR 1998, 591 (592) – Hormonpräparate; BGH WRP 2014, 65 – Pflichtangaben im Internet: Link in einer Internet-Anzeige ausreichend, wenn er eindeutig als solcher erkennbar ist, unzweideutig darauf hinweist, dass der Nutzer über ihn zu den Pflichtangaben kommt und der Nutzer ohne weitere Zwischenschritte zu der betreffenden Internetseite gelangt.
OLG Frankfurt WRP 2007, 111 (112): mangelnde Lesbarkeit der Angaben.
– **§ 4 III HWG** („Zu Risiken und Nebenwirkungen …")

BGH GRUR 2009, 509 – Schoenenberger Artischockensaft; BGH GRUR 2009, 984 Rn. 27 – Festbetragsfestsetzung; LG Düsseldorf WRP 2014, 891; LG Köln WRP 2020, 517; OLG Köln GRUR-RR 2020, 224; OLG Köln WRP 2020, 1347.

– **§ 4 VI HWG** (Zulässigkeit der Erinnerungswerbung)
BGH GRUR 2010, 749 – Erinnerungswerbung im Internet.
OLG Köln GRUR-RR 2008, 445.
OLG Oldenburg GRUR-RR 2008, 201.

1.226   **§ 4a HWG** (Verbot der Werbung in der Packungsbeilage für andere Arzneimittel).
BGH BeckRS 2001, 44481.227

1.227   **§ 5 HWG (Verbot der Werbung für homöopathische Arzneimittel mit Anwendungsgebieten).**
BGH GRUR 2012, 647 – INJECTIO.

1.228   **§ 6 HWG (Beschränkung der Werbung mit Gutachten und Fachveröffentlichungen).**
BGH GRUR 2010, 1125 Rn. 58 f. – Femur-Teil; zum Zitiergebot des § 6 Nr. 2 HWG vgl. OLG Frankfurt GRUR-RR 2018, 251 Rn. 86–94, 111–116; OLG Karlsruhe, Magazindienst 2023, 417; zu § 6 Nr. 1 HWG vgl. OLG Frankfurt WRP 2021, 1333 Rn. 13–19.

1.229   **§ 7 HWG (Beschränkung der Werbung mit Zuwendungen und sonstigen Werbegaben).**
BGH GRUR 2003, 624 – Kleidersack; BGH GRUR 2009, 1082 Rn. 13 ff. – DeguSmiles & more; BGH GRUR 2010, 1136 Rn. 24 f. – UNSER DANKESCHÖN FÜR SIE; BGH GRUR 2011, 1163 Rn. 15 – Arzneimitteldatenbank; BGH GRUR 2012, 1279 – DAS GROSSE RÄTSELHEFT; BGH GRUR 2014, 689 – Testen Sie Ihr Fachwissen; BGH GRUR 2015, 504 – Kostenlose Zweitbrille; BGH GRUR 2015, 813 Rn. 18–22 – Fahrdienst zur Augenklinik; BGH GRUR 2017, 641 Rn. 32–49 – Zuzahlungsverzicht bei Hilfsmitteln; BGH GRUR 2017, 635 Rn. 27 – Freunde werben Freunde; BGH GRUR 2019, 203 – Versandapotheke; BGH GRUR 2019, 1078 Rn. 25 - 1 Euro-Gutschein; BGH GRUR 2019, 1071 – Brötchen-Gutschein; BGH WRP 2020, 722 – Gewinnspielwerbung I [Vorlagebeschluss]; BGH GRUR 2021, 628 Rn. 23 ff. – Apothekenmuster II; BGH GRUR 2022, 391 – Gewinnspielwerbung II.
OLG Dresden WRP 2021, 62 Rn. 23–25.
OLG Hamburg GRUR-RR 2018, 217; GRUR-RR 2019, 486.
OLG Hamm WRP 2021, 97.
OLG Karlsruhe WRP 2023, 102.
OLG Köln WRP 2019, 354; WRP 2022, 368.
KG WRP 2017, 1016 Rn. 19–29; GRUR-RR 2018, 308; WRP 2020, 495.
OLG München GRUR-RR 2018, 305 Rn. 34–36.
OLG Nürnberg WRP 2019, 382 Rn. 15–55.
LG Bochum WRP 2023, 119.
LG Braunschweig WRP 2021, 821.
LG Cottbus WRP 2022, 1310.
LG Düsseldorf WRP 2020, 930 Rn. 18–38.
LG Flensburg WRP 2021, 399 Rn. 37–43.
LG Hamburg WRP 2023, 500.
LG Mannheim WRP 2021, 963.
LG Münster WRP 2020, 125 Rn. 29–47.

1.230   **§ 7 I HWG** ist im Hinblick auf die Regelungen der RL 2001/83/EG unionsrechtskonform auszulegen (EuGH WRP 2021, 1277 Rn. 45 – DocMorris/Apothekenkammer Nordrhein; BGH WRP 2020, 722 Rn. 18 – Gewinnspielwerbung; BGH WRP 2021, 615 Rn. 25–27 – Apothekenmuster II). Die Vorschrift soll der **abstrakten Gefahr einer unsachlichen Beeinflussung** begegnen, die von einer Wertreklame ausgeht, weil und soweit diese geeignet ist, ein wirtschaftliches Interesse an der Verschreibung oder Abgabe von Arzneimitteln zu wecken (BGH GRUR 2014, 689 Rn. 14 – Testen Sie Ihr Fachwissen; BGH WRP 2020, 722 Rn. 24 – Gewinnspielwerbung I). Die Vorschrift bezweckt insbes. auch den Schutz der Verbraucher vor unsachlicher Beeinflussung, die von einer Wertreklame bei der Entscheidung, ob und welche Heilmittel sie in Anspruch nehmen, ausgeht (BGH GRUR 2015, 504 Rn. 9 – Kostenlose Zweitbrille; BGH GRUR 2019, 203 Rn. 16, 25 – Versandapotheke; OLG Stuttgart WRP 2020, 1353). Sie bezweckt aber auch den Schutz von Angehörigen der Heilberufe, insbes. Apothekern, vor einer unsachlichen Beeinflussung durch Werbegaben, wie zB die Abgabe von Gratismustern nicht verschreibungspflichtiger Arzneimittel (BGH WRP 2021, 615 Rn. 29–31 – Apothekenmuster II). – Der Begriff der **Zuwendungen** und **Werbegaben** ist dabei **weit** auszulegen und umfasst grds. jede aus Sicht des Empfängers nicht berechnete **geldwerte Vergünstigung,** die im Zusammenhang mit der Werbung für ein oder mehrere konkrete Heilmittel gewährt wird (BGH GRUR 2015, 504 Rn. 14 – Kostenlose Zweitbrille; BGH WRP 2020, 722 Rn. 24 – Gewinnspielwerbung; BGH GRUR 2019, 1071 Rn. 16 – Brötchen-Gutschein; KG WRP 2020, 495 (kostenlose Batterien); OLG Nürnberg WRP 2019, 382: Werbegabe verneint bei Werbung mit (Brillen-) „Fassung geschenkt"). Dabei ist auf den **Verkehrswert** der Zuwendung oder Werbegabe abzustellen (BGH GRUR 2015, 813 Rn. 19 – Fahrdienst zur Augenklinik) und nicht auf die Aufwendungen des Zuwendenden. – Unter den Begriff der **Werbegaben** fallen nicht unentgeltliche Werbehilfen, es sei denn, sie gewähren dem Empfänger einen gewichtigen Zweitnutzen (BGH GRUR 2012, 1279 Rn. 24 – DAS GROSSE RÄTSELHEFT; OLG Karlsruhe WRP 2014, 89 Rn. 12–14). – Unter den Begriff der **Zuwendungen** fallen nicht nur **Zugaben,** einschließlich **Dienstleistungen** (BGH GRUR 2015, 813 Rn. 19 – Fahrdienst zur Augenklinik: kostenloser Fahrdienst; OLG Düsseldorf WRP 2013, 816: kostenloser Shuttle-Service; OLG München WRP 2015, 642 Rn. 34–36: kostenloses ärztliches Beratungsgespräch; LG Braunschweig WRP 2021, 821 Rn. 22: Kostenlose Implantat-Sprechstunde), sondern auch **Geld-** oder **Naturalrabatte** (BGH GRUR 2010, 1136 Rn. 24 – UNSER DANKESCHÖN FÜR SIE; BGH GRUR 2017, 635 Rn. 35 – Freunde werben Freunde; OLG Stuttgart WRP 2013, 648; OLG Stuttgart WRP 2015, 1133 Rn. 35: Zuzahlungsverzicht) und Payback-Punkte (OLG Karlsruhe WRP 2023, 102 Rn. 35). – Ferner werden **Gewinnspiele** und **Preisausschreiben** erfasst, auch und gerade, wenn sie mit dem Absatz eines Heilmittels gekoppelt sind (OLG Köln GRUR-RR 2011, 380; OLG Nürnberg WRP 2012, 739; KG WRP 2017, 1016 Rn. 19–29). Dagegen reicht es nicht aus, wenn sich die Werbeadressaten mit Angaben in einer Werbebeilage beschäftigen müssen (richtige Beantwortung von Testfragen), um an einem Gewinnspiel teilnehmen zu können (BGH GRUR 2014, 689 Rn. 14 – Testen Sie Ihr Fachwissen), weil dadurch allein noch kein wirtschaftliches Interesse an der Abgabe des beworbenen Arzneimittels geweckt wird. – Erfasst werden grds. auch **Zuwendungen an Dritte** im Rahmen eines „social sponsoring" (LG Ulm GRUR-RR 2007, 300). Voraussetzung ist aber stets, dass die Vergünstigung **unentgeltlich** (BGH GRUR 2003, 624 (625) – Kleidersack; OLG Köln GRUR-RR 2008, 446 (447)) oder gegen ein **Scheinentgelt** (BGH GRUR 2003, 624 (626) – Kleidersack; OLG Nürnberg WRP 2009, 106) gewährt wird und dass aus der Sicht der Empfänger ein **Zusammenhang** zwischen der Zuwendung und der Heilmittelwerbung besteht (BGH GRUR 2011, 1163 Rn. 15 – Arzneimitteldatenbank). Ein solcher Zusammenhang ist zu verneinen bei einem Angebot einer durch Werbung finanzierten und deswegen für Ärzte kostenlosen Arzneimitteldatenbank (BGH GRUR 2011, 1163 Rn. 15 – Arzneimitteldatenbank). Unentgeltlichkeit ist zu verneinen, wenn sich der Empfänger der Vergünstigung (zB Gewinnchance bei einem Gewinnspiel) dafür nicht unerheblichen Testanstrengungen unterziehen (OLG Köln GRUR-RR 2008, 446 (447)) oder beim Erwerb Unannehmlichkeiten in Kauf nehmen muss (BGH GRUR 2010, 1136 Rn. 18 – UNSER DANKESCHÖN FÜR SIE).

    Zulässig sind ua **„geringwertige Kleinigkeiten" (§ 7 I 1 Nr. 1 Hs 1 HWG).** Es sind dies **1.231** Gegenstände von so geringem Wert, dass eine relevante unsachliche Beeinflussung der Werbeadressaten als ausgeschlossen erscheint, wie insbes. kleinere Zugaben, die sich als Ausdruck allg. Kundenfreundlichkeit darstellen (BGH GRUR 2010, 1136 Rn. 25 – UNSER DANKESCHÖN FÜR SIE). Die **Wertgrenze** lag in der Vergangenheit bei **1 Euro** für jedes abgegebene verschreibungspflichtige Arzneimittel, unabhängig davon, wieviele Medikamente bei einem Rezept verschrieben worden sind (BGH WRP 2013, 1590 Rn. 9 – Rezept-Prämie; BGH WRP 2013, 1587 Rn. 19 f. – Rezept-Bonus). Für eine betragsmäßige Spürbarkeitsschwelle beim Erwerb preisgebundener Arzneimittel hat der BGH in seiner späteren Rechtsprechung keinen Raum mehr gesehen (BGH GRUR 2019, 1071 Rn. 57 – Brötchen-Gutschein). Welche Grenze bei einer Werbung gegenüber Fachkreisen gilt, ist umstritten (vgl. OLG Stuttgart WRP 2018, 739; OLG Köln WRP 2019, 354; OLG Hamm WRP 2021, 97). Bei einer kostenlosen Dienstleistung, wie zB einem Fahrdienst, lag die Wertgrenze bei höchstens 5 Euro (BGH GRUR 2015, 813 Rn. 21 – Fahrdienst zur Augenklinik). Desgleichen ist eine Wertgrenze bei Sachzuwendungen zu ziehen (vgl. BGH 2006, 949 Rn. 25 – Kunden werben Kunden: Gratisangebot eines der Gläser einer Gleitsichtbrille). Eine Werbung mit Zuwendungen liegt auch vor, wenn die für die Gewährung von Prämien erforderlichen Prämienpunkte nicht nur für Heilmittel, sondern für alle sonstigen Produkte aus dem Sortiment gegeben werden (BGH GRUR 2009, 1082 Rn. 16 – DeguSmiles & more mwN zum Streitstand).

    Zulässig sind weiter Zuwendungen oder Werbegaben, soweit sie in einem bestimmten oder **1.232** bestimmbaren **Geldbetrag** (§ 7 I 1 Nr. 2 Hs. 1 lit. a HWG) oder in einer bestimmten oder bestimmbaren **Menge gleicher Waren** gewährt werden (§ 7 I 1 Nr. 2 Hs. 1 lit. b HWG). Warengleichheit setzt Gattungs- und Qualitätidentität voraus; Gleichartigkeit, Ähnlichkeit oder Gebrauchsnähe genügen nicht (BGH GRUR 2015, 504 Rn. 27 – Kostenlose Zweitbrille; OLG Stuttgart WRP 2020, 1353). Der Zuzahlungsverzicht eines Versandhändlers bei Hilfsmitteln fällt unter diese Vorschrift (BGH GRUR 2017, 641 Rn. 40 – Zuzahlungsverzicht bei Hilfsmitteln); desgleichen das Versprechen der Rückzahlung des Kaufpreises beim Angebot „Jetzt gratis testen" (OLG Hamburg GRUR-RR 2019, 486) oder „Inkontinenzhöschen GRATIS TESTEN" (OLG Köln WRP 2022, 368 Rn. 31–43)

1.232a   Zu beachten ist jedoch die Einschränkung in **§ 7 I 1 Nr. 1, 2 Hs 2 HWG.** Danach sind Zuwendungen oder Werbegaben für **Arzneimittel** unzulässig, soweit sie entgegen den **Preisvorschriften** des AMG gewährt werden. Daher stellt bspw. auch die Aushändigung eines 1-€-Gutscheins, eines Brötchen-Gutscheins oder die Gewährung einer Prämie für jeden neu geworbenen Kunden beim Erwerb eines rezeptpflichtigen, preisgebundenen Arzneimittels einen derartigen Verstoß dar. Denn dies lässt es für ihn wirtschaftlich günstiger erscheinen, das preisgebundene Arzneimittel bei diesem Apotheker als bei einem anderen zu erwerben (vgl. BGH GRUR 2019, 203 Rn. 30 – Versandapotheke). Nicht anders verhält es sich bei der Gewährung von Payback-Punkten für die Vorbestellung verschreibungspflichtiger Arzneimittel per App (OLG Karlsruhe WRP 2023, 102 Rn. 36–44). Angesichts der klaren gesetzgeberischen Entscheidung ist einem solchen Fall auch die Spürbarkeit des Verstoßes iSd § 3a zu bejahen (BGH GRUR 2019, 1071 Rn. 57 – Brötchen-Gutschein).

1.232b   Zulässig sind auch Zuwendungen oder Werbegaben, die nur in handelsüblichem Zubehör zur Ware oder **handelsüblichen Nebenleistungen** bestehen **(§ 7 I 1 Nr. 3 HWG).** Bejaht für „Serviceartikel" in Gestalt von Impf-Zubehör (OLG Köln WRP 2019, 354 Rn. 18–20); verneint für Werbung mit dem Angebot eines kostenlosen Fahrdiensts zur Augenklinik (OLG Köln GRUR-RR 2016, 424).

1.232c   Zur Frage, ob die Bewerbung der Teilnahmemöglichkeit an einem Gewinnspiel bei Einlösung eines Rezepts bei einer ausländischen Versandapotheke die abstrakte Gefahr einer unsachlichen Beeinflussung potentieller Kunden bewirkt, vgl. BGH GRUR 2020, 659 Rn. 37–45 – Gewinnspielwerbung I (Vorlagebeschluss); BGH GRUR 2022, 391 Rn. 42–45 – Gewinnspielwerbung II.

1.233   Der bloße Hinweis in der Werbung eines Blutspendedienstes, dass den Spendern eine Aufwandsentschädigung gewährt werden kann, die sich am unmittelbaren Aufwand orientiert (§ 10 TFG), verstößt nicht gegen **§ 7 III HWG** (BGH GRUR 2009, 1189 Rn. 22–25 – Blutspendedienst).

1.234   **§ 8 HWG (Verbot der vertriebsbezogenen Werbung für Arzneimittel).**
Dazu EuGH GRUR 2008, 264 Rn. 18–44 – Ludwigs-Apotheke (Prüfung am Maßstab der ex-Art. 28, 30 EG); BGH GRUR 2001, 178 (179 f., 181) – Impfstoffversand an Ärzte; OLG Hamburg GRUR-RR 2004, 219.

1.235   **§ 9 HWG (Verbot der Werbung für Fernbehandlung).**
Zu § 9 HWG aF vgl. BGH GRUR 2022, 399 Rn. 23–46 – Werbung für Fernbehandlung; OLG Köln WRP 2013, 189; zu dem am 19.12.2019 in Kraft getretenen § 9 S. 2 HWG nF vgl. BGH GRUR 2022, 399 Rn. 47–65 – Werbung für Fernbehandlung; OLG Köln GRUR 2022, 1353 Rn. 32–47; OLG Karlsruhe GRUR-RR 2023, 171; Eichelberger FS Harte-Bavendamm 2020, 289 (297 ff.); Eichelberger WRP 2022, 679.

1.236   **§ 10 HWG (Publikumswerbeverbot für bestimmte Arzneimittel).**
Die Vorschrift will den Gefahren der Selbstmedikation und des Arzneimittelfehlgebrauchs entgegenwirken (OLG Frankfurt GRUR-RR 2013, 76 (77); OLG Stuttgart GRUR-RR 2019, 90 Rn. 54– 57) – Zur Begrenzung der § 10 I HWG, § 11 I Nr. 2 und 7 HWG durch das Grundrecht der **Meinungsfreiheit** (Art. 10 EMRK; Art. 5 I 1 GG) vgl. BGH GRUR 2009, 984 Rn. 20–25 – Festbetragsfestsetzung. – Zur **richtlinienkonformen Auslegung** des § 10 HWG am Maßstab des Art. 88 I lit. a Richtlinie 2001/83/EG vgl. BGH GRUR 2009, 988 – Arzneimittelpräsentation im Internet I [Vorlagebeschluss], EuGH GRUR 2011, 1160 Rn. 43–48 – MSD Sharp & Dohme und BGH GRUR-RR 2012, 259 – Arzneimittelpräsentation im Internet II; OLG Hamm WRP 2019, 1371 Rn. 41–53; LG Hannover WRP 2022, 1573). – Zur **Einschränkung** des § 10 HWG durch § 10 I 1 und 4 AMG vgl. BGH GRUR 2008, 1014 Rn. 20–27 – Amlodipin; BGH GRUR 2009, 990 Rn. 11, 14 – Metroprolol.

1.237   **§ 11 HWG (Unzulässige Formen der Publikumswerbung).**
Diese Vorschrift wurde durch das G v. 19.10.2012 (BGBl. 2012 I 2192) an die Anforderungen der Richtlinie 2001/83/EG angepasst. Dabei wurden ua die bisherigen Nr. 1, 4, 6 und 10 des

§ 11 I 1 HWG aufgehoben und die Nr. 2, 3, 5, 7, 11, 13 und 14 des § 11 I 1 HWG geändert. Auch die geänderten Vorschriften bedürfen der richtlinienkonformen Auslegung (OLG Frankfurt WRP 2014, 1101 Rn. 14; OLG Frankfurt WRP 2015, 599 Rn. 9 f.; Burk GRUR 2012, 1097; Reese WRP 2013, 283). – Zum Verbot der Werbung mit der Empfehlung Dritter nach **§ 11 I 1 Nr. 2** HWG vgl. BGH GRUR 2012, 1058 – Euminz; OLG Hamburg GRUR-RR 2010, 74 (75); OLG Frankfurt WRP 2014, 1101 Rn. 12–17; OLG Frankfurt WRP 2015, 599 – Zum Verbot der Werbung mit **Äußerungen Dritter** nach **§ 11 I 1 Nr. 11** HWG vgl. EuGH GRUR 2008, 267 Rn. 34–39 – Gintec; BGH GRUR 2005, 1067 (1069) – Konsumentenbefragung; BGH GRUR 1992, 874 (875) – Hyanit; BGH GRUR 2020, 543 Rn. 11–25 – Kundenbewertungen auf Amazon; OLG Düsseldorf WRP 2013, 818; OLG Hamm WRP 2019, 1369; zum Verbot der Werbung mit Preisausschreiben usw vgl. EuGH GRUR 2008, 267 Rn. 53–59 – Gintec; BGH GRUR 2005, 1067 (1069) – Konsumentenbefragung. – Zum Verbot der Werbung mit **Preisausschreiben** usw nach **§ 11 I 1 Nr. 13** vgl. BGH GRUR 2022, 391 Rn. 18, 28–33 – Gewinnspielwerbung II; diese Vorschrift schließt die Anwendung des § 7 I 1 HWG nicht aus (vgl. BGH GRUR 2014, 689 Rn. 10 f. – Testen Sie Ihr Fachwissen; BGH GRUR 2022, 391 Rn. 18, 28–33 – Gewinnspielwerbung II). – Zum Verbot nach **§ 11 I 3 HWG** vgl. OLG Koblenz WRP 2016, 1293.

§ 12 HWG (Beschränkung der Publikumswerbung mit Bezug auf bestimmte Krank- 1.238 **heiten).**

Dazu BGH GRUR 1996, 806 (807) – HerzASS; BGH GRUR 1998, 961 (962) – Lebertran I; BGH GRUR 1984, 291 – Heilpraktikerwerbung III; BGH GRUR 1999, 936 (937) – Hypotonietee). § 12 I Nr. 2, der die Publikumswerbung für Medizinprodukte mit Bezug zu bestimmten Krankheiten einschränkt, enthält in Anlage 2, A Nr. 1 eine Verweisung auf das Infektionsschutzgesetz vom 20.7.2000. Es ist str, ob diese Verweisung statisch (OLG Hamm WRP 2023, 472 Rn. 69–98) oder dynamisch (LG München I Magazindienst 2023, 99; iErg auch LG Trier WRP 2022, 1581) ist und daher daher COVID-19 erfasst. Für das Werbeverbot des **§ 12 II HWG** gilt über die dort genannten privilegierten Einrichtungen (Heilbäder, Kurorte, Kuranstalten) hinaus eine Ausnahme für Ärzte, die Kliniken und Sanatorien betreiben. Ihnen ist es im Hinblick auf Art. 12 I GG nicht verwehrt, unter Herausstellung der Arztnamen und Arztbezeichnung sowie unter Angabe der Indikationsgebiete und Behandlungsmethoden zu werben (BVerfGE 71, 183 = GRUR 1986, 387 – Sanatoriumswerbung; BVerfG NJW 2000, 2734 (2735) – Implantatbehandlungen). Dies gilt auch für Kliniken mit Belegärzten (BGH GRUR 2003, 353 (356) – Klinik mit Belegärzten).

bb) ArzneimittelG. § 43 I 1 AMG (Apothekenpflicht) 1.238a

Der Vertrieb von Arzneimitteln aus den Niederlanden mit einem in Deutschland aufgestellten Arzneimittel-Ausgabeautomaten verstößt gegen § 43 I 1 und § 73 I 1 Nr. 1a AMG (BGH I 122/19 v. 30.4.2020, BeckRS 2020, 18881).

§ 44 III AMG (Vertriebsweg)

Die Vorschrift ist nach Art. 96 RL 2001/83/EG v. 6.11.2001, geändert durch die RL 2004/27/EG, dahin auszulegen, dass sie es pharmazeutischen Unternehmen nicht erlaubt, Gratismuster verschreibungspflichtiger Arzneimittel an Apotheker abzugeben (EuGH GRUR 2020, 764 Rn. 53 – ratiopharm).

cc) Lebensmittel- und Futtermittelgesetzbuch (LFGB). LFGB v. 1.9.2005 1.239 (BGBl. 2005 I 2618), in der Fassung der Bek. v. 15.9.2021 (BGBl. 2021 I 4253, ber 2022 I 28), zuletzt geändert durch G v. 20.12.2022 (BGBl. 2022 I 2752).

Für § 3a kommen folgende Vorschriften in Betracht:

§ 11 I LFGB (Verbot der irreführenden Werbung). Dazu auch → § 5 Rn. 2.215. Die nachfolgenden Entscheidungen sind zu **§ 11 LFGB aF** ergangen: BGH GRUR 2008, 1118 Rn. 15 – MobilPlus-Kapseln; BGH GRUR 2009, 75 – Priorin; BGH GRUR 2009, 413 Rn. 11–25 – Erfokol-Kapseln; BGH WRP 2012, 1386 Rn. 31 – ARTROSTAR; BGHZ 194, 314 Rn. 29, 42 f. = GRUR 2013, 401 – Biomineralwasser; BGH GRUR 2015, 403 Rn. 20–25 – Monsterbacke II; BGH GRUR 2016, 738 – Himbeer-Vanille-Abenteuer II; OLG Düsseldorf GRUR-RR 2008, 438 Ls.; OLG Frankfurt WRP 2012, 228; OLG Köln WRP 2012, 478; OLG Karlsruhe WRP 2013, 216.

§ 12 LFGB (weitere Verbote).

§ 27 LFGB (Verbot der irreführenden Werbung für kosmetische Mittel). Dazu BGH GRUR 1997, 537 (538) – Lifting-Creme; BGH GRUR 2010, 359 – Vorbeugen mit Coffein; BGH WRP 2016, 463 Rn. 11 – Feuchtigkeitsspendendes Gel-Reservoir. – Die Vorschrift wurde mit

Wirkung ab dem 11.7.2013 überlagert durch Art. 20 I VO (EG) Nr. 1223/2009 v. 30.11.2009 über kosmetische Mittel und ist daher nicht mehr anwendbar (BGH WRP 2016, 463 Rn. 11 – Feuchtigkeitsspendendes Gel-Reservoir).

1.240 **dd) Gesetz über Tabakerzeugnisse und verwandte Erzeugnisse (TabakerzG). Tabakerzeugnisgesetz** (TabakerzG) v. 4.4.2016 (BGBl. 2016 I 569), zuletzt geändert durch Art. 1 G vom 19.7.2023 (BGBl. 2023 I Nr. 194). Es enthält eine Reihe von Verboten. So Verbote zum Schutz vor Täuschung **(§ 18),** ein Verbot der Hörfunkwerbung, der Werbung in Druckerzeugnissen und in Diensten der Informationsgesellschaft sowie ein Verbot des Sponsorings **(§ 19),** ein Verbot der audiovisuellen kommerziellen Kommunikation **(§ 20)** und ein Verbot von Werbung mit qualitativen Zielen **(§ 21).** Diese Verbote sind abschließender Natur, so dass weitergehende Verbote aus den § 3 I iVm §§ 4a und 5 nur hergeleitet werden können, wenn zusätzliche Umstände vorliegen. Zu (jetzt) § 5 II Nr. 1 vgl. OLG Koblenz WRP 2021, 516 Rn. 32–51; dazu krit. Stillner WRP 2021, 522. – Die UGP-RL steht dem nicht entgegen (arg. Art. 3 III und ErwGr. 9 UGP-RL). Zur Auslegung der Verbote können die Entscheidungen zum vorherigen TabakG herangezogen werden (vgl. BGH GRUR 2011, 633 Rn. 12–36 – BIO TABAK, BGH GRUR 2011, 631 – Unser wichtigstes Cigarettenpapier; BGH GRUR 2017, 1273 Rn. 14 – Tabakwerbung im Internet; OLG Hamburg GRUR-RR 2008, 318). – Wirbt ein Unternehmen auf der Startseite seines Internetauftritts für Tabakerzeugnisse, stellt dies eine verbotene Tabakwerbung in einem Dienst der Informationsgesellschaft iSd § 19 II, III TabakerzG dar. Das Gleiche gilt für eine Werbung durch einen E-Mail-Newsletter, der durch Anmeldung auf der Website eines Onlineshops bestellt werden kann (OLG Koblenz WRP 2019, 1503). Das Verbot des **§ 21** erstreckt sich nicht auf verwandte Erzeugnisse iSd § 2 Nr. 1 und Nr. 2 TabakerzG, wie zB E-Zigaretten (OLG Koblenz WRP 2021, 516 Rn. 22–29). – Der Begriff der **Dienste der Informationsgesellschaft** ist in § 2 Nr. 8 TabakerzG mittels einer Verweisung auf Art. 1 I lit. b RL 2015/1535/EG definiert (dazu BGH WRP 2018, 51 Rn. 25–28 – Tabakwerbung im Internet). Grundlage dafür ist wiederum Art. 2 lit. a RL 2000/31/EG und ErwGr. 18 dieser RL (EuGH WRP 2017, 670 Rn. 35–39 – Luc Vandenborght).

1.241 **ee) Weingesetz. WeinG** idF v. 18.1.2011 (BGBl. 2011 I 66), zuletzt geändert durch G v. 20.12.2022 (BGBl. 2022 I 2752).
§ 25 WeinG (Täuschungsverbot).
Dazu → § 5 Rn. 4.41 f.; OVG Koblenz GRUR-RR 2015, 259.

1.241a **ff) Spirituosen-VO. VO (EU) 2019/787** über die Begriffsbestimmung, Bezeichnung, Aufmachung und Kennzeichnung von **Spirituosen,** die Verwendung der Bezeichnungen von Spirituosen bei der Aufmachung und Kennzeichnung von anderen Lebensmitteln, den Schutz geografischer Angaben für Spirituosen und die Verwendung von Ethylalkohol und Destillaten landwirtschaftlichen Ursprungs in alkoholischen Getränken v. 17.4.2019 (ABl. EU 2019 L 130, 1, ber. ABl. EU 2019 L 316 I S. 3, ber. 2021 ABl. EU 2021 L 178, 4), zuletzt geändert durch VO (EU) 2022/1303 vom 25.4.2022 (ABl. EU 2022 L 197, 71).
Zu Art. 10 I vgl. LG Trier WRP 2019, 531.

1.242 **gg) Health-Claims-VO. VO (EG) Nr. 1924/2006** über nährwert- und gesundheitsbezogene Angaben über Lebensmittel v. 20.12.2006 (HCVO), zuletzt geändert durch Art. 1 ÄndVO (EU) 1047/2012 v. 8.11.2012 (ABl. EU 2012 L 310, 36).

Schrifttum: Hagenmeyer WRP 2009, 554; WRP 2010, 492; WRP 2011, 317; WRP 2012, 414; WRP 2013, 445; WRP 2014, 403; WRP 2015, 308; WRP 2016, 1335; WRP 2017, 375; WRP 2019, 422; WRP 2020, 408; Hiller WRP 2020, 16; Holler/Hüttebräuker, HGVO, 2018; Leible/Schäfer WRP 2013, 265, 269 ff.; Leible/Brzezinski WRP 2014, 276; WRP 2015, 301; Leible/Brzezinski-Hofmann WRP 2016, 287; Leible/Ortgies, WRP 2017, 367; WRP 2019, 406; WRP 2020, 399; Meisterernst WRP 2010, 481; 2012, 405; Meisterernst WRP 2018, 397; Meisterernst/Haber WRP 2019, 413; Meyer WRP 2011, 419.

Zur **Auslegung** der HCVO vgl. EuGH GRUR 2012, 1161 – Deutsches Weintor; EuGH WRP 2014, 819 Rn. 25 ff. – Ehrmann; EuGH GRUR 2017, 1051 – Dextro Energy m. Anm. Meisterernst, WRP 2017, 927; BGH GRUR 2013, 189 – Monsterbacke I (Vorlagebeschluss) und BGH GRUR 2015, 403 – Monsterbacke II; BGH GRUR 2014, 500 – Praebiotik; BGH GRUR 2015, 498 Rn. 17–36 – Combiotik; BGH GRUR 2016, 1200 – Repair-Kapseln; BGH WRP 2017, 546; BGH GRUR 2019, 1299 – Gelenknahrung; BGH GRUR 2020, 2008 – B-Vitamine II mAnm. Meyer WRP 2020, 1306; OLG Hamburg WRP 2018, 489 Die – neben § 12 LFGB anwendbaren (Sosnitza ZLR 2007, 423), aber diesen einschränkenden (Meyer WRP

2008, 596) – Regelungen der HCVO dienen dem Schutz der Verbraucher. Sie stellen daher **Marktverhaltensregelungen** iSd § 3a dar, deren Verletzung idR geeignet ist, die Interessen der Mitbewerber und Verbraucher spürbar zu beeinträchtigen (BGH GRUR 2011, 246 Rn. 13 – Gurktaler Kräuterlikör; BGH GRUR 2013, 958 Rn. 22 – Vitalpilze; BGH GRUR 2014, 500 Rn. 10 – Praebiotik; BGH GRUR 2014, 1224 Rn. 11 – ENERGY & VODKA; BGH GRUR 2015, 498 Rn. 15 – Combiotik; BGH GRUR 2016, 412 Rn. 14 – Lernstark; BGH GRUR 2018, 1266 – Bekömmliches Bier; BGH GRUR 2022, 1347 Rn. 20 - 7 x mehr).

Nach **Art. 3 UAbs. 2 lit. a** HCVO dürfen nährwert- und gesundheitsbezogene Angaben nicht falsch, mehrdeutig oder irreführend sein.

Nach **Art. 10 HCVO** sind **gesundheitsbezogene Angaben** iSd Art. 2 II Nr. 5 HCVO bei der Kennzeichnung und Aufmachung von Lebensmitteln verboten, wenn sie nicht den allgemeinen Anforderungen in Kap. II und den speziellen Anforderungen in Kap. IV der HCVO entsprechen, nach ihr zugelassen und in die Liste der zugelassenen Angaben gem. den Art. 13 und 14 HCVO aufgenommen sind. Der BGH hat dem EuGH die Frage zur Vorabentscheidung vorgelegt, ob dies auch für pflanzliche Stoffe (sog Botanicals) gilt, solange die Bewertung der Behörde und die Prüfung der Kommission über die Aufnahme der zu Botanicals angemeldeten Angaben in die Listen noch nicht abgeschlossen sind (BGH GRUR 2023, 1046 – Botanicals).

Zu **Einzelfragen** vgl. weiter EuGH GRUR 2020, 1230 – Konsumentombudsmannen; OLG Nürnberg WRP 2014, 239 Rn. 34–50; OLG Hamburg WRP 2014, 1081; OLG Frankfurt GRUR-RR 2015, 257; OLG Koblenz WRP 2016, 380; KG GRUR-RR 2016, 37; KG GRUR-RR 2016, 254; OLG Hamburg WRP 2018, 489 („Gut für die Stimme"); OLG Celle GRUR-RR 2019, 95 (probiotischer Magermilchjoghurt); OLG Köln WRP 2019, 1221 (Kinderwunschtee); OLG Celle WRP 2022, 1401 („Volle Power für Ihr Immunsystem"); OLG Karlsruhe GRUR-RR 2023, 145 („für bewegliche Gelenke" ua); LG Düsseldorf WRP 2022, 1186 (liposomale Nahrungsergänzungsmittel); LG Duisburg WRP 2022, 1189 (liposomale Nahrungsergänzungsmittel); LG München WRP 2022, 1314 („gesundes Immunsystem"); LG Berlin Magazindienst 2022, 723 (Stress); LG Kiel Magazindienst 2022, 743 („Magenschön"); LG München I Magazindienst 2023, 109 (Gewichtsabnahme – zu Art. 12 lit. b HCVO); LG Würzburg 2023, 251 („Lösung für Corona").

hh) VO (EG) Nr. 767/2009 über das Inverkehrbringen und Verwendung von Futter-   **1.242a** **mitteln.** Zu den Marktverhaltensregelungen des Art. 11 I lit. b VO (EG) 767/2009 und des Art. 13 III lit. a VO (EG) 767/2009 vgl. OLG Stuttgart GRUR-RR 2020, 12 (Antizecken Snack); LG Flensburg Magazindienst 2022, 1105 (Gelenk Chews).

ii) Glücksspielstaatsvertrag (GlüStV 2021)

Schrifttum: Brüning/Thomsen, Das Online-Glücksspiel nach dem Glücksspiel-Staatsvertrag 2021, NVwZ 2021, 11; Pagenkopf, Der Glücksspielstaatsvertrag 2021, NJW 2021, 2152.

(1) Überblick. Der bisher geltende **GlüStV, zuletzt** idF des 3. GlüÄndStV idF v. 1.1.2020   **1.243** wurde durch den **GlüStV 2021** v. 29.10.2020, in Kraft getreten am 1.7.2021, abgelöst. Der Staatsvertrag gilt aufgrund der Zustimmungen der Länder; aus kompetenzrechtlichen Gründen handelt es sich um landesrechtliche Regelungen mit bundeseinheitlichem Inhalt. Zu beachten sind auch etwaige **Ausführungsgesetze der Länder** (vgl. etwa Bay AGGlüStV v. 23.6.2021, BayGVBl. 2021, 97). Zur Kommentierung des GlüStV aF vgl. → 39. Aufl. 2021, § 3a Rn. 244–1.254a. Die frühere Rspr. lässt sich nur noch eingeschränkt heranziehen. Im Folgenden werden die für § 3a wichtigsten Bestimmungen des GlüStV 2021 kurz dargelegt. Zu weiteren glücksspielsbezogenen Regelungen → Rn. 1.329–1.332.

(2) Verfassungs- und unionsrechtlicher Hintergrund des GlüStV. Zur grds. **Verfas-**   **1.244** **sungskonformität** des GlüStV vgl. BVerfG NVwZ 2008, 133. – Zur Vereinbarkeit des GlüStV mit **Art. 49, 56 AEUV** vgl. EuGH NVwZ 2010, 1409 – Stoß; EuGH GRUR 2014, 876 – Digibet; EuGH ZfWG 2014, 292 Rn. 56 – Pfleger; EuGH GRUR Int 2016, 365 – Ince; BGH NJW 2020, 2282 Rn. 34. – Zur Vereinbarkeit mit der **UGP-RL** vgl. ErwGr. 9 S. 2 UGP-RL. Danach steht die UGP-RL einer Anwendung des § 3a nicht entgegen (BGH GRUR 2011, 169 Rn. 19 – Lotterien und Kasinospiele).

(3) Schutzzwecke (§ 1 GlüStV). Der GlüStV verfolgt nach **§ 1 S. 1 GlüStV** mehrere   **1.245** gleichrangige Ziele, nämlich:

1. das Entstehen von Glücksspielsucht und Wettsucht zu verhindern und die Voraussetzungen für eine wirksame Suchtbekämpfung zu schaffen,
2. durch ein begrenztes, eine geeignete Alternative zum nicht erlaubten Glücksspiel darstellendes Glücksspielangebot den natürlichen Spieltrieb der Bevölkerung in geordnete und überwachte Bahnen zu lenken sowie der Entwicklung und Ausbreitung von unerlaubten Glücksspielen in Schwarzmärkten entgegenzuwirken,
3. den Jugend- und den Spielerschutz zu gewährleisten,
4. sicherzustellen, dass Glücksspiele ordnungsgemäß durchgeführt, die Spieler vor betrügerischen Machenschaften geschützt, die mit Glücksspielen verbundene Folge und Begleitkriminalität abgewehrt werden, und
5. Gefahren für die Integrität des sportlichen Wettbewerbs beim Veranstalten und Vermitteln von Sportwetten vorzubeugen.

1.246   **(4) Anwendungsbereich (§ 2 GlüStV).** In § 2 II–X GlüStV ist festgelegt, für welche Formen des Angebots von Glücksspielen (Spielbanken, Spielhallen, Gaststätten, Wettannahmestellen, Pferdewetten, Spotwetten, virtuelle Automatenspiele, Online-Poker, Online-Casinospiele, Lotterien), welche Bestimmungen des GlüStV im Einzelnen gelten. Nach § 2 X gilt für Gewinnspiele im Rundfunk (§ 2 I 1 und 2 MStV) nur § 11 MStV.

1.247   **(5) Begriffsbestimmungen (§ 3 GlüStV).** In § 3 GlüStV werden die wesentlichen Begriffe des Glücksspielrechts definiert. Dazu gehört ua. nach § 3 I 1 die allg. Definition des Glücksspiels: Ein Glücksspiel liegt vor, wenn im Rahmen eines Spiels für den Erwerb einer Gewinnchance ein Entgelt verlangt wird und die Entscheidung über den Gewinn ganz oder überwiegend vom Zufall abhängt. In § 3 Ia werden Erscheinungsformen des Glücksspiels im **Internet,** nämlich virtuelle Automatenspiele (§ 22a GlüStV), Online-Casinospiele (§ 22c GlüStV) und Online-Poker (§ 22b GlüStV) definiert.

1.248   **(6) Erlaubniserteilung für öffentliche Glücksspiele (§§ 4–4d GlüStV).** Es gelten zwei wesentliche Grundsätze: Nach § 4 I 1 GlüStV dürfen öffentliche Gewinnspiele nur mit Erlaubnis der zuständigen Landesbehörde veranstaltet oder vermittelt werden. Nach § 4 II 1 GlüStV ist die Erlaubnis zu versagen, wenn das Veranstalten oder das Vermitteln des Glücksspiels den Zielen des § 1 GlüStV zuwiderläuft.

1.249   **(7) Werbung (§ 5 GlüStV).** In § 5 GlüStV sind die Einzelheiten der Werbung für Glücksspiele geregelt. Nach § 5 I 1 GlüStV ist Werbung für erlaubte Glücksspiele und Sponsoring grds. zulässig (zur Fernsehwerbung bei einer auf ein Bundesland begrenzten Erlaubnis vgl. OLG Köln WRP 2022, 1173), jedoch ist nach § 5 I 4 GlüStV Werbung über Telekommunikationsanlagen verboten. Weitere Einschränkungen bzw. Verbote der Werbung sind in § 5 II–VII GlüStV geregelt. So darf nach der Generalklausel des § 5 II 1 GlüStV Art und Umfang der Werbung für öffentliches Glücksspiel den Zielen des § 1 nicht zuwiderlaufen. Insbes. darf sich nach § 5 II 4 GlüStV Werbung nicht an Minderjährige oder vergleichbare gefährdete Zielgruppen richten und nach § 5 II 5 GlüStV sind Minderjährige, soweit möglich, als Empfänger von Werbung auszunehmen. Irreführende Werbung ist verboten und Werbung, die den Eindruck erweckt, ein redaktionell gestalteter Inhalt zu sein, ist unzulässig (§ 5 II 6 und 8 GlüStV). Nach § 5 VII GlüStV sind Werbung und Sponsoring für unerlaubte Glücksspiele verboten (vgl. hierzu BGH GRUR 2023, 732 Rn. 29, 46 – Rundfunkhaftung II).

1.250   **(8) Sozialkonzept (§ 6 GlüStV).** Nach § 6 GlüStV haben die Veranstalter und Vermittler von öffentlichen Glücksspielen ein detailliertes Sozialkonzept zu entwickeln und umzusetzen, mit welchen Maßnahmen den sozialschädlichen Auswirkungen des Glücksspiels vorgebeugt und wie diese behoben werden sollen.

1.251   **(9) Spezialregelungen für Glücksspiele im Internet (§§ 6a–6j GlüStV).** Die §§ 6a–6j GlüStV enthalten spezielle Regelungen für Glücksspiele im Internet.

1.252   **(10) Aufklärungspflichten (§ 7 GlüStV).** Nach § 7 GlüStV haben die Veranstalter und Vermittler von öffentlichen Glücksspielen vielfältige Informations- und Aufklärungspflichten gegenüber den Spielern.

1.253   **(11) Sonderregelungen für Spielhallen und Pferdewetten (§§ 24–27 GlüStV).** Die §§ 24–27 GlüStV enthalten Sonderregelungen für Spielhallen und Pferdewetten. Die Erlaubnispflicht für den Betrieb einer **Spielhalle** (§ 24 GlüStV 2021, § 41 I LGlüG BW) stellt eine Marktverhaltensregelung dar (OLG Karlsruhe ZfWG 2023, 82).

(12) Vorschriften des GlüStV als Marktverhaltensregelungen. Die vielfältigen Bestim-   1.254
mungen des GlüStV stellen **Marktverhaltensregelungen** iSd § 3a dar, soweit sie auch dazu
bestimmt sind, im Interesse der Verbraucher, nämlich der Spieler, das Marktverhalten der
Anbieter und Vermittler von Glücksspielen zu regeln. Dies ist durch Auslegung der einzelnen
Vorschriften des GlüStV unter Berücksichtigung der Ziele des § 1 S. 1 GlüStV zu ermitteln. Bes.
Bedeutung kommt dabei den Vorschriften über die Werbung in § 5 GlüStV zu (vgl. BGH
GRUR 2021, 1534 Rn. 45 – Rundfunkhaftung I; BGH GRUR 2023, 732 Rn. 27 – Rundfunkhaftung II). Weitere Anhaltspunkte geben die 58 Ordnungswidrigkeitentatbestände des
§ 28a I GlüStV. Verstöße gegen Marktverhaltensregelungen im GlüStV sind in aller Regel auch
geeignet, die Interessen der Mitbewerber und der Verbraucher **spürbar** zu beeinträchtigen (zum
früheren Recht OLG Koblenz GRUR-RR 2010, 16 (20); KG GRUR-RR 2010, 29 (31)).

jj) Sonstige Regelungen des Glücksspielrechts. Der Betrieb von **Glücksspielautomaten**   1.254a
ist in der **SpielV** des Bundes geregelt. Dabei handelt es sich ebenfalls um Marktverhaltensregelungen. Zu **§ 1 SpielV** vgl. BGH WRP 2020, 452 Rn. 11–18 – Sportwetten in Gaststätten; zu
§ 3 SpielV vgl. vgl. BGH WRP 2020, 452 Rn. 19–25 – Sportwetten in Gaststätten; OLG
Hamm GRUR-RR 2010, 38; LG Dortmund WRP 2010, 1186; zu **§ 6a SpielV** vgl. LG
Stuttgart WRP 2009, 103; OLG Hamburg WRP 2019, 1498; zu **§ 9 II SpielV** vgl. Niedersächs
OVG WRP 2010, 566.

kk) Medienstaatsvertrag (MStV). Unionsrechtliche Grundlage des MStV ist die RL 2010/   1.255
13/EU idF der RL 2018/1808/EU v. 14.11.2018 (AVMD-RL). Der Staatsvertrag gilt aufgrund
der Zustimmungen der Länder; aus kompetenzrechtlichen Gründen handelt es sich um landesrechtliche Regelungen mit bundeseinheitlichem Inhalt.

(1) Überblick. Der Medienstaatsvertrag gilt nach § 1 I MStVfür die Veranstaltung und das   1.255a
Angebot, die Verbreitung und die Zugänglichmachung von **Rundfunk** (§ 2 I 1 MStV) und
Telemedien (§ 2 I 2 MStV). § 2 MStV enthält wichtige Definitionen u. a. für die Begriffe
Werbung, Schleichwerbung, Sponsoring, Teleshopping, Produktplatzierung, Medienplattform,
Medienintermediär, Video-Sharing-Dienst. Ein besonderes Anliegen des MStV und des **JMStV**
ist der Schutz von Kindern und Jugendlichen.

(2) Marktverhaltensregelungen für den Rundfunk. Die §§ 8–11 MStV enthalten für den   1.255b
Rundfunk Marktverhaltensregelungen im Interesse der Verbraucher im Hinblick auf kommerzielle audiovisuelle Kommunikation. Besondere Vorschriften gelten für den öffentlich-rechtlichen Rundfunk (§§ 38, 39, 40 MStV).

(3) Marktverhaltensregelungen für Telemedien. § 22 MStV stellt für Telemedien Markt-   1.255c
verhaltensregelungen im Interesse der Verbraucher über Werbung, Sponsoring und Gewinnspiele auf.

III. Absatzbezogene Regelungen

1. Preisvorschriften

a) Allgemeines. In vielen Wirtschaftsbereichen sind die Preise staatlich geregelt oder doch   1.256
einer staatlichen Genehmigung unterworfen. Derartige Vorschriften regeln den **Preiswettbewerb** zwischen Unternehmen und stellen **Marktverhaltensregelungen** zum Schutz der
Verbraucher und sonstigen Marktteilnehmer dar (BGH GRUR 2010, 1133 Rn. 19 – Bonuspunkte; BGH GRUR 2010, 1136 Rn. 22 – UNSER DANKESCHÖN FÜR SIE; BGH
GRUR 2022, 391 Rn. 61 – Gewinnspielwerbung II; OLG Köln WRP 2013, 372 Rn. 13).
Verstöße sind daher unlautere geschäftliche Handlungen iSd § 3a. Die Werbung mit zukünftigen, noch nicht genehmigten Preisen stellt allerdings noch keinen Verstoß gegen eine entsprechende Preisvorschrift dar (vgl. OLG Hamburg GRUR 2001, 262).

b) Preisvorschriften für Arzneimittel. Von großer praktischer Bedeutung sind die Preis-   1.256a
vorschriften für die Arzneimittelabgabe an und durch **Apotheken**. Rechtsgrundlage ist **§ 78
AMG** iVm der **Arzneimittelpreisverordnung (AMPreisV)** v. 14.11.1980 (BGBl. 1980 I
2147), zuletzt geändert durch Art. 5 G vom 19.7.2023 (BGBl. 2023 I Nr. 197). Die Preisbindung für Arzneimittel soll im öffentlichen Interesse die gebotene flächendeckende und gleich-

mäßige Versorgung der Bevölkerung mit Arzneimitteln sicherstellen und das finanzielle Gleichgewicht des Systems der gesetzlichen Krankenversicherung absichern (GemS-OGB BGHZ 194, 354 Rn. 25 – EU-Versandapotheken; BGH WRP 2015, 1105 Rn. 19, 22 – Patientenindividuell zusammengestellte Arzneimittelblister). Ein Verstoß gegen diese Vorschriften liegt vor, wenn dem Erwerber eines preisgebundenen Arzneimittels ein **Rabatt** (einschließlich eines Skontos, vgl. OLG Bamberg WRP 2016, 1151 Rn. 79–84; OLG Celle GRUR-RR 2020, 407 Rn. 27–38; OLG Brandenburg WRP 2023, 973 Rn. 42–61) gewährt wird. Das gleiche gilt für die Gewährung eines **Einkaufsgutscheins** oder dergl. (Bonuspunkte für Prämiensystem), der beim Erwerb einer nicht preisgebundenen Ware oder Dienstleistung angerechnet wird (BGH GRUR 2010, 1136 Rn. 17 – UNSER DANKESCHÖN FÜR SIE; OLG Frankfurt WRP 2014, 1225). Denn aus der Sicht der Kunden stellt sich die Gewährung dieser Vergünstigung als Rabatt auf das Erstgeschäft und damit als Unterschreitung der vorgeschriebenen Preise dar (BGH GRUR 2010, 1133 Rn. 15 – Bonuspunkte mwN; BGH GRUR 2013, 1264 – RezeptBonus; BGH GRUR 2013, 1262 Rn. 5 – Rezept-Prämie). Ferner fällt darunter auch die Werbung mit der Veranstaltung eines **Gewinnspiels** zur Förderung des Verkaufs von verschreibungspflichtigen Arzneimitteln (BGH GRUR 2022, 391 Rn. 57–69 – Gewinnspielwerbung II (zu § 78 I 1 AMG, §§ 1, 3 AMPreisV, § 129 III 2 und 3 SGB V). – Allerdings kann im Einzelfall etwas anderes gelten, wenn die Prämie nicht allein für den Erwerb des preisgebundenen Arzneimittels, sondern auch aus anderem Anlass gewährt wird oder der Gutscheineinlösung wesentliche Hindernisse entgegenstehen (BGH GRUR 2010, 1136 Rn. 18 – UNSER DANKESCHÖN FÜR SIE). Zur Ausnahmeregelung in § 1 III Nr. 7 AMPreisV vgl. BGH WRP 2015, 1105 Rn. 19, 22 –Patientenindividuell zusammengestellte Arzneimittelblister). – Verstöße gegen die Preisbindung sind grds. geeignet, die Interessen von Mitbewerbern und Marktteilnehmern iSv § 3a spürbar zu beeinträchtigen (vgl. OLG Stuttgart WRP 2012, 111 Rn. 71–79). Etwas anderes gilt auch nicht dann, wenn die Zuwendung sich in den Grenzen zulässiger Heilmittelwerbung (§ 7 I 1 Nr. 1, 3, 4 und 5 HWG) hält, wie sich aus § 7 I 1 Nr. 2 Hs. 2 HWG ergibt (OLG Stuttgart WRP 2012, 111 Rn. 77; OLG Frankfurt WRP 2014, 1225 Rn. 10). – Das deutsche Arzneimittelpreisrecht gilt nicht für Arzneimittel, die gem. **§ 73 I 1 Nr. 1a AMG** in den Geltungsbereich dieses Gesetzes verbracht werden; § 78 I 4 AMG aF ist zum 15.12.2020 abgeschafft worden. Damit ist der Entscheidung des EuGH GRUR 2016, 1312 – Deutsche Parkinson Vereinigung Rechnung getragen worden (zu Einzelheiten vgl. MüKoUWG/Köber § 78 AMG Rn. 69). Zur fehlenden Bindung eines inländischen pharmazeutischen Unternehmens an den einheitlichen Herstellerabgabepreis nach § 78 III 1 AMG, § 1 AMPreisV bei Belieferung ausländischer Versandapotheken, auch wenn die Arzneimittel letztlich für den deutschen Markt bestimmt sind, vgl. OLG Düsseldorf WRP 2019, 1038.

1.256b   **c) Sonstige Preisvorschriften.** Weitere Preisvorschriften enthalten die Vorschriften über die Entgeltregulierung von Telekommunikationsdienstleistungen **(§§ 37 ff. TKG)** und das Verbot der Abgabe von Tabakwaren unter Kleinverkaufspreis **(§ 26 TabStG).** Zur Regelung von Roaming-Gebühren vgl. die Roaming-VO 2022 v. 6.4.2022 (ABl. EU 2022 L 115, 1).

1.257   **d) Mindestpreisvorschriften.** Mindestpreisvorschriften, wie zB **§ 49b I BRAO** (dazu OLG Köln WRP 2018, 1119 Rn. 29–35), **§ 5 GOÄ** (dazu OLG Köln WRP 2013, 372; LG Düsseldorf WRP 2019, 397; LG München I WRP 2020, 518; LG Berlin WRP 2022, 253); **§ 15 ZHG** iVm **§§ 1 ff. GOZ** stellen Marktverhaltensregelungen (auch) im Interesse der Mitbewerber dar (vgl. BGH GRUR 2006, 955 Rn. 11 – Gebührenvereinbarung II; KG NJW-RR 2008, 24; LG Köln WRP 2012, 1018 Rn. 20). Sie sollen nämlich einen ruinösen Preiswettbewerb verhindern und gleichzeitig gleiche rechtliche Voraussetzungen für alle Wettbewerber auf dem Markt schaffen (BGH GRUR 2003, 969 (970) – Ausschreibung von Vermessungsleistungen; OLG Köln WRP 2013, 372 Rn. 13). Sofern solche Vorschriften mit der DienstleistungsRL 2006/123/EG vereinbar sind (vgl. EuGH NJW 2019, 2529 – Kommission/Deutschland), stellen Verstöße unlautere geschäftliche Handlungen dar (vgl. BGH GRUR 2006, 955 Rn. 11 – Gebührenvereinbarung II; OLG Hamburg WRP 2011, 275; LG Berlin WRP 2013, 241 Rn. 42–47; zu § 1 UWG 1909 vgl. BGH WRP 2001, 144 (145) – Gebührenvereinbarung I; BGH GRUR 2003, 969 (970) – Ausschreibung von Vermessungsleistungen; BGH GRUR 2005, 433 (435) – Telekanzlei). – Die Festlegung von Mindest- und Höchstsätzen für Planungsleistungen gem. **§ 7 HOAI** aF verstieß gegen Art. 15 I, II lit. g und III RL 2006/123/EG (EuGH NJW 2019, 2529 – Kommission/Deutschland; dazu Orlowski NJW 2019, 2505; Kluth NJW 2020, 1471) und wurde durch § 7 HOAI in der ab dem 1.1.2021 geltenden Fassung

(BGBl. 2020 I 2636) abgelöst, der grundsätzlich eine freie Honorarvereinbarung erlaubt (dazu Stoye/Schrammel NJW 2021, 197).

e) Höchstpreisvorschriften. Die Berechnung höherer als der gesetzlich zulässigen Gebühren **1.258** verstößt gegen § 352 StGB. Diese Vorschrift ist eine Marktverhaltensregelung iSd § 3a (vgl. BGH GRUR 2003, 349 (352) – Anwaltshotline; BGH WRP 2005, 598 (601) – Telekanzlei). – Für das Angebot von **Telekommunikationsdienstleistungen** gelten die Preishöchstgrenzen des **§ 112 TKG.** – Die Festlegung von Höchstpreisen nach **§ 7 HOAI** aF verstieß gegen Unionsrecht (EuGH NJW 2019, 2529 – Kommission/Deutschland; → Rn. 1.257).

f) Buchpreisbindungsgesetz. Das Buchpreisbindungsgesetz enthält zwar in den **§§ 3, 5** **1.259** **BuchPrG** Marktverhaltensregelungen (BGH GRUR 2003, 807 (808) – Buchpreisbindung; BGH GRUR 2016, 298 – Gutscheinaktion beim Buchankauf). Jedoch sind darin die Sanktionen, die im Übrigen weitgehend denen des UWG entsprechen (vgl. § 9 BuchPrG), **abschließend** geregelt (→ Rn. 1.13). Eine gleichzeitige Anwendung des § 3 I iVm § 3a scheidet daher aus.

2. Preisangabenvorschriften

Schrifttum: Ditscheid, Der neue Telekommunikationsschutz, MMR 2007, 210; Hauptkorn, Preisrecht, 2000; Enßlin, Verpflichtung zur Angabe von Preisen in der Werbung für Telefonmehrwertdienste, WRP 2001, 359; Hoeren, Die Pflicht zur Preisangabe für Leistungen eines telefonischen Auskunftsdienstes, MMR 2003, 784; Knauth, Preisangabenverordnung (PAngV), RWW 5.0; Köhler, „Haircut" bei der Preisangabenverordnung am 12.6.2013, WRP 2013, 723; Köhler, Die Preisangabenverordnung: Noch richtlinienkoform oder schon richtlinienwidrig?, WRP 2016, 541; Köhler, Die „Citroën"-Entscheidung des EuGH und ihre Folgen, GRUR 2016, 891; Mankowski, Die Biet- & Flieg-Entscheidung – Preisangaben und Internet?, K&R 2001, 257; Omsels, Die Auswirkung einer Verletzung richtlinienwidriger Marktverhaltensregelungen auf § 4 Nr. 11 UWG, WRP 2013, 1286; Quantius, Zur Preisangabenpflicht bei der Bewerbung von Auskunftsdienstleistungen im TK-Sektor, WRP 2002, 901; Trube, Befristet pauschale Preisherabsetzungen nach der Preisangabenverordnung, WRP 1999, 1241; Trube, Preisangaben nach Wegfall des Rabattgesetzes, WRP 2001, 878; Vander, Der neue Rechtsrahmen für Mehrwertdienste, NJW 2007, 2580; Völker, Preisangabenrecht, 2. Aufl. 2002.

a) Überblick. Regelungen über Preisangaben stellen grds. **Marktverhaltensregelungen** **1.260** zum Schutz der Verbraucher und sonstigen Marktteilnehmer iSd § 3a dar (BGH GRUR 2004, 435 (436) – FrühlingsgeFlüge; BGH GRUR 2010, 248 Rn. 16 – Kamerakauf im Internet). Denn Preisangaben sollen durch eine sachlich zutreffende und vollständige Verbraucherinformation **Preiswahrheit** und **Preisklarheit** gewährleisten und durch optimale Preisvergleichsmöglichkeiten die Stellung der Verbraucher gegenüber den Unternehmern stärken und fördern (stRspr; vgl. BGH GRUR 1999, 762 (763) – Herabgesetzte Schlussverkaufspreise; BGH GRUR 2003, 971 (972) – Telefonischer Auskunftsdienst). Verstöße, die geeignet sind, die Interessen von Marktteilnehmern spürbar zu beeinträchtigen, erfüllen daher an sich den Tatbestand des § 3a und damit auch des § 3 I. Allerdings ist dabei stets zu fragen, ob dies mit den Bestimmungen in Art. 7 IV lit. c UGP-RL und Art. 7 V UGP-RL iVm Anh. II und Art. 3 IV RL 98/6 vereinbar ist. Fallen Preisangaben in den Anwendungsbereich dieser Bestimmungen, sind Verstöße gegen Preisangabenvorschriften nicht mehr nach § 3a (so noch BGH GRUR 2017, 286 Rn. 15 – Hörgeräteausstellung zu Preisangaben bei **Waren**), sondern nach § 5b I Nr. 3 bzw. § 5b IV iVm § 5a I, III zu beurteilen (BGH GRUR 2022, 930 Rn. 23 =Z 233, 193 – Knuspermüsli II; BGH GRUR 2022, 1163 Rn. 60 – Grundpreisangabe im Internet). Zu Preisangaben bei **Dienstleistungen** vgl. BGH GRUR 2016, 516 – Wir helfen im Trauerfall; Köhler WRP 2016, 541. Zu Einzelheiten → vorb PAngV Rn. 9 ff.

b) Einzelne Regelungen. aa) Preisangabenverordnung (PAngV). Die wichtigste Rege- **1.261** lung über die Angabe von Preisen ist die **Preisangabenverordnung** (PAngV) idF v. 12.11.2021 (BGBl. 2021 I 4921). Vgl. dazu die **gesonderte Kommentierung.**

bb) Verbraucherverträge. Für **Verbraucherverträge** iSd § 312 BGB sowie für **außerhalb** **1.262** **von Geschäftsräumen geschlossene Verträge** und **Fernabsatzverträge** iSd §§ 312b, 312c BGB stellen Art. 246 I Nr. 3 EGBGB sowie § 312d BGB iVm Art. 246a § 1 I Nr. 4 und Art. 246b § 1 I Nr. 5, 6 EGBGB bestimmte Preisangabenpflichten auf, die mit denen des § 5b I Nr. 3 inhaltlich übereinstimmen (vgl. KG WRP 2015, 1535; → Rn. 1.24).

1.262a   **cc) Dienstleistungsverträge. § 4 I DL-InfoV.** Diese Vorschrift gilt für alle **Dienstleister** im Verhältnis zu Dienstleistungsempfängern, die keine Verbraucher iSd PAngV sind. Vgl. dazu die **gesonderte Kommentierung.**

1.262b   **dd) Fahrschulverträge. § 19 I FahrlehrerG.** Dazu BGH GRUR 2004, 960 (961) – 500 DM-Gutschein für Autokauf; OLG Hamm GRUR-RR 2008, 405: stundenbezogene Angabe gilt nur gegenüber Verbrauchern; OLG München WRP 2008, 392; OLG Celle GRUR-RR 2013, 224; OLG Hamm WRP 2015, 396; OLG Köln WRP 2015, 1388: Bezeichnung „Grundgebühr" zulässig.

1.262c   **ee) Pauschalreiseverträge. § 651d II BGB.** Die Vorschrift hat ihre Grundlage in Art. 6 II Pauschalreise-RL 2015/2302/EU und gilt ab dem 1.7.2018.

1.262d   **ff) Flugreiseverträge. Art. 23 VO (EG) 1008/2008 über gemeinsame Vorschriften für die Durchführung von Luftverkehrsdiensten in der Gemeinschaft.** Die VO legt detaillierte Informations- und Transparenzpflichten in Bezug auf Flugpreise fest. Dabei handelt es sich um eine abschließende spezielle Regelung, die in ihrem Anwendungsbereich Vorrang vor der UGP-RL (arg. Art. 3 IV UGP-RL) und als unionsrechtliche Regelung auch vor der PAngV hat. Die Regelung lautet:

Art. 23 Abs. 1 VO (EG) 1008/2008 Information [und Nichtdiskriminierung]

(1) [1] Die der Öffentlichkeit zugänglichen Flugpreise und Luftfrachtraten, die in jedweder Form – auch im Internet – für Flugdienste von einem Flughafen im Hoheitsgebiet eines Mitgliedstaats, auf das der Vertrag Anwendung findet, angeboten oder veröffentlicht werden, schließen die anwendbaren Tarifbedingungen ein. [2] Der zu zahlende Endpreis ist stets auszuweisen und muss den anwendbaren Flugpreis beziehungsweise die anwendbare Luftfrachtrate sowie alle anwendbaren Steuern und Gebühren, Zuschläge und Entgelte, die unvermeidbar und zum Zeitpunkt der Veröffentlichung vorhersehbar sind, einschließen. [3] Neben dem Endpreis ist mindestens Folgendes auszuweisen:

a) der Flugpreis bzw. die Luftfrachtrate,
b) die Steuern,
c) die Flughafengebühren und
d) die sonstigen Gebühren, Zuschläge und Entgelte, wie etwa diejenigen, die mit der Sicherheit oder dem Kraftstoff in Zusammenhang stehen,

soweit die unter den Buchstaben b, c und d genannten Posten dem Flugpreis bzw. der Luftfrachtrate hinzugerechnet wurden. [4] Fakultative Zusatzkosten werden auf klare, transparente und eindeutige Art und Weise am Beginn jedes Buchungsvorgangs mitgeteilt; die Annahme der fakultativen Zusatzkosten durch den Kunden erfolgt auf „Opt-in"-Basis.

1.262e   Der zu zahlende Endpreis im Rahmen eines elektronischen Buchungssystems ist bei jeder Angabe von Preisen für Flugdienste, einschließlich bei ihrer erstmaligen Angabe für jeden angezeigten Flugdienst, nicht nur für den vom Kunden ausgewählten Flugdienst, anzugeben (EuGH GRUR 2015, 281 Rn. 35, 45 – Air Berlin [I]; BGH GRUR 2016, 392 – Buchungssystem II). Art. 23 I iVm Art. 2 Nr. 18 ist dahin auszulegen, dass Luftfahrtunternehmen, die ihre Flugpreise für innergemeinschaftliche Flugdienste nicht in Euro ausdrücken, eine mit dem angebotenen Dienst objektiv in Verbindung stehende Landeswährung wählen müssen. Dies ist insbes. bei einer Landeswährung der Fall, die in dem Mitgliedstaat des Abflug- oder Ankunftsorts als gesetzliches Zahlungsmittel gilt (EuGH WRP 2019, 41 – Verbraucherzentrale Baden-Württemberg).

1.262f   Zu den unvermeidbaren und zum Zeitpunkt der Veröffentlichung vorhersehbaren Entgelten iS des Art. 23 I 2 VO (EG) 1008/2008 gehören die bei der Buchung regelmäßig anfallenden Bearbeitungsgebühren, gleichgültig wie sie bezeichnet werden (BGH GRUR 2017, 283 Rn. 30 – Servicepauschale [I]). Damit soll ein effektiver Preisvergleich ermöglicht werden (EuGH GRUR 2015, 281 Rn. 34 f. – Air Berlin [I]; BGH GRUR 2017, 283 Rn. 33 – Servicepauschale [I]). Auch Such- und Vermittlungsprovisionen für Agenturen oder Portalbetreiber gehören hierher (OLG Dresden GRUR 2011, 248; OLG Frankfurt GRUR-RR 2012, 392 (395); OLG Dresden GRUR-RR 2020, 73). Dass ein Rabatt in gleicher Höhe bei Zahlung des Flugpreises mit einer wenig gebräuchlichen Kreditkarte (Mastercard Gold) gewährt wird, ist unerheblich (OLG Dresden GRUR-RR 2020, 73). Ferner gehören dazu: Check-in-Gebühren, deren Zahlung mangels einer alternativen kostenfreien Art des Check-ins unvermeidbar ist; Mehrwertsteuer auf die Preise der Inlandsflüge; Verwaltungsgebühren für Käufe mit einer anderen als der vom Luftfahrtunternehmen bevorzugten Kreditkarte (EuGH GRUR 2020, 995 – Ryan Air).

Art. 23 I 3 VO (EG) 1008/2008 ist dahin auszulegen, dass die vom Kunden gem. lit. b–d **1.262g** geschuldeten Steuern, Gebühren etc. bei der Veröffentlichung der Flugpreise gesondert auszuweisen sind und daher nicht – auch nicht teilweise – in den Flugpreis gem. lit. a einbezogen werden dürfen (EuGH GRUR 2018, 305 – Air Berlin [II]).

Art. 23 I 4 VO (EG) 1008/2008 bezieht sich auf **fakultative** Zusatzkosten von Leistungen, **1.262h** die, wie zB eine Reiserücktrittsversicherung oder Kosten für aufzugebendes Gepäck (OLG Dresden GRUR-RR 2019, 264; KG RRa 2023, 100), den Luftverkehrsdienst ergänzen, aber für die Beförderung des Fluggasts weder obligatorisch noch unerlässlich sind, auch wenn sie von einem Dritten erbracht werden (EuGH NJW 2012, 2867 Rn. 18 – ebookers.com; BGH GRUR 2017, 283 Rn. 23 – Servicepauschale [I]). Die Annahme der fakultativen Zusatzkosten durch den Kunden erfolgt auf „Opt-in"-Basis, so dass Opt-out-Klauseln unzulässig sind. Das Gebot der klaren, transparenten und eindeutigen Mitteilung wird verletzt, wenn der Verbraucher, der eine fakultative Leistung bereits abgewählt hat, im weiteren Verlauf des Buchungsvorgangs über die erneute Notwendigkeit der Abwahl dieser Leistung getäuscht wird (BGH GRUR 2017, 283 Rn. 25 – Servicepauschale [I]). Handgepäck fällt nicht unter Art. 23 I 4 VO (EG) 1008/2008 (EuGH EuZW 2014, 837 Rn. 40 – Vueling Airlines).

gg) Internetzugangsdienste. Für Anbieter von **Internetzugangsdiensten** gilt die Preis- **1.262i** angabenpflicht nach § 52 IV TKG (§ 45n TKG aF) iVm § 1 II Nr. 7 TK-Transparenzverordnung v. 19.12.2016 (BGBl. 2016 I 2977), zuletzt geändert durch G. vom 23.6.2021 (BGBl. I 2021, 1858). Zu den aufgehobenen §§ 109–112 TKG (§§ 66a–d TKG aF) vgl. BGH WRP 2016, 327 – Preisangabe für Telekommunikationsdienstleistung.

3. Regelung der Geschäftszeiten

Schrifttum: Lehmann, Zur wettbewerbsrechtlichen Relevanz des Gesetzes über die Arbeitszeit in Bäckereien und Konditoreien (BAZG), GRUR 1985, 377; Wallerath, Ladenschluss und Konkurrentenschutz, NJW 2001, 781.

Regelungen der Geschäftszeiten enthalten das **Ladenschlussgesetz** des Bundes und die **1.263** Ladenschlussgesetze bzw. Ladenöffnungsgesetze der Länder. Aufgrund der Föderalismusreform 2006 haben die Länder die Gesetzgebungskompetenz für die Regelung der Ladenschlusszeiten erhalten; das LadSchLG des Bundes gilt nur so lange weiter, als das betreffende Bundesland keine eigene Regelung getroffen hat. Diese Vorschriften stellen **Marktverhaltensregelungen auch im Interesse der Mitbewerber** dar (vgl. zu § 1 UWG 1909 BGH GRUR 1995, 601 (603) – Bahnhofs-Verkaufsstellen; BGH GRUR 1996, 786 – Blumenverkauf an Tankstellen; BGHZ 144, 255 (269) = GRUR 2000, 1076 – Abgasemissionen; zu **§ 3a** vgl. OLG Stuttgart WRP 2008, 977 (982); OLG Hamm GRUR-RR 2013, 297; LG Münster WRP 2017, 744; offengelassen in OLG München GRUR-RR 2019, 227; aA Alexander WbR Rn. 1528). Marktverhaltensregelungen sind auch landesrechtliche Bestimmungen, die zum Schutz der **Sonn- und Feiertagsruhe** Arbeiten und sonstige Handlungen untersagen, weil und soweit sie auch den Konkurrenzkampf in diesen Zeiträumen ausschalten und damit Mitbewerber schützen sollen (BGH GRUR 2023, 1307 Rn. 13 – Zweibrücken Fashion Outlet). LG Frankfurt WRP 2016, 402 Rn. 36; LG Münster WRP 2017, 744 Rn. 25). – Ob allerdings der Betrieb von Filmverleihautomaten (Videotheken) einen Verstoß gegen solche Gesetze darstellt, ist zw. (dazu LG Dresden WRP 2006, 1043 (1044); OLG Stuttgart WRP 2007, 1503 mwN; OLG Düsseldorf GRUR-RR 2008, 16; VGH Mannheim NVwZ-RR 2008, 781; Humberg GewA 2008, 233). Dies dürfte zu verneinen sein, weil damit kein Kundenverkehr verbunden ist, der die Ruhe anderer in nennenswertem Umfang stört (OLG Hamm GRUR-RR 2009, 30 (31)). – Eine Ausnahmeregelung zu den Ladenschlussbestimmungen stellt **§ 7 II Nr. 1 GastG** dar (dazu BGH WRP GRUR 2020, 307 – Sonntagsverkauf von Backwaren).

Dagegen ist das (verfassungsrechtlich zulässige, BVerfG GRUR 1993, 478) **Nachtbackverbot 1.264** des **Bäckerei-Arbeitszeitgesetzes** (BAZG) eine reine Produktionsregelung und keine Marktverhaltensregelung (so iErg auch BGH GRUR 1989, 116 (118) – Nachtbackverbot). Dass sich eine Verletzung dieser Vorschrift mittelbar auf die Qualität des Angebots auswirkt und einen Wettbewerbsvorsprung ermöglicht („frische Brötchen zur aktuellen Zeit"), ist unerheblich (aA zu § 1 UWG 1909 BGHZ 144, 255 (269) = GRUR 2000, 1076 – Abgasemissionen; Ullmann GRUR 2003, 817 (822) Fn. 51). Denn derartige Auswirkungen haben eine Vielzahl von Vorschriften, zB über Arbeitszeiten, Geschwindigkeitsbeschränkungen im Straßenverkehr usw.

4. Vermarktungsverbote und -beschränkungen

1.265 **a) Zulassungspflichtigkeit des Vertriebs einer Ware oder Dienstleistung. aa) Zulassungspflicht für den Warenvertrieb.** Vorschriften, welche die Vermarktung eines Produkts zum Schutz der **Sicherheit** und **Gesundheit** der Verbraucher von einer vorherigen Zulassung abhängig machen, sind Marktverhaltensregelungen, die nach Art. 3 III UGP-RL nicht in den Anwendungsbereich der UGP-RL fallen (→ Rn. 1.25). Verstöße sind in aller Regel auch spürbar iSd § 3a (→ Rn. 1.102). Zu den einschlägigen Vorschriften gehören ua:

1.266 **Arzneimittelgesetz (AMG)** idF v. 12.12.2005 (BGBl. 2005 I 3394), zuletzt geändert durch G vom 19.7.2023 (BGBl. 2023 I Nr. 197).

Zum **Begriff** des Arzneimittels und zur Abgrenzung vom Begriff des Lebensmittels und des kosmetischen Mittels vgl. Art. 1 Nr. 2 RL 2001/83/EG (neugefasst durch die Richtlinie 2004/27/EG), sowie § 2 I Nr. 1 und III AMG und § 2 II LFGB (dazu EuGH WRP 2005, 863 Rn. 51 – HLH Warenvertrieb; EuGH GRUR 2008, 271 Rn. 39 ff. – Knoblauch-Extrakt-Pulver-Kapsel; EuGH GRUR 2009, 511 Rn. 37 – Hecht-Pharma; BGH GRUR 2008, 830– L-Carnitin II; BGH GRUR 2008, 834 Rn. 16–30 – HMB-Kapseln; BGH WRP 2010, 374 Rn. 14 – Zimtkapseln).

§ 21 AMG (Zulassungspflichtigkeit des Vertriebs von Arzneimitteln).
Dazu BGH GRUR 2011, 453 – Handlanger; BGH WRP 2011, 1450 – Injektionslösung; BGH GRUR 2014, 405 – Atemtest II; OLG Frankfurt GRUR 2022, 1073; LG Dortmund WRP 2019, 667.

Zu § 43 I AMG vgl. BGH GRUR 2018, 1271 Rn. 37–48 – Applikationsarzneimittel.

Zu § 48 I AMG vgl. BGH GRUR 2015, 916 – Abgabe ohne Rezept.

1.267 **Diätverordnung (DiätV)** v. 28.4.2005 (BGBl. 2005 I 1161), aufgehoben VO v. 26.4.2023 (BGBl. I 2023 Nr. 115) mit Wirkung vom 28.4.2023. An ihre Stelle ist die VO über Lebensmittel für bestimmte Verbrauchergruppen (LMBVV) (BGBl. 2023 I Nr. 115) getreten. Diese ergänzt (vgl. § 1 II LMBVV) die Regelungen der **VO (EU) Nr. 609/2013 über Lebensmittel für Säuglinge und Kleinkinder, Lebensmittel für besondere medizinische Zwecke und Tagesrationen für gewichtskontrollierende Ernährung** (ABl. L 181, 35; L 349, 67), zuletzt geändert durch Delegierte VO (EU) 2023/439 (ABl. L 64, 1).

Zu Art. 4 I (Anforderungen an das Inverkehrbringen) und 9 V (Irreführungsverbot) VO (EU) Nr. 609/2013: OLG Celle, Magazindienst 2023, 390

Zu § 1 IVa DiätV aF vgl. BGH GRUR 2012, 734 – Glucosamin Naturell.

Zu § 14b I 2 DiätV aF vgl. BGH GRUR 2012, 1164 – ARTROSTAR; OLG München GRUR-RR 2015, 258; OLG Brandenburg WRP 2019, 1205.

1.268 **Pflanzenschutzgesetz (PflSchG)** v. 6.2.2012 (BGBl. 2012 I 148, 1281), in Kraft getreten am 14.2.2012, zuletzt geändert durch G v. 20.12.2022 (BGBl. 2022 I 2752).

§ 9 (Zulassungspflicht für den Vertrieb von Pflanzenschutzmitteln)
Zu früheren Fassungen des PflSchG vgl. BGHZ 126, 270 – GRUR 1994, 832 (834) – Zulassungsnummer I; BGH GRUR 1996, 372 – Zulassungsnummer II; BGH GRUR 2003, 254 – Zulassungsnummer III; BGH GRUR 2010, 160 Rn. 15 – Quizalofop; BGH GRUR 2011, 842 Rn. 20 – RC-Netzmittel; BGH GRUR 2011, 843 Rn. 11–25 – Vorrichtung zur Schädlingsbekämpfung; BGH GRUR 2012, 407 Rn. 31 – Delan; BGH GRUR 2012, 945 Rn. 31 – Tribenuronmethyl; BGH GRUR 2013, 414 – Flonicamid. Zur neuen Fassung vgl. BGH GRUR 2016, 88 – Rn. 15 f, 19–22 – Deltamethrin I.

1.269 **VO (EG) Nr. 1829/2003 über genetisch veränderte Lebensmittel und Futtermittel** (ABl. EG 2003 Nr. L 268, 1 v. 18.10.2003); zuletzt geändert durch Art. 2 VO (EU) 2019/1381 vom 20.6.2019 (ABl. EU 2019 L 231, 1). Nach Art. 4 II VO (EG) Nr. 1829/2003 darf niemand einen zur Verwendung als Lebensmittel/in Lebensmitteln bestimmten GVO oder ein in Art. 3 I Gen-Nahrungsmittel-VO genanntes Lebensmittel in Verkehr bringen, wenn der Organismus oder das Lebensmittel nicht über eine gemäß diesem Abschnitt erteilte Zulassung verfügt und die entsprechenden Zulassungsvoraussetzungen erfüllt.

1.270 **§ 28 NiedersächsBauO** (Zulassungspflichtigkeit der Verwendung nicht geregelter Bauprodukte.
Dazu BGH GRUR 2006, 82 Rn. 22 – Betonstahl.

1.271 **VO (EU) 2015/2283 über neuartige Lebensmittel,** ABl. EU 2015 L 327, 1, zuletzt geändert durch Art. 8 VO (EU) 2019/1381 v. 20.6.2019 (ABl. EU 2019 L 231, 1).

Diese sog **Novel-Food-VO** (zur Vorgänger-VO (EG) 258/97 vgl. Büttner ZLR 2008, 99) macht den Vertrieb von Erzeugnissen, die in ihren Anwendungsbereich fallen, von einer

Genehmigung abhängig (BGH GRUR 2008, 625 Rn. 11 – Fruchtextrakt; BGH GRUR 2009, 413 Rn. 28 – Erfokol-Kapseln; LG Düsseldorf Magazindienst 2022, 728). Zum Anwendungsbereich vgl. BGH WRP 2015, 1332 Rn. 19–37 – Bohnengewächsextrakt.

Straßenverkehrs-Zulassungs-Ordnung (StVZO) v. 26.4.2012 (BGBl. 2012 I 679), zuletzt geändert durch G v. 12.7.2021 (BGBl. 2021 I 3091).   **1.272**

§ 22a II 1 StVZO (Zulassungspflicht für Fahrzeugteile)
Dazu OLG Hamm GRUR-RR 2014, 395; OLG Karlsruhe WRP 2015, 593; OLG Düsseldorf WRP 2016, 503.

bb) Zulassungspflicht für Dienstleistungen. PostG v. 22.12.1997 (BGBl. 1997 I 3294), zuletzt geändert durch G v. 9.3.2021 (BGBl. 2021 I 324).   **1.273**

Nach **§ 5 I PostG** ist zur gewerbsmäßigen Beförderung von Briefsendungen, deren Einzelgewicht nicht mehr als 100g beträgt, eine Erlaubnis (Lizenz) erforderlich. Nach der Rspr. regelt diese Norm unmittelbar den Wettbewerb auf dem Markt für Postdienstleistungen, um den „Universaldienst", also die flächendeckende Grundversorgung mit Postdienstleistungen, zu gewährleisten (BGH GRUR 2003, 250 (251) – Massenbriefsendungen aus dem Ausland zu § 1 UWG 1909; vgl. auch BGH WuW/E DE-R 197, 198). Daraus erhellt, dass die Norm nicht nur den Marktzutritt regelt, sondern zugleich die Qualität der angebotenen Dienstleistung im Interesse der Marktteilnehmer, insbes. der Verbraucher, sichern will. Nichts anderes besagt die Rspr., wenn sie darin den Schutz wichtiger Gemeinschaftsgüter erblickt. Daher handelt es sich bei § 5 I PostG „auch" um eine Marktverhaltensregelung. Befördert daher ein Unternehmen ohne diese Lizenz Briefsendungen, so erfüllt dies den Tatbestand des § 3a.

b) Vertriebsverbote- und -beschränkungen. Produktbezogene Vertriebsverbote- und -beschränkungen können aus unterschiedlichen Gründen erlassen werden. Dabei handelt es sich um Marktverhaltensregelungen. Dazu gehören ua: **1.274**

aa) Arzneimittelrecht. Arzneimittelgesetz (AMG) idF v. 12.12.2005 (BGBl. 2005 I 3394), zuletzt geändert durch G vom 19.7.2023 (BGBl. 2023 I Nr. 197).   **1.275**

Nach **§ 43 I 1 AMG** ist die berufs- oder gewerbsmäßige Abgabe apothekenpflichtiger Arzneimittel für den Endverbraucher nur in Apotheken zulässig. Ausnahmen regelt § 47 AMG.
Zu den § 43 I 1 AMG, § 73 I Hs. 1 AMG (Verbringungsverbot) vgl. BGH GRUR 2008, 275 – Versandhandel mit Arzneimitteln; BGH GRUR 2018, 1271 Rn. 37–54 – Applikationsarzneimittel.

§ 47 III AMG (Beschränkung der Abgabe von Gratismustern durch pharmazeutische Unternehmer.   **1.275a**
Dazu BGH GRUR 2019, 97 Rn. 11 – Apothekenmuster I; BGH GRUR 2021, 628 Rn. 14 – Apothekenmuster II.

§ 48 AMG (Verbot der Abgabe verschreibungspflichtiger Arzneimittel ohne Verschreibung.   **1.276**
Dazu BGH GRUR 2015, 916 Rn. 14 – Abgabe ohne Rezept). Der Versand von apothekenpflichtigen Arzneimitteln ist erlaubnispflichtig (§ 11a ApothekenG).

§ 73 AMG (Verbringungsverbot).   **1.277**
Dazu BGH GRUR 2002, 910 (914) – Muskelaufbaupräparate; BGH GRUR 2008, 275 – Versandhandel mit Arzneimitteln; BGH WRP 2012, 1101 – Europa-Apotheke Budapest; BGH GRUR 2018, 1271 Rn. 37–54 – Applikationsarzneimittel.

bb) Lebensmittelrecht. Lebensmittel- und Futtermittelgesetzbuch (LFGB) idF v. 3.6.2013 (BGBl. 2013 I 1426), zuletzt geändert durch G v. 20.12.2022 (BGBl. 2022 I 2752).   **1.278**

§§ 5 ff. LFGB (Herstellen, Behandeln und Vertreiben bestimmter Lebensmittel.)
Dazu BGH GRUR 2004, 1037 (1038) – Johanniskraut; BGH GRUR 2011, 355 – Gelenknahrung II). Vgl. weiter **§ 17 LFGB** (Futtermittel); **§ 26 LFBG** (Kosmetische Mittel); **§ 30 LFGB** (Bedarfsgegenstände).

Nichtraucherschutzgesetze der Länder   **1.278a**
Zu § 6 NRSG Berlin KG GRUR-RR 2019, 119.

VO (EU) 2018/848 über die ökologische/biologische Produktion und die Kennzeichnung von ökologischen/biologischen Erzeugnissen, zuletzt geändert durch Delegierte VO (EU) 2023/207 v. 24.11.2022 (ABl. EU 2023 L 29, 6).   **1.278b**

Nach Art. 28 I UAbs. 1 lit. b VO (EG) Nr. 834/2007 war jeder Unternehmer, der Erzeugnisse iSd Art. 1 II VO (EG) Nr. 834/2007 in Verkehr bringt, verpflichtet, vor einem Inverkehrbringen von jeglichen Erzeugnissen als ökologisch/biologische Erzeugnisse oder als Umstellungserzeugnisse sein Unternehmen dem Kontrollsystem nach Art. 27 VO (EG) Nr. 834/2007 zu unterstellen. Dabei handelt es sich um eine Marktverhaltensregelung im Interesse der Gesundheit der Verbraucher (OLG Frankfurt WRP 2021, 1088 Rn. 22 f.). Die Vorschrift ist inzwischen durch Art. 34 VO (EU) 2018/948 ersetzt worden.

1.279   **cc) Sonstige Bestimmungen. Verpackungsgesetz (VerpackG)** v. 5.7.2017 (BGBl. 2017 I 2234), zuletzt geändert durch G v. vom 11.5.2023 (BGBl. 2023 I Nr. 124). Das Gesetz ersetzt die VerpackV v. 21.8.1998 (BGBl. 1998 I 2379), aufgehoben durch G v. 18.7.2017 (BGBl. 2017 I 2745). Lit: Citlau/Weingärtner K&R 2019, 73; Kardetzky/Müller BB 2019, 771; Wüstenberg NJW 2018, 3614.

Die Vorschriften des VerpackG über die Sammlung, Rücknahme und Verwertung von Verpackungen (§§ 13–17 VerpackG) sind Marktverhaltensregelungen zumindest auch im Interesse der **Mitbewerber** (vgl. § 1 I 4 VerpackG „Dabei sollen die Marktteilnehmer vor unlauterem Wettbewerb geschützt werden"). Zu § 9 II Nr. 1 VerpackG (Namensangabe) vgl. LG Bonn WRP 2021, 120 Rn. 32–40.

1.280   **Zugangskontrolldiensteschutz-Gesetz (ZKDSG)** v. 19.3.2002 (BGBl. 2002 I 1090), zuletzt geändert durch G v. 26.2.2007 (BGBl. 2007 I 179).

Das Gesetz dient dazu, Hersteller legaler Entschlüsselungsvorrichtungen vor illegalem Wettbewerb zu schützen, und stellt daher eine Marktverhaltensregelung iSd § 3a dar (OLG Frankfurt GRUR-RR 2003, 287 zu Pay-TV-Entschlüsselungsgeräten).

1.280a   **VO (EU) 2016/425 über persönliche Schutzausrüstungen (PSA-VO).**
Die Art. 4, 8 IV, 11 II VO (EU) 2016/425 sind Marktverhaltensregelungen (vgl. OLG Frankfurt WRP 2021, 1198 Rn. 14–25).

1.281   **Produktsicherheitsgesetz (ProdSG)** v. 27.7.2021 (BGBl. 2021 I 3147), zuletzt geändert durch Art. 2 des G v. 27.7.2021 (BGBl. 2021 I 3162).

Die zum ProdSG aF ergangenen Entscheidungen (dazu Klindt, ProdSG, 3. Aufl. 2021) können weitgehend noch zur Auslegung der Neufassung des ProdSG herangezogen werden.

Nach **§ 3 I ProdSG aF** darf ein Produkt nur dann auf dem Markt bereitgestellt werden, wenn bei bestimmungsgemäßer oder vorhersehbarer Verwendung die Sicherheit und Gesundheit von Personen nicht gefährdet. Die Vorschrift dient dem Schutz der Verbraucher und sonstiger Abnehmer der Produkte im Hinblick auf die Einhaltung sicherheitstechnischer Anforderungen und stellt daher eine Marktverhaltensregelung dar (OLG Frankfurt WRP 2015, 996 Rn. 10; OLG Frankfurt GRUR-RR 2019, 311).

Zu **§ 3 II ProdSG aF** vgl. OLG Frankfurt WRP 2018, 1213; OLG Düsseldorf GRUR 2019, 164 Rn. 20; OLG Köln WRP 2020, 1484 Rn. 55–59.

Zu **§ 6 I, V 1, 2 ProdSG aF** vgl. BGH GRUR 2017, 409 Rn. 22–33 – Motivkontaktlinsen; OLG Frankfurt GRUR-RR 2019, 311 Rn. 22–26; OLG Frankfurt WRP 2020, 903; OLG Frankfurt WRP 2021, 1198 Rn. 26–32; LG Cottbus WRP 2022, 1440 Rn. 43. Bei der Beurteilung der Gefährdung von Personen können insbes. die in **DIN-Normen** enthaltenen anerkannten Regeln der Technik herangezogen werden (OLG Düsseldorf BeckRS 2016, 06557).

Zu **§ 7 II Nr. 1 ProdSG aF** vgl. OLG Köln WRP 2019, 1216. Zu **§ 7 II Nr. 2 ProdSG** vgl. OLG Düsseldorf BeckRS 2016, 7926 Rn. 27.

Zu **§ 7 V ProdSG aF:** Der Hersteller einer Maschine muss vor dem Inverkehrbringen oder der Inbetriebnahme die **CE-Kennzeichnung** gem. § 7 V ProdSG iVm § 3 II Nr. 6, § 5 I ProdSV anbringen (OLG Frankfurt WRP 2015, 996 Rn. 24); vgl. weiter OLG Frankfurt WRP 2017, 874 (CE-Kennzeichnung für Fußmatten).

1.281a   **ElektrostoffV (Verordnung zur Beschränkung der Verwendung gefährlicher Stoffe in Elektro- und Elektronikgeräten)** v. 19.4.2013 (BGBl. 2013 I 1111), zuletzt geändert durch G v. 10.8.2021 (BGBl. 2021 I 3436).

Die Stoffverbote nach **§ 4 I iVm § 3 I 1** stellen Marktverhaltensregelungen iSd § 3a dar (BGH GRUR 2017, 203 Rn. 28 – Quecksilberhaltige Leuchtstofflampen). Ein Händler verstößt gegen **§ 8 I 2 Nr. 1 ElektrostoffV, § 12 ElektrostoffV** iVm **§ 3 I Nr. 1 ProdSG,** wenn er Elektrogeräte ohne die vorgeschriebene CE-Kennzeichnung anbietet (OLG Frankfurt WRP 2015, 598). Dagegen ist er nicht zur Prüfung verpflichtet, ob die Voraussetzungen für eine CE-Kennzeichnung vorliegen und ob sie korrekt angebracht ist (OLG Köln GRUR-RR 2017, 435 Rn. 27 f.).

1.282   **ElektroG (Gesetz über das Inverkehrbringen, die Rücknahme und die umweltverträgliche Entsorgung von Elektro- und Elektronikgeräten)** v. 20.10.2015 (BGBl. 2015 I 1739), zuletzt geändert durch G vom 8.12.2022 (BGBl. 2022 I 2240).

Nach § 6 II ElektroG dürfen Hersteller ohne Registrierung Elektro- und Elektronikgeräte nicht in Verkehr bringen und Vertreiber dürfen sie nicht zum Kauf anbieten. Die Vorschrift bezweckt in erster Linie den Umweltschutz, daneben aber auch den Schutz der Verbraucher, weil diese die Gewähr haben sollen, dass der Hersteller die von ihnen erworbenen Geräte zurücknimmt und sie dadurch von der Entsorgungslast befreit. Sie ist daher eine Marktverhaltensregelung (OLG München GRUR-RR 2011, 424 (425); OLG Hamm GRUR-RR 2015, 60; OLG Düsseldorf GRUR-RR 2014, 499 Rn. 12; OLG Köln WRP 2015, 616 Rn. 17–26; OLG Frankfurt WRP 2021, 1480 Rn. 16–23). Zu § 9 ElektroG → Rn. 1.198. Zur Rücknahmepflicht für Altgeräte vgl. § 17 ElektroG.

1.282a   **Saatgutverkehrsgesetz (SaatG)** v. 16.7.2004 (BGBl. 2004 I 1673), zuletzt geändert durch G v. 20.12.2022 (BGBl. 2022 I 2752).

§ 3 I SaatG verbietet das Inverkehrbringen von Saatgut, das nicht als Saatgut anerkannt oder genehmigt worden ist, zu gewerblichen Zwecken und schützt die Saatgutverbraucher in ihrer Eigenschaft als Nachfrager. Es handelt sich daher um eine Marktverhaltensregelung (BGH GRUR 2017, 537 Rn. 21–24, 27–38 – Konsumgetreide). Zur Aufzeichnungspflicht nach § 27 I Nr. 2 SaatG iVm § 1 I Nr. 6 SaatAufzV vgl. BGH GRUR 2017, 819 – Aufzeichnungspflicht.

1.282b   **Deutsches Wetterdienstgesetz (DWDG)** v. 10.9.1998 (BGBl. 1998 I 2871), zuletzt geändert durch Art. 341 Elfte ZuständigkeitsanpassungsVO vom 19.6.2020 (BGBl. 2020 I 1328).

§ 6 II 1 und IIa Nr. 2 DWDG sind nach der Rspr. Marktverhaltensregelungen, die es dem Deutschen Wetterdienst (DWD), einer Bundesoberbehörde, verbieten, unabhängig von Warnlagen die Allgemeinheit unentgeltlich laufend über das Wetter zu informieren (BGHZ 225, 59 = GRUR 2020, 755 Rn. 75–78 – WarnWetter-App). Zur Frage, ob das Handeln des DWD eine geschäftliche Handlung nach § § 2 I Nr. 2 darstellt vgl. BGHZ 225, 59 = GRUR 2020, 755 Rn. 47–74; OLG Köln GRUR-RR 2018, 461 Rn. 59–84.

1.282c   **Gewerbeordnung (GewO)** v 22.2.1999 (BGBl. 1999 I 202), zuletzt geändert durch G v. 28.6.2023 (BGBl. 2023 I Nr. 173).

Nach § 56a VI 1 GewO (in Kraft ab dem 28.5.2022) ist dem Veranstalter eines anzeigepflichtigen **Wanderlagers** der Vertrieb von Medizinprodukten (Art. 2 Nr. 1 VO (EU) 2017/45) und Nahrungsergänzungsmitteln (§ 1 I NemV) verboten. Nach **§ 56a IV 2 GewO** dürfen außerdem unentgeltliche Zuwendungen in Form von Waren oder Leistungen einschließlich Preisausschreiben, Verlosungen und Ausspielungen nicht angekündigt werden.

IV. Geschäftsbezogene Regelungen

Schrifttum: Alexander, Die Umsetzung der Verbraucherrechte-Richtlinie und die Auswirkungen auf das Lauterkeitsrecht, WRP 2014, 501; Buchmann, Das neue Fernabsatzrecht 2014 (Teil 1) K&R 2014, 221; (Teil 2) K&R 2014, 293; (Teil 3) K&R 2014, 369, (Teil 4) K&R 2014, 453, (Teil 5) K&R 2014, 562, (Teil 6) K&R 2014, 621; Glaus/Gabel, Praktische Umsetzung der Anforderungen zu Pflichtangaben in E-Mails, BB 2007, 1744; Hörmann, Der Internethandel und die neue Richtlinie über die Rechte der Verbraucher, 2014; Lorenz, Die Anbieterkennzeichnung im Internet, 2007; Lorenz, Die Wettbewerbswidrigkeit einer mangelhaften Anbieterkennzeichnung, WRP 2010, 1224; Maaßen/Orlikowksi-Wolf, Stellt das Fehlen von Pflichtangaben in Geschäftskorrespondenz einen Wettbewerbsverstoß dar?, BB 2007, 561; Schulte/Schulte, Informationspflichten im elektronischen Geschäftsverkehr, NJW 2003, 2140.

1. Überblick

1.283   Zu den geschäftsbezogenen Regelungen gehören Regelungen, die sich auf das Auftreten eines Unternehmens am Markt oder auf das Verhalten eines Unternehmens bei oder nach Vertragsschluss beziehen. Dazu gehören neben den **Verboten nachteiliger AGB** (§§ 307–310 BGB; → Rn. 1.284–1.291) oder **sonstiger Vertragsklauseln** (zB § 475 I BGB; → Rn. 1.292), den Anforderungen an die AGB von Plattformbetreibern (→ Rn. 1.293a) die zivilrechtlichen **Benachteiligungsverbote** der §§ 19, 20 AGG (→ Rn. 1.294) und die gesetzlichen **Informationspflichten** (→ Rn. 1.295–1.325d).

2. Verbote nachteiliger AGB (§§ 307–309 BGB)

Schrifttum: Alexander, Vertragsrecht und Lauterkeitsrecht unter dem Einfluss der Richtlinie 2005/29/EG über unlautere Geschäftspraktiken, WRP 2012, 515; Armgardt, Verbraucherschutz und Wettbewerbsrecht: unwirksame AGB-Klauseln im Licht der neueren Rechtsprechung zum UWG und zur UGP-RL, WRP 2009, 122; v. Criegern, Die Abmahnung durch Wettbewerber bei der Verwendung unwirksamer AGB – ein Problem von praktischer Relevanz, WRP 2003, 1065; Dembowski, Sollten Mitbewerber bei der AGB-

Kontrolle im Abseits stehen?, FS Bornkamm, 2014, 325; Hennigs, Unlauterer Wettbewerb durch die Verwendung unwirksamer Vertragsklauseln, 2017; Köhler, Konkurrentenklage gegen die Verwendung unwirksamer AGB?, NJW 2008, 177; Köhler, Die Verwendung unwirksamer Vertragsklauseln: ein Fall für das UWG, GRUR 2010, 1047; Köhler, Zur Mitbewerberklage gegen die Verwendung unwirksamer AGB, WRP 2012, 1475; Mann, Die wettbewerbsrechtliche Beurteilung von unwirksamen Allgemeinen Geschäftsbedingungen, WRP 2007, 1035; Tüngler/Ruess, In welchem Verhältnis stehen die Schutzvorschriften des AGB-Rechts zu den Bestimmungen des UWG?, WRP 2009, 1336; Woitkewitsch, Konkurrentenabmahnung wegen fehlerhafter AGB, GRUR-RR 2007, 257.

1.284   **a) Kontrolle der Verwendung unwirksamer AGB nach dem UKlaG.** Die §§ 307–310 BGB verbieten AGB, die den Vertragspartner entgegen den Geboten von Treu und Glauben unangemessen benachteiligen. Der Vertragspartner kann sich gegenüber dem Verwender auf die Unwirksamkeit von AGB berufen (Individualschutz). Die §§ 307–309 BGB geben aber weder ihm noch Dritten die Befugnis, vorbeugend gegen die Verwendung unwirksamer AGB vorzugehen. Diese Möglichkeit wird Verbänden durch die §§ 1, 3 UKlaG eingeräumt (→ UKlaG § 1 Rn. 2 ff.). Das UKlaG schließt aber weder die Anwendung des GWB noch die des UWG aus (→ Rn. 1.43, 1.285; → UKlaG § 1 Rn. 14).

1.284a   **b) Kontrolle der Verwendung unwirksamer AGB nach dem GWB.** Ist der Verwender ein marktbeherrschendes Unternehmen und stellt die Verwendung von unwirksamen AGB einen Missbrauch einer marktbeherrschenden Stellung dar (dazu BGH NJW 1986, 846 – Favorit; BGH WRP 2017, 563 Rn. 35 – VBL-Gegenwert II), besteht ein Unterlassungsanspruch nach den §§ 19 I, 33 I GWB. Doch spielt dieser Anspruch in der Praxis neben den Ansprüchen aus dem UKlaG und dem UWG keine Rolle.

1.285   **c) Kontrolle der Verwendung unwirksamer AGB nach dem UWG. aa) Die Klausel-RL (RL 93/13/EWG) als unionsrechtliche Grundlage.** Die Unterlassungsklagen-RL (RL 2009/22/EG) und das UKlaG schließen die Kontrolle der Verwendung unwirksamer AGB nach dem UWG nicht aus (vgl. BGH GRUR 2010, 1117 Rn. 17, 26–31 – Gewährleistungsausschluss im Internet; BGH GRUR 2010, 1120 Rn. 24 – Vollmachtsnachweis; BGH GRUR 2012, 949 Rn. 45–48 – Missbräuchliche Vertragsstrafe; BGH GRUR 2018, 423 Rn. 43–51 – Klauselersetzung; OLG München WRP 2015, 1154 Rn. 11; Köhler NJW 2008, 177 (178 f.); Köhler GRUR 2010, 1047; Köhler WRP 2012, 1475; Alexander WRP 2012, 515 (520); ebenso zum öUWG OGH ecolex 2010, 471 – zero intern). Grundlage dafür ist die **richtlinienkonforme Auslegung des UWG** am Maßstab der **Art. 7 I, II RL 93/13/EWG über missbräuchliche Klauseln in Verbraucherverträgen,** zuletzt geändert durch die RL (EU) 2019/2161. Die eigentliche Funktion der Klage aus dem UWG besteht darin, dass – im Gegensatz zum UKlaG – nicht nur Verbände, sondern auch **Mitbewerber** iSd § 8 III Nr. 1 gegen unwirksame AGB vorgehen können. Für eine Mitbewerberklage besteht auch ein **praktisches Bedürfnis** (Köhler WRP 2012, 1475 (1477 f.)). Denn die Verbände sind allein kaum in der Lage, der massenhaften Verwendung unwirksamer AGB-Klauseln Herr zu werden. Außerdem besteht an der Bekämpfung solcher Klauseln ein berechtigtes Interesse der Mitbewerber, verschafft sich doch deren Verwender ihnen gegenüber einen Kostenvorteil und damit einen ungerechtfertigten Wettbewerbsvorsprung (BGH GRUR 2010, 1117 Rn. 18 – Gewährleistungsausschluss im Internet). Im Unterschied zur Unterlassungsklage nach § 1 UKlaG gelten für die Unterlassungsklage nach den § 3 I, § 3a die besonderen Vorschriften der §§ 8–11 UKlaG nicht, allenfalls analog (Köhler WRP 2012, 1475 (1477)).

1.286   **bb) Das Verhältnis der Klausel-RL zur UGP-RL.** Die Regelungen der Klausel-RL bleiben, weil dem **Vertragsrecht** zugehörig, von der UGP-RL (RL 2005/29/EG) nach deren **Art. 3 II** unberührt, gehen ihr jedenfalls nach deren **Art. 3 IV** vor (Köhler WRP 2012, 1475 (1476); aA Hennigs, Unlauterer Wettbewerb durch Verwendung unwirksamer Vertragsklauseln, 2017, 206 ff.). **Die Klausel-RL schließt daher in ihrem Anwendungsbereich die Anwendung der UGP-RL aus** (noch nicht berücksichtigt bei BGH GRUR 2012, 949 Rn. 47 – Missbräuchliche Vertragsstrafe; → Rn. 1.290). Dementsprechend regelt die **UGP-RL** die Verwendung unwirksamer AGB gerade nicht und steht schon aus diesem Grund einer Anwendung des § 3a UWG nicht entgegen. Die UGP-RL regelt zwar in Art. 7 V UGP-RL iVm Anh. II abschließend die Informationspflichten des Unternehmers gegenüber dem Verbraucher im Bereich der kommerziellen Kommunikation und in Art. 7 IV lit. d UGP-RL speziell für den Fall der Aufforderung zum Kauf die Pflicht zur Information über Zahlungs-, Liefer- und Leistungsbedingungen, falls sie von den Erfordernissen der beruflichen Sorgfalt abweichen. Bei der Klauselkontrolle geht es aber gerade nicht um die Durchsetzung von Informationspflichten, sondern um die Unterbindung der Verwendung unwirksamer AGB. – Davon zu unterscheiden ist die umgekehrte Frage, ob eine unlautere Geschäftspraxis, wie zB die Verwendung einer irreführenden Preisangabe in einer Vertragsklausel, sich auf die Beurteilung der Missbräuchlichkeit dieser Klausel und damit auf die Wirksamkeit des ganzen Vertrags auswirken kann. Dazu hat der EuGH unter Hinweis auf Art. 3 II UGP-RL entschieden, dass der unlautere Charakter einer solchen Geschäftspraxis nur einen unter mehreren Anhaltspunkten bei der Prüfung der Missbräuchlichkeit iSv Art. 4 I Klausel-RL (RL 93/13/EWG) bilden kann (EuGH GRUR 2012, 639 Rn. 44–47 – Pereničová und Perenič). Dagegen hat er nicht darüber entschieden, ob die Verwendung einer unwirksamen Klausel stets einen Sorgfaltsverstoß und damit unter den weiteren Voraussetzungen des Art. 5 II UGP-RL eine unlautere Geschäftspraxis darstellt. Wollte man dies bejahen, so wäre der lauterkeitsrechtliche Beurteilungsmaßstab, soweit es das Verhältnis B2C betrifft, nicht § 3a, sondern § 3 II.

cc) Geschäftliche Handlung. Die **Verwendung von unwirksamen AGB** stellt eine **1.287** **geschäftliche Handlung** iSv § 2 I Nr. 2 dar (→ § 2 Rn. 2.87, 2.89). Typischerweise steht die Verwendung von AGB in einem objektiven Zusammenhang mit der Förderung des Absatzes (oder Bezugs) einer Ware oder Dienstleistung (so BGH GRUR 2010, 1117 Rn. 18 – Gewährleistungsausschluss im Internet; dazu Köhler GRUR 2010, 1047; LG Hannvor ZIP 2022, 2599 (2601)). Darüber hinaus hängt die Verwendung von AGB **objektiv mit dem Abschluss eines Vertrags** über eine Ware oder Dienstleistung **zusammen** (→ § 2 Rn. 2.53). Desgleichen stellt eine Berufung auf eine unwirksame AGB-Klausel, sei es zur Geltendmachung oder zur Abwehr eines Anspruchs, eine geschäftliche Handlung dar, da sie den Kunden zu einer geschäftlichen Entscheidung iSd § 2 I Nr. 1 veranlassen soll.

dd) AGB-Kontrolle nach den § 3 I, § 3a. (1) Verwendung unwirksamer AGB als 1.288 **Rechtsbruch (§ 3a).** Obwohl die §§ 307–309 BGB keine eigentlichen Pflichten des Unternehmers begründen, sind sie doch **Marktverhaltensregeln im Interesse der Verbraucher und sonstigen Marktteilnehmer** (BGH GRUR 2012, 949 Rn. 45–48 – Missbräuchliche Vertragsstrafe; OLG München WRP 2018, 1125 Rn. 17). Ein Verbot der Verwendung von unwirksamen AGB ist daher nach den **§ 3 I, § 3a** möglich. Nach der Rspr. kann zwar ein Verstoß gegen nationale Bestimmungen, soweit der Anwendungsbereich der UGP-RL eröffnet ist, eine Unlauterkeit iSd § 3a grds. nur noch begründen, wenn die betreffenden Regelungen eine Grundlage im Unionsrecht haben (BGH GRUR 2010, 1117 Rn. 16 – Gewährleistungsausschluss im Internet; zur Kritik → Rn. 1.9–1.13). Das ist aber bei den **§§ 307–309 BGB** der Fall (vgl. insbesondere Art. 3 RL 93/13/EWG, zuletzt geändert durch RL (EU) 2019/2161; BGH GRUR 2012, 949 Rn. 45–48 – Missbräuchliche Vertragsstrafe; BGH GRUR 2018, 423 Rn. 41 – Klauselersetzung; BGHZ 229, 266 = NJW 2021, 2193 Rn. 48–57; OLG München WRP 2015, 1154; krit Ohly/Sosnitza/Ohly Rn. 78a). Eine Kollision mit der UGP-RL ist aber, wie dargelegt (→ Rn. 1.286), nach Art. 3 II UGP-RL, jedenfalls aber nach Art. 3 IV UGP-RL ausgeschlossen. Die Verwendung unwirksamer AGB gegenüber **sonstigen Marktteilnehmern**, insbes. Unternehmern, ist im Unionsrecht nicht geregelt, so dass der nationale Gesetzgeber insoweit ohnehin nicht eingeschränkt ist. – In der Praxis ist vor allem **§ 307 II Nr. 1 BGB** von Bedeutung (vgl. etwa BGH GRUR 2020, 891 Rn. 44 – Cookie-Einwilligung II zu § 15 III Nr. 1 TMG in richtlinienkonformer Auslegung). – Keine Marktverhaltensregeln stellen die Auslegungsregeln des **§ 305c Abs. 1 BGB** dar. Überraschende und mehrdeutige Klauseln können jedoch gegen das **Transparenzgebot** des § 307 I 2 BGB verstoßen und damit unwirksam sein. Ihre Verwendung kann aus diesem Grund gegen § 3a verstoßen (BGH GRUR 2018, 423 Rn. 41 – Klauselersetzung).

(2) Spürbare Interessenbeeinträchtigung. Ein Verbot der Verwendung unwirksamer **1.289** AGB setzt nach § 3a an sich zusätzlich voraus, dass diese Handlung geeignet ist, die Interessen von Verbrauchern, Mitbewerbern oder sonstigen Marktteilnehmern spürbar zu beeinträchtigen. Nach der Rspr. sind jedenfalls Verstöße gegen §§ 307, 308 Nr. 1 BGB, § 309 Nr. 7a und § 309 Nr. 9 lit. a BGB geeignet, die wirtschaftlichen Interessen des Durchschnittsverbrauchers spürbar zu beeinflussen (BGH GRUR 2012, 949 Rn. 46 – Missbräuchliche Vertragsstrafe). Denn sie können ihn davon abhalten, berechtigte Ansprüche (sowie Einwendungen und Einreden) gegen den Verwender geltend zu machen. Hinzu kommt, dass die Verwendung unwirksamer AGB zur Einsparung von Kosten führen und damit auch die Interessen rechtmäßig handelnder Mitbewerber beeinträchtigen kann. (Dies begründet jedoch noch keinen Verstoß gegen § 4 Nr. 4; vgl.

BGH GRUR 2021, 497 Rn. 57 – Zweitmarkt für Lebensversicherungen). Das dürfte auch für alle sonstigen unwirksamen AGB gelten, auch für solche, die gegenüber sonstigen Marktteilnehmern, insbes. Unternehmern (B2B), verwendet werden (dazu Steckenborn BB 2012, 2324). Davon abgesehen wird vertreten, § 3a sei richtlinienkonform am Maßstab der Klausel-RL, also im Verhältnis B2C, dahin auszulegen, dass es auf die Auswirkungen auf den Verbraucher gar nicht ankomme, also ein Per-se-Verbot bestehe (Köhler WRP 2012, 1475 (1477 f.)). Dies ginge damit konform, dass § 1 UKlaG keine Bagatellklausel enthält.

1.290 **ee) AGB-Kontrolle nach § 3 II?** In der Rspr. klingt an, dass die Verwendung unwirksamer AGB idR gleichzeitig einen Verstoß gegen die **berufliche Sorgfalt** iSd Art. 5 II lit. a UGP-RL und unter den weiteren Voraussetzungen des Art. 5 II lit. b UGP-RL eine unlautere Geschäftspraxis darstellen soll (vgl. BGH GRUR 2012, 949 Rn. 46 – Missbräuchliche Vertragsstrafe; dazu Köhler WRP 2012, 22 (29)). Das ist aber zw., weil erstens der Anwendungsbereich der UGP-RL gar nicht eröffnet ist. Denn im Hinblick auf **Art. 3 II UGP-RL** ist bei der Klauselkontrolle nur auf die **Klausel-RL,** nicht aber auf die UGP-RL abzustellen. Die UGP-RL behandelt das Thema der gegen die berufliche Sorgfalt verstoßenden AGB allein unter dem Aspekt der Informationspflicht des Verwenders nach Art. 7 IV lit. d UGP-RL (vgl. Köhler WRP 2012, 1475 (1476 f.)). Jedenfalls besteht für eine Anwendung des § 3 II kein Bedürfnis, weil bereits § 3a anwendbar ist. Dies gilt erst recht, wenn man den Anwendungsbereich des § 3 II auf die von Art. 5 II UGP-RL erfassten Fälle begrenzt. Zweitens hinge die Anwendung des § 3 II davon ab, dass eine geschäftliche Relevanz iS dieser Vorschrift vorläge und sich damit ein Verbot der Verwendung unwirksamer AGB nicht stets, sondern nur unter diesen einschränkenden Voraussetzungen aussprechen ließe (aA Alexander WRP 2012, 515 (521), der § 3 II den Vorrang vor § 3a einräumen möchte). Drittens gälte § 3 II ohnehin nur im Verhältnis zu Verbrauchern (B2C).

1.291 **ff) AGB-Kontrolle nach sonstigen UWG-Vorschriften?** Eine Kontrolle nach **§ 4a I, II 2** (Ausnutzung der geschäftlichen Unerfahrenheit) scheidet praktisch aus. Denn vom durchschnittlichen Verbraucher kann keine genauere Kenntnis von Rechtsvorschriften und ihrer Auslegung durch die Gerichte erwartet werden (BGH GRUR 2007, 978 Rn. 27 – Rechtsberatung durch Haftpflichtversicherer). Dementsprechend liegt keine Ausnutzung der geschäftlichen Unerfahrenheit iSv § 4a II 2 vor, wenn der Unternehmer weiß oder damit rechnen muss, dass seine (potentiellen) Vertragspartner nicht die zur Beurteilung einer bestimmten Frage erforderlichen Rechtskenntnisse haben, und er somit lediglich seine überlegene Rechtskenntnis ausnutzt (vgl. Peterek WRP 2008, 714 (721 f.)). – Auch eine Anwendung des **§ 5 II Nr. 7** scheidet aus (→ § 5 Rn. 7.143a; Köhler GRUR 2010, 1047 (1050)); desgleichen eine Anwendung der **§ 5a I, § 5b I Nr. 4).**

1.292 **gg) Kontrolle sonstiger unwirksamer Vertragsklauseln.** Eine Kontrolle nach den § 3 I, § 3a ist auch bei sonstigen Klauselverboten des Zivilrechts möglich, so bspw. bei den Verboten nach **§ 476 BGB** idF der RL (EU) 2019/771 (Warenkauf-RL), in Kraft ab dem 1.1.2022. Diese Richtlinie hat die Verbrauchsgüterkauf-RL (RL 1999/44/EG) abgelöst (dazu BGH GRUR 2010, 1117 Rn. 26–30 – Gewährleistungsausschluss im Internet; BGH GRUR 2010, 1120 Rn. 22 f. – Vollmachtsnachweis; OLG Hamm WRP 2014, 462 Rn. 35; Köhler NJW 2008, 177 (181); Köhler GRUR 2010, 1047). Ihr Zweck ist es auch, den Unternehmer im Interesse der übrigen Marktteilnehmer von der Verwendung unwirksamer Vertragsklauseln abzuhalten. Es gelten die gleichen Grundsätze wie zur AGB-Kontrolle. – Zur Unwirksamkeit einer gegen **§ 312a IV Nr. 1** BGB verstoßenden Klausel wegen des Fehlens einer gängigen und zumutbaren unentgeltlichen Zahlungsmöglichkeit vgl. BGH GRUR 2022, 1447 Rn. 16–18, 27–38 – Servicepauschale [II]; OLG Hamburg GRUR-RR 2021, 162 Rn. 26. Diese Vorschrift hat keine unionsrechtliche Grundlage, ist aber mit dem Unionsrecht vereinbar (BGH GRUR 2022, 1447 Rn. 33–38 – Servicepauschale [II]). – Zu **§ 43b TKG aF** und zu **§ 71 TKG** idF v. 23.6.2021 (BGBl. 2021 I 1858), zuletzt geändert durch Art. 8 G v. 10.9.2021 (BGBl. 2021 I 4147), vgl. BGH GRUR 2022, 175 – Kabel-TV-Anschluss; BGH GRUR 2023, 643 [im Wesentlichen zum UKlaG]).

1.293 **hh) Vorbeugender oder Verletzungsunterlassungsanspruch.** Die Verwendung unwirksamer AGB oder sonstiger unwirksamer Vertragsklauseln soll nach der Rspr. für sich allein lediglich Erstbegehungsgefahr und damit nur einen vorbeugenden Unterlassungsanspruch begründen. Zu einem Verstoß gegen die § 3 I, § 3a kommt es erst, wenn es tatsächlich ein Vertrag mit den entsprechenden Klauseln geschlossen werde (BGH GRUR 2010, 1120 Rn. 25 –

Vollmachtsnachweis). In der Literatur wird demgegenüber vertreten, bereits die Verwendung solcher Klauseln stelle daher einen Verstoß dar und löse daher einen Verletzungsanspruch aus (Köhler GRUR 2010, 1047 (1049)). Hierfür spricht das vom EuGH hervorgehobene Erfordernis der Präventivkontrolle unwirksamer Vertragsklauseln (vgl. EuGH GRUR 2012, 939 Rn. 37 – Invitel).

3. Anforderungen an AGB und Transparenz von Plattformbetreibern (Art. 3 ff. VO (EU) 2019/1150)

1.293a   Die **VO (EU) 2019/1150 zur Förderung von Fairness und Transparenz für gewerbliche Nutzer von Online-Vermittlungsdiensten (P2B-VO),** in Kraft ab dem 20.7.2020, enthält in den Art. 3 ff. P2B-VO eine Reihe von Transparenzanforderungen und inhaltlichen Anforderungen an die AGB von **Online-Vermittlungsdiensten** (wie zB Online-Marktplätzen, Vergleichsportalen, Buchungsportalen) und **Online-Suchmaschinen** (dazu im Einzelnen → VO (EU) 2019/1150; Alexander WRP 2020, 945; Busch GRUR 2019, 788; Eickemeier/Brodersen K&R 2020, 397). Bei diesen Anforderungen handelt es sich um Marktverhaltensregelungen iSd § 3a (→ § 8a Rn. 3). Zur Durchsetzung dieser Vorschriften nach § 8 I iVm § 8 III vgl. → § 8a Rn. 3–7). – Daneben besteht ein Individualrechtsschutz gewerblicher Nutzer und Nutzer mit Unternehmens-Website nach Maßgabe des Art. 14 IX VO (EU) 2019/1150 (P2B-VO); dazu die Kommentierung von Alexander → VO (EU) 2019/1150 Art. 14.

4. Zivilrechtliche Benachteiligungsverbote (§§ 19, 20 AGG; § 5 DL-InfoV)

1.294   Als geschäftsbezogene Marktverhaltensregelungen im Interesse der Verbraucher sind auch die für die Begründung, Durchführung und Beendigung von zivilrechtlichen Schuldverhältnissen geltenden zivilrechtlichen Benachteiligungsverbote des **§§ 19, 20 AGG** (→ Rn. 1.42). Ist es zu einer unzulässigen Benachteiligung gekommen (zB Verweigerung eines Vertragsschlusses in einem Lokal aus Gründen der Rasse), so kann nach § 8 I 1 Beseitigung und bei Wiederholungsgefahr Unterlassung verlangt werden. Droht eine unzulässige Benachteiligung (zB Ankündigung einer unzulässigen Benachteiligung in der Werbung) besteht ein vorbeugender Unterlassungsanspruch § 8 I 2. Voraussetzung für die Anwendung des UWG ist aber stets das Vorliegen einer geschäftlichen Handlung (§ 2 I Nr. 2) auf Seiten des Diskriminierenden. – Nach **§ 5 DL-InfoV** darf ein Dienstleistungserbringer keine Bedingungen für den Zugang zu einer Dienstleistung bekannt machen, die auf der Staatsangehörigkeit oder dem Wohnsitz des Dienstleistungsempfängers beruhende diskriminierende Bestimmungen enthalten, es sei denn, die Unterschiede bei den Zugangsbedingungen sind unmittelbar durch objektive Kriterien gerechtfertigt. Auch dabei handelt es sich um eine Marktverhaltensregelung.

5. Zahlungsbedingungen

1.294a   Nach **Art. 9 II VO (EU) 260/2012 zur Festlegung der technischen Vorschriften und der Geschäftsanforderungen für Überweisungen und Lastschriften in Euro (SEPA-VO)** gibt ein Zahlungsempfänger, der eine Überweisung annimmt oder eine Lastschrift verwendet, um Geldbeträge von einem Zahler einzuziehen, der Inhaber eines iSd der Verordnung erreichbaren Zahlungskontos innerhalb der Union ist, nicht vor, in welchem Mitgliedstaat dieses Zahlungskonto zu führen ist. Das aus dieser Marktverhaltensregelung folgende Verbot ist verletzt, wenn ein Zahlungsempfänger in Deutschland wohnhaften Verbrauchern die Bezahlung durch Lastschrift von einem in Luxemburg unterhaltenen Konto verwehrt (BGH WRP 2020, 726 Rn. 38–41 – SEPA-Lastschrift; vgl. auch OLG Karlsruhe GRUR-RR 2018, 349; LG Kiel WRP 2020, 937; LG München I WRP 2022, 919). – Zur Nichtanwendbarkeit des § 270a BGB auf Entgelte für PayPal-Zahlungen vgl. BGH GRUR 2021, 863 Rn. 40 – Nutzungsentgelt für bargeldlose Zahlungen.

6. Gesetzliche Informationspflichten

1.295   **a) Allgemeines.** Gesetzliche Informationspflichten sollen sicherstellen, dass Marktteilnehmer „informierte Entscheidungen" treffen können. Zugleich entlasten sie die Marktteilnehmer von den Kosten eigener Informationsbeschaffung. Viele Vorschriften zum Schutz der Marktteilnehmer, insbes. der Verbraucher, sehen geschäftsbezogene **Informationspflichten** vor (vgl. zB **§§ 5, 6 TMG; §§ 312a, 312d, 312e, 312f, 312i, 312j BGB** iVm **Art. 240, 241, 246–248 EGBGB; §§ 651d, 651w BGB** iVm Art. 250, 251 EGBGB; **§§ 2–4 DL-InfoV** [Dienstleistungs-Informationspflichten-Verordnung v. 12.3.2010]). Informationspflichten können sich darüber hinaus aus Deliktsrecht (insbes. aus § 823 I BGB unter dem Gesichtspunkt der Verkehrspflichten ergeben). – Ist eine Belehrung zwar nicht gesetzlich vorgeschrieben, erfolgt sie aber gleichwohl, so muss sie selbstverständlich zutr. sein. Andernfalls liegt eine Irreführung iSv § 5 I vor.

1.295a Soweit es sich dabei um **vorvertragliche** oder **vertragliche Informationspflichten** handelt, ist die UGP-RL nach deren Art. 3 II UGP-RL darauf nicht anwendbar, so dass ihre Verletzung einen Verstoß gegen die **§ 3 I, § 3a** begründen kann (BGH GRUR 2010, 652 Rn. 11 – Costa del Sol; BGH GRUR 2016, 957 Rn. 10 – Mehrwertdienstenummer; BGH GRUR 2019, 961 Rn. 14 – Werbeprospekt mit Bestellpostkarte II; BGH GRUR 2022, 500 Rn. 67 – Zufriedenheitsgarantie [zu § 479 I 2 BGB]). – Dies schließt nicht aus, dass derartige Pflichten über die Transformationsnorm des Art. 7 V UGP-RL, umgesetzt in § 5b IV, als Informationsanforderungen in Bezug auf kommerzielle Kommunikation einschließlich Werbung und Marketing anzusehen sind. Ob im Einzelfall eine Informationspflicht aufgrund von unionrechtlichen Verordnungen oder Vorschriften zur Umsetzung unionsrechtlicher Richtlinien von § 5b IV erfasst wird, ist durch Auslegung unter Berücksichtigung der nicht abschließenden Liste im Anh. II UGP-RL zu ermitteln.

1.295b Über das UWG hinaus können, soweit es sich um **Verbraucherschutzgesetze** handelt, Unterlassungsansprüche nach **§ 2 UKlaG** bestehen. Umgekehrt können Verbraucherschutzgesetze iSd § 2 I UKlaG zugleich Informationspflichten iSd Art. 7 V UWG und damit auch iSd § 5b IV sein. Ob dies der Fall ist, ist jeweils durch Auslegung festzustellen. Die gleichzeitige Anwendbarkeit des UWG hat zur Folge, dass nach § 8 I, III Nr. 1 auch Mitbewerber anspruchsberechtigt sind.

1.296 **b) Unternehmensbezogene Informationen (Impressumsangaben). Vorschriften zur Identifizierung eines Unternehmens,** insbes. Vorschriften zur Angabe von Name, Firma, Kontaktdaten wie Anschrift, Mail-Adresse, Telefonnumer, und sonstigen Merkmalen eines Unternehmens (Impressumsangaben), sind idR **Marktverhaltensregelungen** im Interesse anderer Marktteilnehmer. Doch ist dies jeweils durch Auslegung zu ermitteln. Der Schutzzweck der jeweiligen Norm entscheidet auch darüber, welche Informationen im Einzelnen zu geben sind (vgl. zu (jetzt) § 5b I Nr. 2 BGH WRP 2013, 1459 Rn. 13 – Brandneu von der IFA). Bei Verstößen gegen derartige Vorschriften ist jedoch sorgfältig zu prüfen, ob anstelle von (bisher) § 3a jetzt § 5a anzuwenden ist (vgl. BGH GRUR 2022, 930 Rn. 23 = BGHZ 233, 193 – Knuspermüsli II).

1.297 **Aktiengesetz.** Vgl. § 80 AktG. Es gilt das zu § 35a GmbHG (→ Rn. 1.304) Gesagte entsprechend.

1.298 **Arzneimittelgesetz.** Nach § 10 I Nr. 1 AMG sind auf Fertigarzneimitteln der Name oder die Firma und die Anschrift des pharmazeutischen Unternehmens anzugeben. Diese Vorschrift dient dem Schutz der menschlichen Gesundheit und damit dem Verbraucherschutz. Es handelt sich daher um eine Marktverhaltensregelung. Soweit es sich um Pflichtangaben (§ 5b IV) handelt, dürfte nunmehr § 5a einschlägig sein (→ Rn. 1.19).

1.299 **BOKraft.** Nach § 26 BOKraft ist für Taxis die Farbe hell-elfenbein vorgeschrieben. Jedoch handelt es sich dabei um keine Marktverhaltensregelung (vgl. BGH GRUR 1986, 621 – Taxen-Farbanstrich).

1.300 **BRAO, BORA.** Zu den einschlägigen Vorschriften (§ 59k BRAO; § 7 BORA) → Rn. 1.115, 1.171 f.

1.301 **Bürgerliches Recht.** Es ist zu unterscheiden: Für **Verbraucherverträge** gelten grds. die Informationspflichten aus **§ 312a I BGB** (Identitätsangabe bei Telefonanrufen) und aus **§ 312a II BGB iVm Art. 246 I Nr. 2 EGBGB.** Danach muss der Unternehmer dem Verbraucher vor Abgabe von dessen Vertragserklärung seine Identität, u. a. seinen Handelsnamen und die Anschrift des Ortes, an dem er niedergelassen ist, sowie seine Telefonnummer in klarer und verständlicher Weise zur Verfügung stellen. Allerdings gilt dies nach Art. 246 II EGBGB nicht für Verträge, die Geschäfte des täglichen Lebens zum Gegenstand haben und bei Vertragsschluss sofort erfüllt werden. Bei der Belehrung über ein **Widerrufsrecht** sind nach **Art. 246 III Nr. 3 EGBGB** Namen und ladungsfähige Anschrift desjenigen, gegenüber der Widerruf zu erklären ist, anzugeben. Die Angabe einer bloßen Postfachanschrift genügt daher nicht. Für **außerhalb von Geschäftsräumen geschlossene Verträge** und für **Fernabsatzverträge** (mit Ausnahme von Verträgen über Finanzdienstleistungen) mit Verbrauchern gelten die besonderen Informationspflichten nach **§ 312d I BGB iVm Art. 246a § 1 I Nr. 2, 3**

und **§ 4 I EGBGB.** Diese Bestimmungen sind richtlinienkonform am Maßstab des Art. 6 I lit. c RL 2011/83/EU über die Rechte der Verbraucher auszulegen. Im Anschluss an EuGH GRUR 2019, 958 – Bundesverband/Amazon hat der BGH entschieden, dass Unternehmen Verbrauchern nicht zwingend eine Telefonnummer angeben oder eine telefonische Hotline anbieten müssen. Vielmehr können sie auch andere Kommunikationsmöglichkeiten anbieten, um die Kriterien einer direkten und effizienten Kommunikation zu erfüllen (BGH GRUR 2020, 652 – Rückrufsystem II). Allerdings wurde Art. 6 I lit. c RL 2011/83/EU durch die RL (EU) 2019/2161 v. 27.11.2019 entscheidend geändert, so dass sich nach Ablauf der Umsetzungsfrist am 28.11.2021 eine neue Rechtslage ergibt. – Zur Definition der „verfügbaren" Telefonnummer in der Muster-Widerrufsbelehrung gem. Art. 246a § 1 I Nr. 2 EGBGB iVm Anl. 1 EGBGB vgl. EuGH GRUR 2020, 753 Rn. 37 f., 40 – EIS/TO und BGH GRUR 2021, 84 Rn. 29 – Verfügbare Telefonnummer; Rätze WRP 2020, 845. – Für außerhalb von Geschäftsräumen geschlossene Verträge und für Fernabsatzverträge über **Finanzdienstleistungen** gelten die besonderen Informationspflichten aus **§ 312d II BGB** iVm **Art. 246b § 1 I Nr. 1–4 EGBGB.** Eine vergleichbare Regelung enthält **Art. 247 § 3 I Nr. 1 EGBGB** für Verbraucherdarlehensverträge usw. – Die Vorschriften stellen vorvertragliche und vertragliche Informations- und Dokumentationspflichten zum Schutz der Verbraucher auf. Sie stellen **Marktverhaltensregelungen** iSd § 3a dar (vgl. BGH WRP 2017, 1074 – Werbeprospekt mit Bestellpostkarte I; BGH GRUR 2019, 961 Rn. 14 – Werbeprospekt mit Bestellpostkarte II), wobei die vorvertraglichen Informationspflichten vorrangig unter § 5a I, § 5b IV fallen (Doppelnatur → Rn. 1.18 f.; 1.24).

DL-InfoV. Nach § 2 I Nr. 1–6 DL-InfoV muss ein Dienstleistungserbringer vor Abschluss   **1.302** eines schriftlichen Vertrags, sonst vor Erbringung der Dienstleistung eine Reihe von sein Unternehmen betreffenden Informationen (Name, Anschrift, HR-Nummer, USt-Identifikationsnummer usw) zur Verfügung stellen. Er kann dies nach § 2 II DL-InfoV nach seiner Wahl in unterschiedlicher Weise tun. Auf Anfrage des Dienstleistungsempfängers hat er nach § 3 DL-InfoV weitergehende Informationen zur Verfügung stellen.

GenG. Nach § 25a GenG müssen Genossenschaften die Rechtsform, den Sitz, das Register-   **1.303** gericht und die Genossenschaftsregisternummer, darüber hinaus alle Vorstandsmitglieder und den Vorsitzenden des Aufsichtsrats angeben. Es gilt das zu § 35a GmbHG Gesagte entsprechend.

GewO. Nach § 56a IV Nr. 3 GewO (in Kraft ab 28.5.2022) muss der Veranstalter eines   **1.303a** **Wanderlagers** seinen Namen und seine Anschrift angeben sowie Angaben zur schnellen Kontaktaufnahme und unmittelbaren Kommunikation mit dem Veranstalter, einschließlich einer Telefonnummer und einer E-Mail-Adresse, machen.

GmbHG. Nach § 35a GmbHG sind auf **Geschäftsbriefen „gleichviel welcher Form"**   **1.304** (also auch E-Mails; dazu Glaus/Gabel BB 2007, 1744; Hoeren/Pfaff MMR 2007, 207) Angaben über die Rechtsform und den Sitz der Gesellschaft, das zuständige Registergericht und die Handelsregisternummer sowie alle Geschäftsführer und, falls vorhanden, der Vorsitzende des Aufsichtsrats mit dem Familiennamen und mindesten einem ausgeschriebenen Vornamen zu machen. Die Vorschrift soll den Geschäftspartnern einige wichtige Informationen vermitteln und ihnen die Einholung registergerichtlicher Informationen ermöglichen. Daher stellt sie eine Marktverhaltensregelung im Interesse der Marktteilnehmer dar. Allerdings ist ein Verstoß regelmäßig nicht geeignet, die Interessen der Mitbewerber, Verbraucher oder sonstigen Marktteilnehmer spürbar zu beeinträchtigen (so auch iErg OLG Brandenburg GRUR-RR 2008, 136; zu § 1 aF OLG Düsseldorf NJW-RR 2004, 41 (42)). Doch kommt es auf die Umstände des Einzelfalls an. Verstöße gegen § 35a GmbH können allerdings im Einzelfall den Tatbestand der Irreführung (§ 5 II Nr. 3, § 5a III Nr. 2) erfüllen und ggf. bürgerlich-rechtliche (§ 280 I, § 311 II; § 823 II BGB) und registerrechtliche Sanktionen (§ 79 I GmbHG: Zwangsgeld) auslösen.

Handelsgesetzbuch. Vgl. §§ 37a, 125a, 161, 177a HGB (ab dem 1.1.2024: §§ 125, 161 II,   **1.305** 177a HGB). Es gilt das zu § 35a GmbHG Gesagte entsprechend. – Vorschriften, nach denen bestimmte Tatsachen zum **Handelsregister** anzumelden sind (zB §§ 29, 31, 53, 106 HGB, ab dem 1.1.2024: § 106 HGB nF), dienen dem Schutz potenzieller Marktpartner und sind daher Marktverhaltensregelungen.

Kosmetikverordnung. Nach Art. 19 I lit. a VO (EG) Nr. 1223/2009 über kosmetische   **1.306** Mittel dürfen kosmetische Mittel nur auf dem Markt bereitgestellt werden, wenn die Behältnisse und Verpackungen kosmetischer Mittel unverwischbar, leicht lesbar und deutlich sichtbar (ua) den Namen oder die Firma und die Anschrift der verantwortlichen Person tragen. Da es sich um eine Informationsanforderung für kommerzielle Kommunikation handelt (§ 5b IV UWG) dürfte nunmehr § 5a einschlägig sein (→ Rn. 1.19).

1.307 **Landespressegesetze.** Die presserechtliche Impressumspflicht (vgl. zB Art. 7, 8 BayPresseG) dient der Durchsetzung zivilrechtlicher Individualansprüche (und der Sicherung der strafrechtlichen Verfolgung von Pressedelikten) und stellt daher eine Marktverhaltensregelung im Interesse anderer Marktteilnehmer dar (vgl. aber BGH GRUR 1989, 830 (832) – Impressumspflicht).

1.307a **ProdSG.** Nach § 6 I 1 Nr. 2 ist der Hersteller eines Produkts verpflichtet, seinen Namen und seine Kontaktanschrift anzugeben (dazu BGH GRUR 2017, 409 Rn. 17, 21, 26 – Motivkontaktlinsen).

1.308 **Medienstaatsvertrag (MStV).** Nach § 4 MStV haben **Rundfunkveranstalter** folgende Informationen im Rahmen ihres Gesamtangebots leicht, unmittelbar und ständig zugänglich zu machen: Nr. 1 Name und geografische Anschrift; Nr. 2 Angaben, die eine schnelle und unmittelbare Kontaktaufnahme und eine effiziente Kommunikation ermöglichen und Nr. 3 zuständige Aufsicht. Nach § 18 I MStV haben Anbieter von **Telemedien** folgende Informationen leicht erkennbar, unmittelbar erreichbar und ständig verfügbar zu halten: Nr. 1 Namen und Anschrift sowie Nr. 2 bei juristischen Personen auch Namen und Anschrift des Vertretungsberechtigten.

1.309 **Telemediengesetz (TMG)** v. 26.2.2007 (BGBl. 2007 I 179), zuletzt G v. 12.8.2021 (BGBl. 2021 I 3544).

Nach **§ 5 I TMG** haben Diensteanbieter für geschäftsmäßige Telemedien die folgenden Informationen leicht erkennbar, unmittelbar erreichbar und ständig verfügbar zu halten (→ § 5a Rn. 5.26a):

(Nr. 1) Namen und **Anschrift,** unter der sie niedergelassen sind; bei **juristischen Personen** zusätzlich die Rechtsform und den Vertretungsberechtigten. Allerdings hat die Verpflichtung aus § 5 I Nr. 1 TMG zur Angabe des **Vertretungsberechtigten** keine Grundlage im Unionsrecht, weder in Art. 4 und 5 RL 2000/31/EG noch in Art. 7 IV lit. b UGP-RL, und ist daher lauterkeitsrechtlich nicht nach § 3a durchsetzbar (KG WRP 2013, 109 Rn. 7–10; KG K&R 2016, 527 (528)).

(Nr. 2) Angaben, die eine schnelle **elektronische Kontaktaufnahme** und **unmittelbare Kommunikation** mit ihnen ermöglichen, einschließlich der Adresse der elektronischen Post (dazu EuGH K&R 2008, 670 – deutsche internet versicherung). Mit dieser Adresse ist die **E-Mail-Adresse** gemeint. Die Angabe einer Telefon- oder Faxnummer oder eines – mehrere einschränkende Vorgaben enthaltendes – „Online-Kontaktformulars" genügt daher nicht (KG WRP 2013, 1058 Rn. 21–30). Dem Nutzer muss neben der elektronischen Post ein weiterer gleichwertiger, nämlich schneller, unmittelbarer und effizienter zweiter Kommunikationsweg eröffnet werden. Das muss nicht zwingend die **Telefonnummer** sein, unter der er erreichbar ist (EuGH NJW 2008, 3553 Rn. 40 – deutsche internet versicherung). Vielmehr kann dies auch bspw. die Kommunikation über Telefax sein und grds. auch eine elektronische Anfragemaske sein, über die sich der Nutzer an den Diensteanbieter im Internet wenden kann und dieser mit elektronischer Post antwortet. Hat allerdings der Nutzer nach elektronischer Kontaktaufnahme keinen Zugang zum elektronischen Netz, muss der Diensteanbieter ihm auf sein Ersuchen hin den Zugang zu einem anderen, nichtelektronischen Kommunikationsweg ermöglichen (EuGH NJW 2008, 3553 Rn. 39 – deutsche internet versicherung). Nicht genügt die zusätzliche Angabe einer **Postadresse** (BGH GRUR 2016, 957 Rn. 16 – Mehrwertdienstenummer) oder einer **kostenpflichtigen Mehrwertdienstenummer** einschließlich einer mit dieser Nummer und deren Kosten identischer Telefaxnummer, weil dies keine effizienten Kommunikationswege sind (BGH GRUR 2016, 957 Rn. 21–25 – Mehrwertdienstenummer).

(Nr. 3) Angabe der **Aufsichtsbehörde** bei zulassungspflichtigen Tätigkeiten. Dazu LG Düsseldorf GRUR-RR 2014, 168; OLG Frankfurt WRP 2016, 902 Rn. 8; OLG Frankfurt WRP 2017, 718 Rn. 14.

(Nr. 4) das **Handelsregister,** in das sie eingetragen sind, und die entsprechende Registernummer. Dazu OLG Frankfurt WRP 2017, 718 Rn. 14.

(Nr. 5) Berufsrechtliche Angaben;

(Nr. 6) die Angabe der **Umsatzsteueridentifikationsnummer** (dazu LG München I GRUR-RR 2011, 75);

(Nr. 8) bei audiovisuellen Mediendiensteanbietern die Angabe des Mitgliedstaats, der für sie Sitzland ist oder als Sitzland gilt sowie der zuständigen Regulierungs- und Aufsichtsbehörden.

1.310 Diese Informationspflichten dienen dem Verbraucherschutz und der Transparenz von geschäftsmäßig erbrachten Telediensten (vgl. BGH GRUR 2007, 159 Rn. 15 – Anbieterkennzeichnung im Internet). Sie stellen nach der Rspr. daher **Marktverhaltensregelungen** iSd § 3a dar (BGH GRUR 2007, 159 Rn. 15 – Anbieterkennzeichnung im Internet; OLG Hamburg

WRP 2013, 1203 Rn. 40; OLG Düsseldorf WRP 2014, 88 Rn. 7); sie fallen jedoch im Verhältnis zu Verbrauchern in den Anwendungsbereich des **§ 5b IV** (→ Rn. 1.19) und damit der § 5a I– III, wie sich aus Art. 7 V UGP-RL iV Art. 5 und 6 RL 2000/31/EG ergibt. – Beim Internetauftritt eines Unternehmens ist die Anbieterkennzeichnung „leicht erkennbar" und „unmittelbar erreichbar", wenn sie über die Links „Kontakt" und „Impressum" feststellbar ist, auch wenn dafür zwei Schritte erforderlich sind (BGH GRUR 2007, 159 Rn. 16–23 – Anbieterkennzeichnung im Internet). Dagegen reicht es nicht aus, wenn der mit dem Begriff „Impressum" gekennzeichnete Link, über den die Anbieterangaben aufgerufen werden können, nur in kleiner Schrift und drucktechnisch nicht hervorgehoben am unteren Ende der Homepage platziert ist (OLG Frankfurt K&R 2009, 197 (199)). Ebenso wenig genügt ein mit „Info" gekennzeichneter Link (OLG Düsseldorf WRP 2014, 88 Rn. 7). Ist ein Unternehmer nicht Adressat solcher Informationspflichten, darf er darüber keine oder falsche Angaben machen (OLG Frankfurt WRP 2017, 718 Rn. 14 zu 000-Angaben). – Zur Haftung eines Plattformbetreibers für die Verletzung der Impressumspflichten eines Online-Anbieters vgl. → § 8 Rn. 2.28.

Nach **§ 6 I, II TMG** bestehen zusätzlich besondere Informationspflichten bei kommerziellen **1.310a** Kommunikationen. Diese sind ebenfalls Marktverhaltensregelungen (BGH GRUR 2021, 1414 Rn. 60 – Influencer II), wobei jedoch im Verhältnis zu Verbrauchern vorrangig § 5a I, IV iVm § 5b IV angewendet werden sollte.

Die Verpflichtung des Diensteanbieters aus **§ 13 I TMG,** den Nutzer zu Beginn des Nut- **1.310b** zungsvorgangs über Art, Umfang und Zweck der Erhebung und Verwendung personenbezogener Daten usw. zu unterrichten, stellt eine Marktverhaltensregelung zum Schutz auch der Mitbewerber und der Verbraucher dar (OLG Hamburg WRP 2013, 1203 Rn. 39 f.; OLG Köln WRP 2016, 885 Rn. 22–27; aA KG GRUR-RR 2012, 19). – Allerdings sind die Bestimmungen in § 13 I–III TMG wegen des Vorrangs der **DS-GVO** ab dem 25.5.2018 nicht mehr anwendbar (OLG Stuttgart WRP 2020, 509 Rn. 23– 27; OLG Hamburg BeckRS 2019, 39442). – **§ 13 VII TMG** ist keine Marktverhaltensregelung (OLG Hamburg WRP 2020, 499 Rn. 56 f.).

c) Vertragsbezogene Informationspflichten. aa) Allgemeines. Soweit das **Bürgerliche** **1.311** **Recht** vorvertragliche oder vertragliche Informationspflichten aufstellt, handelt es sich um **Marktverhaltensregelungen.** Eine unterbliebene, unzutreffende oder unzureichende Information ist nach § 3a unlauter, soweit das Verhalten geeignet ist, die Interessen der Verbraucher spürbar zu beeinträchtigen (vgl. BGH GRUR 2010, 1142 Rn. 22 – Holzhocker; BGH GRUR 2012, 188 Rn. 46 – Computer-Bild). Im Folgenden soll auf die wichtigsten Informationspflichten nach den §§ 312 ff. BGB hingewiesen werden, die infolge der Umsetzung der **Verbraucherrechte-RL 2011/83/EU** seit dem **13.6.2014** gelten (dazu Alexander WRP 2014, 501; Buchmann K&R 2014, 221, 293, 369, 453, 562, 621); Wendehorst NJW 2014, 577). Durch die Umsetzung der Änderungs-RL (EU) 2019/2161 sind sie **mit Wirkung zum 28.5.2022 teilweise geändert sowie insbesondere auf digitale Produkte angepasst** worden. Die RL 2011/83/EU bezweckt nach ihrem Art. 1 eine **„Angleichung … in Bezug auf Verträge".** Für die Durchsetzung dieser Informationspflichten und die Sanktionierung von Verstößen sehen Art. 23, 24 RL 2011/83/EU besondere Regelungen vor. Auf solche „Informationsanforderungen in Bezug auf das Vertragsrecht oder mit vertragsrechtlichen Auswirkungen" ist die UGP-RL nach Art. 3 II UGP-RL und ErwGr. 10 S. 3 UGP-RL nicht anwendbar. Daher sind in diesen Fällen die § 3 I, § 3a mit Blick auf die vertragsrechtlichen Folgen unabhängig davon anzuwenden, dass mit Blick auf **vorvertragliche Informationspflichten** gleichzeitig Art. 7 V UGP-RL und damit die **§ 3 I, § 5a I, § 5b IV** eingreifen können. Insoweit haben diese Pflichten eine **Doppelnatur.** Sie stellen sowohl „Informationsanforderungen in Bezug auf kommerzielle Kommunikation einschließlich Werbung und Marketing" als auch rvertragliche Informationspflichten dar (→ Rn. 1.24). – Mit Blick auf Art. 3 IV UGP-RL gehen die Regelungen der Art. 5–8 RL 2011/83/EU nach Art. 7 V UGP-RL den Informationsanforderungen im Fall der Aufforderung zum Kauf nach Art. 7 IV UGP-RL vor. Dementsprechend tritt § 5b I hinter § 5b IV zurück, soweit dieser Vorrang reicht (→ Rn. 1.19).

bb) Allgemeine Informationspflichten bei Verbraucherverträgen. Bei **Verbraucher-** **1.312** **verträgen** (§ 310 III BGB) gilt die allgemeine Informationspflicht nach **§ 312a I BGB** (Pflicht des Anrufers bei Beginn eines Telefonanrufs zwecks Vertragsschlusses seine Identität und den geschäftlichen Zweck des Anrufs offenzulegen). Ruft ein Mitarbeiter an, so muss er zwar die Identität des Unternehmers, nicht aber seine Identität angeben (BGH GRUR 2019, 950

Rn. 11–33 – Namensangabe); gibt er seinen Namen falsch an, stellt dies keinen Verstoß dar. Die Regelung gilt unabhängig davon, ob der Angerufene wirksam in den Anruf eingewilligt hat oder nicht. Im Übrigen gelten, sofern es sich nicht um die in § 312 II–VI BGB genannten Verträge sowie um außerhalb von Geschäftsräumen abgeschlossene Verträge, Fernabsatzverträge und Verträge über Finanzdienstleistungen handelt (§ 312a II 3 BGB), die **allgemeinen Informationspflichten nach § 312a II 1 BGB** iVm **Art. 246 I, III EGBGB.** Ua muss der Unternehmer den Verbraucher nach Art. 246 I Nr. 5 EGBGB über das Bestehen eines gesetzlichen Mängelhaftungsrechts für die Waren und ggf. das Bestehen und die Bedingungen von Kundendienstleistungen und Garantien informieren. Bei einer Herstellergarantie greift die Informationspflicht lediglich dann ein, wenn der Verbraucher ein berechtigtes Informationsinteresse mit Blick auf seine Entscheidung zum Vertragsschluss hat, was insbesondere dann der Fall ist, wenn der Unternehmer die Herstellergarantie zu einem zentralen oder entscheidenden Merkmal seines Angebots macht (vgl. EuGH GRUR 2022, 832 Rn. 24–53 – Victorinox; BGH GRUR 2022, 1832 – Herstellergarantie IV mAnm Rätze WRP 2023, 63; BGH GRUR 2021, 739 – Herstellergarantie III). Die betreffenden Informationen sind dem Verbraucher **vor** Abgabe von dessen Vertragserklärung (Angebot oder Annahme) in **klarer** und **verständlicher** Weise zur Verfügung zu stellen. Allerdings ist nach Art. 246 II EGBGB der Abs. 1 nicht anzuwenden auf **„Verträge, die Geschäfte des täglichen Lebens zum Gegenstand haben und bei Vertragsschluss sofort erfüllt werden".**

1.313   Beim **Verbrauchsgüterkauf** (§ 474 BGB) muss eine **Garantieerklärung** nach (jetzt) **§ 479 I 2 BGB** bestimmte Informationen enthalten. Diese Vorschrift stellt eine Marktverhaltensregelung zum Schutz insbes. der Verbraucher iSd § 3a dar (BGH GRUR 2011, 638 Rn. 22 – Werbung mit Garantie; BGH GRUR 2013, 851 Rn. 9 – Herstellergarantie II). Unter den Begriff der Garantieerklärung fallen nur Willenserklärungen, die zum **Abschluss eines Kaufvertrags** (unselbständige Garantie) oder eines eigenständigen Garantievertrags (zB mit dem Hersteller) führen (BGH GRUR 2013, 851 Rn. 10 – Herstellergarantie II). **Nicht erfasst** wird eine **Werbung,** mit der eine Garantie im Zusammenhang mit Verkaufsangeboten noch nicht verbindlich versprochen wird, sondern die den Verbraucher – wie zB im Internet – lediglich zur Bestellung auffordert. Daher müssen die in § 477 I 2 BGB geforderten Angaben nicht bereits in der Werbung gemacht werden (BGH GRUR 2011, 638 Rn. 24–32 – Werbung mit Garantie; BGH GRUR 2012, 730 Rn. 42 – Bauheizgerät). Vor irreführenden Garantieankündigungen sind die Verbraucher bereits nach § 5 I 2 Nr. 7, § 5a II, III Nr. 4 geschützt (BGH GRUR 2011, 638 Rn. 30 – Werbung mit Garantie).

1.314   **cc) Informationspflichten bei außerhalb von Geschäftsräumen geschlossenen Verträgen und Fernabsatzverträgen. (1) Allgemeines.** Bei **außerhalb von Geschäftsräumen geschlossenen Verträgen** (iSv § 312b BGB; dazu BGH GRUR 2017, 934 – Grüne Woche II) und bei **Fernabsatzverträgen** (iSv § 312c BGB) gelten nach § 312d I BGB die Informationspflichten aus Art. 246a EGBGB. Betreffen diese Verträge **Finanzdienstleistungen,** gelten insoweit die Informationspflichten nach **Art. 246b EGBGB.**

1.315   **(2) Inhalt der Information nach Art. 246a EGBGB.** In **Art. 246a § 1 I EGBGB** sind die einzelnen Informationspflichten nach § 312d I BGB aufgelistet, die teilweise dem § 5b I (§ 5a III aF) entsprechen (KG WRP 2015, 1535 Rn. 6), teilweise aber weit über die Anforderungen des § 5b I hinausgehen. Nach **§ 1 I Nr. 1** muss der Unternehmer die **wesentlichen Eigenschaften** der Ware oder Dienstleistung in dem für das Kommunikationsmittel und für die Waren und Dienstleistungen angemessenen Umfang angeben (dazu OLG München WRP 2019, 502 Rn. 20 f.). Bei einem Verbrauchervertrag im elektronischen Geschäftsverkehr muss nach § 312j II BGB diese Information, unmittelbar bevor der Verbraucher seine Bestellung abgibt, klar und verständlich in hervorgehobener Weise zur Verfügung gestellt werden (dazu OLG München WRP 2019, 502 Rn. 14–19). Nach **§ 1 I Nr. 2, 3** muss der Unternehmer über seine Identität sowie die Anschrift des Ortes, an dem er niedergelassen ist, seine **Telefonnummer** und **gegebenenfalls seine Telefaxnummer und E-Mail-Adresse** informieren. Diese Bestimmung ist iVm § 4 I richtlinienkonform am Maßstab des Art. 6 I lit. c VRRL dahin auszulegen, dass der Unternehmer nicht stets eine Telefonnummer angeben muss, er vielmehr nur dann zur Übermittlung der Telefon- oder Telefaxnummer oder seiner E-Mail-Adresse verpflichtet ist, wenn er über diese Kommunikationsmittel mit den Verbrauchern bereits verfügt und diese nicht allein zu anderen Zwecken als dem Kontakt mit den Verbrauchern verwendet. Er ist auch nicht verpflichtet, solche Kommunikationsmittel neu einzurichten, damit Verbraucher mit ihm in Kontakt treten können, sondern kann auch andere Kommunikationsmittel (zB elektronisches

Kontaktformular) verwenden, sofern sie es dem Verbraucher ermöglichen, auf diese Weise schnell mit ihm in Kontakt zu treten und effizient mit ihm zu kommunizieren (EuGH GRUR 2019, 958 Rn. 35–52 –Amazon EU). – Für die Angabe eines **„Liefertermins" nach § 1 I Nr. 10** sollte die Angabe einer Lieferfrist genügen (GA-Ausschuss WRP 2014, 1041), nicht jedoch die Angabe „bald" (OLG München GRUR-RR 2019, 31 Rn. 41). Nach **§ 1 I Nr. 12** muss der Unternehmer den Verbraucher über das Bestehen und die Bedingungen einer **Garantie** (iSd Art. 2 Nr. 14 VRRL und des § 479 BGB) informieren (dazu OLG Hamm WRP 2020, 507 Rn. 14–19; Buchmann/Großbach K&R 2020, 259). Allerdings gilt dies nicht, wenn der Unternehmer weder in einem Angebot noch in sonstiger Weise vor der Abgabe der Erklärung des Verbrauchers eine Herstellergarantie erwähnt hat (OLG Celle WRP 2020, 751 Rn. 51–68; aA Buchmann/Großbach K&R 2020, 259 (263)) – In Art. 246a §§ 2 und 3 EGBGB sind Erleichterungen der Informationspflichten bei Reparatur- und Instandhaltungsarbeiten sowie bei begrenzter Darstellungsmöglichkeit eingeräumt.

Besondere Informationspflichten bestehen im Zusammenhang mit dem **Widerrufsrecht** nach   **1.316** § 312g I BGB (dazu Becker/Rätze WRP 2019, 429). Nach **Art. 246a § 1 II Nr. 1 EGBGB** muss der Unternehmer über die **Bedingungen,** die **Fristen** und das **Verfahren** für die Ausübung des Widerrufsrechts nach § 355 I BGB sowie das **Muster-Widerrufsformular** in der Anlage 2 informieren; ferner nach **Nr. 2** ggf. darüber, dass der Verbraucher im Widerrufsfall und bei Fernabsatzverträgen über nicht paketfähige Waren („Speditionsware") die Kosten für die Rücksendung der Waren zu tragen hat (dazu OLG Köln WRP 2021, 941 Rn. 23), und nach **Nr. 3** über die auch im Widerrufsfall bestehende Zahlungspflicht bei bestimmten Verträgen. Allerdings kann der Unternehmer diese Informationspflichten nach Art. 246a § 1 II 2 EGBGB dadurch erfüllen, dass er das in **Anlage 1** vorgesehene **Formular für die Widerrufsbelehrung** zutreffend ausgefüllt in Textform (§ 126b BGB) übermittelt. In dieser Belehrung ist auch eine bereits vorhandene Servicetelefonnummer anzugeben (OLG Schleswig WRP 2019, 504 Rn. 22–28). Zur Frage, ob eine Telefonnummer auch dann „verfügbar" ist, wenn der Unternehmer sie in seinem Internetauftritt angibt, sie aber nicht für den Abschluss von Fernabsatzverträgen verwendet, vgl. BGH GRUR 2019, 744 – Verfügbare Telefonnummer I [Vorlagebeschluss]; EuGH GRUR 2021, 753 – EIS; BGH GRUR 2021, 81 – Verfügbare Telefonnummer II. – Nach **Art. 246a § 1 III EGBGB** muss der Unternehmer den Verbraucher auch darüber informieren, wenn dem Verbraucher nach bestimmten Vorschriften kein Widerrufsrecht zusteht oder sein zunächst bestehendes Widerrufsrecht verliert (vgl. BGH GRUR 2012, 188 Rn. 41 – Computer-Bild). – Nach **Art. 246a § 3 S. 1 Nr. 4 EGBGB aF** musste der Unternehmer bei **begrenzter Darstellungsmöglichkeit** des gewählten Fernkommunikationsmittels auf „das Bestehen eines Widerrufsrechts" hinweisen. Diese Regelung entsprach allerdings nicht den Anforderungen der zugrundeliegenden Art. 6 I lit. h, 8 Abs. 4 RL 2001/83/EU in der Auslegung durch den EuGH. Danach muss nämlich der Unternehmer den Verbraucher über das jeweilige Fernkommunikationsmittel vor dem Abschluss des Vertrags über die Bedingungen, Fristen und Verfahren für die Ausübung dieses Rechts informieren; (lediglich) das Muster-Widerrufsformular muss er auf andere Weise in klarer und verständlicher Weise zur Verfügung stellen (zu Einzelheiten vgl. EuGH GRUR 2019, 296– Walbusch Walter Busch; BGH GRUR 2019, 961 – Werbeprospekt mit Bestellpostkarte II). Die Vorschrift ist zum 28.5.2022 entsprechend angepasst worden.

(3) Formale Anforderungen an die Informationen nach Art. 246a EGBGB. In   **1.317** Art. 246a § 4 EGBGB sind die formalen Anforderungen an die Erfüllung der Informationspflichten nach den §§ 1–3 festgelegt. Allgemein gilt, dass die Informationen dem Verbraucher **vor** Abgabe von dessen Vertragserklärung in **klarer** und **verständlicher** Weise zur Verfügung zu stellen sind (Art. 246a § 4 I EGBGB). Darauf, ob es zum Abschluss eines Vertrages gekommen ist, kommt es nicht an. **„Vor"** Abgabe ist zeitlich, nicht räumlich zu verstehen. Die Information muss daher zwar in einem unmittelbaren räumlichen Zusammenhang mit der Schaltfläche, über die der Verbraucher seine Vertragserklärung abgibt, aber nicht oberhalb von ihr bereitgestellt werden (OLG Köln WRP 2015, 1123); zweckmäßigerweise erfolgt dies durch einen Link „Widerrufsrecht" mit entsprechender Widerrufsbelehrung und dem Widerrufsformular (Buchmann K&R 2016, 644 (645)). – Bei **außerhalb von Geschäftsräumen geschlossenen Verträgen** (§ 312b BGB) sind die Informationen lesbar auf **Papier** oder, wenn der Verbraucher zustimmt, auf einem anderen **dauerhaften Datenträger** (§ 126b S. 2 BGB, insbes. Papier oder E-Mail) zur Verfügung zu stellen (Art. 246a § 4 II 1 und 2 EGBGB; dazu OLG Düsseldorf WRP 2016, 739). Bei **Fernabsatzverträgen** (§ 312c BGB) sind die Informationen in einer den benutzten Fernkommunikationsmitteln (§ 312c II BGB) angepassten Weise zur Verfügung zu stellen (Art. 246a § 4 III EGBGB; dazu EuGH GRUR 2019, 961 – Walbusch Walter Busch).

1.318 Unzulässig wegen Verstoßes gegen das Deutlichkeitsgebot des Art. 246a § 4 I EGBGB sind Zusätze zur Widerrufsbelehrung, die einen eigenen Inhalt aufweisen und weder für das Verständnis noch für die Wirksamkeit der Widerrufsbelehrung von Bedeutung sind und die deshalb von ihr ablenken (vgl. BGH GRUR 2002, 1085 (1086 ff.) – Belehrungszusatz zu § 355 II BGB aF) oder sie verunklaren (OLG Hamm GRUR-RR 2010, 216). Dies wurde beispielsweise für den Zusatz angenommen, der Lauf der Widerrufsfrist beginne „nicht jedoch, bevor die auf Abschluss des Vertrags gerichtete Willenserklärung vom Auftraggeber abgegeben wurde" (BGH GRUR 2002, 1085 (1086 ff.) – Belehrungszusatz). – Kein Verstoß gegen das Deutlichkeitsgebot liegt jedoch vor, wenn die Widerrufsbelehrung mit dem Satz eingeleitet wird: „Verbraucher haben das folgende Widerrufsrecht" (BGH GRUR 2012, 643 Rn. 21–29 – Überschrift zur Widerrufsbelehrung). Der Unternehmer braucht auch nicht zu prüfen, ob die Adressaten der Widerrufsbelehrung Verbraucher oder Unternehmer sind. Hält sich ein Kunde irrtümlich nicht für einen Verbraucher und damit für nicht widerrufsberechtigt, hat der Unternehmer dafür nicht einzustehen (BGH GRUR 2012, 643 Rn. 27 – Überschrift zur Widerrufsbelehrung). – Bietet ein Unternehmer Waren bei eBay mit der Erklärung an, er verkaufe nur an Gewerbetreibende, trifft ihn gleichwohl die Pflicht zur Widerrufsbelehrung, wenn auf Grund der Umstände von Käufen durch Verbraucher in erheblichem Umfang auszugehen ist. Er muss dann durch geeignete Kontrollmaßnahmen sicherstellen, dass tatsächlich nur Gewerbetreibende kaufen können (OLG Hamm WRP 2012, 343 Rn. 25).

1.319 **dd) Sonstige Informations- und Verhaltenspflichten. (1) Verträge im elektronischen Geschäftsverkehr.** Bei Verträgen **im elektronischen Geschäftsverkehr** gelten zusätzlich die Informationspflichten nach § 312i, 312j BGB iVm **Art. 246c EGBGB** (OLG Frankfurt WRP 2021, 797 Rn. 36, 38; LG Frankfurt WRP 2021, 548 Rn. 36). Zur sog **„Button-Lösung"** („zahlungspflichtig bestellen") vgl. **§ 312j II, III BGB** (Alexander NJW 2012, 1985 (1989); OLG Hamm WRP 2014, 330 Rn. 31–35; OLG Köln WRP 2016, 497 Rn. 24–29; OLG Köln WRP 2017, 225; OLG München GRUR-RR 2019, 265; OLG München WRP 2019, 1067; KG GRUR-RR 2020, 273 Rn. 15–41).

1.319a **(1a) Allgemeine Informationspflichten für Betreiber von Online-Marktplätzen.** Für diese gelten die Informationspflichten nach Art. 246d § 1 und § 2 EGBGB.

1.320 **(2) Verbraucherdarlehensverträge, entgeltliche Finanzierungshilfen und Darlehensvermittlungsverträge.** Es gelten die Informationspflichten nach Art. 247 §§ 1–17 EGBGB und Art. 247 §§ 1–2 EGBGB.

1.321 **(3) Dienstleistungsverträge.** Zur **DL-InfoV** vgl. die gesonderte Kommentierung. Nach § 2 I Nr. 7–11 DL-InfoV muss ein Dienstleistungserbringer vor Abschluss eines schriftlichen Vertrags, sonst vor Erbringung der Dienstleistung eine Reihe von den Vertragsinhalt betreffenden Informationen (verwendete AGB, Rechtswahl- und Gerichtsstandklauseln, Garantien, wesentliche Merkmale der Dienstleistung, Angabe zu einer bestehenden Berufshaftpflichtversicherung) zur Verfügung stellen. Er kann dies nach § 2 II DL-InfoV nach seiner Wahl in unterschiedlicher Weise tun. Auf Anfrage des Dienstleistungsempfängers hat er nach § 3 DL-InfoV weitergehende Informationen zur Verfügung stellen.

1.322 **(4) Reiseverträge.** Die **§§ 4–11 BGB-InfoV** sind am **1.7.2018** (Art. 7 G v. 17.7.2017, BGBl. 2017 I 2397) außer Kraft getreten. – **Ab dem 1.7.2018** gelten die Neuregelungen des Reiserechts in den § 312 VII BGB, §§ 312g, 651a–651y BGB und in Art. 250–253 EGBGB. – Ein Reiseveranstalter handelt unlauter, wenn er von Kunden entgegen § 651k IV BGB ohne Übergabe eines **Sicherungsscheins** oder entgegen § 651k V BGB iVm § 651k IV BGB aF (jetzt § 651t BGB) ohne Nachweis einer Sicherungsleistung Zahlungen auf den Reisepreis fordert oder annimmt (vgl. zum alten Recht BGH GRUR 2000, 731 (733) – Sicherungsschein; LG München I WRP 2007, 692; LG Freiburg WRP 2011, 786 (788)). Das gilt auch für den Fall, dass für die Einlösung einer „Gewinnreise" eine Buchungsgebühr verlangt wird (LG Osnabrück WRP 2008, 385). Ebenso ist es unlauter, wenn ein Reiseveranstalter seine Kunden entgegen § 651a IV BGB aF (jetzt § 651f I BGB) daran hindert, die Berechtigung einer Preiserhöhung zu überprüfen, indem er bei entsprechenden Vorbehalten erklärt, die kompletten

Reiseunterlagen nur bei vollständiger Zahlung des Reisepreises herauszugeben und den Vorbehalt nicht zu akzeptieren (OLG Frankfurt GRUR 2002, 727 (729)).

(5) Erbringung von Zahlungsdienstleistungen. Dazu enthält Art. 248 §§ 1–19 EGBGB **1.323** eine Reihe von Informationspflichten.

(6) Spielverträge. Unter § 3a fällt auch die Pflicht gewerblicher Spielevermittler, die Spieler **1.324** vor Vertragsschluss auf den für die Spielteilnahme an den Veranstalter weiterzuleitenden Betrag hinzuweisen (§ 19 Nr. 1 S. 2 GlüStV; zur Vorgängervorschrift vgl. OLG Düsseldorf GRUR 2006, 779 (780 f.)).

(7) Energielieferungsverträge. Unter § 3a fallen grds. auch die Pflichten des Energieliefe- **1.325** ranten hinsichtlich der Ausgestaltung der Strom- und Gasrechnungen nach § 40 I, II, III und IV EnWG (OLG Köln WRP 2020, 1613 Rn. 13–20), hinsichtlich der Kennzeichnungspflichten nach § 42 EnWG, und der Pflicht zur unverzüglichen Rückerstattung überzahlter Abschlagbei- träge nach § 13 III StromGVV (OLG Köln WRP 2020, 925). Im Verhältnis zu **Verbrauchern** soll dies jedoch nur gelten, soweit diese Pflichten ihre Grundlage in der RL 2009/72/EG haben (dazu OLG Frankfurt GRUR-Prax 2012, 17; Alexander WRP 2012, 660 (665 f.) – allerdings mit zw. Begründung, weil es sich nicht um Informationsanforderungen in Bezug auf kommer- zielle Kommunikation nach Art. 7 V RL 2005/29/EG, sondern innerhalb bestehender Verträge handeln dürfte). – Auch das für den Grundversorger geltende Gleichbehandlungsgebot (§ 36 EnWG) ist eine Marktverhaltensregelung (LG Frankfurt/Main ZNER 2022, 494).

(8) Informationspflichten nach den §§ 36, 37 VSBG. Nach den §§ 36, 37 VSBG (Ver- **1.325a** braucherstreitbeilegungsgesetz) – in Kraft ab dem 1.2.2017 – treffen den Unternehmer, der eine Webseite unterhält oder AGB verwendet, bestimmte Informationspflichten in Bezug auf die Streitbeilegung vor einer Verbraucherschlichtungsstelle (→ § 2 UKlaG Rn. 15; BGH WRP 2019, 1478; KG BeckRS 2019, 5299). Unionsrechtliche Grundlage ist die RL 2013/11/EU über alternative Streitbeilegung in Verbraucherangelegenheiten. Zur Auslegung des Art. 3 I, II und Art. 6 I lit. t RL 2013/11/EU und damit des § 36 VSBG vgl. EuGH WRP 2020, 1289 Rn. 23 ff. – Bundesverband der Verbraucherzentralen und Verbraucherverbände. Die §§ 2 II, 36, 37 VSBG sind Verbraucherschutzgesetze (§ 2 II Nr. 12 UKlaG).

(9) Informationspflichten nach Art. 14 VO (EU) 524/2013 (ODR-Verordnung). Die **1.325b** **VO (EU) 524/2013** über **Online-Streitbeilegung in Verbraucherangelegenheiten** v. 21.5.2013 (ABl. 2013 L 165, 1 v. 18.6.2013) gilt ab dem 9.1.2016. Sie regelt in Art. 14 I Informationspflichten von Unternehmern, die **Online-Kaufverträge** oder **Online-Dienstver- träge** eingehen, und von Online-Marktplätzen in der Union gegenüber Verbrauchern. Zum Begriff des **Online-Kaufs** vgl. Art. 4 I lit. e ODR-VO. Hierfür reichen nach Wortlaut sowie Sinn und Zweck der Regelung eine Aufforderung zur Abgabe eines Kaufangebots auf einer Internetseite und die auf elektronischem Weg übermittelte verbindliche Bestellung durch den Verbraucher aus (OLG Hamburg GRUR-RR 2019, 16 Rn. 19–22; OLG Frankfurt GRUR- RR 2019, 287 Rn. 16). Zu diesen Pflichten gehört u. a. die Pflicht, auf den Webseiten einen leicht zugänglichen **Link** zur OS-Plattform (http://ec.europa.eu/consumers/odr/) einzurichten und die E-Mail-Adresse anzugeben (dazu Vierkötter K&R 2017, 217). Sie gilt nicht nur für Unternehmer, die eine eigene Webseite betreiben, sondern auch für Unternehmer, die sich einer Verkaufsplattform, wie zB eBay, bedienen (OLG Hamm WRP 2017, 1240; OLG Koblenz GRUR-RR 2017, 147; aA OLG Dresden GRUR-RR 2017, 146). – Die bloße textliche Angabe der Internetadresse (URL) stellt noch keinen Link iSd Art. 14 I 1 dar (OLG Hamburg WRP 2018, 859 Rn. 18). – Die Informationspflicht nach § 14 I 1 stellt zwar auch eine Markt- verhaltensregelung iSd § 3a dar. Da es sich jedoch um eine wesentliche Information iSd **§ 5b IV** handelt, hat § 5a I Vorrang vor § 3a (allg. BGHZ 233, 193 = GRUR 2022, 930 Rn. 23 – Knuspermüsli II; so früher bereits OLG Frankfurt GRUR-RR 2019, 287 Rn. 20; OLG Frank- furt GRUR-RR 2022, 326 Rn. 21, 33). Jedoch ist Art. 14 ist zugleich ein Verbraucherschutz- gesetz (§ 2 II Nr. 12 UKlaG).

(10) Versicherungsrecht. Beratungs- und Befragungspflicht eines Versicherungsvermittlers **1.325c** nach § 61 I 1 VVG (OLG München GRUR-RR 2018, 108 Rn. 32–49). – Mitteilungspflichten eines Versicherungsvermittlers nach § 11 I VersVermV (BGH GRUR 2014, 398 Rn. 33 – Online-Versicherungsvermittlung; OLG München GRUR-RR 2018, 108 Rn. 56).

1.325d   **(11) Informationspflichten nach § 52 Abs. 4 TKG iVm § 1 TK-Transparenz-VO.**
Nach § 52 IV TKG (§ 45n TKG aF) iVm § 1 II Nr. 7 TK-TransparenzVO v. 19.12.2016
(BGBl. 2016 I 2977), zuletzt geändert durch G. v. 23.6.2021 (BGBl. 2021 I 1858), müssen
Anbieter eines öffentlich zugänglichen Telekommunikationsdienstes, die über einen Zugang zu
einem öffentlichen Telekommunikationsnetz Internetzugangsdienste anbieten, in einem Pro-
duktinformationsblatt Verbrauchern bestimmte vertragsbezogene Angaben machen. Ein Verstoß
gegen diese Pflichten kann auch darin liegen, dass der Anbieter darüberhinausgehende Angaben
macht, weil dadurch die Vergleichbarkeit der Angebote und damit die Interessen der Verbraucher spürbar beeinträchtigt werden (OLG Köln WRP 2021, 806 Rn. 15–19).

V. Sonstige Regelungen

1. Strafrecht

Schrifttum: Pfuhl, Von erlaubter Verkaufsförderung und strafbarer Korruption, 2010.

1.326   **a) Straftatbestände im UWG und StGB.** Die einzigen im **UWG** noch geregelten Straftatbestände, nämlich § 16 I (strafbare irreführende Werbung) und § 16 II (strafbare progressive
Kundenwerbung), stellen Marktverhaltensregelungen iSd § 3a dar. Die Straftatbestände der
§§ 17–19 wurden zeitgleich mit dem Inkrafttreten des **GeschGehG** am 26.4.2019 aufgehoben.
Sie sind zwar auf Handlungen vor diesem Zeitpunkt weiterhin anzuwenden, aber ab dem
Zeitpunkt des Ablaufs der Frist zur Umsetzung der RL 2016/943/EU am 9.6.2018 nur noch in
richtlinienkonformer Auslegung. An ihre Stelle ist der Straftatbestand des § 23 GeschGehG
getreten, der an die zivilrechtlichen Tatbestände dieses Gesetzes anknüpft, so dass ein Rückgriff
auf § 3a und § 3 I ausscheidet. – Bei den im **StGB** geregelten Straftatbeständen ist jeweils im
Einzelfall zu prüfen, ob es sich dabei um Marktverhaltensregelungen iSd § 3a handelt.

1.327   **b) Straftaten gegen den Wettbewerb (§§ 298–302 StGB). aa) Wettbewerbsbeschränkende Absprachen bei Ausschreibungen.** § 298 StGB stellt die Abgabe eines auf einer
rechtswidrigen Absprache beruhenden Angebots bei einer Ausschreibung mit dem Ziel, den
Veranstalter zur Annahme eines bestimmten Angebots zu veranlassen, unter Strafe. Die Vorschrift stellt eine Marktverhaltensregelung zum Schutz des Veranstalters der Ausschreibung als
Nachfrager von Waren oder Dienstleistungen und damit als sonstigen Marktteilnehmer dar und
erfüllt daher die Voraussetzungen des § 3a.

1.328   **bb) Bestechlichkeit und Bestechung.** § 299 StGB regelt die Bestechlichkeit und die
Bestechung im geschäftlichen Verkehr (dazu Brand/Wostry WRP 2008, 637; Pfuhl S. 132 ff.;
Weitnauer NJW 2010, 2560). Die Vorschrift (bis 1997 in § 12 UWG 1909 enthalten) stellt eine
Marktverhaltensregelung zum Schutz des Unternehmers in seiner Eigenschaft als Nachfrager von
Waren oder Dienstleistungen dar und erfüllt daher die Voraussetzungen des § 3a. Daneben kann
die Bestechung auch den Tatbestand des § 4a erfüllen, weil die Beeinflussung des Verhaltens
eines entscheidungsbefugten Mitarbeiters zugleich die Entscheidungsfreiheit des Geschäftsherrn
durch unzulässige Beeinflussung erheblich beeinträchtigt. – Die durch G v. 30.5.2016
(BGBl. 2016 I 1254) eingeführten **§ 299a StGB** und **§ 299b** StGB regeln die Bestechlichkeit
und Bestechung im Gesundheitswesen mit Bezug auf Angehörige der Heilberufe (dazu Krüger
NZWiSt 2017, 129; Pfuhl/Rauer PharmR 2016, 357; Dann/Scholz NJW 2016, 2077). Für sie
gilt das oben Gesagte entsprechend.

**c) Unerlaubte Veranstaltung von Glücksspielen (§ 284 StGB), Lotterien und Ausspie-
lungen (§ 287 StGB)**

Schrifttum: Hecker, Quo vadis Glücksspielstaatsvertrag, WRP 2012, 523; Pagenkopf, Der Glücksspielstaatsvertrag 2021, NJW 2021, 2152; Ruttig, Gewinnspiel oder Glücksspiel – Machen 50 Cent den Unterschied?, WRP 2011, 174.

1.329   **aa) Begriffe. (1) Glücksspiel.** Ein **Glücksspiel** liegt nach der Definition in § 3 I 1 GlüStV
vor, **„wenn im Rahmen eines Spiels für den Erwerb einer Gewinnchance ein Entgelt
verlangt wird und die Entscheidung über den Gewinn ganz oder überwiegend vom
Zufall abhängt“.** Die Entscheidung über Gewinn und Verlust darf nach den Spielbedingungen
und den Verhältnissen, unter denen sie gewöhnlich betrieben werden, nicht wesentlich von den
Fähigkeiten, Kenntnissen und der Aufmerksamkeit der durchschnittlichen Spieler abhängen,
sondern jedenfalls hauptsächlich von dem ihrer Einwirkung entzogenen Zufall und bei dem die

Spieler nicht nur unerhebliche Einsätze leisten (BGH GRUR 2002, 636 – Sportwetten; BGH JZ 2003, 858 mit Anm. Wohlers; Bolay MMR 2009, 669). Wann der Gewinn **ganz oder überwiegend vom Zufall** abhängig ist, ist streitig. Keinesfalls braucht der Erfolg ausschließlich vom Zufall abhängig zu sein. Ist der Kausalverlauf teils beeinflussbar (erkennbar), teils nicht beeinflussbar (nicht erkennbar), so kommt es darauf an, ob die Zufallstatsachen überwiegen. Maßgebend sind dabei die durchschnittlichen Fähigkeiten eines Spielers; daher ist unerheblich, ob professionelle Spieler oder geübte Amateure ihre Erfolgschancen steigern können (BGH GRUR 2012, 201 Rn. 81 – Poker im Internet). – Im Unterschied zum bloßen **Gewinnspiel** ist Voraussetzung für ein Glücksspiel, dass die Aussicht auf einen Gewinn durch Leistung eines geldwerten **Einsatzes** erlangt wird (BGH GRUR 2012, 193 Rn. 67 f. – Sportwetten im Internet II; Art. 3 III lit. c RL 2011/83/EU). Als Einsatz ist jede nicht unbeträchtliche Leistung anzusehen, die in der Hoffnung erbracht wird, im Falle eines „Gewinns" eine gleiche oder höherwertige Leistung zu erhalten, und in der Befürchtung, dass sie im Falle des „Verlierens" dem Gegenspieler oder dem Veranstalter anheimfällt (BGH NJW 1987, 851 (852)). Teilnahmeentgelte von höchstens 0,50 Euro sind glücksspielrechtlich unerheblich (BGH GRUR 2012, 201 Rn. 66 – Poker im Internet).

Beispiele: Eine Kettenbriefaktion ist mangels Einsatzes kein Glücksspiel iSd § 284 StGB und daher auch keine strafbare Lotterie, da beim entgeltlichen Erwerb eines Kettenbriefes nur an den Verkäufer ein in jedem Fall verlorener Betrag gezahlt wird, der mit dem eigentlichen Spiel nichts zu tun hat (BGH NJW 1987, 851, 852; Granderath wistra 1988, 173, 174). Als Glücksspiel ist dagegen die Veranstaltung von **Sportwetten** anzusehen (BGH GRUR 2002, 636 – Sportwetten; zu den verfassungsrechtlichen Grenzen des staatlichen Sportwettenmonopols vgl. BVerfG NVwZ 2008, 1338; zu den unionsrechtlichen Grenzen nach Art. 56 AEUV vgl. EuGH NVwZ 2010, 1422 – Carmen Media Group; EuGH GRUR 2014, 876 – Digibet; BGH GRUR 2012, 193 – Sportwetten im Internet II). Bei Veranstaltungen im Interesse des Warenabsatzes liegt ein genehmigungspflichtiges Glücksspiel vor, wenn die Teilnehmer einen verdeckten Einsatz leisten müssen, etwa in Gestalt des Eintrittspreises für eine Veranstaltung. Dagegen reicht es nicht aus, dass die Teilnahme vom Erwerb einer Ware oder Dienstleistung abhängig gemacht wird. Stets liegt ein genehmigungsfreies Gewinnspiel vor, wenn jedermann – auch ohne Einkauf und damit auch ohne versteckten Einsatz – mit gleichen Chancen daran teilnehmen kann. | **1.330**

(2) Lotterie und Ausspielung. Die Lotterie ist eine **Unterart** des Glücksspiels. Sie liegt vor, | **1.331**
wenn einer Mehrzahl von Personen die Möglichkeit eröffnet wird, nach einem bestimmten Plan gegen ein bestimmtes Entgelt die Chance auf einen Geldgewinn zu erlangen (§ 3 III 1 GlüStV). Die **Ausspielung** unterscheidet sich von der Lotterie nur dadurch, dass anstelle von Geld Sachen oder andere geldwerter Vorteile gewonnen werden können (§ 3 III 2 GlüStV). **Glückslose** stellen als solche keinen Sachwert dar; für die Einordnung der Veranstaltung kommt es darauf an, ob sie einen Anspruch auf eine Geld- oder Sachleistung anderer Art verbrieft.

bb) Lauterkeitsrechtliche Beurteilung. Die **ungenehmigte Veranstaltung** von Glücks- | **1.332**
spielen, öffentlichen Lotterien und Ausspielungen und die **Werbung** hierfür ist strafbar nach den **§§ 284, 287 StGB.** Eine Veranstaltung liegt vor, wenn entsprechende Spielverträge angeboten werden (BGH GRUR 2002, 636 – Sportwetten). Die entgeltliche Weitergabe des Tipps eines Kunden an eine Lottogesellschaft reicht dafür nicht aus (OLG Köln GRUR-RR 2005, 92). Bei den Straftatbeständen der §§ 284, 287 StGB handelt es sich um keine bloßen Marktzutrittsregelungen, sondern um Regelungen des **Marktverhaltens** zum Schutz auch und gerade der Verbraucher (vgl. BGH GRUR 2002, 269 – Sportwetten-Genehmigung; BGH GRUR 2002, 636 (637) – Sportwetten; BGH JZ 2003, 858 mit Anm. Wohlers; BGH GRUR 2004, 693 (695) – Schöner Wetten; OLG München NJWE-WettbR 2000, 10; OLG Köln GRUR 2000, 538). Denn der Erlaubnisvorbehalt dient vornehmlich der Abwehr von Gefahren des Glücksspiels für die Verbraucher (Spielsucht, Vermögensverlust), weil er eine staatliche Kontrolle eines ordnungsmäßigen Spielablaufs gewährleistet (vgl. BVerwG NJW 2001, 2648). Verstöße gegen diese Vorschriften sind daher zugleich nach § 3a unlauter. Vom Fehlen einer **behördlichen Erlaubnis** ist an sich auch dann auszugehen, wenn sie rechtswidrig versagt worden sein sollte (BVerfGE 102, 197 = NVwZ 2001, 790; BGH GRUR 2002, 636 (637) – Sportwetten; BGH NJW 2020, 2282 Rn. 19). Allerdings waren die § 3 I, § 4 Nr. 11 UWG 2008 iVm § 284, 287 StGB auf das **private** Anbieten oder Vermitteln von Sportwetten, Lotterien und Kasinospielen ohne behördliche Erlaubnis aus verfassungsrechtlichen (Art. 12 GG) und unionsrechtlichen (Art. 49, 56 AEUV) Gründen im Zeitraum bis zum Inkrafttreten des Glücksspielstaatsvertrags am 1.1.2008 nicht anzuwenden (vgl. BGH GRUR 2011, 169 Rn. 24 ff. – Lotterien und Kasinospiele mit Nachw. zur Rspr. des BVerfG und des EuGH).

–Seit dem 1.7.2021 gilt der **Glücksspielstaatsvertrag 2021** (GlüStV 2021), der in § 28a I nicht weniger als 58 Ordnungswidrigkeitentatbestände aufweist (→ Rn. 1.243–1.254). – Zur **unionsrechtlichen Beurteilung** der nationalen Beschränkung von Glücksspielen vgl. EuGH NJW 2004, 139– Gambelli; EuGH WRP 2007, 525 Rn. 50–58 – Placanica; EuGH NJW 2009, 3221 – Liga Portuguesa de Futebol Profissional, Bwin International; EuGH NVwZ 2010, 1422 – Carmen Media Group; EuGH GRUR 2014, 876 – Digibet). – Die **Richtlinie 2000/31/EG** über den elektronischen Geschäftsverkehr und damit das Herkunftslandprinzip findet nach deren Art. 1 V lit. d keine Anwendung auf „Gewinnspiele mit einem einen Geldwert darstellenden Einsatz bei Glücksspielen, einschließlich Lotterien und Wetten" (BGH GRUR 2004, 693 (695) – Schöner Wetten). Auch die UGP-RL schließt die Anwendung nationaler „Vorschriften, die sich im Einklang mit dem Gemeinschaftsrecht auf Glücksspiele beziehen", nicht aus (vgl. ErwGr. 9 S. 2 UGP-RL). –

1.333   **d) Sonstige Strafvorschriften und Ordnungswidrigkeitsvorschriften.** Marktverhaltensnormen zum Schutz der Verbraucher sind ua auch: **§ 132a I Nr. 2 und 3 StGB** (unbefugtes Führen von geschützten Berufsbezeichnungen usw; OLG Düsseldorf GRUR-RR 2011, 10 (11); OLG Köln WRP 2012, 1449 Rn. 16); **§ 202d StGB** (Datenhehlerei; OLG Stuttgart WRP 2019, 387 Rn. 31–59); **§ 259 StGB** (Hehlerei) und **§ 263 StGB** (Betrug; BGH GRUR 2008, 530 Rn. 13 – Hagelschaden; OLG Frankfurt GRUR-RR 2006, 414 (415)). Keine Marktverhaltensregelungen stellen dagegen die §§ 130, 131 StGB (Volksverhetzung, Gewaltsdarstellung) dar, weil sie weder Mitbewerber noch Verbraucher im Hinblick auf wettbewerbliche Interessen als Marktteilnehmer schützen (BGH GRUR 2007, 890 Rn. 28 – Jugendgefährdende Medien bei eBay). – Nach der Rspr. sollen auch die **§§ 331, 333 StGB** (dazu BGH WRP 2011, 1203) Marktverhaltensregelungen sein (BGH GRUR 2006, 77 Rn. 28 – Schulfotoaktion; MüKoUWG/Schaffert Rn. 559). Dagegen spricht, dass diese Vorschriften nur die Funktionsfähigkeit des Amtsapparats sicherstellen sollen (krit. auch Ohly/Sosnitza/Ohly § 3a Rn. 90). Das Gleiche gilt für die Straftatbestände der **§§ 332, 334** (Bestechlichkeit und Bestechung im Amt). – Nach **§ 15 FAG (FernmeldeanlagenG)** ist das Errichten oder Betreiben einer Fernmeldeanlage entgegen den Vorschriften des FAG strafbar. Die Werbung und der Vertrieb können unter bestimmten Voraussetzungen den Tatbestand der Beihilfe erfüllen (vgl. BGH GRUR 1990, 1018 – Fernmeldeanlagen; KG GRUR 1991, 690; OLG Hamm GRUR 1991, 688). Allerdings dienen diese Normen nicht dem Schutz der Mitbewerber oder der Verbraucher und stellen daher keine Marktverhaltensregelungen iSd § 3a dar. – Marktverhaltensregelungen zum Schutz der Verbraucher sind auch die Beschränkungen der Werbung für sexuelle Handlungen in §§ 119, 120 OWiG (BGH GRUR 2006, 1042 Rn. 18 – Kontaktanzeigen). Jedoch sind diese Vorschriften auf Grund des gewandelten Verständnisses in der Bevölkerung und der geänderten Rechtslage eng auszulegen (BGH GRUR 2006, 1042 Rn. 19 ff. – Kontaktanzeigen).

2. Jugendschutzrecht

1.334   Vorschriften zum **Schutz der Jugend** stellen nach zutreffender hM Marktverhaltensregelungen zum Schutz der Kinder und Jugendlichen als Verbraucher dar (→ Rn. 1.67; BGH GRUR 2007, 890 Rn. 35 – Jugendgefährdende Medien bei eBay; BGH GRUR 2009, 845 Rn. 41 – Internet-Videorecorder [zu § 5 I, III Nr. 1 JMStV]; OLG Koblenz GRUR 2005, 266 [zu § 12 III JuSchG]; OLG Brandenburg WRP 2013, 105 Rn. 13 [zu § 9 I JuSchG]; OLG Frankfurt WRP 2014, 1480 Rn. 11 [zu § 1 IV JuSchG, § 12 III JuSchG]; OLG Brandenburg K&R 2021, 435 (437) [zu § 10 III, IVAMG JuSchG]; OLG Karlsruhe GRUR-RR 2022, 486 [zu § 10 III, IV JuSchG]; LG Halle GRUR-RR 2007, 26 (27) [zu § 15 I Nr. 5, VI JuSchG]; MüKoUWG/Schaffert Rn. 255, 256; GK-UWG/Metzger § 4 Nr. 11 Rn. 38, 185). Dies wird zwar, vornehmlich unter Berufung auf die UGP-RL und deren Schutzzweck, bestritten (vgl. Ohly/Sosnitza/Ohly Rn. 25, 81; Dettmar S. 165 ff.; Gärtner/Heil WRP 2005, 20 (22); Ohly WRP 2008, 177 (183 f.); Scherer WRP 2006, 401 (405 f.); Wuttke WRP 2007, 119 (123, 125)). Indessen greift die UGP-RL entsprechend ihrem Art. 3 III und IV UGP-RL sowie ErwGr. 9 S. 2 und 3 UGP-RL von vornherein nicht ein. Es ist auch mit der Funktion des § 3a durchaus vereinbar, die Vermarktung von Produkten zu regeln, deren **Gebrauch** die Entwicklung von Jugendlichen gefährdet. Denn letztlich geht es insoweit auch um den Schutz der Interessen rechtmäßig handelnder Mitbewerber. Auch diese müssen berechtigt sein, gegen Verstöße vorzugehen.

Zu den Jugendschutzvorschriften gehört insbes. das **Jugendschutzgesetz** (JuSchG), zuletzt   **1.335** geändert durch G v. 9.4.2021 (BGBl. 2021 I 742). Auch der **Jugendmedienschutz-Staatsvertrag** (JMStV, zuletzt geändert durch Art. 2 des Vertrags vom 14.12.2021; dazu Hopf K & R 2016, 784), fällt darunter. Der Staatsvertrag gilt aufgrund der Zustimmungen der Länder; aus kompetenzrechtlichen Gründen handelt es sich um landesrechtliche Regelungen mit bundeseinheitlichem Inhalt. Von Bedeutung sind insbes. die §§ 5 und 6 JMStV (vgl. dazu die Parallelregelung in Nr. 28 S. 1 Anh. I UGP-RL sowie den „unbeschadet"-Hinweis in S. 2 auf – jetzt – die RL 2010/13/EU). – Ferner gehören dazu Vorschriften des **Schulrechts,** die Geschäfte auf dem Schulgelände verbieten, soweit vom Schulträger keine Ausnahmegenehmigung erteilt wird (BGH GRUR 2006, 77 Rn. 25 – Schulfotoaktion zu § 47 III SchulG BB). Hat es allerdings die Schule versäumt, eine Ausnahmegenehmigung einzuholen, führt dies nicht schon deshalb zur Unlauterkeit einer Werbe- oder Verkaufsaktion, weil die Verletzung dieser Pflicht keinen Wettbewerbsbezug hat. Etwas anderes kann gelten, wenn der Werbende es darauf angelegt hat, die Entscheidungsbefugnis des Schulträgers zu umgehen (BGH GRUR 2006, 77 Rn. 26 – Schulfotoaktion).

3. Vergabe- und Beihilfenrecht

Die Vorschriften des **Vergaberechts,** aus denen sich die Pflicht zur Ausschreibung öffent-   **1.336** licher Aufträge ergibt (§§ 97 ff. GWB), sind Marktverhaltensregelungen iSd § 3a (BGH GRUR 2008, 810 Rn. 32 – Kommunalversicherer; → Rn. 2.77). Sie schränken die Vertragsfreiheit der öffentlichen Auftraggeber ein und regeln damit unmittelbar ihr Marktverhalten bei der Auswahl von Vertragspartnern. Diese Bestimmungen dienen jedenfalls auch den Interessen der Marktteilnehmer, die sich um Aufträge der öffentlichen Hand bewerben. Das ergibt sich aus § 97 VII GWB, der den Unternehmen gegen die öffentlichen Auftraggeber ein subjektives Recht auf Einhaltung der Bestimmungen über das Vergabeverfahren gewährt (BGH GRUR 2008, 810 Rn. 32 – Kommunalversicherer). Die von einem Vergaberechtsverstoß betroffenen Bieter können aber gegen den begünstigten Mitbewerber nur Ansprüche unter dem Gesichtspunkt der Teilnahme (Anstiftung oder Beihilfe) am Vergaberechtsverstoß geltend machen (BGH GRUR 2008, 810 Rn. 14, 36–42 – Kommunalversicherer). Denn die Teilnehmerhaftung setzt nicht voraus, dass der Teilnehmer selbst Normadressat ist. Wohl aber muss der öffentliche Auftraggeber den Tatbestand des § 3 I erfüllt haben. Sein Verhalten muss daher eine geschäftliche Handlung iSd § 2 I Nr. 2 darstellen. Zwar dient die Beschaffungstätigkeit der öffentlichen Hand regelmäßig der Wahrnehmung öffentlicher Aufgaben. Eine geschäftliche Handlung ist aber dann anzunehmen, wenn das Verhalten des Auftraggebers mit der Förderung des Absatzes eines fremden Unternehmens objektiv zusammenhängt. Das ist stets der Fall, wenn er an dem wirtschaftlichen Erfolg des Unternehmens, dessen Wettbewerb zu fördern sein Handeln geeignet ist, ein Interesse hat, weil er davon auf Grund besonderer Umstände – etwa auf Grund vertraglicher oder gesellschaftsrechtlicher Beziehungen – profitiert (BGH GRUR 2008, 810 Rn. 33 – Kommunalversicherer). Das Handeln ist auch geeignet, die Interessen von Mitbewerbern spürbar zu beeinträchtigen, weil ihnen die Chance genommen wird, in einem ordnungsmäßigen Vergabeverfahren einen Auftrag zu erlangen (vgl. BGH GRUR 2008, 810 Rn. 34 – Kommunalversicherer). Die Unlauterkeit des Vergabeverstoßes ergibt sich sonach aus § 3a.

Inwieweit auch die Vorschriften des **Beihilfenrechts** (Art. 107–109 AEUV) Marktverhaltens-   **1.337** regelungen iSd § 3a sind, ist str. Geklärt ist nur, dass das Durchführungsverbot des Art. 108 III 3 AEUV sowohl ein Schutzgesetz i. S. von § 823 II BGB als auch eine Marktverhaltensregelung darstellt (BGHZ 188, 326 = GRUR 2011, 444 Rn. 23, 50 ff. – Flughafen Frankfurt-Hahn; BGH GRUR-RR 2012, 157 Rn. 35 – Flughafen Berlin-Schönefeld; BGH WRP 2016, 1500 Rn. 24, 26 – Kreiskliniken Calw). – Einzelheiten bei → Rn. 2.75, 2.76.

4. Prozessrecht

Die **Beschränkung der Vertretungsbefugnis** im Zivilprozess (§ 79 II ZPO) stellt eine   **1.338** Marktverhaltensregelung dar, weil sie vor allem auch der Sicherstellung einer sachgerechten Vertretung der Partei im gerichtlichen Verfahren dient (BGH GRUR 2011, 352 Rn. 17 – Makler als Vertreter im Zwangsversteigerungsverfahren; BGH GRUR 2022, 999 Rn. 11 – Prozessvertretung durch Haftpflichtversicherer). Die Regelung des § 79 III ZPO zur Zurückweisung von Bevollmächtigten und der Unwirksamkeit nachfolgender Prozesshandlungen stellt keine abschließende Rechtsfolgenregelung dar (BGH GRUR 2022, 999 Rn. 40–43 – Prozessvertretung durch Haftpflichtversicherer). Immobilienmakler handeln daher wettbewerbswidrig, wenn sie in einem gerichtlichen Zwangsversteigerungsverfahren einen Gläubiger als Beteiligten iSd § 9 ZVG vertreten (BGH GRUR 2011, 352 Rn. 18–42 – Makler als Vertreter im Zwangsversteigerungsverfahren). Ein Haftpflichtversicherer darf nicht Einspruch gegen einen Vollstreckungsbescheid für seinen Versicherungsnehmer einlegen BGH GRUR 2022, 999 Rn. 12–44 – Prozessvertretung durch Haftpflichtversicherer).

D. Rechtsfolgen und Konkurrenzen

I. Rechtsfolgen

1.339   Verwirklicht eine geschäftliche Handlung den Tatbestand der § 3 I, § 3a, so ist sie unzulässig. Daran knüpfen sich die Rechtsfolgen der §§ 8 ff.

II. Konkurrenzen

1. Verhältnis des § 3a zu § 823 II BGB

1.340   Soweit eine gesetzliche Vorschrift iSd § 3a zugleich ein Schutzgesetz iSd § 823 II BGB darstellt (vgl. BGH GRUR 2002, 987 (993) – Wir Schuldenmacher; BGH GRUR 2011, 444 Rn. 23 – Flughafen Frankfurt-Hahn), können sich daraus entsprechende bürgerlichrechtliche Schadensersatzansprüche und über § 1004 BGB analog auch Unterlassungs- und Beseitigungsansprüche ergeben. Derartige Ansprüche werden durch § 3a nicht ausgeschlossen. Diese Regelung will lediglich lauterkeitsrechtliche Sanktionen nach den §§ 8 ff. eröffnen, aber nicht den bürgerlichrechtlichen Rechtsschutz verdrängen (ebenso MüKoUWG/Schaffert Rn. 40). Selbstverständlich stellt § 3a seinerseits kein Schutzgesetz iSd § 823 II BGB dar. – Zur Anwendung des § 11 (Verjährung) auf den gleichzeitig gegebenen Anspruch aus § 823 II BGB → § 11 Rn. 1.9.

2. Verhältnis des § 3a zu § 33 S. 1 GWB

1.341   Soweit eine gesetzliche Vorschrift iSd § 3a zugleich eine Vorschrift iSd § 33 S. 1 GWB darstellt, können sich daraus entsprechende kartellrechtliche Unterlassungs-, Beseitigungs- und – bei Verschulden – Schadensersatzansprüche ergeben. Derartige Ansprüche haben grds. Vorrang vor lauterkeitsrechtlichen Ansprüchen (→ Rn. 1.37).

3. Verhältnis des § 3a zu § 134 BGB

1.342   Soweit eine gesetzliche Vorschrift iSd § 3a zugleich ein Verbotsgesetz iSd § 134 BGB darstellt, eine Zuwiderhandlung also zur Nichtigkeit des vorgenommenen Rechtsgeschäfts führt, schließt dies die gleichzeitige Anwendung des § 3a nicht aus. Der bürgerlichrechtliche Rechtsschutz des von der Zuwiderhandlung Betroffenen macht lauterkeitsrechtliche Sanktionen nach den §§ 8 ff. nicht entbehrlich (ebenso MüKoUWG/Schaffert Rn. 38).

4. Verhältnis des § 3a zu straf- und verwaltungsrechtlichen Sanktionen

1.343   Stellt die verletzte gesetzliche Vorschrift ein Strafgesetz dar, so schließen die darin vorgesehenen **strafrechtlichen** Sanktionen ein Vorgehen nach den § 3 I, § 3a iVm §§ 8 ff. nicht aus. Entsprechendes gilt für Ordnungswidrigkeitstatbestände. Löst eine Zuwiderhandlung gegen eine Norm **verwaltungsrechtliche** Sanktionen aus, schließt dies ebenfalls die Anwendung des Lauterkeitsrechts nicht aus (→ Rn. 1.47, 1.48).

2. Abschnitt. Wettbewerb der öffentlichen Hand

Übersicht

Schrifttum: Alexander, Öffentliche Auftragsvergabe und unlauterer Wettbewerb, WRP 2004, 700; Badura, Wirtschaftliche Betätigung der Gemeinde zur Erledigung von Angelegenheiten der örtlichen Gemeinschaft im Rahmen der Gesetzes, DÖV 1998, 818; Badura, Die Wirtschaftstätigkeit der öffentlichen Hand und die neue Sicht des Gesetzesvorbehalts, FS Steindorff, 1990, 835; Beater, Kommunale Print- und Onlinemedien, WRP 2022, 1202; Becker, Wettbewerb zwischen öffentlichen Versicherungen in der gesetzlichen Krankenversicherung, ZfSozialreform 2000, 329; Birnstiel/Heinrich, Stärkung des „Private Enforcement" im Beihilfenrecht, BRZ 2011, 67; Bosten, Wettbewerb ohne Wettbewerbsrecht?, WRP 1999, 9; Brohm, Wirtschaftstätigkeit der öffentlichen Hand und Wettbewerb, NJW 1994, 281; Broß, Überlegungen zum Wettbewerb der öffentlichen Hand, FS Piper, 1996, 107; Byok, Rechtsweg bei wettbewerbsrechtlichen Verstößen durch Nichtbeachtung der Vergabevorschriften, WRP 1999, 402; Dolde, Mehr Wettbewerb durch kommunale Unternehmen?, ZHR 166, 515; Emmerich, The Sisters of Mary und das Gemeinschaftsrecht oder Remailing und kein Ende, NJW 1997, 699; Ennuschat, Kommunalrecht und Wettbewerbsrecht, WRP 1999, 405; Frenz, Kommunalwirtschaft außerhalb des Wettbewerbsrechts, WRP 2002, 1367; Frenz, Wettbewerb in der Abfallwirtschaft, WRP 2003, 455; M. Gaa, Anwendung privaten Wettbewerbsrechts bei schlicht hoheitlichem Handeln, WRP 1997, 837; Gröning, Kommunalrechtliche Grenzen der wirtschaftlichen Betätigung der Gemeinden und Drittschutz auf dem ordentlichen Rechtsweg, WRP 2002, 17; Groschke, Der wettbewerbsrechtliche Unterlassungs- und Schadensersatzanspruch aufgrund der unrechtmäßigen Subventionierung von Konkurrenten, BB 1995, 2330; Grundmann, Die öffentlich-rechtlichen Rundfunkanstalten im Wettbewerb, 1990; Guilliard, Die Tätigkeit der öffentlichen Hand als geschäftliche Handlung im UWG, GRUR 2018, 791; Haslinger, Schutzlos gegen rechtswidrigen Marktzutritt der öffentlichen Hand? – „Erwünschte Belebung des Wettbewerbs"?, WRP 2002, 1023; Haslinger, Wettbewerbswidriger Missbrauch steuerlicher Gestaltungsmittel zur Umgehung chancengerechter Ausschreibungsverfahren, WRP 2007, 1412; Hauck, Dabeisein ist alles ... – Der Rechtsschutz privater Unternehmen gegen die Teilnahme der öffentlichen Hand am Wettbewerb, WRP 2006, 323; Hauck, Der „Standortvorteil" im Wettbewerb, GRUR 2008, 665; Jaeger, Kommunen und Wettbewerb – Erfahrungen aus der Praxis, in Schwarze (Hrsg.), Daseinsvorsorge im Lichte des Wettbewerbsrechts, 2001, 165; Katz, Lokalzeitungen und/oder Amtsblätter?, DÖV 2019, 261; Kendziur, Neue Wege für den Rechtsschutz Privater gegen die Wirtschaftstätigkeit der öffentlichen Hand, 2009; Kirchhoff, Der Beitrag des BGH zum Private Enforcement des Beihilfenrechts, FS Büscher, 2018, 323; Kittler, Die öffentliche Hand als Werbeträger im Internet, NJW 2000, 122; Köhler, Wettbewerbsrechtliche Grenzen des Mitgliederwettbewerbs der gesetzlichen Krankenkassen, WRP 1997, 373; Köhler, Wettbewerbsrecht im Wandel: Die neue Rechtsprechung zum Tatbestand des Rechtsbruchs, NJW 2002, 2761; Köhler, Mitgliederwerbung der Krankenkassen, NZS 1998, 153; Köhler, Neue Wettbewerbsgrundsätze der Aufsichtsbehörden der gesetzlichen Krankenversicherung, WRP 1998, 959; Köhler, Wettbewerbsrechtliche Grenzen der Betätigung kommunaler Unternehmen, WRP 1999, 1205; Köhler, Das neue kommunale Unternehmensrecht in Bayern, BayVBl 2000, 1; Köhler, Wettbewerbsverstoß durch rechtswidrigen Marktzutritt, GRUR 2001, 777; Köhler, Zur wettbewerbsrechtlichen Sanktionierung öffentlich-rechtlicher Normen, FS Schmitt Glaeser, 2003, 499; Köhler, Das Gebot der „Staatsferne der Presse" als Schranke kommunaler Öffentlichkeitsarbeit, GRUR 2019, 265; Köhler/Steindorff, Öffentlicher Auftrag, Subvention und unlauterer Wettbewerb, NJW 1995, 1705; Koenig/Engelmann/Hentschel, Die wettbewerbsrechtliche Beurteilung von

Werbemaßnahmen gesetzlicher Krankenkassen, WRP 2003, 831; Mees, Wettbewerbsrechtliche Ansprüche und EG-Beihilfenrecht, FS Erdmann, 2002, 657; Mees, Überlegungen zu Folgen der Privatisierung für das Wettbewerbsrecht, WRP 2000, 963; Melullis, Zum zivilprozessualen Rechtsschutz gegen wettbewerbswidriges Handeln staatlicher Einrichtungen, WRP 1988, 228; Mühlhausen, Der Meinungsstand zur Anwendbarkeit des UWG auf wettbewerbsrelevantes Verhalten von Krankenkassen, insbesondere bei der Mitgliederwerbung, NZS 1999, 120; Mühlhausen, Der Mitgliederwettbewerb innerhalb der gesetzlichen Krankenversicherung, 2002; Müller-Stoy, Alternativer und kumulativer Primärrechtsschutz bei der Vergabe öffentlicher Aufträge, WRP 2006, 330; Nordemann, Wettbewerbsverzerrung durch die öffentliche Hand – Die Entdeckung des Kartellrechts, WRP 1996, 383; Nordmann, Die negative Konkurrentenklage im EG-Beihilfenrecht vor europäischen und deutschen Gerichten, 2003; Otting, Die Aktualisierung öffentlich-rechtlicher Schranken kommunalwirtschaftlicher Betätigung durch das Wettbewerbsrecht, DÖV 1999, 549; Pagenkopf, Einige Betrachtungen zu den Grenzen für privatwirtschaftliche Betätigung der Gemeinden – Grenzen für Grenzzieher, Gewerbearchiv 2000, 177; Pietzker, Der Staatsauftrag als Instrument des Verwaltungshandelns, 1978; Poppen, Der Wettbewerb der öffentlichen Hand, 2007; Schink, Wirtschaftliche Betätigung kommunaler Unternehmen, NVwZ 2002, 129; Schliesky, Öffentliches Wirtschaftsrecht, 1997; Schliesky, Über Notwendigkeit und Gestaltung eines öffentlichen Wettbewerbsrechts, DVBl 1999, 78; Schmidt/Wollenschläger (Hrsg), Kompendium Öffentliches Wirtschaftsrecht, 5. Aufl. 2020; Schmitt-Mücke, Libra, das Gebot der Staatsferne der Presse und das Wettbewerbsrecht, WRP 2023, 412; Schnelle, Remailing im Licht des Europarechts – eine Zwischenbilanz, BB 1999, 2465; Schönberger, Das Geschäft mit dem Müll – Verstößt die Teilnahme der öffentlichen Hand an den Abfallentsorgungsmärkten gegen Wettbewerbsrecht?, GRUR 1999, 659; Schröder, Die lauterkeitsrechtliche Rechtsprechung zu kommunalen Amtsblättern (Teil 1), WRP 2020, 1144, (Teil 2) WRP 2020, 1278; Schünemann, Die wirtschaftliche Tätigkeit der öffentlichen Hand zwischen öffentlichen und privaten Wettbewerbsrecht, WRP 2000, 1001; Schwarz/Dorsch, Online-Stadtportale nach der Entscheidung des BGH in der Rechtssache dortmund.de, NVwZ 2022, 1329; Tettinger, Rechtsschutz gegen kommunale Wettbewerbsteilnahme, NJW 1998, 3473; Tieben, Die Einflussnahme der öffentlichen Hand auf den Wettbewerb, WRP 2011, 1101; Tilmann/Schreibauer, Rechtsfolgen rechtswidriger nationaler Beihilfen, GRUR 2002, 212; v. Wallenberg, Kommunale Öffentlichkeitsarbeit und Gebot der Staatsferne der Presse, NJW 2022, 3191; Warneke, Die wirtschaftliche Betätigung von Gemeinden und das Wettbewerbsrecht – BGHZ 150, 343, JuS 2003, 958.

A. Allgemeines

I. Begriff der öffentlichen Hand

Die **öffentliche Hand** (vgl. § 130 I 1 GWB) ist eine Sammelbezeichnung für Bund, Länder **2.1** und Gemeinden sowie sonstige verselbständigte öffentlich-rechtliche Rechtssubjekte. Die öffentliche Hand nimmt am Wirtschaftsleben unternehmerisch oder in sonstiger Weise (Beschaffung; Subventionen; Warnungen usw) teil. Daher reicht der Begriff der öffentlichen Hand weiter als der der **öffentlichen Unternehmen.** Darunter sind Unternehmen zu verstehen, auf die die öffentliche Hand einen **beherrschenden Einfluss** ausüben kann. Ob dieser Einfluss durch die Eigentumsverhältnisse oder sonstige Kontrollmöglichkeiten ermöglicht wird, ist unerheblich.

II. Organisationsformen der wirtschaftlichen Tätigkeit der öffentlichen Hand

Die unternehmerische Tätigkeit der öffentlichen Hand kann **privatrechtlich** (zB in den **2.2** Formen der GmbH oder AG) oder **öffentlich-rechtlich** organisiert sein. Bei den privatrechtlichen Organisationen kann die öffentliche Hand alleiniger Träger (Eigengesellschaft) oder Beteiligter (gemischtwirtschaftliches Unternehmen) sein. Bei den öffentlich-rechtlichen Organisationen gibt es solche mit eigener Rechtspersönlichkeit (Körperschaften und Anstalten, wie zB Sparkassen, Rundfunkanstalten) und solche ohne eigene Rechtspersönlichkeit (Eigenbetriebe, Regiebetriebe, Sondervermögen). – Für die **Anwendbarkeit des UWG** spielt die Rechtsform, in der die öffentliche Hand organisiert ist, keine Rolle. Das gilt auch für die **Anwendbarkeit der UGP-RL.** Denn „Gewerbetreibende" iSd Art. 2 lit. d UGP-RL können auch juristische Personen des öffentlichen Rechts sein.

III. Handlungsformen

Die Einflussnahme auf das Wirtschaftsleben kann **hoheitlich** (zB Aussprechen von Verboten **2.3** und Warnungen), **schlicht-hoheitlich** (zB Leistungserbringung im Bereich der Daseinsvorsorge) und **erwerbswirtschaftlich** erfolgen. Die Grenzen sind allerdings fließend, die vom Unionsrecht erzwungene Deregulierung von „Verwaltungsmonopolen" (etwa im Bereich der früheren Post) lässt das Konkurrenzverhältnis zu privaten Unternehmen stärker in den Vordergrund treten.

IV. Rechtsprobleme

2.4   Bei der Anwendung des Lauterkeitsrechts auf die öffentliche Hand stellen sich spezifische Probleme, weil öffentlich-rechtliche Regelungen des Handelns der öffentlichen Hand zu berücksichtigen sind. Dabei gilt es zu unterscheiden, ob die öffentliche Hand lauterkeitsrechtlichen Schutz ihrer Tätigkeit für sich in Anspruch nehmen kann (→ Rn. 2.5) und ob bzw. in welchen Grenzen das Handeln der öffentlichen Hand der lauterkeitsrechtlichen Kontrolle durch die Zivilgerichte unterliegt (→ Rn. 2.13 ff.). Dabei stellt sich vorweg die **Rechtswegfrage** (→ § 12 Rn. 1.1–1.10). Selbst wenn die Zivilgerichte zuständig sind, ist dann weiter zu klären, inwieweit Sonderregelungen für die öffentliche Hand, sei es zu ihren Gunsten, sei es zu ihren Lasten, gelten.

B. Wettbewerbsschutz für die öffentliche Hand

I. Grundsatz

2.5   Nimmt die öffentliche Hand in berechtigter Weise am Wirtschaftsleben teil, so kommt ihr grds. auch der Schutz des Lauterkeitsrechts zugute (BGHZ 37, 1 = GRUR 1962, 470 (475) – AKI; BGHZ 68, 132 = GRUR 1977, 543 (545) – Der 13. Sinn; BGH GRUR 1993, 692 (694) – Guldenburg; BGH GRUR 2012, 193 Rn. 18 – Sportwetten im Internet II). Dies gilt auch dann, wenn die Einnahmenerzielung der öffentlichen Hand lediglich eine erfreuliche Nebenfolge und nicht eigentlicher Grund ihrer Tätigkeit ist (BGH GRUR 2012, 201 Rn. 21 – Poker im Internet). Unbeachtlich ist ferner, ob die Rechtsbeziehungen zu ihren Abnehmern, Mitgliedern oder Benutzern öffentlich-rechtlich oder privatrechtlich ausgestaltet sind. Wettbewerbsstreitigkeiten sind auch zwischen öffentlich-rechtlichen Organisationen untereinander möglich (Schünemann WRP 2000, 1001 (1007)), sofern deren Rechtsbeziehungen untereinander nicht öffentlich-rechtlich geregelt sind.

II. Grenzen

2.6   Schwierigkeiten bereitet allerdings die Frage, unter welchen Voraussetzungen die öffentliche Hand am Wirtschaftsleben teilnehmen darf und ob die Zivilgerichte dies überprüfen dürfen. Auszugehen ist davon, dass das Grundgesetz die wirtschaftliche Tätigkeit der öffentlichen Hand weder generell gebietet noch generell verbietet (BGH GRUR 1971, 168 (169) – Ärztekammer). Solche Tätigkeiten bedürfen daher keiner besonderen verfassungsrechtlichen Legitimation (BGH GRUR 1987, 116 (118) – Kommunaler Bestattungswirtschaftsbetrieb I). Die Zulässigkeit von Tätigkeiten im Bereich der **Daseinsvorsorge** steht dabei außer Streit. Probleme ergeben sich bei der **erwerbswirtschaftlichen** Tätigkeit der öffentlichen Hand zur Erzielung von Einnahmen. Denn insoweit verlässt die öffentliche Hand den Bereich der ihr zugewiesenen Tätigkeit. Doch sind ihr **Randnutzungen** von Verwaltungseinrichtungen, wie etwa gewisse Nutzungs- und Verwertungstätigkeiten, erlaubt (vgl. § 40 I MStV; BGH GRUR 1993, 692 (694) – Guldenburg; BGH GRUR 2002, 550 (553) – Elternbriefe). **Beispiele:** Aufnahme von Anzeigen in ein amtliches Mitteilungsblatt (BGH GRUR 1971, 168 – Ärztekammer); Nebenverwertung von Sendungen, wie die Vergabe von Sende- oder Buchverlagsrechten gegen Lizenzen, durch öffentlich-rechtliche Sendeanstalten (BGH GRUR 1993, 692 (694) – Guldenburg). Zu Einzelheiten → Rn. 2.32 und 2.47.

2.7   Allerdings darf eine solche Erwerbstätigkeit nicht mit der von der öffentlichen Hand wahrgenommenen oder ihr zugewiesenen öffentlichen Aufgabe **kollidieren.** So darf die Erwerbstätigkeit des öffentlich-rechtlichen Rundfunks nicht zu einer Kollision mit tragenden Grundsätzen des Medienrechts, wie dem Gebot der Neutralität im Wettbewerb, dem Gebot der Bewahrung der Unabhängigkeit der Programmgestaltung und der Abwehr sachfremder Einflüsse Dritter auf diese sowie dem Verbot der medialen Werbung führen (BGH GRUR 1993, 692 (694) – Guldenburg). Derartige Gefahren sind beim sog **Titelmerchandising** möglich (BGH GRUR 1993, 692 (694) – Guldenburg). Ist die konkrete Form der erwerbswirtschaftlichen Tätigkeit mit zwingenden öffentlich-rechtlichen Normen unvereinbar, so genießt sie auch keinen lauterkeitsrechtlichen Schutz (BGH GRUR 1993, 692 (694) – Guldenburg; krit. Brohm

NJW 1994, 281 (286)). Die Zivilgerichte dürfen diese öffentlich-rechtliche Vorfrage entscheiden. So kann sich eine öffentlich-rechtliche Sendeanstalt zwar beispielsweise dagegen wehren, dass ein Dritter den Titel einer Fernsehsendung in verwechslungsfähiger Form nutzt; dagegen kann sie nicht uneingeschränkt ein Titelmerchandising betreiben und dafür lauterkeitsrechtlichen Schutz in Anspruch nehmen. Auch die Rundfunkfreiheit gebietet dies nicht (BVerfG GRUR 1999, 232).

C. Wettbewerbsschutz gegenüber der öffentlichen Hand

I. Rechtsweg

Der Rechtsweg zu den **ordentlichen Gerichten** ist eröffnet, wenn eine lauterkeitsrechtliche **2.8** und somit eine **bürgerlich-rechtliche Streitigkeit** iSd § 13 GVG vorliegt und **keine spezielle Rechtswegzuweisung** erfolgt ist (zB zu den **Sozialgerichten** gem. § 51 II 1 Nr. 3, 2 SGG; → § 12 Rn. 2.1 ff.). Durch § 17a I GVG (Bindungswirkung) ist die Abgrenzungsproblematik für die Praxis entschärft.

II. Anwendbarkeit des Lauterkeitsrechts auf die öffentliche Hand

Beteiligt sich die öffentliche Hand am Wirtschaftsleben, ist zunächst zu fragen, ob die **2.9** fraglichen Rechtsbeziehungen **öffentlich-rechtlich** und damit vorrangig vor dem UWG geregelt sind (vgl. BGHZ 130, 13 = NJW 1995, 2295 – Remailing I). Das ist beispielsweise auf Grund der Neufassung des **§ 69 SGB V** durch Gesetz v. 22.12.1999 (BGBl. 1999 I 2626) für die Rechtsbeziehungen der Krankenkassen und ihrer Verbände zu den Leistungserbringern und ihrer Verbände, auch soweit durch diese Rechtsbeziehungen Rechte Dritter betroffen sind, der Fall (BSG NJW-RR 2002, 1691 (1694); BGH GRUR 2004, 247 (249) – Krankenkassenzulassung; Koenig/Engelmann/Hentschel WRP 2003, 831 (832)). Soweit allerdings das Handeln der öffentlichen Hand in den Anwendungsbereich der **UGP-RL** fällt, sind die öffentlich-rechtlichen Normen im Lichte dieser RL auszulegen (dazu EuGH GRUR 2013, 1159 Rn. 25 f. – BKK Mobil Oil). – Liegt keine vorrangige öffentlich-rechtliche Regelung vor, so gelten die Normen des allgemeinen Privat- und Lauterkeitsrechts grds. auch für die öffentliche Hand (Piper GRUR 1986, 574 (575)). Voraussetzung ist lediglich eine geschäftliche Handlung iSd § 2 I Nr. 2 (dazu Guilliard GRUR 2018, 791). Dabei ist jedoch zu unterscheiden: Es kommt darauf an, ob die öffentliche Hand bei ihrer Tätigkeit **hoheitlich,** sei es schlicht-hoheitlich, sei es mit Mitteln der Eingriffsverwaltung, handelt oder ob sie sich rein **erwerbswirtschaftlich (fiskalisch)** am Wirtschaftsleben beteiligt, also wie ein Privater Geschäfte vornimmt.

III. Hoheitliche Betätigung

Problematisch und umstritten (vgl. Brohm NJW 1994, 281; Schliesky, Öffentliches Wirt- **2.10** schaftsrecht, 1997, S. 281 ff.) ist die Anwendbarkeit des Lauterkeitsrechts auf die hoheitliche Betätigung der öffentlichen Hand, soweit sie Auswirkungen auf den Wettbewerb hat. Es geht dabei um die Frage, ob derartige Maßnahmen lediglich durch die Verwaltungsgerichte am Maßstab des öffentlichen Rechts oder von den Zivilgerichten am Maßstab des Lauterkeitsrechts zu überprüfen sind.

1. Doppelnatur und Doppelkontrolle (Zivil- und Verwaltungsrechtsweg) hoheitlicher Maßnahmen

a) Doppelnatur. Nach der Rspr. des BGH kann ein (schlicht-)hoheitliches Handeln der **2.11** öffentlichen Hand auch als zivilrechtliches Handeln qualifiziert werden, so dass einem solchen Handeln eine Doppelnatur zukommt (BGH GRUR 1982, 425 – Brillenselbstabgabestellen; BGH GRUR 2000, 340 (342) – Kartenlesegerät mwN; BGH GRUR 2006, 517 Rn. 23 – Blutdruckmessungen). Aus dieser Doppelqualifikation (dazu krit. Brohm NJW 1994, 281 (287 ff.); Schliesky, Öffentliches Wirtschaftsrecht, 1997, 281 ff.; Büscher/Franzke § 2 I Nr. 1 Rn. 72–75) folgt im Grundsatz auch die Möglichkeit einer Doppelkontrolle. Ein Privater kann daher im Grundsatz gegen die Wirtschaftstätigkeit der öffentlichen Hand sowohl auf dem Verwaltungsrechtsweg als auch auf dem Zivilrechtsweg vorgehen (GemS OGB in BGHZ 102, 280 (285)). Dies gilt allerdings nicht für die Zulässigkeit des Marktzutritts, also „ob" die öffentliche

Hand sich überhaupt am Wettbewerb beteiligen darf. Die Entscheidung darüber ist den Verwaltungsgerichten vorbehalten (vgl. auch BGHZ 150, 343 = GRUR 2002, 825 (826) – Elektroarbeiten; → Rn. 2.15).

2.12   **b) Umfang der Kontrolle durch die Verwaltungsgerichte.** Der Private kann im verwaltungsgerichtlichen Verfahren die Verletzung von Grundrechten (insbes. Art. 2, 3, 12, 14 GG) oder von ihn schützenden öffentlich-rechtlichen Normen rügen. Die Aufnahme von Wettbewerb durch die öffentliche Hand stellt an sich aber zunächst einmal nur eine vom Zweck des Lauterkeitsrechts her gesehen grds. erwünschte Belebung des Wettbewerbs dar, mag sich auch für private Unternehmen den marktwirtschaftlichen Konkurrenzdruck erhöhen (vgl. BGHZ 150, 343 = GRUR 2002, 825 (826) – Elektroarbeiten; BVerwG NJW 1995, 2938 (2939); Köhler WRP 1999, 1205 (1209) und GRUR 2001, 777 (780)). Eine Beeinträchtigung von **Grundrechten** ist daher erst dann anzunehmen, wenn ein Verdrängungswettbewerb stattfindet und private Konkurrenz ausgeschaltet wird oder wenn die öffentliche Hand bzw. ein Dritter durch behördliche Maßnahmen ein unerlaubtes Monopol erlangt (BVerwG NJW 1995, 2938 (2939); stRspr). Die Verwaltungsgerichte beschränkten sich früher auf die Frage, „ob" die wirtschaftliche Betätigung der öffentlichen Hand zulässig ist; sie sahen von einer Prüfung des „Wie", nämlich inwieweit die aufgenommene Tätigkeit gegen das Lauterkeitsrecht verstößt, ab und verwiesen den Kläger insoweit auf die ordentlichen Gerichte (vgl. BVerwGE 39, 329 (331, 337); 62, 224; BVerwG NJW 1978, 1539). Nach **§ 17 II 1 GVG** entscheidet allerdings das Gericht des zulässigen Rechtswegs den Rechtsstreit unter allen in Betracht kommenden rechtlichen (BGH NJW 2003, 282), also auch unter lauterkeitsrechtlichen Gesichtspunkten (BGH GRUR 2019, 741 Rn. 12–21 – Durchleitungssystem; BGHZ 225, 29 = GRUR 2020, 755 Rn. 33 – WarnWetter-App; BVerwG NJW 1995, 2938, 2940; VGH Mannheim NJW 1995, 274).

2.13   **c) Umfang der Kontrolle durch die Zivilgerichte. aa) Grundsatz.** Die Zivilgerichte sind darauf beschränkt, das **Marktverhalten** („wie") der öffentlichen Hand am Maßstab des § 3 UWG zu überprüfen. Dagegen ist es ihnen verwehrt, auch den **Marktzutritt** („ob") der öffentlichen Hand nach § 3 I zu kontrollieren, wie sich im Umkehrschluss aus § 3a ergibt. Denn grds. regelt das UWG nicht den Zugang zum Wettbewerb, sondern nur die Art und Weise der Beteiligung am Wettbewerb. Es ist daher auch nicht Aufgabe der Zivilgerichte, im Rahmen von Wettbewerbsstreitigkeiten darüber zu entscheiden, welche Grenzen der erwerbswirtschaftlichen Betätigung der öffentlichen Hand zu setzen sind. Dies ist vielmehr eine wirtschaftspolitische Aufgabe, die in den Aufgabenbereich der Gesetzgebung und Verwaltung gehört (BGH GRUR 1971, 168 (169) – Ärztekammer; BGH GRUR 1996, 213 (217) – Sterbegeldversicherung; BGHZ 150, 343 = GRUR 2002, 825 (827) – Elektroarbeiten; OLG Hamm WRP 2014, 333 Rn. 49).

2.14   **bb) Rechtsentwicklung.** Die frühere Rspr. hat allerdings unter bestimmten Voraussetzungen einen Verstoß gegen § 1 UWG 1909 bereits auf Grund der Tatsache des rechtswidrigen **Marktzutritts der öffentlichen Hand** angenommen (vgl. BGH GRUR 1965, 373 – Blockeis II; BGHZ 82, 375 = GRUR 1982, 425 – Brillen-Selbstabgabestellen; BGH GRUR 1987, 116 (118) – Kommunaler Bestattungswirtschaftsbetrieb I; Piper GRUR 1986, 574 (578)). Das galt insbes. dann, wenn durch das Auftreten der öffentlichen Hand die Gefahr einer Ausschaltung des Leistungswettbewerbs drohte (BGHZ 82, 375 = GRUR 1982, 425 – Brillen-Selbstabgabestellen; BGH GRUR 1991, 53 (55 f.) – Kreishandwerkerschaft I; BGHZ 123, 157 = GRUR 1993, 917 (920) – Abrechnungs-Software für Zahnärzte; OLG Frankfurt GRUR 1999, 75) oder wenn es der öffentlichen Hand durch zwingende Normen schlechthin verwehrt war, in den Wettbewerb am Markt einzugreifen (BGH GRUR 1996, 213 (216) – Sterbegeldversicherung). Erst durch eine Grundsatzentscheidung v. 25.4.2002 (BGHZ 150, 343 = GRUR 2002, 825 – Elektroarbeiten; dazu Köhler NJW 2002, 2761; fortgeführt in BGH GRUR 2003, 164 (165) – Altautoverwertung) hat der BGH klargestellt, dass der rechtswidrige, nämlich unter Verstoß gegen öffentlich-rechtliche Normen erfolgte Marktzutritt eines Unternehmens der öffentlichen Hand für sich allein keinen Wettbewerbsverstoß darstellt (so bereits Köhler GRUR 2001, 777; aA Gröning WRP 2002, 17; Dreher ZIP 2002, 1648). Dies gilt auch dann, wenn die öffentlich-rechtliche Norm den Schutz der Privatwirtschaft vor einem Wettbewerb durch die öffentliche Hand bezweckt (BGHZ 150, 343 = GRUR 2002, 825 (827) – Elektroarbeiten; OLG Köln GRUR-RR 2014, 342 (343)). Dass eine solche Norm letztlich durch die Beschränkung des Marktzutritts der öffentlichen Hand Rahmenbedingungen des Wettbewerbs festlegt, ändert daran nichts. Denn sie dient nicht der Kontrolle der Lauterkeit des Marktverhaltens der öffentlichen

Hand (BGH GRUR 2003, 164 (166) – Altautoverwertung; OLG Nürnberg GRUR-RR 2010, 99 (101)). Bereits zu § 1 UWG 1909 war damit klargestellt, dass das UWG nicht den Erhalt bestimmter Marktstrukturen bezweckt (BGHZ 150, 343 = GRUR 2002, 825 (827) – Elektroarbeiten). Für § 3 I kann nichts anderes gelten, zumal § 3a ausdrücklich nur Marktverhaltensregelungen erwähnt, nicht aber auch Marktzutrittsregelungen. Auch in den Fällen, in denen aus § 3 I Ansprüche zum Schutz des Bestands des Wettbewerbs auf einem bestimmten Markt abgeleitet werden (allg. → § 4 Rn. 5.1 ff.), geht es nicht darum, eine privatwirtschaftliche Marktstruktur zu erhalten, sondern darum, wettbewerbliche Verhaltensweisen (wie zB Preisunterbietungen) zu unterbinden, die nach den Gesamtumständen unter Berücksichtigung ihrer Auswirkungen auf die Marktstruktur gerade auch als Wettbewerbsmaßnahmen unlauter sind (BGHZ 150, 343 = GRUR 2002, 825 (827) – Elektroarbeiten), somit – auch – das „wie" der Tätigkeit der öffentlichen Hand betreffen.

cc) Verhältnis zur verwaltungsgerichtlichen Kontrolle. Liegt ein Verstoß gegen eine **2.15** öffentlich-rechtliche Marktzutrittsnorm vor, so ist es nicht Sache der Zivilgerichte, den Verstoß zu sanktionieren. Vielmehr ist es Sache der Verwaltungsbehörden und Verwaltungsgerichte, derartige Normverstöße zu unterbinden (Quack FS Trinkner, 1995, 265; Pagenkopf GewArch 2000, 177; Tettinger NJW 1998, 3473 (3474)). Dies gilt unabhängig davon, ob die Norm im Einzelfall eine öffentlich-rechtliche Klagebefugnis eines privaten Mitbewerbers begründet. Das Lauterkeitsrecht ist nicht dazu da, etwaige öffentlich-rechtliche Ansprüche zu ergänzen oder etwaige Schutzlücken des öffentlichen Rechts auszufüllen (BGHZ 150, 343 = GRUR 2002, 825 (827) – Elektroarbeiten). – Zu Einzelheiten → Rn. 2.51 ff.

2. Befugnisse der Zivilgerichte gegenüber der öffentlichen Hand

Die Zivilgerichte dürfen im Rahmen der lauterkeitsrechtlichen Kontrolle nicht gegen das **2.16** öffentlich-rechtliche Handeln als solches vorgehen (BGHZ 82, 375 = GRUR 1982, 425 (427) – Brillen-Selbstabgabestellen), insbes. nicht hoheitliche Anordnungen aufheben. Denn dies ist den Verwaltungsgerichten vorbehalten (OLG Frankfurt WRP 1992, 488). Allerdings ist es den Zivilgerichten wegen der Doppelnatur hoheitlicher Maßnahmen (Verwaltungshandeln mit wettbewerblichen Auswirkungen) nicht verwehrt, auf der Grundlage des Lauterkeitsrechts Verbote auszusprechen, die der Sache nach nicht nur auf das Verbot von Wettbewerbsmaßnahmen hinauslaufen, sondern auch den öffentlich-rechtlichen Tätigkeitsbereich eines Verwaltungsträgers berühren (BGHZ 82, 375 = GRUR 1982, 425 (427) – Brillen-Selbstabgabestellen; BGHZ 66, 229 (232) – Studenten-Versicherung; BGHZ 67, 81 (85) – Auto-Analyzer; OLG Dresden NJW-RR 1998, 558 (559); Piper GRUR 1986, 574 (577); aA BayObLG GRUR 1982, 500; Büscher/Franzke § 2 I Nr. 1 Rn. 72–75; Schliesky, Öffentliches Wirtschaftsrecht, 1997, 281 ff.: Vorrang der Verwaltungsgerichtsbarkeit). Maßgebend ist daher die **konkrete Antragstellung,** nämlich ob sich der Antrag gegen die behaupteten wettbewerblichen Auswirkungen am Marktteilnehmer oder gegen die Maßnahme als solche richtet, wobei jedoch uU bei der Auslegung großzügig zu verfahren ist (BGH GRUR 1987, 829 (830) – Krankentransporte). Für eine zivilrechtliche Kontrolle ist jedenfalls das Vorliegen einer **geschäftlichen Handlung** iSd § 2 I Nr. 2 erforderlich → Rn. 2.17.

IV. Geschäftliche Handlung der öffentlichen Hand

1. Allgemeines

Die Anwendung des Lauterkeitsrechts auf die öffentliche Hand setzt eine **geschäftliche** **2.17** **Handlung** iSd § 2 I Nr. 2 voraus (allg. → § 2 Rn. 2.1 ff.; Guilliard GRUR 2018, 791). Das Handeln der öffentlichen Hand muss also in einem **objektiven Zusammenhang mit der Förderung des Absatzes oder Bezugs von Waren oder Dienstleistungen zu Gunsten des eigenen oder eines fremden Unternehmens oder mit dem Abschluss oder der Durchführung eines Vertrags über Waren oder Dienstleistungen** stehen (allg. → § 2 Rn. 2.37 ff.). Diese Zielsetzung darf auch nicht völlig hinter anderen Zielen zurücktreten (→ § 2 Rn. 2.28; BGH GRUR 2013, 301 Rn. 22 – Solarinitiative; zu § 1 UWG 1909 vgl. BGH WRP 1993, 106 (107) – EWG-Baumusterprüfung mwN; BGH GRUR 1993, 917 (919) – Abrechnungs-Software für Zahnärzte; BGH GRUR 1994, 516 (518) – Auskunft über Notdienste). Beim Tätigwerden der öffentlichen Hand ist zwischen rein erwerbswirtschaftlichen Tätigkeiten und Tätigkeiten zur Erfüllung öffentlicher Aufgaben zu unterscheiden (BGH WRP 2018 Rn. 23 – Eigenbetrieb Friedhöfe).

2. Erwerbswirtschaftliche Betätigung

2.18   Verfolgt die öffentliche Hand **ausschließlich erwerbswirtschaftliche** (fiskalische) **Zwecke** mit den Mitteln des Privatrechts (vgl. BGH GRUR 1973, 530 – Crailsheimer Stadtblatt I; BGH GRUR 1974, 733 – Schilderverkauf; BGH GRUR 2006, 428 Rn. 12 – Abschleppkosten-Inkasso), handelt sie stets zur **Förderung des Absatzes des eigenen Unternehmens.** Es besteht dann eine tatsächliche Vermutung für das Vorliegen einer geschäftlichen Handlung wie bei anderen Unternehmen auch (BGH GRUR 1990, 463 (464) – Firmenrufnummer). Unerheblich ist in diesem Zusammenhang, ob eine **Gewinnerzielungsabsicht** besteht (BGH GRUR 1974, 733 (734) – Schilderverkauf; BGH GRUR 1981, 823 (825) – Ecclesia-Versicherungsdienst; BGH GRUR 1993, 917 (919) – Abrechnungs-Software für Zahnärzte) und wofür die erzielten Einnahmen verwendet werden (v. Gamm WRP 1984, 303 (307)). Unerheblich ist ferner, ob mittelbar auch öffentliche Zwecke mitverfolgt werden (BGH WRP 2018, 186 Rn. 23 – Eigenbetrieb Friedhöfe; BGH GRUR 2019, 189 Rn. 55 – Crailsheimer Stadtblatt II; BGHZ 225, 29 = GRUR 2020, 755 Rn. 49 – WarnWetter-App). – Zur Beschaffungstätigkeit (Nachfrage) → Rn. 2.33. Zur **Vergabe** von Aufträgen durch die öffentliche Hand → Rn. 2.77.

3. Betätigung zur Erfüllung öffentlicher Aufgaben

2.19   Eine differenzierte Beurteilung ist erforderlich, wenn die öffentliche Hand zur Erfüllung einer **öffentlichen Aufgabe** tätig wird (BGH GRUR 2019, 741 Rn. 14 – Durchleitungssystem; BGHZ 225, 29 = GRUR 2020, 755 Rn. 49 – WarnWetter-App). Das kann rein hoheitlich, aber auch in privatrechtlicher Handlungsformen, etwa Abschluss von Verträgen, oder durch Beauftragung privater Unternehmen geschehen (BGHZ 225, 29 = GRUR 2020, 755 Rn. 55 – WarnWetter-App).

2.20   **a) Handeln ohne Außenwirkung.** Solange nur eine Maßnahme der internen Willensbildung ohne Außenwirkung vorliegt (interne Dienstanweisung; Gemeinderatsbeschluss), ist dies noch keine geschäftliche Handlung (BGH GRUR 1987, 829 (830) – Krankentransporte). Unerheblich ist, dass darüber in der Presse berichtet wurde (OLG Koblenz WRP 1983, 225 (226)). Allerdings können auch derartige Maßnahmen als Vorbereitungshandlungen die Erstbegehungsgefahr eines Wettbewerbsverstoßes begründen (OLG Koblenz WRP 1983, 225 (226)).

2.21   **b) Hoheitliches Handeln in Erfüllung gesetzlicher Vorgaben.** Trifft die öffentliche Hand hoheitliche Maßnahmen, zu denen sie **gesetzlich ausdrücklich ermächtigt oder verpflichtet** ist und bewegt sie sich innerhalb dieser Rechtsgrundlage, so liegt ein rein hoheitliches Handeln und damit **keine geschäftliche Handlung** vor (BGH GRUR 2006, 428 Rn. 12 – Abschleppkosten-Inkasso; BGH GRUR 2018, 196 Rn. 23 – Eigenbetrieb Friedhöfe zu § 31 II BestattungsG BW; BGH GRUR 2019, 741 Rn. 14 – Durchleitungssystem zu § 3 I KfWG). Es genügt, dass sich die Handlung auf eine ausdrückliche gesetzliche Ermächtigung stützt, die insoweit den Handlungsspielraum vorgibt, auch wenn diese die Einzelheiten des Vollzugs nicht vorgibt. Vielmehr kann der öffentlichen Hand insoweit ein Ermessen eingeräumt sein (BGH GRUR 2019, 741 Rn. 17 – Durchleitungssystem). – In diesem Bereich gehört ua die Erhebung von Steuern (OLG München GRUR 2004, 169 (171)); das Tätigwerden von Privaten als „verlängerter Arm" der Behörde (vgl. BGH GRUR 2006, 428 Rn. 14 – Abschleppkosten-Inkasso: Abschleppunternehmer, die im Auftrag der Polizei ein Fahrzeug abschleppen und Kostenansprüche geltend machen; die Durchführung des Durchleitungsverfahrens der Kreditanstalt für Wiederaufbau gem. § 3 KfWG (BGH GRUR 2019, 741 Rn. 14 – Durchleitungssystem); die Verwendung von Klauseln in einem Formularvertrag der LZG NRW gegenüber potentiellen Medizinstudierenden (OLG Köln WRP 2022, 1170).

2.22   **c) Handeln in Erfüllung einer öffentlichen Aufgabe, aber außerhalb einer gesetzlichen Ermächtigung. aa) Grundsatz.** Wird die öffentliche Hand zwar zur Erfüllung einer **öffentlichen Aufgabe** und somit hoheitlich (Leistungsverwaltung oder Eingriffsverwaltung), aber **außerhalb** des ihr durch eine Ermächtigungsgrundlage zugewiesenen öffentlich-rechtlichen Aufgabenbereichs tätig, ist eine geschäftliche Handlung iSd § 2 I Nr. 2 nicht ausgeschlossen (BGH GRUR 2018, 196 Rn. 23 – Eigenbetrieb Friedhöfe; BGH GRUR 2019, 741 Rn. 14 –

Durchleitungssystem; BGHZ 225, 29 = GRUR 2020, 755 Rn. 49, 56 – WarnWetter-App; BGH GRUR 2019, 189 Rn. 55 – Crailsheimer Stadtblatt II). Denn Handeln in Erfüllung einer öffentlichen Aufgabe und geschäftliches Handeln schließen sich nicht aus (vgl. BGH GRUR 1990, 611 (613) – Werbung im Programm; BGH GRUR 2002, 550 (554) – Elternbriefe; BGH GRUR 2006, 517 – Blutdruckmessungen; krit. Büscher/Franzke § 2 Abs. 1 Nr. 1 Rn. 72). Jedoch ist eine geschäftliche Handlung nicht ohne Weiteres zu vermuten (BGHZ 225, 29 = GRUR 2020, 755 Rn. 49 – WarnWetter-App). Im Allgemeinen ist sogar davon auszugehen, dass die öffentliche Hand insoweit lediglich ihre öffentliche Aufgabe erfüllen und **nicht** den Absatz des eigenen oder eines fremden Unternehmens fördern will. Beispiel: Eine Gemeinde schreibt Waren oder Dienstleistungen zu dem Zweck aus, ihre öffentliche Aufgabe der Daseinsvorsorge zu erfüllen (OLG Düsseldorf GRUR-RR 2018, 203 Rn. 35).

bb) Einzelfallprüfung. Das Vorliegen einer geschäftlichen Handlung ist daher anhand einer umfassenden Würdigung der relevanten Umstände des Einzelfalls besonders festzustellen (BGHZ 225, 29 = GRUR 2020, 755 Rn. 49 – WarnWetter-App). Eine geschäftliche Handlung liegt nicht vor, wenn eine Wettbewerbsförderung als völlig nebensächlich hinter anderen Beweggründen zurücktritt (BGH GRUR 1990, 609 (613) – Werbung im Programm; BGH GRUR 1993, 125 (126) – EWG-Baumusterprüfung; BGHZ 225, 29 = GRUR 2020, 755 Rn. 49 – WarnWetter-App). Das Fehlen einer Gewinnerzielungsabsicht schließt allerdings eine geschäftliche Handlung nicht aus (BGHZ 82, 375 = GRUR 1982, 425 (430) – Brillen-Selbstabgabestellen). Entscheidend ist vielmehr, ob die öffentliche Hand (auch) das Ziel verfolgt, in den Wettbewerb einzugreifen. Ist das Tätigwerden zur Erfüllung der öffentlichen Aufgabe nach Art und Umfang sachlich notwendig, und ist die Auswirkung auf den Wettbewerb nur notwendige Begleiterscheinung der Erfüllung öffentlicher Aufgaben (wie zB die Heranziehung eines Privaten zum Betrieb einer Internet-Seite), reicht dies für eine geschäftliche Handlung nicht aus (BGH GRUR 2018, 196 Rn. 23 – Eigenbetrieb Friedhöfe; BGH GRUR 2019, 741 Rn. 14 – Durchleitungssystem; OLG Düsseldorf GRUR-RR 2018, 203 Rn. 33; KG GRUR-RR 2002, 198 (200)). Das Gleiche gilt, wenn die wirtschaftliche Betätigung eine bloße Hilfstätigkeit bei der Erfüllung amtlicher Aufgaben darstellt (OLG Frankfurt WRP 1997, 592 (593); KG GRUR-RR 2002, 198 (200)). Jedenfalls wird eine etwaige Wettbewerbsförderungsabsicht grds. in den Hintergrund treten (BGH WRP 1993, 106 (108) – EWG-Baumusterprüfung). Ist umgekehrt das Verhalten der öffentlichen Hand sachlich nicht geboten, so ist von einer geschäftlichen Handlung auszugehen (vgl. BGHZ 123, 157 = GRUR 1993, 917 (919) – Abrechnungs-Software für Zahnärzte; OLG Stuttgart WRP 2011, 1207 (1209); KG GRUR 2001, 91). – Im Übrigen ist zu unterscheiden:

cc) Handeln zur Förderung des Absatzes des eigenen Unternehmens. Bietet die öffentliche Hand Verbrauchern Waren oder Dienstleistungen im Wettbewerb mit privaten Anbietern an, ist grds. auch dann eine geschäftliche Handlung anzunehmen, wenn sie damit gleichzeitig eine öffentliche Aufgabe erfüllt (BGH GRUR 2019, 741 Rn. 14 – Durchleitungssystem). Dies gilt im Verhältnis zu **Mitbewerbern** auch dann, wenn die **Leistungsbeziehung zu den Benutzern oder Mitgliedern öffentlich-rechtlich** ausgestaltet ist (BGH GRUR 1990, 611 (613) – Werbung im Programm; BGH NJW 1995, 1658 (1659) – Remailing I; BGH GRUR 2000, 340 (342) – Kartenlesegerät; stRspr). Die öffentliche Hand kann sich nicht auf diesem Weg ihrer lauterkeitsrechtlichen Verantwortung entziehen. Etwas anderes gilt nur, wenn die öffentliche Hand nicht als Unternehmen iSd UWG anzusehen ist (nicht geprüft in BGH GRUR 2019, 189 Rn. 56 – Crailsheimer Stadtblatt II).

Geschäftliche Handlung bejaht: Nummernschilderverkauf durch Kfz-Zulassungsstelle für einzelne Anbieter (OLG Köln WRP 1991, 259 (262)); Veranstaltung von „Selbstzahlerreisen" für Senioren durch Bezirksämter (KG WRP 1986, 207 (209)); Selbstabgabe von Brillen durch AOK (BGH GRUR 1982, 425 (430) – Brillen-Selbstabgabestellen); kostenlose Abgabe von Software durch kassenzahnärztliche Vereinigung (BGH GRUR 1993, 917 (919) – Abrechnungs-Software für Zahnärzte); Besetzung von „Verwaltungsstellen" einer gesetzlichen Krankenkasse mit Angestellten einer privaten Krankenversicherung (BGH GRUR 1999, 267 (268)– Verwaltungsstellenleiter); Ausstrahlung eines werbefreien Programms durch eine öffentlich-rechtliche Rundfunkanstalt (OLG Dresden GRUR 1996, 73); Mitgliederwerbung durch eine gesetzliche Krankenkasse (EuGH GRUR 2013, 1159 Rn. 26–41 – BKK Mobil Oil; BGH GRUR 2014, 1120 Rn. 25–28 – Betriebskrankenkasse II). – Angebot und Vertrieb einer kostenlosen WarnWetter-App (BGHZ 225, 29 = GRUR 2020, 755 Rn. 49, 56 – WarnWetter-App; aA OLG Frankfurt WRP 2016, 748 Rn. 6; OLG Köln GRUR-RR 2018, 461 Rn. 80).

2.26   **Geschäftliche Handlung verneint:** Gebührenfreie Versendung fremden Werbematerials durch die (damals noch hoheitlich tätige) Post wegen ihres Eigeninteresses an den beworbenen Veranstaltungen (BGH GRUR 1991, 618 (619) – ISDN-Kongress); Verwendung einer gemeinsamen Bezeichnung für hoheitliche und erwerbswirtschaftliche (Bestattungs-)Tätigkeit und gleichzeitige Rechnungserteilung (OLG Dresden WRP 1997, 849); Versorgung eines privaten Internet-Programmanbieters mit amtlichen Informationen, damit dieser sie in sein Programm einstellt und der Öffentlichkeit zur Verfügung stellt, um den gesetzlichen Auftrag zur Öffentlichkeitsarbeit zu erfüllen (KG GRUR-RR 2002, 198 (200)); unentgeltliche Überlassung von Sachmitteln (zB Software; Möbel) von einem Hoheitsträger auf einen anderen (OLG Karlsruhe NJWE-WettbR 2000, 6); Ausgestaltung des Durchleitungsverfahrens für Finanzierungen, die von der KfWG unter Einschaltung von Kreditinstituten gewährt werden (BGH GRUR 2019, 741 Rn. 12–21 – Durchleitungssystem).

2.27   **d) Handeln zur Förderung des Absatzes eines fremden Unternehmens. aa) Amtliche Informationen (Auskünfte, Empfehlungen, Warnungen, Stellungnahmen). Amtliche Informationen über fremde Unternehmen,** wie etwa Auskünfte, Empfehlungen, Warnungen, Stellungnahmen, können sich auf den Wettbewerb zwischen privaten Unternehmen auswirken. Sie stellen dann keine geschäftliche Handlung dar, wenn sich die öffentliche Hand **streng im Rahmen ihrer Aufgabe** hält und **sachlich** und **unparteiisch** verfährt. (Zu den grundgesetzlichen Anforderungen, nämlich öffentliche Aufgabe und Zuständigkeit der handelnden Stelle, an die Verbreitung staatlicher Informationen, die sich auf das Wettbewerbsgeschehen auswirken, vgl. BVerfG NJW 2002, 2621 (2622 f.) – Glykolwein). Denn in diesem Fall handelt sie nicht zugunsten des eigenen oder eines fremden Unternehmens. – Trotz Vorliegens einer öffentlichen Aufgabe ist dagegen **eine geschäftliche Handlung zu bejahen,** wenn die öffentliche Hand in den Wettbewerb zu Gunsten des eigenen oder eines fremden Unternehmens eingreift, zB das eigene Unternehmen oder einen **bestimmten Wettbewerber bevorzugen,** will (BGH GRUR 1990, 463 (464) – Firmenrufnummer; BGH GRUR 2009, 1080 – Auskunft der IHK; BGH GRUR 2013, 301 Rn. 21 f. – Solarinitiative). Diese Fallgestaltung liegt allerdings **außerhalb des Anwendungsbereichs der UGP-RL,** weil und soweit die öffentliche Hand nicht im Namen oder Auftrag dieses Unternehmens handelt (→ § 2 Rn. 2.57; BGH GRUR 2009, 878 Rn. 11 – Fräsautomat). Eine geschäftliche Handlung wird stets (aber nicht nur) dann anzunehmen sein, wenn die öffentliche Hand ein wirtschaftliches Eigeninteresse (zB Erlangung einer Vergütung oder eines Auftrags) an der Weitergabe der Information hat (BGH GRUR 2002, 550 (554) – Elternbriefe). Allerdings bedarf es dazu konkreter Feststellungen (BGH GRUR 1990, 463 (464) – Firmenrufnummer). Dem Vorliegen einer geschäftlichen Handlung steht nicht entgegen, dass erzielte Einnahmen für die Erfüllung einer öffentlichen Aufgabe verwendet werden. Es genügt, wenn die Verfolgung des Wettbewerbszweckes nur das Mittel für die Erreichung des darüber hinaus verfolgten Endzwecks ist, sofern die Zielsetzung der Absatzförderung nicht völlig hinter anderen Beweggründen zurücktritt (BGH GRUR 2002, 550 (554) – Elternbriefe).

2.28   **Geschäftliche Handlung bejaht:** Benennung nur eines von mehreren Anbietern (BGH GRUR 2009, 1080 – Auskunft der IHK; BGH GRUR 2013, 301 Rn. 21 f. – Solarinitiative); Benennung nur ausgewählter Anbieter auf Kundenanfragen hin (BGHZ 19, 299 = GRUR 1959, 216 (217) – Bad Ems; BGH GRUR 1990, 463 (464) – Firmenrufnummer; BGH GRUR 1994, 516 (517) – Auskunft über Notdienste); Werbung einer Sendeanstalt für ein Buch im Rahmen eines Kooperationsabkommens mit dessen Verleger (BGH GRUR 1990, 611 (613) – Werbung im Programm); Beifügung von Werbematerial zu amtlichen Mitteilungen gegen Erstattung der Portokosten (BGH GRUR 2002, 550 (554) – Elternbriefe); Maßnahmen zur Verhinderung eines Mitgliederwechsels von gesetzlicher zu privater Krankenversicherung (OLG Hamburg NJWE-WettbR 1996, 221) oder von einer gesetzlichen Krankenkasse zu einer anderen (EuGH GRUR 2013, 1159 Rn. 26–41 – BKK MOBIL OIL; BGH WRP 2014, 1304 Rn. 25–28 – Betriebskrankenkasse II); Maßnahmen zur Begünstigung eines bestimmten Leistungsanbieters durch eine gesetzliche Krankenkasse (OLG Stuttgart NJWE-WettbR 1999, 4); Kritik einer Innung am Verhalten einzelner Mitglieder, um damit den Absatz anderer Mitglieder zu fördern (OLG Hamm WRP 2017, 609 Rn. 21 ff.).

2.29   **Geschäftliche Handlung verneint:** Empfehlung der AOK an Ärzte, statt des einen ein anderes, preiswerteres Medikament zu verschreiben (BGH GRUR 1965, 110 (114) – EU-MED); Empfehlung einer kassenärztlichen Vereinigung an Ärzte, Einweisungen in eine von einer Versicherung empfohlene Abteilung eines Krankenhauses vorzunehmen, auch wenn damit eine geringfügige Honorierung der Ärzte durch die Versicherung verbunden ist (KG GRUR-RR 2001, 91); Hinweis einer Handwerkerinnung, zur Vermeidung von Geschäftsrisiken bei namentlich genannten Lieferanten zu kaufen (OLG Düsseldorf WuW 1986, 62); kritischer Rundfunkkommentar zu einem Film (BGH GRUR 1968, 314 (316) – fix und clever); Hinweis einer Gemeinde auf Möglichkeit der Abfallentsorgung unter Nennung eines Mitbewerbers (OLG Frankfurt OLG-Rp 1998, 227); Überlassung von amtlichen Informationen an einen Internet-Programmanbieter, damit dieser sie der Öffentlichkeit zur Verfügung stellt (KG GRUR 2002, 198 (200)).

bb) Subventionen (Beihilfen). Subventionen (Beihilfen) sind vermögenswerte Zuwendun-   **2.30**
gen, die ein Träger öffentlicher Verwaltung einem Unternehmen, auch der öffentlichen Hand, ohne eine entsprechende Gegenleistung gewährt, um durch dessen Verhalten einen im öffentlichen Interesse liegenden Zweck zu fördern. Ob das Lauterkeitsrecht überhaupt auf die Gewährung von Subventionen (Beihilfen) durch die öffentliche Hand an Unternehmen anwendbar ist, ist umstritten. Teilweise wird dies mit dem Vorrang der Verwaltungsgerichtsbarkeit abgelehnt (Ohly/Sosnitza/Ohly Einf. D Rn. 30). Richtig daran ist, dass gegen Subventionen der Verwaltungsrechtsweg zulässig ist (BVerwGE 71, 183 (191); OLG Frankfurt WRP 1993, 403 (404)). Jedoch kann grds. auch der ordentliche Rechtsweg beschritten werden (BGH WRP 2016, 1500 Rn. 20– 23 – Kreiskliniken Calw; OLG Frankfurt WRP 1997, 592; Köhler/Steindorff NJW 1995, 1705 (1708); Tilmann/Schreibauer GRUR 2002, 212; Nordmann S. 207 ff.). Der Sachverhalt der Subvention unterscheidet sich nicht grundlegend etwa von dem der Empfehlung eines fremden Produkts oder der Auftragsvergabe. Maßgebend ist daher allein, ob die öffentliche Hand eine **geschäftliche Handlung** iSd § 2 I Nr. 2 vornimmt, sie also zugunsten eines „fremden Unternehmens" eine Handlung vornimmt, die mit der Förderung des Absatzes objektiv zusammenhängt. Sofern die öffentliche Hand nicht selbst erwerbswirtschaftlich tätig wird, ist allerdings nicht zu vermuten, dass eine Subvention der Förderung des Wettbewerbs eines Dritten und nicht der Erfüllung einer öffentlichen Aufgabe dient. Vielmehr ist anhand einer umfassenden Würdigung der Umstände des Einzelfalls besonders festzustellen, dass das Verhalten **neben** der Wahrnehmung einer öffentlichen Aufgabe, wie bspw. der Sicherstellung einer bedarfsgerechten Krankenhausversorgung der Bevölkerung, **auch** der Förderung fremden Wettbewerbs dient. Das kann insbes. der Fall sein, wenn die öffentliche Hand zugunsten eines fremden Unternehmens eingreift, weil sie von seinem wirtschaftlichen Erfolg aufgrund vertraglicher oder sonstiger Beziehungen profitiert (BGH GRUR 2002, 550 (554) – Elternbriefe; BGH WRP 2016, 1500 Rn. 22 – Kreiskliniken Calw). So liegt es etwa, wenn sie ein wirtschaftliches Interesse daran hat, dass das geförderte Krankenhaus im Wettbewerb mit privaten Krankenhäusern um die entgeltliche Behandlung von Patienten besteht (BGH WRP 2016, 1500 Rn. 23 – Kreiskliniken Calw). Denn dann ist die Beihilfe darauf gerichtet, eine geschäftliche Entscheidung der Marktpartner zu beeinflussen. Wie die Beihilfe gewährt wird, ist unerheblich. Es macht also keinen Unterschied, ob ein Zuschuss einem bestimmten Unternehmer gewährt wird, damit er kostengünstiger anbietet, oder ob er dem Verbraucher gewährt wird, damit er bei diesem Unternehmer kauft („mittelbare Beihilfe").

Geschäftliche Handlung bejaht: Ausgabe von Gutscheinen durch eine Gemeinde für den   **2.31**
Kauf von Schulbüchern, die nur bei örtlichen Buchhändlern eingelöst werden können (OLG Stuttgart WRP 1980, 101 (102)); Bezuschussung des Kaufs einer Waschmaschine, falls sie von ortsansässigen Händlern bezogen wird (OLG Frankfurt WRP 1997, 592).

Zum **europäischen und deutschen Beihilfenrecht** und zur **Unlauterkeit** der Gewährung   **2.32**
von Beihilfen → Rn. 2.75, → Rn. 2.76.

e) Beschaffungstätigkeit (Bezug von Waren oder Dienstleistungen). Bezieht die öffent-   **2.33**
lichen Hand Waren oder Dienstleistungen für den **Eigenbedarf** (zB Kauf von Bürobedarf), handelt sie nicht als Unternehmer iSd UWG. Daher ist eine geschäftliche Handlung zu verneinen (vgl. BGH GRUR 1968, 95 (97) – Büchereinachlass; offengelassen in BGH GRUR 1991, 769 (770) – Honoraranfrage). Überlässt ein Hoheitsträger einem anderen Hoheitsträger unentgeltlich Sachmittel, so liegt auch nicht auf Seiten des Annehmenden eine geschäftliche Handlung vor. Eine Verpflichtung der öffentlichen Hand, ihren Bedarf auf dem Markt von privaten Anbietern zu decken, besteht nicht (OLG Karlsruhe NJWE-WettbR 2000, 6). Allerdings muss uU das **Vergaberecht** eingehalten werden (→ Rn. 2.77). – Eine geschäftliche Handlung kann jedoch vorliegen, wenn es der öffentlichen Hand (bzw. dem handelnden Amtswalter) darum geht, beim Einkauf einen bestimmten Anbieter zu begünstigen (Förderung des Absatzes eines fremden Unternehmens). Doch kommt es hier sehr auf die Umstände des Einzelfalls,

insbes. auf das Vorliegen sachlicher Gründe für die Bevorzugung, an (vgl. BGH GRUR 1988, 38 (39) – Leichenaufbewahrung; BGH GRUR 1989, 430 – Krankentransportbestellung; OLG Hamm NJWE-WettbR 2000, 69). Soweit die öffentliche Hand (zB Ersatzkassen) Güter zum Zwecke des weiteren Umsatzes beschafft, handelt sie dagegen als Unternehmer.

D. Unlauterkeit des Handelns der öffentlichen Hand

I. Allgemeine Grundsätze

1. Anwendbarkeit des UWG

2.34   **a) Verbotstatbestände des UWG.** Grds. ist die Unlauterkeit geschäftlicher Handlungen der öffentlichen Hand nach den für alle Unternehmen geltenden Verbotstatbeständen der §§ 3 und 7 zu beurteilen. Es gibt insoweit kein Sonderrecht der öffentlichen Hand und die Rspr. zu § 1 UWG 1909 kann daher nicht unbesehen in das heutige UWG übernommen werden. Allerdings sind die **Besonderheiten** des Handelns der öffentlichen Hand bei der Anwendung der §§ 4–6, des § 3 I als Auffangtatbestand und des § 3 II bei der Konkretisierung der „unternehmerischen Sorgfalt" zu berücksichtigen.

2.35   **aa) Anwendungsbereich der UGP-Richtlinie.** Der Anwendungsbereich der UGP-RL ist eröffnet, wenn eine geschäftliche Handlung der öffentlichen Hand zugleich die Voraussetzungen einer **Geschäftspraktik** von Unternehmern gegenüber Verbrauchern iSd Art. 2 lit. d UGP-RL erfüllt (EuGH GRUR 2013, 1159 Rn. 26–41 – BKK Mobil Oil). Das ist an sich nicht der Fall, wenn die öffentliche Hand lediglich den Absatz eines fremden Unternehmens fördert, ohne in dessen Namen oder Auftrag zu handeln (→ § 2 Rn. 2.10, 2.57). Im Interesse eines Gleichlaufs der lauterkeitsrechtlichen Wertungen sollten jedoch auch bei derartigen Handlungen die Wertmaßstäbe der UGP-RL berücksichtigt werden. – Etwas anderes gilt dann, wenn die Handlung lediglich die wirtschaftlichen Interessen von Mitbewerbern berührt (vgl. ErwGr. 6 S. 3 UGP-RL). Dies hat der BGH bei der Empfehlung eines privaten Unternehmens durch eine Gemeinde angenommen (BGH GRUR 2013, 301 Rn. 25 – Solarinitiative). Dagegen spricht jedoch, dass sich die Empfehlung an Verbraucher richtet und ihre Kaufentscheidung beeinflussen soll (vgl. BGH GRUR 2013, 301 Rn. 27 – Solarinitiative), so dass auch deren Interessen berührt werden (→ Rn. 2.36 ff.).

2.36   **bb) Anwendbarkeit des § 3 I als Auffangtatbestand.** Für § 3 I in seiner Eigenschaft als Generalklausel ist anerkannt, dass die Vorschrift dann eingreift, wenn das betreffende Verhalten von seinem Unlauterkeitsgehalt her den in den §§ 4–6 angeführten Beispielstatbeständen unlauteren Verhaltens entspricht (vgl. BGH GRUR 2011, 431 Rn. 11 – FSA-Kodex). Ein Rückgriff auf § 3 I ist nach der Rspr. insbes. dann möglich, wenn die Tatbestände der §§ 4–6 zwar bestimmte Gesichtspunkte der lauterkeitsrechtlichen Beurteilung erfassen, aber keine umfassende Bewertung der Interessen der betroffenen Marktteilnehmer ermöglichen (BGH GRUR 2009, 1080 Rn. 13 – Auskunft der IHK; BGH GRUR 2013, 301 Rn. 26 – Solarinitiative; Tieben WRP 2011, 1101). Bezogen auf die öffentliche Hand lassen sich dazu die Rspr. bereits zum UWG 1909 entwickelten Grundsätze und Fallgruppen heranziehen, die mutatis mutandis auch unter dem UWG 2015 Anwendung finden. Auszugehen ist davon, dass die wirtschaftliche Betätigung der öffentlichen Hand, also die Förderung eigenen oder fremden Wettbewerbs, lauterkeitsrechtlich grds. zulässig ist und erst bei Hinzutreten besonderer Umstände unlauter wird. Auch für die öffentliche Hand gilt insoweit der allgemeine Grundsatz, dass bei der Beurteilung des Verhaltens die wettbewerbliche Ausgangslage, der Anlass und Zweck des Handelns, die Begleitumstände und die Auswirkungen auf den Wettbewerb zu berücksichtigen sind (BGH GRUR 1982, 425 (430) – Brillen-Selbstabgabestellen; BGH GRUR 1999, 267 (270) – Verwaltungsstellenleiter). Diese Grundsätze gelten auch für die von der öffentlichen Hand beherrschten privatrechtlichen Organisationen (dazu Mees WRP 2000, 963) und für Organisationen mit quasi-amtlicher Stellung (BGH GRUR 1999, 594 (597) – Holsteiner Pferd). Als Beispiel für Unlauterkeit iSd Generalklausel des § 3 I ist nach der Rspr. der Verstoß der öffentlichen Hand gegen ihre Verpflichtung zu **neutraler und objektiver Amtsführung** anzusehen (BGH GRUR 2013, 301 Rn. 27–34 – Solarinitiative). Zur Verwirklichung des Tatbestands des § 3 I muss hinzukommen, dass die Handlung geeignet ist, die Interessen von Mitbewerbern, Verbrauchern oder sonstigen Marktteilnehmern spürbar zu beeinträchtigen (BGH GRUR 2013, 301 Rn. 24 – Solarinitiative). Diese Spürbarkeitsprüfung ist zwar in § 3 I UWG 2015 nicht

mehr vorgesehen, jedoch hat es der Gesetzgeber der Rspr. überlassen, „in Konkretisierung des
Tatbestandsmerkmals der Unlauterkeit … ggf angemessene Spürbarkeitserfordernisse aufzustellen" (vgl. BT-Drs. 18/6571, 15).

cc) Anwendbarkeit des § 3 II. Ein Rückgriff auf § 3 I als Generalklausel ist jedoch dann 2.37
ausgeschlossen, wenn die Handlung unmittelbar in den Anwendungsbereich der UGP-RL fällt.
In diesem Fall ist nämlich, soweit keine irreführende oder aggressive Geschäftspraktik iSd
Art. 5 IV und V UGP-RL vorliegt, das Verhalten einzig am Maßstab der Generalklausel des
Art. 5 II UGP-RL und damit am Maßstab der Verbrauchergeneralklausel des **§ 3 II** zu prüfen.
Das setzt voraus, dass die öffentliche Hand als **Unternehmer** handelt und gegen die **unterneh-
merische Sorgfalt** iSd § 2 I Nr. 9 verstößt.

b) Verantwortlichkeit für Wettbewerbsverstöße. aa) Verantwortlichkeit der öffent- 2.38
lichen Hand. Die Verantwortlichkeit der öffentlichen Hand für von ihr begangene oder ihr
zuzurechnende Wettbewerbsverstöße richtet sich nach den allgemeinen Grundsätzen (→ § 8
Rn. 2.1 ff.). Auch beim Fehlen einer geschäftlichen Handlung kann sich eine Haftung der öffentlichen Hand aus allgemeinen Teilnahmeregeln ergeben (§ 830 II BGB; vgl. BGH GRUR 2003,
807 (808) – Buchpreisbindung). Das ist bspw. der Fall, wenn die Handlung dazu beiträgt, den
Anbieterwettbewerb gesetzwidrig zu beeinflussen (zB Honoraranfrage mit dem Ziel einer gesetzwidrigen Preisunterbietung (BGH GRUR 1991, 769 (770) – Honoraranfrage), und dabei
Prüfungspflichten verletzt werden (BGH GRUR 1997, 313 (315) – Architektenwettbewerb).

bb) Verantwortlichkeit begünstigter Unternehmer. Hat ein **privater Unternehmer** 2.39
durch eine eigene geschäftliche Handlung an dem Verstoß mitgewirkt, so haftet er daneben als
Mittäter (ggf. unter dem Gesichtspunkt der Verletzung einer wettbewerbsrechtlichen **Verkehrspflicht;** BGH GRUR 2008, 810 – Rn. 39, 41 – Kommunalversicherer; BGH GRUR
2013, 301 Rn. 51–54 – Solarinitiative). Daneben kommt, insbes. beim Fehlen einer eigenen
geschäftlichen Handlung, eine Haftung als **Teilnehmer,** also als **Anstifter** oder **Gehilfe** iSd
§ 830 II BGB, in Betracht (BGH GRUR 2002, 550 (553, 531) – Elternbriefe; → § 8
Rn. 2.15 ff.).

2. Anwendbarkeit des Kartellrechts

Die wirtschaftliche Betätigung der öffentlichen Hand unterliegt nach § 185 I 1 GWB zugleich 2.40
dem **Kartellrecht** (vgl. zB BGHZ 107, 40 = GRUR 1989, 430 – Krankentransportbestellung;
BGH GRUR 2000, 340 – Kartenlesegerät; BGH GRUR 1999, 278 – Schilderpräger im Landratsamt; BGH GRUR 2003, 167 (168) – Kommunaler Schilderprägebetrieb; BGH GRUR 2003,
809 – Konkurrenzschutz für Schilderpräger; BGH GRUR 2003, 633 – Ausrüstungsgegenstände
für Feuerlöscher). Die marktbeherrschende Stellung der öffentlichen Hand kann sich dabei
gerade aus ihrer öffentlichen Aufgabe ergeben (BGH GRUR 2003, 167 (169) – Kommunaler
Schilderprägebetrieb). Die sachwidrige Nichtberücksichtigung von Anbietern bzw. die Kartellierung der Nachfrage kann gegen **Kartellrecht** (Art. 101, 102 AEUV; §§ 1, 19, 20 I, II, IV
GWB, § 33 GWB iVm § 185 I 1 GWB; vgl. BGH GRUR 2003, 633 (634) – Ausrüstungs-
gegenstände für Feuerlöscher; OLG Nürnberg GRUR-RR 2010, 99 (101)), insbes. gegen das
Vergaberecht (§§ 97 ff. GWB), oder gegen das **bürgerliche Recht** (§ 311 II BGB, § 280 I
BGB; §§ 823 ff., 839 BGB) verstoßen (vgl. BGH GRUR 1968, 95 (97) – Büchereinachlass;
BGH NJW 1977, 628; Jäckle NJW 1990, 2520).

II. Grundsatz der Gleichbehandlung der öffentlichen Hand

Soweit sich die öffentliche Hand am Wettbewerb beteiligt und damit in eine Konkurrenzsitua- 2.41
tion zu Privaten tritt, kann sie nicht aus diesem Grund eine generelle Vorzugsstellung für sich in
Anspruch nehmen, weil sie öffentliche Aufgaben und Zwecke verfolgt (BGH GRUR 1982, 688
– Senioren-Pass; BGH GRUR 2003, 77 (78) – Fernwärme für Börnsen; KG GRUR-RR 2002,
198 (200); Piper GRUR 1986, 574 (576)). Die öffentliche Hand kann sich auch nicht auf das
Sparsamkeitsgebot berufen, um ein unlauteres oder wettbewerbsbeschränkendes Verhalten zu
rechtfertigen (vgl. BGH GRUR 2003, 633 (634) – Ausrüstungsgegenstände für Feuerlöscher).
Andernfalls würde dies zu einer Wettbewerbsverzerrung zu Lasten der Privatwirtschaft führen.
Allerdings kann die Wahrnehmung einer öffentlichen Aufgabe bei der Beurteilung einer Wettbewerbsmaßnahme im Einzelfall zu berücksichtigen sein (BGH GRUR 1999, 256 (257) –
1.000,– DM Umwelt-Bonus; Piper GRUR 1986, 574 (576)). – Umgekehrt ist die öffentliche

Hand auch nicht von vornherein und generell besonderen Verhaltensanforderungen unterworfen (BGH GRUR 1965, 373 (375) – Blockeis II; BGH GRUR 1973, 530 (531) – Crailsheimer Stadtblatt I; BGH GRUR 1987, 116 (118) – Kommunaler Bestattungswirtschaftsbetrieb I; BGH GRUR 2003, 77 (78) – Fernwärme für Börnsen). So ist es zB den öffentlich-rechtlichen Rundfunkanstalten nicht verwehrt, im Rahmen ihrer öffentlichen Aufgabe durch Verbesserung oder Erweiterung ihres Angebots zusätzliche Hörer oder Zuschauer auf Kosten der privaten Rundfunksender zu gewinnen (OLG Dresden GRUR 1996, 73). Bei der lauterkeitsrechtlichen Beurteilung kommt es jeweils auf die Umstände des Einzelfalls an, insbes. darauf, inwieweit ein spezifisches Handlungspotenzial der öffentlichen Hand (Finanzkraft, überragende Marktstellung, gesetzliche Privilegierung, Autorität usw) sich wettbewerbsverzerrend auswirken kann. Auch soweit die öffentliche Hand über eine **marktbeherrschende** Stellung verfügt, darf sie grds. ihr Verhalten nach wirtschaftlich vernünftigen Erwägungen gestalten (vgl. BGH GRUR 2003, 167 (169) – Kommunaler Schilderprägebetrieb). Je größer die Marktmacht, desto höher sind jedoch die Verhaltensanforderungen. Zu berücksichtigen ist daher, wie sich eine Maßnahme auf die Mitbewerber auswirkt. Dagegen ist bei der lauterkeitsrechtlichen Prüfung unerheblich, in welchem Umfang die Maßnahme die Wahrung von Allgemeininteressen (zB Umweltschutz) bezweckt und bewirkt (arg. § 1 S. 2; aA, aber noch zum UWG 1909 BGH GRUR 1999, 256 (258) – 1.000,– DM Umwelt-Bonus). Es gelten insoweit dieselben Wertungsmaßstäbe wie im Kartellrecht (Art. 102 AEUV; §§ 19, 20 GWB).

III. Preisunterbietung, unentgeltliche Zuwendungen, Preisüberbietung

1. Allgemeines

2.42   Gibt die öffentliche Hand Leistungen unter dem Marktpreis oder sogar kostenlos ab (vgl. BGHZ 123, 157 = GRUR 1993, 917 (919) – Abrechnungs-Software für Zahnärzte; OLG Stuttgart NJW 1989, 778), ist zunächst zu fragen, ob überhaupt eine **geschäftliche Handlung** vorliegt (→ Rn. 2.17 ff.). Das ist zu verneinen, wenn die öffentliche Hand zur Erbringung der Leistung verpflichtet und in der Preisgestaltung nicht frei ist (vgl. OLG Frankfurt GRUR-Int. 1985, 762) oder die Preisunterbietung zur Erreichung des öffentlichen Zwecks erforderlich ist (zB Sozialtarife; vgl. BGH GRUR 1973, 272 (273) – Fahrschul-Rabatt). Selbst wenn aber eine geschäftliche Handlung vorliegt, ist eine Preisunterbietung nicht schon deshalb unlauter, weil die öffentliche Hand im Rahmen der Erfüllung einer öffentlichen Aufgabe auf öffentliche (Sach-, Personal-, Finanz-)Mittel zurückgreifen kann (BGH GRUR 1987, 116 (118) – Kommunaler Bestattungswirtschaftsbetrieb I; BGH GRUR 1999, 256 (257) – 1.000,– DM Umwelt-Bonus) oder ihre Kostenstruktur günstiger als die der Mitbewerber ist. Auch kann es der öffentlichen Hand nicht verwehrt sein, im Rahmen der erwerbswirtschaftlichen **Randnutzung** einer Verwaltungseinrichtung auf vorhandene öffentliche (Sach-, Personal-)Mittel zurückzugreifen (BGH GRUR 1971, 168 (170) – Ärztekammer; BGH GRUR 1987, 116 (118) – Kommunaler Bestattungswirtschaftsbetrieb I; BGH GRUR 1993, 692 (695) – Guldenburg; BGH GRUR 2002, 550 (553) – Elternbriefe = LM UWG § 1 Nr. 863 mit Anm. Köhler; BGH GRUR 2009, 606 Rn. 14 – Buchgeschenk vom Standesamt; BVerwG JZ 1989, 688). Dies kann vielmehr sinnvoll sein, um die Aufwendungen und damit die Belastung der Bürger für die Verwaltungseinrichtung möglichst gering zu halten (BGH GRUR 1973, 530 (531) – Crailsheimer Stadtblatt I; BGH GRUR 1974, 733 (735) – Schilderverkauf; BGH GRUR 1987, 116 (119) – Kommunaler Bestattungswirtschaftsbetrieb I). Ein etwaiger daraus resultierender Wettbewerbsvorsprung ist grds. hinzunehmen (BGH GRUR 1987, 116 (119) – Kommunaler Bestattungswirtschaftsbetrieb I; aA Ulmer ZHR 146 [1982], 466 (489)). – Nicht für sich allein unlauter ist es auch, wenn die öffentliche Hand auf Grund des Sozialstaatsprinzips bestimmten Bevölkerungsgruppen verbilligte Leistungen anbietet, um zur Verbesserung der Versorgung und zur Kostendämpfung beizutragen (vgl. BGHZ 82, 375 = GRUR 1982, 425 (430) – Brillen-Selbstabgabestellen; OLG Nürnberg GRUR-RR 2010, 99 (102)). Die Gewährung unentgeltlicher Zuwendungen, um zum Vertragsschluss zu kommen, beurteilt sich nach den allgemeinen Grundsätzen. Ein „Bonus" von 1.000,– DM für die Umstellung von Öl- auf Gasheizung soll zulässig sein (BGH GRUR 1999, 256 - 1.000,– DM Umwelt-Bonus; bedenklich).

2.43   Die Grenze zur **gezielten Behinderung von Mitbewerbern iSd § 4 Nr. 4** ist überschritten, wenn die öffentliche Hand einen natürlichen Wettbewerbsvorsprung **missbräuchlich** zur Preisunterbietung von privaten Mitbewerbern ausnutzt. Dies ist der Fall, wenn eine Unterbietung der Preise privater Mitbewerber dadurch ermöglicht wird, dass bei der Kalkulation der Selbstkosten die Fixkosten aus der mit öffentlichen Mitteln geschaffenen und unterhaltenen sowie zur Erfüllung der öffentlichen Aufgabe bestimmten Ressourcen nicht anteilig berücksichtigt werden und nur ein Kostendeckungsbeitrag angestrebt wird. Insoweit liegt zwar keine Zweckentfremdung öffentlicher Mittel (→ Rn. 2.44) vor, wohl aber eine Ausnutzung von Wettbewerbschancen, die privaten Mitbewerbern nicht zur Verfügung stehen. – Die öffentlich-rechtliche Grenze der zulässigen Randnutzung ist dann überschritten, wenn der Funktionsauftrag verlassen und sie zum Selbstzweck wird (BVerfG NJW 1999, 709 (710); OLG Koblenz MMR 2001, 812). – **Subventionen** (zB aus Umweltschutzgründen) an Letztverbraucher für den Erwerb bestimmter Güter, die faktisch subventionierte Preissenkungen darstellen, dürfen nicht vom Bezug bei bestimmten Händlern abhängig gemacht werden (OLG Frankfurt WRP 1997, 592). – Tritt die öffentliche Hand als **Nachfrager** (→ Rn. 2.33) nach Waren oder Dienstleistungen im Wettbewerb mit anderen Nachfragern auf, kann unter bestimmten Voraussetzungen auch die **Preisüberbietung** unlauter sein.

2. Zweckentfremdung öffentlicher Mittel

Die Tätigkeit von Unternehmen der öffentlichen Hand ist nicht schon aus dem Grund **2.44** unlauter, weil ihre Finanzierung durch die öffentliche Hand auch mit Mitteln erfolgen kann, die dieser durch Steuern und Abgaben zugeflossen sind (BGH GRUR 1987, 116 (118) – Kommunaler Bestattungswirtschaftsbetrieb I; BGH GRUR 2003, 164 (166) – Altautoverwertung). Andernfalls dürfte die öffentliche Hand überhaupt keine Unternehmen betreiben, die sich am Wettbewerb beteiligen (Köhler NJW 2002, 2761 (2762)). Unlauter iSv **§ 4 Nr. 4** wird eine Preisunterbietung unter dem Gesichtspunkt der Zweckentfremdung öffentlicher Mittel erst dann, wenn sie aus Mitteln finanziert wird, die der öffentlichen Hand zur Erfüllung eines anderen öffentlichen Zwecks zufließen, und die Kosten der Preisunterbietung auf Dritte (Beitrags-, Steuerzahler) abgewälzt werden (BGH GRUR 1982, 433 (436) – Kinderbeiträge; BGH GRUR 1987, 116 (118) – Kommunaler Bestattungswirtschaftsbetrieb I; BGH GRUR 1993, 125 (126) – EWG-Baumusterprüfung; BGH GRUR 2003, 164 (166) – Altautoverwertung; OLG Schleswig GRUR 1996, 141 (143); vgl. auch BGH GRUR 1967, 36 (38) – Rollkostenzuschüsse). Allerdings ist nicht schon jede geringfügige Abweichung von den gebotenen Preisen unlauter (BGH GRUR 1982, 433 (436) – Kinderbeiträge).

3. Verdrängungsabsicht

Zielt die Preisunterbietung (oder Preisüberbietung) auf die Verdrängung eines Mitbewerbers **2.45** und ist der Preis nicht kostendeckend, so ist sie von vornherein nach § 4 Nr. 4 unlauter (→ § 4 Rn. 4.189 ff.; BGH GRUR 1987, 116 (118) – Kommunaler Bestattungswirtschaftsbetrieb I; OLG Schleswig GRUR 1996, 141 (142); OLG Nürnberg GRUR 2022, 327 Rn. 20). Auf die Herkunft der Mittel oder die sonstigen Motive kommt es nicht an.

4. Gefährdung des Wettbewerbsbestands

Die mit öffentlichen Mitteln finanzierte Preisunterbietung (bis hin zur kostenlosen Abgabe **2.46** von Leistungen) ist auch dann unlauter iSd § 3 I, wenn sie (ggf. unter Berücksichtigung einer Nachahmungsgefahr) zu einer **Gefährdung des Wettbewerbsbestands** führt (allgemeine Marktbehinderung; → § 4 Rn. 5.1 ff.). Wird die öffentliche Hand allerdings im Rahmen der Erfüllung ihr **gesetzlich obliegender Aufgaben** (zB öffentlicher Bildungsauftrag; OLG Nürnberg GRUR-RR 2010, 99 (101)) tätig, kann das Unwerturteil nicht allein mit den Auswirkungen des Verwaltungshandelns auf den Wettbewerb begründet werden. Denn das Lauterkeitsrecht darf das Verwaltungshandeln nicht über Gebühr begrenzen. Andererseits darf die öffentliche Hand bei ihrem Verwaltungshandeln die sachlich berechtigten Interessen privater Wettbewerber nicht außer Acht lassen. Das bedeutet zwar nicht, dass die Verwaltung auf Maßnahmen beschränkt wäre, die durch zwingende Gründe der Daseinsvorsorge geboten sind (BGHZ 123, 157 = GRUR 1993, 917 (919) – Abrechnungs-Software für Zahnärzte). Die Verwaltung muss sich aber bei der Erfüllung einer Aufgabe im Bereich des **verfassungsrechtlich Zulässigen** halten (dazu BGHZ 82, 375 = GRUR 1982, 425 (430) – Brillen-Selbstabgabestellen: Überprüfung der gesetzlichen Grundlage am Maßstab der Art. 2, 12, 14 GG) und sie muss bei Ausübung ihres Ermessens die Grundsätze der **Erforderlichkeit** und **Verhältnismäßigkeit** beachten. Sie muss sich daher auf die Maßnahmen beschränken, die zur Aufgabenerfüllung erforderlich sind (BGHZ 123, 157 (160 f.) = GRUR 1993, 917 – Abrechnungs-Software für Zahnärzte) und so wenig wie möglich in die berechtigten Interessen privater Wettbewerber eingreifen. Eine geschäftliche Handlung der öffentlichen Hand, die zur Gefährdung des Wettbewerbsbestands führt, ist in solchen Fällen unlauter, wenn sie über das verfassungsrechtlich Zulässige und sachlich Gebotene hinausgeht (BGH GRUR 1991, 53 (55 f.) – Kreishandwerkerschaft I). Die bloße Schaffung von Überkapazitäten reicht dazu aber nicht aus (BGH GRUR 2003, 164 (166) – Altautoverwertung).

2.47   **Bestandsgefährdung bejaht:** Einrichtung von Brillen-Selbstabgabestellen durch die AOK (BGHZ 82, 375 = GRUR 1982, 425 (430) – Brillen-Selbstabgabestellen; wohl überholt wegen der Sonderregelung in § 69 SGB V); kostenlose Abgabe von Software an Kassenärzte durch kassenzahnärztliche Vereinigung (BGH GRUR 1993, 917 (919) – Abrechnungs-Software für Zahnärzte; OLG Hamm MMR 2012, 32 (33)).

2.48   **Bestandsgefährdung verneint:** Betreiben eines kommunalen Bestattungswirtschaftsbetriebs (wegen rückläufiger Auftragsentwicklung; BGH GRUR 1987, 116 (118) – Kommunaler Bestattungswirtschaftsbetrieb I); Betreiben einer Inkassostelle durch eine Kreishandwerkerschaft (BGH GRUR 1991, 53 (56) – Kreishandwerkerschaft I); Veranstaltung von „Selbstzahlerreisen" durch Bezirksamt (wegen geringen Umfangs; KG WRP 1986, 207 (209)); Anzeigenveröffentlichung in Amtsblatt (BGH GRUR 1973, 530 (532) – Crailsheimer Stadtblatt I); Betreiben einer Altautoverwertung durch kommunales Unternehmen (BGH GRUR 2003, 164 (166) – Altautoverwertung); Betreiben einer städtischen Musikschule zu nicht kostendeckenden Preisen (OLG Nürnberg GRUR-RR 2010, 99 (101); Betreiben eines Internetportals, das ein Landkreis in Auftrag gibt und finanziert und das ortsansässigen Unternehmen kostenfrei Werbeplätze für Online-Werbung zur Verfügung stellt (OLG Nürnberg GRUR 2022, 327 Rn. 48–55).

IV. Vertrauensmissbrauch

1. Grundsatz

2.49   Der Bürger bringt Äußerungen der öffentlichen Verwaltung, seien es Auskünfte, Empfehlungen, Kritik oder eigene Werbe- und Verkaufsmaßnahmen, besonderes Vertrauen entgegen (BGH GRUR 2009, 1080 Rn. 18 – Auskunft der IHK; BGH GRUR 2018, 622 Rn. 17 – Verkürzter Versorgungsweg II; OLG Hamm WRP 2017, 609 Rn. 31). Dieses Vertrauen ist auch schutzwürdig, weil die öffentliche Verwaltung zu **neutraler** und **objektiver Amtsführung** verpflichtet ist. Ein Missbrauch dieses Vertrauens, um eigenen oder fremden Wettbewerb zu fördern, ist daher idR unzulässig. Dies ergibt sich, wenn die öffentliche Hand nicht als Unternehmer, sondern schlichthoheitlich handelt, aus **§ 3 I** (vgl. BGH GRUR 1999, 267 (270) – Verwaltungsstellenleiter; BGH GRUR 2013, 301 Rn. 29 – Solarinitiative; OLG Köln GRUR 1995, 433: Werbung einer Krankenkasse für eine Bausparkasse), und wenn sie als Unternehmer handelt aus **§ 3 II** (→ Rn. 2.36, 2.37), wenn nicht schon irreführendes oder aggressives Verhalten vorliegt.

2. Auskunft

2.50   Auskünfte sind **unparteiisch, objektiv** und **sachgerecht** zu erteilen (BGH GRUR 1987, 119 (122) – Kommunaler Bestattungswirtschaftsbetrieb II; BGH GRUR 1994, 516 (517) – Auskunft über Notdienste; BGH GRUR 2002, 550 (551) – Elternbriefe; BGH GRUR 2009, 1080 Rn. 18 – Auskunft der IHK; BGH GRUR 2013, 301 Rn. 29 – Solarinitiative). Bei Anfragen über das Vorliegen bestimmter Leistungsangebote (zB Hotels, Bestattungsunternehmen, Notdienste) ist aber nicht ohne weiteres erforderlich, dass alle Anbieter genannt werden. Vielmehr kommt es auf die jeweilige Fragestellung und auf die erkennbaren Interessen (rasche Verfügbarkeit oder Preiswürdigkeit der Leistung, spezielle Leistungsanforderungen usw) des Ratsuchenden an. Ist daran gemessen die Auskunft unrichtig oder unvollständig, begründet dies die Unlauterkeit, ohne dass es auf ein Verschulden ankäme (BGH GRUR 2009, 1080 WRP 2009, 1369 Rn. 21 – Auskunft der IHK, anders noch zum UWG 1909, BGH GRUR 1994, 516 (517) – Auskunft über Notdienste; OLG Stuttgart WRP 2011, 1207 (1210)). Zu den besonderen Anforderungen an die Auskunftspflicht einer IHK als Prüfungsbehörde, die im Wettbewerb mit privaten Anbietern Vorbereitungskurse anbietet, vgl. BGH GRUR 2009, 1080 Rn. 19 – Auskunft der IHK.

3. Empfehlung

a) Vorliegen einer Empfehlung. Ob in einem bestimmten Verhalten bereits eine Emp- **2.51**
fehlung liegt, beurteilt sich nach dem Eindruck des Verkehrs. Dabei ist auf einen durchschnittlich
informierten, aufmerksamen und verständigen Verbraucher und nicht auf die Anschauungen
einer Minderheit abzustellen (BGH GRUR 2002, 550 (551 f.) – Elternbriefe mwN). So wird in
der Versendung von amtlichen Elternbriefen, denen Werbematerial einer Sparkasse beigefügt ist,
keine Empfehlung zu erblicken sein. Ebenso wenig in der Übersendung von Gehaltsabrechnungen an die Mitarbeiter einer Stadtverwaltung, denen ein Werbeflyer einer Bank beigefügt ist
(OLG Brandenburg GRUR-RR 2009, 239), oder in der Vermietung von Reklameflächen in
Räumen der öffentlichen Verwaltung oder in der Duldung der Auslage von Werbeprospekten
eine Empfehlung (RGZ 124, 239 (250)). Anders kann es liegen, wenn Werber in Schulen mit
Billigung der Schulleitung auftreten (vgl. BGH GRUR 1984, 665 (666) – Werbung in Schulen;
OLG Brandenburg WRP 2003, 903). Eine Empfehlung liegt dagegen vor, wenn bestimmte
Unternehmen in einer amtlichen Verlautbarung als besonders vertrauenswürdig dargestellt wer-
den (BGH GRUR 2013, 301 Rn. 30 – Solarinitiative).

b) Unlauterkeit. Die Empfehlung eigener oder fremder Leistung ist nicht ohne weiteres **2.52**
unlauter. Vielmehr kann ein schutzwürdiges Interesse des Empfehlenden oder des Publikums an
derartigen Empfehlungen gegeben sein. Insbes. ist es der öffentlichen Hand nicht grds. verwehrt,
bei der Erfüllung ihrer Aufgaben mit privaten Unternehmen zusammenzuarbeiten und die
Verbraucher darüber in angemessener Weise zu unterrichten (BGH GRUR 2013, 301 Rn. 31 –
Solarinitiative). Die damit verbundene Förderung des Wettbewerbs dieser Unternehmen ist als
notwendige Folge dieser Unterrichtung hinzunehmen, solange sie nicht ein angemessenes Maß
überschreitet (BGH GRUR 2013, 301 Rn. 29 – Solarinitiative). Eine Empfehlung muss jedoch
im Aufgabenbereich der jeweiligen Verwaltung liegen (BGH GRUR 1984, 665 (666) – Werbung in Schulen) und **neutral, objektiv** und **sachgerecht** erfolgen (BGH GRUR 2013, 301
Rn. 29 – Solarinitiative). Das schließt zwar eine wertende Beurteilung nicht aus (BGHZ 19, 299
= GRUR 1956, 216 (218) – Bad Ems). Unlauter ist es jedoch, wenn das der öffentlichen
Verwaltung entgegengebrachte **Vertrauen** in die **Objektivität** und **Neutralität** ihrer Amtsführung missbraucht wird. Prüfungsmaßstäbe sind dabei **§ 3 I, §§ 4a, 5 I, § 5a I** und **§ 3 II.**

Unlauterkeit bejaht: Die Empfehlung ist nicht das Ergebnis einer sachlichen und unpar- **2.53**
teiischen Wertung, sondern wird von geschäftlichen Interessen bestimmt und die Gleichbehandlung von Mitbewerbern wird beeinträchtigt (BGH GRUR 1994, 516 (517) – Auskunft über
Notdienste; BGH GRUR 2002, 550 (551) – Elternbriefe; OLG Stuttgart WRP 2011, 1207
(1210)). Das Gebot der **Objektivität** in Gestalt einer **sachlichen Information** ist zB verletzt,
wenn eine Sozialhilfebehörde einem Sozialhilfeempfänger gegenüber den Eindruck erweckt, die
einzige Möglichkeit zu einer für ihn kostenfreien Lesebrille zu gelangen, sei der Erwerb einer
Fertigbrille in einem Kaufhaus (OLG Frankfurt NJWE-WettbR 1999, 78). Das Gebot der
Neutralität ist verletzt, wenn sich die Verwaltung eine Gegenleistung für die Empfehlung
versprechen oder gewähren lässt (vgl. BGH GRUR 1984, 665 (667) – Werbung in Schulen;
OLG Karlsruhe GRUR-RR 2003, 191 (192): Provisionsversprechen an Schulleitung für Empfehlung an Schulträger, mit einem bestimmten Unternehmen einen Vertrag zu schließen; OLG
Brandenburg WRP 2003, 903: Spende eines PC dafür, dass Schulleitung eine gewerbliche
Fotoaktion an der Schule gestattet); ferner, wenn eine Krankenkasse oder eine Gemeinde **ohne
sachlichen Grund gezielt** den Wettbewerb eines Dritten fördert (BGH GRUR 1999, 267
(270) – Verwaltungsstellenleiter; BGH GRUR 2013, 301 Rn. 32 – Solarinitiative).

Unlauterkeit verneint: Äußerung einer Handwerkskammer, die Innungskrankenkasse sei für **2.54**
das Handwerk besser als jede andere Krankenkasse geeignet, da noch im Aufgabenbereich der
Kammer liegend (§§ 90, 91 HwO: Wahrnehmung aller Aufgaben, die geeignet sind, dem
gesamten Handwerk, dem einzelnen Betrieb und dem einzelnen Angehörigen der Handwerkskammer zu dienen) und sachlich nicht unzutreffend (BGH GRUR 1986, 905 (908) – Innungskrankenkassenwesen; Heck DB 1986, 2655); sachlich zutreffender Hinweis auf die eigene
Leistungsfähigkeit bei gleichzeitiger Benennung der privaten Anbieter (BGH GRUR 1987, 119
– Kommunaler Bestattungswirtschaftsbetrieb II); Duldung einer Zeitschriftenwerbung in Schulen, wenn keine besonderen Umstände vorliegen (BGH GRUR 1984, 665 (667) – Werbung in
Schulen); Empfehlung des Bezugs günstigeren Zahnersatzes durch Ersatzkassen, um Kostenbelastung niedrig zu halten (BGH WRP 2000, 759 (761) – Zahnersatz aus Manila; überholt durch
§ 69 SGB V).

4. Kritik an Dritten

2.55   Bei kritischen Äußerungen oder gar Warnungen vor Leistungsangeboten ist besonders sorgfältig zu prüfen, ob überhaupt eine **geschäftliche Handlung** vorliegt (→ Rn. 2.27 ff.). Denn
dazu ist erforderlich, dass die Kritik an einem Unternehmen zugleich das Ziel (und nicht bloß
die reflexartige Wirkung) hat, den Absatz eines anderen Unternehmens zu fördern. Ist eine
geschäftliche Handlung zu bejahen, so ist die Zulässigkeit der Äußerung an **§ 4 Nr. 1, 2** zu
messen. Dabei ist aber im Hinblick auf das Vertrauen der Öffentlichkeit auf die Richtigkeit
amtlicher Äußerungen ein strenger Maßstab anzulegen (OLG München NJW-RR 1995, 1004:
Warnung einer Krankenkasse vor angeblich zu teuren Leistungserbringern). Es gilt grds. das
Gebot der **Sachlichkeit** und **Neutralität** sowohl in inhaltlicher Hinsicht als auch im Hinblick
auf die gewählten Formulierungen (BGH GRUR 2018, 622 Rn. 17 – Verkürzter Versorgungsweg II). Ohne weiteres unlauter nach § 4 Nr. 1 ist eine **pauschale Herabsetzung** von Wettbewerbern (BGH GRUR 1985, 1063 (1064) – Landesinnungsmeister; OLG Hamburg NJWE-
WettbR 1996, 221; OLG München NJW-RR 1996, 1323: Vorwurf des „Rausklaubens von
Rosinen"). Auf das Grundrecht der **Meinungsfreiheit** können sich eine juristische Person des
öff. Rechts und ihre gesetzlichen Vertreter grds. nicht berufen (BVerwGE 104, 323). – Bei
„Innungen" und **„Kammern"** ist allerdings zu beachten, dass sie als Körperschaften des
öffentlichen Rechts eine Doppelstellung haben, nämlich einerseits Teil der öffentlichen Verwaltung sind, andererseits als Vertreter der berufsständischen und wirtschaftlichen Interessen
ihrer Mitglieder agieren. Soweit sie im Rahmen der ihnen vom Staat übertragenen amtlichen
Aufgaben tätig werden, sind sie wegen des ihnen insoweit entgegengebrachten Vertrauens
gehalten, Informationen objektiv und sachgerecht zu verbreiten (vgl. BGH GRUR 2009, 1080
Rn. 18 – Auskunft der IHK). Nehmen sie dagegen in ihrer Kritik an Mitbewerbern gemeinsame
berufsständische und wirtschaftliche Interessen ihrer Mitglieder wahr, können sie sich auf das
Grundrecht der Meinungsfreiheit aus Art. 5 I 1 GG berufen. Damit geht eine Lockerung des
Gebots der Sachlichkeit und Neutralität einher. Grund dafür ist, dass ein besonderes Vertrauen
der Öffentlichkeit umso weniger gerechtfertigt ist, je mehr die Interessenvertretung im Vordergrund steht (BGH GRUR 2018, 622 Rn. 17, 25 f. – Verkürzter Versorgungsweg II zu Art. 5 I 1
GG).: Warnung einer Innung vor dem „verkürzten Versorgungsweg" durch Art. 5 I GG
gerechtfertigt).

5. Werbe- und Verkaufsmaßnahmen

2.56   Die allgemeinen Grundsätze zB über aggressives oder irreführendes Verhalten (**§§ 4a, 5 I,
§ 5a I**) sowie unzumutbar belästigende Werbung (**§ 7**) gelten auch für die öffentliche Hand.
Unlauter iSd § 4a ist es daher, wenn die öffentliche Hand (zB Krankenkasse) zur Kundenwerbung Laienwerber mit Autoritätsanspruch (Arbeitgeber) einsetzt (OLG Zweibrücken NJWE-
WettbR 2000, 40). Führt die öffentliche Hand Werbe- oder Verkaufsaktionen durch, soll im
Hinblick auf das besondere Vertrauen des Publikums in die Seriosität der öffentlichen Hand
Unlauterkeit wegen übertriebenen Anlockens gegeben sein (BGH GRUR 1985, 975 – Sparkas-
senverkaufsaktion). In dieser Allgemeinheit kann dies angesichts des gewandelten Verbraucher-
leitbilds nicht mehr gelten. Eine unzulässige Beeinflussung iSd § 4a I 2 Nr. 3 ist in solchen
Fällen daher allenfalls ausnahmsweise gegeben. – Im Einzelfall kann der Tatbestand der Irreführung (§ 5) erfüllt sein. **Beispiele:** Hinweis auf Unentgeltlichkeit der Tätigkeit eines kirchlichen
Unternehmens, obwohl Provisionen bezogen werden (BGH GRUR 1981, 823 (826) – Ecclesia-
Versicherungsdienst); ungeprüfte Übernahme der vom Gläubiger genannten „Mondpreise"
durch Gerichtsvollzieher (KG NJW-RR 1986, 201); unrichtige Behauptung einer kassenärztlichen Vereinigung, ein Zuschuss von Krankenkassen sei davon abhängig, dass über sie bezogen
wurde (BGH GRUR 2000, 340 (344) – Kartenlesegerät).

V. Autoritätsmissbrauch

2.57   Der **Autoritätsmissbrauch,** also die sachwidrige Druckausübung durch einen Amtsinhaber
auf die Nachfrageentscheidung, ist stets unlauter nach **§ 4a I** (vgl. allgemein → § 4a Rn. 1.67 ff.;
zu § 1 UWG 1909 vgl. BGH GRUR 2002, 550 (553) – Elternbriefe; BGH GRUR 2003, 77
(79) – Fernwärme für Börnsen). Dem steht der Fall gleich, dass die öffentliche Hand (zB
Betriebskrankenkasse) einen Autoritätsträger (zB Betriebsrat) für eigene Zwecke einsetzt (OLG
Zweibrücken NJWE-WettbR 2000, 40; allg. dazu BGH WRP 2012, 309 – Betriebskrankenkasse I). Unerheblich ist, worin der Druck besteht (Ankündigung eines Nachteils oder eines

Vorteils) und wie er ausgeübt wird (offen oder versteckt). Es genügt bereits, dass die angesprochenen Personen den Eindruck gewinnen können, ihre Kaufentscheidung könnte die Entscheidungen des Amtsinhabers beeinflussen. Ein Autoritätsmissbrauch liegt freilich nicht schon dann vor, wenn eine Behörde mit ihren amtlichen Mitteilungen zugleich Werbematerial versendet, mag damit auch der Werbung besondere Aufmerksamkeit zuteilwerden (BGH GRUR 2002, 550 (553) – Elternbriefe), wenn eine Gemeinde ihren gewerblichen Bestattungsdienst im kommunalen Friedhofsgebäude unterbringt (BGH GRUR 2005, 960 (962) – Friedhofsruhe) oder wenn die öffentliche Hand lediglich Privatanzeigen für ein amtliches Mitteilungsblatt entgegennimmt (BGH GRUR 1973, 530 (531) – Crailsheimer Stadtblatt I). Erst recht liegt kein Autoritätsmissbrauch vor, wenn eine Stadtverwaltung den Gehaltsabrechnungen an ihre Mitarbeiter einen Werbeflyer einer Bank beifügt (OLG Brandenburg GRUR-RR 2009, 239). Ebenso scheidet ein Vertrauens- oder Autoritätsmissbrauch aus, wenn ein Hersteller von Zahnpflegemitteln im Einverständnis mit der Schulverwaltung kostenlos ein Schulprogramm für Zahnhygiene zur Verfügung stellt (OLG Frankfurt WRP 2001, 294). Anders läge es, wenn zB ein Lehrer Schülern den Bezug einer Zeitschrift in einer Weise nahelegt, dass die Eltern den Eindruck gewinnen können, eine Nichtbestellung werde zu schlechterer Behandlung der Kinder durch den Lehrer führen (BGH GRUR 1984, 665 (667) – Werbung in Schulen).

VI. Missbrauch von Hoheitsbefugnissen und öffentlich-rechtlichen Monopolstellungen

2.58 Eng verwandt mit dem Vertrauens- und Autoritätsmissbrauch ist der Missbrauch von Hoheitsbefugnissen oder öffentlich-rechtlichen Monopolstellungen. Er ist gegeben, wenn die öffentliche Hand die ihr kraft öffentlichen Rechts zustehende Hoheits- oder Entscheidungsbefugnis oder Monopolstellung sachwidrig zur Förderung eigenen oder fremden Wettbewerbs einsetzt (BGH GRUR 1987, 116 (118) – Kommunaler Bestattungswirtschaftsbetrieb I; BGH GRUR 1999, 256 (257) – 1.000,– DM Umwelt-Bonus; BGH WRP 1999, 650 (654) – Holsteiner Pferd; BGH GRUR 2003, 77 (78) – Fernwärme für Börnsen; BGH GRUR 2003, 167 (169) – Kommunaler Schilderprägebetrieb). So verhält es sich etwa, wenn eine Gemeinde in ein und demselben Gebäude sowohl eine Kfz-Zulassungsstelle als auch (mittels eines Tochterunternehmens) ein Schilderprägeunternehmen betreibt, und sie dabei den Zweck verfolgt, unter Verdrängung leistungsbereiter privater Wettbewerber für sich den größten wirtschaftlichen Vorteil zu erzielen (BGH GRUR 2003, 167 (169) – Kommunaler Schilderprägebetrieb); wenn eine IHK als Prüfungsbehörde und gleichzeitige Anbieterin von entgeltlichen Vorbereitungskursen auf Anfrage verschweigt, dass es auch konkurrierende Anbieter gibt (BGH GRUR 2009, 1080 Rn. 19 – Auskunft der IHK); wenn die Erteilung einer Genehmigung oder die Ermäßigung einer Gebühr für den Fall einer bestimmten Kaufentscheidung in Aussicht gestellt wird (vgl. BGH GRUR 1964, 210 (213) – Landwirtschaftsausstellung; BGH GRUR 1984, 665 (667) – Werbung in Schulen). Dem steht der Fall gleich, dass die Erteilung eines Auftrags als Druck- oder Lockmittel eingesetzt wird. Unlauter ist es ferner, wenn der Bezug einer Ware oder Dienstleistung bei einem bestimmten Anbieter ohne sachlichen Grund verbindlich vorgeschrieben wird. **Beispiel:** Ein Justizprüfungsamt kann zwar im Rahmen seiner öffentlichen Aufgabe verbindlich festlegen, welche Kommentare zum Examen zugelassen sind, nicht aber, bei welchem Buchhändler sie zu beziehen sind.

2.59 **Missbrauch verneint:** Krankenkasse schaltet Mitarbeiter einer privaten Krankenversicherung in die Mitgliederwerbung ein, mag dadurch auch die Gelegenheit zu Vertragsschlüssen geschaffen werden (BGH GRUR 1999, 267 (270) – Verwaltungsstellenleiter). – Krankenkasse empfiehlt günstige Bezugsmöglichkeiten für Zahnersatz (BGH WRP 2000, 759 (761) – Zahnersatz aus Manila; überholt durch § 69 SGB V). – Gemeinde erlegt Erschließungsträgern die Vertragspflicht auf, den Verkauf von Grundstücken davon abhängig zu machen, den Heizenergiebedarf bei einem kommunalen Blockheizkraftwerk zu decken, sofern sie dabei ein berechtigtes öffentliches Interesse (Vermeidung des Heizens mit fossilen Brennstoffen) verfolgt (BGH GRUR 2003, 77 (79) – Fernwärme für Börnsen – auch zu § 124 BauGB). – Gemeinde betreibt neben einer Kfz-Zulassungsstelle einen Kfz-Schildverkauf, sofern nicht das fiskalische Interesse an Einnahmenerzielung, sondern das Interesse an einer Versorgung der Bürger im Vordergrund steht, etwa weil die Versorgung durch private Anbieter auf längere Sicht nicht zuverlässig gewährleistet erscheint (BGH GRUR 2003, 167 (169) – Kommunaler Schilderprägebetrieb; OLG Karlsruhe WRP 1995, 857 (859)). In solchen Fällen ist von einer bloßen Hilfstätigkeit zur öffentlich-rechtlichen Aufgabe auszugehen.

VII. Ausnutzung amtlicher Beziehungen zum Wettbewerb

1. Grundsatz

2.60   Es ist grds. unlauter iSd § 3 I, § 4 Nr. 4, wenn die öffentliche Hand ihre amtlichen Beziehungen zum Wettbewerb dazu missbraucht, sich oder anderen wettbewerbliche Vorteile zu verschaffen, also amtliche und erwerbswirtschaftliche Interessen verquickt (BGH GRUR 1999, 594 (597) – Holsteiner Pferd; BGH GRUR 2003, 77 (79) – Fernwärme für Börnsen; BGH GRUR 2003, 164 (166) – Altautoverwertung; BGH GRUR 2009, 606 Rn. 20 – Buchgeschenk vom Standesamt; OLG Brandenburg GRUR-RR 2018, 466 Rn. 45). Doch kommt es jeweils auf die Umstände des Einzelfalls an. Soweit die öffentliche Hand mittels der privatwirtschaftlichen Betätigung dazu beitragen möchte, ihre öffentliche Aufgabe rascher und rationeller zu erfüllen, die privatwirtschaftliche Betätigung daher als eine Art **Hilfstätigkeit der öffentlichen Verwaltung** erscheint, muss sie so vorgehen, dass die Belange privater Anbieter so wenig wie möglich beeinträchtigt werden (BGH GRUR 1974, 733 (734) – Schilderverkauf; BGH GRUR 2003, 164 (166) – Altautoverwertung). Dies gebietet die Wahl des schonendsten Mittels unter Abwägung der Interessen der Bürger und der Gewerbetreibenden. So kann es im Einzelfall zulässig sein, dass eine Gemeinde den Verkauf von Kfz-Schildern betreibt, um den Bürgern das Verfahren zu erleichtern, sofern sie gleichzeitig auf private Bezugsmöglichkeiten hinweist (BGH GRUR 1974, 733 (734) – Schilderverkauf; OLG Karlsruhe WRP 1995, 857 (859); aA Schultz-Süchting GRUR 1974, 700). Entsprechendes gilt für die Altautoentsorgung im Zusammenhang mit ihrer Abmeldung (BGH GRUR 2003, 164 (167) – Altautoverwertung). Allerdings ist in solchen Fällen stets zu prüfen, ob nicht eine Überlassung des Geschäfts an Private (zB im Weg der Ausschreibung und Verpachtung der entsprechenden Räumlichkeiten) ausreichend ist, um die Bürgerbelange zu wahren. Auch dürfen Gewerbetreibende, die sich um eine Zusammenarbeit mit der Behörde bemühen, nicht aus unsachlichen Gründen ausgeschlossen werden (BGH GRUR 1999, 278 (280 f.) – Schilderpräger im Landratsamt; BGH GRUR 2003, 164 (167) – Altautoverwertung).

2. Ausnutzung amtlicher Informationen

2.61   Stets unlauter iSd § 3 I, § 4 Nr. 4 ist es, wenn die öffentliche Hand amtliche oder amtlich erlangte Informationen, die den privaten Wettbewerbern nicht oder nicht ohne Weiteres oder nicht so rasch zugänglich sind, dazu ausnutzt, um sich oder einem fremden Unternehmen einen ungerechtfertigten Wettbewerbsvorsprung zu verschaffen (BGH GRUR 1974, 733 (735) – Schilderverkauf; BGH GRUR 1987, 116 (118) – Kommunaler Bestattungswirtschaftsbetrieb I; BGH GRUR 1989, 603 (604) – Kommunaler Bestattungswirtschaftsbetrieb III; BGH GRUR 2001, 550 (553) – Elternbriefe; BGH GRUR 2009, 606 Rn. 20 – Buchgeschenk vom Standesamt; OLG Köln WRP 1991, 259 (262)). **Beispiel:** Eine Gemeinde leitet die Sterbefallanzeigen an das eigene Bestattungsunternehmen weiter, damit es Bestattungsaufträge erlangen kann (vgl. Piper GRUR 1986, 574 (579)). – Unlauterkeit ist jedoch zu verneinen, wenn die öffentliche Hand die Nutzung der Informationen auch interessierten Mitbewerbern auf Verlangen ermöglicht (BGH GRUR 2002, 550 (553) – Elternbriefe; BGH GRUR 2009, 606 Rn. 21 – Buchgeschenk vom Standesamt). – Eine Weitergabe von amtlich erlangten Daten an einen privaten Mitbewerber zur Nutzung liegt dann nicht vor, wenn eine Krankenkasse zwar Mitarbeiter einer privaten Krankenversicherung in die Mitgliederwerbung einbezieht, aber zugleich für die Einhaltung der Geheimhaltungspflicht sorgt (BGH GRUR 1999, 267 (269) – Verwaltungsstellenleiter). – Unlauter ist es, wenn amtlich erlangte Informationen dazu verwendet werden, um unter Ausnutzung amtlicher Autorität eigenen oder fremden Wettbewerb zu fördern (BGH GRUR 2002, 550 (553) – Elternbriefe). Das dürfte aber (entgegen BGH GRUR 2002, 550 (553) – Elternbriefe) nicht schon dann anzunehmen sein, wenn mit Elternbriefen einer Schulbehörde gleichzeitig als Werbung eindeutig erkennbare „Elterninfos" einer Bausparkasse versandt werden und in beiden Schreiben an das Verantwortungsbewusstsein der Eltern appelliert wird. Denn der „durchschnittlich informierte, aufmerksame und verständige Verbraucher" weiß sehr wohl zwischen amtlichen Mitteilungen und beigefügter Werbung zu unterscheiden.

3. Ausnutzung amtlicher Einflussmöglichkeiten

2.62   Stets unlauter iSd **§ 3 I, § 4a** ist es, wenn die öffentliche Hand ihre amtlichen Einflussmöglichkeiten auf ihre Bediensteten, Mitglieder oder Benutzer oder auf eine andere öffentliche Hand sachwidrig dazu ausnutzt, um eigenen oder fremden Wettbewerb zu fördern (BGH GRUR 1964, 210 (212) – Landwirtschaftsausstellung). Dazu gehört auch der Fall des Missbrauchs einer eingeräumten Regelungsbefugnis (BGH GRUR 1999, 594 (597) – Holsteiner Pferd).

4. Ausnutzung öffentlicher Ressourcen

a) Grundsätzliche Zulässigkeit. Der öffentlichen Hand ist es nicht grds. untersagt, bei der **2.63** Teilnahme am Wettbewerb auf die ihr zur Verfügung stehenden Mittel (Sachmittel, Geldmittel und Personal) im erforderlichen Umfang und in angemessener Weise zurückzugreifen (BGH GRUR 1987, 116 (118) – Kommunaler Bestattungswirtschaftsbetrieb I; BGH GRUR 1999, 256 (257) – 1.000,– DM Umweltbonus; BGH GRUR 2005, 960 (962) – Friedhofsruhe). Das folgt bereits aus der grundsätzlichen Zulässigkeit der wettbewerblichen Betätigung der öffentlichen Hand. Auch liegt es im öffentlichen Interesse, durch optimalen Ressourceneinsatz Kosten zu sparen und damit den Steuer- und Gebührenzahler zu entlasten. Standortvorteile, die mit der Nutzung ihres Eigentums verbunden sind, darf die öffentliche Hand – von Ausnahmefällen abgesehen – nutzen (BGH GRUR 2005, 960 (962) – Friedhofsruhe; krit. Hauck GRUR 2008, 665 (667 f.)). Grds. zulässig ist insbes. die **Randnutzung öffentlicher Einrichtungen** (→ Rn. 2.42) für erwerbswirtschaftliche Zwecke, etwa die Unterbringung eines gewerblichen Bestattungsbetriebs in einem kommunalen Friedhofsgebäude (BGH GRUR 2005, 960 (962) – Friedhofsruhe), die Vermietung von Reklameflächen auf Straßen- und U-Bahnen oder die Hereinnahme privater Anzeigen in Amtsblätter (BGH GRUR 1971, 168 (170) – Ärztekammer; BGH GRUR 1973, 530 (531) – Crailsheimer Stadtblatt I) oder die Randnutzung amtlich erlangter Informationen oder Beziehungen im Wettbewerb (BGH GRUR 2002, 550 (553) – Elternbriefe; BGH GRUR 2009, 606 Rn. 14 – Buchgeschenk vom Standesamt). Dazu gehört aber auch die Nutzung nicht ausgelasteter („brachliegender") Ressourcen, so etwa das Verleihen von nicht ausgelasteten Maschinen, das Ausleihen von nicht ausgelasteten Arbeitnehmern und auch die Hereinnahme von Aufträgen Privater (vgl. VerfGH RP NVwZ 2000, 801 (803); Köhler WRP 1999, 1205 (1210 f.) und BayVBl. 2000, 1 (5); aA OLG Hamm JZ 1998, 576 (577)).

b) Unzulässigkeit der Verquickung hoheitlicher und wirtschaftlicher Tätigkeit. Ge- **2.64** schäftliche Handlungen der öffentlichen Hand können unlauter iSd **§ 4 Nr. 4, § 4a, § 5 I** oder **§ 5a IV** sein, wenn sie **mit einer hoheitlichen Tätigkeit verquickt** werden. **Beispiele:** Beim Publikum wird der Eindruck erweckt, die erwerbswirtschaftliche Betätigung sei noch Teil der hoheitlichen Aufgabenerfüllung (BGH GRUR 2009, 606 Rn. 14 – Buchgeschenk vom Standesamt; BGH GRUR 2002, 550 (553) – Elternbriefe). Das kann eine strikte räumliche Trennung beider Tätigkeitsbereiche erforderlich machen (BGH GRUR 1987, 116 (117 f.) – Kommunaler Bestattungswirtschaftsbetrieb I; OLG München GRUR 1987, 550; OLG Brandenburg GRUR-RR 2018, 466 Rn. 48–51). – Die öffentliche Hand nutzt ihre Standortvorteile dazu aus, das Publikum von Preisvergleichen abzuhalten (BGH GRUR 1956, 227 (228) – Reisebüro; BGH GRUR 1987, 116 (118) – Kommunaler Bestattungswirtschaftsbetrieb I). – Ein Krankenhausträger leitet einen Transportauftrag auch dann an die örtliche Rettungsleitstelle weiter, wenn der Patient ausdrücklich den Transport durch ein bestimmtes privates Krankentransportunternehmen wünscht (BGH GRUR 1989, 430 (431) – Krankentransportbestellung; vgl. auch BGH GRUR 1987, 829 (831) – Krankentransporte). Der Ausschluss privater Krankentransportunternehmen lässt sich auch nicht damit begründen, dass die kommunale Rettungsdienststelle stark defizitär sei (OLG Celle WuW/E OLG 4130).

VIII. Normverstoß

1. Grundrechtsverstoß

a) Grundrechtsbindung des Staats. Die öffentliche Hand muss bei ihrer wirtschaftlichen **2.65** Betätigung die **Grundrechte Privater** (insbes. Art. 1, 2, 3, 5, 12, 14 GG) beachten. Ein Grundrechtsverstoß ist aber nicht schon in der **Aufnahme** einer wirtschaftlichen Tätigkeit ohne ausdrückliche gesetzliche Ermächtigung zu erblicken. Vielmehr ist ein solcher Verstoß iAllg erst bei einer unerlaubten Monopolisierung des Marktes oder einer gezielten Verdrängung von Mitbewerbern anzunehmen (→ Rn. 2.12). Diese Sachverhalte lassen sich jedoch bereits mit allgemeinen lauterkeitsrechtlichen Grundsätzen (allgemeine Marktbehinderung; gezielte Behinderung) erfassen, so dass insoweit ein Rückgriff auf die Grundrechtsbindung entbehrlich ist (ähnlich BVerwG NJW 1995, 2938 (2939)).

2.65a   **b) Verstoß gegen die Presse- und Rundfunkfreiheit (Art. 5 I 2 GG).** Der Staat ist insbes. an die Grundrechte und zugleich institutionelle Garantie der **Presse-** und **Rundfunkfreiheit** (Art. 5 I 2 GG) gebunden (vgl. BVerfGE 20, 162 (175); BVerfGE 121, 30 Rn. 95). Daraus hat die Rspr. das Gebot der **Staatsferne der Presse** abgeleitet (BGH GRUR 2015, 1228 Rn. 59 – Tagesschau-App; eingehend BGH GRUR 2019, 189 Rn. 18 – Crailsheimer Stadtblatt II = NJW 2019, 763 m. krit. Anm. Alexander = WRP 2019, 317 m. Anm. Peifer; BGH GRUR 2022, 1336 Rn. 21 – dortmund.de m. krit. Anm. Alexander; Köhler GRUR 2019, 265; Katz DÖV 2019, 261; Fabi/Struß GRUR 2020, 144; Beater WRP 2022, 1202; Schwarz/Dorsch NVwZ 2022, 1329; v. Wallenberg NJW 2022, 3191). Dieses Gebot besagt, dass sich der Staat zur Sicherung der Meinungsvielfalt nur **in engen Grenzen auf dem Gebiet der Presse** betätigen darf. Es regelt insbes. auch die Frage, wie sich Hoheitsträger und von Hoheitsträgern beherrschte Unternehmen im Fall ihrer **Teilnahme am Wettbewerbsgeschehen** auf dem Gebiet der Presse zu verhalten haben (BGH GRUR 2019, 189 Rn. 19 – Crailsheimer Stadtblatt II; BGH GRUR 2022, 1336 Rn. 21 – dortmund.de; BGH GRUR 2023, 1299 Rn. 25 – muenchen.de). – Zur Frage der Beherrschung eines Unternehmens durch die öffentliche Hand im Fall der Minderheitsbeteiligung vgl. OLG Karlsruhe AfP 2023, 65. – Zum **Begriff** der Presse iSd Art. 5 I 2 GG vgl. Dürig/Herzog/Scholz/Grabenwarter, GG, (85. EL Nov. 2018), GG Art. 5 Rn. 239 ff. mwN. Der Begriff der Presse ist nicht beschränkt auf körperliche Druckerzeugnisse, sondern erstreckt sich auch auf die Kommunikation in Telemedien in pressemäßiger Darstellung (str.). Jedenfalls schützt das Gebot der Staatsferne der Presse auch vor Substitutionseffekten kommunaler Online-Informationsangebote, die dazu führen, dass die private Presse ihre besondere Aufgabe im demokratischen Gemeinwesen nicht mehr erfüllen kann (BGH GRUR 2022, 1336 Rn. 37 – dortmund.de; BGH GRUR 2023, 1299 Rn. 34 – muenchen.de vgl. auch OLG Nürnberg GRUR 2022, 327 Rn. 32).

2.65b   Die öffentliche Hand ist vom Zutritt zum Markt für Presseerzeugnisse, einschließlich dem Anzeigenmarkt, nicht völlig ausgeschlossen; vielmehr dürfen sich private und staatliche Stellen in einem überschneidenden Bereich auf diesem Markt begegnen. Es handelt sich insoweit nicht nur um eine Marktzutrittsregelung (so aber Ohly/Sosnitza Rn. 20; Fabi/Struß GRUR 2020, 144 (149); Alexander GRUR 2022, 1343), sondern auch um eine **Marktverhaltensregelung** iSd § 3a, da sie zumindest auch dazu bestimmt ist, im Interesse der Marktteilnehmer, insbes. der institutionell geschützten Presse, aber auch im Interesse der Allgemeinheit an einer unabhängigen Information und Meinungsbildung, das Marktverhalten der öffentlichen Hand zu regeln (BGH GRUR 2019, 189 Rn. 19 – Crailsheimer Stadtblatt II; BGH GRUR 2022, 1336 Rn. 21 – dortmund.de; BGH GRUR 2023, 1299 Rn. 25 – muenchen.de). Umfang und Grenzen des Gebots beurteilen sich nach den Umständen des **Einzelfalls,** letztlich aber danach, inwieweit die konkrete pressemäßige Betätigung der öffentlichen Hand eine Gefährdung der institutionellen Presse und der Meinungsvielfalt bewirkt. Zur Beurteilung kommunaler Presseerzeugnisse vgl. BGH GRUR 2019, 189 Rn. 20–41 – Crailsheimer Stadtblatt II; BGH GRUR 2022, 1336 Rn. 22–40, 52–54, 56–59, 63, 65 – dortmund.de; BGH GRUR 2023, 1299 Rn. 27–49, 64 f., 68 f. – muenchen.de OLG Nürnberg GRUR-RR 2019, 473; Schröder WRP 2020, 1144 und 1278. Bei Online-Informationsangeboten, insbesondere von Kommunen, kann es für eine Gesamtbetrachtung bedeutsam sein, ob gerade die das Gebot der Staatsferne der Presse verletzenden Beiträge das Gesamtangebot prägen. Das erfordert eine wertende Betrachtung insgesamt (BGH GRUR 2022, 1336 Rn. 39 f., 54, 56 – dortmund.de; BGH GRUR 2023, 1299 Rn. 39, 42 – muenchen.de).

2.65c   Die Rechtsprechung des BGH zur Staatsferne der Presse hat auch deswegen Kritik erfahren, weil das Vorliegen einer **geschäftlichen Handlung** iSd § 2 I Nr. 2 (→ Rn. 2.17) nicht eigenständig geprüft worden sei (wegen Verstoßes gegen das Gebot der Staatsferne der Presse bejaht in BGH GRUR 2019, 189 Rn. 56 – Crailsheimer Stadtblatt II; offengelassen in BGH GRUR 2022, 1336 Rn. 66 – dortmund.de; wegen entgeltlicher Anzeigenwerbung bejaht in BGH GRUR 2023, 1299 Rn. 14–17 – muenchen.de). Dafür genüge nicht bereits die Feststellung, dass die öffentliche Hand den ihr zugewiesenen Aufgabenbereich erkennbar verlasse (Köhler GRUR 2019, 265 f.; Alexander GRUR 2022, 1343). Liege keine geschäftliche Handlung vor, weil die öffentliche Hand keine eigenen oder fremden geschäftlichen Interessen, wie zB in Gestalt von Werbung für eigene oder fremde Unternehmen (vgl. OLG Nürnberg GRUR-RR 2019, 473 Rn. 48 ff.), verfolge, könne eine Kontrolle nur durch die Verwaltungsbehörden und Verwaltungsgerichte erfolgen.

c) Verstoß gegen den Gleichbehandlungsgrundsatz (Art. 3 I GG). Die öffentliche **2.65d** Hand handelt unlauter iSd **§ 3 I,** wenn sie zur Förderung eigenen oder fremden Wettbewerbs Anbieter oder Nachfrager ohne sachlich gerechtfertigten Grund unterschiedlich behandelt. Dies ergibt sich aus einer verfassungskonformen Auslegung am Maßstab des Art. 3 I GG. Dabei ist nicht erforderlich, dass die öffentliche Hand gleichzeitig einen der kartellrechtlichen **Diskriminierungstatbestände** (§§ 19, 20, 130 II GWB) verwirklicht. So darf zwar ein öffentlicher Krankenhausträger grds. im Interesse eines funktionsfähigen Rettungsdienstes und damit im eigenen Interesse an einer bewährten sachgerechten Abwicklung Krankentransporte an die (im Wettbewerb mit privaten Anbietern stehende) Rettungsleitstelle weiterleiten (BGHZ 101, 72 (83 f.) = GRUR 1987, 829 (831) – Krankentransporte I). Dies gilt jedoch dann nicht, wenn der Patient ausdrücklich den Transport durch ein bestimmtes privates Krankentransportunternehmen wünscht (BGHZ 107, 40 = GRUR 1989, 430 (431) – Krankentransportbestellung). Ebenso wenig darf eine Gemeinde Patienten nur an eine Sozialstation (und nicht auch an private Krankenpflegestationen) verweisen, wenn dies ohne die Zustimmung oder gar gegen den Willen der Patienten geschieht (OLG Hamm NJW-RR 1991, 432). Unlauter ist es auch, wenn eine Kfz-Zulassungsstelle Nummernschilder im Auftrag einzelner Anbieter unter gleichzeitigem sachlich ungerechtfertigtem Ausschluss anderer Anbieter verkauft (OLG Köln WRP 1991, 259). Die Bevorzugung eines öffentlichen (zB kommunalen) Anbieters gegenüber einem privaten Mitbewerber lässt sich nicht damit rechtfertigen, dass dieser stark defizitär ist (OLG Celle WuW/ E 4130). – Unlauter ist es, wenn eine Stadt eine für sie eingetragene Wort-/Bildmarke einem von ihr beherrschten Dienstleistungsunternehmen als „offiziellen Dienstleister" zur Nutzung überlässt und ihm dadurch einen Wettbewerbsvorteil verschafft (OLG Brandenburg GRUR-RR 2018, 364 Rn. 56). – Der Gleichbehandlungsgrundsatz bzw. das Diskriminierungsverbot ist insbes. auch bei Ausschreibungen zu beachten (vgl. auch OLG Hamm NJW-RR 1992, 1071). Doch greifen insoweit ohnehin die strengen Grundsätze des Vergaberechts ein (→ Rn. 2.77).

2. Verstoß gegen allgemeine Verwaltungsgrundsätze

Die öffentliche Verwaltung hat bei ihrer Tätigkeit bestimmte Grundsätze zu beachten (Gleich- **2.66** behandlungsgebot; Erforderlichkeit und Verhältnismäßigkeit; Verbot sachwidriger Erwägungen bei der Ermessensausübung; Sparsamkeitsgebot). Daraus wurde verschiedentlich abgeleitet, dass sich die öffentliche Hand im Wettbewerb nicht derselben Mittel und Maßnahmen bedienen dürfe wie ein Privater, ihr vielmehr die Pflicht zu einer maßvollen Interessenverfolgung obliege (vgl. BGH GRUR 1974, 733 (734) – Schilderverkauf; Piper GRUR 1986, 574 (576)). Letztlich werden damit aber nur die bei den erörterten Fallgruppen (Gleichbehandlungsgrundsatz; Preisunterbietung, Vertrauensmissbrauch usw) maßgeblichen Erwägungen zum Ausdruck gebracht. Weitergehende Schlussfolgerungen sind nicht angezeigt. Umgekehrt kann sich die öffentliche Hand nicht auf allgemeine Verwaltungsgrundsätze berufen, um ein unlauteres oder wettbewerbsbeschränkendes Verhalten zu rechtfertigen (vgl. BGH GRUR 2003, 633 (634) – Ausrüstungsgegenstände für Feuerlöscher zum Sparsamkeitsgebot). Vielmehr muss die öffentliche Hand ihren Verpflichtungen im Rahmen der allgemein geltenden lauterkeits- und kartellrechtlichen Verpflichtungen nachkommen (BGH GRUR 2003, 633 (634) – Ausrüstungsgegenstände für Feuerlöscher).

3. Bindung an spezifische Normen

a) Allgemeines. Bei Normen, die sich nicht an jedermann, sondern nur an die öffentliche **2.67** Hand richten, ist zu unterscheiden, ob es sich dabei um reine Marktzutrittsregelungen oder um Marktverhaltensregelungen handelt. Denn nach § 3a sind grds. nur Verstöße gegen Marktverhaltensregelungen als unlautere geschäftliche Handlungen anzusehen. Diese Unterscheidung ist nicht selbstverständlich, sondern geht auf einen Wandel der Rspr. zurück (→ Rn. 2.67a).

aa) Rechtsentwicklung. Nach der **älteren Rspr. zu § 1 UWG 1909** war ein Wettbewerbs- **2.67a** verstoß nur dann zu bejahen, wenn eine öffentlich-rechtliche Norm dem Schutz eines wichtigen Allgemeininteresses (Gemeinschaftsguts) diente und ihre Verletzung zu Wettbewerbszwecken erfolgte (BGH GRUR 1990, 611 (615) – Werbung im Programm; BVerfG NJW 2003, 277 (278); allg. dazu BGHZ 144, 255 = GRUR 2000, 1076 (1078) – Abgasemissionen). Denn Wettbewerb sollte nicht unter Missachtung wichtiger Gemeinschaftsinteressen betrieben werden. Daher soll es insoweit nicht darauf ankommen, ob die Norm einen unmittelbaren Wettbewerbsbezug aufweist oder nicht (BGHZ 144, 255 = GRUR 2000, 1076 (1078) – Abgasemissionen).

Diese Rspr. berücksichtigte aber nicht hinreichend, dass das Lauterkeitsrecht nur den Wettbewerb im Interesse der Marktbeteiligten, insbes. der Mitbewerber und Verbraucher schützen soll. Das Lauterkeitsrecht mit seinen spezifischen Sanktionen darf nicht zum Schutz anderer Rechtsgüter instrumentalisiert werden (vgl. Köhler GRUR 2001, 777; Ullmann GRUR 2003, 817 (821)), mögen sie auch „gewichtige Allgemeininteressen" darstellen.

2.67b   Die **neuere Rspr. zu § 1 UWG 1909** trug diesen Bedenken Rechnung (grundlegend BGHZ 150, 343 = GRUR 2002, 825 – Elektroarbeiten; BGH GRUR 2003, 164 (166) – Altautoverwertung). Danach stellte die Verletzung von öffentlich-rechtlichen Normen, die der öffentlichen Hand den Marktzutritt entweder generell verboten oder nur unter bestimmten Voraussetzungen gestatteten, um die Privatwirtschaft vor einem (übermäßigen) Wettbewerb durch die öffentliche Hand zu schützen, keinen Wettbewerbsverstoß dar. Daran ändert es auch nichts, dass der Verstoß vorsätzlich oder bewusst, planmäßig oder besonders hartnäckig begangen wurde oder bereits von einer Aufsichtsbehörde beanstandet worden war (BGHZ 150, 343 = GRUR 2002, 825 (827) – Elektroarbeiten; Köhler NJW 2002, 2761 (2763)).

2.68   Der **Gesetzgeber** reagierte darauf mit der Schutzzweckregelung in § 1 UWG 2004. In dessen S. 2 wurde festgelegt, dass das UWG zugleich das **Interesse der Allgemeinheit an einem unverfälschten Wettbewerb** schützt. Damit wurde zum Ausdruck gebracht, dass das **UWG nicht dem Schutz sonstiger Allgemeininteressen dient** (→ § 1 Rn. 40, 41). Zugleich wurde in **§ 4 Nr. 11 UWG 2004** ein spezieller Rechtsbruchtatbestand geschaffen, der auf die Verletzung von Marktverhaltensregelungen abstellte. Der jetzige **§ 3a** hat diese Regelung übernommen. Stets ist also zu fragen, ob eine öffentlich-rechtliche Norm zumindest auch dem Schutz der Interessen der Verbraucher, sonstigen Marktteilnehmer oder Mitbewerber dient. Ist dies nicht der Fall, kann der Schutz nur mittels der dafür vorgesehenen öffentlich-rechtlichen Sanktionen erfolgen.

2.69   **bb) Marktzutrittsregelungen für die öffentliche Hand.** Öffentlich-rechtliche Normen, die lediglich den **Marktzutritt der öffentlichen Hand, aber nicht gleichzeitig auch ihr Marktverhalten** im Interesse der Marktteilnehmer regeln, erfüllen nicht die tatbestandlichen Voraussetzungen des § 3a. Dass sie die Erhaltung einer bestimmten, von privaten Unternehmen geprägten Marktstruktur bezwecken, bleibt für die Anwendung des § 3a außer Betracht. Aufgabe des Lauterkeitsrechts ist es nicht, bestimmte Marktstrukturen zu erhalten, sondern die Freiheit und Lauterkeit des Wettbewerbs zu schützen. Dem steht nicht entgegen, dass die Rspr. unter bestimmten Voraussetzungen den Bestand des Wettbewerbs auf einem bestimmten Markt schützt, weil es auch hier nicht primär um die Erhaltung von Marktstrukturen geht, sondern um die Unterbindung von Verhaltensweisen, die nach den Gesamtumständen unter Berücksichtigung ihrer Auswirkungen auf die Marktstruktur gerade auch als Wettbewerbsmaßnahmen unlauter sind (BGHZ 150, 343 = GRUR 2002, 825 (827) – Elektroarbeiten). Es ist im Übrigen auch nicht der Sinn des § 3 I, privaten Wettbewerbern der öffentlichen Hand zivilrechtliche Ansprüche zu gewähren, um die nach öffentlichem Recht etwa gegebenen Ansprüche zu ergänzen oder gar Schutzlücken des öffentlichen Rechts zu schließen (BGHZ 150, 343 = GRUR 2002, 825 (827) – Elektroarbeiten; Köhler GRUR 2001, 777 (781); Pagenkopf GewArch 2000, 177 (184 f.)). Private Mitbewerber sind daher gehalten, von den Verwaltungsbehörden und Verwaltungsgerichten klären zu lassen, ob ein Marktzutritt der öffentlichen Hand zulässig ist oder nicht (OLG Hamm WRP 2014, 333 Rn. 49).

2.70   **cc) Marktverhaltensregelungen für die öffentliche Hand.** Haben öffentlich-rechtliche Normen zumindest auch den Zweck, das **Marktverhalten** der öffentlichen Hand im Interesse von (öffentlichen oder privaten) Mitbewerbern oder von potenziellen Marktpartnern, insbes. Verbrauchern, zu regeln, kann ihre Verletzung einen Wettbewerbsverstoß nach § 3 I iVm § 3a begründen. – Keine Marktverhaltensregelungen sind allerdings bloße **Verwaltungsvorschriften** → Rn. 1.55), so dass deren Missachtung für sich genommen keinen Wettbewerbsverstoß begründet (BGH GRUR 2009, 606 Rn. 23 – Buchgeschenk vom Standesamt).

2.71   **b) Haushaltsvorschriften und Zuständigkeitsregelungen.** Derartige Vorschriften haben von vornherein nicht den Zweck, private Mitbewerber zu schützen (H. Schricker, Wirtschaftliche Tätigkeit der öffentlichen Hand und unlauterer Wettbewerb, 2. Aufl. 1987, 157; vgl. auch BGH GRUR 1986, 823 – Fernsehzuschauerforschung zu §§ 21, 22 BGB), und stellen erst recht keine Marktverhaltensregelung iSd § 3a dar. Ihre Verletzung kann also von vornherein keinen Wettbewerbsverstoß darstellen.

c) Kommunalrechtliche Vorschriften. Soweit die jeweiligen landesrechtlichen Vorschrif- **2.72** ten (zB Art. 87 BayGO; § 102 BWGemO; § 107 NRWGO; § 71 ThürGO; Art. 85 RhPfGO) über die wirtschaftliche Betätigung von Gemeinden bezwecken, den **Marktzutritt** der Kommunen und ihrer Unternehmen zu beschränken, ist ihre Verletzung lauterkeitsrechtlich (und auch bürgerlichrechtlich; § 823 II BGB) irrelevant (→ Rn. 2.44 und 47; BGHZ 150, 343 =GRUR 2002, 825 (826) – Elektroarbeiten; BGH GRUR 2004, 255 (258) – Strom und Telefon I, jeweils zu Art. 87 BayGO; BGH GRUR 2003, 164 (166) – Altautoverwertung; BGH GRUR 2004, 259 (262) – Strom und Telefon II, jeweils zu § 107 NRWGO). Diese Rspr. ist iErg kohärent zur Rspr. des EuGH (vgl. Ullmann GRUR 2003, 817 (823) Fn. 27; EuGH Slg. 1993, 2533 (2569) – Corbeau). Auf die früher sehr umstrittene Frage, ob derartige Vorschriften den Schutz privater Mitbewerber bezwecken und dementsprechend lauterkeitsrechtliche Ansprüche auslösen können (vgl. BGH GRUR 1965, 373 (374) – Blockeis II; BGH GRUR 1974, 733 (734) – Schilderverkauf; BVerwG NJW 1995, 2938; Gröning WRP 2002, 17; Köhler WRP 1999, 1205 (1206); Köhler BayVBl. 2000, 1 (2 ff.); Köhler GRUR 2001, 777), kommt es nicht mehr an. Denn es kann nicht Aufgabe des Lauterkeitsrechts sein, öffentlich-rechtliche Marktzutrittsregelungen zu sanktionieren, mögen sie auch den Schutz privater Mitbewerber vor einem Wettbewerb durch die öffentliche Hand bezwecken. Ob ein Marktzutritt eines kommunalen Unternehmens zulässig ist, kann und muss letztlich von den Verwaltungsgerichten entschieden werden. Deren Entscheidung darf nicht von den ordentlichen Gerichten präjudiziert werden (GK/Teplitzky UWG 1909 § 1 Rn. G 257 ff., 285 ff.; Köhler GRUR 2001, 777 (778 ff.); → Rn. 2.15). Es ist Sache des betroffenen privaten Unternehmers, mit den einschlägigen öffentlich-rechtlichen Rechtsbehelfen gegen einen rechtswidrigen Marktzutritt eines kommunalen Unternehmens vorzugehen. Nur im verwaltungsrechtlichen Streit, nämlich bei der Klagebefugnis von Mitbewerbern (§ 42 II VwGO), spielt der Schutzzweck der jeweiligen kommunalrechtlichen Norm eine Rolle (vgl. VerfGH RP NVwZ 2000, 801 (804)). Das Lauterkeitsrecht als Marktverhaltensrecht kann auch von seinem Geltungsanspruch her nicht den Zutritt zum Markt kontrollieren. Ein Ausgreifen der erwerbswirtschaftlichen Betätigung von Kommunen mag für private Mitbewerber lästig sein, stellt aber aus wettbewerblicher Sicht grds. nur eine Verschärfung des Wettbewerbs dar, wie sie sich auch durch das Auftreten anderer privater Mitbewerber ergeben kann (BGHZ 150, 343 =GRUR 2002, 825 (826) – Elektroarbeiten; BVerwG NJW 1995, 2938 (2939); Köhler GRUR 2002, 777 (780)). Ein lauterkeitsrechtlicher Anspruch auf Fernhaltung kommunaler Unternehmen vom Markt wäre daher auch nicht im Interesse der Verbraucher. Erst wenn die Gemeinde unlautere Mittel im Wettbewerbskampf einsetzt, ist ein lauterkeitsrechtliches Eingreifen geboten (BGHZ 150, 343 =GRUR 2002, 825 (827) – Elektroarbeiten; BGH GRUR 2003, 164 (166) – Altautoverwertung).

d) Medienrechtliche Vorschriften. Die Vorschriften über die **Trennung von Werbung 2.73 und Programm** (§ 8 II 2, III 1, § 22 I 1 MStV; dazu näher → § 5a Rn. 7.67f) bezwecken den Schutz der Rundfunkfreiheit (Art. 5 I 2 GG) und der Redaktionen von Hörfunk und Fernsehen vor sachfremden Einflüssen der werbenden Wirtschaft auf die Programmgestaltung und damit die Sicherung eines wichtigen, verfassungsrechtlich geschützten Gemeinschaftsguts. Daneben aber schützen diese Vorschriften auch das Interesse der **Mitbewerber** und damit der Allgemeinheit an gleichen wettbewerblichen Ausgangsbedingungen. Es handelt sich daher auch um **Marktverhaltensregelungen,** deren Verletzung ohne weiteres einen Verstoß gegen § 3 I iVm § 3a begründet (zu § 1 UWG 1909 vgl. BGH GRUR 1990, 611 (615) – Werbung im Programm). Schließlich verfolgen diese Vorschriften zusätzlich den Schutz der **Verbraucher** vor einer Täuschung über den werbenden Charakter von Sendungen, da diese darin einen Beitrag in der redaktionellen Berichterstattung als objektive Meinungsäußerung oder Berichterstattung sehen und ihnen daher unkritischer gegenübersteht als der Werbung von Wettbewerbern (§ 5a IV; vgl. BGH GRUR 1990, 611 (615) – Werbung im Programm). – Marktverhaltensregelungen sind u. a. die Vorschriften des **§ 30 VII 1 MStV** zur Begrenzung der Betätigung des öffentlich-rechtlichen Rundfunks auf dem Markt der Telemedien zum Schutz der Presseverlage (= GRUR 2015, 1228 Rn. 57–59 – Tagesschau-App; → Rn. 1.83), des Anbietens von Druckwerken, sofern es sich nicht um programmbegleitende Druckwerke mit programmbezogenen Inhalten handelt (Umkehrschluss aus **§ 27 I 2 MStV;** BGH GRUR 2017, 422 Rn. 27 ff., 32 – ARD-Buffet zu § 11a I 2 RStV) und des **§ 40 I 3 MStV** zum Erbringen kommerzieller Tätigkeiten, wie zB Werbung, Merchandising usw., im Wettbewerb mit Dritten nur unter Marktbedingungen (BGH GRUR 2019, 627 Rn. 39–54 – Deutschland-Kombi, noch zu § 16a I 3 RStV).

2.74 **e) Sozialrechtliche Vorschriften.** Verstoßen Krankenkassen gegen sozialrechtliche Vorschriften, so ist zunächst zu fragen, ob diese Vorschriften eine abschließende Regelung bezwecken (vgl. § 69 SGB V; zu § 69b SGB V aF vgl. BGH GRUR 2004, 247 (249) – Krankenkassenzulassung). Ist dies nicht der Fall, so ist weiter zu fragen, ob die Norm lediglich die gesetzmäßige Verwendung von Mitteln im Interesse der Sozialversicherten sicherstellen will. In diesem Fall liegt keine Marktverhaltensregelung iSd § 3a vor. Verstöße können daher nicht mittels des Lauterkeitsrechts geahndet werden. Soweit sozialrechtliche Vorschriften ein Tätigwerden der gesetzlichen Krankenkassen in einem bestimmten Bereich schlechthin verbieten, um die Aufnahme von Wettbewerb zu privaten Unternehmen zu unterbinden (zB § 30 I SGB IV; dazu BGH GRUR 1996, 213 (216) – Sterbegeldversicherung; BGH GRUR 1999, 267 – Verwaltungsstellenleiter), handelt es sich um reine Marktzutrittsregelungen. Deren Verletzung stellt aber für sich allein keinen Wettbewerbsverstoß dar. Die erwähnte Sterbegeldversicherung-Entscheidung zu § 30 I SGB IV dürfte daher überholt sein (aA offenbar BGHZ 150, 343 = GRUR 2002, 825 (827) – Elektroarbeiten). Es ist Sache der Aufsichtsbehörden der Sozialversicherung und der Sozialgerichte, Verstöße gegen sozialrechtliche Normen zu unterbinden. Die Zivilgerichte dürfen ihnen nicht vorgreifen und faktisch ihre Zuständigkeit aushöhlen.

2.75 **f) Beihilfenrecht. aa) Unionsrecht.** Beihilfen der öffentlichen Hand an Unternehmen, die unter Verstoß gegen die **Art. 107–109 AEUV** gewährt werden, unterliegen grds. nicht der lauterkeitsrechtlichen Kontrolle (MüKoUWG/Schaffert Rn. 77; aA Tilman/Schreibauer GRUR 2002, 212; Nordmann S. 93 ff.). In der Regel sind derartige Verstöße sind ausschließlich nach Maßgabe des Unionsrechts und des nationalen Verwaltungsrechts durchzusetzen (Ohly/Sosnitza/Ohly Einf. D Rn. 30). Abgesehen davon handelt es sich bei diesen Vorschriften grds. nicht um Marktverhaltensregelungen iSd § 3a (OLG München GRUR 2004, 169 (170); OLG Köln GRUR 2005, 780 (782); MüKoUWG/Schaffert Rn. 77; Elskamp, Gesetzesverstoß und Wettbewerbsrecht, 2008, 204 ff.; Teplitzky WRP 2003, 173 (180)). Sie haben zwar einen Wettbewerbsbezug, aber keinen Marktbezug (vgl. dazu BGH GRUR 2010, 654 Rn. 23 – Zweckbetrieb; LG Hamburg GRUR-Prax 2012, 121). Sie haben nicht den Zweck, das Marktverhalten der öffentlichen Hand oder der von ihr begünstigten Unternehmen zu regeln. – Dagegen stellt das **Durchführungsverbot des Art. 108 III 3 AEUV** nicht nur ein Schutzgesetz zugunsten der Mitbewerber iSd § 823 II BGB, sondern auch eine Marktverhaltensregelung iSd § 3a dar (BGHZ 188, 326 = GRUR 2011, 444 Rn. 16 ff., 53 – Flughafen Frankfurt-Hahn mwN; BGH GRUR-RR 2012, 157 Rn. 35 – Flughafen Berlin-Schönefeld; BGH WRP 2016, 1500 Rn. 24, 26 – Kreiskliniken Calw; zu Einzelheiten vgl. Kirchhoff FS Büscher, 2018, 323). Der für § 3a erforderliche Wettbewerbsbezug liegt darin, dass diese Norm die im Binnenmarkt tätigen Unternehmen vor Wettbewerbsverzerrungen durch Gewährung einer – schon allein wegen der Verletzung des Durchführungsverbots rechtswidrigen Beihilfe – schützen soll (EuGH Slg. 2008, I-486 Rn. 38 – CELF I; BGH GRUR-RR 2012, 157 Rn. 20 – Flughafen Berlin-Schönefeld). Der darüber hinaus erforderliche Marktbezug der Beihilfe ist gegeben, wenn sie eine **geschäftliche Handlung** iSd § 2 I Nr. 2 darstellt. Das ist dann der Fall, wenn die Beihilfe zugunsten eines fremden Unternehmens erfolgt und in einem objektiven Zusammenhang mit der Förderung des Absatzes oder Bezugs von Waren oder Dienstleistungen dieses Unternehmens oder mit dem Abschluss oder der Durchführung eines Vertrags über Waren oder Dienstleistungen steht (vgl. BGHZ 188, 326 = GRUR 2011, 444 Rn. 52 – Flughafen Frankfurt-Hahn). Bei einem Verstoß gegen das Durchführungsverbot bestehen wettbewerbs- und deliktsrechtliche Ansprüche nebeneinander (BGH GRUR-RR 2012, 157 Rn. 35 – Flughafen Berlin-Schönefeld). **Beispiele:** Bezuschussung konkreter Werbemaßnahmen oder Angebote; Abschluss von günstigen Austauschverträgen. Dagegen reicht es nicht aus, wenn die Beihilfe dem Unternehmen nur gewährt wird, um seine allgemeine Wettbewerbsfähigkeit zu verbessern. Wurde die Beihilfe durch eine Behörde in Form eines **Verwaltungsakts** gewährt und macht der Konkurrent einen Rückzahlungsanspruch geltend, liegt eine öffentlich-rechtliche Streitigkeit vor, so dass der Rechtsweg zu den Verwaltungsgerichten eröffnet ist (BVerwG DVBl 2011, 486). Wurde dagegen die Beihilfe über ein am Markt auftretendes öffentliches Unternehmen gewährt, ist der Rechtsweg zu den ordentlichen Gerichten eröffnet (BGH GRUR 2011, 444 – Flughafen Frankfurt-Hahn; krit. Birnstiel/Heinrich BRZ 2011, 67 (72)).

2.76 **bb) Nationales Recht.** Ist auf eine Beihilfe (Subvention) mangels Beeinträchtigung des zwischenstaatlichen Handels Unionsrecht nicht anwendbar (dazu OLG Nürnberg GRUR-RR 2018, 243 Rn. 35 ff.), kommt es weiter darauf an, ob die Beihilfe in Erfüllung einer konkreten gesetzlichen Ermächtigung oder Verpflichtung erfolgt. Liegt ein Verstoß gegen eine nationale

Beihilfenregelung vor, so ist zu fragen, ob es sich dabei um eine Marktverhaltensregelung iSd § 3a handelt (wie etwa Vorschriften zur Steuerbegünstigung; vgl. BGH GRUR 2010, 654 Rn. 22 – Zweckbetrieb). Bestehen dagegen keine speziellen gesetzlichen Vorschriften, kommt eine lauterkeitsrechtliche Kontrolle nach den allgemeinen Grundsätzen in Betracht (→ Rn. 2.19 ff.; 2.26). Weitere Voraussetzung ist allerdings auch hier, dass die Beihilfe eine **geschäftliche Handlung** iSd § 2 I Nr. 2 darstellt (→ Rn. 2.26; 2.59; OLG Nürnberg GRUR-RR 2010, 99 (103)). – Die Gewährung der Beihilfe ist aber nur dann nach den **§ 3 I, § 4 Nr. 4** wegen **gezielter Behinderung der Mitbewerber** unzulässig, wenn sie eine unzulässige **Zweckentfremdung öffentlicher Mittel** darstellt (aA iErg Mees FS Erdmann, 2002, 657 (667)). Anspruchsberechtigt sind die betroffenen Mitbewerber (§ 8 III Nr. 1) und deren Verbände (§ 8 III Nr. 2).

g) Vergaberecht. Vergaberechtsverstöße können nur dann lauterkeitsrechtlich geahndet werden, wenn die Vergabeentscheidung eine **geschäftliche Handlung** iSd § 2 I Nr. 2 darstellt. Das ist sie nur dann, wenn der Auftraggeber damit gezielt einen Bieter begünstigt, etwa weil er an der Förderung seines Absatzes, zB auf Grund vertraglicher oder gesellschaftsrechtlicher Beziehungen, selbst ein Interesse hat (vgl. BGH GRUR 2008, 810 Rn. 14 – Kommunalversicherer; OLG Düsseldorf GRUR-RR 2018, 203 Rn. 35; → Rn. 2.18). Unionsrechtliche und nationale Vorschriften des Vergaberechts (dazu Immenga/Mestmäcker/Dreher GWB Vor §§ 97 ff. Rn. 40 ff.) sind zwar nicht generell Marktverhaltensregelungen für Nachfrager iSd § 3a, sondern nur insoweit, als sich aus ihnen die Pflicht zur Ausschreibung öffentlicher Aufträge ergibt (BGH GRUR 2008, 810 Rn. 32 – Kommunalversicherer) und soweit sie die Chancengleichheit der Bieter bei der Ausschreibung, bei der Angebotsprüfung und beim Zuschlag gewährleisten sollen (vgl. OLG Köln GRUR 2005, 780 (782) zu §§ 97, 98 Nr. 1, 101 I, V GWB aF; vgl. auch EuGH EuZW 1995, 635 (636) – Kommission/Deutschland; EuGH EuZW 2005, 86 – Stadt Halle und RPL Lochau). Stellt nach dem Gesagten ein (drohender) Vergaberechtsverstoß zugleich einen (drohenden) Wettbewerbsverstoß dar, so können (vorbeugende) lauterkeitsrechtliche Unterlassungsansprüche gegen den **Auftraggeber** gleichwohl nur nach Maßgabe des § 156 II GWB (ausschließliche Zuständigkeit der Vergabekammern und dem Beschwerdegericht auch für „sonstige Ansprüche gegen öffentliche Auftraggeber") geltend gemacht werden (Alexander WRP 2004, 700 (711); Müller-Stoy WRP 2006, 330 (334)), lauterkeitsrechtliche **Schadensersatzansprüche** dagegen vor den ordentlichen Gerichten (arg. § 156 III GWB, § 181 GWB). – Dagegen schließt § 156 II GWB nicht aus, dass vergaberechtliche Verstöße unter dem Gesichtspunkt des Rechtsbruchs gegenüber **Mitbewerbern** vor den ordentlichen Gerichten geltend gemacht werden (BGH GRUR 2008, 810 Rn. 11 f. – Kommunalversicherer). Ansprüche gegen den rechtswidrig bevorzugten **Bieter** (Mitbewerber) können sich aus den § 3 I, § 3a iVm §§ 8, 11 zwar nicht unter dem Gesichtspunkt der Täterschaft ergeben, da Normadressat des Vergaberechts nur der Auftraggeber und nicht der Bieter ist (BGH GRUR 2008, 810 Rn. 13 – Kommunalversicherer). Wohl dagegen können sich solche Ansprüche aus dem Gesichtspunkt der **Teilnahme** am Vergaberechtsverstoß (§ 830 II BGB), also der Anstiftung oder Beihilfe, ergeben (BGH GRUR 2008, 810 Rn. 14 – Kommunalversicherer; vgl. weiter Köhler/Steindorff NJW 1995, 1705 (1709); Alexander WRP 2004, 700 (710); Alexander LMK 2008, 267 (427); Müller-Stoy WRP 2006, 330 (334)). Zu den tatbestandlichen Voraussetzungen der Teilnehmerhaftung vgl. BGH GRUR 2008, 810 Rn. 15, 36–42 – Kommunalversicherer sowie allg. → § 8 Rn. 2.6. – Das Gesagte gilt unabhängig davon, ob der Auftrag bereits vergaberechtswidrig erteilt worden ist oder nicht (aA wohl OLG Köln GRUR 2005, 780 (782); Ullmann GRUR 2003, 817 (822)).

4. Bindung an allgemeine Normen

Soweit Marktverhaltensregelungen iSd § 3a für alle Teilnehmer am Wettbewerb gelten (zB GWB), sind sie auch von der öffentlichen Hand zu beachten. Verstößt die öffentliche Hand gegen das kartellrechtliche Behinderungsverbot (§§ 19, 20 I, II GWB), kann dies gleichzeitig einen Verstoß gegen § 3 I iVm § 4 Nr. 4 darstellen. Es gelten insoweit weitgehend die gleichen Beurteilungskriterien (BGHZ 96, 337 (346) – Abwehrblatt; BGHZ 107, 40 = GRUR 1989, 430 (431) – Krankentransportbestellung; BGH GRUR 1999, 278 (281) – Schilderpräger im Landratsamt; vgl. auch BGH GRUR 2003, 167 (169) – Kommunaler Schilderprägebetrieb).

Mitbewerberschutz

4 Unlauter handelt, wer

1. die Kennzeichen, Waren, Dienstleistungen, Tätigkeiten oder persönlichen oder geschäftlichen Verhältnisse eines Mitbewerbers herabsetzt oder verunglimpft;
2. über die Waren, Dienstleistungen oder das Unternehmen eines Mitbewerbers oder über den Unternehmer oder ein Mitglied der Unternehmensleitung Tatsachen behauptet oder verbreitet, die geeignet sind, den Betrieb des Unternehmens oder den Kredit des Unternehmers zu schädigen, sofern die Tatsachen nicht erweislich wahr sind; handelt es sich um vertrauliche Mitteilungen und hat der Mitteilende oder der Empfänger der Mitteilung an ihr ein berechtigtes Interesse, so ist die Handlung nur dann unlauter, wenn die Tatsachen der Wahrheit zuwider behauptet oder verbreitet wurden;
3. Waren oder Dienstleistungen anbietet, die eine Nachahmung der Waren oder Dienstleistungen eines Mitbewerbers sind, wenn er
   a) eine vermeidbare Täuschung der Abnehmer über die betriebliche Herkunft herbeiführt,
   b) die Wertschätzung der nachgeahmten Ware oder Dienstleistung unangemessen ausnutzt oder beeinträchtigt oder
   c) die für die Nachahmung erforderlichen Kenntnisse oder Unterlagen unredlich erlangt hat;
4. Mitbewerber gezielt behindert.

Gesamtübersicht[*]

---

[*] Detailübersichten finden sich zu Beginn der Abschnitte.

Rn.

Vorbemerkung

Übersicht

Schrifttum: Alexander, Anmerkungen zum Referentenentwurf eines Zweiten Gesetzes zur Änderung des UWG, WRP 2014, 1384; Fritzsche, Überlegungen zum Referentenentwurf eines Zweiten Gesetzes zur Änderung des UWG, WRP 2014, 1392; Gerdemann/Spindler, Das Gesetz über digitale Dienste (Digital Services Act) (Teil 1) – Grundlegende Strukturen und Regelungen für Vermittlungsdienste und Host-Provider, GRUR 2023, 3; Gerdemann/Spindler, Das Gesetz über digitale Dienste (Digital Services Act) (Teil 2) – Die Regelungen für Online-Plattformen sowie sehr große Online-Plattformen und -Suchmaschinen, GRUR 2023, 115; Hetmank, Im Korsett der UGP-Richtlinie, GRUR 2015, 323; Kirchhoff, Die UWG-Novelle 2015 – nur Kodifizierung der Rechtsprechung oder substantiell Neues?, RP 2015, 659; Köhler, Die Unlauterkeitstatbestände des § 4 UWG und ihre Auslegung im Lichte der Richtlinie über unlautere Geschäftspraktiken, GRUR 2008, 841; Köhler, Der Regierungsentwurf zur UWG-Novelle 2015: Nur Klarstellungen oder doch tiefgreifende Änderungen?, WRP 2015, 275; Köhler, Alternativentwurf (UWG-AE) zum Regierungsentwurf (UWG-E) eines 2. Gesetzes zur Änderung des Gesetzes gegen den unlauteren Wettbewerb, WRP 2015, 1311; Köhler, Funktion und Anwendungsbereich des Mitbewerberbegriffs im UWG, GRUR 2019, 123; Köhler, Zum „Bagatellverstoß" im Lauterkeitsrecht, WRP 2020, 1382; Münker, Stellungnahme der Wettbewerbszentrale zum Referentenentwurf eines Zweiten Gesetzes zur Änderung des Gesetzes gegen den unlauteren Wettbewerb, WRP 2014, 1434; Ohly, Nach der Reform ist vor der Reform. Anmerkungen zum Referentenentwurf eines Zweiten Gesetzes zur Änderung des UWG, GRUR 2014, 1137; Ohly, Alternativentwurf („Große Lösung") zum Regierungsentwurf eines 2. Gesetzes zur Änderung des Gesetzes gegen den unlauteren Wettbewerb, WRP 2015, 1443; Schlingloff, Keine Änderungen für die Rechtspraxis? Ein erster Blick auf den Referentenentwurf zur Änderung des UWG, WRP 2014, 1424; Sosnitza, Der Regierungsentwurf zur Änderung des Gesetzes gegen den unlauteren Wettbewerb, GRUR 2015, 318; Steinbeck, Der Beispielskatalog des § 4 UWG – Bewährungsprobe bestanden?, GRUR 2008, 848.

A. Entstehungsgeschichte des § 4

Das UWG 1909 kannte nur die große und kleine Generalklausel (§§ 1, 3), eine Konkretisierung der großen Generalklausel durch § 2 für die vergleichende Werbung sowie eine Reihe von Spezialtatbeständen (§§ 6–8). – Demgegenüber hatte das UWG 2004 die Generalklausel (§ 3) durch eine Reihe von Beispielstatbeständen (§§ 4–7) konkretisiert, dagegen auf die Bildung von Spezialtatbeständen verzichtet. Insbes. wurde die irreführende Werbung, die früher als Spezialtatbestand konzipiert war, in einen Beispielstatbestand unlauteren Wettbewerbs umgewandelt. Dieses Konzept (Beispiels- statt Spezialtatbestände) ging zurück auf den Entwurf von Köhler/Bornkamm/Henning-Bodewig WRP 2002, 1317 (§§ 3 ff.). Es hat Vorbilder ua im europäischen und deutschen Kartellrecht (vgl. Art. 102 AEUV sowie § 19 II GWB). Die UWG-Novelle 2008 hat dieses Konzept beibehalten, allerdings den Anforderungen der Richtlinie 2005/29/EG über unlautere Geschäftspraktiken (UGP-RL) angepasst und den bisherigen Beispielstatbestand des § 7 in einen selbstständigen Verbotstatbestand umgewandelt. Der § 4 wurde nur geringfügig geändert (Ersetzung des Begriffs der Wettbewerbshandlung durch den der geschäftlichen Handlung; Anpassung des § 4 Nr. 2 an die UGP-RL). – Eine völlige Umgestaltung des § 4 brachte hingegen die **UWG-Novelle 2015** mit sich. Sie reduzierte diese Vorschrift auf die Tatbestände des Mitbewerberschutzes, die zuvor in den Nr. 7–10 geregelt waren, nunmehr aber inhaltsgleich in den Nr. 1–4 enthalten sind. Die in § 3 I aF enthaltene Spürbarkeitsklausel wurde nicht in § 3 I übernommen. Sie findet sich noch in § 3a, hat damit aber für § 4 keine Bedeutung.

0.1

B. Auslegung, Erweiterung und Einschränkung der Mitbewerberschutztatbestände

I. Auslegung

0.2   Für die Auslegung der Mitbewerberschutztatbestände gelten die allgemeinen Grundsätze. Die Auslegung hat insbes. anhand der **Schutzzweckbestimmung** des § 1 I zu erfolgen. Sie muss sich an den europäischen bzw. deutschen Grundrechten, insbes. an Art. 11 GRCh bzw. Art. 5 GG **(grundrechtskonforme Auslegung),** und – soweit einschlägig – an den EU-Richtlinien **(richtlinienkonforme Auslegung)** orientieren. Die Wertungen anderer Gesetze, insbes. des Gesetzes gegen Wettbewerbsbeschränkungen (GWB), der VO (EU) Nr. 2022/1925 (Gesetz über digitale Märkte = Digital Markets Act), des Gesetzes zum Schutz von Geschäftsgeheimnissen (GeschGehG) und der Gesetze zum Schutze des geistigen Eigentums sind ebenfalls zu beachten.

II. Erweiterung und Einschränkung

0.3   Für die Erweiterung oder Einschränkung von Mitbewerberschutztatbeständen, mag man sie der Auslegung zuordnen oder von Analogie bzw. teleologischer Reduktion sprechen, gelten ebenfalls die allgemeinen Grundsätze. So ist zB in § 4 Nr. 3 die Aufzählung der besonderen Umstände, die eine Produktnachahmung unlauter machen, nicht als abschließend zu verstehen. Die Unlauterkeit der Produktnachahmung kann sich daher auch aus dem Gesichtspunkt der Behinderung ergeben (→ Rn. 3.63 ff.). Umgekehrt kann eine Einschränkung von § 4 Nr. 3 geboten sein, um Wertungskonflikte mit dem GeschGehG zu vermeiden (→ Rn. 3.64).

C. Rückgriff auf die Generalklausel des § 3 I

0.4   Lässt sich ein Sachverhalt einem gesetzlich geregelten Mitbewerberschutztatbestand nicht, auch nicht im Wege der erweiternden Auslegung oder Analogie zuordnen, kommt an sich der unmittelbare Rückgriff auf die Generalklausel des § 3 I in Betracht. Allerdings dürfen die in den Tatbeständen von § 4 zum Ausdruck kommenden Wertungen nicht untergraben werden. Ist also ein Merkmal eines solchen Tatbestands nicht verwirklicht, so kann nicht ohne weiteres dieses Fehlen durch einen Rückgriff auf die Generalklausel gleichsam kompensiert werden (→ Rn. 3.5c; OLG Frankfurt GRUR 2005, 1064 (1066); Steinbeck GRUR 2008, 848 (853)).

D. Verhältnis der mitbewerberschützenden zu den verbraucherschützenden Tatbeständen

0.5   Ein und dieselbe geschäftliche Handlung kann neben einem mitbewerberschützenden auch einen verbraucherschützenden Tatbestand verwirklichen. So kann bspw. das Angebot einer herkunftstäuschenden Produktnachahmung neben § 4 Nr. 3 lit. a auch den Tatbestand des § 5 I, II Nr. 1 und des § 5 III Nr. 1 erfüllen. Die Unlauterkeit von geschäftlichen Handlungen gegenüber Verbrauchern ist aber an sich innerhalb des Geltungsbereichs der UGP-RL abschließend geregelt. Dies wirft die Frage auf, ob solche Handlungen daneben auch nach den mitbewerberschützenden Unlauterkeitstatbeständen beurteilt werden dürfen (Doppelkontrolle). Dagegen könnte ErwGr. 6 S. 3 UGP-RL sprechen. Danach erfasst und berührt die UGP-RL nicht die nationalen Rechtsvorschriften in Bezug auf unlautere Geschäftspraktiken, die lediglich die wirtschaftlichen Interessen von Mitbewerbern schädigen. Gestützt auf den Wortlaut dieses Erwägungsgrunds hatte der RegE zum UWG 2015 (abgedruckt in WRP 2015, 263) in § 3 III 2 UWG-E noch folgende Regelung vorgesehen: „Geschäftliche Handlungen, die sich zwar an Verbraucher richten oder diese erreichen, aber ausschließlich die wirtschaftlichen Interessen von Mitbewerbern schädigen, sind unlauter, wenn sie nicht der für den Unternehmer jeweils geltenden fachlichen Sorgfalt entsprechen." Das hätte im Umkehrschluss bedeutet, dass geschäftliche Handlungen gegenüber Verbrauchern, die nicht nur Mitbewerber-, sondern auch Verbraucherinteressen beeinträchtigen, nur noch nach den verbraucherschützenden Tatbeständen des UWG hätten beurteilt werden dürfen (dazu krit. Köhler WRP 2015, 275 (280 ff.)) und WRP

2015, 1311 (1313)). Der Gesetzgeber hat diesen Vorschlag aus gutem Grund nicht übernommen. Denn dabei war nicht berücksichtigt worden, dass nach stRspr. des EuGH nationale Regelungen nur dann den Anforderungen der UGP-RL unterworfen sind, wenn sie (zumindest auch) dem Verbraucherschutz dienen (vgl. EuGH WRP 2011, 45 Rn. 15–38 – Mediaprint; GRUR-Int. 2011, 853 Rn. 20–40 – WAMO; GRUR-Int. 2013 Rn. 31 – Euronics) und die Feststellung des jeweiligen Schutzzwecks Sache der nationalen Gerichte ist (EuGH GRUR-Int. 2011, 853 Rn. 28 – WAMO). Nach der Rspr. des BGH dienen die Tatbestände des § 4 Nr. 1–4 aber lediglich dem Mitbewerberschutz und fallen daher nicht in den Anwendungsbereich der UGP-RL (vgl. BGH WRP 2012, 77 Rn. 28 – Coaching-Newsletter; WRP 2010, 94 Rn. 17 – LIKEaBIKE). Entsprechend der bisherigen Rspr. sind daher die Tatbestände des § 4 Nr. 1–4 auch dann anwendbar, wenn die geschäftliche Handlung gleichzeitig einen verbraucherschützenden Unlauterkeitstatbestand erfüllt. Es gilt das Prinzip der **Doppelkontrolle doppelrelevanter Handlungen.**

1. Abschnitt. Herabsetzung von Mitbewerbern

Übersicht

§ 4 Nr. 1

Unlauter handelt, wer

1. die Kennzeichen, Waren, Dienstleistungen, Tätigkeiten oder persönlichen oder geschäftlichen Verhältnisse eines Mitbewerbers herabsetzt oder verunglimpft;

Schrifttum: Bärenfänger, Das Spannungsfeld von Lauterkeitsrecht und Markenrecht unter dem neuen UWG, 2010; Bärenfänger, Symbiotische Theorie zum Kennzeichen- und Lauterkeitsrecht, WRP 2011, 16 und 160; Büscher, Soziale Medien, Bewertungsplattformen & Co. Die lauterkeitsrechtliche Haftung von Internetdienstleistern, GRUR 2017, 433; Deutsch, Der Schutz von Marken oder Firmen, FS Gaedertz, 1992, 99; Deutsch, Zur Markenverunglimpfung, GRUR 1995, 319; Deutsch, Anspruchskonkurrenzen im Marken- und Kennzeichenrecht, WRP 2000, 854; Eichholz, Herabsetzung durch vergleichende Werbung, 2008; v. Gamm, Rufausnutzung und Beeinträchtigung bekannter Marken und geschäftlicher Bezeichnungen, FS Piper, 1996, 537; Götting, Anmerkung zu BGH-Urteil vom 10.2.1994 – Markenverunglimpfung, JZ 1995, 206; Grünberger, Rechtliche Probleme der Markenparodie unter Einbeziehung amerikanischen Fallmaterials, GRUR 1994, 246; Ingerl, Der wettbewerbsrechtliche Kennzeichenschutz und sein Verhältnis zum MarkenG in der neueren Rechtsprechung des BGH und in der UWG-Reform, WRP 2004, 809; Hartmann, Der Kfz-Hersteller im Spannungsfeld zwischen Produkthaftungsrecht und UWG, BB 2012, 267; Köhler, Die Unlauterkeitstatbestände des § 4 UWG und ihre Auslegung im Lichte der Richtlinie über unlautere Geschäftspraktiken, GRUR 2008, 841; Nägele, Das konkrete Wettbewerbsverhältnis – Entwicklungen und Ausblick, WRP 1996, 997; Petersenn/Peters, Das Äußerungsrecht zwischen unlauterem Wettbewerb und einstweiliger Verfügung, NJW 2021, 725; Peukert, Faktenchecks auf Facebook aus lauterkeitsrechtlicher Sicht, WRP 2020, 391; Piper, Der Schutz der bekannten Marken, GRUR 1996, 429; Schultze/Schwenn, Zur künftigen Behandlung von Markenparodien, WRP 1997, 536; Werner, Wettbewerbsrecht und Boykott, 2008.

A. Allgemeines

I. Entstehungsgeschichte

1.1   Die Vorschrift des § 4 Nr. 1 ist wörtlich übernommen aus dem Entwurf von Köhler/Bornkamm/Henning-Bodewig (WRP 2002, 1317 (1319), dort § 5 Nr. 1). Darin wird auf die parallele Regelung für die vergleichende Werbung (§ 6 II Nr. 5) hingewiesen. In der Begründung zum RegE UWG 2004 ist zum damaligen § 4 Nr. 7 ausgeführt: „Der Tatbestand der Nummer 7 betrifft die Fälle der Geschäftsehrverletzungen. Erfasst hiervon sind in Abgrenzung zu Nummer 8 Meinungsäußerungen, so dass bei der Beurteilung einer kritischen Äußerung das Grundrecht der Meinungsfreiheit (Art 5 Abs 1 des Grundgesetzes) zu beachten ist. Vom Anwendungsbereich erfasst sein werden daher vor allem Fälle der Schmähkritik, in denen der Mitbewerber pauschal und ohne erkennbaren sachlichen Bezug abgewertet wird" (Begr. RegE UWG 2004 zu § 4 Nr. 7, BT-Drs. 15/1487, 18). – Diese Einordnung trifft aber nicht völlig zu. Denn § 4 Nr. 1 erfasst sehr wohl auch die Fälle herabsetzender Tatsachenbehauptungen.

II. Normzweck

1.2   Grds. muss es einem Unternehmer möglich sein, sachliche Kritik an Mitbewerbern und deren Leistungen (Kennzeichen, Waren, Dienstleistungen, Tätigkeiten) zu üben, zumal auch die Verbraucher und sonstigen Marktteilnehmer an entsprechenden Informationen ein berechtigtes Interesse haben können. Davon zu unterscheiden ist die bloße Herabsetzung und Verunglimpfung von Mitbewerbern. Denn sie wirkt auf die potenziellen Marktpartner der Mitbewerber in unsachlicher Weise ein und kann sie davon abhalten, Verträge mit ihnen abzuschließen oder fortzusetzen. Herabsetzungen und Verunglimpfungen beeinträchtigen die Funktionsfähigkeit des Wettbewerbs, sie verfälschen also den Wettbewerb, und schädigen den Mitbewerber, indem sie sein geschäftliches Ansehen, das Ansehen seines Unternehmens, der unternehmerischen Leistungen und/oder weiterer geschäftlichen Umstände ohne sachlichen Grund schmälern. An solchen Verhaltensweisen kann kein schutzwürdiges Interesse bestehen. Daher besteht der **Zweck des § 4 Nr. 1** darin, die **Mitbewerber** vor einer Beeinträchtigung ihrer **geschäftlichen Interessen** und daneben das **Allgemeininteresse an einem unverfälschten Wettbewerb** (§ 1 I 2) zu **schützen** (ebenso OLG Brandenburg WRP 2017, 469 Rn. 17). Es geht daher nicht, jedenfalls nicht in erster Linie, um den Schutz der sog Geschäftsehre des Unternehmers im Gegensatz zur privaten Ehre (BGH WRP 2014, 548 Rn. 24 – englischsprachige Pressemitteilung). Ein Verstoß gegen § 4 Nr. 1 setzt daher voraus, dass die Handlung geeignet ist, die geschäftlichen Interessen des Mitbewerbers auf dem fraglichen Markt zu beeinträchtigen (BGH WRP 2014, 548 Rn. 24 – englischsprachige Pressemitteilung; WRP 2018, 682 Rn. 38 – Verkürzter Versorgungsweg II). Ob die Herabsetzung oder Verunglimpfung zugleich das persönliche geschäftliche Ansehen des Mitbewerbers beeinträchtigt, ist für die Anwendung des § 4 Nr. 1 unerheblich. § 4 Nr. 1 bezweckt **nicht den Schutz der Verbraucher** oder sonstigen Marktteilnehmer, mag die Vorschrift auch mittelbar deren Schutz mitbewirken. Das in § 4 Nr. 1 geregelte geschäftliche Verhalten fällt daher nicht in den Anwendungsbereich der **UGP-RL** (Köhler GRUR 2008, 841 (845); BGH GRUR 2012, 74 Rn. 28 – Coaching-Newsletter mAnm Köhler). Dementsprechend sind bei der Auslegung des § 4 Nr. 1 nicht die europäischen Grundrechte aus Art. 11 I und II GRCh, sondern nur die deutschen Grundrechte aus Art. 19 III GG, Art. 5 I GG heranzuziehen (BGH GRUR 2012, 74 Rn. 27 – Coaching-Newsletter; WRP 2016, 843 Rn. 45 – Im Immobiliensumpf). – Werden allerdings durch die Äußerung auch wirtschaftliche Interessen der **Verbraucher** berührt, so können **daneben** die verbraucherschützenden Normen des UWG (§ 3 II, III, §§ 4a, 5, 5a, 5b) zur Anwendung kommen. Die Herabsetzung eines Mitbewerbers in einer an Verbraucher gerichteten Werbung kann bspw. durchaus als Verletzung der unternehmerischen Sorgfalt angesehen werden und geeignet sein, das wirtschaftliche Verhalten von Verbrauchern zu beeinflussen.

III. Rechtsnatur als Beispielstatbestand

Wie für alle Beispielstatbestände gilt auch für § 4 Nr. 1, dass er lediglich eine Erläuterung und **1.3** Konkretisierung des Tatbestandsmerkmals der Unlauterkeit in § 3 I darstellt. Infolge der Neufassung des § 3 I durch die UWG-Novelle 2015 erübrigt sich eine Prüfung der spürbaren Interessenbeeinträchtigung. Eine Beeinträchtigung der Interessen des Mitbewerbers ist im Übrigen tatbestandsimmanent (vgl. Köhler GRUR 2007, 1 (7)).

IV. Verhältnis zu anderen Tatbeständen

1. Verhältnis zu § 4a (aggressive geschäftliche Handlung)

Die Herabsetzung eines Mitbewerbers kann im Einzelfall zugleich eine aggressive geschäftliche **1.4** Handlung iSd § 4a darstellen (vgl. § 4a II 1 Nr. 2). Denn typischerweise soll sie dazu dienen, (potenzielle) Kunden vom Kauf beim Mitbewerber abzuhalten.

2. Verhältnis zu § 4 Nr. 2 (Anschwärzung)

Die Regelung des § 4 Nr. 2 (Anschwärzung) setzt zwar ebenso wie § 4 Nr. 1 eine geschäftli- **1.5** che Handlung gegenüber einem Mitbewerber voraus, verbietet aber nur die Verbreitung unwahrer oder jedenfalls nicht erweislich wahrer herabsetzender **Tatsachenbehauptungen** über einen Unternehmer. Außerdem ist für § 4 Nr. 2 nicht erforderlich, dass die Äußerung eine Herabsetzung oder gar Verunglimpfung enthält (BGH WRP 2002, 828 (831) – Hormonersatztherapie). Diese Vorschrift stellt daher keine abschließende Regelung der (früher so genannten) „Geschäftsehrverletzung" dar (vgl. BGH GRUR 1962, 45 (47 f.) – Betonzusatzmittel zu § 14 UWG 1909). Daher lässt sich aus ihr auch nicht folgern, dass eine Herabsetzung des Mitbewerbers durch Verbreitung einer erweislich **wahren** Behauptung stets zulässig ist. Verletzende Äußerungen über die Person, das Unternehmen, die Mitarbeiter, die Waren oder Dienstleistungen eines Mitbewerbers sind also nicht schon deshalb zulässig, weil sie wahr sind oder bloße Werturteile darstellen (BGH GRUR 1964, 392 (394) – Weizenkeimöl). Sie können vielmehr gegen § 4 Nr. 1 verstoßen (vgl. zu § 1 UWG 1909 BGH GRUR 1967, 596 (597) – Kuppelmuffenverbindung; OLG Hamm GRUR 1980, 311). Diese Vorschrift greift sonach ergänzend in allen Fällen ein, in denen der Mitbewerber durch eine wahre oder unwahre Behauptung oder durch ein kritisches Werturteil herabgesetzt oder verunglimpft wird. Ist die Äußerung auf jeden Fall wegen Herabsetzung unlauter, kann daher offen bleiben, ob sie ein bloßes Werturteil oder eine wahre oder unwahre Tatsachenbehauptung darstellt (BGH GRUR 1974, 477 (479) – Hausagentur; BGH GRUR 1982, 234 (236) – Großbanken-Restquoten).

3. Verhältnis zu § 4 Nr. 4 (gezielte Behinderung)

1.6   Die Herabsetzung eines Mitbewerbers ist ein Unterfall der gezielten Behinderung iSd § 4 Nr. 4 (so auch BGH GRUR 2010, 349 Rn. 38 – EKW-Steuerberater). Daher ist § 4 Nr. 1 als speziellere Regelung gegenüber § 4 Nr. 4 anzusehen, die einen Rückgriff auf § 4 Nr. 4 entbehrlich macht (vgl. Werner, Wettbewerbsrecht und Boykott, 2008, 175). Doch ist es unschädlich, gleichzeitig (so BGH GRUR 2010, 349 Rn. 38 – EKW-Steuerberater) oder stattdessen § 4 Nr. 4 heranzuziehen (so BGH GRUR 2009, 1186 Rn. 25 – Mecklenburger Obstbrände), weil insoweit die gleichen Maßstäbe gelten.

4. Verhältnis zu § 5 I, II (irreführende geschäftliche Handlungen)

1.6a   Geht die Herabsetzung mit einer **irreführenden Angabe** einher, dann kann § 5 I, II neben § 4 Nr. 1 zur Anwendung kommen (Ohly/Sosnitza/Ohly § 4 Rn. 1/5). Es besteht aber keine Deckungsgleichheit, da § 4 Nr. 1 auch wertende Aussagen umfasst, bei denen es sich nicht um Angaben iSv § 5 II handelt.

5. Verhältnis zu § 6 II Nr. 4 und Nr. 5 (vergleichende Werbung)

1.7   Erfolgt die Äußerung im Rahmen einer **vergleichenden Werbung,** so wird § 4 Nr. 1 durch die vorrangig anzuwendenden Vorschriften über die vergleichende Werbung (§ 5 IV, § 6 II Nr. 4 und 5) verdrängt (BGH WRP 2012, 77 Rn. 17 – Coaching-Newsletter; BGH GRUR-RR 2016, 410 Rn. 18), zumindest darf die Anwendung des § 4 Nr. 1 zu keinen abweichenden Ergebnissen führen (OLG Köln WRP 2016, 268 Rn. 43). Denn die Vorschriften der Werbe-RL bezwecken, soweit es die vergleichende Werbung angeht, eine abschließende Regelung (vgl. Erwägungsgrund 6) und dies ist im Wege der richtlinienkonformen Auslegung von § 5 IV und § 6 zu berücksichtigen. Daran ändert es nichts, dass § 4 Nr. 1 dem Schutz der Mitbewerber dient. Denn die Werbe-RL bezweckt nach Erwägungsgrund 9 ebenfalls den Schutz der Mitbewerber. Fraglich kann daher nur der **verbleibende eigenständige Anwendungsbereich des § 4 Nr. 1** sein. Das ist in drei Fällen zu bejahen: **(1)** Die für § 4 Nr. 1 erforderliche geschäftliche Handlung stellt wegen Fehlens einer „Äußerung" (ausnahmsweise) keine Werbung dar (Beispiel: Herabsetzende Verunstaltung eines Konkurrenzprodukts). **(2)** Es liegt zwar eine Werbung vor, jedoch werden darin ein Mitbewerber oder die von ihm angebotenen Waren oder Dienstleistungen nicht erkennbar gemacht (→ § 6 Rn. 79 ff.). § 4 Nr. 1 ist daher auch bei einer kollektiven Herabsetzung aller Mitbewerber anwendbar (OLG Frankfurt WRP 2021, 801 Rn. 24; OLG Hamburg GRUR-RR 2010, 257 Rn. 50). **(3)** Es fehlt an einem Vergleich iS einer Gegenüberstellung, nämlich wenn eine Werbeaussage so allgemein gehalten ist, dass sich den angesprochenen Verkehrskreisen keine Bezugnahme auf die Leistungen des Werbenden aufdrängt, sondern sich ein solcher Bezug nur reflexartig daraus ergibt, dass mit jeder Kritik an Werbemethoden eines Mitbewerbers in der Regel unausgesprochen zum Ausdruck gebracht wird, dass diese Kritik den Werbenden selbst nicht trifft (BGH WRP 2016, 843 Rn. 37 – Im Immobiliensumpf mwN; → § 6 Rn. 44 ff., 51). – Was die ausschließlich **unternehmensbezogene oder persönliche vergleichende Werbung** angeht, wird diese ebenfalls von § 6 I erfasst (str.). Eine andere Frage ist, ob und unter welchen Voraussetzungen sie zulässig ist (→ § 6 Rn. 14 ff.). Folgt man dieser Ansicht nicht, so bleibt freilich § 4 Nr. 1 anwendbar.

6. Verhältnis zu den §§ 823 ff. BGB (allgemeines Deliktsrecht)

1.8   Der Anwendungsbereich des UWG ist nur eröffnet, wenn die fragliche Handlung eine **geschäftliche Handlung** iSd § 2 I Nr. 2 darstellt (→ Rn. 1.10). Unabhängig davon, ob eine geschäftliche Handlung und ein konkretes Wettbewerbsverhältnis vorliegt oder nicht, können aber bei Kreditgefährdung **§ 824 BGB,** bei vorsätzlich sittenwidriger Schadenszufügung **§ 826 BGB,** bei schuldhafter Schutzgesetzverletzung **§ 823 II BGB** iVm zB §§ 185 ff. StGB sowie bei schuldhafter Verletzung des allgemeinen Persönlichkeitsrechts bzw. Unternehmerpersönlichkeitsrechts oder des Namensrechts **§ 823 I BGB** eingreifen (vgl. BGH GRUR 1986, 759 – BMW; BGH WRP 2017, 1085 Rn. 23 ff. – Wettbewerbsbezug; BGH GRUR 2021, 1207 Rn. 53 – Vorsicht Falle). Nur der Schutz des Rechts am Unternehmen nach **§ 823 I BGB** ist gegenüber den UWG-Tatbeständen subsidiär (OLG Köln WRP 2016, 268 Rn. 44). Der Abwehranspruch ergibt sich aus **§ 1004 I 2 BGB analog** bzw. **§ 12 BGB. Beispiele:** BGH GRUR 1966, 633 – Teppichkehrmaschine; BGH GRUR 1969, 304 – Kredithaie; BGH GRUR 1975, 208 – Deutschland-Stiftung; BGH GRUR 1986, 759 – BMW; OLG Köln WRP 2013, 938 Rn. 18. Allerdings sind die Verhaltensanforderungen des Lauterkeitsrechts als eines Sonderdeliktsrechts strenger als die des allgemeinen Deliktsrechts (vgl. Harte-Bavendamm/Henning-Bodewig/Ahrens Einl. G Rn. 1098 ff; Ohly/Sosnitza/Ohly § 4 Rn. 1/7). Dies ist auch mit Art. 5 I GG vereinbar, da es einen Unterschied macht, ob die Äußerung in Verfolgung wirtschaftlicher Interessen (§ 2 I Nr. 2) oder als Beitrag zur öffentlichen Meinungsbildung erfolgt (vgl. BVerfGE 93, 246 (292 ff.); BGH WRP 2012, 77 Rn. 33 – Coaching-Newsletter). Eine unlautere geschäftliche Handlung verwirklicht daher nicht notwendig zugleich einen allgemeinen Deliktstatbestand. Das hat die Rspr. nicht immer beachtet (vgl. einerseits BGH GRUR 1986, 759 – BMW, andererseits BGH GRUR 1995, 57 (59) – Markenverunglimpfung II sowie die treffende Kritik von Deutsch GRUR 1995, 319). Allerdings kann sich ein Unternehmer gegenüber der Kritik eines Mitbewerbers nicht auf die strengeren Grundsätze zum Schutz des Persönlichkeitsrechts nach **§ 823 I BGB** berufen (OLG Schleswig OLGR 2008, 287). Anders verhält es sich, wenn kein konkretes Wettbewerbsverhältnis vorliegt und es daher an der Mitbewerbereigenschaft fehlt (BGH WRP 2017, 1085 Rn. 34 ff. – Wettbewerbsbezug).

7. Verhältnis zum Markenrecht

a) Allgemeines. Das europäische Markenrecht schließt den ergänzenden lauterkeitsrecht- **1.9** lichen Schutz von Kennzeichen vor Herabsetzung und Verunglimpfung nicht aus (vgl. Art. 10 VI Richtlinie (EU) 2015/2436 und dazu EuGH GRUR 2003, 143 (145) Rn. 30 – Robelco/Robeco). Dies gilt nach § 2 MarkenG auch für das nationale Markenrecht. Nach der früher hM stellte allerdings das MarkenG in seinem Anwendungsbereich grds. eine **abschließende** Regelung auch ggü. § 4 Nr. 1 dar (BGH GRUR 1999, 161 (162) – Mac Dog; BGH GRUR 2005, 583 (585) – Lila-Postkarte). Daran ist aber nicht mehr festzuhalten (→ Rn. 1.9b).

b) Verhältnis des § 4 Nr. 1 zu § 14 II Nr. 3 MarkenG, § 15 III MarkenG. aa) Vor- 1.9a rangthese. Die in § 14 II Nr. 3 MarkenG und § 15 III MarkenG geregelten Fälle einer Zeichenbenutzung waren nach der früheren Rspr. (BGH GRUR 2005, 583 (585) – Lila-Postkarte; vgl. auch BGH GRUR 2001, 73 (76) – Stich den Buben zu geografischen Herkunftsangaben) grds. **nur** nach Markenrecht zu beurteilen, so dass § 4 Nr. 1 nur für die vom Markenrecht nicht erfassten Fälle gelten soll. Dabei ist zu beachten, dass über den Wortlaut des § 14 II Nr. 3 MarkenG hinaus auch bekannte Kennzeichen im Warenähnlichkeitsbereich Schutz genießen (BGH GRUR 2004, 235 – Davidoff; vgl. EuGH GRUR 2009, 756 Rn. 35 – L'Oréal/Bellure mwN). Ein Vorrang des Markenrechts vor § 4 Nr. 1 scheidet allerdings dann aus, wenn die geschäftliche Handlung bereits **keine Benutzung** iSd § 14 II Nr. 3 MarkenG darstellt. Eine Benutzung liegt vor, wenn die Handlung eine gedankliche Verknüpfung zwischen dem Kennzeichen und eigenen Waren oder Dienstleistungen des Handelnden herstellt (vgl. Ströbele/Hacker/Thiering/Hacker MarkenG § 14 Rn. 114 ff.). Zwar muss die Benutzung **markenmäßig** erfolgen (vgl. BGH GRUR 2005, 583 (585) – Lila-Postkarte; BGH GRUR 2006, 329 Rn. 23 – Gewinnfahrzeug mit Fremdemblem; aA noch Bornkamm GRUR 2005, 97 (100)). Dafür reicht es allerdings aus, wenn das Zeichen zur Unterscheidung der gekennzeichneten Waren oder Dienstleistungen von denen anderer Unternehmer verwendet wird (EuGH Slg. 1999, I-905 Rn. 30f = GRUR-Int. 1999, 438 – BMW; BGH GRUR 2006, 329 Rn. 36 – Gewinnfahrzeug mit Fremdemblem). Das ist aber in einem sehr weiten Sinne zu verstehen. So genügt es, wenn das Zeichen im Rahmen vergleichender Werbung benutzt wird (EuGH GRUR 2009, 756 Rn. 53 – L'Oréal/Bellure) oder dass die beteiligten Verkehrskreise das Kollisionszeichen zwar als Verzierung auffassen, es wegen der hochgradigen Ähnlichkeit gedanklich jedoch mit der bekannten Marke verknüpfen (EuGH GRUR 2004, 58 (60) Rn. 39 – Adidas/Fitnessworld).

bb) Kritik. An einem Vorrang des Markenrechts ist, auch angesichts der Rspr. des EuGH **1.9b** (GRUR 2009, 756 Rn. 40 – L'Oréal/Bellure zur vergleichbaren Problematik bei der vergleichenden Werbung), nicht festzuhalten. Die Parallelregelung des § 6 II Nr. 4 zum Kennzeichenschutz bei vergleichender Werbung ist nämlich zweifelsfrei neben § 14 II Nr. 3 MarkenG anwendbar (→ § 6 Rn. 36). Sie setzt ihrem Wortlaut nach voraus, dass die Wertschätzung eines von einem Mitbewerber verwendeten Kennzeichens in unlauterer Weise beeinträchtigt wird und ist insoweit dem § 14 II Nr. 3 MarkenG vergleichbar. Diese Vorschrift ist aber richtlinienkonform (vgl. Art. 4 lit. d RL 2006/114/EG) dahin auszulegen, dass hierfür eine Herabsetzung oder

Verunglimpfung des Kennzeichens des Mitbewerbers erforderlich ist. Wenn aber ein lauterkeits-rechtlicher Kennzeichenschutz nach § 6 II Nr. 4 neben dem MarkenG möglich ist, muss dies – sollen keine Wertungswidersprüche eintreten – auch für den Kennzeichenschutz außerhalb der vergleichenden Werbung gelten. Denn es kann keinen Unterschied machen, ob die Herabset-zung eines fremden Kennzeichens innerhalb oder außerhalb einer vergleichenden Werbung erfolgt (ebenso Ströbele/Hacker/Thiering/Hacker MarkenG § 2 Rn. 60). Daher ist **§ 4 Nr. 1 uneingeschränkt neben den §§ 14 II Nr. 3, 15 III MarkenG anwendbar** (Harte-Baven-damm/Henning-Bodewig/Omsels § 4 Nr. 1 Rn. 34; Steinbeck FS Ullmann, 2006, 409 (415); Bärenfänger WRP 2011, 160 (168)). Allerdings sind dabei die Wertungen des MarkenG zu berücksichtigen, um Wertungswidersprüche zu vermeiden. Daher sind die Tatbestände der „unlauteren Beeinträchtigung der Wertschätzung" in den § 14 II Nr. 3 MarkenG, § 15 III MarkenG und der „Herabsetzung oder Verunglimpfung" in § 4 Nr. 1 einheitlich auszulegen (vgl. EuGH GRUR 2009, 756 Rn. 40, 77 – L'Oréal/Bellure). Eine Herabsetzung der Marke ist daher bereits dann anzunehmen, wenn die geschäftliche Handlung eine oder mehrere Funk-tionen der Marke beeinträchtigt, wozu neben der Herkunftsfunktion als Hauptfunktion auch die Garantie-, Kommunikations-, Investitions- oder Werbefunktion gehören. Im Übrigen darf die praktische Bedeutung des § 4 Nr. 1 nicht überschätzt werden, da diese Vorschrift – anders als die markenrechtlichen Verletzungstatbestände – ein konkretes Wettbewerbsverhältnis zwischen dem Verletzer und dem Verletztem voraussetzt (→ Rn. 1.11) und die Rechtsfolgen (ua keine dreifa-che Schadensberechnung; kürzere Verjährungsfristen) hinter denen des Markenrechts zurück-bleiben.

1.9c   **cc) Schutz nicht bekannter Kennzeichen.** Praktische Bedeutung kann § 4 Nr. 1 für den (von den § 14 II Nr. 3 MarkenG, § 15 III MarkenG nicht erfassten) Schutz nicht bekannter Kennzeichen zukommen (ebenso Ströbele/Hacker/Thiering/Hacker MarkenG § 2 Rn. 61; Stieper WRP 2006, 291 (301)).

1.9d   **dd) Schutz vor Markenparodie.** Die Fälle der **Markenparodie,** in denen fremde Marken dadurch herabgesetzt oder verunglimpft werden, dass sie in entstellender Schreibweise wiederge-geben oder in einen sachfremden Zusammenhang (inkompatibler Zweitgebrauch; vgl. Piper GRUR 1996, 429 (435)) gestellt und dadurch diffamiert, der Lächerlichkeit und dem Spott preisgegeben werden, um für das eigene Produkt Aufmerksamkeit zu erregen, sind – soweit keine vergleichende Werbung vorliegt – nach dem Gesagten nach § 4 Nr. 1 zu beurteilen. Das gilt auch dann, wenn es sich – wie idR – um bekannte Marken handelt und insoweit Marken-schutz eingreift. **Beispiele:** Verballhornung der Marke Marlboro in „Mordoro" (BGH GRUR 1984, 684 – Mordoro); der Marke adidas in „adihash" (OLG Hamburg GRUR 1992, 58); der Marke Deutsche Post in „Deutsche Pest" (LG Hamburg GRUR 2000, 514 (515)); der Marke BMW in „Bumms Mal Wieder" (BGH GRUR 1986, 759 – BMW); der Marke Lufthansa in „Lusthansa" (OLG Frankfurt GRUR 1982, 319); Vertrieb von Präservativen als Scherzartikel mit dem Aufdruck „Mars macht mobil bei Sex, Sport und Spiel" (BGH GRUR 1994, 808 (811) – Markenverunglimpfung I; dazu BVerfG NJW 1994, 3342) bzw. dem Aufdruck „Es tut NIVEA als das Erste mal" (BGH GRUR 1995, 57 (59) – Markenverunglimpfung II); Vertrieb eine lilafarbenen Postkarte mit dem Aufdruck „Über allen Wipfeln ist Ruh, irgendwo blökt eine Kuh. Muh! Rainer Maria Milka" (BGH GRUR 2005, 583 (585) – Lila-Postkarte). Zum Schutz-bereich der **Kunstfreiheit** (Art. 5 III GG; Art. 13 GRCh) vgl. BGH WRP 2015, 1343 Rn. 41 ff. – Springender Pudel).

1.9e   **c) Verhältnis des § 4 Nr. 1 zu § 24 II MarkenG.** Der Markeninhaber kann sich nach § 24 II MarkenG der Benutzung der Marke im Zusammenhang mit dem weiteren Vertrieb von Waren aus berechtigten Gründen widersetzen, insbes. wenn der Zustand der Waren nach ihrem Inverkehrbringen verändert oder verschlechtert ist. Da durch die Veränderung oder Verschlech-terung einer Ware auch eine Rufbeeinträchtigung eintreten kann, wird daraus gefolgert, § 24 II MarkenG verdränge in seinem Anwendungsbereich den § 4 Nr. 1 (Harte-Bavendamm/Hen-ning-Bodewig/Omsels § 4 Nr. 1 Rn. 35). Allerdings wird es zu einem Normenkonflikt kaum kommen können, da § 24 II nur eingreift, wenn die veränderten oder verschlechterten Waren für den Weitervertrieb im geschäftlichen Verkehr verwendet werden (vgl. Ströbele/Hacker/Thiering/Thiering MarkenG § 24 Rn. 76) und § 4 Nr. 1 sich nur auf das Verhalten gegenüber Mitbewerbern bezieht. Der Fall müsste also so liegen, dass ein Mitbewerber beschädigte Ware erwirbt und zum Kauf anbietet, um den Hersteller zu diskreditieren.

B. Tatbestand

I. Geschäftliche Handlung

Voraussetzung für die Anwendung des § 4 Nr. 1 ist eine **geschäftliche Handlung** iSd § 2 I **1.10**
Nr. 2 (BGH WRP 2012, 77 Rn. 15 – Coaching-Newsletter). Dabei muss es sich nicht
notwendig um Werbung handeln. Kritische Äußerungen eines **Anwalts** über einen gegnerischen Anwalt stellen dann eine geschäftliche Handlung dar, wenn es dem Anwalt zumindest
auch darum geht, seine Position als Anwalt zu dessen Lasten zu verbessern (OLG Frankfurt
WRP 2014, 1098 Rn. 22). Kritische Äußerungen in den **Medien** sind nur dann geschäftliche
Handlungen, wenn Verleger, Redakteure oder Journalisten zur Förderung des Wettbewerbs des
eigenen Medienunternehmens oder eines anderen Unternehmens handeln (BGH GRUR 1980,
311 – Pressebericht in eigener Sache; BGH GRUR 1982, 234 (236) – Großbanken-Restquoten; BGH GRUR 1986, 812 (814) – Gastrokritiker; BGH GRUR 1997, 167 (168) – Restaurantführer; OLG Hamburg WRP 2000, 647; OLG Karlsruhe NJW-RR 2002, 1695 (1697)).
Das Vorliegen einer geschäftlichen Handlung allein auf Grund einer Eignung zur Beeinflussung
des Wettbewerbs ist allerdings nicht zu vermuten, soweit die Presse im Rahmen ihres Aufgabenbereichs über Vorgänge von allgemeiner Bedeutung unterrichtet und zur öffentlichen Meinungsbildung beiträgt. Das ist zB auch bei Testberichten über Restaurants der Fall (BGH
GRUR 1998, 167 (168) – Restaurantführer; BGH GRUR 1997, 473 (475) – Versierter
Ansprechpartner). Vielmehr ist eine geschäftliche Handlung konkret festzustellen (BGH GRUR
1995, 270 (272) – Dubioses Geschäftsgebaren). Auch wenn sich eine Zeitschrift (bzw. deren
Mitarbeiter) über ein Konkurrenzblatt kritisch äußert, ist eine geschäftliche Handlung nicht zu
vermuten (vgl. OLG Hamburg WRP 2000, 647 (648 f.); → § 2 Rn. 2.70). – Unabhängig von
der Haftung der Presseorgane ist die **Haftung des Presseinformanten** zu beurteilen, der zu
geschäftlichen Zwecken handelt (→ § 5a Rn. 7.59 ff.). Die **Unterrichtung der Presse** mit dem
Ziel einer entsprechenden Veröffentlichung ist nur unter sehr strengen Voraussetzungen gerechtfertigt, weil die Veröffentlichung als Äußerung eines unbeteiligten Dritten angesehen wird
und die Folgen oft sehr weitreichend sein können. Es muss ein ernsthaftes **Informationsinteresse** der Öffentlichkeit vorliegen und die Aufklärung muss erforderlich sein, weil zB
gerichtliche Schritte fruchtlos geblieben sind. Um das Publikum vor schwindelhaften Geschäftspraktiken und unsoliden Unternehmen wirkungsvoll zu warnen, darf ein Wettbewerber auch
die Presse informieren (BGH GRUR 1968, 645 (647) – Pelzversand; BGH GRUR 1969, 304
(306) – Kredithaie; OLG Frankfurt DB 1975, 2028; OLG Hamburg GRUR 1970, 157 (159)).
Allerdings muss sich der Informant nach der Rspr. das Manuskript vor der Veröffentlichung
vorlegen lassen, um die richtige Wiedergabe seiner Angaben prüfen zu können (BGH GRUR
1968, 645 (646 f.) – Pelzversand; zw.). Doch haftet er nicht schon deshalb, weil er sich kein
Prüfungsrecht vorbehalten hat (OLG Stuttgart NJW-RR 1991, 1515). – An einem hinreichenden Anlass, das unlautere geschäftliche Verhalten eines Mitbewerbers mittels einer **Zeitungsanzeige** zu rügen, fehlt es, wenn bereits eine einstweilige Verfügung ergangen und der Kreis
der vom Rechtsverstoß Betroffenen nur klein ist (BGH GRUR 1990, 1012 (1014) – Pressehaftung I).

II. Mitbewerber

§ 4 Nr. 1 ist nur anwendbar, wenn sich die Handlung gegen einen **Mitbewerber** iSd § 2 I **1.11**
Nr. 4 (→ § 2 Rn. 4.1 ff.; Köhler WRP 2009, 499 (505)) richtet. Zwischen dem Verletzer (bzw.
dem von ihm geförderten Unternehmen, → § 8 Rn. 3.27) und dem Verletzten muss also ein
konkretes Wettbewerbsverhältnis bestehen. Das kann auch durch die betreffende Äußerung
begründet werden (OLG Frankfurt WRP 2014, 1098 Rn. 26). Dagegen muss – anders als bei
§ 6 I – der betroffene Mitbewerber **nicht erkennbar** gemacht werden (→ Rn. 1.7; OLG
Saarbrücken GRUR-RR 2014, 150 (152); OLG Düsseldorf WRP 2020, 88 Rn. 64). Daher
greift § 4 Nr. 1 auch und gerade bei der **kollektiven** Herabsetzung oder Verunglimpfung ein
(so auch OLG Hamburg GRUR-RR 2010, 257; OLG Hamm WRP 2017, 609 Rn. 29; OLG
Düsseldorf WRP 2020, 88 Rn. 64; OLG Frankfurt WRP 2021, 801 Rn. 24; Harte-Baven-
damm/Henning-Bodewig/Omsels § 4 Nr. 1 Rn. 26; aA Ohly/Sosnitza/Ohly § 4 Rn. 1/10a;
Sack WRP 2005, 531 (535), die insoweit auf § 3 I zurückgreifen möchten). – Liegt ein
konkretes Wettbewerbsverhältnis nicht vor, so kommt nur ein markenrechtlicher oder bürger-

lich-rechtlicher Schutz des Betroffenen in Betracht (BGH WRP 2017, 1085 Rn. 23 ff. – Wettbewerbsbezug).

III. Herabsetzung und Verunglimpfung

1. Begriffe

1.12   Die Begriffe der „**Herabsetzung**" und der „**Verunglimpfung**" sind wie in der Spezialvorschrift des § 6 II Nr. 5 zu verstehen (näher → § 6 Rn. 165 ff.). Theoretisch könnte sich zwar eine unterschiedliche Auslegung daraus ergeben, dass § 6 II Nr. 5 richtlinienkonform auszulegen ist, § 4 Nr. 1 dagegen nicht. Doch sollte eine unterschiedliche Begriffsbestimmung im Interesse einheitlicher Wertmaßstäbe unbedingt vermieden werden (vgl. auch BGHZ 150, 248 (261 f.)). Auch die Schutzzwecke der beiden Tatbestände gebieten keine unterschiedliche Auslegung. – Unter einer **Herabsetzung** ist die sachlich nicht gerechtfertigte Verringerung der Wertschätzung des Mitbewerbers (oder seines Unternehmens und/oder seiner Leistungen) durch ein abträgliches Werturteil oder eine abträgliche wahre oder unwahre Tatsachenbehauptung zu verstehen. Bei der **Verunglimpfung** handelt es sich um eine gesteigerte Form der Herabsetzung; sie besteht in der Verächtlichmachung des Mitbewerbers ohne sachliche Grundlage (BGH WRP 2018, 682 Rn. 15 – Verkürzter Versorgungsweg II; BGH WRP 2016, 843 Rn. 38 – Im Immobiliensumpf mwN; BGH GRUR 2021, 1207 Rn. 22 – Vorsicht Falle). Im Hinblick auf die Gleichstellung von Herabsetzung und Verunglimpfung ist eine genaue Unterscheidung der Begriffe entbehrlich. Beiden Handlungsformen ist gemeinsam, dass es sich um **Kommunikationsakte** handelt, die sich gegen die Wertschätzung der in § 4 Nr. 1 genannten Umstände richtet. Allein die Minderung der Wertschätzung genügt indessen nicht. Herabsetzung und Verunglimpfung erfordern darüber hinaus eine **wertende Betrachtung,** wonach zu bestimmen ist, ob es einen von der Rechtsordnung anerkannten Grund für die ansehensschädigende Äußerung gibt, zB ein berechtigtes Informationsinteresse (vgl. auch Ohly/Sosnitza/Ohly § 4 Rn. 1/12).

2. Feststellung

1.13   Ob eine Herabsetzung oder Verunglimpfung vorliegt, beurteilt sich nach dem Eindruck der angesprochenen oder erreichten Verkehrskreise (BGH WRP 1973, 270 (271) – Der sanfte Bitter; BGH WRP 1999, 414 (416) – Vergleichen Sie; BGH WRP 2012, 77 Rn. 22 – Coaching-Newsletter), soweit diese als Marktpartner des betroffenen Mitbewerbers in Betracht kommen. Dies erfordert eine **Gesamtwürdigung, bei der die Umstände des Einzelfalls, insbes. der Inhalt und die Form der Äußerung, ihr Anlass und der Zusammenhang, in den sie gestellt ist, sowie die Verständnismöglichkeiten des angesprochenen Verkehrs zu berücksichtigen sind** (stRspr; BGH GRUR 2021, 1207 Rn. 23 – Vorsicht Falle mwN). Die Unzulässigkeit einer Äußerung darf also nicht aus den gewählten Formulierungen allein gefolgert werden; vielmehr sind sie im Gesamtzusammenhang zu betrachten und es ist eine Gesamtabwägung vorzunehmen (BGH WRP 2018, 682 Rn. 40 – Verkürzter Versorgungsweg II). Bei der Würdigung sind bspw. nicht nur die unmittelbaren Äußerungen, sondern auch elektronische Verweise („Links") auf andere Äußerungen einzubeziehen, soweit sie erkennbar als Beleg und Ergänzung einer Stellungnahme dienen sollen (BGH WRP 2012, 77 Rn. 22 – Coaching-Newsletter). – Maßgeblich ist die Sichtweise des durchschnittlich informierten, verständigen und aufmerksamen **Adressaten** der Äußerung (BGH GRUR 2005, 609 (610) – Sparberaterin II; BGH WRP 2012, 77 Rn. 22 – Coaching-Newsletter; BGH WRP 2018, 682 Rn. 35 – Verkürzter Versorgungsweg II), nicht dagegen die Sichtweise des betroffenen Mitbewerbers. Im Rahmen der Gesamtwürdigung sind auch die **widerstreitenden Interessen** und die betroffenen **Grundrechte** der Beteiligten, nämlich die Meinungsfreiheit des Äußernden (Art. 5 I GG) und der Schutz des geschäftlichen Rufs des Mitbewerbers nach Art. 2 I GG, Art. 12 I GG, zu berücksichtigen und unter Beachtung des Grundsatzes der Verhältnismäßigkeit gegeneinander abzuwägen (BGH WRP 2018, 682 Rn. 15, 31 – Verkürzter Versorgungsweg II; BGH WRP 2016, 843 Rn. 38 – Im Immobiliensumpf; BGH WRP 2019, 743 Rn. 23 – Knochenzement III). – Unerheblich sind idR die Vorstellungen und Absichten des Handelnden. Es kommt daher nicht darauf an, ob er um die Bedeutung oder Wirkung seines Handelns wusste, geschweige denn die Absicht hatte, den Mitbewerber herabzusetzen. Der subjektive Tatbestand spielt nur beim Schadensersatzanspruch eine Rolle (OLG Karlsruhe GRUR-RR 2020, 429 Rn. 76). – Der Tatbestand der Herabsetzung oder Verunglimpfung ist erst dann verwirklicht, wenn die „Botschaft" die Personen erreicht, von deren Urteil die Wertschätzung des Mitbewerbers abhängt (sonst nur vorbeugender Unterlassungsanspruch). Davon ist stets auszugehen, wenn die Äußerung in der Öffentlichkeit getan wurde oder an die Öffentlichkeit dringt. Bei vertraulichen Äußerungen kommt es darauf an, wer Adressat ist. Vielfach wird es (zB bei hausinternen Äußerungen über einen Mitbewerber) allerdings dann schon an einer geschäftlichen Handlung fehlen. – Erfüllt eine Presseerklärung über eine gegen einen Mitbewerber erlassene einstweilige Verfügung den Tatbestand des § 4 Nr. 1, weil sie nicht erkennen lässt, dass diese ohne mündliche Verhandlung und ohne Anhörung des Mitbewerbers ergangen ist, so kann die **Wiederholungsgefahr** entfallen, wenn die Verfügung aufgehoben wird und der Verletzer sich auf den Wegfall der Wiederholungsgefahr unter diesem Gesichtspunkt beruft (OLG Frankfurt WRP 2015, 231 Rn. 8 ff.).

3. Erscheinungsformen

Auf welche Weise die Herabsetzung oder Verunglimpfung bewirkt wird, ist unerheblich. Dies **1.14** gilt zunächst für den **Adressatenkreis:** Es ist unerheblich, wie vielen Personen gegenüber Mitteilung erfolgt (öffentlich, beschränkt öffentlich oder individuell). Auch kritische Äußerungen über einen Mitbewerber im Gewande einer fiktiven Kundenbewertung („Fake-Account") gehören hierher (aA Scherer WRP 2021, 287 Rn. 40: § 4 Nr. 4). Dies gilt weiter für die **Art des Kommunikationsaktes** und damit auch die **Form** der Mitteilung. Sie kann erfolgen durch schriftliche oder mündliche **Äußerungen,** auch in Gestalt von Links auf andere Äußerungen, soweit sie erkennbar als Beleg und Ergänzung einer Stellungnahme dienen sollen (BGH GRUR 2012, 74 Rn. 22 – Coaching-Newsletter; OLG Frankfurt WRP 2022, 764 Rn. 14), weiterhin durch (abfällige) **Gesten** und **Gebärden,** durch **Abbildungen** (vgl. OLG Köln NJWE-WettbR 1999, 277: Abbildung einer neidisch, niedergeschlagen und hilflos dargestellten Person als Verkörperung eines Mitbewerbers; OLG Hamburg NJW-WettbR 1998, 34 (35): Abbildung einer Person mit der Hand am Ohr, um besser hören zu können, verbunden mit der Frage, ob sie wohl ein Hörgerät der Konkurrenz trage), **Bewertungen im Internet** (OLG Köln GRUR 2023, 350 Rn. 20 ff.: Vergabe von einem von fünf möglichen Sternen in einem Internetdienst) oder auch durch **Tathandlungen,** wie etwa durch Zerlegen, Verändern oder Verschlechtern der Waren, Kennzeichen oder Werbematerialien des Mitbewerbers (vgl. BGH GRUR 1972, 558 – Teerspritzmaschinen; → Rn. 4.48 und 4.71) oder das Platzieren einer Ware in einem ungünstigen Umfeld (Harte-Bavendamm/Henning-Bodewig/Omsels § 4 Rn. 17). Eine Herabsetzung kann auch darin liegen, dass ein Händler sich Ausschussware, die vom Hersteller auf eine Mülldeponie verbracht wurde, aber noch dessen Kennzeichen trägt, besorgt und vertreibt (ÖOGH ÖBl 1983, 13). Eine Rufschädigung von Markenartikeln kommt auch durch Tiefstpreisverkäufe in Betracht, wenn der Verkehr daraus auf eine Qualitätsverschlechterung schließt (dazu näher → Rn. 1.24 und → Rn. 4.204). – Eine Kritik am Mitbewerber, die ironisch, humoristisch oder satirisch eingekleidet ist, stellt noch keine Herabsetzung oder Verunglimpfung dar, solange sie nur Unterhaltungswert besitzt, den Mitbewerber aber nicht der Lächerlichkeit oder dem Spott preisgibt (OLG Frankfurt WRP 2016, 646: „wenn 1 & 1 sich streiten"; vgl. zur Parallelvorschrift des § 6 II Nr. 5 BGH GRUR 2002, 828 (830) – Lottoschein; ferner BGH GRUR 2002, 982 (984) – DIE „STEINZEIT" IST VORBEI!). Hier ist in Rechnung zu stellen, dass der Verkehr zunehmend an pointierte Werbeaussagen gewöhnt ist und sie als Ausdruck lebhaften Wettbewerbs empfindet.

4. Grenzen der Zulässigkeit von Tatsachenbehauptungen

Unter **Tatsachen** sind Vorgänge oder Zustände zu verstehen, die dem Wahrheitsbeweis **1.14a** zugänglich sind. Zur Abgrenzung von Werturteilen → Rn. 1.17. Zu unterscheiden ist zwischen unwahren (→ Rn. 1.15) und wahren Tatsachenbehauptungen (1.16).

a) Unwahre Tatsachenbehauptungen. Die Behauptung von **unwahren** Tatsachen, die **1.15** einen Mitbewerber herabsetzen, ist stets nach § 4 Nr. 1 unzulässig, soweit nicht schon § 4 Nr. 2 eingreift. Unwahre Tatsachenbehauptungen werden auch nicht vom Schutz der Meinungs- und Pressefreiheit (Art. 5 I GG) umfasst (BGH GRUR 2012, 74 Rn. 27 – Coaching-Newsletter; OLG Köln WRP 2013, 938 Rn. 15; vgl. weiter BVerfGE 54, 208 ff.; 61, 1 ff.; 85, 1 (15); 90, 1 (15); offengelassen in BVerfG GRUR 2008, 81 (82) – Pharmakartell).

b) Wahre Tatsachenbehauptungen. Wahre Tatsachenbehauptungen über einen Mitbewer- **1.16** ber und dessen geschäftliche Verhältnisse können wichtige Informationen enthalten. Daher ist es grds. zulässig, im Wettbewerb wahre Tatsachenbehauptungen über den Mitbewerber, sein Unternehmen und seine Leistungen mitzuteilen, auch wenn sie zu einer Geschäftsschädigung führen können (ebenso BGH GRUR 2009, 1186 Rn. 25 – Mecklenburger Obstbrände). Zudem fallen auch wahre Tatsachenbehauptungen in den Schutzbereich des **Grundrechts aus Art. 5 I GG,** weil und soweit sie Voraussetzung der Meinungsbildung sind (BVerfGE 54, 208 (219); 61, 1 (8); 85, 1 (15); BGH WRP 2018, 682 Rn. 28 – Verkürzter Versorgungsweg II; BGH WRP 2012, 77 Rn. 27 – Coaching-Newsletter). Allerdings sind wahre Tatsachenbehauptungen nicht uneingeschränkt zulässig. Vielmehr bedarf es der Abwägung mit dem durch Art. 12 I GG und Art. 2 I GG geschützten geschäftlichen Ruf des Betroffenen unter Berücksichtigung aller relevanten Umstände des Einzelfalls. Eine beeinträchtigende wahre Tatsachenbehauptung kann umso eher zulässig sein, je nützlicher die Information für die Adressaten ist oder je mehr aus anderen Gründen ein berechtigtes Informationsinteresse oder hinreichender Anlass für die Kritik besteht und je sachlicher die Kritik präsentiert wird (BGH GRUR 2021, 1207 Rn. 25 – Vorsicht Falle). Zulässig sind wahre, aber geschäftsschädigende Tatsachenbehauptungen daher nur, soweit ein **sachlich berechtigtes Informationsinteresse** der angesprochenen Verkehrskreise im Hinblick auf eine geschäftliche Entscheidung besteht (vgl. BGH GRUR 1966, 633 (635) – Teppichkehrmaschine; BGH GRUR 1964, 392 (394) – Weizenkeimöl). Die Äußerung muss daher für die Information der angesprochenen Verkehrskreise erforderlich oder doch nützlich sein, um eine sachgerechte, informierte Nachfrageentscheidung zu treffen. Andernfalls besteht die Gefahr einer unsachlichen und damit den Wettbewerb verfälschenden Beeinflussung der Kunden (BGH GRUR 2021, 1207 Rn. 44 – Vorsicht Falle). Außerdem muss der Wettbewerber einen **hinreichenden Anlass** haben, den eigenen Wettbewerb mit der Herabsetzung des Mitbewerbers zu verbinden (BGH GRUR 2021, 1207 Rn. 34 – Vorsicht Falle; OLG Hamburg WRP 2020, 915 Rn. 38; krit. Harte-Bavendamm/Henning-Bodewig/Omsels § 4 Rn. 24), wobei jedoch die Aufklärung der Verbraucher ausreichend ist. Schließlich muss sich die Kritik nach Art und Maß **im Rahmen des Erforderlichen** halten (BGH GRUR 1962, 45 (48) – Betonzusatzmittel; BGH GRUR 1968, 262 (265) – Fälschung; BGH GRUR 1990, 1012 (1013) – Pressehaftung I; OLG Stuttgart NJW-RR 1997, 108; OLG Brandenburg WRP 2017, 469 Rn. 17; OLG Hamburg WRP 2020, 915 Rn. 39; LG Hildesheim WRP 2020, 121 Rn. 19). Grds. zulässig ist es daher, in angemessener Form wahrheitsgemäß über Mängel eines Konkurrenzprodukts, über unsachgemäße Werbemethoden eines Mitbewerbers (Kießling/Kling WRP 2002, 615 (627)), über eine Produktnachahmung durch einen Mitbewerber (vgl. BGH GRUR 1990, 1012 (1013) – Pressehaftung) oder über die Erlangung eines bestimmten Marktstellung eines Mitbewerbers nur aufgrund einer Verletzung von Betriebsgeheimnissen (BGH GRUR 2018, 5341 Rn. 42 – Knochenzement II) zu berichten. Eine Herabsetzung liegt auch dann nicht vor, wenn **wissenschaftliche Erkenntnisse** sachlich, dh nüchtern und zurückhaltend formuliert wiedergegeben werden, mögen sich daraus auch deutliche Nachteile des Konkurrenzprodukts ergeben (BGH WRP 2002, 828 (831) – Hormonersatztherapie). Ferner hat jedes Unternehmen ein schutzwürdiges Interesse daran, seine Mitarbeiter wahrheitsgemäß über Konkurrenzunternehmen zu unterrichten, um sie von einem Übertritt zu diesen abzuhalten (OLG München WRP 1971, 280). Jedoch darf nicht die konkrete Gefahr bestehen, dass die den Mitbewerber herabsetzenden Informationen über den Kreis der eigenen Mitarbeiter hinaus an Dritte gelangen. – Der Hersteller eines Kfz, den eine Produktbeobachtungs-, Überprüfungs- und Überwachungspflicht trifft, ist berechtigt, seine Kunden vor der Anbringung fremden notwendigen Zubehörs zu warnen, wenn es iVm dem eigenen Produkt für den Benutzer gefährlich werden kann (BGHZ 99, 167 (173 ff.); Ulmer ZHR 152 (1988), 564, 586). – Eine Herabsetzung eines Mitbewerbers liegt auch nicht in der öffentlichen oder gegenüber Abnehmern erfolgten Mitteilung des Überwechselns von Mitarbeitern oder Kunden, auch wenn dadurch der Eindruck einer geschwächten Leistungsfähigkeit entsteht (aA BGH GRUR 1957, 23 (24) – Bünder Glas; BGHZ 40, 391 (397) = GRUR 1964, 316 (319) – Stahlexport; einschränkend BGH GRUR 1988, 545 (546) – Ansprechpartner). Denn die potenziellen Marktpartner können ein sachliches Interesse an dieser Information haben. – Die Werbung einer Werbeagentur gegenüber Kunden, die sich von den Kundenberatern der Telefonbuchverlage „schlecht, einseitig oder gar nicht beraten fühlen", wird vom verständigen Kunden nicht als herabsetzend empfunden (BGH GRUR 2005, 609 (610) – Sparberaterin II). – Bei kritischen **Äußerungen von Medien** ist zu beachten, dass zwar den Kommunikations- und Mediengrundrechten (Meinungs-, Presse-, Rundfunkfreiheit, Art. 5 I GG) besondere Bedeutung beizumessen ist, aber die Wahrheit einer Tatsache allein auch den Medien nicht ohne weiteres das Recht gibt, einen Mitbewerber zu diskreditieren (BGH GRUR 1982, 234 (236) – Großbanken-

Restquoten). – Ob die Verbreitung einer rechtskräftigen **Gerichtsentscheidung** mit Namen und Anschriften der Parteien in der **Öffentlichkeit** den wegen wettbewerbswidriger Handlungen verurteilten Mitbewerber herabsetzt, hängt von einer Güter- und Interessenabwägung, nämlich von einem überwiegenden sachlichen Informationsinteresse der angesprochenen Verkehrskreise (Verbraucher oder sonstige Marktteilnehmer) ab. Das ist bspw. dann gegeben, wenn vor betrügerischen Handlungen des Mitbewerbers und damit vor drohenden Nachteilen bei geschäftlichen Entscheidungen gewarnt wird (BGH GRUR 2021, 1207 Rn. 34 – Vorsicht Falle). Dem steht § 12 II nicht entgegen (BGH GRUR 2021, 1207 Rn. 33 – Vorsicht Falle). Ein Informationsinteresse der Allgemeinheit an einer Urteilsveröffentlichung kann zu verneinen sein, wenn die der Entscheidung zugrundeliegenden Vorgänge wegen der seither vergangenen Zeit nicht mehr von Bedeutung sind; nicht dagegen schon immer dann, wenn es seit längerer Zeit zu keinen Titelverstößen gekommen ist (BGH GRUR 2021, 1207 Rn. 39 – Vorsicht Falle). – Die Versendung eines nicht rechtskräftigen Patentverletzungsurteils oder ein Bericht darüber an die **gewerblichen Abnehmer** des Mitbewerbers ist nur dann herabsetzend, wenn das Schreiben den Eindruck vermittelt, das Urteil sei rechtskräftig (BGH GRUR 1995, 424 (426) – Abnehmerverwarnung; OLG Düsseldorf InstGE 11, 267; OLG Hamburg WRP 2020, 915 Rn. 41).

5. Grenzen der Zulässigkeit verletzender Werturteile

a) Abgrenzung zur Tatsachenbehauptung. Im Gegensatz zu Tatsachenbehauptungen sind **1.17** Werturteile nicht dem Beweis ihrer objektiven Richtigkeit zugänglich, sondern durch das Element des Wertens, Meinens und Dafürhaltens geprägt (BGH WRP 2018, 682 Rn. 29 – Verkürzter Versorgungsweg II). Oft steckt jedoch in einem Werturteil zugleich die Behauptung einer Tatsache; dann gelten insoweit die obigen Grundsätze. Ist die Abgrenzung nicht durchführbar, weil Tatsachenbehauptung und Werturteil vermengt werden, kommt es darauf an, ob nach der Auffassung der Verkehrskreise das Gewicht mehr auf dem tatsächlichen oder mehr auf dem wertenden Moment liegt. Letzteres ist dann anzunehmen, wenn eine Trennung der tatsächlichen und der wertenden Gehalte den Sinn der Äußerung aufhöbe oder verfälschte. In diesem Fall wird die Äußerung insgesamt als Werturteil behandelt (vgl. BVerfGE 85, 1 (15 f.); BGH NJW 2016, 1584 Rn. 18; BGH WRP 2018, 682 Rn. 29 – Verkürzter Versorgungsweg II). Das ist bspw. dann anzunehmen, wenn eine Äußerung derart substanzarm ist, dass sich ihr keine konkret greifbare Tatsache entnehmen lässt und sie ein bloßes pauschales Urteil enthält (BGH WRP 2012, 77 Rn. 30 – Coaching-Newsletter; zu **Einzelheiten** → Rn. 2.13).

b) Die Bedeutung des Art. 5 I, II und III GG. Verletzende Werturteile über einen **1.18** Mitbewerber geben dem Verbraucher keine zuverlässige Information und können daher den Wettbewerb verfälschen. Doch sind bei der Beurteilung einer kritischen Äußerung die Wertungen der Kommunikations- und Mediengrundrechte (Art. 5 I, II GG) zu beachten. Bei der gebotenen Interessenabwägung sind insbesondere das Aufklärungsinteresse des Adressaten bzw. der Öffentlichkeit zu berücksichtigen. Danach ist eine Kritik, die als Mittel des geistigen Meinungskampfes in einer die Öffentlichkeit wesentlich berührenden Frage über politische oder wirtschaftliche Belange dient, erlaubt. Das Grundrecht des Art. 5 I GG ist auch dann einschlägig, wenn die Äußerung kommerziellen Zwecken dient oder es sich um Wirtschaftswerbung mit einem wertenden, meinungsbildenden Inhalt handelt (BVerfG GRUR 2001, 170 (172) – Benetton-Werbung I; BVerfG GRUR 2001, 1058 (1059) – Therapeutische Äquivalenz; BVerfG GRUR 2003, 455 – Tier- und Artenschutz; BGH GRUR 1984, 214 (215) – Copy-Charge; BVerfG GRUR 2008, 81 (82) – Pharmakartell; BGH WRP 2012, 77 Rn. 27 – Coaching-Newsletter). Grundsätzlich gelten für Äußerungen, die zu Wettbewerbszwecken getan und bei denen die Meinungsfreiheit und das Informationsinteresse der Allgemeinheit lediglich als Mittel zur Förderung privater Wirtschaftsinteressen eingesetzt werden, strengere Anforderungen (BGH GRUR 2012, 74 Rn. 12 – Coaching-Newsletter; BGH GRUR 2018, 622 Rn. 35 – Verkürzter Versorgungsweg II; OLG Köln WRP 2011, 779 (780); krit. Büscher/Maatsch § 4 Nr. 1 Rn. 51, 52), zumal bei personenbezogenen Äußerungen eine erhöhte Gefahr unsachlicher Beeinflussung besteht (BGH GRUR 1966, 92 (94) – Bleistiftabsätze; BVerfGE 93, 246 (292)). Denn zu den Schranken der Meinungsfreiheit (Art. 5 II GG) gehört auch § 3 I iVm § 4 Nr. 1 (vgl. auch BGH GRUR 1984, 461 (463) – Kundenboykott; BGH GRUR 1986, 812 (813) – Gastrokritiker zu § 1 UWG 1909; BVerfG GRUR 2008, 81 (82) – Pharmakartell zu §§ 1, 2 II Nr. 5 UWG 1909). Allerdings ist § 4 Nr. 1 als einfach-rechtliche Vorschrift wiederum im Lichte der Bedeutung des Art. 5 I GG auszulegen und so in ihrer das Grundrecht beschränkenden Wirkung wieder selbst einzuschränken (vgl. BVerfG NJW 1992, 1153 (1154); BVerfG GRUR 2001, 1058 (1059) – Therapeutische Äquivalenz; BVerfG GRUR 2008, 81 (83) – Pharmakartell; BGH WRP 2018, 682 Rn. 35 – Verkürzter Versorgungsweg II; BGHZ 136, 111 (122) = GRUR 1997, 916 (919) – Kaffeebohne zu § 1 UWG 1909). Für Körperschaften des öffentlichen Rechts kann jedoch ein strengerer Maßstab gelten (vgl. BGH WRP 2018, 682 Rn. 17 – Verkürzter Versorgungsweg II). – Die Anwendung des § 4 Nr. 1 scheidet aus, wenn die Äußerung von der **Kunstfreiheit** (Art. 5 III GG) gedeckt ist. Dazu ist eine Abwägung der kollidierenden Grundrechtspositionen erforderlich. Bei scherzhaften oder humorvollen Gestaltungen wird die Kunstfreiheit überwiegen, mögen auch kommerzielle Motive mitspielen (BGH GRUR 2005, 583 (584 f.) – Lila-Postkarte). Eine Grenze bildet die Verunglimpfung des Mitbewerbers.

1.19   **c) Regelmäßig unzulässige Äußerungen.** Nicht mehr vom Grundrecht des Art. 5 I 1 GG gedeckt und damit regelmäßig nach § 4 Nr. 1 unzulässig sind kritische Äußerungen über einen Mitbewerber, die eine **Formalbeleidigung** enthalten oder die **Menschenwürde** verletzen oder eine reine **Schmähkritik** darstellen (BVerfGE 86, 1 (13) = NJW 1992, 2073; BVerfGE 93, 246 (292 ff.); BVerfG GRUR 2008, 81 (83) – Pharmakartell; BGH GRUR 1977, 801 (803) – Halsabschneider; BGH NJW 2002, 1192 (1193); BGH GRUR 2012, 74 Rn. 32 – Coaching-Newsletter; BGH WRP 2018, 682 Rn. 31 – Verkürzter Versorgungsweg II). Eine reine Schmähkritik liegt vor, wenn die kritische Äußerung keine Auseinandersetzung in der Sache enthält, sondern nur den angegriffenen Mitbewerber herabsetzen oder verunglimpfen, also ihn diffamieren und gleichsam an den Pranger stellen will (BGH WRP 2009, 631 Rn. 18 – Fraport-Manila-Skandal; BGH WRP 2018, 682 Rn. 32 – Verkürzter Versorgungsweg II). Darunter fällt auch die sog **pauschale Herabsetzung** der Konkurrenz bzw. der Konkurrenzerzeugnisse, die mangels Mitteilung der konkreten Umstände, auf die sich die herabsetzende Äußerung bezieht, keinen erkennbaren sachlichen Bezug aufweist (BGH GRUR 2012, 74 Rn. 37 – Coaching-Newsletter; BGH WRP 2014, 548 Rn. 24 – englischsprachige Pressemitteilung; OLG Frankfurt WRP 2014, 1098 Rn. 27; OLG Frankfurt WRP 2021, 1340 Rn. 11). Das Fehlen sachlicher Grundlagen für die Kritik kann sogar auf das Vorliegen einer geschäftlichen Handlung schließen lassen (vgl. BGH GRUR 1986, 812 (814) – Gastrokritiker zur früheren Wettbewerbsabsicht).

1.20   Maßstab für das Vorliegen einer pauschalen Herabsetzung ist grds., ob die Aussage in **unangemessener Weise abfällig, abwertend oder unsachlich ist** (vgl. BGH GRUR 1999, 501 – Vergleichen Sie; BGH GRUR 1999, 1100 (1102) – Generika-Werbung; OLG Frankfurt GRUR-RR 2012, 392 (394)). Jedoch ist der Begriff der Schmähkritik wegen seiner die Meinungsfreiheit verdrängenden Wirkung **eng** zu fassen (BGH WRP 2018, 682 Rn. 32 – Verkürzter Versorgungsweg II). Daher ist eine Äußerung nicht allein deshalb unzulässig, weil sie weniger scharf oder sachlicher hätte formuliert werden können, und zwar auch dann, wenn Unternehmen angegriffen werden (BVerfG GRUR 2008, 81 (83) – Pharmakartell). Auch liegt eine Schmähkritik nur ausnahmsweise vor, wenn sich die Äußerung auf eine die Öffentlichkeit wesentlich berührende Frage bezieht (BGH WRP 2016, 843 Rn. 48 – Im Immobiliensumpf; BGH WRP 2018, 682 Rn. 32 – Verkürzter Versorgungsweg II).

1.21   **d) Unzulässigkeit auf Grund einer Güter- und Interessenabwägung.** In den übrigen Fällen ist eine **Abwägung der Güter und Interessen** der Beteiligten und der Allgemeinheit vorzunehmen, bei der einerseits dem Schutz des geschäftlichen Rufs des Betroffenen nach **Art. 2 I, 12 I GG,** andererseits dem Bedeutungsgehalt des **Art. 5 I GG** und dem Grundsatz der **Verhältnismäßigkeit** Rechnung zu tragen ist (BGH WRP 2018, 682 Rn. 31, 35 – Verkürzter Versorgungsweg II; BGH GRUR 2012, 74 Rn. 31, 33 – Coaching-Newsletter; OLG Brandenburg WRP 2017, 469 Rn. 18; OLG Karlsruhe GRUR-RR 2020, 429 Rn. 93 ff.). Auch das nach § 1 I 2 gleichzeitig geschützte **Interesse der Allgemeinheit** an einem unverfälschten Wettbewerb ist bei der Abwägung der Interessen in der Weise zu berücksichtigen, dass geschäftlichen Zwecken dienende Meinungsäußerungen strenger zu beurteilen sind als Äußerungen, die lediglich nach Deliktsrecht zu beurteilen sind (BGH WRP 2016, 843 Rn. 56 – Im Immobiliensumpf; BGH WRP 2018, 682 Rn. 35 – Verkürzter Versorgungsweg II). – Insgesamt ist eine **Gesamtwürdigung** aller Umstände vorzunehmen (BGH GRUR 2012, 74 Rn. 33 – Coaching-Newsletter). Dabei sind auch das (rechtswidrige) Vorverhalten des durch die Kritik Verletzten, das Bestehen einer Nachahmungsgefahr, der Grad des Informationsinteresses Dritter und der Öffentlichkeit einerseits sowie das Ausmaß der Herabsetzung und die Auswirkungen der Kritik andererseits zu berücksichtigen. Eine Kritik kann umso eher zulässig sein, je nützlicher die Information für die Adressaten ist oder je mehr aus anderen Gründen ein berechtigtes Informationsinteresse oder ein hinreichender Anlass für die Kritik besteht und je sachlicher die Kritik präsentiert wird (BGH GRUR 2012, 74 Rn. 33 – Coaching-Newsletter; BGH WRP 2016, 843 Rn. 51 – Im Immobiliensumpf; BGH WRP 2018, 682 Rn. 35 – Verkürzter Versorgungsweg II; OLG Köln WRP 2016, 268 Rn. 48 und WRP 2016, 891 Rn. 14). Unverhältnismäßig kann die Kritik sein, wenn sich ihrem Anliegen durch weniger einschneidende Mittel (zB Einschaltung von Verbänden, Behörden und Gerichten) Rechnung tragen lässt. Voraussetzung ist aber, dass diese Einschaltung Erfolg versprechend ist. Unverhältnismäßig ist es insbes., mit einer Kritik an einem Wettbewerbsverstoß an die Öffentlichkeit zu gehen (zB Zeitungsanzeige), wenn bereits eine einstweilige Verfügung erwirkt wurde und/oder der Kreis der Betroffenen nur klein ist (BGH GRUR 1990, 1012 (1014) – Pressehaftung I). Generell lässt sich sagen, dass es nicht Sache eines Unternehmers ist, öffentliche Angriffe gegen das Geschäftsgebaren eines unmittelbaren Wettbewerbers zu führen, selbst wenn er damit auch Interessen seiner Branche wahrnimmt. Er darf sich insoweit auch nicht hinter einem Fachverband, den er vertritt, verstecken (BGH GRUR 1997, 916 (919) – Kaffeebohne). Der Gang an die Öffentlichkeit setzt vielmehr ein dringendes Informationsinteresse der Öffentlichkeit voraus. Für die Kritik muss ein **hinreichender Anlass**, nämlich ein schutzwürdiges Aufklärungsinteresse der angesprochenen Verkehrskreise, vorliegen und sie muss sich nach Art und Maß **im Rahmen des Erforderlichen** oder **sachlich Gebotenen** halten (BGH GRUR 2012, 74 Rn. 37 – Coaching-Newsletter; OLG Köln WRP 2011, 779 (780)). Die **Beweislast** dafür, dass eine Kritik in Inhalt und Form gerechtfertigt ist, liegt beim Verletzer, und zwar auch dann, wenn er sich auf Abwehr beruft (OLG Stuttgart WRP 1997, 350 (354); OLG Düsseldorf WRP 2019, 773 Rn. 33 aE).

Beispiele: (1) Ein **hinreichender Anlass** kann insbes. dann vorliegen, wenn ein berechtigtes Informationsbedürfnis der Mitarbeiter (OLG München WRP 1971, 280), der Abnehmer oder der Allgemeinheit (BGH GRUR 1968, 262 (265) – Fälschung) besteht. Das wird ua dann zu bejahen sein, wenn der Mitbewerber rechtswidrig Leistungsschutzrechte verletzt (BGHZ 136, 111 (124) = GRUR 1997, 916 (920) – Kaffeebohne), die Öffentlichkeit grob irreführt (BGH GRUR 1968, 262 (265) – Fälschung), die Unerfahrenheit der Verbraucher ausnutzt (BGH GRUR 1968, 645 (646 f.) – Pelzversand) oder seine Produkte die Sicherheit der Verbraucher gefährden (BGH GRUR 1971, 159 (160) – Motorjacht; BGHZ 99, 167; BGH GRUR 2012, 74 Rn. 37 – Coaching-Newsletter). Ferner dann, wenn die kritischen Äußerungen aus konkretem Anlass in sachlicher Weise erfolgen und der Verteidigung rechtlicher Interessen im Vorfeld eines Rechtsstreits dienen (OLG Brandenburg WRP 2017, 469 Rn. 18, 19). Ein hinreichender Anlass für die Veröffentlichung eines gegen einen Mitbewerber erwirkten Urteils unter seiner namentlichen Nennung kann bestehen, wenn die angesprochenen Verkehrskreise ein schutzwürdiges Interesse an der Information über die untersagten unlauteren Geschäftsmethoden des Mitbewerbers haben und eine Aufklärung angezeigt ist, um sonst drohende Nachteile bei geschäftlichen Entscheidungen abzuwenden (BGH GRUR 2021, 1207 Rn. 34 – Vorsicht Falle). – An einem hinreichenden Anlass für die unaufgeforderte Übersendung herabsetzender Presseartikel über einen Mitbewerber durch eine Bank fehlt es, wenn sie dem Kunden nicht vertraglich zur Beratung und Aufklärung verpflichtet ist (OLG Frankfurt GRUR 2000, 623).

(2) Die Grenze der **Erforderlichkeit** ist überschritten, wenn nicht lediglich eine Information gegeben oder eine kritische Meinung geäußert, sondern darüber hinaus zu Wettbewerbszwecken auf das Verhalten der Kunden, Lieferanten, verschreibender Ärzte usw Einfluss genommen wird (**Boykottaufruf**; BGH GRUR 1984, 214 (216) – Copy-Charge; BGH GRUR 1999, 1100 (1102) – Generika-Werbung; OLG Köln WRP 2013, 938 Rn. 16; s. allg. → Rn. 4.116 ff.), es sei denn, die Maßnahme stellt sich als berechtigte Abwehr dar (OLG Jena GRUR-RR 2006, 134 (136)).

(3) Herabsetzung bejaht: Äußerung einer Kfz-Haftpflichtversicherung gegenüber Anwalt, sie werde die Kosten eines bestimmten Sachverständigen nicht übernehmen, weil sie damit zum Ausdruck bringe, dieser Sachverständige sei generell nicht objektiv (OLG Nürnberg WRP 2007, 202 (203)). – Vorwurf unseriöser Machenschaften (BGH GRUR 2012, 74 Rn. 37 – Coaching-Newsletter). – Vorwurf des Betreibens einer „rechtswidrigen Internetseite", des Verlangens „ungerechtfertigter Aufschläge" und „überhöhter Preise" (BGH WRP 2014, 548 Rn. 41 – englischsprachige Pressemitteilung). – Vorwurf, ein Mitbewerber beschäftige „Scheinselbständige" (OLG Oldenburg WRP 2013, 943 Rn. 89, 90). – Vorwurf des „gewerblichen Prozessbetrugs" (OLG Frankfurt GRUR-RR 2014, 391). – Vorwurf, der Mitbewerber verwende für sein Produkt zu Unrecht die Bezeichnung „Made in Germany" (OLG Köln GRUR-RR 2015, 7). – Vorwurf „wir werden von (...) bestohlen"; „der wohlklingende Titel CEO (...) gewährleistet keinerlei Seriosität" (OLG Köln WRP 2016, 268 Rn. 49). – Vorwurf, der Mitbewerber (Anwalt) habe seine Pflichten aus dem anwaltlichen Beratungsverhältnis verletzt und sich daher regresspflichtig gemacht (OLG Köln WRP 2016, 891 Rn. 13). – Vorwurf der Mitbewerber (Estrichsachverständiger) beherrsche offensichtlich die Zusammenhänge der Festigkeitslehre nicht (BGH GRUR-RR 2016 Rn. 20 ff.). – Vorwurf „Ich halte das für organisierte Wirtschaftskriminalität, bei der gezielt Anleger ruiniert werden" (BGH WRP 2016, 843 Rn. 4, 40 ff. – Im Immobiliensumpf). – Sinngemäße Bezeichnung einer Fluggesellschaft als „Lügen Airline" (OLG Brandenburg GRUR-RR 2020, 315 Rn. 14). – Bewertung eines Artikels in Facebook durch „Faktenchecker" als „Behauptungen teils falsch" (OLG Karlsruhe GRUR-RR 2020, 429 Rn. 79 ff.). – Fälschliche Behauptung des Mitbewerbers, „Fragen der Recyclingfähigkeit und der Umweltverträglichkeit des Produkts seien Teil der Produktzulassung" (OLG Frankfurt GRUR-RR 2021, 381 Rn. 31). – Post in einem sozialen Netzwerk mit der bildunterlegten Textaussage, ein Mitbewerber „kopiere & klaue" Produkte (OLG Frankfurt GRUR-RR 2023, 91 Rn. 16 ff.).

(4) Herabsetzung verneint: Vorwurf einer Körperschaft des öff. Rechts (Innung) „Hier wird für schlechte Qualität gutes Geld ausgegeben" (BGH WRP 2018, 682 Rn. 3, 34 ff. – Verkürzter Versorgungsweg II). – Äußerung gegenüber einem Dritten, ein Mitbewerber habe noch „eine ganze Reihe von vertraglichen Pflichten zu erledigen", wenn sie als Reaktion auf eine vergleichbare Äußerung des Mitbewerbers erfolgt (OLG Frankfurt WRP 2019, 1042). – Versendung eines Rundschreibens an Abnehmer, in dem ein Unternehmen über den Erfolg einer Patentverletzungsklage gegen einen Mitbewerber berichtet, aber darauf hingewiesen wird, dass gegen die Entscheidung ein Rechtsmittel eingelegt wurde (OLG Düsseldorf InstGE 11, 267). – Bezeichnung der Bücher von Mitbewerbern als „Schrottbücher", wenn dabei auf Missstände in Gestalt von gefälschten Bewertungen und algorithmusgesteuerten Empfehlungen hingewiesen wird, aber die Mitbewerber nicht identifiziert werden (OLG Frankfurt WRP 2022, 764 Rn. 16 ff.).

6. Erweiterte Zulässigkeit

1.22   Ist die Kritik ihrerseits Antwort auf einen gegnerischen Angriff, so kann sie unter dem Gesichtspunkt der **Notwehr** (§ 227 BGB), der **Abwehr** (→ § 11 Rn. 2.4 ff.) oder der **Wahrnehmung berechtigter Interessen** (→ § 11 Rn. 2.12) in weiterem Umfang gerechtfertigt sein. (Damit ist eine präzisere Beurteilung möglich, als sie eine allgemeine Interessenabwägung ermöglicht; aA Ohly/Sosnitza/Ohly § 4 Rn. 1/18). Die besondere Intensität des Angriffs oder die besondere Schutzwürdigkeit der zu wahrenden Interessen können dabei auch eine schärfere Antwort rechtfertigen (BGH GRUR 1962, 45 (48) – Betonzusatzmittel; BGH GRUR 1968, 262 (265) – Fälschung; BGH GRUR 1968, 382 (385) – Favorit II; BGH GRUR 1989, 516 (518) – Vermögensberater). Allerdings muss ein innerer Bezug zwischen der geschäftsschädigenden Äußerung und dem gegnerischen Angriff bestehen (OLG Hamburg NJW 1996, 1002 (1004)). Schmähkritik und Formalbeleidigung als Antwort auf rechtswidrige Angriffe sind unter keinen Umständen gerechtfertigt. – Zur Frage der **verfahrensrechtlichen Privilegierung** kritischer Äußerungen → § 8 Rn. 1.147 ff.

IV. Gegenstände der Herabsetzung oder Verunglimpfung

1. Kennzeichen

1.23   **a) Begriff.** Unter den Begriff des Kennzeichens fallen insbes. Marken (vgl. § 1 Nr. 1 MarkenG), geschäftliche Bezeichnungen (vgl. § 1 Nr. 2 MarkenG, § 5 MarkenG) und geografische Herkunftsangaben (§ 1 Nr. 3 MarkenG, §§ 126 ff. MarkenG). Weitergehend wird man, wie bei § 6 II Nr. 4 (→ § 6 Rn. 67), auch markenrechtlich nicht geschützte Kennzeichen – wie etwa Artikelnummern oder typische Farben eines Herstellers – als Kennzeichen ansehen müssen (offen gelassen in BGH WRP 2003, 637 (639) – „Ersetzt"). Der Verkehr muss sie lediglich dahin verstehen, dass die damit gekennzeichneten Produkte von einem bestimmten Unternehmen stammen (vgl. EuGH Slg. 2001, I-7945 = GRUR 2002, 354 (356) Rn. 49 ff. – Toshiba/Katun).

1.24   **b) Beispiele.** In welcher Form die Herabsetzung geschieht, ist gleichgültig (→ Rn. 1.14). Die Herabsetzung kann verbal, aber auch nonverbal erfolgen. Es macht also keinen Unterschied, ob zB in einem individuellen Verkaufsgespräch gesagt wird: „Die Marke X steht für schlechte Qualität" oder ob eine Abbildung der Marke X demonstrativ zerrissen wird. Eine Herabsetzung liegt noch nicht darin, dass eine Markenware zu einem sehr niedrigen Preis oder kostenlos, sei es als Zugabe, sei es als Werbegeschenk, abgegeben wird, es sei denn, dass damit auf Grund besonderer Umstände der Eindruck der Minderwertigkeit der Ware erweckt wird. Davon zu unterscheiden ist die Frage einer Behinderung durch Markenschädigung mittels Niedrigpreisverkäufen (→ Rn. 4.204). In der Herabsetzung eines Kennzeichens kann mittelbar auch eine Herabsetzung des damit gekennzeichneten Produkts liegen und umgekehrt.

2. Waren, Dienstleistungen, Tätigkeiten, persönliche und geschäftliche Verhältnisse

1.25   **a) Begriffe.** Die Begriffe der Waren, Dienstleistungen, Tätigkeiten und persönliche und geschäftliche Verhältnisse sind **weit zu verstehen** und in Übereinstimmung mit § 6 II Nr. 5 (→ § 6 Rn. 165 ff.) auszulegen. Waren und Dienstleistungen können Produkte und Leistungen aller Art sein. Zu den Tätigkeiten eines Mitbewerbers gehören dessen geschäftliche Aktivitäten. Persönliche und geschäftliche Verhältnisse sind personenbezogene oder geschäftsbezogene Merkmale, Eigenschaften oder sonstige Umstände.

b) Beispiele. Als **unlauter** wurde es angesehen: einen Unternehmer durch ironische Äuße- 1.26 rungen lächerlich zu machen (OLG Hamm GRUR 1980, 311 (312)) oder als unseriös hin- zustellen (BGH GRUR 1982, 234 (236) – Großbanken-Restquoten; BGH GRUR 1986, 812 (814) – Gastrokritiker); ihn mit einem mehrdeutigen Begriff zu kennzeichnen, den die Adressa- ten zu seinem Nachteil verstehen können (BGH GRUR 1974, 477 (479) – Hausagentur); ohne sachlichen Grund über Vorgänge aus seinem Vor- oder Privatleben zu berichten (RG GRUR 1933, 504 (505)); auf persönliche Eigenschaften (Staatsangehörigkeit, Rasse, Konfession, Partei- zugehörigkeit usw) hinzuweisen (RGZ 163, 164 (171) – Coramin); auf seine fehlende Zah- lungsfähigkeit (BGHZ 8, 142 (144) – Schwarze Listen; BGHZ 36, 18 (23) – Unbegründeter Konkursantrag; vgl. aber OLG Koblenz GRUR 1988, 43) oder mangelhafte berufliche Qualifi- kation (BGH GRUR 1954, 404 (405) – Fachmann; OLG Celle WRP 1970, 180; OLG Köln WRP 1985, 233) oder Mängel seiner Produkte oder Dienstleistungen (BGH GRUR 1964, 392 (394) – Weizenkeimöl: „Schwindelmittel"; OLG Düsseldorf WRP 1968, 403; OLG Köln WRP 1985, 233: „Mist"; OLG München WRP 1996, 925: „Scheiß des Monats"; OLG München GRUR-RR 2004, 309: „billiges Plagiat") oder stark überhöhte Preise (OLG Karls- ruhe GRUR 1994, 130 (131): „horrend") aufmerksam zu machen; auf vom Mitbewerber begangene Straftaten oder Wettbewerbsverstöße hinzuweisen (BGH GRUR 1958, 35 (37) – Fundstelle; BGH GRUR 1962, 34 – Torsana; BGH GRUR 1970, 465 – Prämixe; BGH GRUR 1990, 1012 – Pressehaftung I); ihn bei der Kundschaft der Verletzung gewerblicher Schutzrechte (BGH GRUR 1966, 92 (95) – Bleistiftabsätze) oder umgekehrt der unberechtigten Schutzrechtsberühmung (BGH GRUR 1971, 596 (597) – Kuppelmuffenverbindung) zu bezich- tigen; ihm vorzuhalten, er habe „das Billige in der Medizin verteufelt" (OLG Stuttgart WRP 1997, 350); eine Krankenkasse ohne Begründung als „weniger leistungsbereit" zu bezeichnen und die Patienten zu einem Wechsel der Kasse aufzufordern (OLG München GRUR 2001, 762); von einem Konkurrenzblatt zu behaupten, es tauge nur als „Toilettenpapier" (ÖOGH 1991, 64 (66) – Kronenzeitung); einen Konkurrenzsender als „Schmuddelsender" zu bezeich- nen, der sich für seine Schmuddelkampagne eines Schmuddelblatts bediene (OLG Hamburg NJW 1996, 1002); eine konkurrierende Bank als „Schmuddelkind der Branche" zu bezeichnen (OLG Frankfurt WRP 2015, 1119 Rn. 20); einem Mitbewerber ein „Rosinen klauben" vor- zuwerfen (OLG München NJW-RR 1996, 1323); eine gerichtliche Entscheidung zu verbreiten, aus der Name und Anschrift der Prozessparteien zu entnehmen sind, da insoweit idR kein schutzwürdiges Interesse besteht (OLG Koblenz WRP 1989, 43; OLG Hamm MMR 2008, 750); von einem Mitbewerber zu behaupten, er melde nur „Trivialpatente" an und die Erfindungshöhe sei „in mm ablesbar" (OLG München GRUR-RR 2006, 268 (274)); von einem Wursthersteller zu behaupten, er verwende „meist bestrahlte Gewürze minderer Quali- tät" und setze ihm „Chemiecocktail" ein (LG Heilbronn WRP 2008, 1390); von abmahnen- den Anwälten zu behaupten, es sei bei ihnen „,übliche Praxis', ein (verbotenes) Erfolgshonorar zu vereinbaren" (OLG Köln WRP 2011, 779 (781)); von Mitbewerbern zu behaupten, sie hätten in ihrer Jahresabrechnung eine „Preiserhöhung versteckt" (OLG Saarbrücken GRUR- RR 2014, 150 (152)); einen Anwalt in Schriftsätzen als „Meisterbetrüger", der „gewerblich Prozessbetrug" betreibe, zu bezeichnen (OLG Frankfurt WRP 2014, 1098 Rn. 16, 27); in einem Post, betreffend einen Mitbewerber", zu äußern „Was ich diese Markenklauer hasse" (LG Frankfurt 25.4.2019 – 16 U 148/18, BeckRS 2019, 12931). – Als **zulässig** wurde es ua angesehen: in einer Presseerklärung auf die „Verschleuderung" von Tonträgern unter Miss- achtung von Leistungsschutzrechten der Künstler (BGHZ 136, 111 (121 f.) = GRUR 1997, 916 – Kaffeebohne) oder auf das „Vorgaukeln" von Heilwirkungen eines Haifisch-Präparats (OLG München WRP 1996, 925 (928)) hinzuweisen; dem Mitbewerber „Schwarzarbeit" vorzuwerfen (OLG Hamm MDR 1952, 428); mit dem Slogan „Die M. M.-Tiefpreisgarantie hält, was andere versprechen", zu werben (OLG Hamburg GRUR-RR 2003, 50 (51)); im Internet zu äußern „Da in Urheberrechtsangelegenheiten in der Regel horrende Streitwerte zugrunde gelegt werden, handelt es sich für die Rechtsanwaltszunft um ein lohnendes Geschäft" (OLG Köln WRP 2011, 779 (780)); ein Pharmaunternehmen satirisch als „Garagenvertrieb mit Kartoffel- presse in Spanien" zu bezeichnen (KG NJOZ 2009, 4435); negative Äußerung eines Autors von Ratgeberbüchern über Bücher von Mitbewerbern („Schrottbücher") auf der Amazon-Plattform (OLG Frankfurt WRP 2022, 764 Rn. 16 ff.).

C. Rechtsfolgen

I. Anspruchsberechtigung

1.27   Berechtigt zur Geltendmachung von Ansprüchen aus den §§ 8 ff. iVm § 4 Nr. 1 sind grds. nur die betroffenen **Mitbewerber**, nicht dagegen die **Verbände** iSd § 8 III Nr. 2–4 (Köhler FS Büscher 2019, 333 (335 f.); Ohly/Sosnitza/Ohly Rn. 2/18; aA Büscher/Maatsch § 4 Nr. 1 Rn. 59; OLG Düsseldorf WRP 2020, 88 Rn. 57). Denn grds. muss es der Entscheidung des betroffenen Mitbewerbers überlassen bleiben, ob er sich gegen die Herabsetzung oder Verunglimpfung zur Wehr setzen will oder nicht. Dass § 4 Nr. 1 zugleich das Allgemeininteresse an einem unverfälschten Wettbewerb (§ 1 I 2) schützt (Rn. 1.2), ändert daran nichts. Denn dies besagt nur, dass § 4 Nr. 1 in erster Linie dem Schutz des betroffenen Mitbewerbers und daneben auch dem Schutz des Interesses der Allgemeinheit an einem unverfälschten Wettbewerb dient (BGH GRUR 2014, 601 Rn. 24 – englischsprachige Pressemitteilung). Ein Verband iSd § 8 III Nr. 2 ist auch dann nicht kraft eigenen Rechts klagebefugt, wenn eine Äußerung eine ganze Produktgattung herabsetzt und der Kreis der betroffenen Mitbewerber „keinen ausufernden Umfang einnimmt" (so aber OLG Düsseldorf WRP 2020, 88 Rn. 58). Will er die Interessen seiner Mitglieder in ihrer Eigenschaft als Mitbewerber wahrnehmen, muss er sich dazu bevollmächtigen lassen, und er kann dann auch nur im Namen seiner Mitglieder vorgehen. – Verbände oder nicht betroffene Mitbewerber sind nur insoweit anspruchsberechtigt, als die Äußerung gleichzeitig den Tatbestand einer die Verbraucher oder sonstigen Marktteilnehmer schützenden Norm (wie zB § 3 II 1, § 3 I, § 5 I, II) erfüllt. Zu § 6 II Nr. 5 → § 6 Rn. 194. Allg. zum Problem → § 8 Rn. 3.6.

II. Schadensersatz

1.28   Der verletzte Mitbewerber kann nach § 9 I Schadensersatz verlangen. Schadensersatzansprüche von Verbrauchern sind durch § 9 II 2 ausgeschlossen. Ersatz in Geld kann der Mitbewerber gemäß § 9 I nur wegen eines Vermögensschadens verlangen, nicht dagegen auch wegen eines immateriellen Schadens. Letzteren kann er nur aus einem (ggf. gleichzeitig bestehenden) Anspruch aus Verletzung des allgemeinen Persönlichkeitsrechts (§ 823 I BGB; vgl. BGHZ 132, 13 = GRUR 1997, 396 (400) – Polizeichef) oder nach Maßgabe des § 253 II BGB ersetzt verlangen. Die Möglichkeit der dreifachen Schadensberechnung besteht insoweit nicht (→ § 9 Rn. 1.36b; aA Ohly GRUR 2007, 926 (928)).

2. Abschnitt. Anschwärzung

Übersicht

§ 4 Nr. 2

Unlauter handelt, wer

2. über die Waren, Dienstleistungen oder das Unternehmen eines Mitbewerbers oder über den Unternehmer oder ein Mitglied der Unternehmensleitung Tatsachen behauptet oder verbreitet, die geeignet sind, den Betrieb des Unternehmens oder den Kredit des Unternehmers zu schädigen, sofern die Tatsachen nicht erweislich wahr sind; handelt es sich um vertrauliche Mitteilungen und hat der Mitteilende oder der Empfänger der Mitteilung an ihr ein berechtigtes Interesse, so ist die Handlung nur dann unlauter, wenn die Tatsachen der Wahrheit zuwider behauptet oder verbreitet wurden;

Schrifttum: Brammsen/Apel, Die „Anschwärzung", § 4 Nr. 8 UWG, WRP 2009, 1464; Büscher, Soziale Medien, Bewertungsplattformen & Co. Die lauterkeitsrechtliche Haftung von Internetdienstleistern, GRUR 2017, 433; Köhler, Die Unlauterkeitstatbestände des § 4 UWG und ihre Auslegung im Lichte der Richtlinie über unlautere Geschäftspraktiken, GRUR 2008, 841; Leistner, Die Haftung von Kauf- und Buchungsportalen mit Bewertungsfunktion, FS Köhler, 2014, 415; Messer, Der Anspruch auf Geldersatz bei Kreditgefährdung, § 824 BGB, und Anschwärzung, § 14 UWG, FS Steffen, 1995, 347; Petersenn/Peters, Das Äußerungsrecht zwischen unlauterem Wettbewerb und einstweiliger Verfügung, NJW 2021, 725; Rühl, Tatsachenbehauptungen und Wertungen, AfP 2000, 17; Schaub, Haftung der Betreiber von Bewertungsportalen für unternehmensbezogene Äußerungen, FS Köhler, 2014, 593; Schilling, Haftung für geschäftsschädigende Äußerungen Dritter: Abgrenzung zwischen Meinungsforen und kombinierten Buchungs- und Bewertungsportalen, GRUR-Prax 2012, 105; Werner, Wettbewerbsrecht und Boykott, 2008.

A. Allgemeines

I. Entstehungsgeschichte

Die Vorschrift des § 4 Nr. 2, die an die Stelle des § 4 Nr. 8 UWG 2008 getreten ist, entspricht **2.1** weitgehend der individualschützenden Vorschrift des § 14 UWG 1909 (vgl. Begr. RegE UWG zu § 4 Nr. 8, BT-Drs. 15/1487, 18). Bei der Auslegung des Tatbestands kann daher auf diese Vorgängernorm zurückgegriffen werden. Im Unterschied zu § 14 UWG 1909 enthält § 4 Nr. 2 keine Rechtsfolgeregelung und keinen Verweis auf die Haftung für Mitarbeiter und Beauftragte. Die Einbeziehung des Tatbestands der Anschwärzung in den Beispielskatalog des § 4 machte dies aber entbehrlich. Allerdings wurden in § 9 I die besonderen Regelungen des Schadensersatzanspruches durch § 14 UWG 1909 nicht aufgegriffen.

II. Normzweck und Normstruktur

1. Normzweck

2.2   § 4 Nr. 2 bezweckt den Schutz von **Mitbewerbern** vor **unwahren geschäftsschädigenden Tatsachenbehauptungen** (sog **Anschwärzung**). Darauf, ob das Unternehmen einen „guten Ruf" (goodwill) hat, kommt es nicht an (missverständlich OLG Hamm GRUR-RR 2007, 282 (283)). Nicht erfasst werden abträgliche **wahre** Tatsachenbehauptungen. Daraus ist aber nicht zu schließen, dass wahre Behauptungen über die Person eines Mitbewerbers, sein Unternehmen oder seine Waren oder Dienstleistungen lauterkeitsrechtlich ohne weiteres erlaubt sind (vgl. BGH GRUR 1954, 333 – Molkereizeitung; BGH GRUR 1961, 288 – Zahnbürsten; BGH GRUR 1961, 237 – TOK-Band; BGH GRUR 1962, 45 – Betonzusatzmittel; BGHZ 50, 1 (5) – Pelzversand). § 4 Nr. 2 wird vielmehr insoweit durch § 4 Nr. 1 ergänzt (vgl. BGH GRUR 1967, 596 (597) – Kuppelmuffenverbindung). Zu Einzelheiten → § 4 Rn. 1.5. – Nicht erfasst werden von § 4 Nr. 2 auch nachteilige **Werturteile** (Meinungsäußerungen) über Mitbewerber. Diese fallen ebenfalls unter § 4 Nr. 1 (vgl. BGH GRUR 1982, 234 (236) – Großbanken-Restquoten zu § 1 UWG 1909) oder § 6 II Nr. 5 und ggf. unter die § 823 I und II BGB, § 826 BGB (BGH GRUR 1960, 135 (137) – Druckaufträge). Die Abgrenzung kann im Einzelfall schwierig sein. Meinungsäußerungen sind durch Elemente der Stellungnahme und des Dafürhaltens gekennzeichnete Äußerungen. An ihrem grundrechtlichen Schutz können auch Tatsachenbehauptungen teilhaben, soweit sie Meinungsäußerungen stützen sollen (BVerfG GRUR 2008, 81 (82) – Pharmakartell). Zu Einzelheiten → Rn. 1.17. – § 4 Nr. 2 bezweckt **nicht den Schutz der Verbraucher** oder sonstigen Marktteilnehmer, mag die Vorschrift auch mittelbar deren Schutz mitbewirken. Das darin geregelte geschäftliche Verhalten fällt daher nicht in den Anwendungsbereich der **UGP-RL** (Köhler GRUR 2008, 841 (845)). Werden durch sie auch wirtschaftliche Interessen der Verbraucher berührt, so können daneben auch die **verbraucherschützenden** Normen des UWG (insbes. § 3 II sowie § 3 I iVm §§ 4a, 5, 5a) zur Anwendung kommen. – Bei Anwendung des § 4 Nr. 2 auf **Telemedienanbieter** sind die besonderen Bestimmungen der §§ 7–10 TMG bzw. die neuen Regelungen in der VO (EU) Nr. 2022/2065 (Gesetz über digitale Dienste) zu beachten (→ Rn. 2.18a, 2.18c).

2. Normstruktur

2.3   § 4 Nr. 2 unterscheidet zwischen **zwei Arten** von Tatsachenbehauptungen. Handelt es sich um vertrauliche Mitteilungen, an denen der Mitteilende oder der Empfänger ein berechtigtes Interesse hat, kann der Verletzte dagegen nur vorgehen, wenn er die Unwahrheit beweisen kann (§ 4 Nr. 2 Hs. 2). Handelt es sich um sonstige (öffentliche) Mitteilungen, kann der Verletzte bereits dann dagegen vorgehen, wenn sich die Wahrheit nicht feststellen lässt (§ 4 Nr. 2 Hs. 1).

III. Rechtsnatur als Beispielstatbestand

2.4   Wie für alle Beispielstatbestände gilt auch für § 4 Nr. 2, dass er lediglich eine Erläuterung und Konkretisierung des Tatbestandsmerkmals der Unlauterkeit in § 3 I darstellt. Nach der Neufassung des § 3 I ist eine Eignung der Handlung zur spürbaren Beeinträchtigung der Interessen des betroffenen Mitbewerbers, uU auch der Interessen der Verbraucher und sonstigen Marktteilnehmer nicht mehr zu prüfen, da sie tatbestandsimmanent ist.

IV. Verhältnis zu anderen Tatbeständen

1. Verhältnis zu § 4a (aggressive geschäftliche Handlung) und zu § 3 II (Verletzung der unternehmerischen Sorgfalt)

2.5   Die Anschwärzung eines Mitbewerbers kann zugleich eine aggressive geschäftliche Handlung iSd § 4a (vgl. § 4a II Nr. 2) oder eine Verletzung der unternehmerischen Sorgfalt darstellen. Denn ihrem Sinn und Zweck nach soll sie dazu dienen, (potenzielle) Marktpartner von Geschäftsbeziehungen mit dem Mitbewerber abzuhalten. Maßgebend ist, ob im Einzelfall der Tatbestand dieser Normen erfüllt ist.

2. Verhältnis zu § 4 Nr. 1 (Herabsetzung)

→ Rn. 1.5 und → Rn. 2.2.   **2.6**

3. Verhältnis zu § 4 Nr. 4 (gezielte Behinderung)

Die Anschwärzung eines Mitbewerbers ist systematisch ein Unterfall der gezielten Behin- **2.7**
derung iSd § 4 Nr. 4 und stellt insoweit eine Spezialregelung dar (ebenso BGH GRUR 2009,
1186 Rn. 25 – Mecklenburger Obstbrände; Werner, Wettbewerbsrecht und Boykott,
2008, 175). Ein Rückgriff auf diese Vorschrift ist daher entbehrlich.

4. Verhältnis zu § 5 und § 6 (Irreführung und vergleichende Werbung)

Wird die Behauptung im Rahmen einer **vergleichenden Werbung** aufgestellt, sind die **2.8**
Vorschriften über die vergleichende Werbung (§ 5 IV, § 6 II Nr. 5) zu beachten (dazu näher
→ § 6 Rn. 29, 30). Fehlt es an einer vergleichenden Werbung, so bleibt neben § 4 Nr. 2 der
Irreführungstatbestand des § 5 I, II Nr. 3 anwendbar (→ § 5 Rn. 0.93). Die **UGP-RL** steht
dem nicht entgegen, da § 4 Nr. 2 nur den Schutz der Mitbewerber bezweckt. Jedoch muss bei
Anwendung des § 5 I, II der Kläger idR die Unwahrheit darlegen und beweisen (→ § 5
Rn. 1.240 ff.).

5. Verhältnis zu bürgerlich-rechtlichen Normen

Unwahre Tatsachenbehauptungen können auch die Tatbestände des § 823 I BGB (allgemei- **2.9**
nes Persönlichkeitsrecht, Recht am Unternehmen), des § 824 BGB, des § 826 BGB und des
§ 823 II BGB iVm §§ 186, 187 StGB (BGH GRUR 1960, 135 (136 f.) – Druckaufträge)
erfüllen. Diese Vorschriften, die keine geschäftliche Handlung voraussetzen, sind neben § 4
Nr. 2 anwendbar. Die Verjährung von bürgerlich-rechtlichen Ansprüchen richtet sich auch
nicht nach § 11, sondern nach den §§ 195, 199 BGB (vgl. BGH GRUR 1962, 312 (314) –
Gründerbildnis zu § 852 BGB aF). Die Anwendung des § 823 I unter dem Gesichtspunkt des
Eingriffs in das Recht am Unternehmen (= Recht am eingerichteten und ausgeübten Gewerbebetrieb) ist allerdings ausgeschlossen, wenn die Äußerung eine geschäftliche Handlung darstellt;
insoweit ist § 4 Nr. 2 lex specialis. Anders verhält es sich bei der Verletzung des allgemeinen
Persönlichkeitsrechts (§ 823 I BGB). Insoweit ist Anspruchskonkurrenz gegeben.

V. Bedeutung des Grundrechts aus Art. 5 I GG

Auch Tatsachenbehauptungen fallen in den Schutzbereich des Art. 5 I 1 GG, soweit sie **2.10**
Voraussetzung der Meinungsbildung sind (BVerfGE 54, 208 (219); 61, 1 (8); 85, 1 (15)). Daher
ist § 4 Nr. 2 als „allgemeines Gesetz" iSv Art. 5 II GG anzusehen. Bei der Auslegung des § 4
Nr. 2 ist dementsprechend die Ausstrahlung des Art. 5 I 1 GG zu beachten. Führt eine Tatsachenbehauptung zu einer Rechtsverletzung, hängt das Ergebnis der Abwägung der kollidierenden Rechtsgüter vom Wahrheitsgehalt der Äußerung ab. Bewusst unwahre Tatsachenäußerun-
gen genießen den Grundrechtsschutz aus Art. 5 I 1 überhaupt nicht (BVerfGE 54, 208 (219);
61, 1 ff.; 94, 1 ff.), weil die unrichtige Information kein schützenswertes Gut ist (ebenso OLG
Düsseldorf WRP 2019, 773 Rn. 42). Ist die Wahrheit nicht erwiesen, wird die Rechtmäßigkeit
der Beeinträchtigung eines anderen Rechtsguts davon beeinflusst, ob besondere Anforderungen,
etwa an die Sorgfalt der Recherche, beachtet wurden (BVerfG WRP 2003, 69 (70) – Veröffentlichung von Anwalts-Ranglisten). Dieser Differenzierung wird § 4 Nr. 2 insgesamt gerecht. Wie
sich aus dem Umkehrschluss aus § 4 Nr. 2 Hs. 2 ergibt, legt das Gesetz in § 4 Nr. 2 Hs. 1 dem
Handelnden das Risiko der Nichterweislichkeit der Wahrheit nur für solche Mitteilungen auf,
die nicht vertraulich sind und an denen der Mitteilende oder der Empfänger kein berechtigtes
Interesse hat. Anders ausgedrückt, trifft das Risiko den Mitteilenden nur, wenn er ohne sachliche
Notwendigkeit mit kreditschädigenden Äußerungen an die Öffentlichkeit tritt. Er kann sich in
diesem Fall auch nicht damit entlasten, dass er sorgfältig recherchiert hat und ihn bei Beschaffung
und Prüfung der Information kein Verschulden trifft.

B. Tatbestand

I. Geschäftliche Handlung

2.11   Voraussetzung für die Anwendung des § 4 Nr. 2 ist eine geschäftliche Handlung iSd § 2 I Nr. 2. Die Handlung bzw. Äußerung muss also zu Gunsten des eigenen oder eines fremden Unternehmens erfolgen und mit der Förderung des Absatzes oder Bezugs von Waren oder Dienstleistungen objektiv zusammenhängen (vgl. allgemein → § 2 Rn. 2.37 ff.). Diesem Tatbestandsmerkmal kommt deshalb besondere Bedeutung zu, weil § 4 Nr. 2 die „Anschwärzung" strenger behandelt als die vergleichbare Vorschrift des § 824 BGB. Es genügt eine **geschäftliche Handlung gegenüber einem Mitbewerber** (→ § 2 Rn. 2.55 ff.). Sie ist dann anzunehmen, wenn die Handlung objektiv darauf gerichtet ist, durch die Einwirkung auf die wettbewerblichen Interessen von Mitbewerbern den eigenen oder fremden Absatz oder Bezug zu fördern (→ § 2 Rn. 2.56). Das ist bspw. auch der Fall, wenn ein Vermittler von Hoteldienstleistungen gleichzeitig ein **Hotelbewertungsportal** betreibt und fremde Hotelbewertungen veröffentlicht, weil dies seinen Absatz fördern kann (BGH WRP 2015, 1326 Rn. 17 – Hotelbewertungsportal; LG Hamburg WRP 2012, 94 Rn. 26 ff.). Für eine geschäftliche Handlung spricht bei kaufmännisch geführten Unternehmen und objektiv zur Wettbewerbsbeeinflussung geeignetem Verhalten eine widerlegliche Vermutung (BGH GRUR 1992, 860 (861) – Bauausschreibungen; BGH GRUR 1997, 916 (918) – Kaffeebohne). Bei Äußerungen der **Presse und anderer Medien,** die sich im Rahmen ihres publizistischen Auftrags halten, ist dagegen eine geschäftliche Handlung nicht schon allein auf Grund der objektiven Eignung zur Wettbewerbsbeeinflussung zu vermuten (BGH GRUR 1998, 167 (168) – Restaurantführer), sondern anhand der gegebenen Umstände konkret festzustellen (BGH GRUR 1986, 812 (813) – Gastrokritiker; BGH WRP 1995, 186 (189) – Dubioses Geschäftsgebaren). Dem lässt sich nicht entgegenhalten, der Schutz der Presse und anderer Medien sei durch Art. 5 I 2 GG ausreichend gewährleistet. Denn bereits die grundsätzliche Anwendung des § 4 Nr. 2 ist nur gerechtfertigt, wenn eine geschäftliche Handlung vorliegt. Eine geschäftliche Handlung ist zB zu verneinen, wenn ein Presseorgan im Interesse des Anlegerschutzes kritisch über bestimmte Anlageformen berichtet (OLG Köln GRUR 1999, 93 (Ls.)) oder ein Berufsverband seine Mitglieder über bestimmte Vorkommnisse unterrichtet (OLG Brandenburg GRUR 2008, 356). Das Gleiche gilt für Äußerungen in Rundfunkinterviews, Leserbriefen usw, die lediglich geeignet sind, den Wettbewerb eines Dritten zu fördern (LG München NJWE-WettbR 1998, 12; bedenklich daher OLG München NJWE-WettbR 1996, 177 und dazu mit Recht krit. Rüssmann NJW 1997, 1620 (1621)). Ist der Äußernde dagegen Mitbewerber des Verletzten, greift die Vermutung ein (zw. daher OLG Düsseldorf WRP 1998, 421). Es muss dann im Einzelfall festgestellt werden, ob die Äußerung den Zweck verfolgt, die Öffentlichkeit über Vorgänge von allgemeiner Bedeutung zu unterrichten und zur Meinungsbildung beizutragen. An einer geschäftlichen Handlung kann es auch fehlen, wenn die Äußerung im Rahmen der Erfüllung eines Vertrages (OLG Düsseldorf WRP 1997, 586 (587)), der Wahrnehmung ideeller (zB Vereins-)Zwecke (OLG Karlsruhe NJWE-WettbR 1997, 172) oder privater Zwecke (OLG Köln GRUR 1999, 376 (Ls.): Rundschreiben eines Wohnungseigentümers an Miteigentümer) gemacht wird.

II. Mitbewerber

2.12   § 4 Nr. 2 ist nur anwendbar, wenn sich die Handlung gegen einen Mitbewerber iSd § 2 I Nr. 4 richtet. Zwischen dem Verletzer oder dem von ihm Begünstigten und dem Verletzten muss daher ein konkretes Wettbewerbsverhältnis, dh zumindest eine wechselseitige Abhängigkeit im Absatz, gegeben sein (→ § 2 Rn. 2.60 ff.; BGH WRP 2015, 1326 Rn. 19 – Hotelbewertungsportal; OLG Düsseldorf WRP 2020, 88 Rn. 65). Maßgeblicher Zeitpunkt im Hinblick auf den Unterlassungsanspruch ist der Schluss der mündlichen Verhandlung (BGH GRUR 1995, 697 (699) – Funny Paper). Der Mitbewerber braucht in der Mitteilung nicht ausdrücklich genannt zu sein, er muss nicht einmal als solcher erkennbar sein (vgl. § 4 Nr. 1 Rn. 1.11; OLG Düsseldorf WRP 2020, 88 Rn. 64). Daher greift § 4 Nr. 2 – anders als bei § 6 – auch bei einer **kollektiven Anschwärzung** ein (OLG Frankfurt WRP 2021, 801 Rn. 27). Bei Angriffen gegen ein Produkt kommt es darauf an, welchem Unternehmer das betreffende Vorkommnis zugerechnet wird (vgl. BGH GRUR 1989, 225; OLG Düsseldorf WRP 2020, 88 Rn. 64). Unbeachtlich ist, dass sich der Angriff auch gegen andere richtet. Bei Angriffen gegen einen unübersehbar großen Personenkreis wird jedoch idR die Eignung zur Kreditschädigung des Einzelnen fehlen (ebenso OLG Düsseldorf WRP 2020, 88 Rn. 64).

III. Die Grundnorm des § 4 Nr. 2 Hs. 1

1. Tatsachenbehauptungen

a) Begriff und Abgrenzung. Tatsachen sind Vorgänge oder Zustände, deren Vorliegen   2.13
oder Nichtvorliegen dem Wahrheitsbeweis zugänglich ist (vgl. BGH GRUR 1997, 396 (398) – Polizeichef; BGH GRUR 2009, 1186 Rn. 15 – Mecklenburger Obstbrände; BGH WRP 2016, 843 Rn. 23 – Im Immobiliensumpf). Dazu gehören auch **innere Tatsachen,** die das Wissen oder Wollen einer Person betreffen. – Den Gegensatz zu den **Tatsachenbehauptungen** bilden **Werturteile** (Meinungsäußerungen), die durch das Element des Wertens, Meinens und Dafürhaltens geprägt sind (BVerfGE 61, 1 (9); 85, 1 (14); BVerfG WRP 2003, 69 (70) – Veröffentlichung von Anwalts-Ranglisten; BGH GRUR 2018, 622 Rn. 29 – Verkürzter Versorgungsweg). Da § 4 Nr. 2 sich nur auf Tatsachenbehauptungen, nicht aber auch auf Werturteile bezieht, kommt der **Abgrenzung** – auch im Hinblick auf die Anwendung des **Art. 5 I 1 GG** – entscheidende Bedeutung zu. Ob eine Äußerung als Behauptung einer Tatsache oder als subjektive Wertung anzusehen ist, hängt von ihrer Nachprüfbarkeit mit den Mitteln des Beweises ab (BGH GRUR 1988, 402 (403) – Mit Verlogenheit zum Geld; BGH NJW 1994, 2614 (2615)). Für die (schwierige) Abgrenzung (hierzu BVerfG WRP 2003, 69 (70) – Veröffentlichung von Anwalts-Ranglisten; BGH GRUR 1993, 409 (410) – Illegaler Fellhandel; BGH GRUR 1997, 396 – Polizeichef) ist maßgebend, wie die angesprochenen Verkehrskreise (also nicht der Täter oder unbeteiligte Dritte) die Äußerung **nach Form und Inhalt im Gesamtzusammenhang** verstehen (BGH GRUR 1988, 402 (403) – Mit Verlogenheit zum Geld; BGH GRUR 2003, 436 (438) – Feldenkrais; BGH WRP 2009, 631 Rn. 11 – Fraport-Manila-Skandal; BGH GRUR 2009, 1186 Rn. 15 – Mecklenburger Obstbrände; BGH WRP 2016, 843 Rn. 23 – Im Immobiliensumpf; BGH GRUR 2018, 622 Rn. 29 – Verkürzter Versorgungsweg) oder verstehen dürfen.

Problematisch ist die Beurteilung von Äußerungen, die sowohl Werturteile als auch Tatsa-   2.13a
chenbehauptungen enthalten. Eine Möglichkeit besteht darin, darauf abzustellen, worin der **Schwerpunkt** der Äußerung liegt (BVerfG WRP 2003, 69 (70) – Veröffentlichung von Anwalts-Ranglisten zu § 1 UWG 1909). Dann ist von einem Werturteil auszugehen, wenn eine Äußerung, in der sich **Tatsachenbehauptungen und Meinungsäußerungen vermengen,** in entscheidender Weise durch die Elemente der Stellungnahme, des Dafürhaltens oder Meinens geprägt ist (BGHZ 139, 95 (101 f.); BGH WRP 2009, 631 Rn. 11 – Fraport-Manila-Skandal; BGH WRP 2012, 77 Rn. 30 – Coaching-Newsletter; BGH WRP 2016, 843 Rn. 23 – Im Immobiliensumpf). Denn bei einer derartig engen Verknüpfung von Tatsachenbehauptung und Werturteil darf der Grundrechtsschutz nach Art. 5 I GG nicht dadurch verkürzt werden, dass ein tatsächliches Element aus dem Zusammenhang gerissen und isoliert betrachtet oder durch die Trennung der tatsächlichen und der wertenden Bestandteile einer Äußerung ihr Sinn verfälscht wird (BGH WRP 2016, 843 Rn. 23 – Im Immobiliensumpf). So soll insgesamt ein Werturteil vorliegen, wenn eine Gesamtbeurteilung einer Leistung, etwa in Form einer Benotung oder einer Einstufung in eine Rangliste abgegeben wird, mag sie auch auf tatsächlichen Erhebungen beruhen (BVerfG WRP 2003, 69 (70) – Veröffentlichung von Anwalts-Ranglisten). Lassen sich dagegen Werturteil und Tatsachenbehauptung trennen, so ist § 4 Nr. 2 hinsichtlich der Tatsachenbehauptung anwendbar. Dies gilt insbes. dann, wenn ein Werturteil (wie zB die Beurteilung der Leistungsfähigkeit eines Unternehmens) auf bestimmten Tatsachenbehauptungen aufbaut. Lassen sich Werturteil und Tatsachenbehauptung dagegen nicht trennen, so reicht es für die Anwendung des § 4 Nr. 2 aus, wenn die Äußerung **„im Kern"** eine Tatsachenbehauptung enthält (OLG Stuttgart NJWE-WettbR 1997, 271: „nachgemacht"; ÖOGH ÖBl 2000, 262 – „das Billigste vom Billigsten"). Dies wiederum beurteilt sich danach, ob das Werturteil einen **substanziierten** oder einen **substanzarmen,** dh unbestimmten, nicht näher konkretisierbaren und daher der beweismäßigen Überprüfung unzugänglichen Tatsachengehalt aufweist (BGH GRUR 1982, 633 (634) – Geschäftsführer; BGH WRP 2012, 77 Rn. 30 – Coaching-Newsletter; BGH WRP 2016, 843 Rn. 28 – Im Immobiliensumpf). **Anwendungsfälle** aus der Rspr.: Die Behauptung, ein Lehrer habe nicht die notwendige Erfahrung, um in einer bestimmten Methode auszubilden, kann trotz der wertenden Elemente eine Tatsachenbehauptung sein, wenn sich aus den sonstigen Angaben ergibt, aus welchen tatsächlichen Gründen die fehlende

Erfahrung abgeleitet wird (BGH GRUR 2003, 436 (438) – Feldenkrais). Desgleichen kann die Behauptung, der Methylalkoholgehalt des Obstbrands eines Mitbewerbers sei „hoch" bzw. „erhöht", eine Tatsachenbehauptung sein, wenn die angesprochenen Fachkreise diese Angaben auf einen bestimmten Anknüpfungspunkt beziehen (BGH GRUR 2009, 1186 Rn. 16 ff. – Mecklenburger Obstbrände). Ebenfalls als Tatsachenbehauptungen sind anzusehen: Die Kennzeichnung einer Webseite als „Spam" durch einen Google-Spamfilter auf Grund einer Überprüfung anhand der Google-Richtlinien (OLG Hamm GRUR-RR 2007, 282 (284)) und die Behauptung, ein braunes Zigaretteneindrehpapier enthalte Kalk (OLG Düsseldorf WRP 2020, 88 Rn. 70). Die (Ein-)Sterne-Bewertung eines Unternehmens auf einem Google-Profil beinhaltet nach Auffassung des OLG Köln (GRUR 2023, 350 Rn. 23) auch eine tatsächliche Aussage, weil solche Bewertungen nach der Verkehrsauffassung so verstanden werden, dass sie einen Tatsachenkern aufweisen, an den die subjektive Bewertung anknüpft (im konkreten Fall Verstoß gegen § 4 Nr. 1 bejaht). Demgegenüber verneint der ÖOGH (29.8.2022 – 6 Ob 198/21t Rn. 42) eine Tatsachenbehauptung bei einer reinen Punktebewertung auf einem Internet-Bewertungsportal, weil die subjektive Einordnung auf der Skala nicht objektiv auf ihre Richtigkeit überprüft werden könne. Eine Tatsachenbehauptung ist gegeben, wenn dem Leser wahrheitswidrig suggeriert wird, das Produkt eines Mitbewerbers erfülle nicht die Anforderungen an eine Produktzulassung (OLG Frankfurt WRP 2021, 801 Rn. 28). Eine (verdeckte) Tatsachenbehauptung kann auch vorliegen, wenn der Verfasser dem Leser „offene" Einzelaussagen mitteilt und die Schlussfolgerung auf einen bestimmten Sachverhalt nicht dem Leser überlässt, sondern sie ihm „verdeckt" als eigene unterbreitet (BGH GRUR 1981, 80 (84) – Das Medizin-Syndikat IV). – Bei Aussagen, die **innere Tatsachen** betreffen, wie etwa „absichtlich", „bewusst" oder „vorsätzlich", ist zu unterscheiden: Eine Meinungsäußerung kann vorliegen, wenn der Äußernde auf die innere Tatsache nur mit Hilfe von Indizien schließt und daraus ein subjektives Werturteil bzw. seine Meinung ableitet. Dagegen handelt es sich um eine Tatsachenbehauptung, wenn Gegenstand der Äußerung ein Handeln eines Dritten in der Vergangenheit ist und seine Motive sich anhand äußerer Indiztatsachen klären lassen (BGH WRP 2016, 843 Rn. 31 – Im Immobiliensumpf).

2.14   **b) Beispiele. aa) Unberechtigte Schutzrechtsverwarnung.** Zur Frage, ob eine unberechtigte Schutzrechtsverwarnung eine Tatsachenbehauptung oder ein Werturteil darstellt und unter welchen Voraussetzungen sie überhaupt lauterkeitsrechtliche oder bürgerlich-rechtliche Ansprüche begründen kann, → Rn. 4.169 ff.

2.15   **bb) Wissenschaftliche Arbeiten.** Die Abfassung wissenschaftlicher Arbeiten steht meist (vgl. aber → § 2 Rn. 2.54; BGH GRUR 1962, 34 (36) – Torsana; BGH GRUR 1962, 45 (47) – Betonzusatzmittel) nicht in einem objektiven Zusammenhang mit der Förderung des Absatzes oder des Bezugs eines Unternehmens (auch nicht bei Auftragsarbeiten), so dass § 4 Nr. 2 idR nur bei ihrer Verwertung für kommerzielle Zwecke in Betracht kommt. Dabei ist dem Grundrecht aus Art. 5 III GG Rechnung zu tragen (dh kein Widerrufsanspruch). Sachverständigengutachten können sowohl Tatsachenbehauptungen als auch Werturteile enthalten (BGHZ 65, 325 – Warentest II). Schlussfolgerungen sieht die Rspr. jedoch, auch soweit ihr Zweck die Feststellung von Tatsachen ist, als Werturteile an (BGH GRUR 1978, 258 (259) – Schriftsachverständiger; offengelassen aber in BGH WRP 2002, 828 (831) – Hormonersatztherapie). Dies soll jedoch nicht gelten, wenn die Schlussfolgerung offensichtlich leichtfertig, etwa unter Nichtbeachtung wissenschaftlicher Methoden oder Erkenntnisse, gezogen oder ihr wissenschaftlicher Charakter vorgetäuscht ist (BGH GRUR 1978, 258 (259) – Schriftsachverständiger). Diese Privilegierung wissenschaftlicher Arbeiten kann allerdings nicht gelten, wenn sie ein Gewerbetreibender in seiner Werbung verwendet (BGH WRP 2002, 828 (831) – Hormonersatztherapie). Hier entscheidet wiederum das Verständnis der angesprochenen Verkehrskreise.

2.16   **cc) Vorwurf rechtswidrigen oder unlauteren Verhaltens.** Derartige Vorwürfe (zB „betrügerisch", „illegal", „korrupt", „standeswidrig"; „Plagiat") sind grds. als Werturteile anzusehen (vgl. BGH NJW 2002, 1192 (1193); BGH WRP 2009, 631 Rn. 15 – Fraport-Manila-Skandal; OLG Frankfurt GRUR-RR 2014, 391 (393)). Insbes. ist von einem Werturteil auszugehen, wenn ein strafrechtlich relevanter Vorwurf erhoben wird, der eine komplexe rechtliche Würdigung erfordert und bei dem der wertende Gehalt der Äußerung einen etwaigen Tatsachenkern überlagert (BGH WRP 2016, 843 Rn. 29 ff. – Im Immobiliensumpf: „Ich halte das für organisierte Kriminalität, bei der gezielt Anleger ruiniert werden"). – Von einer Tatsachenbehauptung ist jedoch auszugehen, wenn die Äußerung nicht als Rechts- oder Moralauffassung kenntlich gemacht ist, sondern beim Adressaten zugleich die Vorstellung von konkreten, in die Wertung eingekleideten Vorgängen hervorruft, die einer beweismäßigen Überprüfung zugänglich sind (BGH GRUR 1982, 631 (632) – Klinikdirektoren; BGH GRUR 1982, 633 (634) – Geschäftsführer; BGH GRUR 1993, 409 (410) – Illegaler Fellhandel; BGH GRUR 1993, 412 (413) – Ketten-Mafia; OLG Stuttgart NJWE-WettbR 1997, 271). Maßgebend ist der **Gesamtzusammenhang** der Äußerung. So reicht es aus, dass die Äußerung schlagwortartig (zB in einer Überschrift) bestimmte Vorgänge zusammenfasst (BGH GRUR 1993, 412 (413) – Ketten-Mafia). Von § 4 Nr. 2 (und von § 4 Nr. 1) wird bspw. auch die Äußerung über abmahnende Anwälte erfasst, es sei bei ihnen „‚übliche Praxis', ein (verbotenes) Erfolgshonorar zu vereinbaren" (OLG Köln WRP 2011, 779 (781)).

2. Gegenstand der Behauptung

2.17 § 4 Nr. 2 erfasst nur Tatsachenbehauptungen „über die Waren, Dienstleistungen oder das Unternehmen eines Mitbewerbers oder über den Unternehmer oder ein Mitglied der Unternehmensleitung". Zu den Mitgliedern der Geschäftsleitung gehören die Personen, die nach Gesetz oder Satzung zu ihrer Vertretung berufen sind (zB Vorstandsmitglieder bei der AG; Geschäftsführer bei der GmbH; geschäftsführende Gesellschafter bei OHG und KG), nicht dagegen Mitarbeiter. Allerdings können auch Angriffe gegen **Aufsichtsorgane** (Aufsichtsräte, Beiräte) und **Mitarbeiter** mittelbare Angriffe gegen das Unternehmen selbst darstellen, weil und soweit sie Rückschlüsse auf den Zustand des Unternehmens zulassen. Das Gleiche gilt für Angriffe gegen **Vertragspartner** des Unternehmens. Nicht in § 4 Nr. 2 erwähnt sind die **Kennzeichen** eines Unternehmens. Sie sind jedoch als Bestandteile des Unternehmens anzusehen und insoweit ebenfalls von § 4 Nr. 2 erfasst.

3. Behauptung oder Verbreitung

2.18 **a) Behauptung. Behaupten** heißt, eine eigene Tatsachenbehauptung aufstellen oder sich eine fremde Tatsachenbehauptung zu eigen machen (OLG Hamburg GRUR-RR 2017, 148 Rn. 32). Die äußere Form der Mitteilung (schriftlich, mündlich, konkludent, bildliche oder dreidimensionale Darstellung; vgl. ÖOGH ÖBl 2000, 263 – Wohnanlage S) ist ebenso unerheblich wie ihre inhaltliche Gestaltung. Auch das Aussprechen eines Verdachts, das Andeuten einer Möglichkeit und das Aufwerfen oder Beantworten einer Frage können genügen (BGH GRUR 1975, 89 (91) – Brüning-Memoiren I; ÖOGH; ÖBl 1997, 69 (71)). Salvatorische Klauseln („ich selbst glaube es nicht"; Erklärung in Nutzungsbedingungen eines Diensteanbieters, sich veröffentlichte Inhalte nicht zu eigen machen zu wollen) schützen nicht, wenn die Gesamtumstände dagegen sprechen (BGH GRUR 1958, 448 (449) – Blanko-Verordnungen; BGH WRP 2015, 1326 Rn. 27 – Hotelbewertungsportal).

2.18a Für Äußerungen im **Internet** hat die **Rspr.** (BGH WRP 2015, 1326 Rn. 25 – Hotelbewertungsportal; BGH GRUR 2012, 751 Rn. 11 – RSS-Feeds) folgende **Grundsätze** entwickelt: Nach § 7 I TMG sind Diensteanbieter, dh Personen, die eigene oder fremde Telemedien zur Nutzung bereithalten oder den Zugang zur Nutzung vermitteln (§ 2 S. 1 Nr. 1 TMG), nach den allg. Gesetzen, also auch § 4 Nr. 2, nicht nur für eigene Informationen verantwortlich, sondern auch für solche fremden Informationen, die sie sich zu eigen machen. Auf diesem Grundmodell beruhen auch die Art. 4 ff. VO (EU) Nr. 2022/2065 (Gesetz über digitale Dienste = Digital Services Act), sodass mit dem Inkrafttreten dieser Verordnung (→ Rn. 2.18c) die bisherigen Grundsätze fortgeführt werden können. Der Betreiber einer Internetseite macht sich Inhalte zu eigen, wenn er nach außen erkennbar die inhaltliche Verantwortung für die auf dieser Seite veröffentlichten Inhalte übernommen oder den zurechenbaren Anschein erweckt hat, er identifiziere sich mit den fremden Inhalten. Ob dies der Fall ist, ist aus der Sicht eines verständigen Durchschnittsnutzers auf der Grundlage einer Gesamtbetrachtung aller relevanten Umstände zu beurteilen. Für ein Zu-Eigen-Machen spricht es, wenn der Anbieter die von einem Dritten hochgeladenen Inhalte inhaltlich-redaktionell auf Vollständigkeit und Richtigkeit kontrolliert oder auswählt oder die fremden Informationen in das eigene redaktionelle Angebot einbindet. Jedoch ist bei der Annahme einer Identifikation mit fremden Inhalten grds. Zurückhaltung geboten. – So wurde es als nicht ausreichend angesehen, dass der Betreiber eines Bewertungsportals die eingestellten Inhalte statistisch auswertet und eine Weiterempfehlungsrate ermittelt und/oder eine automatische Überprüfung durch einen Wortfilter vorschaltet, der Formalbeleidigungen oder unzulässige Eigenbewertungen auffindet (BGH WRP 2015, 1326 Rn. 28 – Hotelbewertungsportal).

2.18b   **b) Verbreitung. aa) Grundsatz. Verbreiten** heißt, eine fremde Tatsachenbehauptung weiterzugeben, dh Dritten die Möglichkeit zu verschaffen, von ihrem Inhalt Kenntnis zu nehmen
(BGH GRUR 1995, 427 (428) – Schwarze Liste; OLG Hamburg GRUR-RR 2017, 148
Rn. 35). Die verbreitende Person muss sich die fremde Tatsachenbehauptung nicht zu eigen
gemacht haben (BGH GRUR 1995, 427 (428) – Schwarze Liste). Im Falle des Verbreitens muss
die Tatsachenbehauptung auch nicht von einem Unternehmer aufgestellt worden sein.

2.18c   **bb) Verbreitung im Internet.** Im Bereich des **Internets** sind die Haftungsbeschränkungen
nach den **§ 7 II TMG, §§ 8–10 TMG** zu berücksichtigen, die ihrerseits am Maßstab der
Art. 12–15 RL 2000/31/EG auszulegen sind (→ § 8 Rn. 2.28 ff.; Leistner FS Köhler, 2014, 415
(423 ff.); Schaub FS Köhler, 2014, 593 (594 ff.); Hofmann WRP 2015, 1331 f.). Zu beachten ist,
dass ab dem 17.2.2024 die **Art. 4–8 VO (EU) Nr. 2022/2065** (Gesetz über digitale Dienste)
gelten (Überblick dazu bei Gerdemann/Spindler GRUR 2023, 3 ff. und 115 ff.). Speziell an die
Stelle der Regelungen zum Hosting gem. § 10 TMG (in Umsetzung von Art. 14 RL 2000/31/
EG) tritt Art. 6 VO (EU) Nr. 2022/2065. Die Grundstruktur der Haftungsprivilegierung bleibt
auch nach neuer Rechtslage erhalten (Gerdemann/Spindler GRUR 2023, 3 (5)). Daher kann
daran festgehalten werden, dass im Hinblick auf diese Haftungsprivilegierung der Begriff des
Verbreitens iSd § 4 Nr. 2 **eingeschränkt** werden muss (OLG Hamburg GRUR-RR 2017, 148
Rn. 35). Ansonsten könnte der Betreiber einer Internetseite einer Haftung nur durch eine
umfassende inhaltliche Überprüfung der eingestellten Beiträge vor ihrer Veröffentlichung entgehen (→ § 8 Rn. 2.28 ff.). Diensteanbieter sind aber nicht verpflichtet, die von ihnen übermittelten oder gespeicherten fremden Informationen zu überwachen oder nach Umständen zu
forschen, die auf eine rechtswidrige Tätigkeit hindeuten. Es besteht daher maW **keine allg.
Überwachungspflicht.**

2.18d   Auf die genannten Haftungsprivilegien kann sich ein Diensteanbieter aber dann nicht berufen,
wenn er sich die Informationen eines Anderen **zu Eigen gemacht** hat. Dann handelt es sich
nämlich nicht um „fremde Informationen" iSd § 10 S. 1 TMG bzw. um die „Speicherung der
von einem Nutzer bereitgestellten Informationen" iSd Art. 6 I VO (EU) Nr. 2022/2065. Nach
der Rspr. des EuGH greift die Haftungsprivilegierung auch dann nicht ein, wenn der Diensteanbieter sich nicht mehr auf die Rolle eines **neutralen** Diensteanbieters beschränkt, sondern
dieser eine **aktive Rolle** übernimmt, die ihm eine Kenntnis von bestimmten Daten oder eine
Kontrolle über sie verschaffen kann (vgl. EuGH WRP 2011, 1129 Rn. 115 – L'Oréal/eBay;
EuGH GRUR 2011, 1025 Rn. 109 ff. – Google und Google France). Diese Wertung hat die
VO (EU) Nr. 2022/2065 übernommen. In ErwGr. 20 wird dazu ausgeführt:

> *„Arbeitet ein Anbieter von Vermittlungsdiensten bewusst mit einem Nutzer zusammen, um rechts-
> widrige Tätigkeiten auszuüben, sollte nicht davon ausgegangen werden, dass die Dienstleistungen auf
> neutrale Weise erbracht wurden, und der Anbieter sollte dementsprechend die in dieser Verordnung
> vorgesehenen Haftungsausschlüsse nicht in Anspruch nehmen können. Dies sollte beispielsweise dann
> der Fall sein, wenn der Anbieter seine Dienstleistung hauptsächlich zu dem Zweck anbietet, rechts-
> widrige Tätigkeiten zu erleichtern, indem er beispielsweise seinen Zweck – die Erleichterung rechts-
> widriger Aktivitäten – klar zum Ausdruck bringt und seine Dienstleistungen für diesen Zweck geeignet
> sind. Allein die Tatsache, dass ein Dienst verschlüsselte Übertragungen oder ein anderes System
> anbietet, mit dem die Identifizierung des Nutzers unmöglich wird, sollte für sich genommen nicht als
> Erleichterung rechtswidriger Tätigkeiten gelten."*

2.18e   Nimmt eine Diensteanbieter eine aktive Rolle ein, dann kann dies eine Verantwortlichkeit
nach § 4 Nr. 2 rechtfertigen (BGH WRP 2011, 1609 Rn. 23 – Stiftparfüm; BGH WRP 2015,
1326 Rn. 34 – Hotelbewertungsportal). Eine aktive Rolle ist jedoch bspw. nicht schon dann
anzunehmen, wenn der Betreiber eines Bewertungsportals eingehende Bewertungen nur statistisch auswertet und einen Wortfilter zum Auffinden rechtsverletzender Äußerungen einsetzt, an
den sich ggf. eine manuelle Nachkontrolle anschließt, um die Einhaltung von Nutzungsbedingungen sicherzustellen. Denn hierdurch erlangt er noch keine Kenntnis von der etwaigen
Unwahrheit einer Behauptung (BGH WRP 2015, 1326 Rn. 35 – Hotelbewertungsportal; vgl.
weiter → § 8 Rn. 2.28; KG WRP 2012, 224 Rn. 24 ff.; KG WRP 2013, 1242 Rn. 58;
Heermann WRP 2014, 509 Rn. 37 ff.; Leistner FS Köhler, 2014, 415 (425 ff.)).

2.18f   Durch das Haftungsprivileg gem. § 10 S. 1 TMG/Art. 6 I VO (EU) Nr. 2022/2065 sind
spezifische Überwachungspflichten eines Diensteanbieters nicht ausgeschlossen. Sie bestimmen
sich danach, ob und inwieweit ihm nach den Umständen eine Prüfung zuzumuten ist. Hierbei
ist zu berücksichtigen, ob der Betreiber eines Bewertungsportals die Rechtsverletzung eines

Dritten aufgrund einer unklaren Rechtslage erst nach eingehender rechtlicher oder tatsächlicher Prüfung feststellen kann oder ob sie für ihn offenkundig oder unschwer erkennbar ist. Für eine erhöhte Prüfungspflicht spricht es, wenn der Betreiber bei seiner Tätigkeit Rechtsverletzungen in erheblichem Umfang Vorschub leistet oder sie durch eigene Maßnahmen fördert (BGH WRP 2015, 1326 Rn. 36 – Hotelbewertungsportal mwN). Andererseits dürfen einem Betreiber eines Bewertungsportals keine erhöhten Prüfungspflichten auferlegt werden, die sein grds. erlaubtes Geschäftsmodell wirtschaftlich gefährden oder seine Tätigkeit unverhältnismäßig erschweren würden. Spezifische Prüfungspflichten verletzt der Betreiber daher erst, wenn er von **klaren Rechtsverletzungen** durch den Dritten Kenntnis erlangt, aber die betreffende Angabe nicht unverzüglich sperrt und keine Vorsorge trifft, dass sie auch künftig unterbleibt (BGH WRP 2015, 1326 Rn. 38 – Hotelbewertungsportal; OLG Hamburg GRUR-RR 2017, 148 Rn. 41). Zu keinem anderen Ergebnis führen die Grundsätze über die wettbewerbsrechtlichen Verkehrspflichten (BGH WRP 2015, 1326 Rn. 42 – Hotelbewertungsportal; → § 8 Rn. 2.6 ff.).

c) Adressat. Die Behauptung oder Verbreitung muss gegenüber einem **Dritten,** dh einer **2.18g** anderen Person als dem Verletzten, erfolgen. Der Begriff des Dritten ist im Interesse eines effektiven Schutzes weit zu fassen, so dass zB auch Angestellte des betroffenen Unternehmens darunter fallen können, nicht jedoch Personen, die Leitungs- oder Aufsichtsbefugnisse im betroffenen Unternehmen besitzen (Vorstandsmitglieder; Geschäftsführer; Aufsichtsräte; einschränkend OLG Düsseldorf NJW-RR 1997, 490 für „Beiratsmitglieder" einer KG). Davon zu unterscheiden ist der Fall, dass die Mitteilung an eigene Mitarbeiter erfolgt; hier kann es an der erforderlichen Außenwirkung und damit an einer geschäftlichen Handlung fehlen. Der Dritte braucht von der Behauptung keine Kenntnis erlangt oder ihr gar Glauben geschenkt zu haben; es muss ihm lediglich die **Möglichkeit** verschafft worden sein, vom Inhalt der Behauptung Kenntnis zu nehmen (BGH GRUR 1995, 427 (428) – Schwarze Liste), dh die Behauptung muss ihm zugegangen (vgl. § 130 BGB) sein. Der Handelnde braucht keine Kenntnis vom kreditschädigenden Charakter der Mitteilung zu haben. Dies spielt nur eine Rolle für den verschuldensabhängigen Schadensersatzanspruch. Auf Unterlassung haftet daher auch, wer eine kreditschädigende Mitteilung ungelesen weitergibt, sofern darin nur eine geschäftliche Handlung liegt.

4. Eignung zur Geschäfts- oder Kreditschädigung

Die Äußerung muss objektiv geeignet sein, „den Betrieb des Unternehmens oder den Kredit **2.19** des Unternehmers" zu schädigen. § 4 Nr. 2 erfasst also nicht die bloße Ehrkränkung ohne Auswirkung auf die unternehmerischen Belange des Betroffenen. Andererseits muss die Äußerung nicht herabsetzender oder kränkender Natur sein (BGH WRP 2002, 828 (831) – Hormonersatztherapie). Es genügt, dass sie Nachteile für die Erwerbstätigkeit mit sich bringen kann, etwa Kunden von Käufen bei dem Mitbewerber abgehalten werden können; jedoch muss kein konkreter Schaden eingetreten sein. Ob dies der Fall ist, beurteilt sich nach der Wirkung der Äußerung auf die angesprochenen Verkehrskreise. Maßgebend ist das Verständnis des durchschnittlich informierten, aufmerksamen und verständigen Durchschnittsangehörigen dieser Gruppe. Unerheblich sind die Vorstellungen des Handelnden und die Sichtweise des Betroffenen (Lettl WbR Rn. 170). **Beispiele:** Behauptung fehlender Lieferfähigkeit (BGH GRUR 1993, 572 (573) – Fehlende Lieferfähigkeit); Nennung in einer Liste von Unternehmen mit zweifelhafter Bonität (BGH WRP 1995, 493 (494) – Schwarze Liste); Behauptung, ein Unternehmer habe „zweimal pleite gemacht" (BGH GRUR 1994, 915 (918) – Börsenjournalist), ein Katalog sei „nachgemacht" (OLG Stuttgart NJWE-WettbR 1997, 271); Behauptung, eine (in hartem Wettbewerb stehende) Messegesellschaft habe einen Messestand unentgeltlich angeboten (OLG Köln GRUR-RR 2002, 44); Behauptung, ein Mitbewerber habe sich durch Sonderzahlungen einen Messeplatz gesichert (OLG Düsseldorf GRUR 1985, 224); Behauptung, das Präparat eines Mitbewerbers erschwere die Mammographiediagnostik (BGH WRP 2002, 828 (831) – Hormonersatztherapie); Behauptung, ein Mitbewerber übernehme urheber- und wettbewerbswidrig die Meldungen anderer Nachrichtenagenturen (ÖOGH MR 2001, 385); Behauptung, das Produkt eines Mitbewerbers erfülle nicht die DIN-Normen (OLG Hamburg WRP 2007, 443); Behauptung, ein Produkt des Mitbewerbers sei „shit" (OLG Düsseldorf WRP 2020, 88 Rn. 75); Behauptung über abmahnende Anwälte, es sei bei ihnen „,übliche Praxis', ein (verbotenes) Erfolgshonorar zu vereinbaren" (OLG Köln WRP 2011, 779 (781)), weil damit deren Beitreibung von Forderungen erschwert wird. – Das betroffene Unternehmen muss nicht namentlich genannt sein (BGH WRP 2002, 828 (831) – Hormonersatztherapie), sofern es nur für die angesprochenen Verkehrskreise erkennbar ist; auch können mehrere Unternehmen (zB unter einer Sammelbezeichnung) betroffen sein. Ein konkreter Schadenseintritt ist (für den Abwehr-anspruch) nicht erforderlich.

5. Nichterweislichkeit der Wahrheit

2.20   **Unwahr** ist eine Behauptung, wenn sie den Eindruck einer anderen als der wirklichen Sachlage erweckt. Wie sich aus dem Wortlaut ergibt („sofern die Tatsachen nicht erweislich wahr sind"), hat jedoch nicht der Verletzte die Unwahrheit der Tatsachen zu beweisen. Vielmehr obliegt es dem Verletzer, die Wahrheit zu beweisen, um seine Haftung nach § 4 Nr. 2 Hs. 1 auszuschließen (zur Beweisführung vgl. OLG Stuttgart NJWE-WettbR 1997, 270 ff.). **Beispiel:** Die Behauptung, das Produkt eines Mitbewerbers erfülle nicht die DIN-Normen, ist dann „nicht erweislich wahr", wenn sie nur auf der Prüfung einer Einzelpackung beruht, die betref-fenden DIN-Normen aber eine bestimmte Anzahl von „Ausreißern" innerhalb einer Stichprobe gestatten (OLG Hamburg WRP 2007, 443). Der Verletzer trägt das Risiko, dass sich die Wahr-heit oder Unwahrheit nicht klären lässt. Dies gilt auch dann, wenn der Verletzte im Hinblick auf die behauptete Tatsache (zB eine unrichtige Abrechnung) auskunftspflichtig ist (BGH GRUR 1957, 93 (94) – Jugendfilmverleih). Ist die Anschwärzung in Form einer **negativen** Tatsache formuliert (zB fehlende Lieferfähigkeit), so kommt die Anwendung der Grundsätze zur Beweis-erleichterung beim Beweis „negativer" Tatsachen dann in Betracht, wenn der Behauptende berechtigten Anlass hatte, gerade in dieser Weise zu formulieren (BGH GRUR 1993, 572 (574) – Fehlende Lieferfähigkeit). Unwahr ist eine Behauptung, wenn sie den Eindruck einer anderen als der wirklichen Sachlage erweckt. Auch eine objektiv zutreffende Darstellung kann daher unwahr sein, wenn die Empfänger auf Grund der Art und Weise der Darstellung (zB durch Auslassungen, Halbwahrheiten, Übertreibungen) oder ihres begrenzten Informationsstandes ei-nen falschen Eindruck von der Sachlage gewinnen (BGH GRUR 1966, 452 (454) – Luxembur-ger Wort; OLG Düsseldorf WRP 2020, 88 Rn. 71). Der Verletzer trägt also auch das Risiko von unbeabsichtigten Missverständnissen. Für Angaben, die auf wissenschaftliche Aussagen Bezug nehmen, gilt: Wer solche Aussagen als objektiv richtig oder wissenschaftlich gesichert hinstellt, übernimmt damit die Verantwortung für ihre Richtigkeit (BGH GRUR 1971, 153 (155) – Tampax; OLG Düsseldorf WRP 2019, 773 Rn. 42). – Eine ursprünglich unwahre Aussage kann nachträglich wahr werden. Dann entfällt zwar der Unterlassungsanspruch, der Schadensersatz-anspruch bleibt jedoch bestehen.

IV. Die Sonderregelung des § 4 Nr. 2 Hs. 2

1. Überblick

2.21   Für **vertrauliche Mitteilungen,** an denen der Mitteilende oder der Empfänger ein **besonde-res Interesse** hat, gilt die Sonderregelung des § 4 Nr. 2 Hs. 2. Die beiden Tatbestandsvoraus-setzungen müssen kumulativ gegeben sein (BGH GRUR 1992, 860 (861) – Bauausschreibun-gen; BGH GRUR 1993, 572 (573) – Fehlende Lieferfähigkeit). Sind sie erfüllt, so ist die Handlung nur dann unlauter, wenn die Tatsachen (objektiv) der Wahrheit zuwider behauptet oder verbreitet wurden. Beweist also der Mitteilende, dass die Mitteilung vertraulich war und er oder der Empfänger daran ein berechtigtes Interesse hatte, so muss der Verletzte seinerseits ihre **Unwahrheit beweisen.**

2. Vertraulichkeit

2.22   Eine Mitteilung ist vertraulich, wenn der Mitteilende davon ausgeht und den Umständen nach davon ausgehen darf, dass die Information nicht an Dritte weitergeleitet wird. Erfolgt eine Mitteilung nur an einen Empfänger und ist sie nur für ihn von Interesse, so ist Vertraulichkeit nur dann zu verneinen, wenn die Mitteilung wenigstens geeignet ist, in weiteren Kreisen bekannt zu werden (BGH GRUR 1960, 135 (136) – Druckaufträge). Dass dem Empfänger die vertrauliche Behandlung der Mitteilung ausdrücklich zur Pflicht gemacht wurde, ist weder erforderlich noch ausreichend (aA Büscher/Maatsch § 4 Nr. 2 Rn. 45). Vielmehr sind die gesamten Umstände des Einzelfalles zu würdigen (BGH GRUR 1992, 860 (861) – Bauaus-schreibungen), insbes. Form und Inhalt, Anlass und Zweck sowie Zeit und Ort der Mitteilung. An den dem Mitteilenden obliegenden Nachweis der Vertraulichkeit sind strenge Anforderun-gen zu stellen. Die bloße Kennzeichnung der Mitteilung als „vertraulich" genügt daher nicht. Je größer der Kreis der Mitteilungsempfänger, desto weniger ist von Vertraulichkeit auszugehen.

Bei Pressemitteilungen ist daher für § 4 Nr. 2 Hs. 2 kein Raum; ebenso wenig bei Mitteilungen an Verbände (BGH GRUR 1992, 860 (861) – Bauausschreibungen) oder Rundschreiben an Kunden (BGH GRUR 1993, 572 (573) – Fehlende Lieferfähigkeit). Mitteilungen an Behörden sind regelmäßig als vertraulich anzusehen (OLG Köln WRP 1983, 226 (228)), es sei denn, dass eine Weiterleitung an Dritte beabsichtigt ist (vgl. RG GRUR 1939, 72 (75)).

3. Berechtigtes Interesse

Der Mitteilende oder der Empfänger muss ein berechtigtes Interesse an der Mitteilung haben. **2.23** **Mitteilender** ist, wer die Tatsache behauptet oder verbreitet; **Empfänger** ist, wer die Mitteilung nach dem Willen des Mitteilenden zur Kenntnis nehmen soll, nicht aber, wer sie ohne oder gegen dessen Willen zur Kenntnis nimmt. Das Interesse muss entweder beim Mitteilenden oder beim Empfänger bestehen. Die Interessen **Dritter** oder der **Allgemeinheit** sind nur dann zu berücksichtigen, wenn der Mitteilende oder der Empfänger zur Wahrung dieser Interessen berufen ist oder die Angelegenheit ihn irgendwie nahe berührt. Das Interesse muss (anders als bei § 193 StGB) objektiv berechtigt sein. Ob dies der Fall ist, beurteilt sich letztlich auf Grund einer **Interessenabwägung** anhand der (insbes. verfassungs-)rechtlichen Wertordnung. Dabei ist dem Grundsatz der **Verhältnismäßigkeit** Rechnung zu tragen. Der mit der Mitteilung verfolgte Nutzen darf also nicht außer Verhältnis zum (voraussichtlichen) Schaden stehen. Die Mitteilung muss auch nach Inhalt und Form so schonend wie möglich sein. Vom Mitteilenden ist ferner zu verlangen, dass er im gebotenen Umfang recherchiert und nicht leichtfertig, zB auf Grund haltloser Vermutungen, Behauptungen aufstellt (BGH NJW 1985, 1621 (1623)). Das bloße Interesse des Mitteilenden, seinen Absatz zu fördern, reicht nicht aus, um es als berechtigt anzuerkennen. Es steht andererseits der Wahrnehmung sonstiger Interessen des Empfängers oder Dritter, insbes. des Interesses, vor Schädigungen bewahrt zu werden (vgl. BGH GRUR 1971, 159 – Motorjacht), nicht entgegen. Bei der Interessenabwägung ist ferner zu berücksichtigen, ob der Mitteilende gesetzlich oder vertraglich zur Mitteilung der Tatsachen berechtigt oder verpflichtet ist. Bei **anonymen** Mitteilungen können unsachliche Motive im Vordergrund stehen (vgl. BGH NJW 1966, 1215), jedoch kommt es auch hier auf die Umstände des Einzelfalls an.

C. Rechtsfolgen

I. Allgemeines

Verstöße gegen § 3 I iVm § 4 Nr. 2 können Ansprüche nach den §§ 8 I und 9 I auslösen. **2.24** Anspruchsberechtigt ist aber nur der betroffene **Mitbewerber** (arg. § 8 III Nr. 1), nicht dagegen auch ein Mitglied der Unternehmensleitung. Letzterem können allenfalls bürgerlich-rechtliche Ansprüche zustehen. Grds. muss es dem verletzten Mitbewerber überlassen bleiben, ob er gegen den Verletzer vorgeht. Daher sind auch die in § 8 III Nr. 2–4 genannten Verbände und Einrichtungen nicht aus eigenem Recht anspruchsberechtigt (dazu näher → Rn. 1.27; ebenso Brammsen/Apel WRP 2009, 1464 (1471); Ohly/Sosnitza/Ohly Rn. 2/18; aA OLG Düsseldorf WRP 2020, 88 Rn. 57, 58; Büscher/Maatsch § 4 Nr. 2 Rn. 48). Im Übrigen wird in den Fällen der Anschwärzung idR zugleich eine **Irreführung** der **Verbraucher** nach § 5 I, II Nr. 3 oder – im Fall einer vergleichenden Werbung – nach § 5 IV gegeben sein, gegen die ua Verbraucherverbände iSd § 8 III Nr. 3 vorgehen können.

II. Unterlassungs- und Beseitigungsanspruch

Vgl. § 8 I. Im Falle der Unterlassungsklage kommt die Urteilsbekanntmachung nach § 12 II **2.25** in Betracht, die zugleich die Funktion einer Beseitigung hat. Die Beseitigung kann im Übrigen durch Widerruf (BGH GRUR 1992, 527 (529) – Plagiatsvorwurf II) erfolgen; im Falle der bloßen Tatsachenverbreitung auch durch Benennung des Urhebers der Behauptung, um die Quelle geschäftsschädigender Äußerungen verstopfen zu können (BGH GRUR 1995, 427 (429) – Schwarze Liste). – Einer Klage auf Unterlassung und Beseitigung von Äußerungen, die der Rechtsverfolgung in einem gerichtlichen oder behördlichen Verfahren dienen, fehlt allerdings das **Rechtsschutzbedürfnis**. Denn der Ablauf und das Ergebnis eines rechtsstaatlich geregelten Verfahrens sollen nicht dadurch beeinflusst werden, dass ein an diesem Verfahren Beteiligter durch Unterlassungs- oder Beseitigungsansprüche in seiner Äußerungsfreiheit eingeengt wird. Ob das Vorbringen wahr oder unwahr ist, soll allein in dem seiner eigenen Ordnung unterliegenden Verfahren geklärt werden (BGH GRUR 1998, 587 (589) – Bilanzanalyse Pro 7; BGH WRP 2010, 241 Rn. 14 – Fischdosendeckel (zu Äußerungen in einer Patentbeschreibung); → § 8 Rn. 1.110 ff.). Dies gilt grds. auch bei Äußerungen in solchen Verfahren, die sich gegen Verfahrensunbeteiligte richten (BGH NJW 2008, 996 Rn. 16; BGH WRP 2010, 241 Rn. 16 – Fischdosendeckel). Etwas anderes gilt, wenn die Äußerungen keinen Bezug zum Verfahren haben oder offensichtlich falsch sind oder sich als eine unzulässige Schmähung darstellen, bei der nicht die sachliche Auseinandersetzung, sondern die Diffamierung des Dritten im Vordergrund steht (BGH WRP 2010, 241 Rn. 16 – Fischdosendeckel). Nach Abschluss des Verfahrens kann allerdings Unterlassung einer Äußerung außerhalb eines Verfahrens verlangt werden, sofern insoweit Erstbegehungs- oder Wiederholungsgefahr vorliegt (BGH WRP 2010, 241 Rn. 27 – Fischdosendeckel).

III. Schadensersatzanspruch

2.26   Vgl. § 9 I. Im Falle des § 4 Nr. 2 Hs. 1 muss der Handelnde wissen, dass die von ihm behaupteten oder verbreiteten Tatsachen kreditschädigend sind. Unerheblich ist dagegen, ob er diese Tatsachen für wahr hält. Insoweit handelt er auf eigenes Risiko (so auch Ohly/Sosnitza/ Ohly § 4 Rn. 2/19). Dies war in der Vorgängernorm des § 14 I 1 UWG 1909 ausdrücklich klargestellt, muss aber auch für § 4 Nr. 2 Hs. 1 gelten, da insoweit keine Änderung der Rechts- lage beabsichtigt war. – Im Falle des § 4 Nr. 2 Hs. 2 (vertrauliche Mitteilungen) muss dagegen der Handelnde die Unwahrheit gekannt oder fahrlässig nicht gekannt haben, wie dies auch in der Vorgängernorm des § 14 II 2 UWG 1909 angeordnet war. Dafür trägt allerdings der Ver- letzte die Beweislast.

IV. Mitarbeiterhaftung

2.27   Erfolgte die Mitteilung durch **Mitarbeiter** (oder **Beauftragte**) eines Geschäftsinhabers, gelten für den Unterlassungs- und Beseitigungsanspruch gegen den Unternehmer § 8 I iVm § 8 II, für den Schadensersatzanspruch §§ 31, 831 BGB (BGH GRUR 1980, 116 (117) – Textildrucke; vgl. auch BGH WRP 1995, 493 (494) – Schwarze Liste). Für die Vertraulichkeit und das Vorliegen eines berechtigten Interesses (§ 4 Nr. 2 Hs. 2) kommt es an sich auf die Person des Mitarbeiters an. Doch können sich der Mitarbeiter und der Geschäftsinhaber auch dann auf § 4 Nr. 2 Hs. 2 berufen, wenn das berechtigte Interesse nur beim Geschäftsinhaber vorlag.

3. Abschnitt. Unlautere Nachahmungen

Übersicht

§ 4 Nr. 3

Unlauter handelt, wer

3. **Waren oder Dienstleistungen anbietet, die eine Nachahmung der Waren oder Dienstleistungen eines Mitbewerbers sind, wenn er**
   a) **eine vermeidbare Täuschung der Abnehmer über die betriebliche Herkunft herbeiführt,**
   b) **die Wertschätzung der nachgeahmten Ware oder Dienstleistung unangemessen ausnutzt oder beeinträchtigt oder**
   c) **die für die Nachahmung erforderlichen Kenntnisse oder Unterlagen unredlich erlangt hat;**

Schrifttum: Aigner/Müller-Broich, Der Schutz von Prestige-Produkten gemäß § 4 Nr. 9b) UWG, WRP 2008, 438; Alexander, Rechtsprechungsbericht: Unlautere Produktnachahmungen und verwandte Fälle (Teil 1), WRP 2013, 1425; (Teil 2) WRP 2013, 1553; Alexander, Grundstrukturen des Schutzes von Geschäftsgeheimnissen durch das neue GeschGehG, WRP 2019, 673; Bärenfänger, Das Spannungsfeld von Lauterkeitsrecht und Markenrecht unter dem neuen UWG, 2010; Bärenfänger, Symbiotische Theorie zum Kennzeichen- und Lauterkeitsrecht, WRP 2011, 16 und 160; Bartenbach/Fock, Das neue nicht eingetragene Geschmacksmuster – Ende des ergänzenden wettbewerbsrechtlichen Leistungsschutzes oder dessen Verstärkung?, WRP 2002, 1119; Becker, Lauterkeitsrechtlicher Leistungsschutz für Daten, GRUR 2017, 346; Bellitto-Grillo, Ausnutzen oder Beeinträchtigung der Wertschätzung durch Produktnachahmung in Deutschland, England und den Vereinigten Staaten, 2017; Beyerlein, Ergänzender Leistungsschutz gemäß § 4 Nr. 9 UWG als „geistiges Eigentum" nach der Enforcement-Richtlinie (2004/48/EG), WRP 2005, 1354; Bornkamm, Markenrecht und wettbewerbsrechtlicher Kennzeichenschutz, GRUR 2005, 97; Bornkamm, Kennzeichenrecht und Irreführungsverbot – Zur wettbewerbsrechtlichen Beurteilung der irreführenden Kennzeichenbenutzung, FS Mühlendahl, 2006, 9; Bornkamm, Der lauterkeitsrechtliche Schutz vor Verwechslungen: Ein Kuckucksei im Nest des UWG?, FS Loschelder, 2010, 31; Bornkamm, Die Schnittstelle zwischen gewerblichem Rechtsschutz und UWG, GRUR 2011, 1; Böxler, Der Vorrang des Markenrechts, ZGE 2009, 357; Büscher, Schnittstellen zwischen Markenrecht und Wettbewerbsrecht, GRUR 2009, 230; Büscher, Neuere Entwicklungen im wettbewerbsrechtlichen Leistungsschutz, GRUR 2018, 1; Chronopoulos, Das Markenrecht als Teil der Wettbewerbsordnung, 2013; Dembowski, Schutzumfang der Warenformmarke, FS Erdmann, 2002, 25; Deutsch, Anspruchskonkurrenz im Marken- und Kennzeichenrecht, WRP 2000, 854; Dittscar, „Character Merchandising": Lauterkeitsrecht gewährt Nachahmungs-, aber keinen direkten Leistungsschutz für fiktive Figuren, BB 2016, 1542; Eickmeier/Fischer-Zernin, Ist der Formatschutz am Ende?, GRUR 2008, 755; Erdmann, Die zeitliche Begrenzung des ergänzenden wettbewerbsrechtlichen Leistungsschutzes, FS Vieregge, 1995, 197; Fezer, Imitationsmarketing – Die irreführende Produktvermarktung im Sinne der europäischen Wettbewerbsrichtlinie (Art. 6 Abs. 2 lit. a RL), MarkenR 2006, 511; Fezer, Normenkonkurrenz zwischen Kennzeichenrecht und Lauterkeitsrecht, WRP 2008, 1; Fezer, Imitationsmarketing als irreführende Produktvermarktung, GRUR 2009, 451; Fezer, Immaterialgüterrechtlicher und lauterkeitsrechtlicher Veranstaltungsschutz (Teil 1), WRP 2012, 1173; (Teil 2), WRP 2012, 1321; Fiebig, Wohin mit dem „Look-Alike"?, WRP 2007, 1316; Fischer, Wie frei ist der freie Stand der Technik? Wettbewerblicher Nachahmungsschutz bei technischen Erzeugnissen, GRUR 2015, 1160; Frank/Wehner, Design von Tablet Computern – Klonkriege oder die dunkle Seite der Macht?, CR 2012, 209; Götting/Hetmank, Unlautere Leistungsübernahme durch Mitarbeiterabwerbung, WRP 2013, 421; Gottschalk, Der Schutz des Designs nach deutschem und europäischem Recht, 2005; Gruber, Wettbewerbsrechtlicher Nachahmungsschutz gegen kompatible Produkte?, WBl 2000, 145 Günther, Ungenehmigte Radioberichterstattung von Sportveranstaltungen als unlauterer Wettbewerb? WRP 2005, 703; Heermann, Rechtlicher Schutz von Slogans, WRP 2004, 263; Heermann, Ambush Marketing durch Gewinnspiele?, WRP 2012, 1035; Heermann, Ambush Marketing im Spannungsfeld von Rechtswissenschaft und Sportökonomie, FS Köhler, 2014, 253; Henning-Bodewig, Relevanz der Irreführung, UWG-Nachahmungsschutz und die Abgrenzung Lauterkeitsrecht/IP-Rechte, GRUR-Int. 2007, 986; Heyers, Wettbewerbsrechtlicher Schutz gegen das Einschieben in fremde Serien, GRUR 2006, 23; Hohlweck, Vom Pflügen mit fremdem Kalbe und anderen anstößigen Verhaltensweisen – Der Schutz bekannter Produkte über § 4 Nr. 9 lit. b UWG, WRP 2015, 934; Jacobs, Von Pumpen, Noppenbahnen und Laubheftern – Zum wettbewerbsrechtlichen Leistungsschutz bei technischen Erzeugnissen, FS Hahn, 2002, 71; Jaenich, „Automobilplagiate" – zum Schutz des Designs von Kraftfahrzeugen vor Nachahmung, GRUR 2008, 873; Kaulmann, Der Schutz des Werbeslogans vor Nachahmungen, 2006; Kaulmann, Der Schutz des Werbeslogans vor Nachahmungen, GRUR 2008, 854; Keller, Der wettbewerbsrechtliche Leistungsschutz – Vom Handlungsschutz zur Immaterialgüterrechtsähnlichkeit, FS Erdmann, 2002, 595; Kiethe/Groeschke, „Jeans" – Verteidigung wettbewerblicher Eigenart von Modeneuheiten, WRP 2006, 794; Kiethe/Groeschke, Erweiterung des Markenschutzes vor Verwechslungen durch das neue Lauterkeitsrecht, WRP 2009, 1343; Klawitter, Der Schutz technischer Produktmerkmale im Marken-, Design- und Lauterkeitsrecht, Markenrecht 2019, 437; Klein, Die Zweitverwertung von Stellenanzeigen, GRUR 2005, 377; Köhler, Der ergänzende Leistungsschutz: Plädoyer für eine gesetzliche Regelung, WRP 1999, 1075; Köhler, Das Verhältnis des Wettbewerbsrechts zum Recht des geistigen

Eigentums, GRUR 2007, 548; Köhler, Die Unlauterkeitstatbestände des § 4 UWG und ihre Auslegung im Lichte der Richtlinie über unlautere Geschäftspraktiken, GRUR 2008, 841; Köhler, Der Schutz vor Produktnachahmung im Markenrecht, Geschmacksmusterrecht und neuen Lauterkeitsrecht, GRUR 2009, 445; Köhler, Der „Mitbewerber", WRP 2009, 499; Körber/Ess, Hartplatzhelden und der ergänzende Leistungsschutz im Web 2.0, WRP 2011, 697; Körner, Die notwendige Europäisierung des deutschen Richterrechts, FS Mailänder, 2006, 141; Körner, Das allgemeine Wettbewerbsrecht als Auffangtatbestand für fehlgeschlagenen oder abgelaufenen Sonderrechtsschutz, FS Ullmann, 2006, 701; Kothes, Der Schutz von Werbeslogans im Lichte von Urheber-, Marken- und Wettbewerbsrecht, 2006; Krüger, Zur „Klemmbausteine"-Doktrin nach BGH „Regalsystem" und „Einkaufswagen", GRUR 2016, 664; Krüger/v. Gamm, Die „Noppenbahnen-Doktrin" – Ein Irrweg?, WRP 2004, 978; Kur, Nachahmungsschutz und Freiheit des Warenverkehrs – der wettbewerbsrechtliche Leistungsschutz aus der Perspektive des Gemeinschaftsrechts, FS Ullmann, 2006, 717; Leistner, Exzenterzähne 2.0, GRUR 2018, 697; Lubberger, Wettbewerbsrechtlicher Nachahmungsschutz, in Eichmann/Kur, Designrecht, 2009, § 6; Lubberger, Grundsatz der Nachahmungsfreiheit?, FS Ullmann, 2006, 737; Lubberger, Alter Wein in neuen Schläuchen, WRP 2007, 873; Lubberger, Der Zweitmarkenirrtum, MarkenR 2009, 818; Maierhöfer, Geschmacksmusterschutz und UWG-Leistungsschutz, 2006; Messer, Der Werbespruch als geeigneter Gegenstand wettbewerbsrechtlichen Leistungsschutzes, FS Erdmann, 2002, 669; Müller, Anwaltshaftung wegen unberechtigter Schutzrechtsverwarnung, ZIP 2016, 1368; Münker, Verbandsklagen im sogenannten ergänzenden wettbewerbsrechtlichen Leistungsschutz, FS Ullmann, 2006, 781; Nemeczek, Gibt es einen unmittelbaren Leistungsschutz im Lauterkeitsrecht?, WRP 2010, 1204; Nemeczek, Wettbewerbliche Eigenart und die Dichotomie des unmittelbaren Leistungsschutzes, WRP 2010, 1315; Nemeczek, Rechtsübertragungen und Lizenzen beim wettbewerbsrechtlichen Leistungsschutz, GRUR 2011, 292; Nemeczek, Wettbewerbsfunktionalität und unangemessene Rufausbeutung, WRP 2012, 1025; Nirk/Rörig, Nicht eingetragenes EG-Geschmacksmuster und ergänzender Leistungsschutz, FS Mailänder, 2006, 161; Ohly, Klemmbausteine im Wandel der Zeit – ein Plädoyer für eine strikte Subsidiarität des UWG-Markenschutzes, FS Ullmann, 2006, 795; Ohly, Designschutz im Spannungsfeld von Geschmacksmuster-, Kennzeichen- und Lauterkeitsrecht, GRUR 2007, 731; Ohly, Hartplatzhelden.de oder: Wohin mit dem unmittelbaren Leistungsschutz?, GRUR 2010, 487; Ohly, Urheberrecht und UWG, GRUR-Int. 2015, 693; Ohly, Post-sale confusion, FS Fezer, 2016, 615; Ohly, Anm. zu BGH Segmentstruktur, GRUR 2017, 90; Ortner, Zum gewerblichen Rechtsschutz bei Nachahmung von Modeerzeugnissen, WRP 2006, 189; Osterloh, Die Ware als Marke, FS Erdmann, 2002, 445; Osterrieth, Der Nachahmungsschutz beim nicht eingetragenen Geschmacksmuster und beim ergänzenden Leistungsschutz, FS Tilmann, 2003, 221; Petry, „Nachwirkender" UWG-Nachahmungsschutz, WRP 2007, 1045; Peukert, hartplatzhelden.de – Eine Nagelprobe für den wettbewerbsrechtlichen Leistungsschutz, WRP 2010, 316; Quadflieg, Die wettbewerbliche Eigenart technischer Erzeugnisse in der Rechtsprechung des BGH, WRP 2020, 159; Rahlf/Gottschalk, Neuland: Das nicht eingetragene Gemeinschaftsgeschmacksmuster, GRUR-Int. 2004, 821; Rauda, Abschied des BGH vom „Einschieben in eine fremde Serie"?, GRUR 2002, 38; Riesenhuber, Lego-Stein des Anstoßes, WRP 2005, 1118; Rohnke, Schutz der Produktgestaltung durch Formmarken und ergänzenden Leistungsschutz, FS Erdmann, 2002, 455; Rohnke, Der eigenständige Anwendungsbereich des § 4 Nr. 9 lit. b UWG, FS Bornkamm, 2014, 443; Ruess/Slopek, Zum unmittelbaren wettbewerbsrechtlichen Leistungsschutz nach hartplatzhelden.de, WRP 2011, 834; Sack, Das Einschieben in eine fremde Serie: Sonderfall oder Normalfall des ergänzenden wettbewerbsrechtlichen Leistungsschutzes, FS Erdmann, 2002, 697; Sack, Produktnachahmung und betriebliche Herkunftstäuschung nach § 4 Nr. 9 Buchst a UWG, GRUR 2015, 442 Sack, Leistungsschutz nach § 3 UWG, GRUR 2016, 782; Sack, Herkunftstäuschung durch Produktnachahmung und die UGP-Richtlinie 2005/29/EG, WRP 2017, 650; Sack, Das Erfordernis der wettbewerblichen Eigenart beim wettbewerbsrechtlichen Leistungsschutz, FS Büscher, 2018, 359; Sambuc, Ist der wettbewerbsrechtliche Leistungsschutz übertragbar?, FS Bornkamm, 2014, 454; Schacht, Wettbewerbsrechtlicher Leistungsschutz für technische Merkmale – Rettungsboot oder Havarist?, GRUR 2017, 1203; Scherer, Das Verhältnis des lauterkeitsrechtlichen Nachahmungsschutzes nach § 4 Nr. 9 UWG zur europarechtlichen Vollharmonisierung der irreführenden oder vergleichenden Werbung, WRP 2009, 1446; Schladt, Das Verhältnis von Marken- und Lauterkeitsrecht, 2013; Schrader, Begrenzung des ergänzenden wettbewerbsrechtlichen Leistungsschutzes, WRP 2005, 562; Schreiber, Wettbewerbsrechtliche Kennzeichenrechte?, GRUR 2009, 113; Schröer, Der unmittelbare Leistungsschutz, 2010; Schulz, Grenzlinien zwischen Markenrecht und wettbewerblichem Leistungsschutz, FS Helm, 2002, 237; Slopek/Petersenn, Lookalikes in der Lebensmittelindustrie, WRP 2014, 1030; Spätgens, Gedanken zur Klageberechtigung und zum Herstellerbegriff beim ergänzenden Leistungsschutz, FS Erdmann, 2002, 727; Steinbeck, Zur These vom Vorrang des Markenrechts, FS Ullmann, 2006, 409; Stieper, Das Verhältnis von Immaterialgüterrechtsschutz und Nachahmungsschutz nach neuem UWG, WRP 2006, 291; Stieper, Dreifache Schadensberechnung nach der Durchsetzungsrichtlinie 2004/48/EG im Immaterialgüter- und Wettbewerbsrecht, WRP 2010, 624; Stieper, Urheber- und wettbewerbsrechtlicher Schutz von Werbefiguren (Teil 1), GRUR 2017, 649, (Teil 2) GRUR 2017, 765; Thress, Die irreführende Produktvermarktung, 2011; Thouvenin, Funktionale Systematisierung von Wettbewerbsrecht und Immaterialgüterrecht, 2007; Thress/Wiedemann, Nachahmungsschutz bei Produktverpackungen, WRP 2023, 907; Vander, Multi-Vertriebskonzepte und ergänzender wettbewerbsrechtlicher Leistungsschutz – Selbst veranlasste Torpedierung lauterkeitsrechtlichen Nachahmungsschutzes?, WRP 2016, 169; Voßberg/Loew, Alles in Butter? – Zur Herkunftstäuschung bei Produkten des täglichen Bedarfs, GRUR-Prax 2023, 384; Wahl, Das Einschieben in eine fremde Serie, 2008; Werner, Vor- und nachwirkender wettbewerbsrechtlicher Leistungsschutz, FS Köhler, 2014, 785; Wiebe, Unmittelbare Leistungsübernahme im neuen Wettbewerbsrecht, FS Schricker, 2005, 773; Wille, Wettbewerblicher Leistungsschutz bei technischen Erzeugnissen – Verhältnis des lauterkeitsrechtlichen Nachahmungsschutzes zum patent- und markenrechtlichen Sonderschutz, FS Büscher, 2018, 411; Zentek, Serielle Gestaltungskonzepte im wettbewerbsrechtlichen und urheberrechtlichen Schutz vor Nachahmungen, WRP 2014, 386.

A. Allgemeines

I. Entstehungsgeschichte und Normzweck

1. Entstehungsgeschichte

Die unlautere Nachahmung fremder Leistungsergebnisse hatte bereits das **Reichsgericht** als 3.1 Fallgruppe unlauteren Handelns anerkannt (vgl. RGZ 115, 180 – Puppenjunge; RG GRUR 1941, 116 – Torpedofreilauf; RG GRUR 1940, 489 – Filterpresse). Der **Bundesgerichtshof** präzisierte diese Fallgruppe weiter. In der Folgezeit wurden im Schrifttum Forderungen nach einer gesetzlichen Regelung des „ergänzenden wettbewerbsrechtlichen Leistungsschutzes" erhoben (vgl. Köhler WRP 1999, 1075; Fezer WRP 2001, 989 (1004 ff.); Schricker/Henning-Bodewig WRP 2001, 1367 (1381)). Der Gesetzgeber hat in § 4 Nr. 9 UWG 2004 den Vorschlag von Köhler/Bornkamm/Henning-Bodewig (WRP 2002, 1317, dort § 5 Nr. 2) wörtlich übernommen. Darin wurde erkennbar die frühere Rspr. zu § 1 UWG 1909, jedenfalls in ihren Grundlinien, kodifiziert. Das **UWG 2008** hat insoweit keine Änderung vorgenommen. Die von der Rspr. entwickelten Grundsätze gelten daher auch weiterhin (BGH GRUR 2010, 80 Rn. 20 – LIKEaBIKE; BGH GRUR 2010, 1125 Rn. 18 – Femur-Teil; BGH WRP 2013, 1188 Rn. 14 – Regalsystem). Das **UWG 2015** behielt aus § 4 UWG 2008 lediglich die vier mitbewerberschützenden Tatbestände bei, so dass an die Stelle des § 4 Nr. 9 der § 4 Nr. 3 trat. Dass § 3 I keine Spürbarkeitsklausel mehr enthält, ist für die Anwendung des § 4 Nr. 3 belanglos, da die Spürbarkeit tatbestandsimmanent ist.

2. Normzweck und Auslegung

§ 4 Nr. 3 umfasst **drei Tatbestände** zum Schutz vor unlauteren Produktnachahmungen. Ihr 3.2 gemeinsamer **Normzweck** besteht in dem **Schutz des Leistungsergebnisses eines Mitbewerbers** vor einer nachahmenden Übernahme mit unlauteren Mitteln oder Methoden (BGH WRP 2010, 94 Rn. 17 – LIKEaBIKE; BGH GRUR 2016, 730 Rn. 19, 21 – Herrnhuter Stern; BGH GRUR 2023, 421 Rn. 20 – Rahmenmodule; BGH GRUR 2023, 736 Rn. 13 – KERRYGOLD). Insoweit verwirklicht § 4 Nr. 3 einen Schutz individueller Interessen. Geschützt ist derjenige, der die zu schützende Leistung erbracht hat, idR der **Hersteller** → Rn. 3.85. Darüber hinaus dient die Regelung auch dem **Interesse der Allgemeinheit** an einem innovativen und damit unverfälschten Wettbewerb iSv § 1 I 2 (BGH GRUR 2005, 519 (520) – Vitamin-Zell-Komplex; BGH GRUR 2007, 984 Rn. 23 – Gartenliege; BGH WRP 2010, 94 Rn. 17 – LIKEaBIKE; BGH GRUR 2016, 730 Rn. 19 – Herrnhuter Stern; BGH GRUR 2023, 421 Rn. 20 – Rahmenmodule; BGH GRUR 2023, 736 Rn. 13 – KERRYGOLD). Die Regelung in § 4 Nr. 3 fügt sich damit nahtlos in die allgemeine Schutzzweckbestimmung des § 1 I ein (→ Rn. 3.4a). Dagegen bezweckt § 4 Nr. 3 nicht den Schutz der Verbraucher oder sonstigen Marktteilnehmer als Abnehmer von Produktnachahmungen (→ Rn. 3.4a), weil dieser Schutz durch § 5 I, II Nr. 1 und III Nr. 1 sowie Anh. Nr. 13 zu § 3 III gewährleistet wird. – Da § 4 Nr. 3 nicht Leistungsergebnisse als solche schützt, ist die verbreitete Bezeichnung der in § 4 Nr. 3 geregelten Fälle als (den Sonderrechtsschutz) „ergänzender wettbewerbsrechtlicher Leistungsschutz" missverständlich (→ Rn. 3.4).

Bei der **Auslegung** der einzelnen Tatbestandsmerkmale ist ihr sachlicher Zusammenhang zu 3.2a berücksichtigen. Dem trägt insbes. die **Wechselwirkungstheorie** (→ Rn. 3.69) Rechnung. Aber auch die Bedeutung einzelner Tatbestandsmerkmale ist im Zusammenhang mit dem jeweils zu prüfenden Tatbestand zu sehen. So können die Anforderungen an die wettbewerbliche Eigenart der nachgeahmten Leistung oder an die Nachahmung unterschiedlich sein, je nachdem, ob es um eine vermeidbare Herkunftstäuschung oder um eine unangemessene Rufausnutzung geht. – Soweit es den Irreführungsschutz (§ 4 Nr. 3 lit. a) betrifft, sind auch Anh. Nr. 13 zu § 3 III, § 5 I, II Nr. 1, § 5 III Nr. 1 und § 6 II Nr. 3 zu berücksichtigen (näher → Rn. 3.16 und 3.86).

3.2b Ergibt die Auslegung, dass ein Sachverhalt sich nicht unter § 4 Nr. 3 subsumieren lässt, bleibt immer noch zu prüfen, ob eine Anwendung des **§ 4 Nr. 4** (→ Rn. 3.63) oder aber ein unmittelbarer Rückgriff auf die Generalklausel des **§ 3 I** in Betracht kommt (→ Rn. 3.5c). Allerdings ist dabei nach der Rspr. der Grundsatz der Nachahmungsfreiheit zu berücksichtigen. Fehlt es an einer Nachahmung, reichen eine etwaige Herkunftstäuschung oder Rufausnutzung nicht aus, um die Unlauterkeit der Handlung zu begründen (BGH GRUR 2008, 1115 Rn. 32 – ICON). Daher kommt Unlauterkeit nur in Ausnahmefällen, dh bei Vorliegen bes. Umstände, in Betracht (BGH GRUR 2007, 795 Rn. 51 – Handtaschen; vgl. auch BGH GRUR 2010, 436 Rn. 19 ff. – Hartplatzhelden.de).

II. Wettbewerbspolitische Rechtfertigung und dogmatische Einordnung

1. Wettbewerbspolitische Rechtfertigung

3.3 Zu den wettbewerbspolitischen Grundfragen gehört es, ob und inwieweit die Nachahmung fremder Leistungsergebnisse, die nicht unter Sonderrechtsschutz stehen, erlaubt oder verboten werden soll. Die unbeschränkte Zulassung der Vermarktung von Nachahmungsprodukten wäre aus wettbewerbspolitischer Sicht sehr bedenklich, weil dadurch der **vorstoßende Wettbewerb** (Innovationswettbewerb) und damit die **Fortschrittsfunktion des Wettbewerbs** gefährdet würde (vgl. BGH GRUR 2000, 521 (526) – Vakuumpumpen; Beater Rn. 1906 ff.). Denn ohne einen solchen Schutz würde der Anreiz zur Schaffung und Vermarktung von neuen Produkten mit entsprechendem Kostenaufwand geschwächt, könnten doch Mitbewerber unter Einsparung dieser Kosten Nachahmungen billig auf den Markt bringen (vgl. BGH GRUR 1966, 617 (620) – Saxophon; BGH GRUR 1996, 210 (213) – Vakuumpumpen). Umgekehrt würde ein generelles Verbot der Produktnachahmung den **verfolgenden Wettbewerb** (Imitationswettbewerb) beeinträchtigen. Insbes. würde die Durchsetzung des technischen Fortschritts im Allgemeininteresse behindert (vgl. BGH GRUR 2000, 521 (523) – Modulgerüst I). Zudem kann der Imitationswettbewerb dazu beitragen, dass Produkte günstiger erhältlich sind und eine größere Menge von Produkten zur Verfügung steht. Im Hinblick auf die Vielfalt möglicher Nachahmungen und der damit verbundenen Interessenkonflikte kann eine sachgerechte wettbewerbspolitische Lösung nicht mit starren Regeln erfolgen. Vielmehr müssen die divergierenden Interessen der Beteiligten und der Allgemeinheit zu einem Ausgleich gebracht werden. Die Rspr. trägt dem mit der Formel Rechnung, dass außerhalb der Sonderschutzrechte die Nachahmung grds. erlaubt und nur beim Vorliegen besonderer Umstände unlauter ist (vgl. BGH GRUR 1999, 751 (752) – Güllepumpen; BGH GRUR 1999, 1106 (1108) – Rollstuhlnachbau; BGH GRUR 2000, 521 (523) – Modulgerüst I). Sie geht im Interesse der Wettbewerbsfreiheit von einem **Grundsatz der Nachahmungsfreiheit** aus (BGH GRUR 2007, 795 Rn. 50 – Handtaschen; BGH GRUR 2008, 1115 Rn. 32 – ICON; BGH WRP 2017, 51 Rn. 77 – Segmentstruktur). Nicht bereits die Nachahmung als solche führt deswegen zur Unlauterkeit einer geschäftlichen Handlung (OLG Schleswig GRUR 2023, 651 Rn. 23), sondern es bedarf zusätzlicher Umstände. Der Grundsatz der Nachahmungsfreiheit lässt sich durch einen Umkehrschluss aus dem Bestehen sondergesetzlicher Regelungen des Nachahmungsschutzes (Begr. RegE UWG zu § 4 Nr. 9 UWG 2004, BT-Drs. 15/1487, 18) und mit der allgemeinen Handlungs- und Berufsfreiheit der Art. 2, 12 GG (Sambuc Rn. 9) sowie mit dem Grundsatz der Wettbewerbsfreiheit (Ohly/Sosnitza/Ohly § 4 Rn. 3/15) begründen. Dahinter steht die Erwägung, dass „Leistungen der Gegenwart ohnehin auf dem Erbe der Vergangenheit aufbauen und dass ein Gewerbetreibender, der ein Wettbewerbserzeugnis auf den Markt bringen will, den bereits erreichten Entwicklungsstand und eine günstige Marktnachfrage seinerseits nicht ungenutzt zu lassen braucht" (vgl. BGH GRUR 1967, 315 (317) – scai-cubana). Der früheren Rspr. ist allerdings nicht ganz ohne Grund vorgeworfen worden, sie habe den Grundsatz der Nachahmungsfreiheit in der Sache umgekehrt und nur danach gefragt, ob der Nachahmer ein schutzwürdiges Interesse an der Nachahmung habe (vgl. Beater Rn. 1935 ff.). In neuerer Zeit tritt der Grundsatz der Nachahmungsfreiheit in der Rspr. wieder deutlicher in den Vordergrund. – Die Begründung der grundsätzlichen Nachahmungsfreiheit im Lauterkeitsrecht wird dogmatisch und wettbewerbspolitisch als nicht unbedenklich angesehen (vgl. Köhler GRUR 2007, 548 (549); Lubberger FS Ullmann, 2006, 737 (745 ff.). Letztlich gehe es nur darum, welche Grenzen das Lauterkeitsrecht dem Nachahmer setzt. Die Antwort auf diese Frage solle nicht durch das Postulat eines Grundsatzes der Nachahmungsfreiheit iS eines Regel/Ausnahmeverhältnisses präjudiziert werden.

2. Dogmatische Einordnung

a) Marktverhaltensregelung. Entsprechend der allgemeinen Struktur des UWG als Markt-   **3.4**
verhaltensrecht stellt auch § 4 Nr. 3 nur eine **Marktverhaltensregelung** dar (ebenso BGH
GRUR 2005, 349 (352) – Klemmbausteine III). Das dogmatische Konzept des § 4 Nr. 3 als
Marktverhaltensregelung entspricht letztlich der Rspr. (vgl. zum früheren Recht BGH GRUR
1967, 315 (317) – scai-cubana; BGH GRUR 1977, 666 (667) – Einbauleuchten; zum jetzigen
Recht BGH GRUR 2005, 349 (352) – Klemmbausteine III und hL (vgl. Harte-Bavendamm/
Henning-Bodewig/Sambuc § 4 Nr. 3 Rn. 23 ff.; Ohly/Sosnitza/Ohly § 4 Rn. 3/6). Daher ist
eine Unterscheidung zwischen der Rechtslage vor und nach der UWG-Reform 2004 nicht
erforderlich (BGH GRUR 2009, 79 Rn. 25 – Gebäckpresse). Die Vorschrift begründet daher
kein subjektives Recht (Ausschließlichkeitsrecht) an Leistungsergebnissen und damit keinen
absoluten Schutz des Schöpfers eines Leistungsergebnisses vor Nachahmung. Dies ist vielmehr
den **Sonderschutzrechten** (im Wesentlichen Patent-, Gebrauchsmuster-, Urheber-, Design/
Geschmacksmuster- und Markenrecht) vorbehalten. Das Leistungsergebnis wird nicht als solches
geschützt (BGH GRUR 2011, 436 Rn. 17 – Hartplatzhelden.de; Hohlweck WRP 2015, 934
Rn. 5), auch nicht, wenn es mit „Mühen und Kosten" geschaffen worden ist. Vielmehr werden
Unternehmer nur vor der unlauteren Vermarktung ihrer Leistungsergebnisse durch Mitbewerber
geschützt (ebenso OLG Frankfurt GRUR-RR 2012, 213 (215); OLG Köln GRUR-RR 2014,
393 (394)). Es geht also nicht um das „ob", sondern um das „wie" der Nachahmung, also um das
Verhalten im Zusammenhang mit der Herstellung und Vermarktung der Nachahmung. Die
übliche Bezeichnung der Regelung in § 4 Nr. 3 als **„ergänzender wettbewerbsrechtlicher
Leistungsschutz"** war (auch) insoweit fragwürdig (zur Kritik vgl. Münker FS Ullmann, 2006,
781 (793); Köhler GRUR 2007, 548 (549)). Die Rechtsprechung verwendet teilweise den
Begriff des **wettbewerbsrechtlichen Leistungsschutzes** (BGH WRP 2017, 792 Rn. 22 ff. –
Bodendübel). Sachgerechter erscheint indessen die Bezeichnung als **lauterkeitsrechtlicher
Nachahmungsschutz** (so BGH WRP 2013, 1189 Rn. 20 – Regalsystem). Gleichbedeutend
kann man auch davon sprechen, dass den Regelungsgegenstand von § 4 Nr. 3 die **unlauteren
Produktnachahmungen** bilden. – Ungeachtet der terminologischen Erfassung darf die dogma-
tische Unterscheidung zwischen der Zuerkennung subjektiver Rechte und der Aufstellung von
Verhaltenspflichten nicht überbewertet werden (krit. auch Sambuc Rn. 35 ff.). Die Grenzen sind
vielmehr fließend, wie ein Blick auf das „allgemeine Persönlichkeitsrecht" und das „Recht am
Unternehmen", die ebenfalls keine festen Grenzen aufweisen, bestätigt. Denn es ist lediglich eine
Frage der Rechtstechnik, ob ein Interessenschutz durch Gewährung absoluter Rechte oder
durch Aufstellung von Verhaltenspflichten gewährt wird. Eine Annäherung des lauterkeitsrechtlichen Schutzes von Leistungsergebnissen an den Schutz durch die Sonderschutzrechte ist
jedenfalls auf der Rechtsfolgenebene durch die Zuerkennung der **dreifachen Schadensberechnung** (→ § 9 Rn. 1.36 ff.) erfolgt. Das steht nicht im Widerspruch zur Einordnung des § 4 Nr. 3
als Marktverhaltensregelung (aA Stieper WRP 2010, 624 (628 ff.)) und ist auch vom Unionsrecht
gedeckt. Denn die Mitgliedstaaten sind nach ErwGr. 13 S. 2 der Durchsetzungsrichtlinie 2004/
48/EG nicht gehindert, die Bestimmungen dieser Richtlinie „bei Bedarf zu innerstaatlichen
Zwecken auf Handlungen auszuweiten, die den unlauteren Wettbewerb einschließlich der Produktpiraterie oder vergleichbare Tätigkeiten betreffen".

b) Schutzzweckorientierte Einordnung des § 4 Nr. 3 in das System des Lauterkeits-   **3.4a**
rechts. Der Unlauterkeitstatbestand des § 4 Nr. 3 ist in die allgemeine Schutzzweckbestimmung
des § 1 I einzuordnen. Nur aus ihr erhält er seine lauterkeitsrechtliche Legitimation und Funktion (Köhler GRUR 2007, 548 (551); wohl auch Lubberger WRP 2007, 873; vgl. auch Ohly
GRUR 2007, 731). Allerdings ist § 4 Nr. 3 im Kontext mit den Regelungen der UGP-RL und
der sie umsetzenden Vorschriften des UWG zum Schutz der Verbraucher vor Irreführung durch
Produktnachahmungen zu sehen (vgl. Art. 6 I lit. b, II lit. a UGP-RL und Anh. I Nr. 13 sowie
§ 5 I, II Nr. 1 (betriebliche Herkunft), § 5 III Nr. 1 und Anh. Nr. 13 zu § 3 III) zu sehen (vgl.
Köhler GRUR 2007, 548 (551); GRUR 2008, 841 (845 ff.); GRUR 2009, 445 (447 ff.)). Hinzu
kommt die Spezialregelung in Art. 4 lit. g, h Werbe-RL sowie in § 6 II Nr. 6. Vor diesem
Hintergrund ist daher § 4 Nr. 3 – auch § 4 Nr. 3 lit. a – dahin auszulegen, dass er **nicht** dem
Verbraucherschutz, sondern dem Schutz der **individuellen Leistung des Herstellers** und
daneben dem Interesse der Allgemeinheit an einem unverfälschten Wettbewerb dient (stRspr.;
vgl. BGH WRP 2010, 94 Rn. 17 – LIKEaBIKE; BGH GRUR 2010, 1125 Rn. 18 – Femur-
Teil; BGH GRUR 2012, 58 Rn. 40 – Seilzirkus; BGH GRUR 2016, 730 Rn. 21 – Herrnhuter
Stern; zu Einzelheiten → Rn. 3.16a). Die wichtigste Folge daraus ist, dass der Hersteller – und

grds. nur er – Schadensersatz in Gestalt der **dreifachen Schadensberechnung** (→ § 9 Rn. 1.36 ff.) verlangen kann. Letztlich stellt § 4 Nr. 3 nur eine besondere Ausprägung anderer Unlauterkeitstatbestände, nämlich der gezielten **Mitbewerberbehinderung** dar. Dementsprechend ist die **Aufzählung** in den Fallgruppen Buchstabe a–c – entsprechend der allgemeinen Regelungsstruktur der Beispielstatbestände – **nicht abschließend** (vgl. Begr. RegE UWG 2004 zu § 4 Nr. 9, BT-Drs. 15/1487, 18; BGH GRUR 2004, 941 (943) – Metallbett). Daher kann eine Produktnachahmung auch unter dem Gesichtspunkt der gezielten Mitbewerberbehinderung (§ 4 Nr. 4) unlauter sein (BGH WRP 2017, 51 Rn. 78 ff. – Segmentstruktur unter Aufgabe der früheren Rspr.; zu Einzelheiten → Rn. 4.208 ff.).

III. Verhältnis zu anderen Tatbeständen

1. Verhältnis zu anderen lauterkeitsrechtlichen Vorschriften

3.5   **a) Verhältnis zu Anh. Nr. 13 zu § 3 III, § 5 und § 6.** Die auf die UGP-RL und die Werbe-RL zurückgehenden Regelungen in **Anh. Nr. 13 zu § 3 III**, in **§ 5 I, II Nr. 1** (→ § 5 Rn. 2.253 ff.), **§ 5 III Nr. 1** (→ § 5 Rn. 9.1 ff.) und in **§ 6 II Nr. 3, 5** und **6** (→ Rn. 3.16) werden durch § 4 Nr. 3 nicht tangiert (Bornkamm GRUR 2011, 1 (7); Köhler GRUR 2009, 445; Sack WRP 2017, 650; aA Fiebig WRP 2007, 1316 (1319)). Denn diese Vorschriften bezwecken eine **vollständige Rechtsangleichung** und insoweit gilt der **Vorrang des Unionsrechts** (dazu EuGH GRUR 2006, 345 – Siemens/VIPA; EuGH GRUR 2009, 756 Rn. 66 ff. – L'Oréal; BGH GRUR 2005, 438 – Bestellnummernübernahme; BGH GRUR 2008, 628 Rn. 25 – Imitationswerbung; Köhler GRUR 2008, 841 (845 ff.)). Liegt nach diesen Vorschriften eine zulässige Werbung vor, kann sie daher nicht nach § 4 Nr. 3 lit. a unlauter sein (so wohl auch BGH GRUR 2011, 79 Rn. 33 – Markenheftchen; dort auch zur Frage, wann eine vergleichende Werbung vorliegt). Umgekehrt kann nach diesen Vorschriften eine Werbung unzulässig sein, auch wenn der Tatbestand des § 4 Nr. 3 nicht erfüllt ist (vgl. Köhler GRUR 2008, 632 (633)). Soweit die Tatbestände des § 4 Nr. 3 mit diesen Regelungen übereinstimmen, sind sie nebeneinander anwendbar (vgl. BGH GRUR 2010, 343 Rn. 42 – Oracle für das Verhältnis von § 6 II Nr. 6 zu § 4 Nr. 3 lit. b UWG). Für eine selbstständige (und nicht nur konkurrierende) Anwendbarkeit des § 4 Nr. 3 verbleiben die Fälle, die entweder tatbestandlich von diesen Vorschriften nicht erfasst sind, oder die auch nach diesen Vorschriften unzulässig sind. Insoweit beschränkt sich die Funktion des § 4 Nr. 3 aber auf den Individualschutz des Herstellers des Originals (→ Rn. 3.85, 3.86).

3.5a   **b) Verhältnis zu § 4 Nr. 4.** Zum Verhältnis von § 4 Nr. 3 zu § 4 Nr. 4 → Rn. 3.65.

3.5b   **c) Verhältnis zur Generalklausel des § 3 I („unmittelbarer Leistungsschutz").** Noch nicht abschließend geklärt ist, ob ein sog **unmittelbarer Leistungsschutz** auf der Grundlage der Generalklausel des § 3 I möglich ist, wenn der Tatbestand des § 4 Nr. 3 (oder des § 4 Nr. 4) nicht erfüllt ist. Dazu → § 3 Rn. 2.28.

2. Verhältnis zum Schutz von Geschäftsgeheimnissen

3.5c   Das Verhältnis von § 4 Nr. 3 zum Schutz von Geschäftsgeheimnissen auf der Grundlage des GeschGehG richtet sich nach dem Grundsatz der parallelen Anwendbarkeit von UWG und GeschGehG (→ GeschGehG Vor § 1 Rn. 63 ff.). Zu beachten ist jedoch, dass die Wertungen des GeschGehG, etwa die Zulässigkeit des Reverse Engineering gemäß § 3 I Nr. 2 GeschGehG, auf die Anwendung von § 4 Nr. 3 zurückwirken können. Dies betrifft insbesondere den Fall des unredlichen Erlangens von Kenntnissen und Unterlagen gemäß § 4 Nr. 3 lit. c (→ Rn. 3.62 ff.).

3. Verhältnis zum Sonderrechtsschutz

3.6   **a) Vorrang des Sonderrechtsschutzes oder Gleichrang des lauterkeitsrechtlichen Nachahmungsschutzes?** Rspr. und Schrifttum (vgl. die Nachw. bei Köhler GRUR 2007, 548 (549) Fn. 2, 3) gingen lange Zeit von der sog **Vorrangthese** aus: Der Sonderrechtsschutz (Patent-, Urheber-, Markenrecht usw) habe grds. Vorrang vor dem Nachahmungsschutz durch das UWG. Der Begriff des „ergänzenden wettbewerbsrechtlichen Leistungsschutzes" brachte diesen Gedanken plastisch zum Ausdruck. Bestehe bereits ein Sonderrechtsschutz, komme ein (ergänzender) wettbewerbsrechtlicher Leistungsschutz nicht mehr in Betracht, weil dafür kein Bedürfnis bestehe (vgl. noch BGH GRUR 1992, 697 (699) – ALF; BGH GRUR 1993, 34 (37)

– Bedienungsanweisung; BGH GRUR 1994, 630 (632) – Cartier-Armreif). Ein (ergänzender) wettbewerbsrechtlicher Leistungsschutz komme ferner dann nicht in Betracht, wenn die Regelungen oder die Wertungen des Sonderrechtsschutzes einen weiter gehenden Schutz ausschlössen (vgl. zum Patentrecht BGH GRUR 1997, 116 – Prospekthalter; zum Urheberrecht BGH GRUR 1987, 814 (816) – Die Zauberflöte; BGH GRUR 1995, 581 (583) – Silberdistel). Der ergänzende wettbewerbsrechtliche Leistungsschutz könne **nur** dann eingreifen, wenn **besondere Begleitumstände vorlägen, die außerhalb des sondergesetzlichen Tatbestands liegen** und das Verhalten als unlauter erscheinen lassen (BGHZ 134, 250 (267) = GRUR 1997, 459 – CB-infobank I; BGHZ 140, 183 (189) = GRUR 1999, 325 – Elektronische Pressearchive; BGH GRUR 2002, 629 (631) – Blendsegel; BGH GRUR 2005, 600 (602) – Handtuchklemmen). Diese sog **Vorrangthese** wurde aber zwischenzeitlich in der Rspr. und im Schrifttum (vgl. Ohly GRUR 2007, 731) immer mehr eingeschränkt. Sie ist nicht anwendbar auf den **Designschutz** (früher **Geschmacksmusterschutz**) (→ Rn. 3.8; BGH GRUR 2006, 79 Rn. 18 – Jeans I) und das **Urheberrecht** (BGH GRUR 2012, 58 Rn. 41 – Seilzirkus). Auch für das **Markenrecht** ist sie im Erg. aufgegeben worden (BGH GRUR 2013, 1161 Rn. 60 – Hard Rock Cafe; Ohly/Sosnitza/Ohly § 4 Rn. 3/19. Denn bei § 4 Nr. 3 geht es nicht um den Schutz einer Kennzeichnung, sondern um den Schutz eines Leistungsergebnisses mit wettbewerblicher Eigenart vor unlauteren Nachahmungen (vgl. BGH GRUR 2007, 339 Rn. 23 – Stufenleitern; BGH GRUR 2008, 793 Rn. 26 – Rillenkoffer; BGH GRUR 2009, 1162 Rn. 40 – DAX).

Gegen einen Vorrang des Sonderrechtsschutzes und für einen **Gleichrang** des lauterkeits-   **3.6a**
rechtlichen Nachahmungsschutzes spricht vor allem, dass der Sonderrechtsschutz und der lauterkeitsrechtliche Nachahmungsschutz **unterschiedliche Schutzzwecke, unterschiedliche Voraussetzungen** und **unterschiedliche Rechtsfolgen** haben (so auch BGH WRP 2013, 1189 Rn. 20 – Regalsystem; BGH GRUR 2015, 909 Rn. 23 – Exzenterzähne mit Anm Nemeczek; BGH WRP 2017, 792 Rn. 21 – Bodendübel). Daher können – **unabhängig vom Bestehen von Ansprüchen aus einem Schutzrecht –** Ansprüche aufgrund unlauterer Produktnachahmungen gegeben sein, wenn bes. Begleitumstände vorliegen, die außerhalb des gesetzlichen Tatbestands liegen (BGH WRP 2013, 1189 Rn. 20 – Regalsystem; OLG Köln GRUR-RR 2014, 393 (394)). Die jeweiligen Regelungen sind jedoch so auszulegen, dass **Wertungswidersprüche möglichst vermieden** werden (vgl. BGH WRP 2017, 792 Rn. 24 – Bodendübel; Köhler GRUR 2007, 548 (554)). Der lauterkeitsrechtliche Nachahmungsschutz „ergänzt" daher nicht das Sonderrecht, sondern steht grds. gleichrangig daneben (ebenso Schreiber GRUR 2009, 113 (115 f.)). Man kann insoweit auch von **Anspruchskonkurrenz** sprechen, wobei es sich um unterschiedliche Streitgegenstände handelt (Büscher GRUR 2018, 1). Erst recht kann die Vorrangthese nicht im Verhältnis zu den Regelungen in **§ 5 I, II Nr. 1** und **III**, sowie Anh. Nr. 13 zu § 3 III Geltung beanspruchen, da diese auf Art. 6 II lit. a und Anh. I Nr. 13 UGP-RL beruhen, und der Schutz der Verbraucher vor Irreführung keine Einschränkung durch den Sonderrechtsschutz duldet (BGH GRUR 2013, 1161 Rn. 64 – Hard Rock Cafe; BGH GRUR 2016, 965 Rn. 23 – Baumann II). Praktische Bedeutung hat dies u. a., wenn sonstige Mitbewerber des Verletzers oder Verbände gegen die Vermarktung von Nachahmungsprodukten vorgehen wollen (vgl. Köhler GRUR 2007, 548 (553)).

b) Verhältnis zu einzelnen Schutzrechten. aa) Verhältnis zum Urheberrecht. Ein   **3.7**
lauterkeitsrechtlicher Nachahmungsschutz schied nach der **bisherigen Rspr.** aus, soweit für das nachgeahmte Erzeugnis bereits Urheberrechtsschutz (§ 2 I Nr. 4 UrhG) bestand (weitergehend für den Fall der „glatten Übernahme von Arbeitsergebnissen" ÖOGH GRUR-Int. 2007, 167 (170) – Werbefotos). Dies setzte voraus, dass es eine persönliche, dh individuell geprägte geistige Schöpfung darstellt. Bei Werken der angewandten Kunst, die einem Designschutz (früher: Geschmacksmusterschutz) zugänglich sind, waren höhere Anforderungen an die Gestaltungshöhe zu stellen. Denn da sich die designschutzfähige Gestaltung von der nicht geschützten Durchschnittsgestaltung, dem rein Handwerksmäßigen und Alltäglichen, abheben muss, war für die Urheberrechtsschutzfähigkeit ein noch weiterer Abstand, also ein deutliches Überragen der Durchschnittsgestaltung, erforderlich (BGH GRUR 1981, 517 (519) – Rollhocker; BGH GRUR 1995, 581 (582) – Silberdistel; BGH GRUR 1987, 903 (904) – Le-Corbusier-Möbel; BGHZ 138, 143 = GRUR 1998, 830 (832) – Les-Paul-Gitarren). Dazu reichte eine nicht ganz fern liegende Kombination oder Abwandlung bekannter oder notwendiger Elemente nicht aus (BGH GRUR 1998, 830 (832) – Les-Paul-Gitarren). Es musste sich nach den im Leben herrschenden Anschauungen um „Kunst" handeln (BGH GRUR 1987, 903 (905) – Le-Corbusier-

Möbel). Auch Werbeslogans erfüllten in aller Regel nicht die Anforderungen an den Urheberrechtsschutz (vgl. Heermann WRP 2004, 263 (264 f.)). Den Urheberrechten standen die sonstigen nach dem UrhG geschützten Rechte gleich (vgl. BGH GRUR 1999, 923 – Tele-Info-
CD). – Erfüllte eine Handlung nicht den Tatbestand einer Urheberrechtsverletzung, war sie also
urheberrechtlich unbedenklich, so war die Anwendung des § 3 I iVm § 4 Nr. 3 nicht ausgeschlossen (vgl. BGH WRP 2006, 765 Rn. 28 – Michel-Nummern). Es mussten aber besondere, außerhalb der Sondertatbestände des Urheberrechtsgesetzes liegende Umstände hinzutreten,
um die Unlauterkeit zu begründen (stRspr; vgl. BGH GRUR 1986, 895 (896) – Notenstichbilder; BGH GRUR 1997, 814 (816) – Die Zauberflöte; BGH GRUR 1992, 382 (386) –
Leitsätze; BGHZ 134, 250 (267) = GRUR 1997, 459 – CB-infobank I; BGHZ 140, 183 (189)
= GRUR 1999, 325 – Elektronische Pressearchive; BGHZ 141, 13 (27) = GRUR 1999, 707 –
Kopienversanddienst; BGHZ 156, 1 (17) = GRUR 2003, 958 (962) – Paperboy). – Nach der
neueren Rspr. (BGH WRP 2011, 249 Rn. 65 – Perlentaucher; BGH GRUR 2012, 58 Rn. 41
– Seilzirkus) können lauterkeitsrechtliche Ansprüche unabhängig vom Bestehen urheberrecht-
licher Ansprüche bestehen, wenn **bes. Begleitumstände** vorliegen, die außerhalb der Sonder-
schutztatbestände des Urheberrechts liegen. Dazu gehören die in § 4 Nr. 3 lit. a und b und § 4
Nr. 4 genannten Umstände. – Zum Bestehen lauterkeitsrechtlicher Ansprüche im Falle der
Irreführung der Verbraucher → Rn. 3.6a aE.

3.8   **bb) Verhältnis zum Designschutz (Geschmacksmusterschutz).** Das Designrecht ist zum
einen durch die **VO Nr. 6/2002 über das Gemeinschaftsgeschmacksmuster** v. 12.12.2001
– GGV – (in Kraft seit 6.3.2002), zum anderen durch das **Designgesetz** (früher **Geschmacks-
mustergesetz**) v. 12.3.2014 (BGBl. 2014 I 390) geregelt. Der zeitlich befristete Schutz für ein
nicht eingetragenes Design (Geschmacksmuster) schließt den nicht von vornherein zeitlich
befristeten lauterkeitsrechtlichen Nachahmungsschutz nach den §§ 3 I, 4 Nr. 3 lit. a oder Nr. 4
nicht aus, wie sich aus **Art. 96 I GGV** ergibt (BGH GRUR 2006, 79 Rn. 18 – Jeans I; BGH
GRUR 2009, 79 Rn. 26 – Gebäckpresse; BGH WRP 2018, 950 Rn. 46 – Ballerinaschuh; vgl.
auch BGH GRUR 2006, 346 Rn. 7 – Jeans II; krit. Nirk/Rörig FS Mailänder, 2006, 161). Die
Eigenart eines Erzeugnisses nach § 2 III DesignG und Art. 6 I GGV ist auch nicht gleichbedeutend mit der wettbewerblichen Eigenart iSd § 4 Nr. 3 (BGH GRUR-RR 2012, 47; OLG
Köln GRUR-RR 2014, 287 (291)). Da nach Art. 11 I GGV ein nicht eingetragenes Gemein-
schaftsgeschmacksmuster drei Jahre Schutz genießt, besteht ein Bedürfnis nach einem ergänzenden Nachahmungsschutz jedenfalls bei **kurzlebigen Modeerzeugnissen** nicht mehr (BGH
WRP 2017, 51 Rn. 96 – Segmentstruktur). Er wird dadurch aber nicht entbehrlich (vgl. BGH
GRUR 2006, 79 Rn. 18 – Jeans I). Denn zum einen wird bei Modeerzeugnissen häufig das
Merkmal der „Neuheit" fehlen. Zum anderen können Ansprüche aus unlauterer Produktnach-
ahmung nach **§ 4 Nr. 3** oder **Nr. 4** wegen der Verwertung eines fremden Leistungsergebnisses
unabhängig vom Bestehen von Ansprüchen aus einem Schutzrecht gegeben sein, wenn besonde-
re Begleitumstände vorliegen, die außerhalb des sondergesetzlichen Tatbestands liegen (BGH
WRP 2015, 1090 Rn. 23 – Exzenterzähne; BGH WRP 2017, 51 Rn. 91 – Segmentstruktur;
BGH WRP 2018, 950 Rn. 46 – Ballerinaschuh). Insoweit kommt es auf die **wettbewerblichen
Eigenart** des Modeerzeugnisses an. So können auch im Modebereich bestimmte Gestaltungs-
elemente für sich oder in Kombination geeignet sein, auf die betriebliche Herkunft eines
Kleidungsstücks hinzuweisen. Das gilt jedenfalls dann, wenn es eine besondere Gestaltung
besitzt, sich über Jahre hinweg auf dem Markt hält und vom Verkehr wiedererkannt wird (OLG
Köln WRP 2020, 616 Rn. 33: Jeanshose mit V-Naht). Eine Parallelwertung zu den Sonder-
schutzrechten mit dem Ziel, auch für den lauterkeitsrechtlichen Leistungsschutz feste zeitliche
Grenzen einzuführen, kommt nicht in Betracht (BGH WRP 2017, 51 Rn. 91 – Segment-
struktur; → Rn. 3.70 ff.). – Zum designrechtlichen Irreführungsschutz vgl. § 38 II 1 DesignG. –
Zum Bestehen lauterkeitsrechtlicher Ansprüche im Falle der **Irreführung der Verbraucher**
→ Rn. 3.6a aE.

3.9   **cc) Verhältnis zum Markenrecht. (1) Allgemeines.** Das Verhältnis des lauterkeitsrechtlichen Nachahmungsschutzes zum Markenschutz ist noch nicht abschließend geklärt
(→ Rn. 4.77; Bornkamm GRUR 2005, 97 (101 ff.); Büscher GRUR 2009, 230 (233 f.); Ingerl
WRP 2004, 809; Schrader WRP 2005, 562; Stieper WRP 2006, 291 (300 ff.); Köhler GRUR
2007, 248; Ohly GRUR 2007, 731 (737); Fezer WRP 2008, 1 ff.). Zwar stellen die markenrechtlichen Regelungen nach der Rspr. in ihrem durch Auslegung zu ermittelnden Anwendungsbereich grds. eine abschließende Regelung dar (stRspr. seit BGH GRUR 1999, 161 (162)
– Mac Dog; vgl. noch BGH WRP 2005, 605 (610) – Räucherkate; BGH GRUR 2005, 163

(165) – Aluminiumräder; BGH GRUR 2005, 423 (427) – Staubsaugerfiltertüten; BGH GRUR 2006, 329 Rn. 36 – Gewinnfahrzeug mit Fremdemblem; BGH GRUR 2007, 339 Rn. 39 – Stufenleitern; BGH GRUR 2009, 1162 Rn. 40 – DAX). Die entscheidende Frage ist aber, wie weit dieser **Vorrang des Markenrechts,** insbes. der §§ 14, 15 MarkenG, reicht. Jedenfalls kann das Markenrecht lauterkeitsrechtliche Ansprüche, die auf § 5 II oder auf § 3 III iVm Anh. Nr. 13 gestützt sind, nicht ausschließen (→ Rn. 3.6a aE; → Rn. 3.16; → § 5 Rn. 0.111; Köhler GRUR 2008, 841 (846)). Im Übrigen ist als **Grundsatz** festzuhalten: Neben markenrechtlichen Ansprüchen können lauterkeitsrechtliche Ansprüche dann bestehen, wenn sie sich gegen ein unzulässiges geschäftliches Verhalten richten, das als solches nicht Gegenstand der markenrechtlichen Regelung ist (BGH GRUR 2002, 167 (171) – Bit/Bud; BGH GRUR 2003, 332 (335 f.) – Abschlussstück; OLG Nürnberg WRP 2022, 1035 Rn. 14). Dafür ist die Regelung in § 4 Nr. 3 lit. c ein eindringliches Beispiel. Problematisch ist hingegen das Verhältnis des Markenrechts zu den Tatbeständen des § 4 Nr. 3 lit. a (vermeidbare Herkunftstäuschung) und lit. b (Rufausbeutung und -beeinträchtigung), weil diese Aspekte auch im Markenrecht eine Regelung gefunden haben (vgl. § 14 II Nr. 2 und 3 MarkenG). Die neuere Rspr. löst dieses Problem durch eine Rückbesinnung auf den Schutzbereich des Markenrechts, nämlich den **Schutz einer Kennzeichnung.** Werde lediglich ein Schutz für konkrete Leistungsergebnisse vor unlauterer Nachahmung begehrt, falle dies nicht in den Schutzbereich des Markenrechts (BGH GRUR 2007, 339 Rn. 23 – Stufenleitern; BGH GRUR 2008, 793 Rn. 26 – Rillenkoffer; BGH GRUR 2009, 1162 Rn. 40 – DAX). – Unzweifelhaft können markenrechtliche Ansprüche und Ansprüche aus lauterkeitsrechtlichem Nachahmungsschutz nebeneinander bestehen, wenn sie an unterschiedliche Sachverhalte anknüpfen, so etwa, wenn das Nachahmungsprodukt darüber hinaus noch mit der Marke des Originalherstellers versehen wird (vgl. BGHZ 138, 143 = GRUR 1998, 830 (834 f.) – Les-Paul-Gitarren). Im Übrigen ist zu unterscheiden:

(2) Reichweite des Schutzes der Formmarke. Produktgestaltungen können als **dreidi-** 3.10 **mensionale Marke,** die aus der Form der Ware selbst besteht (sog **Formmarke**), kraft Eintragung oder Verkehrsgeltung markenrechtlichen Schutz erlangen. An die Unterscheidungskraft der Formmarken ist dabei an sich kein strengerer Maßstab anzulegen als bei anderen Markenformen (EuGH Slg. 2002, 5475 = GRUR 2002, 804 – Philips/Remington; EuGH GRUR 2003, 514 – Linde, Winward u. Rado; EuGH GRUR 2004, 428 – Henkel; BGH GRUR 2001, 334 (335) – Gabelstapler I; BGH GRUR 2004, 502 (503) – Gabelstapler II). Zwar führen die Schutzausschließungsgründe nach § 3 II MarkenG und das Freihaltebedürfnis nach § 8 II Nr. 2 MarkenG dazu, dass vergleichsweise selten eine Formmarke anerkannt wird (vgl. BGH GRUR 2004, 506 (507) – Stabtaschenlampe II; Grabrucker/Fink GRUR 2005, 289 (290 ff.) mwN). Allerdings kann grds. mittels des Markenrechts iErg auch ein Schutz vor Produktnachahmung erreicht werden. Unabhängig davon, ob das nachgeahmte Produkt (noch) markenrechtlichen Schutz genießt, kommt aber ein lauterkeitsrechtlicher Nachahmungsschutz nach § 3 I iVm § 4 Nr. 3 in Betracht, wenn dessen Voraussetzungen erfüllt sind (EuGH GRUR 2010, 1008 Rn. 61 – Lego; BGH WRP 2017, 792 Rn. 27 – Bodendübel). Erst recht gilt dies, wenn ein Produkt noch keinen Schutz als Formmarke genießt oder von vornherein nach Art. 7 I lit. e Ziff. ii UMV oder nach § 3 II Nr. 2 MarkenG keinen solchen Schutz erlangen kann (BGH WRP 2010, 377 Rn. 34 – Legostein; BGH WRP 2017, 792 Rn. 25, 27 – Bodendübel mwN) oder eine Formmarke zwar bestanden hatte, aber später wieder gelöscht worden war (OLG Köln WRP 2020, 225 Rn. 24, 28). Dem lässt sich nicht entgegenhalten, ein lauterkeitsrechtlicher Nachahmungsschutz könne nicht auf den Gesichtspunkt der vermeidbaren Herkunftstäuschung (§ 4 Nr. 3 lit. a) gestützt werden, weil sonst die markenrechtlichen Wertungen unterlaufen und die Harmonisierung des Markenrechts beeinträchtigt würden (Rohnke FS Erdmann, 2002, 455 (459 f.)). Denn dies würde zu einer empfindlichen Einschränkung des lauterkeitsrechtlichen Nachahmungsschutzes führen würde (ebenso Bornkamm GRUR 2005, 97 (102)). Der markenrechtliche Schutz der Formmarke nach § 14 MarkenG und der lauterkeitsrechtliche Nachahmungsschutz haben **unterschiedliche tatbestandliche Voraussetzungen** und auch **unterschiedliche Rechtsfolgen,** mögen sie sich auch teilweise decken (OLG Köln WRP 2020, 225 Rn. 27). So setzt die für den Markenschutz erforderliche **Unterscheidungskraft** (§ 8 II Nr. 1 MarkenG) keine „besondere Eigenart oder Originalität" voraus, mögen diese im Einzelfall auch ein Indiz für die Unterscheidungskraft darstellen (BGH GRUR 2001, 413 (415) – SWATCH). Demgegenüber ist für den lauterkeitsrechtlichen Nachahmungsschutz eine **wettbewerbliche Eigenart** des Produkts erforderlich, die sich nicht nur aus der Eignung der Produktgestaltung zu einem betrieblichen Herkunftshinweis, sondern auch aus den Besonderheiten des Produkts ergeben kann. Das Markenrecht verfügt auch über ein viel **strengeres Sanktionensystem** als das Lauterkeitsrecht. Es kennt ua einen Vernichtungsanspruch (§ 18 I 1 MarkenG), den das Lauterkeitsrecht nicht gewährt (vgl. BGH GRUR 1988, 690 (693) – Kristallfiguren; BGH GRUR 1999, 923 (928) – Tele-Info-CD); es sieht ein Grenzbeschlagnahmeverfahren (§§ 146 ff. MarkenG) vor, das dem Lauterkeitsrecht fremd ist; es kennt eine längere Verjährungsfrist usw. Vor allem aber kann sich der Produktnachahmer Ansprüchen aus lauterkeitsrechtlichem Nachahmungsschutz wegen einer Täuschung über die betriebliche Herkunft durch eine entsprechende Klarstellung (zB Anbringen eines eigenen Zeichens) entziehen, während dies gegenüber markenrechtlichen Ansprüchen nicht möglich ist, da sonst der Schutz der Formmarke allzu leicht unterlaufen werden könnte (OLG Frankfurt MarkenR 2000, 30; Dembowski FS Erdmann, 2002, 251 (260)). Der markenrechtliche Schutz der Formmarke ermöglicht daher zwar einen Nachahmungsschutz, schließt aber den lauterkeitsrechtlichen Nachahmungsschutz nicht in den Fällen aus, in denen das nachgeahmte Produkt (noch) nicht die Voraussetzungen einer (bekannten) Marke erfüllt (BGH GRUR 2013, 951 Rn. 20 – Regalsystem; BGH WRP 2017, 792 Rn. 27 – Bodendübel; Ohly/Sosnitza/Ohly § 4 Rn. 3/19). – Zum Bestehen sonstiger lauterkeitsrechtlicher Ansprüche im Falle der **Irreführung der Verbraucher** → Rn. 3.6a aE.

3.11   **(3) Reichweite des Schutzes sonstiger Kennzeichen.** Bei der Nachahmung fremder Kennzeichnungen, die im Grundsatz ebenfalls lauterkeitsrechtlichen Nachahmungsschutz genießen können (→ Rn. 3.30), ist zunächst zu beachten, dass die markenrechtlichen Bestimmungen zum Schutze **bekannter Marken** und geschäftlicher Bezeichnungen (§ 9 I Nr. 3, § 14 II Nr. 3 und § 15 III MarkenG) grds. keinen Raum für eine Anwendung des Lauterkeitsrechts lassen (stRspr; vgl. BGH GRUR 2003, 332 (335 f.) – Abschlussstück; BGH GRUR 2003, 973 (974) – Tupperwareparty mwN; OLG Koblenz GRUR-RR 2009, 230 (234); OLG Nürnberg WRP 2022, 1035 Rn. 14), sofern nicht **§ 5 III** eingreift (Ströbele/Hacker/Thiering/Hacker MarkenG § 2 Rn. 55 aE). Ein lauterkeitsrechtlicher Kennzeichnungsschutz scheidet daher auch dann aus, wenn ein markenrechtlicher Schutz nach § 14 II Nr. 3 deshalb nicht in Betracht kommt, weil das nachgeahmte Zeichen entweder von vornherein keinen Markenschutz genießt oder nicht den erforderlichen Bekanntheitsgrad aufweist (Bornkamm GRUR 2005, 97 (102); Ströbele/Hacker/Thiering/Hacker MarkenG § 2 Rn. 55). Dass für eine Kennzeichnung mangels Bestehens einer Marke kein markenrechtlicher Schutz besteht, eröffnet daher nicht schon aus diesem Grund den Zugang zum lauterkeitsrechtlichen Nachahmungsschutz (aA wohl BGH GRUR 2003, 973 (974) – Tupperwareparty). Ein lauterkeitsrechtlicher Nachahmungsschutz kommt wegen der abschließenden Regelung durch das MarkenG folgerichtig auch dann nicht in Betracht, wenn ein nicht eingetragenes, aber unmittelbar vor Erlangung der Verkehrsgeltung (§ 4 Nr. 2 MarkenG) stehendes Kennzeichen von einem Dritten zur Kennzeichnung eigener Produkte verwendet wird, mag er auch in der Absicht der Rufausbeutung gehandelt haben (ebenso Ströbele/Hacker/Thiering/Hacker MarkenG § 2 Rn. 33). Die bisherige Rspr. will davon unter zwei Voraussetzungen eine **Ausnahme** machen: Die Kennzeichnung muss in den beteiligten Verkehrskreisen in gewissem Umfang bereits bekannt geworden und ihrer Natur nach geeignet sein, über die Benutzung als betriebliches Herkunftszeichen zu wirken. Weiter muss die Anlehnung an eine solche Kennzeichnung ohne hinreichenden Grund in der verwerflichen Absicht vorgenommen worden sein, Verwechslungen herbeizuführen oder den Ruf des anderen wettbewerbshindernd zu beeinträchtigen oder auszunutzen (BGH GRUR 1997, 754 (755 f.) – grau/magenta; OLG Düsseldorf GRUR 2001, 247 (251); OLG Hamburg GRUR-RR 2002, 356 (357); OLG Köln GRUR-RR 2003, 26 (27); Ingerl/Rohnke MarkenG § 14 Rn. 891). Dies kann aber nur für die Fälle gelten, in denen die gekennzeichnete Ware oder Dienstleistung nachgeahmt wird (→ Rn. 3.30), nicht aber auch für die Fälle, in denen lediglich die Kennzeichnung als solche nachgeahmt wird (wie in den Fällen grau/magenta und Tupperwareparty). In den letzteren Fällen kommt allenfalls ein lauterkeitsrechtlicher Schutz vor gezielter Behinderung eines Mitbewerbers (§ 4 Nr. 4), aber nicht ein lauterkeitsrechtlicher Nachahmungsschutz nach § 4 Nr. 3 mit seinen besonderen Rechtsfolgen (ua dreifache Schadensberechnung; → Rn. 3.82) in Betracht (ähnlich Ohly/Sosnitza/Ohly § 4 Rn. 3/19). – Wenn die Vermarktung des Nachahmungsprodukts eine Verwechslungsgefahr begründet, kann der Tatbestand des § 5 III Nr. 1 erfüllt sein (→ Rn. 3.6 aE).

3.11a   **(4) Reichweite des Schutzes geografischer Herkunftsangaben.** Der Schutz geografischer Herkunftsangaben (§§ 126 ff. MarkenG) ist nicht, wie früher angenommen, lauterkeitsrechtlicher, sondern kennzeichenrechtlicher Natur (BGH WRP 2016, 1004 Rn. 13 – Himalaya Salz;

dazu Kiefer WRP 2016, 1458). Dementsprechend haben diese Vorschriften Vorrang auch vor § 4 Nr. 3.

(5) Reichweite des Schutzes durch das OlympSchG. Gem. § 1 III OlympSchG sind die **3.11b** Wörter „Olympiade", „Olympia" und „olympisch" für sich allein oder in Zusammensetzung in der deutschen oder einer anderen Sprache geschützt. Damit soll ein den Zielen der Olympischen Bewegung zuwiderlaufender Imagetransfer verhindert werden. Der Umfang dieses Schutzes ist in § 3 II I Nr. 2 OlympSchG in Anlehnung an § 14 II Nr. 3 MarkenG geregelt, bleibt aber dahinter zurück. Der Schutz vor Rufausbeutung ist dem Nachahmungsschutz des § 4 Nr. 3 lit. b angenähert. Zu Einzelheiten vgl. BGH GRUR 2014, 1215 – Olympia-Rabatt; BGH WRP 2019, 597 – Olympiareif.

dd) Verhältnis zum Patentrecht. Unabhängig von dem Bestehen patentrechtlicher An- **3.12** sprüche können Ansprüche aufgrund einer unlauteren Produktnachahmung gegeben sein, wenn besondere Begleitumstände vorliegen, die außerhalb des patentrechtlichen Tatbestands liegen (BGH WRP 2015, 1090 Rn. 23 – Exzenterzähne; BGH WRP 2017, 792 Rn. 21 – Bodendübel). Ist der Patentschutz für ein bestimmtes Merkmal des Produkts, das diesem wettbewerbliche Eigenart verleiht, abgelaufen, so kann trotzdem ein lauterkeitsrechtlicher Schutz möglich sein, wenn die konkrete Gestaltung dieses Elements technisch nicht notwendig ist, sondern durch eine frei wählbare und austauschbare Gestaltung, die denselben technischen Zweck erfüllt, ersetzt werden kann, ohne dass damit Qualitätseinbußen verbunden sind (BGH WRP 2015, 1090 Rn. 24 – Exzenterzähne; → Rn. 3.28d). Denn der lauterkeitsrechtliche Schutz vor Nachahmung ist nach Schutzzweck, Voraussetzungen und Rechtsfolgen anders ausgestaltet als die Sonderschutzrechte. Zwar darf der wettbewerbsrechtliche Leistungsschutz keinen zeitlich unbegrenzten Schutz von Innovationen vor Nachahmungen gewähren, da dies im Gegensatz zur gesetzlichen Befristung des Patentschutzes stünde. Dies ist aber nicht der Fall, da der wettbewerbsrechtliche Leistungsschutz nur unter ganz besonderen Voraussetzungen und nur solange gewährt wird, als diese Voraussetzungen vorliegen. Es besteht daher kein sachlicher Grund, einem Erzeugnis im Hinblick auf den früheren Patentschutz seiner Merkmale die wettbewerbliche Eigenart zu versagen und es dadurch schlechter zu stellen als andere Erzeugnisse, die nicht unter Patentschutz standen (BGH WRP 2017, 792 Rn. 22 – Bodendübel; Nemeczek GRUR 2015, 914 (915)).

4. Verhältnis zu kartellrechtlichen Tatbeständen

Die Produktnachahmung kann, wenn der Anbieter über eine marktbeherrschende oder doch **3.13** marktstarke Stellung verfügt, im Einzelfall den Tatbestand der unbilligen Behinderung iSd § 19 II Nr. 1 GWB, § 20 III GWB erfüllen. Das ist jedenfalls dann anzunehmen, wenn die Maßnahme darauf gerichtet ist, einen Mitbewerber vom Markt zu verdrängen. Daneben sind die allgemeinen Grundsätze über den Missbrauch einer marktbeherrschenden Stellung (Art. 102 AEUV; § 19 GWB) anwendbar. – Eine andere, noch zu klärende Frage ist es, ob der Anbieter des Originals dem Nachahmer ggf. eine Lizenz erteilen muss (Zwangslizenz), wenn dieser auf die Nachahmung wirtschaftlich angewiesen ist.

5. Verhältnis zu bürgerlich-rechtlichen Tatbeständen

Die unlautere Produktnachahmung kann im Einzelfall auch den Tatbestand der vorsätzlichen **3.14** sittenwidrigen Schädigung (§ 826 BGB) erfüllen. Das ist allerdings nicht schon dann anzunehmen, wenn der Tatbestand des § 4 Nr. 3 erfüllt ist. Denn beide Regelungen haben unterschiedliche Voraussetzungen und Funktionen (vgl. BGH GRUR 1999, 751 (753) – Güllepumpen). Greift allerdings § 826 BGB ein, so gilt dafür auch die allgemeine bürgerlich-rechtliche Verjährungsregelung (§§ 195, 199 BGB) und nicht die des § 11 (→ Rn. 3.87).

IV. Internationales Recht und Unionsrecht

1. Internationales Recht (PVÜ, TRIPS)

Die Regelung in § 4 Nr. 3 steht in Einklang mit der **Pariser Verbandsübereinkunft** (PVÜ). **3.15** Nach Art. 10bis III Nr. 1 PVÜ sind alle Handlungen verboten, „die geeignet sind, auf irgendeine Weise eine Verwechslung mit … den Erzeugnissen eines Wettbewerbers hervorzurufen". Diese Regelung bezieht sich auch auf die Produktnachahmung unter Herkunftstäuschung (GK-

UWG/Dornis § 4 Nr. 3 Rn. 8). Der sonstige Anwendungsbereich des § 4 Nr. 3 ist abgedeckt durch die Generalklausel des Art. 10bis I PVÜ (vgl. BGH GRUR 1992, 523 (524) – Betonsteinelemente; Keller FS Erdmann, 2002, 595 (600)). Daher können auch ausländische Unternehmen den Schutz ihrer Erzeugnisse nach den §§ 3 I, 4 Nr. 3 in Anspruch nehmen (BGH WRP 1976, 370 (371) – Ovalpuderdose; BGH GRUR 1988, 620 (621) – Vespa-Roller; BGH GRUR 1992, 523 (524) – Betonsteinelemente). – Die Regelung in § 4 Nr. 3 steht ferner in Einklang mit dem **TRIPS-Abkommen** zum Schutz des geistigen Eigentums (vgl. EuGH GRUR 2001, 235, Rn. 60, 62, 63 – Dior).

2. Unionsrecht

3.16 **a) Primäres Unionsrecht.** Die Regelung in § 4 Nr. 3 steht in Einklang mit dem **primären Unionsrecht** (Art. 34, 56 AEUV). So hat der EuGH bereits entschieden, dass nationale Regelungen, die eine sklavische, Verwechslungen hervorrufende Nachahmung eines fremden Erzeugnisses verbieten, mit den Art. 34, 36 AEUV (= ex-Art. 28, 30 EG) vereinbar sind, weil sie zwingenden Erfordernissen der Lauterkeit des Handelsverkehrs und (im Falle der vermeidbaren Herkunftstäuschung) des Verbraucherschutzes entsprechen (vgl. EuGH Slg. 1982, 707 Rn. 7 = WRP 1982, 455 (456) – Multi Cable Transit; OLG München GRUR-RR 2004, 85; Keller FS Erdmann, 2002, 595 (600)).

3.16a **b) UGP-Richtlinie.** Die Regelung in § 4 Nr. 3 steht auch in Einklang mit der **UGP-RL**. Zwar enthält diese Richtlinie drei Tatbestände, die auch den Vertrieb von Produktnachahmungen erfassen. Es sind dies Art. 6 I lit. b UGP-RL („kommerzielle Herkunft"), Art. 6 II lit. a UGP-RL und Anh. I Nr. 13 UGP-RL, denen im UWG die § 5 I, II Nr. 1 („betriebliche Herkunft"), § 5 III Nr. 1 und Anh. Nr. 13 zu § 3 III entsprechen. Diese Regelungen haben aber keinen Vorrang vor § 4 Nr. 3 lit. a, sondern sind lediglich daneben anwendbar. Denn § 4 Nr. 3 bezweckt nicht den Schutz der Verbraucher, sondern den Schutz der individuellen Leistung des Herstellers und des Interesses der Allgemeinheit an einem unverfälschten Wettbewerb (ganz hM; BGH GRUR 2010, 80 Rn. 17 – LIKEaBIKE; BGH GRUR 2010, 1125 Rn. 18 – Femur-Teil; BGH GRUR 2012, 1155 Rn. 15 – Sandmalkasten; BGH GRUR 2013, 951 Rn. 13 – Regalsystem; BGH GRUR 2016, 730 Rn. 21 – Herrnhuter Stern; HarteBavendamm/Henning-Bodewig/Sambuc § 4 Nr. 3 Rn. 74; MüKoUWG/Busche § 5 Rn. 674 aE; Köhler GRUR 2009, 445 (447 ff.); Alexander WRP 2013, 425 Rn. 10; aA Sack GRUR 2015, 462 (463)). Dem steht ErwGr. 6 S. 3 UGP-RL nicht entgegen, da nach stRspr. des EuGH nur Vorschriften, die den Schutz der Verbraucher bezwecken, den Anforderungen der Richtlinie genügen müssen, und es Sache der nationalen Gerichte ist, den Schutzzweck der jeweiligen Vorschrift festzustellen (vgl. EuGH GRUR 2010, 244 Rn. 39, 40 – Plus Warenhandelsgesellschaft; EuGH GRUR 2011, 76 Rn. 21, 23 – Mediaprint; EuGH GRUR-Int. 2011, 853 Rn. 28 – WAMO). Dass § 4 Nr. 3 lit. a mittelbar oder reflexartig einen Schutz der Verbraucher vor Irreführung (→ Rn. 3.4a) bewirkt, ist unerheblich. Der Vorrang der UGP-RL, soweit es die Beurteilung unlauterer Geschäftspraktiken, die unmittelbar die wirtschaftlichen Interessen von Verbrauchern beeinträchtigen, angeht, ist allenfalls insoweit zu beachten, als dass über § 4 Nr. 3 lit. a kein höheres Verbraucherschutzniveau begründet werden sollte, als ihn die UGP-RL und dementsprechend § 5 I, II Nr. 1, III Nr. 1 und Anh. Nr. 13 zu § 3 III vorsehen (vgl. Köhler GRUR 2009, 445 (447 ff.); Ohly/Sosnitza/Ohly § 4 Rn. 3/10). Im Hinblick auf die strengeren Voraussetzungen des § 4 Nr. 3 lit. a wird dies aber ohnehin nie der Fall sein. – Bei den Tatbeständen des § 4 Nr. 3 lit. b und c besteht von vornherein kein Konflikt mit der UGP-RL, weil die betreffenden geschäftlichen Handlungen ausschließlich Mitbewerberinteressen schädigen.

3.16b **c) Werberichtlinie.** Soweit es die **Werbe-RL (RL 2006/114/EG)** angeht, sind die Tatbestände des Art. 4 lit. d, g und h von Bedeutung. Art. 4 lit. h Werbe-RL regelt den Fall, dass eine vergleichende Werbung eine Verwechslungsgefahr bei den Gewerbetreibenden begründet. Diese in § 6 II Nr. 3 umgesetzte Vorschrift ergänzt den auf den Verbraucherschutz beschränkten Art. 6 II lit. a UGP-RL. Art. 4 lit. d Werbe-RL verbietet die Herabsetzung der Waren oder Dienstleistungen eines Mitbewerbers, Art. 4 lit. f Werbe-RL verbietet die unlautere Rufausnutzung und Art. 4 lit. g Werbe-RL verbietet es, Waren oder Dienstleistungen als Imitation oder Nachahmung einer Ware oder Dienstleistung mit geschützter Marke oder geschütztem Handelsnamen darzustellen. Auch für diese in § 6 II Nr. 3–6 umgesetzten Vorschriften gilt, dass § 4 Nr. 3 lit. a und b keinen weitergehenden Schutz gewähren darf (BGH GRUR 2011, 1158

Rn. 26 – Teddybär; Rohnke FS Bornkamm, 2014, 443 (444)). Denn da die Regelungen über vergleichende Werbung ebenfalls abschließenden Charakter haben, muss sich die Auslegung des § 4 Nr. 3 auch daran orientieren. Allerdings stellt das Angebot einer Produktnachahmung, mag sie auch Assoziationen an das Originalprodukt auslösen, für sich allein keine vergleichende Werbung dar (sehr str.; → § 6 Rn. 55a). Davon abgesehen sind Originalhersteller und Nachahmer oft schon keine Mitbewerber iSd § 6 I (dazu EuGH GRUR 2007, 511 Rn. 28, 30, 32, 47 – de Landtsheer/CIVC: „gewisser Grad der Substituierbarkeit") bzw. ihre Produkte dienen nicht dem „gleichen Bedarf" oder „derselben Zweckbestimmung" iSv § 6 II Nr. 1 (vgl. EuGH GRUR 2007, 511 Rn. 44 – de Landtsheer/CIVC; BGH GRUR 2009, 418 Rn. 26 – Fußpilz: „hinreichender Grad an Austauschbarkeit"). Vor allem dürfte es idR auch an einem Eigenschaftsvergleich iSd § 6 II Nr. 2 fehlen, weil dafür eine „konkludente Gleichwertigkeitsbehauptung in Bezug auf den Grundnutzen" nicht ausreicht (aA Scherer WRP 2009, 1446 (1451)).

B. Tatbestand

I. Überblick

Der lauterkeitsrechtliche Nachahmungsschutz gemäß § 4 Nr. 3 setzt sich aus geschriebenen **3.17** und ungeschriebenen Tatbestandsvoraussetzungen zusammen. Erforderlich ist, dass ein Unternehmer **(1)** durch eine geschäftliche Handlung **(2)** das Leistungsergebnis eines Mitbewerbers, das **(3)** wettbewerbliche Eigenart aufweist, **(4)** nachahmt und diese Nachahmung **(5)** auf dem Markt anbietet, wobei **(6)** besondere Umstände vorliegen, die das Verhalten als unlauter erscheinen lassen. Diese Tatbestandsvoraussetzungen stehen in einem beweglichen System zueinander und beeinflussen sich wechselseitig.

II. Geschäftlicher Bezug der Nachahmung

1. Geschäftliche Handlung

Erste Voraussetzung für den lauterkeitsrechtlichen Nachahmungsschutz nach § 3 I iVm § 4 **3.18** Nr. 3 ist das Vorliegen einer **geschäftlichen Handlung** iSd § 2 I Nr. 2. Der Anwendungsbereich von § 4 Nr. 3 erfasst allerdings nicht jede geschäftliche Handlung, sondern verlangt das **Anbieten** von nachgeahmten Waren oder Dienstleistungen (→ Rn. 3.39). Das Angebot von Nachahmungsprodukten muss in einem objektiven Zusammenhang mit der Förderung des Absatzes zu Gunsten des eigenen oder eines fremden Unternehmens stehen. Das ist aber beim Handeln eines Unternehmers stets zu bejahen. Das Anbieten des Nachahmungsprodukts zu rein **privaten** Zwecken (zB als Geschenk) fällt daher nicht unter § 4 Nr. 3. Kein Anbieten iSv § 4 Nr. 3 ist zB das Herstellen oder Importieren eines nachgeahmten Produkts.

2. Mitbewerberbezug

Die angebotenen Waren oder Dienstleistungen müssen, wie sich aus dem Wortlaut des § 4 **3.19** Nr. 3 ergibt, **„Waren oder Dienstleistungen eines Mitbewerbers"** iSv § 2 I Nr. 4 sein. Der Anbieter muss also zum Schöpfer des Originals in einem konkreten (Absatz-)Wettbewerbsverhältnis stehen. Dies setzt eine **Wechselwirkung** zwischen den Vorteilen des Nachahmers und den Nachteilen des betroffenen Herstellers voraus (§ 2 Rn. 4.18, 4.28; BGH WRP 2014, 1307 Rn. 32 ff. – nickelfrei). Unerheblich ist, ob der Anbieter (zB Händler) auf derselben Wirtschaftsstufe wie der Schöpfer des Originals steht (OLG Frankfurt WRP 2015, 996 Rn. 19). Auch reicht ein **potenzielles Wettbewerbsverhältnis** aus (→ § 2 Rn. 4.28). Andernfalls würden die Schöpfer eines noch nicht auf den Markt gebrachten Erzeugnisses schutzlos bleiben. Umgekehrt schadet es nicht, dass der Hersteller des Originals dieses nicht mehr anbietet, solange er nur sonstige Waren oder Dienstleistungen vertreibt, die mit denen des Nachahmers austauschbar sind (OLG Frankfurt WRP 2007, 1108; Petry WRP 2007, 1045). Weitergehend ist ein Mitbewerberbezug auch dann anzunehmen, wenn Original (zB Luxusprodukt) und Nachahmung (zB erkennbare Billigimitation) zwar aus der Sicht der Kunden nicht austauschbar sind, aber das Angebot der Nachahmung geeignet ist, den Absatz des Originals zu beeinträchtigen (vgl. Köhler WRP 2009, 499 (506); OLG Frankfurt GRUR-RR 2019, 77 Rn. 13). Unschädlich ist auch, dass der Hersteller des nachgeahmten Produkts dieses (noch) nicht vertreiben darf (BGH GRUR 2005, 519 (520) – Vitamin-Zell-Komplex). – Ein Mitbewerberbezug kann dagegen fehlen, wenn zB Werbesprüche oder Kennzeichnungen mit wettbewerblicher Eigenart für völlig andere Waren oder Dienstleistungen benutzt werden, als sie der Schöpfer des Originals vertreibt. Insoweit kommt nur ein markenrechtlicher Schutz nach § 14 II Nr. 3 MarkenG (dazu Heermann WRP 2004, 263 (269 ff.)) oder ggf. ein urheberrechtlicher Schutz in Betracht. Die Verantwortlichkeit richtet sich dann nach den für das jeweilige Schutzrecht geltenden Grundsätzen. Mitbewerber ist auch nicht, wer zwar im Auftrag eines Unternehmers Nachahmungen herstellt, sie aber nicht selbst auf dem Markt anbietet. Insoweit kommt dann aber eine Haftung als Teilnehmer (§ 830 II BGB) in Betracht.

3. Spürbare Beeinträchtigung der Interessen von Marktteilnehmern?

3.20   Anders als noch nach den § 3, § 4 Nr. 9 UWG 2008 setzt die Unlauterkeit der Produktnachahmung nach § 4 Nr. 3 nicht zusätzlich die Eignung der Handlung voraus, die Interessen von Mitbewerbern, Verbrauchern oder sonstigen Marktteilnehmern spürbar zu beeinträchtigen. Diese Eignung ist aber den Tatbeständen des § 4 Nr. 3 ohnehin immanent (→ Rn. 3.1).

III. Gegenstand des lauterkeitsrechtlichen Nachahmungsschutzes

1. Waren und Dienstleistungen

3.21   **a) Begriff.** Der lauterkeitsrechtliche Nachahmungsschutz bezieht sich nach dem Wortlaut des § 4 Nr. 3 nur auf **Waren** und **Dienstleistungen.** Doch sind diese Begriffe **weit** auszulegen (BGH WRP 2015, 1477 Rn. 73 – Goldbären; BGH GRUR 2023, 736 Rn. 33 – KERRYGOLD), ggf. ist § 4 Nr. 3 analog anzuwenden. Ein Rückgriff auf § 3 I ist daher entbehrlich (aA Erdmann GRUR 2007, 130 (131)), zumal letztlich doch wieder auf die Wertungskriterien des § 4 Nr. 3 zurückgegriffen werden müsste, um die Unlauterkeit einer Nachahmung zu begründen (vgl. Kaulmann GRUR 2008, 854 (859)). Dieser Umweg ist entbehrlich. Es ist auch nicht erforderlich, dass es sich um Produkte handelt, die unmittelbar Gegenstand des Leistungsaustausches sind. In Betracht kommen daher **Leistungs- und Arbeitsergebnisse aller Art** (ebenso BGH WRP 2012, 1379 Rn. 19 – Sandmalkasten; BGH WRP 2015, 1477 Rn. 73 – Goldbären; BGH GRUR 2023, 736 Rn. 33 – KERRYGOLD). Darauf, ob sie ihrer Art nach sonderrechtsschutzfähig sind, oder ob ein an sich möglicher Sonderrechtsschutz noch nicht oder nicht mehr besteht, kommt es grds. nicht an (vgl. OLG Köln WRP 2013, 1508 Rn. 16). Zu Ausnahmen → Rn. 3.8, → Rn. 3.67.

3.22   **b) Einzelheiten.** Unter den Begriff der Waren und Dienstleistungen fallen ua technische und nichttechnische **Erzeugnisse** (BGH GRUR 2002, 820 (821) – Bremszangen), **verpackte Produkte** (BGH GRUR 2023, 736 Rn. 34 – KERRYGOLD für Butter und Milchstreichfette) **Aufführungen** (zB Fußballspiele; OLG Stuttgart MMR 2009, 395 (396)) und **Sendungen** (BGH GRUR 1960, 614 – Figaros Hochzeit), **Formate von Fernsehserien** (vgl. BGH GRUR 2003, 876 (878) – Sendeformat; OLG Düsseldorf WRP 1995, 1032; v. Have/Eickmeier ZUM 1994, 269 (274 ff.); Eickmeier/Fischer-Zernin GRUR 2008, 755 (757, 760 ff.)), **Webseiten,** **Werbefiguren** oder **Characters,** dh fiktive Gestalten (BGH WRP 2016, 850 Rn. 15 – Pippi-Langstrumpf-Kostüm II; Stieper GRUR 2017, 765; Kur GRUR 1990, 1 (10 f.)), die Zusammenstellung von **Daten** für bestimmte Zwecke (BGHZ 141, 329 (344 f.) = GRUR 1999, 923 – Tele-Info-CD; BGH WRP 2017, 51 – Segmentstruktur; OLG München GRUR 2003, 329 (330)), etwa Adressbestände, Zusammensetzung und Errechnung von Aktienindizes, Versicherungstarife (vgl. Harte-Bavendamm/Henning-Bodewig/Sambuc § 4 Nr. 3 Rn. 43), und zwar auch dann, wenn sie in Endprodukten gespeichert sind (Becker GRUR 2017, 346 (347 f.)), **Gastronomiekonzepte** (OLG Düsseldorf GRUR-RR 2019, 112 Rn. 27 ff.).

3.22a   Auch bloße **Werbemittel** können Gegenstand des lauterkeitsrechtlichen Nachahmungsschutzes sein. Dies gilt nicht nur für **verkörperte Werbemittel,** wie zB Verpackungen (BGH GRUR 2023, 736 Rn. 34 – KERRYGOLD; OLG Köln GRUR-RR 2014, 210 (211); vgl. auch Thress/Wiedemann WRP 2023, 907 ff.), Kataloge, Preislisten, Muster, Prospekte (BGH GRUR 1961, 86 – Pfiffikus-Dose; OLG Hamm GRUR 1981, 130), Figuren (BGH WRP 2015, 1477 Rn. 73 – Goldbären), Plakate und Abbildungen (OLG Dresden WRP 1998, 415 (417)), Preisetiketten (OLG Nürnberg WRP 2022, 1035), sondern auch für **Werbesprüche (Werbeslogans)** (vgl. BGH GRUR 1997, 308 – Wärme fürs Leben; OLG Frankfurt GRUR-RR 2012, 75 (76); Heermann WRP 2004, 263 (270 ff.); Ströbele/Hacker/Thiering/Hacker MarkenG § 2 Rn. 56; iErg auch Kaulmann GRUR 2008, 854 (859)) und sonstige **Werbeauftritte** (zB auf einer Website; OLG Hamm GRUR-RR 2005, 73 (74); OLG Frankfurt GRUR-RR 2018, 18 Rn. 29). Der Einwand, anders als am Schutz von Produkten bestehe am Schutz von Werbesprüchen kein gesellschaftliches Interesse (Sambuc Rn. 704 ff.), überzeugt nicht, weil dies ein wettbewerbsfremdes Kriterium ist. Dagegen spricht auch, dass Werbesprüche als Marke eingetragen werden können (vgl. BGH GRUR 2000, 321 – Radio von hier; BGH GRUR 2000, 323 – partner with the best; Ströbele/Hacker/Thiering/Hacker MarkenG § 8 Rn. 237 ff.) und als bekannte Marke nach § 14 II Nr. 3 Schutz genießen können. Darauf, ob der Werbespruch bereits Verkehrsbekanntheit oder Verkehrsgeltung iSv § 4 Nr. 2 MarkenG erlangt hat, kommt es ebenfalls nicht an (BGH GRUR 1997, 308 – Wärme fürs Leben; OLG Frankfurt GRUR-RR 2012, 75 (76)). Ob eine Eintragung als Marke möglich oder gar erfolgt ist, ist unerheblich. Voraussetzung für einen lauterkeitsrechtlichen Nachahmungsschutz an Werbemitteln und Werbesprüchen ist aber, dass die Parteien Wettbewerber sind. Das ist nicht der Fall, wenn zwar die Werbemittel oder Werbesprüche nachgeahmt werden, der Nachahmer aber nicht in einem konkreten Wettbewerbsverhältnis hinsichtlich der beworbenen Waren oder Dienstleistungen zum Hersteller des Originals steht (→ Rn. 3.19; so iErg auch Sambuc Rn. 702).

Auch eine **Kennzeichnung** als solche kann nach der Rspr. ein Leistungsergebnis sein, das **3.22b** lauterkeitsrechtlichen Nachahmungsschutz genießt (vgl. BGH GRUR 2003, 973 (974) – Tupperwareparty: „… Leistungsergebnisses, das auch in der Kennzeichnung von Produkten liegen kann"; OLG Frankfurt GRUR-RS 2019, 6070 Rn. 17). Richtigerweise sollte insoweit ein Vorrang der markenrechtlichen Schutzvoraussetzungen anerkannt werden (Ohly GRUR 2009, 709 (716); Harte-Bavendamm/Henning-Bodewig/Sambuc § 4 Nr. 3 Rn. 48; Ströbele/Hacker/Thiering/Hacker MarkenG § 2 Rn. 55). Zumindest sollten insoweit hohe Anforderungen an einen lauterkeitsrechtlichen Schutz gestellt werden, um nicht die markenrechtlichen Schutzvoraussetzungen zu unterlaufen (Büscher GRUR 2009, 230 (233, 234)). Jedenfalls scheidet ein lauterkeitsrechtlicher Nachahmungsschutz für eine Kennzeichnung aus, die sich in Verkehrskreisen eingebürgert hat und erst dann von dem Unternehmen übernommen wurde, weil es insoweit bereits an einem „Leistungsergebnis" fehlt (BGH GRUR 2003, 973, 974 – Tupperwareparty). – Besteht die Kennzeichnung in der Form der Ware **(Formmarke),** steht das MarkenG dem ergänzenden Leistungsschutz jedenfalls dann nicht entgegen, wenn ein markenrechtlicher Schutz nach § 3 II MarkenG ausgeschlossen ist (dazu EuGH WRP 2014, 1298 – Hauck/Stokke).

2. Abgrenzung

Der lauterkeitsrechtliche Nachahmungsschutz bezieht sich immer nur auf die konkrete Gestaltung eines Erzeugnisses (BGH WRP 2017, 51 Rn. 71 – Segmentstruktur), nicht auf die **3.23** dahinter stehende abstrakte **Idee** (wie zB Werbe-, Geschäfts-, Konstruktions-, Gestaltungsideen). Solche Ideen können zwar nach dem GeschGehG geschützte Geschäftsgeheimnisse sein. Sie genießen aber weder Urheberrechtsschutz (vgl. nur BGH GRUR 1995, 47 (48) – Rosaroter Elefant) noch lauterkeitsrechtlichen Nachahmungsschutz (BGH GRUR 1979, 119 (120) – Modeschmuck; BGH GRUR 1979, 705 (706) – Notizklötze; BGH GRUR 2003, 359 (361) – Pflegebett; BGH GRUR 2005, 166 (168) – Puppenausstattungen; BGH WRP 2009, 1374 Rn. 21 – Knoblauchwürste; BGH WRP 2012, 1179 Rn. 19 – Sandmalkasten; OLG Köln GRUR-RR 2017, 323 Rn. 15). Entsprechendes gilt für sonstige **allgemeine Gedanken** oder **Lehren,** wie zB einen bestimmten **Stil** (BGH WRP 2009, 1374 Rn. 21 – Knoblauchwürste) eine bestimmte **Technik** oder **Methode** (BGH GRUR 1979, 119 (120) – Modeschmuck), sei es auch eine **geschäftliche Methode** (dazu Jänich GRUR 2003, 483 (487)). Sie sollen im Interesse der Allgemeinheit und der Freiheit des Wettbewerbs frei zugänglich bleiben und nicht für einen Wettbewerber **monopolisiert** werden (BGH GRUR 2003, 359 (361) – Pflegebett; BGH GRUR 2005, 166 (168) – Puppenausstattungen). Die Übernahme einer bloßen Gestaltungsidee in einem Konkurrenzerzeugnis ist auch dann nicht unlauter, wenn das Originalerzeugnis eine hohe Verkehrsbekanntheit besitzt und der Verkehr es ohne weiteres einem bestimmten Hersteller zuordnet (BGH GRUR 2005, 166 (168) – Puppenausstattungen). Daher ist es auch unerheblich, dass der Hersteller des Originals durch besondere (insbes. Werbe-)Anstrengungen den Boden für die Vermarktung vergleichbarer Erzeugnisse bereitet hat (BGH GRUR 2005, 166 (170) – Puppenausstattungen). Eine etwaige Herkunftstäuschung im weiteren Sinne (→ Rn. 3.44) ist insoweit hinzunehmen (BGH GRUR 2002, 629 (633) – Blendsegel; BGH GRUR 2003, 359 (361) – Pflegebett; BGH GRUR 2005, 166 (170) – Puppenausstattungen). Wird ein Erzeugnis lediglich durch bestimmte Stilelemente geprägt, scheidet ein Nachahmungsschutz grds. aus. Anders verhält es sich, wenn das Erzeugnis einen „individuellen Überschuss" gegenüber nur stilistischen Merkmalen aufweist (BGH GRUR 1986, 673 (675) – Beschlagprogramm), etwa bekannte Gestaltungsmittel neu kombiniert (BGH GRUR 2006, 79 Rn. 26 – Jeans I). – In den Fällen des „Einschiebens in eine fremde Serie" (BGH GRUR 1992, 619 (620) – Klemmbausteine II) hatte die (inzwischen überholte) Rspr. (→ Rn. 3.56 ff.) im Grunde die Übernahme der dahinter stehenden Idee, nämlich die Möglichkeit des Zusammenbaus mit anderen Elementen, geschützt.

IV. Erfordernis der wettbewerblichen Eigenart

1. Allgemeines

3.24 **a) Begriff und Funktion der wettbewerblichen Eigenart.** Nur Leistungsergebnisse mit **wettbewerblicher Eigenart** genießen einen lauterkeitsrechtlichen Nachahmungsschutz (krit. Ohly/Sosnitza/Ohly § 4 Rn. 3/33 mwN; Sack FS Büscher, 2018, 359). Dieses von der Rspr. zu § 1 UWG 1909 entwickelte Schutzerfordernis kommt zwar nicht im Wortlaut des § 4 Nr. 3 zum Ausdruck, aus der Gesetzesbegründung ergibt sich aber, dass insoweit keine Änderung gegenüber der früheren Rechtslage beabsichtigt war (vgl. Begr. RegE UWG 2004 zu § 4 Nr. 9, BT-Drs. 15/1487, 18; BGH GRUR 2012, 58 Rn. 42 – Seilzirkus). Darin wird ausdrücklich die „wettbewerbliche Eigenart" erwähnt. Es handelt sich dabei um eine grundlegende Voraussetzung des Schutzes vor unlauteren Nachahmungen, auch soweit es Dienstleistungen betrifft (BGH WRP 2018, 824 Rn. 21 – Gewohnt gute Qualität). Das ungeschriebene Merkmal der wettbewerblichen Eigenart hat die **Funktion**, den Schutz vor Nachahmung auf solche Leistungsergebnisse zu beschränken, die unter Berücksichtigung der Interessen der Mitbewerber, der Verbraucher, der sonstigen Marktteilnehmer und der Allgemeinheit **schutzwürdig** sind. Das ist bei **„Allerweltserzeugnissen"** oder **„Dutzendware"** nicht der Fall (BGH GRUR 2007, 339 Rn. 26 – Stufenleitern; BGH WRP 2012, 1179 Rn. 34 – Sandmalkasten; BGH WRP 2017, 792 Rn. 38 – Bodendübel), weil bei ihnen der Verkehr keinen Wert auf die betriebliche Herkunft oder Qualität legt. Das Erfordernis der wettbewerblichen Eigenart macht weiterhin deutlich, dass der Schutz vor unlauteren Produktnachahmungen auf dem Gedanken der Schutzwürdigkeit eines konkreten Erzeugnisses beruht, nicht aber an der Frage anknüpft, mit welchem Aufwand ein Unternehmer ein Erzeugnis entwickelt und hergestellt hat. – Wettbewerbliche Eigenart liegt vor, wenn die **konkrete Ausgestaltung oder bestimmte Merkmale des Erzeugnisses geeignet sind, die angesprochenen Verkehrskreise auf seine betriebliche Herkunft oder seine Besonderheiten hinzuweisen** (stRspr; vgl. BGH GRUR 2010, 80 Rn. 23 – LIKEaBIKE; BGH GRUR 2010, 1125 Rn. 21 – Femur-Teil; BGH GRUR 2012, 58 Rn. 43 – Seilzirkus; BGH WRP 2013, 1189 Rn. 19 – Regalsystem; BGH GRUR 2013, 1052 Rn. 18 – Einkaufswagen III; BGH WRP 2015, 1090 Rn. 10 – Exzenterzähne; BGH WRP 2016, 854 Rn. 16 – Hot Sox; BGH GRUR 2016, 730 Rn. 33 – Herrnhuter Stern; BGH GRUR 2023, 736 Rn. 33 – KERRYGOLD). Eine entsprechende Absicht des Herstellers ist nicht erforderlich (OLG Köln GRUR-RR 2008, 166 (167)). Der Verkehr muss den Hersteller zwar nicht namentlich kennen; er muss aber auf Grund der Ausgestaltung oder der Merkmale des Produkts annehmen, es stamme von einem bestimmten Hersteller, wie immer dieser heißen möge, oder sei von einem mit diesem verbundenen Unternehmen in Verkehr gebracht worden (BGH WRP 2015, 1090 Rn. 11 – Exzenterzähne; BGH GRUR 2007, 984 Rn. 23, 32 – Gartenliege; BGH WRP 2016, 854 Rn. 16 – Hot Sox). Die wettbewerbliche Eigenart muss sich gerade aus den übernommenen **Gestaltungsmerkmalen** des Erzeugnisses ergeben. Es müssen also gerade die übernommenen Gestaltungsmerkmale geeignet sein, im Verkehr auf eine bestimmte betriebliche Herkunft oder auf die Besonderheit des jeweiligen Erzeugnisses hinzuweisen (BGHZ 141, 329 (340) = GRUR 1999, 923 (927) – Tele-Info-CD; BGH GRUR 2007, 795 Rn. 32 – Handtaschen). Das gilt auch für technische Erzeugnisse (OLG Hamm WRP 2021, 223 Rn. 80 mwN). Das ist immer dann der Fall, wenn sich das Produkt – unabhängig von der Anzahl der Merkmale – von anderen Produkten im Marktumfeld so **abhebt,** dass der Verkehr es einem bestimmten Hersteller zuordnet (BGH WRP 2013, 1189 Rn. 24 – Regalsystem). Dass die Gestaltungsmerkmale durch den Gebrauchszweck bedingt sind, ist unerheblich, sofern sie willkürlich wählbar und frei austauschbar sind (BGH GRUR 2005, 600 (602) – Handtuchklemmen). Der Verkehr kann sich aber idR nur an den **äußeren** Gestaltungsmerkmalen orientieren, also daran, wie ihm das Produkt begegnet (BGH WRP 2017, 1332 Rn. 20 – Leuchtballon). Dazu kann auch das „Innenleben" eines Produkts gehören, wenn es in der

Werbung dargestellt wird oder der Verbraucher sich dafür interessiert (OLG Köln WRP 2019, 1506 Rn. 21: Matratzen) – Wettbewerbliche Eigenart setzt **nicht Neuheit** oder **Bekanntheit** des Produkts voraus (BGH GRUR 2009, 79 Rn. 35 – Gebäckpresse). Doch kann Neuheit ein Indiz für wettbewerbliche Eigenart sein (Nemeczek WRP 2012, 1025 (1026)) und hohe **Bekanntheit kann den Grad der wettbewerblichen Eigenart steigern** (BGH GRUR 2007, 984 Rn. 28 – Gartenliege; BGH WRP 2012, 1379 Rn. 38 – Sandmalkasten; BGH WRP 2013, 1189 Rn. 27 – Regalsystem; BGH GRUR 2013, 1052 Rn. 25 – Einkaufswagen III; OLG Köln GRUR-RR 2015, 441 (443)). Auch eine als neu empfundene Kombination bekannter technischer oder ästhetischer Gestaltungselemente kann eine wettbewerbliche Eigenart begründen, selbst wenn die einzelnen Merkmale für sich genommen nicht geeignet sind, im Verkehr auf die Herkunft aus einem bestimmten Unternehmen hinzuweisen (BGH GRUR 2006, 79 Rn. 24, 26 – Jeans I; BGH GRUR 2008, 1115 Rn. 22 – ICON; BGH GRUR 2013, 1052 Rn. 19 – Einkaufswagen III; OLG Köln GRUR-RR 2014, 287 (289)). Die wettbewerbliche Eigenart hängt vom **Gesamteindruck** des Erzeugnisses ab (BGH GRUR 2016, 730 Rn. 33 – Herrnhuter Stern; BGH WRP 2017, 51 Rn. 59 – Segmentstruktur). Dabei können einzelne Gestaltungsmerkmale für sich oder zusammen die Eigenart verstärken oder begründen (BGH GRUR 2010, 80 Rn. 32 f. – LIKEaBIKE). Ist jedoch ein einzelnes Gestaltungsmerkmal der Gesamtsache **völlig untergeordnet,** so ist wettbewerbliche Eigenart des Produkts zu verneinen, wenn es für die Kaufentscheidung des Verbrauchers keine Rolle spielt (OLG Köln WRP 2016, 376 Rn. 29, 30: Klemmkopf eines Fahrradträgers).

Für das Bestehen einer wettbewerblichen Eigenart kann auch die **Kennzeichnung (Marke)** **3.24a** eines Produkts eine wichtige Rolle spielen, weil sie idR auf seine betriebliche Herkunft hinweist. Wird das Originalprodukt vom Hersteller und ggf. von seinen Kooperationspartnern unter verschiedenen **Herstellermarken** und zu unterschiedlichen Preisen angeboten, sind die Merkmale und die Gestaltung des Produkts regelmäßig nicht geeignet, einen Rückschluss auf seine betriebliche Herkunft zu ermöglichen (BGH WRP 2016, 854 Rn. 26 – Hot Sox; zu einem Ausnahmefall BGH GRUR 2007, 984 – Gartenliege). Der Verkehr wird nämlich annehmen, dass verschiedene Herstellermarken auf eine unterschiedliche Herkunft der entsprechend gekennzeichneten Produkte hinweisen. Es fehlt dann an der wettbewerblichen Eigenart des Produkts. Das Gleiche gilt, wenn der Hersteller sein Produkt an Großabnehmer oder Händler liefert, die es unter eigenen Kennzeichnungen vertreiben (OLG Köln GRUR-RR 2014, 336 (338) zum OEM-Vertrieb; OLG Frankfurt GRUR-RR 2018, 248 Rn. 22 ff.), es sei denn, dass die Endabnehmer diese Kennzeichen nicht als Herstellermarken, sondern als bloße **Handelsmarken** ansehen, hinter denen ein bestimmter Hersteller steht (BGH WRP 2015, 1090 Rn. 14 – Exzenterzähne; BGH WRP 2017, 792 Rn. 41 – Bodendübel; vgl. auch Vander WRP 2016, 169). Letzteres kann dann der Fall sein, wenn die Handelsunternehmen ihre Marken warengruppenübergreifend für eine Vielzahl unterschiedlicher Produkte verwenden (OLG Frankfurt GRUR-RR 2018, 248 Rn. 26). Jedoch ist dann immer noch zu prüfen, ob wenigstens die Großabnehmer auf der vorhergehenden Wirtschaftsstufe in der Gestaltung des Produkts einen Hinweis auf ihre Herkunft von einem bestimmten Hersteller sehen (BGH WRP 2015, 1090 Rn. 15 – Exzenterzähne).

b) Entstehen und Grad der wettbewerblichen Eigenart. Für die wettbewerbliche Eigen- **3.25** art ist **nicht erforderlich,** dass der Hersteller des Originals damit bereits einen wettbewerblichen **Besitzstand** durch Verkehrsbekanntheit erlangt hat. Andernfalls würden noch nicht oder erst kurz auf den (deutschen) Markt gebrachte Erzeugnisse vom Schutz ausgeschlossen (BGH WRP 1976, 370 (371) – Ovalpuderdose; BGH GRUR 1992, 523 (524) – Betonsteinelemente). Dies gilt auch für **Werbesprüche** (BGH GRUR 1997, 308 (309) – Wärme fürs Leben; krit. Messer FS Erdmann, 2002, 669 (677)) und Kennzeichnungen (BGH GRUR 2001, 251 (253) – Messerkennzeichnung). Die hohe **Bekanntheit** des Erzeugnisses kann aber den Grad der wettbewerblichen Eigenart steigern (→ Rn. 3.33; BGH GRUR 2010, 80 Rn. 37 – LIKEaBIKE; BGH GRUR 2010, 1125 Rn. 24 – Femur-Teil; BGH GRUR 2013, 1052 Rn. 24 – Einkaufswagen III; BGH WRP 2015, 1090 Rn. 28 – Exzenterzähne). Das gilt auch für ein vormals patentgeschütztes Erzeugnis, dessen Verkehrsbekanntheit nicht nur Folge der durch das Patent gewährten Monopolstellung ist, sondern auf den Marketing- oder Vertriebsaktivitäten des früheren Patentinhabers beruht (BGH WRP 2017, 792 Rn. 43 – Bodendübel). Umgekehrt **schwächt** es den Grad der wettbewerblichen Eigenart, wenn im Produktumfeld andere Produkte nicht nur einzelne übereinstimmende Gestaltungselemente, sondern einen vergleichbaren Gesamteindruck aufweisen (OLG Köln GRUR-RR 2015, 441 (443); OLG Hamm WRP 2021,

223 Rn. 96). Dies ist dann im Rahmen der **Wechselwirkung** der Tatbestandsmerkmale des lauterkeitsrechtlichen Nachahmungsschutzes (→ Rn. 3.69) zu berücksichtigen und kann vor allem bei der Frage der Herkunftstäuschung und Rufausbeutung Bedeutung gewinnen (BGH GRUR 1997, 308 (310) – Wärme fürs Leben; BGH GRUR 2001, 251 (253) – Messerkennzeichnung; BGH GRUR 2002, 820 (822) – Bremszangen; BGH GRUR 2003, 359 (360) – Pflegebett).

3.26   **c) Entfallen der wettbewerblichen Eigenart.** Die wettbewerbliche Eigenart muss grds. im Zeitpunkt des Anbietens der Nachahmung auf dem Markt, also der **Markteinführung,** noch fortbestanden haben (BGH GRUR 2021, 1544 Rn. 48 – Kaffeebereiter; BGH GRUR 1985, 876 (878) – Tchibo/Rolex I; Ohly/Sosnitza/Ohly § 4 Rn. 3/35). Unschädlich ist es, wenn ein anderer Anbieter mit Zustimmung des Originalherstellers das Produkt oder ein dessen Eigenart mitbestimmendes Merkmal verwendet (OLG Karlsruhe GRUR-RR 2010, 234 (236)), es sei denn, dass damit die herkunftshinweisende Funktion verloren geht, weil das Konkurrenzprodukt sich bereits in großem Umfang auf dem Markt befindet (OLG Frankfurt WRP 2019, 99 Rn. 39). – Von einem Fortbestand der wettbewerblichen Eigenart ist auch dann noch auszugehen, wenn andere Hersteller in großem Umfang Nachahmungen vertreiben, solange die angesprochenen Verkehrskreise zwischen Original und Kopie unterscheiden und die Kopie ohne weiteres oder nach näherer Prüfung als solche erkennbar ist (BGHZ 138, 143 (149) = GRUR 1998, 830 (833) – Les-Paul-Gitarren; BGH GRUR 2007, 795 Rn. 28 – Handtaschen). Allerdings wird in diesem Fall keine vermeidbare Herkunftstäuschung vorliegen, so dass sich die Unlauterkeit der Nachahmung aus anderen Umständen ergeben muss (BGHZ 138, 143 (149) = GRUR 1998, 830 (833) – Les-Paul-Gitarren; OLG Köln WRP 2021, 1221 Rn. 22). – Die wettbewerbliche Eigenart kann entfallen, wenn die prägenden Gestaltungsmerkmale des nachgeahmten Originals, zB durch eine Vielzahl von Nachahmungen, **Allgemeingut** geworden sind, der Verkehr sie also nicht (mehr) einem bestimmten Hersteller oder einem mit diesem durch Lizenz- oder Gesellschaftsvertrag verbundenen Unternehmen oder einer bestimmten Ware zuordnet (BGH WRP 2015, 1090 Rn. 11 – Exzenterzähne; BGH WRP 2016, 854 Rn. 16 – Hot Sox; BGH WRP 2017, 51 Rn. 52 – Segmentstruktur; BGH WRP 2017, 792 Rn. 41 – Bodendübel; BGH GRUR 2018, 311 Rn. 20 – Handfugenpistole; BGH GRUR 2021, 1544 Rn. 35 – Kaffeebereiter). Das kann der Fall sein, wenn der Hersteller sein Erzeugnis an verschiedene Unternehmen liefert, die es in großem Umfang unter eigenen Kennzeichnungen vertreiben und der Verkehr die weiteren Kennzeichnungen als Herstellerangaben und nicht als Handelsmarken ansieht (BGH WRP 2017, 792 Rn. 41 – Bodendübel). Ferner kann dies der Fall sein, wenn ein Produkt unter verschieden Herstellermarken angeboten wird, weil der Verkehr regelmäßig annimmt, verschiedene Marken würden auf eine unterschiedliche betriebliche Herkunft der entsprechend gekennzeichneten Produkte hinweisen (BGH GRUR 2021, 1544 Rn. 35 – Kaffeebereiter), es sei denn, dass der Verkehr wegen des äußeren Gesamteindrucks die Zuordnung zu einem einzigen Hersteller nicht in Frage stellen wird (OLG Frankfurt GRUR-RR 2021, 383 Rn. 31 ff.) Geht der Verkehr aufgrund der verschiedenen Kennzeichen allerdings davon aus, es handle sich bei dem Nachahmungsprodukt um eine neue Serie oder eine Zweitmarke des Originalherstellers oder es bestünden zumindest lizenz- oder gesellschaftsvertragliche Beziehungen, kann das Angebot dieses Produkts unter verschiedenen Herstellermarken für die Annahme einer wettbewerblichen Eigenart auch unschädlich sein (BGH GRUR 2021, 1544 Rn. 35 – Kaffeebereiter). – Auch geht nach der Rspr. eine bestehende wettbewerbliche Eigenart nicht schon dadurch verloren, dass andere Nachahmer mehr oder weniger gleichzeitig auf den Markt kommen. Andernfalls könnte sich jeder Nachahmer auf die allgemeine Verbreitung der Gestaltungsform durch die anderen Nachahmer berufen und dem betroffenen Hersteller des Originals würde die Möglichkeit der rechtlichen Gegenwehr genommen (BGH GRUR 1985, 876 (878) – Tchibo/Rolex I; BGH GRUR 2005, 600 (602) – Handtuchklemmen; OLG Köln WRP 2013, 1508 Rn. 19; OLG Köln GRUR-RR 2016, 203 Rn. 33; OLG Köln WRP 2019, 1055 Rn. 47). Dem ist iErg zuzustimmen. Klarzustellen ist lediglich die Begründung: Zwar geht die wettbewerbliche Eigenart verloren, aber der Nachahmer kann sich nicht darauf berufen, dass dies durch die Verbreitung eigener oder fremder Nachahmungen geschehen ist, solange Ansprüche gegen ihn oder andere Nachahmer nicht durch **Verwirkung** untergegangen sind (so auch BGH GRUR 2007, 984 Rn. 27 – Gartenliege; OLG Köln GRUR-RR 2016, 203 Rn. 35; OLG Köln GRUR-RR 2018, 207 Rn. 74; OLG Köln WRP 2019, 1055 Rn. 49). – Die Eigenart geht nicht schon dann verloren, wenn der Hersteller das Original (uU schon jahrelang) nicht mehr vertreibt (OLG Frankfurt GRUR-RR 2019, 77

Rn. 19). Der Schutz setzt jedoch voraus, dass die Gefahr einer Herkunftstäuschung noch besteht (OLG Frankfurt WRP 2007, 1108 (1110); dazu Petry WRP 2007, 1045; Werner FS Köhler, 2014, 785 (793)). Diese setzt voraus, dass das Erzeugnis im Verkehr noch eine gewisse Bekanntheit aufweist (OLG Frankfurt WRP 2021, 381 Rn. 68), wie es bspw. bei hochpreisigen Luxusuhren der Fall ist (OLG Frankfurt GRUR-RR 2019, 77 Rn. 19).

2. Erscheinungsformen

a) Wettbewerbliche Eigenart auf Grund ästhetischer Merkmale. Die wettbewerbliche **3.27** Eigenart eines Erzeugnisses kann sich aus seinen **ästhetischen Merkmalen** (Formgestaltung; Design) ergeben (BGH GRUR 1984, 453 f. – Hemdblusenkleid; BGH GRUR 1985, 876 (877) – Tchibo/Rolex I). Auf die **Neuheit** oder schöpferische Eigentümlichkeit der Gestaltung kommt es insoweit nicht an. Denn der designrechtliche Begriff der Eigenart deckt sich nicht mit der wettbewerblichen Eigenart (BGH WRP 1976, 370 (372) – Ovalpuderdose; BGH GRUR 1984, 597 f. – vitra programm; OLG Köln GRUR-RR 2014, 287 (291)). Entscheidend ist auch nicht, dass die zur Gestaltung eines Produkts verwendeten Einzelmerkmale **originell** sind (ebenso BGH WRP 2012, 1179 Rn. 34 – Sandmalkasten). Vielmehr kommt es darauf an, ob sie in ihrer **Kombination,** ggf. auch mit **technisch bedingten Merkmalen** (BGH WRP 2013, 1189 Rn. 19 – Regalsystem), dem Produkt ein Gepräge geben, das dem Verkehr einen Rückschluss auf die betriebliche Herkunft ermöglicht (BGH GRUR 2006, 79 Rn. 24, 26 – Jeans I; BGH WRP 2013, 1189 Rn. 25 – Regalsystem; BGH GRUR 2016, 730 Rn. 33 – Herrnhuter Stern; OLG Köln GRUR-RR 2003, 84 (85) (Plüschbär); OLG Köln GRUR-RR 2003, 183 (Designerbrille); OLG Düsseldorf GRUR-RR 2012, 200 (209) (iPad); OLG Köln GRUR-RR 2017 Rn. 44 (Natursteinpflaster). Das Produkt muss sich von anderen vergleichbaren Erzeugnissen oder vom Durchschnitt in einem Maße abheben, dass der Verkehr auf die **Herkunft** aus einem bestimmten Unternehmen schließt (BGH GRUR 2006, 79 Rn. 26, 32 – Jeans I; OLG Frankfurt WRP 2015, 996 Rn. 22). Das kann auch bei einem zurückhaltenden, puristischen Design der Fall sein (BGH WRP 2012, 1179 Rn. 34 – Sandmalkasten). Die wettbewerbliche Eigenart muss sich nicht notwendigerweise auf ein bestimmtes Produkt beziehen, sondern kann sich auch aus übereinstimmenden Merkmalen verschiedener Exemplare einer Modellreihe ergeben (OLG Köln GRUR-RR 2014, 287 (289)).

Neben der Gestaltung des Erzeugnisses selbst kann auch die **Gestaltung der Verpackung 3.27a des Produkts** eine wettbewerbliche Eigenart begründen (BGH GRUR 2023, 736 Rn. 26 ff. – KERRYGOLD; s. dazu auch Thress/Wiedemann WRP 2023, 907 ff.; vgl. ferner BGH GRUR 2009, 1069 Rn. 13 und 19 – Knoblauchwürste). Dem steht es nicht entgegen, wenn produktbeschreibende Gestaltungselemente verwendet werden. Denn auch bei der Verwendung von produktbeschreibenden Gestaltungselementen können diese in einer erheblichen Variationsbreite dargestellt werden. Bei dem Verkehr wird die Vorstellung über eine bestimmte Herkunft nicht durch die Beschreibung als solche, sondern durch deren konkrete Gestaltung ausgelöst (BGH GRUR 2023, 736 Rn. 31 ff. – KERRYGOLD).

b) Wettbewerbliche Eigenart auf Grund technischer Merkmale. Die wettbewerbliche **3.28** Eigenart eines Erzeugnisses kann sich auch aus seinen **technischen Merkmalen** ergeben (BGH GRUR 2007, 339 Rn. 27 – Stufenleitern; BGH GRUR 2010, 1125 Rn. 22 – Femur-Teil; BGH WRP 2013, 1189 Rn. 19 – Regalsystem; BGH GRUR 2013, 1052 Rn. 18 – Einkaufswagen III; BGH WRP 2015, 1090 Rn. 17 ff. – Exzenterzähne). Das ist jedenfalls dann anzunehmen, wenn sich die auf dem Markt befindlichen Konkurrenzerzeugnisse deutlich von dem nachgeahmten Erzeugnis unterscheiden.

Allerdings scheiden eine wettbewerbliche Eigenart und damit ein Schutz vor Nachahmung **3.28a** aus, soweit sich in der technischen Gestaltung eine **gemeinfreie technische Lösung** verwirklicht. Denn die technische Lehre und der Stand der Technik sind grds. frei benutzbar, **soweit kein Sonderschutz (mehr) eingreift** (vgl. BGH GRUR 2002, 820 (822) – Bremszangen; BGH GRUR 2007, 339 Rn. 27 – Stufenleitern). Dies gilt uneingeschränkt für **technisch notwendige** Gestaltungselemente (BGH GRUR 2010, 1125 Rn. 22 – Femur-Teil; BGH GRUR 2012, 58 Rn. 43 – Seilzirkus; BGH WRP 2013, 1189 Rn. 19 – Regalsystem; BGH GRUR 2013, 1052 Rn. 18 – Einkaufswagen III; BGH WRP 2015, 1090 Rn. 18 – Exzenterzähne; BGH WRP 2016, 854 Rn. 24 – Hot Sox). Technische Notwendigkeit ist anzunehmen, wenn Merkmale aus technischen Gründen zwingend bei gleichartigen Konstruktionen verwendet werden müssen und der erstrebte technische Erfolg anderweit nicht erreichbar ist (stRspr; vgl. BGH WRP 2017, 792 Rn. 31 – Bodendübel). Der technische Erfolg beurteilt sich nach der technischen Funktion des Erzeugnisses im Hinblick auf den konkreten Gebrauchszweck (BGH WRP 2017, 792 Rn. 31 – Bodendübel). Eine für den Gebrauchszweck „optimale" Kombination technischer Merkmale ist aber nicht gleichbedeutend mit einer technisch notwendigen Gestaltung (BGH GRUR 2009, 1073 Rn. 13 – Ausbeinmesser). – Die Beurteilung, ob die übernommene Gestaltung eine gemeinfreie technische Lösung darstellt, ist bei einem Bauelement, das nach dem Kauf in ein komplexes Erzeugnis eingefügt wird, nicht auf die nach dem Einbau sichtbaren Teile beschränkt. Denn der Schutz gegen eine Herkunftstäuschung und gegen eine Ausnutzung oder Beeinträchtigung der Wertschätzung knüpft an das Marktverhalten an und nicht an die spätere Verwendung des Produkts (BGH GRUR 2008, 790 Rn. 36 – Baugruppe).

3.28b Davon zu unterscheiden sind solche technischen Merkmale, die zwar **technisch bedingt**, aber **ohne Qualitätseinbußen frei wählbar und austauschbar** sind (vgl. BGH GRUR 2007, 984 Rn. 20 – Gartenliege; BGH GRUR 2008, 790 Rn. 37 – Baugruppe; BGH GRUR 2010, 80 Rn. 27 – LIKEaBIKE; BGH GRUR 2012, 58 Rn. 43 – Seilzirkus). Sie können eine wettbewerbliche Eigenart (mit)begründen, sofern der Verkehr wegen dieser Merkmale auf die Herkunft der Erzeugnisse aus einem bestimmten Betrieb Wert legt oder damit – ohne sich über die Herkunft Gedanken zu machen – gewisse Qualitätserwartungen verbindet (BGH GRUR 2010, 1125 Rn. 22 – Femur-Teil; BGH WRP 2013, 1189 Rn. 19 – Regalsystem; BGH GRUR 2013, 1052 Rn. 18 – Einkaufswagen III; BGH WRP 2015, 1090 Rn. 19 – Exzenterzähne; BGH WRP 2016, 854 Rn. 24 – Hot Sox; BGH WRP 2017, 1332 Rn. 20 – Leuchtballon; dazu krit. Quadflieg WRP 2020, 159 Rn. 30 ff.). Ihre Übernahme ist daher nicht stets zulässig (BGH GRUR 2010, 80 Rn. 27 – LIKEaBIKE; dazu näher → Rn. 3.49f). Die Feststellung, ob die Ausgestaltung der technischen Merkmale für sich gesehen oder zumindest in ihrer Kombination nicht technisch notwendig ist, kann auf der Grundlage eines Vergleiches mit anderen marktgängigen Produkten erfolgen, die demselben technischen Zweck dienen (BGH WRP 2017, 792 Rn. 31 – Bodendübel).

3.28c Die **Kombination einzelner technischer** (und ästhetischer) **Merkmale** kann im Einzelfall wettbewerbliche Eigenart begründen, selbst wenn die einzelnen Merkmale für sich gesehen nicht geeignet sind, im Verkehr auf die Herkunft aus einem bestimmten Unternehmen hinzuweisen (BGH WRP 2015, 1090 Rn. 20, 27 – Exzenterzähne; OLG Köln WRP 2019, 1055 Rn. 46). Maßgebend ist der **Gesamteindruck** (BGH GRUR 2010, 80 Rn. 34 – LIKEaBIKE; BGH GRUR 2013, 1052 Rn. 19 – Einkaufswagen III; vgl. auch → Rn. 3.29).

3.28d Auch ein ehemals **patentrechtlich** geschütztes Element eines Erzeugnisses kann diesem wettbewerbliche Eigenart verleihen, wenn die konkrete Gestaltung dieses Elements technisch nicht zwingend notwendig ist, sondern lediglich technisch lediglich bedingt ist, also durch eine frei wählbare und austauschbare Gestaltung, die denselben technischen Zweck erfüllt, ersetzt werden kann, ohne dass damit Qualitätseinbußen verbunden sind (BGH WRP 2015, 1090 Rn. 24 – Exzenterzähne; BGH WRP 2017, 792 Rn. 31 – Bodendübel; Koch GRUR 2021, 273 (275); krit. Leistner GRUR 2018, 697). Es ist also nicht erforderlich, dass es sich um Elemente handelt, die von der patentierten technischen Lösung unabhängig sind (BGH WRP 2017, 792 Rn. 21 ff. – Bodendübel).

3.29 **c) Wettbewerbliche Eigenart auf Grund eines Programms.** Wettbewerbliche Eigenart kann auch einem „Programm" als einer **Gesamtheit von Erzeugnissen** mit Gemeinsamkeiten in der Zweckbestimmung und Formgestaltung zukommen. Sie kann sich aus Merkmalen einzelner Teile und aus einer Kombination der Einzelteile ergeben, etwa wenn für die einzelnen Teile eine einheitliche Formgebung mit charakteristischen Besonderheiten gewählt wird und sich die zum Programm gehörenden Gegenstände für den Verkehr deutlich von Waren anderer Hersteller abheben (BGH GRUR 1999, 183 (186) – Ha-Ra/HARIVA; BGH GRUR 2008, 793 Rn. 29 – Rillenkoffer; OLG Köln GRUR-RR 2014, 210 (211); Zentek WRP 2014, 386). Ob die einzelnen Teile für sich allein wettbewerbliche Eigenart besitzen, ist unerheblich (BGH GRUR 1982, 305 (307) – Büromöbelprogramm; BGH GRUR 1986, 673 (675) – Beschlagprogramm; vgl. auch BGH GRUR 1975, 383 (385 f.) – Möbelprogramm zur Geschmacksmuster/Designfähigkeit).

3.30 **d) Sonstiges.** Wettbewerbliche Eigenart kann einer Ware oder Dienstleistung auch auf Grund ihrer **Kennzeichnung** zukommen (vgl. BGH GRUR 1956, 553 (557) – Coswig; BGH GRUR 1977, 614 (615) – Gebäudefassade; BGH GRUR 2001, 251 (253) – Messerkennzeichnung; BGH GRUR 2003, 973 (974) – Tupperwareparty; Kur GRUR 1990, 1 (8 ff.)). Stets ist dabei allerdings ein etwaiger Vorrang des Markenrechtsschutzes zu beachten (→ Rn. 3.9 ff., → Rn. 3.22). – Wettbewerbliche Eigenart kann ferner der Sammlung von Teilnehmerdaten in

amtlichen Verzeichnissen (zB Telefon- und Telefaxverzeichnissen) zukommen, weil der Verkehr Vollständigkeit und Richtigkeit des Datenbestands erwartet und daraus eine besondere Gütevorstellung folgt (BGH GRUR 1999, 923 (926 f.) – Tele-Info-CD). Desgleichen können **Nummernsysteme** zur Identifizierung von Waren oder Dienstleistungen wettbewerbliche Eigenart besitzen (vgl. BGH WRP 2006, 765 Rn. 28 – Michel-Nummern). – Auch (uU banale) **Werbeslogans** können wettbewerbliche Eigenart besitzen (bejaht für „Wärme fürs Leben", BGH GRUR 1997, 308 (311) – Wärme fürs Leben), es sei denn, dass sie keinen originellen und selbstständigen Gedanken aufweisen (OLG Frankfurt GRUR 1987, 44 (45): „... für das aufregendste Ereignis des Jahres") oder eine freizuhaltende Wortkombination zur Beschreibung eines Produkts darstellen (BGH GRUR 1997, 308 (310) – Wärme fürs Leben). Wettbewerbliche Eigenart wurde von der Rspr. verneint für „natürlich in Revue" (BGH GRUR 1961, 244 – natürlich in Revue); „Kaffee, den man am Duft erkennt" (OLG Hamburg GRUR 1990, 625); „für das aufregendste Ereignis des Jahres" (OLG Frankfurt GRUR 1987, 44). Zum Ganzen vgl. Kaulmann GRUR 2008, 854 (860). – Keine wettbewerbliche Eigenart kommt **Originalrezensionen** zu (BGH WRP 2011, 249 Rn. 67 – Perlentaucher). – Für das Bestehen wettbewerblicher Eigenart ist es unschädlich, wenn vergleichbare Produkte zwar im Ausland, aber nicht im Inland angeboten werden (vgl. OLG Köln GRUR-RR 2004, 21 (22) zu Internet-Angeboten in englischer Sprache). – Keine wettbewerbliche Eigenart kommt idR **Stellenanzeigen** in Zeitungen zu. Ihre Übernahme in das Internet zum kostenlosen Abruf fällt daher nicht unter § 4 Nr. 3 (aA Klein GRUR 2005, 377 (380)), sondern allenfalls unter § 4 Nr. 4 (vgl. OLG München GRUR-RR 2001, 228 (229)).

3. Herkunftshinweis

Erforderlich ist insoweit, dass der Verkehr Wert auf die betriebliche Herkunft des Erzeugnisses **3.31** legt und gewohnt ist, aus bestimmten Merkmalen auf die betriebliche Herkunft zu schließen (BGHZ 50, 125 (130) = GRUR 1968, 591 – Pulverbehälter; BGH GRUR 2001, 251 (253) – Messerkennzeichnung). Der Hinweis auf die betriebliche Herkunft und damit die wettbewerbliche Eigenart eines Erzeugnisses kann sich auch aus seiner **Kennzeichnung** ergeben (→ Rn. 3.30; BGH GRUR 1963, 423 (428) – coffeinfrei; BGH GRUR 1977, 614 (615) – Gebäudefassade; BGH GRUR 1997, 754 (756) – grau/magenta; BGH GRUR 2001, 251 (253) – Messerkennzeichnung; auch → Rn. 3.24a).

4. Besonderheiten des Erzeugnisses

Für die wettbewerbliche Eigenart ist es nicht zwingend erforderlich, dass das Original Merk- **3.32** male aufweist, die auf eine bestimmte betriebliche Herkunft hinweisen. Vielmehr genügt es auch, dass es **Besonderheiten** aufweist (BGH GRUR 1984, 453 (454) – Hemdblusenkleid). Solche Besonderheiten können sich aus einer im ästhetischen Bereich liegenden überdurchschnittlichen individuellen schöpferischen Gestaltung ergeben (BGH GRUR 1984, 453 (454) – Hemdblusenkleid; OLG München GRUR 1995, 275 (276); OLG Hamburg GRUR-RR 2006, 94 (97)). – Bei einer Dienstleistung in Gestalt einer Beratungstätigkeit stellen die Angaben „gute und professionelle Beratung" und „Service in gewohnt guter Qualität" in der Werbung keine besonderen Merkmale einer Dienstleistung dar und begründen daher keine wettbewerbliche Eigenart (BGH WRP 2018, 824 Rn. 21 – Gewohnt gute Qualität).

5. Feststellung der wettbewerblichen Eigenart

Maßgebend ist die **Verkehrsauffassung** (BGH WRP 2012, 1179 Rn. 19 – Sandmalkasten). **3.33** Das Gericht kann die wettbewerbliche Eigenart idR aus eigener Sachkunde feststellen, auch wenn die Richter nicht zu den angesprochenen Verkehrskreisen, wie etwa Fachkreisen, gehören (BGH GRUR 2006, 79 Rn. 27 – Jeans I; OLG Köln GRUR-RR 2014, 336 (339); OLG Hamm WRP 2021, 223 Rn. 88, 119). Dazu muss es **alle Umstände des Einzelfalls** berücksichtigen, insbes. auch solche Umstände, die für sich allein weder erforderlich noch ausreichend sind, um die wettbewerbliche Eigenart zu begründen. Das Gericht kann auch Merkmale heranziehen, die in der Klageschrift nicht gesondert benannt sind, sofern das Produkt selbst vorgelegt oder bildlich wiedergegeben wird (OLG Köln WRP 2019, 1055 Rn. 37; OLG Hamburg GRUR-RR 2023, 296 Rn. 68). So kann einerseits eine den sondergesetzlichen Anforderungen entsprechende Gestaltungshöhe ohne weiteres die wettbewerbliche Eigenart begründen (OLG Köln GRUR-RR 2014, 393 (394) – Pippi Langstrumpf). Andererseits kann auch bei einem

Rückgriff auf Gestaltungsmerkmale, wie vorhandene Formen und Stilelemente, die für sich allein nicht herkunftshinweisend wirken, die Kombination solcher Merkmale in ihrer Gesamtwirkung dem Erzeugnis wettbewerbliche Eigenart verleihen, wenn es sich von anderen Erzeugnissen abhebt (BGH GRUR 2010, 80 Rn. 34 – LIKEaBIKE; OLG Köln GRUR-RR 2008, 166 (167)). Denn maßgebend ist der **Gesamteindruck** des Erzeugnisses (BGH WRP 2015, 1090 Rn. 27 – Exzenterzähne; OLG Köln GRUR-RR 2015, 441 (443); OLG Hamburg GRUR-RR 2023, 296 Rn. 68), nicht etwa eine zergliedernde und auf einzelne Elemente abstellende Betrachtung (BGH GRUR 2010, 80 Rn. 32 – LIKEaBIKE). Von der Verkehrsauffassung hängt es ab, ob nur ein vollständiges Produkt oder auch Teile davon, ferner ob auch eine Gesamtheit von Erzeugnissen, etwa ein Produkt und damit funktional zusammenhängende Zubehörstücke, geschützt sind (BGH WRP 2012, 1179 Rn. 19 – Sandmalkasten; OLG Frankfurt WRP 2022, 889 Rn. 35). Indizien für das **Vorliegen** einer wettbewerblichen Eigenart und ihr **Ausmaß** können der **Kostenaufwand** für die Herstellung des Erzeugnisses, seine **Bekanntheit** (BGH GRUR 2007, 339 Rn. 32 – Stufenleitern; BGH GRUR 2010, 80 Rn. 37 – LIKEaBIKE), seine **Neuheit** und dafür verliehene Designer-Preise (OLG Köln GRUR-RR 2003, 183 (184); OLG Köln GRUR-RR 2008, 166 (168)) sein. Für das **Ausmaß der Bekanntheit** können eine Rolle spielen: der **Marktanteil** (OLG Köln GRUR-RR 2017, 323 Rn. 19) bzw. die **Verkaufszahlen** (OLG Frankfurt WRP 2021, 760 Rn. 6); die **werbliche Präsenz** des Produkts; die mediale Aufmerksamkeit auf das Produkt, etwa aufgrund von Testsiegen bei der Stiftung Warentest (OLG Köln WRP 2019, 1506 Rn. 25); die Dauer der Präsenz auf dem Markt (BGH GRUR 2013, 1052 Rn. 24 – Einkaufswagen III; BGH WRP 2015, 1090 Rn. 28 – Exzenterzähne: jahrelanger Vertrieb). Ferner kann es von Bedeutung sein, ob der Originalhersteller eine Pionierleistung erbracht hat und ob er sein Produkt aktiv gegen **Nachahmer verteidigt** hat (BGH GRUR 2010, 80 Rn. 37 – LIKEaBIKE; BGH WRP 2013, 1189 Rn. 21 – Regalsystem; OLG Köln WRP 2019, 1055 Rn. 63; OLG Köln WRP 2020, 1616 Rn. 41). Lassen sich Herkunftsvorstellungen feststellen, ist damit zugleich der Nachweis der wettbewerblichen Eigenart geführt (BGH GRUR 2002, 275 (277) – Noppenbahnen).

V. Nachahmung

1. Allgemeines

3.34 **a) Begriff der Nachahmung.** § 4 Nr. 3 setzt die **Nachahmung** einer Ware oder Dienstleistung voraus. Der Begriff hat eine **hersteller- und eine produktbezogene Komponente:** Erstens muss dem **Hersteller** im Zeitpunkt der Herstellung des Produkts das **Original** als Vorbild **bekannt** gewesen sein. Bei einer selbstständigen Zweitentwicklung ist daher schon begrifflich eine Nachahmung ausgeschlossen (BGH GRUR 2008, 1115 Rn. 24 – ICON; BGH GRUR 2009, 1162 Rn. 43 – DAX; BGH WRP 2017, 51 Rn. 64 – Segmentstruktur; OLG Frankfurt WRP 2020, 852 Rn. 12). Zur Beweislast → Rn. 3.78. Zweitens muss das **Produkt** (oder ein Teil davon) mit dem Originalprodukt **übereinstimmen** oder ihm zumindest so **ähnlich** sein, dass es sich in ihm wiedererkennen lässt (ebenso BGH WRP 2015, 1477 Rn. 78 – Goldbären; BGH WRP 2017, 792 Rn. 45 – Bodendübel; BGH WRP 2018, 950 Rn. 50 – Ballerinaschuh). Die Ähnlichkeit beurteilt sich nach dem Gesamteindruck der sich gegenüberstehenden Erzeugnisse. Das Originalprodukt muss nicht in allen seinen Gestaltungsmerkmalen übernommen worden sein. Bei einer nur teilweisen Übernahme muss sich die wettbewerbliche Eigenart des Originals aber gerade aus dem übernommenen Teil ergeben. Es müssen also gerade die übernommenen Gestaltungsmerkmale geeignet sein, die wettbewerbliche Eigenart zu begründen (BGH GRUR 2007, 795 Rn. 32 – Handtaschen; BGH WRP 2017, 792 Rn. 45 – Bodendübel). – Von der Nachahmung zu unterscheiden ist die **unmittelbare Übernahme des Leistungsergebnisses** eines Dritten, der es für eine andersartige eigene Leistung ausnutzt (→ Rn. 3.38; BGH GRUR 2011, 436 Rn. 17 – Hartplatzhelden.de: Filmaufzeichnung eines Fußballspiels; → Rn. 3.34a). Darauf ist § 4 Nr. 3 nicht anwendbar; allenfalls käme eine unmittelbare Anwendung des § 3 I in Betracht (→ Rn. 3.5c).

3.34a **b) Erfordernis einer Vermarktung der fremden Leistung.** Von einer Nachahmung ist nicht auszugehen, wenn die Leistung des Dritten nicht vermarktet, sondern eine andersartige eigene Leistung angeboten wird (BGHZ 181, 77 = GRUR 2009, 1162 Rn. 43 – DAX: Übernahme eines Aktienindexes in ein Finanzprodukt; BGH GRUR 2011, 436 Rn. 17 – Hartplatzhelden.de: Filmaufzeichnung eines Fußballspiels). Davon ist allerdings der Fall zu unterscheiden, dass die fremde Leistung in das eigene Produkt integriert wird und damit zugleich vermarktet wird. Denn der Tatbestand der Nachahmung setzt nicht voraus, dass das vom Mitbewerber angebotene Produkt funktionsgleich oder austauschbar mit dem Originalprodukt ist. Es genügt vielmehr, dass der Mitbewerber das Originalprodukt nachahmt und als Bestandteil in sein eigenes Produkt übernimmt (**Beispiele:** Automobilhersteller übernimmt die Gestaltung einer Felge von einem Felgenhersteller; Verleger von Briefmarkenkatalogen verwendet Nummernsystem eines konkurrierenden Verlegers als Referenzgröße, BGH GRUR 2011, 79 – Markenheftchen). Grenzen setzt insoweit nur die (weit auszulegende) **Mitbewerbereigenschaft** des Nachahmers (→ Rn. 3.19).

2. Erscheinungsformen der Nachahmung

a) Allgemeines. Die Nachahmung eines Produkts kann mit einem **unterschiedlichen**   3.34b
Intensitätsgrad erfolgen. Es ist zwischen **drei Erscheinungsformen** zu unterscheiden (BGH WRP 2018, 950 Rn. 50 – Ballerinaschuh), wobei die Abgrenzung fließend ist. Zu unterscheiden sind danach die identische Nachahmung (→ Rn. 3.35; Imitation iSd § 6 II Nr. 6), die nahezu identische Nachahmung (→ Rn. 3.36) und die nachschaffende Nachahmung (→ Rn. 3.37). Die Unterscheidung ist im Rahmen der **Wechselwirkung** der Tatbestandsmerkmale (→ Rn. 3.69) von Bedeutung. Je mehr die Nachahmung dem Original gleichkommt, desto geringere Anforderungen sind an die weiteren wettbewerblichen Umstände zu stellen (BGH GRUR 1992, 523 (524) – Betonsteinelemente; BGH GRUR 1999, 923 (927) – Tele-Info-CD). Daher kommt der Feststellung des **Grads** der **Nachahmung** maßgebliche Bedeutung zu (vgl. BGH GRUR 2007, 795 Rn. 29 ff. – Handtaschen; BGH GRUR 2010, 80 Rn. 38 – LIKEaBIKE; BGH WRP 2012, 1179 Rn. 39 – Sandmalkasten).

b) Identische Nachahmung. Eine identische (= unmittelbare) Nachahmung liegt vor, wenn   3.35
die fremde Leistung unverändert übernommen wird (BGHZ 51, 41 (45 f.) = GRUR 1969, 186 – Reprint; BGH WRP 1975, 370 (371) – Ovalpuderdose; BGH GRUR 1999, 923 (927) – Tele-Info-CD). Der ÖOGH spricht von einer „glatten Übernahme" (vgl. ÖOGH GRUR-Int. 2007, 167 (170)). Die unveränderte Übernahme erfolgt zumeist mit Hilfe technischer Vervielfältigungsverfahren (zB Nachdrucken; Einscannen; Kopieren).

c) Nahezu identische Nachahmung. Eine nahezu identische Nachahmung liegt vor, wenn   3.36
die Nachahmung nur geringfügige, im Gesamteindruck unerhebliche Abweichungen vom Original aufweist (vgl. BGH GRUR 2000, 521 (524) – Modulgerüst I; BGH GRUR 2010, 1125 Rn. 25 – Femur-Teil; BGH WRP 2018, 950 Rn. 49 – Ballerinaschuh; BGH WRP 2022, 177 Rn. 38 – Flying V). Dabei kommt es darauf an, ob gerade die übernommenen Gestaltungsmittel die wettbewerbliche Eigenart des nachgeahmten Produkts begründen (BGH GRUR 2007, 795 Rn. 32 – Handtaschen; GRUR 2010, 1125 Rn. 25 – Femur-Teil; OLG Köln GRUR-RR 2015, 441 (444); 2023, 132 Rn. 40). Auch bei der nahezu identischen Übernahme gilt allerdings, dass die Anforderungen an die wettbewerbliche Eigenart und an die besonderen wettbewerblichen Umstände geringer sind als bei der nur nachschaffenden Übernahme (stRspr; BGH GRUR 1996, 210 (211) – Vakuumpumpen; WRP 2012, 1179 Rn. 39 – Sandmalkasten; GRUR 2016, 730 Rn. 61 – Herrnhuter Stern; OLG Frankfurt GRUR-RR 2014, 335 (336)).

d) Nachschaffende Nachahmung. Eine nachschaffende Nachahmung liegt vor, wenn die   3.37
fremde Leistung nicht identisch oder nahezu identisch nachgeahmt, sondern lediglich als **Vorbild** benutzt und nachschaffend unter Einsatz eigener Leistung wiederholt wird (BGH GRUR 1992, 523 (524) – Betonsteinelemente), somit eine bloße Annäherung an das Originalprodukt vorliegt (BGH GRUR 2007, 795 Rn. 22 – Handtaschen; BGH WRP 2018, 950 Rn. 50 – Ballerinaschuh; BGH WRP 2022, 177 Rn. 38 – Flying V). Entscheidend ist, ob die Nachahmung **wiedererkennbare prägende Gestaltungselemente** des Originals aufweist oder sich deutlich davon absetzt (OLG Hamburg MarkenR 2011, 275 (280); OLG Köln WRP 2014, 337 Rn. 15). Geringfügige Abweichungen vom Original sind unerheblich, solange das Original als Vorbild erkennbar bleibt (OLG Köln GRUR-RR 2015, 441 (444); OLG Köln GRUR-RR 2016, 203 Rn. 50; OLG Hamburg GRUR-RR 2018, 360 Rn. 36; OLG Düsseldorf GRUR-RR 2019, 112 Rn. 52; OLG Hamm WRP 2021, 233 Rn. 103). **Beispiel:** Werden Musiktitel mit Begleitpositionen aus Chart-Listen zwar übernommen, aber nach anderen Kriterien sortiert und für einen längeren Zeitraum aufbereitet, ist eine nachschaffende Leistungsübernahme zu verneinen (OLG München GRUR-RR 2003, 329 (330)). – Bei der Annäherung an eine fremde **Kennzeichnung** kommt es auf die Ähnlichkeit der Zeichen an, worüber der Gesamteindruck entscheidet (BGH GRUR 2003, 973 (974) – Tupperwareparty). Bei einem nur geringen Grad

der Zeichenähnlichkeit müssen weitere Umstände hinzutreten, um eine unlautere Rufausbeutung zu begründen. Dazu reicht es nicht aus, dass die Aufmerksamkeit von Teilen des Verkehrs erweckt wird, weil sie das nachgeahmte Kennzeichen kennen (BGH GRUR 2003, 973 (975) – Tupperwareparty).

3.37a **e) Beurteilungsmaßstab.** Bei der Beurteilung der Übereinstimmung oder Ähnlichkeit ist auf die Sichtweise des **durchschnittlich informierten und situationsadäquat aufmerksamen Durchschnittsverbrauchers** bzw. sonstigen Marktteilnehmers abzustellen, der die betreffenden Produkte nicht nebeneinander sieht und unmittelbar miteinander vergleicht, sondern auf Grund seiner Erinnerung in Beziehung zueinander setzt (BGH WRP 2017, 1332 Rn. 29 – Leuchtballon; OLG Köln WRP 2020, 1489 Rn. 76; OLG Hamm WRP 2021, 223 Rn. 104). Dabei ist grds. auf den **Gesamteindruck** der sich gegenüberstehenden Produkte abzustellen (BGH WRP 2017, 1332 Rn. 29 – Leuchtballon; OLG Köln WRP 2019, 1055 Rn. 66; GRUR-RR 2023, 132 Rn. 40). Denn der Verkehr nimmt ein Produkt in seiner Gesamtheit mit allen seinen Bestandteilen wahr, ohne es einer analysierenden Betrachtung zu unterziehen (stRspr; BGH GRUR 2010, 80 Rn. 39 – LIKEaBIKE). Daher genügt es nicht, nur einzelne Gestaltungsmerkmale zu vergleichen, um den Grad der Ähnlichkeit zu bestimmen. Unerheblich ist es, wenn das Original und die Nachahmung unterschiedliche Eigenschaften aufweisen, die beim bestimmungsgemäßen Gebrauch des Produkts von außen nicht erkennbar sind (OLG Köln GRUR-RR 2014, 287 (290); OLG Hamm WRP 2015, 1374 Rn. 90: Faltbarkeit einer Handtasche).

3. Abgrenzungen

3.38 Das Angebot einer Nachahmung setzt voraus, dass die **fremde Leistung** ganz oder teilweise **als eigene Leistung** angeboten wird (vgl. OLG Köln GRUR-RR 2005, 228 (229)). Eine Nachahmung liegt dementsprechend ua dann **nicht** vor, wenn

(1) ein **Originalprodukt** ohne Zustimmung des Herstellers **vermarktet** wird (vgl. OLG Frankfurt GRUR 2002, 96 betreffend Übungsfahrzeuge; OLG Frankfurt GRUR-RR 2007, 104 (106)). Auch eine analoge Anwendung des § 4 Nr. 3 kommt nicht in Betracht, gleichgültig, ob das Leistungsergebnis mit oder ohne Willen des Originalherstellers in den Verkehr gebracht wurde. Auf den allgemeinen Rechtsgedanken der Erschöpfung durch erstmaliges Inverkehrbringen kommt es insoweit nicht an (aA wohl OLG Frankfurt GRUR 2002, 96);

(2) **öffentlich** (zB im Internet) **zugängliche Informationen** ausgewertet werden (vgl. auch BGH GRUR 2009, 1162 – Dax), etwa durch das Setzen eines **Links** auf eine fremde Website (BGH GRUR 2003, 958 (963) – Paperboy; aA wohl Plaß WRP 2000, 592 (606)) oder durch ein sog „**Screen-Scraping**" (Deutsch GRUR 2009, 1027 (1031); offengelassen in BGH WRP 2014, 839 Rn. 53 – Flugvermittlung im Internet);

(3) mittels einer Set-Top-Box ein Überwechseln vom **TV-Programm** in das **Internet** und damit die gleichzeitige Nutzung beider Medien ermöglicht wird (OLG Köln GRUR-RR 2005, 228 (229));

(4) ein fremdes Produkt nur als **Anknüpfung** oder **Vorspann** für eine eigene, andersartige Leistung genutzt wird (BGH WRP 2016, 850 Rn. 18 – Pippi-Langstrumpf-Kostüm II). Dies wurde für die Übernahme von lediglich einigen äußeren Merkmalen einer urheberrechtlich geschützten literarischen Figur (**„character"**) in eine andere Produktart (Kostüm) angenommen, da im Interesse der Wettbewerbsfreiheit und damit der grundsätzlich bestehenden Nachahmungsfreiheit" keine geringen Anforderungen" an das Vorliegen einer Nachahmung zu stellen seien (BGH WRP 2016, 850 Rn. 18–20 – Pippi-Langstrumpf-Kostüm II). Ferner wurde dies angenommen im Fall einer ungenehmigten **Radio- oder Fernsehübertragung** oder **Filmaufnahme** von Sportveranstaltungen usw. Die Übertragung knüpft zwar an eine fremde Leistung an und wäre ohne sie nicht möglich, stellt aber keine Nachahmung, sondern eine völlig eigenständige Leistung dar. Das liegt bei der Radioübertragung auf der Hand, gilt aber auch für die Fernsehübertragung und Filmaufnahmen (Blickwinkel, Naheinstellungen, Wiederholungen). Eine Anwendung der § 3 I, § 4 Nr. 3 scheidet daher aus (BGH GRUR 2011, 436 Rn. 16 – Hartplatzhelden.de). – In zwei kartellrechtlichen Entscheidungen hat der BGH zwar die Anwendbarkeit des § 1 UWG 1909 unter Hinweis auf „Vermarktungsrechte" des Veranstalters grds. bejaht (BGHZ 110, 371 (383) – Sportübertragungen; BGHZ 137, 297 (307) – Europapokalheimspiele). Indessen ist in solchen Fällen ein allein auf § 3 I gestützter unmittelbarer Leistungsschutz, selbst wenn man ihn im Grundsatz für möglich hielte (→ Rn. 3.5c), nicht gegeben. Denn damit würde dem Veranstalter iErg eine ausschließliche Verwertungsbefugnis zugesprochen. Der damit verbundene Eingriff in die Wettbewerbsfreiheit und die grundrechtlich (Art. 5 I

GG, Art. 12 I 1 GG) geschützten Interessen des Übernehmers und das Informationsinteresse der Allgemeinheit wäre aber nicht gerechtfertigt, weil der Veranstalter in seiner Tätigkeit nicht beeinträchtigt wird und er sich mit den Abwehransprüchen aus den § 823 I BGB, § 1004 I BGB (Eigentum; Besitz; Recht am Unternehmen; allgemeines Persönlichkeitsrecht) schützen kann (vgl. BGH GRUR 2011, 436 Rn. 25 ff. – Hartplatzhelden.de; BGH WRP 2006, 269 Rn. 16 ff. – Hörfunkrechte);

(5) der Kunde lediglich die Möglichkeit erhält, in eine Konkordanzliste Vergleichsnummern aus dem **Nummernsystem** eines Mitbewerbers einzutragen (BGH WRP 2006, 765 Rn. 28 – Michel-Nummern);

(6) zwei Vertriebsunternehmer ein **Produkt von demselben Lieferanten beziehen** und zugunsten eines Vertriebsunternehmers kein ausschließliches Bezugsrecht besteht bzw. ein solches nicht nachgewiesen wird (OLG Schleswig GRUR 2023, 651 Rn. 39).

VI. Anbieten

Der Mitbewerber muss die Nachahmung auf dem Markt **anbieten.** Der Begriff des Anbietens **3.39** ist nicht mit einer geschäftlichen Handlung iSv § 2 I Nr. 2 gleichzusetzen, sondern enger zu verstehen. Umfasst ist jede Handlung, die auf den Vertrieb gerichtet ist, einschließlich der Beschreibung, der Werbung und dem Feilhalten (ebenso OLG Köln GRUR-RR 2014, 210 (214); OLG Hamm WRP 2015, 1374 Rn. 104). Eingeschlossen sind insbesondere konkrete Verkaufsangebote, doch beschränkt sich der Begriff des Anbietens nicht darauf. Es genügt bereits das Ausliefern der Nachahmungsprodukte an einen Zwischenhändler (BGH GRUR 2003, 892 (893) – Alt Luxemburg), nicht aber die bloße Produktpräsentation auf einer ausschließlich dem Fachpublikum zugänglichen Messe (BGH WRP 2015, 717 Rn. 22, 23 – Keksstangen; BGH WRP 2017, 956 Rn. 25 – Mart-Stam-Stuhl), es sei denn, dass Besuchern die Lieferbereitschaft erklärt wird (BGH GRUR 2019, 196 Rn. 13 – Industrienähmaschinen) – Vom Anbieten ist das bloße **Herstellen** zu unterscheiden, das den Tatbestand noch nicht erfüllt. Die Herstellung ist zwar notwendige Vorbereitungshandlung für das Anbieten und begründet daher möglicherweise die Gefahr eines unlauteren Anbietens, so dass ein vorbeugender Unterlassungsanspruch gegeben ist. Dieser Anspruch ist aber nur auf Unterlassung des Anbietens gerichtet, nicht (auch) auf Unterlassung der Herstellung (→ Rn. 3.80). – Ebenfalls nicht als Anbieten sind der **Import** oder die **(Zwischen-)Lagerung** von nachgeahmten Produkten anzusehen.

VII. Besondere, die Unlauterkeit der Nachahmung begründende Umstände

1. Allgemeines

Die bloße Tatsache, dass die angebotenen Produkte Nachahmungen sind, begründet für sich **3.40** allein nicht die Unlauterkeit iSd § 4 Nr. 3 (BGH GRUR 2017, 79 Rn. 77, 96 – Segmentstruktur; OLG Köln GRUR-RR 2018, 207 Rn. 90; OLG Köln WRP 2021, 381 Rn. 94). Es müssen besondere Umstände hinzutreten, aus denen sich die Unlauterkeit dieses Verhaltens ergibt. Der lauterkeitsrechtliche Nachahmungsschutz dient der Absicherung eines konkreten Leistungsergebnisses vor Nachahmungen, die im Einzelfall aufgrund eines unlauteren Verhaltens des Mitbewerbers zu missbilligen sind (BGH WRP 2017, 792 Rn. 27 – Bodendübel). Das UWG führt in § 4 Nr. 3 einige solcher Umstände an. Im Einzelfall können insoweit Überschneidungen eintreten. Das kann den Unwertgehalt verdichten und im Rahmen der Gesamtwürdigung unter Beachtung der Wechselwirkung (→ Rn. 3.69) Berücksichtigung finden. Zu den sonstigen, die Unlauterkeit begründenden Umständen gehört jedoch nach der neueren Rspr. (BGH WRP 2017, 51 Rn. 78 ff. – Segmentstruktur) nicht mehr die Behinderung. Sie ist seither nur noch nach § 4 Nr. 4 zu beurteilen (→ Rn. 3.63 ff.).

2. Vermeidbare Herkunftstäuschung (§ 4 Nr. 3 lit. a)

a) Allgemeines. Nach § 4 Nr. 3 lit. a ist das Anbieten eines Nachahmungsprodukts unlauter, **3.41** wenn dies eine **vermeidbare Täuschung der Abnehmer über die betriebliche Herkunft** des Nachahmungsprodukts herbeiführt. Der Täuschung steht die Begründung einer **Täuschungsgefahr** gleich (OLG Köln GRUR 2018, 207 Rn. 90). Zum Verhältnis zu den verbraucherschützenden Regelungen in § 5 I, II, § 6 II Nr. 3 und § 3 III Nr. 13 → Rn. 3.16a. Tathandlung ist das **Anbieten** der Nachahmungsprodukte gegenüber (potenziellen) **Abnehmern.** Ob es zu einer Herkunftstäuschung kommt, beurteilt sich aus deren Sicht in der jeweiligen **Erwerbssituation** (→ Rn. 3.44a). Maßgeblich ist der angemessen gut bzw. normal informierte und angemessen aufmerksame und kritische bzw. verständige durchschnittliche Abnehmer (OLG Köln WRP 2020, 1489 Rn. 82; OLG Köln WRP 2021, 381 Rn. 94). Richtet sich das Angebot an eine bestimmte Gruppe von Abnehmern, etwa Fachleute, ist auf die Sichtweise eines durchschnittlichen Mitglieds dieser Gruppe abzustellen (BGH GRUR 1999, 1106 (1108) – Rollstuhlnachbau; BGH GRUR 2003, 359 (361) – Pflegebett; BGH GRUR 2010, 1125 Rn. 32 – Femur-Teil).

3.41a **b) Erfordernis einer gewissen Bekanntheit des Originals.** Voraussetzung für eine Herkunftstäuschung ist grds., dass das nachgeahmte Erzeugnis eine **gewisse Bekanntheit** bei nicht unerheblichen Teilen der angesprochenen Verkehrskreise erlangt hat (BGH GRUR 2005, 166 (169) – Puppenausstattungen; BGH GRUR 2005, 600 (602) – Handtuchklemmen; BGH GRUR 2006, 79 Rn. 35 – Jeans I; BGH GRUR 2007, 984 Rn. 34 – Gartenliege; Harte-Bavendamm/Henning-Bodewig/Sambuc § 4 Nr. 3 Rn. 86; krit. Sack GRUR 2015, 442 (445)). Ohne eine solche Bekanntheit kann die Gefahr einer Herkunftstäuschung nicht bestehen, sofern nicht besondere Umstände vorliegen. Ist nämlich dem Verkehr nicht bekannt, dass es ein Original gibt, scheidet eine Herkunftstäuschung in aller Regel schon begrifflich aus. Abweichendes gilt in den Fällen, in denen das Original und (insbes.) eine billigere Nachahmung nebeneinander vertrieben werden, so dass der Verkehr beides unmittelbar miteinander vergleichen kann (BGH GRUR 2005, 600 (602) – Handtuchklemmen; BGH GRUR 2007, 339 Rn. 39 – Stufenleitern; BGH GRUR 2007, 984 Rn. 34 – Gartenliege; BGH GRUR 2009, 79 Rn. 35 – Gebäckpresse). – Für das **erforderliche Maß an Bekanntheit** gilt: Das Erzeugnis muss bei nicht unerheblichen Teilen der angesprochenen Verkehrskreise eine solche Bekanntheit erreicht haben, dass sich in relevantem Umfang die Gefahr der Herkunftstäuschung ergeben kann, wenn Nachahmungen vertrieben werden (BGH GRUR 2005, 166 (167) – Puppenausstattungen; BGH GRUR 2006, 79 Rn. 35 – Jeans I; BGH GRUR 2007, 339 Rn. 39 – Stufenleitern; BGH GRUR 2007, 984 Rn. 34 – Gartenliege). Eine **Verkehrsgeltung** iSd § 4 Nr. 2 MarkenG ist **nicht erforderlich** (BGH GRUR 2002, 275 (277) – Noppenbahnen; BGH GRUR 2006, 79 Rn. 35 – Jeans I). Dagegen muss eine gewisse Bekanntheit auf dem **inländischen Markt** bestehen (BGH GRUR 2009, 79 Rn. 35 – Gebäckpresse). Daher kommt es auf eine etwaige Bekanntheit auf einem ausländischen Markt nicht an, selbst wenn der ausländische Wettbewerber nach Art. 1 II, 2 I PVÜ Gleichbehandlung genießt (BGH GRUR 2009, 79 Rn. 35 – Gebäckpresse). Maßgebender **Zeitpunkt** für die Bekanntheit ist die Markteinführung der Nachahmung (BGH GRUR 2007, 339 Rn. 39 – Stufenleitern; BGH GRUR 2009, 79 Rn. 35 – Gebäckpresse) sowie beim Unterlassungsanspruch der Zeitpunkt der letzten mündlichen Verhandlung. Für die **Feststellung** der Bekanntheit gilt: Die Bekanntheit kann sich nicht nur aus entsprechenden **Werbeanstrengungen** (zB Prospekte, Kataloge, Messeauftritte; OLG Köln WRP 2014, 875 Rn. 7), sondern auch aus der **Dauer** der Marktpräsenz, den hohen **Absatzzahlen** des Originals oder dem hohen **Marktanteil** ergeben (BGH GRUR 2007, 339 Rn. 32 – Stufenleitern; BGH GRUR 2007, 984 Rn. 32 – Gartenliege; BGH WRP 2013, 1189 Rn. 27 – Regalsystem; OLG Frankfurt GRUR-RR 2019, 77 Rn. 26). Ein sehr niedriger Marktanteil muss allerdings nicht gegen die Bekanntheit sprechen, zumal bei Luxusprodukten (OLG Hamm WRP 2015, 1374 Rn. 109). Auch die mehrfache nahezu identische Nachahmung kann ein Indiz für die Bekanntheit eines Produkts sein (OLG Köln GRUR-RR 2014, 258 Ls.).

3.41b **Bekanntheit** setzt nur Kenntnis des nachgeahmten Originals, **nicht** auch die **Kenntnis** des **Namens** des Originalherstellers voraus (BGH GRUR 2006, 79 Rn. 36 – Jeans I). Es genügt die Vorstellung, dass das Erzeugnis von einem bestimmten Hersteller, wie auch immer dieser heißen mag, oder von einem mit diesem verbundenen Unternehmen in den Verkehr gebracht wurde (BGH GRUR 2007, 339 Rn. 40 – Stufenleitern; BGH GRUR 2007, 984 Rn. 32 – Gartenliege; BGH GRUR 2009, 79 Rn. 31 – Gebäckpresse; BGH GRUR 2016, 730 Rn. 64 – Herrnhuter Stern; OLG Köln WRP 2013, 1508 Rn. 30). Dem steht es nicht entgegen, dass der Hersteller in der Vergangenheit einen Vertrieb unter verschiedenen Bezeichnungen, etwa einen Vertrieb durch einen Händler unter eigenen Marken zugelassen hat (BGH GRUR 2007, 984 Rn. 26, 32 – Gartenliege; BGH GRUR 2009, 79 Rn. 33 – Gebäckpresse).

3.41c Fehlt es an einer gewissen Bekanntheit, so kann jedoch gleichwohl eine wettbewerbswidrige **Behinderung** in Betracht kommen (→ Rn. 3.63 ff. und § 4 Nr. 4).

3.42 **c) Begriff und Arten der Herkunftstäuschung. aa) Begriff.** Eine Herkunftstäuschung liegt vor, wenn die angesprochenen Verkehrskreise (BGH GRUR 1988, 385 (387) – Wäsche-Kennzeichnungsbänder) den Eindruck gewinnen können, die Nachahmung stamme vom Her-

Bei **Modeerzeugnissen** setzt die Herkunftstäuschung voraus, dass das Produkt eine besonders **3.43d** originelle Gestaltung aufweist, die nur ausnahmsweise anzunehmen ist (BGH GRUR 1998, 477 (478) – Trachtenjanker; OLG Köln WRP 2020, 1616 Rn. 37).

Bei der Nachahmung von **Werbeslogans** reicht es nach der Rspr. für eine Herkunftstäu- **3.43e** schung aus, wenn sich der Nachahmer das Erinnerungsbild beim Publikum zunutze macht (BGH GRUR 1997, 308 (311) – Wärme fürs Leben; Erdmann FS Vieregge, 1995, 557; krit. Sambuc Rn. 713). Allerdings dürfte dies nur unter dem Gesichtspunkt der Ausnutzung der Wertschät- zung eine Rolle spielen (erwähnt, aber nicht näher geprüft in BGH GRUR 1997, 308 (310) – Wärme fürs Leben).

cc) Mittelbare Herkunftstäuschung (Herkunftstäuschung im weiteren Sinn). Für die **3.44** Gefahr einer Täuschung über die betriebliche Herkunft genügt eine mittelbare Herkunftstäu- schung oder Herkunftstäuschung iwS (BGH GRUR 2021, 1544 Rn. 52 – Kaffeebereiter; BGH GRUR 2023, 736 Rn. 46 – KERRYGOLD). Sie liegt vor, wenn der Verkehr von **geschäftli- chen oder organisatorischen** – wie lizenz- oder gesellschaftsvertraglichen – **Beziehungen** zwischen den beteiligten Unternehmen ausgeht oder wenn er die Nachahmung für eine **neue Serie** oder ein unter einer **Zweitmarke** vertriebenes Produkt des Originalherstellers hält (BGH GRUR 2009, 1073 Rn. 15 – Ausbeinmesser; BGH GRUR 2019, 196 Rn. 15 – Industrienäh- maschinen; BGH GRUR 2021, 1544 Rn. 52 – Kaffeebereiter; BGH GRUR 2023, 736 Rn. 46 – KERRYGOLD; OLG Köln GRUR-RR 2018, 207 Rn. 94). Bei ähnlich gestalteten Produkt- verpackungen kann die Gefahr einer mittelbaren Herkunftstäuschung unter dem Gesichtspunkt, dass der Eindruck entsteht, es handele sich um eine neue Serie oder eine Zweitmarke des Berechtigten, bspw. in Betracht kommen, wenn das in Rede stehende Produkt über einen anderen Vertriebsweg oder zu einem günstigeren Preis als das Originalprodukt angeboten wird (BGH GRUR 2023, 736 Rn. 54 – KERRYGOLD). – Eine Herkunftstäuschung kann durch eine deutlich sichtbare, sich vom Originalprodukt unterscheidende **Kennzeichnung der Nach- ahmung** ausgeräumt werden, wenn die angesprochenen Verkehrskreise diese einem bestimmten Unternehmen nicht allein ihrer Gestaltung zuordnen, sondern sich beim Kauf auch an den Herstellerangaben in der Werbung, den Angebotsunterlagen oder an der am Produkt angebrach- ten Herstellerkennzeichnung orientieren (BGH WRP 2017, 792 Rn. 61 – Bodendübel; BGH GRUR 2021, 1544 Rn. 52 – Kaffeebereiter; vgl. weiter OLG Köln GRUR-RR 2018, 207 Rn. 94 und OLG Köln WRP 2020, 1489 Rn. 52 zu Jeanshosen; OLG München WRP 2018, 1240 Rn. 24, 25 zu Badelatschen; OLG Köln WRP 2019, 1055 Rn. 85 zu Rotationsrasierer). In diesem Fall müssen für die Annahme einer vermeidbaren Herkunftstäuschung aufgrund der Annahme der Verkehrskreise, es könnten lizenzvertragliche Verbindungen zwischen dem Her- steller des Originalprodukts und dem Anbieter der Nachahmung, zusätzliche Hinweise vor- liegen, die diese Annahme rechtfertigen. **Beispiele** dafür sind die frühere Verbindung der Parteien durch einen Lizenzvertrag oder der frühere Vertriebs des Originalprodukts durch den Nachahmer (BGH GRUR 2019, 196 Rn. 20 – Industrienähmaschinen; BGH GRUR 2021, 1544 Rn. 62 – Kaffeebereiter; BGH GRUR 2023, 736 Rn. 46 – KERRYGOLD). Auch wenn die Annahme einer vermeidbaren Herkunftstäuschung damit begründet wird, bei den angespro- chenen Verkehrskreisen werde der Eindruck erweckt, es handele sich bei dem Nachahmungs- produkt um eine neue Serie oder eine Zweitmarke des Herstellers des Originalprodukts, müssen entsprechende Feststellungen getroffen werden (BGH GRUR 2021, 1544 Rn. 62 – Kaffee- bereiter). Dafür soll es ausreichen, dass bei bestimmten Produkten, zB Uhren, ein Vertrieb unter Zweitmarken oder aufgrund von Lizenzverträgen üblich und dem Verkehr bekannt sind und Kooperationen mit Künstlern nicht unüblich sind (OLG Frankfurt WRP 2022, 621 Rn. 38 ff). – Dagegen räumt nicht schon eine (als solche erkennbare) **Handelsmarke** auf dem nachgeahmten Produkt die Gefahr der Herkunftstäuschung aus (BGH GRUR 2009, 1069 Ls. 2 – Knoblauch- würste; OLG Köln WRP 2019, 1055 Rn. 85). – Richtet sich das Angebot an **Fachleute,** die die am Markt vertretenen Produkte, ihre Gestaltung und ihre Herkunft kennen, so ist auch bei nahezu identischer Nachahmung regelmäßig sowohl eine unmittelbare Herkunftstäuschung als auch eine mittelbare Herkunftstäuschung zu verneinen, wenn die Produkte in Packungen ver- trieben werden, die gegenüber dem Originalprodukt deutlich unterschiedliche Herkunftshin- weise tragen (BGH WRP 2015, 717 Rn. 36 – Keksstangen).

d) Maßgeblicher Zeitpunkt der Herkunftstäuschung. Im Grundsatz stellt die Rspr. auf **3.44a** die **Erwerbssituation** ab (BGH GRUR 2010, 1125 Rn. 33 f. – Femur-Teil; BGH GRUR 2013, 951 Rn. 32 – Regalsystem; BGH WRP 2017, 792 Rn. 62 – Bodendübel; BGH GRUR 2021, 1544 Rn. 52 – Kaffeebereiter).

3.44b   Eine andere Frage ist, ob im Einzelfall auch eine Herkunftstäuschung zu berücksichtigen sein kann, zu der es erst nach dem Erwerb des Produkts kommt, etwa bei seinem Gebrauch oder Verbrauch **(Post-Sale Confusion)**. Das ist insbes. dann von praktischer Bedeutung, wenn Einkäufer und Verwender des Produkts unterschiedliche Personen sind und der Verwender – etwa weil die Verpackung mit dem aufklärenden Hinweis bereits entfernt worden ist – das gekaufte Produkt irrtümlich für das Originalprodukt hält und es nur deshalb verwendet. In der Vergangenheit wurde dies **von der Rspr. verneint** (BGH GRUR 2005, 349 (352) – Klemmbausteine III). Wurde das Nachahmungsprodukt daher in einer Umverpackung zum Kauf angeboten, die einen aufklärenden Hinweis enthielt, so wurde bereits dadurch eine Herkunftstäuschung ausgeschlossen (BGH GRUR 2005, 349 (352) – Klemmbausteine III). Ob daran auch unter Geltung des heutigen UWG festzuhalten ist, ist noch **nicht abschließend geklärt** (bejahend OLG Köln GRUR-RR 2016, 280 Rn. 26; offengelassen in BGH GRUR 2010, 1125 Rn. 35 – Femur-Teil; BGH GRUR 2021, 1544 Rn. 57 – Kaffeebereiter; diff. Ohly/Sosnitza/ Ohly § 4 Rn. 3/55). Für eine Berücksichtigung einer Herkunftstäuschung, die erst nach dem Erwerb des Produkts eintritt, spricht folgende Erwägung: Das UWG gilt nach seinem § 2 I Nr. 2 auch für Verhaltensweisen, die mit der Durchführung eines Vertrags über Waren oder Dienstleistungen objektiv zusammenhängen. Ein objektiver Zusammenhang zwischen dem Angebot des Nachahmungsprodukts und der Durchführung des Vertrags liegt deshalb vor, weil das Verhalten objektiv darauf gerichtet ist, auch eine geschäftliche Entscheidung des Abnehmers nach Vertragsschluss, etwa die Entscheidung, das Produkt zu behalten oder abzugeben (§ 2 I Nr. 1), zu beeinflussen (→ § 2 Rn. 2.91). Ist eine derartige nachvertragliche Herkunftstäuschung objektiv zu befürchten, muss der Anbieter das Erforderliche tun, um sie zu vermeiden. Allerdings scheidet eine der Erwerbssituation nachfolgende Herkunftstäuschung bei Produkten, die unterschiedlich gekennzeichnet sind und von Fachkreisen verwendet werden, regelmäßig aus, wenn die Benutzung der Produkte eine sorgfältige Planung voraussetzt (BGH GRUR 2010, 1125 Rn. 35–37 – Femur-Teil). – Halten dagegen lediglich außenstehende **Dritte** das vom Abnehmer gekaufte Produkt irrtümlich für das Original (Fall BGH GRUR 1985, 876 – Tchibo/Rolex I), so greift § 4 Nr. 3 lit. a nicht ein (ebenso OLG München WRP 2018, 1240 Rn. 23). Jedoch kann dann möglicherweise der Tatbestand des § 4 Nr. 3 lit. b (GK-UWG/Leistner § 4 Nr. 9 UWG aF Rn. 152; Ohly FS Fezer, 2016, 615 (627 ff.)) oder aber, was näher liegt, der Tatbestand des § 4 Nr. 4 (→ § 4 Rn. 4.208 ff.) erfüllt sein.

3.45   **e) Vermeidbarkeit der Herkunftstäuschung. aa) Grundsatz.** Die Herbeiführung der Gefahr einer Herkunftstäuschung ist hinzunehmen, wenn sie unvermeidbar ist. **Vermeidbar** ist sie dann, wenn sie durch **geeignete und zumutbare Maßnahmen** verhindert werden kann (BGH GRUR 2009, 1069 Rn. 12 – Knoblauchwürste; BGH GRUR 2016, 730 Rn. 68 – Herrnhuter Stern; BGH WRP 2017, 1332 Rn. 39 – Leuchtballon). Bei der Zumutbarkeitsprüfung ist eine umfassende **Interessenabwägung** vorzunehmen (→ Rn. 3.47; BGH WRP 2013, 1189 Rn. 35 – Regalsystem; BGH WRP 2015, 1090 Rn. 33 – Exzenterzähne; BGH GRUR 2016, 730 Rn. 68 – Herrnhuter Stern; BGH WRP 2017, 792 Rn. 54 – Bodendübel; Näheres unter → Rn. 3.47 ff.).

3.46   **bb) Eignung von Maßnahmen zur Vermeidung einer Herkunftstäuschung. (1) Sichtweise des durchschnittlichen Abnehmers beim Erwerb des Erzeugnisses.** Die Eignung bestimmter Maßnahmen zur Vermeidung einer Herkunftstäuschung beurteilt sich aus der Sicht des **durchschnittlichen Abnehmers** im Zeitpunkt der **Kaufentscheidung** (§ 2 I Nr. 1). Dazu → Rn. 3.41. Maßgebend sind die **Umstände des Einzelfalls.** Dabei kommt es insbes. auf das konkrete Erzeugnis, die konkrete Verkaufssituation und die konkreten Maßnahmen an (BGH GRUR 2000, 521 (524) – Modulgerüst I; BGH GRUR 2001, 443 (445) – Viennetta; BGH GRUR 2002, 820 (822) – Bremszangen; BGH GRUR 2002, 275 (277) – Noppenbahnen; BGH GRUR 2005, 166 (170) – Puppenausstattungen). Der Abnehmer muss in der Lage sein zu erkennen, dass das angebotene Erzeugnis nicht das Originalerzeugnis ist. Es gelten insoweit die zivilrechtlichen Grundsätze der Wissenszurechnung (vgl. § 166 I BGB).

3.46a   **(2) In Betracht kommende Maßnahmen.** Als geeignete Maßnahmen zur Vermeidung der Herkunftstäuschung kommen neben der Wahl unterschiedlicher **Materialien, Produktbezeichnungen** oder **Verpackungen** (BGH GRUR 2005, 166 (170) – Puppenausstattungen) insbes. das **Anbringen von Herkunftskennzeichnungen** in Betracht (vgl. BGH GRUR 1976, 434 (436) – Merkmalklötze; BGH WRP 2015, 717 Rn. 36 – Keksstangen). Die auf Grund der konkreten Produktgestaltung bestehende Gefahr einer Herkunftsverwechslung wird hingegen steller des Originals oder einem mit ihm geschäftlich oder organisatorisch verbundenen Unternehmen (→ Rn. 3.41b). Hierzu können die im Markenrecht entwickelten Grundsätze zur Verwechslungsgefahr entsprechend angewendet werden (BGH GRUR 2001, 251 (253) – Messerkennzeichnung; OLG Köln WRP 2007, 683 (685)). Bei der Prüfung der Frage, ob eine Herkunftstäuschung gegeben ist, müssen **alle Umstände des Einzelfalls** in den Blick genommen werden, wobei insbesondere zu berücksichtigen ist, welche Produkt- und Herkunftsbezeichnungen auf der Nachahmung verwendet werden und in welcher Weise dies geschieht (BGH GRUR 2023, 736 Rn. 50 – KERRYGOLD). Das Hervorrufen bloßer Assoziationen an das Originalprodukt reicht nicht aus (BGH GRUR 2005, 166 (170) – Puppenausstattungen; OLG Köln GRUR-RR 2014, 393 (394)). Maßgebend ist, wie stets, die Sichtweise des durchschnittlich informierten, situationsadäquat aufmerksamen und verständigen Durchschnittsverbrauchers (oder sonstigen Marktteilnehmers), der sich für das Produkt interessiert (BGH GRUR 2010, 1125 Rn. 32 – Femur-Teil; OLG Köln GRUR-RR 2014, 287 (290)). Wie **intensiv** sich ein Kunde mit dem Produkt beschäftigt, hängt naturgemäß von dessen Eigenart und dessen Preis ab (vgl. OLG Köln GRUR-RR 2003, 183 (186); zur Herkunftstäuschung bei Alltagsprodukten vgl. Voßberg/Loew GRUR-Prax 2023, 384 ff.). Eine Herkunftstäuschung bei einem Verbraucher ist nicht ausgeschlossen, wenn es sich um ein höherpreisiges Produkt handelt und die Kaufentscheidung erst nach bewusster Auswahl und Hinzuziehung von Herstellerkatalogen getroffen wird (OLG Köln GRUR-RR 2008, 166 (169)) oder wenn das Original und die Nachahmung unterschiedliche Eigenschaften aufweisen, die beim bestimmungsgemäßen Gebrauch nicht erkennbar sind (OLG Köln GRUR-RR 2014, 287 (290): Faltbarkeit einer Handtasche). – Erfolgt der Vertrieb von Fachleuten an **Fachleute** oder **fachkundige Erwerber,** ist davon auszugehen, dass sie sich – anders als das breite Publikum bei Alltagsgeschäften – genauer mit dem Produkt befassen und sich – im Hinblick auch auf Service- und Garantieleistungen – auch für den Hersteller interessieren (BGH GRUR 1996, 210 (212) – Vakuumpumpen; BGH GRUR 2012, 58 Rn. 49 – Seilzirkus: öffentliche Auftraggeber; BGH WRP 2015, 717 Rn. 23 – Keksstangen: Messe für Fachleute). Insbes. ist bei gewerblichen Wiederverkäufern und Zwischenhändlern von einem höheren Kenntnisstand über die auf dem Markt angebotenen Produkte, ihre Form und Marktanteile sowie über die Hersteller und Vertriebsgesellschaften auszugehen (BGH WRP 2015, 717 Rn. 23, 36 – Keksstangen). Auch kann eine entsprechende Aufklärung durch die Verkäufer über die Konkurrenzsituation und die unterschiedlichen Preise eine Herkunftstäuschung ausschließen (BGH GRUR 1988, 385 (387) – Wäsche-Kennzeichnungsbänder; BGH GRUR 2010, 1125 Rn. 32 – Femur-Teil). – Ob die Kunden sich auf Grund der Täuschung zum Kauf entschließen oder sie nicht bemerken, dass ihnen beim Kauf des Originals die Nachahmung untergeschoben wird, ist unerheblich (BGH GRUR 1970, 510 (512) – Fußstützen). – Eine **Herkunftstäuschung scheidet aus,** wenn lediglich außen stehende **Dritte,** nicht aber die Abnehmer des Produkts einer Täuschung unterliegen. Insoweit kommt dann lediglich der Tatbestand des § 4 Nr. 3 lit. b (Rufausbeutung und Rufbeeinträchtigung) in Betracht (BGH GRUR 2007, 795 Rn. 41 – Handtaschen; vgl. auch BGH GRUR 1985, 876 (878) – Tchibo/Rolex I).

3.42a Ist den angesprochenen Verkehrskreisen das **Vorhandensein von Original und Nachahmung bekannt,** so werden sie dem Angebot mit einem entsprechend hohen Aufmerksamkeitsgrad begegnen und sich anhand bestimmter Merkmale darüber Klarheit verschaffen, wer das jeweilige Produkt hergestellt hat. Sie werden daher weder im Zeitpunkt der Werbung noch des Kaufs einer Herkunftstäuschung unterliegen (BGH GRUR 2007, 795 Rn. 39 – Handtaschen). – Einer Herkunftstäuschung kann auch der unterschiedliche Vertriebsweg von Original und Nachahmung entgegenstehen (BGH GRUR 2003, 973 (975) – Tupperwareparty; BGH GRUR 2007, 795 Rn. 40 – Handtaschen; OLG Köln GRUR-RR 2016, 280 Rn. 28). So etwa, wenn das Original nur in speziellen Geschäften oder nur über Laienwerber angeboten wird. – Bei der Beurteilung einer Herkunftstäuschung ist zwischen einer unmittelbaren Herkunftstäuschung (→ Rn. 3.43 ff.) und einer mittelbaren Herkunftstäuschung (einer Herkunftstäuschung iwS → Rn. 3.44 ff.) zu unterscheiden.

3.43 **bb) Unmittelbare Herkunftstäuschung.** Eine unmittelbare Herkunftstäuschung liegt vor, wenn die angesprochenen Verkehrskreise annehmen, bei der Nachahmung handle es sich um das Originalprodukt (BGH GRUR 2021, 1544 Rn. 52 – Kaffeebereiter; BGH GRUR 2023, 736 Rn. 46 – KERRYGOLD). Bei der Beurteilung der Übereinstimmung oder Ähnlichkeit von Produkten ist grds. auf den **Gesamteindruck** abzustellen, den Original und Nachahmung bei ihrer bestimmungsgemäßen Benutzung dem Betrachter vermitteln (BGH GRUR 2005, 166

(168) – Puppenausstattungen; BGH GRUR 2005, 600 (602) – Handtuchklemmen; BGH GRUR 2007, 795 Rn. 32 – Handtaschen; BGH GRUR 2009, 1069 Rn. 20 – Knoblauchwürste). Dabei ist der **Erfahrungssatz** zu berücksichtigen, dass der Verkehr die fraglichen Produkte regelmäßig nicht gleichzeitig wahrnimmt und miteinander vergleicht, sondern seine Auffassung auf Grund eines Erinnerungseindrucks gewinnt. Dabei treten regelmäßig die übereinstimmenden Merkmale mehr hervor, so dass es mehr auf die Übereinstimmungen als die Unterschiede ankommt (BGH GRUR 2007, 795 Rn. 34 – Handtaschen; BGH GRUR 2010, 80 Rn. 41 – LIKEaBIKE; BGH GRUR 2016, 730 Rn. 47 – Herrnhuter Stern; BGH WRP 2018, 950 Rn. 65 – Ballerinaschuh). Eine Herkunftstäuschung scheidet aus, wenn der Verkehr bereits bei geringer Aufmerksamkeit die Unterschiedlichkeit von Original und Nachahmung wahrnimmt (BGH GRUR 2007, 795 Rn. 41 – Handtaschen). – Bei einer **identischen Leistungsübernahme** wird idR eine Herkunftstäuschung bestehen, weil der interessierte Betrachter zwangsläufig davon ausgeht, die beiden Produkte würden von demselben Hersteller stammen (BGH GRUR 2004, 941 (943) – Metallbett; BGH GRUR 2007, 984 Rn. 36 – Gartenliege; BGH GRUR 2009, 1073 Rn. 15 – Ausbeinmesser). Im Übrigen kann es darauf ankommen, ob und aus welchen Blickwinkeln der unbefangene Betrachter das Produkt typischerweise sieht. So werden zB Außenleuchten nicht nur aus einem Blickwinkel, sondern etwa im Vorbeigehen aus verschiedenen Blickrichtungen betrachtet (BGH GRUR 2002, 629 (632) – Blendsegel). Die Herkunftstäuschung setzt nicht voraus, dass alle Gestaltungsmerkmale des Produkts eines Mitbewerbers übernommen werden. Vielmehr kommt es darauf an, dass gerade die übernommenen Gestaltungsmerkmale geeignet sind, im Verkehr auf die betriebliche Herkunft hinzuweisen (BGH GRUR 2001, 251 (253) – Messerkennzeichnung; BGH GRUR 2005, 166 (168) – Puppenausstattungen; BGH GRUR 2007, 795 Rn. 32 – Handtaschen; BGH GRUR 2016, 730 Rn. 47 – Herrnhuter Stern). Daher genügen Ähnlichkeiten in Merkmalen, denen der Verkehr keine herkunftshinweisende Bedeutung beimisst, nicht (BGHZ 141, 329 (340) – Tele-Info-CD; BGH GRUR 2005, 166 (168) – Puppenausstattungen; BGH GRUR 2005, 600 (603) – Handtuchklemmen); ebenso wenig Ähnlichkeiten in Merkmalen, die allein oder zusammen mit anderen allenfalls Erinnerungen oder Assoziationen an das Original wachrufen können, aber nicht hinreichend geeignet sind, über die Herkunft aus einem bestimmten Unternehmen zu täuschen (BGH GRUR 2002, 809 (812) – FRÜHSTÜCKS-DRINK I; BGH GRUR 2005, 166 (168) – Puppenausstattungen).

3.43a Stets ist darauf zu achten, dass Schutz nicht lediglich für die hinter der Produktgestaltung stehende gestalterische **Grundidee** gewährt wird (BGH GRUR 2005, 166 (168) – Puppenausstattungen; BGH WRP 2009, 1374 Rn. 21 – Knoblauchwürste; BGH GRUR 2016, 730 Rn. 37 – Herrnhuter Stern). Diese Gefahr besteht insbes. dann, wenn das angegriffene Produkt an das Original erinnert (BGH GRUR 2002, 629 (633) – Blendsegel) und das Original auf Grund entsprechender Werbung im Verkehr bekannt geworden ist (BGH GRUR 2005, 166 (168) – Puppenausstattungen). Herkunftshinweisend kann nur die konkrete Umsetzung der gestalterischen Grundidee sein. Jedoch kommt derartigen Erzeugnissen, die lediglich eine gestalterische Grundidee umsetzen, von Haus an nur geringe wettbewerbliche Eigenart zu (BGH GRUR 2016, 730 Rn. 43 – Herrnhuter Stern), **Beispiel:** Die Idee, für eine typische Spielsituation Puppen mit entsprechendem Zubehör zu vertreiben, ist auch dann nicht schutzfähig, wenn die entsprechenden Ausstattungen auf dem Markt bekannt sind und es schon deshalb nahe liegt, entsprechende Erzeugnisse dem Hersteller des Originals zuzuordnen. Herkunftshinweisend kann in solchen Fällen nur eine besondere Gestaltung oder uU eine besondere Kombination der Merkmale sein (BGH GRUR 2005, 166, 168 – Puppenausstattungen).

3.43b Geht es um die Herkunftstäuschung durch Verwendung eines **Kennzeichens,** sind die zum Kennzeichenrecht entwickelten Grundsätze zur **Verwechslungsgefahr** heranzuziehen. Der Verkehr nimmt aber auch ein Kennzeichen in seiner Gesamtheit mit all seinen Bestandteilen, wie es ihm in der konkreten Verwendung entgegentritt, wahr. Es dürfen daher nicht lediglich einzelne Gestaltungsmerkmale herausgegriffen und auf Übereinstimmungen geprüft werden. Andererseits sind auch die Merkmale des gekennzeichneten Produkts selbst in die Gesamtwürdigung einzubeziehen (BGH GRUR 2001, 251 (253 f.) – Messerkennzeichnung).

3.43c Bei Produkten des **täglichen Bedarfs** (zB Speiseeis), die sich in der äußeren Erscheinungsform und insbes. in der Gestaltung ihrer Verpackung von ähnlichen Produkten wenig unterscheiden, orientiert sich der Verkehr in erster Linie an der Produktbezeichnung und der Herstellerangabe (BGH GRUR 2001, 443 (445) – Viennetta); bei identischer Übernahme aller wesentlichen Gestaltungsmerkmale eines Produkts kann es jedoch anders sein (OLG Köln WRP 2013, 1508 Rn. 28, 29).

Bei **Modeerzeugnissen** setzt die Herkunftstäuschung voraus, dass das Produkt eine besonders **3.43d** originelle Gestaltung aufweist, die nur ausnahmsweise anzunehmen ist (BGH GRUR 1998, 477 (478) – Trachtenjanker; OLG Köln WRP 2020, 1616 Rn. 37).

Bei der Nachahmung von **Werbeslogans** reicht es nach der Rspr. für eine Herkunftstäu- **3.43e** schung aus, wenn sich der Nachahmer das Erinnerungsbild beim Publikum zunutze macht (BGH GRUR 1997, 308 (311) – Wärme fürs Leben; Erdmann FS Vieregge, 1995, 557; krit. Sambuc Rn. 713). Allerdings dürfte dies nur unter dem Gesichtspunkt der Ausnutzung der Wertschät- zung eine Rolle spielen (erwähnt, aber nicht näher geprüft in BGH GRUR 1997, 308 (310) – Wärme fürs Leben).

cc) Mittelbare Herkunftstäuschung (Herkunftstäuschung im weiteren Sinn). Für die **3.44** Gefahr einer Täuschung über die betriebliche Herkunft genügt eine mittelbare Herkunftstäu- schung oder Herkunftstäuschung iwS (BGH GRUR 2021, 1544 Rn. 52 – Kaffeebereiter; BGH GRUR 2023, 736 Rn. 46 – KERRYGOLD). Sie liegt vor, wenn der Verkehr von **geschäftli- chen oder organisatorischen** – wie lizenz- oder gesellschaftsvertraglichen – **Beziehungen** zwischen den beteiligten Unternehmen ausgeht oder wenn er die Nachahmung für eine **neue Serie** oder ein unter einer **Zweitmarke** vertriebenes Produkt des Originalherstellers hält (BGH GRUR 2009, 1073 Rn. 15 – Ausbeinmesser; BGH GRUR 2019, 196 Rn. 15 – Industrienäh- maschinen; BGH GRUR 2021, 1544 Rn. 52 – Kaffeebereiter; BGH GRUR 2023, 736 Rn. 46 – KERRYGOLD; OLG Köln GRUR-RR 2018, 207 Rn. 94). Bei ähnlich gestalteten Produkt- verpackungen kann die Gefahr einer mittelbaren Herkunftstäuschung unter dem Gesichtspunkt, dass der Eindruck entsteht, es handele sich um eine neue Serie oder eine Zweitmarke des Berechtigten, bspw. in Betracht kommen, wenn das in Rede stehende Produkt über einen anderen Vertriebsweg oder zu einem günstigeren Preis als das Originalprodukt angeboten wird (BGH GRUR 2023, 736 Rn. 54 – KERRYGOLD). – Eine Herkunftstäuschung kann durch eine deutlich sichtbare, sich vom Originalprodukt unterscheidende **Kennzeichnung der Nach- ahmung** ausgeräumt werden, wenn die angesprochenen Verkehrskreise diese einem bestimmten Unternehmen nicht allein ihrer Gestaltung zuordnen, sondern sich beim Kauf auch an den Herstellerangaben in der Werbung, den Angebotsunterlagen oder an der am Produkt angebrach- ten Herstellerkennzeichnung orientieren (BGH WRP 2017, 792 Rn. 61 – Bodendübel; BGH GRUR 2021, 1544 Rn. 52 – Kaffeebereiter; vgl. weiter OLG Köln GRUR-RR 2018, 207 Rn. 94 und OLG Köln WRP 2020, 1489 Rn. 52 zu Jeanshosen; OLG München WRP 2018, 1240 Rn. 24, 25 zu Badelatschen; OLG Köln WRP 2019, 1055 Rn. 85 zu Rotationsrasierer). In diesem Fall müssen für die Annahme einer vermeidbaren Herkunftstäuschung aufgrund der Annahme der Verkehrskreise, es könnten lizenzvertragliche Verbindungen zwischen dem Her- steller des Originalprodukts und dem Anbieter der Nachahmung, zusätzliche Hinweise vor- liegen, die diese Annahme rechtfertigen. **Beispiele** dafür sind die frühere Verbindung der Parteien durch einen Lizenzvertrag oder der frühere Vertriebs des Originalprodukts durch den Nachahmer (BGH GRUR 2019, 196 Rn. 20 – Industrienähmaschinen; BGH GRUR 2021, 1544 Rn. 62 – Kaffeebereiter; BGH GRUR 2023, 736 Rn. 46 – KERRYGOLD). Auch wenn die Annahme einer vermeidbaren Herkunftstäuschung damit begründet wird, bei den angespro- chenen Verkehrskreisen werde der Eindruck erweckt, es handele sich bei dem Nachahmungs- produkt um eine neue Serie oder eine Zweitmarke des Herstellers des Originalprodukts, müssen entsprechende Feststellungen getroffen werden (BGH GRUR 2021, 1544 Rn. 62 – Kaffee- bereiter). Dafür soll es ausreichen, dass bei bestimmten Produkten, zB Uhren, ein Vertrieb unter Zweitmarken oder aufgrund von Lizenzverträgen üblich und dem Verkehr bekannt sind und Kooperationen mit Künstlern nicht unüblich sind (OLG Frankfurt WRP 2022, 621 Rn. 38 ff.). – Dagegen räumt nicht schon eine (als solche erkennbare) **Handelsmarke** auf dem nachgeahmten Produkt die Gefahr der Herkunftstäuschung aus (BGH GRUR 2009, 1069 Ls. 2 – Knoblauch- würste; OLG Köln WRP 2019, 1055 Rn. 85). – Richtet sich das Angebot an **Fachleute,** die die am Markt vertretenen Produkte, ihre Gestaltung und ihre Herkunft kennen, so ist auch bei nahezu identischer Nachahmung regelmäßig sowohl eine unmittelbare Herkunftstäuschung als auch eine mittelbare Herkunftstäuschung zu verneinen, wenn die Produkte in Packungen ver- trieben werden, die gegenüber dem Originalprodukt deutlich unterschiedliche Herkunftshin- weise tragen (BGH WRP 2015, 717 Rn. 36 – Keksstangen).

d) Maßgeblicher Zeitpunkt der Herkunftstäuschung. Im Grundsatz stellt die Rspr. auf **3.44a** die **Erwerbssituation** ab (BGH GRUR 2010, 1125 Rn. 33f. – Femur-Teil; BGH GRUR 2013, 951 Rn. 32 – Regalsystem; BGH WRP 2017, 792 Rn. 62 – Bodendübel; BGH GRUR 2021, 1544 Rn. 52 – Kaffeebereiter).

3.44b   Eine andere Frage ist, ob im Einzelfall auch eine Herkunftstäuschung zu berücksichtigen sein kann, zu der es erst nach dem Erwerb des Produkts kommt, etwa bei seinem Gebrauch oder Verbrauch **(Post-Sale Confusion)**. Das ist insbes. dann von praktischer Bedeutung, wenn Einkäufer und Verwender des Produkts unterschiedliche Personen sind und der Verwender – etwa weil die Verpackung mit dem aufklärenden Hinweis bereits entfernt worden ist – das gekaufte Produkt irrtümlich für das Originalprodukt hält und es nur deshalb verwendet. In der Vergangenheit wurde dies **von der Rspr. verneint** (BGH GRUR 2005, 349 (352) – Klemmbausteine III). Wurde das Nachahmungsprodukt daher in einer Umverpackung zum Kauf angeboten, die einen aufklärenden Hinweis enthielt, so wurde bereits dadurch eine Herkunftstäuschung ausgeschlossen (BGH GRUR 2005, 349 (352) – Klemmbausteine III). Ob daran auch unter Geltung des heutigen UWG festzuhalten ist, ist noch **nicht abschließend geklärt** (bejahend OLG Köln GRUR-RR 2016, 280 Rn. 26; offengelassen in BGH GRUR 2010, 1125 Rn. 35 – Femur-Teil; BGH GRUR 2021, 1544 Rn. 57 – Kaffeebereiter; diff. Ohly/Sosnitza/ Ohly § 4 Rn. 3/55). Für eine Berücksichtigung einer Herkunftstäuschung, die erst nach dem Erwerb des Produkts eintritt, spricht folgende Erwägung: Das UWG gilt nach seinem § 2 I Nr. 2 auch für Verhaltensweisen, die mit der Durchführung eines Vertrags über Waren oder Dienstleistungen objektiv zusammenhängen. Ein objektiver Zusammenhang zwischen dem Angebot des Nachahmungsprodukts und der Durchführung des Vertrags liegt deshalb vor, weil das Verhalten objektiv darauf gerichtet ist, auch eine geschäftliche Entscheidung des Abnehmers nach Vertragsschluss, etwa die Entscheidung, das Produkt zu behalten oder abzugeben (§ 2 I Nr. 1), zu beeinflussen (→ § 2 Rn. 2.91). Ist eine derartige nachvertragliche Herkunftstäuschung objektiv zu befürchten, muss der Anbieter das Erforderliche tun, um sie zu vermeiden. Allerdings scheidet eine der Erwerbssituation nachfolgende Herkunftstäuschung bei Produkten, die unterschiedlich gekennzeichnet sind und von Fachkreisen verwendet werden, regelmäßig aus, wenn die Benutzung der Produkte eine sorgfältige Planung voraussetzt (BGH GRUR 2010, 1125 Rn. 35–37 – Femur-Teil). – Halten dagegen lediglich außenstehende **Dritte** das vom Abnehmer gekaufte Produkt irrtümlich für das Original (Fall BGH GRUR 1985, 876 – Tchibo/Rolex I), so greift § 4 Nr. 3 lit. a nicht ein (ebenso OLG München WRP 2018, 1240 Rn. 23). Jedoch kann dann möglicherweise der Tatbestand des § 4 Nr. 3 lit. b (GK-UWG/Leistner § 4 Nr. 9 UWG aF Rn. 152; Ohly FS Fezer, 2016, 615 (627 ff.)) oder aber, was näher liegt, der Tatbestand des § 4 Nr. 4 (→ § 4 Rn. 4.208 ff.) erfüllt sein.

3.45   **e) Vermeidbarkeit der Herkunftstäuschung. aa) Grundsatz.** Die Herbeiführung der Gefahr einer Herkunftstäuschung ist hinzunehmen, wenn sie unvermeidbar ist. **Vermeidbar** ist sie dann, wenn sie durch **geeignete und zumutbare Maßnahmen** verhindert werden kann (BGH GRUR 2009, 1069 Rn. 12 – Knoblauchwürste; BGH GRUR 2016, 730 Rn. 68 – Herrnhuter Stern; BGH WRP 2017, 1332 Rn. 39 – Leuchtballon). Bei der Zumutbarkeitsprüfung ist eine umfassende **Interessenabwägung** vorzunehmen (→ Rn. 3.47; BGH WRP 2013, 1189 Rn. 35 – Regalsystem; BGH WRP 2015, 1090 Rn. 33 – Exzenterzähne; BGH GRUR 2016, 730 Rn. 68 – Herrnhuter Stern; BGH WRP 2017, 792 Rn. 54 – Bodendübel; Näheres unter → Rn. 3.47 ff.).

3.46   **bb) Eignung von Maßnahmen zur Vermeidung einer Herkunftstäuschung. (1) Sichtweise des durchschnittlichen Abnehmers beim Erwerb des Erzeugnisses.** Die Eignung bestimmter Maßnahmen zur Vermeidung einer Herkunftstäuschung beurteilt sich aus der Sicht des **durchschnittlichen Abnehmers** im Zeitpunkt der **Kaufentscheidung** (§ 2 I Nr. 1). Dazu → Rn. 3.41. Maßgebend sind die **Umstände des Einzelfalls.** Dabei kommt es insbes. auf das konkrete Erzeugnis, die konkrete Verkaufssituation und die konkreten Maßnahmen an (BGH GRUR 2000, 521 (524) – Modulgerüst I; BGH GRUR 2001, 443 (445) – Viennetta; BGH GRUR 2002, 820 (822) – Bremszangen; BGH GRUR 2002, 275 (277) – Noppenbahnen; BGH GRUR 2005, 166 (170) – Puppenausstattungen). Der Abnehmer muss in der Lage sein zu erkennen, dass das angebotene Erzeugnis nicht das Originalerzeugnis ist. Es gelten insoweit die zivilrechtlichen Grundsätze der Wissenszurechnung (vgl. § 166 I BGB).

3.46a   **(2) In Betracht kommende Maßnahmen.** Als geeignete Maßnahmen zur Vermeidung der Herkunftstäuschung kommen neben der Wahl unterschiedlicher **Materialien, Produktbezeichnungen** oder **Verpackungen** (BGH GRUR 2005, 166 (170) – Puppenausstattungen) insbes. das **Anbringen von Herkunftskennzeichnungen** in Betracht (vgl. BGH GRUR 1976, 434 (436) – Merkmalklötze; BGH WRP 2015, 717 Rn. 36 – Keksstangen). Die auf Grund der konkreten Produktgestaltung bestehende Gefahr einer Herkunftsverwechslung wird hingegen

nicht schon durch ein **Weglassen** der Herkunftskennzeichnung (zB Firmenaufkleber) des Originalherstellers beseitigt (BGH GRUR 2000, 521 (524) – Modulgerüst I; OLG Köln GRUR-RR 2016, 203 Rn. 54). Dies gilt insbes. dann, wenn die Erzeugnisse nicht stets und ausnahmslos mit solchen Herkunftskennzeichnungen versehen werden (BGH GRUR 2000, 521 (524) – Modulgerüst I). **Stets ausreichend** für einen Ausschluss der Herkunftstäuschung ist es, wenn das Produkt verpackt verkauft wird und auf der Verpackung oder, wenn das Produkt offen verkauft wird, auf dem Produkt unmissverständlich darauf hingewiesen wird, es handle sich nicht um das Original (OLG Frankfurt GRUR 1982, 175; OLG Hamburg MarkenR 2011, 275 (280)). – **Ganz allgemein gilt,** dass eine deutlich sichtbare, sich vom Originalprodukt unterscheidende Kennzeichnung der Nachahmung eine Herkunftstäuschung ausschließen kann, wenn die angesprochenen Verkehrskreise diese einem bestimmten Unternehmen nicht allein anhand ihrer Gestaltung zuordnen, sondern sich beim Kauf auch an den Herstellerangaben in der Werbung (zB Katalog), den Angebotsunterlagen oder an der am Produkt angebrachten Herstellerkennzeichnung orientieren (BGH WRP 2017, 792 Rn. 61 – Bodendübel). Maßgebend ist die jeweilige Erwerbssituation (OLG Köln WRP 2020, 225 Rn. 31). – Bei der Eignung von Maßnahmen zur Unterscheidung kann auch eine Rolle spielen, ob der Verkehr eher auf die technisch-konstruktiven Merkmale oder die äußere Gestaltungsform des Erzeugnisses als auf eine Kennzeichnung achtet (BGH GRUR 1999, 751 (753) – Güllepumpen; BGH GRUR 2000, 521 (524, 525) – Modulgerüst I; BGH GRUR 2001, 443 (445) – Viennetta; OLG Frankfurt WRP 2019, 1213 Rn. 11; OLG Frankfurt GRUR 2021, 1091 Rn. 28; OLG Frankfurt WRP 2022, 1021 Rn. 27). Des Weiteren kann es darauf ankommen, ob die Herkunftskennzeichnung unmittelbar und deutlich wahrnehmbar ist; ebenso darauf, ob die Herkunftskennzeichnung dauerhaft oder nur auf einem ablösbaren Aufkleber angebracht ist (BGH GRUR 2000, 521 (524 f.) – Modulgerüst I). Die Herkunftsbezeichnung muss sich deutlich von der Originalbezeichnung unterscheiden. So genügte die Bezeichnung „bykie" nicht, um eine Herkunftsverwechslung mit dem als „LIKEaBIKE" gekennzeichneten Originalprodukt auszuschließen (BGH GRUR 2010, 80 Rn. 43 – LIKEaBIKE). Ebenso wenig genügte die Bezeichnung „LE Liquid Elements" für eine Akku-Poliermaschine (OLG Frankfurt GRUR 2021 1091 Rn. 30).

(3) Einzelheiten. Bei **Maschinen** und **Geräten** liegt es nach der Lebenserfahrung nahe, dass **3.46b** die Verwendung unterscheidender Merkmale, wie deutlich andere Farbgebung und deutlich sichtbare Herstellerkennzeichnung, eine Herkunftstäuschung ausschließt (BGH GRUR 1999, 751 (753) – Güllepumpen; BGH GRUR 2002, 820 (823) – Bremszangen). Eine möglicherweise verbleibende Verwechslungsgefahr im weiteren Sinne muss dann ggf. hingenommen werden (BGH GRUR 2002, 275 (277) – Noppenbahnen; BGH GRUR 2002, 820 (822) – Bremszangen). – Bei **hochpreisigen Produkten bekannter Hersteller** ist eine Herstellerkennzeichnung idR geeignet, eine Herkunftstäuschung auszuschließen (OLG Köln WRP 2013, 1647 Rn. 33: Sanitärarmaturen). Bei Designer-Brillen etwa wird der Verkehr sich nicht allein an der äußeren Gestaltung, sondern auch an der Herstellerkennzeichnung orientieren (OLG Köln GRUR-RR 2003, 183 (186)). – Bei **verpackten Lebensmitteln** orientiert sich der Verkehr in erster Linie an der Produktbezeichnung und der Herstellerangabe und nicht an der äußeren Gestalt der Ware oder Verpackung (BGH GRUR 2001, 443 (446) – Viennetta; OLG Köln WRP 2013, 1508 Rn. 28). – Bei zwar nicht hochpreisigen, aber für längerfristigen Gebrauch bestimmten Haushaltsgeräten wird sich der Verkehr weniger an der Produkt- oder Herstellerbezeichnung und mehr an der äußeren Gestalt des Produkts und seines ästhetischen und funktionalen Bewertung ausrichten (OLG Hamburg GRUR-RR 2018, 360 Rn. 44 – Spiralschneider).

cc) Zumutbarkeit von Maßnahmen. (1) Grundsatz: Umfassende Interessenabwä- **3.47** **gung.** Bei der dabei gebotenen **umfassenden Interessenabwägung** (→ Rn. 3.45) sind die Interessen des **Herstellers,** der **Wettbewerber** und der **Abnehmer** zu berücksichtigen. Der Hersteller ist an der Vermeidung einer Herkunftstäuschung interessiert, um seine Absatzchancen zu wahren. Die Wettbewerber sind an der Nutzung nicht unter Sonderrechtsschutz stehender Gestaltungselemente interessiert. Die Abnehmer haben ein Interesse, unter mehreren Konkurrenzprodukten ein nach Preis und Leistung für sie geeignetes Produkt zu erwerben (BGH WRP 2015, 1090 Rn. 33 – Exzenterzähne; BGH GRUR 2016, 730 Rn. 68 – Herrnhuter Stern; BGH WRP 2017, 792 Rn. 54 – Bodendübel; OLG Frankfurt WRP 2018, 1356 Rn. 17). Dieses Interesse besteht sowohl bei einer Erstanschaffung als auch bei Deckung eines Ersatz- oder Ergänzungsbedarfs (→ Rn. 3.50). Außerdem haben sie ein Interesse, bei Lieferschwierigkeiten eines Anbieters auf einen anderen Anbieter ausweichen zu können (BGH WRP 2013, 1189 Rn. 36 – Regalsystem).

3.47a   **(2) Zumutbarkeit abweichender Kennzeichnung.** Soweit sich eine Herkunftstäuschung durch eine **unterscheidende Kennzeichnung** des Produkts (oder der Verpackung) vermeiden lässt, ist diese grds. zumutbar (zu einer Ausnahme vgl. BGH WRP 2013, 1189 Rn. 41 – Regalsystem). Ob aber eine deutliche Hervorhebung des Herstellernamens oder der Herstellermarke ausreicht, um die Gefahr einer Herkunftstäuschung ausreichend einzudämmen, hängt von den Umständen des Einzelfalls ab (BGH WRP 2015, 1090 Rn. 36 – Exzenterzähne; BGH GRUR 2023, 736 Rn. 50 – KERRYGOLD; OLG Frankfurt WRP 2019, 1213 Rn. 11). Bei einer nahezu identischen Nachahmung sind insoweit strenge Anforderungen zu stellen (OLG Frankfurt WRP 2018, 1356 Rn. 18). Auch kann es eine Rolle spielen, ob der Hersteller des Originals befürchten muss, dass ihm (zB im Rahmen von Mängelrügen) die (möglicherweise) minderwertigen Erzeugnisse des Nachahmers zugerechnet werden (BGH GRUR 2002, 275 (277) – Noppenbahnen), soweit dann nicht schon § 4 Nr. 3 lit. b eingreift (BGH WRP 2013, 1189 Rn. 46 – Regalsystem).

3.47b   **(3) Zumutbarkeit abweichender Produktgestaltung.** Lässt sich eine Herkunftstäuschung nicht durch unterscheidende Kennzeichen vermeiden, ist weiter zu fragen, ob es dem Nachahmer zumutbar ist, die **Produktgestaltung** selbst so zu verändern, dass eine Herkunftstäuschung ausscheidet. Dabei ist zu unterscheiden:

3.48   **(a) Ästhetische Merkmale und Kennzeichnungen.** Bei **ästhetischen Merkmalen** von Erzeugnissen und bei Kennzeichnungen ist dem Nachahmer **in aller Regel** ein **Ausweichen auf andere Gestaltungsformen oder -elemente** und damit ein Abstand zum Original **möglich** und **zumutbar,** weil insoweit typischerweise ein größerer Freiraum für Abweichungen besteht (BGH WRP 2013, 1189 Rn. 38 – Regalsystem; BGH WRP 2015, 1090 Rn. 34 – Exzenterzähne; BGH GRUR 2016, 730 Rn. 68, 70–73 – Herrnhuter Stern; BGH WRP 2017, 1332 Rn. 39 – Leuchtballon; OLG Köln WRP 2020, 1489 Rn. 56; OLG Köln WRP 2021, 381 Rn. 100). Das Ausmaß des Gestaltungsspielraums kann allerdings durch die Funktion des jeweiligen Erzeugnisses (BGH GRUR 1976, 434 (436) – Merkmalklötze) und durch bestimmte Trends, Moden oder Stilrichtungen begrenzt sein (vgl. BGH GRUR 1962, 299 (303) – formstrip; BGH GRUR 1972, 546 (547) – Trainingsanzug; OLG Köln GRUR-RR 2003, 183 (186 f.)). Dies berechtigt jedoch bei Ausweichmöglichkeiten innerhalb dieses Spielraums nicht zur identischen Nachahmung der Vorreiterprodukte (BGH GRUR 1969, 292 (293 f.) – Buntstreifensatin II). – Anders verhält es sich, wenn die Abnehmer wegen eines Ersatz- oder Ergänzungsbedarfs ein Interesse an auch äußerlich kompatiblen Produkten haben und davon die Verkäuflichkeit des Nachahmungsprodukts abhängt. In diesem Fall sind Herkunftsverwechslungen, die auf der übereinstimmenden Formgestaltung beruhen, hinzunehmen, sofern ihnen der Nachahmende durch andere geeignete und ihm zumutbare Maßnahmen so weit wie möglich entgegenwirkt (BGH WRP 2013, 1189 Rn. 38 – Regalsystem; BGH GRUR 2013, 1052 Rn. 42 – Einkaufswagen III).

3.49   **(b) Technische Merkmale.** Bei technischen Merkmalen von Erzeugnissen ist zu beachten, dass die **technische Lehre** und der im Schrifttum offenbarte und durch praktische Erfahrung bestätigte **Stand der Technik** frei ist (BGH GRUR 2002, 86 (90) – Laubhefter; BGH GRUR 2007, 984 Rn. 35 – Gartenliege; BGH GRUR 2012, 58 Rn. 43 – Seilzirkus). Gemeinfreie technische Lösungen dürfen daher übernommen werden, ohne dass der Nachahmer auf das Risiko verwiesen werden darf, es mit anderen Lösungen zu versuchen (BGH GRUR 2002, 86 (90) – Laubhefter; BGH GRUR 2016, 730 Rn. 71 – Herrnhuter Stern). Auch ist es einem Unternehmer billigerweise nicht verwehrt, auf die **Verkäuflichkeit** seines Erzeugnisses zu achten und dementsprechend die Erwartungen der **Abnehmer,** vor allem an den **Gebrauchszweck** des Erzeugnisses, zu berücksichtigen. Er darf daher grds. die technischen Gestaltungselemente des Originals übernehmen, wenn sie sich aus diesen Gründen als eine dem offenbarten Stand der Technik einschließlich der praktischen Erfahrung **angemessene technische Lösung** darstellen (BGH GRUR 2002, 86 (90) – Laubhefter; BGH GRUR 2002, 275 (276) – Noppenbahnen; BGH GRUR 2002, 820 (822) – Bremszangen; BGH GRUR 2005, 600 (603) – Handtuchklemmen; BGH GRUR 2007, 984 Rn. 35 – Gartenliege; BGH WRP 2017, 1332 Rn. 39 – Leuchtballon). Dies gilt auch für die Mittel zur äußeren Gestaltung des Produkts, soweit sie als angemessene Lösung für seine praktische Verwendung anzusehen sind, mögen sie auch von sonstigen Mitbewerbern in der Vergangenheit nicht verwendet worden sein (BGH

GRUR 2007, 339 Rn. 44 – Stufenleitern: Verwendung grüner Farbe und naturfarbener Holzstufen für Leitern). Haben die Abnehmer wegen eines Ersatz- und Erweiterungsbedarfs ein Interesse an Konkurrenzprodukten, die mit denen des Originalherstellers kompatibel sind (zB bei Regalsystemen im Einzelhandel), so darf der Nachahmer nicht auf abweichende Produktgestaltungen verwiesen werden, die die Verkäuflichkeit seiner Produkte im Hinblick auf den Ersatz- und Erweiterungsbedarf entscheidend beeinträchtigen (BGH WRP 2013, 1189 Rn. 37 – Regalsystem). Angemessenheit ist zu verneinen, wenn dem Mitbewerber auch bei gleicher Prioritätensetzung und Benutzung desselben freien Stands der Technik sowie handelsüblicher Normbauteile ein hinreichender Spielraum für Abweichungen zur Verfügung steht. Dies setzt eine **Gesamtwürdigung** voraus. Je komplexer ein technisches Erzeugnis ist und je mehr technische Funktionen (zB hinsichtlich Sicherheit, Haltbarkeit, Bedienbarkeit, Montierbarkeit, Nutzungsmöglichkeit mit Zusatz- und Variationsteilen) es auf sich vereint, desto weniger erscheint es technisch notwendig, die konkrete Gesamtgestaltung in allen Einzelheiten (nahezu) identisch zu übernehmen. Ein Indiz dafür ist es, wenn abweichende Konkurrenzerzeugnisse mit einem, zumindest für Fachleute, „eigenen Gesicht" auf dem Markt sind (BGH GRUR 1999, 1106 (1108) – Rollstuhlnachbau; BGH GRUR 2000, 521 (524) – Modulgerüst I; BGH GRUR 2002, 86 (90) – Laubhefter; BGH GRUR 2009, 1073 Rn. 13 – Ausbeinmesser). – Im Übrigen kann sich der Nachahmer bei einer **identischen Übernahme** grds. nicht darauf berufen, er habe nur eine nicht unter Sonderrechtsschutz stehende angemessene technische Lösung übernommen (BGH GRUR 2007, 984 Rn. 35 f. – Gartenliege; BGH GRUR 2009, 1073 Rn. 15 – Ausbeinmesser). Aber auch dann, wenn keine identische, sondern nur eine **nahezu identische Übernahme** vorliegt, ist es dem Nachahmer **zuzumuten,** der durch die Übernahme gemeinfreier technischer Merkmale hervorgerufenen Gefahr einer Herkunftstäuschung durch zumutbare Maßnahmen, insbes. durch eine **(unterscheidende) Kennzeichnung des Produkts,** entgegenzuwirken (BGH GRUR 2010, 80 Rn. 27 – LIKEaBIKE; BGH GRUR 2012, 58 Rn. 46 – Seilzirkus; BGH WRP 2012, 1179 Rn. 39 – Sandmalkasten; BGH WRP 2015, 1090 Rn. 36 – Exzenterzähne; BGH WRP 2017, 792 Rn. 54 – Bodendübel). Eine dann noch **verbleibende Gefahr** der Herkunftstäuschung ist dann grds. **hinzunehmen** (BGH GRUR 2012, 58 Rn. 46 – Seilzirkus). Denn andernfalls würde Schutz für Elemente gewährt, die Wettbewerber bei Fehlen eines Sonderrechtsschutzes als angemessene technische Lösung übernehmen dürfen (BGH GRUR 2005, 600 (683) – Handtuchklemmen; BGH GRUR 2007, 339 Rn. 44 – Stufenleitern).

(4) Kompatible Erzeugnisse. Zu den – auch und vor allem bei § 4 Nr. 3 lit. b – berück- **3.50** sichtigungsfähigen Abnehmerinteressen gehört auch ein etwaiges **Kompatibilitätsinteresse** der Abnehmer, nämlich das Interesse, auf den Anbieter eines kompatiblen Produkts ausweichen zu können, etwa wenn der Originalanbieter im Preis/Leistungsvergleich schlechter abschneidet oder nicht rasch genug liefern kann (BGH WRP 2013, 1189 Rn. 37 ff. – Regalsystem). Dem entspricht das Interesse der Wettbewerber, diesen Bedarf zu befriedigen. Das Interesse des Originalherstellers, der einen Markt erschlossen hat, auch den Ersatz-, Ergänzungs- oder Erweiterungsbedarf allein befriedigen zu dürfen, muss demgegenüber zurücktreten. Hinzu kommt das Interesse der Allgemeinheit an Standardisierung und Rationalisierung im technischen Bereich zur Vermeidung von unnötigen volkswirtschaftlichen Kosten (vgl. BGH GRUR 1977, 666 (668) – Einbauleuchten; Rauda GRUR 2002, 38 (42)). Auf das Kompatibilitätsinteresse der Abnehmer kann sich der Nachahmer jedoch dann nicht berufen, wenn sein Produkt für den Austausch nicht geeignet ist, also die Erwartungen an das Originalprodukt hinsichtlich Qualität und Sicherheit nicht erfüllt (BGH GRUR 1968, 698 (701) – Rekordspritzen; BGH GRUR 2000, 521 (527) – Modulgerüst I). Insoweit kommt dann die Anwendung des § 4 Nr. 3 lit. b in Betracht (BGH WRP 2013, 1189 Rn. 46 – Regalsystem). Im Hinblick auf die Qualität kann etwas Anderes gelten, wenn der Verkehr beim Auftreten einer Beeinträchtigung der aus verschiedenen Produkten gebildeten Funktionseinheit klar und eindeutig erkennen kann, dass diese nicht aus Komponenten der Originalware herrührt, sondern ausschließlich aus dem kompatiblen Austauschprodukt des Nachahmers (BGH GRUR 1984, 282 (283) – Telekonverter; BGH GRUR 2000, 521 (527) – Modulgerüst I). – Besteht nach diesen Grundsätzen ein schutzwürdiges Kompatibilitätsinteresse, so stellt die bloße **Austauschbarkeit** mit dem Originalerzeugnis kein selbstständiges Unlauterkeitsmerkmal dar. Dies gilt vor allem für den Nachbau von **Ersatzteilen** und **Zubehör** für fremde Erzeugnisse, die nicht (mehr) unter Sonderrechtsschutz stehen (BGH GRUR 1984, 282 f. – Telefonkonverter; BGH GRUR 1990, 528 (530) – Rollen-Clips; BGH GRUR 1996, 781 (782) – Verbrauchsmaterialien). Denn insoweit ist ein Nachbau des Originals schon deshalb erforderlich, um überhaupt auf den Markt zu kommen.

Dies gilt aber auch für den Nachbau der **Hauptware** selbst, soweit sie auf Austausch und Ergänzung angelegt ist, wie zB bei Modulgerüsten (BGH GRUR 2000, 521 (525) – Modulgerüst I), Regalsystemen (BGH WRP 2013, 1189 Rn. 46 – Regalsystem), Einkaufswagen (BGH GRUR 2013, 1052 Rn. 41 ff. – Einkaufswagen III) oder Beton- bzw. Schalungselementen (ÖOGH GRUR-Int. 1999, 89 (90); OLG Köln BauR 1999, 925 (927)), es sei denn, der Ersatz- oder Ergänzungsbedarf ist wirtschaftlich zu vernachlässigen. Eine etwaige Unlauterkeit der Nachahmung kann sich daher nicht aus der Kompatibilität, sondern nur aus anderen Umständen (zB Rufausbeutung, Behinderung, unredliche Kenntniserlangung) ergeben. Herkunftsverwechslungen, die auf technischen Gestaltungsmerkmalen beruhen, aber zur Herstellung der Kompatibilität erforderlich sind, sind sonach grds. als unvermeidbar anzusehen. Allerdings hat der Nachahmer, soweit möglich, durch **andere** geeignete und zumutbare Maßnahmen dafür zu sorgen, dass es nicht zu Herkunftsverwechslungen kommt (BGH GRUR 2000, 521 (526) – Modulgerüst I).

3.50a   **dd) Hinzunehmende Verwechslungsgefahr.** Hat der Nachahmer alle zur Vermeidung von Herkunftstäuschungen geeigneten und zumutbaren Maßnahmen getroffen, ist eine – unter dem Gesichtspunkt der Herkunftstäuschung – verbleibende Verwechslungsgefahr ggf. **hinzunehmen,** weil sonst der Vertrieb des Originalprodukts monopolisiert würde (BGH GRUR 2002, 275 (277) – Noppenbahnen; BGH GRUR 2002, 820 (823) – Bremszangen; BGH GRUR 2005, 166 (170) – Puppenausstattungen; BGH WRP 2017, 1332 Rn. 39 – Leuchtballon; OLG Köln GRUR-RR 2016, 280 Rn. 29, 35).

3. Unangemessene Ausnutzung oder Beeinträchtigung der Wertschätzung des nachgeahmten Produkts (§ 4 Nr. 3 lit.b)

3.51   **a) Allgemeines.** Als unlauter gilt nach § 4 Nr. 3 lit. b das Angebot einer Produktnachahmung auch dann, wenn der Nachahmer die „Wertschätzung der nachgeahmten Ware oder Dienstleistung unangemessen ausnutzt oder beeinträchtigt". Damit sind die beiden Tatbestände der **Rufausbeutung** und der **Rufbeeinträchtigung** umschrieben. Die Formulierung lehnt sich an den Tatbestand des § 6 II Nr. 4 an, wobei der Begriff „in unlauterer Weise" durch „unangemessen" ersetzt wurde, um eine Tautologie zu vermeiden. Vergleichbare Regelungen enthalten § 14 II 1 Nr. 3 MarkenG und Art. 9 II lit. c UMV (dazu EuGH GRUR 2009, 756 Rn. 44, 49 – L'Oréal). Andere Rechtsordnungen kennen ähnliche Schutzmechanismen (dazu näher Bellitto-Grillo, Ausnutzen oder Beeinträchtigen der Wertschätzung durch Produktnachahmung in Deutschland, England und den Vereinigten Staaten, 2017). Der Tatbestand des § 4 Nr. 3 lit. b ist als besondere Ausprägung der unlauteren Mitbewerberbehinderung (§ 4 Nr. 4) zu begreifen (Köhler GRUR 2007, 548 (552); Nemeczek WRP 2012, 1025 (1030)). Es geht also nicht um einen lauterkeitsrechtlichen Schutz einer „Leistung" als solcher (so aber Ohly/Sosnitza/Ohly § 4 Rn. 3/65), sondern um den Schutz des Herstellers des Originals in seiner Eigenschaft als Mitbewerber bei der Produktvermarktung (ebenso OLG Köln GRUR-RR 2014, 393 (394)). Er wird in seinem Interesse, das Original ungehindert zu vermarkten, geschützt.

3.51a   Die **Unangemessenheit** ist durch eine Gesamtwürdigung aller Umstände des Einzelfalls unter Abwägung der Interessen des Herstellers des Originals und des Nachahmers sowie der Abnehmer und der Allgemeinheit (→ Rn. 3.69) unter Berücksichtigung des Grundsatzes der Nachahmungsfreiheit (vgl. BGHZ 161, 204 = GRUR 2005, 349 (352) – Klemmbausteine III) festzustellen. Dabei sind insbes. der Grad der Anlehnung sowie die Stärke des Rufs des nachgeahmten Produkts zu berücksichtigen (BGH WRP 2017, 792 Rn. 66 – Bodendübel; BGH GRUR 2019, 196 Rn. 23 – Industrienähmaschinen). Fehlt es an einer Herkunftstäuschung iSd § 4 Nr. 3 lit. a, müssen bes. Umstände hinzutreten, um die Unangemessenheit der Rufausbeutung zu begründen (OLG Köln GRUR-RR 2017, 323 Rn. 37). Bei der Würdigung kann ua eine Rolle spielen: **(1)** Höhe der wettbewerblichen Eigenart des nachgeahmten Produkts und Grad seiner Bekanntheit; **(2)** Intensität der Nachahmung, wobei grds. schon die Annäherung an das fremde Produkt genügt und bei einer identischen Nachahmung ein strenger Maßstab anzulegen ist (BGH GRUR 2013, 1052 Rn. 38 – Einkaufswagen III; BGH GRUR 2019, 196 Rn. 23 – Industrienähmaschinen); **(3)** Höhe sowie Amortisation oder Wiederkehr der Herstellungskosten für das Original (vgl. BGH GRUR 1999, 923 (927) – Tele-Info-CD; OLG Köln WRP 2013, 1647 Rn. 44); **(4)** Höhe der Kostenersparnis beim Nachahmer (vgl. BGH GRUR 1999, 923 (927) – Tele-Info-CD); **(5)** Art und Umfang der Bewerbung des Nachahmungsprodukts (vgl. BGH WRP 1994, 599 (601) – McLaren; OLG Köln WRP 2014, 337 Rn. 23;

OLG Köln GRUR-RR 2015, 441 (445)); **(6)** Üblichkeit einer Lizenzvergütung (vgl. BGH GRUR 1983, 247 (248) – Rolls-Royce).

b) Wertschätzung. Das nachgeahmte Originalprodukt muss eine „Wertschätzung" genießen. **3.52** Damit ist, wie in § 14 II Nr. 3 MarkenG, der **gute Ruf** gemeint. Das Originalprodukt muss also in der Wahrnehmung der Öffentlichkeit, genauer der potenziellen Käufer, mit positiven Vorstellungen besetzt sein, die sich insbes. auf die Qualität, die Exklusivität oder den Luxus- oder Prestigewert des Produkts beziehen können (ebenso OLG Frankfurt GRUR-RR 2011, 182 (183); OLG Frankfurt WRP 2019, 1213 Rn. 16; OLG Köln GRUR-RS 2020, 13168 Rn. 96). Dies setzt eine **gewisse Bekanntheit** des Originalprodukts voraus (OLG Köln GRUR-RR 2014, 210 (213)), wobei aber keine festen Prozentsätze zu fordern sind (OLG Köln GRUR-RS 2020, 13168 Rn. 96; aA Sambuc GRUR 1996, 675 (676): mindestens 25 %). Indizien für die Bekanntheit können ein hoher Marktanteil, hohe Werbeaufwendungen oder langjährige Marktpräsenz sein (BGH WRP 2013, 1339 Rn. 25 – Einkaufswagen III; Hohlweck WRP 2015, 934 Rn. 16). – Je höher der Grad an (Bekanntheit und) Wertschätzung des nachgeahmten Produkts ist, desto geringer sind die Anforderungen an die sonstigen Tatbestandsmerkmale der unlauteren Nachahmung (→ Rn. 3.69). – Der gute Ruf muss auf eigenen geschäftlichen Aktivitäten, insbes. Werbeanstrengungen des Herstellers (oder seines Rechtsvorgängers) beruhen (Hohlweck WRP 2015, 934 Rn. 15). Indiz für eine Wertschätzung kann der besondere Absatzerfolg sein (vgl. OLG Köln WRP 2013, 1500 Rn. 27; Rohnke GRUR 1991, 284 (287) und FS Bornkamm, 2014, 443 (446, 447)). Ob die Qualitätserwartungen an das Original sachlich gerechtfertigt sind, ist allerdings unerheblich (OLG Frankfurt WRP 2022, 621 Rn. 43). Die bloße Tatsache, dass Mitbewerber das Produkt nachahmen, reicht für den Nachweis eines guten Rufs nicht aus (BGH GRUR 1995, 697 (700) – FUNNY PAPER).

c) Unangemessene Ausnutzung der Wertschätzung. aa) Beschreibung. Eine Ausnut- **3.53** zung der Wertschätzung **(Rufausnutzung)** liegt vor, wenn die angesprochenen Verkehrskreise die Wertschätzung für das Original („guter Ruf"; „Image"), also die Vorstellung von der Güte oder Qualität, auf die Nachahmung übertragen (BGH GRUR 2010, 1125 Rn. 42 – Femur-Teil; BGH GRUR 2010, 436 Rn. 18 – Hartplatzhelden.de; BGH WRP 2014, 1458 Rn. 21- Olympia-Rabatt; BGH GRUR 2019, 196 Rn. 23 – Industrienähmaschinen; OLG München WRP 2018, 1240 Rn. 28). Dies wird als **Rufübertragung** oder **Imagetransfer** bezeichnet (vgl. BGH GRUR 2009, 500 Rn. 22 – Beta Layout; BGH GRUR 2011, 79 Rn. 34 ff. – Markenheftchen). Das ist bei einer Herkunftstäuschung regelmäßig, wenngleich nicht notwendig, der Fall. Zur **Unangemessenheit** der Rufausnutzung → Rn. 3.51a. **Eigenständige** Bedeutung hat der Tatbestand der Rufausnutzung gegenüber dem Tatbestand der Herkunftstäuschung jedoch dann, wenn keine Herkunftstäuschung bei den Abnehmern vorliegt (→ Rn. 3.55; BGH GRUR 1999, 923 (925) – Tele-Info-CD; BGH GRUR 2003, 973 (975) – Tupperwareparty; OLG Karlsruhe GRUR-RR 2010, 234 (237); OLG Frankfurt WRP 2018, 735 Rn. 9, 10), zB weil der Nachahmer seine eigene Herstellerangabe auf dem Produkt angebracht hat (OLG Köln WRP 2021, 108 Rn. 57). Das gilt auch dann, wenn lediglich Dritte, die bei den Käufern die Nachahmungen (zB Uhren, Handtaschen) sehen, zu irrigen Vorstellungen über die Echtheit der Nachahmung verleitet werden (BGH GRUR 2007, 795 Rn. 44 – Handtaschen). Für eine Rufausnutzung reicht es allerdings nicht aus, wenn lediglich **Assoziationen** an ein fremdes Kennzeichen oder Produkt und damit Aufmerksamkeit erweckt werden (BGH GRUR 2010, 1125 Rn. 42 – Femur-Teil; BGH GRUR 2013, 1052 Rn. 38 – Einkaufswagen III; BGH WRP 2014, 1458 Rn. 21 – Olympia-Rabatt; BGH GRUR 2019, 196 Rn. 23 – Industrienähmaschinen; OLG Köln GRUR-RR 2017, 323 Rn. 40; OLG Köln WRP 2021, 108 Rn. 55). Es muss eine Übertragung des Rufs des Originalerzeugnisses auf das Erzeugnis des Nachahmers hinzukommen (vgl. auch BGH GRUR 2005, 348 (349) – Bestellnummernübernahme zu § 8 II Nr. 4 MarkenG). Das setzt eine erkennbare Bezugnahme auf den Hersteller des Originals oder sein Produkt voraus (BGH GRUR 2005, 349 (353) – Klemmbausteine III; BGH GRUR 2019, 196 Rn. 23 – Industrienähmaschinen; OLG Frankfurt WRP 2018, 735 Rn. 9, 10) – wobei dann allerdings nach der neueren Rspr. der Tatbestand der vergleichenden Werbung erfüllt sein kann (→ § 6 Rn. 55a). Maßgebend ist letztlich eine Gesamtabwägung nach dem Grundsatz der Wechselwirkung zwischen dem Grad der wettbewerblichen Eigenart, der Art und Weise sowie der Intensität der Nachahmung und den besonderen wettbewerblichen Umständen (→ Rn. 3.69). Für eine Rufausnutzung reicht es für sich allein nicht aus, dass der Originalhersteller mit seinem Produkt einen neuen Markt erschlossen hat und der Nachahmer mit seinem Produkt in diesen Markt eindringt. Erst recht gilt dies, wenn der Nachahmer eines

Originalprodukts, dessen Sonderrechtsschutz abgelaufen ist, die Abnehmer in geeigneter Weise, etwa durch eine gegenüber dem Original unterscheidbare Kennzeichnung, unmissverständlich, unmissverständlich darüber informiert, dass sich sein eigenes Produkt von dem nachgeahmten Produkt unterscheidet (BGH GRUR 2005, 349 (353) – Klemmbausteine III; BGH GRUR 2010, 1125 Rn. 42 – Femur-Teil; OLG Karlsruhe GRUR-RR 2010, 234 (237)).

3.54   **bb) Rufausnutzung auf Grund einer Waren- oder Dienstleistungsverwechslung.** Eine Rufausnutzung auf Grund (der Gefahr) einer Waren- oder Dienstleistungsverwechslung liegt nach der Rspr. jedenfalls dann vor, wenn Eigenart und Besonderheiten des Erzeugnisses zu Qualitätserwartungen (Gütevorstellungen) führen, die dem Original zugeschrieben werden und der Nachahmung deshalb zugute kommen, weil der Verkehr sie mit ersterem verwechselt (BGH GRUR 1985, 876 (877) – Tchibo/Rolex I; BGH GRUR 1996, 210 (212) – Vakuumpumpen; BGH GRUR 2010, 1125 Rn. 41 – Femur-Teil; ÖOGH GRUR-Int. 2001, 880 (881 f.) – Wärmedämmplatten; krit. Sambuc GRUR 1996, 675 (677)). Der Begriff der Qualitätserwartungen ist dabei weit zu fassen und erstreckt sich auch auf die Erwartungen an das Prestige oder die Exklusivität des Produkts (Klette GRUR 1985, 876), kurzum auf das „Produktimage". Ob diese Erwartungen an das Original sachlich gerechtfertigt sind, ist unerheblich (BGH GRUR 1966, 617 (620) – Saxophon). – Der Nachahmer kann die Gefahr einer Warenverwechslung durch geeignete und zumutbare Maßnahmen, uU bereits durch Anbringung einer eigenen Herkunftskennzeichnung, ausschließen (vgl. BGH GRUR 1970, 510 (512) – Fußstützen; BGH GRUR 2003, 973 (975) – Tupperwareparty).

3.55   **cc) Rufausnutzung ohne Waren- oder Dienstleistungsverwechslung.** Die Rufausnutzung **kann, muss aber nicht** auf einer Täuschung der Erwerber über die betriebliche Herkunft oder einer Waren- oder Dienstleistungsverwechslung durch die Erwerber beruhen (BGH GRUR 2010, 1125 Rn. 42 – Femur-Teil; BGH GRUR 2013, 1052 Rn. 38 – Einkaufswagen III; Rohnke FS Bornkamm, 2014, 443 (447 ff.)). Es reicht aus, wenn es auf Grund sonstiger **besonderer Umstände** zu einer Rufübertragung (= Übertragung von Güte- und Wertvorstellungen) kommt (OLG Köln WRP 2021, 108 Rn. 56). Die Frage, ob dadurch eine Gütevorstellung iSv § 4 Nr. 3 lit. b entsteht, ist jeweils im Wege einer **Gesamtwürdigung** zu beurteilen. Dabei sind alle Umstände des Einzelfalls, insbes. der Grad der Anlehnung und die Stärke des Rufs des Produkts zu berücksichtigen (BGH GRUR 2007, 795 Rn. 45 – Handtaschen; BGH GRUR 2013, 1052 Rn. 38 – Einkaufswagen III; BGH WRP 2014, 1458 Rn. 21 – Olympia-Rabatt; BGH WRP 2015, 1090 Rn. 40 – Exzenterzähne; BGH WRP 2017, 792 Rn. 66 – Bodendübel; BGH GRUR 2019, 196 Rn. 23 – Industrienähmaschinen; OLG Köln GRUR-RR 2015, 441 (445); OLG Köln WRP 2021, 108 Rn. 55 ff.). Das ist zB der Fall, wenn zwar nicht der Käufer, wohl aber **Dritte,** die bei den Käufern die Nachahmungen sehen, zu **irrigen Vorstellungen** über die Echtheit verleitet werden, weil dies bereits ein Anreiz zum Kauf der Nachahmung ist, maW wenn der Prestigewert eines Luxusprodukts auf eine billige Nachahmung übertragen wird (zu § 1 UWG 1909 vgl. BGH GRUR 1985, 876 (877) – Tchibo/Rolex I: Angebot von Billigimitationen einer teuren Rolex-Uhr, damit Käufer bei Dritten „Eindruck schinden" können; vgl. ferner OLG Düsseldorf GRUR-RR 2012, 200 (210), aber auch GRUR-RR 2012, 352: Nachahmung des iPad; OLG Frankfurt GRUR-RR 2012, 213 (215): Nachahmung der Cabat-Tasche; OLG Frankfurt GRUR-RR 2019, 77 Rn. 31; dazu Harte-Bavendamm/Henning-Bodewig/Sambuc § 4 Nr. 3 Rn. 155; Nemeczek GRUR 2012, 211 und WRP 2012, 1025). Diese Rspr. ist jedenfalls nicht anwendbar, wenn das „Original" und die Nachahmung qualitativ ebenbürtig sind und sich im gleichen hochpreisigen Marktsegment bewegen (BGH WRP 2022, 177 Rn. 65 – Flying V). – Es genügt eine offene oder verdeckte **Anlehnung** oder **Annäherung** an die fremde Leistung (BGH GRUR 2011, 79 Rn. 34 – Markenheftchen), wozu eine erkennbare Bezugnahme auf den Mitbewerber oder seine Produkte erforderlich ist (BGH GRUR 2010, 1125 Rn. 42 – Femur-Teil; BGH WRP 2017, 792 Rn. 66 – Bodendübel; OLG Köln GRUR-RR 2015, 441 (445)). Eine verdeckte Anlehnung liegt zB vor, wenn der Vertreiber von elektronischen Telefonteilnehmerverzeichnissen auf die „amtlichen" Datenbestände der Telekom zurückgreift, weil der Verkehr erwartet, dass der Vertreiber die Daten nicht selbst zusammenstellt, sondern dass es sich um die Daten der Telekom handelt, auf deren Qualität, nämlich Richtigkeit und Vollständigkeit, er vertraut (BGH GRUR 1999, 923 (927) – Tele-Info-CD). – Allerdings liegt noch kein Imagetransfer vor, wenn der Verleger eines Briefmarkenkatalogs neben seinem eigenen Nummernsystem das als Standard akzeptierte Nummernsystem eines anderen Verlegers als Referenzgröße verwendet, um in Gestalt einer Arbeitshilfe den Sammlern usw die Kommunikation zu erleichtern (BGH GRUR

2011, 79 Rn. 36 – Markenheftchen). Bei der Abwägung ist insbes. ein **Kompatibilitätsinteresse** der Abnehmer und Mitbewerber zu berücksichtigen (→ Rn. 3.50; BGH GRUR 2013, 1052 Rn. 41 ff. – Einkaufswagen III). – Die Übernahme von Merkmalen, die dem **freizuhaltenden Stand der Technik** angehören und der angemessenen Lösung einer technischen Aufgabe dienen, ist zwar grds. nicht unlauter. Jedoch gilt ein bei einer **(nahezu) identischen Nachahmung** ein strenger Maßstab. Es ist dann dem Wettbewerber zuzumuten, auf eine andere angemessene technische Lösung auszuweichen, wenn er der Rufausnutzung nicht auf eine andere Weise entgegenwirken kann. Das kann bspw. durch eine gegenüber dem Original unterscheidbare Kennzeichnung geschehen, die die angesprochenen Verkehrskreise unmissverständlich darüber informiert, dass sich das Nachahmungsprodukt vom Original unterscheidet (BGH WRP 2015, 1090 Rn. 41 – Exzenterzähne; BGH WRP 2017, 792 Rn. 66 – Bodendübel; OLG Frankfurt GRUR 2021, 1091 Rn. 33).

dd) Rufausnutzung durch „Einschieben in fremde Serie"? (1) Stand der Rspr. Die **3.56** Rspr. hat sich im Laufe der Zeit gewandelt. **(a)** Unter Geltung des § 1 UWG 1909 hatte sie das „Einschieben in eine fremde Serie", konkret: den Vertrieb von kompatiblen Spielzeugelementen, unter dem Gesichtspunkt der Rufausnutzung als unlauter angesehen (BGHZ 41, 55 = GRUR 1964, 621 – Klemmbausteine I; BGH GRUR 1992, 619 (620) – Klemmbausteine II). Maßgeblich dafür war die Erwägung, dass die betreffenden Produkte (Klemmbausteine usw) von vornherein auf einen fortgesetzten Bedarf gleichartiger Erzeugnisse zugeschnitten seien und das Bedürfnis nach einer Erweiterung und Vervollständigung durch Ergänzungspackungen von Produkten derselben Art in sich trügen. Der wettbewerbliche Erfolg, der mit einer Lieferung erzielt werde, erschöpfe sich nicht in dem Gegenstand dieser einen Lieferung, sondern erfasse auch den sich aus der Natur des Gegenstands ergebenden Ergänzungsbedarf. Darin würden sich diese Fälle von anderen Fällen, unterscheiden, in denen ein Ergänzungs- (Fortsetzungs-, Erweiterungs-) bedarf nicht auf Grund der Art der Ware, sondern nur durch äußere Umstände (Alterung und Verschleiß; zusätzliche Aufträge) begründet werde (BGH GRUR 2000, 521 (526) – Modulgerüst I; → Rn. 3.50). – **(b)** Später hatte die Rspr. (BGH GRUR 2005, 349 (352) – Klemmbausteine III) der Kritik des Schrifttums (→ Rn. 3.57) partiell, nämlich durch eine zeitliche Begrenzung des lauterkeitsrechtlichen Nachahmungsschutzes, Rechnung getragen. Die Schutzdauer habe sich, soweit es um den Schutz technischer Gestaltungselemente gehe, an den hierfür vorgesehenen sondergesetzlichen Fristen des Patentrechts, des Gebrauchsmusterrechts und des Geschmacksmusterrechts zu orientieren. Der lauterkeitsrechtliche Innovationsschutz dürfe nicht weitergehen als der sonderrechtliche Schutz. – **(c)** Nunmehr hat die Rspr. (BGH WRP 2017, 51 Rn. 96 – Segmentstruktur) die Fallgruppe des „Einschiebens in eine fremde Serie" gänzlich aufgegeben, da für solche Fälle der Schutz durch eine dreidimensionale Formmarke, Design oder Gemeinschaftsgeschmacksmuster ausreichend sei.

(2) Schrifttum. Die Rspr. zum „Einschieben in eine fremde Serie" hatte im Schrifttum **3.57** überwiegend **Ablehnung** (Rauda GRUR 2002, 38; Harte-Bavendamm/Henning-Bodewig/ Sambuc § 4 Nr. 3 Rn. 69; Krüger GRUR 2016, 664) erfahren. Teils wurde jedoch gefordert, den lauterkeitsrechtlichen Nachahmungsschutz typisierend zeitlich zu begrenzen. Er sollte so bemessen sein, dass der Schöpfer des Originals nicht nur seine Investitionen, sondern auch einen angemessenen Lohn für seine schöpferische Leistung erwirtschaften könne (Sack FS Erdmann, 2002, 697 (714 ff.)).

(3) Stellungnahme. Die neue Rspr. zur Entbehrlichkeit des Schutzes vor dem „Einschieben **3.58** in eine fremde Serie" ist zu begrüßen. Es ist schon fraglich, ob in den betreffenden Fällen überhaupt eine „Nachahmung" iSd § 4 Nr. 3 vorliegt. Die bloße Kompatibilität reicht dafür nicht aus, wenn sich die Produkte im Übrigen stark unterscheiden. Davon abgesehen, konnte der Abgrenzungsversuch, den der BGH in der Modulgerüst I-Entscheidung (BGH GRUR 2000, 521 (526) – Modulgerüst I) unternommen hat, um die „Klemmbausteine"-Doktrin nicht aufgeben zu müssen, nicht überzeugen. Denn der geschäftliche Erfolg des Herstellers eines auf Ergänzung angelegten Produkts verwirklicht sich ebenfalls schon beim ersten Kauf und nicht erst bei einem Nachkauf. Ob und in welchem Umfang es zu einem **Nachkauf** kommt, hängt – wie in allen Fällen der Herstellung kompatibler Produkte – letztlich vom persönlichen Bedarf und den finanziellen Möglichkeiten des Käufers ab. Auch ist der Gedanke, ein Produkt zu schaffen, das im Prinzip auf endlose Ergänzung angelegt ist, als bloße Geschäftsidee für sich allein nicht schutzwürdig (→ Rn. 3.23). Ferner ist auch das Produkt des Nachahmers für sich allein verwendbar und auf Ergänzung angelegt. Dass es darüber hinaus mit dem Produkt des Originalherstellers kompatibel ist, stiftet nur einen zusätzlichen Nutzen für den Verbraucher. Schließlich kann auch der Originalhersteller von der Nachahmung profitieren, wird ihm doch die Möglichkeit verschafft, Käufer anzusprechen, die zunächst das Konkurrenzerzeugnis erworben haben, und damit seinen Absatz zu erweitern. – Die Fälle des „Einschiebens in eine fremde Serie" sind daher nach den allgemeinen Grundsätzen zu behandeln, wie sie die Rspr. zur Herstellung kompatibler Nachahmungsprodukte entwickelt hat. Daher kommt auch ein zeitlich begrenzter Schutz nicht in Betracht.

3.59   **d) Beeinträchtigung der Wertschätzung.** Vielfach, aber nicht notwendig, wird mit der Ausnutzung auch eine unangemessene Beeinträchtigung der Wertschätzung **(Rufbeeinträchtigung)** verbunden sein. Sie liegt ua vor, wenn der Vertrieb der Nachahmung dazu führt, dass der gute Ruf des Originals Schaden nimmt. Beruht der gute Ruf auf der **Qualität** des Originals, so nimmt er Schaden, wenn die Nachahmung qualitativ minderwertig ist (BGH GRUR 1987, 903 (905) – Le-Corbusier-Möbel; BGH GRUR 2000, 521 (526 f.) – Modulgerüst I; BGH WRP 2013, 1189 Rn. 46 – Regalsystem). Das gilt jedenfalls dann, wenn das Nachahmungsprodukt mit dem Original, dessen Wertschätzung maßgeblich auf dessen äußerer Gestaltung beruht, nahezu identisch ist, aber nicht denselben oder im Wesentlichen denselben **Qualitätsmaßstäben** des Originalherstellers genügt (BGH GRUR 2010, 1125 Rn. 51 – Femur-Teil; OLG Köln GRUR-RR 2014, 210 (213); Hohlweck WRP 2015, 934 Rn. 30). Beruht der gute Ruf (auch) auf der **Exklusivität** des Originals, so kann der massenhafte Vertrieb der Nachahmung zu einem Verlust der Exklusivität und damit des Prestigewerts des Originals führen (BGH GRUR 1985, 876 – Tchibo/Rolex I). Dies ist jedoch dann nicht anzunehmen, wenn weder die Käufer der Nachahmung noch Dritte, die die Nachahmung bei Käufern sehen, der Gefahr einer Herkunftstäuschung unterliegen (BGHZ 138, 143 (151) – Les-Paul-Gitarren; BGH GRUR 2007, 795 Rn. 48 – Handtaschen). Eine Rufbeeinträchtigung ist insbes. anzunehmen, wenn es sich um ein berühmtes Originalprodukt handelt und für die Nachahmung kein anderer Grund ersichtlich ist als das Bestreben, sich an den guten Ruf des Originals anzuhängen. Denn der Originalhersteller wird in einem solchen Fall in seinen Bemühungen, den guten Ruf seiner Ware aufrechtzuerhalten, erheblich behindert. Anders kann es sich verhalten, wenn bereits andere vergleichbare Nachahmungen auf dem Markt sind und der Nachahmer deshalb davon ausgehen konnte, der Originalhersteller nehme auch diese Nachahmung hin (BGHZ 138, 143 = GRUR 1998, 830 (833) – Les-Paul-Gitarren). – Der Verkauf der Nachahmung zu einem besonders **niedrigen Preis** reicht für sich allein nicht für eine Rufbeeinträchtigung des Originals aus; es müssen ein Exklusivitätsverlust und eine Herkunftsverwechslung zumindest bei Dritten, die die Nachahmung bei den Käufern sehen, hinzukommen. – Sind das Original und eine – nicht nahezu identische – Nachahmung einer E-Gitarre qualitativ gleichwertig und werden sie im gleichen hochpreisigen Marktsegment angeboten, kommt eine unlautere Nachahmung gem. § 4 Nr. 3 lit. b oder eine Mitbewerberbehinderung gem. § 4 Nr. 4 auch dann nicht in Betracht, wenn das Originalprodukt berühmt und auch Jahrzehnte nach der Markteinführung noch gleichsam ein objektiver Maßstab für das Angebot anderer Hersteller ist (BGH WRP 2022, 177 Rn. 66 ff. – Flying V).

4. Unredliche Erlangung von Kenntnissen und Unterlagen

3.60   **a) Rechtsentwicklung bis zum Inkrafttreten der Geschäftsgeheimnis-RL 2016/643/ EU.** Unter Geltung des **UWG 1909** war bereits ein lauterkeitsrechtlicher Nachahmungsschutz anerkannt. Danach war die Nachahmung eines fremden Erzeugnisses nach § 1 UWG 1909 wettbewerbswidrig, wenn das Erzeugnis wettbewerbliche Eigenart besaß und besondere Umstände hinzutreten, die die Nachahmung unlauter erscheinen ließen (vgl. BGH GRUR 2002, 356 (357) mwN). Als solche besonderen Umstände wurden strafbare Handlungen sowie das Erschleichen oder der Vertrauensbruch zur Erlangung von Kenntnissen und Unterlagen angesehen. Das Erschleichen war dadurch gekennzeichnet, dass sich der Nachahmer die für die Leistungsübernahme erforderliche Kenntnis vom fremden Vorbild in verwerflicher Weise verschaffte (BGH GRUR 1961, 40 (42) – Wurftaubenpresse). Der Vertrauensbruch war dadurch gekennzeichnet, dass die Kenntnis im Rahmen eines Vertrauensverhältnisses zunächst redlich erlangt und sodann durch Leistungsübernahme missbräuchlich ausgenutzt wurde (BGH GRUR 2002, 356 (357); Erdmann FS Vieregge, 1995, 197 (214)).

3.61   In **§ 4 Nr. 9 lit. c UWG 2004** wurde diese von der Rspr. entwickelte Fallgruppe des ergänzenden Leistungsschutzes kodifiziert. Das unlauterkeitsbegründende Tatbestandsmerkmal beim Anbieten eines Nachahmungsprodukts wurde als **„unredliches Erlangen der für die**

Nachahmung erforderlichen Kenntnisse oder Unterlagen" gekennzeichnet. Im **UWG 2008** erfolgte lediglich eine neue Nummerierung in **§ 4 Nr. 3 lit. c** ohne inhaltliche Änderung. Daran wurde auch im **UWG 2015** festgehalten. Bei der Auslegung dieser Norm knüpfte die Rspr. auch an Entscheidungen unter Geltung des UWG 1909 an. In der Sache handelte es sich um ein „Fruchtziehungsverbot". Die Regelung setzt aber ebenfalls eine **wettbewerbliche Eigenart** des nachgeahmten Produkts voraus (OLG Frankfurt GRUR-RR 2012, 213 (215); Nemeczek WRP 2012, 1025 (1026); aA Sack FS Büscher, 2018, 359 (367)).

Der Begriff der **Unredlichkeit** erfasst zunächst alle Formen der **strafbaren** Erlangung von   **3.61a** Kenntnissen und Unterlagen (BGH GRUR 2003, 356 (357) – Präzisionsmessgeräte). Dazu gehörten die Tatbestände der §§ 17, 18 aF (BGH GRUR 2010, 536 Rn. 55 – Modulgerüst II), mit denen andere Straftatbestände (zB §§ 242, 246 StGB) konkurrieren konnten. Ob der Verletzer selbst diese Tatbestände verwirklicht oder sich nur daran beteiligt hat, insbes. Dritte für sich handeln ließ, ist unerheblich. Unredlichkeit lag nicht vor, wenn sich der Nachahmer die Kenntnisse durch „Reverse Engineering" iSv § 3 I Nr. 2 GeschGehG verschafft hatte (OLG Hamm WRP 2021, 223 Rn. 126).

Unredlich erlangt waren Kenntnisse oder Unterlagen auch dann, wenn ihre Mitteilung oder   **3.61b** Weitergabe durch **Täuschung** („Erschleichung") bewirkt wurde. Dem stand der Fall gleich, dass die Kenntnisse oder Unterlagen zwar zunächst im Rahmen eines **Vertrauensverhältnisses** redlich erlangt, aber dann unter **Vertrauensbruch** und damit missbräuchlich zur Nachahmung ausgenutzt werden (BGH GRUR 2003, 356 (357) – Präzisionsmessgeräte; BGH GRUR 2010, 536 Rn. 55 – Modulgerüst II; Erdmann FS Vieregge, 1995, 197 (214); Ohly/Sosnitza/Ohly § 4 Rn. 3/73; aA Sack FS Büscher, 2018, 359 (367)). Ein Vertrauensverhältnis, das mit der Auflage verbunden ist, Informationen und Unterlagen vertraulich zu behandeln und nur im Interesse oder nach Weisungen des Überlassenden zu verwenden (Vertraulichkeitsvermerk), wird insbes. durch die Anbahnung (BGH GRUR 1983, 377 (379) – Brombeermuster; BGH GRUR 2009, 416 Rn. 18 – Küchentiefstpreis-Garantie) oder Durchführung eines Vertragsverhältnisses, wie etwa eines Arbeits-, Dienst-, Werk-, Geschäftsbesorgungs-, Lizenz- oder Gesellschaftsvertrags, begründet. Es ist aber nicht schon dann anzunehmen, wenn ein Möbelhändler einem Kunden eine Küchenplanung überlässt, zumal dieser sich anderweit, etwa durch Verlangen einer auf den Kaufpreis anzurechnenden Vergütung oder durch Vereinbarung der Vertraulichkeit, absichern kann (BGH GRUR 2009, 416 Rn. 20 – Küchentiefstpreis-Garantie). – Ein Vertrauensbruch liegt zB vor, wenn die Verwertung entgegen einer bestehenden vertraglichen oder bereicherungsrechtlichen Rückgabepflicht erfolgt (BGH GRUR 1983, 377 (379) – Brombeermuster: Abbruch von Vertragsverhandlungen; BGH GRUR 1964, 31 (32 f.) – Petromax II: Verletzung eines vertraglichen Vertrauensverhältnisses; BGH GRUR 1956, 284 (286) – Rheinmetall-Borsig II: nichtiger Betriebsveräußerungsvertrag). Das Gleiche gilt, wenn der Nachahmer die Unterlagen von einem Dritten erlangt und er weiß, dass die Weitergabe unter Vertrauensbruch erfolgt (zB weil die Unterlagen einen Vertraulichkeitsvermerk tragen; vgl. BGH GRUR 2010, 536 Rn. 56 – Modulgerüst II). – Ein Vertrauensbruch liegt weiter vor, wenn der Verletzer sein Wissen in amtlicher Eigenschaft, etwa als Angehöriger einer Prüfbehörde, erlangt hat und nunmehr privat nutzt. Stets ist aber zu fragen, ob die sonst nicht ohne weiteres zugänglichen Kenntnisse oder Unterlagen (Know-how) für die Herstellung und Vermarktung des Erzeugnisses gerade auf Grund des Vertrauensverhältnisses zugänglich gemacht wurden (BGH GRUR 1983, 377 (379) – Brombeermuster; BGH GRUR 1992, 523 (524) – Betonsteinelemente).

b) Rechtslage nach Inkrafttreten der Geschäftsgeheimnis-RL 2016/943/EU. Die **Ge-**   **3.62** **schäftsgeheimnis-RL 2016/943/EU** v. 8.6.2016 (ABl. EU 2016 L 157, 1 v. 15.6.2016) war nach Art. 19 I RL 2016/943/EU bis zum 9.6.2018 umzusetzen. Diese RL regelt u. a. den Begriff des Geschäftsgeheimnisses (Art. 2 Nr. 1 RL 2016/943/EU) und des rechtsverletzenden Produkts (Art. 2 Nr. 4 RL 2016/943/EU) sowie die Rechtmäßigkeit und die Rechtswidrigkeit des Erwerbs, der Nutzung und der Offenlegung von Geschäftsgeheimnissen (Art. 3–5 RL 2016/943/EU). Eine Umsetzung der RL war bis zum Ablauf der Umsetzungsfrist nicht erfolgt. Daher war das deutsche Recht ab dem **9.6.2018 richtlinienkonform auszulegen.** Das betraf nicht nur die §§ 17–19 aF, sondern im Hinblick auf Art. 4 V RL 2016/943/EU auch § 4 Nr. 3 lit. c. Für die Übergangszeit vom Ablauf der Umsetzungsfrist am 9.6.2018 bis zum Inkrafttreten des GeschGehG am 26.4.2019 ist § 4 Nr. 3 lit. c dahingehend auszulegen, dass diese Vorschrift kein strengeres Verbot enthält als in Art. 4 RL 2016/643/EU vorgesehen.

c) Rechtslage nach Inkrafttreten des GeschGehG. Nach dem Inkrafttreten des Gesch-   **3.63** GehG am **26.4.2019** (BGBl. 2019 I 466) und der gleichzeitigen Aufhebung der §§ 17–19 aF

stellt sich die Frage nach dem Verhältnis des § 4 Nr. 3 lit. c zu § 4 GeschGehG. Ist der Lebenssachverhalt vor Inkrafttreten des GeschGehG abgeschlossen, ist das bis dahin geltende Recht
anzuwenden. Anders verhält es sich, wenn ein Unterlassungsanspruch auf Wiederholungsgefahr
gestützt wird. Insoweit muss das Verhalten des Nachahmers sowohl nach dem Zeitpunkt seiner
Vornahme, als auch nach dem dann geltenden GeschGehG zu beurteilen (OLG Stuttgart WRP
2021, 242 Rn. 84, 157; → GeschGehG Vor § 1 Rn. 105). Das Gleiche gilt für Schadensersatzansprüche. Auch hier ist von einem **Nebeneinander** beider Regelungen auszugehen (Alexander
WRP 2019, 673 Rn. 19 ff.; Büscher/Wille § 4 Nr. 3 Rn. 10), so dass Ansprüche nach den
§§ 6 ff. GeschGehG mit solchen nach den § 8 I, § 9 I konkurrieren (und unterschiedliche
Streitgegenstände bilden) können. Allerdings gehen die Ansprüche aus einer Zuwiderhandlung
nach den §§ 6 ff. GeschGehG über die nach den § 8 I, § 9 I bestehenden Ansprüche hinaus. Für
die Verjährung gilt die dreijährige Verjährungsfrist der §§ 195, 199 BGB sowie die Spezialregelung in § 13 GeschGehG. Auch wenn im Einzelfall daher neben einem Tatbestand des
GeschGehG noch der Tatbestand des § 4 Nr. 3 lit. c erfüllt sein sollte, bringt seine Geltendmachung für den Verletzten idR keinen Mehrwert.

3.64 Allerdings sind bei der **Auslegung** des § 4 Nr. 3 lit. c die **Wertungen der RL 2016/943/
EU** und dementsprechend auch des **GeschGehG** zu berücksichtigen, um Wertungswidersprüche zu vermeiden, soweit Nachahmungsprodukte rechtsverletzende Produkte iSv Art. 2 Nr. 4
RL 2016/943/EU und § 2 Nr. 4 GeschGehG darstellen, also ein Geschäftsgeheimnis iSd Art. 2
Nr. 1 RL 2016/943/EU und § 2 Nr. 1 GeschGehG iS des Art. 4 RL 2016/943/EU bzw. des
§ 4 GeschGehG rechtswidrig erlangt und genutzt wurde. Eine Unredlichkeit iSv § 4 Nr. 3 ist
gegeben bei Rechtsverletzungen (§ 4 GeschGehG) und Straftaten (§ 23 GeschGehG). Ein
unredliches Erlangen iSd § 4 Nr. 3 lit. c liegt demgegenüber nicht vor, wenn die Kenntnis des
Geschäftsgeheimnisses aufgrund eines **Reverse Engineering** iSv § 3 I Nr. 2 GeschGehG erlangt wurde. Auch die weiteren Erlaubnistatbestände des § 3 GeschGehG sowie die Ausnahmetatbestände nach § 5 GeschGehG sind zu beachten. – Problematisch sind die Fälle, in denen die
genutzten Kenntnisse und Unterlagen gar kein Geschäftsgeheimnis darstellen, etwa weil keine
angemessenen Geheimhaltungsmaßnahmen iSd § 2 Nr. 1 getroffen worden waren. Eine Anwendung des § 4 Nr. 3 lit. c erscheint in diesem Fall aber nicht gerechtfertigt, weil dies einen
Wertungswiderspruch zum GeschGehG darstellen würde. Letztlich hat § 4 Nr. 3 lit. c neben
dem GeschGehG kaum noch eine praktische Bedeutung.

5. Behinderung

3.65 Nach **früherer Rspr.** war die Annahme von Unlauterkeitsmerkmalen nicht auf die in § 4
Nr. 9 lit. a–c aF ausdrücklich geregelten Tatbestände beschränkt, zumal auch nach der Gesetzesbegründung (→ Rn. 3.4 aE) die Aufzählung nicht als abschließend gedacht war (BGH GRUR
2004, 941 (943) – Metallbett). Daher wurde in Ausnahmefällen auch die Behinderung in die
lauterkeitsrechtliche Bewertung einbezogen (vgl. BGH GRUR 2007, 795 Rn. 51 – Handtaschen; BGH GRUR 2008, 1115 Rn. 32 – ICON; BGH GRUR 2013, 1213 Rn. 63 –
SUMO). Diese **Rspr.** hat der BGH mittlerweile im Interesse einer systematisch klaren Abgrenzung der in § 4 geregelten Tatbestände **aufgegeben** (BGH WRP 2017, 51 Rn. 79 – Segmentstruktur). Unter dem Gesichtspunkt der Behinderung kann die Produktnachahmung daher nur
unter den Voraussetzungen der gezielten Mitbewerberbehinderung des **§ 4 Nr. 4** als unlauter
beurteilt werden. Voraussetzung dafür ist, dass die wettbewerblichen Entfaltungsmöglichkeiten
des Mitbewerbers über die mit jedem Wettbewerb verbundene Beeinträchtigung hinausgehend
eingeschränkt werden und zusätzlich bestimmte Unlauterkeitsmerkmale vorliegen. Dass der
Hersteller des Originals seine Preise senken musste, reicht für sich allein nicht aus, da dies die
Folge erwünschten Wettbewerbs sein kann (BGH WRP 2017, 51 Rn. 82 – Segmentstruktur).
Zu Einzelfragen → § 4 Rn. 4.208 ff. Dies führt zu keiner Rechtsschutzlücke, weil nach der
neuen Rspr. die Möglichkeit einer dreifachen Schadensberechnung auch dann in Betracht
kommt, wenn das Anbieten einer Nachahmung von Waren oder Dienstleistungen (nur) die
Voraussetzungen der Behinderung iSv § 4 Nr. 4 erfüllt (BGH WRP 2017, 51 Rn. 79 –
Segmentstruktur).

VIII. Subjektiver Tatbestand

3.66 Zur Erfüllung des Tatbestands des § 4 Nr. 3 sind – wie auch bei den anderen Beispielstatbeständen – grds. **keine subjektiven Tatbestandsmerkmale** erforderlich (vgl. BGH GRUR

2008, 1115 Rn. 24 – ICON; OLG Frankfurt WRP 2013, 1227 Rn. 17; Hohlweck WRP 2015, 934 Rn. 40). Sie spielen lediglich beim Schadensersatz- und Gewinnabschöpfungsanspruch (§§ 9 I, 10 I), dagegen nicht bei den verschuldensunabhängigen Unterlassungs-, Beseitigungs- und Bereicherungsansprüchen eine Rolle. Die Rspr. zu § 1 UWG 1909 (vgl. BGHZ 117, 115 (117 f.) = GRUR 1992, 450 – Pullovermuster; BGH GRUR 2002, 629 (633) – Blendsegel) sollte daher nicht fortgeführt werden. Insbes. ist keine Verdrängungsabsicht des Nachahmers erforderlich (so auch BGH GRUR 1996, 210 (213) – Vakuumpumpen).

Allerdings setzt das Tatbestandsmerkmal der Nachahmung begrifflich voraus, dass der **Her-** **3.67** **steller** der Nachahmung in Kenntnis vom Original handelte, ihm also das Original unmittelbar oder mittelbar (in Gestalt von Beschreibungen Abbildungen, Mustern usw) vorlag. Denn sonst liegt gar keine Nachahmung, sondern eine selbstständige Schöpfung vor (→ Rn. 3.34). Aus diesem Grunde ist auch eine fahrlässige Unkenntnis vom Original unerheblich. Zur Beweislast → Rn. 3.78.

Dagegen ist nicht erforderlich, dass auch der in Anspruch genommene **Händler** um das **3.68** Vorliegen einer Nachahmung weiß oder damit rechnet oder sich der Kenntnis bewusst verschließt (ebenso Ohly/Sosnitza/Ohly § 4 Rn. 3/46; aA noch BGHZ 117, 115 (117 f.) = GRUR 1992, 450 – Pullovermuster). Dies spielt wiederum nur für den verschuldensabhängigen Schadensersatzanspruch eine Rolle. – Erst recht nicht kann sich der Händler damit verteidigen, er habe die Ware gutgläubig erworben und dürfe sie daher auch nach Eintritt der Bösgläubigkeit rechtmäßig weitervertreiben (insoweit zutr. BGH GRUR 1992, 450 – Pullovermuster; ÖOGH GRUR-Int. 2001, 880 (881 f.)).

IX. Gesamtwürdigung (Wechselwirkung)

Ob einer der Tatbestände des § 4 Nr. 3 erfüllt ist, bedarf einer **Gesamtwürdigung** der **3.69** Umstände des Einzelfalls unter **Abwägung der einander widerstreitenden Interessen** des Schöpfers der Leistung und des Nachahmers sowie der Interessen der Abnehmer und der Allgemeinheit (vgl. BGH GRUR 2001, 251 (253 f.) – Messerkennzeichnung). So kann zB eine Rolle spielen, ob ein Marktbedarf erst durch den Hersteller des Originals oder unabhängig von ihm, zB durch die Empfehlung von Behörden, geschaffen wurde (BGH GRUR 1976, 434 (436) – Merkmalklötze). – Bei der Abwägung ist nach ganz h. M. zu berücksichtigen, dass zwischen dem Grad der wettbewerblichen Eigenart, der Art und Weise sowie Intensität der Übernahme und den besonderen wettbewerblichen Umständen eine **Wechselwirkung** besteht. Die Anforderungen an ein Merkmal hängen davon ab, in welchem Maße die jeweils anderen beiden Tatbestandsmerkmale verwirklicht sind (stRspr; BGH GRUR 2007, 795 Rn. 22 – Handtaschen; BGH GRUR 2009, 1073 Rn. 10 – Ausbeinmesser; BGH GRUR 2010, 536 Rn. 48 – Modulgerüst II; BGH WRP 2015, 1090 Rn. 9 – Exzenterzähne; BGH GRUR 2023, 736 Rn. 25 – KERRYGOLD). Je größer die wettbewerbliche Eigenart und/oder je höher der Grad der Übernahme ist, desto geringer sind daher die Anforderungen an die besonderen Umstände, die die Unlauterkeit begründen, und umgekehrt (stRspr; BGH GRUR 2010, 1125 Rn. 19 – Femur-Teil; BGH GRUR 2015, 909 Rn. 9 – Exzenterzähne; BGH WRP 2013, 1189 Rn. 14 – Regalsystem; BGH WRP 2016, 850 Rn. 12 – Pippi-Langstrumpf-Kostüm II; BGH WRP 2017, 792 Rn. 16 – Bodendübel; BGH WRP 2017, 1332 Rn. 17 – Leuchtballon; BGH WRP 2018, 950 Rn. 47 – Ballerinaschuh; BGH GRUR 2021, 1544 Rn. 15 – Kaffeebereiter; BGH GRUR 2023, 736 Rn. 25 – KERRYGOLD). Bei einer (nahezu) identischen Leistungsübernahme sind dementsprechend geringere Anforderungen an die besonderen unlauterkeitsbegründenden Umstände zu stellen als bei einer lediglich nachschaffenden Übernahme (BGH WRP 2017, 51 Rn. 64 – Segmentstruktur). Allerdings sollte die Wechselwirkungstheorie nicht schematisch gehandhabt werden. Vielmehr ist in jedem **Einzelfall** sorgfältig zu prüfen, ob eine Nachahmung die Verbotsvoraussetzungen des § 4 Nr. 3 lit. a oder b erfüllt. – Auf die Unlauterkeit des Verhaltens des Nachahmers hat es keinen Einfluss, dass der Vertrieb des nachgeahmten Produkts durch den Hersteller des Originals (zB mangels arzneimittelrechtlicher Genehmigung) gegen ein gesetzliches Verbot verstößt oder selbst wettbewerbswidrig ist (BGH GRUR 2005, 519 (520) – Vitamin-Zell-Komplex). Denn die Unterbindung des Verhaltens dient auch dem Interesse der Allgemeinheit an einem unverfälschten Wettbewerb.

X. Dauer des lauterkeitsrechtlichen Nachahmungsschutzes

1. Allgemeines

3.70 Betrachtet man den lauterkeitsrechtlichen Nachahmungsschutz vor allem als eine Ergänzung des Sonderrechtsschutzes, dann liegt die Überlegung nahe, dass der Schutz – den Sonderschutzrechten vergleichbar – nicht ohne weiteres zeitlich unbegrenzt zuzubilligen ist (BGHZ 51, 41 = GRUR 1968, 186 (188 f.) – Reprint; BGH GRUR 1986, 895 (896) – Notenstichbilder; BGH GRUR 1999, 751 (754) – Güllepumpen). Richtigerweise handelt es sich beim lauterkeitsrechtlichen Nachahmungsschutz jedoch um ein **eigenständiges Schutzkonzept,** das neben dem Sonderrechtsschutz steht. Der lauterkeitsrechtliche Nachahmungsschutz unterliegt, anders als der Sonderrechtsschutz, **keiner festen zeitlichen Begrenzung** (BGH GRUR 1999, 751 (754) – Güllepumpen). Denn beide Regelungsbereiche haben unterschiedliche Anknüpfungspunkte. Im Grundsatz dauert der lauterkeitsrechtliche Nachahmungsschutz solange an, wie die wettbewerbliche Eigenart des nachgeahmten Erzeugnisses fortbesteht und die besonderen unlauterkeitsbegründenden Umstände nicht weggefallen sind (BGH GRUR 1999, 751 (754) – Güllepumpen; BGH GRUR 2003, 356 (358) – Präzisionsmessgeräte; BGH GRUR 2004, 941 (943) – Metallbett; BGH WRP 2017, 51 Rn. 92, 94 – Segmentstruktur). Bestehen diese Voraussetzungen fort, kommt eine zeitliche Begrenzung der sich daraus ergebenden Ansprüche grds. nicht in Betracht (BGH WRP 2017, 51 Rn. 93 – Segmentstruktur). Ob und inwieweit aufgrund besonderer Umstände (zB aufgrund der Art des geschützten Erzeugnisses) ausnahmsweise eine zeitliche Begrenzung vorzunehmen ist, hängt von einer Interessenabwägung unter Berücksichtigung der Umstände des Einzelfalls ab. Dabei ist insbes. auf die jeweiligen unlauterkeitsbegründenden Umstände abzustellen. – Eine zeitliche Begrenzung für die Durchsetzung von Ansprüchen, die sich auf die Tatbestände des lauterkeitsrechtlichen Nachahmungsschutzes stützen, ergibt sich selbstverständlich aus den Vorschriften über die Verjährung (§ 11) sowie den Grundsätzen der Verwirkung (→ BGH GRUR 2016, 730 Rn. 74 – Herrnhuter Stern; → § 11 Rn. 2.13 ff.).

2. Einzelheiten

3.71 **a) Wegfall der wettbewerblichen Eigenart.** Entfällt die wettbewerbliche Eigenart (→ Rn. 3.26), so entfällt von diesem Zeitpunkt an auch der lauterkeitsrechtliche Nachahmungsschutz (BGH GRUR 2016, 730 Rn. 31 – Herrnhuter Stern). Entsprechendes gilt, wenn die wettbewerbliche Eigenart derart abnimmt, dass im Rahmen der Gesamtwürdigung aller Umstände unter Berücksichtigung der Wechselwirkung der einzelnen Tatbestandsmerkmale ein Schutz nicht mehr gerechtfertigt erscheint (vgl. Erdmann FS Vieregge, 1995, 197 (207 ff.)).

3.72 **b) Vermeidbare Herkunftstäuschung.** Stützt sich das Unlauterkeitsurteil auf eine vermeidbare Herkunftstäuschung (§ 4 Nr. 3 lit. a), so dauert der lauterkeitsrechtliche Nachahmungsschutz so lange fort, wie die Herkunftstäuschung noch besteht (BGH GRUR 2016, 730 Rn. 28 – Herrnhuter Stern; BGH GRUR 1998, 477 (478) – Trachtenjanker; Erdmann FS Vieregge, 1995, 197 (212)). Der Schutz ist also uU zeitlich unbegrenzt.

3.73 **c) Ausnutzung oder Beeinträchtigung der Wertschätzung.** Stützt sich das Unlauterkeitsurteil auf eine Ausnutzung der Wertschätzung (§ 4 Nr. 3 lit. b), ohne dass gleichzeitig eine vermeidbare Herkunftstäuschung vorliegt, so dauert der lauterkeitsrechtliche Nachahmungsschutz grds. so lange an, wie die Rufausnutzung andauert, der Verletzer also aus der Wertschätzung für das Original Nutzen zieht. Ist infolge der Nachahmung der gute Ruf des Originals zerstört worden (Rufbeeinträchtigung), so endet allerdings in diesem Zeitpunkt auch der lauterkeitsrechtliche Nachahmungsschutz. – Als äußerste zeitliche Grenze wollte die frühere Rspr. die für vergleichbare Sachverhalte geltenden sondergesetzlichen Fristen heranziehen (BGH GRUR 2005, 349 (352) – Klemmbausteine III). Allerdings blieb dabei unklar, auf welche Sondergesetze insoweit abzustellen sein sollte. Was den Markenschutz angeht, käme hinzu, dass ein lauterkeitsrechtlicher Nachahmungsschutz faktisch zu einem zeitlich unbegrenzten markenrechtlichen Schutz auf Grund Verkehrsdurchsetzung führen kann (vgl. Heyers GRUR 2006, 23 (27); Schrader WRP 2005, 562 (563)). Außerdem wollte die frühere Rspr. zu § 1 UWG 1909 für Modeerzeugnisse den Schutz auf die Saison begrenzen, in der sie auf den Markt gebracht wurden (BGH GRUR 1998, 477 (479 f.) – Trachtenjanker). – Diese Rspr. hat der BGH ausdrücklich und zu Recht aufgegeben (BGH WRP 2017, 51 Rn. 96 – Segmentstruktur), weil im Hinblick auf die Möglichkeiten, Sonderschutzrechte (Warenformmarke, Design, Gemeinschafts-geschmacksmuster) in Anspruch zu nehmen, keine Schutzlücken bestehen.

d) Unredliche Erlangung von Kenntnissen und Unterlagen. Stützt sich das Unlauter- **3.74** keitsurteil auf die unredliche Erlangung der für die Nachahmung erforderlichen Kenntnisse und Unterlagen (§ 4 Nr. 3 lit. c), so dauert der lauterkeitsrechtliche Nachahmungsschutz grds. so lange, als nicht die zu Grunde liegenden Geschäftsgeheimnisse offenkundig geworden sind. Auf eine von ihm selbst herbeigeführte Offenkundigkeit kann sich der Verletzer aber nicht berufen, weil dies rechtsmissbräuchlich wäre. Selbst wenn die unredliche Kenntniserlangung mehr als sechs Jahre zurückliegt, kann dies noch Auswirkungen auf die Wettbewerbslage haben (BGH GRUR 2003, 356 (358) – Präzisionsmessgeräte).

e) Behinderung. Dazu → Rn. 4.216 – 4.218 ff.   **3.75**

XI. Darlegungs- und Beweislast

Grds. trägt der Kläger die **Darlegungs-** und **Beweislast** für das Vorliegen aller Tatbestands- **3.76** voraussetzungen des § 3 I iVm § 4 Nr. 3 (BGH GRUR 2021, 1544 Rn. 22 – Kaffeebereiter; OLG Frankfurt GRUR-RR 2015, 595 Rn. 44; OLG Köln GRUR-RR 2015, 441 (443)), beim Schadensersatzanspruch auch für das Verschulden.

Soweit es die **wettbewerbliche Eigenart** des Produkts betrifft, muss der Kläger zu dem **3.77** Produkt und dessen Merkmalen, die seine wettbewerbliche Eigenart begründen, konkret vor-tragen. Er muss daher das Produkt, für das er Schutz begehrt, detailliert beschreiben. Dazu kann er sich Abbildungen bedienen, soweit diese das Produkt und seine Merkmale deutlich erkennen lassen. Unklarheiten gehen zu seinen Lasten. Im Regelfall wird er allerdings dem Gericht das betreffende Produkt vorlegen müssen (BGH GRUR 2021, 1544 Rn. 22 – Kaffeebereiter; BGH WRP 2018, 332 Rn. 17 – Handfugenpistole; OLG Köln GRUR-RR 2015, 441 (443); OLG Frankfurt WRP 2022, 889 Rn. 38). – Hat der Kläger insoweit seiner Darlegungs- und Beweislast genügt, so trifft den **Beklagten** die **Darlegungs- und Beweislast** für die Tatsachen, die das Entstehen einer an sich gegebenen **wettbewerblichen Eigenart** (zB vorbekannte Gestaltungen bei Modeerzeugnissen) hindern oder deren Schwächung oder Wegfall (zB durch Auftreten ähnlicher Erzeugnisse auf dem Markt oder durch den Vertrieb des Produkts unter **fremder Kennzeichnung** in nicht nur geringfügigem Umfang) begründen (BGH WRP 2018, 332 Rn. 22 – Handfugenpistole; BGH WRP 2017, 792 Rn. 41 – Bodendübel; OLG Köln GRUR-RR 2014, 210 (212); OLG Köln GRUR-RR 2015, 441 (443)). Insbesondere muss er die **Marktbedeutung** von Produkten darlegen, mit denen er die wettbewerbliche Eigenart des nachgeahmten Produkts in Frage stellen will (BGH GRUR 2021, 1544 Rn. 23 – Kaffeebereiter; BGH GRUR 2005, 600 (602) – Handtuchklemmen; OLG Köln WRP 2021, 381 Rn. 75). Dazu gehört aber nicht notwendig die Angabe von Absatzzahlen (OLG Köln GRUR-RR 2018, 207 Rn. 73), vielmehr kann dafür auch die Angabe entsprechender Werbeanstrengungen genü-gen (OLG Köln WRP 2019, 1055 Rn. 48). Nicht ausreichend ist indessen eine bloße Bezug-nahme auf den Verkaufsrang bei Amazon wegen der Unklarheit über das Zustandekommen dieses Rangs (OLG Köln WRP 2019, 1055 Rn. 50). – Kann der Beklagte zB zum Umfang der gestatteten Fremdkennzeichnung bzw. zum Umfang des Vertriebs unter einem Zweitkennzei-chen nicht aus eigener Anschauung vortragen, obliegt dem Kläger eine sekundäre Darlegungslast (BGH WRP 2018, 332 Rn. 22 – Handfugenpistole; BGH GRUR 2021, 1544 Rn. 37 – Kaffee-bereiter). Der Umfang der sekundären Darlegungslast richtet sich nach der Intensität des Sach-vortrags des Beklagten (BGH GRUR 2021, 1544 Rn. 40 – Kaffeebereiter). Steht fest, dass das Produkt in nicht nur geringfügigem Umfang unter einer Fremdkennzeichnung vertrieben worden ist, muss der Kläger auch darlegen und beweisen, dass es sich dabei nicht um eine Herstellermarke, sondern um eine für die wettbewerbliche Eigenart unschädliche Händlermarke (→ Rn. 3.26) handelt (BGH WRP 2018, 332 Rn. 20, 45 – Handfugenpistole).

Soweit es die **Unlauterkeit** des Angebots einer Nachahmung betrifft, besteht auch bei der **3.78** unmittelbaren Leistungsübernahme (→ Rn. 3.35) keine Vermutung für das Vorliegen unlauter-keitsbegründender Umstände. Es ist daher nicht Sache des Beklagten, darzutun, aus welchen Gründen die Nachahmung nicht unlauter ist (ebenso Ohly/Sosnitza/Ohly § 4 Rn. 3/92; aA BGH GRUR 1969, 618 (620) – Kunststoffzähne). Ist jedoch streitig, ob der Nachahmer die erforderliche Kenntnis vom Original hatte (→ Rn. 3.68), so greift die widerlegliche **Vermutung** der Kenntnis ein, wenn der Nachahmer mit seinem Produkt später als der Anbieter des Originals auf dem Markt erschienen ist (vgl. BGH GRUR 1998, 477 (480) – Trachtenjanker; OLG Köln

GRUR-RR 2008, 166 (169)). Der Beklagte hat in diesem Fall zu beweisen, dass er das von ihm angebotene Produkt in Unkenntnis der Existenz des Originals geschaffen hat (vgl. BGH GRUR 2002, 629 (633) – Blendsegel).

3.78a Zur **Herstellereigenschaft** ist ein substanziierter Parteivortrag erforderlich, der tatsächliche Umstände enthalten muss, die dem Gericht die Feststellung ermöglichen, dass der Anspruchsteller das Produkt in eigener Verantwortung herstellt oder von einem Dritten herstellen lässt, und über das Inverkehrbringen des Produkts entscheidet. Hierfür genügt nicht die bloße Behauptung, ein Unternehmen sei „Hersteller" (BGH GRUR 2023, 421 Rn. 21 – Rahmenmodule). Entsprechende Anforderungen müssen gelten, wenn es um die Anspruchsberechtigung eines **Alleinvertriebsberechtigten** (→ Rn. 3.85a) geht (zu den prozessualen Anforderungen an das Bestreiten in einem solchen Fall BGH GRUR 2023, 736 Rn. 15 ff. – KERRYGOLD).

C. Rechtsfolgen

I. Allgemeines

3.79 Beim Vorgehen gegen eine unlautere Nachahmung iSd § 4 Nr. 3 bestehen einige Besonderheiten gegenüber sonstigen unlauteren geschäftlichen Handlungen, auf die im Folgenden hinzuweisen ist. Zum **Auskunfts**- und zum **Besichtigungsanspruch** → § 9 Rn. 4.1 ff. und → Rn. 4.43 ff.

II. Unterlassungsanspruch (§ 8 I 1 und 2)

3.80 Da der Tatbestand des § 4 Nr. 3 nur das „Anbieten" einer Nachahmung erfasst, kann auch nur Unterlassung des **Anbietens** (einschließlich des Feilhaltens und Bewerbens), **nicht** auch des **Importierens** (OLG Köln GRUR-RR 2003, 84 (86)), des **Gebrauchs** oder des **Herstellens** und der Besitz zu diesem Zweck verlangt werden (BGH GRUR 2017, 734 Rn. 74 – Bodendübel; OLG Düsseldorf GRUR-RR 2020, 45 Rn. 37). Dies entspricht der Rspr. zu § 1 UWG 1909 (vgl. BGH GRUR 1999, 751 – Güllepumpen). Es ist zwar für den Hersteller des Originals unbefriedigend, wenn er nicht bereits gegen die Herstellung der Nachahmung vorgehen kann (vgl. Köhler WRP 1999, 1075 (1077 f.); Keller FS Erdmann, 2002, 595 (610)). Angesichts des klaren Gesetzeswortlauts ist dies aber hinzunehmen. – Der Unterlassungsanspruch ist nicht schon dann ausgeschlossen, wenn der Vertrieb des nachgeahmten Produkts gegen ein gesetzliches Verbot verstößt oder selbst gesetzwidrig ist (BGH GRUR 2005, 519 (520) – Vitamin-Zell-Komplex). Denn die Geltendmachung des Anspruchs dient auch dem Schutz von Interessen der Allgemeinheit (§ 1 I 2). – Bei der Formulierung des Unterlassungsantrags ist zu beachten, dass ein umfassendes Vertriebsverbot nur verlangt werden kann, wenn bei jeder Vertriebshandlung die besonderen Unlauterkeitsmerkmale verwirklicht sind. Ggf. ist also der Antrag auf eine bestimmte Vertriebshandlung (zB Vertrieb über Katalogfirmen) zu beschränken, wenn nur insoweit Unlauterkeit (zB vermeidbare Herkunftstäuschung) gegeben ist (BGH GRUR 2007, 339 Rn. 34 ff. – Stufenleitern).

III. Beseitigungsanspruch (§ 8 I 1)

3.81 Der Beseitigungsanspruch kann nur darauf gerichtet werden, dass die Nachahmungsstücke, soweit sie noch in der Verfügungsgewalt des Anbieters stehen, vom Markt genommen werden. Dagegen kann nicht ihre **Vernichtung** verlangt werden, weil die Herstellung als solche noch nicht unlauter ist (BGH WRP 2012, 1179 Rn. 36 – Sandmalkasten). Dies entspricht der Rspr. zu § 1 UWG 1909 (vgl. BGH GRUR 1988, 690 (693) – Kristallfiguren; BGH GRUR 1999, 923 (928) – Tele-Info-CD). Daher besteht auch im Verfahren der einstweiligen Verfügung kein Anspruch auf **Herausgabe** von noch nicht in den Verkehr gebrachten Nachahmungen, auch nicht an den Gerichtsvollzieher zur vorläufigen Verwahrung (OLG Frankfurt GRUR-RR 2003, 157; OLG Düsseldorf GRUR-RR 2009, 142 (144)).

IV. Schadensersatzanspruch (§ 9 I)

1. Verschulden

3.82 Verschuldensformen sind Vorsatz und Fahrlässigkeit. Zum Vorsatz gehört das Bewusstsein der Rechtswidrigkeit, bei § 4 Nr. 3 also der Unlauterkeit. Daher handelt nicht unbedingt vorsätzlich, wer bewusst mögliche und zumutbare Maßnahmen zur Beseitigung oder Verringerung der Herkunftstäuschung unterlässt. Vielmehr kommt es darauf an, ob der Nachahmer sich der Erforderlichkeit dieser Maßnahmen bewusst war. Bei Ersttätern wird dies vielfach nicht der Fall sein. Entscheidende Bedeutung kommt daher dem Vorwurf der Fahrlässigkeit zu. Fahrlässig handelt, wer die im Verkehr erforderliche Sorgfalt nicht beachtet (§ 276 II BGB). An die Sorgfaltsanforderungen sind aber, wie allgemein im Lauterkeitsrecht, strenge Anforderungen zu stellen (vgl. näher → § 9 Rn. 1.18 ff.). Der Verletzer kann sich daher grds. nicht darauf berufen, er habe sein Verhalten unverschuldet für zulässig gehalten; es genügt, dass er mit der nicht fern liegenden Möglichkeit einer Rechtsverletzung rechnen musste (BGH WRP 2017, 972 Rn. 73 – Bodendübel).

2. Anspruchsinhalt

3.83 Dem Verletzten steht die Möglichkeit der **dreifachen Schadensberechnung** (→ § 9 Rn. 1.36 ff.; stRspr; BGH GRUR 2007, 431 Rn. 21 – Steckverbindergehäuse; BGH WRP 2016, 850 Rn. 12 – Pippi-Langstrumpf-Kostüm II; krit. Stieper WRP 2010, 624 (628 ff.)) zu. Sie greift nach der Rspr. (vgl. BGH GRUR 1993, 55 (57) – Tchibo/Rolex II) auch dann ein, wenn der Nachahmer zwar den Absatz des Originalherstellers behindert, ihm aber keine potenziellen Kunden wegnimmt, weil er mit seinem Produkt andere Käuferschichten anspricht (vgl. die Fälle BGH GRUR 1985, 876 – Tchibo/Rolex I: Vertrieb von Billignachahmungen einer 100 mal teureren Rolex-Uhr; BGH GRUR 1998, 830 (833) – Les-Paul-Gitarren: Vertrieb von Billignachahmungen von 3–4-mal teureren Les-Paul-Gitarren). Das ist dogmatisch nicht unbedenklich, weil in diesen Fällen der Nachahmer nicht „ein fremdes Geschäft als eigenes" führt (vgl. § 687 II BGB). Indessen bedarf es dieser strengen Sanktion, um die Produktpiraterie effektiv zu bekämpfen. – Der Anspruch auf Ersatz des entgangenen Gewinns ist ausgeschlossen, wenn der Gewinn nur durch Verletzung eines gesetzlichen Verbots oder mit rechtswidrigen Mitteln erzielt werden könnte (BGH GRUR 2005, 519 (520) – Vitamin-Zell-Komplex). Dies betrifft aber nicht die beiden anderen Berechnungsmethoden.

V. Bereicherungsanspruch

3.84 Das Anbieten von Nachahmungen unter den unlauterkeitsbegründenden Voraussetzen von § 4 Nr. 3 greift in den rechtlich geschützten Zuweisungsgehalt des Originalherstellers ein. Der Bereicherungsanspruch (Eingriffskondiktion iSd § 812 I 1 Alt. 2 BGB) setzt kein Verschulden voraus. Bedeutung hat dies bei Ansprüchen gegen den Händler, der keine Kenntnis davon hat, dass die von ihm vertriebenen Waren Nachahmungen sind (aA iErg BGH GRUR 1991, 914 (916 f.) – Kastanienmuster mit der Begründung, dass ohne diese Kenntnis kein Wettbewerbsverstoß des Händlers vorliege). Zu Einzelheiten → § 9 Rn. 3.1 ff.

VI. Anspruchsberechtigung und Anspruchsverpflichtung

1. Anspruchsberechtigung

3.85 **a) Hersteller des Originals.** Die Anspruchsberechtigung richtet sich nach dem Normzweck des § 4 Nr. 3. Anspruchsberechtigt ist derjenige, der die zu schützende Leistung erbracht hat (BGH GRUR 2023, 736 Rn. 13 – KERRYGOLD), also grds. der **Hersteller des Originals.** Der Begriff des Herstellers ist ein **Rechtsbegriff** (BGH GRUR 2023, 421 Rn. 21 – Rahmenmodule; zur Darlegungs- und Beweislast → Rn. 3.78a). Hersteller ist derjenige, der das Produkt in eigener Verantwortung herstellt oder von einem Dritten herstellen lässt und über das Inverkehrbringen entscheidet (vgl. BGH GRUR 2016, 730 Rn. 21 – Herrnhuter Stern; BGH GRUR 2023, 421 Rn. 20 – Rahmenmodule; BGH GRUR 2023, 736 Rn. 13 – KERRYGOLD; OLG Schleswig GRUR 2023, 651 Rn. 30). Denn § 4 Nr. 3 dient in erster Linie dem Schutz der Individualinteressen desjenigen, dessen Leistung auf unlautere Weise nachgeahmt und vermarktet wird, und daneben dem Interesse der Allgemeinheit an einem unverfälschten Wettbewerb (BGH GRUR 1991, 223 (225) – Finnischer Schmuck; BGH GRUR 1994, 630 (634) – Cartier-Armreif; BGH GRUR 2005, 519 (520) – Vitamin-Zell-Komplex; BGH WRP 2010, Rn. 17 – LIKEaBIKE; BGH GRUR 2023, 421 Rn. 20 – Rahmenmodule). Auch hat nur er es in der Hand, die Nachahmung (insbes. durch Lizenzvergabe) zu gestatten und damit zulässig zu machen. Der Hersteller braucht aber nicht zugleich der Schöpfer oder Urheber des Originalprodukts zu sein (BGH GRUR 2016, 730 Rn. 21 – Herrnhuter Stern; BGH GRUR 2023, 421

Rn. 20 – Rahmenmodule; BGH GRUR 2023, 736 Rn. 13 – KERRYGOLD; OLG Schleswig GRUR 2023, 651 Rn. 30). Dementsprechend muss der Hersteller nicht Rechtsnachfolger des Unternehmens sein, das erstmals das Originalprodukt gefertigt hatte (BGH GRUR 2016, 730 Rn. 22, 24 – Herrnhuter Stern), er muss lediglich an seine Stelle treten. Zwar ist das durch § 4 Nr. 3 geschützte Leistungsergebnis nicht wie ein Immaterialgut übertragbar (BGH GRUR 2016, 730 Rn. 22 – Herrnhuter Stern; Nemeczek GRUR 2011, 292 (293 f.)). Übernimmt jedoch ein anderer Unternehmer die Produktion des Originalprodukts im Einverständnis mit dem Originalhersteller (**„Produktionskontinuität"**), so tritt er an seine Stelle und es entsteht in seiner Person der lauterkeitsrechtliche Schutz vor Nachahmungen neu, vorausgesetzt der Nachahmer erfüllt weiterhin die Voraussetzungen des § 4 Nr. 3 (BGH GRUR 2016, 730 Rn. 22, 24 – Herrnhuter Stern; Sambuc FS Bornkamm 2014, 455 (457, 461)). Dazu muss der Verkehr im Zeitpunkt der Markteinführung der Nachahmung die objektiv gerechtfertigte Vorstellung haben, bei der vom Anspruchsteller hergestellten Ware handle es sich um das Erzeugnis eines bestimmten Originalherstellers, wie auch immer dieser heißen möge (BGH GRUR 2016, 730 Rn. 22, 24, 58 – Herrnhuter Stern). Dazu muss diese Ware objektiv ein Originalerzeugnis sein.

3.85a   Dem Hersteller steht der ausschließlich **Alleinvertriebsberechtigte** (zB Alleinimporteur) gleich, wenn durch den Vertrieb eines nachgeahmten Erzeugnisses über die Herkunft aus dem Betrieb eines bestimmten Herstellers und damit auch über die Herkunft aus dem Betrieb des ausschließlichen Vertriebsberechtigten getäuscht wird (BGH GRUR 1994, 630 (634) – Cartier-Armreif; BGH GRUR 2004, 941 (943) – Metallbett; BGH GRUR 2023, 736 Rn. 13 – KERRYGOLD; OLG Frankfurt WRP 2015, 609 Rn. 56; OLG Frankfurt WRP 2018, 1356 Rn. 8; OLG Köln WRP 2020, 1616 Rn. 26). Ihm steht im Hinblick auf seine besondere Eigenleistung für den Vertrieb ein „selbstständiges wettbewerbsrechtliches Leistungsschutzrecht" zu (BGH GRUR 1994, 630 (634) – Cartier-Armreif; BGH GRUR 2016, 730 Rn. 28 – Herrnhuter Stern; OLG Frankfurt WRP 2018, 1356 Rn. 8), da er in seinem Individualinteresse an der Vermarktung des Originalprodukts beeinträchtigt ist. Ihm steht der **Franchisenehmer** gleich (OLG Köln WRP 2020, 1616 Rn. 26). – Dagegen ist ein **Händler,** der das Original vertreibt, grds. nicht anspruchsberechtigt, es sei denn, er hat durch die Auswahl und Zusammenstellung einer Kollektion seinerseits eine besonders schutzwürdige Leistung erbracht, die von einem anderen übernommen wird (BGH GRUR 1991, 223 (224) – Finnischer Schmuck). Dementsprechend kann Ansprüche wegen Nachahmung des „Formats" einer Fernsehshow nur geltend machen, wer an der Erarbeitung des Formats mitgewirkt oder an der Ausstrahlung der Sendereihe beteiligt ist, nicht auch derjenige, der lediglich abgeleitete Nutzungsrechte an dem Format geltend macht (BGH GRUR 2003, 876 (878) – Sendeformat).

3.86   **b) Sonstige Mitbewerber und Verbände.** Ob neben dem Originalhersteller auch sonstige Mitbewerber iSd § 8 III Nr. 1 und Stellen iSd § 8 III Nr. 2–4 anspruchsberechtigt sind, ist str. Nach einer Auffassung muss es grds. dem Hersteller des Originals überlassen bleiben, ob er gegen den Nachahmer (und seine Absatzmittler) vorgeht oder ob er dessen Verhalten duldet oder ihm sogar nachträglich zustimmt (zB eine Lizenz erteilt). Dieser Entscheidung dürfe durch ein Vorgehen eines sonstigen Mitbewerbers oder eines Verbandes nicht vorgegriffen werden. Es müssten insoweit die gleichen Erwägungen gelten wie bei der Frage, ob Urheberrechtsverletzungen von anderen Personen als dem Urheber unter dem Gesichtspunkt des Wettbewerbsverstoßes verfolgt werden könnten (BGHZ 140, 183 (187 ff.) = GRUR 1999, 325 – Elektronische Pressearchive; BGH GRUR 2009, 416 Rn. 23 – Küchentiefstpreisgarantie). – Die Gegenansicht weist darauf hin, dass § 4 Nr. 3 zumindest auch Interessen der Allgemeinheit schütze (Harte-Bavendamm/Henning-Bodewig/Bergmann § 8 Rn. 260; GK-UWG/Dornis § 4 Nr. 3 Rn. 279, 280). Daran ist richtig, dass jedenfalls der Schutz der Verbraucher (oder sonstigen Marktteilnehmer) vor Täuschung über die betriebliche Herkunft eines Produkts nicht zur Disposition des Herstellers stehen darf (Köhler GRUR 2007, 548 (553); Henning-Bodewig GRUR-Int. 2007, 986 (988); aA noch zum früheren Recht Bornkamm FS v. Mühlendahl, 2006, 9 (20 f.)). – Der Streit ist aber durch die **UWG-Novelle 2008** weitgehend entschärft worden. Denn zum Schutz der Verbraucher und sonstigen Marktteilnehmer vor Verwechslung wurden in Umsetzung der UGP-RL der § 5 I, II und III Nr. 1 sowie Anh. Nr. 13 zu § 3 III in das UWG eingefügt. Erfüllt daher der Nachahmer gleichzeitig einen dieser Tatbestände, so können daraus resultierende Ansprüche uneingeschränkt von den nach § 8 III anspruchsberechtigten Mitbewerbern und Stellen geltend gemacht werden. Das Interesse des Herstellers, selbst darüber zu entscheiden, ob er gegen die Vermarktung des Nachahmungsprodukts vorgehen will, muss demgegenüber zurücktreten. – Für § 4 Nr. 3 bleibt es dann aber dabei, dass grds. nur der

Hersteller des Originals (sowie idR der Alleinvertriebsberechtigte oder Franchisenehmer) anspruchsberechtigt ist (Köhler GRUR 2009, 441 (450, 451); Ohly/Sosnitza/Ohly § 4 Rn. 3.84). Der Hersteller des Originals wird dadurch jedoch nicht an einer Lizenzvergabe usw an den Verletzer gehindert. Denn dies führt nur dazu, dass die Irreführungsgefahr für die Zukunft entfällt. Darauf, ob die Nachahmungsprodukte minderwertig oder für die Benutzer gefährlich sind, kommt es nicht an. Ebenso wenig darauf, ob sich der Verletzer durch einen Verstoß gegen § 4 Nr. 3 den Mitgliedern des klagenden Verbands gegenüber einen wettbewerbsrechtlich relevanten Vorsprung verschafft (so aber Gloy/Loschelder/Danckwerts WettbR-HdB/Eck § 51 Rn. 205).

2. Anspruchsverpflichtung

In Anspruch genommen werden kann jeder, der den Tatbestand des § 3 I iVm § 4 Nr. 3 **3.87** verwirklicht hat. Das setzt ein **Anbieten** des Nachahmungsprodukts auf dem Markt voraus. Täter ist jedenfalls der **Hersteller** der Nachahmung. In den Fällen des § 4 Nr. 3 lit. a und b kann auch der **Händler** Täter sein (vgl. BGH GRUR 1981, 517 (520) – Rollhocker; BGH GRUR 2004, 941 (943) – Metallbett). Zur Frage des **subjektiven Tatbestands** → Rn. 3.68. Dagegen kann das Tatbestandsmerkmal des § 4 Nr. 3 lit. c nur vom Hersteller (als Produktanbieter) verwirklicht werden (aA Ohly/Sosnitza/Ohly § 4 Rn. 3/85: jeder Anbieter). Weiß jedoch der Händler, dass der Hersteller die erforderlichen Kenntnisse unredlich erlangt hat, so kann er als Teilnehmer (§ 830 II BGB) in Anspruch genommen werden. Neben dem Herstellerunternehmen kann ggf. auch die im Betrieb für die Nachahmung verantwortliche Person (zB **Konstruktionsleiter**), sei es als (Mit-)Täter, sei es als Teilnehmer (§ 830 II BGB), in Anspruch genommen werden (BGH GRUR 1999, 751 (754) – Güllepumpen).

VII. Verwirkung und Verjährung

Der Einwand der **Verwirkung** ist auch beim lauterkeitsrechtlichen Nachahmungsschutz **3.88** möglich (BGH GRUR 2016, 730 Rn. 74 – Herrnhuter Stern; → § 11 Rn. 2.14). Für die **Verjährung** der Ansprüche aus lauterkeitsrechtlichem Nachahmungsschutz gilt § 11 (vgl. BGH GRUR 1999, 751 (754) – Güllepumpen; krit. Nirk GRUR 1993, 247 (254); Sambuc Rn. 777). Ein Rückgriff auf die Verjährungsregelungen des Bürgerlichen Rechts (§§ 195, 199 BGB) ist nur möglich, soweit im Einzelfall gleichzeitig ein Deliktstatbestand verwirklicht ist. Das kann § 826 BGB sein, doch erfüllt eine unlautere Nachahmung nicht ohne weiteres auch den Tatbestand der vorsätzlichen sittenwidrigen Schädigung (BGH GRUR 1999, 751 (753) – Güllepumpen). Dagegen scheidet § 823 I BGB aus, da das lauterkeitsrechtlich geschützte Leistungsergebnis kein „sonstiges Recht" ist und ein Eingriff in das Unternehmen wegen der Subsidiarität dieses Tatbestands gegenüber dem UWG nicht in Betracht kommt. Zu beachten ist, dass § 826 BGB keine dreifache Schadensberechnung ermöglicht. Ebenfalls der Verjährung nach §§ 195, 199 BGB unterliegt ein bereicherungsrechtlicher Anspruch aus § 812 I 1 Alt. 2 BGB.

VIII. Klageantrag und Verbotsausspruch

Die sachgerechte Formulierung des Unterlassungsantrags – und dementsprechend des Verbots- **3.89** ausspruchs – bei der unlauteren Produktnachahmung ist ein schwieriges Geschäft. Klageantrag und Verbotsausspruch haben sich an der **konkreten Verletzungsform** auszurichten. Sie müssen zumindest unter Heranziehung des Klagevortrags unzweideutig erkennen lassen, in welchen Merkmalen des angegriffenen Erzeugnisses die Grundlage und der Anknüpfungspunkt des Wettbewerbsverstoßes und damit des Unterlassungsgebots liegen sollen (BGH GRUR 2002, 86 (88) – Laubhefter; BGH GRUR 2007, 795 Rn. 18 – Handtaschen). Daher müssen jedenfalls die übernommenen Gestaltungsmerkmale, die bei der Klageform die wettbewerbliche Eigenart begründen, im Antrag enthalten sein (BGH GRUR 2002, 86 (88 f.) – Laubhefter; BGH GRUR 2002, 820 (823) – Bremszangen). Der Kläger ist gehalten, im Einzelnen (ggf. in der Antragsbegründung) darzulegen und zu konkretisieren, worin er eine unlautere Nachahmung seines Produkts erblickt. Allgemeine Umschreibungen wie zB „Farbe, Gesamtaussehen, Abmessungen, Form, typische Anordnung der Bauteile, technische Gestaltung und Funktionsweise" helfen nicht weiter, wenn sie nicht – ggf. mit Hilfe von Abbildungen (BGH GRUR 2007, 795 Rn. 18 – Handtaschen) – präzisiert werden, so dass klar erkennbar ist, welche Handlungen verboten sein sollen (BGH GRUR 2002, 86 (88) – Laubhefter). Ansprüche aus § 4 Nr. 3 lit. a und b bilden einen einheitlichen Streitgegenstand (BGH WRP 2013, 1339 Rn. 11 – Einkaufswagen III;

OLG Köln WRP 2021, 1221 Rn. 14), wobei jedoch der Kläger zu beiden Tatbeständen vortragen muss (Hohlweck WRP 2015, 934 Rn. 10). – Trägt der Kläger nur einen Sachverhalt vor, der auf den Tatbestand einer Schutzrechtsverletzung zugeschnitten ist, ist das Gericht durch § 308 I ZPO daran gehindert, die Verurteilung auf eine unlautere Produktnachahmung nach § 3 I iVm § 4 Nr. 3 zu stützen (BGH GRUR 2001, 755 (756 f.) – Telefonkarte). – Den Anforderungen an die **Bestimmtheit** des Klageantrags (§ 253 II Nr. 2 ZPO; dazu allgemein → § 12 Rn. 1.35 ff.) genügt ein Unterlassungsantrag idR nicht, wenn er auslegungsbedürftige Begriffe wie „zu Verwechslungen geeignet", „oder andere verwechslungsfähige Bezeichnungen", „mit einem äußeren Erscheinungsbild, das sich von demjenigen des Originals nicht deutlich unterscheidet" oder „ähnlich wie" enthält (BGH GRUR 2002, 86 (88) – Laubhefter). Entsprechendes gilt für die Formulierung des richterlichen Verbotsausspruchs. – Der Unterlassungsantrag braucht nicht Einschränkungen zu enthalten, durch die eine Herkunftstäuschung vermieden werden kann (→ Rn. 3.45 ff.). Denn es ist Sache des Verletzers, einen Weg zu finden, der ihn aus dem Verbotsbereich herausführt (BGH GRUR 2002, 820 (823) – Bremszangen). – Kommt nur eine zeitlich begrenzte Verurteilung in Betracht, muss der Kläger den Antrag entsprechend beschränken.

4. Abschnitt. Gezielte Behinderung

Übersicht

Rn.

§ 4 Nr. 4

Unlauter handelt, wer

4. Mitbewerber gezielt behindert.

A. Allgemeines

Schrifttum: Bärenfänger, Das Spannungsfeld von Lauterkeitsrecht und Markenrecht unter dem neuen UWG, 2010; Bärenfänger, Symbiotische Theorie zum Kennzeichen- und Lauterkeitsrecht, WRP 2011, 16

und 160; Beater, Das gezielte Behindern im Sinne von § 4 Nr. 10 UWG, WRP 2011, 7; Fritzsche/Barth,
Sieg der Werbeblocker als Impuls für Zugangsschranken im Internet, WRP 2019, 1405; Glöckner, Lauter-
keitsrechtlicher Schutz von Geschäftsmodellen auf mehrseitigen Märkten, ZUM 2018, 844; Haedicke, Verdinglichung von Vertragsbeziehungen im Wettbewerbsrecht, FS Bornkamm, 2014, 353; Haedicke, Das
Ausnutzen fremder Einrichtungen als Wettbewerbsverstoß, FS Köhler, 2014, 221; Köhler, Das neue UWG,
NJW 2004, 2121; Köhler, Die Unlauterkeitstatbestände des § 4 UWG und ihre Auslegung im Lichte der
Richtlinie über unlautere Geschäftspraktiken, GRUR 2008, 841; Köhler, Der „Mitbewerber", WRP 2009,
499; Köhler, Dogmatik des Beispielskatalogs des § 4 UWG, WRP 2012, 638; Köhler, Internet-Werbeblocker
als Geschäftsmodell, WRP 2014, 1017; Köhler, Funktion und Anwendungsbereich des Mitbewerberbegriffs
im UWG, GRUR 2019, 123; Kreutz, Online-Angebote und Werbeblocker-Software, 2017; Omsels, Zur
Unlauterkeit der gezielten Behinderung von Mitbewerbern (§ 4 Nr. 10 UWG), WRP 2004, 136; Pichler,
Das Verhältnis von Kartell- und Lauterkeitsrecht, 2009; Rauser, Schadensersatz für vorsätzliche Eingriffe in
fremde Vertragsbeziehungen, 2017; Steinbeck, Der Beispielskatalog des § 4 UWG – Bewährungsprobe
bestanden?, GRUR 2008, 848.

I. Entstehungsgeschichte, Normzweck und Rechtsnatur

1. Entstehungsgeschichte

4.1   Die Norm wurde im **UWG 2004** als **§ 4 Nr. 10** eingeführt. Formulierung und Begründung
des Beispielstatbestands gehen zurück auf den Entwurf von Köhler/Bornkamm/Henning-Bode-
wig WRP 2002, 1317 (dort § 5 Nr. 3 und Erläuterungen → Rn. 19). In der Amtl. Begr. (Begr.
RegE UWG, BT-Drs. 15/1487, 19) heißt es dazu: „Der Tatbestand der Nummer 10 bezieht
sich auf die sog individuelle Mitbewerberbehinderung. Die weite, generalklauselartige Fassung
stellt sicher, dass alle Erscheinungsformen des Behinderungswettbewerbs einbezogen werden,
einschließlich des Boykotts, des Vernichtungswettbewerbs, aber auch zB des Missbrauchs von
Nachfragemacht zur Ausschaltung von Mitbewerbern. Erfasst werden sollen somit auch Handlungen im Verhältnis zweier Unternehmer auf verschiedenen Wirtschaftsstufen. Durch das Tatbestandsmerkmal des gezielten Handelns wird klargestellt, dass eine Behinderung von Mitbewerbern als bloße Folge des Wettbewerbs nicht ausreicht, um den Tatbestand zu verwirklichen. Die
Rspr. hat in der Vergangenheit bereits typische Formen des unlauteren Behinderungswettbewerbs herausgearbeitet. Ihre Aufgabe wird es weiterhin sein, die Abgrenzung von den kartellrechtlichen Behinderungstatbeständen, die das Vorliegen von Marktmacht voraussetzen, vorzunehmen. Entsprechendes gilt für die sog allgemeine Marktbehinderung, die zwar nicht als
Beispielstatbestand aufgeführt ist, aber – entsprechend des nicht abschließenden Charakters der
Beispielstatbestände – gleichwohl unter die Generalklausel des § 3 I fallen kann". – Das **UWG
2008** behielt den Tatbestand unverändert bei. – Das **UWG 2015** eliminierte aus dem bisherigen
§ 4 die Nr. 1–6 und 11, so dass aus § 4 Nr. 10 die **Nr. 4** wurde. Eine inhaltliche Änderung war
damit nicht verbunden. Die Anbindung der Norm an den § 3 I hat zwar zur Folge, dass das
Verbot keine Prüfung der Eignung der gezielten Behinderung zur spürbaren Beeinträchtigung
der Interessen der Mitbewerber usw voraussetzt. Dies war jedoch schon nach bisherigem Recht
nicht erforderlich, da die Spürbarkeit als tatbestandsimmanent angesehen wurde (BGH GRUR
2009, 876 Rn. 26 – Änderung der Voreinstellung II).

2. Normzweck

4.2   Der Behinderungstatbestand des § 4 Nr. 4 verwirklicht die Schutzzweckbestimmung des
§ 1 I 1, die ausdrücklich den **Mitbewerberschutz** nennt. Er erfasst unmittelbar nur die sog
individuelle Behinderung, also geschäftliche Handlungen, die sich gezielt gegen einen oder
mehrere Mitbewerber richten (BGH GRUR 2010, 346 Rn. 12 – Rufumleitung; BGH WRP
2017, 46 Rn. 31 – Fremdcoupon-Einlösung; Köhler GRUR 2019, 123 (124). Von der gezielten
Behinderung abzugrenzen ist die Frage, ob als eigenständiger Tatbestand die **allgemeinen
Marktbehinderung** (= Marktstörung) anzuerkennen ist, die sich unmittelbar auf die Generalklausel des § 3 I stützt (→ Rn. 4.12 und → Rn. 5.1 ff.). Diese Abgrenzung entspricht der
früheren Rechtslage, die – ausweislich der Begründung des RegE UWG 2004 – in diesem Punkt
nicht geändert werden sollte. Soweit in der damaligen Begründung gesagt wurde, dass auch
Handlungen im Verhältnis zweier Unternehmer auf verschiedenen Wirtschaftsstufen erfasst
werden sollen (→ Rn. 4.1), zielte dies ersichtlich auf die Fälle des sog **Anzapfens** von Lieferanten (dazu § 19 II Nr. 5 GWB, § 20 II GWB). Doch müsste sich, damit § 4 Nr. 4 eingreifen
könnte, die Maßnahme – wenngleich nur indirekt – gegen einen oder mehrere Mitbewerber

richten (vgl. OLG Hamm GRUR-RR 2003, 288). Im Übrigen könnten derartige Praktiken im Vertikalverhältnis zu Unternehmen allenfalls unter den Tatbestand des § 4a („Nötigung") fallen.

3. Rechtsnatur als Beispielstatbestand und Verhältnis zu § 3 I

Die gezielte Behinderung von Mitbewerbern ist ein Beispielstatbestand einer unlauteren **4.3** geschäftlichen Handlung. Bei der lauterkeitsrechtlichen Prüfung einer Maßnahme ist daher stets vorab zu prüfen, ob es sich um eine **geschäftliche Handlung** iSv § 2 I Nr. 2 handelt (→ Rn. 4.4). Anders als im UWG 2008 setzt § 3 I jedoch keine zusätzliche Spürbarkeitsprüfung mehr voraus (→ Rn. 4.1).

II. Verhältnis zum Unionsrecht

Das **primäre Unionsrecht** schützt die Mitbewerber eines Unternehmens durch die Wett- **4.3a** bewerbsregeln der Art. 101 und 102 AEUV. Im Bereich des **sekundären Unionsrechts** finden sich mitbewerberschützende Tatbestände in der **P2B-VO** sowie in der **VO (EU) Nr. 2022/ 1925** (Gesetz über digitale Märkte = Digital Markets Act), allerdings mit einer spezifischen Ausrichtung auf den digitalen Sektor. Für die sog **„Torwächter"** iSd VO (EU) 2022/1925 legt Art. 1 V dieser Verordnung fest, dass die Mitgliedstaaten diesen Unternehmen keine weiteren Verpflichtungen im Wege von Rechts- oder Verwaltungsvorschriften auferlegen, um bestreitbare und faire Märkte zu gewährleisten. Die Verordnung ist folglich insoweit abschließend. Eine Anwendung von § 4 Nr. 4 UWG bleibt aber möglich, soweit ein Unternehmen kein „Tor- wächter" ist oder eine unternehmerische Verhaltensweise nicht in einem Zusammenhang mit der „Torwächter"-Eigenschaft steht. Denn Art. 1 V VO (EU) Nr. 2022/1925 legt weiter fest, dass die Verordnung die Mitgliedstaaten nicht daran hindert, Unternehmen – einschließlich solcher, die zentrale Plattformdienste bereitstellen – für Angelegenheiten, die nicht in den Anwendungsbereich dieser Verordnung fallen, Verpflichtungen aufzuerlegen, sofern diese Ver- pflichtungen mit dem Unionsrecht vereinbar und nicht darauf zurückzuführen sind, dass die betreffenden Unternehmen den Status eines Torwächters im Sinne dieser Verordnung haben.

Allgemein dient die **Werbe-RL** auch dem Schutz der Mitbewerber (vgl. Art. 2 lit. b Werbe- **4.3b** RL und ErwGr. 9 Werbe-RL). Die **UGP-RL** bezweckt dagegen unmittelbar nur den Schutz der Verbraucher und schützt nur mittelbar damit auch die rechtmäßig handelnden Unternehmen vor Mitbewerbern, die sich nicht an die Regeln der UGP-RL halten (ErwGr. 8 UGP-RL). Allerdings steht die UGP-RL der gleichzeitigen Anwendung des § 4 Nr. 4 auf geschäftliche Handlungen gegenüber Verbrauchern nicht entgegen, da diese Vorschrift in der dafür maß- geblichen Auslegung durch den BGH nur dem Mitbewerberschutz, nicht aber gleichzeitig dem Verbraucherschutz dient und aus diesem Grund nach der Rspr. des EuGH nicht in den Geltungsbereich der UGP-RL fällt (→ Rn. 0.5). Es gilt also das Prinzip der **Doppelkontrolle doppelrelevanter Handlungen** (vgl. Kirchhoff WRP 2015, 659 (662); Köhler WRP 2015, 275 (281)). Dies schließt es aber nicht aus, bei der Beurteilung einer geschäftlichen Handlung gegenüber Verbrauchern nach § 4 Nr. 4 im Rahmen einer umfassenden Abwägung der Interes- sen der Beteiligten und des Allgemeininteresses an einem unverfälschten Wettbewerb (§ 1 I) auch die **Wertungen der UGP-RL** zu berücksichtigen. Dies hat Bedeutung insbes. für die Fälle, in denen es darum geht, wie weit der Unternehmer bei der grundsätzlich erlaubten und zur Förderung des Wettbewerbs sogar erwünschten Werbung um **konkrete Kunden eines Mit- bewerbers** gehen darf. **Beispiele:** Unternehmer wirkt auf Kunden ein, das Angebot des Mit- bewerbers nicht anzunehmen (→ Rn. 4.26 ff.); Unternehmer verleitet Verbraucher zum Bruch eines Vertrages mit einem Mitbewerber (→ Rn. 4.36 ff.). – Das Vorliegen einer gezielten Behin- derung sollte in solchen Fällen davon abhängig gemacht werden, ob der Unternehmer **unlauter** auf die geschäftliche Entscheidung des Kunden **einwirkt,** also einen Tatbestand der § 3 II, III, § 4a, §§ 5, 5a, 5b verwirklicht (aA Büscher/Wille § 4 Nr. 4 Rn. 14). – Dies gilt unabhängig davon, ob das Unterlassungsbegehren allein auf eine gezielte Mitbewerberbehinderung oder auch auf unlautere Verbraucherbeeinflussung gestützt wird (aA BGH GRUR 2009, 876 Rn. 26 – Änderung der Voreinstellung II). Denn es handelt sich insoweit nicht um eine Frage des Streit- gegenstands, sondern um eine Berücksichtigung der Wertmaßstäbe der UGP-RL bei der An- wendung des § 4 Nr. 4. – Wettbewerbsmaßnahmen gegenüber Verbrauchern, die auf eine **Verdrängung** von Mitbewerbern zielen (zB Boykottaufrufe; Preisunterbietung in Verdrän- gungsabsicht; Angebote von billigen Nachahmungsprodukten in Verdrängungsabsicht), können selbstverständlich nach § 4 Nr. 4 verboten werden, auch wenn sie keine wirtschaftlichen Interessen der Verbraucher berühren und daher nach den Bestimmungen der UGP-RL nicht zu beanstanden sind. Ein Konflikt mit der UGP-RL tritt von vornherein nicht ein, wenn sich die Handlung gar nicht an Verbraucher richtet oder sie erreicht (BGH GRUR 2009, 1075 Rn. 15 – Betriebsbeobachtung; BGH GRUR 2010, 346 Rn. 10 – Rufumleitung; Köhler GRUR 2008, 841 (846 f.)).

III. Tatbestand der gezielten Behinderung

1. Geschäftliche Handlung

4.4   Voraussetzung für die Anwendung des § 4 Nr. 4 ist eine **geschäftliche Handlung** iSd § 2 I Nr. 2. Die Handlung muss also ein Verhalten (positives Tun oder pflichtwidriges Unterlassen; OLG Frankfurt WRP 2022, 762 Rn. 22) zugunsten des eigenen oder eines fremden Unternehmens sein, das mit der Förderung des Absatzes oder Bezugs von Waren oder Dienstleistungen oder mit dem Abschluss oder der Durchführung eines Vertrags objektiv zusammenhängt. Da es bei § 4 Nr. 4 in erster Linie um das Verhalten (auch) gegenüber Mitbewerbern geht, kommt praktisch nur ein Verhalten in Betracht, das in einem objektiven Zusammenhang mit der Förderung des Absatzes oder Bezugs steht, mag es sich auch gleichzeitig als ein Verhalten während der Durchführung eines Vertrags darstellen. Denn andernfalls können die Interessen des Mitbewerbers schwerlich beeinträchtigt sein. Ein Verhalten gegenüber Mitbewerbern weist dann einen „objektiven Zusammenhang" mit der Förderung des Absatzes oder Bezugs zugunsten des eigenen Unternehmens auf, wenn es den Umständen nach darauf **gerichtet** ist, durch **Einwirkung auf die geschäftlichen Interessen von Mitbewerbern den eigenen Absatz oder Bezug zu fördern** (→ § 2 Rn. 2.56; vgl. Begr. RegE UWG 2008 zu § 2, BT-Drs. 16/10145, 39, 40). Auf die subjektive Zielsetzung kommt es aber nicht. Eine Einwirkung auf die geschäftlichen Interessen eines Mitbewerbers liegt daher auch dann vor, wenn der Unternehmer durch sein Verhalten den Wechsel eines Kunden zu einem Mitbewerber erschwert oder vereitelt. Das ist bspw. der Fall, wenn ein Kundenauftrag zur Änderung der Voreinstellung auf ein bestimmtes Vertreibernetz **(Preselection-Auftrag)** eines Mitbewerbers nicht (rechtzeitig) durchgeführt wird (aA noch BGH GRUR 2007, 987 Rn. 22 – Änderung der Voreinstellung I). Ob dies vorsätzlich, fahrlässig oder schuldlos geschehen ist, spielt für den Unterlassungsanspruch keine Rolle. Das Gleiche gilt, wenn ein Kundenauftrag zur Einrichtung einer Rufnummernanzeige in der Weise fehlerhaft ausgeführt wird, dass gleichzeitig eine bestehende Preselection zugunsten eines Mitbewerbers wegfällt (aA OLG Köln GRUR-RR 2010, 297: Zumindest bedingt vorsätzliches Handeln erforderlich).

2. Mitbewerber

4.5   Voraussetzung für die Anwendung des § 4 Nr. 4 ist weiter, dass sich die geschäftliche Handlung gegen einen **Mitbewerber** iSd § 2 I Nr. 4 richtet. Zwischen dem Verletzer und dem Verletzten muss also ein **konkretes Wettbewerbsverhältnis** bestehen (→ § 2 Rn. 4.7 ff.; Köhler WRP 2009, 499 (505)). Dagegen ist nicht erforderlich, dass sich die Maßnahme nur gegen einen Mitbewerber richtet oder dass der Mitbewerber auf der gleichen Wirtschaftsstufe tätig ist (OLG Köln GRUR-RR 2011, 98 (99)).

3. Behinderung

4.6   Unter einer Behinderung ist nach der Rspr. die Beeinträchtigung der wettbewerblichen Entfaltungsmöglichkeiten eines Mitbewerbers zu verstehen (vgl. BGHZ 148, 1 = GRUR 2001, 1061 (1062) – Mitwohnzentrale.de; BGH GRUR 2002, 902 (905) – Vanity-Nummer; BGH GRUR 2004, 877 (879) – Werbeblocker I). Da sich der Tatbestand des § 4 Nr. 4 allerdings nicht auf einen Schutz im Wettbewerb beschränkt, sondern sich generell auf geschäftliche Handlungen bezieht, ist es präziser, von einer **Beeinträchtigung der geschäftlichen Entfaltungsmöglichkeiten** eines Mitbewerbers zu sprechen. Zu den Entfaltungsmöglichkeiten eines Mitbewerbers zählen alle geschäftlichen Betätigungsmöglichkeiten und wettbewerbsrelevanten Parameter, also insbesondere Absatz, Bezug, Werbung, Produktion, Forschung, Entwicklung, Planung, Finanzierung, Personaleinsatz usw (vgl. BGH GRUR 2004, 877 (879) – Werbeblocker I). Es genügt – wie bei allen Beispielstatbeständen (vgl. Begr. RegE UWG 2004 zu § 4, BT-Drs. 15/1487, 17) – die Eignung der geschäftlichen Handlung zur Behinderung (BGH WRP 2017, 324 Rn. 34 –

Portierungsauftrag; OLG Köln WRP 2021, 808 Rn. 32; OLG Köln WRP 2022, 354 Rn. 54). Die Behinderung muss also nicht tatsächlich eingetreten sein.

4. Gezielte Behinderung

a) Funktion des Tatbestandsmerkmals „gezielt". Mit dem im UWG 2004 eingeführten   4.7
Erfordernis der „gezielten" Behinderung war keine Änderung gegenüber der bisherigen Rechtslage beabsichtigt, so dass sich die frühere Rspr. und Literatur in gewissem Umfang zur Erläuterung dieses Tatbestands weiterhin heranziehen lassen. Mit diesem Begriff sollte (notgedrungen unvollkommen) zum Ausdruck gebracht werden, dass die mit jedem Wettbewerb verbundene Beeinträchtigung der geschäftlichen Entfaltungsmöglichkeiten eines Mitbewerbers noch nicht ausreicht, um die Unlauterkeit einer geschäftlichen Handlung zu begründen. Jede geschäftliche Aktivität eines Unternehmens kann zur Folge haben, dass der Unternehmer auf Kosten seiner Mitbewerber einen geschäftlichen Vorteil erzielt. Dies begründet für sich genommen aber noch keine lauterkeitsrechtliche Missbilligung. Es müssen zur Behinderung des Mitbewerbers noch **weitere, die Unlauterkeit begründende Umstände hinzutreten** (BGH GRUR 2009, 878 Rn. 13 – Fräsautomat; BGH WRP 2014, 424 Rn. 28 – wetteronline.de; OLG München WRP 2020, 366 Rn. 20). Die Rspr. spricht daher bei § 4 Nr. 4 statt von der „gezielten" zunehmend nur noch von der „unlauteren" Behinderung (vgl. BGH WRP 2014, 839 Rn. 23 – Flugvermittlung im Internet), obwohl dies eigentlich auf eine Tautologie hinausläuft („Unlauter handelt, wer …").

b) Beschreibung des Tatbestandsmerkmals „gezielt". aa) Allgemeines. Das Merkmal   4.8
„gezielt" charakterisiert geschäftliche Verhaltensweisen, die einem funktionsfähigen Wettbewerb zuwiderlaufen und die lauterkeitsrechtlich geschützte Interessen verletzen. Als „gezielt" ist eine Behinderung ganz allgemein dann anzusehen, wenn bei objektiver Würdigung aller Umstände eine Maßnahme **in erster Linie** nicht auf die Förderung der eigenen geschäftlichen Entfaltung, sondern auf die Beeinträchtigung der geschäftlichen Entfaltung eines Mitbewerbers **gerichtet** ist (BGH GRUR 2007, 800 Rn. 23 – Außendienstmitarbeiter; BGH GRUR 2008, 621 Rn. 32 – AKADEMIKS). Es muss also ein **Eingriff** in die geschäftliche Entfaltung eines Mitbewerbers erfolgen. Dieser Eingriff kann in Gestalt **unternehmensbezogener** (→ Rn. 4.8a) und **marktbezogener** (→ Rn. 4.8b) Handlungen erfolgen. Die Auslegung des Merkmals „gezielt" muss sich an wettbewerbsfunktionalen Kriterien orientieren. Wertende Begriffe, wie zB „Abfangen", „Ausspannen", „Ausbeuten" oder dergleichen, sind zwar anschaulich, ersetzen aber keine lauterkeitsrechtlich fundierte Begründung und Bewertung eines geschäftlichen Verhaltens.

bb) Unternehmensbezogene Eingriffe. Unternehmensbezogen ist ein Eingriff, wenn er   4.8a
sich **unmittelbar** gegen das Unternehmen des Mitbewerbers als solches richtet. Er ist **unlauter,** wenn der Handelnde **rechtswidrig** und **vorsätzlich** in das Unternehmen eines Mitbewerbers oder die darin zusammengefassten Rechte und Rechtsgüter eingreift. Dazu gehören insbes. die Fälle der rechtswidrigen Vernichtung, Beschädigung oder Beeinträchtigung von Einrichtungen, Rechten und Rechtsgütern des Unternehmers. **Beispiele:** Vernichtung oder Beschädigung von Waren oder Werbemitteln; Störungen von Betriebsabläufen durch Eingriffe in die Datenverarbeitung; Entwendung von Know-how (vgl. § 4 GeschGehG). In diesen Fällen wird im Allgemeinen zwar auch ein Tatbestand der unerlaubten Handlung iSd §§ 823 ff. BGB erfüllt sein, wobei jedoch der Tatbestand des betriebsbezogenen Eingriffs in das **Recht am Unternehmen** (Recht am eingerichteten und ausgeübten Gewerbebetrieb) nur subsidiär anwendbar ist. Erfolgt jedoch der Eingriff vorsätzlich gegenüber einem Mitbewerber, ist zugleich der Tatbestand des § 4 Nr. 4 erfüllt mit den entsprechenden **weiterreichenden Rechtsfolgen** (zB § 12 I; dreifache Schadensberechnung). Bei bloß fahrlässigen Eingriffen (zB fahrlässige Beschädigung einer Werbetafel eines Mitbewerbers) bleibt es bei der Anwendung der §§ 823 ff. BGB.

cc) Marktbezogene Eingriffe. Marktbezogen ist ein Eingriff in die wettbewerbliche Entfal-   4.8b
tung, wenn er mittels einer Einwirkung auf die **geschäftlichen Entscheidungen** von (aktuellen oder potentiellen) Marktpartnern des Mitbewerbers erfolgt. Innerhalb der marktbezogenen Handlungen sind wiederum zwei Erscheinungsformen einer gezielten Mitbewerberbehinderung zu unterscheiden (stRspr.; BGH WRP 2014, 424 Rn. 28 – wetteronline.de): Zum einen dann, wenn die Beeinträchtigung der Wettbewerbsfähigkeit der Mitbewerber der eigentliche Zweck der Maßnahme ist (→ Rn. 4.9). Zum anderen dann, wenn die Maßnahme dazu führt, dass die beeinträchtigten Mitbewerber ihre Leistung am Markt nicht mehr in angemessener Weise zur Geltung bringen können (→ Rn. 4.10). Ob diese Voraussetzungen erfüllt sind, ist auf Grund

einer **Gesamtwürdigung der Umstände des Einzelfalls unter Berücksichtigung der Interessen der Mitbewerber, Verbraucher und sonstigen Marktteilnehmer sowie dem Interesse der Allgemeinheit** an einem unverfälschten Wettbewerb (§ 1 I 2) zu beurteilen (stRspr; vgl. BGH WRP 2014, 839 Rn. 23, 40 – Flugvermittlung im Internet; BGH WRP 2017, 46 Rn. 14 – Fremdcoupon-Einlösung; BGH WRP 2017, 434 Rn. 49 – World of Warcraft II).

4.9   **c) Handeln in Behinderungs- oder Verdrängungsabsicht.** Eine „gezielte" und damit unlautere Behinderung soll stets gegeben sein, wenn die Maßnahme von einer **Verdrängungsabsicht** getragen ist, der Handelnde also den Zweck verfolgt, einen Mitbewerber an seiner wettbewerblichen Entfaltung zu hindern und ihn dadurch vom Markt zu **verdrängen** (BGH GRUR 2009, 878 Rn. 13 – Fräsautomat; BGH GRUR 2010, 346 Rn. 12 – Rufumleitung; BGH WRP 2011, 1469 Rn. 65 – Automobil-Onlinebörse; BGH WRP 2014, 424 Rn. 28 – wetteronline.de; BGH WRP 2014, 839 Rn. 23 – Flugvermittlung im Internet; BGH WRP 2017, 46 Rn. 14 – Fremdcoupon-Einlösung). Dem soll es gleichstehen, wenn die Absicht dahin geht, den Mitbewerber in seiner Marktstellung zu **schwächen** (so → 41. Aufl. 2023, § 4 Rn. 4.9) Richtigerweise ist zu differenzieren: Eine Behinderungs- oder Verdrängungsabsicht ist für sich genommen weder erforderlich noch ausreichend, um eine gezielte Behinderung zu begründen. Sie kann aber einen **indiziellen Anhaltspunkt** bieten, der in die wertende Betrachtung einer geschäftlichen Handlung einfließt (Ohly/Sosnitza/Ohly Rn. 4/11). Dabei ist aber zu beachten, dass sich eine solche Absicht häufig nicht leicht feststellen lassen wird, sodass ein Rückschluss oftmals nur aufgrund weiterer Umstände möglich ist. Für eine Behinderungs- oder Verdrängungsabsicht kann es bspw. sprechen, wenn die Maßnahme ihrer Natur oder den Umständen nach **keinen anderen Zweck** als den der Verdrängung oder Schwächung des Mitbewerbers haben kann (ebenso BGH WRP 2015, 714 Rn. 17 – Uhrenankauf im Internet). Das ist dann anzunehmen, wenn die Maßnahme für sich allein nur wirtschaftliche Nachteile bringt und diese Nachteile erst dann ausgeglichen werden können, wenn der Mitbewerber ausgeschaltet ist (so auch OLG Hamm GRUR-RR 2020, 523 Rn. 7). – Die bloße Absicht allein reicht für eine gezielte Behinderung nicht aus. Zur Behinderungs- oder Verdrängungsabsicht muss vielmehr eine **konkrete Marktbehinderung** des Mitbewerbers hinzukommen (BGH GRUR 2001, 80 (81) – ad-hoc-Mitteilung), zumindest aber eine entsprechende konkrete Gefahr begründet werden. Ist die Maßnahme für sich gesehen wettbewerbskonform (wie zB eine Preisunterbietung), kann selbstverständlich auch die bloße Kenntnis von den nachteiligen Auswirkungen der Maßnahme auf den Mitbewerber die Unlauterkeit nicht begründen (BGH GRUR 2007, 800 Rn. 22 – Außendienstmitarbeiter). Hier müssen weitere Umstände hinzutreten (zur Preisunterbietung → Rn. 4.184 ff.). – Ein Angebot, das auf der Funktionsfähigkeit der Einrichtung eines Mitbewerbers (zB Buchungsportal) aufbaut, zielt nicht auf die Störung seiner wettbewerblichen Entfaltung ab (BGH WRP 2011, 1469 Rn. 66 – Automobil-Onlinebörse; BGH WRP 2014, 839 Rn. 25 – Flugvermittlung im Internet).

4.10   **d) Unangemessene Beeinträchtigung der geschäftlichen Entfaltung des Mitbewerbers.** Eine Behinderungs- oder Verdrängungsabsicht ist keineswegs eine notwendige Voraussetzung der gezielten Behinderung (BGH GRUR 2007, 800 Rn. 22 – Außendienstmitarbeiter; BGH GRUR 2009, 685 Rn. 41 – ahd.de; BGH WRP 2014, 424 Rn. 42 – wetteronline.de). Eine gezielte Behinderung kann auch dann vorliegen, wenn die Maßnahme zwar unmittelbar der Förderung des eigenen Absatzes oder Bezugs dient, aber dieses Ziel durch eine **unangemessene Beeinträchtigung der geschäftlichen Entfaltung des Mitbewerbers** erreicht werden soll. Eine solche unangemessene Beeinträchtigung ist anzunehmen, wenn der Mitbewerber **seine Leistung am Markt durch eigene Anstrengung nicht mehr in angemessener Weise zur Geltung bringen kann** (stRspr; BGH GRUR 2010, 346 Rn. 12 – Rufumleitung; BGH WRP 2010, 764 Rn. 53 – WM-Marken; BGH WRP 2011, 1469 Rn. 65 – Automobil-Onlinebörse; BGH WRP 2017, 46 Rn. 14 – Fremdcoupon-Einlösung; OLG Frankfurt WRP 2022, 762 Rn. 28). Die Schwierigkeit liegt jedoch darin, die Wertungen zu bestimmen, anhand derer die Unangemessenheit der Beeinträchtigung zu beurteilen ist. Die Unterscheidung zwischen (zulässigem) Leistungswettbewerb und (unzulässigem) Nichtleistungswettbewerb umschreibt nur das Problem, löst es aber nicht (vgl. für das Kartellrecht auch Immenga/Mestmäcker/Fuchs, WbR, GWB § 19 Rn. 26 ff.). Hierzu ist eine **Gesamtwürdigung der Umstände des Einzelfalls erforderlich, bei der die sich gegenüberstehenden Interessen der beteiligten Mitbewerber, Verbraucher oder sonstigen Marktteilnehmer sowie der Allgemeinheit gegeneinander abzuwägen** sind (stRspr; BGH WRP 2015, 714 Rn. 16 –

Uhrenankauf im Internet; BGH WRP 2016, 1354 Rn. 54 – Ansprechpartner; BGH WRP 2018, 1322 Rn. 23 – Werbeblocker II; BGH GRUR 2021, 497 Rn. 51 – Zweitmarkt für Lebensversicherungen). Insoweit handelt es sich bei § 4 Nr. 4 um einen **„offenen Tatbestand"**.

Den Bewertungsmaßstab bilden die **gesetzlichen Wertungen,** insbes. auch der Grundsatz **4.11** der Wettbewerbsfreiheit und der in § 1 I 2 verankerte Schutz des **Interesses der Allgemeinheit an einem unverfälschten Wettbewerb.** Die Schwelle zur gezielten Behinderung ist überschritten, wenn die Maßnahme bei objektiver Würdigung der Umstände auf die Beeinträchtigung der geschäftlichen Entfaltung des Mitbewerbers und nicht in erster Linie auf die Förderung des eigenen Wettbewerbs gerichtet ist (→ Rn. 4.9; BGH GRUR 2008, 917 Rn. 23 – EROS; BGH WRP 2015, 714 Rn. 29 – Uhrenankauf im Internet). Unlauter ist eine Maßnahme aber auch dann, wenn sie sich zwar (auch) als Entfaltung eigenen Wettbewerbs darstellt, aber das Eigeninteresse des Handelnden unter Berücksichtigung des Grundsatzes der Wettbewerbsfreiheit weniger schutzwürdig ist als die Interessen der übrigen Beteiligten und der Allgemeinheit (ebenso BGH GRUR 2009, 685 Rn. 41 – ahd.de; BGH WRP 2014, 424 Rn. 42 – wetteronline.de; OLG Köln WRP 2021, 808 Rn. 33; OLG Köln WRP 2022, 354 Rn. 55). Entscheidend ist, ob die Auswirkungen der Handlung auf das Wettbewerbsgeschehen bei objektiver Betrachtung so erheblich sind, dass sie unter Berücksichtigung des Schutzzwecks des Gesetzes von den Marktteilnehmern nicht hingenommen werden müssen (BGH GRUR 2007, 800 Rn. 21 – Außendienstmitarbeiter). Dabei ist die **Marktmacht** des handelnden Unternehmens im Verhältnis zum behinderten Mitbewerber zu berücksichtigen (vgl. auch § 19 II Nr. 1 GWB, § 20 III GWB). – Bei der Bewertung kann ferner eine Rolle spielen, ob der Handelnde seine Ziele mit weniger einschneidenden Wirkungen erreichen könnte (Grundsatz der **Verhältnismäßigkeit**), sofern andernfalls schutzwürdige Interessen des behinderten Mitbewerber unverhältnismäßig beeinträchtigt würden. Daher ist diesem Grundsatz nicht ein darüber hinausgehendes allgemeines Gebot zu entnehmen, dass nur in einer Weise geworben werden dürfte, die die Interessen der Mitbewerber möglichst wenig beeinträchtigen (BGH WRP 2017, 46 Rn. 30 – Fremdcoupon-Einlösung). – Schließlich sind auch im Hinblick auf die Ausstrahlung der Grundrechte (mittelbare Drittwirkung der Grundrechte) die kollidierenden **Grundrechte** der Beteiligten, insbes. auch Art. 5 I 2 GG, Art. 12 I GG zugunsten des Werbenden, (BGH GRUR 2004, 877 (879) – Werbeblocker I; BGH WRP 2017, 46 Rn. 30 – Fremdcoupon-Einlösung) und Art. 2 I GG, Art. 5 I GG (Schutz vor aufgedrängter Werbung und Schutz der negativen Informationsfreiheit) der Umworbenen (BGH WRP 2018, 1322 Rn. 38 – Werbeblocker II) zu berücksichtigen. Das Interesse der Umworbenen von zwar nicht aufgedrängter, aber aufdringlicher Werbung verschont zu bleiben, ist zwar nicht grundrechtlich geschützt, aber im Rahmen der Interessenabwägung gleichwohl zu berücksichtigen (BGH WRP 2018, 1322 Rn. 38 – Werbeblocker II).

Für die Beurteilung von geschäftlichen Handlungen unter dem Gesichtspunkt einer gezielten **4.11a** Behinderung geben die von der Rspr. entwickelten **Fallgruppen** eine Orientierungshilfe (BGH GRUR 2001, 1061 (1062) – Mitwohnzentrale.de; BGH WRP 2002, 1050 (1053) – VanityNummer; BGH GRUR 2007, 800 Rn. 22 – Außendienstmitarbeiter; BGH GRUR 2010, 346 Rn. 12 – Rufumleitung; BGH WRP 2017, 46 Rn. 30 – Fremdcoupon-Einlösung; OLG Frankfurt WRP 2022, 762 Rn. 30, 31: Rufschädigung durch pflichtwidrig unterlassene Aufklärung). Die Rechtsanwendung darf allerdings nicht bei der Zuordnung zu einer Fallgruppe stehenbleiben, sondern muss stets eine umfassende Gesamtwürdigung vornehmen. – Ein wichtiges, wenn nicht gar ausschlaggebendes Kriterium bei der gebotenen Interessenabwägung sollte die **Unlauterkeit der Einwirkung auf die geschäftlichen Entscheidungen der** (aktuellen oder potentiellen) **Vertragspartner** (Kunden, Lieferanten, Kreditgeber, Arbeitnehmer) des Mitbewerbers sein. Insoweit lässt sich von einer **„marktvermittelten Unlauterkeit"** sprechen (dazu BGH GRUR 2010, 847 Rn. 16, 17 – Ausschreibung in Bulgarien). Die Unlauterkeit beurteilt sich nach den §§ 3 ff. **Beispiele:** Irreführende Angaben über den Mitbewerber in einer Werbung (§ 5 I, II), aggressive Handlungen gegenüber (potentiellen) Kunden oder Lieferanten des Mitbewerbers (§ 4a), um sie von der Aufnahme von Geschäftsbeziehungen mit diesem abzuhalten oder zum Vertragsbruch zu verleiten; unzulässige vergleichende Werbung (§ 6 II) zum Nachteil des Mitbewerbers. Das Kriterium der Unlauterkeit der Einwirkung kann gerade in Zweifelsfällen den Ausschlag geben (zB im Fall der Fremdcoupon-Einlösung; vgl. BGH WRP 2017, 46 Rn. 14 – Fremdcoupon-Einlösung; → Rn. 4.25).

IV. Abgrenzung

1. Allgemeine Marktbehinderung

4.12   Die **individuelle** Behinderung, wie sie in diesem Abschnitt behandelt wird, ist abzugrenzen von der allgemeinen Marktbehinderung (= Marktstörung; OLG Hamm MMR 2012, 32 (33)), sofern man diese als eine eigenständige Fallgruppe der Unlauterkeit anerkennt. Kennzeichnend für eine allgemeine Marktbehinderung soll es sein, dass unter Einsatz nicht leistungsgerechter Mittel die Marktverhältnisse verzerrt und die Grundbedingungen des Wettbewerbs sowie sein Bestand gefährdet werden (BGH GRUR 2002, 825 (826) – Elektroarbeiten). Der Unrechtscharakter soll wegen der Einbeziehung der **Marktfolgen** eine besondere Wertung erfordern. Die allgemeine Marktbehinderung ist kritisch zu sehen; dazu im Einzelnen → Rn. 5.1 ff.

2. Ausbeutung

4.13   Die Ausbeutung der Leistung des Mitbewerbers kann im Einzelfall zugleich eine Behinderung iSd § 4 Nr. 4 darstellen (BGH GRUR 2009, 1162 Rn. 45 – DAX; OLG Düsseldorf WRP 2007, 440 (442)). Allerdings sind, soweit es um die Benutzung fremder Kennzeichen geht, die speziellen Regelungen des Markenrechts (§ 14 II Nr. 3, § 15 III MarkenG; vgl. dazu BGH GRUR 2000, 875 – Davidoff; EuGH GRUR 2003, 240 – Davidoff/Gofkid) und des Lauterkeitsrechts (§ 4 Nr. 3 lit. b, § 6 II Nr. 4) zu beachten. Die Ausnutzung des guten Rufs eines fremden Erzeugnisses durch eine **anlehnende Bezugnahme** stellt jedenfalls dann keine gezielte Behinderung dar, wenn die Bezugnahme für eine sachgerechte Information der Verbraucher erforderlich ist. Es muss insoweit für die Bezugnahme ein hinreichender Anlass bestehen und Art und Maß der Angaben müssen im Rahmen einer zutreffenden Darstellung liegen (BGH GRUR 2005, 163 (165) – Aluminiumräder). So ist es gerechtfertigt, in der Werbung für Ersatzteile und Zubehör auf die Hauptware Bezug zu nehmen, wenn dies zur Aufklärung der Nachfrager über die bestimmungsgemäße Verwendung des Ersatzteils oder Zubehörs sachlich geboten ist. Als zulässig wurde dementsprechend die Werbung für Aluminiumräder unter Abbildung des ganzen Fahrzeugs angesehen (BGH GRUR 2005, 163 (165) – Aluminiumräder). – Auch die Benutzung eines fremden Kennzeichens als **„adword"** („Schlüsselwort"), die dazu führt, dass bei Eingabe dieses Zeichens in eine Internet-Suchmaschine eine – von den Trefferanzeigen erkennbar abgegrenzte – Werbeanzeige mit einem Link zur eigenen Internetseite erscheint, stellt noch keine Rufausbeutung dar. Denn diese setzt einen Imagetransfer, also eine Übertragung von Güte- oder Wertvorstellungen voraus. Dazu kommt es aber nicht, weil es schon an der insofern erforderlichen erkennbaren Bezugnahme auf den Mitbewerber, dessen Ruf ausgebeutet werden soll, oder auf dessen Produkte fehlt (→ Rn. 4.82; BGH GRUR 2009, 500 Rn. 22 – Beta Layout; BGH WRP 2011, 1160 Rn. 34 – Bananabay II; Schultz/Störing WRP 2008, 741 (747)). Erst recht gilt dies, wenn das adword lediglich beschreibende Begriffe enthält (OLG Karlsruhe WRP 2008, 135 (137); vgl. auch → Rn. 4.25). Es stellt umgekehrt eine gezielte Behinderung dar, wenn ein Markeninhaber nach Einlegung einer sog **allg. Markenbeschwerde** bei Google, durch die Verwendung der Marke in Adwords-Anzeigen unterbunden wird, die Zustimmung zu der Adwords-Werbung eines Mitbewerbers nicht erteilt, obwohl die beabsichtigte Werbung das Markenrecht nicht verletzt (BGH WRP 2015, 714 Rn. 29 ff. – Uhrenankauf im Internet; vgl. auch OLG Köln WRP 2010, 1179). – Eine Rufausbeutung liegt auch nicht in der Anmeldung von Marken, die auf eine von einem Mitbewerber organisierte und wirtschaftlich verwertete Sportveranstaltung Bezug nehmen und sich deren Ruf zunutze machen (sog **ambush marketing**; BGH WRP 2010, 764 Rn. 57 ff. – WM-Marken).

3. Aggressive Beeinflussung von Verbrauchern und sonstigen Marktteilnehmern

4.14   Von der aggressiven Beeinflussung von Verbrauchern und sonstigen Marktteilnehmern (§ 4a) unterscheidet sich die gezielte Behinderung iSv § 4 Nr. 4 durch die Richtung des Vorgehens. Doch kann beides zusammentreffen, wie etwa beim Abfangen von Kunden (→ Rn. 4.25 ff.; offengelassen in BGH GRUR 2009, 876 Rn. 26 – Änderung der Voreinstellung II). Allerdings handelt es sich dabei um unterschiedliche Streitgegenstände (→ § 12 Rn. 1.23a).

V. Methoden der Behinderung

1. Allgemeines

Typische Formen der gezielten Behinderung iSv § 4 Nr. 4 sind Maßnahmen, die von vornherein keine zulässigen Mittel einer geschäftlichen Tätigkeit im Wettbewerb sein können, weil sie nicht das eigene Unternehmen fördern, sondern allein darauf zielen, den Mitbewerber daran zu hindern, seine Leistung zum Vergleich zu stellen. Dazu gehören die Gewaltanwendung (→ Rn. 4.16), die Druckausübung (→ Rn. 4.17), der Boykott (→ Rn. 4.116 ff.), die Herabsetzung (§ 4 Nr. 1) und die Anschwärzung (§ 4 Nr. 2). – Schwieriger zu beurteilen sind Maßnahmen, die dem äußeren Anschein nach Mittel des Wettbewerbs sind, wie zB der Aufkauf von Rohstoffen oder die Preisunterbietung. Hier ist anhand der konkreten Umstände zu ermitteln, ob sie in Wahrheit darauf gerichtet sind, den Mitbewerber vom Markt zu verdrängen. Ein Test dafür ist, ob die konkrete Maßnahme sich nur dann „auszahlen" kann, wenn der Mitbewerber vom Markt verschwindet. 4.15

2. Gewaltanwendung gegenüber dem Mitbewerber

Die greifbarste und stärkste Form der gezielten Behinderung der Mitbewerber ist die Anwendung physischer **Gewalt** gegenüber dem Mitbewerber, seinen Mitarbeitern und seinem Unternehmen, wie etwa Freiheitsberaubung, Körperverletzung, Sachbeschädigung, Datenvernichtung, Brandstiftung usw. Solche Verhaltensweisen sind freilich selten anzutreffen. 4.16

3. Druckausübung

Die Beeinträchtigung der Entscheidungsfreiheit von Verbrauchern und sonstigen Marktteilnehmern durch Nötigung oder unzulässige Beeinflussung ist in § 4a als Beispiel unlauterer geschäftlicher Handlungen genannt. Zwar gilt dies nur für das Vertikalverhältnis, während § 4 Nr. 4 das Horizontalverhältnis zu Mitbewerbern betrifft. Doch kommt darin bereits zum Ausdruck, dass eine Druckausübung ein unzulässiges Mittel geschäftlicher Tätigkeit ist. Druckausübung gegenüber einem Mitbewerber ist insbes. möglich in der Form des **psychischen Drucks,** etwa durch Drohung oder gar Erpressung, um ihn zu einem bestimmten Marktverhalten zu veranlassen. Man droht bspw. einem lästigen Mitbewerber mit einer Strafanzeige wegen Steuerhinterziehung, wenn er ein bestimmtes Unternehmen weiter beliefert (vgl. RGZ 59, 1) oder wenn er seine Preise nicht heraufsetzt. Wer in dieser Weise vorgeht, handelt grds. unlauter. Etwas anderes gilt, wenn der Unternehmer vom Mitbewerber zu Recht die Einstellung einer bestimmten geschäftlichen Maßnahme verlangen kann und das dafür eingesetzte Druckmittel angemessen und von der Rechtsordnung gebilligt ist. Es sind insoweit ähnliche Erwägungen wie bei der Drohung iSd § 123 I BGB anzustellen. Zulässig ist daher zB die Drohung eines Anwalts gegenüber einem Mitbewerber mit einer Anzeige bei der Rechtsanwaltskammer, falls dieser eine bestimmte unlautere Werbung nicht einstellt. Nicht zulässig ist es dagegen, wenn ein Versicherungsvertreter von einem Mitbewerber verlangt, dass dieser die mit seinen Versicherungsunternehmen vereinbarten Konkurrenzklauseln einhält, und damit droht, Verstöße gegen das Konkurrenzverbot seinem Vertragsunternehmen mitzuteilen (BGH GRUR 1976, 427 – Einfirmenvertreter). 4.17

VI. Verhältnis zum Kartellrecht

1. Grundsatz der Doppelkontrolle

Behinderungen der geschäftlichen Tätigkeit unterliegen der Kontrolle sowohl nach Lauterkeitsrecht (§ 3 I iVm § 4 Nr. 4) als auch nach Kartellrecht (Art. 102 AEUV; § 19 II Nr. 1 GWB, § 19a II GWB, § 20 I–IV GWB; vgl. BGHZ 96, 337 (351) – Abwehrblatt II; BGHZ 101, 72 (78) – Krankentransporte; BGH GRUR 2006, 773 – Rn. 17 – Probeabonnement; BGH GRUR 2009, 876 Rn. 10 – Änderung der Voreinstellung II). Beide Regelungsbereiche weisen unterschiedliche Tatbestandsvoraussetzungen auf und verfolgen spezifische Schutzzwecke. Die Vorschriften überschneiden sich zwar, sind aber nicht deckungsgleich (vgl. Köhler WRP 2005, 645): Die §§ 19 II Nr. 1 GWB, § 19a II GWB, § 20 I–IV GWB sowie Art. 102 AEUV richten sich nur an Unternehmen, die eine besondere Position am Markt innehaben (marktbeherrschende Stellung, überragende marktübergreifende Bedeutung, marktstarke Stellung), während 4.18

§ 3 I iVm § 4 Nr. 4 für alle Unternehmen und sogar (bei der Förderung eines fremden Unternehmens) für Nichtunternehmer gilt. Andererseits ist § 3 I iVm § 4 Nr. 4 bei Behinderungen von Unternehmen auf vor- oder nachgelagerten Wirtschaftsstufen mangels eines konkreten Wettbewerbsverhältnisses vielfach nicht anwendbar. Im Hinblick auf die Funktionszusammenhänge zwischen UWG und GWB (dazu Köhler WRP 2005, 645 ff.) sind bei der Beurteilung der Unlauterkeit (§ 4 Nr. 4) und der Unbilligkeit (§ 19 II Nr. 1 GWB, § 20 I, II, IV GWB) einer Behinderung jedoch weitgehend parallele Wertungen geboten (BGHZ 107, 40 (41) – Krankentransportbestellung; BGH WRP 1999, 105 (109) – Schilderpräger im Landratsamt; OLG Jena GRUR-RR 2010, 113 (115); OLG München GRUR-RR 2017, 355 Rn. 62). Die Unlauterkeit einer Behinderung kann daher auch ihre kartellrechtliche Unbilligkeit begründen. Allerdings gilt dies nicht umgekehrt (BGH WRP 2019, 1572 Rn. 37 – Werbeblocker III). Andernfalls würde die Begrenzung des Adressatenkreises in den § 19 II Nr. 1, § 20 I–IV GWB durch das UWG unterlaufen. Ist freilich die Unbilligkeit aus kartellrechtlicher Sicht zu verneinen, so hat dies auch für die Unlauterkeit zu gelten (BGHZ 96, 337 (347, 351) – Abwehrblatt II; BGHZ 101, 72 (77) – Krankentransporte).

2. Kartellrechtliche Behinderungstatbestände

4.19   **a) Boykottverbot.** § 21 I GWB verbietet Unternehmen und Unternehmensvereinigungen, ein anderes Unternehmen oder Unternehmensvereinigungen in der Absicht, bestimmte Unternehmen unbillig zu beeinträchtigen, zu Liefer- oder Bezugssperren aufzufordern (→ Rn. 4.127 ff.). Wird zu einer Liefersperre aufgefordert, die gegen die Wettbewerbsregeln des EU-Rechts verstößt, so liegt in jedem Fall eine **unbillige Beeinträchtigung** iSd § 21 I GWB vor (BGH WRP 1996, 1034 – Fremdleasingboykott II).

4.20   **b) Verbot des Missbrauchs einer marktbeherrschenden Stellung.** Unternehmen, die eine marktbeherrschende Stellung besitzen, ist es nach § 19 I GWB verboten, diese Marktstellung missbräuchlich auszunutzen. Ein Missbrauch liegt ua nach **§ 19 II Nr. 1 GWB** vor, wenn das marktbeherrschende Unternehmen „ein anderes Unternehmen unmittelbar oder mittelbar unbillig behindert". Dieser sog **Behinderungsmissbrauch** bezieht sich auch auf **Mitbewerber** des marktbeherrschenden Unternehmens (vgl. Bechtold/Bosch GWB § 19 Rn. 6 ff.). Der Missbrauch kann Unterlassungs- und Schadensersatzansprüche der Betroffenen nach § 33 I, III und § 33a I GWB auslösen. – Das Verbot der missbräuchlichen Ausnutzung einer marktbeherrschenden Stellung gilt auch im europäischen Recht **(Art. 102 AEUV)**. Seine Verletzung kann ebenfalls nach § 33 I, III und § 33a I GWB Unterlassungs- und Schadensersatzansprüche der Betroffenen auslösen (vgl. EuGH Slg. 2001, I-6297 – Courage; EuGH EuZW 2006, 529 – Manfredi).

4.21   **c) Verbot des Missbrauchs einer überlegenen Marktmacht. § 20 III 1 GWB** verbietet Unternehmen mit gegenüber kleinen und mittleren Wettbewerbern überlegener Marktmacht, ihre Marktmacht dazu auszunutzen, solche Wettbewerber unmittelbar oder mittelbar unbillig zu behindern. Zur Regelung der Beweislast vgl. § 20 IV GWB. Das Verbot begründet ebenfalls Unterlassungs- und Schadensersatzansprüche für das betroffene Unternehmen (§ 33 I, III und § 33a I GWB).

4.22   **d) Verbot des Anbietens unter Einstandspreis.** Als unbillige Behinderung iSd § 20 III 1 GWB ist unter bestimmten Voraussetzungen auch das Anbieten von Waren oder gewerblichen Leistungen **unter Einstandspreis** anzusehen **(§ 20 III 2–5 GWB)**. Dazu → Rn. 4.207.

4.22a   **e) Verbot missbräuchlicher Verhaltensweisen durch Unternehmen mit überragender marktübergreifender Bedeutung für den Wettbewerb.** § 19a II GWB enthält einen Katalog von Verhaltensweisen, die einem Unternehmen mit überragender marktübergreifender Bedeutung vom BKartA untersagt werden können. Im Unterschied zu den zuvor genannten Missbrauchsverboten des Kartellrechts sieht § 19a GWB ein zweistufiges Verfahren vor. Zunächst muss das BKartA gemäß § 19a I GWB feststellen, dass einem Unternehmen eine überragende marktübergreifende Bedeutung für den Wettbewerb zukommt. Diese Unternehmen sind sodann die Normadressaten für die in § 19a II GWB aufgeführten missbräuchlichen Verhaltensweisen.

VII. Verhältnis zum Bürgerlichen Recht

Die gezielte Behinderung kann auch die deliktischen Tatbestände der §§ 823 ff. BGB erfüllen. **4.23** Bei der Frage, ob diese Tatbestände neben § 4 Nr. 4 anwendbar sind, ist zu unterscheiden: Handelt es sich um die Verletzung des Eigentums oder eines sonstigen absoluten Rechts iSd § 823 I BGB, um die Verletzung eines Schutzgesetzes iSd § 823 II BGB, um eine Kreditgefährdung iSd § 824 BGB oder um eine vorsätzliche sittenwidrige Schädigung iSd § 826 BGB, sind diese Vorschriften neben § 4 Nr. 4 anwendbar (allg. → Einl. Rn. 7.3 ff.). Insoweit gilt dann zum Schutz des betroffenen Mitbewerbers auch die Verjährungsfrist nach den §§ 195, 199 BGB. **Beispiele:** Vernichtung von Werbematerial oder Beschädigung von Betriebsmitteln eines Mitbewerbers; Entwendung von Kundenlisten. – Handelt es sich dagegen zugleich um einen Eingriff in das **Recht am Unternehmen** (Recht am eingerichteten und ausgeübten Gewerbebetrieb) als „sonstiges Recht" iSv § 823 I BGB (allg. → Einl. Rn. 7.14 ff.), ist § 823 I BGB nicht anwendbar, da es sich dabei nur um einen Auffangtatbestand handelt (→ Einl. Rn. 7.3; OLG Köln MMR 2012, 462 (463)). Ist der Betroffene ein Mitbewerber iSd § 2 I Nr. 4, erfüllt aber das Verhalten des Handelnden nicht den Tatbestand einer mitbewerberschützenden Regelung im UWG, so ist daher auch kein Eingriff in das Recht am Unternehmen anzunehmen (BGH GRUR 2004, 877 (880) – Werbeblocker I), da die Wertungen des UWG nicht über das allgemeine Deliktsrecht ausgehebelt werden dürfen. – Die Anwendung der §§ 3 I, 4 Nr. 4 bietet gegenüber § 823 I, II, § 824 und § 826 BGB für den Mitbewerber umgekehrt den Vorteil, dass zu seinen Gunsten die §§ 12 ff. eingreifen und dass der Inhaber eines Unternehmens auch für seine Mitarbeiter und Beauftragten nach § 8 II haftet.

B. Absatzbehinderung

Schrifttum: Fischer, Zur Lauterkeit der Kündigungshilfe durch Vorlage vorgefertigter Kündigungsschreiben, WRP 2005, 1230; Geßner, Marken- und lauterkeitsrechtliche Probleme der suchmaschinenbeeinflussenden Verwendung von Kennzeichen, 2008; Illmer, Keyword Advertising – Quo vadis?, WRP 2007, 399; Haedicke, Das Ausnutzen fremder Einrichtungen als Wettbewerbsverstoß, FS Köhler, 2014, 221; Hövel/Hansen, Download-Fallen im Internet aus der Perspektive der Software-Hersteller, CR 2010, 252; Köhler, Die „Beteiligung an fremdem Vertragsbruch" – eine unerlaubte Handlung?, FS Canaris, 2007, 591; Köhler, Die Unlauterkeitstatbestände des § 4 UWG und ihre Auslegung im Lichte der Richtlinie über unlautere Geschäftspraktiken, GRUR 2008, 841; Kotthoff, Fremde Kennzeichen in Metatags: Marken- und Wettbewerbsrecht, K&R 1999, 157; Lubberger, Die neue Rechtsprechung des BGH zum Vertriebsbindungsschutz, WRP 2000, 139; Ohly, Die Verleitung zum Vertragsbruch im englischen und deutschen Recht: Zukunfts- oder Auslaufmodell?, FS Spellenberg, 2010, 617; Ott, Die Entwicklung des Suchmaschinen- und Hyperlink-Rechts im Jahre 2008, WRP 2009, 351; Piper, Zur Wettbewerbswidrigkeit des Einbrechens in fremde Vertragsbeziehungen durch Abwerben von Kunden und Mitarbeitern, GRUR 1990, 643; Renner, Metatags und Keyword Advertising mit fremden Kennzeichen im Marken- und Wettbewerbsrecht, WRP 2007, 49; Sasse/Thiemann, Die wettbewerbsrechtliche Zulässigkeit eigennütziger Hilfe bei der Vertragskündigung, GRUR 2003, 921; Scherer, Verleiten zum Vertragsbruch – Neukonzeption aufgrund § 4 Nr. 10 UWG und der RL-UGP, WRP 2009, 518; Sosnitza, Verleiten zum Vertragsbruch – Berechtigte Fallgruppe oder alter Zopf?, WRP 2009, 373; Tiemann, Das Ende der Unlauterkeit des „Verleitens zum Vertragsbruch" bei objektiven Vertriebsbindungen?, WRP 2004, 289; Varadinek, Trefferlisten von Suchmaschinen im Internet als Werbeplatz für Wettbewerber, GRUR 2000, 279; Viefhues, Internet und Kennzeichenrecht: Meta-Tags, MMR 1999, 336; Wendlandt, Cybersquatting, Metatags und Spam, 2002; Werner, Eingriff in das (Rollen-)Spielsystem – Spielregeln und regelwidrige Drittprogramme bei Online-Spielen, CR 2013, 516; Wüstenberg, Der Wettbewerb der Personenbeförderer um die potentiellen Kunden an der Haltestelle, RdTW 2016, 292.

I. Kundenbezogene Behinderung

1. Grundsatz

Der Mitbewerber hat kein Recht auf die Erhaltung seines Kundenstammes oder auf den **4.24** Fortbestand von Vertragsverhältnissen. Der Kundenkreis ist kein geschütztes Rechtsgut (BGH GRUR 2002, 548 (549) – Mietwagenkostenersatz). Das Eindringen in einen fremden Kundenkreis und das **Ausspannen** von Kunden, selbst wenn es zielbewusst und systematisch erfolgt, liegt vielmehr im Wesen des Wettbewerbs (BGHZ 110, 156 (170) = GRUR 1990, 522 (527) – HBV-Familien- und Wohnungsrechtsschutz; BGH GRUR 2002, 548 (549) – Mietwagenkostenersatz; BGH GRUR 2009, 500 Rn. 23 – Beta Layout). Erst recht gilt dies, wenn es sich nur um potenzielle Kunden eines Mitbewerbers handelt. Unlauter wird das Eindringen in einen fremden Kundenkreis erst, wenn besondere, die Unlauterkeit begründende Umstände hinzutreten (BGHZ 110, 156 (170) – HBV-Familien- und Wohnungsrechtsschutz; BGH GRUR 2002, 548 (549) – Mietwagenkostenersatz; BGH GRUR 2007, 987 Rn. 25 – Änderung der Voreinstellung; BGH GRUR 2009, 500 Rn. 23 – Beta Layout).

2. Abfangen von Kunden

4.25   Eine unlautere Behinderung des Mitbewerbers durch Einwirkung auf (potenzielle) **Kunden, die bereits ihm zuzurechnen sind,** liegt nach der Rspr. erst dann vor, wenn auf sie in **unangemessener Weise** eingewirkt wird, um sie als eigene Kunden zu gewinnen oder zu erhalten (BGH GRUR 2009, 500 Rn. 23 – Beta Layout; BGH WRP 2014, 424 Rn. 35 – wetteronline.de; BGH GRUR 2016, 825 Rn. 22 – Tarifwechsel; BGH WRP 2017, 46 Rn. 14 – Fremdcoupon-Einlösung; stRspr). Die Rspr. stellt darauf ab, ob der Werbende sich gewissermaßen zwischen den Kaufinteressenten und den Mitbewerber schiebt, um ihm eine Änderung seines Kaufentschlusses aufzudrängen (GRUR 2009, 500 Rn. 23 – Beta Layout; BGH GRUR 2009, 876 Rn. 10 – Änderung der Voreinstellung II; BGH GRUR 2011, 166 Rn. 30 – Rote Briefkästen; BGH GRUR 2012, 645 Rn. 17 – Mietwagenwerbung; BGH WRP 2014, 424 Rn. 35 – wetteronline.de; BGH GRUR 2016, 825 Rn. 22 – Tarifwechsel; BGH WRP 2017, 46 Rn. 14 – Fremdcoupon-Einlösung; OLG Düsseldorf GRUR-RR 2016, 20 Rn. 19; OLG Frankfurt GRUR-RR 2019, 305 Rn. 22). Der Begriff des Kaufentschlusses ist dabei iSe geschäftlichen Entscheidung zu verstehen, die auch vorgelagerte Entscheidungen (Aufsuchen und Betreten eines Geschäftslokals, Betrachten einer Internetseite) erfasst (→ § 2 Rn. 1.10, 1.14). Ob eine unangemessene Einwirkung vorliegt, hängt von den **eingesetzten Mitteln** und der **typischen Reaktion der Kunden** ab. Dabei ist auf die Gesamtumstände abzustellen. Unangemessenheit liegt jedenfalls – aber nicht nur – dann vor, wenn der Kunde **unzumutbar belästigt** (§ 7; ebenso OLG Frankfurt WRP 2017, 100 Rn. 16; OLG Frankfurt GRUR-RR 2019, 305 Rn. 19), **aggressiv beeinflusst** (§ 4a) oder **irregeführt** wird (§ 5; BGH GRUR 2021, 497 Rn. 59 – Zweitmarkt für Lebensversicherungen I) wird, ihm **wesentliche Informationen vorenthalten** werden (§§ 5a, 5b) oder wenn die Maßnahmen auf die **Verdrängung** des Mitbewerbers abzielen (ebenso BGH GRUR 2009, 416 Rn. 16 – Küchentiefstpreis-Garantie; OLG Frankfurt GRUR-RR 2011, 140; OLG Stuttgart WRP 2015, 1128 Rn. 49). Dagegen reicht es **nicht** aus, dass sich die Maßnahmen auf den Absatz des Mitbewerbers nachteilig auswirken können (ebenso BGH GRUR 2007, 987 Rn. 25 – Änderung der Voreinstellung I; BGH GRUR 2009, 416 Rn. 16 – Küchentiefstpreis-Garantie). Dass der betroffene Mitbewerber nach den § 3 I, § 4a und den § 3 I, §§ 5, 5a, 5b oder § 7 vorgehen kann, schließt die Anwendung des § 4 Nr. 4 nicht aus (ebenso OLG Frankfurt WRP 2017, 100 Rn. 16; aA Ohly/Sosnitza/Ohly § 4 Rn. 4/46).

4.25a   **Beispiele: Unlauterkeit bejaht:** Kfz-Versicherer versuchen, die Nachfrage nach Mietwagen auf ein von ihnen gemeinschaftlich betriebenes Mietwagenunternehmen zu lenken, indem sie eine entsprechende Empfehlung aussprechen und dessen Preise subventionieren (OLG Düsseldorf WRP 1995, 639 (643)). Denn Geschädigte sind geneigt, den Wünschen eines Versicherungsunternehmens nachzukommen, um eine rasche, einfache und kostendeckende Regulierung zu erlangen. Das gilt auch für Krankenversicherer, die mit bestimmten Ärzten zusammenarbeiten, um Kosten zu sparen, und dem Versicherungsnehmer eine Vergünstigung in Aussicht stellen, um ihn zu einem Arztwechsel zu veranlassen, weil dadurch die Freiheit der Arztwahl unangemessen beeinträchtigt wird (OLG Dresden WRP 2021, 62 Rn. 34 ff.). – Ein (öffentlicher) Krankenhausträger leitet Krankentransportaufträge an die örtliche Rettungsleitstelle weiter, obwohl der Patient ausdrücklich den Transport durch ein Privatunternehmen wünscht (BGH GRUR 1989, 430 (431) – Krankentransportbestellung). – Telekommunikationsunternehmer unterlässt absichtlich und nicht nur versehentlich eine Umstellung der Voreinstellung auf einen Mitbewerber (vgl. BGH GRUR 2007, 987 Rn. 32 – Änderung der Voreinstellung I). – Erbringung kostenloser Leistungen, die gezielt dazu benutzt wird, bestimmte Mitbewerber vom Markt zu verdrängen (BGH GRUR 2001, 80 (81) – ad-hoc-Mitteilung). – Händler lässt Mitarbeiter in der Einfahrt zu einem Mitbewerber anhaltende Fahrzeuge von Kunden herantreten, um sie zur Entgegennahme von Handzetteln zu veranlassen, ohne dass sie sich dem ohne Weiteres entziehen können (OLG Frankfurt WRP 2017, 100 Rn. 18). – **Unlauterkeit verneint:** Unternehmen stellt seiner Firmenbezeichnung die Buchstaben AA voran, um im Branchentelefonbuch an erster Stelle eingetragen zu werden (OLG Hamm WRP 2005, 525). Denn diese Maßnahme dient lediglich dazu, die Aufmerksamkeit der Kunden auf sich zu lenken. Das Gleiche gilt, wenn ein Mietwagenunternehmer seine Anzeige in einem Telefonverzeichnis unter dem Buchstaben T – nicht aber unter der Rubrik „Taxi" – abdrucken lässt (BGH GRUR 2012, 645 Rn. 17 – Mietwagenwerbung). – Versicherer weist einen Unfallgegner, der ein Ersatzfahrzeug angemietet hat oder anmieten möchte, auf das preisgünstigere Angebot eines anderen Autovermieters hin (BGH WRP 2012, 1390 Rn. 21 – Unfallersatzgeschäft). – Unternehmen wirbt mit **adword**-Anzeigen in

Internet-Suchmaschinen und benutzt als Schlüsselwort (**„keyword")** ein fremdes Kennzeichen, sofern die Werbung erkennbar von den Trefferanzeigen abgegrenzt ist (→ Rn. 4.31b; BGH GRUR 2009, 500 Rn. 23 – Beta Layout; BGH WRP 2011, 1160 Rn. 35 – Bananabay II). Denn darin liegt noch keine unangemessene Beeinflussung potenzieller Kunden. Erst recht gilt dies, wenn der Werbende nur allgemeine, beschreibende Begriffe (wie zB Stellenangebote) als Schlüsselwort verwendet und dies dazu führt, dass seine Anzeige auch dann erscheint, wenn ein Internet-Nutzer ein Suchbegriff eine Internet-Adresse eingibt, die die gleichen Begriffe (wie zB „stellen-online.de") enthält (OLG Karlsruhe WRP 2008, 135 (138)). – Betreiber eines Briefzustelldienstes stellt Briefkästen zur Aufnahme bereits bezahlter Briefe in unmittelbarer Nähe zu den Briefkästen eines Mitbewerbers auf (BGH GRUR 2011, 166 Rn. 30 – Rote Briefkästen). – Anbieter stellt unter Verstoß gegen die eBay-Grundsätze mehr als drei Angebote mit identischen Artikeln auf der Internet-Plattform ein (OLG Hamm WRP 2011, 498 (501)). – Unternehmer löst gezielt Gutscheine ein, die ein Mitbewerber an (potentielle) Kunden ausgibt (BGH WRP 2017, 46 Rn. 13 ff. – Fremdcoupon-Einlösung). – Krankenversicherer, dem ein Versicherungsmakler ein im Hinblick auf einen Tarifwechsel eines Versicherungsnehmers unzumutbares und damit unzulässiges Korrespondenzverlangen gestellt hat, tritt an Versicherungsnehmer mit dem Hinweis heran, dass im Rahmen des bestehenden Versicherungsverhältnisses deren laufende Beratung, einschließlich der Beratung über einen Tarifwechsel, durch ihn kostenfrei erfolgt (BGH GRUR 2016, 825 Rn. 28 – Tarifwechsel).

a) Gewaltanwendung und Druckausübung. Stets unlauter, nicht nur unter dem Gesichts- **4.26** punkt des aggressiven Verhaltens gegenüber Kunden (§ 4a), sondern auch der Behinderung der Mitbewerber (§ 4 Nr. 4), ist die Ausübung von **Druck** auf Kunden oder gar die Anwendung von **Gewalt** gegenüber Kunden, wenn sie bereits konkrete Kaufabsichten haben. Dies ist etwa der Fall, wenn ein Kunde, der sich anschickt, das Geschäft eines Mitbewerbers zu betreten, bedroht, beschimpft oder gar gewaltsam daran gehindert wird. Der Gewaltanwendung steht es gleich, wenn ein Unternehmer durch **bloßes Untätigbleiben** den Kunden daran hindert, die Dienste eines Mitbewerbers in Anspruch zu nehmen (Nichtausführung eines Auftrags zur Umstellung eines Telefon-, Gas- oder Stromanschlusses auf einen Mitbewerber nach fristgerechter Kündigung). Dazu ist keine schuldhafte Vertragsverletzung gegenüber dem Kunden erforderlich (aA noch BGH GRUR 2007, 987 Rn. 25 – Änderung der Voreinstellung I). Die Heranziehung von § 4 Nr. 4 neben § 4a ist nicht überflüssig (so aber Ohly/Sosnitza/Ohly § 4 Nr. 4/46), sondern geboten, um den Unrechtsgehalt der Handlung voll zu erfassen, zumal § 4a nicht begriffsnotwendig die Beeinträchtigung eines Mitbewerbers voraussetzt (zB bei Handeln eines Monopolisten).

b) Täuschung, Auftragsmanipulation, Ausnutzung fremder Einrichtungen. aa) Täu- 4.27 schung. Unlauter nicht nur unter dem Gesichtspunkt der Irreführung (§ 5), sondern auch unter dem Gesichtspunkt der gezielten Behinderung ist es, dem Kunden **vorzuspiegeln** oder seinen **Irrtum auszunutzen,** man wäre der von ihm gesuchte Geschäftspartner, um zum Geschäftsabschluss zu kommen. Dabei sind die Umstände des Einzelfalls zu berücksichtigen. **Beispiele:** Bierfahrer verschweigt den Kunden, dass er sich nunmehr selbstständig gemacht hat (BGH GRUR 1970, 182 – Bierfahrer). – Telefonauskunftsdienst wirbt nur mit seiner Telefonnummer ohne Angabe seines Unternehmens und es besteht Verwechslungsgefahr mit der Telefonnummer anderer Auskunftsdienste (OLG Hamburg GRUR-RR 2004, 151 (152)). – Anbieter von Telekommunikationsdienstleistungen lässt sich eine Hotline-Nummer zuteilen, die mit der eines Mitbewerbers verwechslungsfähig ist, und führt mit einem Begrüßungstext Anrufer auf eine andere Nummer, ohne auf sein Unternehmen hinzuweisen (OLG Frankfurt GRUR-RR 2009, 65 (66)). – Unternehmer gestaltet seine Kontaktdaten (Adresse, E-Mail-Adresse, Internetadresse, Telefon- oder Telefaxnummer) ähnlich denen eines Mitbewerbers, so dass ein unachtsamer Kunde glauben kann, er habe es mit dem Mitbewerber zu tun (**„Adressenmanipulation";** vgl. OLG Hamburg GRUR-RR 2009, 323; jurisPK-UWG/Müller-Bidinger § 4 Nr. 4 Rn. 73). – Bietet ein Telefondienstleister seinen Festnetzkunden, die zugleich über einen Mobiltelefonanschluss bei einem anderen Anbieter verfügen, eine „Umleitungs-Option" an, die es ermöglicht, Anrufe vom Festnetz des Anbieters auf dem Mobilfunkanschluss des Kunden auf einen Festnetzanschluss des Kunden umzuleiten, ohne dass die Anrufe zuvor in das Mobilfunknetz eingespeist werden, so ist dies unlauter, wenn er die Kunden nicht darüber aufklärt, dass die Anrufer das gleiche Entgelt zu zahlen haben, wie es bei einem Anruf vom Festnetz in das Mobilfunknetz anfällt (OLG Düsseldorf GRUR-RR 2006, 100; vgl. aber auch OLG Köln GRUR-RR 2008, 97). – Unternehmer veranlasst mittels eines von Kunden durch Irreführung nach den §§ 5, 5a erschlichenen Pre-Selection-Auftrags einen Mitbewerber, eine Änderung der Voreinstellung herbeizuführen (KG GRUR-RR 2012, 167 (169) zur Unterschrift im **Post-Ident-Verfahren).** – Unlauter unter dem Gesichtspunkt der Täuschung, aber auch der Belästigung der Kunden sowie der Schwächung der Anziehungskraft der Originaldomain ist es nach der Rspr., mittels einer **Tippfehler-Domain** Kunden, die eine bestimmte Internetadresse in das Adressenfeld eines Internetbrowsers oder in eine Suchmaschine eingeben und sich deshalb bereits auf dem direkten Weg zu dieser Internetseite befinden, durch das Ausnutzen typischer und deshalb vorhersehbarer Versehen bei der Adresseneingabe auf das eigene Angebot zu leiten (BGH WRP 2014, 424 Rn. 34 ff. – wetteronline.de). Hierfür ist es unerheblich, dass die Domain, an die sich die Tippfehler-Domain anlehnt, aus einem rein beschreibenden Begriff besteht (BGH WRP 2014, 424 Rn. 48 – wetteronline.de). Allerdings soll eine unlautere Behinderung ausscheiden, wenn der Nutzer auf der aufgerufenen Internetseite sogleich und unübersehbar darauf hingewiesen wird, dass er sich nicht auf der eigentlich gesuchten Internetseite befindet, weil er sich vermutlich vertippt habe. Denn in diesem Fall würden keine Verbraucherinteressen beeinträchtigt (BGH WRP 2014, 424 Rn. 48 – wetteronline.de). Angesichts der nachlassenden Bedeutung von Domainnamen bei der Informationssuche im Internet bedürfen diese Grundsätze der Rspr. einer Überprüfung.

4.27a   **bb) Auftragsmanipulation.** Unlauter ist es ferner, Kundenaufträge oder -anfragen an einen Mitbewerber zu unterdrücken oder auf sich umzuleiten (OLG Köln WRP 2007, 1008; eingehend dazu jurisPK-UWG/Müller-Bidinger § 4 Nr. 4 Rn. 71 ff.). Dies ist etwa der Fall, wenn ein fehladressiertes Bestellschreiben dazu benutzt wird, den Auftrag selbst zu erlangen (BGH GRUR 1983, 34 – Bestellschreiben) oder wenn ein Kundenauftrag, der erkennbar an einen Mitbewerber gehen soll, abgefangen und umgeleitet wird (BGH GRUR 1987, 532 (533) – Zollabfertigung: Speditionsunternehmen lässt sich auf Grund der nur ihm zustehenden ersten Zugriffsmöglichkeit an der Torkontrolle von der Kontrollperson der städtischen Markthalle Frachtbriefe, die erkennbar auf ein anderes Speditionsunternehmen als Empfänger lauten, zur Durchführung der Zollabfertigung aushändigen). – Unlauter ist die Überlassung eines Softwareprogramms an Ärzte, wenn dieses Programm automatisch bei Rezepterstellung das eingegebene Original-Arzneimittel durch bloßes Betätigen der Eingabetaste durch ein Parallelimport-Produkt ersetzt (OLG Hamburg GRUR 2002, 278; OLG Frankfurt GRUR 2001, 763). – Unlauter ist es, wenn ein Anbieter von Telekommunikationsdienstleistungen zu seinen Gunsten **Portierungsaufträge** (= vom Kunden gewünschte Mitnahme der Rufnummer), die vom Kunden vor Ausführung wirksam widerrufen wurden, in Kenntnis des Widerrufs erneut systematisch und planmäßig dem Mitbewerber zuleitet, so dass der unzutreffende Eindruck entsteht, die Kunden hätten sich zum wiederholten Male zu seinen Gunsten entschieden (BGH WRP 2018, 324 Rn. 34, 35 – Portierungsauftrag). – Unlauter ist es, wenn ein Reseller von Telekommunikationsdienstleistungen ohne entsprechenden **Preselection-Auftrag** (zB weil dieser bereits widerrufen worden ist) eines Fernsprechteilnehmers die Umstellung seines Telefonanschlusses auf eine neue Verbindungsbetreiberkennzahl und damit auf einen neuen Anbieter veranlasst (OLG Frankfurt WRP 2009, 348 (349); OLG Düsseldorf MMR 2009, 565). – Unlauter ist es, wenn der Auftrag eines Kunden, eine Voreinstellung des Telefonanschlusses (Preselection) in der Weise zu erbringen, dass (auch) Telekommunikationsdienstleistungen eines anderen Anbieters in Anspruch genommen werden können, auftragswidrig bewusst so ausgeführt wird, dass nicht die Dienstleistungen des anderen Anbieters, sondern (nur) die eigenen in Anspruch genommen werden können (BGH GRUR 2009, 876 Rn. 10 – Änderung der Voreinstellung II). – Unlauter ist es, wenn bei einem Anbieterwechsel in der Energieversorgung Verträge mit Altkunden gekündigt werden, ohne dass eine nach § 312h BGB erforderliche Kündigungsvollmacht in Textform vorliegt (OLG München BeckRS 2019, 3274). – **Nicht unlauter** ist es, wenn ein Tax-Free-Unternehmen Kassenbelege ausländischer Reisender, die mit einem Tax-Free-Formular eines Mitbewerbers verbunden sind, ankauft, diese Formulare beseitigt, dann durch eigene ersetzt und die Mehrwertsteuererstattung in eigener Regie durchführt (OLG Frankfurt GRUR-RR 2020, 27). – Der Tatbestand des § 4 Nr. 4 setzt einen **bewussten** Eingriff in ein fremdes Vertragsverhältnis voraus. Ein Indiz dafür kann ein wiederholtes Handeln sein. Ein einmaliges **versehentliches** Handeln reicht jedenfalls nicht aus (aA 36. Aufl. 2018).

4.27b   **cc) Ausnutzung fremder Einrichtungen.** Unlauter handelt auch, wer die von oder für Mitbewerber geschaffenen Einrichtungen ohne dessen Einwilligung bzw. ohne dafür ein Entgelt zu entrichten für eigene Zwecke ausnutzt (BGH GRUR 2010, 346 Rn. 15 – Rufumleitung; BGH WRP 2014, 424 Rn. 33 – wetteronline.de; BGH WRP 2017, 46 Rn. 26 – Fremdcoupon-Einlösung; OLG Frankfurt WRP 2017, 473 Rn. 18; LG Frankfurt GewA 2019, 350; krit. Haedicke FS Köhler, 2014, 221 (223 ff.)). Der Begriff der Einrichtungen ist dabei auf

Produktions- und Betriebsmittel, die unmittelbar für oder im Zusammenhang mit Umsatzgeschäften genutzt werden, beschränkt und erstreckt sich nicht auf die dem Umsatzgeschäft vorgelagerte Werbung (offengelassen in BGH WRP 2017, 46 Rn. 27 – Fremdcoupon-Einlösung).

Beispiele: Unternehmer stellt den Kundenparkplatz oder die Einkaufswagen eines Mitbewerbers für seine Kunden zur Verfügung oder nutzt die Werbetafel eines Mitbewerbers für eigene Werbung. (Dass hier zugleich eine Eigentums- oder Besitzstörung iSd §§ 1004 I, 862 I BGB vorliegt, steht der Anwendung des UWG nicht entgegen, u. a. weil der lauterkeitsrechtliche Schutz effizienter ist; arg. § 12 I UWG). – **Unlauterkeit bejaht:** (1) Nutzung fremder Haltestellen: Autobusunternehmer fährt die für einen Mitbewerber eingerichteten Haltestellen kurz vor der fahrplanmäßigen Abfahrt des Busses dieses Mitbewerbers mit einem eigenen Bus an und nimmt die dort wartenden Fahrgäste auf (ÖOGH ÖBl 1972, 91 – Autobus-Linienverkehr; ÖOGH ÖBl 1977, 154 – Austriatrans II). – (2) Nutzung fremder Parkflächen: Taxifahrer stellt sein Fahrzeug auf einem Standplatz ab, der von einer Taxi-Unternehmervereinigung gemietet wurde, und der von allen Taxiunternehmern/-fahrern gegen Entgelt genutzt werden darf; Taxifahrer stellt sein Taxi auf einem solchen Standplatz ab, ohne das verlangte Entgelt zu entrichten (OLG Frankfurt WRP 2017, 473 Rn. 18, 22; OLG Frankfurt GewArch 2021, 79 mAnm Wüstenberg). – (3) Rufumleitung: Telekommunikationsdienstleister bietet seinen Festnetzkunden eine Rufumleitung an, durch die Anrufe aus dem Festnetz nicht zur gewählten Mobilfunknummer des Kunden, sondern unmittelbar zu seinem Festnetzanschluss geschaltet werden und dem Anrufer das erhöhte Verbindungsentgelt für den – tatsächlich nicht getätigten – Anruf in das Mobilfunknetz in Rechnung gestellt wird, das Mobilfunkunternehmen aber kein Entgelt für die Bereithaltung des Mobilfunknetzes und der Mobilfunknummer erhält. Die Unlauterkeit liegt darin, dass durch die Rufumleitung die Bereithaltung dieser Einrichtungen ausgenutzt und, durch die Verhinderung des ansonsten sicheren Anfalls des Zusammenschlussentgelts für den Mobilfunkbetreiber verhindert wird (BGH GRUR 2010, 346 Rn. 15–22 – Rufumleitung). – (4) Anhängen an fremde Leistungen: Unternehmer ermöglicht die kostenfreie Teilhabe an fremder Flatrate beim Internetzugang (OLG Köln GRUR-RR 2009, 339 (340) oder an fremder „Freeware" durch sog Download-Fallen (dazu Hövel/Hansen CR 2010, 252 (254); Hövel GRUR 2011, 253 (254)). – **Unlauterkeit verneint:** (1) Einsatz von Tippfehler-Domains, um Kunden auf eine andere Webseite zu leiten, da insoweit nicht die Bereitstellen der Webseite, sondern die falsche Eingabe des Domainnamens ausgenutzt wird (BGH WRP 2014, 424 Rn. 33 – wetteronline.de). In diesen Fällen kann aber ein unlauteres Abfangen von Kunden durch Täuschung und Belästigung in Betracht kommen (→ Rn. 4.27); außerdem kann der Tatbestand des § 5 I, II Nr. 3 (Täuschung über die „Identität" des Unternehmers) erfüllt sein. – (2) Tätigkeit von Suchmaschinen. Sie ist grds. hinzunehmen, wenn diese lediglich dem Abruf öffentlich zugänglich gemachter Inhalte ohne Umgehung technischer Schutzmaßnahmen für Nutzer erleichtert (vgl. BGHZ 156, 1 (18 ff.) – Paperboy; BGH WRP 2011, 1469 Rn. 69 – Automobil-Onlinebörse). Dass dem Berechtigten auf diese Weise Werbeeinnahmen entgehen, ist hinzunehmen. – (3) Einlösen von fremden Rabattgutscheinen (BGH WRP 2017, 46 Rn. 27 – Fremdcoupon-Einlösung).

c) Ansprechen in räumlicher Nähe zum Mitbewerber. Als unlauter wurde es früher **4.28** angesehen, in unmittelbarer Nähe des Geschäftslokals des Mitbewerbers gezielt Kaufinteressenten **anzusprechen** (BGH GRUR 1960, 431 (433) – Kfz-Nummernschilder). Daran ist nicht festzuhalten, da ein Unternehmer keinen Anspruch darauf hat, in der Nähe seines Geschäfts von Wettbewerb verschont zu bleiben. Eine Unlauterkeit kann sich aus der grundsätzlichen Unzulässigkeit des Ansprechens von Passanten in der Öffentlichkeit wegen des belästigenden Charakters einer solchen Maßnahme ergeben (→ § 7 Rn. 75 ff.).

d) Werbung in räumlicher Nähe zum Mitbewerber. Nach der früheren Rspr. war das **4.29** Anbringen von Werbung oder das Verteilen von Werbematerial in unmittelbarer Nähe zum Geschäftslokal des Mitbewerbers nur in Ausnahmefällen zulässig (BGH GRUR 1986, 547 (548) – Handzettelwerbung; OLG Düsseldorf WRP 1985, 217; KG GRUR 1984, 601). Diese Rspr. lässt sich jedoch nicht aufrechterhalten (ebenso MüKoUWG/Jänich § 4 Nr. 4 UWG Rn. 25; Ohly/Sosnitza/Ohly § 4 Rn. 4/47). Darauf, ob der Kunde innerlich schon zum Kauf beim Mitbewerber entschlossen ist, kann es nicht ankommen. Werbemaßnahmen in unmittelbarer Nähe zum Mitbewerber sind vielmehr zulässig, wenn sie sich darauf beschränken, dem potenziellen Kunden eine Information über andere Kaufmöglichkeiten zu geben, mögen sie ihn auch zu einem Vergleich der Angebote und zur Änderung seines Kaufentschlusses veranlassen (ebenso OLG Düsseldorf GRUR-RR 2016, 20 Rn. 21). Derartige Maßnahmen können insbes. dem Ausgleich von Standortnachteilen des Werbenden und damit der **Chancengleichheit** im Wettbewerb dienen. Sie liegen vor allem auch im Interesse des Kunden, insbes. des Verbrauchers, weil sie ihm eine Wahl- und Vergleichsmöglichkeit erschließen, die er sonst vielleicht nicht besäße.

4.30   **e) Internetbezogene Praktiken. aa) Registrierung von Gattungsbegriffen als Domain-Namen.** Dazu → Rn. 4.94 ff.

4.31   **bb) Einflussnahme auf Suchmaschinen (Metatags; Keyword-Buying; Keyword-Advertising).** Eine neuere (mittlerweile aber technisch überholte) Variante des Abfangens von Kunden stellte die Verwendung von **Metatags** im Internet dar. Dabei handelt es sich typischerweise um die Verwendung fremder (Unternehmens- oder Produkt-)Kennzeichen im Kopf (Header) der eigenen Homepage, die nur für Suchmaschinen erkennbar sind (vgl. BGH WRP 2018, 466 Rn. 44 – Resistograph). Bezweckt ist damit, den Benutzer von Suchmaschinen zum eigenen (Konkurrenz-)Angebot zu führen (dazu EuGH WRP 2013, 1161 Rn. 54 – Belgian Electronic Sorting Technology; Bornkamm/Seichter CR 2005, 747 (751 f.); Wendlandt S. 558 ff.; Geßner S. 355 ff.). Es handelt sich dabei um **Werbung** (→ § 2 Rn. 2.17; EuGH WRP 2013, 1161 Rn. 57 – Belgian Electronic Sorting Technology). Darin kann im Einzelfall eine **Kennzeichenverletzung** liegen (BGHZ 168, 28 Rn. 17 = GRUR 2007, 65 – Impuls; BGH GRUR 2007, 784 Rn. 17 – AIDOL). Eine unlautere Behinderung der fremden Werbung liegt allerdings idR nicht vor (OLG Düsseldorf GRUR-RR 2003, 48). Denn die fremde Werbung wird nicht unmittelbar beeinträchtigt und eine geschäftliche Entscheidung des Nutzers wird nicht vereitelt. Der Nutzer wird von der fremden Werbung nicht ab-, sondern lediglich (auch) zur eigenen Werbung hingelenkt (vgl. dazu auch BGHZ 148, 1 = GRUR 2001, 1061 (1063) – Mitwohnzentrale.de; OLG Karlsruhe WRP 2008, 135 (138)). Dies allein kann die Unlauterkeit nicht begründen (Menke WRP 1999, 982 (989)). Daher müssen insoweit besondere zusätzliche Umstände vorliegen, um derartige Maßnahmen als unlauter anzusehen (zB Ausnutzen des fremden Rufs als Vorspann; Irreführung des Nutzers; unlautere vergleichende Werbung). Darauf, ob durch Metatagging die Webseite des Mitbewerbers von der ersten Seite der Trefferliste der Suchmaschine verdrängt wird und dann die Internet-Werbung des Mitbewerbers oft nicht mehr wahrgenommen wird, kann es nicht ankommen (zweifelnd Menke WRP 1999, 982 (990)). Denn dies hängt von der zufälligen Anzahl von Treffern ab. – Erst recht nicht unlauter ist die Benutzung von **Allgemeinbegriffen** als Metatags, die mit dem eigenen Angebot nichts zu tun haben, aber Nutzer darauf hinführen sollen (**Beispiel:** Anbieter von Roben verwendet den Begriff „Urteil" als Metatag). Darin liegt weder ein unlauteres Abfangen noch ein unlauteres Anlocken noch eine Irreführung oder Belästigung von Kunden (OLG Düsseldorf GRUR-RR 2003, 48; OLG Düsseldorf GRUR-RR 2006, 265 (267)). Eine unzumutbare Belästigung iSv § 7 I kann allerdings in Extremfällen vorliegen (LG Frankfurt CR 2002, 222 (224)).

4.31a   Der **Kauf** von vorderen Plätzen auf den **Trefferlisten** von Suchmaschinen **(Keyword-Buying; Paid Listings)** ist jedenfalls dann nicht unlauter nach § 4 Nr. 4, wenn die Transparenzanforderungen gemäß § 5 I, II, § 5a IV, § 5b II und Anh. Nr. 11a zu § 3 III erfüllt sind und das Angebot als kommerzieller Inhalt („Anzeige") gekennzeichnet ist (Ohly/Sosnitza/Ohly § 4 Rn. 4/53c). Denn durch diese Kennzeichnung ist gewährleistet, dass die Nutzer den kommerziellen Charakter erkennen und die angezeigten Angebote von den „echten" Suchergebnissen abgrenzen können. Der Fall liegt nicht anders als bei der (zulässigen!) sog „Regalmiete" im Einzelhandel, die auch dazu dient, die Aufmerksamkeit des Kunden auf das eigene Angebot zu lenken. Ist ein Angebot dagegen nicht als Werbung gekennzeichnet, kommt es darauf an, ob der durchschnittliche Nutzer damit rechnet, dass der Betreiber der Suchmaschine die Platzierung auf der Liste von der Zahlung eines Entgelts abhängig macht. Das ist regelmäßig anzunehmen (BGH GRUR 2017, 1265 Rn. 21 – Preisportal). Dagegen rechnet er nicht damit, dass der Betreiber eines Preisvergleichsportals solche Anbieter von vornherein ausschließt, die mit ihm keine Provisionsabrede schließen. Daher handelt es sich insoweit um eine wesentliche Information iSd § 5a I-III (BGH GRUR 2017, 1265 Rn. 21–27 – Preisportal). Die einem Ranking zugrunde liegenden Hauptparameter und ihre Gewichtung sind nach § 5b II wesentliche Informationen, die Verbrauchern nicht vorenthalten werden dürfen.

4.31b   Kein Abfangen von Kunden (und auch keine unlautere Rufausbeutung; → Rn. 4.82) stellt die sog **Adword-Werbung (Keyword-Advertising),** nämlich die Verwendung eines fremden Kennzeichens als Suchbegriff für Internetsuchmaschinen, die dazu führt, dass die eigene Anzeige neben der fremden Werbung erscheint, dar (→ Rn. 4.25; BGH GRUR 2009, 500 Rn. 22, 23 – Beta Layout (auch zur markenrechtlichen Beurteilung); OLG Düsseldorf WRP 2007, 440 (442); Ohly/Sosnitza/Ohly § 4 Rn. 4/53b; jurisPK-UWG/Müller-Bidinger § 4 Nr. 4 Rn. 86). Erst recht gilt dies, wenn als adword (keyword) nur Allgemeinbegriffe (wie zB Stellenangebote) verwendet werden und die Adword-Anzeige auch dann erscheint, wenn der Internet-Nutzer als

Suchbegriff eine Domain eingibt, die die gleichen Begriffe verwendet (OLG Karlsruhe WRP 2008, 135 (138)).

3. Abwerben von Kunden

Im Gegensatz zum Abfangen von Kunden geht es beim **Abwerben** darum, Kunden (oder   **4.32** sonstige Vertragspartner; zum Abwerben von Mitarbeitern → Rn. 4.103 ff.) zur Beendigung eines Vertragsverhältnisses oder einer Geschäftsverbindung zu veranlassen. Das Abwerben kann ausdrücklich, aber auch konkludent erfolgen. So wurde eine Abwerbung schon in einem Schreiben eines Mitarbeiters an Kunden seines Arbeitgebers erblickt, in dem dieser sein Ausscheiden aus dem Unternehmen ankündigte und zugleich seine private Adresse und Telefonnummer angab (BGH GRUR 2004, 704 (705) – Verabschiedungsschreiben).

a) Grundsatz. Der **Kundenstamm** stellt zumeist einen erheblichen, oft den einzigen wirt-   **4.33** schaftlichen Wert eines Unternehmens dar. Er ist jedoch kein geschütztes Rechtsgut iSe subjektiven Rechts auf Bestandsschutz (BGH GRUR 2002, 548 (549) – Mietwagenkostenersatz). Dies gilt auch dann, wenn er mit Mühe und Kosten erworben wurde (vgl. BGH GRUR 1963, 197 (201) – Zahnprothesen-Pflegemittel). Das Abwerben von Kunden gehört vielmehr zum Wesen des freien Wettbewerbs, und zwar auch dann, wenn es zielbewusst und systematisch (planmäßig) geschieht (BGH GRUR 2002, 548 (549) – Mietwagenkostenersatz) und die Kunden noch vertraglich an den Mitbewerber gebunden sind (BGH GRUR 2002, 548 (549) – Mietwagenkostenersatz; BGH GRUR 2004, 704 (705) – Verabschiedungsschreiben). Es ist daher grds. nicht zu beanstanden, wenn ein Unternehmer auf eine Vertragsauflösung unter Einhaltung der gesetzlichen oder vertraglichen Bestimmungen (Kündigungs-, Anfechtungs- oder Widerrufsfristen) hinwirkt und zu eigenen Wettbewerbszwecken ausnutzt (BGH GRUR 2002, 548 (549) – Mietwagenkostenersatz; BGH GRUR 2004, 704 (705) – Verabschiedungsschreiben; BGH WRP 2005, 874 (875) – Kündigungshilfe). Unlauter wird das Einwirken auf bestehende Vertragsbeziehungen erst durch das Hinzutreten **besonderer Umstände** (BGHZ 110, 156 (170) = GRUR 1990, 522 (527) – HBV-Familien- und Wohnungsrechtsschutz; BGH GRUR 1991, 449 (453) – Betriebssystem; BGH GRUR 2002, 548 (549) – Mietwagenkostenersatz; BGH GRUR 2004, 704 (705) – Verabschiedungsschreiben). – Das Gesagte gilt grds. auch für Angehörige **freier Berufe,** zB Ärzte, Anwälte, Steuerberater, Wirtschaftsprüfer. Es ist daher zB einem Wirtschaftsprüfer grds. nicht verwehrt, sich um ein neues Mandat zu bewerben. Dass die Abwerbung ggf. gegen **Standesregeln** verstößt, macht sie nicht schon aus diesem Grunde – auch nicht unter dem Gesichtspunkt des Rechtsbruchs – unlauter (→ § 3a Rn. 32), zumal die Standesregeln ihrerseits daraufhin zu überprüfen sind, ob sie unzulässige Wettbewerbsbeschränkungen enthalten. Ein etwaiger Standesrechtsverstoß mag mit den dafür vorgesehenen Sanktionen geahndet werden. Für die Annahme einer Unlauterkeit ist es erforderlich, dass die Abwerbung den lauterkeitsrechtlich geschützten Interessen der Marktakteure und/oder der Allgemeinheit widerspricht (vgl. BGH GRUR 2002, 548 (550) – Mietwagenkostenersatz). – Erst recht ist die Kundenabwerbung nicht deshalb unzulässig, weil sie lediglich mit den Anschauungen oder Gepflogenheiten der betreffenden Branche unvereinbar ist (vgl. BGH GRUR 1969, 474 (476) – Bierbezug I). Vielmehr sind insoweit die Wertungen des Art. 101 AEUV und § 1 GWB zu beachten, wonach horizontale Vereinbarungen oder abgestimmte Verhaltensweisen in Bezug auf Kunden- oder Gebietsschutz verboten sind. – Die **Kundenschutzklausel** in einem Subunternehmervertrag, in dem sich der Subunternehmer für die Dauer von einem Jahr nach Beendigung des Subunternehmervertrages verpflichtet, keine vertraglichen Beziehungen zu Kunden des Generalunternehmens einzugehen, ist allerdings nicht nach § 1 GWB iVm § 134 BGB unwirksam, weil für die Wettbewerbsbeschränkung im Hinblick auf die Freiheit des Wettbewerbs ein berechtigtes Interesse besteht, da nur auf diese Weise der kartellrechtsneutrale Hauptzweck des Subunternehmervertrages erreicht werden kann (BGH NJW-RR 1998, 1508 – Subunternehmervertrag I; BGH NJW 2009, 1751 – Subunternehmervertrag II). Diese kartellrechtlichen Wertungen sind bei der Prüfung von § 4 Nr. 4 zu beachten.

b) Besondere Umstände. Zu den besonderen Umständen, die das Abwerben von Kunden   **4.34** für sich allein oder in der Gesamtschau als unlauter erscheinen lassen, kann der **Einsatz von Mitteln und Methoden** zählen, die darauf gerichtet sind, **geschäftliche Entscheidungen von Marktteilnehmern zu manipulieren,** deren **Entscheidungsmöglichkeiten zu beeinträchtigen** oder die **Entscheidungsgrundlage zu verfälschen.** Denn solche Praktiken führen zu Beeinträchtigungen der Funktionsfähigkeit des Wettbewerbs und gefährden damit (auch) die

Interessen der Mitbewerber (§ 1 I 1) und das Interesse der Allgemeinheit an einem unverfälschten Wettbewerb (§ 1 I 2). Dabei ist, wie stets, eine Gesamtwürdigung des geschäftlichen Verhaltens unter Berücksichtigung von Inhalt, Zweck und Beweggrund sowie der Begleitumstände vorzunehmen. Zu den besonderen Umständen gehören:

4.35   **aa) Unlauteres Anlocken.** Wird dem Kunden ein günstiges Angebot (zB in Gestalt eines Rabatts, einer Zugabe oder einer sonstigen Vergünstigung) unterbreitet, um ihn zum Wechsel zu veranlassen, ist die damit verbundene Anlockwirkung nicht unlauter, sondern Ausdruck von Wettbewerb und damit auch keine gezielte Behinderung von Mitbewerbern (BGH GRUR 1998, 500 (502) – Skibindungsmontage; BGHZ 139, 368 (374) – Handy für 0,00 DM). Die Grenze zur Unlauterkeit des Anlockens und damit zugleich zur gezielten Mitbewerberbehinderung wird erst überschritten, wenn das Angebot so gestaltet ist, dass der durchschnittliche Kunde dadurch in seiner Fähigkeit zu einer informierten Entscheidung spürbar beeinträchtigt (§ 3 II iVm § 2 I Nr. 11), unter Druck gesetzt (§ 4a I) oder irregeführt (§ 5 I, II) wird oder ihm wesentliche Informationen vorenthalten werden (§§ 5a, 5b). Das ist aber nicht der Fall, wenn das Angebot transparent ist und der Kunde ausreichend Zeit hat, die Vor- und Nachteile eines Wechsels des Vertragspartners abzuwägen (BGH GRUR 2002, 548 (549) – Mietwagenkostenersatz). Bietet zB ein Versicherer Autofahrern eine zeitlich begrenzte Mietwagengestellung bei Kaskoschaden exklusiv bei einem Versicherungswechsel an, so ist dies zulässig (BGH GRUR 2002, 548 (549) – Mietwagenkostenersatz).

4.36   **bb) Verleitung zum Vertragsbruch. (1) Begriff und Abgrenzung.** Ein **Vertragsbruch** liegt vor, wenn ein Vertragspartner seine vertraglichen Hauptpflichten bewusst verletzt (BGH GRUR 1997, 920 (921) – Automatenaufsteller), etwa seine Leistung grundlos verweigert, den Vertrag grundlos oder ohne Einhaltung der Kündigungsfrist kündigt oder eine Ausschließlichkeitsbindung missachtet. Ein **Verleiten** zum Vertragsbruch setzt nach der Rspr. ein **gezieltes und bewusstes Hinwirken** auf den Vertragsbruch voraus (→ Rn. 4.36a; BGHZ 178, 63 = GRUR 2009, 173 Rn. 31 – bundesligakarten.de). Der Abwerbende muss also die Bindung des Kunden kennen und die Initiative zum Vertragsbruch des Kunden ergreifen. Dabei ist es unschädlich, dass der abzuwerbende Kunde innerlich bereits zum Vertragsbruch entschlossen ist (OLG Nürnberg GRUR 2020, 198 Rn. 60). Für ein Verleiten reicht allerdings die bloße Lieferanfrage (OLG Düsseldorf NJW-RR 2003, 104) oder die an die Allgemeinheit gerichtete Suchanfrage (BGH GRUR 2009, 173 Rn. 32 – bundesligakarten.de) idR nicht aus. Aber auch die bloße Abgabe eines Angebots, das der Kunde nur unter Vertragsbruch annehmen kann, genügt nicht (ebenso OLG Hamburg GRUR-RR 2015, 110 (112); Ohly/Sosnitza/Ohly § 4 Rn. 4/56; offengelassen in BGH GRUR 2009, 173 Rn. 32 – bundesligakarten.de); erst recht nicht die Annahme eines Angebots, das der Kunde unter Vertragsbruch gemacht hat (aA Sack WRP 2000, 447 (452)). – Vom Verleiten zum Vertragsbruch ist das bloße (auch bewusste) **Ausnutzen fremden Vertragsbruchs** zu unterscheiden (→ Rn. 4.36d).

4.36a   **(2) Unlauterkeit.** Das **Verleiten zum Vertragsbruch** verstößt nach der Rspr. gegen § 4 Nr. 4, wenn ein Unternehmer **gezielt** und **bewusst** darauf hinwirkt, dass Kunden eines Mitbewerbers (→ § 2 I Nr. 4) ihre Vertragspflichten ihm gegenüber verletzen (BGH GRUR 2009, 173 Rn. 31 – bundesligakarten.de; BGH GRUR 2021, 497 Rn. 52 – Zweitmarkt für Versicherungsverträge I; Ohly/Sosnitza/Ohly § 4 Rn. 4/56; krit. Sosnitza WRP 2009, 373 ff.; Scherer WRP 2009, 518 ff.; Hoeren WRP 2009, 789 (793); vgl. auch → Rn. 4.107 ff. zur Mitarbeiterabwerbung). Dieser Grundsatz knüpft an den Wortlaut des § 4 Nr. 4 an und bringt zum Ausdruck, dass ein solches Hinwirken auf den Vertragsbruch des Kunden eine „gezielte Behinderung" des Mitbewerbers darstellt. Das erklärt jedoch noch nicht die Unlauterkeit einer solchen geschäftlichen Handlung. (Zu den Schwierigkeiten der Rspr., das Verleiten zum Vertragsbruch nach § 826 BGB zu beurteilen vgl. RGZ 103, 419 (421); BGH NJW 1981, 2184 (2185)). Die Überlegung, dass die vertragsrechtlichen Sanktionen zum Schutz des betroffenen Mitbewerbers nicht ausreichen, so dass dem Lauterkeitsrecht insoweit die Aufgabe einer effektiven Prävention vor Vertragsbruch zukommen könne, kann die Unlauterkeit für sich genommen nicht begründen. Wenn die vertragsrechtlichen Rechtsfolgen, die bei einem Vertragsbruch eingreifen, nicht ausreichen, um die Einhaltung des Vertrags zu gewährleisten, dann ist es Sache der Vertragsparteien, etwaige Schutzlücken zu schließen und ergänzende Regelungen zu schaffen. Die Unlauterkeit eines Verleitens zum Vertragsbruch ergibt sich aus einer Abwägung der Interessen aller Beteiligten und des Interesses der Allgemeinheit an einem unverfälschten Wettbewerb: Das Interesse, Kunden des Mitbewerbers mittels Verleitung zum Vertragsbruch abzuwerben, ist im Vergleich zum Interesse des Mitbewerbers am Bestand seiner Verträge mit Kunden nicht schutzwürdig, weil dieses Handeln die Freiheit ihrer Entscheidung zwischen beiden Unternehmen als Vertragspartner beeinträchtigt und damit der Wettbewerb verfälscht wird. – Um den genannten Grundsatz in der Praxis anwenden zu können, bedarf er allerdings der Konkretisierung. Vorab ist zu beachten, dass die relevanten Umstände des **Einzelfalls** zu berücksichtigen sind. Das beginnt beim Begriff des **Vertragsbruchs.** Er setzt notwendigerweise eine **wirksame** vertragliche Verpflichtung voraus. Im Einzelfall kann aber zweifelhaft sein, ob der betreffende Vertrag wirksam oder etwa nach den §§ 134, 138 BGB oder § 306 III BGB unwirksam ist. Auch kann im Einzelfall zweifelhaft sein, ob die Handlung des Kunden, wie zB eine fristlose Kündigung, gegen den Vertrag verstößt oder möglicherweise wirksam ist. Von einem **„bewussten"** Hinwirken auf den Vertragsbruch lässt sich daher nur sprechen, wenn der Unternehmer einen **„Anstiftervorsatz"** (→ § 8 Rn. 2.15) hatte, er also wusste, dass der Vertrag wirksam und die Lösung vom Vertrag unwirksam war, zumindest aber daran keine vernünftige Zweifel haben konnte, und er bewusst den Kunden zum Vertragsbruch veranlasste. Bei geringfügigen Vertragsverletzungen, die den Vertrag als solchen nicht in Frage stellen, die Nichtabnahme und Nichtbezahlung einer Einzellieferung bei einem Sukzessivlieferungsvertrag, kann auch zweifelhaft sein, ob eine Behinderung des Mitbewerbers vorliegt. Denn dieser kann idR einen entsprechenden vertraglichen Schadensersatzanspruch gegen den Kunden mit Erfolg geltend machen und ist daher auf einen zusätzlichen Ersatzanspruch nach § 9 I UWG nicht angewiesen.

Die Unlauterkeit des Verleitens zum Vertragsbruch kann sich aus dem Zweck und/oder dem **4.36b** Mittel der jeweiligen Handlung ergeben. **(1) Zweck des Verleitens zum Vertragsbruch:** Handelt der Unternehmer in der **Absicht,** einen bestimmten Mitbewerber zu schädigen oder gar auszuschalten, kann dies ein wichtiges Indiz dafür sein, dass der Tatbestand des § 4 Nr. 4 erfüllt ist (→ Rn. 4.9). Dabei spielt es keine Rolle, ob es um Einmalkunden, wie zB bei einem Maklervertrag, oder um „Stammkunden" handelt. Ebenso wenig ist es von Bedeutung, ob dem Unternehmer die Abwerbung des vertragsbrüchigen Kunden tatsächlich gelingt. Jedenfalls für den vorbeugenden Unterlassungsanspruch genügt es, dass eine Abwerbung droht. – Der Absicht steht es gleich, wenn bei objektiver Würdigung der Umstände das Verhalten des Unternehmers in erster Linie auf die Beeinträchtigung der wettbewerblichen Entfaltung des Mitbewerbers und nicht auf die Förderung des eigenen Wettbewerbs gerichtet ist oder wenn die Behinderung derart ist, dass der beeinträchtigte Mitbewerber seine Leistung am Markt nicht mehr in angemessener Weise zur Geltung bringen kann, etwa weil ihm eine Vielzahl von Kunden entzogen werden (vgl. BGH GRUR 2007, 800 Rn. 23 – Außendienstmitarbeiter). Insofern kann im Rahmen der gebotenen Gesamtwürdigung vor allem das Ausmaß der Schädigung und die Zahl der zum Vertragsbruch verleiteten Kunden (Zugehörigkeit zum „Kundenstamm") eine Rolle spielen. Ein Indiz für eine Schädigungsabsicht ist es, wenn der Unternehmer herabsetzende oder kreditschädigende Äußerungen über den Mitbewerber (§ 4 Nr. 1 und 2) macht, die dann neben § 4 Nr. 4 verfolgt werden können.

(2) Mittel des Verleitens zum Vertragsbruch: Lässt sich eine Schädigungsabsicht nicht **4.36c** nachweisen, so ist der Tatbestand des § 4 Nr. 4 jedenfalls dann erfüllt, wenn der Unternehmer mit bereits für sich gesehen unlauteren Mitteln iSd § 3 II, III, § 4a, § 5, § 5a und § 5b auf den Vertragsbruch des Kunden hinwirkt (vgl. Büscher/Wille § 4 Nr. 4 Rn. 40; Ohly/Sosnitza/Ohly § 4 Rn. 4/56; aA noch 39. Aufl. 2021: nur in diesem Fall). In diesem Fall ist eine sog „Doppelkontrolle" unlauterer Handlungen möglich. – Insbes. kommen in Betracht: **(a) § 3 II:** Verletzung der unternehmerischen Sorgfalt durch das Versprechen oder Gewähren von Vorteilen (→ Rn. 4.35; BGH GRUR 2020, 550 Rn. 29 – Sofort-Bonus II). Eine Übernahme der Wertungen des § 3 II in die Generalklausel des § 3 I, um auch sonstige Marktteilnehmer zu schützen, ist – wenn überhaupt – nur im Fall einer vergleichbaren Schutzbedürftigkeit des angesprochenen sonstigen Marktteilnehmers in Erwägung zu ziehen (offengelassen in BGH GRUR 2021, 497 Rn. 56 – Zweitmarkt für Lebensversicherungen). **(b) § 4a:** Nötigung oder unzulässige Beeinflussung. Dabei kann auch eine Rolle spielen, ob der Kunde zeitlich unter Entscheidungsdruck gesetzt wird. Eine Ausnutzung der geschäftlichen Unerfahrenheit oder Leichtgläubigkeit iSv § 4a II 2 kann vorliegen, wenn gegenüber dem Kunden die Risiken eines Vertragsbruchs verharmlost werden. **(c) § 5:** Irreführende Angaben über das eigene Angebot (BGH GRUR 2021, 497 Rn. 59 – Zweitmarkt für Lebensversicherungen) oder über die Risiken des Vertragsbruchs für den Kunden (vgl. § Art. 6 I lit. g UGP-RL; insoweit in § 5 I, II Nr. 7 nicht umgesetzt). **(d) § 5a und § 5b:** Vorenthalten wesentlicher Informationen, weil dadurch die Entscheidungsgrundlage des Kunden verfälscht wird.

4.36d **cc) Ausnutzen eines fremden Vertragsbruchs.** Das bloße **Ausnutzen** eines fremden Vertragsbruchs ist hingegen nicht ohne weiteres unlauter (BGH WRP 2006, 1027 Rn. 12 – Flüssiggastank), auch dann nicht, wenn es sich auf Ausschließlichkeitsbindungen oder sonstige Treuepflichten bezieht (BGH GRUR 2000, 724 (726) – Außenseiteranspruch II; BGH GRUR 2007, 800 Rn. 19 – Außendienstmitarbeiter). Nicht ausschlaggebend dafür ist allerdings das dogmatische Argument, es würde zu einer unerwünschten Verdinglichung schuldrechtlicher Ansprüche führen würde, wollte man einen Wettbewerbsverstoß bereits beim Ausnutzen fremden Vertragsbruchs annehmen. Maßgebend ist vielmehr, dass der Unternehmer nicht für den Vertragsbruch mitverantwortlich ist und der Mitbewerber sich an seinen Kunden halten kann und muss. Es müssen daher besondere Umstände hinzutreten, um die Unlauterkeit zu begründen (BGH GRUR 2005, 940 (942) – Marktstudien; BGH WRP 2014, 839 Rn. 35 – Flugvermittlung im Internet; BGH GRUR 2021, 497 Rn. 52 – Zweitmarkt für Lebensversicherungen; OLG Hamburg GRUR-RR 2015, 110 (112)). Dafür reicht jedoch die Kenntnis des Abwerbenden vom Vertragsbruch oder das systematische und planmäßige Ausnutzen des Vertragsbruchs nicht aus (BGH GRUR 2009, 173 Rn. 37, 38 – bundesligakarten.de).

4.37 **dd) Herabsetzung des Mitbewerbers beim Kunden.** Zum Verhältnis von § 4 Nr. 1 zu § 4 Nr. 4 → Rn. 1.6; → Rn. 4.36b). Unlauter nicht nur nach § 4 Nr. 1, sondern auch nach § 4 Nr. 4 ist es, den Mitbewerber oder seine Produkte, etwa unter Ausnutzung betrieblich erlangten Wissens, gegenüber dem Kunden herabzusetzen, um ihn zum Wechsel zu veranlassen (BGH GRUR 2002, 548 (549) – Mietwagenkostenersatz). Ein solches Verhalten kann im Einzelfall auch die Tatbestände des § 6 II Nr. 5 und des § 4 Nr. 2 erfüllen. Sind umgekehrt die Voraussetzungen einer zulässigen vergleichenden Werbung erfüllt, kommt eine Anwendung des § 4 Nr. 1 nicht in Betracht, weil es sich insoweit um eine abschließende Regelung handelt.

4.38 **ee) Irreführung des Kunden und Vorenthalten wesentlicher Informationen.** Unlauter nach § 5 und damit auch nach § 4 Nr. 4 ist es, fremde Kunden durch irreführende Angaben über den Mitbewerber oder dessen Angebot oder über das eigene Unternehmen und das eigene Angebot abzuwerben (BGH GRUR 2002, 548 (549) – Mietwagenkostenersatz; BGH GRUR 2021, 497 Rn. 59 – Zweitmarkt für Lebensversicherungen; OLG Dresden GRUR-RS 2021, 55389 Rn. 40). Dazu genügt bereits der Versuch, auf den Erfolg kommt es nicht an. Man versetzt bspw. den Kunden in den irrigen Glauben, er kaufe bei seinem bisherigen Lieferanten. Das ist schon dann anzunehmen, wenn man ihn weiterbeliefert, ohne ihn über den Lieferantenwechsel zu unterrichten. Unlauter ist es daher auch, wenn ein Adressbuchverlag mit Ausschnitten von Inseraten aus dem Adressbuch eines Mitbewerbers dessen Kunden auszuspannen sucht, die irrtümlich glauben, bei der bisherigen Firma zu inserieren (OLG München GRUR 1959, 248). Die Einflussnahme auf die Kunden kann auch durch das Vorenthalten wesentlicher Informationen (§ 5a und § 5b) erfolgen, wenn eine Rechtspflicht zur Aufklärung besteht. Das ist zB hinsichtlich der Nachteile und Risiken einer Vertragsauflösung der Fall, wenn deren Kenntnis beim Kunden nicht vorausgesetzt werden kann. Ein Hinweis auf ein Sonderkündigungsrecht des Kunden auf Grund einer Preiserhöhung für eine bestimmte Leistung beim Mitbewerber ist aber nicht schon deshalb unlauter, weil verschwiegen wird, dass der Mitbewerber bei einer anderen Leistung eine Preisherabsetzung vorgenommen hat (aA OLG Düsseldorf GRUR 2002, 234 (235)).

4.39 **ff) Unzulässigkeit einer Kündigungshilfe.** Ist der Abwerbende dem Kunden bei der Kündigung der Vertragsbeziehung zu seinem Mitbewerber behilflich, so ist dies lauterkeitsrechtlich nicht zu beanstanden, sofern der Kunde in seiner Entscheidungsfreiheit nicht im Einzelfall durch aggressives Verhalten erheblich beeinträchtigt (§ 4a I) oder irregeführt (§ 5) wird (BGH GRUR 2005, 603 (604) – Kündigungshilfe). Denn das Lauterkeitsrecht ist nicht dazu da, Bestandsschutz zu gewährleisten und einen Wechsel des Vertragspartners zu erschweren. Maßnahmen, die dem Kunden einen Wechsel erleichtern, fördern vielmehr den Wettbewerb. Zulässig ist es daher in jedem Fall, den Kunden auf die Möglichkeit und die Modalitäten einer Vertragsbeendigung (Form und Frist von Kündigung, Rücktritt, Widerruf, Anfechtung usw) hinzuweisen (BGH GRUR 2002, 548 (549) – Mietwagenkostenersatz; BGH GRUR 2005, 603 (604) – Kündigungshilfe). Zulässig ist es aber auch, dem Kunden bei der Abfassung des Kündigungsschreibens behilflich zu sein, etwa ein Kündigungsschreiben zu formulieren oder zu diktieren. Grds. zulässig ist es darüber hinaus, dem Kunden ein **vorbereitetes Kündigungsschreiben** vorzulegen, das er nur noch unter Einfügung des Kündigungstermins zu unterschreiben braucht (BGH GRUR 2005, 603 (604) – Kündigungshilfe). Zulässig ist es ferner, sich zur

Kündigung **bevollmächtigen** zu lassen oder die Übersendung des Kündigungsschreibens zu übernehmen (OLG Dresden WRP 2015, 1395 Rn. 8). Die Kündigungshilfe verstößt auch nicht gegen das Rechtsdienstleistungsgesetz, sofern nicht im Einzelfall eine rechtliche Beratung erfolgt (Sasse/Thiemann GRUR 2003, 921). Die Kündigungshilfe darf auch unaufgefordert angeboten werden. – Allerdings darf der Kunde **nicht irregeführt, überrumpelt oder sonst in seiner Entscheidungsfreiheit erheblich beeinträchtigt** werden (→ Rn. 4.38; → Rn. 4.40; OLG Jena GRUR-RR 2019. 477 Rn. 16; Fischer WRP 2005, 1230 (1231 ff.)). **Unlauterkeit bejaht:** Versendung eines vorformulierten Kündigungsschreibens mit der Klausel, dass sämtliche in der Vergangenheit abgegebenen Werbe- und Anruferlaubnisse, einschließlich Rückwerbeversuche mit sofortiger Wirkung widerrufen werden (OLG Dresden WRP 2015, 1395 Rn. 14; OLG Oldenburg WRP 2019, 1225 Rn. 29 ff.). – Mitteilung an einen Kunden, man werde in seinem Namen den Vertrag mit einem Mitbewerber kündigen, falls er nicht innerhalb einer bestimmten Frist widerspricht. Das gilt auch dann, wenn seine Leistung für den Kunden günstiger ist als die des Mitbewerbers (LG Frankfurt GRUR-RR 2004, 153) – Rundschreiben eines früheren Handelsvertreters an seine Kunden mit der Aufforderung, ihre gegenüber dem Unternehmen erklärte Einwilligung in die Verarbeitung ihrer Daten zu widerrufen oder das Unternehmen zur Löschung der Sperrung der Kundendaten aufzufordern oder Kontaktverbote auszusprechen (OLG Jena GRUR-RR 2019, 477 Rn. 18 ff.).

   gg) Überrumpelung und Nötigung. Unlauter iSd § 4 Nr. 4 ist es, den Kunden durch **4.40**
Überrumpelung (§ 3 II) oder Nötigung (§ 4a I) zum Wechsel des Vertragspartners zu veranlassen. Es ist ihm also ausreichend Zeit und Abstand zur Prüfung und zum Vergleich der Angebote zu lassen. Ein Überrumpeln ist idR dann anzunehmen, wenn ein Verbraucher **unangemeldet** in seiner **Privatwohnung** oder am Arbeitsplatz aufgesucht und dort zum Wechsel des Vertragspartners veranlasst wird. – Eine Nötigung ist bspw. anzunehmen, wenn der Unternehmer eine Situation herbeiführt oder ausnutzt, die den Kunden faktisch zur Kündigung eines Vertragsverhältnisses zwingt **(mittelbarer Kündigungszwang).** Das kann insbes. durch **Kopplungsstrategien** geschehen. Ein Beispiel bilden die obligatorischen **Gruppenversicherungen:** Ist mit dem Erwerb der Mitgliedschaft in einer Gruppe (Vereine, Gewerkschaften) automatisch und obligatorisch der Erwerb von Versicherungsschutz verbunden, ohne dass dies sachlich notwendig ist, so ist das einzelne Mitglied, das auf die Mitgliedschaft aus anderen Gründen nicht verzichten kann oder will, wirtschaftlich gezwungen, eine bestehende Einzelversicherung zu kündigen, um eine lästige Doppelversicherung zu beseitigen (BGHZ 110, 156 = GRUR 1990, 522 – HBV-Familien- und Wohnungsrechtsschutz; vgl. auch BGHZ 109, 153 = WRP 1990, 282 – Anwaltswahl durch Mieterverein).

   hh) Ausnutzung fremder Geschäftsgeheimnisse. Unlauter nach § 4 Nr. 4 ist es, Kunden **4.41**
unter rechtswidriger Nutzung von **Geschäftsgeheimnissen** (§ 4 II, III GeschGehG) abzuwerben. Das gilt insbes. für **Kundenadressen,** sofern sie Geschäftsgeheimnisse iSd § 2 Nr. 1 GeschGehG sind (aus der früheren Rspr. vgl. BGH GRUR 1963, 197 (201) – Zahnprothesen-Pflegemittel; BGH WRP 2004, 1021 (1023) – Verabschiedungsschreiben). Dagegen reicht die bloße Absicht, durch Beobachten des Betriebsgeländes des Mitbewerbers erlangte Informationen für ein Abwerben von Kunden zu verwenden, nicht aus (BGH WRP 2009, 1377 Rn. 19 – Betriebsbeobachtung). – Verwertet ein ausgeschiedener Handelsvertreter Kundenadressen, die er nicht schriftlichen Unterlagen entnimmt, sondern in seinem Gedächtnis geblieben sind, oder macht er sich solche Anschriften von Kunden nutzbar, die keinen dauerhaften geschäftlichen Kontakt zu dem bisher vertretenen Unternehmen aufgenommen haben, so liegt allerdings kein vertrags- oder wettbewerbswidriges Verhalten vor (BGH NJW 1993, 1786 (1787); BGH WRP 1999, 912 (914) – Kundenanschriften; BGH GRUR 1999, 934 (935) – Weinberater; KG GRUR-RR 2012, 16 (19); vgl. auch BGH GRUR 2006, 1044 Rn. 14 – Kundendatenprogramm).

   ii) Verletzung vertraglicher Beziehungen zum Mitbewerber. Die Werbung oder Ab- **4.42**
werbung von Kunden ist nicht schon deshalb unlauter iSv § 4 Nr. 4, weil dies unter Verletzung einer vertraglichen Verpflichtung, insbes. einem vertraglichen **Wettbewerbsverbot,** gegenüber dem Mitbewerber geschieht (ebenso Ohly/Sosnitza/Ohly § 4 Rn. 4/58). Denn wohl kann eine Vertragsverletzung gleichzeitig eine unerlaubte Handlung darstellen; dagegen kann sich eine unerlaubte Handlung nicht aus einem bloßen Vertragsverstoß ergeben. Der betroffene Mitbewerber ist insoweit auf **vertragliche** Unterlassungs-, Schadensersatz- und ggf. Vertragsstrafeansprüche gegen seinen Vertragspartner beschränkt und dadurch auch ausreichend geschützt. Ob und inwieweit dem Mitbewerber Ansprüche zustehen, beurteilt sich ausschließlich nach dem

Inhalt des Vertrages. Die jeweilige vertragliche Regelung kann nicht durch einen Rückgriff auf UWG-Sanktionen unterlaufen werden. Außerdem muss es jedem Einzelnen überlassen bleiben, ob und wie er gegen den Vertragsverstoß vorgeht. In dieser Entscheidungsfreiheit würde er beeinträchtigt, wenn ein Verband iSd § 8 III Nr. 2 nach § 3 I, § 4 Nr. 4 gegen den Vertragsverstoß vorgehen könnte (vgl. auch BGH GRUR 1999, 325 (326) – Elektronische Pressearchive zur parallelen Frage des Wettbewerbsverstoßes durch Urheberrechtsverletzungen). – **Fälle:** Treten **Beschäftigte** noch während des Beschäftigungsverhältnisses an Kunden des Arbeitgebers heran, um sie als künftige Kunden für das eigene oder ein fremdes Unternehmen zu gewinnen, ist dies nach der bisherigen Rspr. unlauter, weil der Beschäftigte insoweit noch einer Loyalitätspflicht unterliegt (BGH WM 1979, 59; BGH GRUR 2004, 704 (705) – Verabschiedungsschreiben). Dies kann aber nur dann gelten, wenn der Beschäftigte ihm anvertraute oder von ihm rechtswidrig beschaffte Kundenadressen verwendet und damit ihm nicht zustehende Ressourcen nutzt (→ Rn. 4.41). Ist dagegen allgemein bekannt, wer Kunde des Arbeitgebers ist, und liegt insoweit kein Geschäftsgeheimnis vor, so mag es zwar vertragswidrig sein, solche Kunden abzuwerben. Doch begründet dies nicht zugleich die Unlauterkeit. Dies gilt auch für das Abwerben von Kunden durch frühere Beschäftigte (→ Rn. 4.44). – Die gleichen Grundsätze gelten für **Gesellschafter** oder **Geschäftspartner** des Mitbewerbers, die während des bestehenden Vertragsverhältnisses Kunden abwerben, sowie für die Verletzung eines zwischen Unternehmen vereinbarten **Wettbewerbsverbots** (zB aus einem Unternehmenskauf oder aus einem Handelsvertreterverhältnis). – Ein Wettbewerbsverstoß soll vorliegen, wenn der Vertragsverstoß gegenüber dem Mitbewerber Wirkungen über das konkrete Vertragsverhältnis hinaus mit sich bringt, weil der Verletzer damit zugleich nachhaltig in den Wettbewerb eingreift. So insbes. dann, wenn die vertragliche Bestimmung unmittelbar den Wettbewerb regelt (OLG Hamburg WRP 1988, 114 (116); OLG Hamburg GRUR 2003, 811 (813) zum vertraglichen Preisbindungsverbot). Unter diesem Gesichtspunkt wurde es einem Zeitungsverleger untersagt, unter Verstoß gegen seine vertragliche Treuepflicht gegenüber den preisgebundenen Zeitschriftenhändlern für Test-Abonnements mit einer Ersparnis von über 35 % zu erwerben (OLG Hamburg GRUR 2003, 811 (813)). Demgegenüber hat der BGH zu Recht eine Vertragsverletzung und damit auch einen Wettbewerbsverstoß verneint (BGHZ 166, 154 = GRUR 2006, 773 Rn. 24 ff. – Probeabonnement). Selbst wenn aber eine Vertragsverletzung vorläge, wären die betroffenen Zeitschriftenhändler auf vertragliche Unterlassungs-, Schadensersatz- oder Vertragsstrafeansprüche beschränkt.

4.43   **jj) Nachteilsausgleich für den Kunden.** Grds. nicht unlauter iSd § 4 Nr. 4 ist es, dem Kunden die bei **ordnungsmäßiger** Vertragsauflösung entstehenden wirtschaftlichen Nachteile zu ersetzen (ebenso Ohly/Sosnitza/Ohly § 4 Rn. 4/56). Eine Grenze setzen insoweit nur die kartellrechtlichen Behinderungsverbote der §§ 19 II Nr. 1, 20 I und IV GWB. Zulässig ist es daher: Kunden bei Abschluss eines neuen Teilzahlungsvertrages die Ablösung alter Teilzahlungsverpflichtungen anzubieten; Kunden eines periodischen Sammelwerks anzubieten, die von dem bisherigen Sammelwerk bezogenen Teile in Zahlung zu nehmen (aA OLG Celle GRUR 1962, 528); Kunden eines Mobiltelefonvertrags während der Laufzeit dieses Vertrages durch Erstattung der monatlichen Grundgebühr zum Abschluss eines anderen Vertrages zu veranlassen, mag dadurch auch der erste Vertrag wirtschaftlich ausgehöhlt werden (aA OLG Celle NJW-RR 1999, 551).

4.44   **kk) Abwerben von Kunden durch frühere Beschäftigte.** Es ist grds. nicht unlauter, wenn ein ehemaliger Beschäftigter versucht, Kunden seines früheren Arbeitgebers abzuwerben (BGH GRUR 2010, 939 Rn. 30 – Telefonwerbung nach Unternehmenswechsel; Ohly/Sosnitza/Ohly § 4 Rn. 4/57). Dies gilt auch dann, wenn er dabei planmäßig und zielbewusst vorgeht. Der Arbeitgeber kann und muss sich durch Vereinbarung eines Wettbewerbsverbots (§§ 74 ff., 90a HGB) vor Wettbewerb eines früheren Beschäftigten schützen und dafür den Preis in Gestalt einer Karenzentschädigung bezahlen. Daher ist es grds. auch hinzunehmen, wenn ein Angestellter unmittelbar nach seinem Ausscheiden nahezu den gesamten Kundenkreis seines früheren Dienstherrn an sich zieht (bedenklich daher BGH GRUR 1964, 215 (216) – Milchfahrer; BGH GRUR 1970, 182 – Bierfahrer), mag dadurch auch der Betrieb des früheren Arbeitgebers zum Erliegen kommen. Etwas anderes gilt wiederum nur dann, wenn besondere Umstände hinzukommen. Die bloße Verletzung vertraglicher oder nachvertraglicher Wettbewerbsverbote reicht dazu aber nicht aus. Für deren Einhaltung zu sorgen, ist nicht Aufgabe des Lauterkeitsrechts (→ § 3a Rn. 44 ff.), sondern des Vertragsrechts (Köhler GRUR 2001, 777 (781)). Der betroffene Arbeitgeber ist durch das Vertragsrecht hinreichend geschützt (→ Rn. 4.42). Es ist daher lauterkeitsrechtlich ohne Belang, wenn der Angestellte das Abwerben von Kunden schon während seines Arbeitsverhältnisses oder im Falle eines nachvertraglichen Wettbewerbsverbots während der nachvertraglichen Karenzzeit vorbereitet oder gar vornimmt. Unerheblich ist auch, dass sich der Abwerbende ohne Not ausschließlich oder überwiegend nur an die Kunden seines früheren Arbeitgebers wendet, es sei denn, er handelt in Verdrängungsabsicht. Nicht unlauter ist es ferner, einen früheren Mitarbeiter des Mitbewerbers gerade zur Werbung in dessen Kundenkreis einzusetzen, es sei denn, der Mitarbeiter wurde zuvor unlauter abgeworben. Nicht unlauter ist ferner die bloße Nennung der Namen von Mitarbeitern in einem Werbeschreiben, auch wenn ein Teil der Kunden sie als frühere Mitarbeiter eines Mitbewerbers erkennt (BGH GRUR 1988, 545 (546) – Ansprechpartner). Auch spielt es keine Rolle, wenn dabei wahrheitsgemäß die frühere Mitarbeit beim Mitbewerber erwähnt wird, weil dies eine nützliche Information für den Kunden sein kann (aA noch BGH GRUR 1964, 316 (317) – Stahlexport; BGH GRUR 1988, 545 (546) – Ansprechpartner). Auch ein Telefonanruf eines ausgeschiedenen Mitarbeiters eines Unternehmens bei dessen Kunden, um sie von seinem Ausscheiden und von seiner Tätigkeit für ein neues Unternehmen zu unterrichten, ist zulässig Denn dies kann für den Kunden eine nützliche Information sein, an der er ein nicht unerhebliches Interesse haben kann (BGH GRUR 2010, 939 Rn. 30 – Telefonwerbung nach Unternehmenswechsel).

ll) Besonderheiten der Versicherungswirtschaft. (1) Lauterkeitsrechtliche Bedeutung 4.45 **der Wettbewerbsrichtlinien der Versicherungswirtschaft.** Die Wettbewerbsrichtlinien der Versicherungswirtschaft (Stand: 1.9.2006) sind für die Anwendung des § 4 Nr. 4 nicht bindend und allenfalls ein Indiz dafür, welches geschäftliche Verhalten nach Auffassung der beteiligten Verkehrskreise als unlauter anzusehen ist (vgl. BGH GRUR 1991, 462 (463) – Wettbewerbsrichtlinie der Privatwirtschaft; BGH GRUR 2002, 548 (550) – Mietwagenkostenersatz; OLG Dresden WRP 2015, 1395 Rn. 12; Köhler FS Lorenz, 2014, 831 ff.). Dabei ist zu beachten, dass in den Wettbewerbsrichtlinien – ebenso wie in einer Standesrichtlinie – eine besonders strenge Auffassung der beteiligten Berufskreise und ein Bemühen um vorbeugenden Schutz des lauteren Wettbewerbs ihren Niederschlag gefunden haben kann und dadurch möglicherweise die Freiheit des Wettbewerbs in einem Umfang beschränkt wird, der wegen des Gebots der Lauterkeit des Wettbewerbs nicht erforderlich ist. Deshalb ist bei der Berücksichtigung von Wettbewerbsrichtlinien der Wirtschaft stets zu prüfen, ob ein geschäftliches Verhalten bei Anlegung des Maßstabes des § 4 Nr. 4 auch vom Standpunkt der ebenfalls betroffenen Allgemeinheit (vgl. § 1 I 2) als unlauter erscheint (vgl. BGH GRUR 1991, 462 (463) – Wettbewerbsrichtlinie der Privatwirtschaft; BGH GRUR 1999, 748 (749) – Steuerberaterwerbung auf Fachmessen; BGH GRUR 2002, 548 (550) – Mietwagenkostenersatz). Selbst wenn derartige Wettbewerbsregeln nach den §§ 24 ff. GWB von der Kartellbehörde anerkannt sind, bedeutet dies nur, dass gegen sie kartellrechtlich nicht eingeschritten wird (vgl. § 26 I 2 GWB), nicht aber, dass ein Verstoß gegen die Wettbewerbsregeln automatisch auch einen Wettbewerbsverstoß darstellt (BGH GRUR 2006, 773 Rn. 20 – Probeabonnement). – Für den Wettbewerb der **gesetzlichen Krankenkassen** haben die Aufsichtsbehörden der **gesetzlichen** Krankenversicherung die „Gemeinsamen Wettbewerbsgrundsätze" v. 19.3.1998 (WRP 1998, 1023) aufgestellt. Diese wurden 2006 (dazu Köhler WRP 1998, 959) und 2015 geändert. Die aktuelle Fassung (Wettbewerbsgrundsätze 2016) ist unter https://www.bundesamtsozialsicherung.de/fileadmin/redaktion/Krankenversicherung/20220316_Gemeinsame_Wettbewerbsgrundsaetze_GKV_inkl._Ergaenzungsbeschluesse.pdf abrufbar.

(2) Abwerben von Versicherungsnehmern. Nach **Nr. 43** der Wettbewerbsrichtlinien der 4.46 Versicherungswirtschaft (Stand: 1.9.2006) ist es unzulässig, in fremde Versicherungsbestände mit unlauteren Mitteln einzudringen. Das planmäßige Eindringen in fremde Versicherungsbestände ist aber noch nicht unlauter. Es liegt vielmehr im Wesen des Wettbewerbs, dass ein Unternehmer, der neue Kunden sucht, dabei planmäßig und systematisch vorgeht. Planmäßigkeit ist daher grds. kein Unlauterkeitskriterium (BGH GRUR 2002, 548 (549) – Mietwagenkostenersatz). – Bei der Krankenversicherung ist es nach **Nr. 65** ein unzulässiges Ausspannen, wenn ein Versicherungsunternehmen oder der für das Unternehmen Handelnde in der Absicht, eine Versicherung abzuschließen oder zu vermitteln, vorsätzlich jemanden dazu veranlasst, ein anderwärts bestehendes oder beantragtes Versicherungsverhältnis zu lösen, wenn dies mit unlauteren Mitteln oder auf unlautere Weise geschieht, insbes. wenn nicht über die mit der mit der Vertragsbeendigung verbundenen Nachteile informiert wird. – Ein Versicherungsmakler, der die Mitglieder einer freiwilligen Handelskette in Versicherungsangelegenheiten betreut, handelt nicht wettbewerbswidrig, wenn er sich zugleich mit dem Maklerauftrag eine Vollmacht erteilen lässt, die ihn zur

Kündigung bestehender Versicherungsverträge des Kunden nach eigenem pflichtgemäßen Ermessen berechtigt (BGH GRUR 1966, 509 (514) – Assekuranz). – Nach **Nr. 37** der „**Gemeinsamen Wettbewerbsgrundsätze**" für die gesetzlichen Krankenkassen ist eine Kündigungshilfe,
die nach den allgemeinen Grundsätzen des UWG rechtswidrig ist, zu unterlassen. Nach **Nr. 38**
liegt eine unzulässige Kündigungshilfe vor, wenn die Kasse das Mitglied irreführt, überrumpelt
oder sonst unangemessen unsachlich in seiner Entscheidungsfreiheit beeinträchtigt.

4.47   **(3) Kündigungshilfe bei Versicherungsverträgen.** Grds. ist es nicht unlauter, (auch systematische) Kündigungshilfe zur ordnungsgemäßen Auflösung auch von Versicherungsverträgen
zu leisten, um Kunden abzuwerben, vorausgesetzt, dass nicht unlautere Mittel eingesetzt, zB
irreführende Angaben gemacht oder der Mitbewerber und seine Leistungen herabgesetzt werden
(BGH GRUR 2002, 548 (549) – Mietwagenkostenersatz; OLG Dresden WRP 2015, 1395
Rn. 6; OLG Celle NJW-RR 2003, 175; OLG Jena GRUR-RR 2019, 477 Rn. 16).

II. Produktbezogene Behinderung

1. Einwirkung auf Waren oder Dienstleistungen von Mitbewerbern

4.48   Im Regelfall unlauter ist die **unmittelbare Einwirkung** auf das Produkt eines Mitbewerbers
wie etwa die Vernichtung, Beiseiteschaffung, Veränderung oder Beschädigung der Ware, um
ihren Absatz zu erschweren oder zu vereiteln oder ihren guten Ruf zu beeinträchtigen (BGH
GRUR 2004, 877 (879) – Werbeblocker I; BGH WRP 2018, 1322 Rn. 29 – Werbeblocker II).
Unlauter handelt daher ein Mitbewerber, zB ein Reparaturbetrieb, der Veränderungen an der
Ware vornimmt, die ihren Wert beeinträchtigen. **Beispiele:** Entfernung der Explosionssicherung
bei Teerspritzmaschinen (BGH GRUR 1972, 558 (559) – Teerspritzmaschine; Entfernung eines
GS-Zeichens des TÜV (OLG Düsseldorf NJW-RR 1989, 240). Zur Entfernung von **Marken**
oder **Unternehmenskennzeichen** → Rn. 4.72. Unter dem Gesichtspunkt der Herkunftstäuschung (§ 5 I, II Nr. 1) ist es unzulässig, an der fremden Ware eigene Waren- oder Firmenkennzeichen anzubringen, selbst wenn daran umfangreiche Reparaturarbeiten durchgeführt wurden
(BGH GRUR 1972, 558 (559) – Teerspritzmaschinen). – Diese Grundsätze gelten auch für
wieder befüllbare Behälter (Kanister, Flaschen usw). Eine relevante Behinderung ist jedoch auf
Grund einer Interessenabwägung unter Berücksichtigung des Grundsatzes der Wettbewerbsfreiheit zu verneinen, wenn sich der Kennzeichner weigert, die Wiederbefüllung durch Mitbewerber zuzulassen, und es auch ablehnt, leere Behältnisse zurückzukaufen (OLG Düsseldorf
WRP 2001, 289). – Zur Entfernung von **Kontrollnummern** → Rn. 4.64 ff. – Unlauter ist es
ferner, einen Mitbewerber an der Erbringung einer Dienstleistung zu hindern oder dabei zu
stören. – Die Beeinträchtigung muss in diesen Fällen unmittelbar vom Mitbewerber ausgehen,
dh dieser muss direkt auf das Produkt einwirken (BGH WRP 2018, 1322 Rn. 29 – Werbeblocker II). Eine Beeinträchtigung, die sich erst aufgrund einer freien Entscheidung eines
weiteren Marktteilnehmers ergibt (zB Nutzung einer Werbeblocker-Software) stellt jedoch grds.
keine unlautere Behinderung dar (BGH WRP 2018, 1322 Rn. 30 – Werbeblocker II).

4.48a   Unlauter kann aber auch eine **mittelbare** Einwirkung auf Waren oder Dienstleistungen eines
Mitbewerbers sein (zum Wettbewerbsverhältnis in solchen Fällen → § 2 Rn. 4.13). Unlauterkeit
ist idR anzunehmen, wenn dabei eine **Schutzvorkehrung** unterlaufen wird, die eine solche
Einwirkung verhindern soll (BGH WRP 2017, 434 Rn. 68 – World of Warcraft II; BGH WRP
2018, 1322 Rn. 31 – Werbeblocker II). **Beispiele:** Vertrieb von Waren oder Dienstleistungen,
die es ermöglichen, durch Überwinden von Sperren kostenlos in den Genuss entgeltlich angebotener Leistungen zu gelangen (BGH GRUR 2004, 877 (879) – Werbeblocker I; BGH GRUR-
Int. 2011, 165 Rn. 42 – GSM-Wandler), wie etwa Anbieten von Geräten, die den kostenlosen
Empfang von Pay-TV-Programmen ermöglichen (OLG Frankfurt NJW 1996, 264). – Anbieten
gefälschter Telefonkarten. – Eine unlautere mittelbare Einwirkung auf das Produkt eines Mitbewerbers kann auch der Vertrieb von „Bots" (Automatisierungssoftware) darstellen, die es dem
Erwerber ermöglichen, sich in einem Mehrspieler-Online-Rollenspiel entgegen den vom Hersteller, Vertreiber oder Veranstalter des Spiels mit ihm wirksam vertraglich vereinbarten Spielregeln Vorteile zu verschaffen, weil damit der Absatz dieses Spiels durch den Mitbewerber
beeinträchtigt werden kann (BGH WRP 2017, 434 Rn. 68 ff. – World of Warcraft II mAnm
Apel; Werner CR 2013, 516 ff.). – Dazu gehört weiter die Beeinflussung der Trefferanzeigen
von Suchmaschinen durch Index-Spamming (OLG Stuttgart WRP 2016, 646 Rn. 15; FBO/
Mankowski S Rn. 98; Ohly/Sosnitza/Ohly Rn. 4/53a). – Eine unlautere mittelbare Einwirkung
auf die Ausstrahlung von TV-Werbesendungen liegt dagegen **nicht** vor, wenn Werbeblocker

vertrieben werden, die es dem Verbraucher ermöglichen, die Werbung auszublenden (BGH GRUR 2004, 877 (879) – Werbeblocker I). Das Gleiche gilt für den Vertrieb von Internet-Werbeblockern, die es dem Nutzer ermöglichen, Werbung auf Internet-Seiten vollständig oder teilweise zu blockieren (BGH WRP 2018, 1322 Rn. 31, 41 – Werbeblocker II).

2. Aufkaufen von Konkurrenzware

a) Herstellerbehinderung. Hat der Hersteller die Ware verkauft, so kann er sich beim Fehlen **4.49** wirksamer (Art. 101 III AEUV; § 2 GWB) Vertriebsbindungen nicht gegen eine ihm un-erwünschte Weiterveräußerung wehren (BGH GRUR 1988, 619 (620) – Lieferantenwechsel). Beim Kauf oder bei der Inzahlungnahme von Konkurrenzware können daher nur besondere Umstände, insbes. der Anlass, der Zweck und die Bedeutung des Erwerbs, die Unlauterkeit begründen. Solche besonderen Umstände liegen etwa vor, wenn ein Hersteller planmäßig die Ware eines Mitbewerbers bei Groß- oder Einzelhändlern aufkauft oder in Zahlung nimmt, um sein Eindringen in den Markt zu verhindern oder um ihn vom Markt zu verdrängen. Ein solches Verhalten kann ggf. auch gegen § 19 II, § 20 I, II, IV 1 GWB verstoßen. Zulässig ist es dagegen, wenn ein neuer Lieferant den Altwarenbestand eines Händlers zu dessen Einkaufspreis zum Zwecke anderweitiger Verwertung übernimmt (BGH GRUR 1988, 619 (620) – Lieferan-tenwechsel). Eine Übernahme des Warenbestands zu einem höheren als dem Ladenpreis, um den Händler zu einem Lieferantenwechsel zu veranlassen, ist ebenfalls zulässig, und zwar nach der hier vertretenen Auffassung (→ Rn. 4.36a) auch dann, wenn dies zwecks Verleitung zum Ver-tragsbruch geschieht.

b) Händlerbehinderung. Unlauter ist das gezielte Aufkaufen einer preisgünstig angebotenen **4.50** Ware, um dadurch die Lieferfähigkeit des Händlers einzuschränken und den Eindruck eines Lockvogelangebots zu erwecken. Die mangelnde Lieferfähigkeit des Händlers lässt in einem solchen Fall nicht auf eine Irreführung des Publikums schließen (BGH GRUR 1987, 835 (837) – Lieferbereitschaft). Das Aufkaufen kann aber als Abwehrmaßnahme gerechtfertigt sein, wenn von vornherein ein Lockvogelangebot vorliegt (OLG Celle WRP 1974, 277, zw.). Kaufen kleine Mitbewerber Sonderangebotsware auf, weil sie sie dort billiger als von ihrem Lieferanten bekommen, ist dies aber nicht unlauter. Den Händler trifft insoweit allerdings keine Lieferpflicht, soweit nicht kartellrechtliche Sondertatbestände vorliegen (§ 19 II Nr. 1 GWB, § 20 I GWB).

3. Inzahlungnahme gebrauchter Ware

Die Inzahlungnahme gebrauchter Ware ist grds. zulässig; auch darf damit geworben werden. **4.51** Unlauterkeit ist nur ausnahmsweise beim Vorliegen besonderer Umstände anzunehmen, etwa dann, wenn es sich um eine gezielte Maßnahme gegen einen Mitbewerber handelt und der falsche Eindruck erweckt wird, die gebrauchte Ware des Mitbewerbers sei unbrauchbar oder minderwertig.

4. Eintritt in Kundenbestellung

Erklärt sich ein Händler im Einzelfall bereit, in einen vom Kunden bereits geschlossenen **4.52** Vertrag mit einem Mitbewerber einzutreten, dh die von ihm bestellte Ware selbst abzunehmen oder kostenlos weiterzuvermitteln, ist dies grds. zulässig (BGH GRUR 1960, 558 (560) – Eintritt in Kundenbestellung). Anders liegt es, wenn der Händler unaufgefordert und planmäßig an fremde Kunden mit diesem Ansinnen herantritt (BGH GRUR 1960, 558 (560) – Eintritt in Kundenbestellung), um den Mitbewerber vom Markt fernzuhalten oder zu verdrängen.

5. Unterschieben anderer Ware

Unlauter handelt ein Hersteller, der seine Händler auffordert, seine Ware statt der vom **4.53** Kunden gewünschten zu liefern (vgl. BGH GRUR 1963, 218 (222) – Mampe Halb und Halb II); nicht dagegen, wenn er sie lediglich auffordert, bei einer unspezifizierten Kunden-bestellung ausschließlich seine Ware zu liefern (aA BGH GRUR 1963, 218 (222) – Mampe Halb und Halb II).

6. Vertrieb von Produktnachahmungen

Der Vertrieb von Produktnachahmungen (look alikes) ist nicht ohne Weiteres, sondern nur **4.54** bei Vorliegen besonderer Voraussetzungen unlauter. Die entsprechende Regelung findet sich in

§ 4 Nr. 3. § 4 Nr. 4 kann nur ergänzend und unter bes. Umständen eingreifen (→ Rn. 4.208 ff.; BGH WRP 2017, 51 Rn. 79 – Segmentstruktur; BGH GRUR 2019, 196 Rn. 32 f. – Industrienähmaschinen).

III. Vertriebsbezogene Behinderung

Schrifttum: Bayreuther, Rechtsprobleme im Zusammenhang mit dem Schutz von Vertriebsbindungssystemen nach Markenrecht, WRP 2000, 349; Belz, Der Schutz selektiver Vertriebsbindungssysteme durch die deutsche Rechtsprechung, WRP 1990, 297; Busche, Der Schutz selektiver Vertriebssysteme gegen Außenseiterwettbewerb – Abschied vom Dogma der Lückenlosigkeit?, WRP 1999, 1231; Emmerich, Der böse Außenseiter, FS Erdmann, 2002, 561; Ensthaler, Änderung der Rechtsprechung des BGH zum wettbewerbsrechtlichen Schutz selektiver Vertriebssysteme – Entbehrlichkeit des Lückenlosigkeitserfordernisses, NJW 2000, 2482; Fezer, Wettbewerbsrechtlicher und markenrechtlicher Bestandsschutz funktionsfähiger Distributionssysteme selektiven Vertriebs vor Außenseiterwettbewerb, GRUR 1999, 99; Laas, Entfernung von Herstellungsnummern, GRUR-Int. 2002, 829; Lubberger, Die neue Rechtsprechung des Bundesgerichtshofes zum Vertriebsbindungsschutz – praktische Konsequenzen, WRP 2000, 139; Lubberger, Neue Koordinaten des Vertriebsbindungsschutzes, NJW-Sonderheft – Marken im Wettbewerb, 2003, 49; Pauly, Der Schutz von Kontrollnummernsystemen vor und nach der Cartier-Entscheidung, WRP 1997, 15; Rohnke, Das Ende der innergemeinschaftlichen Erschöpfung, WRP 1999, 889; Sack, Vertriebsbindungen und Außenseiter, WRP 2000, 447; Werner, Eingriff in das (Rollen-)Spielsystem – Spielregeln und regelwidrige Drittprogramme bei Online-Spielen, CR 2013, 516; Wolter/Lubberger, Wo steht die Lückenlosigkeit?, GRUR 1999, 17.

1. Allgemeines

4.55   Eine Behinderung kann auch durch Errichtung von **Vertriebshindernissen** erfolgen. Derartige Maßnahmen sind **stets** unlauter, wenn sie nur den Zweck haben (können), den Vertrieb des Mitbewerbers zu behindern oder auszuschalten. Das ist immer dann anzunehmen, wenn kein sachlicher Grund für die Maßnahme erkennbar ist (OLG München NJW-RR 1998, 984 (985); OLG Dresden NJWE-WettbR 1999, 133 (136); OLG Düsseldorf GRUR 2001, 247 (250)). In allen anderen Fällen kommt es darauf an, ob die Behinderung dazu führt, dass der betroffene Mitbewerber seine Leistung am Markt durch eigene Anstrengung nicht mehr angemessen zur Geltung bringen kann. Dazu bedarf es einer Gesamtwürdigung der Umstände unter Berücksichtigung der Interessen der Mitbewerber, Verbraucher und sonstigen Marktteilnehmer sowie der Allgemeinheit (BGH GRUR 2014, 785 Rn. 23, 40 – Flugvermittlung im Internet; OLG Hamburg GRUR-RR 2015, 110 (112) zum Vertrieb sog Buddy-Bots).

2. Mittel der Vertriebsbehinderung

4.56   **a) Ausschließlichkeitsbindungen.** Im Anwendungsbereich des Unionsrechts unterliegen Ausschließlichkeitsbindungen dem grds. Verbot des Art. 101 I AEUV (zu Ausnahmen vgl. Art. 4 VO (EU) Nr. 2022/720 – Vertikal-GVO). Seit der 7. Kartellnovelle gelten im GWB die gleichen Grundsätze wie im Unionsrecht (§§ 1, 2 GWB). Verstößt eine Ausschließlichkeitsbindung gegen Art. 101 I AEUV bzw. § 1 GWB, so ist sie nichtig (Art. 1011 II AEUV; § 134 BGB). Versucht das bindende Unternehmen die Bindung faktisch durchzusetzen, kann dies im Verhältnis zu den Gebundenen den Tatbestand des § 4a I, im Verhältnis zu seinen Mitbewerbern den Tatbestand des § 4 Nr. 4 erfüllen. Ist die Ausschließlichkeitsbindung dagegen zulässig, ist ihre Praktizierung auch nicht unter dem Gesichtspunkt der allgemeinen Marktbehinderung (→ Rn. 5.1 ff.) zu beanstanden.

4.57   **b) Dienstbarkeiten.** Die Eintragung einer Dienstbarkeit (§§ 1018 ff. BGB, §§ 1090 ff. BGB) kann auch das Verbot des Vertriebs bestimmter Waren sichern. Solche Wettbewerbsverbote können Mitbewerber von verbrauchernahen Absatzorten fernhalten. Dies muss der Mitbewerber hinnehmen, sofern das Wettbewerbsverbot einem schutzwürdigen Interesse des dinglich berechtigten Wettbewerbers dient, eine in der Nähe des belasteten Grundstücks befindliche eigene Verkaufsstelle zu schützen, insbes. ihren Absatz zu sichern. Sucht jedoch ein Wettbewerber auf dem Umweg über eine Dienstbarkeit den Ausschluss der Mitbewerber von einem bestimmten Absatzgebiet zu erreichen, um sie bewusst zu schädigen, so liegt eine unlautere geschäftliche Handlung vor. Ob die Beeinträchtigung erlaubt oder unerlaubt ist, hängt demnach von den Umständen des Einzelfalls ab. So soll ein dingliches Verbot des Flaschenbierverkaufs auf einem Grundstück zulässig sein, wenn der gesperrte Bezirk im Verhältnis zum übrigen freien Absatzgebiet klein ist und Flaschenbier auch in großem Umfang ins Haus geliefert wird (BGH GRUR

1962, 198 – Franziskaner). Bei der Beurteilung derartiger Fälle sind auch die Wertungen des Kartellrechts (§ 20 I und III 1 GWB) zu berücksichtigen (dazu näher BeckOGK/Kazele BGB § 1018 Rn. 426 ff.).

c) Marken. Ihr Erwerb kann im Einzelfall unlauter sein, etwa wenn bezweckt ist, Mitbewerber vom Import derselben Ware auszuschließen (BGH GRUR 1980, 110 (111) – Torch; zu Einzelheiten → Rn. 4.184 f.). **4.58**

d) Internet-Domains. Ihr Erwerb kann unlauter sein, wenn der Erwerber weiß, dass diese Bezeichnung als Marke oder geschäftliche Bezeichnung iSv § 1 MarkenG für einen anderen geschützt ist (zu Einzelheiten → Rn. 4.87 ff.). **4.59**

e) Werbemaßnahmen. Die werbliche Einflussnahme (Werbekostenzuschüsse; Treueprämien; Regalmiete; Schaufensteraktionen) auf Absatzmittler ist grds. nicht unlauter, soweit sie der Steigerung des eigenen Absatzes dient, mag auch die Maßnahme zu Lasten von Mitbewerbern gehen. Insoweit sind die Wertungen aus § 19 GWB und § 20 GWB zu berücksichtigen. Sofern auf den Händler kein unsachlicher Druck iSd § 4a ausgeübt wird, verstoßen derartige Maßnahmen nicht gegen § 4 Nr. 4. Da es in einer Marktwirtschaft keine „objektiven Handelsfunktionen" (Händler als Anwalt des Verbrauchers bei der Warenauswahl) geben kann und der Verbraucher dies auch weiß, ist an der frühere Rspr. (BGH GRUR 1977, 257 – Schaufensteraktion; BGH GRUR 1977, 619 (621) – Eintrittsgeld; zuletzt OLG München GRUR 1992, 712) nicht festzuhalten. – In der Regel ist es jedoch unlauter, wenn ein Hersteller dem Händler dafür Geld bietet, dass er ein konkurrierendes Produkt aus dem Sortiment nimmt oder dessen Preis heraufsetzt oder sonst dessen Vertrieb behindert. **4.60**

f) Warenaufdrucke. Soll durch einen Warenaufdruck der Vertrieb einer Ware kanalisiert werden, so ist dies nur dann unlauter, wenn der Aufdruck inhaltlich unzutreffend (§ 5 I, II Nr. 1) ist oder zu einer nicht schutzwürdigen Beschränkung des Vertriebswegs (§ 4 Nr. 4) führt (vgl. BGH GRUR 1990, 1010 (1011) – Klinikpackung zum Aufdruck „Teil einer Klinikpackung – Einzelverkauf unzulässig"). **4.61**

g) Sonstiges. Unlauterkeit bejaht: Verteilung von Aufklebern für Reklamationsschreiben usw. wenn dadurch der Adressat unter Druck gesetzt werden soll (OLG Düsseldorf GRUR 1987, 920). – Vertrieb von juristischen Schemata, die in bei Prüfungen zugelassene Gesetzestexte (zB Schönfelder) eingeordnet werden können, weil die Gefahr der Rücknahme der Zulassung besteht (OLG München AfP 1998, 626 (628)). – Vertrieb von „buddy-bots", dh einer Software, durch sich ein Teilnehmer in einem „Massen-Mehrspieler-Online-Rollenspiel" entgegen den vom Spieleanbieter aufgestellten Nutzungsbedingungen gegenüber den „ehrlichen Mitspielern" einen Vorteil verschaffen kann (→ Rn. 448a; OLG Hamburg GRUR-RR 2015, 110 (113)). – **Unlauterkeit verneint:** Vertrieb eines Arzneimittels durch einen Parallelimporteur unter der ursprünglichen Herstellerangabe. Denn dieser ist nach § 10 VIII AMG nicht verpflichtet, seine Firma anzugeben. Mit dem damit verfolgten Zweck, Handelshemmnisse beim Parallelimport von Arzneimitteln abzubauen, ist es nicht vereinbar, den Parallelimporteur zu verpflichten, die ursprüngliche Herstellerangabe zu beseitigen. Ein etwaiges Haftungsrisiko des Herstellers nach § 84 AMG ist hinzunehmen (BGH GRUR 2003, 447 (448) – Bricanyl II). – Einschränkungslose Grenzbeschlagnahmeanträge eines Kfz-Herstellers und Markeninhabers nach der VO (EU) Nr. 608/2013, in denen die Zollbehörden nicht auf die Rspr. zu die Herstellermarken nicht verletzenden originalgetreuen Spielzeugmodellen hingewiesen werden, sind idR nicht unlauter (OLG München WRP 2020, 366 Rn. 24 ff.). – Einfügung der eigenen Marke in eine von mehreren Händlern gemeinsam benutzte Produktbeschreibung auf einer Internet-Plattform ist grds nicht unlauter (OLG Frankfurt WRP 2020, 357 Rn. 41 ff.). **4.62**

3. Behinderung des Vertriebs durch Schleichbezug und durch Verleiten zum Vertragsbruch

a) Behinderung des selektiven Vertriebs. Vielfach vertreiben Hersteller aus Gründen der Markenpflege ihre Ware nur über ausgewählte Händler **(selektive Vertriebsbindungssysteme).** Kartellrechtlich sind unter selektiven Vertriebssystemen solche Vertriebssysteme zu verstehen, „in denen sich der Anbieter verpflichtet, die Vertragswaren oder -dienstleistungen unmittelbar oder mittelbar nur an Händler zu verkaufen, die anhand festgelegter Merkmale ausgewählt werden, und in denen sich diese Händler verpflichten, die betreffenden Waren oder Dienstleistungen nicht an Händler zu verkaufen, die innerhalb des vom Anbieter für den Betrieb **4.63**

dieses Systems festgelegten Gebiets nicht zum Vertrieb zugelassen sind" (Art. 1 I lit. g VO (EU) Nr. 2022/720 – Vertikal-GVO). Den im selektiven Vertriebssystem eingebundenen Händlern ist zugleich die Verpflichtung auferlegt, nicht an Händler außerhalb des Systems (**Außenseiter**) zu verkaufen. Dieses grds. zulässige Vertriebssystem wird naturgemäß empfindlich beeinträchtigt, wenn auch Außenseiter die Ware auf dem Markt anbieten. Da sie sich die Ware nur von gebundenen Händlern beschafft haben können, stellt sich die Frage, ob der Hersteller und ggf. auch vertragstreue Händler nach § 3 I iVm § 4 Nr. 4 gegen den Außenseiter vorgehen können. Dies ist stets möglich unter dem Gesichtspunkt des unlauteren **Schleichbezugs,** wenn sich also der Außenseiter unter aktiver Täuschung über seine Kaufberechtigung als Händler Ware von einem gebundenen Händler beschafft (→ Rn. 4.63a; BGH GRUR 2009, 173 Rn. 27 – bundesligakarten.de). Ferner ist dies möglich in den Fällen des unlauteren **Verleitens zum Vertragsbruch** (→ Rn. 4.36a), das in der Praxis aber nur schwer nachzuweisen ist. Die Unlauterkeit der Behinderung des Herstellers wird durch die unlautere Einwirkung auf dessen Vertragshändler begründet. Dagegen reicht es nicht aus, dass Einkäufer des Außenseiters bei gebundenen Händlern Waren in haushaltsmäßigen Mengen einkaufen, ohne die Wiederverkaufsabsicht zu offenbaren (OLG München MMR 2002, 162; Lubberger NJW-Sonderheft 2003, 57). – Das bloße **Ausnutzen eines Vertragsbruchs** eines gebundenen Händlers durch einen Außenseiter ist, sofern nicht besondere Umstände hinzutreten, ohnehin nicht unlauter, und zwar weder im Verhältnis zu anderen ungebundenen Händlern noch im Verhältnis zu den gebundenen Händlern (BGH GRUR 2000, 724 (726) – Außenseiteranspruch II; vgl. auch BGH GRUR 2005, 940 (942) – Marktstudien). Unerheblich ist es, dass der Außenseiter die Vertriebsbindung kennt oder kennen muss (BGH GRUR 2007, 800 Rn. 19 – Außendienstmitarbeiter). Selektive Vertriebssysteme werden dadurch nicht schutzlos gestellt. Vielmehr steht es dem Hersteller frei, die Einhaltung vertraglicher Verpflichtungen durch ein Kontrollnummernsystem zu überwachen (→ Rn. 4.64 ff.).

4.63a   **b) Behinderung des Direktvertriebs.** Eine vergleichbare Problematik stellt sich beim **Direktvertrieb,** wenn der Unternehmer erklärtermaßen nicht an Händler, sondern nur an private Verbraucher verkaufen will (zB Fußballvereine; Opernhäuser; Fluggesellschaften). Täuscht ein gewerblicher Abnehmer über seine Wiederverkaufsabsicht, so stellt dieser **Schleichbezug** ebenfalls eine gezielte Behinderung des Unternehmers dar (BGH GRUR 2009, 173 Rn. 27 – bundesligakarten.de mit Anm. Heermann; BGH WRP 2014, 839 Rn. 28 – Flugvermittlung im Internet; Körber/Heinlein WRP 2009, 266 (268); ggf. kommt auch ein Verstoß gegen Anh. Nr. 23a zu § 3 III in Betracht). Versucht ein gewerblicher Abnehmer die betreffenden Waren oder Dienstleistungen von Privaten zu erwerben, denen eine Weiterveräußerung an gewerbliche Weiterverkäufer untersagt ist, so stellt eine Such- oder Werbeanzeige noch keine unlautere Verleitung zum Vertragsbruch dar (BGH GRUR 2009, 173 Rn. 31 ff. – bundesligakarten.de). Selbst wenn der Händler systematisch den Vertragsbruch der privaten Käufer ausnutzt, ist dies nicht unlauter (BGH GRUR 2009, 173 Rn. 35 ff. – bundesligakarten.de). – An einer Täuschung fehlt es im Falle des **Screenscraping** dann, wenn ein Vermittler von Flugbuchungen dem Anbieter solcher Buchungen während des Buchungsvorgangs die Kontaktdaten des Kunden mitteilt und damit klar wird, dass dieser allein als Vertragspartner in Betracht kommt (BGH WRP 2014, 839 Rn. 28 – Flugvermittlung im Internet). Einer Täuschung steht es auch nicht gleich, wenn der Anbieter in seinen AGB die Zustimmung des Kunden verlangt, dass er die Website nur für private Zwecke nutzt, und der Vermittler sich durch Setzen eines Hakens damit einverstanden erklärt. Denn die Missachtung dieser primär vertragsrechtlichen Maßnahme ist noch kein die Unlauterkeit begründender Umstand, zumal dadurch das Allgemeininteresse an der Funktionsfähigkeit des Internet beeinträchtigt würde. Unzulässig ist es dagegen, wenn ein kommerzieller Nutzer **technische Schutzschranken** des Anbieters überwindet, die eine automatisierte Abfrage der Daten seines Internetangebots verhindern sollen (BGH WRP 2014, 839 Rn. 35 ff. – Flugvermittlung im Internet).

4. Behinderung des selektiven Vertriebs durch Kontrollnummernbeseitigung

4.64   **a) Allgemeines.** Um die Einhaltung eines selektiven Vertriebssystems überwachen zu können, sind viele Hersteller dazu übergegangen, an ihren Waren Kontrollnummern (Herstellungsnummern; Identifizierungsnummern) anzubringen. Anhand der Kontrollnummer lässt sich im Wege des Testkaufs feststellen, welcher Vertragshändler gegen das Verbot der Belieferung an Wiederverkäufer außerhalb des selektiven Vertriebssystems verstoßen hat. Das wiederum kann die am „grauen" Vertrieb interessierten Händler veranlassen, die Kontrollnummern vorher entfernen zu lassen oder selbst zu entfernen. Die lauterkeitsrechtliche Problematik besteht darin, ob in der Beseitigung von Kontrollnummern durch Händler und im Vertrieb „decodierter" Ware eine nach § 4 Nr. 4 unzulässige Absatzbehinderung des Herstellers (Beeinträchtigung des Vertriebssystems) oder umgekehrt in der Anbringung von Kontrollnummern durch den Hersteller eine unzulässige Bezugsbehinderung des „grauen" Händlers liegt. Für die Beurteilung ist maßgebend, ob das Kontrollnummernsystem zulässig und **schutzwürdig** (→ Rn. 4.65) ist. Ist dies der Fall, müssen es davon betroffene Gewerbetreibende (Außenseiter) hinnehmen (BGHZ 142, 192 (202) = GRUR 1999, 1109 – Entfernung der Herstellungsnummer I). Wird der Hersteller bei dieser legitimen Kontrolle dadurch behindert, dass ein Außenseiter die Kontrollnummern entfernt oder Ware vertreibt, bei der die Kontrollnummern entfernt wurden, so kann er gegen den Außenseiter nach § 3 I iVm § 4 Nr. 4 vorgehen. Die Mitbewerbereigenschaft des Außenseiters wird nicht dadurch in Frage gestellt, dass er auf einer anderen Wirtschaftsstufe als der Hersteller tätig ist (→ § 2 Rn. 2.71; LG Bamberg GRUR-RR 2015, 119; aA Omsels WRP 2004, 136 (141)). Bei Fehlen eines konkreten Wettbewerbsverhältnisses ist ein Vorgehen nach §§ 823 I, 1004 I BGB (Eingriff in das Recht am Unternehmen) möglich (BGHZ 142, 192 (202) = GRUR 1999, 1109 – Entfernung der Herstellungsnummer I; BGHZ 143, 232 (243) = GRUR 2000, 724 – Außenseiteranspruch II; BGH GRUR 2001, 448 (449) – Kontrollnummernbeseitigung II = LM UWG § 1 Nr. 840 mit Anm. Köhler; BGH GRUR 2002, 709 (710) – Entfernung der Herstellungsnummer III = LM UWG § 1 Nr. 881 mit Anm. Loewenheim). Da die Entfernung der Kontrollnummer idR nach § 24 II MarkenG den Eintritt der Erschöpfung hindert, kann auch ein Anspruch aus § 14 MarkenG bestehen (BGHZ 143, 232 (243) – Außenseiteranspruch II; BGH GRUR 2001, 448 (449) – Kontrollnummernbeseitigung II; BGH GRUR 2002, 709 (711) – Entfernung der Herstellungsnummer III; Lubberger NJW-Sonderheft 2003, 58). Dabei ist allerdings zu beachten, dass eine unlautere geschäftliche Handlung nicht notwendig dieselben Rechtsfolgen nach sich zieht wie eine Markenverletzung; insbes. besteht ein auf Vernichtung gerichteter lauterkeitsrechtlicher Beseitigungsanspruch nur dann, wenn keine milderen Möglichkeiten zur Beseitigung der Störung gegeben sind (BGH GRUR 2002, 709 (711) – Entfernung der Herstellungsnummer III mwN). – Ist das Kontrollnummernsystem **nicht** schutzwürdig, so muss es dagegen der Hersteller hinnehmen, dass die Kontrollnummer entfernt und dabei ggf. auch die Ware oder ihre Verpackung oder sogar die Marke oder Unternehmenskennzeichnung beschädigt wird (BGHZ 143, 232 (244) – Außenseiteranspruch II). Auch ein etwaiger markenrechtlicher Anspruch hat insoweit zurückzutreten. Die Entfernung durch den Händler, der das Eigentum an der Ware erworben hat, stellt auch keine Urkundenvernichtung iSd § 274 StGB dar (OLG München GRUR 1987, 558 (560); aA Tiedemann/ Vogel JuS 1988, 295 (296)). Daher spielt es auch keine Rolle, ob die Entfernung im In- oder Ausland vorgenommen wurde. Der Hersteller muss sich entgegenhalten lassen, dass er die Kodierung ganz unterlassen oder an anderer, zB versteckter Stelle anbringen könnte (BGH WRP 1989, 366 – Entfernung von Kontrollnummern IV). Der Händler kann darüber hinaus verlangen, dass die Verwendung von Kontrollnummern unterbleibt.

b) Schutzwürdigkeit eines Kontrollnummernsystems. Lauterkeitsrechtlich schutzwürdig **4.65** ist ein Kontrollnummernsystem, wenn das zu Grunde liegende **selektive Vertriebssystem nicht gegen europäisches oder deutsches Kartellrecht verstößt** (vgl. BGH GRUR 1999, 1109 (1111) – Entfernung der Herstellungsnummer I; BGHZ 143, 232 (243) – Außenseiteranspruch II; LG Bamberg GRUR-RR 2015, 119): Nach **europäischem Kartellrecht** sind selektive Vertriebssysteme unter bestimmten Voraussetzungen mit Art. 101 I AEUV vereinbar (EuGH ECLI:EU:C:2017:941 = GRUR 2018, 211 Rn. 21 ff. – Coty Germany mwN), zu denen aber die gedankliche oder gar praktische Lückenlosigkeit des Systems nicht gehört (EuGH GRUR-Int. 1997, 907 (908) Rn. 12 – VAG-Händlerbeirat/SYD-Consult; BGHZ 143, 232 (236) = GRUR 2000, 724 – Außenseiteranspruch II; BGH GRUR 2001, 448 (449) – Kontrollnummernbeseitigung II; BGHZ 142, 192 (202) = GRUR 1999, 1109 (1112) – Entfernung der Herstellungsnummer I; BGH GRUR 2001, 841 (844) – Entfernung der Herstellungsnummer II). Vereinbarungen, die einen rein **qualitativen** Selektivvertrieb zum Gegenstand haben, fallen mangels wettbewerbsbeschränkender Wirkungen grds. nicht unter Art. 101 I AEUV, sofern sie drei Voraussetzungen erfüllen (vgl. Kommission, Leitlinien für vertikale Beschränkungen (2022/C 248/01) Rn. 146 ff.): **(1)** Die Beschaffenheit der fraglichen Waren oder Dienstleistungen muss einen selektiven Vertrieb notwendig machen. Das heißt, ein solches Vertriebssystem muss ein legitimes Erfordernis zur Wahrung der Qualität und zur Sicherstellung des richtigen Gebrauchs des betreffenden Produkts sein. **(2)** Die Wiederverkäufer müssen aufgrund objektiver Kriterien qualitativer Art ausgewählt werden, die einheitlich für alle infrage kommenden Wiederverkäufer festzulegen und unterschiedslos anzuwenden sind. **(3)** Die aufgestellten Kriterien dürfen nicht über das hinausgehen, was zur Erreichung der zuvor genannten Ziele erforderlich ist. – Die objektiven Kriterien beziehen sich auf die fachliche Eignung des Wiederverkäufers, seines Personals und seiner sachlichen Ausstattung. Beim quantitativen Selektivvertrieb kommen noch Zulassungskriterien hinzu, die die Zahl der Wiederverkäufer unmittelbar beschränken. Solche Vertriebssysteme fallen grds. unter Art. 101 I AEUV. Selbst wenn selektive Vertriebssysteme aber unter Art. 101 I AEUV fallen, ist die Möglichkeit einer **Freistellung** nach Art. 101 III AEUV iVm der **VO (EU) Nr. 2022/720 über Vertikalvereinbarungen** v. 10.5.2022 (Vertikal-GVO; ABl. EU 2022 L 134, 4; zur Vorgänger-VO Lettl WRP 2010, 807; Rösner WRP 2010, 1114) zu berücksichtigen. Danach sind Vereinbarungen über qualitativen und quantitativen Selektivvertrieb grds. freigestellt, wenn die Marktanteilsschwelle von 30 % nicht überschritten ist (Art. 2, 3 I Vertikal-GVO) und keine Beschränkungen iSv Art. 4 lit. c, Art. 5 lit. c Vertikal-GVO vorliegen. Nach **deutschem Kartellrecht** sind selektive Vertriebssysteme seit der 7. Kartellnovelle v. 7.7.2005 (BGBl. 2005 I 1954) auf Grund der Angleichung an das europäische Recht nach denselben Grundsätzen wie im europäischen Recht zu beurteilen (§§ 1, 2 GWB iVm Art. 2–5 Vertikal-GVO). Zur diskriminierungsfreien Anlage und Handhabung des Systems gehört die (vom früheren Erfordernis der gedanklichen Lückenlosigkeit zu unterscheidende) **einheitliche Bindung** der Abnehmer. Der Hersteller muss also alle Händler grds. denselben vertraglichen Verpflichtungen unterwerfen und dafür Sorge tragen, dass innerhalb eines einheitlichen Wirtschaftsraums nur systemgebundene Händler als Anbieter auftreten (BGHZ 142, 192 (202) = GRUR 1999, 1109 (1112) – Entfernung der Herstellungsnummer I; BGH GRUR 2001, 448 (450) – Kontrollnummernbeseitigung II). Ein Hersteller, der nur einen Teil des Marktes über ein selektives Vertriebssystem, andere Teile aber unbeschränkt versorgt, kann eine Beseitigung der Kontrollnummern nicht mit Hilfe des Lauterkeits- und Markenrechts unterbinden (BGH GRUR 2001, 448 (450) – Kontrollnummernbeseitigung II). Dagegen ist die praktische Lückenlosigkeit keine Voraussetzung für den lauterkeitsrechtlichen Schutz eines selektiven Vertriebssystems (BGHZ 142, 192 (203) = GRUR 1999, 1109 – Entfernung der Herstellungsnummer I; BGHZ 143, 232 (236 ff.) = GRUR 2000, 724 – Außenseiteranspruch II). Vielmehr kann und soll die Verwendung von Kontrollnummern gerade dazu dienen, auftretende Lücken im System durch ein Vorgehen gegen den vertragsbrüchigen Händler zu schließen.

5. Sonstige Wettbewerbswidrigkeit der Kontrollnummernbeseitigung

4.66   **a) Irreführung durch Kontrollnummernbeseitigung.** Der Verkauf einer Ware, bei der die Kontrollnummer entfernt wurde, kann irreführend iSv § 5a I-III sein, wenn der Händler den Käufer pflichtwidrig darüber nicht aufgeklärt hat. Eine **Aufklärungspflicht** besteht aber nur insoweit, als dies zum Schutze des Verbrauchers unter Berücksichtigung der Interessen des Werbenden unerlässlich ist (BGH GRUR 1999, 1017 (1019) – Kontrollnummernbeseitigung I). So ist eine Aufklärungspflicht zu bejahen, wenn der Käufer vom Vorhandensein einer Herstellernummer und damit verbundenen, für ihn günstigen Funktionen (zB Herstellergarantie) ausgeht. Der Händler kann eine Irreführung ausschließen, indem er zB auf das Fehlen der üblicherweise vorhandenen und erwarteten Nummer hinweist (BGH GRUR 1988, 461 (462) – Radio-Recorder; BGH GRUR 1989, 110 (113) – Synthesizer; OLG Hamburg GRUR 1990, 625 (626)). Eine Aufklärung ist aber nicht stets dann geboten, wenn durch das Decodieren die Verpackung beschädigt wird. Auch bei hochwertigen Kosmetikartikeln erwartet der Käufer nicht unbedingt eine völlig unbeschädigte Verpackung (aA noch BGH GRUR 1992, 406 (408) – Beschädigte Verpackung I; BGH GRUR 1995, 608 – Beschädigte Verpackung II). Eine Aufklärungspflicht besteht jedenfalls dann nicht, wenn die Beschädigung durch Überkleben, Schwärzen usw so abgedeckt ist, dass sie dem nicht sachkundigen Verbraucher nicht oder nicht ohne Weiteres auffällt (BGH GRUR 1999, 1017 (1019) – Kontrollnummernbeseitigung I). – Bei der Prüfung eines Verstoßes gegen § 5a I-III ist jedoch im Rahmen einer **Interessenabwägung** zu fragen, ob der Einsatz von Kontrollnummern zu von der Rechtsordnung missbilligten Zwecken, insbes. der künstlichen Abschottung von Märkten, erfolgte (BGH GRUR 1999, 1017 (1019) – Kontrollnummernbeseitigung I).

4.67   **b) Beseitigung von gesetzlich vorgeschriebenen Herstellungskennzeichnungen.** Bestimmte Produkte, wie zB Arzneimittel oder Kosmetika (vgl. KosmetikV iVm der VO (EG) Nr. 1223/2009), müssen mit Herstellungskennzeichnungen versehen werden, um bei fehlerhaften Produkten Schaden von der Volksgesundheit abzuwenden (BGH GRUR 1994, 642 (644) – Chargennummer; BGHZ 148, 26 = GRUR 2001, 841 (843) – Entfernung der Herstellungsnummer II; OLG Karlsruhe WRP 1996, 122 (124)). Der Weitervertrieb von Waren, bei denen diese Herstellungskennzeichnung entfernt wurde, kann daher einen Verstoß gegen § 3a unter dem Gesichtspunkt des Rechtsbruchs darstellen (BGHZ 142, 192 (197) = GRUR 1999, 1109 – Entfernung der Herstellungsnummer I; BGHZ 148, 26 (33 f.) = GRUR 2001, 841 (843) – Entfernung der Herstellungsnummer II; BGH GRUR 2002, 709 (710) – Entfernung der Herstellungsnummer II). Denn die Kennzeichnungsvorschrift regelt zumindest auch das Marktverhalten im Interesse der Verbraucher. Hersteller können diese Herstellungskennzeichnung gleichzeitig als Kontrollnummer benutzen. Die Entfernung der Kontrollnummer stellt in diesem Fall gleichzeitig die Entfernung der Herstellungskennzeichnung dar. Der Hersteller kann diesen Verstoß jedenfalls dann verfolgen, wenn die Verwendung der Herstellungskennzeichnung als Kontrollnummer der Überwachung eines auf rechtswirksamen Verträgen beruhenden, rechtlich nicht missbilligten Vertriebsbindungssystems dient (BGHZ 142, 192 (197) = GRUR 1999, 1109 (1111) – Entfernung der Herstellungsnummer I; BGHZ 148, 26 (33 f.) = GRUR 2001, 841 (843 f.) – Entfernung der Herstellungsnummer II; BGH GRUR 2002, 709 (710) – Entfernung der Herstellungsnummer III). Die Rspr. hat bisher offen gelassen, ob es dem Hersteller ausnahmsweise verwehrt sein kann, sich auf einen Verstoß gegen die Vorschriften zum Vertrieb von Kosmetikerzeugnissen zu berufen, wenn das Nummernsystem dazu dient, ein von der Rechtsordnung missbilligtes Vertriebssystem durchzusetzen (vgl. BGH GRUR 2001, 841 (844) – Entfernung der Herstellungsnummer II; OLG Karlsruhe WRP 1996, 122 (124)). Die Frage ist zu bejahen. Dem verklagten Händler steht insoweit der Einwand des Rechtsmissbrauchs zu. Der Hersteller muss sich entgegenhalten lassen, dass er eine andere Gestaltung hätte wählen können, die einen Missbrauch ausschließt. Sonstigen Anspruchsberechtigten (zB Verbraucherverbänden) ist es freilich unbenommen, den Händler wegen Verstoßes gegen die Vorschriften zum Vertrieb von Kosmetikerzeugnissen auf Unterlassung des Vertriebs in Anspruch zu nehmen.

4.68   **c) Beseitigung von Kontrollnummern zum Schutze sonstiger berechtigter Interessen.** Ein Kontrollnummernsystem kann dazu dienen, sonstige berechtigte Interessen des Herstellers und der Verbraucher zu schützen. Dazu reicht es nicht aus, dass es nützlichen Nebenzwecken oder Nebenfolgen dient und zB eine Qualitätskontrolle ermöglichen soll. Vielmehr muss es der Abwehr ernstlicher Gefahren dienen. So etwa dem Schutz vor Nachahmungen oder der Ermöglichung des Rückrufs mangelhafter Produkte (EuGH WRP 1998, 156 (160) – Loendersloot/Ballantine; BGH GRUR 1978, 364 (366 f.) – Golfrasenmäher; BGH GRUR 1988, 826 (828) – Entfernung von Kontrollnummern II). Das Kontrollnummernsystem darf allerdings keine weitergehende Identifizierung erlauben als zum Schutze berechtigter Interessen erforderlich ist. Insbes. darf das System nicht dazu dienen, ein von der Rechtsordnung missbilligtes Vertriebssystem durchzusetzen (offen gelassen in BGH WRP 1999, 1026 (1028) – Entfernung der Herstellungsnummer I). Außerdem darf es für die Abwehr von Gefahren keine anderen zumutbaren Möglichkeiten geben als die Praktizierung eines kundenspezifischen Kontrollnummernsystems (BGH GRUR 1989, 110 (113) – Synthesizer).

C. Nachfragebehinderung

I. Erwerb von nicht benötigten Waren und sonstigen Wirtschaftsgütern

4.69   Unlauter ist es, wenn ein Unternehmer mehr oder andere Ware (Rohstoffe, Halbfabrikate, Fertigware) bezieht, als er den Umständen nach für seine eigenen (Produktions- oder Verkaufs-) Zwecke benötigt, und die Maßnahme nur den Zweck hat, den Bezug für den Mitbewerber unmöglich zu machen oder zu verteuern. Dem Bezug nicht benötigter Waren steht das Hochtreiben des Preises (zB bei Rohstoffauktionen) gleich. Entsprechendes gilt für den Erwerb sonstiger, vom Mitbewerber benötigter Wirtschaftsgüter (Betriebsgrundstücke, Werbeflächen) oder vergleichbare Maßnahmen (zB Mieten nicht benötigter Geschäftsräume; Bestellung von Sperr-**Dienstbarkeiten;** → Rn. 4.57). Derartige Maßnahmen können – bei entsprechender Marktmacht – zugleich den Tatbestand der Art. 102 AEUV sowie §§ 19, 20 I und II GWB und – bei Absprache mit anderen Unternehmen – den des Art. 101 AEUV sowie von § 1 GWB erfüllen.

II. Liefersperre

4.70 Der Ausschluss eines Unternehmens von der Belieferung (Liefersperre) kann nur dann unter § 4 Nr. 4 fallen, wenn der Sperrende damit eigenen oder fremden Wettbewerb fördern und den Gesperrten schädigen will. Zu Einzelheiten → Rn. 4.116 ff.

4.70a Es verstößt nicht gegen § 4 Nr. 4, wenn ein Fußballverband Medienunternehmen von der Bewegtbildberichterstattung (Videobeiträge) über Amateurspiele kraft des Hausrechts (§§ 858 ff., 1004 I BGB) generell ausschließt oder nur gegen Entgelt zulässt (OLG München GRUR-RR 2017, 355 Rn. 39 ff. im Anschluss an BGH GRUR 2011, 436 Rn. 21 – Hartplatzhelden.de). Eine Berichterstattung unter Verstoß gegen entsprechende Regelungen kann umgekehrt einen Verstoß gegen § 4 Nr. 4 unter dem Gesichtspunkt der Ausnutzung fremder Einrichtungen (→ Rn. 4.27b) darstellen.

D. Werbebehinderung

Schrifttum: Furth, Ambush Marketing, 2009; Heermann, Ambush-Marketing anlässlich Sportgroßveranstaltungen, GRUR 2006, 359; Jaeschke, Ambush-Marketing, 2008; Köhler, Internet-Werbeblocker als Geschäftsmodell, WRP 2014, 1017; Köhler, Funktion und Anwendungsbereich des Mitbewerberbegriffs im UWG, GRUR 2018, 123; Körber/Mann, Werbefreiheit und Sponsoring – Möglichkeiten und Grenzen von Ambush Marketing, GRUR 2008, 737; Ladeur, Der rechtliche Schutz der Fernsehwerbung gegen technische Blockierung durch die „Fernsehfee", GRUR 2005, 559; Reinholz, Marketing mit der FIFA WM 2006 – Werbung, Marken, Tickets, Public Viewing, WRP 2005, 1485; Scherer, Marken- und lauterkeitsrechtliche Herausforderungen beim Rabattcoupon-Marketing, WRP 2020, 682.

I. Beeinträchtigung fremder Werbung

1. Unmittelbare Ausschaltung fremder Werbung

4.71 Das gezielte Ausschalten (zB Vernichten, Beschädigen, Überdecken, Beiseiteschaffen, Auskaufen, Verhindern) von fremder Werbung ist regelmäßig unlauter iSd § 4 Nr. 4 (→ Rn. 4.48; BGH GRUR 2004, 877 (879) – Werbeblocker; BGH WRP 2017, 46 Rn. 20 ff. – Fremdcoupon-Einlösung; OLG Karlsruhe GRUR-RR 2008, 350). Denn diese Maßnahme hat nur den Zweck, den Mitbewerber in seiner wettbewerblichen Entfaltung zu behindern. **Beispiele:** Abreißen oder Überkleben fremder Werbeplakate; Beiseiteschaffen fremder Werbeprospekte. Unerheblich ist, ob die beseitigte Werbung einen unlauteren Inhalt hatte. – Uneingeschränkt gilt dies freilich nur, wenn sich der Werbeträger nicht im Eigentum des Handelnden befindet, kein Rechtfertigungsgrund (zB §§ 227, 228, 229, 904 BGB) eingreift und auch kein sonstiges berechtigtes Abwehrhandeln vorliegt (dazu OLG Karlsruhe GRUR-RR 2008, 350 (351)). So es zulässig, dass ein Unternehmer Werbeprospekte eines Mitbewerbers, die in seinem Geschäft ausgelegt werden, beiseiteschafft. – Befindet sich der Werbeträger dagegen im Eigentum des Handelnden, ist es nicht von vornherein zu beanstanden, wenn die darauf befindliche Werbung beseitigt oder durch eine eigene Werbung ersetzt wird. Hier müssen für die Begründung des Unwerturteils weitere Umstände hinzukommen, zB die Gefahr einer Irreführung der Verbraucher. Dies ist der Fall, wenn Lichtbilder, die fremde Werbung zeigen, entsprechend retuschiert werden (vgl. ÖOGH ÖBl 1991, 13 (15) – Gerhard Berger: Rennfahrer hat sich vertraglich zum Tragen eines Schutzhelms mit der Marke eines Sportartikelherstellers verpflichtet; Mitbewerber fertigt Lichtbilder an und ersetzt dessen Werbung durch seine eigene). Ferner, wenn die Gefahr einer Funktionsbeeinträchtigung der Ware mit negativen Rückschlüssen auf ihren Hersteller besteht (vgl. OLG Hamburg WRP 1994, 119 zum Überdrucken von Telefonkarten mit fremder Werbung). – Das Aufkaufen fremder Werbeträger, die sich bereits im Eigentum der Verbraucher befinden, mit dem Ziel ihrer Vernichtung ist unlauter, weil dies nur den Zweck haben kann, den Mitbewerber zu schädigen (vgl. Zentrale WRP 1981, 126: Aufforderung eines Versandhändlers an Verbraucher, ihm gültige Kataloge anderer Versandhändler gegen Zahlung von 10 DM zu übersenden). – Die Einlegung einer sog **allgemeinen Markenbeschwerde** durch einen Markeninhaber beim Betreiber einer Internetsuchmaschine (zB Google) mit der Folge, dass eine auf dessen Marke bezogene Adword-Werbung nur dann platziert wird, wenn der Markeninhaber seine Zustimmung erteilt, stellt für sich gesehen noch keine gezielte Behinderung dar. Etwas anderes gilt aber, wenn der Markeninhaber seine Zustimmung nicht erteilt, obwohl die konkret beabsichtigte Werbung dessen Markenrecht nicht verletzt. In diesem Fall wird die an sich unbedenkliche Sperrwirkung der Marke zweckfremd als Mittel des Wettbewerbskampfes eingesetzt (BGH WRP 2015, 714 Rn. 14 ff., 29 ff. – Uhrenankauf im Internet). – Das Gleiche gilt, wenn der Inhaber eines Designrechts den Vertrieb eines nicht rechtsverletzenden Konkurrenzprodukts auf einer Internet-Verkaufsplattform im Rahmen eines verifizierten Rechteinhaberprogramms **(VeRI-Programm)** beanstandet und damit den Plattformbetreiber veranlasst, ohne inhaltliche Prüfung das Angebot und sämtliche laufenden Auktionen zu sperren (OLG Düsseldorf GRUR-RR 2016, 344). – **Unlauterkeit verneint:** Entgeltlicher oder unentgeltlicher Vertrieb von **TV-** oder **Internet-Werbeblockern,** die es Verbrauchern lediglich ermöglichen, sich der Werbung in Fernsehsendungen oder auf Internetseiten zu entziehen (vgl. BGH GRUR 2004, 877 – Werbeblocker I; BGH WRP 2018, 1322 Rn. 30 – Werbeblocker II; Köhler WRP 2014, 1017). – Einlösung von **Rabattgutscheinen,** die konkret benannte Mitbewerber an ihre (potentiellen) Kunden ausgeben und von diesen aufgrund einer bewussten Entscheidung vorgelegt werden (BGH WRP 2017, 46 Rn. 20 ff. – Fremdcoupon-Einlösung; Scherer WRP 2020, 682 Rn. 24 ff.).

2. Beseitigung und Schwächung fremder Kennzeichen

Ein Unterfall der Ausschaltung fremder Werbung ist die Entfernung fremder Kennzeichen von   **4.72** einer Ware (vgl. auch → Rn. 4.48). Es liegt darin kein Verstoß gegen das MarkenG, weil es an der Benutzung des Kennzeichens fehlt (BGH GRUR 2004, 1039 (1042) – SB-Beschriftung; Ströbele/Hacker/Thiering/Hacker MarkenG § 2 Rn. 72), und zwar auch dann nicht, wenn ein Händler die Ware ohne das Zeichen oder mit seinem eigenen Zeichen weiterverkauft (RG MuW 1931, 617: Händler hatte „Shell"-Benzin unter „Rhenania" verkauft). Doch ist die Beseitigung fremder Kennzeichen unter dem Gesichtspunkt der gezielten Behinderung (§ 4 Nr. 4) unlauter, wenn es dem Handelnden ausschließlich oder doch ganz überwiegend darum geht, das der Werbung und dem Absatz dienende fremde Kennzeichen zu unterdrücken (ggf. greifen auch die §§ 823, 826 BGB ein). Denn die Entfernung des Zeichens bewirkt idR, dass die Ware des Mitbewerbers als anonyme Ware erscheint. Im Hinblick auf den künftigen Absatz gilt dies auch dann, wenn die Ware sich bereits beim Endverbraucher befindet (vgl. BGH GRUR 1972, 558 (559) – Teerspritzmaschinen). Allerdings kommt es auf die Umstände des Einzelfalls an. So kann trotz der Beseitigung des Kennzeichens eine gezielte Behinderung zu verneinen sein, wenn auf Grund der sonstigen Umstände des Vertriebs der Verkehr gleichwohl die Ware weiterhin dem Kennzeicheninhaber und nicht dem Händler zurechnet und ein schutzwürdiges Interesse des Herstellers an der Verwendung gerade der beseitigten Kennzeichnung nicht besteht (BGH GRUR 2004, 1039 (1042) – SB-Beschriftung). Hinzu kommt der Gesichtspunkt der Irreführung des Verkehrs über die Warenherkunft, insbes. wenn der Handelnde an der Ware sein eigenes Kennzeichen anbringt. **Beispiel:** Hersteller entfernt Marken- bzw. Firmenkennzeichen eines Mitbewerbers von Maschinen, die im Zuge von Reparaturarbeiten in seinen Besitz gelangt sind, und bringt sein eigenes Zeichen an (vgl. BGH GRUR 1972, 558 (559) – Teerspritzmaschinen; OLG München MDR 1995, 478). Zwar werden die Reparaturkunden nicht irregeführt, wohl aber andere Verkehrskreise, die in der Firma einen Hinweis auf den Hersteller erblicken. Solange es sich nach Durchführung einer Reparatur noch um die Maschine des Herstellers handelt, ist die Entfernung des Kennzeichens unzulässig (vgl. RGZ 103, 359 (364) – Singer; RGZ 161, 29 (39) – Zählerersatzteile). Nur wenn durch eine Umarbeitung eine völlig veränderte Maschine entstanden ist (vgl. § 950 BGB), ist eine Entfernung des fremden Kennzeichens zulässig (BGH GRUR 1952, 521 – Minimax) und zur Verhinderung einer Irreführung auch nötig. – Grds. unlauter wegen Behinderung und Irreführung ist es auch, wenn ein Händler das Kennzeichen des Herstellers von der Ware entfernt und sie als no-name-Produkt oder versehen mit seinem eigenen Kennzeichen vertreibt. Denn Händler und Hersteller sind insoweit Mitbewerber. Dass der Händler Eigentümer der Ware geworden ist und mit ihr an sich nach Belieben verfahren kann (§ 903 BGB), rechtfertigt sein Handeln nicht, zumal er gegenüber dem Hersteller eine Vertragsverletzung (§ 280 BGB) begeht. Dem Fall der Entfernung der Marke auf der Ware steht die Entfernung der Verpackung, auf der sich die Marke befindet, gleich. Unerheblich ist, ob durch das Umpacken in ähnliche Schachteln die Güte der Ware leiden kann (vgl. ÖOGH ÖBl 1973, 82 (84) – 3-M-Kohlepapier). – Zur Entfernung von Kontrollnummern als Herkunftszeichen → Rn. 4.67 ff. – Eine unlautere Behinderung durch **Schwächung** eines fremden Kennzeichens kann in der beschriebenen Verwendung einer Marke liegen (Ingerl WRP 2004, 809 (816)). – Zum Anbringen einer **weiteren Marke** auf einem mit einer Marke gekennzeichneten Produkt vgl. BGH GRUR 2005, 162 – SodaStream.

3. Beeinträchtigung fremder Werbung als Folge eigener Wettbewerbsmaßnahmen

4.73   Grundsätzlich nicht zu beanstanden ist es, wenn eigene Wettbewerbs-, insbes. Werbemaßnahmen **mittelbar** dazu führen, dass eine fremde Werbung nicht oder nicht mehr so wie zuvor
zur Geltung kommt, mag dies dem Werbenden auch bewusst sein (ebenso BGH WRP 2017, 46
Rn. 21 – Fremdcoupon-Einlösung). Dazu gehört insbes. der Fall, dass die Werbung ihre
Wirkung erst aufgrund einer bewussten Entscheidung der Verbraucher beruht (BGH WRP
2017, 46 Rn. 21 – Fremdcoupon-Einlösung) und diese Entscheidung nicht unlauter, etwa durch
Druckausübung (§ 4a) oder Irreführung (§ 5) beeinflusst wurde. – **Unlauterkeit verneint:**
Aufstellen einer Reklametafel, auch wenn sie den Blick auf die Leuchtreklame eines Dritten
versperrt. – Ausgabe von Schutzhüllen für Fernsprechbücher mit der Folge, dass die Werbung auf
der Titelseite nicht mehr zu erkennen ist (BGH WRP 2017, 46 Rn. 21 – Fremdcoupon-
Einlösung)). – Veranstaltung eines Schaufensterwettbewerbs von Einzelhändlern durch einen
Hersteller mit der Folge, dass die Waren von Mitbewerbern nicht mehr im Schaufenster gezeigt
werden (BGH GRUR 1959, 138 (142) – Italienische Note). – Werbung in einem Branchen-
Fernsprechbuch in der Form, dass ein Gutschein, der zur kostenlosen Teilnahme an zwei Gratis-
Probestunden berechtigt, auszuschneiden ist, wodurch die sich auf der Rückseite befindende
Werbung eines Mitbewerbers, der ebenfalls Sportunterricht gibt, wertlos gemacht wird (aA LG
Berlin WRP 1979, 237) – Werbung eines Unternehmens, Rabattgutscheine seiner Mitbewerber
einzulösen (BGH WRP 2017, 46 Rn. 21 ff. – Fremdcoupon-Einlösung). – **Unlauterkeit
bejaht:** Verteilung von **Briefkastenaufklebern** mit dem Aufdruck „Keine Werbung. Nur …",
weil ein solcher Aufkleber in erster Linie bezweckt, die Briefkastenwerbung von Mitbewerbern
auszuschalten (OLG Stuttgart NJW-WettbR 1999, 97; OLG Koblenz WRP 2013, 361 Rn. 17;
OLG Brandenburg WRP 2015, 362 Rn. 13–15). – Störmaßnahmen im Internet, durch die der
Zugang zu einer Webseite eines Mitbewerbers vereitelt oder erschwert, insbes. verzögert wird
oder deren Inhalt zerstört oder verfälscht wird. Eine Behinderung liegt dagegen nicht vor, wenn
durch **deep links** der Nutzer an der Werbung auf der Homepage eines Dritten „vorbeigeführt"
wird (BGH GRUR 2003, 958 (963) – Paperboy; Plaß WRP 2000, 599 (607); Sosnitza CR
2001, 693 (702 f.)), denn die Werbung als solche wird dadurch nicht behindert. – Der Dritte
kann sich ggf. dadurch schützen, dass er seine Werbung auf „tiefer liegende" Webseiten verlagert
oder technische Schutzmaßnahmen gegen Hyperlinks trifft (BGH GRUR 2003, 958 (963) –
Paperboy). – Unzulässig ist es jedoch, unmittelbar auf die Internet-Seite eines Mitbewerbers
eigene Werbung durch Einsatz von **Pop-up-** oder **Pop-Down-Fenstern** zu platzieren. – Das
Anbieten von Internet-Werbeblockern, die es dem einzelnen Internet-Nutzer ermöglichen, sich
der Banner- oder Pop-up-Fenster-Werbung zu entziehen, stellt noch keine unzulässige Werbe-
behinderung dar, da es der **freien Entscheidung** des Internet-Nutzers überlassen bleibt, ob und
inwieweit er sich dieses Programms bedient oder nicht und außerdem ein schutzwürdiges
Interesse des Nutzers besteht, sich lästiger Werbung zu entziehen (BGH WRP 2018, 1322
Rn. 30 – Werbeblocker II; Köhler WRP 2014, 1017 ff.). – Zulässig ist dementsprechend auch
der Vertrieb von sog **Werbeblockern,** die bei Erscheinen von Fernsehwerbung für deren Dauer
auf einen anderen Sender umschalten (BGH GRUR 2004, 877 (879) – Werbeblocker I). Das
Interesse werbefinanzierter Sender, die Zuschauer zur Betrachtung der Werbung anzuhalten, ist
auch nicht unter dem Gesichtspunkt der Rundfunkfreiheit (Art. 5 I 2 GG) schutzwürdig, da
dem gleichrangig das Grundrecht des Vertreibers aus Art. 12 GG gegenübersteht (vgl. BGH
GRUR 2004, 877 (879 f.) – Werbeblocker). – Zulässig ist auch der Vertrieb von **Set-Top-
Boxen,** die es dem Fernsehzuschauer ermöglichen, die Internet-Benutzeroberfläche über das
Fernsehprogramm zu legen und damit beide Dienste zu nutzen (vgl. OLG Köln GRUR-RR
2005, 228 (229)).

II. Nachahmen oder Ausnutzen fremder Werbung

4.74   Das Nachahmen oder Ausnutzen fremder Werbung ist grds. zulässig. Etwas anderes gilt dann,
wenn diese Maßnahme den Verkehr irreführt (§ 5), den Umständen nach darauf zielt, die
Werbung des Mitbewerbers auszuschalten oder zu behindern (§ 4 Nr. 4), oder eine unlautere
Leistungsübernahme (§ 4 Nr. 3) darstellt (OLG Frankfurt WRP 2015, 1128 Rn. 58; zu § 1
UWG 1909 vgl. BGH GRUR 1997, 308 – Wärme fürs Leben). Die Ausnutzung fremder
Werbung im **Internet** kann erfolgen durch Übernahme von Inhalten in die eigene Internetseite.
Dann hängt es von den Umständen ab, ob der Verkehr irregeführt wird oder ob eine unzulässige
Leistungsübernahme vorliegt. Eine gezielte Behinderung soll anzunehmen sein, wenn sich ein

Unternehmer eine (kostenfreie) 0800-Telefonnummer mit von ihm ausgewählten Ziffern als individuelle Rufnummer zuweisen lässt, die Zahlenfolge aber identisch mit der Netznummer eines ortsnah ansässigen Mitbewerbers ist. Denn dadurch würden Kunden irregeführt und abgefangen (LG Leipzig GRUR-RR 2003, 224, zw.). Eine gezielte Behinderung liegt ferner vor, wenn der Betreiber eines Internet-Portals, auf der Nutzer über preisgünstige Flugangebote hingewiesen werden, sog **error fares** (versehentlich fehlerhafte Angaben von Flugpreisen) einer Fluggesellschaft veröffentlicht und auf diese Weise massenhaft Nutzer dazu animiert, solche fehlerhaften Angebote zu buchen (LG München I GRUR-RR 2018, 302). – Beim sog **Ambush Marketing** („Werbung aus dem Hinterhalt") handelt es sich um Werbung im Umfeld von sportlichen oder kulturellen Großveranstaltungen, die von einem oder mehreren Sponsoren gegen Gestattung entsprechender Werbung finanziert werden. Solche Praktiken erfüllen für sich genommen nicht den Tatbestand der gezielten Behinderung des Veranstalters und der Sponsoren (ebenso Ohly/Sosnitza/Ohly § 4 Rn. 4/66; Heermann GRUR 2006, 359 (364); Furth, Ambush Marketing, 2009, 235; Körber/Mann GRUR 2008, 737 (741); Wittneben/Soldner WRP 2006, 1175 (1179 f.). Dem Veranstalter bleibt nur das Hausrecht, um zu verhindern, dass innerhalb der Veranstaltung Drittunternehmen werben.

III. Gegenwerbung

Unter Gegenwerbung ist eine Werbung zu verstehen, die bewusst in räumlicher Nähe zur **4.75** Werbung eines Mitbewerbers angebracht oder verteilt wird mit dem Ziel, den Verbraucher auf das eigene Angebot hinzulenken. Derartige Maßnahmen sind aber, sofern keine besonderen Umstände hinzukommen, nicht unlauter (ebenso OLG Stuttgart WRP 2015, 1128 Rn. 59). Es ist daher nicht zu beanstanden, mit einem Inserat im Fernsprechbuch auf der Seite eines Mitbewerbers zu werben, obwohl die Firma des Werbenden mit einem anderen Buchstaben anfängt (aA OLG Düsseldorf NJW 1956, 64; OLG Bamberg NJW-RR 1993, 50; Menke WRP 1999, 982 (990)). Zum **Metatagging** → Rn. 4.31. Der Leistungsvergleich wird dadurch nicht ausgeschlossen, sondern überhaupt erst ermöglicht. Unerheblich ist, ob die Gegenwerbung optisch hervorgehoben ist und dementsprechend den Verbraucher stärker anspricht. Wird die Gegenwerbung in den Räumen des Mitbewerbers angebracht oder verteilt, kann dieser aber nach Bürgerlichem Recht dagegen vorgehen (Ansprüche aus §§ 1004 I, 823 I BGB).

E. Behinderung durch Kennzeichenverwendung

Schrifttum: Bettinger, Kennzeichenrecht im Cyberspace: Der Kampf um die Domain-Namen, GRUR-Int. 1997, 402; Bettinger, Verantwortlichkeit der DENIC eG für rechtswidrige Domains?, CR 1999, 28; Brandl/Fallenböck, Der Schutz von Internet-Domain-Namen nach UWG, RdW 1999, 186; Brömmelmeyer, Internetwettbewerbsrecht, 2007; Buchner, Generische Domains, GRUR 2006, 984; Bücking, Liberalisierung im Vergabewesen deutscher Domainadressen? – DENIC und die „Essential Facilities"-Doktrin, GRUR 2002, 27; Deutsch, Zur Markenverunglimpfung, GRUR 1995, 319; Ernst-Moll, Die berühmte und die bekannte Marke, GRUR 1993, 8; Fezer, Kumulative Normenkonkurrenz im Kennzeichenrecht, WRP 2000, 863; v. Gamm, Rufausnutzung und Beeinträchtigung bekannter Marken und geschäftlicher Bezeichnungen, FS Piper, 1996, 537; Heine, Blockchain-Domains, GRUR-Prax 2023, 192; Helm, Die bösgläubige Markenanmeldung, GRUR 1996, 593; Jonas/Schmitz, Neue Möglichkeiten für den Kennzeichenmißbrauch? – Zur Einordnung von sogenannten Vanity-Rufnummern –, GRUR 2000, 183; Kiethe/Groeschke, Die sittenwidrige Markenanmeldung und die Rechtsschutzmöglichkeiten des § 1 UWG, WRP 1997, 269; Kiethe/Groeschke, Die „Classe E"-Entscheidung des BGH als Ausgangspunkt für den Rechtsschutz gegen das Domain-Grabbing, WRP 2002, 27; Krings, Haben §§ 14 Abs. 2 Nr. 3 und 15 Abs. 3 MarkenG den Schutz der berühmten Marke sowie des berühmten Unternehmenskennzeichens aus §§ 12, 823 Abs. 1, 1004 BGB ersetzt?, GRUR 1996, 624; Kur, Kennzeichenkonflikte im Internet, FS Beier, 1996, 262; Kur, Namens- und Kennzeichenschutz im Cyberspace, CR 1996, 590; Lehmann, Die wettbewerbswidrige Ausnutzung und Beeinträchtigung des guten Rufs bekannter Marken, Namen und Herkunftsangaben, GRUR-Int. 1986, 6; Lehmann, Domains – weltweiter Schutz für Name, Firma, Marke, geschäftliche Bezeichnung im Internet, WRP 2000, 947; Loewenheim, Die berühmte Marke im europäischen Spannungsfeld, MA 1991, 238; Nordemann, Internet-Domains und zeichenrechtliche Kollision, NJW 1997, 1891; Omsels, Die Kennzeichenrechte im Internet, GRUR 1997, 328; Piper, Der Schutz der bekannten Marken, GRUR 1996, 429; Renck, Kennzeichenrechte versus Domain-Names – Eine Analyse der Rechtsprechung, NJW 1999, 3587; Sack, Sonderschutz bekannter Marken, GRUR 1995, 81; Sack, Anspruchskonkurrenzen im Marken- und Kennzeichenrecht, WRP 2000, 854; v. Schultz, Wohin geht das berühmte Kennzeichen?, GRUR 1994, 85; Sosnitza, Gattungsbegriffe als Domain-Namen im Internet, K&R 2000, 209; Starck, Bemerkungen zum Regelungsumfang von § 2 MarkenG, FS Erdmann, 2002, 485; Ubber, Rechtsschutz bei Mißbrauch von Internet-Domains, WRP 1997, 497; Ullmann, Die bösgläubige Markenanmeldung und die Marke des

Agenten – überschneidende Kreise, GRUR 2009, 364; Viefhues, Domain-Name-Sharing, MMR 2000, 334; Völker/Weidert, Domain-Namen im Internet, WRP 1997, 652; Wüstenberg, Das Namensrecht der Domainnamen, GRUR 2003, 109.

I. Verhältnis zum Markenrecht

1. Zeitliche Reichweite des Markenrechts

4.76   Das MarkenG ist am 1.1.1995 in Kraft getreten. Bei Sachverhalten, die in die Zeit vor dem Inkrafttreten zurückreichen, kommt ein markenrechtliches Vorgehen nur in Betracht, wenn das Verhalten auch nach dem alten Recht unzulässig war (§ 153 MarkenG; BGH GRUR 1999, 161 – MAC Dog). Sachverhalte, die vor diesem Zeitpunkt abgeschlossen waren, beurteilen sich ausschließlich nach altem Recht (BGH GRUR 1999, 161 (162) – MAC Dog mwN).

2. Sachliche Reichweite des Markenrechts

4.77   Nach § 2 MarkenG ist zwar ein lauterkeits- und bürgerlich-rechtlicher Kennzeichenschutz nicht ausgeschlossen. Im Anwendungsbereich der § 9 I Nr. 3 MarkenG, § 14 II Nr. 3 MarkenG, § 15 III MarkenG ist dafür aber kein Raum mehr, weil es sich insoweit um eine **umfassende, in sich geschlossene** Regelung handelt, die im Allgemeinen den aus dem Lauterkeitsrecht (§ 3 I iVm § 4 Nr. 1 und 4 und § 5) und aus dem Bürgerlichen Recht (§§ 12, 823 I BGB) hergeleiteten Schutz verdrängt (BGH GRUR 2008, 628 Rn. 14 – Imitationswerbung mwN). Ein lauterkeitsrechtlicher Leistungsschutz kommt daher nur in Betracht, wenn der Schutz nach dem MarkenG versagt, dh ein markenrechtlicher Schutz von vornherein oder dem Grunde nach nicht in Betracht kommt, nicht dagegen schon dann, wenn ein markenrechtlicher Tatbestand nicht vollständig erfüllt ist. Andernfalls würde der Harmonisierungseffekt der Markenrechts-RL (2015/2436/EU idF v. 16.12.2015) gefährdet. Erschöpft sich ein Verhalten nicht in Umständen, die eine markenrechtliche Verletzungshandlung begründen, sondern tritt ein von der markenrechtlichen Regelung nicht erfasster Unlauterkeitstatbestand hinzu, kann die betreffende Handlung neben einer Kennzeichenverletzung als eine unlautere geschäftliche Handlung anzusehen sein. Das ist stRspr; vgl. BGHZ 147, 56 (60) = GRUR 2001, 1050 (1051) – Tagesschau; BGH GRUR 2002, 622 (623) – shell.de; BGHZ 153, 131 = GRUR 2003, 332 (335) – Abschlussstück; BGH WRP 2005, 496 (500) – Staubsaugerfiltertüten; BGH WRP 2005, 605 (610) – Räucherkate; BGH GRUR 2008, 628 Rn. 14 – Imitationswerbung) und hL (vgl. Ingerl/Rohnke MarkenG § 2 Rn. 13 und § 14 Rn. 876 ff.; Ströbele/Hacker/Thiering/ Hacker MarkenG § 2 Rn. 73). Die Reichweite des ergänzenden Schutzes hängt wiederum von der durch Auslegung zu ermittelnden Reichweite des MarkenG, insbes. von der Auslegung des Benutzungsbegriffs in § 14 II Nr. 3 MarkenG (dazu Ströbele/Hacker/Thiering/Hacker MarkenG § 14 Rn. 75 ff.; Ingerl/Rohnke MarkenG § 14 Rn. 1352) ab. Da das Markenrecht richtlinienkonform auszulegen ist, bestimmt über diese Reichweite allerdings letztlich der EuGH (vgl. EuGH GRUR 2003, 240 – Davidoff/Gofkid; EuGH GRUR 2010, 445 Rn. 65 ff. – Google und Google France). Zu bedenken ist auch, dass die Tatbestände der § 14 II Nr. 3, § 15 III MarkenG in der Sache eher lauterkeitsrechtlicher Natur sind (vgl. auch BGH GRUR 2002, 426 (427) – Champagner bekommen, Sekt bezahlen zu § 127 III MarkenG: „ihrem Wesen nach lauterkeitsrechtliche Vorschrift") und der Anwendungsbereich des UWG durch das Erfordernis eines konkreten Wettbewerbsverhältnisses zwischen Verletzer und Verletztem stark eingeschränkt ist. Beim verbleibenden Anwendungsbereich des UWG ist insbes. an die Fälle der **Behinderungsabsicht** (BGH GRUR 1999, 161 (162) – MAC Dog; OLG München GRUR 2000, 718 (719); KG WRP 2001, 551 (554)), der fehlenden kennzeichenmäßigen Benutzung, der Verwendung außerhalb des geschäftlichen Verkehrs (BGH GRUR 2002, 622 (624) – shell.de zu § 12 BGB), der Entfernung von Kennzeichen, der Rufausbeutung durch Anlehnung an markenrechtlich nicht geschützte Kennzeichen (vgl. BGH GRUR 2003, 973 – Tupperwareparty), der beschreibenden Verwendung eines Kennzeichens, etwa als Gattungsbezeichnung (vgl. OLG Hamburg WRP 1996, 215), der Beeinträchtigung von Kollektivmarken durch Verwässerung oder Herabsetzung (Deutsch WRP 2000, 854 (857)) zu denken. – Der Schutz **geografischer Herkunftsangaben** hat zwar in den §§ 126 ff. MarkenG eine sondergesetzliche Regelung erfahren, die grds. dem § 3 I iVm § 5 vorgeht (vgl. BGH GRUR 2002, 426 (427) – Champagner bekommen, Sekt bezahlen). Jedoch können nach § 2 MarkenG die Vorschriften des UWG weiterhin für Sachverhalte herangezogen werden, die nicht unter die §§ 126 ff.

MarkenG fallen (BGH GRUR 2001, 73 (76) – Stich den Buben; BGH GRUR 2002, 160 (161) – Warsteiner III).

II. Lauterkeitsrechtlicher Kennzeichenschutz

1. Spezialregelungen im UWG

Der lauterkeitsrechtliche Kennzeichenschutz hat in § 4 Nr. 1 und 3, in § 5 III Nr. 1 sowie in   **4.78** § 6 II Nr. 3, 4 und 6 eine spezielle Regelung erfahren. § 4 Nr. 4 stellt daher nur einen Auffangtatbestand für sonstige Fälle der Kennzeichenbeeinträchtigung dar.

2. Erfordernis einer geschäftlichen Handlung und eines Mitbewerberbezuges

Ein lauterkeitsrechtlicher Kennzeichenschutz nach § 4 Nr. 4 setzt eine **geschäftliche Hand-**   **4.79** **lung** iSd § 2 I Nr. 2 voraus. Die Handlung muss sich außerdem gegen einen **Mitbewerber** iSd § 2 I Nr. 4 richten. Es muss daher zwischen dem Verletzer und dem Verletzten ein **konkretes Wettbewerbsverhältnis** bestehen. Das war nach der Rspr. zum UWG 1909 anzunehmen, wenn die Parteien – unabhängig von der Branchenzugehörigkeit – bei der wirtschaftlichen Verwertung eines Kennzeichens in der Weise in Wettbewerb treten, dass der Verletzer durch den Gebrauch des fremden Kennzeichens dessen wirtschaftlich (durch Lizenzvergabe) verwertbaren Ruf für sich auszunutzen versucht (BGH GRUR 1985, 550 (552) – DIMPLE; BGHZ 113, 82 (84) – Salomon; BGHZ 125, 91 (98) = GRUR 1994, 808 (812) – Markenverunglimpfung I; BGH WRP 1998, 1181 (1183) – MAC Dog; BGHZ 126, 208 (209 f.) = GRUR 1994, 732 – Mc Laren mwN; anders aber BGH (VI. Senat) GRUR 1986, 759 – BMW). Zur Beurteilung nach dem heutigen UWG → § 2 Rn. 4.7 ff., 4.42. – Fehlt es an einem konkreten Wettbewerbsverhältnis, kommt nur ein ergänzender bürgerlich-rechtlicher Kennzeichenschutz (§§ 823, 826 BGB) in Betracht (→ Rn. 4.101 f.).

3. Fallgruppen

Für einen lauterkeitsrechtlichen Kennzeichenschutz vor Behinderung (Rufbeeinträchtigung   **4.80** und Rufausbeutung) verbleiben angesichts der bestehenden Regelungen in § 4 Nr. 1 und 3 sowie in § 6 II Nr. 3, 4 und 6 und der weit reichenden Regelung in den § 14 II Nr. 3 MarkenG, § 15 III MarkenG nur wenige Fälle. Der Fall der Benutzung einer bekannten Marke innerhalb des Ähnlichkeitsbereichs (§ 14 II Nr. 3 MarkenG: „die nicht denen ähnlich sind") lässt sich überdies durch analoge Anwendung des § 14 II Nr. 3 MarkenG abdecken (vgl. EuGH GRUR 2003, 240 – Davidoff/Gofkid; EuGH GRUR 2009, 756 Rn. 35 – L'Oréal; BGH GRUR 2000, 875 – Davidoff; BGH WRP 2004, 360 (363) – Davidoff II). Für die Anwendung des § 4 Nr. 4 kommen im Wesentlichen daher nur die Fälle der **nicht kennzeichenmäßigen Benutzung** (→ Rn. 4.81 ff.) und des **Erwerbs von Sperrzeichen** (→ Rn. 4.84) in Betracht. Hinzu kommt die unlautere Monopolisierung von geografischen Herkunftsangaben (→ Rn. 4.83). Zu weiteren möglichen Fällen vgl. Deutsch WRP 2000, 854 (857).

a) Nicht kennzeichenmäßige Benutzung. aa) Voraussetzungen. Die Benutzung eines   **4.81** Kennzeichens ist nicht kennzeichenmäßig iSd § 14 II MarkenG, § 15 III MarkenG, wenn sie keine Funktionen des Kennzeichens und damit keine geschützten Interessen des Kennzeicheninhabers beeinträchtigen kann (EuGH GRUR 2009, 756 Rn. 60 – L'Oréal; EuGH GRUR 2010, 445 Rn. 75 ff. – Google und Google France; EuGH WRP 2010, 1350 Rn. 29 ff. – Portakabin/Primakabin). Das ist anzunehmen, wenn das Kennzeichen nur zu **rein beschreibenden Zwecken** benutzt wird (EuGH GRUR 2009, 756 Rn. 61 – L'Oréal). Dagegen kann bei einer Nutzung zu **Werbezwecken** durchaus eine kennzeichenmäßige Benutzung vorliegen. Entscheidend ist, ob im Einzelfall eine der Funktionen des Kennzeichens (Herkunftsfunktion; daneben ua auch Qualitätsgewährleistungs-, Kommunikations-, Investitions- oder Werbefunktion) beeinträchtigt werden kann (EuGH GRUR 2009, 756 Rn. 62, 63 – L'Oréal; EuGH GRUR 2010, 445 Rn. 75 ff. – Google und Google France; BGH GRUR 2013, 290 Rn. 21 ff. – MOST-Pralinen). Im Hinblick auf diese **weite Auslegung** des Begriffs der kennzeichenmäßigen Benutzung sind kaum Fälle vorstellbar, in denen eine nicht kennzeichenmäßige Benutzung den Tatbestand einer gezielten Behinderung erfüllen kann.

bb) Rechtsfolgen. Die nicht kennzeichenmäßige Benutzung ist nicht ohne Weiteres, son-   **4.82** dern nur in Ausnahmefällen unlauter (BGH GRUR 1960, 126 (129) – Sternbild; BGH GRUR

1985, 978 (979) – Shamrock II). Die Bekanntheit des Zeichens ist (anders als in § 14 II Nr. 3 MarkenG, § 15 II MarkenG) allerdings keine zwingende Schutzvoraussetzung (Ingerl/Rohnke MarkenG § 14 Rn. 885), sondern nur im Rahmen der Interessenabwägung zu berücksichtigen. **(1)** Unlauterkeit ist nicht schon deshalb anzunehmen, weil es zu einer **Behinderung des Lizenzgeschäfts** des Rechteinhabers kommt. Wenn beispielsweise der Rechteinhaber Lizenzen zur Nutzung von Abbildungen seines Produkts erteilt, nutzt er insoweit nicht sein Kennzeichenrecht, sondern allein den guten Ruf seines Produkts. Dieser bloß wettbewerbliche Besitzstand gibt ihm aber kein Ausschließlichkeitsrecht gegenüber Dritten. Er kann daher nicht geltend machen, sein Lizenzgeschäft werde durch die von ihm nicht gestattete Abbildung seines Erzeugnisses zur Werbung für ein fremdes Produkt behindert (vgl. BGHZ 86, 90 = GRUR 1983, 247 (248) – Rolls Royce: Abbildung eines Rolls Royce in der Werbung für den Whiskey „Jim Beam"). Anders verhält es sich, wenn die Abbildung ein fremdes Urheberrecht verletzt (BGH GRUR 1960, 144 – Bambi). **(2)** Unlauterkeit kann in Gestalt der **Rufausbeutung** (BGHZ 86, 90 (95 f.) – Rolls Royce) vorliegen, da auch sie den Kennzeicheninhaber behindern kann (BGH GRUR 2009, 500 Rn. 22 – Beta Layout; Köhler GRUR 2007, 548 (552); Lubberger WRP 2007, 873 (874); aA Ohly GRUR 2009, 709 (716)). Sie kommt in Betracht, wenn das kennzeichenrechtlich geschützte Erzeugnis wegen seiner Qualität oder Exklusivität geschätzt wird und der Werbende es aus diesem Grund zum Zweck der **Rufübertragung (Imagetransfer)** als Vorspann für seine Produktwerbung benutzt (vgl. BGHZ 86, 90 (95 f.) – Rolls Royce). Das setzt jedoch eine **erkennbare Bezugnahme** auf den Unternehmer oder das Produkt, dessen Ruf ausgenutzt werden soll, voraus (BGHZ 161, 204 (214) = GRUR 2005, 349 – Klemmbausteine III; BGH GRUR 2009, 500 Rn. 22 – Beta Layout). Daran fehlt es bspw. bei einer bloßen **Adword-Werbung** (BGH GRUR 2009, 500 Rn. 22 – Beta Layout). Soweit in derartigen Fällen eine kennzeichenmäßige Benutzung im Hinblick auf eine Beeinträchtigung der Herkunftsfunktion der Marke vorliegt (dazu EuGH GRUR 2010, 455 Rn. 87–89 – Google und Google France), ist ohnehin die Beurteilung nach Markenrecht vorrangig (vgl. BGH GRUR 2018, 924 Rn. 65 – ORTLIEB I). **(3)** Am ehesten kommt noch Unlauterkeit im Falle einer **Rufbeeinträchtigung** in Betracht. Die Rufbeeinträchtigung genügt allerdings für sich allein nicht, um die Unlauterkeit zu begründen. Vielmehr müssen noch **weitere Umstände** hinzukommen. Dabei ist, wie stets, eine Gesamtwürdigung vorzunehmen. Erforderlich sind jedenfalls die Kenntnis des Nachahmers von der Existenz des Kennzeichens und ein Handeln ohne zwingende Notwendigkeit, nicht dagegen eine „böse Absicht" (BGH GRUR 1991, 609 (613) – SL). Voraussetzung ist außerdem, dass die Beteiligten Mitbewerber sind, also in einem konkreten Wettbewerbsverhältnis zueinander stehen (→ Rn. 4.79).

4.83   **b) Monopolisierung von geografischen Herkunftsangaben.** Obwohl geografische Herkunftsangaben keine individuellen Schutz- oder subjektiven Kennzeichenrechte verleihen (BGHZ 139, 138 (140) = GRUR 1999, 252 – Warsteiner II), genießen die zur Benutzung der Angabe berechtigten Unternehmen unter dem Gesichtspunkt der individuellen Behinderung lauterkeitsrechtlichen Schutz vor einer Monopolisierung der Angabe durch einen der Berechtigten, etwa durch Aufnahme der Angabe in die Firmenbezeichnung oder durch Eintragung als Marke (BGH GRUR 2001, 73 (77) – Stich den Buben).

III. Behinderung durch Zeichenerwerb

1. Anmeldung und Eintragung von Sperrzeichen

4.84   **a) Unlauterkeit. aa) Ausgangspunkt.** Eine gezielte Behinderung kann durch Anmeldung und Eintragung eines **(Sperr-)Zeichens** erfolgen (vgl. BGH GRUR 2008, 160 Rn. 18–27 – CORDARONE; Ströbele/Hacker/Thiering/Hacker MarkenG § 2 Rn. 82 ff.). Die markenrechtlichen Bestimmungen der § 8 II Nr. 14 und § 50 I MarkenG, Art. 59 I lit. b UMV zur **bösgläubigen Markenanmeldung** (dazu EuGH GRUR 2009, 763 Rn. 34–53 – Lindt & Sprüngli; BGH GRUR 2016, 380 Rn. 11 ff. – GLÜCKSPILZ) schließen die Anwendung des UWG nicht aus (OLG Frankfurt GRUR-RR 2021, 160 Rn. 31). (Zum Verhältnis der „bösgläubigen Markenanmeldung" zu § 4 Nr. 4 vgl. Osterloh FS Ullmann, 2006, 347; Ullmann GRUR 2009, 364; Ströbele/Hacker/Thiering/Hacker MarkenG § 2 Rn. 85 ff.).

4.84a   Erste Voraussetzung der Unlauterkeit der Markenanmeldung ist, dass der Anmelder weiß oder wissen muss, dass der Mitbewerber die gleiche oder eine ähnliches Marke im **Inland** oder in einem **anderen Mitgliedstaat** für gleiche oder verwechselbar ähnliche Waren benutzt oder benutzen möchte, ohne hierfür einen formalen Kennzeichenschutz erworben zu haben (EuGH

GRUR 2009, 763 Rn. 34–53 – Lindt & Sprüngli; BGH GRUR 2004, 790 (793) – Gegenabmahnung; BGH GRUR 2005, 581 (582) – The Colour of Elégance). Dies reicht für sich allein
aber nicht aus (BGH WRP 2010, 764 Rn. 51 – WM-Marken). Vielmehr müssen **besondere
Umstände** hinzukommen, die das Verhalten des Anmelders als wettbewerbswidrig erscheinen
lassen (BGH GRUR 2008, 160 Rn. 19 – CORDARONE; BGH GRUR 2008, 917 Rn. 20 –
EROS; BGH WRP 2010, 764 Rn. 51 – WM-Marken). Das gilt auch in dem Fall, dass ein
Hersteller ein Arzneimittel im Inland und im Ausland unter unterschiedlichen Marken vertreibt
und der Parallelimporteur die im Ausland geschützte und verwendete Bezeichnung für sich im
Inland als Marke eintragen lässt und das Arzneimittel unter dieser Bezeichnung in Kenntnis von
seiner Benutzung im Ausland (weiter-)vertreibt. Besondere, die Unlauterkeit begründende
Umstände sind nicht darin zu erblicken, dass der Parallelimporteur auf die Benutzung der
(Auslands-)Marke des Herstellers nicht angewiesen ist oder dass es sich um Waren handelt, die
der Hersteller selbst in den Verkehr gebracht hat (BGH GRUR 2008, 160 Rn. 22–27 –
CORDARONE).

bb) Vorliegen besonderer Umstände. Solche besonderen Umstände liegen nach der Rspr.   **4.84b**
(vgl. BGH GRUR 2010, 642 Rn. 51 – WM-Marken; BGH GRUR 2008, 621 Rn. 21 –
AKADEMIKS; BGH GRUR 2008, 917 Rn. 20 – EROS; BGH GRUR 2009, 780 Rn. 13 –
Ivadal) vor, wenn ein Unternehmer die **gleiche oder eine verwechslungsfähige Bezeichnung als Marke für gleiche oder gleichartige Waren** eintragen lässt und **eine der drei**
folgenden Voraussetzungen erfüllt ist: **(1) Handeln ohne ausreichenden sachlichen Grund
mit dem Ziel der Störung eines schutzwürdigen inländischen Besitzstandes des Vorbenutzers. (2) Handeln in der Absicht, für den Vorbenutzer den Gebrauch der Bezeichnung zu sperren.** Ein schutzwürdiger Besitzstand des Vorbenutzers setzt eine gewisse
Bekanntheit im Prioritätszeitpunkt entweder auf Grund einer im Inland erfolgten Nutzung oder
einer überragenden Verkehrsgeltung im Ausland voraus (BGH GRUR 2008, 621 Rn. 21 –
AKADEMIKS). **(3) Handeln mit dem Ziel, die kraft Eintragung entstehende und lauterkeitsrechtlich an sich unbedenkliche Sperrwirkung der Marke ohne sachlichen Grund
und damit zweckfremd als Mittel des Wettbewerbskampfes einzusetzen** (stRspr; BGH
GRUR 1991, 465 (467) – Salomon; BGH GRUR 1998, 412 (414) – Analgin; BGH GRUR
1998, 1034 (1037) – Makalu; BGH GRUR 2000, 1032 (1034) – EQUI 2000; BGH GRUR
2003, 428 (431) – BIG BERTHA; BGH GRUR 2004, 790 (793) – Gegenabmahnung; BGH
GRUR 2005, 414 (417) – Russisches Schaumgebäck; BGH GRUR 2005, 581 (582) – The
Colour of Elégance; BGH GRUR 2008, 621 Rn. 21 – AKADEMIKS; BGH GRUR 2008, 160
Rn. 21 – CORDARONE). Ein schutzwürdiger inländischer Besitzstand ist insoweit nicht
erforderlich. (BGH GRUR 2005, 414 (417) – Russisches Schaumgebäck; BGH GRUR 2008,
160 Rn. 18–27 – CORDARONE; BGH GRUR 2008, 621 Rn. 21 – AKADEMIKS; BGH
WRP 2010, 764 Rn. 51 – WM-Marken), etwa in der Absicht, das Eindringen eines Mitbewerbers in den Inlandsmarkt zu verhindern (ÖOGH GRUR-Int. 2000, 560 (562)). Voraussetzung ist in diesem Fall die **objektive Eignung** des angemeldeten Zeichens, eine Sperrwirkung zu entfalten und als Mittel des Wettbewerbskampfes eingesetzt zu werden, sowie eine
entsprechende **Absicht** (EuGH GRUR 2009, 763 Rn. 44 – Lindt & Sprüngli; BGH GRUR
2005, 581 (582) – The Colour of Elégance). Die objektive Eignung zur Sperrwirkung fehlt idR
nicht schon deshalb, weil die kollidierende Bezeichnung beschreibend und nicht markenmäßig
benutzt wird (BGH GRUR 2005, 581 (582) – The Colour of Elégance). Eine Sperrwirkung ist
zB dann anzunehmen, wenn das als Formmarke geschützte Produkt im Ausland von verschiedenen Unternehmen nach bestimmten staatlichen Standards hergestellt und nach Deutschland
importiert wird (BGH GRUR 2005, 414 (417) – Russisches Schaumgebäck). Das Gleiche gilt,
wenn die Wahlfreiheit der Mitbewerber hinsichtlich Form und Aufmachung einer Ware (zB
Schokoladenosterhasen) auf Grund technischer oder kommerzieller Erwägungen so beschränkt
ist, dass der Markenanmelder den Mitbewerber auch daran hindern kann, vergleichbare Waren
zu vermarkten (EuGH GRUR 2009, 763 Rn. 50 – Lindt & Sprüngli). Die **Behinderungsabsicht** setzt voraus, dass der Markenanmelder weiß, dass ein identisches oder verwechslungsfähig ähnliches Zeichen im Ausland bereits für identische oder gleichartige Waren benutzt wird,
und sich ihm nach den Umständen zumindest die Kenntnis aufdrängen muss, dass der Inhaber
der ausländischen Marke die Absicht hat, das Zeichen in absehbarer Zeit auch im Inland zu
benutzen (BGH GRUR 2008, 621 Rn. 26 – AKADEMIKS). Dass der Anmelder die inländische
Marke für eigene Zwecke benutzen will, schließt die Unlauterkeit nicht aus, wenn die unter der
Marke zu vertreibenden Waren Nachahmungen der Ware darstellen, die der Inhaber der auslän-

dischen Marke unter dieser Marke vertreibt. Denn die Behinderungsabsicht muss zwar das **wesentliche,** braucht aber nicht das alleinige Motiv des Anmelders zu sein (BGH GRUR 1995, 117 (121) – NEUTREX; BGH GRUR 2000, 1032 (1034) – EQUI 2000; BGH GRUR 2008, 621 Rn. 32 – AKADEMIKS; BGH GRUR 2008, 917 Rn. 23 – EROS; OLG Hamburg WRP 2013, 201 Rn. 54–57). Daher schließt auch eine bestehende Benutzungsabsicht die Unlauterkeit iSd § 4 Nr. 4 nicht aus. Um dies festzustellen, ist eine Gesamtabwägung aller Umstände des Einzelfalls erforderlich. Dabei kann der Verlauf der Vertragsbeziehungen zwischen den Parteien eine Rolle spielen (BGH GRUR 2008, 917 Rn. 23 ff. – EROS). – Ein **sachlicher Grund,** der die Behinderungsabsicht ausschließt, kann sein: die Wahrung bestehender Rechte (EuGH GRUR 2009, 763 Rn. 51, 52 – Lindt & Sprüngli); das Interesse, eine beschreibende Angabe allgemein verwendbar zu erhalten (BGH GRUR 1994, 905 (908) – Schwarzwald-Sprudel); das Interesse, eine „Markenfamilie" des Anmelders fortzuschreiben (BGH GRUR 2005, 581 (582) – The Colour of Elégance).

4.85   **b) Rechtsfolgen.** Der Vorbenutzer kann nach §§ 3 I, 4 Nr. 4, 8 I 1 – unabhängig von der Möglichkeit eines Löschungsantrags nach § 53 MarkenG iVm § 8 II Nr. 14 MarkenG, § 50 I MarkenG wegen bösgläubiger Markenanmeldung – Rücknahme der Anmeldung oder Einwilligung in die Löschung des Zeichens verlangen, wenn bereits die Anmeldung als solche unlauter ist (BGH GRUR 2000, 1032 (1034) – EQUI 2000). Wird das Zeichen auf Grund einer entsprechenden Löschungsklage gelöscht, so wirkt die Löschung auf den Zeitpunkt der Eintragung zurück (§ 52 II MarkenG analog; BGH WRP 2014, 443 Rn. 20 ff. – H 15). Eine auf Verletzung des Zeichens gestützte Klage ist daher von Anfang an unbegründet anzusehen. Daher kann der von einem bösgläubigen Markenanmelder in Anspruch Genommene in demselben Verfahren im Wege der Widerklage den Löschungsanspruch geltend machen und braucht kein gesondertes Nichtigkeitsverfahren einzuleiten (BGH WRP 2014, 443 Rn. 23 – H 15). Dies gilt auch dann, wenn es sich um eine **Unionsmarke** handelt. Der Antrag beim EUIPO sowie die Widerklage auf Nichtigerklärung im Verletzungsverfahren nach Art. 59 I lit. b UMV stellen insoweit keine abschließende Regelung dar (wie hier Ullmann GRUR 2009, 364 (365)). Der Vorbenutzer kann sich **außerdem** gegen markenrechtliche (und etwaige auf §§ 3 I, 4 Nr. 4 gestützte) Ansprüche des Anmelders mit dem Einwand des **Rechtsmissbrauchs** wegen wettbewerbswidriger Behinderung zur Wehr setzen (BGH GRUR 1998, 1034 (1037) – Makalu; BGH GRUR 2008, 917 Rn. 19 – EROS; BGH WRP 2016, 482 Rn. 21 – LIQUIDROM; OLG Köln WRP 2021, 808 Rn. 30). Ist dagegen nur die Geltendmachung der Rechte aus dem eingetragenen Zeichen unlauter, steht dem Vorbenutzer nur der Einwand des Rechtsmissbrauchs zu (BGH GRUR 1984, 210 (211) – AROSTAR; BGH GRUR 1986, 74 (76 f.) – Shamrock III; OLG Köln WRP 2009, 1290 (1293)). Rechtsmissbräuchlich handelt auch, wer ein wegen Nichtbenutzung löschungsreifes Zeichen allein zu dem Zweck erwirbt, durch dessen einmalige Benutzung die kennzeichenrechtliche Stellung eines Wettbewerbers zu schwächen (BGH GRUR 1995, 117 (121) – NEUTREX; OLG Köln NJWE-WettbR 2000, 38). Dem Vorbenutzer steht allerdings kein Unterlassungs- und Schadensersatzanspruch aus §§ 3 I, 4 Nr. 4 iVm §§ 8 I, 9 I wegen der bloßen Verwendung des Zeichens zu, weil darin noch keine gezielte Behinderung liegt (OLG Karlsruhe GRUR 1997, 373 (375)).

2. Anmeldung und Eintragung von Marken zu Spekulationszwecken

4.86   Grundsätzlich ist es zulässig, Marken zu dem bloßen Zweck der späteren Übertragung oder Lizenzvergabe anzumelden (arg. §§ 27, 30 MarkenG). Dies reicht an sich für einen Benutzungswillen aus (BGH GRUR 2009, 780 Rn. 19 – Ivadal) und kommt insbes. bei Werbeagenturen oder Markendesignern in Betracht. Jedoch ist eine unlautere Behinderung (und zugleich „Bösgläubigkeit" iSv § 8 II Nr. 14, § 50 I MarkenG) anzunehmen, wenn auf Grund der tatsächlichen Umstände anzunehmen ist, der Anmelder werde in **rechtsmissbräuchlicher** Weise versuchen, Dritte zum Erwerb der Markenrechte zu veranlassen. Dies kann insbes. dann der Fall sein, wenn Marken nicht im Hinblick auf eine Vielzahl in Betracht kommender, im Einzelnen noch unbestimmter und allenfalls nach abstrakten Merkmalen umschriebener potenzieller Interessenten auf Vorrat angemeldet werden, sondern im Zeitpunkt der Anmeldung die Veräußerung an einzelne, bereits bestimmte Dritte nahe liegt. Voraussetzung ist dabei, dass deren Interesse im Wesentlichen darin besteht, nicht durch die Eintragung der Marke an der Verwendung der bislang ungeschützten Kennzeichnung gehindert zu werden (BGH GRUR 2009, 780 Rn. 20 – Ivadal). Man spricht insoweit von **Hinterhaltsmarken** (BGH GRUR 2001, 242 (244) – Classe E; BGH GRUR 2009, 780 Rn. 10 – Ivadal; Helm GRUR 1996, 593 (600)). Für die Abwehr von

Unterlassungs- und Schadensersatzansprüchen reicht es jedoch idR aus, dem Markenverletzer den **Einwand des Rechtsmissbrauchs** zuzubilligen (vgl. auch § 8c) bzw. eine Feststellungsklage (BGH GRUR 2001, 242 (244) – Classe E) zuzulassen. Dadurch lässt sich auch besser den Umständen des Einzelfalls Rechnung tragen.

3. Anmeldung und Eintragung von Internet-Domains

a) Grundlagen. Domains sind – vereinfacht gesprochen – die Internet-Adressen innerhalb des **4.87** Domain-Name-Systems (DNS), das bspw. von Blockchain-Domains (dazu Heine GRUR-Prax 2023, 192 ff.) zu unterscheiden ist. Die Domains ermöglichen eine Orientierung und Strukturierung im Internet. Ihre praktische Bedeutung für die Suche nach Anbietern und Inhalten ist allerdings aufgrund der erheblich verbesserten Suchmöglichkeiten über Suchmaschinen zurückgegangen. Gleichwohl können die Domainkonstellationen noch immer ein hilfreiches Referenzmodell für die Beurteilung ähnlich gelagerter Fälle von Behinderungen im Internet bilden.

Die Vergabe von Domains geschieht durch Network Information Centers (NIC), die eine **4.87a** oder mehrere Top-Level-Domains verwalten. Für die Top-Level-Domain „de" erfolgt die Verwaltung durch die „DENIC eG" in Deutschland, für die Top-Level-Domain „com" in den USA durch das INTERNIC/Network Solutions. Typischerweise erfolgt die Vergabe auf Antrag einer beliebigen Person nach dem Prioritätsprinzip, ohne Prüfung etwaiger kollidierender Zeichenrechte Dritter (vgl. näher BGHZ 148, 13 = WRP 2001, 1305 (1308) – ambiente.de; OLG Frankfurt WRP 2000, 214; Bettinger/Freytag CR 1999, 28 (29 f.); Ubber WRP 1997, 497; Marwitz ZUM 2001, 398). Domains dienen der Abgrenzung der unter dieser Adresse registrierten Person oder Einrichtung von anderen Internet-Teilnehmern, werden nur einmal vergeben und haben daher Kennzeichnungsfunktion (OLG München GRUR 2000, 518 (519); Fezer WRP 2000, 669). Der Vertragsschluss mit der Registrierungsstelle begründet für den Domaininhaber ein relativ wirkendes vertragliches Nutzungsrecht, das dem Inhaber des Domainnamens ebenso ausschließlich zugewiesen ist wie das Eigentum an einer Sache (BVerfG GRUR 2005, 261 – adacta.de; BGH GRUR 2009, 685 Rn. 31 – ahd.de). Die Eintragung eines Domainnamens begründet allerdings für sich allein noch kein Unternehmenskennzeichenrecht, weil damit noch keine Benutzung im geschäftlichen Verkehr verbunden ist (BGH GRUR 2009, 685 Rn. 30 – ahd.de). Dies gilt auch dann, wenn dieser Domainname anderweitig zum Erwerb angeboten wird (BGH GRUR 2009, 685 Rn. 30 – ahd.de). Ein Unternehmensrecht kann vielmehr erst nach Aufnahme der Benutzung des Domainnamens entstehen und setzt weiter voraus, dass der Verkehr in dem Domainnamen einen Herkunftshinweis erkennt (BGH GRUR 2008, 1099 Rn. 22 – afilias.de; BGH GRUR 2009, 685 Rn. 29 – ahd.de).

b) Kennzeichenverletzung durch Domain-Eintragung. Die Anmeldung und Registrie- **4.88** rung von Domains kann bestehende Kennzeichenrechte Dritter (Marken, Unternehmenskennzeichen, geografische Herkunftsangaben, Namen) verletzen (BGH GRUR 2009, 685 Rn. 15 ff. – ahd.de; BGH WRP 2014, 424 Rn. 21 – wetteronline.de). Dagegen setzt sich ein erst nach der Registrierung des Domainnamens entstehendes Namens- oder Kennzeichenrecht nicht ohne Weiteres gegenüber dem Nutzungsrecht des Domaininhabers durch (BGH GRUR 2008, 1099 Rn. 32 – afilias.de; BGH GRUR 2009, 685 Rn. 31 – ahd.de).

aa) Kennzeichenmäßiger Gebrauch. Die Verwendung eines fremden Kennzeichens als **4.89** Domain kann einen kennzeichenmäßigen Gebrauch darstellen, wenn der Verkehr darin keine bloße Adressbezeichnung, sondern einen Hinweis auf das dahinter stehende Unternehmen oder auf die betriebliche Herkunft von Waren oder Dienstleistungen aus einem bestimmten Unternehmen sieht (BGH GRUR 2009, 685 Rn. 20 – ahd.de; BGH GRUR 2005, 871 (873) – Seicom; Büscher/Dittmer/Schiwy/Büscher MarkenG § 14 Rn. 123) sieht. Ein kennzeichenmäßiger Gebrauch ist zB auch dann gegeben, wenn der Domainname für ein Internetportal mit bestimmten Angeboten verwendet wird (BGH GRUR 2009, 685 Rn. 22 – ahd.de). Der Kennzeichengebrauch ist bereits in der Registrierung zu erblicken, mag auch noch keine Homepage eingerichtet worden sein (BGH GRUR 2002, 622 (624) – shell.de; OLG Dresden NJWE-WettbR 1999, 133 (135); Wüstenberg GRUR 2003, 109 (111)).

bb) Anspruchsgrundlagen. Handelt es sich um Kennzeichen iSd § 1 MarkenG, kommen **4.90** Ansprüche aus den §§ 14 II, 15 II, 127, 128 MarkenG in Betracht. Im Anwendungsbereich des MarkenG (§§ 14, 15, 128 MarkenG) ist für eine gleichzeitige Anwendung der § 3 I, § 4 Nr. 4 und § 5 sowie der § 12 BGB und § 823 I BGB grds. kein Raum mehr (BGH GRUR 2002, 622 (623) – shell.de mwN auch zur Gegenansicht; BGH GRUR 2002, 706 (707) – vossius.de).

Lauterkeitsrechtliche Ansprüche kommen nur dann in Betracht, wenn sie sich gegen ein Verhalten richten, das als solches nicht Gegenstand der kennzeichenrechtlichen Regelung ist (→ Rn. 4.94; BGH GRUR 2004, 235 (238) – Davidoff II; BGH GRUR 2009, 685 Rn. 38 – ahd.de). Auch greift **§ 12 BGB** ein, wenn die Domain nicht im geschäftlichen, sondern nur im privaten Verkehr oder außerhalb der erforderlichen Branchennähe verwendet wird (BGH GRUR 2002, 622 (623) – shell.de; BGH WRP 2014, 424 Rn. 16 – wetteronline.de). Die Registrierung eines Domainnamens verletzt ein fremdes Namensrecht durch die dadurch eintretende Sperrwirkung, die es ausschließt, dass der Berechtigte unter seinem Namen als Teil der Internetadresse aufgefunden wird (BGH WRP 2014, 424 Rn. 16 – wetteronline.de). Jedoch kommt eine Namensverletzung iSd § 12 BGB nur dann in Betracht, wenn der **Domainname einen Namen darstellt,** also namensmäßige Unterscheidungskraft der Bezeichnung von Haus aus oder auf Grund Verkehrsgeltung besitzt (BGH WRP 2014, 424 Rn. 19 – wetteronline.de). Das wurde für den Firmenbestandteil „Wetteronline" verneint.

4.91   **cc) Verwechslungsgefahr.** Bei der Prüfung der Zeichenidentität oder -ähnlichkeit ist zu berücksichtigen, dass der Verkehr zu größerer Aufmerksamkeit gezwungen ist, weil die Namensbildung im Internet im Hinblick auf die standardisierte Schreibweise (insbes. keine Leerzeichen; keine grafischen Unterschiede) beschränkt ist. Dabei hat aber die funktionale Top-Level-Domain („de", „com" usw) und der Zusatz „www." außer Betracht zu bleiben, da ein solcher Zusatz im Internet zwingend erforderlich ist (BGH GRUR 2009, 685 Rn. 26 – ahd.de; OLG München GRUR 2000, 518 (519)). Zeichenähnlichkeit war daher zu bejahen zwischen der Firma „buecher.de AG" und der Domain „buecherde.com" (OLG München GRUR 2000, 518 (519)), zwischen der Marke „CHECK IN" und der Domain „checkin.com", zwischen der Kanzleibezeichnung „Vossius & Partner" und der Domain „vossius.de" (BGH GRUR 2002, 706 (707) – vossius.de), zwischen der Unternehmenskurzbezeichnung „ahd" und der Domain „www.ahd.de". Die Wahl einer anderen Top-Level-Domain (also zB „com" statt „de") schließt deshalb die Verwechslungsgefahr auch nicht zwingend aus. Die Domain „lotto-privat.de" verletzt nicht das Firmenschlagwort „Westlotto", da „West" ein prägender Bestandteil ist (OLG Köln WRP 2002, 244 (248)). Bei der Prüfung der Waren- oder Dienstleistungsähnlichkeit (§ 14 II Nr. 2 MarkenG) ist idR von den Waren oder Dienstleistungen auszugehen, die über die Domain beworben werden (OLG München MMR 2000, 277; KG GRUR-RR 2002, 180 (181); OLG Köln WRP 2002, 249 (251) zur Bewerbung von Lottospielergemeinschaften). Das hilft aber nicht weiter, wenn der Domain-Name lediglich registriert ist, aber noch keine Homepage eingerichtet wurde (vgl. OLG Frankfurt WRP 2000, 645).

4.92   **dd) Beispiele. Kennzeichenverletzung** wurde **bejaht** bei Verwendung der Domain „rolls-royce.de" (im Hinblick auf die Marke „Rolls Royce"; OLG München GRUR 2000, 519); „buecher.de" (im Hinblick auf das Unternehmenskennzeichen „buecher.de AG"; OLG München GRUR 2000, 518); „zwilling.de" (im Hinblick auf die Marke „Zwilling"; OLG Karlsruhe WRP 1998, 900); „shell.de" (im Hinblick auf den Firmennamen „Shell AG"; BGH GRUR 2002, 622 – shell.de); „freelotto" (im Hinblick auf die prioritätsältere Marke „LOTTO", soweit es um die Bewerbung und das Angebot von Spielergemeinschaften geht; OLG Köln WRP 2002, 249); „vossius.de" (im Hinblick auf die Kanzleibezeichnung „Vossius & Partner"; BGH GRUR 2002, 706 (707) – vossius.de); „ahd.de"(im Hinblick auf das Unternehmenskennzeichen „ahd"; BGH GRUR 2009, 685 Rn. 27 – ahd.de). **Kennzeichenverletzung** wurde **verneint** bei Verwendung der Domain „alcon.de" (im Hinblick auf fehlende Branchennähe und fehlende Ausnutzung der Bekanntheit des fremden Zeichens; OLG Frankfurt WRP 2000, 772); „champagner.de" (kein Verstoß gegen § 127 III MarkenG und § 3 I, da Homepage lediglich als Informationsquelle und Werbemedium für Champagner genutzt; OLG München WRP 2002, 111); „weideglueck.de" (im Hinblick auf fehlende Waren- oder Dienstleistungsähnlichkeit und Branchennähe; OLG Frankfurt WRP 2000, 645); „checkin.com" (im Hinblick auf fehlende Waren- oder Dienstleistungsähnlichkeit und Branchennähe; KG GRUR 2001, 180).

4.93   **ee) Gleichnamigkeit.** Soweit es den **geschäftlichen** Verkehr betrifft, kann derjenige, der ein Kennzeichenrecht nach § 5 II MarkenG erworben hat, vom Gleichnamigen zur Vermeidung einer Verwechslungsgefahr verlangen, dass er bei Verwendung des Namens im Internet darauf Rücksicht nimmt. Das kann entweder durch Aufnahme eines unterscheidenden Zusatzes in die Internet-Adresse geschehen oder aber als milderes Mittel durch einen Hinweis auf der ersten sich öffnenden Internet-Seite, dass es sich nicht um die Homepage des anderen Namensträgers handelt (BGH GRUR 2002, 706 (708) – vossius.de). – Soweit es den **privaten** Verkehr betrifft, ist bei Gleichnamigkeit der Kennzeicheninhaber durch Interessenabwägung zu entscheiden, wem der Vorrang gebührt. Dabei gilt in erster Linie der Grundsatz der **Priorität** der Anmeldung, auch wenn der Erstanmelder nur private und keine geschäftlichen Interessen verfolgt und/oder weniger bekannt ist (BGH GRUR 2002, 706 (709) – vossius.de). Beim Prioritätsgrundsatz muss es auch dann bleiben, wenn der Gegner über ein relativ stärkeres Recht verfügt als der Inhaber des Domain-Namens, da der Rechtsverkehr im Hinblick auf die Fülle von möglichen Konflikten auf eine einfach zu handhabende Grundregel angewiesen ist (BGH GRUR 2002, 706 (708) – vossius.de). Dies gilt auch beim Konflikt zwischen dem Namensrecht eines Privaten und einer Gemeinde (LG Erfurt MMR 2002, 396; LG Düsseldorf MMR 2002, 398). Die Interessen eines Privaten haben aber im Interesse der großen Mehrzahl der Internet-Nutzer zurückzutreten, wenn es sich um eine Marke mit überragender Bekanntheit handelt. Ihm ist dann die Verwendung eines unterscheidenden Zusatzes zuzumuten (BGH GRUR 2002, 622 (625) – shell.de).

c) Gezielte Behinderung durch Domain-Eintragung. Das Anmelden und Eintragen von 4.93a
Domains kann unter bestimmten Voraussetzungen als eine gezielte Behinderung iSv § 4 Nr. 4 anzusehen sein. Begriffe wie **„Domain-Grabbing"** oder **„Cybersquatting"** (zur Abgrenzung s. nur BeckOGK/B. Koch BGB § 12 Rn. 853) sind zwar inzwischen verbreitet und anschaulich, ihnen kommt aber für die lauterkeitsrechtliche Beurteilung keine besondere Aussagekraft zu. Vielmehr handelt es sich um eher schlagwortartige Beschreibungen von typischen Erscheinungsformen domainbezogener Behinderungspraktiken.

aa) Eintragung von Domainnamen mit Bezug zu einem geschützten Kennzeichen. 4.94
Eine Anmeldung kann, wenn sie darauf gerichtet ist, sich den Domainnamen vom Kennzeicheninhaber abkaufen oder lizenzieren zu lassen, unter bestimmten Voraussetzungen den Tatbestand der gezielten Behinderung eines Mitbewerbers erfüllen. Im Einzelnen: Die Anmeldung eines Domainnamens zur geschäftlichen Verwertung stellt eine **geschäftliche Handlung** iSd § 2 I Nr. 2 dar (BGH GRUR 2009, 685 Rn. 40 – ahd.de). Der Kennzeicheninhaber ist als **Mitbewerber** iSd § 2 I Nr. 4 anzusehen. Dies ergibt sich daraus, dass der Anmelder und der Kennzeicheninhaber den gleichen Domainnamen unter der gleichen Top-Level-Domain (insbes. „.de") für sich registrieren lassen wollen (BGH GRUR 2009, 685 Rn. 40 – ahd.de). Das konkrete Wettbewerbsverhältnis wird durch die Anmeldung begründet, weil sie objektiv darauf gerichtet ist, den Wettbewerb des Anmelders zum Nachteil des Wettbewerbs des Kennzeicheninhabers zu fördern (vgl. Köhler WRP 2009, 499 (505 f.)). Eine **Behinderung** iSd § 4 Nr. 4 ergibt sich daraus, dass die Verwendung eines unterscheidungskräftigen, nicht zugleich als Gattungsbegriff verstandenen Domainnamens im geschäftlichen Verkehr als Hinweis auf den Betreiber des jeweiligen Internetauftritts verstanden wird (BGH GRUR 2008, 1090 Rn. 25 – afilias.de) und der Kennzeicheninhaber infolge des Prioritätsgrundsatzes bei der Anmeldung daran gehindert wird, unter demselben Domainnamen mit derselben Top-Level-Domain Waren oder Dienstleistungen anzubieten. Dies beeinträchtigt ihn in seinen wettbewerblichen Entfaltungsmöglichkeiten (BGH GRUR 2009, 685 Rn. 40 – ahd.de). Eine Behinderung kommt daher auch dann in Betracht, wenn das fremde Kennzeichen keine Priorität gegenüber dem Domainnamen besitzt (BGH GRUR 2009, 685 Rn. 31 – ahd.de). – Ob eine **gezielte** Behinderung vorliegt, beurteilt sich nach den allgemeinen Grundsätzen (→ Rn. 4.10, → Rn. 4.11), insbes. danach, ob das Eigeninteresse des Domaininhabers unter Berücksichtigung des Grundsatzes der Wettbewerbsfreiheit weniger schutzwürdig ist als die Interessen der übrigen Beteiligten und der Allgemeinheit. Dafür reicht es idR nicht aus, dass der Kennzeicheninhaber infolge des Prioritätsgrundsatzes bei der Anmeldung gehindert ist, denselben Domainnamen für sich registrieren zu lassen, weil und soweit er auf eine andere Unternehmensbezeichnung (BGH GRUR 2008, 1099 Rn. 33 – afilias.de) oder – soweit noch verfügbar – auf eine andere Top-Level-Domain ausweichen kann (BGH GRUR 2009, 685 Rn. 40 – ahd.de). Eine gezielte Behinderung liegt jedoch vor, wenn der Domaininhaber bei der Anmeldung oder beim Halten des Domainnamens rechtsmissbräuchlich handelt. Ein solcher Rechtsmissbrauch ist insbes. dann anzunehmen, wenn der Domaininhaber den Domainnamen ohne ernsthaften Benutzungswillen in der Absicht hat registrieren lassen, sich diesen von dem Inhaber eines entsprechenden Kennzeichen- oder Namensrechts abkaufen zu lassen, weil dieser befürchten muss, andernfalls mit Unterlassungs- und Schadensersatzklagen überzogen zu werden (BGH GRUR 2008, 1099 Rn. 33 – afilias.de; BGH GRUR 2009, 685 Rn. 43, 46 – ahd.de). Allerdings reicht für einen ernsthaften Benutzungswillen die Absicht aus, den Domainnamen an interessierte Dritte zu verkaufen oder zur Nutzung zu überlassen, so dass es auf eine eigene Nutzung nicht ankommt.

Von einer gezielten Behinderung ist daher nicht schon dann auszugehen, wenn der Domaininhaber eine Vielzahl von Domainnamen auf sich registrieren lässt, um sie potentiellen Käufern
oder Nutzern anzubieten und im Zeitpunkt der Anmeldung für ihn kein besonderes Interesse
eines bestimmten Unternehmens erkennbar war, gerade einen dieser Geschäftsbezeichnung entsprechenden Domainnamen zu verwenden. Letzteres ist anzunehmen, wenn das dem Domainnamen entsprechende Unternehmenskennzeichen erst nach der Registrierung des Domainnamens in Gebrauch genommen wird und damit erst entsteht (BGH GRUR 2009, 685 Rn. 46,
47 – ahd.de).

4.95   **bb) Eintragung von Allgemeinbegriffen als Domains.** Werden **Allgemeinbegriffe
(Gattungsbegriffe, generische Begriffe)** als Domains registriert (zB „buecher.de"; „rechts-
anwaelte.de"; „sauna.de"; „autovermietung.com"; „drogerie.de"), ohne dass ein entsprechendes
Kennzeichenrecht besteht, liegt darin im Allgemeinen noch **kein unlauteres Verhalten.** Zwar
mag die Verwendung solcher beschreibender Begriffe zu einer gewissen Kanalisierung von
Kundenströmen führen, weil der einzelne Internet-Nutzer, der den entsprechenden Begriff als
Internet-Adresse eingibt, möglicherweise aus Bequemlichkeit auf weiteres Suchen verzichtet.
Dies reicht jedoch nicht aus, um eine unbillige Behinderung von Mitbewerbern durch Abfangen
von Kunden oder eine unsachliche Beeinflussung von Verbrauchern anzunehmen (BGH GRUR
2001, 1061 (1063) – Mitwohnzentrale.de; BGH GRUR 2005, 687 (688) – weltonline.de). Denn
maßgebend ist das Leitbild des Durchschnittsverbrauchers, der das Werbeverhalten mit einer der
Situation angemessenen Aufmerksamkeit verfolgt und sich daher der Nachteile der Suchmethode
der unmittelbaren Eingabe eines Gattungsbegriffs als Internet-Adresse bewusst ist. Der Verkehr
weiß, dass in vielen Fällen auch generische Domainnamen von einem bestimmten Anbieter
kommerziell genutzt werden (BGH WRP 2014, 424 Rn. 41 – wetteronline.de.) Auch besteht
kein schutzwürdiges Interesse der Allgemeinheit, dh der Verbraucher, derartige Begriffe „freizuhalten", dh von der Registrierung als Domain auszuschließen, da ansonsten die Suchfunktion
aufgehoben würde, die derartigen Begriffen als Domain-Namen zukommen kann (BGH GRUR
2001, 1061 (1063) – Mitwohnzentrale.de; eingehend zur Interessenabwägung Beater JZ 2002,
275). Bei der lauterkeitsrechtlichen Bewertung ist außerdem zu bedenken, dass die Bedeutung
von Domains bei der Orientierung im Internet angesichts immer weiter verbesserter Suchmaschinen und Suchfunktionen abgenommen hat.

4.95a   Im Einzelfall kann eine **irreführende Werbung** (§ 5 I, II) vorliegen. So ist eine unzulässige
Alleinstellungswerbung anzunehmen, wenn der Benutzer irrig annimmt, es handle sich um
den alleinigen Anbieter solcher Leistungen (BGH GRUR 2001, 1061 (1063) – Mitwohnzen-
trale.de; Sosnitza K&R 2000, 209 (215); krit. Beater JZ 2002, 275 (279)). Maßgebend ist auch
insoweit der Maßstab des durchschnittlich informierten, aufmerksamen und verständigen Verbrauchers, so dass eine Irreführung dann ausscheidet, wenn die gefundene Homepage erkennbar
nicht das gesamte Angebot darstellt (zB bei „autovermietung.com"; „buecher.de"; „rechtsan-
waelte.de"). Auch ist zu berücksichtigen, dass die Vorstellungen eines Internet-Nutzers von einer
generischen Domain idR nicht sehr konkret sind (vgl. OLG Frankfurt WRP 2002, 1452 (1456)).
Eine irreführende Alleinstellungswerbung kann im Übrigen vermieden werden, indem entweder
der Allgemeinbegriff mit einem unterscheidungskräftigen Zusatz versehen (zB baumarkt.muel-
ler.de) oder auf der Homepage auf weitere Anbieter hingewiesen wird (BGH GRUR 2001,
1061 (1063) – Mitwohnzentrale.de; OLG Hamburg GRUR 2003, 1058). – Dagegen besteht
kein Anspruch auf eine Teilhabe (Domain-Name-Sharing) an generischen Domain-Namen
(BGH GRUR 2001, 1061 (1063) – Mitwohnzentrale.de; aA Buchner GRUR 2006, 984 (988);
Renck WRP 2000, 264 (268)). – Die Verwendung eines rein beschreibenden Begriffs kann
gegen § 5 I, II verstoßen, wenn er ein Angebot einer Leistung enthält, die so nicht erbracht wird
oder erbracht werden kann (OLG Nürnberg WRP 2002, 343 zur Domain „steuererklaerung.de"
durch einen Lohnsteuerhilfeverein). Die Domain „drogerie.de" begründet allerdings nicht die
Vorstellung, hinter dieser Domain stehe ein Drogist, also ein Anbieter von Drogerieartikeln, so
dass der Aufbau eines Internet-Portals mit dieser Domain nicht irreführend ist (OLG Frankfurt
WRP 2002, 1452 (1456)).

4.95b   Eine unlautere Behinderung unter dem Gesichtspunkt des **missbräuchlichen Rechts-
erwerbs** liegt dann vor, wenn der Anmelder denselben Begriff mehrfach registrieren lässt, etwa
durch Verwendung anderer Schreibweisen oder durch Anmeldung unter einer anderen Top-
Level-Domain (BGH GRUR 2001, 1061 (1063) – Mitwohnzentrale.de; BGH WRP 2005, 614
(616) – Literaturhaus; OLG Frankfurt WRP 2002, 1452 (1456)). – Dagegen ist es **zulässig,**
wenn sich ein Unternehmen einen Gattungsbegriff, den ein Mitbewerber ohne Umlautschreib-

weise als Domain verwendet (zB „schluesselbaender.de"; „Guenstig.de"), als Domain mit Um-
lautschreibweise (zB „schlüsselbänder.de"; „günstig.de") registrieren lässt. Denn die Verwendung
unterschiedlicher Schreibweisen ein und desselben Gattungsbegriffs ist in diesen Begriffen bereits angelegt und Teil des Wettbewerbs (BGH WRP 2014, 424 Rn. 41 – wetteronline.de;
OLG Köln GRUR 2006, 19).

d) Rechtsfolgen. Die unberechtigte Domain-Registrierung kann marken-, lauterkeits- und **4.96**
bürgerlich-rechtliche Unterlassungs-, Beseitigungs- und – bei Verschulden – Schadensersatzansprüche auslösen. Marken- und lauterkeitsrechtliche Ansprüche setzen allerdings voraus, dass
der Anmelder **im geschäftlichen Verkehr** handelt bzw. eine geschäftliche Handlung iSd § 2 I
Nr. 2 vornimmt (dazu BGH GRUR 2002, 622 (623 f.) – shell.de; OLG Köln WRP 2002, 244).
Daneben können Ansprüche aus § 12 BGB bestehen.

aa) Unterlassungs- und Beseitigungsanspruch. Der verletzte Kennzeicheninhaber kann **4.97**
Unterlassung der Domain-Verwendung und **Beseitigung** (durch Abgabe einer Löschungs-
bzw. Verzichtserklärung gegenüber DENIC) verlangen. Der Unterlassungsanspruch setzt nicht
voraus, dass das Kennzeichen bereits markenrechtlichen Schutz genießt (ÖOGH MMR 1999,
662). Anspruchsgrundlagen sind §§ 5, 14, 15 MarkenG, § 3 I iVm § 4 Nr. 4 (bei geschäftlicher
Handlung), § 12 BGB (BGH GRUR 2002, 622 (626) – shell.de; BGH WRP 2014, 424
Rn. 16 ff. – wetteronline.de) oder §§ 826, 1004 I BGB (OLG Frankfurt WRP 2000, 645, das
aber zu Unrecht zusätzlich § 226 BGB heranzieht). Die **Übertragung** der Domain kann nicht
verlangt werden, weil dies über die geschuldete Unterlassung und Beseitigung hinausginge (BGH
GRUR 2002, 622 (626) – shell.de). Ein derartiger Anspruch kann auch nicht auf angemaßte
Eigengeschäftsführung (§ 687 II BGB, §§ 681, 667 BGB), Eingriffskondiktion (§ 812 I 1 Alt. 2
BGB) oder Schadensersatz (§ 249 I BGB) gestützt werden. Denn im Hinblick darauf, dass es
mehrere Namensträger geben kann, die eine Registrierung dieses Namens beantragen können,
handelt es sich bei der Registrierung weder um ein Geschäft eines bestimmten Namensträgers
noch ist der Eintrag eines Namens einer bestimmten Person wie ein absolutes Recht zugewiesen
(krit. Hoeren MMR 2002, 386 (387)). Schadensersatz durch Übertragung scheidet aus, weil der
Verletzte dadurch besser gestellt würde als zuvor (BGH GRUR 2002, 622 (626) – shell.de). Dies
gilt auch dann, wenn nach Lage der Dinge der verletzte Kennzeicheninhaber sein Recht gegenüber jedem Dritten durchsetzen kann.

bb) Schadensersatzanspruch. An die Beachtung der im Verkehr erforderlichen Sorgfalt **4.98**
sind im Bereich des gewerblichen Rechtsschutzes und des Lauterkeitsrechts strenge Anforderungen zu stellen. Es genügt, dass der Verletzer mit einer von seiner eigenen Einschätzung abweichenden Beurteilung durch die Gerichte rechnen muss (BGHZ 141, 329 (345) = GRUR 1999,
923 – Tele-Info-CD; BGH GRUR 2002, 622 (626) – shell.de). Der Schaden auf Grund einer
Domain-Registrierung kann in der Behinderung des Werbewerts des bekannten Kennzeichens
liegen, weil der Kennzeicheninhaber an einer entsprechenden Nutzung des Kennzeichens als
Internet-Adresse gehindert und das an seinem Internet-Auftritt interessierte Publikum auf eine
falsche Fährte gelockt wird (BGH GRUR 2002, 622 (625) – shell.de). Dass daneben das
Betrachten der Homepage des Verletzers Assoziationen zum Kennzeichen des Verletzten weckt,
fällt nicht ins Gewicht (BGH GRUR 2002, 622 (626) – shell.de). Zur Schadensberechnung nach
der Lizenzanalogie vgl. LG Mannheim WRP 2002, 254.

e) (Mit-)Haftung der DENIC. Eine (Mit-)Haftung der DENIC eG, der Registrierungsstelle **4.99**
für „de"-domains, als Vergabestelle aus §§ 14, 15 MarkenG, § 8 I iVm § 3 I oder §§ 12, 823 ff.,
1004 I BGB wegen der Vergabe einer kennzeichenverletzenden oder sonst behindernden
Domain kommt nach den allgemeinen Grundsätzen der Beteiligtenhaftung in Betracht (→ § 8
Rn. 2.2 ff. und 2.11 ff.). Außerhalb des UWG ist auch an eine Störerhaftung zu denken, soweit
diese Grundsätze anwendbar sind. Da die DENIC ein Monopol für die Domainvergabe besitzt,
kommt auch eine Haftung aus § 19, § 20 I GWB iVm § 33 I GWB, § 33a I GWB in Frage
(dazu Bücking GRUR 2002, 27). Voraussetzung dafür ist, dass ihr der Kennzeichen- bzw.
Rechtsverstoß bekannt ist oder sie ihn für möglich hält und billigend in Kauf nimmt. Dafür
reicht es nicht aus, dass der Verletzte auf sein besseres Recht hinweist, da es der Vergabestelle
weder möglich noch zumutbar ist, eine entsprechende Prüfung vorzunehmen. Wohl aber genügt
es, wenn der Vergabestelle die Zeichenverletzung nachgewiesen wird (zB durch Vorlage eines
rechtskräftigen Titels gegen den Domain-Nutzer oder einer in ihrer Wirksamkeit nicht bestrittenen Unterwerfungserklärung) oder die Kennzeichenverletzung offensichtlich war (zB bei identischer Benutzung eines berühmten Kennzeichens mit überragender Verkehrsgeltung auch in

allgemeinen Verkehrskreisen) und ihre Kenntnis sich der Vergabestelle daher aufdrängen musste (BGH WRP 2001, 1305 (1308) – ambiente.de; Bettinger/Freytag CR 1999, 28 (31 ff.); Nägele WRP 2002, 138 (144); Renck NJW 1999, 3587 (3593); Welzel MMR 2000, 39 (40)). Entsprechendes gilt für die Vergabe von Domains für Allgemeinbegriffe. Die Verantwortlichkeitsregelungen der §§ 7 ff. TMG finden auf die Haftung der Vergabestelle keine – auch keine analoge – Anwendung (OLG Frankfurt WRP 2000, 214 (217)).

4. Anmeldung von Vanity-Rufnummern

4.100   Bei Vanity-Rufnummern handelt es sich um alphanumerisch umgesetzte Telefonnummern, bei denen an die Stelle einer Zahlenkombination ein Begriff tritt (zB 0800-CABCALL). Derartige Nummern prägen sich dem Nutzer leichter ein und können daher zu Werbezwecken benutzt werden. Die Verwendung fremder Kennzeichen für Vanity-Nummern kann gegen Namens- und Markenrecht verstoßen. Unlauter kann die Anmeldung und Registrierung solcher Nummern unter dem Aspekt der Irreführung und der gezielten Behinderung sein (vgl. Jonas/Schmitz GRUR 2000, 183). Ein Rechtsanwalt, der eine Vanity-Rufnummer nutzt, die mit den berufsbezeichnenden oder tätigkeitsbeschreibenden Begriffen „Rechtsanwalt", „Anwaltskanzlei" oder „Rechtsanwaltskanzlei" belegt ist, verstößt nicht gegen § 5 I, II. Dass Mitbewerber von der gleichen Werbemöglichkeit ausgeschlossen sind, weil die Nummer nur einmal vergeben werden kann, macht die Werbung nicht unsachlich iSv § 6 BORA. Auch liegt keine gezielte Behinderung von Mitbewerbern (§ 4 Nr. 4) vor, weil der Verkehr darin keine Alleinstellungsbehauptung erblickt (BGH WRP 2002, 1050 – Vanity-Nummer).

IV. Bürgerlich-rechtlicher Schutz der berühmten Marke

1. Subsidiarität des bürgerlich-rechtlichen Schutzes

4.101   Ein bürgerlich-rechtlicher Kennzeichenschutz kommt nur in Betracht, wenn weder das MarkenG noch das UWG eingreifen (BGH GRUR 2002, 622 (623) – shell.de mwN). Der früher auf die §§ 12, 823 I (Marke als Bestandteil des deliktisch geschützten Unternehmens bzw. als „sonstiges Recht"), 1004 I BGB gestützte **Schutz der berühmten Marke vor Verwässerung** (BGH GRUR 1987, 711 (713) – Camel Tours) ist aber durch § 14 II Nr. 3 MarkenG weitgehend entbehrlich geworden (Piper GRUR 1996, 429 (436); einschränkend Krings GRUR 1996, 624). Einen etwaigen verbleibenden Bereich deckt wiederum in Teilbereichen das Lauterkeitsrecht ab. Voraussetzung dafür ist allerdings, dass die Beteiligten in einem konkreten Wettbewerbsverhältnis (§ 2 I Nr. 4) zueinanderstehen.

2. Verbleibender Anwendungsbereich

4.102   Der verbleibende Anwendungsbereich für einen bürgerlich-rechtlichen Schutz der Marke ist demnach praktisch auf Fälle beschränkt, in denen weder eine kennzeichenmäßige Benutzung iSd § 14 MarkenG noch ein Handeln gegenüber einem Mitbewerber erfolgt, so etwa, wenn Privatpersonen eine berühmte Marke verunglimpfen oder wenn sie im Rahmen eines Wahlkampfs benutzt und dadurch in ihrer Wertschätzung beeinträchtigt wird (vgl. KG GRUR-RR 2010, 79 (81 f.); Ströbele/Hacker/Thiering/Hacker MarkenG § 2 Rn. 80).

F. Behinderung durch Mitarbeiterabwerbung

Schrifttum: Ackermann, Die Beteiligung an fremdem Vertragsbruch als Delikt – Zum Drittschutz vertraglicher Beziehungen nach dem BGB und dem UWG, ZfPW 2018, 27, 37; Alexander, Das vertragliche Verbot der Abwerbung von Mitarbeitern zwischen Unternehmen im Spannungsfeld von Kartellrecht, Handelsrecht und Lauterkeitsrecht, ZWeR 2016, 16; Alexander, Schadensersatz und Abschöpfung im Lauterkeitsrecht und Kartellrecht, 2010; Dück/Terhorst/Weidt, Verbot von Spielertransfers? – Lauterkeits- und kartellrechtliche Schranken für (Fußball-)Vereine, WRP 2016, 1203; Götting/Hetmank, Unlautere Leistungsübernahme durch Mitarbeiterabwerbung, WRP 2013, 421; Günther, Ja, wo laufen sie denn? – Sanktionsmöglichkeiten des Arbeitgebers gegen unlauteres Abwerben von Mitarbeitern, WRP 2007, 240; Kicker, Problematik des Beschäftigungsverbotes als Nachlese zum „López-Szenario", FS Piper, 1996, 273; Kleist, Zur Abwerbung von Mitarbeitern, FS Buchner, 2009, 452; Lindacher, Headhunting am Arbeitsplatz, FS Erdmann, 2002, 647; Ohly, Die Verleitung zum Vertragsbruch im englischen und deutschen Recht: Zukunfts- oder Auslaufmodell?, FS Spellenberg, 2010, 617; Piper, Zur Wettbewerbswidrigkeit des Einbrechens in fremde Vertragsbeziehungen durch Abwerben von Kunden und Mitarbeitern, GRUR 1990, 643; Quiring, Muss die telefonische Anwerbung von Mitarbeitern verboten werden?, WRP 2000, 33; Quiring,

Die Abwerbung von Mitarbeitern im Licht der UWG-Reform – und vice versa, WRP 2003, 1181; Scherer, Verleiten zum Vertragsbruch – Neukonzeption aufgrund § 4 Nr. 10 UWG und der RL-UGP, WRP 2009, 518; Schmeding, Wettbewerbsrechtliche Grenzen der Abwerbung von Arbeitskräften, 2006; Schmiedl, Mitarbeiterabwerbung durch Kollegen während des laufenden Arbeitsverhältnisses, BB 2003, 1120; Sosnitza, Verleiten zum Vertragsbruch – Berechtigte Fallgruppe oder alter Zopf?, WRP 2009, 373; Wedemeyer, Beschäftigungsverbot trotz Beschäftigungspflicht, FS Traub, 1994, 437.

I. Grundsätzliche Zulässigkeit des Abwerbens

Die Freiheit des Wettbewerbs erstreckt sich auch auf die **Nachfrage** nach Arbeitnehmern. **4.103** Unternehmer haben keinen Anspruch auf den Bestand ihrer Mitarbeiter. Die für ein Unternehmen Tätigen sind zudem in der Wahl ihres Arbeitsplatzes frei (Art. 12 GG). Das **Abwerben von Mitarbeitern (= Ausspannen)** eines Unternehmers, gleichgültig, ob er auf dem Absatzmarkt Mitbewerber ist oder nicht, ist daher lauterkeitsrechtlich **grds. erlaubt** (BGH GRUR 1961, 482 – Spritzgussmaschine; BGH GRUR 1966, 263 – Bau-Chemie; BGH GRUR 1984, 129 (130) – shop-in-the-shop I; BGH GRUR 2006, 426 Rn. 18 – Direktansprache am Arbeitsplatz II; OLG Karlsruhe GRUR 2002, 459; OLG Hamm GRUR-RR 2004, 27 (29); OLG Frankfurt WRP 2018, 983 Rn. 6). Dies gilt auch dann, wenn die Abwerbung bewusst und planmäßig erfolgt (BGH GRUR 1966, 263 – Bau-Chemie), insbes. von einem Mitbewerber im Absatz oder einem von ihm beauftragten berufsmäßigen Abwerber **(Headhunter, Personalberater)** ausgeht. Grds. spielt es auch keine Rolle, welche (Schlüsselkräfte) oder wie viele Mitarbeiter abgeworben werden. Der Abwerbende braucht auch sein Vorhaben dem bisherigen Arbeitgeber nicht mitzuteilen, um ihm ein Bleibeangebot zu ermöglichen (aA Beater WRP 2011, 7 (14)). Es ist Sache des Abzuwerbenden, sich darum zu bemühen. Will sich ein Unternehmen vor einer Abwerbung seiner Mitarbeiter schützen, so kann es dies durch entsprechende Zugeständnisse oder durch Auferlegung vertraglicher **Wettbewerbsverbote** (§§ 74 ff., 90a HGB) erreichen (ebenso OLG Brandenburg WRP 2007, 1368 (1370)). Hingegen sind Absprachen zwischen konkurrierenden Unternehmen über die Nichtabwerbung von Arbeitnehmern nach § 75f HGB rechtlich nicht durchsetzbar (vgl. Schlosser BB 2003, 1382), uU sogar nach Art. 101 II AEUV, § 138 I BGB bzw. § 1 GWB iVm § 134 BGB nichtig (näher Alexander ZWeR 2016, 16 ff.).

II. Unlauterkeit des Abwerbens

1. Allgemeines

Die Anwendung des § 4 Nr. 4 setzt ein konkretes Wettbewerbsverhältnis zwischen den **4.104** beteiligten Unternehmen (§ 2 I Nr. 4) voraus. Hierzu genügt aber der Wettbewerb in der Nachfrage nach Dienstleistungen, einschließlich derer von Arbeitskräften (OLG Köln WRP 2022, 354 Rn. 50). Daher ist § 4 Nr. 4 grds. auch anwendbar, wenn die beteiligten Unternehmen im Absatz nicht miteinander konkurrieren (→ § 2 Rn. 4.17). Bei vorsätzlicher sittenwidriger Schädigung des Mitbewerbers greift daneben § 826 BGB ein. Das Abwerben von Beschäftigten eines Mitbewerbers ist dann unlauter, wenn **besondere Umstände** hinzutreten. Das ist der Fall bei der Verfolgung verwerflicher **Zwecke** sowie bei der Anwendung verwerflicher **Mittel** oder **Methoden** (BGH GRUR 1966, 263 (265) – Bau-Chemie mit Anm. Klaka; BGH GRUR 1984, 129 (130 f.) – shop-in-the-shop; BGH GRUR 2006, 426 Rn. 18 – Direktansprache am Arbeitsplatz II; OLG Köln WRP 2022, 354 Rn. 56; OLG Oldenburg WRP 2007, 460 (462); LG Heidelberg K&R 2012, 537; ÖOGH ÖBl 1997, 159 (160) – S-Powerfrauen). Dabei ist abzuwägen zwischen den Interessen des abwerbenden Unternehmens, des anderen Unternehmens, des abgeworbenen Mitarbeiters und der Allgemeinheit. – Für die **Rückwerbung** gelten die gleichen Grundsätze wie für die Abwerbung. Jedoch sollen mildere Maßstäbe anzulegen sein, wenn sie der **Abwehr** (→ § 11 Rn. 2.4 ff.) einer unzulässigen Abwerbung dienen (BGH GRUR 1967, 428 (429) – Anwaltsberatung I; BGH GRUR 1971, 259 (260) – W. A. Z. mit Anm. Droste; OLG Hamburg WRP 1955, 133). Diese ältere Rspr. ist bedenklich, da sie unterschiedliche Rechtsfragen miteinander vermengt. Ein Rechtsanwalt, der in Ausübung seiner beruflichen Beratungstätigkeit an Verhandlungen mitwirkt, die ausgeschiedene Handelsvertreter zur Rücknahme ihrer Kündigungen und zur Rückkehr zu ihrem früheren Geschäftsherrn veranlassen sollen, handelt nicht unter dem Gesichtspunkt des planmäßigen Abwerbens fremder Beschäftigter unlauter (BGH GRUR 1967, 428 (429) – Anwaltsberatung I).

2. Unlautere Zwecke der Abwerbung

4.105   **a) Absicht der Mitbewerberbehinderung.** Unlauter kann es sein, fremde Beschäftigte zielgerichtet und mit dem Zweck abzuwerben, den betroffenen Mitbewerber zu schädigen und dadurch zu behindern (BGH GRUR 1966, 263 (265) – Bau-Chemie; OLG Frankfurt NJW 1963, 862; OLG Hamburg WRP 1955, 133; ÖOGH ÖBl 1991, 15 (17); zweifelnd OLG Frankfurt WRP 2018, 983 Rn. 9). Hierfür genügt es aber noch nicht, dass der Abwerber **planmäßig** darauf ausgeht, dem Mitbewerber Beschäftigte abzuwerben und auch nicht, dass es sich um Beschäftigte in Spitzenpositionen handelt (vgl. OLG Hamburg GRUR-RR 2020, 18 Rn. 64 ff.). Es muss vielmehr zugleich eine ernsthafte Beeinträchtigung des Mitbewerbers **bezweckt** werden. Das Vorgehen muss sich als eine wettbewerbliche Kampfmaßnahme (Kampfabwerbung) darstellen, die erkennen lässt, dass der Abwerber den Mitbewerber durch planmäßiges Ausspannen eingearbeiteter Arbeitskräfte schädigen will (ebenso OLG Brandenburg WRP 2007, 1368 (1370); OLG Oldenburg WRP 2013, 943 Rn. 37). Das Ziel einer Schädigung des Mitbewerbers liegt auf der Hand, wenn der abgeworbene Mitarbeiter überhaupt nicht benötigt wird. Dass der Bestand des Unternehmens iSd Existenzgrundlage gefährdet oder in seine wirtschaftlichen Grundlagen eingegriffen wird, ist nicht erforderlich. Für das Ziel einer Schädigung kann es sprechen, wenn ohne Rücksicht auf andere Möglichkeiten des Arbeitsmarktes gerade Beschäftigte eines bestimmten Mitbewerbers abgeworben werden (dazu OLG Frankfurt WRP 2018, 983 Rn. 10 ff.). Der Tatbestand planmäßigen Ausspannens zum Zweck der Behinderung des Mitbewerbers setzt ein **Zusammenwirken** von Unternehmer und Beschäftigtem vor dem Vertragsschluss nicht voraus, liegt aber bei solchem Zusammenwirken gewöhnlich vor. **Wie viele** Beschäftigte abgeworben sein müssen, um eine ernsthafte Behinderung annehmen zu können, lässt sich nicht allgemein sagen. Die Umstände des **Einzelfalls** sind maßgebend. Es sind zB die Größe des Unternehmens, die Lage des Arbeitsmarkts, der Grad des Wettbewerbs, ein etwaiger Verzicht auf andere Möglichkeiten des Arbeitsmarkts zur Beschaffung von Arbeitskräften und eine etwaige Entbehrlichkeit des Mitarbeiters für den Abwerbenden zu berücksichtigen (OLG Oldenburg WRP 2013, 943 Rn. 37). Schon der erfolglose Versuch der Abwerbung eines einzigen für das Unternehmen bedeutsamen Beschäftigten (Spezialist oder Schlüsselkraft) kann unlauter sein, wenn dieses Vorgehen als Beginn der Ausführung eines auf einen größeren Umfang angelegten und das Unternehmen des Mitbewerbers ernstlich gefährdenden Abwerbungsplanes zu werten ist (BGH GRUR 1966, 263 (266) – Bau-Chemie; Lindacher FS Erdmann, 2002, 647 (652)). – Eine Beeinträchtigung des Mitbewerbers ist nicht bezweckt, wenn im Bereich des Absatzmarkts zu ihm kein Wettbewerbsverhältnis besteht und der Abwerbende daher von einer Beeinträchtigung des Mitbewerbers im Absatzmarkt nicht profitieren kann (OLG Köln WRP 2022, 354 Rn. 57).

4.106   **b) Unlautere Ausbeutung des Mitbewerbers.** Nicht ohne Weiteres unlauter ist das planmäßige Abwerben fremder Beschäftigter, um sich deren besondere Kenntnisse der Verhältnisse beim Mitbewerber zu verschaffen. Die frühere, sehr strenge Rspr. (vgl. BGH GRUR 1966, 263 (265) – Bau-Chemie; BGH GRUR 1961, 482 (483) – Spritzgussmaschine; BGH GRUR 1971, 358 – Textilspitzen; ÖOGH ÖBl 1997, 159 (160)) berücksichtigte nicht hinreichend, dass solches Verhalten Ausdruck von Wettbewerb um knappe Ressourcen ist und der Wettbewerb dadurch gefördert wird. Dies gilt auch dann, wenn die abgeworbenen Arbeitskräfte am bisherigen Arbeitsort und im bisherigen Wirkungskreis sofort im Wettbewerb gegen ihren früheren Arbeitgeber eingesetzt werden. Die Grenzen für den Umgang mit Kenntnissen, die ein Arbeitnehmer während seiner Tätigkeit erworben hat, ergeben sich aus dem GeschGehG sowie aus den jeweiligen arbeitsvertraglichen Regelungen (zur früheren Rechtslage vgl. BGH GRUR 2002, 91 (92) – Spritzgießwerkzeuge). Nur unter besonderen Umständen kann in dem Abwerben ein Verstoß gegen § 4 Nr. 4 vorliegen. Dies hängt letztlich von einer Abwägung der Interessen des früheren Beschäftigten und des früheren Arbeitgebers ab (dazu näher BGH GRUR 2002, 91 (92) – Spritzgießwerkzeuge; BGH GRUR 2006, 1044 Rn. 13 – Kundendatenprogramm). – Dagegen reicht es nicht aus, dass sich der Abwerbende den guten Ruf des Mitbewerbers in Form anlehnender Werbung zunutze macht, indem er zB darauf hinweist, dass es sich um Fachkräfte handelt, die früher beim Mitbewerber beschäftigt waren (aA BGH GRUR 1957, 23 – Bünder Glas). Grds. nicht unlauter ist es ferner, weitere Arbeitskräfte oder Kunden des Mitbewerbers durch Ausnutzung persönlicher Beziehungen anzuwerben, etwa bei der Werbung mit der Bitte, dem neuen Mitarbeiter das ihm entgegengebrachte Vertrauen weiterhin zu bewahren und auf die neue Firma zu übertragen (aA ÖOGH ÖBl 1955, 42). – Ein Rückgriff auf § 3 I als Generalklausel unter dem Gesichtspunkt der „unlauteren Leistungsübernahme durch

Mitarbeiterabwerbung" (dafür Götting/Hetmank WRP 2013, 421) kommt nicht in Betracht, weil es an der erforderlichen Regelungslücke fehlt.

3. Unlautere Mittel und Methoden der Abwerbung

a) Verleiten zum Vertragsbruch. aa) Stand der Rspr. Unter der Geltung des **UWG 1909**   4.107
wurde das Abwerben fremder Beschäftigter mittels Verleitung zum Vertragsbruch grds. als
sittenwidrig iSd § 1 aF angesehen (BGH GRUR 1956, 273 – Drahtverschluss; BGH GRUR
1961, 482 (483) – Spritzgussmaschine; BGH GRUR 1994, 447 (448) – Sistierung von Aufträgen; BGH GRUR 1999, 367 (368) – Vieraugengespräch; OLG Stuttgart WRP 2000, 318
(320); OLG Karlsruhe GRUR 2002, 459; Piper GRUR 1990, 643 (647)). Ein **Verleiten** zum
Vertragsbruch setzte ein **bewusstes und gezieltes Hinwirken** auf einen Vertragsbruch voraus.
Der Handelnde musste also Kenntnis von der noch bestehenden Bindung des Beschäftigten
gehabt oder sich dieser Kenntnis bewusst verschlossen haben (BGH GRUR 1975, 555 (557) –
Speiseeis; BGH GRUR 1976, 372 (374) – Möbelentwürfe). Eine Verleitungsabsicht wurde nicht
als erforderlich angesehen, schon bedingter Vorsatz (OLG Hamm GRUR-RR 2004, 27 (28)),
nicht aber bloß fahrlässige Unkenntnis (BGH GRUR 1976, 372 (374) – Möbelentwürfe) sollte
ausreichen. Unerheblich sollte sein, dass die erste Anregung vom Beschäftigten ausging (RG
MuW 1934, 414) oder dass der Beschäftigte zum Vertragsbruch bereits entschlossen war (BGH
GRUR 1969, 474 – Bierbezug; enger jetzt OLG Frankfurt WRP 2013, 1495 Rn. 6–8: bloßes
„Bestärken" des bereits gefassten Entschlusses nicht ausreichend). Der Vertrag musste allerdings
wirksam sein. Schon ein Vorvertrag sollte genügen, nicht aber der bloße Eintritt in Vertragsverhandlungen. Als Vertragsbruch sollte jede Verletzung einer wesentlichen Vertragspflicht
anzusehen sein. Hierzu wurde auch der Fall der Verleitung zum Bruch eines **nachvertraglichen
Wettbewerbsverbots** gerechnet. Beim **Arbeits- oder Geschäftsbesorgungsvertrag** sollte
sich ein Vertragsbruch regelmäßig darin zeigen, dass der Beschäftigte seine Arbeit grundlos
einstellte oder sie überhaupt nicht aufnahm oder gleichzeitig für den Mitbewerber tätig wurde.
Dem Vertragsbruch sollte es gleich stehen, wenn das Verhalten des Arbeitnehmers zur fristlosen
Kündigung seitens des Arbeitgebers führte, so zB bei provozierter Kündigung. Beim nachvertraglichen Wettbewerbsverbot sollte sich der Vertragsbruch darin zeigen, dass der frühere Beschäftigte vor Ablauf der Karenzzeit die Tätigkeit beim Mitbewerber aufnahm und der neue
Arbeitgeber daraus Wettbewerbsvorteile zog. – Begründet wurde die Unlauterkeit des Verleitens
zum Vertragsbruch damit, dass darin ein unmittelbarer Angriff auf die wettbewerbliche Betätigung des Mitbewerbers liege. Das heimliche Vorgehen stelle den Betroffenen vor vollendete
Tatsachen. Hinzu komme, dass der betroffene Arbeitgeber oder Geschäftsherr Wettbewerbsnach-
teile erleiden könne, deren Ausgleich er vom Beschäftigten aus rechtlichen oder tatsächlichen
Gründen regelmäßig nicht erlangen könne. – Unter der Geltung des **UWG 2004** hat der BGH
in einem obiter dictum seine bisherige Rspr. weitergeführt (BGH GRUR 2007, 800 Rn. 14 –
Außendienstmitarbeiter; ebenso OLG Brandenburg WRP 2007, 1368 (1370); anders dagegen
OLG Oldenburg WRP 2007, 460 (462 f.); offengelassen in OLG Frankfurt WRP 2013, 1495
Rn. 6). Auch Teile des Schrifttums folgen der bisherigen Rspr. (vgl. Ohly/Sosnitza/Ohly § 4
Rn. 4/28a).

bb) Stellungnahme. Die These von der Unlauterkeit des Verleitens zum Vertragsbruch lässt   4.108
sich bei näherer Betrachtung nicht unverändert aufrechterhalten. Denn sie ist zu sehr vom
Besitzstandswahrungsdenken vergangener Jahrzehnte geprägt und berücksichtigt zu wenig den
Vorrang des Vertragsrechts und das **Prinzip der Wettbewerbsfreiheit.** Dass das Verleiten
zum Vertragsbruch weithin als moralisch anstößig empfunden wird, darf die lauterkeitsrechtliche
Beurteilung nicht präjudizieren.

Geht es dem Abwerbenden nur darum, Beschäftigte (Mitarbeiter oder Beauftragte, wie zB   4.108a
Handelsvertreter; Franchisenehmer) eines Mitbewerbers für sich zu gewinnen und somit den
eigenen Wettbewerb zu fördern, ist dies nicht schon dann unlauter, wenn der Mitarbeiter den
Wechsel uU nur unter Vertragsbruch, nämlich vor Ablauf der vereinbarten Zeitdauer oder der
vereinbarten Kündigungsfrist, vornehmen kann. Denn der Vertrag bindet nur den Beschäftigten.
Ob und wie (einvernehmlich oder unter Vertragsbruch) er sich daraus löst, ist seine eigene
Entscheidung. Begeht er eine Vertragsverletzung, so kann der Arbeitgeber oder Geschäftsherr
gegen ihn mit den Mitteln des Vertragsrechts vorgehen (Schadensersatz nach §§ 280 ff. BGB;
Vertragsstrafeansprüche; ggf. einstweilige Verfügung gerichtet auf Nichtaufnahme der neuen
Tätigkeit). Die Anstiftung zur Vertragsverletzung, denn darum geht es beim Verleiten zum
Vertragsbruch, löst aber nicht einmal vertragsrechtliche Ansprüche gegen den Anstifter aus. Eine

Haftung des Anstifters sieht das Gesetz (§ 830 II BGB) nur im Falle der unerlaubten Handlung vor. Diese Wertung darf nicht dadurch überspielt werden, dass jede Anstiftung zur Vertragsverletzung zum selbstständigen Deliktstatbestand erklärt wird. Das Lauterkeitsrecht ist nach seinem Schutzzweck (§ 1 I) nicht dazu da, die Einhaltung von Verträgen zu sichern (aA Ohly/Sosnitza/Ohly § 4 Rn. 4/28a unter Hinweis auf die Aufgabe des Lauterkeitsrechts, ruinösen Wettbewerb einzudämmen). Dass der bisherige Arbeitgeber oder Geschäftsherr Vertragsverletzungsansprüche gegen den vertragsbrüchigen Beschäftigten möglicherweise nicht durchsetzen kann, ist sein Risiko. Das **bloße Hinwirken** auf einen Vertragsbruch kann daher noch **keinen Wettbewerbsverstoß** begründen. Vielmehr müssen **zusätzliche unlauterkeitsbegründende Umstände** hinzukommen. Sie können sich – soweit keine **Behinderungsabsicht** vorliegt (→ Rn. 4.105) – nur auf die **Art und Weise des Hinwirkens** auf den Vertragsbruch beziehen. Dabei sind die Wertungen des UWG zu berücksichtigen. Die Unlauterkeit kann sich daher nur aus einer **unlauteren Einwirkung auf die Entscheidungsfreiheit und Entscheidungsfähigkeit des Beschäftigten** ergeben (ebenso OLG Oldenburg WRP 2007, 460 (462 f.); Scherer WRP 2009, 518; aA Harte-Bavendamm/Henning-Bodewig/Omsels § 4 Nr. 4 Rn. 38). Dies beurteilt sich nach § 4a, § 4 Nr. 1 und 2, § 5 und § 5a. Auch § 4a II 2 („Ausnutzung der geschäftlichen Unerfahrenheit" usw) kommt in Betracht, allerdings nur in entsprechender Anwendung, da der Beschäftigte kein Verbraucher, sondern nur „sonstiger Marktteilnehmer" ist.

4.108b Der Tatbestand des **§ 4a** ist erfüllt, wenn durch die Einwirkung die **Rationalität der Entscheidungsfindung beeinträchtigt wird,** der Beschäftigte also nicht mehr in der Lage ist, seine Entscheidung unter vernünftiger Abwägung des Für und Wider zu treffen. Das kann durch **Nötigung** oder **unzulässige Beeinflussung** iSd § 4a I erfolgen. Das Versprechen oder Gewähren von **Vorteilen** (zB bessere Konditionen; „Wechselprämie"; Freistellung von Schadensersatzansprüchen) stellt dagegen nicht ohne Weiteres eine aggressive Handlung oder ein sorgfaltswidriges Verhalten iSd § 3 II dar. Maßgebend ist vielmehr, ob sie den Beschäftigten gleichsam **„blind" gegenüber den Risiken eines Vertragsbruchs** machen. Abzustellen ist dabei auf einen durchschnittlich informierten, aufmerksamen und verständigen Beschäftigten der jeweiligen Zielgruppe. Daher macht es einen Unterschied, ob ein einfacher Arbeiter oder ein selbstständiger Handelsvertreter abgeworben werden soll. Im Übrigen kommt es auf die **Umstände des Einzelfalls** an. Dabei kann eine Rolle spielen, ob dem Beschäftigten **keine angemessene Überlegungsfrist** eingeräumt wird (Überrumpelung; OLG Brandenburg WRP 2007, 1368 (1370)) oder ob **herabsetzende oder kreditschädigende Äußerungen** iSd **§ 4 Nr. 1 und 2** über den bisherigen Arbeitgeber oder Geschäftsherrn erfolgen (vgl. Lindacher FS Erdmann, 2002, 647 (652); LG Heidelberg K&R 2012, 537). Der Tatbestand des **§ 5** kann erfüllt sein, wenn der Abwerbende **irreführende Angaben** bei der Abwerbung, sei es über den bisherigen Arbeitgeber (zB unwahre Angaben über angeblich bevorstehende Entlassungen oder betriebliche Änderungen oder über die Rechtsfolgen eines Vertragsbruchs), sei es über den neuen Arbeitgeber (zB falsche Versprechungen) macht, und diese Angaben geeignet sind, die Entscheidung des Beschäftigten zu beeinflussen. Unlauter unter dem Gesichtspunkt eines Vorenthaltens von wesentlichen Informationen **(§ 5a I–III)** kann es sein, wenn der Abwerbende den Mitarbeiter nicht über die möglichen Folgen seines Vertragsbruchs, insbes. eine etwaige Schadensersatzpflicht, aufklärt.

4.109 **b) Ausnutzen eines Vertragsbruchs.** Das bloße Ausnutzen eines Vertragsbruchs ist auch nach der Rspr. **nicht unlauter** (BGHZ 143, 232 (240) – Außenseiteranspruch II; BGH GRUR 2002, 795 (798) – Titelexklusivität; BGH GRUR 2007, 800 Rn. 15 – Außendienstmitarbeiter), selbst wenn der Werbende den Vertragsbruch kennt oder kennen muss (BGH GRUR 2007, 800 Rn. 20 ff. – Außendienstmitarbeiter; OLG Hamm GRUR-RR 2004, 27 (28)). Insoweit ist anerkannt, dass die schuldrechtliche Bindung zwischen dem Mitbewerber und seinem Vertragspartner gegenüber Dritten im Allgemeinen keine rechtlichen Wirkungen entfalten kann und die Annahme eines Wettbewerbsverstoßes schon bei Ausnutzen fremden Vertragsbruchs gewissermaßen zu einer Verdinglichung der schuldrechtlichen Verpflichtung führen würde. Diese Grundsätze gelten auch bei Ausnutzen des Vertragsbruchs eines Mitarbeiters des Mitbewerbers. Der Mitbewerber ist ausreichend dadurch geschützt, dass er vom vertragsbrüchigen Mitarbeiter Unterlassung und Schadensersatz verlangen kann (BGH GRUR 2007, 800 Rn. 15, 16 – Außendienstmitarbeiter; OLG Frankfurt GRUR-RR 2014, 69 (70)). – Es müssen besondere Umstände hinzutreten, um den Vorwurf unlauteren Abwerbens zu begründen. Sie liegen nicht schon dann vor, weil trotz des Vertragsbruchs, zB unberechtigter Kündigung, das Vertragsverhältnis noch weiterläuft, und der Beschäftigte zur Wiederaufnahme der Arbeit verpflichtet ist.

c) Mitarbeiterabwerbung durch Beschäftigte des Mitbewerbers. Wirbt ein Beschäftig- **4.109a** ter eines Unternehmens, der zu einem konkurrierenden Unternehmen überwechseln oder sich selbständig machen und in Wettbewerb mit seinem Arbeitgeber treten will, zu diesem Zweck Mitarbeiter ab, verletzt er damit zwar seine Vertragspflichten gegenüber seinem Arbeitgeber. Jedoch reicht dies für sich allein nicht aus, um den Tatbestand des § 4 Nr. 4 zu erfüllen (OLG Frankfurt WRP 2018, 981 Rn. 9). Vielmehr müssen dazu noch besondere, die Unlauterkeit begründende Umstände hinzutreten, wie etwa die Verleitung zum Vertragsbruch mit unlauteren Mitteln. – Erfolgt die Abwerbung von Mitarbeitern aufgrund einer **Vereinbarung mit dem konkurrierenden Unternehmen,** so verwirklicht dieses Unternehmen nach allgemeinen Grundsätzen den Tatbestand des § 4 Nr. 4, wenn diese „konzertierte Abwerbung" bei objektiver Würdigung der Umstände entweder auf die Beeinträchtigung der wettbewerblichen Entfaltung des Arbeitgebers/Mitbewerbers gerichtet ist oder wenn die Behinderung derart ist, dass der beeinträchtigte Arbeitgeber/Mitbewerber seine Leistung am Markt nicht mehr in angemessener Weise zur Geltung bringen kann (OLG Hamburg GRUR-RR 2020, 18 Rn. 63–75).

d) Abwerbung unter Missbrauch eines Vertrauensverhältnisses. Besteht unter Wett- **4.110** bewerbern ein Vertragsverhältnis, dessen Durchführung vom gegenseitigen Vertrauen abhängt, oder wird ein solches angebahnt, soll eine Abwerbung von Arbeitnehmern des Vertrags- bzw. Verhandlungspartners wegen des darin liegenden Vertrauensbruchs unlauter sein (BGH GRUR 1961, 482 – Spritzgussmaschine). Dem ist aber nicht zu folgen. Denn auch hier wird der betroffene Mitbewerber durch vertragliche bzw. vorvertragliche sowie deliktische Unterlassungs-, Beseitigungs- und Schadensersatzansprüche (§ 280 I BGB, § 311 II BGB; § 823 I BGB, §§ 826, 1004 I BGB) ausreichend geschützt. Ein zusätzlicher lauterkeitsrechtlicher Schutz erscheint daher nicht erforderlich.

e) Doppelbeschäftigung. Ein Unternehmer handelt nicht ohne Weiteres unlauter, wenn er **4.111** Mitarbeiter oder Beauftragte (zB Handelsvertreter) eines Mitbewerbers beschäftigt, denen die Aufnahme einer weiteren Tätigkeit vertraglich untersagt ist. Das bloße Ausnutzen des Vertragsbruchs des Beschäftigten ist auch dann noch nicht unlauter, wenn der Unternehmer den Vertragsbruch kennt oder kennen muss. Daran ändert es nichts, dass seine Bereitschaft, den Mitarbeiter oder Beauftragten zu beschäftigen, diesen in seinem Entschluss zum Vertragsbruch bestärken kann, und dass darin eine gewisse Förderung des Vertragsbruchs liegen kann (BGH GRUR 2007, 800 Rn. 24 – Außendienstmitarbeiter). Unzulässig wird sein Vorgehen erst bei Vorliegen **sonstiger Umstände.** Dazu gehört die unlautere Verleitung zum Vertragsbruch (→ Rn. 4.108 ff.). Dazu gehört weiter der Fall, dass der Beschäftigte gegenüber seinem ersten Arbeitgeber die Doppelbeschäftigung verheimlicht und den Umständen nach erkennbar die Gefahr besteht, dass er sich diesem gegenüber treuwidrig verhält (zB dessen Ressourcen wie Räume, Arbeitsmittel, Geschäfts- oder Betriebsgeheimnisse auch für die zweite Beschäftigung nutzt). Ein Hersteller von Konfektionskleidung handelt daher unlauter, wenn er einen bei einem Mitbewerber tätigen Stylisten (Designer) beschäftigt und dabei auf dessen bloße Mitteilung vertraut, sein (eigentlicher) Arbeitgeber habe keine Einwendungen gegen die Nebentätigkeit (BGH GRUR 1980, 296 (297 f.) – Konfektions-Stylist). Denn es ist damit zu rechnen, dass der Stylist Entwürfe vertragswidrig doppelt verwertet (aA OLG Frankfurt GRUR-RR 2014, 69 (71): regelmäßig bestehende Gefahr begründet keine keinen bes. Unlauterkeitsumstand). – Ganz allgemein ist Unlauterkeit dann anzunehmen, wenn das Verhalten des Unternehmers bei objektiver Würdigung der Umstände in erster Linie auf die Beeinträchtigung der wettbewerblichen Entfaltung des Mitbewerbers und nicht auf die Förderung des eigenen Wettbewerbs gerichtet ist oder wenn die Behinderung derart ist, dass der beeinträchtigte Mitbewerber seine Leistung am Markt nicht mehr in angemessener Weise zur Geltung bringen kann (BGH GRUR 2007, 800 Rn. 23 – Außendienstmitarbeiter).

f) Einsatz von Werbern. Der Einsatz von Werbern **(Headhuntern)** ist legitim. Dies gilt **4.112** auch dann, wenn er massenhaft erfolgt, etwa wenn es darum geht, ein neues Unternehmen aufzubauen, oder wenn frühere Beschäftigte des betroffenen Unternehmens als solche eingesetzt werden. Ob und welche Vergütung der Werber (Prämie usw) dafür erhält, ist ebenfalls unerheblich. Unlauter können allenfalls die von den Werbern eingesetzten **Mittel** und **Methoden** sein. Das unaufgeforderte **Aufsuchen** des Arbeitnehmers in der **Wohnung** ist schon wegen der damit verbundenen Störung der Privatsphäre unstatthaft (OLG Karlsruhe GRUR 1961, 80). Die frühere Rspr. differenzierte zwischen Beschäftigten, die in einfachen Verhältnissen lebten und solchen, die geschäftliche Besprechungen auch in der Wohnung oder an anderen Orten (zB in Lokalen) pflegten (BGH GRUR 1966, 263 (264) – Bau-Chemie; ferner OLG Celle GRUR 1962, 366; OLG Karlsruhe GRUR 1963, 80). Diese Rspr. beruht auf überholten Anschauungen und überzeugt nicht. Unlauter ist auch das unaufgeforderte **Aufsuchen am Arbeitsplatz,** weil damit eine nicht unwesentliche Störung der betrieblichen Tätigkeit verbunden ist. – Bei **Telefonanrufen** ist zu unterscheiden: Grds. zulässig ist ein **Telefonanruf in der Privatsphäre** bzw. eine Telefax- oder E-Mail-Mitteilung an die Privatadresse (OLG Karlsruhe GRUR 2002, 459; OLG Stuttgart GRUR 2000, 1096). Denn insoweit geht es nicht darum, den Angerufenen zum Kauf eines Produktes zu veranlassen, sondern ihm die Möglichkeit eines Stellenwechsels zu eröffnen, so dass ein Einverständnis zu vermuten ist. Eine Einwilligung ist nicht erforderlich, da der Angerufene insoweit nicht als Verbraucher angesprochen wird. Bei **Telefonanrufen am Arbeitsplatz** ist hingegen zu berücksichtigen, dass dadurch auch die Interessen des Arbeitgebers beeinträchtigt werden können. Der Werber muss sich darauf beschränken, den Zweck seines Anrufs kurz darzulegen und im Falle eines Interesses um Rückmeldung zu bitten. Die kurzfristige Beeinträchtigung des Betriebsablaufs hat der Betriebsinhaber im Hinblick auf das höherrangige Interesse des Arbeitnehmers an möglicher beruflicher Veränderung hinzunehmen (BGHZ 158, 174 = GRUR 2004, 696 (697 ff.) – Direktansprache am Arbeitsplatz I; Köhler WRP 2002, 1; Quiring WRP 2000, 33; Reufels GRUR 2001, 214). Die Grenze zur Unzulässigkeit nach § 3 I ist aber überschritten, wenn der Werber beim ersten Telefonat sich nicht mit einer bloßen Kontaktaufnahme begnügt, sondern dem Mitarbeiter Daten zu dessen Lebenslauf und bisherigen Tätigkeiten vorhält (BGH GRUR 2008, 262 Rn. 12 – Direktansprache am Arbeitsplatz III). Ein Indiz für die Wettbewerbswidrigkeit des Anrufs ist es, wenn das Gespräch länger als nur wenige Minuten dauert (BGH GRUR 2008, 262 Rn. 13 – Direktansprache am Arbeitsplatz III). Bei einem Anruf unter einer **Mobilfunknummer** muss sich der Anrufer vorab vergewissern, dass sich der Arbeitnehmer nicht an seinem Arbeitsplatz oder sonst bei der Arbeit befindet (OLG Frankfurt WRP 2018, 1497; OLG Frankfurt WRP 2019, 1353 Rn. 3). Dafür trägt er die Darlegungs- und Beweislast bzw. Glaubhaftmachungslast.

4. Rechtsfolgen

4.113   **a) Lauterkeitsrechtliche Ansprüche.** Ist die Abwerbung unzulässig, besteht gegen den Abwerbenden ein Unterlassungs- und Beseitigungsanspruch nach § 8 I, bei Verschulden auch ein Schadensersatzanspruch nach § 9 I (sowie ggf. nach § 826 BGB). – Vom neuen Arbeitgeber kann nicht die Entlassung des Abgeworbenen verlangt werden (OLG Celle GRUR 1961, 197). Nach der **älteren Rspr.** konnte unter dem Gesichtspunkt des Schadensersatzes durch Naturalherstellung (§ 249 I BGB) oder der Störungsbeseitigung gegen den Abwerbenden ein **befristetes Beschäftigungsverbot** ausgesprochen werden, um den durch die Abwerbung erzielten Wettbewerbsvorsprung zu beseitigen (BGH GRUR 1961, 482 (483) – Spritzgussmaschine; BGH GRUR 1966, 263 (265) – Bau-Chemie; BGH GRUR 1967, 428 (429) – Anwaltsberatung I; BGH GRUR 1971, 358 (360) – Textilspitzen; BGH GRUR 1976, 306 (307) – Baumaschinen; OLG Oldenburg WRP 1996, 612 (617); **zweifelnd** nunmehr BGH WRP 2018, 424 Rn. 40 f. – Knochenzement I; OLG Frankfurt GRUR-RR 2018, 477 Rn. 12). – Ein Beschäftigungsverbot begegnet – wenn man es dem Grunde nach für möglich hält – schon unter dem Gesichtspunkt der **Verhältnismäßigkeit** erheblichen Bedenken (vgl. zur Bedeutung des Verhältnismäßigkeitsgrundsatzes Köhler GRUR 1996, 82 (83)). Es bedarf jedenfalls einer sehr genauen Prüfung, ob eine solche Maßnahme geeignet, erforderlich und verhältnismäßig ist. Der Verletzte wird daher die näheren Umstände – wie die Markt- und Wettbewerbslage sowie die Reaktion der Abnehmer – darzulegen haben. Dabei sind auch der der Abwerbung vorausgehenden und sie beeinflussenden Umstände zu berücksichtigen. An der Eignung fehlt es, wenn sich der erzielte Wettbewerbsvorsprung nicht mehr beseitigen lässt (Piper GRUR 1990, 643 (650)). So etwa, wenn der wesentliche Zweck der Abwerbung die Erlangung eines Geschäftsgeheimnisses war und der Abgeworbene es bereits mitgeteilt hat (vgl. Kicker FS Piper, 1996, 273 (277)). Ferner dann, wenn sich die tatsächlichen Verhältnisse bei den Parteien in der Produktion und im Vertrieb zwischenzeitlich wesentlich geändert haben (BGH GRUR 1976, 306 (307) – Baumaschinen; OLG Frankfurt GRUR-RR 2018, 477 Rn. 13). Vor allem müssen die berechtigten und grundrechtlich (Art. 12 I GG) geschützten Interessen des betroffenen **Arbeitnehmers** berücksichtigt werden (→ § 9 Rn. 1.26). Ein Beschäftigungsverbot kommt daher von vornherein nicht in Betracht, wenn den Arbeitnehmern kein unlauteres, arbeitsvertragswidriges oder sonst rechtswidriges Verhalten vorgeworfen werden kann (OLG Frankfurt GRUR-RR 2018m 477 Rn. 16). – Im Regelfall kommt daher nur ein Anspruch auf **Schadensersatz in Geld** in Betracht, um die im Wettbewerb erlittenen Nachteile auszugleichen (OLG Frankfurt GRUR-RR 2018, 477 Rn. 12). Diese Situation kann sich insbes. bei längerer Prozessdauer ergeben. Der Kläger muss dann auf einen Zahlungs- oder Feststellungsantrag übergehen. Diesen kann er aber auch schon im Voraus als Hilfsantrag neben dem auf Erlass eines befristeten Beschäftigungsverbots gehenden Hauptantrag stellen. An der Verhältnismäßigkeit fehlt es, wenn durch das Beschäftigungsverbot massiv in das Wettbewerbsgeschehen zum Nachteil Dritter (Arbeitnehmer, Kunden) eingegriffen würde. Ein Beschäftigungsverbot darf insbes. dann nicht ergehen, wenn der betroffene Arbeitnehmer ein schutzwürdiges Interesse nicht nur an Bezahlung, sondern auch an Beschäftigung hat (ThürOLG WRP 1997, 363 (365)). Im Falle der Verleitung zum Vertragsbruch darf das Beschäftigungsverbot nicht für einen längeren Zeitraum ausgesprochen werden, als er für eine ordnungsmäßige Beendigung des Vertragsverhältnisses gelten würde. – Der Beginn des Beschäftigungsverbots kann nach der bisherigen Rspr. an die vorläufige Vollstreckbarkeit des Urteils (BGH GRUR 1961, 482 (483) – Spritzgussmaschine), aber auch an die Rechtskraft des Urteils anknüpfen (BGH GRUR 1970, 182 – Bierfahrer; BGH GRUR 1971, 358 (359) – Textilspitzen), jedoch stets unter der Voraussetzung, dass noch eine Naturalrestitution möglich ist. – Im Wege einer **einstweiligen Verfügung** kann ein Beschäftigungsverbot nur unter besonderen Umständen erlassen werden, weil dadurch die Entscheidung in der Hauptsache vorweggenommen wird (OLG Frankfurt WM 1994, 861 (862); OLG Oldenburg WRP 1996, 612 (615)). – Die Abwerbung kann begleitet sein von sonstigen Ausbeutungs- und Behinderungsmaßnahmen (zB eine Verletzung von Geschäftsgeheimnissen), die ggf. selbstständig verfolgt werden können.

Richtigerweise sind Beschäftigungsverbote als Reaktion auf eine unlautere Mitarbeiterabwerbung generell **abzulehnen,** weil sie die geschützten Interessen der abgeworbenen Mitarbeiter erheblich beeinträchtigen, zu einer Quasi-Verdinglichung von Arbeitsverhältnisses führen und das Lauterkeitsrecht unzulässig instrumentalisieren (dazu näher Alexander, Schadensersatz und Abschöpfung im Lauterkeits- und Kartellrecht, 2010, S. 236 ff.).   **4.113a**

b) Ansprüche gegen den abgeworbenen Mitarbeiter. Gegen den abgeworbenen Mitarbeiter können vertrags- und deliktsrechtliche Schadensersatzansprüche bestehen (§§ 280 ff. BGB; §§ 823 ff. BGB). Nicht dagegen kann Unterlassung der Arbeitsleistung beim neuen Arbeitgeber verlangt werden (OLG Frankfurt WM 1994, 862).   **4.114**

c) Auswirkungen auf den neuen Arbeitsvertrag. Eine Nichtigkeit des neuen Arbeitsvertrages nach § 138 I BGB ist nicht schon dann anzunehmen, wenn sich der unlauter abgeworbene Mitarbeiter an dem Wettbewerbsverstoß irgendwie beteiligt hat, zB sich zum Vertragsbruch hat verleiten lassen (aA BGH GRUR 1971, 358 (359) – Textilspitzen), sondern nur dann, wenn beide Parteien die Schädigung des früheren Arbeitgebers bezwecken. Wohl aber entfällt unter dem Gesichtspunkt der rechtlichen Unmöglichkeit eine Beschäftigungspflicht des neuen Arbeitgebers, wenn ihm gegenüber ein befristetes Beschäftigungsverbot ausgesprochen wird (BAG AP § 611 Nr. 2 Beschäftigungspflicht – mit Anm. Hueck; Wedemeyer FS Traub, 1994, 437 ff.), sofern man ein Beschäftigungsverbot für zulässig hält.   **4.115**

G. Boykott

Schrifttum: Bauer/Wrage-Molkenthin, Aufforderung zu Liefer- und Bezugssperren, BB 1989, 1495; Berghoff, Nötigung durch Boykott, 1998; Degenhart, Meinungs- und Medienfreiheit in Wirtschaft und Wettbewerb, FS Lukes, 1989, 297; Markert, Aufforderung zu Liefer- und Bezugssperren, BB 1989, 921; Möllers, Zur Zulässigkeit des Verbraucherboykotts – Brent Spar und Mururoa, NJW 1996, 1374; Möschel, Zum Boykott-Tatbestand des § 26 Abs. 1 GWB, FS Benisch, 1989, 339; Werner, Wettbewerbsrecht und Boykott, 2008.

I. Begriff und Beteiligte

1. Begriff

Unter einem **Boykott** ist die **Aufforderung zu einer Liefer- oder Bezugssperre** zu verstehen. Der Begriff geht auf das Vorgehen der irischen Landliga gegen den englischen Gutsverwalter Charles Boycott zurück, die Arbeiter zum Verlassen der Arbeitsstelle und Geschäftsleute zum Abbruch der Geschäftsbeziehungen veranlasste. Durch den (wirtschaftlichen)   **4.116**

Boykott soll ein Dritter, insbes. ein Mitbewerber, vom üblichen Geschäftsverkehr (Absatz, Beschaffung, Beförderung, Kredit usw) abgeschnitten werden. Dies kann bspw. dadurch erfolgen, dass keine geschäftlichen Beziehungen mit ihm angebahnt, oder schon bestehende Beziehungen abgebrochen werden sollen (**Beispiele:** Aufforderung an einen Verleger, keine Inserate eines Mitbewerbers anzunehmen; Aufforderung von Fachhändlern an einen Hersteller, keine Verbrauchermärkte zu beliefern; Aufforderung an Werbepartner einer Bank, die Zusammenarbeit mit dieser zu beenden; vgl. OLG Frankfurt GRUR-RR 2016, 14 Rn. 34). Der Boykott kann zu Zwecken des Wettbewerbs, aber auch außerhalb des wettbewerblichen Bereichs – zB zur Erreichung weltanschaulicher, religiöser, politischer oder sozialer Ziele – erfolgen. – Vom Boykottaufruf zu unterscheiden ist die Verhängung einer Liefer- oder Bezugssperre. Der Sperrende handelt nicht schon deshalb unlauter, weil er dem Boykottaufruf gefolgt ist (BGH GRUR 1983, 259 (261) – Familienzeitung zu § 26 I GWB aF), sondern nur bei Vorliegen besonderer Umstände, etwa weil er an dem Aufruf mitgewirkt hat. Die Sperre kann im Einzelfall gegen Art. 101, 102 AEUV und §§ 1, 19, 20 I und II GWB verstoßen.

2. Beteiligte

4.117   Der Boykott setzt (mindestens) **drei Beteiligte** voraus: den **Verrufer** (Auffordernder, Boykottierer), den **Adressaten** (Ausführer), der die Sperre vornehmen soll, und den **Verrufenen** (Boykottierten), gegen den sich die Sperre richtet (BGHZ 19, 72 – Gesangbuch; BGH GRUR 1965, 440 (442) – Milchboykott; BGH GRUR 1990, 474 (475) – Neugeborenentransporte; BGH GRUR 1999, 1031 (1032) – Sitzender Krankentransport; BGH GRUR 2000, 344 (346) – Beteiligungsverbot für Schilderpräger). – Der Adressat braucht nicht mit dem Ausführenden der Sperre identisch zu sein. Es genügt die Aufforderung an den Adressaten, auf andere Personen einzuwirken, die die Sperre vornehmen sollen (BGH GRUR 1980, 242 (243) – Denkzettel-Aktion; BGH GRUR 1984, 461 (462) – Kundenboykott). **Beispiel:** Verleger ruft Fachhändler auf, auf ihre Kunden oder Einkaufsorganisationen einzuwirken, nicht bei bestimmten Unternehmen zu kaufen. – Verrufer und Adressat brauchen – anders als bei § 21 I GWB – keine Unternehmer oder Unternehmervereinigungen zu sein. Allerdings muss der Verrufene, damit § 4 Nr. 4 anwendbar ist, **Mitbewerber** iSd § 2 I Nr. 4 sein. Er muss also zum Verrufer oder dem Unternehmen, dessen Absatz oder Bezug durch den Boykottaufruf gefördert werden soll, in einem konkreten Wettbewerbsverhältnis stehen (vgl. Werner, Wettbewerbsrecht und Boykott, 2008, 174).

II. Lauterkeitsrechtliche Beurteilung

1. Geschäftliche Handlung

4.118   Der Verrufer muss mit der Aufforderung eine geschäftliche Handlung iSd § 2 I Nr. 2 vornehmen. Die Aufforderung muss also in einem objektiven Zusammenhang mit der Förderung des Absatzes oder Bezugs zugunsten des eigenen oder eines fremden Unternehmens erfolgen. Die Förderung fremden Wettbewerbs genügt daher (so bereits BGH GRUR 2000, 344 – Beteiligungsverbot für Schilderpräger; OLG Frankfurt WRP 1998, 98 (99)). Sie ist zu bejahen, wenn eine private Organisation eine „Positivliste" von Unternehmen, die bestimmte Tierschutz-, Umwelt- usw Anforderungen erfüllen, und solchen, bei denen dies nicht der Fall ist, veröffentlicht (OLG München NJWE-WettbR 1999, 274 (275)). Sie ist dagegen zu verneinen, wenn eine solche Organisation (zB Greenpeace) Verbraucher lediglich anspricht, um sie vom Kauf bestimmter Produkte (gentechnisch veränderte Lebensmittel) in bestimmten Geschäften abzuhalten. Denn die Steigerung des Absatzes nicht boykottierter Unternehmen ist nicht Ziel, sondern nur Nebenfolge dieser Maßnahme (OLG Stuttgart GRUR-RR 2005, 20 (21)). Bei **Unternehmern** spricht eine tatsächliche Vermutung für das Vorliegen einer geschäftlichen Handlung (OLG Düsseldorf NJWE-WettbR 1999, 123). Bei Äußerungen in der Presse oder anderen Medien ist eine geschäftliche Handlung dagegen nicht zu vermuten (BGH GRUR 1984, 461 (462) – Kundenboykott zur früheren Wettbewerbsabsicht; → § 2 Rn. 2.66 ff.). Insoweit kommt es auf eine Würdigung der Umstände des Einzelfalls an. Dabei spielt eine Rolle, ob der Redakteur sich die Interessen eines bestimmten Unternehmens oder einer Branche zu eigen macht und sie fördern will oder ob es ihm um eine argumentative Auseinandersetzung geht (BGH GRUR 1985, 468 (469) – Ideal-Standard).

2. Boykottaufruf als „Behinderung"

Der Boykottaufruf ist seiner Natur nach auf eine Beeinträchtigung der geschäftlichen Entfal- 4.119
tungsfreiheit eines anderen Unternehmens und damit auf eine Behinderung gerichtet. Ein
Boykottaufruf ist unter folgenden Voraussetzungen anzunehmen:

a) Aufforderung. aa) Begriff. Aufforderung ist der **Versuch, die freie Willensentschei-** 4.119a
dung des Adressaten dahin zu beeinflussen, bestimmte Geschäftsbeziehungen nicht
einzugehen oder nicht aufrechtzuerhalten (BGH GRUR 1999, 1031 (1033) – Sitzender
Krankentransport; BGH WRP 2019, 1572 Rn. 12 – Werbeblocker III). Die Aufforderung muss
auf eine **Beeinflussung der freien Willensentscheidung** des Adressaten abzielen (BGH
GRUR 1985, 468 (469) – Ideal-Standard) und **objektiv** dazu **geeignet** sein (BGH GRUR
1984, 461 (482) – Kundenboykott; BGH GRUR 1984, 214 (215) – Copy-Charge; OLG
Frankfurt WRP 1998, 98 (99)).

bb) Entscheidungsspielraum des Adressaten. Der Adressat muss einen **eigenen Ent-** 4.119b
scheidungsspielraum haben, da er sonst nicht in seiner Willensentscheidung beeinflusst werden kann. Er fehlt, wenn der Adressat zu dem Verhalten **gesetzlich** oder **vertraglich ver-**
pflichtet ist (OLG Düsseldorf WRP 1984, 22 (24); OLG Stuttgart NJWE-WettbR 1999, 93
(94); OLG Düsseldorf WuW/E DE-R 1453, 1455; anders für § 21 GWB Immenga/Mestmä-
cker/Markert GWB § 21 Rn. 14) oder einem **Weisungsrecht** des Auffordernden unterliegt.
Daher erfüllen Weisungen, etwa an Tochterunternehmen (BGH GRUR 1973, 277 – Ersatzteile
für Registrierkassen), Arbeitnehmer, Handelsvertreter, Kommissionäre oder sonstige weisungsgebundene Vertragspartner (BGHZ 19, 72 – Gesangbuch; BGH GRUR 1990, 474 (475) –
Neugeborenentransporte) den Boykotttatbestand nicht. Ein Weisungsrecht kann sich auch aus
einem Beherrschungsvertrag, nicht aber aus einem Gewinnabführungsvertrag ergeben. Verneint
wurde eine Weisungsgebundenheit von Krankenhäusern gegenüber der AOK hinsichtlich der
Aufforderung, bestimmte Transportunternehmen nicht mehr zu beauftragen (BGH GRUR
1990, 474 (475) – Neugeborenentransporte).

cc) Einflussnahme. Die Aufforderung muss eine **Einflussnahme** darstellen. Das erfordert 4.119c
zwar keine Druckausübung (BGH GRUR 1985, 468 (469) – Ideal-Standard; BGH GRUR
1999, 1031 (1033) – Sitzender Krankentransport), ist aber nicht schon bei einer bloßen Information oder unverbindlichen Anregung zum Nachdenken anzunehmen (BGH GRUR 1999, 1031
(1033) – Sitzender Krankentransport; OLG Düsseldorf WRP 1984, 22 (24)). Die Abgrenzung ist
im Einzelfall schwierig. Es ist hier nicht allein auf den Wortlaut der Äußerung abzustellen (BGH
GRUR 1985, 468 (469) – Ideal-Standard). Vielmehr kommt es darauf an, wie der Adressat die
Äußerung den Umständen, insbes. der Interessenlage nach, verstehen darf (**Auslegung** nach
§§ 133, 157 BGB analog). Dabei sind die Anschauungen und Gepflogenheiten der Verkehrskreise, denen der Adressat angehört, von besonderer Bedeutung (BGH GRUR 1984, 461 (462)
– Kundenboykott; BGH GRUR 1985, 468 – Ideal-Standard; OLG Stuttgart GRUR-RR 2003,
21 (22)). Es kann daher im Einzelfall auch die Äußerung einer Bitte (BGH GRUR 1999, 1031
(1033) – Sitzender Krankentransport), Erwartung (OLG München WRP 1996, 925 (928):
„Wenn wir Apotheker uns einig sind, sind diese Präparate bald vom Markt verschwunden"),
Hoffnung oder Kritik, ja sogar eine Fragebogenaktion (OLG Düsseldorf GRUR 1984, 131
(134)) ausreichen. Ein Indiz für eine Aufforderung kann es sein, wenn **unterschwellig** zugleich
Vorteile für die Befolgung oder Nachteile (zB Abrechnungsprobleme; Schadensersatzansprüche)
bei Nichtbefolgung in Aussicht gestellt werden (OLG Düsseldorf NJWE-WettbR 1999, 123)
oder für den Adressaten auf der Hand liegen. Stets liegt eine Aufforderung vor, wenn der
Erklärende seinen Willen in Form einer Vertragsklausel durchsetzt (BGH GRUR 2000, 344
(346) – Beteiligungsverbot für Schilderpräger). – An einer Aufforderung fehlt es, wenn im
Rahmen einer vertraglichen oder satzungsgemäßen **Beratungstätigkeit** (Anwalt, Notar, Verband usw.) unter Angabe von Gründen zur Beendigung oder Nichtaufnahme einer Geschäftsbeziehung geraten wird (ebenso OLG Jena GRUR-RR 2010, 211 (212)). Denn insoweit liegt
kein Versuch einer Fremdbestimmung, sondern nur eine Entscheidungshilfe vor.

dd) Eignung zur Beeinflussung. Die Aufforderung muss eine Eignung zur Beeinflussung 4.119d
aufweisen. Ob es tatsächlich zu einer Sperre kommt, ist dagegen unerheblich (BGH GRUR
1980, 242 (244) – Denkzettel-Aktion). Eine tatsächlich erfolgte Sperre kann aber die Eignung
indizieren (OLG Stuttgart NJWE-WettbR 1999, 97), es sei denn, die Sperre liegt ausschließlich
im Interesse des Adressaten. An der Eignung fehlt es, wenn der Adressat bereits von sich aus

endgültig zur Sperre oder Nichtsperre entschlossen war. Das wird aber nur selten anzunehmen sein. Nicht erforderlich ist eine wirtschaftliche oder sonstige Abhängigkeit des Adressaten und die Möglichkeit, auf ihn Druck auszuüben (BGH GRUR 1985, 468 (469) – Ideal-Standard). Eine bestehende Abhängigkeit kann jedoch die Eignung zur Beeinflussung indizieren.

4.119e **ee) Abgrenzung.** Wird lediglich für das eigene Angebot geworben, wenngleich unter Einsatz unlauterer Mittel geworben, liegt darin noch kein Boykott (BGH GRUR 2000, 340 (343) – Kartenlesegerät). Auch der bloße Nachweis günstigerer Bestellmöglichkeiten ist nicht als Aufforderung zu einer Bezugssperre zu werten, selbst wenn die gegen das zu sperrende Unternehmen gerichtete Zielrichtung dieser Erklärung für den Adressaten erkennbar bleibt (aA BGH GRUR 1984, 214 (215 f.) – Copy-Charge; BGH GRUR 2000, 340 (343) – Kartenlesegerät). Vielmehr ist eine solche Äußerung ausschließlich nach § 6 (vergleichende Werbung) zu beurteilen. Auch die Empfehlung eines Herstellers, von ihm selbst produzierte Zubehörteile einzusetzen unter gleichzeitigem Hinweis, dass Zubehörteile zweier namentlich genannter Hersteller ebenso verwendet werden können, stellt keinen versteckten Boykottaufruf (so aber OLG Stuttgart GRUR-RR 2003, 21 (22)), sondern eine vergleichende Werbung dar.

4.120 **b) Bestimmtheit der Adressaten und Verrufenen.** Die Adressaten und die zu Sperrenden müssen hinreichend **bestimmt** oder zumindest **bestimmbar** sein (BGH WRP 1999, 1283 (1287) – Kartenlesegerät; BGH WRP 2019, 1572 Rn. 12 – Werbeblocker III). Der Aufruf kann zB auch an die Käufer bestimmter Produkte gerichtet sein. Für die Bestimmtheit der Verrufenen reicht eine nähere Bezeichnung nach Gruppen-, Tätigkeits- oder Organisationsmerkmalen (zB Elektrofachhandel; Verbrauchermärkte; ausländische Lieferanten) aus (BGH GRUR 1980, 242 (244) – Denkzettel-Aktion). Die Individualisierbarkeit fehlt jedoch, wenn der Kreis der zu sperrenden Unternehmen praktisch unübersehbar ist (BGH WRP 2019, 1572 Rn. 12 – Werbeblocker III). **Beispiele:** Aufforderung, „am Ort" zu kaufen; Aufforderung, für Einheimische vorgesehene Eintrittskarten nicht an gewerbliche Wiederverkäufer weiterzugeben (OLG München WuW/E OLG 4622, 4623).

4.121 **c) Liefer- oder Bezugssperre.** Gegenstand einer Liefer- oder Bezugssperre kann jede Tätigkeit im geschäftlichen Verkehr, also auch eine Dienst- und Werkleistung, sein (BGH WRP 1999, 941 (944) – Sitzender Krankentransport; KG WuW/E OLG 1029 – Anzeigensperre). Unter einer **Sperre** ist die dauerhafte oder vorübergehende Beendigung, Nichtaufnahme oder Einschränkung von Lieferbeziehungen über Waren oder gewerbliche Leistungen zu verstehen (BGH WRP 1999, 1283 (1287) – Kartenlesegerät; Immenga/Mestmäcker/Markert GWB § 21 Rn. 20). Eine gegenständliche oder mengenmäßige Begrenzung reicht aus (OLG Frankfurt WRP 1998, 98 (99)). Als gewerbliche Leistung ist auch die gesellschaftsrechtliche Beteiligung an einem Unternehmen anzusehen (BGH GRUR 2000, 344 (346) – Beteiligungsverbot für Schilderpräger). Der Sperre steht die Aufstellung von Bedingungen gleich, die den betreffenden Geschäftsverkehr für den Verrufenen unzumutbar macht. – Der bloße Hinweis auf günstige Angebote Dritter stellt noch keine Aufforderung zur Bezugssperre dar, außer wenn für die Adressaten eine entsprechende Absicht erkennbar ist (BGH WRP 2000, 759 (761) – Zahnersatz aus Manila zu § 21 I GWB). Dasselbe gilt, wenn für das eigene Angebot – und sei es auch mit unlauteren Mitteln – geworben wird (BGH WRP 1999, 1283 (1287) – Kartenlesegerät). – Auch die (positive) Aufforderung zum Abschluss einer (kartellrechtlich nach Art. 101 III AEUV oder § 2 GWB zulässigen) **Ausschließlichkeitsbindung** ist im Regelfall – schon mangels Bestimmtheit der zu Sperrenden – keine Sperraufforderung. Dies gilt selbst dann, wenn dadurch andere von einer Geschäftsverbindung ausgeschlossen werden sollen (vgl. BGH GRUR 2003, 77 (79) – Fernwärme für Börnsen zu § 16 GWB aF; aber auch Immenga/Mestmäcker/Markert GWB § 21 Rn. 18, 19, 43). Andernfalls dürften keine Ausschließlichkeitsverträge mehr angebahnt werden. Eine Ausnahme ist für den Fall anzuerkennen, dass die Beschränkung eine gegen bestimmte Dritte gerichtete Zielsetzung aufweist und mit ihrer Hilfe bestimmte, individualisierbare Unternehmen getroffen oder sogar vom Markt verdrängt oder fern gehalten werden sollen (BGH GRUR 2000, 344 (346) – Beteiligungsverbot für Schilderpräger; BGH GRUR 2003, 77 (79) – Fernwärme für Börnsen; OLG Stuttgart WuW/E OLG 2269, 2270).

4.121a **d) Boykottähnliche Maßnahme.** Der Liefer- oder Bezugssperre stehen die sog boykottähnlichen Maßnahmen gleich. Dazu gehört die Aufforderung zu einem sonstigen Vorgehen gegen einen Mitbewerber, das dessen Geschäftsbetrieb erheblich stört (BGH WRP 1960, 157 (160) – Schleuderpreise; GRUR 1967, 526 (528) – Hörmittelhändler; OLG Karlsruhe GRUR 1984, 669 (672); OLG Frankfurt GRUR-RR 2005, 197 (198)). So stellt es eine boykottähnliche

Behinderung eines ehemaligen Vertragshändlers eines Kfz-Herstellers dar, wenn dieser in Kundenanschreiben den falschen Eindruck erweckt, Kunden könnten Nachteile bei der Abwicklung von Gewährleistungsansprüchen erleiden, falls sie Wartungs- und Reparaturarbeiten nicht bei einem Vertragshändler durchführen lassen (OLG Frankfurt GRUR-RR 2005, 197 (198)). In diesem Fall kann auch der Tatbestand des § 4 Nr. 1 erfüllt sein. – Boykottähnlich wirkt die Äußerung einer Kfz-Haftpflichtversicherung gegenüber einem Anwalt, sie werde die Kosten eines bestimmten Kfz-Sachverständigen nicht übernehmen, wenn die behauptete fehlende Objektivität des Sachverständigen nicht dargelegt ist (OLG Nürnberg WRP 2007, 202 (203)). – Eine gezielte Behinderung durch eine boykottähnliche Maßnahme stellt es auch dar, wenn eine Fluggesellschaft die unberechtigte Behauptung aufstellt, die Vermarktung ihrer Flugtickets durch ein anderes Unternehmen im Wege des **Screen-Scraping** sei rechtswidrig und sie würde auf diese Weise erworbene Flugtickets stornieren (OLG Frankfurt MMR 2009, 400).

3. Boykottaufruf als „gezielte" Behinderung

a) Grundsatz. Die im Boykottaufruf enthaltene Behinderung ist stets „gezielt" iSd § 4 Nr. 4, **4.122** wenn es dem Verrufer nur darum geht, den Verrufenen vom Markt zu verdrängen oder fern zu halten. Allerdings ist – anders als bei § 21 I GWB – eine solche Absicht, den Mitbewerber „unbillig zu beeinträchtigen" bei § 4 Nr. 4 nicht erforderlich (vgl. Werner, Wettbewerbsrecht und Boykott, 2008, 180). Es genügt daher grds. die objektive Eignung der Aufforderung, den Adressaten zu einer Liefer- oder Bezugssperre von Mitbewerbern zu veranlassen. Jedoch ist in diesem Fall die Unlauterkeit anhand einer umfassenden **Abwägung der Interessen aller Beteiligten unter Berücksichtigung** der grundgesetzlichen (Art. 5 GG) und kartellrechtlichen Wertungen (insbes. § 21 I GWB) sowie **der Schutzzwecke des § 1 I, insbes. des Interesses der Allgemeinheit an einem unverfälschten Wettbewerb,** festzustellen (vgl. BGH GRUR 1999, 1031 – Sitzender Krankentransport; BGH GRUR 2000, 344 (347) – Beteiligungsverbot für Schilderpräger; OLG Frankfurt WRP 2015, 1119 Rn. 22; Werner, Wettbewerbsrecht und Boykott, 2008, 183 ff.). Danach wird im **Regelfall** Unlauterkeit nach § 4 Nr. 4 anzunehmen sein, sofern nicht besondere Umstände vorliegen, die das Handeln als sachlich gerechtfertigt erscheinen lassen (vgl. BGH GRUR 1980, 242 (244) – Denkzettel-Aktion; OLG Frankfurt GRUR-RR 2005, 197 (198)). Davon geht auch die Begründung zum RegE UWG aus (vgl. BT-Drs. 15/1487, 19). Die grundsätzliche Unlauterkeit des Boykotts folgt daraus, dass er seiner objektiven Zielsetzung nach auf eine **Behinderung** eines Unternehmens im Wettbewerb gerichtet ist. Die Sperre beeinträchtigt den Zugang des betroffenen Unternehmens zu den Beschaffungs- oder Absatzmärkten und erschwert oder vereitelt damit seine Chancen, seine Leistung auf dem Markt zur Geltung zu bringen. Sie beeinträchtigt darüber hinaus das Allgemeininteresse am Wettbewerb und die Interessen der Marktpartner, insbes. diejenigen der Verbraucher. Es müssen also **besonders schutzwürdige Interessen** des Verrufers, des Adressaten oder der Allgemeinheit vorliegen, um die Unlauterkeit zu verneinen. Die entsprechenden „entlastenden" Tatsachen sind vom Verrufer darzulegen und zu beweisen. **Beispiel:** Warnt ein Unternehmer die Verbraucher vor dem Kauf von Waren eines Mitbewerbers, weil diese gesundheitsgefährdend sind, so kann die Unlauterkeit zu verneinen sein. – Bei der gebotenen Interessenabwägung sind allerdings der Grundsatz der **Verhältnismäßigkeit** (reicht eine weniger einschneidende Maßnahme aus?), aber auch eine etwaige **Marktmacht** des Verrufers zu berücksichtigen (BGH GRUR 2000, 344 (346) – Beteiligungsverbot für Schilderpräger; OLG Düsseldorf NJWE-WettbR 1999, 123 (125)). – Da es für die Unzulässigkeit einer geschäftlichen Handlung bereits genügt, dass sie objektiv geeignet ist, den Mitbewerber zu behindern (→ Rn. 4.6), ist die Veranlassung eines anderen zur Sperre auch dann unlauter, wenn der Boykottaufruf nicht befolgt wird, der Boykott somit nur versucht worden ist (BGH GRUR 1980, 242 (244) – Denkzettel-Aktion). Dagegen stellt die bloße Androhung von Boykottmaßnahmen gegenüber einem Mitbewerber noch keine Boykotthandlung dar; doch kann sie unter dem Aspekt der Nötigung nach § 4 Nr. 4 unlauter sein.

b) Meinungsfreiheit und Medienfreiheiten. Der Schutz der Meinungsfreiheit und der **4.123** Medienfreiheiten erstreckt sich auch auf kommerzielle Meinungsäußerungen sowie reine Wirtschaftswerbung, die einen wertenden, meinungsbildenden Inhalt hat (BVerfG GRUR 2001, 170 – Schockwerbung). Grds. kann daher auch ein Boykottaufruf einer Unternehmensvereinigung oder eines Mitbewerbers von Art. 5 I GG gedeckt sein, so dass es für die Einschränkung dieses Grundrechts durch § 3 I iVm § 4 Nr. 4 als allgemeines Gesetz iSd Art. 5 II GG auf eine Interessenabwägung unter Berücksichtigung der Reichweite des Grundrechts und des Schutzzwecks des UWG (§ 1) ankommt. Das **BVerfG** (GRUR 1984, 357 (359) – markt-intern; NJW 1992, 1153 (1154); NJW-RR 2008, 200 (201)) hat für die Zulässigkeit eines Boykottaufrufs drei Voraussetzungen aufgestellt: **(1) Angelegenheit von öffentlicher Bedeutung.** Wesentlich sind die Motive und damit Ziel und Zweck der Aufforderung. Findet sie ihren Grund nicht in eigenen Interessen wirtschaftlicher Art, sondern in der Sorge um politische, wirtschaftliche, soziale oder kulturelle Belange der Allgemeinheit, spricht dies für eine Zulässigkeit des Boykott-aufrufs, auch wenn dadurch private und namentlich wirtschaftliche Interessen beeinträchtigt werden. Umgekehrt kommt dem Schutz dieser Interessen umso größere Bedeutung zu, je weniger es sich um einen Beitrag zum Meinungskampf in einer die Öffentlichkeit berührenden Frage handelt, sondern um eine gegen jene Interessen gerichtete Äußerung im wirtschaftlichen Verkehr und in Verfolgung eines eigennützigen wirtschaftlichen Ziels, etwa der Verbesserung der Wettbewerbsposition. Fehlt hingegen die Einwirkung auf die öffentliche Meinung, wie bei Versendung eines Informationsblattes ausschließlich an beteiligte und informierte Fachkreise oder bei Rundschreiben an fachlich einschlägig tätige Personen, sondern geht es lediglich um die Durchsetzung wirtschaftlicher Interessen, so scheidet eine Rechtfertigung aus (ebenso OLG Frankfurt WRP 2015, 1119 Rn. 24). **(2) Verhältnismäßigkeit.** Die Verfolgung der Ziele des Verrufers darf ferner das Maß der nach den Umständen notwendigen und angemessenen Beein-trächtigung des Angegriffenen oder des Betroffenen nicht überschreiten. Dabei kommt es insbes. darauf an, welches Verhalten des betroffenen Unternehmens Anlass für den Boykottaufruf war. Unverhältnismäßigkeit kann vorliegen, wenn sich das Ziel des Aufrufs auch durch Inanspruch-nahme des Rechtswegs erreichen lässt (BGH GRUR 2014, 904 Rn. 31, 33 – Aufruf zur Konto-kündigung). **(3) Fehlende Druckausübung.** Schließlich müssen die Mittel der Durchsetzung des Boykottaufrufs verfassungsrechtlich zu billigen sein. Das ist nicht der Fall, wenn der Verrufer sich nicht auf den Versuch der geistigen Einflussnahme und Überzeugung beschränkt, sondern physischen, wirtschaftlichen oder vergleichbaren Druck auf die Adressaten ausübt oder veranlasst und dadurch ihre Entscheidungsfreiheit beeinträchtigt.

4.124   **c) Abwehr.** Gegenüber der Annahme, ein Boykottaufruf könne als Abwehrmaßnahme (näher → § 11 Rn. 2.4 ff.) gegenüber einem wettbewerbswidrigen Angriff zulässig sein (BGH GRUR 1959, 244 (247) – Versandbuchhandlung), ist große Zurückhaltung geboten. Wer auf rechts-widrige Weise in seiner geschäftlichen Tätigkeit angegriffen wird, dem stehen idR wirksame Abwehrmöglichkeiten (zB einstweiliger Rechtsschutz) zur Verfügung. Ein Boykott als zulässige Abwehrmaßnahme kommt nur **höchst ausnahmsweise** und nur unter **besonderen Umstän-den** in Betracht. Nicht zulässig ist ein Abwehrboykott, wenn die Maßnahme schutzwürdige Belange unbeteiligter Dritter verletzt, etwa weil auf sie wirtschaftlicher Druck ausgeübt wird (BGH GRUR 1984, 461 (463) – Kundenboykott: Verweigerung von Kundendienstleistungen gegenüber Verbrauchern, damit diese aus Verärgerung nicht mehr bei bestimmten Händlern kaufen). Im Übrigen muss der Boykott zur Abwehr eines rechtswidrigen Angriffs erforderlich sein und es dürfen keine anderen für den Angegriffenen noch zumutbaren Abwehrmöglichkeiten bestehen. Diese Voraussetzungen werden nur in außergewöhnlichen Situationen gegeben sein. Wer boykottieren will, muss daher zuvor die Sach- und Rechtslage genau prüfen. Ist der angreifende Mitbewerber zum Unterlassen seines Angriffs gütlich zu bewegen, so darf er nicht boykottiert werden. Ebenso dann nicht, wenn sich das Ziel der Abwehr durch gerichtliche Hilfe, insbes. durch Erwirken einer einstweiligen Verfügung, erreichen lässt. Es bedarf stets einer Abwägung der berührten Interessen unter Berücksichtigung von Anlass, Ziel, Mittel und Wirkung des Boykotts. Dabei fallen auch die Interessen der Allgemeinheit ins Gewicht. Ein Händler, der in Unkenntnis einer Vertriebsbindung Waren bezogen hat, darf nicht boykottiert werden (OLG Stuttgart WuW/E OLG 1721). Würde die Sperre zur Vernichtung der wirt-schaftlichen Existenz des Betroffenen führen, so wird sich ein Abwehrboykott nur in ganz seltenen Ausnahmefällen rechtfertigen lassen (vgl. BGH GRUR 1965, 440 (443) – Milchboy-kott). Für das Kartellrecht stellt sich die Frage eines zulässigen Abwehrboykotts entsprechend. Es schließt den Abwehreinwand nicht grds. aus. § 21 I GWB verbietet Boykottmaßnahmen, wenn sie in der Absicht geschehen, bestimmte Wettbewerber unbillig zu beeinträchtigen. Ein Abwehr-boykott, der dazu dient, wettbewerbswidriges Verhalten zu unterbinden, stellt keine unbillige Beeinträchtigung dar und verletzt nicht Interessen der Allgemeinheit (OLG Düsseldorf WuW/E DE-R 1381).

4.125   **d) Einzelfälle.** Als **zulässig** wurde angesehen: Das dringende Anraten einer Konzertagentur an eine andere, eine als rechtsradikal bekannte Musikgruppe nicht auftreten zu lassen (LG Köln GRUR 1994, 741). Die Aufforderung an eine Bank, die Kontoverbindung mit einem zu

deutschen Rund- und Fernsehfunks abdrucken (BVerfGE 25, 256 (264) – Blinkfüer; aA BGH GRUR 1964, 77 (80)). Den Einsatz wirtschaftlicher Macht zur Verhinderung öffentlicher Meinungsbildung deckt Art. 5 I GG nicht. Zulässig wäre es gewesen, wenn der Verlag seine Meinung über den Abdruck der mitteldeutschen Sendeprogramme in der Öffentlichkeit, zB in den eigenen Blättern, geäußert und die Leser aus politischer Überzeugung zum Boykott der in Betracht kommenden Zeitungen und Zeitschriften aufgefordert hätte. – Die an die Vertragspartner eines Wohnungsunternehmens gerichtete Aufforderung einer Tageszeitung zum Vertragsbruch durch Mietboykott ist keine durch Art. 5 I GG geschützte Maßnahme (BGH GRUR 1985, 470 (471) – Mietboykott; bestätigt durch BVerfG NJW 1989, 381). – Ein macht- und einflussloser Bürger, Vater zweier minderjähriger Kinder, durfte versuchen, die Anzeigenkunden einer Illustrierten zur Zurückziehung ihrer Aufträge zu veranlassen, weil die Zeitschrift zur Erhöhung ihrer Auflagenzahl sexualbetonte Themen in aufreizender Weise in Wort und Bild herausstellte (OLG Köln NJW 1965, 2345). – Dagegen durfte ein Tierschutzverein nicht das Publikum durch Pressemitteilung mit der unwahren Behauptung, junge Sattelrobben würden „meist" unbetäubt und noch lebend enthäutet, dazu auffordern, keine Mäntel mehr aus Jungrobben-Fellen zu kaufen (OLG Frankfurt DB 1969, 697). – Eine Umweltschutzorganisation durfte (bei gleichzeitiger Aufklärung der Verbraucher über gentechnisch veränderte Futtermittel) ein gekreuztes Klebeband vor einem Kühlregal eines Supermarkts anbringen und Verbraucher vom Kauf dieser Produkte abraten (OLG Stuttgart GRUR-RR 2006, 20).

H. Missbrauch der Nachfragemacht

Schrifttum: Gilbert, Die rechtliche Bewertung des sog. Anzapfens, 1980; Gröner/Köhler, Der Selbstbedienungshandel zwischen Rechtszwang und Wettbewerb, 1986; Hölzler/Satzky, Wettbewerbsverzerrungen durch nachfragemächtige Handelsunternehmen, 1980; Jungk, Die Ausübung wirtschaftlicher Macht als unlauterer Wettbewerb?, 1997; Köhler, Wettbewerbs- und kartellrechtliche Kontrolle von Nachfragemacht, 1979; Köhler, Durchsetzung von Vorzugsbedingungen durch marktmächtige Nachfrager, BB 1999, 1017; Köhler, Zur Auslegung, Anwendung und Reform des § 20 Abs. 3 GWB, FS Tilmann, 2003, 693; Köhler, Zur Konkurrenz lauterkeitsrechtlicher und kartellrechtlicher Normen, WRP 2005, 645; Lettl, Zur Anwendung von § 19 Abs. 2 Nr. 5 GWB (ggf. iVm § 20 Abs. 2 GWB) insbesondere auf Preisverhandlungen zwischen marktmächtigen Unternehmen und Lieferanten, WRP 2016, 800 (Teil 1), WRP 2016, 935 (Teil 2); Lettl, Das sog. Anzapfverbot des § 19 Abs. 2 Nr. 5 GWB in seiner neuen Fassung, WRP 2017, 641; Merz, Die Vorfeldthese, 1988; Mestmäcker, Der verwaltete Wettbewerb, 1984; Pichler, Das Verhältnis von Kartell- und Lauterkeitsrecht, 2009; Säcker/Mohr, Forderung und Durchsetzung ungerechtfertigter Vorteile, WRP 2010, 1; Sosnitza, Wettbewerbsbeschränkungen durch die Rechtsprechung, 1995; Ulmer, Der Begriff „Leistungswettbewerb" und seine Bedeutung für die Anwendung von GWB- und UWG-Tatbeständen, GRUR 1977, 565; Wanderwitz, Der Missbrauch von Nachfragemacht, WRP 2015, 162.

I. Problemstellung

Die Ausübung sog **Nachfragemacht** durch marktstarke Nachfrager gegenüber Anbietern **4.130** (Handelsunternehmen gegenüber Herstellern; aber auch Hersteller gegenüber Zulieferern) ist seit den 70er Jahren des vorigen Jahrhunderts Gegenstand lebhafter Auseinandersetzungen. Insbes. wird die Rechtmäßigkeit des sog **Anzapfens,** also das Fordern von Leistungen, denen keine echte Gegenleistung gegenübersteht, diskutiert. Dabei wird die Möglichkeit, bei entsprechendem Nachfragevolumen überproportionale Einkaufszugeständnisse zu erzielen, als eine Hauptursache für die fortschreitende Konzentration im Handel, insbes. im Lebensmittelhandel, angesehen (vgl. BKartA BB 1999, 706 – Metro). Selbsthilfemaßnahmen der Wirtschaft blieben ohne durchschlagenden Erfolg (vgl. Beispielskatalog des BMW v. 17.11.1974, abgedr. in WRP 1975, 24; Gemeinsame Erklärung von Spitzenorganisationen der gewerblichen Wirtschaft vom November 1975/Juni 1984, abgedr. in WRP 1976, 9; Wettbewerbsregeln des Markenverbandes, abgedr. in WRP 1976, 576). Die Durchsetzung kartell- und lauterkeitsrechtlicher Abwehrmaßnahmen ist zusätzlich durch die sog **Ross-und-Reiter**-Problematik erschwert: Die betroffenen Anbieter sind aus Furcht vor Pressionen kaum bereit, selbst Klage zu erheben oder als Zeuge in einem Zivilprozess oder Kartellverfahren zur Verfügung zu stehen. Für das Zivilverfahren ist daher an Beweiserleichterungen zu denken (dazu BGH GRUR 1982, 677 (679) – Unentgeltliche Übernahme der Preisauszeichnung): Soweit es den betroffenen Unternehmen wegen der Gefahr wirtschaftlicher Repressalien nicht zumutbar ist, Beweismittel (Aufzeichnungen; Zeugen) zur Verfügung zu stellen, durch die sie identifiziert werden können, sollte es ausreichen, dass die Beweismittel einer zur Berufsverschwiegenheit verpflichteten Person (Wirtschaftsprüfer; Notar) übergeben werden und diese als Zeuge über die erhaltenen Auskünfte aussagt, ohne die betroffenen Unternehmen zu identifizieren (arg. § 383 I Nr. 6 ZPO; Köhler BB 1998, 113 (115)). Inwieweit derartige Aussagen für die Überzeugungsbildung des Gerichts ausreichen bzw. eine Verurteilung ermöglichen, ist eine Frage des Einzelfalls. Entsprechendes sollte für das Kartellverfahren gelten. Die in § 75 IV GWB (§ 70 IV GWB aF) vorgesehene Beweiserleichterung für die Kartellbehörden trägt nur begrenzt zur Problembewältigung bei. De lege ferenda würde sich daher die Einführung einer Auskunftspflicht des Nachfragers empfehlen (Köhler BB 1998, 113 (115)).

II. Rechtliche Schranken

1. Kartellrecht

4.131   **a) Deutsches Kartellrecht.** Im Vordergrund steht die Anwendung der **§ 19 II Nr. 5 GWB, § 20 II GWB** (dazu näher → § 4a Rn. 1.16 ff.; Lettl WRP 2017, 641). Grds. ist auch **§ 1 GWB** auf Vereinbarungen zur Absicherung von Vorteilen gegenüber Mitbewerbern (zB Meistbegünstigungsklauseln) anwendbar, sofern nicht § 2 II GWB iVm Art. 2 Vertikal-GVO eingreift.

4.132   **b) Europäisches Kartellrecht.** Neben der Anwendung des **Art. 101 AEUV** auf Meistbegünstigungsklauseln kommt insbes. die Anwendung des **Art. 102 AEUV** (Verbot des Missbrauchs einer marktbeherrschenden Stellung) in Betracht. Ein Missbrauch kann insbes. in der „Erzwingung von unangemessenen Einkaufspreisen" (Art. 102 S. 2 lit. a AEUV) liegen.

2. Lauterkeitsrecht

4.133   Das Ausüben von Nachfragemacht zum Erzielen besonderer Einkaufsvorteile betrifft in erster Linie das Vertikalverhältnis und ist daher nach **§ 4a** zu beurteilen (Ohly/Sosnitza/Ohly § 4 Rn. 4/16). Im Einzelfall kann ein solches Verhalten allerdings auch den Tatbestand des **§ 4 Nr. 4** erfüllen, wenn das Horizontalverhältnis zwischen Unternehmern betroffen ist (GK-UWG/Dornis § 4 Nr. 4 Rn. 281 ff.). Davon ging auch die Begründung zum RegE UWG (zu § 4 Nr. 10 UWG 2004, BT-Drs. 15/1487, 19) aus. Missverständlich war freilich die Bemerkung, es sollen mit § 4 Nr. 10 UWG 2004 „auch Handlungen im Verhältnis zweier Unternehmer auf verschiedenen Wirtschaftsstufen" erfasst werden. Als Maßnahme des Behinderungswettbewerbs gegenüber Mitbewerbern lässt sich dieses Marktverhalten aber nur begreifen, wenn man es unter dem Blickwinkel der unlauteren Verschaffung eines Wettbewerbsvorsprungs vor den Mitbewerbern im Absatz betrachtet, zB wenn Exklusivität der Vorteilsgewährung verlangt wird (vgl. OLG Hamm GRUR-RR 2003, 288). Dem steht eine Sichtweise gegenüber, die auf die Verfälschung des Nachfragewettbewerbs durch Druckausübung iSd § 4a auf die Lieferanten als Marktpartner abstellt. Beide Betrachtungsweisen sind gleichermaßen berechtigt (vgl. auch Omsels WRP 2004, 136 (139), der ergänzend einen Rückgriff auf § 3 I vorschlägt). Denn das Lauterkeitsrecht schützt ebenso wie das Kartellrecht nicht nur den Absatzwettbewerb, sondern auch den **Nachfragewettbewerb** (arg. § 2 I Nr. 2 „Bezug").

4.134   **a) Funktionswidrigkeit als Unlauterkeitskriterium?** Anfänglich wurde das Unlauterkeitsurteil über bestimmte Maßnahmen des „Anzapfens" (Verlangen einer „Regalmiete" usw) mit der Funktionswidrigkeit des Händlerverhaltens begründet (vgl. BGH GRUR 1977, 257 – Schaufensteraktion; BGH GRUR 1977, 619 – Eintrittsgeld; BGH GRUR 1982, 737 – Eröffnungsrabatt; OLG Köln WRP 1989, 193; OLG München GRUR 1992, 712; vgl. auch noch OLG Zweibrücken GRUR-RR 2003, 17 (18): Funktionswidrigkeit angesprochen, aber iErg verneint). Dahinter stand die Erwägung, der Verbraucher erwarte vom Händler, dass er die Auswahl der Waren und Lieferanten unter dem Aspekt des Verbraucherinteresses trifft und solche Waren bevorzugt, die nach Art, Qualität und Preis für den Verbraucher vorteilhaft sind; der Händler handle daher funktionswidrig, wenn er die Auswahl unter dem Aspekt der Erzielung von Sondervorteilen treffe. Diese Sichtweise ist heute überholt (fallen gelassen bereits in BGH GRUR 1982, 677 – Unentgeltliche Übernahme der Preisauszeichnung; anders noch OLG München GRUR 1992, 712 (713); vgl. auch BGH WuW/E BGH 1943, 1945 – Markenverband-Deschauer; vgl. aber auch OLG Zweibrücken GRUR-RR 2003, 17 (18): Funktionswidrigkeit iErg verneint). Sie widerspricht grundlegend dem Verständnis des freien Wettbewerbs. Weder kann es in einem System des freien Wettbewerbs festgelegte Funktionen geben noch ist es die Aufgabe des UWG, bestimmte Handelsfunktionen zu schützen. Es muss dem Wettbewerb überlassen bleiben, ob und welche Funktionen von einzelnen Unternehmen wahrgenommen werden.

b) Druckausübung auf den Lieferanten als Unlauterkeitskriterium. Anknüpfungspunkt   **4.135** für das Unwerturteil kann eine mit dem „Anzapfen" verbundene Druckausübung (§ 4a) auf den Lieferanten sein (→ § 4a Rn. 1.18–1.20).

c) Behinderung der Mitbewerber als Unlauterkeitskriterium. Die Anwendung des § 4   **4.136** Nr. 4 auf das „Anzapfen" setzt die „gezielte Behinderung" von Mitbewerbern voraus. Das „Anzapfen" kann zwar dazu führen, dass ein Unternehmen sich dadurch einen Wettbewerbsvorsprung gegenüber seinen Mitbewerbern auf dem nachfolgenden Absatzmarkt verschafft. Das allein reicht jedoch nicht aus, um eine Unlauterkeit zu begründen. Von einer gezielten Behinderung ist erst dann auszugehen, wenn die Maßnahme darauf angelegt oder ihrer Natur nach geeignet ist, die geschäftlichen Entfaltungsmöglichkeiten eines Mitbewerbers zu beeinträchtigen. Allein der Umstand, dass ein Mitbewerber vom Genuss vergleichbarer Einkaufsvorteile ausgeschlossen wird, genügt hierfür nicht. Bei der Anwendung des § 4 Nr. 4 sind zudem die **kartellrechtlichen Wertungen,** insbes. in den §§ 19, 20 GWB, zu beachten (Köhler WRP 2005, 645 (648) und WRP 2006, 139 (145 f.); vgl. auch BGH GRUR 1982, 737 (738) – Eröffnungsrabatt). Ein Verhalten, das gegen die vor allem im Wettbewerb und die Mitbewerber des nachfragemächtigen Unternehmens schützenden Normen der §§ 19, 20 GWB verstößt, kann zugleich die Unlauterkeit nach § 4 Nr. 4 begründen. (Zur Anwendbarkeit des § 3a → § 3a Rn. 12.) Umgekehrt dürfen mittels § 4 Nr. 4 die kartellrechtlichen Wertungen nicht beiseite geschoben werden. Bei fehlender Marktmacht des Anzapfers kann daher § 4 Nr. 4 nur zur Anwendung kommen, wenn besondere Umstände hinzutreten. Das kann der Fall sein, wenn der „Anzapfer" unter Druckausübung Einkaufsvorteile **zum Nachteil der Mitbewerber** durchzusetzen versucht, insbes. vom Lieferanten eine **exklusive** Bevorzugung fordert.

I. Vergleichende Werbung ohne erkennbare Bezugnahme auf Mitbewerber

Schrifttum: a) Älteres Schrifttum (vor der Richtlinie über vergleichende Werbung): Borck, Die Rücksicht auf die Mitbewerber als rechtliche Schranke informativer Werbung, WRP 1986, 365; v. Gamm, Vorschlag der EG-Kommission für eine Richtlinie des Rates über vergleichende Werbung und zur Änderung der Richtlinie 84/450/EWG über irreführende Werbung, ABl. EG Nr. L 250 vom 19.9.1984 S. 17, WRP 1992, 143; Hudelmaier, Die neuere Praxis zur vergleichenden Werbung in Deutschland, Belgien, Frankreich, Großbritannien und USA, 1991; Kloepfer/Michael, Vergleichende Werbung und Verfassung – Meinungsgrundrecht als Grenze von Werbebeschränkungen, GRUR 1991, 170; Lindacher, Kritisierende vergleichende Werbung, FS Brandner, 1996, 399; Menke, Funktionale Entscheidungskriterien in der Rechtsprechung zum bezugnehmenden Werbevergleich, GRUR 1991, 661; Menke, Die moderne informationsökonomische Theorie der Werbung und ihre Bedeutung für das Wettbewerbsrecht, dargestellt am Beispiel der vergleichenden Werbung, GRUR 1993, 718; Mettang, Die vermeintliche Liberalisierung des kritischen Werbevergleichs, GRUR 1988, 106; J. Meyer, Vergleichende Werbung und Markttransparenz, ZRP 1993, 290; J. Meyer, Die kritisierende vergleichende Werbung, 1991; Moeser, Neuere Rechtsprechung zur vergleichenden Werbung, NJW 1987, 1789; Ochs, Zur Vollständigkeit der Werbung mit Reichweiten, WRP 1981, 179; Reich, Vergleichende Werbung und EG-Recht, WRP 1988, 75; Ruhnau, Zulässigkeit vergleichender Werbung unter besonderer Berücksichtigung von TV-Veranstaltern mit Reichweiten und Einschaltquoten, ZUM 1990, 271; R. Sack, Vergleichende und bezugnehmende Werbung, 1983; Schluep, Über Kritik im wirtschaftlichen Wettbewerb, FS Troller, 1976, 225; Schlüter, Ökonomische Funktion als Basis wettbewerbsrechtlicher Zulässigkeit am Beispiel der vergleichenden Werbung, 1992; Schotthöfer (Hrsg.), Die vergleichende Werbung in den Mitgliedstaaten der EG, Österreich, Schweiz und USA, 1991; Strothmann, Tatbestandsvoraussetzungen und Unlauterkeitskriterien der kritisierenden vergleichenden Werbung, GRUR 1988, 588; Tilmann, Vergleichende Werbung, Systemvergleich, Alleinstellungswerbung, GRUR-Int. 1983, 598; Tilmann, Grenzüberschreitende vergleichende Werbung, GRUR-Int. 1993, 133.
b) Neueres Schrifttum: Vgl. die Angaben bei § 6.

I. Allgemeines

1. Abgrenzung der allgemeinen von der mitbewerberbezogenen vergleichenden Werbung

Bei der vergleichenden Werbung ist zu unterscheiden, ob darin Mitbewerber oder deren   **4.137** Produkte erkennbar gemacht werden oder nicht. Die **Richtlinie 2006/114/EG** (früher: 84/

450/EWG) **über irreführende und vergleichende Werbung** (Werbe-RL) regelt nur die vergleichende Werbung, bei der Mitbewerber oder ihre Produkte erkennbar gemacht werden. Auf Fälle einer vergleichenden Werbung, die keinen Mitbewerber oder seine Produkte erkennbar macht, ist sie nicht anwendbar. Sie verbietet keine nationalen Regelungen dieser Werbung, selbst wenn diese zu einem geringeren Schutz der Mitbewerber oder Verbraucher führen würden (EuGH GRUR 2007, 511 Rn. 50–55 – de Landtsheer/CIVC). Die Regelung in § 6 und § 5 IV erfasst dementsprechend nur die vergleichende Werbung mit erkennbarer unmittelbarer oder mittelbarer Bezugnahme auf Mitbewerber oder die von ihnen angebotenen Waren oder Dienstleistungen (BGH GRUR 1999, 1100 (1101) – Generika-Werbung; BGH WRP 2001, 688 (689) – Eröffnungswerbung). Sie erstreckt sich nicht auf die vergleichende Werbung ohne erkennbaren Bezug auf Mitbewerber oder deren Produkte, also auf die sog allgemein gehaltenen oder kürzer **allgemeinen Vergleich** (zur Abgrenzung → § 6 Rn. 10, 35 ff.). Die Zulässigkeit eines solchen Vergleichs beurteilt sich nach der Generalklausel des § 3 I und den Beispielstatbeständen des § 4 Nr. 1, 2 und 4 (ähnlich zur früheren Rechtslage BGH GRUR 2002, 982 (983) – DIE „STEINZEIT" IST VORBEI!).

2. Abgrenzung zu anderen Werbeformen

4.138   Die allgemein gehaltene vergleichende Werbung unterscheidet sich von anderen Formen der Werbung dadurch, dass sie sich weder in einer Hervorhebung des eigenen Unternehmens oder Angebots noch in einer Herabsetzung konkurrierender Unternehmen oder Angebote erschöpft, sondern einen **Vergleich** vornimmt. Es muss also eine Bezugnahme iSe Gegenüberstellung und eines Aneinandermessens von (nicht erkennbar gemachten; sonst gilt § 6) Unternehmen und ihrer Leistungen erfolgen (BGH GRUR 2002, 75 (76) – „SOOOO … BILLIG!?"). Diese Bezugnahme muss darüber hinaus **ausdrücklich** erklärt werden oder sich **eindeutig** aus dem Sachzusammenhang ergeben. Bloße Kritik an fremden Leistungen und bloßes Lob der eigenen Leistungen stellen auch dann keinen Vergleich dar, wenn sich für den Adressaten ein Umkehrschluss anbietet. Ein Vergleich liegt daher nicht vor, wenn eine Werbeaussage so allgemein gehalten ist, dass sich den angesprochenen Verkehrskreisen eine Bezugnahme auf den Werbenden nicht aufdrängt, sondern diese sich nur reflexartig daraus ergibt, dass mit jeder Kritik an Mitbewerbern idR unausgesprochen zum Ausdruck gebracht wird, sie betreffe den Werbenden selbst nicht (BGH GRUR 2002, 75 (76) – „SOOOO … BILLIG!?"). Ebenso wenig ist in der bloßen Herausstellung der Besonderheit der eigenen Leistung eine **mittelbare** pauschale Abwertung von Konkurrenten zu erblicken, wenn der Verkehr daraus den Schluss zieht, dass deren Leistung diese Besonderheit nicht aufweist. Denn es ist das gute Recht des Werbenden und es entspricht auch dem Interesse der Verbraucher an Sachinformation, dass in der Werbung die Vorzüge des eigenen Leistungsangebots herausgestellt und damit zwangsläufig gegenüber dem der Mitbewerber abgegrenzt werden (vgl. BGH GRUR 1999, 1100 (1102) – Generika-Werbung). – Weitere Voraussetzung für einen Vergleich ist die Bezugnahme auf Mitbewerber (§ 2 I Nr. 4), die allerdings (sonst gilt § 6) nicht erkennbar gemacht sein dürfen. Aus Sicht der angesprochenen Verkehrskreise muss sich die Gegenüberstellung als Alternative bei ihrer Nachfrageentscheidung darstellen. Eine allgemein vergleichende Werbung liegt daher nicht vor, wenn beispielsweise eine Rechtsanwaltskammer in einer Stellungnahme erklärt, bei Rechtsanwälten kämen – anders als bei Ärzten – keine Abrechnungsbetrügereien vor.

3. Arten des allgemeinen Vergleichs

4.139   Allgemeine Vergleiche können insbes. der Warenarten- und Dienstleistungsvergleich, der Systemvergleich und der Preisvergleich sein. Hinzu kommt der unternehmensbezogene Vergleich mit den nicht erkennbar gemachten Mitbewerbern.

4.140   **a) Warenartenvergleich.** Er besteht darin, dass der Werbende ohne unmittelbare oder mittelbare Bezugnahme auf Mitbewerber Gründe anführt, aus denen die von ihm vertriebene Warenart (zB Ziegel) den Vorzug vor einer anderen (zB Betonsteine) verdient. Eine Sonderform des Warenvergleichs ist der sog **Fortschrittsvergleich,** der der Verdeutlichung eines auf andere Weise nicht darzustellenden technischen Fortschritts dient (BGH GRUR 1952, 416 (417) – Dauerdose; BGH GRUR 1958, 343 (345) – Bohnergerät; BGH GRUR 1961, 85 (90 f.) – Pfiffikus-Dose; BGH GRUR 1961, 237 (240) – TOK-Band).

b) Dienstleistungsvergleich. Dem Warenartenvergleich steht der **Dienstleistungsver-** **4.141**
gleich, zB bei Versicherungen, gleich (BGH GRUR 1988, 764 – Krankenkassen-Fragebogen;
OLG Hamburg WRP 1998, 72 (73)).

c) Systemvergleich. Beim Systemvergleich werden ohne konkrete Werbung für bestimmte **4.142**
Waren oder Dienstleistungen die wesentlichen Besonderheiten verschiedener Systeme miteinander verglichen (BGH GRUR 1952, 416 – Dauerdose), etwa unterschiedliche Vertriebssysteme
(zB Fachgeschäft/Discountgeschäft), Produktionssysteme (zB Handarbeit/Massenprodukt), Produkteigenschaften (zB Holz/Kunststoff), Absatzsysteme (Kauf/Miete; Laienwerber/Handelsver-
treter), Beförderungssysteme (Bahn/Flugzeug), Behandlungsmethoden (ambulant/stationär;
BGH GRUR 2003, 353 (355) – Klinik mit Belegärzten). Beim **uneigentlichen Systemver-**
gleich wird die besondere technische Arbeitsweise eines bestimmten Erzeugnisses mit den
technischen Möglichkeiten anderer Warengattungen ohne Bezugnahme auf einen bestimmten
und begrenzten Kreis von Mitbewerbern verglichen (BGHZ 49, 325 (329) – 40 % können Sie
sparen).

d) Preisvergleich. Beim allgemeinen Preisvergleich werden die Preise für bestimmte Pro- **4.143**
dukte miteinander verglichen, ohne dass (sonst gilt § 6) die Mitbewerber oder deren Waren oder
Dienstleistungen unmittelbar oder mittelbar erkennbar gemacht werden (dazu BGH WRP 1996,
1097 (1098) – Preistest; BGH GRUR 1996, 983 (984) – Preisvergleich II). Keinen Preisvergleich stellt die **Preisgarantie** (Erstattung des Differenzbetrags bzw. Rücktrittsrecht beim Nachweis eines billigeren Konkurrenzangebots) dar (dazu BGH GRUR 1975, 553 – Preisgarantie I;
BGH GRUR 1991, 468 – Preisgarantie II).

e) Unternehmensbezogener Vergleich. Beim unternehmensbezogenen Vergleich werden **4.144**
allgemein die Unternehmensverhältnisse verglichen. So beispielsweise, wenn ein ganzer Berufsstand angegriffen wird (vgl. BGH GRUR 1989, 516 – Vermögensberater).

II. Lauterkeitsrechtliche Beurteilung

1. Grundsatz

Allgemeine Vergleiche sind, wie sich aus Art. 5 I GG ergibt und bereits im früheren Recht **4.145**
anerkannt war, grds. **zulässig,** ohne dass ein besonderer Anlass für diese Art von Werbung
gegeben sein müsste (BGH GRUR 1967, 30 (33) – Rum-Verschnitt; BGH GRUR 1986, 548
(549) – Dachsteinwerbung; BGH WRP 1997, 549 (550) – Dauertiefpreise; OLG Hamburg
WRP 1998, 72 (73)). Soweit sie die Markttransparenz und Kundeninformation verbessern, sind
sie wettbewerbsfördernd, da sie wichtige Informationen für die Marktgegenseite enthalten. Es
müssen daher **besondere Umstände** hinzukommen, die den allgemeinen Vergleich unlauter
machen (→ Rn. 4.147 ff.). Neben § 4 Nr. 4 können weitere Unlauterkeitstatbestände zur Beurteilung in Betracht kommen: § 4 Nr. 1, wenn der Vergleich herabsetzend ist; § 4 Nr. 2 bei nicht
erweislich wahren Aussagen; § 5 I, II bei Irreführungen; § 5a beim Vorenthalten wesentlicher
Informationen; ggf. auch die Generalklausel des § 3 I.

2. Verhältnis zu § 6 II

Eine unmittelbare Anwendung der in § 6 II aufgestellten Zulässigkeitskriterien ist nicht **4.146**
möglich, da sich diese Vorschrift ausdrücklich auf vergleichende Werbung iSv § 6 I beschränkt
und die Interessenlage nicht identisch ist. Insbes. ist die Zulässigkeit des allgemein gehaltenen
Vergleichs nicht auf den Vergleich von konkurrierenden Waren und Dienstleistungen beschränkt. Er kann sich vielmehr auch auf sonstige Unternehmensverhältnisse (zB Größe und
Alter von Unternehmen, Umsatz- und Mitarbeiterzahlen, Eigentumsverhältnisse, Herstellungs-
und Absatzmethoden) beziehen. Die zu § 1 UWG 1909 von der Rspr. entwickelten Grundsätze
zur „vergleichenden Werbung ohne erkennbare Bezugnahme auf Mitbewerber" (BGH GRUR
1996, 983 (984) – Preisvergleich II; BGH GRUR 1999, 1100 (1102) – Generika-Werbung;
BGH WRP 2001, 688 (689) – Eröffnungswerbung; BGH GRUR 2002, 75 (76) – „SOOOO …
BILLIG!?") können weiterhin herangezogen werden. Zu beachten ist, dass **Wertungswider-**
sprüche zu den in § 6 II aufgestellten Kriterien zu vermeiden sind. Dies muss schon deshalb
gelten, weil im Einzelfall zweifelhaft sein kann, ob bei einem Vergleich Mitbewerber erkennbar
gemacht werden oder nicht (vgl. BGH GRUR 2002, 75 (76) – „SOOOO … BILLIG!?"). Es

dürfen daher an einen allgemeinen Vergleich jedenfalls keine strengeren Maßstäbe als die gemäß § 6 II für die vergleichende Werbung iSv § 6 I geltenden Anforderungen angelegt werden.

3. Grenzen der Zulässigkeit

4.147 **a) Grundsatz.** Da der allgemeine Vergleich eine **Meinungsäußerung** iSd Art. 5 I GG darstellt, muss ein auf § 3 I, § 4 Nr. 4 gestütztes Verbot die Anforderungen an die Einschränkung dieses Grundrechts beachten (BVerfG NJW 2003, 2229). Ein Verbot ist daher nur gerechtfertigt, wenn hinreichend wichtige Gemeinwohlbelange oder schutzwürdige Rechte und Interessen Dritter dies rechtfertigen (grundlegend BVerfG GRUR 2001, 170 – Schockwerbung). Beim allgemeinen Vergleich sind dies der Schutz der Verbraucher und der Mitbewerber. Der allgemeine Vergleich ist unlauter, wenn er sich nicht mehr im Rahmen einer **wahrheitsgemäßen** und **sachlichen** Erörterung hält (BGH GRUR 1985, 982 (983) – Großer Werbeaufwand; BGH GRUR 1996, 983 (984) – Preisvergleich II; OLG Hamburg WRP 1998, 72 (73)), wenn er den Verbraucher entweder davon abhält, Konkurrenzangebote zu prüfen, oder wenn er jedenfalls bei ihm ungerechtfertigte Vorurteile gegenüber Konkurrenzangeboten hervorruft. Bei der rechtlichen Bewertung eines allgemeinen Vergleichs können die Wertungen verschiedener Unlauterkeitstatbestände von Bedeutung sein. Neben dem Aspekt der gezielten **Behinderung** (§ 4 Nr. 4) ist danach zu fragen, ob der Vergleich geeignet ist, den **Verbraucher irrezuführen** (§ 5 I, II) oder seine Entscheidungsfreiheit durch **aggressives** Handeln zu beeinträchtigen (§ 4a) oder die **Mitbewerber** herabzusetzen (§ 4 Nr. 1). Bei der Prüfung im Einzelfall ist zu fragen, ob die Vergleichsaussage für die Kundeninformation erforderlich ist und den Mitbewerbern keinen unnötigen Schaden zufügt (Grundsatz der **Verhältnismäßigkeit**). Dass die Werbung Mitbewerber nicht erkennbar macht, bedeutet nicht, dass sie nicht herabgesetzt oder behindert werden könnten. Wenn etwa für ein Produkt mit der Aussage geworben wird „Kaufen Sie nur die Ware von A; alles andere ist minderwertig", kann dies sehr wohl die Absatzchancen aller Mitbewerber beeinträchtigen, auch wenn sie im Zeitpunkt der Werbung für den Verbraucher nicht erkennbar sind.

4.148 **b) Wahrheit des allgemeinen Vergleichs.** Auf die positiven Angaben des Werbenden muss sich der Verkehr verlassen können, mag er dabei auch mit einer subjektiven Färbung des Vergleichs rechnen und keine völlig neutrale Stellungnahme erwarten. Der Vergleich muss daher sachlich zutreffen. Er darf keine unwahren oder irreführenden Behauptungen enthalten und keinen unrichtigen oder irreführenden Gesamteindruck erwecken. Andernfalls ist er nicht nur nach § 4 Nr. 4, sondern auch nach § 5 I, II (ggf. auch § 4 Nr. 2) unzulässig (vgl. BGH GRUR 1973, 270 (271) – Der sanfte Bitter; vgl. auch § 5 IV, der sich allerdings nur auf vergleichende Werbung iSv § 6 I bezieht). Unrichtig oder irreführend ist etwa ein Vergleich, wenn die miteinander verglichenen Tatsachen entgegen den Erwartungen des Verkehrs nicht miteinander vergleichbar sind, weil die Tatsachengrundlagen in für den Vergleich wesentlichen Punkten voneinander abweichen (BGH GRUR 2003, 353 (355) – Klinik mit Belegärzten). Dabei kommt es nicht auf die Sichtweise des Werbenden oder der Mitbewerber, sondern auf der der angesprochenen Verkehrskreise an. Zu Grunde zu legen ist das Leitbild des durchschnittlich informierten, aufmerksamen und **verständigen Durchschnittsverbrauchers** (vgl. EuGH WRP 2000, 289 (292) – Lifting-Creme; BGH GRUR 2000, 619 (621) – Orient-Teppichmuster; BGH WRP 2001, 688 (690) – Eröffnungswerbung; BGH WRP 2002, 74 (77) – Das Beste jeden Morgen). Schon die objektive Eignung, die Umworbenen irrezuführen, macht den Vergleich unlauter. Ob der Werbende sich der Unwahrheit seiner Behauptungen bewusst war oder ob er sie hätte erkennen können, ist seit jeher unerheblich (BGH GRUR 1967, 596 (597) – Kuppelmuffenverbindung). Irreführend und somit unlauter ist zB die Behauptung, nicht mit Anzeigenwerbung, nur mit Direktwerbung könne ein bestimmter Empfängerkreis gezielt erfasst werden (OLG Düsseldorf GRUR 1962, 589). Zur Irreführung durch **Preisvergleich** → Rn. 4.159 ff.

4.149 **c) Vollständigkeit des allgemeinen Vergleichs.** Von der Richtigkeit des Vergleichs ist seine **Vollständigkeit** zu unterscheiden. Zumeist wird der Werbende bei einem Vergleich die Umstände herausstellen, die für ihn vorteilhaft sind, und andere Umstände verschweigen. Daraus resultiert die Frage, ob ein Vergleich bereits dann unlauter ist, wenn er unvollständig oder lückenhaft ist. Ausgangspunkt ist, dass jeder Vergleich Werbezwecken dient und der Verkehr eine subjektive Sichtweise des Werbenden bis zu einem gewissen Grad voraussetzt. Der Verkehr erwartet daher nicht, dass sich der Vergleich auf alle relevanten Umstände des eigenen und fremden Angebots erstreckt und der Werbende jeden Nachteil der eigenen Ware oder Leistung sowie jeden Vorteil der fremden Ware oder Leistung hervorhebt. Nicht jeder unvollständige oder lückenhafte Vergleich ist daher per se unrichtig oder irreführend (BGH GRUR 1952, 416 (417) – Dauerdose; BGH GRUR 1967, 30 (33) – Rum-Verschnitt; BGH GRUR 1986, 548 (549) – Dachsteinwerbung; BGH GRUR 1988, 764 (767) – Krankenkassen-Fragebogen). (Auch bei der vergleichenden Werbung iSv § 6 ist es nicht erforderlich, dass der Waren- oder Dienstleistungsvergleich vollständig ist.) Die Aufklärung braucht sich folglich nicht auf alle Umstände der verglichenen Gegenstände schlechthin zu beziehen (BGH GRUR 1988, 764 (767) – Krankenkassen-Fragebogen). Andernfalls würde auch der Vergleich als Werbeinstrument zu schwerfällig und unbrauchbar. Nur darf durch das Verschweigen wesentlicher, für die Entscheidung des Nachfragers relevanter Gesichtspunkte nicht ein **unrichtiger oder irreführender Gesamteindruck** entstehen (BGH GRUR 1967, 596 (599) – Kuppelmuffenverbindung; BGH GRUR 1986, 548 (549) – Dachsteinwerbung; BGH GRUR 1988, 764 (767) – Krankenkassen-Fragebogen; BGH GRUR 2003, 353 (355) – Klinik mit Belegärzten). Hierbei kann auf die Wertungen des **§ 5a** zurückgegriffen werden. Informationen, die für das Verständnis der Vergleichsaussage **wesentlich** sind, dürfen nicht vorenthalten werden. Maßgebend sind insoweit der Kenntnisstand, die Informationsmöglichkeiten und die Erwartungshaltung der angesprochenen Verkehrskreise. Den Angehörigen der angesprochenen Verkehrskreise muss eine Gesamtabwägung unter Berücksichtigung der einzelnen Vor- und Nachteile möglich sein. **Beispiele:** Hebt ein Kfz-Hersteller den im Vergleich zu anderen Fahrzeugen dieser Klasse niedrigen Benzinverbrauch seines Fabrikats hervor, so erwartet der Verkehr nicht, dass er auch auf den vergleichsweise höheren Preis hinweist. – Die Aufforderung umworbener Versicherungsnehmer, neben den in einem Fragebogen wiedergegebenen Leistungen der werbenden Krankenkasse die von Mitbewerbern einzutragen und beide miteinander zu vergleichen, ist dagegen irreführend (§ 5 I, II), wenn die Fragebögen auch nach vollständiger Ausfüllung die Konkurrenzangebote nur unvollständig wiedergeben und dadurch ein unzutreffendes Gesamtbild der beiderseitigen Versicherungsleistungen entsteht (BGH GRUR 1988, 764 (767) – Krankenkassen-Fragebogen). – Unzulässig ist es, wenn bei einem Systemvergleich ausschließlich die Nachteile des fremden Systems erwähnt, vergleichbare Nachteile des eigenen Systems dagegen verschwiegen werden (OLG Frankfurt GRUR-RR 2001, 221: Bahnwerbung unter Hinweis auf Verspätungen im Flugverkehr). – Unzulässig ist es ferner, wenn eine private Krankenversicherung bei einem Systemvergleich mit gesetzlichen Krankenkassen auf deren Leistungskürzungen, nicht aber gleichzeitig auf die Erhöhung der Beiträge bei den Privatversicherungen hinweist (OLG Saarbrücken NJW-RR 1999, 268).

d) Nachprüfbarkeit des allgemeinen Vergleichs. Zur Wahrheit des Vergleichs gehört **4.150** seine **Nachprüfbarkeit** durch den Verbraucher (vgl. auch § 6 II lit. a „nachprüfbar"). Die Nachprüfbarkeit erstreckt sich insbesondere auf die inhaltliche Vollständigkeit (in den → Rn. 4.149 dargestellten Grenzen) und die Richtigkeit der im Vergleich enthaltenen Aussage. Ist die Vollständigkeit und Richtigkeit des Vergleichs – wie insbes. bei vieldeutigen oder allgemeinen Redewendungen – für den Verbraucher nicht überprüfbar, und vermittelt er daher dem Leser nur eine scheinbare Objektivität und Marktübersicht, so ist er ebenfalls unlauter (BGH WRP 1996, 1097 (1099) – Preistest; BGH GRUR 1996, 983 (984) – Preisvergleich II = WRP 1997, 549 – Dauertiefpreise; OLG Dresden NJWE-WettbR 1999, 73 (74 f.); → § 5 Rn. 3.103). Denn insoweit besteht die offensichtliche Gefahr des Missbrauchs, insbes. die Gefahr einer ergebnisorientierten Auswahl der in den Vergleich einzubeziehenden Wettbewerber und Waren und Dienstleistungen (BGH GRUR 1996, 983 (984) – Preisvergleich II). Der Werbende muss also bereits in der Werbung die Grundlagen des Vergleichs deutlich machen, um dem Vorwurf unlauteren Verhaltens zu entgehen. Es genügt nicht, dass er dies später im Prozess nachholt, zumal die Verbraucher keinen Auskunftsanspruch haben (BGH GRUR 1996, 983 (985) – Preisvergleich II). Das Erfordernis der Objektivität und Nachprüfbarkeit kann es iErg daher sogar iSe Obliegenheit gebieten, auf die jeweiligen Mitbewerber hinzuweisen, also einen Vergleich iSd § 6 I vorzunehmen (vgl. OLG Dresden NJWE-WettbR 1999, 73 (74 f.)). Da vergleichende Produktwerbung, die Mitbewerber erkennbar macht, nach § 6 II grds. zulässig ist, ist dies für die Unternehmen auch kein Problem mehr.

Beispiele: Unlauterkeit bejaht: Händler äußert, seine für 28 DM verkauften Armbanduhren seien im **4.151** Fachgeschäft nicht unter 50 DM zu haben (BGH GRUR 1964, 208 – Fernsehinterview). – Unternehmen versendet an Interessenten anonymisierte Preis-/Leistungsvergleiche privater Krankenversicherungsangebote, die Adressaten können jedoch nicht erkennen, welche Leistungstarife und welche Anbieter miteinander verglichen werden (KG EWiR § 1 UWG aF 13/98, 1047 (Ulrich); OLG Dresden NJWE-WettbR 1999, 73).

– Verbrauchermarkt vergleicht seine „Dauertiefpreise" mit sechs Verbraucher- und Discountmärkten, ohne deutlich zu machen, um welche Unternehmen es sich handelt und welche Produkte verglichen werden (BGH GRUR 1996, 983 – Preisvergleich II = WRP 1997, 549 – Dauertiefpreise).

4.152   **e) Beweislast.** Grds. trägt der Kläger die Darlegungs- und Beweislast dafür, dass eine allgemein gehaltene vergleichende Werbung vorliegt und dass sie unwahr bzw. irreführend ist. Nach allgemeinen Grundsätzen gilt dies jedoch nicht, wenn es sich um Tatsachen handelt, die der außerhalb des Geschehensablaufs stehende Kläger nicht oder nur unter größten Schwierigkeiten im Einzelnen darlegen oder beweisen kann, während es umgekehrt dem Beklagten zumutbar ist, die erforderliche Aufklärung zu geben (vgl. BGH GRUR 1970, 461 (463) – Euro-Spirituosen; BGH GRUR 1997, 229 (230) – Beratungskompetenz; BGH GRUR 2003, 353 (355) – Klinik mit Belegärzten). Die Rechtslage ist insoweit nicht anders als bei der vergleichenden Werbung iSd § 6 (→ § 6 Rn. 84).

4.153   **f) Sachlichkeit des allgemeinen Vergleichs.** Soweit die Herabsetzung die unumgängliche Folge eines sachbezogenen kritischen Vergleichs der einander gegenübergestellten Unternehmensverhältnisse, Systeme, Waren oder Leistungen darstellt, ist sie von den betroffenen Mitbewerbern hinzunehmen. Der Vergleich muss sich aber in den Grenzen einer sachlichen Erörterung halten. Das schließt zwar – auch scharfe – Kritik am Mitbewerber einerseits und Eigenlob andererseits nicht aus. Jedoch müssen die vorgenommenen Wertungen sachlich begründet und gerechtfertigt sein. Unlauter nach § 4 Nr. 1 und 4 ist eine **pauschale Abwertung von Mitbewerbern und konkurrierenden Angeboten:** Ein allgemeiner Vergleich darf Mitbewerber und konkurrierende Angebote nicht pauschal, dh mit nicht nachprüfbaren Behauptungen, abwerten, also herabsetzen oder sogar verunglimpfen (BGHZ 49, 325 (329) = GRUR 1968, 443 – 40 % können Sie sparen; BGH GRUR 1973, 270 (271) – Der sanfte Bitter; BGH GRUR 1981, 823 (826) – Ecclesia-Versicherungsdienst; BGH GRUR 1985, 982 (983) – Großer Werbeaufwand; BGH GRUR 1988, 764 (767) – Krankenkassen-Fragebogen; BGH WRP 2001, 688 (689) – Eröffnungswerbung; BGH GRUR 2002, 982 (983) – DIE „STEINZEIT" IST VORBEI!; ÖOGH ÖBl 1980, 96; 2000, 20 (23)). Es gelten insoweit die gleichen Grundsätze wie bei der vergleichenden Werbung mit Mitbewerberbezug (§ 6 II Nr. 5). Daher kommt es darauf an, ob der Vergleich sich noch in den Grenzen einer sachlich gebotenen Erörterung hält oder bereits eine pauschale Abwertung fremder Leistung enthält (BGH WRP 2001, 688 (689) – Eröffnungswerbung; BGH WRP 2001, 1291 (1294) – „SOOOO … BILLIG!?"). Es müssen also besondere Umstände hinzutreten, die den Vergleich in unangemessener Weise abfällig, abwertend oder unsachlich erscheinen lassen (BGH GRUR 1999, 1100 (1102) – Generika-Werbung; BGH GRUR 1999, 501 (503) – Vergleichen Sie; BGH WRP 2001, 688 (689) – Eröffnungswerbung). Maßgebend ist der Eindruck der Werbung auf die angesprochenen Verkehrskreise (BGH GRUR 1973, 270 (271) – Der sanfte Bitter), wobei auf den durchschnittlich informierten, aufmerksamen und verständigen Durchschnittsverbraucher abzustellen ist (BGH GRUR 2002, 982 (984) – DIE „STEINZEIT" IST VORBEI!). Eine pauschale Herabsetzung ohne erkennbaren sachlichen Bezug ist selbst dann unlauter, wenn die Äußerung bei Angabe der näheren Umstände nicht zu beanstanden wäre (BGH GRUR 1984, 823 (824) – Charterfluggesellschaften; BGH GRUR 1989, 516 (517) – Vermögensberater). – Die Einkleidung der pauschalen Abwertung ist unerheblich. Auch scherzhaft, witzig, ironisch oder humoristisch gestaltete Aussagen können dazu zählen (BGH GRUR 1997, 227 (228) – Aussehen mit Brille; OLG Frankfurt GRUR-RR 2001, 221). Doch ist insoweit stets zu fragen, ob der Verkehr sie als ernst zu nehmende Sachaussage versteht und darin eine Herabsetzung erblickt oder ob sie nur Aufmerksamkeit erwecken soll. Letzteres wurde zu Recht bejaht bei dem Werbeslogan eines Holzhausherstellers „Die ‚Steinzeit' ist vorbei". Das darin enthaltene humoristische Wortspiel würdigt die Herstellung von Bauwerken in „Steinbauweise" nicht als „antiquiert", unüblich und unzeitgemäß pauschal herab. Vielmehr soll es lediglich Aufmerksamkeit wecken (BGH GRUR 2002, 982 (984) – DIE „STEINZEIT" IST VORBEI!; vgl. auch BGH GRUR 2002, 828 (830) – Lottoschein). Auch die karikaturistische Abbildung eines überdimensionalen Getreideriegels, der „zäh wie Gummi und staubtrocken" sei (OLG Hamburg GRUR-RR 2003, 251), oder die Wiedergabe des Geräusches eines nicht anspringenden „orgelnden" Autos zur Kennzeichnung von anderen Krankenkassen in einem TV-Werbespot (OLG Hamburg GRUR-RR 2003, 249 (251, 252 f.)) wird nicht als Sachaussage ernst genommen. – Eine pauschale Abwertung liegt nicht schon in der jedem Werbevergleich immanenten negativen Auswirkung für die Konkurrenz. In der bloßen Herausstellung der Besonderheit der eigenen Leistung ist grds. auch dann noch keine

mittelbare pauschale Abwertung von Konkurrenten zu erblicken, wenn der Verkehr daraus den Schluss zieht, dass deren Leistung nicht diese Besonderheit aufweist. Denn es ist das gute Recht des Werbenden und es entspricht auch dem Interesse der Verbraucher an Sachinformation, dass in der Werbung die Vorzüge des eigenen Leistungsangebots herausgestellt und damit zwangsläufig gegenüber demjenigen der Mitbewerber abgegrenzt werden (BGH GRUR 1999, 1100 (1102) – Generika-Werbung). Die Grenze zur pauschalen Abwertung kann aber im Einzelfall bei entsprechender Ausgestaltung der Werbung überschritten sein (BGH GRUR 1999, 1100 (1102) – Generika-Werbung).

g) Beispiele: aa) Unlauterkeit bejaht. Die **ältere Rspr.** hatte vielfach sehr strenge Maßstä-   **4.154**
be angelegt, die heutigen Wertungen vielfach nicht mehr entsprechen. Diese Entscheidungen bilden zwar noch immer aufschlussreiche Referenzpunkte, sind aber in ihrer lauterkeitsrechtlichen Aussagekraft nur noch bedingt als Orientierung hilfreich.

(1) Preisvergleiche. Eine unlautere pauschale Abwertung liegt vor, wenn der Werbende Konkurrenzerzeugnisse als **überteuert** (BGH GRUR 1985, 982 (983) – Großer Werbeaufwand; OLG München GRUR 1992, 322; OLG Köln GRUR-RR 2001, 186) darstellt. Unzulässigkeit wurde unter diesem Gesichtspunkt bei folgenden Werbeslogans angenommen:
– „Lieber zu X als zu teuer" (OLG Hamburg GRUR 1992, 531; aA OLG Oldenburg WRP 1993, 128).
– „Weil niemand gern zu viel bezahlt: F …-Preise", da sie dahin verstanden wird, dass die konkurrierenden Optiker allgemein zu hohe Preise für Brillen verlangen (OLG Düsseldorf v. 26.5.1987 – 2 U 14/87; vom BGH bestätigt, MA 1989, 250).
– „Warum wollen Sie woanders unbedingt mehr bezahlen?" (OLG Saarbrücken WRP 1989, 830).
– „Es gibt kein besseres Bier – Welchen Preis zahlen Sie" (OLG Hamburg WRP 1977, 811).
– „Zuviel bezahlt! Keine Angst, bei uns hängen die Anzeigen unserer Wettbewerber aus. Wir scheuen keinen Vergleich", weil die Umworbenen gezielt dazu angehalten werden, die Preiswerbung der Konkurrenz nicht zu beachten, bevor sie das Geschäft des Werbenden aufgesucht haben und darin eine wettbewerbswidrige Behinderung der Mitbewerber liegt (OLG Bremen WRP 1991, 60 (61)).
– „X hat den Preiskiller – sonst niemand", weil damit keine sachliche Einzelprüfung ermöglicht, sondern allein die Leistungsfähigkeit der Mitbewerber abgewertet wird (OLG Düsseldorf WRP 1971, 277).

Um eine pauschal herabsetzende und irreführende Werbung soll es sich handeln, wenn eine private Vermessungsstelle ihren frei kalkulierten und kalkulierbaren Preis den gesetzlichen Gebühren öffentlicher Vermessungsstellen gegenüberstellt (OLG Düsseldorf WRP 1985, 346; wohl überholt).

(2) Qualitätsvergleiche. Unlauter ist es auch, wenn Konkurrenzerzeugnisse pauschal als   **4.155**
minderwertig (BGH GRUR 1973, 270 (271) – Der sanfte Bitter) dargestellt werden. Das wurde bejaht bei folgenden Werbeslogans:
– „Genug gelobt: Den Unterschied zwischen einem Original Ersatzteil und einem Ersatzteil mögen Sie nicht sofort merken. Dafür Ihr Auto" (OLG Stuttgart v. 6.4.1979 – 2 U 171/78).
– „Alles frisch. Weil alles Frische besser schmeckt", weil sich diese Werbung für eine Kaffeesorte nicht auf den allgemeinen Kaufappell „Alles frisch" beschränkt, sondern begründet, warum der Verbraucher nicht bei der Konkurrenz kaufen soll (OLG Hamburg WRP 1983, 101; sehr zw.).
– „Unser preiswertester Kaffee schmeckt besser als bei vielen das Beste vom Besten" (BGH GRUR 1973, 658 (660) – Probierpreis).
– „Dagegen ist alles andere eben bloß Zahnpasta" (OLG Frankfurt WRP 1972, 91).
– „Was andere in die Werbung stecken, investieren wir in die Qualität unseres Bieres" (OLG Frankfurt WRP 1972, 477).
– „Man geht nicht zum Friseur, man geht zu Meister L" (OLG Hamm GRUR 1977, 547; zw.).
– „Frische Bohnen schmecken besser" (OLG Hamburg WRP 1979, 133; sehr zw.).

Bei einem Vergleich zwischen Badewannen aus Kunststoff und emaillierten Stahlbadewannen ist es unzulässig, einen nur in ungewöhnlichen Ausnahmefällen sich zeigenden Mangel des Konkurrenzprodukts (Rosten bei Beschädigung durch unsachgemäßen Einbau oder gewaltsame Einwirkung) in pauschaler Form mit Hinweisen „kein Rosten", „kein Abblättern", „Schluss mit

kalten und unbequemen Badewannen" derart hervorzuheben, dass das Produkt in den Augen
des Käufers herabgesetzt wird (OLG Düsseldorf WRP 1978, 382). – Eine Werbung für Dämm-
Materialien mit dem Hinweis „… gedämmt ist mehr wert" enthält eine pauschale Herabsetzung
von Baustoffen mit geringerer (Wärme-)Dämmung (OLG München WRP 1981, 289; zw.).

4.156   **(3) Unternehmensbezogene Vergleiche.** Unzulässig ist es, der Konkurrenz die Befähigung
zu Leistungen gleicher Art und Güte abzusprechen (BGH GRUR 1981, 823 (826) – Ecclesia-
Versicherungsdienst; OLG München GRUR 2001, 762). Als unzulässig angesehen wurden
folgende Slogans:

– „Unsere beste Empfehlung ist die Konkurrenz! 9 Klagen gegen uns wegen unlauteren Wettbewerbs beweisen eines: dass wir konsumentenfreundlicher sind als andere …" (ÖOGH ÖBl
  1979, 118);
– „Keine Verkaufsveranstaltung – Kein psychologischer Druck – Keine Nötigung", weil dadurch
  die Veranstalter von Verkaufsfahrten pauschal herabgewürdigt werden (OLG Karlsruhe WRP
  1983, 698);
– „Wir sind keine anonyme AG. Unsere Geschäftspolitik ist stabil und wird vom Inhaber
  persönlich bestimmt und nicht durch Aktionäre oder sonstige Gesellschafter" wegen unnötiger
  Kritik und pauschaler Abwertung anderer Brauereien (Zentrale DB 1968, 43; sehr zw);
– „Wir bieten keine Lockangebote an (wie viele Möbelfirmen, die Ihnen später unbedingt etwas
  Teures verkaufen wollen)", weil der Klammersatz unnötig aggressiv ist und durch die vage
  Formulierung der Verdacht mangelnder Seriosität auf alle anderen Möbelfirmen erstreckt wird
  (Zentrale DB 1968, 44);
– „Die gesetzliche Krankenversicherung ist zurzeit selbst Patient. Gesundheitsreformen und
  Sparpakete haben die Leistungen deutlich geschwächt", weil nicht das Angebot der gesetzli-
  chen Krankenversicherung erläutert, sondern diese unnötig abgewertet wird (OLG Hamburg
  WRP 1998, 72, 74).

4.157   **bb) Unlauterkeit verneint.** Eine pauschale Abwertung liegt nicht vor, wenn ein Händler die
Verbraucher auffordert, bestimmte Anschaffungen bis zur bevorstehenden Eröffnung eines neuen
Geschäftslokals zurückzustellen (BGH WRP 2001, 688 (689) – Eröffnungswerbung) oder
Angebote mit durchgestrichenen Preisen misstrauisch zu prüfen, weil sich dahinter „Unseriosität,
Lockvogel, Ladenhüter und Finten" verbergen könnten (BGH WRP 2001, 1291 (1294) –
„SOOOO … BILLIG!?") oder ein privater Krankenversicherer auf Lücken im Leistungsangebot
gesetzlicher Krankenversicherer hinweist (OLG Hamburg WRP 1998, 72 (73)). – Nicht als
pauschale Herabsetzung des Leistungsangebots von Konkurrenten wurde angesehen der Werbeslogan eines Optikers „Lieber besser aussehen als viel bezahlen" (BGH GRUR 1997, 227 (228) –
Aussehen mit Brille); ebenso wenig der Slogan „Ich bin doch nicht blöd. M.-Markt" (OLG
Karlsruhe WRP 1997, 865), der Slogan „Bis 17.4. kein Computer kaufe jon" (BGH WRP 2001,
688 (689) – Eröffnungswerbung), der Slogan „Die M. M. Tiefpreisgarantie hält, was andere
versprechen" (OLG Hamburg GRUR-RR 2003, 50 (51)), die Text- und Geräuschpassage in
einem TV-Spot, wonach sich manche Krankenkassen wie ein nicht anspringendes „orgelndes"
Auto, die beworbene Krankenkasse aber wie ein Formel-1-Auto anhört (OLG Hamburg
GRUR-RR 2003, 249 (251)). – Keine pauschale Herabsetzung der Mitbewerber enthält die
Werbung einer Tageszeitung „Wir bieten mehr als nur Nachrichten" (ÖOGH ÖBl 1982, 96)
oder Werbung von Busreiseveranstaltern mit „Anti-Werbe-Fahrten" und/oder „Gegen-Werbe-
Fahrten" (OLG Karlsruhe WRP 1983, 698). – Der Slogan eines Holzhausherstellers „Die ‚Stein-
zeit' ist vorbei" enthält keine pauschale Herabsetzung der Hersteller von Ziegelsteinhäusern, da
es sich lediglich um ein humoristisches Wortspiel handelt, das der Verkehr nicht ernst nimmt
(BGH GRUR 2002, 982 (984) – DIE „STEINZEIT" IST VORBEI!; → Rn. 4.153). Keine
pauschale Herabsetzung enthält die Werbeaussage eines Mobilfunknetzbetreibers „KOMM IN
DIE WELT DES VOLLEN EMPFANGS" (OLG Hamburg WRP 2023, 753 Rn. 22).

III. Verhältnis zur irreführenden Werbung und zum Vorenthalten
wesentlicher Informationen

1. Allgemeines

4.158   Die allgemeine vergleichende Werbung kann im Einzelfall zugleich irreführend sein und damit
gegen § 5 I, II verstoßen (BGH GRUR 1988, 764 (767) – Krankenkassen-Fragebogen).

2. Irreführender Preisvergleich

Vgl. auch → § 5 Rn. 3.98 ff. Irreführend kann ein Preisvergleich sein, wenn dem eigenen **4.159** Preis ein höherer „ca-Preis lt Test" oder „Preis lt Test" gegenübergestellt wird. Denn diese Angabe ist nicht gesetzlich definiert und für den Verkehr nicht eindeutig. Vielmehr kann ihn der Verbraucher auch dahin verstehen, niemand sei preiswerter als der Werbende (BGH GRUR 1981, 654 (655) – Testpreiswerbung). Stellt ein Händler den vom Hersteller unverbindlich empfohlenen Preis seinem eigenen niedrigeren Preis gegenüber, so ist dies **grds.** zulässig (BGHZ 42, 134 ff. = GRUR 1965, 96 - 20% unter dem empfohlenen Richtpreis; BGH GRUR 1966, 327 (329) – Richtpreiswerbung I; BGH GRUR 1980, 108 (109) – … unter empf. Preis). Es muss aber klargestellt sein, dass es sich um eine unverbindliche Preisempfehlung handelt (BGH WRP 2000, 383 (385) – Ehemalige Herstellerpreisempfehlung). Irreführend wäre etwa die Abkürzung „empf. Preis", weil sie möglicherweise überlesen oder nicht in ihrer Bedeutung zutr. erkannt wird (BGH GRUR 1980, 108 (109) – … unter empf. Preis). Irreführend wäre es ferner, wenn der empfohlene Preis lediglich als Zahl wiedergegeben und durchgestrichen wird, weil dies auch so verstanden werden kann, es handle sich um den früheren eigenen Preis des Werbenden oder einen verbindlichen Preis (BGH GRUR 1966, 333 (335) – Richtpreiswerbung II). – Eine Irreführung durch den Händler ist auch dann möglich, wenn die Preisempfehlung des Herstellers kartellrechtlich verboten und damit unwirksam ist (vgl. §§ 1, 2 II GWB iVm Art. 4 lit. a Vertikal-GVO). – Wird auf eine „ehemalige unverbindliche Preisempfehlung" hingewiesen, ist dies nicht ohne Weiteres irreführend, weil (zB bei Auslaufmodellen) durchaus ein Interesse an einem solchen Preisvergleich bestehen kann. Der Kunde kann dann das Ausmaß der Preisherabsetzung besser einschätzen. Liegt jedoch die Preissenkung schon längere Zeit zurück, kann im Einzelfall eine Irreführung vorliegen (BGH WRP 2000, 383 (385) – Ehemalige Herstellerpreisempfehlung).

3. Vorenthalten wesentlicher Informationen

Enthält der Unternehmer in einem allgemeinen Vergleich den Verbrauchern oder sonstigen **4.159a** Marktteilnehmern wesentliche Informationen vor, kann dies gemäß **§ 5a** unlauter sein. Hier kann auf den Gedanken zurückgegriffen werden, dass auch eine vergleichende Werbung iSv § 6 I wesentliche Informationen nicht vorenthalten darf (Art. 4 lit. a Werbe-RL). Wesentliche Informationen sind solche, die für das korrekte Verständnis der Vergleichsaussage erforderlich sind. Im Unterschied zu § 4 Nr. 4 ist bei § 5a eine Prüfung der geschäftlichen Relevanz erforderlich.

J. Betriebsstörung

Schrifttum: Friedrich, Der perfide Testkauf, FS Sandrock, 1995, 323; Isele, Die wettbewerbsrechtliche Zulässigkeit von Hausverboten gegenüber Konkurrenten, GRUR 2008, 1064; Lindacher, Der Gegenschlag des Abgemahnten, FS v. Gamm, 1990, 83; Rojahn, Testkäufe – Rechtliche Würdigung einer ungeliebten Kundschaft, WRP 1984, 241.

I. Physische und psychische Einwirkungen

Stets unlauter ist die vorsätzliche Beeinträchtigung betrieblicher Abläufe im Unternehmen des **4.160** Mitbewerbers. Das kann durch physische Maßnahmen geschehen wie etwa durch die Zerstörung oder Beschädigung von Maschinen, Anlagen oder (durch Einsatz von Hackern) Computerprogrammen, das Versperren einer Zufahrt zum Betrieb, um den Mitbewerber zu behindern, die Verletzung von Mitarbeitern, die Verhängung eines Hausverbots (dazu OLG München OLGR 1994, 56). Eine Störung betrieblicher Abläufe kann auch darin liegen, dass Getränkekästen eines Mitbewerbers nachgebaut werden, um in den Rückfluss des „Leerguts" zu gelangen, weil dadurch eine Aussonderung notwendig wird (OLG Frankfurt GRUR 1973, 83). Unzulässig sind ferner psychische Maßnahmen wie das Aufhetzen von Mitarbeitern etwa zur Arbeitsverweigerung oder zum Stellen höherer Ansprüche, um durch eine solche versteckte Behinderung des Mitbewerbers den eigenen Wettbewerb zu fördern. Ob es wirklich zu einem Vertragsbruch oder dergleichen kommt, ist unerheblich. – Keine gezielte Behinderung des Betreibers einer Online-Autobörse stellt der Vertrieb einer Software dar, die es dem Nutzer ermöglicht, Suchanfragen bei mehreren Online-Autobörsen gleichzeitig durchzuführen, so dass er gar nicht mehr die Internetseite des einzelnen Betreibers aufsuchen muss (BGH WRP 2011, 1469 Rn. 73 – Automobil-Onlinebörse). Das Gleiche gilt für das sog **Screen-Scraping,** bei dem die von Dritten im Internet bereitgestellten Informationen mit automatisierten Verfahren ausgelesen und für eigene (zB Vermittlungs-)Angebote verwendet werden, sofern dies nicht zu einer spürbaren Störung des unmittelbaren Zugriffs auf die Informationen und Angebote des Dritten führt (vgl. Deutsch GRUR 2009, 1027 (1031)).

II. Testmaßnahmen

Schrifttum: Friedrich, Der perfide Testkauf, FS Sandrock, 1995, 323; Hagenkötter, Die Unlauterkeit von Testfotos, WRP 2008, 39; Isele, Die wettbewerbsrechtliche Zulässigkeit von Hausverboten gegenüber Konkurrenten, GRUR 2008, 1064; Mes, Testkauf zur Vorbereitung des Prozesses im gewerblichen Rechtsschutz und Wettbewerbsrecht, GRUR 2013, 767; Rojahn, Testkäufe – Rechtliche Würdigung einer ungeliebten Kundschaft, WRP 1984, 241.

1. Grundsätzliche Zulässigkeit

4.161   Um unlautere geschäftliche Handlungen oder sonstige Rechtsverstöße eines Unternehmers aufzudecken, ist es grds. zulässig, Testmaßnahmen (Testkäufe, Testfahrten, Testbeobachtungen, Testgespräche, Testfotos usw) vorzunehmen (BGHZ 43, 359 (367) = GRUR 1965, 607 (609) – Funkmietwagen; BGH GRUR 1981, 827 (828) – Vertragswidriger Testkauf; BGH GRUR 1989, 113 (114) – Mietwagen-Testfahrt; BGH WRP 2017, 1328 Rn. 31 – Testkauf im Internet). Die Zulässigkeit einer Testmaßnahme hängt nicht davon ab, ob sie für sich allein beweiskräftig ist (BGH GRUR 1981, 827 (828) – Vertragswidriger Testkauf). Der Unternehmer, der sich mit seinem Angebot an die Öffentlichkeit wendet und seine Räumlichkeiten einem allgemeinen Publikum gegenüber öffnet, muss solche Maßnahmen im Interesse der Allgemeinheit und der betroffenen Mitbewerber dulden, sofern sich der Tester wie ein normaler Nachfrager verhält (BGH GRUR 1991, 843 (844) – Testfotos I). Die Testmaßnahmen unterliegen den allgemeinen Anforderungen der Rechtsordnung (zB den Grenzen des Datenschutzrechts); der Zweck eines Tests rechtfertigt keine weiter gehenden Freiheiten. Ein Händler ist nicht dazu verpflichtet, einem Testkäufer Ware zu verkaufen (BGH GRUR 1987, 835 (838) – Lieferbereitschaft; aA jurisPK-UWG/Müller-Bidinger § 4 Nr. 4 Rn. 221). – Der Unternehmer darf sich gegen Testmaßnahmen nicht durch Allgemeine Geschäftsbedingungen (BGH GRUR 1981, 827 (829) – Vertragswidriger Testkauf) oder ein individuelles oder allgemeines **Hausverbot** zur Wehr setzen, sofern sich der Tester wie ein normaler Kunde verhält. Dies wäre gegenüber den betroffenen Mitbewerbern eine geschäftliche Handlung iSd § 2 I Nr. 2, die gegen § 4 Nr. 4 verstößt (OLG Köln WRP 2019, 495 Rn. 41; aus der früheren Rspr. vgl. BGH GRUR 1966, 564 (565) – Hausverbot I; BGH GRUR 1979, 859 (860) – Hausverbot II; BGH GRUR 1981, 827 (828) – Vertragswidriger Testkauf; BGH GRUR 2007, 802 – Testfotos III; Isele GRUR 2008, 1064). Ganz allgemein ist die Erteilung eines Hausverbots nach § 4 Nr. 4 unlauter, wenn ein Unternehmer seine Räumlichkeiten einem allgemeinem Publikum gegenüber öffnet und einem Mitbewerber ohne hinreichenden Grund ein Hausverbot erteilt. Dies ist im Rahmen einer Interessenabwägung zu ermitteln (OLG Köln WRP 2019, 495 Rn. 44–48). Entsprechendes gilt für ein „elektronisches Hausverbot" durch Sperrung von IP-Adressen von Mitbewerbern für den Zugang zum eigenen Internetangebot (vgl. OLG Hamburg GRUR-RR 2007, 365 (366)). – Zur Erstattung von **Testkaufkosten** → § 12 Rn. 1.123. – Von Testmaßnahmen zur Feststellung eines wettbewerbswidrigen Verhaltens zu unterscheiden sind Maßnahmen zur **Ausforschung des Angebots und der Preise** eines Mitbewerbers, um darauf im Wettbewerb reagieren zu können. Derartige Maßnahmen sind grds. zulässig (vgl. Hagenkötter WRP 2008, 39 (43)), sofern sich die damit beauftragte Person wie ein normaler Käufer verhält (aA OLG Saarbrücken GRUR 2001, 175 (176), das zu Unrecht meint, der Händler solle auf Grund seiner eigenen Preiskalkulation seine Preise festsetzen, ohne sich dabei von den Angeboten seiner Mitbewerber leiten zu lassen). Andernfalls wäre auch eine vergleichende Werbung iSv § 6 nicht möglich. Dient die Maßnahme aber nur dazu, das Angebot und die Preise des Mitbewerbers systematisch auszuforschen, so kann der Ladeninhaber sich dagegen – zB durch ein Hausverbot – verwahren. So etwa, wenn ein Konkurrent die Preise eines Ladeninhabers systematisch registrieren lässt, um eine von ihm angekündigte Tiefstpreisgarantie einhalten zu können (vgl. OGH ÖBl 1993, 77 (79)).

2. Unlauterkeit

a) Einsatz verwerflicher Mittel. Testpersonen dürfen sich beim Kauf einer Ware oder bei   **4.162**
der Inanspruchnahme einer Dienstleistung nicht anders verhalten als andere Nachfrager in diesen
oder ähnlichen Fällen. Dass sie heimlich vorgehen, macht ihr Verhalten nicht unzulässig; sonst
wäre der Test von vornherein ein Schlag ins Wasser. Ein Wettbewerber darf daher Werbege-
spräche seines Konkurrenten mit Kunden in den Geschäftsräumen durch Testpersonen überwachen lassen (OLG Karlsruhe GRUR 1994, 62). Testmaßnahmen sind allerdings unlauter iSv
§ 4 Nr. 4 und auf sie gestützte Unterlassungsklagen rechtsmissbräuchlich, wenn keine hinreichenden Anhaltspunkte für eine begangene oder bevorstehende Verletzung vorliegen, der Tester
vielmehr lediglich das Ziel verfolgt, einen Mitbewerber „hereinzulegen", oder mit **verwerflichen Mitteln,** insbes. rechtswidrigen Handlungen, oder bei fehlenden Anhaltspunkten für
begangene oder bevorstehende Rechtsverletzungen auf einen Rechtsverstoß hinwirkt (BGHZ
43, 359 (367) = GRUR 1965, 612 – Warnschild; BGH WRP 2017, 1328 Rn. 31 – Testkauf im
Internet; BGH GRUR 1989, 113 (114) – Mietwagen-Testfahrt; BGH GRUR 1989, 115 –
Mietwagen-Mitfahrt; BGH GRUR 1992, 612 (614) – Nicola). Das ist freilich noch nicht bei
einem zwar hartnäckigen, aber noch nicht aus dem Rahmen fallenden Hinwirken auf den
Geschäftsabschluss anzunehmen (BGH NJW-RR 1990, 173 – Beförderungsauftrag). Verwerflich
ist beispielsweise die Anstiftung zu einer Straftat oder Ordnungswidrigkeit (Köhler WRP 1997,
897 (901)). Doch ist stets zu fragen, ob der Getestete nicht ohnehin zur Tat bereit war (BGH
GRUR 1989, 113 (114) – Mietwagen-Testfahrt; BGH NJW-RR 1990, 173 – Beförderungsauftrag), so dass eine Anstiftung ausscheidet. – Verkaufsgespräche und Verkaufsveranstaltungen
für geschlossene Gruppen in geschlossenen Räumen dürfen grds. nur mit Einwilligung oder
Genehmigung des Verkäufers auf Tonband oder auf Video aufgenommen werden (dazu Bartl
WRP 1996, 386).

b) Gefahr einer Betriebsstörung. Unzulässig ist eine Testmaßnahme ferner, wenn damit   **4.163**
die Gefahr einer **Betriebsstörung** verbunden ist, weil sich der Tester merklich anders verhält als
ein normaler Nachfrager (OLG Köln WRP 2019, 495 Rn. 45, 46). Verbände iSv § 8 III Nr. 2,
die im Interesse von Mitbewerbern vorgehen (und damit deren Wettbewerb fördern), können
insoweit keine Sonderstellung beanspruchen (BGH WRP 1996, 1099 (1101) – Testfotos II).
Nach der früheren Rspr. war eine Betriebsstörung auch beim ungenehmigten **Fotografieren in
Geschäftsräumen** zu befürchten (BGH GRUR 1991, 843 (844) – Testfotos I; krit. Krings
GRUR 1991, 844). Dafür wurde geltend gemacht, dass die Ungewöhnlichkeit und Auffälligkeit
eines solchen Verhaltens dem Personal und den anderen Kunden nicht verborgen bleiben werde
und zu Auseinandersetzungen führen könne. Auch der Kontrollzweck sollte das Fotografieren in
Geschäftsräumen nicht rechtfertigen, weil ein Beweis idR auch anderweitig, etwa durch Ge-
dächtnisnotizen des Testers, geführt werden könne. Unerheblich sei, ob es im Einzelfall tatsächlich zu einer Betriebsstörung komme. Davon ist die Rspr. nunmehr abgerückt. Die Anfertigung
von Fotos in Geschäftsräumen sei jedenfalls dann nicht unlauter, wenn der Wettbewerbsverstoß
nur durch Fotoaufnahmen hinreichend bestimmt dargelegt und bewiesen werden könne und ein
überwiegendes Interesse des Geschäftsinhabers an der Vermeidung möglicher Betriebsstörung
nicht bestehe, insbes. die (konkrete) Gefahr einer erheblichen Belästigung nicht gegeben sei
(BGH GRUR 2007, 802 Rn. 26 – Testfotos III; offen gelassen noch in BGH WRP 1996, 1099
(1101) – Testfotos II). Angesichts der geänderten Lebensverhältnisse, insbes. der gewandelten
Einstellung der Kunden, und der fortgeschrittenen technischen Entwicklung, die das Fotografieren mit kleinen Digitalkameras und Kameras in Mobiltelefonen oder Armbanduhren ermöglicht,
wird in der heutigen Zeit von der Anfertigung von Fotoaufnahmen innerhalb von Geschäftsräumen generell keine Gefahr einer erheblichen Betriebsstörung mehr ausgehe, sofern keine
besonderen Umstände vorliegen (offengelassen in BGH GRUR 2007, 802 Rn. 28 – Testfotos
III; dazu Hagenkötter WRP 2008, 39). Erst recht ist dies anzunehmen, wenn die Fotoaufnahmen
außerhalb von Geschäftsräumen (zB auf Messeveranstaltungen) gemacht werden. Darauf, ob die
Unlauterkeit nur durch Fotoaufnahmen bewiesen werden kann, kommt es daher nicht mehr an.
Beim Anfertigen von Foto- oder Videoaufnahmen ist jedoch zu beachten, dass sich auch beim
Fehlen einer Betriebsstörung eine rechtliche Unzulässigkeit aus anderen Gründen (zB Verletzung
des Rechts am eigenen Bild; Eigentumsverletzung; Datenschutzverstoß) ergeben kann. – Eine
Betriebsstörung ist dann möglich, wenn Testkäufe zwar nur für den Betriebsinhaber erkennbar
sind, aber in eine **systematische Überwachung** münden (vgl. auch BGH GRUR 2009, 1075
Rn. 22 – Betriebsbeobachtung). Sofern sich der Tester anders verhält als ein normaler Kunde,

kann ihm gegenüber ein Hausverbot ausgesprochen werden (BGH GRUR 1979, 859 (860) – Hausverbot II).

III. Betriebsspionage

1. Rechtslage vor Inkrafttreten des GeschGehG

4.164   Vor dem Inkrafttreten des Geschäftsgeheimnisgesetzes (GeschGehG) am 26.4.2019 (BGBl. 2019 I 466) wurde das Ausspähen von Geschäftsgeheimnissen eines Mitbewerbers als unlauter iSv § 4 Nr. 4 angesehen (BGH GRUR 2009, 1075 Rn. 20 – Betriebsbeobachtung), auch soweit der Tatbestand des § 17 aF nicht erfüllt war. Das Auskundschaften von internen Betriebsverhältnissen und -vorgängen, um künftigen Wettbewerb vorzubereiten, stellte danach eine gezielte Behinderung dar, da dem Mitbewerber die wettbewerbliche Chance der alleinigen Nutzung dieser Geheimnisse entzogen wurde. Derartige Verhaltensweisen waren geschäftliche Handlungen iSv § 2 I Nr. 2, weil darunter auch die Vorbereitung künftigen Wettbewerbs fiel (BGH GRUR 1993, 396 (397) – Maschinenbeseitigung). Rechtmäßig konnte eine solche Maßnahme allenfalls unter dem Gesichtspunkt der wettbewerblichen Abwehr (→ § 11 Rn. 2.4 ff.) sein. Ein bloßer Verdacht unlauteren Verhaltens des Mitbewerbers reichte hierfür ohne konkrete Anhaltspunkte keinesfalls aus (BGH GRUR 1973, 483 (485) – Betriebsspionage). Hatte sich der Verletzer unlauter den Besitz fremder Betriebsmittel (Maschinen, Konstruktionsunterlagen usw) verschafft, die ihm den Wettbewerb ermöglichen, so konnte der Verletzte, wenn nicht schon Herausgabe, so doch Beseitigung verlangen (BGH WRP 1993, 396 (397) – Maschinenbeseitigung).

2. Rechtslage nach dem Inkrafttreten des GeschGehG

4.165   Mit dem Zeitpunkt des Inkrafttretens des Geschäftsgeheimnisgesetzes (GeschGehG) ist die Betriebsspionage vorrangig nach § 4 GeschGehG und sind deren Rechtsfolgen nach den §§ 6–14 GeschGehG zu beurteilen. Das UWG kann neben dem GeschGehG Anwendung finden, wenn im konkreten Fall bes. Begleitumstände vorliegen, die außerhalb des Schutzbereichs der Tatbestände des GeschGehG liegen (vgl. Alexander WRP 2019, 673 (675)). Die Wertungen des GeschGehG dürfen nicht über § 4 Nr. 4 unterlaufen werden. Bspw. können die nach § 3 GeschGehG erlaubten Handlungen nicht als eine gezielte Behinderung iSv § 4 Nr. 4 angesehen werden, sofern nicht besondere, vom GeschGehG gerade nicht erfasste Umstände vorliegen.

IV. Unberechtigte Abmahnung wegen einer (vermeintlichen) unzulässigen geschäftlichen Handlung

Schrifttum: Goldbeck, Der „umgekehrte" Wettbewerbsprozess, 2008; Lindacher, Der Gegenschlag des Abgemahnten, FS v. Gamm, 1990, 83.

1. Grundsatz

4.166   Die Problematik der unberechtigten (unbegründeten, unbefugten oder missbräuchlichen) Abmahnung ist im Zusammenhang mit den allgemeinen Grundsätzen zur Rechtswidrigkeit der Einleitung eines gesetzlich vorgesehenen Verfahrens zu sehen (vgl. BGHZ 74, 9 (14); BGHZ 118, 201 (206)). Danach haftet der Rechtsschutz Begehrende seinem Gegner außerhalb der schon im Verfahrensrecht vorgesehenen Sanktionen grds. nicht nach dem Recht der unerlaubten Handlung für die Folgen einer nur fahrlässigen Einschätzung der Rechtslage. Denn dies widerspräche der verfahrensrechtlichen Legalität seines Vorgehens, und eine andere Beurteilung würde die freie Zugänglichkeit der staatlichen Rechtspflegeverfahren (Art. 20 IV GG), an der auch ein erhebliches Interesse besteht, beeinträchtigen (BGHZ 74, 9 (15)). Der Gegner muss die Beeinträchtigung seiner Rechtsgüter hinnehmen, weil er sich gegen die ungerechtfertigte Inanspruchnahme in dem Rechtspflegeverfahren selbst hinreichend wehren kann. Man kann insoweit von einem **verfahrensrechtlichen Privileg** sprechen (→ § 13 Rn. 84). Diese Grundsätze beanspruchen auch Geltung für die Abmahnung als gesetzlich vorgesehene (§ 13 I) Vorstufe des gerichtlichen Verfahrens (vgl. auch Omsels WRP 2004, 136 (144)). Ist eine Abmahnung objektiv unbegründet, sei es, weil gar keine unzulässige geschäftliche Handlung (mehr) vorlag, sei es, weil der Anspruch verjährt, verwirkt oder durch Unterwerfung untergegangen ist, so ist sie daher nicht schon aus diesem Grunde wegen gezielter Behinderung nach § 4 Nr. 4 unlauter. Es ist dem Abmahner, der die näheren Umstände möglicherweise nicht kennt, nicht zuzumuten, lediglich auf Grund rechtlicher Zweifel eine Abmahnung zu unterlassen. Andernfalls würde das Institut der Abmahnung (§ 13 I), das auch den Interessen des Abgemahnten dient, gefährdet. Außerdem streitet das Grundrecht aus Art. 5 I GG für die Zulässigkeit einer Abmahnung. Schließlich steht es dem Abgemahnten frei, ob er die Abmahnung befolgt oder nicht (ebenso OLG München GRUR-RR 2019, 227 Rn. 57). Er kann sie auch ohne größere Risiken unbeachtet lassen. Befolgt er sie nicht, hat er nämlich in aller Regel keine hohen Ersatzansprüche zu befürchten. Die Grundsätze über die **unberechtigte Schutzrechtsverwarnung** nach § 823 I BGB (BGHZ 164, 1 – Unberechtigte Schutzrechtsverwarnung; → Rn. 4.169 ff.) sind auf die unberechtigte lauterkeitsrechtliche Abmahnung daher **nicht übertragbar** (BGH GRUR 2011, 152 Rn. 63 – Kinderhochstühle im Internet I). Zudem kann sich der Abgemahnte durch eine negative Feststellungsklage schützen, da das erforderliche Feststellungsinteresse gegeben ist (BGH GRUR 1995, 697 (699) – FUNNY PAPER; BGH GRUR 2001, 354 (355) – Verbandsklage gegen Vielfachabmahner; Teplitzky Wettbewerbsrechtliche Ansprüche/Bacher Kap. 41 Rn. 68). Der zu Unrecht Abgemahnte ist nicht – auch nicht zur Vermeidung der Kostenfolge des § 93 ZPO – gehalten, vor der Erhebung einer negativen Feststellungsklage eine **Gegenabmahnung** auszusprechen (BGH GRUR 2004, 790 (792) – Gegenabmahnung; OLG München GRUR-RR 2019, 227 Rn. 60). Der objektiv unbegründeten Abmahnung steht die lediglich unbefugte Abmahnung gleich, wenn also zwar eine unzulässige geschäftliche Handlung vorliegt, dem Abmahner aber die Abmahnbefugnis, etwa mangels Anspruchsberechtigung (§ 8 III) oder wegen Missbrauchs (§ 8c), fehlt (BGH GRUR 2001, 354 (355) – Verbandsklage gegen Vielfachabmahner zu § 13 V UWG 1909). Die unbefugte Rechtsverfolgung, sei es durch Abmahnung, sei es durch Klage, ist jedenfalls dann hinzunehmen, wenn tatsächlich ein Wettbewerbsverstoß vorliegt (BGH GRUR 2001, 354 (355) – Verbandsklage gegen Vielfachabmahner). Erst recht nicht kann einem Unternehmer die Abmahnung von Verstößen gegen das UWG als eine gezielte Behinderung mit der Begründung untersagt werden, dass die Abmahntätigkeit in keinem vernünftigen wirtschaftlichen Verhältnis zum Umfang seiner eigenen gewerblichen Tätigkeit steht. Ein Anwalt, der mit seiner Abmahntätigkeit möglicherweise gegen § 45 I Nr. 3 BRAO verstößt, handelt nicht schon aus diesem Grund wegen Rechtsbruchs (§ 3a) unlauter. Denn diese Vorschrift stellt keine Marktverhaltensregelung dar (vgl. BGH GRUR 2001, 354 (355) – Verbandsklage gegen Vielfachabmahner).

2. Unlauterkeit der unberechtigten Abmahnung

Die unbegründete oder unbefugte Abmahnung kann daher nur **ausnahmsweise** eine gezielte   **4.167** und damit unlautere Behinderung iSv § 4 Nr. 4 darstellen (BGH GRUR 2011, 152 Rn. 62 – Kinderhochstühle im Internet I; zu § 1 UWG 1909 vgl. Goldbeck FS v. Gamm, 1990, 205 ff.; vgl. BGH GRUR 1994, 841 (843) – Suchwort; BGH GRUR 2001, 354 (355) – Verbandsklage gegen Vielfachabmahner). Erforderlich ist das Vorliegen **besonderer Umstände.** An sich ist für die Rechtswidrigkeit, anders als für das Verschulden, nicht vorausgesetzt, dass der Abmahner weiß oder (zB auf Grund von Gegenvorstellungen des Abgemahnten) davon ausgehen muss, dass gar kein (drohender) Rechtsverstoß vorliegt. Jedoch darf die Möglichkeit, Ansprüche auch außergerichtlich ohne das Risiko von Sanktionen geltend machen zu können, nicht ungebührlich eingeengt werden (**verfahrensrechtliches Privileg;** → Rn. 4.166). Als „gezielte Behinderung" stellt sich eine unberechtigte Abmahnung daher nur dar, wenn der Abmahner von der fehlenden Berechtigung der Abmahnung **Kenntnis** hat oder sich dieser Kenntnis **bewusst verschließt** (BGH GRUR 2010, 1133 Rn. 24 – Bonuspunkte; vgl. auch Ullmann GRUR 2001, 1027 (1030)). Nicht ausreichend ist dagegen bloße Fahrlässigkeit bei der Sachverhaltsermittlung und bei der Beurteilung der Rechtslage. Selbst grobe Fahrlässigkeit, wie etwa das Fehlen greifbarer Anhaltspunkte für einen Wettbewerbsverstoß des Abgemahnten, genügt nicht (aA Ahrens NJW 1982, 2477 (2478)). Erforderlich ist weiter, dass die Abmahnung geeignet ist, das geschäftliche Verhalten des Mitbewerbers (oder Dritter zum Nachteil des Mitbewerbers) zu beeinflussen. Das ist bei der **externen** Abmahnung, die öffentlich oder gegenüber einem potenziell „Mitverantwortlichen" (zB Zeitungsverleger) ausgesprochen wird, möglich, zumindest dann, wenn die Abmahnung trotz überzeugender Gegenvorstellungen des vermeintlichen Verletzers aufrechterhalten wird (vgl. Lindacher FS v. Gamm, 1990, 83 (84 f.); zu einem vergleichbaren Fall einer Beschwerde eines Händlers gegenüber dem Betreiber einer Internet-Plattform über das nicht gesetzeskonforme Verhalten eines Mitbewerbers mit der Folge, dass dieser das Angebot des Mitbewerbers entfernt, vgl. OLG Hamm GRUR 2021, 1054 Rn. 40). Bei der

internen, nur gegenüber dem angeblichen Verletzer abgegebenen Abmahnung, ist diese Eignung nur dann zu bejahen, wenn der Abgemahnte lauterkeitsrechtlich unerfahren oder aus wirtschaftlichen Gründen zur rechtlichen Gegenwehr außerstande ist und der Abmahner dies weiß und ausnutzt. Davon ist auszugehen, wenn ein „Berufsabmahner" serienweise unbegründete Abmahnungen ausspricht (vgl. LG Bremen WRP 1999, 570), um sich oder einem Dritten Wettbewerbsvorteile zu verschaffen. Liegt dagegen tatsächlich ein Wettbewerbsverstoß vor und erfolgt die Abmahnung lediglich unbefugt (zB weil die Anspruchsberechtigung nach § 8 III fehlt oder gegen § 8c verstoßen wird), kann die Abmahntätigkeit nicht schon aus diesem Grund nach § 3 I iVm § 4 Nr. 4 untersagt werden. Denn das Fehlen der Abmahnbefugnis lässt sich jeweils nur im Einzelfall unter Berücksichtigung der besonderen Umstände feststellen (BGH GRUR 2001, 354 (355) – Verbandsklage gegen Vielfachabmahner) und es dürfte daher idR nur Fahrlässigkeit vorliegen.

3. Ansprüche des rechtswidrig Abgemahnten

4.168   Der in unlauterer Weise (→ Rn. 4.167) von einem **Mitbewerber** Abgemahnte kann nach § 3 I iVm § 4 Nr. 4 und ggf. § 4 Nr. 1, 2 Unterlassung, Beseitigung (OLG Hamburg NJW-RR 1999, 1080) und, da **Vorsatz** ohnehin erforderlich ist, Schadensersatz nach § 9 I verlangen. Die Ersatzpflicht kann sich auf die Kosten eines Anwalts erstrecken, wenn dessen Beiziehung erforderlich war. Bei übertriebenen Reaktionen des Abgemahnten (dazu BGH WRP 1965, 97 (101) – Kaugummikugeln) kann ein Mitverschulden (§ 254 BGB) anzunehmen sein. – Liegt beim Abmahner keine geschäftliche Handlung vor (zB bei **Verbänden** und **Kammern** iSd § 8 III Nr. 2–4), kommt allenfalls ein Verstoß gegen **§ 824 BGB** oder **§ 826 BGB** in Betracht (vgl. BGH NJW 1985, 1959; Ohly/Sosnitza/Ohly § 4 Rn. 4/43). Im Falle der „internen" Abmahnung ist dies denkbar bei mutwilliger oder evident auf Einnahmeerzielung gerichteter, erkennbar unberechtigter Abmahnung (vgl. LG Mannheim WRP 1986, 56; aber auch OLG Frankfurt GRUR 1990, 642 Ls.); im Falle der „externen" Abmahnung, wenn die Abmahnung nur das Kleid einer unzulässigen Schmähkritik ist. Ein Rückgriff auf **§ 823 I BGB** (Recht am Unternehmen; BGH GRUR 1969, 479 (481) – Colle de Cologne) ist daneben entbehrlich, kann jedenfalls keinen weiter gehenden Schutz begründen (str.; → § 13 Rn. 87, 88). – Sieht man die Abmahnung als eine Geschäftsführung ohne Auftrag (§§ 677 ff. BGB) an, so kann der zu Unrecht Abgemahnte jedoch einen Schadensersatzanspruch aus **§ 678 BGB** (Übernahmeverschulden) geltend machen (→ § 13 Rn. 89; OLG München WRP 2008, 1384 (1385) zum Markenrecht; Harte-Bavendamm/Henning-Bodewig/Omsels § 4 Nr. 4 Rn. 185; aA M. Schröder WRP 2019, 1110 Rn. 49 ff.).

V. Rechtswidrige Verwarnung aus Ausschließlichkeitsrechten (Schutzrechtsverwarnung)

Schrifttum: Deutsch, Gedanken zur unberechtigten Schutzrechtsverwarnung, WRP 1999, 25; Deutsch, Der BGH-Beschluss zur unberechtigten Schutzrechtsverwarnung und seine Folgen für die Praxis, GRUR 2006, 374; Kunath, Kostenerstattung bei ungerechtfertigter Verwarnung, WRP 2000, 1074; Meier-Beck, Die Verwarnung aus Schutzrechten – mehr als eine Meinungsäußerung!, GRUR 2005, 535; Meier-Beck, Die unberechtigte Schutzrechtsverwarnung als Eingriff in das Recht am Gewerbebetrieb, WRP 2006, 790; Omsels, Zur Unlauterkeit der gezielten Behinderung von Mitbewerbern (§ 4 Nr 10 UWG), WRP 2004, 136; Peukert, Änderung der Rechtsprechung zur unberechtigten Schutzrechtsverwarnung?, Mitt 2005, 73; Sack, Unbegründete Schutzrechtsverwarnungen, 2006; Sack, Notwendige Differenzierungen bei unbegründeten Abnehmerverwarnungen, WRP 2007, 708; Sack, Unbegründete Schutzrechtsverwarnungen – lückenloser Unternehmensschutz durch das UWG seit 2004, NJW 2009, 1642; Sessinghaus, Abschied von der unberechtigten Schutzrechtsverwarnung – auf Wiedersehen im UWG?, WRP 2005, 823; Teplitzky, Zur Frage der Rechtmäßigkeit unbegründeter Schutzrechtsverwarnungen, GRUR 2005, 9; Teplitzky, Die prozessualen Folgen der Entscheidung des Großen Senats für Zivilsachen zur unberechtigten Schutzrechtsverwarnung, WRP 2005, 1433; Ullmann, Die Verwarnung aus Schutzrechten – mehr als eine Meinungsäußerung?, GRUR 2001, 1027; Ullmann, Eine unberechtigte Abmahnung – Entgegnung, WRP 2006, 1070; Ullmann, Die Verwarnung aus einem Schutzrecht – Fehlprognose und Fehlentwicklung, FS Büscher, 2018, 595; Wagner, Abschied von der unberechtigten Schutzrechtsverwarnung, ZIP 2005, 49; Zimmermann, Die unberechtigte Schutzrechtsverwarnung, 2008.

1. Tatbestand der unberechtigten Schutzrechtsverwarnung

4.169   **a) Schutzrechtsverwarnung.** Eine sog **Schutzrechtsverwarnung** liegt vor, wenn ein Hersteller und/oder Abnehmer eines Produkts wegen einer Verletzung von Ausschließlichkeitsrechten (gewerblichen Schutzrechten, Urheberrechten) ernstlich und endgültig (idR durch Androhung gerichtlicher Schritte) zur Unterlassung aufgefordert wird. Dem steht es gleich, wenn die Äußerung, zB wegen ihres unbestimmten Inhalts, geeignet ist, Abnehmer zu verunsichern und damit vom Erwerb des Produkts abzuhalten (BGH GRUR 2009, 878 Rn. 22 – Fräsautomat). Ist es noch nicht zu einer Verletzungshandlung gekommen, genügt es für eine Schutzrechtsverwarnung, wenn der Schutzrechtsinhaber ernsthaft und endgültig geltend macht, dass die beabsichtigten Benutzungshandlungen sein Ausschließlichkeitsrecht verletzen, und für den Fall der Verletzung die Durchsetzung seiner Rechte androht (BGH GRUR 2011, 995 Rn. 31 – Besonderer Mechanismus). Dagegen reicht es nicht aus, wenn lediglich im Rahmen eines der Rechtswahrung dienenden Meinungsaustauschs das Bestehen eines Rechts behauptet wird (sog **„Berechtigungsanfrage";** vgl. BGH GRUR 1995, 424 (425) – Abnehmerverwarnung; BGH GRUR 1997, 896 (897) – Mecki-Igel III; BGH GRUR 2011, 995 Rn. 29 – Besonderer Mechanismus) oder lediglich die Rechtslage im Rahmen einer bloßen Meinungsäußerung dargestellt wird (BGH GRUR 2009, 878 Rn. 22 – Fräsautomat). Ob die Verwarnung vom Rechteinhaber oder von einem Verband, dem Rechteinhaber als Mitglieder angehören, ausgeht, ist unerheblich (BGH GRUR 2009, 878 Rn. 16 – Fräsautomat). – Der Schutzrechtsverwarnung steht eine Abmahnung gleich, die auf die Verletzung eines Geschäftsgeheimnisses iSd GeschGehG oder einen Fall der unlauteren Produktnachahmung (§ 3 I, § 4 Nr. 3) gestützt wird, weil insoweit eine vergleichbare Interessenlage und eine wie ein Schutzrecht geschützte Leistung (dreifache Schadensberechnung) vorliegt (OLG Frankfurt GRUR 1990, 642; OLG Stuttgart GRUR-Prax 2009, 66; aA M. Schröder WRP 2019, 1110 Rn. 6 ff. mwN).

b) Fehlende Berechtigung. Unberechtigt ist eine Schutzrechtsverwarnung, wenn der **4.170** geltend gemachte Anspruch mangels Rechtsverletzung tatsächlich nicht besteht (BGH WRP 2018, 950 Rn. 70 – Ballerinaschuh), nämlich entweder das behauptete Recht nicht, noch nicht oder nicht mehr besteht oder wenn es zwar besteht, aber nicht verletzt wurde oder wenn die behaupteten Ansprüche aus dem verletzten Recht nicht hergeleitet werden können (Ullmann GRUR 2001, 1027). Ob das behauptete Recht von Anfang an nicht bestanden hatte oder rückwirkend beseitigt wurde, ist unerheblich (BGHZ 38, 200 (205) = GRUR 1963, 255 (257) – Kindernähmaschinen). Maßgebend ist dabei die objektive Rechtslage. Auf den guten Glauben des Verwarners kommt es nicht an (ÖOGH GRUR-Int. 2000, 558 (559)). Der unberechtigten Schutzrechtsverwarnung steht an sich die **unberechtigte Klageerhebung** gleich (BGH GRUR 1963, 255 (258) – Kindernähmaschinen; BGH GRUR 1996, 812 (813) – Unterlassungsurteil gegen Sicherheitsleistung); jedoch gilt für diese ein prozessuales Privileg (→ Rn. 4.175). – Eine an sich **berechtigte** Schutzrechtsverwarnung kann sich im Einzelfall wegen ihres sonstigen **Inhalts** oder ihrer **Form** als **unberechtigt** erweisen (BGHZ 62, 29 (32) – Maschenfester Strumpf; BGH GRUR 1979, 332 – Brombeerleuchte; BGH GRUR 1995, 424 (425) – Abnehmerverwarnung; BGH GRUR 2009, 878 Rn. 17 – Fräsautomat). So etwa bei Verbreitung eines obsiegenden, aber nicht rechtskräftigen Urteils, wenn nicht deutlich zum Ausdruck kommt, dass das Urteil noch nicht rechtskräftig ist (BGH GRUR 1995, 424 (425) – Abnehmerverwarnung).

2. Rechtliche Problematik

Der wegen angeblicher Verletzung eines Schutzrechts Verwarnte befindet sich in einer **4.171** Zwangslage: Einerseits ist er vielfach kaum in der Lage, eine rasche Klärung der Schutzrechtslage herbeizuführen. Andererseits sieht er sich bei Nichtbeachtung der Verwarnung einer scharfen Haftung (dreifache Schadensberechnung; → § 9 Rn. 1.36 ff.) ausgesetzt. Er muss daher rasche und weit reichende unternehmerische Entscheidungen wie (bei der Herstellerverwarnung) über die Einstellung der Produktion oder (bei der Abnehmerverwarnung) des Vertriebs treffen. Das Bedürfnis, vor den Folgen unberechtigter Verwarnungen geschützt zu werden, ist also typischerweise größer als bei der unberechtigten Abmahnung wegen eines einfachen Wettbewerbsverstoßes. Auf der anderen Seite steht das berechtigte Interesse des Verwarners, außergerichtlich und gerichtlich Ansprüche geltend machen zu können, ohne Sanktionen außerhalb des Verfahrensrechts befürchten zu müssen (vgl. BVerfGE 74, 257 (262 f.); BGH GRUR 1998, 587 (590) – Bilanzanalyse Pro 7; BGH GRUR 2004, 958 – Verwarnung aus Kennzeichenrecht; BGHZ (GS) 164, 1 (3) = GRUR 2005, 882 – Unberechtigte Schutzrechtsverwarnung; Ahrens Wettbewerbsprozess-HdB/Deutsch Kap. 3 Rn. 19 ff.; Deutsch WRP 1999, 25; Meier-Beck GRUR 2005, 535; Teplitzky GRUR 2005, 9).

3. Rechtswidrigkeit der unberechtigten Schutzrechtsverwarnung

4.172   **a) Meinungsstand bis zur Entscheidung des Großen Senats des BGH vom 15.7.2005. aa) Standpunkt der Rspr.** Die **objektiv unberechtigte Schutzrechtsverwarnung** und **-klage** war nach stRspr. (vgl. RGZ 58, 24 (29) – Jute Plüsch; BGHZ 38, 200 (207) – Kindernähmaschinen; BGH GRUR 1996, 812 (813) – Unterlassungsurteil gegen Sicherheitsleistung; BGH GRUR 1997, 741 (742) – Chinaherde) grds. **rechtswidrig** und erfüllte den Tatbestand des Eingriffs in das **Recht am Unternehmen** (Recht am eingerichteten und ausgeübten Gewerbebetrieb, § 823 I BGB). Denn das Interesse des Verwarnten sei höher zu bewerten als dasjenige des Verwarners. Das erhöhte Risiko des Verwarners bilde den Ausgleich für den besonderen Schutz, den Inhaber von Ausschließlichkeitsrechten genießen. Auch könne der Verwarner Bestand und Tragweite seines Schutzrechts regelmäßig besser beurteilen als der Verwarnte. – Im Bewusstsein der Schärfe dieser Sanktion hatte die Rspr. verschiedentlich versucht, den Tatbestand der Schutzrechtsverwarnung enger zu fassen und davon die bloße Aufforderung zu einem Meinungsaustausch über die Schutzrechtslage (sog „Berechtigungsanfrage") unterschieden (vgl. BGH GRUR 1997, 896 – Mecki-Igel III; → Rn. 4.169). Auch hatte sie strenge Anforderungen an das Verschulden des Verwarnenden gestellt (BGH GRUR 1976, 715 (717) – Spritzgießmaschine). – Der I. Zivilsenat hatte dann allerdings in einer **Vorlageentscheidung** an den Großen Senat die bisherige Rspr. in Frage gestellt (BGH GRUR 2004, 958 – Verwarnung aus Kennzeichenrecht; vgl. auch OLG Düsseldorf GRUR 2003, 814 (816)). Nach seiner Auffassung ist eine Behinderung, wie sie sich aus der rechtmäßigen Ausübung von Kennzeichenrechten (aber auch sonstigen Schutzrechten) ergibt, grds. wettbewerbskonform und daher vom betroffenen Mitbewerber hinzunehmen. Ebenso sei die außergerichtliche und gerichtliche Geltendmachung von Ansprüchen aus Schutzrechten hinzunehmen, wenn sich diese (letztlich) als unbegründet erwiesen. Wer subjektiv redlich ein gerichtliches Verfahren einleite, greife nicht in ein geschütztes Rechtsgut seines Gegners ein, auch wenn sein Begehren sachlich nicht gerechtfertigt sei und dem Gegner aus dem Verfahren über dieses hinaus Nachteile erwüchsen. Der Verwarner habe im Allgemeinen bei der Beurteilung der Sach- und Rechtslage keinen entscheidenden Informationsvorsprung gegenüber dem Verwarnten. Es liege in der Verantwortung des Verwarnten, welche Konsequenzen er aus seiner Beurteilung ziehe. – Für die Folgen einer nur fahrlässigen Fehleinschätzung der Rechtslage hafte der Verwarner daher außerhalb der schon im Verfahrensrecht vorgesehenen Sanktionen grds. nicht nach dem Recht der unerlaubten Handlung. Der Schutz des Gegners werde regelmäßig durch das gerichtliche Verfahren gewährleistet. Nur wenn dies nicht der Fall sei, verbleibe es beim uneingeschränkten Rechtsschutz nach § 826 BGB und nach § 3 I, § 4 Nr. 2 und 4 iVm § 9 I. Für die außergerichtliche Geltendmachung von Ansprüchen könne insoweit nichts anderes gelten (BGH GRUR 2004, 958 (959) – Verwarnung aus Kennzeichenrecht).

4.173   **bb) Standpunkt des Schrifttums. (1)** Ein Teil des Schrifttums billigte die bisherige Rspr. (Peukert Mitt. 2005, 73; Meier-Beck GRUR 2005, 535). **(2)** Doch erhob sich im Laufe der Zeit zunehmend Kritik. Die Inanspruchnahme der Gerichte, und als Vorstufe dazu die Verwarnung, könne, auch wenn sie iErg nicht gerechtfertigt sein sollte und sich nachteilig auf das betroffene Unternehmen auswirke, grds. nicht rechtswidrig sein. Komme der Verwarnte der Verwarnung nach, so handle er auf eigenes Risiko (Deutsch WRP 1999, 25; Ullmann GRUR 2001, 1027 (1028) mwN). Daher könne sie auch nicht – sofern keine sonstigen Umstände hinzuträten – Grundlage für einen Schadensersatzanspruch sein. Dies solle nicht nur für die Herstellerverwarnung (insoweit auch OLG Hamburg WRP 2001, 956, 963) gelten, sondern auch für die Verwarnung Dritter, insbes. von Abnehmern, soweit sie ihrerseits als Schutzrechtsverletzer in Frage kommen (ebenso OLG Düsseldorf GRUR 2003, 814 (816)). **(3)** Nach einer differenzierenden Auffassung solle zwar eine Schadensersatzklage zulässig sein, dagegen für eine Unterlassungsklage das Rechtsschutzbedürfnis fehlen (Teplitzky Wettbewerbsrechtliche Ansprüche/Bacher Kap. 19 Rn. 17a ff., Kap. 41 Rn. 79 und 79a sowie Teplitzky GRUR 2005, 9 (15)). Beim Schadensersatzanspruch aus § 823 I BGB solle stärker als bisher eine Interessenabwägung stattfinden und dabei ggf. auch nach Art des Schutzrechts zu differenzieren sein.

4.174   **b) Die Entscheidung des Großen Senats des BGH v. 15.7.2005.** In seiner auf den Vorlagebeschluss des I. Senats (BGH GRUR 2004, 814 – Verwarnung aus Kennzeichenrecht) ergangenen Entscheidung (BGHZ 164, 1 = GRUR 2005, 882 – Unberechtigte Schutzrechtsverwarnung I) hat der Große Senat des BGH die bisherige Rspr. dem Grunde nach bestätigt und damit die Streitfrage für die Praxis geklärt (vgl. auch BGH GRUR 2006, 219 Rn. 14 –

Detektionseinrichtung II; BGH WRP 2016, 881 Rn. 15 – Unberechtigte Schutzrechtsverwarnung II; BGH WRP 2020, 1330 Rn. 17 – Unberechtigte Schutzrechtsverwarnung III). Die Rechtslage stellt sich nach dieser Entscheidung wie folgt dar:

aa) Gleichbehandlung aller Schutzrechte. Alle Schutzrechte sind nach den gleichen   **4.175** Grundsätzen zu behandeln.

bb) Gleichbehandlung von Hersteller- und Abnehmerverwarnung. Die Hersteller- und   **4.175a** die Abnehmerverwarnung sind nach den gleichen Grundsätzen zu behandeln.

cc) Unberechtigte Schutzrechtsverwarnung. Die unberechtigte Verwarnung aus einem   **4.175b** Schutzrecht gegen einen Hersteller oder Abnehmer stellt einen rechtswidrigen Eingriff in dessen Recht am Unternehmen nach § 823 I BGB dar. Dieser Eingriff ist nicht verfassungsrechtlich gerechtfertigt (privilegiert). Die schuldhaft unberechtigte Verwarnung verpflichtet zum Schadensersatz. Denn das dem Schutzrechtsinhaber verliehene Ausschließlichkeitsrecht schließt jeden Mitbewerber von der Benutzung des Schutzgegenstandes aus. Diese einschneidende, die Wettbewerbsfreiheit begrenzende Wirkung bedarf eines Korrelats, das sicherstellt, dass der Wettbewerb nicht über den Schutzbereich des geschützten Gegenstands hinaus eingeschränkt wird. Der notwendige Interessenausgleich wäre nicht gewährleistet, wenn der Schutzrechtsinhaber einen ihm nicht zustehenden Schutz beanspruchen könnte und den wirtschaftlichen Nutzen aus einer schuldhaften Verkennung des Umfangs des ihm zustehenden Schutzes ziehen dürfte, ohne für einen hierdurch verursachten Schaden seiner Mitbewerber einstehen zu müssen. Eine verfahrensrechtliche Privilegierung der Verwarnung ist nicht gerechtfertigt, weil sonst eine fahrlässig unberechtigte Verwarnung praktisch folgenlos bliebe. – Der Einwand des Mitverschuldens bei der Prüfung der Rechtslage ist nicht von vornherein ausgeschlossen. Grds. ist der Verwarner aber „näher" daran, den aus der unberechtigten Verwarnung resultierenden Schaden zu tragen.

dd) Unberechtigte Schutzrechtsklage. Die unberechtigte Schutzrechtsklage gegen Hersteller oder Abnehmer stellt an sich ebenfalls einen rechtswidrigen Eingriff in deren Recht am   **4.175c** Unternehmen dar. Bei subjektiver Redlichkeit (dh bei bloß fahrlässiger Fehleinschätzung der Rechtslage) des Klägers ist dieser Eingriff jedoch gerechtfertigt, weil der Schutz des Beklagten durch das gerichtliche Verfahren gewährleistet ist. Eine Haftung für eine fahrlässige Fehleinschätzung außerhalb der im Verfahrensrecht vorgesehenen Sanktionen scheidet aus (**verfahrensrechtliches Privileg**). Ein Kläger ist hiernach grds. nicht verpflichtet, vor Klageerhebung in tatsächlicher oder rechtlicher Hinsicht die sachliche Berechtigung seines Begehrens zu prüfen oder gar seine Interessen gegen die Beklagten abzuwägen (BGH WRP 2018, 950 Rn. 76 – Ballerinaschuh).

ee) Anspruch auf Unterlassung einer Verwarnung. Der von der unberechtigten Schutz-   **4.175d** rechtsverwarnung betroffene Mitbewerber hat gegen den Schutzrechtsinhaber zwar keinen (vorbeugenden) Anspruch auf Unterlassung einer gerichtlichen Geltendmachung der vermeintlichen Ansprüche gegenüber seinen Abnehmern. Denn die gerichtliche Prüfung eines auch nur vermeintlich bestehenden Anspruchs kann nicht unterbunden werden (prozessuales Privileg). Wohl aber hat er einen Anspruch auf Unterlassung einer **Verwarnung** (§ 823 I BGB iVm § 1004 I 2 BGB analog). Insoweit greift das prozessuale Privileg nicht ein (dazu Teplitzky WRP 2005, 1433 (1435)). Dieser Anspruch kann auch mit einer einstweiligen Verfügung durchgesetzt werden. Wird dem Schutzrechtsinhaber eine rechtmäßige Verwarnung auf Antrag eines Mitbewerbers zu Unrecht durch eine einstweilige Verfügung untersagt und klagt der Schutzrechtsinhaber daraufhin gegen einen Abnehmer, ohne diesen vorher abzumahnen, stellt eine hieraus etwa folgende Kostenlast (§ 93 ZPO) eine Folge der Vollstreckung der Untersagungsverfügung dar und verpflichtet den Mitbewerber daher nach § 945 ZPO zum Schadensersatz (BGHZ 164, 1 = GRUR 2005, 882 (885) – Unberechtigte Schutzrechtsverwarnung).

c) Stellungnahme. Durch die Entscheidung des Großen Senats ist der Streit um die unbe-   **4.176** rechtigte Schutzrechtsverwarnung jedenfalls für die Praxis beendet. Offen blieb dabei die Frage, ob nicht zwischen Hersteller- und Abnehmerverwarnung zu differenzieren ist (dazu eingehend Sack, Unbegründete Schutzrechtsverwarnungen, 2006, 1 ff.; Zimmermann, Die unbegründete Schutzrechtsverwarnung, 2008, 77 ff., 312 ff.; Gloy/Loschelder/Danckwerts WettbR-HdB/Hasselblatt § 57 Rn. 164). Denn die Hauptargumente des Großen Senats beziehen sich nur auf die **Abnehmerverwarnung** (vgl. Meier-Beck WRP 2006, 790 (792)). Daraus könnte man sogar schließen, der Große Senat habe nur über die Abnehmerverwarnung entscheiden wollen (so Teplitzky Wettbewerbsrechtliche Ansprüche/Bacher Kap. 41 Rn. 79b). Auch geht der Große

Senat nicht darauf ein, ob Ansprüche wegen unberechtigter Verwarnung aus Lauterkeitsrecht (jetzt § 3 I, § 4 Nr. 1, 2 und Nr. 4 iVm §§ 8 I, 9 I) eingreifen, die an sich vorrangig in Betracht kommen (→ Rn. 4.176a; vgl. ferner BGH GRUR 2006, 433 Rn. 16 – Unbegründete Abnehmerverwarnung; BGH GRUR 2004, 958 – Verwarnung aus Kennzeichenrecht; OLG Düsseldorf GRUR 2003, 814 (816); Deutsch GRUR 2006, 374; Sack, Unbegründete Schutzrechtsverwarnungen, 2006, 11 ff. (111 ff.); Teplitzky GRUR 2005, 9 (13)). – Im Ergebnis ist dem Großen Senat des BGH darin zuzustimmen, dem betroffenen Mitbewerber einen mit Klage oder Antrag auf einstweilige Verfügung durchsetzbaren Unterlassungsanspruch gegen den unberechtigt Verwarnenden zuzubilligen (dazu Teplitzky WRP 2005, 1433 (1435 f.)). Zwar zwingt dies letztlich den Schutzrechtsinhaber dazu, statt eine Verwarnung auszusprechen, unmittelbar Klage gegen die Abnehmer zu erheben, wenn er eine Schutzrechtsverletzung für gegeben hält. Das wird er im Hinblick auf die Gefährdung möglicher Kundenbeziehungen und auf den mit der Klageerhebung verbundenen Aufwand kaum tun, auch wenn er sich im Recht glaubt. Selbst wenn er aber klagt, erhält er vom Abnehmer nicht den Schaden ersetzt, der ihm vor Eintritt der Bösgläubigkeit des Abnehmers entsteht. Auf der anderen Seite ist aber zu bedenken, dass andernfalls der von der Verwarnung betroffene Hersteller tatenlos zusehen müsste, wie durch die unberechtigte Verwarnung die Geschäftsbeziehungen zu seinem Abnehmer zerstört würden. Bei Abwägung der beiderseitigen Interessen wird man die des zu Unrecht Verwarnten höher einschätzen müssen, zumal dieser beim Vorgehen im Wege der einstweiligen Verfügung das Risiko aus § 945 ZPO trägt.

4. Ansprüche gegen den Verwarner

4.176a   **a) Lauterkeitsrechtliche Ansprüche. aa) Verhältnis zu bürgerlichrechtlichen Ansprüchen.** Die Schutzrechtsverwarnung stellt eine **geschäftliche Handlung** iSd § 2 I Nr. 2 dar, weil sie (zumindest auch) dazu dient, den eigenen Absatz zu fördern. Dementsprechend kommen auch lauterkeitsrechtliche Ansprüche in Betracht (BGH GRUR 2009, 878 Rn. 12 ff. – Fräsautomat). Das Verhältnis von lauterkeitsrechtlichen (und ggf. kartellrechtlichen) zu bürgerlich-rechtlichen Ansprüchen aus unberechtigter Schutzrechtsverwarnung ist noch nicht abschließend geklärt. Der Große Zivilsenat des BGH hat sich in seiner Entscheidung v. 15.7.2005 dazu nicht geäußert und somit lauterkeitsrechtliche Ansprüche jedenfalls nicht ausgeschlossen (so auch BGH GRUR 2006, 433 Rn. 16 – Unbegründete Abnehmerverwarnung; Meier-Beck WRP 2006, 790 (793); Ullmann WRP 2006, 1070; aA Deutsch GRUR 2006, 374 (375)). Wohl aber ist der Entscheidung iErg zu entnehmen, dass der bisher geltende Grundsatz der **Subsidiarität** des bürgerlichrechtlichen Unternehmensschutzes nach § 823 I BGB gegenüber lauterkeitsrechtlichen Ansprüchen **nicht gelten** soll. Dabei handelt es sich um einen Akt der Rechtsfortbildung, auch wenn dies dem Großen Senat vielleicht nicht bewusst war (krit. Sack NJW 2009, 1642). Im Ergebnis ist daher von **Anspruchskonkurrenz** auszugehen, wobei für lauterkeitsrechtliche Ansprüche die **Sonderregelungen** des **§ 8 II** (Haftung für Mitarbeiter und Beauftragte), des **§ 11** (kurze Verjährung), des **§ 12** (Dringlichkeitsvermutung, Urteilsbekanntmachung und Streitwertbegrenzung) und des **§ 14** (Zuständigkeit) zu berücksichtigen sind.

4.177   **bb) Herstellerverwarnung.** Die unberechtigte Schutzrechtsverwarnung gegenüber einem Hersteller, der Mitbewerber ist, kann eine gezielte Behinderung iSd § 4 Nr. 4 darstellen, weil sie darauf gerichtet ist, den Absatz des Mitbewerbers zu behindern. Dabei ist – wie bei der Rechtswidrigkeitsprüfung bei § 823 I BGB – eine **Güter- und Interessenabwägung** vorzunehmen (OLG Frankfurt WRP 2015, 1004 Rn. 38). Ein Verschulden des Verwarners ist nur beim Schadensersatzanspruch (§ 9 I), nicht aber beim Unterlassungs- und Beseitigungsanspruch (§ 8 I) erforderlich. Auch sind die Anforderungen an die Sorgfaltspflicht des Verwarners nicht zu überspannen. Ein Verschulden ist daher zu verneinen, wenn er sich auf den Rat eines fach- und rechtskundigen Beraters verlassen hat (OLG Frankfurt WRP 2015, 1004 Rn. 40). Bei Vorsatz des Verwarners scheidet der Einwand etwaigen fahrlässigen Mitverschuldens des Verwarnten (zB wegen voreiliger Einstellung der Produktion ohne Prüfung der Rechtslage) grds. aus (vgl. BGH NJW 1992, 311). Mitverschulden ist allerdings zu berücksichtigen, soweit es um die Schadensminderungspflicht geht (Grüneberg/Grüneberg BGB § 254 Rn. 55). Der Anspruch umfasst ua den Ersatz des entgangenen Gewinns auf Grund einer Produktionseinstellung. Umsatzeinbußen sind jedoch nicht zu ersetzen, wenn eine Schutzrechtsverletzung tatsächlich vorliegt, mag die Verwarnung auch aus formalen Gründen unberechtigt sein (BGH GRUR 1995, 422 (426) – Abnehmerverwarnung; Ullmann GRUR 2001, 1027 (1030)).

cc) Abnehmerverwarnung. Für die Abnehmerverwarnung gelten die Grundsätze zur Her- **4.178**
stellerverwarnung entsprechend, soweit es um die **Haftung des Verwarners gegenüber dem**
Abnehmer geht. – Besonderheiten gelten für die **Haftung des Verwarners gegenüber dem**
Hersteller (oder Lieferanten), der von der Abnehmerverwarnung mittelbar betroffen ist. Der
Verwarner haftet ihm gegenüber auf Unterlassung und Beseitigung unter dem Gesichtspunkt der
gezielten Behinderung (§ 4 Nr. 4 – Boykottaufruf) und ggf. auch der **Mitbewerberherab-**
setzung (§ 4 Nr. 1), wobei die Verwirklichung des Tatbestands von einer **Güter- und Interes-**
senabwägung abhängt (BGH GRUR 2009, 878 Rn. 17 – Fräsautomat). Da die Abnehmer
typischerweise ein geringeres Interesse an einer sachlichen Auseinandersetzung mit dem Schutzrechtsinhaber haben, kann bereits die Geltendmachung von Ausschließlichkeitsrechten gegenüber den Abnehmern – unabhängig, ob sie berechtigt ist oder nicht – zu einem möglicherweise
existenzgefährdenden Eingriff in die Kundenbeziehungen die mit dem Inhaber des Schutzrechts
konkurrierenden Hersteller oder Lieferanten führen (BGH GRUR 2009, 878 Rn. 17 – Fräsautomat). – Auch der Tatbestand der **Anschwärzung** (§ 4 Nr. 2) kommt in Betracht, sofern die
Schutzrechtsverwarnung eine Tatsachenbehauptung darstellt (vgl. BGH GRUR 2006, 433
Rn. 16 – Unbegründete Abnehmerverwarnung; Sack, Die unbegründete Schutzrechtsverwarnung, 2006, 152 ff.). Zweifelhaft ist, ob eine Schutzrechtsverwarnung im Kern stets eine Tatsachenbehauptung iSd § 4 Nr. 2 enthält, weil die Verletzung eines Schutzrechts objektiv überprüfbar sei (Sack NJW 2009, 1642 (1644); ÖOGH GRUR-Int. 2000, 558 (559); vgl. OLG
Hamburg WRP 2001, 956 (958)). Richtigerweise ist zu **differenzieren** (vgl. Ullmann GRUR
2001, 1027 (1030)). Eine unrichtige Tatsachenbehauptung liegt stets vor, wenn der Sachverhalt
unrichtig dargestellt ist (zB das Patent nicht oder für einen anderen eingetragen oder abgelaufen
ist). Ist aber der Sachverhalt richtig wiedergegeben und lediglich die rechtliche Bewertung (über
das Vorliegen einer Schutzrechtsverletzung), also die Subsumtion, unzutreffend, liegt ein bloßes
Werturteil vor (Ullmann GRUR 2001, 1027 (1030)). – Auf Schadensersatz nach § 9 I haftet der
Verwarner, wenn er die fehlende Berechtigung der Verwarnung kannte oder kennen musste.

dd) Irreführende oder herabsetzende Behauptung gegenüber Dritten; aggressives **4.179**
Verhalten. Macht der (angebliche) Schutzrechtsinhaber gegenüber Dritten (insbes. Abnehmern)
oder der Allgemeinheit irreführende oder herabsetzende Behauptungen über eine Schutzrechtsverletzung, so erfüllt dies den Tatbestand der **Irreführung** (§ 5 I, II) bzw. der **Anschwärzung**
(§ 4 Nr. 2; dazu BGH GRUR 2006, 433 Rn. 16 – Unbegründete Abnehmerverwarnung) oder
der **Mitbewerberherabsetzung** (§ 4 Nr. 1). Das ist zB der Fall, wenn das behauptete Schutzrecht nicht besteht oder nicht verletzt wurde oder wenn über ein gegen den Hersteller erstritte-
nes Urteil berichtet wird, ohne deutlich zu machen, dass es noch nicht rechtskräftig ist (BGH
GRUR 1995, 424 (426) – Abnehmerverwarnung; vgl. auch Ullmann GRUR 2001, 1027
(1030)). Auch der Tatbestand der **gezielten Behinderung** (§ 4 Nr. 4) in Gestalt des **Boykott-**
aufrufs sowie der Tatbestand der **aggressiven Handlung** (§ 4a I (unzulässige Beeinflussung)
iVm § 4a II 1 Nr. 5 kommen in Betracht.

b) Bürgerlichrechtliche Ansprüche. aa) Ansprüche aus §§ 823 I, 1004 I BGB analog. **4.180**
(1) Unterlassungsanspruch. Nach der Rspr. (BGHZ (GSZ) 164, 1 = GRUR 2005, 882 –
Unberechtigte Schutzrechtsverwarnung I; BGH GRUR 2006, 433 Rn. 17 – Unbegründete
Abnehmerverwarnung; BGH GRUR 2006, 432 Rn. 20 – Verwarnung aus Kennzeichenrecht
II; BGH GRUR 2011, 152 Rn. 67 – Kinderhochstühle im Internet I; BGH WRP 2018, 950
Rn. 70 ff. – Ballerinaschuh) stellt die unberechtigte Schutzrechtsverwarnung und Schutzrechtsklage gegenüber einem Hersteller oder Abnehmer einen Eingriff in das **Recht am Unterneh-**
men (Recht am eingerichteten und ausgeübten Gewerbebetrieb als „sonstiges Recht" iSd
§ 823 I BGB) dar. Die **Abnehmerverwarnung** (und/oder das gerichtliche Vorgehen gegen
den Abnehmer) ist nach der Rspr. zugleich ein Eingriff in das Unternehmen des Herstellers
(BGH GRUR 2006, 219 Rn. 14 – Detektionseinrichtung II). Dies gilt allerdings nur dann,
wenn auch er selbst nach der der Verwarnung zugrundegelegten Rechtsauffassung als Verletzer
erscheint (OLG München GRUR-RR 2020, 263 Rn. 21). Auch die Verwarnung eines Mitbewerbers wegen vermeintlicher Verletzung eines Schutzrechts begründet keinen Eingriff in das
Unternehmen des **Zulieferers** des Herstellers, da dieser nur mittelbar betroffen ist (BGH
GRUR 2007, 313 Rn. 26 ff. – Funkuhr II; dazu Sack WRP 2007, 708). – Die **Unmittelbarkeit**
(Betriebsbezogenheit) des Eingriffs ergibt sich aus der Gefahr einer Absatzbeeinträchtigung. Dies
gilt auch für die Abnehmerverwarnung. Denn sie zielt darauf ab, dass der Abnehmer seine
Bezüge einstellt. Dafür spricht auch eine gewisse Wahrscheinlichkeit. Denn der verwarnte
Abnehmer wird häufig, zumal wenn er auf Konkurrenzprodukte oder andere Lieferanten aus-

weichen kann, geneigt sein, sich der Verwarnung zu beugen, um den Nachteilen aus einem Rechtsstreit aus dem Weg zu gehen (BGH GRUR 2006, 433 Rn. 18 – Unbegründete Abnehmerverwarnung). – Die **Rechtswidrigkeit** des Eingriffs in das Recht am Unternehmen ist durch eine **Güter- und Interessenabwägung** festzustellen. Dies gilt auch für die unberechtigte Schutzrechtsverwarnung (Sack BB 2005, 2368 (2370 f.); Teplitzky GRUR 2005, 9 (14); offengelassen in BGH GRUR 2006, 433 Rn. 18 – Unbegründete Abnehmerverwarnung und BGH GRUR 2006, 432 Rn. 23 – Verwarnung aus Kennzeichenrecht II; krit. Deutsch GRUR 2006, 374 (378); **aA** BGHZ 38, 200 (206) – Kindernähmaschinen; wohl auch BGHZ 164, 1 (5 ff.) = GRUR 2005, 882 – Unberechtigte Schutzrechtsverwarnung; Meier-Beck WRP 2006, 790 (791)). Jedoch wird im Regelfall das Interesse des Herstellers oder Lieferanten schwerer wiegen als das Interesse des Verwarners. Ausnahmen sind denkbar, insbes. wenn die Gefahr eines Nachgebens des verwarnten Abnehmers nur gering ist. Die „subjektive Redlichkeit" des Verwarners kann dagegen nur beim Verschulden und damit nur beim Schadensersatzanspruch berücksichtigt werden. Erfüllt eine unberechtigte Schutzrechtsverwarnung die Voraussetzungen eines rechtswidrigen Eingriffs, begründet dies eine tatsächliche Vermutung für die **Wiederholungsgefahr.** Daraus ergibt sich ein **Unterlassungsanspruch** (§ 823 I BGB, § 1004 I 2 BGB analog), der mit Klage oder einstweiliger Verfügung durchsetzbar ist. Allerdings ist dieser Anspruch beschränkt auf die **Unterlassung der Schutzrechtsverwarnung.** Die Unterlassung einer Schutzrechtsklage kann nicht begehrt werden, da insoweit das prozessuale Privileg eingreift. Für die **Verjährung** gelten die §§ 195, 199 BGB (ebenso MüKoUWG/Jänich § 4 Nr. 4 Rn. 130); für die gerichtliche **Zuständigkeit** gilt § 32 ZPO.

4.180a   **(2) Schadensersatzanspruch.** Bei **Verschulden** (Vorsatz oder Fahrlässigkeit) des Verwarners besteht ein Anspruch auf **Schadensersatz** (BGHZ (GSZ) 164, 1 = GRUR 2005, 882 – Unberechtigte Schutzrechtsverwarnung I; BGHZ 208, 119 Rn. 15 = WRP 2016, 881 – Unberechtigte Schutzrechtsverwarnung II; BGH WRP 2018, 950 Rn. 70 – Ballerinaschuh). Im Vordergrund steht der Vorwurf **fahrlässigen** Verhaltens, dh des Außerachtlassens der im Verkehr erforderlichen Sorgfalt (§ 276 II BGB). Hierzu hat die Rspr. spezielle Maßstäbe entwickelt (→ 4.180b), wobei noch zwischen der Hersteller- und der Abnehmerverwarnung zu unterscheiden ist (→ Rn. 4.180d).

4.180b   Die Sorgfaltsanforderungen dürfen bei der Beurteilung der Rechtslage nicht überspannt werden, um den (vermeintlichen) Schutzrechtsinhaber nicht mit unübersehbaren Risiken zu belasten (vgl. BGHZ 62, 29 (35) – Maschenfester Strumpf; BGH GRUR 1979, 332 (333) – Brombeerleuchte; BGH GRUR 1995, 424 (425) – Abnehmerverwarnung). Ein Sorgfaltsverstoß des Schutzrechtsinhabers liegt daher dann nicht vor, wenn er sich seine Überzeugung durch gewissenhafte Prüfung gebildet oder wenn er sich bei seiner Überzeugung von vernünftigen und billigen Überlegungen hat leiten lassen (BGH WRP 2018, 950 Rn. 88 – Ballerinaschuh). Art und Umfang der Sorgfaltspflichten eines Verwarners werden maßgeblich dadurch bestimmt, inwieweit er auf den Bestand und die Tragfähigkeit seines Schutzrechts vertrauen darf (BGH GRUR 2006, 432 Rn. 25 – Verwarnung aus Kennzeichenrecht II; BGH WRP 2018, 950 Rn. 89 – Ballerinaschuh). Die bloße Möglichkeit, dass das beanspruchte Ausschließlichkeitsrecht keinen Bestand hat, gereicht noch nicht zum Verschulden. Vielmehr müssen die möglichen Zweifel an der Rechtslage einen konkreten Bezugspunkt haben, den der Verwarner hätte beachten können (BGHZ 62, 29 (35) – Maschenfester Strumpf). Der Verwarner muss alles ihm Zumutbare tun, um zu einer objektiv richtigen Beurteilung der Rechtslage zu gelangen. Dazu gehört die Einholung und eigene Überprüfung fachlichen Rats (OLG Frankfurt WRP 2015, 1004 Rn. 40). Auch ist zu berücksichtigen, über welche wirtschaftlichen und rechtlichen Erfahrungen Verwarner und Verwarnter verfügen (BGHZ 62, 29 (35) – Maschenfester Strumpf).

4.180c   Bei **geprüften Schutzrechten,** wie etwa einer eingetragenen Marke, kann der Schutzrechtsinhaber grds. davon ausgehen, dass dem Bestand seines Rechts keine absoluten Eintragungshindernisse entgegenstehen (BGH GRUR 2006, 432 Rn. 25 – Verwarnung aus Kennzeichenrecht II). Erhöhte Sorgfaltsanforderungen bestehen bei den in ihrer Schutzfähigkeit **ungeprüften Schutzrechten,** wie Gebrauchsmuster-, Geschmacksmuster-, Design- und Urheberrechten sowie nur lauterkeitsrechtlich geschützten Leistungspositionen (BGH GRUR 1979, 332 (333) – Brombeerleuchte). Bei diesen ist dagegen ein höheres Maß an Nachprüfung erforderlich (BGH WRP 2018, 950 Rn. 89 – Ballerinaschuh).

4.180d   Noch strengere Sorgfaltsanforderungen als bei der Herstellerverwarnung bestehen bei der **Abnehmerverwarnung** wegen ihrer besonderen Gefährlichkeit für den Hersteller, weil der

Abnehmer erfahrungsgemäß leichter geneigt ist, sich durch Ausweichen auf andere Lieferanten den Nachteilen eines Rechtsstreits aus dem Weg zu gehen (OLG Frankfurt WRP 2015, 1004 Rn. 38). Sie ist grds. erst zulässig, wenn eine Herstellerverwarnung erfolglos geblieben oder ausnahmsweise unzumutbar ist; außerdem ist die Rechtslage **besonders sorgfältig** zu prüfen und der Grundsatz der Verhältnismäßigkeit zu beachten (BGH GRUR 1979, 332 (333) – Brombeerleuchte; BGH WRP 2018, 950 Rn. 92 – Ballerinaschuh; Teplitzky Wettbewerbsrechtliche Ansprüche/Bacher Kap. 41 Rn. 79b). Wird dies unterlassen, trägt der Verwarner das Risiko, wenn sich die Verwarnung als objektiv rechtswidrig herausstellt. Geht eine Schutzrechtsverwarnung in ihrem Umfang über das hinaus, was der Rechtsinhaber berechtigter Weise fordern kann, liegt darin kein Eingriff in das Recht am Unternehmen, wenn das zu Unrecht beanstandete Verhalten nach den gesamten Umständen nicht zu erwarten ist. Bei einer Abnehmerverwarnung fehlt es dann auch an einem Eingriff in die Rechte des Herstellers, wenn dies auch für ihn nicht erkennbar ist (BGH WRP 2020, 1330 Rn. 26, 27 – Unberechtigte Schutzrechtsverwarnung III).

Der Schadensersatzanspruch kann durch ein **Mitverschulden** (§ 254 BGB) des Verwarnten **4.181** gemindert oder ausgeschlossen sein, wenn er voreilig die Produktion oder den Vertrieb einstellt, obwohl er die fehlende Berechtigung der Verwarnung hätte erkennen können (BGHZ 38, 200 = GRUR 1963, 255 (259) – Kindernähmaschinen; BGH WRP 1965, 97 (101) – Kaugummikugeln; OLG Frankfurt WRP 2015, 1004 Rn. 39; Gloy/Loschelder/Danckwerts WettbR-HdB/Hasselblatt Kap. 57 Rn. 149), oder wenn er die Verwarnung weiterhin befolgt, obwohl ihm neue Umstände bekannt geworden sind (BGH GRUR 1978, 492 (494) – Fahrradgepäckträger II). Der Verwarner kann allerdings ein Mitverschulden des Abnehmers nicht dem Hersteller entgegensetzen (BGH GRUR 1979, 332 (337) – Brombeerleuchte).

bb) Ansprüche aus §§ 824, 826 BGB. Ansprüche aus § 824 BGB können unabhängig von **4.182** etwaigen konkurrierenden Ansprüchen aus UWG bestehen. Jedoch ist auch insoweit das verfahrensrechtliche Privileg des Verwarners zu beachten. Ansprüche aus § 826 BGB kommen in Betracht, wenn der Verwarner die mangelnde Berechtigung seiner Verwarnung kennt und besondere Umstände hinzutreten, die sich aus der Art und Weise der Prozesseinleitung oder -durchführung ergeben und das Vorgehen als sittenwidrig prägen (BGH WRP 2018, 950 Rn. 77 – Ballerinaschuh). Für den Verwarnten sind derartige Ansprüche nur im Hinblick auf die längeren Verjährungsfristen (§§ 195, 199 BGB) von Interesse.

cc) Sonstige Ansprüche. Der zu Unrecht Verwarnte kann **Aufwendungen** (zB Kosten für **4.183** die Prüfung der Rechtslage) stets dann ersetzt verlangen, wenn das Verhalten des Verletzers eine nach § 3 I iVm § 9 I (bzw. §§ 824, 826 BGB) zum Schadensersatz verpflichtende Handlung darstellt. Sieht man die Verwarnung als Geschäftsführung ohne Auftrag an, so kann der Verwarnte vom Verwarner als Geschäftsherrn diese Aufwendungen unter dem Gesichtspunkt des Übernahmeverschuldens **(§ 678 BGB)** als Schadensersatz ersetzt verlangen (→ § 13 Rn. 89; OLG München WRP 2008, 1384 (1385)). Dagegen scheiden Ansprüche aus den §§ 683, 670 BGB (dafür Kunath WRP 2000, 1074 (1076)) oder aus **culpa in contrahendo** nach § 280 I, § 311 II BGB (dafür Selke WRP 1999, 286) aus. Denn weder führt der Verwarnte insoweit ein Geschäft des Verwarners, noch stellt das unberechtigte Ansinnen eines Unterwerfungsvertrages eine vorvertragliche Pflichtverletzung dar. Ein Aufwendungsersatzanspruch für eine **Gegenabmahnung** aus **§ 13 III** ist nur dann gegeben, wenn die Gegenabmahnung berechtigt war, die Verwarnung also den Tatbestand einer Zuwiderhandlung nach § 3 I erfüllt hat.

5. Ansprüche gegen den Rechtsanwalt des Verwarners

Geht die unberechtigte Schutzrechtsverwarnung auf eine fahrlässig unzutreffende Rechtsbera **4.183a** tung des Schutzrechtsinhabers durch einen Rechtsanwalt zurück, kann der Rechtsanwalt neben dem Schutzrechtsinhaber nach § 823 I BGB nach der Rspr. des X. ZS unter dem Gesichtspunkt eines rechtswidrigen und schuldhaften Eingriffs in das Recht am Unternehmen zum Schadensersatz verpflichtet sein (BGH WRP 2016, 881 Rn. 14 – Unberechtigte Schutzrechtsverwarnung II). Den vom Schutzrechtsinhaber im Hinblick auf eine Schutzrechtsverwarnung eingeschalteten Rechtsanwalt treffe gegenüber dem später Verwarnten eine **Garantenpflicht** mit der Folge, dass er es zu unterlassen habe, den Schutzrechtsinhaber in einer die Rechtslage unzutreffend oder unvollständig darstellenden Weise über die Berechtigung der Schutzrechtsverwarnung zu beraten (BGH WRP 2016, 881 Rn. 17 – Unberechtigte Schutzrechtsverwarnung II). Allerdings hafte er regelmäßig dann nicht, wenn er den Schutzrechtsinhaber bei unklarer Rechtslage auf alle

wesentlichen Gesichtspunkte hingewiesen habe, die für oder gegen eine Verletzung des Schutz-
rechts sprächen, und der Schutzrechtsinhaber sich trotz der aufgezeigten Bedenken für eine
Verwarnung entscheide (BGH WRP 2016, 881 Rn. 22, 23 – Unberechtigte Schutzrechtsver-
warnung II). – Die Entscheidung stellt eine außerordentliche Verschärfung der Haftung der
Rechts- und Patentanwälte dar und wird daher im Schrifttum mit Recht kritisch gesehen (vgl.
Keller GRUR 2016, 634 (Anm.); Müller ZIP 2016, 1368; Ullmann FS Büscher, 2018, 595;
Vohwinkel/Huff NJW 2016, 2114 (Anm.).

K. Preisunterbietung

Schrifttum: Gloy, Zur Beurteilung gezielter Kampfpreise nach Kartell- und Wettbewerbsrecht, FS
Gaedertz, 1992, 209; Köhler, Der Markenartikel und sein Preis, NJW-Sonderheft 2003, 28; Lettl, Kartell-
und wettbewerbsrechtliche Schranken für Angebote unter Einstandspreis, JZ 2003, 662; Mann/Smid, Preisunterbietung bei Presseprodukten, WM 1997, 139; Pichler, Das Verhältnis von Kartell- und Lauterkeitsrecht,
2009; Schneider, Überarbeitete Auslegungsgrundsätze des Bundeskartellamts zum Angebot unter Einstandspreis, WRP 2004, 171; Waberbeck, Verkäufe unter Einstandspreis – Gelöste und ungelöste Auslegungsprobleme des § 20 Abs. 4 S. 2 GWB, WRP 2006, 991.

I. Grundsatz der freien Preisbestimmung

4.184   In einem System des freien Wettbewerbs ist jeder Unternehmer grds. darin frei, seine Preise in
eigener Verantwortung zu kalkulieren und zu gestalten, zumal er auch das Absatzrisiko trägt
(BGH GRUR 1990, 371 (372) – Preiskampf; BGH GRUR 2006, 596 Rn. 13 - 10 % billiger).
Ohne die Preisgestaltungsfreiheit kann eine Wettbewerbswirtschaft nicht funktionieren. Daher
schützt das deutsche und europäische Kartellrecht diese Freiheit vor vertraglichen Beschränkun-
gen durch Preiskartelle und vertikale Preisbindungen (§ 1 GWB (Ausnahme: § 30 GWB);
Art. 101 AEUV), beugt aber zugleich ihrem Missbrauch vor (§§ 19, 20 GWB; Art. 102 AEUV).
Staatliche Preisbindungen in Gestalt gesetzlicher Preisvorschriften, wie sie für planwirtschaftliche
Systeme die Regel sind, sind in einer Wirtschaftsordnung des freien Wettbewerbs Fremdkörper
und bedürfen einer besonderen Legitimation aus Gemeinwohlgründen.

II. Grundsatz der Zulässigkeit der Preisunterbietung

4.185   Die Preisgestaltungsfreiheit schließt die Freiheit ein, den Marktpreis oder den Preis einzelner
Mitbewerber zu unterbieten (BGH GRUR 2006, 596 Rn. 13 - 10 % billiger; BGH GRUR
2009, 416 Rn. 13 – Küchentiefstpreis-Garantie; BGH WRP 2010, 1388 Rn. 20 – Ohne 19 %
Mehrwertsteuer). Die Preisunterbietung ist sogar eine der wichtigsten Erscheinungsformen des
Wettbewerbs (Preiswettbewerb). Sie stellt daher für sich genommen keine unlautere Mitbewer-
berbehinderung dar, sondern ist wesentliches Element und Ausdruck des freien Wettbewerbs
(BGH GRUR 1990, 687 (688) – Anzeigenpreis II) und liegt im Interesse der Verbraucher und
der Allgemeinheit. Daher ist die **Preisunterbietung** im Wettbewerb grds. **erlaubt** (stRspr;
BGH GRUR 1960, 331 – Schleuderpreise; BGH GRUR 1966, 617 (620) – Saxophon; BGH
GRUR 1979, 321 (322) – Verkauf unter Einstandspreis I; BGH GRUR 1984, 204 (206) –
Verkauf unter Einstandspreis II; BGH WRP 2018, 932 Rn. 46 – Bonusaktion für Taxi App).
Allein der Umstand, dass die Preisgestaltung gezielt gegen Mitbewerber eingesetzt wird, reicht
nicht aus, um eine Unlauterkeit zu begründen (BGH GRUR 2009, 416 Rn. 13 – Küchentiefst-
preis-Garantie).

4.186   Die Preisunterbietung ist grds. auch dann noch zulässig, wenn der „übliche" Preis oder
Marktpreis in besonders starkem Maße unterschritten wird. Es ist nicht das Ziel des Lauterkeitsrechts, den Anbietern einen „angemessenen" Preis zu gewährleisten, bei dem alle ihr Auskommen finden (glA OLG Naumburg GRUR-RR 2007, 157 (158)). Daher trifft den einzelnen
Unternehmer, auch wenn er über Marktmacht verfügt, keine Pflicht zu schonender Preiskalkulation. Die Preisunterbietung bleibt auch dann lauterkeitsrechtlich zulässig, wenn sie von einem
marktbeherrschenden Unternehmen ausgeht (BGH GRUR 1986, 397 (399) – Abwehrblatt II)
und das Ausscheiden von kleinen und mittleren Mitbewerbern zur Folge hat (BGH GRUR
1990, 685 (686) – Anzeigenpreis I). Ob kleine und mittlere Unternehmen mit einer ungünstigeren Kostenstruktur (zB höherer Einkaufspreise) mithalten können oder nicht, ist grds. unerheblich (BGH GRUR 1984, 204 (207) – Verkauf unter Einstandspreis II). Es ist nicht Aufgabe
des Lauterkeitsrechts, Nachteile, die der freie Wettbewerb mit sich bringen kann, zu beseitigen

oder auszugleichen. Markt- und preispolitische Erwägungen gehören dem Bereich der Wirtschaftspolitik an.

Auch der **Verkauf unter Selbstkosten** (= Einstandspreis plus Gemeinkosten) oder **unter**   4.187
Einstandspreis, ja sogar die **kostenlose** Abgabe von Waren oder Dienstleitungen, sind grds. zulässig, sofern keine besonderen Umstände hinzutreten (ganz hM; BGH GRUR 1979, 321 (323) – Verkauf unter Einstandspreis I; BGH GRUR 1984, 204 (206) – Verkauf unter Einstandspreis II mit Anm. Klette; BGH GRUR 1984, 680 – Kaufmarkt; BGH GRUR 1990, 371 (372) – Preiskampf; BGH GRUR 1990, 44 (45) – Annoncen-Avis; BGH GRUR 1990, 687 (688) – Anzeigenpreis II; BGH GRUR 2006, 596 Rn. 13 - 10 % billiger; BGH GRUR 2009, 416 Rn. 13 – Küchentiefstpreis-Garantie; OLG Stuttgart WRP 2007, 204 (208); OLG Naumburg GRUR-RR 2007, 157 (158)). Dies entspricht der kartellrechtlichen Wertung in **§ 20 III 2 GWB,** wonach Untereinstandspreisverkäufe nur unter bestimmten Voraussetzungen verboten sind (dazu Bunte/Nothdurft, GWB, § 20 Rn. 155 ff.). Allerdings entfaltet diese Norm keine „Sperrwirkung" gegenüber § 3 I, § 4 Nr. 4 (Köhler WRP 2005, 645 (651); Pichler, Das Verhältnis von Kartell- und Lauterkeitsrecht, 2009, 275). Derartige Verlustpreisangebote können aus den verschiedensten Gründen wirtschaftlich sinnvoll oder sogar geboten sein, um sich im Wettbewerb behaupten zu können. So etwa bei Lager-, Liquiditäts- und Absatzschwierigkeiten, Modeänderungen, drohendem Verderb, Qualitätseinbußen oder Erscheinen neuer und besserer Waren beim Mitbewerber. Die Notwendigkeit einer Preissenkung kann sich auch daraus ergeben, dass einzelne Mitbewerber ihre Preise herabgesetzt haben. Bei der Einführung eines neuen Artikels kann ein Unternehmer oft nur dadurch ins Geschäft kommen, dass er ihn zeitweilig unter Selbstkosten oder gar unter dem Einstandspreis abgibt mit der Aussicht auf künftigen Gewinn (BGH GRUR 1966, 214 (217) – Einführungsangebot; BGH GRUR 1986, 397 (400) – Abwehrblatt II). Sind in einer Branche wechselnde Sonderangebote innerhalb eines breiten Sortiments üblich, kann es ebenfalls wirtschaftlich sinnvoll sein, einzelne Artikel unter Einstandspreis abzugeben. Verluste aus solchen Verkäufen können möglicherweise mit Gewinnen aus anderen Verkäufen ausgeglichen werden (Quersubvention durch Mischkalkulation), zumal es bei solchen Unternehmen nicht auf Stückgewinn für die Einzelware, sondern auf die Erzielung eines möglichst günstigen Gesamtergebnisses ankommt (Scholz WRP 1983, 373 (375)). Ein Verkauf unter Selbstkosten kann auch in einer Phase der Bedrängung zur Auslastung des Betriebs geboten sein (BGH GRUR 1990, 685 (686) – Anzeigenpreis I). An dieser Grundwertung ändert es nichts, wenn importierte Waren unter Einstandspreis verkauft werden und dadurch die Preise inländischer Anbieter unter Druck geraten (BGH GRUR 1980, 858 (860) – Asbestimporte). Das gilt selbst dann, wenn die ausländischen Waren nur deshalb billiger angeboten werden können, weil im Ausland das Lohnniveau niedriger ist oder weniger strenge Arbeits- oder Umweltschutzbedingungen bestehen. Nachteile für die inländische Industrie abzuwehren, ist eine Aufgabe der Wirtschaftspolitik, nicht des Lauterkeitsrechts.

III. Lauterkeitsrechtliche Schranken der Preisunterbietung

1. Überblick

Die Preisunterbietung kann nur bei dem Hinzutreten von bestimmten Begleitumständen   4.188
unlauter sein. Hierher gehören die Fälle der Preisunterbietung mit dem Ziel einer Verdrängung (→ Rn. 4.189 ff.), die Preisunterbietung unter Einsatz unlauterer Mittel (→ Rn. 4.194 ff.), die Preisunterbietung durch Rechts- oder Vertragsbruch (→ Rn. 4.201 ff.) und die Markenschädigung durch Preisunterbietung (→ Rn. 4.204 ff.).

2. Preisunterbietung mit Verdrängungsziel

Eine Preisunterbietung ist insbes. dann unlauter, wenn der angebotene Preis nicht kosten-   4.189
deckend ist, die Unterbietung zur Verdrängung von Mitbewerbern geeignet ist und mit dem Ziel der Verdrängung erfolgt oder kein anderer nachvollziehbarer Grund erkennbar ist als die Schädigung von Mitbewerbern unter Inkaufnahme eigener Verluste (BGH GRUR 1990, 685 (686) – Anzeigenpreis I; BGH GRUR 1990, 687 (688) – Anzeigenpreis II; BGH GRUR 2009, 416 Rn. 13 – Küchentiefstpreis-Garantie; BGH WRP 2018, 932 Rn. 46 – Bonusaktion für Taxi App). Das Ziel der Verdrängung kann von einer Verdrängungsabsicht getragen sein. Im Einzelnen:

4.190   **a) Unterschreitung der Selbstkosten.** Voraussetzung einer Unlauterkeit ist zunächst, dass das Angebot unter dem Einstandspreis (so BGH GRUR 2009, 416 Rn. 13 – Küchentiefstpreis-Garantie) oder (genauer) unter den eigenen Selbstkosten (bis hin zur kostenlosen Abgabe einer Ware oder Dienstleistung) liegt. Denn eine Preisunterbietung, bei der der Unternehmer noch Gewinn erzielt oder zumindest seine Selbstkosten deckt, ist Ausdruck von Wettbewerb. Dass sowohl die Ermittlung des Einstandspreises als auch, im Hinblick auf den Gemeinkostenanteil, die Ermittlung der Selbstkosten Schwierigkeiten bereiten, ist hinzunehmen. (Zur Definition des Einstandspreises im Kartellrecht vgl. § 20 III 3 GWB; zur **Beweislast** vgl. BGH GRUR 2005, 1059 (1061) – Quersubventionierung von Laborgemeinschaften sowie → § 12 Rn. 1.92).

4.191   **b) Objektive Eignung zur Verdrängung von Mitbewerbern.** Die Preisunterbietung muss ferner die ernsthafte Gefahr begründen und damit objektiv geeignet sein, einen oder mehrere Mitbewerber vom Markt zu verdrängen (BGH WRP 2018, 932 Rn. 46 – Bonusaktion für Taxi App). Die bloße Verdrängungsabsicht reicht für sich allein nicht aus (BGH GRUR 2006, 596 Rn. 22 – 10 % billiger), zumal sie auf einem bloßen Wunschdenken des Mitbewerbers beruhen kann. IdR wird eine objektive Eignung zur Verdrängung nur in Betracht kommen, wenn die Preisunterbietung von einem Unternehmen mit einer gewissen **Marktmacht** ausgeht (BGH GRUR 1990, 685 (686) – Anzeigenpreis I). Von einer Eignung zur Verdrängung (und dementsprechend von einer Verdrängungsabsicht) kann daher keine Rede sein, wenn sich die Preisunterbietung gegen einen an Marktstärke weit überlegenen Mitbewerber richtet (BGH GRUR 1990, 371 – Preiskampf; ÖOGH ÖBl 2000, 216 (218)). Allerdings ist das Vorliegen einer marktbeherrschenden oder doch marktstarken Stellung – anders als bei den kartellrechtlichen Behinderungstatbeständen (§§ 19, 20 I und III GWB; Art. 102 AEUV) – keine notwendige Voraussetzung. Eine Eignung zur Verdrängung kann daher im Einzelfall auch gegeben sein, wenn ein kleines oder mittleres Unternehmen ohne Marktmacht gezielt die Preise eines noch kleineren Mitbewerbers unterbietet. Im Übrigen ist bei der Würdigung der Marktmacht eines Unternehmens nicht nur sein gegenwärtiger Marktanteil zu berücksichtigen, sondern auch seine Finanzkraft. Daher kann auch ein Newcomer auf einem Markt, wenn er nur (zB über seine Muttergesellschaft) über entsprechende finanzielle Ressourcen verfügt, eine relevante Marktmacht besitzen (BGH WRP 2018, 932 Rn. 47 – Bonusaktion für Taxi App). – An der objektiven Eignung zur Verdrängung kann es auch dann fehlen, wenn die Preisunterbietung **vorübergehend oder gelegentlich** vorgenommen wird und einen Mitbewerber zwar vorübergehend, aber nicht auf Dauer schädigen kann (BGH GRUR 1979, 321 (322) – Verkauf unter Einstandspreis I; BGH WRP 2018, 932 Rn. 47 – Bonusaktion für Taxi App). Ferner fehlt es auch dann an einer objektiven Eignung zur Verdrängung, wenn die Preisgestaltung **lediglich die abstrakte Gefahr** begründet, dass in einzelnen Fällen Waren unter Einstandspreis abgegeben werden (BGH GRUR 2006, 596 Rn. 16 ff. – 10 % billiger zum Angebot, günstigere Preise örtlicher Mitbewerber für identische Artikel mit einem Rabatt von 10 % auf diese Preise abzugeben). Dies gilt auch dann, wenn der Anbieter es billigend in Kauf nimmt, dass es zu Verkäufen unter Einstandspreis kommen kann (BGH GRUR 2009, 416 Rn. 14 – Küchentiefstpreis-Garantie). – Bietet ein Anwalt eine außergerichtliche Beratung zu einem Pauschalpreis von 20 Euro an, so folgt daraus noch nicht die Eignung zur Verdrängung von Mitbewerbern (OLG Stuttgart WRP 2007, 204 (208)).

4.192   **c) Zielgerichtetes Vorgehen; Verdrängungsabsicht.** Zur objektiven Eignung zur Verdrängung muss ein zielgerichtetes Vorgehen hinzukommen, um das lauterkeitsrechtliche Unwerturteil zu rechtfertigen. Diese Zielgerichtetheit kann sich insbesondere in einer Verdrängungsabsicht manifestieren. Es muss dem Unterbieter daran gelegen sein, mit diesem Mittel den Mitbewerber vom Markt zu verdrängen, um danach ungehindert den Preis anheben zu können. Dies erst macht aus einem Mittel des Wettbewerbs ein Mittel der Mitbewerberbehinderung. Die Problematik besteht freilich darin, im Einzelfall eine Verdrängungsabsicht **nachzuweisen**. Denn sie wird in aller Regel nicht kundgetan werden. Es ist dann auf die objektiven Begleitumstände unter Berücksichtigung kaufmännisch vernünftigen Verhaltens abzustellen. Entscheidend ist, ob in dem Preisverhalten noch eine nach kaufmännischen Grundsätzen vertretbare Kalkulation erkennbar ist (ebenso BGH GRUR 2009, 416 Rn. 13 – Küchentiefstpreis-Garantie) oder ob es lediglich daraus zu erklären ist, dass es dem Unternehmer in erster Linie um die Verdrängung des Mitbewerbers geht. Die Preisunterbietung lässt daher für sich allein nicht den Schluss auf eine Verdrängungsabsicht zu (OLG Hamburg NJW 1997, 2887 (2888)). **Im Zweifel** ist vielmehr davon auszugehen, dass es dem Unterbieter nur darauf ankommt, den Mitbewerber zu überflügeln und neue Kunden zu gewinnen (vgl. LG Hamburg GRUR-Prax 2012, 121). Damit kann die Folge seiner Verdrängung aus dem Markt verbunden sein. Dies muss aber nicht das Ziel der Unterbietung sein. Von einem zielgerichteten Vorgehen in Verdrängungsabsicht ist jedoch grds. auszugehen, wenn eine bestimmte Ware oder Dienstleistung nicht nur gelegentlich, also **systematisch unter Einstandspreis** verkauft wird, ohne dass dafür ein sachlich gerechtfertigter Grund besteht (vgl. auch § 20 III 2 Nr. 2 GWB) und sich die Maßnahme gegen einen oder mehrere Mitbewerber richtet (Indiz: Preisvergleiche). Wer ohne jeden sachlichen Grund unter seinem Einstandspreis bzw. seinen Selbstkosten und gleichzeitig erheblich unter dem üblichen Verkaufspreis seine Waren oder Dienstleistungen abgibt, will gewöhnlich nicht den Kunden in wettbewerbskonformer Weise beeinflussen, sondern ohne Rücksicht auf eigene Verluste bestimmte Mitbewerber gezielt verdrängen (BGH WRP 2018, 932 Rn. 46 – Bonusaktion für Taxi App). Der Herausgeber der örtlichen Telefonbücher der Telekom handelt daher unlauter, wenn er ein Kreistelefonbuch herausgibt und für dieses kostenlos und nicht nur für eine Ausgabe sämtliche Anzeigen aus den örtlichen Telefonbüchern des Landkreises übernimmt, um einen konkreten Wettbewerber bei der Herausgabe eines Kreistelefonbuchs vom Markt zu verdrängen (OLG Stuttgart NJWE-WettbR 1999, 200 (201); BGH Nichtannahme-Beschluss v. 3.12.1998 – I ZR 65/98). Auch die österreichische Rspr. sieht es als wettbewerbswidrig an, wenn ein Unternehmen darauf ausgeht, durch systematisches Unterbieten und ohne Rücksicht auf eigene Verluste seine Mitbewerber vom Markt zu verdrängen, um auf diese Weise freie Bahn für den eigenen Absatz zu gewinnen und die Preise allein diktieren zu können (ÖOGH ÖBl 1972, 62; ÖOGH ÖBl 1977, 94).

d) Kampfpreisunterbietung als Abwehrmaßnahme. Die Kampfpreisunterbietung ist **4.193** nicht unlauter, wenn sie sich als **Abwehr** gegenüber einem entsprechenden Angriff eines Mitbewerbers darstellt. Wird allerdings von der Preisunterbietung auch ein **unbeteiligter Wettbewerber** betroffen und in seiner Existenz gefährdet, ist insoweit die Berufung auf Abwehr unzulässig (BGH GRUR 1990, 685 (686) – Anzeigenpreis I).

3. Preisunterbietung mit unlauteren Mitteln

a) Allgemeines. Werden Preisunterbietungen unter unlauteren Begleitumständen vorgenom- **4.194** men, wie zB Irreführung der Verbraucher, Herabsetzung der Mitbewerber oder Rechtsbruch, dann muss die lauterkeitsrechtliche Beurteilung bei diesen Begleitumständen ansetzen. Ob dadurch das Unterbieten als solches unlauter wird oder sich die Unzulässigkeit auf das sonstige Verhalten beschränkt, lässt sich nicht generell beantworten. Meist lässt sich das Unterbieten von der Werbung gedanklich trennen. Ist nur die Werbung unlauter, so darf die Unterbietung als solche nicht beanstandet werden (BGH GRUR 1979, 55 (58) – Tierbuch). Denn ein lauterkeitsrechtliches Verbot darf niemals über die Reichweite der konkreten Unlauterkeit hinausgehen.

b) Maßnahmen zum Nachteil der Verbraucher. aa) Vorgetäuschte Preissenkung. **4.195** Stets unlauter (§ 5 V 1) ist es, die Preise vor der Herabsetzung schnell noch anzuheben, weil dadurch das Publikum über das Ausmaß der Preissenkung getäuscht wird (vgl. RGZ 78, 194 (196)). Eine Unlauterkeit kann auch anzunehmen sein, wenn eine nur örtlich vorgenommene Preissenkung den unrichtigen Eindruck einer allgemeinen Preissenkung hervorruft. Hierfür kommt es auf die Würdigung aller Umstände des Einzelfalls an.

bb) Lockvogelangebot. Ein Lockvogelangebot liegt vor, wenn die unter Preis angebotenen **4.196** Waren nicht oder nur in einer im Verhältnis zur Nachfrage völlig unzureichenden Menge vorhanden sind (Anh. Nr. 5 zu § 3 III). Der Kunde wird auf diese Weise zum Kauf einer teureren Ware verleitet. Eine andere Frage ist es, ob durch die Herausstellung einiger besonders billiger Angebote **(loss leaders)** – sog Reißer – vorgetäuscht wird, dass alle anderen Angebote ebenso niedrig kalkuliert seien (vgl. BGH GRUR 1970, 33 (35) – Lockvogel). Das ist im Regelfall zu verneinen, weil der durchschnittlich informierte, aufmerksame und verständige Verbraucher weiß, dass dies nicht der Fall ist.

c) Maßnahmen zum Nachteil von Mitbewerbern. aa) Nötigung. Unlauter und zugleich **4.197** kartellrechtswidrig (§ 21 II GWB iVm § 1 GWB) ist es, den Mitbewerber durch (Drohung mit) Preisunterbietung zu veranlassen, seine Preise anzuheben. Schon unter diesem Aspekt war das Unterbieten des Benzinkartells im **Benrather Tankstellen-Fall** unzulässig und nach altem Recht unzulässig (RGZ 134, 342). Kein Unternehmer braucht sich dem Preisdiktat eines Mitbewerbers zu unterwerfen; jede Einwirkung auf seine freie Entschließung widerspricht dem Konzept eines freien Wettbewerbs.

4.198   **bb) Täuschung.** Ein Wettbewerber ist nicht gehalten, die Mitbewerber über seine Preise zu unterrichten, insbes. eine Preissenkung zuvor anzukündigen. Derartige Informationen können im Gegenteil den Verdacht eines kartellrechtswidrigen Zusammenwirkens (Art. 101 I AEUV; § 1 GWB) erwecken, weil dadurch die Unsicherheit über ein wesentliches Element im Wettbewerb beseitigt wird. Ein heimliches Preisunterbieten ist erlaubt. Sind Preisabsprachen, zu denen auch die Verpflichtung zur Preislistentreue gehört, nach Art. 101 II AEUV bzw. § 1 GWB iVm § 134 BGB nichtig, so verstößt es nicht gegen § 3 I, § 5 I, II wenn ein Wettbewerber von seiner Preisliste abweicht. Das Vertrauen der Mitbewerber auf eine vereinbarte Preislistentreue ist nicht schutzwürdig. Dies gilt auch dann, wenn der Wettbewerber seinen Mitbewerbern vortäuscht, er werde sich an bestimmte Preise halten.

4.199   **cc) Herabsetzung.** Unlauter ist es, bei einer Preisunterbietung den Mitbewerber oder seine Waren ohne jeden sachlichen Grund herabzusetzen. IdR wird hier ein Fall des § 6 II Nr. 5 vorliegen.

4.200   **dd) Ausbeutung.** Wird ein fremdes Produkt nachgeahmt und zu einem niedrigeren Preis verkauft, ist dies für sich genommen nicht unlauter. Zu prüfen ist aber, ob das Anbieten des nachgeahmten Produkts im Einzelfall den Tatbestand des § 4 Nr. 3 erfüllt (zu Einzelheiten → Rn. 3.65 und → 4.208 ff.).

4. Preisunterbietung durch Rechts- oder Vertragsbruch

4.201   **a) Preisunterbietung auf Grund vorhergehenden Rechtsbruchs.** Eine Preisunterbietung ist nicht schon aus dem Grund unlauter, weil sie auf einem vorhergehenden **Rechtsbruch** beruht, zB durch Steuer-, Zoll- oder Umweltschutzvergehen oder Tariflohnunterschreitung ermöglicht wird (so bereits zu § 1 UWG 1909 BGH GRUR 2000, 1076 (1078) – Abgasemissionen). Da derartige Normen keine Marktverhaltensregelungen iSd § 3a darstellen, ist ein Verstoß gegen sie lauterkeitsrechtlich irrelevant (zu Einzelheiten → § 3a Rn. 1.68 ff.).

4.202   **b) Preisunterbietung unter Verstoß gegen preisrechtliche Vorschriften.** Preisunterbietungen, die gegen preisrechtliche Vorschriften verstoßen, sind zwar gesetzeswidrig. Unlauter sind sie unter dem Gesichtspunkt des Rechtsbruchs (§ 3a) aber nur dann, wenn die betreffende Vorschrift eine Marktverhaltensregelung iSd § 3a darstellt (→ § 3a Rn. 138 ff.). Zu den **marktbezogenen** Preisvorschriften gehören insbes. die Gebührenordnungen für bestimmte Berufe, wie zB für den Rechtsanwalt das RVG, den Notar das GNotKG, den Arzt die GOÄ, den Architekten und Ingenieur die HOAI (dazu BGH GRUR 1991, 769 (771) – Honoraranfrage), den öffentlich bestellten Vermessungsingenieur die Kostenordnungen (BGH GRUR 1991, 540 (541) – Gebührenausschreibung). – Nicht erforderlich ist es, dass der Verletzer den Tatbestand **bewusst** und **planmäßig** verwirklicht (→ § 3a Rn. 1.88 ff.; aA noch BGH GRUR 1991, 769 (771) – Honoraranfrage zu § 1 UWG 1909). Auch braucht der Verletzer nicht das Bewusstsein der Rechtswidrigkeit seines Tuns zu haben (→ § 3a Rn. 1.87; BGH GRUR 1991, 769 (771) – Honoraranfrage). Bei ungeklärter und streitiger Rechtslage kann ausnahmsweise ein entschuldbarer Rechtsirrtum in Betracht kommen (BGH GRUR 1997, 313 (315) – Architektenwettbewerb), jedoch kann dies nur für den Schadensersatzanspruch Bedeutung haben. – Der (potenzielle) Kunde, der zu einer Gebührenunterschreitung auffordert, sollte nach der früheren Rspr. nach Störergrundsätzen (§ 1004 I BGB analog) haften (vgl. BGH GRUR 1997, 313 (315) – Architektenwettbewerb). Nachdem die Rspr. die Störerhaftung für den Bereich des UWG aufgegeben hat (vgl. BGH GRUR 2011, 152 Rn. 48 – Kinderhochstühle im Internet I), kommt eine Haftung jedoch nur unter dem Gesichtspunkt der Anstiftung oder Beihilfe (§ 830 II BGB) in Betracht, es ist also Vorsatz erforderlich (→ § 8 Rn. 2.15). – Aus Vorschriften, die einen Preisgenehmigungsvorbehalt vorsehen (wie zB §§ 28, 29 TKG aF; zur Entgeltregulierung im Telekommunikationssektor vgl. jetzt §§ 37 ff. TKG), ergibt sich nicht ein Verbot der Werbung für künftige, noch nicht genehmigte, aber beantragte Preise (OLG Hamburg GRUR 2001, 262).

4.203   **c) Preisunterbietung unter Vertragsbruch.** Eine Preisunterbietung, die unter Verletzung einer (wirksam begründeten; vgl. § 30 GWB) **Vertragspflicht** zur Einhaltung bestimmter Verkaufspreise erfolgt, ist nicht schon aus diesem Grund unlauter. Es ist vielmehr Sache des Preisbinders, dagegen mit den Mitteln des Vertragsrechts vorzugehen. Dazu kann er gegenüber den betroffenen Mitbewerbern des Verletzers vertraglich verpflichtet sein. Dagegen ist es nicht Aufgabe des UWG, eine vertragliche Preisbindung in der Weise durchzusetzen, dass es Mitbewerbern ermöglicht wird, dagegen vorzugehen. Dies liefe nämlich darauf hinaus, dass die vertikale Preisbindung den Charakter eines gesetzlich zulässigen (horizontalen) Preiskartells bekäme. Damit würde sich das UWG in Widerspruch zu den Wertungen von Art. 101 AEUV und § 1 GWB stellen. – Bietet ein Zeitschriftenverlag Probeabonnements von Zeitschriften an, die den (von ihm vertraglich festgesetzten) Endverbraucherpreis der Einzelhefte erheblich unterschreiten, so liegt darin weder eine Verletzung der Preisbindungsabrede noch eine unangemessene unsachliche Beeinflussung der Abnehmer (BGH GRUR 2006, 773 Rn. 23 ff. – Probeabonnement) noch eine gezielte Behinderung der Zeitschriftenhändler.

5. Markenschädigung durch Preisunterbietung

Verkäufe von bekannten Markenartikeln zu Niedrig- oder gar Verlustpreisen können zwar **4.204** dem Vertriebskonzept des Herstellers zuwiderlaufen und damit seinen Absatz schädigen. Dies begründet aber für sich allein nicht die Unlauterkeit solcher Aktionen (BGH GRUR 1984, 204 (206 f.) – Verkauf unter Einstandspreis II mit krit. Anm. Klette; Ulmer MA 1987, 234; Ulmer WRP 1987, 299). Andernfalls käme man entgegen den Wertungen von Art. 101 AEUV und § 1 GWB zu einer richterlichen Preisbindung durch die Hintertür. – Davon zu unterscheiden ist die Frage, ob das Verschleudern von Markenprodukten zu Niedrigpreisen dann unlauter ist, wenn dies über den Verkauf der einzelnen Produkte hinaus zu einer generellen Beeinträchtigung des Werts der Marke **(Markenschädigung)** führt. Nach der älteren Rspr. ist allerdings eine **Rufschädigung** von bekannten Marken durch Niedrigpreisverkäufe idR nicht anzunehmen, da der Verbraucher an derartige Aktionen gewöhnt sei und sie als günstige Gelegenheit auffasse (BGH GRUR 1984, 204 (206 f.) – Verkauf unter Einstandspreis II). Dagegen hat das OLG Hamburg (GRUR-RR 2002, 39) das Angebot eines hochwertigen Markenprodukts („Fernsehgerät für 4598 DM uvp") im Rahmen einer Online-Versteigerung für ein Mindestgebot ab 1 DM wegen übertriebenen Anlockens der Verbraucher und Behinderung der Hersteller durch Imagebeeinträchtigung als unlauter angesehen. Der Verkehr sehe sich durch einen solchen Preis veranlasst, daraus für den Hersteller und sein Markenprodukt abträgliche Schlüsse zu ziehen. – Richtigerweise wird man hier auf die Umstände des Einzelfalls abstellen müssen (ebenso Harte-Bavendamm/Henning-Bodewig/Omsels § 4 Nr. 4 Rn. 476). Eine Preisunterbietung ist auch bei Markenartikeln grds. zulässig. Es ist nicht die Aufgabe des Lauterkeitsrechts, ein bestimmtes Preisniveau sicherzustellen. Eine Schädigung der Marke als solcher kommt allenfalls dann in Betracht, wenn der durchschnittlich informierte, aufmerksame und verständige Durchschnittsverbraucher auf Grund des Niedrigpreisverkaufs den Eindruck gewinnen kann, das Produkt sei qualitativ verschlechtert (BGH GRUR 1984, 204 (206) – Verkauf unter Einstandspreis II), technisch oder modisch überholt oder kein exklusives Luxus- oder Prestigeprodukt mehr. Allerdings bedarf es darüber hinaus einer Abwägung der Interessen des Herstellers und des Händlers, um nicht dessen Preisgestaltungsfreiheit unangemessen einzuschränken (vgl. näher Köhler NJW-Sonderheft 2003, 28 (35 ff.)). Dabei ist insbes. zu berücksichtigen, ob der Hersteller die Möglichkeit hat, sich gegen Niedrigpreisverkäufe durch Beendigung der Lieferbeziehungen zu wehren oder nicht (Frage des Kontrahierungszwangs). Ferner sind der Grad der Preissensibilität der Marke (Luxusartikel oder Massenartikel) und der Grad der Gefährdung der Marke (zeitliches und mengenmäßiges Ausmaß der Aktion; Abstand des tatsächlichen Verkaufspreises vom üblichen Endverbraucherpreis; Nachahmungsgefahr bei anderen Händlern) zu berücksichtigen. Schließlich ist das Interesse der Verbraucher an der Marke zu in die Erwägung einzubeziehen. Denn wohl hat der Verbraucher ein Interesse, ein Markenprodukt möglichst preiswert zu erwerben („Schnäppchenkauf"). Das setzt aber voraus, dass die Marke ihren Prestigewert behält. Der Verbraucher verliert zu dem Zeitpunkt sein Interesse an dem Markenprodukt, zu dem die Marke ihr Prestige verloren hat und zum Allerweltsartikel geworden ist. Eine Markenschädigung entspricht daher gerade nicht dem Interesse der Verbraucher, sondern bedeutet zugleich (durch den Prestigeverlust und den Verlust der Möglichkeit, exklusive Produkte zu erwerben) eine Schädigung der Verbraucher. Der Schutz der Marke rechtfertigt sich insoweit auch und nicht zuletzt aus dem Gedanken des Verbraucherschutzes. – Ob der Verkauf eines Markenartikels zu Niedrigpreisen unterhalb des Einstandspreises wegen Schädigung der Marke und damit auch von Verbraucherinteressen unlauter ist, lässt sich nach dem Gesagten daher von vornherein weder generell verneinen noch bejahen. Vielmehr hängt dies von den Umständen des Einzelfalls ab. In der Praxis kommt noch das Problem der Bestimmtheit des Unterlassungsantrags (§ 253 II Nr. 2 ZPO) hinzu. Der Kläger müsste nämlich den Antrag stellen, den Verkauf zu einem bestimmten Preis oder unter einem bestimmten Preis zu untersagen. Dies kann praktische Schwierigkeiten bereiten: Beantragt der Kläger, den Verkauf zu einem bestimmten

Preis zu unterlassen, so geht ein entsprechend ergangenes gerichtliches Verbot ins Leere, wenn der Händler daraufhin den Preis – und sei es nur geringfügig – heraufsetzt. Beantragt der Kläger aber, eine Ware nicht unter einem bestimmten Preis zu verkaufen, so müsste er darlegen und beweisen, dass bei Unterschreitung dieses Preises eine Markenschädigung zu befürchten ist. Dies zu ermitteln dürfte aber – angesichts der Komplexität des Marktgeschehens – meist nur schwierig möglich sein.

6. Kartellrecht

4.205   **a) Kartellverbot.** Unabhängig von einem Verstoß gegen § 3 I iVm § 4 Nr. 4 kann eine Preisunterbietung auch eine nach Kartellrecht unzulässige Beschränkung des Wettbewerbs sein. Das ist stets der Fall bei einer Unterbietungsabsprache mehrerer Unternehmen (Art. 101 AEUV; § 1 GWB).

4.206   **b) Missbrauchsverbot.** Geht die gezielte, auf Verdrängung gerichtete Kampfpreisunterbietung zu nicht kostendeckenden Preisen von einem marktbeherrschenden Unternehmen aus, so kann dies gegen das Missbrauchsverbot des Art. 102 AEUV (= ex-Art. 82 EG) verstoßen (EuGH Slg. 1991, I-3359 (3361) – AKZO; EuGH Slg. 1996, I-5951 (6012) – Tetra Pak; BGH GRUR 2003, 363 (368) – Wal★Mart). Entsprechendes gilt für das Missbrauchs- und Behinderungsverbot des § 19 I, II Nr. 1 bzw. § 20 I GWB (BGHZ 96, 337 (346) – Abwehrblatt II; BGHZ 111, 188 (190) – Anzeigenpreis I; BGH GRUR 1990, 687 (688) – Anzeigenpreis II; BGHZ 116, 47 (55) = GRUR 1992, 191 (193) – Amtsanzeiger).

4.207   **c) Verbot von sachlich nicht gerechtfertigten Verkäufen unter Einstandspreis.** Unternehmen mit gegenüber kleinen und mittleren Mitbewerbern überlegener Marktmacht dürfen nach § 20 III 1 GWB ihre Marktmacht nicht dazu ausnutzen, solche Wettbewerber unmittelbar oder mittelbar zu behindern. Eine solche unbillige Behinderung liegt nach **§ 20 III 2 GWB** insbes. dann vor, wenn ein Unternehmen 1. **Lebensmittel** iSd Art. 2 VO (EG) Nr. 178/2002 zur Festlegung der allgemeinen Grundsätze und Anforderungen des Lebensmittelrechts, zur Errichtung der Europäischen Behörde für Lebensmittelsicherheit und zur Festlegung von Verfahren zur Lebensmittelsicherheit (ABl. L 31, 1) unter Einstandspreis oder 2. **andere Waren oder gewerbliche Leistungen** nicht nur gelegentlich unter Einstandspreis anbietet, es sei denn, dies ist jeweils sachlich gerechtfertigt. (Zur Vorgängervorschrift vgl. BGH GRUR 2003, 363 – Wal★Mart). Der Begriff des „Einstandspreises" ist in § 20 III 3 GWB wie folgt definiert: „Einstandspreis im Sinne des Satzes 2 ist der zwischen dem Unternehmen mit überlegener Marktmacht und seinem Lieferanten vereinbarte Preis für die Beschaffung der Ware oder Leistung, auf den allgemein gewährte und im Zeitpunkt des Angebots bereits mit hinreichender Sicherheit feststehende Bezugsvergünstigungen anteilig angerechnet werden, soweit nicht für bestimmte Waren oder Leistungen ausdrücklich etwas anderes vereinbart ist." Zulässige Fälle eines Verkaufs unter Einstandspreis sind beispielhaft in § 20 III 4 GWB aufgeführt. Zudem privilegiert § 20 III 5 GWB die Abgabe von Lebensmitteln an gemeinnützige Einrichtungen. Ein Untereinstandspreisverkauf ist nicht schon deshalb sachlich gerechtfertigt, weil das Unternehmen den Zweck verfolgt, die Folgen rechtswidriger Praktiken von Mitbewerbern abzuwehren. Denn hierdurch werden zu Lasten der geschützten kleinen oder mittleren Wettbewerber die schädlichen Auswirkungen dieses Verhaltens verstärkt (BGH GRUR 2003, 363 (365 f.) – Wal★Mart). Erfüllt ein Unternehmen einen kartellrechtlichen Tatbestand, dann ging die frühere Rspr. unter dem Aspekt des Rechtsbruchs zugleich von einer unlauteren Handlung aus (vgl. BGH GRUR 2003, 363 (366) – Wal★Mart). Diese Rspr. hat der BGH aber aufgegeben (BGH GRUR 2006, 773 Rn. 13 ff. – Probeabonnement; vgl. näher → § 3a Rn. 1.37).

L. Produktnachahmung

I. Überblick über die Rechtsentwicklung

1. Frühere Rechtslage

4.208   Unter Geltung des **§ 1 UWG 1909** wurde es als unlauter angesehen, sich an den Prestigewert und den guten Ruf eines Erzeugnisses anzuhängen, um den Verkauf der eigenen billigen Nachahmung zu fördern, auch wenn deren Käufer selbst nicht irregeführt würden. Der Hersteller des Originals werde in seinen Bemühungen, den Ruf seiner Ware aufrecht zu erhalten, erheblich behindert (vgl. BGH GRUR 1985, 876 (878) – Tchibo/Rolex I; BGH GRUR 1998, 795 – Les-Paul-Gitarren). Diese Rspr,. wurde unter Geltung des **§ 4 Nr. 9 UWG aF** zunächst fortgeführt und ausgebaut. Danach war die Annahme von Unlauterkeitsmerkmalen nicht auf die in § 4 Nr. 9 lit. a–c aF ausdrücklich geregelten Tatbestände beschränkt. Vielmehr konnte in **Ausnahmefällen** auch eine **Behinderung** im Rahmen des § 4 Nr. 9 UWG aF und des § 4 Nr. 3 in die lauterkeitsrechtliche Bewertung einbezogen werden (vgl. BGH GRUR 2007, 795 Rn. 51 – Handtaschen; BGH GRUR 2008, 1115 Rn. 32 – ICON; BGH GRUR 2013, 1213 Rn. 63 – SUMO).

2. Heutige Rechtslage

An dieser Rspr. hat der BGH im Interesse einer systematisch klaren Abgrenzung der in § 4   **4.208a** geregelten Tatbestände nicht festgehalten (BGH WRP 2017, 51 Rn. 79 – Segmentstruktur; BGH GRUR 2019, 196 Rn. 32 f. – Industrienähmaschinen). Unter dem Gesichtspunkt der Behinderung kann die Produktnachahmung daher nur unter den Voraussetzungen des insoweit als **Auffangtatbestand** dienenden § 4 Nr. 4 beurteilt werden. Eine Rechtsschutzlücke ist damit nicht verbunden, weil nach dieser Rspr. die Möglichkeit einer dreifachen Schadensberechnung auch in Betracht kommt, wenn die Nachahmung von Waren oder Dienstleistungen die Voraussetzungen der Behinderung iSv § 4 Nr. 4 erfüllt (BGH WRP 2017, 51 Rn. 79 – Segmentstruktur).

II. Voraussetzungen einer unlauteren Behinderung

1. Grundsatz der Nachahmungsfreiheit

Ausgangspunkt ist auch bei einer Beurteilung der Unlauterkeit einer Produktnachahmung   **4.209** nach § 4 Nr. 4 der Grundsatz der Wettbewerbsfreiheit, der die **Nachahmungsfreiheit** einschließt (BGH WRP 2017, 51 Rn. 77 – Segmentstruktur; OLG Schleswig GRUR 2023, 651 Rn. 25). Einen allgemeinen Schutz von Innovationen vor Nachahmungen sieht das UWG nicht vor. Das Vorliegen einer Nachahmung kann daher für sich allein weder die Unlauterkeit nach § 4 Nr. 3 noch nach § 4 Nr. 4 begründen. Insoweit kann der von der Nachahmung betroffene Unternehmer Schutz nur unter den Voraussetzungen des Sonderrechtsschutzes, insbes. des **Designschutzes,** des Schutz des **Gemeinschaftsgeschmackmusters** und der **Formmarke** beanspruchen. Dementsprechend hat der BGH seine frühere Rspr. zum Schutz von **Modeneuheiten** und zum Schutz vor **Einschieben in eine fremde Serie** aufgegeben (BGH WRP 2017, 51 Rn. 96 – Segmentstruktur). Zur noch nicht abschließend geklärten Frage, ob weitergehend ein unmittelbarer Schutz der Leistung als solcher nach § 3 I in Betracht kommt, vgl. BGH WRP 2017, 51 Rn. 97 – Segmentstruktur; → § 3 Rn. 2.28.

2. Subsidiarität des § 4 Nr. 4 gegenüber § 4 Nr. 3

Die Anwendung des § 4 Nr. 4 kommt erst in Betracht, wenn das Anbieten der Produktnach-   **4.210** ahmung keinen Tatbestand des § 4 Nr. 3 erfüllt. § 4 Nr. 4 hat insoweit die Funktion eines **Auffangtatbestands.** Zwischen beiden Tatbeständen ist zudem eine **Abstimmung der Wertungen** erforderlich. So wäre es bspw. nicht überzeugend, wenn über § 4 Nr. 4 ein Schutz für Erzeugnisse gewährt wird, die nach § 4 Nr. 3 nicht schutzfähig sind, weil ihnen die wettbewerbliche Eigenart fehlt. Auch hinsichtlich der Schutzdauer ist eine Abstimmung der Wertungen beider Regelungen geboten (→ Rn. 4.216).

3. Allgemeine Beurteilungsmaßstäbe nach § 4 Nr. 4

Eine gezielte Behinderung iSd § 4 Nr. 4 setzt voraus, dass die geschäftlichen Entfaltungs-   **4.211** möglichkeiten des Mitbewerbers über die mit jeder geschäftlichen Betätigung im Wettbewerb verbundene Beeinträchtigung hinausgehend eingeschränkt werden und zusätzlich bestimmte Unlauterkeitsmerkmale vorliegen (BGH GRUR 2014, 785 Rn. 23 – Flugvermittlung im Internet; BGH WRP 2017, 51 Rn. 82 – Segmentstruktur). Es reicht daher nicht schon aus, dass ein fremdes Leistungsergebnis nachgeahmt wird und damit die Möglichkeit des Herstellers des Originalprodukts, die Entwicklungs- und Markterschließungskosten sowie einen angemessenen Gewinn zu erwirtschaften, beeinträchtigt wird (BGH WRP 2017, 51 Rn. 96 – Segmentstruktur; anders noch BGH GRUR 1999, 923 (927) – Tele-Info-CD). Dies würde nämlich auf einen allgemeinen Schutz von Innovationen gegen Nachahmungen außerhalb der sondergesetzlichen

Schutztatbestände hinauslaufen, den das UWG gerade nicht gewähren will. Es müssen vielmehr besondere Begleitumstände vorliegen, die außerhalb der sondergesetzlichen Tatbestände liegen. Es kommt daher darauf an, ob der Hersteller des Originals seine **Leistung** am Markt durch eigene Anstrengung **nicht mehr in angemessener Weise zur Geltung bringen** kann.

4.212   Hierzu ist eine **Gesamtwürdigung der Umstände des Einzelfalls** erforderlich, bei der die sich gegenüberstehenden **Interessen** der beteiligten Mitbewerber, Verbraucher und sonstigen Marktteilnehmer sowie der Allgemeinheit gegeneinander **abzuwägen** sind (vgl. BGH WRP 2017, 46 Rn. 14 – Fremdcoupon-Einlösung).

4. Fallgruppen unlauterer Behinderung durch Produktnachahmung

4.213   **a) Unlautere Behinderung des Markteintritts.** Eine unlautere Behinderung kann im Einzelfall vorliegen, wenn der Schöpfer des Originals von vornherein daran gehindert wird, sein Produkt in angemessener Weise zu vermarkten (BGH GRUR 2013, 1213 Rn. 63 – SUMO; OLG Frankfurt GRUR-RR 2020, 372 Rn. 37 ff.). Das ist dann anzunehmen, wenn bereits **vor oder kurze Zeit nach dem Markteintritt** eine (nahezu) identische Nachahmung des Originalprodukts auf den Markt geworfen wird, das Original mit hohen Entwicklungskosten belastet ist und sich diese Kosten in einer ganz erheblichen Diskrepanz der Preise der konkurrierenden Erzeugnisse niederschlagen. Denn ließe man dies zu, würde jeder Anreiz für einen innovativen Wettbewerb genommen und dies widerspräche wiederum dem Grundsatz der Wettbewerbsfreiheit (vgl. BGH GRUR 1966, 617 (620) – Saxophon; BGH GRUR 1996, 210 (213) – Vakuumpumpen). Die Preisunterbietung durch den Nachahmer begründet allerdings für sich allein noch keine unlautere Behinderung, wenn der Mitbewerber dadurch gezwungen wird, seine Preise zu senken, da dies auch die Folge eines wettbewerblich erwünschten lauteren Wettbewerbs sein kann (BGH WRP 2017, 51 Rn. 82 – Segmentstruktur). Bei der lauterkeitsrechtlichen Beurteilung sind alle Umstände des Einzelfalls zu würdigen, wobei insbes. die produktspezifischen Entwicklungszyklen zu berücksichtigen sind, die je nach der Art des Produkts sehr unterschiedlich sein können.

4.214   **b) Unlautere Behinderung durch systematische Produktnachahmung.** Eine unlautere Behinderung kommt nach der Rspr. auch in Betracht, wenn eine Vielzahl von wettbewerblich eigenartigen Erzeugnissen eines Mitbewerbers **systematisch,** nämlich zielgerichtet und planmäßig **nachgeahmt** wird (Beispiele: Nachahmung einer ganzen Produktserie oder -palette). Durch ein solches Vorgehen könnte dem Mitbewerber jeder Anreiz für eine innovative Produktentwicklung genommen werden. Die Unlauterkeit ist im Rahmen einer Gesamtwürdigung der Umstände des Einzelfalls festzustellen. Dabei sind zu berücksichtigen: die Zahl der nachgeahmten Produkte und die Dauer der Nachahmung; der Grad der wettbewerblichen Eigenart und der Grad Nachahmung; das Ausmaß der eingesparten Entwicklungskosten und die damit verbundenen Wettbewerbsvorteile in Gestalt einer möglichen Preisunterbietung; die Übernahme von frei wählbaren und technisch-funktionalen Gestaltungselementen ohne Notwendigkeit (BGH GRUR 2019, 196 Rn. 32 f. – Industrienähmaschinen; OLG Frankfurt GRUR 2015, 595 Rn. 42 ff.; vgl. auch BGH GRUR 2017, 79 Rn. 78 f. – Segmentstruktur; zur Rspr. zu § 1 UWG 1909 und § 4 Nr. 9 UWG 2004 vgl. BGH GRUR 1996, 210 (212 f.) – Vakuumpumpen; BGH GRUR 1999, 751 (753) – Güllepumpen; BGH GRUR 2002, 820 (823) – Bremszangen). – Nicht erforderlich ist, dass das gesamte Sortiment oder Programm des Mitbewerbers übernommen wird. Für den Nachweis einer systematischen Nachahmung reicht es dagegen nicht aus, dass zwischen den Parteien zahlreiche rechtliche Auseinandersetzungen geführt wurden. Vielmehr bedarf es einer ins Einzelne gehenden Würdigung aller Umstände der Streitfälle (BGH GRUR 1998, 934 (938) – Wunderbaum). – Eine unlautere Behinderung ist nicht anzunehmen, wenn ein Möbelhaus damit wirbt, jedes Angebot von (individuell geplanten und wettbewerblich eigenartigen) Einbauküchen um 13 % zu unterbieten (aA OLG Saarbrücken GRUR-RR 2005, 196). Denn der Unternehmer hat Möglichkeiten, sich gegen eine Übernahme der Planung abzusichern (BGH GRUR 2009, 416 Rn. 20 – Küchentiefstpreis-Garantie).

4.215   **c) Unlautere Behinderung durch massenhaftes Vertreiben von Billigimitaten.** Eine unlautere Behinderung kann ferner das **massenhafte Vertreiben von Billigimitaten** eines wegen seiner Exklusivität berühmten Originals darstellen, wenn für die Käufer erkennbar ist, dass sie nicht das Original erwerben, und sie nur aus dem Grund kaufen, damit das allgemeine Publikum zu blenden. Die Käufer erwerben das Nachahmungsprodukt also nicht anstatt des Originalprodukts, sondern wollen sich nur als Käufer des Originalprodukts gerieren. Der massenhafte Vertrieb der Billigimitate kann aber dazu führen, dass potentielle Interessenten vom Erwerb des Originalprodukts absehen, weil es aus ihrer Sicht nicht mehr die ursprüngliche Exklusivität besitzt und damit seinen Prestigewert verliert. In diesem Zusammenhang gehören die Fälle BGH GRUR 1985, 876 – Tchibo/Rolex I; BGH GRUR 1998, 830 – Les-Paul-Gitarren; BGH GRUR 2007, 795 Rn. 49 ff. – Handtaschen. Da diese Konstellationen im Schnittbereich zu § 4 Nr. 3 lit. b liegen, sind sie vorrangig nach diesem Tatbestand zu beurteilen. Raum für eine Anwendung von § 4 Nr. 4 bleibt, wenn das massenhafte Vertreiben von Billigimitaten über die unlautere Nachahmung hinaus gezielt auf eine Beeinträchtigung oder Zerstörung des Produktansehens und/oder der Exklusivität gerichtet ist. Der lauterkeitsrechtliche Unwert folgt dann nicht (bzw. nicht allein) aus dem Aspekt der unlauteren Nachahmung, sondern aus dem zielgerichteten Angriff auf den Markterfolg des Mitbewerbers.

III. Schutzdauer

1. Grundsatz

Der Schutz vor einer unlauteren Behinderung im Zusammenhang mit Produktnachahmungen **4.216** nach § 4 Nr. 4 darf nicht in Widerspruch zu den Wertungen des § 4 Nr. 3 geraten. Dies gilt auch für den zeitlichen Umfang des Schutzes. Ein Schutz besteht grds. so lange, wie die wettbewerbliche Eigenart des nachgeahmten Produkts fortbesteht und die besonderen unlauterkeitsbegründenden Umstände nicht weggefallen sind (BGH WRP 2017, 51 Rn. 92 – Segmentstruktur). Es gibt also **keine festen zeitlichen Grenzen.** In den Fällen der unlauteren Behinderung des Markteintritts (→ Rn. 4.213) wird man den Schutz auf den Zeitraum begrenzen müssen, der unter gewöhnlichen Umständen maximal erforderlich ist, um die Entwicklungs- und Markterschließungskosten für das Original zu erwirtschaften und einen angemessenen Gewinn zu erzielen (vgl. BGHZ 51, 41 (45 f.) = GRUR 1968, 591 – Reprint; BGH GRUR 1969, 618 (620) – Kunststoffzähne; BGH GRUR 1986, 895 (896) – Notenstichbilder; OLG Düsseldorf GRUR 1999, 72 (73 f.); Köhler WRP 1999, 1075 (1079); Sack FS Erdmann, 2002, 697 (714 ff.)). Denn nach Ablauf dieser Zeitspanne besitzt der Nachahmer keinen geschäftlichen Vorteil infolge Kosteneinsparung mehr. Der maßgebliche Zeitraum hängt insbes. von dem betreffenden Produkt, den erforderlichen Herstellungskosten und der zu erwartenden Nachfrage ab. So wird bei urheberrechtlich nicht geschützten Video-Spielen die Nachfrage idR nach einem halben bis einem Jahr erschöpft sein (OLG Frankfurt GRUR 1983, 757 (758); OLG Frankfurt WRP 1984, 79 (86)). Andere Erzeugnisse, die kein aktuelles, sondern ein wissenschaftliches oder künstlerisches Interesse befriedigen, können dagegen erst in einem längeren Zeitraum abgesetzt werden. Allerdings besteht auch dann kein „immerwährender" Schutz (BGH GRUR 1986, 895 (896) – Notenstichbilder: Kein lauterkeitsrechtlicher Nachahmungsschutz bei fotomechanischem Nachdruck von Notenbildern gemeinfreier Werke, wenn seit Herstellung der Druckvorlage mehr als fünfzig Jahre verstrichen sind). – Hat der Hersteller des Originals den Absatz endgültig eingestellt, so entfällt damit ohnehin jegliche Absatzbehinderung (vgl. BGHZ 51, 41 (49) – Reprint: Erstdruck war bereits seit 12 Jahren vergriffen; Werner FS Köhler, 2014, 785 (796)).

2. Ästhetische Merkmale von Erzeugnissen

Nach der **früheren Rspr.** endete bei der Nachahmung von kurzlebigen Erzeugnissen, insbes. **4.217** Modeneuheiten (BGH GRUR 1984, 453 (454) – Hemdblusenkleid) der Schutz im Allgemeinen dann, wenn die übliche „Lebensdauer" des Erzeugnisses abgelaufen war. Bei modischen Textilerzeugnissen war der Produktzyklus meist auf eine Saison begrenzt; daher belief sich der Schutz üblicherweise auf eine Saison (BGH GRUR 1984, 453 (454) – Hemdblusenkleid), konnte im Einzelfall aber auch länger währen (BGH GRUR 1998, 477 (479 f.) – Trachtenjanker). Bei anderen Erzeugnissen war der Wandel des Geschmacks maßgebend (vgl. OLG Düsseldorf WRP 1978, 378 (382): Polstermöbel; OLG Stuttgart NJWE-WettbR 1998, 73 (74): Dekorationsstoff). – Insgesamt sollte bei ästhetisch geprägten Erzeugnissen die durch das Geschmacksmusterrecht (Designrecht) gezogene Grenze von drei Jahren nicht überschritten werden (vgl. BGH GRUR 2005, 349 (352) – Klemmbausteine III). Denn sonst würde der lauterkeitsrechtliche Nachahmungsschutz weiterreichen als der entsprechende Sonderrechtsschutz. – Nach der **neueren Rspr.** (BGH WRP 2017, 51 Rn. 96 – Segmentstruktur) ist an diesen Grundsätzen nicht mehr festzuhalten. Zum Verhältnis des lauterkeitsrechtlichen Nachahmungsschutzes zum Designschutz → § 4 Rn. 3.8

3. Technische Merkmale von Erzeugnissen

4.218   Der Nachbau eines Erzeugnisses nach Ablauf des dafür bestehenden Patentschutzes ist unter dem Gesichtspunkt der **freien Benutzung des Standes der Technik** grds. zulässig (BGH GRUR 2000, 521 (526) – Modulgerüst I). Dies gilt auch dann, wenn der Hersteller den Preis für das ehemals patentrechtlich geschützte Hauptprodukt niedrig angesetzt hat, um den Markt zu erschließen, und den Preis für die – nachgeahmten – fortlaufend benötigten Ergänzungsprodukte entsprechend höher kalkuliert hat (BGH GRUR 1990, 528 (530) – Rollen-Clips). Allerdings kann ein ehemals patentrechtlich geschütztes Element diesem wettbewerbliche Eigenart verleihen, wenn die konkrete Gestaltung dieses Elements technisch nicht notwendig ist, sondern durch eine frei wählbare und austauschbare Gestaltung, die denselben technischen Zweck erfüllt, ersetzt werden kann, ohne dass damit Qualitätseinbußen verbunden sind (BGH WRP 2015, 1090 Rn. 24 – Exzenterzähne; → Rn. 3.28d). Denn der lauterkeitsrechtliche Schutz vor Nachahmung ist nach Schutzzweck, Voraussetzungen und Rechtsfolgen anders ausgestaltet als die Sonderschutzrechte. Insoweit dauert der Schutz vor Nachahmung an, solange die wettbewerbliche Eigenart und die unlauterkeitsbegründenden Umstände fortbestehen.

M. Rechtsfolgen

I. Allgemeines

4.219   Verstöße gegen § 3 I iVm § 4 Nr. 4 können Ansprüche nach den §§ 8 I und 9 I, dagegen wohl nicht aus § 10 I auslösen. **Anspruchsberechtigt** ist grds. nur der von der Behinderung betroffene **Mitbewerber** (§ 8 III Nr. 1). Denn es muss ihm überlassen bleiben, ob er die Behinderung hinnimmt oder nicht (→ § 8 Rn. 3.6; ebenso BGH GRUR 2009, 416 Rn. 22 – Küchentiefstpreis-Garantie; BGH WRP 2011, 749 Rn. 8 – Änderung der Voreinstellung III). **Verbände** iSd § 8 III Nr. 2–4 sind nur dann anspruchsberechtigt, wenn die Maßnahme weitere Tatbestände, etwa der §§ 4a, 5, 5a, erfüllt und Interessen anderer Branchenangehöriger oder der Verbraucher beeinträchtigt (BGH WRP 2011, 749 Rn. 8 – Änderung der Voreinstellung III).

II. Schadensersatzanspruch

4.220   Schadensersatz (§ 9 I) kann in Gestalt der Naturalherstellung (§ 249 I BGB) verlangt werden, soweit diese möglich ist. Im Übrigen ist der Verletzte auf einen Geldanspruch wegen des eingetretenen Vermögensschadens einschließlich des entgangenen Gewinns beschränkt (§ 251 I BGB, § 252 BGB). Ein Anspruch auf Herausgabe des **Verletzergewinns** besteht lediglich unter den Voraussetzungen des § 687 II BGB (angemaßte Eigengeschäftsführung), zB bei Abfangen und Umleiten eines Auftrags (→ Rn. 4.27). Die Grundsätze über die **dreifache Schadensberechnung** (→ § 9 Rn. 1.36 ff.) sind nur anwendbar, wenn eine Nachahmung von Waren oder Dienstleistungen die Voraussetzungen der Behinderung iSd § 4 Nr. 4 erfüllt (BGH WRP 2017, 51 Rn. 79 – Segmentstruktur).

5. Abschnitt. Allgemeine Marktbehinderung

Übersicht

Schrifttum: Baudenbacher, Machtbedingte Wettbewerbsstörungen als Unlauterkeitstatbestände, GRUR 1981, 19; Baudenbacher, Marktstörung durch Ausnutzen fremden Vertragsbruchs zu Lasten selektiver Vertriebssysteme, FS Gaedertz, 1992, 19; Knöpfle, Die marktbezogene Unlauterkeit, 1983; Köhler, Der „Verkauf unter Einstandspreis" im neuen GWB, BB 1999, 697; Köhler, Zur Konkurrenz lauterkeitsrechtlicher und kartellrechtlicher Normen, WRP 2005, 645; Koppensteiner, Marktbezogene Unlauterkeit und Missbrauch von Marktmacht, WRP 2007, 475; Lettl, Kartell- und wettbewerbsrechtliche Schranken für Angebote unter Einstandspreis, JZ 2003, 662; Lux, Der Tatbestand der allgemeinen Marktbehinderung, 2006; Mann/Smid, Preisunterbietung von Presseprodukten, WRP 1997, 139; Merz, Die Vorfeldthese, 1988; Mestmäcker, Der verwaltete Wettbewerb, 1984; Möschel, Pressekonzentration und Wettbewerbsgesetz, 1978; Möschel, Die Idee der rule of law und das Kartellrecht heute – Am Beispiel der gezielten Kampfpreisunterbietung, Ordo Band 30 (1979), 295; Möschel, Die Kontrolle von Marktmacht außerhalb des Kartellrechts, FS Locher, 1990, 461; Pichler, Das Verhältnis von Kartell- und Lauterkeitsrecht, 2009; Schütz, Nachahmungsgefahr und Unlauterkeit, WRP 1993, 168; Tyllack, Wettbewerb und Behinderung, 1984; P. Ulmer, Kartellrechtliche Schranken der Preisunterbietung nach § 26 Abs. 4 GWB – Zum Verhältnis des kartellrechtlichen Verbots unbilliger Behinderung zur Generalklausel des § 1 UWG, FS v. Gamm, 1990, 677; Wrage-Molkenthin, Zur kartellrechtlichen Erfassung des Verkaufs unter Einstandspreis (§ 26 IV, V GWB), wistra 1990, 183.

A. Allgemeines

I. Anerkennung der allgemeinen Marktbehinderung als ungeschriebener Beispielstatbestand?

Die **allgemeine Marktbehinderung (Marktstörung)** ist in § 4 nicht als ein gesetzlicher **5.1** Beispielstatbestand enthalten. Mögliche gesetzliche Anknüpfungspunkte für diese ungeschriebene Fallgruppe der Unlauterkeit – wenn man sie anerkennt (→ Rn. 5.1a ff.) – bilden die **lauterkeitsrechtliche Generalklausel** (§ 3 I) und der Schutz des **Allgemeininteresses an einem unverfälschten Wettbewerb** (§ 1 I 2). Zurückführen lässt sich diese Fallgruppe auf die Rspr. zu § 1 UWG 1909. Das UWG 2004 wollte an dieser Rechtslage nichts ändern. Vielmehr sollte die allgemeine Marktbehinderung ebenfalls unter die Generalklausel des § 3 UWG 2004 fallen (vgl. Begr. RegE UWG zu § 4 Nr. 10 UWG 2004, BT-Drs. 15/1487, 19). Die Rspr. (vgl. BGH GRUR 2009, 416 Rn. 25 – Küchentiefstpreis-Garantie; BGH GRUR 2010, 455 Rn. 20

– Stumme Verkäufer II mit Anm. Fritzsche JZ 2010, 958) sowie ein Teil des Schrifttums halten an dieser Fallgruppe fest, um mögliche Rechtsschutzlücken zu vermeiden (→ 41. Aufl. 2023, Rn. 5.1; Büscher/Büscher § 3 Rn. 42; Harte-Bavendamm/Henning-Bodewig/Omsels Rn. 550 ff.; GK-UWG/Peukert § 3 Rn. 281). Die UGP-RL berührt diese Fallgruppe nicht, weil ihr sachlicher und persönlicher Anwendungsbereich diesen Regelungsbereich nicht erfasst (BGH GRUR 2010, 455 Rn. 20 – Stumme Verkäufer II; Köhler GRUR 2005, 733 (799)). Der Schutzzweck der ungeschriebenen Fallgruppe soll nicht in der Erhaltung bestehender Marktstrukturen bestehen (vgl. BGH GRUR 2002, 825 (827) – Elektroarbeiten). Vielmehr gehe es darum, solche wettbewerblichen Verhaltensweisen zu unterbinden, die nach den Gesamtumständen unter Berücksichtigung ihrer Auswirkungen auf die Marktstruktur gerade auch als Wettbewerbsmaßnahmen unlauter sind (BGH GRUR 2002, 825 (827) – Elektroarbeiten).

5.1a Die ungeschriebene Fallgruppe der allgemeinen Marktbehinderung ist **kritisch** zu sehen (Ohly/Sosnitza/Ohly § 4 Rn. 4/97; Lux, Der Tatbestand der allgemeinen Marktbehinderung, 2006, 372 ff.; BeckOK UWG/Alexander § 3 Rn. 224 ff.). Unabhängig von der Frage, ob für einen solchen Beispielstatbestand unlauteren Verhaltens nach früherem Recht ein Bedürfnis bestand (und ob die auf ihrer Grundlage getroffenen Entscheidungen inhaltlich überzeugend sind), ist diese Fallgruppe als eigenständiger und ungeschriebener Unlauterkeitstatbestand jedenfalls im geltenden Recht **nicht anzuerkennen.** Im Ausgangspunkt es ist es zwar richtig, dass das UWG mit dem Allgemeininteresse am Schutz des unverfälschten Wettbewerbs nach § 1 I 2 auch die Funktionsfähigkeit des Wettbewerbs als ein eigenständiges Schutzinteresse einbezieht. Jedoch erfordert dieser Schutz nicht das Festhalten an einer Fallgruppe, die erstens in jüngerer Zeit keinen praktischen Anwendungsbereich erkennen lässt, die zweitens in ihren inhaltlichen Kriterien ausgesprochen vage ist und die drittens Gefahr läuft, mit spezialgesetzlichen Regelungen in Konflikt zu geraten.

5.1b Dazu im Einzelnen: Festzustellen ist zunächst, dass der Tatbestand der allgemeinen Marktbehinderung in der jüngeren Praxis keine wesentliche Bedeutung erlangt hat (vgl. aber OLG Hamburg WRP 2007, 210 Ls.). Weiterhin sind die von der Rspr. herangezogenen Kriterien für eine allgemeine Marktbehinderung (→ Rn. 5.3 ff.) sehr unscharf und im Grunde konturenlos. In der Sache laufen diese Kriterien auf die Möglichkeit einer freien Interessenabwägung hinaus. Schwerwiegend spricht gegen ein Aufrechterhalten dieser Fallgruppe, dass sie eine von den speziellen Wertungen des Kartellrechts sowie von den besonderen Regulierungsvorschriften losgelöste Kontrolle von Markt- und Wettbewerbsstrukturen eröffnet, die Gefahr läuft, mit den Voraussetzungen und Wertungen dieser besonderen Regeln zu kollidieren. Das Kartellrecht sieht in den **§§ 19 ff. GWB** spezielle Tatbestände zum Schutz vor wettbewerbsschädlichen Verhaltensweisen vor, deren Wertungen nicht durch das UWG unterlaufen werden dürfen (→ Rn. 5.2). Mit der Einführung von **§ 19a GWB** hat der deutsche Gesetzgeber ein spezifisches Instrument geschaffen, um einem missbräuchlichen Verhalten von Unternehmen mit überragender marktübergreifender Bedeutung für den Wettbewerb entgegenzuwirken. Der Gesetzgeber hatte dabei insbesondere Märkte im Bereich der Digitalökonomie im Blick (Begr. RegE, BT-Drs. 19/23492, 73). Ebenfalls eine marktstrukturelle Funktion weist **§ 20 IIIa GWB** auf, der einem „Tipping" in digitalen Märkten entgegenwirken soll (Begr. RegE, BT-Drs. 19/23492, 82). Diese speziellen Regeln liefern im Vergleich zur offenen Generalklausel des § 3 I erheblich präzisere Maßstäbe für die Beurteilung von Praktiken, die sich nachteilig auf die Funktionsfähigkeit des Wettbewerbs und/oder die Marktstrukturen auswirken können. Zudem sieht das Kartellrecht eine Bindung der Gerichte an die Entscheidungen der Wettbewerbsbehörden vor (§ 33b GWB), die jedoch für das Lauterkeitsrecht nicht gilt.

5.1c Auf der Ebene des Unionsrechts stellt die **VO (EU) Nr. 2022/1925** (Gesetz über digitale Märkte = Digital Markets Act) umfangreiche und sehr detaillierte Verhaltensregeln für Unternehmen auf, die in der Digitalwirtschaft tätig sind. Der Zweck dieser Regelungen besteht darin, schwerwiegenden Ungleichgewichten bei der Verhandlungsmacht entgegenzuwirken und Unternehmen wie Nutzer vor unfairen Praktiken und Bedingungen zu schützen, die sich nachteilig auf Preise, Qualität, fairen Wettbewerb, Auswahl und Innovation im digitalen Sektor auswirken können (vgl. ErwGr. 4 VO (EU) 2022/1925). Als gegenüber dem UWG höherrangiges Recht schließt die VO (EU) Nr. 2022/1925 es zudem ausdrücklich aus, dass die Mitgliedstaaten den Normadressaten der Verordnung – den Torwächtern – weitere Verpflichtungen im Wege von Rechts- oder Verwaltungsvorschriften auferlegen, um bestreitbare und faire Märkte zu gewährleisten (Art. 1 V VO (EU) Nr. 2022/1925). Eine ergänzende lauterkeitsrechtliche Marktstruktur- und -verhaltenskontrolle, die gerade an der Torwächter-Rolle eines Unternehmens an-

knüpft, ist daher jedenfalls im Anwendungsbereich der VO (EU) Nr. 2022/1925 unionsrechtswidrig.

Soweit die allgemeine Marktbehinderung als Fallgruppe im Zusammenhang mit der geschäft-   **5.1d**
lichen **Tätigkeit von Medien** (→ Rn. 5.19a ff.) herangezogen wurde, ist zu berücksichtigen,
dass der Schutz der publizistischen Vielfalt die vorrangige Aufgabe des Medienrechts ist. Ähnlich
wie im Verhältnis zum Kartellrecht (→ Rn. 5.1b) besteht die Gefahr, dass die Fallgruppe der
allgemeinen Marktbehinderung in einen Konflikt mit den speziellen medienrechtlichen Wertungen gerät. Medienmärkte sind zudem durch eine hohe Dynamik geprägt und eine Anwendung
der lauterkeitsrechtlichen Generalklausel unter dem Gesichtspunkt der allgemeinen Marktbehinderung begründet die Gefahr, dass vorhandene Marktstrukturen verfestigt werden und der
innovative Wettbewerb geschwächt wird.

Zur allgemeinen Marktbehinderung durch die **öffentliche Hand** → § 3a Rn. 2.35.   **5.1e**

II. Das Verhältnis zu den kartellrechtlichen Behinderungstatbeständen

Das Verhältnis zum Kartellrecht ist im Ausgangspunkt davon abhängig, ob man die Fallgruppe   **5.2**
der allgemeinen Marktbehinderung grundsätzlich anerkennt (→ Rn. 5.1a ff.). Nach Ansicht der
Rspr. weist der Unlauterkeitstatbestand der allgemeinen Marktbehinderung bzw. allgemeinen
Marktstörung (BGH WRP 2018, 1322 Rn. 43 – Werbeblocker II) dem UWG über die **Markt-**
verhaltenskontrolle hinaus die zusätzliche Aufgabe einer **Marktstrukturkontrolle** zu (BGH
GRUR 2004, 602 (603) – 20 Minuten Köln). Das UWG wirkt danach in den Regelungsbereich
des Kartellrechts hinein, was insbesondere die Frage nach dem Verhältnis zu den kartellrechtlichen Behinderungstatbeständen aufwirft. Hält man im Grundsatz an der Fallgruppe der allgemeinen Marktbehinderung fest, dann ist im Hinblick auf das **deutsche Kartellrecht** von der
Einsicht auszugehen, dass UWG und GWB sich überlagernde und einander ergänzende Rege-
lungssysteme zum Schutze des Wettbewerbs sind (vgl. Köhler WRP 2005, 645 (646 ff.)). Jedoch
enthält das GWB hinsichtlich der „unbilligen Behinderung" von Mitbewerbern besondere Tatbestände, die an das Vorliegen einer bestimmten Marktmacht der handelnden Unternehmen
anknüpfen (§ 19 II GWB, § 19a GWB, § 20 I, II, III GWB). Nach einer Auffassung kommt
daher den GWB-Tatbeständen insoweit eine Art „Sperrwirkung" für die gleichzeitige Anwendung des UWG zu (zB Mestmäcker, Der verwaltete Wettbewerb, 1984, 143 ff.; Lux, Der
Tatbestand der allgemeinen Marktbehinderung, 2006, 415 ff.; Pichler, Das Verhältnis von
Kartell- und Lauterkeitsrecht, 2009, 341 ff.). Nach anderer Auffassung soll dagegen das Lauterkeitsrecht das Kartellrecht im Vorfeld kartellrechtlicher Marktmachttatbestände ergänzen (Ulmer
GRUR 1977, 565 (577); v. Gamm NJW 1980, 2489 (2491); Hefermehl GRUR-Int. 1983, 507
(512); Tilmann GRUR 1979, 825 (830)). Der dieser Theorie (Vorfeldthese) immanente Ansatz
des „leistungsfremden" Wettbewerbs wird jedoch überwiegend und mit Recht abgelehnt. Denn
für eine Abgrenzung zwischen leistungsgerechtem und leistungsfremden Wettbewerbsverhalten
gibt es keine brauchbaren Abgrenzungskriterien. Auch lässt sich der Begriff der „Leistungs-
fremdheit" dazu missbrauchen, unerwünschten Wettbewerb zu verbieten (vgl. Merz, Die Vorfeldthese, 1988). Mit Absenkung der kartellrechtlichen Eingriffsschwelle durch Einführung des
§ 20 IV aF GWB hatte allerdings der Streit an Bedeutung verloren. Die restriktive Anwendung
dieser Norm auf Verkäufe unter Einstandspreis durch die Rspr. (BGH GRUR 1995, 690 –
Hitlisten-Platten) veranlasste den Gesetzgeber darüber hinaus zur Einführung des § 20 IV 2
GWB (seit 1.1.1999) bzw. § 20 III 2 (seit 4.7.2013). Danach kann der Verkauf unter Einstandspreis auch dann unzulässig sein, wenn keine Verdrängungsabsicht oder nachhaltige Beeinträchtigung des Wettbewerbsbestandes nachweisbar sind (dazu BGH GRUR 2003, 363 (365) –
Wal★Mart; Köhler BB 1999, 697; Lettl JZ 2003, 662).

Nach der Rspr. (zB BGH GRUR 1992, 191 (193) – Amtsanzeiger; BGH GRUR 2004, 602   **5.2a**
(603) – 20 Minuten Köln) sollen im Grundsatz die **Normen des UWG und des GWB**
nebeneinander anzuwenden sein (Büscher/Büscher § 3 Rn. 42; Harte-Bavendamm/Henning-
Bodewig/Omsels § 4 Rn. 308 ff.). Die §§ 19, 20 GWB schließen danach die Anwendung des
§ 3 I auf die „allgemeine Marktbehinderung" nicht aus, vielmehr kann § 3 I ergänzend herangezogen werden (aA Lux, Der Tatbestand der allgemeinen Marktbehinderung, 2006, 422 f.;
Pichler, Das Verhältnis von Kartell- und Lauterkeitsrecht, 2009, 341 ff.). Dies darf allerdings
nicht zu einem Widerspruch zu den Wertungen des Kartellrechts, wie sie insbes. in § 20 III
GWB zum Ausdruck kommen, führen (ebenso Koppensteiner WRP 2007, 475 (477)). Daher
fordert die Rspr., dass „auch bei der lauterkeitsrechtlichen Beurteilung stets die Zielsetzung des
Gesetzes gegen Wettbewerbsbeschränkungen berücksichtigt werden" muss (BGH GRUR 2004,

602 (603) – 20 Minuten Köln). Insbes. darf dem lauterkeitsrechtlichen Verbot nicht die Wirkung zukommen, ohnehin bestehende Marktzutrittsschranken zu erhöhen und damit zu einer Marktabschottung beizutragen. Dies führt selbst bei einer grundsätzlichen Anerkennung der Fallgruppe zu einer Verengung des Anwendungsbereichs der allgemeinen Marktbehinderung (dazu Köhler WRP 2005, 645 (651)). Die Regelungen des UWG und des GWB laufen insoweit parallel, als die Bewertungsmaßstäbe („unbillige Behinderung" einerseits, „Unlauterkeit" andererseits) weit gehend inhaltsgleich sind. Zwar ist der Adressatenkreis des § 3 I nicht begrenzt; doch sorgt das Erfordernis der Gefährdung des Wettbewerbsbestandes (→ Rn. 5.4 ff.) dafür, dass nur ganz schwerwiegende Eingriffe in das Wettbewerbsgeschehen und nicht schon lediglich „leistungsfremde" Verhaltensweisen mittels des § 3 I verboten werden können. Es ist nicht die Aufgabe des Behinderungstatbestands (§ 4 Nr. 4) oder der lauterkeitsrechtlichen Generalklausel (§ 3 I) allgemein, bestehende wettbewerbliche Strukturen zu bewahren und wirtschaftlichen Entwicklungen entgegenzusteuern, in denen die bisherigen Marktteilnehmer eine Bedrohung ihres Kundenstamms erblicken (BGH WRP 2018, 1322 Rn. 45 – Werbeblocker II). – Die Anwendbarkeit des UWG neben dem GWB hat zur Folge, dass ein Verfahren auch ohne Einschaltung der Kartellspruchkörper durchgeführt werden kann. Zugleich ist allerdings zu berücksichtigen, dass eine zuverlässige Beurteilung des Marktgeschehens und der Marktverhältnisse im Rahmen von Wettbewerbsstreitigkeiten nur schwer möglich ist (vgl. BGH GRUR 1992, 191 (194) – Amtsanzeiger). Denn das Gericht ist an das Parteivorbringen gebunden und die Erkenntnismöglichkeiten der Parteien sind beschränkt (Kraft GRUR 1980, 966 (968); FBO/Osterrieth/Schönig S 1 Rn. 147–149). Die lauterkeitsrechtliche Rspr. ist zwar bemüht, durch sachgerechte Fragestellungen die Marktverhältnisse möglichst vollständig zu erhellen (vgl. nur BGHZ 81, 291 (295) – Bäckerfachzeitschrift). Sie kann jedoch kaum die gleiche Sorgfalt aufwenden wie in kartellrechtlichen Verfahren (vgl. etwa BGH NJW 1984, 1116). Es besteht daher die Gefahr subjektiver Einschätzungen der Marktentwicklung (vgl. BGH GRUR 1991, 616 – Motorboot-Fachzeitschrift einerseits und Rohnke GRUR 1991, 767 andererseits).

5.2b Für das Verhältnis des UWG zum **Unionskartellrecht** (Art. 102 AEUV) ist von Art. 3 III Hs. 2 VO 1/2003 auszugehen. Danach sind vom Vorrang des europäischen Kartellrechts ausgenommen Bestimmungen des einzelstaatlichen Rechts, die überwiegend ein von den Art. 101 und 102 AEUV abweichendes Ziel verfolgen. Dazu gehören nach ErwGr. 9 auch nationale Vorschriften, „mit denen unlautere Handelspraktiken – unabhängig davon, ob diese einseitig ergriffen oder vertraglich vereinbart wurden – untersagt oder geahndet werden". Art. 102 AEUV stünde daher einer Anwendung des UWG nicht entgegen.

B. Tatbestand der allgemeinen Marktbehinderung

I. Begriff

5.3 Über die Kriterien und Voraussetzungen der allgemeinen Marktbehinderung besteht bei denjenigen, die diese Fallgruppe grds. anerkennen, keine Einigkeit. Eine **allgemeine Marktbehinderung** (= Marktstörung) liegt nach der Rspr. vor, wenn ein **(1) zwar nicht von vornherein unlauteres, (2) aber doch wettbewerblich bedenkliches Wettbewerbsverhalten (3) für sich allein oder in Verbindung mit den zu erwartenden gleichartigen Maßnahmen von Mitbewerbern (4) die ernstliche Gefahr begründet, dass der auf der unternehmerischen Leistung beruhende Wettbewerb in erheblichem Maße eingeschränkt wird** (BGH WRP 2004, 746 (747) – Zeitung zum Sonntag; BGH GRUR 2004, 602 (603) – 20 Minuten Köln; BGH GRUR 2004, 877 (880) – Werbeblocker I; BGH GRUR 2004, 960 (961) – 500 DM-Gutschein für Autokauf; BGH GRUR 2010, 455 Rn. 20 – Stumme Verkäufer II; BGH WRP 2018, 1322 Rn. 36 ff. – Werbeblocker II). Kennzeichnend für die allgemeine Marktbehinderung ist danach die Gefährdung des Wettbewerbsbestands. Ob eine allgemeine Marktbehinderung vorliegt, lasse sich nur auf Grund einer Gesamtwürdigung aller Umstände des Einzelfalls unter **Abwägung der Interessen der Mitbewerber und des Interesses der Allgemeinheit an einem unverfälschten Wettbewerb (§ 1 I 2)** beurteilen (BGH GRUR 2004, 877 (880) – Werbeblocker I; OLG München GRUR-RR 2010, 305 (307); Büscher/Büscher § 3 Rn. 53). Dabei sei auch den **kollidierenden Grundrechtspositionen** Rechnung zu tragen (BGH GRUR 2004, 877 (880) – Werbeblocker I; BGH WRP 2018, 1322 Rn. 53 – Werbeblocker II). – Kritisch wurde zur Definition der allgemeinen Marktbehinderung durch die frühere Rspr. angemerkt, dass sie zu Unrecht die Nachahmungsgefahr berücksichtige, und nicht erkennen lasse, was ein „zwar nicht unlauteres, aber doch bedenkliches Wettbewerbsverhalten" sein soll. Daher wird vorgeschlagen, eine allgemeine Marktbehinderung nur dann anzunehmen, wenn **(1) ein sachlich nicht gerechtfertigtes Marktverhalten (2) sich zwar nicht gezielt gegen einzelne Mitbewerber richtet, aber (3) doch die konkrete Gefahr begründet, Mitbewerber vom Markt zu verdrängen und (4) dadurch den Wettbewerb auf diesem Markt völlig oder nahezu aufzuheben geeignet ist** (vgl. Köhler WRP 2005, 645 (651 ff.); ähnlich BGH GRUR 2009, 416 Rn. 25 – Küchentiefstpreis-Garantie; KG GRUR-RR 2008, 171 (172); FBO/Osterrieth/Schönig S. 1 Rn. 164 ff.).

II. Gefährdung des Wettbewerbsbestands

1. Marktabgrenzung

Es muss der Wettbewerb auf einem Markt für eine bestimmte Art von Waren oder Dienstleistungen in seinem Bestand gefährdet sein (vgl. BGH GRUR 1991, 616 (617) – Motorboot-Fachzeitschrift: „Leistungswettbewerb hinsichtlich der fraglichen Warenart"). Für die hiernach erforderliche Marktabgrenzung sind die im Kartellrecht entwickelten Maßstäbe zur sachlichen, räumlichen und – soweit erforderlich – zeitlichen Abgrenzung des relevanten Markts heranzuziehen (vgl. BGHZ 67, 104 (113 ff.) – Vitamin-B-12; BGH GRUR 1988, 323 – Gruner + Jahr/Zeit II; OLG Stuttgart NJWE-WettbR 1999, 200 (202)). Sachlich sind einem Markt die Produkte zuzurechnen, die aus Sicht der Marktgegenseite nach Eigenschaft, Verwendungszweck und Preislage zur Deckung eines bestimmten Bedarfs als austauschbar anzusehen sind. Räumlich sind alle die Unternehmer einem Markt zuzuordnen, auf deren Produkte die Marktgegenseite ausweichen kann. Das kann bei nur örtlich oder regional tätigen Anbietern bedeutsam sein.

    5.4

2. Wettbewerbsbestand

Zum Wettbewerbsbestand gehören die wettbewerblichen Gegebenheiten auf dem relevanten Markt (zB Zahl und Größe der Mitbewerber und das Ausmaß ihrer wettbewerblichen Handlungsfreiheit; Markteintrittschancen). Nicht ohne Weiteres gehören dazu die vorhandenen Formen des Einsatzes von Wettbewerbsparametern, wie etwa bestimmte Werbe-, Finanzierungs-, Absatzkonzeptionen. Es kann bei der Beurteilung eines Wettbewerbsverhaltens unter dem Gesichtspunkt der allgemeinen Marktbehinderung nicht darum gehen, den Wettbewerb in seinen überkommenen Strukturen zu erhalten und wirtschaftlichen Entwicklungen allein deshalb entgegenzusteuern, weil sie bestehende Konzeptionen in Frage stellen (BGH GRUR 1990, 44 (45) – Annoncen-Avis; BGH GRUR 1991, 616 (617) – Motorboot-Fachzeitschrift; BGH WRP 2018, 1322 Rn. 45 – Werbeblocker II). Denn der Wandel des Einsatzes von Aktionsparametern ist gerade die Eigenart des (dynamischen) Wettbewerbsprozesses. Etwas anderes soll nur dann gelten, wenn ein überragendes Gemeinschaftsinteresse gerade an einer bestimmten Art oder Qualität des Wettbewerbs besteht. Das wird von der Rspr. etwa für den Bereich der berichterstattenden Presse auf Grund Art. 5 I 2 GG bejaht (BGHZ 81, 291 (295) = GRUR 1982, 53 (55) – Bäckerfachzeitschrift; BGH GRUR 1985, 881 (882) – Bliestal-Spiegel; BGH GRUR 1990, 44 (45) – Annoncen-Avis). Daher soll nach der Rspr. eine Werbemaßnahme, die für sich allein oder auf Grund einer Nachahmungsgefahr ein Absinken der redaktionellen Leistung auf dem betreffenden Pressemarkt mit sich bringen könne, bereits aus diesem Grunde eine „Bestandsgefährdung" darstellen. Freilich läuft die Rspr. Gefahr, den publizistischen Wettbewerb zu sehr auf Kosten des wirtschaftlichen Wettbewerbs von Verlegern (zu den Begriffen BGH NJW 1984, 1116) zu schützen und den Verbraucher zu bevormunden.

    5.5

3. Art der Gefährdung

Von der Klärung des Begriffs des Wettbewerbsbestandes hängt auch ab, was unter einer „Gefährdung" zu verstehen ist. In Betracht kommt nur auf die Gefahr einer **dauerhaften Verschlechterung der wettbewerblichen Strukturen** (BGH GRUR 2001, 80 (81) – adhoc-Meldung). Zu berücksichtigen ist, dass ein funktionsfähiger Wettbewerb auch **disruptive Umwälzungen** zur Folge haben kann (etwa in schnelllebigen Technologiemärkten). Es genügt nicht, wenn das Wettbewerbsgeschehen kurzfristig verzerrt wird, etwa durch eine vorübergehende Marktverstopfung. Eine Monopolisierung des Marktes braucht nicht zu drohen. Vielmehr kann die Gefahr einer Verschlechterung der Marktstruktur durch das Ausscheiden kleinerer oder mittlerer Wettbewerber ausreichen. Auch dann besteht die Gefahr, dass der Wettbewerb „in

    5.6

nicht unerheblichem Maße eingeschränkt wird" (BGH GRUR 1991, 616 (617) – Motorboot-Fachzeitschrift).

4. Grad der Gefährdung

5.7   Die Gefährdung muss zwar nicht existenzbedrohend sein; sie muss aber die **Gefahr des Ausscheidens aus dem relevanten Markt** begründen (Köhler WRP 2005, 645 (652)). Eine bloße Erschwerung der Geschäftstätigkeit reicht dazu **nicht** aus (BGH GRUR 2004, 877 (880) – Werbeblocker); dies gilt ebenso wenig für eine bloß theoretisch mögliche, **abstrakte** Gefährdung(BGHZ 81, 291 (295) = GRUR 1982, 53 (55) – Bäckerfachzeitschrift; BGH GRUR 1985, 881 (882) – Bliestal-Spiegel; BGH GRUR 2004, 602 (604) – 20 Minuten Köln; BGH GRUR 2004, 877 (880) – Werbeblocker). Ggf. ist also die weitere Entwicklung auf dem betroffenen Markt abzuwarten (KG GRUR-RR 2008, 171 (172)). Andererseits ist ein Nachweis des Marktaustritts oder der Existenzbedrohung von Mitbewerbern nicht erforderlich. Sonst käme nämlich ein gerichtliches Verbot zu spät. Ausreichend ist vielmehr der Nachweis einer **konkreten**, ernsthaften Gefahr der Marktstrukturverschlechterung (BGH GRUR 1991, 616 (617) – Motorboot-Fachzeitschrift). Es müssen also greifbare Anhaltspunkte für eine solche Entwicklung vorliegen (BGH GRUR 2010, 455 Rn. 25 – Stumme Verkäufer II), etwa nicht unerhebliche Umsatzeinbußen bei Mitbewerbern. Dabei würde ein prognostizierter Absatzrückgang bei den Mitbewerbern in Höhe von 10 % für eine Gefährdung des Wettbewerbsbestands noch nicht ausreichen (BGH GRUR 2010, 455 Rn. 28 – Stumme Verkäufer II). – Die bloße Empfehlung, Anschaffungen bis zur Geschäftseröffnung zurückzustellen, reicht erst recht nicht aus (BGH WRP 2001, 588 (590) – Eröffnungswerbung). – Zum Gesichtspunkt der Nachahmungsgefahr → Rn. 5.11.

5. Feststellung der Gefährdung

5.8   Hierzu müssen die bestehenden Marktverhältnisse aufgeklärt werden. Dazu gehören etwa die Zahl, Größe und Organisation der Wettbewerber auf dem relevanten Markt, die Dauer des fraglichen Verhaltens und die Reaktion der Mitbewerber darauf sowie ein zwischenzeitlicher Eintritt von Störungen (BGHZ 81, 291 (297 ff.) = GRUR 1982, 53 – Bäckerfachzeitschrift). Vom Betroffenen ist zu verlangen, dass er konkrete Tatsachen, insbes. Umsatzeinbußen, vorträgt (BGH GRUR 2004, 877 (880) – Werbeblocker I). Je länger ein Marktverhalten praktiziert wird, ohne dass nennenswerte Veränderungen der Marktstruktur eingetreten sind, desto weniger ist eine Bestandsgefährdung anzunehmen (BGH GRUR 1985, 881 (882) – Bliestal-Spiegel).

III. Ursächlichkeit des Wettbewerbsverhaltens für die Bestandsgefährdung

5.9   Das Wettbewerbsverhalten muss nach der Rspr. entweder für sich allein oder iVm zu erwartenden gleichartigen Maßnahmen von Mitbewerbern die Bestandsgefährdung begründen.

1. Ausschließliche Ursächlichkeit

5.10   Ein bestimmtes Wettbewerbsverhalten kann bereits für sich allein den Wettbewerbsbestand gefährden. Dies wird zumeist, wenngleich nicht notwendig, nur einem marktbeherrschenden (Art. 102 AEUV; § 19 II Nr. 1 GWB) oder doch marktstarken (§ 20 I GWB) Wettbewerber möglich sein. In diesem Bereich überschneiden sich daher die kartellrechtliche (Art. 102 AEUV; § 19 I GWB, § 20 I, III GWB) und die lauterkeitsrechtliche (§§ 3 ff.) Verhaltenskontrolle. Je größer die Marktmacht des Handelnden ist, desto gefährlicher kann sein Marktverhalten für die Marktstruktur sein. Wie bei der kartellrechtlichen (BGH NJW 1987, 3197 (3198) – Freundschaftswerbung) sind daher auch bei der lauterkeitsrechtlichen Beurteilung Art und Umfang der Marktmacht des betreffenden Unternehmens zu berücksichtigen. Allerdings muss der Handelnde weder über eine marktbeherrschende noch über eine marktstarke Stellung gegenüber kleinen oder mittleren Mitbewerbern verfügen.

2. Berücksichtigung der Nachahmungsgefahr

5.11   Nach der Rspr. soll es ausreichen, dass das Wettbewerbsverhalten in Verbindung mit den zu erwartenden gleichartigen Wettbewerbsmaßnahmen zu einer Bestandsgefährdung führt. Es ist aber fraglich, ob die Nachahmungsgefahr überhaupt berücksichtigt werden darf. Richtigerweise ist dies **abzulehnen.** Denn entweder ist ein Verhalten lauterkeitsrechtlich zulässig; dann darf es auch nachgeahmt werden; oder aber es ist unzulässig; dann ist selbstverständlich auch jede Nachahmung unzulässig (Köhler WRP 2005, 645 (652)). – Folgt man dem nicht, so ist eine Nachahmungsgefahr zumindest nicht ohne weiteres zu unterstellen oder zu vermuten (so noch BGHZ 23, 365 (372) – SUWA). Sie ist vielmehr im Einzelfall, also unter Berücksichtigung der konkreten Marktverhältnisse und der Eigenart der Wettbewerbsmaßnahme, festzustellen. Hierfür ist eine substanziierte Prognose erforderlich. Die Nachahmung durch Mitbewerber muss ernstlich drohen (BGHZ 43, 278 (283) – Kleenex). Dafür muss es – ähnlich wie bei der Erstbegehungsgefahr (→ § 8 Rn. 1.17) – greifbare Anhaltspunkte geben (BGH GRUR 2010, 455 Rn. 25 – Stumme Verkäufer II), etwa Vorbereitungshandlungen oder Nachahmung durch einen Mitbewerber (BGH GRUR 1991, 616 (617) – Motorboot-Fachzeitschrift). Ob bei bestimmten Wettbewerbsmaßnahmen, etwa Preissenkungen, generell eine Nachahmungsgefahr besteht (so BGH GRUR 1990, 371 (372) – Preiskampf), ist zu bezweifeln. Vielmehr hängt die Reaktion der Mitbewerber auch hier von den Umständen des Einzelfalls ab, etwa von ihrer Finanzkraft. – Die Nachahmungsgefahr muss mitursächlich für die Bestandsgefährdung sein. Das ist sie nicht immer. Es besteht insoweit ein Unterschied zu den Fällen, in denen eine Wettbewerbsmaßnahme bei einer Nachahmung wegen der dann summierten Auswirkungen für die Allgemeinheit unerträglich wird (zB BGH GRUR 1992, 622 – Verdeckte Laienwerbung). Gravierende Belästigungen der Allgemeinheit sind nicht gleichbedeutend mit einer Bestandsgefährdung. Gerade bei kostspieligen Wettbewerbsmaßnahmen kann die Nachahmung den Wettbewerber dazu veranlassen, die Maßnahme wieder aufzugeben, weil sein Wettbewerbsvorsprung aufgezehrt wird. Die Prognose muss sich daher auch auf die Mitursächlichkeit erstrecken. Dazu bedarf es entsprechender Anhaltspunkte in den konkreten Marktverhältnissen. Ein typisches **Beispiel** ist das aggressive Auftreten eines Newcomers auf dem Markt, dessen Marktverhalten zwar von großen Mitbewerbern nachgeahmt werden kann, nicht aber von den kleineren und mittleren: Hier ist denkbar, dass die Nachahmungsgefahr mitursächlich für eine Bestandsgefährdung sein kann (vgl. den Sachverhalt in BGH GRUR 1990, 317 – Preiskampf).

IV. Zusätzliche Unlauterkeitsvoraussetzungen

Ein Marktverhalten ist nicht schon deshalb unlauter, weil es allein oder in Verbindung mit einer zu erwartenden Nachahmung den Bestand des Wettbewerbs gefährdet. Denn die Verdrängung von Mitbewerbern kann auch die Folge rechtmäßigen Wettbewerbsverhaltens sein. Die Nachahmung eines erfolgreichen Marktverhaltens liegt im Wesen des Wettbewerbs, der sich in Vorstoß und Verfolgung vollzieht. Die Erhaltung einer bestehenden Marktstruktur kann daher nicht der Zweck des Lauterkeitsrechts sein. Erst recht ist es nicht die Aufgabe des Lauterkeitsrechts, überkommene Erscheinungsformen des Wirtschaftslebens zu erhalten. Wirtschaftlichen Entwicklungen ist daher nicht allein deshalb entgegenzusteuern, weil sie bestehende Konzeptionen in Frage stellen (BGH GRUR 1990, 44 (45) – Annoncen-Avis; BGH GRUR 1991, 616 (617) – Motorboot-Fachzeitschrift). Zu dem quantitativen Element der Gefährdung des Wettbewerbsbestandes muss daher ein qualitatives Element hinzukommen, um die Unlauterkeit des Verhaltens zu begründen. Die Rspr. (→ Rn. 5.3) verwendet hierzu den Begriff des **„zwar nicht von vornherein unlauteren, aber doch bedenklichen Wettbewerbsverhaltens"**. Die Schwierigkeit liegt darin, dieses Tatbestandsmerkmal zu konkretisieren und hierfür Maßstäbe aufzustellen. Die Unüblichkeit oder Neuartigkeit eines geschäftlichen Verhaltens macht es jedenfalls nicht „bedenklich", vielmehr entspricht dies gerade dem Wettbewerbsgedanken. Umgekehrt „besteht heute Einigkeit darüber, dass der Wettbewerb in bedenklicher Weise beschränkt würde, wenn das Übliche zur Norm erhoben würde" (BGH GRUR 2006, 773 Rn. 19 – Probeabonnement). Auch die kaufmännische Unvernünftigkeit geschäftlicher Maßnahmen kann kein Maßstab sein.

Die Unterscheidung zwischen leistungsgerechtem und leistungsfremdem Verhalten löst diese Problematik ebenfalls nicht, weil es dafür keine zuverlässigen Abgrenzungskriterien gibt. Im Grunde bleibt nichts anderes übrig, als – wie im Kartellrecht – eine Abwägung der Interessen aller Marktteilnehmer unter Berücksichtigung des Prinzips der Wettbewerbsfreiheit und ggf. sonstiger Ordnungsprinzipien vorzunehmen. An die Stelle des Begriffs des „bedenklichen Wettbewerbsverhaltens" soll daher der Begriff des „sachlich nicht gerechtfertigten Wettbewerbsverhaltens" treten (Köhler WRP 2005, 645 (652)). Dies ist in der Sache auch der Standpunkt der Rspr. (vgl. BGH GRUR 1991, 616 (617) – Motorboot-Fachzeitschrift). Im Pressebereich will die Rspr. vor allem das Interesse der Allgemeinheit am verfassungsrechtlichen Schutz des Bestandes der Presse als Institution zur Bildung der Meinungsvielfalt berücksichtigen (BGH

5.12

5.12a

GRUR 1991, 616 (617) – Motorboot-Fachzeitschrift; BGH GRUR 2004, 602 (604) – 20 Minuten Köln).

C. Fallgruppen

I. Allgemeines

5.13   Grundsätzlich kann der Einsatz eines jeden Wettbewerbsmittels wettbewerbsschädigende Wirkungen haben (vgl. zum Abschluss von Gruppenversicherungen BGHZ 110, 156 = GRUR 1990, 522 – HBV-Familien- und Wohnungsrechtsschutz; Piper FS v. Gamm, 1990, 147 (157 f.); zum Ausnutzen fremden Vertragsbruchs Baudenbacher FS Gaedertz, 1992, 19). In der bisherigen Rspr. steht aber der **Preis** als Wettbewerbsparameter ganz im Vordergrund (Preissenkung bis hin zur kostenlosen Leistungserbringung; vgl. OLG Stuttgart NJWE-WettbR 1999, 200).

II. Preisunterbietung

1. Grundsatz

5.14   Die Preisunterbietung ist für sich allein nicht unlauter, sondern kann vielmehr gerade Ausdruck von „gesundem Wettbewerb" (BGH GRUR 1990, 687 (688) – Anzeigenpreis II) sein. Auch der Verkauf unter Selbstkosten oder Einstandspreis ist für sich allein noch nicht zu beanstanden (BGH GRUR 2006, 596 Rn. 13 ff. – 10 % billiger). Denn hierfür können kaufmännisch vernünftige oder doch vertretbare Gründe sprechen (→ Rn. 4.187). Ein Verkauf unter Einstandspreis bzw. unter Selbstkosten ist daher nur dann unlauter, wenn er sich als Kartellrechtsverstoß (§ 20 III 2 GWB) oder als gezielte Mitbewerberbehinderung (→ Rn. 4.188 ff.) oder – soweit es an einem gezielten Vorgehen fehlt – als allgemeine Marktbehinderung darstellt. Für die Annahme einer allgemeinen Marktbehinderung soll es erforderlich sein, dass die Preisunterbietung **(1)** sachlich nicht gerechtfertigt ist und **(2)** dazu führen kann, dass Mitbewerber vom Markt verdrängt werden und der Wettbewerb auf dem betreffenden Markt völlig oder nahezu aufgehoben wird (vgl. BGH GRUR 1979, 321 (323) – Verkauf unter Einstandspreis I; BGH GRUR 1983, 120 (125) – ADAC-Verkehrsrechtsschutz; BGH GRUR 1990, 371 (372) – Preiskampf; BGH GRUR 1990, 685 (687) – Anzeigenpreis I; BGH GRUR 1990, 687 (688) – Anzeigenpreis II; BGH GRUR 1992, 191 (193) – Amtsanzeiger; BGH GRUR 2006, 596 Rn. 14 ff. – 10 % billiger; BGH GRUR 2009, 416 Rn. 25 – Küchentiefstpreis-Garantie).

2. Sachliche Rechtfertigung

5.15   Solange die Selbstkosten oder der Einstandspreis nicht unterschritten werden, ist die Preisunterbietung stets zulässig, mag sie auch zur Aufhebung des Wettbewerbsbestandes führen (ebenso BGH GRUR 2009, 416 Rn. 25 – Küchentiefstpreis-Garantie). Aber auch ein Verkauf unter Selbstkosten ist – von den Fällen der Irreführung und des Rechtsbruchs abgesehen – nicht von vornherein lauterkeitsrechtlich zu missbilligen. Denn hierfür kann es anerkennenswerte betriebswirtschaftliche Gründe geben: so etwa die Einführung neuer Produkte (BGH GRUR 1986, 397 (399) – Abwehrblatt II), die Absatzförderung in Krisenzeiten (BGH GRUR 1990, 685 (687) – Anzeigenpreis I), die Veralterung von Warenbeständen, das Nachgeben gegenüber der Nachfragemacht einzelner Nachfrager oder der Eintritt in Konkurrenzpreise. Unerheblich für die Beurteilung unter dem Gesichtspunkt der allgemeinen Marktbehinderung ist es nach der Rspr. grds., ob der Ruf und/oder der Absatz eines Markenartikels durch die Preisunterbietung in Mitleidenschaft gezogen wird (BGH GRUR 1984, 204 (206) – Verkauf unter Einstandspreis II; → Rn. 4.204). Auch ist es danach grds. nicht zu beanstanden, aus Gründen der Mischkalkulation bzw. der Erzielung von Kostendeckungsbeiträgen einzelne Artikel aus dem Sortiment unter Einstandspreis zu verkaufen (BGH GRUR 1984, 204 (206) – Verkauf unter Einstandspreis II; BGH GRUR 2006, 596 Rn. 16 ff. – 10 % billiger). Das gelte auch für ein Angebot, günstigere Preise örtlicher Mitbewerber für identische Artikel mit einem Rabatt von 10 % auf diese Preise abzugeben (BGH GRUR 2006, 596 Rn. 19 - 10 % billiger). Ob der Unternehmer bei seiner Preispolitik möglicherweise von verfehlten betriebswirtschaftlichen Erwägungen ausgeht, ist unerheblich. Es genüge, wenn sich der Unternehmer von einem nachvollziehbaren Interesse an der Förderung des eigenen Absatzes leiten lässt (ebenso BGH GRUR 2009, 416 Rn. 25 – Küchentiefstpreis-Garantie). Sachlich nicht vertretbar sei der Verkauf unter Selbstkosten oder Einstandspreis daher erst, wenn kein anderer nachvollziehbarer Grund als die Schädigung von Mitbewerbern unter Inkaufnahme eigener Verluste erkennbar ist (ebenso BGH GRUR 2009, 416 Rn. 25 – Küchentiefstpreis-Garantie). Es müsse sich also so verhalten, dass die Kalkulation des Preisunterbieters auf Dauer nur aufgehen kann, wenn die Mitbewerber aus dem Markt ausscheiden oder ihr Marktverhalten ändern. Dazu bedarf es einer Würdigung der Gesamtumstände, insbes. des Marktanteils und der Finanzkraft des Handelnden, der Eigenart, Dauer, Häufigkeit und Intensität seiner Maßnahme sowie der Zahl, Größe und Finanzkraft der Mitbewerber (vgl. BGH GRUR 1979, 321 (323) – Verkauf unter Einstandspreis I). Es bestehe keinesfalls eine Vermutung für ein wettbewerblich zu missbilligendes Verhalten bei Unterschreitung der Selbstkosten oder des Einstandspreises (BGH GRUR 2009, 416 Rn. 25 – Küchentiefstpreis-Garantie; aA Sack WRP 1983, 70). Die Beurteilung wird im Übrigen dadurch erschwert, dass sich vielfach die Selbstkosten oder der Einstandspreis nicht zuverlässig feststellen lassen (vgl. dazu BGH GRUR 2003, 363 (366) – Wal*Mart; Köhler BB 1999, 697 ff.). Unzulässig solle es sein, örtliche Telefonbuchanbieter, die sich ausschließlich mit Anzeigen finanzieren, durch den ständigen kostenlosen Abdruck von Anzeigen aus dem Anzeigenmarkt zu verdrängen (OLG Stuttgart NJWE-WettbR 1999, 200; bedenklich).

3. Gefährdung des Wettbewerbsbestands

Verkäufe unter Selbstkosten oder Einstandspreis sollen nur in Ausnahmefällen zu einer Gefähr- **5.16** dung des Wettbewerbsbestandes führen (bejaht in BGH GRUR 1990, 371 – Preiskampf; vgl. auch BGH GRUR 1990, 685 (686 f.) – Anzeigenpreis I; verneint in BGH WRP 2006, 888 Rn. 14 - 10% billiger). IdR werden nur Unternehmen mit hohem Marktanteil und großer Finanzkraft auf einem Markt mit hohen Zutrittsschranken eine derartige Verlustpreisstrategie verfolgen können (ebenso BGH GRUR 2009, 416 Rn. 25 – Küchentiefstpreis-Garantie).

III. Die unentgeltliche Abgabe von Waren und Dienstleistungen

1. Allgemeines

Eine besondere Form der Verkaufsförderung ist die massenhafte unentgeltliche Abgabe von **5.17** Dienstleistungen (OLG München NJWE-WettbR 1999, 199: Stellenanzeigen im Internet; OLG Düsseldorf WRP 1999, 865 (868): Kostenloses Telefonieren an 1 Tag) oder Waren bzw. Warengutscheinen (etwa die Verteilung von 4,5 Mio. Gutscheinen für 1 Wein; BGH GRUR 1969, 295 – Goldener Oktober). Dem steht die massenhafte kostenlose oder preisgünstige Überlassung von längerlebigen Gebrauchsgütern für einen bestimmten Zeitraum gleich (OLG Frankfurt WRP 1981, 27: Mikrowellenherd für 1 Monat; OLG München WRP 1979, 892: Fernseher für 1 Monat zu 10 DM). Auch derartige Maßnahmen sind nicht von vornherein unlauter. Es müssen vielmehr besondere Umstände hinzukommen. Die frühere Rspr. argumentierte teilweise mit einer unangemessenen unsachlichen Beeinflussung (§ 4 Nr. 1 UWG 2004), einem „übertriebenen Anlocken" oder einem „psychischen Kaufzwang" (vgl. BGH GRUR 1986, 820 – Probe-Jahrbuch; BGH NJW-RR 1998, 401 – Erstcoloration). Teilweise zog die Rspr. eine allgemeine Marktbehinderung in Betracht (BGH GRUR 2001, 80 (81 f.) – ad-hoc-Meldung; BGH GRUR 2004, 602 (603) – 20 Minuten Köln). Im Einzelnen ist zu unterscheiden:

2. Abgabe zu Erprobungszwecken

Das massenhafte Verschenken von Waren oder Dienstleistungen ist nach der Rspr. jedenfalls **5.18** dann nicht zu beanstanden, wenn es – insbes. im Rahmen der Einführung eines neuen Produkts – zu Probezwecken erfolgt und vom Probezweck auch tatsächlich gedeckt wird. Denn auf diese Weise kann sich der Verbraucher unmittelbar von der Güte einer Ware überzeugen und sie mit anderen Waren vergleichen. Die Maßnahme fördert also den Leistungsvergleich. In diesem Fall ist es auch unerheblich, ob die Maßnahme breit und längerfristig angelegt ist und es vorübergehend zu einer Deckung des Verbraucherbedarfs kommt (BGHZ 43, 278 (280) = GRUR 1965, 489 – Kleenex; BGH GRUR 1969, 295 (297) – Goldener Oktober; BGH GRUR 1975, 26 (27 f.) – Colgate). Vom Erprobungszweck soll es nicht mehr gedeckt sein, wenn dem Verbraucher mehr zugewendet wird, als er für die Prüfung der Warenqualität benötigt (BGH GRUR 1963, 197 (200) – Zahnprothesen-Pflegemittel). Doch ist stets eine Gesamtbeurteilung unter Berücksichtigung der Wirkung auf den Empfänger erforderlich. Dabei kann es eine Rolle spielen, ob Originalwaren oder Probepackungen verteilt werden, welche Art und Beschaffenheit die Ware hat, in welcher Anzahl die Ware abgegeben wird und ob es sich um eine neuartige Ware handelt. Daher kann im Einzelfall auch bei eigens hergestellten Probepackungen wegen der Warenmenge der Erprobungszweck überschritten sein (BGH GRUR 1975, 26 (27 f.) – Colgate). Umgekehrt kann die Abgabe von Originalware noch vom Erprobungszweck gedeckt sein (BGH GRUR 1969, 295 (297) – Goldener Oktober), etwa weil es sich um eine völlig neuartige Ware handelt (BGHZ 43, 278 (280) = GRUR 1965, 489 – Kleenex) oder die Herstellung von Warenproben teurer wäre oder es darum geht, bestehende Vorurteile auszuräumen und dadurch den Markt auch für Mitbewerber aufzuschließen (BGH GRUR 1969, 295 (297) – Goldener Oktober). Ein (fragwürdiges) Indiz für die Überschreitung des Erprobungszwecks soll es sein, wenn Originalware verteilt wird, obwohl die Abgabe kleinerer Probepackungen üblich ist (BGHZ 43, 278 (280) = GRUR 1965, 489 – Kleenex).

3. Fehlen oder Überschreitung des Erprobungszwecks

5.19   In diesen Fällen soll die unentgeltliche Waren- oder Dienstleistungsabgabe – von Ausnahmefällen abgesehen (vgl. OLG Frankfurt NJW 1985, 2901: Anordnung einer Butterabgabe durch die EG-Kommission) – dann unzulässig sein, wenn sie zu einer nicht unerheblichen Behinderung der Mitbewerber und zur Gefährdung des Wettbewerbsbestandes führt. Dafür kann ein Indiz sein, wenn die unentgeltliche Abgabe auf Dauer angelegt ist (vgl. BGH GRUR 2001, 80 (81) – ad-hoc-Meldung). Jedoch komme es auf die Umstände, insbes. die Zahl und Größe der Wettbewerber auf dem Markt und den Wert der unentgeltlichen Leistung an. Das Angebot einer kostenlosen Registrierung einer „de"-Adresse durch einen Service-Provider sei angesichts des geringen Werts dieser Leistung nicht geeignet, den Bestand des Wettbewerbs zu gefährden (KG GRUR-RR 2001, 279). Ist die unentgeltliche Aktion zeitlich beschränkt, sollen nach der Rspr. folgende Umstände eine Rolle spielen: **(1)** Gefahr eines Gewöhnungseffekts (BGH GRUR 1969, 295 (297) – Goldener Oktober; BGH GRUR 1975, 26 (29) – Colgate; BGHZ 43, 278 (284) – Kleenex), dh die Gefahr, dass der Kunde auch nach Beendigung der Aktion davon absieht, Angebote der Mitbewerber unbeeinflusst zu prüfen. **(2)** Nachahmungsgefahr, für die sogar die Lebenserfahrung sprechen soll (BGHZ 23, 365 (372) – SUWA; BGH GRUR 1975, 26 (29) – Colgate; sehr zw.). **(3)** Marktverstopfung für die Dauer der Aktion auf dem betreffenden Markt mit entsprechendem Verlust von Absatzmöglichkeiten von Mitbewerbern (BGHZ 23, 365 (371) – SUWA; BGH GRUR 1975, 26 (29) – Colgate) und etwaigem Zwang für die Händler, sich mit der betreffenden Ware einzudecken (BGH GRUR 1969, 295 (297) – Goldener Oktober). – Außer Betracht soll dagegen bleiben, ob derartige Maßnahmen betriebswirtschaftlich sinnvoll sind (BGH GRUR 1969, 295 (297) – Goldener Oktober) und ob kleinere oder mittlere Wettbewerber mithalten können (BGHZ 43, 278 (284) – Kleenex). – Diese Rspr. hat Zustimmung (zB Klaka GRUR 1975, 29), aber auch Kritik (zB Knöpfle, Die marktbezogene Unlauterkeit, 1983, 78 ff.; Mestmäcker, Der verwaltete Wettbewerb, 63 ff.) erfahren. Ihr ist **entgegenzuhalten,** dass sie zu engherzig verfährt und Entscheidungen auf Grund unsubstanziierter Prognosen über den Wettbewerbsprozess und das künftige Verhalten von Mitbewerbern und Verbrauchern trifft. Die massenhafte unentgeltliche Abgabe von Originalware kann wettbewerbspolitisch sogar positiv zu beurteilen sein, wenn sie geeignet ist, einem Newcomer den Marktzutritt zu ermöglichen und damit den Wettbewerb zu intensivieren. Eine echte Gefahr für den Bestand des Wettbewerbs iSd Gefahr des Ausscheidens von Mitbewerbern aus dem Markt wird allenfalls in Ausnahmefällen zu bejahen sein (zu Recht verneint zB von OLG Düsseldorf WRP 1999, 865 (868); OLG Köln GRUR-RR 2005, 168 für einmalige Verwendung eines Warengutscheins als Zugabe). Sie bestand wohl in keinem der entschiedenen Fälle (vgl. aber OLG Stuttgart NJWE-WettbR 1999, 200). Dies wäre aber Voraussetzung für die Annahme einer allgemeinen Marktbehinderung.

IV. Medienmärkte; insbesondere die unentgeltliche Abgabe von Presseerzeugnissen

Schrifttum: Ahrens, „Kostenloser" Vertrieb meinungsbildender Tagespresse, WRP 1999, 123; Beater, Kommunale Print- und Onlinemedien. Zugleich ein Beitrag zum Rechtsbruch- und zum Generalklauseltatbestand des UWG, WRP 2022, 1202; v. Danwitz, Der Gratisvertrieb anzeigenfinanzierter Tageszeitungen im Wettbewerb der Presseorgane, 2002; Gloy, Neuere Rechtsprechung zu unlauteren Vertriebsmethoden auf dem Pressemarkt, GRUR 1996, 585; Köhler, Wettbewerbs- und verfassungsrechtliche Fragen der Verteilung unentgeltlicher Zeitungen, WRP 1998, 455; Mann, „Kostenloser" Vertrieb von Presse – eine Gefährdung der Pressefreiheit?, WRP 1999, 740; Ruess/Tellmann, „Umsonst ist der Tod allein"? – Neues zur Werbung mit Gratiszeitungen, WRP 2004, 665; Schmid, Zur wettbewerbsrechtlichen Beurteilung der unentgeltlichen Verteilung anzeigenfinanzierter Zeitungen, WRP 2000, 991; Schmitt-Mücke, Libra, das Gebot der Staatsferne der Presse und das Wettbewerbsrecht, WRP 2023, 412; Teplitzky, Zur Frage der wettbewerbsrechtlichen Zulässigkeit des (ständigen) Gratisvertriebs einer ausschließlich durch Anzeigen finanzierten Zeitung, GRUR 1999, 108.

1. Allgemeines

Die unentgeltliche Abgabe von Presseerzeugnissen und verwandte Fälle haben die Rspr. **5.19a** vielfach beschäftigt. Diese Problematik bildet letztlich nur einen Ausschnitt des weiter zu fassenden **Schnittbereiches von Lauterkeitsrecht und Medienrecht.** Der Schutz vor unlauteren geschäftlichen Handlungen und der medienrechtliche Schutz der publizistischen Vielfalt können ineinandergreifen, jedoch besteht keine Parallelität der Regelungen und Wertungen. Bei der Anwendung der lauterkeitsrechtlichen Generalklausel (§ 3 I) und der lauterkeitsrechtlichen Regelbeispiele im Zusammenhang mit der Tätigkeit von Medien ist stets zu fragen, ob das Lauterkeitsrecht nach seinen Schutzzwecken (§ 1 I) einschlägig ist. Angesichts einer zunehmenden Diversifizierung von journalistisch-redaktionellen Medienangeboten, der Medienkonvergenz und der weiterhin wachsenden Bedeutung von online zugänglichen Medieninhalten stellen sich innerhalb des Schnittfeldes von Lauterkeitsrecht und Medienrecht verschiedene Rechtsfragen, zB auch zum Verhältnis von verschiedenen Medien untereinander (etwa im Verhältnis zwischen Presse und Rundfunkangeboten oder Rundfunk und journalistisch-redaktionellen Telemedien) oder im Verhältnis zwischen öffentlicher Informationstätigkeit und redaktionellen Medienangeboten. Die folgende Darstellung greift den Presseschwerpunkt auf, doch schließt dies nicht aus, dass sich ähnliche Rechtsfragen auch für andere Medien stellen können. So stellt sich bspw. die Frage der Zulässigkeit von kommunalen Amtsblättern (→ Rn. 5.26 f.) entsprechend für Online-Informationsportale, die von der öffentlichen Trägern betrieben werden (s. dazu BGH GRUR 2022, 1336 – dortmund.de; BGH GRUR-RS 2023, 17969 – muenchen.de).

Abgesehen von den grds. Einwänden gegen die Anerkennung einer Fallgruppe der allgemei- **5.19b** nen Marktstörung (→ Rn. 5.1a) ist im Weiteren zu berücksichtigen, dass der Schutz des publizistischen Wettbewerbs von Presse und anderen Medien, was den Schutz des Gebots der Staatsferne einschließt, vorrangig eine **Aufgabe des Medienrechts** ist. Eine Anwendung des UWG ist zwar bei geschäftlichen Handlungen von Medienunternehmen nicht ausgeschlossen, das Medienrecht sieht aber spezielle Maßstäbe und Mechanismen vor. Es bedarf daher einer sorgfältigen Prüfung, ob das UWG auf diese Konstellationen anzuwenden ist (krit. etwa Schmitt-Mücke WRP 2023, 412 ff.) und – wenn das UWG herangezogen wird – auf welche Normen und Maßstäbe abzustellen ist (vgl. Beater WRP 2022, 1202 ff. speziell zur Abgrenzung von § 3a und § 3 I). Zudem kennt die Rechtsordnung unterschiedliche Regulierungsansätze, um den publizistischen Wettbewerb zu schützen.

2. Besonderheiten des Pressemarkts

Der Pressemarkt – und Entsprechendes gilt für andere Medienmärkte – ist durch tatsächliche **5.20** und rechtliche Besonderheiten geprägt, auf die es bei der Anwendung des § 3 I Rücksicht zu nehmen gilt. In tatsächlicher Hinsicht ist ein Reaktionsverbund von Lesermarkt und Anzeigenmarkt festzustellen, dh Wettbewerbsmaßnahmen auf dem einen Markt haben Rückwirkungen auf den anderen Markt (BGHZ 76, 55 (74) = GRUR 1980, 734 – Anzeigenmarkt; BGHZ 81, 291 (295) – Bäckerfachzeitschrift). In rechtlicher Hinsicht ist zu beachten, dass Art. 5 I 2 GG die Pressefreiheit nicht nur als Grundrecht, sondern auch als Institution gewährleistet (Schutz der Institution „freie Presse"). Da die Pressefreiheit wesentliche Voraussetzung für die Bildung der öffentlichen Meinung ist, besteht ein besonderes gesellschaftspolitisches Interesse an der Meinungsvielfalt auf dem Pressemarkt und damit an der Erhaltung wettbewerblicher Strukturen. Daraus entnimmt die Rspr. den Auftrag, die Versorgung mit qualitativ hochwertigen Presseerzeugnissen zu schützen. Doch hat sie die ursprünglich sehr strengen Maßstäbe gelockert. Dazu mag die Erfahrung beigetragen haben, dass neue verlegerische Konzepte zunächst stets von Mitbewerbern als unlauter bekämpft, alsbald aber nachgeahmt worden sind und es zu tatsächlichen Bedrohungen der Pressefreiheit und Meinungsvielfalt nicht gekommen ist (vgl. BGH GRUR 2004, 602 (603) – 20 Minuten Köln). Die allgemeinen Grundsätze des Lauterkeits- und Kartellrechts zum Behinderungswettbewerb bedürfen daher keiner Verschärfung für den Bereich der Presse. Die nachfolgende Differenzierung (→ Rn. 5.21 ff.) erklärt sich aus der Entwicklung der Rspr.

3. Offertenblätter und sonstige Werbemittel

5.21   Die unentgeltliche Verteilung von Offertenblättern (reinen Anzeigenblättern) und sonstigen Werbeblättern (Kundenzeitschriften) ist lauterkeitsrechtlich zulässig (BGHZ 19, 392 (397) – Freiburger Wochenbericht; BGHZ 51, 236 (238) – Stuttgarter Wochenblatt I).

4. Anzeigenblätter mit redaktionellem Teil

5.22   Die unentgeltliche Verteilung von Anzeigenblättern mit einem redaktionellen Teil kann nach der Rspr. unter besonderen Umständen gegen § 3 I verstoßen. Dies soll insbes. dann der Fall sein, wenn der redaktionelle Teil, selbst wenn er sich im Wesentlichen auf den lokalen Bereich beschränke, geeignet sei, für einen nicht unerheblichen Teil des Publikums eine Tageszeitung zu ersetzen, und wenn die ernstliche Gefahr bestehe, dass deshalb die Tagespresse als Institution in ihrem verfassungsrechtlich garantierten Bestand bedroht sei (BGH GRUR 1985, 881 (882) – Bliestal-Spiegel; BGH GRUR 1992, 191 (193) – Amtsanzeiger = LM GWB § 35 Nr. 17 mit Anm. Köhler). Eine solche Bedrohung scheidet allerdings schon deshalb aus, weil die Verleger von Tageszeitungen ihrerseits zT dazu übergegangen sind, Anzeigenblätter mit redaktionellem Teil herauszugeben. Eher besteht die Gefahr einer Bedrohung unabhängiger Anzeigenblätter durch „Kombinationstarife" und dgl. (vgl. BGH GRUR 1990, 685 – Anzeigenpreis I; BGH GRUR 1992, 191 – Amtsanzeiger). Die Rspr. war bereits im Ansatz bedenklich, weil sie zwischen „minderwertigen" und „höherwertigen" Presseerzeugnissen differenzierte (zB BGH GRUR 1992, 191 (193) – Amtsanzeiger), ohne dass Art. 5 I 2 GG eine solche Differenzierung vorsieht und zu ihr legitimiert. Die Pressefreiheit kommt jedem Presseerzeugnis zu (Gloy/Loschelder/Danckwerts WettbR-HdB/Ahrens Kap. 69 Rn. 19 ff.; Schmitt Glaeser NJW 1971, 2012 (2014)). Allzu leicht könnte die Fürsorge der Rspr. für den Erhalt höherwertiger Presseerzeugnisse in eine Meinungskontrolle umschlagen. Auch soll allein der Leser entscheiden, was und wie viel er liest und ob und wie viel er dafür bezahlt (zutr. Knöpfle, Die marktbezogene Unlauterkeit, 1983, 73). Hinzu kommt, dass sich die Unterschiede zwischen den verschiedenen Erscheinungsformen der Presseerzeugnisse als Informations-, Meinungs- und Werbeträger zunehmend vermischen und andere Medien (zB Medien- und Teledienste) hinzukommen.

5. Tageszeitungen

5.23   Bei der unentgeltlichen Abgabe von Tageszeitungen sind zwei Fälle zu unterscheiden.

5.23a   **a) Unentgeltliche Abgabe rein anzeigenfinanzierter Zeitungen.** Die Entwicklung hat dazu geführt, dass auch Tageszeitungen mit anspruchsvollem redaktionellem Teil kostenlos verteilt und ausschließlich durch Anzeigen finanziert werden. Auch dieses Konzept ist **lauterkeits- und verfassungsrechtlich nicht zu beanstanden** (BGH WRP 2004, 746 (747) – Zeitung zum Sonntag; BGH GRUR 2004, 602 (603) – 20 Minuten Köln; Köhler WRP 1998, 455; Mann WRP 1999, 740; Schmid WRP 2000, 991), sofern nicht **besondere Umstände** bei Herstellung und Vertrieb dazu kommen (wie zB Verdrängungsabsicht; Kopplungsgeschäfte bei Anzeigen). Bloße Mutmaßungen über eine Bestandsgefährdung der entgeltlichen Tagespresse, eine Verschlechterung der redaktionellen Qualität oder einen erhöhten Einfluss der Anzeigenkunden auf den redaktionellen Teil (vgl. Teplitzky GRUR 1999, 108; Ahrens WRP 1999, 123; v. Danwitz, Der Gratisvertrieb anzeigenfinanzierter Tageszeitungen im Wettbewerb der Presseorgane, 2002, 103 ff.) reichen nicht aus, um einen derart massiven Eingriff in die Presse- und Informationsfreiheit, wie es ein lauterkeitsrechtliches Verbot darstellen würde, zu rechtfertigen (BGH WRP 2004, 746 (747) – Zeitung zum Sonntag). Vielmehr ist insoweit das verfassungsrechtliche Gebot, bei der Bewertung redaktioneller Berichterstattung Neutralität zu wahren, zu berücksichtigen (BGH GRUR 2004, 602 (604) – 20 Minuten Köln).

5.24   **b) Unentgeltliche Abgabe entgeltlicher Zeitungen.** Die Abgabe von entgeltlichen Tageszeitungen über ungesicherte sog „Stumme Verkäufer" bringt es mit sich, dass ein erheblicher Teil gestohlen wird (BGH GRUR 1996, 778 (779) – Stumme Verkäufer I: Schwundquote von 60 %). Der bewusste Einsatz solcher „Verkaufshilfen" in Kenntnis der Schwundquote läuft daher darauf hinaus, dass ein Teil der Auflage unentgeltlich abgegeben wird. Das wurde in der Vergangenheit als unlauter angesehen. Zur Begründung wurde auf die allgemeinen Grundsätze über das Verschenken von Originalware, nämlich die aus der besonderen Anlockwirkung für den Kunden, dem Gewöhnungseffekt resultierenden Gefahren für die Mitbewerber und den

Leistungswettbewerb hingewiesen (BGH GRUR 1996, 778 (780) – Stumme Verkäufer I). Der Verleger sollte dadurch gezwungen werden, sein Vertriebssystem so zu organisieren, dass ein größerer Schwund ausgeschlossen wird. – Diese Rspr. wurde mittlerweile aufgegeben (BGH GRUR 2010, 455 Rn. 22 – Stumme Verkäufer II). Wenn es nämlich dem Verleger freisteht, rein werbefinanzierte Tageszeitungen zu vertreiben (BGH GRUR 2004, 602 (603) – 20 Minuten Köln), muss es ihm grds. auch erlaubt sein, einen Teil der werbe- und verkaufsfinanzierten Auflage faktisch unentgeltlich abzugeben. Lauterkeitsrechtlich bedenklich soll ein solches Vorgehen erst dann sein, wenn dieses Vertriebssystem dauerhaft zu einer Abgabe unter Selbstkosten führt und der Wettbewerbsbestand gefährdet wird (BGH GRUR 2010, 455 Rn. 22 – Stumme Verkäufer II).

6. Fachzeitschriften

Soweit ein Verband an seine Mitglieder eine eigene Fachzeitschrift unentgeltlich abgibt, ist **5.25** dies unbedenklich, unabhängig davon, ob die Finanzierung durch Mitgliedsbeiträge oder Anzeigenerlöse erfolgt (BGH GRUR 1971, 168 (171) – Ärztekammer). Zulässig ist es ferner, wenn eine Fachzeitschrift auf Kosten des Verbands dessen Mitgliedern unberechnet zugestellt wird, sofern die Lieferung im Rahmen des Vereinszwecks liegt und kein Missbrauch der Vereinsautonomie vorliegt (BGHZ 56, 327 (333 ff.) – Feld und Wald I). Zur ständigen Gratisverteilung von Fachzeitschriften hatte die Rspr. ihre Einstellung gelockert: Sie sollte nicht grds. gegen § 1 UWG 1909 verstoßen (so noch BGH GRUR 1977, 608 – Feld und Wald II), vielmehr sei eine Gesamtwürdigung aller die Wettbewerbsmaßnahme begründenden und begleitenden Umstände geboten (BGHZ 81, 291 – Bäckerfachzeitschrift = GRUR 1982, 53 (55) mit sorgfältiger Einzelanalyse). Bemerkenswert ist, dass der BGH das Unwerturteil vornehmlich davon abhängig macht, ob die beteiligten Kreise (Leser, Verleger, Inserenten) das System der Gratisverteilung als marktgerecht ansehen und von ihm keine Marktverwilderung befürchten, die zu einer Bestandsgefährdung und einem Absinken der redaktionellen Leistung führt. Demgegenüber ist festzuhalten, dass das Prinzip der Wettbewerbsfreiheit auch für den Pressemarkt gilt: Der Leser soll frei entscheiden dürfen, welches Blatt er liest; der Verleger soll frei entscheiden dürfen, wie er sein Blatt finanziert, ob (auch) über einen Verkaufspreis oder (nur) über Anzeigenerlöse; der Inserent soll frei sein, wo er seine Anzeige veröffentlicht. Wenn sich daraus ein Anpassungsprozess mit der Folge einer „Verschlechterung" des redaktionellen Teils ergeben sollte, wäre dies kulturpolitisch bedauerlich, aber lauterkeitsrechtlich nicht zu ändern.

7. Amtsblätter und kommunale Informationsangebote im Internet

Die unentgeltliche Abgabe von kommunalen Amtsblättern kann nach der Rspr. gegen das **5.26** Gebot der **Staatsferne der Presse** verstoßen, soweit sie im konkreten Fall eine Gefährdung der institutionellen Presse und der Meinungsvielfalt bewirkt. Der BGH zieht den Rechtsbruchtatbestand (§ 3a) heran (BGH GRUR 2019, 189 Rn. 20 ff. – Crailsheimer Stadtblatt II; zu Einzelheiten vgl. § 3a Rn. 2.65a–2.65c). Auf Online-Informationsportale, die von Kommunen betrieben werden und in Konkurrenz zu journalistisch-redaktionellen Angeboten treten, sind die Grundsätze nach Ansicht des BGH entsprechend anzuwenden (BGH GRUR 2022, 1336 Rn. 20 ff. – dortmund.de; BGH GRUR-RS 2023, 17969 Rn. 25 ff. – muenchen.de).

Nach Auffassung des BGH kann eine die Grenzen der zulässigen Randnutzung überschreiten- **5.26a** de Werbung in einem kommunalen Amtsblatt oder Online-Portal die **Gefahr existenzieller Schäden für die Presse** in sich bergen, wenn private Unternehmen nicht mehr in der Tageszeitung oder deren Online-Ausgabe, sondern bei der Kommune im digitalen oder auch im Printbereich inserieren. Dieser wirtschaftliche Aspekt werde von der Pressefreiheit umfasst, die sich auf den Anzeigenteil eines Presseerzeugnisses erstrecke, weil er für die Erhaltung der wirtschaftlichen Grundlagen der Presse als wesentlicher Voraussetzung ihrer Unabhängigkeit von Bedeutung sei. Überdies erfülle die Presse auch mit dem Anzeigenteil die ihr obliegende Kommunikationsaufgabe. sei die Verbreitung von Inseraten typische, auch grundrechtlich zugeordnete Funktion privater Presse, dürfe sie bei staatlichen Publikationen nur eine untergeordnete Rolle spielen. Das gelte insbesondere für Online-Angebote, die in geringerem Maße auf eine Refinanzierung durch eine erwerbswirtschaftliche Randnutzung angewiesen seien (BGH GRUR-RS 2023, 17969 Rn. 64 – muenchen.de).

8. Kopplung von entgeltlich und unentgeltlich abgegebenen Presseerzeugnissen

5.27   Es ist grds. nicht zu beanstanden, wenn ein Verleger neben einer entgeltlich vertriebenen Zeitschrift eine andere Zeitschrift unentgeltlich abgibt (zB Tageszeitung plus Anzeigenblatt; Zeitschrift mit unentgeltlich abgegebener Beilage; Tageszeitung plus kostenloses Sonntagsblatt; OLG Bremen WRP 1999, 1052 (1054)). Unlauter unter dem Aspekt der gezielten Mitbewerberbehinderung oder der allgemeinen Marktbehinderung kann jedoch nach Auffassung der Rspr. eine Kopplungsstrategie im Anzeigengeschäft wegen der damit verbundenen Sogwirkung sein (BGH GRUR 1977, 668 (670) – WAZ-Anzeiger; BGH GRUR 1990, 685 (687) – Anzeigenpreis I; BGH GRUR 1990, 687 (688) – Anzeigenpreis II). Ein Kombinationstarif für Anzeigenkunden reicht dafür jedoch nicht aus. Nicht zu beanstanden ist auch eine Ausnutzung von Rationalisierungsvorteilen (zB gemeinsame Anzeigenannahmestellen; OLG Bremen WRP 1999, 1052 (1054)). Desgleichen ist ein werblicher Hinweis auf die Zusammengehörigkeit der Blätter unbedenklich (Gloy GRUR 1977, 671 f. gegen BGH GRUR 1977, 668 – WAZ-Anzeiger).

9. Kostenlose Veröffentlichung von Anzeigen

5.28   Der kostenlose Abdruck von (zB Privat-) Anzeigen kann ein Mittel sein, um die Attraktivität einer Zeitschrift auf dem Leser- und Anzeigenmarkt zu steigern. Die Rspr. lässt sich bei der Beurteilung unter dem Gesichtspunkt der allgemeinen Marktbehinderung wiederum maßgeblich davon leiten, ob auf Dauer ein Absinken der redaktionellen Leistung und/oder eine übermäßige Einflussnahme gewerblicher Inserenten auf den redaktionellen Teil zu befürchten sei. Daher sieht sie den kostenlosen Abdruck von Privatanzeigen in einem entgeltlich vertriebenen Anzeigenblatt ohne redaktionellen Teil als zulässig an (BGH GRUR 1990, 44 – Annoncen-Avis; OLG Düsseldorf WRP 1987, 177; OLG Dresden WRP 1993, 814). Erst recht muss dies für den kostenlosen Abdruck von Privatanzeigen in einem unentgeltlich abgegeben **Anzeigenblatt** gelten (OLG Hamm WRP 1977, 271). Dagegen will der BGH den kostenlosen Abdruck privater Gelegenheitsanzeigen in einer **Fachzeitschrift** auf einem geschlossenen Markt nicht dulden (BGH GRUR 1991, 616 – Motorboot-Fachzeitschrift; ebenso OLG Hamburg WRP 2007, 210). Dagegen ist einzuwenden, dass es den Verlegern konkurrierender Fachzeitschriften freisteht, sich ebenfalls dieses Wettbewerbsmittels zu bedienen, falls es sich als erfolgreich herausstellen sollte (vgl. weiter Rohnke GRUR 1991, 767; Oellers EWiR § 1 aF UWG 12/91; Wenzel AfP 1992, 44). Für **Tageszeitungen** kann nichts anderes gelten. – Die Veröffentlichung von Anzeigen durch einen **Online-Dienst** im Internet stellt einen selbstständigen Markt dar. Werden darin kostenlos Anzeigen veröffentlicht, ist dies jedenfalls für den Zeitraum der Markteinführung zulässig (OLG München GRUR 1999, 1019).

10. Vorübergehende unentgeltliche oder vergünstigte Abgabe von Presseerzeugnissen

5.29   Die vorrübergehende unentgeltliche oder vergünstigte Abgabe von Presseerzeugnissen ist stets unbedenklich, wenn die Maßnahme vom Erprobungszweck getragen wird (Probenummern; Probeabonnements), wobei im Allgemeinen eine Frist von etwa **zwei Wochen** gelten soll, die im Einzelfall auch überschritten werden kann (BGH GRUR 1957, 600 – Westfalen-Blatt I). Günstige Probeabonnements für Printerzeugnisse, die deiner nach § 30 GWB zulässigen Preisbindung unterliegen, und bei denen ein zusätzlich ein geldwerter Vorteil zugewendet wird, sind lauterkeitsrechtlich zulässig (BGH GRUR 2006, 773 Rn. 10 ff. – Probeabonnement). – Für nicht unlauter hat es die Rspr. gehalten, wenn ehemaligen Probeabonnenten unaufgefordert ein zweites vierzehntätiges Probeabonnement zugesendet wurde (KG GRUR-RR 2001, 189 zu § 1 UWG 1909). Nach geltendem Recht überzeugt dies nicht. Es handelt sich allerdings nicht um eine Frage der allgemeinen Marktstörung, sondern eine solche Praktik weist jedenfalls einen belästigenden Charakter auf (§ 4a I, § 7 I). Würde von Verbrauchern in einem solchen Fall eine – wenn auch nur geringe – Zahlung verlangt, dann wäre auch an Anh. Nr. 29 zu § 3 III zu denken.

Aggressive geschäftliche Handlungen

4a   (1) ¹**Unlauter handelt, wer eine aggressive geschäftliche Handlung vornimmt, die geeignet ist, den Verbraucher oder sonstigen Marktteilnehmer zu einer geschäftlichen Entscheidung zu veranlassen, die dieser andernfalls nicht getroffen**

hätte. [2] Eine geschäftliche Handlung ist aggressiv, wenn sie im konkreten Fall unter Berücksichtigung aller Umstände geeignet ist, die Entscheidungsfreiheit des Verbrauchers oder sonstigen Marktteilnehmers erheblich zu beeinträchtigen durch

1. Belästigung,
2. Nötigung einschließlich der Anwendung körperlicher Gewalt oder
3. unzulässige Beeinflussung.

[3] Eine unzulässige Beeinflussung liegt vor, wenn der Unternehmer eine Machtposition gegenüber dem Verbraucher oder sonstigen Marktteilnehmer zur Ausübung von Druck, auch ohne Anwendung oder Androhung von körperlicher Gewalt, in einer Weise ausnutzt, die die Fähigkeit des Verbrauchers oder sonstigen Marktteilnehmers zu einer informierten Entscheidung wesentlich einschränkt.

(2) [1] Bei der Feststellung, ob eine geschäftliche Handlung aggressiv im Sinne des Absatzes 1 Satz 2 ist, ist abzustellen auf

1. Zeitpunkt, Ort, Art oder Dauer der Handlung;
2. die Verwendung drohender oder beleidigender Formulierungen oder Verhaltensweisen;
3. die bewusste Ausnutzung von konkreten Unglückssituationen oder Umständen von solcher Schwere, dass sie das Urteilsvermögen des Verbrauchers oder sonstigen Marktteilnehmers beeinträchtigen, um dessen Entscheidung zu beeinflussen;
4. belastende oder unverhältnismäßige Hindernisse nichtvertraglicher Art, mit denen der Unternehmer den Verbraucher oder sonstigen Marktteilnehmer an der Ausübung seiner vertraglichen Rechte zu hindern versucht, wozu auch das Recht gehört, den Vertrag zu kündigen oder zu einer anderen Ware oder Dienstleistung oder einem anderen Unternehmer zu wechseln;
5. Drohungen mit rechtlich unzulässigen Handlungen.

[2] Zu den Umständen, die nach Nummer 3 zu berücksichtigen sind, zählen insbesondere geistige und körperliche Beeinträchtigungen, das Alter, die geschäftliche Unerfahrenheit, die Leichtgläubigkeit, die Angst und die Zwangslage von Verbrauchern.

Gesamtübersicht[*]

---

[*] Detailübersichten finden sich zu Beginn der Abschnitte.

Rn.

Schrifttum: Alexander, Werbeblocker und Medienfinanzierung, NJW 2018, 3620; Apetz, Das Verbot aggressiver Geschäftspraktiken, 2011; Dregelies, Der Schutz vor Dark Patterns im DAS. Wie Art. 25 DSA die Entscheidungsprozesse von Internetnutzern schützen kann, MMR 2023, 243; Fritzsche, Aggressive Geschäftspraktiken nach dem neuen § 4a UWG, WRP 2016, 1; Fritzsche, Zur Relevanz des Alters eines Adressaten des UWG, FS Fezer, 2016, 885; Fritzsche, Wettbewerbsrechtliche Fragen von Vergütungsvereinbarungen und Kooperationsmodellen zwischen Krankenhäusern und externen Laborfachärzten, WRP 2019, 555; Fritzsche/ Barth, Sieg der Werbeblocker als Impuls für Zugangsschranken im Internet?, WRP 2018, 1405; Gertz/ Martini/Seeliger/Timko, Dark Pattern – eine interdisziplinäre Analyse, LTZ 2023, 3; Glöckner, Anwendungsbereich der Verbote unlauterer Handelspraktiken im Agrarorganisationen-und-Lieferketten-Gesetz, WRP 2023, 129; Glöckner, Unfair Trading Practices in the Supply Chain, Disparities in Bargaining Power and the Co-Ordination of European Contract, Competition and Unfair Competition Law, GRUR-Int 2016, 1106; Hecker, Die Richtlinie über unlautere Geschäftspraktiken: Einige Gedanken zu den „aggressiven Geschäftspraktiken" – Umsetzung in das deutsche Recht, WRP 2006, 640; Henning-Bodewig, Neuorientierung von § 4 Nr. 1 und 2 UWG?, WRP 2006, 621; Junker, Die besonders schutzbedürftigen Verbraucher nach der UWG-Novelle 2015, 2019; Kaprou, Aggressive commercial practises 2.0: Is the UCPD fit for the digital age?, EuCML 2023, 76; Kirchhoff, UWG-Novelle 2015 – Nur Kodifizierung der Rechtsprechung oder substantiell Neues?, WRP 2015, 659; Köhler, Unzulässige geschäftliche Handlungen bei Abschluss und Durchführung eines Vertrags, WRP 2009, 898; Köhler, Dogmatik des Beispielskatalogs des § 4 UWG, WRP 2012, 638; Köhler, Der Regierungsentwurf zur UWG-Novelle 2015: Nur Klarstellungen oder doch tiefgreifende Änderungen?, WRP 2015, 275; Köhler, Das Verbot der unzumutbaren Belästigung (§ 7 UWG) im Lichte des Unionsrechts, WRP 2015, 798; Köhler, Alternativentwurf (UWG-E) zum Regierungsentwurf (UWG-E) eines 2. Gesetzes zur Änderung des Gesetzes gegen den unlauteren Wettbewerb, WRP 2015, 1311; Köhler, Das neue UWG, NJW 2016, 593; Lettl, Das sog. Anzapfverbot des § 19 Abs. 2 Nr. 5 GWB in seiner neuen Fassung, WRP 2017, 641; Lettl, Die geschäftliche Relevanz nach §§ 3 Abs. 2, 3a, 4a Abs. 1, 5 Abs. 1 und 5a Abs. 1, Abs. 2 S. 1 Nr. 2 UWG, WRP 2019, 1265; Martini/Kramme/Kamke, Dark Patterns im Scheinwerferlicht des Digital Services Act Sind Art. 25, 27 und 31 DSA der erhoffte Lichtblick oder nur heller Schein?, MMR 2023, 323; Martini/Kramme/Kamke, KI-VO, DMA und DA als Missing Links im Kampf gegen dunkle Designmuster? Das Digitalpaket der Union und seine vielschichtigen Regelungsansätze gegen Dark Patterns, MMR 2023, 399; Martini/Kramme/Seeliger, „Nur noch für 30 Minuten verfügbar"

Scarcity- und Countdown-Patterns bei Online-Geschäften auf dem Prüfstand des Rechts, VuR 2022, 123; Möller, Dark Patterns in Consent-Bannern, VuR 2022, 449; Niebel/Jauch, Die UWG-Reform 2015 – ein Überblick über die Auswirkungen in der Praxis, BB 2016, 259; Ohly, Alternativentwurf („Große Lösung") zum Regierungsentwurf eines 2. Gesetzes zur Änderung des Gesetzes gegen den unlauteren Wettbewerb, WRP 2015, 1443; Palzer, Und willst kein braver Schuldner du sein, dann meld' ich bei der SCHUFA dich ein! – Ein lauterkeitsrechtlicher Blick auf ein ambivalentes Phänomen, WRP 2016, 427; Schaffert, Der Schutz älterer Menschen und die Anwendung der Beweislastregel des § 22 AGG im Lauterkeitsrecht, FS Büscher, 2018, 373; Scherer, Wohin mit der „Insolvenzmasse"? – Grundsätzliches zum geplanten Wegfall von § 4 Nr. 1, Nr. 2 UWG, WRP 2015, 148; Scherer, Die Neuregelung der aggressiven geschäftlichen Handlungen in § 4a UWG, GRUR 2016, 233; Scherer, Die besonders schutzbedürftigen Verbraucher nach der UWG-Novelle 2015, WRP 2016, 1441; Scherer, Das Chamäleon der Belästigung – Unterschiedliche Bedeutung eines Zentralbegriffs des UWG, WRP 2017, 891; Scherer, Lauterkeitsrechtliche Grenzen bei Zahlungsaufforderungen durch Mahnschreiben, NJW 2018, 3609; Scherer, Verbraucherentscheidung für Werbeblocker – eine aggressive geschäftliche Handlung der Anbieter?, WRP 2019, 1; Scherer, Erbringung unbestellter Leistungen an Unternehmen, NJW 2020, 3273; Schwippert, Vom Elend eines Tatbestandsmerkmals – Zur „Entscheidungsfreiheit" im Sinne des § 4 Nr. 1 UWG, FS Samwer, 2008, 197; Steinbeck, Die Zukunft der aggressiven Geschäftspraktiken, WRP 2008, 865.

1. Abschnitt. Allgemeines

Übersicht

Rn.

A. Entstehungsgeschichte und Normzweck des § 4a

I. Entstehungsgeschichte

§ 4a geht auf das Zweite Gesetz zur Änderung des UWG vom 2.12.2015 **1.1** (BGBl. 2015 I 2158) zurück. Zuvor regelte das UWG 2004 den Schutz vor Einflussnahmen, die durch Ausübung von Druck, in menschenverachtender Weise oder durch eine sonstige unangemessene und unsachliche Weise erfolgte, in § 4 Nr. 1 UWG 2004. Ergänzt wurde diese Vorschrift durch § 4 Nr. 2 UWG 2004, die dem Schutz besonders vulnerabler Verbrauchergruppen diente. § 4a dient der korrekten **Umsetzung** der Bestimmungen über die aggressiven Geschäftspraktiken in den **Art. 5 IV UGP-RL, Art. 8** und **9 UGP-RL.** Damit wurde nachgeholt, was der Gesetzgeber des UWG 2008 in der Annahme unterlassen hatte, es genüge eine richtlinienkonforme Auslegung des § 4 Nr. 1 und 2 UWG 2004 (vgl. BT-Drs. 16/10145, 18). In diesem Sinne hatte die Rspr. denn auch diese Tatbestände ausgelegt (BGH GRUR 2010, 850 Rn. 13 – Brillenversorgung II; WRP 2010, 1388 Rn. 16 – Ohne 19% Mehrwertsteuer; GRUR 2011, 747 Rn. 26 – Kreditkartenübersendung; WRP 2015, 1341 Rn. 14 – Schufa-Hinweis; vgl. Köhler GRUR 2010, 767). Erst auf wiederholtes Drängen der Kommission wurde der Gesetzgeber tätig. Einen Vorschlag für einen § 4a enthielt der **RefE** zur Änderung des UWG vom September 2014 (WRP 2014, 1373; Stellungnahmen dazu in Heft 12/2014 und Heft 1/2015 der WRP). Darin war vorgesehen, den Schutz auf sonstige Marktteilnehmer und Mitbewerber zu erstrecken. Der **RegE** (BT-Drs. 18/4535; abgedr. in WRP 2015, 64; dazu Kirchhoff WRP 2015, 659 (662); Köhler WRP 2015, 275 (277); Köhler WRP 2015, 1311; Ohly WRP 2015, 1443; Sosnitza GRUR 2015, 318 (321)) rückte davon wieder ab. Im **Gesetzgebungsverfahren** erhielt § 4a auf Grund der Beschlüsse des **Ausschusses für Recht und Verbraucherschutz** (BT-Drs. 18/6571) dann eine Fassung, die stark vom RegE abweicht. So wurde der Wortlaut noch stärker an den Wortlaut der Art. 8 und 9 UGP-RL angepasst, der Anwendungsbereich auf den Schutz der sonstigen Marktteilnehmer erweitert und in § 4a II 2 eine Regelung eingefügt, die in der Sache den § 4 Nr. 2 UWG 2008 übernimmt (→ Rn. 2.1 ff.).

II. Normzweck

§ 4a bezweckt in erster Linie den Schutz der **geschäftlichen Entscheidungsfreiheit der 1.2 Verbraucher und sonstigen Marktteilnehmer** vor unangemessenen Mitteln der Beeinflussung vor, bei und nach Abschluss eines Vertrags über Waren oder Dienstleistungen. Im Schutz dieser Entscheidungsfreiheit manifestiert sich der vom Unionsgesetzgeber bezweckte Schutz der **wirtschaftlichen Interessen** der Verbraucher (ErwGr. 6 S. 1 und 8 S. 1 UGP-RL) und der sonstigen Marktteilnehmer. Unerheblich ist, welche sonstigen, insbes. ideellen Interessen Verbraucher und sonstige Marktteilnehmer mit ihrer geschäftlichen Entscheidung verfolgen (vgl. BGH GRUR 2010, 852 Rn. 16 – Gallardo Spyder zu § 4 Nr. 1 und 2 UWG 2008). **Mittelbar** schützt § 4a auch die Interessen der rechtmäßig handelnden **Mitbewerber** des Handelnden und zugleich das Interesse der **Allgemeinheit** an einem unverfälschten (§ 1 I 2) und damit lauteren Wettbewerb (ErwGr. 8 S. 2 UGP-RL). Denn der Wettbewerb kann die von ihm erwarteten Funktionen nur erfüllen, wenn die potenziellen Marktpartner (Abnehmer/Kunden, Anbieter/Lieferanten) ihre Marktentscheidung frei und an ihren Vorstellungen und Bedürfnissen ausgerichtet treffen können. Dies wird teilweise als „Schiedsrichterfunktion" bezeichnet (dazu Beater FS Tilmann, 2003, 87 ff.). § 4a gewährt für Verbraucher einen **Individualschutz,** indem unlautere geschäftliche Handlungen einen individuellen Schadensersatzanspruch für die betroffenen Verbraucher auslösen können (§ 9 II 1). Diese Erweiterung des Schutzes war durch Art. 11a UGP-RL geboten. Für sonstige Marktteilnehmer gilt dies nicht. Bei unlauteren geschäftlichen Handlungen gemäß § 4a wird ein Individualschutz (auch) durch die Vorschriften des Bürgerlichen Rechts (§§ 104 ff., 119 ff., 134, 138, 311 II BGB, §§ 823 ff. BGB) und des Kartellrechts

(Art. 102 AEUV; §§ 19–21 GWB) gewährleistet (vgl. Köhler GRUR 2003, 265 (266 f.); Sosnitza GRUR 2003, 739 (744 f.)).

B. Systematische Stellung und Auslegung des § 4a

I. Systematische Stellung

1.3   Im Verbotssystem des UWG nimmt § 4a die gleiche Stellung ein wie die Art. 8 und 9 UGP-RL innerhalb der UGP-RL. Nach der Systematik der UGP-RL handelt es sich bei den in Art. 8 und 9 UGP-RL geregelten Verhaltensweisen um aggressive Geschäftspraktiken. § 4a konkretisiert das Tatbestandsmerkmal der **Unlauterkeit** iSd § 3 I. Nach § 4a unlautere geschäftliche Handlungen sind unzulässig. Die Unlauterkeit einer geschäftlichen Handlung gegenüber Verbrauchern nach § 4a ist erst dann zu prüfen, wenn die geschäftliche Handlung keinen Tatbestand der Schwarzen Liste des Anh. § 3 III erfüllt (→ Rn. 1.9). Eine Beurteilung der geschäftlichen Handlung gegenüber Verbrauchern nach § 3 II kommt wiederum erst in Betracht, wenn sie den Tatbestand des § 4a nicht erfüllt (→ Rn. 1.8). Zum Verhältnis des § 4a zu § 7 → Rn. 1.15.

II. Auslegung

1. Gebot der richtlinienkonformen Auslegung

1.4   Da § 4a der Umsetzung der Art. 8 und 9 UGP-RL dient (→ Rn. 1.1, → Rn. 1.3), ist diese Vorschrift richtlinienkonform anhand dieser Bestimmungen unter Beachtung der dafür vom EuGH aufgestellten Grundsätze (→ Einl. Rn. 3.13) vorzunehmen. Dabei gilt es, mehreres zu beachten: **(1)** Die in diesen Bestimmungen verwendeten Begriffe sind **einheitlich** und **autonom** unter Berücksichtigung der unterschiedlichen **Sprachfassungen** der Richtlinie, der **Auslegungsgrundsätze zum Unionsrecht** und der **Rspr. des EuGH** auszulegen. Daran muss sich auch die Auslegung jener in § 4a verwendeten Begriffe orientieren, die sich auch in der deutschen Rechtsterminologie und Rechtstradition finden, wie bspw. Belästigung und Nötigung. **(2)** § 4a weicht immer noch in einigen wichtigen Punkten vom Wortlaut der Art. 8 und 9 UGP-RL ab, was sich unschwer durch einen **Wortlautvergleich** feststellen lässt. Im Einzelnen: Die geschäftliche Relevanz wird nicht als Bestandteil der aggressiven Handlung, sondern als zusätzliches Element behandelt. Die Beeinträchtigung der „Verhaltensfreiheit" bleibt unerwähnt (→ Rn. 1.33). Die Einschränkung „in Bezug auf das Produkt" in Art. 8 und 9 lit. c UGP-RL wird in § 4a I nicht übernommen. § 4a II 1 handelt von der „Feststellung, ob eine geschäftliche Handlung aggressiv im Sinne des Absatzes 1 Satz 2 ist", während Art. 9 UGP-RL nur von der „Feststellung" spricht, „ob im Rahmen einer Geschäftspraxis die Mittel der Belästigung, der Nötigung, einschließlich der Anwendung körperlicher Gewalt, oder der unzulässigen Beeinflussung eingesetzt werden". **(3)** Im Rahmen der **richtlinienkonformen Auslegung** des § 4a sind auch die Wertungen zu berücksichtigen, die den Per-se-Verboten aggressiver Geschäftspraktiken der Anh. I Nr. 24–31 UGP-RL zugrunde liegen (dazu Köhler FS Bornkamm, 2014, 393 (404 ff.)).

2. Grenzen der richtlinienkonformen Auslegung

1.5   Bei der richtlinienkonformen Auslegung des § 4a ist der **beschränkte** persönliche und sachliche **Anwendungsbereich** der UGP-RL zu beachten. Das Gebot der richtlinienkonformen Auslegung gilt daher von vornherein nur für geschäftliche Handlungen von Unternehmen gegenüber **Verbrauchern** (B2C), dagegen nicht auch für geschäftliche Handlungen gegenüber **sonstigen Marktteilnehmern** iSd § 2 I Nr. 3, insbes. also gegenüber Unternehmen (B2B-Vertikalverhältnis). Darüber hinaus gilt es auch nicht für geschäftliche Handlungen gegenüber Verbrauchern, die nicht in den sachlichen Anwendungsbereich der UGP-RL fallen. Dazu gehört insbes. das **Nachfrageverhalten** von Unternehmen gegenüber Verbrauchern (→ § 2 Rn. 2.41). Insoweit bleibt grds. eine **autonome nationale Auslegung** des § 4a möglich. Aber auch in diesen Bereichen ist es zulässig und sogar sehr sinnvoll, so weit wie möglich die Wertmaßstäbe der UGP-RL zu übernehmen, um eine gespaltene Auslegung der Vorschrift und Wertungswidersprüche zu vermeiden.

3. Berücksichtigung der Rspr. zu § 4 Nr. 1 und 2 UWG 2008?

§ 4a stellt in gewisser Weise eine Nachfolgeregelung zu den Unlauterkeitstatbeständen des § 4 **1.6**
Nr. 1 und 2 UWG 2008 dar (→ Rn. 1.1). Daher stellt sich die Frage, inwieweit bei der
Auslegung und Anwendung des § 4a die Rspr. insbes. des BGH zu diesen aufgehobenen
Vorschriften noch herangezogen werden kann. Das ist jedenfalls bei den Entscheidungen im
Verhältnis B2C möglich und gerechtfertigt, in denen die Rspr. die Regelungen in § 4 Nr. 1 und
2 UWG 2008 bereits richtlinienkonform am Maßstab der Art. 8 und 9 UGP-RL ausgelegt hat
(vgl. BGH GRUR 2010, 850 Rn. 13 – Brillenversorgung II; WRP 2010, 1388 Rn. 16 – Ohne
19 % Mehrwertsteuer; GRUR 2011, 747 Rn. 26 – Kreditkartenübersendung; WRP 2015, 1341
Rn. 14 – Schufa-Hinweis; vgl. Köhler GRUR 2010, 767). Bei Entscheidungen im Verhältnis
B2B, insbes. zur Einschaltung von interessenwahrungspflichtigen Unternehmern in den Produktabsatz (vgl. BGH GRUR 2010, 850 Rn. 17 – Brillenversorgung II; GRUR 2009, 969
Rn. 11 – Winteraktion; GRUR 2012, 1050 Rn. 26 – Dentallaborleistungen), ist jedoch sehr
sorgfältig zu prüfen, ob sich ein darauf gestütztes Verbot nunmehr auf § 4a stützen lässt oder ob
nicht richtigerweise andere Kontrollmaßstäbe (§ 3 II, § 3a, § 5 I, II und § 5a IV) anzulegen sind
(→ Rn. 1.8).

C. Verhältnis des § 4a zu anderen Normen

I. Verhältnis zu anderen Vorschriften des UWG

1. Verhältnis zu § 3 I

Aus § 3 I ergibt sich zunächst die Rechtsfolge einer nach § 4a unlauteren geschäftlichen **1.7**
Handlung, nämlich deren Unzulässigkeit. Daneben kann jedoch § 3 I als Auffangtatbestand
herangezogen werden, wenn eine geschäftliche Handlung den Tatbestand des § 4a zwar nicht
erfüllt, aber einen Unlauterkeitsgehalt aufweist, der dem in den speziell geregelten Unlauterkeitstatbeständen vergleichbar ist (→ § 3 Rn. 2.21 ff.). Das kann allerdings nur im Verhältnis zu
sonstigen Marktteilnehmern praktische Bedeutung erlangen, weil das Verhältnis zu Verbrauchern
durch die UGP-RL, wenngleich nur in ihrem begrenzten Anwendungsbereich, abschließend
geregelt ist. Denkbar erscheint es, § 3 I in den Fällen von Verkaufsförderungsmaßnahmen heranzuziehen, in denen ein sonstiger Marktteilnehmer einem Unternehmer in ähnlicher Weise
unterlegen ist wie Verbraucher (zB Kleinunternehmer; kleiner Idealverein) und aus diesem
Grund im konkreten Fall in seiner Fähigkeit, eine informierte Entscheidung zu treffen, beeinträchtigt wird. Doch ist § 3 I nicht als eine dem § 3 II vergleichbare Generalklausel zum Schutz
sonstiger Marktteilnehmer anzusehen.

2. Verhältnis zu § 3 II

Soweit es das Verhältnis zu **Verbrauchern** betrifft, ist ein Rückgriff auf die Verbraucherge- **1.8**
neralklausel des § 3 II möglich, wenn die geschäftliche Handlung den Tatbestand des § 4a nicht
erfüllt. (Nicht dagegen ist § 3 II zusätzlich zu prüfen, wenn bereits der Tatbestand des § 4a
verwirklicht wurde; vgl. EuGH WRP 2014, 38 Rn. 31 ff. – CHS Tour Services). **§ 3 II** kann
insbes. in den Fällen Bedeutung erlangen, in denen die Rspr. früher § 4 Nr. 1 UWG 2008
anwendete, die Beeinträchtigung der Entscheidungsfreiheit aber zweifelhaft war. **Beispiele:**
Versprechen oder Gewähren geldwerter Vorteile an interessenwahrungspflichtige Unternehmer,
die dadurch veranlasst werden können, ihre Pflicht zu verletzen (BGH GRUR 2005, 1059
(1060) – Quersubventionierung von Laborgemeinschaften; GRUR 2010, 850 Rn. 17 – Brillenversorgung II). – Verleitung zur Verletzung von Vertragspflichten gegenüber der Versicherung
(BGH GRUR 2008, 530 Rn. 14 – Nachlass bei der Selbstbeteiligung; WRP 2008, 780
Rn. 16 ff. – Hagelschaden; OLG Naumburg GRUR-RR 2012, 34; LG Köln GRUR-RR 2012,
122). – Verharmlosung von Gesundheits- oder Sicherheitsrisiken (BGH GRUR 2006, 953
Rn. 19 – Warnhinweis II). – Soweit die frühere Rspr. Unlauterkeit iSd § 4 Nr. 1 UWG 2004
verneinte, wäre wohl auch keine Unlauterkeit iSd § 3 II anzunehmen. So bspw. bei: Zugaben
(BGH GRUR 2006, 161 Rn. 17 – Zeitschrift mit Sonnenbrille); Werbung für Steuerersparnisse
(BGH GRUR 2006, 511 Rn. 20 – Umsatzsteuererstattungsmodell); Unterbringung eines kom-
munalen Bestattungsunternehmens auf Friedhofsgelände (BGH GRUR 2005, 960 (962) –
Friedhofsruhe); Sponsoring (BGH GRUR 2006, 75 Rn. 17 ff. – Artenschutz; GRUR 2007, 247
Rn. 21 – Regenwaldprojekt I); Kündigungshilfe (BGH GRUR 2005, 603 (604) – Kündigungs-

hilfe); Vorteilsgewährung für Vermittlung einer Schulfotoaktion (BGH GRUR 2006, 77 Rn. 16 ff. – Schulfotoaktion); aleatorische Anreize (BGH GRUR 2007, 981 Rn. 33 – 150 % Zinsbonus; GRUR 2009, 875 Rn. 12 – Jeder 100. Einkauf gratis).

3. Verhältnis zu Anh. § 3 III

1.9   Die Tatbestände der „Schwarzen Liste" betreffen geschäftliche Handlungen gegenüber Verbrauchern (§ 3 III). Anh. Nr. 24–31 zu § 3 III enthalten Verbote von aggressiven Einflussnahmen auf Verbrauchern. Diese sind **vorrangig vor § 4a** zu prüfen. Dies ergibt sich aus der Regelungssystematik der UGP-RL. Ist einer dieser Tatbestände erfüllt, bedarf es der Heranziehung des § 4a nicht mehr. Anh. Nr. 32 zu § 3 III bildet einen **Sonderfall,** da der deutsche Gesetzgeber diesen Tatbestand über die Vorgaben der UGP-RL hinaus eingefügt hat, um Verbraucher weiter gehend zu schützen (Art. 3 V und VI UGP-RL). § 4a bleibt gleichrangig neben Anh. Nr. 32 zu § 3 III anwendbar.

4. Verhältnis zu § 3 IV

1.10   § 3 IV ist kein eigener Unlauterkeitstatbestand, sondern eine **Anweisung an den Rechtsanwender,** bei der Prüfung verbraucherschützender Unlauterkeitstatbestände die jeweilige geschäftliche Handlung aus der Sicht des Durchschnittsverbrauchers oder des durchschnittlichen Mitglieds der jeweils relevanten Verbrauchergruppe zu beurteilen. Von besonderer Bedeutung ist dabei **§ 3 IV 2** im Hinblick auf den Schutz besonders schutzbedürftiger Verbraucher. Diese Vorschrift ist nicht nur auf § 3 III, sondern auf **alle Unlauterkeitstatbestände,** insbes. auch auf § 4a I anwendbar. Die darin enthaltene Anweisung, die konkrete geschäftliche Handlung aus der Sicht eines durchschnittlichen Mitglieds der betroffenen Gruppe von besonders schutzbedürftigen Verbrauchern zu beurteilen, bezieht sich auf alle Tatbestandselemente, in denen dies eine Rolle spielen kann. Dazu gehören die Eignung der Handlung, die Entscheidungsfreiheit der Mitglieder dieser Gruppe erheblich zu beeinträchtigen (§ 4a I 2), die wesentliche Einschränkung der Fähigkeit des Verbrauchers zu einer informierten Entscheidung (§ 4a I 3), die Eignung der Handlung, den Verbraucher zu einer geschäftlichen Entscheidung zu veranlassen, die dieser andernfalls nicht getroffen hätte (§ 4a I 1) sowie die Verwendung drohender oder beleidigender Formulierungen oder Verhaltensweisen (§ 4a II 1 Nr. 2) und die Beeinträchtigung des Urteilsvermögens des Verbrauchers (§ 4a II 1 Nr. 3). – § 3 IV 2 dient der Umsetzung des Art. 5 III 1 UGP-RL. Mit dieser Regelung nur schwer kompatibel ist die Regelung in § 4a II 2, die zwar auch den Schutz besonders schutzbedürftiger Verbraucher bezweckt, aber eine unzutreffende Verknüpfung mit § 4a II 1 Nr. 3 vornimmt und auch nicht die besonderen in dieser Bestimmung (und in § 3 IV 2 korrekt wiedergegebenen) enthaltenen Voraussetzungen beachtet (→ Rn. 2.1 ff.).

5. Verhältnis zu § 3a

1.11   Ein und dieselbe geschäftliche Handlung kann im Einzelfall neben dem § 4a auch den Tatbestand des § 3a (Rechtsbruch) erfüllen. Dies ist bspw. der Fall, wenn der Unternehmer dem Verbraucher mit rechtlich unzulässigen Handlungen droht (§ 4a II 1 Nr. 5). Es liegt insoweit ein einheitlicher Streitgegenstand vor. Soweit es den Schutz älterer Menschen betrifft, kommt als Marktverhaltensregelung auch § 19 AGG in Betracht (vgl. Schaffert FS Büscher, 2018, 373 (377 ff.).

6. Verhältnis zu § 4

1.12   § 4a und § 4 verfolgen verschiedene Schutzzwecke und schützen unterschiedliche Marktakteure. Die beiden Regelungen können sich in ihren Anwendungsbereichen aber überschneiden. Eine aggressive geschäftliche Handlung (Vertikalverhältnis) kann gleichzeitig den Tatbestand des § 4 Nr. 4 (Horizontalverhältnis) erfüllen. **Beispiel:** Ein Unternehmer wirbt Kunden eines Mitbewerbers mittels Nötigung oder unzulässiger Beeinflussung ab. Das Ausüben von Druck oder sonstige aggressive Verhaltensweisen gegenüber Mitbewerbern unterfallen allein § 4 Nr. 4 (Harte-Bavendamm/Henning-Bodewig/Picht Rn. 15; aA MüKoUWG/Raue Rn. 38).

7. Verhältnis zu § 4a II 2

§ 4a II 2 ist kein selbständiger Unlauterkeitstatbestand, sondern bezweckt für den Bereich des **1.13**
Verbraucherschutzes eine Konkretisierung des § 4a I 1, genauer des in § 4a II 1 Nr. 3 angeführten Beurteilungskriteriums der „Umstände von solcher Schwere, dass sie das Urteilsvermögen
des Verbrauchers beeinträchtigen" (→ Rn. 2.2).

8. Verhältnis zu den § 5 und §§ 5a, 5b

Eine aggressive geschäftliche Handlung kann im Einzelfall auch den Tatbestand der Irrefüh- **1.14**
rung iSd **§ 5** (→ § 5 Rn. 1.68) oder der Nichtkenntlichmachung des kommerziellen Zwecks
einer geschäftlichen Handlung iSd **§ 5a IV** (früher § 4 Nr. 3 UWG 2008) erfüllen. Das Vorenthalten wesentlicher Informationen (§ 5a und § 5b) ist für sich genommen noch keine
aggressive Einflussnahme iSd § 4a. Allerdings entstehen Überschneidungen, wenn durch das
Vorenthalten einer wesentlichen Information die Entscheidungsfreiheit erheblich beeinträchtigt
wird (→ Rn. 1.33a).

9. Verhältnis zu § 7

Ein und dieselbe geschäftliche Handlung kann sowohl den Tatbestand des § 4a („Belästigung") **1.15**
als auch den Tatbestand des § 7 („unzumutbare Belästigung") erfüllen (→ Rn. 1.38). Es besteht
aber keine tatbestandliche Deckungsgleichheit. Prozessual ist von einem einheitlichen Streitgegenstand auszugehen.

II. Verhältnis zum Kartellrecht

1. Grundsatz des Vorrangs des Kartellrechts vor dem UWG

Aggressive Einflussnahmen auf Unternehmer im Vertikalverhältnis, insbesondere innerhalb **1.16**
einer Vertriebskette, liegen im Schnittbereich von § 4a, dem Kartell- und Vertragsrecht (Glöckner GRUR-Int 2016, 1106 ff.). Die allgemeinen Tatbestände des **Missbrauchs von Marktmacht** im Vertikalverhältnis (§ 19 I, II GWB, § 20 I, II, III GWB; Art. 102 AEUV) erfassen
auch die Druckausübung. Daneben regelt das Kartellrecht die Ausübung von Druck und Zwang
in verschiedenen Spezialtatbeständen. So dürfen nach § 21 II GWB einem Unternehmen keine
Nachteile angedroht oder zugefügt werden, um es zu einem Verhalten zu veranlassen, das nach
dem GWB nicht zum Gegenstand einer vertraglichen Bindung (zB iSd § 1 GWB) gemacht
werden darf. – Verstößt die Druckausübung gegen kartellrechtliche Verbote (Hauptfall: Androh-
hung oder Verhängung von Liefer- oder Bezugssperren), kann dies zugleich den Tatbestand des
§ 4a erfüllen, wenn vom Marktpartner eine geschäftliche Entscheidung iSd § 2 I Nr. 1 verlangt
wird. Dagegen ist der Tatbestand des § 3a nicht einschlägig, da das Kartellrecht insoweit eine
abschließende Regelung enthält (→ 3a Rn. 1.37; BGH GRUR 2006, 773 Rn. 13–16 – Probeabonnement). Insgesamt kommt den kartellrechtlichen Tatbeständen eine **Sperrwirkung** gegenüber dem UWG zu. Die in den Tatbeständen der §§ 1, 19, 20, 21 II GWB und
der Art. 101, 102 AEUV enthaltenen Begrenzungen dürfen nicht durch die Anwendung des
UWG unterlaufen werden (vgl. Köhler WRP 2005, 645). Es müssen also sonstige, von den
Kartellrechtstatbeständen nicht erfasste unlauterkeitsbegründende Umstände vorliegen, um die
Anwendung des § 4a zu rechtfertigen.

2. Wirtschaftlicher oder rechtlicher Druck auf Unternehmen

a) Druck auf Handelsunternehmen. Von Herstellern kann ein wirtschaftlicher oder recht- **1.17**
licher Druck auf **Handelsunternehmen** ausgehen, eine bestimmte geschäftliche Entscheidung
zu treffen. Im Allgemeinen sind derartige Fallgestaltungen ausschließlich nach dem Kartellrecht
zu beurteilen. § 4a ist nur dann anwendbar, wenn zusätzliche – von den Kartellrechtstatbeständen
nicht erfasste – unlauterkeitsbegründende Umstände vorliegen (→ Rn. 1.16). **Beispiele:** Von
einer befristeten Verkaufsförderaktion eines Herstellers kann zwar auf Grund entsprechender
Erwartungen der Verbraucher ein mittelbarer wirtschaftlicher Druck für Händler ausgehen, sich
an dieser Aktion mit entsprechender Preisgestaltung zu beteiligen. Dies stellt jedoch weder eine
wettbewerbswidrige Druckausübung (BGH GRUR 1978, 445 (446) – 4 zum Preis von 3) noch
– mangels Spürbarkeit der Einschränkung der Preisgestaltungsfreiheit – eine nach § 1 GWB
unzulässige Preisbindung dar (vgl. BGH GRUR 2003, 637 (639) – 1 Riegel extra zu § 15 GWB

aF). Denn dieser Druck ist lediglich eine Folge der Attraktivität der Werbeaktion und ihres sachlichen Inhalts. – Es ist auch nicht unlauter, einen Pachtvertrag fristgerecht zu kündigen, um den Pächter zum Abschluss eines neuen Pachtvertrages zu veranlassen, in dem ihm das alleinige Recht zur Automatenaufstellung eingeräumt wird, mag dies auch zur Folge haben, dass ein ohne seine Beteiligung mit einem Dritten geschlossener Automatenaufstellungsvertrag mit längerer Laufzeit nicht fortgesetzt werden kann (BGH GRUR 1997, 920 (921) – Automatenaufsteller). Etwas anderes kann im Falle der Kollusion gelten (BGH GRUR 1997, 920 (921) – Automaten-aufsteller).

1.18   **b) Druck auf Hersteller („Anzapfen").** Handelsunternehmen (oder industrielle Abneh-mer) fordern vielfach unter offener oder versteckter Androhung der Beendigung oder Ein-schränkung bestehender Geschäftsbeziehungen von Herstellern Geld- oder Sachzuwendungen, ohne eine entsprechende Gegenleistung anzubieten (sog **„Anzapfen"**).

1.19   **aa) Kartellrechtliche Beurteilung.** Nach ErwGr. 9 **VO (EG) 1/2003** steht es den Mit-gliedstaaten frei, zur Bekämpfung unlauterer Handelspraktiken Rechtsvorschriften anzuwenden, „mit denen Unternehmen untersagt wird, bei ihren Handelspartnern ungerechtfertigte, unver-hältnismäßige oder keine Gegenleistung umfassende Bedingungen zu erzwingen, zu erhalten oder den Versuch hierzu zu unternehmen". Das deutsche Kartellrecht erfasst solche Sachverhalte vor allem in den § 19 II Nr. 5 GWB, § 20 II GWB (vgl. BGH GRUR 2003, 80 – Konditionen-anpassung; WuW 2016, 91 – Hochzeitsrabatte; OLG Düsseldorf WuW 2016, 23; Köhler FS Tilmann, 2003, 693; Köhler WRP 2005, 645 (648); Köhler WRP 2006, 139; Säcker/Mohr WRP 2010, 1 ff.; Lettl WRP 2017, 641). Nach **§ 19 II Nr. 5** (idF der 9. GWB-Novelle) stellt es einen Missbrauch iSd § 19 I GWB dar, wenn ein marktbeherrschendes Unternehmen, andere Unternehmen dazu auffordert, ihm ohne sachlich gerechtfertigten Grund Vorteile zu gewähren. Hierbei ist insbesondere zu berücksichtigen, ob die Aufforderung für das andere Unternehmen nachvollziehbar begründet ist und ob der geforderte Vorteil in einem angemessenen Verhältnis zum Grund der Forderung steht (dazu Lettl WRP 2017, 641). Nach **§ 20 II GWB** gilt dies auch für Unternehmen im Verhältnis zu den von ihnen abhängigen Unternehmen (dazu BGH GRUR 2003, 80 (82) – Konditionenanpassung). Eine Ausnutzung der Marktstellung ist, anders als im früheren Recht, nicht mehr erforderlich (BT-Drs. 18/10207, 52). Unter **Vorteil** ist nach der Neufassung des § 19 II Nr. 5 GWB jede Verbesserung der wirtschaftlichen Stellung des Nachfragers im Vergleich zu dem, was bei objektiver Würdigung in etwa gleichstarke Unterneh-men vernünftigerweise ausgehandelt und vereinbart hätten, zu verstehen (vgl. Lettl WRP 2017, 641 Rn. 16). Dazu gehören insbes. vermögenswerte Zuwendungen jedweder Art (Waren, Dienstleistungen, Zahlungen, Begründung vertraglicher Rechte oder Minderung vertraglicher Pflichten usw) sowie die Einräumung von Wettbewerbsvorteilen in Gestalt der Sicherung einer Gleich- oder gar Vorzugsbehandlung (zB Meistbegünstigungsklauseln). Ob ein Vorteil **sachlich nicht gerechtfertigt** ist, beurteilt sich nach den Umständen des Einzelfalls im Wege der Interes-senabwägung unter Berücksichtigung der auf die Freiheit des Wettbewerbs gerichteten Zielset-zung des GWB. Dafür gibt Hs. 2 des § 19 II Nr. 5 GWB beispielhaft zwei Kriterien an (dazu Lettl WRP 2017, 641 Rn. 19 ff.). Sachlich nicht gerechtfertigt sind Vorteile ua dann, wenn die Parteien vertraglich gebunden sind und der Nachfrager auf den Vorteil keinen zivilrechtlichen Anspruch (iSe Anspruchs auf Vertragsanpassung) hat und er keine echte oder nur eine unverhält-nismäßig geringe Gegenleistung anbietet (vgl. auch BGH GRUR 1982, 677 (678) – Unent-geltliche Übernahme der Preisauszeichnung; OLG Hamm WRP 2002, 747 (749)). Unter die § 19 II Nr. 5 GWB, § 20 II GWB kann daher das Verlangen nach einer rückwirkenden Kon-ditionenanpassung aus Anlass einer Fusion (vgl. BGH GRUR 2003, 80 (83 f.) – Konditionen-anpassung: widerlegliche Vermutung der fehlenden sachlichen Rechtfertigung) oder nach einem Beitrag zur Modernisierung von Verkaufsstätten fallen. – Vereinbarungen zwischen Händler und Lieferant, die dem Händler eine **„Meistbegünstigung"** bei den Konditionen einräumen oder ihm sogar eine Vorzugsbehandlung sichern, können den Tatbestand des **Art. 101 I AEUV** und/oder **§ 1 GWB** erfüllen. Ob solche Klauseln nach Art. 101 III AEUV bzw. § 2 II GWB iVm Art. 2 und 3 Vertikal-GVO vom Kartellverbot freigestellt sind, richtet sich insbesondere danach, ob diese Klauseln eine Kernbeschränkung iSv Art. 4 Vertikal-GVO oder eine sonstige Beschränkung iSv Art. 5 Vertikal-GVO enthalten. Davon unabhängig kann das Verlangen nach Meistbegünstigung den Tatbestand der § 19 II Nr. 5 GWB, § 20 II GWB erfüllen.

1.20   **bb) Lauterkeitsrechtliche Beurteilung.** Neben den kartellrechtlichen Bestimmungen sind auch die Bestimmungen des UWG (§ 3 I, § 4 Nr. 4 und § 4a) anwendbar; jedoch sind dabei die

vorrangigen Wertungen des Kartellrechts zu berücksichtigen (vgl. Köhler WRP 2005, 645 (648) und WRP 2006, 139 (145 f.); vgl. auch BGH GRUR 1982, 737 (738) – Eröffnungsrabatt). § 4a schützt nicht nur die Entscheidungsfreiheit der Verbraucher, sondern auch die der sonstigen Marktteilnehmer vor unzulässiger Beeinflussung. Die Vorschrift gilt daher für alle Wirtschaftsstufen und für Absatz- und Beschaffungsmärkte gleichermaßen. Sie ist daher auch auf die Ausübung von **Nachfragemacht** im Verhältnis der Händler zu den Herstellern anwendbar. Für die Verwirklichung des Tatbestands des § 4a reicht indessen die Drohung, weniger, nichts oder nichts mehr zu kaufen, falls keine Vorteile gewährt werden, nicht ohne weiteres aus. Denn dies ist noch Ausfluss der (negativen) Vertragsfreiheit des Nachfragers. Harte Verhandlungen („hard bargaining") mit dem Ziel, möglichst günstige Einkaufsbedingungen zu erreichen, sind wettbewerbskonform (Glöckner GRUR-Int 2016, 1106 (1118); MüKoUWG/Raue Rn. 327). Auch hat grds. kein Anbieter einen Anspruch auf die Aufnahme oder Fortsetzung von Lieferbeziehungen mit einem bestimmten Nachfrager (BGH GRUR 1977, 619 (621) – Eintrittsgeld), zumal diesen das Absatzrisiko trifft. Die Drohung mit der Beendigung oder der Nichtaufnahme von Geschäftsbeziehungen ist daher lauterkeitsrechtlich grds. nicht zu beanstanden (BGH GRUR 1982, 737 (738) – Eröffnungsrabatt; WuW/E BGH 1943, 1945 f. – Markenverband-Deschauer). Das bloße Fordern von sachlich nicht gerechtfertigten Vorteilen (zB Verlangen von Einmalzahlungen aus beliebigen Anlässen) durch ein Unternehmen, das über keine absolute oder relative Marktmacht verfügt, reicht daher nicht aus, um den Tatbestand des § 4a zu erfüllen. Der Tatbestand des § 4a I, II 1 Nr. 5 kann jedoch erfüllt sein, wenn dem Lieferanten mit anderen empfindlichen Nachteilen gedroht wird als der Nichtaufnahme, Beendigung oder Einschränkung einer Lieferbeziehung. Dazu gehören etwa die Drohung gegenüber dem Lieferanten, bestehende **Verträge zu brechen,** ihn bei Dritten **anzuschwärzen, Geschäftsgeheimnisse oder sonstige Vertragsinterna** bekannt zu geben oder die Drohung mit einer **Schädigung des Markenimages,** etwa durch ein Anbieten der Waren des Lieferanten zu Tiefstpreisen (vgl. OLG Hamburg GRUR-RR 2002, 39 – Telefonumfrage) oder in beschädigtem oder verschmutztem Zustand. Weiter gehört hierher die Drohung, eine berechtigte Forderung des Lieferanten **nicht zu erfüllen,** etwa Rechnungen des Lieferanten eigenmächtig zu kürzen oder einseitig Zahlungsziele zu verlängern (vgl. OLG Hamm WRP 2002, 747; OLG Zweibrücken GRUR-RR 2003, 17 (18); Köhler WRP 2005, 645 (649)). – Für die lauterkeitsrechtliche Bewertung spielt es keine Rolle, ob der Nachfrager die Einkaufsvorteile an die Verbraucher weitergibt, in den Betrieb investiert oder seinem Privatvermögen zuführt (BGH GRUR 1977, 619 (621 f.) – Eintrittsgeld). – Zur Anwendung des **§ 4 Nr. 4** → § 4 Rn. 4.130 ff.

III. Verhältnis zum Bürgerlichen Recht

Die Ausnutzung einer Machtposition zur Ausübung von Druck kann, wenn sie sich in einer widerrechtlichen „Drohung" äußert, zur Anfechtbarkeit der Willenserklärung nach **§ 123 I BGB** oder zur Nichtigkeit des Vertrags nach **§ 138 I BGB** führen. Zugleich kann sich daraus ein Schadensersatzanspruch aus **culpa in contrahendo** (§ 280 I BGB, § 241 II BGB, § 311 II BGB) ergeben, sofern dem Bedrohten durch den Vertragsschluss ein Schaden entstanden ist (BGH NJW 2002, 2774 (2775)). Ferner kann die Ausnutzung einer Machtposition zur Ausübung von Druck den Tatbestand der vorsätzlichen sittenwidrigen Schädigung nach **§ 826 BGB** und den Tatbestand des **§ 823 I BGB** (Allgemeines Persönlichkeitsrecht) erfüllen. Das Recht am Unternehmen (Recht am eingerichteten und ausgeübten Gewerbebetrieb) ist demgegenüber subsidiär. **1.21**

IV. Verhältnis zum Strafrecht

Soweit eine Druckausübung den Tatbestand der Nötigung (§ 240 StGB) oder Erpressung (§ 253 StGB) erfüllt, ist sie ohne weiteres auch unlauter iSd § 4a. Jedoch setzt § 4a selbstverständlich keine strafbare Handlung voraus. **1.22**

V. Verhältnis zu weiteren Rechtsgebieten

Spezielle Regelungen zum Schutz vor unlauteren Handelspraktiken in der **Lebensmittellieferkette** enthalten die §§ 10 ff. AgrarOLkG (Agrarorganisationen- und Lieferketten-Gesetz). Diese Vorschriften dienen der Umsetzung der unionsrechtlichen Vorgaben aus der RL (EU) 2019/633 vom 17.4.2019 über unlautere Handelspraktiken in den Geschäftsbeziehungen zwischen Unternehmen in der Agrar- und Lebensmittelversorgungskette (ABl. EU L 111, 59). Der **1.22a**

Schutz durch die §§ 10 AgrarOLkG erstreckt sich auf bestimmte Geschäftsbeziehungen im Vertikalverhältnis (näher zum Anwendungsbereich Glöckner WRP 2023, 129 ff.). Überschneidungen der speziellen Verbotstatbestände mit § 4a sind möglich, da diese Norm auch geschäftliche Handlungen gegenüber sonstigen Marktteilnehmern erfasst (→ Rn. 1.27). Die §§ 10 ff. AgrarOLkG schließen eine parallele Anwendung von § 4a nicht aus.

D. Der Tatbestand des § 4a

I. Geschäftliche Handlung

1. Allgemeines

1.23   **a) Definition.** § 4a setzt eine **geschäftliche Handlung** iSd § 2 I Nr. 2 voraus, also ein Verhalten einer Person zugunsten des eigenen oder eines fremden Unternehmens vor, bei oder nach einem Geschäftsabschluss, das mit der Förderung des Absatzes oder Bezugs von Waren oder Dienstleistungen oder mit dem Abschluss oder der Durchführung eines Vertrags über Waren oder Dienstleistungen objektiv zusammenhängt. Ein objektiver Zusammenhang ist dann gegeben, wenn die Handlung bei objektiver Betrachtung darauf **gerichtet** ist, eine **geschäftliche Entscheidung** des Verbrauchers oder sonstigen Marktteilnehmers iSd § 2 I Nr. 1 zu beeinflussen. Dies ergibt sich aus ErwGr. 7 S. 1 UGP-RL (→ § 2 Rn. 2.51, 2.88, 2.91; BGH WRP 2013, 1183 Rn. 17, 18 – Standardisierte Mandatsbearbeitung). Davon zu unterscheiden ist die Frage, ob die geschäftliche Handlung auch dazu **geeignet** ist (→ Rn. 1.32).

1.24   **b) Handlungen zur Förderung des Absatzes oder Bezugs.** Der **Förderung des Absatzes oder Bezugs** von Waren oder Dienstleistungen dient eine geschäftliche Handlung, wenn sie objektiv darauf gerichtet ist, Verbraucher oder sonstige Marktteilnehmer zum Abschluss eines entgeltlichen Vertrags über eine Ware oder Dienstleistung zu veranlassen (BGH WRP 2013, 1183 Rn. 17 – Standardisierte Mandatsbearbeitung). Über Art. 8 UGP-RL hinausgehend werden daher auch aggressive geschäftliche Handlungen erfasst, die der Förderung des **Bezugs** von Waren oder Dienstleistungen dienen. **Beispiel:** Ein Unternehmer nötigt Angestellte mit Androhung fristloser Kündigung dazu, ihm Aktien an seiner Gesellschaft zu verkaufen.

1.25   **c) Handlungen im Zusammenhang mit dem Abschluss oder der Durchführung eines Vertrags.** Aggressive Handlungen können sich auch auf den **Abschluss** eines Vertrags beziehen. Dies zeigt sich vor allem dann, wenn sie den Verbraucher dazu veranlassen sollen, einen konkreten Vertrag mit bestimmten Bedingungen, einschließlich AGB, abzuschließen, zu ändern oder zu beenden. **Beispiel:** Ein Unternehmer nötigt einen Verbraucher dazu, bestimmte AGB zu akzeptieren oder in eine Vertragsauflösung einzuwilligen. Von großer praktischer Bedeutung sind aggressive Handlungen im Zusammenhang mit der Durchführung eines Vertrags, insbes. bei der Durchsetzung eigener (bestehender oder vermeintlicher) Rechte und Ansprüche, und mit der Abwehr von Rechten und Ansprüchen des Verbrauchers (§ 4a II 1 Nr. 4). **Beispiele:** aggressive Durchsetzung von Zahlungsansprüchen (vgl. BGH WRP 2015, 1341 Rn. 15 ff. – Schufa-Hinweis; OLG München WRP 2010, 295); unverhältnismäßige Erschwerung der Kündigung oder der Geltendmachung von Gewährleistungsansprüchen des Verbrauchers (vgl. § 4a II 1 Nr. 4).

1.26   **d) Verantwortlichkeit.** Die Verantwortung (Haftung) für aggressive geschäftliche Handlungen trägt der Unternehmer als **Täter,** wenn er zugunsten des eigenen Unternehmens handelt. Er ist ggf. als **mittelbarer Täter** verantwortlich, wenn er Dritte, seien es Beauftragte oder Mitarbeiter, einsetzt; jedenfalls ist er für deren Handeln nach § 8 II verantwortlich. Daneben haften ggf. Dritte persönlich, wenn sie zugunsten eines **fremden** Unternehmens handeln (→ § 8 Rn. 2.5a).

2. Gegenüber Verbrauchern oder sonstigen Marktteilnehmern

1.27   Die geschäftliche Handlung muss unmittelbar oder mittelbar (durch den Einsatz Dritter) gegenüber (einem oder mehreren) **Verbrauchern** oder **sonstigen Marktteilnehmern** vorgenommen werden (BGH WRP 2018, 1322 Rn. 58 – Werbeblocker II). Die Verbraucherdefinition in § 2 II iVm § 13 BGB ist richtlinienkonform am Maßstab des Art. 2 lit. a UGP-RL auszulegen (→ § 2 Rn. 12.3). Zur Definition des Marktteilnehmers vgl. § 2 I Nr. 3. Sonstige Marktteilnehmer sind nach dem Sprachgebrauch des UWG (vgl. § 1 I 1, § 3a) alle Marktteilnehmer, bei denen es sich nicht um Verbraucher oder Mitbewerber handelt (zB Zulieferer oder Abnehmer im Vertikalverhältnis; Vereine; Stiftungen). Aggressives Verhalten gegenüber **Mitbewerbern** ist nach den § 3 I, § 4 Nr. 4 zu beurteilen (→ Rn. 1.12).

II. Die drei Mittel der Beeinflussung

§ 4a I setzt voraus, dass der Unternehmer ein bestimmtes **Mittel** der Beeinflussung (Art. 9 **1.28** UGP-RL) verwendet. Es sind dies nach § 4a I 2 im Einzelnen: Nr. 1 die **Belästigung** (→ Rn. 1.37 ff.), Nr. 2 die **Nötigung** einschließlich der Anwendung körperlicher Gewalt (→ Rn. 1.48 ff.) und Nr. 3 die **unzulässige Beeinflussung** (→ Rn. 1.55 ff.). Diese Aufzählung ist **abschließend**. Ihr Vorliegen ist anhand der Kriterien des § 4a I 1 Nr. 1–5 zu beurteilen. Für die Unlauterkeit iSd § 4a genügt es daher nicht, dass im Einzelfall eine geschäftliche Handlung zwar die Entscheidungsfreiheit beeinträchtigt, dies aber nicht auf Grund eines Einsatzes eines der genannten Mittel erfolgt. Das widerspräche den Vorgaben des Art. 8 UGP-RL (aA Scherer WRP 2007, 723 (725)). **Beispiel:** Bemerkt eine Verkäuferin gegenüber einer Kundin in ehrlicher Beratung, in einem Kleid sehe sie „unmöglich", in einem anderen dagegen „äußerst attraktiv" aus, so kann diese Äußerung durchaus geeignet sein, die Entscheidungsfreiheit der Kundin erheblich zu beeinträchtigen. Sie ist aber nicht schon aus diesem Grunde unlauter (vgl. auch ErwGr. 6 S. 5 UGP-RL). Von der geschäftlichen Handlung muss vielmehr eine Belästigung, Nötigung oder unzulässige Beeinflussung iSd Art. 8 UGP-RL ausgehen. Es ist also eine **Doppelprüfung** erforderlich: Zu prüfen ist **(1),** welches Mittel eingesetzt worden ist und wie es sich **(2)** auf die Entscheidungsfreiheit des Verbrauchers auswirkt. Bei der erforderlichen Beurteilung sind alle **tatsächlichen Umstände des konkreten Falles** zu berücksichtigen. Es ist daher eine sorgfältige Abwägung der Interessen der Beteiligten und eine genaue Prüfung der Auswirkungen auf die Betroffenen vorzunehmen. – Fehlt es entweder an einem Einsatz eines der drei genannten Mittel oder an einer erheblichen Beeinträchtigung der Entscheidungsfreiheit, so kommt als **Auffangtatbestand** im Verhältnis zu Verbrauchern § 3 II, durch den Art. 5 II UGP-RL umgesetzt wurde, und im Verhältnis zu sonstigen Marktteilnehmern § 3 I in Betracht (Köhler WRP 2010, 1293 (1298)).

Die drei Mittel der Beeinflussung stehen in **keinem bestimmten Rangverhältnis** zueinan- **1.29** der. Es besteht daher auch keine bestimmte Prüfungsreihenfolge, wie sich mittelbar auch aus Art. 9 UGP-RL und § 4a II 1 ergibt. **Gemeinsam** ist diesen Mitteln, dass von ihnen ein **Druck** auf den Verbraucher ausgeht, eine bestimmte geschäftliche Entscheidung zu treffen. Eine genaue Abgrenzung der drei Erscheinungsformen der Beeinflussung ist kaum möglich, aber auch entbehrlich, weil sie keine unterschiedlichen Rechtsfolgen nach sich ziehen. Dementsprechend ist die nach § 4a I 2 gebotene Berücksichtigung aller Umstände des konkreten Falls nicht auf einzelne Mittel der Beeinflussung beschränkt. Im Einzelfall können sich diese Formen daher überschneiden. Gerade ein Zusammenwirken mehrerer Mittel kann den aggressiven Charakter einer geschäftlichen Handlung begründen oder diesen verstärken. Beschimpft etwa ein Unternehmer im Laden einen Kunden (vgl. § 4a II 1 Nr. 2), weil er ein Produkt nicht kaufen möchte, so kann dies sowohl eine Belästigung als auch eine Nötigung darstellen.

Kein aggressives Verhalten liegt vor: **(1)** Bei der bloßen **Abgabe eines Angebots** (iSd § 5b **1.30** I), da es dem Verbraucher lediglich eine Chance zum Vertragsschluss verschafft. Der aggressive Charakter einer derartigen geschäftlichen Handlung kann sich daher nur aus dem Vorgehen des Unternehmers, den Verbraucher zur Annahme des Angebots zu bewegen, ergeben. Das gilt auch für **verkaufsfördernde** Angebote, einschließlich **Kopplungsangeboten**, da von ihnen **kein Druck,** sondern lediglich ein **Anreiz** ausgeht (vgl. BGH GRUR 2011, 532 Rn. 21 – Millionen-Chance II; Köhler GRUR 2010, 177 (182)). Auch eine übermäßige Anlockwirkung eines Kopplungsangebots erfüllt daher nicht ohne Weiteres den Tatbestand des § 4a. Vielmehr ist zu prüfen, ob im Einzelfall die Kriterien des § 4a I erfüllt sind. Ist dies nicht der Fall, kommt eine Prüfung nach § 3 II (im Verhältnis zu Verbrauchern) bzw. § 3 I (im Verhältnis zu sonstigen Marktteilnehmern) in Betracht (vgl. BGH GRUR 2022, 241 Rn. 28 – Kopplungsangebot III). **(2)** Bei Vorliegen eines **Rechtfertigungsgrundes.** So ist bspw. eine Nötigung zu verneinen, wenn der Unternehmer zum Zwecke der **Selbsthilfe (§ 229 BGB)** handelt (vgl. auch Anh. Nr. 26 zu § 3 III: Durchsetzung einer vertraglichen Verpflichtung) oder wenn eine **Einwilligung** des Verbrauchers vorliegt. **(3)** Bei Einhaltung einer **gesetzlichen Verpflichtung.** (Zu § 28a I 1 Nr. 4 lit. c BDSG 2003 (aF) vgl. BGH WRP 2015, 1341 Rn. 25 – Schufa-Hinweis; diese Bestimmung hat jedoch kein Äquivalent in § 31 BDSG).

III. Eignung zur erheblichen Beeinträchtigung der Entscheidungsfreiheit

1. Grundsatz

1.31   Das entscheidende Tatbestandsmerkmal der aggressiven geschäftlichen Handlung ist ihre **Eignung, die Entscheidungsfreiheit des Verbrauchers oder sonstigen Marktteilnehmers erheblich zu beeinträchtigen.** Es genügt also nicht die Feststellung, dass eines der drei genannten aggressiven Mittel eingesetzt wurde. Vielmehr muss das verwendete Mittel nach seiner Art und/oder Intensität diese Eignung besitzen.

2. Eignung

1.32   Nach § 4a I 1 muss die geschäftliche Handlung **geeignet** sein, die Entscheidungsfreiheit des Verbrauchers oder sonstigen Marktteilnehmers erheblich zu beeinträchtigen. Diese Eignung ist in richtlinienkonformer Auslegung am Maßstab des Art. 8 UGP-RL dann gegeben, wenn das eingesetzte Mittel tatsächlich oder voraussichtlich zu einer erheblichen Beeinträchtigung der Entscheidungsfreiheit führt. Das setzt eine **objektive Wahrscheinlichkeit** dieser Folge voraus (ebenso OLG Frankfurt GRUR 2005, 1064 (1065); OLG München GRUR-RR 2010, 53 (56)). Der von dem eingesetzten Mittel ausgehende Druck muss nach Art oder Umfang so stark sein, dass sich der Kunde ihm tatsächlich oder voraussichtlich nicht mehr entziehen kann (ebenso OLG Stuttgart GRUR-RR 2008, 429 (434)). Maßgebend ist die wahrscheinliche Reaktion des Durchschnittsverbrauchers oder des durchschnittlichen Mitglieds der jeweils angesprochenen Verbrauchergruppe bzw. des durchschnittlichen sonstigen Marktteilnehmers auf die betreffende geschäftliche Handlung. Dabei ist nach § 4a I 2 auf den konkreten Fall unter Berücksichtigung aller Umstände abzustellen.

3. Entscheidungsfreiheit

1.33   § 4a I 2 erwähnt nur die **Entscheidungsfreiheit,** während Art. 8 UGP-RL auch die **Verhaltensfreiheit** (engl. freedom of choice or conduct; frz. liberté de choix ou de conduite) einbezieht. Das ist im Wege der richtlinienkonformen Auslegung zu berücksichtigen (→ Rn. 1.4). Unter **Entscheidungsfreiheit** ist die **Freiheit, eine andere als die vom Unternehmer angestrebte geschäftliche Entscheidung zu treffen,** zu verstehen (vgl. Köhler GRUR 2010, 767 (772)). Unter **Verhaltensfreiheit** ist die **Freiheit, sich anders zu verhalten, als vom Unternehmer angestrebt,** zu verstehen. Die Beeinträchtigung der Verhaltensfreiheit ist jedenfalls in den Fällen relevant, in denen der Verbraucher sich noch gar nicht in der Situation befindet, eine endgültige geschäftliche Entscheidung treffen zu müssen. Dies ist bspw. der Fall, wenn Verbraucher auf einer „Kaffeefahrt" dazu genötigt werden, an einer Verkaufsveranstaltung teilzunehmen, obwohl sie dies gar nicht wünschen (vgl. auch Anh. Nr. 24 zu § 3 III), oder wenn sie daran gehindert werden, den Verkaufsraum zu verlassen (vgl. Anh. Nr. 25 zu § 3 III). Der Unterschied zwischen Entscheidungs- und Verhaltensfreiheit verwischt sich allerdings, wenn man mit dem EuGH den Begriff der geschäftlichen Entscheidung auf alle Entscheidungen erstreckt, die mit der Entscheidung über den Erwerb oder Nichterwerb eines Produkts unmittelbar zusammenhängen, wozu auch das Aufsuchen eines Geschäftslokals gehört (→ § 2 Rn. 1.10; EuGH WRP 2014, 161 Rn. 36 – Trento Sviluppo). Dementsprechend verwendet ErwGr. 16 UGP-RL als Oberbegriff den Ausdruck **Wahlfreiheit.**

1.33a   Die Entscheidungsfreiheit ist schon dann beeinträchtigt, wenn die Fähigkeit des Verbrauchers zu einer informierten Entscheidung dadurch eingeschränkt ist, dass ihn der Unternehmer **nicht klar und angemessen aufgeklärt** hat (vgl. EuGH WRP 2012, 1509 Rn. 53 – Purely Creative; EuGH WRP 2018, 1304 Rn. 45 – Wind Tre mAnm Fritzsche; EuGH GRUR 2019, 1064 Rn. 34 – Orange Polska). Zu einer solchen Aufklärung gehören die Informationen über die Bedingungen und die Folgen eines Vertrags sowie über den Preis, weil der Verbraucher sie für eine informierte Entscheidung benötigt (EuGH WRP 2018, 1304 Rn. 46, 47 – Wind Tre; EuGH GRUR 2019, 1064 Rn. 35 – Orange Polska). Letztlich wird damit ein Zusammenhang von Art. 8 UGP-RL mit Art. 2 lit. h UGP-RL (bzw. § 3 II) und Art. 7 UGP-RL (bzw. § 5a und § 5b) hergestellt. Allerdings genügt dies für sich allein nicht, um den Tatbestand des Art. 8 UGP-RL (bzw. § 4a) zu erfüllen (vgl. § 4a I 3).

4. Erhebliche Beeinträchtigung

§ 4a I 2 setzt die Eignung zu einer **erheblichen Beeinträchtigung** der Entscheidungsfreiheit **1.34** voraus (engl. significantly impairs; frz. altère … de manière significative). Dabei sind nach § 4a I 2 alle **Umstände des konkreten Falls** zu berücksichtigen. Maßgebend für die Beurteilung ist, wie der verständige Durchschnittsverbraucher (bzw. das durchschnittliche Mitglied der angesprochenen Verbrauchergruppe) oder der durchschnittliche sonstige Marktteilnehmer auf die konkrete Maßnahme voraussichtlich **reagiert.** Eine erhebliche Beeinträchtigung ist immer dann anzunehmen, wenn ein angemessen gut unterrichteter und angemessen aufmerksamer kritischer (bzw. verständiger) Durchschnittsverbraucher oder durchschnittlicher sonstiger Marktteilnehmer davon ausgeht, dass er sich dem von dem Mittel ausgehenden Druck nicht entziehen kann und daher zumindest **ernsthaft in Erwägung zieht,** die von ihm erwartete geschäftliche Entscheidung zu treffen (oder sich in der erwarteten Weise zu verhalten), um die ihm sonst drohenden Nachteile abzuwenden. Es darf sich also nicht um bloß geringfügige Einwirkungen handeln, durch die sich ein Durchschnittsverbraucher oder durchschnittlicher sonstiger Marktteilnehmer voraussichtlich nicht in seinen Entscheidungen oder seinem Verhalten beeinflussen lässt (ebenso OLG München WRP 2012, 347 Rn. 30). Daher muss das eingesetzte Mittel von einer gewissen **Intensität** oder **Nachhaltigkeit** sein. Dabei kommt es nach § 4a II 1 Nr. 1 insbes. auf „Zeitpunkt, Ort, Art oder Dauer" des Einsatzes des Mittels an. Im Übrigen sind alle Umstände des konkreten Falls zu berücksichtigen. Je größer der vom Verbraucher oder sonstigen Marktteilnehmer zu befürchtende Nachteil ist, desto eher ist von einer erheblichen Beeinträchtigung seiner Entscheidungsfreiheit auszugehen. Bei bestimmten Maßnahmen wie zB der **Nötigung** in Gestalt der Anwendung oder Androhung von körperlicher Gewalt ist dies **stets** anzunehmen (vgl. den Fall OLG München WRP 2010, 295 (297): Androhung des Besuchs eines „auf Inkasso spezialisierten Mitarbeiter-Teams" in den Abendstunden). Eine erhebliche Beeinträchtigung aufgrund einer unzulässigen Beeinflussung kann bspw. dann vorliegen, wenn ein Kurier vom Empfänger eines Schreibens, das einen Vertrag enthält, verlangt, dass er den Vertrag unterschreibt, und dabei äußert, jede Verzögerung bei der Unterzeichnung würde bedeuten, dass der Vertrag später nur zu ungünstigeren Bedingungen geschlossen werden könne oder der Verbraucher Gefahr laufe, Vertragsstrafen zahlen zu müssen, oder im Fall einer Vertragsänderung damit rechnen müsse, dass der Unternehmer die Erbringung der Leistung aussetze (EuGH GRUR 2019, 1064 Rn. 48 – Orange Polska).

Keine Beeinträchtigung der Entscheidungsfreiheit des Verbrauchers liegt nach der Rspr. **1.35** vor: **(1)** Beim Kauf einer Zeitung, wenn dem Verbraucher durch die Aufstellung sog „Stummer Verkäufer" die gefahrlose Entwendung der Zeitung ermöglicht wird, zumal ein solches Verbraucherverhalten ohnehin keinen wettbewerbsrechtlichen Schutz verdient (BGH GRUR 2010, 455 Rn. 18 – Stumme Verkäufer II). **(2)** Bei der von einem Brillenhersteller initiierten Empfehlung eines Augenarztes, sich eine Brille auf dem „abgekürzten Versorgungsweg" zu beschaffen, da die mögliche Erwägung der Patienten, den Arzt nicht zu enttäuschen oder ihn wohlwollend zu stimmen, dafür nicht ausreicht (BGH GRUR 2010, 850 Rn. 13 – Brillenversorgung II). Allerdings nimmt der BGH in dieser Entscheidung – wohl zu Unrecht – eine unzulässige Beeinträchtigung der Entscheidungsfreiheit der Augenärzte an (BGH GRUR 2010, 850 Rn. 13 – Brillenversorgung II). Vorzugswürdig wäre es, auf ein sorgfaltswidriges Verhalten (§ 3 II) des Herstellers gegenüber den Patienten abzustellen. **(3)** Bei der unerbetenen Übersendung einer bereits auf den Namen des Empfängers ausgestellten Kreditkarte, da der Empfänger erkennt, dass er die Kreditkarte als für ihn uninteressantes Werbematerial ohne Rechtsnachteile entsorgen kann (BGH GRUR 2011, 747 Rn. 26–29 – Kreditkartenübersendung). **(4)** Bei der Aktivierung eines zweiten WLAN-Signals ohne Mehrkosten bei Kunden, wenn ihnen ein Widerspruchsrecht eingeräumt ist und damit keine Beeinträchtigung für den Internetzugang verbunden ist (BGH WRP 2019, 876 Rn. 34 – WiFiSpot).

IV. Eignung zur Veranlassung zu einer geschäftlichen Entscheidung

Zum Tatbestand des § 4a I 1 gehört schließlich noch die Eignung der aggressiven geschäftli- **1.36** chen Handlung, den Verbraucher zu einer geschäftlichen Entscheidung zu veranlassen, die er andernfalls nicht getroffen hätte **(geschäftliche Relevanz).** Zum Begriff der **Eignung** → Rn. 1.32. Zum Begriff der **geschäftlichen Entscheidung** vgl. die Definition in § 2 I Nr. 1 (→ § 2 Rn. 1.1 ff.). Aus der Formulierung in Art. 8 UGP-RL „und **dadurch** tatsächlich oder voraussichtlich veranlasst wird" (engl. thereby; frz. par consequent) ergibt sich in richtlinienkon-

former Auslegung, dass die Beeinträchtigung der Entscheidungsfreiheit für die Beeinflussung der geschäftlichen Entscheidung **ursächlich** sein muss. Allerdings spricht für diese Ursächlichkeit eine **widerlegliche Vermutung.** Denn nach der Lebenserfahrung ist es kaum vorstellbar, dass eine Beeinträchtigung der Entscheidungsfreiheit nicht zu einer Beeinflussung der geschäftlichen Entscheidung des Verbrauchers führt. Es obliegt daher dem Unternehmer, darzulegen und zu beweisen, dass der Verbraucher oder sonstige Marktteilnehmer auch ohne die Beeinträchtigung seiner Entscheidungsfreiheit die vom Unternehmer angestrebte geschäftliche Entscheidung getroffen hätte, etwa weil er sie schon vorher getroffen hatte.

E. Belästigung (§ 4a I 2 Nr. 1)

I. Der Begriff und seine richtlinienkonforme Auslegung

1.37   Als erstes Mittel der Einflussnahme nennt § 4a I 2 Nr. 1 die **Belästigung.** Der Begriff ist aus Art. 8 und 9 UGP-RL übernommen und dementsprechend **richtlinienkonform** auszulegen. Maßgebend ist also die Bedeutung dieses Begriffs in Art. 8 und 9 UGP-RL und seine Auslegung durch den EuGH. Eine Definition fehlt. Der Bedeutungsgehalt erschließt sich insbesondere im Zusammenhang mit und in Abgrenzung zu den weiteren Mitteln der Einflussnahme (Nötigung und unzulässige Beeinflussung). Dabei sind ggf. auch andere Sprachfassungen der UGP-RL (engl. harassment; frz. harcélement) zu berücksichtigen. Zur Konkretisierung lassen sich auch **die Anh. Nr. 25, 26 zu § 3 III** (= Anh. I Nr. 25, 26 UGP-RL) heranziehen. Dabei ist zu beachten, dass die Anh. I Nr. 26 UGP-RL nach alter Rechtslage im Anh. § 3 III zunächst gar nicht und in § 7 II Nr. 1 nur partiell, nämlich nur in Bezug auf die Werbung, umgesetzt wurde (→ Rn. 1.38).

II. Abgrenzung zum Begriff der Belästigung in § 7

1.38   In § 7 ist die „unzumutbare Belästigung" als selbstständiger Verbotstatbestand geregelt. Dieser stimmt aber nicht notwendig mit dem Begriff der Belästigung iSd Art. 8 und 9 UGP-RL und damit des § 4a I 2 Nr. 1 überein, weil die Tatbestände unterschiedliche Schutzzwecke verfolgen (vgl. Fritzsche WRP 2016, 1 Rn. 17 ff.; aA Harte-Bavendamm/Henning-Bodewig/Picht Rn. 20: übereinstimmender Begriffskern). Auch kann nur der EuGH den unionsrechtlichen Begriff der Belästigung verbindlich auslegen, während die Auslegung des Begriffs der „unzumutbaren Belästigung" den nationalen Gerichten vorbehalten ist, wie sich aus ErwGr. 7 S. 4 UGP-RL ergibt (BGH GRUR 2010, 1113 Rn. 13 – Grabmalwerbung). Das schließt die gleichzeitige Anwendung von § 7 einerseits und § 4a iVm § 3 I andererseits nicht aus (→ § 7 Rn. 8). Die Tatbestände überschneiden sich daher zwar, sind aber nicht identisch. Es ist daran zu erinnern, dass § 4a dem Schutz der **wirtschaftlichen Interessen,** genauer: der Entscheidungsfreiheit, der Verbraucher und sonstigen Marktteilnehmer dient, § 7 hingegen nur dem Schutz der **Privatsphäre** der Verbraucher bzw. der **geschäftlichen Sphäre** der sonstigen Marktteilnehmer (BGH WRP 2016, 866 Rn. 16 –Lebenskost; Scherer WRP 2017, 891 Rn. 22). § 4a I 2 Nr. 1 setzt auch – anders als § 7 I – keine unzumutbare Belästigung voraus, sondern stellt darauf ab, ob die Belästigung derart ist, dass sie geeignet ist, die **Entscheidungsfreiheit** des Verbrauchers oder sonstigen Marktteilnehmers erheblich zu beeinträchtigen und ihn dadurch zu einer geschäftlichen Entscheidung zu veranlassen, die er andernfalls nicht getroffen hätte (BGH WRP 2019, 879 Rn. 34 – WiFiSpot). Die Anwendung des § 7 I darf allerdings nicht mit der Begründung bejaht werden, dass die geschäftliche Handlung geeignet sei, die Entscheidungsfreiheit des Verbrauchers zu beeinträchtigen. Denn insoweit stellt § 4a eine vorrangige Regelung dar. Im Prozess bilden beide Anspruchsgrundlagen einen einheitlichen Streitgegenstand, so dass das Gericht, wenn der Antrag auf die konkrete Verletzungsform gerichtet ist und beide Tatbestände erfüllt sind, darin frei ist, ob es dem Antrag aus § 7 I oder aus § 4a stattgibt. – Eine Sonderrolle spielte der Tatbestand des § 7 II Nr. 1 aF, weil er (in begrenztem Umfang) der Umsetzung von Anh. I Nr. 26 S. 1 UGP-RL dienen sollte und insoweit dem Gebot der richtlinienkonformen Auslegung unterlag. Soweit diese Bestimmung im UWG (zu Unrecht) nicht vollständig umgesetzt wurde, war dies im Wege der richtlinienkonformen Auslegung des § 4a als bes. Erscheinungsform der Belästigung zu berücksichtigen (→ Rn. 1.47). Der deutsche Gesetzgeber hat diese Problematik mit dem G zur Stärkung des Verbraucherschutzes im Wettbewerbs- und Gewerberecht v. 10.8.2021 (BGBl. 2021 I 3504) beseitigt.

III. Abgrenzung zur Nötigung und zur unzulässigen Beeinflussung

Die Belästigung ist von der Nötigung und der unzulässigen Beeinflussung zu unterscheiden, **1.39** mag es auch im konkreten Fall zu Überschneidungen kommen. Im Fall der Belästigung geht es darum, den Verbraucher oder sonstigen Marktteilnehmer davor zu schützen, dass er eine bestimmte geschäftliche Entscheidung nur deshalb trifft, um sich der Einwirkung des Unternehmers auf seine Privatsphäre oder geschäftliche Sphäre zu entziehen. Im Fall der Nötigung und der unzulässigen Beeinflussung geht es darum, den Verbraucher oder sonstigen Marktteilnehmer davor zu schützen, dass er sich dem Willen des Unternehmers unterwirft.

IV. Belästigung als Eingriff in den *Privatbereich* des Verbrauchers

Der Begriff der Belästigung umfasst im Unionsrecht (allerdings für den Bereich des Dis- **1.40** kriminierungsschutzes) „unerwünschte auf das Geschlecht einer Person bezogene Verhaltens- weisen, die bezwecken oder bewirken, dass die Würde der betreffenden Person verletzt und ein von Einschüchterungen, Anfeindungen, Erniedrigungen, Entwürdigungen oder Beleidigungen gekennzeichnetes Umfeld geschaffen wird" (Art. 3 lit. c RL 2010/41/EU; zu weiteren Rechts- akten MüKoUWG/Raue Rn. 113). Diese Begriffsbestimmung lässt sich jedoch aufgrund des abweichenden Schutzzwecks von Art. 8 UGP-RL auf die Auslegung von § 4a I 2 Nr. 1 nicht übertragen (BeckOK UWG/Fritzsche Rn. 39), sondern kann allenfalls eine erste Orientierung bieten. Ausgehend von dem Zweck, die Entscheidungs- und Verhaltensfreiheit der Verbraucher und sonstigen Marktteilnehmer zu schützen, sind als Belästigung Handlungen anzusehen, bei denen diese Freiheit durch **aufdrängende und störende Maßnahmen** beeinträchtigt wird. Die **Belästigung** iSd § 4a I 2 Nr. 1 umfasst daher den **störenden Eingriff** in den **Privat- bereich** des Verbrauchers bzw. die **geschäftliche Sphäre** des **sonstigen Marktteilnehmers** (ähnlich OLG Köln WRP 2016, 1027 Rn. 52). Zum Privatbereich gehört nicht nur die räumlich-gegenständliche Privatsphäre (zB Wohnung). Ebenfalls einbezogen ist der Schutz vor **Zudringlichkeiten,** die in der Öffentlichkeit stattfinden (zB durch ein öffentliches Beschimpfen oder Bloßstellen; iErg ebenso, allerdings mit unterschiedlichen Akzentuierungen, BeckOK UWG/Fritzsche Rn. 4; Harte-Bavendamm/Henning-Bodewig/Picht Rn. 33; MüKoUWG/ Raue Rn. 115). Die Störung muss dabei so intensiv sein, dass sie geeignet ist, die Entscheidungs- freiheit des Betroffenen erheblich zu beeinträchtigen (Scherer WRP 2017, 891 Rn. 27: „Be- drängungspotential"). **Unerheblich** ist, **wie** dieser Eingriff erfolgt. Er kann in einem tatsäch- lichen Verhalten (zB Aufsuchen des Verbrauchers in seiner Wohnung) oder in einer Äußerung (Anrufen, Ansprechen, schriftliche Mitteilung) bestehen. Unerheblich ist auch die **Anzahl der Adressaten** einer Maßnahme. Diese kann sich sowohl an einen als auch an mehrere Verbraucher oder an eine unbestimmte Vielzahl von Verbrauchern richten. Da es in der Natur der geschäftli- chen Handlung liegt, auf den Verbraucher einzuwirken, um ihn zu einer geschäftlichen Ent- scheidung zu veranlassen, ist nicht jegliche Einwirkung als Belästigung anzusehen. Von einer Belästigung lässt sich vielmehr nur dann sprechen, wenn nach dem Empfinden des verständigen **Durchschnittsverbrauchers** bzw. des verständigen durchschnittlichen Mitglieds der angespro- chenen Verbrauchergruppe (vgl. § 3 IV 1) die **Grenzen des sozialadäquaten Umgangs** über- schritten sind. Dabei sind, entsprechend ErwGr. 18 S. 2 UGP-RL, **soziale, kulturelle und sprachliche Faktoren** zu berücksichtigen (vgl. auch ErwGr. 7 S. 4 UGP-RL zum Ansprechen von Personen auf der Straße). Vor allem kommt es auf den konkreten Fall unter Berück- sichtigung aller Umstände an, insbes. der in § 4a II 1 geschilderten. Anhaltspunkte für die Beurteilung sind daher insbes. Zeitpunkt, Ort, Art und Dauer der Handlung (§ 4a II 1 Nr. 1). Damit eine Belästigung den Tatbestand des § 4a I erfüllen kann, muss sie jedenfalls eine gewisse **Intensität** besitzen. Nicht als belästigend sind daher solche minderen Formen der Einwirkung anzusehen, denen sich der Verbraucher ohne weiteres durch Wegsehen, Weghören oder Weg- gehen **entziehen** kann. **Beispiele:** Ansprechen auf der Straße durch Werber, die als solche erkennbar sind; Werbeplakate; Werbung im Fernsehen; Werbung mittels Lautsprecherdurch- sagen.

Die Maßnahme muss nach ihrer Art und/oder Intensität geeignet sein, die Entscheidungs- **1.41** freiheit des Verbrauchers erheblich zu beeinträchtigen (→ Rn. 1.31 ff.). Es muss also die hohe Wahrscheinlichkeit bestehen, dass der Verbraucher eine geschäftliche Entscheidung nur deshalb trifft, um sich der Belästigung zu entziehen, oder schlicht ausgedrückt, um „seine Ruhe" zu haben. Diese Eignung ist dann nicht gegeben, wenn der Verbraucher sich von der Belästigung in seiner geschäftlichen Entscheidung generell nicht beeinflussen lässt. **Beispiel:** Wiederholter Einwurf von Werbematerial in den Briefkasten trotz eines Sperrvermerks (nur Fall des § 7 I). – Umgekehrt liegt keine Belästigung vor, wenn der Verbraucher in die Maßnahme (zB Hausbesuch) in Kenntnis ihrer Bedeutung wirksam **eingewilligt** hat.

V. Beispiele und Fallmaterial

1. Handlungen zur Förderung des Absatzes oder Bezugs

1.42   **Unerbetener Hausbesuch.** Er stellt zwar eine Belästigung dar. Die Eignung zu einer wesentlichen Beeinflussung der Entscheidungsfreiheit besitzt er aber nur dann, wenn besondere Umstände hinzutreten, wobei ua der **Anlass**, der **Zeitpunkt** und die **Dauer** des Besuchs (vgl. § 4a II 1 Nr. 1) sowie das Auftreten des Unternehmers eine Rolle spielen. Auch können Verbraucher in der konkreten Situation besonders anfällig für eine Beeinflussung sein. Das gilt insbes. für Unglückssituationen (vgl. § 4a II 1 Nr. 3: „bewusste Ausnutzung von konkreten Unglückssituationen"). Aus der Rspr. vgl. BGHZ 56, 18 (20 f.) = GRUR 1971, 317 – Grabsteinaufträge II; BGH GRUR 2010, 1113 Rn. 21 – Grabmalwerbung: Hausbesuch bei den Angehörigen eines Verstorbenen zwecks Grabsteinwerbung stellt Druckausübung dar. – Nach Anh. Nr. 25 zu § 3 III ist es sogar stets unlauter, wenn der Unternehmer (oder der von ihm Beauftragte) die Aufforderung, die Wohnung zu verlassen oder nicht zu ihr zurückzukehren, nicht beachtet.

1.43   **Unerbetenes Ansprechen in der Öffentlichkeit.** Das bloße Ansprechen von Verbrauchern in der Öffentlichkeit zu werblichen Zwecken ist, wenn der Werber als solcher erkennbar ist, idR nicht als Belästigung iSd § 4a I 2 Nr. 1 anzusehen, da der Angesprochene sich ohne weiteres der Ansprache durch Weitergehen entziehen kann. Gibt sich der Werber dagegen nicht als solcher zu erkennen, mag dies vom deutschen Durchschnittsverbraucher als Belästigung empfunden werden (vgl. zu § 7 I BGH GRUR 2005, 443 (444 f.) – Ansprechen in der Öffentlichkeit II). Sie erreicht jedoch nicht den Grad, der erforderlich wäre, um eine Beeinträchtigung der Entscheidungsfreiheit herbeizuführen. Anders mag es sich verhalten, wenn der Werber insistiert und der Verbraucher sich nicht ohne weiteres der Ansprache entziehen kann. Das ist dann anzunehmen, wenn ihm der Werber nachfolgt oder der Verbraucher sich nicht entfernen kann (zB bei einem Ansprechen in öffentlichen Verkehrsmitteln). Die Anwendung des § 7 I bleibt davon unberührt (→ § 7 Rn. 65). – Zum **Ansprechen am Unfallort** → Rn. 2.32; → § 7 Rn. 73.

1.44   **Unerbetene Fernkommunikation.** Die unerbetene Fernkommunikation mittels Telefon, Telefax, E-Mail oder sonstiger Fernkommunikationsmittel (zB Brief, Messengerdienste) ist unter den Voraussetzungen von Anh. Nr. 26 zu § 3 III (= Anh. I Nr. 26 UGP-RL) stets unlauter, wenn sie „hartnäckig" (engl. persistent; frz. répétée) erfolgt. Das setzt ein wiederholtes Vorgehen voraus. (Die Regelungen in § 7 II Nr. 1–3 entsprechen nicht exakt den Vorgaben der UGP-RL und entbinden daher nicht von der Anwendung des § 4a.) In richtlinienkonformer Auslegung am Maßstab von Anh. I Nr. 26 UGP-RL ist dieser Tatbestand daher als erfüllt anzusehen, wenn die Fernkommunikation zu Zwecken der Werbung hartnäckig und unerwünscht erfolgt. Unabhängig davon kann die Fernkommunikation im Einzelfall eine Belästigung iSd § 4a I 2 darstellen, wobei Zeitpunkt, Ort, Art und Dauer (4a II 1 Nr. 1) sowie die Verwendung drohender oder beleidigender Formulierungen oder Verhaltensweisen (§ 4a II 1 Nr. 2) zu berücksichtigen sind. Eine andere Frage ist es, ob die Belästigung ein Maß erreicht, das zu einer erheblichen Beeinträchtigung der Entscheidungsfreiheit führt.

1.45   **Unerbetene Zusendung von Waren oder Erbringung von Dienstleistungen.** Hier ist vorrangig Anh. Nr. 29 zu § 3 III anzuwenden. Sind die Voraussetzungen dieses Tatbestands nicht erfüllt, weil keine eigentliche Aufforderung zur Bezahlung, Rücksendung oder Aufbewahrung ausgesprochen wird, so ist § 4a grds. anwendbar. Die Belästigung besteht bei der Zusendung einer unbestellten Ware darin, dass der Verbraucher oder sonstige Marktteilnehmer mit der Ungewissheit belastet wird, wie er mit der Ware verfahren soll, sei es, weil er den Grund der Zusendung nicht kennt, sei es, weil er im Unklaren über die Rechtslage ist. Bei der unerbetenen Dienstleistung wird er mit der Ungewissheit belastet, ob er aus rechtlichen Gründen zur Zahlung verpflichtet ist, ob später noch eine Zahlungsaufforderung erfolgt oder ob er aus moralischen Gründen zahlen soll (vgl. auch die Wertung in Anh. Nr. 30 zu § 3 III). Ob die Belästigung darüber hinaus relevant ist, beurteilt sich nach den Umständen des Einzelfalls (§ 4a I 2), insbes. nach den Kriterien des § 4a II 1 Nr. 1 und 2. Die Anwendung des § 7 I bleibt unberührt.

2. Handlungen nach Geschäftsabschluss

Durchsetzung von Ansprüchen. Eine **Belästigung** kommt auch bei der Durchsetzung　**1.46** von bestehenden und erst recht von nicht bestehenden, aber behaupteten (insbes. Zahlungs-) Ansprüchen des Unternehmers gegen den Verbraucher in Betracht. (Besteht der Anspruch nicht, stellt die Geltendmachung außerdem eine Irreführung dar.) Eine Belästigung liegt aber nicht schon dann vor, wenn der Unternehmer sich **im Rahmen der gesetzlichen Befugnisse** zur Durchsetzung von Ansprüchen hält. Davon gehen auch Anh. Nr. 26 zu § 3 III („es sei denn, dieses Verhalten ist zur rechtmäßigen Durchsetzung einer vertraglichen Verpflichtung gerechtfertigt") und Anh. I Nr. 26 UGP-RL aus („außer in Fällen und in den Grenzen, in denen ein solches Verhalten nach den nationalen Rechtsvorschriften gerechtfertigt ist, um eine vertragliche Verpflichtung durchzusetzen"). Die bloße **Mahnung,** auch wenn sie mehrfach erfolgt, stellt daher für sich gesehen noch keine Belästigung dar. Vielmehr müssen **zusätzliche Umstände** hinzutreten. Ein Fall der Belästigung liegt bspw. vor, wenn ein Gläubiger seinen Schuldnern in der Öffentlichkeit Personen als „Schwarze Schatten" nachschickt, die auf Befragen die Schuldner auffordern, ihren Zahlungsverpflichtungen nachzukommen (vgl. LG Leipzig NJW 1995, 3190; aA Harte-Bavendamm/Henning-Bodewig/Picht Rn. 36: Fall der Nötigung). Im Übrigen spielen Zeit, Ort, Art und Dauer der jeweiligen Maßnahme (§ 4a II 1 Nr. 1) sowie die Verwendung drohender oder beleidigender Formulierungen oder Verhaltensweisen (§ 4a II 1 Nr. 2) eine Rolle. Zu Einzelheiten vgl. Scherer NJW 2018, 3609.

Setzt der Unternehmer zur Durchsetzung von Ansprüchen **Fernkommunikationsmittel**　**1.47** (zum Begriff vgl. § 312c II BGB) ein, so ist das Per-se-Verbot von Anh. I Nr. 26 UGP-RL zu berücksichtigen, da es sich entgegen der deutschen Sprachfassung nicht nur auf die Werbung, sondern auch auf das **Herantreten** bzw. **Auffordern** (engl. making … solicitations; frz. se livrer à des sollicitations) an den Verbraucher **nach Geschäftsabschluss** bezieht. Dies wird aus der erwähnten Einschränkung („außer in Fällen und in den Grenzen, in denen ein solches Verhalten nach den nationalen Rechtsvorschriften gerechtfertigt ist, um eine vertragliche Verpflichtung durchzusetzen") hinreichend deutlich. Die bloße mehrfache Mahnung unter Verwendung von Fernkommunikationsmitteln erfüllt daher den Tatbestand der Belästigung noch nicht. Anders verhält es sich, wenn der Unternehmer bspw. den Verbraucher stündlich, auch in der Nachtzeit anruft, um ihn an seine Schuld zu erinnern.

F. Nötigung (§ 4a I 2 Nr. 2)

I. Der Begriff und seine richtlinienkonforme Auslegung

An zweiter Stelle der aggressiven Verhaltensweisen ist in § 4a I 2 Nr. 2 die **Nötigung ein-**　**1.48** **schließlich der Anwendung körperlicher Gewalt** angeführt. Auch der Begriff der Nötigung ist wortgleich aus Art. 8 UGP-RL übernommen und dementsprechend **richtlinienkonform** auszulegen. Maßgebend ist also nicht die Bedeutung dieses Begriffs im deutschen Strafrecht (§ 240 StGB), sondern seine Bedeutung in Art. 8 UGP-RL. Der Begriff ist unionsrechtlicher Natur und daher **einheitlich** und **autonom** auszulegen. Eine Definition der Nötigung (engl. „coercion"; frz. „contrainte") fehlt jedoch in der UGP-RL. Die einzige Konkretisierung besteht darin, dass dazu **auch** die Anwendung körperlicher Gewalt gehört. Daraus ist zu schließen, dass die Anwendung **psychischen Zwangs** ebenfalls als Nötigung anzusehen ist. Unter einer Nötigung ist die **Anwendung körperlicher Gewalt oder psychischen Zwangs** zu verstehen. Der Zwang kann in vis absoluta oder vis compulsiva bestehen. Dazu gehören die „Verwendung drohender … Formulierungen oder Verhaltensweisen" (§ 4a II 1 Nr. 2) und die „Drohung mit rechtlich unzulässigen Handlungen" (§ 4a II 1 Nr. 5).

Der auf den Verbraucher oder sonstigen Marktteilnehmer durch Nötigung ausgeübte Druck　**1.49** muss so stark sein, dass dieser entweder keine Wahl hat, sich anders zu entscheiden, oder dass zumindest seine **Entscheidungsfreiheit erheblich beeinträchtigt** ist (OLG Hamburg WRP 2021, 89 Rn. 54; zu weitgehend BGH WRP 2017, 1341 Rn. 14 – Schufa-Hinweis). Auf Seiten des Unternehmers ist keine Machtposition zur Ausübung von Druck erforderlich. Auch ist unerheblich, ob die Fähigkeit des Verbrauchers zu einer informierten Entscheidung beeinträchtigt wird. Denn dies spielt nur im Rahmen von § 4a I 2 Nr. 3 eine Rolle. – Kennzeichnend für die Nötigung ist, dass sie durch **Androhung oder Zufügung eines Nachteils** den Verbraucher zu einer bestimmten geschäftlichen Entscheidung veranlassen soll. Die bloße Weigerung, einen Vertrag mit einem Kunden abzuschließen, wenn dieser nicht bereit ist, sich auf die Vertragsbedingungen einzulassen **(Geschäftsverweigerung),** stellt allerdings keine Nötigung dar. Sie kann allenfalls unter dem Gesichtspunkt des Missbrauchs einer **marktbeherrschenden** oder **marktstarken** Stellung einen Verstoß gegen das **Kartellrecht** (§§ 19, 20 GWB; Art. 102 AEUV) oder unter dem Gesichtspunkt des vorsätzlichen Verstoßes gegen die **guten Sitten** (§ 826 BGB) eine unerlaubte Handlung darstellen. – Nicht unter den Begriff der Nötigung fällt der sog **„psychische Kaufzwang",** eine unter Geltung des UWG 1909 entwickelte – inzwischen aber überholte – Rechtsfigur. Es ging dabei um Fälle, in denen als Kaufanreiz dienende kostenlose Zuwendungen (Geschenke; Teilnahme an Gewinnspielen) verboten wurden. Von § 4a unterscheiden sich diese Konstellationen schon durch das Fehlen einer Androhung oder Zufügung eines Nachteils. Zur Frage, ob derartige Zuwendungen den Tatbestand der unzulässigen Beeinflussung erfüllen können, → Rn. 1.60 f.; → Rn. 1.80.

II. Beispiele und Fallmaterial

1. Handlungen zur Förderung des Absatzes oder Bezugs

1.50   Zur Fallgruppe der Nötigung gehören die (vorrangig zu prüfenden) Per-se-Verbote in Anh. Nr. 25 zu § 3 III („Erwecken des Eindrucks, der Verbraucher könne bestimmte Räumlichkeiten nicht ohne vorherigen Vertragsschluss verlassen") und Anh. Nr. 26 zu § 3 III (Nichtbeachtung der Aufforderung, die Wohnung zu verlassen oder nicht zurückzukehren).

1.51   Eine Nötigung iSd § 4a I 2 Nr. 2 ist schon begrifflich gegeben bei Anwendung oder Androhung körperlicher Gewalt, um den Verbraucher dazu zu bringen, eine Ware oder Dienstleistung zu erwerben. Dazu gehört auch der Fall, dass der Verbraucher oder sonstige Marktteilnehmer tatsächlich daran gehindert wird, die Räumlichkeiten ohne Vertragsschluss zu verlassen (vgl. Anh. Nr. 24 zu § 3 III). Ein Indiz für eine Nötigung stellt weiter die Verwendung drohender oder beleidigender Formulierungen oder Verhaltensweisen (§ 4a II 1 Nr. 2; → Rn. 1.86) und die Drohung mit rechtlich unzulässigen Handlungen (§ 4a II 1 Nr. 5; → Rn. 1.108 ff.) dar. Zur Nötigung in Gestalt eines Gruppenzwangs → Rn. 1.78; BGH GRUR 2008, 183 Rn. 19 ff. – Tony Taler.

2. Handlungen nach Geschäftsabschluss

1.52   Handlungen nach Geschäftsabschluss können sich entweder auf die Durchsetzung eigener Rechte (Ansprüche) oder auf die Abwehr von Rechten (Ansprüchen) von Verbrauchern beziehen.

1.53   **Beispiele einer Nötigung bei Durchsetzung eigener Ansprüche:** Handwerker repariert einen defekten Wasserhahn, unterbricht aber nach Weigerung des Kunden, die Rechnung zu bezahlen, die Wasserversorgung, um ihn zur Zahlung zu veranlassen. – Unternehmer droht an, eine Forderung unter Anwendung von Gewalt einzutreiben (vgl. OLG München WRP 2010, 295 (297): Androhung eines Hausbesuchs eines „auf Inkasso spezialisierten Mitarbeiter-Teams in den Abendstunden"; Köhler GRUR 2008, 841 (843 f.)). – Internet-Anbieter eines kostenpflichtigen Downloads fügt Rechnungen den Zusatz bei, er behalte sich gegenüber Nutzern, die ihr Geburtsdatum falsch angeben (dh sich als Volljährige ausgeben), eine Strafanzeige wegen Betrugs vor (vgl. § 4a II 1 Nr. 5; LG Mannheim MMR 2009, 568 f.). – Mahnschreiben verbunden mit dem Hinweis, der Schuldner müsse mit der Übermittlung seiner Daten an die Schufa rechnen, wenn er nicht fristgerecht bezahle (BGH GRUR 2015, 1143 Rn. 17 – Schufa-Hinweis, zu § 4 Nr. 1 aF und Art. 8, 9 UGP-RL).

1.54   **Beispiele einer Nötigung bei Abwehr von Rechten (Ansprüchen) des Verbrauchers:** (Insoweit ist auch § 4a II 1 Nr. 4 zu berücksichtigen; → Rn. 1.96): Telekommunikationsdienstleister führt Auftrag eines Kunden, eine Telekommunikationsdienstleistung (Änderung der Voreinstellung) in der Weise zu erbringen, dass (auch) Telekommunikationsdienstleistungen eines anderen Anbieters in Anspruch genommen werden können, auftragswidrig in der Weise aus, dass nicht die Dienstleistungen des anderen Anbieters, sondern (nur) die eigenen in Anspruch genommen werden (BGH GRUR 2009, 876 Rn. 26 – Änderung der Voreinstellung II, zu § 4 Nr. 4).

G. Unzulässige Beeinflussung (§ 4a I 2 Nr. 3)

I. Begriff und Definition

Als dritte Erscheinungsform aggressiven Verhaltens ist in § 4a I 2 Nr. 3 die **unzulässige** **1.55** **Beeinflussung** aufgeführt. Damit wird zwar die deutsche Fassung des Art. 8 UGP-RL wiedergegeben, diese entspricht aber nicht ganz dem vom Unionsgesetzgeber Gewollten, wie ein Blick auf andere Sprachfassungen deutlich macht (engl. undue influence; frz. influence injustifiée). Außerdem ist die Wortwahl insoweit missverständlich, als nach der Systematik des UWG der Begriff „unzulässig" die Rechtsfolge unlauteren Handelns bezeichnet (vgl. § 3 I; § 7 I), während er in § 4a I 2 Nr. 3 ein Tatbestandsmerkmal der Unlauterkeit beschreibt. Sinnvoller wäre es daher gewesen, den Begriff der **unangemessenen** Beeinflussung zu verwenden (vgl. Köhler WRP 2015, 1311 (1316)).

Nach § 4a I 3 liegt eine unzulässige Beeinflussung iSv § 4a I 2 Nr. 3 vor, „**wenn der** **1.56** **Unternehmer eine Machtposition gegenüber dem Verbraucher oder sonstigen Markt-teilnehmer zur Ausübung von Druck, auch ohne Anwendung oder Androhung von körperlicher Gewalt, in einer Weise ausnutzt, die die Fähigkeit des Verbrauchers oder sonstigen Marktteilnehmers zu einer informierten Entscheidung wesentlich ein-schränkt"**. Dies entspricht der (nur für Verbraucher geltenden) Definition in Art. 2 lit. j UGP-RL. Es muss sich dabei nicht zwangsläufig um eine rechtwidrige Beeinflussung handeln, sondern um eine Beeinflussung, durch die – ungeachtet ihrer Rechtmäßigkeit – aktiv durch Ausübung von Druck die Konditionierung des Willens des Verbrauchers erzwungen wird (EuGH GRUR 2019, 1064 Rn. 33 – Orange Polska).

II. Machtposition

1. Begriff und Kriterien

Der Begriff der Machtposition (engl. „position of power"; frz. „position de force") ist ein **1.57** Schlüsselelement innerhalb des Tatbestands der unzulässigen Beeinflussung. Er setzt sich aus zwei Elementen zusammen: Eine Machtposition setzt **erstens** voraus, dass der Unternehmer über eine besondere **Stärke und Überlegenheit** im Vergleich zu dem anderen Marktakteur verfügt bzw. dieser Marktakteur nach den Umständen hiervon ausgehen muss. Dafür genügt aber nicht schon eine bestehende Ungleichgewichtslage, weil eine solche im Marktgeschehen nicht untypisch ist. Die Stärke und Überlegenheit kann gegenüber allen anderen Marktteilnehmern bestehen (etwa weil das Unternehmen über eine sehr ausgeprägte Marktdominanz verfügt), sie kann aber auch relativ nur in Bezug auf bestimmte Marktakteure vorhanden sein, etwa aufgrund einer geschäftlichen Abhängigkeit. Unerheblich ist, ob der Unternehmer die Machtposition selbst geschaffen hat oder die Machtposition aus sonstigen Gründen entstanden ist. **Zweitens** muss sich aus der Stärkeposition heraus die besondere **Möglichkeit zu einer Einflussnahme auf die Entscheidungsfindung** der anderen Marktakteure ergeben. Im Hinblick darauf, dass § 4a sowohl im Verhältnis zu Verbrauchern als auch zu sonstigen Marktteilnehmern anwendbar ist, gilt es im Einzelnen zu unterscheiden.

(1) Im Verhältnis zu **Verbrauchern** ist der Begriff der Machtposition im Interesse eines **1.57a** wirksamen Verbraucherschutzes richtlinienkonform **weit auszulegen** (vgl. Glöckner/Henning-Bodewig WRP 2005, 1311 (1333); Köhler/Lettl WRP 2003, 1019 (1046)). Maßgebend ist die „Sicht des Verbrauchers als des Adressaten und Opfers unlauterer Geschäftspraktiken" (EuGH WRP 2015, 698 Rn. 52 – UPC). Dass der Verbraucher sich generell in einer unterlegenen Position gegenüber dem Unternehmer befindet, da er als wirtschaftlich schwächer und rechtlich weniger erfahren anzusehen ist als sein Vertragspartner (EuGH WRP 2013, 1454 Rn. 35 – BKK MOBIL OIL; WRP 2015, 698 Rn. 53 – UPC), reicht allerdings nicht aus, um von einer Machtposition des Unternehmers zu sprechen. Eine **Machtposition** ist vielmehr nur, aber auch stets dann anzunehmen, wenn der Unternehmer aus der Sicht der angesprochenen Verbraucher (§ 3 IV) **im konkreten Fall in der Lage ist, auf den Verbraucher Druck auszuüben, um ihn zu einer bestimmten geschäftlichen Entscheidung zu veranlassen.** Worauf im Einzelnen diese Machtposition beruht, ist unerheblich (→ Rn. 1.58). Es ist nicht erforderlich, dass sie sich aus einer wirtschaftlichen Überlegenheit ergibt. Es kommt auch nicht darauf an, ob der

Unternehmer tatsächlich über die Machtposition verfügt; maßgebend ist, dass er sie aus Sicht des Verbrauchers innehat.

1.57b   **(2)** Im Verhältnis zu **sonstigen Marktteilnehmern, insbes. Unternehmern (B2B),** stellt sich die Situation anders dar. Unternehmen stehen einander oftmals bereits auf „gleicher Augenhöhe" gegenüber und selbst wenn dies nicht der Fall ist, sind Unternehmen besser als Verbraucher in der Lage, mit etwaigen Ungleichgewichten umzugehen. Daher besteht nicht die gleiche grundsätzliche Schutzbedürftigkeit wie bei Verbrauchern. Diese Unterschiede sind bei der Auslegung der Kriterien des § 4a II 1 Nr. 3 und 4 zu berücksichtigen. Insoweit ist der Rechtsanwender nicht an die Vorgaben der UGP-RL gebunden. Auch haben die Bestimmungen des **Kartellrechts** zum Schutz vor missbräuchlicher Ausnutzung von Marktmacht (Art. 102 AEUV; §§ 19, 20 I GWB) Vorrang vor dem UWG (→ Rn. 1.16 ff.; Alexander NJW 2018, 3620 (3622)). Die wirtschaftliche Übermacht von Großunternehmen gegenüber kleinen und mittleren Unternehmen auf Grund von deren „Abhängigkeit" (§ 20 I GWB), die sich in der Durchsetzung unangemessener Konditionen niederschlägt, lässt sich daher nicht mittels § 4a bekämpfen (dazu Fritzsche WRP 2016, 1 Rn. 29).

2. Erscheinungsformen

1.58   Die Überlegenheit kann insbes. **strukturell** oder **situationsbedingt sein** (BGH WRP 2018, 1322 Rn. 65 – Werbeblocker II). Eine **strukturelle Überlegenheit** kann ua **rechtlich** (zB arbeitsrechtlich; verbandsrechtlich; öffentlich-rechtlich), **wirtschaftlich** (zB bei Abhängigkeit von den Leistungen des Unternehmens), **sozial** (zB bei der Laienwerbung), **beruflich** (zB bei Ärzten, Anwälten), **intellektuell** (zB hinsichtlich der Verwendung von Vertragsklauseln), **religiös** (zB bei der Werbung durch Geistliche), **weltanschaulich** oder **psychisch** bedingt sein. Im Verhältnis zu solchen Verbrauchern, die „auf Grund von geistigen oder körperlichen Beeinträchtigungen, Alter oder Leichtgläubigkeit im Hinblick auf diese Handlungen und die ihnen zugrunde liegenden Waren oder Dienstleistungen besonders schutzbedürftig sind" (§ 3 IV 2), kann eine Überlegenheit weitaus eher vorliegen als bei anderen Verbrauchern (vgl. auch § 4a II 2).

1.58a   Eine **situationsbedingte Überlegenheit** ist insbes. anzunehmen bei „konkreten Unglückssituationen oder Umständen von solcher Schwere, dass sie das Urteilsvermögen des Verbrauchers beeinträchtigen, worüber sich der Gewerbetreibende bewusst ist" (Art. 9 lit. c UGP-RL; § 4a II 1 Nr. 3). Hierher gehören bspw. die Fälle des **Ansprechens am Unfallort** (→ § 7 Rn. 73) oder des Ansprechens von trauernden Angehörigen kurz nach dem **Todesfall** (→ Rn. 2.32; → § 7 Rn. 58). – Die Machtposition des Unternehmers (einschließlich der in seinem Namen oder Auftrag handelnden Personen) muss jedenfalls so stark sein, dass sie die Ausübung von Druck (→ Rn. 1.59) ermöglicht.

III. Ausnutzung zur Ausübung von Druck

1.59   Eine Machtposition wird zur Ausübung von Druck ausgenutzt, wenn der Handelnde sie in einer Weise nutzt, die beim Verbraucher oder sonstigen Marktteilnehmer den Eindruck erweckt, er müsse mit **irgendwelchen Nachteilen** außerhalb des angestrebten Geschäfts rechnen, falls er die von ihm erwartete geschäftliche Entscheidung nicht trifft (aA Büscher/Büscher Rn. 60: Anbieten von Vorteilen kann genügen). Ob dies der Fall ist, beurteilt sich danach, wie ein Durchschnittsverbraucher (oder ein durchschnittliches Mitglied der angesprochenen Verbrauchergruppe) bzw. ein durchschnittlicher sonstiger Marktteilnehmer auf das Verhalten des Unternehmers typischerweise reagiert. Der Nachteil darf allerdings nicht bloß darin bestehen, dass der Unternehmer das Geschäft nicht abschließt, wenn der Verbraucher nicht auf die geforderten Vertragsbedingungen eingeht. Denn insoweit hat der Grundsatz der Vertragsfreiheit Vorrang (→ Rn. 1.73; OLG München GRUR 2017, 1147 Rn. 190). Der Handelnde muss sich dieser Wirkung **bewusst** sein, wie sich mittelbar aus Art. 9 lit. c UGP-RL bzw. § 4a II 1 Nr. 3 ergibt (aA Scherer GRUR 2016, 233 (239) und Büscher/Büscher Rn. 58: objektive Zielgerichtetheit genügt). Eine entsprechende Absicht ist dagegen nicht erforderlich. Eine Androhung ganz bestimmter Nachteile ist nicht erforderlich. Nach § 4a I 2 Nr. 3, der dem Art. 2 lit. j UGP-RL entspricht, kann die Druckausübung **„auch ohne die Anwendung oder Androhung von körperlicher Gewalt"** erfolgen. Das dient aber nur der Klarstellung, da ein derartiges Verhalten bereits eine Nötigung darstellt. Der **Nachteil** kann körperlicher, gesundheitlicher, rechtlicher, wirtschaftlicher, sozialer, emotionaler oder sonstiger Natur sein. Dem Nachteil steht der Entzug von bisher gewährten Vorteilen gleich.

Das bloße Anbieten von **Vorteilen** stellt keine Druckausübung dar. Dies ist insbes. bei **1.60** **Verkaufsförderungsmaßnahmen** von Bedeutung. Von ihnen geht idR kein Druck, sondern lediglich ein Anreiz aus (vgl. BGH WRP 2014, 830 Rn. 35 – Goldbärenbarren; Köhler GRUR 2010, 177 (182)). Davon abgesehen führen Verkaufsförderungsmaßnahmen nicht zu einer wesentlichen Einschränkung der Fähigkeit des Durchschnittsverbrauchers zu einer informierten Entscheidung iSd § 4a I 2 Nr. 3. Vom Durchschnittsverbraucher ist vielmehr zu erwarten, dass er mit derartigen Kaufanreizen umgehen kann (vgl. BGH GRUR 2009, 875 Rn. 12 – Jeder 100. Einkauf gratis). Dies gilt im Regelfall auch dann, wenn die Verkaufsförderungsmaßnahme zeitlich sehr begrenzt ist und der Verbraucher „weder Zeit noch Gelegenheit hat, eine informierte Entscheidung zu treffen". Allenfalls kann in einem solchen Fall der Tatbestand des § 3 II erfüllt sein. Im Fall unwahrer Angaben über die zeitliche Begrenzung von Angeboten greift das Per-se-Verbot der Anh. Nr. 7 zu § 3 III ein. Dies aber ist ein Fall der Irreführung.

Die Anwendung des § 4a auf Verkaufsförderungsmaßnahmen kommt daher allenfalls in **Aus-** **1.61** **nahmefällen** in Betracht. So etwa, wenn sich die Maßnahme an eine **Verbrauchergruppe** wendet, die auf Grund von geistigen oder körperlichen Beeinträchtigungen, Alter oder Leichtgläubigkeit im Hinblick auf solche Geschäftspraktiken besonders **schutzbedürftig** ist (Art. 5 III 1 UGP-RL; § 3 IV 2; § 4a II 2), wie insbes. Kinder und Jugendliche. Denn insoweit besteht typischerweise eine strukturelle Überlegenheit und damit eine **Machtposition** des Unternehmers gegenüber solchen Verbrauchern (→ Rn. 1.57 ff.; vgl. auch Anh. Nr. 28 zu § 3 III). Allerdings müsste diese Machtposition zur Ausübung von Druck (→ Rn. 1.59 ff.) ausgenutzt werden. Dies wird aber idR nicht der Fall sein, es sei denn, die Vergünstigung wird dahingehend beworben, dass der damit geförderte Kauf des Produkts für die Verbraucher notwendig sei, um sie vor irgendwelchen Nachteilen zu bewahren. Bei der Beurteilung von Verkaufsförderungsmaßnahmen gegenüber besonders schutzbedürftigen Verbrauchern besteht schon deshalb keine Notwendigkeit, sie „auf Biegen und Brechen" unter § 4a zu subsumieren, weil § 3 II iVm § 3 IV 2 als Auffangtatbestand zur Verfügung steht, der eine angemessene Beurteilung der Umstände des Einzelfalls ermöglicht.

Die Druckausübung muss **tatsächlich** erfolgen. Dagegen ist nicht erforderlich, dass der **1.62** Unternehmer eine reale Machtposition besitzt. Es reicht vielmehr aus, dass der Verbraucher (oder sonstige Marktteilnehmer) dies annimmt, etwa weil der Unternehmer behauptet, eine bestimmte Machtposition zu besitzen und der Verbraucher dies nicht nachprüfen kann. Denn seine Schutzbedürftigkeit ist die gleiche.

IV. Wesentliche Einschränkung der Fähigkeit zu einer informierten Entscheidung

Die Ausübung von Druck muss **„in einer Weise erfolgen, die die Fähigkeit des Ver-** **1.63** **brauchers oder sonstigen Marktteilnehmers zu einer informierten Entscheidung we-** **sentlich einschränkt".** Unter einer Entscheidung ist die **geschäftliche** Entscheidung iSd § 2 I Nr. 1 zu verstehen. Unerheblich ist daher, ob diese Entscheidung in einem Tun (zB Kauf) oder Unterlassen (zB Unterlassen der Geltendmachung eines Rechts) besteht.

Zum Begriff der **informierten Entscheidung** → § 5a Rn. 2.40. **1.64**

Die **Fähigkeit** zu einer informierten Entscheidung wird dann eingeschränkt, wenn das Ver- **1.65** halten des Unternehmers die Möglichkeiten des Verbrauchers oder sonstigen Marktteilnehmers, **entscheidungsrelevante** Informationen zu erlangen und/oder zu nutzen und damit seine Entscheidung auf rational-kritische Erwägungen zu stützen, einschränkt. Relevant sind insbes. Informationen über die Vor- und Nachteile eines Angebots im Vergleich zu Konkurrenzangeboten. Die Einschränkung kann auch dadurch erfolgen, dass der Unternehmer **irrationale** Beweggründe für die von ihm angestrebte geschäftliche Entscheidung in den Vordergrund rückt (vgl. EuGH WRP 2012, 1509 Rn. 49 – Purely Creative). Dem steht der Fall gleich, dass der Handelnde eine Situation ausnutzt, die das Urteilsvermögen des Verbrauchers oder sonstigen Marktteilnehmers beeinträchtigt (§ 4a II 1 Nr. 3). Allerdings ginge es zu weit, eine **völlige** **Ausschaltung der Rationalität** zu fordern (so aber BGH WRP 2015, 1341 Rn. 14 – Schufa-Hinweis in Fortsetzung seiner bisherigen Rspr.; einschränkend nunmehr BGH WRP 2018, 1193 Rn. 14 – Zahlungsaufforderung: „jedenfalls dann …, wenn"). Ist die Fähigkeit zu einer informierten Entscheidung durch Druckausübung wesentlich eingeschränkt, so wird idR auch die Entscheidungsfreiheit erheblich beeinträchtigt sein.

1.66   Die Einschränkung muss **wesentlich** (engl. „significantly"; frz. „de manière significative") sein. Das ist mehr als eine **spürbare Einschränkung** (engl. „appreciably"; frz. „sensiblement"), wie sie für die Anwendung des § 3 II iVm § 2 I Nr. 11 bzw. Art. 5 II iVm Art. 2 lit. e UGP-RL erforderlich ist. Eine wesentliche Einschränkung liegt stets dann vor, wenn die geschäftliche Handlung das **Urteilsvermögen** des Verbrauchers oder sonstigen Marktteilnehmers (vgl. § 4a II 1 Nr. 3; Art. 9 lit. c UGP-RL), also seine **Fähigkeit, die Vor- und Nachteile einer geschäftlichen Entscheidung zu erkennen und gegeneinander abzuwägen,** beeinträchtigt (→ Rn. 1.91; BGH WRP 2018, 1322 Rn. 68 – Werbeblocker II). Dabei ist wiederum auf die gesamten Umstände des Einzelfalls, insbes. auf „Zeitpunkt, Ort, Art oder Dauer" der Druckausübung (§ 4a II 1 Nr. 1; Art. 9 lit. a UGP-RL) und auf die Stärke der jeweiligen Machtposition des Unternehmers, abzustellen. – Von der „wesentlichen Einschränkung der Fähigkeit zu einer informierten Entscheidung" ist die – zusätzlich erforderliche – **„erhebliche Beeinträchtigung der Entscheidungsfreiheit"** (→ Rn. 1.31 ff.) zu unterscheiden. In der Regel wird zwar eine wesentliche Einschränkung der Fähigkeit zu einer informierten Entscheidung zugleich die Entscheidungsfreiheit erheblich beeinträchtigen. Ist dies ausnahmsweise nicht der Fall, so ist immer noch zu prüfen, ob die geschäftliche Handlung wenigstens den Tatbestand des § 3 II erfüllt. Andererseits hat das Tatbestandsmerkmal durchaus seinen Sinn. Zum einen dient es dazu, den Tatbestand des § 4a einzuschränken, um nicht die kartellrechtlichen Schranken der missbräuchlichen Ausnutzung von Marktmacht (Art. 102 AEUV; § 19 II Nr. 5 GWB, § 20 II GWB) zu unterlaufen (→ Rn. 1.16 ff.). Zum anderen wird damit der systematische Zusammenhang mit der übergreifenden Generalklausel des § 3 II iVm § 2 I Nr. 11 gewahrt.

V. Fallgruppen und Fallmaterial

1. Ausnutzung der Autorität

1.67   **a) Allgemeines.** Die Machtposition kann auf der **Autorität** des handelnden Unternehmers oder des von ihm eingeschalteten Dritten (→ Rn. 1.68) beruhen. Unter Autorität ist dabei eine mit bestimmten **Machtbefugnissen** oder **Einflussmöglichkeiten** ausgestattete amtliche, politische, verbandsrechtliche, unternehmerische, berufliche, kirchliche oder soziale Stellung zu verstehen. Sie ist dagegen nicht schon bei Personen aus dem Bereich des Sports, der Unterhaltung, der Mode, der Kunst oder der Wissenschaft gegeben, die auf Grund ihrer Bekanntheit und Beliebtheit als Produktempfehler eingesetzt werden („Starwerbung"; Influencer-Marketing). – Der Einsatz eigener oder fremder Autorität in der Werbung ist nicht von vornherein unlauter (so früher bereits BGH GRUR 1984, 665 (666) – Werbung in Schulen; OLG Frankfurt NJOZ 2002, 1577 (1579); OLG Hamburg GRUR-RR 2005, 224 (225)), sondern erst dann, wenn sie zur **Ausübung von Druck** eingesetzt wird. Das ist dann der Fall, wenn die angesprochenen Personen davon ausgehen müssen, dass die Ablehnung der erwünschten geschäftlichen Entscheidung möglicherweise rechtliche, wirtschaftliche, berufliche, gesundheitliche, schulische, gesellschaftliche oder sonstige **Nachteile** mit sich bringen kann (ebenso OLG München WRP 2010, 299 (300)). An einer Druckausübung fehlt es, wenn die Umworbenen lediglich auf die **Sachkunde** der Autoritätsperson (zB Lehrer; Feuerwehr) vertrauen und auch kein Vertrauensmissbrauch stattfindet. Insoweit kann aber § 3 II eingreifen. Geht der Angesprochene irrtümlich von einem autoritären Druck aus, kann § 4a I nur dann eingreifen, wenn der Handelnde den Irrtum des Verbrauchers kennt.

1.68   **b) Einsatz fremder Autoritätspersonen.** Setzt der Unternehmer eine fremde Autoritätsperson ein, um Verbraucher oder sonstige Marktteilnehmer zu beeinflussen, ist er für deren Handeln als mittelbarer Täter oder Anstifter (und darüber hinaus ggf. nach § 8 II) persönlich verantwortlich. Daneben ist aber auch die Autoritätsperson selbst Handelnder zugunsten eines fremden Unternehmens (und ggf. selbst Unternehmer iSd § 2 I Nr. 8 Hs. 2) und damit als Täter oder Teilnehmer verantwortlich. Ein sicheres Indiz für eine Beauftragung ist es, wenn die Autoritätsperson für ihren Einsatz eine Gegenleistung erhält (BGH GRUR 1984, 665 (667) – Werbung in Schulen; OLG Karlsruhe GRUR-RR 2003, 191 (192); OLG Brandenburg WRP 2003, 903; OLG Hamburg GRUR-RR 2005, 224 (225)). – Zum Missbrauch der Autorität der **öffentlichen Hand** → § 3a Rn. 2.57.

1.69   **c) Fallmaterial. Unlauterkeit bejaht:** Empfehlung eines **Arbeitgebers** an seine Arbeitnehmer, von der bisherigen Krankenkasse in eine andere oder in die eigene Betriebskrankenkasse überzuwechseln (OLG Düsseldorf WRP 2002, 479 (481 f.); LG Nürnberg-Fürth WRP 2007,

214 (215); vgl. aber OLG Hamm GRUR-RR 2006, 30 Ls.). – Einspannen des **Betriebsrats** zum Zwecke der Werbung, zur Entgegennahme von Sammelbestellungen, zum Einkassieren des Kaufpreises (OLG Frankfurt WRP 1971, 379 (380); DB 1978, 535). – Gewährung einer Provision an die **Schulleitung** für die Empfehlung eines bestimmten Vertragspartners des Schulträgers (OLG Karlsruhe GRUR-RR 2003, 191 (192)). – Bewerbung von Brandschutzartikeln unter Hinweis auf eine auf dem Firmengelände stattfindende produktneutrale Informationsveranstaltung der **Feuerwehr** (OLG Saarbrücken WRP 2005, 759 (762); sehr bedenklich). – An Schüler gerichtete Werbung zum Sammeln von Wertpunkten, die über die Schule unter Einschaltung eines **Lehrers** beim Werbenden einzureichen sind, um für die Schule Prämien zu erlangen (BGH GRUR 2008, 183 Rn. 21 – Tony Taler). – **„Patienteninformation"** von Hausärzten, in der Patienten ein Wechsel zu einer bestimmten Krankenkasse nahe gelegt wird, und die mit dem Hinweis auf den Erhalt einer guten hausärztlichen Versorgung verbunden ist (OLG München WRP 2010, 299 (300)). – Augenfacharzt leitet die von ihm ausgestellten Rezepte mittels Rohrpost einem Optikergeschäft im selben Hause zu (ÖOGH ÖBl 1977, 35 – Rohrpostanlage). – Arzt sammelt von ihm ausgestellte Rezepte und übergibt sie unmittelbar einer Apotheke in der Absicht, deren Wettbewerb zu fördern, zur Auslieferung der Arzneimittel an die Patienten (OLG Frankfurt GRUR 1978, 541). In diesen Fällen werden die Patienten sich scheuen, die Rezepte herauszuverlangen, um einen Optiker oder Apotheker ihrer Wahl aufzusuchen, so dass sie in ihrer Fähigkeit, eine informierte Entscheidung zu treffen, und in ihrer Entscheidungsfreiheit beeinträchtigt werden. – Augenarzt weigert sich, die von ihm ermittelten Refraktionswerte herauszugeben, wenn der Patient nicht die Brille in dem ihm gehörenden Augenoptikergeschäft kauft (LG Düsseldorf WRP 2012, 1162).

Unlauterkeit gegenüber Patienten verneint, aber gegenüber Ärzten bejaht: Brillenhersteller **1.70** verspricht oder gewährt Augenärzten finanzielle Vorteile, damit diese den Patienten den Bezug von Brillen direkt beim Hersteller („verkürzter Versorgungsweg") anbieten, weil sie sich dabei entgegen ihren vertraglichen und beruflichen Pflichten nicht allein vom Patienteninteresse leiten lassen (BGH GRUR 2010, 850 Rn. 13, 14 ff. – Brillenversorgung II). Diese Fälle sollten aber besser nach § 3 II, § 3a und § 5a IV beurteilt werden, weil nicht die Ärzte, sondern die Patienten das „Opfer" der Handlung des Herstellers sind (→ § 3 Rn. 6.14 ff.).

Unlauterkeit verneint: Verteilung von Werbung und Bestellformularen an Schulen mit **1.71** Genehmigung der Schulverwaltung, sofern keine besonderen Umstände hinzutreten (BGH GRUR 1984, 665 – Werbung in Schulen); Spende eines PC an eine Schule für die Vermittlung einer gewerblichen Fotoaktion (BGH GRUR 2006, 77 Rn. 16 ff. – Schulfotoaktion; Auslobung einer Prämie durch Arbeitgeber für die Zugehörigkeit von Arbeitnehmern zu einer Krankenkasse mit niedrigem Mitgliedsbeitrag (OLG Hamm GRUR-RR 2006, 30 Ls.). – Kostenloser Vertrieb eines **Internet-Werbeblockers,** wie Adblock plus, mit dem Werbung auf Internetseiten unterdrückt wird, an Werbung interessierte Unternehmen sich aber gegen Umsatzbeteiligung in eine „whitelist" davon ausnehmen lassen können. Es fehlt insoweit an einer unzulässigen Beeinflussung dieser Unternehmen, da der Anbieter eine ihm etwaig zukommende Machtposition jedenfalls nicht in der Weise ausnutzt, dass ihre Fähigkeit zu einer informierten Entscheidung wesentlich eingeschränkt wird (BGH WRP 2018, 1322 Rn. 63 – Werbeblocker II).

2. Ausnutzung wirtschaftlicher oder rechtlicher Macht

a) Allgemeines. Die Machtposition kann auf **wirtschaftlicher oder rechtlicher Macht 1.72** beruhen. Sie liegt vor, wenn ein Unternehmer eine überlegene wirtschaftliche oder rechtliche Stellung gegenüber Verbrauchern oder sonstigen Marktteilnehmern besitzt. Diese Macht wird zur **Ausübung von Druck ausgenutzt,** wenn Verbraucher oder sonstige Marktteilnehmer mit **irgendwelchen wirtschaftlichen oder rechtlichen Nachteilen** rechnen müssen, wenn sie die vom Unternehmer erwartete geschäftliche Entscheidung **nicht** treffen. **Beispiele:** Inkassounternehmen hat gegenüber Verbrauchern eine Machtposition, weil es in der Lage ist, auf einen Schuldner Druck auszuüben, nämlich ihm mit gerichtlichen Schritten zu drohen (BGH WRP 2018, 1193 Rn. 12 – Zahlungsaufforderung); Krankenhaus verlangt von Laborärzten, Regelleistungspatienten zu nicht kostendeckenden Preisen mit laborärztlichen Leistungen zu versorgen, wenn sie ihnen auch Wahlleistungspatienten zuweisen, mit deren Vergütung sie Verluste ausgleichen können (Fritzsche WRP 2019, 555 Rn. 35 ff.). – Zu den geschäftlichen Entscheidungen kann auch die Beendigung, Einschränkung oder Nichtaufnahme einer **anderweitigen** Geschäftsbeziehung gehören.

1.73   Dagegen erfasst § 4a nicht den Fall, dass der Verbraucher oder sonstige Marktteilnehmer auf eine Ware oder Dienstleistung des Unternehmers angewiesen ist und der Unternehmer aus diesem Grund **überhöhte Preise oder unangemessene Geschäftsbedingungen** durchsetzen will. Denn insoweit wird der Kunde nicht in seiner Entscheidungsfreiheit beeinträchtigt. Daher ist auch § 4a II 2 (bewusste Ausnutzung der Zwangslage von Verbrauchern) nicht anwendbar. Die sog **Geschäftsverweigerung** begründet einen Kontrahierungszwang nur unter den engen Voraussetzungen des **Kartellrechts** (§§ 19, 20 GWB; Art. 102 AEUV) und des **Bürgerlichen Rechts** (§ 826 BGB).

1.74   **b) Ausnutzung vor Geschäftsabschluss.** Vor Geschäftsabschluss ist eine Ausnutzung einer wirtschaftlichen Machtposition in der Weise denkbar, dass der Unternehmer sich weigert, dem Verbraucher oder sonstigen Marktteilnehmer ein von diesem dringend benötigtes Produkt zu verkaufen, um ihn zum Abschluss eines anderen, damit sachlich nicht zusammenhängenden Vertrags zu veranlassen (sog Geschäftsverweigerung). Dies gilt auch für den Fall, dass der Unternehmer einem Kontrahierungszwang unterliegt. **Beispiel:** Energieversorgungsunternehmen ist zum Vertragsschluss nur bereit, wenn der Kunde zugleich einen Kabelvertrag für Telekommunikation abschließt. Selbst wenn dies dazu führt, dass der Kunde in seiner Fähigkeit zu einer informierten Entscheidung wesentlich eingeschränkt wird, ist aber § 4a hier nicht anwendbar, weil auch in diesen Fällen die Wertungen des Kartellrechts (vgl. § 19 GWB; Art. 102 S. 2 lit. d AEUV) vorrangig sind.

1.75   **c) Ausnutzung nach Geschäftsabschluss.** Der Abschluss eines Vertrags mit dem Verbraucher oder sonstigen Marktteilnehmer kann seinerseits eine Machtposition des Unternehmers begründen, die er zur Ausübung von Druck ausnutzen kann. Das ist insbes., aber nicht nur, der Fall, wenn der Unternehmer **„belastende oder unverhältnismäßige Hindernisse nicht vertraglicher Art"** errichtet, mit denen er **„den Verbraucher an der Ausübung seiner vertraglichen Rechte zu hindern versucht, wozu auch das Recht gehört, den Vertrag zu kündigen oder zu einem anderen Produkt oder einem anderen Gewerbetreibenden zu wechseln"** (§ 4a II 1 Nr. 4; Art. 9 lit. d UGP-RL). Zu Einzelheiten → Rn. 1.96 ff.

3. Ausnutzung moralischer Macht

1.76   **a) Allgemeines.** Eine Machtposition iSd § 4a I 3 kann auch in einer **moralischen Macht** des Unternehmers gegenüber dem Verbraucher bestehen. Sie ist gegeben, wenn der Verbraucher sich aus sittlichen Erwägungen zur Unterstützung der Person oder der Zwecke eines bestimmten Unternehmers verpflichtet glaubt. Sie kann **strukturell bedingt** sein. Ein Beispiel dafür sind **gemeinnützige Organisationen,** die in ihrer Werbung darauf hinweisen, dass sie mit dem Erlös aus dem Verkauf von Waren wohltätige Zwecke fördern. Sie kann aber auch **situationsbedingt** gegeben sein. Dies ist bspw. der Fall, wenn ein Unternehmer sich erkennbar in einer wirtschaftlichen Notlage befindet und an Verbraucher einen Kaufappell richtet (vgl. Anh. Nr. 30 zu § 3 III).

1.77   **b) Beeinträchtigung der Fähigkeit zu einer informierten Entscheidung.** Die Ausübung von moralischem Druck muss in einer Weise erfolgen, die geeignet ist, die Fähigkeit des Verbrauchers zu einer informierten Entscheidung wesentlich und seine Entscheidungsfreiheit erheblich zu beeinträchtigen. Ob dies der Fall ist, beurteilt sich nach den Umständen des konkreten Falls. Dabei ist insbes. auf „Zeitpunkt, Ort, Art oder Dauer" der Beeinflussung (§ 4a II 1 Nr. 1; Art. 9 lit. a UGP-RL) sowie auf die „Ausnutzung von Umständen von solcher Schwere, dass sie das Urteilsvermögen der Verbraucher beeinträchtigen" (§ 4a II 1 Nr. 3; Art. 9 lit. c UGP-RL) abzustellen. Ein Indiz kann weiter die „Verwendung … beleidigender Formulierungen oder Verhaltensweisen" (§ 4a II 1 Nr. 2) sein. Auch kann es eine Rolle spielen, ob ein ausdrücklicher moralischer Appell an den Verbraucher gerichtet wird, eine bestimmte Kaufentscheidung zu treffen, oder ob der Verbraucher sich nur auf Grund der Umstände einem moralischen Vorwurf ausgesetzt sieht, falls er die gewünschte Kaufentscheidung nicht trifft. Maßgebend für die lauterkeitsrechtliche Beurteilung ist die Intensität oder Nachhaltigkeit des moralischen Drucks.

1.78   **c) Beispiele. aa) Appell an die Solidarität.** Wird direkt oder indirekt an die Solidarität mit dem Unternehmer oder mit Dritten appelliert, hängt die Beurteilung nach § 4a ua davon ab, in welchem Verhältnis der Umworbene zu dem Werber (Mitschüler, Arbeitskollegen, Glaubensgenossen, Vereinskameraden, Verwandte, Nachbarn usw) steht, unter welchen Umständen (Zeit, Ort, Art und Dauer; § 4a II 1 Nr. 1) der Appell erfolgt und mit welchen Mitteln (persönliche

Ansprache; Telefonanruf; Brief; E-Mail) der Werber arbeitet (vgl. Steinbeck WRP 2008, 865 (870)). Erhebt bspw. ein Veranstalter von „Kaffeefahrten" gegenüber kaufunwilligen Teilnehmern im Beisein der anderen den Vorwurf, sie würden auf Kosten der anderen, die mit ihrem Kauf einen Beitrag zur Deckung der Unkosten leisteten, „schmarotzen", liegt ohne weiteres eine moralische Druckausübung vor (arg. § 4a II 1 Nr. 2; Art. 9 lit. b UGP-RL). – Veranstaltet ein Spielzeughersteller zur Förderung seines Absatzes einen Kindergarten-Malwettbewerb, bei dem möglichst viele Kinder teilnehmen sollen und die Geschenke dem Kindergarten zugutekommen, handelt es sich noch nicht um einen unlauteren moralischen Kaufzwang. Denn die Maßnahme mag zwar die Eltern dazu veranlassen, ihre Kinder an dem Malwettbewerb teilnehmen zu lassen, um dem Vorwurf mangelnder Hilfsbereitschaft und fehlender Solidarität mit der Gemeinschaft des Kindergartens zu entgehen. Auch mögen sich die Kinder bei dem Wettbewerb intensiv mit den Spielzeugen des Herstellers befassen und dementsprechend ihre Eltern nachhaltig zum Kauf gerade dieser Figuren anregen. Dies reicht aber aus heutiger Sicht nicht aus, um die Eltern derart unter Druck zu setzen, dass sie iErg gezwungen sind, Produkte des Veranstalters zu erwerben (anders noch BGH GRUR 1979, 157 (158) – Kindergarten-Malwettbewerb). Anders verhält es sich, wenn Kinder unmittelbar dazu aufgefordert werden, ihre Eltern zum Kauf von beworbenen Produkten zu veranlassen (Anh. Nr. 28 zu § 3 III). – Wirbt ein Unternehmen gegenüber Schülern für seine Produkte mit Punkten, die in der Schule gesammelt werden sollen und für die es Prämien (zB verbilligte Klassenreisen; Spende von Sportgeräten) gibt, schafft dies dagegen einen **Gruppenzwang** zu solidarischem Verhalten innerhalb der Klassen. Dieser Druck kann von den Schülern an die Eltern weitergegeben werden. Das kann zu einer erheblichen Beeinträchtigung der Entscheidungsfreiheit der Schüler und ihrer Eltern führen (vgl. BGH GRUR 2008, 183 Rn. 19 ff. – Tony Taler; OLG Celle GRUR-RR 2005, 387 (388)). Ein Gruppenzwang wird jedoch nicht schon dadurch ausgeübt, dass ein Schul-Förderverein seine Mitglieder auffordert, Bücher über einen Link zu einem Buchversandhandelsunternehmen zu bestellen, weil es dafür Spenden gebe, vorausgesetzt der Förderverein erfährt nicht den Namen der Besteller (BGH WRP 2017, 169 Rn. 36–38 – Förderverein). Ebenso wenig liegt in dem Spendenversprechen eine unlautere Druckausübung auf die Eltern darin, dass beim Kauf bei einem anderen Buchhändler die (minimale) Förderung der eigenen Kinder unterbleibt (BGH WRP 2017, 169 Rn. 35 – Förderverein). – Der bloße Appell an die Hilfsbereitschaft und Solidarität gegenüber einer unbestimmten Vielzahl von Verbrauchern (zB Werbung für Blindenwaren; Werbung mit dem Versprechen, einen Teil des Verkaufserlöses für gute Zwecke zur Verfügung zu stellen) reicht im Allgemeinen dagegen noch nicht aus, um eine moralische Machtposition zu begründen.

bb) Appell an die Dankbarkeit. Grds. kann auch eine **vorherige unentgeltliche Zuwendung** eine moralische Macht gegenüber dem Verbraucher begründen, weil sie beim Verbraucher ein Gefühl der Dankbarkeit auslösen kann, das ihn wiederum zu einem Kauf veranlassen kann. Die unentgeltliche Zuwendung stellt indessen noch **keine Druckausübung** dar, sondern ermöglicht sie allenfalls. Es muss also eine **Druckausübung** hinzukommen, damit der Tatbestand des § 4a I erfüllt sein könnte. **1.79**

Unter der Geltung des **UWG 1909** wurde ein unzulässiger, weil sittenwidriger **„psychischer** **1.80** **Kaufzwang"** bereits dann angenommen, wenn die umworbenen Verbraucher durch die Vergünstigung in eine psychische Situation geraten würden, in der sie es als unanständig oder jedenfalls peinlich empfänden, nichts zu kaufen. Sie könnten das Gefühl haben, sich wegen der gewährten Zuwendung erkenntlich zeigen zu müssen, und hätten daher Hemmungen, nichts zu kaufen. Die Ware oder Dienstleistung würde dann nicht wegen ihrer Qualität oder Preiswürdigkeit, sondern aus einem Gefühl der Dankbarkeit heraus „anstandshalber" gekauft (BGH GRUR 2000, 820 (821) – Space Fidelity Peep-Show; GRUR 2002, 1000 (1002) – Testbestellung; GRUR 2003, 804 (805) – Foto-Aktion). Dass sich Kunden zu einem bloßen Gelegenheits- oder Verlegenheitskauf bemüßigt fühlen können, würde allerdings nicht ausreichen (BGH GRUR 2000, 820 (822) – Space Fidelity Peep-Show). Auch wurde ein psychischer Kaufzwang regelmäßig verneint, wenn kein persönlicher Kontakt zwischen dem Werbenden oder seinem Personal und dem Kunden stattfinde oder jedenfalls nicht erforderlich sei, der Kunde also nicht aus seiner Anonymität heraustreten müsse. Denn dann bräuchte der Kunde dem Verkäufer nicht in für ihn peinlicher Weise zu erklären, weshalb er zwar die Zuwendung in Anspruch nehme, aber gleichwohl vom Kauf absähe. So etwa, wenn das ganze Geschäft auf dem Postweg abgewickelt werde (BGH GRUR 2002, 1000 (1002) – Testbestellung), wenn – wie insbes. bei der Teilnahme an Gewinnspielen – der Kunde das Geschäftslokal gar nicht aufsuchen müsse (BGH

GRUR 1998, 735 (736) – Rubbelaktion) oder wenn er nach dem Zuschnitt des Geschäftslokals, wie etwa bei einem Discounter, typischerweise nicht mit einer Ansprache oder gar Bearbeitung durch das Verkaufspersonal rechnen müsse (BGH GRUR 2000, 820 (821) – Space Fidelity Peep-Show). Im Übrigen stellte die Rspr. auf den Anlass und den Wert einer Zuwendung, die Art des Vertriebs, den angesprochenen Personenkreis sowie die begleitende Werbung ab (BGH GRUR 1973, 418 – Das goldene A; GRUR 1998, 1037 (1038) – Schmuck-Set; GRUR 2002, 1000 (1002) – Testbestellung).

1.81 Diese Rspr. wurde schon vor Jahren zunehmend kritisiert (Berlit WRP 2001, 349 (352); Weiler WRP 2002, 871 ff.; vgl. aber Steinbeck WRP 2008, 865 (870)). In der heutigen Zeit sind derartige Verkaufsförderungsmaßnahmen nicht mehr geeignet, den Durchschnittsverbraucher in seiner Entscheidungsfreiheit erheblich zu beeinträchtigen. Eine Anwendung des § 4a I scheidet daher idR aus (OLG Köln GRUR-RR 2018, 197 Rn. 4) und kommt allenfalls dann in Betracht, wenn der Unternehmer (a) einen moralischen Druck ausübt, also den Verbrauchern zu verstehen gibt, sie würden sich undankbar verhalten, wenn sie ihn oder sein Anliegen nicht durch einen Kauf unterstützen würden, und wenn (b) dieser Druck so stark ist, dass dadurch ihre Entscheidungsfreiheit erheblich beeinträchtigt wird. Das kann bei einer Zuwendung und nachfolgenden Druckausübung gegenüber besonders schutzbedürftigen Verbrauchern iSd § 3 IV 2 Bedeutung erlangen. In diesem Zusammenhang kann unter dem Gesichtspunkt des § 4a II 1 Nr. 3 eine Rolle spielen, ob der Kunde ohne sein Zutun und Wissen in eine Situation der persönlichen Kontrolle seines Verhaltens gerät, etwa wenn er zunächst glaubt, die Zuwendung anonym in Anspruch nehmen zu können, dann aber überraschend vom Verkäufer kontaktiert und unter moralischen Druck gesetzt wird; ferner, wenn der Kunde, wie etwa bei einer „Kaffeefahrt", einem länger dauernden moralischen Druck ausgesetzt ist (vgl. § 4a II 1 Nr. 1: Dauer der Handlung) und zudem befürchten muss, sich der Kritik anderer Kunden auszusetzen. In diesen Fällen kommt auch eine Ausnutzung einer situationsbedingten Überlegenheit in Betracht.

4. Ausnutzung durch Einsatz manipulativer Techniken; „Dark Pattern"

1.81a Eine unzulässige Beeinflussung iSv § 4a I 2 Nr. 3 kann darin bestehen, dass ein Unternehmer manipulative Techniken oder Gestaltungen einsetzt, um geschäftliche Entscheidungen in eine bestimmte Richtung zu lenken. Verstärkt diskutiert werden insbesondere sog. **„Dark Patterns",** die vor allem im Online-Bereich gegenüber Verbrauchern zu finden sind, zB bei der Gestaltung von Benutzeroberflächen, Bestellabläufen, Einwilligungsabfragen usw. (dazu näher Gertz/Martini/Seeliger/Timko LTZ 2023, 3 ff.; Kaprou EuCML 2023, 76 (80 ff.); Gestaltungsbeispiele bei Möller VuR 2022, 449 (455 ff.)). Solche Praktiken können nicht nur mit Irreführungen und dem Vorenthalten wesentlicher Informationen einhergehen, sondern werden typischerweise im Schnittbereich zu anderen Vorschriften (zB dem Datenschutzrecht und dem Digital Services Act) liegen. Unabhängig von besonderen Regelungen in speziellen Rechtsakten (Überblick dazu bei Dregelies MMR 2023, 243 ff.; Martini/Kramme/Kamke MMR 2023, 323 ff. und 399 ff.) können solche Praktiken als eine aggressive Einflussnahme von Art. 8 und 9 UGP-RL erfasst sein (UGP-RL-Leitlinien, S. 99) und damit in den Anwendungsbereich von § 4a I 2 Nr. 3 fallen. Die erforderliche Machtposition des Unternehmers kann sich daraus ergeben, dass dieser über den Ablauf des Entscheidungsprozesses bestimmt und damit in der Lage ist, aufgrund des Einsatzes von verhaltenspsychologischen Erkenntnissen gezielte Verzerrungen im Entscheidungsablauf zu „designen" (Beispiele dazu in den UGP-RL-Leitlinien, S. 101). Ob die Voraussetzungen von § 4a I 2 Nr. 3 erfüllt sind, hängt von der konkreten Ausgestaltung im Einzelfall ab (Martini/Kramme/Seeliger VuR 2022, 123 (125 ff.)).

H. Feststellung einer aggressiven geschäftlichen Handlung (§ 4a II 1)

I. Die Regelung in § 4a II 1 und ihre richtlinienkonforme Auslegung

1.82 Nach § 4a II 1 ist bei der **Feststellung,** ob eine geschäftliche Handlung **aggressiv** im Sinne des § 4a I 2 ist, auf fünf einzeln aufgeführte **Beurteilungskriterien abzustellen.** Die Regelung dient der Umsetzung des Art. 9 UGP-RL. Allerdings bezieht sich Art. 9 UGP-RL nur auf die Feststellung, **„ob im Rahmen einer Geschäftspraxis die Mittel der Belästigung, der Nötigung einschließlich der Anwendung körperlicher Gewalt, oder der unzulässigen**

Beeinflussung eingesetzt werden". Der Unterschied liegt darin, dass sich die Feststellung nach Art. 9 UGP-RL nicht auf den gesamten Tatbestand der aggressiven geschäftlichen Handlung bezieht, sondern nur auf die Tatbestandselemente der Belästigung, Nötigung und unzulässigen Beeinflussung. Dies ist im Wege der richtlinienkonformen Auslegung des § 4a II 1 zu berücksichtigen. Daher lässt sich dieser Bestimmung nicht entnehmen, dass damit zugleich das Erfordernis der Eignung des Mitteleinsatzes zu einer erheblichen Beeinträchtigung der Entscheidungsfreiheit des Verbrauchers zu prüfen ist (aA wohl Fritzsche WRP 2016, 1 (6)). Dies hat vielmehr erst bei Anwendung des § 4a I zu erfolgen. Allerdings wird, wenn bspw. die Kriterien des § 4a II 1 Nr. 3 und 4 erfüllt sind, idR zugleich eine erhebliche Beeinträchtigung der Entscheidungsfreiheit vorliegen.

Eine weitere Auslegungsschwierigkeit ergibt sich aus dem Begriff des **Abstellens.** Die Formu- **1.83** lierung entstammt Art. 9 UGP-RL. Aus den anderen Sprachfassungen (engl. account shall be taken of; frz. sont pris en considération) ergibt sich, dass die in § 4a II 1 Nr. 1–5 aufgeführten Kriterien als tatbestandskonkretisierende Vorgaben bei der Rechtsanwendung zu **berücksichtigen** sind. Die gesetzlich aufgeführten Umstände sind nicht als eine abschließende Aufzählung anzusehen (Harte-Bavendamm/Henning-Bodewig/Picht Rn. 75; Ohly/Sosnitza/Sosnitza Rn. 151; aA MüKoUWG/Micklitz/Namysłowska UGP-RL Art. 9 Rn. 24). Es kommt ihnen lediglich eine **Indizwirkung** zu. Andernfalls ließen sich nämlich bestimmte Verhaltensweisen trotz ihres aggressiven Charakters nicht erfassen. So stellen bspw. § 4a II 1 Nr. 3 und 5 keine abschließende Regelung der „unzulässigen Beeinflussung" dar. Nur diese Auslegung steht auch in Einklang mit der Eingangsformulierung in Art. 8 UGP-RL, wonach es auf den **konkreten Fall unter Berücksichtigung aller tatsächlichen Umstände** ankommt.

§ 4a II 1 dient bei richtlinienkonformer Auslegung nur der Feststellung, ob im Rahmen einer **1.84** geschäftlichen Handlung die Mittel der Belästigung, Nötigung oder unzulässigen Beeinflussung eingesetzt wurden. Bei der Anwendung des § 4a I 1 genügt es daher nicht, nur die Kriterien des § 4a II 1 zu prüfen. Vielmehr muss sich daran die eigentliche Prüfung anschließen, ob und welche Begehungsform verwirklicht wurde. Im Einzelfall können mehrere dieser Begehungsformen verwirklicht sein. Aus Art. 9 UGP-RL und dementsprechend aus § 4a II 1 geht nicht eindeutig hervor, welche der fünf Beurteilungskriterien für welches Mittel relevant sein können. Jedenfalls ist § 4a II 1 Nr. 1 für alle drei Mittel relevant, § 4a II 1 Nr. 5 dagegen nur für die Nötigung. Bei § 4a II 1 Nr. 2 kommen Belästigung und Nötigung in Betracht, bei § 4a II 1 Nr. 3 und 4 wohl nur die unzulässige Beeinflussung.

II. Die einzelnen Beurteilungskriterien des § 4a II 1

1. Das Kriterium des § 4a II 1 Nr. 1

Nach § 4a II 1 Nr. 1 sind **„Zeitpunkt, Ort, Art oder Dauer der Handlung"** zu berück- **1.85** sichtigen. Es ist also das **wann, wo, wie** und **wie lange** der geschäftlichen Handlung zu prüfen. Das entspricht dem Gebot der Berücksichtigung aller Umstände des konkreten Falls iSd § 4a I 2 (→ Rn. 1.83). Das Kriterium des § 4a II 1 Nr. 1 kann bei allen drei Mitteln aggressiven Handelns eine Rolle spielen, insbes. bei der Belästigung. So kann bspw. ein unerbetener Hausbesuch in den Abendstunden im Hinblick auf Ort und Zeitpunkt der Handlung eine relevante Belästigung iSd § 4a I (und nicht nur des § 7 I) darstellen. Zur Dauer einer Handlung gehört auch der Fall einer „hartnäckigen" bzw. wiederholten Handlung (vgl. Anh. Nr. 26 zu § 3 III Nr. 26; Anh. I UGP-RL).

2. Das Kriterium des § 4a II 1 Nr. 2

Nach § 4a II 1 Nr. 2 ist ferner die **„Verwendung drohender oder beleidigender Formu-** **1.86** **lierungen oder Verhaltensweisen"** zu berücksichtigen. Das kann wiederum bei allen drei Mitteln aggressiven Handelns eine Rolle spielen. Drohende Formulierungen oder Verhaltensweisen (einschließlich bloßer Gesten) können insbes. bei der Prüfung der Nötigung und der unzulässigen Beeinflussung, beleidigende Formulierungen oder Verhaltensweisen insbes. bei der Prüfung der Belästigung eine Rolle spielen. Die Drohung muss – anders als bei § 4 II 1 Nr. 5 – nicht für sich gesehen rechtswidrig sein (Büscher/Büscher Rn. 84; aA Scherer GRUR 2016, 233 (239)); es können daher auch bewusst unbestimmte Formulierungen (bspw. „wird ernstliche Konsequenzen haben") drohenden Charakter haben.

3. Das Kriterium des § 4a II 1 Nr. 3

1.87   **a) Die Regelung.** Nach § 4a II 1 Nr. 3 kann weiter **„die bewusste Ausnutzung von konkreten Unglückssituationen oder Umständen von solcher Schwere, dass sie das Urteilsvermögen des Verbrauchers beeinträchtigen, um dessen Entscheidung zu beeinflussen"** von Bedeutung sein. Dieses Beurteilungskriterium kann vor allem bei der Prüfung der **unzulässigen Beeinflussung** iSd § 4a I 2 Nr. 3 (Ausnutzung einer Machtposition zur Ausübung von Druck) von Bedeutung sein. Die Unglückssituationen bzw. Umstände müssen objektiv vorliegen, sei es, dass der Unternehmer sie vorfindet oder selbst herbeiführt. Werden sie vom Unternehmer nur vorgetäuscht oder nutzt der Unternehmer nur einen Irrtum des Verbrauchers oder sonstigen Marktteilnehmers aus, so kann ein Fall der **Irreführung** (§ 5) oder des **Vorenthaltens wesentlicher Informationen** (§ 5a und § 5b) vorliegen.

1.88   **b) Gebot der richtlinienkonformen Auslegung.** § 4a II 1 Nr. 3 übernimmt weitgehend, wenngleich sprachlich geglättet, die Formulierung aus Art. 9 lit. c UGP-RL. Bei der richtlinienkonformen Auslegung sind allerdings auch die anderen Sprachfassungen dieser Bestimmung, insbes. die englische und französische, von Bedeutung. Das entscheidende Merkmal „von solcher Schwere, dass sie das Urteilsvermögen des Verbrauchers beeinträchtigen", ist daher sowohl auf die „konkreten Unglückssituationen" als auch auf die (besonderen) „Umstände" zu beziehen. Will man ihm nicht folgen, muss man den Begriff der „konkreten Unglückssituationen" in diesem Sinne einschränkend auslegen.

1.89   **c) „Konkrete Unglückssituationen".** Der Begriff der „konkreten Unglückssituationen" ist aus Art. 9 lit. c UGP-RL übernommen und unter Berücksichtigung der anderen Sprachfassungen der UGP-RL auszulegen (engl. specific misfortune; frz. tout malheur). Es muss sich um vom normalen Lauf der Dinge abweichende Ereignisse handeln, die für den betroffenen Verbraucher oder sonstigen Marktteilnehmer Nachteile oder Belastungen mit sich bringen. Sie müssen von solcher Schwere sein, dass sie das Urteilsvermögen beeinträchtigen. **Beispiele:** Unfall; Brand; Katastrophen; Bergnot; Tod eines Angehörigen. Die Ereignisse können einzelne Verbraucher oder sonstige Marktteilnehmer, einzelne Gruppen von ihnen oder die Allgemeinheit treffen. Ob die betroffenen Personen die Unglückssituation (zB Unfall) selbst herbeigeführt oder verschuldet haben oder nicht, ist unerheblich. Die Unglückssituation muss eine **konkrete** sein, dh ein einzelnes Ereignis darstellen. Nicht erfasst werden daher andauernde Zustände, die als Unglück empfunden werden, wie bspw. zunehmende Klimaverschlechterung, Kriminalität, Geldentwertung, Altersarmut, soziale Benachteiligung von bestimmten Gruppen usw.

1.90   **d) Besonders schwerwiegende „Umstände".** Der Begriff der „Umstände" ist aus Art. 9 lit. c UGP-RL übernommen und unter Berücksichtigung der anderen Sprachfassungen der UGP-RL (engl. specific … circumstance; frz. circonstance particulière) auszulegen. Gemeint sind daher **besondere** Umstände. Darunter sind in ihrer Wirkung einem Unglück vergleichbare Situationen oder Ereignisse zu verstehen, die sich auf das Urteilsvermögen des Verbrauchers bei einer anstehenden geschäftlichen Entscheidung auswirken können. Es muss sich um Umstände handeln, die sich durch eine **„Schwere"** auszeichnen. Bloße Lästigkeiten, Lappalien oder Unannehmlichkeiten genügen nicht. Typischerweise wird es sich um Ereignisse handeln, die sich aus der Sicht des angesprochenen Verbrauchers oder sonstigen Marktteilnehmers **negativ** (wie zB Börsenkrach; Verlust des Arbeitsplatzes) auswirken. Jedoch können auch **positive** Situationen (wie zB Zusage einer Beförderung; Gewinnzusage) erfasst sein (Harte-Bavendamm/Henning-Bodewig/Picht Rn. 96; aA Büscher/Büscher Rn. 88: nur negative Umstände). In beiden Fällen kommt es entscheidend auf die gravierende emotionale Wirkung an. Soweit § 4a II 2 eine Konkretisierung dieser Umstände vornimmt (→ Rn. 2.1 ff.), handelt es sich um eine nationale Regelung, die der richtlinienkonformen Auslegung und damit einer Korrektur bedarf (→ Rn. 2.9).

1.91   **e) Beeinträchtigung des Urteilsvermögens.** Die konkreten Unglückssituationen und die (besonderen) Umstände müssen von solcher **Schwere** sein, dass sie das **Urteilsvermögen des Verbrauchers beeinträchtigen.** Die englische und französische Fassung legen allerdings nahe, dass der betreffende Umstand das konkrete **Urteil** des Verbrauchers beeinträchtigen muss (engl. of such gravity as to impair the consumer's judgement; frz. d'une gravité propre à altérer le jugement du consommateur). Unter Urteil oder Urteilsvermögen ist die **rationale Abwägung des Für und Wider** einer bestimmten geschäftlichen Entscheidung zu verstehen. Letztlich geht es also darum, dass der Verbraucher aufgrund dieser Gegebenheit keine **rationale geschäftliche Entscheidung** treffen kann.

Es genügt eine **Beeinträchtigung des Urteilsvermögens;** nicht erforderlich ist demgegen-   **1.92** über eine dessen vollständige Ausschaltung. Insoweit besteht ein Spannungsverhältnis zur bisherigen Rspr. des BGH, der zufolge die **Rationalität der Kaufentscheidung völlig in den Hintergrund treten** muss (zuletzt BGH WRP 2015, 1341 Rn. 14 – Schufa-Hinweis). Diese Rspr. hat eine lange Tradition (vgl. BGH GRUR 2002, 976 (979) – Kopplungsangebot I; vgl. GRUR 2003, 890 (891) – Buchclub-Kopplungsangebot; GRUR 2006, 161 Rn. 17 – Zeitschrift mit Sonnenbrille; GRUR 2008, 530 Rn. 13 – Nachlass bei der Selbstbeteiligung; GRUR 2010, 850 Rn. 13 – Brillenversorgung II; GRUR 2013, 301 Rn. 40 – Solarinitiative). Sie diente dazu, frühere Vorstellungen von der grds. Unlauterkeit bestimmter Werbemaßnahmen („übertriebenes Anlocken"; „Laienwerbung"; „gefühlsbetonte Werbung") zu korrigieren.

An dieser Rspr. sollte allerdings unter Geltung der Art. 8 und 9 UGP-RL **nicht festgehalten**   **1.93** **werden**, da diese Bestimmungen eben nur eine Beeinträchtigung des Urteilsvermögens, aber keine völlige Ausschaltung der Rationalität der geschäftlichen Entscheidung des Verbrauchers voraussetzen. Einschränkend nunmehr BGH WRP 2018, 1193 Rn. 14 – Zahlungsaufforderung: „jedenfalls dann der Fall, wenn …", sowie Büscher/Büscher Rn. 89: „Zurücktreten der Rationalität". Maßgebend ist, wie stets, wie der Durchschnittsverbraucher oder das durchschnittliche Mitglied der angesprochenen Verbrauchergruppe auf das Verhalten des Unternehmers reagiert. Eine völlige Ausschaltung der Rationalität ist im Grunde nur bei bes. schutzbedürftigen Verbrauchern zu befürchten. Ob in den Fällen der **emotionalen (gefühlsbetonten) Werbung** das Urteilsvermögen des Durchschnittsverbrauchers beeinträchtigt wird, hängt von den Umständen des konkreten Falls iSd § 4a I, II 1 Nr. 1 ab. (In diesem Zusammenhang kann die Rspr. zu dieser Fallgruppe nützliche Erkenntnisse liefern; → § 3 Rn. 9.1 ff.)

f) Bewusste Ausnutzung. § 4a II 1 Nr. 3 setzt voraus, dass der Unternehmer die Unglücks-   **1.94** situation oder die bes. Umstände **bewusst ausnutzt.** In richtlinienkonformer Auslegung am Maßstab des Art. 9 lit. c UGP-RL („worüber sich der Gewerbetreibende bewusst ist") ist dies dahin zu verstehen, dass der Unternehmer die betreffenden Situationen oder Umstände und ihre Bedeutung für das Urteilsvermögen **kennen** muss, **nicht** aber, dass er mit der **Absicht** handeln muss, die Verbraucherentscheidung zu beeinflussen. Dies wird auch aus den anderen Sprachfassungen der UGP-RL deutlich (vgl. engl. of which the trader is aware; frz. en connaissance de cause). Unter **Ausnutzung** ist das Gebrauchmachen von dem betreffenden Wissen zu verstehen. Dazu muss ein **objektiver Zusammenhang** der Handlung mit den betreffenden Umständen entweder auf der Hand liegen oder vom Unternehmer hergestellt werden. – Die **Ausnutzung der Angst** war früher in § 4 Nr. 2 UWG 2008 und ist jetzt in § 4a II 2 geregelt.

g) Beeinflussung der Entscheidung des Verbrauchers oder sonstigen Marktteilneh-   **1.95** **mers.** Nach § 4a II 1 Nr. 3 muss die Ausnutzung erfolgen, **um die Entscheidung** des Verbrauchers oder sonstigen Marktteilnehmers **zu beeinflussen.** Unerheblich ist, ob es sich um eine geschäftliche Entscheidung vor, bei oder nach Geschäftsabschluss handelt. Der Unternehmer muss das Ziel der Beeinflussung verfolgen. Allerdings erfordert dies **nicht** den Nachweis einer entsprechenden **Absicht.** Vielmehr genügt es, dass die Handlung bei **objektiver Betrachtung darauf gerichtet** ist, die Verbraucherentscheidung zu beeinflussen. **Beispiel:** Spricht ein Steinmetz bei den Angehörigen eines kürzlich Verstorbenen vor, um ihnen einen Grabstein zu verkaufen, so liegt auf der Hand, dass dies geschieht, um die Verbraucherentscheidung zu beeinflussen. Anders läge es nur dann, wenn er keine Kenntnis vom Todesfall gehabt hätte.

4. Das Kriterium des § 4a II 1 Nr. 4

a) Die Regelung. Nach § 4a II 1 Nr. 4 zu berücksichtigen sind außerdem „**belastende**   **1.96** **oder unverhältnismäßige Hindernisse nichtvertraglicher Art, mit denen der Unterneh- mer den Verbraucher oder sonstigen Marktteilnehmer an der Ausübung seiner ver- traglichen Rechte zu hindern versucht, wozu auch das Recht gehört, den Vertrag zu kündigen oder zu einer anderen Ware oder Dienstleistung oder einem anderen Unter- nehmer zu wechseln".** Die Vorschrift übernimmt den Wortlaut des Art. 9 lit. d UGP-RL und erweitert ihren Anwendungsbereich auf sonstige Marktteilnehmer. Aus anderen Sprachfassungen dieser Bestimmung wird klar, dass der Unternehmer dem Verbraucher diese Hindernisse **auf- erlegt** haben muss (engl. imposed by the trader; frz. imposé par le professionel). Zur geschäft- lichen Handlung wird diese Maßnahme, wenn sie objektiv darauf gerichtet ist, den Verbraucher an der Ausübung seiner vertraglichen Rechte zu hindern (→ Rn. 1.106). Dabei geht es um eine **geschäftliche Entscheidung** des Verbrauchers iSd § 2 I Nr. 1. Denn dazu gehört nicht nur die Ausübung eines vertraglichen Rechts, sondern auch das Unterlassen eines Tätigwerdens, also die Nichtausübung eines solchen Rechts. Bei der Auslegung kann die im Per-se-Verbot von Anh. Nr. 27 zu § 3 III getroffene Wertung berücksichtigt werden. Das Kriterium des § 4a II 1 Nr. 4 kann, je nach den Umständen des Einzelfalls, der Konkretisierung der **Belästigung,** der **Nötigung** oder der **unzulässigen Beeinflussung** dienen. Neben § 4a II 1 Nr. 4 können gleichzeitig die Kriterien des § 4a II 1 Nr. 1, 2 oder 5 erfüllt sein. Dies kann von Bedeutung für die Frage sein, ob die Handlung geeignet ist, die Entscheidungsfreiheit des Verbrauchers erheblich zu beeinträchtigen.

1.97   **b) Belastende oder unverhältnismäßige Hindernisse nichtvertraglicher Art.** Das auferlegte **Hindernis** muss **nichtvertraglicher Art** sein. Dazu gehören alle Hindernisse, die **keine vertragliche Rechtsgrundlage** haben.

1.98   Erfasst werden dadurch zunächst alle Maßnahmen, die den **Zugang** (§ 130 BGB) von Erklärungen des Verbrauchers oder sonstigen Marktteilnehmers **erschweren** oder **vereiteln.** Dazu gehören bspw.: Nichtangabe, Unterdrücken, Erschweren des Auffindens oder Verfälschen von Kontaktdaten; Fehlen oder Mängel von Empfangseinrichtungen (Briefkasten; Faxanschluss; E-Mai-Account); Annahmeverweigerung; Einrichtung von langen Warteschleifen bei Telefonanrufen. Unrühmliche Beispiele dafür geben diverse Telekommunikationsunternehmen, die auf diese Weise verhindern wollen, dass ein Kunde den Vertrag fristgerecht kündigt. Darauf, ob der Unternehmer eine Informationspflicht (zB nach § 5b I Nr. 2) verletzt oder ob er sich vertragsrechtlich nach Treu und Glauben so behandeln lassen muss, als wäre die Erklärung zugegangen, kommt es nicht an.

1.99   Erfasst werden ferner alle Maßnahmen, die die Geltendmachung von Rechten an bestimmte **Voraussetzungen** knüpfen, die im Vertrag nicht vorgesehen sind und auch nicht durch **AGB** wirksam (§§ 307 ff. BGB) vereinbart werden können. Dazu gehören bspw.: die Aufforderung zur Benutzung bestimmter Formulare oder Kommunikationsmittel, etwa nur des Faxgeräts (vgl. Köhler GRUR 2008, 841 (844); LG Köln GRUR-Prax 2011, 41); die Auferlegung von „Bearbeitungsgebühren"; die Aufforderung zur Vorlage von Unterlagen oder Beweismitteln, die mit dem geltend gemachten Anspruch objektiv nichts zu tun haben (vgl. die Wertung in Anh. Nr. 27 zu § 3 III); die Angabe einer Telefonnummer, bei der höhere als die normalen Gebühren anfallen; die Einhaltung bestimmter Vorgehensweisen (zB sich im Falle eines Gewährleistungsanspruchs persönlich an „sein Verkaufshaus" zu wenden; OLG Düsseldorf GRUR-RR 2015, 114 (115)).

1.100   Erfasst werden weiter alle Maßnahmen, die den Verbraucher (oder sonstigen Marktteilnehmer) für eine unangemessen lange Zeit im **Ungewissen** lassen, ob und wie der Unternehmer auf die Ausübung des Rechts reagieren wird. Denn in diesem Fall hat der Verbraucher noch keinen Anlass, sein Recht gerichtlich geltend zu machen, und er läuft ggf. Gefahr, Fristen zu versäumen oder die Angelegenheit zu vergessen. Dazu gehören bspw.: Das Nichtreagieren auf die Rechtsausübung auch nach mehrfacher Erinnerung durch den Verbraucher (vgl. auch Anh. Nr. 27 zu § 3 III: „systematisches Nichtbeantworten von Schreiben"); die Nichteinhaltung des Versprechens, man werde sich um die Angelegenheit kümmern; die Erklärung von Mitarbeitern, sie seien nicht zuständig; die Weiterverweisung an den Hersteller. Es muss sich dabei aber um ein **planmäßiges** (systematisches) Vorgehen und nicht bloß um einen Einzelfall handeln. Denn nur dann ist der Schluss gerechtfertigt, dass der Unternehmer den Kunden an der Ausübung seiner Rechte zu hindern versucht. Zeigt der Unternehmer dieses Verhalten in vergleichbaren Fällen, lässt dies den Schluss auf ein planmäßiges Vorgehen zu.

1.101   Erfasst werden schließlich alle Maßnahmen (Tun oder Unterlassen), die den **Wechsel** des Verbrauchers zu einer anderen Ware oder Dienstleistung oder zu einem anderen Unternehmer hindern, wenn er dazu nach dem Vertrag berechtigt ist. Dazu gehören bspw.: die Nichtumstellung eines Telefon-, Strom- oder Gasanschlusses auf einen anderen Anbieter nach Aufforderung oder fristgerechter Kündigung (vgl. BGH GRUR 2009, 876 – Änderung der Voreinstellung II); die Weigerung, Unterlagen herauszugeben, die der neue Anbieter benötigt.

1.102   **Nicht erfasst** wird die **bloße Rechtsverteidigung** des Unternehmers gegenüber der Geltendmachung von Rechten durch den Verbraucher. Die Zurückweisung etwa von Gewährleistungsansprüchen unter Berufung auf Verjährung oder von Lieferansprüchen unter Berufung auf eine erfolgte Anfechtung bleibt dem Unternehmer unbenommen; desgleichen im Falle des Rücktritts wegen Sachmangels die Weigerung des Unternehmers, die Ware zurückzunehmen oder den Kaufpreis zurückzuzahlen mit der Begründung, es liege kein Sachmangel vor. Das gilt auch und gerade bei zweifelhafter Rechtslage. Denn das Lauterkeitsrecht darf nicht die Klärung der Rechtslage in einem entsprechenden Zivilprozess verhindern, indem es dem Unternehmer die Rechtsverteidigung abschneidet. Allerdings ist vom Unternehmer grds. zu verlangen, dass er seine Ablehnung **begründet,** um dem Kunden die Möglichkeit einer Überprüfung zu geben (aA Harte-Bavendamm/Henning-Bodewig/Picht Rn. 83). Dies gilt nur dann nicht, wenn der Anspruch des Verbrauchers offensichtlich unbegründet ist. Besteht umgekehrt an dem Anspruch des Verbrauchers kein vernünftiger Zweifel, so liegt im Bestreiten eine Irreführung iSd § 5 I, II Nr. 7.

Die Hindernisse müssen **belastend** oder **unverhältnismäßig** sein. Beides kann ineinander **1.103** übergehen. **Belastend** ist ein Hindernis dann, wenn der Verbraucher für die Ausübung seiner Rechte größere Mühen und Kosten aufwenden muss als im Vertrag vorgesehen oder verkehrsüblich. Das ist zB der Fall, wenn der Unternehmer die geschuldete Nachbesserung eines mangelhaften Werks vertragswidrig (§ 439 II BGB) vom Ersatz der Fahrtkosten abhängig macht. **Unverhältnismäßig** ist ein Hindernis, wenn es unter Abwägung der beiderseitigen Interessen dem Kunden nicht zuzumuten ist, es zu akzeptieren. Das ist zB der Fall, wenn der Unternehmer die Nachbesserung nur zu einem Zeitpunkt vornehmen will, der für einen Durchschnittsverbraucher nicht zumutbar ist (zB am Wochenende).

c) Hinderung an der Ausübung eines vertraglichen Rechts. Das Handeln des Unterneh- **1.104** mers muss darauf gerichtet sein, den Verbraucher oder sonstigen Marktteilnehmer an der **Ausübung seiner vertraglichen Rechte** zu hindern. Damit sind die vertraglichen Rechte gegen den Unternehmer gemeint, nicht gegenüber Dritten (vgl. BGH WRP 2018, 1322 Rn. 65 – Werbeblocker II; OLG München GRUR 2017, 1147 Rn. 191; Alexander GRUR 2016, 1089 (1090); aA OLG Köln GRUR 2016, 1082 Rn. 57; Büscher/Büscher Rn. 99). Es kommt nicht darauf an, ob ein solches Recht tatsächlich besteht. Das ist ggf. in einem nachfolgenden Zivilprozess zu klären. Bei § 4a II 1 Nr. 3 geht es nur darum, dem Verbraucher oder sonstigen Marktteilnehmer die grundsätzliche Möglichkeit zu erhalten, vertragliche Rechte auszuüben. Der Unternehmer kann sich in einem Unterlassungsprozess daher nicht darauf berufen, im konkreten Fall habe das vom Kunden behauptete vertragliche Recht gar nicht bestanden. Es geht um einen **generalpräventiven** Schutz der Interessen von Verbrauchern und sonstigen Marktteilnehmern, vertragliche Rechte wahrzunehmen. Das vertragliche Recht muss lediglich seiner Art nach bestehen.

Es muss sich um die Ausübung eines **vertraglichen** Rechts handeln. Ob ein solches ver- **1.105** tragliches (subjektives) Recht seiner Art nach besteht, bestimmt sich nach dem im jeweiligen Mitgliedstaat anwendbaren Vertragsrecht. Nach deutschem Recht kann es sich entweder aus dem für den jeweiligen Vertragstypus geltenden zwingenden oder dispositiven Recht oder aus der konkreten Vereinbarung ergeben. Zu den vertraglichen Rechten gehören insbes. **Gestaltungsrechte,** wie Anfechtung, Widerruf, Kündigung, Rücktritt, Minderung, und **Ansprüche** (§ 194 BGB), wie Erfüllungs- oder Schadensersatzansprüche oder Ansprüche auf Vertragsanpassung. Soweit neben vertraglichen Ansprüchen noch konkurrierende **gesetzliche** Ansprüche bestehen, sind diese miterfasst. § 4a II 1 Nr. 4 bringt – entsprechend der Vorgabe aus Art. 9 lit. d UGP-RL – als Beispiele das Recht, „den Vertrag zu kündigen oder zu einer anderen Ware oder Dienstleistung oder einem anderen Unternehmer zu wechseln". Das Recht zu einem Wechsel des Produkts oder des Vertragspartners kann natürlich nur im Rahmen des jeweiligen nationalen Vertragsrechts bestehen.

Nach dem Wortlaut des § 4a II 1 Nr. 4 muss der Unternehmer den Verbraucher an der **1.106** Ausübung seiner vertraglichen Rechte **zu hindern versuchen.** In richtlinienkonformer Auslegung unter Berücksichtigung anderer Sprachfassungen des Art. 9 lit. d UGP-RL (die engl. und frz. Fassung stellen nur auf die Auferlegung des Hindernisses ab) setzt dies aber **keine Absicht** voraus. Vielmehr genügt es, dass die aufgestellten Hindernisse bei **objektiver Betrachtung darauf gerichtet sind, den Verbraucher an der Ausübung seiner Rechte zu hindern.** Der Unternehmer kann sich also bspw. nicht damit verteidigen, seine Maßnahmen hätten nur den Zweck, betriebliche Abläufe zu rationalisieren und damit auch im Interesse der Verbraucher Kosten einzusparen. Dies gilt auch für „Verfahren des Unternehmers zum Umgang mit Beschwerden", die zwar nicht nach § 5b I Nr. 4 mitgeteilt werden müssen (anders noch § 5a III Nr. 4 aF), aber nach Vertragsrecht (Art. 246 I Nr. 4 EGBGB). Diese Verfahren müssen den Anforderungen des § 4a II 1 Nr. 4 entsprechen.

1.107   **d) Weitere Voraussetzungen zur Verwirklichung des Tatbestands des § 4a I.** Zur Verwirklichung des Tatbestands des § 4a I 1 muss hinzukommen, dass die Hindernisse tatsächlich **geeignet** sind, die **Entscheidungsfreiheit des Verbrauchers erheblich zu beeinträchtigen** und ihn dadurch zu einer **geschäftlichen Entscheidung zu veranlassen, die er andernfalls nicht getroffen hätte.** Die vom Unternehmer aufgestellten Hindernisse müssen also derart sein, dass ein Durchschnittsverbraucher oder durchschnittlicher sonstiger Marktteilnehmer das vertragliche Recht entweder überhaupt nicht oder doch nur unter sehr erschwerten Bedingungen ausüben kann und daher von der Ausübung des Rechts Abstand nimmt.

5. Das Kriterium des § 4a II 1 Nr. 5

1.108   **a) Die Regelung.** Nach § 4a II 1 Nr. 5 sind **„Drohungen mit rechtlich unzulässigen Handlungen"** ein fünftes Beurteilungskriterium. Die Vorschrift übernimmt den Wortlaut des Art. 9 lit. e UGP-RL, ist aber auch auf das Verhalten gegenüber sonstigen Marktteilnehmern anwendbar. Das Kriterium bezieht sich auf aggressives Verhalten in Gestalt der **Nötigung** iSd § 4a I 2 Nr. 2 und trägt zu seiner Konkretisierung bei.

1.109   **b) Drohung.** Unter einer **„Drohung"** (engl. „threat"; frz. „menace") ist die **Ankündigung** des Unternehmers oder eines von ihm beauftragten Dritten zu verstehen, der Verbraucher oder sonstige Marktteilnehmer müsse mit einer bestimmten Handlung rechnen, falls er eine bestimmte geschäftliche Entscheidung iSd § 2 I Nr. 1 (zB Abschluss eines Kaufvertrags; Zahlung des Kaufpreises; Nichtausübung eines vertraglichen Rechts) nicht oder nicht bis zu einem bestimmten Zeitpunkt trifft. Die Art und Weise der Ankündigung (ausdrücklich oder versteckt) ist unerheblich. Entscheidend ist, ob der Adressat das Verhalten dahin verstehen darf, dass der Unternehmer oder in seinem Auftrag ein Dritter die Handlung vornehmen werde. Maßgebend ist die Sichtweise eines durchschnittlichen Adressaten. Die Handlung muss unmittelbar oder mittelbar einen materiellen oder immateriellen Nachteil für den Adressaten mit sich bringen. Es genügt daher, dass die Handlung sich auf einen dem Adressaten nahestehenden Dritten bezieht. Ob der Adressat auf die Drohung tatsächlich eingegangen ist, ist unerheblich (Büscher/Büscher Rn. 105).

1.110   **c) Rechtlich unzulässige Handlung.** Die angedrohte Handlung muss **„rechtlich unzulässig"** sein. Ob dies der Fall ist, beurteilt sich nach den Maßstäben des für die Handlung geltenden (geschriebenen und ungeschriebenen) Rechts. Es muss sich daraus ergeben, dass die betreffende Handlung objektiv gegen eine bestimmte Verhaltensregelung verstößt. Dabei muss es sich um kein strafrechtliches oder verwaltungsrechtliches Verbot handeln. Es genügt bspw. auch die **Drohung mit einem Vertragsbruch,** etwa der Einstellung der Belieferung (vgl. LG Ellwangen WRP 2007, 467) oder der Sperrung eines Mobilfunkanschlusses, obwohl die Voraussetzungen des § 45k II TKG aF (jetzt: § 61 IV TKG) nicht erfüllt sind (OLG Frankfurt WRP 2020, 99 Rn. 21). Unerheblich ist ferner, ob sich der Drohende der Rechtswidrigkeit der angekündigten Handlung bewusst ist oder ob er schuldhaft handelt. Er trägt also das Risiko einer unrichtigen Beurteilung (aA Büscher/Büscher Rn. 107, der dem Unternehmer in Grenzfällen einen gewissen Beurteilungsspielraum zuerkennen will). Die Aufforderung zur Zahlung, Rücksendung oder Verwahrung eines nicht bestellten, aber gelieferten Produkts ist bereits in Anh. Nr. 29 zu § 3 III geregelt. Im Unterschied zu § 4a II 1 Nr. 5 genügt für Anh. Nr. 29 zu § 3 III bereits eine „Aufforderung", während es einer Drohung nicht bedarf (jedoch kann die Aufforderung mit einer Drohung verbunden werden). Beide Tatbestände können sich daher in ihren Anwendungsbereichen überschneiden.

1.111   Beispiele: Drohung des Veranstalters einer „Kaffeefahrt", die Heimreise werde so lange nicht angetreten, bis jeder Teilnehmer etwas gekauft habe. – Drohung eines Vertreters, das Haus so lange nicht zu verlassen, bis der Vertrag abgeschlossen werde (vgl. auch Anh. Nr. 25 zu § 3 III). – Drohung mit einer Anzeige beim Finanzamt wegen Steuerhinterziehung, wenn ein Vertrag nicht unterschrieben werde; Drohung einer Versicherungsgesellschaft, ein Mietverhältnis zu kündigen, wenn ein bestimmter Versicherungsvertrag nicht abgeschlossen werde. – Drohung mit der Einstellung von Reparatur- und Serviceleistungen, sofern nicht ein Ersatzteilpaket bestellt werde (LG Ellwangen WRP 2007, 467). – Drohung eines Internet-Anbieters mit einer Strafanzeige wegen Betrugs gegenüber Vertragspartnern, die ihr Geburtsdatum falsch angeben, dh sich als Volljährige ausgeben (LG Mannheim MMR 2009, 568 f.). – Mahnschreiben eines Mobilfunkunternehmens an Kunden verbunden mit der Drohung, „die unbestrittene Forderung der SCHUFA mitzuteilen" und dem Hinweis auf die nachteiligen Folgen des SCHUFA-Eintrags für den Kunden, sofern der Kunde nicht darüber aufgeklärt wird, dass eine Datenübermittlung nur unter den Voraussetzungen des § 28a I Nr. 4 BDSG aF zulässig ist, dh nicht bei Bestreiten der Forderung durch den Kunden (BGH WRP 2015, 1341 Rn. 23 ff.).

Schufa-Hinweis; dazu Palzer WRP 2016, 427). Der Gläubiger darf maW nicht verschleiern, dass ein Bestreiten der Forderung genügt, um die Mitteilung der Forderungsdaten an die SCHUFA zu verhindern (BGH WRP 2018, 1193 Rn. 14 – Zahlungsaufforderung). – Drohung eines Haftpflichtversicherers gegenüber Kfz-Sachverständigen, ihre Gutachten würden als unprüfbar abgelehnt, wenn sie nicht in die Einstellung der Schadensbilder in die Restwertbörse im Internet einwilligten (OLG Celle GRUR-RR 2013, 108 (109)). – Drohung eines Mobilfunkanbieters, bei Nichtbezahlung einer Gebührenrechnung den Anschluss zu sperren, obwohl die Voraussetzungen des § 45k II TKG aF (jetzt: § 61 IV TKG) nicht erfüllt sind (OLG Frankfurt WRP 2020, 99 Rn. 21 ff.). – Drohung eines Anwalts, das Mandat zu kündigen, wenn das Honorar nicht auf einen bestimmten Betrag erhöht werde, ist dagegen nicht ohne weiteres, sondern nur dann unlauter, wenn der geforderte Betrag unangemessen hoch ist (vgl. BGH NJW 2002, 2774 (2775)).

§ 4a II 1 Nr. 5 erfasst nicht den Fall der Drohung mit **rechtlich zulässigen Handlungen,**   **1.112** wie zB Klageerhebung, Aufrechnung, Geltendmachung eines Zurückbehaltungsrechts. Daraus ergibt sich die Frage, ob § 4a II 1 Nr. 5 eine abschließende Regelung ist und eine Drohung mit rechtlich zulässigen Maßnahmen den Tatbestand der Nötigung oder der unzulässigen Beeinflussung von vornherein nicht erfüllen kann. Im Interesse eines hohen Verbraucherschutzniveaus ist die Frage zu verneinen (ebenso BGH WRP 2018, 1193 Rn. 14 – Zahlungsaufforderung). Auch die Drohung mit einer für sich gesehen rechtlich zulässigen Handlung kann im Einzelfall auf den Adressaten einen so nachhaltigen Druck ausüben, dass er die von ihm erwartete geschäftliche Entscheidung trifft (vgl. → Rn. 1.86). Dabei kommt es darauf an, welchen Gesamteindruck die Drohung auf die angesprochenen Verkehrskreise hervorruft (§ 3 IV 1; BGH WRP 2018, 1193 Rn. 17 – Zahlungsaufforderung). Das gilt insbes. für ein Verhalten gegenüber besonders schutzbedürftigen Verbrauchern iSd § 3 IV 2. Entscheidend ist, ob die angedrohte rechtlich zulässige Handlung in keinem sachlichen Zusammenhang mit der angestrebten geschäftlichen Entscheidung steht (sog Inadäquanz von Mittel und Zweck). **Beispiele:** Drohung, einen Angehörigen des Verbrauchers wegen Steuerhinterziehung anzuzeigen, wenn dieser der Verlängerung eines bestimmten Vertrags nicht zustimmt, ist inadäquat. Zulässig sind dagegen sachlich gehaltene und zutreffende Hinweise auf die rechtlichen und praktischen Konsequenzen einer weiteren (rechtswidrigen) Nichtzahlung einer Forderung, sofern nicht verschleiert wird, dass der Schuldner in einem Gerichtsverfahren geltend machen kann, den beanspruchten Geldbetrag nicht zu schulden (BGH WRP 2018, 1193 Rn. 17 ff. – Zahlungsaufforderung; OLG Hamburg WRP 2021, 89 Rn. 64).

2. Abschnitt. Konkretisierung des Verbraucherschutzes (§ 4a II 2)

Übersicht

Schrifttum: Alexander, Praxisanforderungen für Werbung gegenüber Kindern und Jugendlichen, GRUR-Prax 2014, 489; Alexander, Fachliche Sorgfalt und Gewinnspielwerbung gegenüber Kindern, WRP 2014, 1010; Baukelmann, Jugendschutz und Lauterkeitsrecht, FS Ullmann, 2006, 587; Beater, Verbraucherverhalten und Wettbewerbsrecht, FS Tilmann, 2003, 87; Benz, Werbung vor Kindern unter Lauterkeitsgesichtspunkten, WRP 2003, 1160; Böhler, Wettbewerbsrechtliche Schranken für Werbemaßnahmen gegenüber Minderjährigen, WRP 2011, 1028; Buchner, Die Einwilligung im Datenschutzrecht, DuD 2010, 39; Bülow, Die wettbewerbsrechtliche Bewertung der Werbung gegenüber Kindern, BB 1974, 768; Bülow, Werbung gegenüber Kindern und Jugendlichen, FS Piper, 1996, 121; Dembowski, Kinder und Jugendliche als Werbeadressaten, FS Ullmann, 2006, 599; Eisenhardt, Werbung gegenüber Kindern, WRP 1997, 283; Engels/Salomon, Vom Lauterkeitsrecht zum Verbraucherschutz, WRP 2004, 32; Fritzsche, Aggressive Geschäftspraktiken nach dem neuen § 4a UWG, WRP 2016, 1; Fritzsche, Zur Relevanz des Alters eines Adressaten des UWG, FS Fezer, 2016, 885; Fuchs, Wettbewerbsrechtliche Schranken bei der Werbung gegenüber Minderjährigen, WRP 2009, 255; Gerecke, Werbung gegenüber Kindern und Jugendlichen, NJW 2015, 3185; Heermann, Ausnutzung der geschäftlichen Unerfahrenheit von Kindern und Jugendlichen in der Werbung, FS Raiser, 2005, 681; Heermann, Richtlinienkonforme Auslegung und Anwendung von § 4 Nr. 2 UWG, GRUR 2011, 781; Henning-Bodewig, Neuorientierung von § 4 Nr. 1 und 2 UWG?, WRP 2006, 621; Junker, Die besonders schutzbedürftigen Verbraucher nach dem UWG-Novelle 2015, 2019; Knubben, Die Werbung unter Ausnutzung von Angst, 2007; Köhler, Minderjährigenschutz im Lauterkeitsrecht, FS Ullmann, 2006, 679; Köhler, Werbung gegenüber Kindern: Welche Grenzen zieht die Richtlinie über unlautere Geschäftspraktiken?, WRP 2008, 700; Köhler, Die Unlauterkeitstatbestände des § 4 UWG und ihre Auslegung im Lichte der Richtlinie über unlautere Geschäftspraktiken, GRUR 2008, 841; Köhler, Neujustierung des UWG am Beispiel der Verkaufsförderungsmaßnahmen, GRUR 2010, 767; Köhler, Dogmatik des Beispielskatalogs des § 4 UWG, WRP 2012, 638; Mankowski, Klingeltöne auf dem wettbewerbsrechtlichen Prüfstand, GRUR 2007, 1013; Mankowski, Was ist eine „direkte Aufforderung zum Kauf" an Kinder?, WRP 2008, 421; Mankowski, „Hol es dir und zeig es deinen Freunden", in: Das Kind im Recht, 2009, 51; Peterek, Ausnutzen der Rechtsunkenntnis – Anwendungsfall des § 4 Nr. 2 UWG?, WRP 2008, 714; Schaffert, Der Schutz älterer Menschen und die Anwendung der Beweislastregel des § 22 AGG im Lauterkeitsrecht, FS Büscher, 2018, 373; Scherer, Schutz „leichtgläubiger" und „geschäftlich unerfahrener Verbraucher in § 4 Nr. 2 UWG nF – Wiederkehr des alten Verbraucherleitbildes durch die „Hintertür"?, WRP 2004, 1355; Scherer, Die Werbung zur Ausnutzung von Angst von Verbrauchern nach § 4 Nr. 2 UWG nF – Neukonzeption eines altvertrauten Tatbestandes, WRP 2004, 1426; Scherer, Kinder als Konsumenten und Kaufmotivatoren, WRP 2008, 414; Scherer, Ende der Werbung in Massenmedien?, WRP 2008, 563; Scherer, Wohin mit der „Insolvenzmasse"? – Grundsätzliches zum geplanten Wegfall von § 4 Nr. 1, Nr. 2 UWG, WRP 2015, 148; Scherer, Die Neuregelung der aggressiven geschäftlichen Handlungen in § 4a UWG, GRUR 2016, 233; Scherer, Die besonders schutzbedürftigen Verbraucher nach der UWG-Novelle 2015, WRP 2016, 1441; Schnorbus, Werbung mit der Angst, GRUR 1994, 15; Schünemann, Angstwerbung im Versicherungsmarketing, FS Köhler, 2014, 663; Seichter, Der Umsetzungsbedarf der Richtlinie über unlautere Geschäftspraktiken, WRP 2005, 1087; Sosnitza, Der Gesetzentwurf zur Umsetzung der Richtlinie über unlautere Geschäftspraktiken, WRP 2008, 1014; Steinbeck, Der Beispielskatalog des § 4 UWG – Bewährungsprobe bestanden, GRUR 2008, 848; Yankova/Hören, Besondere Schutzbedürftigkeit von Senioren nach dem UWG?, WRP 2011, 1236; Zagouras, Werbung für Mobilmehrwertdienste und die Ausnutzung der geschäftlichen Unerfahrenheit von Kindern und Jugendlichen nach § 4 Nr. 2 UWG, GRUR 2006, 731.

A. Allgemeines

I. Entstehungsgeschichte und rechtspolitische Bewertung des § 4a II 2

2.1   § 4a II 2 wurde erst aufgrund der Beschlussempfehlung des Ausschusses für Recht und Verbraucherschutz zur UWG-Novelle 2015 (BGBl. 2015 I 2158) in den § 4a eingefügt. Es sollte

damit klargestellt werden, „dass die bisher in § 4 Nummer 2 gesondert geschützten besonders
verletzbaren Verbraucher auch nach § 4a angemessen vor aggressiven geschäftlichen Handlungen
geschützt sind" (BT-Drs. 18/6571, 16). Grund dafür war die (bei näherer Betrachtung völlig
unbegründete) Sorge von Verbraucherschutzverbänden, die Aufhebung des § 4 Nr. 2 UWG
2008 könnte eine Absenkung des bisherigen Verbraucherschutzniveaus zur Folge haben (vgl.
vzbv WRP 2015, 177). Nicht bedacht wurde dabei, dass diese Vorschrift zwar im Wesentlichen
bereits in § 4 Nr. 2 UWG 2004 enthalten war, es aber seinerzeit noch keine dem § 3 II UWG
2008 entsprechende Vorschrift gab. Mit § 4a iVm § 3 IV 2 und § 3 II iVm § 3 IV 2 gewährleistet das UWG – insoweit in korrekter Umsetzung der UGP-RL – einen weiterreichenden
Verbraucherschutz, als ihn seinerzeit § 4 Nr. 2 UWG 2004 und 2008 gab und jetzt § 4a II 2
geben kann (krit. auch Fritzsche WRP 2016, 1 Rn. 43 ff.). Gerade weil über § 4a I, II 1 iVm
§ 3 IV 2 (→ Rn. 2.10) hinaus noch § 3 II iVm § 3 IV 2 als flexibler Auffangtatbestand für die
Fälle zur Verfügung steht, in denen der Tatbestand des § 4a nicht erfüllt ist, sind alle Bemühungen, zum Schutz der besonders schutzbedürftigen Verbraucher § 4a besonders weit auszulegen
(vgl. FBO/Scherer Rn. 343 ff), entbehrlich. In Wahrheit steht mit § 3 II iVm § 3 IV 2 ein viel
schärferes Schwert zum Schutz der besonders schutzbedürftigen Verbraucher zur Verfügung, als
es § 4a II 2 darstellt (→ Rn. 2.11).

II. Systematische Stellung des § 4a II 2 innerhalb des § 4a

§ 4a II 2 ist kein selbständiger Unlauterkeitstatbestand, sondern konkretisiert lediglich den   **2.2**
Begriff der „Umstände" in § 4a II 1 Nr. 3. Der Tatbestand einer aggressiven geschäftlichen
Handlung setzt in solchen Fällen demnach voraus: **(1)** Geschäftliche Handlung. **(2)** Bewusstes
Ausnutzen eines Umstands isD § 4a II 2 iVm § 4a II 1 Nr. 3, um die Entscheidung des Ver-
brauchers zu beeinflussen. **(3)** Die Handlung stellt eine unzulässige Beeinflussung isD § 4a I 2
Nr. 3 dar. **(4)** Die Handlung ist geeignet, die Entscheidungsfreiheit des Verbrauchers erheblich
zu beeinträchtigen und den Verbraucher zu einer geschäftlichen Entscheidung zu veranlassen,
die er andernfalls nicht getroffen hätte.

III. Normzweck und Anwendungsbereich des § 4a II 2

Die Vorschrift soll den durch das „Ausnutzungsverbot" des § 4 Nr. 2 UWG 2008 gewähr-   **2.3**
leisteten Verbraucherschutz inhaltlich beibehalten und dessen Richtlinienkonformität durch eine
Anknüpfung an § 4a II 1 Nr. 3 sicherstellen. Ihr liegt die Befürchtung der Verbraucherverbände
zugrunde, ohne eine solche Regelung käme es zu einer Absenkung des Verbraucherschutzniveaus (→ Rn. 2.1). Allerdings blieb unerörtert, ob § 4a II 2 mit der UGP-RL vereinbar ist
(→ Rn. 2.8 ff.).

Der Anwendungsbereich des § 4a II 2 beschränkt sich auf **Verbraucher.** Eine analoge An-   **2.4**
wendung von § 4a II 2 auf Marktakteure, die keine Verbraucher sind, scheidet aus, weil schon
die Interessenlage nicht vergleichbar ist. Sonstige Marktteilnehmer isD § 2 I Nr. 3 (Unternehmen, Idealvereine, Stiftungen, öffentliche Hand) genießen daher Schutz grds. nur nach § 4a I, II
1.

IV. Zum Begriff der „Umstände" in § 4a II 2

§ 4a II 2 spricht von „Umständen, die nach Nummer 3" (des § 4a II 1) zu berücksichtigen   **2.5**
sind. Hier sind zwei Auslegungen möglich: Es könnten damit **„Umstände von solcher
Schwere, dass sie das Urteilsvermögen des Verbrauchers ... beeinträchtigen",** gemeint
sein, oder dass die „Schwere" des jeweiligen Umstands in Bezug auf das Urteilsvermögen des
Verbrauchers bei der Anwendung des § 4a II 2 noch **zusätzlich** festgestellt werden muss. Für
ersteres spricht, dass nach den Gesetzesmaterialien zu § 4a II 2 der Regelungsgehalt des § 4
Nr. 2 UWG 2008 beibehalten werden sollte (→ Rn. 2.1) und diese Vorschrift an geschäftliche
Handlungen anknüpfte, „die geeignet sind, geistige oder körperliche Gebrechen, das Alter, die
geschäftliche Unerfahrenheit, die Leichtgläubigkeit, die Angst oder die Zwangslage von Ver-
brauchern auszunutzen", ohne dass es darauf ankam, ob und inwieweit diese Faktoren das
Urteilsvermögen beeinträchtigten. Da aber die genannten Begriffe ihrerseits sehr unbestimmt
sind, lässt sich daraus nicht zwingend darauf schließen, dass derartige „Umstände" stets das
Urteilsvermögen des Verbrauchers beeinträchtigen. Daher ist der **letzteren Auslegung der
Vorzug** zu geben. Dafür spricht auch, dass bei Anwendung des § 4a I auf den konkreten Fall
abzustellen ist und alle Umstände zu berücksichtigen sind (§ 4a I 2). – Allerdings ist damit noch

nicht die Frage beantwortet, ob – im Hinblick auf die Regelung in § 3 IV 2 – § 4a II 2 überhaupt mit der UGP-RL vereinbar ist oder ggf. im Wege der richtlinienkonformen Auslegung der Korrektur bedarf (→ Rn. 1.10, → Rn. 2.1, → Rn. 2.8 ff.).

V. Die Unterscheidung zwischen eigenschafts- und situationsbezogenen Kriterien

2.6   Die nach § 4a II 2 „insbesondere" zu berücksichtigenden Umstände lassen sich in **eigenschaftsbezogene** und **situationsbezogene** Kriterien unterteilen.

2.7   Die **eigenschaftsbezogenen** Kriterien sind **„geistige und körperliche Beeinträchtigungen, das Alter, die geschäftliche Unerfahrenheit, die Leichtgläubigkeit, … von Verbrauchern".** Der Begriff der „geschäftlichen Unerfahrenheit" wurde dabei aus § 4 Nr. 2 UWG 2008 übernommen (→ 33. Aufl. 2015, § 4 Rn. 2.23 ff.); in Art. 5 III 1 UGP-RL und § 3 IV 2 findet er sich nicht. Die übrigen Begriffe entsprechen denen in § 3 IV 2 (→ § 3 Rn. 5.18 ff.). – Zu den **situationsbezogenen** Kriterien gehören **„die Angst und die Zwangslage von Verbrauchern".** Diese Begriffe finden sich ebenfalls nicht in der UGP-RL.

VI. Notwendigkeit einer richtlinienkonformen Auslegung des § 4a II 2

1. Allgemeines

2.8   Mit § 4a II 2 soll der Regelungsgehalt des aufgehobenen § 4 Nr. 2 UWG 2008 beibehalten werden (→ Rn. 2.1, → Rn. 2.3). Um die notwendige Konformität mit der UGP-RL herzustellen, bot es sich an, das Ausnutzen der in § 4 Nr. 2 UWG 2008 aufgeführten Eigenschaften und besonderen Situationen von Verbrauchern mit der Regelung in § 4a II 1 Nr. 3 zu verknüpfen und damit zugleich Art. 9 lit. c UGP-RL zu konkretisieren. Ob § 4a II 2 aber wirklich im Einklang mit der UGP-RL steht, ist eine andere Frage. Schon die Vorgängervorschrift des § 4 Nr. 2 UWG 2008 musste richtlinienkonform am Maßstab der Art. 8 und 9 UGP-RL sowie des Art. 5 III 1 UGP-RL ausgelegt werden (vgl. → 33. Aufl. 2015, § 4 Rn. 2.3–2.5b; BGH WRP 2014, 1301 Rn. 29 – Zeugnisaktion; Heermann GRUR 2011, 781 ff.; Köhler GRUR 2010, 767 (772 f.)). Erst recht gilt dies für § 4a II 2. Dabei ist zwischen den eigenschaftsbezogenen und den situationsbezogenen Kriterien zu unterscheiden.

2. Zur Berücksichtigung der besonderen Schutzbedürftigkeit von Verbrauchern

2.9   Der Begriff der (sonstigen) **Umstände** (engl. specific … circumstance; frz. circonstance particuliére) in Art. 9 lit. c UGP-RL bzw. § 4a II 1 Nr. 3 bezieht sich erkennbar auf **Sachverhalte (Ereignisse oder Zustände),** die Unglückssituationen vergleichbar sind, nicht dagegen auf die in § 4a II 2 beschriebenen Eigenschaften von Verbrauchern (ebenso Fritzsche WRP 2016, 1 Rn. 47; aA Scherer WRP 2016, 1441). Diese sind vielmehr nur nach Maßgabe des Art. 5 III 1 UGP-RL bzw. des § 3 IV 2 zu berücksichtigen. Richtigerweise ist daher nach § 4a II 1 Nr. 3 iVm § 3 IV 2 bei der Prüfung, ob ein **Umstand** von solcher Schwere vorliegt, dass er das Urteilsvermögen des Verbrauchers beeinträchtigen kann, auf die Sicht eines durchschnittlichen Mitglieds dieser Gruppe besonders schutzbedürftiger Verbraucher abzustellen, sofern die speziellen Voraussetzungen des § 3 IV 2 vorliegen. Dazu gehört, dass die betreffende geschäftliche Handlung für den Unternehmer vorhersehbar das wirtschaftliche Verhalten nur einer eindeutig identifizierbaren Gruppe von Verbrauchern wesentlich beeinflusst, die auf Grund von geistigen oder körperlichen Beeinträchtigungen, Alter oder Leichtgläubigkeit im Hinblick auf diese geschäftliche Handlung oder die dieser zugrunde liegenden Waren oder Dienstleistungen besonders schutzbedürftig sind. – Die Konzeption des § 4a II 2 vermengt das Tatbestandsmerkmal der Umstände in Art. 9 lit. c UGP-RL mit der Regelung in Art. 5 III 1 UGP-RL und ist mit der Konzeption der UGP-RL nicht vereinbar. Vor allem aber ist sie beschränkt auf das Beurteilungskriterium des § 4a II 1 Nr. 3, wohingegen § 3 IV 2 auf alle verbraucherrelevanten Tatbestandsmerkmale des § 4a I Anwendung findet (→ Rn. 1.10). **Beispiel:** Rentner werden auf einer Verkaufsveranstaltung durch fortwährende Belästigung (§ 4a I Nr. 1) bedrängt, eine überteuerte Heizdecke zu kaufen. Die sachgerechte und richtlinienkonforme Beurteilung dieses Falles wird nicht durch § 4a II 2 ermöglicht, sondern über § 4a I Nr. 1 iVm § 3 IV 2: Ob dieses Verhalten für den Unternehmer vorhersehbar das wirtschaftliche Verhalten nur dieser eindeutig identifizierbaren Gruppe von Verbrauchern, die auf Grund ihres Alters im Hinblick auf diese geschäftliche Handlung (Verkaufsveranstaltung) und das ihr zugrunde liegende Produkt (Heizdecken) besonders schutzbedürftig ist, beeinflusst, hängt davon ab, ob es geeignet ist, die Entscheidungsfreiheit dieser Verbraucher erheblich zu beeinträchtigen und sie zu einer geschäftlichen Entscheidung (Kauf) zu veranlassen, die sie andernfalls nicht treffen würden. Dies aber ist aus der Sicht eines durchschnittlichen Mitglieds dieser Gruppe zu beurteilen.

Da § 3 IV 2 den Art. 5 III 1 UGP-RL adäquat umsetzt, besteht im UWG auch keine **2.10** Regelungslücke, die mittels § 4a II 2 zu schließen wäre (ebenso Schaffert FS Büscher, 2018, 373 (376)). § 3 IV 2 ist zwar auch im Zusammenhang mit § 4a II 1 Nr. 3 anzuwenden, jedoch nur bei der Frage, ob eine Unglückssituation oder ein (sonstiger) Umstand von solcher Schwere ist, dass das **Urteilsvermögen** des Verbrauchers beeinträchtigt wird. Das bedeutet: Die zu beurteilenden geschäftlichen Handlungen müssen „für den Unternehmer vorhersehbar das wirtschaftliche Verhalten nur einer eindeutig identifizierbaren Gruppe von Verbrauchern wesentlich beeinflussen, die aufgrund von geistigen oder körperlichen Beeinträchtigungen, Alter oder Leichtgläubigkeit im Hinblick auf diese Handlungen oder die diesen zugrunde liegenden Waren oder Dienstleistungen besonders schutzbedürftig sind." Nur wenn der Fall ist, ist die Beeinträchtigung des Urteilsvermögens iSv § 4a II 1 Nr. 3 aus der Sicht eines durchschnittlichen Mitglieds dieser Gruppe zu beurteilen.

Zwar ließe sich daran denken, diese Einschränkung im Wege der richtlinienkonformen **2.11** Auslegung nach Maßgabe des Art. 5 III 1 UGP-RL in den § 4a II 2 hineinzuinterpretieren (dafür Büscher/Büscher Rn. 112 mwN). Dann würde die Vorschrift aber eine sinnlose und die Praxis verwirrende **Doppelregelung** gegenüber § 3 IV 2 darstellen (krit. auch Fritzsche WRP 2016, 1 (6 f.)). Auch entspräche dies nicht den Absichten des Gesetzgebers, der gerade den aufgehobenen § 4 Nr. 2 aF auf diese Weise perpetuieren wollte. **§ 4a II 2** ist daher als **unvereinbar mit Art. 5 III 1 UGP-RL und Art. 8, 9 lit. c UGP-RL** anzusehen, soweit es um den Schutz besonders schutzbedürftiger Verbraucher geht. Die Vorschrift ist dementsprechend **richtlinienkonform in der Weise einschränkend auszulegen,** dass sie **nicht** auf „geistige und körperliche Beeinträchtigungen, das Alter, die geschäftliche Unerfahrenheit, die Leichtgläubigkeit … von Verbrauchern" anzuwenden ist. Verkaufsförderungsmaßnahmen, die früher als Verstöße gegen § 4 Nr. 2 aF gewertet wurden (vgl. BGH WRP 2014, 835 – Nordjob-Messe), sollten unter Geltung des UWG 2015 folglich nicht nach § 4a, sondern nach § 3 II iVm § 3 IV 2 beurteilt werden (→ Rn. 2.20). Es besteht daher auch keine Schutzlücke.

3. Zur Berücksichtigung der „Angst" und der „Zwangslage"

Bei den situationsbezogenen Kriterien der **Angst** und der **Zwangslage** handelt es sich um **2.12** Auswirkungen von **Unglückssituationen** oder „**Umständen**" iSd Art. 9 lit. c UGP-RL bzw. § 4a II 1 Nr. 3. Sie müssen also auf konkreten Ereignissen oder Situationen beruhen. Entscheidend ist auch hier, dass § 4a II 1 Nr. 3 eine **Beeinträchtigung des Urteilsvermögens** des Verbrauchers voraussetzt. Dies entspricht dem Grundanliegen der UGP-RL, dem Verbraucher eine freie und informierte geschäftliche Entscheidung zu ermöglichen. Nicht dagegen geht es der UGP-RL darum, ungerechte Verträge zu unterbinden, die unter Ausnutzung der Angst oder Zwangslage des Verbrauchers zustande kommen. Dies ist Aufgabe des Zivilrechts (vgl. § 138 II BGB). Der Unterschied zeigt sich beim Erfordernis der geschäftlichen Relevanz: Ein Verstoß gegen § 4a setzt voraus, dass der Verbraucher ohne die Beeinflussung durch den Unternehmer möglicherweise eine andere geschäftliche Entscheidung getroffen hätte. Im Fall des Wuchers aufgrund der Ausnutzung der Angst oder einer Zwangslage kommt es darauf nicht an. Der Vertrag ist nichtig, auch wenn das Vertragsangebot des Wucherers für den Verbraucher „alternativlos" war, sein Urteilsvermögen also nicht beeinträchtigt und seine Entscheidung in diesem Sinne rational war.

Die Begriffe „Angst" und „Zwangslage" taugen daher nur bedingt zur Konkretisierung des **2.13** Begriffs der „Umstände" iSd § 4a II 1 Nr. 3. Ihre Übernahme aus dem § 4 Nr. 2 UWG 2008 birgt die Gefahr in sich, dass dazu ergangene Entscheidungen unreflektiert auf den § 4a II 1 Nr. 3 übertragen werden. Die Regelung in § 4a II 2 ist in Bezug auf die Kriterien der Angst und der Zwangslage daher zumindest missverständlich.

Art. 9 lit. c UGP-RL zwingt jedoch nicht dazu, den § 4a II 2 im Hinblick auf die Ausnut- **2.14** zung von Angst oder Zwangslage als unanwendbar anzusehen. Geboten ist lediglich eine **richtlinienkonforme Auslegung** dahingehend, dass die Angst oder Zwangslage auf konkreten Ereignissen oder Situationen beruhen muss und so stark ist, dass sie das Urteilsvermögen des Verbrauchers beeinträchtigt.

VII. Die Verknüpfung von § 4a II 2 mit § 4a II 1 Nr. 3

2.15   Der Unternehmer muss die in § 4a II 2 genannten Umstände, sofern sie die erforderliche Schwere besitzen, **bewusst ausnutzen,** um die Entscheidung des Verbrauchers zu beeinflussen. Allerdings ist § 4a II 2, wie dargelegt (→ Rn. 2.11, → Rn. 2.14) richtlinienkonform auf die Fälle der Ausnutzung von Angst und Zwangslage zu beschränken. Ein „bewusstes Ausnutzen" der genannten Umstände liegt vor, wenn der Handelnde die betreffenden Tatsachen kennt und sich zu Nutze macht, um die geschäftliche Entscheidung (iSd § 2 I Nr. 1) von Verbrauchern zu beeinflussen (→ Rn. 1.94). Das entspricht den Vorgaben des Art. 9 lit. c UGP-RL („worüber sich der Gewerbetreibende bewusst ist, um die Entscheidung des Verbrauchers in Bezug auf das Produkt zu beeinflussen"). Der positiven Kenntnis muss es gleichstehen, wenn der Unternehmer im konkreten Fall unter Berücksichtigung aller Umstände bei objektiver Betrachtung nicht darüber im Zweifel sein kann, dass das Urteilsvermögen des Verbrauchers eingeschränkt ist. Dies festzustellen, kann allerdings in der Praxis schwierig sein.

2.16   Sind die Voraussetzungen des § 4a II 1 Nr. 3 iVm § 4a II 2 erfüllt, so ist idR davon auszugehen, dass die Handlung eine **unzulässige Beeinflussung** iSd § 4a I 2 Nr. 3 darstellt (→ Rn. 1.55 ff.), die auch dazu geeignet ist, die Entscheidungsfreiheit des Verbrauchers erheblich zu beeinträchtigen und ihn zu einer geschäftlichen Handlung zu veranlassen, die er andernfalls nicht getroffen hätte.

B. Das Verhältnis zu anderen Regelungen

I. Verhältnis zu anderen Unlauterkeitstatbeständen

1. Verhältnis zu den Anh. Nr. 12, 25 und 28 zu § 3 III

2.17   Die im Anh. § 3 III aufgeführten Beispiele stets unzulässiger geschäftlicher Handlungen sind vorrangig zu prüfen. Dazu gehören Anh. Nr. 12, 25 und 28 zu § 3 III. Ist einer dieser Tatbestände erfüllt, bedarf es der Heranziehung des § 4a II 2 nicht mehr.

2. Verhältnis zu § 4a I

2.18   § 4a II 2 ist **kein selbständiger Unlauterkeitstatbestand,** sondern bezweckt eine **Konkretisierung** des in § 4a II 1 Nr. 3 angeführten Beurteilungskriteriums der „Umstände von solcher Schwere, dass sie das Urteilsvermögen des Verbrauchers beeinträchtigen" (→ Rn. 2.2) und damit des Tatbestands der aggressiven geschäftlichen Handlung iSd § 4a I 1 (→ Rn. 2.16). Die zum UWG 2008 geführte Diskussion über das Verhältnis von § 4 Nr. 1 UWG 2008 zu § 4 Nr. 2 UWG 2008 (→ 33. Aufl. 2015, § 4 Rn. 2.7; BGH GRUR 2006, 161 Rn. 21 – Zeitschrift mit Sonnenbrille) hat sich damit erledigt.

3. Verhältnis zu den § 3a, § 5, § 5a und § 5b sowie § 7

2.19   Die Ausnutzung besonderer Umstände iSd § 4a II 2 kann im Einzelfall mit einer Irreführung iSd § 5 I, II (→ § 5 Rn. 2.79), mit einer Nichtkenntlichmachung des kommerziellen Zwecks einer geschäftlichen Handlung iSd § 5a IV (früher § 4 Nr. 3 UWG 2008; dazu Köhler FS Ullmann, 2006, 679 (689)) oder einem Vorenthalten wesentlicher Informationen iSv § 5a I–III, § 5b einhergehen. Verletzt ein Verhalten nach § 4a II 2 zugleich eine Marktverhaltensregelung, kann eine Unlauterkeit unter dem Aspekt des Rechtsbruchs (§ 3a) gegeben sein. Aufgrund der unterschiedlichen Schutzzwecke stehen diese Regelungen nebeneinander. – Mit den selbständig geregelten Fällen der unzumutbaren Belästigung iSd § 7 kann § 4a II 2 ebenfalls zusammentreffen (dazu Benz WRP 2003, 1160). Näher zum Verhältnis von § 4a und § 7 → Rn. 1.15 ff.

4. Verhältnis zu § 3 II

2.20   Sind die Voraussetzungen des § 4a I nicht erfüllt, etwa weil es an einer unzulässigen Beeinflussung iSd § 4a I 2 Nr. 3 fehlt, kommt immer noch eine Anwendung der Verbrauchergeneralklausel des **§ 3 II** in Betracht. Ein **Beispiel** dafür bildet die Entscheidung BGH WRP 2014, 835 – Nordjob-Messe. Der BGH hatte darin einen Verstoß einer Krankenkasse gegen § 4 Nr. 2

UWG 2008 wegen Ausnutzung der geschäftlichen Unerfahrenheit von Jugendlichen angenommen, weil diese „im Zusammenhang mit der Durchführung eines Gewinnspiels von den Teilnehmern im Alter zwischen 15 und 17 Jahren umfangreiche Daten erhob, um diese (auch) zu Werbezwecken zu nutzen." – Nach Aufhebung dieser Vorschrift lässt sich dieses Verbot unter Geltung des UWG 2015 nicht mehr auf § 4a stützen. Denn § 4a II 2 greift in richtlinienkonformer Auslegung mangels bewusster Ausnutzung der Angst oder Zwangslage nicht ein und im Übrigen liegt kein Fall einer Belästigung, Nötigung oder unzulässigen Beeinflussung vor. Wohl aber lässt sich das Verbot nunmehr mit den gleichen Erwägungen des BGH auf § 3 II iVm § 3 IV 2 stützen. Denn im Hinblick auf die konkrete geschäftliche Handlung und die damit angestrebten geschäftlichen Entscheidungen (Einwilligung in die werbliche Nutzung von persönlichen Daten und Beitritt zu einer Krankenkasse) verstößt ein solches Vorgehen der Krankenkasse gegen die **unternehmerische Sorgfalt** iSd § 3 II gegenüber dieser Zielgruppe. Die Handlung ist auch geeignet, das wirtschaftliche Verhalten der Mitglieder dieser Gruppe wesentlich zu beeinflussen (anders wohl Fritzsche WRP 2016, 1 Rn. 52, der allerdings auf § 3 II nicht eingeht und nur bei Verletzung datenschutzrechtlicher Bestimmungen ein Verbot für möglich hält).

5. Verhältnis zum Heilmittelwerberecht

Nach **§ 11 I 1 Nr. 7 HWG** ist eine Heilmittelwerbung außerhalb der Fachkreise, die geeignet ist, Angstgefühle hervorzurufen oder auszunutzen, verboten. Erfasst sind „Werbeaussagen, die nahelegen, dass die Gesundheit durch die Nichtverwendung des Arzneimittels beeinträchtigt oder durch die Verwendung verbessert werden könnte". Für die Werbung für Lebensmittel enthielt **§ 12 I Nr. 6 LFGB aF** ein vergleichbares Verbot; in eine ähnliche Richtung zielt jetzt **Art. 7 III VO (EU) 1169/2011.** Hierbei handelt es sich um Marktverhaltensregelungen iSd § 3a, die nach Art. 3 III UGP-RL nicht in den Anwendungsbereich der UGP-RL fallen.
2.21

II. Verhältnis zum Bürgerlichen Recht

Die Wirksamkeit eines Rechtsgeschäfts, das unter Ausnutzung besonderer Umstände beim Verbraucher zu Stande kommt, beurteilt sich nach § 138 I BGB. Grds. muss zur Ausnutzung solcher Umstände ein auffälliges Missverhältnis zwischen Leistung und Gegenleistung hinzutreten; jedoch kann auch ohne ein solches Missverhältnis im Einzelfall das Rechtsgeschäft als wucherähnliches Geschäft nach § 138 I BGB nichtig sein. Daneben kommt eine Anwendung der Grundsätze über die culpa in contrahendo (§ 280 I BGB, § 241 II BGB, § 311 II BGB) in Betracht. Für die lauterkeitsrechtliche Beurteilung ist es jedoch unerheblich, ob es zu einem Vertrag kommt und ob dieser nach § 138 I BGB unwirksam ist.
2.22

C. „Angst" und „Zwangslage"

I. Vorbemerkung

Im Folgenden werden lediglich die „Angst" und die „Zwangslage" von Verbrauchern behandelt. Die Ausnutzung der besonderen Schutzbedürftigkeit von Verbrauchern ist in richtlinienkonformer Einschränkung des § 4a II 2 nach § 3 IV 2 zu beurteilen (→ Rn. 2.10 f.). Sie wird daher in der Kommentierung dieser Bestimmung behandelt.
2.23

II. Angst

1. Allgemeines

a) Begriff der Angst. Der Begriff der **Angst** ist der UGP-RL fremd. Im Hinblick auf das Gebot der vollständigen Rechtsangleichung und der richtlinienkonformen Auslegung muss der Begriff der Angst daher so ausgelegt werden, dass er mit den Vorgaben aus Art. 9 lit. c UGP-RL vereinbar ist. Anknüpfungspunkte können folglich nur „konkrete Unglückssituationen oder Umstände von solcher Schwere, dass sie das Urteilsvermögen des Verbrauchers beeinträchtigen", sein (→ Rn. 2.12). Unter Angst ist demnach eine **Vorstellung des Verbrauchers von einer ihm oder anderen drohenden Gefahr, die von bestimmten Unglückssituationen oder anderen Umständen ausgeht,** zu verstehen. Der Unternehmer muss diese Vorstellung bewusst ausnutzen, und sein Verhalten muss geeignet sein, das Urteilsvermögen des Verbrau-
2.24

chers und damit die Fähigkeit des Verbrauchers zu einer informierten und freien Entscheidung zu beeinträchtigen. Relevant kann daher nur die Angst vor besonderen Gefahren, insbes. die Gefahr einer besorgniserregenden Lebensbeeinträchtigung, sein, nicht dagegen kleine Ängstlichkeiten und Besorgnisse des täglichen Lebens (BGH GRUR 1986, 902 – Angstwerbung; GRUR 1999, 1007 (1008) – Vitalkost). Die Angst kann sich auf persönliche Verhältnisse des Umworbenen, wie zB die Sorge um die Beeinträchtigung von Ehre, Vermögen, Gesundheit, Aussehen, aber auch auf andere Werte beziehen. Soweit sich die Angst auf jedermann berührende Ereignisse oder Entwicklungen, wie zB Aussterben von Tierarten, Erschöpfung von Rohstoffquellen, Krieg, Terroranschläge, fallende Aktienkurse, Bankenzusammenbrüche, Inflation, Pandemien, Klimawandel, Umweltkatastrophen, bezieht, muss es dafür konkrete Bezugspunkte geben. Der bloße Hinweis bspw. auf eine drohende Inflation genügt nicht. Die Angst muss ein derartiges Ausmaß haben, dass sie das **Urteilsvermögen** (§ 4a II 1 Nr. 3) und damit die Fähigkeit des Verbrauchers zu einer freien und informierten (rationalen) geschäftlichen Entscheidung **beeinträchtigt.**

2.25   **b) Ausnutzung der Angst.** Die Ausnutzung der Angst muss **bewusst** erfolgen, wie sich aus § 4a II 1 Nr. 3 ergibt. Der Unternehmer muss also um die Angst des Verbrauchers wissen und sie gezielt als Mittel einsetzen, um dessen geschäftliche Entscheidung (§ 2 I Nr. 1) zu beeinflussen. Ob der Unternehmer eine vorhandene Angst beim Verbraucher anspricht, ob er sie selbst schafft oder verstärkt, oder ob der Verbraucher die Angst selbst durch entsprechende Fragen an den Unternehmer hervorruft, ist unerheblich. Eine geschäftliche Handlung ist dann geeignet, die Angst von Verbrauchern **auszunutzen,** wenn sich ein durchschnittlich informierter, aufmerksamer und verständiger Verbraucher von der bestehenden oder drohenden Gefahr beeinflussen lassen würde. Im Übrigen ist nicht jeder Hinweis auf solche Gefahren bereits eine Ausnutzung von Angst. Vielmehr muss der Hinweis dazu geeignet sein, das Urteilsvermögen des Verbrauchers in einer Weise zu beeinträchtigen, dass andere entscheidungsrelevante Erwägungen überlagert, in den Hintergrund gedrängt oder sogar weitgehend ausgeschaltet werden. Das hängt von dem betroffenen Rechtsgut, dem Ausmaß der Gefahr, der Wahrscheinlichkeit ihrer Verwirklichung und vor allem auch der Intensität des Einwirkens auf den Verbraucher ab. Was das betroffene Rechtsgut angeht, kommt am ehesten noch eine Gefährdung von Leben, Gesundheit, Sicherheit, Anerkennung, Arbeitsplatz oder Vermögen in Betracht. Maßgebend sind die Umstände des Einzelfalls, insbes. also Anlass, Zweck, Inhalt, Art und Tragweite der geschäftlichen Handlung.

2.26   Soweit die Werbung sich auf sachliche Informationen über ein Produkt oder über die Auswirkungen einer Nachfrageentscheidung beschränkt und diese Informationen wahr (sonst § 5 I, II) und für den Verbraucher nachprüfbar sind, ist sie grds. lauterkeitsrechtlich unbedenklich, weil sie eine sachliche Entscheidung gerade fördert, aber nicht beeinträchtigt (vgl. BGH GRUR 1999, 1007 (1008) – Vitalkost; krit. Schünemann FS Köhler, 2014, 663 (670)). So ist es grds. nicht unlauter, auf eine bevorstehende Steuererhöhung, Preissteigerung oder Rohstoffverknappung wahrheitsgemäß hinzuweisen. Auch ist es unbedenklich, darauf hinzuweisen, dass mit der Nutzung regenerativer Energien ein Beitrag zur Verhinderung einer vorzeitigen Erschöpfung von Rohstoffquellen geleistet wird. Die Grenze zur Unlauterkeit (Ausnutzung) ist aber überschritten, wenn die Informationen nicht nachprüfbar sind und das hervorgerufene oder verstärkte Angstgefühl so stark ist, dass das Urteilsvermögen beeinträchtigt wird, also ein **Panikkauf** zu befürchten ist. Geht man vom Leitbild des durchschnittlich informierten, aufmerksamen und verständigen Verbrauchers aus, wird allerdings eine solche Situation auf Ausnahmefälle beschränkt sein, zB bei Not- oder Pandemiezeiten (vgl. Scherer WRP 2004, 1426; Beater Rn. 1669 ff.). Anwendungsfälle sind auch denkbar, wenn der Verbraucher die Entscheidung unter erheblichem Zeitdruck treffen muss und der persönlichen „Bearbeitung" durch einen Werber ausgesetzt ist. Ferner, wenn sich die Werbung nicht an die Allgemeinheit, sondern an einzelne Personen oder Personengruppen richtet, die besonders schutzbedürftig iSd § 3 IV 2 sind.

2. Beispiele

2.27   **Unlauterkeit bejaht:** (Die nachfolgenden Entscheidungen sind zum **UWG 1909** ergangen, die Fälle dürften aus heutiger Sicht jedenfalls keinen Verstoß gegen § 4a darstellen.) Werbung mit dem Slogan „Brillanten contra Inflation" (LG Frankfurt WRP 1971, 86). – Werbung für Fotoarbeiten unter Hinweis auf vermeidbare Sicherheitsrisiken bei Abgabe von wertvollen Fotoarbeiten (OLG Hamburg WRP 1999, 349). – Isolierte und sachlich nicht erläuterte Werbeaussage für ein Pflegemittel mit dem Hinweis: „Damit Mensch und Natur eine Chance haben" (OLG Saarbrücken WRP 1992, 510). – Werbung für ein „Handbuch für Selbstständige oder Unternehmer" unter Verwendung von Briefumschlägen, die einen hervorgehobenen Warnhinweis und im Kontext mit namentlich aufgeführten, angeblich bereits wirtschaftlich gescheiterten Unternehmen bzw. Unternehmern die deutlich erkennbare Frage an den Adressaten enthalten: „Sind Sie der Nächste?" (OLG Köln WRP 1997, 869).

Unlauterkeit verneint: Werbung mit der Angabe „Erkältung und grippale Infekte überrollen   2.28
Berlin; sofort besorgen" (BGH GRUR 1986, 902 – Angstwerbung; krit. Schnorbus GRUR 1994, 15 (19)). – Immobilienwerbung mit dem Appell: „Kaufen Sie Sachwerte, kaufen Sie Eigentumswohnungen. Jetzt. Sofort. Schenken Sie die Wohnung Ihren Kindern. Oder Ihren Enkeln. Vermieten Sie oder wohnen Sie selbst darin. Aber tun Sie etwas. Ihr Geld tut nämlich schon längst was. Es läuft Ihnen weg." (OLG Hamm GRUR 1975, 318).

III. Zwangslage

1. Allgemeines

a) Begriff der Zwangslage. Die UGP-RL kennt den Begriff der Zwangslage nicht. Er   2.29
findet sich zwar in § 138 II BGB und § 291 StGB, jedoch darf die Auslegung dieser Bestimmungen nicht unbesehen für § 4a II 2 übernommen werden. Vielmehr ist das Gebot der richtlinienkonformen Auslegung anhand der Vorgaben aus Art. 8 und 9 UGP-RL zu beachten. Nach dem Wortlaut des § 4a II 2 ist vielmehr an „konkrete Unglückssituationen oder Umstände von solcher Schwere, dass sie das Urteilsvermögen des Verbrauchers beeinträchtigen", anzuknüpfen. Eine **Zwangslage** liegt demnach nur dann vor, wenn sich der Verbraucher auf Grund äußerer Umstände in einer Situation befindet, die es ihm erschwert, eine informierte und freie Entscheidung zu treffen, weil er mit wirtschaftlichen oder sozialen Nachteilen rechnen muss, wenn er die von ihm erwartete geschäftliche Entscheidung nicht trifft. In diesem Fall ist nicht nur das Urteilsvermögen, sondern zugleich die Entscheidungsfreiheit des Verbrauchers beeinträchtigt. Die Umstände müssen von außen auf das Urteilsvermögen des Verbrauchers einwirken. Das unterscheidet diese Tatbestandsvariante von den „körperlichen oder geistigen Beeinträchtigungen" iSd § 3 IV 2. Eine solche Situation kann sich ua aus einem Unfall, einem Trauerfall, einer Trennung, einer Erkrankung, einer Verurteilung, einer Kündigung oder einer zeitlichen Bedrängnis ergeben. Ob das Gewicht solcher Umstände so schwer ist, dass sie das Urteilsvermögen des Verbrauchers beeinträchtigen, beurteilt sich nach den Umständen des Einzelfalls. Unerheblich ist, ob die Zwangslage selbst verursacht ist, vom Unternehmer herbeigeführt wurde oder durch sonstige Ereignisse ausgelöst wurde (vgl. LG Berlin WRP 2010, 955 (956 f.); MüKoUWG/Raue Rn. 281). Führt der Handelnde selbst die Zwangslage für den Verbraucher herbei (zB Drohung bei einer Kaffeefahrt, die Kunden nicht zurückzubringen, wenn sie nichts kaufen), so erfüllt dies idR bereits den Tatbestand der Nötigung iSd § 4a I 2 Nr. 2, so dass die Anwendung des § 4a II 2 zwar nicht ausgeschlossen, aber entbehrlich ist.

b) Abgrenzung. Von der „Zwangslage" iSd § 4a II 2 abzugrenzen ist der Begriff der   2.30
„Zwangslage" iSd § 138 II BGB. Letztere liegt dann vor, wenn wegen einer erheblichen Bedrängnis ein zwingender Bedarf nach einer Geld- oder Sachleistung besteht (vgl. Grüneberg/Ellenberger BGB § 138 Rn. 70). Anders als bei § 4a II 2 kommt es bei § 138 II BGB allerdings nicht darauf an, ob für den Verbraucher überhaupt eine Wahlmöglichkeit besteht. Denn § 138 II BGB schützt den Verbraucher vor Ausbeutung, § 4a II 2 dagegen vor einer Beeinträchtigung seiner Entscheidungsfreiheit. Einen präventiven Schutz der Verbraucher vor Ausbeutung gewährt das **Kartellrecht** (Art. 102 AEUV; § 19 iVm § 33 I GWB und § 33a I GWB).

c) Ausnutzung der Zwangslage. Ausgenutzt wird eine Zwangslage dann, wenn der Unter-   2.31
nehmer die Zwangslage beim Verbraucher kennt und dazu benutzt, um eine geschäftliche Entscheidung des Verbrauchers zu beeinflussen, wie sich aus § 4a II 1 Nr. 3 ergibt.

2. Beispiele

a) Ansprechen am Unfallort. Das Ansprechen von Unfallbeteiligten am Unfallort mit dem   2.32
Ziel eines Vertragsabschlusses (zB Abschleppen; Ersatzwagenmiete; Reparatur) wurde in der Rspr. seit jeher als **unlauter** angesehen (vgl. BGH GRUR 1975, 264 – Werbung am Unfallort I; GRUR 1975, 266 – Werbung am Unfallort II; GRUR 1980, 790 – Werbung am

Unfallort III; GRUR 2000, 235 – Werbung am Unfallort IV = LM § 1 Nr. 808 mAnm Köhler). An dieser Beurteilung hat sich auch unter der Geltung der UGP-RL nichts geändert. Das fragliche Verhalten erfüllt den Tatbestand des § 4a I 1 iVm § 4a I 2 Nr. 1 und 3 und § 4a II 1 Nr. 3 iVm § 4a II 2. Denn auf Grund der psychisch belastenden Unfallsituation ist die Gefahr eines unüberlegten und übereilten Vertragsschlusses bes. groß. Aus dem Blickwinkel des UWG kann das Verhalten zugleich den Tatbestand der **unzumutbaren Belästigung** iSv § 7 I 1 erfüllen (→ § 7 Rn. 86). Daran ändert auch die Möglichkeit eines Widerrufs nach § 312g I BGB, § 355 BGB nichts (vgl. BGH GRUR 2000, 235 – Werbung am Unfallort IV). Auf die nachträglich nur schwer aufzuklärenden Umstände des Einzelfalls kann es im Interesse der Rechtssicherheit nicht ankommen (BGH GRUR 2000, 235 – Werbung am Unfallort IV). Insbes. steht es der Unlauterkeit nicht entgegen, dass möglicherweise ein erkennbarer Bedarf der Beteiligten an derartigen Leistungen besteht, und sie nicht wissen, an wen sie sich ggf. wenden können. Dem unzulässigen Ansprechen stehen in dieser bes. Situation andere aktive Maßnahmen zur Willensbeeinflussung (zB Überreichen von Visitenkarten oder Werbezetteln) gleich. Zulässig ist es dagegen, in geziemender Entfernung vom Unfallort abzuwarten, ob der Geschädigte von sich aus die Initiative ergreift, weil insoweit kein „bewusstes Ausnutzen" der Zwangslage vorliegt.

2.33   **b) Werbung im Trauerfall.** Die Ausnutzung einer Zwangslage kommt auch bei der Werbung im Trauerfall in Betracht (ebenso jurisPK-UWG/Seichter Rn. 94). Ob tatsächlich eine Zwangslage gegeben ist, beurteilt sich nach den Umständen des Einzelfalls. Daneben können solche Werbemaßnahmen gegen § 7 I verstoßen (Nachweise aus der Rspr. bei → § 7 Rn. 70).

2.34   **c) Beauftragung eines Schlüsseldienstes.** Schlüsseldienste verlangen für das Aufsperren von Haustüren vielfach überhöhte Preise, weil sie zu Recht oder zu Unrecht glauben, dass der Kunde diese Dienstleistung dringend benötigt. Von der Frage, ob derartige Verträge nach § 138 II BGB (Ausnutzen einer Zwangslage) nichtig sind, ist die Frage zu unterscheiden, ob der Anbieter gegen § 4a I, II 1 Nr. 3 iVm § 4a II 2 wegen bewusster Ausnutzung einer Zwangslage verstößt. Dies hängt davon ab, ob das Verhalten des Unternehmers eine unzulässige Beeinflussung iSd § 4a I 2 Nr. 3, also eine Ausnutzung einer Machtposition zur Ausübung von Druck in einer Weise, die die Fähigkeit des Verbrauchers zu einer informierten Entscheidung wesentlich einschränkt, darstellt. Ein Indiz dafür ist es nach § 4a II 1 Nr. 3, dass der Schlüsselverlust einen Umstand von solcher Schwere darstellt, dass er das Urteilsvermögen des Verbrauchers beeinträchtigt, und der Unternehmer dies bewusst ausnutzt. Dies hängt von den Umständen des Einzelfalls ab, insbes. auch davon, ob der Verbraucher erkennbar schutzbedürftig iSd § 3 IV 2 ist, und welche Alternativen dem verständigen Verbraucher offenstehen. Das Verlangen übermäßig hoher Gebühren für das Aufsperren stellt daher nicht ohne weiteres eine aggressive geschäftliche Handlung dar.

Irreführende geschäftliche Handlungen

5 (1) **Unlauter handelt, wer eine irreführende geschäftliche Handlung vornimmt, die geeignet ist, den Verbraucher oder sonstigen Marktteilnehmer zu einer geschäftlichen Entscheidung zu veranlassen, die er andernfalls nicht getroffen hätte.**

(2) **Eine geschäftliche Handlung ist irreführend, wenn sie unwahre Angaben enthält oder sonstige zur Täuschung geeignete Angaben über folgende Umstände enthält:**

1. **die wesentlichen Merkmale der Ware oder Dienstleistung wie Verfügbarkeit, Art, Ausführung, Vorteile, Risiken, Zusammensetzung, Zubehör, Verfahren oder Zeitpunkt der Herstellung, Lieferung oder Erbringung, Zwecktauglichkeit, Verwendungsmöglichkeit, Menge, Beschaffenheit, Kundendienst und Beschwerdeverfahren, geographische oder betriebliche Herkunft, von der Verwendung zu erwartende Ergebnisse oder die Ergebnisse oder wesentlichen Bestandteile von Tests der Waren oder Dienstleistungen;**
2. **den Anlass des Verkaufs wie das Vorhandensein eines besonderen Preisvorteils, den Preis oder die Art und Weise, in der er berechnet wird, oder die Bedingungen, unter denen die Ware geliefert oder die Dienstleistung erbracht wird;**
3. **die Person, Eigenschaften oder Rechte des Unternehmers wie Identität, Vermögen einschließlich der Rechte des geistigen Eigentums, den Umfang von Verpflichtungen, Befähigung, Status, Zulassung, Mitgliedschaften oder Beziehungen, Auszeich-**

nungen oder Ehrungen, Beweggründe für die geschäftliche Handlung oder die Art des Vertriebs;

4. Aussagen oder Symbole, die im Zusammenhang mit direktem oder indirektem Sponsoring stehen oder sich auf eine Zulassung des Unternehmers oder der Waren oder Dienstleistungen beziehen;

5. die Notwendigkeit einer Leistung, eines Ersatzteils, eines Austauschs oder einer Reparatur;

6. die Einhaltung eines Verhaltenskodexes, auf den sich der Unternehmer verbindlich verpflichtet hat, wenn er auf diese Bindung hinweist, oder

7. Rechte des Verbrauchers, insbesondere solche auf Grund von Garantieversprechen oder Gewährleistungsrechte bei Leistungsstörungen.

(3) Eine geschäftliche Handlung ist auch irreführend, wenn

1. sie im Zusammenhang mit der Vermarktung von Waren oder Dienstleistungen einschließlich vergleichender Werbung eine Verwechslungsgefahr mit einer anderen Ware oder Dienstleistung oder mit der Marke oder einem anderen Kennzeichen eines Mitbewerbers hervorruft oder

2. mit ihr eine Ware in einem Mitgliedstaat der Europäischen Union als identisch mit einer in anderen Mitgliedstaaten der Europäischen Union auf dem Markt bereitgestellten Ware vermarktet wird, obwohl sich diese Waren in ihrer Zusammensetzung oder in ihren Merkmalen wesentlich voneinander unterscheiden, sofern dies nicht durch legitime und objektive Faktoren gerechtfertigt ist.

(4) Angaben im Sinne von Absatz 2 sind auch Angaben im Rahmen vergleichender Werbung sowie bildliche Darstellungen und sonstige Veranstaltungen, die darauf zielen und geeignet sind, solche Angaben zu ersetzen.

(5) ¹Es wird vermutet, dass es irreführend ist, mit der Herabsetzung eines Preises zu werben, sofern der Preis nur für eine unangemessen kurze Zeit gefordert worden ist. ²Ist streitig, ob und in welchem Zeitraum der Preis gefordert worden ist, so trifft die Beweislast denjenigen, der mit der Preisherabsetzung geworben hat.

---

* Detailübersichten finden sich zu Beginn der Abschnitte.

Einführung. Grundlagen des Irreführungsverbots

Übersicht

Schrifttum: Ackermann, Das Verbraucherleitbild im Lauterkeits- und Kennzeichenrecht und seine praktischen Auswirkungen, in Baudenbacher/Simon, Neueste Entwicklungen im europäischen und internationalen Immaterialgüterrecht, 2001, 59; H.-J. Ahrens, Verwirrtheiten juristischer Verkehrskreise zum Verbraucherleitbild einer „normativen" Verkehrsauffassung, WRP 2000, 812; H.-J. Ahrens, Die Benetton-Rechtsprechung des BVerfG und die UWG-Fachgerichtsbarkeit, JZ 2004, 763; H.-J. Ahrens, Das Verhältnis von UWG und Vertragsrecht aufgrund der EU-Richtlinie über unlautere Geschäftspraktiken, FS Loewenheim, 2009, 407; S. Ahrens, Der Irreführungsbegriff im deutschen Wettbewerbsrecht, WRP 1999, 389; Albrecht, Europäisches Werberecht und seine Auswirkungen auf das deutsche Wettbewerbsrecht, WRP 1997, 926; Alexander, Überblick und Anmerkungen zum Referentenentwurf eines Gesetzes zur Stärkung des Verbraucherschutzes im Wettbewerbs- und Gewerberecht, WRP 2021, 136; Apostolopoulos, Einige Gedanken zur Auslegung der nationalen Generalklausel im Hinblick auf eine Vollharmonisierung des europäischen Lauterkeitsrechts, WRP 2005, 152; Apostolopoulos, Das europäische Irreführungsverbot: Liberalisierung des Marktgeschehens oder Einschränkung für die Anbieterseite?, GRUR-Int. 2005, 292; Balitzki, Werbung mit ökologischen Selbstverpflichtungen, GRUR 2013, 670; Beater, Schutzzweckdenken im Recht gegen den unlauteren Wettbewerb, JZ 1997, 916; Beater, Verbraucherschutz und Schutzzweckdenken im Wettbewerbsrecht, 2000; Beater, Die stillen Wandlungen des Wettbewerbsrechts, JZ 2000, 973; Beater, Europäisches Recht gegen unlauteren Wettbewerb – Ansatzpunkte, Grundlagen, Entwicklungen, Erforderlichkeit, ZEuP 2003, 11; Becker, Preisvergleich mit Kassenbons – Zur Wirkung von Harmonisierungsvorschriften der EU am Beispiel des Verbots irreführender und vergleichender Werbung, VR 2019, 222; Behler/Schröder, Das Lebensmittel- und Bedarfsgegenständegesetz, 2002; Berneke, Verlängerte Sonderveranstaltungen, GRUR-Prax 2011, 235; Böhler, „I'll be back" – Kommt es zur Rückkehr des „flüchtigen Verbrauchers" in UWG und Lebensmittelrecht? Eine Untersuchung von Gesetzgebung und Rechtsprechung im Lichte der „Behavioral Law and Economics", ZLR 2014, 27; Bornkamm, Entwicklungen der Rechtsprechung im Wettbewerbsrecht – Vergleichende Werbung, in Schwarze, Werbung und Werbeverbote im Lichte des europäischen Gemeinschaftsrechts, 1999, 134; Bornkamm, Die Feststellung der Verkehrsauffassung im Wettbewerbsprozess, WRP 2000, 830; Bornkamm, Wettbewerbs- und Kartellrechtsprechung zwischen nationalem und europäischem Recht, FG 50 Jahre BGH, 2000, 343; Bornkamm, Markenrecht und wettbewerbsrechtlicher Kennzeichenschutz – Zur Vorrangthese der Rechtsprechung, GRUR 2005, 97; Bornkamm, Kennzeichenschutz und Irreführungsverbot – Zur wettbewerbsrechtlichen Beurteilung der irreführenden Kennzeichenbenutzung, FS v. Mühlendahl, 2005, 9; Bornkamm, Der lauterkeitsrechtliche Schutz vor Verwechslungen: Ein Kuckucksei im Nest des UWG?, FS Loschelder, 2010, 31; Bornkamm, Die Schnittstellen zwischen gewerblichem Rechtsschutz und UWG – Grenzen des lauterkeitsrechtlichen Verwechslungsschutzes, GRUR 2011, 1; Bornkamm, Das Verhältnis von Kartellrecht und Lauterkeitsrecht: Zwei Seiten derselben Medaille?, FS Griss, 2011, 79; Bornkamm, Irrungen, Wirrungen – Der Tatbestand der Irreführung durch Unterlassen, WRP 2012, 1; Brömmelmeyer, Der Binnenmarkt als Leitstern der Richtlinie über unlautere Geschäftspraktiken, GRUR 2007, 295; Büscher, Neue Unlauterkeitstatbestände und Sanktionen im Gesetz zur Stärkung des Verbraucherschutzes im Wettbewerbs- und Gewerberecht (Teil 1 und 2), WRP 2022, 1 und 132; Büttner, Die Irreführungsquote im Wandel – Folgen eines sich ändernden Normverständnisses, GRUR 1996, 533; Coing, Europäisierung der Rechtswissenschaft, NJW 1990, 937; Dauses, Die Rechtsprechung des EuGH zum Verbraucherschutz und zur Werbefreiheit im Binnenmarkt, EuZW 1995, 425; V. Deutsch, Der Einfluss des europäischen Rechts auf den Irreführungstatbestand des § 3 UWG – Gedanken zum Verbraucher-Leitbild und zur Relevanz bei Täuschungen, GRUR 1996, 541; V. Deutsch, Noch einmal: Das Verbraucherleitbild des EuGH und das „Nissan"-Urteil, GRUR 1997, 44; Doepner, Verbraucherleitbilder zur Auslegung des wettbewerbsrechtlichen Irreführungsverbots – Anmerkungen zum Diskussionsstand, FS Lieberknecht, 1997, 165 und WRP 1997, 999; Drettmann, Wirtschaftswerbung und Meinungsfreiheit, 1984; Dröge, Der „New Deal for Consumers" – ein Paradigmenwechsel im deutschen UWG, WRP 2019, 160; Eckel, Die Kohärenz lauterkeitsrechtlicher Vollharmonisierung vergleichender Werbung nach Art. 4 lit. a RL 2006/114/EG, GRUR-Int. 2016, 726; Eicke, Meinungsfreiheit für die Werbung?, WRP 1988, 643; Eilmansberger, Zur Reichweite der Grundfreiheiten des Binnenmarkts, JBl. 1999, 345 und 434; Emmerich, Auf dem Weg zum europäischen Binnenmarkt, WM 1990, 1; Eppe, Zugaben und Rabatte im Anwendungsbereich des UWG – Zur Rechtslage nach Fortfall von ZugabeVO und RabattG, 2003; Everling, Zur Bedeutung der Rspr. des Europäischen Gerichtshofes für die Werbung in Europa, in ZAW, Irreführende Werbung in Europa – Maßstäbe und Perspektiven, 1990, 43; Everling, Der Einfluss des EG-Rechts auf das nationale Wettbewerbsrecht im Bereich des Täuschungsschutzes, ZLR 1994, 221; Feddersen, Neue Transparenzanforderungen im Onlinebereich: Online-Marktplätze – Verbraucherbewertungen – Influencer, WRP 2022, 789; Fezer, Europäisierung des Wettbewerbsrechts, JZ 1994, 317; Fezer, Das wettbewerbsrechtliche Irreführungsverbot als ein normatives Modell des verständigen Verbrauchers im Europäischen Unionsrecht, WRP 1995, 671; Fezer, Plädoyer für eine offensive Umsetzung der Richtlinie über unlautere Geschäftspraktiken in das deutsche UWG – Originärer Verbraucherschutz durch Lauterkeitsrecht als Paradigma der europäischen Rechtsharmonisierung, WRP 2006, 781; Fezer, Das Informationsgebot der Lauterkeitsrichtlinie als subjektives Verbrauchrecht – Zur Umsetzung des Art. 7 der Richtlinie über unlautere Geschäftspraktiken in § 5 UWG, WRP 2007, 1021; Fezer, Normenkonkurrenz zwischen Kennzeichenrecht und Lauterkeitsrecht – Ein Beitrag zur kumulativen und subsidiären Normenkonkurrenz im Immaterialgüterrecht – Kritik der Vorrangthese des BGH zum MarkenG; WRP 2008, 1; Fezer, Der Dualismus der Lauterkeitsrechtsordnungen des b2 c-Geschäftsverkehrs und des b2 b-Geschäftsverkehrs im UWG, WRP 2009, 1163; Führich, Preisanpassung im Prospekt des Reiseveranstalters nach neuem Recht, RRa 2009, 162; Funke, Das deutsche Wettbewerbsrecht im europäischen Binnenmarkt, WRP 1991, 550; Gamerith, Der Richtlinienvorschlag über unlautere Geschäftspraktiken – Möglichkeiten einer harmonischen Umsetzung, WRP 2005, 391; v. Gierke, Zur Irreführung durch Angaben über den Warenvorrat, GRUR 1996, 579; Glöckner, Richtlinienvorschlag über unlautere Geschäftspraktiken, deutsches UWG oder die schwierige Umsetzung von europarechtlichen Generalklauseln, WRP 2004, 936; Gloy, Verkehrsauffassung – Rechts- oder Tatfrage, FS Erdmann, 2002, 811; Groeschke/Kiethe, Die Ubiquität des europäischen Verbraucherleitbildes – Der europäische Pass des informierten und verständigen Verbrauchers, WRP 2001, 230; Günther/Grupe, Zulässigkeit der Blickfangwerbung von Legal-Tech-Unternehmen – Zusatz zum Titel Werbeaussagen wie „kostenlos", „günstiger", „schnell" und „erfolgreich" am Maßstab des UWG, MMR 2020, 145; Hacker, Maßgeblichkeit, Grenzen und Perspektiven des „europäischen Verbrauchers", GRUR 2020, 587; Hafenmayer, Der lauterkeitsrechtliche Schutz vor Verwechslungen im Konflikt mit den Wertungen des Kennzeichenrechts, Diss. 2014; Hahn, Schutz vor „Look-alikes" unter besonderer Berücksichtigung des § 5 II UWG, Diss. 2013; Heermann, Auswirkungen der Europäischen Rechtsentwicklung auf das deutsche Wettbewerbsrecht oder Wohin steuert das deutsche Werberecht nach der Entscheidung des EuGH vom 7.3.1990 in Sachen „GB-INNO-BM/Confédération du commerce Luxembourgeois", WRP 1993, 578; Hefermehl, Zum Verbot irreführender Werbung, FS Wilde, 1970, 40; Helm, Das Verbraucherleitbild des Europäischen Gerichtshofs und des Bundesgerichtshofs im Vergleich, FS Tilmann, 2003, 135; Helm, Der Abschied vom „verständigen" Verbraucher, WRP 2005, 931; Henning-Bodewig, E-Commerce und irreführende Werbung – Auswirkungen des Herkunftslandprinzips auf das europäische und deutsche Irreführungsrecht, WRP 2001, 771; Henning-Bodewig, Richtlinienvorschlag über unlautere Geschäftspraktiken und UWG-Reform, GRUR-Int. 2004, 183; Henning-Bodewig, Das neue UWG – von Brüsseler Gnaden?, FS Schricker, 2005, 705; Henning-Bodewig, Die Richtlinie 2005/29/EG über unlautere Geschäftspraktiken, GRUR-Int. 2005, 629; Henning-Bodewig, Relevanz der Irreführung, UWG-Nachahmungsschutz und die Abgrenzung Lauterkeitsrecht/IP-Rechte, GRUR-Int. 2007, 986; Henning-Bodewig, Paradigmenwechsel im Lauterkeitsrecht? Neue Herausforderungen für das UWG, FS Harte-Bavendamm, 2020, 319; Himmelsbach, Schleichwerbung in den Medien, GRUR-Prax 2013, 78; Hoeren, Das neue UWG – der Regierungsentwurf im Überblick, BB 2008, 1182; Hösl, Interessenabwägung und rechtliche Erheblichkeit der Irreführung bei § 3 UWG, 1986; Hohmann, Einwirkungen des Gemeinschaftsrechts auf die Auslegung des § 3 UWG unter besonderer Berücksichtigung des „becel"-Urteils des BVerwG, WRP 1993, 225; Hohmann, Die Verkehrsauffassung im deutschen und europäischen Lebensmittelrecht, 1994; Ingerl, Der wettbewerbsrechtliche Kennzeichenschutz und sein Verhältnis zum MarkenG in der neueren Rechtsprechung des BGH und in der UWG-Reform, WRP 2004, 809; Joliet, Das Recht des unlauteren Wettbewerbs und der freie Warenverkehr, GRUR-Int. 1994, 1; Joliet, Der freie Warenverkehr: Das Urteil Keck und Mithouard und die Neuorientierung der Rechtsprechung, GRUR-Int. 1994, 979; Jungheim/Haberkamm, Probleme der UWG-Novelle zur Umsetzung der Richtlinie über unlautere Geschäftspraktiken, VuR 2009, 250; Keilholz, Die misslungene Harmonisierung des Verbots der irreführenden Werbung in der EG und ihre Konsequenzen für die deutsche Rechtsprechung, GRUR-Int. 1987, 390; Kemper/Rosenow, Der Irreführungsbegriff auf dem Weg nach Europa, WRP 2001, 370; Keßler, Wettbewerbsrechtliches Irreführungsverbot und Freiheit des Warenverkehrs, EuZW 1991, 107; Keßler, Lauterkeitsschutz und Wettbewerbsordnung – zur Umsetzung der Richtlinie 2005/29/EG über unlautere Geschäftspraktiken in Deutschland und Österreich, WRP 2007, 714; Keßler/Micklitz, BB-Europareport: Der Richtlinienvorschlag über unlautere Praktiken im binnenmarktinternen Geschäftsverkehr, BB 2003, 2073; Keßner, Täuschung durch Unterlassen – Informationspflichten in der Werbung, 1986; Kiethe/Groeschke, Das europäische Lebensmittelrecht und der Irreführungsschutz, WRP 2001, 1035; Klinck/Riesenhuber, Verbraucherleitbilder – Interdisziplinäre und europäische Perspektiven, 2015; Köhler, EG-Recht, nationales Wettbewerbsrecht und Verbraucherschutz, JuS 1993, 447; Köhler, Irreführungs-Richtlinie und deutsches Wettbewerbsrecht, GRUR-Int. 1994, 396; Köhler, Zur Umsetzung der Richtlinie über unlautere Geschäftspraktiken, GRUR 2005, 793; Köhler, Die Bedeutung der Richtlinie 2005/29/EG über unlautere Geschäftspraktiken und ihre Auswirkungen für Lebensmittelrecht und Lebensmittelwirtschaft, ZLR 2006, 3; Köhler, Vom deutschen zum europäischen Lauterkeitsrecht – Folgen der Richtlinie über unlautere Geschäftspraktiken für die Praxis, NJW 2008, 3032; Köhler, Die UWG-Novelle 2008, WRP 2009, 109; Köhler, Unzulässige geschäftliche Handlungen bei Abschluss und Durchführung eines Vertrags, WRP 2009, 898; Köhler, Gesundheitsversprechen in der Lebensmittelwerbung: Die wettbewerbsrechtliche Sicht, ZLR 2008, 135; Köhler, Verbraucherinformation im Spannungsverhältnis von Lebensmittelrecht und Lauterkeitsrecht, WRP 2014, 637; Köhler, Richtlinienumsetzung im UWG – eine unvollendete Aufgabe, WRP 2013, 403; Köhler, Das neue UWG 2015: Was ändert sich für die Praxis?, NJW 2016, 593; Köhler, Der Schutz von Kollektivinteressen und Individualinteressen im UWG, FS Büscher, 2018, 333; Köhler, Der Schadensersatzanspruch des Verbrauchers im künftigen UWG, WRP 2021, 129; Köhler, Der Schadensersatzanspruch für Verbraucher im UWG und seine Realisierung, GRUR 2022, 435; Köhler/Lettl, Das geltende europäische Lauterkeitsrecht, der Vorschlag für eine EG-Richtlinie über unlautere Geschäftspraktiken und die UWG-Reform, WRP 2003, 1019; Kohte, Die Durchführung und Abwicklung von Verträgen im Blickfeld des Lauterkeitsrecht, VuR 2017, 403; Krenz, Das Verbot unwahrer Angaben: eine Untersuchung des § 5 I 2, 1. Alt. UWG, Diss. 2016; Kur, Verwechslungsgefahr und Irreführung – zum Verhältnis von Markenrecht und § 3 UWG, GRUR 1989, 240; Kur, Die Schnittstellen zwischen Marken- und Wettbewerbsrecht bei nationalen und Gemeinschaftsmarken, MarkenR 2001, 137; Leible, Abschied vom „flüchtigen Verbraucher"?, DZWir 1994, 178; Leible, Werbung für EG-Neuwagen, NJW 2000, 1242; Lettl, Der lauterkeitsrechtliche Schutz vor irreführender Werbung in Europa, 2004; Lettl, Der lauterkeitsrechtliche Schutz vor irreführender Werbung in Europa, GRUR-Int. 2004, 85; Lettl, Der Schutz der Verbraucher nach der UWG-Reform, GRUR 2004, 449; Lettl, Gemeinschaftsrecht und neues UWG, WRP 2004, 1079; Lettl, Lauterkeitsrechtliches Irreführungsverbot und das Recht auf freie Meinungsäußerung – zugleich ein Beitrag zur Dogmatik des Begriffes der Irreführung im europäischen und deutschen Lauterkeitsrecht –, FS Bornkamm, 2014, 407; Lettl, Irreführung nach § 5 Abs. 1 UWG und Blickfangwerbung, insbesondere für Kapitalanlagen: zugleich Besprechung des Urteils BGH, Urt. v. 21.9.2017 – Festzins Plus, WM 2018, 841; Lindacher, Funktionsfähiger Wettbewerb als Final- und Beschränkungsgrund des lauterkeitsrechtlichen Irreführungsverbots, FS Nirk, 1992, 587; Lindacher, „Testsieger"-Werbung, WRP 2014, 140; Martin-Ehlers, Die Irreführungsverbote des UWG im Spannungsfeld des freien europäischen Warenverkehrs, 1996; G. Meier, Einschränkung des deutschen Wettbewerbsrechts durch das Europäische Gemeinschaftsrecht, GRUR-Int. 1990, 817; G. Meier, Die Lauterkeit des Handelsverkehrs: Zur Einwirkung des Art. 30 EWGV auf Auslegung und Anwendung der Generalklauseln des deutschen Wettbewerbsrechts, GRUR-Int. 1993, 219; D. Meier, Irreführung – „A more economic approach", GRUR 2022, 1185; Metzger, Neue Entscheidungen des BGH zur „EG-Neuwagen"-Problematik, WRP 1999, 1237; A. Meyer, Die anlockende Wirkung der irreführenden Werbung, 1989; Micklitz, Umweltwerbung im Binnenmarkt, WRP 1995, 1014; Möllering, Das Recht des unlauteren Wettbewerbs in Europa: Eine neue Dimension, WRP 1990, 1; Münker, Harmonisierung des Rechtsschutzes gegen unlauteren Wettbewerb in der Europäischen Union, WRP 1996, 990; Nordemann, Wie sich die Zeiten ändern – Der Wandel der Rechtsprechung zum Verbraucherleitbild in § 3 UWG, WRP 2000, 977; Ohly, Irreführende vergleichende Werbung – Anmerkungen zu EuGH „Pippig Augenoptik/Hartlauer", GRUR 2003, 641; Ohly, Das Herkunftslandprinzip im Bereich vollständig angeglichenen Lauterkeitsrechts – Überlegungen zur Binnenmarktklausel der Richtlinie über unlautere Geschäftspraktiken und zum BGH-Urteil „Arzneimittelwerbung im Internet", WRP 2006, 1401; Ohly, Bausteine eines europäischen Lauterkeitsrechts – Zugleich Besprechung von Jochen Glöckner, Europäisches Lauterkeitsrecht, WRP 2008, 177; Ohly, Die Interessenabwägung im Rahmen des Irreführungsverbots und ihre Bedeutung für die Wertungseinheit von Lauterkeits- und Kennzeichenrecht, FS Bornkamm, 2014, 423; Ohly, Die ab 28.5.2022 geltenden Änderungen des UWG im Überblick, GRUR 2022, 763; Ohly/Spence, Vergleichende Werbung: Die Auslegung der Richtlinie 97/55/EG in Deutschland und Großbritannien, GRUR-Int. 1999, 681; Oppenhoff, Im Spannungsfeld zwischen Gemeinschaftsrecht und deutschem Wettbewerbsrecht, FS v. Gamm, 1990, 117; Paulus, Wirtschaftswerbung und Meinungsfreiheit – Inhalt und Schranken von Art. 5 I 1 GG,

WRP 1990, 22; Peifer, Die Zukunft der irreführenden Geschäftspraktiken, WRP 2008, 556; Peifer, Lauterkeitsrechtliche Informationspflichten – Dogmatik und Verhältnis zu (lebensmittelrechtlichen) Kennzeichnungsgeboten, ZLR 2011, 161; Peifer, Die Regulierung gegen Irreführung im UWG – noch auf der Höhe der Zeit?, FS Harte-Bavendamm, 2020, 401; Piekenbrock, Die Bedeutung des Herkunftslandprinzips im europäischen Wettbewerbsrecht, GRUR-Int. 2005, 997; Piper, Zu den Auswirkungen des EG-Binnenmarktes auf das deutsche Recht gegen den unlauteren Wettbewerb, WRP 1992, 685; Purnhagen, Mehr Realität im Verbraucherleitbild in der Rechtsprechung des EuGH – Ein EU-rechtliches Postulat zur Einbindung der Verhaltenswissenschaft ins Verbraucherrecht?, VuR 2016, 401; Reese, Grenzüberschreitende Werbung in der Europäischen Gemeinschaft, 1994; Reese, Das „6-Korn-Eier"-Urteil des EuGH-Leitentscheidung für ein Leitbild?, WRP 1998, 1035; Reuthal, Verstößt das deutsche Irreführungsverbot gegen Art. 30 EGV?, WRP 1997, 1154; Ring, Stärkung des Verbraucherschutzes im Wettbewerbs- und Gewerberecht zum 28. Mai 2022, NJ 2022, 206; Rosenow/Staiger, Entstehungsgeschichte, Zweck und wesentlicher Inhalt des Gesetzes zur Stärkung des Verbraucherschutzes im Wettbewerbs- und Gewerberecht, GRUR 2022, 773; Rott, Der „Durchschnittsverbraucher" – ein Auslaufmodell angesichts personalisierten Marketings? VuR 2015, 163; Sack, Deliktsrechtlicher Verbraucherschutz gegen unlauteren Wettbewerb, NJW 1975, 1303; Sack, Staatliche Werbebeschränkungen und die Art. 30 und 59 EG-Vertrag, WRP 1998, 103; Sack, Die Berücksichtigung der Richtlinie 97/55/EG über irreführende und vergleichende Werbung bei der Anwendung der §§ 1, 3 UWG, WRP 1998, 241; Sack, Das Verbraucherleitbild und das Unternehmerleitbild im europäischen und deutschen Wettbewerbsrecht, WRP 1998, 264; Sack, Auswirkungen der Art. 30, 36 und 59 EG-Vertrag auf das Recht gegen den unlauteren Wettbewerb, GRUR 1998, 871; Sack, Die Bedeutung der EG-Richtlinien 84/450/EWG und 97/55/EG über irreführende und vergleichende Werbung, GRUR-Int. 1998, 263; Sack, Die Auswirkungen des europäischen Rechts auf das Verbot irreführender Werbung, in Schwarze, Werbung und Werbeverbote im Lichte des europäischen Gemeinschaftsrechts, 1999, 102; Sack, Die Präzisierung des Verbraucherleitbildes durch den EuGH, WRP 1999, 399; Sack, Die Beurteilung irreführender Werbung für Importfahrzeuge aus EG-Staaten nach EG-Recht, WRP 2000, 23; Sack, Markenschutz und UWG, WRP 2004, 1405; Sack, Markenrechtliche Probleme vergleichender Werbung, GRUR 2008, 201; Sack, Irreführungsverbot und Interessenabwägung in der deutschen Rechtsprechung, GRUR 2014, 609; Säcker, Das UWG zwischen den Mühlsteinen europäischer Harmonisierung und grundrechtsgebotener Liberalisierung, WRP 2004, 1199; Säcker, Die neue deutsche Formel des europäischen Verbraucherleitbilds, WRP 2005, 462; Scherer, Zur Frage der Schutzgesetzqualität von §§ 1, 3 UWG für Verbraucher, WRP 1992, 607; Scherer, Divergenz und Kongruenz der Rechtsprechung des EuGH und des BGH, WRP 1999, 991; Scherer, Migrationsfolgen im Marken- und Wettbewerbsrecht, WRP 2016, 8; Scherer, Rezeption kommerzieller Kommunikation in sozialen Netzwerken durch minderjährige Nutzer, WRP 2019, 277; Scherer, Abwehransprüche von Verbrauchern und sonstigen Marktbeteiligten gegen unzulässige geschäftliche Handlungen, GRUR 2019, 361; Scherer, Strategien des Mitbewerbers zur Schaffung irreführender Werbung beim Konkurrenten. WRP 2019, 818; Scherer, Verbraucherschadensersatz durch § 9 Abs. 2 UWG-RegE als Umsetzung von Art. 3 Nr. 5 Omnibus-RL – eine Revolution im Lauterkeitsrecht, WRP 2021, 561; M. Schmidt, Verschiebung markenrechtlicher Grenzen lauterkeitsrechtlicher Ansprüche nach Umsetzung der UGP-RL, GRUR-Prax 2011, 159; S.C. Schmidt, Das neue europäische Medizinprodukterecht und das deutsche Lauterkeitsrecht, WRP 2020, 700; Schmidt-Kessel/Germelmann, Verbraucherleitbilder – Zwecke, Wirkweisen und Maßstäbe, 2016; Schotthöfer, Handbuch des Werberechts in den EU-Staaten einschließlich Norwegen, Schweiz, Liechtenstein und USA, 2. Aufl. 1997; Schricker, Entwicklungstendenzen im Recht des unlauteren Wettbewerbs, GRUR 1974, 579; Schricker, Die Bekämpfung der irreführenden Werbung in den Mitgliedstaaten der EG, GRUR-Int. 1990, 112; Schricker, Die europäische Angleichung des Rechts des unlauteren Wettbewerbs – ein aussichtsloses Unterfangen?, GRUR-Int. 1990, 771; Schricker, Recht der Werbung in Europa, 1990; Schricker, Werbeverbote in der EG, GRUR-Int. 1991, 185; Schricker, Deregulierung im Recht des unlauteren Wettbewerbs?, GRUR-Int. 1994, 586; Schröler, Wettbewerbsrechtliche Fragestellungen bei der Verlängerung und dem Abbruch von zeitlich befristeten Rabattaktionen, GRUR 2013, 564; Schulte-Franzheim/Tyra, Werbung mit Auszeichnungen nach „Kamerakauf im Internet", FS Bornkamm, 2014, 489; Schulte-Nölke/Busch, Der Vorschlag der Kommission für eine Richtlinie über unlautere Geschäftspraktiken KOM (2003) 356 endg., ZEuP 2004, 99; Schwanhäuser, Die Zukunft der „irreführenden" Werbung (§ 3 UWG), GRUR 1988, 180; Schweizer, Die „normative Verkehrsauffassung" – ein doppeltes Missverständnis – Konsequenzen für das Leitbild des „durchschnittlich informierten, verständigen und aufmerksamen Durchschnittsverbrauchers", GRUR 2000, 923; Seibt, Das europäische Verbraucherleitbild – ein Abschied von der Verwechslungsgefahr als Rechtsfrage?, GRUR 2002, 465; Seichter, Der Umsetzungsbedarf der Richtlinie über unlautere Geschäftspraktiken, WRP 2005, 1087; Sosnitza, Die Richtlinie über unlautere Geschäftspraktiken – Voll- oder Teilharmonisierung?, WRP 2006, 1; Sosnitza, Der Gesetzentwurf zur Umsetzung der Richtlinie über unlautere Geschäftspraktiken, WRP 2008, 1014; Steinbeck, Zur europarechtskonformen Auslegung des Irreführungsverbots nach § 3 UWG, EWS 1996, 234; Steinbeck, Richtlinie über unlautere Geschäftspraktiken: Irreführende Geschäftspraktiken – Umsetzung in das deutsche Recht, WRP 2006, 632; Steindorff, Unlauterer Wettbewerb im System des EG-Rechts, WRP 1993, 139; Stillner, Verbraucherschutz im Wettbewerbsrecht – Rechtsprechung im Jahr 2006, VuR 2007, 61; Teplitzky, Zur Methodik der Interessenabwägung in der neueren Rspr des Bundesgerichtshofs zu § 3 UWG, FS Vieregge, 1995, 853; Tilmann, Irreführende Werbeangaben und täuschende Werbung, GRUR 1976, 544; Tilmann, Irreführende Werbung in Europa – Möglichkeiten und Grenzen der Rechtsentwicklung, GRUR 1990, 87; Tilmann, Der „verständige Verbraucher", FS Piper, 1996, 481; Trägner, Das Verbot irreführender

Werbung nach § 3 UWG im Europäischen Binnenmarkt, 1993; Ullmann, Der Verbraucher – ein Herm-
aphrodit?, GRUR 1991, 789; Ullmann, Die Europäische Union und das nationale Wettbewerbs- und
Urheberrecht, JZ 1994, 928; Ullmann, Einige Bemerkungen zur Meinungsfreiheit in der Wirtschaftswerbung, GRUR 1996, 948; Wägenbaur, Werberecht und Werbeverbote, EuZW 1995, 431; Weber, Das
Verbraucherleitbild des Verbrauchervertragsrechts – im Wandel?, VuR 2020, 9; Weber, Verbraucherleitbilder
im Spiegel der Verbraucherverhaltensforschung, ZRP 2020, 98; Weichert, Datenschutz im Wettbewerbs- und
Verbraucherrecht, VuR 2006, 377; Weidert, In „Bio“ we trust: Werbung mit Genehmigungen, Gütesiegeln
und anderen Qualitätskennzeichen, GRUR-Prax 2010, 351; Wuttke, Neues zur wettbewerbsrechtlichen
Relevanz und Interessenabwägung bei der irreführenden Werbung, WRP 2003, 839; Wuttke, Die Kon-
vergenz des nationalen und des europäischen Irreführungsbegriffs, WRP 2004, 820; Zetzsche/Preiner, Der
Verhaltenskodex für Stimmberater zwischen Vertrags- und Wettbewerbsrecht – Zur Einordnung der Best
Practice Principles for Shareholder Voting Research & Analysis, AG 2014, 685.– **Weitere Schrifttumsnachweise** vor → § 5 Rn. 1.1.

A. Gesetzesgeschichte

I. Das UWG von 1896

0.1   Bereits das **G gegen den unlauteren Wettbewerb** v. 27.5.1896 (RGBl. 1896, 145) enthielt
in § 1 I 1 UWG 1996 ein Irreführungsverbot, dem in Ermangelung einer allgemeinen Generalklausel eine zentrale Bedeutung zukam und das im Wesentlichen dem § 3 UWG 1909 entsprach.
Auch wenn sich das Konzept des Gesetzes von 1896, das nur Einzelverbote formulierte, als zu
eng erwies und damit der großen Generalklausel des § 1 UWG 1909 den Weg bereitete, zeigt es
doch die **Bedeutung des Wahrheitsgebots,** dessen Durchsetzung stets eine zentrale, wenn
nicht vordringliche Aufgabe des Lauterkeitsrechts war und ist. Auch der Straftatbestand der
irreführenden Werbung (heute § 16 UWG) geht auf das Gesetz von 1896 zurück.

II. Das UWG von 1909

0.2   Durch das **G gegen den unlauteren Wettbewerb v. 7.6.1909** (RGBl. 1909, 499) rückte das
– nur redaktionell überarbeitete – Irreführungsverbot in die zweite Reihe. Die Bestimmung des
§ 3 UWG 1909 wurde fortan im Gegensatz zur großen Generalklausel des § 1 als die **„kleine
Generalklausel"** bezeichnet, behielt aber ihre zentrale Bedeutung für die **Durchsetzung des
Wahrheitsgebots.** Wie § 1 I 1 UWG 1896 beschränkte sich das Irreführungsverbot jedoch
zunächst auf „öffentliche Bekanntmachungen oder Mitteilungen, die für einen größeren Kreis
von Personen bestimmt sind", also auf die Publikumswerbung. Außerdem mussten die „unrichtigen Angaben" geeignet sein, „den Anschein eines besonders günstigen Angebots hervorzurufen". Daneben enthielt § 6 UWG 1909 eine Bestimmung über den **Konkurswarenverkauf,**
die bis 2004 fast unverändert weiter bestand und die als ein typisierter Irreführungstatbestand
bezeichnet werden kann.

III. Die UWG-Novelle von 1969

0.3   Die nächsten 60 Jahre brachten für § 3 UWG 1909 keine Änderung. Erst mit **G v. 26.6.1969**
(BGBl. 1969 I 633) wurde das Irreführungsverbot **in drei Punkten erweitert: (1)** Das Erfordernis, dass die unrichtige Angabe in öffentlichen Bekanntmachungen oder Mitteilungen enthalten sein muss, die für einen größeren Kreis von Personen bestimmt sind, wurde gestrichen,
um auch die Irreführung im individuellen Kundengespräch zu erfassen. **(2)** Das Merkmal „unrichtige Angaben" wurde durch „irreführende Angaben" ersetzt; damit wurde auch durch den
Gesetzeswortlaut anerkannt, dass maßgeblich allein die Verkehrsauffassung und nicht die objektive Richtigkeit oder Unrichtigkeit der Angabe ist. **(3)** Das Merkmal, dass die Angaben das
Angebot als bes. günstig erscheinen lassen müssen, wurde ersatzlos gestrichen. Die weiteren
Änderungen des Wortlauts hatten keine sachliche Bedeutung. Außerdem wurden zwei **weitere
Tatbestände** typisierter Irreführung, nämlich § 6a **(Hersteller- und Großhändlerwerbung)**
und § 6b **(Kaufscheinhandel)** geschaffen, die ebenso wie die Bestimmung über den Konkurswarenverkauf in § 6 UWG 1909 wegen des geänderten Verbraucherleitbilds (→ Rn. 1.57 f.) die
Neufassung des UWG im Jahre 2004 nicht überlebt haben (Begr. RegE UWG 2004, BT-Drs.
15/1487, 15).

IV. Umsetzung der Richtlinie zur vergleichenden Werbung

Bei der Umsetzung der RL 97/55/EG durch das **G zur vergleichenden Werbung** und zur **0.4** Änderung wettbewerbsrechtlicher Vorschriften v. 1.9.2000 (BGBl. 2000 I 1374) hat der Gesetzgeber die Regelung, wonach eine vergleichende Werbung – wenn sie zulässig sein soll – nicht irreführend sein darf, nicht in die Bestimmung über die vergleichende Werbung (§ 2 aF) aufgenommen, sondern stattdessen im damaligen § 3 in einem **zusätzlichen S. 2** klargestellt, dass das Irreführungsverbot auch für Angaben im Rahmen vergleichender Werbung gilt. Diese Klarstellung ist in die neue Bestimmung zur irreführenden Werbung übernommen worden (§ 5 III).

V. Das UWG von 2004

Aus der großen UWG-Reform des Jahres 2004, die uns mit dem UWG 2004 ein neues Gesetz **0.5** beschert hat, ist das Irreführungsverbot zwar im Kern ohne sachliche Änderungen hervorgegangen. Die systematische Stellung ist jedoch eine andere: Das Irreführungsverbot ist seit 2004 **kein eigenständiger Tatbestand** mehr, sondern, dem Entwurf von Köhler/Bornkamm/Henning-Bodewig (WRP 2002, 1317 (1319): § 3 iVm § 4 Nr. 6) folgend, eine **Konkretisierung der allgemeinen Generalklausel,** die generell unlautere Wettbewerbshandlungen – seit der UWG-Novelle 2008 unlautere geschäftliche Handlungen (§ 2 I Nr. 1) – für unzulässig erklärt, die – so das UWG von 2004 – geeignet sind, den Wettbewerb zum Nachteil der Mitbewerber, der Verbraucher oder der sonstigen Marktteilnehmer nicht unerheblich zu verfälschen (§ 5 I iVm § 3). Statt des Beispielskatalogs des § 3 in der bis 2004 geltenden Fassung enthielt § 5 II 1 UWG 2004 eine Konkretisierung, die fast wörtlich **Art. 3 Werbe-RL** entsprach. § 5 II 2 UWG 2004 stellte klar, dass auch das Verschweigen einer relevanten Tatsache irreführend sein kann, es also auch eine Irreführung durch Unterlassen gibt. Die durch die UWG-Novelle 2008 unverändert übernommene Bestimmung des § 5 III weist darauf hin, dass eine irreführende vergleichende Werbung nicht privilegiert ist, und nimmt aus dem alten UWG im Übrigen die (überflüssige) Regelung auf, nach der auch „bildliche Darstellungen und sonstige Veranstaltungen" irreführende Angaben sein können. Die neue Regelung des § 5 IV sieht für die Werbung mit Preisherabsetzungen eine Beweislastumkehr vor. Zum **Bedeutungswandel des Irreführungsverbots** infolge der Neufassung des UWG im Jahre 2004 → Rn. 0.113 ff.

VI. Die Umsetzung der UGP-RL durch die UWG-Novelle 2008

Die **UGP-RL** v. 11.5.2005 hat auch die unionsrechtlichen Grundlagen des **nationalen 0.6 Irreführungsverbots grundlegend verändert** (zur Richtlinie im Allgemeinen → Einl. Rn. 3.56 ff., zum Irreführungsverbot in der Richtlinie im Besonderen → Rn. 0.26 ff.). Die Richtlinie war bis zum 12.6.2007 umzusetzen; die entspr. Vorschriften mussten seit dem 12.12.2007 angewendet werden. Bis zum Inkrafttreten der UWG-Novelle 2008 waren die **Gerichte gehalten, das geltende nationale Recht richtlinienkonform auszulegen.** Die Umsetzung erfolgte – mit erheblicher Verspätung – durch das **1. UWGÄndG** vom 22.12.2008 (BGBl. 2008 I 2949). Zu den Änderungen im Bereich des Irreführungsverbots → Rn. 0.26 ff. und → Rn. 0.113 ff.

VII. Die fortgesetzte (verbesserte) Umsetzung der UGP-RL durch die UWG-Novelle 2015

Nachdem die Kommission gegenüber Deutschland die unzureichende Umsetzung der Richt- **0.7** linie beanstandet hatte (wobei sich die Beanstandungen stets nur auf den Gesetzeswortlaut und nicht auf das gelebte Recht bezogen), hat der Gesetzgeber mit dem **2. UWGÄndG** vom 2.12.2015 (BGBl. 2015 I 2158) noch einmal nachgebessert und das deutsche Gesetz wesentlich stärker an der UGP-RL ausgerichtet. Für die Kernbestimmung der irreführenden Werbung, den § 5, hat sich freilich nicht viel geändert: Hier wurde lediglich die **Relevanzklausel** an den Wortlaut der Richtlinie (Art. 6 I UGP-RL) angepasst und klargestellt, dass eine irreführende geschäftliche Handlung nur unlauter ist, **„wenn sie geeignet ist, den Verbraucher oder sonstige Marktteilnehmer zu einer geschäftlichen Entscheidung zu veranlassen, die er andernfalls nicht getroffen hätte"** (sic!). Richtig hätte es hier heißen müssen: „die **sie** andernfalls nicht getroffen hätten". Denn das Pronomen „er" bezieht sich lediglich auf den sonstigen Marktteilnehmer. Es geht aber um die geschäftlichen Entscheidungen nicht nur der sonstigen Marktteilnehmer, sondern in erster Linie um die der Verbraucher. Die Verwendung des Singulars statt des grammatikalisch gebotenen Plurals zeigt, wie sehr der Gesetzgeber bemüht war, der Richtlinie auch im Wortlaut hundertprozentig zu entsprechen; die Verwendung des Singulars in Art. 6 UGP-RL erklärt sich daraus, dass dort nur vom Durchschnittsverbraucher und nicht von einem sonstigen Marktteilnehmer die Rede ist. Mit der Anpassung des § 5 I 1 an den Wortlaut der UGP-RL ist im Hinblick darauf, dass schon bisher im Rahmen des § 3 I aF die Spürbarkeit der Interessenbeeinträchtigung zu prüfen war, keine inhaltliche Änderung verbunden (BGH GRUR 2016, 961 Rn. 25 – Herstellerpreisempfehlung bei Amazon).

VIII. Gesetz zur Stärkung des Verbraucherschutzes im Wettbewerbs- und Gewerberecht (2021)

0.7a   Das an 28.5.2022 in Kraft getretene **G zur Stärkung des Verbraucherschutzes im Wett-bewerbs- und Gewerberecht** vom 10.8.2021 (BGBl. 2021 I 3504) hat im Wege der redak-tionellen Änderung den bisherigen § 5 I 2, der die Definition der irreführenden Handlung und die Aufzählung der Bezugspunkte der Irreführung enthält, in einen eigenständigen Absatz 2 überführt; die nachfolgenden Absätze sind entsprechend aufgerückt. Die dabei versehentlich zunächst unterbliebene Anpassung der Verweisung im neuen Abs. 4 auf Abs. 2 ist mWv 13.10.2023 durch Art. 13 Nr. 1 Verbandsklagenrichtlinienumsetzungsgesetz (VRUG) v. 8.10.2023 (BGBl. 2023 I Nr. 272) nachgeholt worden. Damit soll nach der Begr. RegE die Lesbarkeit der Vorschrift verbessert werden (vgl. BT-Drs. 19/27873, 33). Eine inhaltliche Änderung sieht das Gesetz mit der Hinzufügung der Vorschrift zur **Doppelqualität von Waren** („Dual Quality") in § 5 III Nr. 2 nF vor, die die in Art. 3 Nr. 3 RL (EU) 2019/2161 zur Änderung der RL 93/13/EWG des Rates und der Richtlinien 98/6/EG, 2005/29/EG und 2011/83/EU des Europäischen Parlaments und des Rates zur besseren Durchsetzung und Modernisierung der Verbraucherschutzvorschriften der Union (ABl. EU 2019 L 328, 7) ent-haltene Regelung umsetzt. Weiter werden im Anh. zu § 3 vier weitere stets unzulässige (irrefüh-rende) geschäftliche Handlungen geregelt (Nr. 11a, 23a, 23b und 23c). Eine gleichfalls unions-rechtlich bedingte Änderung, die allerdings nicht weniger als einen **Paradigmenwechsel** beinhaltet (→ Rn. 0.11 f.), sieht § 9 Abs. 2 nF vor. Diese Vorschrift gewährt **Verbrauchern einen Schadensersatzanspruch** gegen den für eine nach § 3 – nicht aber nach den §§ 3a, 4 und 6 (so § 9 II 2 nF) – unzulässige geschäftliche Handlung schuldhaft Verantwortlichen, wenn die Verbraucher hierdurch zu einer geschäftlichen Entscheidung veranlasst werden, die sie andernfalls nicht getroffen hätten. Mit dieser Regelung wird Art. 3 Nr. 5 RL (EU) 2019/2161 umgesetzt, der die UGP-RL um einen Art. 11a UGP-RL ergänzt, nach dessen Abs. 1 S. 1 „Verbraucher, die durch unlautere Geschäftspraktiken geschädigt wurden, (…) Zugang zu angemessenen und wirksamen Rechtsbehelfen (haben), einschließlich Ersatz des dem Verbrau-cher entstandenen Schadens sowie gegebenenfalls Preisminderung oder Beendigung des Ver-trags". Nach der neuen Regelung kommt ein Schadensersatzanspruch von Verbrauchern nun-mehr auch im Fall der irreführenden geschäftlichen Handlung nach § 5 in Betracht.

B. Schutzzweck

I. Ausgangspunkt: Schutz der Mitbewerber

0.8   Das UWG war urspr. ein Gesetz, das **allein den Konkurrentenschutz** im Auge hatte. Das Irreführungsverbot diente danach in erster Linie dem Schutz der Mitbewerber, deren Absatzchancen nicht dadurch beeinträchtigt werden sollten, dass einzelne Anbieter das Ange-bot oder den Bezug von Waren oder Dienstleistungen durch Täuschung auf sich lenken. Der mit dem Irreführungsverbot verbundene Schutz der Marktgegenseite, insbes. der Verbraucher, wurde als ein **erwünschter Reflex,** nicht aber als eigenständiges Ziel der Regelung ver-standen (GK/Lindacher/Peifer Vor §§ 5, 5a Rn. 6). Das **Anspruchssystem** stand mit dieser Auffassung im Einklang: Es sah lediglich Ansprüche der Mitbewerber und ihrer Verbände vor, nicht dagegen Ansprüche der Verbraucherverbände; ihre Anspruchsberechtigung wurde erst 1965 eingeführt.

II. Schutzzweck heute: Schutz der Marktgegenseite und der Mitbewerber

1. Schutzzweck im deutschen Recht

Der **Wandel der Schutzzwecke** lässt sich an keiner Vorschrift so gut ablesen wie am **0.9** Irreführungsverbot. Wie bei allen Verboten, die das **Vertikalverhältnis** betreffen, dient auch das Irreführungsverbot nach heutiger Vorstellung **vor allem dem Schutz der Marktgegenseite.** Auf der Marktgegenseite stehen häufig **private Letztverbraucher** als Abnehmer. Gegen Irreführung sind aber ebenso **gewerbliche Abnehmer** geschützt, wenn sie die angesprochenen Verkehrskreise sind (vgl. zB BGH GRUR 1997, 380 – Füllanzeigen; GRUR 1997, 925 – Ausgeschiedener Sozius; GRUR 2000, 340 – Kartenlesegerät; GRUR 2002, 77 – Rechenzentrum; GRUR 2002, 81 – Anwalts- und Steuerkanzlei; GRUR 2002, 633 – Hormonersatztherapie; GRUR 2022, 241 Rn. 21 – Kopplungsangebot III). Auch wenn der Verbraucherschutz heute – insbes. als Folge der ausschließlich auf den **Verbraucherschutz** abstellenden **UGP-RL** – eine wesentlich größere Rolle spielt als früher, darf das Irreführungsverbot daher nicht auf den Verbraucherschutz reduziert werden.

Die im Vertikalverhältnis geltenden lauterkeitsrechtlichen Verbote erfüllen daneben nach wie **0.10** vor die Funktion, im **Horizontalverhältnis** die **Mitbewerber** vor den wettbewerbsverzerrenden Wirkungen eines solchen Verhaltens zu schützen. Auch das Irreführungsverbot dient daher nicht nur dem Schutz der Marktgegenseite, sondern gleichermaßen dem Schutz der Mitbewerber, die durch die irreführende Werbung des Konkurrenten Nachteile im Wettbewerb erleiden können. Diese für das deutsche Recht typische Einbeziehung des Horizontalverhältnisses findet darin seinen Ausdruck, dass die betroffenen Mitbewerber – die also in einem konkreten Wettbewerbsverhältnis zu dem irreführend Werbenden stehen (§ 2 I Nr. 4) – in erster Linie dazu berufen sind, die Ansprüche geltend zu machen, die sich nach dem Gesetz im Falle einer Zuwiderhandlung ergeben (§ 8 III Nr. 1).

Auch wenn der **Schutz der Marktgegenseite** beim Irreführungsverbot **gleichberechtigt** **0.11** neben dem Schutz der Mitbewerber steht oder sogar in den Vordergrund gerückt ist (vgl. BGH GRUR 1998, 1039 (1040) – Fotovergrößerungen), war es bisher ein Grundsatz des deutschen Lauterkeitsrechts, dass nur die Mitbewerber, nicht aber die Marktgegenseite einen lauterkeitsrechtlichen Individualschutz in Form von Unterlassungs-, Beseitigungs- und Schadensersatzansprüchen durchsetzen können (vgl. → 39. Aufl. 2021, Rn. 0.11). Hieran kann aufgrund der unionsrechtlich veranlassten Einführung eines Schadensersatzanspruchs für durch unzulässige geschäftliche Handlungen geschädigte Verbraucher in § 9 Abs. 2 durch das Gesetz zur Stärkung des Verbraucherschutzes im Wettbewerbs- und Gewerberecht vom 10.8.2021 nicht vollständig festgehalten werden (→ Rn. 0.12). Soweit das Irreführungsverbot auch das **Interesse der Allgemeinheit** an einem unverfälschten Wettbewerb (§ 1 I 2) schützt (vgl. BGH GRUR 1966, 267 (270) – White Horse; GRUR 1970, 528 (531) – Migrol; GRUR 2002, 703 – VOSSIUS & PARTNER; GK/Lindacher/Peifer Vor § 5 Rn. 8 ff.; Ohly/Sosnitza/Sosnitza Rn. 12), kommt diesem Schutz der Allgemeininteresses **keine eigenständige Bedeutung** zu, weil immer dann, wenn der Tatbestand der irreführenden Werbung erfüllt ist, auch Interessen der Marktgegenseite betroffen sind. Meist ist vom Interesse der Allgemeinheit die Rede, wenn der angesprochene Verkehr – also die Marktgegenseite – gemeint ist (zB BGH GRUR 1997, 925 – Ausgeschiedener Sozius; GRUR 1998, 1039 (1040) – Fotovergrößerungen).

Bisher konnten die von der Irreführung auf der Marktgegenseite betroffenen Marktteilnehmer, **0.12** seien es private Letztverbraucher oder seien es Gewerbetreibende, aufgrund des insoweit (lediglich) kollektiven Schutzcharakters des UWG keine individuellen Ansprüche geltend machen. Durch das am 28.5.2022 in Kraft getretene Gesetz zur Stärkung des Verbraucherschutzes im Wettbewerbs- und Gewerberecht hat sich dies **teilweise geändert:** der Gesetzgeber hat in Umsetzung von Art. 3 Nr. 5 RL (EU) 2019/2161 (→ Rn. 0.7a) nunmehr in § 9 Abs. 2 nF einen **Schadensersatzanspruch** für durch unzulässige geschäftliche Handlungen geschädigte **Verbraucher** eingeführt, der auch im Falle der Irreführung in Betracht kommt (zu den Voraussetzungen des Anspruchs iE → § 9 Rn. 2.1 ff.). Der Gesetzgeber möchte hiermit Lücken des Verbraucherschutzes nach dem BGB schließen, die insbesondere bestehen, wenn es mangels Zustandekommens eines Vertrags an vertraglichen Ansprüchen fehlt (vgl. Begr. RegE, BT-Drs. 19/27873, 39). Unterlassungsansprüche können Verbraucher hingegen weiterhin nach dem UWG nicht geltend machen. Sind auf der Marktgegenseite **Gewerbetreibende** betroffen, verbleibt es bei der vollständigen Versagung individueller Ansprüche. Soweit es an individuellen

Ansprüchen der auf der Marktgegenseite Betroffenen fehlt, kann der Rechtsschutz nur kollektiv durch die **Verbände** geltend gemacht werden, denen nach § 8 III Nr. 2, 3 und 4 eigene Unterlassungs- und Beseitigungsansprüche zustehen. Die Regelung der lauterkeitsrechtlichen Ansprüche in § 8 ist abschließend (Begr. RegE UWG 2004 zu § 8, BT-Drs. 15/1487, 22). Auch mit Blick auf die Einführung des Schadensersatzanspruchs in § 9 Abs. 2 nF bleibt es im Übrigen dabei, dass das Irreführungsverbot **nicht Schutzgesetz nach § 823 II BGB** ist (vgl. BGH GRUR 1975, 150 (151) – Prüfzeichen; Köhler GRUR 2022, 435 (437)).

2. Schutzzweck im europäischen Recht

0.13 Auch im **europäischen Recht** dient das Irreführungsverbot dem **Schutz sowohl der Verbraucher als auch der Gewerbetreibenden.** Allerdings gibt es seit 2005 zwei verschiedene Richtlinien, je nachdem ob das zu schützende Subjekt auf der Marktgegenseite ein Verbraucher oder ein Gewerbetreibender ist. Während die **RL 84/450/EWG** – ohne wesentliche inhaltliche Änderungen neu gefasst als **Werbe-RL** – (→ Rn. 0.15, → Rn. 0.25, → Einl. Rn. 3.41 ff.) nur noch Gewerbetreibende vor Irreführung schützt, ist der (Irreführungs-)Schutz der Verbraucher nunmehr ausschließlich in der **UGP-RL** geregelt (Art. 6, 7 UGP-RL). Diese Verteilung der Schutzzwecke wird häufig mit den aus dem Englischen stammenden Abkürzungen „**B2B**" und „**B2C**" („business to business" und „business to consumer") umschrieben. Der Schutz der Allgemeinheit, der in der RL 84/450/EWG in Art. 1 RL 84/450/EWG ausdrücklich als Schutzzweck genannt war, ist im Zuge der Aufteilung des Irreführungsverbots auf zwei Richtlinien als Schutzzweck weggefallen. Auch den für das deutsche Recht typischen Schutz der Mitbewerber benennen die europäischen Richtlinien nicht.

0.13a Als Bestandteil eines „New Deal for Consumers" hat die Kommission die Möglichkeit in den Blick genommen, durch die Einführung **individueller Rechtsbehelfe für Verbraucher** die Beseitigung der Folgen unlauterer Geschäftspraktiken zu verbessern (RL-Vorschlag vom 11.4.2018 (COM (2018) 185 final). Art. 11a I 1 RL (EU) 2019/2161 der daraufhin erlassenen, seit dem 7.1.2020 geltenden, mit einer Umsetzungsfrist bis zum 28.11.2021 (für den Erlass entsprechender Vorschriften) und 28.5.2022 (für die Anwendung dieser Vorschriften) versehenen **RL (EU) 2019/2161** zur Änderung der RL 93/13/EWG des Rates und der Richtlinien 98/6/EG, 2005/29/EG und 2011/83/EU des Europäischen Parlaments und des Rates zur besseren Durchsetzung und Modernisierung der Verbraucherschutzvorschriften der Union (ABl. EU 2019 L 328, 7) sieht vor, dass „**Verbraucher,** die durch unlautere Geschäftspraktiken geschädigt wurden, (...) **Zugang zu angemessenen und wirksamen Rechtsbehelfen** (haben), einschließlich Ersatz des dem Verbraucher entstandenen Schadens sowie gegebenenfalls Preisminderung oder Beendigung des Vertrags" (zur Umsetzung in das deutsche Recht → Rn. 0.12). Damit treten Rechtsbehelfe des Verbrauchers – erstmals seit der Abschaffung des in § 13a I aF vorgesehenen vertraglichen Rücktrittsrechts des irregeführten Abnehmers durch das UWG 2004 – unionsrechtlich wieder auf den Plan (krit. dazu Dröge WRP 2019, 160 (162)).

3. Keine Bedenken gegen weitergehende Schutzzwecke im deutschen Recht

0.14 Durch die begrenzten Schutzzwecke des europäischen Lauterkeitsrechts ist das **deutsche Recht nicht gehindert, am herkömmlichen Mitbewerberschutz festzuhalten.** Da jede unlautere Geschäftspraxis im Vertikalverhältnis – sei es gegenüber einem Letztverbraucher oder gegenüber einem gewerblichen Abnehmer (oder Nachfrager) – stets auch den Mitbewerber des unlauter Handelnden tangiert, stellt sich der Schutz der Mitbewerber quasi als ein **Reflex** der Bestimmungen dar, die dem Schutz der Marktgegenseite dienen. Der Schutz der Mitbewerber geht also insofern nicht über das Richtlinienrecht hinaus. Weiter als das Richtlinienrecht geht das deutsche Lauterkeitsrecht aber insoweit, als es den Mitbewerber in Gestalt der Tatbestände des § 4 Nr. 1–4 auch vor unlauterem Handeln seiner Konkurrenten schützt, das sich unmittelbar gegen ihn richtet. Trotz der mit der UGP-RL verfolgten Vollharmonisierung ist dieser weitergehende Schutz den Mitgliedstaaten unbenommen (→ § 4 Rn. 1.2, 2.2, 3.16a, 4.3a).

C. Das Irreführungsverbot in der Rechtsordnung

I. Irreführungsverbot und Unionsrecht

1. Werbe-RL (früher RL 84/450/EWG und RL 97/55/EG)

a) Gesetzgebungsgeschichte. Mit der **RL 84/450/EWG** v. 10.9.1984 über irreführende **0.15** Werbung (ABl. EG 1984 L 250, 17) wurde eine **Teilharmonisierung** der Rechts- und Verwaltungsvorschriften der Mitgliedstaaten über irreführende Werbung eingeleitet. Sie bezweckte nach Art. 1 RL 84/450/EWG den **Schutz der Verbraucher, der Personen, die einen Handel, ein Gewerbe, ein Handwerk oder einen freien Beruf** ausüben, sowie der **Interessen der Allgemeinheit** gegen irreführende Werbung und deren Auswirkungen. 1997 trat die **RL 97/55/EG über vergleichende Werbung** hinzu, die in die bestehende RL 84/450/EWG integriert wurde (RL 97/55/EG zur Änderung der RL 84/450/EWG über irreführende Werbung zwecks Einbeziehung der vergleichenden Werbung v. 6.10.1997, ABl. EG L 290, 18). Nachdem nunmehr die UGP-RL die Irreführung gegenüber Verbrauchern regelt, wurde die Regelung der RL 84/450/EWG, soweit sie die Irreführung und nicht die vergleichende Werbung betrifft, auf den **Schutz der Gewerbetreibenden beschränkt.** Sie gilt also nur noch für das Verhältnis B2B, nicht mehr für B2C (→ Rn. 0.13). Seit dem 12.12.2007 gilt eine konsolidierte Fassung der Richtlinie, die **Werbe-RL** v. 12.12.2006. Die Richtlinie gilt, wie sich aus Art. 288 III AEUV ergibt, nicht nur für den **grenzüberschreitenden,** sondern auch für den **innerstaatlichen Handel.**

b) Gegenstand der Werbe-RL (früher RL 84/450/EWG). Für das deutsche Recht von **0.16** Bedeutung sind vor allem **fünf in der Werbe-RL geregelte Punkte: (1)** Die Zweckbestimmung des Art. 1 Werbe-RL macht deutlich, dass es beim Irreführungsverbot nicht allein um **Verbraucherschutz** (der nunmehr nur noch in der UGP-RL geregelt ist), sondern auch um den **Schutz der gewerblichen Marktteilnehmer** – seien es Mitbewerber oder gewerbliche Abnehmer oder Anbieter – geht (→ Rn. 0.9). Aus dem Zusammenhang wird klar, dass damit nicht nur gewerbliche Abnehmer oder Anbieter auf der Marktgegenseite, sondern gerade auch die Mitbewerber gemeint sind; denn zur Definition der irreführenden Werbung gehört, dass sie „einen Mitbewerber schädigt oder zu schädigen geeignet ist" (Art. 2 lit. b Werbe-RL). Inzwischen dient die Richtlinie sogar nur noch dem Schutz der Gewerbetreibenden; für den Verbraucherschutz ist nunmehr ausschließlich die UGP-RL bestimmt (→ Rn. 0.26 f.). **(2)** Die Richtlinie definiert in Art. 2 lit. a UGP-RL den **Begriff der Werbung** (näher → Rn. 1.3, → § 6 Rn. 59 ff.), der allerdings mit der UGP-RL und ihrer Umsetzung seine Bedeutung verloren hat. Denn für den Verbraucherschutz gilt der weitere Begriff der unlauteren Geschäftspraktiken, der auch ein Verhalten nach Vertragsabschluss erfasst und den das deutsche Recht nunmehr einheitlich seiner Regelung zugrunde legt (→ Rn. 0.28). **(3)** Die Richtlinie enthält außerdem in Art. 2 lit. b UGP-RL eine **eigenständige Definition der irreführenden Werbung:** Danach handelt es sich um eine „Werbung, die in irgendeiner Weise … die Personen, an die sie sich richtet, täuscht oder zu täuschen geeignet ist und die infolge der ihr innewohnenden Täuschung ihr wirtschaftliches Verhalten beeinflussen kann oder aus diesen Gründen einen Mitbewerber schädigt oder zu schädigen geeignet ist". Unglücklicherweise enthält die UGP-RL ohne Not eigenständige Definitionen (→ Rn. 0.26). **(4)** Art. 7 lit. a UGP-RL enthält eine **Beweislastregel** zu Lasten des Werbenden. Er muss – unter der Bedingung, dass dies nach einer Interessenabwägung angemessen erscheint – „Beweise für die Richtigkeit von in der Werbung enthaltenen Tatsachenbehauptungen" erbringen. Die Richtlinie enthält in Art. 12 lit. a UGP-RL eine entsprechende Bestimmung. **(5)** Die Richtlinie schreibt den Mitgliedstaaten nach Art. 8 I UAbs. 1 UGP-RL nur einen **Mindeststandard** vor; ein weitergehender Schutz bleibt ihnen unbenommen. Dies gilt allerdings nicht für den (später aufgenommenen) Teil der Richtlinie, der die **vergleichende Werbung** regelt. Die entspr. Bestimmungen setzen zugleich einen **Mindest- wie einen Höchststandard** des Schutzes (Art. 8 I UAbs. 2 UGP-RL). Auch soweit dieser Teil der Richtlinie bestimmt, dass eine vergleichende Werbung nicht irreführend sein darf (Art. 4 lit. a UGP-RL), ist den Mitgliedstaaten ein strengerer Schutz – etwa durch Zugrundelegung eines strengeren nationalen Irreführungsmaßstabs – verwehrt (EuGH Slg. 2003, I-3095 Rn. 44 = GRUR 2003, 533 – Pippig Augenoptik/Hartlauer; vgl. auch → Rn. 1.50, → § 6 Rn. 10). Anders als die RL 84/450/EWG setzt die UGP-RL durchweg einen Mindest- wie einen Höchststandard.

0.17   Die **Definition der irreführenden Werbung** in Art. 2 lit. b der Richtlinie stellt als schutzbedürftig auf die durch die Werbung angesprochenen Personen und nicht auf einen bes. schutzwürdigen Teil der angesprochenen Verkehrskreise ab. Die Richtlinie lässt damit bereits erkennen, dass ihr ein **anderes Konzept** zugrunde liegt als dem früheren deutschen Lauterkeitsrecht,
das traditionellerweise bereits die Irreführung eines kleinen, aber nicht völlig unerheblichen Teils
des Verkehrs ausreichen ließ (vgl. GK/Lindacher/Peifer Rn. 262). Darüber hinaus ist bemerkenswert, dass die Definition der irreführenden Werbung auch die **Relevanz** umfasst, wobei –
wenig glücklich – die Relevanz und der negative Effekt für die Mitbewerber („die infolge der ihr
innewohnenden Täuschung ihr wirtschaftliches Verhalten beeinflussen kann oder aus diesen
Gründen einen Mitbewerber schädigt oder zu schädigen geeignet ist") in einem **Alternativverhältnis** stehen sollen (dazu Schricker FS Zweigert, 1981, 537 (560); Gloy/Loschelder/
Danckwerts WettbR-HdB/Schulte-Beckhausen § 9 Rn. 10 f.).

0.18   **c) Zunächst keine Umsetzung.** Eine Umsetzung der RL 84/450/EWG erfolgte zunächst
nicht. Sie unterblieb, weil das deutsche Wettbewerbsrecht den **Mindeststandard der Richtlinie
allemal erfüllte.** Eine zunächst verbreitet vertretene Auffassung, der unionsrechtliche Begriff
der irreführenden Werbung müsse auch von den deutschen Gerichten beachtet werden, weil sich
Art. 7 I RL 84/450/EWG (heute Art. 8 I UAbs. 1 Werbe-RL) **nur auf die Sanktionen** und
nicht auf die tatbestandlichen Voraussetzungen beziehe (Everling ZAW 1990, 43 (52 f.)
und ZLR 1994, 221 (237 f.); Steindorff WRP 1993, 139 (149 f.); Fezer WRP 1995, 671 (676);
aA Schricker GRUR-Int. 1990, 771 (772) Fn. 13; GK/Lindacher, 1. Aufl. 1992, § 3 Rn. 15 f.;
Tilmann FS Piper, 1996, 481 (482 f.); dazu auch Köhler GRUR-Int. 1994, 396 (397); Lettl
WettbR S. 115 ff.), hat sich nicht durchgesetzt. Auch der **EuGH** kann für diese Ansicht nicht in
Anspruch genommen werden. Er hat vielmehr wiederholt klargestellt, dass sich die RL 84/450/
EWG auf eine **Teilharmonisierung der nationalen Rechtsvorschriften** über irreführende
Werbung beschränkt, indem sie **objektive Mindestkriterien** festsetzt, anhand deren sich fest-
stellen lässt, ob eine Werbung irreführend ist, und indem sie Mindestanforderungen in Bezug auf
die Einzelheiten des Schutzes gegen eine solche Werbung stellt (EuGH Slg. 1990, I-4827 Rn. 22
= GRUR-Int. 1991, 215 – Pall/Dahlhausen; Slg. 1994, I-317 Rn. 10 = GRUR 1994, 303 –
VSW/Clinique; Slg. 2003, I-3095 Rn. 40 = GRUR 2003, 533 – Pippig Augenoptik/Hartlau-
er).

0.19   Der Irreführungstatbestand wurde durch das **UWG 2004** neu formuliert und dabei der RL
84/450/EWG angeglichen. Damit hat der Gesetzgeber – wie von der Rspr. und im Entwurf
von Köhler/Bornkamm/Henning-Bodewig (WRP 2002, 1317 ff.: § 2 Nr. 6, § 4 Nr. 6, § 7)
bereits vorgezeichnet – zum Ausdruck gebracht, dass der in der Richtlinie festgelegte Standard
auch dem nationalen Recht zugrunde zu legen ist. Für die Rechtslage seit 2004 gilt daher, dass
eine Werbung, die von der Richtlinie nicht als irreführend beurteilt wird, auch vom Irreführungsverbot des deutschen Rechts nicht mehr erfasst sein soll. Nachdem die deutsche Rspr.
schon in der Vergangenheit das **Verbraucherleitbild des europäischen Rechts** übernommen
hat (→ Rn. 0.60 ff.), ließ sich dies vor allem daraus ableiten, dass das UWG 2004 auf den Begriff
der Werbung in der RL 84/450/EWG zurückgriff.

0.20   In einem Punkt ist zweifelhaft, ob das deutsche Recht die Mindestanforderungen der Richtlinie erfüllt: Für die **Unrichtigkeit der beanstandeten Angaben** trägt im deutschen Recht
regelmäßig nicht der Werbende, sondern der Anspruchsteller die **Darlegungs- und Beweislast.**
Immerhin enthält § 5 V für die Werbung mit Preisherabsetzungen eine Beweislastumkehr
(→ Rn. 3.111 ff.). Darüber hinaus ist der Grundsatz, dass der Anspruchsteller die Unrichtigkeit
der Angabe dartun und beweisen muss, in vielen Punkten eingeschränkt (→ Rn. 1.245 ff.). Da
die Richtlinie das Gebot der Beweislastumkehr unter den **Vorbehalt der Angemessenheit**
stellt, lässt sich argumentieren, dass eine weiter gehende Beweislastumkehr, als sie im Gesetz
vorgesehen ist und von den deutschen Gerichten praktiziert wird, nicht angemessen wäre (Gloy/
Loschelder/Danckwerts WettbR-HdB/Schulte-Beckhausen § 9 Rn. 17). Weitere Ausnahmen
von der Regel könnten die Gerichte im Übrigen unter **unmittelbarer Berufung auf die
Richtlinie** (richtlinienkonforme Auslegung der nationalen Vorschriften) entwickeln. Beispielsweise hat der OGH für den Fall einer **Alleinstellungsbehauptung** entschieden, dass den
Beklagten immer dann die Beweislast für die Richtigkeit der in einer Werbung enthaltenen
Tatsachenbehauptung trifft, wenn der Kläger mangels genauer Kenntnis der Tatumstände unver-
hältnismäßige Beweisschwierigkeiten hat, dem Beklagten als dem Werbenden dagegen diese
Kenntnisse zur Verfügung stehen und es ihm daher ohne weiteres möglich und nach Treu und

Glauben auch zumutbar ist, die erforderlichen Aufklärungen zu geben (OGH GRUR-Int. 1996, 750 (751) – Persil Megaperls).

d) EuGH-Rspr. zur RL 84/450/EWG. Der EuGH hatte bislang kaum Gelegenheit, zur **0.21** RL 84/450/EWG Stellung zu nehmen. Die einzige Entscheidung, die zur Richtlinie ergangen ist, ist das **„Nissan"-Urteil** (EuGH Slg. 1992, I-131 = WRP 1993, 233) aus dem Jahre 1992, das jedenfalls in Deutschland für erhebliche Verwirrung gesorgt und teilweise den Eindruck hinterlassen hat, die Kluft zwischen dem europäischen und dem deutschen Recht sei kaum zu überwinden. Es ging um die **Werbung für ein parallelimportiertes Auto,** in der ein Hinweis darauf fehlte, dass das Fahrzeug bereits einmal im Ausland zugelassen war und in seiner Ausstattung nicht den im Inland üblichen Maßstäben entsprach. Ein französischer Untersuchungsrichter – in Frankreich ist die RL 84/450/EWG durch eine Strafvorschrift umgesetzt – legte dem EuGH die Frage vor, „ob solche Verkaufspraktiken mit den gegenwärtigen europäischen Normen in Einklang stehen". Der **EuGH** entschied, dass eine derartige Werbung **nach der Richtlinie nicht verboten** sei. Da es in dem zugrunde liegenden Fall um den Schutz der Verbraucher ging, der heute nicht mehr in der Werbe-RL, sondern in der UGP-RL geregelt ist, sind die dort gemachten Aussagen des EuGH über irreführende Werbung an sich überholt. Dennoch ist es nicht ausgeschlossen, dass auf sie auch bei Anwendung der UGP-RL zurückgegriffen wird.

Die „Nissan"-Entscheidung ist **in zwei Punkten bemerkenswert:** Sie vermittelt zum einen **0.22** den Eindruck, als ob es für die Frage der Irreführung nicht auf die Verkehrsauffassung, sondern allein auf einen **objektiven Wortsinn** ankomme (EuGH Slg. 1992, I-131 Rn. 14 = WRP 1993, 233 – Nissan: „Seine Eigenschaft als Neuwagen verliert ein Fahrzeug nämlich nicht durch die Zulassung, sondern durch den Gebrauch"). Zum anderen scheint sie zum Ausdruck zu bringen, dass eine irreführende Werbung nur vorliegt, wenn eine erhebliche Zahl von Verbrauchern tatsächlich getäuscht worden ist. Damit wird der Eindruck erweckt, als reiche weder die **Eignung zur Irreführung** noch ein **bloßes Anlocken des Verbrauchers** aus, um einen wettbewerbswidrige Irreführung zu bejahen (EuGH Slg. 1992, I-131 Rn. 16 = WRP 1993, 233 – Nissan: „Was zweitens die Werbung mit dem niedrigeren Preis der Fahrzeuge angeht, so könnte diese Werbung nur dann als irreführend eingestuft werden, wenn nachgewiesen wäre, dass eine erhebliche Zahl von Verbrauchern … ihre Kaufentscheidung getroffen hat, ohne zu wissen, dass der niedrigere Preis der Fahrzeuge damit verbunden ist, dass die vom Parallelimporteur verkauften Fahrzeuge mit weniger Zubehör ausgestattet sind."). In beiden Punkten scheint das Urteil **mit dem Wortlaut der Richtlinie** nicht in Einklang zu stehen (vgl. die Definition der irreführenden Werbung in Art. 2 lit. b RL 84/450/EWG: „Werbung, die … die Personen, an die sie sich richtet, täuscht oder zu täuschen geeignet ist und die infolge der ihr innewohnenden Täuschung ihr wirtschaftliches Verhalten beeinflussen kann …") und **gesicherte Positionen der europäischen Regelung** über irreführende Werbung aufzugeben (krit. Piper WRP 1992, 685 (690 f.); Kisseler WRP 1994, 1 (3 f.); Deutsch GRUR 1996, 541 (544 f.)).

Mit den zitierten Äußerungen hat der EuGH jedoch nicht das Recht der irreführenden **0.23** Werbung neu geschrieben. Das „Nissan"-Urteil ist **vor dem Hintergrund des Art. 34 AEUV** zu verstehen: Wegen der bes. Bedeutung, die den Parallelimporten bei der Schaffung des Binnenmarkts zukommt, hat der EuGH an die Irreführung höhere Anforderungen gestellt und die Richtlinie mit Blick auf die höherrangigen Ziele der Schaffung des Binnenmarktes für den Streitfall einschränkend ausgelegt. Für andere Fälle der Irreführung können diese Aussagen kein Maßstab sein, insbes. enthalten sie keine **Grundsätze für die Auslegung der RL 84/450/ EWG,** die allgemeine Geltung beanspruchen würden. In dieser Weise hat der BGH die „Nissan"-Entscheidung interpretiert (BGH GRUR 1999, 1122 (1124) – EG-Neuwagen I; GRUR 1999, 1125 (1126) – EG-Neuwagen II; vgl. auch Tilmann FS Piper, 1996, 481 (487); Bornkamm FG 50 Jahre BGH, 2000, 343 (352)).

Die eher **geringe Bedeutung der RL 84/450/EWG** für die Harmonisierung des Lauter- **0.24** keitsrechts in Europa wird deutlich, wenn man sich vor Augen führt, dass es in fast 25 Jahren nur kaum mehr als dieses eine Vorabentscheidungsersuchen gegeben hat, das die Irreführungsbestimmungen in dieser Richtlinie betrifft. Es kommt noch hinzu, dass dieses Ersuchen unter Rückgriff auf die Warenverkehrsfreiheit beantwortet wurde. Dagegen gab es eine ganze Reihe von Vorabentscheidungsersuchen, in denen es um die Auslegung der Bestimmungen über die vergleichende Werbung ging, die 1997 in die RL 84/450/EWG aufgenommen worden sind (→ Rn. 0.15). In den zur vergleichenden Werbung ergangenen Entscheidungen befasst sich der EuGH auch mit der Frage der Irreführung, die im Rahmen der Beurteilung des fraglichen

Werbevergleichs eine Rolle spielt (vgl. EuGH Slg. 2006, I-8501 = GRUR 2007, 69 Rn. 75 ff. – Lidl Belgium; GRUR 2017, 280 Rn. 29 ff. – ITM/Carrefour) zur vergleichenden Werbung. Auch die bekannte **Rspr. des EuGH zum Verbraucherleitbild** (EuGH Slg. 1998, I-4657 Rn. 31 = GRUR-Int. 1998, 795 – Gut Springenheide; Slg. 1999, I-513 Rn. 36f = GRUR-Int. 1999, 345 – Sektkellerei Kessler; Slg. 2000, I-117 Rn. 30 = GRUR-Int. 2000, 354 – Lifting Creme) ist nicht in Auslegung der RL 84/450/EWG ergangen. Zwar mag auch die „Nissan"- Entscheidung ein bestimmtes Verbraucherbild zugrunde liegen. Die wichtigen Entscheidungen sind aber durch die Rspr. zur Warenverkehrsfreiheit vorbereitet worden und dann zu den bes. Irreführungsverboten und zur Markenrechtsrichtlinie ergangen (→ Rn. 0.60 ff.).

0.25   Während die RL 84/450/EWG bis zum Jahre 2005 – abgesehen von der Festlegung der Bedingungen für zulässige vergleichende Werbung – den „Schutz der Verbraucher, der Personen, die einen Handel oder ein Gewerbe betreiben oder ein Handwerk oder einen freien Beruf ausüben, sowie die Interessen der Allgemeinheit gegen irreführende Werbung" bezweckte, ist ihr Zweck seitdem **auf den „Schutz von Gewerbetreibenden vor irreführender Werbung** und deren unlautere Auswirkungen" **beschränkt.** Darin drückt sich eine Abkehr des europäischen Gesetzgebers von dem – für das deutsche Recht typischen – **Konzept eines einheitlichen Lauterkeitsrechts** aus, das gleichermaßen dem Schutz der Verbraucher wie dem Schutz der Gewerbetreibenden dient, wobei der Gewerbetreibende sowohl auf der Marktgegenseite (im Vertikalverhältnis zum Werbenden stehend) also auch als Mitbewerber (im Horizontalverhältnis zum Werbenden stehend) geschützt wird. Im Nachhinein lässt sich sagen: Schon der Wechsel der Zuständigkeit innerhalb der Kommission – von der Generaldirektion Binnenmarkt zur Generaldirektion Gesundheit und Verbraucherschutz – war Programm. Seitdem wird das Lauterkeitsrecht in Brüssel in erster Linie als reines Verbraucherschutzrecht begriffen.

2. UGP-RL

0.26   **a) Allgemeines.** Die UGP-RL (→ Rn. 0.6) enthält **zwei eigenständige Bestimmungen über irreführende Werbung:** zum einen Art. 6 UGP-RL über **irreführende Handlungen** und zum anderen Art. 7 UGP-RL über **irreführende Unterlassungen.** Die UGP-RL definiert damit den Tatbestand der Irreführung eigenständig, dh ohne Bezugnahme auf die Definition der irreführenden Werbung in Art. 2 lit. b UGP-RL und auf den Beispielskatalog in Art. 3 Werbe-RL, die in ihrem Anwendungsbereich inzwischen auf die irreführende Werbung gegenüber Gewerbetreibenden beschränkt ist (→ Rn. 0.25). Damit gelten im europäisch harmonisierten Recht **zwei verschiedene Regelungen,** je nachdem ob es sich um eine Wettbewerbshandlung **gegenüber einem Gewerbetreibenden** oder **gegenüber einem Verbraucher** handelt. Eine sachliche Rechtfertigung für diese unterschiedliche Behandlung ist nicht ersichtlich. Man hätte daher entweder die Definitionen und den Beispielskatalog aus der Werbe-RL übernehmen oder aber – wenn diese Regelung als nicht hinreichend erschienen wäre – das alte Recht, also die Werbe-RL, dem neuen Recht anpassen sollen. Geht bspw. der Begriff der **irreführenden Geschäftspraxis** über den der **irreführenden Werbung** hinaus (→ Rn. 0.28), ist kein Grund ersichtlich, weshalb nicht auch den Gewerbetreibenden ein entspr. Schutz vor einer irreführenden Geschäftspraxis zugutekommen soll.

0.27   Anders als die Werbe-RL (früher RL 84/450/EWG), die in ihrem Teil über die irreführende Werbung nur einen **Mindeststandard** setzt (→ Rn. 0.16), enthält die UGP-RL eine Regelung, von der die Mitgliedstaaten weder in die eine noch in die andere Richtung abweichen dürfen **(Mindest- und Maximalstandard).** Die Mitgliedstaaten dürfen also für die Irreführung gegenüber Verbrauchern **keine strengere Regelung** vorsehen als die in der UGP-RL. Da kein vernünftiger Grund für die unterschiedliche Behandlung irreführender Geschäftspraktiken gegenüber Verbrauchern auf der einen und gegenüber Gewerbetreibenden auf der anderen Seite besteht, richtet sich das deutsche Recht dort, wo Abweichungen bestehen, nicht mehr an der Werbe-RL, sondern generell an der UGP-RL aus.

0.28   **b) Irreführende Geschäftspraxis.** Während die Werbe-RL den Irreführungstatbestand auf die **irreführende Werbung** beschränkt, geht die UGP-RL weiter, indem sie alle **irreführenden Geschäftspraktiken,** dh solche „vor, während und nach Abschluss eines auf ein Produkt bezogenen Handelsgeschäfts", umfasst (Art. 3 I UGP-RL). Dies war durchaus von Bedeutung, weil dem Merkmal der Werbung eine tatbestandsbegrenzende Funktion zukam (→ Rn. 1.3). So erfasst bspw. der Begriff der irreführenden Geschäftspraxis auch eine irreführende Angabe, die erst **nach Vertragsschluss** geäußert wird, etwa wenn ein Käufer über die ihm zustehenden vertraglichen Gewährleistungsrechte getäuscht wird. Dass auch unlautere Geschäftspraktiken nach Vertragsschluss erfasst werden, kommt im Gesetz nunmehr dadurch zum Ausdruck, dass der vom UWG 2004 verwendete Begriff der Wettbewerbshandlung durch den Begriff der geschäftlichen Handlung ersetzt worden ist. Dieser Begriff umfasst laut der Legaldefinition in § 2 I Nr. 2 „jedes Verhalten … vor, bei oder nach einem Geschäftsabschluss …". Entsprechend lautet die (amtliche) Überschrift zu § 5 nicht mehr „Irreführende Werbung", sondern „Irreführende geschäftliche Handlungen". In der Rechtsprechung des EuGH und – diesem folgend – des BGH wird der **Begriff der „geschäftlichen Entscheidung"** iSd Art. 2 lit. k UGP-RL, zu deren Vornahme der Verbraucher durch die irreführende Geschäftspraktik iSd Art. 6 I UGP-RL voraussichtlich veranlasst wird, **weit definiert:** erfasst ist nicht nur die Entscheidung über den Erwerb oder Nichterwerb eines Produkts, sondern auch damit unmittelbar zusammenhängende, aber **vorgelagerte Entscheidungen** wie insbesondere das **Betreten des Geschäfts** (EuGH GRUR 2014, 196 Rn. 36 – Trento Sviluppo) oder das **Aufsuchen eines Verkaufsportals im Internet** (BGH GRUR 2017, 1269 Rn. 19 – MeinPaket.de II; GRUR 2019, 746 Rn. 29 – Energieeffizienzklasse III), ferner auch Entscheidungen **nach Vertragsschluss** wie etwa die Hinnahme einer Preiserhöhung (vgl. BGH GRUR 2020, 886 Rn. 32 f. – Preisänderungsregelung).

Art. 6 I UGP-RL enthält – anders als Art. 7 I und III UGP-RL (→ § 5a Rn. 6.1 ff.) – keine **0.28a** Bezugnahme auf die **räumlichen oder zeitlichen Beschränkungen** des für die Geschäftspraxis verwendeten Kommunikationsmittels. Diese Umstände – etwa die zeitlichen Zwänge beim Einsatz eines Fernsehspots – sind daher bei der Beurteilung der Irreführung nach Art. 6 I UGP-RL **nicht zu berücksichtigen** (EuGH GRUR 2016, 1307 Rn. 42 – Canal Digital). – Für die Annahme einer irreführenden Geschäftspraktik iSd Art. 6 I UGP-RL ist **nicht erforderlich,** dass das Verhalten des Unternehmers gegen die **berufliche Sorgfalt** gem. Art. 5 II lit. a UGP-RL verstößt. Liegen die Voraussetzungen des Art. 6 I UGP-RL vor, gilt die Geschäftspraktik als unlauter iSd Art. 5 UGP-RL (EuGH GRUR 2013, 1157 Rn. 42 – CHS Tour Services; GRUR 2015, 600 Rn. 63 – UPC; BGHZ 209, 302 Rn. 35 = GRUR 2016, 741 – Himalaya Salz; GRUR 2019, 1202 Rn. 26 – Identitätsdiebstahl I; GRUR 2022, 170 Rn. 22 – Identitätsdiebstahl II; insoweit überholt daher BGH GRUR 2010, 248 Rn. 31 – Kamerakauf im Internet).

c) Bezugspunkte der Irreführung. aa) Allgemeines. Der Gesetzgeber des UWG 2004 **0.29** hatte sich bei der Formulierung der Bezugspunkte der Irreführung ganz an der **Werbe-RL** orientiert, die damit insofern noch eine verspätete, fast wortlautgleiche Umsetzung erfahren hat. Die UGP-RL enthält nunmehr eine **neue Aufzählung der Bezugspunkte** der Irreführung, die sich in einigen Punkten von den Bezugspunkten der Werbe-RL unterscheiden. Das deutsche Gesetz hat die neuen Bezugspunkte weitgehend übernommen.

bb) Abschließende Aufzählung oder Beispielskatalog. Während das UWG 2004 die **0.30** Bezugspunkte der Irreführung im Anschluss an die Werbe-RL als Beispielskatalog formuliert hatte („alle … Bestandteile zu berücksichtigen, insbes."), könnte man meinen, die UGP-RL formuliere einen **abschließenden Katalog** („Eine Geschäftspraxis gilt als irreführend, … wenn sie in irgendeiner Weise … den Durchschnittsverbraucher in Bezug auf einen oder mehrere der nachstehend aufgeführten Punkte täuscht oder ihn zu täuschen geeignet ist"). **Dem ist aber nicht so.** Hiervon ist – entgegen der vom BMJ zunächst geäußerten Ansicht – auch der Gesetzgeber ausgegangen. Schon die Begründung des RegE zur UWG-Novelle 2008 erwähnt diesen Punkt zu Recht nicht mehr (BT-Drs. 16/10145, 16). Denn Art. 6 I UGP-RL umfasst zwei Varianten, von denen die erste einen völlig offenen Tatbestand enthält („Eine Geschäftspraxis gilt als irreführend, wenn sie falsche Angaben enthält und somit unwahr ist oder …") und lediglich die zweite wie ein abschließender Katalog formuliert ist (vgl. BGH GRUR 2022, 925 Rn. 16 – Webshop Awards). Daraus, dass die erste Variante den Fall der objektiv unrichtigen Angabe beschreibt, während die zweite Variante allein auf die (Eignung zur) Täuschung des Durchschnittsverbrauchers abstellt, lässt sich nichts für einen abschließenden Katalog herleiten (aA Harte-Bavendamm/Henning-Bodewig/Dreyer § 5 Rn. 393; offengelassen in BGH GRUR 2019, 1202 Rn. 20 – Identitätsdiebstahl und BGH GRUR 2022, 925 Rn. 16 – Webshop Awards).

Ohnehin ist der sachliche Unterschied zwischen Beispielskatalog und abschließender Aufzäh- **0.31** lung gering: Zum einen sind die **neuen Bezugspunkte ausführlicher** als die der alten Richtlinie und zudem deutlich davon geprägt, möglichst alle relevanten Umstände zu erfassen („in irgendeiner Weise"). Zum anderen sind die beiden wichtigsten Bezugspunkte in der UGP-RL, mit denen die **produktbezogene** (Art. 6 I lit. b UGP-RL; § 5 II Nr. 1) **und die unternehmensbezogene Irreführung** (Art. 6 I lit. f UGP-RL; § 5 II Nr. 3) erfasst wird, ihrerseits **als**

offene Tatbestände formuliert, denen neu jeweils eine Reihe von Beispielen zugeordnet ist („die wesentliche Merkmale des Produkts wie …" und „die Person, die Eigenschaften oder die Rechte des Gewerbetreibenden … wie …"). Eine Ausschlusswirkung könnte daher von dem Katalog ohnehin nicht ausgehen.

0.32 **cc) Neue Bezugspunkte.** Bei der Formulierung der Bezugspunkte hat der Richtliniengeber eine (unerfreulich) **kasuistische Gesetzgebungstechnik** gewählt. Statt eine abstrakte Regel aufzustellen, die auf eine Vielzahl von Einzelfällen gepasst hätte, hat er sich bemüht, alle denkbaren Umstände einer relevanten Irreführung anzuführen. Der deutsche Gesetzgeber ist dem weitgehend gefolgt (→ Rn. 0.113 ff.). Neu sind in der UGP-RL insbes. die Bezugspunkte des

– Art. 6 I lit. c UGP-RL (Umfang der Verpflichtungen des Gewerbetreibenden, Beweggründe für die Geschäftspraxis und Art des Vertriebsverfahrens, Aussagen oder Symbole jeder Art, die im Zusammenhang mit direktem oder indirektem Sponsoring stehen oder sich auf eine Zulassung des Gewerbetreibenden oder des Produkts beziehen). Das UWG 2008 hat diese Punkte übernommen, sie aber etwas anders auf den Katalog des § 5 II verteilt (Nr. 2, 3 und 4).
– Art. 6 I lit. e UGP-RL (Notwendigkeit einer Leistung, eines Ersatzteils, eines Austauschs oder einer Reparatur). Diese Punkte sind in den Katalog des § 5 II Nr. 5 übernommen.
– Art. 6 I lit. g UGP-RL (Rechte des Verbrauchers einschließlich des Rechts auf Ersatzlieferung oder Erstattung gemäß der RL 1999/44/EG und der Garantien für Verbrauchsgüter oder die Risiken, denen er sich möglicherweise aussetzt). Die entsprechende Bestimmung in § 5 II ist die Nr. 7.
– Art. 6 II lit. a UGP-RL (jegliche Art der Vermarktung eines Produkts, einschließlich vergleichender Werbung, die eine Verwechslungsgefahr mit einem anderen Produkt, Warenzeichen, Warennamen oder anderen Kennzeichen eines Mitbewerbers begründet). Eine entsprechende Bestimmung enthält § 5 III Nr. 1.
– Art. 6 II lit. b UGP-RL (Nichteinhaltung von Verpflichtungen, die der Gewerbetreibende im Rahmen von Verhaltenskodizes, auf die er sich verpflichtet hat, eingegangen ist, sofern i) es sich nicht um eine Absichtserklärung, sondern um eine eindeutige Verpflichtung handelt, deren Einhaltung nachprüfbar ist, und ii) der Gewerbetreibende im Rahmen einer Geschäftspraxis darauf hinweist, dass er durch den Kodex gebunden ist). Einen entsprechenden, allerdings kürzer gefassten Bezugspunkt enthält § 5 II Nr. 6).
– Art. 6 II lit. c UGP-RL, eingefügt durch Art. 3 Nr. 3 RL (EU) 2019/2161 (jegliche Art der Vermarktung einer Ware in einem Mitgliedstaat als identisch mit einer in anderen Mitgliedstaaten vermarkteten Ware, obgleich sich diese Waren in ihrer Zusammensetzung oder ihren Merkmalen wesentlich voneinander unterscheiden, sofern dies nicht durch legitime und objektive Faktoren gerechtfertigt ist). Eine entsprechende Bestimmung enthält § 5 III Nr. 2.

0.33 **d) Irreführung durch Unterlassung.** Im deutschen Lauterkeitsrecht wird seit jeher auch die Irreführung durch Unterlassung erfasst (→ Rn. 1.47 f.). Anders als die Werbe-RL (früher RL 84/459/EWG) über irreführende und vergleichende Werbung enthält die UGP-RL insofern eine **ausdrückliche Regelung.** Für das deutsche Recht ergibt sich daraus an sich noch nichts Neues, weil die allgemeinen Regelungen über die Irreführung durch Unterlassen ohnehin der deutschen Praxis entsprechen. Von Bedeutung ist aber auch für das deutsche Recht, dass die UGP-RL in Art. 7 IV UGP-RL einen **Katalog von Informationen** aufstellt, die stets als wesentlich anzusehen sind. Werden diese Informationen nicht erteilt, handelt es sich um eine irreführende Geschäftspraxis. Denn nach Art. 7 I UGP-RL „gilt" eine Geschäftspraxis immer als irreführend, wenn dem Verbraucher wesentliche Informationen vorenthalten werden (→ § 5a Rn. 1.19).

0.34 Der **Katalog des Art. 7 IV UGP-RL** nennt – zusammengefasst – folgende Informationen, die „im Falle der Aufforderung zum Kauf als wesentlich gelten":

– die wesentlichen Merkmale des Produkts,
– die Identität und die Anschrift des werbenden Unternehmers,
– den Preis oder – falls der Preis nicht im Voraus berechnet werden kann – die Art der Preisberechnung sowie ggf. Fracht-, Liefer- und Zustellkosten,
– die Zahlungs-, Liefer- und Leistungsbedingungen sowie ein vom Üblichen abweichendes Verfahren zum Umgang mit Beschwerden,
– ein Recht zum Rücktritt oder Widerruf.

0.35 Da die Vorschriften der Richtlinie von den Mitgliedstaaten **seit dem 12.12.2007 angewandt** werden mussten (Art. 19 S. 3 UGP-RL), galt dieser Katalog bei der gebotenen richtlinienkonformen Auslegung des § 5 II 2 UWG 2004 auch schon vor der (verspäteten) Umsetzung ins deutsche Recht. Dies bedeutete, dass – über die bisherige Regelung im deutschen Recht (§§ 1 I, 4, 5 PAngV) hinausgehend – auch schon vor der förmlichen Umsetzung jede Werbung, die eine Aufforderung zum Kauf enthielt, auch den Preis des angebotenen Produkts sowie alle anderen Pflichtinformationen nennen musste. Nur die Erinnerungswerbung, die möglicherweise etwas weiter gefasst werden kann als in der Legaldefinition des § 4 VI 2 HWG (vgl. das Beispiel in BGH GRUR 2007, 991 – Weltreiterspiele), braucht diese Angaben nicht zu enthalten.

e) Anhang mit Irreführungsfällen ohne Wertungsmöglichkeit (Per-se-Verbote). Ne- **0.36** ben den abstrakten Tatbeständen, die irreführende Handlungen und irreführende Unterlassungen betreffen, enthält die UGP-RL in einem **Anhang** einen (weiteren) Beispielskatalog, in dem einzelne Verhaltensweisen aufgeführt sind, die „unter allen Umständen als unlauter gelten" (→ Anh. § 3 Rn. 0.1 ff.). Dieser Katalog ist durch Art. 3 Nr. 7 RL (EU) 2019/2161 erweitert worden. 27 von diesen 35 Beispielen sind Fälle der Irreführung. Fast alle dieser Beispiele behandeln Fälle, in denen falsche Behauptungen aufgestellt werden, so dass an der Irreführung ohnehin kein Zweifel bestehen kann. In diesen Fällen folgt aus der Aufnahme in den Annex nur, dass auch die **Relevanz der Irreführung** stets zu bejahen ist. Soweit es in dem Katalog auch Beispielsfälle gibt, denen die Irreführung nicht immanent ist, stellt die Richtlinie eine unwiderlegliche Vermutung auf. Beispielsweise handelt es sich nach Anh. I Nr. 16 UGP-RL um eine irreführende Geschäftspraxis, wenn behauptet wird, „Produkte könnten die Gewinnchancen bei Glücksspielen erhöhen". Selbst wenn es ein solches Produkt gäbe, wäre dem Werbenden also die Berufung darauf verwehrt, die aufgestellte Behauptung sei richtig (→ Anh. § 3 Rn. 16.3).

3. Warenverkehrsfreiheit (Art. 34, 35, 36 AEUV)

a) Allgemeines. Zivilrechtliche Unterlassungs- oder Schadensersatzansprüche können nach **0.37** stRspr des EuGH Maßnahmen gleicher Wirkung wie mengenmäßige Einfuhrbeschränkungen iSd Art. 34 AEUV und daher als nichttarifäre Handelshemmnisse verboten sein (vgl. nur EuGH Slg. 1974, 837 Rn. 5 = NJW 1975, 515 – Dassonville; Slg. 1990, I-4827 Rn. 11 = GRUR-Int. 1991, 215 – Pall/Dahlhausen; WRP 2017, 36 Rn. 22 – Deutsche Parkinson Vereinigung; auch → Einl. Rn. 3.18; zu Art. 35 AEUV auch → Rn. 0.40). Würde jedoch jede im Vergleich zu einem anderen Mitgliedstaat strengere Bestimmung als Maßnahme gleicher Wirkung eingestuft und verboten, käme es zu einer **Rechtsangleichung auf niedrigstem Niveau.** Da Verbraucherschutz und Lauterkeit des Handelsverkehrs sich nicht unter die Rechtfertigungsgründe des Art. 36 AEUV subsumieren lassen, hat der EuGH in der Entscheidung **Cassis de Dijon** (EuGH Slg. 1979, 639 Rn. 8 = GRUR-Int. 1979, 468) dem geschriebenen einen ungeschriebenen Rechtfertigungstatbestand an die Seite gestellt: Wenn **zwingende Erfordernisse des Verbraucherschutzes, der Lauterkeit des Handelsverkehrs** oder – dieser dritte Grund trat in späteren Entscheidungen hinzu – des Umweltschutzes (dazu vgl. EuGH Slg. 2007, I-7467 Rn. 77 – Kommission/Niederlande) es gebieten, können auch Unterschiede in den Rechtsordnungen, durch die der Handel zwischen den Mitgliedstaaten beeinträchtigt wird, hingenommen werden, soweit sie gleichermaßen für inländische wie für ausländische Erzeugnisse gelten. Dabei ist festzustellen, dass der Lauterkeit des Handelsverkehrs in der Rspr. des EuGH neben dem Verbraucherschutz keine eigenständige Bedeutung zukommt. Die Voraussetzung des zwingenden Erfordernisses deutet darauf hin, dass eine **Verhältnismäßigkeitsprüfung im strengen Sinne** zu erfolgen hat: Bezogen auf den Irreführungstatbestand heißt dies, dass das Verbot für den Verbraucherschutz **geeignet** und **erforderlich** sein muss. Außerdem muss das Erfordernis des Verbraucherschutzes zu der mit dem Verbot verbundenen Beeinträchtigung des freien Warenverkehrs ins **Verhältnis gesetzt** werden; die **Abwägung** muss zugunsten des Verbraucherschutzes ausgehen **(Verhältnismäßigkeit im engeren Sinne).**

Auch wenn also eine **relevante Irreführungsgefahr** vorliegt, kann die Anwendung des § 5 **0.38** ausgeschlossen sein, wenn das Verbot der Irreführung zu einem Hemmnis für den Handel zwischen den Mitgliedstaaten der EU führt und nicht in einem angemessenen Verhältnis zu dem mit der Vorschrift verfolgten Zweck des **Verbraucherschutzes** und der **Lauterkeit des Handelsverkehrs** steht (EuGH Slg. 1990, I-4827 Rn. 12 = GRUR-Int. 1991, 215 – Pall/Dahlhausen; Slg. 1994, I-317 Rn. 15 = GRUR 1994, 303 – VSW/Clinique; BGH GRUR 1994, 519 (520) – Grand Marnier; GRUR 1999, 1122 (1124) – EG-Neuwagen I; GRUR 1999, 1125 (1126) – EG-Neuwagen II; → Rn. 2.75). Das Irreführungsverbot steht mithin immer dann unter einem Verhältnismäßigkeitsvorbehalt, wenn es die Einfuhr einer Ware erschweren würde, die in einem anderen Mitgliedstaat rechtmäßig zirkuliert. Wird eine Ware im **Einfuhrland**

rechtmäßig hergestellt und unbeanstandet in den Verkehr gebracht, kann im Rahmen der Abwägung nach Art. 30 AEUV ein Verbot der Irreführung nach der Rspr. des EuGH insbes. dann entfallen, wenn sich die **Irreführung auf andere Weise beseitigen** lässt (Übermaßverbot) oder wenn dem **Verbraucher** der **Zugang zu bestimmten Informationen versperrt** wird.

0.39   Eine wichtige Einschränkung für den Anwendungsbereich des Art. 34 AEUV hat die Entscheidung **Keck und Mithouard** (EuGH Slg. 1993, I-6097 = GRUR 1994, 296 mAnm Bornkamm) gebracht: In einer Korrektur der bisherigen Rspr. nahm der EuGH die **Verkaufsmodalitäten,** die als ein Gegensatz zu den **produktbezogenen Regelungen** zu verstehen sind, weitgehend **aus dem Anwendungsbereich des Art. 34 AEUV** heraus. Dem liegt die Erwägung zu Grunde, dass der Handel zwischen den Mitgliedstaaten in erster Linie durch Regelungen behindert wird, die die Ware selbst betreffen und zu einer Erschwerung oder Verhinderung der Einfuhr führen. Das „Keck"-Urteil nennt insofern Vorschriften, die **die Bezeichnung, die Form, die Abmessung, das Gewicht, die Zusammensetzung, die Aufmachung, die Etikettierung und die Verpackung** der einzuführenden Waren betreffen. Die Verkaufsmodalitäten regeln dagegen das Wer, Wo, Wann und Wie der Vermarktung; zu ihnen zählt vor allem auch die **Werbung,** soweit sie nicht – wie bei der Verpackung oder Beschriftung – unmittelbar mit der Ware selbst körperlich verbunden ist. Verkaufsmodalitäten sind danach nur noch dann Maßnahmen gleicher Wirkung, wenn sie entweder nicht unterschiedslos für inländische Erzeugnisse und Erzeugnisse aus anderen Mitgliedstaaten gelten (formelle Diskriminierung) oder wenn sie aus tatsächlichen Gründen importierte Erzeugnisse stärker belasten als inländische (materielle Diskriminierung). Zur Warenverkehrsfreiheit auch → Einl. Rn. 3.17 ff.

0.40   Im Regelfall ist die Warenverkehrsfreiheit immer dann berührt, wenn durch das Irreführungsverbot die **Einfuhr von Waren verhindert oder erschwert** wird. Denkbar ist es aber auch, dass das Irreführungsverbot den Absatz inländischer Produkte beeinträchtigt und dadurch **die Ausfuhr von Waren verhindert oder erschwert.** Dann ist Art. 35 AEUV berührt, der mengenmäßige Ausfuhrbeschränkungen und Maßnahmen gleicher Wirkung verbietet. Trotz der Parallelität von Art. 34 und Art. 35 AEUV wendet der EuGH die weite „Dassonville"-Formel (→ Rn. 0.37) nicht auf Ausfuhrbeschränkungen an, sondern sieht nur solche Beschränkungen als Maßnahmen gleicher Wirkung an, „die spezifische Beschränkungen der Ausfuhrströme bezwecken oder bewirken und damit unterschiedliche Bedingungen für den Binnenhandel eines Mitgliedstaats und seinen Außenhandel schaffen, so dass die nationale Produktion oder der Binnenmarkt des betroffenen Staates ... einen bes Vorteil erlangt" (EuGH Slg. 1979, 3409 Rn. 7 = NJW 1980, 1212 – Groenveld). Da diese – auf eine Diskriminierung der Ausfuhr hinauslaufenden – Voraussetzungen beim Irreführungsverbot idR nicht vorliegen, spielt Art. 35 AEUV für das Verhältnis von nationalem Irreführungsverbot und Warenverkehrsfreiheit keine entscheidende Rolle.

0.41   **b) Binnenmarktklausel in Art. 4 UGP-RL.** Art. 4 UGP-RL enthält eine **Binnenmarktklausel,** der zufolge „die Mitgliedstaaten ... den freien Dienstleistungsverkehr und den freien Warenverkehr nicht aus Gründen, die mit dem durch diese Richtlinie angeglichenen Bereich zusammenhängen, einschränken (dürfen)". Der Gesetzgeber hat insofern **keinen Umsetzungsbedarf** gesehen: Es handele sich um eine Wiederholung der im primären Unionsrecht verankerten Waren- und Dienstleistungsfreiheit, die auch außerhalb der UGP-RL zu beachten sei, ohne dass dies einer sekundärrechtlichen Bekräftigung bedürfe (Begr. RegE UWG-Novelle 2008, BT-Drs. 16/10145, 15).

0.42   **Unproblematisch** erscheinen **zwei Fallkonstellationen,** in denen entweder das Herkunftsoder das Bestimmungsland die Richtlinie nicht vollständig umgesetzt hat: **(1)** Art. 4 UGP-RL steht dem Verbot eines Verhaltens nicht entgegen, das nach der Richtlinie eine unlautere Geschäftspraxis darstellt, auch wenn es im Herkunftsland, das die Richtlinie nur insofern nicht vollständig umgesetzt hat, erlaubt sein sollte (vgl. hierzu BGHZ 167, 91 Rn. 29 ff. = GRUR 2006, 513 – Arzneimittelwerbung im Internet, zur Binnenmarktklausel in der Richtlinie über den elektronischen Geschäftsverkehr). **(2)** Art. 4 UGP-RL steht dem Verbot eines Verhaltens entgegen, das nach nationalem Recht nur deswegen untersagt ist, weil die Richtlinie insofern nicht vollständig umgesetzt worden ist. **(3)** Problematischer ist dagegen eine **dritte Fallkonstellation,** in der Herkunfts- und Bestimmungsland die Richtlinie zwar vollständig umgesetzt haben, in denen sich aber gleichwohl **Unterschiede in der Rechtspraxis** ergeben mit der Folge, dass ein bestimmtes Verhalten im Herkunftsland erlaubt, im Bestimmungsland dagegen verboten ist. In dieser Situation stellt sich – wie stets – die Frage, ob der (strengere) Maßstab, den das Bestimmungsland anlegt, den Anforderungen der Warenverkehrs- oder Dienstleistungsfreiheit standhält (→ Rn. 0.37 und → Rn. 0.55). Ist dies der Fall (und der Umstand, dass sich das Bestimmungsland insofern im Einklang mit der Richtlinie befindet, mag dafür sprechen), spielt es keine Rolle, dass das fragliche Verhalten im Herkunftsland nach der dort herrschenden Rechtspraxis nicht verboten worden wäre (so auch Ohly WRP 2006, 1401 (1406 f.); Brömmelmeyer GRUR 2007, 295 (300 f.); vgl. ferner Begr. RegE UWG-Novelle 2008, BT-Drs. 16/10145, 15). Zwar bleibt damit eine **potentielle Beeinträchtigung** des freien Waren- und Dienstleistungsverkehrs bestehen, die auf Dauer nur durch eine möglichst kohärente Anwendung des Richtlinienrechts überwunden werden kann. Gewisse Unterschiede sind aber nicht zu vermeiden, weil mit Hilfe des – der Kohärenz der Rechtsanwendung dienenden – Vorlageverfahrens nach Art. 267 AEUV nur die Auslegung der Richtlinie, nicht aber die Anwendung auf den Einzelfall vereinheitlicht werden kann. Ob ein bestimmtes Verhalten die angesprochenen Verkehrskreise irreführt oder nicht, können letztlich nur die nationalen Gerichte entscheiden (anders Brömmelmeyer GRUR 2007, 295 (300 f.), der meint, ein bestimmtes Verhalten könne nach der Richtlinie nur erlaubt oder verboten sein; notfalls müsse der EuGH nach Art. 267 AEUV entscheiden). Müsste jedoch in einer solchen Konstellation das Recht des Herkunftslandes stets herangezogen und geprüft werden, würde die **Durchsetzung des Verbots unlauterer Geschäftspraktiken erheblich erschwert,** und zwar gerade auch in Fällen, in denen sich nach aufwändiger Prüfung herausstellt, dass die Rechtspraxis in den beiden Mitgliedstaaten doch nicht voneinander abweicht.

c) Einschlägige Entscheidungen des EuGH zur Warenverkehrsfreiheit. aa) Bocksbeu-   **0.43**
tel-Flasche. Der EuGH hat von der Möglichkeit, **Schutzniveaudifferenzen** zwischen den Mitgliedstaaten mit Hilfe des Art. 34 AEUV einzuebnen, zunächst grds. nur zurückhaltend Gebrauch gemacht. Wenn es um das **Irreführungsverbot** ging, hat er sich diese Zurückhaltung jedoch nicht auferlegt. Es ist kein Zufall, dass in einem Urteil – sonst eher ungewöhnlich – wörtlich wiedergegeben ist, wie die Partei des Ausgangsverfahrens, der Südtiroler Winzer Prantl, der in Deutschland wegen der Verwendung einer **Bocksbeutel-Flasche** belangt worden war, das deutsche Lauterkeitsrecht einschätzte: Es sei – so heißt es dort – eines der unflexibelsten der Welt; der deutschen Lauterkeitsrechtsprechung liege „das Leitbild eines absolut unmündigen, fast schon pathologisch dummen und fahrlässig unaufmerksamen Durchschnittsverbrauchers" zugrunde (EuGH Slg. 1984, 1299 (1306) = GRUR-Int. 1984, 291 – Bocksbeutel). Die Entscheidung des EuGH betraf zwar nicht das Irreführungsverbot des UWG, sondern den damaligen § 17 WeinV, durch den die Verwendung der Bocksbeutel-Flasche auf Weine aus Franken einschließlich dem badischen Frankenland und vier mittelbadische Gemeinden beschränkt worden war. Diese Regelung in der WeinV ging aber auf eine Entscheidung des BGH zu § 3 UWG in der bis 2004 geltenden Fassung zurück, durch die die Bocksbeutel-Flasche als mittelbare Herkunftsangabe anerkannt und unter den Schutz des Irreführungsverbots gestellt worden war (BGH GRUR 1971, 313 – Bocksbeutelflasche). Der EuGH hat diese Regelung als unvereinbar mit Art. 34 AEUV (damals Art. 30 EWGV) angesehen, sofern **die Verwendung** der Flasche **im Ursprungsstaat einer lauteren Praxis und herkömmlicher Übung entspricht** (EuGH Slg. 1984, 1299 Rn. 30 = GRUR-Int. 1984, 291 – Bocksbeutel). Das Argument, dass die deutschen Verbraucher getäuscht würden, wenn ihnen Wein in Bocksbeutelflaschen begegne, der nicht aus den traditionellen deutschen Anbaugebieten stamme, hat der EuGH nicht gelten lassen und darauf verwiesen, dass die unionsrechtlichen **Etikettierungsvorschriften** eine **ausreichende Aufklärung** der Verbraucher gewährleisteten (EuGH Slg. 1984, 1299 Rn. 29 = GRUR-Int. 1984, 291 – Bocksbeutel).

Die Rspr. des EuGH zum Irreführungsverbot in den Etikettierungsrichtlinien 79/112/EWG   **0.44**
und 2000/13/EG ist von einem gewissen **Etikettierungspositivismus** geprägt. Der EuGH hat wiederholt ausgesprochen, es sei davon auszugehen, dass Verbraucher, die sich in ihrer Kaufentscheidung nach der Zusammensetzung der Erzeugnisse richteten, zunächst das durch den Art. 6 der Etikettierungsrichtlinie vorgeschriebene Zutatenverzeichnis lesen (vgl. EuGH Slg. 1995, I-3599 = ZLR 1995, 667 Rn. 34 – Kommission/Deutschland; Slg. 1999, I-3599 = ZLR 1999, 237 Rn. 37 f. und 43 – Van der Laan; Slg. 2000, I-2297 = GRUR-Int. 2000, 756 Rn. 22 f. – Darbo). Die allenfalls bestehende Gefahr, dass Verbraucher dabei in Einzelfällen irregeführt werden könnten, sei gering und könne daher das bei einem grenzüberschreitenden Sachverhalt andernfalls begründete Hemmnis für den freien Warenverkehr nicht rechtfertigen (EuGH ZLR 1995, 667 Rn. 34 – Kommission/Deutschland).

0.45   Die überaus optimistische Einschätzung des EuGH hins der jede Irreführung verdrängenden Information hat der BGH in seinem Vorlagebeschluss **Himbeer-Vanille-Abenteuer I** (BGH GRUR 2014, 588) in Frage gestellt: Im zugrunde liegenden Fall hatte die Beklagte einen aromatisierten Früchtetee mit Himbeer-Vanille-Geschmack angeboten, wobei die wiederholte blickfangmäßig herausgestellte Abbildung von Himbeerfrüchten und Vanilleblüten, die ebenfalls wiederholte Angabe „Mit natürlichen Aromen" und die gleichfalls wiederholte Abbildung eines graphisch gestalteten Siegels „nur natürliche Zutaten" auf der Verpackung, die die Teebeutel enthielten, entgegen der tatsächlichen Zusammensetzung suggerierten, dass der Geschmack des Produkts durch aus Himbeerfrüchten und Vanillepflanzen gewonnene Aromen mitbestimmt wurde. Die Aufmachung des Produkts der Beklagten war damit nach Auffassung des BGH geeignet, auch bei einem angemessen gut informierten und angemessen aufmerksamen und kritischen Verbraucher den unrichtigen Eindruck zu erwecken, dass die natürlichen Aromen, die für den Geschmack des von der Beklagten angebotenen Tees mitbestimmend sind, aus solchen Früchten bzw. Pflanzen gewonnen werden.

0.46   Der EuGH hat daraufhin seine bisher stark am Inhalt des Zutatenverzeichnisses orientierte Rechtsprechung dahingehend relativiert, dass die Etikettierung eines Lebensmittels durch das Aussehen, die Bezeichnung oder die Darstellung einer bestimmten Zutat nicht den unzutreffenden Eindruck erwecken darf, diese Zutat sei im Lebensmittel vorhanden, selbst wenn sich ihr Fehlen aus dem Zutatenverzeichnis ergibt (EuGH GRUR 2015, 701 Rn. 31 – Verbraucherzentrale/Teekanne). Damit ist klargestellt, dass ein korrektes Zutatenverzeichnis allein die Irreführung durch die Art und Weise der Etikettierung nicht ausschließt (BGH GRUR 2016, 738 Rn. 15 – Himbeer-Vanille-Abenteuer II). An die Stelle der Etikettierungsrichtlinie 2000/13/EG ist mWv 13.12.2014 die LMIV getreten. Diese Verordnung statuiert einen gegenüber der Etikettierungsrichtlinie strengeren Maßstab, indem sie nicht nur in Art. 7 I lit. d LMIV irreführende Informationen über Lebensmittel verbietet, sondern in Art. 17 V LMIV iVm Anh. VI Teil A Nr. 4 LMIV vorschreibt, dass in unmittelbarer Nähe zum Produktnamen und in bestimmter Schriftgröße auf die Ersetzung einer vom Verbraucher erwarteten Zutat hinzuweisen ist. Nach diesem Maßstab war die Etikettierung im konkreten Fall erst recht unzulässig (BGH GRUR 2016, 738 Rn. 21 ff. – Himbeer-Vanille-Abenteuer II).

0.47   **bb) Kohl/R + R.** Die skeptisch-kritische Grundhaltung gegenüber dem deutschen Lauterkeitsrecht zeigte sich auch im Fall **„Kohl/R + R"**, in dem das LG München I eine Irreführung nach § 3 in der bis 2004 geltenden Fassung annehmen wollte, sich aber im Unklaren darüber war, ob das Verbot mit Art. 30 EWGV (heute Art. 34 AEUV) vereinbar wäre. Es ging um das Signet (r + r) eines Unternehmens, das nach dem Konkurs der deutschen Muttergesellschaft von der französischen Tochtergesellschaft weiterhin im Inland verwandt wurde, vom Verkehr aber noch als Hinweis auf die in Konkurs gefallene Mutter verstanden wurde. Der EuGH hat entschieden, dass die Warenverkehrsfreiheit durch ein Verbot über Gebühr eingeschränkt werde (EuGH Slg. 1984, 3651 = GRUR-Int. 1985, 110 – Kohl/Ringelhan und Rennett).

0.48   **cc) Pall/Dahlhausen.** Auch der Entscheidung im Fall **„Pall/Dahlhausen"** lag ein Vorabentscheidungsersuchen des LG München I zugrunde. Der Kennzeichnung einer aus dem EU-Ausland importierten Ware war ein R im Kreis (®) beigefügt; dieses Zeichen war zwar im europäischen Herkunftsland, nicht aber in Deutschland als Marke eingetragen. Der EuGH hat auch hier entschieden, dass ein Verbot mit dem Grundsatz der Warenverkehrsfreiheit nicht vereinbar sei (EuGH Slg. 1990, I-4827 = GRUR-Int. 1991, 215). Ebenso wie im Fall „Kohl/R + R" hätte das Landgericht in diesem Fall, in dem keine objektiv unwahre Behauptung aufgestellt worden war, eine irreführende Werbung schon nach deutschem Recht verneinen können und müssen, weil eine – unterstellt – relevante Fehlvorstellung des Verkehrs im Hinblick auf das berechtigte Interesse der Importeure an der beanstandeten Bezeichnung hätte hingenommen werden müssen (zu beiden EuGH-Entscheidungen Joliet GRUR-Int. 1994, 1 (3 f.)).

0.49   **dd) Mars.** Die Vorlage des LG Köln im Fall **„Mars"** leistete ebenfalls dem Vorurteil Vorschub, dass man es in Deutschland mit der Irreführung übertrieben genau nehme: Es ging darum, dass der farblich gekennzeichnete Teil der Verpackung, mit dem Mars auf die Vergrößerung seines Eiskonfektriegels um 10 % hinwies, deutlich mehr als das zusätzliche Zehntel der Gesamtverpackung ausmachte. Dies hatte ein Wettbewerbsverband beanstandet. „Von **verständigen Verbrauchern**", so der EuGH, „kann erwartet werden, dass sie wissen, dass zwischen der Größe von Werbeaufdrucken, die auf eine Erhöhung der Menge des Erzeugnisses hinweisen, und dem

Ausmaß einer Erhöhung nicht notwendig ein Zusammenhang besteht." (EuGH Slg. 1995, I-1923 Rn. 24 = GRUR-Int. 1995, 804 – Verein gegen Unwesen …/Mars).

ee) Clinique. Die Entscheidung **„Clinique"** beruht auf einem Vorabentscheidungsersuchen **0.50** des LG Berlin. Dort ging es um die Frage, ob die Bezeichnung „Clinique" für ein Kosmetikum wegen der Nähe zum Begriff „Klinik" und der damit verbundenen Assoziation eines Arznei- mittels irreführend ist. Das Landgericht wollte eine Irreführung nicht ohne Meinungsumfrage verneinen und legte die Sache dem EuGH vor. Dieser entschied, dass ein Verbot der Bezeich- nung „Clinique" – weil zum Schutz der Verbraucher oder der Gesundheit der Bevölkerung nicht erforderlich – **mit Art. 30 EGV** (heute Art. 34 AEUV) **nicht vereinbar** sei (EuGH Slg. 1994, I-317 Rn. 22 = GRUR 1994, 303 – VSW/Clinique). Die Befürchtung, der Verkehr werde das Kosmetikum für ein Arzneimittel halten, wies der Europäische Gerichtshof unter Hinweis darauf zurück, in den anderen Mitgliedstaaten würden die Verbraucher ebenfalls nicht durch die beanstandete Bezeichnung irregeführt (EuGH Slg. 1994, I-317 Rn. 21 = GRUR 1994, 303 – VSW/Clinique). Auch hier ist nicht nur der großzügige Umgang mit einer zwar nicht zwingenden, aber auch nicht völlig von der Hand zu weisenden Irreführungsgefahr erstaunlich, sondern auch die Souveränität, mit der der EuGH sein eigenes Verständnis an die Stelle der Verkehrsauffassung setzt, die der Tatrichter nicht festzustellen vermochte und die er – falls es darauf angekommen wäre – durch eine Meinungsbefragung ermittelt hätte (zur „Clini- que"-Entscheidung des EuGH auch → Einl. Rn. 3.29).

ff) Lifting-Creme. In der auf Vorlage des LG Köln ergangenen Entscheidung **„Lifting- 0.51 Creme"** legt sich der EuGH hins. der Feststellung der Verkehrsauffassung die **gebotene Zurückhaltung** auf. Im Ausgangsverfahren war die Bezeichnung „Lifting-Creme" für eine Hautstraffungscreme, mit der anders als mit einem wirklichen Lifting keine dauerhafte Wirkung erzielt werden konnte, beanstandet worden. Auch wenn – so der EuGH – auf den ersten Blick wenig dafür spreche, dass der **Durchschnittsverbraucher** von einer solchen Creme eine dauer- hafte Wirkung erwarte, sei es doch **Sache des nationalen Gerichts** zu ermitteln (ggf. mit sachverständiger Hilfe), ob die angesprochenen Verkehrskreise durch die Bezeichnung irrege- führt würden oder nicht (EuGH Slg. 2000, I-117 Rn. 30f = GRUR-Int. 2000, 354 – Estée Lauder/Lancaster).

d) Art. 34 AEUV in der deutschen Rspr. Nachdem der **EuGH** wiederholt zum Verhältnis **0.52** des nationalen Irreführungsverbots zur Warenverkehrsfreiheit Stellung genommen und in der Entscheidung „Lifting-Creme" auch klargestellt hat, dass es **nicht seine Aufgabe** ist, darüber zu befinden, ob in einem Einzelfall die angesprochenen Verkehrskreise irregeführt worden sind oder nicht, sind die Fälle, in denen das Irreführungsverbot mit der Warenverkehrsfreiheit kollidiert, weitgehend der **Entscheidung der nationalen Gerichte überlassen.** IdR müssen sie anhand der vom EuGH entwickelten Grundsätze entscheiden, ob das Verbot – auf den konkreten Fall angewendet – in den Anwendungsbereich des Art. 34 AEUV fällt (Verkaufs- modalität oder produktbezogene Beschränkung iSd Keck-Rspr. des EuGH; → Rn. 0.39), und müssen das Interesse an der Durchsetzung des Irreführungsverbots und die Warenverkehrsfreiheit gegeneinander abwägen. Diese Abwägung kann dazu führen, dass das Irreführungsverbot im Einzelfall nicht angewendet wird.

Im deutschen Recht kann häufig die Warenverkehrsfreiheit bereits bei der **tatbestandlichen 0.53 Prüfung** des Wettbewerbsverstoßes einbezogen werden. Immer dann, wenn das Verbot von einer **Interessenabwägung** abhängt, ist dies bereits der Ort, das Interesse an einem ungehinder- ten Handel zwischen den Mitgliedstaaten zu berücksichtigen. Dies gilt bei der Werbung mit einer objektiv zutr. Aussage oder bei der Prüfung der Frage, ob in der Werbung auf negative Eigenschaften eines Produkts hingewiesen werden muss. Ist bspw. bei einem aus dem EU- Ausland **parallelimportierten Neuwagen** die Garantiezeit wegen einer im Ausland vorgenom- menen Zulassung verkürzt, hängt die Frage, ob auf diesen Umstand hingewiesen werden muss, ohnehin von einer Interessenabwägung ab (dazu BGH GRUR 1989, 682 f. – Konkursvermerk; WRP 1993, 239 – Sofortige Beziehbarkeit; GRUR 1996, 793 (795) – Fertiglesebrillen; GRUR 1999, 757 – Auslaufmodelle I; GRUR 1999, 760 – Auslaufmodelle II). Hier ist auch der Grund- satz der Warenverkehrsfreiheit zu berücksichtigen. Dies führt dazu, dass auf geringfügige Ver- kürzungen der Garantiezeit (BGH: bis zu zwei Wochen) nicht hingewiesen zu werden braucht. Anders verhält es sich aber, wenn die Garantiezeit nicht nur um wenige Tage verkürzt ist (BGH GRUR 1999, 1122 (1124) – EG-Neuwagen I; GRUR 1999, 1125 (1126) – EG-Neuwagen II).

0.54 Kann die Abwägung nicht im Rahmen der tatbestandlichen Prüfung erfolgen, muss die **Verhältnismäßigkeit anschließend geprüft** werden: Die Frage ist, ob die mit dem Verbot der irreführenden Werbung verbundene Beeinträchtigung der Warenverkehrsfreiheit zu rechtfertigen ist? In Fällen einer auf eine **klare Täuschung der Verbraucher abzielenden Werbung**, in denen die Irreführung ohne weiteres vermieden werden könnte, ist dies zu bejahen. So etwa, wenn auf Einnähetiketten eines aus Italien stammenden Lodenartikels Wappen abgebildet sind, die mit dem österreichischen Bundeswappen und dem Innsbrucker Stadtwappen nahezu übereinstimmen. Die mit der Verwendung dieser Wappen als mittelbare Herkunftsangaben verbundene Irreführungsgefahr wiegt hinreichend schwer, um die mit dem Verbot verbundene Beeinträchtigung des freien Warenverkehrs zu rechtfertigen (vgl. OGH GRUR-Int. 2000, 1025 – Tiroler Loden).

4. Dienstleistungsfreiheit (Art. 56 AEUV)

0.55 Aus der Sicht des Binnenmarktkonzeptes darf es an sich keine Rolle spielen, ob das bes. strenge Lauterkeitsrecht eines Mitgliedstaats die Einfuhr einer Ware oder einer Dienstleistung aus einem anderen Mitgliedstaat beeinträchtigt. Die – rechtlich wie ökonomisch allein sinnvolle – **Gleichbehandlung von Ware und Dienstleistung** ist aber in der Rspr. nicht immer gewährleistet. Soweit es um Beschränkungen im Einfuhrstaat geht, decken sich die vom EuGH entwickelten Kriterien weitgehend mit seiner Rspr. zu Art. 34 AEUV (→ Rn. 0.37), auf die er freilich in diesem Zusammenhang nicht Bezug nimmt: Beschränkungen der Dienstleistungsfreiheit sind **nur aus zwingenden Gründen des Allgemeininteresses zulässig**, wobei eine strenge **Verhältnismäßigkeitsprüfung** zu erfolgen hat (EuGH Slg. 1995, I-4165 Rn. 37 = NJW 1996, 579 – Gebhard; Slg. 1996, I-6511 Rn. 28 = EuZW 1997, 53 – Reisebüro Broede). Die „Keck"-Doktrin, nach der Verkaufsmodalitäten im Allgemeinen nicht in den Anwendungsbereich des Art. 34 AEUV fallen, lässt sich grds. auf die Dienstleistungsfreiheit übertragen. Es muss also auch hier danach unterschieden werden, ob das Irreführungsverbot das Produkt selbst oder nur die Umständen seiner Vermarktung betrifft (→ Rn. 0.39).

0.56 Art. 56 AEUV ist auch **auf Beschränkungen** in dem Mitgliedstaat anwendbar, in dem der Dienstleister seinen Sitz hat, also **im Ausfuhrstaat** (vgl. BGH GRUR 2002, 77 (80) – Rechenzentrum). Dies war auch die Konstellation im Fall „Alpine Investments" (EuGH Slg. 1995, I-1141 Rn. 21 = GRUR-Int. 1995, 900). Der EuGH hat freilich in dieser Entscheidung die Anwendung der „Keck"-Doktrin abgelehnt und dies damit begründet, dass es sich um einen Fall einer Beschränkung im Ausfuhrstaat, nicht im Einfuhrstaat handelte (EuGH GRUR-Int. 1995, 900 Rn. 36 und 38 – Alpine Investments). Bei Beschränkungen der Dienstleistungsfreiheit im Ausfuhrstaat bietet sich aber die Parallele zu Art. 35 AEUV an – mit der weiteren Konsequenz, dass dann ebenso wie bei Art. 35 AEUV nur solche Maßnahmen in den Anwendungsbereich des Art. 56 AEUV fallen, die spezifische Beschränkungen der Ausfuhrströme bezwecken oder bewirken (→ Rn. 0.40); diese Konsequenz hat der EuGH jedoch in der Entscheidung „Alpine Investments" nicht gezogen (dazu Sack WRP 1998, 103 (112); Eilmansberger JBl 1999, 434 (450 f.); Leible EuZW 2001, 253 (254 f.)).

5. Spezielle unionsrechtliche Irreführungsverbote

0.57 Neben der Werbe-RL (→ Rn. 0.15 ff.) und der UGP-RL (→ Rn. 0.26 ff.) enthält das sekundäre Unionsrecht (Richtlinien, Verordnungen) zahlreiche spezielle Regelungen über irreführende Werbung. Diese Regelungen sind – anders als die Werbe-RL (→ Rn. 0.18) – abschließend; sie setzen also nicht nur einen Mindeststandard, sondern erlauben auch keine strengere nationale Regelung. Ebenso wie die Werbe-RL sind sie in ihrem Anwendungsbereich nicht auf den innerunionlichen Handel beschränkt. Für den Lebensmittelbereich enthält Art. 7 I **LMIV** ein umfassendes Irreführungsverbot („Informationen über Lebensmittel dürfen nicht irreführend sein, insbesondere …"). Die LMIV ist mWv 13.12.2014 an die Stelle der RL 2000/13/EG v. 20.3.2000 getreten. Ein ähnliches Verbot enthält die **RL 2001/83/EG** des Europäischen Parlaments und des Rates v. 6.11.2001 zur Schaffung eines **Gemeinschaftskodexes für Humanarzneimittel** (ABl. EG 2001 L 311, 67), die in Art. 87 III RL 2001/83/EG bestimmt, dass die Arzneimittelwerbung nicht irreführend sein darf. Beide Bestimmungen bilden den unionsrechtlichen Hintergrund von zwei wichtigen sondergesetzlichen Irreführungsverboten des deutschen Rechts, nämlich von § 11 I LFGB und von § 3 HWG (→ Rn. 0.95 f.). Auch in anderen – produktspezifischen – Richtlinien findet sich der Begriff der Irreführung oder Täuschung entweder wörtlich oder in Umschreibungen, zB in Art. 20 I **Kosmetik-VO**, die an die Stelle der RL 76/768/EWG v. 27.7.1976 getreten ist: Verhinderung der Vortäuschung von Merkmalen oder Funktionen, die die betreffenden Erzeugnisse nicht besitzen. Art. 7 **Medizinprodukte-VO** (VO (EU) 2017/745 v. 5.4.2017, die seit dem 26.5.2020 gilt) sieht ein umfassendes Irreführungsverbot für die Kennzeichnung, Gebrauchsanweisungen, Bereitstellung, Inbetriebnahme und Bewerbung von Medizinprodukten vor. Eine entsprechende Regelung enthält Art. 7 **IVD-VO** (VO (EU) 2017/746 über In-vitro-Diagnostika v. 5.4.2017), die seit dem 26.5.2022 gilt.

Aber auch **zahlreiche weitere Verordnungen** enthalten Irreführungsverbote: **0.58**

- der Abschnitt über Ursprungsbezeichnungen, geografische Angaben und traditionelle Begriffe im Weinsektor (Art. 103 II lit. c und d **GMO-VO** (VO (EU) 1308/2013 v. 17.12.2013 über eine gemeinsame Marktorganisation für landwirtschaftliche Erzeugnisse, ABl. EU 2013 L 347, 671; geändert), die mWv 1.1.2014 an die Stelle der VO (EG) 1234/2007 getreten ist: Schutz von Ursprungsbezeichnungen und geografischen Angaben vor falschen oder irreführenden Angaben über Herkunft, Ursprung, Natur oder wesentliche Eigenschaften der Erzeugnisse sowie „alle sonstigen Praktiken, die geeignet sind, den Verbraucher in Bezug auf den tatsächlichen Ursprung des Erzeugnisses irrezuführen" (→ Rn. 2.49 f.);
- Die **Wein-DVO** (VO (EG) 607/2009 v. 14.7.2009, ABl. EG 2009 L 193, 60), die in Art. 40 II lit. b und c Wein-DVO eigenständige Irreführungsverbote hins. der geschützten Ursprungsbezeichnungen und geografischen Angaben, der traditionellen Begriffe sowie der Kennzeichnung und Aufmachung bestimmter Weinbauerzeugnisse enthielt, ist durch die **VO (EU) 2019/33** der Kommission v. 17.10.2018 (ABl. EU 2019 L 9, 2) **aufgehoben worden,** die nunmehr lediglich noch das Eintragungs- und Einspruchsverfahren für die genannten Bezeichnungen regelt. Bereits nach der Wein-DVO geschützte Bezeichnungen (in Deutschland etwa Prädikatswein, Kabinett, Spätlese, Auslese, Beerenauslese, Trockenbeerenauslese und Eiswein) genießen gem. Art. 39 VO (EU) 2019/33 weiter Schutz. Ergänzend gelangt nunmehr auch insoweit die GMO-VO mit den darin enthaltenen Irreführungsverboten zur Anwendung (→ Rn. 0.58).
- Art. 13 I lit. c und d **Qualitätsregelungen-VO** (VO (EU) 1151/2012 v. 21.11.2012 über Qualitätsregelungen für Agrarerzeugnisse und Lebensmittel (ABl. EG 2012 L 343, 1; geändert), insofern inhaltsgleich mit den Vorgängerverordnungen VO (EG) 2081/92 v. 14.7.1992 und VO (EG) 510/2006: Schutz von eingetragenen Bezeichnungen gegen alle irreführenden Angaben sowie gegen alle sonstigen Praktiken, die geeignet sind, den Verbraucher in Bezug auf den tatsächlichen Ursprung des Erzeugnisses irrezuführen;
- Art. 8 S. 2 lit. c **Lebensmittel-Basis-VO** (VO (EG) 178/2002 v. 28.1.2002 zur Festlegung der allgemeinen Grundsätze und Anforderungen des Lebensmittelrechts, ABl. EG 2002 L 31, 1; geändert): Es müssen „alle sonstigen Praktiken, die den Verbraucher irreführen können", verhindert werden (zu den in dieser Verordnung enthaltenen Begriffen und Grundsätzen des Lebensmittelrechts vgl. Köhler GRUR 2002, 844 ff.).
- Art. 3 S. 2 lit. a **Health-Claims-VO** (VO (EG) 1924/2006 über nährwert- und gesundheitsbezogene Angaben über Lebensmittel v. 20.12.2006, ABl. EG 2006 L 404, 9; geändert). Die verwendeten nährwert- und gesundheitsbezogenen Angaben dürfen weder falsch noch mehrdeutig oder irreführend sein. Gesundheitsbezogen ist „jede Angabe, mit der erklärt, suggeriert oder auch nur mittelbar zum Ausdruck gebracht wird, dass ein Zusammenhang zwischen einer Lebensmittelkategorie, einem Lebensmittel oder einem seiner Bestandteile einerseits und der Gesundheit andererseits besteht" (Art. 2 II Nr. 5 VO (EG) 1924/2006).
- Art. 72 **Biozid-VO** (VO (EU) 528/2012 über die Bereitstellung auf dem Markt und die Verwendung von Biozidprodukten v. 22.5.2012, ABl. EU 2012 L 167, 1; geändert): In Abs. 1 Irreführungsverbot für Werbung für Biozidprodukte (Stoffe zur nicht-physikalischen Bekämpfung von Schadorganismen, s. Art. 3 I lit. a Biozid-VO); in Art. 3 II Biozid-VO Verbot bestimmter Angaben („Biozidprodukt mit niedrigem Risikopotenzial", „ungiftig", „unschädlich", „natürlich", „umweltfreundlich", „tierfreundlich" oÄ); dazu s. BGH GRUR 2023, 416 – Stickstoffgenerator; GRUR 2023, 831 – Hautfreundliches Desinfektionsmittel; OLG Frankfurt WRP 2021, 69; OLG Karlsruhe GRUR 2022, 1620; 2023, 424; OLG Köln GRUR 2022, 1078; OLG Zweibrücken GRUR-RR 2022, 441.

Die **besonderen Irreführungsverbote** des sekundären Unionsrechts und die bes. Verbote **0.59** des nationalen Rechts, die auf Richtlinien beruhen, sind in ihrem jeweiligen Anwendungsbereich zwar grds. **neben §§ 5, 5a anwendbar** (→ Rn. 0.95). Soweit die §§ 5, 5a aber auf in beiden Richtungen verbindlichem Unionsrecht beruhen (also stets im Verkehr mit den Verbrauchern), gibt es keinen grds. Vorrang der bes. Irreführungsverbote gegenüber dem allg. Irreführungsverbot der §§ 5, 5a mehr. Dennoch ist ein Konflikt insoweit nicht denkbar. Denn im Hinblick auf die Zielrichtung der bes. Irreführungsverbote wird man §§ 5, 5a im Anwendungsbereich dieser bes. Irreführungsverbote **ausschließlich nach dem Maßstab der bes. Irreführungsverbote** auszulegen haben. Das ist auch ohne weiteres möglich. Denkbar ist bspw., dass im Bereich der Gesundheitswerbung ein bes. strenger Maßstab gilt (vgl. BGH GRUR 2013, 649 Rn. 15 – Basisinsulin mit Gewichtsvorteil; GRUR 2017, 418 Rn. 22 – Optiker-Qualität) oder bestimmte besondere Regeln für Informationspflichten vorgesehen sind (vgl. BGH GRUR 2016, 1068 Rn. 20 – Textilkennzeichnung). Das lässt sich ohne Schwierigkeiten auf §§ 5, 5a übertragen. Insoweit hat sich also gegenüber dem UWG 2004 nichts geändert (vgl. BGH GRUR 2002, 1091 (1092) – Bodensee-Tafelwasser; GRUR 2003, 628 (629) – Klosterbrauerei; OLG Frankfurt GRUR-RR 2001, 67 (69); Bornkamm FG 50 Jahre BGH, 2000, 343 (354); vgl. auch BVerwGE 89, 320 = WRP 1993, 16 (20) – becel).

6. Europäisches Verbraucherleitbild

0.60   **a) Verbraucherbild in der EuGH-Rechtsprechung. aa) Frühere Rechtsprechung.** Schon in den Entscheidungen, in denen sich der EuGH mit deutschen Vorabentscheidungsersuchen zu § 3 in der bis 2004 geltenden Fassung zu befassen hatte, zeichnete sich ab, dass das Bild des eher unmündigen, stets flüchtigen und unkritischen Verbrauchers, das traditionell dem deutschen Lauterkeitsrecht zugrunde lag und ein Verbot bereits bei einer Irreführungsquote von 10–15 % rechtfertigte, nicht dem entsprach, was der EuGH seiner Beurteilung zugrunde legte. Das Bild, das in seinen Urteilen entstand, war eher das eines **aufmerksamen und verständigen Verbrauchers,** der die ihm gebotenen **Informationsmöglichkeiten** wahrnimmt und seine Kaufentscheidung nach **sorgfältiger Prüfung** trifft (EuGH Slg. 1990, I-667 Rn. 16 = GRUR-Int. 1990, 955 – GB-Inno-BM; Slg. 1990, I-4827 Rn. 19 = GRUR-Int. 1991, 215 – Pall/Dahlhausen; Slg. 1994, I-317 Rn. 21 = GRUR 1994, 303 – VSW/Clinique; Slg. 1995, I-1923 Rn. 22–24 = GRUR-Int. 1995, 804 – Verein gegen Unwesen .../Mars).

0.61   **bb) Die Entscheidung „Gut Springenheide".** Seit der Entscheidung **„Gut Springenheide"** v. 16.7.1998 (EuGH Slg. 1998, I-4657 = GRUR-Int. 1998, 795 – Gut Springenheide) ist dieses Verbraucherbild in Stein gemeißelt. Im **Ausgangsverfahren** war ein landwirtschaftlicher Betrieb in Norddeutschland vom Amt für Lebensmittelüberwachung des Landkreises wegen einer als irreführend beanstandeten Bezeichnung für Eier mit einem Bußgeldbescheid belegt worden. Der Betrieb hatte Eier unter der Bezeichnung **„6-Korn – 10 frische Eier"** in Verkehr gebracht, was beanstandet wurde, weil der Futteranteil aus den sechs zur Fütterung verwandten Getreidearten nur 60 % der Futtermischung ausmachte. Die von dem Betrieb erhobene Feststellungsklage hatte in den ersten beiden Instanzen keinen Erfolg; das VG bejahte eine Irreführung nach der damals geltenden lebensmittelrechtlichen Bestimmung (§ 17 I Nr. 5 LMBG, heute § 11 I LFGB), das OVG eine Irreführung nach **Art. 10 II lit. e VO (EWG) 1907/90** über bestimmte Vermarktungsnormen für Eier (OVG Münster LRE 30, 141 = ZLR 1995, 217). Das BVerwG legte die Sache dem EuGH vor (BVerwG LRE 33, 197 = ZLR 1996, 577), um im Wesentlichen **dreierlei zu klären: (1)** Ist die Eignung zur Irreführung eine **tatsächliche oder eine rechtliche Frage? (2)** Kommt es auf den **aufgeklärten Durchschnittsverbraucher** oder auf den **flüchtigen Verbraucher** an? **(3)** Kann man einen **prozentualen Anteil** bestimmen? Die Antwort des EuGH auf die erste Frage fiel sybillinisch aus, auf die zweite Frage gab es eine eindeutige und auf die dritte Frage keine Antwort.

0.62   Im Mittelpunkt steht die Antwort auf die **zweite Frage:** Maßgeblich ist – dies die relativ klare Antwort des EuGH – der **durchschnittlich informierte, aufmerksame und verständige Durchschnittsverbraucher** (EuGH Slg. 1998, I-4657 Rn. 37 = GRUR-Int. 1998, 795 – Gut Springenheide). Klärungsbedürftig ist bei dieser – seitdem ständig wiederholten – Formel, ob sich das Adverb „durchschnittlich" auf alle drei Adjektive oder nur auf „informiert" bezieht. Ein Blick auf die anderen Sprachfassungen beantwortet diese Frage. Aus der englischen und französischen Fassung der Formel wird klar, dass der maßgebliche Verbraucher „reasonably well-informed and reasonably observant and circumspect" bzw. „normalement informé et raisonnablement attentif et avisé" ist. Maßstab ist demnach ein **durchschnittlich informierter, in vernünftigem Umfang aufmerksamer und verständiger Verbraucher,** nicht etwa ein bes. aufmerksamer und gründlicher Idealtypus, der nichts flüchtig zur Kenntnis nimmt und niemals den Blickfang auf sich wirken lässt, ohne gleichzeitig das Kleingedruckte gründlich zu studieren (Bornkamm FG 50 Jahre BGH, 2000, 343 (361); Bornkamm WRP 2000, 830 (835)). Auch bei dem Kriterium der Verständigkeit ist Maßstab nicht ein Idealtypus, sondern – auch was die Verständigkeit angeht – ein durchschnittlicher Verbraucher (vgl. Lettl GRUR 2004, 449 (453)). Wenn der BGH vom „verständigen Verbraucher" spricht (zB BGH GRUR 2004, 162 (163) – Mindestverzinsung), ist erkennbar nichts anderes gemeint.

Die Antwort auf die **erste Frage** – ob das Verbraucherverständnis anhand **normativer** 0.63 **Kriterien oder allein empirisch** zu ermitteln ist – ist nicht eindeutig ausgefallen. Dennoch deutet schon die Wortwahl („wie ein durchschnittlich informierter, aufmerksamer und verständiger Durchschnittsverbraucher diese Angabe wahrscheinlich auffassen wird") darauf hin, dass es sich eher um einen deskriptiven als um einen normativen Begriff handeln soll. Hierfür scheint auch zu sprechen, dass das Verbraucherverständnis **durch Verkehrsbefragung** ermittelt werden kann (EuGH Slg. 1998, I-4657 Rn. 35 = GRUR-Int. 1998, 795 – Gut Springenheide). Auf der anderen Seite ist zu berücksichtigen, dass der EuGH in der Vergangenheit häufig – ohne auf irgendwelche Feststellungen zurückgreifen zu können – selbst entschieden hat, wie der Verkehr eine Angabe versteht, und sich dabei mehr oder weniger deutlich von einem **normativ geprägten Vorverständnis** hat leiten lassen. Diese Übung, auf die der EuGH als Normalfall der Feststellung des Verkehrsverständnisses bestätigend verweist (EuGH Slg. 1998, I-4657 Rn. 35 = GRUR-Int. 1998, 795 Rn. 30 – Gut Springenheide), macht deutlich, dass die empirische Ermittlung des Verkehrsverständnisses lediglich ein **Faktor für die Entscheidung** darstellen kann, dass aber im Übrigen **normative Elemente** die Beurteilung beeinflussen (so zutr. Reese ZLR 1999, 818 (819); vgl. auch Reese WRP 1998, 1035 (1039 f.); Volkmann-Schluck ZLR 1998, 465 (472); Leible EuZW 1998, 528 (529); Lettl NJW-Sonderheft 2003, 44 (48)).

Die **dritte Frage** nach einem bestimmten **prozentualen Anteil** hat der EuGH in der Weise 0.64 beantwortet, dass es **Sache der nationalen Gerichte** sei, eine solche **Irreführungsquote** festzulegen (EuGH Slg. 1998, I-4657 Rn. 36 = GRUR-Int. 1998, 795 – Gut Springenheide). Es verwundert nicht, dass der EuGH keine feste Zahl genannt hat, und er hat gut daran getan. Denn auch auf diese Weise wird deutlich, dass sich bei der Beantwortung der Frage nach der Irreführung der angesprochenen Verkehrskreise stets das Empirische mit dem Normativen mischt. Zutr. lässt sich die Frage nach der Irreführung auch genauer formulieren, nämlich danach, ob die angesprochenen Verkehrskreise durch die beanstandete Angabe **in maßgeblicher Weise** irregeführt werden. Damit wird Raum gelassen für eine Interessenabwägung, die den Besonderheiten des Einzelfalls Rechnung trägt (Lettl WettbR S. 107).

cc) Fortgang des 6-Korn-Verfahrens. Das BVerwG hat die Sache an das OVG Münster 0.65 zurückverwiesen zur Prüfung, ob die „6-Korn"-Werbung sich auch unter Berücksichtigung des **europäischen Verbraucherleitbilds** als irreführend erweist (BVerwG LRE 36, 350 = LMRR 1999, 62). Das OVG hat (nach Hauptsacheerledigung in einem Kostenbeschluss) ausführlich begründet, dass auch der durchschnittlich informierte, aufmerksame und verständige Durchschnittsverbraucher durch die Bezeichnung **„6-Korn-Eier" irregeführt** werde, weil er sie „wahrscheinlich" so verstehe, dass die Eier von Hühnern stammen, die allein mit sechs Kornsorten gefüttert worden sind. Selbst die Verbraucher, die wüssten, dass Hühner üblicherweise nicht allein von Körnern ernährt würden, könnten irregeführt werden, weil „diese Kenntnis noch nicht bedeutet, dass nicht Hühner gleichwohl ausschließlich mit Körnern gefüttert werden können". Nur Durchschnittsverbraucher mit einem Bezug zur Landwirtschaft und mit Kenntnissen über Hühnerhaltung, denen bekannt sei, dass Hühner niemals nur mit Getreide gefüttert würden, seien vor der Irreführung gefeit. Von drei Durchschnittsverbrauchern würden durch die beanstandete Bezeichnung zwei getäuscht (OVG Münster LRE 37, 192 (194) = ZLR 1999, 814 mkritAnm Reese).

Die Entscheidung des OVG Münster zeigt exemplarisch, dass mit dem **europäischen Ver-** 0.66 **braucherleitbild** nicht notwendig eine Harmonisierung verbunden ist. Die Formel birgt die Gefahr, dass die Rechtsanwender in den Mitgliedstaaten ihre überkommenen Vorstellungen unter die neue Formel zu subsumieren, ohne sich wirklich nach einem **gemeinsamen Maßstab** zu richten. Damit wird ein Dilemma der Harmonisierung sichtbar: Entweder der EuGH entscheidet selbst – was nicht seine Aufgabe ist, was er aber in der Vergangenheit teilweise getan hat (→ Rn. 0.43 ff.) –, wie die angesprochenen Verkehrskreise in einem bestimmten Mitgliedstaat die beanstandete Werbeaussage verstehen. Oder er beschränkt sich darauf, Leitlinien vorzugeben, anhand derer die Gerichte in den Mitgliedstaaten entscheiden können; diese Leitlinien sind dann aber notwendigerweise derart abstrakt, dass das **durch die bisherige Rechtsanwendung geprägte Vorverständnis** Platz greift. Da das Verkehrsverständnis keinesfalls allein empirisch –

durch Verkehrsbefragung – zu ermitteln ist, sondern auch normative Elemente eine Rolle spielen sollen, ist es notwendig, auf der Grundlage des europäischen Verbraucherleitbilds **weitere Kriterien für die Ermittlung des Verkehrsverständnisses** zu ermitteln. Eine erste Unterscheidung hat der EuGH dahin vorgenommen, dass bei der Frage nach einer Irreführung „mehrere Gesichtspunkte", insbes. „soziale, kulturelle oder sprachliche Eigenheiten", berücksichtigt werden müssen (EuGH Slg. 2000, I-117 Rn. 29 = GRUR-Int. 2000, 354 – Estée Lauder/Lancaster). Außerdem kann die Aufmerksamkeit des Verbrauchers je nach Art des Produkts unterschiedlich hoch sein (EuGH Slg. 1999, I-3819 Rn. 26 = GRUR-Int. 1999, 734 – Lloyd/Loints; Slg. 2003, I-2799 Rn. 52 = GRUR 2003, 422 – Arthur/Arthur et Félicie). Zu weiteren denkbaren Unterscheidungen eingehend Lettl GRUR 2004, 449 (454 f.). Zum Verbraucherleitbild im Unionsrecht vgl. auch → § 1 Rn. 21 ff.

0.67   **dd) Das Verbraucherbild in der weiteren EuGH-Rspr.** Die Formel vom durchschnittlich informierten, aufmerksamen und verständigen **Durchschnittsverbraucher** zieht der EuGH seit der „Gut-Springenheide"-Entscheidung stets heran, wenn es auf das **Verkehrsverständnis** ankommt. Dies gilt für **sämtliche Irreführungsverbote**, aber auch für die **kennzeichenrechtliche Verwechslungsgefahr** (EuGH Slg. 1999, I-513 Rn. 36 = GRUR-Int. 1999, 345 – Sektkellerei Keßler; Slg. 1999, I-3819 Rn. 26 = GRUR-Int. 1999, 734 – Lloyd/Loints; GRUR 2017, 1132 Rn. 41 – Ornua/T&S) oder die Prüfung aggressiver Geschäftspraktiken iSd Art. 8 und 9 UGP-RL (vgl. EuGH GRUR 2018, 1156 Rn. 51 – AGCM/Wind ua; GRUR 2019, 1064 Rn. 30 – Präsident des Amtes für Wettbewerbs- und Verbraucherschutz/Orange Polska) und auch für die Auslegung der Verbraucherrechte-RL; vgl. EuGH GRUR 2022, 832 Rn. 41, 53 – Victorinox). Selbst für die Frage der **markenrechtlichen Unterscheidungskraft** stellt der EuGH auf den Durchschnittsverbraucher ab (EuGH Slg. 2003, I-3161 Rn. 41 = GRUR 2003, 514 – Linde; MarkenR 2015, 293 Rn. 92 – Voss of Norway/HABM). **Irreführungsverbote** betrafen die Entscheidungen **Lifting-Creme** (Slg. 2000, I-117 Rn. 27 = GRUR-Int. 2000, 354 – Estée Lauder/Lancaster: § 3 in der bis 2004 geltenden Fassung und Art. 6 III RL 76/768/EWG), **Darbo** (Slg. 2000, I-2297 Rn. 20 = GRUR-Int. 2000, 756 – Verein gegen Unwesen …/ Darbo: Art. 2 I lit. a RL 79/112/EWG), Cidrerie Ruwet (EuGH Slg. 2000, I-8749 Rn. 53 = ZLR 2000, 8749 = LRE 39, 233 – Cidrerie Ruwet/Cidre Stassen: RL 106/75/EWG), **Linhart** (EuGH Slg. 2002, I-9375 Rn. 31 = EWS 2003, 135 – Linhart/Biffl: Art. 6 III RL 76/768/EWG), **Pereničč** (EuGH GRUR 2012, 639 Rn. 40 – Pereničč/SOS: Art. 6 UGP-RL), **CHS** (EuGH GRUR 2013, 1157 Rn. 33 ff. – CHS/Team4 Travel: Art. 6 I UGP-RL), **Trento Sviluppo** (EuGH GRUR 2014, 196 Rn. 24 ff. – Trento Sviluppo: Art. 6 I UGP-RL), **UPC** (EuGH GRUR 2015, 600 Rn. 39 – Ungarische Verbraucherschutzbehörde/ UPC: Art. 6 I UGP-RL), **Deroo-Blanquart** (EuGH GRUR 2016, 1180 Rn. 43 ff. – Deroo-Blanquart/Sony: Art. 7 UGP-RL), **Canal Digital** (EuGH GRUR 2016, 1307 – Canal Digital Denmark: Art. 6 und 7 UGP-RL), **ITM** (EuGH GRUR 2017, 280 Rn. 29 ff. – ITM/Carrefour: Art. 4 Werbe-RL, Art. 7 UGP-RL), **Dyson** (EuGH GRUR 2018, 940 – Dyson ua/BSH Home Appliances: Art. 7 UGP-RL) **A und O** (EuGH NJW 2022, 1513: Art. 7 UGP-RL), **Vicente** (EuGH GRUR 2022, 1607 Rn. 85 und 87 – Vicente (Verfahren zur Vollstreckung von Anwaltshonoraren): Art. 4 Klausel-RL und Art. 7 UGP-RL), **LSI** (EuGH GRUR 2023, 352 Rn. 33 – LSI-Germany: Art. 17 LMIV), **TUZ** (EuGH NJW-RR 2023, 557 Rn. 61 – Towarzystwo Ubezpieczeń Ż (irreführende Musterversicherungsverträge): Art. 2 und 5 UGP-RL), **Ocidental** (EuGH GRUR 2023, 827 Rn. 26 – Ocidental-Companhia Portuguesa de Seguros de Vida: Art. 4, 5 Klausel-RL), **VSW** (EuGH GRUR 2023, 1115 Rn. 28 – Verband Sozialer Wettbewerb (Pfandbehälter)).

0.68   Das Verbraucherleitbild des europäischen Rechts gilt nicht nur für den klassischen Verbraucher iSd § 13 BGB, sondern **auch für den Unternehmer auf der Marktgegenseite.** Der EuGH spricht zuweilen von der „durchschnittlich informierten, aufmerksamen und verständigen Person" (EuGH Slg. 2001, I-7945 Rn. 52 = GRUR 2002, 354 – Toshiba/Katun in einem Fall, in dem sich die Werbung an Fachhändler richtete; → § 1 Rn. 24).

0.69   **b) Übernahme des Verbraucherleitbildes in der UGP-RL.** Das vom EuGH entwickelte Verbraucherleitbild hat nunmehr auch **Eingang in die Gesetzgebung** gefunden. Die UGP-RL übernimmt diesen Maßstab, wenn sie in ErwGr. 18 ausführt, dass es zwar angezeigt sei, alle Verbraucher vor unlauteren Geschäftspraktiken zu schützen, dass aber die Richtlinie **im Interesse der Verhältnismäßigkeit** sowie einer wirksamen Anwendung der vorgesehenen Schutzmaßnahmen „den Durchschnittsverbraucher, der angemessen gut unterrichtet und angemessen aufmerksam und kritisch ist", zum Maßstab nimmt. Soweit dabei eine Definition verwendet wird, die geringfügig von der aus der EuGH-Rspr. bekannten abweicht, ist dies ohne Bedeutung, geht vielmehr auf verschiedene Übersetzungen zurück (→ § 1 Rn. 23). Aber auch in den **Richtlinientext** selbst hält der Begriff des Durchschnittsverbrauchers Einzug: So stellt Art. 5 II lit. b UGP-RL darauf ab, dass die Geschäftspraxis dazu geeignet ist, „das **wirtschaftliche Verhalten des Durchschnittsverbrauchers** … wesentlich zu beeinflussen". Die irreführende Geschäftspraxis wird in Art. 6 I UGP-RL in der Weise umschrieben, dass sie „den **Durchschnittsverbraucher** … zu täuschen geeignet ist und ihn … zu einer geschäftlichen Entscheidung veranlasst, die er ansonsten nicht getroffen hätte". Art. 7 I UGP-RL stellt für die irreführende Unterlassung darauf ab, ob sie „wesentliche Informationen vorenthält, die der **durchschnittliche Verbraucher** … benötigt, um eine informierte geschäftliche Entscheidung zu treffen" (vgl. auch Art. 6 II, 7 II, 8 UGP-RL).

c) Rezeption des europäischen Verbraucherbildes in der nationalen Rechtsprechung. aa) Frühere Rechtsprechung. Der BGH hatte schon seit längerer Zeit die früher ständig verwendete Formel vom oberflächlichen, **flüchtigen Verbraucher nicht mehr benutzt.** Die letzten Entscheidungen, die ausdrücklich auf das Verständnis des flüchtigen Verbrauchers abstellen, stammen vom Anfang der neunziger Jahre (BGH GRUR 1988, 459 (460) – Teilzahlungsankündigung; GRUR 1991, 546 (547) – … aus Altpapier; BGHZ 105, 277 (283) – Umweltengel; GRUR 1993, 127 – Teilzahlungspreis II; BGH GRUR 1992, (452 f.) – Beitragsrechnung). Ab Mitte der neunziger Jahre zeigt sich ein differenzierteres Bild. So wurde in der Entscheidung „Energiekosten-Preisvergleich II" – allerdings in einem Fall einer objektiv zutr., lediglich missverständlichen Werbung – ausdrücklich hervorgehoben, „dass das Informationsinteresse … nicht hinter möglichen Missverständnissen flüchtiger und uninteressierter Leser zurücktreten" dürfe (BGH GRUR 1997, 304 (306)). Der Entscheidung „Der meistverkaufte Europas" (BGH GRUR 1996, 910), in dem es ebenfalls um eine objektiv richtige Werbeaussage ging, liegt – in Abkehr von der einen parallelen Sachverhalt betreffenden älteren Entscheidung „Der meistgekaufte der Welt" (BGH GRUR 1972, 129) – das Bild eines über den eigenen Tellerrand hinausschauenden Verbrauchers zugrunde. In anderen Entscheidungen, die die Fallgruppe der Wertreklame betreffen (§ 1 aF), wurde darauf abgestellt, dass Verbraucher von einem bestimmten Angebot üblicherweise nur nach reiflicher Überlegung Gebrauch machen (BGH GRUR 1998, 1037 (1038) – Schmuck-Set; GRUR 1999, 256 (257) – 1.000,– DM Umwelt-Bonus). Das **Bild eines mündigen Bürgers,** der sich ökonomischen Zusammenhängen nicht von vornherein verschließt, wird auch in den „Handy"-Entscheidungen gezeichnet, wenn dort darauf abgestellt wird, dem Publikum sei geläufig, „dass Mobiltelefone einen nicht unerheblichen Wert haben und ein Kaufmann ein solches Gerät nicht ohne weiteres verschenkt"; es erkenne daher auch, „dass der Erwerb des Mobiltelefons letztlich mit den Gegenleistungen finanziert werden muss, die im Rahmen des Netzkartenvertrags zu erbringen sind" (BGHZ 139, 368 (373) = GRUR 1999, 264 – Handy für 0,00 DM; BGH GRUR 1999, 261 (263) – Handy-Endpreis).

bb) Verbraucherleitbild in der neueren BGH-Rechtsprechung. Der BGH hat bald nach der „Gut-Springenheide"-Entscheidung deutlich gemacht, dass auch für den Bereich des autonomen Rechts **dieselben Maßstäbe** gelten sollen wie für den durch das Unionsrecht geprägten Teile des Irreführungsverbots. Seit 1999 wird als Maßstab immer wieder auf den **durchschnittlich informierten und verständigen Verbraucher** abgestellt, der der Werbung **die der Situation angemessene Aufmerksamkeit** entgegenbringt (BGH GRUR 2000, 619 (621) – Orient-Teppichmuster; GRUR 2000, 820 (821) – Space Fidelity Peep-Show; GRUR 2000, 1106 (1108) – Möbel-Umtauschrecht; BGHZ 148, 1 (7) – Mitwohnzentrale; GRUR 2001, 1166 (1169) – Fernflugpreise; GRUR 2002, 81 (83) – Anwalts- und Steuerkanzlei; GRUR 2002, 182 (183) – Das Beste jeden Morgen; GRUR 2002, 550 (552) – Elternbriefe; GRUR 2002, 715 (716) – Scannerwerbung; GRUR 2003, 163 (164) – Computerwerbung II; GRUR 2003, 247 (248) – THERMAL BAD; GRUR 2003, 361 (362) – Sparvorwahl; GRUR 2003, 249 – Preis ohne Monitor; GRUR 2004, 162 (163) – Mindestverzinsung; BGHZ 156, 250 (252 f.) = GRUR 2004, 244 (245) – Marktführerschaft; GRUR 2004, 249 (251) – Umgekehrte Versteigerung im Internet; GRUR 2004, 435 (436) – FrühlingsgeFlüge; GRUR 2004, 793 (796) – Sportlernahrung II; GRUR 2012, 1053 Rn. 19 – Marktführer Sport; GRUR 2016, 521 Rn. 10 – Durchgestrichener Preis II; GRUR 2018, 950 Rn. 33 – Namensangabe; GRUR 2019, 631 Rn. 30 – Das beste Netz; GRUR 2019, 644 Rn. 23 – Knochenzement III; GRUR 2021, 513 Rn. 11 – Sinupret; GRUR 2021, 746 Rn. 46 – Dr. Z; GRUR 2022, 241 Rn. 20 – Kopplungsangebot III; GRUR 2022, 844 Rn. 20 – Kinderzahnarztpraxis; GRUR 2022, 1163

Rn. 57 – Grundpreisangabe im Internet; GRUR 2022, 1347 Rn. 21 - 7 x mehr; GRUR 2022, 1832 Rn. 37 – Herstellergarantie IV).

0.72   Der BGH stellt also nicht (mehr) auf den flüchtigen Betrachter ab, sondern auf den durchschnittlich informierten, verständigen Verbraucher, der sich der Anzeige **mit situationsadäquater Aufmerksamkeit** zuwendet. Der BGH hat mehrfach betont, dass auch ein verständiger Verbraucher ein flüchtiger Verbraucher sein kann. Der **Grad der Aufmerksamkeit** des Verbrauchers ist **abhängig von der jeweiligen Situation** und vor allem von der Bedeutung, die die beworbenen Waren oder Dienstleistungen für ihn haben. Die Aufmerksamkeit, die der durchschnittlich informierte und verständige Verbraucher einer Werbung zuwendet, ist zB bei geringwertigen Gegenständen des täglichen Bedarfs oder beim ersten Durchblättern von Werbebeilagen und Zeitungsanzeigen regelmäßig eher gering, dh der Verbraucher wird die Werbung eher flüchtig zur Kenntnis nehmen, weswegen sich die **Begriffe „flüchtig" und „verständig" nicht gegenseitig ausschließen.** Handelt es sich um höherwertige Waren oder Dienstleistungen, wird die Werbung mit entspr. größerer Aufmerksamkeit wahrgenommen (BGH GRUR 2000, 619 (621) – Orient-Teppichmuster; BGHZ 148, 1 (7) – Mitwohnzentrale; BGHR 2002, 76 (77 f.) – Für'n Appel und n'Ei; BGH GRUR 2002, 81 (83) – Anwalts- und Steuerkanzlei; GRUR 2002, 160 (162) – Warsteiner III; GRUR 2002, 715 (716) – Scanner-Werbung; GRUR 2003, 626 (627) – Umgekehrte Versteigerung II; GRUR 2015, 698 Rn. 19 – Schlafzimmer komplett; s. aber auch BGH GRUR 2018, 320 Rn. 26 – Festzins Plus; GRUR 2018, 199 Rn. 24 - 19 % MwSt. GESCHENKT). Zum Verbraucherleitbild im UWG vgl. weiter → § 1 Rn. 22 ff. Der **Gesetzgeber** der UWG-Reform 2004 hat dieses Leitbild eines durchschnittlich informierten, situationsadäquat aufmerksamen und verständigen Verbrauchers in seine Erwägungen übernommen (Begr. RegE UWG 2004 zu § 5, BT-Drs. 15/1487, 19).

0.73   Auch das **BVerfG** geht mittlerweile ohne weiteres vom **Durchschnittsverbraucher** aus, wenn es zur werblichen Anpreisung eines Rechtsanwalts im Internet, er habe „es zu seiner wichtigsten Aufgabe gemacht, die wirtschaftlichen Interessen seiner Mandanten optimal zu wahren", ausführt (BVerfG NJW 2003, 1307): „Der Rechtsuchende, der ein **durchschnittliches Leseverständnis** aufbringt, vermag sehr wohl zwischen optimaler Mühewaltung und optimaler Interessenvertretung zu differenzieren. Eine Gefahr der Irreführung von Rechtsuchenden ergibt sich nicht." Vgl. auch BVerfG GRUR 2012, 72 Rn. 29 ff.

0.74   Das neue Verbraucherleitbild hat in erster Linie Auswirkungen auf die **Irreführungsquote** (→ Rn. 1.94 ff.). Während man **früher** davon ausging, dass ein nicht völlig unerheblicher Teil des Verkehrs, der für eine Irreführung ausreichte, **bei 10–15 %** liegt (BGH GRUR 1979, 716 (718) – Kontinent Möbel; GRUR 1981, 71 (74) – Lübecker Marzipan; GRUR 1992, 66 (68) – Königl.-Bayerische Weisse), ist eine generelle, derart niedrig liegende Quote mit dem Bild durchschnittlich aufmerksamen und verständigen Verbrauchers **nicht mehr in Einklang** zu bringen (BGH GRUR 2003, 162 (163) – Mindestverzinsung; so auch Leible EuZW 1998, 528 (529); Ohly/Sosnitza/Sosnitza Rn. 149 f.; aA noch Köhler/Piper/Piper, 3. Aufl. 2002, § 3 Rn. 149; Volkmann-Schluck ZLR 1998, 465 (473)). Es ist auch nicht damit getan, die Irreführungsquote einfach höher festzusetzen, etwa auf ein Viertel oder auf ein Drittel der angesprochenen Verkehrskreise. Denn es muss – wie bereits allgemein anerkannt – nicht nur danach differenziert werden, ob die beanstandete Aussage objektiv zutr. ist oder nicht, sondern auch danach, ob sie eine unzutreffende Information vermittelt oder lediglich zu einer unzutreffenden Assoziation Anlass gibt (iE → Rn. 1.31, → Rn. 1.185). Außerdem ist zu berücksichtigen, dass eine Irreführungsquote nur einen von verschiedenen Gesichtspunkten bei der Ermittlung einer Irreführung bilden kann (Lettl WettbR S. 107).

0.75   **cc) Einheitliches Verbraucherleitbild.** Das vom EuGH und nunmehr von der UGP-RL zugrunde gelegte Verbraucherbild ist zwar nicht für sämtliche Irreführungsverbote von vornherein verbindlich. Da die Werbe-RL einen **strengeren Schutzstandard** in den Mitgliedstaaten zulässt, könnte das nationale Recht theoretisch im Bereich „B2B" (→ Rn. 0.13) ein höheres Schutzniveau vorsehen. Das ist indessen weder von der Sache her gerechtfertigt noch bietet sich sonst eine Differenzierung an. Vielmehr ist auch dort, wo das Irreführungsverbot ein Unternehmen schützt („B2B"), auf den durchschnittlichen Adressaten abzustellen, der informiert, verständig und angemessen aufmerksam ist und dies erklärt ist. Auch der EuGH wendet für gewerbliche Adressaten dieselbe Terminologie an (→ Rn. 0.68). Das **Verbraucherbild** ist also heute **einheitlich,** und zwar ungeachtet des Begriffs „Verbraucher" sowohl den „B2C"- als auch für den „B2B"-Bereich.

Die zitierte Rspr. ist naturgemäß nicht zum UWG 2008 und zum größten Teil auch nicht **0.76** zum UWG 2004, sondern noch zu § 3 UWG 1909 ergangen. Sie stammt häufig noch aus einer Zeit, als die deutsche Rspr. noch von einem anderen Verbraucherbild ausging und deshalb durchweg geringere Irreführungsquoten als ausreichend erachtete, um ein Verbot auszusprechen. Viele ältere Entscheidungen atmen noch den Geist eines rigiden Wettbewerbsrechts, das schon seit Jahren nicht mehr dem Standard der lauterkeitsrechtlichen Rspr. – ganz zu schweigen von dem an europäischen Maßstäben orientierten Recht nach der UWG-Reform 2004 – entspricht. Dennoch gibt auch die ältere Kasuistik meist mehr als einen Anhalt, wie der betreffende Fall zu entscheiden sein wird und kann daher – mit der gebotenen Vorsicht – auch heute noch als „persuasive authority" herangezogen werden.

d) Durchschnittsverbraucher in § 3 IV 1. In **Umsetzung der UGP-RL** hat der deutsche **0.77** Gesetzgeber den Begriff des Durchschnittsverbrauchers in das Gesetz aufgenommen. Nach § 3 IV 1 ist auf den „durchschnittlichen Verbraucher oder, wenn sich die geschäftliche Handlung an eine bestimmte Gruppe von Verbrauchern wendet, auf ein durchschnittliches Mitglied dieser Gruppe abzustellen". Eine inhaltliche Änderung ist damit gegenüber dem UWG 2004 nicht verbunden. Die Begründung des RegE UWG 2008 betont ausdrücklich, dass damit an das vom EuGH und vom BGH in ständiger Rspr. verwendete **Verbraucherleitbild des informierten, verständigen und angemessen aufmerksamen Durchschnittsverbrauchers** (Begr. RegE UWG 2008, BT-Drs. 16/10145, 22) angeknüpft werde.

II. Irreführungsverbot und Verfassungsrecht

Schrifttum: Lettl, Lauterkeitsrechtliches Irreführungsverbot und das Recht auf freie Meinungsäußerung – zugleich ein Beitrag zur Dogmatik des Begriffes der Irreführung im europäischen und deutschen Lauterkeitsrecht, FS Bornkamm, 2014, 407.

1. Allgemeines

Das Irreführungsverbot kann – wie andere wettbewerbsrechtliche Tatbestände – mit **grund- 0.78 rechtlich geschützten Positionen** in Konflikt geraten. Aufgrund der durch die UGP-RL bezweckten Vollharmonisierung des europäischen Lauterkeitsrechts im Verhältnis zwischen Unternehmern und Verbrauchern (→ Rn. 0.27) ist bei der grundrechtlichen Prüfung lauterkeitsrechtlicher Verbote im Anwendungsbereich der UGP-RL auf die **GRCh** abzustellen (BGH GRUR 2016, 710 Rn. 45 – Im Immobiliensumpf; GRUR 2018, 622 Rn. 19 – Verkürzter Versorgungsweg II). Insoweit kommen die Grundrechte des GG nicht zum Zuge: Innerstaatliche Rechtsvorschriften, die eine unionsrechtliche Richtlinie in deutsches Recht umsetzen, sind nach der Rspr. des BVerfG nicht an den Grundrechten des GG zu messen, sofern das Unionsrecht – wie im Falle der UGP-RL – **keinen Umsetzungsspielraum** lässt, sondern zwingende Vorgaben macht, **solange** die Rspr. des EuGH einen wirksamen Schutz der Grundrechte gegenüber der Hoheitsgewalt der Europäischen Union generell gewährleistet, der dem vom Grundgesetz jeweils als unabdingbar gebotenen Grundrechtsschutz im Wesentlichen gleich zu achten ist (vgl. BVerfGE 73, 339 (387); 102, 147 (162 ff.); 118, 79 (95 ff.); 129, 78 (103); 129, 186 (199)). Aus dieser Abgrenzung der Grundrechtssphären des Unionsrechts und des deutschen Verfassungsrechts folgte bisher eine **kompetenzielle Selbstbeschränkung des BVerfG**, das die Prüfung von Unionsgrundrechten dem EuGH überließ und sich durch den – bisher stets als erfüllt angesehenen – „solange"-Vorbehalt lediglich eine theoretische Reservezuständigkeit vorbehielt. Bei aller materiellen Gleichwertigkeit der Grundrechtsverbürgungen war der unionsrechtliche Grundrechtsschutz hierdurch prozessual insofern verkürzt, als das Unionsrecht eine Individualverfassungsbeschwerde zum EuGH nicht vorsieht und die grundrechtliche Prüfung eines unionsrechtlich vorbestimmten Verbots durch den EuGH allein im Vorlageverfahren nach Art. 267 AEUV erfolgen kann (vgl. BVerfGE 142, 74 Rn. 121). Die Verfassungsbeschwerde nach Art. 93 I Nr. 4a GG stand dem von einem unionsrechtlich vorbestimmten Verbot Betroffenen – mit Blick auf die Überprüfung des „solange"-Vorbehalts – nur theoretisch, angesichts hoher Substantiierungsanforderungen (vgl. BVerfGE 102, 147 (164)) nicht aber praktisch offen. Dieses wertungsmäßig kaum überzeugende Kontrolldefizit hat das BVerfG **nunmehr beseitigt:** In der Entscheidung **„Recht auf Vergessen II"** hat es ausgesprochen, fortan in Ausübung seiner Integrationsverantwortung nach Art. 23 I GG die durch Vollharmonisierung unionsrechtlich vorbestimmte Rechtsanwendung deutscher Stellen **am Maßstab der Unionsgrundrechte zu kontrollieren** (vgl. BVerfG GRUR 2020, 88 Rn. 50 ff.). Damit ist die **Verfassungsbeschwer-**

de zum BVerfG gegen Akte der Rechtsanwendung eröffnet, die durch **vollharmonisiertes Unionsrecht determiniert** sind – etwa auch ein im Anwendungsbereich der UGP-RL ergangenes gerichtliches Verbot. – Demgegenüber prüft das BVerfG Akte der innerstaatlichen Umsetzung und Anwendung von Unionsrecht, das den Mitgliedstaaten einen **Umsetzungsspielraum belässt,** schon seit längerem am Maßstab der deutschen Grundrechte (vgl. BVerfGE 118, 79 (95 ff.) mwN). Neuerdings geht das BVerfG insoweit davon aus, dass auch dort, wo Unionsgrundrechte aufgrund einer Durchführung des Unionsrechts gem. Art. 51 I 1 GRCh zu den Grundrechten des Grundgesetzes hinzutreten, eine Vermutung dafür besteht, dass das Schutzniveau der EU-Grundrechtecharta durch die Anwendung der Grundrechte des Grundgesetzes mitgewährleistet ist (vgl. BVerfG GRUR 2020, 74 Rn. 45 ff. – Recht auf Vergessen I). Soweit also ein lauterkeitsrechtliches Verbot **außerhalb des Anwendungsbereichs vollharmonisierten Unionsrechts** ergeht, unterliegt es stets der **Prüfung am Maßstab der Grundrechte des Grundgesetzes,** auch wenn – wie etwa im Falle des Irreführungsschutzes zwischen Mitbewerbern (→ Rn. 0.15 f.) – eine unionsrechtliche Grundlage dafür besteht.

0.78a   Im Vordergrund der Betrachtung stehen im Falle lauterkeitsrechtlicher Verbote die Grundrechte der **unternehmerischen Freiheit** (Art. 16 GRCh) bzw. der **Berufsfreiheit** (Art. 12 I GG), der **Meinungs-, Informations- und Pressefreiheit** (Art. 11 GRCh und Art. 5 I GG) sowie zuweilen auch der **Kunst- und Wissenschaftsfreiheit** (Art. 13 GRCh und Art. 5 III GG). Ein Grundrecht der **allgemeinen Handlungsfreiheit** iSv Art. 2 I GG, das nach deutschem Grundrechtsverständnis subsidiär herangezogen werden kann, enthält die EU-Grundrechtecharta nach ganz hM nicht (vgl. Jarass, Charta der Grundrechte der EU, 3. Aufl. 2016, Einl. Rn. 39, GRCh Art. 6 Rn. 6 mwN). Die **Eigentumsfreiheit** (Art. 17 GRCh und Art. 14 I GG) ist demgegenüber durch lauterkeitsrechtliche Verbote, die lediglich Erwerbschancen oder eine bereits bestehende Marktstellung beeinträchtigen, nicht berührt (vgl. BVerfGE 81, 208 (227 f.); BVerfGE 142, 268 Rn. 92). Der Konflikt mit grundrechtlich geschützten Positionen führt dazu, dass zuweilen der wettbewerbsrechtliche Schutz, also namentlich der Schutz der Mitbewerber und der Verbraucher, zurücktreten muss. Die wettbewerbsrechtlichen Verbote sind aber so ausgestaltet, dass diese Einschränkung häufig **auf Tatbestandsebene** erfolgen kann. Dies gilt auch für das Irreführungsverbot aus §§ 3, 5. Zwar konkretisiert § 5, was unter Unlauterkeit zu verstehen ist. Aber die **Interessenabwägung** (→ Rn. 1.200 ff.) ermöglicht es, die einem Verbot entgegenstehenden verfassungsrechtlichen Gesichtspunkte weitgehend bereits im Rahmen der Prüfung des Tatbestandes zu berücksichtigen. Die im Einzelfall vorzunehmende **Prüfung der Verhältnismäßigkeit** (→ Rn. 1.214 ff.; BGH GRUR 2003, 628 (630) – Klosterbrauerei) GRUR 2015, 286 Rn. 25, 28 – Spezialist für Familienrecht) dient als weiteres Korrektiv außerhalb des Tatbestands. Generell zum Verhältnis von Wettbewerbsrecht und Verfassungsrecht → § 3 Rn. 1.14 ff. und 2.22 ff. Zum Verhältnis des Irreführungsverbots zur **Meinungsäußerungsfreiheit nach Art. 10 EMRK** EGMR GRUR-RR 2009, 173; 2009, 175; NJW 2018, 3768.

0.79   In Fällen eines klaren **Verstoßes gegen das Wahrheitsgebot** gerät das Irreführungsverbot kaum in Konflikt mit grundrechtlich geschützten Positionen. Denn die Behauptung unwahrer Tatsachen steht im Allgemeinen nicht unter grundrechtlichem Schutz (BVerfGE 61, 1 (7 f.); BVerfG NJW-RR 2017, 1001 Rn. 15; NJW 2018, 2858 Rn. 20; BGH WRP 1994, 862 (864) – Bio-Tabletten; GRUR 2014, 904 Rn. 23 – Aufruf zur Kontokündigung). Während sich das allgemeine Äußerungsrecht dadurch auszeichnet, dass im Zweifel eine Äußerung als **Werturteil** und nicht als **Tatsachenbehauptung** verstanden wird, wird im Wettbewerbsrecht wesentlich stärker auf den Tatsachenkern einer Äußerung und auch auf versteckte Tatsachenbehauptungen abgestellt (→ Rn. 1.25 f.). Außerdem können auch **objektiv zutreffende Äußerungen** irreführend sein. Bei einem Verbot einer versteckten Tatsachenbehauptung oder einer objektiv zutreffenden Tatsachenangabe ist das Interesse des Werbenden an der Aussage eigenständig zu gewichten und – auch mit Blick auf die mit einem Verbot verbundene Einschränkung der Berufs- und der Meinungsäußerungsfreiheit (Art. 16 GRCh/Art. 12 I GG, Art. 11 GRCh/Art. 5 I GG) – im Rahmen einer Interessenabwägung oder einer Verhältnismäßigkeitsprüfung in Relation zum Interesse an einer Untersagung der Irreführung zu setzen.

2. Haftungsprivileg der Medien

0.80   Zu Gunsten der Medien greifen **zwei verfassungsrechtlich bedingte Haftungsprivilegien** ein, die auch im Rahmen des Irreführungsverbots eine erhebliche Rolle spielen. **(1)** Zum einen wird eine **geschäftliche Handlung** verneint, wenn es sich um redaktionelle, der Information und Meinungsbildung der Leser/Hörer/Zuschauer dienende Äußerungen handelt. Dies wird an dem (an die Stelle der Wettbewerbsförderungsabsicht im UWG 2004 getretenen) **Merkmal eines objektiven Zusammenhangs zwischen veröffentlichten Inhalten auf der einen und dem Absatz von Waren oder Leistungen auf der anderen Seite** festgemacht (→ § 2 Rn. 67). Bei einem redaktionellen Beitrag ist ein objektiver Zusammenhang mit der Förderung des Absatzes eines fremden Unternehmens zu verneinen, wenn er allein der Information und Meinungsbildung seiner Adressaten dient (BGH GRUR 2012, 74 Rn. 15 – Coaching-Newsletter; GRUR-RR 2016, 410 Rn. 11 – Dr. Estrich; GRUR 2021, 1400 Rn. 64 – Influencer I). Grenzfälle treten dann auf, wenn ein **Testmagazin** den Herstellern der getesteten Produkte gegen Entgelt gestattet, mit dem Testlabel zu werben. In einem solchen Fall kann eine Haftung des Testmagazins nach §§ 3, 5 begründet sein, wenn es nicht auf den begrenzten Testumfang hinweist (OLG Frankfurt GRUR-RR 2007, 16). – Zur **Werbung mit Testergebnissen** → Rn. 2.280 ff.

(2) Zum anderen gelten **Besonderheiten für das Anzeigengeschäft.** Dort, wo Medien als **0.81** Werbeträger auftreten, handeln sie immer geschäftlich. Hier müssten sie eigentlich für jede wettbewerbswidrige Werbung zumindest auf Unterlassung haften. Das Gesetz enthält nur für den Schadensersatzanspruch und nur für periodische Druckwerke eine ausdrückliche Regelung in § 9 III (→ § 9 Rn. 3.11 ff.). Um die Arbeit der Medien im Rahmen des Anzeigengeschäfts nicht über Gebühr zu erschweren, bestehen von Verfassungs wegen für Anzeigen keine umfassenden Prüfungspflichten. Bei dem Umfang der Prüfungspflicht ist zu berücksichtigen, dass die Beurteilung von Anzeigen bei der Veröffentlichung unter dem Gebot der raschen Entscheidung steht. Um die Arbeit von Presseunternehmen nicht über Gebühr zu erschweren und die Verantwortlichen nicht zu überfordern, besteht daher mit Blick auf die Gewährleistung der Medienfreiheit gem. Art. 11 II GRCh bzw. der Pressefreiheit gem. Art. 5 I 2 GG nur eine eingeschränkte Prüfungspflicht. Sie beschränkt sich auf **grobe, vom Verleger oder Redakteur unschwer zu erkennende Rechtsverstöße** (vgl. BGH GRUR 1990, 1012 (1014) – Pressehaftung I; GRUR 1992, 618 (619) – Pressehaftung II; GRUR 1994, 454 (455) – Schlankheitswerbung; GRUR 2001, 529 (531) – Herz-Kreislauf-Studie; GRUR 2006, 429 Rn. 15 – Schlank-Kapseln; GRUR 2006, 957 Rn. 14 – Stadt Geldern; GRUR 2015, 906 Rn. 31 – TIP der Woche; GRUR 2021, 1534 Rn. 69 – Rundfunkhaftung I; GRUR 2023, 732 Rn. 35 – Rundfunkhaftung II; ferner → § 9 Rn. 3.3.

In den Schutzbereich der Pressefreiheit sind **nicht nur Presseerzeugnisse im herkömm-** **0.82** **lichen Sinne** einbezogen, sondern auch Zeitschriften, die neben Werbung zumindest auch unterhaltende Beiträge wie Horoskope, Rätsel oder Prominentenporträts enthalten. Die grundrechtliche Garantie der Pressefreiheit gilt vielmehr **auch für Kundenzeitschriften** (vgl. BVerwGE 78, 184; OLG Hamburg PharmR 2009, 136 (137)) und für **Anzeigenblätter,** die hauptsächlich Werbeanzeigen und zu einem geringeren Anteil redaktionelle Beiträge enthalten (vgl. BGHZ 51, 236 (238 f., 246 f.) – Stuttgarter Wochenblatt I; BGHZ 116, 47 (54) – Amtsanzeiger; BGHZ 157, 55 (62) – 20 Minuten Köln; BGH GRUR 2006, 429 (431) – Schlank-Kapseln; GRUR 2015, 906 Rn. 34 – TIP der Woche). Der **Schutzumfang der Pressefreiheit** ist umso geringer, je weniger ein Presseerzeugnis der Befriedigung eines Informationsbedürfnisses von öffentlichem Interesse oder der Einwirkung auf die öffentliche Meinung dient und je mehr es eigennützige Geschäftsinteressen wirtschaftlicher Art verfolgt. Danach kann sich ein Presseunternehmen grundsätzlich nicht mit Erfolg auf die Grundsätze der eingeschränkten Haftung der Presse für wettbewerbswidrige (hier iSv § 5 irreführende) Werbeanzeigen Dritter berufen, **wenn die fragliche Zeitschrift keinen nennenswerten meinungsbildenden Bezug hat, sondern nahezu ausschließlich Werbung enthält** (BGH GRUR 2015, 906 Rn. 37 f. – TIP der Woche).

3. Unternehmerische Freiheit/Berufsfreiheit (Art. 16 GRCh, Art. 12 I GG)

Das Irreführungsverbot berührt wie die anderen wettbewerbsrechtlichen Verbote den Schutz- **0.83** bereich der **unternehmerischen Freiheit** (Art. 16 GRCh) bzw. der **Berufsfreiheit** (Art. 12 I GG). Ihr Schutzbereich erfasst auch das Verhalten im Wettbewerb einschließlich der Werbung (vgl. (zur Kennzeichnungspflicht nach der Health-Claim-VO und der RL 2009/54/EG) EuGH LMuR 2016, 12 Rn. 67 – Neptune Distribution; (zur Kennzeichnungspflicht nach der VO (EG) 543/2008) EuGH LMuR 2016, 240 Rn. 26, 28 f. – Lidl/Freistaat Sachsen; BVerfGE 32, 311 (317); 65, 237 (247); BVerfG NJW 1993, 1969). Das Irreführungsverbot greift in diese Freiheiten ein, indem es bestimmte Werbeaussagen und Verkaufspraktiken verbietet. Nach Art. 52 I

GRCh muss jede **Einschränkung** der Ausübung der in der GRCh anerkannten Rechte und Freiheiten gesetzlich vorgesehen sein, den Wesensgehalt dieser Rechte und Freiheiten achten und den Grundsatz der Verhältnismäßigkeit wahren, darf also nur vorgenommen werden, wenn sie erforderlich ist und den von der Union anerkannten dem Gemeinwohl dienenden Zielsetzungen oder den Erfordernissen des Schutzes der Rechte und Freiheiten anderer tatsächlich entspricht. Der EuGH bringt dies auf die Formel, die Gewährleistung der unternehmerischen Freiheit sei im Zusammenhang mit ihrer **gesellschaftlichen Funktion** zu sehen (EuGH GRUR Int 2013, 288 Rn. 45 – Sky Österreich; LMuR 2016, 12 Rn. 66 – Neptune Distribution; LMuR 2016, 240 Rn. 30 – Lidl/Freistaat Sachsen; NJW-RR 2021, 1420 Rn. 170 – Irish Ferries; NZA 2023, 287 Rn. 75 – TP, betr. Videoredakteur beim öffentlich-rechtlichen Fernsehen) und erkennt etwa Interessen der Marktteilnehmer, insbesondere den **Verbraucherschutz,** sowie den **Gesundheitsschutz** als bei der Grundrechtsabwägung zu berücksichtigende **Gemeinwohlaspekte** an (EuGH LMuR 2016, 12 Rn. 73 ff. – Neptune Distribution; LMuR 2016, 240 Rn. 35, 38 – Lidl/Freistaat Sachsen). Nach deutschem Grundrechtsverständnis ist die **Berufsausübung,** nicht die Berufswahl betroffen (BVerfG NJW 1993, 1969). Eine Einschränkung der Berufsausübungsfreiheit ist danach gerechtfertigt, wenn die Maßnahme durch **hinreichende Gründe des Gemeinwohls** gerechtfertigt wird und ihr Einsatz **verhältnismäßig** ist. Danach ist zu konstatieren, dass **relevante Abweichungen** zwischen unionsgrundrechtlichem und grundgesetzlichem Schutzniveau mit Blick auf das Berufsgrundrecht **nicht bestehen.**

0.84   Die bestehende **Wirtschaftsverfassung** enthält als eines ihrer Grundprinzipien den **freien Wettbewerb** der als Anbieter und Nachfrager am Markt auftretenden Unternehmen. Das **Verhalten der Unternehmen** in diesem Wettbewerb ist **Bestandteil der unternehmerischen Betätigung,** die durch Art. 16 GRCh und Art. 12 I GG geschützt ist (vgl. EuGH GRUR Int 2013, 288 Rn. 42 – Sky Österreich; AUR 2014, 22 Rn. 25 – Schaible; BVerfGE 105, 252 (265); 115, 205 (229)). Das BVerfG hat in der Vergangenheit wiederholt das **Ziel des UWG** (in seiner bis 2004 geltenden Fassung) anerkannt, das darin bestehe, „das Verhalten konkurrierender Marktteilnehmer in den Bahnen des Anstands, der Redlichkeit und der guten kaufmännischen Sitten zu halten" (BVerfG GRUR 1993, 754 – Großmarkt-Werbung II; NJW 1993, 1969 (1970) zu §§ 6a, 6b aF; GRUR 1996, 899 (902) – Werbeverbot für Apotheker: zum Zugabeverbot). Vor diesem Hintergrund hat das BVerfG die Generalklausel des § 1 UWG 1909 gebilligt und es grds. den „Fachgerichten" überlassen, wie sie ihre Überzeugung von der Sittenwidrigkeit bilden. Wenn schon die weite Generalklausel des § 1 UWG 1909 verfassungsrechtlich nicht zu beanstanden sei, gelte dies **erst recht für das Verbot irreführender Werbung** (BVerfG NJW 1993, 1969 (1970)). Hierzu hat das BVerfG ausgesprochen, dass das lauterkeitsrechtliche Schutzgut der **Funktionsfähigkeit des Leistungswettbewerbs,** welches den Interessen der Marktteilnehmer an der Abwehr störender Einflussnahme etwa auf die freie Entschließung der Kunden diene, im Rahmen der Grundrechtsabwägung zum Tragen komme (BVerfG GRUR 2008, 81 (82)).

0.85   Auch wenn das Irreführungsverbot – abstrakt betrachtet – eine zulässige Beschränkung der unternehmerischen Freiheit bzw der Berufsausübungsfreiheit darstellt, kann doch der **Einsatz des Verbots im Einzelfall unverhältnismäßig** sein. An der Verhältnismäßigkeit fehlt es häufig, wenn allein auf die Gefahr einer Irreführung der Verbraucher abgestellt wird, ohne im Einzelnen zu prüfen, ob die beanstandete Aussage zutrifft oder nicht. So hat das BVerfG ein Urteil des OLG Düsseldorf aufgehoben, das ohne Prüfung der Richtigkeit der Aussage einem Rechtsanwalt verboten hatte, seiner Berufsbezeichnung den Hinweis auf den Tätigkeitsschwerpunkt **Transport- und Versicherungsvertragsrecht** hinzuzufügen (BVerfG NJW 1995, 712 f. – Transport- und Versicherungsvertragsrecht). Das OLG hatte das Verbot damit begründet, der Verkehr nehme zu Unrecht an, dass es sich um eine geschützte Fachanwaltsbezeichnung handele (OLG Düsseldorf WRP 1992, 179). Ähnlich gelagert war der Fall, in dem die Bezeichnung **Tätigkeitsschwerpunkt Implantologie** bei Zahnärzten beanstandet worden war, weil das Publikum diese Bezeichnung mit einem offiziellen Fortbildungszertifikat der Zahnärztekammer verwechsle. Auch hier stellte das BVerfG darauf ab, dass Angaben, die in sachlicher Form über die Qualifikation informieren und – für sich genommen – nicht irreführend sind, nicht untersagt werden können (BVerfG WRP 2001, 1064 (1067) – Implantologie; zur Werbung mit Zertifikaten, mit denen auf eine besondere berufliche Qualifikation hingewiesen werden soll, nunmehr auch BGH GRUR 2012, 214 – Zertifizierter Testamentsvollstrecker; → Rn. 4.156).

0.86   Ebenso wenig geht es an, dass einem Zahnarzt die Einrichtung eines **Zahnarztsuchservice** generell mit der Begründung untersagt wird, die Art der Datenerhebung bei den in den Service aufgenommenen Zahnärzten mache es wahrscheinlich, dass mit Hilfe des Suchservice unwahre und irreführende Angaben verbreitet würden (BVerfG WRP 2001, 1437 (1440 f.) – Zahnarzt-suchservice). Denn einer solchen Gefahr kann durch ein milderes Mittel, nämlich durch geeig-nete aufklärende Hinweise darüber, dass es sich um Selbsteinschätzungen der betreffenden Zahn-ärzte handelt, begegnet werden (BVerfG WRP 2001, 1441; vgl. auch BVerfG WRP 2001, 1284 (1286) – Umfassende Rechtsberatung). Bezeichnet sich ein **Rechtsanwalt** als Spezialist auf einem Rechtsgebiet, für das eine Fachanwaltschaft besteht, so kann diese Bezeichnung nicht als irreführend verboten werden, wenn die Fähigkeiten des Rechtsanwalts denjenigen entsprechen, die an einen Fachanwalt zu stellen sind (BGH GRUR 2015, 286 Rn. 25, 28 – Spezialist für Familienrecht).

4. Meinungs- und Pressefreiheit, Kunstfreiheit (Art. 11, 13 GRCh, Art. 5 I und III GG)

In den letzten Jahren ist die Meinungs- und Pressefreiheit (Art. 5 I GG), der auf unionsrecht- **0.87** licher Ebene die Freiheit der Meinungsäußerung und Informationsfreiheit gem. Art. 11 I und II GRCh entspricht, verstärkt als verfassungsrechtlicher Prüfungsmaßstab wettbewerbsrechtlicher Verbote, auch des Irreführungsverbots, herangezogen worden. Lange Zeit war offengeblieben, ob die Wirtschaftswerbung in den Schutzbereich des Art. 5 I 1 GG – und nicht nur in den des Art. 12 I GG – fällt (vgl. noch BVerfG WRP 1994, 503 – Markenverunglimpfung). Im Jahre 2000 hat das BVerfG nunmehr entschieden und seitdem mehrfach bestätigt, dass sich der Schutz des Art. 5 I 1 GG „auch auf **kommerzielle Meinungsäußerungen** sowie **reine Wirtschafts-werbung** erstreckt, die einen wertenden, meinungsbildenden Inhalt hat" (BVerfGE 102, 347 = GRUR 2001, 170 (172) – Benetton-Werbung I; BVerfG GRUR 2001, 1058 (1059) – Thera-peutische Äquivalenz; GRUR 2002, 455 – Tier- und Artenschutz; GRUR 2015, 507 Rn. 17 – Werbetassen). Der **EuGH** ordnet die **Verbreitung von Informationen geschäftlicher Art durch den Unternehmer** einschließlich der Werbung ebenfalls dem Schutzbereich der Mei-nungsäußerungsfreiheit gem. Art. 11 I GRCh zu (EuGH LMuR 2016, 12 Rn. 64 f. – Neptune Distribution). Auf unionsrechtlicher Ebene gilt die **Schrankenbestimmung des Art. 52 I GRCh,** die Grundrechtseinschränkungen einem Gesetzesvorbehalt unterwirft und die dem Grundsatz der Verhältnismäßigkeit entsprechende Verfolgung unionsrechtlich anerkannter Ge-meinwohlzwecke verlangt (→ Rn. 0.83). Nach deutschem Verfassungsrecht bedürfen Einschrän-kungen des Rechts der freien Meinungsäußerung einer **Rechtfertigung durch hinreichend gewichtige Gemeinwohlbelange** oder **schutzwürdige Rechte und Interessen Dritter** (BVerfGE 102, 347 = GRUR 2001, 170 (173) – Benetton-Werbung I). Das Irreführungsverbot kann sich idR auf solche schutzwürdigen Interessen Dritter, nämlich der Verbraucher und der Mitbewerber, stützen. Soweit mit Hilfe des Irreführungsverbots objektiv unrichtige Angaben untersagt werden sollen, steht **Art. 5 I GG** auch deswegen nicht entgegen, weil dieses Grund-recht die Presse nur in ihrem Funktionsbereich schützt, also dort, wo sie sachlich unterrichtet, zur Meinungsbildung beiträgt oder unterhält, nicht dagegen bei bewusst unwahren, falschen Behauptungen tatsächlicher Art (BGH WRP 1995, 862 (864) – Bio-Tabletten; → Rn. 0.79). **Unionsrechtlich** wird man mit Blick auf Art. 11 GRCh zum gleichen Ergebnis gelangen, weil ein Interesse an „Desinformation" jedenfalls kein akzeptables Abwägungstopos darstellen dürfte. Eine sorgfältige Abwägung der gegenüberstehenden Interessen ist aber unter dem Gesichtspunkt der Art. 11 GRCh und Art. 5 I GG erforderlich, wenn die Werbeaussage objektiv zutreffend ist und lediglich von den angesprochenen Verkehrskreisen oder einem Teil davon falsch verstanden wird.

Für die Beurteilung der Grundrechtssensibilität einer Äußerung kommt der **Abgrenzung 0.88 zwischen Werturteil und Tatsachenbehauptung** entscheidende Bedeutung zu. Einen **wer-tenden, meinungsbildenden Inhalt** hat eine Werbeaussage einmal dann, wenn der Werbende sich mit der Werbeaussage im weitesten Sinne an dem **gesellschaftlichen Kommunikations-prozess** beteiligt, indem er zu einem allgemein interessierenden Thema Stellung nimmt. Dass er die Meinungsäußerung zum Vehikel seiner Werbung macht, steht dem meinungsbildenden Charakter des Werbeinhalts nicht entgegen. Ein klassisches Beispiel für eine Werbung mit meinungsbildendem Inhalt sind die Anzeigen der **Benetton-Kampagne** „ölverschmierte Ente", „Kinderarbeit" und „H.I.V. POSITIVE", mit denen auf Missstände aufmerksam gemacht wurde (BVerfGE 102, 347 = GRUR 2001, 170 – Benetton-Werbung I). Ein anderes Beispiel ist die Werbung für Schmerztabletten, in der – ohne unmittelbaren Bezug zum Produkt – man-gelnde Sparsamkeit und mangelndes Pflichtbewusstsein bei Politikern und Staatsdienern kritisiert wird (vgl. BGH GRUR 1997, 761 – Politikerschelte), oder die Werbung für Sonnenschutzgläser mit dem Hinweis auf die Unterstützung der Aktionsgemeinschaft Artenschutz (BVerfG GRUR 2002, 455 – Tier- und Artenschutz). Auch Äußerungen, die sich **auf das beworbene Produkt** beziehen, können meinungsbildenden Charakter haben, so die Werbung für Bekleidung aus synthetischem Pelzmaterial mit dem Zusatz „Tierfreundliche Mode" (BVerfG GRUR 2002, 455 – Tier- und Artenschutz) oder die Werbung, mit der ein Generika-Hersteller darauf hinweist, dass sein Produkt nach einer wissenschaftlichen Studie dem eingeführten Präparat des Original-herstellers „therapeutisch äquivalent" sei (BVerfG GRUR 2001, 1058 (1059) – Therapeutische Äquivalenz; vgl. auch BGH GRUR 2002, 633 – Hormonersatztherapie). **Zu verneinen** ist ein meinungsbildender Inhalt dagegen in den Fällen, in denen eine **bekannte Marke** (meist zotig) **verballhornt** wird, um das eigene, sonst nicht verkäufliche Produkt zu vermarkten: so bei dem ein Kondom enthaltenden Scherzpäckchen mit dem abgewandelten Werbespruch für den Scho-koladenriegel „Mars" (BVerfG WRP 1994, 503 – Markenverunglimpfung) oder bei den Auf-klebern, die die bekannten Marken „BMW" (BGHZ 98, 94) und „Lufthansa" (OLG Frankfurt GRUR 1982, 319) für ein **Wortspiel mit sexuellem Bezug nutzen. – Zur Abgrenzung** von Meinungsäußerung und Tatsachenbehauptung → Rn. 1.21 ff., → § 4 Rn. 2.13 ff.; BGH GRUR 2016, 710 Rn. 23 ff. – Im Immobiliensumpf; GRUR-RR 2016, 410 Rn. 28 ff. – Dr. Estrich).

0.89   Zum Grundrecht der **Kunstfreiheit** im Lauterkeitsrecht allg. → § 3 Rn. 1.23. Im Hinblick auf eine Irreführung vgl. KG AfP 1999, 173; NJW 1999, 1968; BGH GRUR 1995, 750 – Feuer, Eis & Dynamit II.

III. Irreführungsverbot und Leistungsstörungen

0.90   Das **Schuldrecht** schützt den Käufer vor irreführender Werbung durch das **Sachmängelge-währleistungsrecht.** Die seit dem 1.1.2022 geltende **Neufassung des § 434 BGB** hat insoweit nicht zu einer inhaltlichen Änderung geführt: Nach § 434 III Nr. 2 lit. b BGB entspricht die Kaufsache den objektiven Anforderungen, wenn sie eine Beschaffenheit aufweist, die bei Sachen derselben Art üblich ist und die der Käufer erwarten kann unter Berücksichtigung der öffent-lichen Äußerungen, die von dem Verkäufer oder einem anderen Glied der Vertragskette oder in deren Auftrag, insbesondere in der Werbung oder auf dem Etikett, abgegeben wurden. Der Vorbehalt des bisherigen § 434 I 3 BGB aF ist in § 434 III 3 nF BGB übernommen: Der Verkäufer ist durch die in § 434 III Nr. 2 lit. b BGB genannten öffentlichen Äußerungen nicht gebunden, wenn er sie nicht kannte und auch nicht kennen konnte, wenn die Äußerung, im Zeitpunkt des Vertragsschlusses in derselben oder in gleichwertiger Weise berichtigt war oder wenn die Äußerung die Kaufentscheidung nicht beeinflussen konnte. Für die Erwartung des Käufers kommt es wie bei § 5 auf die Erwartung eines **durchschnittlichen Käufers** an (Grüne-berg/Weidenkaff, 82. Aufl. 2023, BGB § 434 Rn. 27). Liegt ein **Sachmangel** in dem bezeich-neten Sinne vor, steht dem Käufer in erster Linie ein Anspruch auf Nacherfüllung (§ 439 BGB iVm § 437 Nr. 1 BGB), unter bestimmten Voraussetzungen stattdessen das Recht zum Rücktritt (§ 323 BGB iVm § 437 Nr. 2 BGB) oder zur Minderung des Kaufpreises (§ 441 BGB iVm § 437 Nr. 2 BGB) sowie (§ 325 BGB) ggf. ein Anspruch auf Schadensersatz (§§ 280 ff. BGB iVm § 437 Nr. 3 BGB) oder Aufwendungsersatz (§ 284 BGB iVm § 437 Nr. 3 BGB) zu. Anders als § 5 setzt das Eingreifen der Sachmängelgewährleistung des Verkäufers jedoch den **Abschluss eines Kaufvertrages** iSd § 433 BGB voraus. Nicht zuletzt diese bei fehlendem Vertragsabschluss bestehende Lücke im lauterkeitsrechtlichen Schutz der durch eine unlautere geschäftliche Handlung geschädigten Verbraucher hat den Richtlinien- und Gesetzgeber zur Einführung des Schadensersatzanspruchs der Verbraucher nach Art. 11a I 1 UGP-RL und § 9 Abs. 2 nF veranlasst. – Die UGP-RL und die UWG-Novelle 2008 haben den Anwendungs-bereich des wettbewerbsrechtlichen Irreführungsverbots auf **Äußerungen nach Vertrags-schluss** erweitert. Dies kommt in der Definition der geschäftlichen Handlung in § 2 I Nr. 2 zum Ausdruck, wenn sie als ein „Verhalten … zugunsten des eigenen oder eines fremden Unternehmens **vor, bei oder nach einem Geschäftsabschluss"** umschrieben wird (→ Rn. 1.10 ff.).

0.90a   Der durch das G zur Stärkung des Verbraucherschutzes im Wettbewerbs- und Gewerberecht v. 10.8.2021 mWv 28.5.2022 eingeführte, in § 9 Abs. 2 nF geregelte **Schadensersatzanspruch für Verbraucher,** die durch eine schuldhaft vorgenommene, nach § 3 unzulässige geschäftliche Handlung zu einer geschäftlichen Entscheidung veranlasst werden, die sie andernfalls nicht getroffen hätten (→ Rn. 0.7a), tritt zu etwaig gegebenen vertraglichen oder sonstigen Rechts-behelfen der Verbraucher in **freie Anspruchskonkurrenz;** es besteht also ein **Wahlrecht** (vgl. Begr. RegE, BT-Drs. 19/27873, 40). Im Rahmen der nach § 249 BGB geschuldeten Naturalrestitution kann der irregeführte Verbraucher etwa, wenn er durch die Irreführung zum Vertragsabschluss veranlasst wurde, **Rückgängigmachung des Vertrags** verlangen oder, wenn über die Voraussetzungen eines Kündigungsrechts getäuscht wurde, das Kündigungsrecht ausüben (Köhler WRP 2021, 129 Rn. 31 f.; krit. Alexander WRP 2021, 136 Rn. 68 ff.; iE → § 9 Rn. 2.51 ff.).

IV. Andere Irreführungsverbote

1. Lauterkeitsrechtliche Irreführungsverbote

§ 5 wird durch den **Straftatbestand des § 16 I** ergänzt, der an die Stelle von § 4 aF getreten **0.91** ist (→ § 16 Rn. 1). Im Unterschied zu § 5 erfasst § 16 I aber nur die öffentliche Werbung (→ § 16 Rn. 13 f.) mit objektiv unwahren Angaben (→ § 16 Rn. 10 ff.). Im subjektiven Tatbestand erfordert § 16 I Vorsatz und die Absicht, den Anschein eines bes. günstigen Angebots hervorzurufen (→ § 16 Rn. 16 f.).

§ 5 erfasst **jede irreführende geschäftliche Handlung** unabhängig davon, ob es sich um **0.92** eine Aussage über ein beworbenes Produkt oder über ein Produkt eines Konkurrenten, über das eigene Unternehmen oder über das Unternehmen eines Wettbewerbers, über sonstige für das Angebot des Werbenden oder seine (Kauf-)Entscheidung erhebliche Umstände handelt. Auf die bei § 3 aF erörterte Streitfrage, ob irreführende Werbung unter Einbeziehung von Angaben über geschäftliche Verhältnisse anderer dem lauterkeitsrechtlichen Irreführungsverbot unterfällt (vgl. BGH GRUR 1975, 262 (263) – 10-DM-Schein), kommt es nicht mehr an.

Im UWG 2008 gab es vielfältige **Überschneidungen zwischen § 4 und § 5:** So konnten **0.93** missbräuchliche Kopplungsangebote Elemente der Irreführung enthalten (→ 33. Aufl. 2015, § 4 Rn. 1.104 ff.). Die Werbung mit einem Preisnachlass (→ 33. Aufl. 2015, § 4 Rn. 1.127), mit Werbegeschenken (→ 33. Aufl. 2015, § 4 Rn. 1.149), die Veranstaltung von Gewinnspielen (→ 33. Aufl. 2015, § 4 Rn. 1.162 ff.) und der Einsatz von Laienwerbern (→ 33. Aufl. 2015, § 4 Rn. 1.210) konnten sich als irreführende Werbung darstellen. Bei der getarnten Werbung nach § 4 Nr. 3 aF handelte es sich auch um einen Fall der irreführenden Werbung nach § 5 (→ § 4 Rn. 3.6a). In dem Unterlassen klarer und eindeutiger Angaben nach § 4 Nr. 4 und 5 aF konnte ebenfalls eine irreführende Werbung durch Unterlassen liegen (→ 33. Aufl. 2015, § 4 Rn. 4.2, 5.2 und 5.13). Die **Anschwärzung von Mitbewerbern** mittels nicht erweislich wahrer (negativer) Angaben über deren geschäftliche Verhältnisse nach **§ 4 Nr. 2** ist weiterhin zugleich ein qualifizierter Fall der Irreführung mit Beweiserleichterung für den Anspruchsteller (→ § 4 Rn. 2.8). Schließlich kann der **Rechtsbruchtatbestand** des § 3a iVm spezialgesetzlichen Irreführungsverboten vorliegen (→ Rn. 0.95).

Die **Überschneidungen** zwischen dem Beispielskatalog und dem Irreführungstatbestand sind **0.94** durch die UWG-Novelle 2015 **beseitigt** worden: Der neue § 4a ersetzt § 4 Nr. 1 und 2 aF. Das Verbot der getarnten Werbung (§ 4 Nr. 3 UWG 2008) ist heute – nach den Änderungen durch das G zur Stärkung des Verbraucherschutzes im Wettbewerbs- und Gewerberecht v. 10.8.2021 (BGBl. 2021 I 3504) – in § 5 I und II sowie § 5a IV zu verorten; Kernbestimmung wird insofern in Zukunft § 5a IV sein. Die Tatbestände des § 4 Nr. 4 und 5 UWG 2008 sind komplett entfallen und werden durch die §§ 5, 5a aufgefangen. § 4 Nr. 6 UWG 2008 ist ersatzlos gestrichen worden

2. Irreführungsverbote außerhalb des UWG

Spezialgesetzliche Regelungen enthalten zahlreiche **konkrete oder abstrakte Irreführungs-** **0.95** **tatbestände.** Hierzu zählen vor allem die Vorschriften des **Lebensmittelrechts,** das traditionell auch den Verkehr mit sonstigen Bedarfsgegenständen (vor allem Kosmetika) regelt und das im neuen LFGB und den futterrechtlichen Bestimmungen zusammengefasst ist. Das **Verbot irreführender Informationen über Lebensmittel** gem. § 11 I LFGB iVm Art. 7 I LMIV nennt folgende Gesichtspunkte der Irreführung: **Eigenschaften** des Lebensmittels, insbesondere in Bezug auf Art, Identität, Eigenschaften, Zusammensetzung, Menge, Haltbarkeit, Ursprungsland oder Herkunftsort und Methode der Herstellung oder Erzeugung (Art. 7 I lit. a LMIV), **Zuschreibung von Wirkungen oder Eigenschaften,** die das Lebensmittel nicht besitzt (Art. 7 I lit. b LMIV), Hinweis darauf, dass sich das Lebensmittel durch **besondere Merkmale** auszeichne, obwohl alle vergleichbaren Lebensmittel dieselben Merkmale aufweisen, insbesondere durch besondere Hervorhebung des Vorhandenseins oder Nicht-Vorhandenseins bestimmter Zutaten und/ oder Nährstoffe (Art. 7 I lit. c LMIV) und das **Suggerieren des Vorhandenseins eines**

bestimmten Lebensmittels oder einer Zutat durch das Aussehen, Bezeichnung oder bildliche Darstellungen, obwohl tatsächlich in dem Lebensmittel ein von Natur aus vorhandener
Bestandteil oder eine normalerweise in diesem Lebensmittel verwendete Zutat durch einen
anderen Bestandteil oder eine andere Zutat ersetzt wurde (Art. 7 I lit. d LMIV). Gem. § 11
LFGB iVm Art. 7 III LMIVgilt ferner für den Verkehr mit Lebensmitteln das **Verbot der
krankheitsbezogenen Werbung. Kosmetika** dürfen nicht **unter irreführenden Bezeichnungen in den Verkehr gebracht werden** (§ 27 I LFGB). Für **Wein** gilt das **Verbot
irreführender Bezeichnungen** gem. § 25 WeinG (→ Rn. 2.49 f., ferner → Rn. 2.79 f., 2.95).
Lauterkeitsrechtliche Ansprüche können aus diesen Bestimmungen nicht unmittelbar hergeleitet
werden (BGH GRUR 1964, 269 (271) – Grobdesin; GRUR 1971, 313 (314) – Bocksbeutel-
flasche; GRUR 2000, 727 (728) – Lorch Premium I). § 5 ist aber grds. neben diesen Regelungen anwendbar, außerdem § 3 I, § 3a (Rechtsbruch). Der in den spezialgesetzlichen Regelungen
des LFGB und des WeinG verwendete Begriff der Irreführung entspricht dem des § 5.

0.96   Ergänzt werden die Regelungen des LFGB und des WeinG durch **lebensmittelrechtliche
Kennzeichnungsvorschriften** wie die VO zur Durchführung unionsrechtlicher Vorschriften
betreffend die Information der Verbraucher über Lebensmittel (LMIDV, → Rn. 2.40), die
Mineral- und TafelwasserV (MinTafWV, → Rn. 2.19, 2.45 f.), die Verordnung über Lebensmittel für bestimmte Verbrauchergruppen (LMBVV), die an die Stelle der früheren DiätV
getreten ist, oder die Weinbezeichnungs-VO (→ Rn. 2.49 ff.). – Hinzu kommen die Bestimmungen des **Heilmittelwerberechts** (§§ 3 ff. HWG; vgl. zB BGH GRUR 1998, 498 (500) –
Fachliche Empfehlung III: Werbung für Medikament unter Hinweis auf Wirkungen, die es nicht
hat; GRUR 2013, 649 Rn. 16 f. – Basisinsulin mit Gewichtsvorteil; GRUR 2021, 513 Rn. 16 ff.
– Sinupret: Arzneimittelwerbung mit wissenschaftlich nicht gesicherten Angaben), des **AMG**
(§ 8 I Nr. 2 AMG) und des **MessEG** (§ 43 II MessEG: Verbot von Mogelpackungen; vgl. BGH
GRUR 2018, 431 Rn. 39 ff. – Tiegelgröße). – Zahlreiche für § 5 relevante lauterkeitsrechtliche
Regelungen zum Schutz vor Irreführung sind ferner in einer Vielzahl spezialgesetzlicher Be-
zeichnungs- und Werberegelungen in Verordnungen und Richtlinien des **Unionsrechts** enthalten (Beispiele bei → Rn. 0.43 ff.).

V. Irreführungsverbot und Kennzeichenrecht

Schrifttum: Alexander, Der Verwechslungsschutz gem. § 5 Abs. 2 UWG, FS Köhler, 2014, 23; Becker,
Was ist regional? VuR 2020, 15; Böhler, Herkunftskennzeichnung unter Irreführungsgesichtspunkten, LMuR
2022, 105; Bornkamm, Markenrecht und wettbewerbsrechtlicher Kennzeichenschutz – Zur Vorrangthese der
Rechtsprechung, GRUR 2005, 97; Bornkamm, Kennzeichenschutz und Irreführungsverbot – Zur wett-
bewerbsrechtlichen Beurteilung der irreführenden Kennzeichenbenutzung, FS v. Mühlendahl, 2005, 9;
Bornkamm, Der lauterkeitsrechtliche Schutz vor Verwechslungen: Ein Kuckucksei im Nest des UWG?, FS
Loschelder, 2010, 31; Bornkamm, Die Schnittstellen zwischen gewerblichem Rechtsschutz und UWG –
Grenzen des lauterkeitsrechtlichen Verwechslungsschutzes, GRUR 2011, 1; Bornkamm, Irrungen, Wirrun-
gen – Der Tatbestand der Irreführung durch Unterlassen, WRP 2012, 1; Fezer, Normenkonkurrenz zwischen
Kennzeichenrecht und Lauterkeitsrecht – Ein Beitrag zur kumulativen und subsidiären Normenkonkurrenz
im Immaterialgüterrecht – Kritik der Vorrangthese des BGH zum MarkenG; WRP 2008, 1; Hafenmayer,
Der lauterkeitsrechtliche Schutz vor Verwechslungen im Konflikt mit den Wertungen des Kennzeichenrechts,
Diss. 2014; Hahn, Schutz vor „Look-alikes" unter besonderer Berücksichtigung des § 5 II UWG, Diss. 2013;
Henning-Bodewig, Die Richtlinie 2005/29/EG über unlautere Geschäftspraktiken, GRUR-Int. 2005, 629;
Henning-Bodewig, Relevanz der Irreführung, UWG-Nachahmungsschutz und die Abgrenzung Lauterkeits-
recht/IP-Rechte, GRUR-Int. 2007, 986; Ingerl, Der wettbewerbsrechtliche Kennzeichenschutz und sein
Verhältnis zum MarkenG in den neueren Rechtsprechungdes BGH und in der UWG-Reform, WRP 2004,
809; Kiefer, Geographischer Irreführungsschutz – Eine Analyse der Vorschriften des Kennzeichen-, Lauter-
keits- und Lebensmittelrechts, Diss. 2019; Krämer-Tepel, Die Kollision gleichnamiger Zeichen – Eine
Analyse zum Spannungsfeld zwischen MarkenG und § 5 Abs. 2 UWG, Diss. 2020; Kur, Verwechslungsgefahr
und Irreführung – zum Verhältnis von Markenrecht und § 3 UWG, GRUR 1989, 240; Kur, Die Schnittstellen zwischen Marken- und Wettbewerbsrecht bei nationalen und Gemeinschaftsmarken, MarkenR 2001,
137; Loschelder, Zum Rechtsschutz der geografischen Herkunftsangabe, MarkenR 2015, 225; Loschelder,
Geografische Herkunftsangaben – Absatzförderung oder erzwungene Transparenz?, GRUR 2016, 339;
Loschelder, Ansprüche zum Schutze geografischer Herkunftsangaben, FS Ahrens, 2016, 255; Loschelder,
Die Rechtsnatur der geografischen Herkunftsangabe, FS Fezer, 2016, 711; Peifer, Die Zukunft der
irreführenden Geschäftspraktiken, WRP 2008, 556; Sack, Markenschutz und UWG, WRP 2004, 1405; Sack,
Markenrechtliche Probleme vergleichender Werbung, GRUR 2008, 201; Sambuc, Was heißt „Verwechs-
lungsgefahr mit einer anderen Ware oder Dienstleistung" in § 5 II UWG?, FS Köhler, 2014, 577; Schork,
Imitationsmarketing – Die irreführende Produktvermarktung nach Art. 6 Abs. 2 lit. a UGP-RL, § 5 Abs. 2
UWG, 2011; Schork, Obligatorische Herkunftskennzeichnung im Lebensmittelrecht, GRUR 2016, 347;

Sosnitza, Markenschutz im UWG?, Markenartikel 2015, 104; Steinbeck, Richtlinie über unlautere Geschäftspraktiken: Irreführende Geschäftspraktiken – Umsetzung in das deutsche Recht, WRP 2006, 632.

1. Irreführende Marken und Kennzeichen

Die Verwendung von Marken oder sonstigen Kennzeichen, die für sich genommen den **0.97**
Verkehr irreführen können, stellt stets auch eine irreführende geschäftliche Handlung dar. Der
wettbewerbsrechtliche Anspruch tritt hier neben Mechanismen des Markenrechts oder auch des
Handelsrechts, die eine Irreführung durch die Marke oder das Kennzeichen an sich verhindern
sollen. So stellt es im Markenrecht ein **Eintragungshindernis** dar, wenn ein Zeichen „geeignet
ist, das Publikum insbes über die Art, die Beschaffenheit oder die geografische Herkunft der
Waren oder Dienstleistungen zu täuschen" (§ 8 II Nr. 4 MarkenG). Ist dennoch ein irreführendes Zeichen eingetragen worden, kann es auf Antrag oder unter bestimmten Voraussetzungen
von Amts wegen **gelöscht** werden (§ 50 I und III MarkenG). Auch eine **Unternehmensbezeichnung,** die ersichtlich irreführend ist, darf **nicht als Firma eingetragen** werden
(§ 18 II HGB).

Die marken- und handelsrechtlichen Möglichkeiten, die Eintragung einer irreführenden **0.98**
Marke oder einer irreführenden Unternehmensbezeichnung zu verhindern oder ihre Löschung
zu veranlassen, berühren die **wettbewerbsrechtlichen Ansprüche** gegen irreführende Marken
oder Kennzeichen nicht. Die nach § 8 III Anspruchsberechtigten können daher die Unterlassung
der Verwendung einer irreführenden Marke oder Unternehmensbezeichnung und ggf. deren
Löschung beanspruchen. Bei einem Anspruch auf Löschung einer Marke oder einer Firma handelt
es sich um einen **Beseitigungsanspruch,** der auch von Verbänden, qualifizierten Einrichtungen
und Kammern nach § 8 III Nr. 2–4 geltend gemacht werden kann (BGH GRUR 2007, 1079
Rn. 41 – Bundesdruckerei). Bei der Fassung des Antrags ist zu beachten, dass die Verwendung
des beanstandeten Zeichens idR nur **unter den gegebenen Umständen irreführend** ist.
Daher kommt ein Schlechthin-Verbot im Allgemeinen nicht in Betracht (vgl. zum markenrechtlichen Löschungsanspruch BPatG GRUR 1989, 593 – Molino; Ströbele/Hacker/Thiering/
Ströbele, 13. Aufl. 2021, MarkenG § 8 Rn. 880).

2. Warenzeichenrecht bis 1994

Unter der Geltung des WZG war das **Kennzeichenrecht integraler Bestandteil des Wett- 0.99
bewerbsrechts.** Der Schutz der geschäftlichen Bezeichnung war noch vollständig ins UWG
integriert (§ 16 UWG 1909). Der Schutz der geografischen Herkunftsangaben, der heute in
§§ 126–129 MarkenG geregelt ist, konnte sich bis 1994 nur auf das Irreführungsverbot des § 3
aF stützen. Aber auch beim Schutz des Warenzeichens stand generell der **Schutz der Allgemeinheit vor Täuschung** im Vordergrund. Deshalb lag es nahe, im Kennzeichenschutz
generell einen bes. Lauterkeitsschutz zu sehen (BGHZ 14, 15 (18) – Römer; Baumbach/
Hefermehl, 22. Aufl. 2001, Allg. Rn. 101; Baumbach/Hefermehl WZG Einl. Rn. 44; zurückhaltender auch für das alte Recht Fezer MarkenG Einl. Rn. 5). Mit der Betonung des Schutzes
der Allgemeinheit korrespondierte die (bis 30.4.1992) eingeschränkte Übertragbarkeit des Warenzeichens, das nur mit dem Geschäftsbetrieb, zu dem es gehörte, übertragen werden konnte
(§ 8 I 2 WZG in der bis 1992 geltenden Fassung). Dementsprechend enthielt das WZG keine
Regelung über Lizenzen. Die feste Bindung an den Geschäftsbetrieb beruhte auf der Erwägung,
dass der Verkehr irregeführt würde, wenn ein Dritter ein (eingeführtes) Warenzeichen benutzen
würde (Baumbach/Hefermehl WZG § 8 Rn. 2). Darüber hinaus war der Schutz nach dem
WZG auf den Warengleichartigkeitsbereich beschränkt. Außerhalb dieses Bereichs kam für
berühmte Kennzeichen ein lauterkeitsrechtlicher Schutz in Betracht (§ 1 aF).

3. Kennzeichenrechtlicher Schutz nach dem MarkenG

a) Konzentration des Kennzeichenschutzes im MarkenG. Im Gesetz über den Schutz **0.100**
von Marken und sonstigen Kennzeichen (MarkenG) v. 25.10.1994 ist der früher verstreut
geregelte kennzeichenrechtliche Schutz zusammengefasst. Kernbestand sind die Regelungen
über den Schutz der **Marken** (§§ 3, 4 MarkenG) und der **geschäftlichen Bezeichnungen** wie
Unternehmenskennzeichen und Werktitel (§ 5 MarkenG), die ihrem Inhaber Individualrechtsschutz durch die §§ 14, 15 MarkenG und § 12 BGB gewähren. Handelt es sich um bekannte
Kennzeichen, gewährt das MarkenG auch einen über den Bereich der Produktähnlichkeit bzw.
der Branchennähe hinausgehenden Schutz (§ 14 II Nr. 3 MarkenG, § 15 III MarkenG). Außer-

dem regelt das MarkenG den Schutz der geografischen Herkunftsangaben (§§ 126–129 MarkenG) und der geographischen Angaben und Ursprungsbezeichnungen gemäß VO (EU) 1151/2012 (§§ 130–136 MarkenG).

0.101   **b) Verhältnis zwischen Markengesetz und UWG. aa) Individualschutz vs. Allgemeininteresse.** Die Kennzeichenrechte sind im Markengesetz als Immaterialgüterrechte ausgestaltet. Damit tritt der **Schutz der Allgemeinheit** vor Irreführung als Schutzzweck im Kennzeichenrecht zurück und wird durch den individualrechtlichen Schutz des Inhabers des Ausschließlichkeitsrechts verdrängt. Er ist Teil einer umfassenden, in sich geschlossenen kennzeichenrechtlichen Regelung. Auf der Grundlage des UWG 1909 und des UWG 2004 ging die Rspr. von einem weitgehenden Vorrang des Kennzeichenrechts gegenüber dem Lauterkeitsrecht aus. Danach sollte der kennzeichenrechtliche Schutz **den aus §§ 3, 5 hergeleiteten Schutz** idR **verdrängen** („Vorrangthese"; BGHZ 149, 191 (195 f.) – shell.de). Dem lag die Vorstellung zugrunde, dass es allein Sache des Inhabers des Kennzeichenrechts sei, darüber zu entscheiden, ob eine Verletzung seines Kennzeichenrechts verfolgt werden soll oder nicht (vgl. ausf. Bornkamm FS v. Mühlendahl, 2005, 9 (19 ff.)). Nur wenn die Irreführung über die Verletzung des Kennzeichenrechts hinausginge, sollte sie als Wettbewerbsverstoß nach §§ 3, 5 verfolgt werden können. **Diese Position ist heute überholt** (iE → Rn. 2.253 ff., → Rn. 9.1 ff.).

0.102   Für die Regelungen der § 14 II Nr. 3 MarkenG, § 15 III MarkenG über den **Schutz bekannter Marken** ist ihr Vorrang gegenüber dem allgemeinen wettbewerbsrechtlichen Schutz hingegen **weiterhin grds. anerkannt** (vgl. BGHZ 138, 349 (351 f.) – MAC Dog; BGH GRUR 1999, 992 (995) – BIG PACK; GRUR 2000, 70 (73) – SZENE; GRUR 2000, 608 (610) – ARD-1; BGHZ 147, 56 (60 f.) – Tagesschau; GRUR 2002, 167 (171) – Bit/Bud; näher Ströbele/Hacker/Thiering/Hacker MarkenG § 2 Rn. 57 ff.).

0.103   **bb) Geografische Herkunftsangaben.** Schließlich hat die frühere Rspr. auch die §§ 126–129 MarkenG, die den Schutz der **Angaben über die geografische Herkunft** regeln, vor dem Hintergrund ihrer lauterkeitsrechtlichen Einordnung als **leges speciales** gegenüber § 5 betrachtet (BGHZ 139, 138 (139) – Warsteiner II; BGH GRUR 2001, 73 (76) – Stich den Buben; GRUR 2002, 160 (162) – Warsteiner III; BGHZ 173, 57 Rn. 31 = GRUR 2007, 884 – Cambridge Institute). Die Frage, ob geografische Herkunftsangaben lauterkeitsrechtlichen oder kennzeichenrechtlichen Charakter haben, ist in der Lit. lebhaft umstritten (für ersteres → 34. Aufl. 2016, Rn. 1.79; Erdmann GRUR 2001, 609 (610 f.); für letzteres Büscher in Büscher/Dittmer/Schiwy, Gewerblicher Rechtsschutz Urheberrecht Medienrecht, 3. Aufl. 2015, MarkenG § 126 Rn. 18; Fezer MarkenG § 126 Rn. 4–8; Ströbele/Hacker/Thiering/Hacker MarkenG § 126 Rn. 7–10; Lange Marken- und Kennzeichenrecht Rn. 116; Loschelder MarkenR 2015, 225, 226 f.; Loschelder FS Ahrens, 2016, 255 (261); GK-UWG/Lindacher/Peifer Vor §§ 5, 5a Rn. 161).

0.104   Der BGH ist von der lauterkeitsrechtlichen Qualifizierung abgerückt und nimmt nunmehr an, dass sich der Schutz geografischer Herkunftsangaben nach dem MarkenG zu einem **kennzeichenrechtlichen Schutz** fortentwickelt hat (BGH GRUR 2016, 741 Rn. 13 – Himalaya Salz). Auf die lauterkeitsrechtliche Herkunft verweist zwar der Umstand, dass der Unterlassungsanspruch gem. § 128 I 1 MarkenG und die in § 128 I 3 MarkenG unter Verweisung auf die §§ 18–19c MarkenG vorgesehenen Annexansprüche den nach § 8 III Aktivlegitimierten zustehen. Schadensersatz können nach § 128 II 1 MarkenG jedoch nicht – wie im Falle des § 9 S. 1 – die Mitbewerber, sondern nur berechtigte Nutzer der geografischen Herkunftsangabe geltend machen (BGH GRUR 2916, 741 Rn. 13 – Himalaya Salz). Auch unionsrechtlich werden geografische Herkunftsangaben tendenziell als Immaterialgüterrechte angesehen (EuGH Slg. 1992, I-5529 = GRUR-Int. 1993, 76 Rn. 37 f. – Exportur (Turrón de Alicante); Slg. 2003, I-5053 Rn. 49 = GRUR 2003, 609 – Grana Padano; Slg. 2003, I-5121 Rn. 64 = GRUR 2003, 616 – Prosciutto di Parma; BGH GRUR 2016, 741 Rn. 13 – Himalaya Salz). Danach ist nicht von einem Spezialitätsverhältnis zwischen § 5 und den §§ 126–129 MarkenG, sondern von Anspruchskonkurrenz auszugehen (→ Rn. 2.246 f.).

0.105   Dort, wo die Vorschriften des MarkenG dafür Raum lassen, wurde bislang **§ 5 ergänzend angewandt.** In Betracht kamen insoweit die von den Regelungen der §§ 126 ff. MarkenG nicht erfassten Fälle der irreführenden Verwendung geografischer Herkunftsangaben (BGH GRUR 1995, 354 (356) – Rügenwalder Teewurst II). § 2 MarkenG stellt klar, dass der Schutz geografischer Herkunftsangaben nach dem MarkenG die Anwendung anderer Vorschriften zum Schutz solcher Kennzeichen nicht ausschließt. Ist bspw. die Verwendung einer geografischen Herkunfts-

angabe als Firmenbestandteil für sich allein noch keine Benutzung „für Waren oder Dienstleistungen" iSd § 127 I, II und III MarkenG, scheidet zwar ein Schutz als geografische Herkunftsangabe nach dem MarkenG aus. Jedoch gewährt § 5, der über § 2 MarkenG ergänzend eingreifen kann, lauterkeitsrechtlichen Schutz gegen eine unlautere und irreführende Verwendung (BGH GRUR 2001, 73 (76 f.) – Stich den Buben). – Hinsichtlich der nach der **VO (EU) 1151/2012** geschützten **geographischen Angaben und Ursprungsbezeichnungen** handelt es sich bei den Irreführungstatbeständen des Art. 103 Abs. 2 lit. b und c VO (EU) 1151/2012 um **abschließende Regelungen,** die dem § 5 vorgehen (BGH GRUR 2016, 970 Rn. 16 – Champagner Sorbet I). Insoweit hat der EuGH klargestellt, dass Art. 103 Abs. 2 lit. c VO (EU) 1151/2012 nicht nur auf falsche oder irreführende Angaben anwendbar ist, die geeignet sind, einen falschen Eindruck hinsichtlich des **Ursprungs** des betreffenden Erzeugnisses zu erwecken, sondern auch auf falsche oder irreführende Angaben, die sich auf die **Natur oder die wesentlichen Eigenschaften** des Erzeugnisses beziehen (EuGH GRUR 2018, 327 Rn. 60–64 – CIVC/Aldi). – Zum **Schutz geografischer Herkunftsangaben** → Rn. 2.244 ff.

c) Irreführung trotz Lizenzvertrag. aa) Markenrecht. Anders als unter Geltung des   **0.106**
WZG (→ Rn. 0.99) sind nach dem Markengesetz alle Bindungen der Marke an den Geschäftsbetrieb entfallen. Sie kann losgelöst vom Betrieb veräußert werden; außerdem können ohne weiteres Lizenzen, auch ausschließliche Lizenzen, eingeräumt werden (§ 30 I MarkenG). Dass die Verbraucher im Allgemeinen bei einer Marke die **Herkunft aus demselben Betrieb** erwarten, steht der Lizenzerteilung nicht entgegen (vgl. Bornkamm FS v. Mühlendahl, 2005, 9 (19)). Die mit der Veräußerung oder mit einer Lizenzerteilung einhergehende Irreführung des Verkehrs muss vielmehr hingenommen werden (OLG Frankfurt BeckRS 2018, 10734). Dem entspricht auch ein anderes Verständnis der nach wie vor maßgeblichen **Herkunftsfunktion** der Marke (vgl. Ströbele/Hacker/Thiering/Ströbele MarkenG § 8 Rn. 90; Ingerl/Rohnke/Nordemann/A. Nordemann, MarkenG, 4. Aufl. 2023, Einl. Rn. 22; Fezer MarkenG Einl. D Rn. 21); sie wird ergänzt durch die **Garantiefunktion** der Marke: Während das Warenzeichen auf die Herkunft der Ware aus einem bestimmten, und zwar stets aus demselben Betrieb hinwies, muss die Marke im harmonisierten Markenrecht nur mehr „die Gewähr bieten, dass alle Waren oder Dienstleistungen, die sie kennzeichnet, unter der Kontrolle eines einzigen Unternehmens hergestellt oder erbracht worden sind, das für ihre Qualität verantwortlich gemacht werden kann" (EuGH Slg. 2002, I-10273 Rn. 48 = GRUR 2003, 55 – Arsenal Football Club plc/Reed). Dieser Funktionswandel wirkt sich unmittelbar auf den Irreführungsschutz aus: Kam ein mit einem Warenzeichen versehenes Produkt aus einem anderen Unternehmen als dem des Zeicheninhabers, lag darin an sich auch eine Irreführung. Es entsprach bisher ferner der einhelligen Ansicht, dass eine Irreführung nicht vorliegt, wenn ein Markeninhaber seine Kontrollmöglichkeiten über Lizenznehmer nicht ausübt und infolgedessen die Verkehrserwartung der **gleichbleibenden Qualität** der mit der Marke versehenen Produkte enttäuscht wird. Denn aus der Garantiefunktion der Marke ergibt sich immer nur ein Angebot für den Markeninhaber, jedoch keine eigenständige Verpflichtung iSe Gütezeichens (BGHZ 48, 118 (123) – TREVIRA; → Rn. 2.101 f.). Dieser Grundsatz kann weiterhin nur Geltung beanspruchen, soweit nicht der durch das G zur Stärkung des Verbraucherschutzes im Wettbewerbs- und Gewerberecht v. 10.8.2021 (BGBl. 2021 I 3504) mWv 28.5.2022 eingeführte Irreführungstatbestand des **§ 5 III Nr. 2** eingreift. Dieser Tatbestand verbietet die Vermarktung einer Ware in einem EU-Mitgliedstaat als identisch mit einer in anderen EU-Mitgliedstaaten auf dem Markt bereitgestellten Ware, wenn sich die Waren in ihrer Zusammensetzung oder in ihren Merkmalen wesentlich voneinander unterscheiden, sofern dies nicht durch legitime und objektive Faktoren gerechtfertigt ist („dual quality"). **In diesem Sonderfall** führt die Enttäuschung der an die Verwendung einer Marke geknüpften Verbrauchererwartung zur Annahme einer Irreführung (iE → Rn. 10.1 ff.)

Beispiel: Soweit also nicht die Voraussetzungen der Spezialregelung des § 5 III Nr. 2 gegeben sind, gilt   **0.107**
weiterhin, dass zB der Hersteller von „Coca Cola" nicht irreführend handelt, wenn er sich entschließt, von heute auf morgen geringeren Wert auf die Einheitlichkeit der Qualität und des Geschmacks zu legen mit der Folge, dass ein heute gekauftes Getränk anders (und schlechter) schmeckt als ein gestern erworbenes, auch wenn die Verbraucher unter der Marke „Coca Cola" ein Getränk stets gleichbleibender Qualität und Geschmacksrichtung erwarten und diese Erwartung nunmehr enttäuscht wird. Normalerweise wird ein Markeninhaber das Vertrauen der Verbraucher in seine Marke allerdings nicht derart leichtfertig enttäuschen. Mit der Lizenz verhält es sich (vorbehaltlich des § 5 III Nr. 2) entsprechend: Gestattet Coca Cola einem anderen Unternehmen, unter dieser Marke Getränke anzubieten, erwarten die Verbraucher ebenfalls gleich-

bleibende Qualität und Geschmacksrichtung. Werden im Rahmen des Lizenzvertrages die Möglichkeiten der (Qualitäts-)Kontrolle nicht genutzt, kann die Verwendung der Marke durch den Lizenznehmer nicht als irreführend untersagt werden. Dasselbe gilt bei einer Veräußerung der Marke.

0.108   **bb) Geschäftliche Bezeichnungen.** Auch bei den geschäftlichen Kennzeichen muss sich der Irreführungsschutz daran orientieren, was dem Inhaber des Zeichens **kennzeichenrechtlich gestattet** ist. Für Unternehmenskennzeichen nach § 5 II MarkenG gilt nach wie vor, dass sie nicht ohne den dazugehörigen Geschäftsbetrieb veräußert werden können; dementsprechend sind die Möglichkeiten der Lizenzeinräumung beschränkt (Ingerl/Rohnke/Czychowski MarkenG Vor §§ 27–31 Rn. 11). Auch hier gilt: Der Irreführungsschutz darf die dem Zeicheninhaber vom Gesetz eingeräumten Verfügungsmöglichkeiten nicht konterkarieren. Wird aber über das Kennzeichen in zeichenrechtlich unzulässiger Weise verfügt, greift auch das wettbewerbsrechtliche Irreführungsverbot ein mit der Folge, dass der Lizenzvertrag wegen Verstoßes gegen ein gesetzliches Verbot nichtig ist (§ 134 BGB) und Verwendung des Kennzeichens durch den Lizenznehmer als irreführende Werbung untersagt werden kann.

0.109   **Beispiel:** Geht ein erfolgreicher, aber hoch verschuldeter Rechtsanwalt dazu über, anderen Anwälten die Verwendung seines Namens gegen Entgelt zu gestatten, liegt darin eine unzulässige Lizenzeinräumung ohne Übertragung des Geschäftsbetriebs und die Teilnahme an einer irreführenden Werbung; diese Übertragung ist kennzeichenrechtlich unzulässig und wegen Verstoßes gegen ein gesetzliches Verbot, nämlich das Irreführungsverbot, nichtig (BGHZ 1, 241 (246) – Piek Fein; BGHZ 10, 196 (202) – DUN-Europa; BGHZ 44, 372 (376) – Messmer-Tee II; BGH GRUR 1970, 528 (531) – Migrol). Den Lizenznehmern kann die Verwendung des fremden Kanzleinamens auch von Wettbewerbern nach § 8 I iVm §§ 3, 5 untersagt werden. Anders verhält es sich dagegen, wenn ein Anwalt seinen Partnern gestattet, seinen Namen nach seinem (altersbedingten) Ausscheiden weiterzuführen. Auch wenn mit dieser Namensführung eine Irreführung des Verkehrs verbunden ist, weil sich der Anwalt – was ihm nicht verwehrt werden kann – entgegen seiner ursprünglichen Absicht nach seinem Ausscheiden aus der Sozietät entschließt, auch weiterhin unter seinem Namen als Anwalt tätig zu sein, kann sie nicht als irreführend untersagt werden (BGH GRUR 2002, 703 (704 f.) – VOSSIUS & PARTNER).

0.110   **cc) Geografische Herkunftsangaben.** Bei geografischen Herkunftsangaben **scheidet eine Lizenzerteilung von vornherein aus.** Gebietsfremde dürfen die geschützten Bezeichnungen auch dann nicht verwenden, wenn es ihnen von Gebietsangehörigen gestattet worden ist (BGHZ 173, 57 Rn. 38 = GRUR 2007, 884 – Cambridge Institute). Die Gestattung ist vielmehr wegen eines Verstoßes gegen ein gesetzliches Verbot (§ 127 I MarkenG) nichtig. Wird die Angabe gleichwohl von Gebietsfremden verwendet, können auch sämtliche nach § 8 III Anspruchsberechtigten Unterlassungsansprüche geltend machen (§ 128 I MarkenG; → Rn. 0.103 f.).

4. Lauterkeitsrechtlicher Schutz vor Verwechslungen (§ 5 III Nr. 1)

0.111   Die mit der UWG-Novelle 2008 eingeführte, auf **Art. 6 II lit. a UGP-RL** zurückgehende Bestimmung des § 5 II aF, die durch das G zur Stärkung des Verbraucherschutzes im Wettbewerbs- und Gewerberecht v. 10.8.2021 (BGBl. 2021 I 3504) mWv 28.5.2022 in § 5 III Nr. 1 verschoben wurde, steht zu der bisherigen Entwicklung in Deutschland **in deutlichem Widerspruch.** Während die deutsche Praxis bislang dadurch gekennzeichnet war, dass die Konkurrenz zwischen Irreführungsverbot und Kennzeichenschutz immer stärker zugunsten des individualrechtlichen Kennzeichenrechts gelöst wurde, wird nunmehr durch das europäische Lauterkeitsrecht ein anderer Akzent gesetzt: Immer wenn ein Produkt oder ein für ein Produkt verwendetes Kennzeichen **mit einem anderen Produkt oder mit einem anderen Kennzeichen verwechselt** werden kann, besteht ein auf den Schutz der Verbraucher gerichteter Anspruch, der von allen nach § 8 III Berechtigten geltend gemacht werden kann. Im Falle einer Markenverletzung können also die **Ansprüche des Markeninhabers** mit denen eines Verbraucherverbands, eines Wettbewerbsvereins oder eines Mitbewerbers **konkurrieren.** Mitbewerber können sogar Schadensersatz wegen einer Markenverletzung beanspruchen, obwohl sie weder Inhaber noch Lizenznehmer des verletzten Zeichens sind. Das ist nicht nur von theoretischer Bedeutung. **Beispiel:** Ein Markt für ein bestimmtes Produkt ist dadurch gekennzeichnet, dass eine Reihe von (hochpreisigen) Markenartikeln und eine Reihe von (niedrigpreisigen) No-name-Produkte angeboten werden. Wenn nun ein No-name-Hersteller sein Produkt mit einer Marke versieht, die mit der Marke eines der hochpreisigen Produkte verwechselt werden kann, und dadurch einen Großteil der Nachfrage für preiswerte Produkte auf sich zieht, können sowohl der Inhaber

der verletzten Marke als auch die Mitbewerber ihren Schaden geltend machen (→ § 4 Rn. 3.86, → § 5 Rn. 9.8, 9.22).

Nachdem diese Konstellation ausdrücklich als Fall einer irreführenden geschäftlichen Hand- **0.112** lung aufgeführt ist, muss akzeptiert werden, dass viele Fälle der Marken- oder Kennzeichenverletzung **auch als irreführende geschäftliche Handlung** verfolgt werden können. Es muss also hingenommen werden, dass es nicht allein in der Hand des Schutzrechtsinhabers liegt, ob ein marken- oder kennzeichenverletzendes Verhalten untersagt wird oder nicht. Darin liegt ein Stück weit eine **Einschränkung seines Ausschließlichkeitsrechts.** An **Grenzen** stößt der lauterkeitsrechtliche Anspruch aber dort, wo seine Geltendmachung den **Kernbereich des Ausschließlichkeitsrechts** berührt. Hierzu zählen vor allem **zwei Befug-** **nisse des Schutzrechtsinhabers: (1)** Dem Marken- oder Kennzeicheninhaber steht allein das Recht zu, **über die Qualität des mit der Marke versehenen Produkts zu ent-** **scheiden.** Senkt er – freiwillig oder unfreiwillig – die Qualität seines Produkts und wird der Verkehr deswegen in seiner Erwartung getäuscht, ein besonders qualitätsvolles Produkt zu erwerben, liegt darin – vorbehaltlich der Sonderregelung des § 5 III Nr. 2 – idR keine irreführende geschäftliche Handlung iSd § 5 (→ Rn. 0.106 f., 2.101 f.). **(2)** Soweit eine **Li-** **zenzerteilung** kennzeichenrechtlich zulässig ist, muss die damit verbundene Fehlvorstellung des Verkehrs, der meint, das mit dem Kennzeichen versehene Produkt komme aus der Produktion des Lizenzgebers, hingenommen werden (→ Rn. 0.106 ff.). – Ausführlicher zu § 5 III Nr. 1 → Rn. 9.1 ff.

D. Bedeutung und Stellung des Irreführungsverbots im heutigen Lauterkeitsrecht

I. Generell

Schon durch die **Neufassung des UWG im Jahre 2004** wurde das Irreführungsverbot, das **0.113** bis dahin in der sog kleinen Generalklausel des § 3 UWG 1909 geregelt war, **zu einem von** **mehreren Beispielen** für eine unlautere Wettbewerbshandlung iSv § 3 gemacht. An diesem Grundmodell konnte die UWG-Novelle 2008 festhalten, weil die UGP-RL nach einem ähnlichen Schema aufgebaut ist. Hieran hat die der Umsetzung der UGP-RL dienende **UWG-** **Novelle 2008** nichts geändert. Es handelt sich dabei um einen **offenen Tatbestand,** der an sich alle Formen der Irreführung erfassen soll, auch soweit sie bis 2004 der großen Generalklausel des § 1 UWG 1909 zugewiesen waren. Teilweise betrafen Tatbestände des Beispielskatalogs des § 4 ebenfalls Fälle der Irreführung (zB § 4 Nr. 1, 3–5 UWG 2008; → Rn. 0.93). Insoweit überschnitten sich die Tatbestände. Diese Überschneidung ist durch die **UWG-Novelle 2015** beseitigt worden. Die Tatbestände des Beispielskatalogs, die im Grunde der Irreführung zugeordnet werden konnten, sind entweder ersatzlos gestrichen (zB § 4 Nr. 6 UWG 2008) oder in die Irreführungstatbestände der §§ 5, 5a integriert worden (zB § 4 Nr. 3–5 UWG 2008 (→ Rn. 0.94). Durch das G zur Stärkung des Verbraucherschutzes im Wettbewerbs- und Gewerberecht v. 10.8.2021 wurden mWv 28.5.2022 – neben der rein redaktionellen Überführung des bisherigen § 5 I 2 in einen eigenständigen Abs. 2 – in § 5 III Nr. 2 nF das Verbot der Irreführung bei „Dual Quality" eingeführt, die Tatbestände der § 5a und § 5b neu gefasst und im Anh. § 3 III vier weitere stets unzulässige (irreführende) geschäftliche Handlungen geregelt (Anh. Nr. 11a, 23a, 23b und 23c).

II. Zentrale Bedeutung des Irreführungsverbots

Im Wettbewerbsrecht hat das **Irreführungsverbot** in den letzten Jahren eine **Renaissance** **0.114** erlebt. Es steht zwar nicht wie bei dem Gesetz von 1896 im Mittelpunkt (→ Rn. 0.1). Aber bei vielen Formen der Werbung, die sich im Rahmen der großen Generalklausel als eigene Fallgruppe etabliert hatten, wird immer deutlicher, dass das Verdikt der Unlauterkeit letztlich doch von einer Irreführung abhängt, etwa bei **Kopplungsangeboten** und Zugaben (→ Rn. 3.64 f.) oder bei der **gefühlsbetonten Werbung** (→ § 3 Rn. 9.1 ff.). Die Hersteller- oder Großhändlerwerbung und der Kaufscheinhandel (§§ 6, 6a, 6b in der bis 2004 geltenden Fassung) konnten entfallen, weil ein Per-se-Verbot nicht mehr gerechtfertigt erscheint und die verbotswürdigen Erscheinungsformen mit dem Irreführungsverbot erfasst werden können. Außerdem wurde durch die Aufhebung dieser Regelungen dem geänderten Verbraucherleitbild (→ Rn. 0.60 ff.)

Rechnung getragen (Begr. RegE UWG 2004, BT-Drs. 15/1487, 15). Schließlich ist auch an die Stelle des früheren Rabatt- und Zugabeverbots ein Transparenzgebot getreten, das in erster Linie mit Hilfe des Irreführungsverbots durchzusetzen ist.

0.115   Diese **Entwicklung** hat sich durch die UGP-RL, die mit der UWG-Novelle 2008 ins deutsche Recht umgesetzt worden ist, noch **verstärkt.** Denn die Richtlinie unterscheidet für den B2C-Bereich (→ Rn. 0.13) – abgesehen von der alles umfassenden Generalklausel des Art. 5 II lit. a UGP-RL, wonach eine Geschäftspraxis unlauter ist, wenn sie der beruflichen Sorgfalt widerspricht – nur noch **zwischen irreführenden** (Art. 6, 7 UGP-RL) **und aggressiven Geschäftspraktiken** (Art. 8, 9 UGP-RL). Hinzu kommt, dass die Richtlinie den Verstoß gegen bestimmte Informationspflichten über den Tatbestand der irreführenden Unterlassung (Art. 7 UGP-RL) den irreführenden Geschäftspraktiken zuordnet. Dabei ist der europäische Gesetzgeber in der Weise vorgegangen, dass er in Art. 7 I UGP-RL das Vorenthalten wesentlicher Informationen als eine irreführende Geschäftspraxis bezeichnet („gilt als irreführend, wenn …"), um dann in Art. 7 IV lit. a–e UGP-RL und in Art. 7 V UGP-RL einzelne Informationen als wesentlich zu bestimmen. Nach der Systematik des deutschen Rechts hätte es an sich nähergelegen, ausdrückliche Informationspflichten festzulegen und einen Verstoß gegen diese Pflichten über den Rechtsbruchtatbestand des § 3a zu sanktionieren. Dennoch ist der deutsche Gesetzgeber dem europäischen Vorbild vollständig gefolgt und hat in § 5a den Verstoß gegen Informationspflichten ebenfalls als einen Fall der Irreführung durch Unterlassen geregelt.

0.116   Allerdings war zu beobachten, dass das reiche Angebot an Beispielsfällen, das der Katalog des § 4 bereithielt, zuweilen den **Blick für den Irreführungtatbestand** zu verstellen schien. So lag bei Verkaufsförderungsmaßnahmen, die die Bedingungen für ihre Inanspruchnahme nicht klar und eindeutig erkennen ließen (§ 4 Nr. 4 UWG 2008) oder bei Gewinnspielen mit Werbecharakter, deren Teilnahmebedingungen nicht klar und eindeutig angegeben waren (§ 4 Nr. 5 UWG 2008) idR auch eine irreführende Werbung vor, die möglicherweise leichter dargetan werden konnte als die Voraussetzungen des § 4 UWG 2008 (vgl. BGH GRUR 2005, 1061 – Telefonische Gewinnauskunft).

III. Das Irreführungsverbot nach den UWG-Novellen 2008, 2015 und 2021

1. Überblick

0.117   § 5 II 1 UWG 2004 enthielt einen Beispielskatalog, der fast wörtlich mit **Art. 3 Werbe-RL** übereinstimmte. Während die Beispiele in § 3 UWG 1909 sich allein auf das Tatbestandsmerkmal der geschäftlichen Verhältnisse bezogen hatten („wer … über die geschäftlichen Verhältnisse, insbes. über die Beschaffenheit, den Ursprung, die Herstellungsart oder die Preisbemessung einzelner Waren …, irreführende Angaben macht"), gab das UWG 2004 **Beispiele für eine irreführende Werbung.** An dieser Konzeption ist teilweise festgehalten worden, teilweise sind auf Grund der **UWG-Novelle 2008** Änderungen zu verzeichnen: **(1)** Die Bezugspunkte schließen Formen nicht mehr nur der Werbung, sondern auch **jeglichen geschäftlichen Verhaltens** ein, also auch eines Verhaltens nach Vertragsschluss, wie etwa eine Irreführung über Ansprüche im Falle von Leistungsstörungen (§ 5 I Nr. 7). **(2)** Die Bezugspunkte haben – wie bisher – **keinen abschließenden Charakter,** wie sich aus der Formulierung von § 5 I 2 UWG 2008 („ist irreführend, wenn sie unwahre Angaben enthält oder sonstige zur Täuschung geeignete Angaben über folgende Umstände enthält …") mit hinreichender Deutlichkeit ergibt (vgl. zur entsprechenden Formulierung in Art. 6 I UGP-RL → Rn. 0.25b). Ohnehin ist die praktische Bedeutung der Frage, ob es sich um einen abschließenden Katalog handelt, gering (→ Rn. 0.30). **(3)** Sämtliche **Bezugspunkte des Art. 6 I und II UGP-RL** werden übernommen, wenn auch zusammengefasst und gekürzt (dazu sogleich → Rn. 0.119). Der besondere Bezugspunkt des Art. 6 II lit. a UGP-RL, der die Irreführung im Falle von Nachahmungen und Kennzeichenrechtsverletzungen betrifft (→ Rn. 0.111 ff.), wurde als Abs. 2 aF ausdrücklich in den § 5 aufgenommen. Im Zuge der **UWG-Novelle 2015** ist das Relevanzkriterium des Art. 6 I UGP-RL in den Wortlaut des § 5 I S. 1 aF integriert worden (→ Rn. 0.7). Durch das G zur Stärkung des Verbraucherschutzes im Wettbewerbs- und Gewerberecht v. 10.8.2021 wurde mWv 28.5.2022 der bisherige § 5 I 2 in einen eigenständigen Absatz 2 (mit der Folge des Aufrückens der nachfolgenden Absätze) überführt, in § 5 III Nr. 2 das Verbot der Irreführung bei „Dual Quality" eingeführt und im Anh. § 3 III vier weitere stets unzulässige (irreführende) geschäftliche Handlungen geregelt (Anh. Nr. 11a, 23a, 23b und 23c).

Inhaltlich unverändert übernommen hat der Gesetzgeber die – jetzt in § 5 IV verschobene – **0.118**
Bestimmung des § 5 III aF, wonach eine irreführende vergleichende Werbung nicht privilegiert
ist. Die dabei versehentlich zunächst unterbliebene Anpassung der Verweisung im neuen Abs. 4
auf Abs. 2 ist mWv 13.10.2023 durch Art. 13 Nr. 1 VRUG (→ Rn. 0.7a) nachgeholt worden.
§ 5 IV enthält im Übrigen die (überflüssige) Klarstellung, dass auch „bildliche Darstellungen und
sonstige Veranstaltungen" irreführende Angaben sein können. Die besondere Bestimmung über
die **Darlegungs- und Beweislast in Fällen der Eigenpreisgegenüberstellung** (§ 5 IV aF),
bleibt inhaltlich unverändert und rückt in § 5 V auf: Nach § 5 V 1 wird die Irreführung vermutet, wenn der frühere Preis nur für unangemessen kurze Zeit gefordert worden ist; ist dies
streitig, trägt nach § 5 V 2 hierfür der Werbende die Beweislast (→ Rn. 3.111 ff.). Dagegen hat
der Gesetzgeber – zu Recht – die Bestimmung des § 5 V UWG 2004 gestrichen, die für den Fall
der Irreführung über den Warenvorrat eine gesonderte Regelung vorsah. Anh. Nr. 5 zu § 3 III
enthält nun eine entsprechende Bestimmung (→ Anh. § 3 Rn. 5.1 ff.).

2. Bezugspunkte der Irreführung

Der **Katalog des § 5 II** gliedert die Fälle irreführender geschäftlicher Handlungen in solche,   **0.119**
– die das **angebotene Produkt** betreffen **(Nr. 1),**
– die die **Umstände und Bedingungen des Angebots** betreffen **(Nr. 2),**
– die das **werbende Unternehmen** betreffen **(Nr. 3),**

und stimmt insofern noch weitgehend mit den der Werbe-RL entnommenen Bezugspunkten
in § 5 II UWG 2004 überein. In seinem Bemühen, nichts auszulassen, was die UGP-RL an
kasuistischer Aufzählung nennt, hat der Gesetzgeber noch **vier weitere Bezugspunkte** hinzugefügt, deren Zusammenstellung eher zufällig und unsystematisch wirkt. Sie betreffen
– **Aussagen** oder **Symbole,** die im Zusammenhang mit direktem oder indirektem **Sponsoring**
stehen oder sich auf eine **Zulassung des Unternehmers** oder **der Waren oder Dienst-**
leistungen (Nr. 4) beziehen;
– die **Notwendigkeit einer Leistung,** eines Ersatzteils, eines Austauschs oder einer Reparatur
(Nr. 5);
– die **Einhaltung eines Verhaltenskodexes,** auf den sich der Unternehmer verbindlich verpflichtet hat, wenn er auf diese Bindung hinweist **(Nr. 6)** oder
– **Rechte des Verbrauchers,** insbes. solche auf Grund von Garantieversprechen oder Gewährleistungsrechte bei Leistungsstörungen **(Nr. 7).**

Zu den Bezugspunkten der Irreführung gehört auch die Bestimmung des § 5 III, die in Nr. 1   **0.120**
die **Irreführung im Falle von Nachahmungen und Kennzeichenrechtsverletzungen**
(→ Rn. 0.111 ff.; → Rn. 9.1 ff.) und in Nr. 2 die irreführende Vermarktung von **Waren in**
unterschiedlicher Qualität betrifft (→ Rn. 10.1 ff.).

3. Irreführung durch Unterlassen

Hinsichtlich der Irreführung durch Unterlassen enthielt § 5a I idF der UWG-Novelle 2008   **0.121**
den (früher in § 5 II 2 UWG 2004 enthaltenen) **allgemeinen Grundsatz,** wonach für die
Beantwortung der Frage, ob ein Verschweigen einer Tatsache irreführend ist, „insbesondere
deren Bedeutung für die geschäftliche Entscheidung nach der Verkehrsauffassung sowie die
Eignung des Verschweigens zur Beeinflussung der Entscheidung" maßgeblich sind. Neben
diesen allgemeinen Grundsatz trat in § 5a II UWG 2008 ein **weiterer Grundsatz,** der dem
Wortlaut nach – weil er der UGP-RL (dort Art. 7 I UGP-RL) entnommen ist – nur den
Verkehr mit Verbrauchern (B2C), → Rn. 0.13) betrifft, der Sache nach aber ebenso für den
Verkehr mit Unternehmen (B2B) Geltung beanspruchen kann: Danach handelte unlauter, wer
die Entscheidungsfähigkeit von Verbrauchern iSd § 3 II aF dadurch beeinflusst, dass er eine
Information vorenthält, die im konkreten Fall unter Berücksichtigung aller Umstände …
wesentlich ist. Die Neuregelung des § 5a II UWG 2015 orientierte sich demgegenüber unmittelbar an der Formulierung des Art. 7 I UGP-RL. Durch das am 28.5.2022 in Kraft tretende
G zur Stärkung des Verbraucherschutzes im Wettbewerbs- und Gewerberecht v. 10.8.2021 ist
die bisher in § 5a I enthaltene Regelung entfallen und der bisher in § 5a geregelte Tatbestand
der Informationspflichtverletzung in den §§ 5a, 5b neu gefasst worden. Das Entfallen des § 5a I
aF ist ohne weiteres zu verschmerzen: aus dem Verbot der Irreführung nach § 5 ergibt sich auch
das Verbot, den Verbraucher nicht durch Schweigen irrezuführen (→ Rn. 1.48). Dass das Verbot
der Informationspflichtverletzung auch gegenüber sonstigen Marktteilnehmern gilt (wie schon

zuvor, vgl. BGH GRUR 2022, 241 Rn. 25 –Kopplungsangebot III), ist durch die Aufnahme dieses Personenkreises in die Neufassung von § 5a II und IV klargestellt (vgl. Begr. RegE, BT-Drs. 19/27873, 34). § 5a IV in der ab dem 28.5.2022 geltenden Fassung ergänzt die bisher in § 5a VI enthaltene Informationspflicht über den kommerziellen Zweck einer geschäftlichen Handlung um das Erfordernis einer Gegenleistung und eine Vermutungsregel für den Erhalt einer solchen.

0.122   Mit der Regelung der Informationspflichtverletzung in §§ 5a und 5b kommt ein **Paradigmenwechsel** zum Ausdruck. § 5b I (§ 5a III aF) erklärt für den Fall der Aufforderung zum Kauf – die vom deutschen Gesetzgeber gewählte Umschreibung entspricht der Legaldefinition dieses Begriffs in Art. 2 lit. i UGP-RL – ganz bestimmte Informationen für wesentlich (Nr. 1–6). Dabei geht es nicht nur um Dinge, die sich von selbst verstehen (Nr. 1: „alle wesentlichen Merkmale der Ware oder Dienstleistung in dem dieser und dem verwendeten Kommunikationsmittel angemessenen Umfang"), sondern auch um durchaus **neue Informationspflichten** (zB Nr. 2: „Identität und Anschrift des Unternehmers"; Nr. 5: „Bestehen eines Rechts zum Rücktritt oder Widerruf" sowie die seit dem 28.5.2022 neu hinzugekommene Nr. 6: Unternehmereigenschaft bei Angebot über Online-Marktplatz). Darüber hinaus deklariert § 5b IV (§ 5a IV aF) – in Umsetzung von Art. 7 V UGP-RL – alle „Informationen, die dem Verbraucher auf Grund unionsrechtlicher Verordnungen oder nach Rechtsvorschriften zur Umsetzung unionsrechtlicher Richtlinien für kommerzielle Kommunikation einschließlich Werbung und Marketing nicht vorenthalten werden dürfen", für wesentlich. Was sich dahinter verbirgt, kann einem nicht abschließenden Katalog entnommen werden, der als Anh. II UGP-RL angefügt ist. § 5b in der seit dem 28.5.2022 geltenden Fassung enthält in den Absätzen 2 und 3 neue Informationspflichten für Suchmaschinen-Rankings und Kundenbewertungen.

4. In jedem Fall irreführende geschäftliche Handlungen

0.123   Die gesetzliche Regelung des Irreführungsverbots in §§ 3 I, 5, 5a, 5b wird durch die mit der UWG-Novelle 2008 eingeführte und durch das G zur Stärkung des Verbraucherschutzes im Wettbewerbs- und Gewerberecht v. 10.8.2021 mWv 28.5.2022 erweiterte **„Schwarze Liste"** von im Anh. § 3 III aufgeführten **36 Einzeltatbeständen** ergänzt, die stets – also ungeachtet einer Erheblichkeit und teilweise auch ungeachtet einer Irreführung im Einzelfall – als unlautere geschäftliche Handlungen gelten (§ 3 III). Diese Tatbestände – 27 von ihnen betreffen eine irreführende geschäftliche Handlung – sind, falls einschlägig, zuerst zu prüfen, bevor sich die Frage stellt, ob das Verhalten unter §§ 5, 5a fällt (vgl. BGH GRUR 2022, 170 Rn. 35 – Identitätsdiebstahl II).

1. Abschnitt. Tatbestand der irreführenden geschäftlichen Handlung

Übersicht

Schrifttum: H.-J. Ahrens, Verwirrtheiten juristischer Verkehrskreise zum Verbraucherleitbild einer „normativen" Verkehrsauffassung, WRP 2000, 812; H.-J. Ahrens, Werbung mit IVW-Verbreitungsdaten, AfP 2000, 417; S. Ahrens, Der Irreführungsbegriff im deutschen Wettbewerbsrecht, WRP 1999, 389; Amschewitz, Die Nachprüfbarkeit der Werbung mit selbst durchgeführten Studien, WRP 2013, 571; Becker, Anruf in Abwesenheit!? Der Ping-Anruf – Ein „Klassiker" neu aufgelegt, WRP 2011, 808; J. Bergmann, Frisch vom Markt – Die Rechtsprechung zur „Frische"-Werbung aus marken- und lebensmittelrechtlicher Perspektive, ZLR 2001, 667; Berlit, Auswirkungen der Aufhebung des Rabattgesetzes und der Zugabeverordnung auf die Auslegung von § 1 UWG und § 3 UWG, WRP 2001, 349; Berneke, Zum Lauterkeitsrecht nach einer Aufhebung von Zugabeverordnung und Rabattgesetz, WRP 2001, 615; Bernreuther, Werbliche Angabe und allgemeine Geschäftsbedingungen, GRUR 1998, 542; Beutel, Möglichkeiten und Grenzen von Erfahrungssätzen, WRP 2017, 513; Bornkamm, Die Feststellung der Verkehrsauffassung im Wettbewerbsprozess, WRP 2000, 830; Bornkamm, Irrungen, Wirrungen – Der Tatbestand der Irreführung durch Unterlassen, WRP 2012, 1; Bornkamm/Kochendörfer, Verwechslungsgefahr und Irreführungsgefahr – Konvergenz der Begriffe?, FS 50 Jahre BPatG, 2011, 533; Brandner, Bedeutungsgehalt und Bedeutungswandel bei Bezeichnungen im geschäftlichen Wettbewerb, FS Piper, 1996, 95; Bullinger/Emmerich, Irreführungsgefahr durch selektive Produktauswahl bei Preisvergleichen, WRP 2002, 608; Büttner, Die Irreführungsquote im Wandel – Folgen eines sich ändernden Normverständnisses, GRUR 1996, 533; Cordes, Die Gewährung von Zugaben und Rabatten und deren wettbewerbsrechtliche Grenzen nach Aufhebung von Zugabeverordnung und Rabattgesetz, WRP 2001, 867; V. Deutsch, Der Einfluss des europäischen Rechts auf den Irreführungstatbestand des § 3 UWG – Gedanken zum Verbraucher-Leitbild und zur Relevanz bei Täuschungen, GRUR 1996, 541; Enßlin, Verpflichtung zur Angabe von Preisen in der Werbung für Telefonmehrwertdienste, WRP 2001, 359; Fezer, Das wettbewerbsrechtliche Irreführungsverbot als ein normatives Modell des verständigen Verbrauchers im Europäischen Unionsrecht, WRP 1995, 671; Franz, Zur Neutralität und Sachkunde eines Gütesiegelverleihers, WRP 2020, 548; Fritzsche, Grenzen der Werbung mit Garantien, Gütesiegeln und Sicherheitsaspekten, WRP 2021, 431; Fröndhoff, Irreführung durch vergleichende Werbung – Deutsche Rechtsprechung auf dem Telekommunikationsmarkt nach „Pippig Augenoptik/Hartlauer", ZUM 2004, 451; v. Gierke, Zur Irreführung durch Angaben über den Warenvorrat, GRUR 1996, 579; Gloy, Geografische Herkunftsangaben, wettbewerbsrechtliche Relevanz und klarstellende Zusätze, FS Piper, 1996, 543; Gloy, Verkehrsauffassung – Rechts- oder Tatfrage, FS Erdmann, 2002, 811; Haager, Rechtsprechungsbericht: Die Entwicklung der Rechtsprechung zur Alleinstellungswerbung und zu anderen Irreführungstatbeständen, WiB 1996, 930; Haedicke, Die künftige Zugabe- und Rabattregulierung durch das UWG zwischen Liberalisierung und Lauterkeitsschutz, CR 2001, 788; Hahn, Schutz vor „Look-alikes" unter besonderer Berücksichtigung des § 5 II UWG, Diss. 2013; Hampe/Köhler, Branchenverzeichnisse im Internet – Arglistige Täuschung durch wettbewerbswidrige Formularschreiben?, MMR 2012, 722; Hartwig, Die lauterkeitsrechtliche Beurteilung der Werbung mit dem „Grünen Punkt" (§ 3 UWG), GRUR 1997, 560; Heermann, Rabattgesetz und Zugabeverordnung ade! – Was ist nun erlaubt? Was ist nun verboten?, WRP 2001, 855; Heermann, Die Erheblichkeitsschwelle iS des § 3 UWG-E, GRUR 2004, 94; Heermann/Rueß, Verbraucherschutz nach RabattG und ZugabeVO – Schutzlücke oder Freiheitsgewinn?, WRP 2001, 883; Heim, Der Schutz Minderjähriger durch Wettbewerbsrecht, FamRZ 2007, 321; Helm, Die Bagatellklausel im neuen UWG, FS Bechtold, 2006, 155; Henning-Bodewig, Relevanz der Irreführung, UWG-Nachahmungsschutz und die Abgrenzung Lauterkeitsrecht/IP-Rechte, GRUR-Int. 2007, 986; Hoffrichter-Daunicht, Die „halbe Wahrheit", Irreführung durch lückenhafte Werbung, 1984; Hohmann, Die Verkehrsauffassung im deutschen und europäischen Lebensmittelrecht, 1994; Hösl, Interessenabwägung und rechtliche Erheblichkeit der Irreführung bei § 3 UWG, 1986; Kempf/Schilling, Nepper, Schlepper, Bauernfänger – zum Tatbestand strafbarer Werbung (§ 16 Abs. 1 UWG), wistra 2007, 41; Keßler, Lauterkeitsschutz und Wettbewerbsordnung – zur Umsetzung der Richtlinie 2005/29/EG über unlautere Geschäftspraktiken in Deutschland und Österreich, WRP 2007, 714; Keyßner, Täuschung durch Unterlassen – Informationspflichten in der Werbung, 1986; Kiethe/Groeschke, Die Zulässigkeit der Produktkennzeichnung und die Bewerbung von Lebensmitteln, insbesondere von Milchprodukten als „Frisch", WRP 2000, 431; Kisseler, Schlankheitswerbung im Zwielicht, FS Vieregge, 1995, 401; Klette, Zur Relevanz der Herkunftstäuschung im Wettbewerbsrecht, NJW 1986, 359; Klette, Zum Superlativ in der Werbung, FS Helm, 2002, 87; Klindt, Das Umweltzeichen „Blauer Engel" und „Europäische Blume" zwischen produktbezogenem Umweltschutz und Wettbewerbsrecht, BB 1998, 545; Koch, Kann die Äußerung unrichtiger Rechtsansichten wettbewerbsrechtlich verboten werden? WRP 2019, 1259; Köhler, „Grüner Punkt" als irreführende Werbung?, BB 1998, 2065; Köhler, Rabattgesetz und Zugabeverordnung: Ersatzlose Streichung oder Gewährleistung eines Mindestschutzes für Verbraucher und Wettbewerber?, BB 2001, 265; Köhler, Zum Anwendungsbereich der §§ 1 und 3 UWG nach Aufhebung von RabattG und ZugabeVO, GRUR 2001, 1067; Köhler, Die „Bagatellklausel" in § 3 UWG, GRUR 2005, 1; Köhler, Rechtsprechungsbericht zum Recht des unlauteren Wettbewerbs (Teile 3, 4 und 5), GRUR-RR 2006, 73, 113, 209; Köhler, Zur richtlinienkonformen Auslegung und Neuregelung der „Bagatellklausel" in § 3 UWG, WRP 2008, 10; Köhler, Die Rechtsprechung des Europäischen Gerichtshofs zur vergleichenden Werbung: Analyse und Kritik, WRP 2008, 414; Köhler, Vom deutschen zum europäischen Lauterkeitsrecht – Folgen der Richtlinie über unlautere Geschäftspraktiken für die Praxis, NJW 2008, 3032; Köhler, Unrichtige Arztabrechnungen: ein Fall fürs UWG, FS Doepner, 2008, 31; Köhler, Die Verwendung unwirksamer Vertragsklauseln: ein Fall für das UWG – Zugleich Besprechung der BGH-Entscheidungen „Gewährleistungsausschluss im Internet" und „Vollmachtsnachweis", GRUR 2010, 1047; Köhler, Richtlinienumsetzung im UWG – eine unvollendete Aufgabe, WRP 2013, 403; Köhler, UWG 2015: Neue Maßstäbe für Informationspflichten der Unternehmer, WRP 2017, 1; Köhler, Das Gebot der „Staatsferne der Presse" als Schranke kommunaler Öffentlichkeitsarbeit, GRUR 2019, 265; Köhler, Zum „Bagatellverstoß" im Lauterkeitsrecht, WRP 2020, 1378; Köhler/Lettl, Das geltende europäische Lauterkeitsrecht, der Vorschlag für eine EG-Richtlinie über unlautere Geschäftspraktiken und die UWG-Reform, WRP 2003, 1019; Kohte, Die Durchführung und Abwicklung von Verträgen im Blickfeld des Lauterkeitsrechts, VuR 2017, 403; Kretschmer, Minderung des Risikos der Produkthaftung durch Werbung, WRP 1997, 923; Kühl, Strafbare Werbung mit manipulierten Abgaswerten im Dieselskandal? Zugleich ein Beitrag zur Abgrenzung der unwahren von der lediglich irreführenden Angabe, WRP 2019, 573; Lettl, Der Schutz der Verbraucher nach der UWG-Reform, GRUR 2004, 449; Lettl, Irreführung nach § 5 Abs 1 UWG und Blickfangwerbung, insbesondere für Kapitalanlagen – zugleich Besprechung des Urteils BGH, Urt. v. 21.9.2017 – Festzins Plus, WM 2018, 841; Lettl, Die geschäftliche Relevanz nach §§ 3 Abs. 2, 3a, 4a Abs. 1, 5 Abs. 1 S. 1 und 5a Abs. 1, Abs. 2 S. 1 Nr. 2 UWG, WRP 2019, 1265; Lindacher, Funktionsfähiger Wettbewerb als Final- und Beschränkungsgrund des lauterkeitsrechtlichen Irreführungsverbots, FS Nirk, 1992, 587; Loewenheim, Aufklärungspflichten in der Werbung, GRUR 1980, 14; Lux, Alleinstellungswerbung als vergleichende Werbung?, GRUR 2002, 682; Martinek, Der deutsche Konsument als europäischer Marktbürger?, NJW 1996, 3136; A. Meyer, Die anlockende Wirkung der irreführenden Werbung, 1989; Meyer/Voß/Finster, Friktionen um den europäischen Integrationsprozess, Erläuterungen anhand von Herkunftsangaben für Lebensmittel, GRUR 2022, 1029; Michalski/Riemenschneider, Irreführende Werbung mit der Umweltfreundlichkeit von Produkten, BB 1994, 1157; Michel, Ungleichgewicht einzelner Angaben bei der Blickfangwerbung am Beispiel der Entscheidungen „Einzelteil-Räumung" – „Orient-Teppichmuster" kontra „Computerwerbung" – Auswirkung der europäischen Verbraucherleitbildes auf die Grundsätze zur Blickfangwerbung, WRP 2002, 389; Middelhoff, Das Spürbarkeitsmerkmal des UWG 2015, Diss. 2019; Möllnitz, Irreführung durch Rechtsverteidigung – Zu den Grenzen zwischen zulässiger Rechtsverteidigung und unzulässiger Täuschung über Verbraucherrechte im UWG, VuR 2020, 411; Nippe, Belästigung zwischen Wettbewerbshandlung und Werbung – Zur Auslegung des Begriffs Werbung in § 7 Abs. 2 UWG, WRP 2006, 951; J.B. Nordemann, Wegfall von Zugabeverordnung und Rabattgesetz – Erlaubt ist, was gefällt?, NJW 2001, 2505; Ohly, Irreführende vergleichende Werbung – Anmerkungen zu EuGH „Pippig Augenoptik/Hartlauer", GRUR 2003, 641; v. Olenhusen, Das „Institut" im Wettbewerbs-, Firmen-, Standes-, Namens- und Markenrecht, WRP 1996, 1079; Omsels, Kritische Anmerkungen zur Bestimmung der Irreführungsgefahr, WRP 2005, 548; Omsels, Die geschäftliche Entscheidung, WRP 2016, 553; Pauly, Zur Problematik der Alleinstellungswerbung unter besonderer Berücksichtigung von BGH WRP 1996, 729 – Der meistverkaufte Europas, WRP 1997, 691; Sack, Irreführende Werbung mit wahren Angaben, FS Trinkner, 1995, 293 und GRUR 1996, 461; Sack, Die Durchsetzung unlauter zustande gebrachter Verträge als unlauterer Wettbewerb?, WRP 2002, 396; Sack, Die relevante Irreführung im Wettbewerbsrecht, WRP 2004, 521; Sack, Die neue deutsche Formel des europäischen Verbraucherleitbilds, WRP 2005, 462; Sack, Die Verwechslungsgefahr im Marken und Wettbewerbsrecht – einheitliche Auslegung?, WRP 2013, 8; Saria, „Der größte …" im österreichischen Lauterkeitsrecht zwischen unternehmensbezogener Alleinstellungswerbung, Werturteil und reklamehafter Übertreibung, GRUR-Int. 2005, 130; Scherer, Die „wesentliche Beeinflussung" nach der Richtlinie über unlautere Geschäftspraktiken, WRP 2008, 708; Scherer, Migrationsfolgen im Marken- und Wettbewerbsrecht, WRP 2016, 8; Scherer, Grundsatz der privilegierten Äußerungen – Geltung auch Gegenüber Verbrauchern? GRUR 2020, 1136; Scherer, Irreführung durch Rechtsverfolgung bei nicht bestehender Forderung, WRP 2021, 1400; Schmelz/Haertel, Die Superlativreklame im UWG – Materielle und prozessuale Aspekte, WRP 2007, 127; Schmitz-Temming, Wettbewerbsrecht contra Factory Outlet Center – Fangschuss oder untauglicher Versuch?, WRP 1998, 680; Schulte/Schulte, Informationspflichten im elektronischen Geschäftsverkehr – wettbewerbsrechtlich betrachtet, NJW 2003, 2140; Schünemann, „Warentypische Eigenschaften" in Vertrags-, Produkthaftungs- und Wettbewerbsrecht, BB 1997, 2061; Schünemann, „Unlauterkeit" in den Generalklauseln und Interessenabwägung nach neuem UWG, WRP 2004, 925; Schuster, Das Merkmal der geschäftlichen Relevanz i. R. d. § 5a II UWG, Diss. 2018; Schweizer, Die „normative Verkehrsauffassung" – ein doppeltes Missverständnis – Konsequenzen für das Leitbild des „durchschnittlich informierten, verständigen und aufmerksamen Durchschnittsverbrauchers", GRUR 2000, 923; Schwippert, Irreführung wegen schuldhafter Pflichtverletzung, Liber Amicorum M. Hecker, 2016, 293; Seichter, Das Regenwaldprojekt – Zum Abschied von der Fallgruppe der gefühlsbetonten Werbung, WRP 2007, 230; Sosnitza, Gebotene Irreführung und Verbot von Erlaubtem: Wertungswidersprüche zwischen Kennzeichnungsregeln des Marktordnungsrechts und des allgemeinen Lebensmittelrechts?, ZLR 2018, 743; Sosnitza, Vorrang der Marktordnung vor dem allgemeinen Irreführungsverbot – Ein Fall der normativen Irreführung – Anmerkung zu EuGH „Wettbewerbszentrale/Prime Champ", GRUR 2019, 1273; Sosnitza, Irreführende Meinungen? Von Spatzen, Kanonen und Informationen, GRUR 2022, 137; Spliethoff, Verkehrsauffassung und Wettbewerbsrecht, 1992; Teplitzky, Zur Methodik der Interessenabwägung in der neueren Rspr des Bundesgerichtshofs zu § 3 UWG, FS Vieregge, 1995, 853; Tilmann, Die Verkehrsauffassung im Wettbewerbs- und Warenzeichenrecht, GRUR 1984, 716; Tilmann/Ohde, Die Mindestirreführungsquote im Wettbewerbsrecht und im Gesundheitsrecht, GRUR 1989, 229, 301; Tonner/Brieske, Verbraucherschutz durch gesetzliche Kennzeichnungserfordernisse, BB 1996, 919; Ulbrich, Der BGH auf dem Weg zum normativen Verbraucherleitbild?, WRP 2005, 940; v. Ungern-Sternberg, Kundenfang durch rechnungsähnlich aufgemachte Angebotsschreiben, WRP 2000, 1057; Völker, Preisangaben und Preiswerbung nach Einführung des Euro, WRP 1999, 756; I. Westermann, Bekämpfung irreführender Werbung ohne demoskopische Gutachten, GRUR 2002, 403; Wuttke, Neues zur wettbewerbsrechtlichen Relevanz des Interessenabwägung bei der irreführenden Werbung, WRP 2003, 839; Wuttke, Die Konvergenz des nationalen und des europäischen Irreführungsbegriffs, WRP 2004, 820; Wuttke, Die Bedeutung der Schutzzwecke für ein liberales Wettbewerbsrecht (UWG) – Zugleich eine Anmerkung zu BGH I ZR 234/03 – Warnhinweis II, WRP 2007, 119.

Weitere Schrifttumsnachweise s. vor → Rn. 0.1 (Grundlagen des Irreführungsverbots), vor → Rn. 1.138 (Alleinstellungswerbung und Spitzengruppenwerbung), vor → Rn. 1.171 (Wettbewerbsrechtliche Relevanz) und vor → Rn. 1.200 (Interessenabwägung, Prüfung der Verhältnismäßigkeit).

A. Irreführende geschäftliche Handlung

I. Grundsatz

1.1 Dadurch, dass der Irreführungstatbestand des § 5 vollständig auf der Generalklausel des § 3 aufsetzt (→ Rn. 0.113), braucht er – anders als § 3 UWG 1909 („im geschäftlichen Verkehr zu Zwecken des Wettbewerb") – keine allgemeinen, für alle Wettbewerbsverstöße geltenden Merkmale zu enthalten. Irreführende Werbung muss, um Rechtsfolgen auszulösen, stets die **weiteren Voraussetzungen des § 3** erfüllen. Damit muss auch stets eine **geschäftliche Handlung iSv § 2 Nr. 2** vorliegen (ausf. → § 2 Rn. 2.1 ff.). Während der Begriff der Wettbewerbshandlung im UWG 2004 weitgehend dem früheren Merkmal des Handelns im geschäftlichen Verkehr zu Zwecken des Wettbewerbs entsprach, weist der Begriff der geschäftlichen Handlung doch wesentliche Unterschiede auf: Zum einen ist das (ungeschriebene) Merkmal der Wettbewerbsförderungsabsicht durch das **Erfordernis eines objektiven Zusammenhangs zum eigenen oder einem fremden Unternehmen** ersetzt worden. Zum zweiten umfasst der Begriff auch Handlungen, die im Zusammenhang mit dem Abschluss oder der Durchführung eines Vertrages über Waren oder Dienstleistungen stehen. Der Begriff schließt also auch ein unlauteres **Verhalten** ein, das **nach Vertragsschluss** an den Tag gelegt wird (→ Rn. 1.10 ff.).

II. Von der irreführenden Werbung zur irreführenden geschäftlichen Handlung

1.2 Nach § 5 I UWG 2004 handelte unlauter, „wer irreführend wirbt". Im UWG 2008 ist daraus die Regelung geworden, dass unlauter handelt, **„wer eine irreführende geschäftliche Handlung vornimmt".** „Irreführende Handlungen" iSd § 5 I sind irreführende Angaben, wie aus dem Wortlaut des § 5 II hervorgeht. Dort wird erläutert, dass „eine geschäftliche Handlung … irreführend (ist), wenn sie unwahre Angaben (…) oder sonstige zur Täuschung geeignete Angaben … enthält" (Hervorhebung durch Verf.). In vernünftiges Deutsch übersetzt lautet § 5 I demnach: **„Unlauter handelt, wer im geschäftlichen Verkehr irreführende Angaben macht".**

1.3 Mit der Einführung des zentralen Begriffs der geschäftlichen Handlung ist die Beschränkung auf die werbende – also auf die auf einen Geschäftsabschluss gerichtete – Angabe entfallen. Auch wenn seit dem UWG 2008 nunmehr auch irreführende Angaben bei und nach dem Geschäftsabschluss von dem Verbot erfasst werden, ändert dies nichts daran, dass die Bestimmung ihren Hauptanwendungsbereich bei werbenden Angaben hat. Deshalb kann auch nach wie vor zur Umschreibung der Bestimmung des § 5 der Begriff der irreführenden Werbung (statt des hölzernen Begriffs der irreführenden geschäftlichen Handlung) verwendet werden. Das UWG 2008 geht insoweit, als der Begriff der irreführenden geschäftlichen Handlung weiter ist als der der irreführenden Werbung, auch für den Bereich B2B über die hierfür in der Werbe-RL enthaltenen Vorgaben hinaus. Dies ist nicht nur sinnvoll, weil das deutsche Recht zwischen B2B und B2C (→ Rn. 0.13 f.) nicht unterscheidet; es steht auch im Einklang mit der Werbe-RL, die lediglich einen Mindeststandard formuliert (Art. 8 I Werbe-RL) und es daher den Mitgliedstaaten freistellt, einen weiterreichenden Schutz vorzusehen. Dagegen ist der Begriff der Werbung für den Tatbestand der vergleichenden Werbung nach wie vor von Bedeutung (→ § 6 Rn. 59 ff.).

III. Unternehmens- und Marktbezug

Der Irreführungstatbestand setzt mit der geschäftlichen Handlung einen **Unternehmens-** 1.4
und einen Marktbezug voraus (→ § 2 Rn. 2.19 ff., 2.37).

1. Unternehmensbezug

Unternehmensbezug bedeutet, dass sich die in Rede stehende Äußerung auf das eigene oder 1.5
auf ein fremdes Unternehmen beziehen muss. Dies schließt sowohl das Angebots- als auch das
Nachfrageverhalten dieses Unternehmens ein. Dies gilt unbeschadet des Umstands, dass die
UGP-RL (ebenso wie die Werbe-RL) **nur den Absatzwettbewerb, nicht aber den Nachfragewettbewerb harmonisiert** hat (→ § 2 Rn. 2.41). Nichts spricht dagegen, die Regelungen, die das Unionsrecht für den Absatzwettbewerb vorschreibt, auch für den Nachfragewettbewerb anzuwenden (so für § 7 II Nr. 3 BGH GRUR 2008, GRUR 2008, 923 Rn. 12 –
Faxanfrage im Autohandel; GRUR 2008, 925 Rn. 15 – FC Troschenreuth). Eine irreführende
geschäftliche Handlung liegt somit bspw. vor, wenn ein Gebrauchtwagenhändler als Nachfrager
von Gebrauchtwagen seine Kunden mit unzutreffenden Mindestpreisen anlockt oder wenn ein
Unternehmer in einer Stellenanzeige der Wahrheit zuwider Vergünstigungen anpreist, die in
seinem Betrieb nicht gewährt werden (vgl. OLG Koblenz WRP 1998, 540 Ls.). Ebenso liegt ein
Verstoß gegen §§ 3, 5 vor, wenn ein Händler beim Hersteller oder einem anderen Händler kauft
und über seine Wiederverkäufereigenschaft täuscht, etwa weil es sich um Waren handelt, die in
einem selektiven Vertriebssystem abgesetzt und nicht an systemfremde Wiederverkäufer veräußert werden dürfen (sog **Schleichbezug**).

Unternehmensbezug liegt nicht nur im Zusammenhang mit dem Absatz von oder der Nach- 1.6
frage nach Produkten **(Vertikalverhältnis)** vor, sondern auch im **Horizontalverhältnis,** in
dem sich Wettbewerber auf gleicher Stufe gegenüberstehen. Ein solcher Fall ist etwa bei einer
Schutzrechtsverwarnung gegenüber einem Mitbewerber gegeben, wenn unzutreffende Angaben
über den Bestand oder den Schutzbereich des Schutzrechts gemacht werden. Die irreführende
Angabe steht in einem solchen Fall auch in objektivem Zusammenhang mit dem Abschluss eines
Vertrages (§ 2 I Nr. 2), den bspw. der Mitbewerber mit einem Kunden schließen will; aber auch
die Unterwerfung, auf die die Verwarnung abzielt, ist ein solcher Vertrag. Daneben liegt in
solchen Fällen stets auch eine wettbewerbswidrige gezielte Behinderung iSv § 4 Nr. 4 vor (→ § 4
Rn. 4.177). Ein anderes Beispiel für eine Irreführung im Horizontalverhältnis liegt in folgender
Konstellation: In dem Bestreben, seine Chancen für einen Geschäftsabschluss mit dem Kunden
C zu erhöhen, lässt A seinem Mitbewerber B, der sich ebenfalls um C bemüht, eine (anonyme)
Mitteilung zukommen, die ein zweifelhaftes Licht auf die Bonität von C wirft.

2. Marktbezug

Marktbezug liegt vor, wenn die Handlung auf die Förderung des Absatzes oder Bezugs von 1.7
Waren oder Dienstleistungen eines Unternehmens gerichtet ist. Insoweit entspricht das Merkmal
dem Erfordernis des **„Handelns im geschäftlichen Verkehr"** im früheren Recht. Marktbezug
weist jede Tätigkeit auf, die irgendwie der **Förderung eines beliebigen Geschäftszwecks** –
nicht notwendig des eigenen – dient. Erfasst wird jede selbstständige, wirtschaftlichen Zwecken
dienende Tätigkeit, in der eine Teilnahme am Erwerbsleben zum Ausdruck kommt, die Eigen-
ebenso wie die Fremdwerbung. Auch wohltätige und gemeinnützige Unternehmen handeln mit
Marktbezug. Am Marktbezug fehlt es dagegen bei **privatem und bei hoheitlichem Handeln,**
ebenso bei **betriebs- und behördeninternem Handeln.** Insofern erfüllt dieses Merkmal eine
ähnliche Funktion wie der Unternehmensbegriff bei § 1 GWB.

Die **öffentliche Hand** handelt mit Marktbezug, wenn die Handlung in den Formen des 1.8
Privatrechts erfolgt (vgl. BGH GRUR 2018, 196 Rn. 23 – Eigenbetrieb Friedhöfe). Handelt die
Behörde zur Erfüllung öffentlicher Aufgaben **aufgrund gesetzlicher Ermächtigung,** fehlt es
am Marktbezug, soweit sich das Handeln **innerhalb** der Ermächtigungsgrundlage bewegt (hoheitliches Handeln); **überschreitet** die Behörde aber die Grenzen der Ermächtigungsgrundlage,
liegt eine geschäftliche Handlung vor (vgl. BGH GRUR 2018, 196 Rn. 23 – Eigenbetrieb
Friedhöfe; GRUR 2019, 189 Rn. 55 – Crailsheimer Stadtblatt II mAnm Köhler GRUR 2019,
265; GRUR 2020, 755 Rn. 49 – WarnWetter-App). Fehlt es an einer ausdrücklichen gesetzlichen Ermächtigung, ist die Einstufung anhand einer **umfassenden Einzelfallwürdigung** vorzunehmen (vgl. BGH GRUR 2018, 196 Rn. 23 – Eigenbetrieb Friedhöfe; GRUR 2019, 189

Rn. 55 – Crailsheimer Stadtblatt II; hierzu iE → § 3a Rn. 2.17 ff.). Amtliche Auskünfte, Empfehlungen und Warnungen unterliegen insoweit besonderen Anforderungen (→ § 3a Rn. 2.27).

1.9 **Öffentlich-rechtliche Berufsorganisationen** (Rechtsanwaltskammern, Steuerberaterkammern, Handwerkskammern etc) oder andere öffentlich-rechtliche Körperschaften, die Interessen ihrer Mitglieder wahrnehmen und sich zu ihren Gunsten im Wettbewerb äußern, handeln geschäftlich (vgl. BGH GRUR 1986, 905 (907) – Innungskrankenkassenwesen; GRUR 2018, 622 Rn. 12 – Verkürzter Versorgungsweg II). Nichts anderes gilt schließlich für andere **staatliche Stellen,** die – etwa im Bereich des Fremdenverkehrs – zugunsten bestimmter Unternehmen tätig werden (vgl. BGHZ 19, 299 – Staatliche Kurverwaltung Bad Ems). Mit der Wahrung unternehmerischer Interessen betraut ist aber auch der **Mitarbeiter,** der sich zugunsten seines Arbeitgebers im Wettbewerb äußert. Von seiner selbstständigen Haftung geht auch das Gesetz aus, wenn es in § 8 II sagt, „der Unterlassungsanspruch und der Beseitigungsanspruch (seien) **auch** gegen den Inhaber des Betriebes begründet". Private **Wirtschaftsverbände** handeln auch dann geschäftlich, wenn sie zwar keinen eigenen wirtschaftlichen Geschäftsbetrieb unterhalten, aber mit der **Wahrnehmung der Interessen ihrer Mitglieder betraut** sind und zur Förderung des Wettbewerbs ihrer Mitglieder tätig werden (GK/Lindacher/Peifer Rn. 28; vgl. zu § 3 UWG 1909 BGH GRUR 1973, 371 – Gesamtverband).

IV. Vor, bei oder nach einem Geschäftsabschluss

1. Erweiterter Anwendungsbereich

1.10 Durch die UWG-Novelle 2008 ist der **Anwendungsbereich des UWG** und damit auch des Irreführungsverbots – in Umsetzung der UGP-RL – **ausgedehnt** worden. Während die Wettbewerbshandlung (UWG 2004) ebenso wie das Handeln zu Zwecken des Wettbewerbs (UWG 1909) immer auf einen Geschäftsabschluss ausgerichtet sein musste, fällt unter den Begriff der geschäftlichen Handlung auch ein Verhalten **nach Geschäftsabschluss.** § 2 I Nr. 2 bringt dies dadurch zum Ausdruck, dass es sich um ein „Verhalten … vor, bei oder nach einem Geschäftsabschluss" handeln muss. Freilich muss das Verhalten – wenn es sich beim Produktabsatz dient – **mit der Durchführung des Vertrages noch objektiv zusammenhängen.** Dies ist dann der Fall, wenn das fragliche Verhalten darauf gerichtet ist, geschäftliche Entscheidungen des (potenziellen) Vertragspartners zu beeinflussen (→ § 2 Rn. 2.51, 2.88 f.), also durch Beeinflussung der geschäftlichen Entscheidung der Verbraucher oder sonstigen Marktteilnehmer den Absatz oder Bezug von Waren oder Dienstleistungen des eigenen oder eines fremden Unternehmens zu fördern (BGH GRUR 2010, 1117 Rn. 18 – Gewährleistungsausschluss im Internet; GRUR 2013, 945 Rn. 17 – Standardisierte Mandatsbearbeitung; GRUR 2019, 754 Rn. 20 – Prämiensparverträge; GRUR 2020, 886 Rn. 32 – Preisänderungsregelung).

2. Schlecht- oder Nichterfüllung

1.11 Damit stellt sich die Frage, inwieweit eine Irreführung im Zusammenhang mit einer **vertragswidrigen Schlecht- oder Nichterfüllung** von § 5 erfasst ist. **Nach früherem Recht** war eine Wettbewerbshandlung idR zu verneinen. Nur wenn die Täuschung des Kunden zum **Mittel des Wettbewerbs** gemacht wurde, konnte ein Wettbewerbsverstoß bejaht werden (BGH GRUR 1983, 451 – Ausschank unter Eichstrich I; GRUR 1987, 180 – Ausschank unter Eichstrich II; GRUR 2002, 1093, 1094 – Kontostandsauskunft; GRUR 2007, 805 Rn. 12 – Irreführender Kontoauszug; → § 2 Rn. 2.83). In der **Verletzung vertraglicher Pflichten,** insbes. in der Nicht- oder Schlechterfüllung, lag für sich gesehen keine Wettbewerbshandlung (BGH GRUR 2002, 1093 (1094) – Kontostandsauskunft). Denn die Durchführung von Verträgen hat in aller Regel keinen Bezug auf die Mitbewerber und jedenfalls keine unmittelbaren Auswirkungen auf den Wettbewerb (BGH GRUR 1986, 816 (818) – Widerrufsbelehrung bei Teilzahlungskauf I; GRUR 1987, 180 f. – Ausschank unter Eichstrich II; OLG Frankfurt GRUR 2002, 727 (728)). Eine Wettbewerbshandlung wurde nur bei schwerwiegenden Vertragsverletzungen angenommen (BGH GRUR 2007, 987 Rn. 24 – Änderung der Voreinstellung), so etwa in Fällen, in denen ein Unternehmen von vornherein auf eine Übervorteilung seiner Kunden abzielte und diese planmäßige Kundentäuschung zum Mittel seines Wettbewerbs machte (BGHZ 123, 330 (333) = GRUR 1994, 126 – Folgeverträge I; BGH GRUR 1987, 180 (181) – Ausschank unter Eichstrich II; GRUR 1995, 358 (360) – Folgeverträge II; GRUR 2002, 1093 (1094) – Kontostandsauskunft; OLG Frankfurt GRUR 2002, 727 (728)). Eine Wettbewerbshandlung wurde ferner dann bejaht, wenn das vertragswidrige Handeln auf eine Neubegründung oder Erweiterung von Vertragspflichten, insbes. von Zahlungspflichten des Kunden, gerichtet war (BGH GRUR 2007, 805 Rn. 13 ff. – Irreführender Kontoauszug; OLG Frankfurt GRUR 2002, 727 (728)).

Für die **Fälle der Schlecht- oder Nichterfüllung** ändert sich durch die Erweiterung des **1.12** Anwendungsbereichs nicht viel. Denn hier zielt eine unrichtige Angabe, bspw. ein nicht eingehaltenes Versprechen, idR nicht auf eine bestimmte geschäftliche Entscheidung des Vertragspartners (BGH GRUR 2013, 945 Rn. 35 ff. – Standardisierte Mandatsbearbeitung). **Anders verhält es sich aber,** wenn die Handlung des Unternehmers auf die **Beeinflussung einer geschäftlichen Handlung des Verbrauchers** gerichtet ist und deshalb mit der Absatzförderung oder Vertragsdurchführung zusammenhängt. Erfasst ist danach der Fall, dass der Unternehmer mit der fraglichen Handlung auf eine Übervorteilung des Kunden abzielt und von vornherein nicht gewillt ist, sich an seine Ankündigungen zu halten; in diesem Fall dient die Täuschung über die Schlechtleistung dem Abschluss des Vertrages; sie wird als Mittel im Wettbewerb um Kunden eingesetzt (BGH GRUR 2013, 945 Rn. 37 – Standardisierte Mandatsbearbeitung). Damit ist die Grenze in diesem Bereich in ähnlicher Weise zu ziehen wie früher (vgl. BGH GRUR 1987, 180 (181) – Ausschank unter Eichstrich II). Es handelt sich dann um einen klaren Fall der **Irreführung über wesentliche Merkmale der Ware oder der Dienstleistung** (etwa darüber, dass die angekündigte Menge Bier serviert werden wird, oder darüber, dass der Anwalt in Schriftsätzen an die Gegenseite die Wahrheitspflicht nicht verletzt). Ähnliches gilt in Fällen, in denen die Irreführung dazu führt, dass neue Vertragspflichten des Kunden begründet werden, so etwa bei der Irreführung über den Kontostand, die den Kunden zur Geldausgabe und damit zur Inanspruchnahme eines Überziehungskredits veranlassen kann (BGH GRUR 2007, 805 Rn. 13 – Irreführender Kontoauszug) oder bei einer falschen Auskunft über die Laufzeit eines Abonnements, die zu einer verspäteten Kündigung und einer Fortdauer der Zahlungspflicht des Kunden führt (EuGH GRUR 2015, 600 – UPC).

3. Vertragliche Ansprüche

Eine deutliche **Erweiterung des Irreführungsverbots** ergibt sich im Zusammenhang mit **1.13** der Geltendmachung oder Abwehr vertraglicher Ansprüche (→ § 2 Rn. 2.88 ff.). Denn sowohl bei der **Erfüllung** (vermeintlicher) Ansprüche als auch bei der **Geltendmachung** eigener Ansprüche, zB eigener Gewährleistungsansprüche, handelt es sich um geschäftliche Entscheidungen. Nach der Definition in Art. 2 lit. k UGP-RL ist eine **geschäftliche Entscheidung** ua „jede Entscheidung eines Verbrauchers darüber, ob … er … eine Zahlung … leisten … oder ein vertragliches Recht … ausüben will". Da § 5 auch die Irreführung gegenüber Unternehmen erfasst, ist diese Definition entsprechend zu erweitern.

a) Irreführung als Mittel der Anspruchsdurchsetzung. Unter § 5 fällt nunmehr auch die **1.14** Irreführung im Zusammenhang mit der **Durchsetzung vertraglicher Ansprüche** eines Unternehmens gegenüber seinem Vertragspartner (→ § 2 Rn. 2.96); dies kann ein Verbraucher (B2C) oder aber auch ein anderes Unternehmen (B2B) sein (→ Rn. 0.13 f.). Eine geschäftliche Handlung iSv § 2 I Nr. 2 liegt allerdings **nur bei der außergerichtlichen Anspruchsverfolgung** vor, nicht bei der gerichtlichen Geltendmachung von Ansprüchen, weil letztere auf die Herbeiführung der Entscheidung eines Gerichts als staatlicher Stelle und nicht einer geschäftlichen Entscheidung des Verbrauchers (vgl. § 2 I Nr. 1) gerichtet ist (Scherer WRP 2022, 1400 Rn. 20–25). Die gerichtliche Anspruchsverfolgung darf durch die Geltendmachung lauterkeitsrechtlicher Ansprüche nicht behindert werden. Einem entsprechenden gerichtlichen Unterlassungsbegehren fehlt – anders als bei Unterlassungsklagen, die die Anspruchsabwehr erschweren – das prozessuale **Rechtsschutzbedürfnis** (→ Rn. 1.17). Als Irreführung kommen bspw. in Betracht: Unrichtige Behauptung, eine Ware oder Dienstleistung **kostenpflichtig bestellt** zu haben (BGH GRUR 2012, 184 Rn. 18 – Branchenbuch Berg; GRUR 2019, 1202 Rn. 16 – Identitätsdiebstahl I; GRUR 2022, 170 Rn. 12 ff. – Identitätsdiebstahl II); die Behauptung, der Vertrag enthalte eine Preisänderungsregelung, die zur **Preiserhöhung** berechtige (BGH GRUR 2020, 886 Rn. 33 – Preisänderungsregelung); unrichtige Angaben über die **Höhe des Zahlungsanspruchs** (OLG München GRUR-RR 2017, 316: Nichtberücksichtigung vertraglich vereinbarter Rabatte bei der Rechnungsstellung; im Supermarkt wird an der Kasse der höhere Normalpreis statt des ausgezeichneten Sonderpreises berechnet), unrichtige Behauptung, die Gegenleistung erbracht zu haben (Friedhofsgärtner stellt die Kosten der Grabpflege in Rechnung, ohne die Leistung erbracht zu haben; Arzt stellt eine Behandlung in Rechnung, in deren Genuss der Patient nicht gekommen ist), statt des verringerten Mehrwertsteuersatzes wird der normale Satz von 19 % in Rechnung gestellt.

1.15   Für das Vorliegen einer irreführenden geschäftlichen Handlung ist ein **systematisches Vorgehen** des Unternehmers **nicht erforderlich.** Es reicht vielmehr aus, dass es sich um einen einzelnen Vorgang handelt, von dem nur ein Verbraucher betroffen ist (EuGH GRUR 2015, 600 – UPC; anders noch 35. Aufl.). Entscheidend ist allein, ob das Verhalten des Unternehmers mit der Absatzförderung, dem Verkauf oder der Lieferung einer Ware oder Dienstleistung in unmittelbarem Zusammenhang steht, mit Blick auf die in Art. 6 Abs. 1 UGP-RL genannten Bezugspunkte zur Täuschung des Verbrauchers geeignet ist und den Verbraucher zu einer geschäftlichen Handlung veranlasst, die er ansonsten nicht getroffen hätte ((EuGH GRUR 2015, 600 Rn. 34 f., 39 – UPC). Der EuGH sieht Einschränkungen des Begriffs der irreführenden Geschäftspraxis, die auf eine bestimmte Anzahl von Vorfällen oder Betroffenen als mit dem Schutzzweck der UGP-RL, ein hohes Verbraucherschutzniveau zu gewährleisten, nicht vereinbar an (EuGH GRUR 2015, 600 Rn. 32, 42 ff. – UPC). Auch ein **subjektives Element,** insbes. eine Irreführungsabsicht, ist nicht erforderlich (EuGH GRUR 2015, 600 Rn. 47 – UPC; BGH GRUR 2022, 170 Rn. 22 – Identitätsdiebstahl II → Rn. 1.53). Hinsichtlich der Folgen dieser **niedrigen Verbotsschwelle** verweist der EuGH darauf, den Mitgliedstaaten stehe bei der Wahl der Maßnahmen zur Verhinderung unlauterer Geschäftspraktiken ein Wertungsspielraum zu, so dass insbesondere bei Verhängung von Sanktionen Umstände wie die Häufigkeit der vorgeworfenen Praxis, vorsätzliches Handeln und Ausmaß des Schadens im Rahmen der Verhältnismäßigkeit berücksichtigt werden könnten (EuGH GRUR 2015, 600 Rn. 57 f. – UPC). Am Fehlen der **Wiederholungsgefahr** wird ein Unterlassungsanspruch nach dem UWG regelmäßig nicht scheitern, weil diese schon durch den erstmaligen Verstoß ausgelöst wird (teilweise aA Köhler WRP 2009, 898 (903); → § 2 Rn. 86). Wegen **Unverhältnismäßigkeit** kann ein Unterlassungsanspruch nur in besonderen Ausnahmefällen verwehrt werden (vgl. BGH WRP 2012, 1526 Rn. 2 – Über 400 Jahre Brautradition; GRUR 2022, 170 Rn. 43–48 – Identitätsdiebstahl II; → Rn. 1.220 f.); der Einzelfallcharakter als solcher steht auch nach Auffassung des EuGH einem Verbot nicht entgegen. Die Verhängung von **Ordnungsmitteln** (§ 890 ZPO) setzt allerdings einen **schuldhaften Verstoß** gegen das Unterlassungsgebot voraus. Liegt ein solcher vor, bleibt im Rahmen des Ordnungsmittelverfahrens regelmäßig allein die Möglichkeit, einem geringen Gewicht des Verstoßes bei der Bestimmung der Höhe eines Ordnungsmittels Rechnung zu tragen.

1.16   **b) Irreführung als Mittel der Anspruchsabwehr.** Durch den Begriff der unlauteren geschäftlichen Handlung rücken auch unrichtige Angaben im Zusammenhang mit der **Anspruchsabwehr** in den Fokus des Irreführungsverbots. Dabei kann es um die **Abwehr von Erfüllungs-, Schadensersatz- oder Gewährleistungsansprüchen** gehen (→ § 2 Rn. 85). Unrichtige Angaben, die damit unter das wettbewerbsrechtliche Irreführungsverbot fallen, können zB sein: Unrichtige **Auskünfte über das Vertragsverhältnis** (EuGH GRUR 2015, 600 – UPC: falsche Auskunft des Unternehmers über die Vertragslaufzeit eines Abonnements für Kabelfernsehen führt zu einer verspäteten Kündigung und Fortdauer der Zahlungspflicht des Kunden); **falsche Namensangabe** eines Mitarbeiters bei Vertragsanbahnung am Telefon, die die spätere Rechtsdurchsetzung des Verbrauchers mangels Beweisbarkeit vereiteln könnte (BGH GRUR 2018, 950 Rn. 45 – Namensangabe; OLG Frankfurt WRP 2019, 1039); falsche Angaben über das **Bestehen eines Kündigungsrechts** des Unternehmers (BGH GRUR 2019, 754 Rn. 24 – Prämiensparverträge); falsche Behauptung, ein möglicher Anspruch des Vertragspartners sei **verjährt** (vgl. BGH GRUR 2017, 1144 Rn. 16 – Reisewerte); unrichtige Behauptung, ein Gutachten, aus dem sich die Mängelfreiheit des verkauften Geräts ergeben soll, sei „gerichtlich bestätigt" (vgl. OLG Jena GRUR-RR 2008, 83 (84)); unrichtige Behauptung, Rücktrittsrechte seien durch AGB ausgeschlossen. Besondere Anforderungen an Planmäßigkeit, Vorsätzlichkeit oder Häufigkeit des Vorgehens oder die Anzahl der betroffenen Verbraucher sind auch hier nicht zu stellen (→ Rn. 1.15).

1.17   Mit Hilfe des Irreführungsverbots dürfen freilich die **Rechte des Geschäftspartners, sich** gegenüber einem Anspruch **zu verteidigen,** nicht beschnitten werden. Die Frage, ob die gelieferte Ware oder die erbrachte Leistung mangelhaft ist oder nicht, ist nicht im Wettbewerbsprozess, sondern im Rahmen der Geltendmachung des Gewährleistungsanspruchs zu klären. Daher werden vom Irreführungsverbot nur Äußerungen erfasst, mit denen die Geltendmachung von Ansprüchen durch den Kunden unterbunden werden sollen. Hat der Kunde den Anspruch erst einmal gerichtlich oder außergerichtlich geltend gemacht, darf dem Unternehmen die

Abwehr dieses Anspruchs nicht durch ein wettbewerbsrechtliches Verbot unmöglich gemacht oder erschwert werden. Prozessrechtlich wird dieses Ergebnis dadurch sichergestellt, dass einer Klage auf Unterlassung das **Rechtsschutzbedürfnis** abgesprochen wird, wenn sie gegen Äußerungen gerichtet ist, die der Rechtsverfolgung oder -verteidigung in einem gerichtlichen oder behördlichen Verfahren dienen (vgl. BGH GRUR 2013, 305 Rn. 14 ff. – Honorarkürzung; GRUR 2018, 757 Rn. 16 ff. – Kindeswohlgefährdung; GRUR 2018, 1277 Rn. 14 ff. – PC mit Festplatte II; GRUR 2020, 886 Rn. 21 – Preisänderungsregelung). Bei **außergerichtlichen Äußerungen,** die lediglich mit einem gerichtlichen Verfahren in Zusammenhang stehen, fehlt für eine Unterlassungsklage allerdings das Rechtsschutzbedürfnis nicht, wenn mit ihr nicht die Rechtsverfolgung oder -verteidigung an sich, sondern lediglich Ausführungen zu ihrer Begründung angegriffen werden, weil solche Ausführungen die **geschäftliche Entscheidung der Marktgegenseite** beeinflussen können und deshalb am Irreführungsverbot gemessen werden müssen. Für Angaben gegenüber Verbrauchern gilt dies auch deshalb, weil sonst der von Art. 6 I UGP-RL bezweckte Schutz vor zur Täuschung geeigneten Angaben unterlaufen werden könnte (vgl. BGH GRUR 2020, 886 Rn. 23 – Preisänderungsregelung).

c) Unrichtige Auskunft über die Rechtslage. Im Zusammenhang mit dem Verbot irreführ-   1.18
render Angaben in Bezug auf ein bestehendes Vertragsverhältnis gewinnt **§ 5 II Nr. 7** an Bedeutung (→ Rn. 8.1 ff.). Danach darf ein Unternehmen **keine irreführenden Angaben über „Rechte des Verbrauchers,** insbes. solche auf Grund von Garantieversprechen oder Gewährleistungsrechte(n) bei Leistungsstörungen", machen (dazu Köhler NJW 2008, 3032 (3034)). Als irreführende Angaben kommen dabei allerdings **nur** solche **nachprüfbaren Behauptungen** in Betracht, die sich bei einer Überprüfung als eindeutig richtig oder falsch erweisen können (→ Rn. 1.21). Hierzu zählen auch die Fälle, in denen der Unternehmer gegenüber Verbrauchern eine **eindeutige Rechtslage** behauptet, die tatsächlich nicht besteht, sofern der angesprochene Kunde die Aussage nicht als Äußerung einer Rechtsansicht, sondern als **Feststellung** versteht (BGH GRUR 2019, 754 Rn. 32 – Prämiensparverträge; Koch WRP 2019, 1259 (1262)). In einem solchen Fall ist die Äußerung einer Rechtsansicht, obgleich Meinungsäußerung, zur Täuschung der Verbraucher geeignet, weil sie eine unzutreffende Tatsachenvorstellung hervorruft (vgl. BGH GRUR 2019, 754 Rn. 27, 32 – Prämiensparverträge; aA Sosnitza GRUR 2022, 137 (139 f.): Rechtsbehauptung als Tatsachenaussage). Beispiele: falsche Behauptung, dem Unternehmer stehe ein Kündigungsrecht zu oder dem Verbraucher stehe ein solches nicht zu (vgl. (jeweils unter Verneinung einer Irreführung) BGH GRUR 2019, 754 Rn. 24 – Prämiensparverträge; OLG Hamburg GRUR-RR 2020, 317; OLG Dresden GRUR-RR 2022, 465; OLG Köln GRUR 2023, 648; WRP 2023, 233), Ansprüche seien verjährt (vgl. BGH GRUR 2017, 1144 Rn. 16 – Reisewerte), unrichtige Angabe über die Laufzeit eines Abonnements (EuGH GRUR 2015, 600 – UPC), die Berufung auf eine eindeutig unwirksame AGB-Klausel oder die unrichtige Wiedergabe einer höchstrichterlichen Entscheidung oder gesetzlichen Regelung. Keinesfalls kann es aber einem Unternehmen verwehrt werden, im Rahmen der Rechtsdurchsetzung oder -verteidigung eine **bestimmte Rechtsansicht zu vertreten** (vgl. BGH GRUR 2019, 754 Rn. 31 – Prämiensparverträge; → Rn. 1.14, → Rn. 1.17). Ist für die betroffenen Verkehrskreise – auch bei Fehlen eines entsprechenden ausdrücklichen Hinweises – **erkennbar,** dass es sich um eine im Rahmen der Rechtsverfolgung oder Rechtsverteidigung geäußerte **Rechtsansicht** handelt, kommt die Annahme einer unlauteren Irreführung in Betracht (BGH GRUR 2020, 886 Rn. 49 – Preisänderungsregelung; OLG Frankfurt WRP 2022, 81). Eine als solche geäußerte Rechtsansicht ist als Meinungsäußerung einer inhaltlichen Überprüfung nicht zugänglich. Ob sie sich als richtig erweist oder nicht, kann nicht im Wettbewerbsprozess, sondern muss in dem Rechtsverhältnis geprüft und entschieden werden, auf das sich diese Rechtsansicht bezieht.

B. Angaben

I. Allgemeines

Dass es sich bei irreführenden geschäftlichen Handlungen um **irreführende Angaben** han-   1.19
delt, wird durch § 5 II deutlich, der besagt, dass „eine geschäftliche Handlung irreführend (ist), wenn sie unwahre Angaben enthält". Dem deutschen Gesetzgeber muss man angesichts dieser **sprachlich verunglückten Formulierung** – eine Handlung kann keine Angaben enthalten! – zugutehalten, dass er dem europäischen Vorbild folgt, das in Art. 6 I UGP-RL davon spricht,

dass „eine Geschäftspraxis als irreführend (gilt), wenn sie falsche Angaben enthält". Sprachlich und inhaltlich korrekt wird der Gesetzestext, wenn man ihn wie folgt umformuliert: „Unlauter handelt, wer im geschäftlichen Verkehr irreführende Angaben macht. Angaben sind irreführend, wenn sie unwahr sind oder sonst zur Täuschung über folgende Umstände geeignet sind: ...". Beim Tatbestand der Irreführung geht es **stets um irreführende Information.** Nichts anderes besagt der Begriff der Angabe, mit dem im deutschen Text der Richtlinie wiedergegeben ist, was im Englischen als „information" bezeichnet ist („and in particular of any information it contains concerning ..."). – Zur irreführenden Angabe über die Rechtslage → Rn. 1.18.

1.20 Die Frage, ob überhaupt eine **inhaltlich nachprüfbare Aussage** über geschäftliche Verhältnisse irgendwelcher Art vorliegt, ist von der Frage, ob der Verkehr durch die Angabe irregeführt wird, zu unterscheiden. Eine auf ihren Inhalt nachprüfbare Werbeaussage wird möglicherweise vom Verkehr nicht ernst genommen, sondern als eine **marktschreierische Übertreibung** verstanden (→ Rn. 1.126 ff.). Dann entfällt zwar nicht der Begriff der Angabe, wohl aber fehlt es an einer Irreführung, so dass § 5 nicht eingreift.

II. Inhalt der Angaben

1. Tatsachenbehauptung

1.21 Angaben sind **Aussagen** (oder Äußerungen) **eines Unternehmens, die sich auf Tatsachen beziehen und daher inhaltlich nachprüfbar sind.** Dass es sich um Aussagen handeln muss, folgt aus dem Gegenstand, auf den sich die Angabe bezieht. Eine Angabe muss ein **Mindestmaß an Information** enthalten. Abgrenzungsschwierigkeiten treten vor allem bei werbenden Aussagen auf. Lässt sich einer Werbung keine Information entnehmen, fehlt es an einer Angabe. Die Werbung kann dann nicht irreführend iSv § 5 sein. Nicht jedes Wort braucht eine solche Aussagekraft zu besitzen. **Phantasiebezeichnungen** fehlt häufig ein Informationsgehalt. Im Übrigen ist der Ausdruck „Angabe" als solcher wertfrei. Das UWG von 1896 verlangte Angaben „tatsächlicher Art". Diese Wörter wurden 1909 als überflüssig gestrichen, da bloße Werturteile keine Angaben seien (Lobe MuW VIII, 118). Andererseits bestand schon im Gesetzgebungsverfahren 1909 Einigkeit darüber, dass auch **Werturteile** irreführende Angaben enthalten können, dann nämlich, wenn sie **erkennbar auf Tatsachen beruhen,** sich also **Richtigkeit oder Unrichtigkeit also objektiv nachprüfen lässt** (Verhandlungen des Reichstags, Bd. 252, Anl. zur Drs. 1109, 11 für Aussagen wie „billiger als die hiesige Konkurrenz", „beste Ware"). Tatsachen und Werturteile lassen sich nicht klar trennen, zumal es objektive und subjektive Werturteile gibt, und Tatsachen wiederum nur durch Urteile fassbar sind.

1.22 Zum Tatbestand der **Anschwärzung** (§ 4 Nr. 2; früher § 4 Nr. 8 UWG 2004 und § 14 UWG 1909), der lediglich Tatsachenbehauptungen betrifft, heißt es in der Entscheidung **„Constanze I",** auch wenn „die fließende Grenze zwischen Tatsachenbehauptungen und Werturteilen oder bloßen Meinungsäußerungen **möglichst weit zugunsten der Tatsachenbehauptungen** zu ziehen" sei, sei doch erforderlich, „dass das abfällige Urteil greifbare, dem Beweis zugängliche Geschehnisse zum Ausgang nimmt, da andernfalls ein Wahrheits- oder Unwahrheitsbeweis ... begrifflich ausgeschlossen ist" (BGHZ 3, 270 (273) – Constanze I). Bei der irreführenden Werbung ist es letztlich nicht anders. Zumindest der Verkehr, auf dessen Auffassung es auch hier ankommt, muss der Werbung – soll sie als irreführend untersagt werden – eine **inhaltlich nachprüfbare Aussage** entnehmen (BGH GRUR 1963, 482 (483 f.) – Hollywood Duftschaumbad; GRUR 1989, 608 (609) – Raumausstattung; GRUR 1992, 66 (67) – Königl.-Bayerische Weisse; GRUR 2002, 182 (183) – Das Beste jeden Morgen; vgl. auch BGH GRUR 2008, 443 Rn. 29 – Saugeinlagen; GRUR 2017, 418 Rn. 22 ff. – Optiker-Qualität).

1.23 Eine Angabe liegt auch dann vor, wenn ein Unternehmen sich die **Äußerungen Dritter** zu Werbezwecken zu eigen macht (zB wissenschaftliche Untersuchungen: BGH GRUR 2002, 633 (635) – Hormonersatztherapie; Presseberichte: GRUR 1966, 92 (94) – Bleistiftsätze; Kundenbewertungen (im Streitfall verneint): GRUR 2020, 543 Rn. 16 – Kundenbewertungen auf Amazon; Ergebnis eines Produkttests: GRUR 2021, 979 Rn. 34 – Testsiegel auf Produktabbildung; OLG Hamburg GRUR-RR 2002, 112). Hierzu zählt auch die Verbreitung von Kundenzuschriften, Anerkennungs- und Empfehlungsschreiben (→ Rn. 1.165 ff.).

1.24 Im Allgemeinen dienen werbende Angaben dazu, das eigene Angebot oder das eigene Unternehmen des Werbenden (positiv) darzustellen. Aber auch Äußerungen, die sich darauf beschränken, einen Mitbewerber und sein Angebot gegenüber der Marktgegenseite zu kritisieren, können Angaben iSd § 5 II sein (vgl. zu § 2 in bis 2004 geltenden Fassung des UWG BGH

GRUR 2002, 75 (76) – „SOOOO … BILLIG!?"). Dies war nach altem Recht streitig (verneinend BGH GRUR 1967, 596, 599 – Kuppelmuffenverbindung; GRUR 1986, 548 (549 f.) – Dachsteinwerbung; Tilmann GRUR 1997, 790 (793); aA Köhler/Piper/Piper, 3. Aufl. 2002, § 3 Rn. 220; GK/Lindacher, 1. Aufl. 1992, § 3 Rn. 292).

2. Abgrenzung

a) Meinungsäußerung. Auch eine **Meinungsäußerung** kann nach Lage des Falles einen **1.25** **konkret nachprüfbaren Vorgang** oder Zustand enthalten und daher irreführend sein (vgl. BGH GRUR 2019, 754 Rn. 25, 27 – Prämiensparverträge; GRUR 2020, 886 Rn. 41 – Preisänderungsregelung; → Rn. 1.18). Es kommt allein darauf an, ob die Werbeäußerung vom Verkehr als eine auf die Richtigkeit ihres Inhalts hin nachprüfbare, dem Beweis zugängliche Aussage über die geschäftlichen Verhältnisse des Werbenden, insbes. über die Leistungsfähigkeit des Unternehmens oder über die Güte oder den Preis einer Ware aufgefasst wird (BGH GRUR 1965, 366 – Lavamat II; GRUR 1973, 594 (595) – Ski-Sicherheitsbindung; GRUR 1975, 141 (142) – Unschlagbar; GRUR 2016, 710 Rn. 23 ff. – Im Immobiliensumpf; GRUR-RR 2016, 410 Rn. 28 – Dr. Estrich).

Ein **Tatsachenkern** einer Meinungsäußerung kann sich in dreifacher Hinsicht ergeben: **(a)** **1.26** Einer Meinungsäußerung können Aussagen, deren tatsächliche Richtigkeit sich nachprüfen lässt, zur Begründung hinzugefügt sein. **(b)** Eine nachprüfbare Aussage ist zwar nicht hinzugefügt, aber der Verkehr versteht die in Form einer subjektiven Wertung gefasste Äußerung als eine objektiv nachprüfbare Aussage bestimmten Inhalts. **(c)** Schließlich kann ein Unternehmen einem Dritten Äußerungen in den Mund legen, die der Verkehr dem werbenden Unternehmen zurechnet. So ist der Tatsachenkern, der in der Aussage eines nur scheinbar unbeteiligten Dritten liegt („Für mich ist er Deutschlands frischester Kaffee"), dem werbenden Unternehmen selbst zuzurechnen (OLG Hamburg WRP 1973, 648). – Zur irreführenden Angabe über die **Rechtslage** → Rn. 1.18.

So enthalten die Bezeichnungen „Größtes Versandhaus Süddeutschlands" oder „Größte und **1.27** modernste Kaffeerösterei Europas" nachprüfbare Aussagen über geschäftliche Verhältnisse (BGH GRUR 1969, 415 – Kaffeerösterei). **Stellenanzeigen,** die angebotene Arbeitsplätze kennzeichnen, können zugleich eine Werbeangabe über die Güte der Waren enthalten (BGH GRUR 1973, 78 (80) – Verbraucherverband; OLG Frankfurt WRP 1981, 105). Die Bezeichnung „Königl.-Bayerische Weisse" ist nach ihrem Wortsinn eine Eigenschaftsbezeichnung, die der Verkehr als eine nachprüfbare Aussage tatsächlicher – wenn auch nicht eindeutiger – Art über das Bier ansieht (BGH GRUR 1992, 66 – Königl.-Bayerische Weisse mAnm Knaak).

Die Rspr. hat in der Vergangenheit stets betont, dass nur eine **weite Auslegung** dem Schutz- **1.28** zweck des Irreführungsverbots gerecht werde. Sie ist daher zu einem ausgesprochen strengen Maßstab gelangt. Ein Beispiel dafür bietet die Entscheidung **„Westfalen-Blatt",** die aus einer Zeit stammt, als es auf den regionalen Zeitungsmärkten noch Wettbewerb gab: Das Westfalen-Blatt – eine große, aber nicht die größte Bielefelder Zeitung – hatte sich in der Werbung als „Bielefelds große Zeitung" bezeichnet. Obwohl das Berufungsgericht angenommen hatte, der Verkehr verstehe diese Angabe richtig (ua mit der Erwägung, das Publikum rechne damit, dass sich die größte Zeitung in der Werbung nicht lediglich als „große Zeitung" bezeichnen werde), hat der BGH in dieser Angabe die unrichtige Behauptung einer Alleinstellung gesehen: Die beanstandete Angabe sei gleichbedeutend mit „Die große Zeitung Bielefelds". Eine solche Bezeichnung sei, obwohl ein Superlativ fehle, ihrem Wortsinn nach eine Alleinstellungsbehauptung (BGH GRUR 1957, 600 (602) – Westfalen-Blatt I; vgl. auch BGH GRUR 1965, 366 – Lavamat II; GRUR 1973, 594 (595) – Ski-Sicherheitsbindung; GRUR 1975, 141 – Unschlagbar; GRUR 1969, 415 – Kaffeerösterei; zur Alleinstellungsbehauptung → Rn. 1.138 ff.).

Auch wenn der BGH von den Aussagen zur Alleinstellungsbehauptung nicht abgerückt ist, **1.29** hat sich im Laufe der Zeit die **Grenze** doch **verschoben.** Die Rspr. geht heute davon aus, dass der Verbraucher der Werbung **abgeklärter gegenübertritt** und weiß, dass er nicht jedes Wort auf die Goldwaage legen darf. So wurde die Angabe „Die große deutsche Tages- und Wirtschaftszeitung", mit der die FAZ geworben hatte, trotz der Verwendung des bestimmten Artikels nicht als Alleinstellungsbehauptung gewertet (BGH GRUR 1998, 951 (953) – Die große deutsche Tages- und Wirtschaftszeitung). In der Werbung „Das Beste jeden Morgen" für „Kellogg's Cornflakes" hat der BGH ebenfalls **keine irreführende Alleinstellungsbehauptung** gesehen. Der Verkehr erkenne, dass – ungeachtet bestehender Möglichkeiten zur Feststellung der Qualität der beworbenen Produkte – für die Beantwortung der Frage, was „das

Beste" jeden Morgen sei, subjektive Einschätzungen und Wertungen eine entscheidende Rolle spielen. Ob das beworbene Produkt für den angesprochenen Verbraucher „das Beste jeden Morgen" sei, hänge in erster Linie von den persönlichen geschmacklichen Vorlieben und Frühstücksgewohnheiten des einzelnen, aber auch von der unterschiedlichen körperlichen Konstitution der Menschen und ihren Lebens-, Arbeits- und Umweltbedingungen ab. Diese maßgebend subjektive und individuelle Prägung einer Antwort auf die Frage, was „Das Beste jeden Morgen" sei, ist dem angesprochenen Verkehr durchaus bewusst (BGH GRUR 2002, 182 (183) – Das Beste jeden Morgen; vgl. auch BGH GRUR 1965, 363 (364) – Fertigbrei).

1.30 **b) Nichtssagende Anpreisungen.** Eine Werbeaussage, die nach der Auffassung des Verkehrs inhaltlich nichts aussagt, ist begrifflich keine Angabe, weil ihr der **Informationsgehalt** fehlt (BGH GRUR 1964, 33 (35) – Bodenbeläge). Auch ein **Phantasiezeichen,** das keine Gütevorstellungen auslöst, stellt keine Angabe dar. Bloße **Kaufappelle** besitzen idR ebenfalls keinen eigenen Aussagegehalt, der auf Merkmale der angebotenen Ware oder Leistung oder auf die geschäftlichen Verhältnisse des Werbenden oder seiner Mitbewerber bezogen ist. So enthält der ohne weiteren Zusatz zur Anpreisung von Waschmaschinen gegenüber dem breiten Publikum verwendete Werbespruch „den und keinen anderen" nur einen suggestiven Kaufappell, aber keine Angabe über die Merkmale der angebotenen Ware (BGH GRUR 1965, 365 (367) – Lavamat II; vgl. auch BGH GRUR 2001, 752 (753) – Eröffnungswerbung zur pauschalen Herabsetzung). Auch in dem Werbespruch „R. Uhren kaufen Sie am besten bei W. Oder kennen Sie eine bessere Adresse?" wurde lediglich eine nichtssagende Anpreisung gesehen (KG WRP 1982, 220 (221)). An einer Angabe fehlt es auch, wenn der Verbraucher mit einem in der Äußerung verwendeten unklaren Begriff keine Vorstellung verbindet (vgl. (zu § 3 aF) BGH GRUR 2003, 247 (248 f.) – THERMAL BAD).

1.31 Die Werbung versucht das Publikum oft durch **positive Assoziationen** für das beworbene Produkt einzunehmen. Das kann durch Abbildungen attraktiver Personen und Sachen oder durch Orts- und Personennamen geschehen. Das gut aussehende Mannequin erweckt den Eindruck, dass das beworbene Kleidungsstück bes. schmücke, der drahtige junge Mann, der den Schokoriegel zu sich nimmt, macht manchen glauben, die Figur werde unter dieser Köstlichkeit nicht leiden, die gute Laune, die in der Werbung für ein alkoholisches Getränk vermittelt wird, lässt den Schwermütigen meinen, auf diese Weise ließen sich seine Probleme lösen, der einsame Junggeselle glaubt an die Illusion, ihm fehle für den Erfolg bei den Frauen nur der beworbene Sportwagen. In all diesen Fällen fehlt es nicht nur an einem **hinreichend konkreten Aussagegehalt,** der **Durchschnittsverbraucher kennt** auch die **gewöhnlichen Mechanismen der Werbung** und ist sich – mag ihn das beworbene Produkt auch zum Träumen bringen – bewusst, dass die positiven Assoziationen keinen realen Hintergrund haben. Nur ausnahmsweise enthalten solche **symbolhaften Anpreisungen** eine objektiv nachprüfbare Aussage, einen Tatsachenkern. Das trifft zu, wenn die Werbeaussagen nach der Auffassung der angesprochenen Verkehrskreise einen zuverlässigen Schluss auf die Preisstellung, die Beschaffenheit oder die Herkunft der Ware ermöglichen. Bei Werbesymbolen kommt es deshalb darauf an, ob sich der Bezug zu einem konkret nachprüfbaren Vorgang oder Zustand aufdecken lässt.

1.32 Wird für ein technisches Erzeugnis, für das es anerkannte und nachprüfbare Leistungsmerkmale gibt, gegenüber **Fachleuten** mit dem Wort „unschlagbar" geworben, so kann das als eine **nachprüfbare Behauptung** der alleinigen technischen oder wirtschaftlichen Spitzenstellung aufgefasst werden (BGH GRUR 1975, 141 (142) – Unschlagbar mAnm Malzer). Derselbe Eindruck könnte aber auch bei Verwendung dieses Wortes, das nicht lediglich wie der Werbespruch „AEG-Lavamat, den und keinen anderen" (BGH GRUR 1965, 365 – Lavamat II) als suggestiver Kaufappell, sondern als Berühmung einer **Spitzenstellung** aufgefasst wird, für das breite Publikum bei manchen Erzeugnissen hervorgerufen werden. – Der Werbespruch „S hat den Preiskiller. Sonst keiner" in Verbindung mit einem den Namen „S" tragenden Athleten, der mit geballter Faust einem 5-DM-Stück einen Boxhieb versetzt, bringt symbolhaft zum Ausdruck, dass der Werbende seine Preise möglichst niedrig hält und preisgünstiger als die Mitbewerber ist (OLG Düsseldorf WRP 1971, 277).

1.33 **c) Nicht nachprüfbare Anpreisungen.** Werbeaussagen, die weder nach ihrem Wort- oder Bildsinn noch nach der Auffassung der beteiligten Verkehrskreise einen **objektiv nachprüfbaren Inhalt** haben, sind **keine Angaben** iSd § 5 I. Die Grenze zu den „nichts sagenden" Anpreisungen (→ Rn. 1.30 ff.) ist fließend. Kann ein Urteil offensichtlich nur subjektiv gefällt sein, so scheidet eine Nachprüfbarkeit nach objektiven Maßstäben aus. So ist die Anpreisung „Die schönsten Blumen der Welt" eine ästhetische Wertung, die keinen objektiv nachprüfbaren

Inhalt hat, ebenso die Ankündigung eines Films als „künstlerisches Erlebnis" oder die Schilder einer Gemeinde mit der Aufschrift „... schönster Aussichtspunkt der Mosel" (OLG Koblenz WRP 1983, 225). Auch der Werbespruch „Mutti gibt mir immer nur das Beste" zur Anpreisung für Fertignahrung entzieht sich weitgehend einer objektiven Feststellung (BGH GRUR 1965, 363 (365) – Fertigbrei). Auch der Behauptung, die beworbenen Gleitsichtbrillen seien **„hochwertig"**, kann jeglicher objektiver Informationsgehalt fehlen (BGH GRUR 2017, 418 Rn. 22 ff. – Optiker-Qualität), ebenso der an Ärzte gerichteten Werbung für ein Arzneimittel gegen eine Hautkrankheit mit der Angabe **„Machen Sie Ihre Patienten langzeitglücklich"** (OLG Frankfurt GRUR-RR 2021, 502).

Allerdings können auch allgemeine Anpreisungen, die in die äußere **Form einer subjektiven** **1.34** **Wertung** gekleidet sind, verdeckt sehr wohl eine objektiv nachprüfbare Aussage enthalten. Das trifft insbes. zu, wenn sie trotz der subjektiven Einfärbung doch als Hinweis auf die (nachprüfbare) **Beschaffenheit der Ware** aufgefasst werden (BGH GRUR 1969, 425 (426) – Melitta-Kaffee mAnm Krieger: „Es gibt keinen besseren Kaffee für Ihren Melitta-Filter, weil er melittafein gemahlen ist."). Um **konkrete Beschaffenheitsmerkmale** braucht es sich nicht zu handeln. Es genügt, dass die Anpreisung die Vorstellung einer **technischen oder wirtschaftlichen Spitzenstellung,** einer **Spitzenqualität** oder jedenfalls einer **besseren Qualität** als der durchschnittlichen hervorruft (BGH GRUR 1975, 141 – Unschlagbar).

Auch wenn allgemein gehaltene oder gar übertriebene Anpreisungen häufig einen objektiv **1.35** nachprüfbaren Kern besitzen, ist doch zu beachten, dass der **verständige Durchschnittsverbraucher,** auf dessen Verständnis es heute ankommt (→ Rn. 0.72), weniger Neigung hat, derartige Anpreisungen für bare Münze zu nehmen. So wurde früher die **Verwendung des bestimmten Artikels** verbunden mit einem anpreisenden Adjektiv oder einem sonstigen schmückenden Beiwort („Das große deutsche Wörterbuch", „Der große Schuh-Markt E", „Das Möbelerlebnis im Westen") häufig als Alleinstellungsbehauptung verstanden (BGH GRUR 1971, 365 (367) – Wörterbuch; GRUR 1983, 779 (780) – Schuhmarkt; OLG Hamm GRUR 1991, 689). In der neueren Rspr. sind die Aussagen dieser Entscheidungen stark relativiert, wenn auch nicht aufgegeben worden. So wurde die Werbung für die Frankfurter Allgemeine Zeitung „Die große deutsche Tages- und Wirtschaftszeitung" nicht als irreführend angesehen, obwohl die Süddeutsche Zeitung eine höhere verkaufte Auflage hat. Denn umso größer der Markt sei, auf den sich die Werbeaussage beziehe, umso weniger könne aus der bloßen Verwendung des bestimmten Artikels mit einem nicht gesteigerten Eigenschaftswort geschlossen werden, es werde insoweit eine Spitzenstellung beansprucht (BGH GRUR 1998, 951 (953) – Die große deutsche Tages- und Wirtschaftszeitung; vgl. auch BGH GRUR 2002, 182 (183) – Das Beste jeden Morgen; → Rn. 1.29; zu den Alleinstellungsbehauptungen → Rn. 1.138 ff.).

III. Form der Angabe

1. Adressaten

§ 5 gilt für alle irreführende Angaben im geschäftlichen Verkehr, gleichgültig, ob sie in der **1.36** Öffentlichkeit (öffentliche Werbung) oder gegenüber einzelnen Personen oder Personengruppen gemacht werden (vgl. EuGH Slg. 2001, I-7945 Rn. 31 = GRUR 2002, 354 (355) – Toshiba/Katun: „Äußerung in einer beliebigen Form"). Die bis zur UWG-Novelle 1969 geltende Beschränkung auf irreführende Angaben in „öffentlichen Bekanntmachungen oder in Mitteilungen, die für einen größeren Kreis von Personen bestimmt waren" (→ Rn. 0.2 f.), hat sich nur noch im Straftatbestand des § 16 I gehalten (→ § 16 Rn. 14 ff.).

a) Öffentliche Werbung. Von § 5 werden alle Angaben erfasst, die sich an eine unbegrenzte **1.37** Zahl von Personen richten. Medien dieser öffentlichen Werbung sind an die Allgemeinheit gerichtete Bekanntmachungen und alle Mitteilungen, die sich an einen größeren Personenkreis richten, der unbestimmt, dh individuell weder begrenzt noch begrenzbar, ist. Die öffentliche Werbung beginnt, sobald der Verkehr Kenntnis nehmen kann; sie endet mit Wegfall dieser Möglichkeit; bei Druckschriften auch, sobald sie der Verkehr erfahrungsgemäß nicht mehr liest. Auch eine Werbung, die sich an Fachkreise richtet, unterliegt dem Irreführungsverbot. An wen die Werbung wirklich gelangt, wer von ihr Kenntnis nimmt und ob überhaupt Kenntnis genommen wird, ist unerheblich.

b) Individualkommunikation. Weiter werden von § 5 auch die Angaben erfasst, die sich an **1.38** einen geschlossenen Personenkreis, zB an die Mitglieder eines Vereins, oder an Einzelpersonen richten, wie zB Kauf- und Verkaufsgespräche zwischen Hersteller und Händlern, zwischen Groß- und Einzelhändlern und zwischen Händlern und Verbrauchern sowie zwischen Vertretern und einzelnen Kunden, ferner Angaben, die im Rahmen einer Werbeaktion auf der Straße oder im Rahmen eines Direktvertriebs an der Haustür oder am Telefon. Auf die Frage, ob die Mitteilung an einzelne Personen zur Weiterverbreitung bestimmt ist oder der Werbende mit der Verbreitung rechnet, kommt es nicht an, da § 5 nicht auf die öffentliche Werbung beschränkt ist, sondern alle Erscheinungsformen geschäftlicher Angaben betrifft.

2. Ausdrucksform (§ 5 IV)

1.39   Die **Ausdrucksform einer Angabe** ist gleichgültig. Erforderlich ist allein, dass sich die Angabe – ob in Worte gefasst oder nicht – auf Tatsachen bezieht und daher **inhaltlich nachprüfbar** ist (→ Rn. 1.21). Die irreführende Angabe kann mündlich oder schriftlich, durch Bild oder Ton, ausdrücklich oder konkludent gemacht werden (vgl. EuGH Slg. 2001, I-7945 Rn. 31 = GRUR 2002, 354 (355) – Toshiba/Katun: „Äußerung in einer beliebigen Form"). Dies bringt § 5 IV zum Ausdruck, der gleichzeitig klarstellt, dass der irreführende Werbevergleich im deutschen Recht nicht von der Bestimmung über vergleichende Werbung, sondern von der über irreführende Werbung erfasst wird (s. auch → § 5a Rn. 2.59). Aus dem bis 2004 geltenden Recht (§ 5) übernommen ist die Voraussetzung, dass die nichtwörtlichen Angaben „darauf zielen und geeignet" sein müssen, wörtliche Angaben zu ersetzen. Diese Formulierung ist missverständlich, weil sie mit dem Begriff „zielen" den – unzutreffenden – Eindruck erweckt, als sei insofern ein Vorsatzelement erforderlich.

1.40   Um eine Angabe in der Form einer **bildlichen Darstellung** handelt es sich etwa, wenn man auf dem Geschäftsbogen eine Fabrikanlage oder ein Haus als Geschäftslokal (OLG Stuttgart BB 1952, 386) oder auf Seifenstücken den Kölner Dom abbildet (LG Köln GRUR 1954, 210 (211)) oder wenn ein Mönch auf dem Etikett der Bierflasche ein überschäumendes Bierglas erhebt (BGH GRUR 2003, 628 – Klosterbrauerei). Auch in dem **Aussehen einer Ware oder in ihrer Aufmachung** kann eine Beschaffenheitsangabe, in der Verwendung einer bes. Flasche eine geografische Herkunftsangabe liegen (BGH GRUR 1971, 313 (315) – Bocksbeutelflasche; vgl. dazu EuGH Slg. 1984, 1299 (1306) = GRUR-Int. 1984, 291 – Bocksbeutel; → Rn. 0.43). Die Angabe kann aber auch in einem **Geräusch** enthalten sein (BGH GRUR 1961, 544 – Hühnergegacker).

1.41   Zuweilen muten die Beispiele aus der Vergangenheit kurios an, mit denen belegt wird, dass auch in einem unverfänglich erscheinenden Merkmal der Werbung eine Tatsachenbehauptung versteckt sein kann. Ein klassisches Beispiel dafür, dass die **lautmalerische Umrahmung** einer Rundfunkwerbung für Teigwaren eine Angabe darstellen, also konkrete Informationen übermitteln kann, soll etwa das **Hühnergegacker** in einer Rundfunkwerbung für Teigwaren sein, das den Eindruck vermittele, die Nudeln seien unter Verwendung von Frischei (und nicht nur von Trockenei) hergestellt worden (BGH GRUR 1961, 544 – Hühnergegacker); ob der Verkehr – wie das Berufungsgericht erwogen hatte – auch noch zwischen Legegegacker und Konversationsgegacker differenziert (!), hat der BGH offengelassen.

3. Unternehmens- und Produktbezeichnung

1.42   **a) Verhältnis zum Markenrecht.** Die Irreführung kann auch durch eine **Unternehmens- oder Produktbezeichnung** hervorgerufen werden. Dabei ist stets zu prüfen, ob der Sachverhalt nicht eine **abschließende Regelung im Markengesetz** erfahren hat (vgl. BGHZ 149, 191 (195 f.) – shell.de; BGH GRUR 2001, 73 – Stich den Buben; dazu iE → Rn. 0.100 ff. mwN). Das Kennzeichenrecht kann den Irreführungstatbestand indessen allenfalls dort verdrängen, wo Ansprüche des Kennzeicheninhabers – etwa gegen den Inhaber eines prioritätsjüngeren Zeichens – in Rede stehen, wo also der Verletzungstatbestand des § 14 II MarkenG oder des § 15 II MarkenG und der Irreführungstatbestand miteinander konkurrieren. Geht es dagegen nur darum, ob das Publikum durch die Verwendung eines Kennzeichens – sei es einer Marke oder sei es einer geschäftlichen Bezeichnung – irregeführt wird, findet § 5 uneingeschränkt Anwendung (Irreführung in casu bejaht: BGH GRUR 2011, 85 Rn. 18 – Praxis Aktuell mwN; Irreführung in casu verneint: BGH GRUR 2010, 642 Rn. 47 – WM-Marken; vgl. ferner BGHZ 138, 159 Rn. 62 = GRUR 2013, 1161 – Hard Rock Cafe).

1.43   Nur für Registerkennzeichenrechte, also für Marken, gibt es eine **markenrechtliche Bestimmung** in § 8 II Nr. 4 MarkenG, wonach Zeichen von der Eintragung ausgeschlossen sind, „die geeignet sind, das Publikum insbes über die Art, die Beschaffenheit oder die geografische

Herkunft der Waren oder Dienstleistungen zu täuschen". Dieses **absolute Eintragungshindernis** kann auch nach Eintragung noch zeitlich unbegrenzt durch einen Löschungsantrag nach § 50 I MarkenG geltend gemacht werden. Die Möglichkeit, einen solchen **markenrechtlichen Löschungsantrag** zu stellen, berührt aber nicht den **wettbewerbsrechtlichen Anspruch** aus § 8 I iVm §§ 3, 5. Gegen die Irreführung, die von einem durch Benutzung entstandenen Kennzeichenrecht ausgeht, kann ohnehin nur mit den Mitteln des Wettbewerbsrechts sowie mit einem Anspruch aus § 37 II HGB iVm § 18 II HGB vorgegangen werden.

b) Beispiele für irreführende Unternehmensbezeichnungen. So enthält die Firma **1.44** „Transport-Garantie-Kompagnie" die Angabe, man übernehme eine weitgehende Haftung für die Ausführung von Beförderungsaufträgen (RG MuW XXVI, 146). Die Unternehmensbezeichnung **„Bundesdruckerei"** erweckt den Eindruck, als sei die Bundesrepublik Deutschland zumindest Mehrheitsgesellschafter des Unternehmens (BGH GRUR 2007, 1079 Rn. 27 ff. – Bundesdruckerei; auch → Rn. 4.97). – Dass die irreführende Firma firmenrechtlich zulässig und eingetragen ist, schützt den Inhaber nicht. So durften die Erwerber der Firma **„Societät Berlin Möbel-Tischler"** die Firma nach § 22 HGB beibehalten, obwohl sie weder Tischler waren noch Möbel lieferten; wettbewerbsrechtlich war aber die Firma nunmehr irreführend und zu löschen (RG JW 1935, 3157; s. auch BGHZ 10, 196 – Dun-Europa; BGH GRUR 1958, 90 – Hähnel; → Rn. 1.125; vgl. auch § 18 II HGB). Für die Frage, ob die Firmenbezeichnung **„Dr. Z"** für das Trägerunternehmen eines zahnmedizinischen Versorgungszentrums irreführend ist, kommt es nicht auf die Tätigkeit eines promovierten Zahnarztes im Versorgungszentrum, sondern die Leitung des Trägerunternehmens durch einen solchen an (im Streitfall Irreführung insoweit verneint: BGH GRUR 2021, 746 Rn. 50– Dr. Z).

Für die Frage der irreführenden Verwendung eines Zeichens spielt es keine Rolle, dass das **1.45** Zeichen (trotz § 8 II Nr. 4 MarkenG) **als Marke eingetragen** worden ist. Denn die Eintragung ist kein Indiz dafür, dass das Publikum durch die Marke nicht irregeführt wird (BGH GRUR 1955, 251 – Silberal; GRUR 2011, 85 Rn. 18 – Praxis Aktuell). – Schließt der Verkehr auf Grund der Verwendung einer Marke auf bestimmte **Eigenschaften der gekennzeichneten Ware,** so ist die Verwendung des Zeichens für eine diese Eigenschaften nicht aufweisende Ware – ohne entspr. Aufklärung – irreführend (BGH GRUR 1984, 737 – Ziegelfertigstürze mAnm Krafft, zu einer für einen Verband eingetragenen Kollektivmarke). – Ob die Verwendung des Begriffs **„Gesundheitsforschung"** im Firmennamen eines Unternehmens irreführend ist, kann nicht an einer einzelnen Aktivität dieses Unternehmens gemessen werden; maßgeblich ist vielmehr eine Gesamtbetrachtung der unternehmerischen Tätigkeit (BGH GRUR 2000, 1084 – Unternehmenskennzeichnung).

4. Schweigen

Keine Angabe stellt das bloße **Schweigen** dar. Wohl aber kann durch das Verschweigen **1.46** wesentlicher Umstände eine **Angabe irreführend** werden (BGH GRUR 1952, 416 (417) – Dauerdose; → Rn. 1.47 f.).

IV. Irreführung durch Unterlassen (§ 5a)

1. Allgemeines

Das Gesetz enthält seit der UWG-Novelle 2008 in § 5a eine **gesonderte Bestimmung zur 1.47 Irreführung durch Unterlassen,** die der Umsetzung von Art. 7 UGP-RL dient. Das UWG 1909 hatte keine Regelung über die Irreführung durch Unterlassung enthalten. Vielmehr hat die Rspr. in einer Vielzahl von Entscheidungen die maßgeblichen Kriterien herausgearbeitet. Das UWG 2004 enthielt erstmals in § 5 II 2 eine Regelung, die fast unverändert in § 5a I UWG 2008 übernommen worden ist. Danach sind „bei der Beurteilung, ob das Verschweigen einer Tatsache irreführend ist, ... insbes deren Bedeutung für die geschäftliche Entscheidung nach der Verkehrsauffassung sowie die Eignung des Verschweigens zur Beeinflussung der Entscheidung zu berücksichtigen". Durch das am 28.5.2022 in Kraft getretene G zur Stärkung des Verbraucherschutzes im Wettbewerbs- und Gewerberecht v. 10.8.2021 ist diese Vorschrift aufgehoben und sind die Vorschriften über die Irreführung durch Informationspflichtverletzung in §§ 5a und 5b neu gefasst und erweitert worden (→ Rn. 0.121).

2. Erweiterung des Irreführungsverbots

1.48   Aus dem Verbot irreführender Angaben nach § 5 ergibt sich ganz natürlich auch das Verbot, nicht **durch Schweigen,** das vom Verbraucher als beredtes Schweigen verstanden wird, zu täuschen. Dies gilt – unbeschadet der mWv 28.5.2022 erfolgten Aufhebung des § 5a I – auch weiterhin. Wird ein Produkt üblicherweise in einer bestimmten Ausstattung geliefert, wird der Verbraucher irregeführt, wenn das angebotene Produkt eines dieser üblichen Merkmale nicht aufweist. Hierfür bedarf es keiner ausdrücklichen Informationspflichten. Hiervon zu unterscheiden sind die **ausdrücklichen Informationspflichten,** die die § 5a und § 5b vorsehen. Hier wird mit den Mechanismen des Irreführungsverbots eine Sanktionsmöglichkeit für die Verletzung von Pflichten geschaffen, die sich nicht ohne weiteres aus dem Lauterkeitsrecht ergeben (zu den Einzelheiten der Informationspflichtverletzung → § 5a Rn. 1 ff., → § 5b Rn. 1 ff.).

V. Angaben im Rahmen vergleichender Werbung (§ 5 IV Fall 1)

1. Richtlinie zur vergleichenden Werbung

1.49   Nach Art. 4 lit. a Werbe-RL darf eine **vergleichende Werbung** nicht irreführend iSv Art. 2 lit. b Werbe-RL, Art. 3 Werbe-RL und Art. 8 I Werbe-RL sein. Im deutschen Recht ist diese Bestimmung in der Weise umgesetzt worden, dass die irreführende vergleichende Werbung nicht von der Bestimmung über vergleichende Werbung (§ 6), sondern allein vom **Irreführungs-verbot** erfasst wird. Um dies klarzustellen, war bereits dem § 3 UWG in der bis 2004 geltenden Fassung ein S. 2 angefügt worden, der besagte, dass „Angaben über geschäftliche Verhältnisse … auch Angaben im Rahmen vergleichender Werbung" sind (dazu BGH GRUR 2002, 633 (634) – Hormonersatztherapie). Eine entspr. Bestimmung enthält § 5 IV, obwohl nach neuem Recht ohnehin **Angaben über Mitbewerber** vom Irreführungsverbot erfasst sind (→ Rn. 1.24).

2. Maßstab für die Beurteilung der Irreführung

1.50   Bei der Umsetzung der Werbe-RL hatte der Gesetzgeber das Ziel verfolgt, die irreführende vergleichende Werbung dem tendenziell strengeren **Irreführungsmaßstab** des deutschen Rechts zu unterwerfen. Er sah sich hierzu auf Grund von Art. 8 Werbe-RL befugt. Nach Art. 8 I UAbs. 1 Werbe-RL nur einen **Mindeststandard;** Art. 8 I UAbs. 2 Werbe-RL macht hiervon für die vergleichende Werbung eine Ausnahme (Richtlinie enthält also insoweit Mindest- und Höchstmaßstab), „soweit es sich um den Vergleich handelt". Hieraus hatte der Gesetzgeber mit einem Teil des Schrifttums geschlossen, dass für die Beurteilung der Irreführung der (strengere) deutsche Maßstab zulässig sei (Begr. RegE, BT-Drs. 14/2959, 7 = WRP 2000, 555 (557)). Die Frage ist inzwischen im gegenteiligen Sinne vom EuGH entschieden worden; danach darf auf die Frage, ob eine vergleichende Werbung irreführend ist, **kein gegenüber dem europäischen Recht strengerer nationaler Maßstab** angewandt werden (EuGH Slg. 2003, I-3095 Rn. 44 = GRUR 2003, 533 – Pippig Augenoptik/Hartlauer; BGH GRUR 2005, 172 (175) – Stresstest; → Rn. 0.16, → § 6 Rn. 10). Die Frage ist aber nur noch von akademischer Bedeutung, da der BGH seit geraumer Zeit ebenso wie der EuGH vom durchschnittlich informierten, aufmerksamen und verständigen Durchschnittsverbraucher ausgeht (→ Rn. 0.72).

C. Irreführende Angaben

I. Tatbestand des § 5 II

1.51   Nach der ursprünglichen Fassung des Irreführungsverbots in § 3 UWG 1909 waren „unrichtige Angaben über geschäftliche Verhältnisse" verboten, „die geeignet sind, den Anschein eines bes. günstigen Angebots hervorzurufen". 1969 wurde der Begriff „unrichtige Angaben" durch „irreführende Angaben" ersetzt; ferner entfiel das zusätzliche Erfordernis, wonach die Angaben geeignet sein mussten, den Anschein eines bes. günstigen Angebots zu erwecken (→ Rn. 0.2 f.). Schon vor 1969 hatten Rspr. und Schrifttum allerdings unter den „unrichtigen" nicht die objektiv, sondern die aus der Sicht des Empfängers **subjektiv unrichtigen, also irreführenden Angaben** verstanden. Für die Feststellung einer relevanten Irreführung kam es danach allein auf die Auffassung der angesprochenen Verkehrskreise an. Die Art. 6 I UGP-RL folgende Neufassung des § 5 UWG 2008 unterteilt die **irreführende geschäftliche Handlung** nunmehr in zwei Kategorien: einerseits die **unwahre Angaben enthaltende** (§ 5 I 2 Fall 1), andererseits die **sonstige zur Täuschung geeignete Angaben enthaltende** geschäftliche Handlung (§ 5 I 2 Fall 2). Durch das G zur Stärkung des Verbraucherschutzes im Wettbewerbs- und Gewerberecht v. 10.8.2021 ist mWv 28.5.2022 der bisherige § 5 I 2 in einen eigenständigen Abs. 2 verlagert worden (mit der Folge des Aufrückens der nachfolgenden Absätze der Vorschrift).

Die Eignung zur Täuschung muss in beiden Fällen des § 5 II gegeben sein, wie aus der **1.52** Formulierung dieser Vorschrift folgt. Danach ist eine geschäftliche Handlung irreführend, „wenn sie **unwahre** (…) Angaben oder **sonstige zur Täuschung geeignete** Angaben (…) enthält" (Hervorhebungen durch Verf.). Ein anderes Verständnis würde auf ein – wenig sinnvolles – per-se-Verbot unwahrer Angaben hinauslaufen (aA FBO/Peifer/Obergfell § 5 Rn. 234; Harte-Bavendamm/Henning-Bodewig/Dreyer § 5 Rn. 309; offengelassen in BGH GRUR 2019, 1202 Rn. 21 – Identitätsdiebstahl I und BGH GRUR 2022, 925 Rn. 15 – Webshop Awards). – Für einen **Verstoß gegen das Irreführungsverbot** ist nicht erforderlich, dass eine Täuschung des Verkehrs bereits eingetreten ist. Vielmehr genügt es, dass eine Angabe **geeignet** ist, die Umworbenen irrezuführen und sie zu falschen Entscheidungen zu beeinflussen (→ Rn. 1.171 ff.). Dies entspricht auch der Definition der irreführenden Werbung in Art. 2 lit. 2 Werbe-RL („die in irgendeiner Weise – einschließlich ihrer Aufmachung – die Personen, an die sie sich richtet oder die von ihr erreicht werden, täuscht **oder zu täuschen geeignet ist**"; eingehend → Rn. 0.16). – Nicht so klar ist der Wortlaut der **Strafvorschrift des § 16;** doch auch dort reicht die **Eignung zur Irreführung** aus (→ § 16 Rn. 9).

Für die Frage der Irreführung kommt es **nicht auf Verschulden,** geschweige denn auf eine **1.53** Täuschungsabsicht, an (vgl. EuGH GRUR 2015, 600 Rn. 47 – UPC; BGH GRUR 2019, 1202 Rn. 26 – Identitätsdiebstahl I; GRUR 2022, 170 Rn. 22 – Identitätsdiebstahl II). Ferner setzt die Irreführung nicht nur **kein subjektives Element** voraus. Derjenige, dem eine – unverschuldete – irreführende geschäftliche Handlung vorgeworfen wird, kann sich auch nicht damit verteidigen, dass sein Verhalten der **unternehmerischen Sorgfalt** iSd § 2 I Nr. 7, § 3 II bzw. der beruflichen Sorgfalt iSd Art. 5 II lit. a UGP-RL entspricht (vgl. EuGH GRUR 2013, 1157 Rn. 42 – CHS Tour Services; BGH GRUR 2022, 170 Rn. 22 – Identitätsdiebstahl II).

1. Objektiv unwahre Angaben (§ 5 II Fall 1)

In Übereinstimmung mit Art. 6 I UGP-RL (dazu Köhler WRP 2013, 403 (407)) regelt § 5 II **1.54** Fall 1, dass eine geschäftliche Handlung irreführend ist, wenn sie unwahre Angaben enthält. Dies ist, nachdem seit vielen Jahrzehnten für die Feststellung des irreführenden Gehalts einer Angabe ausschließlich auf das Verständnis der angesprochenen Verkehrskreise abgestellt worden war (→ Rn. 1.51), im Bereich des wettbewerbsrechtlichen Irreführungsschutzes durchaus ein tatbestandliches Novum. Lediglich für den Straftatbestand der irreführenden Werbung des § 16 I ist von jeher anerkannt, dass Maßstab die objektive Unwahrheit ist (→ § 16 Rn. 10 f.). Die Formulierung des § 5 II relativiert allerdings die Bedeutung des Maßstabs objektiver Wahrheit in § 5 II Fall 1, weil sie zum Ausdruck bringt, dass auch unwahre Angaben nur dann irreführend sind, wenn sie die Eignung zur Täuschung besitzen (→ Rn. 1.52). Die Täuschungseignung lässt sich aber nicht ohne Rückgriff auf das Verständnis des angesprochenen Verkehrs beurteilen. Hieraus folgt, dass eine objektiv unrichtige Angabe nicht unbedingt gegen § 5 verstoßen muss. Es ist möglich, dass sie von den angesprochenen Verkehrskreisen **richtig verstanden** wird. Ebenso ist es denkbar, dass die objektiv unrichtige Angabe sofort durch eine zutreffende Angabe neutralisiert wird (BGH GRUR 2012, 286 Rn. 21 – Falsche Suchrubrik). Dann fehlt es bereits am Merkmal der Irreführung, ohne dass es noch auf die Frage der Relevanz ankäme (BGH GRUR 1957, 285 (286) – Erstes Kulmbacher zu § 3 UWG 1909).

Irreführend ist bspw. die objektiv unwahre werbliche Ankündigung, 100 Notebook-Compu- **1.55** ter zu einem bes. günstigen Preis anzubieten, obwohl der Händler nur über 70 Stück verfügt. Oder es werden „Herrenmäntel jetzt 100 Euro" angekündigt, obwohl ein Teil der Mäntel deutlich teurer ist. Es werden im Schaufenster Waren ausgestellt, die überhaupt nicht zum Verkauf stehen. Statt des beworbenen Billigscanners wird in der Werbung die Abbildung des zweieinhalbmal so teuren Geräts des Marktführers gezeigt (BGH GRUR 2002, 715 – Scanner-Werbung). Es wird ein alle Telefongespräche ins deutsche Festnetz enthaltender Inklusivtarif beworben, obwohl weder Service- oder Sonderrufnummern noch Auskunftsdienste miterfasst sind (BGH GRUR 2016, 207 Rn. 11 – All Net Flat).

2. Sonstige zur Täuschung geeignete Angaben (§ 5 II Fall 2)

1.56   Nach § 5 II Fall 2 unterfallen dem Irreführungsverbot weiter „sonstige zur Täuschung geeignete Angaben" über die sodann in den Nr. 1–7 aufgezählten Bezugspunkte der Irreführung. Diese Bezugspunkte, deren Aufzählung nicht abschließend ist (→ Rn. 0.30), werden nachfolgend in den Abschnitten 2–8 erläutert. Irreführend ist eine Angabe, wenn sie bei den Adressaten eine Vorstellung erzeugt, die mit den wirklichen Verhältnissen nicht im Einklang steht (BGH GRUR 2013, 1254 Rn. 15 – Matratzen Factory Outlet; GRUR 2016, 1193 Rn. 20 – Ansprechpartner; GRUR 2018, 1263 Rn. 11 – Vollsynthetisches Motorenöl; GRUR 2022, 925 Rn. 18 – Webshop Awards). Maßgeblich ist mithin das Verständnis der angesprochenen Verkehrskreise.

II. Verkehrsauffassung

1. Grundsatz

1.57   Bei der Prüfung, ob eine Angabe über geschäftliche Verhältnisse **geeignet ist, den Verkehr irrezuführen,** kommt es nicht auf den objektiven Wortsinn und nicht darauf an, wie der Werbende selbst seine Aussage über die Ware oder gewerbliche Leistung verstanden haben will. Entscheidend ist die **Auffassung der Verkehrskreise, an die sich die Werbung richtet** (BGHZ 13, 244 (253) = GRUR 1955, 38 (40) – Cupresa-Kunstseide; BGH GRUR 1961, 193 (196) – Medaillenwerbung; GRUR 1987, 171 (172) – Schlussverkaufswerbung I; GRUR 1991, 852 (854) – Aquavit mwN; GRUR 1995, 612 (614) – Sauerstoff-Mehrschritt-Therapie; GRUR 1996, 910 (912) – Der meistverkaufte Europas; BGHZ 156, 250 (252) = GRUR 2004, 244 (245) – Marktführerschaft; GRUR 2015, 1019 Rn. 19 – Mobiler Buchhaltungsservice; GRUR 2016, 521 Rn. 10 – Durchgestrichener Preis II; GRUR 2020, 1226 Rn. 14 – LTE-Geschwindigkeit; stRspr). Eine Werbung kann objektiv richtig, aber subjektiv, dh in ihrer Wirkung auf das Publikum, geeignet sein, irrige Vorstellungen hervorzurufen (BGHZ 28, 1 (6) – Buchgemeinschaft II; BGH GRUR 1957, 600 – Westfalen-Blatt I; GRUR 2019, 754 Rn. 27 – Prämiensparverträge; GRUR 2021, 1315 Rn. 31 – Kieferorthopädie). Dies erkennt auch Art. 6 Abs. 1 UGP-RL an, der eine Irreführung „selbst mit sachlich richtigen Angaben" vorsieht. Ob eine Angabe geeignet ist irrezuführen, lässt sich daher nur feststellen, wenn man zuvor ihren Sinn ermittelt hat, den sie nach der Auffassung der umworbenen Verkehrskreise hat. Deren Vorstellung vom Inhalt der Angabe ist maßgebend. Hieran hat sich weder durch die Werbe-RL noch durch die UGP-RL etwas geändert.

1.58   Von der Frage der Fehlvorstellung, die sich auf Grund einer irreführenden Angabe bildet, ist die **Frage nach den Auswirkungen (Relevanz)** zu unterscheiden. Die Fehlvorstellung kann zu einem Geschäftsabschluss beitragen oder führen, es kann aber auch sein, dass die durch die Werbung bewirkte Fehlvorstellung allein dazu führt, dass der Kunde angelockt wird, sich bspw. veranlasst sieht, ein bestimmtes Ladenlokal aufzusuchen und sich dort näher mit dem Angebot des Werbenden auseinander zu setzen. Dies ist eine Frage der Relevanz der Irreführung (→ Rn. 1.171 ff.).

2. Maßstab

1.59   **a) Allgemeines.** Für die Beurteilung des Verkehrsverständnisses ist stets auf den **Empfänger-horizont** abzustellen. Im Rahmen des § 5 II Fall 2 begegnet uns das Wahrheitsgebot **nicht als ein Gebot objektiver Wahrheit,** sondern immer bezogen auf das Verständnis des angesprochenen Verkehrs. Auch ein Verbot unwahrer Angaben nach § 5 II Fall 1 kommt nur in Betracht, wenn die Angabe nach dem Verständnis des angesprochenen Verkehrs zur Täuschung geeignet ist (→ Rn. 1.54). Der objektive Sinn einer Angabe spielt indessen für die Frage eine Rolle, ob ausnahmsweise eine Irreführung hingenommen werden kann, weil überwiegende Interessen gegen ein Verbot sprechen (→ Rn. 1.205 f.). Denn das UWG schützt nicht jeden Verbraucher vor jeder denkbaren Irreführung (BGH GRUR 1963, 36 – Fichtennadelextrakt; GRUR 1971, 313 (315) – Bocksbeutelflasche; GRUR 1996, 910 (914) – Der meistverkaufte Europas; GRUR 1996, 985 (986) – PVC-frei; GRUR 1997, 304 (306) – Energiekosten-Preisvergleich II; GRUR 2000, 73 (75) – Tierheilpraktiker; auch → Rn. 1.206).

1.60   **b) Objektiv zutreffende Angaben.** Irreführend kann eine Angabe auch dann sein, wenn sie objektiv richtig ist. Das ist der Fall, wenn ein beachtlicher Teil der angesprochenen Verkehrskreise mit einer objektiv richtigen Angabe eine **unrichtige Vorstellung** verbindet (BGHZ 13,

244 (253) – Cupresa-Kunstseide; BGH GRUR 1958, 39 (40) – Rosenheimer Gummimäntel; GRUR 1961, 193 (196) – Medaillenwerbung; GRUR 1987, 171 (172) – Schlussverkaufswerbung I; GRUR 1991, 552 (554) – TÜV-Prüfzeichen; WRP 1993, 239 – Sofortige Beziehbarkeit; GRUR 1998, 1043 – GS-Zeichen; GRUR 2010, 1024 Rn. 25 – Master of Science Kieferorthopädie; GRUR 2016, 406 Rn. 26 – Piadina-Rückruf; GRUR 2019, 754 Rn. 27 – Prämiensparverträge; GRUR 2021, 1315 Rn. 31 – Kieferorthopädie; stRspr).

So führt zB die Firma „Älteste Kornbrennerei in Steinhagen" irre, wenn sie zwar tatsächlich **1.61** die älteste Brennerei ist, aber nicht, was das Publikum sich gerade bei der Ankündigung denkt, den ältesten Steinhäger-Branntwein brennt (RG MuW 1931, 19). Die zutreffende Angabe des **Kontostands** in einem Kontoauszug ist irreführend, wenn sie unrichtige Vorstellungen des Verkehrs vom zinsfrei verfügbaren Guthaben auslöst, weil Gutschriften bereits vor ihrer Wertstellung erfasst werden (BGH GRUR 2007, 805 Rn. 17 ff. – Irreführender Kontoauszug). Die zutreffende Angabe, ein Kindertee enthalte **keinen Zucker in Form von Saccharose,** ist irreführend, weil sie den Eindruck erweckt, der Tee enthalte keine kariesfördernden süßen Bestandteile, obwohl statt dessen **andere Bestandteile** verwendet worden sind, bei denen wissenschaftlich ungeklärt ist, ob sie nicht ebenfalls gesundheitsschädlich sind (KG GRUR 1986, 258). – Irreführend ist die Angabe eines **„monatlichen Ratenzuschlags von 0,50 %"** in der Rechnung für einen Teilzahlungskauf ohne gleichzeitige Nennung des **effektiven Jahreszinses,** weil der Teilzahlungskäufer an die Mitteilung des effektiven Jahreszinssatzes als Berechnungsgrundlage gewöhnt ist (BGH GRUR 1990, 609 (610) – Monatlicher Ratenzuschlag). – Die Größenangabe in einer Werbung für Fernsehgeräte **„72 cm-B-Bildröhre"** kennzeichnet zwar zutr. die Bildröhrendiagonale, wird aber – so das OLG Köln – von einem nicht unerheblichen Teil der Umworbenen auf die Länge der Diagonale des tatsächlich sichtbaren Bildes bezogen (OLG Köln NJW-RR 1993, 51). – Eine Werbung mit dem Zeichen **„GS = geprüfte Sicherheit"** kann irreführend sein, wenn die Genehmigung zur Führung des Zeichens zu Unrecht erteilt worden ist (BGH GRUR 1998, 1043 – GS-Zeichen). – Die Werbung für eine Zahnarztpraxis mit der Angabe „Kieferorthopädie" ist objektiv zutreffend, wenn in der Praxis kieferorthopädische Leistungen erbracht werden; sie ist allerdings irreführend, wenn sie als Hinweis auf eine nicht bestehende Facharztqualifikation verstanden wird (BGH GRUR 2021, 1315 Rn. 30 und 34 – Kieferorthopädie).

c) Irrelevante Spekulationen. Wird eine Angabe vom Publikum richtig verstanden, so liegt **1.62** nicht deshalb ein **Verstoß** gegen §§ 3, 5 vor, weil ein Teil des Verkehrs vermutet, die Angabe sei nicht richtig. Ein Verstoß gegen §§ 3, 5 liegt daher nicht vor, wenn Kunden einer Fahrschule glauben, das ihnen zusätzlich zum Unterricht gewährte Lehrmaterial sei trotz des dafür veranschlagten Gesamtpreises nicht bes. berechnet und deshalb eine Zugabe (BGH GRUR 1967, 530 (532) – Fahrschule). – Irreführend ist eine Angabe auch dann nicht, wenn der Werbende **etwas Unwahres aussagen will,** der Verkehr der Ankündigung jedoch nichts Unwahres entnimmt.

3. Prüfungsschritte

Bei der Feststellung, ob eine Werbeangabe **irreführend** ist, ist wie folgt vorzugehen: **(1)** Zu- **1.63** nächst ist zu prüfen, **welche Verkehrskreise** von der fraglichen Werbung angesprochen werden (→ Rn. 1.64 ff.). Diese Prüfung bildet die unentbehrliche Grundlage für die Feststellung der Irreführung. **(2)** Sodann ist das **Verständnis dieser Verkehrskreise** zu ermitteln. **(3)** Erst wenn geklärt ist, welcher Sinn einer Angabe nach der Verkehrsauffassung zukommt, lässt sich feststellen, ob die bei einem erheblichen Teil der angesprochenen Verkehrskreise erweckte Vorstellung **mit den wirklichen Verhältnissen übereinstimmt. (4)** Eine **Irreführung** liegt jedoch nur vor, wenn die falsche Vorstellung für die Entschließung der angesprochenen Verkehrskreise **relevant** ist (→ Rn. 1.171 ff.). **(5)** Schließlich können im Einzelfall eine **Interessenabwägung** und eine **Verhältnismäßigkeitsprüfung** erforderlich sein (→ Rn. 1.200). Sie können unter bes. Umständen dazu führen, dass die Irreführung hinzunehmen ist.

4. Bestimmung der angesprochenen Verkehrskreise

a) Allgemeines. Wie eine Werbung verstanden wird, hängt von der Auffassung des Personen- **1.64** kreises ab, an den sie sich richtet. Eine Werbebehauptung kann sich an das **breite Publikum** oder an einen **bestimmten Verkehrskreis** richten, zB an fachkundige Personen, etwa an Weiterverarbeiter oder Händler. Je nach der Abnehmerschaft und der Art der Ware kann die

Auffassung über die Bedeutung einer Werbeaussage grundverschieden sein. Wendet sich eine Werbung **nur an Fachleute,** so entscheiden deren Auffassung und Sprachgebrauch auf dem betreffenden Fachgebiet (BGH GRUR 2013, 649 Rn. 50 – Basisinsulin mit Gewichtsvorteil; GRUR 2015, 1244 Rn. 17 – Äquipotenzangabe in Fachinformation; GRUR 2018, 541 Rn. 34 – Knochenzement II; GRUR 2021, 513 Rn. 11 – Sinupret). Dabei ist es durchaus möglich, dass sich Auffassung und Sprachgebrauch der Fachleute nicht von denen des allgemeinen Verkehrs unterscheidet (BGH GRUR 2021, 513 Rn. 14 – Sinupret). Richtet sich die Werbung an **verschiedene Kreise,** die sich objektiv voneinander abgrenzen lassen (allgemeiner Verkehr, Fachkreise, unterschiedliche Sprachkreise), reicht die Irreführung in einem dieser Verkehrskreise aus (BGHZ 156, 250 (256) = GRUR 2004, 244 (246) – Marktführerschaft: Werbung mit der Reichweite des FOCUS im Verhältnis zum SPIEGEL sowohl gegenüber potenziellen Inserenten als auch gegenüber dem allgemeinen Publikum; ferner BGH GRUR 1961, 545 (547) – Plastic-Folien; GRUR 1968, 200 (201) – Acrylglas; WRP 2010, 759 Rn. 11 – Firmenbestandteil „Bundes-"; zum MarkenR BGH GRUR 2012, 64 Rn. 9 – Maalox/Melox-GRY; GRUR 2013, 631 Rn. 64 – AMARULA/Marulablu). Innerhalb eines **einzigen Verkehrskreises** kommt die Annahme einer gespaltenen Verkehrsauffassung nicht in Betracht (BGH GRUR 2022, 241 Rn. 20 – Kopplungsangebot III).

1.65   Wie sehr es auf die **sorgfältige Bestimmung des angesprochenen Verkehrskreises** ankommt, lässt sich beispielhaft an einer BGH-Entscheidung erläutern: Dort ging es um die Frage, ob der Verkehr dadurch irregeführt wird, dass der Name eines ausgeschiedenen Patentanwalts („Dr. V") noch auf dem **Briefkopf in der Namensleiste** der von ihm gegründeten und weiterhin seinen Namen als **Kurzbezeichnung** führenden (Patent-)Anwaltskanzlei aufgeführt wird, und zwar mit Hinweis auf das Datum seines Ausscheidens („bis 6/1992"), ohne aber gleichzeitig deutlich zu machen, dass der Ausgeschiedene seine patentanwaltliche Tätigkeit in einer neuen Praxis fortsetzte. Das OLG war davon ausgegangen, dass sich die Angabe auf dem Briefkopf nur an Mandanten richte, die entweder früher von Dr. V betreut und darüber informiert worden seien, dass er seine patentanwaltliche Tätigkeit an anderer Stelle fortsetze, oder die nicht von ihm betreut worden seien und für die der Umstand der Fortsetzung seiner Tätigkeit an anderer Stelle nicht von besonderem Interesse sei. Der BGH hat diese Bestimmung des angesprochenen Verkehrskreises als erfahrungswidrig beanstandet: Bei dieser Beurteilung bleibt nämlich unberücksichtigt, dass eine Rechtsanwalts- oder Patentanwaltskanzlei mit ihrem Briefkopf in vielfältiger Weise in Erscheinung tritt und gegenüber einem großen Kreis potenzieller Mandanten und anderer Anwälte, die bei der Auswahl eines Patentanwalts beraten, werbend tätig wird. Der **Briefkopf einer Anwaltskanzlei** ist ihr Aushängeschild und damit eine wesentliche Grundlage dafür, potenzielle Mandanten und Nachfragedisponenten über die eigene Kanzlei zu informieren. Dieser Kreis entnimmt dem beanstandeten Briefkopf, dass der Namensgeber und frühere Sozius Dr. V ausgeschieden ist und als Patentanwalt nicht mehr zur Verfügung steht. Diese Fehlvorstellung legt es nahe, neue Mandate nicht Dr. V, sondern seiner früheren Kanzlei zu übertragen. Unter diesen Umständen konnte an der relevanten Irreführung kein Zweifel bestehen (BGH GRUR 1997, 925 (926) – Ausgeschiedener Sozius).

1.66   **b) Allgemeine und spezielle Publikumswerbung.** Werbung für Waren und Dienstleistungen des täglichen Bedarfs richtet sich idR an das **allgemeine Publikum.** Hierzu zählt nicht nur, wer regelmäßig die fraglichen Waren oder Leistungen nachfragt, sondern auch derjenige, der – zB im Falle einer Werbebeilage eines Supermarkts – nur gelegentlich oder selten selbst einkauft, weil dies im Rahmen der familiären Arbeitsteilung üblicherweise vom Partner übernommen wird. Die an das allgemeine Publikum gerichtete Werbung lässt sich am einfachsten beurteilen, weil hier jedermann – auch der Richter – zu den angesprochenen Verkehrskreisen zählt.

1.67   Daneben gibt es in großem Umfang Werbung, die sich zwar nicht an Fachkreise (→ Rn. 1.69), jedoch an **Teile des Publikums mit speziellen Vorkenntnissen** richtet. So ist zB angenommen worden, dass ein Schachcomputerkatalog vor allem für diejenigen Verbraucher von Bedeutung ist, die mit den Grundregeln des Schachspiels vertraut sind und daher bspw. beurteilen können, was ein Internationaler Großmeister ist und was es bedeutet, einen solchen Großmeister zu schlagen. Bei dieser Sachlage ist es – so der BGH – dem Werbenden nicht zuzumuten, die (zutreffende) Aussage über den Sieg eines bestimmten Schachcomputers über zahlreiche Großmeister noch dadurch zu ergänzen, dass für einen anderen Turniertyp, nämlich das Blitzturnier, etwas anderes gilt. Der mit dem Schachspiel einigermaßen Vertraute weiß, dass die Ergebnisse eines Turniers zwischen Mensch und Computer nicht ohne weiteres mit denen eines Blitzturniers verglichen oder gar gleichgesetzt werden können. Denn ein Computer benötigt im Allgemeinen für die Rechenvorgänge deutlich weniger Zeit als ein Mensch, so dass der Vorteil des Schachcomputerprogramms je größer ist, desto weniger Zeit zum Überlegen zur Verfügung steht (BGH GRUR 2003, 800 (802) – Schachcomputerkatalog; vgl. auch BGH GRUR 2005, 877 (879) – Werbung mit Testergebnis).

c) Besonders schutzwürdige Verbrauchergruppen. Zum allgemeinen Publikum gehören   **1.68** auch bes. schutzwürdige Verbrauchergruppen wie bspw. **Kinder und Jugendliche,** zu Leicht-gläubigkeit oder Ängstlichkeit neigende **ältere Menschen** oder **ausländische Mitbewohner,** die der deutschen Sprache nicht mächtig sind. Richtet sich eine Werbung an das allgemeine Publikum, fällt dieses Schutzbedürfnis allerdings kaum ins Gewicht (vgl. BGH GRUR 2021, 1400 Rn. 80 – Influencer I). Ganz anders verhält es sich aber, wenn eine Werbung erkennbar auf eine solche schutzbedürftige Verbrauchergruppe abzielt. Dann kann sich die gleiche Wer-bung, die im Verhältnis zum allgemeinen Publikum als unbedenklich einzustufen ist, als irrefüh-rend erweisen (vgl. Art. 5 III UGP-RL, umgesetzt in § 3 IV). So kann ein Kopplungsangebot für ein Mobiltelefon und einen Netzkartenvertrag anders zu beurteilen sein, wenn zusätzlich zu dem Mobiltelefon noch eine „Playstation" angeboten wird, die vor allem das Interesse von Jugendlichen weckt und dem Angebot eine ganz bes. Attraktivität verleiht. Dies kann bspw. dazu führen, dass in der Werbung verstärkt auf die wirtschaftliche Belastung hingewiesen werden muss, die mit dem Abschluss des Netzkartenvertrags verbunden ist (vgl. BGH GRUR 2004, 343 (344) – Playstation, wo diesem Gesichtspunkt allerdings mit dem Argument begegnet wurde, dass das beworbene Kopplungsgeschäft nur von einer voll geschäftsfähigen Person abgeschlossen werden kann; krit. insofern Lettl GRUR 2004, 449 (457); vgl. zum Schutz von Minderjährigen durch Wettbewerbsrecht Heim FamRZ 2007, 321 ff.; zum Schutz von Minderheiten auch Gloy/Loschelder/Danckwerts WettbR-HdB/Helm/Sonntag/Burger § 59 Rn. 79 ff.; MüKoUWG/Ruess § 5 Rn. 183).

d) Werbung gegenüber Fachkreisen. Werbeangaben werden **von fachkundigen Kreisen**   **1.69** meist sorgfältiger betrachtet. Was sie vom unkritischen Laien unterscheidet, ist, dass sie auf Grund ihrer Vorbildung und Erfahrung den Aussageinhalt einer Angabe leichter erfassen und zudem wegen ihrer beruflichen Verantwortung zu einer genaueren Prüfung veranlasst sein können. Zusatzmittel für die Fleischverarbeitung wird ein Fachmann auf diesem Gebiet, selbst wenn er bereits mit solchen Warenangeboten vertraut ist, nicht flüchtig und unkritisch betrachten (BGH GRUR 1966, 445 (447) – Glutamal). Teilweise können aber auch **Fachkreise** durch unrichtige **fachliche Angaben** irregeführt werden, die für das allgemeine Publikum ohne Bedeutung wären. Das gilt bspw. bei einer **neuen Sachbezeichnung,** wenn sie an eine Bezeichnung für ein herkömmliches Erzeugnis oder Verfahren angelehnt ist, das damit bezeichnete Erzeugnis oder Verfahren aber erheblich vom alten abweicht (BGH GRUR 1969, 422 (423) – Kalt-verzinkung). Häufig verhält es sich auch so, dass die Bezugnahme auf ein Produkt eines Mit-bewerbers, etwa im Rahmen einer irreführenden vergleichenden Werbung, nur für den Fach-mann erkennbar ist (BGH GRUR 2002, 633 (634) – Hormonersatztherapie). – Eine an sich unkorrekte vereinfachende Begrifflichkeit, die sich in den Fachkreisen herausgebildet hat, kann auch in einer Werbung, die sich an diese Fachkreise richtet, verwendet werden (OLG Köln MMR 2005, 110 – Nichtzulassungsbeschwerde zurückgewiesen: BGH Beschl. v. 6.10.2005 – I ZR 5/05).

Zum angesprochenen Verkehr gehören bei einer an **Fachkreise** gerichteten Werbung auch   **1.70** die Personen, die mit der Werbung **im Vorfeld der Kaufentscheidung** befasst sind, dabei irregeführt werden und hierauf den Fachmann, der die Kaufentscheidung zu treffen hat, erst veranlassen, sich mit dem beworbenen Gegenstand zu befassen (BGH GRUR 1988, 700 (702) – Messpuffer; GRUR 1993, 127 – Teilzahlungspreis II). Auch diese Personen werden in den Schutzbereich gegen Irreführung einbezogen.

e) Regional unterschiedliche Verkehrsauffassung. Die Verkehrsauffassung braucht inner-   **1.71** halb Deutschlands **nicht überall gleich** zu sein. So kann es sich bei dem für obergäriges Bier verwendeten Stangenglas im Raum Köln um eine auf Köln als Brauort von „Kölsch" hindeuten-de mittelbare geografische Herkunftsangabe handeln (BGH GRUR 1983, 32 (33) – Stangen-glas I; vgl. aber auch BGH GRUR 1986, 469 (470) – Stangenglas II). Generell lässt sich sagen, dass eine Irreführung über eine geografische Herkunftsangabe stets voraussetzt, dass der Verkehr in der Bezeichnung einen Ortsnamen erkennt (zB „Licher", „Warsteiner", „Steinhäger"), was bei Bewohnern der fraglichen Gegend eher der Fall sein wird als anderswo (OLG Karlsruhe GRUR 1997, 72 (74); zu geografischen Herkunftsangaben → Rn. 2.244 ff.; vgl. zu einem regional unterschiedlichen Verkehrsverständnis im Markenrecht BGH GRUR 1999, 498 (499) – Achterdiek: „Achter Diek" bedeutet im Niederdeutschen „Hinter dem Deich").

1.72 Richtet sich eine Werbung, durch die **in manchen Gegenden ein erheblicher Teil des Verkehrs irregeführt** wird, ohne regionale Beschränkung an das allgemeine Publikum, ist zu fragen, ob auch bezogen auf das gesamte Bundesgebiet ein erheblicher Teil der Verbraucher irregeführt wird. Ist dies der Fall, kann ein Verbot ausgesprochen werden. Ist dies dagegen nicht der Fall, kommt ein Verbot nicht in Betracht; insbes. scheidet auch ein Verbot in den Teilen des Bundesgebiets aus, in denen ein erheblicher Teil des Verkehrs irregeführt wird. Denn das Gesetz nimmt die Irreführung der Verbraucher insoweit hin, als es sich um einen nicht erheblichen Teil der angesprochenen Verkehrskreise handelt.

1.73 **f) Werbung gegenüber Einzelpersonen.** Auch wenn eine Werbeangabe im **individuellen Verkaufsgespräch** gemacht wird, bestimmt sich die Bedeutung der Angabe grds. nach der Auffassung der angesprochenen Verkehrskreise. Der Werbende muss und darf also **Rücksicht auf den (erkennbaren) Grad des Verständnisses seines Gesprächspartners** nehmen. Daher kann sich das Verkaufsgespräch, das ein Verkäufer in einem Computergeschäft führt, je nach dem Verständnisstand des Kunden unterschiedlich gestalten. Während gegenüber dem einen Kunden vieles vorausgesetzt werden kann, muss gegenüber einem anderen Kunden eingehender informiert werden. Erkennt bspw. ein Verkäufer in einem Telefonladen, dass ein einfach strukturierter Kunde trotz der Hinweise in der Werbung und in dem zu unterschreibenden Vertrag nicht begreift, dass er das ohne gesondertes Entgelt abgegebene Mobiltelefon durch einen Netzvertrag mit erheblichen monatlichen Mindestbelastungen finanzieren muss, trifft ihn nicht nur eine vorvertragliche (§ 311 II BGB), sondern auch eine sich aus dem Irreführungsverbot ergebende wettbewerbsrechtliche Aufklärungspflicht. Umgekehrt können gegenüber einem kundigen Interessenten Hinweise überflüssig sein, die gegenüber einem Durchschnittsverbraucher geboten gewesen wären. Sind Besonderheiten nicht erkennbar, muss sich der Werbende am **Niveau des Durchschnittsverbrauchers** orientieren. – Nicht auf der **wettbewerbsrechtlichen** Ebene liegt es, dass ein Kunde, der bei einem Verkaufsgespräch vom Verkäufer oder einem Angestellten **arglistig getäuscht** wird, die von ihm abgegebene Willenserklärung nach § 123 BGB **anfechten kann.**

1.74 **g) Weitere Beispiele.** Als zulässig wurde die Bezeichnung „Emaillelack" für Anstreichmittel angesehen, die vornehmlich für fachlich geschulte Abnehmer verwendet und von diesen richtig, dh in Bezug auf das äußere Aussehen, nicht in Bezug auf die Eigenschaft des Lacks, verstanden wird (BGHZ 27, 1 (4 ff.) – Emaillelack). – Ebenso ist die Bezeichnung „**Johannisbeerkonzentrat**" für einen zur Weiterverarbeitung bei der Lebensmittelherstellung bestimmten gezuckerten konzentrierten Saft aus schwarzen Johannisbeeren unbeanstandet geblieben (BGH GRUR 1984, 376 – Johannisbeerkonzentrat). – Bei rein **technischer Werbung** sind die Ausdrücke so zu verstehen, wie es auf dem betreffenden Fachgebiet üblich ist (RG MuW 1940, 69 – Betoneisenmaschinen). Auch bei einer Werbung, die sich nur an Fachleute richtet, fragt sich, welcher Grad von Fachkunde vorausgesetzt werden kann; ein Techniker versteht eine Werbung für landwirtschaftliche Maschinen möglicherweise anders als ein Bauer (RG MuW XXIII, 137). Ein Experte des Patentrechts würdigt eine Abkürzung („DPa") anders als ein Angestellter einer Einkaufsabteilung (BGH GRUR 1964, 144 (145) – Sintex). – Bei in **Apotheken** frei verkäuflichen pharmazeutischen Erzeugnissen ist die Auffassung der Allgemeinheit maßgebend; aber auch die der Ärzte und Apotheker, wenn das Mittel vorwiegend ärztlich verschrieben wird. Handelt es sich um verschreibungspflichtige Arzneimittel, so ist neben den Auffassungen der Ärzte und Apotheker auch die Auffassung des **Käuferpublikums** maßgeblich (BGH GRUR 1957, 339 (340) – Venostasin; GRUR 1955, 415 (416) – Arctuvan). Anders liegt es bei Mitteln, die an das Publikum nicht pur, sondern von Apothekern erst nach Verarbeitung mit anderen Stoffen zu gebrauchsfertigen Arzneimitteln unter anderem Namen verkauft werden, zB Salbengrundlagen (BGH GRUR 1957, 435 (437) – Eucerin).

1.75 Richtet der Hersteller eines **Backhilfsmittels** seine Werbeaussagen unmittelbar nur an die Bäcker, so setzt die Annahme einer akuten Irreführungsgefahr für die **Endverbraucher** von Brot die Feststellung voraus, dass und in welchem Umfang bei Brotherstellern die Gepflogenheit oder die Neigung besteht, an sie gerichtete Werbeaussagen über die Qualität bloßer Herstellungsmittel in der Werbung **gegenüber Endverbrauchern** zu verwenden (BGH GRUR 1983, 256 – Sauerteig). Auch für die Beurteilung einer **Verwechslungsgefahr** ist der Eindruck des Angebotes auf diejenigen Verkehrskreise maßgeblich, die **Adressaten** des Angebots sind. Ob eine Bezeichnung für ein bearbeitetes Naturerzeugnis als **Herkunftsangabe** verstanden wird und auf welches Gebiet sie hinweist, beurteilt sich vorwiegend nach der Auffassung der mit den örtlichen Verhältnissen vertrauten Abnehmer (BGH GRUR 1969, 517 (520) – Kölsch-Bier).

5. Durchschnittsverbraucher

a) Verbraucherleitbild. Das Verbraucherleitbild des deutschen Lauterkeitsrechts entspricht **1.76** dem des europäischen Rechts (EuGH Slg. 1998, I-4657 = GRUR-Int. 1998, 795 – Gut Springenheide; dazu eingehend → Rn. 0.60 ff.). Der BGH stellt seit 1999 als Maßstab auf den **durchschnittlich informierten und verständigen Verbraucher** ab, der der Werbung **die der Situation angemessene Aufmerksamkeit** entgegenbringt (BGH GRUR 2000, 619 (621) – Orient-Teppichmuster; BGHZ 156, 250 (252) = GRUR 2004, 244 (245) – Marktführerschaft; GRUR 2004, 249 (251) – Umgekehrte Versteigerung im Internet; GRUR 2004, 435 (436) – FrühlingsgeFlüge; GRUR 2004, 793 (796) – Sportlernahrung II; → Rn. 1.57 mwN, ferner ausf. hierzu MüKoUWG/Ruess Rn. 166 ff.). Der BGH stellt also nicht (mehr) auf den flüchtigen Betrachter ab, sondern auf den durchschnittlich informierten, verständigen Verbraucher, der sich der Werbung **mit situationsadäquater Aufmerksamkeit** zuwendet (BGH GRUR 2000, 619 (621) – Orient-Teppichmuster; GRUR 2003, 626 (627) – Umgekehrte Versteigerung II; GRUR 2019, 631 Rn. 30 – Das beste Netz; GRUR 2021, 746 Rn. 46 – Dr. Z; ferner → Rn. 0.72 mwN).

Der **Gesetzgeber** des UWG 2004 hat dieses Leitbild eines durchschnittlich informierten, **1.77** situationsadäquat aufmerksamen und verständigen Verbrauchers in seine Erwägungen übernommen (Begr. RegE zu § 5, BT-Drs. 15/1487, 19). Um hieran keinen Zweifel zu lassen, ist ein entsprechendes Bekenntnis in § 3 II 2 UWG 2008 und nunmehr **§ 3 IV 1 UWG 2015** aufgenommen worden.

Das Abstellen auf das **Verständnis des Durchschnittsverbrauchers** bringt es mit sich, dass **1.78** sich eine Differenzierung innerhalb eines angesprochenen Verkehrskreises in Fällen einer **gespaltenen Verkehrsauffassung** verbietet. Maßgeblich ist allein die Auffassung des angemessen gut unterrichteten und angemessen aufmerksamen und kritischen Durchschnittsverbrauchers (BGH GRUR 2014, 1013 Rn. 33 – Original Bach-Blüten; GRUR 2022, 241 Rn. 20 – Kopplungsangebot III; vgl. entspr. zur Verwechslungsgefahr im Markenrecht BGH GRUR 2013, 631 Rn. 64 – AMARULA/Marulablu). Eine Differenzierung kommt nur in Betracht, wenn sich die Angabe an verschiedene, objektiv voneinander abgrenzbare Verkehrskreise richtet. So liegt es im Falle einer Werbung, die sowohl Fachkreise als auch die Allgemeinheit anspricht: wird der der Allgemeinheit angehörende Durchschnittsverbraucher, nicht aber eine zum fachlichen Publikum gehörende Person in die Irre geführt, liegt eine tatbestandsmäßige Irreführung vor. Der Ermittlung des zutreffenden Adressatenkreises kommt mithin erhebliche Bedeutung zu (→ Rn. 1.64 f.).

b) Grad der Aufmerksamkeit. Die Aufmerksamkeit und Sorgfalt, mit der ein Verbraucher **1.79** eine Werbung zur Kenntnis nimmt, ist nicht stets die gleiche. Je nach den konkreten Umständen, insbes. je nach der Situation und dem Sinnzusammenhang, fasst der durchschnittlich informierte und verständige Verbraucher eine werbliche Angabe **unterschiedlich auf.** Das hängt zum einen davon ab, welche Bedeutung die beworbene Ware oder Dienstleistung für ihn besitzt. Bei **geringwertigen Waren oder Dienstleistungen** des täglichen Bedarfs wird die Beurteilung einer Werbung auch von einem verständigen Verbraucher **flüchtig** erfolgen (BGH GRUR 2018, 431 Rn. 27 – Tiegelgröße). Anders liegt es bei einer Werbung für nicht völlig geringwertige Waren oder Dienstleistungen, die von einem verständigen Verbraucher **mit größerer Aufmerksamkeit** wahrgenommen werden. Mit der wirschaftlichen Tragweite des zu treffenden Kaufentschlusses wächst die vom Verbraucher angewendete Sorgfalt bei der Wahrnehmung werblicher Angaben (BGH GRUR 2015, 698 Rn. 10, 19 – Schlafzimmer komplett). Missverständnisse flüchtiger oder uninteressierter Verbraucher bleiben dann unbeachtet (BGH GRUR 1997, 304 (306) – Energiekosten-Preisvergleich II; GRUR 1998, 1037 (1038) – Schmuck-Set; GRUR 2000, 619 (621) – Orient-Teppichmuster), eine Irreführung durch Blickfangwerbung über einem umfangreichen und unübersichtlichen Text ist aber gleichwohl möglich (BGH GRUR 2018, 320 Rn. 26 – Festzins Plus). – Der über Orient-Teppiche durchschnittlich informierte und verständige Verbraucher wird eine entspr. Werbung idR nicht nur flüchtig betrachten, sondern sich ihr mit normaler Aufmerksamkeit zuwenden. Eine Irreführung ist daher verneint worden, wenn in einer Werbebeilage auf den ersten Seiten **originale handgeknüpfte Orient-Teppiche** und auf den Folgeseiten **mechanisch hergestellte Teppiche** angeboten wurden, weil sich aus dem unter jeder Abbildung befindlichen klein gedruckten Erläuterungstext eine hinreichende Aufklärung ergab (BGH GRUR 2000, 619 (621) – Orient-Teppichmuster).

Ähnlich verhält es sich bei dem Kauf von Schlafzimmermöbeln, wenn in der Werbung für ein „Schlafzimmer komplett" in einem kleingedruckten Hinweistext darüber aufgeklärt wird, dass Lattenrost und Matratze nicht im Angebot enthalten sind (BGH GRUR 2015, 698 Rn. 10, 19 – Schlafzimmer komplett).

1.80 Die Aufmerksamkeit, die der verständige Verbraucher einer Werbung entgegenbringt, hängt zum anderen von der Art der Werbung ab. Ein Teil der Werbung ist darauf angelegt, vom Verbraucher **beiläufig wahrgenommen** zu werden: beim Durchblättern der Tageszeitung oder eines Nachrichtenmagazins oder in der Werbepause beim Fernsehen (vgl. BGH GRUR 2018, 431 Rn. 27 – Tiegelgröße). Gerade der verständige Verbraucher, der sich auf die Lektüre der Zeitung oder Zeitschrift konzentriert oder die Werbepause bis zur Fortsetzung des Spielfilms anderweitig nutzt, nimmt die Werbung, die ihm in diesem Zusammenhang begegnet, idR nur am Rande wahr. Werbung dieser Art zielt häufig nicht darauf ab, eine gewichtige Kaufentscheidung durch Vermittlung zuverlässiger Informationen vorzubereiten. Gleichwohl können auch durch derartige beiläufig wahrgenommene Werbeauftritte klare Werbeaussagen transportiert werden. Enthält bspw. der Blickfang einer auf diese Weise wahrgenommenen Werbung eine irreführende Angabe, reicht idR eine Richtigstellung im Kleingedruckten, auf das eine Fußnote verweist, nicht aus (zum Blickfang → Rn. 1.85).

1.81 **c) Gesamteindruck.** Maßgebend für die Beurteilung einer Werbeaussage nach § 5 ist, wie der angesprochene Verkehr die beanstandete Werbung **auf Grund des Gesamteindrucks der Anzeige** versteht (vgl. BGH GRUR 1968, 382 (385) – Favorit II; GRUR 1988, 459 (460) – Teilzahlungsankündigung; GRUR 2002, 550 (552) – Elternbriefe; GRUR 2002, 715 (716) – Scanner-Werbung; BGHZ 151, 84 (91) = GRUR 2002, 976 (979) – Kopplungsangebot I; GRUR 2003, 361 (362) – Sparvorwahl; GRUR 2016, 521 Rn. 10 – Durchgestrichener Preis II; GRUR 2018, 1263 Rn. 11 – Vollsynthetisches Motorenöl; GRUR 2019, 1202 Rn. 18 – Identitätsdiebstahl I; GRUR 2022, 925 Rn. 18 – Webshop Awards; GRUR 2022, 1347 Rn. 23 – 7 x mehr). Einzelne Äußerungen einer in sich geschlossenen Darstellung dürfen deshalb nicht **aus ihrem Zusammenhang gerissen** werden (BGH GRUR 1996, 367 (368) – Umweltfreundliches Bauen; WRP 1996, 1097 (1098) – Preistest; GRUR 2003, 800 (803) – Schachcomputerkatalog; GRUR 2022, 1347 Rn. 23 - 7 x mehr). Auch bei **zusammengesetzten Bezeichnungen** kommt es stets auf die **Gesamtwirkung** an, so dass eine zergliedernde Wertung einzelner Bestandteile unzulässig ist, es sei denn, dass ein Bestandteil für die Gesamtwirkung der Wortzusammensetzung **bestimmend** ist. Nur wenn eine Einzelangabe vom flüchtigen Verkehr ohne Zusammenhang mit dem übrigen Werbetext wahrgenommen und verwendet wird, ist eine **isolierte Beurteilung** geboten. Das trifft – abgesehen vom Blickfang (→ Rn. 1.85) – namentlich bei Bezeichnungen zu, die in der Werbung herausgestellt werden, zB Waren-, Verfahrens- und Unternehmensbezeichnungen (BGH GRUR 1955, 251 (252) – Silberal; GRUR 1969, 422 (423) – Kaltverzinkung; GRUR 2013, 1254 Rn. 16 – Matratzen Factory Outlet). Bei **längeren Bezeichnungen** neigt der Verkehr ferner dazu, eine nahe liegende **Abkürzung** zu verwenden, zB einen einprägsamen Bestandteil der Gesamtbezeichnung, und zwar meist den am Anfang stehenden. Ist eine nahe liegende **Kurzbezeichnung** irreführend, so liegt ein Verstoß gegen §§ 3, 5 vor, selbst wenn bei vollständiger Bezeichnung eine Irreführung des Verkehrs nicht zu befürchten ist (BGH GRUR 1961, 425 (428) – Möbelhaus des Handwerks für die Bezeichnung „Möbelhaus des Handwerks, Industrie- und Handwerkserzeugnisse eGmbH").

1.82 **d) Geläuterte Verkehrsauffassung.** Durch bes. Umstände kann die Verkehrsauffassung gesteuert, möglicherweise auch erst gebildet werden. Das kann durch **gesetzliche Vorschriften** geschehen, insbes. des Lebensmittelrechts, die den Inhalt von Bezeichnungen festlegen (BGH GRUR 1958, 32 (33) – Haferschleim; GRUR 1958, 492 (496) – Eis-Pralinen; GRUR 1963, 36 (38) – Fichtennadelextrakt; GRUR 2009, 970 Rn. 25 – Versicherungsberater; GRUR 2020, 299 Rn. 17 – IVD-Gütesiegel; KG GRUR 1990, 538 (539); OLG Hamburg GRUR-RR 2004, 36 – Nichtzulassungsbeschwerde zurückgewiesen: BGH Beschl. v. 22.4.2004 – I ZR 204/03]; ferner → Rn. 2.28, 2.39), aber auch durch andere Vorschriften, zB des Verlagsrechts für den Begriff des Verlegers (BGH GRUR 1975, 377 (379) – Verleger von Tonträgern). – Bestehen für den Inhalt einer angebotenen Leistung **besondere Normen,** die auf Gesetz oder Zusammenwirken der beteiligten Verkehrskreise beruhen, so wird meist auch die Vorstellung der Verbraucher durch solche Normen beeinflusst und bestimmt sein, zumindest in dem Sinne, dass die Leistung den für sie aufgestellten Normen entspricht (BGH GRUR 1968, 387 (388) – Spezialreinigung für die Ankündigung einer „Spezialreinigung" gemäß RAL 990 A). – Die Werbung für Krankentransporte, für die nach Art. 21 I BayRDG eine medizinisch fachliche Betreuung oder eine besondere Ausrüstung des Fahrzeugs vorgeschrieben ist, kann irreführend sein, wenn das Angebot diese Voraussetzungen nicht erfüllt (OLG Nürnberg WRP 2022, 1032). Vorstellbar ist auch, dass das Verständnis bestimmter werblicher Angaben – etwa eines Gütezeichens – durch markenrechtliche Bestimmungen – hier: die Gewährleistungsmarke – beeinflusst wird (vgl. BGH GRUR 2020, 299 Rn. 16 f. – IVD-Gütesiegel (im Streitfall Einwirkung abgelehnt). – Auch eine **langjährige wettbewerbliche Praxis,** etwa die Zugehörigkeit eines auf bestimmte Weise bezeichneten Produkts zum oberen Preissegment, kann das Verbraucherverständnis, etwa im Sinne einer bestimmten Qualitätserwartung, beeinflussen (BGH GRUR 2018, 1263 Rn. 22 – Vollsynthetisches Motorenöl).

Werden Bezeichnungen gesetzlich festgelegt, kann es in der **Übergangszeit** dazu kommen, **1.83** dass der Verkehr durch die den gesetzlichen Bestimmungen entspr. Bezeichnung noch irregeführt wird. Hier dürfen die gesetzlich vorgesehenen Bezeichnungen nicht mit Hilfe des Irreführungsverbots ausgehebelt werden (vgl. BGH GRUR 2008, 1114 Rn. 14 – Räumungsfinale). Vielmehr muss das Irreführungsverbot in einer Übergangszeit zurücktreten, damit sich die Verkehrsauffassung entspr. der neuen gesetzlichen Regelung anpassen kann. Mit Recht hat daher der EuGH das Argument der Bundesregierung zur Beibehaltung des **Reinheitsgebots für Bier** zurückgewiesen, das darauf hinauslief, die deutschen Verbraucher seien an das dem Reinheitsgebot entspr. Bier gewöhnt; durch Bier, das diesem Maßstab nicht entspreche, würden sie irregeführt; schon deswegen müsse es – für alle Zeiten – bei der durch das Reinheitsgebot gebildeten Marktzutrittsschranke bleiben (EuGH Slg. 1987, 1262 Rn. 32 = GRUR-Int. 1987, 404 – Reinheitsgebot). Dieses Ergebnis lässt sich auch mit der Interessenabwägung (→ Rn. 1.203 ff.) begründen, die jedenfalls immer dann als Korrektiv herangezogen werden kann, wenn die Irreführung nicht auf einer objektiv unzutreffenden Angabe beruht (vgl. zu einer ähnlichen Konstellation BGHZ 42, 134 (142) – „20 % unter dem empfohlenem Richtpreis").

Nach **Wegfall eines Monopols** kann eine ähnliche Situation wie nach einer Gesetzesände **1.84** rung eintreten. Der Verkehr ordnet dann das Produkt der neu in den Markt eingetretenen Mitbewerber häufig noch dem früheren Monopolisten zu. Die damit verbundene Irreführung muss hingenommen werden, wenn die gebotene Interessenabwägung zu Gunsten des Newcomers ausfällt (zu § 5 BGH GRUR 2011, 166 Rn. 23 – Rote Briefkästen; zu § 23 MarkenG BGH GRUR 2008, 798 Rn. 23 – POST I; WRP 2008, 1206 Rn. 25 – CITY POST; GRUR 2009, 672 Rn. 45 – OSTSEE-POST). So ist lauterkeitsrechtlich nichts dagegen einzuwenden, wenn ein neu in den Markt getretener Anbieter von Postbeförderungsleistungen seine (roten) Briefkästen in der Nähe von Filialen der Deutschen Post aufstellt, weil dort Briefkästen vermutet werden und ein einheitlicher Standort für die Nutzer vorteilhaft ist, die möglicherweise nicht nur die Dienste eines Anbieters in Anspruch nehmen wollen (BGH GRUR 2011, 166 Rn. 26 – Rote Briefkästen).

e) Blickfangwerbung. aa) Begriff. Von Blickfangwerbung spricht man, wenn im Rahmen **1.85** einer Gesamtankündigung einzelne Angaben im Vergleich zu den sonstigen Angaben **bes. herausgestellt** sind. Dadurch soll die **Aufmerksamkeit** des Publikums erweckt werden.

bb) Grundsatz. Früher galt der **heilige Grundsatz,** dass der Blickfang **isoliert zu beur** **1.86** **teilen** ist, dass also blickfangmäßige Herausstellungen **für sich genommen wahr** sein müssen (BGH GRUR 1958, 485 (487) – Odol mAnm Droste; GRUR 1962, 411 (412 f.) – Watti; GRUR 1967, 360 (361) – Maßkleidung mAnm Hoepffner; GRUR 1971, 29 (33) – Deutscher Sekt mAnm Storch; GRUR 1971, 516 – Brockhaus Enzyklopädie; GRUR 1974, 729 (731) – Sweepstake mAnm Hoth; GRUR 1975, 659 (660) – Sonnenhof mAnm Bauer; GRUR 1982, 242 (244) – Anforderungsscheck für Barauszahlungen; GRUR 1986, 318 (320) – Verkaufsfahrten I; GRUR 1987, 45 (47) – Sommerpreiswerbung mAnm Klaka; GRUR 1989, 434 (436) – Gewinnspiel I; GRUR 1990, 282 (286) – Wettbewerbsverein IV; GRUR 1991, 554 (555) – Bilanzbuchhalter; GRUR 1992, 618 – Pressehalter II; OGH ÖBl 1971, 78 – Extra-Essig; OGH ÖBl 1977, 38 – Kürbis-Salatöl). Voraussetzung für ein Verbot war dabei aber stets, dass es vom Leser nicht erwartet werden kann, zum Verständnis des Blickfangs auch den übrigen Inhalt einer Ankündigung heranzuziehen. Dieses Erfordernis wurde indessen idR bejaht, weil Grundlage der Beurteilung immer der flüchtige Verbraucher war.

Der **Grundsatz der isolierten Beurteilung des Blickfangs** ist bereits in den letzten Jahren **1.87** in der Weise **relativiert worden,** dass immer dann, wenn der Blickfang für sich genommen eine Fehlvorstellung auslöst, eine irrtumsausschließende Aufklärung durch einen **klaren und un missverständlichen Hinweis** erfolgen kann, wenn dieser am Blickfang teilhat und dadurch eine Zuordnung zu den herausgestellten Angaben gewahrt bleibt (vgl. BGHZ 139, 368 (376) =

GRUR 1999, 264 – Handy für 0,00 DM; BGH GRUR 2000, 911 (912) – Computerwerbung I;
GRUR 2003, 163 – Computerwerbung II; GRUR 2003, 249 – Preis ohne Monitor). Damit
trägt die Rspr. auf der einen Seite dem **neuen Verbraucherleitbild** Rechnung (→ Rn. 1.76)
und berücksichtigt auf der anderen Seite den sog **„labelling approach"** des EuGH, der in
Fällen der Irreführung stets danach fragt, ob die Fehlvorstellung der Verbraucher nicht schonender als durch ein Verbot durch einen aufklärenden Hinweis vermieden werden kann (EuGH Slg.
1990, I-667 Rn. 17 = GRUR-Int. 1990, 955 – GB-Inno-BM mwN).

1.88   **cc) Neue Regeln für den Blickfang.** Nach der neueren Rspr. lassen sich einige Regeln zur
Blickfangwerbung formulieren. Ist der Blickfang für sich genommen irreführend, lassen sich **drei
Stufen** unterscheiden:

1.89   **(1)** Der **Blickfang** selbst darf **keine objektive Unrichtigkeit** enthalten. Es muss sich um
eine Aussage handeln, an der – trotz ihres irreführenden Charakters – von Seiten des Werbenden
ein nachvollziehbares Interesse besteht. Enthält der Blickfang eine objektiv unrichtige Angabe,
bedarf es einer Korrektur im Blickfang oder zumindest in einer weiteren Angabe, auf die im
Blickfang mithilfe eines Sterns oder einer Fußnote hingewiesen wird. Eine **dreiste Lüge,** für die
kein vernünftiger Anlass besteht, kann auch dann nicht zugelassen werden, wenn ein Sternchenhinweis eine Korrektur enthält (vgl. BGH GRUR 2001, 78 – Falsche Herstellerpreisempfehlung; GRUR 2012, 184 Rn. 28 – Branchenbuch Berg). Nicht durch einen Sternchenhinweis
korrekturfähig ist etwa die blickfangmäßige Aussage **„20 % auf Alles ohne Wenn und Aber"**
(LG Dortmund WRP 2019, 526).

1.90   **(2)** In Fällen, in denen der **Blickfang** zwar **nicht objektiv unrichtig** ist, aber nur die **halbe
Wahrheit** enthält, muss ein Stern oder ein anderes hinreichend deutliches Zeichen den Betrachter zu dem aufklärenden Hinweis führen. So verhält es sich bspw. bei den **Kopplungsangeboten,** bei denen der für den Verbraucher attraktive Teil des Geschäfts blickfangmäßig herausgestellt ist („Handy für 0,00 DM", „Videorecorder für 49 DM", „Grundig Fernsehgerät für
1 DM" etc). Hier trifft den Werbenden eine aus dem Irreführungsverbot abzuleitende Pflicht,
die anderen belastenden Preisbestandteile klar zugeordnet und ähnlich deutlich herauszustellen
(BGHZ 139, 368 (373) = GRUR 1999, 264 – Handy für 0,00 DM; BGHZ 151, 84 (89) =
GRUR 2002, 976 – Kopplungsangebot I; BGH GRUR 2002, 979 (981) – Kopplungsangebot II; GRUR 2003, 538 (539) – Gesamtpreisangebot; GRUR 2003, 890 (891) – Buchclub-
Kopplungsangebot; GRUR 2004, 343 (344) – Playstation; GRUR 2009, 1180, Rn. 29 –
0,00 Grundgebühr; → Rn. 3.64f mwN). Gleiches gilt bei der blickfangmäßigen Werbung mit
Preisnachlässen oder **Inklusivangeboten** für etwaige Einschränkungen bei der Gewährung
des Preisnachlasses oder Inklusivangebots (BGH GRUR 2018, 199 Rn. 23 - 19% MwSt.
GESCHENKT; GRUR 2016, 207 Rn. 16 f. – All Net Flat). Im Übrigen hängt es von den
Umständen des Einzelfalls ab, wie deutlich Stern und aufklärender Hinweis gestaltet sein
müssen. Geht es um eine Werbung, die auch vom verständigen Verbraucher flüchtig wahrgenommen wird, muss der Betrachter durch einen Sternchenhinweis oder auf andere geeignete
Weise ein Warnsignal erhalten, das ihm zeigt, dass der **Blickfang nicht vorbehaltlos** gilt. In
anderen Fällen, in denen davon auszugehen ist, dass der Durchschnittsverbraucher sich mit dem
Angebot interessiert auseinandersetzt und die im Blickfang vorenthaltene Information etwas
weniger brisant ist (zB „Sonderausstattung – Stahlschiebedach, Navigationsanlage, Nebelscheinwerfer – im Lieferumfang nicht enthalten" oder „Preis ohne Monitor"), mag eine klar zugeordnete Fußnote ausreichen (BGH GRUR 2003, 249 – Preis ohne Monitor). Der Hinweis, dass das
blickfangmäßig herausgestellte Fahrzeug **optionales Zubehör** enthält, reicht nicht aus, wenn
die Anzeige neben der Werbung für das umfassend ausgestattete abgebildete „TOP-Modell"
auch eine Werbung für ein „BASIS"-Modell enthält und dessen Preis in unmitttelbarer Nähe des
abgebildeten „TOP"-Modells angibt; der Gesamtpreis des abgebildeten Modells stellt in diesem
Fall eine wesentliche Information iSd § 5a II und III Nr. 3 dar (OLG Köln GRUR-RR 2020,
92; dazu Reinholz GRUR-Prax 2020, 67). **Ebenfalls nicht ausreichend** ist in diesem Zusammenhang der in einer Werbeanzeige enthaltene pauschale Hinweis auf **an anderer Stelle –
etwa im Internet – verfügbare Informationen** zu den Angebotsbedingungen (BGH GRUR
2018, 199 Rn. 23 - 19% MwSt. GESCHENKT).

1.91   In der Entscheidung in der Entscheidung **„Schlafzimmer komplett"** (BGH GRUR 2015,
698 – Schlafzimmer komplett; krit. dazu Rehart MMR 2015, 588) hat der BGH die dort
beanstandete (Blickfang-)Werbung in diese (zweite) Kategorie eingeordnet, obwohl die in dem
Möbelprospekt unterhalb des Preises blickfangmäßig herausgestellte Aussage „Schlafzimmer
komplett" objektiv unrichtig war, weil der Preis eben nur den abgebildeten Schlafzimmer-

schrank, die Nachttische sowie das bloße Bettgestell ohne Lattenrost, Matratze und Bettzeug einschließen sollte und obwohl der BGH die Annahme des Berufungsgerichts, der Verkehr wisse mittlerweile, dass bei derartigen Werbeaussagen Matratze und Lattenrost üblicherweise nicht zum beworbenen Leistungsumfang gehörten, ausdrücklich als erfahrungswidrig beanstandet hatte (BGH GRUR 2015, 698 Rn. 13 – Schlafzimmer komplett). Gleichwohl ist in dieser Entscheidung **keine Abkehr von der hier dargestellten Kategorisierung der Blickfangwerbung** zu sehen (anders Sosnitza jurisPR-WettbR 9/2015 Anm. 2). Denn der BGH stellt auf die Umstände des Einzelfalls ab: Weil es sich um langlebige und kostspielige Güter handele, werde sich der Verbraucher nicht nur flüchtig, sondern eingehend mit der beanstandeten Werbung auseinandersetzen. Zudem stehe der Hinweis, dass Lattenroste und Matratzen nicht von dem angegebenen Preis erfasst seien, in unmittelbarer Nähe der Maßangaben, die für den Verbraucher, der sich hinreichend über das Angebot informieren wolle, unerlässlich seien. Entscheidende Bedeutung kommt hier mithin dem Grad der Aufmerksamkeit zu, mit der der Verbraucher die Werbung wahrnimmt. Dass die Annahme, der Verbraucher werde die Einschränkung einer blickfangmäßig herausgestellten Werbeaussage durch eine andere, nicht am Blickfang teilhabenden Aussage in der Werbung erkennen, nur unter engen Voraussetzungen gerechtfertigt ist, hat der BGH nachfolgend bekräftigt (BGH GRUR 2016, 207 Rn. 18 – All Net Flat). Auch bei wirtschaftlich bedeutsamen Erwerbsvorgängen wird die durch eine irreführende Blickfangangabe verursachte Irreführungsgefahr regelmäßig nicht durch einen Hinweis am Ende eines nachfolgenden umfangreichen und unübersichtlichen Texts ausgeräumt, dessen inhaltlicher Bezug zum Blickfang nicht klargestellt wird (BGH GRUR 2018, 320 Rn. 26 – Festzins Plus).

(3) Schließlich kann die mit dem Blickfang verbundene Fehlvorstellung in geeigneten Fällen **1.92** auch durch eine **allgemeine salvatorische Klausel** korrigiert werden. Korrekturbedürftig sind in diesen Fällen Aussagen, die im Blickfang nur sehr indirekt enthalten sind (wären sie direkter enthalten, wäre eine deutlichere Korrektur erforderlich). Hierzu zählt etwa die Vorstellung der Verbraucher, eine in einer Zeitungsanzeige oder einer Werbebeilage beworbene Ware werde für eine gewisse Zeit vorrätig sein (→ Rn. 2.3, → Anh. § 3 Rn. 5.1 ff.). Um einem solchen Irrtum entgegenzuwirken, muss nicht unbedingt bei jeder beworbenen Ware ein entspr. Vorbehalt angebracht werden. Vielmehr ist ein deutlich sichtbarer Hinweis – ggf. auf jeder Seite des Prospekts – ausreichend. Dabei muss durch die Formulierung deutlich werden, dass sich die salvatorische Klausel auch auf die blickfangmäßig herausgestellten Angebote bezieht (BGH GRUR 2000, 911 (913 f.) – Computerwerbung I; GRUR 2003, 163 (164) – Computerwerbung II). Ein solcher allgemeiner, dem Blickfang nicht unmittelbar zugeordneter Hinweis ist in einem Fall nicht als ausreichend erachtet worden, in dem neben dem beworbenen PC ein im angegebenen Preis nicht enthaltener Bildschirm abgebildet war (BGH GRUR 2003, 249 – Preis ohne Monitor).

f) Bild und Ton in der Fernsehwerbung. Richtet sich ein Medium – wie das Fernsehen – **1.93** an mehrere Sinne, müssen für die Frage der Irreführung **alle Wahrnehmungsmöglichkeiten** berücksichtigt werden. Eine Fernsehwerbung ist daher nicht irreführend, weil ein aufklärender Hinweis lediglich schriftlich eingeblendet und nicht gesprochen wird. Denn Fernsehwerbung besteht aus Bild und Ton, so dass dem Verbraucher für seine geschäftliche Entscheidung wesentliche Informationen auch durch nur eingeblendete, nicht gesprochene Hinweise gegeben werden können (BGH GRUR 2009, 418 Rn. 17 – Fußpilz). Ebenso ist es ausreichend, wenn ein aufklärender Hinweis lediglich gesprochen wird. – Bei der Beurteilung, ob ein Fernsehspot iSd § 5 irreführend ist, dürfen die aus dieser Kommunikationsform resultierenden **räumlichen oder zeitlichen Beschränkungen** nicht zugunsten des Werbenden berücksichtigt werden. Dies folgt daraus, dass Art. 6 I UGP-RL – anders als Art. 7 I und III UGP-RL (→ § 5a Rn. 3.1 ff.) – keine Bezugnahme auf die **räumlichen oder zeitlichen Beschränkungen** des für die Geschäftspraxis verwendeten Kommunikationsmittels enthält (vgl. EuGH GRUR 2016, 1307 Rn. 42 – Canal Digital).

6. Irreführungsquote

a) Allgemeines. Die Frage nach der Irreführungsquote offenbart eine **strukturelle Schwie- 1.94 rigkeit des Irreführungstatbestandes.** Das Gesetz verbietet nicht bestimmte Äußerungen in der Werbung, es verbietet vielmehr die Irreführung der Marktgegenseite, insbes. der Verbraucher. Fragt man nach der Zielvorgabe des strafrechtlichen Betrugstatbestands, fällt die Antwort nicht schwer: Das niemals zu erreichende, gleichwohl aber logisch konsequente Ziel, das der Gesetzgeber mit dem Betrugstatbestand verfolgt, lautet, dass möglichst jeder Betrug unterbunden werden soll. Nach der Logik des Strafgesetzbuchs ist jedes Betrugsopfer ein Betrugsopfer zu viel. Auf den Irreführungstatbestand übertragen würde dies bedeuten, dass möglichst jede Irreführung der Marktgegenseite, insbes. der Verbraucher, unterbunden werden sollte. Die Irreführung auch nur eines Verbrauchers wäre eine Irreführung zu viel. Das Irreführungsverbot kann sich jedoch nicht das Ziel setzen, jede Irreführung zu vermeiden. Denn jede Werbung, die für einen großen Kreis von Adressaten bestimmt ist, wird von einem Teil der Adressaten missverstanden. Ein Teil der Adressaten wird immer irregeführt. Wollte man jede Irreführung der Verbraucher unterbinden, müsste man fast jede, wenn nicht jede Publikumswerbung unterbinden. Dies wäre schon deswegen **unverhältnismäßig**, weil die werbenden Unternehmen ebenso wie das Publikum auf **Werbung als Form informativer Kommunikation** angewiesen sind.

1.95   Diese Erwägung macht deutlich, dass das Irreführungsverbot stärker als andere Verbotstatbestände stets unter dem **Vorbehalt der Verhältnismäßigkeit** steht (→ Rn. 1.200). Es muss eine Irreführungsquote gefunden werden, unterhalb deren die mit einer Werbung verbundene Irreführung hingenommen werden kann und muss. Dadurch, dass das deutsche Recht als Schutzsubjekt nicht mehr den wenig verständigen, flüchtigen Verbraucher zugrunde legt, sondern inzwischen nur noch den durchschnittlich informierten, aufmerksamen und verständigen Durchschnittsverbraucher schützt (→ Rn. 0.72 ff., → Rn. 1.76), hat sich notgedrungen auch die Irreführungsquote **nach oben verschoben** (BGH GRUR 2004, 162 (163) – Mindestverzinsung; GRUR 2012, 1053 Rn. 19 – Marktführer Sport; vgl. auch BGH GRUR 2002, 550 (552) – Elternbriefe; GRUR 2003, 247 (248) – THERMAL BAD; aA Sack WRP 2004, 521 (527)).

1.96   Ist von der **Irreführungsquote** die Rede, ist stets zu beachten, dass die Feststellung einer wettbewerblich relevanten Irreführung ein **zweistufiger Prozess** ist: Zunächst ist zu ermitteln, in welchem Umfang die beanstandete Werbung zu einer Fehlvorstellung führt **(Irreführung im engeren Sinne)**. In einem zweiten Schritt muss dann festgestellt werden, ob und ggf. in welchem Umfang die Marktscheidung der Verbraucher durch die Fehlvorstellung beeinflusst wird **(Relevanz;** → Rn. 1.171 ff.). Das Quorum, das für das Eingreifen des Irreführungsverbots zu erfüllen ist, betrifft immer die **wettbewerblich relevante Irreführung,** also das Ergebnis der zweistufigen Prüfung. Dieses **Ergebnis der zweiten Stufe** kann genauso hoch sein wie das der ersten Stufe, wenn über einen Faktor wie den Preis getäuscht worden ist, der die Kaufentscheidung stets beeinflusst. In anderen Fällen kann das Ergebnis der zweiten Stufe deutlich niedriger liegen, wenn die Fehlvorstellung ein Merkmal betrifft, das für viele Verbraucher ohne Bedeutung für die Kaufentscheidung ist (Rn. 1.177 ff.). In keinem Fall kann das Ergebnis der zweiten Stufe über dem der ersten Stufe liegen; denn bei der Beurteilung der Relevanz dürfen nur diejenigen Verkehrskreise berücksichtigt werden, bei denen die beanstandete Werbung eine Fehlvorstellung ausgelöst hat (BGH GRUR 1991, 852 (855) – Aquavit; GRUR 1993, 920 – Emilio Adani II; GRUR 1987, 535 (537) – Wodka „Woronoff"; GRUR 2016, 1073 Rn. 32 f. – Geo-Targeting; → Rn. 1.175).

1.97   **b) Frühere Rspr.** In der Vergangenheit wurde es als ausreichend angesehen, dass **ein nicht völlig unbeachtlicher Teil der angesprochenen Verkehrskreise** irregeführt wurde. Hinter dieser fast in jeder Entscheidung zu § 3 aF anzutreffenden Formulierung stand zwar niemals ein fester, schon gar nicht ein vom BGH ausgesprochener Prozentsatz. Doch war man sich darüber einig, dass die Irreführungsquote **für den Normalfall bei 10–15 %** lag (vgl. Köhler/Piper/Piper, 3. Aufl. 2002, § 3 Rn. 149; GK/Lindacher, 1. Aufl. 1992, § 3 Rn. 107 ff.; Gloy/Loschelder/Erdmann WettbR-HdB/Helm, 4. Aufl. 2009, § 59 Rn. 87; BGH GRUR 1979, 716 (718) – Kontinent Möbel mAnm Michels: 10 % offengelassen; GRUR 1981, 71 (74) – Lübecker Marzipan: 13,7 %; GRUR 1992, 66 (68) – Königl.-Bayerische Weisse: 15 %). In der **Gesundheitswerbung** wurde eine Irreführungsgefahr schon bei einem geringeren Prozentsatz der Getäuschten bejaht, uU schon bei 10 % (s. auch OLG Köln WRP 1973, 656) oder weniger. So wurden 3,79 % in einem Fall zum speziellen Werbeverbot des § 22 II 1 lit. a VTabakG aF (Verbot, den Eindruck zu erwecken, der Genuss von Tabakerzeugnissen sei gesundheitlich unbedenklich) als ausreichend angesehen, in dem es um eine Zigarettenwerbung ging, bei der unter der Überschrift **„denn Gutes gehört zusammen"** eine Zigarettenschachtel zusammen mit Wein, einer Weintraube, vier Stück Schnittkäse auf einem runden Holzbrett, einer Brezel und zwei Nüssen abgebildet worden war (BVerwG LRE 15, 264; dazu Tilmann/Ohde GRUR 1989, 229).

1.98   Eine **Festlegung auf einen bestimmten Prozentsatz** hat die Rspr. auch in der Vergangenheit schon deswegen stets vermieden, weil das Quorum, das die Annahme einer irreführenden Werbung rechtfertigt, von Fall zu Fall verschieden sein kann (vgl. MüKoUWG/Ruess Rn. 183).

Denn es hängt von einer **Würdigung der Umstände des Einzelfalls** ab, vor allem von der Art der Werbeangabe, den berührten Interessen der Mitbewerber, der Verbraucher und der Allgemeinheit sowie dem Ausmaß der Beeinträchtigung dieser Interessen (BGH GRUR 1966, 445 (449) – Glutamal; GRUR 1971, 313 (315) – Bocksbeutelflasche; GRUR 1974, 665 (666) – Germany). Für die Frage des Quorums kann es bspw. von Bedeutung sein, ob dem nicht irregeführten Teil des Verkehrs durch das Verbot eine wichtige Information vorenthalten wird (vgl. Schricker ZHR 139 (1975) 208 (225)).

c) Neuere Rspr. In der Rspr. fehlen klare Hinweise darauf, wo die Irreführungsquote bei   **1.99**
Zugrundelegung des neuen Verbraucherbildes für den Regelfall anzusiedeln ist. Der BGH hat jedoch deutlich gemacht, dass der neue Maßstab zu einer **erheblichen Veränderung des Quorums** führt. In einem Fall, in dem es um den keineswegs unsensiblen Bereich der Werbung für Kapitalanlagen ging, hat er zum Ausdruck gebracht, dass es für das Eingreifen des Irreführungsverbots **nicht genüge,** wenn die beanstandete Werbung nur geeignet wäre, **15–20 % aller angesprochenen Anlageinteressenten** irrezuführen (BGH GRUR 2004, 162 (163) – Mindestverzinsung). Man wird daher für den Regelfall als Ausgangspunkt eine **Quote von einem Viertel bis einem Drittel** zugrunde legen können. Dass eine Irreführung erst in Betracht käme, wenn mindestens die Hälfte der angesprochenen Verbraucher irregeführt würde, lässt sich der neueren BGH-Rspr. nicht entnehmen. Der in zwei Entscheidungen zu findenden Formulierung, es komme auf die Vorstellung des verständigen und situationsadäquat aufmerksamen Durchschnittsverbrauchers an und damit nicht mehr „auf die möglicherweise hiervon abweichenden Anschauungen einer Minderheit von Verbrauchern an" (BGH GRUR 2002, 550 (552) – Elternbriefe; GRUR 2003, 247 (248) – THERMAL BAD), ist keinesfalls ein Hinweis auf ein Quorum von 50 % zu entnehmen (vgl. hierzu krit. Sack WRP 2004, 521 (525 ff.)).

Die Entscheidung „**Mindestverzinsung**" (BGH GRUR 2004, 162) hat deutlich gemacht,   **1.100**
dass der BGH nach wie vor von der **Maßgeblichkeit einer Irreführungsquote** ausgeht, die lediglich anders zu bemessen ist, wenn auf den durchschnittlich informierten und verständigen Verbraucher abgestellt wird. Dagegen wird im Schrifttum teilweise davon ausgegangen, der BGH habe sich mit der Übernahme des europäischen Verbraucherleitbildes von dem **empirischen Verständnis** abgewendet und gehe nunmehr zunehmend von einem normativen Verständnis der Irreführung aus (vgl. Harte-Bavendamm/Henning-Bodewig/Dreyer Rn. 149 ff.; ferner Omsels GRUR 2005, 548 ff.). Wenn das normative Verständnis als europäischer Standard für das Irreführungsverbot gepriesen wird, so bleibt unberücksichtigt, dass der EuGH in der Entscheidung „**Gut Springenheide**" (EuGH Slg. 1998, I-4657 = GRUR-Int. 1998, 795; eingehend → Rn. 0.61 ff.) die Verkehrsbefragung als Hilfsmittel zur Ermittlung des Verständnisses des Durchschnittsverbrauchers gerade nicht ausgeschlossen, es vielmehr den nationalen Gerichten überlassen hat, für die Frage der Irreführung des Durchschnittverbrauchers auf eine Verkehrsbefragung zurückzugreifen (→ Rn. 0.64). Da die deutsche Rspr. trotz vielfacher normativer Korrekturen dem Grunde nach an der **Möglichkeit der empirischen Ermittlung** des Verkehrsverständnisses festhält, weist sie einen Weg, wie – bei großzügiger Ermittlung der Verkehrsauffassung durch den sachkundigen Richter im Regelfall – in geeigneten Fällen eine fundiertere Ermittlung erfolgen kann (in diesem Sinne auch GK/Lindacher/Peifer Rn. 267, der von einer Restbedeutung gesamtverkehrsbezogener Irreführungsquoten spricht). Insbesondere gibt sie den Parteien die Möglichkeit, durch selbst in Auftrag gegebene Verkehrsbefragungen dem Alltagswissen des Richters eine substantiierte Gegenposition entgegenzusetzen, die er nicht mehr mit eigener Sachkunde aus dem Feld räumen kann.

Dabei bleibt unbestritten, dass der Richter sich für die Ermittlung des Verkehrsverständnisses   **1.101**
letztlich auf seine **eigene Urteilsfähigkeit** stützen muss (ErwGr. 18 UGP-RL). Ebenso unbestritten ist aber, dass mit eigener Urteilsfähigkeit nicht gemeint ist, der Richter solle sein eigenes Verständnis zum Maßstab erheben. Hat der Richter keine geeigneten Erkenntnisquellen dafür, wie der angesprochene Verkehr eine bestimmte Werbeaussage versteht, so kann er sich und muss er sich zur Bildung des eigenen Urteils in einzelnen Fällen einer **Verkehrsbefragung bedienen.** Es ist nicht zu bestreiten, dass das Urteil des Richters über das Verständnis des Durchschnittsverbrauchers davon beeinflusst werden kann, ob eine Befragung eine Irreführungsquote von 20 % oder von 50 % ergibt. Zur Sachkunde eines erfahrenen Richters gehört eben auch, dass er immer wieder erlebt hat, wieweit sein eigenes Vorverständnis davon, wie der Verkehr eine bestimmte Aussage versteht, von dem empirisch ermittelten – idealiter dem wirklichen – Verständnis abweichen kann.

1.102 Freilich ist der **praktische Unterschied der beiden Positionen gering,** denn auch die Anhänger eines rein normativen Irreführungsbegriffs legen der Irreführungsquote zumindest eine mittelbare Bedeutung bei (Harte-Bavendamm/Henning-Bodewig/Dreyer Rn. 153 und 1417 ff.; vgl. auch GK/Lindacher/Peifer Rn. 267). Aber sie gehen nicht davon aus, dass der Richter gegenüber einer vorgelegten Verkehrsbefragung die Augen verschließen darf.

1.103 Die Notwendigkeit eines normativen Korrektivs wird auch von Rspr. anerkannt. Sie hat in den letzten Jahren noch stärker als in der Vergangenheit betont, dass die Umstände des Einzelfalls zu einer erheblichen **Relativierung des Irreführungsquorums** führen können. Wer bspw. blickfangmäßig **mit einer falschen Herstellerpreisempfehlung wirbt,** kann sich gegenüber dem Vorwurf der Irreführung nicht damit verteidigen, die Unrichtigkeit der Angabe sei bei sorgfältigem Studium der Anzeige von einem Großteil der Verbraucher erkannt worden (BGH GRUR 2001, 78 (79) – Falsche Herstellerpreisempfehlung; vgl. auch BGH GRUR 2002, 715 (716) – Scanner-Werbung). Auch derjenige, der es gerade darauf anlegt, den Teil der Adressaten, der die Werbung nur flüchtig wahrnimmt, zu täuschen, kann sich nicht mit Erfolg darauf berufen, es handele sich dabei nur um einen kleinen Teil der angesprochenen Verkehrskreise (BGH GRUR 2012, 184 Rn. 25 – Branchenbuch Berg).

1.104 **Beispiele:** Eine Brauerei, die der Wahrheit zuwider mit einer **Brautradition „seit 1809"** wirbt, kann sich nicht damit rechtfertigen, der Umstand, dass die Brauerei in Wirklichkeit erst hundert Jahre später gegründet worden sei, sei für die Kaufentscheidung der Verbraucher ohne Bedeutung. – Ein Unternehmen, das sein Produkt mit **„Thermoroll®"** bezeichnet und damit zum Ausdruck bringt, Inhaber oder jedenfalls berechtigter Benutzer gerade dieser Marke zu sein, während ihm in Wirklichkeit nur eine Berechtigung an der Marke „Termorol" zusteht, kann sich nicht darauf berufen, für den Verkehr spiele der Unterschied zwischen „Thermoroll" und „Termorol" keine Rolle (BGH GRUR 2009, 888 Rn. 21 – Thermoroll). – Der Betreiber eines **Internet-Branchenverzeichnisses,** der ein Angebot verschickt, das vom flüchtigen Betrachter für einen Korrekturabzug gehalten werden kann, kann sich nicht darauf berufen, der aufmerksame Betrachter erkenne den verpflichtenden Charakter des Angebots, wenn diejenigen Empfänger, die den Angebotscharakter erkennen, eine Kaufentscheidung angesichts des verlangten Preises (in casu Jahresgebühr von über 1.000 EUR bei einer Mindestlaufzeit von zwei Jahren) nicht ernsthaft in Betracht ziehen werden (BGH GRUR 2012, 184 Rn. 25 – Branchenbuch Berg). – Überzeichnet ein **Waschmittelhersteller** im Rahmen eines sog **Side-by-side-Vergleichs im Fernsehen,** bei dem ein Stapel der mit seinem Produkt gewaschenen Wäsche einem Stapel Wäsche gegenübergestellt wird, die mit einem Konkurrenzprodukt gewaschen wurde, den Weiß/Grau-Kontrast erheblich (stellt er also das eigene Waschergebnis noch strahlend weißer, das der Konkurrenz noch grauer dar, als es tatsächlich war), kann er sich nicht darauf berufen, dass ein Großteil des Publikums bei derartigen Gegenüberstellungen mit Manipulationen des Werbenden rechne (vgl. OLG Hamburg GRUR-RR 2002, 202, das die Irreführung freilich damit begründet hat, die Manipulation gehe noch über das hinaus, was das Publikum erwarte). In Fällen, in denen mit einer **„dreisten Lüge"** geworben wird, kann ohne weiteres davon ausgegangen werden, dass ein ausreichender Teil des Verkehrs irregeführt wird (krit. zur Argumentationsfigur der „dreisten Lüge" MüKoUWG/Ruess Rn. 188).

1.105 Andererseits ist bei **objektiv zutreffenden Angaben,** die gleichwohl von einem Teil des Verkehrs falsch verstanden werden und daher zu einer entspr. Fehlvorstellung führen, wegen des geringeren **Schutzbedürfnisses des Verkehrs** und wegen des **Interesses des Werbenden sowie der nicht irregeführten Verbraucher an der Übermittlung der zutreffenden Information** regelmäßig eine höhere Irreführungsquote als bei objektiv unrichtigen Angaben erforderlich (BGH GRUR 1987, 171 (172) – Schlussverkaufswerbung I; GRUR 1991, 852 (854) – Aquavit; GRUR 1992, 66 – Königl.-Bayerische Weisse mAnm Knaak; GRUR 1992, 70 (72) – „40 % weniger Fett"; GRUR 1996, 910 – Der meistverkaufte Rasierer Europas; WRP 1996, 1102 – Großimporteur; GRUR 1996, 985 – PVC-frei; GRUR 2000, 73 (75) – Tierheilpraktiker; GRUR 2015, 286 Rn. 20 – Spezialist für Familienrecht; GRUR 2016, 406 Rn. 26 – Piadina-Rückruf; GRUR 2016, 741 Rn. 27 – Himalaya Salz; GRUR 2021, 1315 Rn. 31 – Kieferorthopädie; → Rn. 1.205 ff.). Nicht jeder auf Unkenntnis beruhende Irrtum ist auch schutzwürdig. Es ist deshalb grds. schon für die **Feststellung der Irreführungsquote** geboten, eine **Interessenabwägung** (→ Rn. 1.203 ff.) vorzunehmen und auch die **Auswirkungen** eines Verbots in die Erwägungen einzubeziehen (BGH GRUR 1987, 171 (172) – Schlussverkaufswerbung I; GRUR 1990, 1028 (1029) – „incl. MwSt. II"; GRUR 1991, 552 – TÜV-Prüfzeichen; GRUR 1991, 852 (854) – Aquavit; GRUR 1994, 519 – Grand Marnier; vgl. auch BGH GRUR 2019, 631 Rn. 82 – Das beste Netz).

7. Ermittlung der Verkehrsauffassung

1.106 Zur Ermittlung der Verkehrsauffassung im Wettbewerbsprozess → Rn. 1.222 ff.

III. Einzelfragen zur Irreführung

1. Bedeutungswandel

Die Bedeutung der in der Werbung verwendeten Begriffe bestimmt sich nach der **Verkehrs-** 1.107 **auffassung.** Da sich das Verkehrsverständnis wandeln kann, ändert sich damit auch die Bedeutung der verwendeten Begriffe. So können sich **betriebliche oder geografische Herkunfts-angaben in Gattungsbezeichnungen** wandeln, ebenso wie umgekehrt aus Gattungsbegriffen Angaben der betrieblichen Herkunft oder (mittelbare) geografische Herkunftsangaben werden können. **Beschaffenheitsangaben** und **Gattungsbezeichnungen** können ihre Bedeutung ändern, sie können sich insbes. von einem Oberbegriff zu einer spezifischen Bezeichnung oder umgekehrt durch Bedeutungserweiterung von einer spezifischen Bezeichnung zum Oberbegriff wandeln. Bei einem derartigen Wandel der Bedeutung stellt sich jeweils die Frage, ob und ggf. wie der Verkehr vor Irreführungen geschützt werden kann, die sich daraus ergeben, dass der Werbende den fraglichen Begriff schon in der neuen Bedeutung verwendet, während ein Teil des Publikums ihn noch in der alten Bedeutung versteht, oder umgekehrt, dass der Begriff in der Werbung noch in der alten Bedeutung Verwendung findet, während sich der Verkehr schon an der neuen Bedeutung orientiert. Soweit der Bedeutungswandel für das Irreführungsverbot eine Rolle spielt, wird er in Abschnitt 2 bei der produktbezogenen Irreführung behandelt, und zwar bei den Beschaffenheitsangaben (→ Rn. 2.193 ff.) sowie bei den Herkunftsangaben (→ Rn. 2.270 ff.).

2. Mehrdeutige und unklare Angaben

a) Grundsatz. Sind in einer Gesamtankündigung **mehrere Angaben** enthalten, muss grds. 1.108 **jede** einzelne **Angabe wahr** sein. Im Falle der Mehrdeutigkeit muss der Werbende die **verschiedenen Bedeutungen gegen sich gelten lassen** (BGH GRUR 1957, 128 (130) – Steinhäger; GRUR 1960, 567 (569) – Kunstglas; GRUR 1963, 539 (541) – echt skai; GRUR 1982, 563 (564) – Betonklinker; GRUR 1992, 66 (67) – Königl.-Bayerische Weisse; GRUR 2000, 436 (438) – Ehemalige Herstellerpreisempfehlung; GRUR 2012, 1053 Rn. 17 – Marktführer Sport; GRUR 2016, 1189 Rn. 47 – Rechtsberatung durch Entwicklungsingenieur; OLG Köln NJW-RR 1997, 991: Mehrdeutigkeit des Hinweis „in Kooperation mit der Bundesrechtsanwaltskammer" für einen Anwaltssuchdienst; OLG Köln NJWE-WettbR 1998, 105: Mehrdeutigkeit der Werbeaussage „Vom Erfinder – Das beste Stück"; OLG Düsseldorf WRP 1999, 700: Mehrdeutigkeit der Bezeichnung „Praxis für Naturheilverfahren"; OLG Köln GRUR-RR 2004, 271: Werbeaussage „ohne Kochen hergestellt" für Fruchtaufstrich wegen Mehrdeutigkeit untersagt; OLG Hamburg GRUR-RR 2006, 105: mehrdeutige Gestaltung eines Formulars für Insertionsauftrag; OLG Hamburg GRUR-RR 2007, 372 Ls.: Werbung mit Umsätzen ohne Hinweis, dass die Aussage lediglich bei Zugrundelegung der Nettoumsätze zutrifft). Dabei ist ohne Bedeutung, ob es der Werbende auf die Mehrdeutigkeit angelegt hat oder nicht. Ausnahmsweise kann allerdings ein berechtigtes Interesse des Werbenden vorliegen, den verständigen Teil des Verkehrs mit der Angabe in ihrer zutreffenden Bedeutung zu informieren. Ist dies der Fall, kann das Ergebnis der vorzunehmenden Interessenabwägung gegen ein Verbot sprechen (→ Rn. 1.206).

Auch bei **unbewusster Mehrdeutigkeit** muss er die ungünstigere, aber verständigerweise 1.109 mögliche Auslegung gegen sich gelten lassen (BGH GRUR 1963, 539 (541) – echt skai; GRUR 1982, 563 (564) – Betonklinker; GRUR 1992, 66 (67) – Königl.-Bayerische Weisse; OLG Stuttgart WRP 1992, 55 (57); OLG Karlsruhe NJWE-WettbR 1997, 121; OGH ÖBl 1963, 26; 1986, 104). Zu beachten ist immer, dass nicht allein die Mehrdeutigkeit den Vorwurf der Irreführung begründen kann. Stimmt jede Bedeutung mit der Wirklichkeit überein, ist die Verwendung eines mehrdeutigen Begriffs unbedenklich.

b) Unklare Angaben. Anders als mehrdeutige Begriffe sind unklare Angaben nicht von 1.110 vornherein wettbewerbsrechtlich bedenklich. Wird mit einem unklaren Begriff geworben, über dessen Sinn bei **keinem rechtlich beachtlichen Teil** der angesprochenen Verkehrskreise eine klare und eindeutige Vorstellung festzustellen ist, so handelt es sich mangels tatsächlichen Gehalts schon nicht um eine Angabe iSd § 5 II (→ Rn. 1.30 ff.). Eine Irreführung kommt jedoch in Betracht, wenn der Verkehr zwar mit einer werblichen Angabe keine klare Vorstellung verbindet, dem Produkt jedoch gerade diejenigen Merkmale fehlen, in denen der Verkehr aufgrund der Werbung den **Vorteil des Angebots** erblickt (BGHZ 28, 1, 7 – Buchgemeinschaft II; BGH GRUR 1961, 361 – Hautleim; GRUR 2018, 1263 Rn. 25 – Vollsynthetisches Motorenöl). Soweit es in Entscheidungen zuweilen heißt, die Unklarheit einer Werbeaussage gehe zu Lasten des Werbenden, handelt es sich um Fälle, in denen einer unklaren Angabe vom Verkehr eben doch eine bestimmte Bedeutung beigemessen wird und dadurch eine Erwartung ausgelöst wird, die das beworbene Produkt nicht zu erfüllen imstande ist (BGH GRUR 1969, 546 (548) – „med"). Das gilt insbes. bei Begriffen im Bereich des Gesundheitswesens. Möglich ist es auch, dass ein rechtlich beachtlicher Teil des Verkehrs zwar konkrete Vorstellungen über den Sinn einer Bezeichnung und die Eigenschaften der mit ihr versehenen Waren hat, sich jedoch, insbes. bei neu eingeführten Bezeichnungen, durchaus bewusst ist, dass seine Vorstellungen keineswegs gesichert sind. Auch solche Fehlvorstellungen schließen indessen eine Irreführung nicht aus und können deshalb nach § 5 **schutzwürdig** sein. Entscheidend ist allein, ob sie für den Kaufentschluss **relevant** sind (→ Rn. 1.171 ff.). Das ist zB zu bejahen, wenn der Verbraucher mit der Angabe **„echter Rum"** die Vorstellung eines höheren Alkoholgehalts, eines stärkeren Aromas oder auch der Herkunft aus einem bes. bekannten „Rum-Land" verbindet (BGH GRUR 1967, 30 – Rum-Verschnitt). Möglich ist auch, dass der Verbraucher in solchen Fällen, in denen er sich bewusst ist, keine gesicherten Kenntnisse von der Beschaffenheit einer Ware zu besitzen, von einer eigenen Beurteilung überhaupt absieht und lediglich erwartet, dass die Ware so hergestellt ist, wie es die Fachkreise bei Verwendung der Bezeichnung als richtig angesehen haben (BGH GRUR 1967, 30 (32); GRUR 1969, 280 – Scotch Whisky, sog **verweisende Verbrauchervorstellung**, → Rn. 2.11 f.). Gleiches gilt für die Zugehörigkeit zu einer **Produktkategorie**: auch hier kommt es für das Vorliegen einer Irreführung nicht darauf an, ob der Verbraucher konkrete Eigenschaften der Ware annimmt, wenn er sich von Waren der betroffenen Kategorie eine besondere Qualität verspricht (BGH GRUR 2018, 1263 Rn. 20 f. – Vollsynthetisches Motorenöl).

3. Unvollständige Angaben

1.111   § 5 verbietet irreführende, nicht aber deshalb auch **unvollständige Angaben.** Befasst sich der Werbende nur mit der eigenen Ware, so müssen zwar seine positiven Angaben wahr sein, er ist aber **nicht zur Vollständigkeit verpflichtet.** Er braucht nicht solche Umstände mitzuteilen, die beim Käufer möglicherweise Bedenken oder Vorurteile gegen die Ware auslösen (BGH GRUR 1952, 416 (417) – Dauerdose; GRUR 1964, 269 (271) – Grobdesin; GRUR 1965, 368 (371) – Kaffee C; GRUR 2017, 295 Rn. 14 – Entertain; GRUR 2018, 541 Rn. 38 – Knochenzement II; GRUR 2022, 241 Rn. 27 – Kopplungsangebot III; OGH ÖBl 1993, 237 (239) – Reichweitenvergleich). Der Verkehr erwartet nicht die Offenlegung aller – auch der weniger vorteilhaften – Eigenschaften einer Ware oder Leistung. Eine Verpflichtung, bereits in Werbeanzeigen negative Eigenschaften des eigenen Angebots offenzulegen, besteht daher nur insoweit, als dies zum Schutz des Verbrauchers auch unter Berücksichtigung der berechtigten Interessen des Werbenden unerlässlich ist (BGH GRUR 1989, 682 (683) – Konkursvermerk; GRUR 1996, 793 (795) – Fertiglesebrillen; GRUR 1999, 757 (758) – Auslaufmodelle I; GRUR 1999, 760 (761) – Auslaufmodelle II; GRUR 1999, 1122 (1123) – EG-Neuwagen I; GRUR 1999, 1125 (1126) – EG-Neuwagen II).

1.112   Der Werbende ist auch nicht verpflichtet, die von ihm angebotene Ware **vollständig zu beschreiben.** Eine fehlende Information braucht keine Irreführung des Verbrauchers zu bewirken. Stellt ein Sonderpostenhändler in Anzeigen die Schadensereignisse, die Anlass für den Sonderverkauf waren, blickfangmäßig heraus („Rauchschaden", „Transportschaden", „Finanzierungsschaden"), liegt nicht etwa deswegen **eine Irreführung** vor, weil die Verbraucher damit nur unvollständig über die Gründe der Sonderverkäufe informiert werden (BGH GRUR 1997, 672 (673) – Sonderpostenhändler).

4. Werbung mit Selbstverständlichkeiten

1.113   a) **Allgemeines.** § 5 will das Publikum vor irreführenden Werbeangaben schützen. Es können deshalb auch **objektiv richtige Angaben** unzulässig sein, wenn sie bei einem erheblichen Teil der maßgeblichen Verkehrskreise einen **unrichtigen Eindruck** erwecken (→ Rn. 1.60). Ein solcher unrichtiger Eindruck kann zB entstehen, wenn Werbebehauptungen etwas Selbstverständliches in einer Weise betonen, dass der Adressat der Werbung hierin einen bes. Vorzug der beworbenen Ware oder Leistung vermutet (BGH GRUR 2014, 498 Rn. 13 – Kostenlose Schätzung). Es werden also bspw. **gesetzlich vorgeschriebene Eigenschaften** oder zum **Wesen der**

angebotenen Ware oder Leistung gehörende Umstände bes. hervorgehoben, so dass das Publikum annimmt, es werde mit einem Vorzug gegenüber anderen Waren gleicher Gattung oder Konkurrenzangeboten geworben, während es sich doch in Wahrheit um Merkmale handelt, die das Produkt des Werbenden gegenüber anderen nicht auszeichnen. Der Anwendungsbereich dieser Fallgruppe ist aber nicht auf die Werbung mit gesetzlich vorgeschriebenen Eigenschaften oder zum Wesen der Ware gehörenden Umständen beschränkt (BGH WRP 2009, 435 Rn. 2 – Edelmetallankauf). Entscheidend ist, dass der angesprochene Verkehr in der herausgestellten Eigenschaft der beworbenen Ware oder Leistung irrtümlich einen Vorteil sieht, den er nicht ohne weiteres, insbesondere auch nicht bei Bezug der gleichen Ware oder Leistung bei einem Mitbewerber, erwarten kann (BGH WRP 2009, 435 Rn. 2 – Edelmetallankauf; GRUR 2014, 498 Rn. 13 – Kostenlose Schätzung). Eine **Irreführung** scheidet aus, wenn der Verkehr erkennt, dass es sich bei der betonten Eigenschaft um etwas Selbstverständliches handelt. So verhält es sich etwa, wenn der angepriesene Vorteil bereits in der Werbung als eine Selbstverständlichkeit dargestellt wird. Nicht zu beanstanden ist daher ein werbender Hinweis darauf, dass „für alle Produkte… selbstverständlich ebenfalls die gesetzliche Gewährleistungsfrist von 2 Jahren (gilt)“. Denn mit dieser Formulierung wird für den angesprochenen Verbraucher klargestellt, dass er von der Beklagten insoweit keine Rechte eingeräumt bekommt, die ihm nicht schon kraft Gesetzes zustehen (BGH GRUR 2014, 1007 Rn. 15 – Geld-Zurück-Garantie III). Bei der Werbung für Edelmetallankauf erkennt der Verkehr, dass die Schätzung im Falle des tatsächlichen Ankaufs selbstverständlich kostenlos ist, weil der nachfragende Händler vor Abgabe eines Ankaufsangebots den Wert ermitteln muss, um einen konkreten Preis nennen zu können (BGH GRUR 2014, 498 Rn. 15 – Kostenlose Schätzung).

Entscheidendes Merkmal der Werbung mit Selbstverständlichkeiten ist, dass die Standard- **1.114** eigenschaft des werbenden Unternehmens oder des angebotenen Produkts als **etwas Besonderes herausgestellt** wird. Das Irreführungsverbot darf freilich nicht dazu führen, dass in der Werbung oder in der Produktkennzeichnung Informationen unterbunden werden, an denen die Marktgegenseite ein Interesse hat. Wies bspw. ein Rechtsanwalt im Jahr 2011 auf seinem Briefkopf in zurückhaltender Form darauf hin, dass er auch beim örtlichen OLG aufzutreten berechtigt sei, warb er zwar mit einer Selbstverständlichkeit, erfüllte aber dennoch ein nicht zu leugnendes **Informationsinteresse** potentieller Mandanten, denen mit Blick auf die wechselvolle Regelungsgeschichte in den letzten zwanzig Jahren eben nicht klar war, dass seit 2007 jeder Rechtsanwalt – außer den BGH-Anwälten – vor jedem OLG auftreten darf (BGH GRUR 2013, 950 Rn. 16 ff. – auch zugelassen am OLG Frankfurt; für die Briefkopfangabe „Rechtsanwalt am Oberlandesgericht“ mittlerweile aA AGH Hamm NJOZ 2020, 1437 = AnwBl 2021, 106 Ls.).

Einen Sonderfall der Werbung mit Selbstverständlichkeiten, nämlich eine **Werbung mit** **1.115** **Rechten des Verbrauchers,** die ihm schon von Gesetzes wegen zustehen, ist in Anh. Nr. 10 zu § 3 III als **Per-se-Verbot** ausgestaltet, gehört also zu den geschäftlichen Handlungen, die unter allen Umständen als unlauter gelten; → Anh. § 3 Rn. 10.1. Für die Bezeichnung von Lebensmitteln enthält § 11 I Nr. 1 LFGB iVm Art. 7 I lit. c LMIV ein ausdrückliches Verbot der Werbung mit Selbstverständlichkeiten (vgl. BGHZ 194, 314 Rn. 29 = GRUR 2013, 401 – Biomineralwasser).

b) Herausstellen von Leistungsmerkmalen. Zu beachten ist, dass das Verbot der Werbung **1.116** mit Selbstverständlichkeiten auf keinen Fall den Kaufmann daran hindern darf, auf die **Vorzüge seines Angebots hinzuweisen.** Der Hotelier im Schwarzwalddorf, der ruhige Zimmer mit schöner Aussicht anbietet, handelt nicht deswegen wettbewerbswidrig, weil die Zimmer in den anderen Hotels am Platz ebenfalls ruhig sind und eine schöne Aussicht bieten. Eher verhält es sich so, dass – wenn der Hotelier den Hinweis unterließe – zu vermuten wäre, die Zimmer seien wider Erwarten doch nicht ruhig und böten ausnahmsweise keine schöne Sicht. Daher lässt sich **als Regel festhalten:** Der Werbende, der in der Werbung eine **freiwillig erbrachte Leistung** herausstellt, die weder gesetzlich vorgeschrieben ist noch zum Wesen der Ware gehört, bringt zwar eine Selbstverständlichkeit zum Ausdruck, wenn sie im Geschäftsverkehr durchweg erbracht wird, er handelt aber deswegen noch nicht notwendig auch irreführend. Denn der Hinweis dient weniger dazu, einen **Vorzug gegenüber den Mitbewerbern** zu behaupten, als dazu, den **Eindruck verhindern, der Werbende erbringe nicht die übliche Leistung** (OLG Stuttgart WRP 1996, 246). Auf eine **freiwillige erbrachte Leistung,** zB den niedrigen Preis oder die hohe Qualität der Ware, kann der Werbende daher grds. hinweisen, auch wenn andere Mitbewerber keinen höheren Preis verlangen oder die gleiche Qualität bieten.

1.117   Bspw. ist es einem Edelmetallankäufer nicht verwehrt, auf eine „kostenlose Schätzung" werbend hinzuweisen; geht es darum, dass im Falle eines wirklichen Ankaufs eine kostenlose Wertermittlung erfolgt, handelt es sich um eine vom Verbraucher erkannte Selbstverständlichkeit (→ Rn. 1.113 aE). Keineswegs selbstverständlich ist es dagegen, dass auch dann eine kostenlose Schätzung angeboten wird, wenn sich der Verbraucher nicht zum Verkauf entschließt. Auch wenn eine solche Leistung üblich ist, also auch die Mitbewerber eine entsprechende kostenlose Schätzung anbieten, muss der Ankäufer hierauf in der Werbung hinweisen dürfen, weil er anders die Interessenten nicht über diese freiwillige Sonderleistung informieren kann (BGH GRUR 2014, 498 Rn. 17 – Kostenlose Schätzung; vgl. auch BGH GRUR 1987, 916 (917) – Gratis-Sehtest).

1.118   **c) Beispiele aus der Rspr. aa) Irreführung bejaht.** Eine Brotfabrik kündigt an, es würden **keine chemisch behandelten Mehle** verwendet, obwohl kein Mitbewerber solche Mehle verwendet (BGH GRUR 1956, 550 (553) – Tiefenfurter Bauernbrot; im Hinblick auf → Rn. 1.114, 1.116 problematisch, wenn der Hinweis eine Reaktion auf ein entspr. Publikumsinteresse ist; in casu wurde die Irreführung ohnehin verneint, weil andere Hersteller chemisch behandeltes Mehl verwendet hatten). – **„Ohne Konservierungsstoffe"** auf Ganzbroten täuscht eine bes. Eigenart des Brotes gegenüber Broten der Mitbewerber vor (OLG Hamburg WRP 1982, 424; im Hinblick auf → Rn. 1.114, 1.116 problematisch). – Ein Hersteller preist seine Zahnbürsten schlagwortartig als **„Massageborsten"** an, obwohl auch die Zahnbürsten seiner Mitbewerber, die gleiches Material verwenden, diesen Vorteil ebenfalls aufweisen (BGH GRUR 1961, 288 (293) – Zahnbürsten; im Hinblick auf → Rn. 1.116 problematisch). – Eine Kornbrennerei vertreibt **„Steinhäger"** mit dem Zusatz **„doppelt gebrannt"**, obwohl dies für „Steinhäger" gesetzlich vorgeschrieben ist (§ 9 iVm Anl. 4 AGeV, → Rn. 2.23). – Verwendung des Begriffs **„Schaft aus Flussstahl"** in der Werbung für Flügelschrauben aus Stahl, obwohl Flussstahl heute die absolute Regel ist und der Begriff „Flussstahl" daher seit längerem durch „Stahl" ersetzt worden ist (OLG München WRP 1980, 440). – Die Bezeichnung „Die Rezept-Apotheke" für eine Apotheke (OLG Stuttgart WRP 2019, 506). – Die Bezeichnung von in einem Lebensmittel für besondere medizinische Zwecke enthaltenen **Darmbakterien** als **„natürlich"** (OLG München MD 2020, 41).

1.119   Die Werbung eines Bildhauers für die Anfertigung von Grabmalen mit der Angabe **„standsichere Fundamentierung"** ist eine irreführende Werbung mit einer Selbstverständlichkeit (OLG Karlsruhe NJWE-WettbR 1997, 121; im Hinblick auf → Rn. 1.116 problematisch). – Werbung für den Verkauf eines PKW mit dem Hinweis „Sie haben **4 Monate Preisschutz"**, weil dadurch beim Publikum der Eindruck eines **bes.**, von der Konkurrenz nicht gewährten **Vorteils** entsteht, obwohl nach § 1 V PAngV jedem Händler bei Lieferfristen bis zu vier Monaten Änderungsvorbehalte bei Preisangaben in der Werbung verboten sind (BGH GRUR 1981, 206 – 4 Monate Preisschutz). – Werbung einer Fahrschule mit dem Hinweis **„Preisgarantie 4 Monate ab Anmeldung"**, weil damit nur das angepriesen wird, wozu die Fahrschule nach § 309 Nr. 1 BGB ohnehin verpflichtet ist (OLG Karlsruhe WRP 1986, 113). – Werbeaussage der Telekom, in der es als bes. Vorzug eines von ihr gelieferten Endgeräts hingestellt wird, dass sie dem Erwerber aus einer Hand auch **„den Dienst"** liefere, während jedermann den Dienst erhält, gleichgültig, wo er ein Gerät erworben hat (OLG Düsseldorf GRUR 1992, 182 m. krit. Anm. Lehmann; im Hinblick auf → Rn. 1.114, 1.116 problematisch). – Irreführend ist die Bewerbung von Sprachtelekommunikationsdienstleistungen seitens einer privaten Telefongesellschaft im Call-by-Call-Verfahren mit der Angabe **„ohne Wechselgebühr"**, wenn kein Anbieter eine Wechselgebühr verlangt (OLG Köln NJWE-WettbR 1999, 101; im Hinblick auf → Rn. 1.116 problematisch). Die Werbung für **„provisionsfreie"** Mietwohnungen, für die bereits ein Vermittlungsauftrag des Vermieters vorliegt, ist irreführend, weil in diesen Fällen nach § 2 Ia WohnVermittG dem Wohnungssuchenden keine Zahlungspflichten auferlegt werden dürfen (OLG Brandenburg WRP 2020, 344; LG Neuruppin WRP 2018, 754). – Zur Werbung mit dem Hinweis **„incl. MwSt."** → Rn. 3.154.

1.120   **bb) Irreführung verneint.** Bezeichnung eines Mineralwassers, das die allgemein für Mineralwässer geltenden Grenzwerte für Rückstände und Schadstoffe deutlich unterschreitet und durch eine private Einrichtung entspr. zertifiziert worden ist, als **Biomineralwasser** (BGHZ 194, 314 Rn. 28 ff. = GRUR 2013, 401 – Biomineralwasser zu § 11 I 2 Nr. 3 LFGB) – Ein Optikerfachgeschäft wirbt für einen **„Gratis-Sehtest"**, obwohl ein solche Test auf Grund örtlicher Übung von allen anderen Optikerfachgeschäften des Ortes und seiner Umgebung ebenfalls freiwillig und unentgeltlich angeboten wird (BGH GRUR 1987, 916 (917) – Gratis-Sehtest m. krit. Anm.

Schulze zur Wiesche). – **„Keine Maklergebühren"** als Hinweis eines als Bauträger tätigen Maklers, der – wenn als Bauträger tätig – keine Maklergebühren erhebt (OLG Stuttgart BB 1971, 411) – Werbung des **Möbelhandels** mit einer **Lieferung „frei Haus"** nicht irreführend, weil sie schon lange nicht mehr selbstverständlich ist, sondern zwischen Abholpreisen und Preisen unterschieden wird, die Lieferung und Aufstellung einschließen. – Ein öffentlicher Rettungsdienst, der darauf hinweist, **in Notfällen „qualifizierte" Hilfe** zu leisten, erweckt beim Publikum nicht den irreführenden Eindruck, die Leistungen der Mitbewerber seien nicht gleichwertig (OLG Koblenz GRUR 1989, 129 (130)). – Die Angabe **„Mehr Vitamine und Ballaststoffe"** auf der Verpackung von Weizenvollkornmehl ist ein zulässiger Warenartenvergleich und keine unzulässige Werbung mit Selbstverständlichkeiten (OLG Stuttgart WRP 1994, 336 (339)). – Die Angabe **„Wir liefern sicher, günstig, schnell"** wird nicht als Werbung mit der Selbstverständlichkeit aufgefasst, dass der Versandhändler das Versandrisiko trägt (OLG Frankfurt GRUR-RR 2021, 90). – Die Angabe **„klinisch belegte Wirksamkeit"** in der Fachkreiswerbung für ein zulassungspflichtiges Arzneimittel ist mit Blick auf die Kenntnis von der Zulassungspflicht nicht relevant irreführend (OLG Hamburg GRUR-RR 2021, 390).

1.121   **Hinweis auf die Registrierung eines Tarifvertrages** beim Bundesministerium für Arbeit und Soziales ist keine irreführende Werbung mit Selbstverständlichkeiten (KG GRUR-RR 2002, 148). – Die Angabe **„Naturrein"** für **Konfitüre** stellt keine Selbstverständlichkeit dar, weil auf dem Markt zulässigerweise auch Konfitüren angeboten werden, die, etwa weil sie bestimmte Konservierungsstoffe enthalten, nicht als „naturrein" bezeichnet werden dürfen (OLG Köln NJOZ 2001, 2260 (2266); OLG Hamburg GRUR-RR 2002, 395; → Rn. 2.62 ff.). – Werbeblatt für ein Mittel der Zahnprothetik, das bei Nennung des Produkts neben der CE-Kennzeichnung **Hinweise auf DIN-Normen** und Zertifikate, die ein Medizinprodukt tatsächlich erfüllen und erlangen muss, aufweist, stellt keine Werbung mit Selbstverständlichkeiten dar (OLG Frankfurt EWiR 2000, 1171 Ls. mAnm Klindt). – Es ist keine irreführende Werbung mit einer Selbstverständlichkeit, wenn ein Auktionshaus ohne Zusammenhang mit einer Auktion eine **kostenlose und unverbindliche Bewertung mitgebrachter Objekte** anbietet (OLG Stuttgart NJWE-WettbR 1996, 101). – Zur Werbung mit dem Hinweis **„incl. MwSt."** → Rn. 3.154.

1.122   **d) Erhebliche Beeinträchtigung des Wettbewerbs.** Ist eine Werbung mit Selbstverständlichkeiten als irreführend einzustufen, geht von ihr keine geringere Gefahr aus als von sonstiger irreführender Werbung. Es wäre daher verfehlt, in derartigen Fällen als Regel davon auszugehen, dass das Relevanzkriterium des § 5 I nicht erfüllt sei (so aber zu § 3 aF und § 13 II Nr. 2 aF OLG Düsseldorf WRP 1995, 1029). Auf das Relevanzkriterium kommt es von vornherein nicht an, wenn der Tatbestand von Anh. Nr. 10 zu § 3 III erfüllt ist, der die Werbung mit Rechten des Verbrauchers betrifft, die ihm schon von Gesetzes wegen zustehen (→ Anh. § 3 Rn. 10.1).

5. Fortwirkende Irreführung

1.123   Eine irreführende Werbeangabe kann zur Folge haben, dass auch ein **späteres wettbewerbliches Verhalten,** das an sich nicht zu beanstanden wäre, doch wegen des vorausgegangenen wettbewerbswidrigen Verhaltens den Verkehr irreführt und daher, solange die Nachwirkung anhält, unzulässig ist. Ein Fortwirken darf aber nicht einfach unterstellt werden; vielmehr kommt es darauf an, ob die frühere Angabe in einem solchen Umfang und in einer solchen Intensität verwendet worden ist, dass sie sich einem erheblichen Teil der angesprochenen Verkehrskreise genügend eingeprägt hat, um fortwirken zu können (BGH GRUR 1959, 360 (363) – Elektrotechnik; GRUR 1960, 126 (128) – Sternbild; GRUR 1965, 368 (372)) – Kaffee C; GRUR 1964, 686 (688) – Glockenpackung II; GRUR 1970, 425 (427) – Melitta-Kaffee; GRUR 2011, 1153 Rn. 15 – Creation Lamis; GRUR 2014, 494 Rn. 16 – Diplomierte Trainerin; OLG Hamburg GRUR 1990, 137 (139); OLG Köln NJWE-WettbR 2000, 209, 211; stRspr). So ist die an sich unverfängliche Bezeichnung **„Klasen-Möbel"** irreführend, weil sie sich nicht genügend von der früheren Werbung **„Klasen-Möbel Fabrik und Lager"** abhebt, die täuschend war, weil die Möbel nur zum Teil in eigener Fabrik hergestellt wurden (BGH GRUR 1957, 348 (349) – Klasen-Möbel; dazu auch → Rn. 4.14, 4.200). – Wer für Margarine, die keinen Eigehalt aufwies, unter **„Ei-fein"** geworben hat, setzt die Irreführung fort, wenn er später die Bezeichnung **„Ei-wie-fein"** verwendet (BGH GRUR 1958, 86 (88) – Ei-fein). – Wer in irreführender Weise für **Tafelwasser** mit dem Herzzeichen in Verbindung mit den Worten **„Heilquellen-Naturbrunnen"** geworben hat, setzt die Täuschung fort, wenn er, ohne das Herzzeichen aufzugeben, mit den Worten „Naturbrunnen und Limonaden" wirbt (BGH GRUR 1962, 97 (99) – Heilquellen-

Naturbrunnen). Die Einstellung einer unzulässigen Werbung braucht die Fortwirkung der Irreführung demnach nicht auszuschließen. Die Folge ist, dass auf Grund der Fortwirkung der Irreführung auch hins. der für sich genommen unbedenklichen Werbung ein Unterlassungsanspruch besteht.

1.124   Darüber hinaus können **Maßnahmen zur Beseitigung der Fortwirkung** erforderlich sein. Welche das sind, hängt vom Einzelfall ab. Ist die Fortwirkung einer früheren irreführenden Werbung oder Bezeichnung zu besorgen, muss der Werbende von der früheren unzulässigen Werbung oder Bezeichnung **in eindeutiger Weise Abstand nehmen** (BGH GRUR 1963, 589 (593) – Lady Rose). Die jahrelange Irreführung durch Verwendung von Etiketten mit der flaggenartigen **Streifengebung „Rot-Weiß-Grün"** für in Deutschland hergestellte Salami entfällt nicht dadurch, dass in den weißen Mittelstreifen ein goldfarbener Streifen eingefügt ist (BGH GRUR 1982, 685 (686) – Salami II). Sogar der **Vertrieb** einer Ware in ihrer bisherigen, an sich nicht zu beanstandenden **Aufmachung** kann unzulässig sein, wenn durch die Beibehaltung die durch die frühere Werbeangabe hervorgerufenen irrigen Vorstellungen wachgehalten werden (BGH GRUR 1964, 686 (689) – Glockenpackung II). Dann darf die alte Aufmachung, solange die frühere unzulässige Werbung fortwirkt, nicht verwendet werden. Die Fortwirkung darf allerdings nicht bloß unterstellt werden. Die irreführende Angabe muss in einem solchen Maße benutzt worden sein, dass trotz einer Veränderung die Irreführung bei einem rechtserheblichen Teil der angesprochenen Verkehrskreise fortwirken kann. Das wird häufig **bei geringem Werbeaufwand und Umsatz** zu verneinen sein (BGH GRUR 1971, 255 (257) – Plym-Gin; GRUR 2007, 67 Rn. 21 – Pietra di Soln). – Wird eine Werbeangabe durch Änderung der tatsächlichen Verhältnisse unrichtig, so setzt ein Unterlassungsanspruch nach § 8 I iVm §§ 3, 5 voraus, dass die urspr. richtige Angabe (es sei denn, sie wird wiederholt) **irreführend fortwirkt** (BGH GRUR 1958, 30 (31) – Außenleuchte; OLG Stuttgart WRP 1980, 445).

6. Nachträgliche Unrichtigkeit

1.125   Da sich die Bedeutung einer Angabe allein nach der **Verkehrsauffassung** bestimmt, kann auch eine zunächst nicht irreführende Angabe im Laufe der Zeit irreführend werden und gegen §§ 3, 5 verstoßen oder eine Irreführung ausscheiden, wenn eine Angabe nicht mehr unzutreffend verstanden wird (BGH GRUR 2020, 299 Rn. 11 – IVD-Gütesiegel). Ein Gewerbetreibender muss daher seine **Firma** berichtigen oder aufgeben, wenn sie infolge einer Änderung der tatsächlichen Verhältnisse **irreführend wird** (BGHZ 10, 196 (202) – Dun-Europa). Auch die Benutzung einer **Marke** kann nachträglich nach § 5 unzulässig werden, wenn sie das Publikum über die Art oder Beschaffenheit der Waren oder Dienstleistungen, für die sie verwendet wird, oder über die geschäftlichen Verhältnisse des Zeicheninhabers täuscht (vgl. BGH GRUR 1973, 532 (534) – „Millionen trinken …"). Doch können bes. Umstände eine Abwägung zwischen den Interessen des Zeicheninhabers und den Interessen der Mitbewerber und der Allgemeinheit rechtfertigen, die dazu führen kann, dass das Interesse an der Weiterbenutzung des Zeichens als vorrangig anzusehen ist, weil die Täuschungsgefahr wegen der geringen Zahl der Getäuschten und der Art der Fehlvorstellungen nicht in rechtlich erheblicher Weise ins Gewicht fällt (BGH GRUR 1966, 445 (447) – Glutamal für ein zur **Beschaffenheitsangabe** gewordenes Zeichen). – Auch eine **Katalogangabe** kann nachträglich irreführend werden. Selbst wenn der Katalog vergriffen ist, jedoch die infolge Änderung der tatsächlichen Verhältnisse unrichtig gewordene Angabe noch irreführend fortwirkt, kann mit dem Beseitigungsanspruch **Berichtigung** des Katalogs verlangt werden (BGH GRUR 1958, 30 – Außenleuchte). – Eine zunächst zutreffende Werbung mit Vergleichspreisen wird irreführend, wenn sich die **Preise nachträglich ändern** (OLG Nürnberg WRP 2019, 128). – Ändert sich nach Vornahme der beanstandeten Handlung, aber vor der gerichtlichen Entscheidung das Verkehrsverständnis mit der Folge, dass die **Angabe nicht mehr irreführend** ist, so entfällt die für den Unterlassungsanspruch erforderliche **Wiederholungsgefahr** (BGH GRUR 2020, 299 Rn. 11 – IVD-Gütesiegel).

7. Übertreibungen

1.126   **a) Ausgangspunkt.** Um die eigene Leistung bes. wirkungsvoll herauszustellen und den Kunden suggestiv zu beeinflussen, bedient sich die Werbung häufig der **Übertreibung,** des **Superlativs,** insbes. der **Alleinstellung** (→ Rn. 1.138 ff.). Das ist für sich genommen noch nicht bedenklich. Ein Rechtssatz, der reklamemäßige Übertreibungen verbietet, besteht nicht. Im Gegenteil: Nach Art. 5 III S. 2 UGP-RL ist eine Werbepraxis mit übertriebenen oder nicht wörtlich zu nehmenden Behauptungen **„üblich und rechtmäßig".** Diese Richtlinienbestimmung hat der deutsche Gesetzgeber zwar nicht umgesetzt; die deutsche Rechtslage entspricht ihr aber (vgl. BGH GRUR 2002, 182, 183 – Das Beste jeden Morgen; GRUR 2018, 541 Rn. 35 – Knochenzement II; → Rn. 1.33). Maßgebend für die wettbewerbsrechtliche Beurteilung ist in erster Linie das Irreführungsverbot nach §§ 3, 5. Ob danach eine Übertreibung rechtlich unzulässig ist, hängt von den Umständen des Einzelfalls ab. Zu ermitteln ist zunächst der Sinngehalt, den eine in der Werbung gemachte Äußerung für ein bestimmtes Produkt hat (→ Rn. 1.63). Maßgebend ist hierfür allein die Auffassung der Verkehrskreise, an die die Werbung sich wendet. Erst nach Feststellung des Sinngehalts einer Werbung lässt sich entscheiden, ob sie irreführt oder nicht. Dabei wurde früher danach gefragt, wie der Durchschnittsleser oder -hörer eine Werbeaussage **bei flüchtiger Prüfung und Würdigung** versteht. Heute wird auf den **durchschnittlich informierten, situationsadäquat aufmerksamen und verständigen Durchschnittsverbraucher** abgestellt (→ Rn. 0.72, 1.76 ff.). Dieser Verbrauchertyp erkennt eher, wenn es sich bei einer Werbeaussage um eine reklamehafte Übertreibung handelt, und ordnet auch eine scherzhafte Übertreibung eher richtig ein.

b) Rechtliche Beurteilung. Für die rechtliche Einordnung sind zwei Typen von Äußerungen zu unterscheiden: **(1)** Es gibt **Anpreisungen, die keinen objektiv nachprüfbaren Inhalt haben** (→ Rn. 1.33 f.). **Beispiele:** Ein Blumengeschäft wirbt für „die schönsten Blumen der Welt"; ein Varietétheater kündigt die neue Show als „künstlerisches Erlebnis" an; ein Waschmaschinenhersteller wirbt für sein Produkt mit dem Slogan „AEG-Lavamat, den und keinen anderen" (BGHZ 43, 140 = GRUR 1965, 365 – Lavamat II). In diesen Fällen scheidet § 5 schon tatbestandlich aus, weil es an einer „Angabe" fehlt. Denn der Verbraucher versteht derartige Anpreisungen nicht als ernst gemeinte Tatsachenbehauptung und entnimmt ihnen auch keine versteckte, der inhaltlichen Nachprüfung zugängliche Aussage, sondern lediglich einen suggestiv gefassten Appell, beim Kauf das angebotene Erzeugnis zu wählen (BGHZ 43, 140 (142) = GRUR 1965, 365 – Lavamat II). **1.127**

(2) Hiervon zu unterscheiden, sind **Anpreisungen,** deren Inhalt zwar ganz oder teilweise objektiv nachprüfbar ist, die der Verkehr aber als **reklamehafte Übertreibungen** wertet (RGZ 131, 75 (78) – „... ja, aber Odol ist besser"). **Beispiele:** „unzerreißbare Hose", „ewig haltbar", „unschlagbar", „um eine Nasenlänge voraus". Hier fehlt es an einer Irreführung, da der Verkehr die Angaben als Tatsachenbehauptung nicht ernst nimmt. Auch wenn die Verbraucher solche Äußerungen nicht für bare Münze nehmen, können sie ihnen doch einen nachprüfbaren Tatsachenkern entnehmen, der zutreffen muss. So wird die Ankündigung „unzerreißbar" als „bes reißfest" verstanden, die Anpreisung „ewig haltbar" als „weit überdurchschnittlich haltbar" (→ Rn. 1.135). Je substantieller eine Behauptung gehalten ist und je stärker sie auf ein bestimmtes Erzeugnis hinweist, desto eher wird sie vom Verkehr als eine nachprüfbare und ernst zu nehmende Aussage aufgefasst werden (OLG Stuttgart NJW-RR 1988, 1254: Werbung „Preisknüller des Jahres" für einen bestimmten PC ist nachprüfbare Alleinstellungsbehauptung; LG Frankfurt a. M. WRP 2016, 1562: Werbung „Die besten Fenster" ist Alleinstellungsbehauptung; LG Konstanz WRP 2017, 242: Werbung „einzigartiges Modell" für das Bonusprogramm einer Krankenkasse ist Alleinstellungsbehauptung). **1.128**

c) Maßstäbe. aa) Art der Werbung. Ob der Verkehr eine bestimmte Werbung ernst nimmt, hängt von den Umständen des Einzelfalls ab. Regeln lassen sich nur in begrenztem Umfang aufstellen. Wird auf dem **Jahrmarkt** geworben, wo der Begriff der „Marktschreierei" seine Wiege hat, weiß jeder, dass man nicht alle Anpreisungen für bare Münze nehmen darf. Generell wird **das gesprochene Wort im individuellen Verkaufsgespräch** oder in den Anpreisungen, die die Marktfrauen den Passanten auf dem Wochenmarkt zurufen, weniger auf die Goldwaage gelegt als eine erkennbar um Sachlichkeit und zuverlässige Information bemühte **gedruckte Produktbeschreibung,** etwa in einem **Versandhauskatalog,** bei dem die verbale Umschreibung auch die Besichtigung des Kaufobjekts ersetzen muss. Für die Beurteilung kann es eine Rolle spielen, wie weit sich die fragliche **Aussage von der Realität entfernt.** Um nicht mehr ernst genommen zu werden, muss der Abstand zu den tatsächlichen Eigenschaften deutlich sein. Der Begriff „Mode" wird in dem breiten Angebot eines Großversandhauses anders verstanden, als bei Modeschöpfungen der Luxusklasse. Eine Irreführung durch den Werbespruch „Die Mode kommt von Neckermann" wurde verneint, weil es von vornherein fern lag, dass dem Versandhausunternehmen Neckermann in der Modeschöpfung eine führende Rolle zukam. Unter diesen Umständen wurde der Begriff „Modemachen" vom Verbraucher nicht als das Kreieren eines neuen Modestils oder als die originäre Bestimmung der aktuellen Moderichtung, sondern als Angebot modischer Bekleidung verstanden (BGH GRUR 1986, 321 (323) – Modemacher). **1.129**

1.130   **bb) Wort- und Bildwerbung, scherzhafte Werbung. Wort-** und **Bildwerbung** stehen nicht auf gleicher Stufe. Bei einer **bildlichen** Werbung ist eine gewisse **Übertreibung** häufig schon durch die Art dieser Werbung begründet. Eine als **Karikatur** erkennbare Bildwerbung wird als Scherzzeichnung aufgefasst; sie ist milde zu beurteilen. Lässt ein Automobilhersteller einen Pkw mit Vierradantrieb scheinbar eine verschneite Sprungschanze herauf fahren, während er in Wirklichkeit mit Hilfe einer Seilwinde heraufgezogen wird, erkennt der verständige Durchschnittsverbraucher, dass es sich um eine nicht ernstzunehmende Übertreibung handelt; denn eine Sprungschanze kann auch bei bester Traktion nicht von einem Pkw befahren werden. Er entnimmt der Werbung lediglich, dass das beworbene Fahrzeug bes. wintertauglich ist.

1.131   Auch eine **satirische Wortwerbung** darf nicht auf den bloßen Wortsinn festgelegt werden, wie überhaupt der erkennbare Witz nicht kleinlich unterdrückt werden soll. Gleiches gilt für **Werbeverse,** deren einprägsame, suggestive Wortfassung dem Durchschnittspublikum leicht erkennbar macht, dass sie inhaltlich nichts Wesentliches aussagen und nicht wörtlich zu nehmen sind, so für den Vers: „Nach Pfingsten war es klar: Der X–Wein der beste war" (Zentrale DW 1955, 8; OGH ÖBl 1994, 239 (241) – „Die Rad-Welt uns halbe Geld!"). In der Rspr. ist bei Werbesprüchen, die sich den Wortwitz oder ein Wortspiel zunutze machen, in jüngster Zeit eine großzügigere Sichtweise zu beobachten.

1.132   **Beispiele für den Wandel:** Der Werbespruch „Dagegen ist alles andere eben bloß Zahnpasta" ist in den siebziger Jahren **noch verboten** worden (OLG Frankfurt WRP 1972, 91), ebenso in den neunziger Jahren der Slogan „Lieber zu Sixt als zu teuer" (OLG Hamburg GRUR 1992, 531; anders OLG Oldenburg WRP 1993, 128 für einen entspr. gebildeten Spruch). Von einer gewissen Humorlosigkeit zeugt auch das Verbot der Bezeichnung „Der ,Alt-Meister‘," für eine Altbierbrauerei (OLG Düsseldorf WRP 1979, 717). – **Unbeanstandet blieben** dagegen die Werbesprüche „Fielmann: Lieber besser aussehen als viel bezahlen" (BGH GRUR 1997, 227 – Aussehen mit Brille), „Radio Diehl the best deal" (OLG Frankfurt NJW-RR 1999, 770), die Überschrift über einer Wegbeschreibung zu einem Rechtsanwaltsbüro „So kommen Sie zu Ihrem Recht" (BVerfG WRP 2001, 1284), der Werbeslogan eines Herstellers von Häusern in Holzrahmen-Bauweise „DIE ,STEINZEIT‘ IST VORBEI!" (BGH GRUR 2002, 982 – DIE „STEINZEIT" IST VORBEI!), die Beschreibung der Gattung der Müsliriegel als „zäh wie Gummi und staubtrocken" (OLG Hamburg GRUR-RR 2003, 251).

1.133   **cc) Kaufappelle.** Der Verkehr nimmt meist **Kaufappelle** in imperativer Form nicht ernst, sondern erkennt, dass es sich entweder um eine nichtssagende Anpreisung oder nicht ernst gemeinte Herausstellung gegenüber den Mitbewerbern handelt. **Beispiele:** „AEG-Lavamat, den und keinen anderen" für eine Waschmaschine (BGH GRUR 1965, 365 – Lavamat II); „Sieh alle Möbellager durch und kaufe dann bei Schulenburg" (OLG Hamburg GRUR 1953, 534); „Möbeltransporte nur durch …"; „Willy säht: Bis 17.4. kein Wäschmaschin kaufe jon." als Werbung für ein an diesem Datum eröffnendes Geschäft (BGH GRUR 2001, 752 (753 f.) – Eröffnungswerbung). Solche Appelle besitzen häufig schon ihrem Wortsinn nach keinen objektiv nachprüfbaren Inhalt und sind daher keine „Angaben" iSd § 5 II (→ Rn. 1.30 ff.). Auch angesehene Unternehmen dürfen mit solchen suggestiven Kaufappellen werben.

1.134   **dd) Begriffe, die Übertreibung nahelegen.** Es gibt Begriffe oder Wendungen, die schon von vornherein als Übertreibung erkannt und daher vom Verkehr nicht ernst oder jedenfalls nicht wörtlich genommen werden. **„Riesenlager"** sagt nicht mehr als „sehr großes Lager". Hier orientiert sich das Verkehrsverständnis an der Umgangssprache, die das Adjektiv „riesig" nicht wörtlich versteht. Ähnlich verhält es sich beim Einsatz des Wortes „Wunder" (**„Backwunder", „Putzwunder"**). Auch hier muss die auf diese Weise angekündigte Eigenschaft der beworbenen Ware nicht außerhalb des menschlichen Vorstellungsvermögens liegen.

1.135   **d) Irreführung trotz Übertreibung.** Auch wenn der Verkehr in einer Anpreisung eine Übertreibung erkennt, schließt dies nicht aus, dass die Aussage doch in gewissem Umfang als sachbezogene Tatsachenbehauptung ernst genommen wird. Auch Ausdrücke, die erkennbar als reklamehafte Übertreibung verstanden werden wie „einmalig", „unübertroffen", „unzerreißbar", „riesengroß", „spottbillig", „unschlagbar" lassen sich meist doch noch unter Abzug des Übermaßes auf einen sachlich nachprüfbaren Kern zurückführen, der ernst genommen wird und daher, wenn er den tatsächlichen Verhältnissen nicht entspricht, geeignet ist irrezuführen. So entnimmt das Fachpublikum der Werbung für „unschlagbare Vibrationswalzen", dass die beworbenen Walzen unter allen auf dem Markt angebotenen Erzeugnissen dieser Art die besten sind und dass keine andere Walze derzeit oder in absehbarer Zeit eine gleich gute Leistung erbringen kann (BGH GRUR 1975, 141 (142) – Unschlagbar). Nur soweit eine Anpreisung vom Verkehr ausschließlich als reklamehafte Übertreibung verstanden wird, ist eine Irreführung ausgeschlossen.

e) Beispiele aus der Rspr. aa) Irreführung bejaht. Werbebehauptungen für **Idee-Kaffee,** **1.136** die den unrichtigen Eindruck erwecken, als würden **alle** oder die **meisten** Kaffee-Empfindlichen den Koffein und andere Reizstoffe enthaltenden Kaffee gut vertragen, wurden in mehreren Urteilen als irreführend angesehen, so die Aussagen: „Idee-Kaffee ist für Nervöse" oder „für Kaffee-Empfindliche unschädlich" (RG GRUR 1937, 396); „der Kaffee, der ... nicht belastet", „Idee-Kaffee ist von Reizstoffen befreit", „für Herz und Kreislauf gut", „stützt Herz und Kreislauf" (BGH GRUR 1973, 538 – Idee-Kaffee II); „Idee-Kaffee ist magenfreundlich veredelt, also von unerwünschten Röstreizstoffen weitestgehend befreit, die Beschwerden an Magen, Leber, Galle verursachen können" (BGH GRUR 1975, 664 – Idee-Kaffee III; vgl. auch BGH GRUR 1978, 252 – Kaffee-Hörfunk-Werbung). – **Gesundheitswerbung** erfordert tendenziell eine **strengere Beurteilung** (→ Rn. 2.182, → Rn. 2.215 ff.). – Die Berühmung **„von Weltruf",** wenn die Erzeugnisse nicht bei den entspr. Verkehrskreisen der maßgeblichen Länder der Erde bekannt sind und einen guten Ruf genießen (LG Frankfurt GRUR 1951, 82). – Die Werbung für Bier mit der Angabe **„Königl.-Bayerische Weisse",** wenn das herstellende Unternehmen erst nach dem Zweiten Weltkrieg von einem Mitglied der Familie der Wittelsbacher erworben wurde und hiervon abgesehen keinerlei Beziehung zum früheren bayerischen Königshaus aufwies (BGH GRUR 1992, 66 – Königl.-Bayerische Weisse). – Waschmittelwerbung im Fernsehen mit sog **side-by-side-Vergleich** zwischen den Waschergebnissen des beworbenen Produkts und den Waschergebnissen „manch anderer" Hersteller, bei dem der Weiß/Grau-Kontrast stark überzeichnet ist (OLG Hamburg GRUR-RR 2002, 202; → Rn. 1.104). – Vgl. ferner die **Beispiele zur Alleinstellung** → Rn. 1.159 f.

bb) Irreführung verneint. „Unzerreißbares Bilderbuch", wenn aus festem Papier. (Die **1.137** Stadt) „Hagen trinkt Andreas"(-Bier) (OLG Hamm GRUR 1936, 655). – „Denkbar schönste Ausstattung", „Prima Qualität", „Unübertreffliche Ware", wenn wirklich beste Ausstattung oder Ware (RGSt LZ 1933, 383). – „Dauerelastisches Gummiband", wenn überdurchschnittlich haltbar (OLG Düsseldorf WRP 1959, 150). – „Hochwertige Gleitsichtbrillen", da Anpreisung ohne Informationsgehalt (BGH GRUR 2017, 418 Rn. 22 ff. – Optiker-Qualität); Brillenfassungen „zum Nulltarif", weil der Verbraucher nicht auf eine unentgeltliche Zugabe schließt (KG WRP 1994, 184). – „Irgendwie besser", weil nur subjektive Bewertung (OLG Rostock WRP 1995, 658). – „Fielmann: Lieber besser aussehen als viel bezahlen" (BGH GRUR 1997, 227 – Aussehen mit Brille). – „Was das Leben wirklich besser macht" oder „Das Geheimnis für ein besseres, ausgefüllteres und aktives Leben" als Werbung für ein Nahrungsergänzungsmittel (OLG München NJWE-WettbR 1999, 254). – „Radio Diehl the best deal" (OLG Frankfurt NJW-RR 1999, 770). – „DIE ‚STEINZEIT' IST VORBEI!" als Werbung für die Herstellung von Bauwerken in Holzrahmen-Bauweise (BGH GRUR 2002, 982 – DIE „STEINZEIT" IST VORBEI!). – „Zäh wie Gummi und staubtrocken" als Beschreibung der Gattung der Müsliriegel (OLG Hamburg GRUR-RR 2003, 251). – „Deutschlands bestes Einrichtungshaus" (OLG Bamberg GRUR-RR 2003, 344). „Premium, Leistungsgarantie, ausgezeichnet", weil „ein nicht unerheblicher Teil der angesprochenen Verbraucher ... die Aussage ... nicht im Sinne einer vom Werbenden zusätzlich gewährten Leistungsgarantie oder einer Auszeichnung durch eine unabhängige Organisation, sondern als reklamehafte übertriebene Selbstanpreisung ohne konkreten Aussagegehalt" verstehe (OLG Nürnberg WRP 2005, 917; anders noch die Vorinstanz: LG Nürnberg-Fürth WRP 2005, 138). – Vgl. ferner die **Beispiele zur Alleinstellung** → Rn. 1.159 f.

8. Alleinstellungswerbung und Spitzengruppenwerbung

Schrifttum: Klette, Zum Superlativ in der Werbung, FS Helm, 2002, 87; Lux, Alleinstellungswerbung als vergleichende Werbung?, GRUR 2002, 682; Pauly, Zur Problematik der Alleinstellungswerbung unter besonderer Berücksichtigung von BGH WRP 1996, 729 – Der meistverkaufte Europas, WRP 1997, 691; Schmelz/Haertel, Die Superlativreklame im UWG – Materielle und prozessuale Aspekte, WRP 2007, 127; Sternitzky/Goldammer, „Der Beste, der Schnellste, der Günstigste" – Superlativwerbung und Rechtsfolgen irreführender Werbung in Deutschland und dem Baltikum, GRUR Int 2018, 332.

a) Allgemeines. aa) Alleinstellung. Wird eine Werbung von einem erheblichen Teil des **1.138** Publikums dahin verstanden, dass der Werbende allgemein oder in bestimmter Hinsicht **für sich** **allein** eine **Spitzenstellung** auf dem Markt in Anspruch nimmt, so liegt eine Alleinstellung vor.

Ein Gewerbetreibender weist in seinen geschäftlichen Anpreisungen zB darauf hin, dass sein **Unternehmen** das „größte", das „erste" oder das „älteste" sei, dass seine **Ware** oder **Leistung** als „beste", „unerreichbar", „einzigartig", „allein dastehe" sei, dass diese keine gleichwertige Ware oder Leistung außer der seinigen vorhanden sei. Um eine Alleinstellung handelt es sich nicht nur, wenn der Werbende behauptet, überhaupt keinen Mitbewerber zu haben, also auch im Wortsinne „allein stehe", sondern auch, wenn er zum Ausdruck bringt, er übertreffe seine Mitbewerber, seien es alle oder jedenfalls eine größere Gruppe. Weiter kann eine Alleinstellung nicht nur für das eigene Unternehmen, sondern auch für eine kleinere Gruppe in Anspruch genommen werden, zB für Weinbrandhersteller einer bestimmten Stadt. Die Alleinstellung kann auf verschiedene Weise zum Ausdruck kommen. Es entscheidet weniger die sprachliche oder grammatikalische Form als die **Wirkung,** die eine bestimmte Werbeaussage nach ihrem Sinngehalt auf die angesprochenen Verkehrskreise ausübt. Deshalb hängt es weitgehend von den Umständen des Falles ab, ob eine Werbung vom Standpunkt des unbefangenen Lesers oder Hörers aus als Alleinstellung aufzufassen ist. Eine dem Wortlaut nach nicht alleinstellende Behauptung kann auf den unvoreingenommenen Leser doch als Alleinstellung wirken. – Zur **Alleinstellung in Unternehmensbezeichnungen** auch → Rn. 4.74 ff.

1.139   **bb) Bedeutung des Wortsinns.** Eine für die breite **Öffentlichkeit** bestimmte Werbung, die nach ihrem **Wortsinn** eine Alleinstellung bekundet, wird gewöhnlich auch von einem erheblichen Teil der angesprochenen Verkehrskreise **entspr. diesem Wortsinn** verstanden werden (BGH GRUR 1971, 365 (366) – Wörterbuch; GRUR 1983, 779 (780) – Schuhmarkt; GRUR 1989, 608 (609) – Raumausstattung; GRUR 1998, 951 (952 f.) – Die große deutsche Tages- und Wirtschaftszeitung). Dieser Erfahrungssatz wird nur entkräftet, wenn bes. Umstände vorliegen, die den Umworbenen zu einer anderen Auffassung veranlassen. Der beliebten Werbung mit **Superlativen** und **Komparativen** kommt rechtlich keine selbstständige Bedeutung zu. Zwar wird der grammatische Superlativ eher eine Alleinstellung, der Komparativ eher einen Vergleich zum Ausdruck bringen. Es kann aber auch umgekehrt liegen. Schließlich kann es sich auch so verhalten, dass Superlativ oder Komparativ weder eine Alleinstellung noch einen Vergleich auszudrücken. Es hängt dies vielmehr stets vom Einzelfall ab.

1.140   **cc) Spitzengruppenstellung.** Nimmt der Werbende nicht für sich allein, sondern mit **anderen** Erzeugnissen oder Leistungen eine **Spitzenstellung** in Anspruch, so handelt es sich nicht um eine Alleinstellungs-, sondern um eine Spitzengruppenwerbung, also um das Beanspruchen der Zugehörigkeit zu einer Spitzengruppe. Entscheidend ist allerdings nie die sprachliche oder grammatikalische Form, sondern der **Sinngehalt** einer Angabe (BGH GRUR 1957, 600 (602) – Westfalenblatt; GRUR 1969, 425 (426) – Melitta-Kaffee; GRUR 1973, 78 (80) – Verbraucherverband). So ist zB die Werbung mit dem Wort **„unschlagbar"** für ein technisches Erzeugnis, die nach ihrem Wortsinn zum Ausdruck bringt, dass man gegenwärtig und in absehbarer Zukunft nicht übertroffen werden könne, als **Alleinstellung** angesehen worden (BGH GRUR 1975, 141 (143) – Unschlagbar). Dagegen sind die Bezeichnungen **„Mocca-Auslese"** und **„Milde Auslese"** nicht als Allein-, sondern als Spitzenstellung mit anderen Spitzenqualitäten aufzufassen (OLG Hamburg GRUR 1977, 113). Die Werbeaussage „Eines der reinsten Mineralwässer der Erde" erweckt den Eindruck, als gehöre das derart beworbene Produkt zu einer **Spitzengruppe** von Mineralwässern, die „reiner" sind als andere Mineralwässer (OLG Köln WRP 1989, 821 (823 ff.)).

1.141   **b) Ausdrucksmittel. aa) Superlativ.** Der Superlativ ist ein **typische Ausdrucksform für die Alleinstellung. – Beispiele:** „die beste Zigarette"; „… das berühmteste Parfüm der Welt"; „die meistgelesene Zeitung"; „größtes Versandhaus"; „Das Beste, was ein Baby braucht … alles in Alete"; „Mutti gibt mir immer nur das Beste" (BGH GRUR 1965, 363 – Fertigbrei); „Das beste Netz" (BGH GRUR 2019, 631 Rn. 68 – Das beste Netz; OLG Hamburg WRP 2019, 1494); „Es gibt kein preisgerechteres, kein günstigeres Karteisystem. Optima klingt nicht nur optimal. Sondern ist es auch" (OLG München WRP 1978, 558); „das optimale Haftetikett" (OLG Köln WRP 1983, 514); „Die größte Wohnwelt" im Bodenseeraum (OLG Karlsruhe WRP 1985, 357); „Sunil, das strahlendste Weiß meines Lebens", „Deutschlands frischester Kaffee" (OLG Hamburg WRP 1973, 648); „Bester Preis der Stadt" (BGH WRP 2012, 1233 – Bester Preis der Stadt); „Wir zahlen Höchstpreise für Ihren Schmuck!" (BGH GRUR 2015, 186 – Wir zahlen Höchstpreise); „Surfen im schnellsten Netz der Stadt" (OLG Köln WRP 2017, 593); „Der präziseste Blutzuckermessstreifen" (OLG Frankfurt WRP 2017, 1392); „World's lightest" für Gepäckstücke (OLG Frankfurt WRP 2019, 648); „günstigster Supermarkt Deutschlands" (LG Heilbronn WRP 2018, 256); „Verkauf zum Bestpreis" (KG WRP 2019, 1202); Berufsverband für Juristen als „größte Interessenvertretung" (OLG Frankfurt GRUR-RR 2021, 498 (Irreführung wegen Spitzenstellung verneint)); „Hausverkauf zum Höchstpreis" (OLG Hamburg GRUR-RR 2022, 139).

Die Werbung eines Herstellers für seine Kunststoffrohre – „das X-Rohr aus Polypropylen stellt **1.142** ein **absolutes Spitzenerzeugnis** des Marktes dar; auch mit den mechanischen Eigenschaften liegen wir **absolut an der Spitze**" – enthält wegen der Kumulation der Superlative eine Alleinstellungswerbung (OLG Hamm WRP 1980, 500). – Als Spitzenstellungsberühmung wird die titelmäßige Angabe „Die besten aktuellen Shareware-Programme" auf dem Cover einer CD-ROM angesehen, und zwar mangels weiterer Konkretisierung in jeder maßgeblichen Hinsicht, so dass erhebliche Teile des angesprochenen Publikums erwarten, die ausgewählten Programme auf CD-ROM seien die qualitativ „besten", zB betr. Anwendungsvielfalt, Benutzerfreundlichkeit, Markterfolg und Aktualität (OLG Hamburg NJWE-WettbR 1998, 318). – Die Werbung „… kauft man am besten dort, wo die Preise am tiefsten sind" enthält – anders als die Werbung mit „Tiefstpreisen" – die Behauptung einer Alleinstellung und verstößt gegen §§ 3, 5, wenn einzelne beworbene Artikel nicht billiger sind als bei anderen Mitbewerbern (OLG Bremen WRP 1999, 214). – Die Werbung mit einem Superlativ braucht jedoch nach dem Gesamtinhalt einer Ankündigung nicht den Eindruck einer Allein- oder Sonderstellung zu machen (OLG Oldenburg WRP 1980, 99 für ein Inserat: „Millimeterpreis: Auflage = Tausenderpreis! Rechnen Sie einmal nach … Sie werden feststellen, dass das A-Echo … **die günstigsten Anzeigenpreise** hat!"). – Häufig besagt der Superlativ nur, dass das angepriesene Erzeugnis ein **Spitzenerzeugnis** ist, womit das Vorhandensein gleichwertiger Erzeugnisse eingeräumt wird, zB „**beste Weine"; „beste Küche".** Der Slogan „das beste Persil, das es je gab" bekundet keine Alleinstellung gegenüber den Mitbewerbern, sondern einen Vergleich mit eigenen Erzeugnissen. – Die Bewerbung des Immobilienteils einer Zeitung mit dem Slogan „Beste Auswahl, beste Lage, beste Übersicht" enthält im Hinblick darauf, dass der Superlativ ohne den bestimmten Artikel verwendet wird, keine Alleinstellungsbehauptung, sondern nur den Hinweis auf sehr gute Qualität, dieser Hinweis ist auch, wenn zutr., nicht irreführend (KG Berlin GRUR 1999, 1021 f.).

bb) Komparativ. Der Komparativ bringt seltener eine Alleinstellung zum Ausdruck. Er dient, **1.143** anders als der Superlativ, schon seinem Wesen nach vornehmlich dem Vergleich mit anderen Erzeugnissen, kann aber nach Lage des Falles, insbes. bei Übertreibung, auch den Anspruch auf eine Alleinstellung ausdrücken. Vor allem in älteren Entscheidungen wurde der Werbung mit dem Komparativ häufig eine Alleinstellungsberühmung entnommen. – **Beispiele:** Der Spruch „erstmalig für die deutsche Hausfrau …, verleiht der Wäsche längere Lebensdauer …, die Wäsche sitzt besser, bleibt länger sauber, bügelt sich leichter". – Ähnlich verhält es sich mit der Angabe in einer Stellenanzeige „RANK XEROX bietet bessere Produkte", weil nach dem Sinngehalt damit zum Ausdruck gebracht wird, die Erzeugnisse seien die besten (BGH GRUR 1973, 78 (80) – Verbraucherverband). – Der Komparativ in dem Firmenschlagwort **„Mehrwert"** deutet auf eine Alleinstellung hin, wenn das Wort von einem erheblichen Teil der beteiligten Verkehrskreise dahin verstanden wird, dass die Verkaufsstätte mehr an (Waren-)Wert bietet als alle Mitbewerber (BGH GRUR 1973, 534 – Mehrwert II). – Der Werbeslogan **„Irgendwie besser"** wurde dagegen nicht als Spitzengruppenwerbung, sondern als pauschale, substanzlose Anpreisung angesehen, die nicht geeignet ist, den Verbraucher irrezuführen (OLG Rostock NJW-RR 1995, 1194). Ähnlich verhält es sich mit den Anpreisungen „Wir haben die bessere Energie!" (OLG Saarbrücken GRUR-RR 2014, 150) oder „Hier werden Sie besser behandelt" (OLG Hamm WRP 2014, 220). Dagegen wurde der Angabe „Der bessere Anschluss", mit der für „T…ISDN" geworben wurde, die irreführende Behauptung einer Alleinstellung entnommen (OLG Hamburg CR 2002, 268).

cc) Negativer Komparativ. Der **negative Komparativ** besagt seinem Wortlaut nach, dass **1.144** die angepriesene Ware zur **Spitzengruppe** gehört; das Vorhandensein **gleichwertiger** Erzeugnisse wird nicht verneint. – **Beispiele:** Keine Alleinstellung wurde angenommen für die Werbung: „Tragen Sie nur X-Lodenmäntel, es gibt keine besseren!", da hier nicht behauptet wird, „X-Loden" seien die besten. Die Behauptung, zur Spitzengruppe zu zählen, muss aber zutreffen. – Eine Spitzengruppenbehauptung enthält auch die Werbung für ein Schmerzmedikament mit dem Slogan **„Keiner ist schneller"** (OLG Düsseldorf WRP 2017, 586) oder für ein pflanzliches Medikament mit dem Slogan **„Kein pflanzliches Präparat wirkt stärker"** (OLG Celle A&R 2017, 287). – Die Werbung „Wir garantieren Ihnen …, dass Sie **mit keinem anderen zurzeit angebotenen Mehrbereichsöl** in ihrem Motor unter gleichen Bedingungen

einen niedrigeren Ölverbrauch haben als mit … Öl" wurde mit entspr. Begründung nicht beanstandet (OLG Hamburg BB 1971, 1024). – Der Werbespruch, **„es gibt keinen besseren Kaffee** für Ihren Melitta-Filter, weil er melittafein gemahlen ist" enthält nur die Behauptung einer Angehörigkeit zur Spitzengruppe, ist jedoch als irreführend angesehen worden, weil die Spitzenstellung sich nur auf die Eignung zum Filtern bezog, das Publikum die Äußerung aber so versteht, dass der Kaffee geschmacklich unübertroffen sei (BGH GRUR 1969, 425 (426) – Melitta-Kaffee mAnm U. Krieger).

1.145   Mit dem **negativen Komparativ** kann im Einzelfall auch eine **Alleinstellung** zum Ausdruck gebracht werden, insbes. dann, wenn sie übersteigert ist. – **Beispiele:** Der Slogan „Es gibt nichts Besseres" für Steinhäger wurde als unzulässige Alleinstellung angesehen, weil der Spruch nicht nur besage, es gäbe keine höherwertige Ware, sondern von vielen iSv **„unerreichbar"** verstanden werde (LG Hamburg GRUR 1956, 423). – Die Werbung für Zigaretten „Wer bietet mehr? 25er Box nur 4,35" DM wurde als irreführend angesehen, weil er eine unrichtige Berühmung mit einer preislichen Alleinstellung enthalte, es aber andere ebenso günstige Zigarette gebe (OLG Hamburg GRUR 1992, 126). – Ebenso wurden die folgenden Werbesprüche untersagt: „Es gibt weit und breit nichts Besseres" für Möbel (OLG Düsseldorf WRP 1977, 26); „Es gibt kein besseres Bier" (OLG Hamburg WRP 1977, 811); „Wo wäre das Pelzunternehmen, das ein größeres Pelz-Angebot präsentiert als die vielen X-Häuser insgesamt von Hamburg bis Frankfurt? Nirgends in der Welt!" (OLG Hamm GRUR 1979, 556); „Keiner bietet mehr als A …" (OLG Düsseldorf WRP 1978, 891); „denn keine Bausparkasse ist besser als Schwäbisch Hall" (OLG Frankfurt GRUR 1981, 603); „Einen besseren Ginseng können Sie nirgendwo kaufen" (OLG Hamburg WRP 1981, 400); „gibt es nichts Besseres als ein Fußbad mit S." (OLG München WRP 1981, 340).

1.146   **dd) Positiv.** Der Positiv – also die Grundform – reicht nicht aus, um eine Allein- oder Spitzenstellung zu beanspruchen. Vereinzelte Entscheidungen, die in der **Verwendung der Grundform** („gut", „zuverlässig", „beliebt", „groß", „sparsam" etc) eine Alleinstellung erblickt haben, sind Beispiele einer vergangenen lauterkeitsrechtlichen Epoche. So hat es das OLG Frankfurt als irreführende Alleinstellungswerbung angesehen, dass ein Anbieter seinen neu entwickelten Gehörschützer in der Werbung als den **„Erfolgreichen"** herausgestellt hat, weil der Eindruck erweckt werde, das Gerät habe sich auf dem Markt durchgesetzt und vergleichbare Erzeugnisse hinter sich gelassen (OLG Frankfurt GRUR 1979, 325). – Eine eindeutige Inanspruchnahme einer Spitzenstellung ist dagegen damit verbunden, wenn ein Produkt oder Unternehmen als **„Nr. 1"** oder als **„Erstes …"** bezeichnet wird (OLG Hamm WRP 1977, 347; OLG Hamburg GRUR 1988, 554; BGH GRUR 1992, 404 (405f) – Systemunterschiede; OLG Frankfurt WRP 2015, 113). Auch die Werbung „Die ARD: Das Erste, wenn's um Werbung in Funk und Fernsehen geht" ist als irreführend beanstandet worden, weil die ARD nicht mehr die umsatzstärkste Anbieterin von Fernsehwerbezeiten ist (LG Frankfurt WRP 1993, 431 (432)). – Der Angabe **„Günstig wie im Supermarkt"** für einen Getränkelieferservice entnimmt der Verkehr weder eine Bezugnahme auf andere Lieferdienste noch die Aussage, es gebe keinen Supermarkt, der günstiger als der Werbende sei (OLG Hamburg WRP 2021, 1095).

1.147   **ee) Bestimmter Artikel.** Zuweilen kann sogar der bestimmte Artikel ausreichen, eine Alleinstellung zum Ausdruck zu bringen. Dabei ist jedoch Zurückhaltung geboten. Der bestimmte Artikel ist ein so häufiges Werbemittel, dass schon **bes. Umstände** vorliegen müssen, um aus seiner Verwendung auf eine Alleinstellung zu schließen. Ob es genügt, dass der Artikel im Druck hervorgehoben wird oder der Akzent auf ihm liegt, lässt sich nur nach Lage des Falles beurteilen (BGH GRUR 2013, 649 Rn. 28 – Basisinsulin mit Gewichtsvorteil). Die Anpreisung **„Das** ist ein Bier" ist sicherlich keine Alleinstellung, sondern nur der Hinweis auf ein bes. gut schmeckendes Bier. An einer Alleinstellung fehlt es bei der Formulierung „Die Bier-Spezialität aus dem Schwarzwald" jedenfalls dann, wenn der Verkehr weiß, dass es im Schwarzwald viele Brauereien gibt (OLG Karlsruhe GRUR-RR 2018, 43). Wohl aber kann der Eindruck einer Alleinstellung durch den **bestimmten Artikel** in Verbindung mit einem **Eigenschaftswort** empfehlenden Charakters hervorgerufen werden, wenn die Anpreisung vom Verkehr ernst genommen wird. Ein eindeutiger Fall einer Alleinstellungsbehauptung liegt vor, wenn der bestimmte Artikel mit einem Eigenschaftswort verbunden wird, das das Singuläre des Produkts unterstreicht. **Beispiel:** „Il Maraschino Originale" oder „Der Original Maraska-Geist" (BGH GRUR 1982, 111 (114) – Original Maraschinovgl. auch OLG Celle WRP 2018, 1493). Ähnlich verhält es sich mit dem Adjektiv „echt" („Das echte Eau de Cologne").

Die Wirkung **anderer Eigenschaftswörter** ist nicht im selben Maße eindeutig. So mutet es **1.148** bes. streng an, dass die Rspr. in der Vergangenheit in der **Verbindung des bestimmten Artikels mit dem Adjektiv „groß"** eine Alleinstellungsbehauptung gesehen hat. Als irreführend untersagt worden ist bspw. der Buchtitel „Das große deutsche Wörterbuch" (BGH GRUR 1971, 365 (366) – Wörterbuch). Ebenfalls als irreführend ist es angesehen worden, dass ein Unternehmen, das sich (unbeanstandet) als „der größte Schuhmarkt Deutschlands" bezeichnete, in Essen eine neue Filiale eröffnete und im Werbetext von dieser Filiale als „dem großen Schuh-Markt Essen" sprach, obwohl ein deutlicher Vorsprung vor den anderen Essener Schuhgeschäften nicht zu verzeichnen war (BGH GRUR 1983, 779 – Der große Schuh-Markt E mAnm Schulte-Franzheim). Noch weiter geht die Entscheidung „Westfalen-Blatt I", die in dem Untertitel „Bielefelds große Zeitung" eine Abkürzung der Bezeichnung „Die große Zeitung Bielefelds" und damit wiederum eine Alleinstellungsbehauptung gesehen hat (BGH GRUR 1957, 600 (602) – Westfalen-Blatt I; → Rn. 1.28). Den Wandel der Rspr. belegt die Entscheidung „Die große deutsche Tages- und Wirtschaftszeitung": In dieser Bezeichnung, mit der sich die FAZ in der Werbung geschmückt hatte, hat der BGH 1998 keine Alleinstellungsbehauptung mehr gesehen (BGH GRUR 1998, 951 (953) – Die große deutsche Tages- und Wirtschaftszeitung). Die Aussage „GMX DE-Mail – die amtliche Mail" wurde ebenfalls nicht als Alleinstellungsbehauptung eingestuft (OLG Köln GRUR-RR 2013, 439).

ff) Ortsname. Die Kombination der **Bezeichnung einer Unternehmensgattung** und **1.149** einer **Ortsangabe** kann dazu führen, dass der Verkehr auf eine Alleinstellung oder doch zumindest auf die Zugehörigkeit zu einer Spitzengruppe zählt (BGH GRUR 1964, 314 – Kiesbaggerei; GRUR 1968, 702 – Hamburger Volksbank; GRUR 1975, 380 (381) – Die Oberhessische für „Oberhessische Volksbank eGmbH"; OLG Hamm GRUR-RR 2003, 289 für „Tauchschule Dortmund" – Nichtzulassungsbeschwerde zurückgewiesen: BGH Beschl. v. 20.11.2003 – I ZR 117/03). Dazu → Rn. 4.47, → Rn. 4.106 f.

gg) Auf andere Weise. Da es allein auf die **Auffassung des Verkehrs** ankommt, kann auch **1.150** eine Werbung ohne Superlativ, ohne Komparativ und ohne bestimmten Artikel als **Alleinstellung** aufgefasst werden, etwa durch schlagwortartige Hervorhebung oder auf sonstige Weise. Als Beispiel aus der Rspr. werden hier allerdings teilweise Fälle genannt, in denen heute keine Alleinstellungsbehauptung mehr gesehen werden könnte (zB BGH GRUR 1957, 600 (602) – Westfalen-Blatt I; → Rn. 1.28, 1.148). Mit Recht verneint worden ist eine Alleinstellungsberühmung bei dem Werbetext „S + M Schülke & Mayr Sinnbild und Maßstab für Desinfektion", der lediglich auf eine bes. gute Qualität der angepriesenen Waren hinweist, ohne aber eine Vorrangstellung gegenüber Konkurrenzerzeugnissen in Anspruch zu nehmen (BGH GRUR 1965, 438 – Sinnbild und Maßstab). Eine Alleinstellungsbehauptung ist dagegen bejaht worden bei der Bezeichnung „Der ‚Alt-Meister'„ für eine Altbierbrauerei (OLG Düsseldorf WRP 1979, 717), wobei der heute anerkannte Grundsatz außer Betracht blieb, dass das Publikum bei Werbesprüchen, die ein Wortspiel oder den Wortwitz nutzen, ein großzügigerer Maßstab am Platz ist (→ Rn. 1.131 f.). Als irreführende Alleinstellungsbehauptung sind auch die Werbesprüche für eine Kreditkarte „jetzt kommt der Joker ins internationale Kartenspiel" und „Zeigen Sie der Welt die Karte" untersagt worden (OLG München NJW-RR 1993, 624 f.).

c) Rechtliche Beurteilung. aa) Grundsatz. Eine Spitzen- bzw. Alleinstellungsbehauptung **1.151** ist grds. **zulässig, wenn sie wahr ist.** Gleiches gilt für eine Superlativ- oder Komparativwerbung, die keine Alleinstellungswerbung ist. Entscheidend für die Anwendung des § 5 ist die Frage, ob das, was in einer Werbeaussage nach Auffassung der Umworbenen behauptet wird, **sachlich richtig** ist. Nach einheitlicher Rspr. genügt es hierfür bei einer Alleinstellung nicht, dass der Werbende einen nur geringfügigen Vorsprung vor seinen Mitbewerbern hat. Vielmehr erwartet der Verbraucher eine nach **Umfang und Dauer** wirtschaftlich erhebliche **Sonderstellung.** Der Werbende muss einen **deutlichen Vorsprung** gegenüber seinen Mitbewerbern haben, und der Vorsprung muss die Aussicht auf eine gewisse **Stetigkeit** bieten (BGH GRUR 1991, 850 (851) – Spielzeug-Autorennbahn; GRUR 1992, 404 – Systemunterschiede; GRUR 1996, 910 (911) – Der meistverkaufte Europas; GRUR 1998, 951 – Die große deutsche Tages- und Wirtschaftszeitung; GRUR 2002, 182 (184) – Das Beste jeden Morgen; GRUR 2003, 800 (802) – Schachcomputerkatalog; GRUR 2004, 786 – Größter Online-Dienst; GRUR 2018, 541 Rn. 35 – Knochenzement II). Bezieht sich eine Spitzenstellungsbehauptung auf **Eigenschaften** eines Erzeugnisses, die von Konkurrenzerzeugnissen jederzeit erreicht oder übertroffen

werden können, fehlt es an der erforderlich **Stetigkeit** (BGH GRUR 1991, 850 (851 f.) –
Spielzeug-Autorennbahn).

1.152   **Kritik:** Der Grundsatz, eine Alleinstellungswerbung sei irreführend, wenn der Werbende nicht
über einen deutlichen Vorsprung gegenüber seinen Mitbewerbern verfügt, darf nicht daran
hindern, den Besonderheiten des Einzelfalls Rechnung zu tragen und bei **objektiv zutreffenden Angaben** strenge Anforderungen an ein Verbot zu stellen. Es ist kaum zu rechtfertigen,
einem Unternehmen die zutreffende Behauptung, es sei das älteste seiner Art in Deutschland,
mit der Begründung zu untersagen, der Abstand zu dem nächst jüngeren Wettbewerber sei nicht
groß genug. Ebenso problematisch ist es, die für einen Nassrasierer aufgestellte Werbeaussage
„die gründlichste Rasur" als irreführend zu verbieten, weil der Vorsprung des beworbenen
Rasierers gegenüber dem Konkurrenzprodukt nur 14,3 Mikrometer (= 0,0143mm) betrage und
damit nicht hinreichend deutlich sei (so aber OLG Hamburg GRUR-RR 2005, 286 (287)).

1.153   **bb) Ausnahmen.** Auch bei der Alleinstellungsbehauptung muss stets beachtet werden, dass
eine Werbung, die der Verkehr als **nichts sagend** oder als eine **nicht objektiv nachprüfbare
Aussage** auffasst, nicht unter das Irreführungsverbot fällt (→ Rn. 1.30 ff. und 1.33 ff.). Dann
fallen Aussagen erst gar nicht unter den Tatbestand der irreführenden Werbung. Beispiele: „Die
schönsten Blumen der Welt"; „Der beste Film des Jahres"; „Ein Tag ohne B. ist wie Ostfriesland
ohne Tee"; „Mutti gibt mir immer nur das Beste" (BGH GRUR 1965, 363 (364) – Fertigbrei);
„das qualitativ beste Wochenmagazin Österreichs" (OGH wbl 2000, 429). Ebenfalls aus dem
Verbot fallen Werbeaussagen, die der Verkehr als **nicht ernst gemeinte Übertreibungen** ohne
jeden sachlichen Hintergrund erkennt (→ Rn. 1.126 ff.). Im Bereich der Werbung für **ärztliche
Leistungen** geht der Verkehr allerdings wegen des ärztlichen Heilauftrags von einer gewissen
werblichen Zurückhaltung aus und ist weniger geneigt, in einer werblichen Anpreisung – hier:
„perfekte Zähne" – eine bloße reklamehafte Übertreibung zu erkennen (OLG Frankfurt
GRUR-RR 2020, 459).

1.154   **d) Einzelfragen. aa) Hinweise auf die Größe oder Leistungsfähigkeit eines Unternehmens.** Allgemeine Hinweise auf die **Größe eines Unternehmens** werden im Verkehr als
ernst zu nehmende Aussagen verstanden, die auf ihre objektive Richtigkeit hin nachprüfbar
sind (BGH GRUR 1969, 415 (416) – Kaffeerösterei). **Beispiele:** „Werkstatt und Betrieb, die
größte Fachzeitschrift ihrer Art" (BGH GRUR 1963, 34 – Werkstatt und Betrieb); „Flug-Revue
International – die größte unabhängige Luftfahrtzeitschrift" (BGH GRUR 1968, 440 – Luft-
fahrt-Fachzeitschrift); „Größtes Teppichhaus der Welt" (BGH GRUR 1985, 140 – Größtes
Teppichhaus der Welt); „Größtes Fachgeschäft am Platze" (LG Köln WRP 1955, 23); „Deutschlands größte Illustrierte" (LG München GRUR 1955, 594); „Oldenburgs größtes Schuhhaus"
(OLG Oldenburg GRUR 1962, 530); „Bielefelds größtes Maklerbüro" (OLG Hamm GRUR
1968, 150); „Hamburgs größter Halbleiter-Sortimenter" (OLG Hamburg WRP 1972, 534);
„Größtes Deutsches Versandhaus". – Welche tatsächlichen Umstände vorliegen müssen, damit
sich ein Unternehmen als „größtes" oder als „eines der größten" bezeichnen darf, hängt davon
ab, welchen **Sinn** ein erheblicher Teil des Verkehrs der Größenbehauptung im Einzelfall beimisst (→ Rn. 4.73 ff.). Die Angabe „Deutschlands größte Partnervermittlung" ist irreführend,
wenn nicht festgestellt werden kann, dass das werbende Unternehmen die mit signifikantem
Abstand größten Anzahl der Vermittlungsinteressenten aufweist (OLG München K&R 2019,
47). – Mit dem Hinweis auf die **Marktführerschaft** verbindet der Verkehr regelmäßig die
Erwartung, der Anbieter sei in der Lage, nach den maßgeblichen Kriterien von Qualität, Service
und Preis für den Käufer besonders attraktive Produkte anzubieten; hiermit steht es nicht in
Einklang, wenn die starke Marktstellung mittels der Verletzung von Betriebsgeheimnissen eines
Wettbewerbers erlangt worden ist (Irreführung durch Unterlassen: BGH GRUR 2018, 541
Rn. 42 – Knochenzement II).

1.155   **bb) Hinweise auf Beschaffenheit der Ware.** Hinweise auf die **Beschaffenheit einer
Ware,** deren Richtigkeit nach der Auffassung des Verkehrs **objektiv nachprüfbar** ist, werden
im Zweifel ernst genommen. Das gilt ohne Einschränkung für Aussagen über bestimmte
Eigenschaften einer Ware. Mitunter wird der Verkehr in der superlativischen Aussage „X-Ware
ist die beste" jedoch nur eine subjektive Meinungsäußerung des Werbenden sehen, die sich
objektiver Nachprüfung schlechthin entzieht, so bei reinen **Geschmacksfragen** oder unterschiedlichen und wechselnden Meinungen, wie zB über die Bekömmlichkeit eines Kindernähr-
mittels (BGH GRUR 1965, 363 (364) – Fertigbrei). Dass eine Ware objektiv im Geschmack
„die beste" ist, wird sich kaum nachweisen lassen, weil es sich insoweit um eine rein **subjektive**

Wertung handelt. Gegen das Irreführungsverbot nach §§ 3, 5 verstößt aber, wer im Verkehr den Eindruck einer objektiv nachprüfbaren Alleinstellung erweckt. In der **Bierwerbung** wird die Verwendung von die Qualität betreffenden Superlativen idR **nicht** als Alleinstellungswerbung vom Verbraucher verstanden (OLG Köln GRUR 1983, 135 – König-Pilsener). Aber auch, wenn sich einzelne Beschaffenheitselemente einer Ware objektiv feststellen lassen, kann in der zusammenfassenden Aussage „X-Ware ist die beste" nur ein **„globales Werturteil"** liegen. So hängt es bei hochwertigen Erzeugnissen vom jeweiligen Verwendungszweck ab, welche Ware vom Verbraucher als „die beste" angesehen wird. Diesen relativen Einschlag stellt auch der Verkehr in Rechnung und sieht dann im Superlativ nur den Ausdruck individueller Wertung. Dem steht nicht entgegen, dass sich möglicherweise durch technische Fachgutachten auch ein objektives Gesamturteil fällen lässt. Fragwürdig (OLG Stuttgart GRUR 1955, 50), das den Slogan „X-Nähseide ist die beste" für unzulässig ansieht, weil der Superlativ auf das Erzeugnis selbst hinweist und sich ein deutlicher Qualitätsvorsprung vor anderen Erzeugnissen nicht ermitteln lässt.

cc) Hinweise auf den Preis einer Ware. Der Werbehinweis „einmalig günstige Preise" wird **1.156** nicht als Alleinstellung, sondern dahin verstanden, dass der Werbende in der Preisgestaltung mit zur **Spitzengruppe** gehört; dafür ist die Spitzenstellung mit einigem Abstand von den Mitbewerbern nicht nötig (OLG Hamm GRUR 1968, 318 (320)). Keine Alleinstellung liegt vor, wenn ein Händler der Unterhaltungselektronikbranche mit den Worten wirbt „Wir bieten Höchstpreise für Ihr Altgerät!", weil der Verkehr nur erwartet, dass der gebotene Preis nicht unter dem höchsten Preis anderer Händler liegt (OLG Düsseldorf GRUR 1988, 711; aA OLG Köln WRP 1986, 425). Auch eine Werbung mit **„Superpreisen"** bedeutet gewöhnlich nur, dass sich der Werbende zur Spitzengruppe rechnet (OLG München WRP 1981, 667 für Skimodelle). Dagegen stellt die Angabe **„Preisknüller des Jahres"** für einen Computer wegen des Zusatzes eine Alleinstellung dar, die irreführend ist, wenn der Werbende das beworbene Gerät schon im dritten Jahr zum selben Preis anbietet (OLG Stuttgart WRP 1989, 56). – Die Werbeangabe „Die Nummer 1 in M! Wir sind davon überzeugt: Weit und breit ist keiner günstiger!" bezieht sich nicht ausschließlich auf die preisliche Struktur des Warenangebotes, sondern auf das präsentierte Preis- und Leistungsverhältnis; das Günstigste braucht nicht das Billigste zu sein (OLG Hamm GRUR 1988, 768). Eine Alleinstellungsbehauptung enthalten die Angaben **„Verkauf zum Bestpreis"** (KG WRP 2019, 1202; s. auch LG Berlin WRP 2020, 789) und **„Hausverkauf zum Höchstpreis"** (OLG Hamburg GRUR-RR 2022, 139).

e) Beweislast. Die Beweislast dafür, dass die **Berühmung einer Alleinstellung** oder einer **1.157** **Zugehörigkeit zur Spitzengruppe** unzutreffend ist, trifft grds. den Anspruchsteller, im Prozess also den Kläger. Allerdings ist es für den Kläger meist überaus schwierig, die Unrichtigkeit einer Alleinstellungsbehauptung nachzuweisen, weil ihm die innerbetrieblichen Verhältnisse des Werbenden nicht bekannt sind. Da andererseits der Beklagte ohne weiteres über die Informationen verfügt, mit denen er die Richtigkeit seiner Werbebehauptung unter Beweis stellen kann, trifft ihn die Verpflichtung (im Sinne einer prozessualen Aufklärungspflicht), darzulegen und ggf. zu beweisen, worauf sich seine vollmundige Werbebehauptung stützt (BGH GRUR 1973, 594 (596) – Ski-Sicherheitsbindung; GRUR 1978, 249 (250) – Kreditvermittlung; GRUR 1983, 779 (781) – Schuhmarkt; GRUR 2010, 352 Rn. 22 – Hier spiegelt sich Erfahrung; OLG Karlsruhe GRUR 1994, 134 (135); vgl. auch OGH ÖBl 1969, 22 – Größte Tageszeitung; ÖBl 1973, 53 – Stahlrohrgerüste). **Der Sache nach** läuft dies auf eine **Umkehr der Darlegungs- und Beweislast** hinaus. Voraussetzung ist dabei allerdings stets, dass der Gläubiger auf die **Beweiserleichterung angewiesen** ist. Ist das ausnahmsweise nicht der Fall, ist für eine solche Beweiserleichterung kein Raum. So verhält es sich, wenn in der Werbung die besondere Qualifikation von Mitarbeitern eines Wettbewerbers herausgestellt wird, die bis vor kurzem bei dem Kläger beschäftigt waren (BGH GRUR 2010, 352 Rn. 22 – Hier spiegelt sich Erfahrung). Eine Beweiserleichterung kommt ebenfalls nicht in Betracht, wenn der Kläger die in einer Spitzenstellungswerbung behaupteten Höchst-Ankaufspreise im Wege des Testkaufs selbst überprüfen kann und ihm die Preisgestaltung im einschlägigen Marktsegment bekannt ist (BGH GRUR 2015, 186 Rn. 10 f. – Wir zahlen Höchstpreise; vgl. auch BGH WRP 2012, 1233 Rn. 8 – Bester Preis der Stadt). – Zur **Beweislast** ferner → Rn. 1.247, → § 12 Rn. 2.89 ff.

f) Vergleichende Alleinstellungswerbung. (auch → § 6 Rn. 18). Ist eine Alleinstellungs- **1.158** behauptung **nicht irreführend,** so scheidet § 5 aus. Doch fragt es sich, ob nicht auch eine richtige Alleinstellung noch unter dem Aspekt einer **vergleichenden Werbung nach §§ 3, 6**

geprüft werden muss. IdR wird es hierfür an der Erkennbarkeit eines Mitbewerbers fehlen. Im Einzelfall kann jedoch ein Mitbewerber erkennbar sein, wenn der Kreis der Mitbewerber klein ist oder sich der Wettbewerb im Wesentlichen zwischen zwei Anbietern abspielt (OLG Hamburg GRUR-RR 2001, 84; → § 6 Rn. 18).

1.159 **g) Weitere Beispiele aus der neueren Rspr.** Ältere Rspr., in der eine unzulässige Alleinstellungsbehauptung bejaht worden ist, setzt sich häufig nicht nur mit dem Irreführungsverbot, sondern auch mit dem **Verbot der vergleichenden Werbung** auseinander, das in Deutschland für den Regelfall bis zu dem durch die europäische Entwicklung veranlassten Wandel der Rspr. im Jahre 1998 galt (BGHZ 138, 55 = GRUR 1998, 824 – Testpreis-Angebot). Hierauf muss bei der Heranziehung älterer Entscheidungen bes. geachtet werden.

1.160 **aa) Irreführung bejaht.** „Bayern Halbe" oder „Bayern-Pils" für ein nur regional vertriebenes Bier von nur durchschnittlicher Qualität (OLG München WRP 1996, 356). – „In Sachen Dichtheit kann nichts und niemand dem Duktilen Gussrohr etwas vormachen" (OLG Köln WRP 1996, 1210 (Rev. angenommen: BGH Beschl. v 5.6.1997 – I ZR 168/96, aber später zurückgenommen)). – „Ihre Nr. 1 in Hamburg" (OLG Schleswig WRP 1996, 1223). – „… ist billiger" (OLG Zweibrücken GRUR 1998, 737). – „Größter Kosakenchor in Europa" (OLG Köln NJWE-WettbR 1998, 272). – „Berliner Rundfunk 91,4 – Die Nr. 1" für Radiosender, dem es an der notwendigen Stetigkeit mangelt (KG ZUM 2000, 758). – In dem Werbetext „… und schon spielen wir ganz oben mit – auf der Dachterrasse im Segment der Wohnzeitschriften" liegt die Inanspruchnahme einer Spitzengruppenstellung (OLG Hamburg AfP 2000, 366). – „Einer der beiden führenden Lohnsteuerhilfevereine in Deutschland" und „der neue Marktführer" (OLG Zweibrücken NJW-RR 2002, 1066). – **„Der bessere Anschluss"** für ISDN-Anschluss (OLG Hamburg CR 2002, 268). – **„Technologieführerschaft"** in der Softwarebranche (OLG Hamburg GRUR-RR 2002, 71). – Selbstbeschreibung im Internet „Führender Anbieter von home-electronics" bei den Jobangeboten (OLG Hamburg K&R 2003, 614). – In der Bezeichnung „Tauchschule Dortmund" liegt eine zwar keine Alleinstellungs-, aber eine Spitzenstellungswerbung (OLG Hamm GRUR-RR 2003, 289 (Nichtzulassungsbeschwerde zurückgewiesen: BGH Beschl. v. 20.11.2003 – I ZR 117/03)). – Die Werbeaussage **„Für die gründlichste Rasur"** für einen Nassrasierer ist als irreführend angesehen worden, weil der beworbene Rasierer innerhalb von 24 Stunden nur 0,0143 mm mehr Barthaare abschneidet als das Konkurrenzprodukt (OLG Hamburg GRUR-RR 2005, 286); Der Slogan „Deutschlands Nummer 1 für Werbeartikel" ist als irreführend beurteilt worden, weil der Werbende nicht der Anbieter mit den größten Umsätzen im betroffenen Bereich ist (OLG Frankfurt WRP 2015, 113). Mangels hinreichenden Vorsprungs vor den Wettbewerbern ist auch die Aussage **„Surfen im schnellsten Netz der Stadt"** als irreführende Alleinstellungsbehauptung angesehen worden (OLG Köln WRP 2017, 593). Als irreführend ist auch die Angabe **„Der präziseste Blutzuckermessstreifen"** angesehen worden, weil das beworbene Gerät nur hinsichtlich der Genauigkeit einzelner Messergebnisse Vorteile gegenüber Konkurrenzprodukten aufwies (OLG Frankfurt WRP 2017, 1392). – Die Werbung für eine Matratzenumhüllung mit der Angabe **„Weltweit das einzige"** Matratzen-Encasing mit einem rundherum laufenden Reißverschluss" ist irreführend, wenn diese technische Lösung nach Ablauf des Patentschutzes gemeinfrei ist (LG Rostock WRP 2019, 1386). – **„Deutschlands Nr. 1 Tag & Nacht Erkältungsmittel"** (LG Frankfurt a. M. WRP 2023, 120).

1.161 **bb) Irreführung verneint.** Die Werbeaussage eines Herstellers und Vertreibers von Ölbrennern „5 Brennermodelle wurden mit dem ‚Blauen Engel' ausgezeichnet" enthält keine irreführende Alleinstellungsbehauptung (BGH GRUR 1994, 523 – Ölbrennermodelle). – „Ihr Makler an der Saar" (OLG Saarbrücken NJWE-WettbR 1996, 268). – „Unglaubliche Tiefstpreise" (OLG Bamberg OLGR 1999, 223). – „Deutsches Gesundheitsnetz" (OLG Köln NJWE-WettbR 2000, 201). – „Weltweit die Nr. 1 in Online und Internet" bedeutet nicht, dass dieser Onlinedienst in jedem Land der Welt die Nr. 1 ist (OLG Frankfurt GRUR 2003, 1059; vgl. aber BGH GRUR 2004, 786 – Größter Online-Dienst). – In der Werbung „Ab sofort heißt es bundesweit … vorwählen und schon haben Sie gespart" liegt nicht ohne weiteres die Behauptung, es handele sich um den günstigsten Anbieter, der alle in Betracht kommenden Mitkonkurrenten übertreffe (LG Düsseldorf MMR 2003, 341). – „Deutschlands bestes Einrichtungshaus" (OLG Bamberg GRUR-RR 2003, 344). – Slogan „Die Ersten sollten die Besten sein" in der Werbung für Kinderschuhe (OLG Frankfurt NJWE-WettbR 1997, 2). – „Deutsche Verkehrsflieger-Schule" (OLG Celle NJWE-WettbR 1997, 81 (Rev. nicht angenommen: BGH Beschl.

v. 28.11.1996 – I ZR 276/95)). – Werbeslogan „Ich bin doch nicht blöd. M-Markt" (OLG Karlsruhe WRP 1997, 865). – „Kellogg's – Das Beste jeden Morgen" (BGH GRUR 2002, 182 – Das Beste jeden Morgen). – Werbung für Tageszeitung „Die Stimme Berlins" keine Allein-stellungsberühmung, solange der Akzent nicht auf dem bestimmten Artikel liegt (KG GRUR-RR 2001, 60). – Mangels objektiven Aussagegehalts ist die Werbung eines Stromversorgers mit der Angabe „Wir haben die bessere Energie" keine irreführende Alleinstellungsbehauptung (OLG Saarbrücken GRUR-RR 2014, 150). – Die Formulierung „Die Bier-Spezialität aus dem Schwarzwald" ist mit Blick darauf nicht als irreführend angesehen worden, dass der Verkehr von vielen im Schwarzwald ansässigen Brauereien wisse (OLG Karlsruhe GRUR-RR 2018, 43). – Die Angabe „Das Must-Have für Allergiker" mit einer bildlichen Darstellung, die einen Bezug zur Modewelt herstellt, ist keine auf die Wirksamkeit des beworbenen Antiallergikums bezogene Alleinstellungsbehauptung (OLG Hamburg PharmR 2021, 498).

9. Werbung mit Äußerungen Dritter

a) Gutachten und wissenschaftliche Beiträge. aa) Grundsatz. Wer sich zu Wett-   **1.162** bewerbszwecken fremder Äußerungen bedient, **macht sich diese zu eigen,** auch wenn es sich dabei um **wissenschaftliche Auffassungen** handelt (BGH GRUR 1962, 45 (49) – Betonzusatzmittel; GRUR 1961, 189 (190) – Rippenstreckmetall; GRUR 1966, 92 (94) – Bleistiftabsätze; GRUR 2002, 633 (634) – Hormonersatztherapie). Er haftet daher grds. für irreführende Angaben, die in derartigen Beiträgen Dritter enthalten sind. Enthält ein Gutachten irreführende Angaben oder wird es – weil es bspw. auch in der Werbung gegenüber dem allgemeinen Publikum eingesetzt wird – von den angesprochenen Verkehrskreisen in einer Fehlvorstellungen auslösenden Weise missverstanden, liegt auch in der Verwendung des Gut-achtens in der Werbung grds. eine irreführende Werbung (BGH GRUR 1961, 189 (190) – Rippenstreckmetall). Irreführend ist etwa die in der Werbung für Privatgutachten enthaltene Behauptung „Gemäß Studienlage sind rund 75 % der familienpsychologischen Gutachten man-gelhaft und somit anfechtbar", wenn sich die „Studienlage" nur in einer einzigen, zudem nicht veröffentlichten und dem Werbenden nicht einmal bekannten Studie erschöpft (OLG Karlsruhe WRP 2023, 477).

bb) Wissenschaftliche Beiträge. Bei wissenschaftlichen Beiträgen lässt sich häufig **nicht**   **1.163** **zuverlässig ermitteln,** ob die dort enthaltenen Aussagen und Ergebnisse **richtig sind oder nicht.** Wird gegenüber Fachkreisen mit derartigen wissenschaftlichen Beiträgen geworben (zB von einem pharmazeutischen Unternehmen in der Werbung gegenüber Fachkreisen mit einer medizinischen oder pharmazeutischen Vergleichs- oder Äquivalenzstudie), kommt es für die Frage der Irreführung in erster Linie darauf an, ob der fragliche Beitrag **wissenschaftlichen Anforderungen genügt.** Ist die Arbeit oder die Versuchsreihe, über die berichtet wird, nach wissenschaftlichen Maßstäben nicht zu beanstanden, trifft das Unternehmen, das den Beitrag zu Werbezwecken verbreitet, **kein Vorwurf der Irreführung.** Werden dagegen in dem Beitrag Umstände unberücksichtigt gelassen, die nach wissenschaftlichen Maßstäben in die Unter-suchung hätten einfließen müssen, ist in der Verwendung einer solchen – wissenschaftlich unzulänglichen – Arbeit idR eine irreführende Werbung nach § 5 oder nach § 3 HWG zu sehen. Dazu iE → Rn. 2.220 ff.

cc) Werbung mit Meinungsumfragen. Wird in einer Werbung für Motorräder bei Ver-   **1.164** öffentlichung einer Meinungsumfrage als Quelle ein Fachzeitschriften-Verlag genannt, nimmt der Verkehr an, dass der Verlag die Befragung neutral durchgeführt hat und jedenfalls **keine finanziellen Zusammenhänge** zwischen der Befragung und dem werbenden Unternehmen bestehen (OLG Hamburg WRP 1979, 317). Zweifel an der Objektivität eines Tests oder einer **Kundenbefragung** können sich ergeben, wenn (etwa mit Hilfe von Werbung) auf das Abstim-mungsverhalten der Befragten oder das Abstimmungsergebnis Einfluss genommen werden soll (vgl. BGH GRUR 2022, 925 Rn. 22 – Webshop Awards (Irreführung verneint)). Ferner wird der Leser – ohne gegenteiligen Hinweis – annehmen, dass die **Ergebnisse der Umfrage aktuell** sind. Das wurde in einem Fall der Veröffentlichung der Umfrageergebnisse über Eigenschaften und Image eines Motorrades verneint, weil zwischen dem Abschluss der Auswertung und der Veröffentlichung der Daten ein Jahr lag, seit Beginn der Erhebung sogar anderthalb Jahre verstrichen waren (OLG Hamburg WRP 1979, 317).

b) Empfehlungen. aa) Grundsatz. Auch wer mit **Empfehlungs- und Anerkennungs-**   **1.165** **schreiben** wirbt, macht damit die Angaben des Dritten zu seinen eigenen. Er muss sie wettbewerbsrechtlich **in vollem Umfang vertreten;** sonst wäre dem Missbrauch Tür und Tor geöffnet. Äußerungen Dritter wirken in der Werbung objektiv und werden daher, falls nicht rein geschmackliche Fragen Gegenstand der Beurteilung sind, nicht nur ernst genommen, sondern im Allgemeinen höher bewertet als die eigenen Äußerungen des Werbenden. Sind sie geeignet, durch ihren Inhalt über das Angebot oder die geschäftlichen Verhältnisse des Werbenden irrezuführen, liegt ein Verstoß gegen § 5 vor. Für die Frage der Irreführung ist es ohne Belang, ob der Dritte der Verwendung etwa eines Dank- und Empfehlungsschreibens in der Werbung zugestimmt hat. – Zu **Kundenbewertungen im Internet** → Rn. 2.153a.

1.166   **bb) Bezahlte Empfehlungen.** Wird mit Kundenempfehlungen und anderen Referenzschreiben geworben, darf das Urteil des Kunden grds. **nicht erkauft** sein. Die **Verwendung bezahlter Zuschriften** ist unzulässig, wenn auf die Bezahlung nicht ausdrücklich hingewiesen wird (OLG Hamburg GRUR 1979, 246 (248)). Dies gilt auch für bezahlte **Kundenbewertungen** im Internet (OLG Frankfurt WRP 2019, 1041 und GRUR-RR 2021, 124; → Rn. 2.153a). Etwas anderes gilt nur dann, wenn es sich um **Empfehlungen Prominenter** (zB Sportler oder Schauspieler) handelt, bei denen der Verkehr damit rechnet, dass sie sich idR nicht mit der unentgeltlichen Verwendung ihres Namens oder gar Bildes für Werbezwecke einverstanden erklären werden. – Der Kunde, der die Empfehlung ausspricht, muss in seinem Urteil frei und unabhängig gewesen sein. Unbedenklich ist es allerdings, wenn ihn der Werbende zur Äußerung aufgefordert hat (Semler WRP 1979, 524 (526)). Zu weit geht es, die genaue Angabe des Namens und der Anschrift des Verfassers zu verlangen, weil dadurch der Kunde bloßgestellt werden kann; es genügt, dass Interessenten auf Wunsch die Zuschriften vorgelegt und Name und Adresse genannt werden. Ebenfalls zu weit geht es, **Empfehlungen von anonym bleibenden Kunden** generell für unzulässig zu erachten (so aber Baumbach/Hefermehl, Wettbewerbsrecht, 22. Aufl. 2001, § 3 Rn. 84). Grund für ein solches Verbot könnte nur die Missbrauchsgefahr sein. Diese fehlende Überprüfbarkeit kennt aber auch der Verkehr und misst deswegen derartigen Empfehlungen eine geringere Bedeutung bei. – Auch die **Empfehlung einer Instituton** darf nicht erkauft sein, es sei denn, der Verkehr rechnet von vornherein mit der Entgeltlichkeit. So ist es als irreführend untersagt worden, dass ein Sportartikelhersteller mit den herausgehobenen Aussagen **„Der DFB empfiehlt PUMA"** „PUMA Offizieller Lizenznehmer des (DFB)" geworben hatte (OLG Hamburg GRUR 1986, 550).

1.167   **cc) Gütesiegel.** Ein **Gütesiegel** oder **Prüfzeichen** bietet aus der Sicht des Verkehrs die Gewähr, dass ein mit ihm gekennzeichnetes Produkt bestimmte, für die Güte und Brauchbarkeit der Ware als wesentlich angesehene Eigenschaften aufweist (BGH GRUR 2016, 1076 Rn. 39 – LGA tested; GRUR 2020, 299 Rn. 26 – IVD-Gütesiegel). Das Verkehrsverständnis geht dahin, dass ein **neutraler Dritter mit entsprechender Kompetenz** die beworbene Ware nach **objektiven und aussagekräftigen Kriterien** auf die Erfüllung von Mindestanforderungen geprüft hat und die Einhaltung der Vergabebedingungen **fortlaufend überwacht** (BGH GRUR 2020, 299 Rn. 26 – IVD-Gütesiegel; OLG Düsseldorf WRP 2020, 1458). Die Festlegung der Prüfkriterien liegt grds. in der **autonomen Entscheidung der vergebenden Stelle;** sie kann jedoch im gerichtlichen Verfahren um die Irreführung daraufhin überprüft werden, ob der Vergabe im Einzelfall **sachgerechte Kriterien** (etwa anerkannte technische Standards oder Normierungen der betroffenen Produktsparte) zugrunde liegen (BGH GRUR 2020, 299 Rn. 32 – IVD-Gütesiegel). An der früher maßgeblichen Orientierung an den strengen RAL-Grundsätzen (vgl. BGH GRUR 1991, 552 (553 f.) – TÜV-Prüfzeichen) hält der BGH insoweit nicht fest (BGH GRUR 2020, 299 Rn. 32 – IVD-Gütesiegel). Die **Neutralität** einer Prüfeinrichtung wird nicht dadurch in Frage gestellt, dass für die Prüfung eine **angemessene Gebühr** zu zahlen ist (BGH GRUR 2020, 299 Rn. 32 – IVD-Gütesiegel). Für die Beurteilung einer Irreführung nach diesen Maßstäben ist **irrelevant,** dass ein Verband ein Gütesiegel **ausschließlich an seine Mitglieder** vergibt (BGH GRUR 2020, 299 Rn. 32 – IVD-Gütesiegel).

1.167a   Wird von einem gewerblichen Unternehmen ein **„Gütesiegel"** an Unternehmen der Touristik-Branche verliehen, so verstößt dies daher gegen §§ 3, 5, wenn die Seriosität des jeweils geprüften Touristik-Unternehmens **nicht von einem neutralen Dritten,** sondern von einem von dem verleihenden Unternehmen beauftragten Steuerberater festgestellt wird (OLG Frankfurt GRUR 1994, 523 – auch abstellend auf die Zahlung einer Lizenzgebühr, die, sofern sie angemessen ist, nach heutiger Sichtweise einer Irreführung allerdings nicht entgegensteht; → Rn. 1.167). – Als irreführend ist es auch angesehen worden, für die Vergabe einer **„Auszeichnung der Europäischen Wirtschaftskammer Brüssel"** zu werben, wenn dieses Gütesiegel nicht auf anerkannten und veröffentlichten Gütebedingungen beruht (LG Dresden WRP 2000, 662). Entsprechendes gilt für ein firmeneigenes „Bio-Zeichen", das als Gütesiegel verwendet wird (LG München I WRP 2021, 829; OLG München WRP 2022, 494). – Die Werbung mit dem Gütesiegel „Wir unterstützen keine Kinderarbeit" setzt geeignete Kontroll-maßnahmen hins. der Produktion der eigenen Waren voraus. Findet eine solche Kontrolle nicht statt, ist die Werbung irreführend (LG Stuttgart WRP 2006, 1156 Ls.). – Ein Fall der irreführen-den Werbung mit Gütezeichen ist in Anh. Nr. 2 zu § 3 III geregelt (→ Anh. § 3 Rn. 2.1 ff.). – Zur Werbung mit Testergebnissen → Rn. 2.280 ff.

dd) Besondere Bestimmungen. Auf dem Gebiete des **Heilwesens** ist es nach § 11 I Nr. 11   **1.168** HWG verboten, außerhalb der Fachkreise mit nicht fachlichen Äußerungen Dritter, insbes. mit Dank-, Anerkennungs- oder Empfehlungsschreiben, oder mit Hinweisen auf solche Äußerungen zu werben, wenn diese in missbräuchlicher, abstoßender oder irreführender Weise erfolgen. Das Verbot erstreckt sich dagegen **nicht auf die Werbung gegenüber Fachkreisen.** Die Anzeige von Kundenbewertungen in einem Angebot auf einem Online-Marktplatz, die sich der Anbieter nicht zu eigen macht, sind keine Empfehlungen iSv § 11 I Nr. 11 HWG (BGH GRUR 2020, 543 Rn. 13–17 – Kundenbewertungen auf Amazon).

c) Belobigungen, Zeugnisse. Auch wenn ein Kaufmann mit **fremden Äußerungen** – zB   **1.169** dem Bericht eines Verbandsvorsitzenden, einer Stellungnahme im Fachschrifttum, einer Presse-notiz – wirbt, macht er sich diese Äußerungen zu Eigen. Er verwendet sie mit dem Ziel, das eigene Unternehmen zu fördern, also im Rahmen einer geschäftlichen Handlung (§ 2 I Nr. 2), und muss sie daher auch vertreten. Dem steht nicht entgegen, dass die fremden Meinungen, die der Werbende aufgreift, ihrerseits nicht in Wettbewerbsförderungsabsicht geäußert worden sind.
Irreführend kann der Hinweis eines **Kfz-Sachverständigen** sein, von seinem Berufsverband   **1.170** als Sachverständiger **anerkannt** zu sein, wenn dadurch der irrige Eindruck entsteht, dass es sich um einen bes. geprüften und qualifizierten Fachmann handelt, der seine Mitbewerber in bes. Weise übertrifft (BGH GRUR 1984, 740 – Anerkannter Kfz-Sachverständiger; → Rn. 4.161). Als irreführend untersagt worden ist eine Werbung für skandinavische Möbel mit dem sog „Möbelfakta-Anhänger" des staatlichen Schwedischen Möbelinstituts, weil zu befürchten ist, dass ein erheblicher Teil des Verkehrs in dem „Möbelfakta"-Anhänger eine Art auf spezieller Werkstückprüfung beruhenden Garantieschein erblickt (OLG Düsseldorf GRUR 1980, 863 (864)). – Bewirbt ein Verkäufer von Autozubehör, insbes. von Tuningteilen, den Verkauf von Seitenschwellern und Stoßstangen mit dem Hinweis **„mit Materialgutachten",** werden viele Käufer annehmen, es handele sich um ein „Teilegutachten", mit dessen Hilfe die erforderliche Betriebserlaubnis erlangt werden kann. Werden sie in dieser Erwartung getäuscht, ist die Wer-bung irreführend (OLG Düsseldorf WRP 2005, 1309).

D. Geschäftliche Relevanz der Irreführung

Schrifttum: Alexander, Grundfragen des neuen § 3 UWG – Systematik, Anwendungsbereich, Abgren-zungen: Verbraucherbezogenes und unternehmensbezogenes Lauterkeitsrecht, WRP 2016, 411; V. Deutsch, Der Einfluss des europäischen Rechts auf den Irreführungstatbestand des § 3 UWG – Gedanken zum Verbraucher-Leitbild und zur Relevanz bei Täuschungen, GRUR 1996, 541; Gloy, Geografische Herkunfts-angaben, wettbewerbsrechtliche Relevanz und klarstellende Zusätze, FS Piper, 1996, 543; Helm, Die Bagatellklausel im neuen UWG, FS Bechtold, 2006, 155; Henning-Bodewig, Relevanz der Irreführung, UWG-Nachahmungsschutz und die Abgrenzung Lauterkeitsrecht/IP-Rechte, GRUR-Int. 2007, 986; Klette, Zur Relevanz der Herkunftstäuschung im Wettbewerbsrecht, NJW 1986, 359; Köhler, Die „Bagatellklausel" in § 3 UWG, GRUR 2005, 1; Köhler, Zur richtlinienkonformen Auslegung und Neuregelung der „Bagatell-klausel" in § 3 UWG, WRP 2008, 10; Köhler, Zur „geschäftlichen Relevanz" unlauterer geschäftlicher Handlungen gegenüber Verbrauchern, WRP 2014, 259; Köhler, Zum „Bagatellverstoß" im Lauterkeitsrecht, WRP 2020, 1378; Lettl, Die geschäftliche Relevanz nach §§ 3 Abs. 2, 3a, 4a Abs. 1, 5 Abs. 1 S. 1 und 5a Abs. 1, Abs. 2 S. 1 Nr. 2 UWG, WRP 2019, 1265; Sack, Die relevante Irreführung im Wettbewerbsrecht, WRP 2004, 521; Sack, Immanente Schranken des Irreführungsverbots, FS Köhler, 2014, 555; Sack, Irrefüh-rungsverbot und Interessenabwägung in der deutschen Rechtsprechung, GRUR 2014, 609; Scherer, Die „wesentliche Beeinflussung" nach der Richtlinie über unlautere Geschäftspraktiken, WRP 2008, 708; Wuttke, Neues zur wettbewerbsrechtlichen Relevanz und Interessenabwägung bei der irreführenden Wer-bung, WRP 2003, 839.

I. Grundlagen

1. Grundsatz

1.171 Nach seinem **Schutzzweck** soll das Irreführungsverbot nach §§ 3, 5 eingreifen, wenn eine Angabe über Eigenschaften der angebotenen Waren oder Leistungen, über den Anlass des Angebots und generell über die geschäftliche Verhältnisse **geeignet** ist, bei einem erheblichen Teil der umworbenen Verkehrskreise irrige Vorstellungen über das Angebot hervorzurufen und die zu treffende Marktentschließung **in wettbewerblich relevanter Weise** zu beeinflussen (Begr. RegE zu § 5, BT-Drs. 15/1487, 19; BGH GRUR 1995, 125 (126) – Editorial I; GRUR 1995, 610 (611) – Neues Informationssystem; GRUR 1998, 1043 (1044) – GS-Zeichen; GRUR 2001, 239 (241) – Last-Minute-Reise; GRUR 2004, 162 (163) – Mindestverzinsung; GRUR 2003, 628 (630) – Klosterbrauerei; GRUR 2004, 437 (438) – Fortfall einer Herstellerpreisempfehlung; GRUR 2016, 1073 Rn. 27 – Geo-Targeting; GRUR 2018, 431 Rn. 30 – Tiegelgröße; GRUR 2019, 631 Rn. 67 – Das beste Netz). **Einerseits genügt** also die **Eignung;** eine tatsächliche Beeinflussung der Marktentscheidung – im Allgemeinen handelt es sich um eine Kaufentscheidung – ist nicht erforderlich (→ Rn. 1.52); **andererseits** tritt zur Irreführung das das Merkmal der **geschäftlichen Relevanz** (zur früheren Rechtslage vgl. BGH GRUR 2009, 888 Rn. 18 – Thermoroll). Das lauterkeitsrechtliche Irreführungsverbot schützt die Wahrheit in der Werbung nicht zweckfrei. Es soll nur eingreifen, wenn die **Verletzung des Wahrheitsgebots** die geschäftlichen Entscheidungen der Marktteilnehmer und damit letztlich **die Funktionen des Wettbewerbs berührt** (BGH GRUR 1991, 852 (855) – Aquavit; GRUR 1995, 125 (126) – Editorial I; GRUR 1998, 949 (951) – D-Netz-Handtelefon; GRUR 2000, 914 (915) – Tageszulassung II). Dies sicherzustellen ist Aufgabe des Merkmals der geschäftlichen Relevanz.

2. Relevanzmerkmal im Gesetzestext

1.172 Dass nur die **wettbewerblich relevante Irreführung** verboten ist, ließ sich dem Wortlaut des § 3 UWG 1909 nicht entnehmen. In § 5 UWG 2008 kam dies nur versteckt zum Ausdruck, indem auf die Relevanz der durch positives Tun begangenen Irreführung aus der Regelung des § 5a I über die Irreführung durch Unterlassen zurückgeschlossen werden konnte (→ 34. Aufl. 2016, Rn. 2.170). **§ 5 I** (vormals § 5 I 1 UWG 2015) trägt Art. 6 I UGP-RL Rechnung und sieht vor, dass eine unlautere Irreführung vorliegt, wenn sie geeignet ist, den Verbraucher **zu einer geschäftlichen Entscheidung zu veranlassen, die er andernfalls nicht getroffen hätte.**

3. Weitergehender Schutzzweck der Werbe-RL

1.173 **Bemerkenswert** an der Formulierung in Art. 2 lit. b Werbe-RL ist, dass sie **über das hinausgeht,** was im deutschen Recht traditionell unter dem Merkmal der Relevanz verstanden wird. Im deutschen Recht wird zwar immer wieder betont, dass das Verbot der irreführenden Werbung der Wahrung der schützenswerten Interessen der anderen Marktteilnehmer diene, seien es die Verbraucher oder seien es die Mitbewerber (BGH GRUR 1995, 125 (126) – Editorial I; GRUR 1998, 949 (951) – D-Netz-Handtelefon; GRUR 2001, 239 (241) – Last-Minute-Reise); dagegen wird das Relevanzmerkmal im deutschen Recht **allein auf die geschäftliche Entscheidung der Marktgegenseite** bezogen. Die Werbe-RL lässt es im Gegensatz dazu **als alternatives** (nicht kumulatives) **Merkmal** ausreichen, dass „die … Täuschung … einen Mitbewerber schädigt oder zu schädigen geeignet ist". Normalerweise spielt dieser zusätzliche Gesichtspunkt keine Rolle, weil das eine (die Täuschung über ein Leistungsmerkmal) mit dem anderen (der Beeinträchtigung des Mitbewerbers) Hand in Hand geht. Doch es gibt zumindest die eine oder andere Fallkonstellation, in der das **für die Auslegung des deutschen Rechts maßgebliche weite Verständnis der Richtlinie** eine entscheidende Bedeutung haben kann (→ Rn. 1.194, → Rn. 1.198).

II. Standort der Relevanz im Tatbestand der irreführenden geschäftlichen Handlung

1.174 Auch wenn die Relevanz üblicherweise als **eigenständiges Merkmal des Irreführungstatbestands** verstanden wird, ist sie doch Bestandteil des Merkmals der wettbewerblich relevanen Irreführung. Die Ermittlung der Fehlvorstellung, die sich im Verkehr auf Grund einer bestimmten Angabe bildet (Irreführung im engeren Sinne), ist also immer nur der erste Schritt auf dem Weg zur Feststellung einer relevanten Irreführung (→ Rn. 1.96). Auch die Ermittlung der **Irreführungsquote** (→ Rn. 1.94 ff.) ist dementsprechend ein **zweistufiger Prozess,** dessen erste Stufe die Feststellung der Fehlvorstellung und dessen zweite Stufe die gesondert zu ermittelnde wettbewerbliche Erheblichkeit dieser Fehlvorstellung umfasst.

Das **Quorum,** das für das Eingreifen des Irreführungsverbots zu erfüllen ist, betrifft immer die   **1.175** **wettbewerblich relevante Irreführung,** also das Ergebnis der zweistufigen Prüfung. Von der wettbewerblichen Relevanz hängt ab, um wie viel das Ergebnis der zweiten Stufe unterhalb des Ergebnisses der ersten Stufe liegt. Bei hoher Relevanz – wenn über einen für die Marktentscheidung wichtigen Faktor wie den Preis getäuscht worden ist – ist die Quote der Verbraucher, die wettbewerblich relevant irregeführt worden sind, genauso hoch wie die Fehlvorstellungsquote. In anderen Fällen kann das Ergebnis der zweiten Stufe deutlich niedriger liegen, wenn etwa die Fehlvorstellung ein Merkmal betrifft, das für viele Verbraucher ohne Bedeutung für die Kaufscheidung ist (→ Rn. 1.177 ff.). In keinem Fall kann das Ergebnis der zweiten Stufe über dem der ersten Stufe liegen, weil bei der Beurteilung der Relevanz nur diejenigen Verkehrskreise berücksichtigt werden dürfen, bei denen die beanstandete Werbung eine Fehlvorstellung ausgelöst hat (BGH GRUR 1991, 852 (855) – Aquavit; GRUR 1993, 920 – Emilio Adani II; GRUR 2016, 1073 Rn. 32 f. – Geo-Targeting; → Rn. 1.96). Denn wer Richtiges annimmt, kann durch Unrichtiges nicht beeinflusst werden (BGH GRUR 1987, 535 (537) – Wodka „Woronoff").

III. Übersicht über die Anwendungsbereiche

1. Irreführung über negative Leistungsmerkmale

Wie unverzichtbar das **Merkmal der Relevanz** für die logische Struktur des Irreführungs-   **1.176** tatbestands ist, zeigt sich schon daran, dass ohne dieses Merkmal auch die **für den Werbenden nachteiligen Irreführungen** ebenfalls unter das Verbot fielen. **Beispiele:** Die Preisempfehlung des Herstellers, von der sich der eigene Preis von 499 EUR vorteilhaft absetzen soll, ist versehentlich mit 459 EUR statt mit 549 EUR angegeben; der unkundige Verkäufer macht aus dem Ledersofa ein Kunstledersofa; in das Regal, in dem die Ware mit abgelaufenem Mindesthaltbarkeitsdatum zu herabgesetzten Preisen angeboten wird, sind versehentlich auch Artikel mit noch laufendem Haltbarkeitsdatum gelangt. Allerdings ist dieser Anwendungsbereich des Relevanzmerkmals eher theoretischer Natur, weil niemand auf die Idee käme, aus einem solchen Missgeschick lauterkeitsrechtliche Ansprüche herleiten zu wollen.

2. Irreführung über positive Leistungsmerkmale

Dem Anwendungsbereich ohne praktische Bedeutung steht der **Normalfall der Irreführung**   **1.177** gegenüber, bei dem über das Vorliegen positiver Leistungsmerkmale getäuscht wird. Dies sind die **klassischen Irreführungsfälle,** die jedoch wegen der unterschiedlichen Bedeutung für das Relevanzkriterium in zwei Untergruppen zu gliedern sind: **(1)** Zum einen gehören hierher die Fälle, in denen sich die rechtliche Erheblichkeit der durch die Werbung erzeugten Fehlvorstellung von selbst ergibt, weil der **Gegenstand der Täuschung für die Marktentscheidung von zentraler Bedeutung** ist. **Beispiele:** Die Preisempfehlung des Herstellers ist in der Werbung mit 599 EUR statt mit 549 EUR angegeben (→ Rn. 3.95); das Kunstledersofa wird als Ledersofa angepriesen; die Ware mit abgelaufenem Mindesthaltbarkeitsdatum wird zwischen die ordnungsgemäße Ware sortiert (→ Rn. 2.109). Hier spielt das Relevanzmerkmal praktisch keine Rolle, weil es schon mit der Irreführung notwendig erfüllt ist (→ Rn. 1.182). **(2)** Zum anderen sind die Fälle zu nennen, in denen über eine Eigenschaft getäuscht wird, die – bei Licht besehen – eine **rationale Marktentscheidung** eigentlich **nicht beeinflussen müsste. Beispiele:** Die als Lübecker Marzipan angebotene Köstlichkeit ist nicht in Lübeck, sondern in Bad Oldesloe hergestellt worden; die „Klosterbrauerei", aus der das – unstreitig – qualitativ hoch stehende Bier kommt, kann entgegen den Angaben in der Werbung nicht auf eine jahrhundertealte mönchische Brautradition zurückblicken, sondern ist erst vor fünfzehn Jahren gegründet worden; ein Steuerberater führt den Doktortitel einer ausländischen Universität, den er – wie es für die Führung im Inland erforderlich gewesen wäre – nicht hat nostrifizieren lassen (→ Rn. 1.183 ff.).

3. Irreführung über ambivalente Leistungsmerkmale

1.178   Eine weitere Fallkonstellation widersetzt sich der oben vorgenommenen Einteilung danach, ob die erzeugte Fehlvorstellung ein positives oder ein negatives Merkmal betrifft. Es handelt sich hier um Fälle, in denen über das Vorliegen eines **ambivalenten Leistungsmerkmals** irregeführt wird, dessen an sich **negative Eigenschaften** aus der Sicht der Verbraucher **durch die damit verbundenen Preisvorteile kompensiert** werden. **Beispiele:** Der Porzellanhersteller, der seine Ware 1. Wahl nur schleppend absetzt, geht dazu über, Ware 1. Wahl als Ware 2. Wahl zu deklarieren und sie im Rahmen des bes. gut laufenden Sonderverkaufs verbilligt, aber immer noch auskömmlich abzugeben; der Kaufmann, der wegen Umbau sein gesamtes Lager räumt, schiebt nachgekaufte Ware nach, um die große Nachfrage bedienen zu können (§ 8 V Nr. 2 aF); das Reisebüro, das ausschließlich Last-Minute-Reisen im Angebot hat, geht dazu über, unter dieser Bezeichnung auch Reisen anzubieten, die nicht kurzfristig angetreten werden müssen (vgl. BGH GRUR 2000, 239 – Last-Minute-Reise; → Rn. 1.192 ff.).

4. Irreführung, die nur zu einem Anlockeffekt führt

1.179   Schließlich ist ein weiterer Bereich zu nennen, bei dem es entscheidend auf die **Relevanz ankommt.** Dies sind die Fälle, in denen zwar zunächst über ein positives Leistungsmerkmal getäuscht, die erzeugte Irreführung aber noch vor einer eventuellen Kaufentscheidung beseitigt wird, so dass **nur die Anlockwirkung** bleibt. **Beispiele:** Das in der Zeitung beworbene bes. attraktive Sonderangebot ist schon am selben Tag ausverkauft, was der Kunde notgedrungen feststellt, bevor er ein anderes – möglicherweise teureres – Produkt erwirbt (Anh. Nr. 5 zu § 3 III; → Anh. § 3 Rn. 5.1 ff.); der Kunde erfährt im Geschäft, dass die Ware entgegen der Ankündigung in der Werbung nicht 79 EUR, sondern 99 EUR kostet; erst im Zuge der Aufnahme der Bestellung stellt sich heraus, dass der in der Zeitung beworbene parallel importierte VW Golf anders als die für den Vertrieb im Inland gebauten Fahrzeuge nicht serienmäßig mit einer Klimaanlage ausgerüstet ist (zum Merkmal der Relevanz in diesen Fällen → Rn. 1.195 ff.).

IV. Anwendung im Einzelnen

1. Überblick

1.180   Die Darstellung der **Anwendung des Relevanzkriteriums** folgt der oben (→ Rn. 1.176 ff.) vorgenommenen Einteilung. Der erste Anwendungsbereich, die Irreführung über negative Leistungsmerkmale, ist freilich – wie erwähnt – ohne praktische Bedeutung und bedarf daher keiner gesonderten Erörterung.

1.181   Zu beachten ist, dass idR **auf Grund des Hervorrufens einer Fehlvorstellung** auf die wettbewerbsrechtliche **Relevanz der Irreführung geschlossen** werden kann (BGH GRUR 2008, 443 Rn. 29 – Saugeinlagen; GRUR 2019, 1202 Rn. 23 – Identitätsdiebstahl I). Diese Regel wird durchbrochen, wenn über Umstände getäuscht worden ist, die für das Marktverhalten der Gegenseite nur eine unwesentliche Bedeutung haben (vgl. BGH GRUR 2007, 1079 Rn. 26 – Bundesdruckerei; GRUR 2018, 950 Rn. 43 – Namensangabe).

2. Irreführung über positive Leistungsmerkmale

1.182   **a) Irreführung über Merkmale von zentraler Bedeutung.** In den meisten Fällen, in denen das Irreführungsverbot in der Praxis angewendet wird, betrifft die Irreführung **Merkmale** der angebotenen Waren oder Leistungen, die für die Marktgegenseite **von zentraler Bedeutung** sind: Die Zusammensetzung von Textilien, die umweltschonende Erzeugung von Gemüse, die Füllmenge in Verkaufsbehältnissen sind durchweg Eigenschaften, die stets geeignet sind, die Kaufentscheidung zu beeinflussen. In solchen Fällen entspricht der Anteil derjenigen Verbraucher, die einer Fehlvorstellung erliegen, dem Anteil der relevant Irregeführten. Dann kann **aus der Feststellung der Irreführung** eines erheblichen Teils der Verbraucher idR geschlossen werden, dass eine **Werbeangabe wettbewerbsrechtlich relevant** ist, so dass es keiner gesonderten Beweiserhebung über die Relevanz irreführender Vorstellungen bedarf (BGH GRUR 1991, 215 – Emilio Adani I; GRUR 1991, 852 (855) – Aquavit; GRUR 1993, 920 – Emilio Adani II; dazu Spätgens EWiR 1993, 923).

1.183   **b) Irreführung über Merkmale von marginaler Bedeutung. aa) Grundsatz.** Die Regel, nach der von der Feststellung der Irreführung eines erheblichen Teils der angesprochenen

Verkehrskreise auch auf die Relevanz geschlossen werden kann (→ Rn. 1.181), ist bereits außer Kraft gesetzt, sobald **begründete Zweifel an der Relevanz** der Fehlvorstellung bestehen. Ihnen muss nachgegangen werden, auch wenn die Fehlvorstellung eines beachtlichen Teils des Verkehrs bereits feststeht. Derartige Zweifel stellen sich nicht, wenn es **nach der Lebenserfahrung** naheliegt, dass die erzeugte Fehlvorstellung für die Kaufentscheidung eines nicht unbeachtlichen Teils des Verkehrs von Bedeutung ist (BGH GRUR 1995, 125 (126) – Editorial I; GRUR 1998, 949 (951) – D-Netz-Handtelefon; GRUR 2000, 914 – Tageszulassung II). Anders verhält es sich, wenn die **Umstände,** über die getäuscht worden ist, erfahrungsgemäß **für die Marktentscheidung eine unwesentliche Bedeutung** haben (BGH GRUR 2007, 247 Rn. 34 – Regenwaldprojekt I; GRUR 2007, 1079 Rn. 26 – Bundesdruckerei; GRUR 2008, 443 Rn. 29 – Saugeinlagen; GRUR 2018, 950 Rn. 43 – Namensangabe).

Ist der Schluss von der Fehlvorstellung auf die Relevanz versperrt, bedeutet dies aber nicht, **1.184** dass die Relevanz in jedem Fall **durch Verkehrsbefragung** festgestellt werden muss. Auch hier ist es dem Richter grds. möglich, auf Grund eigener Sachkunde zu entscheiden, falls ihm die eigene (Lebens-)Erfahrung hierfür eine tragfähige Grundlage bietet (→ Rn. 1.232 ff.). Außerdem kann das **Verhalten des Werbenden selbst** einen Anhaltspunkt für die Relevanz geben. Stellt ein Hersteller in seiner Werbung ein eher nebensächliches Merkmal groß heraus, deutet die Bedeutung, die er selbst diesem Merkmal einräumt, darauf hin, dass dem auch ein **korrespondierendes Verbraucherinteresse** entspricht (BGH GRUR 1992, 66 (69) – Königl.-Bayerische Weisse mAnm Knaak; GRUR 2003, 628 (630) – Klosterbrauerei; GRUR 2009, 888 Rn. 20 f. – Thermoroll). Außerdem gilt auch hier, dass der Werbende eine **dreiste Lüge** nicht damit rechtfertigen kann, sie betreffe nur einen nebensächlichen Gesichtspunkt, der für die Marktentscheidung des Verbrauchers nicht von nennenswerter Bedeutung sei (→ Rn. 1.89, 1.103). **Beispiele:** Verlegt ein Unternehmen sein in der Werbung herausgestelltes Gründungsjahr von 1949 auf 1849, braucht keine Beweisaufnahme durchgeführt zu werden, um zu ermitteln, welche Bedeutung das Gründungsdatum für die Kaufentscheidung der Verbraucher hat. Wirbt ein Hersteller damit, dass sein LINIE-Aquavit in Sherry-Fässern in monatelanger Schiffsfahrt zweimal den Äquator passiert habe, darf der durch das Rollen der Wellen geförderte Reifeprozess nicht durch Ausfahrten auf der Nordsee oder in einem Simulator an Land bewirkt worden sein (vgl. BGH GRUR 1991, 852 (855) – Aquavit; in der Entscheidung ging es darum, ob der Aquavit – der Tradition des LINIE Aquavit entspr. – in hochkonzentriertem Zustand auf die Reise geschickt werden durfte; dies wurde bejaht).

bb) Alter und Tradition. Die angeführten Grundsätze erlauben idR den Schluss, dass eine **1.185** irreführende **Alters- und Traditionswerbung für die Marktentscheidung von Bedeutung** ist. Dabei muss es sich nicht um den ausschlaggebenden Gesichtspunkt handeln. Es reicht aus, wenn der Hinweis auf Alter und Tradition einen **positiven Einfluss auf die Kaufentscheidung** hat. Auch der verständige Verbraucher kann in seiner Kaufentscheidung maßgeblich durch Erwägungen beeinflusst werden, die sich einer rationalen Überprüfung entziehen. So stellt etwa für ein Bier eine Tradition als Hoflieferant, eine lange klösterliche Brautradition oder einfach nur das Alter der Brauerei ein **verstecktes Qualitätssignal** dar, das positive Assoziationen weckt und die Kaufentscheidung positiv beeinflussen kann (BGH GRUR 1992, 66 (69) – Königl.-Bayerische Weisse; GRUR 2003, 628 (630) – Klosterbrauerei; ferner OLG Hamburg WRP 1998, 76 betr. Darguner Klosterbrauerei; OLG Nürnberg GRUR-RR 2001, 61 betr. Kloster Dinkel; OLG Frankfurt GRUR-RR 2001, 67, betr. Eschweger Klosterbräu (Rev. nicht angenommen: BGH Beschl. v. 5.6.2003 – I ZR 181/00); OLG Dresden GRUR 1998, 171: „Seit 1460"). Auch hier gilt, dass die Betonung der Unternehmenstradition in der Werbung des Herstellers ein deutliches Indiz dafür ist, dass es sich um einen für die Kaufentscheidung relevanten Umstand handelt (→ Rn. 1.184).

cc) Geografische Herkunft. Solange der Schutz geografischer Herkunftsangaben allein dem **1.186** **wettbewerbsrechtlichen Irreführungsverbot** entnommen wurde, bestand Einigkeit darüber, dass einer Angabe über die geografische Herkunft einer Ware **in aller Regel** die **wettbewerbliche Relevanz nicht abgesprochen** werden kann. In solchen Angaben wurde generell ein **wesentliches werbliches Kennzeichnungsmerkmal** gesehen, das der Individualisierung der Ware, der Herstellung einer Beziehung zwischen der gekennzeichneten Ware einerseits sowie Qualitäts- und Preisvorstellungen der Kunden andererseits dient und das deshalb ein für die Kaufentscheidung des Verbrauchers **bedeutsamer Informationsträger** ist (vgl. BVerfGE 51, 193 (213) = GRUR 1979, 773 (777) – Weinbergsrolle; BGH GRUR 1965, 317 (318) – Kölnisch Wasser; GRUR 1981, 71 (73) – Lübecker Marzipan; GRUR 1982, 564 (566) – Elsässer

Nudeln; GRUR 1987, 535 (537) – Wodka „Woronoff"; GRUR 1995, 65 (66) – Produktionsstätte; GRUR 2016, 406 Rn. 22 – Piadina-Rückruf). Für das – nach neuerer Auffassung des BGH seiner Natur nach kennzeichenrechtliche – **Irreführungsverbot des § 127 I MarkenG** (→ Rn. 0.103 f., 2.246 f. mwN) hat der BGH in einigen Entscheidungen **auf das Relevanzkriterium generell verzichten** wollen (BGHZ 138, 138 (140) = GRUR 1999, 252 (254) – Warsteiner II; BGH GRUR 2001, 420 (421) – SPA), hat diese Dicta jedoch – offenbar unter dem Eindruck einer Bemerkung des Generalanwalts Jacobs in seinen Schlussanträgen im Fall „Warsteiner" vor dem EuGH (Slg. 2000, I-9187 – Warsteiner Brauerei, Nr. 63 der Schlussanträge v 25.5.2000) – in zwei späteren Entscheidungen wieder in Frage gestellt (BGH GRUR 2002, 160 (162) – Warsteiner III; GRUR 2002, 1074 (1076) – Original Oettinger; Frage offengelassen in BGHZ 209, 302 = GRUR 2016, 741 Rn. 34 – Himalaya Salz; vgl. auch BGH GRUR 2016, 406 Rn. 22 – Piadina-Rückruf).

1.187   Soweit das Irreführungsverbot nach § 3, 5 auf geografische Herkunftsangaben Anwendung findet (→ Rn. 2.248 ff.), ist als Regel davon auszugehen, dass der Verkehr dem **Herkunftshinweis wettbewerbliche Bedeutung** beimisst (BGHZ 209, 302 = GRUR 2016, 741 Rn. 34 – Himalaya Salz). So wird der Verkehr in relevanter Weise irregeführt, wenn das Bier, das in einer **„BY-Festhalle"** oder einem **„Bayerischen Biergarten"** ausgeschenkt wird, nicht in Bayern gebraut wurde (OLG Köln NJWE-WettbR 1997, 282). – Durch den **Zusatz „BW"** in der **Bezeichnung eines privaten Rundfunkanbieters** für seine Geschäftstätigkeit in Radiosendungen und Werbemitteln wird ein irreführender Eindruck über das Sendegebiet und damit über seine Werbekraft hervorgerufen, wenn das Verbreitungsgebiet des regionalen Senders relevante Teile des Landesgebiets nicht erfasst (OLG Karlsruhe GRUR-RR 2001, 320). – Salz, das nicht im Himalaya-Hochgebirgsmassiv, sondern einer pakistanischen Mittelgebirgskette abgebaut wird, darf nicht als **„Himalaya Salz"** bezeichnet werden (BGHZ 209, 302 = GRUR 2016, 741 Rn. 34 – Himalaya Salz).

1.188   **dd) Weitere Beispiele. (1) Relevanz bejaht.** Wegen der Bedeutung der **Werbung mit Preisen oder Preisvorteilen** für die Kaufentscheidung ist die Werbung mit einem um **5 % überhöhten Vergleichspreis** für ein nicht verschreibungspflichtiges Arzneimittel auch dann wettbewerblich relevant, wenn dieser Vergleichspreis lediglich für Krankenkassen gilt und für den Verbraucher nicht verfügbar ist, wenn letzterer dem Vergleich eine Aussage über die Günstigkeit des Angebots entnimmt (BGH GRUR 2016, 1070 Rn. 21 – Apothekenabgabepreis). – Ebenfalls wettbewerblich relevant ist die Werbung mit einer **nicht mehr bestehenden Herstellerpreisempfehlung** (BGH GRUR 2016, 961 Rn. 30 – Herstellerpreisempfehlung bei Amazon). – Relevant ist auch die Irreführung über Produkteigenschaften wie die **Füllmenge** einer Verpackung (BGH GRUR 2018, 431 Rn. 36 – Tiegelgröße) oder die **Sicherheit der Zinszahlung** bei einer Geldanlage (BGH GRUR 2018, 320 Rn. 27 ff. – Festzins Plus). – Wettbewerblich relevant ist ferner die während des Registrierungsvorgangs erfolgende Irreführung durch den Betreiber eines **sozialen Netzwerks im Internet über Art und Umfang der Datennutzung** (BGH GRUR 2016, 946 Rn. 85 – Freunde finden). Relevant ist auch die **falsche Namensangabe** des Anrufers bei einem Werbeanruf (BGH GRUR 2018, 950 Rn. 45 – Namensangabe). – Im Falle einer **Gesichtscreme** ist die Täuschung über die vorhandene **Produktmenge** relevant (BGH GRUR 2018, 431 Rn. 34 ff. – Tiegelgröße). – Täuscht der Veranstalter einer „Oldie-Nacht" eine **Kontinuität mit früheren ähnlichen Veranstaltungen** vor, führt dies zu einer wettbewerblich relevanten Irreführung des Verkehrs, den zwar nicht die Person des Veranstalters, sehr wohl aber die Frage interessiert, ob es sich um eine eingeführte Veranstaltung handelt (KG GRUR-RR 2002, 297). – Die werbliche Aussage der deutschen Vertriebsgesellschaft eines weltweit tätigen Automobilherstellers „Meistverkaufter Mini-Van: Weltweit über 6 Millionen Fahrzeuge" ist relevant irreführend, wenn die Verkaufszahl nicht den für den europäischen Markt hergestellten Fahrzeugtyp betrifft, sondern den Weltumsatz mit verschiedenen Fahrzeugmodellen (OLG Köln GRUR 1999, 360 – Rev. nicht angenommen: BGH Beschl. v. 8.7.1999 – I ZR 315/98). – Die werblichen Aussagen „Postbank Bausparen" und „Postbank Bausparen mit/bei W …" sind relevant irreführend, wenn die Möglichkeit des Bausparens bei der werbenden Bank tatsächlich nicht besteht, diese nur den Abschluss von Bausparverträgen mit einer konzessionierten Bausparkasse vermittelt (OLG Köln NJWE-WettbR 2000, 284).

1.189   Es ist relevant irreführend, eine **Auflistung von Deep Links auf fremde Publikationsangebote** im Internet als **„Ihre persönliche Tageszeitung"** zu bezeichnen (OLG Köln GRUR-RR 2001, 97 (101 f.); insoweit nicht in die Rev. gelangt, BGHZ 156, 1 = GRUR 2003,

958 – Paperboy). – Die Verwendung des Begriffs **„Diplom"** für das Abschlusszeugnis über die Teilnahme an der von einer privaten Schule vermittelten Ausbildung ua zum Fachkosmetiker, Ganzheitskosmetiker und medizinisch-kosmetischen Assistenten ist relevant irreführend (OLG Köln GRUR-RR 2003, 160). – Der **Vertrieb von Händlertestversionen eines Software-Programms** nach Entfernung der Hinweise „Nicht zum Wiederverkauf" und „Not for resale" einschließlich der dazugehörigen Barcodes stellt eine relevante Irreführung der Abnehmer dar, weil diesen verschwiegen wird, dass sie für diese Testversion keine Upgrades erwerben können, bestimmte Serviceleistungen nicht in Anspruch nehmen können und Weiterverkauf dadurch erheblich erschwert wird, dass nach dem Start des Programms auf dem Bildschirm die Einblendung „Not for resale" erscheint (OLG München GRUR 2000, 339). – Es ist relevant irreführend, wenn ein Unternehmen, dem nur eine Berechtigung an der Marke „Termorol" zusteht, sein Produkt mit **„Thermoroll®"** bezeichnet und damit zum Ausdruck bringt, Inhaber oder jedenfalls berechtigter Benutzer gerade dieser Marke zu sein (BGH GRUR 2009, 888 Rn. 21 – Thermoroll). Im Zweifel lassen sich in einem solchen Fall weitergehende Hinweise für die Relevanz finden, so auch im Fall „Thermoroll": Hier stritten sich zwei Unternehmen darum, wer von ihnen im Markt die Nachfolge eines dritten, in die Insolvenz gegangenen Unternehmens übernimmt, das seine Sonnenschutzrollos unter der Marke „Thermoroll" vertrieben hatte (BGH GRUR 2009, 888 Rn. 20 – Thermoroll). – Die Werbung für eine **aus recyceltem Plastik** hergestellte „Ocean Bottle", die den Eindruck erweckt, das Plastik stamme aus dem Meer, ist relevant irreführend, wenn das Plastik tatsächlich nicht aus dem Meer gefischt, sondern an in einiger Entfernung davon gelegenen Flußläufen und auf dem Land eingesammelt wurde (OLG Stuttgart WRP 2019, 509). – Die unzutreffende werbliche Behauptung, eine Rechtsanwältin sei ehrenamtlich in der **Vorstandsabteilung für Vermittlungen** der Rechtsanwaltskammer tätig, ist relevant, weil solche Tätigkeiten Engagement und Leistungsbereitschaft erkennen lassen und für eine Erfahrung im Bereich der Streitschlichtung sprechen (BGH GRUR 2021, 1422 Rn. 33, 35 – Vorstandsabteilung)

(2) Relevanz verneint. Ein Hersteller von **Skibindungen,** der die mit diesen Bindungen **1.190** erzielten Rennerfolge in der Werbung herausstellt, wirbt nicht relevant irreführend, weil er es unterlässt, darauf hinzuweisen, dass die von Rennläufern benutzten Bindungen über härtere Federn verfügen (BGH GRUR 1973, 206 (207) – Skibindungen mAnm U. Krieger). – Die Bezeichnung **„Möbelhallen"** für ein Einzelhandelsgeschäft in einem mehrstöckigen Geschäftshaus ist zwar irreführend, weil unter einer „Halle" ein größeres Gebäude verstanden wird, das im Wesentlichen aus einem einzigen hohen Raum besteht, die Irreführung ist jedoch nicht relevant, wenn in dem Haus ebenso viele Möbelstücke ebenso günstig und übersichtlich aufgestellt werden können wie in zwei Möbelhallen (OLG Stuttgart WRP 1983, 447). – Die Werbung in der Tageszeitung für ein importiertes Kraftfahrzeug führt nicht in relevanter Weise in die Irre, obwohl nicht darauf hingewiesen wurde, dass es sich um Fahrzeuge handelt, die vom Hersteller **nicht für die Erstauslieferung im Inland ausgerüstet** worden sind (BGH GRUR 1994, 228 – Importwerbung). – Die Kunden einer Apotheke werden nicht relevant irregeführt, wenn das mit Bild und Faksimile-Unterschrift des jeweiligen Apothekers versehene **Editorial einer Kundenzeitschrift,** mit dem die Kunden persönlich angesprochen werden („Liebe Leserin, lieber Leser …") **nicht vom Apotheker persönlich verfasst** worden ist (BGH GRUR 1995, 125 – Editorial I). – Eine **Anzeige für ein Nokia-Mobiltelefon** bewirkt keine relevante Irreführung, wenn im Ladengeschäft nur ein baugleiches Nokia-Gerät vorrätig ist, bei dem zusätzlich die Marken- und Typenbezeichnung der Telekom angebracht ist (BGH GRUR 1998, 949 (951) – D-Netz-Handtelefon). Im Falle einer **Gesichtscreme** ist allein die Täuschung über die vorhandene Produktmenge, nicht aber über die Größe des das Produkt enthaltenden Tiegels relevant, sofern nicht besondere Umstände vorliegen (BGH GRUR 2018, 431 Rn. 34 ff. – Tiegelgröße).

Wird ein Fahrzeug mit der Angabe **„Tageszulassung mit 0 km"** beworben, erkennt der **1.191** Verkehr, dass das fragliche Fahrzeug zwar für kurze Zeit auf einen Dritten zugelassen worden ist, gleichwohl aber uneingeschränkt neu ist. Wird nicht darüber aufgeklärt, dass die Zwischenzulassung nicht nur für einen Tag, sondern für sechs Tage bestand, handelt es sich jedenfalls nicht um eine relevante Irreführung (BGH GRUR 2000, 914 – Tageszulassung II; vgl. zu § 459 II BGB BGH NJW 2005, 1422). – Die **Werbung der Bahn für einen Sondertarif** (Guten-Abend-Ticket) ist nicht deshalb relevant irreführend, weil nicht hinzugesetzt ist, dass solche **Fahrkarten nur** während der üblichen Öffnungszeiten **am Schalter,** nicht dagegen im Rahmen einer Nachlösung im Zug erworben werden können (KG NJWE-WettbR 2000, 178). –

Die Vergabe einer Lizenz am Zeichen „**Der Grüne Punkt**" durch das Duale System für Verpackungen, die auf Grund derzeit bestehender technischer Unvollkommenheiten **nicht der Wiederverwertung, sondern dem Restmüll zugeführt** werden, kann nicht wegen Irreführung verboten werden. Soweit bes. umweltbewusste Verbraucher annehmen, derart gekennzeichnete Artikel würden, von Ausreißern abgesehen, generell und tatsächlich einer Wiederverwertung zugeführt, fehlt es an einer wettbewerbsrechtlich relevanten Täuschung, weil solche Verbraucherkreise nicht deshalb vom Erwerb der mit dem „Grünen Punkt" versehenen Waren Abstand nehmen würden (BGH GRUR 2004, 613 (614 f.) – Schlauchbeutel).

3. Irreführung über ambivalente Leistungsmerkmale

1.192   Wird mit der **negativen Eigenschaft** einer Ware oder Leistung geworben, die dem Verbraucher aber **gleichzeitig einen (Preis-)Vorteil** verheißt (im Rahmen einer Aktion für den Verkauf von Ware 2. Wahl wird einwandfreies Porzellan verkauft, im Rahmen des Räumungsverkaufs wegen eines Brand- oder Wasserschadens wird nachgeschobene Ware verkauft, als „Last-Minute-Reise" werden auch Reisen mit normaler Vorlaufzeit verkauft), besteht an der relevanten Irreführung immer dann kein Zweifel, wenn in Wirklichkeit der **angekündigte Preisvorteil nicht besteht** (→ Rn. 3.6). Umstritten ist dagegen, wie die Fälle zu beurteilen sind, in denen die einwandfreie Ware zum herabgesetzten Preis verkauft wird. Hier gilt der Grundsatz, dass mit einer irreführenden Angabe auch nicht für einen tatsächlich gebotenen Vorteil geworben werden darf (BGH GRUR 1958, 39 (40) – Rosenheimer Gummimäntel; GRUR 1960, 563 (565) – Sektwerbung; GRUR 1991, 852 (854) – Aquavit). Hier spielt eine Rolle, dass das Irreführungsverbot nicht allein die Marktgegenseite vor Nachteilen schützen soll. Es dient nicht zuletzt auch dem Schutz der Mitbewerber, deren Interessen beeinträchtigt werden, wenn die Verbraucher durch irreführende Angaben zur Konkurrenz gelockt werden (→ Rn. 1.173).

1.193   Nach diesem Grundsatz sind die Fälle dieser Fallgruppe zu lösen. Es liegt nicht nur eine **Irreführung** vor. Auch an der **Relevanz der Irreführung** fehlt es nicht, weil der vorgetäuschte Anlass (Notlage beim Räumungsverkauf) oder Nachteil (Ware 2. Wahl, keine längerfristige Planungsmöglichkeit bei Last-Minute-Reisen) ein **wesentlicher Umstand** ist, um die Verbraucher für dieses Angebot zu interessieren. Dass die Verbraucher sich bei diesem Geschäft nicht schlechter (sondern uU sogar besser) stehen, als wenn die Ankündigung wahr wäre, ändert an der Irreführung nichts (aA OLG Hamm GRUR 1986, 623 für den Fall des vorgetäuschten Räumungsverkaufs, bei dem die für einen Räumungsverkauf üblichen Preisvorteile gewährt werden; Baumbach/Hefermehl, Wettbewerbsrecht, 22. Aufl. 2001, § 3 Rn. 88a). Hat man im Schutz der Mitbewerber im Auge, ist das Ergebnis auch nicht unangemessen. Es soll vermieden werden, dass die **Nachfrageströme durch Täuschung umgelenkt** werden. Dies ist eine klassische Aufgabe des Irreführungsverbots.

1.194   Die Entscheidung „**Last-Minute-Reise**" des BGH möchte allerdings die **Relevanz der Werbung mit der Negativeigenschaft** („last minute") **verneinen,** wenn der **Preisvorteil** dem einer Last-Minute-Reise entspricht (BGH GRUR 2000, 239 (241) – Last-Minute-Reise). Es geht dabei um eine Fallkonstellation, bei der der BGH zweierlei unterstellt: Der Verkehr versteht den Begriff der Last-Minute-Reise in der Weise, dass zwischen Buchung und Reiseantritt maximal zwei Wochen liegen; bei den als „Last-Minute-Reisen" beworbenen Angeboten handelt es sich tatsächlich um bes. preisgünstige Reisen aus sonst nicht absetzbaren Restkontingenten. Es erscheint zweifelhaft, ob es hier tatsächlich – wie vom BGH angenommen – an der Relevanz der Irreführung mangelt; denn die Verbraucher befassen sich mit dem Angebot gerade deswegen näher, weil ihm eine – in Wirklichkeit nicht vorliegende – Eigenschaft zugesprochen wird. Hier gilt an sich der Grundsatz, dass mit irreführenden Angaben auch nicht für tatsächlich gebotene Vorteile geworben werden darf (→ Rn. 1.192). Aus der Sicht der Mitbewerber, zu deren Lasten die Nachfrage mit Mitteln der Täuschung umgeleitet wird, ist es auch nur ein schwacher Trost, dass den Verbrauchern letztlich kein Schaden entsteht. Im Übrigen ist es nach dem maßgeblichen Wortlaut der Werbe-RL (→ Rn. 1.173) für die Relevanz der Irreführung ausreichend, dass „die … Täuschung … einen Mitbewerber schädigt oder zu schädigen geeignet ist".

4. Irreführung, die nur zu einem Anlockeffekt führt

1.195   **a) Grundsatz.** Die **geschäftliche Entscheidung,** zu deren Veranlassung die iSv § 5 I relevante Irreführung geeignet ist, ist nach der Legaldefinition des § 2 I Nr. 1 jede Entscheidung eines Verbrauchers oder sonstigen Marktteilnehmers darüber, ob, wie und unter welchen Bedingungen er ein Geschäft abschließen, eine Zahlung leisten, eine Ware oder Dienstleistung behalten und abgeben oder ein vertragliches Recht im Zusammenhang mit einer Ware oder Dienstleistung ausüben will, unabhängig davon, ob der Verbraucher oder sonstige Marktteilnehmer sich entschließt, tätig zu werden. In der Rspr. des EuGH wird der Begriff der „geschäftlichen Entscheidung" iSd zugrundeliegenden Art. 2 lit. k UGP-RL, zu deren Vornahme der Verbraucher durch die Irreführung iSd Art. 6 I UGP-RL voraussichtlich veranlasst wird, **weit definiert**: erfasst ist nicht nur die Entscheidung über den Erwerb oder Nichterwerb eines Produkts, sondern auch damit unmittelbar zusammenhängende, aber **vorgelagerte Entscheidungen** wie insbesondere das **Betreten des Geschäfts** (EuGH GRUR 2014, 196 Rn. 36 – Trento Sviluppo; zum Nissan-Urteil des EuGH (Slg. 1992, I-131 Rn. 16 = WRP 1993, 233 – Nissan, dem (zu Unrecht) teilweise etwas anderes entnommen wird; → Rn. 0.22 f.) oder das **Aufsuchen eines Verkaufsportals im Internet** (BGH GRUR 2017, 1269 Rn. 19 – MeinPaket.de II). Nach diesen Maßgaben kann also auch eine Irreführung relevant sein, die lediglich einen **„Anlockeffekt"** bewirkt, selbst wenn es nicht zur endgültigen Marktentscheidung – etwa dem Kauf der Ware – kommt (so zB bei der Angabe eines zu niedrigen Preises in der Werbung, für den der Händler nach Bestellung des Kunden nicht lieferbereit ist, OLG Frankfurt WRP 2023, 209). Die Anlockwirkung, die – etwa aufgrund eines Blickfangs – lediglich zur näheren Befassung mit einer Werbeanzeige führt, ist allerdings noch nicht iSd § 5 I relevant, wenn es an einem unmittelbaren Zusammenhang mit einem Erwerbsvorgang fehlt (BGH GRUR 2015, 698 Rn. 20 – Schlafzimmer komplett; GRUR 2017, 922 Rn. 23 – Komplettküchen; BGHZ 231, 38 = GRUR 2021, 1400 Rn. 95 – Influencer I).

Ist die Irreführung geeignet, eine in diesem Sinne der endgültigen Marktentscheidung des **1.196** Verbrauchers vorgelagerte Entscheidung zu veranlassen, steht es der Annahme der Relevanz nicht entgegen, dass der Irrtum zum Zeitpunkt der endgültigen Marktentscheidung des zunächst getäuschten Verbrauchers bereits aufgeklärt ist (BGH GRUR 2016, 1073 Rn. 35 – GeoTargeting). Damit trägt das Irreführungsverbot dem wirtschaftlichen Umstand Rechnung, dass schon die durch Täuschung induzierte Befassung mit dem Angebot des Werbenden für diesen kaufmännisch vorteilhaft und dementsprechend für Mitbewerber nachteilig ist (→ Rn. 1.198).

Die **Vorverlagerung des Irreführungsschutzes** auf Situationen mit „Anlockeffekt" kommt **1.197** auch darin zum Ausdruck, dass die Fälle der Irreführung über die angemessene Bevorratung **ausdrücklich im Gesetz** geregelt sind, und zwar in § 5 II Nr. 1 (**„Verfügbarkeit der Ware"**) und vor allem in Anh. Nr. 5 zu § 3 III (→ Rn. 2.2 f., → Anh. § 3 Nr. 5.1 ff.).

b) Beeinträchtigung der Mitbewerber. Die Veranlassung einer der endgültigen Marktent- **1.198** scheidung vorgelagerten geschäftlichen Entscheidung des Verbrauchers ist regelmäßig für Mitbewerber potentiell schädlich, etwa weil der in das Geschäft gelockte Verbraucher sich zwar gegen den Kauf der irreführend beworbenen Ware, aber für den Kauf einer anderen Ware entscheiden mag und den Mitbewerbern dieses Geschäft dann entgeht. Insofern bewirkt das weite Verständnis des Begriffs der „geschäftlichen Entscheidung" gem. § 2 Nr. 1, Art. 2 lit. k UGP-RL nicht nur den von der UGP-RL vorrangig bezweckten Verbraucherschutz, sondern dient mittelbar auch dem **Mitbewerberschutz** (vgl. ErwGr. 8 UGP-RL). Die Beeinträchtigung von Mitbewerbern erlangt nur in dem – soweit ersichtlich theoretischen – Fall ausschlaggebende Bedeutung, dass die Irreführung des Verbrauchers mit Blick auf den von der UGP-RL bezweckten Verbraucherschutz im Einzelfall irrelevant ist und **allein ihre Auswirkungen auf Mitbewerber** in Rede stehen (vgl. GK/Lindacher/Peifer Vor §§ 5, 5a Rn. 38). In dieser Konstellation greift der im B2B-Verhältnis weiter anwendbare Art. 2 lit. b Werbe-RL, der irreführende Werbung definiert als „jede Werbung, die (…) einen Mitbewerber schädigt oder **zu schädigen geeignet ist**" (→ Rn. 1.173). Bietet bspw. ein Lebensmittel-Discounter ein bes. günstiges Notebook an, das bereits nach einer halben Stunde vergriffen ist, kann er den Wunsch des enttäuschten Verbrauchers nach Abverkauf des Sonderpostens nicht mehr erfüllen, weil er **keine substituierbaren Produkte im Sortiment** hat (→ Anh. § 3 Rn. 5.1 ff.). Dieses bes. günstige, aber nicht verfügbare Angebot kann Mitbewerber erheblich beeinträchtigen: Der enttäuschte Verbraucher, der vielleicht schon entschlossen war, ein bestimmtes Modell im Computerhandel zu erwerben, ist nun nicht mehr bereit, für das Gleiche oder für ein entspr. Notebook den deutlich höheren Preis zu zahlen, den der Computerhandel fordert (vgl. OLG Düsseldorf WRP 2002, 1467 – Nichtzulassungsbeschwerde zurückgewiesen: BGH Beschl. v. 12.12.2002 – I ZR 86/02). Allerdings wird man auch in diesem Beispielsfall mit Blick auf den

Verbraucher die Relevanz kaum verneinen können, hat er doch infolge der Irreführung das Geschäft des Werbenden aufgesucht (→ Rn. 1.195).

1.199 **c) Gewichtung.** Dass die Gefahren, die von einer **Irreführung mit bloßem Anlockeffekt** ausgehen, idR geringer sind als die einer Irreführung, die unmittelbar in eine durch Täuschung und mangelnde Aufklärung bewirkte (Kauf-)Entscheidung mündet, ist allerdings nicht zu bestreiten. **Im Rahmen einer Interessenabwägung** kann dieser Umstand ggf. berücksichtigt werden (vgl. BGH GRUR 1999, 1122 (1124) – EG-Neuwagen I; GRUR 1999, 1125 (1126) – EG-Neuwagen II; OLG Karlsruhe WRP 1996, 584 (586)). Im Übrigen ist das Bild der irreführenden Werbung ohnehin derart heterogen, dass die Fälle, in denen sich die wettbewerbliche Wirkung zunächst einmal auf den Anlockeffekt beschränkt, in ihrem Unrechtsgehalt keineswegs aus dem Rahmen fallen.

E. Interessenabwägung, Prüfung der Verhältnismäßigkeit

Schrifttum: Borck, Die Interessenabwägung bei Irreführung, WRP 1985, 63; Hösl, Interessenabwägung und rechtliche Erheblichkeit der Irreführung bei § 3 UWG, 1986; Lindacher, Funktionsfähiger Wettbewerb als Final- und Beschränkungsgrund des lauterkeitsrechtlichen Irreführungsverbots, FS Nirk, 1992, 587; Ohly, Die Interessenabwägung im Rahmen des Irreführungsverbots und ihre Bedeutung für die Wertungseinheit von Lauterkeits- und Kennzeichenrecht, FS Bornkamm, 2014, 423; Rohnke, Zur Interessenabwägung bei irreführender Katalogwerbung, WRP 1992, 296; Sack, Irreführungsverbot und Interessenabwägung in der deutschen Rechtsprechung, GRUR 2014, 609; Schünemann, „Unlauterkeit" in den Generalklauseln und Interessenabwägung nach neuem UWG, WRP 2004, 925; Teplitzky, Zur Methodik der Interessenabwägung in der neueren Rspr des BGH zu § 3 UWG, FS Vieregge, 1995, 853; Tetzner, Interessenabwägung bei irreführender Werbung, JZ 1965, 605; Traub, Probleme der Interessenabwägung bei Anwendung des § 3 UWG, FS Nirk, 1992, 1017; Wuttke, Neues zur wettbewerbsrechtlichen Relevanz und Interessenabwägung bei der irreführenden Werbung, WRP 2003, 839.

I. Rechtliche Bedeutung

1. Besonderheit des Irreführungstatbestandes

1.200 Das Verbot der Irreführung unterliegt stärker als andere lauterkeitsrechtliche Normen der Notwendigkeit der Relativierung. Dies hat seine Ursache vor allem darin, dass das Irreführungsverbot **nicht der objektiven Wahrheit** verpflichtet ist, sondern einer **subjektiven und damit gleichzeitig relativen Wahrheit,** die allein auf das Verständnis der Adressaten der Werbung abstellt. Dies führt in zweierlei Hinsicht zu einer **Relativierung des Verbots: (1)** Weil es allein auf das Verständnis der Adressaten ankommt, kann das Irreführungsverbot **auch objektiv zutreffende Aussagen** erfassen; dies macht Ausnahmen erforderlich, weil ggf. ein bes. schützenswertes Interesse des Werbenden oder anderer Werbeadressaten an zutreffenden, aber aus der Sicht eines Teils des Verkehrs irreführenden Informationen bestehen kann. **(2)** Weil das **Verständnis der angesprochenen Verkehrskreise niemals einheitlich** ist, gibt es ein Quorum, das wie eine Schwelle wirkt. Liegt der Anteil der irregeführten Werbeadressaten unterhalb dieser Schwelle, wird ihre Irreführung hingenommen. Erst wenn die Schwelle überschritten ist, wird der irregeführte Teil des Verkehrs geschützt. Damit wird deutlich, dass das Irreführungsverbot ständig unter einem Verhältnismäßigkeitsvorbehalt steht (→ Rn. 1.95).

2. Interessenabwägung und Prüfung der Verhältnismäßigkeit

1.201 Interessenabwägung und Verhältnismäßigkeitsprüfung haben **verwandte Funktionen.** Beide Institute dienen dazu, **gegenläufige Interessen** zu ermitteln, den Schutzinteressen gegenüberzustellen und im Einzelfall zu einer **Korrektur** zu gelangen. Die Interessenabwägung stellt die **tatbestandsintegrierte Form der Verhältnismäßigkeitsprüfung** dar. Sie ist Teil des Irreführungstatbestandes. Ergibt die Interessenabwägung, dass eine Angabe trotz qualifizierter Irreführungsquote gestattet sein muss, ist schon der Tatbestand der irreführenden Werbung nicht erfüllt. IdR hat es mit der Prüfung dieses Korrektivs sein Bewenden. Nur ausnahmsweise kann es unverhältnismäßig sein, an den Tatbestand der Irreführung, der an sich in all seinen Merkmalen erfüllt ist, die Rechtsfolge des Verbots zu knüpfen. Hier ist Raum für die Prüfung eines irreführungsspezifischen Verwirkungseinwands oder – präziser gesagt – des Einwands, der mangels Anwendbarkeit des Verwirkungseinwands an seine Stelle tritt (BGH GRUR 2003, 628 (630) – Klosterbrauerei; → Rn. 1.217, → Rn. 1.219 f. und → § 11 Rn. 2.33 f.); hier kann die verassungsrechtlich gebotene Prüfung der Verhältnismäßigkeit des Verbots erfolgen (→ Rn. 1.215); ier kann geprüft werden, ob das Verbot mit der Warenverkehrsfreiheit (Art. 34 AEUV) in Einklang steht (→ Rn. 1.216).

. Zuordnung zu den gesetzlichen Bestimmungen

Da § 5 die irreführende geschäftliche Handlung umschreibt und § 3 I das Verbot enthält (",... **1.202** ind unzulässig"), kann im neuen Recht die **Interessenabwägung dem § 5,** die **Verhältnis- näßigkeitsprüfung** dagegen **§ 3 zugeordnet** werden. An der zusammenhängenden Darstel- ung, die sinnvollerweise zusammen mit der Interessenabwägung und dem Irreführungstatbestand erfolgt, braucht dies nichts zu ändern.

II. Interessenabwägung

. Funktion und Aufgabe

So sehr eine **feste Irreführungsquote** für die Rechtssicherheit förderlich wäre, so wenig **1.203** ignet sie sich, um **gerechte Ergebnisse** zu erzielen. Das **Gewicht der einzelnen Aussage,** lurch die zumindest ein Teil des Verkehrs irregeführt wird, ist **von Fall zu Fall verschieden.** Sie kann **Produktmerkmale von zentraler** oder von eher **marginaler Bedeutung** betreffen. Es kann sich um eine eindeutig **falsche "harte" Tatsache** handeln, wie die Angabe einer alschen Herstellerpreisempfehlung (vgl. BGH GRUR 2001, 78 – Falsche Herstellerpreisemp- ehlung; GRUR 2016, 961 Rn. 30 – Herstellerpreisempfehlung bei Amazon). Es kann sich aber auch um eine **"weiche" Tatsache** handeln, deren **nachprüfbarer Kern** erst **durch Aus- egung herausgearbeitet werden muss** und die nicht offensichtlich falsch ist, sondern nur von einem Teil des Verkehrs falsch verstanden wird, wie der Grüne Punkt auf einer Verpackung, der erkennen lässt, dass diese Verpackung der Wiederverwertung zugeführt werden soll (BGH GRUR 2004, 613 – Schlauchbeutel) oder wie das Hühnergegacker in einer Werbung für Nudeln, das erkennen lässt, dass die Nudeln mit Frischei und nicht mit Trockenei hergestellt worden sind (BGH GRUR 1961, 544 – Hühnergegacker). Die Interessenabwägung stellt das nstrument dar, mit dem flexibel auf diese Unterschiede reagiert werden kann. Das muss nicht mmer dazu führen, dass der Maßstab für die Anwendung des Irreführungsverbots steigt. Die nteressenabwägung kann im Einzelfall auch zu einer Absenkung der Quote führen, die Voraus- etzung für die Anwendung des Verbots ist.

. Anwendungsbereiche

a) Normvorrang. Die Verwendung einer **gesetzlich vorgeschriebenen Bezeichnung** ist **1.204** zulässig, auch wenn ein Teil der betroffenen Verkehrskreise die Bezeichnung in einem anderen als dem gesetzlich festgelegten Sinne versteht. In einem solchen Fall genießt das Kennzeich- nungsrecht **Normvorrang** und ist eine unlautere Irreführung auch dann nicht anzunehmen, wenn relevante Teile des Verkehrs die verwendete Bezeichnung falsch verstehen (BGH GRUR 1958, 32 (33) – Haferschleim; GRUR 1958, 492 (496) – Eis-Pralinen; GRUR 1963, 36 (38) – Fichtennadelextrakt; GRUR 1964, 269 – Grobdesin; GRUR 2020, 432 Rn. 30 – Kulturcham- pignons II; KG GRUR 1990, 538 (539); OLG Hamburg GRUR-RR 2004, 36 (Nichtzulas- sungsbeschwerde zurückgewiesen: BGH Beschl. v. 22.4.2004 – I ZR 204/03); vgl. → Rn. 0.108, ferner → Rn. 2.28 und 2.39). Bestimmt etwa das Unionszollrecht, dass das **Ur- sprungsland eines Erzeugnisses** das Land der Ernte ist, so liegt keine Irreführung vor, wenn das Erzeugnis in ungeerntetem Zustand erst wenige Tage vor der Ernte dorthin verbracht worden ist (EuGH GRUR 2019, 1067 Rn. 72 – Wettbewerbszentrale/Prime Champ, auf Vor- age von BGH GRUR 2018, 104 – Kulturchampignons I; GRUR 2020, 432 Rn. 24 ff. – Kulturchampignons II). – Gegen das Irreführungsverbot verstößt nicht, wer für Kerzen unter der Bezeichnung **"Ewiglicht-Kerzen"** mit der Behauptung wirbt, sie entsprächen stofflich den iturgischen Vorschriften des kanonischen Rechts für die Unterhaltung des Ewigen Lichtes in der katholischen Kirche, sofern er sich auf die Auslegung der einschlägigen kirchenrechtlichen Bestimmungen durch Beschlüsse von Bischofskonferenzen im Absatzgebiet berufen kann und eine seiner Werbung entgegenstehende einheitliche kirchliche Praxis nicht feststellbar ist (BGH GRUR 1967, 143 (146) – Ewiglicht). – Werden gesetzlich **neue Bezeichnungen** eingeführt und damit bestimmte Voraussetzungen verbunden, so kann einem Anbieter für die Übergangs-

zeit weder ein Verbot dieser Bezeichnung noch die Verwendung bestimmter aufklärende
Zusätze auferlegt werden (OLG Hamburg WRP 1973, 164 – Prädikatssekt).

1.205 **b) Objektiv zutreffende Angaben.** Der Hauptanwendungsbereich für die Interessenabwä
gung sind traditionell die Fälle, in denen die **objektive und die subjektive Wahrheit aus
einander fallen,** in denen also maßgebliche Teile des Verkehrs die **zutreffende Werbeaussag**
falsch verstehen. In diesen Fällen kommt es häufig vor, dass der **Werbende ein berechtigte**
Interesse hat, mit der zutreffenden Information zu werben, oder dass – was für die Interessen
abwägung von noch größerem Gewicht ist – andere **Teile des Verkehrs,** die die Angabe richti
verstehen, ein **schützenswertes Interesse an der sachlichen Information** haben, die ihne
durch die beanstandete Angabe übermittelt, im Falle eines Verbots aber vorenthalten würde
Dabei ist auch zu berücksichtigen, dass nicht jeder auf Unkenntnis beruhende Irrtum schutz
würdig ist (BGH GRUR 1987, 171 (172) – Schlussverkaufswerbung I; GRUR 2010, 102-
Rn. 25 – Master of Science Kieferorthopädie; WRP 2012, 1526 Rn. 3 – Über 400 Jahr
Brautradition; GRUR 2021, 1315 Rn. 31 – Kieferorthopädie; GRUR 2022, 837 Rn. 40 –
Kinderzahnärztin).

1.206 **Beispiele:** Weist ein Hersteller durch einen entspr. Aufdruck zutr. darauf hin, dass die Kunststoffverpackun
gen seiner Büro- und Schreibartikel **„PVC-frei"** sind, kann dies nicht mit der Begründung als irreführen
verboten werden, dass die verwendeten Kunststoffe zwar nicht die PVC-typischen Risiken aufweisen, in de
Gesamt-Ökobilanz aber auch nicht günstiger dastehen als PVC; dabei ist zu berücksichtigen, dass der Hinwei
einem Bedürfnis der Verbraucher nach Information und Aufklärung entgegenkommt (BGH GRUR 1996
985 (986) – PVC-frei). – Der Händler, der im Rahmen der Saisonschlussverkäufe einen Teil seines Sortiment
im Preis herabsetzt, muss nicht darauf hinweisen, dass **nicht sämtliche schlussverkaufsfähige Ware herab**
gesetzt ist (BGH GRUR 1987, 171 (172) – Schlussverkaufswerbung I). – Die Werbeangabe **„40 % wenige**
Fett" für Kartoffelchips kann nicht mit der Begründung verboten werden, ein Teil des Verkehrs sehe darin
auch einen Vergleich mit fettreduzierten Chips (BGH GRUR 1992, 70 (72) – „40 % weniger Fett"). – De
zutreffende Werbespruch **„Der meistverkaufte Rasierer Europas"** darf nicht als irreführend untersag
werden, weil ein Teil des Verkehrs annimmt, der fragliche Rasierer sei auch in Deutschland der meist
verkaufte (BGH GRUR 1996, 910 – Der meistverkaufte Rasierer Europas). – Die Verwendung der gesetzlic
nicht geschützten Berufsbezeichnung **„Tierheilpraktiker"** durch Personen, die – ohne Arzt zu sein – be
der Behandlung von Tieren Naturheilverfahren anwenden und eine entspr. Ausbildung abgeleistet haben, is
nicht irreführend, da selbst eine Fehlvorstellung beachtlicher Teile des Verkehrs über das Erfordernis einer –
nicht bestehenden – staatlichen Erlaubnispflicht als nich schützenswert anzusehen ist (BGH GRUR 2000, 73 (75) – Tierheilpraktiker). – Der Hinweis **„incl. MwSt."**
kann nicht als Werbung mit einer Selbstverständlichkeit untersagt werden, wenn zu den angesprochene
Verkehrskreisen auch vorsteuerabzugsberechtigte Kaufinteressenten gehören, die an dieser Information ei
berechtigtes Interesse haben (BGH GRUR 1990, 1028 (1029) – „incl. MwSt. II"). – Der von einem Zahn
arzt an der (österreichischen) Donau-Universität Krems erworbene Titel eines **„Master of Science Kiefer**
orthopädie" kann nicht als irreführend untersagt werden, auch wenn der Verkehr vermuten mag, es handel
sich um eine dem Facharzt für Kieferorthopädie gleichwertige Qualifikation (BGH GRUR 2010, 102-
Rn. 29 – Master of Science Kieferorthopädie). Stützen sich Fehlvorstellungen des Verkehrs auf bloße Ver
mutungen, fällt das Interesse, vor derartigen Fehlvorstellungen bewahrt zu werden, nicht besonders in
Gewicht. Es überwiegt dann das berechtigte Interesse des Zahnarztes, den rechtmäßig erlangten akademische
Grad zu führen. – Einem Zahnarzt, der kieferorthopädische Leistungen erbringt, ist es allerdings zumutbar
der durch die werbliche Angabe **„Kieferorthopädie"** verursachten Fehlvorstellung, er verfüge über eine
Facharzttitel, durch geeignete Hinweise entgegenzuwirken (BGH GRUR 2021, 1315 Rn. 45 – Kieferortho
pädie). – Mit der zutreffenden Angabe **„Über 400 Jahre Brautradition"** darf eine Brauerei nicht nur au
den Bierkästen, sondern auch auf den Bierflaschen werben, selbst wenn der Verkehr annehmen sollte, das au
bezeichnete Bier werde nach einem über 400 Jahre alten Rezept gebraut (BGH WRP 2012, 1526 Rn. 3 –
Über 400 Jahre Brautradition). – Wird mit der inhaltlich zutreffenden Wiedergabe von **Testergebnisse**
geworben, so liegt auch dann keine Irreführung vor, wenn Teile des Verkehrs ihr unzutreffende Vorstel
lungen über Gegenstand oder Ergebnis des Tests entnehmen (BGH GRUR 2019, 631 Rn. 82 – Das beste
Netz).

1.207 **c) Mehrdeutige Angaben.** Für mehrdeutige Angaben, die in einer Bedeutung zutr., in de
anderen dagegen irreführend sind, muss ebenfalls eine Interessenabwägung in Betracht komme
können (zu solchen Angaben → Rn. 1.108 f.). Denn auch hier kann ein berechtigtes Interess
des Werbenden vorliegen, den verständigen Teil des Verkehrs mit der Angabe in ihrer zutreffen
den Bedeutung zu informieren.

1.208 **d) Bedeutungswandel.** Ein weiterer Anwendungsbereich für die Interessenabwägung sind
die Fälle des Bedeutungswandels (→ Rn. 1.107, → Rn. 2.193 ff. und → Rn. 2.270 ff.). Die
Regel, nach der das Verständnis einer Minderheit der angesprochenen Verbraucher ausreicht.

um eine Irreführung zu bejahen, führt hier **zu unangemessenen Ergebnissen,** wie sich am Beispiel des Bedeutungswandels zu einem engeren Begriffsverständnis auf der einen und zu einem weiteren Begriffsverständnis auf der anderen Seite zeigen lässt (auch → Rn. 2.196): (1) Geht man einmal davon aus, dass eine Quote von einem Viertel ausreicht, um eine Irreführung des Verkehrs zu bejahen, dann müsste im Falle einer **Einengung des Begriffs** – **Beispiel:** Verkehr versteht unter „Lakritz-Konfekt" nicht mehr alle Lakritz-Süßigkeiten, sondern nur noch einen bestimmten Lakritztyp, den der Marktführer unter dieser Bezeichnung vertreibt (BGH GRUR 1986, 822 – Lakritz-Konfekt) – die ursprüngliche weite Fassung schon verboten werden, wenn ein Viertel des Verkehrs den Begriff in der neuen, engeren Begriffsfassung versteht. (2) Bei einer **Erweiterung des Begriffs** verhielte es sich dagegen anders: Der sich durchsetzende weitere Begriffsinhalt – **Beispiel:** Der Verkehr versteht unter „Kunstglas" nicht mehr nur künstlerisch gestaltetes Silikatglas, sondern auch Kunststoffglas (BGH GRUR 1960, 567 – Kunstglas) – dürfte erst verwendet werden, wenn mehr als drei Viertel des Verkehrs von dieser erweiterten Bedeutung ausgeht.

Die **Interessenabwägung** führt hier zu einem **anderen Ergebnis:** Im Falle des **Wandels zu** 1.209 **einer engeren Bedeutung** kommt ein Verbot der Verwendung des Begriffs in seiner ursprünglichen weiteren Bedeutung erst in Betracht, wenn der überwiegende Teil des Verkehrs den Bedeutungswandel vollzogen hat (BGH GRUR 1986, 822 – Lakritz-Konfekt; vgl. auch BGH GRUR 1986, 469 – Stangenglas II). Die erweiterte Bedeutung darf jedenfalls dann nicht mehr schlechthin verboten werden, wenn dieser Gebrauch bereits in größerem Umfange **im Verkehr Eingang gefunden** hat und ihm daher nicht ohne Verletzung beachtlicher Interessen wieder entzogen werden kann (BGH GRUR 1960, 567 – Kunstglas).

e) Erhaltung eines wertvollen Besitzstands. Ausnahmsweise muss eine Irreführungsgefahr, 1.210 die quantitativ und qualitativ am unteren Ende der Skala liegt, hingenommen werden, wenn ein Verbot einen wertvollen Besitzstand zerstören würde. **Beispiel:** Gewerbetreibende verwenden mitunter seit Jahren **Bezeichnungen** für Erzeugnisse, die nicht aus den Stoffen bestehen, die **fachunkundige Verbraucherkreise** nach dem Wortsinn der Bezeichnung erwarten. So versteht das kaufende Publikum unter der Bezeichnung **„Fichtennadelextrakt"** wohl überwiegend einen Extrakt aus Fichtennadeln, nicht aber aus Fichtenholz und Fichtenrinde. Wenn sämtliche Wettbewerber der Branche die Bezeichnung „Fichtennadelextrakt" für ein Extrakt aus Fichtenholz und -rinde verwenden, werden die Interessen der Mitbewerber nicht verletzt. **Ebenso wie bei unklaren Bezeichnungen,** über deren wesentliche Merkmale das breite Publikum keine klaren Vorstellungen hat (→ Rn. 1.110), kann hier darauf abgestellt werden, welche **Eigenschaften** in Bezug auf Wesen und Gebrauchsvorteile (zB natürliche Stoffe, Geruch, Wirkung) der Verkehr bei einem ihm unter dieser Bezeichnung angebotenen Erzeugnis erwartet oder üblicherweise erwarten kann. Enttäuscht das als „Fichtennadelextrakt" angebotene Produkt den Verbraucher insoweit nicht, kann die mit der unzutreffenden Wortbedeutung verbundene Irreführung hingenommen werden (BGH GRUR 1963, 36 (38) – Fichtennadelextrakt; vgl. auch BGH GRUR 1957, 285 (287) – Erstes Kulmbacher; GRUR 1966, 445 (449) – Glutamal; GRUR 1971, 313 (315) – Bocksbeutelflasche; GRUR 2018, 1263 Rn. 21 – Vollsynthetisches Motorenöl).

f) Gegeninteressen des Werbenden. Ein klassischer Fall für die Anwendung der Interessen- 1.211 abwägung sind die Fälle, in denen die **Verwendung des bürgerlichen Namens** des Werbenden zu einer Irreführung der angesprochenen Verkehrskreise führt. Dem Weinhändler, der mit bürgerlichem Namen „Klaus Winzer" heißt, kann die Verwendung der Firma „Klaus Winzer – Weinhandlung" nicht untersagt werden, auch wenn ein beachtlicher Teil des Verkehrs meint, dort werde auch selbst angebauter Wein verkauft. Der mit einem Engländer verheirateten Berlinerin, die ihr Kosmetikunternehmen „Gabriele Wyeth oHG" nennt, kann die Verwendung dieser Firma nicht untersagt werden, auch wenn ein Teil des Verkehrs meint, es handele sich um Kosmetika aus England (BGH GRUR 1958, 185 (187) – Gabriele Wyeth). – Hierher können auch die Fälle gezählt werden, in denen der Werbende – ohne dass ihm allein daraus ein Vorwurf gemacht werden könnte – eine Sprache verwendet, die nicht alle Adressaten der Werbung perfekt beherrschen. Beispielsweise kann ein sprachlich zutreffender und an sich auch nicht missverständlicher **englischer Werbetext** im Internet, mit dem ein Hersteller den von ihm angebotenen Futtermittelzusatz in englischer Sprache beschreibt, nicht als irreführende Werbung angesehen werden, nur weil ein maßgeblicher Teil der deutschen Adressaten den englischen Begriff „activity" irrig iSv Wirksamkeit oder Effizienz versteht (OLG Köln MMR 2005, 110 – Nichtzulassungsbeschwerde zurückgewiesen: BGH Beschl. v. 6.10.2005 – I ZR 5/05).

1.212   **g) Interessenabwägung zu Lasten des Werbenden.** In Fällen, in denen mit einer **objektiv unzutreffenden Angabe** geworben worden ist, kann sich die **Interessenabwägung auch zu Lasten des Werbenden** auswirken. Wenn es für die Verwendung einer eindeutig falscher Bezeichnung keinen nachvollziehbaren Grund gibt, wenn es sich also um eine **„dreiste Lüge"** handelt, kommt ein Verbot auch dann in Betracht, wenn das sonst zu fordernde Quorum (→ Rn. 1.99) nicht erreicht ist (→ Rn. 1.103). Als Beispiel kann hier die falsche Traditions- oder Altersangabe einer Brauerei (BGH GRUR 1992, 66 (67) – Königl.-Bayerische Weisse), die Werbung mit einer falschen Herstellerpreisempfehlung (BGH GRUR 2001, 78 – Falsche Herstellerpreisempfehlung) oder die Werbung für einen Billigscanner mit der Abbildung des zweieinhalbmal so teuren Scanners des Marktführers (BGH GRUR 2002, 715 – Scanner-Werbung) dienen.

3. Ergebnis der Interessenabwägung

1.213   Die Interessenabwägung führt im Allgemeinen zu einer **Verschiebung der Irreführungsquote nach oben.** In Einzelfällen – etwa in Fällen der Irreführung durch Verwendung des bürgerlichen Namens (→ Rn. 1.211) – kann **Ergebnis der Interessenabwägung** sein, dass ein Verbot selbst bei einer **Irreführungsquote von 100 %** nicht in Betracht kommt. In einem solchen Fall kann den Werbenden aber die Verpflichtung treffen, das Irreführungspotenzial nicht durch die äußere Gestaltung seiner Firma noch weiter zu erhöhen. Wird mit einer klaren Lüge geworben (→ Rn. 1.212), führt die **Interessenabwägung zu einer Herabsetzung** der Irreführungsquote.

III. Prüfung der Verhältnismäßigkeit

1. Funktion und Aufgabe

1.214   Während die **Interessenabwägung** als tatbestandsintegrierte Form der Verhältnismäßigkeitsprüfung einen festen Aufgabenbereich im Tatbestand der irreführenden Werbung hat, sind die Konturen der außerhalb des Tatbestands ansetzenden **Verhältnismäßigkeitsprüfung** noch unscharf. Es geht im Wesentlichen um **drei Anwendungsbereiche.**

2. Verfassungsrechtliche Verhältnismäßigkeitsprüfung

1.215   Das Irreführungsverbot kann – wie andere wettbewerbsrechtliche Tatbestände – mit **grundrechtlich geschützten Positionen** in Konflikt geraten. Neben der **allgemeinen Handlungsfreiheit** (Art. 2 I GG) sind vor allem die Grundrechte der **unternehmerischen Freiheit/ Berufsfreiheit** (Art. 16 GRCh/Art. 12 I GG), der **Meinungs-, Informations- und Pressefreiheit** (Art. 11 GRCh/Art. 5 I GG) sowie zuweilen auch der **Kunst- und Wissenschaftsfreiheit** (Art. 13 GRCh/Art. 5 III GG) berührt, regelmäßig hingegen nicht die Eigentumsfreiheit (Art. 17 GRCh/Art. 14 I GG; vgl. → Rn. 0.78). Häufig können die sich durch das Verfassungsrecht ergebenden Einschränkungen schon bei der Prüfung des Tatbestands, insbes. im Rahmen der Interessenabwägung, berücksichtigt werden. Darüber hinaus können die verfassungsrechtlichen Vorgaben im Rahmen der Prüfung der Verhältnismäßigkeit zielgerichtet geprüft werden. Hierzu besteht – wie das BVerfG wiederholt ausgesprochen hat – immer dann Veranlassung, wenn durch das Verbot in grundrechtlich geschützte Positionen eingegriffen wird (BVerfGE 97, 12 (32 ff.) = GRUR 1998, 556 – Patentgebührenüberwachung; BVerfG GRUR 2002, 455 (456) – Tier- und Artenschutz; WRP 2003, 69 (71) – JUVE-Handbuch; BGH GRUR 2002, 77 (80) – Rechenzentrum; GRUR 2003, 886 (888) – Erbenermittler; GRUR 2003, 800 (802) – Schachcomputerkatalog; GRUR 2004, 162 (163) – Mindestverzinsung; vgl. → Rn. 0.78 f.).

3. Warenverkehrsfreiheit, Dienstleistungsfreiheit

1.216   Wird durch ein Verbot irreführender Werbung die Warenverkehrsfreiheit oder die Dienstleistungsfreiheit berührt, stellt sich die Frage, ob das Verbot durch zwingende Erfordernisse zum Schutz der Verbraucher oder der Lauterkeit des Handelsverkehrs gerechtfertigt ist. Dies ist die spezielle Verhältnismäßigkeitsprüfung des Art. 34 AEUV. – Im deutschen Recht kann die Warenverkehrsfreiheit häufig bereits bei der **tatbestandlichen Prüfung** des Wettbewerbsverstoßes einbezogen werden (vgl. BGH GRUR 1999, 1122 (1124) – EG-Neuwagen I; GRUR 1999, 1125 (1126) – EG-Neuwagen II; → Rn. 0.38). Ist dies nicht möglich, muss die **Verhält-**

nismäßigkeit anschließend geprüft werden: Die Frage ist, ob die mit dem Verbot der irreführenden Werbung verbundene Beeinträchtigung der Warenverkehrsfreiheit zu rechtfertigen ist. In Fällen einer auf eine **klare Täuschung der Verbraucher abzielenden Werbung**, in denen die Irreführung ohne weiteres vermieden werden könnte, ist dies zu bejahen. In anderen Fällen, in denen die Irreführung auch durch einen Hinweis auf dem Etikett ausgeräumt werden könnte, muss das Irreführungsverbot uU zurückstehen (hierzu iE → Rn. 0.38 f.). Zur Dienstleistungsfreiheit → Rn. 0.55 f.

4. Langjährige unbeanstandete Nutzung

a) Verwirkung des Unterlassungsanspruchs. Es entsprach früher einer stRspr, dass der **1.217** Werbende an der weiteren Aufrechterhaltung einer das Publikum irreführenden Werbeangabe niemals ein schutzwürdiges Interesse haben kann (vgl. BGH GRUR 1960, 563 (566) – Sektwerbung). Damit meinte die Rspr. dem Umstand Rechnung tragen zu müssen, dass es sich bei dem lauterkeitsrechtlichen Irreführungsverbot um eine kollektive Schutznorm handelt (vgl. Ohly/Sosnitza/Sosnitza Rn. 11, 218), die nicht so sehr dem Schutz des einzelnen Mitbewerbers als vielmehr dem Schutz sämtlicher Marktteilnehmer, also aller Mitbewerber und vor allem auch dem Schutz der Verbraucher, dient. Bereits seit geraumer Zeit wird die Aussage, der Verwirkungseinwand stehe nicht zur Verfügung, nur noch in abgemilderter Form wiederholt: Eine Verwirkung komme nur ausnahmsweise in Betracht, weil das Interesse der Allgemeinheit, vor Irreführung bewahrt zu werden, grds. vorrangig vor den Individualinteressen des Betroffenen sei (BGH GRUR 1983, 32 (34) – Stangenglas I; GRUR 1985, 140 (141) – Größtes Teppichhaus der Welt; GRUR 1985, 930 (931) – JUS-Steuerberatungsgesellschaft; GRUR 1990, 604 (605 f.) – Dr. S.-Arzneimittel; GRUR 1991, 848 (850) – Rheumalind II; GRUR 1997, 537 (539) – Lifting-Creme; GRUR 2003, 448 (450) – Gemeinnützige Wohnungsgesellschaft).

Von dem Grundsatz, dass der Unterlassungsanspruch wegen irreführender Werbung nicht **1.218** Gegenstand einer Verwirkung sein kann, hat die Rspr. schon immer eine **Ausnahme** gemacht: Der Anspruchsgegner konnte sich stets auf Verwirkung berufen, wenn die Geltendmachung des Unterlassungsanspruchs letztlich nur den **Individualinteressen eines Mitbewerbers** diente, während auf der anderen Seite die **Vernichtung eines wertvollen Besitzstandes** an einer Individualkennzeichnung drohte (vgl. BGH GRUR 1957, 285 (287) – Erstes Kulmbacher; GRUR 1977, 159 (161) – Ostfriesische Tee Gesellschaft; GRUR 1983, 32 (34) – Stangenglas I).

Inzwischen zeichnet sich ab, dass der BGH den **Verwirkungseinwand auch in Fällen der** **1.219** **Irreführung** generell zulässt. In der Entscheidung **„Hard Rock Cafe"** hat er den Ausschluss des Verwirkungseinwands zumindest für die Fälle der Irreführung über die betriebliche Herkunft vollständig aufgegeben und dies mit dem sonst bestehenden Wertungswiderspruch zum Markenrecht begründet (vgl. BGHZ 198, 159 = GRUR 2013, 1161 Rn. 64). Aber auch über die Fälle der Täuschung über die betriebliche Herkunft ist die **Sonderbehandlung der Irreführung** bei der Verwirkung eigentlich **nicht zu rechtfertigen.** Dass der Gläubiger, der den Anspruch auf Unterlassung einer irreführenden geschäftlichen Angabe geltend macht, damit nicht nur eigene, sondern auch die Interessen der Verbraucher und anderer Mitbewerber verfolgt, trifft für die meisten lauterkeitsrechtlichen Tatbestände zu und **rechtfertigt keine Sonderstellung des Irreführungsverbots.** Dem Umstand, dass mit der Geltendmachung des Unterlassungsanspruchs durch einen Gläubiger auch die Interessen anderer Gläubiger und generell der Verbraucher verfolgt werden, trägt das UWG im Übrigen dadurch Rechnung, dass in den Fällen, in denen das lauterkeitsrechtliche Verbot nicht nur Individualinteressen schützt, der inhaltsgleiche Anspruch von allen **Mitbewerbern sowie von Wettbewerbs- und Verbraucherverbänden** geltend gemacht werden kann.

b) Unverhältnismäßigkeit der Durchsetzung des Irreführungsverbots. So wenig der **1.220** Gesichtspunkt der Verwirkung passt, der auf Ansprüche zugeschnitten ist, die im Individualinteresse geltend gemacht werden, so sehr kann es auch bei dem im Allgemeininteresse geltend gemachten Anspruch wegen irreführender Werbung eine **Verwirkungssituation** geben (→ § 11 Rn. 2.33 f.). Allerdings geht es dabei nicht darum, dass ein einzelner Anspruchsberechtigter einen bestimmten Anspruch nicht geltend gemacht hat, sondern darum, dass **sämtliche Mitbewerber** und **sonstigen Anspruchsberechtigten** ein Verhalten über lange Zeit unbeanstandet gelassen haben. Im Falle „Klosterbrauerei" ging die Verwendung des Wortes „Kloster" in der Unternehmensbezeichnung und in der Marke („Kloster Pilsner") auf eine 1840 begründete Bezeichnungstradition zurück, die – obwohl sie von Anfang an brüchig war – während der nächsten 160 Jahre von niemandem beanstandet worden war (BGH GRUR 2003, 628 (630 f.) - Klosterbrauerei).

1.221   Ungeachtet einer Verwirkung ist eine **Irreführungsgefahr daher in bes. Ausnahmefäller hinzunehmen,** wenn die Belange der Allgemeinheit nicht in erheblichem Maße und ernstlich in Mitleidenschaft gezogen werden, weil nur eine geringe Gefahr der Irreführung besteht (vgl BGH GRUR 1983, 32 (34) - Stangenglas I; GRUR 1986, 903 (904) - Küchen-Center). Eine solche Ausnahme kommt insbes. dann in Betracht, wenn durch das Verbot ein wertvoller Besitzstand an einer Individualkennzeichnung zerstört würde (BGH GRUR 1977, 159 (161) - Ostfriesische Tee Gesellschaft; GRUR 1957, 285 (287) - Erstes Kulmbacher). Diese Ausnahme ist Ausdruck des Verhältnismäßigkeitsgrundsatzes, unter dessen Vorbehalt das Irreführungsverbot steht (BGH GRUR 2003, 628 (630) - Klosterbrauerei mwN).

F. Verfahrensrechtliche Fragen

Schrifttum: Amschewitz, Die Nachprüfbarkeit der Werbung mit selbst durchgeführten Studien, WRP 2013, 571; Beutel, Möglichkeiten und Grenzen von Erfahrungssätzen, WRP 2017, 513; Böhm, Die Beweiswürdigung demoskopischer Gutachten im Rahmen von § 3 UWG, GRUR 1986, 290; Borck, Irreführende Werbung und Umkehr der Beweislast, GRUR 1982, 657; Bornkamm, Die Feststellung der Verkehrsauffassung im Wettbewerbsprozess, WRP 2000, 830; Dobel, Verkehrsauffassung und demoskopische Gutachter im Marken- und Wettbewerbsrecht, Diss. 2014; Eichmann, Gegenwart und Zukunft der Rechtsdemoskopie GRUR 1999, 939; Gloy, Verkehrsauffassung - Rechts- oder Tatfrage, FS Erdmann, 2002, 811; Jacob Anforderungen an Meinungsumfragen: Empfehlungen aus britischer Praxis, GRUR-Prax 2016, 97; Kemper Beweisprobleme im Wettbewerbsrecht, 1992; Knaak, Demoskopische Umfragen in der Praxis des Wettbewerbs- und Warenzeichenrechts, 1986; Kur, Beweislast und Beweiswürdigung im Wettbewerbsprozess 1981; Kur, Irreführende Werbung und Umkehr der Beweislast, GRUR 1982, 663; Lindacher, Beweisrisiko und Aufklärungslast der nicht risikobelasteten Partei in Wettbewerbssachen, WRP 2000, 950; Th. Müller Demoskopie und Verkehrsauffassung im Wettbewerbsrecht, insbes im Rahmen des § 3 UWG, WRP 1989 783; Th. Müller, Die demoskopische Ermittlung der Verkehrsauffassung im Rahmen des § 3 UWG, 1987 Pantle, Beweiserhebung über offenkundige Tatsachen?, MDR 1993, 1166; Pflüger, Verbraucherforschung im Lebensmittelrecht: Die Begleitforschung zum Internetportal „Lebensmittelklarheit" und demoskopische Grundlagen, ZLR 2014, 279; Pflüger, Richterliche Erfahrungssätze und rechtsdemoskopische Erfahrungen FS Fezer, 2016, 99; Schmelz/Haertel, Die Superlativreklame im UWG - Materielle und prozessuale Aspekte WRP 2007, 127; Sosnitza, Die Verkehrsauffassung im Markenrecht, WRP 2014, 1136; Spätgens, Voraussetzungen, Möglichkeiten und Grenzen demoskopischer Umfragen, FS Traub, 1994, 375; Stürner, Die Aufklärungspflicht der Parteien des Zivilprozesses, 1976; Teplitzky, Zu Anforderungen an Meinungsforschungsgutachten, WRP 1990, 145; Teplitzky, Die jüngste Rechtsprechung des BGH zum wettbewerbsrechtlichen Anspruchs- und Verfahrensrecht X, GRUR 2003, 272; Tilmann/Ohde, Die Mindestirreführungsquote im Wettbewerbsrecht und im Gesundheitsrecht, GRUR 1989, 229, 301; Ulrich, Beweisführung und Beweislast im Wettbewerbsprozess, WRP 1986, 589; I. Westermann, Bekämpfung irreführender Werbung ohne demoskopische Gutachten, GRUR 2002, 403. -
Weitere Schrifttumsnachweise s. vor → Rn. 0.1 (Grundlagen des Irreführungsverbots).

I. Ermittlung der Verkehrsauffassung

1. Allgemeines

1.222   Im Wettbewerbsprozess und namentlich in Fällen, in denen es um irreführende Werbung geht, muss der Richter die **Verkehrsauffassung ermitteln.** Dies bereitet nicht zuletzt deswegen Schwierigkeiten, weil das **Verständnis** innerhalb der angesprochenen Verkehrskreise idR **nicht einheitlich** ist. Zwar macht es die **Demoskopie** heute im Allgemeinen möglich, einigermaßen zuverlässig und differenziert zu ermitteln, wie der Verkehr - bezogen auf eine bestimmte Wahrnehmungssituation - eine werbende Angabe versteht. Dies setzt aber einen **Aufwand** voraus, der im normalen Wettbewerbsprozess völlig außer Verhältnis stünde. Auch in anderen Rechtsordnungen spielen Verkehrsbefragungen, selbst wenn sie generell als Beweismittel zugelassen sind, nur eine geringe Rolle; im Allgemeinen entscheiden dort die Gerichte eigenständig darüber, ob eine Angabe die angesprochenen Verkehrskreise irreführt oder nicht. Die unterschiedliche Art und Weise, in der auch innerhalb Europas die Verkehrsauffassung ermittelt wird, wird in einer Reihe von **EuGH-Entscheidungen** deutlich, in denen der **EuGH** - ohne dass die vorlegenden Gerichte hiernach gefragt hätten - eine **Irreführung ausgeschlossen** hat. Ein deutliches Beispiel ist der Fall **„Clinique",** in dem das LG Berlin vom EuGH wissen wollte, ob das beantragte Verbot der Bezeichnung „Clinique" für ein Kosmetikum gegen Art. 34 AEUV verstößt. Dabei war die Frage, ob ein maßgeblicher Teil des Verkehrs durch die beanstandete

Bezeichnung irregeführt wird, vom Landgericht, das insofern eine Verkehrsbefragung für erforderlich gehalten hatte, ausdrücklich offen gelassen worden. Der EuGH hielt gleichwohl eine Irreführung der deutschen Verbraucher **für ausgeschlossen** und begründete damit seine Antwort zu Art. 28 EGV (heute Art. 34 AEUV; EuGH Slg. 1994, I-317 Rn. 21 = GRUR 1994, 303 – VSW/Clinique; → Rn. 0.36).

Der Umstand, dass sich der EuGH in dem – lediglich der Beantwortung von Rechtsfragen dienenden – Vorlageverfahren derart weitreichend zur Frage der tatsächlichen Irreführung geäußert hat, veranlasste das BVerwG in einem ein spezielles lebensmittelrechtliches Irreführungsverbot betreffenden Verfahren, den EuGH im Vorabentscheidungsersuchen zum Fall **„Gut Springenheide"** danach zu fragen, ob es für die Eignung zur Irreführung überhaupt auf das **tatsächliche Verständnis der angesprochenen Verbraucher** ankomme oder ob nicht stattdessen ein **objektiver rechtlicher Maßstabe** zugrunde zu legen sei (BVerwG LRE 33, 197 = ZLR 1996, 577). Der EuGH hat diese Frage zwar nicht iSd zweiten Alternative beantwortet; er hat aber – fast möchte man sagen: voller Stolz – auf die zahlreichen Fälle verwiesen, in denen er den irreführenden Charakter einer Bezeichnung, einer Marke oder einer Werbeaussage geprüft und selbst entschieden hat, ob eine Eignung zur Irreführung vorlag, ohne die abschließende Beurteilung dem nationalen Gericht zu überlassen (EuGH Slg. 1998, I-4657 Rn. 30 = GRUR-Int. 1998, 795 – Gut Springenheide; → Rn. 0.49; der EuGH zitiert folgende Entscheidungen: Slg. 1990, I-667 = GRUR-Int. 1990, 955 – GB-INNO-BM; Slg. 1990, I-4827 = GRUR-Int. 1991, 215 – Pall; Slg. 1993, I-2361 = GRUR 1993, 747 – Yves Rocher mAnm Bornkamm; Slg. 1994, I-317 = GRUR 1994, 303 – VSW/Clinique; Slg. 1995, I-1737 = GRUR-Int. 1995, 906 – Langguth; Slg. 1995, I-1923 = GRUR-Int. 1995, 804 – Mars). Andererseits hat es der EuGH nicht für ausgeschlossen gehalten, „dass ein nationales Gericht zumindest bei Vorliegen bes Umstände nach seinem nationalen Recht ein **Sachverständigengutachten** einholen oder eine **Verbraucherbefragung** in Auftrag geben kann, um beurteilen zu können, ob eine Werbeaussage irreführen kann" (EuGH Slg. 1998, I-4657 Rn. 35 = GRUR-Int. 1998, 795 – Gut Springenheide; vgl. auch EuGH Slg. 2000, I-117 Rn. 31 = GRUR-Int. 2000, 354 – Estée Lauder/Lancaster).

1.223

2. Wettbewerbsprozessrechtliche Regeln

a) Nebeneinander von richterlicher Entscheidung und Beweisaufnahme. Im deutschen Wettbewerbsprozess bestehen grds. beide Möglichkeiten: Der Richter kann die Verkehrsauffassung in geeigneten Fällen **auf Grund eigener Sachkunde feststellen.** Sieht er sich hierzu nicht in der Lage, weil ihm die eigene Sachkunde kein zuverlässiges Urteil ermöglicht, muss er **auf geeignete Weise Beweis erheben.** Unter bestimmten Voraussetzungen ist es ihm auch versagt, sich auf seine eigene Einschätzung zu verlassen. Dann ist eine Beweisaufnahme von vornherein unumgänglich.

1.224

b) Frühere Rspr. Die dem Richter sich bietende Möglichkeit, die Verkehrsauffassung mit Hilfe seiner **eigenen Lebenserfahrung** und seines **eigenen Erfahrungswissens** zu beurteilen, war nach der früheren Rspr. stark eingeschränkt. Es waren vor allem **drei Regeln,** die – wenn sie konsequent eingehalten worden wären – zu einer großen Zahl von Beweisaufnahmen hätten führen müssen, jedenfalls aber eine Neigung der Gerichte gefördert haben, in bestimmten Fallkonstellationen nicht ohne Beweisaufnahme zu entscheiden:

1.225

aa) Richter als Teil der angesprochenen Verkehrskreise. Die erste Regel besagte, dass der Richter die Verkehrsauffassung nur dann aus eigener Sachkunde beurteilen durfte, wenn er **selbst zu den angesprochenen Verkehrskreisen gehörte** und wenn sich die fragliche Werbeangabe auf **Gegenstände des allgemeinen Bedarfs** bezog (BGH GRUR 1961, 193 (195) – Medaillenwerbung; GRUR 1961, 538 (540) – Feldstecher; GRUR 1963, 270 (272 f.) – Bärenfang; GRUR 1992, 406 (407) – Beschädigte Verpackung I; GRUR 2000, 239 (240) – Last-Minute-Reise). Freilich haben sich die Instanzgerichte an diese Regel, die in einer Vielzahl von Fällen eine Verkehrsbefragung erforderlich gemacht hätte, nicht immer gehalten (vgl. OLG Karlsruhe NJWE-WettbR 1996, 52: Werbung gegenüber den Fachkreisen für niedermolekulares Heparin zum Einsatz in der Thromboseprophylaxe).

1.226

bb) Keine Verneinung der Irreführung durch den Richter. Nach der sog **Bärenfang-Doktrin** darf das Gericht die **Irreführungsgefahr bejahen,** im Allgemeinen aber **nicht verneinen.** Meint der Richter feststellen zu können, dass er für seine Person als unbefangener Durchschnittsverbraucher irregeführt wird, erlaubt dies den Schluss, dass ein nicht ganz unbe-

1.227

trächtlicher Teil der beteiligten Kreise getäuscht wird. Meint der Richter – in der Tendenz eher ein umsichtiger und verständiger Verbraucher – dagegen, nicht irregeführt zu werden, kann er deswegen noch lange nicht ausschließen, dass nicht ein kleiner, aber nicht völlig unbeachtlicher Teil des Verkehrs doch irregeführt wird (BGH GRUR 1963, 270 (273) – Bärenfang; GRUR 1985, 140 (141) – Größtes Teppichhaus der Welt; GRUR 1987, 444 (446) – Laufende Buchführung; GRUR 1992, 406 (407) – Beschädigte Verpackung I). Damit wird deutlich, dass die Bärenfang-Doktrin auf **zwei Prämissen** beruht: **(1)** Zum einen steht dahinter die auch schon in der ersten Regel (→ Rn. 1.225) zum Ausdruck kommende Erwägung, dass der Richter, wenn er aus eigener Sachkunde urteilt, **sich quasi selbst einer Verkehrsbefragung unterzieht.** Der Richter ist danach eigentlich eine quantité négligeable. Bestenfalls entscheidet die Kammer oder der Senat des OLG und damit eine unter demoskopischen Gesichtspunkten völlig unzureichende Zahl von Personen, die darüber hinaus nicht repräsentativ für den angesprochenen Verbraucherkreis sind. **(2)** Die Unterscheidung danach, ob der Richter die Irreführungsgefahr bejaht oder verneint, hängt mit der **niedrigen Irreführungsquote** zusammen. Denn umso kleiner das Quorum, umso geringer ist die Aussagekraft einer Verneinung der Irreführungsgefahr durch den Richter.

1.228   So einleuchtend die Bärenfang-Doktrin – geht man von den genannten Prämissen aus – ist, so wenig ist sie doch von den Instanzgerichten in der **täglichen Praxis** befolgt worden. Die Vorstellung, dass eine Verneinung der Irreführungsgefahr idR nur nach einer Verkehrsbefragung möglich sein sollte, hat die Arbeit der Wettbewerbskammern und -senate nicht geprägt. Vielmehr haben sie sich meist doch selbst zugetraut, die Irreführung im Einzelfall nicht nur zu bejahen, sondern auch zu verneinen.

1.229   **cc) Einordnung als offenkundige Tatsache (§ 291 ZPO).** In der Entscheidung „Meister-Kaffee" – die inzwischen mehrfach „overruled" ist – hat der BGH die Ansicht vertreten, wenn ein Gericht seiner Entscheidung auf Grund eigener Sachkunde ein bestimmtes Verkehrsverständnis zugrunde lege, handele es sich um eine **gerichtskundige Tatsache nach § 291 ZPO** (BGH GRUR 1990, 607 (608) – Meister-Kaffee). Diese Aussage hatte deswegen weitreichende Folgen, weil offenkundige Tatsachen nach der überwiegenden, auch vom BGH vertretenen Ansicht **dem Gegenbeweis zugänglich** sind. Dies bedeutete, dass immer dann, wenn ein Gericht auf Grund eigener Sachkunde entscheiden wollte, es durch einen entspr. Antrag zur Durchführung einer Verkehrsbefragung gezwungen werden konnte. Da die Parteien darauf hingewiesen werden müssen, dass das Gericht beabsichtigt, eine streitige Tatsache als offenkundig zugrunde zu legen, konnte eine Beurteilung der Verkehrsauffassung auf Grund eigener Sachkunde der Gerichte weitgehend verhindert werden.

1.230   Bevor die **weitreichenden Konsequenzen der „Meister-Kaffee"-Entscheidung** erkannt wurden, hat allerdings der BGH die Aussagen der Entscheidung schon wieder dadurch **relativiert,** dass er sie nur in Fällen angewandt wissen wollte, in denen ein Richter die Verkehrsauffassung beurteilen wollte, ohne selbst zu den angesprochenen Verkehrskreisen zu zählen (BGH GRUR 1992, 406 (407) – Beschädigte Verpackung I; GRUR 1993, 677 (678) – Bedingte Unterwerfung). Da nach der ersten Regel (→ Rn. 1.225) in solchen Fällen ohnehin keine Entscheidung auf Grund eigener Sachkunde möglich sein sollte, war damit die Aussage der „Meister-Kaffee"-Entscheidung **weitgehend marginalisiert.**

1.231   **c) Neuere Rspr. aa) Ermittlung von Erfahrungswissen statt Tatsachenfeststellung.** Der BGH geht in der neueren Rspr. davon aus, dass es sich bei der Ermittlung der Verkehrsauffassung **nicht um die Feststellung von Tatsachen** handelt. Für die Frage der Irreführung kommt es nicht darauf an, auf welche Weise bestimmte Verbraucher eine Werbeaussage verstanden haben (dies wäre eine dem Zeugenbeweis zugängliche Tatsache). Maßgeblich ist immer die **Eignung zur Irreführung,** so dass eine **Prognoseentscheidung** darüber zu treffen ist, wie der Verkehr eine Werbeaussage **verstehen wird.** Hierbei handelt es sich um ein **spezielles Erfahrungswissen,** das sich ein Sachverständiger durch eine von ihm durchgeführte Verkehrsbefragung verschafft und das er dann im Wege des Sachverständigenbeweises als eine **spezielle Form der Sachkunde** an das Gericht weitergeben kann (BGHZ 156, 250 (253 f.) = GRUR 2004, 244 (245) mwN – Marktführerschaft). Geht das Gericht davon aus, dass es die Verkehrsauffassung auf Grund eigener Sachkunde feststellen kann, dann nimmt es für sich ein Erfahrungswissen in Anspruch, das sonst erst durch ein Sachverständigengutachten beschafft werden müsste. Eigenes Erfahrungswissen, auf das sich eigene Sachkunde des Richters gründet, ist aber keine Tatsache iSd § 291 (BGHZ 156, 250 (253 f.) = GRUR 2004, 244 (245) – Marktführerschaft;

BGH GRUR 2022, 241 Rn. 19 – Kopplungsangebot III; MüKoZPO/Prütting ZPO § 291 Rn. 3; Lindacher BB 1991, 1524).

bb) Entscheidung auf Grund eigener Sachkunde. Die Frage, ob ein Richter die Ver- **1.232** kehrsanschauung **auf Grund eigener Sachkunde** feststellen kann, ist prozessrechtlich nichts anderes als die Frage, ob der Richter in einem Bauprozess, in einer Unfallsache oder in einem Patentverletzungsstreit auf Grund eigener Sachkunde entscheiden kann oder ob er sich der Hilfe eines Sachverständigen versichern muss. Diese Frage ist nicht abhängig von einem **Beweis- antrag.** Denn der Sachverständigenbeweis kann auch **von Amts wegen** erhoben werden; ein Antrag auf Einholung eines Sachverständigengutachtens braucht nicht befolgt zu werden, wenn das Gericht selbst über die notwendige Sachkunde verfügt BGHZ 156, 250 (255) = GRUR 2004, 244 (245) – Marktführerschaft; Ahrens Wettbewerbsprozess-HdB/Bähr Kap. 27 Rn. 14; Bornkamm WRP 2000, 830 (834)).

Die entscheidende Frage ist danach, ob das Gericht **über hinreichende eigene Sachkunde** **1.233** **verfügt.** Auch in diesem Punkt zeigt sich die Rspr. heute großzügiger als in der Vergangenheit. Dabei wird deutlich, dass die Sachkunde sich nicht allein daraus ableitet, dass ein Richter selbst durch eine bestimmte Werbung angesprochen wird. Seine Sachkunde kann sich in **drei Kon- stellationen** auch auf das Verständnis von Kreisen beziehen, denen er selbst nicht angehört: **(1)** Häufig bedarf es **keiner bes. Erfahrung** zur Feststellung der Verkehrsauffassung, weil auch die Fachkreise für die Beurteilung der fraglichen Werbeangabe keine bes. Kenntnisse und Erfahrungen einsetzen (BGH GRUR 2002, 77 (79) – Rechenzentrum; BGHZ 156, 250 (255) = GRUR 2004, 244 (245) – Marktführerschaft; BGH GRUR 2014 1211 Rn. 20 – Runes of Magic II; GRUR 2021, 513 Rn. 14 – Sinupret). **(2)** Außerdem können sich Gerichte, die **ständig mit Wettbewerbssachen befasst** sind, auf Grund ihrer bes. Erfahrung die erforderli- che Sachkunde erworben haben, um eigenständig beurteilen zu können, wie Fachkreise eine bestimmte Werbeaussage verstehen. Dies ist etwa bei einer Kammer oder einem Senat der Fall, der häufig mit Verkehrsbefragungen zu tun hat (BGHZ 156, 250 (255) = GRUR 2004, 244 (245) – Marktführerschaft; BGH GRUR 2014, 682 Rn. 29 – Nordjob-Messe; vgl. auch (zu § 4 Nr. 3) BGH GRUR 2017, 734 Rn. 58 – Bodendübel; GRUR 2019, 196 Rn. 19 – Indus- trienähmaschinen). **(3)** Schließlich können vorgelegte **Privatgutachten,** die prozessrechtlich nichts anderes als substantiierter Parteivortrag sind, die Sachkunde des Richters so weit erhöhen, dass er sich auch ohne Gerichtssachverständigen ein eigenes Urteil bilden kann. Ein Beispielsfall, wie die Gerichte mit einem solchen Privatgutachten umgehen, stellt der Fall „Bundesdruckerei" des BGH dar (BGH GRUR 2007, 1079 Rn. 31 – Bundesdruckerei).

Die Gerichte dürfen **nicht großzügig Sachkunde** für **sich in Anspruch nehmen.** Sie **1.234** müssen darlegen, weshalb sie meinen, sich ein eigenes Urteil bilden zu können (vgl. zu § 4 Nr. 9 aF BGH GRUR 2010, 1125 Rn. 50 – Femur-Teil; zum Markenrecht BGH GRUR-RS 2020, 17323). Eine Beweisaufnahme ist erforderlich, wenn sich trotz eigener Sachkunde Zweifel am Ergebnis aufdrängen (BGH GRUR 2002, 550 (552) – Elternbriefe; BGHZ 156, 250 (254) = GRUR 2004, 244 (245) – Marktführerschaft; auch → § 12 Rn. 2.71). Solche Zweifel können auch dadurch nahe gelegt werden, dass das Berufungsgericht die Werbung **anders** beurteilen möchte **als die erste Instanz.** Eine prozessrechtliche Notwendigkeit ist die Verkehrsbefragung aber auch in diesem Fall nicht (BGHZ 194, 314 Rn. 43 = GRUR 2013, 401 – Biomineral- wasser); selbst dann nicht, wenn in erster Instanz eine KfH mit Handelsrichtern entschieden hat (OLG Hamburg WRP 2006, 771 Ls.).

cc) Verneinung der Irreführung auf Grund eigener Sachkunde. Speist sich die eigene **1.235** Sachkunde nicht nur daraus, dass der Richter durch die fragliche Werbung angesprochen wird, kann auch **nicht mehr an der Bärenfang-Doktrin festgehalten** werden, nach der der Richter im Zweifel nur eine Irreführung, nicht aber eine Verneinung der Irreführung selbst feststellen kann. Nach der neueren Rspr. kann der Richter seine Sachkunde gleichermaßen einsetzen, um im Einzelfall die Irreführung zu bejahen oder zu verneinen (BGH GRUR 2002, 550 (552) – Elternbriefe; GRUR 2003, 247 (248) – THERMAL BAD; BGHZ 156, 250 (255) = GRUR 2004, 244 (245) – Marktführerschaft; Bornkamm WRP 2000, 830 (832 f.)).

dd) Revisibilität. Die ohne Beweisaufnahme getroffenen Feststellungen zur Verkehrsauffas- **1.236** sung sind **im Revisionsverfahren nur eingeschränkt angreifbar:** **(1)** Zunächst kann sich die **Nichteinholung eines Sachverständigenbeweises** als ermessensfehlerhaft erweisen. Ob das Gericht eine Begutachtung durch einen Sachverständigen anordnet oder auf Grund eigener Sachkunde entscheidet, steht grds. in seinem pflichtgemäßen Ermessen (BGHZ 194, 314 Rn. 43

= GRUR 2013, 401 – Biomineralwasser). Ein Ermessensfehler kommt aber insbes. in den Fällen in Betracht, in denen sich das Gericht eine bes. Sachkunde zuschreibt, ohne darzulegen, worauf sich diese stützt (BGH GRUR 2010, 1125 Rn. 50 – Femur-Teil, zu § 4 Nr. 9 aF; GRUR 2013, 649 Rn. 50 – Basisinsulin mit Gewichtsvorteil; GRUR 2023, 416 Rn. 47 – Stickstoffgenerator; Bornkamm WRP 2000, 830 (833); → § 12 Rn. 2.74). Ob die Partei, die mit der Revision einen solchen Rechtsfehler rügt, einen Beweisantrag gestellt hat oder nicht, ist dabei nicht von maßgeblicher Bedeutung. **(2)** Hat das Tatgericht bei der Feststellung der Verkehrsauffassung in anderer Hinsicht einen **falschen rechtlichen Maßstab** – etwa ein unzutreffendes Verbraucherleitbild – angewendet, unterliegt auch dies der Nachprüfung durch das Revisionsgericht (BGH GRUR 2019, 631 Rn. 33 – Das beste Netz; GRUR 2020, 299 Rn. 14 – IVD-Gütesiegel; GRUR 2020, 1226 Rn. 18 – LTE-Geschwindigkeit). **(3)** Weiter unterliegt die auf Grund der eigenen Sachkunde und auf Grund des eigenen Erfahrungswissens getroffene Feststellung eines bestimmten Verkehrsverständnisses insoweit der revisionsrechtlichen Nachprüfung, als **Erfahrungssätze** in diese Entscheidung eingeflossen sind. Daher kann die Feststellung der Verkehrsanschauung im Revisionsverfahren mit der Begründung angegriffen werden, sie sei **erfahrungswidrig** (BGH GRUR 2015, 906 Rn. 19 – TIP der Woche; GRUR 2021, 1422 Rn. 34–37 – Vorstandsabteilung). Auf diese Weise kann auch verhindert werden, dass eine bestimmte Werbung im Bezirk eines OLG als zulässig, im Nachbarbezirk dagegen als unzulässig angesehen wird (vgl. etwa die sog Handy-Fälle, die trotz unterschiedlicher Feststellung der Verkehrsauffassung in der Revisionsinstanz einheitlich entschieden worden sind; BGHZ 139, 368 = GRUR 1999, 264 – Handy für 0,00 DM).

3. Beweismittel

1.237   **a) Meinungsforschungsgutachten.** Sieht sich der Richter nicht in der Lage, das Verkehrsverständnis aus eigener Sachkunde zuverlässig zu beurteilen, bietet sich als Erkenntnisquelle häufig nur eine **demoskopische Untersuchung** an. Es handelt sich hierbei um **Sachverständigenbeweis** (§ 402 ZPO). Das Gutachten vermittelt dem Richter das nötige Erfahrungswissen, um sich ein zuverlässiges Urteil darüber zu bilden, ob und ggf. in welchem Umfang die beanstandete Werbung geeignet ist, die angesprochenen Verkehrskreise irrezuführen. Auch wenn der EuGH in der Entscheidung **„Gut Springenheide"** deutlich gemacht hat, dass seine Sympathie nicht der Ermittlung der Verkehrsauffassung durch Verkehrsbefragung gilt, dass er sich vielmehr im Allgemeinen in der Lage gesehen hat, selbst zu beurteilen, wie das Verkehrsverständnis in dem einen oder anderen Mitgliedstaat ist (EuGH Slg. 1998, I-4657 Rn. 35 = GRUR-Int. 1998, 795 – Gut Springenheide; → Rn. 3.2), darf dies den nationalen Richter nicht dazu verleiten, seine eigene Sachkunde auch dann zu bejahen, wenn deren Grundlagen brüchig sind (vgl. zur Rolle der Empirie im Rahmen eines normativ geprägten Verbraucherleitbilds → Rn. 1.99 ff.). Da die Verkehrsauffassung – wie der EuGH selbst klargestellt hat – durch Beweisaufnahme ermittelt werden kann, richtet sich die Frage der Notwendigkeit einer solchen Beweisaufnahme im Einzelfall allein nach dem nationalen Prozessrecht (→ § 12 Rn. 2.76). – Vgl. im Einzelnen zur **Beweisaufnahme durch Verkehrsbefragung** → § 12 Rn. 2.77 ff.

1.238   **b) Auskünfte von Kammern und Verbänden.** Geht es um das **Verständnis von Fachkreisen,** kann der Richter sich die erforderliche Sachkunde uU auch durch die Auskunft einer Kammer (zB bei Industrie- und Handelskammern) oder eines Verbandes (zB eines Berufsverbandes) beschaffen (BGH GRUR 1963, 270 (273) – Bärenfang; GRUR 1992, 203 (207) – Roter mit Genever; GRUR 1997, 669 (670) – Euromint; GRUR 2000, 239 (240 f.) – Last-Minute-Reise). Häufig wird es dabei darum gehen, etwas zu erfragen, worüber die Kammer oder der Verband **nicht selbst Auskunft geben** kann, sondern wozu erst einmal eine Anfrage an Mitglieder gerichtet werden muss. So hatte im Fall „Euromint" der DIHK (damals noch DIHT) durch Vermittlung der einzelnen IHKs eine schriftliche Befragung bei Mitgliedsunternehmen durchgeführt (BGH GRUR 1997, 669 (670) – Euromint). Die Rspr. ist bemüht, diesen kostengünstigen Weg zur Ermittlung des Verkehrsverständnisses nicht zu verbauen. Es ist jedoch zu beachten, dass eine nicht von Fachleuten konzipierte und durchgeführte Befragung **Fehlerquellen** aufweist und dass die in diesem Zusammenhang meist eingesetzten schriftlichen Umfragen ebenfalls **gewichtige Nachteile** aufweisen.

1.239   Da es sich idR nicht um amtliche Auskünfte handeln wird (§ 273 II Nr. 2 ZPO), können derartige Auskünfte nur **nach § 377 III ZPO** ins Verfahren eingeführt werden (vgl. BGH GRUR 1997, 669 (670) – Euromint).

II. Darlegungs- und Beweislast

1. Grundsatz

Das UWG enthält auch nach den UWG-Novellen 2008 und 2015 **keine eigenständige** 1.240
Regelung der Beweislast in Fällen der irreführenden Werbung. § 5 V trifft zwar für die
Werbung mit eigenen früheren Preisen eine Sonderregelung (→ Rn. 3.111 ff.), setzt aber doch
den allgemeinen Grundsatz voraus, nach dem der Kläger als Verletzter die rechtsbegründenden
Tatsachen zu behaupten und zu beweisen hat, der Beklagte als Verletzer dagegen diejenigen
Umstände, die den rechtsbegründenden Tatsachen ihre Bedeutung oder Grundlage nehmen
(BGH GRUR 1997, 229 (230) – Beratungskompetenz; GRUR 2004, 246 (247) – Mondpreise?;
GRUR 2020, 299 Rn. 34 – IVD-Gütesiegel; GRUR 2021, 1422 Rn. 20 – Vorstandsabteilung).

Die **Äußerung des Verdachts,** dass die vom Beklagten aufgestellte Werbebehauptung 1.241
irreführend sei, reicht damit für eine schlüssige Klage nicht aus. Vielmehr muss der Kläger – um
seiner primären Darlegungslast zu genügen – grundsätzlich **greifbare Anhaltspunkte für die
geltend gemachte Irreführung** nicht nur behaupten, sondern im Falle des Bestreitens auch
beweisen (BGH GRUR 1997, 229 (230) – Beratungskompetenz; GRUR 2000, 820 (822) –
Space Fidelity Peep-Show). Dies gilt sowohl für die **Indiztatsachen** als auch für die **Indizwirkung** selbst (BGH GRUR 2014, 578 Rn. 16 – Umweltengel für Tragetasche).

2. Art. 7 Werbe-RL

Damit scheint das deutsche Recht **hinter den Mindestanforderungen** der Werbe-RL 1.242
zurückzubleiben. Denn nach Art. 7 lit. a Werbe-RL müssen die Zivilgerichte die Befugnis
haben, „vom Werbenden Beweise für die Richtigkeit von in der Werbung enthaltenen Tatsachenbehauptungen zu verlangen, wenn ein solches Verlangen unter Berücksichtigung der
berechtigten Interessen des Werbenden und anderer Verfahrensbeteiligter im Hinblick auf die
Umstände des Einzelfalls angemessen erscheint“. Das deutsche Recht trägt diesem Erfordernis
einer Beweislastumkehr **lediglich durch Beweiserleichterungen** Rechnung (vgl. BGH
GRUR 2013, 1058 Rn. 23 – Kostenvergleich bei Honorarfactoring), die freilich weit reichen
und dort, wo sie eingreifen, der Sache nach auf eine Beweislastumkehr hinauslaufen
(→ Rn. 1.245 ff.).

Während der gleichlautende Art. 6 RL 84/450/EWG in der **Begründung des Gesetzent-** 1.243
wurfs zur UWG-Reform 2004 nicht erwähnt wird, hat sich der Entwurf des Gesetzes, mit
dem die Richtlinie **zur vergleichenden Werbung** umgesetzt worden ist, verhältnismäßig
ausführlich mit der Frage befasst, ob die dort vorgenommene Ergänzung von Art. 6 lit. a RL 84/
450/EWG eine Umsetzung im deutschen Recht erfordere. Der Gesetzentwurf verneint dies mit
folgender Begründung: „Die Vorschrift enthält keine generelle Beweislastumkehr, sondern nur
eine nach Verhältnismäßigkeitsgesichtspunkten zu beurteilende und einzelfallbezogene Lockerung der Beweisanforderungen, der das deutsche Recht bereits Rechnung trägt“ (BT-Drs. 14/
2969, 9; dazu OLG Hamburg GRUR-RR 2002, 362).

Auch wenn damit das (gesprochene) deutsche Recht den **Anforderungen der Richtlinie** 1.244
idR genügen dürfte, kann (und muss) doch immer dann, wenn Zweifel hieran bestehen,
unmittelbar auf Art. 7 Werbe-RL zurückgegriffen werden, dessen Wortlaut – soweit er das
Verfahren vor den Zivilgerichten betrifft – nachstehend noch einmal wiedergegeben ist: „Die
Mitgliedstaaten übertragen den Gerichten … Befugnisse, die sie ermächtigen, … vor den
Zivilgerichten …

a) vom Werbenden Beweise für die Richtigkeit von in der Werbung enthaltenen Tatsachenbehauptungen zu verlangen, wenn ein solches Verlangen unter Berücksichtigung der berechtigten Interessen des Werbenden und anderer Verfahrensbeteiligter im Hinblick auf die Umstände des Einzelfalls angemessen erscheint, … sowie
b) Tatsachenbehauptungen als unrichtig anzusehen, wenn der gemäß Buchstabe a) verlangte
   Beweis nicht angetreten wird oder wenn er von dem Gericht … für unzureichend erachtet
   wird.“

3. Beweiserleichterungen

a) Grundsatz. Trifft den Kläger zwar grds. die Darlegungs- und Beweislast, kommen ihm 1.245
doch **Darlegungs- und Beweiserleichterungen** zugute, wenn es um die Aufklärung von

Tatsachen geht, die in den Verantwortungsbereich des Beklagten fallen. Im Prozess treffen ihn daher **prozessuale Erklärungspflichten.** Gerade bei Werbebehauptungen fehlt dem außerhalb des Geschehensablaufs stehenden Kläger oft eine genaue Kenntnis der entscheidenden Tatumstände, so dass es ihm nicht möglich ist, den Sachverhalt von sich aus aufzuklären, während der Beklagte über diese Kenntnisse verfügt und die notwendige Aufklärung ohne weiteres leisten kann (BGH GRUR 2014, 578 Rn. 14 – Umweltengel für Tragetasche). In solchen Fällen entspricht es dem auch im Prozess geltenden **Gebot von Treu und Glauben (§ 242 BGB),** dass der Beklagte die erforderliche Aufklärung leistet, sofern sie ihm nach den Umständen zuzumuten ist (BGH GRUR 1961, 356 (359) – Pressedienst; GRUR 1963, 270 (271) – Bärenfang; GRUR 1969, 461 (463) – Euro-Spirituosen; GRUR 1975, 78 (79) – Preisgegenüberstellung; OGH ÖBl 1977, 71 (74) – Fernschul-Gruppenunterricht; BGH GRUR 1985, 140 (142) – Größtes Teppichhaus der Welt; GRUR 1992, 42 – Luftfrachtsendungen; BGHZ 120, 320 (327 f.) = GRUR 1993, 980 (983) – Tariflohnunterschreitung; GRUR 1997, 229 (230) – Beratungskompetenz; GRUR 2004, 246 (247) – Mondpreise?; GRUR 2007, 251 Rn. 31 – Regenwaldprojekt II; GRUR 2013, 1058 Rn. 23 – Kostenvergleich bei Honorarfactoring; GRUR 2020, 299 Rn. 34 – IVD-Gütesiegel). Kommt der Beklagte der Darlegungs- und Beweispflicht nicht nach, so kann das Gericht davon ausgehen, dass die Behauptung unrichtig oder jedenfalls irreführend ist (§ 138 III ZPO; BGH GRUR 2020, 307 Rn. 16 – Sonntagsverkauf von Backwaren).

1.246   **b) Anwendungsbereiche. aa) Innerbetriebliche Vorgänge.** Meist wird es sich um **innerbetriebliche rechtserhebliche Tatsachen** handeln, die der Kläger nicht kennt, über die der Beklagte dagegen leicht die erforderliche Aufklärung geben kann (BGH GRUR 1961, 356 (359) – Pressedienst; GRUR 1963, 270 (271) – Bärenfang; GRUR 2020, 299 Rn. 34 – IVD-Gütesiegel). Auf ein **Geheimhaltungsinteresse** kann sich der Beklagte jedenfalls insoweit nicht berufen, als es gerade um die Richtigkeit von Werbebehauptungen geht, die er in der Öffentlichkeit preisgegeben hat. Verspricht ein Vermittler von Kapitalanlagen in seiner Werbung eine jährliche Rendite von 860 %, so ist er für die Richtigkeit einer solchen **Traumrendite** auch als Beklagter in vollem Umfang beweispflichtig (OLG München NJWE-WettbR 1997, 152; dazu Steinbeck WuB V B § 3 UWG 1.97). Hierzu auch → § 12 Rn. 12.92 f.

1.247   **bb) Alleinstellungs- und Spitzengruppenwerbung.** Auch hier gilt, dass unbeschadet der Grundregel, wonach den Kläger die Beweislast dafür trifft, dass die **Berühmung einer Alleinstellung** oder einer **Zugehörigkeit zur Spitzengruppe** unzutreffend ist, der Beklagte iSe prozessualen Aufklärungspflicht verpflichtet ist, darzulegen und ggf. zu beweisen, worauf sich seine Werbebehauptung stützt (BGH GRUR 1973, 594 (596) – Ski-Sicherheitsbindung; GRUR 1978, 249 (250) – Kreditvermittlung; GRUR 1983, 779 (781) – Schuhmarkt; GRUR 2010, 352 Rn. 22 – Hier spiegelt sich Erfahrung; GRUR 2015, 286 Rn. 27 – Spezialist für Familienrecht; OLG Karlsruhe GRUR 1994, 134 (135); vgl. auch OGH ÖBl 1969, 22 – Größte Tageszeitung; ÖBl 1973, 53 – Stahlrohrgerüste; → Rn. 1.157, → § 12 Rn. 2.94). **Der Sache nach** läuft dies auf eine **Umkehr der Darlegungs- und Beweislast** hinaus. Voraussetzung ist dabei allerdings stets, dass der Gläubiger auf die **Beweiserleichterung angewiesen** ist. Ist das ausnahmsweise nicht der Fall, ist für eine solche Beweiserleichterung kein Raum. So verhält es sich, wenn in der Werbung die besondere Qualifikation von Mitarbeitern eines Wettbewerbers herausgestellt wird, die bis vor kurzem beim Kläger beschäftigt waren (BGH GRUR 2010, 352 Rn. 22 – Hier spiegelt sich Erfahrung). Eine Beweiserleichterung kommt ebenfalls nicht in Betracht, wenn der Kläger die in einer Spitzenstellungswerbung behaupteten Höchst-Ankaufspreise im Wege des Testkaufs selbst überprüfen kann und ihm die Preisgestaltung im einschlägigen Marktsegment bekannt ist (BGH GRUR 2015, 186 Rn. 10 f. – Wir zahlen Höchstpreise; vgl. auch BGH WRP 2012, 1233 Rn. 8 – Bester Preis der Stadt).

1.248   **cc) Fachlich umstrittene Behauptung.** Stützt sich der Werbende bewusst auf eine fachlich umstrittene Behauptung, ohne die Gegenansicht zu erwähnen, hat er damit auch die **Verantwortung für die objektive Richtigkeit** seiner Angabe übernommen. Er muss sie dann auch im Streitfall beweisen (BGH GRUR 1958, 485 (486) – Odol; GRUR 1965, 368 (372 f.) – Kaffee C; GRUR 1991, 848 (849) – Rheumalind II; GRUR 2013, 649 Rn. 32 – Basisinsulin mit Gewichtsvorteil; OLG Karlsruhe NJWE-WettbR 1997, 174 (175)). Das gilt in besonderem Maße bei **Werbeangaben auf dem Gebiet des Gesundheitswesens.** Hier sind Angaben nur zuzulassen, wenn sie gesicherter wissenschaftlicher Erkenntnis entsprechen (BGH GRUR 1971,

153 (155) – Tampax; GRUR 2013, 649 Rn. 16 – Basisinsulin mit Gewichtsvorteil). Der Werbende muss, wenn er in einem solchen Fall in Anspruch genommen wird, darlegen können, dass er über entsprechende wissenschaftliche Erkenntnisse verfügt. Nicht ausreichend ist es, dass er sich erst im Prozess auf ein Sachverständigengutachten beruft, aus dem sich die behauptete Wirkungsweise ergeben soll. Der Vorwurf, den Verkehr durch eine Angabe in die Irre geführt zu haben, für deren Richtigkeit der Kläger keine hinreichenden Anhaltspunkte hat, kann hierdurch nicht ausgeräumt werden (OLG Hamburg GRUR-RR 2004, 88 (89)). Zur Beweislast auch → § 12 Rn. 2.95.

4. Weitere Beispiele

a) Beweis- und Substantiierungslast beim Kläger. Die Beweislast dafür, dass die **Räumungszwangslage bei einem Räumungsverkauf** wegen Brandschadens nicht vorlag, trifft den Kläger (OLG Stuttgart WRP 1997, 605 – Rev. nicht angenommen: BGH Beschl. v. 26.11.1997 – I ZR 58/97). – Veröffentlicht eine Fachzeitschrift **„Mediadaten",** die neben der aktuellen Preisliste auch Daten zu ihrer Auflage und ihrer Verbreitung enthalten, mit denen sie zugleich das Anzeigengeschäft bewirbt, und wirft ihr ein Wettbewerber im Zusammenhang hiermit Irreführung der angesprochenen Verkehrskreise vor, obliegt es ihr im Rechtsstreit jedenfalls dann nicht, die Zuordnung der einzelnen Daten und so deren Richtigkeit zu begründen, wenn dies mit zumutbarem Aufwand unmöglich ist und überdies die Offenbarung geheimhaltungsbedürftiger Angaben erfordert (OLG Köln NJWE-WettbR 2000, 301). – In Fällen der **Irreführung wegen unzureichender Bevorratung** trifft grds. den Kläger die Darlegungs- und/oder Beweislast für den behaupteten Warenfehlbestand (BGH GRUR 2002, 187 (189) – Lieferstörung). Hins. des Zeitraums, innerhalb dessen die Ware vorrätig sein muss, hilft dem Kläger die Beweislastregel in § 3 III Nr. 5 S. 2 zu § 3 III, nach der der Unternehmer die Angemessenheit nachweisen muss, wenn der vorgehaltene Vorrat nicht einmal für zwei Tage ausreicht (→ Anh. § 3 Rn. 5.30). – Der Kläger, der sich dagegen wendet, dass ein Wettbewerber ein Angebot, das er an einen Kunden gerichtet hat, für einen **Preisvergleich** verwendet, trägt jedenfalls im Bereich standardisierter Dienstleistungen grundsätzlich die Darlegungs- und Beweislast dafür, dass der für ihn im Preisvergleich genannte Preis nicht sein regelmäßig verlangter Preis ist (BGH GRUR 2013, 1058 Rn. 23 – Kostenvergleich bei Honorarfactoring; → Rn. 3.102).

b) Beweis- oder Substantiierungslast beim Beklagten. Der wegen unzulässiger **Alleinstellungswerbung** auf Unterlassung in Anspruch genommene Beklagte kann sich nicht lediglich zur Verteidigung auf die Darstellung seiner eigenen geschäftlichen Situation beschränken, sondern hat substantiiert die Marktlage unter den in Betracht kommenden Wettbewerbern unter Berücksichtigung des Klagevortrags darzulegen (OLG Karlsruhe GRUR 1994, 134). – Die Beweislast dafür, dass im Rahmen einer **Versteigerung von antiken Orientteppichen** gebrauchte Versteigerungsware angeboten wird, trifft jedenfalls dann den beklagten Versteigerer, wenn der Kläger substantiiert ihre Neuheit dargelegt hat (OLG Karlsruhe GRUR 1996, 75). – Im Hinblick auf den Prognosecharakter von **Werbeangaben in Vermögensanlageprospekten** obliegt dem Werbenden die Darlegungs- und Beweislast dafür, dass seine Angaben die angesprochenen Verkehrskreise nicht in die Irre führen (KG NJW-RR 1997, 993; vgl. auch OLG München NJWE-WettbR 1997, 152). – Die Führung der Bezeichnung **„Sachverständiger"** setzt voraus, dass der Werbende über die erforderliche Sachkunde in einem bestimmten Fachgebiet verfügt. Der Sachverständige ist hins. der zu fordernden überdurchschnittlichen Befähigung darlegungs- und beweisbelastet (LG Saarbrücken WRP 2002, 1463). – **Gesundheitsbezogene Werbung:** Legt der Kläger dar und weist nach, dass nach der wissenschaftlichen Diskussion die Grundlagen, auf die der Werbende sich stützt, seine Aussage nicht rechtfertigen oder sogar jegliche tragfähige wissenschaftliche Grundlage für die Behauptung fehlt, trifft den Werbenden die Darlegungs- und Beweislast für die Richtigkeit seiner Aussage (BGH GRUR 2013, 649 Rn. 32 – Basisinsulin mit Gewichtsvorteil). – **Fehlende Relevanz:** Für tatsächliche Umstände, die gegen das Vorliegen der wettbewerblichen Relevanz einer Irreführung sprechen, ist der Beklagte darlegungs- und beweispflichtig (BGH GRUR 2021, 1422 Rn. 20 – Vorstandsabteilung).

1.249

1.250

2. Abschnitt. Irreführung über wesentliche Merkmale der Ware oder Dienstleistung (§ 5 II Nr. 1)

Übersicht

Schrifttum: H.-J. Ahrens, Werbung mit IVW-Verbreitungsdaten, AfP 2000, 417; Alexander, Green Deal: Verbraucherschutz und ökologischer Wandel, WRP 2022, 657; Bartenbach/Jung/Renvert, Aktuelles aus dem Wettbewerbsrecht – Verwendung von „Made in Germany" in wettbewerbsrechtlicher Hinsicht und „notarielle Unterwerfungserklärung" als Instrument zur Beseitigung der Wiederholungsgefahr im Wettbewerbsrecht., Mitt 2016, 8; J. Bergmann, Frisch vom Markt – Die Rechtsprechung zur „Frische"-Werbung aus marken- und lebensmittelrechtlicher Perspektive, ZLR 2001, 667; J. Bergmann/Hartwig, Irreführungsaspekte der aktuellen Anti-Zucker-Werbung – Erläutert anhand des Beispiels der werblichen Auslobung „ohne Kristallzucker", ZLR 2007, 201; Blau, Der Verkauf zugekaufter Waren unter der eigenen Herstellermarke, Diss. Frankfurt, 1984; Böhler, Mailand oder Madrid, Hauptsache Italien! – Herkunftskennzeichnung unter Irreführungsgesichtspunkten, WRP 2022, 561; Brandner, Bedeutungsgehalt und Bedeutungswandel bei Bezeichnungen im geschäftlichen Wettbewerb, FS Piper, 1996, 95; Bueren, Sustainable Finance, ZGR 2019, 813; Dück, Qualitätsanforderungen an die Kennzeichnung „Made in Germany", WRP 2013, 1296; Dück/Offergeld, Irreführende Werbung durch Erwecken des Eindrucks der Herstellung in Deutschland, WRP 2021, 582; Feddersen, Wissenschaftliche Absicherung von Wirkungsangaben im Heilmittelwerbeprozess, GRUR 2013, 128; Fritzsche, Grenzen der Werbung mit Garantien, Gütesiegeln und Sicherheitsaspekten, WRP 2021, 431; Fröndhoff, Irreführung durch vergleichende Werbung – Deutsche Rechtsprechung auf dem Telekommunikationsmarkt nach „Pippig Augenoptik/Hartlauer", ZUM 2004, 451; v. Gamm, Wein- und Bezeichnungsvorschriften des Gemeinschaftsrechts und nationales Recht gegen den unlauteren Wettbewerb, GRUR 1984, 165; Gehrmann, Lebensmittel-Informationsverordnung – ausgewählte Schwerpunkte und Auslegungsfragen, ZLR 2012, 161; Griese, Die Bedeutung des Mindesthaltbarkeitsdatums bei Lebensmitteln nach neuem Recht – Änderungen im kaufrechtlichen Sachmangelbegriff und ihre Folgen für die Lieferkette, ZLR 2022, 54; Gündling, „Made in Germany" – Geografische Herkunftsbezeichnung zwischen Qualitätsnachweis und Etikettenschwindel, GRUR 2007, 921; Hanke, Der Vertrieb von ökologisch nachhaltigen Anlageprodukten – künftige rechtliche Anforderungen und Haftungsrisiken, ZIP 2022, 62; Hartwig, Die lauterkeitsrechtliche Beurteilung der Werbung mit dem „Grünen Punkt" (§ 3 UWG), GRUR 1997, 560; Heidenreich, Werbung für kosmetische Mittel – Rechtsrahmen und Rechtsprechungspraxis, PharmR 2023, 205; Hemker, Missbrauch von Gütezeichen, Diss. 2016; Honig, Werbung mit dem guten Ruf des Handwerks, WRP 1995, 68; Kaestner, Werbliche Anpreisungen: Im Handumdrehen irregeführt?, WRP 2006, 1149; Koch, Gesundheitsbezogene Angaben bei Wein, ZLR 2007, 683; Köhler, „Grüner Punkt" als irreführende Werbung?, BB 1998, 2065; Köhler, Die Bedeutung der Richtlinie 2005/29/EG über unlautere Geschäftspraktiken und ihre Auswirkungen für Lebensmittelrecht und Lebensmittelwirtschaft, ZLR 2006, 3; Köhler, Gesundheitsversprechen in der Lebensmittelwerbung: Die wettbewerbsrechtliche Sicht, ZLR 2008, 135; Köhler, Spendenwerbung und Wettbewerbsrecht, GRUR 2008, 281; Köhler, Vermarktung von Markenprodukten unterschiedlicher Qualität – ein Fall der Irreführung? Zum Kommissionsvorschlag der Anfügung eines lit. c) an Art. 6 Abs. 2 RL 2005/29/EG, FS Ströbele, 2019, 203; Köhler, Die neue Preisangabenverordnung (PAngV 2022), WRP 2022, 127; Kollmann, Technische Normen und Prüfzeichen im Wettbewerbsrecht, GRUR 2004, 6; Kopp, EU-Öko-Verordnung als Instrument zur Stärkung der Lauterkeit des Marktes?, ZLR 2012, 171; Lamy/Ludwig, Die Werbung mit Klimaneutralität, KlimR 2022, 142; Laoutoumai/Cobe, Anlageempfehlungen und Finanztipps von sog. „Finfluencern", WRP 2022, 290; Lappe, Zur ökologischen Instrumentalisierbarkeit des Wettbewerbsrechts, WRP 1995, 170; Graf Lambsdorff/Hamm, Zur wettbewerbsrechtlichen Zulässigkeit von Patent-Hinweisen, GRUR 1985, 244; Lehmann/Dürrschmidt, Haftung für irreführende Werbung über Garantien, GRUR 1997, 549; Leible, Lebensmittelwerbung mit naturbezogenen Angaben, WRP 1997, 403; Leible, Werbung für EG-Neuwagen, NJW 2000, 1242; Leible/Schäfer, Rechtsprechungsreport Lebensmittelrecht 2012, WRP 2013, 265; Leible/Sosnitza, § 17 LMBG nach „Darbo" – Ein Plädoyer für die Streichung von § 17 I Nr. 4 LMBG, WRP 2000, 610; Leitzmann, Was ist ein Ökoprodukt bzw ein Bio-Lebensmittel? – Erwartungen und Tatsachen, ZLR 2002, 151; Loewenheim, Aufklärungspflichten in der Werbung, GRUR 1980, 14; B. Lorenz, Die Wettbewerbswidrigkeit einer mangelhaften Anbieterkennzeichnung, WRP 2010, 1224; Martini/Kramme/Seeliger, „Nur noch 30 Minuten verfügbar" – Scarcity- und Countdown-Patterns bei Online-Geschäften auf dem Prüfstand des Rechts, VuR 2022, 123; Metzger, Neue Entscheidungen des BGH zur „EG-Neuwagen"-Problematik, WRP 1999, 1237; Meyer/Voß/ Finster, Friktionen um den europäischen Integrationsprozess, Erläuterungen anhand von Herkunftsangaben für Lebensmittel, GRUR 2022, 1029; Michalski/Riemenschneider, Irreführende Werbung mit dem Mindesthaltbarkeitsdatum, BB 1994, 588; Möller, Abmahngefahren bei Garantiewerbung, GRUR 2021, 1365; Müggenborg, Irreführende Arzneimittelwerbung nach dem Urteil des BGH vom 5.11.2020 – I ZR 204/19, StoffR 2021, 19; Oelrichs, Naturbezogene Werbung für Lebensmittel – gestern, heute und morgen, WRP 2004, 863; Peifer, Lauterkeitsrechtliche Informationspflichten – Dogmatik und Verhältnis zu (lebensmittelrechtlichen) Kennzeichnungsgeboten, ZLR 2011, 161; Reese, Beweisanforderungen bei gesundheitsbezogener Werbung – Wann liegt eine hinreichend gesicherte wissenschaftliche Erkenntnis vor?, PharmR 2018, 380; H. Roth, Standzeiten von Kraftfahrzeugen als Sachmange, NJW 2004, 330; Schimansky, Irreführung des Bankkunden durch Kontostandsauskunft am Geldautomaten?, BKR 2003, 179; Schmidt-de Caluwe, „Ohne Gentechnik"-Siegel als Irreführung des Verbrauchers – Konsequenzen aus dem Mutagenese-Urteil des EuGH vom 25.7.2018, L&R 2019, 97; Schrader, Neue Gewährleistungsregeln für „smarte Produkte" als lauterkeitsrechtliche Herausforderung, WRP 2022, 138; M. Schroeder/Starcke, Anrüchige Düfte? Zur lauterkeitsrechtlichen Dimension von Duftmarketing, WRP 2016, 1210; W. Schroeder/Kraus, Das neue Lebensmittelrecht – Europarechtliche Grundlagen und Konsequenzen für das deutsche Recht, EuZW 2005, 423; Schünemann, Defizitäre Garantien, NJW 1988, 1943; Slopek, Schwarz, rot, bunt – Wie „deutsch" muss ein Produkt „Made in Germany" sein? Kriterien für die rechtlich zulässige Werbung mit dem Qualitätsmerkmal, GRUR-Prax 2011, 291; Solf, Adressbuchschwindel – Neue Entwicklungen zu einer alten Masche, WRP 2000, 325; Weidert, In „Bio" we trust: Werbung mit Genehmigungen, Gütesiegeln und anderen Qualitätskennzeichen, GRUR-Prax 2010, 351; Wollschläger/Funk, Werbung mit Regionalstromprodukten – Braucht man dazu Regionalnachweise nach §§ 79a, 3 Nr. 38 EEG?, IR 2022, 134; Wulff, Naturkosmetik: Rechtsstatus und Verbraucherleitbild in Deutschland – Prägen etablierte Naturkosmetiksiegel das Verbraucherleitbild von Naturkosmetik?, LMuR 2018, 1; Wuttke, Die Bedeutung der Schutzzwecke für ein liberales Wettbewerbsrecht (UWG) – Zugleich eine Anmerkung zu BGH I ZR 234/03 – Warnhinweis II, WRP 2007, 119.

Weitere Schrifttumsnachweise s. vor → Rn. 2.40 (zum Lebensmittelrecht), vor → Rn. 2.103 (Kennzeichnung als deutsches Produkt), vor → Rn. 2.128 (zum Internetrecht), vor → Rn. 2.157 (zur Werbung für Telefonie), vor → Rn. 2.180 (zum Umweltrecht), vor → Rn. 2.204 (Irreführung über Art und Weise der Herstellung), vor → Rn. 2.244 (Irreführung über geografische Herkunft), vor → Rn. 2.253 (Irreführung über betriebliche Herkunft) und vor → Rn. 2.278 (Irreführung über amtliche Prüfungen und Test-ergebnisse).

A. Allgemeines

§ 5 II Nr. 1 regelt in Umsetzung des Art. 6 I lit. a und b UGP-RL die produktbezogene **2.1** Irreführung. Die Fassung des Tatbestands („die **wesentlichen Merkmale** der Ware oder Dienst-leistung **wie** …" – Hervorhebung durch Verf.) macht deutlich, dass es sich bei den genannten Merkmalen nicht um einen abschließenden Katalog handelt, sondern jegliches „wesentliches" Merkmal erfasst werden soll (→ Rn. 0.30).

B. Verfügbarkeit

I. Allgemeines

Die UGP-RL nennt als Bezugspunkt der Irreführung in Art. 6 I lit. a UGP-RL das „Vor- **2.2** handensein … des Produkts" (in der englischen/französischen Sprachfassung: „existence"/ „l'existence") und in Art. 6 I lit. b UGP-RL das wesentliche Produktmerkmal der „Verfügbar-keit" („availability"/„disponibilité"). Der Gesetzgeber der UWG-Novelle 2008 hat eine geson-derte Umsetzung des Art. 6 I lit. a UGP-RL mit Blick darauf für nicht erforderlich gehalten, dass der bereits mit dem UWG 2004 in § 5 I 1 Nr. 1 aF eingefügte, im UWG 2008 beibehaltene Begriff der „Verfügbarkeit" inhaltlich mit dem Begriff der „Existenz" identisch sei (Begr. RegE UWG 2008, BT-Drs. 16/10145, 24). Hieraus ergibt sich zugleich die begriffliche Abgrenzung zum Tatbestandsmerkmal „Menge" iSd § 5 II Nr. 1: letzteres betrifft nicht das Vorhandensein, sondern den Leistungsumfang des Angebots (GK-UWG/Lindacher/Peifer Rn. 311).

II. Spezialfall „Lockangebot"

Mit der UWG-Novelle 2008 ist ferner der frühere § 5 V aufgehoben worden, der die **2.3** irreführende Werbung für nicht in angemessener Menge vorgehaltene Waren und Dienstleis-tungen verbot. Dies geschah, um im Hinblick auf das nunmehr als **Anh. Nr. 5 zu § 3 III** umgesetzte Verbot der Irreführung über die Vorratshaltung (Anh. I Nr. 5 UGP-RL) Abgren-zungsschwierigkeiten und Rechtsunsicherheit zu verhindern (Begr. RegE UWG 2008, BT-Drs 16/10145, 24 f.). Dies war konsequent, denn angesichts des speziellen Tatbestands der unter allen Umständen unlauteren Irreführung über die Vorratshaltung („Lockangebot") gem. Anh. Nr. 5 zu § 3 III bleibt bei richtlinienkonformer Auslegung **für das Verhältnis zwischen Unterneh-mern und Verbrauchern („B2C") kein Raum** für ein weiteres, dem im Rahmen des § 5 I tatbestandsimmanenten Relevanzkriterium (→ Rn. 1.171 ff.) unterliegendes Verbot der Irrefüh-rung über die Vorratshaltung. Diese Erwägung gilt in gleicher Weise für das in § 5 II Nr. 1 genannte **Verbot der Irreführung über die Verfügbarkeit,** dem im „B2C"-Verhältnis das per-se-Verbot von Anh. Nr. 5 zu § 3 III vorgeht, soweit es sich um eine Irreführung über die Vorratshaltung handelt. Im Verhältnis zwischen sonstigen Marktteilnehmern ist das Verbot der Irreführung über die Vorratshaltung zwar weiterhin § 5 II Nr. 1 zu entnehmen; im Interesse einer kohärenten Rechtsanwendung empfiehlt es sich jedoch, dieses Verbot mit Blick auf das im Verhältnis zu Verbrauchern geltende per-se-Verbot auszulegen. Dieser Bezugspunkt der Irrefüh-rung wird daher umfassend bei Anh. Nr. 5 zu § 3 III zu § 3 III (→ Anh. § 3 Rn. 5.1 ff.) kommentiert.

III. Spezialfall „zeitlich begrenzte Verfügbarkeit"

Nicht nur die Vorratshaltung, sondern auch die **zeitliche Verfügbarkeit** einer Ware kann **2.3a** Gegenstand der Irreführung sein. Angaben wie „Nur noch drei Stück verfügbar" oder „Nur noch 5 Zimmer zu diesem Preis" sind im internetbasierten Handel geradezu allgegenwärtig (zu solchen „scarcity patterns" vgl. Martini/Kramme/Seeliger VuR 2022, 123). Ist eine solche Angabe unzutreffend, liegt grds. ein Verfügbarkeitsirrtum iSv § 5 II Nr. 1 vor. Durch die Aufnahme in Nr. 7 des Anhangs zu § 3 III ist die Erregung eines solchen Irrtums zum Gegen-stand einer stets unlauteren geschäftlichen Handlung erhoben worden (→ Anh. § 3 Rn. 7.1 ff.).

IV. Sonstige Fälle des Irrtums über die Verfügbarkeit

2.3b   Die Verfügbarkeitserwartung des Verkehrs wird insbesondere durch die Charakteristik der angebotenen Ware oder Dienstleistung und die Art der Werbung geprägt (→ Anh. § 3 Rn. 5.13 f.). Die **Printwerbung** eines überregionalen Einzelhandelsfilialisten wird regelmäßig dahingehend verstanden, dass die beworbenen Produkte in **sämtlichen Filialen erhältlich** sind, soweit nicht hinreichend deutlich auf diesbezügliche Einschränkungen hingewiesen wird (BGH GRUR 2016, 1073 Rn. 30 – Geo-Targeting; OLG Karlsruhe WRP 2003, 1257 (1258)). Auf die Möglichkeit, dass ein Sonderangebot schon am ersten Tag ausverkauft sein kann, muss hinreichend deutlich hingewiesen werden (OLG Nürnberg GRUR 2022, 1612). Irreführend ist die Werbung eines Unternehmers für den **Online-Bezug** von Produkten, wenn diese teilweise nur in stationären Filialen erhältlich sind (LG Essen WRP 2017, 750). Werden in Werbeprospekten für unter einem einheitlichen Namen auftretende Einzelhandelsmärkte **einzelne Geschäftslokale** mit dem Hinweis „Märkte in deiner Nähe" mit ihrer Adresse hervorgehoben, so geht der Verkehr davon aus, dass die beworbenen Angebote jedenfalls in diesen Märkten erhältlich sind (vgl. (zu § 5a UWG) BGH GRUR 2016, 403 Rn. 14 f. – Fressnapf). Irreführend ist auch die Listung eines noch nicht verfügbaren Medikaments in der sog. Lauer-Taxi als „im Vertrieb" (OLG Frankfurt WRP 2023, 85). Bei **Internet-Werbung** ist zu differenzieren: **Stationäre Betriebe** (zB Handwerksbetrieb, Restaurant), die ihr Angebot im Internet darstellen, sind üblicherweise nur **räumlich beschränkt** tätig, auch wenn ihre Internetseite bundesweit abrufbar ist (vgl. zu § 15 MarkenG BGH GRUR 2005, 262 (263) – soco.de). Die Werbung als **„Schuldnerberatung Köln"** ist daher irreführend, wenn die Beratungsdienstleistung in Köln mangels dortiger Niederlassung nicht verfügbar ist (OLG Hamburg WRP 2021, 1091). Wirbt hingegen ein **Telekommunikationsunternehmen** mittels Werbebannern auf einem bundesweit ausgerichteten Portal für das Angebot von Internetzugängen, ohne auf eine räumliche Beschränkung ihres Angebots hinzuweisen, täuscht es über die **räumliche (bundesweite) Verfügbarkeit** ihres Angebots (BGH GRUR 2016, 1073 Rn. 20 – Geo-Targeting). – Die Verfügbarkeit ist auch betroffen, wenn ein Online-Shop für sein **Sortiment** mit der Angabe wirbt, „ca. 1 Mio. Artikel sofort verfügbar" (OLG Hamm WRP 2021, 1489; vgl. auch OLG Rostock GRUR-RS 2021, 6356). – Irreführende Angaben über die **Öffnungszeiten** einer Apotheke betreffen die Verfügbarkeit der Handelsdienstleistung (OLG Düsseldorf WRP 2022, 220).

C. Art, Ausführung, Zusammensetzung, Beschaffenheit, Zubehör

I. Allgemeines

2.4   Die in § 5 II Nr. 1 genannten Bezugspunkte der Irreführung lassen sich nicht sämtlich trennscharf begrifflich voneinander abgrenzen. So kann bspw sowohl unter „Zusammensetzung" als auch „Beschaffenheit" die stoffliche Substanz eines Produkts verstanden werden; auch die „Art" oder „Ausführung" eines Produkts kann hierauf Hinweise geben. Ausgehend vom deutschen Sprachverständnis liegt es nahe, die Beschaffenheit als Oberbegriff für sämtliche Merkmale zu verstehen, die nach der Verkehrsauffassung für die Wertschätzung des Produkts von Bedeutung sind (Ohly/Sosnitzy/Sosnitza Rn. 258; Götting/Nordemann Rn. 1.38). Die englische und französische Fassung des Art. 6 I Nr. 1 und 2 UGP-RL sprechen allerdings für ein **differenzierteres Begriffsverständnis.** Die **stoffliche Substanz** sollte unter den Begriff **„Zusammensetzung"** („composition") gefasst werden. Das Merkmal der **„Beschaffenheit"** („specification"/ „spécifications") deutet auf **spezielle Eigenschaften,** die das Produkt innerhalb einer Produktgattung auszeichnen; daraus resultieren Überschneidungen mit dem Begriff **„Ausführung"** („execution"/„exécution"; vgl. Gloy/Loschelder/Danckwerts WettbR-HdB/Helm/Sonntag/ Burger § 59 Rn. 208). Letztere kann bei weitem Verständnis auch **„Zubehör"** („accessories"/ „accessoires") umfassen (GK-UWG/Lindacher/Peifer Rn. 346). Die **„Art"** des Produkts („nature of the product"/„nature du produit") lässt sich hingegen zwanglos als Bezeichnung der **Gattung** – mithin als Oberbegriff zur „Beschaffenheit" sowie ggf. auch der „Zusammensetzung" – verstehen (GK-UWG/Lindacher/Peifer Rn. 346). Die vorstehend beschriebenen begrifflichen Unschärfen sollten **nicht überbewertet** werden; Schutzlücken sind angesichts des breiten Merkmalsspektrums des § 5 II Nr. 1 nicht zu befürchten.

II. Art

Die „Art" eines Produkts bezeichnet seine **Gattung** (→ Rn. 2.4), also einen Oberbegriff für **2.5** Produkte, die nach der Verkehrsanschauung in wesentlichen Merkmalen übereinstimmen (BGH GRUR 2018, 1263 Rn. 21 – Vollsynthetisches Motorenöl). Soweit sich diese gattungsmäßigen Übereinstimmungen nach der Verkehrsvorstellung – wie häufig – auf die stoffliche Substanz beziehen, kann zugleich eine Irreführung über die **„Zusammensetzung"** vorliegen (→ Rn. 2.9 ff.). Eine Irreführung über die Gattung oder Produktkategorie (dazu BGH GRUR 2018, 1263 Rn. 21 – Vollsynthetisches Motorenöl) ist wettbewerblich relevant, wenn der Verkehr mit der Gattungszugehörigkeit seine Kaufentscheidung beeinflussende Erwartungen an bestimmte Eigenschaften des Produkts verbindet.

Ein Anwendungsfall der irreführenden Gattungsbezeichnung ist die Bezeichnung eines **künst-** **2.6** **lichen Erzeugnisses** mit Angaben, die der Verkehr als Hinweis auf **Naturerzeugnisse** versteht. Insbes. aus Zusätzen wie **„echt"** oder **„original"** kann der Verkehr auf Naturprodukte schließen (→ Rn. 2.87 f.). Anders kann die Lage dann zu beurteilen sein, wenn sich ein **Bedeu-** **tungswandel** in dem Sinne vollzogen hat, dass die Bezeichnung des Naturerzeugnisses eine völlig neue Bedeutung erlangt oder eine Entwicklung hin zum Oberbegriff für andere Warengattungen vollzogen hat (→ Rn. 2.193). Das wird aber nur selten der Fall sein. Unzulässig ist es daher, **Kunstseide** als **Seide** (RGZ 128, 264 – Bemberg-Seide; BGHZ 13, 244 – Cupresa Kunstseide; → Rn. 2.16), einen Bezugsstoff aus **Textilgewebe mit Kunststoffbeschichtung** als **Textilleder** (OLG Bamberg WRP 2012, 1282) oder eine **Mischung aus Zucker und** **Süßstoff** als **„Spezial Zucker"** zu bezeichnen (BGH GRUR 1972, 132 – Spezial Zucker; → Rn. 2.31). Irreführend ist die Verwendung der Bezeichnung **„naturrot"** für Betondach- steine, weil die Bezeichnung bisher nur für nicht engobierte (mit Ton begossene) Dachziegel verwendet wurde und daher als „naturrot" bezeichnete Betondachsteine von einem nicht unerheblichen Teil der maßgeblichen Verkehrskreise als Naturprodukt angesehen werden (BGH GRUR 1983, 245 – naturrot; OLG Köln WRP 1984, 430). Die Bezeichnung eines **Motorenöls** **als „vollsynthetisch"** ist irreführend, wenn sein Herstellungsverfahren nicht demjenigen der Öle entspricht, für die sich im Markt die Bezeichnung „vollsynthetisch" eingebürgert hat (BGH GRUR 2018, 1263 Rn. 22 – Vollsynthetisches Motorenöl). – Dagegen ist eine Irreführung zu verneinen, wenn eine Badetablette, deren Bestandteile zwar denen eines natürlichen Thermal- quellwassers entsprechen, die aber auf synthetischem Weg hergestellt ist, mit **„THERMAL** **BAD"** bezeichnet wird. Die Frage, ob der Verbraucher diese Bezeichnung in der Weise versteht, dass die in der Tablette enthaltenen Mineralien einer natürlichen Thermalquelle entzogen worden seien, hatte der Tatrichter – vom BGH gebilligt – verneint (BGH GRUR 2003, 247 (248) – THERMAL BAD). **Denaturierende Zusätze** (zB „Kunst-"), die auf den Substitution- scharakter eines Produkts hinweisen, schließen eine Irreführung über die Gattung der Natur- produkte idR aus (→ Rn. 2.197 ff.).

III. Ausführung und Zubehör

Das Merkmal der **„Ausführung"** beschreibt den Umstand, dass eine Ware oder Dienstleis- **2.7** tung im Hinblick auf unterschiedliche Vertriebsgebiete, Zielgruppen, Verwendungszwecke, Ansprüche an Qualität, Preisniveau oder Erscheinungsbild oder aus sonstigen Gründen in **verschiedenen Ausstattungsvarianten** oder mit unterschiedlichen **Leistungsprogrammen** angeboten werden kann. Soweit das Produkt mit seinem Zweck dienenden Nebenkomponenten angeboten wird, spricht man auch von **„Zubehör"**. Trennscharf abgrenzbar sind diese beiden in § 5 II Nr. 1 verwendeten Begriffe nicht (→ Rn. 2.4); die Begrenzung des Zubehörs auf separat zu bezahlende Ergänzungspositionen (GK-UWG/Lindacher/Peifer Rn. 379) ist schlüs- sig, aber nicht zwingend.

Auf die Ausführung oder das Zubehör einer Ware bezieht sich die Angabe, ein als **„Schlaf-** **2.8** **zimmer komplett"** angebotenes Ensemble von Schlafzimmermöbeln umfasse die **gesamte** **abgebildete Ausstattung** einschließlich Lattenrost und Matratze (BGH GRUR 2015, 698 Rn. 13 – Schlafzimmer komplett (im konkreten Fall Irreführung verneint)). Als unzulässig ist es angesehen worden, bei der Internet-Werbung für einen **Sonnenschirm** fälschlich zu suggerie- ren, zum **Lieferumfang** gehörten auch die Betonplatten, mit denen der abgebildete Sonnen- schirm fixiert ist (OLG Hamm WRP 2015, 1381). Irreführend ist auch das Angebot eines PKW, dessen aus der Produktabbildung ersichtliche **Standheizung tatsächlich nicht vorhanden** ist

(BGH (VIII. ZS) NJW-RR 2011, 462 Rn. 12 zum Kaufrecht) oder die Werbung mit der Ausstattung **„Navigationssystem"**, wenn tatsächlich nur die Verbindung mit einem Mobiltelefon des Käufers, das über einen Navigations-App verfügt, hergestellt werden kann (LG Kiel WRP 2021, 124 red. Ls.). Irreführend ist die Abbildung eines anderen als des erworbenen Produkts (LG Berlin WRP 2022, 1182). Irreführend ist auch die Werbung für eine **Pizza** mit der Preisangabe „nur 7,20 Euro", die mit dem abgebildeten Broccoli-Belag **nur gegen Aufpreis** zu haben ist (OLG Brandenburg WRP 2012, 734). Ausführungsmerkmal einer **Apothekendienstleistung** ist das Angebot eines als „diskreter Beratungsbereich" beworbenen **separaten Raums für Beratung** und Rezepteinlösung (LG Wuppertal BeckRS 2016, 09030). Die Ausführung ist auch betroffen, wenn Gleitsichtbrillen eines Internet-Anbieters mit der Angabe **„Optiker-Qualität"** beworben werden; sie ist irreführend, wenn die Brillen lediglich aufgrund der Angaben im Brillenpass, aber ohne Berücksichtigung weiterer, von stationären Optikern berücksichtigten Parametern (Hornhautscheitelabstand, Fassungsvorneigung, Einschleifhöhe) gefertigt werden (BGH GRUR 2017, 418 Rn. 19 – Optiker-Qualität). – Irreführend ist nicht nur die Täuschung über das Bestehen, sondern auch die **Abwesenheit** einer (kostenpflichtigen) **Zusatzleistung.** So verhält es sich etwa, wenn bei der Flugbuchung im Internet eine Auswahl einer **Reiserücktrittsversicherung** voreingestellt und der weitere Buchungsvorgang so gestaltet ist, dass der Kunde die Buchung in der Annahme fortsetzt, keine solche Versicherung zu buchen (vgl. zu Art. 23 I S. 4 Luftverkehrsdienste-VO BGH GRUR 2017, 283 Rn. 21 f. – Servicepauschale).

IV. Zusammensetzung

1. Leitlinien

2.9 **a) Relevanz.** Die Werbeangaben, die ein Unternehmer **zur stofflichen Substanz** des angebotenen Produkts macht, sind für den Verkehr von wesentlicher Bedeutung, da aus diesen Angaben auf bestimmte Eigenschaften oder Wirkungen, insbes. auf die Güte der Ware, geschlossen wird. Solche Fehlvorstellungen sind **grds. für die (Kauf-)Entscheidung relevant.** Angaben über die stoffliche Beschaffenheit, die nicht der Wahrheit entsprechen, sind daher in aller Regel irreführend. Mit irreführenden Angaben über die Zusammensetzung des Produkts darf auch dann nicht geworben werden, wenn die beworbene Ware letztlich die vom Verbraucher erwartete Qualität aufweist (BGH GRUR 1960, 567 (570) – Kunstglas; GRUR 1961, 361 (364) – Hautleim; GRUR 1967, 600 (601) – Rhenodur I mAnm Droste; GRUR 1969, 280 (282) – Scotch-Whisky; GRUR 1991, 852 (855) – Aquavit).

2.10 Die Verwendung bestimmter Grundstoffe kann im Laufe der Zeit Veränderungen unterliegen. Dies hat zur Folge, dass der Verkehr nicht mehr auf die stoffliche Zusammensetzung, sondern vor allem auf die Eigenschaften und Wirkungen des Produktes abstellt. Selbst wenn die stoffliche Bezeichnung der Ware objektiv unzutreffend ist, kann dann eine rechtlich relevante Irreführung unter dem Gesichtspunkt der fehlenden Relevanz oder auf Grund einer Interessenabwägung entfallen. Macht sich der Verkehr überhaupt keine hinreichend konkreten Gedanken über die stofflichen Zusammensetzungen der Produkte so entscheiden nur noch seine Vorstellungen von deren Wirkungsweise (BGH GRUR 1961, 361 (364) – Hautleim; GRUR 1966, 445 (447) – Glutamal; GRUR 1967, 600 (601) – Rhenodur I).

2.11 **b) Verweisende Verbrauchervorstellung.** Eine Irreführung setzt aber nicht unbedingt voraus, dass die Verbraucher die Bedeutung der fraglichen Bezeichnung kennen. Es gibt Bezeichnungen, mit denen die Verbraucher meist **keine konkreten Warenmerkmale** verbinden, bei deren Verwendung sie sich aber darauf verlassen, dass die so bezeichnete Ware allen gesetzlichen Vorschriften entspricht, die für ihre Beschaffenheit erlassen worden sind (zB Vorschriften des Lebensmittelrechts). Bezugspunkt dieser **verweisenden Verbrauchervorstellungen** (auch → Rn. 1.110) können auch Anforderungen sein, die sich durch Handelsbrauch und Verkehrsanschauung gebildet haben (BGH GRUR 1967, 30 (32) – Rum-Verschnitt). Wird zB ein in Schottland hergestellter Whisky auf dem Flaschenetikett als „Scotch Whisky" bezeichnet, obwohl er keine drei Jahre gelagert hat, so werden nicht nur die fachkundigen Abnehmer irregeführt, die wissen, dass ein Scotch Whisky drei Jahre gelagert haben muss. Auch der unkundige Verbraucher, der keine konkreten Vorstellungen über die Eigenschaften eines Scotch Whisky hat, wird getäuscht. Denn er wird annehmen, dass das Erzeugnis den für die Verwendung der Bezeichnung im Ausland aufgestellten Herstellungserfordernissen entspricht (BGH GRUR 1969, 280 (281) – Scotch Whisky mAnm Knopp). Ob der Whisky in Bezug auf Qualität und Geschmack einem Whisky gleichsteht, der wegen dreijähriger Lagerung als „Scotch Whisky" bezeichnet werden darf, ist unerheblich. Hat sich im Verkehr eine Bezeichnung für eine besonders aufwendig hergestellte Kategorie von Motorenölen etabliert, darf ein Öl, welches auf andere Weise hergestellt ist, nicht mit dieser Bezeichnung beworben werden (BGH GRUR 2018, 1263 Rn. 21 f. – Vollsynthetisches Motorenöl).

Erforderlich ist jedoch, dass der Verbraucher in der fraglichen Kennzeichnung eine **inhaltlich** **2.12** **nachprüfbare Angabe** erkennt. Das ist bei der Bezeichnung „Scotch Whisky" ohne weiteres der Fall. Der Verbraucher erwartet in diesem Fall, dass die entspr. Qualitätsmerkmale – auch wenn er sie nicht kennt – eingehalten sind. Auch mit der Bezeichnung „vollsynthetisches Motorenöl" verbindet der Verbraucher die Vorstellung, das Öl weise die in dieser Gattung üblichen – wenngleich ihm nicht bekannten – Qualitätsmerkmale auf (BGH GRUR 2018, 1263 Rn. 24 f. – Vollsynthetisches Motorenöl). Kein Verstoß liegt dagegen vor, wenn dem Verkehr die Existenz eines solchen Standards unbekannt ist, so dass er deren Beachtung nicht erwartet. So ist in der farblichen Gestaltung eines Abschleppseils (blau-weiß) keine Irreführung gesehen worden, obwohl das fragliche Seil die nach der DIN-Norm für die Farbkennung blau vorgesehene Mindestreißkraft nicht erreichte; denn es konnte nicht davon ausgegangen werden, dass der Verkehr in der Farbgebung einen entspr. Hinweis auf die Reißkraft sieht (BGH GRUR 1985, 555 – Abschleppseile). Bei inländischen Bezeichnungsvorschriften ist darüber hinaus stets zu beachten, dass sie sich für Produkte aus anderen EU-Mitgliedstaaten als **nichttarifäre Handels-** **hemmnisse** nach Art. 34 AEUV darstellen können. In einem solchen Fall ist zu prüfen, ob zwingende Erfordernisse des Verbraucherschutzes oder des Schutzes der Lauterkeit des Handelsverkehrs das Verbot erfordern (→ Rn. 0.37). So ist für eine aus Österreich stammende Konfitüre die nach österreichischem Recht zulässige Werbeaussage „naturrein" nicht beanstandet worden, auch wenn es sich um eine Werbung mit einer Selbstverständlichkeit handelt, weil in Deutschland Konfitüre stets frei von Restmengen an Schadstoffen und Pestiziden sein müssen (OLG Hamburg GRUR-RR 2002, 395).

c) Künstliche Erzeugnisse. Künstliche Erzeugnisse dürfen grds. nicht mit Bezeichnungen **2.13** versehen werden, die der Verkehr für **Naturerzeugnisse** verwendet oder die auf solche hindeuten (→ Rn. 2.6, → Rn. 2.87 f.).

Unter einem **„natürlichen" Hauptpflegeöl** versteht der Verbraucher ein Öl aus zum über- **2.14** wiegenden Teil in der Natur vorkommenden und nicht synthetisch hergestellten Bestandteilen (OLG Nürnberg GRUR 1989, 128). – Irreführend ist die Werbeaussage **„mit allergenfreiem** **Natur-Latex"** für eine Matratze, deren Naturlatexanteil nur bei 10–30 % liegt; denn der Verkehr nimmt an, eine solche Matratze werde zumindest zum überwiegenden Teil aus Naturlatex bestehen (OLG Köln NJWE-WettbR 2000, 281). – **„Torf"** weist auf ein Urprodukt hin. Ein aus Schlamm mittels Trocknung gewonnenes Produkt darf deshalb nicht als Torf bezeichnet werden, auch wenn das Produkt über dieselben Eigenschaften wie Torf verfügt (OLG München WRP 1981, 416). – Werden **für neue künstliche Erzeugnisse** Bezeichnungen verwendet, die an gebräuchliche Bezeichnungen für verkehrsbekannte Ausgangsstoffe mehr oder weniger angelehnt sind, so ist der Gefahr Rechnung zu tragen, dass die beteiligten Verkehrskreise ihre Vorstellungen, die sie mit den ihnen bekannten Stoffnamen über die stoffliche Zusammensetzung verbinden, auf das neue Erzeugnis übertragen (BGH GRUR 1961, 361 (364) – Hautleim für „Hautleim" als Bezeichnung für die Gummierung von Kleberollen; GRUR 1967, 600 – Rhenodur I für „Kunststofffurnier" als Bezeichnung für Möbeldeckschichten nicht aus Holz, sondern Kunstharz getränkte Zellstoff-Folien). Zur Werbung mit „Natur", „natürlich" oder „naturrein" → Rn. 2.62 f.).

2. Fallgruppen

a) Textilien. aa) Leinen. Die Anpreisung von **Halbleinen** als Leinen oder von „Leinen **2.15** garantiert vierfach" bei teilweiser Benutzung anderer Stoffschichten ist irreführend (RGZ 58, 282), ebenso die Bezeichnung **„Ramieleinenzwirn",** wenn die Ware nicht aus Leinen (Flachs), sondern aus geringwertigeren Ramiefasern besteht (RG MuW 1934, 70).

bb) Seide. Unzulässig ist die Anpreisung von **Kunstseide** als Seide; denn Seide ist nicht etwa **2.16** der Oberbegriff für Natur- und Kunstseide (RGZ 128, 264 – Bemberg-Seide; BGHZ 13, 244 – Cupresa-Kunstseide; § 3 I Anl. I Nr. 4 TextilKennzG aF für die Rohstoffangabe „Seide", jetzt § 4 I TextilKennzG iVm Anh. I Nr. 4 zu Art. 5 VO (EU) 1007/2011, → Rn. 2.55). Dagegen wird die Werbung für Hemden mit der Angabe **„aus seidenweichem Material hergestellt"**

vom Verbraucher dahin verstanden, dass die Hemden weich wie Seide, nicht aber aus Seide sind; der Wortteil „Seide" dient ebenso wie bei „eisenhart" oder „eiskalt" zur Verstärkung einer Eigenschaft der Ware, die gerade nicht aus Seide, Eisen oder Eis besteht (OLG Frankfurt WRP 1981, 218).

2.17   **cc) Viskose, Watte.** Die Werbung für eine Windel mit dem Hinweis „innen **100 % Rayon**" (Viskose) ist irreführend, wenn sie lediglich zu 70 % aus Viskose und zu 30 % aus Polyester besteht (LG Regensburg WRP 1995, 273). Die Kennzeichnung von Textilprodukten mit **Reinheitsangaben** („100 %", „rein", „ganz") ist nunmehr in § 4 I TextilkennzG iVm Art. 7 VO (EU) 1007/2011 geregelt (→ Rn. 2.55) – Die Bezeichnung **„Watti"** für Binden aus Zellstoff kann irreführend sein, weil Verbraucher aus Watte hergestellte Ware erwarten (BGH GRUR 1962, 411 – Watti). Irreführend ist ferner die Bezeichnung **„Bambus-Socken"** für Socken aus Viskose, weil es sich hierbei um eine Chemiefaser handelt, auch wenn Bambus als Ausgangsstoff verwendet wurde (OLG Stuttgart MD 2017, 872).

2.18   **dd) Wolle.** Die Bezeichnung **„Schurwolle"** darf bei der Bereitstellung eines Produkts auf dem Markt nach § 4 I TextilKennzG nur unter den Bedingungen verwendet werden, die in Art. 8 **VO (EU) 1007/2011** (→ Rn. 2.55) genannt sind. Das **„Wollsiegel"-Zeichen** darf nicht für Kunstfasererzeugnisse verwendet werden (KG WRP 1979, 858). Die Bezeichnung „Nutzschicht 100 % Schurwolle" für Webteppiche aus Wollgarn mit einem Kern aus andersartigem Material ist wegen Verstoßes gegen § 1 I Nr. 1 TextilKennzG aF verboten worden (OLG München WRP 1983, 705), ebenso die Bezeichnung **„Perlaine"** (frz. la laine = die Wolle), die auf Naturwolle schließen lässt, obwohl das beworbene Produkt ein Mischgarn ist (DPA Bl. PMZ 1953, 352). Die Bezeichnung „hochprozentig" für wollhaltige Textilien erfordert mehr als einen Wollgehalt von über 50 % (OLG Stuttgart WRP 1955, 152).

2.19   **b) Lebensmittel. aa) Getränke. (1) Mineral- und Quellwasser.** Das Gesetz definiert die Begriffe „natürliches Mineralwasser", „Quellwasser" und „Tafelwasser": Ein **natürliches Mineralwasser** stammt aus unterirdischen, vor Verunreinigungen geschützten und durch eine natürliche oder künstliche Quelle erschlossenen Wasservorkommen; es ist gekennzeichnet durch ursprüngliche Reinheit und durch seinen Gehalt an Mineralien, Spurenelementen oder sonstigen Bestandteilen, ggf. durch bestimmte, insbes. ernährungsphysiologische Wirkungen; Zusammensetzung, Temperatur und die übrigen wesentlichen Merkmale bleiben im Rahmen natürlicher Schwankungen konstant (§ 2 MinTafWV). **Quellwasser** kommt ebenfalls aus unterirdischen, durch eine natürliche oder künstliche Quelle erschlossenen Wasservorkommen, kann aber bei der Herstellung bestimmten in § 6 MinTafWV aufgeführten Verfahren unterworfen werden (§ 10 I MinTafWV). **Tafelwasser** ist ein Wasser, das bestimmte in § 11 MinTafWV genannte Zutaten aufweisen darf (§ 10 II MinTafWV). – Zur Mineralwasser-RL 2009/54/EG vgl. BGH WRP 2017, 546 – Calcium im Mineralwasser.

2.20   Künstliches Mineralwasser darf nicht als natürlich bezeichnet werden; als **„natürliches kohlensäurehaltiges Mineralwasser"** darf nur ein Wasser bezeichnet werden, das nach Abfüllung denselben Kohlendioxidgehalt aufweist wie bei Quellaustritt (§ 8 II Nr. 1 MinTafWV). – Unter **„Brunnen"** versteht der Verkehr nicht Wasser aus irgendeinem Brunnen im wasserwirtschaftlichen Sinn, sondern nur aus natürlichen Brunnen gewonnenes Quell- oder Mineralwasser (§§ 2, 10 I, 15 I Nr. 1 MinTafWV). – Als **„Sprudel"** darf nur ein natürliches Mineralwasser, nicht dagegen ein Quell- oder Tafelwasser vertrieben werden (§ 15 I Nr. 1 MinTafWV); dementsprechend ist auch die Eintragung der Bezeichnung „Sprudella" für künstliches Mineralwasser abgelehnt worden (DPA GRUR 1951, 466). – In die **Brunnen-Einheitsflasche** der Genossenschaft Deutscher Brunnen darf daher nur Mineralwasser abgefüllt werden (BGH Urt. v. 8.3.1974 – I ZR 26/73, nv; OLG München WRP 1981, 339). – Nur Mineral- und Quellwasser, nicht dagegen Tafelwasser darf unter einer Bezeichnung vertrieben werden, die auf die **geografische Herkunft** hinweist (§ 15 I Nr. 2 MinTafWV). – Von einem Mineralwasser, das als „Urselters" bezeichnet wird, erwartet der Verkehr, dass es nach Herkunft und Qualität mit dem alteingestammten ursprünglichen Selterswasser im Wesentlichen übereinstimmt (BGH GRUR 1986, 316 – Urselters I). Sofern das Wasser aus derselben Quelle wie das frühere gewonnen wird, ist das Publikum eher geneigt, auch bei Schwankungen im Mineralgehalt von dessen Gleichheit auszugehen (BGH GRUR 1990, 1035 (1037) – Urselters II). Zum **Irreführungsverbot der §§ 9, 15 MinTafWV** auch → Rn. 2.45.

2.21   Wegen der geschützten Verkehrsbezeichnung **„Quellwasser"** (inzwischen § 10 I Nr. 1 MinTafWV) ist der Firmenzusatz **„Springquell"** für eine Getränke-Vertriebsgesellschaft verboten worden (OLG Nürnberg BB 1962, 600). Die Verwendung der Bezeichnung **„Brunnen"** ist für eine Limonade unzulässig, wenn zu ihrer Herstellung mineralarmes Wasser oder gar Leitungswasser verwendet wird. Ebenso wenig darf eine Limonade aus Leitungswasser mit der Bezeichnung **„Windsheimer Quellvertrieb"** in den Verkehr gebracht werden (OLG Nürnberg WRP 1960, 273).

(2) Saft, Limonade. Der Begriff **„Säfte",** der in der Werbung für verschiedene Getränke **2.22** einer bestimmten Marke verwendet wird, ist nicht mit der Bezeichnung „Fruchtsaft" iSd Fruchtsaftverordnung gleichzusetzen (OLG Nürnberg GRUR 2000, 1105). Von einem „reinen Fruchtsaft" erwartet der Verbraucher, dass er keine fremden Zusätze enthält und nur aus reifen, gesunden, frischen Früchten hergestellt wird (OLG Stuttgart WRP 1973, 546); inzwischen ist die Bezeichnung **„Fruchtsaft"** an die im Einzelnen vorgeschriebenen Merkmale gebunden (§§ 1, 3 FrSaftErfrischGetrV sowie Anl. I Fruchtsaft- und ErfrischungsgetränkeV). – Verboten worden ist die Bezeichnung „Goerner Orange" und „Goerner Zitrone" für **Essenzlimonaden,** weil der Verkehr ein naturreines Fruchtsaftgetränk erwarte (BGH GRUR 1958, 294 (296) – Essenzlimonaden). Das Verbot würde heute wohl nicht mehr ausgesprochen; denn im Streitfall war dem Etikett zu entnehmen, dass es sich um eine mit Zucker hergestellte Limonade mit Orange- bzw. Zitronenaroma handelte. Ein **Nektar,** also ein Mischgetränk aus einem Fruchtsaftanteil mit einem höheren Wasserzusatz als dem natürlichen Wassergehalt (vgl. § 3 der Fruchtsaft- und Erfrischungsgetränkeverordnung, → Rn. 2.44) darf nicht als **Saft** bezeichnet werden (OLG Rostock WRP 2019, 1596).

(3) Spirituosen. Die Bezeichnung **„Doppelter Steinhäger"** stellt eine Werbung mit Selbst- **2.23** verständlichkeiten dar, weil „Steinhäger" stets doppelt gebrannt sein muss (§ 9 AGeV iVm Anl. 4 AGeV – Alkoholhaltige Getränke-Verordnung idF der Bek. v. 30.6.2003, BGBl. 2003 I 1255; geändert); zur Werbung mit Selbstverständlichkeiten → Rn. 1.113 ff. – Die schlagwortartige Hervorhebung des Wortes **„Weingeist"** auf einem Boonekamp-Etikett weist nicht nur auf Äthylalkohol als wesensmäßigen Bestandteil von Spirituosen hin, sondern erweckt die irreführende Vorstellung, bei der Herstellung des Boonekamp sei ein aus Wein oder Weintrauben hergestellter Branntwein verwendet worden (BGH GRUR 1973, 481 (483) – Weingeist). – Nicht zu beanstanden ist die Bezeichnung **„Eiskorn"** für einen 32%igen Kornbranntwein, da allenfalls ein kleiner Teil des Verkehrs mit dieser Bezeichnung die Erwartung eines Kornbranntweins mit 38 % Alkoholgehalt verbindet (OLG Bremen WRP 1972, 320 (322)). – **Rum** wird im Wesentlichen aus Zuckerrohr, Zuckerrohrmelasse oder aus Rückständen der Rohrzuckerfabrikation hergestellt; ein „Verschnitt" muss als **„Rum-Verschnitt"** bezeichnet werden (BGH GRUR 1967, 30 – Rum-Verschnitt). Als **„Eierlikör"** darf nur ein Produkt bezeichnet werden, das keine anderen als die in Nr. 41 des Anhangs II der Verordnung (EG) Nr. 110/2008 genannten Bestandteile enthält (EuGH WRP 2019, 47 – Tänzer & Trasper/Altenweddinger Geflügelhof). Die Bezeichnung eines Erzeugnisses **„Veierlikör",** das nicht der Spezifikation für Eierlikör entspricht, ist eine nach Art. 10 I VO (EG) 110/2008 aF (jetzt: VO (EU) 2019/787) unzulässige Anspielung (LG Trier WRP 2019, 531).

bb) Ei- und Fettprodukte. Die Bezeichnung **„Ei-fein"** ist unzulässig für eine Margarine, **2.24** die lediglich einen Eigelbanteil von 1% aufweist (BGH GRUR 1958, 86 (88 f.) – Ei-fein). Wegen der Fortwirkung dieser Werbung ist auch die – an sich nicht zu beanstandende – spätere Abwandlung **„Ei wie fein"** als täuschend angesehen worden (BGH GRUR 1958, 86 (88 f.) – Ei-fein). Ebenso ist eine mit einem **Hühnergegacker** untermalte Radiowerbung für Eierteigwaren als irreführend angesehen worden, weil die Teigwaren nicht mit Frischei, sondern mit Trockenei hergestellt worden waren (BGH GRUR 1961, 544 – Hühnergegacker; → Rn. 1.41). Auch hier erscheint zweifelhaft, ob das Verbot heute noch ausgesprochen würde; denn es ist fraglich, ob der Durchschnittsverbraucher der lautmalerischen Untermalung wirklich eine derart konkrete Aussage entnimmt. – Irreführend ist es, für Eier von Hühnern aus Käfighaltung mit dem Packungsaufdruck **„10 frische Farm-Eier,** Güteklasse A" in Verbindung mit dem stilisierten Bild eines ländlichen Wohnhauses zu werben (OLG Köln NJW 1985, 1911). Eine Verkaufswerbung mit dem Slogan „Eier aus Bodenhaltung vom Geflügelhof" erweckt den Eindruck, als stammten die Eier von freilaufenden Hühnern, und ist irreführend, wenn die Eier von Hühnern stammen, die auf engem Raum im Stall gehalten werden (OLG München WRP 1986, 303 (304)). – Unzulässig ist die Bezeichnung **„Kürbis-Salatöl",** wenn es sich um ein Mischöl handelt (OGH ÖBl 1977, 37). – Die Bezeichnung **„Nussöl"** darf nur für reines Öl aus Nusskernen verwendet werden. – Die Angabe **„Eier von nachweislich salmonellenfreien Hüh-**

nern" auf einem Bio-Eier-Karton ist irreführend, wenn die jeweiligen Hühner nicht nachweislich frei von Salmonellen sind (OLG Celle WRP 2022, 76).

2.25   **cc) Fleisch, Wurst.** Untersagt worden ist die Verwendung von **„DERMATEX"** als Bezeichnung für Schutzfilme und Tauchmassen, die Fleisch und Fleischwaren vor Verdunstung
und Gewichtsverlust schützen sollen, weil nicht auf den Kunststoffzusatz von 8–9 % hingewiesen
und der unzutreffende Eindruck erweckt worden war, es handele sich um eine Verbindung nur
auf der Grundlage von Schweineschmalz (BGH GRUR 1977, 494 (496) – DERMATEX).

2.26   **dd) Kaffee.** Ein **„Doppelt Mokka"** ist ein Kaffee, der im Extrakt- und Koffeingehalt
wesentlich stärker ist als gewöhnlicher Bohnenkaffee (OLG Oldenburg GRUR 1959, 249). –
Für **Nescafé** ist unter der Geltung der alten KaffeeV entschieden worden, dass dieses Produkt als
„Kaffee", „löslicher Kaffee" und „Pulverkaffee" bezeichnet werden darf; die überragende
Bedeutung der Marke Nescafé schließe die Gefahr aus, dass Letztverbraucher irrigerweise
annähmen, es handele sich um einen gemahlenen Röstkaffee und nicht um einen „Kaffee-
Extrakt" (BGH Urt. v. 19.2.1971 – I ZR 44/69; vgl. aber inzwischen § 2 I KaffeeV iVm
Anl. Nr. 2a KaffeeV 2001, → Rn. 2.44). Unzulässig ist der **Zusatz „reiner Kaffee",** weil es
sich im Hinblick auf das Reinheitsgebot in § 3 Nr. 2 KaffeeV 2001 (→ Rn. 2.44) um eine
Werbung mit einer Selbstverständlichkeit handelt. – Als irreführend untersagt worden ist die
Werbung „Jacobs-Kaffee gefriergetrocknet und löslich gemacht", weil bei der Eindruck entstehe,
der Extrakt-Kaffee komme in seiner Eigenschaft und Qualität einem Röstkaffee gleich (OLG
Hamburg WRP 1972, 330), ebenso die Werbung für einen Extrakt-Kaffee mit den Worten „Da
stimmt's im Aroma, im Geschmack, im Preis", weil diese Berühmung dahin verstanden werde,
dass es gelungen sei, mit diesem Extraktkaffee den „vollen Kaffeegeschmack" zu erzielen (BGH
GRUR 1976, 195 (196) – Treffpunkt Mocca Press). In beiden Fällen könnte **heute kein
Verbot** mehr ausgesprochen werden; denn im ersten Fall ist lediglich der Herstellungsprozess
zutr. beschrieben, im zweiten Fall wird dem Hersteller untersagt, die Vorteile seines Produkts
anzupreisen; ein guter Extrakt-Kaffee zeichnet sich nun einmal durch ein gutes Aroma und einen
guten Geschmack aus, auch wenn er die Qualitäten eines Röstkaffees nicht zu erreichen vermag;
der durchschnittlich kundige Verbraucher weiß, dass er bei Extrakt-Kaffee Abstriche beim
Aroma und beim Geschmack machen muss. – Ist eine nach einem bestimmten Verfahren
behandelte **Kaffeesorte für kaffee-empfindliche Personen bekömmlich,** so darf in der
Werbung auch dann darauf hingewiesen werden, wenn wissenschaftlich noch ungeklärt ist, ob
und inwiefern die Kaffeebohne durch das Verfahren verändert wird (BGH GRUR 1965, 368
(371) – Kaffee C); bei Genussmitteln wie Kaffee stellt der Verbraucher allein auf die subjektive
Bekömmlichkeit und nicht auf die wissenschaftliche Erklärbarkeit ab.

2.27   **ee) Obst, Gemüse.** Es verstößt gegen das Irreführungsverbot, **Kartoffelgebinde** in den
Verkehr zu bringen, die mit bestimmten Sortenbezeichnungen gekennzeichnet sind, jedoch
einen Anteil von Knollen fremder Sorten enthalten, der mehr als 2 % des Packungsgewichts
ausmacht (OLG Köln LRE 39, 357). – Zulässig ist die Bezeichnung **„Haferschleim"** für ein
nicht vorgekochtes Trockenpräparat zur Herstellung von Haferschleim in kurzer Kochzeit und
unter guter Schleimbildung (BGH GRUR 1958, 32 – Haferschleim). – Bei **„Kinder-Kon-
fitüre"** erwarten die Eltern speziell für Kinder geeignete Marmelade (OLG Hamburg GRUR
1974, 227). – Die Bewerbung eines Fruchtaufstrichs mit der Angabe **„70 % Fruchtanteil"** ist
zulässig, auch wenn es sich dabei um tiefgekühlte Früchte handelt, da auch die KonfitürenV, den
Begriff „Frucht" nicht iSv frischen Obstprodukten versteht (KG GRUR 1990, 538 (539)).
Irreführend ist dagegen die Angabe **„fruchtig-frisch"** für eine Rote Grütze, die aus tiefgefrorenen Früchten hergestellt und durch Pasteurisierung haltbar gemacht worden ist (OLG Hamburg
ZLR 1999, 791).

2.28   **ff) Süßigkeiten.** Der Wortbestandteil **„Praline"** deutet nach der Verkehrsauffassung auf ein
echtes **Schokoladenerzeugnis** hin; der BGH hat daher die Verwendung der Bezeichnung
„Eispraline" für eine Süßigkeit untersagt, die im Wesentlichen aus Kakaopulver und Kokosfett
hergestellt war (BGH GRUR 1958, 492 – Eis-Pralinen). Die Entscheidung ist insofern problematisch, als nach den damals geltenden Kennzeichnungsvorschriften (§ 4 Nr. 2 KakaoV aF;
anders heute §§ 1, 3 KakaoV iVm Anl. 1.10 KakaoV) „massive Pralinen bis zu 20g Eigenge-
wicht" keine echten Schokoladenerzeugnisse zu sein brauchten. Hier stellt sich die Frage, ob sich
die Verkehrsauffassung den Kennzeichnungsvorschriften anpassen muss oder umgekehrt. An sich
ist der Grundsatz anerkannt, dass die Verkehrsauffassung durch die gesetzlichen Begriffsbestimmungen geprägt wird (KG GRUR 1990, 538 (539); → Rn. 1.82, 1.204).

Eine „**Original-Sachertorte**" muss nach Rezepten der Familie Sacher hergestellt sein (OGH **2.29** ÖBl 1959, 8); unschädlich aber eine geringfügige, als Weiterentwicklung des früheren Rezepts sich darstellende Abweichung (OGH ÖBl 1963, 6 für eine in der Mitte durchgeschnittene und mit Marillenmarmelade gefüllte statt einer nicht durchgeschnittenen und unter der Schokoladenglasur mit Marillenmarmelade bestrichenen Sachertorte). – Einem Süßwarenhersteller ist die Verwendung der Bezeichnung „**Original Austria Mozartkugel**" untersagt worden, weil sich die unter dieser Bezeichnung vertriebenen Süßigkeiten sowohl in der Form (Pralinenform mit Aufsatzfuß statt Kugel) als auch im Aufbau (zwischen Nougatfülle und Bitterschokoladenüberzug zusätzlich eine Schicht weißer Schokolade) von den nach Originalrezept hergestellten Mozartkugeln unterschieden (OGH MuR 1996, 252 – Original Austria Mozartkugel).

gg) Tee. Unter dem Firmenbestandteil „Ostfriesische Tee Gesellschaft" erwartet der Verkehr **2.30** ein Unternehmen, bei dem ostfriesische Teemischungen das Schwergewicht im Sortiment bilden, das ferner der mit der Herstellung ostfriesischen Tees verknüpften Tradition verbunden ist, und das auf diesem Gebiet in besonderem Maße über einschlägige Facherfahrungen verfügt (BGH GRUR 1977, 159 – Ostfriesische Tee Gesellschaft).

hh) Zucker. Ein Erzeugnis, dessen Süßkraft auf 50 % Zucker und 50 % Süßstoff beruht, darf **2.31** nicht als „**Spezial-Zucker**" bezeichnet werden (BGH GRUR 1972, 132 – Spezial Zucker). Zucker ist nur der Oberbegriff für Süßstoff und Zucker. – Die Werbeaussage „**Milchcreme-Füllung mit … Traubenzucker**" ist nicht als irreführend angesehen worden, obwohl das Produkt vorwiegend mit Kristallzucker gesüßt war und sich die Werbung vorwiegend an Kinder richtete (OLG Bremen ZLR 2005, 404 m. zust. Anm. Bürglen).

c) Bedarfsgegenstände. aa) Bau- und Werkstoffe. Die Bezeichnung „**Betonklinker**" für **2.32** einen Betonstein, der aussieht wie ein Klinker, ist für irreführend erachtet worden, da der Begriff auch so verstanden werden könne, dass es sich um einen Stein handele, der neben den Eigenschaften des Beton zusätzlich die Eigenschaften von Klinker aufweise (BGH GRUR 1982, 563 (564) – Betonklinker). Die Entscheidung beruht auf dem überholten Bild des flüchtigen Verbrauchers, der aufklärende Hinweise („Der Stein verbindet den rustikalen Reiz des Klinkers mit den technischen Vorteilen des Betonsteins") nicht zur Kenntnis nimmt. Richtigerweise ist eine relevante Irreführung zu verneinen, weil sich derjenige, der Material für einen Hausbau benötigt, nicht allein mit Hilfe der Bezeichnung des Werkstoffs informieren wird. – Für zulässig angesehen worden ist die Bezeichnung „**Emaillelack**" für unverarbeitete Lacke, die keine Emaille enthalten, weil diese seit langem eingebürgerte Bezeichnung in den angesprochenen Fachkreisen richtig verstanden wird und kein Anlass besteht, den Laien vor Irreführung zu bewahren, wenn das Erzeugnis idR nur von Fachleuten verwendet wird (BGHZ 27, 1 (10 f.) – Emaillelack). – Gegenstände aus Weichholz (bspw. Kiefernholzsärge) dürfen nicht als aus „**Edelholz**" bestehend beworben werden (OLG Zweibrücken GRUR 1996, 814).

bb) Elektrowaren. Für die Begriffe „**Elektronik**" und „**elektronisch**" ist das Fehlen **2.33** jeglicher mechanisch bewegter Teile wesentlich. Für eine in eine Kabelrolle eingebaute Überhitzungsschutzeinrichtung darf nicht mit „neu Elektronik" geworben werden, wenn es sich aus der Sicht der von der Werbung angesprochenen sachkundigen Verkehrskreise um eine elektromechanische und nicht um eine elektronische Vorrichtung handelt (OLG Stuttgart WRP 1989, 128). 1964 ist die Bezeichnung „**Elektronenorgel**" für ein Instrument, bei dem der Ton nicht durch Pfeifen, sondern elektronisch erzeugt wird, noch als bedenklich angesehen worden, weil der Verkehr allein auf Grund der Erkenntnis, dass es sich um eine elektronische Orgel handelt, noch nicht ohne weiteres erkennt, dass der Orgelklang nicht durch Pfeifen hervorgerufen wird (BGH GRUR 1965, 39 (41) – Ahlborn). Heutzutage weiß der verständige Verbraucher, dass bei einem elektronischen Instrument der Ton digital erzeugt wird. – Als irreführend untersagt worden ist die Bezeichnung „**Video-Player**" für ein nur zur Wiedergabe, nicht zur Aufnahme geeignetes Videogerät (LG Köln GRUR 1988, 922). Heute müsste man dagegen davon ausgehen, dass der durchschnittliche Verbraucher den Unterschied zwischen einem Abspielgerät („Player") und einem auch zur Aufzeichnung geeigneten Gerät („Recorder") kennt.

cc) Leder. Typische **Lederbezeichnungen** wie zB „**Box**", „**Nappa**", „**Seehund**", **2.34** „**Juchten**", „**Maroquin**" dürfen nicht im Einzelhandel für Plastic-Folien verwendet werden. Aber auch ein Hersteller von Folien, der nur fachkundige Täschnereiwerke oder Händler beliefert, darf sich solcher Bezeichnungen in seinen Musterbüchern nicht bedienen, wenn die Gefahr besteht, dass sie im Einzelfall zur Kennzeichnung der aus den Folien hergestellten

Täschnerwaren verwendet werden, und daher auch bei den Kunden der irrige Eindruck entstehen kann, es handele sich um Lederwaren (BGH GRUR 1961, 545 – Plastic-Folien). Auch bei **Recycling-Produkten** erwartet der Verkehr ein urstoffidentisches Produkt; daher darf ein aus 90 % zerkleinerten Lederfasern, 8 % pflanzlichen Bindemitteln und 2 % Farbe zusammengesetzter Stoff, der auch nicht die Strukturmerkmale von Leder aufweist, nicht als „**Recycling-Leder**" bezeichnet werden (OLG Hamburg GRUR 1991, 240). Ein Bezugsstoff aus Textilgewebe mit Kunststoffbeschichtung darf nicht als „**Textilleder**" bezeichnet werden (OLG Bamberg WRP 2012, 1282).

2.35   **dd) Strom.** Die Werbung für Strom mit der Bezeichnung „**HochrheinStrom**" ist als irreführend angesehen worden, soweit dieser Strom nicht überwiegend mit der Wasserkraft des Hochrheins erzeugt wird und sich aus den Umständen ergibt, dass die Bezeichnung sich nicht auf den Sitz des Unternehmens bezieht (OLG Karlsruhe GRUR-RR 2001, 217). Wird für **Ökostrom** oder für **sauberen Strom** geworben, erkennt der informierte Verbraucher, dass der betreffende Versorger ausschließlich Strom aus regenerativen Energien einspeist (→ Rn. 2.96).

2.36   **ee) Toilettenpapier.** Irreführend ist der Zusatz „**aus Altpapier**" für Toilettenpapier, wenn das Produkt nicht zu 100 %, sondern nur überwiegend aus Altpapier hergestellt ist und auf diesen Umstand nicht hingewiesen wird (BGH GRUR 1991, 546 – „… aus Altpapier").

2.37   **d) Gold- und Silberwaren.** Auch Gegenstände, die abweichend von dem bislang verkehrsüblichen Mindestfeingehalt an Gold von 333/1000 einen **Feingoldgehalt** von nur 166/1000 aufweisen, sind „Goldwaren" und „Schmucksachen aus Gold" (BGH GRUR 1983, 651 – Feingoldgehalt). Gold- und Silberwaren dürfen nach §§ 1, 5 FeinGehG (G über den Feingehalt der Gold- und Silberwaren v. 16.7.1884, RGBl. 1884, 120; geändert) zu jedem Feingehalt angefertigt und feilgehalten, Schmucksachen von Gold und Silber in jedem Feingehalt gestempelt werden. Die Grenze liegt erst da, wo der Goldanteil so gering ist, dass nur noch von vergoldeten (Doublé-)Waren iSd § 8 I FeinGehG, § 9 I Nr. 3 FeinGehG gesprochen werden kann; sie ist aber bei einem Feingoldgehalt von 166/1000 noch nicht unterschritten. Auch eine **gesetzlich zulässige Angabe** verstößt jedoch gegen § 5 FeinGehG, wenn sie eine subjektiv unrichtige Vorstellung bei den angesprochenen Verkehrskreisen hervorruft. Das Angebot solcher Goldwaren als „Gold" oder „Goldschmuck" ist daher irreführend, wenn bislang ein höherer Feingoldgehalt allein verkehrsüblich war und auf den niedrigeren Goldanteil von 166/1000 nicht hinreichend hingewiesen wird (BGH GRUR 1983, 651 (653) – Feingoldgehalt).

2.38   Als irreführend ist es angesehen worden, für auf elektrolytischem Wege vergoldete Schmuckwaren mit der **Karatzahl des Vergoldungsmaterials** („22 Karat Goldauflage") zu werben (KG GRUR 1987, 448; OLG Karlsruhe WRP 2017, 1151). Für Goldwaren darf dagegen mit „Karat" oder „Kt." geworben werden (BGH GRUR 1983, 651 (653) – Feingoldgehalt). Irreführend ist Werbung für überwiegend aus Stahl bestehende und nur mit einer hauchdünnen Gelbgold-Plaqué-Auflage im Materialwert von wenigen Cent versehene Uhren als „**Stahlgold-Uhren**" (OGH ÖBl 1982, 66). – **Aluminiumgeschirr** darf nicht als „Silberal" bezeichnet werden, da dies von Teilen des Verkehrs als Hinweis auf silberhaltiges Geschirr verstanden wird (BGH GRUR 1955, 251 – Silberal). Den Hinweis „**Echt versilbert**" in der Werbung für ein versilbertes Kaffee-Service hat der BGH als potentiell irreführend angesehen (die Sache wurde zur weiteren Sachaufklärung zurückverwiesen), weil der Verkehr möglicherweise auf Grund des Zusatzes „echt" zu Unrecht eine bessere Qualität als bei einer einfach versilberten Ware erwarte (BGH GRUR 1987, 124 – Echt versilbert). – Zur Echtheitswerbung → Rn. 2.87 f.

3. Besondere Bezeichnungsvorschriften

2.39   Zahlreiche **Stoffbezeichnungen** sind **gesetzlich geschützt.** Solche Vorschriften, die auf nationaler als auch auf unionsrechtlicher Ebene bestehen, bestimmen idR die Verkehrsauffassung und haben einen nachhaltigen Einfluss darauf, welche Bezeichnung als irreführend zu untersagen ist. Der Verbraucher kennt zwar meist nicht die einzelnen Bestandteile eines Produkts, geht aber – namentlich bei Lebensmitteln – davon aus, dass die Beschaffenheit den gesetzlichen Vorschriften entspricht (→ Rn. 2.11). **Sondervorschriften über die Stoffbezeichnung** bestehen zB für die folgenden Bereiche:

a) Lebensmittel

Schrifttum: J. Bergmann, Frisch vom Markt – Die Rechtsprechung zur „Frische"-Werbung aus marken- und lebensmittelrechtlicher Perspektive, ZLR 2001, 667; J. Bergmann, Das ist Fakt – Zucker ist süß! – Das ist auch Fakt – Anti-Zucker-Werbung kann außerordentlich „bitter" sein! – Über Untiefen und Fallstricke der offensichtlich zur Zeit populären Anti-Zucker-Werbung, ZLR 2006, 227; Böhler, „I'll be back" – Kommt es zur Rückkehr des „flüchtigen Verbrauchers" in UWG und Lebensmittelrecht?, ZLR 2014, 27; Böhler, „Neuschwansteiner" oder die Mär vom schlosskundigen Verbraucher, GRUR-RR 2018, 324; Buchholz/Willand, Lebensmittel ohne Gentechnik und das EuGH-Urteil zur Mutagenese, LMuR 2019, 45; Crützen, Irreführungsverbot und Produktverpackungen, Liber Amicorum M. Hecker, 2016, 43; Fezer, Das lauterkeitsrechtliche Informationsgebot im Lebensmittelrecht – Die „Teekanne"-Entscheidung des EuGH und BGH, VuR 2015, 289; Gehrmann, Lebensmittel-Informationsverordnung – ausgewählte Schwerpunkte und Auslegungsfragen, ZLR 2012, 161; Genth, Zur Kennzeichnungspflicht von Rückständen, ZLR 2015, 132; Gundel, Verbindliche Herkunftskennzeichnungen im EU-Binnenmarkt für Lebensmittel: Die LMIV und die Freiheit des Warenverkehrs, GewArch 2016, 176; Hahn/Ströhle, Lebensmittel- und Arzneimittelwerbung mit „wissenschaftlichen" Aussagen, GRUR 2013, 120; Hentschel, Verbraucherinformationen zu Lebensmitteln – die neue Lebensmittelinformationsverordnung, VuR 2015, 55; Hieronimi, Das Weinbezeichnungsrecht im Jahre 2000, WRP 2000, 458; Hieronimi, Die Weinbezeichnung – nicht nur eine Frage der Etikette, ZLR 2012, 529; Holle, Neuerungen in der Kennzeichnung durch die LMIV, ZLR 2015, 541; Jacobi, Die optische Vergrößerung der Grundpreisangabe – Notwendigkeit und Umsetzung, WRP 2010, 1217; Jänich/Sarakinis, Informationsschutz durch Lebensmittelrecht und UWG – Irreführung trotz zutreffender Angaben nach den Teekanne-Entscheidungen von EuGH und BGH, MarkenR 2016, 277; Kiethe/Groeschke, Das europäische Lebensmittelrecht und der Irreführungsschutz, WRP 2001, 1035; Kiethe/Groeschke, Die Mogelpackung – Lebensmittel- und wettbewerbsrechtliche Risiken der Produkteinführung – Rechtsschutzmöglichkeiten der Wettbewerber, WRP 2003, 962; Kiethe/Groeschke, Die Zulässigkeit der Produktkennzeichnung und die Bewerbung von Lebensmitteln, insbesondere von Milchprodukten als „Frisch", WRP 2000, 431; Koch, Weinrecht 2000 – Änderungen und Perspektiven, NJW 2000, 2254; Koch, Zur blickfangartig hervorgehobenen Verwendung einer im Verkehr unbekannten Beschaffenheitsangabe, ZLR 1997, 186; Koch, Zur Feststellung von Irreführungsgefahren durch nationale Gerichte, ZLR 1999, 234; Koch, Zur irreführenden Werbung beim Wein, ZLR 1993, 410; Koch, Zur Irreführung über die Herstellungsmethode von Wein und Sekt, ZLR 1999, 63; Koch, Zur Weinetikettierung und zum Markenschutz bei Weinen, ZLR 2000, 598; Koch, Neues vom Weinrecht, NJW 2004, 2135; Köhler, Die Bedeutung der Richtlinie 2005/29/EG über unlautere Geschäftspraktiken und ihre Auswirkungen für Lebensmittelrecht und Lebensmittelwirtschaft, ZLR 2006, 3; Köhler, Gesundheitsversprechen in der Lebensmittelwerbung: Die wettbewerbsrechtliche Sicht, ZLR 2008, 135; Köhler, Verbraucherinformation im Spannungsverhältnis von Lebensmittelrecht und Lauterkeitsrecht, WRP 2014, 637; Körber/Buch, Die Lebensmittelinformationsverordnung – Verbraucherschutz trifft Wirklichkeit, ZLR 2013, 425 und 509; Kopp, EU-Öko-Verordnung als Instrument zur Stärkung der Lauterkeit des Marktes?, ZLR 2012, 171; Leible/Schäfer, Rechtsprechungsreport Lebensmittelrecht 2012, WRP 2013, 265; Leible/Brzezinski-Hofmann, Rechtsprechungsreport Lebensmittelrecht 2013, WRP 2014, 276; Leible/Brzezinski-Hofmann, Rechtsprechungsreport Lebensmittelrecht 2014, WRP 2015, 301; Leible/Brzezinski-Hofmann, Rechtsprechungsreport Lebensmittelrecht 2015, WRP 2016, 287; Leible/Ortgies, Rechtsprechungsreport Lebensmittelrecht 2016, WRP 2017, 367; Leible/Ortgies, Rechtsprechungsreport Lebensmittelrecht 2017, WRP 2018, 387; Leible/Ortgies, Rechtsprechungsreport Lebensmittelrecht 2018, WRP 2019, 406; Leible/Ortgies, Rechtsprechungsreport Lebensmittelrecht 2019, WRP 2020, 399; Leible/Ortgies, Rechtsprechungsreport Lebensmittelrecht 2020, WRP 2021, 567; Leible/Ortgies, Rechtsprechungsreport Lebensmittelrecht 2021, WRP 2022, 406; Meisterernst, Die berechtigte Verbrauchererwartung in der Rechtsprechung – Tendenz zur „gefühlten" Irreführung, ZLR 2013, 386; Meisterernst/Muffler, Verbraucherleitbilder im Lebensmittelrecht – die Renaissance des flüchtigen Verbrauchers, ZLR 2013, 25; A. H. Meyer, Das neue Lebensmittel- und Futtermittelgesetzbuch, NJW 2005, 3320; A. H. Meyer/Reinhart, Das neue Lebensmittel- und Futtermittelgesetzbuch – eine Mogelpackung, WRP 2005, 1437; Oelrichs, Naturbezogene Werbung für Lebensmittel – gestern, heute und morgen, WRP 2004, 863; Peifer, Lauterkeitsrechtliche Informationspflichten – Dogmatik und Verhältnis zu (lebensmittelrechtlichen) Kennzeichnungsgeboten, ZLR 2011, 161; Puschke, Der strafrechtliche Schutz vor Desinformationen über Lebensmittel – Zum Unrechtsgehalt von Food Fraud zwischen Lebensmittelbetrug und Irreführung, ZLR 2019, 225; Rathke, Die Irreführungsverbote in der Entwurfsfassung von § 11 LFGB „im Lichte" des europäischen Gemeinschaftsrechts, ZLR 2004, 637; Rathke, Überlegungen zur Methodik bei der Anwendung lebensmittelrechtlicher Irreführungsverbote, ZLR 2017, 559; Riemer, Auslobung von Zutaten mit geschützten Bezeichnungen nach EuGH „Champagner Sorbet", LMuR 2019, 1; Ruttmann, Mogelpackungen – Ein Rechtsprechungsüberblick, VuR 2017, 12; Schmidt-De Caluwe, „Ohne Gentechnik"-Siegel als Irreführung des Verbrauchers, LMuR 2019, 97; Schöllmann, Die neuen Leitsätze für vegane und vegetarische Lebensmittel mit Ähnlichkeit zu Lebensmitteln tierischen Ursprungs, ZLR 2019, 301; Schoene, Verletzungstatbestände bei geschützten geografischen Angaben und Ursprungsbezeichnungen, GRUR 2018, 784; Schroeder/Kraus, Das neue Lebensmittelrecht – Europarechtliche Grundlagen und Konsequenzen für das deutsche Recht, EuZW 2005, 423; Sosnitza, Informationen im Lebensmittelrecht – Vom flüchtigen über den aufgeklärten Verbraucher zur Entrechtlichung der Information?, ZLR 2012, 258; Sosnitza, „Gefühlte" Irreführung – Normative Verschiebung der Maßstäbe des Täuschungsschutzes im Lebensmittelrecht?, ZLR 2014, 137; Sosnitza, An Kinder gerichtete Online-Werbung für Lebensmittel, WRP 2018, 905; Sosnitza, Gebotene Irreführung und Verbot von Erlaubtem: Wertungswidersprüche zwischen Kennzeichnungsregeln des Marktordnungsrechts und des allgemeinen Lebensmittelrechts? ZLR 2018, 743; Sosnitza, Vorrang der Marktordnung vor dem allgemeinen Irreführungsverbot – Ein Fall der normativen Irreführung – Anmerkung zu EuGH „Wettbewerbszentrale/

Prime Champ", GRUR 2019, 1273; Steinbeck, Das Verbraucherleitbild im Lebensmittelrecht: Renaissance des flüchtigen Verbrauchers?, ZLR 2014, 302; Streinz, Die Bedeutung eines „Verbraucherleitbilds" im Lebensmittelrecht, FS Köhler, 2014, 745; Strüwer, Die Rolle des Zutatenverzeichnisses bei der Bewertung von Lebensmittelverpackungen im Hinblick auf eine mögliche Irreführung über das Vorhandensein von Zutaten: Analyse der Rechtsprechung von „Sauce Hollandaise" bis „Himbeer-Vanille-Abenteuer", ZLR 2016, 771; Stumpf, Sprachliche Anforderungen an die Kennzeichnung parallelimportierter Lebensmittel, das maßgebliche Verbraucherleitbild und die europäische Warenverkehrsfreiheit, WRP 2014, 286; Teufer, Wo kommt es her, wo geht es hin? Die Entwicklung und Ausweitung der Herkunftskennzeichnung im Lebensmittelrecht, ZLR 2015, 15; Weitner, Foodstyling aus lebensmittel- und lauterkeitsrechtlicher Sicht, Diss. 2014; Wiemers, Der Traum von der passgenauen Lebensmittelinformation – Zur deutschen Ergänzung der europäischen Lebensmittelinformationsverordnung (LMIV), GewArch 2015, 7; Witzmann, „Shrinkflation" – wenn der Einkauf leichter wird, GRUR-Prax 2022, 651; Zechmeister, Füllmengenkennzeichnung im Geflecht der LMIV und FpackV, ZLR 2014, 43.

2.40   **aa) Bezeichnung des Lebensmittels.** Nach Art. 9 I lit. a LMIV iVm Art. 17 I **LMIV,** die mWv 13.12.2014 an die Stelle zahlreicher Rechtsakte zur Lebensmittelkennzeichnung (darunter die RL 2000/13/EG) getreten ist, ist ein Lebensmittel verpflichtend mit seiner rechtlichen Bezeichnung (Art. 2 II lit. n LMIV) bzw., soweit eine solche fehlt, mit seiner verkehrsüblichen Bezeichnung (Art. 2 II lit. o LMIV) oder, falls es eine solche nicht gibt oder sie nicht verwendet wird, mit einer beschreibenden Bezeichnung (Art. 2 II lit. p LMIV) zu bezeichnen. Nach Art. 8 I LMIV ist für die Einhaltung der Informationspflichten der Lebensmittelunternehmer verantwortlich, unter dessen Namen oder Firma das Lebensmittel vermarktet wird oder, wenn dieser Unternehmer nicht in der Europäischen Union ansässig ist, der das Lebensmittel einführende Importeur. Durch Art. 1 und 29 Nr. 2 VO zur Anpassung nationaler Rechtsvorschriften an die VO (EU) Nr. 1169/2011 betreffend die Information der Verbraucher über Lebensmittel vom 5.7.2017 (BGBl. 2017 I 2272) ist mWv vom 13.7.2017 die Lebensmittelkennzeichnungsverordnung (LMKV) aufgehoben und durch die **VO zur Durchführung unionsrechtlicher Vorschriften betreffend die Information der Verbraucher über Lebensmittel** (LMIDV) ersetzt worden. § 4 I 1 LMIDV bestimmt, dass Lebensmittel, die im Hinblick auf ihren unmittelbaren Verkauf **vorverpackt** und Endverbrauchern zur Selbstbedienung angeboten werden, nur in den Verkehr gebracht werden oder abgegeben werden dürfen, wenn sie mit den Pflichtangaben nach Art. 9 lit. a–d und f–k LMIV sowie Art. 10 I LMIV gekennzeichnet sind.

2.41   **bb) Füllmenge, Loskennzeichnung und Nährwertdeklaration.** Werden Lebensmittel in Fertigpackungen abgegeben, muss die **Füllmenge** nach bestimmten Regeln angegeben werden, die im Anwendungsbereich der LMIV – also soweit es sich um für den Endverbraucher bestimmte Lebensmittel handelt (Art. 1 III 2 LMIV) – aus deren **Art. 9 I lit. e LMIV und Art. 23 LMIV** folgen (vgl. BGH GRUR 2019, 641 Rn. 21 – Kaffeekapseln). Danach ist die Nettofüllmenge bei flüssigen Erzeugnissen in Volumeneinheiten (Litern, Zentilitern, Millilitern) und bei sonstigen Erzeugnissen in Masseeinheiten (Kilogramm oder Gramm) auszudrücken. Im Übrigen gelten die Regelungen der **FPackV** (Fertigpackungsverordnung v. 18.11.2020, BGBl. 2020 I 2504; zum Anwendungsbereich Voit/Grube, 2. Aufl. 2016, LMIV Art. 23 Rn. 14). Mit dem Wegfall der bis 2009 durch die FertigPackV vorgegebenen Füllmengen ist der Preisvergleich für die Verbraucher schwieriger geworden. Umso wichtiger ist nunmehr die Angabe des Grundpreises (§ 4 PAngV 2022). – Die **LKV** (Los-Kennzeichnungs-Verordnung v. 23.6.1993, BGBl. 1993 I 1022; geändert) verpflichtet zur Angabe einer Buchstaben- oder Ziffern- oder einer gemischten Buchstaben- und Ziffernkombination, aus der entnommen werden kann, dass alle Erzeugnisse mit gleichlautender Losangabe „unter praktisch gleichen Bedingungen erzeugt, hergestellt oder verpackt" worden sind (§ 1 I LKV). – Nach Art. 9 I lit. l LMIV iVm Art. 29 ff. LMIV ist eine **Nährwertdeklaration** für Lebensmittel verpflichtend (→ Rn. 2.47).

2.42   **cc) Zivilrechtliche Ansprüche.** Die Vorschriften zur **Information über und Kennzeichnung von Lebensmitteln** der LMIV, LMIDV (→ Rn. 2.40), der FPackV und der LKV behandeln Verstöße gegen die Kennzeichnungspflicht als Ordnungswidrigkeiten oder teilweise als Straftaten. Die zivilrechtliche Durchsetzung der Kennzeichnungsvorschriften erfolgt über das UWG, entweder über den Tatbestand des Rechtsbruchs (§ 3a) oder der Informationspflichtverletzung (§§ 5a und § 5b) sowie ggf. über das Irreführungsverbot nach §§ 3, 5 bzw. über das Täuschungsverbot des § 11 I LFGB. Bei den lebensmittelrechtlichen Kennzeichnungsvorschriften handelt es sich um **Marktverhaltensregelungen zum Schutz der Verbraucher** iSv § 3a (→ § 3a Rn. 1.194 ff., insbes. → § 3a Rn. 1.239 f.), so dass Verstöße gegen diese Bestimmungen bisher regelmäßig als Wettbewerbsverstöße nach § 3 I, § 3a angesehen worden sind (BGH GRUR 2013, 739 Rn. 19 – Barilla für die Kennzeichnungspflicht für Zutaten in § 3 LMKV aF und die Nährwertkennzeichnung nach § 5 VII NKV aF; BGH BeckRS 2004, 47 – Tiergerechte Aufzucht, zu Art. 10 I VO (EWG) 1538/91 aF; ähnlich die Vorinstanz OLG Oldenburg GRUR-RR 2003, 283 (284); aA OLG Hamburg GRUR-RR 2003, 322 für die Mengenkennzeichnungspflicht des § 8 I LMKV aF). Soweit es um unionsrechtlich vorbestimmte **Informationspflichten zur kommerziellen Kommunikation** handelt, die nach § 5b IV als wesentlich geltende Informationen iSv § 5a I betreffen, stellt der BGH nunmehr jedoch **ausschließlich** auf den Tatbestand der Informationspflichtverletzung (§ 5a I) ab, um eine mit Blick auf den – für Verstöße gegen § 3a nicht geltenden – Schadensersatzanspruch für Verbraucher gem. § 9 II konsistente und unionsrechtskonforme Rechtsanwendung sicherzustellen (BGH GRUR 2022, 930 Rn. 23–25 – Knuspermüsli II).).

dd) Einzelne Lebensmittel. Bier: VorlBierG (Vorläufiges Biergesetz idF der Bek. v. **2.43** 29.7.1993, BGBl. 1993 I 1399; geändert; dazu BGH GRUR 1960, 240 – Süßbier), enthält Bestimmungen über die Herstellung von Bier, zB in § 9 I VorlBierG das **Reinheitsgebot für Bier;** trotz der Aufhebung des VorlBierG durch Art. 7 Nr. 1 G zur Neuordnung des Lebensmittel- und Futtermittelrechts v. 1.9.2005 (BGBl. 2005 I 2618 (2666)) gelten die Bestimmungen über das Reinheitsgebot nach Art. 2 § 1 I Nr. 2 LMFR-ÜG (BGBl. 2005 I 2618 (2653)) einstweilen fort. Die **BierV** (Bierverordnung v. 2.7.1990, BGBl. 1990 I 1332; geändert) sowie § 3 LMIDV (→ Rn. 2.40) enthalten Bestimmungen über die Kennzeichnung von Bier. – **Branntwein:** AlkStG (Alkoholsteuergesetz v. 21.6.2013, BGBl. 2013 I 1650; geändert). – **Butter:** ButterV (Verordnung über Butter und andere Milchstreichfette v. 3.2.1997, BGBl. 1997 I 144; geändert); gemäß der Verordnung ist „Butter" die Verkehrsbezeichnung für in Molkereien hergestellte Butter, die unter den Voraussetzungen des § 6 I ButterV mit der Handelsklasse" Deutsche Markenbutter" bzw. unter den Voraussetzungen des § 6 II ButterV mit der Handelsklasse „Deutsche Molkereibutter" bezeichnet werden darf; soweit Butter nicht in Molkereien hergestellt wurde, ist gem. § 8 VII ButterV nur die Bezeichnung „Landbutter" im Verkehr zulässig. Ein Gebäck, das mit Butterschmalz und einer Beimischung von fraktioniertem Butterfett hergestellt wurde, darf nicht als „Buttergebäck" bezeichnet werden (OLG Hamburg GRUR 1990, 55). Die Werbung für ein Pflanzenfett mit der Angabe „Die pflanzliche Alternative zu Butterschmalz" ist keine unzulässige Verwendung der Bezeichnung „Butterschmalz" (LG Osnabrück WRP 2018, 1265). – **Diätetische Lebensmittel:** Die DiätV idF der Bek. v. 28.4.2005 (BGBl. 2005 I 1161) ist mWv 28.4.2023 aufgehoben worden. An ihre Stelle ist die LMBVV (Verordnung über Lebensmittel für bestimmte Verbrauchergruppen v. 26.4.2023, BGBl. 2023 I 2) getreten, die lediglich noch Regelungen über Kräuter- und Früchtetee für Säuglinge und Kleinkinder (§§ 4, 5 LMBVV), Rückstände in der Nahrung für Säuglinge und Kleinkinder (§ 6 LMBVV) sowie Verbote für die Bezeichnung von und Werbung für Säuglingsanfangsnahrung, Tagesrationen für gewichtskontrollierende Ernährung und Lebensmittel für besondere medizinische Zwecke (§ 7 LMBVV) vorsieht. – **Eier:** § 20a Tier-LMHV (Tierische Lebensmittel-HygieneV v. 18.4.2018, BGBl. 2018 I 480; geändert).

Fisch: Tier-LMHV (Tierische Lebensmittel-HygieneV v. 18.4.2018 (BGBl. 2018 I 480), **2.44** zuletzt geändert durch VO v. 11.1.2021 (BGBl. 2021 I 47). – **Fleisch und Fleischerzeugnisse:** §§ 2a, 2b und 2c Tier-LMHV. – **Fruchtsaft und Fruchtnektar:** FrSaftErfrischGetrTeeV (Fruchtsaft-, Erfrischungsgetränke- und Teeverordnung v. 24.5.2004 (BGBl. 2004 I 1016), zuletzt geändert durch VO v. 26.4.2023 (BGBl. 2023 I 115)). Ein Nektar darf nicht als Saft bezeichnet werden (OLG Rostock WRP 2019, 1596). – **Honig:** HonigV v. 16.1.2004 (BGBl. 2004 I 92), zuletzt geändert durch VO 5.7.2017 (BGBl. 2017 I 2272). Die Honig-Bezeichnung „Heidekrone" ist als nicht irreführend angesehen worden (OLG Celle WRP 2017, 219). – **Kaffee, Zichorie, Kaffee-Ersatz und Kaffeezusätze:** KaffeeV v. 15.11.2001 (BGBl. 2001 I 3107), zuletzt geändert durch VO v. 5.7.2017 (BGBl. 2017 I 2272). – **Kakao und Kakaoerzeugnisse:** KakaoV v. 15.12.2003 (BGBl. 2003 I 2738), zuletzt geändert durch VO 5.7.2017 (BGBl. 2017 I 2272). – **Käse:** KäseV idF der Bek. v. 14.4.1986 (BGBl. 1986 I 412), zuletzt geändert durch VO v. 20.10.2021 (BGBl. 2021 I 4723)). – **Konfitüren und ähnliche Erzeugnisse:** KonfV v. 23.10.2003 (BGBl. 2003 I 2151), zuletzt geändert durch VO v. 5.7.2017 (BGBl. 2017 I 2272). – **Milch und Margarine:** MilchMargG (Milch- und Margarinegesetz v. 25.7.1990 (BGBl. 1990 I 1471), zuletzt geändert durch G 20.12.2022 (BGBl. 2022 I 2752)); MilchFettG (Milch- und Fettgesetz v. 10.12.1952 (BGBl. 1952 I 811), zuletzt geändert durch G v. 27.7.2021 (BGBl. 2021 I 3274)).

2.45   **Mineralwasser, Quellwasser und Tafelwasser: MinTafWV** (Mineral- und Tafelwasser-Verordnung v. 1.8.1984, BGBl. 1984 I 1036; geändert). Zur Definition der Begriffe „natürliches Mineralwasser", „Quellwasser" und „Tafelwasser" → Rn. 2.19. **§ 9 MinTafWV** enthält ein eigenständiges **Irreführungsverbot für Mineralwässer**, das drei verschiedene irreführende Vermarktungsweisen betrifft: **(1)** Vermarktung eines aus einer Quelle stammenden natürlichen Mineralwassers unter mehreren Quellnamen oder anderen gewerblichen Kennzeichen (§ 9 I MinTafWV; hierzu BGH GRUR 1995, 905 (908) – Schwarzwald-Sprudel); **(2)** Nichthervorhebung des Quellnamens gegenüber anderen gewerblichen Kennzeichen, die den Eindruck eines Quellnamens oder -ortes erwecken können; **(3)** Nichteinhaltung in einer Anlage festgelegter Definitionen für Angaben über Inhaltsstoffe und Hinweise auf eine bes. Eignung des Wassers; so ist dort ua genau festgehalten, welche Voraussetzungen für die Angaben „mit geringem/sehr geringem/hohem Gehalt an Mineralien", „eisenhaltig", „natriumhaltig", „geeignet zur Zubereitung von Säuglingsnahrung", „geeignet für natriumarme Ernährung" gegeben sein müssen (zur Bezeichnung „natriumarm" OLG Köln WRP 1995, 128 hins. der Bezeichnung „natriumarm" für ein natürliches Mineralwasser).

2.46   **§ 15 MinTafWV** bestimmt, welche **Angaben für Quell- und Tafelwasser irreführend** sind. Dies sind insbes. alle Bezeichnungen, Angaben, sonstigen Hinweise oder Aufmachungen, die geeignet sind, zu einer Verwechslung mit natürlichen Mineralwässern zu führen. So darf Quellwasser nicht als Mineralwasser, Sprudel oder Säuerling und Tafelwasser darf nicht als Quelle, Bronn oder Brunnen bezeichnet werden (§ 15 I Nr. 1 MinTafWV). Bei Tafelwässern ist jeder Hinweis auf eine bestimmte geografische Herkunft verboten (§ 15 I Nr. 2 MinTafWV). Diese Bestimmung war allerdings im Hinblick auf das Verbot einer konkreten Irreführung in Art. 2 I lit. a RL 2000/13/EG aF über die Etikettierung richtlinienkonform dahin auszulegen, dass das Verbot einer geografischen Herkunftsangabe für Tafelwasser nach § 15 I Nr 2 MinTafWV die konkrete Gefahr einer Verwechslung eines derart bezeichneten Tafelwassers mit einem natürlichen Mineralwasser voraussetzt (BGH GRUR 2002, 1091 – Bodensee-Tafelwasser). Nach Aufhebung der Etikettierungs-RL durch Art. 53 I LMIV ist das Erfordernis einer konkreten Irreführungsgefahr nunmehr dem Art. 7 I lit. a LMIV zu entnehmen. Darüber hinaus legt § 15 II MinTafWV Höchstgrenzen für bestimmte Zusatzstoffe fest.

2.47   **Nährstoffe:** Art. 30 I LMIV sieht verpflichtend die Angabe des Brennwerts sowie der Mengen an Fett, gesättigten Fettsäuren, Kohlenhydrate, Zucker, Eiweiß und Salz vor. Anhang I der LMIV enthält diesbezügliche Begriffsbestimmungen (vgl. dazu EuGH GRUR 2021, 1550 – Dr. August Oetker Nahrungsmittel; BGH GRUR 2022, 930 Rn. 40 ff. – Knuspermüsli II). Die Berechnung des Brennwerts hat nach Art. 31 LMIV iVm Anh. XIV LMIV zu erfolgen. Art. 32 LMIV und Art. 33 LMIV iVm Anh. XV, XIII LMIV regeln die Bezugsgrößen und Maßeinheiten der Nährwertdeklaration. Das Darstellungsformat ist in Art. 34 LMIV und Art. 35 LMIV iVm Anh. XV und XIII LMIV geregelt. Die Nährwertkennzeichnungsverordnung (NKV) v. 25.11.1994 (BGBl. 1994 I 3526) ist mWv 5.7.2017 aufgehoben worden (→ Rn. 2.41). Angaben über positive Nährwerteigenschaften, etwa einen verminderten oder erhöhten Nährstoffgehalt, sind nährwertbezogene Angaben iSd Art. 2 I Nr. 4 Health-Claim-VO und unterliegen den Anforderungen von Art. 8, 9 Health-Claim-VO (vgl. OLG Hamburg GRUR-RR 2014, 468 470). – Hinweise auf schlank machende, schlankheitsfördernde oder gewichtsverringernde Eigenschaften sind gesundheitsbezogene Angaben iSd Art. 2 I Nr. 5 Health-Claim-VO und unterliegen daher gem. Art. 10 Health-Claim-VO iVm Art. 13 I lit. c Health-Claim-VO einem Verbot mit Erlaubnisvorbehalt. Tagesrationen für gewichtskontrollierende Ernährung iSv Art. 1 VO (EU) 2017/1798 unterliegen einem speziellen Werbeverbot gem. § 7 Abs. 2 LMBVV), das bestimmte Anforderungen an die Bewerbung als „kalorienarme Ernährung" vorsieht.

2.48   **Trinkwasser:** Trinkwasserverordnung (TrinkwV) v. 20.6.2023 (BGBl. 2023 I Nr. 159).

2.49   **Wein, Likörwein, Schaumwein, weinhaltige Getränke und Branntwein aus Wein:** Das **Weinbezeichnungsrecht** ist weitgehend europäisch geregelt. Zunächst galt seit 1.8.2000 die VO (EG) 1493/1999 v. 17.5.1999 (ABl. EG L 179, 1), an deren Stelle später die VO (EG) 479/2008 des Rates v. 29.4.2008 über die gemeinsame Marktorganisation für Wein (ABl. EG 2008 L 148, 1) getreten ist, die wiederum ohne inhaltliche Änderungen in der **VO (EG) 1234/2007** des Rates v. 22.10.2007 über die einheitliche gemeinsame Marktorganisation (ABl. EG L 299, 1) aufgegangen ist, an deren Stelle die **GMO-VO** (VO (EU) 1308/2013; → Rn. 0.58) getreten ist. Die einheitliche gemeinsame Marktorganisation hat eine Fülle spezieller Verordnungen ersetzt. Mit der Neuregelung im Weinbezeichnungsrecht ist auch für Stillwein das schon vorher für Schaumwein geltende **Missbrauchsprinzip** eingeführt worden, das das zuvor geltende Verbotsprinzip ersetzt hat (vgl. BGH GRUR 2009, 972 Rn. 18 – Lorch Premium II; zum Schaumwein nach der damals noch geltenden VO (EWG) Nr. 2333/92, deren Regelung aber in der Sache weitgehend der heute auch für Stillwein geltenden Regelung entspricht, BGH GRUR 1997, 756 – Kessler Hochgewächs und EuGH Slg 1999, I-513 = GRUR-Int. 1999, 345 – Sektkellerei Kessler).

Die **GMO-VO** unterscheidet für die „Kennzeichnung und Aufmachung im Weinsektor" in **2.50** Art. 119 und 120 GMO-VO (früher Art. 59, 60 VO (EG) 479/2008) zwischen **obligatorischen Angaben und fakultativen Angaben.** Ausdruck des Missbrauchsprinzips ist, dass nicht allein die in Art. 120 GMO-VO aufgeführten fakultativen Angaben zulässig sind. Der Katalog des Art. 120 GMO-VO ist nicht abschließend („kann insbesondere die folgenden fakultativen Angaben umfassen"). Weitere fakultative Angaben sind zulässig. Für sie gelten nunmehr Art. 49–55 **VO (EU) 2019/33** v. 17.10.2018 (ABl. EU 2019 L 9, 2). Nach Art. 103 Abs. 2 lit. c GMO-VO gewähren geschützte Ursprungsbezeichnungen und geschützte geografische Angaben Schutz gegen alle sonstigen **falschen oder irreführenden Angaben,** die sich auf Herkunft, Ursprung, Natur oder wesentliche Eigenschaften des Erzeugnisses beziehen und auf der Aufmachung oder der äußeren Verpackung, in der Werbung oder in Unterlagen zu den betreffenden Weinerzeugnissen erscheinen. Dieser Irreführungstatbestand erfasst nicht nur die **Irreführung** über den Ursprung, sondern auch über die **Natur oder die wesentlichen Eigenschaften des Erzeugnisses** (EuGH GRUR 2018, 327 Rn. 61 ff. – CIVC/Aldi; BGH GRUR 2016, 970 Rn. 63 ff. – Champagner Sorbet I) und schließt als **Spezialregelung** die Anwendung der §§ 127 f. MarkenG oder §§ 3 ff. aus (BGH GRUR 2016, 970 Rn. 15 – Champagner Sorbet I; GRUR 2019, 185 Rn. 38 – Champagner Sorbet II).

Daneben gelten jedoch noch **andere lebensmittelrechtlichen Verbote,** etwa das Verbot **2.51** des Art. 4 III Health-Claims-VO. Danach dürfen Getränke mit einem Alkoholgehalt von mehr als 1,2 Volumenprozent **keine gesundheitsbezogenen Angaben** tragen. So ist bspw. die Bezeichnung eines Weins als „bekömmlich" als gesundheitsbezogene Angabe untersagt worden, und zwar nicht nur für die Etikettierung, sondern auch für die Werbung (OVG Koblenz WRP 2009, 1418; EuGH GRUR 2012, 1161 – Deutsches Weintor; vgl. auch BGH GRUR 2015, 611 – RESCUE-Produkte I; GRUR 2018, 206 – RESCUE-Produkte II).

Die Kommission hat **weitere Durchführungsbestimmungen** erlassen: **VO (EG) 555/2008 2.52** v. 27.6.2008 hins. der Stützungsprogramme, des Handels mit Drittländern, des Produktionspotenzials und der Kontrollen im Weinsektor, ABl. EG 2008 L 170, 1, zuletzt geändert durch VO (EU) 2018/273 v. 11.12.2017, ABl. EU 2018 L 58, 1; **VO (EU) 2019/934** v. 12.3.2019 zur Ergänzung der VO (EU) Nr. 1308/2013 hins. der Anbauflächen, auf denen der Alkoholgehalt der Weine erhöht werden darf, der zugelassenen önologischen Verfahren und der Einschränkungen für die Erzeugung und Haltbarmachung von Weinbauerzeugnissen, des Mindestalkoholgehalts von Nebenerzeugnissen und deren Beseitigung sowie der Veröffentlichung von OIV-Dossiers, ABl. EU 2019 L 149, 1, zuletzt geändert durch VO (EU) 2022/68 v. 27.10.2021, ABl. EU L 12, 1; **VO (EU) 2018/273** v. 11.12.2017 hins. des Genehmigungssystems für Rebpflanzungen, der Weinbaukartei, der Begleitdokumente und der Zertifizierung, der Ein- und Ausgangsregister, der obligatorischen Meldungen, Mitteilungen und Veröffentlichung der mitgeteilten Informationen (ABl. EU 2017 Nr. L 58, 1), zuletzt geändert durch VO (EU) 2022/2566 v. 13.10.2022, ABl. EU 2022 L 330, 134.

Das **WeinG** (Weingesetz idF der Bek. v. 18.1.2011, BGBl. 2011 I 66; geändert). Das WeinG **2.53** regelt – soweit nicht in den EU-Verordnungen geregelt – den Anbau, das Verarbeiten, das Inverkehrbringen und die Absatzförderung von Wein und sonstigen Erzeugnissen des Weinbaus. Weitere Einzelheiten sind in der **WeinV** (Weinverordnung idF der Bek. v. 21.4.2009, BGBl. 2009 I 827; geändert) geregelt. **§ 25 WeinG** in der seit dem 27.1.2021 geltenden Fassung enthält unter Verweisung auf Art. 7 LMIV (→ Rn. 0.57, → Rn. 0.95) geregelte **weinrechtliche Irreführungsverbot.**

Ein **zivilrechtlicher Unterlassungs-** und ggf. Schadensersatz**anspruch** ergibt sich aus dem **2.54** UWG, und zwar aus § 8 I iVm §§ 3, 5 oder aus § 8 I iVm §§ 3, 3a, hinsichtlich geschützter Ursprungsangaben und geschützter geografischer Angaben iSd GMO-VO aus einer analogen Anwendung des § 135 MarkenG (BGH GRUR 2016, 970 Rn. 20 – Champagner Sorbet I). Aus den unionsrechtlichen und nationalen Weinbezeichnungsvorschriften lassen sich keine zivilrechtlichen Ansprüche herleiten, sie sind aber **Marktverhaltensregelungen** iSd § 3a (BGH GRUR 2000, 727 (728) – Lorch Premium I; GRUR 2001, 73 (74) – Stich den Buben; GRUR 2009, 972 Rn. 14 – Lorch Premium II → § 3a Rn. 1.197; → Rn. 2.42). Sofern eine **Bezeichnung durch das Weinbezeichnungsrecht erlaubt** ist, kann sie wettbewerbsrechtlich grds. nicht mehr beanstandet werden (BGH GRUR 2001, 73 (75) – Stich den Buben; → Rn. 1.204). Die blickfangartige Verwendung der Bezeichnung „Sonnenhof" auf Etiketten von Markenweinen erweckt zwar nicht den unrichtigen Eindruck einer geografischen Angabe, weil es am örtlichen Bezug fehlt, wohl aber der Herkunft von einem Weingut und der dazugehörigen Lagen (BGH GRUR 1975, 658 (659) – Sonnenhof zu § 46 I WeinG aF mAnm Bauer).

2.55   **b) Textilerzeugnisse.** Die **Etikettierung und Kennzeichnung von Textilerzeugnissen,** die auf dem Markt bereitgestellt werden, regelt § 4 I TextilkennzG iVm **Textilerzeugnis-Kennzeichnungs-VO** (VO (EU) 1007/2011 über die Bezeichnungen von Textilfasern und die damit zusammenhängende Etikettierung und Kennzeichnung der Faserzusammensetzung von Textilerzeugnissen v. 27.9.2011, ABl. EU 2011 L 272, 1; geändert). Zulässig sind allein die im Anh. I Art. 5 Textilerzeugnis-Kennzeichnungs-VO angegebenen Textilbezeichnungen (ua **Wolle, Tierhaar, Seide, Baumwolle, Flachs bzw. Leinen, Hanf, Jute**), die zugleich den dort angegebenen Eigenschaften entsprechen müssen. Nach Art. 7 Textilerzeugnis-Kennzeichnungs-VO dürfen Textilerzeugnisse mit den **Zusätzen „100 %", „rein" oder „ganz"** nur gekennzeichnet werden, wenn sie ausschließlich aus einer Faser bestehen (Art. 7 I Textilerzeugnis-Kennzeichnungs-VO) oder ein Gehalt von maximal 2 % Fremdfasern produktionstechnisch unvermeidbar ist (Art. 7 II Textilerzeugnis-Kennzeichnungs-VO). Besondere Anforderungen gelten auch für die Verwendung des Begriffs **„Schurwolle"** (Art. 8 Textilerzeugnis-Kennzeichnungs-VO). Auf dem Etikett oder der Kennzeichnung ist die **Bezeichnung und der Gewichtsanteil** aller im Erzeugnis enthaltenen Fasern anzugeben (Art. 9, 11 Textilerzeugnis-Kennzeichnungs-VO). Art. 16 Textilerzeugnis-Kennzeichnungs-VO verlangt, dass bei der Bereitstellung eines Textilerzeugnisses auf dem Markt die **Faserzusammensetzung** in **Katalogen, Prospekten, auf Verpackungen, Etiketten** und Kennzeichnungen **leicht lesbar und deutlich sichtbar** angegeben werden müssen. Bei den vorstehenden Regelungen handelt es sich um Marktverhaltensregelungen zum Schutze der Verbraucher (→ § 3a Rn. 1.211). **Bereitstellung eines Textilerzeugnisses auf dem Markt** bedeutet jede entgeltliche oder unentgeltliche Abgabe eines Produkts zum Vertrieb, zum Verbrauch oder zur Verwendung auf dem Unionsmarkt im Rahmen einer Geschäftstätigkeit; hieran fehlt es im Falle eines Werbeprospekts, der keine Bestellmöglichkeit bietet (BGH GRUR 2016, 1068 Rn. 17 – Textilkennzeichnung).

2.56   **c) Sonstige Waren und Leistungen. Bleikristall und Kristallglas:** KristKzG v. 25.6.1971 (BGBl. 1971 I 857), zuletzt geändert durch VO v. 31.8.2015 (BGBl. 2015 I 1474). – **Kreuzfahrt:** Wettbewerbswidrig ist es, mit dem Begriff **Kreuzfahrt** das Angebot einer zusammengefassten Hin- und Rückfahrt auf einer Fähre zu bewerben, auch wenn das Schiff den Luxus eines Kreuzfahrschiffs bietet (OLG Hamburg GRUR 1993, 845).

V. Beschaffenheit

1. Allgemeines

2.57   Das Merkmal der „Beschaffenheit" iSd § 5 II Nr. 1 deutet auf spezielle Eigenschaften, die das Produkt innerhalb einer Produktgattung auszeichnen (→ Rn. 2.4). Zu diesen Eigenschaften, die die Wertschätzung des Produkts im Verkehr begründen, zählt seine Echtheit, sein Aussehen und vor allem seine Qualität. Angaben über diese Umstände können nicht nur unmittelbar, sondern auch mittelbar durch **Symbole, Kennzeichen und Herkunftsangaben** gemacht werden, die dann zugleich Beschaffenheitsangaben darstellen. Ein Fall der irreführenden Werbung mit derartigen Gütezeichen (→ Rn. 1.167) ist in Anh. § 3 III geregelt (→ Anh. § 3 Rn. 2.1 ff.). Bei Bezeichnungen für neuartige Erzeugnisse, über deren stoffliche Zusammensetzung der Verkehr oft keine hinreichend konkreten Vorstellungen haben kann, kommt es entscheidend darauf an, ob die Wirkungen des Erzeugnisses den Vorstellungen der beteiligten Verkehrskreise entsprechen (BGH GRUR 1961, 361 (364) – Hautleim; GRUR 1967, 600 – Rhenodur I mAnm Droste; GRUR 1969, 422 (424) – Kaltverzinkung; → Rn. 1.110).

2. Qualitätsaussagen

2.58   **a) Allgemeines.** Qualitätsangaben enthalten zwar idR einen **nachprüfbaren Tatsachenkern.** Die Grenze zu den **nichts sagenden Anpreisungen,** die vom Verkehr auch als solche erkannt werden, ist aber fließend (→ Rn. 1.33). Kann ein Urteil offensichtlich nur subjektiv gefällt sein, scheidet eine Nachprüfbarkeit nach objektiven Maßstäben aus. So hat der BGH den Werbespruch „Das Beste jeden Morgen" für „Kellogg's Cornflakes" nicht als irreführende Alleinstellungsbehauptung angesehen, weil der Verkehr erkenne, dass die Aussage nur auf einer rein subjektiven Einschätzung beruhen kann (BGH GRUR 2002, 182 (183) – Das Beste jeden Morgen; auch → Rn. 1.29). Hingegen beinhaltet die Angabe **„Optiker-Qualität"** für Gleitsichtbrillen eines Internet-Anbieters die Sachaussage, die Brillen entsprächen der Leistung eines stationären Optikers; sie ist irreführend, wenn die Brillen lediglich aufgrund der Angaben im Brillenpass, aber ohne Berücksichtigung weiterer, von stationären Optikern berücksichtigten Parameter (Hornhautscheitelabstand, Fassungsvorneigung, Einschleifhöhe) gefertigt werden (BGH GRUR 2017, 418 Rn. 19 – Optiker-Qualität).

b) Beanspruchung einer Spitzenstellung. Unzulässig ist die Bezeichnung einer Durch- **2.59** schnittsleistung als Spitzenleistung, so etwa die Anpreisung einer Ware als **„Deutsches Spitzenerzeugnis"**, wenn sie nicht ihrer Güte nach zu der Spitzengruppe aller in Deutschland hergestellten Waren dieser Gattung gehört (BGH GRUR 1961, 538 (540) – Feldstecher). Die Anpreisung **„Großauswahl unter Spitzenerzeugnissen"** ist irreführend, wenn nur einige Außenseiter der Markenwarenindustrie vertreten sind (OLG Karlsruhe BB 1960, 113 (114)). – Die Bezeichnung **„Luxusklasse"** für Herrenbekleidung erweckt den Eindruck erhöhter Qualität; weniger deutlich ist der Begriff **„Sonderklasse"**. Die Angabe **„Luxusausführung"** eines Kühlschranks erfordert technische Spitzenausstattung. **„Delikatess-"** (zB Delikatessgurken) weist bei Lebensmitteln auf bes. gute Beschaffenheit hin. Eine Ware, die als **„extrafein"** angepriesen wird, muss qualitativ herausgehoben sein und entspr. Qualitätsanforderungen erfüllen. Die Bezeichnung eines Kaffees als **„Auslese"** erfordert bes. gute Qualität (OLG Hamburg GRUR 1977, 113 (114)). Dagegen soll die für den Selbstbausatz eines Wintergartens verwendete Anpreisung **„in unübertroffener Qualität"** nicht auf eine Spitzenstellung hindeuten, da der Leser diese Form der Qualitätsbezeichnungen nicht mehr ernst nehme (OLG Schleswig NJWE-WettbR 1997, 200). Das erscheint zweifelhaft: Die Aussage enthält nicht nur eine subjektive Selbsteinschätzung, sondern einen nachprüfbaren Tatsachenkern und muss jedenfalls insoweit zutreffen, als das angepriesene Produkt in der Qualität von anderen Produkten nicht übertroffen wird. – Zur Alleinstellungswerbung → Rn. 1.138 ff.

c) Hinweise auf internationale Bedeutung. Als „Weltmarke" dürfen nur Waren bezeich- **2.60** net werden, die in vielen europäischen und außereuropäischen Ländern abgesetzt werden. Ebenso wenig darf eine Marke als **„die kommende Weltmarke"** bezeichnet werden, wenn nicht mit gewisser Wahrscheinlichkeit erwartet werden kann, dass die Marke in absehbarer Zeit weltberühmt ist (OLG Hamburg GRUR-RR 2002, 263). Wird eine Ware – es ging um „Philishave", den weltweit und in Europa, nicht aber in Deutschland am meisten verkauften Elektrorasierer – als die **„meistverkaufte Europas"** beworben, ist keine Spitzenstellung auf dem Inlandsmarkt erforderlich (BGH GRUR 1996, 910 – Der meistverkaufte Europas). 1971 hatte der BGH die entspr. Werbeaussage „Der meistgekaufte der Welt" noch als irreführend angesehen, weil der Verkehr damit rechne, dass der beworbene Elektrorasierer auch auf dem Inlandsmarkt eine führende Stellung habe (BGH GRUR 1972, 129 – Der meistgekaufte der Welt). – Ob heute noch – wie 1977 – die Werbeaussage „Nescafé – der Kaffee, den die Welt trinkt" verboten würde mit der Begründung, ein Teil des Verkehrs nehme irrigerweise an, Nescafé werde in nahezu allen Ländern der Erde in einem regelmäßig nicht völlig unbedeutenden Umfang getrunken (OLG Hamburg WRP 1978, 142), ist zweifelhaft; die Aussage enthält nur einen schwachen Tatsachenkern, der keine klaren Angaben über die Weltstellung zulässt. Es muss daher als ausreichend angesehen werden, wenn Nescafé in vielen anderen Ländern der Welt getrunken wird.

Wann die Bedeutung eines Unternehmens den Gebrauch des Wortes **„International"** **2.61** rechtfertigt, lässt sich nur im Hinblick auf den konkreten Geschäftszweig beantworten. Der **Firmenzusatz „International"** deutet idR auf ein Unternehmen hin, das auf Grund seiner Organisation, seiner wirtschaftlichen Stärke und seiner ausländischen Geschäftsbeziehungen einen bedeutenden Teil seiner Geschäfte außerhalb des Bundesgebiets abwickelt (OGH ÖBl 1979, 155 – Schubert international). An Firmenzusätze, die auf **Europa** verweisen, wurden in der Vergangenheit ebenfalls relativ hohe Anforderungen gestellt; es müsse sich um ein nach Größe und Marktstellung den Verhältnissen des europäischen Marktes entspr. Unternehmen handeln (zum Firmenrecht BGHZ 53, 339 (343) – Euro-Spirituosen; BGH GRUR 1978, 251 (252) – Euro-Sport; zum Zeichenrecht BGH GRUR 1972, 357 – euromarin; GRUR 1194, 120 (121) – EUROCONSULT). Inzwischen stellt die Rspr. jedoch stärker auf die Besonderheiten des Einzelfalls ab (BGH GRUR 1997, 669 f. – Euromint): Die Erwartungen, die der Verkehr hins. der Größe mit dem **„Euro"-Zusatz** verbindet, können in einem überschaubaren Markt bereits von einem verhältnismäßig kleinen Unternehmen erfüllt werden; ein Hersteller, der seine Waren europaweit im Versandwege absetzt, kann auch ohne Niederlassungen im Ausland den an den „Euro"-Zusatz geknüpften Erwartungen gerecht werden (BGH GRUR 1997, 669 (670) – Euromint). Im Übrigen kann sich der „Euro"-Zusatz auch auf die Währung beziehen.

2.62   **d) Hinweise auf die Natürlichkeit eines Produkts (Natur, natürlich, naturrein). aa) Allgemeines.** Hinweise auf die Natur und damit auf die Natürlichkeit oder Naturreinheit von Produkten sind überaus beliebt und entspr. häufig Gegenstand von Beanstandungen. Bei vielen Produkten, insbes. bei Lebensmitteln, legen die Verbraucher auf die **Naturbelassenheit** bes. Wert. Der Aussagegehalt solcher Werbeangaben ist aber ganz unterschiedlich, so dass sich eine einheitliche Beurteilung verbietet. Bezieht sich die Aussage **beschreibend auf Waren,** so besagt sie, dass das Produkt **vollständig aus Stoffen besteht, die in der Natur vorkommen.** Im Hinblick auf den Gattungsunterschied zwischen natürlichen und künstlichen Produkten kommt hier auch eine Irreführung unter dem Aspekt der „Art" in Betracht (→ Rn. 2.4 f.). Als irreführend ist die Verwendung des Begriffs „Naturmedizin" für eine Gruppe von Produkten untersagt worden, weil einzelne dieser Produkte synthetische Hilfsstoffe enthielten (OLG Hamburg Pharma Recht 1991, 281). Ebenfalls untersagt worden ist die Bezeichnung **„Klosterfrau Naturarznei"** für einen nicht aus natürlichen Stoffen bestehenden Badezusatz (OLG Hamburg Pharma Recht 1994, 386). Irreführend ist es auch, wenn Möbel, die aus Press-Spanplatten bestehen und deren Oberfläche lediglich mit Eichenholz furniert ist, als **„Eiche natur"** bezeichnet werden (LG Berlin MD 1993, 795). Gleiches gilt für die Bezeichnungen **„Dekor Sonoma Eiche", „Buche Dekor"** oder **„Kirschbaum Dekor"** für mit Kunststofffolien furnierte Möbel, weil der Verbraucher Massivholz oder jedenfalls Holzfurnier erwartet (OLG Hamm MD 2011, 437; OLG Oldenburg MDR 2016, 109; aA inzwischen allerdings OLG Oldenburg WRP 2018, 504). Die Angabe „Massiv-Kork" oder „durch und durch Kork" für einen Bodenbelag aus einschichtigen Presskorkplatten ist hingegen nicht irreführend (OLG Karlsruhe WRP 2014, 1248 Ls.). Je nach Zusammenhang kann der Hinweis auf die Natur darüber hinaus besagen, dass die Ware naturbelassen geblieben ist. So ist die Werbung für Linoleum mit den Aussagen **„natürlich Natur"** und **„100 % reine Natur"** untersagt worden, nicht dagegen die Aussagen „Die Fülle seiner hervorragenden Eigenschaften kommt aus der Natur" und „Natürliche Rohstoffe machen Linoleum zu einem Bodenbelag mit unübertroffenen Eigenschaften" (KG MD 1993, 4). – Irreführend ist die Verwendung der Bezeichnung **„naturreiner Traubensaft"** für einen industriell hergestellten pasteurisierten, „geschönten" Fruchtsaft, dessen Trübstoffe im Wege der Absorption gebunden und durch Filtern entfernt worden sind (OLG Hamburg WRP 1979, 733). – Irreführend ist es auch, für **„Naturdünger"** mit dem Hinweis „keine direkte Auswaschung ins Grundwasser" zu werben, wenn die Gefahr der Auswaschung nicht nur bei Kunstdünger, sondern auch in geringerem Umfang bei Naturdünger besteht (OLG Hamm WRP 1996, 259 – Rev. nicht angenommen: BGH Beschl. v. 30.11.1995 – I ZR 86/95). – Ein Erdbeer-Fruchtaufstrich, der 52 % Erdbeeren enthält, darf nicht mit der Bezeichnung **„pura 100 % aus Früchten Erdbeere"** beworben werden (LG Lübeck LRE 75, 164). – Zur Bezeichnung **„Bambus-Socken"** → Rn. 2.17 – An die Kennzeichnung von **Textilerzeugnissen mit Reinheitsangaben** stellt die VO (EU) 1007/2001 besondere Anforderungen (→ Rn. 2.55).

2.63   **bb) Reinheitsbezeichnungen nach Lebensmittelrecht.** Für die Verwendung des Begriffes **„Natur" im Zusammenhang mit Lebensmitteln** enthielt § 17 I Nr. 4 LMBG aF eine bes. Regelung, die ihrem Wortlaut nach als abstrakter Gefährdungstatbestand ausgestaltet war: Danach sollte es schlechthin – ohne dass eine Irreführung im Einzelfall dargetan sein musste – verboten sein, für Lebensmittel, die Zusatzstoffe oder Rückstände von Pflanzenschutz- oder pharmakologischen Stoffen enthalten oder die einem Bestrahlungsverfahren unterzogen worden sind, Bezeichnungen zu verwenden, die darauf hindeuteten, dass die Lebensmittel **natürlich, naturrein** oder **frei von Rückständen oder Schadstoffen** seien. In der Vergangenheit wurde daher stets betont, dass diese Reinheitsbezeichnungen für Lebensmittel nur bei völliger Rückstandsfreiheit zulässig sind (OLG Celle ZLR 1983, 39; BVerwGE 77, 7 (10 ff., 14 ff.); vgl. auch BGH GRUR 1997, 306 (307) – Naturkind). Dies bedeutete, dass das Verbot sich auch auf Fälle erstreckte, in denen auf Grund heute verfeinerter Messverfahren Geringstmengen von Stoffen aus der allgemeinen Umweltkontamination festgestellt worden waren. Da diese weit unter dem Zulässigen liegende Minimalbelastung bei Lebensmitteln praktisch nicht zu vermeiden ist, lief diese Sicht auf ein vollständiges Verbot der Werbung mit Begriffen wie „natürlich" oder „naturrein" hinaus.

Zwei Entscheidungen – die Naturkind-Entscheidung des BGH und die Darbo-Entscheidung **2.64** des EuGH – hatten die Erkenntnis reifen lassen, dass auch bei § 17 I Nr. 4 LMBG aF eine Eignung zur Irreführung zu verlangen sei. Die Entscheidung **„Naturkind"** des BGH machte deutlich, dass **nicht jede Bezeichnung,** die den Begriff „Natur" verwendet, darauf hindeutet, das betreffende Lebensmittel sei frei von jeglichen Schadstoffen. So hatte der BGH die als Marke verwendete Bezeichnung „Naturkind" für einen Tee nicht beanstandet, obwohl dieser aus ökologischem Anbau stammende und ohne Einsatz chemisch-synthetischer Mittel angebaute Tee – gerade noch messbar – Rückstände aufgewiesen hatte, die auf die allgemeine Kontamination der Umwelt mit Schadstoffen zurückzuführen waren. Anders als etwa die Bezeichnung „naturreiner Tee" werde die nicht glatt beschreibende Angabe „Naturkind" vom Verkehr als Unternehmensbezeichnung, als Marke oder als allgemeine Produktbeschreibung verstanden, nicht dagegen als Reinheitsangabe und als ein Hinweis darauf, dass es sich um einen Produkt frei von jeglichen Schadstoffen handele (BGH GRUR 1997, 306 (308) – Naturkind). Generell – so der BGH – vermutet der Verkehr in einer als solchen erkennbaren Marke oder Unternehmensbezeichnung nicht stets eine Beschaffenheitsangabe (vgl. VG München ZLR 1996, 105 mAnm Steib). So war bereits früher klargestellt worden, dass der Begriff „Natursaft" in der **Firma FRÜWE-NATURSAFT** GmbH nicht notwendig auf das gesamte Sortiment hinweist. Dem Durchschnittsverbraucher ist vielmehr bewusst, dass der Hinweis in einer Firma sich nicht auf das gesamte Sortiment beziehen muss. Außerdem ist das berechtigte Interesse des Unternehmens an der Fortführung einer eingeführten Firma zu berücksichtigen, wenn sich eine Sachbezeichnung in der Firma nach Erweiterung des Sortiments nicht mehr auf das gesamte Angebot bezieht (BGH GRUR 1984, 465 (466) – Natursaft).

Noch einschneidender war die **Darbo-Entscheidung des EuGH.** Danach musste § 17 I **2.65** Nr. 4 LMBG zurücktreten, wenn ein Produkt in einem anderen Mitgliedstaat mit der beschreibenden Bezeichnung „naturrein" rechtmäßig in Verkehr gesetzt worden war, selbst wenn es in geringem Umfang Schadstoffe und Rückstände enthielt. Denn das Unionsrecht kennt insofern kein abstraktes Gefährdungsdelikt; nach europäischem Recht muss die Angabe also stets zur Irreführung geeignet sein. Dementsprechend hat der EuGH noch zu Art. 2 I lit. a Ziff. i RL 79/112/EWG, deren Nachfolge-RL 2000/13/EG inzwischen durch die LMIV aufgehoben worden ist (→ Rn. 2.40), entschieden, dass eine in Österreich nach den dort geltenden Bestimmungen rechtmäßig in Verkehr gebrachte Erdbeerkonfitüre auch in Deutschland unter der Bezeichnung **„d'arbo naturrein"** vertrieben werden durfte, selbst wenn sie ein Geliermittel (Pektin) und in ganz geringem, weit unter den zulässigen Höchstwerten liegenden Umfang Schadstoffe und Rückstände von Pestiziden enthielt. Die Gefahr einer Irreführung sei unter diesen Umständen gering und könne ein Hemmnis für den freien Warenverkehr nicht rechtfertigen (EuGH Slg. 2000, I-2297 Rn. 28 = GRUR-Int. 2000, 756 – Verein gegen Unwesen …/Darbo; dazu Hartwig GRUR-Int. 2000, 758; Leible/Sosnitza WRP 2000, 610; Seitz/Riemer EuZW 2000, 511; vgl. auch OLG Köln ZLR 2001, 168 mAnm Sosnitza; OLG Hamburg GRUR-RR 2002, 395: auch kein Verbot wegen Werbung mit Selbstverständlichkeiten).

Schon nach der Naturkind-Entscheidung des BGH war die Frage aufgeworfen worden, ob das **2.66** abstrakte Gefährdungsverbot des § 17 I Nr. 4 LMBG aF **noch als verhältnismäßig angesehen** werden konnte (Leible WRP 1997, 403 (406 f.)). Diese Frage lag nicht fern, nachdem der BGH die Kenntnis des Verkehrs, „dass trotz weitgehender Berücksichtigung von Umwelt- und Naturschutzgesichtspunkten Restbelastungen der Umwelt verblieben", und damit das Fehlen einer Irreführung letztlich als entscheidenden Gesichtspunkt dafür angesehen hatte, um den Tatbestand des § 17 I Nr. 4 LMBG aF zu verneinen (BGH GRUR 1997, 306 (308) – Naturkind). Die Frage nach der Verhältnismäßigkeit des abstrakten Gefährdungstatbestands stellte sich nach der Darbo-Entscheidung des EuGH nicht mehr. Denn der EuGH hat seine Entscheidung trotz des Hinweises auf die Warenverkehrsfreiheit nicht auf Art. 28 EGV (heute Art. 34 AEUV) gestützt. Vielmehr beruht die Entscheidung auf Art. 2 I lit. a Ziff. i RL 79/112/EWG über die Etikettierung. Da die Richtlinie ein Verbot ohne Gefahr einer Irreführung nicht zuließ, musste in ihrem Anwendungsbereich auch § 17 I Nr. 4 LMBG aF zurückstehen. Die Bestimmung musste also richtlinienkonform so ausgelegt werden, dass ein Verbot stets eine Irreführungsgefahr voraussetzt (vgl. Zipfel/Rathke, Stand Juli 2002, LMBG § 17 Rn. 192b ff.; Leible in Lebensmittelrechts-HdB III 426a f.; Behler/Schröder LMBG Rn. 50; Leible/Sosnitza WRP 2000, 610).

Unter diesen Umständen ist es nicht verwunderlich, dass § 17 I Nr. 4 LMBG aF im **LFGB 2.67** keine Entsprechung mehr hat. Wird bei einem Lebensmittel heute die Angabe naturrein verwendet und weist das betreffende Lebensmittel mehr als nur Spuren von Rückständen auf, kommt, je nach Fallgestaltung, das allgemeine Täuschungsverbot des § 11 LFGB iVm Art. 7 LMIV zur Anwendung. Eine darüber hinaus gehende Regelung erschien dem Gesetzgeber entbehrlich.

2.68   Keine Zweifel hins. der Verhältnismäßigkeit bestehen dagegen bei den bes. Bestimmungen über die **Tabakwerbung** in § 22 II LMBG aF, die auch unter Geltung des LFGB als „vorläufiges Tabakgesetz" bestehen geblieben waren (dazu BVerwG LRE 15, 264; BGH WRP 1988, 237 – „in unserem Haus muss alles schmecken") und nunmehr in **§ 18 II TabakerzG** v. 4.4.2016 (BGBl. 2016 I 569) geregelt sind, welches die RL 2014/40/EU v. 3.4.2014 zur Angleichung der Rechts- und Verwaltungsvorschriften der Mitgliedstaaten über die Herstellung, die Aufmachung und den Verkauf von Tabakerzeugnissen und verwandten Erzeugnissen und zur Aufhebung der RL 2001/37/EG (ABl. EU 2014 L 127, 1) umsetzt. Es handelt sich um **typisierte Irreführungsverbote,** die Werbemaßnahmen verbieten, ohne dass im Einzelfall eine Irreführung dargetan sein muss: Danach liegt eine Irreführung insbesondere dann vor, wenn wissenschaftlich nicht gesicherte gesundheitliche oder stimulierende Wirkungen beworben werden (§ 18 II Nr. 1 TabakerzG), der Eindruck einer vergleichsweise geringeren Schädlichkeit erweckt wird (Nr. 2), Informationen über Geschmack, Geruch, Aromastoffe oder sonstige Zusatzstoffe gegeben werden (Nr. 3), der Anschein eines Arzneimittels, Lebensmittels oder kosmetischen Mittels erweckt wird (Nr. 4) oder zur Täuschung geeignete werbliche Informationen über die Herkunft, Menge, Gewicht, den Zeitpunkt der Herstellung oder Abpackung, über Haltbarkeit, sonstige, insbesondere natürliche oder ökologische Eigenschaften, verwendet werden (Nr. 5). § 18 II Nr. 5 TabakerzG unterfallen auch Bezeichnungen, die darauf hindeuten, dass Tabakerzeugnisse natürlich oder naturrein sind (vgl. zu § 22 II Nr. 1 lit. a LMBG aF BGH GRUR 2011, 633 Rn. 14 – BIO TABAK).

2.69   **e) Hinweise auf die Neuheit eines Produkts. aa) Allgemeines.** Die **Neuheit** ist bei angebotenen Waren oder Dienstleistungen ein beachtliches Werbeargument. Der Verkehr rechnet hier ggf. mit Qualitätsvorteilen und neigt dazu, das neue Produkt dem alten vorzuziehen (BGH GRUR 1968, 433 (437) – Westfalen-Blatt II). In der **Unternehmenswerbung** besteht hingegen keine Verkehrserwartung, dass ein neues Unternehmen bes. Vorzüge aufweist. Je nach den Umständen des Einzelfalls geht der Verkehr aber bei (Neu-)Eröffnungen von einem günstigen Angebot aus, so dass es zu Fehlvorstellungen über die **Preisbemessung** kommen kann (→ Rn. 3.158 ff.).

2.70   **bb) Werbung mit der Neuheit.** Ausdrücke, die auf die **Neuheit** der angebotenen Ware oder Leistung hindeuten (zB „vollständig renoviert", „vollständige Neubearbeitung", „neuer Koch"), müssen wahr sein. Die Änderung, auf die sich eine solche Werbung bezieht, darf aber auch **zeitlich nicht allzu lange zurückliegen,** da sonst beim Publikum der irrige Eindruck entstehen kann, die Neuerung sei gerade erst eingetreten. So ist es als irreführend angesehen worden, dass ein Zeitungsverlag noch nach drei Monaten in einer Anzeige unter der fett gedruckten Überschrift **„Wir bieten mehr"** mit dem Hinweis warb, die erweiterte Großrausgabe des Westfalen-Blattes biete jetzt mehr lokale Nachrichten als die frühere Stadtausgabe bzw. Brackweder Zeitung (BGH GRUR 1968, 433 (437) – Westfalen-Blatt II). Die Länge des Zeitraums, innerhalb dessen eine Werbung mit der „Neuheit" zulässig ist, hängt von der jeweiligen **Branche** und **Warenart** ab und lässt sich nur für den **Einzelfall** bestimmen. Beispielsweise ist im **Pharmabereich** eine Werbung mit der Neuheit eines Präparats auch noch **ein Jahr nach dem ersten Inverkehrbringen** zulässig (KG WRP 1982, 28). Irreführend ist aber die Neuheitswerbung für ein Arzneimittel, das zwar unter anderem Namen, aber identischer Wirkstoffzusammensetzung bereits seit mehr als 20 Jahren auf dem Markt ist (OLG Celle MD 2018, 326). Ein krasser Fall von Irreführung ist die Werbung „neu" für ein **20 Jahre altes,** unter unbekannten Bedingungen gelagertes Kugellager (OLG Saarbrücken WRP 2014, 987; LG Aachen WRP 2015, 648).

2.71   Die Werbung **„Jetzt im neuen Haus"** für die schon ein halbes Jahr zurückliegende Verlegung des Geschäfts eines Möbeleinzelhändlers wurde mit Recht nicht als irreführend angesehen (OLG Stuttgart BB 1972, 1201); hier steht ohnehin nicht die Werbung mit den neuen Geschäftsräumen, sondern der Hinweis auf die Verlegung des Geschäftslokals im Vordergrund. Wird auf eine **„Neueröffnung"** eines Möbelgeschäfts hingewiesen, so ist die Werbung irreführend, wenn das Geschäft nicht erstmals eröffnet, sondern nach vorübergehender Schließung **wieder eröffnet** wird (OLG Koblenz GRUR 1988, 555). Erst recht irreführend ist eine Werbung mit dem Schlagwort „Neueröffnung", wenn das Geschäft während der Vornahme von Umbauarbeiten gar nicht geschlossen, sondern weiterbetrieben worden war (OLG Düsseldorf

WRP 2019, 1635; OLG Frankfurt OLGR 2004, 112; OLG Hamm WRP 2017, 861; LG Münster WRP 2018, 762; LG Hagen WRP 2019, 1384). – Die Werbung **„Neu nach Umbau"** aus Anlass der Wiedereröffnung eines Brillen-Filialgeschäfts erweckt für sich allein noch nicht den Eindruck, es werde ein neues Sortiment oder herabgesetzte Preise angeboten (BGH GRUR 1993, 563 – Neu nach Umbau).

Von der Bedeutung eines ausdrücklichen Neuheitshinweises in der Werbung ist die Frage zu **2.72** unterscheiden, ob in dem Angebot einer Ware der **konkludente Hinweis auf die Neuheit** liegt, also insbes. der Hinweis, dass das angebotene Modell noch aktuell ist. Verschweigt der Kaufmann, dass es sich bei der angebotenen Ware um ein **Auslaufmodell** handelt, liegt darin eine Irreführung, wenn der Verkehr einen entspr. Hinweis erwartet (BGH GRUR 1999, 757 – Auslaufmodelle I). Dies hängt ganz von dem jeweiligen Produkt ab. – Zur auf das Unternehmen bezogenen Alterswerbung → Rn. 4.59 ff.

cc) Fabrikneu. Eine Sache ist nur **„fabrikneu",** wenn sie noch nicht benutzt worden ist, **2.73** durch Lagerung keinen Schaden erlitten hat und nach wie vor in der gleichen Ausführung hergestellt wird. Das gilt jedenfalls für Waren des täglichen Bedarfs, die einem ständigen Verschleiß unterliegen. Bei hochpreisigen **EDV-Anlagen** kann die Vorstellung des Verbrauchers von der Fabrikneuheit einer Ware von der Frage beeinflusst sein, ob sich der Einsatz neuwertiger Teile im sog Equivalent-to-New-Prozess (ETN-Prozess) auf verschleißfreie Teile beschränkt und ob es eine dahin gehende Übung in der einschlägigen Branche gibt (BGH GRUR 1995, 610 (611 f.) – Neues Informationssystem; dazu Klaas EWiR 1995, 1023). – Ein (Tonband-)Gerät darf nicht mehr als „fabrikneu" bezeichnet werden, wenn die **Original-Fabriknummer** ausgeschliffen und durch eine andere ersetzt worden ist und als Folge die Garantiehaftung des Herstellers entfällt (OGH ÖBl 1961, 87).

dd) Automobilhandel. Ein **Kraftfahrzeug** ist **fabrikneu,** wenn dasselbe Modell zurzeit des **2.74** Kaufabschlusses weiterhin **unverändert** in Ausstattung und technischer Ausführung **hergestellt** wird, wenn es – abgesehen von der Überführung vom Hersteller zum Händler – **nicht benutzt** worden ist und wenn es infolge Standzeit keine Mängel (zB Roststellen) aufweist (BGH NJW 1980, 1097; 1980, 2127; NJW 2004, 160 mAnm H. Roth NJW 2004, 330 f.). Es muss nicht nur **unbenutzt,** sondern auch **modellneu** sein. Auslaufende Modelle sind bes. zu kennzeichnen (OLG München WRP 1979, 157; OLG Karlsruhe WRP 1980, 632; OLG Köln WRP 1983, 112). Sind zwischen Herstellung und Angebot mehr als ein Jahr vergangen, muss auch auf diesen Umstand hingewiesen werden (vgl. BGH NJW 2004, 160; → Rn. 2.76). Unschädlich ist es dagegen, wenn das als „fabrikneu" bezeichnete Fahrzeug für wenige Tage auf den Autohändler **zugelassen** war (zu § 459 II BGB BGH NJW 2005, 1422; vgl. auch BGH GRUR 2000, 914 – Tageszulassung II; **aA** für Neufahrzeugwerbung bei Tageszulassung OLG Karlsruhe WRP 2021, 100; OLG Köln BeckRS 2019, 9380).

Reimportierte Kraftfahrzeuge durften früher, auch wenn sie unbenutzt, fabrikneu und **2.75** kein Auslaufmodell waren, nicht ohne weiteres uneingeschränkt und ohne aufklärenden Zusatz als **Neuwagen** mit Garantie oder mit üblicher Neuwagengarantie angeboten werden, es sei denn, dass sich für den Käufer keine Nachteile, zB in versicherungsrechtlicher Hinsicht, ergaben (BGH GRUR 1986, 615 – Reimportierte Kraftfahrzeuge). Diese Rspr. hat der BGH im Hinblick auf die neuere Rspr. des EuGH aufgegeben (BGH GRUR 1999, 1122 – EG-Neuwagen I; GRUR 1999, 1125 – EG-Neuwagen II; dazu Metzger WRP 1999, 1237 ff.; Leible NJW 2000, 1242 f.

Der formale Akt der Zulassung berührt bei **Kraftfahrzeugen** die Neuwageneigenschaft an **2.76** sich noch nicht (EuGH Slg. 1992, I-131 Rn. 13 = WRP 1993, 233 – Nissan). Der Verbraucher knüpft aber an das Angebot eines Neuwagens noch weitere Erwartungen wie insbes. die uneingeschränkte **Herstellergarantie,** die im Falle einer im Ausland erfolgten früheren Zulassung idR eingeschränkt ist (BGH GRUR 1986, 615 (617) – Reimportierte Kraftfahrzeuge; GRUR 1999, 1122 (1123) – EG-Neuwagen I). Ist die übliche Garantiezeit auf Grund einer solchen Erstzulassung im Ausland um mehr als zwei Wochen verkürzt, muss bereits in der Werbung, nicht erst im Verkaufsgespräch auf diesen Umstand hingewiesen werden (BGH GRUR 1999, 1122 (1124) – EG-Neuwagen I; GRUR 1999, 1125 (1126) – EG-Neuwagen II; ferner Metzger WRP 1999, 1237 ff.; Leible NJW 2000, 1242 f.). Im Übrigen kann auf die Grundsätze zurückgegriffen werden, die die Rspr. zu den vertraglichen Ansprüchen, insbes. zur Frage der konkludent **zugesicherten Eigenschaft der Neuheit,** entwickelt hat. Danach ist ein unbenutztes Kraftfahrzeug regelmäßig noch **„fabrikneu",** wenn und solange das Modell dieses Fahrzeugs unverändert weitergebaut wird, wenn es keine durch längere Standzeit bedingten

Mängel aufweist und wenn zwischen Herstellung des Fahrzeugs und Abschluss des Kaufvertrages nicht mehr als zwölf Monate liegen (BGH NJW 2000, 2018; 2003, 2824; 2004, 160; → Rn. 2.74).

2.77 Als **Jahreswagen** werden gebrauchte Fahrzeuge bezeichnet, die von Werksangehörigen unter günstigen Bedingungen erworben und nach der vom Hersteller vorgesehenen Mindestfrist weiterveräußert werden. Auch Fahrzeuge aus der Fahrzeugflotte des Herstellers können als Jahreswagen bezeichnet werden, wenn seit ihrer Erstzulassung nicht wesentlich mehr als zwölf Monate vergangen sind. Bei der Erstzulassung muss ein Jahreswagen darüber hinaus fabrikneu (→ Rn. 2.74) gewesen sein. Lagen bspw. zwischen Herstellung und Erstzulassung mehr als zwölf Monate, kann das Fahrzeug ein Jahr nach der Erstzulassung nicht mehr als Jahreswagen angeboten werden (vgl. BGH (VIII. ZS) NJW 2006, 2694 (2695) zu § 434 I 1 BGB).

2.78 Im **Gebrauchtwagenhandel** stellt die Platzierung eines Angebots in der **falschen Suchrubrik** eine eindeutige Falschangabe dar, die aber nicht notwendig eine Irreführung des Publikums verursacht, wenn sich die zutreffende Angabe aus der Überschrift der Anzeige ergibt. So hat der BGH die **Eignung zur Irreführung** in einem Fall verneint, in dem der Gebrauchtwarenhändler ein Fahrzeug, das bereits über 100.000 km gefahren war, bei mobile.de in der Suchrubrik „bis 5.000 km" angeboten hatte; aus der Überschrift der Anzeige („BMW 320d Tou. Gesamt-km 112.970 ATM 1.260 km € 17.800") ergab sich aber auf den ersten Blick, dass lediglich der Austauschmotor, nicht dagegen das Fahrzeug eine Laufleistung von unter 5.000 km aufwies (BGH GRUR 2012, 286 Rn. 21 – Falsche Suchrubrik). Auch die Anlockwirkung beruht in diesem Fall – anders als im Fall BGH GRUR 1991, 772 (773) – Anzeigenrubrik I – nicht auf der unrichtigen Angabe. Das ist konsequent, auch wenn der Regelverstoß, der dem Händler für seine Anzeige deutlich höhere Klick-Zahlen und damit eine deutliche höhere Aufmerksamkeit verschafft als bei zutreffender Kategorisierung, damit lauterkeitsrechtlich nicht zu erfassen ist. Führt hingegen die **falsche Angabe des Kilometerstandes** (2040 statt 204.032 km) in einem Gebrauchtwagenangebot auf einer Internetplattform dazu, dass diese Angabe aufgrund des Algorithmus der Plattform zu einer blickfangmäßig herausgestellten Bewertung als „TOP-Angebot" führt, liegt eine Irreführung selbst dann vor, wenn der Verkehr die Diskrepanz zwischen dem Kaufpreis und der angeblich geringen Laufleistung sofort erkennt oder auf einem eingestellten Foto den wahren Tachostand erkennen kann (OLG Köln WRP 2020, 652).

2.79 **f) Einzelne Bezeichnungen. aa) Bio-.** Der Zusatz **„Bio-"** hat je nach Produkt, für das er benutzt wird, **unterschiedliche Bedeutungen.** Für **pflanzliche Lebensmittel** verwendet weist er ebenso wie der Zusatz „Öko" darauf hin, dass das fragliche Produkt nach den Grundsätzen des **ökologischen/biologischen Landbaus,** die in der **Ökobasis-VO** (VO (EU) 2018/848 v. 30.5.2018 über die ökologische/biologische Produktion und die Kennzeichnung von ökologischen/biologischen Erzeugnissen sowie zur Aufhebung der VO (EG) Nr. 834/2007 (ABl. EU 2018 L 150, 1), zuletzt geändert durch VO (EU) 2022/474 v. 17.1.2022 (ABl. EU 2022 L 98, 1)) niedergelegt sind, hergestellt worden ist. Diese Verordnung ist seit dem 1.1.2021 an die Stelle ihres Vorgängers, der VO (EG) Nr. 834/2007 v. 28.6.2007 (ABl. EG 2007 L 189, 1) getreten (dazu vgl. BGH GRUR 2018, 745 – Bio-Gewürze II). Entspricht das Produkt den darin geregelten Anforderungen, kann die Bezeichnung nicht nach einer anderen Vorschrift, auch nicht nach dem Irreführungsverbot, untersagt werden (OLG Karlsruhe ZLR 1994, 391).

2.80 Der Umstand, dass es für die Bezeichnung „bio" im Bereich der Landwirtschaft eine gesetzliche Regelung gibt, führt nicht dazu, dass der Verkehr auch in anderen Bereichen von einer **staatlichen Zertifizierung** ausgeht. Eine solche Fehlvorstellung wäre aber auch hinzunehmen: Der Gesetzgeber kann Bezeichnungen, die den Bestandteil „Bio" enthalten, einer Regelung unterwerfen. Macht er hiervon nur in einem Teilbereich Gebrauch, führt dies nicht dazu, dass der Zusatz „Bio" in anderen Bereichen, für die es keine gesetzliche Regelung gibt, nicht mehr verwendet werden dürfte, weil stets die Gefahr bestünde, die Verbraucher gingen von einer offiziellen Zertifizierung aus. Solange eine Zertifizierung durch eine private Einrichtung nach sinnvollen und angemessenen Kriterien erfolgt (BGH GRUR 2012, 215 Rn. 13 – Zertifizierter Testamentsvollstrecker) und das fragliche Produkt die in einem solchen Verfahren verliehene Bezeichnung zu Recht führt, handelt es sich um eine objektiv zutreffende Angabe. In einem solchen Fall sind die widerstreitenden Interessen gegeneinander abzuwägen. Da auch von Seiten der Verbraucher ein Interesse an der fraglichen Information besteht, muss hier eine denkbare Irreführung zurücktreten (BGHZ 194, 314 Rn. 46 = GRUR 2013, 401 – Biomineralwasser).

2.81 Bei **anderen Lebensmitteln,** bei denen es sich nicht um landwirtschaftliche Produkte handelt, deutet **„bio-" oder „biologisch"** demnach nicht auf eine staatliche Zertifizierung, sondern darauf hin, dass das so beworbene Produkt **weitestgehend frei von Rückständen und Schadstoffen** ist und nur unvermeidbare Geringstmengen deutlich unterhalb der rechtlich zulässigen Grenzwerte enthält (BGHZ 194, 314 Rn. 34 = GRUR 2013, 401 – Biomineralwasser). Eine völlige Reinheit erwartet der Verkehr auch hier nicht; denn es ist allg. bekannt, dass nahezu überall Schadstoffe anzutreffen sind und dies selbst für solche Lebensmittel gilt, die die Reinheitsbezeichnung „natürlich" oder „Bio" tragen (BGHZ 194, 314 Rn. 34 = GRUR 2013, 401 – Biomineralwasser; hierzu ferner → Rn. 2.63 ff.). Enthält Mineralwasser allerdings einen so hohen Arsengehalt, dass es den Anforderungen der MinTafWV (→ Rn. 2.19) nicht genügt und deshalb nachbehandelt werden muss, ist die Bezeichnung als **„Premiummineralwasser in Bio-Qualität"** irreführend (OLG Frankfurt, GRUR-RR 2021, 394). Von **Gebrauchsgegenständen,** die mit „bio" bezeichnet werden, erwartet der Verkehr, dass sie **aus natürlichen Stoffen bestehen** oder dass von ihnen keine Gefahren für die Gesundheit ausgehen. Eine einheitliche Aussage lässt sich aber nicht treffen (vgl. für eine als „schadstofffrei" beworbene Matratze OLG Stuttgart WRP 2019, 516).

Im Einzelnen: Bei **Reinigungsmitteln** besagt der Zusatz „Bio-„, dass es sich um ein **2.82** biologisch abbaubares und umweltfreundliches Produkt handelt, das natürliche, biologisch wirkende Stoffe enthält. Irreführend ist daher die Bezeichnung **„bio-FIX"** für einen WC-Reiniger, der Zitronensäure und Tenside enthält (OLG Düsseldorf GRUR 1988, 55 (57)). Ebenso ist die Bezeichnung **„BIO GOLD"** für ein **Waschmittel** als irreführend angesehen worden; der Bestandteil „BIO" erwecke den Eindruck, als ob das Mittel frei von Chemie sei (KG GRUR 1993, 766). Problematisch sind diese Entscheidungen, wenn der Zusatz „Bio-„ auch für solche Produkte untersagt wird, die sich von herkömmlichen Produkten dadurch unterscheiden, dass sie soweit wie möglich auf „Chemie" verzichten und nur das für die Funktion unverzichtbare Minimum an Tensiden und anderen umweltbelasteten Wirkstoffen enthalten. Das klingt vor allem in der „BIO GOLD"-Entscheidung an, in der es das Kammergericht als unerheblich angesehen hat, dass das beworbene Waschmittel innerhalb von maximal 15 Tagen vollständig biologisch abbaubar ist. Der Durchschnittsverbraucher weiß, dass ein Waschmittel, das seine Funktion erfüllen soll, nicht ohne ein Minimum an Chemie auskommt. Es liegt im Interesse des Wettbewerbs und der Verbraucher, dass der Hersteller eines in dieser Hinsicht vorbildlichen Mittels auf diese Vorteile werbewirksam hinweisen kann.

Die Bezeichnung **„Biomineralwasser"** kann nicht untersagt werden, wenn sich das fragliche **2.83** Produkt von anderen Mineralwässern dadurch abhebt, dass es deutlich strengere Grenzwerte für die Rückstände und die Belastung mit Schadstoffen einhält, als sie generell für natürliches Mineralwasser gelten (BGHZ 194, 314 Rn. 34 = GRUR 2013, 401 – Biomineralwasser). – Dagegen ist die Bezeichnung **„Bio"** für ein Bier, das den üblichen Alkoholgehalt aufweist, irreführend, wenn es sich nicht von anderen Bieren abhebt (LG München I ZLR 1991, 95). – Ebenfalls irreführend ist es, wenn ein Hersteller von Babynahrung mit dem Slogan **„Für Ihr Baby bieten wir Bio-Nahrung rundum"** wirbt, obwohl sein Gesamtsortiment überwiegend aus Rohstoffen besteht, die den an Bio-Rohstoffen zu stellenden Anforderungen nicht entsprechen (OLG München LRE 29, 266). Wird das **„Bio-Engagement"** eines Herstellers in der Werbung herausgestellt und ganz allgemein von **„BIO-Früchten"** gesprochen, ist es irreführend, wenn tatsächlich nur drei von elf Fruchtarten und vier von 38 Produkten in Bio-Qualität angeboten werden (OLG München WRP 1994, 134 (136)).

Von einem **Düngemittel zum „biologischen Düngen"** erwartet der Verkehr einen **2.84** Dünger ohne Chemie und eine biologische, bes. naturgemäße Wirkungsweise; entspricht das Produkt dieser Vorstellung nicht, muss hierauf klar und deutlich hingewiesen werden (OLG Frankfurt GRUR 1989, 358). – Eine für Kinder bestimmte **Fingermalfarbe,** die als **„Bio-X"** bezeichnet wird, darf keinen Stoff enthalten, der im Geringsten der Gesundheit schaden könnte (LG Berlin NJW-RR 1989, 1203). – Ebenfalls als irreführend untersagt worden ist **„Biolarium"** als Bezeichnung eines **Solariums,** weil damit der Eindruck erweckt werde, eine Verwendung sei für die Gesundheit völlig risikolos (OLG München GRUR 1990, 294; OLG Hamm GRUR 1990, 639). Ob diese Entscheidung heute noch ebenso zu treffen wäre, ist zweifelhaft; denn der Durchschnittsverbraucher weiß inzwischen von den gesundheitlichen Schäden, die mit einer Benutzung eines Solariums verbunden sein können. Zumindest wäre es ausreichend, wenn in der Werbung gleichzeitig auf die gesundheitlichen Risiken hingewiesen würde.

Die Verwendung des Begriffs **„Bioregulator"** für einen Armreif, dessen Eignung zum Stress- **2.85** Abbau und zur sonstigen Beeinflussung des menschlichen Befindens allenfalls auf der subjektiven Erwartung des Trägers beruhen kann, ist irreführend (KG ZLR 1992, 647). – Zu weit geht das

Verbot der Bezeichnung „BIO-Pack" mit dem Zusatz „Für eine bessere Umwelt" **für Verpackungsmittel,** das aus nachwachsenden Rohstoffen hergestellt und kompostierfähig ist; das Verbot wurde damit begründet, dass der Verbraucher wegen der vielfältigen Möglichkeiten zugleich aufgeklärt werden müsse, in welcher Hinsicht das beworbene Produkt bes. umweltverträglich sei (OLG Düsseldorf WRP 1992, 209 (210)). Die Bezeichnung „BIO Tabak" verstößt gegen die abstrakte Verbotsvorschrift des § 22 II 1 Nr. 2 VTabakG – jetzt § 18 II Nr. 5 TabakerzG (BGH GRUR 2011, 633 Rn. 14 – BIO TABAK; → Rn. 2.68).

2.86   **bb) DIN, Norm, genormt.** Hinweise wie „DIN" oder „genormt" weisen auf die vom Deutschen Normenausschuss aufgestellten Normen hin. Diese legen idR Beschaffenheitsmerkmale gewerblicher Erzeugnisse fest und mittelbar auch deren Qualität (GK/Lindacher/Peifer Rn. 436). Wird in der Werbung auf DIN-Normen Bezug genommen, so erwartet der Verkehr grds., dass die Ware **den normierten Qualitätsanforderungen entspricht** (BGH GRUR 1985, 555 – Abschleppseile; GRUR 1985, 973 (974) – DIN 2093; GRUR 1988, 832 (833) – Benzinwerbung; vgl. auch OLG Koblenz WRP 1993, 189 (190) für als „B-Sortierung" beworbene, jedoch den Anforderungen der hierfür bestehenden DIN-Norm nicht entspr. Profilbretter; LG Saarbrücken MD 2017, 906 zu Werbung für angeblich DIN-zertifizierte Nahrungsergänzungsmittel). Beschreibt die Norm nicht nur den Endzustand der Ware nach ihrer Fertigstellung hins. des Materials, der Maße, der Eigenschaften ua, sondern auch eine bestimmte **Fertigungsmethode,** so erwartet der Verkehr grds. auch die Einhaltung der Methode (BGH GRUR 1985, 973 (974) – DIN 2093). Wird für Waren unter Anführung verschiedener Normen geworben, so erwartet der Verkehr regelmäßig, dass die beworbenen Waren den angeführten Normen sämtlich und in jeder Hinsicht entsprechen (BGH GRUR 1992, 117 – IEC-Publikation). Unzulässig ist die Werbung für ungeprüfte Elektrogeräte mit dem Bild des **VDE-Zeichens** und der Angabe „VDE-gerecht gebaut" (OLG Hamburg WRP 1973, 651). – Zur **Werbung mit amtlichen Prüfungen** → Rn. 2.278 ff.

2.87   **cc) Echt, Original.** Der Hinweis darauf, dass das beworbene Produkt „echt" sei, kann irreführend sein, wenn bei einem Teil der Verkehrskreise der irrige Eindruck erweckt wird, es gäbe auch eine **unechte Ware,** von der sich das beworbene Produkt abgrenze (OLG Hamburg WRP 1969, 155: Werbung für einen Doppelwacholder mit dem Slogan „Endlich mal! Ein echter Klarer, der angenehm mild schmeckt"). – Durch den Zusatz „echt" oder „Original" zu einer Phantasiebezeichnung darf nicht der unrichtige Eindruck einer Warenbezeichnung für eine bestimmte Ledersorte hervorgerufen werden (BGH GRUR 1963, 539 – echt skai). Anders verhält es sich nur, wenn es sich um eine eindeutig als Marke oder Firma erkennbare Bezeichnung handelt (zB die Marke „Goldpfeil"), so dass der Zusatz „echt" als verstärkender Hinweis auf die betriebliche Herkunft aufgefasst wird (RG GRUR 1939, 486 – Original Bergmann). Als „**Originalware**" darf nur eine mit der Originalware völlig identische Ware bezeichnet werden. Wird eine Matratze immer mit einem bestimmten Bezugsstoff geliefert, darf eine Matratze mit einem anderen Bezugsstoff nicht als Originalware angeboten werden, auch wenn die Matratze im Aufbau vollständig dem Originalprodukt entspricht (KG WRP 1985, 488). „**Das Original**" kann als Hinweis darauf verstanden werden, es handele sich um das erste Produkt dieser Art (OLG Celle WRP 2018, 1493), andererseits – je nach Kontext – aber auch lediglich herkunftshinweisend und als Abgrenzung von auf dem Markt verfügbaren Fälschungen (OLG München WRP 2020, 1505).

2.88   Um von der negativen Wirkung der Künstlichkeit des Materials abzulenken, wird häufig das Substantiv, das auf die Unechtheit hinweist, paradoxerweise mit dem Adjektiv „echt" verbunden. Ein krasses Beispiel für eine solche Verbindung ist die Beschreibung „**... aus echtem Kunsthaar**" (LG Düsseldorf WRP 1971, 189). Bei **Lederwaren** ist der Verkehr daran gewöhnt, dass „echt" auf echtes Leder hinweist; das macht sich die Anpreisung „**echt skai**" zunutze (BGH GRUR 1963, 539 – echt skai). Ebenso wird bei „**echten Zuchtperlen**" davon abgelenkt, dass es sich eben nur um wirklich echte Perlen handelt; immerhin kann man hier noch ein gewisses Bedürfnis anerkennen, das Angebot von künstlichen Perlen abzusetzen, auch wenn es unechte Zuchtperlen nicht gibt. Auch ist der Hinweis darauf, dass es sich um Zuchtperlen handelt, an sich unmissverständlich. Immerhin wird aber der unzutreffende Eindruck erweckt, als ob es sich um Zuchtperlen einer bes. Qualität handelte (LG Essen WRP 1971, 190; OLG Karlsruhe v. 10.9.1980 – 6 W 68/80, nv; großzügiger OLG Hamm GRUR 1970, 611). Einen Hinweis auf den Handelsbrauch gibt die **RAL 560 A5:** Nach ihr sollen Zusätze wie „echt" nicht in Verbindung mit Zuchtperlen verwendet werden. – Bei **Schmuckwaren** wird die Angabe „**Echt Gold**" oder „**Echt Gold 8 Karat 333 fein**" nicht als reines Gold oder Feingold, sondern als eine massierte Goldlegierung im Gegensatz zu vergoldeter (Doublé-)Ware verstanden (KG WRP 1982, 26). – „**Echt versilbert**" ist unsinnig, weil es eine unechte Versilberung nicht gibt, und kann von einem rechtlich beachtlichen Teil der angesprochenen Verkehrskreise als (un-)zutreffender) Hinweis auf eine bessere Versilberung verstanden werden (BGH GRUR 1987, 124 – Echt versilbert; → Rn. 2.38).

dd) Fair. Wirbt ein Anbieter mit **fairen Preisen,** die er dem Erzeuger für gelieferte Lebens- **2.89** mittel gezahlt habe, muss sich diese Angabe auf die konkret beworbenen Lebensmittel beziehen. Nicht erforderlich ist, dass der Anbieter die gesamte Liefermenge zu dem „fairen" Preis bezogen hat. So hat es das OLG München (GRUR-RR 2012, 289; dazu v. Jagow ZLR 2012, 360) – im Gegensatz zur Vorinstanz – mit Recht nicht beanstandet, dass ein Molkereiunternehmen Milch unter der Bezeichnung „**Die faire Milch**" vertrieb. Feststand, dass das Unternehmen für den Anteil seiner Milchproduktion, der unter dieser besonderen Bezeichnung angeboten wurde, den damals von den Milchbauern geforderten Preis von 40 Ct pro Liter gezahlt hatte. Dass das Molkereiunternehmen für die darüber hinausgehende Liefermenge den Erzeugern lediglich den Grundpreis von etwas mehr als 26 Ct gezahlt hatte, machte die Angabe nicht irreführend.

ee) Frisch. Eine Ware ist nicht mehr „frisch", wenn sie durch bes. Vorkehrungen über **2.90** längere Zeit hinweg haltbar gemacht worden ist. **Tiefgekühlte Ware** darf daher nicht als „frisch" beworben werden (LG Berlin LRE 10, 75 (1974)). Das gilt auch, wenn **rote Grütze aus tiefgefrorenen Früchten** hergestellt und durch Pasteurisierung haltbar gemacht worden ist; die Angabe „**fruchtig-frisch**" ist in diesem Fall irreführend (OLG Hamburg ZLR 1999, 791). Ebenfalls unzulässig ist die Werbung „**vacuum frisch**" für einen frisch gerösteten, vakuum- verpackten Röstkaffee (OLG Hamburg GRUR 1978, 313; OLG Hamburg GRUR 1979, 63). Untersagt worden ist der Slogan „Frischegarantie: Immer Frisch, Qualität die schmeckt" für Süßwaren, die **durch Konservierungsmittel haltbar** gemacht worden waren und deswegen nach 23 bzw. 28 Tagen dieselbe Qualität wie unmittelbar nach der Herstellung hatten (LG Hamburg WRP 1999, 1314); dieses Ergebnis ist zweifelhaft, weil der Verkehr auch bei einem frischen Mohrenkopf eine gewisse Haltbarkeit erwartet. Dagegen hat das OLG Köln die Bezeichnung „**Frischer Rahmjoghurt**" zutr. für nicht irreführend gehalten; sie war für ein aus frischer Milch hergestelltes Joghurt verwendet worden, das eine Haltbarkeit von vier Wochen aufwies; in dieser Zeit waren keine nennenswerten Qualitätseinbußen zu verzeichnen (OLG Köln ZLR 2001, 299 m. krit. Anm. Gorny). Auch bei Joghurt rechnet der Verkehr mit einer gewissen Mindesthaltbarkeit und versteht den Begriff „frisch" als einen Hinweis auf ein Joghurt, das aus frischer, pasteurisierter – nicht aus ultrahocherhitzter, sterilisierter – Milch hergestellt ist. Gleichermaßen ist die Bezeichnung „**Frische Weidemilch**" für ein pasteurisiertes Produkt mit begrenzter Haltbarkeit nicht irreführend (OLG Nürnberg WRP 2017, 614).

Der Begriff „**marktfrisch**" besagt, dass das so beschriebene Frischprodukt (zB Fleisch- und **2.91** Fischwaren, Milchprodukte, Backwaren, Obst und Gemüse) „frisch vom Markt" kommt und daher bes. Güte und Qualität aufweist (BGH GRUR 2001, 1151 – marktfrisch zum Marken- recht). – Keine Irreführung liegt in der Anpreisung „riecht und schmeckt doch fast wie frisch gepresst" für einen zutr. als Saft aus Konzentrat bezeichneten Orangensaft (KG GRUR 1987, 737). Dagegen ist die Marke „**FRISCHERIA**" für ein Fertigprodukt untersagt worden, das nicht mit frischen, sondern mit tiefgefrorenen oder Konserven entnommenen Zutaten hergestellt worden war (OLG Hamburg ZLR 1999, 801 mAnm Gorny). Die Bezeichnung „**Frischer Berliner**" ist für einen tiefgefrorenen und in der Bäckereifiliale lediglich aufgebackenen Rohling als irreführend erachtet worden (AG Mainz LRE 29, 407 (1991)). – Zur Zulässigkeit der Produktkennzeichnung und die Bewerbung von Lebensmitteln, insbes. von Milchprodukten als „Frisch" s. Kiethe/Groeschke WRP 2000, 431; J. Bergmann ZLR 2001, 667.

ff) Herzzeichen. Die Bedeutung eines **roten Herzens** als Zeichen auf Lebensmitteln hängt **2.92** von der Art des Erzeugnisses ab, für das es verwendet wird. Bei **Kaffee oder Tabak** weist es allein auf die **Unschädlichkeit für das Herz** hin. Bei aus Naturbrunnen hergestellten Tafel- wässern, die ohnehin als heilkräftig oder gesundheitsfördernd angesehen werden, erweckt das Herzsymbol die Vorstellung, dass das Wasser im Gegensatz zu anderen Wässern, die nicht mit dem Herzen gekennzeichnet sind, gerade die **Herzfunktion bes. fördert.** Trifft dies nicht zu, so ist der Gebrauch des Herzzeichens irreführend (BGH GRUR 1962, 97 (99) – Tafelwasser).

gg) Klimaneutral, CO-2-reduziert. Die nicht näher erläuterte Behauptung, ein Produkt, **2.92a** dessen Treibhausgasbilanz durch die Unterstützung von Aufforstungs- oder anderen Klima- schutzprojekten ausgeglichen wird, sei „**klimaneutral**", ist irreführend, weil sie im Sinne der emissionsfreien Herstellung verstanden wird (LG Oldenburg WRP 2022, 378: „klimaneutrale Fleischprodukte"; LG Mönchengladbach WRP 2022, 781: „klimaneutrale Marmelade"; vgl. auch LG Frankfurt LRE 73, 201). Ein entsprechender **Hinweis** kann die Irreführung ausschließen (so im Falle von Müllbeuteln mit der Beschriftung „klimaneutral" – anders als die Vorinstanz LG Kiel WRP 2021, 1241 – OLG Schleswig WRP 2022, 1177; für Verstoß gegen § 5a LG Konstanz WRP 2022, 118). Zu den Anforderungen an die Aufklärung für die Richtigkeit eines Siegels „Klimaneutral Unternehmen" s. OLG Frankfurt GRUR 2023, 177. Auch der Bezugspunkt der werblichen Angabe **„CO_2-reduziert"** ist zur Vermeidung einer Irreführung erklärungsbedürftig (OLG Hamm WRP 2021, 1489). – Zur Werbung mit Klimaneutralität → Rn. 2.186a.

2.93   **hh) Karat.** Die Bezeichnung „Karat" ist nach Auffassung eines Teils der Verbraucher nicht nur eine Gewichts-, sondern eine **Qualitätsbezeichnung.** Beim Angebot eines „einkaräter Brillantrings" erwartet der Verkehr keinen Industrie-Diamanten (OLG Köln GRUR 1978, 480). Die Angabe **„moderner Schliff"** beim Angebot von Diamanten setzt voraus, dass die Qualität des Schliffs gut oder sehr gut ist (OLG Köln GRUR 1978, 480).

2.94   **ii) Ohne Parfum.** Der Werbehinweis **„Baby-Pflegemittel ohne Parfum"** für ein kosmetisches Erzeugnis ist als irreführend angesehen worden, weil jedenfalls ein Teil des Verkehrs die Werbung so verstehe, dass dieses Erzeugnis frei von Duftstoffen ist. Enthalte das Mittel solche vom Verkehr mit Parfum gleichgesetzten Duftstoffe, sei der Hinweis irreführend (OLG Köln GRUR 1989, 684 – Baby-Pflegemittel).

2.95   **jj) Ökologisch, Öko-.** Der Begriff „ökologisch" oder „öko-" hat nur für den Bereich der **pflanzlichen Lebensmittel** gesetzlich fixierte Konturen. „Ökologisch" bedeutet, dass es sich um Erzeugnisse **aus ökologischem Landbau** handelt. Hierzu enthält die **Ökobasis-VO** (→ Rn. 2.79), die seit dem 1.1.2021 an die Stelle der VO (EG) Nr. 834/2007, getreten ist detaillierte Vorschriften, welche Voraussetzungen die so bezeichneten Produkte erfüllen müssen. Der Vertrieb von nicht dem Kontrollsystem der VO unterworfenen Produkten ist unlauterer Rechtsbruch iSv § 3a (OLG Frankfurt GRUR-RR 2022, 100). Entspricht das Produkt hingegen den Anforderungen der VO, kann die Bezeichnung nicht nach einer anderen Vorschrift – auch nicht nach dem lebensmittelrechtlichen oder lauterkeitsrechtlichen Irreführungsverbot – untersagt werden (OLG Karlsruhe ZLR 1994, 391).

2.96   Die Werbung eines Energieversorgers, der eine **„sichere Versorgung mit 100 % Öko-strom"** verspricht, ist nicht deshalb irreführend, weil der Endabnehmer auch nach Abschluss mit diesem Versorger den Strom aus dem Netz bezieht, in das die verschiedenen Energieversorger Strom unterschiedlicher Herkunft – aus fossilen Energieträgern, aus Kernkraft und aus sog erneuerbaren Energien – einspeisen. Dem informierten Verbraucher ist bekannt, dass sich das Werbeversprechen in einem solchen Fall immer nur darauf beziehen kann, dass das betreffende Energieversorgungsunternehmen **zu 100 % Strom aus regenerativen Energien (Wasser, Windkraft, Photovoltaik) ins Netz einspeist** (OLG Karlsruhe GRUR-RR 2009, 144 (146); OLG Hamburg GRUR-RR 2001, 169; MüKoUWG/Busche Rn. 378; anders noch OLG München BB 2001, 2342 mAnm Nettesheim, das die Werbeaussage „Aquapower liefert Ihnen zu 100 % Strom aus Wasserkraft" als irreführend untersagt hat).

2.97   **kk) Spezial.** Das Wort **„Spezial"** als Zusatz zu der gattungsmäßigen Bezeichnung einer Ware besagt gewöhnlich nur, dass sich die Ware von der normalen Ware gleicher Art irgendwie abhebt, weist jedoch nicht auf eine bes. Eigenschaft hin, etwa darauf, dass die Ware qualitativ besser sei. Das schließt nicht aus, dass nach Lage des Falles auch das Wort „Spezial" irrige Vorstellungen über eine bestimmte Eigenschaft hervorrufen kann. So kann die Bezeichnung **„Spezialsalz"** durch den Hinweis auf seine Herkunft aus Bad Reichenhall und die Fortwirkung früherer Gesundheitswerbung im Verkehr den Eindruck hervorrufen, dass bei diesem Salz keine gesundheitlichen Nachteile entstehen (BGH GRUR 1967, 362 (369) – Spezialsalz I mAnm Bauer; GRUR 1972, 550 – Spezialsalz II). Als irreführend ist es angesehen worden, ein Erzeugnis, dessen Süßkraft auf 50 % Zucker und 50 % Süßstoff beruht, als **„Spezial Zucker"** zu bezeichnen (BGH GRUR 1972, 132 – Spezial Zucker). Zucker ist nicht der Oberbegriff für Süßstoff und Zucker; Süßstoff ist im Gegensatz zu Zucker ein auf künstlichem Wege gewonnenes Erzeugnis.

3. Markenware

a) Begriff der Markenware. Unter einer **Markenware** (Markenartikel) **im wettbewerbs-** 2.98
rechtlichen Sinne ist eine mit einer Marke gekennzeichnete Ware zu verstehen, die sich bereits
„einen Namen gemacht" hat, die also **im Verkehr bekannt und** wegen ihrer gleichbleibenden oder verbesserten Qualität **anerkannt** ist (vgl. BGH v. 15.1.1960 – I ZR 169/58, nv –
Invertan; OLG Düsseldorf GRUR 1978, 543; OLG Karlsruhe GRUR 1984, 744 (745); Ohly/
Sosnitza/Sosnitza Rn. 296; offengelassen in BGH GRUR 2013, 1254 Rn. 37 – Matratzen
Factory Outlet). Um ein Produkt in der Werbung als Markenware herauszustellen, reicht es also
nicht aus, dass es mit einer Marke gekennzeichnet ist (OLG Düsseldorf WRP 1986, 337). Mit
dieser von der Verkehrsauffassung bestimmten Definition der Markenware ist der auf die Zu-
lässigkeit unverbindlicher Preisempfehlungen zugeschnittene kartellrechtliche Begriff der Markenware nicht identisch (§ 23 II GWB aF; → Rn. 3.78). Darauf, ob es sich Hersteller- oder
Händlermarken handelt, kommt es nicht an (BGH GRUR 1989, 754 (756) – Markenqualität;
OLG Düsseldorf GRUR 1984, 887 (888)).

b) Irreführung. aa) Irreführung über das Vorliegen einer Marke. Irreführend ist es, für 2.99
Waren mit der Bezeichnung **„Markenware"** zu werben, wenn sie nicht mit einer Marke
gekennzeichnet sind. Denn von einer Markenware erwartet der Verkehr nicht nur eine bestimmte gleichbleibende oder verbesserte Qualität, sondern auch ihre Gewähr durch die Kennzeichnung ihrer Herkunft aus einem bestimmten Unternehmen. Deshalb ist es auch unerheblich, dass
die Ware tatsächlich aus der Produktion eines Markenartikels stammt oder solchen Artikeln
qualitativ vergleichbar ist (BGH GRUR 1989, 754 (755) – Markenqualität). Unzulässig ist es
daher, markenloses Benzin als „Markenbenzin" anzubieten, selbst wenn es vom Hersteller von
Markenbenzin stammt und die gleiche Qualität aufweist (BGH GRUR 1966, 45 – Markenbenzin; vgl. auch OLG Hamm GRUR 1968, 318; OLG Karlsruhe WRP 1985, 437: „Westdeutsche Markenqualität"). – Zur Werbung mit dem Markenschutz auch → Rn. 4.134.

Dagegen ist mit dem Begriff **„Markenqualität"** nicht die Behauptung verbunden, es handele 2.100
sich um Markenware iSv → Rn. 2.98 oder auch nur um Ware, die mit einer Marke gekennzeichnet ist. Vielmehr drückt dieser Begriff lediglich aus, dass das angebotene Produkt in der
Qualität mit Markenware vergleichbar ist. Einem Hersteller markenloser (anonymer) oder im
Verkehr (noch) unbekannter Ware ist es im Blick auf die weitgehende Zulässigkeit vergleichender Werbung nicht verwehrt, die qualitative Vergleichbarkeit seiner Produkte mit sogenannter
Markenware werbend darzustellen, auch wenn er sich damit an den guten Ruf und die Werbe-
kraft der Markenprodukte anlehnt (BGH GRUR 2013, 1254 Rn. 40 f. – Matratzen Factory
Outlet; anders noch BGH GRUR 1989, 754 (755) – Markenqualität).

bb) Irreführung über die Qualität. Häufig verbindet der Verkehr mit einer Marke ganz 2.101
bestimmte **Eigenschaften und Qualitäten.** Die Marke hat jedoch grds. (zum Ausnahmefall des
§ 5 III Nr. 2 → Rn. 2.101a) **keine Garantiefunktion im Rechtssinne,** verbürgt also nicht
zwingend die gleichbleibende Beschaffenheit der bezeichneten Ware (BGHZ 60, 185 (194) –
Cinzano, noch zum WZG). Dennoch wurde dem Verwender einer Marke unter der Geltung
des WZG eine aus dem Irreführungsverbot abgeleitete **Hinweispflicht** auferlegt, wenn das mit
der Marke gekennzeichnete Produkt mit einer gegenüber der Verkehrserwartung veränderten
Eigenschaft vertrieben wurde (vgl. BGH GRUR 1965, 676 (677) – Nevada-Skibindungen;
BGHZ 60, 185 (194) – Cinzano; BGHZ 114, 40 (51) – Verbandszeichen). So ist es als
irreführend untersagt worden, „Davidoff"-Zigarren zu vertreiben, ohne darauf hinzuweisen, dass
die Zigarren nicht mehr aus Kuba, sondern aus der Dominikanischen Republik stammen und im
Geschmack leichter sind als bisher (OLG Hamburg WRP 1992, 395 (396)). Nach geltendem
Recht besteht ein solcher Anspruch nur ausnahmsweise, wenn der Markeninhaber in der Vergangenheit die nun nicht mehr vorhandene Eigenschaft **durch seine Werbung fest mit der**
Marke verbunden hat (zB durch den Hinweis, dass „Davidoff"-Zigarren stets aus Kuba
kommen). Von diesen Ausnahmefällen abgesehen wird der Hersteller durch die Verwendung
der Marke nicht an Veränderung des gekennzeichneten Produkts gehindert und muss auch nicht
auf Qualitätseinbußen oder Veränderungen der Geschmacksrichtung hinweisen
(→ Rn. 0.106 f.).

Die Vermarktung eines Produkts **in verschiedenen Mitgliedstaaten unter derselben** 2.101a
Marke, aber in **unterschiedlicher Qualität oder Zusammensetzung** („dual quality"), ist
Gegenstand des durch das G zur Stärkung des Verbraucherschutzes im Wettbewerbs- und

Gewerberecht v. 10.8.2021 mWv 28.5.2022 eingeführten Irreführungstatbestands des **§ 5 III Nr. 2** (→ § 5 Rn. 10.1 ff.).

2.102   Irreführend ist es, wenn im Falle der Kennzeichnung eines Produkts mit einer Kollektiv- oder Gewährleistungsmarke die **Bedingungen für die Benutzung einer Kollektivmarke** (Art. 74, 75 II UMV, §§ 97, 102 II Nr. 5 MarkenG) oder einer **Gewährleistungsmarke** (Art. 83, 84 II UMV, §§ 106a, 106d II Nr. 6 MarkenG) nicht eingehalten werden. Denn in diesen Fällen werden mit der Verwendung des Zeichens ganz bestimmte Eigenschaften versprochen, über die der Verkehr nicht getäuscht werden darf (vgl. BGH GRUR 1984, 737 – Ziegelfertigstürze mAnm Krafft, noch zu einem Verbandszeichen nach § 4 WZG). Ein Anspruch aus § 8 I iVm §§ 3, 5 wird auch nicht durch markenrechtliche Ansprüche verdrängt. Soweit der Markeninhaber gegen Verletzungen der in der Markensatzung niedergelegten Benutzungsbedingungen vorgehen kann (vgl. BGH GRUR 2003, 242 (244) – Dresdner Christstollen; OLG München WRP 2016, 276 Rn. 17), schließt dies im Interesse eines hohen Verbraucherschutzniveaus die Durchsetzung des wettbewerbsrechtlichen Irreführungsverbots nicht aus.

4. Deutsche Ware, deutsches Erzeugnis, Made in Germany

Schrifttum: Bartenbach/Jung/Renvert, Aktuelles aus dem Wettbewerbsrecht – Verwendung von „Made in Germany" in wettbewerbsrechtlicher Hinsicht und „notarielle Unterwerfungserklärung" als Instrument zur Beseitigung der Wiederholungsgefahr im Wettbewerbsrecht., Mitt 2016, 8; Dück, Kriterien für eine geografisch korrekte Benutzung von „Made in Germany", GRUR 2013, 576; Dück, Qualitätsanforderungen an die Kennzeichnung „Made in Germany", WRP 2013, 1296; Dück, Deskriptiv vs. normativ – Zum Beurteilungsmaßstab bei „Made in Germany", WRP 2015, 695; Dück, Von „Made in Germany" zu „Made to German quality standards" – Alternativen zur Kennzeichnung von Herkunft und Qualität, MarkenR 2015, 528; Dück/Heene, „Made in Germany" als Qualitätsmerkmal in der Medizin, MedR 2015, 101; Dück/Maschemer, Swissness-Vorlage als Vorbild für „Made in Germany"?, GRUR-Int. 2015, 220; Gündling, „Made in Germany" – Geografische Herkunftsbezeichnung zwischen Qualitätsnachweis und Etikettenschwindel, GRUR 2007, 921; Mey/Eberli, Die Verwendung der Bezeichnung „Made in Germany" im europäischen und internationalen Kontext, GRUR-Int. 2014, 321; Slopek, Schwarz, rot, bunt – Wie „deutsch" muss ein Produkt „Made in Germany" sein? Kriterien für die rechtlich zulässige Werbung mit dem Qualitätsmerkmal, GRUR-Prax 2011, 291; Slopek/Napiorkowski, Der Werbeslogan „Made in Germany" – Ein Ausschnitt deutscher Wirtschaftsgeschichte im Spiegel der Rechtsprechung, WRP 2012, 426.

2.103   **a) Anforderungen an die Bezeichnung „deutsch".** Die Bezeichnung von Produkten als **„deutsche Ware"** oder **„deutsche Erzeugnisse"** setzt nicht voraus, dass diese von einem Unternehmen produziert wurden, das in persönlicher Hinsicht nach früheren Maßstäben als deutsches Unternehmen bezeichnet werden konnte. Für jedes in Deutschland hergestellte Erzeugnis ist daher die Bezeichnung **„Deutsches Erzeugnis"** gerechtfertigt (v. Falck GRUR 1973, 597; aA Baumbach/Hefermehl, Wettbewerbsrecht, 22. Aufl. 2001, Rn. 411). Daher kann eine inländische Zweigniederlassung eines ausländischen Unternehmens ihre im Inland hergestellte Ware als „deutsches Erzeugnis" bezeichnen und braucht nicht auf Ersatzbezeichnungen wie zB „in Deutschland hergestellt" auszuweichen. Eine andere Auffassung wäre schon im Hinblick auf das in Art. 18 AEUV normierte Diskriminierungsverbot zumindest für Unternehmen aus anderen EU-Mitgliedstaaten unzulässig. Im Hinblick auf die zunehmende wirtschaftliche Verflechtung und den damit bedingten Wandel der Verkehrsauffassung ist nur noch darauf abzustellen, ob die Herstellung der Ware in Deutschland erfolgt ist. – Zum **Bedeutungswandel** des Firmenzusatzes „deutsch" → Rn. 4.108.

2.104   Für die Verwendung der Bezeichnung „Deutsches Erzeugnis" ist nicht erforderlich, dass die Ware vom gedanklichen Entwurf bis zur endgültigen Fertigstellung **in Deutschland hergestellt** worden ist. Doch ist zu verlangen, dass der **maßgebliche Herstellungsvorgang,** bei dem die Ware die aus Sicht des Verkehrs im Vordergrund stehenden qualitätsrelevanten Bestandteile oder wesentlichen produktspezifischen Eigenschaften erhält, in Deutschland stattgefunden hat (BGH GRUR-RR 2015, 209 Rn. 16 – KONDOME-Made in Germany; OLG Düsseldorf WRP 2011, 939 (940); OLG Köln WRP 2014, 1082). Ob die verwendeten Rohstoffe oder Halbfabrikate deutschen Ursprungs sind, ist bei einem industriellen Erzeugnis, dessen Wert vorwiegend in der Verarbeitung liegt, grds. ohne Belang). Wohl aber kommt es auch darauf an, ob eine in Deutschland hergestellte Ware nach ihrer geistigen Konzeption und Formgebung vom Publikum als deutsches Erzeugnis anzusehen ist. Ebenso wie bei der Prüfung, ob eine geografische Herkunftsangabe richtig ist, ist darauf abzustellen, ob die Eigenschaften oder Teile einer Ware, die nach der Auffassung des Publikums ihren Wert ausmachen, auf einer deutschen oder einer ausländischen Leistung beruhen (BGH GRUR 1973, 594 (595) – Ski-Sicherheitsbindung).

Daher ist die Angabe „**Made in Germany**" irreführend, wenn zahlreiche wesentliche Teile eines Geräts aus dem Ausland kommen, es sei denn, dass die Leistungen in Deutschland erbracht worden sind, die für jene Eigenschaften der Ware ausschlaggebend sind und die für die Wertschätzung des Verkehrs im Vordergrund stehen (BGH GRUR-RR 2015, 209 Rn. 10 – KONDOME-Made in Germany; OLG Stuttgart NJWE-WettbR 1996, 53 (54); OLG Frankfurt WRP 2020, 1603; GK/Lindacher/Peifer Rn. 548). Die Werbung für Kondome mit der Angabe „Made in Germany" ist irreführend, wenn die Kondome im Ausland hergestellt werden und im deutschen Werk nur noch verpackt, versiegelt und einer Qualitätskontrolle unterzogen werden (BGH GRUR-RR 2015, 209 Rn. 10 – KONDOME-Made in Germany). – Bei einem nicht in Deutschland hergestellten Produkt scheidet eine Irreführung über den Herstellungsort durch die Angabe „**k.® Germany GmbH**" aus, wenn der Verkehr diese Angabe lediglich als Bezeichnung des Unternehmenssitzes auffasst (OLG Braunschweig WRP 2019, 228).

b) Deutsches Spitzenerzeugnis. Wird eine Ware als deutsches Spitzenerzeugnis angepriesen, so muss sie ihrer Güte nach zur Spitzengruppe aller in Deutschland hergestellten Waren dieser Gattung gehören. Es genügt nicht, dass sich die Ware nur in ihrer Preisklasse gegenüber anderen auf dem Markt angebotenen Waren qualitativ hervorhebt (BGH GRUR 1961, 538 – Feldstecher; GRUR 1973, 594 (595 f.) – Ski-Sicherheitsbindung). Werden auf dem deutschen Markt auch gleichartige ausländische Waren angeboten und kommt es Interessenten darauf an, Spitzenware zu erwerben, gleichviel, ob in- oder ausländischer Herkunft, so wird die Werbung für ein „deutsches Spitzenerzeugnis" gewöhnlich dahin verstanden, dass sich die Herausstellung auf alle auf dem Markt angebotenen Waren und nicht nur auf die in Deutschland hergestellten bezieht (BGH GRUR 1973, 594 (596) – Ski-Sicherheitsbindung).   **2.105**

5. Technische Leistungsmerkmale

Technische Merkmale, die Aufschluss über **Leistungsfähigkeit, Haltbarkeit oder Einsatzmöglichkeit** geben können, gehören ebenfalls zur Beschaffenheit iSd § 5 II Nr. 1. Hierzu zählen bspw Angaben über die **Leistung, Festigkeit, Temperaturbeständigkeit, Wasserdichtigkeit** eines Produkts. Soweit diese Angaben unter Bezugnahme auf Produktklassen oder Normwerte erfolgen, kann sich hiermit auch ohne konkrete Kenntnis des Norminhalts eine Irreführung ergeben (→ Rn. 2.86).   **2.106**

Wird ein **Haushaltsstaubsauger** mit den herausgestellten Angaben „**ohne Saugkraftverlust**" und „konstante Saugkraft" beworben, so ist die Werbung irreführend, wenn der Staubsauger nur in der höchsten, nicht aber in allen Leistungsstufen ohne Saugkraftverlust arbeitet (OLG Köln GRUR-RR 2012, 480). Die Angabe „**30 m wasserdicht**" für eine **Armbanduhr** ist irreführend, wenn die Uhr nicht zum Tauchen in einer Wassertiefe von 30 Metern geeignet ist (OLG Frankfurt MD 2008, 636; LG Berlin MD 2015, 540). Die in einer Katalogwerbung für eine **LED-Leuchte** angegebenen technischen Daten zum **Lichtstrom und zur Leistungsaufnahme** sind irreführend, wenn sie sich tatsächlich nicht auf die beworbene, über geringere Leistungsmerkmale verfügende Leuchte, sondern auf das darin verbaute Leuchtmittel beziehen, ohne dass dies hinreichend deutlich gemacht wird (OLG Frankfurt GRUR-RR 2017, 26). Tauglicher Bezugspunkt einer Irreführung ist auch die **Datenübertragungsgeschwindigkeit** in der Werbung für einen **Internetanschluss** (BGH GRUR 2010, 744 Rn. 47 – Sondernewsletter (Irreführung verneint); → Rn. 2.141).   **2.107**

6. Mängelfreiheit

Nicht jede Abweichung der vertraglichen Leistung von der geschuldeten Sollbeschaffenheit offenbart eine irreführende geschäftliche Handlung. Entscheidend ist, ob eine geschäftliche Handlung iSd § 2 I Nr. 2 vorliegt, ob also das Verhalten des Unternehmers auf die Beeinflussung einer geschäftlichen Entscheidung des Vertragspartners gerichtet ist (→ Rn. 1.11 f., → Rn. 1.15, → § 2 Rn. 81a). Eine geschäftliche Handlung liegt zB vor, wenn die vertraglich geschuldete Eigenschaft in der **Publikumswerbung herausgestellt** wird. So ist es irreführend iSv § 5, wenn fehlerhafte Ware – zB Damenstrümpfe mit Löchern – zwar zu einem sehr niedrigen Preis, aber ausdrücklich als Ware „**1. Wahl**" angepriesen wird (OLG Karlsruhe WRP 1968, 36).   **2.108**

Eine geschäftliche Handlung ist auch dann zu bejahen, wenn **nicht verkehrsfähige Ware** – etwa Ware ohne das erforderliche Mindesthaltbarkeitsdatum (§ 4 I 1 LMIDV iVm Art. 9 I lit. f LMIV, → Rn. 2.40), ein nicht zugelassenes Arzneimittel (§ 21 I AMG), ein Kraftfahrzeug ohne Betriebserlaubnis (§ 1 I StVG) angeboten wird oder wenn die mit einer Kennzeichnungspflicht   **2.109** verbundene Verkehrserwartung getäuscht wird. Letzteres ist der Fall, wenn Lebensmittel, deren Mindesthaltbarkeitsdatum abgelaufen ist, angeboten werden, ohne dass auf diesen Umstand deutlich hingewiesen wird. Denn der Verkehr geht gerade wegen der entspr. Kennzeichnungspflichten davon aus, dass – abgesehen von Sonderaktionen mit entspr. Hinweisen – nur Ware angeboten wird, deren Mindesthaltbarkeitsdatum noch nicht abgelaufen ist (OLG Köln GRUR 1988, 920 – Rev. nicht angenommen: BGH Beschl. v. 15.6.1988 – I ZR 229/87; OLG Hamm WRP 1992, 396 (397)). An dieser Beurteilung ändert auch der Umstand nichts, dass der Verbraucher die Möglichkeit hat, die Ware selbst zu untersuchen (OLG Hamburg WRP 2001, 423 (424) – Rev. nicht angenommen: BGH Beschl. v. 25.10.2001 – I ZR 63/01; zur Irreführung mit dem Mindesthaltbarkeitsdatum Michalski/Riemenschneider BB 1994, 588; Schüler WRP 1990, 406 ff.). – Der Anh. § 3 III enthält in Nr. 9 ein Per-se-Verbot für eine irreführende Werbung mit der Verkehrsfähigkeit eines Produkts (→ Anh. § 3 Rn. 9.1 ff.).

7. Irreführung über Eigenschaften und Güte einzelner Produkte (nach Branchen geordnet)

2.110 **a) Ärztlicher Notdienst, Apotheken-Notdienst.** Die Werbung „ganztägig zu erreichen" für einen **Tierarzt-Notdienst** ist als irreführend untersagt worden, weil ein Notdienst üblicherweise nur außerhalb der Öffnungszeiten sinnvoll sei (OLG Hamm GRUR-RR 2006, 105). Trotz des missverständlichen Leitsatzes begegnet das Verbot keinen Bedenken, weil in casu eine Erreichbarkeit auch nachts und an Wochenenden offenbar nicht gewährleistet war. Der Verkehr erwartet bei einem „ganztägig erreichbaren Notdienst" eine Erreichbarkeit rund um die Uhr, wie sie bei anderen ärztlichen Notdiensten üblich ist. – Eine Apotheke wirbt irreführend als „Notdienst-Apotheke", wenn sie lediglich bis 22 Uhr verlängerte Öffnungszeiten hat und sich im Übrigen nur im üblichen Umfang am örtlichen Notdienst beteiligt (LG Bonn WRP 2021, 392).

2.111 **b) Buchhaltung. Datenverarbeitende Unternehmen,** die zur Hilfe in Steuersachen nicht zugelassen sind, führen das Publikum irre, wenn sie für **Buchungs- oder Buchhaltungsaufträge** werben. Diese Ausdrücke erwecken den Eindruck, als ob das Unternehmen nicht lediglich vorkontierte Belege maschinell verarbeiten, sondern auch steuerberatenden Berufen vorbehaltene Tätigkeiten wie das **Kontieren** ausüben würde (BGH GRUR 1973, 320 – Buchhaltungskraft mAnm Malzer; GRUR 1987, 444 – Laufende Buchführung). Über den Umfang der Tätigkeiten, die von Personen erbracht werden dürfen, die nur im Rahmen von § 6 Nr. 3 und 4 StBerG zur Hilfeleistung in Steuersachen befugt sind, täuschen die Begriffe „Finanzbuchführung", „Lohnabrechnung" und „Einrichtung der Buchführung" (BGH GRUR 2002, 77 (79) – Rechenzentrum; auch → § 3a Rn. 1.178). Dagegen kann es einem Buchhalter, der laufende Geschäftsvorfälle und laufende Lohnabrechnungen buchen sowie Lohnsteueranmeldungen fertigen darf, nicht verwehrt werden, unter Verwendung der Begriffe „Buchführung" und/oder „Buchführungsbüro" zu werben, wenn er gleichzeitig darauf hinweist, dass hiermit nur die in § 6 Nr. 4 StBerG aufgeführten Tätigkeiten gemeint sind (BGH GRUR 2008, 815 Rn. 17 – Buchführungsbüro).

2.112 Diejenigen **Personen, die im begrenzten Rahmen des § 6 Nr. 4 StBerG Hilfeleistungen in Steuersachen erbringen dürfen,** dürfen nach § 8 IV 1 StBerG hierauf hinweisen und sich als Buchhalter bezeichnen. Eine entsprechende Verpflichtung besteht allerdings nicht (BGH GRUR 2015, 1019 Rn. 15 – Mobiler Buchhaltungsservice). Verwenden derartige Personen die Bezeichnungen Buchhalter oder Buchhaltungsservice, erwecken sie damit bei den angesprochenen Verkehrskreisen den Eindruck, ihnen könnte auch die umfassende Führung der Bücher übertragen werden. Dies ist unzutreffend, weil zur Buchhaltung auch die den Steuerberatern vorbehaltenen Tätigkeiten zählen, die von Personen, die lediglich im begrenzten Rahmen des § 6 Nr. 3 und 4 StBerG tätig werden dürfen, nicht erbracht werden dürfen (BGH GRUR 2015, 1019 Rn. 20 – Mobiler Buchhaltungsservice). Diese Gefahr der Irreführung muss **durch einen unmissverständlichen Hinweis darauf ausgeräumt** werden, dass mit der buchhalterischen Tätigkeit allein die in § 6 Nr. 3 und 4 StBerG aufgeführten Tätigkeiten gemeint sind (BGH GRUR 2015, 1019 Rn. 20 – Mobiler Buchhaltungsservice). Der bloße Hinweis auf die Vorschrift des § 6 StBerG (im Streitfall: MOBILER BUCHHALTUNGSSERVICE iS § 6 STBERG") genügt hierzu jedoch nicht, da bei den angesprochenen Verkehrskreisen die genaue Kenntnis der gesetzlichen Regelung nicht vorausgesetzt werden kann (BGH GRUR 2015, 1019 Rn. 20 – Mobiler Buchhaltungsservice).

c) Fahrschulen. Die Werbung einer **Fahrschule** mit „Ausbildungsdauer 3 Wochen" ist 2.113 irreführend, wenn diese Dauer meist nicht ausreicht (OLG Düsseldorf GRUR 1984, 61). Erst recht irreführend ist die Angabe **„zum Biker in 8 Tagen",** wenn innerhalb dieser Zeit der Kompaktkurs nicht in gesetzlich zulässiger Weise durchgeführt werden kann (OLG Hamm WRP 2018, 1530). Zu Unrecht wurde die Werbung einer Fahrschule untersagt, die „Ferien-Intensiv-Kurse" anbot, obwohl die Führerscheinprüfung nicht innerhalb der Ferienzeit abgelegt werden konnte (OLG Stuttgart WRP 1986, 567). Dem Durchschnittsverbraucher ist bekannt, dass der Zeitpunkt der Prüfung von der zuständigen Behörde festgelegt wird, so dass er bei einem Ferien-Intensiv-Kurs nur damit rechnet, die Voraussetzungen für die Teilnahme an der Prüfung erfüllen zu können. Die Werbung mit einer Ersparnis durch den Einsatz eines **„Fahrschulsimulators"** ist irreführend, wenn dieser Vorteil nicht belegbar ist und zudem nicht darauf hingewiesen wird, dass das Erreichen einer etwaigen Ersparnis von den individuellen Fähigkeiten des Fahrschülers abhängt (LG Gera WRP 2017, 882; LG Bielefeld WRP 2017, 1019). – Ein Internetportal, dessen Gegenstand (lediglich) die Vermittlung von Geschäftskontakten zwischen potentiellen Fahrschülern und Fahrschulen ist, darf sich nicht **„Online Fahrschule"** nennen (LG Berlin WRP 2019, 1615). Soweit ein solches Portal ein eigenes „E-Learning-Angebot" vorhält, darf nicht der unzutreffende Eindruck entstehen, dieses ersetze den notwendigen Theorieunterricht einer Fahrschule (LG Berlin WRP 2022, 509).

d) Finanzwesen (Kredite und Finanzierungen, Kapitalanlagen). aa) Kredite, Finan- 2.114 **zierungen. (1) Irreführung über Konditionen der Kreditgewährung.** Bei der Werbung für Kredite und andere Finanzierungen wird häufig gegen die Grundregel verstoßen, dass bei einer Herausstellung von **einzelnen Preisbestandteilen** die anderen Preisbestandteile, aus denen sich meist eine stärkere Belastung ergibt, genauso deutlich angegeben werden müssen (vgl. zur ähnlichen Konstellation bei Kopplungsangeboten → Rn. 3.65 und 3.70). Häufig wird etwa der günstige Zinssatz bes. hervorgehoben und dabei verschwiegen, dass dieser Satz nur bei zusätzlichen Belastungen zu erreichen ist. So ist die Werbung für **„Baugeld ab 4,5 % für Alt-und Neubau, Grundstücks- oder Hauskauf"** irreführend, wenn die Gewährung des Kredits vom Abschluss eines Bausparvertrages abhängig gemacht wird (BGH GRUR 1967, 664 – Baugeld). – Ebenso ist es irreführend, wenn sich der Werbende mit bes. günstigen Konditionen an Personenkreise wendet, die die notwendigen Voraussetzungen zu deren Erhalt so gut wie nie erfüllen werden (Hausfrauen, Rentner, Arbeitslose). – Der werbende Hinweis darauf, dass bei der Vergabe eines Konsumentenkredits **keine Bearbeitungsgebühr** erhoben werde, ist nicht deshalb irreführend, weil die normalen Verwaltungskosten gleichwohl bezahlt werden müssen (BGH GRUR 1989, 611 (612) – Bearbeitungsgebühr; dazu auch → Rn. 3.166).

(2) Irreführung über Gebühren. Für den Kreditnehmer ist es günstiger, den Kredit direkt 2.115 und ohne Umwege zu erhalten, da eine **Vermittlung** idR zu einer **Verteuerung** führt. Für die Frage der Irreführung ist entscheidend, ob der Verbraucher angesichts der Werbung annehmen darf, dass der Werbende die Kreditsumme aus eigenen Mitteln erbringt. Das ist bei einem **Anlageberater,** der nur ein bestimmtes Bauherrenmodell auf dem Markt unterbringen möchte, nicht der Fall (OLG Hamm WRP 1984, 34 (35)). Gleiches gilt für die Werbung eines **Immobilienmaklers** für eine Immobilie mit gleichzeitigem Hinweis auf eine günstige Kaufpreisfinanzierung (OLG Frankfurt WRP 1984, 488). Auch bei der Werbung eines **„Fachbüros für Baufinanzierung"** erwartet der Verkehr nicht, dass der Werbende die erforderlichen Kredite aus eigenen Mitteln gewähren werde (OLG Hamm WRP 1987, 186; OLG Bremen WRP 1977, 267). Anders verhält es sich, wenn die Maklereigenschaft des Werbenden aus der Anzeige, in der in Verbindung mit dem Verkauf einer Immobilie eine **Finanzierung** angeboten wird, nicht hervorgeht (OLG Hamburg WRP 1984, 419 (421)). Wenn ohne nähere Angaben für einen **Kredit geworben** wird, erwartet der Verkehr nicht lediglich eine (provisionspflichtige) Vermittlung (OLG Hamm WRP 1984, 34). Irreführend ist die Werbung für ein **„kostenloses Girokonto",** wenn die Geldabhebung am Automaten kostenpflichtig ist (LG Düsseldorf WRP 2019, 393). – Vgl. zur **Irreführung über die Provisionspflichtigkeit** auch → Rn. 4.192 ff. und → Rn. 3.166.

(3) Irreführung über den Umfang der Beratung, insbes. bei Umschuldungen. Im 2.116 Rahmen von Kreditgeschäften wird eine Irreführung auch dann hervorgerufen, wenn die Werbung die Übernahme von Leistungen suggeriert, die der Werbende aus rechtlichen Gründen nicht erbringen kann. So ist es einem Finanzmakler (der nicht zugleich Rechtsanwalt ist) grds. verwehrt, **rechtsberatende Tätigkeiten** auszuüben. Sofern für **Umschuldungen** geworben wird, nimmt der Verkehr zumindest an, dass ihnen für die Ablösung von Altkrediten ein wirtschaftlich durchdachtes Konzept erstellt wird und die zur Ablösung erforderlichen Vorbereitungsmaßnahmen abgenommen werden. Beschafft der Makler tatsächlich nur einen neuen Kredit, den der Kunde oder nach seiner Anweisung der Makler zur Ablösung von Altkrediten verwenden soll, so wird der Verkehr durch die Werbung das Maklers irregeführt (OLG Bremen WRP 1998, 414). Darüber hinaus wird angenommen, dass der Verkehr das Angebot einer Umschuldung auch so versteht, dass die Beratungen und Verhandlungen mit Dritten geführt werden, die für eine Ablösung übernommener Kredite durch neue Kredite erforderlich werden (OLG München WRP 1978, 560; OLG Saarbrücken NJW 1969, 284; OLG Hamburg WRP 1979, 138). Diese rechtsberatende oder rechtsbesorgende Tätigkeit ist dem Umschulder, der nicht zugleich Rechtsanwalt ist, aber verwehrt. Wirbt ein Kreditvermittler mit dem Text **„Baufinanzierung von A–Z, auch Ablösen von Altschulden"**, so erwartet der Leser nicht nur die Vermittlung der nötigen Kredite, sondern auch eine umfassende Beratung sowie die Übernahme aller Verhandlungen mit den Alt- und Neugläubigern; es gilt nichts anderes, als wenn mit der Übernahme von „Umschuldungen" geworben wird (OLG Hamm WRP 1983, 221; OLG Stuttgart WRP 1983, 519). – Irreführend ist es auch, wenn ein Unternehmen in einem Angebot zur Finanz- und Wirtschaftsberatung mit **„Entschuldungsmöglichkeiten"** wirbt, obwohl es weder als Stelle für Verbraucherinsolvenzen nach § 305 InsO zugelassen noch in Besitz einer Erlaubnis nach dem RBerG ist (OLG Oldenburg GRUR 2006, 605).

2.117   **(4) Irreführende Kontostandsauskünfte.** Eine Bank handelt wettbewerbswidrig, wenn sie die automatisierte Kontostandsauskunft an ihren Geldautomaten so einrichtet, dass Rentenüberweisungen am Monatsende schon **vor der Wertstellung als Guthaben ausgewiesen** werden, so dass Kunden – über den Stand ihrer Konten irregeführt – zu Kontoüberziehungen veranlasst werden können, die sie zur Zahlung von Überziehungszinsen verpflichten (BGH GRUR 2002, 1093 – Kontostandsauskunft; dazu K. W. Lange BGH-Rp 2002, 1042; Steppeler EWiR 2003, 345; Pohlmann/Kerfs WuB V B § 3 UWG 1.03; krit. Schimansky BKR 2003, 179). Auch die Kontoauszüge einer Bank sind irreführend, wenn zwar bei den einzelnen Gutschriften zutr. zwischen den Daten der Buchung und der Wertstellung unterschieden wird, bei der optisch hervorgehobenen Angabe des Kontostands am Ende des Auszugs aber nicht deutlich darauf hingewiesen wird, dass darin auch noch nicht wertgestellte Beträge enthalten sein können, über die bis zur Wertstellung noch nicht ohne Belastung mit Sollzinsen verfügt werden kann (BGH GRUR 2007, 805 Rn. 17 ff. – Irreführender Kontoauszug). Das Interesse des Kunden bei Durchsicht der Kontounterlagen gilt in erster Linie dem dort ausgewiesenen Kontostand. Ein erheblicher Teil der Bankkunden erkennt ohne einen entsprechenden Hinweis nicht den Unterschied zwischen verfügbarem Kontostand und zinsfrei verfügbarem Guthaben; bei diesen Kunden entstehen daher unrichtige Vorstellungen darüber, in welchem Umfang sie ohne Zinsbelastung verfügen können (BGH GRUR 2007, 805 Rn. 21 – Irreführender Kontoauszug). – Zur Frage, ob es sich bei einer solchen Maßnahme um eine geschäftliche Handlung vor, bei oder nach einem Geschäftsabschluss iSv § 2 I Nr. 2, § 3 handelt, → § 2 Rn. 2.93, → Rn. 1.11 f. und 2.117.

2.118   **bb) Kapitalanlagen, Steuersparmodelle. (1) Angesprochene Verkehrskreise.** Die Verkehrskreise, an die sich eine Werbung für Kapitalanlagen oder für steuersparende Bauherren- oder Erwerbermodelle richtet, sind unterschiedlich. Meist kann aber nicht von einem mit derartigen Anlagen erfahrenen, sorgfältig prüfenden, kritischen Anleger ausgegangen werden. Wenig vertraut mit derartigen Geschäften werden im Allgemeinen **Kleinanleger** sein (vgl. BGH GRUR 2004, 162 (163) – Mindestverzinsung). Aber auch **Spitzenverdiener,** denen erhebliche Steuervorteile versprochen werden, verfügen häufig nur über vage Kenntnisse davon, mit welchen durch das Steuerrecht noch zu rechtfertigenden Konstruktionen Steuern etwa durch Immobilienerwerb zu sparen sind (KG WRP 1984, 604 (606)).

2.119   **(2) Irreführung über zu erwartende Gewinne.** Wer mit Renditen wirbt, die nach der Lebenserfahrung allenfalls bei hochspekulativen Anlagen erreicht werden können **(„Traumrendite von 860 %"),** und im Zusammenhang mit derartigen Gewinnen von einem **„bankgesicherten Investprogramm"** spricht, führt die angesprochenen Verkehrskreise irre, weil solche Renditen ohne jedes Verlustrisiko nach der Lebenserfahrung bei auf dem Geldmarkt üblichen Kapitalanlagen nicht zu erzielen sind (OLG München NJWE-WettbR 1997, 152). Auch wenn die Rentierlichkeit einer Kapitalanlage von einer Vielzahl von Imponderabilien abhängig ist, muss sich die werbende Anpreisung im Rahmen dessen halten, was bei realistischer Betrachtung zu erwarten ist (KG WRP 1997, 31).

(3) Irreführung über das Risiko der Anlage und über Sicherheiten. Die Werbung für 2.120 ein Kapitalanlagemodell, bei dem der Anleger für seine Immobilie eine **Grundschuld** bestellt und diese an Dritte abtritt, die sich ihrerseits unter Verwendung der Grundschuld Kapital beschaffen, wobei der Anleger für die Abtretung des Grundpfandrechts an Erträgen beteiligt werden soll, ist nach § 5 II Nr. 1 irreführend, wenn der Eindruck erweckt wird, dass allein durch die Bestellung und Abtretung der Grundschuld ohne relevante wirtschaftliche Belastungen und Risiken sichere Einkünfte erzielt werden (OLG Saarbrücken NJWE-WettbR 1996, 202). Entsprechendes gilt, wenn bei den angesprochenen Interessenten die Vorstellung begründet wird, es werde eine Prüfung nach banküblichen Richtlinien durchgeführt und üblicherweise eine bankübliche Sicherheit geboten und es sei sichergestellt, dass der Investor den Grundschuldbrief am Ende der Laufzeit zurückerhält (OLG Saarbrücken NJWE-WettbR 1996, 202). – Die **Werbung für eine Vermögensanlage als „sicher"** ist irreführend, da Verbraucher unter Sicherheit nicht nur die – allenfalls vorliegende – hohe Wahrscheinlichkeit versteht, mit der ein Risiko vermieden werden kann (KG WRP 1996, 750). Irreführend ist auch die Werbung für Genussrechte eines Unternehmens mit der Angabe „Maximale Sicherheit" sowie weiteren Angaben, die eine gedankliche Verbindung zur Sicherheit eines Banksparbuchs herstellen (OLG Schleswig WRP 2012, 1558). – Unzulässig sind bei einer Geldanlage auch irreführende Angaben über die **Sicherheit der Zinszahlung** (BGH GRUR 2018, 320 Rn. 22 – Festzins Plus).

Eine an mögliche Kapitalanleger gerichtete Werbeaussage über die **Mindestverzinsung des** 2.121 **eingesetzten Kapitals** ist auch dann zur Irreführung geeignet, wenn sie zwar keine unrichtigen Tatsachenbehauptungen enthält, aber gerade darauf angelegt ist, die irrige Vorstellung zu wecken, es sei eine sichere Rendite zu erwarten (BGH GRUR 2004, 162 – Mindestverzinsung). Ist in einer Werbung für eine stille Beteiligung an einer im Immobiliengeschäft tätigen Gesellschaft von einer vertraglich zugesicherten Mindestverzinsung die Rede, ist eine solche Aussage zwar nicht geeignet, sämtliche angesprochenen Anlageinteressenten irrezuführen. Denn wirtschaftlich denkende Kapitalanleger werden bei einiger Überlegung erkennen, dass die Zusicherung einer „Mindestverzinsung" bei Verlusten oder zu niedrigen Gewinnen nur durch den Rückgriff auf die von den stillen Gesellschaftern erbrachten Einlagen und damit zu Lasten des für Investitionen zur Verfügung stehenden Kapitals erfüllt werden kann. Dies schließt aber eine Irreführung eines erheblichen Teils der interessierten Kapitalanleger, insbes. der Kleinanleger, nicht aus (BGH GRUR 2004, 162 (163) – Mindestverzinsung; dazu Wehlau BGH-Rp 2004, 246; Hoeren EWiR 2004, 203). – Die Werbung mit einer „bankgarantierten Rückzahlung der Einlage" verletzt das wettbewerbsrechtliche Irreführungsverbot, wenn die Realisierung der Garantie voraussichtlich mit erheblichen Schwierigkeiten verbunden ist (KG WRP 1997, 31).

cc) Irreführung über Steuervorteile. Die Werbeaussage **„Bei 10 % Eigenkapital beträgt** 2.122 **die Verlustzuweisung … ca. 233 %"** ist irreführend, weil sie nicht deutlich zum Ausdruck bringt, dass sich der Prozentsatz von 233 % lediglich auf den Betrag des Eigenkapitals bezieht (KG WRP 1984, 604 (606)). Ebenso ist die Werbung eines Immobilienmaklers **„ca. 150 % Steuervorteil bezogen auf 10 % Eigenkapital"** als irreführend angesehen worden, weil sie von den breiten Verkehrskreisen, an die sie sich richtet, dahin verstanden wird, dass die tatsächlich zu erreichende Steuerersparnis bis zu 150 % vom eingesetzten Eigenkapital ausmachen kann, während in Wirklichkeit nur der zu erzielende Werbungskostenbetrag bis zu 150 % des eingesetzten Eigenkapitals erreichen kann und die Steuerersparnis nur einen von den jeweiligen individuellen Verhältnissen des Anlegers abhängigen Bruchteil des Werbungskostenbetrags ausmacht (OLG Karlsruhe GRUR 1985, 454).

e) Immobilien. aa) Angaben über das Objekt. Werden bei der Werbung für Immobilien 2.123 **Abbildungen** verwendet, die mit der **Wirklichkeit nicht übereinstimmen,** so kommt es grds. zu relevanten Fehlvorstellungen über das Angebot. Unerheblich ist dabei, ob die abgebildeten Objekte qualitativ gleichwertig wie die angebotenen sind, da auch für gute Ware nicht mit falschen Angaben geworben werden darf (vgl. KG WRP 1978, 720 – Flugreisen-Katalog). – Ohne eine entspr. Aufklärung geht der Verkehr bei einer Werbung für **Fertighäuser** davon aus, dass er ein vollständiges Haus mit Gründung (also mit Fundament und ggf. mit Keller) erhält (KG WRP 1985, 558 (559)). – Ein aufklärender Zusatz, der für die Verbraucher eine sinnvolle Information enthält, ist nicht deshalb als irreführende Werbung mit Selbstverständlichkeiten zu untersagen, weil die Information nur die Gesetzeslage wiedergibt. Wirbt ein Immobilienhändler in einem Zeitungsinserat für den Verkauf eines Einfamilienhauses mit dem Zusatz zur Preisangabe „inkl. erschl. Grundstück und Vollunterkellerung", so ist dieser informative Hinweis nicht deshalb wettbewerbswidrig, weil das Haus immer nur mit dem (erschlossenen) Grundstück veräußert werden kann (OLG Hamm GRUR 1987, 542). – Wird für den Immobilienteil einer Zeitung mit dem Slogan „Beste Auswahl, beste Lage, beste Übersicht" geworben, liegt darin keine unzulässige Alleinstellungsbehauptung, sondern nur der Hinweis auf eine sehr gute Qualität des Angebots (KG GRUR 1999, 1021).

2.124   **bb) Irreführung über das Datum der Fertigstellung oder über die Beziehbarkeit.** Für den Verkauf einer sich noch im Rohbau befindlichen Immobilie darf ohne aufklärenden Hinweis nicht mit einer Anzeige geworben werden, die den Eindruck eines fertigen Objekts erweckt (KG WRP 1987, 172; KG GRUR 1988, 921). Allerdings wird man immer fragen müssen, ob eine solche Fehlvorstellung nach § 3 zu einer nicht unerheblichen Beeinträchtigung des Wettbewerbs führt (vgl. KG GRUR 1995, 138). – Eine **Bauherrengemeinschaft** darf in ihrer Werbung nicht den Eindruck erwecken, dass die angebotenen Wohnungen zum Kauf bereit stehen, wenn in Wirklichkeit nur der Beitritt zur Bauherrengemeinschaft möglich ist (KG WRP 1981, 647). Dagegen ist eine Immobilienanzeige nicht irreführend, mit der für den Verkauf eines bewohnten Hauses – keines Neubaus – geworben wird, ohne gleichzeitig darauf hinzuweisen, dass das Haus nicht sofort beziehbar ist (BGH WRP 1993, 239 – Sofortige Beziehbarkeit).

2.125   **cc) Angaben über die Finanzierung.** Die Immobilienwerbung mit der Behauptung **„Komfort ohne Eigenkapital"** ist nicht als irreführend zu untersagen, wenn bei Kaufabschluss der volle Kaufpreis durch Finanzierungsmittel erfolgt, in der Abzahlungsphase jedoch eigene Mittel zum Ausgleich einer laufenden Unterdeckung eingesetzt werden müssen (KG WRP 1985, 635).

2.126   **dd) Maklerangebot ohne Zustimmung des Eigentümers.** Einem Wohnungsmakler ist es untersagt, Immobilien ohne die Zustimmung des Verfügungsberechtigten anzubieten, da er andernfalls über seine Leistungsfähigkeit täuscht (OLG Köln WRP 1982, 356).

2.127   **ee) Gewerblicher Charakter des Angebots.** Zu einer Irreführung über das Angebot kommt es bei dem Erwerb von Immobilien häufig auch dann, wenn der **gewerbliche Charakter** der **Bezugsquelle** verschwiegen wird (→ Rn. 4.190 ff.).

f) Internet

Schrifttum: A. Ahrens/Richter, Fingierte Belobigungen im Internet – Eine lauterkeits- und vertragsrechtliche Analyse am Beispiel von Hotelbewertungsportalen, WRP 2011, 814; Biermann, Kennzeichenrechtliche Probleme des Internets; Das Domain-Name-System, WRP 1999, 997; Boehme-Neßler, Rechtsprobleme der Internet-Werbung, ZUM 2001, 547; Böse, Zum Begriff der Flatrate bei Telekommunikationsdienstleistungen, VuR 2014, 43; Bornkamm/Seichter, Das Internet im Spiegel des UWG – Grenzwerte für die lautere Nutzung eines neuen Mediums, CR 2005, 747; Bücking, Update Domainrecht: Aktuelle Entwicklungen im deutschen Recht der Internetdomains, MMR 2000, 656; Bullinger, Internet-Auktionen – Die Versteigerung von Neuwaren im Internet aus wettbewerbsrechtlicher Sicht, WRP 2000, 253; Demmel/Skrobotz, Vergabe und Nutzung von Vanity-Nummern vor dem Hintergrund der Domain-Rechtsprechung, MMR 1999, 74; Dienstbühl, Zur Haftung von Händlern für irreführende Produktbewertungen auf Online-Marktplätzen, WRP 2020, 821; Dörre/Jüngst, Aktuelle Entwicklung der AdWord-Rechtsprechung, K&R 2007, 3189; Ernst, Internet-Suchmaschinen und Wettbewerbsrecht, NJW-CoR 1997, 493; Ernst, Rechtsprobleme im Internet: urheber-, wettbewerbs- und markenrechtliche Sicht, K&R 1998, 536; Ernst, Gattungsnamen als Domain, DuD 2001, 212; Ernst, Internetadressen – Der Stand der Rechtsprechung, MMR 2001, 368; Ernst, Von Internetadressen, Anwälten, Richtern und Politikern, MMR 2004, 125; Ernst, Suchmaschinenmarketing (Keyword-Advertising, Doorwaypages uÄ) im Wettbewerbs- und Markenrecht, WRP 2004, 278; Ernst, AdWord-Werbung in Internet-Suchmaschinen als kennzeichen- und wettbewerbsrechtliches Problem, MarkenR 2006, 57; Gabel, Die Haftung für Hyperlinks im Lichte des neuen UWG, WRP 2005, 1102; Glöckner, Wettbewerbsverstöße im Internet – Grenzen einer kollisionsrechtlichen Problemlösung, ZVglRWiss 99 (2000), 278; Gräbig, Werbung mit Bewertungen, Rezensionen und Erfahrungsberichten, GRUR-Prax 2019, 197; Härting, Domainrecht – eine Bilanz der Rechtsprechung aus den Jahren 2002/2003, K&R 2003, 485; Härting, Domainrecht – Eine Zwischenbilanz, BB 2002, 2028; Heermann, Manipulierte Produktbewertungen im Lichte des Lauterkeitsrechts, WRP 2014, 509; Hoeren, Cybermanners und Wettbewerbsrecht – Einige Überlegungen zum Lauterkeitsrecht im Internet, WRP 1997, 993; Hoeren, Werberechtliche Grenzen des Einsatzes von Adblockern – am Beispiel von „Adblock Plus", K&R 2013, 757; Hugendubel/Zarm, „Gekaufte" Kundenbewertungen, Wettbewerbsrechtliche Analyse der Auswirkungen auf die Gesamtbewertung, IPRB 11(2020), 135; Issa, Zur lauterkeitsrechtlichen Beurteilung von Hotelsternewerbung im Internet, K&R 2019, 77; Holzweber, Kundenbewertungen im Lauterkeitsrecht, ÖBl 70 (2021), 100; G. Jacobs,

Gesetzliche Teilhabe an Domain-Names, 2003; Janal/Isikay, Der Einsatz von Socialbots im geschäftlichen Verkehr, GRUR-Prax 2018, 393; Joppich, Das Internet als Informationsnetz? – Zur urheber- und wettbewerbsrechtlichen Zulässigkeit von Deep Links, CR 2003, 504; Karl, Werberecht der freien Berufe und generische Domainnamen, BRAK-Mitt 2004, 5; Kaufmann, Metatagging – Markenrecht oder reformiertes UWG?, MMR 2005, 348; Krieg/Roggenkamp, Astroturfing – rechtliche Probleme bei gefälschten Kundenbewertungen im Internet, K&R 2010, 689; Leeb/Maisch, Social-Media-Stars und -Sternchen im rechtsfreien Raum? Aspekte eines »Influencer-Rechts«, ZUM 2019, 29; Leible, Internet-Werbung (Online-Werbung), FS Köhler, 2014, 403; Leupold/Bräutigam/Pfeiffer, Von der Werbung zur kommerziellen Kommunikation: Die Vermarktung von Waren und Dienstleistungen im Internet, WRP 2000, 575; Lichtnecker, Die Werbung in sozialen Netzwerken und mögliche hierbei auftretende Probleme, GRUR 2013, 135; Lichtnecker, Neues aus dem Social Media-Marketing, MMR 2018, 512; B. Lorenz, Die Wettbewerbswidrigkeit einer mangelhaften Anbieterkennzeichnung, WRP 2010, 1224; Milbradt, Generische Domain-Namen, MarkenR 2002, 33; Mulch, Internet – Konkrete Anforderungen an Informationspflichten der Anbieter, MDR 2007, 309; H.-F. Müller, Internet-Domains von Rechtsanwaltskanzleien, WRP 2002, 160; Nägele, Die Rechtsprechung des Bundesgerichtshofs zu Internet-Domains, WRP 2002, 138; Nirk, Der ubiquitäre Auftritt des Anwalts – Sachlichkeitsgebot und Anwaltswerbung im Internet, FS Geiß, 2000, 293; Pawlitschko, Domain-Sharing-Vertrag – Ein neuer Lösungsweg bei Domain-Streitigkeiten, ITRB 2002, 71; Peukert, Faktenchecks auf Facebook aus lauterkeitsrechtlicher Sicht, WRP 2020, 391; Pukas, Die lauterkeitsrechtliche Zulässigkeit des Erwerbs positiver Kundenbewertungen durch das Bieten finanzieller Anreize oder die Gewährung sonstiger Entgelte, WRP 2019, 1421; Renck, Scheiden allgemeine Begriffe und Gattungsbezeichnungen als Internet-Domains aus?, WRP 2000, 264; Sack, Internetwerbung – ihre Rechtskontrolle außerhalb des Herkunftslandes des Werbenden; WRP 2013, 1407; Schack, Internationale Urheber-, Marken- und Wettbewerbsrechtsverletzungen im Internet, MMR 2000, 59; Schardt/Lehment/Peukert, Haftung für Hyperlinks im Internet, UFITA 2001, 841; Scherer, Verdeckt gekaufte Werbung in Social Media – Rechtsänderungen durch RL (EU) 2019/2161 und den UWG-RegE, WRP 2021, 287; Schirmbacher, UWG 2008 – Auswirkungen auf den E-Commerce, K&R 2009, 433; Schönberger, Der Schutz des Namens von Gerichten gegen die Verwendung als oder in Domain-Namen, GRUR 2002, 478; Schreibauer/Mulch, Die im Jahr 2000 veröffentlichte Rechtsprechung zum Internetrecht – Zeichen-, Urheber-, Wettbewerbsrecht und Verantwortlichkeit, WRP 2001, 481; Schreibauer/Mulch, Die im Jahr 2001 veröffentlichte Rechtsprechung zum Internetrecht – Zeichen-, Urheber-, Wettbewerbsrecht und Verantwortlichkeit, WRP 2002, 886; Schreibauer/Mulch, Neuere Rechtsprechung zum Internetrecht, WRP 2005, 402; Schreiber, Die wettbewerbsrechtliche Haftung von Ticketbörsen im Internet, CR 2014, 791; Sosnitza, Das Internet als Rahmenbedingung und neue Handlungsform im Marken- und Lauterkeitsrecht, GRUR-Beil. 1/2014, 93; Sosnitza, Bewertungen und Rankings im Internet, Neue lauterkeitsrechtliche Anforderungen, CR 2021, 329; Spengler, Die lauterkeitsrechtlichen Schranken von In-App-Angeboten, WRP 2015, 1187; Spindler, Die zivilrechtliche Verantwortlichkeit von Internetauktionshäusern – Haftung für automatisch registrierte und publizierte Inhalte?, MMR 2001, 737; Thiele/Rohlfing, Gattungsbezeichnungen als Domain-Namen, MMR 2000, 591; Thormann, Links und Frames und ihr Rechtsschutz im Internet, Mitt 2002, 311; Viefhues, Domain-Name-Sharing, MMR 2000, 334; Voigt, Händler-Haftung für fehlerhafte Angaben in Preissuchmaschinen – Zugleich Kommentar zu BGH, Urt. v. 18.3.2010 – I ZR 16/08 – „Versandkosten bei Froogle II", K&R 2010, 793; Weiler, Irreführung über die Rechtsform durch Top-Level-Domains?, K&R 2003, 601; Wendlandt, Gattungsbegriffe als Domainnamen – Marken- und wettbewerbsrechtliche Behandlung aus deutscher und U.S.-amerikanischer Sicht, WRP 2001, 629; Wiebe/Kreutz, Native Advertising – Alter Wein in neuen Schläuchen?, WRP 2015, 1053 (Teil 1), 1179 (Teil 2); Wissmann, Internet als Reformbeschleuniger, EuZW 2000, 289.

aa) Überblick. Das **Internet** hat die Rechtsordnung vor eine Reihe neuer und neuartiger Probleme gestellt, die im Wesentlichen mit dem Werkzeug des bestehenden Rechts gelöst werden mussten. Das ist inzwischen weitgehend gelungen. Es herrscht für den Bereich des Internet keine bes. Rechtsunsicherheit. – Zu den Instrumenten, mit deren Hilfe die mit dem Internet zusammenhängenden Phänomene zu lösen sind, gehört als eine Art **Auffangtatbestand** das wettbewerbsrechtliche Irreführungsverbot. Es kommt daher in fast allen Bereichen der Internetnutzung zum Zuge. Durch das G zur Stärkung des Verbraucherschutzes im Wettbewerbs- und Gewerberecht v. 10.8.2021 sind mWv 28.5.2022 die bisher in § 5a IV befindliche Vorschrift über die **Kenntlichmachung des kommerziellen Zwecks** einer geschäftlichen Handlung modifiziert und in § 5b I Nr. 6 sowie II und III Vorschriften über die Informationspflichtverletzung im Falle von **Angeboten und Rankings auf Online-Marktplätzen** sowie von **Kundenbewertungen** im Internet in das Gesetz eingeführt worden (iE → § 5a Rn. 1 ff., → § 5b Rn. 1 ff.). **2.128**

Die Anwendungsbereiche des Irreführungsverbots sind im Folgenden in **sieben Kategorien** unterteilt: Domainnamen, Werbung für den Internetzugang, irreführende Preiswerbung im Internet, die Phänomene des „Framing", der „Metatags" und der „Deep Links", Adwords, Versteigerungen und Kundenbewertungen im Internet. **2.128a**

2.129   **bb) Gattungsbegriff als Domainname. (1) Grundsatz.** Die grundlegende Weichenstellung für die wettbewerbsrechtliche Beurteilung von Domainnamen erfolgte in Deutschland im Jahre 2001 durch die Entscheidung **„Mitwohnzentrale.de"** des BGH (BGHZ 148, 1 = GRUR 2001, 1061 – Mitwohnzentrale.de). Seitdem steht fest, dass die Registrierung eines Gattungsbegriffs als Domainname („autovermietung.com", „buecher.de", „drogerie.de", „rechtsanwaelte.de", „sauna.de") nicht generell unlauter ist (→ § 4 Rn. 4.95). Damit wurde der Weg geebnet für die mit Hilfe des Irreführungsverbots vorzunehmende wettbewerbsrechtliche Feinsteuerung im Einzelfall. Bei der Verwendung von Gattungsbegriffen als Domainnamen kann sich die Irreführungsgefahr vor allem daraus ergeben, dass der Verkehr den Domainnamen als eine **Alleinstellungsbehauptung** versteht: So kann bei dem von einem für einen Verband von Mitwohnzentralen verwendeten Domainnamen „Mitwohnzentrale.de" der Eindruck entstehen, als handele es sich bei dem so auftretenden Verband um den einzigen oder doch den größten Verband von Mitwohnzentralen, was den Internet-Nutzer idR von der Suche nach weiteren Angeboten abhalten wird (BGHZ 148, 1 (13) = GRUR 2001, 1061 (1064) – Mitwohnzentrale.de). In dem vom BGH entschiedenen Fall führte diese Frage zur Zurückverweisung und letztlich zur Abweisung der Klage. Das OLG hat die Irreführung verneint, wobei es – einem Hinweis des BGH folgend – seine Beurteilung nicht allein auf den Domainnamen, sondern auch auf den Internetauftritt gestützt hat (OLG Hamburg GRUR 2003, 1058). Zur Frage, ob eine Irreführung nur durch Änderung des Domainnamens oder auch auf andere Weise vermieden werden kann, → Rn. 2.135.

2.130   **(2) Kein Anspruch auf Domain-Sharing.** Indem der BGH die Registrierung eines Gattungsbegriffs als Domainname nicht generell als unlauter eingestuft hat, hat er auch dem Konzepten einer **Teilhabe Dritter an beschreibenden Domainnamen** (dazu Viefhues MMR 2000, 334 (339); Renck WRP 2000, 264 (268); ferner vgl. G. Jacobs, Gesetzliche Teilhabe an Domain-Names, 2003, 175 ff.) die Grundlage entzogen. Auch der Irreführungsvorwurf kann sich nicht daraus nähren, dass der Inhaber eines beschreibenden Domainnamens Dritte an diesem Namen nicht teilhaben lässt. Ist allerdings ein Domainname für sich genommen irreführend, weil er bspw. als Alleinstellungsbehauptung aufgefasst wird, kann die Irreführung idR durch einen Hinweis auf der Ersten sich öffnenden Internetseite beseitigt werden (BGH GRUR 2002, 706 (708) – vossius.de; → Rn. 2.135). Hierin ist eine Einladung zu sehen, nicht nur das Nötigste zu tun, um die Irreführung auszuschließen, sondern Dritten mit einem berechtigten Interesse an dem Gattungsbegriff eine Teilhabe zu ermöglichen. Eine rechtliche Qualität hat diese Einladung indessen nicht.

2.131   **(3) Beispiele aus der Rspr.** Bei der Instanzrechtsprechung ist zu beachten, dass sie auf der Grundlage der Entscheidung „Mitwohnzentrale.de" des BGH ergangen sind. Eine Reihe früherer Entscheidungen gehen noch von der Vorstellung aus, die Verwendung eines Gattungsbegriffs als Domainname sei für sich genommen schon unlauter. Diese Entscheidungen – zB die Entscheidung des OLG Celle, mit der der Domainname „anwalt-hannover.de" als irreführend untersagt wurde (NJW 2001, 2100) – sind durch die neuere Entwicklung überholt.

2.132   **Beispiele für die Annahme einer Alleinstellungsbehauptung:** Die Verwendung der Bezeichnung „Der Prozessfinanzierer" an hervorgehobener Stelle einer Werbung und als Internet-Domain ist als unzulässige Alleinstellungswerbung untersagt worden (LG Köln GRUR-RR 2001, 41). – Ebenso die Bezeichnung „Tauchschule Dortmund", weil sie nicht nur den Eindruck erweckt, dass es sich um eine Tauchschule in Dortmund handelt, sondern dass es sich gewissermaßen um *die* Tauchschule in Dortmund handelt (OLG Hamm GRUR-RR 2003, 289 = MMR 2003, 471 mAnm Karl (Nichtzulassungsbeschwerde zurückgewiesen: BGH Beschl. v. 20.11.2003 – I ZR 117/03)).

2.133   **Ferner wurde als irreführend untersagt:** Der Domainname einer Anwaltskanzlei „rechtsanwaelte-dachau.de", da der Eindruck erweckt werde, es werde ein Zugang zu allen oder den meisten Anwälten in Dachau gewährt (OLG München NJW 2002, 2113).

2.134   **Als zulässig wurde angesehen:** Betreibt ein Rechtsanwalt unter dem Domainnamen **„www.pruefungsrecht.de"** ein Portal, in dem interessierte Personen – ua Rechtsanwälten – gegen bestimmte Gebühren eigene Beiträge zu dem Themengebiet hinterlegen oder Verweise auf die eigene Homepage anbringen kann, ist nicht als irreführend angesehen worden (LG Braunschweig NJW-RR 2002, 1210; LG Braunschweig MMR 2002, 754). – Ebenfalls als zulässig erachtet wurde der Domainname **„champagner.de"** für eine Informationsplattform zur Werbung für die Gattung „Champagner" (OLG München WRP 2002, 111 (Rev. nicht angenommen: BGH Beschl. v. 13.6.2002 – I ZR 292/01)). – Die Internetbenutzer, die den

Begriff „Autovermietung" zusammen mit einer Top-Level-Domain für eine Suche im Internet verwenden (**„autovermietung.com"**), erwarten nicht, unter dieser Domain eine Homepage mit einem vollständigen bzw. jedenfalls einem repräsentativen Überblick von in diesem Bereich tätigen Unternehmen vorzufinden, so dass die Verwendung dieses Begriffs auch nicht unter dem Gesichtspunkt der Irreführung untersagt werden kann (OLG München MMR 2001, 615 mAnm Jung). – Ebenfalls nicht zu beanstanden ist, die Nutzung einer Branchenbezeichnung als Domainname für eine Website (**„stahlguss.de"**), die Unternehmen der Stahlgussbranche gegen Entgelt zur Platzierung von Werbung offen steht (OLG Braunschweig MMR 2000, 610 mAnm Abel). – Als unbedenklich angesehen wurde auch der Domainname **„drogerie.de"**, unter dem ein Internet-Portal betrieben werden soll (OLG Frankfurt WRP 2002, 1452). – Der aus dem Gattungsbegriff „Steuerberatung" und dem regional eingegrenzten Tätigkeitsgebiet „Südniedersachsen" kombinierte Domainname **„steuerberater-suedniedersachsen.de"** bewirkt beim durchschnittlichen Verbraucher keine Gefahr der Irreführung (BGH (StBS) GRUR-RR 2011, 7 Rn. 5 – steuerberater-suedniedersachsen.de). Der Teil des Verkehrs, der unter diesem Domainnamen ein Verzeichnis der im Süden Niedersachsens tätigen Steuerberater oder gar einen Berufsverband der dort tätigen Steuerberater erwartet, wird durch die erste sich öffnende Seite noch rechtzeitig aufgeklärt. Nicht irreführend ist auch der Domainname **„ulmer-hausverwaltung.com"** für eine in Ulm ansässige Hausverwaltung (LG Ulm CR 2013, 749 Ls.).

(4) Vermeidung der Irreführung. Handelt es sich bei dem Domainnamen um eine Gat- | 2.135
tungsbezeichnung, muss eine eventuelle Irreführung, die mit der Verwendung verbunden ist (bspw. weil der Verkehr in der Verwendung des Gattungsbegriffs als Internetadresse eine Alleinstellungsbehauptung sieht), nicht zwingend durch eine Änderung oder Ergänzung des Domainnamens vermieden werden. Möglich ist auch ein aufklärender Hinweis, der sich auch noch auf der ersten sich öffnenden Internetseite befinden kann (BGHZ 148, 1 (13) = GRUR 2001, 1061 (1064) – Mitwohnzentrale.de; BGH GRUR 2002, 706 (708) – vossius.de für die Verletzung des Namensrecht unter Gleichnamigen). – Dagegen ist es nicht als ausreichend angesehen worden, wenn ein Händler, der in einer Zeitungsanzeige mit seiner Internetadresse wirbt und es unterlassen hat, auf den **gewerblichen Charakter** seines Angebots hinzuweisen (→ Rn. 4.190 f.), diesen Hinweis auf der Ersten sich öffnenden Seite nachholt (LG Essen MMR 2003, 343 mAnm Miezel).

cc) Andere Fälle irreführender Domainnamen. Unabhängig davon, ob es sich bei einem | 2.136
Domainnamen um eine Gattungsbezeichnung handelt, gibt es häufig Beanstandungen, weil der Domainname eine Erwartung auslöst, die nicht eingehalten wird. Zu beachten ist, dass das Privileg, eine Irreführung, die durch den Domainnamen erzeugt worden ist, durch einen Hinweis auf der Ersten sich öffnenden Internetseite zu beseitigen, nur für Gattungsbezeichnungen sowie zwischen Gleichnamigen gilt (BGH GRUR 2002, 706 (708) – vossius.de; → Rn. 2.135).

(1) Beispiele für Domainnamen, die als irreführend untersagt worden sind. Der | 2.137
Domainname „www.steuererklaerung.de" für einen Lohnsteuerhilfeverein iSv § 4 Nr. 11 StBerG, weil das, was ein solcher Verein anbieten könne, sich nicht pauschal mit dem Schlagwort „Steuererklärung" bewerben lasse (OLG Nürnberg GRUR 2002, 460); bedenklich ist allerdings, dass auch eine Richtigstellung auf der Ersten sich öffnenden Internetseite nicht als ausreichend angesehen wurde, um die Irreführung auszuräumen (→ Rn. 2.135). – Bei dem Domainnamen „uhren-magazin.de" erwartet der Verkehr ein Angebot, das redaktionell betreute Informationen zu Uhren umfasst (LG Frankfurt a. M. GRUR-RR 2002, 68). – Die Verwendung der Domain-Adresse **„rechtsanwalt.com"**, unter der ein Unternehmen, das weder Rechtsanwälte beschäftigt noch eine entspr. Berufsorganisation ist, einen Anwaltssuchdienst unterhält und Mustertexte sowie eine Sammlung von Querverweisen (Links) anbietet, verstößt gegen das Irreführungsverbot, weil der Verkehr annimmt, es handele sich um einen von Rechtsanwälten oder von einer Anwaltsorganisation betriebenen Informationsdienst (OLG Hamburg NJW-RR 2002, 1582; dazu Creutz BRAK-Mitt. 2002, 289; aA LG Mannheim NJW-RR 2002, 1580). – Mit der Bezeichnung „Deutsches Anwaltsverzeichnis" wird bei den angesprochenen Verkehrskreisen die – in casu unzutreffende – Vorstellung geweckt, das Verzeichnis enthalte alle bzw. die allermeisten Namen der in Deutschland tätigen Rechtsanwälte (LG Berlin MMR 2003, 490).

Geografische Bezeichnungen werden zuweilen beschreibend für ein Portal verwendet, | 2.138
unter dem Informationen über die jeweilige Stadt oder Gegend zusammengestellt sind. Hier geht indessen idR das Namensrecht des jeweiligen Namensträgers vor. So steht dem Freistaat Bayern ein Namensrecht an der Bezeichnung „Neuschwanstein" zu. Die Benutzung der Domain **„neu-**

schwanstein.de" und „neuschwanstein.com" verstößt daher gegen das Namensrecht des Frei-staats, ohne dass sich ein Dritter darauf berufen kann, er habe die Bezeichnung beschreibend verwendet (LG München I ZUM-RD 2002, 107; vgl. auch LG Mannheim GRUR 1997, 377 zu **„heidelberg.de"**; SchweizBG GRUR-Int. 2000, 944 zu **„berneroberland.ch"**). Gleiches gilt für Domains mit dem Namen **öffentlich-rechtlicher Körperschaften** oder **Verwaltungs-einheiten** (BGH GRUR 2012, 651 Rn. 19 – regierung-oberfranken.de).

2.139   Auch die **Top-Level-Domain** selbst („.de", „.com", „.at", „.ch") kann irreführend sein, wenn sie nicht derart gebräuchlich ist wie die beispielhaft angeführten. So lautet die Länd-erkennung für Antigua und Barbuda „.ag", was in Verbindung mit der eigenen Firma – vor allem in Großbuchstaben – den Eindruck einer Aktiengesellschaft vermittelt. Als irreführend untersagt worden ist daher der Domainname „tipppppppp.ag", den sich eine GmbH hatte registrieren lassen (LG Hamburg K&R 2003, 616 mAnm Weiler = CR 2004, 143 mAnm Stögmüller). – Wirbt ein Händler in einer Zeitung mit seiner Internetadresse (zB „www.gu-bin.de"), muss er idR auf den **gewerblichen Charakter seines Angebots** hinweisen (→ Rn. 4.190 f.), falls nicht bereits der Standort oder die Aufmachung der Anzeige den gewerb-lichen Charakter offenbart. Nicht ausreichend ist, wenn über den gewerblichen Charakter auf der ersten sich öffnenden Seite hingewiesen wird (LG Essen MMR 2003, 343 mAnm Miezel).

2.140   **(2) Beispiele für Domainnamen, die als unbedenklich angesehen worden sind.** Der Gebrauch des Domainnamen **„gigarecht"** für einen Rechtsberatungs-Service im Internet ist sowohl unter berufsrechtlichen als auch unter wettbewerbsrechtlichen Gesichtspunkten als zu-lässig angesehen worden (LG Berlin NJW-RR 2001, 1719). – Der Begriff **„Herstellerkatalog"** beschreibt einen Katalog, in dem verschiedene Hersteller und deren Waren aufgeführt sind. In seiner Verwendung als Domainname („herstellerkatalog.com") ist ohne Hinzutreten sonstiger Unlauterkeitsmerkmale kein wettbewerbswidriges Verhalten zu sehen (OLG Stuttgart MMR 2002, 754).

2.141   **dd) Werbung für den Internetzugang.** Irreführend ist es, wenn ein Internet-Online-Dienst, der zwar die meisten Kunden hat, aber nicht am meisten genutzt wird, ist als **„Europas größter Onlinedienst"** oder als **„der größte Internet-Provider Europas"** bezeichnet. Der durchschnittlich informierte, aufmerksame und verständige Adressat, der die Werbung mit einer der Situation entspr. angemessenen Aufmerksamkeit zur Kenntnis nimmt, bezieht diese Angabe nicht allein auf die Zahl der Kunden, sondern nimmt auch an, dass dieser Dienst am häufigsten und umfangreichsten benutzt wird (BGH GRUR 2004, 786 (788) – Größter Online-Dienst). Der Werbung „weltweit die Nr. 1 in Online und Internet" versteht der Verkehr allerdings nicht in der Weise, dass dieser Onlinedienst in jedem Land der Welt die Nummer 1 sei (OLG Frank-furt GRUR 2003, 1059). – Als irreführend beanstandet worden ist die Werbeaussage **„T-Online eröffnet Ihnen den einfachen Weg ins Netz: Schnell, sicher, kostengünstig"**, weil die Werbeaussage „sicher" über einen Internetzugang vom Verkehr auch auf Computerviren und Datenmissbrauch bezogen werde (OLG Hamburg GRUR-RR 2003, 157), ebenso die Aussage **„Sorgenfrei ins Internet"** (OLG Hamburg GRUR-RR 2004, 333). Dies erscheint bedenk-lich, weil die Verwendung der Begriffe „sicher" und „sorgenfrei" genauso gut iSv „zuverlässig" verstanden werden kann. Derselbe Senat des OLG Hamburg hat denn auch die Werbeaussage **„1&1 DSL PLUS bietet Ihnen viel mehr als einen zuverlässigen und sicheren Zugang zum Highspeed-Internet!"** unbeanstandet passieren lassen (OLG Hamburg GRUR-RR 2005, 324 Ls. = NJOZ 2005, 3189).

2.142   Wichtiges werbliches Argument ist das technische Merkmal der **Datenübertragungs-geschwindigkeit** (→ Rn. 2.107). Die Angabe **„Für zB nur 29,90 Euro pro Monat surfen Sie mit 1 Mbit/s so lange und so viel Sie wollen."** ist als zulässig angesehen worden, weil kein erheblicher Teil des Verkehrs annimmt, der Anbieter stehe für diese Geschwindigkeit auch insoweit ein, als sie von Gegebenheiten und Strukturen außerhalb des ihm zur Verfügung gestellten Kabelnetzes abhängt (BGH GRUR 2010, 744 Rn. 47 – Sondernewsletter). Irreführ-rend ist es hingegen, wenn ein **Mobilfunkanbieter** mit einer Download-Geschwindigkeit **„bis zu 100 Mbit/s"** wirbt, obgleich im Durchschnitt eine Übertragungsgeschwindigkeit von nicht mehr als 45 Mbit/s erzielt wird (OLG Frankfurt GRUR-Prax 2016, 109; s. auch OLG Frankfurt GRUR-RR 2016, 419; OLG Düsseldorf WRP 2022, 213). Die Angabe „400 Mbit/s für Köln" ist irreführend, wenn diese Geschwindigkeit nicht durchgehend erreicht wird (OLG Köln MMR 2017, 485). Wird eine **„Flatrate"** für die Internetnutzung mit einer Angabe einer Übertragungsgeschwindigkeit angeboten, muss hinreichend deutlich darauf hingewiesen werden, dass ab dem Erreichen eines bestimmten Datenvolumens eine **Drosselung** erfolgt (LG München I MMR 2015, 41). Die Verwendung des Kürzels **„DSL"** führt den Verkehr ohne aufklärende Zusätze relevant in die Irre, wenn die angebotene Technik die erwartete Übertragungsgeschwindigkeit nur im Zuge des Herunterladens von Daten aus dem Internet („downstream"), nicht aber bei der eigenen Datenweiterleitung („upstream") bietet (OLG Köln GRUR-RR 2004, 184). Die Angabe **„Surfen im schnellsten Netz der Stadt"** ist eine irreführende Alleinstellungswerbung, wenn es an einem hinreichenden Vorsprung des Werbenden gegenüber den Wettbewerbern fehlt (OLG Köln MMR 2017, 485; ähnlich OLG Hamburg WRP 2019, 1494, für die Angabe **„bestes/größtes LTE-Netz"**). Wird für den Abschluss von **Mobilfunkverträgen** mit **„LTE-Geschwindigkeit"** oder **„LTE-Highspeed"** geworben, so erwartet der Verkehr nicht die technisch höchstmögliche, sondern lediglich eine gegenüber dem Vorgängerstandard verbesserte Übertragungsgeschwindigkeit, die den derzeitigen Ansprüchen an die regelmäßige Nutzung von Mobilfunkdiensten genügt (so die vom BGH in GRUR 2020, 1226 Rn. 16 – LTE-Geschwindigkeit nicht beanstandete Feststellung des Verkehrsverständnisses durch die Vorinstanz). – Irreführend ist es, für einen Rückruf ein **zusätzliches Datenvolumen** zu versprechen, dessen Gewährung dann aber von der Rücknahme der zuvor erklärten Kündigung abhängig zu machen (OLG Frankfurt WRP 2021, 1603).

2.143   Die **bes. Hinweispflichten,** die für **Kopplungsangebote** gelten (→ Rn. 3.64 ff. und → § 5a Rn. 5.42), sind nicht anzuwenden, wenn die Werbung neben den primär angebotenen Dienstleistungen des Werbenden im Zusammenhang mit der Bereitstellung von DSL-Internetzugängen als **fakultative Angebotsvariante** auch den hierfür benötigten T-DSL-Anschluss der Deutschen Telekom umfasst (OLG Karlsruhe GRUR-RR 2004, 86).

2.144   **ee) Irreführende Produktwerbung im Internet.** Die Art und Weise, wie sich ein **Angebot im Internet präsentieren** lässt, macht Regeln darüber erforderlich, in welcher Weise auf wesentliche Bestandteile des Angebots – etwa auf Preisbestandteile – hingewiesen werden muss. Dabei ist auch bei der Verwendung des Internet darauf abzustellen, ob die Inhalte vom Verkehr als zusammengehörig angesehen werden. Internetnutzer verhalten sich grds. nicht anders als andere Verbraucher. Insbesondere ist nicht zu erwarten, dass sie – wenn sie sich über die **Merkmale eines Angebots** informieren – sämtlichen **elektronischen Verweisen (Links)** nachgehen. Erfahrungsgemäß ruft der Interessent die Seiten auf, die er zur Information über das Produkt seines Interesses benötigt oder zu denen er durch eine elektronische Verknüpfung oder durch klare und unmissverständliche Hinweise bis hin zum Vertragsschluss geführt wird. Es geht meist darum, ob Informationen zu einem bestimmten Angebot **auf derselben Internetseite** aufgeführt sein müssen oder ob es ausreicht, wenn sie sich auf einer Seite befinden, die erst über einen **elektronischen Verweis (Link)** geöffnet wird. Die Sachverhalte bewegen sich im Spannungsfeld der beiden Entscheidungen „Internet-Reservierungssystem" und „Epson-Tinte".

2.145   **Tendenziell großzügig** sind Fälle zu beurteilen, in denen eine Information, auf die hingewiesen werden muss, sich zwar nicht auf der ursprünglichen Seite, jedoch auf einer Seite befindet, die der Kunde auf dem Weg zum Vertragsschluss als nächstes aufsuchen muss. So hat es der BGH weder als irreführend noch als einen Verstoß gegen die Preisangabenverordnung angesehen, dass bei einem Buchungssystem für Linienflüge auf einer ersten Seite zunächst nur ein Grundpreis (ohne Steuern und Gebühren) angegeben war, während sich der vollständige Endpreis (heute: Gesamtpreis) erst auf einer weiteren Seite befand, die sich bei Fortsetzung der Buchung öffnete. Dabei war jedoch auf der ersten Seite klar und unmissverständlich darauf hingewiesen worden, dass es sich noch nicht um den Endpreis handelte (vgl. BGH GRUR 2003, 889 (890) – Internet-Reservierungssystem; ferner OLG Köln GRUR-RR 2005, 90).

2.146   **Tendenziell eher als irreführend** zu beurteilen sind Fälle, in denen sich die wichtige Information auf einer gesonderten Seite befindet, die der Nutzer auf dem Weg zum Abschluss nicht notwendig öffnen muss. So hat es der BGH nicht ausreichen lassen, dass ein Anbieter kompatibler Verbrauchsmaterialien (hier: Toner für Drucker), der sein Produkt unter dem Begriff „Epson Tinte" anbietet, lediglich auf einer anderen Seite seines Angebots darauf hinweist, dass es sich nicht um ein original Epson-Produkt handelte (BGH GRUR 2005, 438 (441) – Epson-Tinte).

2.147   Bei der Werbung für ein aus **Mobiltelefon und Kartenvertrag** bestehendes Kopplungsangebot hat es das OLG Köln (GRUR-RR 2004, 307) ausreichen lassen, dass die Preisangaben auf einer weiteren Internetseite enthalten waren, zu der der Nutzer über einen einfachen Link geführt wurde. – Zur Verfügbarkeit von beworbenen Waren im **Internet-Versandhandel** → Anh. zu § 3 III Rn. 5.26. – Zur Irreführung durch einen objektiv zutreffenden, aber von deutschen Adressaten teilweise falsch verstandenen **englischsprachigen Werbetext,** der auf einer „com"-Homepage erscheint → Rn. 1.211.

2.147a   Die Attraktivität eines **Internet-Marktplatzes** wird ua von der Qualität des dort aufzufindenden Waren- und Serviceangebots bestimmt, für das wiederum die Zusammensetzung des auf dem Marktplatz vertretenen Anbieterkreises von Bedeutung sein kann. Es kann daher irreführend sein, wenn die Werbung für einen Internet-Marktplatz den unzutreffenden Eindruck erweckt, ein bestimmter Markenhersteller sei als **Anbieter auf dem Marktplatz** vertreten (BGH GRUR 2020, 1311 Rn. 56 – Vorwerk).

2.148   **ff) Deep Links, Framing, Meta-tags.** Bei diesen drei mit der Internetnutzung zusammenhängenden Phänomenen liegt der Schwerpunkt der rechtlichen Beurteilung im Urheber- oder Markenrecht. Dennoch kann in diesem Zusammenhang auch eine irreführende Werbung nach § 5 gegeben sein.

2.149   Ein sog. **Deep Link** ist ein elektronischer Querverweis auf das Internetangebot eines Dritten; dieser Verweis unterscheidet sich von einem normalen Verweis (Link) dadurch, dass er nicht auf die Homepage, sondern unmittelbar auf ein tiefer liegendes Angebot zugreift und dabei Werbung sowie andere Informationen auf den Seiten, über die normalerweise der Zugang erfolgt, ausgeblendet werden (vgl. BGHZ 206, 11 Rn. 19 = GRUR 2016, 209 – Haftung für Hyperlink). Hierin kann eine Irreführung des Internetnutzers liegen, wenn bspw. der Nutzer nicht erkennt, dass es sich bei den Informationen auf der Seite, auf die verwiesen worden ist, um die Informationen eines Dritten handelt. – Es ist relevant irreführend, die Eröffnung eines Deep Link auf fremde Publikationsangebote im Internet als „Ihre persönliche Tageszeitung" zu bezeichnen (OLG Köln GRUR-RR 2001, 97; insoweit nicht in die Rev. gelangt, BGHZ 156, 1 = GRUR 2003, 958 – Paperboy).

2.150   Die eben beschriebene Gefahr kann es auch beim sog. **Framing** geben, bei dem die mit einem (Quer-)Verweis verbundene Internetseite des Dritten in einem Rahmen des Verweisenden erscheint, wobei leicht der Eindruck entstehen kann, es handele sich nicht um das Angebot des Dritten, sondern um das des Verweisenden. Dass Internetnutzer insoweit nicht der Gefahr einer Täuschung unterliegen können, wird man nicht sagen können (so aber OLG Düsseldorf MMR 1999, 729 (733) mAnm Gaster; vgl. Bornkamm/Seichter CR 2005, 747 (750)).

2.151   Ein **Meta-tag** ist ein verstecktes Suchwort, das dazu führt, dass eine Internetseite auch dann gefunden wird, wenn das Suchwort auf der fraglichen Seite gar nicht vorkommt. Das ist völlig unverfänglich, wenn als Meta-tags Gattungsbegriffe eingegeben werden (OLG Düsseldorf WRP 2003, 104), kann aber dann bedenklich sein, wenn fremde Kennzeichen als versteckte Suchwörter eingesetzt werden, um Internetnutzer, die an sich zu einem anderen Angebot streben, auf die eigene Seite zu holen. Eine irreführende Werbung liegt hierin – ungeachtet der markenrechtlichen Problematik – nicht. Denn der Internetnutzer macht sich beim Bedienen einer Suchmaschine wenig Gedanken darüber, ob nur nach Begriffen gesucht wird, die sich auch auf der jeweiligen Internetseite wieder finden lassen. Ist er kundig, so weiß er, dass auch nach versteckten Suchwörtern gesucht wird, deren Verwendung idR gänzlich unproblematisch ist (OLG Düsseldorf WRP 2003, 104; GRUR-RR 2003, 340; MMR 2004, 319; Kaufmann MMR 2005, 348 (351)). Der BGH hat jedoch in der Verwendung eines fremden Kennzeichens als Metatag eine kennzeichenmäßige Benutzung und damit eine Kennzeichenverletzung gesehen (BGHZ 168, 28 Rn. 17 = GRUR 2007, 65 – Impuls).

2.152   **gg) Adwords-Werbung.** Bei **Adwords-Anzeigen** ist zu berücksichtigen, dass dem Werbenden für seine Werbeaussage nur ein ganz beschränkter Platz zur Verfügung steht. Deshalb ist es nicht zu beanstanden, wenn die Adwords-Anzeige nur eine möglicherweise nicht ganz vollständige **Kurzangabe** enthält, solange die Angaben auf der sich öffnenden Internetseite vollständig und unmissverständlich sind. Unbeanstandet geblieben ist bspw. die Werbung mit einer Lieferung der beworbenen Ware „innerhalb 24 Stunden", obwohl dies – wie sich aus der mit einem Klick zu öffnenden Internetseite ergibt – nur gilt, wenn die Bestellung montags bis freitags bis 16.45 Uhr erfolgt (BGH GRUR 2012, 81 Rn. 14 f. – Innerhalb 24 Stunden).

2.153   **hh) Versteigerungen im Internet.** Die Bezeichnung **„Auktion"** oder **„Versteigerung"** für Verkäufe gegen Höchstgebot im Internet, die keine Versteigerungen iSv § 34b GewO sind, ist ohne Hinzutreten weiterer Umstände nicht irreführend (OLG Frankfurt MMR 2001, 451; KG NJW 2001, 3272). – Da sich die Preise eigenständig bilden, ist es nicht als irreführend angesehen worden, dass ein gewerblicher Händler bei einem Verkaufsangebot in einer Internetauktion nicht auf seine **Händlereigenschaft** hinweist (OLG Oldenburg NJW-RR 2003, 1061;

dazu Seifert K&R 2003, 244). – Bei Versteigerungen im Internet erwartet der Verkehr, dass die ersteigerten Geräte **unverzüglich nach der Bezahlung ausgeliefert** werden. Der Verkehr orientiert sich insoweit an den Lieferfristen im Versandhandel, die – wenn dem Verbraucher nichts anderes mitgeteilt wird – idR zwei bis fünf Tage betragen. Erfolgt eine Lieferung erst nach 15 Werktagen, muss hierauf vor der Versteigerung hingewiesen werden; andernfalls liegt ein Verstoß gegen das Irreführungsverbot vor (LG Hamburg GRUR-RR 2001, 315).

ii) Kundenbewertungen im Internet. Die Verwendung von **Kundenbewertungen in** **2.153a** **Online-Shops** ist ein verbreitetes und effektives Werbemittel (zu den Grundsätzen der Werbung mit Empfehlungen Dritter → Rn. 1.165 ff.). Ihr Einsatz stellt eine geschäftliche Handlung des Betreibers des Online-Shops iSv § 2 Abs. 1 Nr. 2 dar, weil er der Förderung des eigenen Absatzes dient. Der besonderen Bedeutung dieses Werbemittels hat der Gesetzgeber des G zur Stärkung des Verbraucherschutzes im Wettbewerbs- und Gewerberecht v. 10.8.2021 durch die ab dem 28.5.2022 geltende Einführung einer **neuen Informationspflicht in § 5b III** Rechnung getragen. Nach dieser Vorschrift stellen die **Informationen darüber, ob und wie der** **Unternehmer sicherstellt,** dass die veröffentlichten Bewertungen von Verbrauchern stammen, die die mit Kundenbewertungen beworbenen Produkte tatsächlich genutzt oder erworben haben, wesentliche Informationen iSv § 5a I dar. Diese Informationspflicht wird seit dem 28.5.2022 durch neue Irreführungstatbestände in der Liste der stets unzulässigen geschäftlichen Handlungen gem. Anh. § 3 III flankiert: Nach Anh. Nr. 23b zu § 3 III nF ist es stets unzulässig zu behaupten, dass Bewertungen eines Produkts von solchen Verbrauchern stammen, die das **Produkt tatsächlich erworben oder genutzt** haben, ohne dass **angemessene und verhältnismäßige Maßnahmen zur Überprüfung** ergriffen wurden, ob die Bewertungen tatsächlich von solchen Verbrauchern stammen (→ Anh. zu § 3 III Rn. 23b.1 ff.). Nach Nr. 23c des Anh. zu § 3 III nF ist die **Übermittlung oder Beauftragung gefälschter Bewertungen oder** **Empfehlungen von Verbrauchern sowie die falsche Darstellung solcher Bewertungen** **oder Empfehlungen** in sozialen Medien zu Zwecken der Verkaufsförderung stets unzulässig (→ Anh. § 3 Rn. 23c.1 ff.).

Soweit die vorstehenden Neuregelungen den Tatbestand der Informationspflichtverletzung **2.153b** ergänzen (§ 5b III nF), lässt dies gdrs. den Anwendungsbereich des allgemeinen Irreführungsverbots unberührt, weil beide Tatbestände nebeneinander anwendbar sind (→ § 5a Rn. 2.57). Die neuen Tatbestände der Irreführung über die Echtheit von Verbraucherbewertungen in Anh. Nr. 23b und 23c zu § 3 III nF gehen hingegen – wie alle Vorschriften der „schwarzen Liste" – dem allgemeinen Irreführungsverbot des § 5 vor (→ Rn. 0.123).

Irreführend ist es, mit **„garantiert echten Meinungen"** zu werben, wenn nicht positive wie **2.153c** negative Meinungsäußerungen ungefiltert veröffentlicht werden (BGH GRUR 2016, 828 Rn. 38 – Kundenbewertungen im Internet). Gleichfalls irreführend ist die Werbung mit **nicht** **von Käufern stammenden** Meinungsäußerungen (OLG Hamburg WRP 2019, 948; LG Bielefeld K&R 2018, 130; zu gekauften „Gefällt mir"-Angaben LG Stuttgart BeckRS 2015, 3267). Irreführend ist es ferner, wenn ein Restaurantbetreiber **nicht mehr aktuelle Kundenbewertungen** weiterverwendet, nachdem er das Franchise-System gewechselt hat (OLG Frankfurt WRP 2018, 1107). Die Kundenbewertungen müssen sich auf den Online-Shop beziehen, für den sie abgegeben worden sind (LG Köln K & R 2017, 666). Die Werbung mit **bezahlten** **Kundenbewertungen** ist wegen des zu Unrecht erzeugten Anscheins der Objektivität unzulässig (OLG Frankfurt WRP 2019, 1041; LG Hamburg GRUR-RR 2022, 152 Ls.).– Der **Anbieter eines Online-Marktplatzes** haftet allerdings nicht für Kundenbewertungen, die er sich **nicht zu eigen gemacht** hat, weil er nicht nach außen erkennbar die inhaltliche Verantwortung für die Äußerungen Dritter übernommen oder den zurechenbaren Anschein erweckt hat, sich mit den Kundenbewertungen zu identifizieren. Eine Haftung als (Mit-)Täter eines UWG-Verstoßes ist aber gegeben, wenn der Anbieter des Online-Marktplatzes Kundenbewertungen fälscht oder Kunden für unwahre Bewertungen bezahlt (BGH GRUR 2020, 543 Rn. 15 ff., 41 – Kundenbewerungen bei Amazon). – Zur getarnten Werbung im Internet → § 5a Rn. 4.78 ff.

g) Lotto. Zu Recht wurde eine Werbung untersagt, die den objektiv unzutreffenden Ein **2.154** druck erweckte, dass mit Hilfe astrologischer Vorhersagen die Erfolgschancen im Zahlenlotto gesteigert werden könnten (KG GRUR 1988, 223). Auch wenn die meisten Verbraucher durch diese Werbung nicht getäuscht werden, weil ihnen klar ist, dass ihr Lottoglück nur vom Zufall abhängt, gibt es eine Reihe leichtgläubiger Verbraucher, die vor einer so schwerwiegenden Verletzung der Wahrheitspflicht zu schützen sind.

2.155   **h) Mietwagen.** Ein Mietwagenunternehmen täuscht über den Umfang des Angebots, wenn es in der Werbung den Eindruck hervorruft, die Schadensregulierung und somit fremde Rechtsangelegenheiten zu übernehmen, obwohl es dazu weder befugt noch willens ist (zum RBerG aF BGH GRUR 1975, 23 (26) – Ersatzwagenvermietung mAnm Malzer). Dies gilt auch nach der Neufassung des RDG, soweit es sich – wie etwa bei der Prüfung von Grund und Höhe streitiger Schadensersatzansprüche (vgl. Deckenbrock/Henssler, 5. Aufl. 2021, RDG § 5 Rn. 109) – um eine Rechtsdienstleistung iSv § 2 I RDG handelt, die keine nach § 5 I RDG erlaubte Nebenleistungen darstellt. Bei einem **Leasing-Geschäft** ohne Kaufoption darf nicht auf den insoweit belanglosen „Restkaufwert" hingewiesen werden, da der Verkehr dieser Angabe eine in Wirklichkeit nicht gegebene Ankaufsmöglichkeit entnimmt (OLG Frankfurt WRP 1988, 615).

2.156   **i) Steuerberater, Lohnsteuerhilfevereine. Steuerberater** erwecken bei werbenden Auftritten leicht den Eindruck, als könnten sie auch eine **Rechtsberatung** übernehmen. So wird der in der Leistungsübersicht einer Steuerberaterkanzlei angeführte Begriff „Erbrechtsberatung" von den angesprochenen Adressaten dahin verstanden, dass sich die Beratung nicht auf die rein steuerrechtlichen Aspekte beschränkt (LG Hamburg NJW-RR 2002, 1144). – **Lohnsteuerhilfevereine** dürfen ihren Mitgliedern Hilfe in Steuersachen leisten, soweit es sich ausschließlich um Einnahmen aus nichtselbstständiger Arbeit handelt (§ 4 Nr. 11 StBerG). Als irreführend ist es daher beanstandet worden, dass ein Lohnsteuerhilfeverein blickfangmäßig mit dem Satz wirbt „**Beratung von A–Z** bei ihrer Einkommensteuererklärung" (OLG Zweibrücken NJW-RR 2003, 1576 (1577)). Selbst der Hinweis auf die gesetzliche Beschränkung in einer Fußnote ist – sehr engherzig – nicht als ausreichend angesehen worden, obwohl sich die Werbung nur an Arbeitnehmer richtete (OLG Zweibrücken Urt. v. 15.7.2004 – 4 U 180/03 – Nichtzulassungsbeschwerde zurückgewiesen: BGH Beschl. v. 24.3.2005 – I ZR 115/04). Dem ist der BGH inzwischen entgegengetreten: Danach braucht ein Lohnsteuerhilfeverein, der in einer Werbeanzeige allein auf sein Bestehen hinweist, nicht zugleich zu erklären, dass eine Beratung nur im Rahmen einer Mitgliedschaft bei ihm möglich und er auch lediglich in eingeschränktem Umfang zur geschäftsmäßigen Hilfeleistung in Steuersachen befugt ist (BGH GRUR 2011, 535 Rn. 20 f. – Lohnsteuerhilfeverein Preußen). – Die nicht nach § 43 I StBerG zugelassene Berufsbezeichnung **„Steuerbetriebswirtin"** ist irreführend, weil sie nahelegt, die titelführende Person dürfe mehr als nur Buchhaltungstätigkeiten iSv § 6 StBerG erbringen (LG Hagen DStRE 2019, 465). – Eine **Limited Liability Partnership** (LLP) mit Hauptsitz in London, die nicht zu den nach den §§ 3, 4 und 6 Nr. 4 StBerG zur geschäftsmäßigen Hilfeleistung in Steuersachen befugten Personen und Vereinigungen zählt, ist nach § 3a I 1 StBerG zur vorübergehenden und gelegentlichen geschäftsmäßigen Hilfeleistung in Steuersachen im Inland befugt, wenn sie über eine inländische Niederlassung verfügt; ihre Werbung, die eine solche Befugnis suggeriert, ist irreführend (BGH GRUR 2021, 742 Rn. 43 – Steuerberater-LLP).

j) Telefon

Schrifttum: Enßlin, Verpflichtung zur Angabe von Preisen in der Werbung für Telefonmehrwertdienste, WRP 2001, 359; Molle, Werbung für Telefontarife und notwendige Angaben – „Sondernewsletter" – Zugleich Kommentar zu BGH, Urteil vom 10.12.2009 – I ZR 149/07, K&R 2010, 545.

2.157   Seit der Liberalisierung des Telekommunikationsmarktes ist der **Wettbewerb um Telefonkunden** entbrannt und hat zu drastischen Preissenkungen geführt. Die Entscheidungen zu wettbewerbswidriger Werbung um Telefonkunden sind Legion. In der Vergangenheit geschlagen wurde die Schlacht um die (nahezu) kostenlose Abgabe von Mobiltelefonen bei gleichzeitigem Abschluss eines Netzvertrages (→ Rn. 3.65, → Rn. 3.73). Aus dieser Rspr. hat sich der Topos der **missbräuchlichen Kopplungsangebote** entwickelt (→ Rn. 3.64 ff.); danach steht es den Unternehmen frei, für verschiedene Produkte einen Gesamtpreis zu bilden; eine Verpflichtung, Einzelpreise für die verschiedenen Bestandteile eines gekoppelten Angebots anzugeben, besteht nicht (→ Rn. 3.64). Die Möglichkeiten, ein Kopplungsangebot zu bewerben, werden aber durch das Transparenzangebot begrenzt. Insbes. ist es irreführend, wenn die Verbraucher über Preisbestandteile getäuscht oder sonst unzureichend informiert werden (→ Rn. 3.65).

2.158   Das **Transparenzgebot** prägt auch die Rspr. zur Irreführung im Rahmen der Werbung für Telefondienstleistungen. Dabei lassen sich – zusammengefasst – **vier Regeln** formulieren: **(1)** Das in der Werbung herausgestellte Angebot für den (nahezu) **kostenlosen Erwerb eines Mobiltelefons** bei gleichzeitigem Abschluss eines Netzkartenvertrags ist irreführend und verstößt gegen die PAngV, wenn die für den Verbraucher verbundenen Kosten nicht deutlich kenntlich gemacht werden (BGHZ 139, 368 = GRUR 1999, 264 – Handy für 0,00 DM; BGH GRUR 2006, 164 – Aktivierungskosten II; → Rn. 3.64 und 3.73). **(2)** Im Hinblick auf die dem Durchschnittskunden bekannten Möglichkeiten, die Verbindungsdienstleistungen durch einen anderen Anbieter erbringen zu lassen („Preselection" oder „Call-by-Call"), müssen **Angebote für Telefonendgeräten und Telefonanschlussdienstleistungen** nicht zugleich auch ein Angebot von **Verbindungsdienstleistungen** enthalten (BGH GRUR 2008, 729 – Werbung für Telefondienstleistungen; → Rn. 3.67). **(3)** Wird für einen besonders günstigen Telefontarif geworben, müssen in der Anzeige die für die **Bereitstellung des erforderlichen Telefon-anschlusses** aufzuwendenden Kosten sowie die monatlich anfallenden Grundgebühren für diesen Anschluss angegeben werden (BGH GRUR 2009, 73 – Telefonieren für 0 Cent!; → Rn. 3.67); dies gilt auch, wenn es sich es sich bei dem fraglichen Telefonanschluss um einen **Kabelanschluss** handelt und die Werbung sich nicht lediglich an Kunden wendet, die bereits über einen Kabelanschluss verfügen (BGH GRUR 2010, 744 – Sondernewsletter; → Rn. 3.73). Zur Werbung für einen alle Telefongespräche ins deutsche Festnetz enthaltenden **Inklusivtarif,** der weder Service- oder Sonderrufnummern noch Auskunftsdienste miterfasst, vgl. BGH GRUR 2016, 207 Rn. 11 – All Net Flat. **(4)** Wird damit geworben, dass das beworbene Angebot keinen Anschluss der Deutschen Telekom voraussetzt, muss in der Werbung ein Hinweis erfolgen, falls bei einer Nutzung der beworbenen Telefondienstleistung keine Möglichkeit besteht, **„Call-by-Call"-Telefonate** zu führen (BGH GRUR 2011, 846 – Kein Telekom-Anschluss nötig; GRUR 2012, 943 – Call-by-Call). Dies gilt wegen der Bedeutung des Call-by-Call-Angebots für Anrufe in Mobilfunk- oder ausländische Festnetze auch dann, wenn für Anrufe ins deutsche Festnetz eine Flatrate angeboten wird. Der Hinweis darauf, dass **„Prese-lection"** nicht möglich ist, ist dagegen nicht erforderlich, wenn eine **Telefon-Flatrate** angeboten wird (BGH MMR 2010, 184 Rn. 7 f.). – Zum (als nicht irreführend angesehenen) Begriff **„D-Netz"** als Sammelbegriff für die Netze von Telekom und Vodofone OLG Hamburg WRP 2023, 753.

k) Touristik. Die Werbung eines Reiseunternehmens für die **Unterbringung** in einem   **2.159** bestimmten Hotel ist irreführend, wenn der Zugriff auf die Hotelbetten rechtlich nicht gesichert ist (OLG München NJWE-WettbR 1997, 201). – Ein Reiseveranstalter, der nach einer **(ein-seitigen) Preiserhöhung** wegen gestiegener Treibstoffkosten („Kerosinzuschlag") Kunden gegenüber, die den erhöhten Reisepreis nur unter Vorbehalt der nachträglichen Überprüfung zahlen, erklärt, den Vorbehalt nicht zu akzeptieren und die kompletten Reiseunterlagen nur bei vollständiger Zahlung des Reisepreises auszuhändigen, führt die Kunden in relevanter Weise über ihre Rechte hins. der Überprüfung der einseitigen Preiserhöhung (§ 651g I BGB) irre und nutzt damit deren Rechtsunkenntnis in unlauterer Weise aus, weil er damit eine weitere Aufklärung zur Berechtigung dieser Preiserhöhung unterbunden hat (OLG Frankfurt GRUR 2002, 727). – Die Bezeichnung **„Parkhotel"** ist irreführend, wenn das Hotel an einer Durchgangsstraße liegt und sich in seiner Nähe weder ein Parkgelände noch eine parkähnliche Fläche befindet (OLG Karlsruhe WRP 2012, 1292). – Zur irreführenden Verwendung von **Hotel-Sternen** → Anh. § 3 Rn. 2.4.

l) Verlagswesen. aa) Irreführung über das Datum des Erscheinens. Das **Vordatieren**   **2.160** **von Büchern** – also die Angabe eines zukünftigen, meist des nächsten Jahres, obwohl ein Buch noch im alten Jahr erscheint – verstößt an sich gegen das Irreführungsverbot, weil der Verkehr diesen Druckwerken, insbes. bei wissenschaftlichen Werken, eine Aktualität beimisst, die ihnen in Wirklichkeit nicht zukommt. In vielen Branchen hat sich der Verkehr jedoch daran gewöhnt, dass das im Buch angegebene Erscheinungsjahr nicht genau dem wirklichen Erscheinungsdatum entspricht, dass vielmehr **im Herbst erscheinende Bücher** bereits unter **Angabe des kommenden Jahres** erscheinen. Vor allem bei im Jahresrhythmus erscheinenden Werken oder jährlich erscheinenden Neuauflagen ist es weithin üblich, den neuen Jahrgangsband oder die Auflage des neuen Jahres bereits in den letzten Monaten des Vorjahres herauszubringen. Besteht eine solche Übung, wird man häufig davon ausgehen können, dass sie auch dem Käufer bekannt ist, der das Werk bspw. im Oktober – also unmittelbar vor Erscheinen der nächsten Auflage oder des nächsten Bandes – noch erwirbt. Kaum zu rechtfertigen ist allerdings die Übung, etwa bei Atlanten oder Hotelführern eine **falsche Doppeljahreszahl** anzugeben, also bspw. einen im Weihnachtsgeschäft 2012 angebotenen Straßenatlas mit den Jahreszahlen „2014/15" zu bewerten. In einem solchen Fall wird auch eine entspr. Übung die Irreführung eines erheblichen Teils des Verkehrs nicht ausschließen, weil die dort angesprochenen Verbraucher das Verlagsgebaren nicht in derselben Weise beobachten, wie es bei den Erwerbern von Fachliteratur zu erwarten ist.

2.161 Unzulässig ist es, wenn eine mit dem Inlandsblatt übereinstimmende Auslandsausgabe einer **Tageszeitung vordatiert** wird, damit sie im Ausland nicht unter dem abgelaufenen Datum angeboten werden muss, der Käufer vielmehr den Eindruck erhält, er erwerbe die aktuelle Ausgabe (OGH ÖBl 1961, 28 – Kurier). – Die Angabe im Impressum eines Anzeigenblatts **„erscheint wöchentlich sonntags"** ist irreführend, wenn das Blatt schon am Samstagabend restlos verteilt wird. Denn der Verkehr entnimmt dem späteren Erscheinungstermin eine bes. Aktualität der Zeitung (OLG Hamm GRUR 1984, 64).

2.162 Auch durch eine **unrealistische Vorankündigung** werden die Verbraucher in relevanter Weise irregeführt. Wird ein Werk mit einem bestimmten, in naher Zukunft liegenden Erscheinungstermin angekündigt, obwohl abzusehen ist, dass sich das Erscheinen noch erheblich verzögern wird, werden Interessenten davon abgehalten, das Konkurrenzwerk zu erwerben, weil sie unter diesen Umständen lieber auf das neu angekündigte aktuellere Werk warten werden. Auch hier gilt freilich, dass sich eine gewisse Übertreibung eingebürgert hat, so dass die angesprochenen Verkehrskreise häufig bereits damit rechnen, dass ein zu einem bestimmten Termin angekündigtes Werk in Wirklichkeit erst zwei oder drei Monate später erscheinen wird.

2.163 **bb) Irreführende Ausgaben.** Gemeinfrei gewordene Werke dürfen grds. in veränderter Form nachgedruckt werden. Gegebenenfalls kann es erforderlich sein, durch aufklärende Zusätze auf **Abweichungen von der Originalausgabe** hinzuweisen; so wenn der Käufer mit einer Unvollständigkeit des Nachdrucks nicht zu rechnen braucht und vollständige Ausgaben anderer Verleger auf dem Markt erhältlich sind (OLG München GRUR 1957, 505: Selma Lagerlöfs „wunderbare Reise des Nils Holgersson" mit 37 statt 55 Kapiteln). – Die Bezeichnung **„Urtextausgabe"** setzt voraus, dass der Urtext wiedergegeben ist und zwar so, wie er sich auf Grund wissenschaftlicher Quellenforschung ergibt. Es können demnach im Einzelnen voneinander abweichende Urtextausgaben bestehen. Für eine Bearbeitung darf die Bezeichnung nicht verwendet werden, es sei denn, dass die Ergänzungen und Berichtigungen gegenüber dem Urtext deutlich gekennzeichnet sind. – Der Titel **„OLG Rspr aktuell"** ist wegen seines Bestandteils „aktuell" irreführend, wenn in der Druckschrift 18 Entscheidungen veröffentlicht sind, von denen im Zeitpunkt des Erscheinens des Reports neun älter als sechs Monate und davon sechs älter als neun Monate sind (OLG Köln GRUR 1993, 567). – Die Bezeichnung einer gegenüber den übrigen Seiten einer Zeitschrift überstehenden achtseitigen Rezeptsammlung in der Heftmitte der Zeitschrift als **„Extra-Heft"** ist nicht irreführend (OLG Hamburg WRP 2018, 1370).

2.164 **cc) Verzeichnisse (gedruckt und digital). (1) Adressbücher und Kataloge.** Unzulässig ist die Bezeichnung **„Adressbuch der Bauwirtschaft"** für eine unvollständige und ungeordnete Zusammenstellung von bestellten Inseraten aus dem Baugewerbe (OLG Stuttgart GRUR 1967, 147). – Ebenso ist die die **Aufmachung eines Waren-Bestellkatalogs als Modezeitschrift** irreführend (KG WRP 1977, 710). – Dagegen erscheint das Verbot, ein Anzeigenblatt mit redaktionellen Beiträgen als Zeitung zu bezeichnen, als übertrieben streng (OLG Düsseldorf GRUR 1979, 123); es ist zu fragen, worin die Relevanz der Irreführung liegen soll, wenn ein Verbraucher zu einem unentgeltlich verteilten Anzeigenblatt in der falschen Vorstellung greift, es handele sich um ein Blatt mit noch wertvolleren redaktionellen Beiträgen. Eine vollwertige Zeitung wird der Verbraucher in dieser Situation idR nicht erwarten (vgl. auch OLG Hamm WRP 1979, 148).

2.165 Unter einem **Adressbuch** versteht der Verkehr ein vollständiges, in Buchstabenfolge geordnetes Verzeichnis aller einschlägigen Anschriften (OLG Stuttgart GRUR 1967, 147). Irreführend ist daher die Bezeichnung „Adressbuch der Bauwirtschaft", wenn es sich um eine ungeordnete und unvollständige Zusammenstellung von bestellten Interessen aus dem Baugewerbe handelt (OLG Stuttgart GRUR 1967, 147). Dasselbe gilt für Verzeichnisse von Faxteilnehmern. Auch hier erwartet der Verkehr eine vollständige Zusammenstellung der Anschlüsse aller in Betracht kommenden Personen (OLG Köln WRP 1996, 333 (336)). Ein **Messekatalog** muss nur dann die Voraussetzung der Vollständigkeit erfüllen, wenn es sich um den **offiziellen Katalog** handelt (OLG Frankfurt WRP 1978, 893).

2.166 **(2) Suchdienste.** Wird im Internet oder auf andere Weise ein Suchdienst angeboten, mit dessen Hilfe der Verbraucher das für ihn passende Angebot finden kann, erwartet der Verkehr zwar nicht notwendig eine vollständige Auswahl. Er wird aber in relevanter Weise irregeführt, wenn das Kriterium für die Aufnahme in die Liste die Zahlung einer Gegenleistung ist. Dies gilt bspw. für Anwaltsverzeichnisse, die vorgeben, dem Verbraucher bei der Hilfe nach dem richtigen Anwalt behilflich zu sein, in Wirklichkeit aber nur solche Anwälte vorschlagen, von denen sie ein Entgelt erhalten haben. Mit der Bezeichnung **„Deutsches Anwaltsverzeichnis"** wird bei den angesprochenen Verkehrskreisen die Vorstellung geweckt, das Verzeichnis enthalte alle bzw. die allermeisten Namen der in Deutschland tätigen Rechtsanwälte (LG Berlin MMR 2003, 490). Auch der Hinweis eines Anwaltssuchdienstes, der sich auf eine **Kooperation mit der Bundesrechtsanwaltskammer** beruft, ist irreführend, wenn die Kammer keinen Einfluss auf die Auswahl der in die Liste aufgenommenen Anwälte hat (OLG Köln NJW-RR 1997, 991). – Ebenso irreführend sind **Hotel- oder Restaurantführer, Verzeichnisse von Golfplätzen, Skiatlanten** etc, die redaktionell gestaltet sind und deswegen den Eindruck erwecken, es handele sich um ein vollständiges Verzeichnis oder die Auswahl sei ausschließlich nach qualitativen Gesichtspunkten erfolgt, während in Wirklichkeit die Aufnahme in das Verzeichnis von der Zahlung eines Beitrags abhängt. In diesen Fällen ist ggf. auch der Tatbestand der redaktionellen Werbung nach § 5a IV erfüllt (zum Verhältnis der beiden Tatbestände → Rn. 0.93 f.).

dd) Irreführende Neuauflagen. Als irreführend zu untersagen ist es, wenn ein Verlag eine **2.167** Neuauflage herausbringt, die sich von der Vorauflage nur durch ein **anderes Titelblatt** unterscheidet (BGH GRUR 1978, 52 – Fernschreibverzeichnisse). – Um den Absatz einer Neuauflage gegenüber den Käufern der Vorauflage attraktiv erscheinen zu lassen, wird gelegentlich ein **Maß der Überarbeitung** vorgetäuscht, das der Wirklichkeit nicht entspricht („Dritte vollständig überarbeitete Auflage"; zur Verwendung des Wortes „neu" → Rn. 2.70). – Das OLG München hat es im Streit um die Übersetzungen der Bücher von Alessandro Baricco als irreführend beanstandet, dass die **in einer neuen Übersetzung erschienene Neuauflage** des Buches „Novecento" unter der alten ISBN-Nummer, ohne deutlichen Hinweis auf die neue Übersetzung und in derselben Ausstattung verkauft worden war, wobei nach Auffassung des OLG jeder Umstand für sich genommen den Vorwurf der Irreführung rechtfertige. Wer das ihm empfohlene Werk unter dem Titel erwerbe oder es mit Hilfe der ISBN-Nummer bestelle, rechne nicht damit, dass der Verlag für die Neuauflage eine andere als die hoch gelobte Übersetzung der ersten Auflage verwendet habe, und sehe sich getäuscht, wenn auf diesen Wechsel nicht deutlich hingewiesen werde (OLG München GRUR-RR 2001, 151 (154) – Rev. insoweit nicht angenommen: BGH Beschl. v. 18.4.2002 – I ZR 136/01).

ee) Auflagenhöhe und Reichweite. Wird in der Werbung die Auflagenhöhe angegeben, **2.168** handelt es sich um eine Beschaffenheitsangabe. Der Verkehr misst der Durchsetzung des Produktes im Wettbewerb eine große Bedeutung bei, da er von dem quantitativen Moment der Verkehrsanerkennung auf die qualitative Beschaffenheit schließt (GK/Lindacher/Peifer Rn. 423). Es gibt keinen einheitlichen **Begriff der Auflage;** gemeint sein kann die gedruckte, die verkaufte oder die tatsächlich verbreitete Auflage. Während die **verkaufte Auflage** alle Exemplare umfasst, die im Einzelverkauf und an Abonnenten abgegeben werden, schließt die tatsächlich **verbreitete Auflage** zusätzlich noch die Werbeexemplare und Freistücke mit ein. Für den Leser ist im Allgemeinen ein anderes Verständnis von Auflage von Interesse als für den Anzeigenkunden. Während auf dem **Lesermarkt** allein die verkaufte Auflage zählt, von der auf die Marktstellung der Zeitung geschlossen wird, interessieren sich die **Anzeigenkunden** weniger für die gedruckte oder verkaufte als vielmehr für die tatsächlich verbreitete Auflage oder für die Zahl der Leser (sog **Reichweite**), da sie für die Werbewirkung von Bedeutung sind (BGH GRUR 1963, 34 – Werkstatt und Betrieb; BGHZ 156, 250 (252) = GRUR 2004, 244 (245) – Marktführerschaft). Irreführend ist es daher, gegenüber Lesern mit der Aussage „SOESTER ANZEIGER – Auflagenstärkste Tageszeitung im Kreis Soest – Auflage: 29.996 Exemplare" zu werben, wenn es sich hierbei nicht um die verkaufte, sondern um die verbreitete Auflage handelt (OLG Hamm WRP 1991, 328). Im konkreten Fall hätte man sich allerdings mit dem klein gedruckten Sternchenhinweis „täglich verbreitete Auflage" zufrieden geben können, zumal die verkaufte Auflage nur etwa 5% niedriger als die verbreitete Auflage und die absolute Zahl für den Verkehr ohnehin nur von eingeschränkter Bedeutung sein dürfte.

Unbedenklich ist es, bei der Werbung mit der Auflagenhöhe die **Ortsausgaben einer** **2.169** **Zeitung** in die Gesamtauflage einzubeziehen (BGH GRUR 1968, 433 (436) – Westfalen-Blatt II). Als irreführend wurde dagegen die Zeitungswerbung **„Überall Westfalen-Blatt"** untersagt, weil die Auflage der beworbenen Zeitung weit unter der des einzigen regionalen Konkurrenzblattes liege (BGH GRUR 1983, 588 (589) – Überall Westfalen-Blatt). Es erscheint jedoch fraglich, ob der Verkehr diese Ubiquitätsbehauptung wirklich in der Weise versteht, dass eine Verbreitung in Anspruch genommen werde, die der des Konkurrenzblattes wenn schon nicht überlegen, so doch in etwa gleichwertig sei oder jedenfalls nahe komme. Der Tatsachenkern der Aussage ist bei Licht betrachtet inhaltsleer und gibt für einen Vergleich mit der

Konkurrenz kaum etwas her. – Angaben eines Anzeigenblatts über die Auflagenhöhe sind irreführend, wenn sie sich auf ein größeres Gebiet als das im Titelblatt genannte Verbreitungsgebiet beziehen (OLG Oldenburg GRUR 1978, 657 – Verbraucherzeitung). Dagegen ist ein Werbevergleich mit Media-Daten, der die Zahl der „Leser pro Ausgabe (LpA)" konkurrierender Publikationen gegenüberstellt und dabei erkennbar zwei Verbreitungsgebiete (Landkreise) zusammenfasst, nicht irreführend, wenn die unterschiedliche Verteilung in beiden Gebieten deutlich wird (OLG Hamburg NJWE-WettbR 1999, 276).

2.170 Die Hervorhebung einer **Auflagensteigerung** in einem bestimmten Zeitraum kann – auch wenn die mitgeteilten Prozentzahlen stimmen – irreführend sein, wenn der Eindruck erweckt wird, der gewählte Zeitraum stehe für eine ständige Aufwärtstendenz, während es sich in Wirklichkeit um einen einmaligen Sprung der im Übrigen stagnierenden oder gar rückläufigen Auflage handelt (OLG Frankfurt WRP 1978, 552). Ebenso wenig darf – wenn gegenüber potenziellen Inserenten mit der **verbreiteten Auflage** geworben wird – die Auflagenhöhe einzelner, zufällig herausgegriffener Tage angeführt werden, ohne gleichzeitig darauf hinzuweisen, dass es sich nicht um die **Durchschnittsauflage,** sondern um die Höhe einzelner Spitzenauflagen handelt (OGH ÖBl 1961, 50 – Express).

2.171 Die **Relevanz der Irreführung** hat das OLG Karlsruhe in einem Fall verneint, in dem – nach dem unterstellten Sachverhalt – für ein in 8.100 Exemplaren gedrucktes Anzeigenblatt mit der Aussage **„Auflage ca. 9.000 Stück"** geworben worden war. Den angesprochenen Anzeigenkunden komme es weniger auf die absolute Zahl der gedruckten Exemplare als darauf an, alle Einwohner eines bestimmten Einzugsbereichs zu erreichen (OLG Karlsruhe GRUR-RR 2002, 193). Das überzeugt nicht: Zum einen wird der Anzeigenkunde, der alle Kunden in einem Bereich erreichen möchte, eher zu einem Inserat neigen, wenn er damit rechnen kann, dass seine Werbung nicht nur in 8.100, sondern in 9.000 Haushalte getragen wird. Zum anderen dürfen in einem solchen Fall einer dreisten Lüge keine hohen Anforderungen an die Relevanz gestellt werden (vgl. BGH GRUR 2002, 715 (716) – Scanner-Werbung; GRUR 2001, 78 (79) – Falsche Herstellerpreisempfehlung).

2.172 **ff) Irreführung mit Hilfe von Werbeträgeranalysen.** Neben den Aussagen zur **Auflagenstärke** kommt der Werbung mit **Werbeträgeranalysen** erhebliche Bedeutung zu, und zwar verstärkt, seit der Vergleich mit Wettbewerbern zulässig ist. Die Analysen werden von anerkannten Instituten erarbeitet, etwa von der Informationsgemeinschaft zur Feststellung der Verbreitung von Werbeträgern eV (IVW), von der Arbeitsgemeinschaft Media Analyse eV (ag.ma), von der Allensbacher Markt- und Werbeträgeranalyse (AWA) oder von der GfK AG. Bei diesen Instituten ist davon auszugehen, dass die angewandte Methode vertretbar ist; gegen eine Verwendung der Zahlen in der Werbung kann dann grds. nichts eingewandt werden. Dabei ist zu beachten, dass sich die Werbung mit Reichweiten an ein sachkundiges Publikum richtet, das sich bei gleichzeitiger grafischer Darstellung vor allem an den mitgeteilten Zahlen orientiert. Stimmt die bildliche Darstellung mit den Zahlenwerten nicht vollständig überein (zB in einem Säulendiagramm oder – im zitierten Fall – bei der persiflierende Darstellung der Wettbewerber als unterschiedlich große Hunde), fehlt es gleichwohl an einer Irreführung, wenn die zutreffenden Zahlen deutlich zu erkennen sind (OLG München GRUR-RR 2003, 189).

2.173 Der Begriff **Leseranalyse** ist ein technischer Begriff, der in der Werbung präzise verwendet werden muss. Wird mit einer Leseranalyse geworben, erwarten die angesprochenen Verkehrskreise eine Untersuchung nicht bloß der **Empfänger** einer Zeitung, sondern der Leser, also derjenigen, die die Zeitung tatsächlich lesen; beide Gruppen sind nicht identisch (GK/Lindacher/Peifer Rn. 222; OLG Karlsruhe WRP 1968, 408). Alleine durch die Verwendung der Wörter **„Leser"** oder **„Leserschaft"** wird nicht der Eindruck erweckt, dass eine echte **Leseranalyse** durchgeführt wurde.

2.174 Wirbt eine Zeitschrift gegenüber dem allgemeinen Publikum mit einem Ergebnis, das ihr im Verhältnis zu dem Mitbewerber die größere Reichweite zuerkennt, darf sie nicht ihre **Marktführerschaft** werblich herausstellen, ohne deutlich zu machen, dass sie in der verkauften Auflage gegenüber dem Mitbewerber deutlich zurückliegt (BGHZ 156, 250 (256) = GRUR 2004, 244 (246) – Marktführerschaft). Im Übrigen bezieht auch das fachkundige Publikum, das den Unterschied zwischen verkaufter Auflage und Reichweite kennt, den Begriff der Marktführerschaft in erster Linie oder doch zumindest auch auf die verkaufte Auflage (BGHZ 156, 250 (256) = GRUR 2004, 244 (246) – Marktführerschaft). – Wenn eine Zeitschrift mit den Zahlen einer Werbeträgeranalyse wirbt, muss sie sich auch an die dortige Einteilung der **Marktsegmente**

halten; sie darf die Marktsegmente nicht so verändern, dass sie als Marktführerin erscheint (OLG Hamburg GRUR-RR 2002, 298).

gg) Stellung im Anzeigenmarkt. Zeitungen und Zeitschriften werben gegenüber den **2.175** Anzeigenkunden häufig mit ihrer Stellung im Anzeigenmarkt. Die Aussage, eine Zeitung verfüge in einer bestimmten Stadt über das größte Immobilienangebot, wird dabei vom Verkehr so verstanden, dass es sich um das größte Angebot der in der Stadt gelegenen Objekte handelt. Die Werbeaussage „Westfälische Rundschau und Westdeutsche Allgemeine haben den größten **Immobilienmarkt** im Großraum Dortmund" ist daher als irreführend untersagt worden, weil im Konkurrenzblatt „Ruhr Nachrichten" mehr im Großraum Dortmund belegene Immobilien angeboten wurden, auch wenn das Angebot insgesamt dort geringer war (OLG Hamm WRP 1978, 733 (735)).

hh) Füllanzeigen. Irreführend ist es, wenn ein Verlag eine nicht vorhandene Leistungsfähig- **2.176** keit auf dem Gebiet der Anzeigenwerbung vortäuscht. Die **Veröffentlichung unbestellter und unbezahlter Anzeigen,** insbes. bekannter Wettbewerber, in einer Zeitung ist geeignet, mögliche Anzeigenkunden über den Umfang des bezahlten Anzeigenvolumens und damit über die Werbewirksamkeit der Anzeigen in dieser Zeitung irrezuführen. Sie halten eine Werbung in dieser Zeitung für bes. erfolgreich und können bei ihrer Entscheidung über den geeigneten Werbeträger beeinflusst werden. Die Veröffentlichung unbestellter und unbezahlter Anzeigen kann daher gegen § 5 verstoßen (BGH GRUR 1997, 380 (381) – Füllanzeigen; OLG Hamm GRUR 1980, 312; OLG Köln WRP 1982, 111; OLG Frankfurt GRUR 1988, 847 (848); Kübler AfP 1988, 309 (311), jeweils zu § 3 UWG 1909). Allerdings ist der nur gelegentlich erfolgende Abdruck einzelner unbestellter Werbeanzeigen im Allgemeinen nicht in relevanter Weise zur Irreführung geeignet (BGH GRUR 1997, 380 (381) – Füllanzeigen; Lindacher EWiR 1997, 527). Im Übrigen verbietet es die Abwägung der schutzwürdigen Interessen, dem Kaufmann zu untersagen, seine Ware oder Leistung einem bestimmten Abnehmer unentgeltlich zur Verfügung zu stellen, von dem er sich – wenn er als sein Kunde erkannt wird – eine gewisse Werbewirkung verspricht. Dies geschieht auch sonst in vielfältiger Form und erweckt – wenn etwa eine bekannte Persönlichkeit den Wagen einer bestimmten Marke fährt – den Eindruck, dieser Abnehmer habe sich für den entgeltlichen Erwerb des fraglichen Produkts entschieden. – Auch die Veröffentlichung unbestellter **Füllanzeigen in Null-Nummern** von Zeitungen oder Zeitschriften kann zu einer Irreführung führen, da potenzielle Anzeigenkunden davon ausgehen, dass die Anzeigen zwar unentgeltlich, aber mit dem Einverständnis des werbenden Unternehmens abgedruckt werden (KG WRP 1978, 819 (821)).

ii) Preisvergleich. Werden die Preise von Druckerzeugnissen miteinander verglichen, müssen **2.177** – wie bei jedem Vergleich – die Produkte vergleichbar sein (→ § 6 Rn. 50). Auch aus der Sicht des verständigen Verbrauchers ist die Bewerbung einer Zeitung als „günstigste" Abonnementzeitung irreführend, wenn diese Zeitung im Gegensatz zur Konkurrenzzeitung nur sechs Mal in der Woche erscheint, so dass sich pro Einzelausgabe ein Durchschnittspreis von 61,5 Cent im Gegensatz zu 57 Cent errechnet (KG GRUR-RR 2003, 319).

jj) Zeitung, Magazin. Die Werbung „Seit Jahrzehnten das **führende deutsche Fachmaga- 2.178 zin** für den Lebensmittelhandel" versteht der Verkehr so, dass es sich um die führende Publikation in dieser Branche handelt. Eine Differenzierung zwischen Fachzeitungen und Fachmagazinen nimmt der Verkehr nicht vor, zumal wenn auch die Fachzeitungen nicht täglich, sondern nur wöchentlich erscheinen. Die Angabe ist daher irreführend, wenn das beworbene Magazin in der Marktpräsenz von einer wöchentlich erscheinenden Lebensmittelzeitung übertroffen wird (OLG Köln GRUR-RR 2005, 324).

m) Versicherungsberater, Versicherungsvermittler. Nach dem gesetzlich geregelten Be- **2.179** rufsbild des **Versicherungsberaters** (§ 34d II GewO) ist seine Tätigkeit – im Gegensatz zum Versicherungsvermittler (dazu BGH WRP 2016, 861 Rn. 18 – Schadensregulierung durch Versicherungsmakler) – durch eine **objektive und neutrale Beratung** ohne eigene Provisionsinteressen geprägt. Wer also im eigenen Provisionsinteresse Versicherungsverträge vermittelt, darf sich nicht Versicherungsberater nennen. Er ist vielmehr Versicherungsvermittler, also **Versicherungsvertreter,** der von einem oder mehreren **Versicherungsunternehmen** mit der Vermittlung von Versicherungsverträgen **betraut** ist (§ 34d I Nr. 1 GewO), oder **Versicherungsmakler,** der **ohne eine solche Betrauung** durch Versicherungsunternehmen für den Auftraggeber die Vermittlung von Versicherungsverträgen übernimmt (§ 34d I Nr. 2 GewO). Wirbt ein **Versicherungsmakler** damit, **neutral und unabhängig** zu sein, ist dies irreführend, wenn an ihm ein Versicherungsunternehmen mehrheitlich beteiligt ist (OLG München WRP 2020, 656).

8. Umweltverträglichkeit

Schrifttum: Ackermann, Die deutsche Umweltrechtsprechung auf dem Weg zum Leitbild des verständigen Verbrauchers?, WRP 1996, 502; Alber, Umweltschutz und soziale Verantwortung als Verkaufsargument, Rechtliche Beurteilung von Nachhaltigkeitsbestrebungen im Kartell- und Wettbewerbsrecht, IPRB 2021, 12; Alexander, Green Deal: Verbraucherschutz und ökologischer Wandel, WRP 2022, 657; Asmussen, Haftung für CSR, Diss. 2020; Augsburger, Lauterkeitsrechtliche Beurteilung von Corporate Responsibility Codes – Verbindliche Standards im Wettbewerb?, MMR 2014, 427; Balitzki, Werbung mit ökologischen Selbstverpflichtungen, GRUR 2013, 670; Birk, Corporate Responsibility, unternehmerische Selbstverpflichtungen und unlauterer Wettbewerb, GRUR 2011, 196; Birk, Fehler in der Nachhaltigkeitsberichterstattung und in „Umweltzertifikaten" – ein Fall für das UWG?, GRUR 2022, 1791; Brandner, Beiträge des Wettbewerbsrechts zum Schutz der Umwelt, FS v. Gamm, 1990, 27; Brandner/Michael, Wettbewerbsrechtliche Verfolgung von Umweltrechtsverstößen, NJW 1992, 278; Brinker/Horak, Umweltschutz und Wettbewerb, in Rengeling, Handbuch zum europäischen und deutschen Umweltrecht, Bd. II, 1998, 1111; Cordes, „Umweltwerbung" – Wettbewerbsrechtliche Grenzen der Werbung mit Umweltschutzargumenten, 1994; Ehlgen/Grothaus/Bauer, Environment – Social – Governance 2023: Greenwashing in der umweltbezogenen Produktwerbung, DB Beilage 02 2023, 16; Ekkenga/Roth, Zur zweckgebundenen Mittelverwendung des Anleihekapitals aus Green-Bond-Emissionen, WM 2021, 1161; Ernst, Corporate Social Responsibility (CSR) und das Wettbewerbsrecht, WRP 2010, 1304; Ernst, Irreführende Werbung mit „Klimaneutralität", MDR 2022, 1320; Faylor, Irreführung und Beweislast bei umweltbezogener Werbung, WRP 1990, 725; Federhoff-Rink, Social Sponsoring in der Werbung – Zur rechtlichen Akzessorietät der Werbung mit Umweltsponsoring, GRUR 1992, 643; Federhoff-Rink, Umweltschutz und Wettbewerbsrecht, Diss. 1994; Fezer, Umweltwerbung mit unternehmerischen Investitionen in den Nahverkehr, JZ 1992, 143; Friedrich, Umweltschutz durch Wettbewerbsrecht, WRP 1996, 1; Friedrich, Umweltschutz und Wettbewerbsrecht, WRP 1988, 645; Füger, Umweltbezogene Werbung, 1993; v. Gamm, Wettbewerbs- und kartellrechtliche Fragen im Bereich der Abfallwirtschaft, FS Traub, 1994, 133; Grupe, Lauterkeitsrechtliche Implikationen beim „greenwashing", GRUR-Prax 2023, 324; Halfmeier/Herbold, Zur lauterkeitsrechtlichen Beurteilung von Nachhaltigkeitswerbung bei Kooperation mit einem nicht nachhaltig handelnden Unternehmen, WRP 2017, 1430; Heerklotz, „Alles im grünen Bereich?" – Kauf- und lauterkeitsrechtliche Anforderungen an Beschaffenheitsvereinbarungen von Stromprodukten mit ideellem Mehrwert in Stromlieferverträgen, StudZR 2013, 231; Keßler, Die umweltbezogene Aussage in der Produktwerbung – dogmatische und wettbewerbstheoretische Aspekte des Irreführungsverbots?, WRP 1988, 714; Kienle, Werbung mit (Umwelt-)Qualitätsmanagementsystemen – Gefühlsausnutzung oder Kundeninformation?, NJW 1997, 3360; Kisseler, Wettbewerbsrecht und Umweltschutz, WRP 1994, 149; Klein/Mauritz, Grün oder nur gewaschen? Greenwashing-Risiken in der Werbung, BB 2023, 323; Klindt, Die Umweltzeichen „Blauer Engel" und „Europäische Blume" zwischen produktbezogenem Umweltschutz und Wettbewerbsrecht, BB 1998, 545; Klinger, Grünes Marketing – Zeit für eine Eco-Claims-Verordnung?, ZUR 2014, 321; Köhler, Der gerupfte Engel oder die wettbewerbsrechtlichen Grenzen der umweltbezogenen Produktwerbung, UTR 1990, 344; Köhler, Die wettbewerbsrechtlichen Grenzen der umweltbezogenen Produktwerbung, UTR 1990, 39; Köhler, „Grüner Punkt" als irreführende Werbung?, BB 1998, 2065; Graf Lambsdorff, Werbung mit Umweltschutz, 1993; Lamy/Ludwig, Die Werbung mit Klimaneutralität, KlimR 2022, 142; Lappe, Die wettbewerbsrechtliche Beurteilung der Umweltwerbung, Umwelt- und Technikrecht, 1995; Lappe, Zur ökologischen Instrumentalisierbarkeit des Wettbewerbsrechts, WRP 1995, 170; Laoutoumai, Green Logistics – Greenwashing im Lichte des Lauterkeitsrecht, LogR 2023, 36; Laoutoumai, Greenwashing in der aktuellen Rechtsprechung und europäischen Gesetzgebung, WRP 2022, 1067; Leeb/Kitur, Sustainability Marketing: Wettbewerbsrechtliche Aspekte der Werbung mit Nachhaltigkeit, AnwZert ITR 1/2021 Anm. 2; Lindacher, Umweltschutz in der Werbung – lauterkeitsrechtliche Probleme, 1997, Umwelt- und Technikrecht, 67; Meisterernst/Sosnitza, Der Richtlinienentwurf zu Green Claims (GCD) – Ein neues Regime für umweltbezogene Werbeaussagen, WRP 2023, 771; Michalski/Riemenschneider, Irreführende Werbung mit der Umweltfreundlichkeit von Produkten, Eine Rechtsprechungsanalyse, BB 1994, 1157; Micklitz, Umweltwerbung im Binnenmarkt, WRP 1995, 1014; Münker/Vlah, Werbung mit „Klimaneutralität": Klimapolitischer Hintergrund und lauterkeitsrechtliche Rechtsprechung, ZLR 2022, 541; Paefgen, Corporate Social Responsibility (CSR) als aktienrechtliche Legalitätspflicht und Geschäftsleitungsermessen, FS K. Schmidt, 2019, Bd. II, 105; Paulus, Umweltwerbung – Nationale Maßstäbe und europäische Regelungen, WRP 1990, 739; Rohnke, Werbung mit Umweltschutz, GRUR 1988, 667; Roller, Der „blaue Engel" und die „Europäische Blume", EuZW 1992, 499; Roller, Wettbewerbsrechtliche Grenzen einer Werbung mit einem Klimaschutz-Label („CO2-Fußabdruck"), ZUR 2014, 211; Rüffler, Umweltwerbung und Wettbewerbsrecht, ÖBl 1995, 243; 1996, 3; Ruttloff/Wehlau/Wagner/Skoupil/Rothenburg, Rechtliche Fallstricke für Unternehmen im Zusammenhang mit Greenwashing – Teil III, BB 2023, 1283; Scherer, Der überflüssige Deal – Kein Mehrwert für Verbraucher, GRUR 2023, 29; Schmitt/Storck/Wollenhaupt, Environment – Social – Governance 2023: Greenwashing, Green Bleaching und Green Hushing in der Finanzbranche – quo vadis?, DB Beilage 02 2023, 19; Soppe/Fuchs, Greenwashing – EIn aktuelles Thema für Rechtsprechung und Rechtsetzung, WRP 2022, 1338; Spätgens,

Umwelt und Wettbewerb – Stand der Dinge, FS Vieregge, 1995, 813; Steuer, „Klimaneutrale" Produkte im Lauterkeitsrecht, GRUR 2022, 1408; Strauch, Zur wettbewerbsrechtlichen Zulässigkeit von sog. „Bio-Werbung" gem. § 3 UWG, WRP 1992, 540; Thole/Umucu, Zur unlauteren Werbung mit grünem Regionalstrom, Zugleich Besprechung zu einer Entscheidung des OLG Schleswig, Urteil vom 3.9.2020 – 6 U 16/19, InfrastrukturRecht 2021, 9; Thomalla, Die Werbung mit „klimaneutralen" Produkten, VuR 2022, 458; Viniol, Werbung mit Klimaneutralität, GRUR-Prax 2023, 289; Wiebe, EG-rechtliche Grenzen des deutschen Wettbewerbsrechts am Beispiel der Umweltwerbung, EuZW 1994, 41; Wiebe, Super-Spar-Fahr-karten für Versicherungskunden im Dienste des Umweltschutzes aus wettbewerbsrechtlicher Sicht, WRP 1995, 445; Wiebe, Umweltschutz durch Wettbewerb, NJW 1994, 289; Wiebe, Zur „ökologischen Relevanz" des Wettbewerbsrechts, WRP 1993, 799; Würtenberger/Freischem, GRUR-Stellungnahme zum Vorschlag der Kommission für eine Richtlinie zur Änderung der Richtlinien 2005/29/EG und 2011/83/EU hinsicht-lich der Stärkung der Verbraucher für den ökologischen Wandel durch besseren Schutz gegen unlautere Praktiken und bessere Informationen (COM(2022) 143 final), GRUR 2022, 970.

a) Grundsatz. Mit wachsendem Umweltbewusstsein der Abnehmer werden ökologische **2.180** Gesichtspunkte immer wichtiger für den Erwerb von Waren oder Dienstleistungen. Zu denken ist nur an den verminderten Schadstoffausstoß eines Kfz, die Herstellung von Papierprodukten aus Altpapier oder die Vermeidung unnötigen Verpackungsmülls (vgl. BGH GRUR 2018, 431 Rn. 35 – Tiegelgröße). Die Umweltverträglichkeit eines Produkts, die sprachlich oder durch die Verwendung von Umweltzeichen in der Werbung thematisiert wird, stellt mithin ein für den Verkehr wichtiges Beschaffenheitsmerkmal dar (vgl. BGH GRUR 2014, 578 Rn. 11 – Umweltengel für Tragetasche; GRUR 2018, 431 Rn. 35 f. – Tiegelgröße). Der **Appell an die soziale Verantwortung in der Umwelt- oder Tierschutzwerbung** ist **grds. unbedenklich** (→ § 3 Rn. 9.16 ff.). Häufig sind die Verbraucher an Informationen über die Umweltverträglich-keit besonders interessiert. Dabei ist es gleichgültig, ob sich der Hinweis auf die Umweltver-träglichkeit, mit der geworben wird, auf die Beschaffenheit des Erzeugnisses selbst, die Umstände seiner Herstellung, das Verhalten des Unternehmers oder auf sonstige Umstände bezieht. Weil die Verbraucher einerseits viel Wert auf Umweltinformationen legen, diese Angaben andererseits aber nur schwer oder gar nicht nachprüfen können, besteht lauterkeitsrechtlich ein **besonderes Bedürfnis für einen Irreführungsschutz.**

Hinzu kommt, dass dem Umweltschutz **durch das Unionsrecht und das nationale Ver-** **2.181** **fassungsrecht ein hoher Stellenwert** eingeräumt ist. Die Ziele der Umweltpolitik der Union richten sich nach Art. 191 I AEUV auf die Erhaltung und den Schutz der Umwelt sowie die Verbesserung ihrer Qualität, den Schutz der menschlichen Gesundheit, eine umsichtige und rationale Verwendung der natürlichen Ressourcen und eine Förderung von Maßnahmen auf internationaler Ebene zur Bewältigung regionaler oder globaler Umweltprobleme. Die Erforder-nisse des Umweltschutzes müssen nach Art. 191 II 3 AEUV bei der Festlegung und Durch-führung anderer Unionspolitiken einbezogen werden. Damit wird den Zielen des Umwelt-schutzes Vorrang eingeräumt. – Verfassungsrechtlich enthält Art. 20a GG einen Schutzauftrag zugunsten der natürlichen Lebensgrundlagen. Mit einer umweltbezogenen Werbung wird zu-dem die Meinungsfreiheit (Art. 11 GRCh, Art. 5 GG) ausgeübt, so dass nach Lage des Falles eine verfassungsrechtliche Beurteilung unter Abwägung der Schutzbereiche der Meinungsfreiheit und der Lauterkeit erforderlich sein kann (vgl. BVerfG GRUR 2002, 455).

Mit der **Gesundheitswerbung** (→ Rn. 1.136, → Rn. 2.215 ff.) steht die **Umweltwerbung** **2.182** insoweit im Zusammenhang, als sie sich auch auf Waren oder Dienstleistungen bezieht, die sich mittelbar oder unmittelbar auf die Gesundheit auswirken. Die Umweltwerbung wird daher in der Rspr. ebenso wie die Gesundheitswerbung **tendenziell streng** beurteilt (BGHZ 105, 277 (281) – Umweltengel; BGH GRUR 1991, 546 – aus Altpapier; GRUR 1991, 550 – Zaunlasur; GRUR 1994, 828 – Unipor-Ziegel; GRUR 1996, 367 – Umweltfreundliches Bauen; GRUR 1997, 666 – Umweltfreundliche Reinigungsmittel; OLG Stuttgart WRP 1993, 628; OLG Stutt-gart WRP 1994, 339; OGH ÖBl 1999, 23 (25) – Stockerauer Salat-Erdäpfel; krit. Büscher/ Büscher § 5 Rn. 351). Es ist allerdings bei der Umweltwerbung auch stets zu beachten, dass die **Information über die Umweltverträglichkeit** eines Produkts nicht ohne Not eingeschränkt werden darf; denn die Verbraucher sind an diesen Informationen bes. interessiert und treffen häufig ihre Nachfrageentscheidung nach dem Gesichtspunkt der Umweltverträglichkeit. Deswe-gen ist stets zu fragen, ob die Irreführung wirklich nur durch ein Unterlassen der Information oder ob sie nicht doch durch **aufklärende Hinweise** vermieden werden kann.

Im Rahmen des Maßnahmenpakets zum „Green Deal" (COM(2019) 640 final) hat die **2.182a** Europäische Kommission am 30.3.2022 eine **Änderung der UGP-RL** und der Verbraucher-rechte-RL **vorgeschlagen,** die zu einer „kreislauforientierten, sauberen und grünen EU-Wirtschaft" beitragen soll, indem „Verbraucher in die Lage versetzt werden, eine bewusste Kaufentscheidung zu treffen und so nachhaltige Verbrauchsmuster zu fördern" (COM(2022) 143 final). Neben neuen umwelt- und haltbarkeitsbezogenen Begriffsbestimmungen sieht der Vorschlag eine Ergänzung des in Art. 6 UGP-RL geregelten Irreführungsschutzes, die Erweiterung der Informationspflichten gem. Art. 7 UGP-RL und zehn in die „schwarze Liste" nach Anhang I der UGP-RL neu einzufügende Tatbestände über Geschäftspraktiken vor, die unter allen Umständen als unlauter gelten (zum RL-Entwurf Alexander WRP 2022, 657; Grupe GRUR-Prax 2023, 324; Scherer GRUR 2023, 29). Die in Art. 6 I lit. b UGP-RL enthaltene Aufzählung von auf wesentliche Merkmale des Produkts bezogenen Irreführungsgesichtspunkten soll auf **ökologische und soziale Auswirkungen, Haltbarkeit** und **Reparierbarkeit** erweitert werden. Als neue eigenständige Bezugspunkte einer Irreführung sollen in Art. 6 II UGP-RL eingefügt werden: unter lit. d das „**Treffen einer Umweltaussage über die künftige Umweltleistung**" ohne klare, objektive und überprüfbare Verpflichtungen und Ziele sowie ohne ein unabhängiges Überwachungssystem" und unter lit. e die „**Werbung mit Vorteilen für Verbraucher,**" die in dem betreffenden Markt als gängige Praxis gelten". Der Tatbestand der Informationspflichtverletzung des Art. 7 UGP-RL soll um einen Abs. 7 erweitert werden, in dem eine **neue wesentliche Information** geregelt ist: „Bietet ein Gewerbetreibender eine Leistung an, die Produkte vergleicht, auch durch die Verwendung eines Nachhaltigkeitsinformationsinstruments, werden Informationen über die Vergleichsmethode, die betreffenden Produkte und die Lieferanten dieser Produkte sowie die bestehenden Maßnahmen, um die Informationen auf dem neuesten Stand zu halten, als wesentlich angesehen." Ein **weiterer Vorschlag der Kommission** vom 22.3.2023 (COM(2023) 166 final) zielt auf die Einführung einer neuen „RL über die **Begründung ausdrücklicher Umweltaussagen** und die diesbezügliche Kommunikation", mit der Umweltaussagen und Umweltzeichen vor der werblichen Verwendung durch Unternehmen der **Prüfung einer nationalen Prüfstelle** unterworfen werden und die umfangreiche Anforderungen an die inhaltliche Prüfung stellt (zum RL-Entwurf Meisterernst/Sosnitza WRP 2023, 771).

2.183 **b) Allgemeine Hinweise auf Umweltverträglichkeit.** Die Wörter „**umweltfreundlich"**, „**umweltschonend"**, „**umweltgerecht"**, „**umweltbewusst"** beziehen sich pauschal auf die Eigenschaften von Waren oder Leistungen, besitzen aber als solche **keine fest umrissene Bedeutung.** Sie können daher bei den Umworbenen unterschiedliche Vorstellungen, Erwartungen und Emotionen hervorrufen, so dass es für die Feststellung einer Irreführung zuerst darauf ankommt, welche konkrete Bedeutung der (situationsadäquat) aufmerksame und durchschnittlich verständige Verbraucher einer umweltbezogenen Werbeaussage beimisst. Der verständige Verbraucher weiß bspw., dass es eine absolute Umweltfreundlichkeit nicht gibt; unergiebig ist für die Beurteilung der Irreführung daher die Unterscheidung zwischen absoluter und relativer Umweltwerbung (aA Baumbach/Hefermehl, Wettbewerbsrecht, 22. Aufl. 2001, § 1 Rn. 180a und 180b). Der Verbraucher wird einen allgemeinen Hinweis auf die „Umweltfreundlichkeit" deshalb dahin verstehen, dass die beworbene Ware oder Dienstleistung **nach dem derzeitigen Stand der Erkenntnis uneingeschränkt umweltfreundlich** ist. Entspricht dies der Wahrheit, ist eine solche Aussage unbedenklich und erlaubt. Gewöhnlich werden Hinweise auf die Umweltfreundlichkeit der angebotenen Ware oder Leistung Angaben über eine bestimmte Beschaffenheit oder Wirkung sein, so dass gegen § 5 verstoßen wird, wenn die produktbezogene Angabe irreführend ist. Der allgemeine Hinweis auf Verdienste des werbenden Unternehmens um den Umweltschutz ist zulässig, sofern sich nicht aus bes. Umständen eine Irreführung ergibt. Zu streng ist daher das Verbot des Werbeausspruchs „Schützt unsere Umwelt! Wie wir von Kaiser's", der wegen seiner pauschalen Form irreführend sein soll (KG WRP 1991, 50).

2.184 Da die beworbenen Waren oder Dienstleistungen meist nicht insgesamt und nicht in jeder Beziehung, sondern nur in Teilbereichen mehr oder weniger umweltschonend als konkurrierende Angebote sind, besteht zur Vermeidung einer Irreführungsgefahr ein **gesteigertes Informationsbedürfnis** der umworbenen Verkehrskreise über Bedeutung und Inhalt der in der Werbung verwendeten Hinweise, Begriffe und Zeichen. Um bei allgemein gehaltenen Aussagen zur Umweltverträglichkeit eine Irreführung zu vermeiden, wird es deswegen häufig geboten sein, über die näheren Umstände aufzuklären, auf die sich die Aussage bezieht. Liegt eine **umweltfreundliche Werbeaussage** vor, so muss in ihr zum Ausdruck kommen, in welchen Hinsicht die umworbene Ware oder Leistung einen umweltbezogenen Vorzug aufweist, wobei der Inhalt und der Umfang der Aufklärung von der Art der Ware oder Dienstleistung sowie von dem Grad und dem Ausmaß der Umweltfreundlichkeit abhängen (BGHZ 105, 277 (281) – Umweltengel;

OLG Stuttgart BeckRS 2017, 126249). Die Werbung für eine Kapitalanlage mit Aussagen wie „Für den Schutz der Lebensbedingungen auf der Erde", „Für den Schutz der Umwelt" und „gut für die Umwelt" ist irreführend, wenn nur allgemein erläutert wird, dass „in saubere Energie-erzeugung" und „Elektrizitätswerk- und Umwelttechnik" investiert, aber über den konkreten Umweltbezug nicht aufgeklärt wird (KG WRP 1996, 750).

Beispielsfälle, in denen eine Irreführung bejaht worden ist: Ein Produkt, das – wenn auch in geringe- **2.185** rem Umfang als andere Erzeugnisse – Schadstoffe enthält, ist nicht umweltfreundlich und wird vom Verkehr nicht entspr eingestuft. Irreführend ist die Verwendung eines **Umweltzeichens,** ohne die hierfür erforderli-chen Voraussetzungen zu erfüllen (BGH GRUR 2014, 578 Rn. 11 – Umweltengel für Tragetasche). Die Werbeangabe **„umweltfreundlich"** und die Verwendung des Umweltzeichens für ein solches Produkt sind daher irreführend (LG Köln GRUR 1988, 53 (55)). – Bei der mehrfach und auffällig hervorgehobenen Angabe **„umweltbewusst"** für ein **Kfz-Pflegemittel** erwartet der Verkehr zwar nicht, dass die Umwelt-schädlichkeit schlechthin ausgeschlossen ist, er erwartet aber, dass das Produkt in Bezug auf Zusammensetzung und Herstellung nach dem derzeitigen Erkenntnisstand ein hohes Maß der Umweltschonung aufweist. – Irreführend ist es, einen **Naturdünger,** dessen Gehalt an Schwermetallen und Stickstoff höher ist als der entspr. Gehalt des durchschnittlichen Ackerbodens, als **umweltfreundlich** oder als **Beitrag zum Umwelt-schutz** oder **zum Schutz der Natur** zu bezeichnen, wenn nicht gleichzeitig angegeben wird, in welcher Beziehung diese Aussagen gelten sollen (OLG Stuttgart WRP 1991, 194 (195)). – Die Werbung, eine Plastikflasche bestehe zu 50 % aus **„Ocean Plastic",** also solchem, dass aus dem Meer stamme oder aus dem Meer angeschwemmt worden sei, ist irreführend, wenn ein wesentlicher Teil des am Strand eingesammelten Plastiks vom Land her dorthin gelangt ist (OLG Stuttgart WRP 2019, 509). – Die Werbung für **„grünen Regionalstrom"** ist irreführend, wenn der Strom zwar aus erneuerbaren Energien gewonnen wurde, jedoch nicht aus Anlagen der lokalen Wirtschaft stammt (OLG Schleswig GRUR-RR 2020, 525).

Beispielsfälle, in denen eine Irreführung verneint worden ist: Wird für aus Naturstoffen hergestellte **2.186** Ziegel mit dem Hinweis **„Bausteine für eine gesunde (Um-)Welt"** geworben, so liegt darin keine Irreführung über die Rohstoffgewinnung, weil dem Verkehr als selbstverständlich bekannt ist, dass minerali-sche Rohstoffe ohne Eingriffe in die Natur nicht gewonnen werden können (BGH GRUR 1994, 828 – Unipor-Ziegel). – Eine Irreführung ist ebenfalls in einem Fall verneint worden, in dem das Prädikat **„umweltschonend"** für **Erdgas** verwendet wurde, auch wenn in der Werbung nicht angegeben worden war, in welcher Beziehung Umweltschonung vorliegt (OLG Stuttgart WRP 1993, 628 m. krit. Anm. Federhoff-Rink WRP 1993, 631 ff.). – Ebenfalls nicht irreführend ist es, die **Elektro-Speicherheizung** als **„Eine umweltschonende Heizung"** anzupreisen, wenn aus dem Zusammenhang klar hervorgeht, dass ein bestimmter, wirklicher Vorzug, nämlich die Abgasfreiheit vor Ort, gemeint ist, ohne dass über die Umwelt-probleme bei der Erzeugung des Stroms in den Kraftwerken hinweggegangen wird (KG NJW-RR 1993, 943). – Angaben zu **Produktionsstätten für Fertighäuser** in einer Kundenzeitschrift unter den Über-schriften **„Umweltfreundliches Bauen"** und **„vorbildliche Häuser aus umweltfreundlichen Werken"** sind nicht irreführend, wenn die Gefahr einer Täuschung durch aufklärende Aussagen ausgeschlossen werden kann (BGH GRUR 1996, 367 – Umweltfreundliches Bauen; GRUR 1997, 666 (667) – Umweltfreundliches Reinigungsmittel).

c) Hinweise auf Klimaneutralität. Hinweise auf die **Klimaneutralität** eines Produkts sind **2.186a** vor dem Hintergrund der ebenfalls komplexen Problematik des Klimaschutzes zu beurteilen. Nach der Begriffsbestimmung in § 2 Nr. 9 KSG (Bundes-Klimaschutzgesetz) bedeutet „Netto-Treibhausgasneutralität" das Gleichgewicht zwischen den anthropogenen Emissionen von Treib-hausgasen aus Quellen und dem Abbau solcher Gase durch Senken. Unter Senken im Sinne dieser Vorschrift sind zB Ökosysteme zu verstehen, die – wie Boden, Wälder und Gewässer – Treibhausgase aufnehmen (vgl. BT-Drs. 19/14337, 24). Als Ansatzpunkte für die Werbung mit klimaneutralen Produkten kommen damit einerseits der **Ausstoß von Treibhausgasen,** ande-rerseits die **Nutzung von Senken** in Betracht. Zu berücksichtigen ist weiter die **Bandbreite klimaschädlicher Treibhausgase** – gem. § 2 Nr. 1 KSG zählt hierzu nicht nur CO-2, sondern eine Reihe weiterer Gase, darunter Methan. Zu dieser begrifflichen Vielgestaltigkeit tritt eine Reihe möglicher Bezugspunkte der Behauptung der Klimaneutralität: sie kann produkt- oder sortiments- bzw. unternehmensbezogen verstanden werden, sich auf den Herstellungspro-zess, aber auch auf die Beschaffung von Rohstoffen oder den Vertrieb beziehen, sie kann im Sinne der Vermeidung von Emissionen, aber auch ihrer Kompensation (zB durch die Unterstüt-zung von Aufforstungsprogrammen) verstanden werden (vgl. Lamy/Ludwig KlimR 2022, 142 (144)). Daraus folgen auch für klimaschutzbezogene Werbung **erhöhte Anforderungen an die werbliche Aufklärung,** soll eine Irreführung des Verbrauchers vermieden werden. Je pauscha-ler die werbliche Behauptung, umso größer daher das Risiko einer Irreführung. Um zu ver-meiden, dass der Verkehr zB die Werbung für **„klimaneutrale Fleischprodukte"** oder „kli-

maneutrale Marmelade", deren Treibhausgasbilanz durch die Unterstützung von Aufforstungs- oder anderen Klimaschutzprojekten ausgeglichen wird, im Sinne der emissionsfreien Herstellung versteht (so LG Oldenburg WRP 2022, 378; LG Mönchengladbach WRP 2022, 781; vgl. auch LG Frankfurt LRE 73, 201), empfiehlt sich daher ein entsprechender Hinweis in der Werbung (deshalb Irreführung im Falle von Müllbeuteln mit der Beschriftung „klimaneutral" – anders als die Vorinstanz LG Kiel WRP 2021, 1241 – verneint durch OLG Schleswig WRP 2022, 1177; für Verstoß gegen § 5a LG Konstanz WRP 2022, 118). Zu den Anforderungen an die Aufklärung für die Richtigkeit eines Siegels „Klimaneutral Unternehmen" s. OLG Frankfurt GRUR 2023, 177. Auch der Bezugspunkt der werblichen Angabe „CO_2-reduziert" ist zur Vermeidung einer Irreführung erklärungsbedürftig (OLG Hamm WRP 2021, 1489). Wird die mit dem Erwerb eines Investmentfondsanteils verbundene **CO_2-Reduktion in absoluten Zahlen** angegeben, obwohl es sich lediglich um ungefähre Zielgrößen handelt, die auch erheblich unterschritten werden können, ist auch dies irreführend (LG Stuttgart KlimR 2022, 99).

2.187 **d) Besondere Hinweise auf Umweltverträglichkeit. aa) Einzelne Bezeichnungen.** Werden bes. Eigenschaften in der Werbung herausgestellt (zB Recyclingfähigkeit eines Materials), die auf Umweltverträglichkeit schließen lassen, müssen diese Eigenschaften auch tatsächlich vorhanden sein. Daher ist die Aussage „ist recyclingfähig und damit umweltfreundlich" irreführend, wenn eine Wiederverwertung der bereits benutzten Produkte tatsächlich gar nicht stattfindet (OLG Köln NJW-RR 1993, 754). – Bestimmte Vorsilben und Wörter können bei dem durchschnittlich verständigen und (situationsadäquat) aufmerksamen Verbraucher die Vorstellung bes. Umweltverträglichkeit auslösen; vgl. zu „Bio-" → Rn. 2.79 ff., zu „Natur", „natürlich", „naturrein" uÄ → Rn. 2.62 ff. sowie zu „Ökologisch" oder „Öko" → Rn. 2.95.

2.188 Ebenso wie bei dem allgemeinen Hinweis auf die Umweltverträglichkeit oder Klimaneutralität (→ Rn. 2.183 ff.) kann bei bes. Hinweisen eine **weitere Aufklärung zur Vermeidung einer Irreführung** geboten sein. Die Anforderungen an Inhalt und Umfang solcher klarstellenden Informationen sollten jedoch nicht überspannt werden, weil anderenfalls die Gefahr besteht, dass der Unternehmer zur Vermeidung einer Irreführung von den grds. nützlichen und erwünschten Umwelthinweisen gänzlich Abstand nimmt. Damit wäre dem legitimen Informationsbedürfnis der Verbraucher (→ Rn. 2.180) nicht gedient. Daher müssen die Umstände des Einzelfalls beachtet werden. – Die Werbung für ein Papierprodukt mit der Beschaffenheitsangabe **„aus Altpapier"** ohne den Hinweis, dass das konkrete Produkt nicht zu 100 %, sondern nur überwiegend als Altpapier hergestellt ist, verstößt gegen § 5 (BGH GRUR 1991, 546 – aus Altpapier). Irreführend ist eine Werbung für sog **Düngekeile** mit **„biologisch düngen"**, wenn in der Werbung nicht zugleich offenbart wird, inwieweit und bis zu welchem Grade das beworbene Produkt „biologisch" und „naturgemäß" ist (OLG Frankfurt GRUR 1989, 358; OLG Nürnberg GRUR 1989, 686 für „baubiologisch richtiges Bauen", OLG München GRUR 1990, 290 f. für ein Reinigungs-, Wasch- und Pflegemittel „Bioclean"). Wird der Umweltbezug durch eine rein negative und wahre Beschaffenheitsangabe **(„PVC-frei")** hergestellt, so wird die Aufklärungspflicht nicht verletzt, wenn in der Werbung nicht auf andere Nachteile des Produkts hingewiesen wird (BGH GRUR 1996, 985 (986) – PVC-frei).

2.189 **bb) Umweltzeichen. (1) Unionsrechtliche Zeichen.** Gem. Art. 9 I VO (EG) 66/2010 v. 25.11.2009 über das **EU-Umweltzeichen** (ABl. EG 2010, L 27, 1) kann für in der Union verfügbare Produkte, die die nach Art. 6–8 VO (EG) 66/2010 festzulegenden Vergabekriterien erfüllen, das Umweltzeichen vergeben werden. Mit dieser Regelung soll die Verwendung umwelt-, gesundheits-, klima- und ressourcenschonender Produkte gefördert werden (ErwGr. 5 VO (EG) 66/2010). Die Form des Umweltzeichens und die notwendigen Angaben bestimmen sich nach Art. 9 II VO (EG) 66/2010 iVm Anh. II VO (EG) 66/2010. Gem. Art. 17 VO (EG) 66/2010 legen die Mitgliedstaaten wirksame, angemessene und abschreckende Sanktionen für Verstöße gegen die VO fest. Ein Verstoß gegen die VO durch eine unberechtigte Nutzung des Umweltzeichens wird als Rechtsbruch von § 3a UWG erfasst. – Nach ErwGr. 15 VO (EG) 66/2010 ist es zur Erleichterung der Produktvermarktung und der Begrenzung des Aufwands für die Unternehmen erforderlich, die Kohärenz der Regelungen für das EU-Umweltzeichen und für Umweltzeichen der Mitgliedstaaten zu verbessern. Diesem Ziel dienen die Harmonisierungsvorgaben in Art. 11 VO (EG) 66/2010. Die Verwendung **nationaler Umweltzeichen** wird durch das EU-Umweltzeichen aber nicht ausgeschlossen.

(2) Sonstige Zeichen. Mit Zeichen, die auf eine Umweltverträglichkeit schließen lassen, darf   2.190
nur geworben werden, wenn sie **eindeutig belegt sind und eine Irreführung der umworbe-**
nen Verbraucher ausschließen (vgl. BGH GRUR 2014, 578 Rn. 11 – Umweltengel für
Tragetasche). Seit dem 1.6.1988 heißt die Umschrift des Umweltzeichens „Umweltengel" nicht
mehr „umweltfreundlich", sondern „Umweltzeichen" mit einem auf den Umweltvorzug des
jeweiligen Produkts hinweisenden Zusatz. Das Umweltzeichen „Blauer Engel" darf vom Hersteller eines Produkts unter Angabe des Verleihungsgrundes nur verwendet werden, wenn es ihm
auf Grund einer Entscheidung der „Jury Umweltzeichen", der verschiedene, für den Umweltschutz tätige Organisationen angehören, nach einer Prüfung, ob das Produkt den gestellten
Anforderungen genügt, verliehen und sodann von ihm der Zeichenbenutzungsvertrag mit dem
RAL abgeschlossen wurde (BGH GRUR 1991, 550 (552) – Zaunlasur; GRUR 2014, 578 Rn. 2
– Umweltengel für Tragetasche). Der Hinweis **„Das neue Produkt ist mit dem ‚Blauen**
Engel' ausgezeichnet", ist jedoch nicht deshalb irreführend, weil durch das Wort „ausgezeichnet" bei den angesprochenen Verkehrskreisen die Vorstellung hervorgerufen wird, das Produkt
des Werbenden sei gegenüber anderen von einer hierzu berufenen neutralen Stelle ausgezeichnet
oder offiziell hervorgehoben worden (BGH GRUR 1991, 550 (552) – Zaunlasur; OLG Köln
NJW-RR 1992, 874). Auch die Werbeaussage eines Herstellers und Vertreibers von Ölbrennern
„5 Brennermodelle wurden mit dem ‚Blauen Engel' ausgezeichnet", enthält nicht schon deshalb
eine irreführende Alleinstellungsbehauptung, weil sie mit guten Abgaswerten und hohem Wir-
kungsgrad wirbt (BGH GRUR 1994, 529 – Ölbrennermodelle). Sie schließt die Verleihung
derselben Auszeichnung an Konkurrenzmodelle nicht aus und ist als lediglich beispielhafte
Leistung auch im Verhältnis zu den Produkten von Mitbewerbern richtig, die nicht mit dem
„Blauen Engel" ausgezeichnet worden sind. – Die Werbung mit einem **unternehmenseigenen**
„Bio"-Logo ist irreführend, wenn es den Eindruck erweckt, es sei von Dritten aufgrund
konkreter objektiver Vorgaben und Kontrollen vergeben worden (OLG München WRP 2022,
494).

Mit dem einem Unternehmen verliehenen Umweltzeichen darf **nur in der verliehenen**   2.191
Form unter Beachtung der Einschränkungen und Auflagen (Hinweispflichten) geworben
werden. Verwendet ein Händler das dem Hersteller einer Ware verliehene Umweltzeichen auf
Schildern an den Regaleinlegeböden zur Werbung für diese Waren, so verstößt er gegen § 5
UWG, wenn er nicht entspr. der dem Hersteller erteilten Benutzungsbefugnis angibt, aus
welchem Grunde die Anerkennung als „umweltfreundlich" erfolgt ist (BGHZ 105, 277 (282) –
Umweltengel; OLG Köln GRUR 1988, 51; v. Gamm FS Traub, 1994, 133 (140)). Wird in
einer Prospektwerbung ein Produkt abgebildet, das deutlich sichtbar mit dem Umweltzeichen
verbunden ist, so ist klarzustellen, worauf die Verleihung des Zeichens beruht (OLG Köln
WRP 1992, 504 (505); Lindacher Anm. JZ 1993, 100 (101)). – Die Umschrift des Umweltzeichens **„weil treibmittelfreie Alternative"** für ein Deo-Pumpspray ist nicht irreführend
und weder als Alleinstellungsberühmung noch als Hinweis darauf zu verstehen, dass die Konkurrenz ausschließlich aerosolhaltige Treibmittel verwende (OLG Hamburg NJW-RR 1994,
555).

Möchte ein Wettbewerber geltend machen, dass ein Konkurrent das **Umweltzeichen zu**   2.192
Unrecht verwendet, reicht die Äußerung eines Verdachts nicht aus. Vielmehr muss der Kläger
– um seiner primären Darlegungslast zu genügen – grundsätzlich **greifbare Anhaltspunkte** für
die geltend gemachte Irreführung nicht nur behaupten, sondern im Falle des Bestreitens auch
beweisen (→ Rn. 1.241). Dies gilt sowohl für die Tatsachen, denen Indizwirkung zukommen
soll, als auch für die Indizwirkung selbst (BGH GRUR 2014, 578 Rn. 16 – Umweltengel für
Tragetasche).

VI. Bedeutungswandel

1. Grundsatz

Da sich die Bedeutung einer Angabe nach der Auffassung des Verkehrs richtet, diese sich aber   2.193
wandeln kann, muss sich **mit der Verkehrsauffassung** auch die **Bedeutung einer Angabe**
ändern, von der wiederum die Feststellung abhängt, ob eine Angabe irreführend ist oder nicht
(vgl. BGH GRUR 2020, 299 Rn. 11 – IVD-Gütesiegel). Ein Bedeutungswandel kommt
allerdings seltener bei Angaben über die Art (→ Rn. 2.4 f.) oder Beschaffenheit (→ Rn. 2.57) als
bei Herkunftsangaben vor (→ Rn. 2.270 ff.). Ändert sich nach Vornahme der beanstandeten
Handlung, aber vor der gerichtlichen Entscheidung das Verkehrsverständnis mit der Folge, dass

die **Angabe nicht mehr irreführend** ist, so entfällt die für den Unterlassungsanspruch erforderliche **Wiederholungsgefahr** (BGH GRUR 2020, 299 Rn. 11 – IVD-Gütesiegel).

2. Erscheinungsformen des Bedeutungswandels

2.194   Der umfassendste Fall eines Bedeutungswandels liegt vor, wenn sich der Sprachgebrauch so drastisch ändert, dass eine Beschaffenheitsangabe eine völlig neue Bedeutung erhält. IdR wird ein solcher Prozess eine lange Zeit in Anspruch nehmen. Ein Beispiel bietet die Bezeichnung **„Bauernbrot"**, unter der nicht mehr ein vom Bauern gebackenes Brot, sondern eine Brotsorte mit einer bestimmten Geschmacksrichtung verstanden wird (BGH GRUR 1956, 550 (553) – Tiefenfurter Bauernbrot). Weniger weitgehend und daher häufiger sind die Fälle, in denen die Bedeutung der Angabe sich auf andere Sachverhalte ausdehnt oder im umgekehrten Fall in ihrem Geltungsumfang eingeengt wird. Die Bedeutungserweiterung ist bspw. bei einem **Wandel der Beschaffenheitsangabe hin zu einem Oberbegriff** gegeben. Aber auch das verlangt seine Zeit, denn der Verkehr neigt dazu, an der ursprünglichen Bedeutung festzuhalten. Die Rspr. hat einen solchen Bedeutungswandel daher meist verneint. So ist „Seide" kein Oberbegriff für echte Seide und Kunstseide (RGZ 128, 265 – Bemberg-Seide; vgl. auch BGHZ 13, 244 (253 f.) – Cupresa-Kunstseide) und „Bims" kein Oberbegriff für Natur- und Kunstbims (RG MuW 1939, 233). Die umgekehrten Fälle einer **Beschränkung des Bedeutungsumfangs** liegen bspw. dann vor, wenn eine allgemeine Gattungsbezeichnung in einem dem Sprachsinn nicht mehr voll entspr. engeren Sinne verstanden wird. Die Reduzierung der Bedeutung von „Lakritz-Konfekt" auf gepresste Lakritze mit bissfester Konsistenz hat die Rspr. aber verneint (BGH GRUR 1986, 822 – Lakritz-Konfekt). Schließlich ist noch die Möglichkeit gegeben, dass aus einem eindeutigen ein mehrdeutiger Begriff wird. So wurde der Ausdruck „Kunstglas" urspr. nur zur Bezeichnung von künstlerisch gestaltetem Glas verwendet, inzwischen aber seit langem auch zur Kennzeichnung von durchsichtigen Kunststoffen glasartigen Charakters, zB bei Lampenschirmen (BGH GRUR 1960, 567 – Kunstglas).

3. Rechtliche Beurteilung

2.195   Bei einem Bedeutungswandel eines Begriffs stellen sich **zwei Fragen: (1)** Ist die behauptete neue Bedeutung schon so weit eingeführt, dass sie nicht mehr als irreführend beanstandet werden kann? **(2)** Oder ist der Bedeutungswandel schon so weit fortgeschritten, dass nunmehr die Verwendung des Begriffs in seiner ursprünglichen Bedeutung irreführend ist? Die erste Frage stellt sich nur bei einer **Erweiterung,** die zweite nur bei einer **Beschränkung des Begriffsumfangs.** Beide Fragen können nicht einheitlich beantwortet werden. Ein Beispiel aus der Rspr. für eine **Entwicklung zu einer engeren Bedeutung** ist der Fall **„Lakritz-Konfekt"** (BGH GRUR 1986, 822): Hier hatte die Klägerin behauptet, der Begriff des Lakritz-Konfekts, der urspr. alle Lakritzsüßigkeiten umfasst habe, habe sich auf Stücke aus gepresster Lakritze mit bissfester Konsistenz reduziert; daher werde der Verkehr durch die mit Lakritze überzogenen Schaumzuckerstückchen der Beklagten irregeführt. Ein Beispielsfall für die **Entwicklung zu einer weiteren Bedeutung** ist der Fall **„Kunstglas"** (BGH GRUR 1960, 567): Es ging um die Verwendung des Begriffs Kunstglas durch einen Lampenhersteller, der damit die durchsichtige Kunststoffumhüllung seiner Lampen beschrieben hatte; dies war vom Verband der Glasindustrie mit der Begründung beanstandet worden, der Verkehr verstehe unter Kunstglas künstlerisch gestaltetes Silikatglas.

2.196   In der Logik des Irreführungsrechts hätte es gelegen, im Falle der **Einengung des Begriffs** bereits von einer Irreführung auszugehen, sobald ein für die Irreführungsquote ausreichender Teil des Verkehrs den Begriff („Lakritz-Konfekt") nur noch in seinem engen Bedeutung versteht. Die **Verwendung des Begriffs in der erweiterten Bedeutung** („Kunstglas") hätte erst zugelassen werden dürfen, wenn sich die neue Bedeutung nahezu durchgesetzt hätte, so dass nur noch ein kleiner unterhalb der Quote liegender Teil des Verkehrs hätte irregeführt werden können. Eine **Berücksichtigung der berechtigten Interessen** gebietet jedoch ein anderes Ergebnis: Im Falle des **Wandels zu einer engeren Bedeutung** kommt ein Verbot der Verwendung des Begriffs in seiner ursprünglichen weiteren Bedeutung erst in Betracht, wenn der überwiegende Teil des Verkehrs den Bedeutungswandel vollzogen hat (BGH GRUR 1986, 822 – Lakritz-Konfekt; vgl. auch BGH GRUR 1986, 469 – Stangenglas II). Die erweiterte Bedeutung darf jedenfalls dann nicht mehr schlechthin verboten werden, wenn dieser Gebrauch bereits in größerem Umfange **im Verkehr Eingang gefunden** hat und ihm daher nicht ohne Verletzung beachtlicher Interessen wieder entzogen werden kann (BGH GRUR 1960, 567 – Kunstglas).

4. Denaturierende Zusätze

In den Fällen, in denen die Verkehrsauffassung einem Bedeutungswandel unterliegt, kann **2.197** zuweilen die **Gefahr einer Irreführung durch einen aufklärenden Zusatz beseitigt** werden. Wann ein Zusatz diese Kraft hat, bestimmt sich wiederum nach der Auffassung des (situationsadäquat) aufmerksamen und verständigen Durchschnittsverbrauchers. Ob ein Zusatz denaturiert, bleibt damit eine Frage des Einzelfalls. Häufig wird für ein Erzeugnis, das im Wesentlichen einem bereits bekannten Stoff entspricht, die gebräuchliche Gattungsbezeichnung mit einem unterscheidenden Zusatz in eine neu gebildete, zusammengesetzte Bezeichnung übernommen; mit dieser Übung rechnet auch der Verkehr (BGH GRUR 1967, 600 (603) – Rhenodur I mAnm Droste; GRUR 1972, 360 (361) – Kunststoffglas).

a) Zusatz Kunst. Mit dem Zusatz „Kunst", der auf den Substitutionscharakter eines Pro- **2.198** duktes hinweist, wird die Irreführungsgefahr idR ausgeschlossen. Der Verkehr setzt diese Produkte auch bei Neuheiten idR nicht mehr mit Naturerzeugnissen gleich. Zulässig sind die Bezeichnungen **„Kunsteis", „Kunststein"** und **„Kunstdünger", „Kunsthonig", „Kunstseide"** (→ Rn. 2.6, 2.13) und **„Kunstharz".** – Wenn unter dem Kunstprodukt wiederum Verschiedenes verstanden wird, kann eine weitere Klarstellung nötig sein, um eine Irreführung zu vermeiden. Vgl. zum Begriff **„Kunstglas"** → Rn. 2.195 f. Von vornherein unproblematisch ist dagegen die Bezeichnung **„Kunststoffglas"** für einen kalthärtenden organischen Flüssig-Kunststoff mit Glaseffekt, da nicht nur Fachleute, sondern auch jeder Verbraucher hierunter kein Silikatglas, sondern einen Kunststoff verstehen (BGH GRUR 1972, 360 (361) – Kunststoffglas).

b) Sonstige Zusätze. Sofern eine **Anlehnung an die Qualität und Wirkungen der** **2.199** **Naturprodukte** stattfindet, ist zu verlangen, dass die Ware nach ihren Eigenschaften und Wirkungen dem Naturprodukt gleich oder nahekommt, zumindest zu gleichem Zweck verwendbar ist (GK/Lindacher/Peifer Rn. 372). Daher ist es als irreführend angesehen worden, für aus Kunstleder hergestellte Oberbekleidungsartikel die Bezeichnung **„Synthetik-Wildleder –** **aktueller Leder-Look"** zu verwenden, weil die Bezeichnung „Synthetik-Leder" zwar deutlich mache, dass es sich nicht um echtes Leder handele, jedoch den unrichtigen Eindruck vermittle, das angebotene Material sei echtem Leder vergleichbar und verfüge über alle für den Verbraucher wesentlichen Eigenschaften des Naturprodukts Leder (BGH GRUR 1977, 729 (731) – Synthetik-Wildleder mAnm Lehmpfuhl). Ebenso wurde die Bezeichnung **„Napanova aus** **Polyurethan"** mit der Begründung verboten, die angesprochenen Verkehrskreise gingen davon aus, dass die verwendeten Materialien dem Nappaleder in allen wesentlichen Eigenschaften glichen (OLG Hamburg WRP 1983, 628 (630)).

Inwiefern **andere Zusätze** denaturierend wirken, hängt von den Umständen des Einzelfalls **2.200** ab. Im Allgemeinen weist nach dem deutschen Sprachgebrauch bei zusammengesetzten Wörtern das vorangestellte Wort auf die stoffliche Beschaffenheit und das letzte Wort auf den Gegenstand hin. An diese Erfahrungsregel braucht sich indessen der Verkehr nicht zu halten. Allerdings ist es mehr als fraglich, ob nach dem neuen Verbraucherleitbild die angesprochenen Verkehrskreise bei Möbeln, die unter der Bezeichnung **„Kunststofffurnier"** vertrieben werden, davon ausgehen, dass es sich wegen des Wortbestandteils „Furnier" um ein Material handelt, das neben Kunststoff auch Holzbestandteile aufweist (so aber BGH GRUR 1967, 600 (603) – Rhenodur I; GRUR 1974, 158 (159) – Rhenodur II, jeweils mAnm Droste). Sehen hingegen Möbel mit Kunststofffolie wie mit Holzfurnier aus, so muss durch aufklärende Hinweise in der Werbung und auf der Ware deutlich gemacht werden, dass die Ware nicht mehr aus dem früher stets verwendeten Holzfurnier besteht (OLG Düsseldorf GRUR 1975, 146). Die Bezeichnungen „Dekor Sonoma Eiche", „Buche Dekor" oder „Kirschbaum Dekor reichen hierfür nicht aus (OLG Hamm MD 2011, 437; OLG Oldenburg MDR 2016, 109; aA inzwischen allerdings OLG Oldenburg WRP 2018, 504; → Rn. 2.62). Ferner ist die Verwendung der Bezeichnung einer Holzart mit dem Zusatz **„foliert"** irreführend, wenn die sichtbaren Außenflächen der Möbel mit einer Kunststofffolie überzogen sind. Der Zusatz „foliert" ist ungebräuchlich und zur Aufklärung der Verbraucher ungeeignet (OLG Hamburg GRUR 1989, 125). Andererseits müssen die durch die Zusätze oder sonstige Bezeichnungen hervorgerufenen Vorstellungen, dass es sich um Kunstprodukte handelt, auch der Wahrheit entsprechen.

2.201   Zutr. ist dem Zusatz „**Perlon**" für einen Pelz denaturierende Bedeutung beigemessen worden, da jeder heute wisse, dass es sich um Kunstfasern handele (LG Frankfurt GRUR 1955, 304). Zulässig ist daher die Bezeichnung „Perlon-Pelz" für einen im Aussehen und Warmhalten dem Naturpelz gleichwertigen Kunstpelz. Eine Verkehrsgeltung iSd § 4 Nr. 2 MarkenG, die sich auf die Herkunft, nicht aber auf die Beschaffenheit einer Ware bezieht, genügt als denaturierender Zusatz nicht. – Die Bezeichnung „**Seide**" wird nicht denaturiert durch Zusätze wie „**Bemberg**", „**Agfa**", „**Azetat**" (RGZ 128, 264; → Rn. 2.13, → Rn. 2.16, → Rn. 2.194) oder „**Cupresa**" (BGHZ 13, 244 – Cupresa-Kunstseide). – Gewöhnlich wird die Beifügung einer weiteren Gattungsbezeichnung, insbes. einer solchen, die nicht auf ein bekanntes Kunstprodukt hinweist, ebenfalls nicht denaturierend wirken. Als irreführend angesehen worden ist daher die Bezeichnung „**Eis-Pralinen**" für pralinenförmige massive Stücke, die zwar aus Kakaopulver, Kokosfett und Zucker, nicht aber aus Kakaomasse oder Schokolade hergestellt und daher keine Schokoladenerzeugnisse sind (BGH GRUR 1958, 492 – Eis-Pralinen; dazu krit. → Rn. 2.28).

2.202   **c) Bedeutungswandel bei Zusätzen.** Ein zunächst nicht denaturierender Zusatz kann diese Kraft allmählich dadurch gewinnen, dass ein Bedeutungswandel eintritt und der Verkehr die Bezeichnung anders versteht. Das soll zB für die Bezeichnung „**Neusilber**" (Alpacca) zutreffen, weil jeder wisse, dass eine solche Legierung nicht silberhaltig sei (BGH GRUR 1955, 251 – Silberal). – Umgekehrt kann die denaturierende Wirkung aber auch wieder entfallen, wenn durch weitere Zusätze (zB „echt", → Rn. 2.87) der Hinweis entkräftet, die Aufklärung damit beseitigt und eine (neue) Irreführungsgefahr begründet wird, etwa wenn von „echtem Kunstleder" die Rede ist.

2.203   **d) Prozessuale Fragen.** Vgl. → § 12 Rn. 1.45.

D. Verfahren oder Zeitpunkt der Herstellung, Lieferung oder Erbringung

Schrifttum: Heeb, Die Werbung mit rein handwerklichen Begriffen für Industrieerzeugnisse, WRP 1977, 537; Honig, Werbung mit dem guten Ruf des Handwerks, WRP 1995, 68.

I. Allgemeines

2.204   Nach § 5 II Nr. 1 sind bei der Beurteilung der Irreführung auch Angaben über „**Verfahren und Zeitpunkt der Herstellung (von Waren) oder Erbringung (von Dienstleistungen)**" zu berücksichtigen.

II. Irreführung über handwerkliche Herstellung

2.205   Irreführend ist es, mit **handwerklichen Bezeichnungen** für **fabrikmäßig** oder **industriell gefertigte Erzeugnisse** zu werben. Dass ein sachkundiger Leser die Unwahrheit schon aus dem Preis ersieht, schließt die Irreführung nicht aus. Die Wörter „nach Maß" sind für sich allein mehrdeutig, da es handwerkliche Maßarbeit und industrielle Maßkonfektion gibt. Für diese darf nur dann mit dem Zusatz, dass Kleidung „nach Maß" angefertigt werde, geworben werden, sofern die Werbung deutlich erkennen lässt, dass keine handwerks-, sondern konfektionsmäßige Arbeit angeboten wird (BGH GRUR 1957, 274 – nach Maß; GRUR 1961, 425 (428) – Möbelhaus des Handwerks; OLG München WRP 1977, 432; SchweizBGE 1988 II 54 = SchweizMitt 1962, 152). Wer Hemden nur nach zwei Maßangaben anfertigt, darf sie in der Werbung nicht als „Maßhemd" bezeichnen (LG Köln WRP 1995, 73 f.). – Irreführend ist die Angabe „Garantie – reine Handarbeit" für Zierkerzen, bei denen nur zur Herstellung der Kerzenrohlinge flüssiges Wachs mit der Hand in Formen gegossen und um die Rohlinge ebenfalls von Hand der verzierte Mantel gelegt wurde, der wie die Rohlinge durch Ausgießen von Formen mit der Hand gewonnen ist (OLG Nürnberg BB 1971, 1075). Industriell hergestellte Wurst- und Fleischwaren dürfen nicht mit der Angabe „nach traditioneller Metzgerkunst hergestellt" beworben werden (LG Offenburg WRP 2017, 1534).

2.206   Zur Werbung mit dem **handwerkmäßigen Charakter des Betriebs** → Rn. 4.13 und → Rn. 4.146 ff.

III. Irreführung über eigene Herstellung

Irreführend ist es, fremde (zugekaufte) Erzeugnisse als eigene, dh selbst hergestellte auszugeben. **Beispiele:** Auf dem **Erzeugermarkt** wird der Eindruck erweckt, das Angebot stamme
vollständig aus eigenem Anbau, während ein Großteil in Wirklichkeit zugekauft ist. – In der
Werbung einer Spirituosenfabrik und auf dem Etikett eines Weizenkorns wird mit dem herausgestellten Hinweis **„Brennmeister N."** und **„Brennmeister-Garantie"** geworben, obwohl
der Branntwein zur Herstellung eines Weizenkorns nicht im eigenen Haus gebrannt wird (LG
Oldenburg WRP 1971, 237). Ebenso ist die Bezeichnung **„Weingut"** für einen Kellereibetrieb
irreführend, der nur einen geringen Teil seiner Produktion aus eigenem Anbau gewinnt (Bay-
ObLG WRP 1972, 158). – Die Bezeichnung **„Gutes vom Gutshof"** für fabrikmäßig hergestellte Fertiggerichte in Dosen ist als irreführend untersagt worden (OGH ÖBl 1988, 126),
obwohl der verständige Verbraucher wohl erkennt, dass ein in Dosen vertriebenes Fertiggericht
kaum von einem Gutshof stammt. – Der Begriff **„Design"** in der Firma eines Pelzgeschäfts ist
als irreführend untersagt worden, weil er bei einem beachtlichen Teil des Verkehrs die Vorstellung erweckt, es würden überwiegend vom Inhaber selbst entworfene Pelzwaren angeboten
(OLG Hamburg WRP 1981, 326). – Die Bezeichnungen **„Factory Outlet"** und **„Outlet"**
versteht der Verkehr im Sinne eines Fabrikverkaufs und erwartet dort aus der Produktion des
Anbieters stammende Waren, die unter Ausschaltung des Groß- und Zwischenhandels besonders
preiswert angeboten werden (GRUR 2013, 1254 Rn. 16 – Matratzen Factory Outlet).

    Zum Vortäuschen des **Bezugs vom Hersteller** → Rn. 4.196 ff.; zur Bezeichnung **„eigene**   2.208
Herstellung" als unternehmensbezogener Hinweis → Rn. 4.13.

2.207

IV. Irreführung über Verfahren/Zeitpunkt der Herstellung oder Erbringung

Unter **„Vollreinigung"** versteht der Verkehr eine chemische Reinigung, die eine Grund-   2.209
reinigung mit spezieller Fleckenentfernung (Detachur) umfasst; zur Grundreinigung gehören das
Trockenreinigen, das Bügeln mit der Hand oder das Pressen. Eine Chemische Reinigung darf
daher die Reinigung von Kleidungsstücken nicht als „Vollreinigung" anpreisen, wenn sich der
Reinigungsvorgang auf ein verstärktes (doppeltes) Kleiderbad beschränkt (BGH GRUR 1963,
203 – Vollreinigung). Unerheblich ist, ob das angewandte Verfahren im Einzelfall zu demselben
Reinigungseffekt wie eine spezielle Fleckenentfernung geführt hat. Unter „Spezialreinigung" ist
dasselbe wie unter „Vollreinigung" zu verstehen (BGH GRUR 1968, 387 – Spezialreinigung).
Der Umstand, dass eine Vollreinigung in der Fälle eigentlich überflüssig ist, weil mit der
Normalreinigung dieselbe Wirkung erzielt wird, führt nicht etwa dazu, dass der Reinigungs-
betrieb eine Vollreinigung nur durchführen und in Rechnung stellen darf, wenn sich nach der
Normalreinigung noch die spezielle Fleckenentfernung als notwendig herausgestellt hat (so aber
Droste GRUR 1968, 390; vgl. auch Baumbach/Hefermehl, Wettbewerbsrecht, 22. Aufl. 2001,
§ 3 Rn. 272). – Betriebe des Reinigungsgewerbes sind nicht schon deshalb **Handwerksbetrie-**
be, weil sie die angenommenen Stücke im Anschluss an eine maschinelle Reinigung ergänzend
von Hand nachreinigen und bügeln. Auch solche Betriebe dürfen sich jedoch der Bezeichnungen „Spezial- und Vollreinigung" bedienen, um auf den Unterschied zu dem rein maschinell
ohne Nachbehandlung durchgeführten Kleiderbad hinzuweisen (BGH GRUR 1968, 387 (388)
– Spezialreinigung). Handelt es sich um Handwerksbetriebe (§§ 1, 117 HwO), so steht ihnen
frei, auf die Ausführung der Reinigung durch handwerklich ausgebildete Fachkräfte bes. hinzuweisen.

    Wer ein **Handwerk** betreibt, darf zwar auch Arbeiten in **anderen Handwerken** durch-   2.210
führen, wenn sie mit dem Leistungsangebot seines Handwerks technisch oder fachlich zusammenhängen oder es wirtschaftlich ergänzen (§ 5 HwO). Es ist jedoch irreführend, wenn er sich
mit der Bezeichnung dieses anderen Handwerks bezeichnet. So ist es untersagt worden, dass ein
Handwerker, der als Maler in die Handwerksrolle eingetragen ist und zulässigerweise Glaserarbeiten durchführt, mit der Angabe „Glaserei" wirbt. Denn er erweckt damit den unzutreffenden Eindruck, Glaserarbeiten wie ein eingetragener Glaser auszuführen (LG Oldenburg WRP
1989, 833; Honig WRP 1995, 568). Ob der Begriff **„Bäckerei"** tatsächlich einem Bedeutungswandel in der Weise unterlegen ist, dass mit ihm nicht ausschließlich die Ausübung des Bäcker-
handwerks, sondern auch das bloße Aufbacken von Brötchenteiglingen, die von Drittlieferanten
bezogen werden, bezeichnet werden darf, erscheint zweifelhaft (so aber LG Wuppertal GewArch
2013, 454). – Die Werbung für handwerkliche Leistungen, die nicht selbst erbracht, sondern an

Dritte vermittelt werden, ist irreführend, wenn hierauf nicht hingewiesen wird (LG Berlin WRP 2017, 743). – Die Angabe „**nach traditioneller Metzgerkunst hergestellt**" impliziert eine handwerkliche Herstellung (LG Offenburg WRP 2017, 1534). – Die Werbung für ein Kokosöl mit den Aussagen „**100 % Rohkost**" und „**ohne jegliche Erhitzung**" hergestellt, ist irreführend, wenn tatsächlich das Ausgangsprodukts 9 Min. auf ca. 87 Grad Celsius erhitzt wurde (LG Koblenz WRP 2020, 1080).

2.210a   **Über den Zeitpunkt** der Erbringung einer Dienstleistung wird irregeführt, wenn es in einer Internetanzeige heißt „Was ist mein Haus wert? – In 3 Minuten berechnen", der Anbieter nach Dateneingabe jedoch innerhalb dieser Zeit kein Ergebnis, sondern lediglich mitteilt, es würden sich „in Kürze" Fachbetriebe mit einem Bewertungsangebot melden (LG Bremen WRP 2023, 385).

E. Irreführung über Vorteile, Risiken, Zwecktauglichkeit, Verwendungsmöglichkeit, von der Verwendung zu erwartende Ergebnisse

I. Allgemeines

2.211   Nach § 5 II Nr. 1 sind bei der Beurteilung der Irreführung auch Angaben über die „**Vorteile**" und „**Risiken**", die „**Zwecktauglichkeit**", die „**Verwendungsmöglichkeit**" sowie die „**von der Verwendung zu erwartenden Ergebnisse**" zu berücksichtigen. Diese Begriffe sind nicht vollständig trennscharf abgrenzbar. „Vorteile" und „Risiken" (in der englischen/französischen Sprachfassung des Art. 6 Abs. 1 lit. b UGP-RL: „benefits, risks"/„ses avantages, les risques qu'il présente") sind in der Vorschrift nicht näher spezifizierte positive und negative Eigenschaften des Produkts, die mit seiner Gestaltung oder Verwendung einhergehen. Dieser Eigenschaftsbezug begründet eine Überschneidung mit dem Begriff der „Beschaffenheit" (→ Rn. 2.57 ff.). Weiter besteht eine Überschneidung mit den Begriffen der „Zwecktauglichkeit" („fitness for purpose"/„aptitude à l'usage") und „Verwendungsmöglichkeit" („usage"/„utilisation"), die die Einsatzmöglichkeit des Produkts mit Blick auf die mit dem Einsatz des Produkts verfolgten Zwecke bezeichnen. Der Einsatzzweck ist häufig auf bestimmte „von der Verwendung zu erwartende Ergebnisse" („the results to be expected from its use"/„les résultats qui peuvent être attendus de son utilisation") – also Wirkungen – gerichtet. Bestimmte Wirkungen des Produkts werden in der Werbung wiederum häufig als Vorteil herausgestellt. Nachfolgend werden zunächst die spezielleren Bezugspunkte der Zwecktauglichkeit, Verwendungsmöglichkeit und der Wirkungsangaben und sodann (sonstige) Vorteile und Risiken kommentiert.

II. Zwecktauglichkeit und Verwendungsmöglichkeit

2.212   Die Begriffe der Zwecktauglichkeit und Verwendungsmöglichkeit eines Produkts bezeichnen die Einsatzmöglichkeit des Produkts mit Blick auf die mit seinem Einsatz verfolgten Zwecke (→ Rn. 2.211). Stellt die Angabe – etwa durch Nennung eines therapeutischen Anwendungsbereichs (vgl. OLG Düsseldorf GRUR-RR 2015, 343) – einen Gesundheitsbezug her, gelten die Anforderungen der gesundheitsbezogenen Werbung, soweit es sich nicht ohnehin um eine Wirkungsangabe handelt (→ Rn. 2.215 ff.). Die Einsatzmöglichkeit eines Produkts kann auch durch die Angabe beschrieben werden, es sei mit bestimmten anderen Produkten kompatibel (LG Frankfurt a. M. MPR 2013, 28).

2.213   Die Werbeaussage „**30 m wasserdicht**" für eine Armbanduhr ist irreführend, wenn die Uhr für einen Tauchgang von 30m Tiefe nicht geeignet ist, auch wenn mit „**30 m Wassersäule**" auch der Maximaldruck von 3 bar ausgedrückt wird, bis zu dem die beworbene Uhr wasserdicht ist (OLG Frankfurt MD 2008, 636 (Nichtzulassungsbeschwerde zurückgewiesen: BGH Beschl. v. 13.8.2009 – I ZR 76/08); LG Berlin MD 2015, 540). Der Verkehr weiß nicht, dass mit „30 m" ein Wasserdruck von max. 3 bar (1 m Wassersäule = 0,1 bar) gemeint sein soll, dass aber beim Tauchen in 30 m Tiefe durch die Bewegung und durch Strömung wesentlich höhere Drücke auftreten). – Die Angabe „**Ich nutze jetzt für alles den E-Post-Brief**" ist irreführend, wenn mit dieser neuen Kommunikationsform bestimmte herkömmliche Sendungsformen nicht verschickt werden können (OLG Köln MMR 2011, 742). – Irreführend können **widersprüchliche Angaben** über das **Anwendungsgebiet** des Produkts sein (vgl. KG MD 2016, 23). –

Irreführend sind Angaben eines Mineralölunternehmens über die **Freigabe eines Motoröls** durch bestimmte Kraftfahrzeughersteller, wenn diese Freigabe tatsächlich nicht vorliegt (LG Itzehoe WRP 2016, 1438 Ls.). Die Bewerbung von KN95-Atemschutzmasken mit der Aussage „ähnlich einer FFP2-Maske" ist irreführend, wenn es den Masken an der einer mit FFP2-Masken vergleichbaren **Filterleistung und Dichtsitze** fehlt (LG Bonn PharmR 2021, 215). Das Angebot einer Bescheinigung über „vorläufige Impfunfähigkeit" ist irreführend, wenn mit ihr die Befreiung von einer Impfpflicht nicht erreicht werden kann (LG Stade WRP 2022, 1577).

Die Bezeichnung **„Dauerelastisch"** für Gummibänder erfordert überdurchschnittliche Halt- **2.214** barkeit (OLG Düsseldorf WRP 1959, 150). – Als irreführend angesehen worden ist die Angabe **„Dauerstärke"** für ein synthetisches Wäschebehandlungsmittel, da unter „Stärke" pflanzliche Stärke verstanden werde; zulässig soll dagegen die Verwendung des Wortes „stärken" sein, weil die Hausfrau (!) darunter kein bestimmtes Mittel, sondern die Tätigkeit zur Herbeiführung eines formfesten Zustandes der Wäsche verstehe (BGH GRUR 1957, 278 – Evidur; Lindacher FS Nirk, 1992, 587 (591)). – Die Bezeichnung eines Haarfärbemittels als **„volltransparent"** ver- langt einen hohen Grad anhaltender Lichtdurchlässigkeit, die eine ständige Überwachung der Färbung während der Behandlung erlaubt (LG Düsseldorf GRUR 1953, 182). – Ein „Voll- klavier" muss besondere Vorzüge aufweisen (OLG Stuttgart DB 1954, 649). Zur Verwendung der Bezeichnung „Elektronenorgel" für ein Musikinstrument → Rn. 2.33. – Der Hinweis eines Wirtschaftsverbandes von Metallwarenherstellern an die Händler, dass eine der Sicherheit eines technischen Arbeitsmittels dienende DIN-Norm zu einem bestimmten Zeitpunkt als eine all- gemein anerkannte technische Regel iSd § 1 II 3 GPSG aF (mWv 1.12.2011 ersetzt durch das ProdSiG) in Kraft getreten sei, ist grds. nicht zu beanstanden, wohl aber ist es irreführend, wenn gleichzeitig über die **Verwendungsmöglichkeit** der noch auf Lager befindlichen (Alt-)Geräte der unzutreffende Eindruck erweckt wird, der Handel dürfe diese Geräte nicht mehr absetzen (BGH GRUR 1991, 921 (922) – Sahnesiphon).

III. Von der Verwendung zu erwartende Ergebnisse (Wirkungsangaben)

1. Angaben über Heilwirkungen

a) Grundsatz. aa) Strenger Maßstab. Wird in der Werbung auf die **Gesundheit** Bezug **2.215** genommen, gelten bes. strenge Anforderungen an die Richtigkeit, Eindeutigkeit und Klarheit der Aussagen (BGH GRUR 2002, 182 (185) – Das Beste jeden Morgen). Dies rechtfertigt sich durch die Bedeutung des Rechtsguts Gesundheit und die hohe Werbewirksamkeit gesundheits- bezogener Aussagen (BGH 1980, 797 (799) – Topfit Boonekamp; GRUR 2013, 649 Rn. 15 – Basisinsulin mit Gewichtsvorteil; GRUR 2021, 513 Rn. 17 – Sinupret). In der Werbung für Lebensmittel sind Aussagen, die sich auf die Beseitigung, Linderung oder Verhütung von Krankheiten beziehen, sogar generell verboten (§ 11 I Nr. 2 LFGB iVm Art. 7 III LMIV, Art. 10 Health-Claims-VO; → Rn. 2.218 aE).

Die unzutreffende Behauptung, ein Produkt könne **Krankheiten, Funktionsstörungen 2.216 oder Missbildungen heilen,** gehört nach Anh. Nr. 17 zu § 3 III zu den geschäftlichen Hand- lungen, die unter allen Umständen unlauter sind (→ Anh. § 3 Rn. 18.1 ff.).

bb) Irreführungsverbote im AMG, im HWG, im LFGB und der Kosmetik-VO. Der **2.217** strenge Maßstab, der im Bereich der Gesundheitswerbung anzulegen ist, kommt in **drei sonder- gesetzlichen Irreführungsverboten** zum Ausdruck, die jeweils einen auf den Anwendungs- bereich angepassten Beispielskatalog enthalten und die – wenngleich sie als straf- oder buß- geldbewehrte Verbote und nicht als zivilrechtliche Ansprüche ausgestaltet sind, über § 3a als Marktverhaltensregeln uneingeschränkt mit wettbewerbsrechtlichen Mitteln durchgesetzt wer- den können (→ 3a Rn. 1.218 ff.): So ist eine Werbung für **Arzneimittel** insbes. dann irrefüh- rend, wenn „Arzneimitteln eine therapeutische Wirksamkeit oder Wirkungen beigelegt werden, die sie nicht haben" (§ 8 I Nr. 2 lit. a AMG), oder wenn „fälschlich der Eindruck erweckt wird, dass ein Erfolg mit Sicherheit erwartet werden kann" (§ 8 I Nr. 2 lit. b AMG). Für die **Heil- mittelwerbung** enthält § 3 HWG eine fast gleich lautende Bestimmung (§ 3 Nr. 1 und 2 lit. a HWG). So ist bspw. die Verwendung des Begriffs **„Heilstollen"** für einen ehemaligen Schiefer- stollen untersagt worden, weil der Nachweis einer konkreten Heilwirkung (in casu: für Atem- wegserkrankungen und Hautkrankheiten) fehlte (OLG Hamm GRUR-RR 2009, 186 (188)).

Im **Lebensmittelrecht** ist das Verbot, mit Aussagen zu werben, die sich auf die Beseitigung, **2.218** Linderung oder Verhütung von Krankheiten beziehen, im Gesetz sogar als abstraktes Gefähr- dungsdelikt, also als **absolutes Verbot,** ausgestaltet (§ 11 I Nr. 2 LFGB iVm Art. 7 III LMIV), das keine Irreführung voraussetzt. Schon die auf Art. 2 I lit. b RL 2000/13/EG zur Etikettierung zurückgehende Vorgängernorm des § 12 I LFGB sah ein solches absolutes Verbot vor, wurde aber von den Gerichten teilweise restriktiv ausgelegt, indem ein irreführendes Element verlangt wurde (vgl. OLG Karlsruhe ZLR 2006, 290 mAnm Gorny = MD 2006, 612 (615 f.); zust. → 34. Aufl. 2016, § 5 Rn. 4.182a). Für eine solche einschränkende Auslegung **besteht kein Anlass.** Der EuGH hat schon in der zu Art. 2 I RL 2000/13/EG ergangenen Rechtsprechung zwischen gesundheitsbezogenen Angaben, die im Hinblick auf den freien Warenverkehr nur im Falle der Irreführungsgefahr verboten werden dürfen, und den krankheitsbezogenen Angaben unterschieden, die unabhängig von einer Irreführung des Verbrauchers verboten sind (EuGH Slg. 2004, I-7007 Rn. 36 = GRUR-Int. 2004, 1016 – Douwe Egberts/Westrom Pharma ua; Slg. 2003, I-1065 Rn. 37 = GRUR-Int. 2003, 540 – Sterbenz und Haug). Angaben mit **Krankheitsbezug** iSd § 11 I Nr. 2 LFGB iVm Art. 7 III LMIV sind daher **unabhängig von einer Irreführungsgefahr verboten** (OLG Düsseldorf MD 2010, 1193; KG WRP 2016, 283 Ls. = MD 2015, 975; AfP 2010, 488). Zu berücksichtigen sind weiter die Vorschriften der **Health-Claims-VO:** Angaben **„über Dauer und Ausmaß der Gewichtsabnahme"** sind gem. deren Art. 10 I Health-Claims-VO, Art. 12 lit. b Health-Claims-VO **absolut verboten;** Angaben über die **„schlank machenden oder gewichtskontrollierenden Eigenschaften** des Lebensmittels oder die Verringerung des Hungergefühls oder ein verstärktes Sättigungsgefühl" sind nur unter den Voraussetzungen des Art. 13 I lit. c, III Health-Claims-VO erlaubt.

2.219   Mit Wirkung v. 11.7.2013 ist die VO (EG) Nr. 1223/2009 **(Kosmetik-VO)** in Kraft getreten und hat § 27 LFGB abgelöst, der bisher das Inverkehrbringen von **Kosmetika** unter irreführender Bezeichnung verbot (dazu Reinhart GRUR-Prax 2013, 307; Heidenreich PharmR 2023, 205). Nach Art. 20 I KosmetikVO dürfen bei der Kennzeichnung, der Bereitstellung auf dem Markt und der Werbung für kosmetische Mittel keine Texte, Bezeichnungen, Warenzeichen, Abbildungen und andere bildhafte oder nicht bildhafte Zeichen verwendet werden, die **Merkmale oder Funktionen vortäuschen,** die die betreffenden Erzeugnisse nicht besitzen. Ebenfalls seit dem 11.7.2013 gilt die **VO (EU) 655/2013** zur Festlegung **gemeinsamer Kriterien zur Begründung von Werbeaussagen im Zusammenhang mit kosmetischen Mitteln,** die für den **Beleg** werblicher Aussagen über Kosmetika hinreichende und überprüfbare Nachweise verlangt, die den Stand der Technik berücksichtigen (Anh. Nr. 3.1 und 2 VO (EU) 655/2013). Soweit Studien herangezogen werden, müssen diese für das Produkt und seinen Nutzen relevant sein, auf einwandfrei entwickelten und angewandten **Methoden (gültig, zuverlässig und reproduzierbar)** basieren und ethischen Erwägungen Rechnung tragen (Anh. Nr. 3.3 VO (EU) 655/2013). Die Beweiskraft der Nachweise bzw. Belege muss mit der Art der getätigten Werbeaussage in Einklang stehen (Anh. Nr. 3.4 VO (EU) 655/2013). Die **Darlegungs- und Beweislast für das Fehlen der beworbenen Merkmale oder Funktionen** trägt grds. der Anspruchsteller. Allerdings muss der Werbende nach den genannten Bestimmungen der VO (EU) 655/2013 in der Lage sein, die **Richtigkeit seiner Behauptungen zu beweisen,** so dass – ebenso wie nach früherem Recht (§ 27 I LFGB) – die Darlegungs- und Beweislast auf ihn übergehen kann (BGH GRUR 2016, 418 Rn. 17 – Feuchtigkeitsspendendes Gel-Reservoir). Eine **hinreichende wissenschaftliche Absicherung** kann sich allerdings – insoweit gilt ein weniger strenger Maßstab als bei gesundheitsbezogener Werbung (→ Rn. 2.215, 2.220 ff.) – aus einer einzelnen Arbeit ergeben, sofern diese auf überzeugenden Methoden und Feststellungen beruht (BGH GRUR 2010, 359 Rn. 18 – Vorbeugen mit Coffein!; GRUR 2016, 418 Rn. 20 – Feuchtigkeitsspendendes Gel-Reservoir).

2.220   **cc) Wissenschaftlich umstrittene Wirkungen.** Mit einer gesundheitsfördernden Wirkung eines Präparats darf nicht geworben werden, wenn diese Wirkung **wissenschaftlich umstritten** ist (BGH GRUR 2002, 273 (274) – Eusovit); es sei denn, in der Werbung wird auf die Gegenmeinung hingewiesen (BGH GRUR 2013, 649 Rn. 16 – Basisinsulin mit Gewichtsvorteil). Generell sind Angaben mit fachlichen Aussagen nur zulässig, wenn der Werbende die **wissenschaftliche Absicherung** seiner Aussage dartun kann (BGH GRUR 1991, 848 (849) – Rheumalind II; GRUR 2013, 649 Rn. 16 – Basisinsulin mit Gewichtsvorteil; GRUR 2021, 513 Rn. 18 – Sinupret; OLG Hamburg GRUR-RR 2004, 88). Die Irreführung beruht in diesem Fall nicht auf der Unrichtigkeit der Werbeaussage, sondern darauf, dass sie jeder **Grundlage entbehrt** (OLG Hamburg NJOZ 2003, 2783). Der Kläger genügt seiner **Darlegungs- und Beweislast** dafür, dass eine Aussage nicht gesicherter wissenschaftlicher Erkenntnis entspricht, schon durch den Nachweis, dass nach der wissenschaftlichen Diskussion die Grundlagen, auf die der Werbende sich stützt, seine Aussage nicht rechtfertigen oder sogar jegliche tragfähige wissenschaftliche Grundlage für die Behauptung fehlt; ist dieser Nachweis erbracht, muss der Werbende die wissenschaftliche Absicherung der Werbeaussage beweisen (BGH GRUR 2021, 513 Rn. 18 – Sinupret). Der Werbende kann den Vorwurf der Irreführung nicht dadurch ausräumen, dass er sich im Prozess auf ein Sachverständigengutachten beruft, aus dem sich der wissenschaftliche Nachweis ergebe (→ Rn. 1.248). Wird als Beleg für eine Werbeaussage eine wissenschaftliche Studie zitiert, muss sie diese Aussage tragen; ist dies nicht der Fall, liegt die Irreführung auch darin, dass der Studie eine Aussage zugeschrieben wird, die ihr nicht entnommen werden kann (BGH GRUR 2013, 649 Rn. 17 – Basisinsulin mit Gewichtsvorteil; GRUR 2021, 513 Rn. 17 – Sinupret). – Bei der Berücksichtigung **fremdsprachiger Studien** zeigt die Rechtsprechung unter Verweis auf § 184 GVG eine starke Zurückhaltung (KG WRP 2016, 389; OLG Hamburg GRUR-RR 2008, 100; OLG München MD 2009, 784).

Selbst eine **bedeutende Mindermeinung** reicht als Absicherung nicht aus (OLG Karlsruhe   **2.221** ZLR 2006, 290 – mAnm Gorny, zu § 11 I 2 Nr. 2 LFGB). Etwas anderes kann freilich dann gelten, wenn in der beanstandeten Werbung auf den Umstand hingewiesen wird, dass nur eine Mindermeinung die Wirkungsaussage unterstützt. Ist die **wissenschaftliche Absicherung** der Werbeaussage dagegen **dargetan,** reicht es nicht aus, dass der Wettbewerber Zweifel am Wert der Studie äußert; er hat dann seinerseits die Unvertretbarkeit der aus der Studie gezogenen Schlüsse darzulegen und zu beweisen (OLG Hamburg NJOZ 2003, 2783). – Die Wirksamkeit der Bestandteile Koffein, Algenextrakt und Siliziumderivate gegen Zellulitis ist wissenschaftlich umstritten. Bei dieser Sachlage ist derjenige, der sich auf die Wirksamkeit dieser Bestandteile beruft, gehalten, die Richtigkeit seiner Auffassung glaubhaft zu machen bzw. zu beweisen (OLG Köln GRUR 2000, 154).

Studienergebnisse, die in der Werbung als wissenschaftlicher Beleg angeführt werden,   **2.222** müssen grds. nach den anerkannten Regeln und Grundsätzen wissenschaftlicher Forschung durchgeführt und ausgewertet worden sein. Dafür ist im Regelfall erforderlich, dass eine **randomisierte, placebokontrollierte Doppelblindstudie** mit einer adäquaten statistischen Auswertung vorliegt, die durch die Veröffentlichung in den Diskussionsprozess der Fachwelt einbezogen worden ist (BGH GRUR 2013, 649 Rn. 19 – Basisinsulin mit Gewichtsvorteil; GRUR 2021, 513 Rn. 20 – Sinupret; OLG Hamburg GRUR-RR 2018, 436; 2020, 39; zu den Studienarten s. Feddersen GRUR 2013, 127 (132); vgl. ferner zu Art. 3 RL 1999/21/EG über diätetische Lebensmittel BGH GRUR 2009, 75 Rn. 26 – Priorin; zu § 14b I 2 DiätV aF BGH GRUR 2012, 1164 Rn. 20 – ARTROSTAR). Wird eine Werbeaussage auf eine Studie gestützt, die nachträglich anhand vorliegender Studiendaten im Rahmen einer sog Subgruppenanalyse oder im Wege der Zusammenfassung mehrerer wissenschaftlicher Studien **(Metaanalyse)** erstellt worden ist, müssen die insofern geltenden wissenschaftlichen Regeln eingehalten sein. Außerdem muss der Verkehr hinreichend deutlich auf die Besonderheiten der Art, Durchführung oder Auswertung dieser Studie und gegebenenfalls auf die in der Studie selbst gemachten Einschränkungen im Hinblick auf die Validität und Bedeutung der gefundenen Ergebnisse hingewiesen werden; die eingeschränkte wissenschaftliche Aussagekraft muss dem Werbeadressaten Augen geführt werden (BGH GRUR 2013, 649 Rn. 20 – Basisinsulin mit Gewichtsvorteil).

Entsprechen Werbeaussagen zur therapeutischen Wirksamkeit oder sonstigen (etwa pharmako-   **2.222a** logischen) Eigenschaften wörtlich oder sinngemäß der **Zulassung des Arzneimittels,** kann regelmäßig davon ausgegangen werden, dass sie im Zeitpunkt der Zulassung dem gesicherten Stand der Wissenschaft entsprochen haben, weil diese Eigenschaften nach § 25 Abs. 2 AMG Gegenstand der behördlichen Prüfung sind (BGH GRUR 2013, 649 Rn. 35 – Basisinsulin mit Gewichtsvorteil; GRUR 2015, 1244 Rn. 35 – Äquipotenzangabe in Fachinformation). Dies gilt auch für Werbeaussagen, die Angaben in der **Fachinformation** des Arzneimittels gem. § 11a AMG entsprechen (vgl. § 22 VII 1 AMG, § 25 V 1 AMG; BGH GRUR 2013, 649 Rn. 36 – Basisinsulin mit Gewichtsvorteil; GRUR 2021, 513 Rn. 22 – Sinupret). Allerdings müssen etwaige **Einschränkungen der Aussagekraft eines Forschungsergebnisses** auch hier kommuniziert werden: So darf etwa nicht (einschränkungslos) für eine entzündungshemmende Wirkung bei der Anwendung am Menschen geworben werden, wenn sich aus der Fachinformation ergibt, dass eine solche Wirkung nur im Tierversuch nachgewiesen worden ist (BGH GRUR 2021, 513 Rn. 28f. – Sinupret). Die indizielle Bedeutung der Zulassung für die wissenschaftliche Absicherung kann **erschüttert werden,** wenn neuere, erst **nach dem Zulassungszeitpunkt** bekanntgewordene oder der Zulassungsbehörde bei der Zulassungsentscheidung sonst nicht zugängliche wissenschaftliche Erkenntnisse vorliegen, die gegen die wissenschaftliche Tragfähigkeit der durch die Zulassung belegten Aussagen sprechen (BGH GRUR

2013, 649 Rn. 42 f. – Basisinsulin mit Gewichtsvorteil; GRUR 2015, 1244 Rn. 36 – Äqui-potenzangabe in Fachinformation).

2.223   An den **Wirksamkeitsnachweis nach Art. 5 I und 6 I Health-Claims-VO** legt der BGH nicht denselben Maßstab an wie für den Nachweis der Wirksamkeit eines Arzneimittels oder einer bilanzierten Diät (BGH GRUR 2013, 958 Rn. 20 – Vitalpilze; LMuR 2018, 64 Rn. 14 – Detox). Doch auch hier muss die behauptete positive Wirkung der jeweiligen Substanz anhand allgemein anerkannter wissenschaftlicher Erkenntnisse nachgewiesen sein, und zwar schon zu dem Zeitpunkt, zu dem die Angaben gemacht werden. Im Übrigen muss der Hersteller im Prozess darlegen, welche konkreten Inhaltsstoffe in dem fraglichen Produkt geeignet sein sollten, die behaupteten Wirkungen zu erzielen (Art. 5 I lit. a Health-Claims-VO), und dass diese Stoffe in seinen Produkten jeweils in relevanter Menge und bioverfügbarer Form (Art. 5 I lit. b und c Health-Claims-VO) enthalten sind und bei einem vernünftigerweise zu erwartenden Verzehr die behauptete Wirkung erzielen können (Art. 5 I lit. d Health-Claims-VO; BGH GRUR 2013, 958 Rn. 21 – Vitalpilze; LMuR 2018, 64 Rn. 14 – Detox).

2.224   **b) Beispiele. aa) Ankündigung eines medizinischen Erfolgs.** Irreführend ist die Wer-bung für ein **„medizinisches Badesalz",** wenn die behauptete medizinische Wirkung frühes-tens ab einer mindestens vier Mal so hohen Konzentration der Salzlösung eintritt (OLG Jena WRP 2000, 1424). – Unzulässig ist es, für **„wunderbares Wasser aus Lourdes"** und ein **„wunderbares Maya-Kreuz"** mit den Heilerfolgen dieser Gegenstände zu werben (OLG Frankfurt WRP 1981, 467). – Irreführend ist es auch, wenn in der **Werbung für ein Vitamin-präparat** der Eindruck erweckt wird, man könne sich nur mit Hilfe eines solchen Mittels mit Vitamin H versorgen, obwohl dem Körper bei normaler Ernährung alle lebenswichtigen Sub-stanzen einschließlich Vitamin H in ausreichendem Maße zugeführt werden (BGH GRUR 1998, 1052 (1053) – Vitaminmangel). – Ein Arzneimittel, das für die Anwendungsgebiete „Unterstützende Behandlung von Osteoporose, nachgewiesener Calcium- und Vitamin D3-Mangel" zugelassen ist, darf nicht mit der Angabe **„zur Basistherapie bei Osteoporose"** beworben werden, weil auch die Fachkreise, an die sich eine solche Werbung richtet, hierunter nicht eine Basis für eine Therapie erwarten, sondern die Osteoporosetherapie selbst erwarten (OLG Hamburg NJOZ 2004, 403 = GRUR-RR 2004, 118 Ls.). – Mangels wissenschaftlichen Nachweises sind Werbeaussagen zu vielfältigen heilenden (insbesondere schmerzlindernden) Wirkungen der **Osteopathie** als irreführend angesehen worden (KG WRP 2016, 389); ebenso die Werbung für eine **Kernspinresonanztherapie** zur Behandlung von Arthrose (OLG Bran-denburg MD 2015, 828), für eine „entschlackende" Wirkung eines **„Heilwassers"** (OLG München MD 2015, 758), für ein Gerät zur Neutralisierung von **„Schadstoffinformations-schwingungen"** im Leitungswasser und der Raumluft (OLG München MD 2015, 340), für eine „Manuelle Therapie" gegen ein **„KISS-Syndrom"** (OLG Düsseldorf GRUR-RR 2015, 343), für den **„heilenden Aufenthalt"** in einer „künstlichen Salzgrotte" (KG MD 2015, 330), für „GEO-protect-Abschirmfolien" gegen **„Erdstrahlen"** (OLG Celle MD 2015, 335). – Irreführung verneint für Bezeichnung eines traditionellen pflanzlichen Arzneimittels iSv § 39a AMG als **„Bronchostop"** (OLG Köln WRP 2022, 1425).

2.225   Die Bezeichnung **„Rheumalind"** für eine Bettdecke erweckt den Eindruck, diese Decke habe für Rheumapatienten eine therapeutische und schmerzlindernde Wirkung (BGH GRUR 1991, 848 – Rheumalind II). – Die in einer Art Überschrift (Titelzeile) enthaltene Angabe **„Wichtige Information für Arthrose-Patienten!"** ist eine unzulässige, weil fachlich umstrit-tene Wirkungsangabe. Denn bei den angesprochenen Arthrose-Patienten wird der Eindruck hervorgerufen, das beworbene Mittel „Eusovit 600" sei zur Linderung arthrosebedingter Ge-lenkschmerzen geeignet (BGH GRUR 2002, 273 (274 f.) – Eusovit). – Die Aussage, ein bestimmtes Mittel habe bereits nach wenigen Minuten eine **„100%ig abtötende Wirkung an Kopfläusen"** gezeigt, ist als irreführend untersagt worden, weil damit der unzutreffende Ein-druck erweckt wurde, dass die erfolgreiche Abtötung der Parasiten schon nach kurzer Zeit definitiv feststehe (OLG Köln GRUR-RR 2009, 189 (190)). Bei der Werbung für Nahrungs-ergänzungsmittel ist die Verwendung der für Arzneimittel vorgeschriebene Angabe **„Zu Risi-ken und Nebenwirkungen lesen Sie die Packungsbeilage und fragen Sie Ihren Arzt oder Apotheker"** irreführend, weil sie den Anschein erweckt, die Produkte bedürften aufgrund ihrer besonderen Eigenschaften dieser Angabe (OLG Dresden WRP 2019, 636).

2.226   **bb) Erfolgsversprechen bei Faltenbildung, Zellulitis, Gewichtsproblemen.** Bei einer **„Antifalten-Creme"** erwartet der Verbraucher zwar nicht, die Creme könne vollständig Falten verhindern und beseitigen, wohl aber wird ein Teil des umworbenen Verbraucherkreises annehmen, die Creme könne, von einzelnen Fehlschlägen abgesehen, vorhandene Falten deutlich zurückbilden (OLG Hamburg WRP 1988, 411). Wird eine kosmetische Hautcreme als **„Lifting Creme"** beworben, werden Assoziationen an das operative Liften hervorgerufen. Dies fördert die Erwartung eines dauerhaften oder doch zumindest länger als 24 Stunden andauernden Erfolgs (BGH GRUR 1997, 537 (538) – Lifting Creme). Der EuGH hat zwar Skepsis gegenüber einer solchen Annahme erkennen lassen, aber anerkannt, dass dies eine Frage ist, die die nationalen Gerichte zu prüfen haben (EuGH Slg. 2000, I-117 Rn. 30 = GRUR-Int. 2000, 354 – Lifting Creme).

Ein **Mittel gegen Zellulitis,** über das werblich behauptet wird, „Problemzonen und Pöls- **2.227** terchen wirken sichtbar vermindert", „dieses hochwirksame Gel nimmt gezielt Kernproblemzo- nen (Bauch, Beine, Po) in Angriff", „es regt den natürlichen Abbau von Lipiden an" „gezielt in Form" unterliegt den Regeln des Heilmittelwerbegesetzes; durch jede der genannten Werbeaus- sagen im Kontext mit der Gesamtwerbung wird bei den angesprochenen Verkehrskreisen die Vorstellung hervorgerufen, das Mittel habe eine die Haut straffende Wirkung (OLG Köln GRUR 2000, 154). – Die im begleitenden Text nicht weiter eingeschränkte Aussage „Mit diesen Naturstoffen aus Meeresalgen kann der Fettabbau in drei Stufen funktionieren: 1. Stufe: Entwässern 2. Stufe: Kalorien verbrennen 3. Stufe: Umwandeln von Fett in Energie" erweckt fälschlich den Eindruck, ein **Fettabbau** sei mit Sicherheit zu erwarten (OLG Hamburg GRUR 1999, 83). – Als irreführend ist die Werbung mit der **Dauerhaftigkeit eines Therapieerfolges** für ein Gerät zur Cellulite-Behandlung angesehen worden, das über mehrere Wochen in 3–10 Sitzungen angewendet werden sollte (KG WRP 2016, 392).

cc) Werbung für Diät/kalorienarme Ernährung. Die DiätV (→ Rn. 2.43), die die Zu- **2.228** lässigkeit der Werbung für ein Lebensmittel als **Diät-Lebensmittel** regelte, ist mWv 28.4.2023 aufgehoben worden. An ihre Stelle ist die LMBVV (→ Rn. 2.43) getreten. Nach § 7 II LMBVV dürfen Tagesrationen für gewichtskontrollierende Ernährung iSv Art. 1 VO (EU) 2017/1798 nur unter den dort genannten Voraussetzungen als „kalorienarme Ernährung" beworben werden (→ Rn. 2.43). Die Vorschriften des Lebensmittelrechts müssen unionsrechtskonform ausgelegt werden; eine unionsrechtlich zugelassene Bezeichnung kann daher nicht den (Irreführungs-) Tatbestand des § 11 I LFGB erfüllen (BVerwG WRP 1993, 16 (19) – Becel). – Auch wenn Autor und Verleger die Verbreitung eines **Buchs mit bedenklichen Wirkungs- und Erfolgs- angaben zu einer befürworteten Diät** als Teilnahme am gesellschaftlichen Diskurs erlaubt ist, muss doch die Werbung für das Buch den strengen Regeln, die für die Gesundheitswerbung gelten, entsprechen. Dies bedeutet, dass dort keine wissenschaftlich umstritten Wirkungen angekündigt werden dürfen (OLG Karlsruhe GRUR-RR 2002, 340). – Die Werbung für eine **„Stoffwechselkur zur Gewichtsreduktion",** in der auf die Beseitigung oder Linderung von Krankheiten Bezug genommen wird, unterliegt den strengen Anforderungen an den wissen- schaftlichen Nachweis gesundheitsbezogener Angaben (→ Rn. 2.220; OLG Hamburg MD 2021, 316).

dd) Werbung für gesundheitsschädliche Produkte. Werden gesundheitsschädliche Pro- **2.229** dukte mit Begriffen beworben, die auf das Gegenteil hindeuten, ist die Werbung bes. irrefüh- rend, so die Spirituosenbezeichnungen **„Flensburger Doktor"** (PA Bl. 1954, 145) oder **„Top- fit Boonekamp"** (BGH GRUR 1980, 797 (799) – Topfit Boonekamp). Ebenso wenig dürfen Spirituosen mit dem Werbespruch **„Ein gesunder Genuss"** beworben werden (BGH GRUR 1967, 592 (593) – Ein gesunder Genuss). – Auch die Verwendung von **Herzzeichen** für Wein lässt eine heilende Wirkung erwarten (→ Rn. 2.92). – Auch die Angabe in der Werbung für E- Zigaretten **„E-Ziga retten Leben"** verharmlost in irreführender Weise die gesundheitsschädli- che Wirkung des Produkts, selbst wenn es weniger schädlich ist als herkömmliche Zigaretten (LG Trier WRP 2020, 1084; **aA** OLG Koblenz WRP 2021, 516). Gleiches gilt für die Werbung für E-Zigaretten mit der Angabe **„Genuss ohne Reue"** (LG Essen WRP 2020, 254). – Hingegen ist die Herausstellung der gesundheitsfördernden Wirkung eines Lebensmittels nicht schon deshalb als wettbewerbswidrig zu untersagen, weil es zu einem geringen Anteil auch gesundheitsschädliche Anteile wie zB Zucker enthält (BGH GRUR 2002, 182 (185) – Das Beste jeden Morgen). –

ee) Vor- oder Nachsilbe med, Medicus. Die Benutzung medizinisch klingender Vorsilben **2.230** ruft beim angesprochenen Verkehr gesundheitsfördernde Assoziationen hervor. Die Silbe **„med"** deutet auf den Begriff „medizinisch" und erweckt bei einer Ware insbes. den Eindruck, dass sie medizinische Stoffe enthält oder zur medizinischen Verwendung geeignet ist (RG

GRUR 1935, 510 (513 f.) – Eu-med. Das trifft auch für die bekannte „Blend-a-med"-Zahnpasta zu, so dass auch einer Zubehörware „Blend-a-med"-Zahnbürste im Zweifel medizinische Eigenschaften beigemessen werden, über die im Einzelnen unterschiedliche und unklare Vorstellungen bestehen können (BGH GRUR 1969, 546 (547) – „med"). Offenbar ist aber die Verkehrsbefragung, die aus der Sicht des BGH noch erforderlich war und derentwegen die Sache zurückverwiesen worden ist, so ausgegangen, dass der weiteren Verwendung von „Blend-a-med" nichts im Wege stand. – Auch die Wörter **„medicus"** oder **„medico"** weisen bei Waren- und Unternehmensbezeichnungen auf die Begriffe „Medizin", „medizinisch" und „Medikament" hin und werden daher mit diesen Begriffen jedenfalls dann in Verbindung gebracht, wenn die Waren noch irgendwie, wenn auch nur entfernt, zum Gebiet der Heilkunde oder Gesundheitspflege zu zählen sind, zB **„Medicus"-Schuh.** – Zum Zusatz **„Haus der Gesundheit"** für eine Apotheke → Rn. 4.26). – Auch im Zusammenhang mit **Dienstleistungen** wirkt die Verwendung der Abkürzung „med" als Hinweis auf medizinisch-ärztliche Kompetenz. Die Bezeichnung der Betreiberin eines Kosmetikstudios als **„para. med. Therapeutin für Hautgesundheit"** ist daher irreführend (LG Heilbronn WRP 2017, 1532). Gleiches gilt für die Bezeichnung eines Kosmetikstudios als **„medical beauty lounge"** (LG Frankfurt WRP 2019, 1228).

2. Sonstige Wirkungsangaben

2.231   In der Bewerbung des **Kraftstoffverbrauchs** eines Kfz mit dem **Hinweis auf DIN-Werte** (Geschwindigkeit von 90 km/h, von 120 km/h und für einen gedachten Stadtzyklus) hat der BGH keine Irreführung erblickt. Die angesprochenen Verkehrskreise würden erkennen, dass die für den Kraftstoffverbrauch geltende DIN-Norm 70 030 keine echten Verbrauchswerte, sondern nur theoretische Vergleichswerte darstellten, die je nach Fahrweise, Straßen- und Verkehrsverhältnissen, Umwelteinflüssen und Fahrzeugzustand in der Praxis von den nach der DIN-Norm ermittelten Werten abweichen könnten (BGH GRUR 1985, 450 (451) – Benzinverbrauch; KG GRUR 1984, 218 (219); aA Baumbach/Hefermehl, Wettbewerbsrecht, 22. Aufl. 2001, § 3 Rn. 149). – Irreführend ist die falsche Angabe der **Schadstoffklasse** eines Fahrzeugs (LG Leipzig WRP 2017, 244). – Aufgrund detaillierter, unionsrechtlich vorbestimmter Kennzeichnungspflichten nach der **Pkw-Energieverbrauchskennzeichnungsverordnung,** die Marktverhaltensregeln iSv § 3a bzw. Informationspflichten iSv § 5a enthält, ist die praktische Bedeutung des Irreführungsverbots in diesem Zusammenhang stark zurückgetreten (vgl. BGH GRUR 2015, 393 – Der neue SLK; GRUR 2015, 1017 – Neue Personenkraftwagen II; GRUR 2018, 1258 Rn. 21 – YouTube-Werbekanal II; hierzu → § 3a Rn. 1.212 ff.).

2.232   Werden Fahrzeuge, die **Normalbenzin,** und solche, die **Superbenzin** verbrauchen, in einer Werbeanzeige zusammen unter Angabe des jeweiligen Literverbrauchs aufgeführt, muss dieser Unterschied aber kenntlich gemacht werden (BGH GRUR 1985, 450 (451) – Benzinverbrauch). Nach KG WRP 1980, 624 wird der Verbraucher irregeführt, wenn aus den drei Einzelwerten der DIN 70 030 ein **Durchschnittswert** gebildet wird, wodurch beim Verbraucher der Eindruck erweckt werden kann, dass es sich nicht um theoretische Verbrauchsmessungen unter Idealbedingungen handelt, sondern um den tatsächlichen Verbrauch für ein bestimmtes Fahrzeug. Entgegen KG WRP 1980, 627 kann die Werbung **„X-Pkw, Meister im Benzinsparen unter den deutschen Autos"** jedenfalls nicht mit der Begründung untersagt werden, ein Kraftfahrzeug als solches könne nicht sparsam sein, vielmehr komme es auf die Fahrweise des Fahrers an.

2.233   Die Werbung für die Wirkung eines **Mauerentfeuchtungsgeräts,** die jeder nachvollziehbaren wissenschaftlichen Grundlage entbehrt, ist als irreführend angesehen worden (OLG Dresden MD 2011, 905; KG MD 2016, 23; OLG München MD 2020, 432; vgl. auch LG Hannover MD 2013, 789); ebenso die Werbung für ein **Kalkwasserbehandlungsgerät,** dessen umstrittene Wirkweise der Werbende als Tatsache herausgestellt hatte (OLG Düsseldorf MD 2014, 133).

IV. Vorteile und Risiken

1. Vorteile

2.234   „Vorteile" sind nicht näher spezifizierte **positive Eigenschaften** des Produkts, die mit seiner Gestaltung oder Verwendung einhergehen (→ Rn. 2.211). Dieser Eigenschaftsbezug begründet Überschneidungen mit den Begriffen der „Beschaffenheit", „Zwecktauglichkeit", „Verwendungsmöglichkeit" und „Wirkungen" des Produkts (→ Rn. 2.57 ff.). Eine Reihe von **außerhalb**

des Produkts liegenden Vorteilen, die mit seinem Bezug einhergehen können, sind Gegenstand der weiteren in § 5 II Nr. 2–7 genannten Bezugspunkte und haben deshalb hier **außer Betracht** zu bleiben („Preisvorteil" iSd Nr. 2; → Rn. 3.22 ff.; ideelle Vorteile in Gestalt altruistischer Leistungen iSd Nr. 4, → Rn. 5.1 ff., oder ethischer Standards iSd Nr. 6, → Rn. 7.1; Garantie- oder Gewährleistungsversprechen iSd Nr. 7, → Rn. 8.7 ff.). Die Verwendung dieses in hohem Maße unbestimmten Begriffs zeigt das Bestreben des Normgebers, dem Irreführungstatbestand einen möglichst breiten Anwendungsbereich zu verschaffen (→ Rn. 0.32).

2. Risiken

Das vorstehend Ausgeführte (→ Rn. 2.234) gilt entsprechend für den Begriff der „Risiken" **2.235** des Produkts, also seiner **negativen Eigenschaften.** Grds muss der Anbieter über nachteilige Eigenschaften seines Produkts nicht aufklären, sofern dies nicht zum Schutz des Verbrauchers auch unter Berücksichtigung der berechtigten Interessen des Werbenden unerlässlich ist (→ Rn. 1.111). Der Tatbestand des § 5 II Nr. 1 erfasst die aktive (auch konkludente) Irreführung über negative Eigenschaften (→ Rn. 1.48). Soweit keine aktive Täuschung vorliegt, kommt eine Irreführung durch das Unterlassen wesentlicher Informationen über Risiken des Produkts gem. § 5a in Betracht (→ § 5a Rn. 2.6 ff.).

Paradebeispiel der Irreführung über die Risiken eines Produkts ist die Täuschung über die **2.236** Sicherheit und den Ertrag einer **Kapitalanlage** oder die Kosten einer **Finanzierung** (→ Rn. 2.120). – Als irreführend untersagt worden ist die Bezeichnung **„Biolarium"** für ein **Solarium,** weil damit der Eindruck erweckt werde, seine Verwendung sei für die Gesundheit völlig risikolos (OLG München GRUR 1990, 294; OLG Hamm GRUR 1990, 639). Ob diese Entscheidung heute noch ebenso zu treffen wäre, ist zweifelhaft; denn der Durchschnittsverbraucher weiß inzwischen von den gesundheitlichen Schäden, die mit einer Benutzung eines Solariums verbunden sein können. Zumindest wäre es ausreichend, wenn in der Werbung gleichzeitig auf die gesundheitlichen Risiken hingewiesen würde.

F. Menge

Schrifttum: Kiethe/Groeschke, Die Mogelpackung – Lebensmittel- und wettbewerbsrechtliche Risiken der Produkteinführung – Rechtsschutzmöglichkeiten der Wettbewerber, WRP 2003, 962; Kühl, § 43 Abs. 2 MessEG – eine Mogelpackung des nationalen Gesetzgebers im Lebensmittelsektor?, ZLR 2017, 653; Oechsle, Auslegungsgrundsätze zum Verbot der Mogelpackung, WRP 2015, 826; Ruttmann, Mogelpackungen – Ein Rechtsprechungsüberblick, VuR 2017, 12; Witzmann, „Shrinkflation" – wenn der Einkauf leichter wird, GRUR-Prax 2022, 651; Wolf/Psallidaki, Irreführung des ökologisch bewussten Verbrauchers durch Mogelpackungen und Downsizing, WRP 2021, 447.

Eine Irreführung über die „Menge" liegt vor, wenn der Kunde über **Anzahl, Maß, Volu-** **2.237** **men, oder Gewicht des Produkts** getäuscht wird. Hierzu zählt auch eine Kundenwerbung in der vorgefassten Absicht der **Minder-** oder **Schlechterfüllung** (BGH GRUR 1983, 451 (452) – Ausschank unter Eichstrich I; GRUR 1987, 180 (181) – Ausschank unter Eichstrich II).

Mogelpackungen – also Warenbehältnisse, die beim Verkehr den Eindruck einer größeren **2.238** als der tatsächlich vorhandenen Füllmenge hervorrufen – führen den Verbraucher über die Füllmenge irre (BGH GRUR 2018, 431 Rn. 41 – Tiegelgröße; Ohly/Sosnitza/Sosnitza Rn. 551; → Rn. 2.41). Die Irreführung wird in einem solchen Fall auch nicht durch die zutreffende Angabe der Füllmenge auf der Verpackung ausgeschlossen (OLG Karlsruhe WRP 2013, 216 – Nichtzulassungsbeschwerde zurückgewiesen: BGH Beschl. v. 15.8.2013 – I ZR 233/12; krit. hierzu Meistererernst ZLR 2013, 386 (393 f.)). Derartige Packungen sind ferner nach § 43 II MessEG unzulässig, so dass die entspr. Verstöße wettbewerbsrechtlich auch über §§ 3, 3a verfolgt werden können (BGH GRUR 2018, 431 Rn. 41 – Tiegelgröße). Wettbewerblich relevant ist in diesen Fällen allein die Irreführung über die Füllmenge; die Täuschung über die Größe eines Produktbehältnisses **ohne Bezug zur Füllmenge** ist, sofern nicht besondere Umstände vorliegen, keine relevante Irreführung (BGH GRUR 2018, 431 Rn. 34 ff. – Tiegelgröße; aA OLG Hamburg GRUR-RR 2016, 248). Als irreführend ist die Umverpackung eines Frischkäses angesehen worden, deren Volumen **mehr als das Doppelte des Volumens** der Innenpackung aufwies (OLG Karlsruhe GRUR-RR 2015, 253). Als Mogelpackung wurde auch ein Frischkäse mit einer runden Umverpackung angesehen, dessen Plastikeinsatz sich – von außen nicht sichtbar – **nach unten hin verjüngte** und über eine **seitliche Einbuchtung** verfügte (OLG Karlsruhe WRP 2013, 216). Eine Irreführung wurde verneint im

Falle einer **Weichfertigpackung** für Gewürze, die durch eingeschlossene Luft einen prallen Eindruck vermittelte, deren unvollständige Befüllung der Verbraucher jedoch bei Herausnahme aus dem Warenregal ertasten und durch ein kleines Sichtfenster erkennen konnte (OLG Frankfurt ZLR 2009, 618).

2.239   Ist die Überdimensionierung **technisch bedingt,** mag die Irreführungsgefahr nicht entfallen; das Interesse des Verkehrs an einer funktionstüchtigen Verpackung macht es aber in einem solchen Fall erforderlich, eine geringe Täuschungsgefahr hinzunehmen (BGH GRUR 1982, 118 (119) – Kippdeckeldose). Bei **konzentrierten Lebensmitteln** kommt dem Volumen der Verpackung im Verhältnis zu deren Füllung kein für den Schutz der Verbraucher relevantes Gewicht zu (LG Hamburg GRUR-RR 2004, 186).

G. Kundendienst und Beschwerdeverfahren

I. Kundendienst

2.240   Der Begriff „Kundendienst" (in der engl./franz. Sprachfassung des Art. 6 I lit. b UGP-RL „after-sale customer assistance"/„le service après-vente") betrifft die **nach dem Kauf vorgehaltenen produktbezogenen Dienstleistungen** des Herstellers oder Verkäufers einer Ware oder des Erbringers einer Dienstleistung. Im Fall des Warenkaufs zählt hierzu insbes. also das üblicherweise vom Hersteller unterhaltene **Netz von Reparatur- und Wartungsbetrieben,** die für die Abwicklung von Garantiefällen, für Reparaturen und für die Beschaffung von Ersatz- und Zubehörteilen zuständig sind. Als nachvertraglicher Kundendienst im Falle einer Dienstleistung kommt etwa die **Betreuung der Bestandskunden** in Betracht. Mögliche Bezugspunkte einer Irreführung sind **Erbringer, Bestehen, Umfang, Qualität, Kosten und Schnelligkeit des Kundendienstes.**

2.241   Wer bspw. mit dem Hinweis wirbt, er führe an Hausgeräten der Marke/Firma Bosch den „Kundendienst" durch, erweckt den Eindruck, dass es sich um einen vom Hersteller selbst organisierten Kundendienst oder um eine Vertragswerkstatt der Firma Bosch handele (OLG Hamburg GRUR 1993, 488). – Eine Versicherung, die auf dem Briefkopf eines an den Versicherungsnehmer gerichteten Schreibens einen **Außendienstmitarbeiter** als **„Betreuer"** oder **„persönlichen Ansprechpartner"** benennt, täuscht den Versicherungsnehmer allerdings nicht darüber, dass er in Wahrheit von dem von ihm selbst beauftragten Versicherungsmakler vertreten wird (BGH WRP 2016, 1354 Rn. 26 – Ansprechpartner). – Der **Servicepartner** eines Herstellerunternehmens darf hingegen für den Fall, dass der Abnehmer den Abschluss eines Servicevertrags ablehnt, nicht den **Verlust der Serviceleistungen** in Aussicht stellen, wenn Drittunternehmen die Dienstleistung gleichermaßen erbringen können (LG Frankfurt a. M. WRP 2020, 375).

2.242   Einen Fall irreführender Werbung hins. eines besonderen Aspekts des Kundendienstes, nämlich der Sprache, betrifft Anh. Nr. 8 zu § 3 III (→ Anh. § 3 Rn. 8.1 ff.).

II. Beschwerdeverfahren

2.243   Das „Beschwerdeverfahren" („complaint handling"/„le traitement des réclamations") erfasst die **Behandlung von nachvertraglichen Beanstandungen** des Kunden. Auch hier kommt eine Täuschung über die **Identität des Leistungserbringers,** die **Existenz** eines solchen Verfahrens, seine **Qualität,** etwaige **Kosten** und **Reaktionszeiten** in Betracht.

H. Irreführung über die geographische oder betriebliche Herkunft (§ 5 II Nr. 1)

Schrifttum: Becker, Was ist regional?, VuR 2020, 15; Beier/Knaak, Der Schutz der geografischen Herkunftsangaben in der Europäischen Gemeinschaft – Die neueste Entwicklung, GRUR-Int. 1993, 602; Böhler, Mailand oder Madrid, Hauptsache Italien! – Herkunftskennzeichnung unter Irreführungsgesichtspunkten, WRP 2022, 561; Böhler, Herkunftskennzeichnung unter Irreführungsgesichtspunkten, LMuR 2022, 105; Borck, Ein gemeinsames Erbe: „Made in Germany", WRP 1993, 301; Büscher, Der Schutz geographischer Herkunftsangaben und die Warsteiner-Entscheidung des EuGH, FS Erdmann, 2002, 237; Danwitz, Ende des Schutzes der geografischen Herkunftsangabe? – Verfassungsrechtliche Perspektiven, GRUR 1997, 81; Dickertmann, „Wer darf Parmaschinken schneiden bzw. Parmakäse reiben?" oder „Gibt es bei geografischen Herkunftsangaben eine Erschöpfung?", WRP 2003, 1082; Dück/Offergeld, Irreführende

Werbung durch Erwecken des Eindrucks der Herstellung in Deutschland, WRP 2021, 582; v. Gamm, Wein- und Bezeichnungsvorschriften des Gemeinschaftsrechts und nationales Recht gegen den unlauteren Wettbewerb, GRUR 1984, 165; Goebel, Schutz geographischer Herkunftsangaben nach dem neuen Markenrecht, GRUR 1995, 98; Gündling, „Made in Germany" – Geografische Herkunftsbezeichnung zwischen Qualitätsnachweis und Etikettenschwindel, GRUR 2007, 921; Hafenmayer, Der lauterkeitsrechtliche Schutz vor Verwechslungen im Konflikt mit den Wertungen des Kennzeichenrechts, Diss. 2014; Hahn, Schutz vor „Look-alikes" unter besonderer Berücksichtigung des § 5 II UWG, Diss. 2013; Harte-Bavendamm, Ende der geografischen Herkunftsbezeichnungen? – „Brüsseler Spitzen" gegen den ergänzenden nationalen Rechtsschutz, GRUR 1996, 717; Heine, Das neue gemeinschaftsrechtliche System zum Schutz geographischer Bezeichnungen, GRUR 1993, 96; Helm, Der Schutz geographischer Angaben nach dem Markengesetz, FS Vieregge, 1995, 335; Hohmann/Leible, Probleme der Verwendung geographischer und betrieblicher Herkunftsangaben bei Lebensmitteln, ZLR 1995, 265; Kiefer, Der BGH in Sachen „Himalaya Salz" – Verpasste Chance zur trennscharfen Differenzierung zwischen Lauterkeits- und Kennzeichenrecht, WRP 2016, 1458; Kiefer, Geographischer Irreführungsschutz: eine Analyse der Vorschriften des Kennzeichen-, Lauterkeits- und Lebensmittelrechts, Diss. 2019; Knaak, Der Schutz geographischer Herkunftsangaben im neuen Markenrecht, GRUR 1995, 103; Loschelder, Zum Rechtsschutz der geografischen Herkunftsangabe, MarkenR 2015, 225; Loschelder, Geografische Herkunftsangaben – Absatzförderung oder erzwungene Transparenz?, GRUR 2016, 339; Loschelder, Ansprüche zum Schutze geographischer Herkunftsangaben, FS Ahrens, 2016, 255; Loschelder, Die Rechtsnatur der geographischen Herkunftsangabe, FS Fezer, 2016, 711; Müller-Graff, Branchenspezifischer Wettbewerbsschutz geographischer Herkunftsbezeichnungen – Die aktuelle Problemlage bei Brot- und Backwaren, GRUR 1988, 659; Obergfell, Der Schutz geographischer Herkunftsangaben in Europa, ZEuP 1997, 677; Obergfell, „Warsteiner" – ein Fall für den EuGH, GRUR 1999, 551; Obergfell, „American Bud" – Geographische Herkunftsangaben im Grenzbereich zwischen geistigem Eigentum und wettbewerbsrechtlicher Irreführung, MarkenR 2010, 469; Obergfell, Marktkommunikation durch geografische Herkunftsangaben, FS Fezer, 2016, 725; Ohde, Zur demoskopischen Ermittlung der Verkehrsauffassung von geografischen Herkunftsangaben, GRUR 1989, 88; Reinhart, Der Wandel einer geografischen Herkunftsangabe zur Gattungsbezeichnung und zurück am Beispiel der „Nürnberger Rost-/Bratwürste" – oder: „Alles hat ein Ende, nur die Wurst hat zwei", WRP 2003, 1313; Rowedder, Rügenwalder Teewurst und andere Köstlichkeiten. Beiläufige Überlegungen zum Schutz geographischer Herkunftsangaben, FS Gaedertz, 1992, 465; Sack, Markenschutz und UWG, WRP 2004, 1405; Sack, Markenrechtliche Probleme vergleichender Werbung, GRUR 2008, 201; Sambuc, Was heißt „Verwechslungsgefahr mit einer anderen Ware oder Dienstleistung" in § 5 Abs. 2 UWG?, FS Köhler, 2014, 577; Scherer, Kurskorrektur bei der Beurteilung der mittelbaren Herkunftsangabe, WRP 2000, 362; Schork, Imitationsmarketing – Die irreführende Produktvermarktung nach Art. 6 Abs. 2 lit. a UGP-RL, § 5 Abs. 2 UWG, 2011; Sosnitza, Subjektives Recht und Ausschließlichkeit – zugleich ein Beitrag zur dogmatischen Einordnung der geografischen Herkunftsangaben, MarkenR 2000, 77; Sosnitza, Markenschutz im UWG?, Markenartikel 2015, 104; Sosnitza, Obligatorische Herkunftskennzeichnung im Lebensmittelrecht, GRUR 2016, 347; Sosnitza, „Davidoff" im Recht der geographischen Herkunftsangaben? – Waren- und Dienstleistungsähnlichkeit als schutzbegrenzendes Element in der Herkunftskennzeichnung, WRP 2018, 647; Tilmann, Kennzeichenrechtliche Aspekte des Rechtsschutzes geographischer Herkunftsangaben, FS Gewerblicher Rechtsschutz und Urheberrecht in Deutschland, 1991, 1007; Tilmann, EG-Schutz für geografische Herkunftsangaben, GRUR 1992, 829; Tilmann, Grundlage und Reichweite des Schutzes geographischer Herkunftsangaben nach der VO/EWG 2081/92, GRUR-Int. 1993, 610; Ullmann, Der Schutz der Angabe zur geografischen Herkunft – wohin? – Die geografische Herkunftsangabe im Wettbewerbsrecht und im Markenrecht, GRUR 1999, 666; Wichard, Von Warstein nach Europa? Was verdrängt die Verordnung (EWG) Nr. 2081/92?, WRP 1999, 1005; Wollschläger/Funk, Werbung mit Regionalstromprodukten – Braucht man dazu Regionalnachweise nach §§ 79a, 3 Nr. 38 EEG?, IR 2022, 134.

I. Irreführung über die geografische Herkunft

1. Begriff der geografischen Herkunftsangabe

Geografische Herkunftsangaben sind die Namen von Orten, Gegenden, Gebieten oder Ländern sowie sonstige Angaben oder Zeichen, die im geschäftlichen Verkehr **zur Kennzeichnung der geografischen Herkunft** von Waren oder Dienstleistungen benutzt werden (vgl. die Legaldefinition in § 126 I MarkenG). Zur Abgrenzung von sonstigen Bezeichnungen vgl. Ohly/Sosnitza/Sosnitza Rn. 348 ff. **2.244**

2. Die Regelung im UWG und ihr Verhältnis zur Regelung im MarkenG

Nach § 5 II Nr. 1 sind bei der Beurteilung der Frage, ob eine Werbung irreführend ist, insbes. in ihr enthaltene Angaben über **„die geografische ... Herkunft"** zu berücksichtigen. Diese Formulierung lehnt sich an den Wortlaut des Art. 3 lit. a RL 84/450/EWG an (vgl. Begr. RegE, BT-Drs. 15/1487, 19). In § 3 S. 1 aF wurde dies mit dem Begriff des „Ursprungs" einzelner Waren ausgedrückt. Dem Gesetzeswortlaut nach sind irreführende Angaben über die geogra- **2.245** fische Herkunft einer Ware unlauter und könnten unter der weiteren Voraussetzungen des § 3 wettbewerbsrechtliche Ansprüche nach den §§ 8–10 auslösen.

2.246   Seit Inkrafttreten des MarkenG am 1.1.1995 (§ 152 I MarkenG) haben die geografischen Herkunftsangaben einen erweiterten Schutz in den **§§ 126 ff. MarkenG** erfahren. Diesen Regelungen ist in der Rechtsprechung früher eine wettbewerbsrechtliche Natur zugesprochen worden, weil es derartigen Angaben an der Zuordnung zu einem bestimmten ausschließlich berechtigten Rechtsträger fehle und Ansprüche infolge der Verweisung auf § 8 III MarkenG in § 128 I MarkenG von den nach UWG aktivlegitimierten Mitbewerbern, Wettbewerbsvereinen, Verbraucherverbänden und Kammern geltend gemacht werden können (BGH GRUR 1999, 251 (252) – Warsteiner I; BGHZ 139, 138 (139) = GRUR 1999, 252 (253) – Warsteiner II; BGH GRUR 2001, 73 (76) – Stich den Buben; GRUR 2002, 160 (162) – Warsteiner III; BGHZ 173, 57 Rn. 31 = GRUR 2007, 884 – Cambridge Institute; → 34. Aufl. 2016, Rn. 4.203; Erdmann GRUR 2001, 609 (610 f.); Ingerl/Rohnke MarkenG, 3. Aufl. 2010, Vor §§ 126–139 Rn. 1 ff.; Ohly/Sosnitza/Sosnitza Rn. 342; aA Büscher in Büscher/Dittmer/Schiwy, Gewerblicher Rechtsschutz Urheberrecht Medienrecht, 3. Aufl. 2015, MarkenG § 126 Rn. 18; Fezer MarkenG § 126 Rn. 4–8; Ströbele/Hacker/Thiering/Hacker MarkenG § 126 Rn. 7–10; Lange Marken- und Kennzeichenrecht Rn. 116; Loschelder MarkenR 2015, 225, 226 f.; Loschelder FS Ahrens, 2016, 255 (261); GK-UWG/Lindacher/Peifer, 3. Aufl. 2020, Vor §§ 5, 5a Rn. 161).

2.247   Der BGH hält an der wettbewerbsrechtlichen Qualifikation der §§ 126 ff. MarkenG allerdings mit Blick darauf **nicht mehr fest,** dass sich infolge der Umsetzung der DurchsetzungsRL 2004/48/EG der Schutz geografischer Herkunftsangaben nach dem MarkenG zu einem **kennzeichenrechtlichen Schutz** fortentwickelt hat. Hierfür spricht, dass infolge der Verweisung in § 128 I 3, II 3 MarkenG auf die §§ 18–19c MarkenG nunmehr typisch **markenrechtliche Annexansprüche** vorgesehen sind. Schadensersatz können nach § 128 II 1 MarkenG nicht – wie im Falle des § 9 S. 1 – die Mitbewerber, sondern nur berechtigte Nutzer der geografischen Herkunftsangabe geltend machen (BGH – GRUR 2016, 741 Rn. 13 – Himalaya Salz). Auch unionsrechtlich werden geografische Herkunftsangaben tendenziell als Immaterialgüterrechte angesehen (EuGH Slg. 1992, I-5529 Rn. 37 f. = GRUR-Int. 1993, 76 – Exportur (Turrón de Alicante); Slg. 2003, I-5053 Rn. 49 = GRUR 2003, 609 – Grana Padano; Slg. 2003, I-5121 Rn. 64 = GRUR 2003, 616 – Prosciutto di Parma; BGH GRUR 2016, 741 Rn. 13 – Himalaya Salz). Danach ist nicht von einem Spezialitätsverhältnis zwischen § 5 und den §§ 126–129 MarkenG, sondern von – nach § 2 MarkenG möglicher – Anspruchskonkurrenz auszugehen (vgl. zur Bezeichnung „NEUSCHWANSTEINER“ für Bier OLG München WRP 2018, 1014; zur irreführenden Bezeichnung „Der Premium Filler aus Berlin“ für den Ort der Abfüllung von Bier KG WRP 2021, 1064). – Hinsichtlich der nach der **VO (EU) 1151/2012** geschützten **geographischen Angaben und Ursprungsbezeichnungen** handelt es sich bei den Irreführungstatbeständen des Art. 103 Abs. 2 lit. b und c VO (EU) 1151/2012 hingegen um **abschließende Regelungen,** die den § 5 vorgehen (BGH GRUR 2016, 970 Rn. 16 – Champagner Sorbet I). Insoweit hat der EuGH klargestellt, dass Art. 103 Abs. 2 lit. c VO (EU) 1151/2012 nicht nur auf falsche oder irreführende Angaben anwendbar ist, die geeignet sind, einen falschen Eindruck hinsichtlich des **Ursprungs** des betreffenden Erzeugnisses zu erwecken, sondern auch auf falsche oder irreführende Angaben, die sich auf die **Natur oder die wesentlichen Eigenschaften** des Erzeugnisses beziehen (EuGH GRUR 2018, 327 Rn. 60–64 – CIVC/Aldi).

3. Vom Markengesetz nicht erfasste Fälle der geografischen Herkunftstäuschung

2.248   Das UWG bleibt insbesondere für die von den §§ 126 ff. MarkenG nicht erfassten Fälle der Irreführung durch geografische Herkunftsangaben von eigenständiger Bedeutung. Hierher gehören insbes. folgende Fälle.

2.249   **a) Verwendung nicht mehr existierender Ortsangaben.** § 5 ist anwendbar, wenn die Herkunftsangabe als Ortsname nicht mehr verwendet wird und somit **keine Angabe über die geografische Herkunft** darstellt (BGH GRUR 1995, 354 (356) – Rügenwalder Teewurst II für den ehemals deutschen Ort Rügenwalde in Hinterpommern, der unter dieser Bezeichnung nicht mehr existiert). Eine Irreführung kommt in Betracht, wenn der Verkehr aus dieser Angabe auf einen bestimmten Herstellerkreis schließt (BGH GRUR 1995, 354 (357) – Rügenwalder Teewurst II). Dies wurde nach der Vertreibung der deutschen Bevölkerung aus den ehemaligen deutschen Ostgebieten sowie aus dem Sudetenland für den Kreis von Herstellern angenommen, die bis 1945 eine geografische Herkunftsangabe verwendet und die Benutzung dieser Bezeichnung nach der Flucht auch für die an dem neuen Sitz hergestellten Produkte wieder auf-genommen hatten (**personengebundene Herkunftsangabe**). Der Schutz nach §§ 3, 5 – also vermittelt durch das Irreführungsverbot – setzt allerdings voraus, dass auch heute noch ein beachtlicher Teil des angesprochenen Verkehrs irregeführt wird, wenn die traditionelle Bezeich-nung „Rügenwalder Teewurst", für ein Erzeugnis verwendet wird, dessen Hersteller nicht zu dem privilegierten Herstellerkreis gehört, der seine Herstellungstradition unmittelbar auf einen der traditionellen Hersteller zurückführen kann. Davon kann heute nicht mehr ausgegan-gen werden (vgl. BGH GRUR 1995, 354 (357) – Rügenwalder Teewurst II; anders noch OLG Hamburg WRP 1993, 333).

Die Bezeichnung „Rügenwalder Teewurst" ist inzwischen als **Kollektivmarke nach**   2.250 **§ 97 MarkenG** eingetragen und darf nur von Traditionsträgern verwendet werden (OLG Hamburg ZLR 1999, 354 mAnm Hackbarth – Rev. nicht angenommen: BGH Beschl. v. 8.12.1999 – I ZR 85/99). – Neben der Rügenwalder Teewurst war die Bezeichnung **„Stolper Jungchen"** als personengebundene Herkunftsangabe anerkannt (BGH GRUR 1958, 78 – Stolper Jungchen). Bei anderen Bezeichnungen, die sich auf eine Ortsangabe in einem ehemals von Deutschen besiedelten Gebiet beziehen (**Gablonzer Glaswaren** oder **Gablonzer Schmuckwaren, Haida-Steinschönauer Hohlglas**) ist anzunehmen, dass sie – soweit sie noch Verwendung finden – inzwischen zu Gattungsbezeichnungen geworden sind.

b) Verwendung von scheingeografischen Angaben. § 5 ist weiterhin anwendbar auf die   2.251 Fälle **scheingeografischer Angaben**, also Angaben, die vom Verkehr nicht als Fantasiebe-zeichnungen, sondern zu Unrecht als geografische Herkunftsangabe verstanden werden (vgl. BGH GRUR 1980, 173 (174) – Fürstenthaler; Helm FS Vieregge, 1995, 335 (340 f.); Ströbele/ Hacker/Thiering/Hacker MarkenG § 126 Rn. 11).

c) Keine Nutzung für Waren oder Dienstleistungen. Schließlich bleibt Raum für die   2.252 Anwendung des § 5, wenn eine geografische Herkunftsangabe nicht für Waren oder Dienst-leistungen, sondern in anderer Weise, etwa als **Unternehmenskennzeichen** benutzt wird (vgl. Ströbele/Hacker/Thiering//Hacker MarkenG § 126 Rn. 11; Ströbele/Hacker/Thiering//Ha-cker MarkenG § 127 Rn. 55). Dieser Fall wird nämlich von § 127 MarkenG nicht erfasst (BGH GRUR 2001, 73 (76) – Stich den Buben). Es ist dann ua zu fragen, ob die Verwendung als Unternehmenskennzeichen irreführend ist. Die Verwendung des Firmenbestandteiles „Stich den Buben" erweckt nicht den Eindruck, dass der Firmeninhaber den Alleinbesitz an der gleichnami-gen Weinlage besitzt, und ist daher nicht irreführend (BGH GRUR 2001, 73 (76) – Stich den Buben).

II. Irreführung über die betriebliche Herkunft

Schrifttum: Alexander, Der Verwechslungsschutz gem. § 5 Abs. 2 UWG, FS Köhler, 2014, 23; Bärenfän-ger, Das Spannungsfeld von Lauterkeitsrecht und Markenrecht unter dem neuen UWG, 2010; Bärenfänger, Symbiotische Theorie zum Kennzeichen- und Lauterkeitsrecht, WRP 2011, 16 (Teil 1) und 160 (Teil 2); Bornkamm, Markenrecht und wettbewerbsrechtlicher Kennzeichenschutz – Zur Vorrangthese der Recht-sprechung, GRUR 2005, 97; Bornkamm, Kennzeichenschutz und Irreführungsverbot – Zur wettbewerbs-rechtlichen Beurteilung der; irreführenden Kennzeichenbenutzung, FS v. Mühlendahl, 2005, 9; Bornkamm, Der lauterkeitsrechtliche Schutz vor Verwechslungen: Ein Kuckucksei im Nest des UWG?, FS Loschelder, 2010, 31; Bornkamm, Die Schnittstellen zwischen gewerblichem Rechtsschutz und UWG – Grenzen des lauterkeitsrechtlichen Verwechslungsschutzes, GRUR 2011, 1; Bornkamm/Kochendörfer, Verwechslungs-gefahr und Irreführungsgefahr – Konvergenz der Begriffe?, FS 50 Jahre BPatG, 2011, 533; Böxler, Der Vorrang des Markenrechts, ZGE 2, 357; Büscher, Schnittstellen zwischen Markenrecht und Wettbewerbs-recht, GRUR 2009, 230; Fezer, Imitationsmarketing – Die irreführende Produktvermarktung im Sinne der europäischen Lauterkeitsrichtlinie (Art. 6 Abs. 2 lit. a RL); MarkenR 2006, 511; Fezer, Imitationsmarketing als irreführende Produktvermarktung, GRUR 2009, 451; Goldmann, Lauterkeitsrechtlicher Schutz gegen mittelbare Verwechslungsgefahr?, GRUR 2012, 857; Hafenmayer, Der lauterkeitsrechtliche Schutz vor Ver-wechslungen im Konflikt mit den Wertungen des Kennzeichenrechts, Diss. 2014; Hahn, Schutz von „Look-alikes" unter besonderer Berücksichtigung des § 5 II UWG, Diss. 2013; Harte-Bavendamm, Wettbewerbs-rechtlicher Verbraucherschutz in der Welt der „look-alikes", FS Loschelder, 2010, 111; Jonas/Hamacher, „MAC Dog" und „shell.de" ade? – Die Auswirkungen des § 5 Abs. 2 UWG nF auf §§ 14, 15 MarkenG und die Schrankenregelung des § 23 MarkenG, WRP 2009, 535; Kiethe/Groeschke, Erweiterung des Marken-schutzes vor Verwechslungen durch das neue Lauterkeitsrecht, WRP 2009, 1343; Hartwig, Die lauterkeits-rechtliche Beurteilung der Werbung mit dem „Grünen Punkt" (§ 3 UWG), GRUR 1997, 560; Köhler, „Grüner Punkt" als irreführende Werbung?, BB 1998, 2065; Köhler, Der Schutz vor Produktnachahmung im Markenrecht, Geschmacksmusterrecht und neuen Lauterkeitsrecht, GRUR 2009, 445; Kur, Verwechslungs-gefahr und Irreführung – zum Verhältnis von Markenrecht und § 3 UWG, GRUR 1989, 240; Nussbaum/

Ruess, Irreführung durch Marken – Die Neuregelung der Imitationswerbung in § 5 Abs. 2 UWG nF, MarkenR 2009, 233; Sack, Markenschutz und UWG, WRP 2004, 1405; Sack, Markenrechtliche Probleme vergleichender Werbung, GRUR 2008, 201; Sack, Betriebliche Herkunftstäuschungen und § 5 UWG, WRP 2014, 1130; Sack, Herkunftstäuschung durch Produktnachahmung und die UGP-Richtlinie 2005/29/EG, WRP 2017, 650; Sambuc, Was heißt „Verwechslungsgefahr mit einer anderen Ware oder Dienstleistung" in § 5 Abs. 2 UWG?, FS Köhler, 2014, 577; M. Schmidt, Verschiebung markenrechtlicher Grenzen lauterkeitsrechtlicher Ansprüche nach Umsetzung der UGP-RL, GRUR-Prax 2011, 159; Schork, Imitationsmarketing – Die irreführende Produktvermarktung nach Art. 6 Abs. 2 lit. a UGP-RL, § 5 Abs. 2 UWG, 2011; Sosnitza, Markenschutz im UWG?, Markenartikel 2015, 104; Sosnitza, Obligatorische Herkunftskennzeichnung im Lebensmittelrecht, GRUR 2016, 347.

1. Grundsätze

2.253   **a) Frühere Rechtslage: Vorrang des kennzeichenrechtlichen Schutzes sowie des lauterkeitsrechtlichen Nachahmungsschutzes.** Während geografische Herkunftsangaben (§§ 126 ff. MarkenG) auf eine geografische Bezeichnung als Ursprungsort hinweisen (→ Rn. 2.244), sind Angaben über die betriebliche Herkunft Bezeichnungen, die nach der Verkehrsauffassung **auf ein bestimmtes Unternehmen hinweisen.** Die Irreführung über die betriebliche Herkunft der angebotenen Waren oder Dienstleistungen gehörte schon immer zu den klassischen Fällen einer **produktbezogenen Irreführung** und zählte stets zu den in den **Bezugspunkten der Irreführung** (→ Rn. 0.30 ff.) ausdrücklich erwähnten Beispielsfällen der Irreführung.

2.254   Angaben über die betriebliche Herkunft sind **individualisierte Herkunftsangaben.** An ihnen kann für einen Unternehmer ein ausschließliches Recht entstehen. Das ist der Fall, wenn es sich um Unternehmensbezeichnungen (Name, Firma, bes. Geschäftsbezeichnung) oder Produktbezeichnungen (Marken) handelt. Es besteht insoweit ein Individualschutz zugunsten des Inhabers des verletzten Kennzeichenrechts (§ 12 BGB; §§ 14, 15 MarkenG). Nach der Rechtslage, die noch dem UWG 2004 zugrunde lag, **verdrängte dieser Individualschutz das lauterkeitsrechtliche Irreführungsverbot** (BGHZ 149, 191 (195 f.) – shell.de; → Rn. 0.101 ff.). Die durch eine bestimmte Kennzeichnung hervorgerufene Irreführung über die betriebliche Herkunft sollte allein nach den Grundsätzen des MarkenG beurteilt werden. Dies bedeutete insbes., dass Verletzungen des Kennzeichenrechts von dem verfolgt werden mussten, dem das Ausschließlichkeitsrecht zustand. Den Mitbewerbern und den anderen sachbefugten Einrichtungen (§ 8 III) standen wegen der in der Verwendung des Kennzeichens durch einen Nichtberechtigten liegenden Irreführung über die betriebliche Herkunft idR keine Ansprüche zu.

2.255   In ähnlicher Weise trat das **Irreführungsverbot gegenüber dem Leistungsschutz** nach § 4 Nr. 3 zurück. Denn nach dem früheren Verständnis des deutschen Lauterkeitsrechts handelt es sich hierbei um einen allein dem Originalhersteller dienenden Schutz.

2.256   **b) Neuordnung der Aufgabenteilung durch die UGP-RL.** Die früher im deutschen Recht praktizierte Aufgabenteilung lässt sich in dieser Form nicht aufrechterhalten. Das Unionsrecht hat sich für ein Nebeneinander des individualrechtlichen Schutzes aus dem Immaterialgüterrecht auf der einen und dem lauterkeitsrechtlichen Schutz auf der anderen Seite entschieden (vgl. BGHZ 198, 159 = GRUR 2013, 1161 Rn. 60 – Hard Rock Cafe). Art. 6 II lit. a UGP-RL betont ausdrücklich, dass eine Vermarktung von Waren oder Dienstleistungen eine Irreführung darstellt, wenn sie dazu führt, dass das vermarktete Produkt oder die zur Kennzeichnung dieses Produkts verwendete Bezeichnung mit den Produkten oder Kennzeichnungen von Mitbewerbern verwechselt werden können. Daneben enthält Anh. I Nr. 13 UGP-RL ein Per-se-Verbot für die absichtliche Täuschung über die betriebliche Herkunft. So wie Art. 6 II lit. a UGP-RL den marken- und kennzeichenrechtlichen Schutz erweitert, so erweitert Anh. I Nr. 13 UGP-RL den im deutschen Recht bereits bestehenden lauterkeitsrechtlichen Nachahmungsschutz.

2.257   **c) Umsetzung im UWG.** Der deutsche Gesetzgeber des UWG 2008 hat es mit Recht als erforderlich angesehen, diese Bestimmung durch eine **Aufnahme einer entsprechenden Regelung** umzusetzen. Gerade weil es sich um einen Fremdkörper im deutschen Recht handelt, war die ausdrückliche Regelung im Gesetz geboten. Denn das bisherige Recht ließ sich – zumindest nach der hier vertretenen Auffassung – nicht iSd Art. 6 II lit. a UGP-RL auslegen.

2.258   Der **Per-se-Tatbestand der absichtlichen Herkunftstäuschung** ist der Sache nach unverändert in den **Anh. § 3 III** aufgenommen worden (dort ebenfalls Nr. 13; → Anh. § 3

Rn. 13.1 ff.). Der **Umsetzung des Art. 6 II lit. a UGP-RL** dient die **Bestimmung des § 5 III Nr. 1** (§ 5 II aF; → Rn. 9.1 ff.). Beide Bestimmungen treten nun vor allem bei Marken- und Kennzeichenrechtsverletzungen sowie bei Fällen unlauterer Nachahmung neben den individualrechtlichen Schutz aus der Marke oder dem Kennzeichen sowie neben den individualrechtlichen Nachahmungsschutz nach § 4 Nr. 3. Während das Marken- und Kennzeichenrecht ebenso wie der lauterkeitsrechtliche Nachahmungsschutz nur dem Hersteller des nachgeahmten Produkts Ansprüche vermittelt und den Schutz damit auf der horizontalen Ebene auf den konkret betroffenen Mitbewerber beschränkt, dessen Immaterialgüterrecht verletzt oder dessen wettbewerblich eigenartige Gestaltung kopiert worden sind, bezwecken die beiden durch das UWG 2008 eingeführten Bestimmungen den **Schutz der Marktgegenseite** (Verbraucher und gewerbliche Abnehmer), ohne diesem Kreis (private und gewerbliche Abnehmer) bisher eigene individuelle Ansprüche zuzubilligen. Dies hat sich partiell geändert durch den in § 9 II idF des seit dem 28.5.2022 in Kraft getretenen Gesetzes zur Stärkung des Verbraucherschutzes im Wettbewerbs- und Gewerberecht vorgesehenen Schadensersatzanspruch für durch unzulässige geschäftliche Handlungen geschädigte Verbraucher (→ Rn. 0.12, → § 9 Rn. 2.1 ff.). Jedenfalls die Geltendmachung von lauterkeitsrechtlichen Unterlassungsansprüchen bleibt aber den Mitbewerbern (§ 8 III Nr. 1) und den Einrichtungen nach § 8 III Nr. 2–4 überlassen.

2. Einzelheiten

a) Angabe über die betriebliche Herkunft. Eine Angabe über die betriebliche Herkunft 2.259 liegt vor, wenn der durchschnittlich informierte, aufmerksame und verständige Verbraucher in einer Bezeichnung einen Hinweis auf eine bestimmte Herkunftsstätte erblickt. Das kann – wie im Kennzeichenrecht – darauf beruhen, dass die Angabe von Haus aus als Herkunftshinweis verstanden wird oder dass die Angabe innerhalb der beteiligten Kreise **Verkehrsgeltung** erlangt hat (§ 4 Nr. 2 bzw. § 5 II 2 MarkenG). Eine Angabe über die betriebliche Herkunft kann nicht nur auf ein, sondern auch auf **mehrere Unternehmen** als Hersteller hinweisen. Dann muss jedoch ein konzernmäßiger Zusammenhang bestehen, der die Unternehmen zu einer wirtschaftlichen Einheit macht und eine einheitliche Herstellung gewährleistet. Andernfalls fehlt es an der Voraussetzung einer **individualisierenden und identifizierenden Angabe.** So kann „Alpina" als Herkunftsbezeichnung für Schweizer Uhren gelten, die aus vier verschiedenen, vertragsmäßig nach gemeinsamen Grundsätzen arbeitenden Fabriken stammen (RG GRUR 1935, 603; vgl. auch RGZ 172, 49 – Siemens; BGH GRUR 1957, 350 – Raiffeisensymbol).

Bei Bezeichnungen, die nach der Auffassung der maßgeblichen Verkehrskreise als **Angabe** 2.260 **über die betriebliche Herkunft** verstanden werden, wird dem Zusatz „echt" oder „original" meist nur die Bedeutung eines verstärkten Hinweises auf die Herkunft der Ware aus einem bestimmten Geschäftsbetrieb zukommen (RG GRUR 1939, 486 – Original Bergmann). Irreführend ist jedoch die Werbebehauptung „Düssel nur aus der Hirschbrauerei", wenn in Düsseldorf gebrautes obergäriges Bier („Düssel") auch von anderen Brauereien gebraut wird (BGH GRUR 1964, 458 (461) – Düssel).

Auch wenn dem durchschnittlich informierten, aufmerksamen und verständigen Verbraucher 2.261 der **individualisierende Charakter einer Herkunftsbezeichnung** nicht bekannt ist, insbes. wenn aus ihr nicht eindeutig hervorgeht, dass es sich um eine Unternehmensbezeichnung oder eine Marke handelt, kann eine Bezeichnung durch Zusätze wie „echt" oder „original" den Eindruck einer Herkunfts- oder Beschaffenheitsangabe vermitteln. Ein Angebot von Waren mit dem Zusatz „Exklusiv bei …" wird von dem Umworbenen dahin verstanden, dass diese Waren ausschließlich bei dem Werbenden zu kaufen sind (OLG Koblenz WRP 1987, 326).

Zwei Hersteller, die ein auf einen bestimmten Autor zurückgehendes Kodierspiel herstellen, 2.262 dürfen beide nebeneinander mit der Behauptung werben, sie stellten das „Original-Spiel" her (OLG Frankfurt WRP 1980, 338). Bei **Farbkombinationen,** die von Haus aus keinen Hinweis auf die betriebliche Herkunft enthalten, sind an den für eine Verkehrsdurchsetzung erforderlichen Bekanntheitsgrad wegen des Freihaltebedürfnisses des Verkehrs strenge Maßstäbe anzulegen (BGH GRUR 1992, 48 (50) – frei ÖL; GRUR 1997, 754 (755) – grau/magenta). Soweit ein Kennzeichenschutz kraft Verkehrsgeltung nicht entstanden ist, kann die Verwendung des Kennzeichnungsmittels durch einen Mitbewerber nur ausnahmsweise nach § 4 Nr. 4 unlauter sein (vgl. BGH GRUR 1997, 754 (755) – grau/magenta).

Die **Verwendung einer ähnlichen Herkunftsangabe** kann genügen, wenn sie die Gefahr 2.263 einer Verwechslung in dem Sinne auslöst, dass die beteiligten Verkehrskreise über die Identität der Unternehmen oder das Bestehen irgendwelcher wirtschaftlicher oder organisatorischen

Zusammenhänge irregeführt werden. Bloße **Warenähnlichkeit** im markenrechtlichen Sinne (§ 14 II Nr. 2 MarkenG) begründet zwar die Gefahr der Irreführung über die Herkunft, nicht aber damit unbedingt auch über die Güte des angebotenen Erzeugnisses. Andererseits ist es zu eng, auf Warenähnlichkeit abzustellen. Soweit Verwechslungen über die Herkunft zu befürchten sind, besteht die Gefahr, dass auch die Gütevorstellungen übertragen werden. In einer älteren Entscheidung hat der BGH angenommen, dass der Verkehr die mit der bekannten Bezeichnung „White Horse" für Whisky verbundene Gütevorstellung auch auf die Verwendung dieser Bezeichnung für Kosmetika übertrage, weil die Branchenverschiedenheit zwischen den vertriebenen Waren nicht so groß sei, dass die Gefahr von Verwechslungen über die betriebliche Herkunft ausgeschlossen werde (BGH GRUR 1966, 267 (270) – White Horse). Heute müsste dieser Fall über den Schutz der bekannten Marke (§ 14 II Nr. 3 MarkenG) gelöst werden. Geht von der Verwendung der bekannten Marke (im Beispiel: White Horse) für ein anderes Produkt (im Beispiel: Rasierwasser) tatsächlich eine Verwechslungsgefahr aus, liegt allemal eine Beeinträchtigung der Unterscheidungskraft oder der Wertschätzung der bekannten Marke vor. Dann mag der markenrechtliche neben dem lauterkeitsrechtlichen Anspruch stehen (→ Rn. 0.111, → Rn. 9.10).

2.264   Bei Herkunftsangaben, mit denen der Verkehr eine besondere Gütevorstellung verbindet **(qualifizierte Herkunftsangaben),** ist eine Irreführung an sich auch dann nicht ausgeschlossen, wenn der Berechtigte (Inhaber des entsprechenden Kennzeichenrechts) diese Verwendung gestattet, dem Verwender also eine **Lizenz** erteilt hat. Bei Produktnamen **(Marken)** kommt dann eine Irreführung idR nicht in Betracht (→ Rn. 0.106 f.), bei geschäftlichen Bezeichnungen, insbes. bei **Unternehmenskennzeichen,** muss dagegen auf die Fehlvorstellungen des Verkehrs stärker Rücksicht genommen werden (→ Rn. 9.14).

2.265   **b) Lehre von den qualifizierten Herkunftsangaben.** Bis zur Umsetzung der UGP-R) erfasste das Irreführungsverbot nicht jede Irreführung über die betriebliche Herkunft. Um das Verhältnis zum kennzeichenrechtlichen Anspruch des Zeicheninhabers (§ 14 II MarkenG, § 15 II MarkenG) abzugrenzen, war der jedem anspruchsberechtigten Mitbewerber oder Verband zustehende Anspruch wegen einer Irreführung über die betriebliche Herkunft auf die Fälle einer **qualifizierten Herkunftsangabe** beschränkt: Eine Angabe über die betriebliche Herkunft sollte im Rahmen des Irreführungstatbestands nur dann von Bedeutung sein, wenn der Verkehr mit der betrieblichen Herkunft eine **besondere Gütevorstellung** verband (BGH GRUR 1959, 25 (29) – Triumph; GRUR 1965, 676 (677 f.) – Nevada-Skibindungen; GRUR 1966, 267 (270) – White Horse; GRUR 1967, 89 (91) – Lady Rose; GRUR 1970, 528 (531) – Migrol; GRUR 1990, 68 (69) – VOGUE-Ski; GRUR 1997, 754 (755) – grau/magenta; GRUR 2002, 703 (705) – VOSSIUS & PARTNER). Die Irreführung allein über die betriebliche Herkunft sollte nicht ausreichen. Erst die Irreführung über die aus dem Hinweis auf die betriebliche Herkunft zu folgernde Beschaffenheit und Güte der Ware sollte die unrichtige Verwendung einer Angabe über die betriebliche Herkunft nach § 5 unlauter machen. Diese Beschränkung ging weit über das hinaus, was mangels geschäftlicher Relevanz vom Irreführungstatbestand ausgeschlossen war (→ Rn. 1.171 ff.). Denn der Hinweis auf die betriebliche Herkunft stellt im Regelfall eine für den Abnehmer wesentliche Information dar.

2.266   Die Lehre von der qualifizierten Herkunftsangabe kann auf Grund der UGP-RL heute **keine Geltung mehr beanspruchen.** Vielmehr liegt der Richtlinie das Konzept zugrunde, dass neben kennzeichenrechtlichen Ansprüchen des Zeicheninhabers stets auch ein lauterkeitsrechtlicher Verwechslungsschutz in Betracht kommen kann, der von allen nach § 8 III Anspruchsberechtigten geltend gemacht werden kann (→ Rn. 9.10).

2.267   **c) Eigene Herkunftsangabe.** Der Inhaber einer Angabe über die betriebliche Herkunft kann in der **Verwendung der eigenen Unternehmensbezeichnung** beschränkt sein, wenn dadurch im Verkehr falsche Vorstellungen über die betriebliche Herstellung der Ware, ihre Beschaffenheit oder geografische Herkunft hervorgerufen werden. Auch hier gewinnt die Verkehrsauffassung maßgebende Bedeutung. Im Allgemeinen macht sich der Verkehr heute keine bes. Vorstellungen darüber, ob die Waren, die ein inländisches Unternehmen unter seiner Firma oder seiner Marke vertreibt, von ihm selbst im eigenen inländischen Betrieb hergestellt oder von Dritten bezogen, insbes. aus dem Ausland importiert worden sind. Dem Verkehr ist weitgehend bekannt, dass inländische Unternehmen in vielen Bereichen ihre Waren in eigenen oder fremden Auslandsbetrieben wegen der niedrigeren Lohnkosten herstellen lassen oder von ausländischen oder inländischen Herstellern zukaufen und im Inland lediglich vertreiben (→ Rn. 9.14).

Verbindet jedoch der Verkehr mit einer inländischen Unternehmensbezeichnung **bes. Güte-** 2.268 **vorstellungen** und beruht die Wertschätzung der Ware nach der Vorstellung eines nicht unerheblichen Teils des Verkehrs darauf, dass sie vom Kennzeicheninhaber in seinem inländischen Betrieb hergestellt worden ist, muss zur Vermeidung einer Irreführung über die betriebliche Herkunft darauf hingewiesen werden, dass unter der inländischen Firma auch von Dritten im In- oder Ausland zugekaufte Ware verkauft wird. Betont bspw. ein Hersteller von Unterwäsche in seiner Werbung, dass er ausschließlich im Inland produziert und verlagert er später doch seine Produktion ins Ausland, muss er auf diesen Umstand hinweisen, wenn er sich nicht den Vorwurf der Irreführung zuziehen möchte.

Liegt keine Irreführung über die betriebliche Herkunft vor, rechnet aber der Verkehr damit, 2.269 dass die von Dritten bezogenen Waren die gleiche Güte wie die in Eigenproduktion hergestellten aufweisen, so muss zur Vermeidung eines Irrtums über die Beschaffenheit der Ware durch bes. Maßnahmen, insbes. ständige Kontrollen, die Gütegleichheit gewährleistet sein. Auch **nachträglich** können qualifizierte Angaben über die betriebliche Herkunft irreführend werden (Bedeutungs- oder Sachwandel; → Rn. 2.270 ff.).

d) Bedeutungswandel. aa) Wandel von der Herkunftsangabe zur Beschaffenheits- 2.270 **angabe. Angaben über die betriebliche Herkunft** können **zu Beschaffenheitsangaben** werden. Maßgebend ist die Verkehrsauffassung. **Beispiele:** „Liberty" für bestimmte Gewebe, urspr. nach dem engl. Unternehmen „Liberty" (RGZ 69, 310); „Simonsbrot" als Warenart (urspr. nach Hersteller G Simon; RG JW 1921, 1535). Verneint wurde eine Umwandlung bei dem Wort **„eloxieren"** (RG GRUR 1939, 627). Bei einer Marke ist Freiwerden erst anzunehmen, wenn **kein irgendwie noch beachtlicher Verkehrskreis** in dem Zeichen einen individuellen Herkunftshinweis sieht (BGH GRUR 1959, 38 – Buchgemeinschaft II; Ingerl/Rohnke/Nordemann/Nordemann-Schiffel MarkenG § 5 Rn. 52). Folgende eingetragene Marken haben sich im Laufe der Zeit zu Gattungsbezeichnungen gewandelt: GRAMMOPHON, WALKMAN, FÖN, HÖHENSONNE, CELLOPHANE, VASELINE, Klettverschluss.

Im Rahmen der Prüfung nach § 5 geht es nicht um den Schutz eines Ausschließlichkeits- 2.271 rechts, sondern darum, eine Irreführung des Verkehrs zu vermeiden. Die Voraussetzungen für das **Freiwerden eines Zeichens** und die **Umwandlung einer qualifizierten Herkunftsangabe** decken sich daher nicht. Individualbezeichnungen, die inhaltlich etwas über die geschäftlichen Verhältnisse eines Unternehmens oder über die Güte seiner Waren aussagen, können diese Güteeigenschaft nach der Verkehrsauffassung verlieren und zum rein **neutralen Herkunftshinweis** absinken (BGH GRUR 1957, 285 – Erstes Kulmbacher).

Beispiele für einen solchen Bedeutungswandel bieten die Bezeichnungen **„Asbach Uralt"** 2.272 und **„Scharlachberg Meisterbrand".** Unter bes. Umständen kann auch eine **Marke,** die lediglich eine Angabe über die **Größe des Kundenkreises** enthält, infolge starker Verkehrsdurchsetzung inhaltlich nicht mehr als eine solche Größenangabe, sondern nur noch als **Unternehmenskennzeichen** aufgefasst werden. Hierfür genügt jedoch noch nicht der große Bekanntheitsgrad; es kommt auch auf den Inhalt der Aussage und die konkrete Benutzungsart an. Verneint wurde eine völlige Neutralisierung des Aussageinhalts bei der Werbung für Lensing-Kaffee mit dem Warenzeichen **„Millionen trinken ..."** unter Voranstellung des Wortes „Marke"; die Werbung verstieß daher gegen § 3 aF, weil Lensing-Kaffee in Wahrheit nur von etwa 90.000 Verbrauchern getrunken wurde (BGH GRUR 1973, 532 (533) – Millionen trinken ...). Der längere Zeit unangefochtene Gebrauch der Marke und der dadurch erlangte wertvolle Besitzstand machen die Weiterverwendung noch nicht schutzwürdig.

bb) Wandel von der Beschaffenheitsangabe zur Herkunftsangabe. Beschaffenheits- 2.273 angaben können zu **Angaben über die betriebliche Herkunft** werden. Das ist, was die englische Lehre und Praxis **secondary distinctive meaning** nennt. Darum darf niemand seine Werbung, auch mit objektiv zutreffenden Worten, so abfassen, dass der Anschein erweckt wird, die Ware stamme von einem anderen. Die Umwandlung einer Beschaffenheitsangabe in eine Individualbezeichnung ist eher zu bejahen als der umgekehrte Fall der Umwandlung einer Individualbezeichnung in einen freien Warennamen. Falls ein bes. starkes Bedürfnis an der Freihaltung glatter Beschaffenheitsangaben besteht, kann für die Durchsetzung als betrieblicher Herkunftshinweis sogar die nahezu einhellige Durchsetzung innerhalb beteiligter Verkehrskreise erforderlich sein. Für die Sortenbezeichnung **„Stonsdorfer",** die auch bilateralen Schutz für entspr. deutsche Erzeugnisse genießt, reichte daher sogar ein Durchsetzungsgrad von 74% nicht aus, um ein Ausschließlichkeitsrecht für ein bestimmtes Unternehmen anzuerkennen (BGH GRUR 1974, 337 – Stonsdorfer mAnm Heydt). Damit ist in solchen Fällen eine Umwandlung praktisch ausgeschlossen. – Ist eine Beschaffenheitsangabe nach der Auffassung des Verkehrs zur Angabe über die betriebliche Herkunft geworden, ist sie grds. nach § 5 **gegen irreführende Verwendung geschützt.** Die früher aufgestellte Forderung, eine unrichtige Angabe über die betriebliche Herkunft falle nur dann unter das Irreführungsverbot, wenn der Verkehr mit der so bezeichneten Ware eine **schutzwürdige Gütevorstellung** verbinde und es sich deswegen um eine qualifizierte Angaben über die betriebliche Herkunft handle, ist seit Schaffung des – Art. 6 II lit. a UGP-RL umsetzenden – § 5 III Nr. 1 (§ 5 II aF) überholt (→ Rn. 2.266).

2.274   **cc) Wandel von der geografischen zur betrieblichen Herkunftsangabe.** Geografische **Herkunftsangaben** können sich im Verkehr zum **Hinweis auf ein bestimmtes Unternehmen** entwickeln (vgl. RG GRUR 1932, 457 – Petkuser Roggen). Ebenso wie für die Entwicklung einer Herkunftsangabe zur Beschaffenheitsangabe (→ Rn. 2.270) ist auch für die Umwandlung in eine Angabe über die betriebliche Herkunft zu verlangen, dass nur noch ein ganz unbeachtlicher Teil der beteiligten Verkehrskreise in der Angabe einen Hinweis auf die Herkunft der Ware sieht. Ein solcher Bedeutungswandel liegt bei dem Wort **„Jena"** in Alleinstellung nicht vor, wenn noch 32 % der in Betracht kommenden Verkehrskreise den Ortsnamen als Hinweis auf den Herstellungsort auffassen (BGH GRUR 1981, 57 (58) – Jena). Ein Unternehmen, das den Ortsnamen seiner früheren Betriebsstätte in der DDR nach deren Verlegung in die Bundesrepublik als Bestandteil seiner Firma und als Marke berechtigt führte, konnte sich daher nicht den Ortsnamen „Jena" in Alleinstellung als Marke eintragen lassen.

2.275   Die Rspr. hat jedoch für einen wettbewerblichen Schutz gegen Irreführung auch schon genügen lassen, dass nicht unerhebliche Verkehrskreise die Bezeichnung als **Hinweis auf ein bestimmtes Unternehmen** auffassen. So wurde die Bezeichnung **„Rosenheimer Gummimäntel"** für Mäntel untersagt, unter denen ein nicht unerheblicher Teil der Verbraucherschaft Fabrikate der Klepperwerke in Rosenheim versteht, denen eine bes. Qualität beigemessen wurde. Ortsansässige Unternehmen durften deshalb den Ortsnamen „Rosenheim" nicht mehr in einer Form verwenden, die von einem nicht unerheblichen Teil der Verbraucher als Hinweis auf ein bestimmtes Unternehmen in Rosenheim verstanden wird (BGH GRUR 1958, 39 – Rosenheimer Gummimäntel). Diese Rspr. kann nur mit äußerster Zurückhaltung auf andere Sachverhalte übertragen werden, weil sie das Freihaltebedürfnis der Mitbewerber an einer geografischen Herkunftsangabe zu wenig berücksichtigt. Gefordert wird für einen Irreführungsschutz eine breite Verkehrsdurchsetzung, wie sie für den Schutz einer Marke nach § 4 Nr. 2 MarkenG bei freizuhaltenden Angaben notwendig ist.

2.276   Dennoch muss der **Schutz der Benutzungsmarke** aus § 4 Nr. 2 MarkenG, der dem Zeicheninhaber ein Ausschließlichkeitsrecht gibt, und der **Schutz aus dem Irreführungsverbot** nach §§ 3, 5, der neben den Mitbewerbern auch den Verkehr gegen die irreführende Verwendung einer Bezeichnung schützen soll, **getrennt werden.** Der Schutz aus § 5 begründet kein Monopol an einer geografischen Herkunftsangabe, sondern will nur ihre irreführende Verwendung im Verkehr verhindern. Zudem ist zu beachten, dass § 5 nur eingreifen kann, wenn die beteiligten Verkehrskreise mit dem Hinweis auf die betriebliche Herkunft die Vorstellung eines hochwertigen Erzeugnisses verbinden. Nur unter dieser Voraussetzung ist die Auffassung eines nicht unerheblichen Teiles der beteiligten Verkehrskreise, der in dem geografischen Namen einen Hinweis auf ein bestimmtes Unternehmen sieht, schutzwürdig.

2.277   **dd) Sachwandel.** Auch **qualifizierte Angaben über die betriebliche Herkunft** können durch eine Änderung der betrieblichen Verhältnisse, über die sie nach der Verkehrsauffassung inhaltlich etwas aussagen, irreführend werden. Nimmt zB ein nicht unerheblicher Teil des Verkehrs an, dass die unter einer Angabe über die betriebliche Herkunft herausgebrachten Waren eines Unternehmens bestimmte Eigenschaften aufweisen, so verstößt die Weiterverwendung der Herkunftsangabe gegen § 5, wenn auf Grund einer Veränderung der vorgestellten Eigenschaften die Ware **verschlechtert** wird. Dies setzt freilich voraus, dass der Hersteller die **Qualitätsvorstellung** stets **mit der Angabe über die betriebliche Herkunft verbunden** hat (zB „Wie Sie's zu Recht nicht anders von uns erwarten: Hemden von X wie gewohnt in der bekannten Vollzwirn-Qualität"). Dagegen liegt keine Irreführung vor, wenn bei einem qualitativ hochstehenden Produkt plötzlich Mängel auftreten (zB Probleme mit der Elektronik bei Modellen der E-Klasse von Mercedes). – Zur möglichen **Irreführung bei Lizenzerteilung** → Rn. 0.106 f., → Rn. 2.264 und → Rn. 9.14.

I. Irreführung über Ergebnisse oder wesentliche Bestandteile von Tests

Schrifttum: Feddersen, Erster, Bester oder nur Erstbester? Über die Irreführung mit Testergebnissen, WRP 2019, 1255; Franz, Vergleichender Warentest, WRP 2015, 1425; Franz, Werbung mit Testergebnissen, WRP 2016, 439; Franz, Testwerbung – Inzidentprüfung des Warentests durch den Wettbewerbsrichter?, FS Fezer, 2016, 1013; Kollmann, Technische Normen und Prüfzeichen im Wettbewerbsrecht, GRUR 2004, 6; Koppe/Zagouras, Rechtsprobleme der Testwerbung, WRP 2008, 1035; Lindacher, „Testsieger"-Werbung, WRP 2014, 140; Nieschalk, Verbraucherbefragung kein „Test", NJ 2018, 269; Rehart, Werbung mit im Ausland erzielten Testergebnissen – Grenzen und Möglichkeiten für zulässige Werbung, MMR 2017, 594; Schulte-Franzheim/Tyra, Werbung mit Auszeichnungen nach „Kamerakauf im Internet", FS Bornkamm, 2014, 489; Selting/Koska, Die Werbung mit Testergebnissen der Stiftung Warentest, MDR 2013, 1260; Silberer, Der vergleichende Warentest im Dienste des leistungsfördernden Wettbewerbs, FS Fezer, 2016, 937; Wettig, Humorvoll vergleichende Testsieger-Werbung – Der Kampf ums beste Netz – Die „Werbalisierung" von Testergebnissen – ein juristisches Schauspiel in mehreren Akten, MMR 2019, 643; Wieddekind, Praktische Hinweise zur Werbung mit Testergebnissen, GRUR-Prax 2013, 440.

I. Irreführung über amtliche Prüfungen

Angaben über amtliche und behördliche **Prüfungen und Zulassungen** sind in hohem Maße **2.278** geeignet, den Verkehr von der Güte und Brauchbarkeit einer Ware zu überzeugen. Sie verstoßen daher gegen § 5, wenn sie nach Inhalt und Darstellung geeignet sind, den Verkehr irrezuführen. Darauf, ob die amtliche Prüfung zum behaupteten Ergebnis geführt hätte, kommt es nicht an (Ohly/Sosnitza/Sosnitza Rn. 282).

Beispiele: Irreführend ist es, wenn auf dem Baumarkt für Flachstürze mit einem **amtlichen Zulassungs-** **2.279** **bescheid** geworben wird, der später geändert und eingeschränkt worden ist, ohne diesen Umstand durch einen Zusatz kenntlich zu machen (BGH GRUR 1975, 442 (443) – Vaasbüttel). – Wer einen **Restaurantführer mit Klassifizierungen** herausgibt, erweckt beim Publikum den Eindruck objektiver Überprüfung und Nachforschung. Er verstößt daher gegen § 5, wenn die Eintragungen auf Selbstauskünfte der Betriebe und der Zahlung eines Kostenbeitrags hin erfolgt sind (LG Frankfurt WRP 1981, 488). – Ein Kaffeehändler, der für zwei Kaffeesorten mit der Angabe wirbt **„Zwei Angebote mit Auszeichnung",** kann bei rechtlich nicht unerheblichen Teilen des Verkehrs den Eindruck erwecken, die beworbenen Kaffeesorten seien von einer unabhängigen Stelle untersucht und belobigt worden (OLG Hamburg GRUR 1991, 470). – Irreführend ist die Werbung für Brillenfassungen mit einem **„TÜV-Prüfzeichen"** (BGH GRUR 1991, 552 – TÜV-Prüfzeichen). – Eine Werbung mit dem Zeichen **„GS = geprüfte Sicherheit"** für die **Beschaffenheit** der damit bezeichneten Fußstütze kann auch irreführend sein, wenn die Genehmigung zur Führung des Zeichens zu Unrecht behördlich erteilt worden ist (BGH GRUR 1998, 1043 – GS-Zeichen). – Der Hinweis auf unternehmensbezogene **Zertifikate für Qualitätsmanagementsysteme** (zB DIN ISO 9000 ff.) oder Umweltmanagementsysteme (zB DIN ISO 14 000 ff.) in einer Produktwerbung (zB Preisliste) kann den irreführenden Eindruck erwecken, dass sich die Zertifikate auf das Produkt selbst beziehen (OLG München WRP 1999, 965; Kollmann GRUR 2004, 6 (11)). – Mit dem **CE-Zeichen** – einer Erklärung des Herstellers über die Einhaltung der relevanten Sicherheitsstandards (vgl. Art. 30 III VO (EG) 765/2008) – darf nicht in einer Weise geworben werden, die den Eindruck einer amtlichen Prüfung erweckt (OLG Düsseldorf ITRB 2016, 126; OLG Frankfurt MD 2012, 842).

II. Irreführung über Testergebnisse

1. Grundsätze, Empfehlungen der Stiftung Warentest

Wirbt ein Unternehmen mit **Testergebnissen,** kann darin eine irreführende Werbung liegen. **2.280** Im Grundsatz gilt, dass die Werbung mit aktuellen Testergebnissen für Produkte, die den getesteten entsprechen und die auch nicht technisch überholt sind, grundsätzlich nicht irreführend ist, wenn die von einem Dritten vergebene Auszeichnung in einem seriösen Verfahren vergeben und nicht erschlichen worden ist (BGH GRUR 2019, 631 Rn. 68 – Das beste Netz). – Für die Beurteilung konkreter Werbeformen hat der BGH teilweise auf die früheren **Empfehlungen der Stiftung Warentest zur „Werbung mit Testergebnissen"** zurückgegriffen (BGH GRUR 1991, 679 – Fundstellenangabe). An ihre Stelle ist seit dem 1.7.2013 das „Logo-Lizenz-System" der Stiftung Warentest getreten (→ § 6 Rn. 213). Die Lizenzbedingungen laufen darauf hinaus, dass Untersuchungsergebnisse nicht dazu verwendet werden dürfen, den Verbrauchern einen Eindruck von der Überlegenheit einzelner Produkte zu vermitteln, den die Untersuchungsergebnisse nicht rechtfertigen. Den Werbenden treffen daher in gewissem Umfang **Hinweispflichten:** Wenn er bspw. mit dem Testergebnis „gut" wirbt, muss er darauf hinweisen, dass ein Großteil der Konkurrenzprodukte mit „sehr gut" abgeschnitten hat (BGH GRUR 1982, 437 (438) – Test gut; s. ferner → Rn. 2.283). – Bei einer Werbung mit Testergebnissen, die Mitbewerber erkennbar macht, handelt es sich um eine **vergleichende Werbung** nach § 6 I (→ § 6 Rn. 210 ff.).

2. Beispiele irreführender Werbung mit Testergebnissen

2.281   **a) Zutreffende Wiedergabe des Testergebnisses.** Umschreibt der Werbende das Testergebnis oder Testsiegel mit eigenen Worten, so ist dies irreführend, wenn hierdurch die Aussage des Testergebnisses zu seinen Gunsten verändert wird. Gibt die angegriffene Werbung den Inhalt des Testergebnisses oder Testsiegels hingegen zutreffend wieder, ist es lauterkeitsrechtlich unerheblich, ob Teile des Verkehrs dieser Wiedergabe unzutreffende Vorstellungen über Gegenstand oder Ergebnis des Tests entnehmen (BGH GRUR 2019, 631 Rn. 69 – Das beste Netz). Um jede Täuschung des Verkehrs über das Testergebnis zu vermeiden, empfiehlt es sich daher, das **Testergebnis nicht mit eigenen Worten wiederzugeben,** weil sich in diesen Fällen meistens der Eindruck vom Testergebnis zugunsten des Werbenden verschiebt. In der Angabe „Bei … gibt's das beste Netz" liegt allerdings eine sachlich zutreffende Wiedergabe des Ergebnisses „Testsieger im Festnetztest" (BGH GRUR 2019, 631 Rn. 78 – Das beste Netz). Wird mit der inhaltlich zutreffenden Wiedergabe eines Testergebnisses geworben, so liegt auch dann keine Irreführung vor, wenn Teile des Verkehrs ihr unzutreffende Vorstellungen über Gegenstand oder Ergebnis des Tests entnehmen (BGH GRUR 2019, 631 Rn. 82 – Das beste Netz). Hier setzt sich im Rahmen der Interessenabwägung das Verkehrsinteresse an der Testinformation gegenüber dem Interesse an der Vermeidung jeglicher Irreführung durch (vgl. Feddersen WRP 2019, 1255 (1258)). – Auf **negative Testergebnisse** muss der Werbende dagegen nicht hinweisen, auch wenn er für andere von ihm angebotene Produkte auf das zutreffende (positive) Testergebnis hinweist. Hat bspw. die Vollversicherung einer privaten Krankenversicherung bei einem Test der „Stiftung Warentest" das Gesamturteil „mangelhaft" erhalten, die Zusatzversicherung desselben Unternehmens hingegen die Bewertung „sehr gut", ist es unbedenklich, dass die Krankenversicherung für die Zusatzversicherung mit dem Testergebnis der „Stiftung Warentest", für die Vollversicherung hingegen mit dem guten Ergebnis einer Untersuchung eines Wirtschaftsmagazins wirbt (OLG München VersR 2000, 909). – Es ist auch nichts dagegen einzuwenden, dass sich ein Hersteller auf die **Wiedergabe einer Testkategorie** beschränkt, in der er bes. gut abgeschnitten hat, solange mit dieser Aussage nicht ein **schlechtes Gesamtergebnis kaschiert** wird (vgl. OLG Frankfurt WRP 2018, 1499; LG Frankfurt a. M. MMR 2018, 347). So wurde die Werbung für eine Kaffeemaschine „Sehr gut für Kaffeearoma" in einem Fall nicht als irreführend angesehen, in dem das beworbene Gerät mit der Note „gut" immerhin als Testsieger abgeschnitten hatte (OLG Hamburg GRUR-RR 2005, 286). – Die Werbung mit dem Testergebnis **„1. Platz – Bestes Möbelhaus"** wurde als irreführend beanstandet, weil lediglich die Servicequalität getestet worden war (OLG Brandenburg WRP 2012, 1123 (1126)). – Für ein **Arzneimittel** darf nicht mit dem „Gesamturteil sehr gut" geworben werden, wenn der unzutreffende Eindruck entsteht, der Test habe sich auch auf die **Wirksamkeit** des Arzneimittels bezogen (OLG Frankfurt GRUR-RR 2014, 410). – Die Bezeichnung **Testsieger** ist nicht irreführend, wenn das beworbene Produkt tatsächlich die beste Bewertung erreicht hat, selbst wenn das Prädikat „Testsieger" nicht verliehen worden ist (OLG Düsseldorf GRUR-RR 2016, 208). – Die Angabe, ein Produkt sei als Testsieger **„Aus über 500 getesteten Matratzen"** ausgezeichnet worden, ist irreführend, wenn tatsächlich nicht sämtliche Matratzen in einem Test, sondern sukzessive in mehreren Tests geprüft worden sind (OLG Frankfurt WRP 2022, 227). – Dem in der Werbung verwendeten Testsiegel darf **kein Zusatz** (hier: „Ausgezeichnet") hinzugefügt werden, der den Eindruck erweckt, die Stiftung Warentest habe das Produkt mit einer weiteren Auszeichnung versehen (OLG Frankfurt WRP 2022, 1146).

2.282   **b) Werbung mit älteren Testergebnissen.** Eine Werbung ist irreführend, wenn die Testergebnisse **durch eine neuere Untersuchung** oder durch eine erhebliche Veränderung der Marktverhältnisse **überholt** sind (vgl. BGH GRUR 2019, 631 Rn. 68 – Das beste Netz). Umgekehrt ist eine Werbung mit älteren Testergebnissen unbedenklich, wenn der Zeitpunkt ihrer Veröffentlichung erkennbar gemacht wird, für die Produkte keine neueren Prüfungsergebnisse vorliegen und die angebotenen Produkte mit den seinerzeit geprüften gleich und auch nicht durch neuere Entwicklungen technisch überholt sind (BGH WRP 2014, 67 Rn. 8 – Testergebnis-Werbung für Kaffee-Pads; vgl. ferner BGH GRUR 1985, 932 (933) – Veralteter Test; OLG Düsseldorf GRUR 1981, 750; OLG Hamburg GRUR 2000, 530 (532)). – Eine Irreführung durch die Werbung mit älteren Tests der „Stiftung Warentest" ist auch in einem Fall verneint worden, in dem die beworbene Ware als **„Restposten"** bezeichnet worden war, die Bewertungskriterien sich aber nicht geändert hatten oder wenn zwar neuere Testergebnisse zur selben Warengattung (hier: Matratzen) vorliegen, diese sich jedoch auf ein anderes Preissegment beziehen (OLG Frankfurt GRUR-RR 2003, 344). Dagegen ist es als irreführend angesehen worden, wenn ein jüngerer Test, der auf anderen Prüfkriterien beruht, zwar nicht die mit dem älteren Testergebnis beworbene Ware einbezogen, aber Produkte derselben Warenart getestet hat (OLG Frankfurt NJWE-WettbR 1996, 54). – Die Werbung mit einer **Abwertung eines Produkts** im Vergleich zu einem früheren Test ist irreführend, wenn nicht auf geänderte Prüfmaßstäbe hingewiesen wird (OLG Frankfurt GRURPrax 2021, 456).

c) Irreführung über das Abschneiden im Verhältnis zur Konkurrenz. Die Werbung mit Testergebnissen darf nicht über den **Stand des beworbenen Produkts** im Kreis der anderen getesteten Konkurrenzprodukte irreführen (BGH GRUR 2019, 631 Rn. 68 – Das beste Netz). So liegt ein Verstoß gegen § 5 vor, wenn – ohne die Zahl und die Noten der besser beurteilten Erzeugnisse anzugeben – ein von der Stiftung Warentest mit „gut" bezeichnetes Erzeugnis mit der Werbeaussage „Test Gut" beworben wird, obwohl dieses Erzeugnis mit dieser Note unter dem Notendurchschnitt der getesteten Waren geblieben ist (BGH GRUR 1982, 436 (437) – Test gut). Dagegen ist es nicht irreführend, wenn zutr. mit dem Testergebnis „sehr gut" geworben wird, ohne darauf hinzuweisen, dass eine Reihe von Konkurrenzprodukten ebenfalls dieses Prädikat erzielt haben. Eine solche Auszeichnung darf werblich verwendet werden, ohne dass der Werbende einen Qualitätsnachweis führen muss oder den Zulässigkeitsanforderungen der Alleinstellungs- oder Spitzengruppenwerbung unterliegt (BGH GRUR 2019, 631 Rn. 68 – Das beste Netz; OLG Frankfurt WRP 1985, 495 (496); OLG Düsseldorf GRUR-RR 2016, 208). Dagegen ist die werbliche Herausstellung eines Produkts als **„Testsieger"** irreführend, wenn der „Test" nicht repräsentativ ist und nicht darauf hingewiesen wird, dass lediglich vier von ca. dreißig in Betracht kommenden Produkten einbezogen worden sind (KG KG-Rp 1999, 72 = GRUR 1999, 192 Ls.) oder wenn das Prädikat „Testsieger" im aktuellen Test mit Blick auf ein in einem vorangegangenen Test besser bewertetes Konkurrenzprodukt nicht vergeben worden ist (OLG Hamburg WRP 2019, 1362).

Auf der anderen Seite darf auch derjenige sich mit dem **Prädikat „Testsieger"** schmücken, der sich diesen Titel mit einem oder mehreren Wettbewerbern teilen muss (BGH GRUR 2003, 800 (802) – Schachcomputerkatalog; OLG Düsseldorf GRUR-RR 2016, 208). Demgegenüber möchte das OLG Hamburg (GRUR-RR 2013, 437 (438)) im Falle eines geteilten ersten Platzes die Werbung damit nur zulassen, wenn ein Prädikat verwandt wird, dass der Testveranstalter selbst vergeben hat (vgl. Lindacher WRP 2014, 140 f.).

d) Werbung mit Test eines anderen Produkts. Eine Irreführung liegt immer dann vor, wenn sich der Test nicht auf die beworbene, sondern eine **andere Ware** bezog, auch wenn sie äußerlich ähnlich und technisch baugleich war (BGH GRUR 2019, 631 Rn. 68 – Das beste Netz; OLG Köln Urt. v. 13.4.2018 – 6 U 166/17 – Nichtzulassungsbeschwerde zurückgewiesen: BGH Beschl. v. 14.2.2019 – I ZR 84/18; OLG Köln GRUR 1988, 556; OLG Zweibrücken WRP 2008, 1476 (1477)). So ist die Bewerbung eines Fahrradhelms mit einem (guten) früheren Testergebnis irreführend, wenn das beworbene Modell nicht getestet worden ist und mit dem getesteten Modell nicht völlig baugleich ist (OLG Köln OLGR 2003, 343 = GRUR-RR 2004, 57 Ls.). In einem solchen Fall braucht auch einem **Beweisantritt**, dass das beworbene Modell dem getesteten qualitativ gleichwertig oder gar überlegen sei, nicht nachgegangen zu werden (OLG Köln GRUR 1988, 556). Zulässig ist dagegen die „Testsieger"-Werbung für ein Produkt, das – bei Produktidentität im Übrigen – in einer anderen, über eher schlechtere Umwelteigenschaften verfügenden Verpackung getestet worden ist (OLG Köln GRUR-RR 2011, 275 (276): **Testsieger-Werbung** für Waschmittel „Ariel" in anderer Verpackung als getestet, wenn die Art der Verpackung des beworbenen Produkts im Test eindeutig besser abgeschnitten hatte als die Verpackung des getesteten Produkts). – Die Werbung darf auch nicht darüber irreführen, **welches von mehreren gezeigten Produkten** getestet worden ist (BGH GRUR 2015, 906 Rn. 17 – TIP der Woche).

Bei der Werbung für Lebensmittel mit Testergebnissen der Stiftung Warentest müssen die beworbenen, zum Verkauf stehenden Produkte weder grundsätzlich derselben **Charge** angehören wie die getesteten Produkte noch muss das **Mindesthaltbarkeitsdatum der getesteten Charge** angegeben werden (BGH WRP 2014, 87 – Testergebnis-Werbung für Kaffee-Pads).

2.283

2.284

2.285

2.286

2.287 **e) Werbung mit Geschmackstest.** Die Werbung mit dem **Ergebnis eines Geschmackstests** ist als irreführend angesehen worden, weil die verglichenen Produkte durch unterschiedliche geschmacksbestimmende Zutaten auf verschiedene Verbraucherpräferenzen ausgerichtet waren und hierüber in der beanstandeten Werbung nicht aufgeklärt worden war (OLG München WRP 1999, 692). Eine solche **Informationsobliegenheit** kann indessen nicht aufgestellt werden. Man mag daran zweifeln, ob ein Geschmacksvergleich – im entschiedenen Fall war unter dem Titel „Satte Mehrheit" das Ergebnis eines Vergleichs von Whopper (Burger King) und Big Mäc (MacDonald's) wiedergegeben worden – dadurch iSv § 6 II Nr. 2 nachprüfbar wird, dass er die (nachprüfbaren) Zahlen einer Geschmacksprobe wiedergibt (→ § 6 Rn. 52, 108). Ist diese Frage aber zu bejahen, kann die entspr. Werbung nicht als irreführend untersagt werden. Es ist eine pure Selbstverständlichkeit, dass ein Lebensmittel „durch geschmacksbestimmende Zutaten auf Verbraucherpräferenzen ausgerichtet" wird, man kann auch sagen, dass der Hersteller versucht, den Geschmack der von ihm angesprochenen Kunden zu treffen.

2.288 **f) Werbung mit nicht repräsentativem Testergebnis.** Kommt einem Testergebnis aufgrund besonderer Umstände nur eine **begrenzte Aussagekraft** zu, so kann die Werbung damit irreführend sein (BGH GRUR 2019, 631 Rn. 70 – Das beste Netz). Wird mit einem Testergebnis geworben, dem nur ein Test mit einer **stichprobenartigen Auswahl** zugrunde liegt (zB ein Werkstätten-Test einer Autozeitschrift, bei dem einzelne Vertragswerkstätten verschiedener Automarken getestet worden sind), muss in der Werbung auf den Umstand hingewiesen werden, dass der Test **nicht auf einer repräsentativen Erhebung** beruht, zumal wenn sich zwischen den einzelnen Stichproben erhebliche Qualitätsunterschiede ergeben. Denn der Verkehr erwartet auf Grund eines solchen Hinweises ein Testergebnis, das sich auf die gesamte Organisation des Werbenden bezieht. So hat der BGH die Verurteilung eines Lohnsteuerhilfevereins wegen irreführender Werbung bestätigt, der als Testsieger mit dem Testergebnis „gut" der Stiftung Warentest geworben hatte. Da die getesteten Lohnsteuerhilfevereine eine große Zahl (zwischen 42 und 2000) von Beratungsstellen unterhalten, jedoch nur die Leistung von fünf bis acht Beratungsstellen pro Verein getestet worden waren, die darüber hinaus recht unterschiedlich abgeschnitten hatten, wurde die Werbung mit dem Testsieger mit dem Testergebnis „gut" („im Test 9 Lohnsteuerhilfevereine") als irreführend untersagt (BGH GRUR 2005, 877 (880) – Werbung mit Testergebnis). – Auch andere methodische oder wissenschaftliche Mängel können dazu führen, dass die Werbung mit einem Testergebnis irreführend ist. Der Test muss auf einer nachvollziehbaren Tatsachengrundlage beruhen und die Prüfungsmethode wissenschaftlich vertretbar sein (vgl. OLG Stuttgart GRUR 2018, 1066; → § 6 Rn. 197 ff.). – Vorsicht ist bei Tests geboten, die nicht von unabhängigen Einrichtungen, sondern vom **Werbenden selbst konzipiert** werden (OLG Hamburg WRP 2019, 1494). – Erst recht irreführend ist die Werbung mit einer Angabe, die die Durchführung eines Tests suggeriert, tatsächlich aber lediglich auf einer **Kundenumfrage** beruht (OLG Köln GRUR-RS 2017, 109397; OLG München GRUR-RR 2021, 500).

2.289 **g) Werbung ohne Angabe der Testfundstelle.** Wird mit einem Testergebnis geworben, müssen die Verbraucher ohne weiteres in der Lage sein, die **Angaben über den Test nachzuprüfen.** Das setzt voraus, dass **eine Fundstelle** für den Test angegeben wird. Diese Angabe muss für den Verbraucher auf Grund der Gestaltung der Werbung leicht auffindbar sein (BGH GRUR 1991, 679 – Fundstellenangabe; GRUR 2010, 248 Rn. 30 f. – Kamerakauf im Internet; GRUR 2019, 631 Rn. 71 – Das beste Netz). Diese Grundsätze gelten auch für die Wiedergabe eines als solches erkennbaren **Testsiegels auf dem Produktabbildung** in einem Werbeprospekt (BGH GRUR 2021, 979 Rn. 15 – Testsiegel auf Produktabbildung). Bei einer Internetwerbung mit einem Testergebnis muss entweder dieser Hinweis auf die Fundstelle deutlich auf der ersten Bildschirmseite dieser Werbung zu finden sein oder der Verbraucher muss jedenfalls durch einen deutlichen Sternchenhinweis zu der Fundstellenangabe geführt werden (BGH GRUR 1991, 679 – Fundstellenangabe; GRUR 2010, 248 Rn. 32 – Kamerakauf im Internet). In der zuletzt genannten Entscheidung hat der BGH dies nicht auf das Irreführungsverbot, sondern richtigerweise auf das Verbot nach §§ 3, 5a II (→ § 5a Rn. 3.21) gestützt, dem Verbraucher eine wesentliche Information vorzuenthalten (BGH GRUR 2010, 248 Rn. 17 – Kamerakauf im Internet).

2.290 Während es in der Entscheidung Fundstellenangabe (BGH GRUR 1991, 679) um ein **Testergebnis der Stiftung Warentest** ging, war in der Entscheidung Kamerakauf im Internet (BGH GRUR 2010, 248) mit dem Begriff „**Testsieger**" geworben worden. In der obergerichtlichen Rspr. sind diese Grundsätze aber **auf Tests jeglicher Art** angewandt worden (KG NJOZ

2001, 370 (373): OLG Hamburg WRP 2007, 557; OLG Hamburg GRUR-RR 2014, 333). Anders wird dies nur gesehen bei Tests, die einen eindeutig subjektiven Einschlag haben oder erkennbar auf eine Befragung des Werbenden selbst zurückgehen, weil dies nicht über das in der Werbung übliche Eigenlob hinausgeht (OLG Bremen BeckRS 2010, 23054: „Meine Nr. 1"; vgl. auch Schulte-Franzheim/Tyra FS Bornkamm, 2014, 489 (493 ff.) mwN).

3. Abschnitt. Irreführung über den Anlass des Verkaufs, den Preis oder die Bedingungen der Warenlieferung oder Dienstleistungserbringung (§ 5 II Nr. 2)

Übersicht

Schrifttum: Berneke, Verlängerte Sonderveranstaltungen, GRUR-Prax 2011, 235; Faustmann/Ramsperger, Räumen ohne Grenzen – ist jetzt alles erlaubt?, WRP 2011, 1241; Schröler, Wettbewerbsrechtliche Fragestellungen bei der Verlängerung und dem Abbruch von zeitlich befristeten Rabattaktionen, GRUR 2013, 564; Seichter, „20 % auf alles – nur heute!" – Zur wettbewerbsrechtlichen Beurteilung von kurzfristigen Rabattaktionen, WRP 2006, 628; Steinbeck, Chaos beim Räumungsverkauf, FS Köhler, 2014, 715; Worok, Totgesagte leb(t)en länger – der Saisonschlussverkauf nach der UWG-Novelle, WRP 2004, 1431.

A. Irreführung über den Anlass des Verkaufs

I. Allgemeines

Die Irreführung über den **Anlass** und den **Zweck** des Verkaufs war in § 3 UWG 1909 **3.1** ausdrücklich aufgeführt. In § 5 II Nr. 2 wird nur noch vom „Anlass" des Verkaufs gesprochen, ohne dass damit eine Einschränkung des Regelungsgehalts verbunden wäre. Im Gegenteil: In dem bis 2004 geltenden Recht gab es in § 6 den Sondertatbestand des Insolvenzwarenverkaufs und in §§ 7, 8 die umfassende Regelung für Sonderveranstaltungen einschließlich der Räumungsverkäufe, die Sonderbestimmungen über den Anlass und Zweck des Verkaufs enthielten. Sie sind 2004 ersatzlos gestrichen worden. Heute ist ausschließlich § 5 II Nr. 2 anzuwenden.

Eine wörtliche Entsprechung für den „Anlass des Verkaufs" enthält Art. 6 I UGP-RL nicht. **3.2** Allerdings sieht Art. 6 I lit. c UGP-RL als Bezugspunkt der Irreführung die **„Beweggründe der Geschäftspraxis"** vor. Hierunter fallen sämtliche für die Vornahme der geschäftlichen Handlung in Betracht kommenden Motive, vor allem diejenigen Fälle, in denen der Unternehmer **besondere Umstände** – etwa Jubiläen, Geschäftsaufgabe oder Insolvenz – für die **Attraktivität** seines Angebots geltend macht (→ Rn. 4.187). Der Tatbestand des **„Anlasses des Verkaufs"** gem. § 5 II Nr. 2 dürfte mithin – auch wenn der Gesetzgeber insoweit nicht ausdrücklich eine Umsetzung der UGP-RL intendierte (vgl. RegE UWG 2008, BT-Drs. 16/10145 v. 20.8.2008, 24) – in Art. 6 I lit. c UGP-RL seine unionsrechtlich sichere Grundlage haben.

Wird in der Werbung ein bes. Anlass des Verkaufs herausgestellt, entnimmt dem der Verkehr **3.3** erfahrungsgemäß das Vorliegen einer **preisgünstigen Einkaufsmöglichkeit** (BGH GRUR 2000, 239 (241) – Last-Minute-Reise; Ohly/Sosnitza/Sosnitza Rn. 434). Daher ist es dem Werbenden untersagt, irreführende Angaben über den Verkaufsanlass zu machen. Dabei ist unerheblich, ob im Einzelfall tatsächlich eine günstige Einkaufsmöglichkeit geboten wird oder nicht.

II. Scheininsolvenzwarenverkäufe

§ 6 I des bis 2004 geltenden UWG enthielt einen **abstrakten Gefährdungstatbestand** für **3.4** bestimmte Fälle der Ankündigung von **Insolvenzwarenverkäufen.** Verboten war jede Bezugnahme auf die Herkunft der Ware aus einer Insolvenzmasse, sofern diese Ware im Zeitpunkt der Ankündigung nicht mehr zur Masse gehörte. Beabsichtigt war der Schutz des Verbrauchers vor unrichtigen Ankündigungen (wenn also die Waren nicht aus einer Insolvenzmasse stammten) und Ankündigungen, bei denen die **Insolvenzwaren aus zweiter und dritter Hand** stammten (und deswegen die vom Verkehr erwartete Preisgünstigkeit wegen der weiteren Handelsspannen nicht mehr vorlag).

3.5   Wird heute damit geworben, dass die angebotenen Waren **aus einer Insolvenz stammen,** kommt es nur noch auf die Richtigkeit dieser Angabe an. Richtig ist eine solche Angabe, wenn die Waren aus einem Vermögen stammen, über das tatsächlich das **Insolvenzverfahren eröffnet** worden ist (§ 35 InsO). Werden dagegen Waren aus einem Vermögen zum Verkauf angeboten, hins. dessen die Eröffnung des Insolvenzverfahrens – bspw. mangels Masse (§ 26 I 1 InsO) – abgelehnt worden ist, ist der Hinweis auf das Insolvenzverfahren irreführend. Wird darüber hinaus von einem **Insolvenzwarenverkauf** gesprochen, wird damit der Eindruck erweckt, es handele sich um eine **freihändige Verwertung** beweglicher Gegenstände durch den InsV (§ 166 InsO). Dies setzt voraus, dass das **Insolvenzverfahren eröffnet** worden ist und **noch andauert.** Umgekehrt ist aber zu beachten, dass keine Pflicht besteht, in der Werbung auf die Eröffnung des Verfahrens hinzuweisen (BGH GRUR 1989, 682 (683) – Konkursvermerk).

III. (Schein-)Sonderverkäufe

1. Grundsatz

3.6   **Sonderverkäufe** oder **Sonderveranstaltungen** – also nach der Legaldefinition des bis 2004 geltenden Rechts „Verkaufsveranstaltungen im Einzelhandel, die außerhalb des regelmäßigen Geschäftsverkehrs stattfinden, der Beschleunigung des Warenabsatzes dienen und den Eindruck der Gewährung bes. Kaufvorteile hervorrufen" – sind nach der Aufhebung der §§ 7, 8 in der bis 2004 geltenden Fassung unbeschränkt zulässig, sofern keine konkrete Gefahr einer Irreführung iSd § 5 II Nr. 2 besteht. Eine solche Gefahr besteht immer dann, wenn der ausdrücklich oder konkludent **angekündigte Preisvorteil** in Wirklichkeit gar **nicht besteht,** wenn also bspw. die Waren im Rahmen eines Sommerschlussverkaufs zu denselben Preisen angeboten werden, die schon vorher verlangt wurden (→ Rn. 1.192 f. auch zur Frage der Irreführung bei vorgetäuschtem Anlass eines Sonderverkaufs, wenn die angekündigten Preisvorteile tatsächlich bestehen). Im Übrigen ist für die Frage der Irreführung über den Verkaufsanlass entscheidend, ob der vorgegebene **Sonderaktionsgrund** tatsächlich besteht.

2. Zeitliche Begrenzung

3.7   **a) Ankündigung ohne zeitliche Begrenzung.** Saisonabschlussverkäufe oder sonstige Verkaufsförderungsmaßnahmen sind – anders als nach dem bis 2004 geltenden Recht – **auch ohne konkrete zeitliche Beschränkung** zulässig, also ohne Einhaltung eines in der Werbung angekündigten Zeitrahmens (vgl. OLG Köln GRUR 2006, 786 zu § 4 Nr. 4 UWG 2004; anders wohl LG Wiesbaden WRP 2006, 780 Ls.). Dabei kommt es (entgegen OLG Köln GRUR 2006, 786) nicht darauf an, ob die Verbraucher auf Grund der Presseberichterstattung über die Gesetzesänderung informiert sind; denn eine mögliche Irreführung in der Übergangsphase wäre bei einer Gesetzesänderung hinzunehmen (BGH GRUR 2008, 1114 Rn. 14 – Räumungsfinale). Eine Verpflichtung, für eine derartige Verkaufsaktion eine zeitliche Begrenzung vorzusehen, lässt sich weder aus dem Verbot der irreführenden Werbung, noch ließ es sich aus § 4 Nr. 4 UWG 2004 herleiten. Denn weder das Irreführungsverbot schreibt noch schrieb § 4 Nr. 4 UWG 2004 und UWG 2008 für Verkaufsförderungsmaßnahmen bestimmte Bedingungen vor; § 4 Nr. 4 verlangte lediglich einen **Hinweis auf bestehende Bedingungen** für die Inanspruchnahme der Verkaufsförderungsmaßnahme (BGH GRUR 2008, 1114 Rn. 13 – Räumungsfinale; GRUR 2009, 1184 Rn. 13, 15 – Totalausverkauf; GRUR 2009, 1183 Rn. 11 – Räumungsverkauf wegen Umbau). Der Kaufmann, der die Saisonware zum Saisonabschluss oder das gesamte Sortiment im Hinblick auf eine geplante Geschäftsaufgabe oder wegen eines bevorstehenden Umbaus verbilligt anbietet, muss sich daher nicht von vornherein auf einen zeitlichen Rahmen festlegen. Es ist ihm weder verwehrt, die Aktion nach wenigen Tagen zu beenden, weil das Lager bereits geräumt ist, noch kann es ihm untersagt werden, die Aktion nach zwei Wochen noch einige Tage fortzusetzen, bis die vorhandene Ware abverkauft ist.

3.8   Hiervon zu unterscheiden ist die Frage, ob der Kaufmann verpflichtet ist, auf eine **bestehende zeitliche Begrenzung hinzuweisen.** Eine solche Verpflichtung ergab sich – wenn nicht aus § 5 – jedenfalls aus § 4 Nr. 4 UWG 2004 und UWG 2008 (OLG Oldenburg OLGR 2007, 652). Der Verkehr wird ebenfalls irregeführt, wenn für die Sonderaktion mit einer zeitlichen

Beschränkung geworben wird, dann aber auch nach Ablauf weiterhin die reduzierten Preise verlangt werden (LG Ulm WRP 2006, 780 Ls.; LG Konstanz WRP 2006, 780 Ls.; LG Würzburg WRP 2017, 1020; OLG Düsseldorf WRP 2019, 1635; OLG Hamburg MD 2022, 526; OLG Köln WRP 2022, 364). Ob auch die Werbung mit einem zeitlich befristeten Rabatt irreführend ist, der **über die angegebene Frist** hinaus jedem Nutzer in Aussicht gestellt wird, der zum ersten Mal die Internetseite des Anbieters besucht, weil ein Nutzer davon ausgehe, den Rabatt gebe es generell nur in der ihm angegebenen Frist, nicht aber für jeden (durch den Einsatz von Cookies ermittelten) Erstbesucher, erscheint hingegen jedenfalls dann zweifelhaft, wenn die Aktion hinreichend deutlich als Erstbesucher-Rabatt erklärt wird (Irreführung bejaht von OLG Köln WRP 2022, 364, und OLG Hamburg GRUR-RR 2022, 348 Ls.).

3.9   Dies bedeutet aber nicht, dass Sonderveranstaltungen, die ohne zeitliche Begrenzung angekündigt werden, **unbeschränkt zulässig** wären. Immerhin geht von derartigen Ankündigungen ein erheblicher Kaufanreiz aus, weil der Verkehr eine besondere Aktion außerhalb des üblichen Geschäftsablaufs **während eines beschränkten Zeitraums** annimmt. Der Charakter als zeitlich begrenzte besondere Verkaufsveranstaltung muss gewahrt sein. Daher gibt es auch heute noch **zeitliche Grenzen für einen Saisonschluss-, Jubiläums- oder Räumungsverkauf.** Die zeitlichen Grenzen sind aber großzügiger zu bemessen als unter altem Sonderveranstaltungsrecht, das alle erlaubten Winter- und Sommerschlussverkäufe, Jubiläumsverkäufe sowie Räumungsverkäufe auf zwölf Werktage begrenzte. Als Anhaltspunkt kann **bei Saisonschlussverkäufen von drei, bei Jubiläums- und Räumungsverkäufen von vier Wochen** ausgegangen werden. Umgekehrt muss ein ohne zeitliche Begrenzung angekündigter Sonderverkauf eine **Mindestdauer** aufweisen. Es ist bspw. irreführend, wenn für einen „Winterschlussverkauf ab Montag, 15. Januar" geworben wird und der Kunde, der am folgenden Wochenende das Geschäft aufsucht, erfährt, dass der Schlussverkauf schon nach drei Tagen beendet worden ist. Bei Saisonschluss- und Jubiläumsverkäufen wird man die Ankündigung einer Aktion ohne Hinweis auf deren Dauer als irreführend ansehen müssen, wenn sie kürzer als eine Woche dauert. Bei Räumungsverkäufen kann ein großzügigerer Maßstab angebracht sein, wenn der zu räumende Bestand früher als erwartet abverkauft ist.

3.10   **b) Ankündigung mit zeitlicher Begrenzung.** Werden in der Ankündigung der Sonderveranstaltung **von vornherein feste zeitliche Grenzen** angegeben, stellt sich zunächst kein Problem der Irreführung. Insbes. braucht sich die zeitlich begrenzte Sonderaktion nicht an den zeitlichen Grenzen zu halten, die für eine ohne zeitliche Begrenzung angekündigte Sonderveranstaltung das Minimum und das Maximum darstellen (→ Rn. 3.9). Wird ein **Jubiläumsverkauf** für einen Tag (etwa den Geburtstag des Inhabers) oder ein **Sommerschlussverkauf** für mehrere Wochen (etwa für die gesamte Dauer der Schulferien) angekündigt, mag das ungewöhnlich sein; eine Notwendigkeit mit dem Irreführungsverbot dagegen einzuschreiten, besteht aber nicht. Irreführend ist aber die Angabe einer zeitlichen Begrenzung, wenn der Rabatt tatsächlich auch nach Fristablauf gewährt wird (→ Rn. 3.8).

3.11   **c) Verkürzung oder Verlängerung eines Sonderverkaufs.** Wird ein Sonderverkauf mit einer zeitlichen Grenze angekündigt, **muss sich der Kaufmann grds. hieran festhalten** lassen. Wird bspw. ein **Jubiläumsverkauf** für die beiden letzten Juliwochen angekündigt, wird der Verkehr nicht nur in die Irre geführt, wenn der Jubiläumsverkauf schon nach einer Woche beendet ist; er kann auch dann in relevanter Weise irregeführt werden, wenn der Jubiläumsverkauf über die angekündigte Zeit hinaus fortgeführt wird. Dies gilt auf jeden Fall dann, wenn die Verlängerung von vornherein geplant war. So hat der BGH die Werbung für einen auf eine Woche begrenzten Jubiläumsverkauf als irreführend angesehen, der dann – wie für den Erfolgsfall bereits ins Auge gefasst – zweimal „wegen des riesigen Erfolgs" um eine Woche verlängert worden war (BGH GRUR 2012, 209 – 10 % Geburtstags-Rabatt).

3.12   Auch dann, wenn für eine Rabattaktion feste zeitliche Grenzen angegeben werden, muss sich das werbende Unternehmen hieran **grundsätzlich festhalten lassen.** Wird die Aktion vor Ablauf der angegebenen Zeit beendet, liegt darin idR eine Irreführung der durch die Werbung angesprochenen Verbraucher (BGH GRUR 2014, 91 Rn. 21 – Treuepunkte-Aktion). Dies gilt jedenfalls dann uneingeschränkt, wenn der Unternehmer bereits zum Zeitpunkt des Erscheinens der Anzeige die Absicht hat, die Vergünstigung vor Erreichen der angegebenen zeitlichen Grenze nicht mehr zu gewähren, ohne hierauf in der Werbung hinreichend deutlich hinzuweisen (BGH GRUR 2014, 91 Rn. 22 – Treuepunkte-Aktion). Wird die Rabattaktion dagegen aufgrund von Umständen verkürzt oder verlängert, die nach dem Erscheinen der Werbung eingetreten sind, ist danach zu unterscheiden, ob diese Umstände für den Unternehmer **unter**

Berücksichtigung fachlicher Sorgfalt voraussehbar waren und deshalb bei der Planung der befristeten Aktion und der Gestaltung der ankündigenden Werbung hätten berücksichtigt werden können. Denn der Verkehr wird nach der Lebenserfahrung nur in Rechnung stellen, dass eine befristete Vergünstigung allein aus Gründen verkürzt oder verlängert wird, die zum Zeitpunkt der Schaltung der Werbung ersichtlich nicht zugrunde gelegt werden konnten. Mit einer Verkürzung oder Verlängerung aus Gründen, die bei Schaltung der Anzeige bereits absehbar waren, rechnet der Verkehr dagegen nicht (BGH GRUR 2014, 91 Rn. 23 – Treuepunkte-Aktion; OLG Düsseldorf WRP 2019, 1635). Die Rabattaktion eines großen deutschen Einzelhandelsunternehmen, bei der mit Hilfe der Rabattheftchen hochwertige Küchenmesser eines Markenherstellers zu ermäßigten Preisen erworben werden konnten, erachtete der BGH als irreführend, obwohl die die Aktion wegen einer unerwartet hohen Nachfrage nach den ausgelobten Messern vorzeitig beendet worden war. Dabei spielte erkennbar auch der Umstand eine Rolle, dass den enttäuschten Kunden, die auf ihren Rabattheftchen sitzengeblieben waren, keinerlei alternative Vergünstigungen angeboten worden waren (BGH GRUR 2014, 91 Rn. 26 – Treuepunkte-Aktion).

3.13   Es gibt allerdings **Formen des Sonderverkaufs,** bei denen eine **Verkürzung oder Verlängerung legitim** ist und daher vom Verkehr auch in seine Vorstellung einbezogen wird: So ist es nicht irreführend, wenn der Kaufmann den **Räumungsverkauf** wegen Geschäftsaufgabe verlängert, weil er in der vorgesehenen Zeit nur die Hälfte des Lagerbestands hat abverkaufen können. Umgekehrt ist es ihm nicht verwehrt, den Räumungsverkauf vorzeitig zu beenden, wenn sein Lager vollständig geräumt ist. Eindeutig irreführend ist es aber, wenn ein Kaufmann das Geschäft nach einem plakativ beworbenen Räumungsverkauf („Die letzten 6 Ausverkaufstage. ENDE! AUS! VORBEI! Totaler Räumungsverkauf. Letzter Aufruf!") einfach fortführt; dabei kommt es nicht darauf an, ob die Fortführung des Geschäfts auf einem Sinneswandel beruht oder von vornherein vorgesehen war (OLG Köln GRUR-RR 2010, 250 (251)). Auch bei einem **Saisonschlussverkauf** kann es für die nachträgliche Änderung des angekündigten Zeitraums plausible Gründe geben. Bei einem Jubiläumsverkauf sind solche Gründe dagegen eher zu verneinen. – Zur Verlängerung eines befristeten Eröffnungsangebots → Rn. 3.144; zur Verlängerung eines Frühbucherrabatts → Rn. 3.162; vgl. ferner mit Beispielen aus der OLG-Rspr. Berneke GRUR-Prax 2011, 235.

3.14   **d) Ankündigung des Anfangstermins.** Der **kalendermäßige Anfangstermin** eines Sonderverkaufs muss nur dann in der Werbung angegeben werden, wenn dieser Termin **in der Zukunft** liegt, wenn der Sonderverkauf also zum Zeitpunkt des Erscheinens der Werbung noch nicht läuft. Dass es sich nicht um einen beginnenden, sondern um einen bereits laufenden Sonderverkauf handelt, muss sich aus der Werbung nicht ergeben; dies forderte auch § 4 Nr. 4 UWG 2004 nicht (BGH GRUR 2009, 1184 Rn. 11 – Totalausverkauf).

3. Scheinsonderverkäufe

3.15   **a) Saisonschlussverkäufe.** Was die früher nach § 7 III in der bis 2004 geltenden Fassung nur ausnahmsweise zulässigen **Sommer- und Winterschlussverkäufe** angeht, ist eine Irreführung über den Anlass des Verkaufs nur schwer vorstellbar, weil niemand im Juli einen Winterschlussverkauf oder im Januar einen Sommerschlussverkauf ankündigen wird. **Nicht erforderlich** ist ferner, dass es sich bei den angebotenen Waren um **Saisonwaren** handelt, die typischerweise nur in der ablaufenden oder abgelaufenen Saison benötigt wurden (vgl. Begr. RegE, BT-Drs. 15/1487, 14). Als Verkaufsgrund reicht vielmehr aus, dass der Kaufmann seine Lager leeren möchte, ein Verkaufsmotiv, das kaum in Zweifel gezogen werden kann.

3.16   **b) Jubiläumsverkäufe.** Für **Jubiläumsverkäufe** muss das behauptete Jubiläum tatsächlich erreicht sein. Seit der Abschaffung der detaillierten Regelung durch das UWG 2004 spielt es keine Rolle mehr, welches Jubiläum gefeiert wird. Bei Geschäftsjubiläen kommt es für die Berechnung auf die **Gründung,** dh die Aufnahme der Geschäftstätigkeit, sowie die **Kontinuität des Unternehmens** an (→ Rn. 4.59 ff.). Eine Jubiläumswerbung ist nur zulässig, soweit sie zeitnah zum Jubiläum stattfindet. Was noch zeitnah ist, beurteilt sich nach den Umständen des Einzelfalls. Dabei ist kein kleinlicher Maßstab anzulegen. So ist es nicht zu beanstanden, wenn ein in der Vorweihnachtszeit gegründetes Unternehmen mit dem Jubiläumsverkauf bis zu den umsatzschwachen Anfangsmonaten des neuen Jahres wartet.

3.17   **c) Scheinräumungsverkäufe.** Irreführungsgefahren hins. des Verkaufsanlasses entstehen bei Räumungsverkäufen dann, wenn der behauptete **Räumungsgrund** in Wahrheit nicht vorliegt.

Für die bis 2004 in § 8 I Nr. 1 aufgeführten **außergewöhnlichen Schadensereignisse** („Feuer, Wasser, Sturm oder ein vom Veranstalter nicht zu vertretendes vergleichbares Ereignis") ist es erforderlich, dass diese tatsächlich eingetreten sind und nicht bloß drohen. Bei einer Räumung wegen **Umbaus** erwartet der Verkehr, dass eine nach baurechtlichen Vorschriften anzeige- oder genehmigungspflichtige Baumaßnahme vorgenommen wird, die eine **wesentliche Änderung der Einrichtung** zur Folge hat. Ist Anlass für den Räumungsverkauf die **Geschäftsaufgabe,** bedarf es der **endgültigen Aufgabe der gesamten Geschäftstätigkeit,** ohne dass es darauf ankommt, ob die Geschäftsaufgabe ursprünglich vorgesehen war oder nicht (vgl. OLG Köln GRUR-RR 2010, 250 (251)). Selbstverständlich kann der Werbende auch andere Räumungsgründe angeben, die nach bisheriger Rechtslage nicht zur Zulässigkeit des Räumungsverkaufs geführt hätten (zB Geschäftsverlegung an einen anderen Ort, Aufgabe einer Filiale). Entscheidend ist nur, dass diese Gründe tatsächlich bestehen und nicht nur vorgetäuscht werden. Irreführend ist zB die Ankündigung der „tatsächlichen Zerschlagung der Kollektion gem. gesetzlicher Vorschrift", wenn ein aufzulösendes Lager gar nicht vorhanden ist (LG Zweibrücken WRP 2015, 1404). – Zur zeitlichen Begrenzung → Rn. 3.6 ff.

Allerdings ist das Irreführungsverbot bei **missbräuchlichen Räumungsverkäufen** nur eine **3.18** stumpfe Waffe. Da die Gründe für eine Geschäftsaufgabe **kaum objektivierbar** sind, kann ein Kaufmann, der nach einem Räumungsverkauf sein Geschäft fortsetzt, stets behaupten, er habe seine Pläne geändert (bspw. weil ihm der unerwartete Erfolg des Räumungsverkaufs die zwingend notwendigen Investitionen ermöglicht oder weil er von einer Depression, die ihn zunächst zur Geschäftsaufgabe gezwungen habe, geheilt worden sei). Auch wenn sich – was selten genug der Fall sein wird – eine irreführende Ankündigung eines Räumungsverkaufs einmal erweisen lässt, wird das in aller Regel erst nach der Durchführung des Räumungsverkaufs sein, wenn der Geschäftsbetrieb entgegen der Ankündigung fortgesetzt wird. Dann aber steht das wichtigste Instrument, der **Unterlassungsanspruch,** mit dem der irreführend angekündigte Verkauf hätte unterbunden werden können, nicht mehr zur Verfügung. Ein **Fortsetzungsverbot,** wie es das alte Recht vorsah (§ 8 VI Nr. 2 aF), kennt das neue Recht ohnehin nicht. – Die unzutreffende Behauptung, ein Unternehmen werde demnächst sein **Geschäft aufgeben** oder seine **Geschäftsräume verlegen,** gehört nach Nr. 15 des Anh. § 3 III zu den geschäftlichen Handlungen, die unter allen Umständen unlauter sind (→ Anh. § 3 Rn. 15.1 ff.).

Neben der Irreführung über den Anlass kommt bei **Räumungsverkäufen** eine zweite Form **3.19** des Missbrauchs vor, der ebenfalls mit den Mittel des neuen Rechts kaum beizukommen ist: das **Vor- oder Nachschieben von Waren.** Ein solcher missbräuchlicher Räumungsverkauf war nach altem Recht ausdrücklich verboten (§ 8 V Nr. 2 in der bis 2004 geltenden Fassung); die vom Räumungsverkauf betroffenen Waren mussten mit der Anmeldung des Räumungsverkaufs angezeigt werden (§ 8 III 2 Nr. 3 aF); die Industrie- und Handelskammern hatten die Befugnis, die Einhaltung dieser Angaben zu überwachen (§ 8 IV aF). Nach neuem Recht lässt sich ein solcher Missbrauch weder von Mitbewerbern noch von nach § 8 III befugten Verbänden nicht (mehr) bekämpfen. Das dafür allein zur Verfügung stehende Irreführungsverbot greift nicht, weil der Außenstehende nicht erkennen kann, ob hins. der im Rahmen des Räumungsverkaufs zum Verkauf angebotenen Waren eine Räumungsnotlage besteht.

Im **Gesetzgebungsverfahren** war die **Gefahr eines solchen Missbrauchs** bekannt. Zwei **3.20** Gründe waren dafür maßgeblich, dass dennoch die Regelung über Räumungsverkäufe aufgehoben wurden: Zum einen bestand die Hoffnung, dass **Räumungsverkäufe** heute **weniger attraktiv** sind, weil der Kaufmann sein Lager jederzeit durch legale Sonderverkäufe leeren kann (Begr. RegE, BT-Drs. 15/1487, 14). Zum anderen hätte ein Verbot von Räumungsverkäufen, von dem es wie bisher einige Ausnahmen hätte geben müssen, auch wieder die **Notwendigkeit für flankierende Regelungen** – zB ein Fortsetzungsverbot und detaillierte Anzeigepflichten mit Kontrollbefugnissen der Industrie- und Handelskammern – nach sich gezogen. Verständlicherweise schreckte der Gesetzgeber vor einer solchen Regelung mit erheblicher Regulierungsdichte zurück.

IV. Sonstige Fälle

Irreführend ist der Hinweis auf einen **Notverkauf,** wenn keine Zwangslage vorliegt, die zum **3.21** Verkauf nötigt. Ebenso unzulässig ist der generelle Hinweis „Verkauf aus Versicherungsschäden" bei planmäßigen Zukäufen (OLG Hamburg WRP 1972, 558). Die Ankündigung einer Veräußerung **Umstände halber** ist dagegen nichts sagend und aus diesem Grund nicht zu beanstanden, solange nicht über einen konkreten Anlass getäuscht wird (vgl. Ohly/Sosnitza/Sosnitza

Rn. 444). Wird ein Verkauf in der Werbung als **„Versteigerung"** oder **„Auktion"** bezeichnet, kommt es nicht notwendig darauf an, ob sich der Verkauf tatsächlich in der rechtlichen Form der Versteigerung vollzieht (§ 156 S. 1 BGB: Zustandekommen des Vertrags durch den Zuschlag) und von einem gewerbsmäßigen Auktionator (§ 34b GewO) durchgeführt wird, sondern darauf, ob die bes. Vorteile, die der Verkehr mit dieser Ankündigung verbindet, tatsächlich gewährt werden, ob also der Verkauf zu einem vorher festgesetzten Zeitpunkt an den Meistbietenden erfolgt (vgl. auch BGH GRUR 2003, 626 (627) − Umgekehrte Versteigerung; ebenso wohl Ohly/Sosnitza/Sosnitza Rn. 445). Auch eine **Internetauktion** muss keine Versteigerung iSv § 34b GewO sein (→ Rn. 2.153). − Zur irreführenden Werbung mit der Angabe **„Neueröffnung"** → Rn. 2.71).

B. Irreführung über die Preisbemessung

Schrifttum: Berlit, Auswirkungen der Aufhebung des Rabattgesetzes und der Zugabeverordnung auf die Auslegung von § 1 UWG und § 3 UWG, WRP 2001, 349; Berneke, Zum Lauterkeitsrecht nach einer Aufhebung von Zugabeverordnung und Rabattgesetz, WRP 2001, 615; Blasek, Versteckte Preisangaben im Internet, GRUR-RR 2009, 241; Bodendorf/Nill, Das Prinzip der Preislistentreue − Bedeutung und Berechtigung im Umfeld des neuen Wettbewerbsrechts, AfP 2005, 251; Bullinger, Zulässigkeit der Verlängerung einer Einführungsphase mit Niedrigpreisen (KG Urt. v. 30.10.1998 − 5 U 5318/98), WRP 1999, 1118; Bullinger/Emmerich, Irreführungsgefahr durch selektive Produktauswahl bei Preisvergleichen, WRP 2002, 608; Cordes, Die Gewährung von Zugaben und Rabatten und deren wettbewerbsrechtliche Grenzen nach Aufhebung von Zugabeverordnung und Rabattgesetz, WRP 2001, 867; A. Deutsch, Preisangaben und „Opt-out"-Versicherungen bei Flugbuchungen im Internet, GRUR 2011, 187; Enßlin, Verpflichtung zur Angabe von Preisen in der Werbung für Telefonmehrwertdienste, WRP 2001, 359; Gaedertz, „Lockvogelangebote" im Widerstreit zwischen der Rechtsprechung des BGH und der 6. Novelle zum GWB?, WRP 1999, 31; Haedicke, Die künftige Zugabe- und Rabattregulierung durch das UWG zwischen Liberalisierung und Lauterkeitsschutz, CR 2001, 788; Haller, Die Werbung mit dem Zusatz „inkl. MWSt.", WRP 1989, 5; Heermann, Rabattgesetz und Zugabeverordnung ade! − Was ist nun erlaubt? Was ist nun verboten?, WRP 2001, 855; Heermann, Prämien, Preise, Provisionen − Zur lauterkeitsrechtlichen Beurteilung von Absatzförderungsmaßnahmen im Handel gegenüber Nichtverbrauchern, WRP 2006, 8; Heermann/Rueß, Verbraucherschutz nach RabattG und ZugabeVO − Schutzlücke oder Freiheitsgewinn?, WRP 2001, 883; Hofmann, Der maßgeschneiderte Preis − Dynamische und individuelle Preise als lauterkeitsrechtlicher Sicht, WRP 2016, 1074; Hoß/Laschet, Die Einführung des Euro in der wettbewerbsrechtlichen Praxis, MDR 1999, 726; Jacobi, Die optische Vergrößerung der Grundpreisangabe − Notwendigkeit und Umsetzung, WRP 2010, 1217; Kisseler, Preiswahrheit und Preisklarheit in der Werbung, FS Traub, 1994, 163; Köhler, Rabattgesetz und Zugabeverordnung: Ersatzlose Streichung oder Gewährleistung eines Mindestschutzes für Verbraucher und Wettbewerber?, BB 2001, 265; Köhler, Zum Anwendungsbereich der §§ 1 und 3 UWG nach Aufhebung von RabattG und ZugabeVO, GRUR 2001, 1067; Köhler, Kopplungsangebote (einschließlich Zugaben) im geltenden und künftigen Wettbewerbsrecht, GRUR 2003, 729; Köhler, Preisinformationspflichten, FS Loschelder, 2010, 127; Köhler, Die neue Preisangabenverordnung (PAngV 2022), WRP 2022, 127; Kügele, Wettbewerbsrechtliche Beurteilung von Kopplungsangeboten, GRUR 2006, 105; Lettl, Irreführung durch Lock(vogel)angebote im derzeitigen und künftigen UWG, WRP 2008, 155; Meyer, Preiswerbung ohne Umsatzsteuer bei B2B-Geschäften im Internet − Zugleich Kommentar zu BGH, Urt. v. 29.4.2010 − I ZR 99/08, K&R 2011, 27; Molle, Werbung für Telefontarife und notwendige Angaben − „Sondernewsletter" − Zugleich Kommentar zu BGH, Urteil vom 10.12.2009 − I ZR 149/07, K&R 2010, 545; Möller, Neue Erscheinungsformen von Rabattwerbung und „Rabatte" zu Lasten Dritter − Die wundersame Entledigung unliebsamer Belastungen; GRUR 2006, 292; Nippe, Werbung mit der unverbindlichen Preisempfehlung des Herstellers, WRP 2004, 1397; Nippe, Liefer- und Versandkosten im Internet-Versandhandel, WRP 2009, 690; Nordemann, Wegfall von Zugabeverordnung und Rabattgesetz − Erlaubt ist, was gefällt?, NJW 2001, 2505; Ohly, Die wettbewerbsrechtliche Beurteilung von Gesamtpreisangeboten, NJW 2003, 2135; Pluskat, Das kombinierte Warenangebot − dieses Mal als unzulässiges verdecktes Kopplungsgeschäft, WRP 2002, 789; Pluskat, Zur Zulässigkeit von Kopplungsgeschäften − Zugleich Besprechung des Urteils BGH WRP 2002, 1256 − Kopplungsangebot, WRP 2002, 1381; Pluskat, Kopplungsangebote und kein Ende − Zugleich Besprechung des Urteils des BGH WRP 2003, 743 − Gesamtpreisangebot, WRP 2004, 282; Röhm, Lauterkeitsrechtliche Grenzen der Werbung mit dem Begriff des Aktionspreises, FS Fezer, 2016, 931; Rose, Preistransparenz im OnlineHandel − Wettbewerbsrechtliche Grenzen einer irreführenden Preispolitik insbesondere bei „Gratis"Angeboten, K&R 2012, 725; Quantius, Zur Preisangabenpflicht bei der Bewerbung von Auskunftsdienstleistungen im TK-Sektor, WRP 2002, 901; Scherer, Marken- und lauterkeitsrechtliche Herausforderungen beim Rabattcoupon-Marketing, WRP 2020, 682; Schilling, Dual-pricing (§ 5 Abs. 3 Nr. 2 UWG); Erweiterung des Anwendungsbereiches von § 5a Abs. 1 UWG auf sonstige Marktteilnehmer; neue PAngV, WRP 2022, 809; Scholz, Ist Werbung für den Verkauf von Waren mit der Behauptung, der Verkauf erfolge ohne Mehrwertsteuer, zulässig?, WRP 2008, 571; Schröder, Neue Regeln für die Bekanntgabe von Preisermäßigungen, WRP 2022, 671; Schünemann, Defizitäre Garantien, NJW 1988, 1943; Sosnitza, Zur Angabe des vorherigen Preises bei Preisermäßigungen nach Art. 6a der Richtlinie

98/6/EG, WRP 2021, 440; Splittgerber/Krone, Bis dass der Tod Euch scheide – Zur Zulässigkeit lebenslanger Garantien auf IT-Produkte, CR 2008, 341; Steinbeck, Rabatte, Zugaben und andere Werbeaktionen: Welche Angaben sind notwendig?, WRP 2008, 1046; Tonner, Preisangaben in Reisekatalogen – ein Auslaufmodell?, VuR 2008, 210; Trube, „Mondpreiswerbung" und der geplante § 5 IV UWG, WRP 2003, 1301; Usselmann/Seichter, „20% auf alles" – aber teurer als vergangene Woche – Zur Auslegung des Tatbestandsmerkmals der unangemessen kurzen Zeit i Sv § 5 Abs. 4 UWG, WRP 2007, 1291; Völker, Preisangaben und Preiswerbung nach Einführung des Euro, WRP 1999, 756; Wenglorz, Dynamischer Preis: Ein Fall für die Preisangabenverordnung? FS Fezer, 2016, 957.

Weitere Schrifttumsnachweise s. vor → Rn. 3.1 (Irreführung über den Anlass des Verkaufs) sowie vor → Rn. 3.187 (Irreführung über die Vertragsbedingungen).

I. Allgemeines

1. Grundsatz der Preiswahrheit

Der **Preis** einer Ware oder Leistung ist in fast allen Wirtschaftszweigen und Wirtschaftsstufen 3.22 neben der Qualität und den Vertragsbedingungen das **zentrale Instrument des Wettbewerbs**. Denn er ist für die Entscheidung zum Absatz oder Bezug von herausragender Bedeutung; idR ist der Preis der wichtigste Parameter im Wettbewerb. Der Preis einer Ware oder Leistung wird durch die **Preisbemessung** ermittelt. Es ist dies die Bestimmung des vom Abnehmer für die Ware oder Leistung zu zahlenden Preises, also der in Geld ausgedrückten Gegenleistung. Dazu gehören auch Preisbestandteile (zB Preisnachlässe). Seit dem UWG-Änderungsgesetz von 1969 untersagte der Wortlaut des damaligen § 3 UWG unmissverständlich irreführende Angaben sowohl über die Preisbemessung einzelner Waren oder gewerblicher Leistungen als auch über die Preisbemessung des gesamten Angebots. Seit der **UWG-Reform 2004** fand sich das Verbot der Irreführung über die Preisbemessung in redaktionell abgewandelter Form in § 5 I 2 Nr. 2 aF; nunmehr § 5 II Nr. 2. Danach sind bei der Beurteilung der Frage, ob eine Werbung irreführend iSd § 5 I ist, insbes. die in ihr enthaltenen Angaben über **„den Anlass des Verkaufs wie das Vorhandensein eines besonderen Preisvorteils, den Preis oder die Art und Weise, in der er berechnet wird",** zu berücksichtigen. Diese Formulierung entspricht der Sache nach Art. 6 I lit. d UGP-RL sowie Art. 3 lit. b Werbe-RL. Durch Art. 2 Nr. 1 RL (EU) 2019/2161 (war bis zum 28.11.2021 umzusetzen) ist in die Preisangaben-RL mit Art. 6a Preisangaben-RL eine neue Vorschrift gelangt, die vorschreibt, dass bei jeder **Bekanntgabe einer Preisermäßigung** der vorherige Preis anzugeben ist, den der Händler vor der Preisermäßigung über einen bestimmten Zeitraum angewandt hat (Abs. 1), und den vorherigen Preis als den niedrigsten Preis definiert, den der Händler innerhalb eines Zeitraums von mindestens 30 Tage vor der Anwendung der Preisermäßigung angewandt hat (Abs. 2); diese Vorschrift ist in § 11 PAngV 2022 umgesetzt.

Durch das Verbot der Irreführung über die Preisbemessung soll insbes. die **Preiswahrheit** 3.23 gewährleistet werden, während die Regelungen der PAngV, die Preisangabe- und Preisauszeichnungspflichten vorsehen, vorwiegend der **Preisklarheit** dienen (→ Rn. 3.25). Wegen der Bedeutung des Preises für die Entscheidung zum Absatz oder Bezug ist wirksamer Schutz vor irreführenden Preisangaben unbedingt geboten. Auch wird wegen dieser bes. Bedeutung des Preises die **wettbewerbliche Relevanz** idR ohne weiteres gegeben sein. Stets irreführend ist es daher, Waren oder Leistungen im Geschäftslokal mit höheren Preisen auszuzeichnen als denjenigen, die in der Werbung herausgestellt worden sind (BGH GRUR 2000, 907 (909) – Filialleiterfehler). Dies gilt unabhängig davon, ob dem Kunden an der Kasse nach einem Hinweis auf den in der Werbung angegebenen günstigeren Preis lediglich der niedrigere Preis abverlangt wird (BGH GRUR 1988, 629 f. – Konfitüre; GK/Lindacher/Peifer Rn. 635). Nur wenn sichergestellt ist, dass an der Kasse unaufgefordert immer nur der niedrigere Preis verlangt wird, fehlt es an der Relevanz der Irreführung (→ Rn. 3.39; BGH GRUR 2008, 442 Rn. 11 – Fehlerhafte Preisauszeichnung).

Außerhalb des Geltungsbereichs der PAngV besteht für den Unternehmer **keine generelle** 3.24 **Pflicht zur Angabe der Preise.** Im Einzelfall kann sich eine Pflicht zur Preisangabe aber aus dem Gesichtspunkt der Irreführung durch Unterlassen ergeben (§ 5a; → Rn. 1.47 f.). Auch ein Preisgebaren, das die wahren Preise verschleiert und die Marktgegenseite dadurch irreführt, kann gegen § 3 iVm § 5 verstoßen. Dann jedoch kann nur eine Aufgliederung der Preise verlangt werden, nicht aber die Einhaltung bestimmter – zB marktgerechter – Preise (BGH WM 1979, 1190 (1191) – Münzautomatenhersteller). Preisangaben in ausländischer Währung sind nicht ohne weiteres irreführend (BGH GRUR 1995, 274 (275) – Dollar-Preisangaben), können aber uU gegen die PAngV verstoßen und deshalb unter dem Gesichtspunkt des Rechtsbruchs (§ 3a) unlauter sein (→ Rn. 3.26 aE). Zur Beurteilung des Überbietens und Unterbietens der Preise von Mitbewerbern → § 4 Rn. 4.184 ff.

2. PAngV

3.25   Am 28.5.2022 ist die neue **PAngV** (BGBl. 2021 I 4921) in Kraft getreten, die die bisherige Preisangabenverordnung idF der Bek. v. 18.10.2002 (BGBl. 2002 I 4197) ersetzt und der Umsetzung der Preisangaben-RL v. 16.2.1998 sowie der RL 2019/2161/EU v. 27.11.2019 dient (s. Begr. PAngV, BR–Drs. 669/21, 20) Nach § 3 I PAngV hat, wer als Unternehmer Verbrauchern Waren oder Leistungen anbietet oder als Anbieter von Waren oder Leistungen gegenüber Verbrauchern unter Angabe von Preisen wirbt, die Preise anzugeben, die Gesamtpreise anzugeben, also den Preis, der einschließlich der Umsatzsteuer und sonstiger Preisbestandteile zu zahlen sind (§ 2 Nr. 3 PAngV). Nach § 16 I PAngV ist bei Verbraucherdarlehen der effektive Jahreszins anzugeben. Nach § 1 III PAngV müssen Angaben über Preise der allgemeinen Verkehrsauffassung und den Grundsätzen von **Preisklarheit und Preiswahrheit** entsprechen.

3.26   Für **Preisklarheit unter Vermeidung jeglicher Irreführung** soll die PAngV insbes. durch die Verpflichtung zur **Angabe von Gesamtpreisen** einschließlich aller Preisbestandteile führen (zur PAngV aF BGH GRUR 1991, 847 (848) – Kilopreise II), um zu verhindern, dass sich der Verbraucher seine Preisvorstellungen anhand von untereinander nicht vergleichbaren Preisen bildet (BGH in stRspr zur PAngV aF, vgl. zB BGH GRUR 2001, 1166 (1168) – Fernflugpreise; GRUR 2019, 641 Rn. 13 – Kaffeekapseln). Denn nur der informierte Verbraucher ist in der Lage, dem günstigsten Angebot den Vorzug zu geben und mit dessen Auswahl dem weiteren Ziel der PAngV gerecht zu werden, einen sachbezogenen Wettbewerb zu fördern und einen Beitrag zur Dämpfung des Preisauftriebs zu leisten (BVerfGE 65, 248 (260) = GRUR 1984, 276 (278 ff.)). Soweit keine gesetzlichen Regelungen wie die PAngV eingreifen, besteht **keine Pflicht zur Preisangabe.** Etwas anderes ergibt sich auch nicht aus §§ 5, 5a. Soweit es um die Angabe des Verkaufspreises von Erzeugnissen in Warenangeboten und in der Werbung gegenüber Verbrauchern geht, ist die der Umsetzung der Preisangaben-RL dienende PAngV Spezialregelung iSd Art. 3 IV UGP-RL und geht daher im B2C-Verhältnis den §§ 5, 5a vor (vgl. EuGH GRUR 2016, 945 Rn. 44 f. – Citroën/ZLW; BGH GRUR 2017, 286 Rn. 15 – Hörgeräteausstellung). Zu Einzelheiten der PAngV vgl. → die gesonderte Kommentierung der Verordnung.

3. Zulässigkeit von Preisnachlässen und Zugaben

3.27   **Maßnahmen der Verkaufsförderung** (= Wertreklame) wurden in der Vergangenheit zwar nicht als schlechthin unlauter, aber doch im Einzelfall als bedenklich angesehen. Ausgehend von dem Leitbild eines an Qualität und Preiswürdigkeit orientierten Wettbewerbs erblickte man in ihnen ein unsachliches Mittel, das geeignet sei, die Marktgegenseite zu sachfremden Überlegungen und Entschlüssen zu verleiten. Diese Erwägungen konnten sich insbes. auf das RabattG und die ZugabeVO stützen, die ein grds. Verbot von Zugaben und Rabatten vorsahen. Nach der **Aufhebung von RabattG und ZugabeVO** (G zur Aufhebung der ZugabeVO und zur Anpassung weiterer Rechtsvorschriften v. 23.7.2001, BGBl. 2001 I 1661) und aufgrund des **gewandelten Verbraucherleitbilds** infolge des Abstellens auf einen durchschnittlich informierten, situationsadäquat aufmerksamen und verständigen Durchschnittsverbraucher (→ Rn. 0.60 ff.) haben sich jedoch die Maßstäbe zur lauterkeitsrechtlichen Beurteilung von Maßnahmen der Verkaufsförderung geändert (eingehend → § 3 Rn. 8.1 ff.). Sie sind in wesentlich weiterem Umfang zulässig als früher. An die Stelle von Per-se-Verboten bestimmter Maßnahmen der Verkaufsförderung ist wegen des Grundsatzes der Wettbewerbsfreiheit eine Art **Missbrauchskontrolle** getreten (grundlegend BGHZ 151, 84 (88 ff.) – Kopplungsangebot I; BGH GRUR 2002, 1258 (1259) – Kopplungsangebot II).

3.28   Unter **der Geltung des UWG 2004** standen im Hinblick auf den Schutz der Entscheidungsfreiheit der Marktgegenseite auch nach der UWG-Novelle 2008 die Einhaltung des **Transparenzgebots** (§ 5a I) und das **Verbot der unangemessenen unsachlichen Beeinflussung** (§ 4 Nr. 1) im Vordergrund. Unabhängig davon sind auch unter Geltung des UWG 2015 Maßnahmen der Verkaufsförderung stets auch unter dem Gesichtspunkt der gezielten Behinderung von Mitbewerbern (§ 4 Nr. 4) sowie der allgemeinen Marktstörung (§ 3 I; → § 4 Rn. 5.1 ff.), der aggressiven geschäftlichen Handlung (§ 4a) und der irreführenden Werbung (§§ 5, 5a) zu prüfen (vgl. BGH GRUR 2022, 241 Rn. 13 – Kopplungsangebot III).

Preisnachlässe (= Rabatte; zum Begriff des Preisnachlasses → § 5b Rn. 5.39; zur rechtlichen **3.29** Beurteilung → § 5b Rn. 5.43 ff.; BGH GRUR 2003, 1057 – Einkaufsgutschein I; GRUR 2004, 349 – Einkaufsgutschein II) und **Zugaben** (zum Begriff → § 5b Rn. 5.40; zur rechtlichen Beurteilung → § 5b Rn. 5.43 ff.) sind also lauterkeitsrechtlich **grds. zulässig** und nur in Ausnahmefällen, dh bei Hinzutreten besonderer Umstände zu beanstanden. Ein solcher Ausnahmefall liegt dann vor, wenn mit der Preisnachlass- oder Zugabegewährung eine **Irreführung** verbunden ist. Eine Werbung mit Preisnachlässen ist insbes. irreführend, wenn sie unzutr. Aussagen über Höhe, Dauer, Ausmaß und Gründe der Preisnachlassgewährung enthält (zur Werbung mit Preisgegenüberstellungen näher → Rn. 3.78 ff.). – Wird etwa mit einer prozentualen Ersparnis gegenüber dem „einheitlichen Apothekenabgabepreis zur Verrechnung mit der Krankenkasse" geworben, so handelt es sich bei dem in Bezug genommenen Preis nach der Verkehrsvorstellung um den von Krankenkassen im Falle ihrer Einstandspflicht zu zahlenden Preis. Diese Werbung ist irreführend, wenn in der angegebenen prozentualen Ersparnis nicht berücksichtigt ist, dass die Krankenkassen tatsächlich 5 % Rabatt auf den genannten Preis erhalten, so dass die behauptete Ersparnis überhöht ist (BGH GRUR 2016, 1070 Rn. 20 – Apothekenabgabepreis). Irreführend ist auch die Angabe **„30 % Rabatt auf fast alles"**, wenn das Wort „fast" aufgrund der grafischen Gestaltung in der Blickfangwerbung übersehen werden kann (OLG Köln WRP 2018, 1000); ebenso die Angaben **„20 % auf Alles ohne Wenn und Aber"** (LG Dortmund WRP 2019, 526) oder **„39 % in allen Abteilungen"** (OLG Nürnberg WRP 2023, 619), wenn nicht das gesamte Sortiment vergünstigt ist (s. auch OLG Nürnberg WRP 2022, 1308). Wird ein **„50 Cent Sofort-Rabatt auf den gesamten Einkauf bei Rückgabe von Leergut"** angekündigt, liegt eine Irreführung vor, wenn die Rabattgewährung nur bei einem gleichzeitigen Erwerb von Mehrweggetränken erfolgt (OLG Nürnberg WRP 2020, 1229).

4. Zulässigkeit von Sonderveranstaltungen

Mit der UWG-Reform 2004 ist das **Sonderveranstaltungsverbot** (§§ 7 und 8 aF) gefallen. **3.30** Werbeaktionen, die nach früherem Recht als Sonderveranstaltungen unzulässig waren, sind nun ohne Beschränkungen zulässig. Daher sind Preisherabsetzungen des gesamten Angebots unabhängig von der Zugehörigkeit zu einem bestimmten Sortiment erlaubt, und in der Werbung sind Begriffe, die das Außergewöhnliche der Verkaufsaktion betonen, nicht zuletzt die Begriffe **„Schlussverkauf", „Jubiläumsverkauf"** und **„Räumungsverkauf"** freigegeben. Die Grenze des Zulässigen bildet heute vor allem das Irreführungsverbot, dem insofern eine bes. verantwortungsvolle Rolle zufällt (vgl. Begr. RegE, BT-Drs. 15/1487, 14; näher → Rn. 3.6 ff.).

Die Regelung über die **Saisonschlussverkäufe** im früheren Recht (§ 7 III Nr. 1 aF) be- **3.31** schränkte die Freiheit des Handels, auf Preisreduktionen in der Werbung hinzuweisen, über Gebühr. Dem Irreführungspotential, das mit derartigen Sonderveranstaltungen verbunden ist, kann mit der dafür vorgesehenen Bestimmung, dem Irreführungsverbot nach §§ 3, 5, begegnet werden. Andererseits ist zu beachten, dass der Handel mit der Abschaffung der Saisonschlussverkäufe auch ein Marketinginstrument verloren hat. Es ist daher im Gesetzgebungsverfahren erwogen worden, jedenfalls die Bezeichnung „Sommerschlussverkauf" und „Winterschlussverkauf" in der Weise zu schützen, dass hiervon nur unter bestimmten Voraussetzungen Gebrauch gemacht werden könne. Der Entwurf hat diesen Vorschlag zu Recht nicht aufgegriffen, weil eine solche Regelung mit dem beabsichtigten Liberalisierungsziel nicht zu vereinbaren sei und für den Verbraucher eine wenig überschaubare Situation entstünde (Begr. RegE, BT-Drs. 15/1487, 14). Im Gesetzgebungsverfahren hat die Frage eine Rolle gespielt, ob die für den Handel wichtige **Funktion der Schlussverkäufe als Nachfragestimulans** auch ohne eine gesetzliche Regelung durch **Absprachen im Handel** erreicht werden kann. Diese Frage ist inzwischen zu bejahen. Zwar begegneten derartige Absprachen nach altem Kartellrecht Bedenken, weil sie unter das Kartellverbot des § 1 GWB aF fielen und weil sie häufig – wenn sich an ihnen Großunternehmen des Handels beteiligten – nicht nach § 4 GWB aF als Mittelstandskartelle freigestellt werden konnten. Mit der 7. GWB-Novelle ist jedoch das Kartellverbot des deutschen Rechts dem Art. 101 AEUV nachgebildet worden; Absprachen von Handelsunternehmen zur Durchführung von Saisonschlussverkäufen fallen nunmehr wohl unter den – Art. 101 III AEUV entspr. – Freistellungstatbestand des § 2 I GWB.

Die Beschränkung der **Jubiläumsverkäufe** im früheren Recht (§ 7 III Nr. 2 aF) war ein **3.32** Beispiel der Überregulierung. Sie ließ sich nicht als Maßnahme zum Schutz der Verbraucher vor Irreführung oder unsachlicher Beeinflussung rechtfertigen, sondern stellte ein gesetzliches Instrument zur Dämpfung des Wettbewerbs dar. Eine relevante Irreführung über den Anlass des Verkaufs kommt immer nur dann in Betracht, wenn ein Unternehmen sich älter darstellt als es in Wirklichkeit war. Diesen Fällen der unzutr. Alterswerbung kann aber ohne weiteres mit dem Irreführungsverbot begegnet werden (→ Rn. 4.59 ff., 3.16). Liegt keine Irreführung vor, ist es wettbewerbsrechtlich nicht zu beanstanden, wenn Preisherabsetzungen mit einem Firmenjubiläum begründet werden. Irreführend ist die Werbung für einen Jubiläumsverkauf, wenn die als besonders günstig beworbenen Preisen den normalen Preisen entsprechen (LG Würzburg WRP 2017, 1020).

3.33 Mit **Räumungsverkäufen** sind dagegen **typische Irreführungsgefahren** verbunden. Diese Form der Sonderveranstaltung kann zu einer erheblichen Umlenkung der Nachfrageströme führen, weil sich die Verbraucher von Räumungsverkäufen ganz **bes. Preisvorteile** versprechen. Wird zum Schein ein Räumungsverkauf wegen Geschäftsaufgabe angekündigt, stellt sich dies für Mitbewerber und Verbände idR erst durch die Geschäftsfortführung heraus, so dass der **Unterlassungsanspruch** nichts nützt. Aber auch ein **Schadensersatzanspruch** wird – abgesehen von Schwierigkeiten bei der Darlegung des Schadens – immer dann scheitern, wenn der Kaufmann dartun kann, dass er sich eines anderen besonnen und den ursprünglichen Plan der Schließung aufgegeben habe (→ Rn. 3.18). Das frühere Recht sah hier das drakonische Verbot der Geschäftsfortführung vor (§ 8 VI Nr. 2 aF). Eine Irreführung ist auch dann gegeben, wenn der Kaufmann den Räumungsverkauf dazu nutzt, nicht nur sein Lager zu räumen, sondern auch **zusätzlich erworbene Ware zu verkaufen.** Ob Lagerware oder nachgeschobene Ware verkauft wird, lässt sich jedoch für den Außenstehenden nicht erkennen (→ Rn. 3.19). Das frühere Recht half hier mit einer Anzeigepflicht gegenüber der Industrie- und Handelskammer und mit entspr. Kontrollbefugnissen (§ 8 III Nr. 3 und IV aF). Für den Gesetzgeber waren zwei Erwägungen maßgeblich, die Regelung über die Räumungsverkäufe dennoch ersatzlos zu streichen. Zum einen bestehe kein Anlass, Räumungsverkäufe ohne Räumungsabsicht durchzuführen, wenn die Möglichkeit bestehe, die Lager mit Hilfe legaler Sonderveranstaltungen zu räumen. Zum anderen biete das Irreführungsverbot einen ausreichenden Schutz vor Missbrauch (Begr. RegE, BT-Drs. 15/1487, 14). Beide Erwägungen sind zwar nicht falsch, aus den og Gründen aber zu optimistisch. Das Problem wird sich eher dadurch lösen, dass Räumungsverkäufe – wie in manchen Branchen schon unter Geltung des früheren Rechts zu beobachten – im Falle eines inflationären Einsatzes schnell ihre Attraktivität für die Verbraucher verlieren werden.

II. Irreführung durch Preisgestaltung

1. Preisschaukelei

3.34 Der Unternehmer ist in seiner Preisgestaltung grds. frei (BGH GRUR 2003, 626 (627) – Umgekehrte Versteigerung II). Er darf grds. den Preis einer Ware oder Leistung nach seinem eigenen freien Ermessen bilden und seine allgemein angekündigten Preise zu jedem ihm sinnvoll erscheinenden Zeitpunkt nach Belieben erhöhen oder senken **(Grundsatz der Preisgestaltungsfreiheit).** Dabei spielt es keine Rolle, ob der jeweils geforderte Preis einem objektiven Marktwert entspricht (BGH GRUR 2003, 626 (627) – Umgekehrte Versteigerung II). Die Preisgestaltungsfreiheit des Unternehmers wird nur dadurch eingeschränkt, dass bindende **Preisvorschriften** (→ § 3a Rn. 1.256 ff.) entgegenstehen oder der Preis einer Ware oder Leistung systematisch zur Verschleierung von Mondpreisen herauf- und herabgesetzt wird **(Preisschaukelei;** vgl. BGH GRUR 2003, 626 (628) – Umgekehrte Versteigerung II; Ohly/Sosnitza/Sosnitza Rn. 464). Ein solches Schaukeln mit dem Preis ist geeignet, die Marktteilnehmer auf der Marktgegenseite irrezuführen oder doch zumindest über den tatsächlich maßgebenden Preis zu verunsichern (BGH GRUR 1974, 342 (343) – Campagne) und sie dazu zu veranlassen, Vorräte anzulegen (Gloy/Loschelder/Danckwerts WettbR-HdB/Helm/Sonntag/Burger § 59 Rn. 346).

3.35 Die Marktteilnehmer auf der Marktgegenseite, insbes. die Verbraucher, werden jedoch idR dann **nicht irregeführt oder verunsichert,** wenn der Preis **allgemein herabgesetzt** wird, in der Werbung aber aus drucktechnischen Gründen kurzfristig noch teilweise der höhere Preis erscheint (BGH GRUR 1986, 322 – Unterschiedliche Preisankündigung; aA OLG Hamm GRUR 1983, 453). Ein Unternehmer darf auch kurzfristig gegenüber einem Mitbewerber mit Preisherabsetzungen reagieren (zu beachten ist aber § 5 V; → Rn. 3.111 ff.), auch wenn er seine Werbung nicht mehr vollständig auf den neuen Preis umstellen kann (OLG Hamm GRUR 1990, 627). Anders liegt es, wenn der Eindruck erweckt wird, alsbald werde der höhere Preis verlangt, so dass ein durchschnittlich informierter, situationsadäquat aufmerksamer und verständiger Werbeadressat (zum Verbraucherleitbild → Rn. 0.60 ff. und dessen Rezeption durch Gesetzgebung und Rspr. → Rn. 0.70 ff.) zum sofortigen Kauf veranlasst wird. Ein Händler, der gegenüber dem Endverbraucher auf eine Preisempfehlung mit dem Zusatz Bezug nimmt **„Wir lassen darüber auch mit uns reden"**, verstößt damit nicht gegen § 5, zumal er in seiner Preisgestaltung grds. frei ist.

2. Preisspaltung und divergierende Preisankündigung

a) Grundsatz. Grds. besteht für den Unternehmer Preisgestaltungsfreiheit (→ Rn. 3.34). Er **3.36** handelt daher grds. nicht unlauter, wenn er seine Waren oder Leistungen mit **unterschiedlichen Preisen** bewirbt und/oder unterschiedliche Preise fordert. Daraus folgt, dass es einem Wettbewerber grds. nicht verwehrt ist, **regionale oder örtliche Preisdifferenzierungen** vorzunehmen oder seine Ware oder Leistung mehrgleisig zu verschiedenen Preisen zu vertreiben (→ § 4 Rn. 4.184). Ein generelles Gleichbehandlungsgebot ist mit der Vorstellung nicht vereinbar, dass sich der Preis im Wettbewerb bildet. Nur für marktbeherrschende oder marktstarke Unternehmen besteht ein gesetzliches Diskriminierungsverbot (§ 19 I GWB und § 20 I und III GWB). Da ihr (Preis-)Gestaltungsspielraum nicht hinreichend durch den Wettbewerb beschränkt ist, muss er durch eine gesetzliche Regelung künstlich eingeschränkt werden.

b) Unlautere Preisspaltung. Eine **Preisspaltung** ist nur unter bes. Umständen unlauter. **3.37** Das ist zB der Fall, wenn die gleiche Ware im selben Geschäft **unterschiedlich ausgezeichnet** ist, ohne dass auf diesen Umstand hingewiesen wird. Denn die Kunden gehen als Regelfall mit Recht von einer einheitlichen Preisauszeichnung aus. Es ist daher irreführend, wenn ein CD-Laden einige Stücke in einem Verkaufsstand am Eingang zu einem günstigeren Preis anbietet, um die Kunden in das Geschäft zu locken und Unentschlossene zu einem Kauf zu bewegen, während die gleiche Ware im Ladeninneren zu einem höheren Preis ausgezeichnet ist, weil man annimmt, dass der Kunde, der schon den Weg zum Regal gefunden habe, auch einen höheren Preis zu zahlen bereit sei (Gloy/Loschelder/Danckwerts WettbR-HdB/Helm/Sonntag/Burger § 59 Rn. 344; GK/Lindacher/Peifer Rn. 696; Ohly/Sosnitza/Sosnitza Rn. 464). Irreführend ist auch eine **Preisspaltung zwischen stationärem Handel und Onlineshop**, wenn in einem Werbeprospekt durch die Angabe „auch online" der unzutreffende Eindruck erweckt wird, die Ware könne online zum identischen Preis erworben werden (LG Amberg WRP 2020, 374). Es besteht aber **kein generelles Verbot der Preisdifferenzierung** für gleiche Waren in demselben Geschäft. Es ist zB denkbar und (nach Abschaffung des Rabattgesetzes) in keiner Weise wettbewerbswidrig, dass sich der Kaufmann von einem Kunden herunterhandeln lässt, während er gegenüber anderen den ausgezeichneten Preis durchsetzen kann. Auch ist es ihm nicht verwehrt, eine **beschränkte Stückzahl** einer bestimmten Ware zu einem **Sonderpreis** anzubieten, während es für den Rest bei dem regulären Preis bleibt. Auf eine solche Beschränkung eines Sonderangebots muss jedoch klar und deutlich hingewiesen werden (zur Irreführung über den Warenvorrat → Anh. § 3 Rn. 5.1 ff.).

Irreführend ist es ferner, wenn beim Abnehmer **falsche Vorstellungen über die Güte** einer **3.38** Ware oder Leistung hervorgerufen werden. Ein Händler, der eine Markenware zu einem bestimmten Preis verkauft, führt die Abnehmer aber nicht über die Preisbemessung irre, wenn er die gleiche Ware oder Leistung ohne Marke oder unter einer Zweitmarke billiger verkauft (aA Baumbach/Hefermehl, Wettbewerbsrecht, 22. Aufl. 2001, § 3 Rn. 326 aE). Denn der Umstand, dass eine Ware mit einer Marke versehen ist, ist aus der Sicht des Verbrauchers idR ein preisbestimmender Faktor. Schon gar nicht liegt im Angebot einer Ware die konkludente Behauptung, diese Ware sei überall zum selben Preis erhältlich. Das Angebot bringt auch nicht zum Ausdruck, dass der Unternehmer die Ware oder Leistung nur eingleisig und nicht an andere Kunden oder über andere Stellen billiger verkauft.

c) Divergierende Preisankündigung. Von der Preisspaltung ist der Fall der divergierenden **3.39** Preisankündigung zu unterscheiden, bei dem in verschiedenen, zum gleichen Zeitpunkt getroffenen Werbeaussagen – bspw. in der Zeitungswerbung einerseits und durch die Preisauszeichnung im Regal oder auf der Ware andererseits – **unterschiedliche Preise** angekündigt, tatsächlich aber nur ein Preis verlangt wird. Hier ist, wenn der Werbende den höheren Preis fordert, die Werbeaussage zu dem niedrigeren Preis irreführend (BGH GRUR 1986, 322 – Unterschiedliche Preisankündigung; OLG Hamm GRUR 1983, 453 (454)). Dies gilt auch dann, wenn der Werbende sich trotz der höheren Preisauszeichnung nach Beanstandung durch den Kunden bereiterklärt, lediglich den niedrigeren Preis zu berechnen (BGH GRUR 1988, 629 f. – Konfitüre; KG GRUR 1979, 725 (726); GK/Lindacher/Peifer Rn. 696). Fordert der Werbende allgemein nur den niedrigsten Preis (ist der niedrigere Preis etwa in der EDV gespeichert und wird an der Kasse ungeachtet eines höheren, ausgezeichneten Preises immer nur dieser niedrigere Preis berechnet), liegt in der falschen Preisauszeichnung mangels wettbewerblicher Relevanz (dazu iE → Rn. 1.171) keine Irreführung (→ Rn. 3.23; BGH GRUR 2008, 442 Rn. 11 – Fehlerhafte Preisauszeichnung).

3.40   Preisdivergenzen können sich bei **Preissuchmaschinen im Internet** dadurch ergeben, dass der Anbieter den **Preis erhöht** und die Aktualisierung der Preissuchmaschine erst später erfolgt. Vollzieht der Betreiber der Suchmaschine diese Preiserhöhung erst im Rahmen der üblichen, einmal täglich vorgenommenen Aktualisierung nach, so dass der in der Suchmaschine angegebene Preis für mehrere Stunden unter dem tatsächlich verlangten Preis liegt, handelt es sich um eine Irreführung, die dem **Anbieter,** der die Preissuchmaschine als Werbeträger verwendet, als eigene Handlung zuzurechnen ist (BGH GRUR 2010, 936 Rn. 18 – Espressomaschine). Er hat es in der Hand, den angekündigten höheren Preis erst dann zu verlangen, wenn alle von ihm beschickten Suchmaschinen die Preiserhöhung nachvollzogen haben (BGH GRUR 2010, 936 Rn. 20 – Espressomaschine). Für eine unzureichende oder irreführende Preisangabe ist der **Händler** verantwortlich, wenn er die Preisangaben dem Betreiber der Suchmaschine mitgeteilt und der Betreiber der Suchmaschine die Preisangaben unverändert in die Suchmaschine eingestellt hat (BGH GRUR 2010, 1110 – Versandkosten bei Froogle II).

3. Übertreibungen

3.41   Sofern die Unternehmer mit Aussagen über die Preisbemessung werben, sind **Übertreibungen** an der Tagesordnung. Der Verkehr hat sich mittlerweile daran gewöhnt und relativiert die Aussagen in dem gebotenen Umfang (GK/Lindacher/Peifer Rn. 228). In ihrem inhaltlich nachprüfbaren Kern müssen sie aber gleichwohl der Wahrheit entsprechen. Wird für Waren oder Leistungen mit, „Sparpreis", „Preisbrecher", „Superpreise", „Preisknüller" oder „Preisleistungen" geworben, müssen sie auch tatsächlich preisgünstig, dh im Bereich des **unteren Preisniveaus** angeboten werden (OLG München WRP 1985, 580; GK/Lindacher/Peifer Rn. 748; Ohly/Sosnitza/Sosnitza Rn. 540, 548 und 550). Dasselbe muss für Aussagen wie „**irre Preise**" (OLG Stuttgart WRP 1984, 645), „**billig**", „**Preise, die Kopf stehen lassen**", „**Traumpreise**" oder „**Wahnsinnspreise**" gelten.

3.42   Auch der Slogan „**radikal gesenkte Preise**" wird vom Verkehr nicht nur als Leseanreiz, sondern als sachinformative Aussage verstanden (BGH GRUR 1979, 781 f. – Radikal gesenkte Preise mAnm Schulze zur Wiesche: Bei Sonderangeboten im Möbelhandel erwarte man eine Preissenkung von mehr als 12,5 % bzw. 20 %). Zur Werbung mit Discount-Preisen → Rn. 3.139 ff., zur Werbung mit Tiefpreisen, Tiefstpreisen und Dauertiefpreisen → Rn. 3.182 ff. – Die Ankündigung „**Sie haben vier Monate Preisschutz**" ist irreführend, weil nach § 8 Abs. 1 Nr. 1 PAngV (§ 1 Abs. 5 Nr. 1 PAngV aF) jedem Händler bei Lieferfristen bis zu vier Monaten Änderungsvorbehalte bei Preisangaben in der Werbung und in Angeboten untersagt sind (BGH GRUR 1981, 206 - 4 Monate Preisschutz). Zur Werbung mit Selbstverständlichkeiten vgl. allg. → Rn. 1.113 ff.

3.43   Die Führung des Firmenbestandteils „**Mehrwert**" für eine Verkaufsstätte des Einzelhandels ist unzulässig, wenn das Warenangebot nicht insgesamt preisgünstiger als in anderen Kaufhäusern ist (BGH GRUR 1973, 534 – Mehrwert II mAnm Neubert). – Ebenso wenig dürfen regelmäßig wiederkehrende Ansichtssendungen innerhalb eines Kaufs auf Probe als „Gratisleistungen" angekündigt werden (KG WRP 1983, 563). – Auch bei einem sehr niedrigen Preis darf eine fehlerhafte Ware nicht als „**Ware 1. Wahl**" angepriesen werden (OLG Karlsruhe WRP 1968, 36). – Zur Werbung für Mehrfachpackungen unter der Bezeichnung „**Sparpackung**" → Rn. 3.60.

4. Diskriminierende Preisgestaltung

3.44   Grds. besteht für den Unternehmer Preisgestaltungsfreiheit (→ Rn. 3.34, 3.36). Er handelt daher im Allgemeinen **nicht unlauter,** wenn er seine Abnehmer im Preis unterschiedlich behandelt. Daraus folgt, dass es einem Unternehmen, das nicht Normadressat des § 19 I GWB oder § 20 I oder III GWB ist, nicht verwehrt ist, Preisdifferenzierungen je nach der Person des Abnehmers vorzunehmen, für die es keinen sachlichen Grund gibt (vgl. aber – für eine Berücksichtigung der Diskriminierungsverbote des § 19 AGG – Hofmann WRP 2016, 1074, 1079).

Für die Unlauterkeit einer Preisdiskriminierung müssen **besondere Umstände** wie eine Irreführung im Einzelfall hinzutreten. Zur Verwendung unterschiedlicher Preislisten → Rn. 3.96.

III. Sonderangebote, Lockvogelwerbung

1. Sonderangebote

Schon im früheren Recht waren **Sonderangebote** – nach der Legaldefinition des alten **3.45** Rechts handelt es sich dabei um Angebote im Einzelhandel, die sich auf einzelne nach Güte oder Preis gekennzeichnete Waren beziehen und sich in den regelmäßigen Geschäftsvertrieb des Unternehmens einfügen – **wettbewerbsrechtlich zulässig** (§ 7 II aF). Sonderangebote sind ein **Zeichen funktionierenden Wettbewerbs.** Sie sind Beleg dafür, dass der Handel durch den Wettbewerb zu Preiszugeständnissen genötigt wird, und es ist nur legitim und für die Verbraucher von großem Informationswert, wenn auf diese Zugeständnisse in der Werbung hingewiesen wird. Es stellte daher einen Angriff auf die Substanz des Wettbewerbs dar, dass das Gesetz von 1986 bis 1994 durch die §§ 6d und 6e aF Bestimmungen enthielt, die die Durchführung von Sonderangeboten durch ein Verbot mengenmäßiger Beschränkungen bei der Abgabe von Waren und entspr. Hinweise in der Werbung erschwerten (§ 6d aF) und eine herausgestellte Werbung mit eigenen früheren Preise generell untersagten (§ 6e aF; → Rn. 3.108).

Abgesehen von den Fällen der Lockvogelwerbung (→ Rn. 3.49 ff.) können **Sonderangebote 3.46** vor allem dadurch **irreführen,** dass sich der als bes. günstig herausgestellte Preis von dem üblicherweise geforderten Preis nicht unterscheidet. Wirbt bspw. ein Versandunternehmen damit, dass alle im Katalog angebotenen Waren zum halben Preis erworben werden können, so geht der Verkehr davon aus, dass der volle Preis tatsächlich über eine gewisse Zeit verlangt worden ist. Irreführend ist es daher, wenn auch schon im vorangegangenen Katalog die gleichen Waren „zum halben Preis" angeboten worden waren. Die Werbung mit einem **„Sonderpreis"** oder einem **„Sonderangebot"** ist keine inhaltsleere Anpreisung, sondern enthält den Hinweis, dass bes. (Preis-)Vorteile geboten werden. Ist dies nicht der Fall, ist die Werbung irreführend (BGH GRUR 1979, 474 (475) – 10-Jahres-Jubiläum; KG GRUR 1990, 482; LG Würzburg WRP 2017, 1020; LG München I WRP 2018, 252).

Als Ausgleich für die mit dem Wegfall des Sonderveranstaltungsverbots verbundene **weit- 3.47 gehende Freigabe der Preiswerbung** ist mit der Doppelvermutung des § 5 V ein Korrektiv geschaffen worden, das zu einer Erhöhung der Preistransparenz führen soll (→ Rn. 3.111 ff.).

Einen besonderen Fall der Irreführung im Zusammenhang mit einem Sonderangebot betrifft **3.48** der Tatbestand von Anh. Nr. 7 zu § 3 III. Danach zählt es zu den **„stets unzulässigen geschäftlichen Handlungen",** wenn der Wahrheit zuwider behauptet wird, ein Produkt sei nur eine sehr begrenzte Zeit oder nur eine sehr begrenzte Zeit zu bestimmten Bedingungen verfügbar. Hierzu eingehend → Anh. § 3 Rn. 7.1 ff.

2. Lockvogelwerbung

a) Irreführung über angemessene Bevorratung. Vgl. → Rn. 2.3, → Anh. § 3 Rn. 5.1 ff.   **3.49**

b) Irreführung über die Preisbemessung des übrigen Sortiments. aa) Tatbestand. 3.50 Unternehmer, die ein breites Sortiment verschiedener Waren führen, kalkulieren häufig bestimmte Waren preisgünstiger als andere Waren. Das ist vor allem im Einzelhandel üblich, und, da jeder Händler die Preise seiner Waren frei festlegen kann, nicht zu beanstanden (Grundsatz der Preisgestaltungsfreiheit; → Rn. 3.34). Nach stRspr (vgl. etwa BGH GRUR 2000, 911 (912) – Computerwerbung I; GRUR 2003, 804 (805) – Foto-Aktion) liegt eine irreführende Werbung aber dann vor, wenn ein ungewöhnlich günstiges Angebot eine **Irreführung über die Preisbemessung des übrigen Sortiments** enthält. Sofern schon die Ankündigung über die als preisgünstig herausgestellte Ware als solche unwahr ist, liegt zwar eine relevante Irreführung hins. dieser einzelnen Ware, aber nicht zwangsläufig auch hins. des gesamten Sortiments vor. Maßgeblich ist dafür allein, inwiefern durch die Werbeaussage – ob wahr oder unwahr – eine bes. Preisgünstigkeit der übrigen Waren suggeriert wird. Dafür ist entscheidend, ob der über einen durchschnittlichen Grad an Verständigkeit verfügende Adressat der Werbung von der günstigen Preisstellung einzelner Waren auf die Preisgünstigkeit des gesamten Sortiments schließt.

bb) Abgrenzung. (1) Frühere Rechtsprechung. Ob ein preisgünstiges Einzelangebot als **3.51 Aussage über die Preisbemessung** des gesamten übrigen Sortiments aufzufassen ist, beurteilt sich nach den Umständen des Einzelfalls. Solche Vorstellungen werden jedenfalls dann hervorgerufen, wenn – was freilich eher selten ist – das Sonderangebot ausdrücklich als beispielhaft für das gesamte Angebot bezeichnet wird. Hingegen lässt die bloße Anpreisung einiger preisgünstiger Waren als Sonderangebote noch nicht den Schluss zu, dass auch das übrige Sortiment niedrig kalkuliert ist (OLG Stuttgart WRP 1977, 739). Anders wurde es aber in der Vergangenheit dann beurteilt, wenn solche Waren als bes. günstig beworben wurden, hins. deren die Verbraucher konkrete Preisvorstellungen haben, während die übrigen Waren, deren Preisniveau für die Verbraucher im Unklaren liegt, zu überhöhten oder jedenfalls normalen Preisen angeboten wurden. In solchen Fällen sollte bspw. in dem Verkauf einer bekannten Markenware unter Einstandspreis (→ § 4 Rn. 4.185 ff., 4.196) zugleich die konkludente Behauptung liegen, dass auch das übrige Angebot bes. preisgünstig sei.

3.52   So wurde es als unzulässig angesehen, Spirituosen deutlich **unter dem günstigsten Herstellerabgabepreis** anzubieten, wenn darin eine Irreführung über die Preisgestaltung des übrigen Sortiments erblickt werden kann, was im Streitfall bejaht wurde. Das Angebot richtete sich auf „Flasche Scharlachberg Meisterbrand (0,7l) nur 9,40 DM – Flasche Doornkaat (0,7l) nur 7,25 DM", obwohl der Fabrikabgabepreis günstigstenfalls 9,85 bzw. 7,63 DM pro Flasche betrug (BGHZ 52, 302 (306) = GRUR 1970, 33 – Lockvogel mAnm Droste). Für die rechtliche Beurteilung wurde insbes. der Umstand als maßgeblich angesehen, dass die günstige Preisgestaltung der bekannten Markenware evident und der **Ausnahmecharakter des Angebots** nicht erkennbar waren. Aus der Verbindung dieser beiden Gegebenheiten sollte der Verbraucher die falsche Vorstellung gewinnen, es biete sich ihm eine allgemein günstige Einkaufsquelle. – Untersagt wurde das Anbieten von Margarine, Mehl und Zucker unter Einkaufspreis mit dem Slogan „Bei uns ist Ihre Mark mehr wert" (OLG Hamburg BB 1969, 1319). – Die Werbung eines Einkaufszentrums mit Tagesangeboten („Jeden Dienstag bietet Ihnen Skala einen schrägen Dienstag, tolle Knüller, tolle Preise") wurde als irreführend erachtet, wenn sie beim Verbraucher den Eindruck erweckt, das ganze Sortiment sei an einem bestimmten Wochentag verbilligt und nicht nur einige Artikel (BGH GRUR 1975, 491 (492) – Schräger Dienstag). – Auch die Werbung mit **„Tiefstpreise Tag für Tag, das ist …"** werde von nicht unerheblichen Teilen des Verkehrs dahin verstanden, dass ein SB-Warenhaus das gesamte Sortiment ständig zu im Vergleich mit den Mitbewerbern niedrigsten Preisen anbietet; die Gefahr einer Irreführung bestehe selbst dann, wenn außerhalb des Werbesatzes der Begriff „Sonderangebot" oder eine ähnliche Wendung gebraucht werde (OLG Hamburg WRP 1977, 651).

3.53   Allerdings konnte keinesfalls regelmäßig davon ausgegangen werden, dass eine Anzeige, in der **einige Waren als auffallend preisgünstig** bes. herausgestellt wurden, von einem nicht unerheblichen Teil der angesprochenen Verkehrskreise als eine Information nicht nur über die Preise der genannten Waren, sondern auch **über die Preisbemessung des gesamten übrigen Sortiments** aufgefasst wird (BGH GRUR 1978, 649 (651) – Elbe-Markt). Sofern der Unternehmer Waren anbot, mit denen der Verbraucher genaue Preisvorstellungen verband und diese – für jedermann ins Auge fallend – preisgünstig bewarb, musste er zur Vermeidung des lauterkeitsrechtlichen Verbotsausspruchs wegen Irreführung deutlich machen, dass das Angebot **Ausnahmecharakter** besitzt. Es musste also klargestellt werden, dass es sich um ein Sonderangebot handelt (BGHZ 52, 302 (306 f.) = GRUR 1970, 33 – Lockvogel mAnm Droste; BGH GRUR 1978, 649 (651) – Elbe-Markt; GRUR 1979, 116 (117) – Der Superhit; OGH ÖBl 1972, 36 (38) – Niedrigpreis-Werbung). Entscheidend für die Beseitigung einer etwaigen Irreführung war es, das Einmalige des Angebotes durch Art und Charakter der Werbung zu unterstreichen. In jedem Fall ausreichend war dafür der Gebrauch des Begriffs **„Sonderangebot"**, da dieses den bes. Charakter der Preiskalkulation offen legt. Eine Irreführung über die Preisbemessung des gesamten Angebots konnte aber auch durch andere Bezeichnungen oder durch die grafische Aufmachung (BGH GRUR 1974, 344 – Intermarkt; GRUR 1978, 649 (651) – Elbe-Markt) ausgeschlossen werden. Es genügte also jede Angabe oder Aufmachung, die die günstige Preisstellung bes. hervorhebt und dadurch eine Irreführung über die Preisbemessung des gesamten Angebots ausschließt (BGH GRUR 1979, 116 (117) – Der Superhit). Je deutlicher der Ausnahmecharakter eines bes. preisgünstigen Angebots herausgestellt wurde, desto eher entfiel die Annahme des Publikums, das Gesamtangebot sei preisgünstig.

3.54   **(2) Gewandeltes Verbraucherleitbild.** Die frühere Rspr. kann wegen des gewandelten Verbraucherleitbilds nur mehr **mit Zurückhaltung** herangezogen werden. Denn idR wird der durchschnittlich informierte und verständige Durchschnittswerbeadressat durch bes. preisgünstige Angebote, insbes. durch erkennbare Angebote unter Einstandspreis, nicht auf eine bes. Preisgünstigkeit des gesamten Sortiments schließen. Wird eine einzelne Ware zu einem bes.

günstigen Preis oder gar unter Einstandspreis verkauft, gehen die Vorstellungen der maßgeblichen Verkehrskreise nicht so weit, dass alle Preise in gleicher Weise kalkuliert sind und das ganze Sortiment derart günstig oder sogar unter Einstandspreis angeboten wird. Ebenso zweifelhaft erscheint auch die These, der Verkehr nehme auf Grund derartiger Angebote an, die Preise lägen generell unter dem sonst üblichen Einzelhandelsniveau (so aber BGH GRUR 1974, 344 (345) – Intermarkt). Die Verbraucher sind heute **an die Werbung mit bes. günstigen Angeboten gewöhnt** und richten ihr Nachfrageverhalten an solchen Angeboten aus. Daher müssen schon bes. Umstände vorliegen, die sie zu der Annahme verleiten, auch das gesamte übrige Sortiment werde bes. preisgünstig angeboten. Dies gilt umso mehr, als der Durchschnittsverbraucher weiß, dass das anbietende Unternehmen nichts zu verschenken hat und deshalb ein bes. günstiges Angebot mit anderweitigen Erlösen finanzieren muss (BGHZ 139, 368 (373) = GRUR 1999, 264 – Handy für 0,00 DM). Es ist daher kein Zufall, dass in den letzten Jahren keine Entscheidungen mehr bekannt geworden sind, in denen ein Verkehrsverständnis zugrunde gelegt wurde, das allein auf Grund einzelner günstiger Angebote auf die Preisgünstigkeit des gesamten Sortiments schließt.

Dagegen geht der Verkehr nach wie vor von einer **bes. Preiswürdigkeit des gesamten** 3.55 **Sortiments** aus, wenn ihm massiert bes. günstige Angebote entgegentreten und dadurch der Eindruck entsteht, die Vielfalt dieser Angebote spiegele die Vielfalt des Sortiments wider. Häufig wird eine solche Annahme dadurch unterstützt, dass die preisgünstig herausgestellte Ware ausdrücklich als beispielhaft für das gesamte Angebot bezeichnet wird. In diesen Fällen müssen die Preise dann insgesamt günstig sein, um nicht gegen das Irreführungsverbot zu verstoßen.

IV. Unbestimmte oder unvollständige Produktangaben

Der Werbende ist an sich nicht verpflichtet, die von ihm angebotene **Ware oder Leistung in** 3.56 **allen Einzelheiten zu beschreiben.** Da keine Pflicht zur Individualisierung besteht, muss der Werbende auch nicht die jeweilige Marke benennen (GK/Lindacher/Peifer Rn. 693). Dies gilt namentlich in einer Werbung, die das Angebot nur pauschal umschreibt und noch nicht zum Erwerb eines konkret bezeichneten Artikels auffordert.

Irreführend kann es aber sein, wenn Geräte der Unterhaltungselektronik **nur nach Marke** 3.57 **und allgemeinen Ausstattungsmerkmalen** umschrieben werden, so dass mehrere Geräte unterschiedlicher Preisklassen unter diese globale Beschreibung fallen und die Verbraucher das Angebot irrtümlich auf Geräte der höheren Preiskategorie beziehen (OLG Saarbrücken WRP 1982, 358 (359); OLG Stuttgart WRP 1984, 356; OLG Köln GRUR 1984, 72; Gloy/Loschelder/Danckwerts WettbR-HdB/Helm/Sonntag/Burger § 59 Rn. 343; Nacken WRP 1981, 79 (81)).

Werden **Sachgesamtheiten zu einem bestimmten Preis** beworben, muss sich aus der 3.58 Werbung klar ergeben, **welche Teile in dem angegeben Preis** enthalten sind. Ist etwa im Katalog eines Möbelhändlers eine **Sitzgruppe** bestehend aus zwei Couchs und einem Polstersessel mit einem Couchtisch abgebildet, bezieht sich aber der angegebene Preis nur auf die Sitzgruppe ohne Tisch, muss hierauf ausdrücklich hingewiesen werden (OLG Stuttgart WRP 1984, 450). Gleiches gilt für die Werbung mit der Angabe **„Schlafzimmer komplett";** ist hier die mit dem Bett abgebildete Matratze mit Lattenrost nicht im Angebot enthalten, muss dies in der Werbung klargestellt werden (BGH GRUR 2015, 698 Rn. 13 – Schlafzimmer komplett (dort Irreführung verneint)). Wird eine **Einbauküche „mit Philips-Einbaugeräten"** beworben und ist in dem Angebot zwar ein Herd und ein Kühlschrank, nicht aber eine Geschirrspülmaschine enthalten, muss auch hierauf ausdrücklich hingewiesen werden (OLG Köln GRUR 1990, 293).

Eine Werbung für **Elektrogeräte ohne Typenangabe** ist nicht stets irreführend nach § 5 II 3.59 Nr. 1 (so aber OLG Köln WRP 1981, 118; aA OLG Hamm WRP 1982, 41); OLG Frankfurt WRP 1982, 98; OLG Koblenz WRP 1982, 657; KG GRUR 1984, 135 (136); OLG Köln WRP 1984, 107 (109); OLG Stuttgart WRP 1984, 356, jeweils zu § 3 UWG 1909; GK/ Lindacher, 1. Aufl. 2006, Rn. 691). Eine Verpflichtung zur vollständigen Produktbeschreibung folgt auch nicht aus der PAngV (GK/Lindacher/Peifer Rn. 691). Eine andere Frage ist, ob es sich bei der **Typenbezeichnung** um ein **wesentliches Merkmal iSv § 5b I Nr. 1** handelt, das bei einer Werbung, die als Aufforderung zum Kauf zu qualifizieren ist, stets angegeben werden muss. Die Rspr. bejaht diese Frage (BGH GRUR 2014, 594 – Typenbezeichnung; GRUR 2017, 922 Rn. 25 – Komplettküchen; OLG Stuttgart GRUR-RR 2013, 303, 304: Möglichkeit des Preisvergleichs insbes. mithilfe von Preissuchmaschinen im Internet; aA GK/Lindacher/ Peifer Rn. 691).

V. Preisbemessung bei Mehrheit von Waren oder Leistungen

1. Werbung mit Preisbestandteilen

3.60   Grds. ist es zulässig, mehrere Waren und/oder Leistungen jeweils einzeln zu Einzelpreisen und gekoppelt zu einem günstigen Gesamtpreis anzubieten (→ § 3 Rn. 8.21 ff.). Irreführend ist es jedoch, die Waren zu einem im Vergleich zur Summe der Einzelpreise ungewöhnlich günstigen Gesamtpreis anzubieten, wenn die **Einzelpreise nicht ernsthaft kalkulierte Preise** sind, die regelmäßig gefordert und vom Kunden regelmäßig gezahlt werden (BGH GRUR 1984, 212 (213) – unechter Einzelpreis; OLG Bremen NJW-RR 1994, 734). Für Mehrfachpackungen, die mehrere Einzelpackungen in Klarsichthüllen oder mit Banderolen dergestalt zusammenfassen, dass die unverbindliche Preisempfehlung des Herstellers für die Einzelware erkennbar bleibt, kann mit der Bezeichnung „Sparpackung" unter Gegenüberstellung von Einzel- und jeweiligem Packungspreis nur geworben werden, wenn die Packungspreise tatsächlich günstiger sind und die genannten höheren Einzelpreise auch tatsächlich ernsthaft gefordert werden (BGH GRUR 1985, 392 (393) – Sparpackung mAnm P. Sambuc). Die Werbung mit einer Preisherabsetzung durch die Bildung eines „Setpreises" für eine Kompaktanlage und einen Lautsprecher ist nicht schon deshalb irreführend, weil einer der angegebenen Einzelpreise über dem „Setpreis" liegt, wohl aber dann, wenn der höhere Einzelpreis vorher überhaupt nicht oder nicht ernsthaft gefordert worden ist (BGH GRUR 1996, 796 – Setpreis). – Wird ein alle Telefongespräche ins deutsche Festnetz enthaltender **Inklusivtarif** als „All Net Flat" beworben, so ist dies irreführend, wenn weder Service- oder Sonderrufnummern noch Auskunftsdienste miterfasst sind (BGH GRUR 2016, 207 Rn. 11 – All Net Flat). – Irreführend ist es, in der Werbung für ein Kabelfernseh- abonnement den Preis in mehrere Bestandteile aufzuteilen und einen davon hervorzuheben, wenn so über den Gesamtpreis getäuscht wird (vgl. EuGH GRUR 2016, 1307 Rn. 49 – Canal Digital).

3.61   In der **Preiswerbung für den Internetzugang** werden die Kunden aufgrund des regen Preiswettbewerbs der verschiedenen Onlinedienste plakativ auf (vermeintlich) **bes. günstige Preise** des jeweiligen Anbieters hingewiesen. Da sich die Tarife meist aus mehreren Komponen- ten (verbrauchsunabhängige und verbrauchsabhängige Bestandteile) zusammensetzen, ist nach den Grundsätzen der sog „Handy"-Rspr. (BGHZ 139, 368 = GRUR 1999, 264 – Handy für 0,00 DM) darauf zu achten, dass bei Herausstellen eines günstigen Preisbestandteils in gleicher Deutlichkeit auf die belastenden Preisbestandteile hingewiesen wird (OLG Hamburg NJWE- WettbR 2000, 57; OLG Karlsruhe MMR 2004, 178).

3.62   **Beispiele:** Werbeangaben wie **„Free ins Net"** und **„Internet umsonst"** sind irreführend, wenn nutzungs- abhängige „Telefongebühren" anfallen. Die Irreführung lässt sich auch nicht zuverlässig durch einen auf- klärenden Sternchenhinweis ausschließen (OLG Hamburg CR 2000, 828). – Ein Anbieter von Webhosting- Dienstleistungen muss im räumlichen Zusammenhang mit dem Grundpreis auch über die nutzungsabhängi- gen Preisbestandteile informieren, die **bei Überschreitung des Pauschalvolumens** anfallen (OLG Ham- burg GRUR-RR 2007, 169). – Die Werbeaussage **„0 Pf/Min."** für einen Internet-Tarif bei einer monatli- chen Grundgebühr von 19,90 DM zuzüglich Telefonkosten ist in einem TV-Spot, in dem die „0" her- vorgehoben wird, nicht irreführend, wenn sich aus dem unmittelbaren Zusammenhang ergibt, wie der Tarif beschaffen ist (OLG Hamburg GRUR-RR 2001, 111). Dagegen ist eine Werbung als irreführend angesehen worden, in der mit **„Keine Online-Gebühr"** geworben worden war, obwohl die anfallenden „Telefon- kosten", auf die hingewiesen wurde, im Wege der Mischkalkulation sowohl die Zuführung über das Telefonnetz als auch die Internet-Nutzung umfassten (OLG Hamburg MMR 2001, 318 mAnm de Riese). Ebenfalls untersagt worden ist die Werbung der Werbeangabe **„DSL-Tarife – 6 Monate kostenlos nutzen"**, weil der DSL-Internetzugang nur kostenlos genutzt werden konnte, bis die in der Grundgebühr enthaltenen monatlichen Zeit- oder Volumenkontingente aufgebraucht waren (OLG Hamburg WRP 2006, 771 Ls.). – Unter einem **„Festpreis"** oder **„Pauschalpreis"** für den Internet-Zugang versteht der Verkehr einen Preis, der alle wesentlichen Leistungen zu einem einheitlichen Preis abgilt, ohne dass eine zusätzliche Abrechnung einzelner Leistungen erfolgt, und zwar auch nicht der Telefonnutzung (OLG Hamburg GRUR- RR 2001, 15 (19); OLG Köln GRUR-RR 2001, 17; KG NJW-RR 2001, 1265; OLG Köln MMR 2002, 389 – Rev. nicht angenommen: BGH Beschl. v. 15.8.2002 – I ZR 328/01). Die von einer Blickfangwerbung ausgehende Irreführungsgefahr kann dann nicht von einem Sternchenhinweis beseitigt werden, wenn der Hinweis die Blickfangangabe nicht erläutert, sondern praktisch ins Gegenteil verkehrt (OLG Köln GRUR- RR 2001, 17). Für einen als **„All Net Flat"** beworbenen **Telefontarif** vgl. BGH GRUR 2016, 207 Rn. 11 – All Net Flat; → Rn. 3.60).

Bei einem **Preisvergleich,** der die **Tarife für den Internetzugang** denen eines Konkur- 3.63
renten gegenüberstellt, kann nicht immer im Detail jede Besonderheit der jeweiligen Tarifstruktur gegenübergestellt werden. Bietet der verglichene Konkurrent etwa in einer Sonderaktion für die ersten Monate die Befreiung von der Monatsgebühr an, reicht es zur Ausräumung
einer Irreführungsgefahr aus, wenn der Vergleich der regulären Tarife einen Hinweis darauf
enthält, dass zeitlich befristete Sonderpreisvorteile im Angebot des Mitbewerbers keine Berücksichtigung gefunden haben (vgl. OLG Frankfurt MMR 2005, 53 (54)).

2. Kopplungsangebote

a) Allgemeines. Die Werbung für Angebote, bei denen mehrere Waren und/oder Leistungen 3.64
angeboten werden (sog **Kopplungsangebote**), ist lauterkeitsrechtlich **grds. zulässig** (hierzu
→ § 3 Rn. 8.21 ff.). Der Unternehmer kann frei und ohne Rücksicht darauf, ob ein Funktionszusammenhang zwischen den zusammen angebotenen Waren oder Dienstleistungen besteht,
entscheiden, ob er Waren und/oder Leistungen – auch ganz verschiedener Art – zusammen zu
einem einheitlichen Preis abgeben will. Er darf dementsprechend für ein solches Gesamtangebot
auch werben und ist nicht gehalten, für die einzelnen Waren oder Leistungen Einzelpreise
auszuweisen (BGHZ 151, 84 (88) – Kopplungsangebot I; BGH GRUR 2003, 77 (78) – Fernwärme für Börnsen; GRUR 2003, 538 (539) – Gesamtpreisangebot mAnm Köhler LMK 2003,
110; GRUR 2004, 343 – Playstation). Die Möglichkeit, Waren und/oder Leistungen zu Gesamt-
angeboten (insbes. Komplettangeboten wie zB bestehend aus einer Pauschalreise und einer
Skiausrüstung) zusammenzustellen und dementsprechend zu bewerben, gehört zur Freiheit des
Wettbewerbs. Dies gilt auch dann, wenn ein Teil der auf diese Weise gekoppelten Waren und/
oder Leistungen ohne gesondertes Entgelt abgegeben wird (BGHZ 151, 84 (88) – Kopplungsangebot I; BGH GRUR 2002, 979 (981) – Kopplungsangebot II; GRUR 2003, 890 (891) –
Buchclub-Kopplungsangebot; GRUR 2004, 343 – Playstation; GRUR 2022, 241 Rn. 12 –
Kopplungsangebot III) oder wenn das Recht, näher bestimmte Waren zu erwerben, daran
geknüpft wird, dass zuvor andere Waren mit einem bestimmten Wert gekauft worden sind (BGH
GRUR 2004, 344 (345) – Treue-Punkte). Die Werbung mit einem Kopplungsangebot darf
daher nicht mehr als solche, sondern nur zur Verhinderung des in solchen Angeboten steckenden
Irreführungs- und Preisverschleierungspotenzials sowie zur Unterbindung einer missbräuchlichen Ausnutzung von Marktmacht beschränkt werden (BGHZ 151, 84 (89) – Kopplungsangebot I; BGH GRUR 2003, 77 (78) – Fernwärme für Börnsen; GRUR 2022, 241 Rn. 13 –
Kopplungsangebot III; zu den kartellrechtlichen Grenzen → § 3 Rn. 8.34 f.).

b) Transparenzgebot. aa) Grundsatz. Die Werbung für ein Kopplungsangebot ist irreführ- 3.65
rend, wenn sie die Verbraucher über die Preisbestandteile **täuscht** oder sonst **unzureichend**
über dessen Inhalt **informiert** (BGHZ 151, 84 (89) = GRUR 2002, 976 – Kopplungsangebot I;
BGH GRUR 2002, 979 (981) – Kopplungsangebot II; GRUR 2003, 538 (539) – Gesamtpreisangebot; GRUR 2003, 890 (891) – Buchclub-Kopplungsangebot; GRUR 2004, 343 (344) –
Playstation; GRUR 2009, 1180 Rn. 29 - 0,00 Grundgebühr; GRUR 2022, 241 Rn. 16 –
Kopplungsangebot III; Einzelheiten bei → § 3 Rn. 8.17 ff.). Es besteht auch bei der Werbung
für Kopplungsangebote keine generelle Pflicht, den Preis oder Preisbestandteile zu nennen. Es ist
aber zu beachten, dass derartigen Angeboten ein erhebliches Irreführungs- und Preisverschleierungspotenzial innewohnt. Daher ist es unzulässig, einzelne Preisbestandteile („Handy für
0,00 DM", „Videorecorder für 49 DM", „Grundig Fernsehgerät für 1 DM" etc) in der Werbung herauszustellen, ohne gleichzeitig die anderen Preisbestandteile – aus denen sich im Zweifel
die wirtschaftliche Belastung ergibt – in derselben Deutlichkeit hervorzuheben. Dieses Transparenzgebot kann dogmatisch der Informationspflichtverletzung (§ 5a) zugeordnet werden
(Köhler GRUR 2003, 729 (733 f.)).

bb) Keine umfassende Aufklärungspflicht. Den Werbenden trifft grds. **keine Pflicht zu** 3.66
umfassender Aufklärung über alle Preisbestandteile. Insbesondere ist er nicht verpflichtet, den
tatsächlichen Wert der Einzelleistungen, also die Preisbestandteile des Gesamtangebots, anzugeben, solange eine Täuschung oder unzureichende Information der Verbraucher nicht zu befürchten ist. Dies gilt auch dann, wenn es sich bei der Einzelleistung um eine Zugabe handelt
(BGHZ 151, 84 (89) – Kopplungsangebot I; BGH GRUR 2003, 538 (540) – Gesamtpreisangebot; GRUR 2022, 241 Rn. 27 – Kopplungsangebot III; aA Köhler GRUR 2001, 1067
(1071) und GRUR 2003, 729 (735 f.) für den Fall einer Zugabe, die nicht nur geringwertig oder

handelsübliches Zubehör ist und für die es keinen Marktpreis gibt; vgl. auch Schricker/Hen-
ning-Bodewig WRP 2001, 1367 (1404)).

3.67   Das **Transparenzgebot für Kopplungsangebote** gilt im Übrigen nur, wenn das eine
Produkt bei Erwerb eines anderen Produkts miterworben werden muss. Es gilt nicht für Produkte, die lediglich – wie etwa benötigte Verbrauchsmaterialien, Zubehör- und Ersatzteile und
Kundendienstleistungen – für die Verwendung der angebotenen oder beworbenen Produkte
erforderlich oder mit diesen **kompatibel** sind. Der Anbieter oder Werbende ist daher nach der
Preisangabenverordnung auch dann nicht zur Angabe der Preise solcher weiterer erforderlicher
oder kompatibler Produkte verpflichtet, wenn er diese selbst in seinem Angebotsprogramm hat
und daher ggf. immerhin indirekt mitbewirbt. Ein Kopplungsangebot wurde bei einem **Angebot für einen Telefonanschluss** der Deutschen Telekom verneint. Hier müssen nicht gleichzeitig die Tarife für Telefongespräche aufgeführt werden, weil im Hinblick auf „Preselection"
und „Call by call" mit dem Telefonanschluss der Deutschen Telekom nichts darüber gesagt ist,
bei welchem Anbieter der Kunde die Verbindungsdienstleistungen „einkauft" (BGH GRUR
2008, 729 Rn. 15 f. – Werbung für Telefondienstleistungen). Anders verhält es sich bei einer
Werbung für einen Zusatztarif der Deutschen Telekom, der dem Kunden für das Wochenende eine Flatrate verspricht. Um dieses Angebot in Anspruch nehmen zu können, muss man
über einen Netzanschluss der Deutschen Telekom verfügen. In diesem Fall muss die Werbung
daher auch diese Kosten des Netzanschlusses aufführen, die notwendig anfallen, wenn man den
neuen Zusatztarif nutzen möchte (BGH GRUR 2009, 73 Rn. 18 und 20 – Telefonieren für
0 Cent!).

3.68   Auf der Grenze liegt insofern die Entscheidung „XtraPac" des BGH: Hier ging es um die
Werbung für ein **Mobiltelefon mit festem Startguthaben** (10 EUR) zum Preis von
39,95 EUR mit einer zweijährigen (SIM-Lock gesicherten) Bindung an den Anbieter, wobei
sich der Kunde für 99,50 EUR freikaufen konnte. Zwei Informationen fehlten in der Werbung:
Zum einen konnte man der Anzeige nicht entnehmen, wie viele Gespräche mit dem Startguthaben in Höhe von 10 EUR geführt werden konnten; zum anderen wurde nicht darüber
aufgeklärt, was – nach Verbrauch des Startguthabens – weitere „XtraCards" kosten würden. Hier
wurde auf der Grundlage des UWG 2004 eine Irreführung verneint (BGH GRUR 2009, 690 –
XtraPac). Offengelassen wurde, ob unter Geltung des UWG 2008 etwas anderes zu gelten hätte,
ob insbes. die für das Startguthaben maßgeblichen Tarife sowie die Kosten des Aufladens der
Karte als wesentliche Informationen iSv § 5a II aF (§ 5a I nF) anzusehen sind, die dem Verbraucher im Interesse einer auf Grund von ausreichenden Informationen getroffenen Kaufentscheidung nicht vorenthalten werden dürfen (BGH GRUR 2009, 690 Rn. 20 – XtraPac). Diese
Frage ist zu bejahen. Nach UWG 2008 hätte man also eine Irreführung durch Unterlassen nach
§ 5a II aF annehmen müssen.

3.69   **cc) Irreführung.** Ein **Verstoß gegen das Transparenzgebot** und damit auch **gegen das
Irreführungsverbot** liegt vor, wenn die Werbung für das Kopplungsangebot **täuscht** oder sonst
unzureichend über dessen Inhalt informiert (BGHZ 151, 84 (89) = GRUR 2002, 976 –
Kopplungsangebot I; BGH GRUR 2002, 979 (981) – Kopplungsangebot II; GRUR 2003, 538
(539) – Gesamtpreisangebot; GRUR 2003, 890 (891) – Buchclub-Kopplungsangebot; GRUR
2004, 343 (344) – Playstation; GRUR 2009, 1180 Rn. 29 - 0,00 Grundgebühr; GRUR 2022,
241 Rn. 16 – Kopplungsangebot III).

3.70   Es geht im Wesentlichen um drei Konstellationen: **(1)** In der Werbung für das Kopplungsangebot wird der **Preis des einen Teils als bes. günstig herausgestellt.** Hier folgt aus dem
Transparenzgebot, dass über die anderen Preisbestandteile, aus denen sich die wirtschaftliche
Belastung des Verbrauchers ergibt, in derselben Deutlichkeit informiert werden muss. Da sich
etwaige Einschränkungen eines blickfangmäßig herausgestellten Angebots auf den „ersten Blick"
ergeben müssen, reicht es zur Vermeidung einer Irreführung nicht aus, wenn sie an ganz anderer
Stelle erscheinen. So wird die durch die **blickfangmäßige Herausstellung** eines Preises dem
Verbraucher vermittelte unzutr. Vorstellung, dieser beziehe sich auf das werbemäßig herausgestellte Gesamtpaket, etwa aus PC mit Monitor, nicht dadurch aufgehoben, dass es an anderer
Stelle des Werbeprospekts im Zusammenhang mit der Produktbeschreibung heißt, der Preis gelte
nur für einen Teil der beworbenen Geräte (BGH GRUR 2003, 249 – Preis ohne Monitor). Eine
Werbung informiert auch dann unzureichend, wenn ein Teil des Gesamtangebots als „unentgeltlich" oder bes. günstig herausgestellt wird, ohne gleichzeitig in klarer Zuordnung leicht
erkennbar und deutlich lesbar auf die Folgekosten hinzuweisen, die sich ergeben, wenn der
Werbeadressat auf das Angebot eingeht (BGH GRUR 2003, 890 (891) – Buchclub-Kopplungs-

angebot). Es darf daher nicht die Gesamtbelastung verschwiegen werden oder in den Hintergrund treten, sondern es müssen ausreichende Angaben über die mit dem Abschluss eines Rechtsgeschäfts entstehenden Folgekosten gemacht werden.

(2) In der Werbung wird eine **Teilleistung,** zB eine Zugabe, in einer Weise **angepriesen, 3.71** dass der Verkehr **sich falsche Vorstellungen von ihrem Wert** macht. Das Transparenzgebot fordert hier, dass die Verbraucher **durch Angabe entweder des Preises oder der wertbestimmenden Faktoren** über den Wert der Teilleistung informiert werden. In diese Kategorie fallen zum einen die Fälle, in denen Verbraucher eine in der Werbung herausgestellte Zugabe, etwa ein zur Hauptleistung zugegebenes Schmuck-Set, auf Grund der Angaben deutlich überbewerten. Es lassen sich hier aber auch die Fälle einordnen, in denen der Erwerb des Hauptprodukts mit einer **Sponsorleistung** gekoppelt ist, die der Erwerber des Hauptprodukts mit dem Kauf erbringt (vgl. OLG Hamm GRUR 2003, 975; LG Siegen GRUR-RR 2003, 379).

(3) In der **Werbung ist für ein Gesamtangebot** aus nicht zusammengehörenden Produkten **3.72** ein (zutr.) Gesamtpreis angegeben. Da die Einzelpreise nicht genannt sind, ist für den Verbraucher ein **Preisvergleich erschwert.** Werden in diesem Fall über die Einzelbestandteile der Gesamtleistung keine Angaben gemacht, die beim Verbraucher zu übertriebenen Wertvorstellungen führen, fordert das Transparenzgebot **keine Aufklärung.** Denn das UWG hat nicht den Zweck, die Anbieter von Waren und Leistungen generell anzuhalten, in der Werbung die Elemente ihrer Preisbemessung nachvollziehbar darzustellen, um Preisvergleiche zu erleichtern (BGH GRUR 2003, 538 (539) – Gesamtpreisangebot insoweit unter Aufgabe von BGH GRUR 1971, 582 (584) – Kopplung im Kaffeehandel und BGH GRUR 1996, 363 (364) – Saustarke Angebote; vgl. ferner BGH GRUR 2004, 344 (345) – Treue-Punkte).

dd) Beispiele. In folgenden Fällen wurde eine **Irreführung** wegen Verstoßes gegen das **3.73** Transparenzgebot **bejaht:** Das in der Werbung herausgestellte Angebot für den Erwerb eines Mobiltelefons, das bei gleichzeitigem Abschluss eines Netzkartenvertrags nichts oder fast nichts kostet ("Handy für 0,00 €") ist irreführend, wenn die für den Verbraucher mit dem Abschluss des Netzkartenvertrages verbundenen Kosten nicht deutlich herausgestellt werden (BGHZ 138, 368 = GRUR 1999, 264 – Handy für 0,00 DM; OLG Düsseldorf CR 2005, 518). Insbesondere dürfen die für die Freischaltung des Kartenvertrags anfallende Aktivierungskosten, die aus der Sicht des Verbrauchers als sofort zu zahlendes Entgelt genauso wichtig sind wie die Kosten für das Mobiltelefon, nicht zwischen untergeordneten Informationen versteckt sein (BGH GRUR 2006, 164 – Aktivierungskosten II). – Ein Kopplungsangebot, das aus einem Fernsehgerät zum Preis von 0,50 EUR und einem Stromlieferungsvertrag mit einer Laufzeit von mindestens zwei Jahren besteht, ist irreführend, wenn die Bedingungen, unter denen der günstige Preis für den Erwerb des Fernsehgeräts gewährt wird, nicht hinreichend deutlich werden (BGH GRUR 2002, 979 (981) – Kopplungsangebot II). – Eine Irreführung kann sich auch aus der Unübersichtlichkeit der Darstellung der Preisangaben ergeben. So bei der Werbung für einen Handy-Kauf und Netzkartenvertrag mit zweijähriger Laufzeit des Netzkartenvertrages unter Angabe unterschiedlich hoher, teils fester, teils variabler Preise, wobei die Festpreise nicht in der insgesamt anfallenden Höhe genannt werden, sondern jeweils nur in Höhe der monatlichen Rate (BGH GRUR 2002, 287 (288) – Widerruf der Erledigungserklärung). – Stellt ein Betreiber eines TV-Kabelnetzes, der auch Telefondienstleistungen und einen Internetzugang anbietet, in einer an die Allgemeinheit gerichteten Werbung die besonders günstigen Preise für Telefonanschluss und Internetzugang heraus, muss er – wenn die Inanspruchnahme dieser Leistungen einen Kabelanschluss voraussetzt – hinreichend deutlich auf die Kosten des Kabelanschlusses hinweisen (BGH GRUR 2010, 744 Rn. 43 ff. – Sondernewsletter; GRUR 2011, 742 Rn. 34 f. – Leistungspakete im Preisvergleich).

In folgenden Fällen wurde hingegen eine **Irreführung verneint:** Keine Irreführung besteht **3.74** bei einem Angebot eines dem Typ nach bezeichneten Videorekorders zum Preis von 24,50 EUR, wenn ein bei der blickfangmäßig herausgestellten Preisangabe angebrachter Stern den Leser darauf verweist, dass dieser Preis nur bei gleichzeitigem Abschluss eines Stromlieferungsvertrags gültig ist, und in einem Kasten, der etwa der Größe der unmittelbar daneben stehenden Preisangabe für den Videorekorder entspricht, eine Glühbirne abgebildet ist, neben der die Vertragsbedingungen für den Stromlieferungsvertrag genannt werden (BGHZ 151, 84 (89) – Kopplungsangebot I). – Das Angebot eines dem Typ nach bezeichneten Mobiltelefons einer bestimmten Marke und einer Playstation zum Preis von 1 DM informiert ausreichend über die mit dem Abschluss des Netzkartenvertrages verbundenen Folgekosten, wenn ein bei der blickfangmäßig herausgestellten Preisangabe angebrachter Stern den Leser darauf verweist, dass der Angebotspreis nur in Verbindung mit der Freischaltung eines bestimmten Netzkartenvertrages mit einer Vertragslaufzeit von 24 Monaten Gültigkeit habe und die Bedingungen dieses Netzkartenvertrages klar erkennbar im Einzelnen genannt werden (BGH GRUR 2004, 343 (344) – Playstation; vgl. auch OLG Celle WRP 2015, 364). – Die Werbung eines Einzelhandelsunternehmens, für jeden Einkauf in einem Warenwert von 10 DM Marken auszugeben, die zum Erwerb bestimmter Waren zu bes. günstig erscheinenden Preisen berechtigen, informiert ausreichend über den Inhalt des Angebots und ist daher nicht irreführend, wenn die Preise der Waren, für deren Kauf Wertmarken ausgegeben werden, ebenso wie die „Treue-Preise" der Sonderbezugswaren angegeben werden (BGH GRUR 2004, 344 (345) – Treue-Punkte). Eine Verpflichtung zu weiteren aufklärenden Angaben könnte nur dann bestehen, wenn andernfalls die Gefahr einer Irreführung über den Wert des Angebots, insbes. über den Wert der angebotenen Sonderbezugswaren gegeben wäre (BGH GRUR 2004, 344 (345) – Treue-Punkte). – Keine Aufklärungspflicht des Unternehmers gegenüber unternehmerischen Kunden oder Verbrauchern darüber, dass im Falle eines für 5 Jahre abgeschlossenen Mietvertrags über Wasserspender der mit „0 €" oder „1 €" angegebene Preis für den **begleitenden Servicevertrag** in den **Mietpreis einkalkuliert** ist (BGH GRUR 2022, 241 Rn. 21 – Kopplungsangebot III).

3. Werbung mit Teilzahlungspreis

3.75   Der **Teilzahlungspreis** besteht aus dem Gesamtbetrag von Anzahlung und allen vom Käufer zu entrichtenden Raten einschließlich Zinsen und sonstiger Kosten; es ist der **Gesamtpreis** iSd § 3 I PAngV. Kennzeichnend für ein Teilzahlungsgeschäft ist, dass der Käufer die Ware oder Leistung sofort erhält, die Gegenleistung, idR den Kaufpreis, jedoch in Raten erbringen kann. Irreführend ist daher die Ankündigung „ohne Teilzahlungsaufschlag – Ratenzahlung bis zwei Jahre möglich", wenn der Kunde die Ware oder Leistung erst nach mehreren Monaten und nach Leistung von 30 % oder mehr des Kaufpreises erhält (LG Kiel MDR 1953, 554). Eine Irreführung über die Preisbemessung kann auch dann vorliegen, wenn nur die Anzahlungssumme und die einzelnen Raten, nicht aber der Gesamtpreis angegeben wird; doch kommt es auf den Einzelfall an. Die Ankündigung „Teilzahlung ohne Aufschlag" oder „Bei Inanspruchnahme von Kredit werden trotz der Kassapreise keinerlei Teilzahlungsaufschläge erhoben" ist zulässig, wenn sie wahr ist. Das ist dann der Fall, wenn der Werbende nicht zusätzliche Kreditierungskosten verlangt und die Summe der zu zahlenden Raten **(Kreditpreis)** dem **Barpreis** entspricht, den der Werbende bei Kassageschäften verlangt (BGH GRUR 1957, 280 – Kassa-Preis; OLG Hamm NJW-RR 1994, 107 (109)). Auf die Gründe, warum der Werbende keine zusätzlichen Kreditierungskosten verlangt (zB bspw. um den Absatz zu fördern), kommt es nicht an. Liegt der Kreditpreis über dem Barpreis, ist es unerheblich, dass der Werbende mit seinem Kreditpreis den vergleichbaren Barpreis anderer Mitbewerber nicht überschritten hat. Maßgebend ist allein seine eigene Preisbemessung. Der Kreditpreis entspricht zB dann nicht dem Barpreis, wenn dem sofort bei Übergabe der Ware zahlenden Käufer ein Barzahlungsrabatt gewährt wird.

3.76   In folgenden Fällen wurde eine **Irreführung bejaht:** Irreführend ist die Angabe eines monatlichen „Ratenzuschlags von 0,50 %" in der Rechnung für einen Teilzahlungskauf ohne gleichzeitige Nennung des effektiven Jahreszinses (BGH GRUR 1990, 609 – Monatlicher Ratenzuschlag). – Wird bei einem finanzierten Kauf der Teilzahlungspreis nicht genannt, kann eine nach § 5 irreführende Preisangabe vorliegen, wenn der Durchschnittsverbraucher auf Grund der konkreten Gestaltung der Angaben zum (Bar-)Preis und zur unmittelbar unter diesem stehenden Zahl und Höhe der Raten des finanzierten Kaufes annimmt, der beworbene Preis sei der Teilzahlungspreis (BGH GRUR 1993, 127 – Teilzahlungspreis II). – Irreführend ist es nach Auffassung des OLG Hamm (WRP 1978, 309), wenn nur der drucktechnisch herausgestellte Gesamtpreis genannt ist und zusätzlich auf die Möglichkeit einer Ratenzahlung ohne Angabe der Höhe der Raten hingewiesen wird. Denn – so das OLG Hamm – viele Leser halten den Gesamtpreis für den Kreditpreis, während in Wahrheit der Barpreis sei. Sofern das OLG Hamm annimmt, durch die Angabe der effektiven Jahreszinsen werde eine Irreführung nicht ausgeräumt, wenn der flüchtige Leser der Anzeige nicht erkenne, dass es sich hierbei um eine zusätzliche Belastung handele, erscheint dies wegen des gewandelten Verbraucherleitbildes überholt.

3.77   In folgenden Fällen wurde eine **Irreführung verneint:** Die Ankündigung eines Versandhandelsunternehmens, alle Waren gegen Zahlung des Kaufpreises in Raten zu veräußern, ohne hierbei darauf hinzuweisen, dass in Fällen zweifelhafter wirtschaftlicher Leistungsfähigkeit eines Kunden die Lieferung nur gegen Zahlung des Kaufpreises per Nachnahme erfolgt, verstößt nicht gegen § 5, weil die angesprochenen Verkehrskreise mit einer solchen Einschränkung als selbstverständlich rechnen oder redlicherweise rechnen müssen (BGH GRUR 1988, 459 (460) – Teilzahlungsankündigung). – Nach Auffassung des LG Köln (GRUR 1954, 353 (355)) ist es nicht irreführend, wenn nur eine einmalige, mit der ersten Rate fällige Abwicklungsgebühr von 3 DM (Gesamtpreis 299 DM) zu entrichten ist, da dieser geringfügige Betrag kein „Aufschlag" sei. Dagegen spricht aber, dass der Käufer mit keinerlei sonstigen Belastungen (Zinsen, Aufschlägen ua) rechnet. – Irreführend ist es, neben einem Barpreis einen um 10 % höheren Teilzahlungspreis anzukündigen, wenn weitere Finanzierungskosten verlangt werden (OLG Düsseldorf DB 1965, 100). – Zum Erfordernis einer Widerrufsbelehrung beim Teilzahlungskauf s. § 501 S. 1 BGB iVm § 495 I BGB iVm § 355 II BGB und BGH GRUR 1986, 816 – Widerrufsbelehrung bei Teilzahlungskauf zum Tatbestand des Rechtsbruchs iSd § 3a bei Verstoß gegen dieses Erfordernis → § 3a Rn. 1.318. – Der blickfangmäßig herausgestellten Angabe „bis zu 150 % Zinsbonus" in einer Werbung für eine Festgeldanlage entnimmt der Verkehr nicht, der Anlagebetrag werde mit 150 % pro anno verzinst (BGH GRUR 2007, 981 - 150 % Zinsbonus).

VI. Preisgegenüberstellung

1. Werbung mit empfohlenen Preisen

a) Kartellrechtliche Zulässigkeit von Preisempfehlungen. Preisempfehlungen waren bis   3.78
zum Inkrafttreten der 7. GWB-Novelle am 1.7.2005 grds. verboten (§ 22 GWB aF). Nur Hersteller von **Markenwaren** durften nach § 23 GWB aF unter bestimmten Voraussetzungen unverbindliche Preisempfehlungen für die Weiterveräußerung von Markenwaren (Legaldefinition in § 23 II GWB aF) aussprechen, die über den Handel abgesetzt wurden. Nur dann lag ein echter empfohlener Preis vor, den der Händler als Bezugsgröße in der Werbung verwenden durfte. Dabei galt die Ausnahme vom Empfehlungsverbot nur, wenn die Empfehlung „ausdrücklich als unverbindlich bezeichnet" wurde (§ 23 I Nr. 1 GWB aF).

Im Rahmen der **7. GWB-Novelle** sind die Bestimmungen über **Preisempfehlungen** in   3.79
§§ 22, 23 GWB aF ersatzlos **gestrichen worden,** weil auch das europäische Recht keine bes. Bestimmungen über Preisempfehlung für Markenwaren kennt (RegE GWB, BR-Drs. 441/04, 79). Auch eine klarstellende Regelung, die der Regierungsentwurf (§ 4) noch vorgesehen hatte, ist nicht Gesetz geworden. Mit ihr sollte deutlich gemacht werden, dass das Preisbindungsverbot „unbeschadet der Möglichkeit des Lieferanten (gilt), … Preisempfehlungen auszusprechen, sofern sich diese nicht infolge der Ausübung von Druck oder der Gewährung von Anreizen durch eine der Vertragsparteien tatsächlich wie Fest- oder Mindestpreise auswirken." – Die **neue kartellrechtliche Beurteilung** folgt nunmehr dem, was schon immer im europäischen Kartellrecht galt: Danach sind Preisempfehlungen zulässig, solange sie nicht unter das **Abstimmungsverbot** fallen, wobei die Abstimmung weder zwischen dem Empfehlenden und dem Empfehlungsempfänger noch zwischen den Empfehlungsempfängern untereinander vorliegen darf (vgl. Bunte/Nolte, Kartellrecht, 14. Aufl. 2022, AEUV Nach Art. 101 Rn. 466 ff.; Bunte/Bahr KartellR GWB Nach § 2 Rn. 324 ff.). Eine Abstimmung liegt vor, wenn die Preisempfehlung zu einem **abgestimmten Verhalten** führt. Dies ist bspw. der Fall, wenn in einem selektiven Vertriebssystem alle Vertragshändler den empfohlenen Preis fordern und der Lieferant die Vertragshändler durch Kontrollen, Anreize oder Sanktionen einer Preisdisziplin unterwirft (Bunte/ Nolte KartellR AEUV Nach Art. 101 Rn. 462 f.51).

b) Lauterkeitsrechtliche Beurteilung im Allgemeinen. Die **lauterkeitsrechtliche Beur-**   3.80
teilung der Werbung mit empfohlenen Preisen muss sich der neuen kartellrechtlichen Beurteilung anpassen. Daher kann nicht mehr auf die Grundsätze zurückgegriffen werden, die auf der Grundlage des alten Empfehlungsverbots entwickelt worden sind.

c) Grundsatz der lauterkeitsrechtlichen Beurteilung nach § 5. Die werbende Bezugnah-   3.81
me auf kartellrechtlich zulässige (→ Rn. 3.79) unverbindliche Preisempfehlungen eines Herstellers ist lauterkeitsrechtlich **grds. zulässig** (BGH GRUR 2004, 246 (247) – Mondpreise?; GRUR 2016, 961 Rn. 26 – Herstellerpreisempfehlung bei Amazon). Einzelhändler dürfen daher bei ihren Preisankündigungen wahrheitsgemäß auf einen unverbindlich empfohlenen Preis Bezug nehmen, um das eigene Angebot als preisgünstig herauszustellen. Die Bezugnahme auf den empfohlenen Preis besagt nicht, dass die Ware zu diesem Preis auch von anderen Händlern vertrieben wird, sondern bringt nur zum Ausdruck, dass der eigene Verkaufspreis niedriger als

der vom Hersteller sachgerecht errechnete und dem Handel empfohlene Preis ist (BGH GRUR 1966, 327 (332) – Richtpreiswerbung I).

3.82   **d) Irreführung.** Weil der Verkehr unter einer unverbindlichen Preisempfehlung diejenige eines Dritten (des Herstellers oder eines Vorlieferanten) gegenüber dem Werbenden versteht, ist eine „Preisempfehlung", die **vom Werbenden selbst** stammt, schon im Ausgangspunkt irreführend (OLG Frankfurt WRP 2016, 903 und WRP 2022, 1145). Im Übrigen ist die Bezugnahme auf eine unverbindliche Preisempfehlung des Herstellers als irreführend anzusehen, wenn **(1)** nicht klargestellt wird, dass es sich bei der Herstellerempfehlung um eine **unverbindliche** Preisempfehlung handelt (→ Rn. 3.83), **(2)** die Empfehlung nicht auf der Grundlage einer ernsthaften Kalkulation **als angemessener Verbraucherpreis** ermittelt worden ist (→ Rn. 3.85 ff.) oder **(3)** der vom Hersteller empfohlene Preis im Zeitpunkt der Bezugnahme **nicht als Verbraucherpreis in Betracht** kommt (→ Rn. 3.89 f.) oder **(4)** die Bezugnahme auf den empfohlenen Preis nach Form und Begleitumständen **nicht hinreichend klar und bestimmt** ist (→ Rn. 3.91 f.).

3.83   **aa) Keine Klarstellung unverbindlicher Preisempfehlung.** Die Bezugnahme auf eine Preisempfehlung des Herstellers ist als irreführend anzusehen, wenn nicht klargestellt wird, dass es sich um eine **unverbindliche** Preisempfehlung handelt (BGH GRUR 2000, 436 (437) – Ehemalige Herstellerpreisempfehlung; GRUR 2003, 446 – Preisempfehlung für Sondermodelle; GRUR 2004, 246 (247) – Mondpreise?). Dagegen verstößt die Ankündigung „20 % unter dem unverbindlich empfohlenen Preis" bei einer Markenware nicht deshalb gegen § 5, weil Teile des Verkehrs annehmen, es handele sich – wenn auch nicht um einen gebundenen, so doch – um einen Preis, an den sich die Einzelhändler weitgehend halten. Diese irrige Auffassung ist nicht schutzwürdig, weil der Begriff **„unverbindlich empfohlener Preis"** die Unverbindlichkeit der Preisempfehlung eindeutig kennzeichnet. Der Begriff entspricht im Übrigen der Preiskennzeichnung, die bis 2005 im Falle von Preisempfehlungen kartellrechtlich vorgeschrieben war (§ 23 I Nr. 1 GWB aF; vgl. BGHZ 42, 134 (135) = GRUR 1965, 96 – „20 % unter dem empfohlenen Richtpreis"; BGH GRUR 1980, 108 – „… unter empf. Preis"; GRUR 1981, 137 (138) – Tapetenpreisempfehlung). Andererseits muss der empfohlene Preis ein ernsthaft kalkulierter, realistischer Endverbraucherpreis sein (→ Rn. 3.85).

3.84   Der Umstand, dass bis Juni 2005 Preisempfehlungen nur zugelassen waren, wenn sie „ausdrücklich als unverbindlich bezeichnet" waren (§ 23 I Nr. 1 GWB aF), hat in der Vergangenheit zu einer **relativ kleinlichen Beurteilung** auch der Frage der Irreführung geführt, und zwar dann, wenn der in der Werbung für einen empfohlenen Preis gewählte Begriff von dem gesetzlich erlaubten abwich. Während vor Einführung des § 23 I Nr. 1 GWB aF bzw. der Vorgängernorm im Jahre 1980 auch der Zusatz **„unter empfohlenem Richtpreis"** zugelassen worden war, weil dessen häufiger Gebrauch Irrtümer ausschließe, so dass kein schutzwürdiges Interesse des Publikums an einem Verbot bestehe (BGHZ 42, 134 (139) = GRUR 1965, 96 - 20 % unter dem empfohlenen Richtpreis; BGHZ 45, 115 (128) = GRUR 1966, 327 – Richtpreiswerbung I), hielt man eine solche Abweichung vom gesetzlich geforderten Ausdruck unter Geltung des § 23 I Nr. 1 GWB aF für bedenklich, ebenso Hinweise wie **„unverbindlicher Richtpreis"**, „Inlands-Richtpreis" oder **„empfohlener Richtpreis"** (OLG Düsseldorf WRP 1982, 224). Unter der **Geltung des neuen Kartellrechts** kommt es nur noch darauf an, dass empfohlene Preise **nicht als verbindlich dargestellt** werden; eine bestimmte Wortwahl ist nicht mehr erforderlich (BGH GRUR 2007, 603 – UVP); dem informierten, angemessen aufmerksamen und verständigen Durchschnittsverbraucher sei bekannt, dass Preisempfehlungen üblicherweise vom Hersteller ausgesprochen würden und unverbindlich sei. Die **Bezeichnung „UVP"** hat der BGH nicht als irreführend beanstandet (BGH GRUR 2007, 603 – UVP). Die Bezeichnung „unverbindlich empfohlener Preis" kennzeichnet die Unverbindlichkeit einer Preisempfehlung eindeutig; eine sich dennoch bildende Fehlvorstellung ist rechtlich nicht schutzwürdig (BGH GRUR 2014, 403 – DER NEUE).

3.85   **bb) Kein angemessener Verbraucherpreis. (1) Keine ernsthafte Kalkulation.** Die Bezugnahme auf eine unverbindliche Preisempfehlung des Herstellers ist dann als irreführend anzusehen, wenn die Empfehlung nicht auf der Grundlage einer ernsthaften Kalkulation als angemessener Verbraucherpreis ermittelt worden ist (BGH GRUR 2000, 436 (437) – Ehemalige Herstellerpreisempfehlung; GRUR 2003, 446 – Preisempfehlung für Sondermodelle; GRUR 2004, 426 (427) – Mondpreise?). Denn bei einem unverbindlich empfohlenen Preis geht der

Verbraucher davon aus, dass es sich um einen vom Hersteller auf Grund **ernsthafter Kalkulation** ermittelten, angemessenen Verbraucherpreis handelt, der den auf dem Markt allgemein üblich gewordenen Durchschnittspreis für die Ware nicht in einem solchen Maß übersteigt, dass er nur noch eine Fantasiegröße darstellt (BGHZ 45, 115 (128) – Richtpreiswerbung I; BGH GRUR 1966, 333 (335) – Richtpreiswerbung II; GRUR 1966, 686 – Richtpreiswerbung III mAnm Knopp; GRUR 1980, 108 (109) – „… unter empf. Preis"; GRUR 1981, 137 (138) – Tapetenpreisempfehlung; GRUR 1983, 661 (663) – Sie sparen 4.000 DM; GRUR 1987, 367 (371) – Einrichtungs-Pass; GRUR 2000, 436 (437) – Ehemalige Herstellerpreisempfehlung; GRUR 2004, 236 (237) – Mondpreise?). Ein vom Hersteller willkürlich festgesetzter Fantasiepreis („Mondpreis") ist kein empfohlener Preis. Er wird dem Händler in Wahrheit nicht als Preis empfohlen, sondern soll ihm nur die Werbung erleichtern.

Der Verbraucher rechnet mit einem **marktgerechten Preis als angemessenem Verbraucherpreis**, der die ernstliche Preisvorstellung des Herstellers wiedergibt. Er wird daher durch einen willkürlich empfohlenen Preis irregeführt. Zum „Mondpreis" wird ein empfohlener Preis freilich noch nicht dadurch, dass er über dem normalen Verkaufspreis liegt. Einen empfohlenen Preis für Uhren, der 100 % über dem Händlereinkaufspreis lag, hat der BGH jedoch als „Mondpreis" beurteilt (BGHZ 45, 115 (128) – Richtpreiswerbung I). Im Allgemeinen ist die Höhe der Spanne jedoch nur ein Indiz für einen Fantasiepreis; entscheidend ist die konkrete **Wettbewerbslage auf dem relevanten Markt,** die je nach Branche, Zeitpunkt und Wettbewerbsintensität sehr verschieden sein kann. Daher müssen auch hohe Handelsspannen die Marktbedeutung einer Preisempfehlung nicht ausschließen. So ist bspw. ein von 50 % der Händler eingehaltener, unverbindlich empfohlener Wiederverkaufspreis nicht als Mondpreisempfehlung ohne Marktbedeutung angesehen worden, obwohl er dem Einzelhändler einen Aufschlag von ca. 150 % auf den tatsächlich gewährten Großhandelsabgabepreis ermöglichte (BGH GRUR 1981, 137 (139) – Tapetenpreisempfehlung). – Irreführend ist eine Preisempfehlung zB, wenn der tatsächlich im Markt geforderte Preis über ein Jahr hinweg lediglich knapp über der Hälfte der Preisempfehlung lag und nicht nur vereinzelt auch darunter liegende Preise mit Nachlässen von mehr als 50 % verlangt wurden (OLG Köln WRP 2022, 1409; s. auch LG Frankfurt a. M. WRP 2022, 1312).

Die Gegenüberstellung mit einem niedrigeren eigenen Preis des Händlers führt über die   **3.87** Preisgünstigkeit des Angebots im Marktvergleich irre, wenn es nur einen **Alleinvertriebsberechtigten** und damit weder einen Markt gibt, für den die Preisempfehlung eine Hilfe sein könnte, noch einen Marktpreis, der der Empfehlung entspricht oder nahe kommt (BGH GRUR 2002, 95 (96) – Preisempfehlung bei Alleinvertrieb). An einer „echten" Empfehlung des Herstellers kann es auch dann fehlen, wenn der Hersteller den Preis nach dem Wunsch eines Händlers festgesetzt hat (OLG Hamm WuW/E OLG 777, 779). – Irreführend ist es, einen Preis als „vom Hersteller empfohlenen Endverkaufspreis" zu bezeichnen, wenn der Hersteller die Ware unter Ausschaltung des Großhandels direkt an ein einziges Einzelhandelsunternehmen liefert, in den Betrag aber gleichwohl eine Großhandelsspanne eingerechnet hat (BGH GRUR 1966, 686 (688) – Richtpreiswerbung III mAnm Knopp). – Beliefert ein Hersteller außer Einzelhändlern auch den Großhandel, sind die von ihm empfohlenen Preise nicht deshalb als „Mondpreise" zu beanstanden, weil sie unter Einkalkulierung einer Großhandelsspanne errechnet wurden (OLG Düsseldorf WuW/E OLG 829).

Nach der 7. GWB-Novelle fehlt eine gesetzliche Bestimmung, die Empfehlungen nur dann   **3.88** zulässt, wenn „der empfohlene Preis dem von der Mehrheit der Empfehlungsempfänger voraussichtlich geforderten Preis entspricht" (§ 23 I Nr. 2 GWB aF). Diese Lücke kann allerdings weitgehend mit Hilfe des § 5 geschlossen werden. Denn die Erwartung der Verbraucher geht unverändert dahin, dass es sich bei den empfohlenen Preisen um ernsthaft kalkulierte, realistische Endverbraucherpreise handelt.

(2) Zeitpunkt der Bezugnahme. Die Bezugnahme auf eine unverbindliche Preisempfehlung des Herstellers ist dann als irreführend anzusehen, wenn der vom Hersteller empfohlene   **3.89** Preis im Zeitpunkt der Bezugnahme nicht (mehr) als Verbraucherpreis in Betracht kommt (BGH GRUR 2000, 436 (437) – Ehemalige Herstellerpreisempfehlung; GRUR 2003, 446 – Preisempfehlung für Sondermodelle; GRUR 2004, 426 (427) – Mondpreise?; GRUR 2016, 961 Rn. 27 – Herstellerpreisempfehlung bei Amazon). Abzustellen ist für die Marktbedeutung eines empfohlenen Preises auf den Zeitpunkt, zu dem auf ihn in der Werbung Bezug genommen wird. Hat ein empfohlener Preis durch die **spätere Entwicklung der Marktpreise** seine Eignung verloren, als Preisempfehlung zu dienen, kommt er also als Verbraucherpreis nicht mehr in

Betracht und darf vom Händler nicht mehr als Bezugsgröße in der Werbung verwendet werden. Der empfohlene Preis muss im Zeitpunkt des Vergleichs noch den wirklichen Verkaufspreisen für gleiche und gleichartige Waren auf dem Markt entsprechen und ernsthaft als Verbraucherpreis in Betracht kommen.

3.90   Ein Vergleich der eigenen Preise mit einer **ehemaligen unverbindlichen Preisempfehlung des Herstellers** ist grds. nicht irreführend, wenn die unverbindliche Preisempfehlung als ehemalige, nicht mehr gültige Herstellerempfehlung kenntlich gemacht wird und früher tatsächlich bestanden hat, also zurzeit ihrer Gültigkeit den oben angeführten Anforderungen (→ Rn. 3.85 ff.) entsprach (BGH GRUR 2000, 436 (437) – Ehemalige Herstellerpreisempfehlung). Auch eine frühere Preisempfehlung kann nämlich für die Preisüberlegungen der Umworbenen eine sachgerechte Orientierungshilfe sein. Das ist zB der Fall, wenn der Umworbene, der am Erwerb eines als Auslaufmodell bezeichneten Produkts interessiert ist, das Ausmaß der Preisherabsetzung einschätzen will. Doch ist die Bezugnahme auf die ehemalige unverbindliche Preisempfehlung irreführend, wenn es nicht die zuletzt gültige Preisempfehlung war.

3.91   **cc) Unklare oder unbestimmte Bezugnahme auf den empfohlenen Preis.** Die Bezugnahme auf den empfohlenen Preis muss nach Form und Begleitumständen **klar und bestimmt** sein (BGHZ 45, 115 (128) = GRUR 1966, 95 – Richtpreiswerbung I; OLG Bremen WRP 1983, 408 f.). Die Werbung **„nur zum Teil bis zu 25 % unter dem empfohlenen Richtpreis"** ist als zu unbestimmt für unzulässig gehalten worden, weil sie dem Verbraucher nicht die notwendige Information an die Hand gebe (OLG Frankfurt GRUR 1968, 320 – Großeinkauf). Dagegen ist die Werbung mit Vergünstigungen **„bis zu 50 % unter dem empfohlenen Preis"** für unbedenklich angesehen worden (OLG Hamm WuW/E OLG 1859). – Als unzulässig wurde es angesehen, die unverbindliche Preisempfehlung für eine Originalware dem eigenen Preis für eine von der Originalware abweichende Ware gegenüberzustellen, auch wenn keine Qualitätsminderung vorliegt (KG WRP 1985, 488). Diese Entscheidung ist jedoch im Hinblick auf die Regelung der vergleichenden Werbung (§ 6) überholt. – Die Werbung **„Wahnsinn für nur …"** ist irreführend, wenn der „Wahnsinnspreis" der unverbindlichen Preisempfehlung des Herstellers entspricht (OLG Düsseldorf GRUR 1988, 712). – **Die Bezeichnung „UVP"** hat der BGH nicht als irreführend beanstandet (BGH GRUR 2007, 603 – UVP).

3.92   Ein in Bezug genommener Preis darf **nicht mehrdeutig** sein. Irreführend ist es daher, wenn ein Kfz-Händler seinem Preis für einen Gebrauchtswagen einen höheren Neupreis gegenüberstellt, ohne anzugeben, ob dieser die unverbindliche Preisempfehlung des Herstellers, der eigene frühere Neuwagenpreis oder der Neuwagenpreis eines anderen Herstellers ist (OLG Stuttgart WRP 1997, 873 (876)). – Der empfohlene Herstellerpreis muss **zutr. in Bezug genommen** werden. Die Werbung mit einer unrichtigen, insbes. zu hoch angegebenen Herstellerpreisempfehlung ist irreführend. Auch kommt es nicht darauf an, ob aus dem weiteren Inhalt der Anzeige auf die Unrichtigkeit der Preisempfehlung geschlossen werden kann (BGH GRUR 2001, 78 (79) – Falsche Herstellerpreisempfehlung; OLG Zweibrücken OLGR 2003, 78 (80), bestätigt BGH GRUR 2005, 689 (690) – Sammelmitgliedschaft III).

3.93   **e) Darlegungs- und Beweislast.** Für Ansprüche wegen irreführender Werbung mit bestehenden **unverbindlichen Herstellerpreisempfehlungen** trägt der Kläger nach den insoweit geltenden allgemeinen Grundsätzen (dazu BGH GRUR 1997, 229 (230) – Beratungskompetenz) die volle Darlegungs- und Beweislast für die rechtsbegründenden Tatsachen, während der Beklagte für diejenigen Umstände darlegungs- und beweispflichtig ist, die den rechtsbegründenden Tatsachen ihre Bedeutung oder Grundlage nehmen (BGH GRUR 2003, 446 – Preisempfehlung für Sondermodelle; GRUR 2004, 246 (247) – Mondpreise?; Teplitzky Wettbewerbsrechtliche Ansprüche/Schwippert Kap. 47 Rn. 30 ff.). Danach trägt der Kläger auch für die Behauptung, dass eine Werbung mit einer bestehenden unverbindlichen Preisempfehlung des Herstellers im Hinblick auf die Marktverhältnisse zur Irreführung geeignet ist, die volle Darlegungs- und Beweislast (BGH GRUR 2004, 246 (247) – Mondpreise?). Ihm kommen dabei jedenfalls dann keine Darlegungs- und Beweiserleichterungen durch prozessuale Erklärungspflichten des Beklagten nach dem Gebot redlicher Prozessführung (§ 242 BGB) zugute, wenn er die Marktverhältnisse ebenso ermitteln kann wie der Beklagte (BGH GRUR 2004, 246 (247) – Mondpreise?).

2. Werbung mit Listenpreisen oder Katalogpreisen, Prinzip der Preislistentreue

a) Begriff. Als **Listenpreis** oder **Katalogpreis** kann ein gebundener, empfohlener oder der **3.94** frühere eigene Preis des Händlers verstanden werden (BGHZ 42, 134 (135) = GRUR 1965, 96 – „20 % unter dem empfohlenen Richtpreis").

b) Irreführung. Die Bezugnahme auf einen so vieldeutigen Begriff wie den **„Listenpreis"** **3.95** oder **„Katalogpreis"** ist geeignet, den Verbraucher irrezuführen, es sei denn, dass der Werbende genau angibt, um welchen Preis es sich handelt. Eine Irreführung scheidet auch dann aus, wenn jede Deutungsalternative der Wahrheit entspricht, also sowohl der empfohlene Preis als auch der bisherige Eigenpreis mindestens gleich dem „Listenpreis" ist (GK/Lindacher/Peifer Rn. 633 und 737). Eine Irreführung mit Listenpreisen liegt insbes. dann vor, wenn ein vom Werbenden behaupteter Listenpreis gar nicht besteht oder wenn er dem Kunden den Eindruck vermittelt, ihm werde ein Vorzugspreis eingeräumt, obwohl generell zu diesem niedrigeren Preis verkauft wird (GK/Lindacher/Peifer Rn. 680; Ohly/Sosnitza/Sosnitza Rn. 487).

Einem Unternehmer ist es, soweit er keinem Diskriminierungsverbot unterliegt, nicht ver- **3.96** wehrt, **mehrere Preislisten** für verschiedene Kundengruppen zu führen und von einer Preisliste abzuweichen (→ Rn. 3.36, → Rn. 3.44). Auf der Hand liegt, dass ein Unternehmer nicht behaupten darf, nur nach **einer Preisliste** anzubieten, während er in Wahrheit **mehrere unterschiedliche Preislisten** verwendet und auch zu anderen Preisen anbietet. Aber auch wenn er eine solche Behauptung nicht ausdrücklich aufstellt, wird er doch häufig diesen Eindruck erwecken. Gleiches gilt, wenn jemand behauptet, nach einer Konzernpreisliste zu verkaufen, obwohl er sich in Wahrheit nicht an diese Liste hält. Dass ein Unternehmer für Wiederverkäufer eine andere Preisliste verwendet als für einen Endverbraucher, muss er auf keinen Fall offenbaren, es sei denn, er spiegelt dem Endverbraucher vor, dass er ihm Großhandelspreise berechnet (Harmsen WRP 1969, 357 (359)).

Gelegentlich werden **Preislisten** – etwa im Impressum einer Zeitschrift – in einer Weise näher **3.97** bezeichnet, die eine gewisse Verbindlichkeit andeuten soll (bspw. „Verbindliche Anzeigenpreis gültig ab …"). Eine solche Bezeichnung führt nicht dazu, dass dem so werbenden Unternehmen jedes **Abweichen von der Preisliste** als unlautere geschäftliche Handlung zum Vorwurf gemacht werden kann. Insbesondere ist der Hinweis auf die Preisliste nicht schon deswegen irreführend, weil gelegentlich günstigere Preise gewährt werden. Das **Prinzip der Preislistentreue**, das im Zeitungswesen lange Zeit als eine Art Diskriminierungsverbot und damit zur Preisdisziplinierung von preisaktiven Wettbewerbern eingesetzt worden ist (BGH GRUR 1958, 487 (489) – Antibiotica; KG NJWE-WettbR 2000, 153 (154); vgl. auch Gloy/Loschelder/Danckwerts WettbR-HdB/Ahrens § 70 Rn. 113), hat im geltenden Recht keine Grundlage mehr (→ § 4 Rn. 4.198; aA Bodendorf/Nill AfP 2005, 251 ff.). Das Irreführungsverbot kommt erst dann zum Zug, wenn eine konkrete unwahre Angabe gemacht wird („noch kein Kunde hat von uns auf diese Preise einen Rabatt bekommen"). Aber selbst dann ist zu berücksichtigen, dass vor allem der gewerbliche Nachfrager derartigen Behauptungen keine große Bedeutung beimessen wird. Rechnet er doch nicht damit, dass ihm sein Verhandlungspartner offenherzig über die seinen Konkurrenten gewährten Preise Auskunft geben wird.

3. Werbung mit Preisen der Konkurrenz

Für die Werbung mit Preisen der Konkurrenz gelten in erster Linie die Regelungen zur **3.98** **vergleichenden Werbung** (§ 6; § 5 IV Alt. 1). Dort ist der Preis in § 6 II Nr. 2 gesondert aufgeführt. Auch die Werbung mit Preisen der Konkurrenz unterliegt daher einem Irreführungsverbot. Unwahre Preisvergleiche sind stets irreführend nach § 5 III Alt. 1 und unlauter nach § 6 II Nr. 2 (eingehend → § 6 Rn. 52). Der Preisvergleich ist zwar nicht auf identische (zB Vergleich von Markenartikelpreisen durch Händler) oder homogene Produkte beschränkt. Er ist aber dann unzulässig, wenn er sich nicht auf **vergleichbare Waren oder Dienstleistungen** iSd § 6 II Nr. 1 bezieht (→ § 6 Rn. 52). Daher ist ein Preisvergleich zwischen zwei Produkten irreführend, wenn zwischen den Produkten nicht unwesentliche Qualitätsunterschiede bestehen (OLG Frankfurt GRUR-RR 2001, 89; → § 6 Rn. 98) oder wenn die Vergleichsgrundlage nicht hinreichend deutlich gemacht wird (OLG Frankfurt GRUR-RR 2005, 128: Vergleich von Telefontarifen gilt nur für Preselection-, nicht für Call-by-Call-Angebot; vgl. auch OLG Frankfurt MMR 2005, 463: Vergleich irreführend, wenn verschwiegen wird, dass für die Inanspruchnahme des günstigen Tarifs ein Prepaid-Konto mit einem bestimmten Guthaben eingerichtet werden muss). Beispielsweise ist die Werbebehauptung eines Pharmaherstellers, **sein Präparat**

sei preisgünstiger als die Konkurrenzpräparate, als irreführend angesehen worden, weil die konkurrierenden Arzneimittel nicht in allen den verschreibenden Arzt und den Patienten interessierenden Punkten gleichwertig waren (OLG Düsseldorf WRP 1990, 177 (179)). Irreführend ist auch der Slogan „Ihre Versandapotheke mit den günstigen Medikamenten", wenn der Werbende bisher verschreibungspflichtige Arzneimittel nicht günstiger angeboten hat als andere Apotheken (BGH PharmR 2017, 76).

3.99   Generell gilt, dass ein **Preisvergleich** immer dann irreführend ist, wenn sich die **preisrelevanten Konditionen** der Wettbewerber **unterscheiden** und auf diese Unterschiede nicht deutlich und unmissverständlich hingewiesen wird (BGH GRUR 2010, 658 Rn. 16 – Paketpreisvergleich; GRUR 2011, 742 Rn. 33 ff. – Leistungspakete im Preisvergleich; ferner → § 6 Rn. 116, 119). So ist es für unzulässig gehalten worden, dass ein Anbieter von ISDN-Anschlüssen das von ihm geforderte monatliche Grundentgelt mit einem tatsächlich nicht verlangten Grundentgelt eines Mitbewerbers verglich, das er als Durchschnittspreis für zwei unterschiedliche Versionen ermittelt hatte (OLG Hamburg NJWE-WettbR 2000, 109; vgl. auch LG Berlin WRP 2020, 136: irreführender Vergleich von Strompreisen durch Gegenüberstellung von **Einzähler- und Zweizählertarif**). Irreführend ist es auch, als Vergleichsmaßstab einen **nicht ernstlich in Betracht kommenden Tarif** – hier: den gesetzlich vorgeschriebenen Grundversorgungstarif für Gas nach § 36 EnWG – heranzuziehen (LG Mainz WRP 2021, 550). Andererseits dürfen an den **Preisvergleich** auch keine übertriebenen Anforderungen gestellt werden: So ist nicht zu beanstanden, wenn die **Tarife für den Internetzugang** denen eines Konkurrenten gegenüberstellt und dabei nicht alle Besonderheiten der jeweiligen Tarifstruktur im Detail herausgestellt werden. Bietet der verglichene Konkurrent etwa in einer Sonderaktion für die ersten Monate die Befreiung von der Monatsgebühr an, reicht es zur Ausräumung einer Irreführungsgefahr aus, wenn der Vergleich der regulären Tarife einen Hinweis darauf enthält, dass zeitlich befristete Sonderpreisvorteile im Angebot des Mitbewerbers keine Berücksichtigung gefunden haben (vgl. OLG Frankfurt MMR 2005, 53 (54)).

3.100   In den Vergleich darf außerdem nur der jeweils **aktuelle Preis des Mitbewerbers** einbezogen werden. Irreführend ist daher die Bezugnahme auf einen nicht aktuellen Preis (OLG Nürnberg WRP 2019, 128) oder einen Preis, den der Mitbewerber in der Vergangenheit verlangt hat, wenn der Werbende selbst in diesem Zeitpunkt das fragliche Produkt noch gar nicht angeboten hatte (OGH GRUR-Int. 2001, 776 (780)). Denn es ist nicht auszuschließen, dass der Mitbewerber später auf Grund des Konkurrenzverhältnisses seine Preise gesenkt hat. Irreführend ist auch eine vergleichende Preiswerbung eines Telefondienstanbieters, wenn die Tarife mit Preisen und Geltungsbereich zwar richtig angegeben sind, aber nicht deutlich wird, dass sich der Vergleich nur auf einen (eng) **begrenzten Zeitraum** der verglichenen Tarife bezieht (OLG Hamburg GRUR-RR 2005, 131). Irreführend ist auch der Preisvergleich eines Stromanbieters, wenn sich sein günstigerer Preis nur durch Einbeziehung eines zeitlich begrenzten Neukundenbonus ergibt (OLG Frankfurt WRP 2017, 616). Der Preisvergleich muss auch berücksichtigen, ob der Wettbewerber, mit dessen Preisen der Werbende sein Angebot vergleicht, im fraglichen Zeitpunkt neben dem im Vergleich angeführten Angebot **noch günstigere Angebote im Sortiment** hat, die ähnlich viel oder mehr bieten als das Produkt des Werbenden (BGH GRUR 2011, 742 Rn. 36 – Leistungspakete im Preisvergleich).

3.101   Der **Preisvergleich** braucht sich nicht auf einzelne Waren zu beziehen, er kann auch ein **ganzes Warensortiment** – etwa einen Korb mit verschiedenen Waren – betreffen (EuGH Slg. 2006, I-8501 Rn. 36 = GRUR 2007, 69 – Lidl/Colruyt). Auch wenn die Waren des Warenkorbs nicht identisch sein müssen, müssen sie doch nach Qualität und Menge hinreichend austauschbar sein (EuGH EuGH Slg. 2006, I-8501 Rn. 26 = GRUR 2007, 69 – Lidl/Colruyt). Nachprüfbar ist ein solcher Vergleich nur, wenn der verglichene Mitbewerber genannt wird und die Verbraucher die Preisangaben selbst überprüfen können (EuGH Slg. 2006, I-8501 Rn. 74 = GRUR 2007, 69 – Lidl/Colruyt). Er ist irreführend, wenn nicht deutlich wird, dass der Vergleich sich nur auf Auswahl und nicht auf alle Produkte des Werbenden bezieht (EuGH Slg. 2006, I-8501 Rn. 83 = GRUR 2007, 69 – Lidl/Colruyt).

3.102   Stellt ein Unternehmer seine Preise den (höheren) Preisen eines Wettbewerbers gegenüber, stellt sich die Frage, **wer in einer prozessualen Auseinandersetzung darlegen muss,** dass sich bei dem (höheren) Preis des Wettbewerbers um dessen regelmäßig verlangten Preis handelt. Der beklagte Unternehmer muss – soviel steht fest – darlegen, dass der in seiner Werbung genannte Preis des Wettbewerbers von diesem tatsächlich verlangt worden ist. Ist dies der Fall, kann der Wettbewerber die Nennung dieses Preises in der Werbung seines Konkurrenten nicht schon mit der Begründung unterbinden, dass er an der **Geheimhaltung dieses Preises** ein schützenswertes Interesse habe (BGH GRUR 2013, 1058 Rn. 28 – Kostenvergleich bei Honorarfactoring). Handelt es sich um ein Produkt, das üblicherweise zum selben Preis abgegeben wird – das ist bei Dienstleistungen seltener der Fall als bei Waren –, ist es nun Sache des klagenden Wettbewerbers, darzulegen und zu beweisen, dass es sich bei dem angeführten Preis nicht um den von ihm regelmäßig verlangten Preis handelt; denn der Kläger kann diese Frage offensichtlich besser beantworten als der Beklagte (BGH GRUR 2013, 1058 Rn. 23 – Kostenvergleich bei Honorarfactoring). Auch auf ein besonderes Geheimhaltungsinteresse kann sich der Kläger in einem solchen Fall nicht berufen (BGH GRUR 2013, 1058 Rn. 31 – Kostenvergleich bei Honorarfactoring). Zu den standardisierten Dienstleistungen, die regelmäßig in einer festen Preisstruktur angeboten werden, zählt der BGH die typischen Handwerksleistungen oder die im Massengeschäft angebotenen Finanzprodukte, darunter auch das Factoring freiberuflicher Honorarforderungen (BGH GRUR 2013, 1058 Rn. 26 – Kostenvergleich bei Honorarfactoring).

Preisvergleiche, die den **Mitbewerber nicht erkennen lassen** und die daher außerhalb **3.103** des Anwendungsbereichs der Regelung der vergleichenden Werbung in § 6 I sind, gleichwohl aber den Eindruck einer objektiven Vergleichserhebung und Marktübersicht vermitteln, sind unzulässig, weil der Verkehr mangels Kenntnis der Namen der Mitbewerber und der in den Preisvergleich einbezogenen einzelnen Produkte die Vollständigkeit und Richtigkeit des Preisvergleichs nicht überprüfen kann. In solchen Fällen wird dem Verkehr eine Marktübersicht nur vorgespiegelt, tatsächlich aber nicht verschafft (BGH GRUR 1996, 983 (985) – Preisvergleich II/Dauertiefpreise; WRP 1996, 1097 (1098) – Preistest; EuGH Slg. 2006, I-8501 Rn. 74 = GRUR 2007, 69 – Lidl/Colruyt). Nachdem auf Grund der Regelung über die vergleichende Werbung eine Bezugnahme auf Mitbewerber zulässig ist, besteht auch **keine Veranlassung** mehr, derartige **Vergleiche verdeckt zu veranstalten.** Denn verdeckte Vergleiche haben nicht nur den Nachteil, dass sie kaum auf ihre Richtigkeit und Vollständigkeit hin überprüft werden können; sie bergen auch die Gefahr, dass der Verkehr eine schlechte Leistung einem anderen Mitbewerber zuschreibt als dem, dessen Leistungen tatsächlich verglichen worden sind.

Keinen Bedenken begegnet dagegen die Werbeaussage eines Anbieters, bei ihm seien die **3.104** Waren einer bestimmten Kategorie **„bis zu … €"** oder **„bis zu …%" billiger als bei der Konkurrenz,** sofern er sämtliche Waren dieser Kategorie billiger als der Wettbewerb anbietet und der Höchstsatz bei einem ins Gewicht fallenden Teil dieser Warengattung erreicht wird (BGH GRUR 1983, 257 (258) – bis zu 40%; GK/Lindacher/Peifer Rn. 644). So ist die Werbeaussage einer Buchgemeinschaft „Bei Büchern z. B. sparen Sie bis zu 40% gegenüber den inhaltlich gleichen, aber anders gestalteten Buchhandelsausgaben" nicht als irreführend beanstandet worden, weil der Preis der Buchgemeinschaftsausgaben stets unter dem Preis der normalen Buchausgaben lag und 15% der Titel um mindestens 40%, 25% der Titel um mehr als 35% und ein nicht unerheblich darüber liegender Teil der Titel um mehr als 30% verbilligt war (BGH GRUR 1983, 257 – bis zu 40%). – Werbeaussagen mit Preisgegenüberstellung, die eine **„Ersparnis, wenn Sie bei uns kaufen"** in Aussicht stellen, werden auch bei Benennung einer Herstellerpreisempfehlung als konkurrentenbezogene Preisberühmung verstanden (BGH GRUR 1968, 443 (444 f.) – 40% können Sie sparen). – Preisvergleiche dürfen außerdem die Konkurrenz nicht **herabsetzen** oder **verunglimpfen.** Zu den insoweit geltenden Anforderungen an vergleichende Werbung → § 6 Rn. 74 ff. (mit Bezugnahme auf bestimmte Mitbewerber) und → § 4 Rn. 4.153 (ohne Bezugnahme).

4. Eigenpreisgegenüberstellung

a) Begriff. Häufig kommt es vor, dass Werbende ihren derzeit geforderten Preisen die zuvor **3.105** von ihnen geforderten (höheren) **Preise gegenüberstellen.** Diese Gegenüberstellung geschieht zB in der Form, dass der alte höhere Preis durchgestrichen und daneben ein neuer, niedrigerer Preis gesetzt wird. Maßgebend für die Frage, ob mit einer **Preisherabsetzung** geworben wird, ist die Auffassung des Durchschnittswerbeadressaten. Eine Werbeaussage „Jetzt nur 5 €" versteht er als Preisherabsetzung im Vergleich zu einem zuvor geforderten Preis (BGH GRUR 2000, 337 – Preisknaller). Wird für eine **Gattungsware** mit einer Preisherabsetzung geworben, bezieht der Verkehr die behauptete Preisherabsetzung nicht allein auf das konkret angebotene Einzelstück, sondern auf alle angebotenen Waren vergleichbarer Güte und Qualität (BGH GRUR 1999, 507 (508) – Teppichpreiswerbung). Zur „statt-Preis-Werbung" → Rn. 3.180, zur Werbung mit dem Begriff „regulärer Preis" → Rn. 3.177, zum Vergleich der Preise verschiedener Waren im Sortiment eines Händlers BGH GRUR 2007, 896 – Eigenpreisvergleich.

3.106   **b) Grundsätze des Verbots und Schwierigkeit der Durchsetzung. aa) Irreführende Eigenpreisgegenüberstellung.** Der Unternehmer ist in seiner Preisgestaltung grds. frei (Grundsatz der **Preisgestaltungsfreiheit;** → Rn. 3.34, 3.36 und → § 4 Rn. 4.184). Er kann seine Preise daher nach freiem Belieben herauf- und herabsetzen. So ist denn auch eine Werbung mit einer Preisherabsetzung im Allgemeinen wettbewerbskonform, da es dem Interesse eines jeden Unternehmens entspricht, eine Preisherabsetzung öffentlich bekannt zu machen. In jedem Fall muss aber streng darauf geachtet werden, dass die potenziellen Abnehmer nicht irregeführt werden. Die Werbung mit einer Preisherabsetzung hat nämlich ein hohes Irreführungspotenzial, da der Eindruck vermittelt wird, es handele sich um ein bes. günstiges Angebot (Begr. RegE zu § 5, BT-Drs. 15/1487, 20).

3.107   **bb) Schwierigkeiten bei der Durchsetzung von Abwehransprüchen.** Das **Irreführungspotenzial,** das von unzutr. Eigenpreisgegenüberstellungen ausgeht, ist noch aus einem weiteren Grund bes. gefährlich. In der Praxis bestehen große Schwierigkeiten, einem derartigen **Missbrauch auf die Spur zu kommen.** Denn die Mitbewerber sind idR nicht in der Lage, ständig über das Preisverhalten ihrer Konkurrenten Buch zu führen. Für Wettbewerbsvereine und Verbraucherverbände gilt nichts anderes. Auch sie können Preisbewegungen im Handel nicht in einer Weise dokumentieren, die es ihnen im Falle eines Missbrauchs erlauben würde, ihren Unterlassungsanspruch sofort geltend zu machen. In der Vergangenheit bedeutete dies, dass in derartigen Fällen wegen der klaren Darlegungs- und Beweislast des Gläubigers – er muss die irreführende Werbung dartun und notfalls beweisen – die Durchsetzung von Abwehransprüchen oft scheiterte. Hier soll nun die **doppelte Vermutung des § 5 V** greifen: Vermutung der Irreführung (§ 5 V 1; → Rn. 3.120) und Beweislastumkehr hins. des Umstands, dass der frühere Preis überhaupt und, wenn ja, für eine angemessene Zeit gefordert worden ist (§ 5 V 2; → Rn. 3.114). – Eine **neue Vorschrift** für die Eigenpreisgegenüberstellung enthält § 11 PAngV, die der Umsetzung des Art. 2 Nr. 1 RL (EU) 2019/2161 eingeführten Art. 6a Preisangaben-RL dient (dazu Sosnitza WRP 2021, 440). Danach hat, wer zur Angabe des Gesamtpreises verpflichtet ist, gegenüber Verbrauchern bei jeder **Bekanntgabe einer Preisermäßigung** den niedrigsten Preis anzugeben, den er innerhalb der letzten 30 Tage vor der Anwendung der Preisermäßigung gegenüber Verbrauchern angewendet hat.

3.108   § 5 V ist **nicht der erste Versuch** des Gesetzgebers, den bes. Missbrauchsgefahren bei Eigenpreisgegenüberstellungen Herr zu werden. Von 1986–1994 gab es eine Bestimmung, die das Kind mit dem Bade ausschüttete: Nach **§ 6e aF** waren in der Werbung herausgestellte Eigenpreisvergleiche generell untersagt. Die Bestimmung wurde allerdings vom BGH derart restriktiv ausgelegt, dass sie kaum Wirkung entfalten konnte (vgl. BGHZ 105, 89 – Schilderwald; BGH GRUR 1988, 836 – Durchgestrichener Preis; GRUR 1989, 446 – Preisauszeichnung; GRUR 1989, 848 – Kaffeepreise; GRUR 1990, 465 – mehr als …% sparen). Außerdem konnte sie in Fällen, in denen der Handel zwischen den Mitgliedstaaten betroffen war, nicht angewandt werden, weil der – vom BGH mit einem Vorabentscheidungsersuchen angerufene – EuGH 1993 entschieden hatte, dass es sich bei dieser Bestimmung um eine Maßnahme gleicher Wirkung handelte (Art. 34 AEUV), die nicht durch zwingende Erfordernisse des Handelsverkehrs zu rechtfertigen sei (EuGH Slg. 1993, I-2361 Rn. 23 = GRUR 1993, 747 – Yves Rocher mAnm Bornkamm).

3.109   **c) Irreführung.** Irreführend sind Gegenüberstellungen mit eigenen (früheren) Preisen, wenn der Preis systematisch herauf- und herabgesetzt wird, um eine Preissenkung vorzutäuschen (sog Preisschaukelei; vgl. → Rn. 3.34 f.) oder wenn der (angebliche) frühere Preis nicht ernsthaft gefordert wurde. Diese zweite Gruppe lässt sich in folgende Erscheinungsformen gliedern: Der (angebliche) frühere Preis ist zuvor niemals gefordert worden (→ Rn. 3.110); der frühere Preis ist nur für eine unangemessen kurze Zeit gefordert worden (§ 5 V; → Rn. 3.111); der frühere Preis ist nicht unmittelbar vor der Ankündigung der Preisherabsetzung gefordert worden (→ Rn. 3.122); es wird in sonstiger Weise über den Umfang der Preisherabsetzung irregeführt, etwa weil die Preisherabsetzungswerbung zu unbestimmt ist (→ Rn. 3.124) oder weil über die zu herabgesetzten Preis angebotenen Waren oder Dienstleistungen irregeführt wird (→ Rn. 3.125). Im Anwendungsbereich des **§ 11 PAngV,** der Erfordernisse an die Bekanntgabe einer Preisermäßigung regelt, **scheidet die Annahme einer Irreführung nach § 5 I, V aus,** wenn den Anforderungen erstgenannter Vorschrift genügt ist (→ Rn. 3.112a; → PAngV § 11 Rn. 20).

3.110   **aa) Kein Fordern des angegebenen ursprünglichen Preises.** Irreführend ist eine Preisgegenüberstellung des derzeit geforderten Preises mit einem niedrigeren Preis, der **zuvor**

niemals gefordert worden ist. Die Gegenüberstellung hat hier allein den Zweck, eine **Preissenkung vorzutäuschen** (OGH ÖBl 1991, 83 – Orientteppich-Mondpreis; OLG Hamm WuW/E OLG 777, 780; OLG München WRP 2018, 1007; OLG München WRP 2019, 791). So verhält es sich bspw., wenn bereits Ware mit Preisschildern produziert wird, auf denen ein zu keinem Zeitpunkt geforderter Preis durchgestrichen und dem „derzeit" geforderten Preis gegenübergestellt wird. Irreführend ist es auch, wenn die Preisgünstigkeit eines aus mehreren Einzelwaren bestehenden Sets mit der Herabsetzung des Preises für eine der Einzelwaren begründet wird, in Wirklichkeit aber die Einzelware zu dem angegebenen Preis niemals verkauft worden ist (BGH GRUR 1996, 796 (798) – Setpreis). Ebenso verhält es sich, wenn ein Einzelhändler neben einen durchgestrichenen Preis seinen Verkaufspreis setzt und der Verkehr auf eine Preisherabsetzung schließt, der durchgestrichene Preis aber nicht der früher geforderte Preis, sondern in Wahrheit der höhere Listenpreis des Herstellers ist (OLG Köln GRUR 1961, 137 – Canzonetta I). – Untersagt worden ist ein in den frühen siebziger Jahren verbreitetes Verkaufskonzept, bei dem im Rahmen einer „Großen Einführungsaktion" der Verkauf eines Transistorradios nur gegen Hingabe eines 10-DM-Scheines mit einem bestimmten Merkmal (einer „7" in der Seriennummer) angekündigt wurde; der Verkehr entnehme den gesamten Umständen, dass der geforderte Preis unter dem üblicherweise geforderten Preis liege (BGH GRUR 1975, 262 – 10-DM-Schein). – Der Preisgegenüberstellung mit einem zuvor niemals verlangten Preis steht es gleich, wenn der frühere höhere Preis sich zwar in Ankündigungen findet, aber **niemals ernsthaft verlangt** worden ist. Deuten die Umstände darauf hin, dass der frühere Preis möglicherweise ein solcher **„Mondpreis"** ist, obliegt es dem Werbenden darzulegen und ggf. zu beweisen, dass er den früheren Preis ernsthaft verlangt hat (OLG Karlsruhe WRP 2005, 637). – Aus § 11 I PAngV folgt für die Bekanntgabe einer Preisermäßigung ebenfalls die Verpflichtung zur Angabe eines **tatsächlich zuvor geforderten Referenzpreises;** die Angabe von „Mondpreisen" verfehlt den Aufklärungszweck der Vorschrift (vgl. Sosnitza WRP 2021, 440 Rn. 21; Schröder WRP 2022, 671 Rn. 36).

bb) Fordern des ursprünglichen Preises lediglich für eine unangemessen kurze Zeit   **3.111** **(§ 5 V). (1) Tatbestand (§ 5 V 1).** Missbräuche in der Werbung mit einer Preisherabsetzung sind vor allem auch dadurch denkbar, dass für kurze Zeit sog **Mondpreise** gefordert werden, um kurz darauf mit einer Preisherabsetzung werben zu können. Mondpreise sind Preise, die den bei verständiger ernsthafter Kalkulation vertretbaren Preis oder den auf dem Markt allgemein üblich gewordenen Durchschnittspreis für ein Produkt derart übersteigen, dass der Preis nur eine **Fantasiegröße** darstellt (BGHZ 45, 115 – Richtpreiswerbung I; BGH GRUR 1981, 137 – Tapetenpreisempfehlung). Diese Fantasiegröße dient allein dem Zweck, dass der niedrigere tatsächliche Verkaufspreis dem Mondpreis gegenüber gestellt werden kann, um den Verkaufspreis als bes. günstig erscheinen zu lassen (zum systematischen Herauf- und Herabsetzen von Preisen durch sog Preisschaukelei → Rn. 3.34 f.). Deshalb hat die UWG-Reform 2004 das Irreführungsverbot für die Fallgruppe der Werbung mit einer Preisherabsetzung durch eine **(widerlegliche) Vermutung** und durch eine **Beweislastumkehr** präzisiert (Begr. RegE zu § 5 IV aF, BT-Drs. 15/1487, 20). Das Verständnis der Norm wird erleichtert, wenn man mit der Beweislastregelung des § 5 V 2 beginnt, weil sich zunächst und logisch vorrangig die Frage stellt, ob der frühere Preis für eine angemessene Zeit gefordert worden ist (→ Rn. 3.114 ff.). Erst wenn diese Frage verneint worden ist, muss man sich der zweiten Frage zuwenden, ob die Werbung mit dem nur für unangemessen kurze Zeit geforderten früheren Preis geeignet ist, die angesprochenen Verkehrskreise irrezuführen (§ 5 V 1; → Rn. 3.120 ff.).

Die Dauer des Zeitraums **„unangemessen kurzer Zeit"** richtet sich nach den jeweiligen   **3.112** Umständen des Einzelfalls wie der Art der Ware oder Dienstleistung (langlebige Wirtschaftsgüter oder Waren/Leistungen des täglichen Bedarfs) und der Marktsituation. Auch wenn der frühere Preis nur kurze Zeit gefordert worden ist, muss es sich nicht um eine unangemessen kurze Zeit iSd § 5 V 1 handeln, während auch ein längerer Zeitraum eine unangemessen kurze Zeit iSd § 5 V 1 sein kann (BGH GRUR 1975, 78 (79) – Preisgegenüberstellung I). **Beispiele:** Werden schon nach drei Wochen Preise gesenkt, die nur testweise für bisher nicht absetzbare Ware verlangt worden waren, ist die vorausgegangene höhere Preisforderung nur für einen unangemessen kurzen Zeitraum erfolgt (OLG Hamm WRP 1977, 814). – Bei Orientteppichen wurde die Werbung mit einer 50%igen Preissenkung als irreführend angesehen, weil nicht zuvor mindestens sechs Monate lang (!) für die gleiche Ware Verkaufspreise verlangt worden waren, die den gesenkten Preis um mindestens 100 % überstiegen (OLG Bremen WRP 1971, 530). – Bei Möbeln wurde eine Frist von mindestens einem Monat angesetzt, sofern der Anbieter nicht bes.

Gründe für einen früheren Preiswechsel nachweist (OLG Stuttgart WRP 1996, 469 (473); LG Essen WRP 2019, 257).

3.112a   Im Anwendungsbereich des § 11 I PAngV, der bei jeder Bekanntgabe einer Preisermäßigung die Angabe des niedrigsten Gesamtpreises **innerhalb der letzten 30 Tage** vor Anwendung der Preisermäßigung verlangt, wird auch im Rahmen des § 5 V 1 bei der Prüfung, ob der Referenzpreis einer Preisherabsetzung für eine unangemessen kurze Zeit gefordert wurde, **kein anderer Maßstab angelegt werden können.** Die in § 11 I PAngV als Umsetzung von Art. 6a Preisangaben-RL (→ Rn. 3.107) zum Ausdruck gelangende unionsrechtliche Wertung, dass im Rahmen von Eigenpreisvergleichen für den Referenzpreis auf einen Zeitraum von bis zu 30 Tagen abzustellen ist, erfordert insoweit eine richtlinienkonforme Reduktion des § 5 V 1. Genügt eine § 11 I PAngV unterliegende Angabe den Anforderungen dieser Vorschrift, kommt mithin ein Verstoß gegen § 5 V 1 nicht in Betracht (→ PAngV § 11 Rn. 20).

3.113   Das Gesetz geht als selbstverständlich davon aus, dass der (höhere) Referenzpreis **bis unmittelbar vor der beworbenen Preisherabsetzung** gegolten haben muss. Es ist also nicht ausreichend, darauf zu verweisen, dass der Referenzpreis lange, aber eben nicht unmittelbar vor der Aktion gegolten hat (OLG München WRP 2018, 1007). Deshalb ist die Werbung eines Baumarktes mit Recht als irreführend beanstandet worden, der mit dem Slogan „**20 % auf alles,** ausgenommen Tiernahrung" geworben hatte und der den Preis einzelner Artikel zu Beginn der Sonderaktion heraufgesetzt hatte (BGH GRUR 2009, 788 Rn. 15 und 17 – 20 % auf alles). Dass für diese Artikel in der Woche zuvor (als solche nicht gekennzeichnete) Sonderpreise galten und man zu Beginn der Aktion lediglich zu den (Normal-)Preisen zurückgekehrt war, die zuvor über längere Zeit gegolten hatten, änderte an der Irreführung nichts. Möchte ein Unternehmen – wie in diesem Fall – mit einem Rabatt auf das gesamte Sortiment werben, von diesem Rabatt aber Sonderpreise ausnehmen, hat es zwei Möglichkeiten: Entweder es weist in der Werbeankündigung ausdrücklich auf die Ausnahme hin („20 % auf alles außer Tiernahrung und Sonderangebote") oder es kündigt die vor der Aktion angebotenen Sonderpreise mit einem Hinweis auf die zeitliche Beschränkung an („Sonderpreis bis 13.1.", wenn ab 14.1. der pauschale Rabatt gewährt wird). Irreführend ist auch die Werbung für Preissenkungen mit Bezugspreisen, die schon während eines unmittelbar vorangegangenen Aktionszeitraums nicht mehr gegolten haben (OLG München WRP 2018, 1013).

3.114   **(2) Beweislastregel des § 5 V 2.** Mitbewerber und Verbände haben gegen einen Wettbewerber, der neue niedrigere Preise früher geforderten, höheren Preisen in der Werbung gegenübergestellt, keinen Anspruch auf Auskunft darüber, wann und bis zu welchem Zeitpunkt dieser die früheren Preise gefordert hat. Dies gilt selbst dann, wenn ein starker Verdacht für einen Verstoß gegen § 5 besteht (BGH GRUR 1978, 54 (55) – Preisauskunft). Daher wären Mitbewerber und Verbände im Streitfall nur selten in der Lage, den Beweis für die Zeitdauer, in der der frühere Preis gefordert wurde, zu erbringen. Da sie als Kläger nach **allgemeinen zivilprozessualen Grundsätzen** die volle Darlegungs- und Beweislast für alle anspruchsbegründenden Tatsachen tragen (BGH GRUR 1997, 229 (230) – Beratungskompetenz; GRUR 2004, 246 (247) – Mondpreise?), könnten sie gegen einen Verletzer kaum mit Aussicht auf Erfolg vorgehen. Zur besseren Durchsetzung von § 5 V 1 sieht § 5 V 2 deshalb eine **Beweislastumkehr** vor (Begr. RegE zu § 5 IV aF, BT-Drs. 15/1487, 20). Danach trifft dann, wenn streitig ist, ob und in welchem Zeitraum der (ursprüngliche) Preis gefordert worden ist, die Beweislast denjenigen, der mit der Preisherabsetzung geworben hat (krit. dazu Trube WRP 2003, 1301 ff.).

3.115   Die Regelung des § 5 V 2 hat **zwei Defizite.** Das Erste dieser Defizite hat der Gesetzgeber bewusst in Kauf genommen; es kann nicht oder nur schwer korrigiert werden (→ Rn. 3.116 f.). Das zweite Defizit folgt aus dem ersten und lässt sich dadurch beheben, dass man § 5 V 2 nicht als Beweislastumkehr, sondern als Vermutung liest (→ Rn. 3.118 f.).

3.116   Zunächst zum **ersten Defizit:** Es besteht darin, dass dem Gläubiger **kein Auskunftsanspruch** zusteht, er also keinen Anspruch hat, vom werbenden Schuldner zu erfahren, über welche Zeit er den früheren Preis gefordert hat. Ein solcher Anspruch ist im Rahmen der Vorarbeiten zum Regierungsentwurf ausführlich diskutiert (vgl. so bereits Köhler/Bornkamm/Henning-Bodewig WRP 2002, 1317 (1322) – dort § 9 IV – und 1327; ferner Trube WRP 2003, 1301 (1311 ff.)), letztlich aber aus nachvollziehbaren Gründen verworfen worden, weil jedes Sonderangebot eine Fülle von Auskunftsansprüchen ausgelöst hätte und man – gewiss nicht ganz ohne Grund – eine missbräuchliche oder jedenfalls den Handel übermäßig belastende Ausübung des Auskunftsanspruchs befürchtete. Die Konsequenz ist freilich, dass die **Wirkung der Beweislastregel** des § 5 V 2 **weitgehend verpufft.** Denn der Händler, der den Verdacht hat, dass sein Mitbewerber den in der Werbung durchgestrichenen Preis nicht für angemessene Zeit gefordert hat, ist genötigt, Klage zu erheben, um den Gegner dazu zu bewegen, die Karten auf den Tisch zu legen. Stellt sich jetzt heraus, dass der frühere Preis für angemessene Zeit gefordert worden ist, bleibt dem Kläger nichts anderes übrig, als die Klage (kostenpflichtig) zurückzunehmen. Eine Erledigungserklärung ist nicht geeignet, die Kostenlast von ihm abzuwenden, weil – wie sich herausgestellt hat – die Klage von Anfang an unbegründet war. Ein solches Risiko werden Mitbewerber und Verbände kaum eingehen wollen. Immerhin zwingt die neue gesetzliche Regelung der Beweislastumkehr den Werbenden dazu, die **Preisbewegungen zu dokumentieren,** um in einer möglichen gerichtlichen Auseinandersetzung Nachteile zu vermeiden. Doch bleibt die Wirkung der Beweislastumkehr gering.

Freilich ist zu hoffen, dass sich diese Frage in der Praxis bereits **mit der Abmahnung klären** 3.117 lässt. Eine Gewähr hierfür besteht aber nicht. Spricht der Gläubiger, der eine Werbung mit einem niemals oder nur für unangemessen kurze Zeit geforderten „Mondpreis" vermutet, gegenüber dem Werbenden eine Abmahnung aus, wäre es sinnvoll, wenn der Abgemahnte den Verdacht sogleich zerstreut, indem er dartut, dass und über welche Zeit er den höheren Preis tatsächlich gefordert hat. Ist der Verdacht wirklich unbegründet, trifft ihn insofern aber **keine Aufklärungspflicht** des Abgemahnten, weil es an einem gesetzlichen Schuldverhältnis, das nur durch den Wettbewerbsverstoß entstanden sein könnte, fehlt (→ § 13 Rn. 78). Würde man an dieser Stelle eine Aufklärungspflicht – entgegen den sonst geltenden Regeln – bejahen, liefe das auf eine **Einführung des Auskunftsanspruchs durch die Hintertür** hinaus. Besteht aber keine Aufklärungspflicht, kann der zu Unrecht Abgemahnte in Ruhe abwarten, bis er verklagt wird, um dann der Klage mit seiner Darlegung eines über einen angemessenen Zeitraum geforderten Preises die Grundlage zu entziehen.

Das **zweite Defizit** betrifft den Umstand, dass das Gesetz in § 5 V 2 **nur die Beweis- und** 3.118 **nicht auch die Darlegungslast** regelt. Die Bestimmung greift nach ihrem Wortlaut erst im Prozess, wenn der klagende Mitbewerber oder Verband bereits substantiiert vorgetragen hat, der frühere Preis sei nicht oder nur für eine unangemessen kurze Zeit gefordert worden, während der Beklagte dieses Vorbringen bestritten hat. Erst jetzt setzt die Beweislastumkehr zugunsten des Klägers ein. Das befreit den Kläger, der sich an die **Wahrheitspflicht des § 138 I ZPO** hält, nicht aus seinem Dilemma. Er soll die Tatsachen, die seinen Anspruch begründen, substantiiert darlegen. Da er nur einen Verdacht hat, dass mit einem Mondpreis geworben worden ist, kann er mit seiner Klage nicht einfach die Behauptung aufstellen, der frühere Preis sei niemals oder nur für – sagen wir – eine Woche gefordert worden.

Das zweite Defizit lässt sich aber in der Weise lösen, dass die Regelung des § 5 V 2 **nicht nur** 3.119 **als Umkehr der Beweislast,** sondern auch als **Umkehr der Darlegungslast** und damit als eine (weitere) **widerlegliche Vermutung** verstanden wird. Das entspricht auch der **gesetzgeberischen Intention,** dem Kläger zu helfen, der „idR keinen Zugang zu den maßgeblichen Informationen hat" (Begr. RegE zu § 5 IV aF, BT-Drs. 15/1487, 20). Nach diesem Verständnis ist es ausreichend, wenn der Kläger mit der Klageerhebung (oder mit dem Antrag auf Erlass einer einstweiligen Verfügung) wahrheitsgemäß lediglich den Verdacht äußert, dass der frühere Preis nicht oder nicht für eine angemessene Zeit gefordert worden ist; denn mehr kann er in dieser Situation guten Gewissens nicht behaupten.

(3) Vermutung des § 5 V 1. Steht fest, dass der frühere Preis nur für eine unangemessen 3.120 kurze Zeit gefordert worden ist, stellt sich die weitere und idR leichter zu beantwortende Frage, ob der Verkehr hierdurch irregeführt wird. Hier ist die Vermutung des § 5 V 1 anzuwenden; es ist also – wenn nichts etwas anderes dargetan und ggf. bewiesen wird – von einer Irreführung auszugehen (vgl. auch schon BGH GRUR 1975, 78 (79) – Preisgegenüberstellung I). Dies gilt nicht nur für einzelne Preisherabsetzungen, sondern auch für Preisherabsetzungen eines Teils oder gar des gesamten Sortiments (Trube WRP 2003, 1301 (1306)). Der ursprüngliche Preis ist der unmittelbar vor der Ankündigung der Preisherabsetzung geforderte Preis (Begr. RegE zu § 5 IV aF, BT-Drs. 15/1487, 20). Im Einzelfall kann eine andere Irreführung aber auch ausscheiden, wobei es Sache des Unternehmers ist, die **Vermutung** zu entkräften (Begr. RegE zu § 5 IV aF, BT-Drs. 15/1487, 20). Die Vermutung des § 5 V 1 ist also **widerlegbar.**

Die Vermutung des § 5 V 1 kann durch die Darlegung entkräftet werden, dass eine **Irrefüh-** 3.121 **rung des Verkehrs** im Einzelfall **nicht eingetreten** ist. Das wird dem Werbenden idR nur gelingen, wenn er in seiner Werbung mit der Preisgegenüberstellung bereits die Zeitspanne, in der der frühere Preis gegolten hat, angegeben hat (vgl. Trube WRP 2003, 1301 (1313)). **Beispiel:** „Dose geschälter Tomaten … 0,69 €, Preis in der 41. Kalenderwoche: 0,79 €" oder

„Gartenbank aus …-Holz 249 €, Preis seit 30.6.349 €". Dagegen kann der Werbende die Vermutung des § 5 V 1 nicht dadurch entkräften, dass er vorträgt, bona fide, also **ohne Täuschungsabsicht,** gehandelt zu haben. Denn wenn er bspw. darlegt, dass er den früheren höheren Preis nur deswegen für so kurze Zeit gefordert hat, weil er sich verkalkuliert habe oder weil er durch den Wettbewerb genötigt worden sei, den an sich auf längere Zeit geplanten Preis schon nach wenigen Tagen zu reduzieren, ändert dies nichts an der Fehlvorstellung, die sich bei den Verbrauchern bildet (aA Trube WRP 2003, 1301 (1306)). Allerdings kann die Notwendigkeit, rasch auf Preisbewegungen im Wettbewerb zu reagieren, ein Hinweis darauf sein, dass die Preise generell einem raschen Wandel unterworfen sind. Das kann dazu führen, dass der Zeitraum, in dem der höhere Preis gefordert ist, nicht als unangemessen kurz anzusehen ist.

3.122   **cc) Wie lange darf mit einer erfolgten Preisherabsetzung geworben werden.** Wie lange der Zeitraum zurückliegen darf, in dem der höhere, zur Preisgegenüberstellung verwendete Preis gegolten hat, richtet sich nach der Verkehrsauffassung, wobei – wie stets – auf einen durchschnittlich informierten, situationsadäquat aufmerksamen und durchschnittlich verständigen Verbraucher abzustellen ist. Die Frage lässt sich nicht einheitlich beantworten (BGH GRUR 1999, 507 (508) – Teppichpreiswerbung; GRUR 2000, 337 (338) – Preisknaller). Auch die Festlegung starrer Fristen ist ausgeschlossen (BGH GRUR 1975, 78 (79) – Preisgegenüberstellung I; GRUR 1999, 507 (508) – Teppichpreiswerbung). Maßgebend sind vielmehr die jeweiligen Umstände des Einzelfalls, die auch die Länge des Zeitraums bestimmen, in dem der frühere Preis verlangt worden ist (→ Rn. 3.111), also die Art der Ware oder Dienstleistung (langlebige Wirtschaftsgüter oder Waren/Dienstleistungen des täglichen Bedarfs), die Verhältnisse des werbenden Unternehmens und die Marktsituation (BGH GRUR 1999, 507 (508) – Teppichpreiswerbung; GRUR 2000, 337 (338) – Preisknaller).

3.123   Unzulässig ist der **Preisvergleich eines Zeitungsverlags** mit der eigenen früheren Leistung, wenn die Mehrleistung (Erhöhung der Gesamtauflage) **schon drei Monate** zurückliegt, jedoch der falsche Eindruck einer jetzt erst eingetretenen Neuerung erweckt wird (BGH GRUR 1968, 433 (437) – Westfalen-Blatt II). Bei Nahrungs- und Genussmitteln sowie Verbrauchsgütern wird die **Zeitspanne meist kürzer** (4–10 Wochen) als bei anderen Waren oder Leistungen zu bemessen sein. Auch kann es eine Rolle spielen, ob in einer **Zeitungsanzeige,** einem **Prospekt** oder einem **Katalog** geworben wird (BGH GRUR 1968, 433 (437) – Westfalen-Blatt II); denn der Verkehr erwartet in der Zeitungsanzeige eine aktuelle Information, während ein Katalog für eine längere Verwendungszeit aufgelegt wird. Ausdrücke wie **„ab sofort"** oder **„jetzt"** weisen auf eine unmittelbar vorangegangene Herabsetzung hin. Die Ankündigung **„ab sofort im Preis reduziert"** ist daher irreführend, wenn die „Statt-Preise" bereits drei Wochen zuvor herabgesetzt worden sind (OLG Nürnberg GRUR 1979, 558; OLG Hamm DB 1979, 1356). Als irreführend ist es untersagt worden, dass ein Händler ein Fernsehgerät im August mit einer erheblichen Preisherabsetzung bewarb (399 DM statt 555 DM), obwohl er das gleiche Gerät bereits im Frühjahr desselben Jahres ebenfalls zu dem herabgesetzten Preis angeboten hatte und in der Zwischenzeit zu dem höheren Preis zurückgekehrt war (KG GRUR 1999, 769).

3.124   **dd) Irreführung über den Umfang der Preisherabsetzung. (1) Unbestimmte Preisherabsetzungen.** Die Werbung mit einer Preisherabsetzung muss **deutlich erkennbar** machen, auf **welche Preise** für **welche Waren** oder Leistungen zu Vergleichszwecken hingewiesen wird. Wird anlässlich eines Jubiläumsverkaufs angekündigt, das **gesamte Warenlager** sei bis zu 20 % im Preis herabgesetzt, so liegt darin keine Irreführung, wenn sämtliche Waren im Preis herabgesetzt sind, mag auch das Ausmaß der Herabsetzung unterschiedlich sein und höchstens 20 % des früheren Preises ausmachen (BGH GRUR 1966, 382 (384) – Jubiläum). Anders läge es, wenn nicht die Preise sämtlicher Waren gesenkt wären, oder das Höchstmaß der Herabsetzung von 20 % nur bei einem unbedeutenden, im Rahmen des Gesamtangebots nicht ins Gewicht fallenden Teil der Waren erreicht und das Ausmaß der Herabsetzung bei den übrigen Waren erheblich hinter diesem Hundertsatz zurückbliebe (BGH GRUR 1966, 382 (384) – Jubiläum).

3.125   **(2) Irreführung über die zu herabgesetztem Preis angebotene Ware oder Dienstleistung.** Die Werbung mit einer Preisherabsetzung muss sich auf ein und dieselbe Ware oder Dienstleistung beziehen. Wird für eine Ware, die **Gattungsware** ist, mit einer Preisherabsetzung geworben, bezieht der Verkehr die behauptete Preisherabsetzung nicht allein auf das konkret angebotene Einzelstück, sondern auf alle angebotenen Waren oder Dienstleistungen vergleichbarer Güte und Qualität (BGH GRUR 1999, 507 (508) – Teppichpreiswerbung). Irreführend ist die Ankündigung eines Herstellers, das von ihm hergestellte Erzeugnis sei „25 % billiger als seither", wenn dieses Erzeugnis vom Anpreisenden bisher überhaupt nicht hergestellt worden ist (RG GRUR 1936, 436 (442) – Kunstwaben-Gussformen). – Wird im Rahmen einer Eröffnungswerbung mit herabgesetzten Preisen geworben, erwartet der Verbraucher, dass ihm nur Modelle aus der **laufenden Produktion** und nicht Auslaufmodelle angeboten werden, die nicht mehr oder mit wesentlichen Änderungen hergestellt werden (OLG Karlsruhe WRP 1980, 632). – Hat die Ware **nicht mehr denselben Wert,** weil sie beschädigt, fehlerhaft oder unmodisch geworden ist, darf für sie ohne klarstellenden Hinweis nicht mit einer Preisherabsetzung geworben werden (OLG Celle WRP 1969, 246; OLG Hamm WRP 1968, 447; OLG Karlsruhe WRP 1979, 225 (226); GK/Lindacher/Peifer Rn. 668). Hat sich hingegen nicht der Zustand der Ware verändert, sondern ist nur die Nachfrage zurückgegangen, ist eine Preisgegenüberstellung nicht ohne weiteres irreführend. – Moderne Berberteppiche werden als Gattungsware gehandelt, so dass es nicht irreführend ist, in der Werbung einen günstigen Preis durch Vergleich mit dem früheren Preis herauszustellen, falls dieser nicht nur eine unangemessen kurze Zeit gefordert worden ist und die angebotene Ware nach Art und Güte den Preisvergleich zulässt (OLG Karlsruhe WRP 1979, 225).

ee) Irreführung durch mehrdeutige Preisgegenüberstellung. Die Bezugnahme auf einen **3.126** anderen Preis muss stets klar und bestimmt sein (→ Rn. 3.91 f.). Insbes. muss deutlich werden, um was für einen Preis es sich bei dem durchgestrichenen Preis handelt (BGH GRUR 1980, 306 (307) – Preisgegenüberstellung III; GRUR 1981, 654 (655) – Testpreiswerbung). Irreführend ist es bspw., wenn ein Kfz-Händler seinem Preis für einen Gebrauchtwagen einen höheren Neupreis gegenüberstellt, ohne anzugeben, ob dies die unverbindliche Preisempfehlung des Herstellers, der eigene frühere Neuwagenpreis oder der Neuwagenpreis eines anderen Herstellers ist (OLG Stuttgart WRP 1997, 873 (876)). Mangels klarer und eindeutiger Bestimmung des Referenzpreises der Preisherabsetzung ist auch die Werbung für gebrauchte Kleidung mit der Angabe **„bis zu 90 % unter dem Neupreis"** irreführend (KG WRP 2021, 1068). – Ein **durchgestrichener Preis im Online-Shop** wird üblicherweise als zuvor im Online-Shop verlangter Preis verstanden, so dass die entsprechende Werbung irreführend ist, wenn es sich tatsächlich um den früher im Ladengeschäft verlangten Preis handelt (OLG Hamm WRP 2021, 1211).

ff) Irreführung mit zukünftigem (höheren) Preis. Wird die Eigenpreisgegenüberstellung **3.127** eingesetzt, um auf den **zukünftigen (Normal-)Preis** hinzuweisen (etwa im Zusammenhang mit der Geschäftseröffnung), muss sich aus der Werbung ergeben, ab wann der höhere Preis gilt. Dies ergab sich nicht nur aus § 4 Nr. 4 UWG 2004 (durch die UWG-Novelle 2015 gestrichen), sondern folgte stets schon aus dem Irreführungsverbot (BGH GRUR 2011, 1151 Rn. 22 – Original Kanchipur; zum Einführungspreis → Rn. 3.144, zum Eröffnungspreis → Rn. 3.157). Eine Werbung mit durchgestrichenen Preisen, von denen niemand weiß, wann bzw. ob sie jemals verlangt werden, ist von einer Werbung mit Mondpreisen (→ Rn. 3.110 f.) nicht zu unterscheiden. Eine andere Frage ist, ob das zunächst korrekt zeitlich begrenzte Angebot mit einem Einführungs- oder Eröffnungspreis nachträglich verlängert werden kann (→ Rn. 3.145).

VII. Preisgarantie

1. Wettbewerbsrechtliche Beurteilung von Preisgarantien

Eine Preisgarantie enthält eine auf den Preis bezogene **Alleinstellungs- oder Spitzengrup-** **3.128** **penwerbung** (→ Rn. 1.138 und 1.140) verbunden mit der Ankündigung, für diese Werbeaussage in der einen oder anderen Form einzustehen, also entweder die **Differenz** zu einem allfälligen niedrigeren Preis eines Konkurrenten **auszuzahlen oder ein Rückgaberecht zu gewähren.** Eine **Alleinstellung** nimmt derjenige für sich in Anspruch, der einen niedrigeren Preis als alle Konkurrenten anbietet (zB „Bester Preis der Stadt", → Rn. 3.136). Die Zugehörigkeit zur **Spitzengruppe** wird durch Aussagen wie „keiner ist günstiger" zum Ausdruck gebracht. Da die in der Preisgarantie steckende Behauptung, der angebotene sei der niedrigste Preis oder die gleiche Ware oder Leistung sei bei keinem Wettbewerber (preis)günstiger zu haben, sich naturgemäß nur auf die Vergangenheit beziehen kann (vgl. BGH WRP 2012, 1233 Rn. 7 – Bester Preis der Stadt), greift die Garantie zum einen ein, wenn ein Wettbewerber **nachträglich** einen **günstigeren Preis** bietet. Zum anderen wird mit der Garantie die Behauptung der **Allein- oder Spitzengruppenstellung relativiert:** Der Werbende räumt damit ein, dass es trotz sorgfältiger Marktbeobachtung vielleicht doch noch irgendwo einen Wettbewerber gibt, der ihn mit einem (preis)günstigeren Angebot lügen straft (→ Rn. 4.88); selbstredend bezieht sich die Einstandsbereitschaft (Auszahlung der Differenz oder Rückgabe) auch auf diesen Fall. Daher ist eine entsprechende Garantie für einen Anbieter, der sich als besonders preiswert darstellen möchte, ein **doppelt attraktives Werbemittel:** Einerseits verstärkt die Garantie aus der Sicht des Nachfragers die Alleinstellungs- oder Spitzenstellungsbehauptung in dem Sinne, dass der Werbende für seine Behauptung sogar eintritt. Andererseits wird die Alleinstellung- oder Spitzengruppenbehauptung durch die Garantie in dem Sinne abgefedert, dass nicht jedes günstigere Angebot eines Wettbewerbers, das übersehen worden ist, den Irreführungsvorwurf rechtfertigt.

3.129   Preisgarantien werden in erster Linie **am Irreführungsverbot gemessen.** Ist eine Preisgarantie nicht irreführend, kommt idR kein anderer Tatbestand des Lauterkeitsrechts in Betracht. Den Unternehmen steht es grundsätzlich frei, ihre Preise in eigener Verantwortung zu gestalten und die Preise der Konkurrenten insbesondere auch beim Verkauf identischer Waren zu unterbieten (BGH GRUR 2009, 416 Rn. 13 – Küchentiefstpreis-Garantie). Dennoch sind Preisgarantien auch abgesehen vom Irreführungspotential **nicht unproblematisch,** vor allem wenn mit ihnen ein preislicher Vorsprung vor den Wettbewerbern angekündigt wird (BGH GRUR 2009, 461 – Küchentiefstpreis-Garantie: „Wir garantieren Ihnen einen Preis, der 13 % unter jedem MITBEWERBER-ANGEBOT liegt"). Es handelt sich dann um eine Werbemaßnahme, die – wenn sie einmal ergriffen worden ist – keinem anderen Wettbewerber mehr offensteht, weil sich zwei Wettbewerber, die beide versprechen, jeweils den anderen zu unterbieten, in einen verhängnisvollen **Preissog nach unten** ziehen (vgl. den Kölner Schallplattenkrieg, der Gegenstand der Entscheidung BGH GRUR 1990, 371 – Preiskampf war). Deswegen steht eine Unterbietungsgarantie stets nur dem finanzstärksten Wettbewerber zu Gebot, weil nur er einen solchen Preiskampf durchstehen könnte; außerdem müsste er durch relativ hohe Marktzutrittsschranken vor dem Eintritt finanzstarker Newcomer geschützt sein. Lauterkeitsrechtlich ließe sich dies allenfalls mit dem ungeschriebenen Beispielstatbestand der **allgemeinen Marktbehinderung** erfassen (→ § 4 Rn. 5.1 ff.; vgl. BGH GRUR 1990, 371 – Preiskampf). Der BGH hat jedoch eine solche Werbemaßnahme („Wir garantieren Ihnen einen Preis, der 13 % unter jedem MITBEWERBER-ANGEBOT liegt") in der Entscheidung „Küchentiefstpreis-Garantie" nicht beanstandet, weil Hinweise für die Absicht fehlten, Mitbewerber aus dem Markt zu drängen (BGH GRUR 2009, 416 Rn. 25 – Küchentiefstpreis-Garantie).

2. Irreführungspotential von Preisgarantien

3.130   Preisgarantien weisen ein großes Irreführungspotential auf. Dies ergibt sich schon aus ihrer **doppelten Funktion:** einerseits **Verstärkung,** andererseits aber **Relativierung der Allein- oder Spitzenstellungsbehauptung.** Eine Werbung mit einer Preisgarantie hat eine große Anziehungskraft für Verbraucher, die einer solchen Werbeaussage, für die der Werbende geradezustehen verspricht, einen besonders hohen Wahrheitsgehalt beimessen. Die wenigsten, die von einer solchen Aussage angezogen werden, werden freilich die Probe aufs Exempel machen und tatsächlich den Markt nach günstigeren Angeboten durchforsten. Der Verkehr entnimmt vielmehr dieser Art der Preiswerbung in erster Linie die **besonders nachdrückliche und wegen der Garantie auch besonders zuverlässig erscheinende Behauptung,** dass man die fragliche Ware oder Leistung nirgends günstiger bekommt (BGH GRUR 1975, 553 (554) – Preisgarantie I mAnm Klaka; GRUR 1991, 468 (469) – Preisgarantie II; GK/Lindacher/Peifer Rn. 704).

3.131   Von vornherein irreführend ist eine Preisgarantie, wenn die **Bedingungen für den Rücktritt oder die Preisminderung** so ausgestaltet sind, dass die Kunden sie praktisch niemals erfüllen werden. Bspw. kann ein Optiker, der die Preisgarantie für eine Brillenfassung an die Bedingung geknüpft, dass der Kunde die woanders günstiger angebotene Fassung erwirbt und ihm mit dem Nachweis vorlegt, dass der Leistungsumfang nicht geringer ist, damit rechnen, dass niemand sein Garantieversprechen in Anspruch nehmen wird; im Hinblick auf den Preis einer solchen Brillenfassung ist nicht anzunehmen, dass irgendein Verbraucher noch einmal die gleiche Brille erwirbt, nur um den im Zweifel geringen Differenzbetrag zwischen den Preisen kassieren zu können (OLG Hamburg WRP 1984, 32; GK/Lindacher/Peifer Rn. 705). – Unterliegt die Preisgarantie bestimmten **Einschränkungen,** so müssen diese klar herausgestellt werden (OLG Bamberg WRP 2014, 475).

3. Bedingungen für die Zulässigkeit einer Preisgarantie

Die bestehende Missbrauchsgefahr führt dazu, dass das das plakative Herausstellen der eigenen **3.132** Preiswürdigkeit mit Hilfe einer Preisgarantie nur unter **engen Voraussetzungen zulässig** ist: **(1)** Sie ist nur dem Werbenden gestattet, der auf Grund eigener **Marktbeobachtung** Anlass zu der Annahme hat, im Preiswettbewerb zumindest zur Spitzengruppe zu gehören; irreführend ist daher eine Werbung mit einer Preisgarantie, wenn der Werbende zum Zeitpunkt der Werbung ohne weiteres hätte feststellen können, dass sein Preis nicht der günstigste ist. **(2)** Die Ware (oder Leistung), auf die sich die Preisgarantie bezieht, muss so **klar bezeichnet** sein, dass Kunde das Vergleichsangebot der Konkurrenz ohne weiteres auffinden kann, um ggf. die Garantie einzulösen. Dabei ist es nicht erforderlich, dass der Werbeadressat die Ware oder Leistung bei einem nahegelegenen Mitbewerber wiederfinden kann; auch längeres Suchen kann zumutbar sein (BGH GRUR 1991, 468 (469) – Preisgarantie II; GRUR 1994, 57 (58) – Geld-zurück-Garantie I). Irreführend ist es aber, wenn der Werbeadressat Vergleichsobjekte nur zufällig oder ausnahmsweise wiederfinden kann. **(3)** Die Garantie muss sich auf Waren (oder Leistungen) beziehen, die **auch von anderen Anbietern** geführt werden, also nicht exklusiv von dem Werbenden angeboten werden (OLG Hamburg WRP 2019, 948). So hat der BGH die Werbung eines Optikerfachgeschäft als irreführend angesehen, soweit sich die „Geld-zurück"-Garantie auf Brillenfassungen bezog, die dort exklusiv angeboten wurden (BGH GRUR 1994, 57 (58) – Geld-zurück-Garantie I).

Meist wird mit einer Preisgarantie für Waren geworben, die im **stationären (Einzel)Handel** **3.133** angeboten werden; idR wird der Verkehr eine solche Werbeaussage nur auf den stationären Handel und nur auf den Wirtschaftsraum beziehen, in dem die Werbung erschienen ist; eine solche Garantie könnte dann nicht mit einem günstigeren Angebot aus dem Internet eingelöst werden. Ein **Versandhändler,** der mit einer „Geld-zurück"-Garantie wirbt, muss sich dagegen günstigere Angebote im stationären Handel wie im Internet entgegenhalten lassen.

Ist die Garantie eindeutig **auf den Preis bezogen,** erkennt der Verkehr, dass sie nur dann **3.134** zum Zug kommt, wenn ein preisgünstigeres Angebot oder ein gleich preisgünstiges Angebot, das aber zusätzliche Leistungen aufweist, vorgelegt wird. Die entgegenstehende Annahme des BGH in der Entscheidung „Preisgarantie II" aus dem Jahre 1991 ist wohl nur damit zu erklären, dass damals für die Ermittlung des Verkehrsverständnisses noch nicht auf das europäische Verbraucherleitbild abgestellt wurde. In jenem Fall hatte ein Möbelhändler mit dem Versprechen geworben, der Kunde erhalte sein Geld zurück, wenn er innerhalb von fünf Tagen nachweise, dass er die gekauften Artikel bei gleichen Leistungen anderswo billiger bekomme. Der BGH ging damals davon aus, nicht unerhebliche Teile des Verkehrs verstünden diese Werbung so, dass das eingeräumte Rücktrittsrecht immer schon dann bestehe, wenn die gekauften Artikel entweder im Preis oder nur hinsichtlich einer einzelnen angebotenen Leistung – zB kostenlose Anlieferung der gekauften Möbel im Umkreis von 100 statt 50 km – günstiger sei, selbst wenn das ursprüngliche Angebot des beklagten Möbelhändlers in anderen Punkten, also insbes. im Preis, vorteilhafter sei (BGH GRUR 1991, 468 (469) – Preisgarantie II).

VIII. Einzelfälle

1. Abholpreis

Preise, die von **Fachmärkten** für ihre Waren oder Leistungen verlangt werden, sind regel- **3.135** mäßig – auch bei Großgeräten wie Möbeln, Kühlschränken usw – **Abholpreise** und werden von den daran gewöhnten Verbrauchern auch so verstanden (Ohly/Sosnitza/Sosnitza Rn. 488). Es ist daher nicht irreführend, wenn Abholpreise nicht als solche gekennzeichnet werden und die vom Kunden gewünschte Anlieferung gesondert berechnet wird (Ohly/Sosnitza/Sosnitza Rn. 167 und 488; aA OLG Köln WRP 1986, 51; GA-Ausschuss WRP 1998, 533). Abholpreis bedeutet also, dass bei der Zustellung der Ware ein höherer Preis zu zahlen ist (BGH WRP 1993, 108 (109) – Teilzahlungspreis II; Gloy/Loschelder/Danckwerts WettbR-HdB/Helm/Sonntag/Burger § 59 Rn. 328).

2. Bester Preis

Mit der Aussage **„Bester Preis der Stadt"** bringt der Werbende zum Ausdruck, dass das **3.136** beworbene Produkt nach dem Wissensstand des Werbenden **zum Zeitpunkt der Schaltung der Anzeige** in der fraglichen Stadt vom Wettbewerb nur zu einem höheren Preis angeboten worden ist. Der Verkehr erkennt aber auch, dass eine solche Werbung keine Aussage darüber treffen kann, ob der herausgestellte Sonderangebotspreis auch in der Zeit nach Erscheinen der Anzeige der „beste Preis der Stadt" sein wird (BGH WRP 2012, 1233 Rn. 7 – Bester Preis der Stadt; OLG Köln GRUR-RR 2006, 203; KG WRP 2019, 1202). Der Mitbewerber oder Verband, der die Aussage „Bester Preis der Stadt" angreift, kann sich im Prozess nicht darauf stützen, es sei Sache des Beklagten darzulegen, wieso er meine, sich in dieser Weise berühmen zu können. Eine **Beweiserleichterung** zugunsten des Klägers kommt in derartigen Fällen nur in Betracht, wenn der Kläger auf die Beweiserleichterung angewiesen ist; diese Voraussetzung liegt bei einer solchen idR Konstellation nicht vor, weil es dem Wettbewerber oder Verband im Allgemeinen ohne weiteres möglich sein wird, einen Überblick über die Preise in der Stadt zu gewinnen (→ Rn. 1.157, 1.247; BGH WRP 2012, 1233 Rn. 8 – Bester Preis der Stadt; aA OLG Hamburg GRUR-RR 2007, 369 (370 f.)).

3. Buchungsgebühren, Kreditkartengebühren, Serviceentgelt

3.137   Wirbt ein Reiseveranstalter mit Preisen, müssen die vom Reisenden zwingend zu zahlenden **Buchungsgebühren** in den angegebenen Preisen eingeschlossen sein (OLG Karlsruhe WRP 2005, 1188). Ebenso verhält es sich, wenn – etwa bei einer Bestellung im Internet – **gesonderte Kosten für die Zahlung** (mit Kreditkarte oder per Nachnahme) anfallen. Werden solche zwingend anfallenden Kosten nicht in Preis der beworbenen Ware oder Leistung eingerechnet, liegt nicht nur ein Verstoß gegen die Preisangabenverordnung, sondern auch eine irreführende Werbung vor. – Teil des anzugebenden Gesamtpreises ist auch ein **Service-Entgelt,** das bei einer Kreuzfahrt für jede beanstandungsfrei an Bord verbrachte Nacht zu zahlen ist (BGH GRUR 2015, 1240 – Der Zauber des Nordens), ebenso die bei einer online vorgenommenen **Flugbuchung** zwingend zu entrichtende „Service-Charge" (BGH GRUR 2016, 392 Rn. 20 – Buchungssystem II; → Rn. 3.156).

4. Direktpreis

3.138   Der Begriff des „Direktpreises" ist eine Neuschöpfung der letzten Jahre. Ohne klare begriffliche Grenzen ist der Direktpreis das **Pendant zum Direktverkauf** (→ Rn. 3.148 ff., → Rn. 3.168) und bringt damit zum Ausdruck, dass der Verbraucher von dem Überspringen zumindest einer Absatzstufe profitiert. Besonders verbreitet ist der Begriff im Internet- und im Versandhandel, beides Vertriebsformen, die in vielfacher Form den positiven Klang des Begriffs „direkt" für sich zu nutzen suchen. Zum Großhandelsdirektpreis → Rn. 3.168.

5. Discountpreis

3.139   Eine Werbung mit „Discountpreisen" wird heute im Verkehr dahin verstanden, dass die Preise, die der Werbende allgemein fordert, niedriger als die sonst im Handel geforderten Preise sind (Richtwert 10 %; vgl. GK/Lindacher/Peifer Rn. 710). Das in der Discountwerbung liegende vergleichende Moment zieht den Kunden an; er geht davon aus, beim „Discounter" billiger als anderswo zu kaufen. Ursprünglich warben nur Discounthäuser mit Discountpreisen. Hieraus folgt aber nicht, dass unter einem Discountpreis nur der Preis eines Discounthauses zu verstehen ist (OLG Düsseldorf BB 1963, 364; OLG Hamburg BB 1963, 1233; OLG Hamm BB 1963, 1234). Auch braucht nicht eine Vielzahl von Waren im ganzen Geschäft oder einem räumlich abgegrenzten größeren Teil dauernd zu einem augenfällig günstigeren Preis angeboten zu werden. Denn bei Discountpreisen handelt es sich lediglich um eine Art der Preisbemessung, eine **bes. Kalkulation** (OLG Düsseldorf BB 1963, 364; OLG Hamburg BB 1963, 1233). Bedeuten „Discountpreise" nichts anderes als **niedrigere Preise als in üblichen Einzelhandelsgeschäften** (OLG Frankfurt WRP 1969, 388; GK/Lindacher/Peifer Rn. 710: Niedrigpreisberühmung), so kann die Verwendung des Ausdrucks kein Vorrecht bestimmter Geschäftstypen, Verkaufssysteme oder Betriebsformen sein. Deshalb darf jeder Händler mit Discountpreisen werben, vorausgesetzt, dass der Verbraucher nicht irregeführt wird. Die Preisstellung des Discounters muss daher tatsächlich günstiger sein.

3.140   Wird allgemein mit Discountpreisen geworben, wird der Verbraucher annehmen, dass zwar nicht alle Waren des Sortiments, aber doch der **größte Teil** von ihnen **billiger als in üblichen Einzelhandelsgeschäften angeboten** wird. Bietet zB ein Kaufmann seine im Schaufenster liegende Ware zu Discountpreisen an, ist dies irreführend, wenn der größte Teil seines Sortiments nicht preisgünstiger verkauft wird (OLG Bremen NJW 1963, 864). In diesem Fall ist der

Discountpreis ein Lockvogel, der über die Preisbemessung des übrigen Sortiments irreführt (zur Lockvogelwerbung iE → Rn. 3.49 ff.).

In Geschäften, die die gleichen Fabrikate derselben Hersteller vertreiben, bringt die Werbung **3.141** „Discount-Geschäft" und „Discount-Preis" pauschal zum Ausdruck, dass alle Preise des Sortiments erheblich unter den Preisen liegen, die für gleiche Waren im regulären Einzelhandel gefordert werden (BGH GRUR 1971, 164 (165 f.) – Discount-Geschäft für den Elektrohandel). Ein Preisniveau, bei dem allgemein höhere oder nur leicht niedrigere Preise geboten werden, ist mit einer **pauschalen Discount-Werbung** unvereinbar. Vielmehr wird hierdurch die Erwartung deutlich günstiger Preisstellung hins. des gesamten Sortiments hervorgerufen (BGH GRUR 1971, 164 (165 f.) – Discount-Geschäft; vgl. auch BGH GRUR 2004, 605 (607) – Dauertiefpreise; GK/Lindacher/Peifer Rn. 711). Der Einwand, wenigstens das Gesamtpreisniveau wahre den erwarteten Abstand, schließt die Irreführung nicht aus. Kann der Discount-Abstand nicht im ganzen Sortiment gewahrt werden, sind die verbilligten Waren in bes. Discount-Abteilungen räumlich zusammenzufassen und die Discount-Werbung auf solche Warengruppen oder räumlich abgegrenzte Teile des Geschäfts zu beschränken (BGH GRUR 1971, 164 (165 f.) – Discount-Geschäft). Ein Discountangebot ist nicht dasselbe wie ein sich auf einzelne Waren beziehendes **Sonderangebot.** Bietet ein Kaufmann nur einzelne Waren „diskontiert" an, muss dies aus seiner Anpreisung deutlich hervorgehen. Eine Discountwerbung, in der die eigenen Preise den höheren Preisen individuell bestimmter Mitbewerber gegenübergestellt werden, muss den **Anforderungen an vergleichende Werbung** (§ 6 II; § 5 IV Alt. 1, → Rn. 3.98 ff.) genügen.

6. Durchgestrichener Preis

Wird mit **durchgestrichenen Preisen** ohne weitere Hinweise (zB „alter Preis"/„neuer **3.142** Preis") geworben, liegt die Annahme fern, der Verkehr halte den durchgestrichenen Preis für eine vom Werbenden unterschrittene unverbindliche Herstellerpreisempfehlung. Der Verkehr wird in solchen Fällen vielmehr am ehesten eigene (Alt- und Neu-)Preise des Werbenden annehmen, wenn nicht weitere Umstände eine andere Annahme nahelegen (vgl. BGH GRUR 2011, 1151 Rn. 22 – Original Kanchipur; GA-Ausschuss WRP 1999, 449). Dies gilt auch für den **Online-Handel** (BGH GRUR 2016, 521 Rn. 8 – Durchgestrichener Preis II). Ein **durchgestrichener Preis im Online-Shop** wird üblicherweise als zuvor im Online-Shop verlangter Preis verstanden, so dass die entsprechende Werbung irreführend ist, wenn es sich tatsächlich um den früher im Ladengeschäft verlangten Preis handelt (OLG Hamm WRP 2021, 1211). – Vgl. zur ähnlichen Beurteilung der Begriffe Normalpreis → Rn. 3.175, des regulären Preises → Rn. 3.177, zum „Statt-Preis" → Rn. 3.180.

7. Eckpreis, Margenpreis

Preisangaben, die nur die Unter- bzw. die **Unter- und Obergrenze der Preise** wie zB **3.143** „ab … €" oder „von-bis-Preise" nennen, sind **grds. zulässig** (GK/Lindacher/Peifer Rn. 682; Gloy/Loschelder/Danckwerts WettbR-HdB/Helm/Sonntag/Burger § 59 Rn. 335). Die Ankündigung muss wahr sein. Insbes. muss Ware der unteren Preiskategorie in nennenswertem Umfang vorhanden sein. Eine Preisangabe durch einen Eck- oder Margenpreis verstößt nicht gegen die PAngV, bes. wenn durch den Eck- oder Margenpreis auf den Umfang des von der Werbung erfassten Angebots hingewiesen werden soll (OLG Stuttgart WRP 1983, 51 (52); OLG Stuttgart NJW-RR 1988, 358). Im Allgemeinen nicht irreführend sind Werbehinweise auf eine Ersparnis oder Preissenkung „bis zu … €" oder „bis zu …%", wenn sämtliche Waren, auf die sich die Ankündigung bezieht, verbilligt angeboten werden und der genannte Höchstsatz nicht nur bei einem unbedeutenden, im Rahmen des Gesamtangebots nicht ins Gewicht fallenden Teil der Waren erreicht wird (Gloy/Loschelder/Danckwerts WettbR-HdB/Helm/Sonntag/Burger § 59 Rn. 335). So ist die Werbung einer Buchgemeinschaft mit der Behauptung „Bei Büchern zB sparen Sie bis zu 40% gegenüber den inhaltlich gleichen, aber anders gestalteten Handelsausgaben" nicht irreführend, wenn der Höchstsatz der Verbilligung bei 15% der angebotenen Bücher erreicht wird (BGH GRUR 1983, 257 (258) – bis zu 40%). Eine Irreführung kann aber durch eine bes. grafische Gestaltung verursacht werden. So, wenn die Wörter „bis zu" unverhältnismäßig klein geschrieben werden, so dass sie von einem situationsadäquat aufmerksamen Werbeadressaten nicht wahrgenommen werden können.

8. Einführungspreis

3.144   **Einführungspreise** für neu auf den Markt gelangte oder neu ins Sortiment aufgenommene oder nachhaltig verbesserte Produkte sind selbstverständlich **zulässig** (BGH GRUR 1966, 214 – Einführungsangebot; GK/Lindacher/Peifer Rn. 713). Auch darf dem Einführungspreis ein höherer späterer Preis, also ein Normalpreis, gegenübergestellt werden. Doch in diesem Fall muss zwingend der **Zeitpunkt** für das Inkrafttreten des höheren späteren Preises angegeben werden (BGH GRUR 2011, 1151 Rn. 22 – Original Kanchipur; → Rn. 3.160). Andernfalls könnte sich der Kaufmann auf diese Weise den Übergang auf den höheren Preis vorbehalten und lediglich die hohe Werbekraft der Preisgegenüberstellung für sich ausnutzen (so auch Ohly/Sosnitza/ Sosnitza Rn. 447; GK/Lindacher/Peifer Rn. 715).

3.145   Die **Verlängerung einer befristeten Einführungsphase** mit niedrigeren Einführungsprei- sen kann zulässig sein, solange die Einführungsphase ihrer Dauer nach angemessen bleibt (KG GRUR 2000, 77; zust. Bullinger WRP 1999, 1118). Der Umfang dieses Zeitraums hängt von der **Art der Ware** ab. Bei hochwertigen langlebigen Wirtschaftsgütern sind auch längere Zeiträume gerechtfertigt (GK/Lindacher/Peifer Rn. 713). Zwar erweist sich die Werbung mit einem besonders attraktiven Angebot, das bspw. im Monat August gewährt werden soll, als objektiv unrichtig, wenn das Angebot nachträglich bis zum 15.9. verlängert wird. Für eine solche Verlängerung gibt es indessen – ähnlich wie bei der Verlängerung eines Frühbucherrabatts (→ Rn. 3.162) – eine **plausible Erklärung,** die der Verkehr auch von vornherein in seine Vorstellung einbezieht: Nicht selten stellt sich heraus, dass der von der Werbung mit dem Sonderpreis erwartete Effekt noch nicht in vollem Maße eingetreten ist, so dass sich aus kauf- männischer Sicht eine Verlängerung anbietet. Unzulässig ist es dagegen, eine von vornherein für einen längeren Zeitraum geplante **Einführungsphase künstlich in mehrere Etappen auf- zuteilen,** um von dem mehrfach von dem Nachfrageschub eines kurzen Angebots zu pro- fitieren. Unzulässig ist es daher, das Angebots eines Einführungsrabatts von 20%, das von vornherein für drei Wochen geplant ist, zunächst nur für eine Woche zu bewerben, um es dann zweimal um eine weitere Woche zu verlängern.

3.146   Anlass für die Gewährung von **Einführungspreisen** kann uU auch ein Wechsel in der Inhaberschaft eines Unternehmens sein. So bestehen keine Bedenken, wenn Anzeigenkunden Einführungspreise aus Anlass der Fortführung einer Zeitschrift unter ihrem bisherigen Titel in einem neuen Verlag angeboten werden (OLG Hamburg WRP 1989, 115). An derartige Anlässe brauchen keine strengen Anforderungen gestellt zu werden. Liegt jedoch kein Anlass für einen Einführungspreis vor oder wird die zeitliche Grenze der Einführungsphase überschritten, ist die Werbung irreführend iSd § 5. – Zum Eröffnungspreis → Rn. 3.157 ff.

9. Einkaufspreis, Fabrikpreis, Einstandspreis und Selbstkostenpreis

3.147   **a) Begriffe.** Wirbt ein Anbieter mit einem Verkauf zum **Einkaufspreis,** darf er nur den nackten Warenpreis fordern (GK/Lindacher/Peifer Rn. 716), wobei in Warenlagern mit wech- selndem Bestand eine Durchschnittsrechnung zulässig ist (GK/Lindacher/Peifer Rn. 716; Gloy/ Loschelder/Danckwerts WettbR-HdB/Helm/Sonntag/Burger § 59 Rn. 333). Der nackte Wa- renpreis wird gebildet durch den Rechnungspreis abzüglich Rabatten, Skonti und sonstigen konkret einer bestimmten Ware oder Leistung zuordenbaren Vergütungen (zB Werbekosten- zuschüsse). Der Einkaufspreis ist gleichbedeutend mit dem **Fabrikpreis** (→ Rn. 4.205). Bei der Verwendung des Begriffes Fabrikpreis ist zwischen einer Verwendung durch den Hersteller (→ Rn. 4.205) und einer Verwendung durch den Wiederverkäufer (→ Rn. 3.150) zu unter- scheiden. Über dem Einkaufspreis liegt der **Einstandspreis** (vgl. auch § 20 III 2 Nr. 2 GWB). Er wird gebildet durch den nackten Warenpreis zuzüglich aller sonstigen direkten Beschaffungs- kosten (zB Frachtspesen, Versicherung, Zoll; vgl. Köhler BB 1999, 697). Anders als im Selbst- kostenpreis sind im Einstandspreis aber keine Lager-, Vertriebs- oder Gemeinkosten enthalten (GK/Lindacher/Peifer Rn. 716). Der **Selbstkostenpreis** wird gebildet durch die Summe aller durch den betrieblichen Leistungsprozess entstandenen Kosten, bezogen auf die jeweilige Leis- tungseinheit (Gloy/Loschelder/Danckwerts WettbR-HdB/Helm/Sonntag/Burger § 59 Rn. 333). Einzubeziehen sind Lager-, Verwaltungs- und Vertriebskosten, bezogen auf die Leis- tungseinheit, nicht jedoch ein kalkulatorischer Gewinnzuschlag. – Der Begriff des Werkspreises ist gleichbedeutend mit dem Fabrikpreis.

3.148   **b) Verwendung durch den Hersteller.** Verkauft der Hersteller unmittelbar an Verbraucher, darf er als **Fabrikpreis** nicht den Preis bezeichnen, dem er einen Aufschlag für die Kosten des

Einzelverkaufs (Ladenmiete, Personal usw) zugeschlagen hat. Unter der Ankündigung „Verkauf zu Fabrikpreisen" versteht der durchschnittlich informierte und verständige Verbraucher nämlich, dass ihm der Hersteller die Ware für den Preis überlässt, den er von seinem Wiederverkäufer verlangt. Der Preis darf daher den Einkaufspreis des Wiederverkäufers nicht übersteigen (OLG Oldenburg GRUR 1960, 250; Frey WRP 1963, 317 (321)). In diesem Preis dürfen außer den Kosten der Herstellung und dem Herstellergewinn nur die gegenüber Wiederverkäufern entstehenden Verteilungs- und Werbekosten stecken. Vertreterprovisionen für Direktverkäufe dürfen nicht in den Fabrikpreis einbezogen werden, wohl aber alle Kosten, die durch den Vertrieb an Wiederverkäufer entstehen, so zB auch Kosten für Werbung gegenüber Wiederverkäufern.

3.149 „Original-Fabrikpreis" kann nicht der Durchschnitt der geforderten und erreichten Händlerpreise sein, weil die Allgemeinheit der Käufer die Staffelpreise nicht kennt. Auch wenn ein Hersteller für den Direktverkauf eigene Verkaufsstellen unterhält, ist die Ankündigung **„Verkauf zum Fabrikpreis"** nur zulässig, wenn er die Ware zu dem Preis an Verbraucher abgibt, den er seinen Wiederverkäufern berechnet. Dagegen rechnet der Verbraucher ohne einen entspr. Hinweis nicht damit, dass ihm die Ware zum Fabrikpreis verkauft wird, wenn der Hersteller mit der Ankündigung wirbt **„Vom Hersteller direkt zum Verbraucher"** (BGH GRUR 1964, 397 (399) – Damenmäntel). Die Verbraucher werden jedoch annehmen, dass sie die Ware zu einem Preis beziehen können, der deutlich unter den Preisen liegt, die der Einzelhandel verlangt. Darauf, ob der Hersteller eine eigene Absatzorganisation unterhält (zB bes. Verkaufsstellen für den Kleinhandel), kommt es nicht an. Der wahre Hinweis, dass man Eigenproduktion und Einzelhandel betreibe (zB **„Fabrikation und Handel", „Tapetenhandel und Tapetenfabrik"**) besagt nicht zugleich, dass der auf die Eigenproduktion entfallende Warenanteil zum Fabrikpreis oder einem bes. günstigen Preis angeboten wird (OLG Hamm BB 1969, 1238). Kündigt ein Versandgeschäft an **„Versand direkt ab Fabrik an Private"**; wird dadurch nicht der Anschein eines Verkaufs zu Fabrikpreisen erweckt. Das gilt auch dann, wenn die Werbung nicht erkennen lässt, dass Einzelhandel betrieben wird.

3.150 **c) Verwendung durch Wiederverkäufer.** Wirbt ein Wiederverkäufer (Groß- oder Einzelhändler) mit Fabrikpreisen, muss er dem Verbraucher **denselben Preis berechnen, zu dem er die Ware vom Hersteller bezieht,** also seinen Einkaufspreis. Er muss auf eigenen Gewinn ebenso wie auf Ersatz seiner Vertriebs- und Werbekosten verzichten. Dafür können etwa beim Eintritt in einen neuen Markt durch Newcomer gute Gründe bestehen. Wirbt ein Großhändler mit **„Original-Fabrikpreisen"**, ist das irreführend, wenn er nicht zu echten Fabrikpreisen verkauft, sondern darüber hinaus Provisionen erhält und die Kosten seines Auslieferungslagers in seine Verkaufspreise einkalkuliert (BGH GRUR 1974, 225 – Lager-Hinweiswerbung). Wirbt er mit **„Fabriklager", „Fabrikauslieferungslager", „Auslieferungslager"** und **„Spezialauslieferungslager",** so deutet das auf bes. enge Beziehungen zum Hersteller und lässt daher günstigere Preise als Großhandelspreise erwarten; die Bezeichnungen sind daher irreführend, wenn es sich in erheblichem Umfang und ohne Kenntlichmachung um vom Großhändler bezogene Ware handelt, die mit einem entspr. Großhandelsaufschlag verkauft wird (BGH GRUR 1974, 225 (226) – Lager-Hinweiswerbung; LG Augsburg WRP 1978, 666). Ebenso verhält es sich bei einer Werbung mit dem Begriff **„Möbelfabrikauslieferungslager",** wenn außer Fabrikantenware ohne Kenntlichmachung auch eigene Großhandelsware nicht zum Fabrikpreis, sondern mit Großhandelsaufschlag verkauft wird (RG GRUR 1938, 657).

10. Gesamtpreis, Inklusivpreis

3.151 Nach der in § 2 Nr. 3 PAngV enthaltenen Legaldefinition sind unter **Gesamtpreisen** die Preise zu verstehen, die **einschließlich der Umsatzsteuer und sonstiger Preisbestandteile** zu zahlen sind. Sofern die Umsatzsteuer (Mehrwertsteuer = MwSt) zu entrichten ist, bildet sie einen Teil des vom Empfänger der Lieferung oder Leistung zu zahlenden Entgelts (BGHZ 58, 292 (295); BGHZ 103, 284 (287)). Im Verkehr mit dem Verbraucher muss der angegebene Preis die **Mehrwertsteuer** enthalten (§ 2 Nr. 3 PAngV). Dies gilt auch dann, wenn der Werbende keine Verträge mit privaten Letztverbrauchern schließt (BGH GRUR 2011, 82 Rn. 26 – Preiswerbung ohne Umsatzsteuer). Es ist aber unbedenklich, wenn ein Anbieter von Linienflügen im **Internet** bei der erstmaligen Benennung eines Preises die anfallende Mehrwertsteuer noch nicht angibt, der zutreffende Gesamtpreis aber bei der fortlaufenden Eingabe in das Reservierungssystem genannt und der Nutzer zuvor hierauf klar und unmissverständlich („Nettopreise zuzüglich Steuern und Gebühren") hingewiesen wird (BGH GRUR 2003, 889 (890) – Internet-Reservierungssystem; OLG Köln GRUR-RR 2005, 90). Verlangt eine Fluggesellschaft statt der üblichen Gewichtsbegrenzung ein Beförderungsentgelt für jedes aufgegebene Gepäck-stück, muss sie in der Werbung mit Flugpreisen auf diesen Umstand hinweisen (OLG Hamburg WRP 2008, 149). Ein vom Käufer zu entrichtender **Pfandbetrag** ist **nicht** in den Gesamtpreis nach § 2 Nr. 3 PAngV **einzurechnen,** sondern darf neben dem Gesamtpreis angegeben werden (so zum dieser Vorschrift zugrundeliegenden Begriff des Verkaufspreises iSv Art. 2 lit. a Preis-angaben-RL EuGH GRUR 2023, 1115 Rn. 23 auf Vorlage des BGH GRUR 2021, 1320 – Flaschenpfand III (mit gegenteiliger Tendenz in Rn. 10–12)). – Die **Grundpreisangabe** nach § 4 PAngV in einem Internetangebot erfolgt nur dann „klar erkennbar" iSv § 1 III Nr. 2 PAngV, wenn sie so in unmittelbarer Nähe des Gesamtpreises angegeben wird, dass beide Preise auf einen Blick wahrgenommen werden können (BGH GRUR 2022, 1163 Rn. 47 – Grund-preisangabe im Internet).

3.152   Unabhängig vom Irreführungsverbot ergibt sich aus **§ 6 I Nr. 1 PAngV** die – nur aus dem europäischen Kontext verständliche – Verpflichtung, bei Angeboten im Fernabsatz anzugeben, dass die geforderten Gesamtpreise die **Umsatzsteuer enthalten.** Dieser Hinweis muss – auch wenn er dem Angebot und der Preiswerbung eindeutig zugeordnet, leicht erkennbar, deutlich lesbar und sonst gut wahrnehmbar sein muss (vgl. § 1 III Nr. 1 und 2 PAngV) – im Falle der Internetwerbung nicht unmittelbar bei der angebotenen Ware stehen. Es genügt, wenn diese Angaben alsbald sowie leicht erkennbar und gut wahrnehmbar auf einer gesonderten Internetsei-te gemacht werden, die noch vor Einleitung des Bestellvorgangs notwendig aufgerufen werden muss (für die Grundpreisangabe strenger BGH GRUR 2022, 1163 Rn. 47 – Grundpreisangabe im Internet; → Rn. 3.151 aE). Dagegen reicht es nicht, wenn der Umsatzsteuerhinweis nur in den AGB oder erst im Laufe des Bestellvorgangs erfolgt (BGH GRUR 2008, 84 – Versand-kosten; GRUR 2008, 532 – Umsatzsteuerhinweis).

3.153   Wird mit **Endverbraucherpreisen** geworben, ohne darauf hinzuweisen, dass zuzüglich zum Kaufpreis die Mehrwertsteuer zu entrichten ist, ist die Werbung irreführend, weil der Verkehr mit Recht davon ausgeht, dass in den ihm gegenüber anzugebenden Gesamtpreisen die Mehr-wertsteuer enthalten ist (BGH GRUR 2011, 82 Rn. 29 – Preiswerbung ohne Umsatzsteuer). Die Werbeangabe „inklusive Mehrwertsteuer" hat daher nur eine klarstellende Funktion und ist auf Grund ihres sachlich zutr. Gehalts grds. nicht irreführend (OLG Hamm NJW-RR 1989, 35; OLG Hamm GRUR 1989, 216; OLG Stuttgart WRP 1989, 682 (684); Haller WRP 1989, 5 (8 ff.)). Gleiches gilt für eine Kfz-Werbung „mit Vorsteuerabzug", da sie kein besonderes Angebot enthält, mit dem sich der Werbende gegenüber seinen Mitbewerbern herauszustellen sucht.

3.153a   Im Falle der **Differenzbesteuerung** gem. § 25a UStG, bei der der Wiederverkauf von Gebrauchtwaren, die (etwa von einem privaten Verkäufer) umsatzsteuerfrei angekauft wurden, nur in Höhe der Marge zwischen Einkaufs- und Verkaufspreis umsatzsteuerpflichtig ist und die Möglichkeit des Vorsteuerabzugs für den Käufer nicht besteht, ist die Angabe „inkl. MwSt." bei Einrechnung des tatsächlich anfallenden MwSt. zwar zutreffend. Gegenüber gewerblichen Käu-fern ist aber wegen des Ausschlusses des Vorsteuerabzugs zur Vermeidung einer Irreführung **im unmittelbaren Umfeld der Preisangabe ein deutlicher Hinweis** darauf erforderlich, dass das Angebot der Differenzbesteuerung unterliegt (vgl. OLG Hamburg WRP 2021, 123 Ls.; LG Bochum BeckRS 2020, 32964; LG Hamburg GRUR-RS 2020, 30957 mAnm Ernst jurisPR-WettbR 6/2021 Anm. 4).

3.154   Trotz objektiver Richtigkeit kann die Preisangabe mit dem Zusatz „inklusive Mehrwert-steuer" aber unter dem Gesichtspunkt der **Werbung mit Selbstverständlichkeiten** (dazu allg. → Rn. 1.113 ff.) irreführend sein, wenn sich die Mehrwertsteuerangabe in der durch Fettdruck und größere Schrift blickfangmäßig vorangestellten Werbeangabe befindet, nicht aber in dem nachfolgenden, in wesentlich kleinerer Schrift gedruckten Werbetext (BGH GRUR 1990, 1027 (1028) – incl. MwSt. I). Um eine unzulässige Werbung mit Selbstverständlichkeiten handelt es sich aber nicht, wenn der Hinweis auf die im Preis enthaltene Mehrwertsteuer im Gegensatz zur Preisangabe und der sonstigen Gestaltung der Werbeanzeige klein gehalten ist und nur beim sorgfältigen Lesen vom Verkehr wahrnehmbar ist (BGH GRUR 1990, 1029 – incl. MwSt. III). Gleiches gilt für den Hinweis, dass ein beworbener Pauschalpreis die Mehrwertsteuer einschließt, wenn weder durch diesen Hinweis noch durch das Gesamtbild der Werbeanzeige die Inklusiv-angabe werbemäßig hervorgehoben wird (BGH GRUR 1991, 323 – incl. MwSt. IV). Dem-gegenüber ist eine Händlerwerbung für Kraftfahrzeuge mit dem Zusatz „incl. MwSt." für ein Gebrauchtfahrzeug irreführend, wenn die Werbung sich nicht nur an Gewerbetreibende, son-dern an die breite Öffentlichkeit richtet. Denn diese wird auf Grund der bes. Hervorhebung der Mehrwertsteuerangabe zu einem nicht unbeachtlichen Teil verunsichert und gewinnt den Eindruck einer bes. günstigen Preisgestaltung im Vergleich zu anderen Autohändlern (BGH GRUR 1990, 1028 (1029) – incl. MwSt. II; OLG Düsseldorf WRP 1989, 64).

Obwohl der Verkehr idR ohnehin von **Gesamtpreisen** ausgeht, kann sich dieser Eindruck **3.155** **durch bestimmte Werbeaussagen verstärken.** Wird für ein Kraftfahrzeug mit einem **Inklusivpreis** geworben, muss dieser auch die Überführungskosten enthalten, falls nicht deutlich darauf hingewiesen wird, dass diese Kosten nicht im angegebenen Preis enthalten sind und es sich demnach nicht um den Gesamtpreis handelt (OLG Frankfurt WRP 1985, 497). – Wirbt ein Vertragshändler für Kraftwagen einer bestimmten Marke in einem vom Verkehr zugleich als Verkaufswerbung verstandenen Leasingangebot mit der Angabe des als **„Unverb. Preisempfehlung des Importeurs"** genannten Betrages und nimmt der Verbraucher an, dass es sich bei der Angabe des empfohlenen Betrages zugleich um den Gesamtpreis des Händlers handelt, was insbes. naheliegt, wenn der Händler dem empfohlenen Importeur-Preis keinen eigenen Preis gegenüberstellt und auch sonst keine Hinweise auf einen abweichenden Händlerpreis gibt, so geht er grds. davon aus, dass die Überführungskosten im Gesamtpreis enthalten sind; ist dies nicht der Fall, ist die Werbung irreführend, wenn nicht auf die hinzutretenden Überführungskosten hingewiesen wird (BGH GRUR 1989, 606 (608) – Unverb. Preisempfehlung). In einer mit einem Verkaufspreis versehenen Werbung für ein bestimmtes Fahrzeug, das als Verkaufsangebot iSv Art. 1 Preisangaben-RL/§ 3 I PAngV anzusehen ist, sind auch die **Überführungskosten** in den Endpreis gem. Art. 2 lit. a Preisangaben-RL bzw. den Gesamtpreis gem. § 2 Nr. 3 PAngV einzurechnen (EuGH GRUR 2016, 945 Rn. 30 – Citroen Commerce; BGH GRUR 2014, 1208 Rn. 10 – Preis zuzüglich Überführung; vgl. auch Köhler GRUR 2016, 891; → PAngV § 1 Rn. 3 ff.). – Die Inseratwerbung **„Beerdigungs-Endpreis … DM 1800"** ist irreführend, wenn der Endpreis (jetzt: Gesamtpreis) nicht sämtliche Grablegungskosten angibt, zB nicht die Kosten für Trauermusik und Kranztransport; Grabgebühren und Friedhofskosten sind aber keine Beerdigungskosten (OLG Hamm GRUR 1987, 921; vgl. auch BGH GRUR 2016, 516 – Wir helfen im Trauerfall).

Bei **Flugreisen** hatte es sich eingebürgert, einen Flugpreis anzugeben, zu dem noch diverse **3.156** Zuschläge für Steuern und Gebühren, Kerosin etc hinzuzurechnen waren. Diese Praxis verstieß schon immer gegen § 1 I 1 PAngV aF (vgl. BGH GRUR 2001, 1166 (1168) – Fernflugpreise). Inzwischen schreibt auch die **VO (EG) 1008/2008** des Europäischen Parlaments und des Rates v. 24.9.2008 über gemeinsame Vorschriften für die Durchführung von Luftverkehrsdiensten in der Gemeinschaft (ABl. EG 2008 L 293, 3) in Art. 23 I 2 VO (EG) 1008/2008 ausdrücklich vor, dass der zu zahlende Endpreis alle anwendbaren Steuern und Gebühren, Zuschläge und Entgelte einschließen muss, die unvermeidbar und zum Zeitpunkt der Veröffentlichung vorhersehbar sind. Einen Verstoß gegen diese Verpflichtung zur Angabe des vollständigen Endpreises hat der BGH vor der Einführung des Schadensersatzanspruchs für Verbraucher (§ 9 II) gem. § 3a als Rechtsbruch eingeordnet (vgl. BGH GRUR 2016, 392 Rn. 20 – Buchungssystem II; GRUR 2016, 716 – Flugpreise (EuGH-Vorlage)); seither kommt allein die Annahme einer Informationspflichtverletzung nach § 5b IV in Betracht (→ Rn. 2.42). Irreführend ist es auch, bei der Flugbuchung im Internet die Auswahl einer **Reiserücktrittsversicherung** voreinzustellen und den weiteren Buchungsvorgang so zu gestalten, dass der Kunde die Buchung in der Annahme fortsetzt, keine solche Versicherung zu buchen (vgl. (zu Art. 23 I S. 4 VO (EG) 1008/2008) BGH GRUR 2017, 283 Rn. 21 f. – Servicepauschale).

11. Eröffnungspreis

Bei Eröffnung eines neuen Geschäfts oder einer neuen Filiale wird oft mit **Eröffnungspreisen** **3.157** geworben. Das ist **grds. zulässig.** Es darf aber nicht zu einer Irreführung kommen. Eine Irreführung bei der Werbung mit Eröffnungspreisen kommt insbes. über das Vorliegen **eines bes. günstigen Preises** im Vergleich zum regulär geforderten und künftigen Preis (→ Rn. 3.158 f.) sowie über die Zeitdauer der Geltung des Eröffnungspreises (→ Rn. 3.160) in Betracht. Zur Irreführung über eine angemessene Bevorratung → Anh. zu § 3 III Rn. 5.1 ff.; zur Irreführung mit dem Begriff „Neueröffnung" → Rn. 2.71.

a) Irreführung über die bes. Preisgünstigkeit. Eine Eröffnungswerbung mit einer Preis- **3.158** gegenüberstellung ist grds. auch mit „statt"-Preisen zulässig (GA Nr. 1/97 WRP 1998, 531). Da der Verbraucher bei der Werbung mit einem Eröffnungspreis von einem bes. günstigen Preis, der jedenfalls **niedriger als der regulär geforderte und künftige Preis** ist, ausgehen darf, muss ein als Eröffnungspreis beworbener Preis aber unter dem nach Ablauf der Eröffnungsphase geforderten Preis liegen. Irreführend ist es daher, anlässlich der **Eröffnung einer neuen Filiale**

mit einem Eröffnungspreis zu werben, wenn bei schon bestehenden Filialen der gleiche Preis gil (Ohly/Sosnitza/Sosnitza Rn. 446). Eine Werbung „**Neu nach Umbau**" lässt für sich allein nicht die Annahme zu, dass die Preise günstiger als vor dem Umbau seien. „**Neu**" fasst de Verkehr in dem gegebenen Zusammenhang nämlich nicht als synonym mit „**im Preis herab-gesetzt**" auf (BGH GRUR 1993, 563 (564) – Neu nach Umbau).

3.159   **b) Irreführung über die Zeitdauer der Geltung.** Ist dem Eröffnungspreis **kein höhere späterer Preis gegenübergestellt,** muss nicht unbedingt der genaue Zeitpunkt angegeber werden, bis zu dem der Eröffnungspreis gelten soll. Ein Eröffnungspreis ist jedoch **seiner Natur nach zeitlich begrenzt.** Handelt es sich in Wirklichkeit um den regulären Preis, der dauerhaf oder jedenfalls über die angemessene Zeit eines Eröffnungsangebots hinaus gefordert wird, so is die Werbung mit dem Eröffnungspreis irreführend, weil dem Verbraucher ein besonderer Vorte vorgegaukelt wird, der tatsächlich nicht besteht. Über die **angemessene Zeitdauer** entscheider die Umstände des Einzelfalls, insbes. die **Art der Ware oder Leistung.** Als zulässig wurde die Werbung für eine Haushaltsnähmaschine zu einem Eröffnungspreis für die Dauer von sechs Monaten angesehen (KG GRUR 1982, 620 – Synchrotronic).

3.160   Wird dem günstigen **Eröffnungspreis ein Normalpreis gegenübergestellt,** muss der Zeit-punkt angegeben werden, ab dem der Normalpreis gilt (BGH GRUR 2011, 934 Rn. 22 f. - Original Kanchipur). Fehlt eine solche zeitliche Begrenzung, handelt es sich bei dem höherer Preis um einen **Mondpreis,** von dem niemand zu sagen weiß, ob er überhaupt jemals nachhaltig verlangt werden wird. – Zur Frage, ob das zunächst korrekt zeitlich begrenzte Angebot mi einem Einführungs- oder Eröffnungspreis nachträglich verlängert werden kann, → Rn. 3.145.

12. Feste Preise

3.161   „**Feste Preise**" setzen voraus, dass keine Zuschläge hinzukommen (GK/Lindacher/Peife Rn. 721). Besteht die Möglichkeit des Aushandelns und kauft deshalb der Werbeadressat, de keinen Preisnachlass verlangt, zu teuer, führt die Ankündigung „Feste Preise" zwar zu Fehl-vorstellungen. Dennoch fehlt es insoweit an der Relevanz des Irrtums, da die irrige Annahme fester Preise nicht geeignet ist, die Kaufentschließung des Kunden positiv zu beeinflussen, sofern von der urspr angekündigten Festsetzung nur nach unten abgewichen wird (GK/Lindacher/ Peifer Rn. 722; Ohly/Sosnitza/Sosnitza Rn. 447; aA Gloy/Loschelder/Danckwerts WettbR-HdB/Helm/Sonntag/Burger § 59 Rn. 338). – Das Angebot einer ärztlichen Faltenreduktions-behandlung „**zum Festpreis**" ist irreführend, wenn der Patient noch Zuzahlungen zu leisten hat (LG Köln WRP 2020, 124). – Wirbt eine Immobilienfirma mit einem „**notariellen Fest-preis**", kann das bei einem Teil der Leser den irrigen Eindruck einer bes. Zuverlässigkeit und Sicherheitsgewähr oder einer gesetzlichen Garantie erwecken (BGH GRUR 1990, 532 (533) - Notarieller Festpreis; OLG Nürnberg GRUR 1983, 677; OLG Düsseldorf GRUR 1984, 145 und GRUR 1985, 67; OLG Hamm GRUR 1984, 67; OLG München GRUR 1984, 373; aA OLG Stuttgart GRUR 1984, 66). Auch die werblichen Anpreisungen „**Notar. Vermietungs-garantie**" (OLG Nürnberg GRUR 1984, 216) und „**notarieller Kaufpreis**" (KG GRUR 1986, 554) laden auf Seiten der Verbraucher zu entspr. Fehlvorstellungen ein.

13. Frühbucherrabatt

3.162   In vielen Branchen ist es üblich, dass Dienstleister – etwa Reiseveranstalter oder Ausrichte von Tagungen, Messen oder Seminaren – **einen Sonderpreis für Frühbucher** anbieten. Diese Preis wird idR dem Normalpreis unter Angabe des Datums gegenübergestellt, ab dem diese höhere Preis zu zahlen ist. Wettbewerbsrechtlich ist das nicht problematisch. Eine Frage der Irreführung stellt sich lediglich dann, wenn der Frühbucherrabatt – was nicht selten geschieht – **nachträglich verlängert** wird, meist weil die Nachfrage nur schleppend in Gang gekommen ist und der Veranstalter meint, auf den zusätzlichen Anreiz des Rabatts noch nicht verzichten zu können. Hält sich eine solche Verlängerung im Rahmen, kann sie hingenommen werden (vgl. OLG Hamm GRUR-RR 2011, 104 Ls. = MMR 2011, 181; bestätigt durch BGH GRUR 2012, 213 – Frühlings-Special). Denn der aufgeklärten Verbraucher weiß oder hält es zumindest nicht für ausgeschlossen, dass der zeitliche Rahmen für einen solchen Rabatt bei schleppender Nachfrage uU verlängert wird. Dagegen handelt es sich um die Werbung mit einem Mondpreis, wenn das Sonderangebot immer wieder bis zur Veranstaltung verlängert wird, so dass der reguläre Preis überhaupt nicht gefordert wird.

14. Gratisabgabe

Die Gratisabgabe einer (meist: Neben-)Leistung liegt nur bei **völliger Kostenfreiheit** vor;   3.163
denn das versteht der Verkehr unter „**gratis**" (umsonst). Es ist deshalb irreführend, wenn auf die
Gratisabgabe einer Ware oder Leistung hingewiesen wird, dem Kunden aber Verpackungs- oder
Versandkosten in einem – selbst angemessenen – Pauschbetrag berechnet werden (GK/Linda-
cher/Peifer Rn. 727; Gloy/Loschelder/Danckwerts WettbR-HdB/Helm/Sonntag/Burger § 59
Rn. 331; Ohly/Sosnitza/Sosnitza Rn. 520). Nach den Grundsätzen zur **Blickfangwerbung**
(dazu allg. → Rn. 1.85 ff., insbes. zur Relativierung durch Fußnotenstern → Rn. 1.90) müssen
Einschränkungen für den situationsadäquat aufmerksamen Werbeadressaten „auf den ersten
Blick" erkennbar sein.

Zu weit geht es aber, wenn gefordert wird, das Versprechen der Umsonst-Leistung dürfe nicht   3.164
dadurch umgangen werden, dass **an anderer Stelle ein Entgelt** in den vom Kunden zu
zahlenden Preis **einkalkuliert** werde (so aber Baumbach/Hefermehl, Wettbewerbsrecht,
22. Aufl. 2001, § 3 Rn. 338; wie hier GK/Lindacher/Peifer Rn. 728; vgl. auch BGHZ 139,
368 (373) = GRUR 1999, 264 – Handy für 0,00 DM). Es ist daher nicht irreführend, wenn eine
Wochenendbeilage „ohne jeden Preisaufschlag" einer Tageszeitung beigelegt wird, wenn sie von
vornherein im Verkaufspreis der Zeitung einkalkuliert ist (aA OLG Stuttgart NJW 1954, 925).
Die Gegenansicht liefe auf ein generelles Verbot von Zugaben hinaus, die der Kaufmann schließlich auch nicht aus seiner privaten Börse finanziert. Mit dem gleichen Recht müsste man
anderenfalls auch das Glas Prosecco oder das Amuse Geule als irreführende Werbung untersagen,
das im Restaurant ohne (gesonderte) Berechnung serviert wird.

Die Maklerwerbung „**Keine Provision**" führt irre, wenn die Provision bereits in den Kauf-   3.165
preis für das zu vermittelnde Objekt eingerechnet ist (OLG Schleswig ZMR 1981, 156). Auch
regelmäßig wiederkehrende Ansichtssendungen innerhalb eines Kaufs auf Probe (§§ 454 f. BGB)
dürfen nicht als „Gratis"-Leistungen angekündigt werden (KG GRUR 1983, 784). Im Einzelfall
kann aber der Verkehr den werbenden Hinweis auf die Gratisabgabe der (Neben-)Leistung auch
dahin verstehen, dass der vom Kunden **zu zahlende Preis die Nebenleistung mit abdeckt**
oder dass gewisse, auch für die Nebenleistung anfallende Grundkosten im Preis enthalten sind
(GK/Lindacher/Peifer Rn. 728; Ohly/Sosnitza/Sosnitza Rn. 520).

Stellt eine Bank eine von anderen Kreditinstituten erhobene **Bearbeitungsgebühr** nicht in   3.166
Rechnung, ist der werbende Hinweis darauf nicht irreführend, auch wenn die Kosten der
Bearbeitung in die Kreditkosten kalkulatorisch berücksichtigt sind (BGH GRUR 1989, 611
(612) – Bearbeitungsgebühr). Ein **Girokonto** ist „**kostenlos**," wenn für die zugehörige
Bankkarte eine Jahresgebühr anfällt (LG Düsseldorf WRP 2017, 359; 2019, 393). – Das an
Mitglieder gesetzlicher Krankenkassen gerichtete Festpreisangebot für sog Kassenbrillen mit dem
Preisschlagwort „**Null-Tarif**" und dem Hinweis, dass die Brillenfassung bei Verordnung von
zwei Brillengläsern im Festpreis enthalten sei, ist nicht irreführend, weil der Verkehr zutr.
erkennt, dass die Kosten für die aus dem Null-Tarif-Sortiment des Werbenden vorgehaltenen
Brillenfassungen nach der Kalkulation des Werbenden von der Zahlung der gesetzlichen Krankenkasse mit abgedeckt sind (BGH GRUR 2000, 918 (919) – Null-Tarif). Ein Optiker darf zur
Beseitigung von (auch gesundheitspolitisch unerwünschten) Hemmschwellen selbst dann mit
einem „Gratis-Sehtest" werben, wenn auch allen anderen Optikerfachgeschäfte des Ortes einen
solchen Service freiwillig und unentgeltlich erbringen (BGH GRUR 1987, 916 (917) – Sehtest
mAnm Schulze zur Wiesche). Zur Werbung mit Selbstverständlichkeiten vgl. allg.
→ Rn. 1.113 ff.

Die Werbeangabe „**2 Flaschen gratis beim Kauf eines Kastens**" ist nicht irreführend, auch   3.167
wenn der neben dem Gesamtpreis anzugebende Grundpreis, also der nach § 4 PAngV anzugebende Literpreis, auf der Grundlage nicht von 12, sondern von 14 Flaschen (also unter Einbeziehung der beiden Gratisflaschen) errechnet worden ist. Um dem Verbraucher einen zuverlässigen Preisvergleich zu ermöglichen, ist es erforderlich, dass die gesamte Ware, die der Verbraucher für den angegebenen Gesamtpreis erhält, in die Berechnung des Literpreises
einbezogen wird (BGH GRUR 2014, 576 Rn. 26 – 2 Flaschen GRATIS). Die sich bei dieser
Konstellation allenfalls stellende Frage, ob die Angabe „gratis" unrichtig und damit irreführend
ist, wenn die beiden zusätzlich abgegebenen Flaschen in die Berechnung des Grundpreises
einbezogen werden, hat sich der BGH nicht gestellt. Der für Pfandflaschen zu entrichtende
Pfandbetrag ist **nicht** in den Gesamtpreis nach § 2 Nr. 3 PAngV **einzurechnen,** sondern darf
neben dem Gesamtpreis angegeben werden (so zum dieser Vorschrift zugrundeliegenden Begriff
des Verkaufspreises iSv Art. 2 lit. a Preisangaben-RL EuGH GRUR 2023, 1115 Rn. 23 auf

Vorlage des BGH GRUR 2021, 1320 – Flaschenpfand III (mit gegenteiliger Tendenz in Rn. 10–12)).

15. Großhandelspreis

3.168   **a) Begriff.** Großhandelspreis ist der Preis, den ein Großhändler seinen Wiederverkäufern (Einzelhändlern) berechnet (GK/Lindacher/Peifer Rn. 732; Ohly/Sosnitza/Sosnitza Rn. 521). Bei **Aufschlägen** liegt grds. kein Großhandelspreis mehr vor; doch ist die Werbung „zu Großhandelspreisen" noch nicht irreführend, wenn dem Kunden die gesetzliche Umsatzsteuer berechnet wird. Ob weitere Zuschläge zulässig sind, lässt sich nur nach Lage des Einzelfalls beurteilen. So verneint OLG Hamm (BB 1960, 801) bei Direktverkäufen eines Großhändlers auf Grund von Kundenausweisen eines Einzelhandelsunternehmens (Vermittler) eine Irreführung, wenn zum Großhandelspreis zuzüglich 4% Umsatzsteuer und 5% „Kostendeckung" verkauft wird. Auch nach OLG Oldenburg (BB 1961, 307) kann die Provision des Vermittlers aufgeschlagen werden.

3.169   **b) Verwendung.** Die für die **Großhändlerwerbung** geltende Regelung des **§ 6a II aF** ist zwar im Rahmen der UWG-Reform 2004 ersatzlos gestrichen worden. Sie war jedoch nichts anderes als eine **Konkretisierung des allgemeinen Irreführungsverbots,** so dass in dem Verhalten, das früher unter § 6a II aF fiel, heute ein Verstoß gegen das Irreführungsverbot nach §§ 3, 5 liegt. Nach § 6a II aF war es Großhändlern im Verkehr mit den Letztverbrauchern untersagt, auf ihre Großhändlereigenschaft hinzuweisen, wenn sie nicht zwei Bedingungen erfüllten: **(1)** Sie mussten überwiegend Wiederverkäufer oder gewerbliche Verbraucher beliefern; **(2)** sie mussten an private Verbraucher zu Großhandelspreisen verkaufen oder unmissverständlich darauf hinweisen, dass die Preise für private Verbraucher über den für Wiederverkäufer und Großabnehmer geltenden Großhandelspreisen lagen. Diese Regelung lässt sich heute dem **allgemeinen Verbot irreführender Werbung** entnehmen, so wie auch schon unter dem alten Recht der Einzelhändler, der sich fälschlich als Großhändler gerierte, immer nur unter das allgemeine Irreführungsverbot fiel (BGH WRP 1996, 1102 (1104) – Großimporteur; OLG München WRP 1979, 159). Zum **Vortäuschen des Bezugs vom Großhändler** → Rn. 4.210 ff.

3.170   Ob die **Betriebsform des Großhandels** vorliegt, richtet sich nicht nach einem umfangreichen Warenlager oder der Höhe des Warenumsatzes, sondern nach der Verkehrsauffassung. Der durchschnittlich informierte und verständige Verbraucher sieht hierfür als wesentlich an, dass Wiederverkäufer und Großabnehmer beliefert werden. – Ein Großhändler, der nicht nur an Einzelhändler, sondern auch an Verbraucher verkauft, darf bei einer Werbung gegenüber Verbrauchern mit Großhandelspreisen oder mit der Eigenschaft als Großhändler nur den Preis fordern, den er auch von Wiederverkäufern fordert. Einzelhändler dürfen deshalb nicht mit „Großhandelspreisen" werben, mögen sie auch „wie ein Großhändler einkaufen" und wie ein solcher kalkulieren (OLG Celle WRP 1960, 274; OLG Köln WRP 1961, 126). – Ein Großhändler, der allgemein ankündigt, zu Großhandelspreisen an Verbraucher zu verkaufen, wirbt irreführend, wenn er nur einige Waren seines Sortiments zu diesem Preis verkauft. Entsprechendes gilt bei Sonderangeboten an Verbraucher zu Großhandelspreisen.

16. Ladenpreis und Preisbindung bei Verlagserzeugnissen

3.171   Wird ein nach § 30 GWB **preisgebundenes Verlagserzeugnis** (das sind nur noch Zeitungen und Zeitschriften, weil für Bücher das BuchPrG gilt) einmal zum festen Ladenpreis, ein anderes Mal zu einem niedrigeren Preis angeboten, liegt darin nicht ohne weiteres ein Verstoß gegen das Irreführungsverbot). – Zu Verstößen gegen das BuchPrG → § 3a Rn. 1.259.

17. Mittlerer Preis und circa-Preis

3.172   Die Begriffe „mittlerer Preis" und „circa-Preis" sind unklar, mehrdeutig und daher irreführend (BGH GRUR 1981, 654 – Testpreiswerbung). Es sind errechnete Durchschnittspreise, keine tatsächlich verlangten Preise. Irreführend ist insbes. die Werbung für Elektrogeräte mit **„circa-Preisen laut Test"** (BGH GRUR 1981, 654 – Testpreiswerbung). Das folgt nicht nur aus der Mehrdeutigkeit des Begriffs „circa"-Preis, sondern auch aus der Nichtangabe des Instituts, das den Test durchgeführt hat. Die Nennung eines ca.-Preises genügt im Geschäftsverkehr mit dem Letztverbraucher nicht der PAngV, da nicht einmal eine Preisgrenze angegeben wird (Gloy/Loschelder/Danckwerts WettbR-HdB/Helm/Sonntag/Burger § 59 Rn. 335). Als zulässig wurde es dagegen angesehen, dass ein Hersteller den häufigsten oder mittleren Preis seiner Produkte im Handel mit „ca. DM …" in der Werbung darstellt (KG WRP 1984, 603). Damit kommt man dem Interesse des Herstellers entgegen, der keine Preisempfehlung ausspricht, gleichwohl in seiner Werbung aber auf den Preis hinweisen möchte, mit dem der Verbraucher rechnen muss. Dagegen ist einzuwenden, dass von einer solchen Werbung außerhalb des Instituts der Preisempfehlung ein Druck auf den Händler ausgehen kann, der kartellrechtlich bedenklich ist.

18. Nettopreis, Bruttopreis

Die Werbung mit **„Nettopreisen",** die die Mehrwertsteuer noch nicht enthalten, ist gegen- **3.173**
über Letztverbrauchern wegen des Verstoßes gegen § 3 I PAngV, § 2 Nr. 3 PAngV unzulässig, darüber hinaus irreführend (BGH GRUR 2011, 82 Rn. 26, 29 – Preiswerbung ohne Umsatzsteuer). Nur wenn sichergestellt ist, dass Adressaten dieser Werbung keine Verbraucher sind, so dass der Anwendungsbereich der PAngV nicht eröffnet ist (vgl. § 1 I PAngV), sondern ausschließlich zum Vorsteuerabzug berechtigte Personen, ist eine solche Werbung zulässig. Diese Voraussetzung ist noch nicht deswegen erfüllt, weil das mit Nettopreis ohne Mehrwertsteuer blickfangmäßig beworbene (Pickup-)Fahrzeug über eine Lkw-Zulassung verfügt (OLG Zweibrücken GRUR-RR 2002, 306; zu Nettopreisen im Internet OLG Karlsruhe CR 1998, 361; LG Ellwangen MMR 1999, 675).

Der Begriff **„Netto-Preise"** als solcher ist ebenso wie die Angabe **„Brutto-Preise" mehr-** **3.174**
deutig (vgl. Gloy/Loschelder/Danckwerts WettbR-HdB/Helm/Sonntag/Burger § 59 Rn. 329). So kann unter einem „Netto-Preis" der Preis verstanden werden, von dem der Unternehmer bei Barzahlung keine Abzüge duldet, oder der Preis der Ware ohne Verpackung (OLG Hamburg WRP 1980, 298 (299)). Ferner kann er den Verbraucher auf eine günstige Preisstellung hinweisen, weil er suggeriert, dass im Gegensatz zu Bruttopreisen irgendwelche Kostenfaktoren außer Ansatz geblieben sind (OLG Köln WRP 1981, 44). Sein Inhalt ergibt sich daher nur aus dem Kontext, in dem seine Verwendung erfolgt. Die lauterkeitsrechtliche Beurteilung richtet sich folglich danach, was der Begriff im Einzelfall besagen soll. Sofern es neben den genannten Preisen für die Verbraucher noch zu **Zusatzkosten** kommt, bedarf es nur dann keiner unmissverständlichen aufklärenden Hinweise, wenn sich der Verkehr dessen bewusst ist. So haben sich im Bereich der Fachmärkte die Verbraucher mittlerweile daran gewöhnt, dass es sich bei den in der Werbung hervorgehobenen Preisangaben stets um **Abholpreise** handelt. Insbesondere wenn sperrige Möbelstücke beworben werden, erübrigt sich ein Hinweis, das die Anlieferung nicht inbegriffen ist (→ Rn. 3.135). Hingegen bezieht der Verkehr Preisangaben für lose Waren (zB gerösteten Kaffee oder Bonbons) idR auf die Nettomenge der Ware und nicht auf das Bruttogewicht einschließlich der Verpackung (OLG Hamm GRUR 1961, 45). Insofern bedarf es zur Vermeidung von Irreführungsgefahren **unmissverständlicher aufklärender Hinweise.**

19. Normalpreis

Der Begriff **„Normalpreis"** ist früher als mehrdeutig angesehen worden. Die Vorstellung, **3.175**
der Verkehr könne darunter nicht nur den früheren Preis des werbenden Händlers, sondern auch einen **„allgemein gültigen Marktpreis"** verstehen, hat der BGH indessen als fern liegend angesehen. Die nahe liegende Annahme sei vielmehr, dass der durchgestrichene (Normal-)Preis derjenige ist, den der Händler verlangt (BGH GRUR 2001, 84 (85) – Neu in Bielefeld II). – Vgl. zur ähnlichen Beurteilung des Begriffs des regulären Preises → Rn. 3.177, zum „Statt-Preis" → Rn. 3.180.

20. Probierpreis, Testpreis, Schnupperpreis

Die Verwendung der Begriffe **„Probierpreis", „Testpreis"** oder **„Schnupperpreis"** ist **3.176**
idR nicht irreführend. Ausnahmsweise kann durch den sonstigen Werbetext der Eindruck hervorrufen werden, die Qualität der angebotenen Ware oder Leistung beruhe auf der Verwendung neuen Materials oder neuer Herstellungstechniken (BGH GRUR 1978, 372 (374) – Farbbilder). Ohne solche zusätzlichen Informationen wird eine solche Annahme aber fern liegen. Anders als die Bezeichnung „Einführungspreis" (→ Rn. 3.144) erweckt die Verwendung des Begriffs „Probierpreis" auch nicht notwendig den Eindruck der Neuheit. Vielmehr vermitteln diese Begriffe den Eindruck, es handele sich um günstige Preise, mit denen die Verbraucher

eingeladen werden sollen, das beworbene Produkt zu probieren (GK/Lindacher/Peifer Rn. 745). Irreführend ist die Verwendung des Begriffs „Probierpreis" nur dann, wenn die hervorgerufene Vorstellung der Preisgünstigkeit enttäuscht wird.

21. Regulärer Preis

3.177 Der Begriff **„regulärer Preis"** ist in der Vergangenheit als **mehrdeutig** angesehen worden. Es könne darunter der Preis der Mitbewerber, ein empfohlener Preis, ein gebundener Preis oder der eigenen ursprünglicher Preis verstanden werden. Daher verstoße ein Preisvergleich, in dem dem beworbenen Preis ein höherer, als „regulärer Preis" bezeichneter Betrag gegenübergestellt werde, gegen das Irreführungsverbot (vgl. BGH GRUR 1969, 609 – Regulärer Preis). Ein solches Verkehrsverständnis ist nicht mehr aktuell. Für den Verkehr kommt heute – je nach den Umständen, unter denen geworben wird – nur der frühere eigene oder – im Regelfall eher fern liegend – der empfohlene Preis des Herstellers in Betracht. Im Einzelfall wird es sich meist so verhalten, dass für den Durchschnittsverbraucher kein Zweifel besteht, dass der frühere eigene Preis gemeint ist. Vgl. zum Normalpreis → Rn. 3.175, zum „Statt-Preis" → Rn. 3.180.

22. Schätzpreis und Taxpreis

3.178 Bei Versteigerungen eines öffentlich bestellten und vereidigten Auktionators erwartet der Verkehr, dass die angegebenen **Schätzpreise** in etwa dem Preis entsprechen, der im Handel für gleichartige Waren (zB Teppiche) verlangt wird (OLG Frankfurt WRP 1985, 427). Der Werbende kann sich auf die Schätzungen eines öffentlich bestellten und vereidigten Sachverständigen nicht verlassen, sondern muss sie, wenn er sie sich zu eigen gemacht hat, wie seine eigenen vertreten. Der Taxpreis erweckt den Anschein amtlicher Schätzung und ist nur bei solcher erlaubt (RGSt 35, 235).

23. Sommerpreis

3.179 Bei einem **„Sommerpreis"** erwartet der Verbraucher normale Waren aus dem laufenden Angebot des Anbieters, die aus jahreszeitlichen Gründen reduziert worden sind, nicht aber qualitativ mindere Ware, zB Ski-Auslaufmodelle (BGH GRUR 1987, 45 (47) – Sommerpreiswerbung).

24. Statt-Preis

3.180 Mit **„Statt-Preisen"** verhält es sich ähnlich wie mit „Normalpreisen" (→ Rn. 3.175) oder „regulären Preisen" (→ Rn. 3.177). Der Begriff wird als mehrdeutig angesehen, weil der Verbraucher ihn nicht nur auf die früher vom Werbenden geforderten Preise beziehen könne, sondern auch auf einen vom Hersteller empfohlenen Preis, einen in der Branche durchschnittlich verlangten Preis oder einen allgemeinen Marktpreis. Aus diesem Grunde müsse klargestellt werden, auf welche Preise zu Werbezwecken hingewiesen werde (OGH WBl 1996, 291 – Eau de Toilette). Zumindest in Fällen, in denen sich die Werbung ganz oder überwiegend auf **Markenwaren** beziehe, müsse diese Klarstellung erfolgen (BGH GRUR 1980, 306 (307) – Preisgegenüberstellung III mAnm Tilmann; OLG Düsseldorf WRP 1985, 215; 1985, 492; OGH ÖBl 1997, 64 (65) – EU-Tiefpreis). Dagegen wird bei Waren, die keine Markenwaren sind, eine Werbung mit „Statt"-Preisen als zulässig angesehen (OLG Hamm WRP 1986, 349 (350); OLG Köln GRUR 1987, 447 – Reduzierte Markenware).

3.181 Gegenüber den zitierten Entscheidungen hat sich die **Sachlage indessen verändert.** Zum einen ist nunmehr auf den durchschnittlich informierten, situationsadäquat aufmerksamen und verständigen **Durchschnittsverbraucher** abzustellen. Zum anderen haben sich für eine Werbung mit den eigenen früheren Preisen auf der einen und mit den empfohlenen Herstellerpreisen **feste Usancen** eingebürgert. Wird nur mit „Statt-Preisen" geworben, wird dies den Durchschnittsverbraucher in aller Regel darauf hinweisen, dass es sich um frühere Preise des Werbenden handelt. Die Sachlage ist derjenigen der **durchgestrichenen Preise** vergleichbar (→ Rn. 3.142). Dagegen werden – einem rechtlichen Gebot folgend (→ Rn. 3.83) – Preisempfehlungen der Hersteller ausdrücklich als unverbindliche Preisempfehlungen bezeichnet.

25. Tiefpreis, Tiefstpreis, Dauertiefpreis, Höchstpreis

Wird für Waren oder Dienstleistungen mit **„Tiefpreisen"** geworben, müssen sie auch tatsäch- **3.182** lich preisgünstig, dh im Bereich des **unteren Preisniveaus** angeboten werden (OLG München WRP 1985, 580; GK/Lindacher/Peifer Rn. 748; Ohly/Sosnitza/Sosnitza Rn. 553; vgl. auch OLG Frankfurt NJW-RR 1996, 945; → Rn. 3.86). Eine **„Tiefpreis-Garantie"** ist irreführend, wenn der Verkäufer das Produkt nicht zum „Tiefpreis" abgibt, sondern sich lediglich vorbehält die Ware gegen Erstattung des Kaufpreises zurückzunehmen (OLG Hamburg GRUR-RR 2014, 400). Wird mit **„Tiefstpreise"** geworben, müssen die geforderten Preise in der Spitzengruppe der Unternehmen liegen, die zu Discount-Preisen anbieten. Dagegen wird der Begriff vom verständigen Durchschnittsverbraucher nicht als Alleinstellung verstanden, also nicht so verstanden, dass Werbende hins. aller angebotenen Waren der absolut billigste Anbieter ist (OLG Köln GRUR 1990, 131; Gloy/Loschelder/Danckwerts WettbR-HdB/Helm/Sonntag/Burger § 59 Rn. 336; strenger OLG Hamburg WRP 1977, 651). Wird der Begriff „Tiefpreis" im Zusammenhang mit dem Hinweis einer Abgabe **„direkt ab Werk"** verwendet, darf der Preis nicht über dem Abgabepreis des Herstellers liegen (BGH GRUR 2005, 442 – Direkt ab Werk; vgl. → Rn. 4.203).

Wird für Waren oder Leistungen mit **„Dauertiefpreisen"** geworben, erwartet der Verkehr, **3.183** dass die Preise unter den sonst üblichen Marktpreisen liegen. Darüber hinaus müssen die auf diese Weise beworbenen **lagerfähigen Waren** für eine gewisse Zeitspanne – angemessen ist **ein Monat** – zu diesem Preis angeboten werden (BGH GRUR 2004, 605 (606) – Dauertiefpreise; vgl. ferner OLG Frankfurt WRP 1989, 808 (809); Ohly/Sosnitza/Sosnitza Rn. 506; GK/Lindacher/Peifer Rn. 708). Der Begriff „Dauertiefpreise" erlaubt jedoch nicht nur das Verständnis, dass die angegebenen Preise „auf Dauer" auf dem in der Werbung angegebenen niedrigen Niveau bleiben werden. Der Begriff kann auch so verstanden werden, dass es sich um einen Discount-Markt handelt, der **auf Sonderangebote vollständig verzichtet** und statt-dessen **sämtliche angebotenen Artikel** – bei Einhaltung eines unter den Marktpreisen liegen-den Preisniveaus (vgl. BGH GRUR 1971, 164 (166) – Discount-Geschäft) – **mit einer verhält-nismäßig geringen Spanne kalkuliert.** So verstanden soll der Begriff des Dauertiefpreises nicht zum Ausdruck bringen, dass der konkret für eine Ware angegebene Discount-Preis über längere Zeit unverändert bleiben wird, sondern dass alle von dem Werbenden geführten Artikel gleichermaßen knapp kalkuliert sind. Macht ein Unternehmen in seiner Werbung deutlich, dass der Begriff in diesem letzteren Sinne zu verstehen ist, dass also **Veränderungen der Einkaufs-konditionen** – in der einen wie in der anderen Richtung – sofort **an die Verbraucher weitergegeben** werden, wird der Verkehr den Begriff „Dauertiefpreise" in diesem letzteren Sinne und nicht so verstehen, dass der angegebene Preis „auf Dauer" gilt (BGH GRUR 2004, 605 (607) – Dauertiefpreise). Dabei ist auch zu berücksichtigen, dass ein Discount-Unterneh-men, das sein gesamtes Sortiment unter Verzicht auf Sonderangebote stets knapp kalkuliert, auf dieses Geschäftsprinzip in der Werbung angemessen hinweisen können muss.

Die Werbung mit einem Ankauf zu **„Höchstpreisen"** (zB die Werbung eines Geschäfts für **3.184** Unterhaltungselektronik „Wir zahlen Höchstpreise für Ihr Altgeräte") setzt voraus, dass der Werbende mit seinen Ankaufspreisen **zur Spitzengruppe** gehört, wobei wegen der Art dieses Geschäfts nicht auszuschließen ist, dass im Einzelfall auch einmal ein höherer Preis geboten werden kann (BGH GRUR 2015, 186 Rn. 9 f. – Wir zahlen Höchstpreise; OLG Köln WRP 1986, 425; OLG Düsseldorf GRUR 1988, 711; OLG Nürnberg GRUR 1991, 857; OLG Frankfurt WRP 1991, 176). – Vgl. zur übertreibenden Preiswerbung auch → Rn. 3.41.

26. Versandhandelspreise, Versandkosten

Versandkosten im Versandhandel sind kein Bestandteil des Gesamtpreises iSv § 3 I PAngV **3.185** (zu § 1 I 1 PAngV aF vgl. BGH GRUR 1997, 479 – Münzangebot; → PAngV § 1 Rn. 38). Weil ihre Höhe meist von der Menge der bestellten Ware abhängt, brauchen sie nicht in den Gesamtpreis der einzelnen Waren eingerechnet zu werden. Dies bedeutet aber nicht, dass auf diese zusätzlichen Kosten nicht in der Werbung, in der auch mit dem Preis der Ware geworben wird, hingewiesen werden müsste (BGH GRUR 1997, 479 (481) – Münzangebot; Beschl. v. 3.12.1998 – I ZR 125/98, MD 1999, 135). § 6 I Nr. 2 PAngV verlangt, dass derjenige, der Waren im Wege des Fernabsatzes anbietet, zusätzlich zu den Preisen anzugeben hat, ob zusätzli-che Liefer- und Versandkosten anfallen. Dieser Hinweis muss dem Angebot und der Preiswer-bung eindeutig zugeordnet, leicht erkennbar, deutlich lesbar und sonst gut wahrnehmbar sein (OLG Hamburg MMR 2005, 467). Dies bedeutet aber nicht, dass bei einem **Angebot im**

Internet die Angaben nach § 6 I PAngV in unmittelbarer Nähe direkt bei der Abbildung oder Beschreibung der angebotenen Ware stehen müssen. Es genügt, wenn diese Angaben alsbald sowie leicht erkennbar und gut wahrnehmbar auf einer gesonderten Seite gemacht werden, die noch vor Einleitung des Bestellvorgangs notwendig aufgerufen werden muss. Dagegen reicht es nicht, wenn in den AGB oder erst im Laufe des Bestellvorgangs auf die Versandkosten hingewiesen wird (zu § 1 II PAngV aF BGH GRUR 2008, Rn. 33 – Versandkosten; GRUR 2008, 532 Rn. 28 – Umsatzsteuerhinweis; GRUR 2010, 248 Rn. 23 ff. – Kamerakauf im Internet; GRUR 2010, 1110 Rn. 23 f. – Versandkosten bei Froogle II; vgl. auch OLG Hamburg WRP 2006, 771 Ls.; OLG Köln MMR 2005, 111). Ist auf die Versandkosten klar und deutlich hingewiesen worden, ist nicht erforderlich, dass sie in der „Bestell-Übersicht" noch einmal neben dem Warenpreis der Höhe nach ausgewiesen werden (BGH NJW 2006, 211 zu § 312c I 1 BGB). – Irreführend ist die **Verschleierung von Versandkosten** durch die Angabe **„versandkostenfrei"**, wenn stets eine **„Logistikpauschale"** auf den angegebenen Verkaufspreis aufgeschlagen wird (OLG Bamberg WRP 2021, 776).

3.186 Etwas Besonderes gilt für **Versandkosten bei Angeboten in Preissuchmaschinen.** Vergleichslisten in Preissuchmaschinen verschaffen dem Verbraucher einen schnellen Überblick darüber, was er für das fragliche Produkt letztlich zahlen muss. Hierzu erwartet der Verbraucher die Angabe des Gesamtpreises sowie aller zusätzlichen Kosten, insbesondere der Versandkosten. Da die Versandkosten der verschiedenen Anbieter nicht unerheblich voneinander abweichen, ist der Verbraucher darauf angewiesen, dass in der Liste ein Preis genannt wird, der diese Kosten einschließt oder bei dem bereits darauf hingewiesen wird, in welcher Höhe zusätzliche Versandkosten anfallen (BGH GRUR 2010, 251 Rn. 14 – Versandkosten bei Froggle I). Bei solchen Preissuchmaschinen sind für den Verbraucher die günstigsten Angebote von besonderem Interesse. Auf sie richtet er sein Augenmerk. Wird er erst später darauf hingewiesen, dass bei dem fraglichen Produkt zusätzliche Versandkosten anfallen, ist die für den Kaufentschluss wichtige Vorauswahl bereits getroffen (BGH GRUR 2010, 251 Rn. 15 – Versandkosten bei Froggle I; GRUR 2010, 1110 Rn. 25 ff. – Versandkosten bei Froogle II; → PAngV § 6 Rn. 6).

C. Irreführung über die Bedingungen der Lieferung der Ware oder Erbringung der Dienstleistung

Schrifttum: Fritzsche, Grenzen der Werbung mit Garantien, Gütesiegeln und Sicherheitsaspekten, WRP 2021, 431; Möller, Abmahngefahren bei Garantiewerbung, GRUR 2021, 1365; Schünemann, Defizitäre Garantien, NJW 1988, 1943; Splittgerber/Krone, Bis dass der Tod Euch scheide – Zur Zulässigkeit lebenslanger Garantien auf IT-Produkte, CR 2008, 341.

I. Allgemeines

3.187 Wettbewerb findet nicht zuletzt in der Form des **Konditionenwettbewerbs** statt. Davon geht auch § 5 aus, der diesen Aktionsparameter wegen seiner bes. Bedeutung als Beispiel für einen möglichen Bestandteil irreführender geschäftlicher Handlungen in § 5 II Nr. 2 ausdrücklich nennt. Danach kann eine Irreführung nach § 5 II Nr. 2 insbes. **über die Bedingungen, unter denen die Waren geliefert oder die Dienstleistungen erbracht werden,** erfolgen.

3.188 Diese Formulierung geht auf Art. 3 lit. b Werbe-RL zurück, die unter der Geltung der UGP-RL nur noch auf das Verhältnis zwischen Unternehmern („B2B") anwendbar ist (→ Rn. 0.13). Dies wirft die Frage nach ihrer **unionsrechtlichen Grundlage** für das Verhältnis zwischen Unternehmern und Verbrauchern („B2C") auf. Die UGP-RL enthält in Art. 6 I lit. d UGP-RL keine entsprechende Formulierung, sondern regelt in Art. 6 I lit. g UGP-RL gesondert die – in § 5 II Nr. 7 umgesetzte – Irreführung über die **„Rechte des Verbrauchers".** Einer Modifizierung des Schutzniveaus im „B2C"-Verhältnis unter Zuhilfenahme der genannten Vorschrift der RL 84/450/EWG steht die vollharmonisierende Wirkung der UGP-RL (→ Rn. 0.27) entgegen. Daraus folgt, dass der im Verhältnis zum Verbraucher geführte Wettbewerb über Konditionen, die nicht von anderen Vorschriften des Art. 6 I angesprochen werden, ausschließlich nach Maßgabe des Art. 6 I lit. g UGP-RL zu beurteilen ist (Harte-Bavendamm/Henning-Bodewig/ Weidert § 5 Rn. 825; aA GK/Lindacher/Peifer Rn. 780). Entschärft wird diese Konsequenz allerdings zum einen dadurch, dass nach Art. 6 I lit. c UGP-RL/§ 5 II Nr. 3 nicht über den **„Umfang der Verpflichtungen"** des Gewerbetreibenden irregeführt werden darf, wozu auch gegenüber dem Verbraucher eingegangene **Vertragspflichten** zählen (→ Rn. 4.120a). Zum anderen hat der Begriff der **„Rechte des Verbrauchers"** gem. Art. 6 I lit. g UGP-RL/§ 5 II Nr. 7 eine **weite Bedeutung:** Hiermit sind, wie sich aus dem Wortlaut der Vorschrift („einschließlich") ergibt, nicht lediglich Gewährleistungsrechte, sondern sämtliche Rechte des Verbrauchers gemeint. Dazu gehören Rechte zur Vertragsbeendigung (Kündigung, Rücktritt) ebenso wie Garantien oder sonstige Leistungsversprechen, ferner auch die Frage des Bestehens oder des Inhalts von Rechten (→ Rn. 8.1). Da der Konditionenwettbewerb wesentlich von der **Einräumung von Rechten** zugunsten des Kunden geprägt wird, besteht auch deshalb keine nennenswerte Schutzlücke.

Lediglich **Verpflichtungen des Verbrauchers** sind von § 5 II Nr. 7 nicht erfasst, weil die **3.189** Vorschrift insoweit hinter Art. 6 I lit. g UGP-RL zurückbleibt, der neben den Rechten des Verbrauchers auch **„die Risiken, denen er sich möglicherweise aussetzt",** nennt. Diesem Umsetzungsdefizit kann durch **richtlinienkonforme Auslegung** des Begriffs der „Bedingungen" iSd **§ 5 II Nr. 2** Rechnung getragen werden, der danach zwar nicht die Rechte, wohl aber die Verpflichtungen des Verbrauchers erfasst (Harte-Bavendamm/Henning-Bodewig/Weidert § 5 Rn. 828).

Die Vorschrift ist ein Anwendungsfall der seit dem UWG 2008 erweiterten lauterkeitsrecht- **3.190** lichen Kontrolle, die sich auf geschäftliche Handlungen vor, bei oder nach einem Geschäftsabschluss bezieht, mithin auch auf irreführende Angaben über **die dem Vertragspartner zustehenden Rechte** (→ Rn. 1.10, 1.13 ff.).

II. Erfasste Bedingungen

Die in § 5 II Nr. 2 geregelte Irreführung über die Bedingungen, unter denen die Ware **3.191** geliefert oder die Dienstleistung erbracht wird, betrifft zum einen den **geschäftlichen Charakter** des Angebots, zum anderen **jeglichen Vertragsinhalt.** Soweit über den geschäftlichen Charakter getäuscht wird, kommt auch eine Irreführung über die **Beweggründe der geschäftlichen Handlung** iSd § 5 II Nr. 3 in Betracht (→ Rn. 4.186 ff.).

1. Geschäftlicher Charakter des Angebots

Eine Irreführung über die Vertragsbedingungen liegt vor, wenn der Kunde **über den** **3.192** **geschäftlichen Charakter des Angebots getäuscht** wird. Der Interessent rechnet bei gewerblichen Angeboten regelmäßig mit anderen Bedingungen als bei einem Erwerb von privat. Dies gilt insbes. hins. der Provisionspflicht bei Leistungen gewerblicher Vermittler (BGH GRUR 1987, 748 (749) – Getarnte Werbung II; GRUR 1990, 377 – RDM; GRUR 1994, 760 – Provisionsfreies Maklerangebot). Es ist jedoch nicht irreführend, wenn Unternehmer in Zeitungsanzeigen Privatbesitz (provisionsfrei) zum Verkauf stellen, ohne dabei auf ihre berufliche Stellung und Tätigkeit als Makler hinzuweisen (BGH GRUR 1993, 761 (762) – Makler-Privatangebot). Zum Vortäuschen eines Bezugs aus Privathand → Rn. 4.190 ff.

2. Vertragsinhalt

§ 5 II Nr. 2 erfasst **sämtliche vertragliche Regelungsaspekte.** Dazu zählen bspw. das **3.193** Bestehen von Rechten oder Pflichten, Höhe, Berechnung und Gegenstand einer zu zahlenden oder zu empfangenden Haupt- oder Nebenleistung, Leistungszeitpunkte, Erfüllungsmodalitäten, Leistungsbestimmungsrechte, Informations- und Hinweispflichten des Unternehmers. Bei ansonsten vergleichbaren Angeboten kann im Wettbewerb ferner auch die Einräumung von **Garantien** (→ Rn. 8.8 ff.), über den gesetzlichen Standard hinausgehender **Gestaltungsrechte** (Kündigung, Rücktritt) oder **Leistungsstörungsrechte** den Ausschlag für die Entscheidung des Kunden geben. Der Vorschrift unterfällt auch die Irreführung über Verpflichtungen des Verbrauchers; für die Täuschung über **Rechte des Verbrauchers** gilt jedoch § 5 II Nr. 7 (→ Rn. 3.188).

III. Form der Irreführung

Eine Irreführung über die Vertragsbedingungen kann in **beliebiger Form,** dh ausdrücklich **3.194** oder konkludent, mündlich oder schriftlich erfolgen. So ist die Verwendung von **rechnungsähnlichen Formularen** über nicht bestellte Leistungen, die bei einem situationsadäquat aufmerksamen Empfänger den Eindruck einer bereits bestehenden Zahlungspflicht hervorrufen können, tatsächlich aber nur ein Angebot zum Abschluss eines Vertrages sind, irreführend (BGH

GRUR 1994, 126 (127) – Folgeverträge I; GRUR 1995, 358 (360) – Folgeverträge II; GRUR 1998, 415 (416) – Wirtschaftsregister; GRUR 2012, 184 Rn. 24 f. – Branchenbuch Berg; OLG Karlsruhe WRP 1988, 322: Tarnung eines Bestellscheins als Geschenkgutschein in Form eines Anforderungsschreibens; LG Hamburg NJW-CoR 1996, 256 Ls.: formularmäßige Angebote für teils kostenfreie, teils kostenpflichtige Eintragungen in eine Formulardatenbank ohne ausreichenden Hinweis auf den kostenpflichtigen Teil; s. auch LG Bochum WRP 2019, 922; LG Nürnberg-Fürth WRP 2019, 133; zu Einzelheiten → § 5a Rn. 4.122 ff.). Erfasst ist auch die unzutreffende Behauptung, es seien **kostenpflichtig Waren- oder Dienstleistungen bestellt** worden (BGH GRUR 2012, 184 Rn. 18 – Branchenbuch Berg; GRUR 2019, 1202 Rn. 16 – Identitätsdiebstahl). – Irreführend ist das Anbieten einer **Höherversicherung** durch ein Schreiben, das der situationsadäquat aufmerksame Leser als Aufforderung zur laufenden Beitragszahlung verstehen kann (BGH GRUR 1992, 450 (452) – Beitragsrechnung).

3.195   **Gutscheine,** die der Verbraucher verwenden soll, um ein groß angekündigtes Werbegeschenk oder ein preisgünstiges Werbeangebot anzufordern, sind irreführend, wenn der Verwender sich im klein gedruckten Text dazu verpflichtet, weitere Waren zu kaufen oder einer Buchgemeinschaft beizutreten (BGH GRUR 1999, 282 (286) – Wettbewerbsverein IV; KG GRUR 1984, 285; AfP 1987, 695; OLG Karlsruhe WRP 1988, 322).

4. Abschnitt. Irreführung über Person, Eigenschaften oder Rechte des Unternehmers (§ 5 II Nr. 3)

Übersicht

Schrifttum: Barth/Wolhändler, Werbung mit Patentschutz – Erfreulicher Ansatz des OLG München zum Schließen einer Rechtsprechungslücke, Mitt 2006, 16; R. Bechtold, Probeabonnement – Anmerkung zum Urteil des BGH v. 7. Februar 2006, KZR 33/04, WRP 2006, 1162; Birk, Corporate Responsibility, unternehmerische Selbstverpflichtungen und unlauterer Wettbewerb, GRUR 2011, 196; Bogler, Werbung mit Hinweisen auf zukünftigen oder bestehenden Patentschutz, DB 1992, 413; Bornkamm, Die Werbung mit der Patentanmeldung, GRUR 2009, 227; Bornkamm, Das Verhältnis von Kartellrecht und Lauterkeitsrecht: Zwei Seiten derselben Medaille?, FS Griss, 2011, 79; Bulling, Werbung mit unveröffentlichten Patentanmeldungen, Mitt 2008, 61; Dreyer, Verhaltenskodizes im Referentenentwurf eines Ersten Gesetzes zur Änderung des Gesetzes gegen unlauteren Wettbewerb – Wird das Wettbewerbsrecht zum Motor für die Durchsetzung vertraglicher Verpflichtungen?, WRP 2008, 155; Ebert-Wiedenfeller/Schmüser, Werbung mit Rechten des geistigen Eigentums – „ges. gesch.“, „Pat.“, ®, TM, © & Co., GRUR-Prax 2011, 74; Eibl, Ärztliche Qualifikationsbezeichnungen aus wettbewerbsrechtlicher Sicht und Hinweise zur prozessualen Vorgehensweise, ZGMR 2011, 9; Fritzsche, Grenzen des ärztlichen Werberechts – Aktuelle Rechtsprechung insbesondere zu Berufsbezeichnungen, Qualifikationen und Internetportalen, WRP 2013, 272; Heermann, Ambush-Marketing anlässlich Sportgroßveranstaltungen – Erscheinungsformen, wettbewerbsrechtliche Bewertung, Gegenmaßnahmen, GRUR 2006, 359; Heermann, Ambush Marketing durch Gewinnspiele? – Marken- und lauterkeitsrechtliche Rahmenbedingungen von Gewinnspielen mit Bezug insbesondere zu Sportevents, WRP 2012, 1035; Herb, Spezialisierungshinweise und irreführende Werbung nicht markenbezogener Reparaturwerkstätten, WRP 1991, 699; Hönn, Akademische Grade, Amts-, Dienst- und Berufsbezeichnungen sowie Titel (Namensattribute) in der Firma in firmen- und wettbewerbsrechtlicher Sicht, ZHR 153 (1989), 386; Honig, Werbung mit dem guten Ruf des Handwerks, WRP 1995, 568; Horn, Anwaltliche Werbung mit dem Titel „Mediator“, NJW 2007, 1413; Hösch, „Internationale Apotheke“ oder vom Versuch der Selbstentlastung mittels § 522 Abs. 2 ZPO, WRP 2003, 344; Klöhn, Wettbewerbswidrigkeit von Kapitalmarktinformationen?, ZHR 172 (2008), 388; Köndgen, Die Ad hoc-Publizität als Prüfstein informationsrechtlicher Prinzipien, FS Druey, 2002, 791; Lambsdorff/Hamm, Zur wettbewerbsrechtlichen Zulässigkeit von Patent-Hinweisen, GRUR 1985, 244; Lehmann, Zur Stellung des werbenden und sterbenden Großhandels im evolutiven Entdeckungsverfahren Wettbewerb, FS Klaka, 1987, 59; Lettl, Die wettbewerbswidrige Ad hoc-Mitteilung, ZGR 2003, 853; Lettl, Die Zulässigkeit von Werbung mit der Einlagensicherung nach UWG und KWG, WM 2007, 1345 und WM 2007, 1397; Lindemann/Bauer, Fabrikverkauf, Lagerverkauf, Hersteller-Direkt-Verkauf und Factory Outlet – Werbung am Rande der Legalität –, WRP 2004, 45; Lux, Alleinstellungswerbung als vergleichende Werbung?, GRUR 2002, 682; Müller, Krankenhauswerbung – Möglichkeiten und rechtliche Grenzen, Pflege- und Krankenhausrecht 2006, 88; v. Olenhusen, Das „Institut“ im Wettbewerbs-, Firmen-, Standes-, Namens- und Markenrecht, WRP 1996, 1079; Ottofülling, Der „Bausachverständige“ und die wettbewerbsrechtlichen Implikationen, DS 2008, 53; Pauly, Zur Problematik der Alleinstellungswerbung unter besonderer Berücksichtigung von BGH WRP 1996, 729 – Der meistverkaufte Europas, WRP 1997, 691; Sack, Unbegründete Schutzrechtsverwarnungen, 2006; Schulze zur Wiesche, Zur Bedeutung des Wortes „Center“ in der Firmenbezeichnung, GRUR 1986, 904; Slopek/Wachsmuth, Alter, was geht? Zulässigkeit und Grenzen von Traditionswerbung aus wettbewerbs- und markenrechtlicher Sicht, WRP 2016, 678; Sosnitza, Wettbewerbsregeln nach §§ 24 ff. GWB im Lichte der 7. GWB-Novelle und des neuen Lauterkeitsrechts, FS Bechtold, 2006, 515; Spindler, Codes of Conduct im UWG – de lege lata und de lege ferenda, FS Fezer, 2016, 849; Tettinger/Kämper, Verleihung von Berufsbezeichnungen und Erteilung von Diplomzeugnissen durch Sozialversicherungsträger?, VSSR 1991, 113; Zimmermann, Die unberechtigte Schutzrechtsverwarnung, 2008.

Weitere Schrifttumsnachweise s. vor → Rn. 4.120 (Irreführende Angaben über Vermögen, den Umfang von Verpflichtungen, Schutzrechte), vor → Rn. 5.135 (Titel- und Berufsbezeichnungen) und vor → Rn. 5.163 (Irreführung über Verhaltenskodizes).

A. Einführung

4.1   Die Irreführung über das Unternehmen (Betrieb) war in § 3 UWG 1909 als Beispiel einer täuschenden Angabe über geschäftliche Verhältnisse nicht ausdrücklich genannt, wenngleich sie immer einen wichtigen Anwendungsfall des Irreführungsverbots bildete. Lediglich die Art des Bezugs und der Bezugsquelle sowie der Besitz von Auszeichnungen waren im Beispielskatalog des § 3 UWG 1909 aufgeführt. § 5 II 1 Nr. 3 UWG 2004 sprach mit den Angaben über geschäftliche Verhältnisse erstmals ausdrücklich die unternehmensbezogenen Angaben an. In § 5 I 2 Nr. 3 UWG 2008 – seit dem 28.5.2022: § 5 II Nr. 3 – wird nunmehr in Umsetzung von Art. 6 I lit. f UG-RL unter Voranstellung der Begriffe **„Person, Eigenschaften oder Rechte des Unternehmers"** ein ganzer Blumenstrauß an unternehmensbezogenen Bezugspunkten aufgeführt: Identität, Vermögen einschließlich der Rechte des geistigen Eigentums, Umfang von Verpflichtungen, Befähigung, Status, Zulassung, Mitgliedschaften oder Beziehungen, Auszeichnungen oder Ehrungen, Beweggründe für die geschäftliche Handlung oder die Art des Vertriebs.

4.2   Damit lassen sich die Fälle der unternehmensbezogenen Irreführung in **sieben Gruppen** einteilen: **(1)** Zur ersten Gruppen zählen die Fälle der Irreführung über die Identität des werbenden Unternehmens; dabei geht es in der Sache um **irreführende Unternehmensbezeichnungen** (→ Rn. 4.3 ff.). **(2)** In die zweite Gruppe fallen die **Irreführungen über die Eigenschaften** des Unternehmens, wozu das **Alter**, die **Größe**, die **Vermögensverhältnisse** und die **Bedeutung** auch im Verhältnis zu den Mitbewerbern zählen (→ Rn. 4.58 ff.). **(3)** Die dritte Gruppe betrifft **irreführende** Angaben über das Vermögen, den Umfang von Verpflichtungen sowie Immaterialgüterrechte (→ Rn. 4.120 ff.); hier wird die Schutzrechtsanmaßung im Zusammenhang behandelt, also einschließlich der Fälle, in denen der irreführende Hinweis auf das Schutzrecht produktbezogen ist. **(4)** In der vierten Gruppe geht es um die **Irreführung über Befähigung, Status, Zulassung, Mitgliedschaften oder Beziehungen** des Inhabers und seiner Mitarbeiter (→ Rn. 4.144 ff.), **(5)** in der fünften um die **Irreführung über Auszeichnungen und Ehrungen** (→ Rn. 4.180 ff.), **(6)** in der sechsten Gruppe um die **Beweggründe der geschäftlichen Handlung** (→ Rn. 4.186 ff.) und **(7)** in der siebten Gruppe um die Irreführung über die **Art des Vertriebs** (→ Rn. 4.194 ff.).

B. Identität des Unternehmens

I. Allgemeines

4.3   Die Identität von Unternehmen kommt in ihren **Unternehmensbezeichnungen** zum Ausdruck. Hierbei handelt es sich um Bezeichnungen, die im geschäftlichen Verkehr als Name, Firma oder als sonstige Bezeichnung eines Unternehmens benutzt werden (vgl. § 5 II MarkenG). Sie dürfen **keine irreführenden Angaben** enthalten, also dem Verkehr keinen falschen oder missverständlichen Eindruck vom dahinter stehenden Unternehmen vermitteln (zum Verhältnis der wettbewerbsrechtlichen zu den kennzeichenrechtlichen Ansprüchen → Rn. 0.97 ff. und → Rn. 1.42 f.). Denn der Adressat der Werbung soll Klarheit darüber haben, um welches Unternehmen es sich handelt (BGH GRUR 2018, 950 Rn. 38 – Namensangabe). Der Aussagewert einer Unternehmensbezeichnung richtet sich wie im gesamten Wettbewerbsrecht grds. nach der **Verkehrsauffassung.** Diese ist einem ständigen Wandel unterworfen und passt sich den sich ändernden wirtschaftlichen Verhältnissen an. Daher und wegen des geänderten Verbraucherleitbilds, das heute für die Ermittlung der Verkehrsauffassung maßgeblich ist (→ Rn. 0.72 ff.), sind insbes. die älteren Entscheidungen über irreführende Unternehmensbezeichnungen heute nur noch bedingt zu gebrauchen.

4.4   Die Irreführung kann **ausdrücklich,** aber **auch konkludent** erfolgen (→ Rn. 1.39). Ein Kaufhaus verstößt daher gegen § 5, wenn es nicht deutlich macht, dass ein in seinen Räumen befindlicher Frisiersalon ein rechtlich selbstständiger Betrieb und nicht eine zum Kaufhaus gehörende unselbstständige Abteilung ist (BGH GRUR 1989, 211 – Shop in the Shop II; KG WRP 1986, 85). Irreführend ist die Internet-Werbung für einen „Elektronotdienst" unter Angabe einer städtischen Adresse, unter der **kein Geschäftsbetrieb** unterhalten wird (KG WRP 2017, 1495) oder die Angabe von Standortdaten in der Internet-Werbung eines Unternehmens, an denen es **keine Niederlassungen** betreibt (OLG Köln WRP 2017, 335; OLG

Frankfurt WRP 2018, 1501; LG Halle/Saale WRP 2021, 1507), oder die Bezeichnung **„Schuldnerberatung Köln",** wenn in Köln keine Niederlassung besteht (OLG Hamburg WRP 2021, 1091). Hat eine Rechtsanwaltsgesellschaft ihren **Sitz nur in einer Stadt,** ist es irreführend, auf dem Briefkopf unter der Namensbezeichnung 4 deutsche Großstädte hervorgehoben aufzuführen (OLG Köln WRP 2020, 777). Unzulässig ist auch die Bezeichnung **„Privat-Handelsschule Trelle",** wenn die Handelsschule von einem anderen geführt wird (OLG Hamm GRUR 1972, 94). Die Irreführung kann aber nicht nur durch die Unternehmensbezeichnung selbst, sondern auch durch die ihr beigefügten Rechtsformzusätze hervorgerufen werden, zB durch Verwendung des Zusatzes „mbH" auf Briefbögen durch eine Gesellschaft bürgerlichen Rechts (OLG München GRUR 1999, 429).

II. Verhältnis zu anderen Vorschriften

1. Rechtsbruchtatbestand

Soweit über Unternehmensbezeichnungen bes. Vorschriften bestehen, kommt neben § 5 auch **4.5** noch der Rechtsbruchtatbestand des § 3a in Betracht (allg. → § 3a Rn. 1.170 ff.). Zum Verhältnis der wettbewerbsrechtlichen zu den **kennzeichenrechtlichen Ansprüchen** → Rn. 0.97 ff. mwN, → Rn. 1.42 f. sowie → § 4 Rn. 4.76 f.

2. Handelsrechtliches Irreführungsverbot

Für die Firmenführung enthält § 18 II 1 HGB ein spezielles handelsrechtliches Irreführungs- **4.6** verbot. Danach darf die Firma eines Kaufmanns keine Angaben enthalten, die geeignet sind, über geschäftliche Verhältnisse irrezuführen, die für die angesprochenen Verkehrskreise wesentlich sind. Sanktioniert wird dieses Verbot durch § 37 I HGB (Festsetzung von Ordnungsgeld durch das Registergericht). Das wettbewerbsrechtliche Irreführungsverbot wird dadurch nicht berührt. Die Wertungsmaßstäbe sind zwar identisch (vgl. Koller/Kindler/Drüen/Roth/Stelmaszczyk, 10. Aufl. 2023, HGB § 18 Rn. 7–9). Doch besagt die **handelsrechtliche Zulässigkeit der Firmenführung,** etwa im Falle der Firmenfortführung durch einen Nachfolger (§ 22 HGB), nichts für die wettbewerbsrechtliche Zulässigkeit (vgl. BGH GRUR 2021, 746 Rn. 25 – Dr. Z). Die Beibehaltung rechtmäßig erworbener Firmen ist daher von dem Zeitpunkt an unzulässig, in dem sie zu einer Täuschung des Verkehrs führt (BGHZ 10, 196 – R G Dun & Co; BGH GRUR 1958, 90 – Hähnel). Die Frage des firmenrechtlichen Schutzes der Unternehmensbezeichnung ist unabhängig von ihrer Eignung zur Irreführung nach § 5 II Nr. 3 zu beantworten.

III. Hauptfälle irreführender Unternehmensbezeichnungen

1. Anstalt

Der Unternehmensbezeichnung **Anstalt** entnimmt der Verkehr einen Hinweis auf die Größe **4.7** des Betriebes. Neben diesem Bedeutungshinweis wird auch der Eindruck erweckt, dass das Unternehmen, wenn nicht von einer öffentlichen Institution geschaffen und geleitet, so doch zumindest beaufsichtigt oder gefördert wird (OLG Düsseldorf GRUR-RR 2019, 301; → Rn. 4.95). Entsprechendes gilt für Bezeichnungen wie **Stelle** oder **Dienst.** Den Eindruck eines irgendwie gearteten öffentlichen Charakters müssen insbes. rein privatwirtschaftlich tätige Unternehmen vermeiden. So suggeriert die Bezeichnung **„Rheinische Scheideanstalt"** für einen Privatbetrieb in irreführender Weise die Leitung oder Beaufsichtigung durch eine staatliche Stelle (OLG Düsseldorf GRUR-RR 2019, 301; Nichtzulassungsbeschwerde zurückgewiesen durch BGH Beschluss v. 19.9.2019 – I ZR 3/19). Aufklärende Zusätze müssen hier klarstellen, dass der öffentliche Einschlag fehlt (→ Rn. 4.95). Der Zusatz **„für Marktforschung"** deutet auf eine unabhängige Forschungsstätte hin.

2. Apotheke

„Apotheke" darf sich ein Einzelhandelsgeschäft nur nennen, wenn sein Inhaber die deutsche **4.8** Approbation als Apotheker besitzt oder wenn ihm eine Erlaubnis nach § 2 I ApoG erteilt ist. Eine **Drogerie** darf sich nicht Apotheke nennen; auch darf sie nicht **Apothekerwaren** ankündigen. Ebenso irreführend ist die Bezeichnung „Naturapotheke" für ein Ladengeschäft, in dem ohne apothekenrechtliche Erlaubnis Nahrungsergänzungsmittel angeboten werden (LG Bamberg

MD 2020, 976). **Arzneimittel** iSd § 1 I AMG, die nicht durch § 44 AMG oder eine Rechts-verordnung nach § 45 I AMG für den Verkehr außerhalb der Apotheken zugelassen sind, dürfen im Einzelhandel **nur in Apotheken** abgegeben, vorrätig- oder feilgehalten werden (§ 43 I AMG). Die Verwendung der Bezeichnung „**Internationale Apotheke**" hat die Rspr. als nicht irreführend angesehen. Sie lasse für eine Vielzahl von Kundenerwartungen Raum, die alternativ, aber nicht kumulativ vorliegen müssten. Um dem Vorwurf der Irreführung zu entgehen, müsse eine solche Apotheke in größerem Umfang mit ausländischen Arzneimitteln handeln und über sprachkundige Mitarbeiter verfügen, um den Verkehr mit ausländischen Kunden zu ermögli-chen; seien diese Voraussetzungen erfüllt, sei die Bezeichnung nicht zu beanstanden (OLG München WRP 2003, 398 unter Bezugnahme auf LG München I WRP 2003, 537; aA OVG Münster LRE 38, 117 für das Irreführungsverbot in der BO der Apothekerkammer Nordrhein). – Die im Internet verwendete Bezeichnung „**Tattoo Apotheke**" ist nicht irreführend, weil der Verkehr nicht erwartet, dass in einer Apotheke Tätowierungsleistungen angeboten werden (OLG Köln MD 2017, 500). Die Bezeichnung „**Die Rezept-Apotheke**" ist als Werbung mit Selbstverständlichkeiten irreführend (OLG Stuttgart WRP 2019, 506).

4.9   Der Namensbestandteil „Homecare" im Namen einer Apotheke **(Homecare-Apotheke)** erweckt den unzutreffenden Eindruck, es bestehe ein Zusammenhang mit Einrichtungen der ambulanten Pflege (OLG Düsseldorf WRP 2008, 1270 – Nichtzulassungsbeschwerde zurück-gewiesen: BGH Beschl. v. 13.8.2009 – I ZR 20/08).

3. Börse

4.10   Die frühere Rspr. nahm bei der Bezeichnung **Börse** an, der Verkehr verbinde damit eine Zusammenkunft einer Vielzahl von Kaufleuten an einem bestimmten Ort zum Zweck des Abschlusses von Handelsgeschäften. Typischerweise – so die Rspr. – werden dabei „börsengän-gige" Waren oder Wertpapiere umgesetzt, wobei sich zahlreiche Angebote und Nachfragen begegnen, so dass die Preisbildung ständigen Schwankungen unterworfen ist. Die Verwendung der Bezeichnung wurde **Einzelhandelsgeschäften** daher grds. untersagt (OLG Frankfurt BB 1966, 1245 – Auto-Börse; OLG Zweibrücken BB 1968, 311 – Schmuck-Börse). Im Laufe der Zeit hat aber eine **Verwässerung** des Begriffs stattgefunden, so dass der Verkehr insbes. bei nicht börsengängigen Waren (zB Gebrauchtwagen) nicht mehr vom Vorliegen einer Börse im og Sinne ausgeht (OLG Düsseldorf GRUR 1984, 880; OLG Köln GRUR 2000, 454; Gloy/ Loschelder/Danckwerts WettbR-HdB/Helm/Sonntag/Burger § 59 Rn. 431; GK/Lindacher/ Peifer Rn. 917; aA Baumbach/Hefermehl, 22. Aufl. 2001, § 3 Rn. 370). Der Begriff signalisiert dann nur noch ein umfassendes Angebot und eine gewisse Größe des Geschäfts.

4. Drogerie

4.11   „Drogerie" darf sich ein Einzelhandelsgeschäft auch dann nennen, wenn es neben typischen angebotenen Drogeriewaren und dem handelsüblich dazu gehörenden Sortiment (zB Parfüme-rie- und Photoartikel, Weine, Spirituosen, Süßwaren ua) ausgesprochen drogeriefremde Waren (zB Lebensmittel, Fische, Schuhwaren, Bücher ua) führt (aA OLG Bamberg BB 1958, 890). Bislang setzte der Verkehr voraus, dass der Inhaber oder wenigstens ein leitender Angestellter als Drogist fachlich ausgebildet ist. Auf Grund der zunehmenden Anzahl von Filialbetrieben und SB-Drogerien ist es zu einem Bedeutungswandel gekommen (OLG Frankfurt WRP 2002, 1452 (1457)). Eine „Fachdrogerie" verlangt zusätzlich Spezialisierung auf Waren der Fachbranche (LG Aachen WRP 1969, 43). – Für den deutschen Sprachraum weist **drugstore** nicht mehr auf eine Drogerie hin und kann daher auch für ein Geschäft verwendet werden, in dem keine Drogerie-Waren verkauft werden (OGH ÖBl 1972, 14).

5. Fabrik

4.12   **a) Allgemeines.** Die Angabe Fabrik setzt einen **industriellen Herstellungsbetrieb** voraus. Da der Begriff nicht näher festgelegt ist, kommt der Verkehrsauffassung maßgebliche Bedeutung für seine Abgrenzung von Handwerk und reinem Handel zu. Die Verkehrsanschauungen können regional und branchenmäßig unterschiedlich sein. Generell gilt, dass im Hinblick auf die **unscharfen Grenzen gegenüber dem Handwerk** insoweit keine übermäßige Strenge gebo-ten ist, zumal sich die fabrikmäßige gegenüber der handwerksmäßigen Herstellung nicht unbe-dingt der höheren Wertschätzung erfreut. Im **Verhältnis zum Handel** mag dagegen eine strengere Haltung am Platze sein, weil hier die Abgrenzung leichter fällt und der Fabrikverkauf stets die Ausschaltung einer oder mehrerer Handelsstufen und damit einen erheblichen Preisvorteil signalisiert. Im Einzelnen:

b) Abgrenzung zum Handwerk. Vom **Handwerksbetrieb** unterscheidet sich eine Fabrik **4.13** vornehmlich durch die **Art des Betriebs** (s. DIHT BB 1957, 522; OLG Hamm BB 1954, 74; OLG Hamm NJW 1954, 1935; ferner RG GRUR 1940, 572 – Fabrik). Handwerksmäßig ist ein Betrieb, der sich nach seiner inneren Gestaltung **im Rahmen des Handwerksüblichen** hält, wofür die **tätige Mitarbeit des Inhabers** und die Verwendung **gelernter Hilfskräfte** typisch sind (§§ 1, 18 HwO). Für den Fabrikbetrieb ist dagegen die weitgehende Arbeitsteilung kennzeichnend. Maschinen werden heute auch in Handwerksbetrieben verwendet; auch können die Umsätze beträchtlich sein. Ob und inwieweit es für einen Fabrikbetrieb auf die Größe des Unternehmens, die Zahl der Arbeitnehmer und die Höhe des Umsatzes ankommt, lässt sich nicht allgemein sagen. Entscheidend ist immer eine **Gesamtbetrachtung.** Auf bloße **Reparaturwerkstätten** passt die Bezeichnung „Fabrik" nicht; es muss sich um Neuherstellung handeln (OLG Celle BB 1969, 1103). Ebenso nicht für **Montagebetriebe.** Anders liegt es dagegen bei Betrieben, die durch Weiterverarbeitung die eigentliche Ware erst schaffen; sie dürfen sich als „Fabrik" bezeichnen (RG GRUR 1937, 718 – Kohlenbürstenfabrik). Der Begriff **„Fabrikation"** bedeutet hingegen nichts anderes als **Herstellung;** er kann daher auch von **kleineren Unternehmen** als Firmenzusatz oder Geschäftsbezeichnung verwendet werden. **„Eigene Herstellung"** setzt voraus, dass ein Unternehmen seine Erzeugnisse jedenfalls zu einem **wesentlichen Teil** in eigenen, gepachteten oder gemieteten Werkanlagen herstellt (→ Rn. 4.200). Auch die Angabe **„Manufaktur"** weist in erster Linie auf eine Herstellungsstätte hin, und zwar meist mit Handfertigung (vgl. KG GRUR 1976, 640 (zur Bezeichnung „Porzellan-Manufaktur"); OLG Frankfurt WRP 2021, 1329).

c) Abgrenzung zum Handel. Die Bezeichnung „Fabrik" passt nicht für den **Handel;** ein **4.14** Kaufhaus ist keine Fabrik. Wer die Waren teils zukauft und somit nur teilweise selbst herstellt, darf sich nur dann als Fabrik bezeichnen, wenn der Zukauf eine bestimmte Schwelle nicht überschreitet. Die Grenze wurde vom Reichsgericht bei einem planmäßigen Zukauf von 15–20 % der Ware als überschritten angesehen (RG GRUR 1940, 585 (587)). Ein Möbel- und Einrichtungshaus, das nur 25 % der umgesetzten Möbel selbst anfertigt, darf sich nicht „Möbelfabrik" nennen. Vielmehr setzt dies voraus, dass die Möbel zu einem **wesentlichen Teil** in eigenen, gepachteten oder gemieteten Anlagen hergestellt werden. Nur ein geringfügiger Zukauf wäre statthaft (BGH GRUR 1957, 348 f. – Klasen-Möbel; Frey WRP 1963, 617; → Rn. 4.200). Dagegen sagt der Begriff der Fabrik nur wenig über die **Fertigungstiefe** aus: Auch ein Unternehmen, das die von Zulieferern erworbenen Komponenten zusammenbaut, darf sich als Fabrik bezeichnen (→ Rn. 4.198). Schließlich ist die Verwendung des Begriffs „Fabrikverkauf" oder „Factory Outlet" nicht deswegen irreführend, weil ein Teil der Produktion **im Wege der verlängerten Werkbank** von Drittunternehmen hergestellt wird (BGH GRUR 2013, 1254 Rn. 22 – Matratzen Factory Outlet).

Bei allen diesen Fällen ist zu beachten, dass die Bezeichnung **„Fabrik"** in dem einen Kontext **4.15** ohne große Bedeutung für die Abnehmer ist, dass ihr aber in einem anderen Zusammenhang eine **erhebliche Relevanz für die Kaufentscheidung** zukommen kann. Deswegen ist bes. Aufmerksamkeit geboten, wenn der Begriff „Fabrik" wegen der nicht anfallenden Handelsspanne einen **kostengünstigen Einkauf beim Hersteller** signalisiert. Wird für einen **Fabrikverkauf** geworben oder wird das Geschäft als **„Factory Outlet"** oder – was auf dasselbe hinausläuft – nur als **„Outlet"** bezeichnet, müssen zwei Bedingungen erfüllt sein: **(1)** Die Waren müssen **aus eigener Produktion** stammen (→ Rn. 4.14, 4.200); **(2)** die Preise müssen **unter den Preisen des Einzelhandels** liegen. Ist eine dieser Voraussetzungen nicht erfüllt, ist die Werbung irreführend.

Es ist daher irreführend, wenn ein Hersteller seine Produktion vollständig über „(Factory) **4.16** Outlets" vertreibt; denn damit wird die Erwartung der Verbrauchers, dort günstiger als im Einzelhandel einkaufen zu können, enttäuscht (BGH GRUR 2013, 1254 Rn. 22 – Matratzen Factory Outlet). Dagegen erwartet der Verkehr von einem Fabrikverkauf nicht, dass er die Waren zu den für Wiederverkäufer geltenden Preisen erwerben kann. So ist die Bezeichnung „Factory Outlet" für ein **Augenoptikergeschäft** mit umfassendem Angebot als irreführend angesehen worden (OLG Nürnberg MDR 2002, 286 = OLGR 2001, 31). Ebenso wurde die Bezeichnung **„Designer Outlet"** als irreführend untersagt, weil die angebotene Kleidung nicht unmittelbar vom Hersteller angeboten wurde, sondern von einem normalen – Restposten anbietenden – Handelsunternehmen (OLG Hamburg GRUR-RR 2001, 42). Dagegen ist in den Bezeichnungen „Fabrikverkauf" und „**Matratzenfabrik**" nicht allein deswegen ein Verstoß gegen das Irreführungsverbot gesehen worden, weil die Preise nicht den Wiederverkäuferpreisen entsprachen (OLG München GRUR-RR 2004, 81). Zu den Begriffen „Werk" und „Industrie" → Rn. 4.45.

6. Fach- und Spezialgeschäft

4.17   Für ein **Fachgeschäft** genügt nicht die Beschränkung des Angebots auf bestimmte Waren oder Warengruppen; der Verkehr erwartet daneben eine **bes. Fachkunde** und eine **fachkundige Beratung**; (BGH GRUR 1997, 141 – Kompetenter Fachhändler; dazu Bacher EWiR 1997, 135; OLG Koblenz WRP 1982, 46). Die Erwartungen, die bei den umworbenen Verkehrskreisen mit einer „Fachhändler-Werbung" verbunden werden, erfahren durch den Zusatz „kompetent" idR keine Steigerung der Erwartungen, (BGH GRUR 1997, 141 – Kompetenter Fachhändler). Das OLG München (WRP 1979, 156) entwertet den Begriff, wenn es die **Spezialisierung** des Angebotes **auf bestimmte Warengruppen** genügen lässt (zutr. Tetzner WRP 1979, 270). Wirbt eine Kfz-Reparaturwerkstätte mit der Angabe „**Karosserie- und Lackierabteilung**", so erwartet der Verkehr einen unter fachmännischer Leitung stehenden Meisterbetrieb (OLG Koblenz WRP 1988, 555 (557)). Eine Berühmung als Fachgeschäft kann auch darin liegen, dass der Inhaber seinen Namen mit der Branche verbindet, zB „**Leder-Schulze**". Irreführend ist die Ankündigung eines **Versandhauses** „Bei uns werden Sie gleich gut bedient wie im Fachgeschäft", wenn der Kunde nur die Möglichkeit hat, einige Modelle an Hand von Beschreibungen und Abbildungen kennen zu lernen. – Die Begriffe „Fachgeschäft" und „**Spezialgeschäft**" werden vom Verkehr als Synonyme verstanden. Auch für ein **Spezialgeschäft** genügt nicht die Beschränkung auf bestimmte Warengruppen (Gloy/Loschelder/Danckwerts WettbR-HdB/Helm/Sonntag/Burger § 59 Rn. 408; GK/Lindacher/Peifer Rn. 946 mwN; aA Baumbach/Hefermehl, 22. Aufl. 2001, § 3 Rn. 377; OLG Hamm WRP 1992, 250). Die Werbung „Jede Abteilung ein Spezialgeschäft" setzt für ihre Zulässigkeit voraus, dass jede Abteilung ausnahmslos die kennzeichnenden Eigenschaften eines Spezialgeschäfts aufweist, namentlich über fachkundiges Verkaufspersonal verfügt. Von einem **Spezialisten** wird neben bes. fachkundiger Beratung eine bes. Auswahl, Vielfalt und Qualität des Angebotes erwartet (OLG Karlsruhe GRUR 1990, 295 (296)).

7. Finanzdienstleistungen

4.18   **a) Bank, Bankier.** Nach § 39 I KWG dürfen nur **Kreditinstitute,** die eine Erlaubnis BaFin nach § 32 KWG besitzen, oder **Zweigstellen** von Unternehmen nach § 53b I 1 oder VII KWG in der Firma, als Zusatz zur Firma, zur Bezeichnung des Geschäftszwecks oder zu Werbezwecken die Bezeichnungen „**Bank**", „**Bankier**" oder eine Bezeichnung führen, in der das Wort „Bank" oder „Bankier" enthalten ist. Andere Unternehmen (zB Hörner-Bank für ein Unternehmen, das Erbensuche betreibt) dürfen eine solche Bezeichnung nur führen, wenn sie bei Inkrafttreten des KWG am 1.1.1962 eine solche Bezeichnung nach den bisherigen Vorschriften befugt geführt haben und sie seitdem unverändert führen (Fischer/Schulte-Mattler/Fischer, 6. Aufl. 2023, KWG § 39 Rn. 12). **Kreditinstitute** sind Unternehmen, die Bankgeschäfte iSd § 1 KWG betreiben. Irreführend ist daher die Verwendung der Bezeichnung „Bank-Projekt" in einem Firmennamen, wenn der Werbende keine staatliche Genehmigung zum Betrieb von Bankgeschäften besitzt (LG Ellwangen WRP 2002, 1190).

4.19   **b) Finanz-, Kredit-.** Teilweise wurde die Auffassung vertreten, dass die Begriffe „**Finanz**" oder „**Kredit**" nur in der Firma verwendet werden dürfen, wenn das Unternehmen über eine **Erlaubnis zum Betreiben von Bankgeschäften nach § 32 KWG** verfügt (OLG Köln WRP 1980, 439; LG Düsseldorf BB 1979, 905). Eine solche Genehmigung benötigen Kreditinstitute und Finanzdienstleistungsinstitute (§ 32 I 1 KWG; → Rn. 4.18). Nach der Legaldefinition des § 1 Ia KWG zählen hierzu auch die Anlage- und Abschlussvermittler. Hiervon zu unterscheiden ist jedoch die erlaubnisfreie Tätigkeit von Finanzunternehmen, zu denen nach der Definition in § 1 III KWG Unternehmen gehören, die bspw. mit Finanzinstrumenten handeln oder andere bei der Anlage von Finanzinstrumenten beraten (Anlageberatungen). Ihnen kann nicht versagt werden, auf ihr Angebot auch in der Firma hinzuweisen, solange sie nicht den Eindruck erwecken, es handele sich um ein Kredit- oder Finanzdienstleistungsinstitut.

4.20   Ein **Kreditvermittler** darf auch in seiner Firma nicht den Eindruck erwecken, er vergebe selbst Kredite. Ob der Verkehr der Bezeichnung „**Finanz-Agentur**" eine solche Angabe entnimmt, erscheint allerdings zweifelhaft, weil der Begriff der Agentur eine Vermittlungsleistung nahe zu legen scheint (→ Rn. 4.53). Dennoch hat das OLG Stuttgart eine solche Bezeichnung als irreführend angesehen (ZIP 1993, 1494). Dagegen hat das OLG Bremen (WRP 1977, 267) den Begriff **„Finanz"** in der Geschäftsbezeichnung eines Finanzmaklers („Wall-Finanz H … Partner") nicht als irreführend beanstandet; die Bezeichnung erwecke beim Bremer Zeitungsleser nicht den Eindruck, der Werbende sei Kreditgeber und nicht nur Kreditvermittler.

c) Investment, Kapitalanlagegesellschaften. An die Stelle des früheren InvG ist mWv   **4.21** 22.7.2013 das **KAGB** v. 4.7.2013 (BGBl. 2013 I 1981) getreten. Nach § 3 I KAGB dürfen die Bezeichnungen „Kapitalverwaltungsgesellschaft", „Investmentvermögen", „Investmentfonds" oder „Investmentgesellschaft" oder eine Bezeichnung, in der diese Begriffe enthalten sind, in der Firma, als Zusatz zur Firma, zur Bezeichnung des Geschäftszwecks oder zu Werbezwecken nur von Verwaltungsgesellschaften iSd KAGB geführt werden (§ 3 I 1 KAGB); die Bezeichnungen „Investmentfonds" und „Investmentvermögen" ferner auch von Vertriebsgesellschaften, die Anteile an nach Maßgabe des KAGB vertriebenen Investmentvermögen vertreiben (§ 3 I 2 KAGB); die Bezeichnungen „Investmentfonds", „Investmentvermögen" und „Investmentgesellschaft" auch von extern verwalteten Investmentgesellschaften iSd § 1 XIII KAGB (§ 3 I 3 KAGB). Nach § 4 KAGB darf die Bezeichnung des Sondervermögens (§ 1 X KAGB) oder der Investmentgesellschaft (§ 1 XI KAGB) nicht irreführen.

d) Sparkasse, Bausparkasse. Die Bezeichnung **„Sparkasse"** oder eine Bezeichnung, in der   **4.22** das Wort „Sparkasse" enthalten ist, dürfen in der Firma, als Zusatz zur Firma, zur Bezeichnung des Geschäftszwecks oder zu Werbezwecken nur **öffentlich-rechtliche Sparkassen** führen, die eine Erlaubnis nach § 32 KWG (→ Rn. 4.18) besitzen, oder andere Unternehmen, die bei Inkrafttreten der Neufassung des KWG am 1.1.1962 eine solche Bezeichnung nach den bisherigen Vorschriften befugt geführt haben (§ 40 KWG; Fischer/Schulte-Mattler/Fischer, 6. Aufl. 2023, KWG § 40 Rn. 8). – Die Bezeichnung **„Spar- und Darlehenskasse"** dürfen nach § 40 II KWG nur **eingetragene Genossenschaften** führen, die einem Prüfungsverband angehören. – Kreditinstitute iSd § 1 BausparkG dürfen nach § 40 II KWG die Bezeichnung **„Bausparkasse"** führen.

8. Großhandel, Großmarkt

Der Begriff **„Großhandel"** weist nicht auf die Größe des Unternehmens oder die Höhe des   **4.23** Umsatzes, sondern auf die **Funktion im Verteilungsprozess** hin. Das für den Verkehr entscheidende Merkmal ist die umsatzmäßig **überwiegende Belieferung von Wiederverkäufern und Großabnehmern.** Die Unterhaltung eines umfangreichen Warenlagers oder die Höhe des Warenumsatzes ist dagegen für den Verkehr nicht von entscheidender Bedeutung. Während früher die **ausschließliche Belieferung** von Wiederverkäufern erforderlich war, hat sich durch die Zunahme der Direktverkäufe an Letztverbraucher die Verkehrsauffassung gewandelt (BGHZ 28, 54 (62)). Macht die Lieferung an Letztverbraucher nur 6 % des Gesamtumsatzes aus, so ist der Zusatz „Großhandel" zulässig (OLG Karlsruhe BB 1964, 573). Ab einem gewissen Anteil von Direktgeschäften ist die Offenbarung der Doppelstellung erforderlich (→ Rn. 4.210 ff.).

Die Bezeichnung **„Großmarkt"** wird in Deutschland nicht einheitlich verwendet: In erster   **4.24** Linie werden als Großmärkte die häufig in städtischer Trägerschaft betriebenen Großhandelsmärkte bezeichnet, die es in vielen deutschen Städten gibt. Diese Märkte bieten verschiedenen Großhändlern Verkaufsflächen, vor allem für Obst und Gemüse oder generell für Lebensmittel. Überall, wo es solche Großmärkte gibt, prägen sie die Verkehrsauffassung (vgl. zB für den Kölner Raum OLG Köln WRP 1987, 492 (497)). Wird der Bezeichnung „Großmarkt" der Ortsname hinzugefügt (zB „Großmarkt Freiburg"), deutet dies stets auf einen Markt hin, der idR nur Wiederverkäufer offensteht. Daneben werden teilweise auch große Supermärkte als Großmärkte bezeichnet (vgl. GK/Lindacher/Peifer Rn. 944). – Als **„Cash-&-Carry-Märkte"** oder **„C + C-Märkte"** werden idR Selbstbedienungsgroßhandelsmärkte bezeichnet (vgl. LG Hamburg WRP 1971, 536).

9. Hauptgeschäft und Filiale

Die Verwendung des Begriffs **„Hauptgeschäft"** setzt voraus, dass dazugehörige Filialen   **4.25** bestehen. Umgekehrt bedarf eine **Filiale** oder ein **Zweiggeschäft** wiederum eines Hauptgeschäfts. Ein Unternehmen, das innerbetrieblich mehrere Filialen hat, darf sich allein deshalb noch nicht **„Zentrale"** nennen, da diese Firmenbezeichnung vom Verkehr als Hinweis auf eine bes. Größe und Bedeutung des Betriebes verstanden wird (→ Rn. 4.47 und 4.49). – Die Werbung mit dem Plural **„Fahrschulen"** für eine Fahrschule mit fünf Zweigstellen führt zu keiner relevanten Irreführung, weil es für den Verkehr ohne Bedeutung ist, ob es sich um eine Fahrschule mit Zweigstellen oder um verschiedene rechtlich selbstständige Fahrschulen handelt (OLG Stuttgart WRP 1982, 666). – Der Verkehr hat ein berechtigtes Interesse daran, nicht darüber getäuscht zu werden, wer ihm werbend entgegentritt. So verstößt ein Friseurbetrieb, der in einem Warenhaus **als eigenständiges Unternehmen** betrieben wird, gegen § 5, wenn er in der Werbung den Eindruck erweckt, es handele sich um eine unselbstständige Abteilung des Warenhauses (vgl. BGH GRUR 1989, 211 (212) – „Shop in the Shop II").

10. Haus

4.26   Der Firmenbestandteil **„Haus"** hat im Laufe der Zeit einen erheblichen **Bedeutungswandel** erfahren. Ursprünglich wurde darunter ein vollkaufmännisches Einzelhandelsunternehmen verstanden, das durch die **Breite und Vielgestaltigkeit seines Sortiments,** dem sich daraus ergebenden **Umfang der Verkaufsfläche,** durch sachkundiges **Personal** und der auf Grund des **Umsatzes** bestehenden Größe den Durchschnitt der örtlichen Konkurrenz überragt (BGH GRUR 1980, 60 ‑ 10 Häuser erwarten sie; GRUR 1982, 491 (492) – Möbelhaus). Von einer solchen Verkehrserwartung kann heute nicht mehr ausgegangen werden. Es gibt Bezeichnungen wie **„Landkartenhaus", „Musikhaus", „Sanitätshaus", „Schuhhaus", „Sporthaus"** oder **„Winzerhaus",** mit denen der Verkehr ein normal ausgestattetes und sortiertes Geschäft der jeweiligen Branche verbindet und von dem allenfalls eine **gewisse örtliche Bedeutung** erwartet wird, das aber nicht notwendig ein Geschäft mit einer die Mitbewerber überragenden Bedeutung zu sein braucht (BGH GRUR 2001, 73 (74) – Stich den Buben; OLG Celle NJW 1963, 1064 für Süßwarenhaus). Dagegen soll die Bezeichnung **„Haus der Gesundheit"** für eine Apotheke den irreführenden Eindruck erwecken, diese biete ein Dienstleistungs- und Warensortiment, das über das einer normalen Apotheke hinausgeht (BVerwG NJW 1992, 588 (589); LG Mönchengladbach WRP 2001, 1253). Bei anderen Wortverbindungen ist der Begriff „Haus" fast völlig verblasst und weckt überhaupt keine Assoziationen mehr an Größe, Bedeutung oder äußerliche Aufmachung des Unternehmens. Das trifft zB zu auf **„Reformhaus", „Zigarrenhaus"** oder **„Feinkosthaus".** Dagegen scheint in einigen wenigen Zusammensetzungen noch die traditionelle Bedeutung durch, so in **„Möbelhaus", „Einrichtungshaus", „Kaufhaus"** oder **„Warenhaus".** Letzteres ist ein Großbetrieb, der Waren verschiedener Branchen vertreibt und ein breites Sortiment vorhält. Diesem Erfordernis müssen auch **„Selbstbedienungs-Warenhäuser"** entsprechen. Neben einer Differenzierung nach Branchen muss auch nach dem **Standort** unterschieden werden. An ein Einrichtungs- oder Kaufhaus sind in einer Großstadt andere Anforderungen hins. Sortimentsbreite und -tiefe zu stellen als in einer Kleinstadt oder in einer ländlichen Gegend.

4.27   Deutet der Geschäftsgegenstand auf ein **breites Warensortiment** oder einen **hohen Raumbedarf** hin, so sind diese Umstände als Indiz für eine gewisse Geschäftsgröße zu werten (GK/Lindacher/Peifer Rn. 933). Die Verwendung des Begriffs **„Ärztehaus"** ist – ungeachtet der berufsrechtlichen Zulässigkeit (vgl. dazu LG Cottbus NJW 1997, 2458) – nicht irreführend, wenn es dort eine Reihe von Arztpraxen gibt (vgl. aber BGH GRUR 1988, 458 (459) – Ärztehaus; → Rn. 4.32). Von einem **„Auktionshaus"** wird erwartet, dass es sich um ein kaufmännisches Unternehmen handelt, bei dem in regelmäßigen Abständen über einen längeren Zeitraum Auktionen größeren Umfangs stattfinden, bei denen auch wertvolle Stücke feilgeboten werden, fachkundiges Auktionspersonal zur Verfügung steht und Kataloge mit Abbildungen herausgegeben werden (OLG Hamm GRUR 1993, 764). Unter der Bezeichnung **„Discounthaus"** (Diskonthaus) ist ein größeres Einzelhandelsgeschäft zu verstehen, das sein Sortiment zu Preisen verkauft, die deutlich unter den üblichen Einzelhandelspreisen liegen. Zum „Discountpreis" → Rn. 3.139 ff.; Haberkorn WRP 1966, 393). Unter **„Münzhandelshaus"** versteht der Verkehr ein Unternehmen, das Münzen – frühere oder derzeit gültige Zahlungsmittel – zu einem den Nennwert übersteigenden Preis verkauft (OLG München NJWE-WettbR 1997, 265).

11. Institut

4.28   Der Begriff **Institut** wird für einen **gewerblichen,** aber auch für einen rein **wissenschaftlichen** Tätigkeitsbereich verwendet. Im Bereich der Erziehung, Forschung und Wissenschaft entsteht gewöhnlich der Eindruck **staatlicher Errichtung, öffentlicher Aufsicht** oder Förderung oder der Zugehörigkeit zu einer Universität, so zB bei Institut für Internationales Recht, Institut für Hygiene, Institut für Arbeitsmedizin, Institut für Zelltherapie oder Frischzelleninstitut (OLG Düsseldorf WRP 1976, 317 (319)). Dieser Eindruck wird noch verstärkt, wenn sich der Unternehmenssitz in einer Universitätsstadt befindet.

Irreführend ist die Bezeichnung **„Gemologisches Institut"**, falls nicht durch Zusätze wie   **4.29** den Personennamen des Unternehmers, die Angabe des Tätigkeitsbereichs, die Bezeichnung der Zugehörigkeit zu entspr. Berufsvereinigungen sowie Werbeembleme eine Irreführung über den privatwirtschaftlichen Charakter des Unternehmens ausgeschlossen wird (BGH GRUR 1987, 365 – Gemologisches Institut). Irreführend ist die Bezeichnung **„Institut für Physikalische Therapie"** für einen von zwei Masseuren und medizinischen Bademeistern geführten Betrieb; man erwartet, dass das Institut zumindest unter wissenschaftlich-ärztlicher Leitung steht, oder idR sogar, dass es sich um eine **öffentliche** oder unter öffentlicher Aufsicht stehende **Einrichtung** handelt (OLG Düsseldorf WRP 1977, 796). Irreführend ist auch die Bezeichnung **„Deutsches Institut für Service-Qualität"**, zumal wenn das Testsiegel, das dieses Institut verleiht, in Schwarz-Rot-Gold gehalten ist (OLG Brandenburg WRP 2012, 1123 (1126)).

Zulässig sind hingegen solche Bezeichnungen, bei denen kein Missverständnis möglich ist, zB   **4.30** „Bestattungsinstitut", „Institut für Kleiderpflege", „Bewachungs- oder Detektivinstitut", „Meinungsforschungsinstitut". Ferner können eindeutige aufklärende Zusätze den öffentlich-rechtlichen Schein ausschließen, insbes. der eindeutige Hinweis auf eine privatwirtschaftliche Betätigung. Bloße Rechtsformzusätze wie zB „Gesellschaft mbH" beseitigen die Täuschungseignung des Firmenbestandteils „Institut" nicht immer, schwächen diese aber deutlich ab (BayObLG BB 1985, 2269). Daher lässt LG Berlin (BB 1968, 312) die Firmenbezeichnung „regioplan Institut für Strukturanalyse GmbH" für ein Berliner Unternehmen zu, das Strukturanalysen erstellt. Zum Begriff „Testinstitut" vgl. LG Frankfurt BB 1963, 833.

12. Krankenhaus, Ärztehaus, Klinik, Klinikum

Erweckt ein **Krankenhaus,** dessen ärztliche Leistungen im Wesentlichen nur von ambulant   **4.31** tätigen Ärzten (Belegärzten) erbracht werden, durch die Werbung den Anschein eines anstaltsmäßig organisierten Krankenhauses, so muss es zur Vermeidung relevanter Irreführungen des Verkehrs seinen Charakter als **Belegkrankenhaus** kenntlich machen (BGH GRUR 1990, 606 (607) – Belegkrankenhaus). Die Werbung eines Belegkrankenhauses als „Privatklinik für patientenschonende Verfahren" verstößt gegen § 5 (OLG Nürnberg NJW-RR 1998, 113). – Die Bezeichnung **Fachkrankenhaus** kann auch ohne Hinweis auf eine feste Fachausrichtung irreführend sein, wenn sie im Verkehr über bes., jedoch nicht vorliegende fachliche **Qualifikationen** irgendwelcher Art Vorstellungen weckt, die einen nicht unerheblichen Teil des angesprochenen Publikums veranlassen, sich näher über das Haus und seine Angebote zu informieren (BGH GRUR 1988, 841 – Fachkrankenhaus). Ferner kann sich ein „Fachkrankenhaus" durch seine bes. Qualifikation, zB die Ausbildung seines ärztlichen Personals, von einem normalen Krankenhaus – ebenso wie der Fach- vom Allgemeinarzt – unterscheiden (BGH GRUR 1988, 841 – Fachkrankenhaus).

Ob die Verwendung der Bezeichnung **Ärztehaus** zulässig ist, hängt von der Art der Ver-   **4.32** wendung, den Verwendern und den Umworbenen ab. Keinesfalls zu beanstanden ist die Verwendung des Begriffs in lediglich an Kapitalanleger und an Ärzte gerichteten Werbeschreiben und Prospekten einer **Bauträgergesellschaft,** die ein von ihr errichtetes Haus als „Ärztehaus" bezeichnet (BGH GRUR 1988, 458 (459) – Ärztehaus); anders ist die Lage beurteilt worden bei Verwendung des Wortes „Ärztehaus" auf vor dem Haus stehenden Bauschildern, weil dadurch wie bei einer Beschriftung des Hauses selbst der Eindruck einer qualifizierteren ärztlichen Leistung hervorgerufen werden könne (BGH GRUR 1988, 458 (459) – Ärztehaus). Eine Irreführung ist damit aber noch nicht dargetan, solange das ärztliche Angebot in dem Ärztehaus dem entspricht, was der Verkehr auf Grund dieser Bezeichnung erwartet (→ Rn. 4.27).

Für eine **Klinik** ist eine gewisse personelle und apparative Mindestausstattung erforderlich   **4.33** (OLG Stuttgart WRP 1991, 528; LG Berlin WRP 2018, 1260). Auch ist die **stationäre Behandlung** des Patienten im Gegensatz zu einer lediglich ambulanten wesentlich (OLG München GRUR-RR 2015, 341; LG Zweibrücken WRP 2022, 261). Irreführend ist daher auch die Bezeichnung **„Praxisklinik"** für eine Einrichtung, in der nur ambulante Eingriffe vorgenommen werden (OLG Hamm WRP 2018, 732). Ein Belegarzt darf seine Praxis nicht als „Klinik" bezeichnen, und zwar auch dann nicht, wenn die stationäre Betreuung in dem Belegkrankenhaus in unmittelbarer Nachbarschaft der Belegarzt-Praxis durchgeführt wird und die

Patienten vor dem Beginn der Behandlung in dem Belegkrankenhaus aufgenommen werden (OLG Frankfurt DB 1974, 1905). Dadurch wird der unrichtige Eindruck erweckt, als gehöre die „Klinik" dem Arzt und unterstehe seiner Leitung. Dagegen muss bei einer „Klinik für Zahnmedizin" die **stationäre Behandlung** nicht im Vordergrund stehen; es kann einem Zahnarzt, der neben seiner ambulanten Praxis einen Klinikbetrieb unterhält, um auch Behandlungen durchzuführen, die einen stationären Aufenthalt erfordern, nicht verwehrt werden, einen solchen Betrieb zutr. zu bezeichnen (aA OLG Köln NJW 1994, 3017). Ebenso wenig ist die Verwendung der Bezeichnung **Klinik** im Firmennamen eines Zahnbehandlungen anbietenden Unternehmens irreführend, nur weil die Zahl der ambulanten die der stationären Betreuungen überwiegt (BGH GRUR 1996, 802 (803) – Klinik). Die Bezeichnung **Tagesklinik** erweckt beim Verkehr weiter gehende Vorstellungen als eine bloße „Arztpraxis". Eine stationäre Unterbringung muss dort, wenn auch nicht über den Tag hinaus, möglich sein (OLG München GRUR 2000, 91). Entsprechend erwartet der Verkehr im Falle einer **„Stimmklinik"** die Möglichkeit stationärer Aufnahme (OLG Hamburg WRP 2021, 80). Gleiches gilt für den Begriff **„Tierklinik"** (LG Amberg WRP 2010, 162; vgl. auch LG Münster WRP 2021, 554).

4.34   Die Bezeichnung einer Klinik für Enddarm-Erkrankungen (Proktologie) als **Klinikum** ist irreführend, wenn nicht auch die Randgebiete und Hilfswissenschaften der Proktologie umfassend vertreten sind und der Größe nach nicht der Rahmen einer „Klinik" überschritten wird (OLG Frankfurt NJW 1974, 2051). Eine Klinik darf nicht für eine **„Abteilung für Mund-, Kiefer- und Gesichtschirurgie"** werben, wenn Fachärzte für Mund-, Kiefer- und Gesichtschirurgie lediglich aus dem Ausland hinzugezogen werden (LG Heidelberg WRP 2018, 1135). – Die plakative Darstellung des Namens **Gesundheitszentrum** im Eingangsbereich eines Gebäudes ist eine nach §§ 3, 5 unzulässige Werbung, wenn dort nur einzelne Arztpraxen untergebracht sind (LG Cottbus NJW 1997, 2459). Zum Begriff „Zentrum" eingehend → Rn. 4.47 ff. – Mit der Angabe „MVZ-Team" darf nur werben, wer für den Betrieb eines medizinischen Versorgungszentrums zugelassen ist (LG Zweibrücken WRP 2022, 261).

13. Lager

4.35   Die Bezeichnung **„Lager"** erweckt bei den angesprochenen Verkehrskreisen die Vorstellung von einem bes. umfangreichen Vorrat, der auf längere Zeit gehalten wird. Eine Lagerhaltung kommt nicht nur für Fabrik- und Großhandelsunternehmen in Betracht. Auch **Einzelhändler**, die ihre Waren schnell absetzen, benötigen oft ein Warenlager, um den Wünschen der Kundschaft sofort entsprechen zu können (OLG Hamburg WRP 1968, 119). Nur werden die Lager von Einzelhändlern idR kleiner als die von Herstellern oder Großhändlern sein. Keinesfalls deutet die Bezeichnung „Lager" ohne weitere Hinweise auf bes. **Preisvorteile** hin, wie sie etwa Großhändler bieten. Ob die Verwendung der Bezeichnung Lager iVm anderen Zusätzen auf die Eigenschaft des Werbenden als Großhändler oder Hersteller hindeutet, hängt von den Umständen des Einzelfalls ab. Die Bezeichnungen **„Zentrallager"** und **„Verkaufslager"** sollen auf Großhandel hinweisen (BGH GRUR 1974, 225 – Lager-Hinweiswerbung), was hins. des **handelsfunktionsneutralen** Begriffs „Verkaufslager" wenig einleuchtet (GK/Lindacher/Peifer Rn. 940). Ebenso wenig erweckt der Hinweis auf einen **Lagerverkauf** beim Kunden die Vorstellung der Großhändlereigenschaft, da es üblich ist, dass Lager auch vom Einzelhandel unterhalten werden (OLG Stuttgart WRP 1996, 147 (152)). Hingegen darf der Einzelhändler sein offenes Ladengeschäft nicht als **Fabrikauslieferungslager** bezeichnen, selbst wenn bei ihm auch Wiederverkäufer einkaufen können (OLG Köln GRUR 1962, 363); anders nur, wenn der Geschäftsverkehr mit dem Handelskunden gegenüber dem Einzelhandel in selbstständiger Geschäftsbetrieb ist. **Einzelhändler der Möbelbranche** dürfen nicht den Firmenzusatz **Magazin** verwenden, da dadurch der Anschein eines Großhandels- oder Fabrikauslieferungslagers hervorgerufen wird (LG Oldenburg WRP 1964, 246; Haberkorn WRP 1968, 204). – Zur **Preistäuschung** bei Verwendung der Bezeichnung **Auslieferungslager** → Rn. 3.149 f.).

14. Markt

4.36   Die Bedeutung des Firmenzusatzes **Markt** hat sich im Laufe der Zeit erheblich gewandelt. Nach herkömmlicher Bedeutung erwartete der Verkehr ein Zusammentreffen einer großen Anzahl von Verkäufern derselben Branche an einem Ort. Heute versteht die Verkehrsauffassung unter einem „Markt" nicht mehr eine gegenüber dem Einzelhandel selbstständige Vertriebsform, sondern ein übliches **Einzelhandelsunternehmen** mit einer **gewissen Größe** und einem **umfassenden Angebot** (BGH GRUR 1981, 910 – Der größte Biermarkt der Welt; GRUR

1983, 779 – Schuhmarkt). Je stärker die **Spezialisierung,** desto höhere Anforderungen sind an die Vielfalt des Warenangebots zu stellen, um die Verwendung des Begriffs „Markt" zu rechtfertigen.

Dabei muss nach Branchen differenziert werden: Während für **Verbrauchermärkte,** deren **4.37** Sortiment sich nicht auf Lebensmittel beschränkt, **Selbstbedienung** kennzeichnend ist, kann diese für andere Branchen nicht als Wesensmerkmal gefordert werden (zB **Möbelmarkt; Automarkt**). Bei einem **„Supermarkt"** stellt das Publikum eine große Verkaufsfläche, ein großes Verkaufsangebot und ein dementsprechendes Lager, günstige Preise und vor allem **Selbstbedienung** vor (zu den Begriffen „Großmarkt" und „Cash-&-Carry-Markt" → Rn. 4.24). In manchen Bereichen hat sich der „Markt"-Begriff dem Begriff des „Supermarktes" angepasst. Man setzt nicht mehr Verkäuferpluralität, wohl aber sich aus der Masse der Mitbewerber heraushebende Vielfalt und Reichhaltigkeit des Warenangebots, große Umsätze, niedrige Preise sowie idR auch **Selbstbedienung** voraus; Beratung und Betreuung durch fachkundiges Personal wird nicht erwartet (OGH ÖBl 1979, 130; 1982, 15 (17) – Drogeriemarkt I und II; ÖBl 1979, 132 – Textilmarkt). Mit einem **Blumenmarkt** wird jedoch noch immer die Vorstellung einer größeren Anzahl von Verkäufern an einem bestimmten Ort und nicht bloß einer Vielfalt der angebotenen Waren verbunden (OGH ÖBl 1980, 102).

15. Selbstbedienungsgeschäft

Wird mit der Ankündigung **Selbstbedienung** für Waren geworben, bei denen nach der **4.38** Auffassung des Publikums Selbstbedienung möglich ist, so müssen die Waren so angeboten und ausgezeichnet werden, dass **Rückfragen** beim Verkaufspersonal über Material und Verarbeitung gewöhnlich **nicht mehr erforderlich** sind. Das gilt auch, wenn von einem Uhren-, Gold- und Schmuckgeschäft mit der Bezeichnung „Selbstbedienung" geworben wird. Ferner erwartet der Kunde, dass er in einem Selbstbedienungsgeschäft nicht vom Verkaufspersonal angesprochen wird, es sei denn, er wünscht ausdrücklich Beratung (BGH GRUR 1970, 515 – Selbstbedienung). – **Mitnahme** und Selbstbedienung sind nicht gleichbedeutend. Für ein **„Mitnahme-Unternehmen"** im Möbeleinzelhandel ist nicht nötig, dass die Möbel bereits verpackt zur Abholung bereitgehalten werden (OLG Stuttgart WRP 1986, 224 (244)). Kennzeichnend für den Mitnahme-Vertrieb ist Barzahlung, mangelnder Bedienungskomfort und Selbstmitnahme.

16. Verband

Die Bezeichnung **Verband** wird sowohl für **öffentlich-rechtliche** Verwaltungseinheiten **4.39** (wie etwa Kommunalverbände) als auch für **private** Vereinigungen verwendet. Die Bezeichnung „Verband" ruft deshalb nicht ohne weiteres die Vorstellung von **öffentlichen** Aufgaben und Befugnissen hervor (LG Mainz BB 1956, 939 (940)). Dafür müssen **bes. Anhaltspunkte** vorliegen. Ebenso wenig denkt der Verkehr bei einem Verband an einen organisatorischen Zusammenschluss von **nicht unerheblicher Größe,** der zwar nicht jedermann, aber doch allen Personen oder Unternehmen, die einer bestimmten Bevölkerungs- oder Wirtschaftsgruppe angehören, in gleicher Weise zum Beitritt offen steht, da es allgemein bekannt ist, dass es auch kleinere Verbände gibt. Daher muss ein Verband weder eine **größere Zahl von Mitgliedern** haben, noch mehrere Vereine zusammenfassen (KG NJWE-WettbR 2000, 33; GK/Lindacher/ Peifer Rn. 950; Nordemann Wettb- und MarkenR Rn. 371; aA BayObLG DB 1974, 1857; v. Gamm WettbR Kap. 37 Rn. 30). Jedoch können Assoziationen über Größe und Bedeutung des Verbandes durch bestimmte Zusätze hervorgerufen werden. So vermutet der Verkehr bei einem **Bundesverband** eine Organisation, die nicht nur bundesweit tätig ist, sondern auch innerhalb der betreffenden Berufsgruppe eine **gewisse Bedeutung** hat. Sie liegt bei einem „Bundesverband Deutscher Heilpraktiker e V" nicht vor, wenn diesem nur etwa 7,5 % der praktizierenden Heilpraktiker angehören (BGH GRUR 1984, 457 (460) – Deutsche Heilpraktikerschaft). **Zulässig** ist die Bezeichnung **„Deutsche Heilpraktiker eV",** weil darunter nach dem Sprachverständnis **nicht alle** deutschen Heilpraktiker zu verstehen sind; auch fehlt ihr der bestimmte Artikel im Gegensatz zu der Bezeichnung „Die deutschen Heilpraktiker", der universale Wirkung („alle" Heilpraktiker) zukommt (BGH GRUR 1987, 638 – Deutsche Heilpraktiker); zur Verwendung von „deutsch" → Rn. 4.108 ff.).

Ferner verbindet sich mit dem Begriff „Verband" meist die Vorstellung von einer Vereini- **4.40** gung, die die rechtliche und wirtschaftliche **Selbstständigkeit ihrer Mitglieder** unangetastet lässt und sich auf die Verwirklichung oder Vertretung **gemeinsamer Interessen** beschränkt. Der Verzicht auf eigenen Gewinn und die Förderung der Interessen der Mitglieder sind Wesensmerkmale eines Verbandes, nicht aber das Fehlen eigener geschäftlicher Betätigung (KG NJWE-WettbR 2000, 33). Für bestimmte Branchen kann sich eine andere Übung entwickelt haben. Dem Begriff „Verband" haftet nicht unbedingt die Vorstellung von etwas **Umfassendem** an. Niemand denkt, dass einem Hausfrauen- oder Verbraucherverband sämtliche Hausfrauen oder Verbraucher in der Bundesrepublik oder auch nur in einem örtlich begrenzten Gebiet als Mitglieder angehören. Eine Internet-Vermittlungsplattform, die Kontaktdaten von Interessenten **gegen Entgelt an gewerbliche Anbieter** von Pflegedienstleistungen verkauft, darf sich nicht als **„Verband" oder „Verband Pflegehilfe"** bezeichnen und die mit ihr zusammenarbeitenden Anbieter nicht als **„Verbandsmitglieder"** bewerben, weil es an den verbandstypischen Merkmalen der Förderung gemeinsamer Interessen und des Verzichts auf Gewinn fehlt (LG Mainz WRP 2021, 827).

4.41   Unter der Bezeichnung **„Gesamtverband"** ist eine **Dachorganisation** zu verstehen. Um einen Zusammenschluss mehrerer Regionalverbände zu einem einzigen Verband braucht es sich dabei nicht zu handeln. Auch müssen sich bei einem **freiwilligen Zusammenschluss,** wie es ein Wirtschaftsverband ist, nicht sämtliche einschlägigen Verbände und/oder Unternehmen dem Gesamtverband angeschlossen haben; auch kann der Mitgliederbestand wechseln. Wohl aber werden die beteiligten Verkehrskreise gewöhnlich davon ausgehen, dass einem Gesamtverband, damit er seine Aufgabe als Dachorganisation erfüllen kann, die bedeutendsten Fachverbände und Unternehmen eines bestimmten Wirtschaftszweiges als Mitglieder angehören. Zumindest werden sie erwarten, dass einem „Gesamtverband" eines bestimmten Industriezweiges eine **Spitzenstellung** unter den einschlägigen Verbänden zukommt (BGH GRUR 1973, 371 (373) – Gesamtverband; dazu Schulze zur Wiesche GRUR 1973, 355). – Für einen **Fachverband** ist zu verlangen, dass die ihm angehörenden Betriebe die Qualität von Fachbetrieben besitzen (OLG Frankfurt BB 1966, 262). – Die Bezeichnung **„Fachverband Matratzenindustrie"** ist nicht irreführend, wenn dem Verband namhafte, wenn auch nicht alle Matratzenhersteller oder – händler angehören (OLG Köln WRP 2019, 1509). – Zur Verwendung eines **nicht eindeutigen Begriffs** in einer Verbandsbezeichnung vgl. BGH GRUR 1975, 377 – Verleger von Tonträgern.

17. Weinbau, Weingut, Winzer

4.42   Die Bezeichnung **„Weingut"** ist für den landwirtschaftlichen Betrieb eines einzelnen Winzers gebräuchlich (BGH GRUR 2001, 73 (74) – Stich den Buben). Sie erweckt die Vorstellung, dass es sich um einen **größeren Betrieb** handelt, der im Gegensatz zu einer Weinkellerei oder einem sonstigen Weinhandelsbetrieb in der **Hauptsache** Weine aus **eigenem Wachstum** anbietet (BayObLG WRP 1977, 524). Für die Anteilsfeststellung ist die Menge und nicht der Wert entscheidend (BayObLG WRP 1977, 524). Dabei ist grds. auf den Zeitpunkt des **Angebots** abzustellen. Gleichwohl ist der Gebrauch der Bezeichnung auf Grund einer Interessenabwägung zu gestatten, wenn der Winzer die Voraussetzungen bislang immer erfüllt hat und die Unterschreitung des notwendigen Eigenanteils nur vorübergehend ist, wie zB im Falle einer Flurbereinigung (GK/Lindacher/Peifer Rn. 953). Ein Kellereibetrieb, der generell nur einen geringen Teil (hier: 1/4) seiner Produktion aus eigenem Weinanbau gewinnt, darf sich hingegen nicht als Weingut bezeichnen (BayObLG GRUR 1972, 659). Die Führung der Bezeichnung **„Weingut"** in einer **Preisliste,** in der ohne bes. Hinweis auch Weine fremder Erzeuger angeboten werden, ist irreführend, weil der Durchschnittsverbraucher mit Recht annimmt, es würden nur selbst erzeugte Weine vertrieben (OLG Koblenz GRUR 1988, 43 (45); LRE 14, 302 (304)).

4.43   Deutlich strengere Regeln gelten, wenn Bezeichnungen, die sich auf den landwirtschaftlichen Betrieb beziehen (Weinbau, Weingut, Winzer, Weingärtner oÄ), **auf dem Etikett** verwendet werden. Hierfür gelten vorrangig **unionsrechtliche Bestimmungen** (→ Rn. 2.49 f.). Durch diese Regelung wird auch unter dem Gesichtspunkt des § 5 verhindert, dass der Verbraucher über die **Herkunft eines Weines getäuscht** wird. Grundlage ist das allgemeine Irreführungsverbot in Art. 103 GMO-VO, das als **Spezialregelung** die Anwendung der §§ 127 f. MarkenG oder §§ 3 ff. UWG ausschließt (vgl. EuGH GRUR 2018, 327 Rn. 61 ff. – CIVC/Aldi; BGH GRUR 2016, 970 Rn. 15 – Champagner Sorbet I; GRUR 2019, 185 Rn. 38 – Champagner Sorbet II). Ergänzende Bestimmungen für Angaben zum Betrieb und Abfüllung enthält § 38 WeinV.

4.44   Die Angabe **„Trierer Winzer-Verein"** auf den Etiketten von Wein- und Sektflaschen ist irreführend, wenn Erzeuger des Weins eine Zentralkellerei des gesamten Anbaugebietes Mosel-Saar-Ruwer ist, der mehr als 4.000 Winzer angeschlossen sind und deren Weinen jeder reale

Bezug zur Stadt Trier fehlt (OLG Köln WRP 1994, 201). Hingegen erweckt die Bezeichnung **Weinkellerei** nicht die Vorstellung eines Betriebes, in dem das gelagerte Getränk hergestellt und abgefüllt wird (OLG Koblenz WRP 1984, 430).

18. Werk, Werke

Die Firmenbezeichnung **„Werk"** wird im Verkehr häufig als Hinweis auf einen **industriellen**   **4.45** **Großbetrieb** mit eigenen großen Fabrikräumen, größeren Maschinenanlagen und einer größeren Arbeiterzahl verstanden (OLG Hamm BB 1960, 958; OLG Frankfurt BB 1965, 803). Ein „Werk" sollte daher größer sein als eine Fabrik (→ Rn. 4.12) sein. In der Vergangenheit sind daher teilweise Grenzen bestimmt worden, unterhalb deren ein Betrieb sich nicht „Werk" nennen dürfe (OLG Frankfurt BB 1965, 803: Mitarbeiterzahl und Umsatz; LG Mannheim BB 1962, 387: Mitarbeiterzahl). Dem ist entgegenzuhalten, dass die die Verkehrsauffassung je nach Branche variieren kann (OLG Stuttgart BB 1969, 1194). Für die **Holz-, Stein-** und **Erdindustrie** ist es kraft ständiger Übung anerkannt, dass der Zusatz „Werk" kein Großunternehmen der Industrie verlangt, sondern auch von kleineren Unternehmen geführt werden darf (OLG Stuttgart WRP 1982, 433 f.). **Beispiele:** „Sägewerk"; „Kalksteinwerk", „Hobelwerk", „Wasserwerk". Als Bezeichnung für eine Betriebsabteilung deutet der Begriff „Werk" nicht auf eine bes. Größe hin, sondern kennzeichnet nur die betriebsinterne Organisation. Ebenso verhält es sich, wenn „Werk" nicht als Firmenzusatz verwendet wird, sondern nur am unteren Rand des Briefbogens in gleicher kleiner Schrift neben vier anderen Betriebsabteilungen, und auch dort nicht an erster Stelle steht (OLG Stuttgart WRP 1982, 433).

Der Zusatz **„Werke"** in der Firma ist grds. an noch strengere Voraussetzungen gebunden als   **4.46** der Zusatz „Werk" (OLG Oldenburg BB 1962, 386). Nur Unternehmen von bes. Bedeutung dürfen den Zusatz „Werke" führen, es sei denn, dass es sich um Bereiche handelt, in denen sich eine andere Übung gebildet hat („Bayerwerke Leverkusen"). Mehrere selbstständige Werke müssen unter einheitlicher Leitung stehen (OLG Oldenburg BB 1962, 386; Frey BB 1964, 1102). Zur Bezeichnung „Industriewerke" vgl. auch OGH ÖBl 1962, 34.

19. Zentrale, Zentrum, Center

a) Ursprüngliche Bedeutung. Die Begriffe **Zentrale, Zentrum** und **Center** wurden nach   **4.47** ihrem ursprünglichen Sinn als ein Hinweis auf die bes. **Größe** und **Bedeutung** eines Unternehmens verstanden (BGH GRUR 1977, 503 (504) – Datenzentrale). Der Verkehr erwartete hiernach einen kapitalkräftigen Großbetrieb, der innerhalb eines größeren oder kleineren räumlichen Bezirks die Handelsbeziehungen einer bestimmten Branche ganz oder doch überwiegend zusammenfasst und als Verkehrsmittelpunkt des einschlägigen Marktes in Betracht kommt. Nach der früheren Rspr. war es nicht nötig, dass ein als „Centrale" oder „Center" werbendes Unternehmen auch über sämtliche Mitbewerber in Größe und Bedeutung herausragt, vielmehr genügte es, dass es deutlich **über den Durchschnitt gleichartiger Betriebe hinausragt** und daher Käuferwünsche bevorzugt befriedigen kann (OLG Stuttgart WRP 1986, 242 (243)). Nur dann kam es auf eine **Vorrangstellung** gegenüber **sämtlichen Mitbewerbern** an, wenn nach Lage des Falles ausnahmsweise gerade dieser Eindruck erweckt wurde, zB durch Zusätze in Form von **Gebiets-, Orts-** oder **Branchenangaben** (BGH GRUR 1986, 903 – Küchen-Center).

b) Heutige Bedeutung. Die Bezeichnung **„Center"** hat ihre Bedeutung weitgehend verloren (Hopt/Merkt HGB, 42. Aufl. 2023, § 18 Rn. 30). Der Begriff ist in vielen Branchen   **4.48** geradezu zu einem Modewort geworden, das in verschiedenen Zusammensetzungen gebraucht wird, wie zB **Möbel-Center, Teppich-Center, Fitness-Center, Service-Center** für Tankstellen, **Buch-Center** für Bücherläden usw. In diesen **Zusammensetzungen** weist das Wort „Center" nicht auf ein kapital- oder umsatzstarkes Unternehmen hin, das seine Mitbewerber überragt (BGH GRUR 1986, 903 – Küchen-Center; KG GRUR-RR 2002, 79). Im Hinblick auf die Entwicklungen des Internets ist es denkbar, auch nur virtuelle Geschäftslokale als „Center" zu bezeichnen (KG GRUR-RR 2002, 79). Etwas anderes kann allerdings dann gelten, wenn sich der geschilderte Bedeutungswandel in einigen Branchen noch nicht durchgesetzt hat und der Begriff „Center" noch in seinem **ursprünglichen Sinn** (→ Rn. 4.47) verstanden wird.

Ein ähnlicher Bedeutungswandel wie für den Begriff „Center" lässt sich für die Bezeichnungen **„Zentrale"** und **„Zentrum"** nicht oder jedenfalls nicht im selben Umfang feststellen (vgl.   **4.49** GK/Lindacher/Peifer Rn. 959). **„Zentrale"** weist bei einem Dienstleistungsunternehmen bspw. meist nicht nur auf die Organisation (zB Autozentrale), sondern auch auf **Größe** und **Bedeutung** des Unternehmens hin (BGH GRUR 1977, 503 (504) – Datenzentrale). So wäre die Bezeichnung „**Wettbewerbszentrale**" für einen Wettbewerbsverein, der nur über wenige Mitglieder aus einer Branche verfügt, irreführend. Auch der Begriff „**Zentrum**" wird vom Verkehr noch weitgehend im Wortsinn verstanden. Ein „**Einkaufszentrum**" muss aus einer Reihe von Geschäften bestehen, so dass sich dem Käufer insgesamt ein breites Sortiment bietet. Von einem „**Handelszentrum**" erwartet der Verkehr eine zentrale Zusammenfassung nahezu aller Waren des täglichen Bedarfs, wie es in ähnlicher Weise bei einem großen Kaufhaus oder einem Verbrauchermarkt vor den Toren einer Stadt üblich ist (OLG Düsseldorf WRP 1982, 224). Unter einem „**Rechenzentrum**" versteht der Verkehr nach wie vor eine Institution, die entweder bei einem großen Unternehmen zentral die Verarbeitung von Daten übernimmt oder diese Tätigkeit als eigenständiges Unternehmen für andere Betriebe zu deren Entlastung im Rahmen eines Outsourcing durchführt. Ein Betrieb, der dieses Profil nicht aufweist, führt die angesprochenen Verkehrskreise in die Irre, wenn es sich werblich und/oder in seiner Firma als „Rechenzentrum" bezeichnet (OLG Köln NJWE-WettbR 1999, 196). Die Bezeichnung **Bildungszentrum** für EDV-Lehrgänge und Schulungen wird nach wie vor von den angesprochenen Verkehrskreisen dahin verstanden, dass es sich bei dem Veranstalter um ein Unternehmen handelt, das über den Durchschnitt gleichartiger Unternehmen hinausragt (OLG Koblenz WRP 1990, 125). Vgl. auch LG Münster WRP 2009, 350 Ls.: „**Kompetenzzentrum Kältetechnik**" irreführend für einen Aus- und fortbildungsbetrieb, der im Wesentlichen nur von dem Werbenden betrieben wird; OLG Frankfurt WRP 2017, 1499: „**Hörzentrum**" irreführend für das Ladengeschäft eines Hörgeräte-Akustikers ohne hinreichende Größe und Marktbedeutung; ähnlich LG Hanau WRP 2020, 381).

4.50   Der BGH hat auch die Bezeichnung „**Neurologisches/Vaskuläres Zentrum**" für eine mit einem Internisten als „Chefarzt" besetzte Unterabteilung eines Krankenhauses als irreführend beanstandet, weil die fragliche Unterabteilung erkennbar nicht über eine über den Durchschnitt hinausgehende Kompetenz, Ausstattung und Erfahrung auf dem fraglichen Gebiet verfügte (BGH GRUR 2012, 942 Rn. 19 – Neurologisch/Vaskuläres Zentrum). Die Verwendung des Wortes „Zentrum" deutet – auch mit Blick auf die Verwendung des Begriffs „medizinisches Versorgungszentrum" in § 95 I SGB V – in diesem Zusammenhang darauf hin, dass die Leistungen der fraglichen Unterabteilung über das Leistungsangebot eines von den Krankenkassen zugelassenen niedergelassenen Arztes hinausgehen (BGH GRUR 2012, 942 Rn. 20 – Neurologisch/Vaskuläres Zentrum). Diese Entscheidung ist – entgegen einer in der Literatur angestellten Vermutung (Ritlewski GRUR-Prax 2012, 331) – nicht durch den etwas später ergangenen (aber früher veröffentlichten) Kammerbeschluss des BVerfG überholt, mit dem eine Entscheidung des KG aufgehoben worden ist, die die Bezeichnung „**Zentrum für Zahnmedizin**" als irreführend untersagt hatte (BVerfG MedR 2012, 516). Denn die Kammer hat dort lediglich beanstandet, dass sich das KG weder mit der Regelung in § 95 I SGB V noch damit auseinandergesetzt hat, wie der Begriff „Zentrum" im zahnärztlichen Bereich tatsächlich genutzt wird (BVerfG MedR 2012, 516 Rn. 28 f.). Im Übrigen entsprach das „Zentrum für Zahnmedizin" in jenem Verfahren ohne weiteres dem, was der Verkehr von einem Zentrum erwartet; denn dort waren neben den beiden beklagten Zahnärzten sechs angestellte Zahnärzte tätig; außerdem hatte in denselben Räumen ein Facharzt für Mund-, Kiefer- und Gesichtschirurgie seine Praxis. – Irreführend ist die Bezeichnung eines „**Dr. med. (…) Therapiezentrums**", das zudem mit dem Logo eines Aeskulapstabes wirbt, wenn es keine Ärzte beschäftigt, weil der Verkehr die Behandlung durch einen Arzt oder unter ärztlicher Anleitung erwartet (OLG München WRP 2019, 379). Die Bezeichnung „**Praxiszentrum**" für eine Zahnarztpraxis ist irreführend, wenn darin neben dem Inhaber nur eine angestellte Zahnärztin tätig ist (LG Braunschweig WRP 2021, 821).

4.51   Der **Kontext** kann daher den Begriff des Zentrums relativieren. So ist die Bezeichnung „**Zentrum für Kleintiermedizin Oldenburg**" für eine große Tierarztpraxis mit zwei Tierärzten nicht irreführend, weil der Verkehr bei Tierarztpraxen unterhalb der Tierklinik (→ Rn. 4.33) keine größeren Organisationseinheiten erwartet (vgl. BVerfG NJW 2005, 2140 Ls. = NVwZ 2005, 683). Das BVerfG hat beiläufig die noch weitergehende Vermutung geäußert, der Begriff des „Zentrums" habe im Zusammenhang mit der Bezeichnung von Dienstleistungslokalitäten einen Bedeutungswandel erfahren, der auch der Öffentlichkeit nicht verborgen geblieben sei. In jedem Fall ist zu beachten, dass der Prozess des Bedeutungswandels nicht abgeschlossen zu sein braucht (vgl. BVerfG BVerfG NJW 2005, 2140 Ls. = NVwZ 2005, 683). – Zur Bezeichnung „**Reha-Zentrum**" OLG Hamm WRP 1992, 576.

Weist ein Betrieb die erforderliche Größe und Bedeutung auf, die für eine Zentrale oder für **4.52** ein Zentrum zu verlangen ist, darf der Begriff auch für eine **Zweigstelle** verwendet werden, die diese Voraussetzungen erfüllt (OLG Stuttgart WRP 1976, 794; aA RGZ 166, 244).

IV. Weitere Fälle

Der Bezeichnung **„Agentur"** hat die Rspr. eine mehrdeutige Bedeutung entnommen: Der **4.53** Begriff werde entweder als Hinweis auf eine Vermittlungtätigkeit oder die Bezeichnung für eine Nebenstelle eines Kreditinstituts verstanden. Sie reiche daher nicht aus, die Vermittlungtätigkeit eines Kreditmittlers eindeutig zu kennzeichnen, so dass nicht hinreichend deutlich werde, dass sich die Kreditunkosten um die Vermittlungsprovision erhöhen (OLG Karlsruhe WRP 1977, 655 f.). Das erscheint zweifelhaft (→ Rn. 4.20). Als irreführend ist auch die Werbung mit dem Kennwort „SEGURA BARGELDAGT" angesehen worden (KG WRP 1978, 133). Nur einige Leser des Inserats werden in „AGT" die Abkürzung für „Agentur" erkennen, so dass unklar bleibt, dass nur für eine **Kreditvermittlung** geworben wird, bei der ein anonymer Dritter Kreditgeber ist. – **„Atelier"** ist eine Werkstatt für Arbeiten der Kunst oder des Kunstgewerbes.

Die Verwendung des Wortes **„Kanzlei"** ist nicht auf den öffentlichen bzw. behördlichen **4.54** Bereich beschränkt, zB Rechtsanwaltskanzlei. Sie wird idR als Synonym für den Begriff „Büro" verstanden. Nicht irreführend ist daher auch die Verwendung des Wortes „Kanzlei" im Briefkopf eines öffentlich bestellten und vereidigten Auktionars (OLG Zweibrücken WRP 1992, 419). – Die Rspr. hat die Bezeichnung **„Kolleg"** für eine rein private Ausbildungsstätte für Heilprakti- ker als irreführend beanstandet, weil ein nicht ganz unerheblicher Teil der in Frage kommenden Verkehrskreise irrigerweise annehme, es handele sich um eine Einrichtung des sog zweiten Bildungsweges, die sich überwiegend in **staatlicher Hand** oder unter **staatlichem Einfluss** befinde (BGH GRUR 1983, 512 (513) – Heilpraktikerkolleg). Eine solche Verkehrsauffassung könnte heute auf Grund der Verwässerung des Begriffs durch eine Vielzahl privater Kollegs nicht mehr zugrunde gelegt werden können.

Mit einem **Studio** verbindet der Verkehr heute weder eine wissenschaftliche oder sonst **4.55** überdurchschnittliche Ausbildung des Betriebsinhabers noch eine überdurchschnittliche per- sonelle und/oder sachliche Ausstattung des Betriebes. Auch ein bes. kreatives Angebot wird nicht erwartet, weil dem Begriff kein bes. Inhalt beigemessen wird. Zugelassen wurde daher die Aufschrift „City-Funk-Fahrschule-W…-Verkehrs-Lehr-Studio" für eine Fahrschule (OLG Hamm WRP 1979, 320) und „Studio S Donna" für ein Damenoberbekleidungsgeschäft (ferner OLG Stuttgart NJW-RR 1987, 739). – **„Technik"** deutet auf ein Unternehmen hin, das sich mit der Forschung, Entwicklung oder Lösung technischer Probleme befasst (OLG Frankfurt BB 1981, 1669). Bei einem Unternehmen, das die Bezeichnung „Küchentechnik" verwendet, erwartet man daher, dass es sich nicht auf das bloße Einpassen von Küchenmöbeln beschränkt (GA 2/1976, WRP 1982, 366).

„Treuhand" weist auf die Besorgung fremder Vermögensangelegenheiten im eigenen Na- **4.56** men und die dazugehörige Qualifikation hin. Die Firma einer **Rechtsanwaltsgesellschaft,** die eine Treuhandtätigkeit ausübt, darf einen entsprechenden Hinweis enthalten, auch wenn die Satzung der Gesellschaft diesen Unternehmenszweck nicht nennt (BGH GRUR 2016, 292 Rn. 13 – Treuhandgesellschaft). Unzulässig ist diese Bezeichnung hingegen als Zusatz zur Firma einer **Steuerberatungsgesellschaft,** die eine solche Tätigkeit nicht ausübt, und zwar auch dann, wenn die Treuhandtätigkeit als Gegenstand des Unternehmens in der Satzung genannt ist (OLG Frankfurt DB 1980, 1641). Ebenso verhält es sich, wenn nur solche Treuhandaufgaben übernommen werden, die nach dem Gesetz **keiner Genehmigung** bedürfen, weil dann die vom Publikum erwarteten Schwerpunkte treuhänderischer Tätigkeit (Anlage und Verwaltung fremden Vermögens im eigenen Namen und Beratung in Wirtschafts-, Steuer- und Rechts- sachen) gerade nicht vorliegen (BayObLG BB 1989, 727).

Die Unternehmensbezeichnung **„Unfallversorgung Deutscher Ärzte und Zahnärzte** – **4.57** Versicherungsvermittlungsgesellschaft mbH" ist als irreführend untersagt worden, weil der Erste – bes. herausgestellte – Teil, auf den sich der Verkehr bei einer längeren Firma zu konzentrieren pflegt, den unzutr. Eindruck erweckt, als handele es sich um eine berufsständische Versorgungs- einrichtung (BGH GRUR 1968, 431 – Unfallversorgung). – **Videothek** besitzt keinen ein- deutigen Bedeutungsgehalt, beschränkt sich daher nicht auf das **Vermieten** von Videokassetten (OLG Köln WRP 1982, 356). – Als **Wäscherei, Färberei und Chemische Reinigung** darf sich auch eine bloße **Annahmestelle** bezeichnen; wo die Reinigungsarbeiten ausgeführt wer- den, interessiert den Verkehr idR nicht (OLG Koblenz GRUR 1986, 552).

C. Irreführende Angaben über Eigenschaften, Umfang und Bedeutung des Unternehmens

I. Überblick

4.58   Die Fälle einer Irreführung über Eigenschaften des Unternehmens lassen sich wiederum in **fünf Untergruppen** einteilen: Hierher gehört zunächst die **Traditions- und Alterswerbung** (→ Rn. 4.59 ff.) sowie die **Allein- oder Spitzenstellungsberühmung** (→ Rn. 4.73 ff.). In einer dritten Untergruppe sind Fälle zusammengefasst, in denen Unternehmen in der Werbung **bes. Vorzüge herausstreichen** (→ Rn. 4.90 ff.). Die vierte Untergruppe betrifft die Fälle der Anmaßung einer in Wirklichkeit nicht bestehenden **Autorität einer öffentlichen Institution** (→ Rn. 4.95 ff.), die fünfte schließlich die Fälle irreführender **geografischer Zusätze** (→ Rn. 4.105 ff.). Zur irreführenden Neuheitswerbung → Rn. 2.69 ff.

II. Traditions- und Alterswerbung

1. Grundsatz

4.59   Die Werbung mit dem **Alter des Unternehmens** erweckt bei den angesprochenen Verkehrskreisen **positive Assoziationen.** Dem Unternehmen werden vom Verkehr bes. Erfahrungen auf dem betreffenden Gebiet, wirtschaftliche Leistungskraft, Zuverlässigkeit und Solidität sowie langjährige Wertschätzung innerhalb des Kundenkreises zugesprochen. Damit enthält die Alterswerbung **versteckte Qualitätssignale,** die geeignet sind, die Kaufentscheidungen der Verbraucher zu beeinflussen (BGH GRUR 2003, 628 (629) – Klosterbrauerei). Wer sein Unternehmen in der Werbung älter macht, als es in Wirklichkeit ist, verstößt daher grds. gegen § 5. Ebenso wenig darf sich ein Unternehmen als das „älteste am Platz" bezeichnen, wenn es nicht älter als ein Konkurrenzunternehmen ist (OLG Köln WRP 1996, 328).

2. Fehlvorstellung des Verkehrs

4.60   **a) Direkte und indirekte Altersangaben.** Vorstellungen über das Alter des Unternehmens können auf vielfältige Art und Weise hervorgerufen werden, zB durch Jahreszahlen, eine historisierende Warenaufmachung, der Verwendung althergebrachter Begriffe etc. Ob sich eine Altersangabe auf den **Firmennamen** oder das **Unternehmen** bezieht, ist eine Auslegungsfrage, auch wenn der Verkehr im Allgemeinen die Altersangabe auf das Unternehmen beziehen wird. – Nicht jedes Jubiläum braucht ein Geschäftsjubiläum zu sein. Das zu feiernde Ereignis kann zB der Ursprung oder die Tradition des Unternehmens, die Herstellung eines bestimmten Erzeugnisses, auch ein außerbetriebliches Ereignis sein. Ein Verlag oder eine Buchdruckerei kann zB die Erfindung der Buchdruckerkunst feiern. Die Werbung eines Steinmetz- und Bildhauerbetriebs „100 Jahre berufliche Tradition" fasst der Durchschnittsverbraucher allerdings als Hinweis auf das **Alter des Betriebes** auf (vgl. OLG Stuttgart WRP 1978, 480). Der Hinweis **„Familientradition seit 1910"** ohne erläuternden Zusatz wird vom Verkehr als Hinweis auf eine Unternehmenstradition und nicht auf eine davon unabhängige über Generationen hinweg ausgeübte Handwerkstätigkeit verstanden (OLG Hamburg GRUR 1984, 290; vgl. auch OLG Frankfurt WRP 2015, 1392).

4.61   Irreführend ist die Werbebehauptung **„Four Centuries old Tradition"** (sic!), weil ein nicht unerheblicher Teil des Publikums darin einen Hinweis auf die vierhundertjährige **Unternehmenstradition** und nicht nur auf die Tradition der Herstellung des Likörs im Gebiet von Zadar sieht (BGH GRUR 1982, 111 (113) – Original-Maraschino). Auf eine lange Unternehmenstradition weist die Werbung für ein Bier mit der Angabe **„Königl.-Bayerische Weisse"** hin. Sie ist als irreführend verboten worden, weil der fragliche Braubetrieb erst 1954 von einem Mitglied der Familie der Wittelsbacher erworben worden war und hiervon abgesehen keine Beziehungen zum früheren bayerischen Königshaus aufwies (BGH GRUR 1992, 66 – Königl.-Bayerische Weisse). Die Bezeichnung **„Porzellan-Manufaktur"** deutet auf eine Herstellungsstätte mit längerer, geschichtlich bedeutsamer Tradition hin, die hochwertiges Porzellan mit handbemalten Dekors hervorbringt (KG GRUR 1976, 640; auch → Rn. 4.70). – Irreführend ist auch die Werbung für eine Uhr mit der Angabe **„Zeitsprung 1883"**, wenn das werbende Unternehmen erst im Jahr 2013 gegründet wurde (OLG Köln WRP 2021, 377).

Bornkamm/Feddersen

b) Eindruck der Kontinuität. Der Hinweis auf Alter und Tradition eines Unternehmens 4.62
suggeriert **Kontinuität.** Daher muss die **wirtschaftliche Fortdauer** während der behaupteten
Jahre vorliegen. Das gegenwärtige Unternehmen muss trotz aller im Laufe der Zeit eingetretenen
Änderungen noch mit dem früheren Unternehmen als **wesensgleich** angesehen werden können, damit die Werbung mit dessen Gründungsjahr sachlich gerechtfertigt ist. Erforderlich ist
dafür grds. **Geschäftskontinuität,** während die bloße **Namenskontinuität** nicht ausreicht.
Eine **völlige Änderung des Fabrikationsprogramms** kann bei den angesprochenen Verkehrskreisen zur Fehlvorstellungen führen, da sie davon ausgehen werden, dass auch für diese
Waren eine bes. Erfahrung und Tradition besteht. Allerdings muss sich das Herstellungspro-
gramm **wesentlich geändert** haben, um eine Alterswerbung wegen fehlender Kontinuität als
irreführend anzusehen. Mit gewissen Änderungen, die im Zuge der Entwicklung der Technik
liegen, rechnet der Durchschnittsverbraucher.

Die **ältere Rspr.** ist von einer **strengen,** zuweilen fast kleinlich anmutenden **Haltung** 4.63
bestimmt. So wurde in dem **Übergang vom Weinbau** und Weinhandel **zur Sektherstellung**
eine wesentliche Änderung des Herstellungsprogramms gesehen (BGH GRUR 1960, 563 –
Sektwerbung). In einem weiteren Fall ging es ebenfalls um den Übergang von Wein zu Sekt.
Hier warb ein namhafter deutscher Sekthersteller mit seinem Gründungsjahr (1811), obwohl
mit der Sektherstellung erst etwa dreißig Jahre später begonnen worden war. Außerdem enthielt
die Werbung ein Bildnis des Firmengründers mit dessen Lebensdaten 1773–1847. Beides wurde
als irreführend untersagt, weil der Verkehr die Jahreszahl bei einem Unternehmen, zumal wenn
es nur diese Ware herstellt, als den Beginn der Herstellung **gerade dieser Ware** auffassen
werde. Die Angabe sei daher unrichtig, wenn die Sektfabrikation erst später aufgenommen
worden sei. Auch die Angabe der Lebensdaten des Firmengründers sei irreführend, weil der
Leser, dem sich die erste Zahl stärker als die zweite einprägt, den unrichtigen Eindruck
gewinne, der Gründer habe schon gegen Ende des 18. Jahrhunderts mit der Sektherstellung
durch das Unternehmen begonnen (BGH GRUR 1962, 310 (312) – Gründerbildnis). In einem
weiteren Fall wurde die Werbung mit dem Gründungsjahr des werbenden Unternehmens
(1842) untersagt, weil der Verkehr diese Altersangabe gerade auch auf das beworbene Produkt
(Fleischereimaschinen) beziehe, obwohl die Produktion dieser Maschinen erst Jahrzehnte später
aufgenommen worden sei (BGH GRUR 1961, 485 (487) – Fleischereimaschinen). Einem
Bettenfachgeschäft wurde die Werbung mit der Altersangabe „seit 75 Jahren" verboten, weil
sich das Unternehmen dabei auf die im Jahre 1912 erfolgte Gründung einer Dampfwäscherei
bezog; für die erforderliche Kontinuität der Geschäftätigkeit reiche es nicht aus, dass sich die
Dampfwäscherei mit der Reinigung von Textilien und das heutige Unternehmen ua mit der
Reinigung von Bettfedern befasse (OLG Hamm WRP 1989, 740; vgl. auch LG Stuttgart WRP
2001, 189).

Es handelt sich hierbei um **Grenzfälle,** in denen heute wohl kein Verbot mehr ausgesprochen 4.64
würde. Zwei Gründe sind hierfür maßgeblich: Zum einen rechnet der Durchschnittsverbraucher
damit, dass sich der **Gegenstand eines** über hundert Jahre alten **Unternehmens im Laufe der
Zeit verändern** kann. Zum anderen trifft ein Verbot das Unternehmen unverhältnismäßig hart,
weil es in der Produktwerbung allenfalls dann noch auf sein Alter hinweisen kann, wenn es
umständlich erläutert, dass sich die lange Tradition nicht in vollem Umfang auch auf die
beworbenen Produkte bezieht.

Ist die **wirtschaftliche Kontinuität** gegeben, so ist es unerheblich, ob Inhaberwechsel, 4.65
Rechtsnachfolgen, Änderungen des Firmennamens oder der Rechtsform erfolgt sind (OLG
Dresden GRUR 1998, 171 (172); OLG Hamburg WRP 2021, 89; OLG Frankfurt WRP 2021,
934). Daher ist die Alterswerbung einer Fahrschule auch dann nicht irreführend, wenn während
der herausgestellten Bestehenszeit des Unternehmens der Inhaber gewechselt hat (OLG Düsseldorf OLGR 2001, 446; vgl. auch OLG Frankfurt WRP 2021, 934). Einschränkungen können
sich im Falle der **Rechtsnachfolge** ergeben, etwa wenn der Erwerber das Unternehmen auflöst.
Ein Erbe führt nur fort, wenn ihm das Unternehmen bei der Erbauseinandersetzung zugeteilt ist.
Bezieht sich die Altersangabe auf die Firma, so ist die Zeit der Rechtsvorgänger nur einzubeziehen, wenn eine förmliche rechtliche Befugnis besteht, die alte Firma weiterzuführen. Im Falle
eines zwischenzeitlichen **Insolvenzverfahrens** ist die Werbung mit der zuvor begründeten
Tradition nicht irreführend, wenn das Unternehmen aus der Sicht des angesprochenen Verkehrs
ungeachtet des Insolvenzverfahrens wirtschaftlich im Wesentlichen unverändert fortgeführt worden ist (OLG Frankfurt WRP 2015, 1392). Anders verhält es sich allerdings, wenn ein neues
Unternehmen eine Firma wählt, die mit der Firma eines in Insolvenz geratenen Unternehmens
derselben Branche weitgehend übereinstimmt, und hierdurch der irreführende Eindruck einer

Fortsetzung des in Insolvenz geratenen Unternehmens erweckt werden (OLG Hamm OLGR 1992, 318 = GRUR 1992, 566 Ls.; dazu Tappmeier EWiR 1992, 819).

4.66 **c) Erzwungene Unterbrechungen. Zwangspausen** (zB wegen Krieg, Naturkatastrophen) sind unerheblich und wirken sich nicht auf die Kontinuität der Unternehmensführung aus (GK/Lindacher/Peifer Rn. 906). Eine **Ausdehnung** des Geschäftsbetriebs ist unschädlich, wenn sie Ausdruck einer **organischen Entwicklung** des Unternehmens ist, der wesentliche Charakter des Unternehmens gewahrt bleibt und wirtschaftlich keine Unterbrechung vorliegt (BGH GRUR 1960, 563 (565) – Sektwerbung).

4.67 **d) Berufung früherer volkseigener Betriebe auf übernommene Unternehmenstradition.** Grds. kann sich auch ein Unternehmen, das aus einem volkseigenen Betrieb hervorgegangen ist, auf die vom früheren Unternehmensinhaber aufgebaute Tradition stützen. Voraussetzung ist dabei jedoch, dass eine Kontinuität der Geschäftstätigkeit im oben beschriebenen Sinne (→ Rn. 4.62 ff.) besteht. Weil es an dieser Voraussetzung fehlte, wurde dem Nachfolgeunternehmen des von Käthe Kruse in Bad Kösen aufgebauten und bei ihrer Flucht in den Westen 1950 zurückgelassenen Puppenproduktionsunternehmens untersagt, sich in der Werbung auf die bes., von Käthe Kruse begründete Tradition der Puppen- und Stofftiergestaltung und -herstellung zu berufen. Denn von 1950 bis zur Wende war bei der Führung des volkseigenen Betriebes, insbes. in der Werbung, jede Bezugnahme auf den Namen, die Person und das Wirken von Käthe Kruse unterblieben. Auch das Produktionsprogramm hatte sich (bis hin zur Herstellung von Plastikspielzeug) grundlegend gewandelt (OLG München NJWE-WettbR 1999, 52 (53); vgl. auch BGH GRUR 2004, 712 – PEE-WEE unter II. 2.c).

4.68 **e) Berufung auf den Familiennamen.** Ein aus einem alten Unternehmen ausgeschiedenes Familienmitglied darf bei Neugründung eines branchengleichen Geschäfts auf die Tradition des **Familiennamens,** nicht dagegen auf die alte Geschäftstradition hinweisen (BGH GRUR 1951, 412 – Graphia).

4.69 **f) Alterswerbung für Filialen.** Ein Juwelier- und Uhrmacherunternehmen darf nicht mit dem Alter des Stammhauses für eine nachträglich übernommene **Filialkette** werben, ohne darauf hinzuweisen, dass es sich diese erst mehr als 100 Jahre nach der Unternehmensgründung eingegliedert hat; der Verkehr erwartet, dass die einzelnen Filialen eines Unternehmens aus der Tradition des Stammhauses erwachsen sind und es sich deshalb um ein organisch entwickeltes Gesamtunternehmen handelt (BGH GRUR 1981, 69 – Alterswerbung für Filialen).

4.70 **g) Werbung mit zutr. Altersangaben.** Sind die Altersangaben wahr, so ist eine superlative Alterswerbung grds. zulässig, wenn nur das Gründungsdatum oder der zeitliche Bestand des Unternehmens herausgestellt wird (BGH GRUR 1960, 563 (565) – Sektwerbung; GRUR 1981, 69 (70) – Alterswerbung für Filialen; GRUR 1991, 680 (681) – Porzellanmanufaktur). Anders verhält es sich, wenn sich der Werbende berühmt, eine Spitzenstellung unter den Mitbewerbern einzunehmen (→ Rn. 4.73 für die Angaben „größte", „führende" usw). Dann muss der Werbende gegenüber den Mitbewerbern eine **herausragende Stellung** besitzen. Beschränkt sich die Werbung jedoch auf die im Superlativ ausgedrückte zutr. Altersangabe, kann sie nicht als irreführend untersagt werden, selbst wenn der Verkehr von dieser Eigenschaft auf eine Spitzenstellung schließt. Wirbt bspw. eine Porzellanmanufaktur der Wahrheit entspr. damit, die „**älteste Porzellanmanufaktur auf westdeutschem Boden"** zu sein, kann ihr diese Werbeaussage nicht untersagt werden, auch wenn ihr Vorsprung (Gründung im Januar 1747) zum nächstälteren Mitbewerber nur zehn Monate beträgt und der Verkehr bei der ältesten Porzellanmanufaktur einen Betrieb mit einer Erfahrung erwartet, die die Erfahrung der anderen alten Porzellanmanufakturen bei weitem übertrifft (so aber BGH GRUR 1991, 680 (682) – Porzellanmanufaktur).

3. Relevanz

4.71 Die wettbewerbsrechtliche **Relevanz der Alterswerbung** variiert branchenabhängig. Auf dem Gebiet der **Brauereierzeugnisse** ist das **Alter** eines Herstellungsunternehmens dem kaufenden Publikum **nicht gleichgültig** (OLG Dresden GRUR 1998, 171 (172)). Die Kaufentscheidungen des Publikums werden sich zwar in erster Linie an den **Geschmacksrichtungen** der Erzeugnisse orientieren. Unabhängig davon werden sie aber auch von Erwägungen beeinflusst, die sich einer rationalen Überprüfung entziehen (BGH GRUR 2003, 628 (629) – Klosterbrauerei). Als aussagekräftiges Indiz kann dafür das Werbeverhalten der Anbieter herangezogen werden, die versuchen, sich durch solche Merkmale von den Mitbewerbern abzuheben

(BGH GRUR 2003, 628 (629) – Klosterbrauerei). Mit Recht wurde daher eine Brauerei zur Unterlassung verurteilt, die in ihrer Werbung statt ihres wirklichen Gründungsjahres 1835 die falsche Jahreszahl 1762 herausgestellt hatte (OLG Dresden GRUR 1936, 1009). Unzulässig ist auch eine **Alterswerbung für Kölsch** mit der Darstellung des „Original-Rezeptes" auf einer alten, im Laufe der Zeit erheblich beschädigten Pergamentrolle mit auffallendem Siegel, wenn die Brauerei das Bier erst seit den 60er Jahren des 20. Jahrhunderts braut (OLG Köln WRP 1979, 751). Ein gewichtiges Indiz für die Relevanz der Alterswerbung ist im Übrigen das Verhalten der werbenden Unternehmen: Sie versprechen sich von der Alters- und Traditionswerbung ganz offensichtlich viel und legen großen Wert darauf, durch Hinweise auf Alter und Tradition den Eindruck eines seit langem eingeführten und erfolgreichen Produkts zu bieten. Zur **Relevanz der Alters- und Traditionswerbung** auch → Rn. 1.185.

4. Verhältnismäßigkeit des Verbots

Ist eine unzutr. Altersangabe in der Firma enthalten, die seit Jahrzehnten unbeanstandet in **4.72** Gebrauch ist, kann sich ein Verbot als unverhältnismäßig erweisen, wenn das der in Rede stehenden Irreführung gering ist (vgl. BGH GRUR 2003, 628 – Klosterbrauerei; BGH WRP 2012, 1526 – Über 400 Jahre Brautradition; ferner BGH GRUR 1957, 285 (287) – Erstes Kulmbacher). Zur Verhältnismäßigkeitsprüfung bei § 5 → Rn. 1.200 ff.; ferner Wuttke WRP 2003, 839 (841 ff.)

III. Unternehmensbezogene Allein- und Spitzenstellungswerbung

1. Allgemeines

Eine Allein- oder Spitzenstellungswerbung kann sich entweder auf das Produkt (→ Rn. 2.59) **4.73** oder auf das Unternehmen beziehen. Die allgemeinen Grundsätze der Allein- und Spitzenstellungswerbung sind daher im 1. Abschnitt (Tatbestand der irreführenden geschäftlichen Handlung) behandelt (→ Rn. 1.138 ff.). An dieser Stelle wird die wettbewerbsrechtliche Beurteilung der (unternehmensbezogenen) Aussageformen **„größte"**, **„erste"** und **„führende"** erläutert.

2. Ernst genommene Anpreisungen

Hinweise darauf, dass es sich bei dem werbenden Unternehmen um das größte, erste oder **4.74** führende handelt, werden vom Verkehr gewöhnlich **ernst genommen** (BGH GRUR 1969, 415 (416) – Kaffeerösterei; → Rn. 1.139 und 1.154). Es kann sich aber bei derartigen Anpreisungen auch um eine auf den ersten Blick zu erkennende nicht ernst gemeinte Übertreibung ohne sachlichen Hintergrund handeln (OLG Schleswig OLGR 2002, 172 für die Aussage „… und die größte Auswahl der Welt. Mindestens."; OLG Frankfurt NJW-RR 1999, 770 für die Aussage: „Radio Diehl the best deal"). Ihre Zulässigkeit hängt grds. aber von ihrer **Richtigkeit** ab. Bei dieser Prüfung kommt es darauf an, welche Faktoren bei der Werbung mit diesen Begriffen nach der Vorstellung der angesprochenen Verkehrskreise als vorhanden angenommen werden.

3. Größe

Für die **Größe eines Unternehmens** werden häufig mehrere Faktoren als bestimmend **4.75** angesehen. Dann ist die Größenbehauptung schon unzulässig, wenn einer dieser Faktoren, den der durchschnittlich informierte, aufmerksame und verständige Verbraucher als vorliegend erachtet, mit den wirklichen Verhältnissen nicht im Einklang steht. Wird ein Unternehmen als das „größte" bezeichnet, so stellt sich das Publikum vor, dass es seine Mitbewerber im **Umsatz** und im **Warenangebot** (merklich? (→ Rn. 4.77)) überragt (BGH GRUR 1991, 850 (851); 1996, 910 (911) – Der meistverkaufte Europas; GRUR 1998, 951 – Die große deutsche Tages- und Wirtschaftszeitung; GRUR 2012, 1053 Rn. 17 – Marktführer Sport). Je nach Branche können aber auch andere Gesichtspunkte von Bedeutung sein, zB die räumliche Ausdehnung des Geschäfts, die Betriebsgebäude, die betriebliche Organisation, die Zahl der Beschäftigten, die Verkehrslage und der Lagerbestand. Dagegen pflegt man die „Größe" eines Unternehmens nicht danach zu messen, ob es auch **qualitativ** bessere Leistungen und bes. Preisvorteile bietet. Hierauf wird jedoch vielfach auf Grund der Größe des Unternehmens geschlossen (vgl. OLG Hamburg GRUR-RR 2002, 73 zur Angabe „Europas größter Onlinedienst", vgl. dazu auch (BGH GRUR 2004, 786 (788) – Größter Online-Dienst).

4. Warenangebot

4.76   Das Publikum erwartet in erster Linie ein bes. **reichhaltiges Warenangebot,** das ihm große Auswahlmöglichkeiten bietet. Bei reinen **Fabrikbetrieben** ist auf das Produktionsvermögen abzustellen, und zwar auf die **quantitative** Kapazität. Bei einem Onlinedienst, der sich als „Europas größter Onlinedienst" bezeichnet, erwartet der Verkehr, dass er die meisten Kunden hat und von diesen am umfangreichsten genutzt wird (BGH GRUR 2004, 786 (788) – Größter Online-Dienst). Im Zeitschriftengewerbe kommt es namentlich auf die Höhe der **Auflage** an (OLG München GRUR 1955, 595: „Deutschlands größte Illustrierte"; KG MuW 1932, 305: „die größte aller … Zeitungen Deutschlands"). Die Anpreisung „Österreichs größte Tageszeitung" („Kurier") ist unwahr, wenn die Auflagenhöhe einer anderen Zeitung („Kronen-Zeitung") die des Kuriers übersteigt (OGH ÖBl 1971, 18). Auf die Höhe der Auflage ist auch abzustellen bei der Frage, unter welchen Voraussetzungen eine Tageszeitung mit mehreren Ortsausgaben mit der **Höhe der Gesamtauflage** werben darf. Zulässig ist die Werbung, das „Westfalen-Blatt" sei mit seinen Ortsausgaben die größte Tageszeitung in Ostwestfalen-Lippe, wenn dies objektiv richtig und der Irrtum eines Teiles der Bevölkerung Bielefelds, der diese Stadt mit der Landschaft Westfalen-Lippe gleichsetzt, nicht schutzwürdig ist (BGH GRUR 1968, 433 (435) – Westfalen-Blatt II). Ob sich eine **Tageszeitung** als „größte" bezeichnen kann, hängt nicht allein von der Höhe der Auflage, sondern auch von anderen Faktoren, insbes. den feststellbaren **redaktionellen** Leistungen ab (OGH ÖBl 1969, 5). Bei **Fachzeitschriften** ist auch die **Zahl der Bezieher** ein entscheidender Bewertungsfaktor (BGH GRUR 1963, 34 – Werkstatt und Betrieb). Bei einem Möbelgeschäft, das mit der Bezeichnung **„Die größte Wohnwelt im Bodenseeraum"** wirbt, ist die **räumliche** Ausdehnung der Verkaufs- und Ausstellungsfläche das entscheidende Merkmal für die „Größe" (OLG Karlsruhe WRP 1985, 357).

5. Beträchtlicher Vorsprung gegenüber den Mitbewerbern

4.77   Die Zulässigkeit einer Werbung, in der sich ein Unternehmen als das „größte" anpreist, soll nach der Rspr. davon abhängen, ob es in den für die Auffassung des Verkehrs maßgeblichen Punkten einen beträchtlichen und offenkundigen **Vorsprung** vor den Mitbewerbern erreicht, der ihn eine längeren Zeitraum eine **Spitzenstellung** begründet, die von allen voraussehbaren und wettbewerbsbedingten Schwankungen weitgehend unabhängig ist, wofür die Umsatzhöhe ein wesentliches Kriterium bildet. Nur wenn das werbende Unternehmen gegenüber den Mitbewerbern eine **hervorgehobene Stellung** habe, soll die Behauptung einer **Spitzenstellung nicht irreführend** sein (BGH GRUR 1963, 34 (36) – Werkstatt und Betrieb; GRUR 1985, 140 (141) – Größtes Teppichhaus der Welt; GRUR 1991, 680 – Porzellanmanufaktur; GRUR 2004, 786 – Größter Online-Dienst; auch → Rn. 1.151 mwN). Welche Kriterien und welche Zeitspanne einen solchen Status begründen, lässt sich freilich nicht generell festlegen. Es soll auf die Branche, insbes. die Art und Lage des Unternehmens und des Abstandes zu den Konkurrenten, ankommen. Auch hier ist jedoch zu beachten, dass einem Unternehmen die Werbung mit einer zutreffenden und belastbaren Aussage über eine wesentliche Eigenschaft, etwa über seine Größe oder sein Alter, nicht ohne weiteres untersagt werden kann (→ Rn. 1.151). Die Berechtigung dieser zusätzlichen Voraussetzung muss daher angezweifelt werden. Warum soll einem Unternehmen, das tatsächlich das größte am Ort ist, verboten werden, mit diesem Umstand zu werben, nur weil das nächstgroße Unternehmen nicht erheblich viel kleiner ist?

6. Zugehörigkeit zur Spitzengruppe

4.78   Wird in einer **Spitzengruppen**-Werbung behauptet, „eines der größten und modernsten Unternehmen eines bestimmten Geschäftszweiges in Europa" zu sein, so genügt es noch nicht, dass man unter vergleichbaren Unternehmen den dritten, fünften oder achten Rang einnimmt; es kommt darauf an, dass man überhaupt einer **geschlossenen Spitzengruppe** angehört, die gegenüber dem übrigen Feld der Mitbewerber den nötigen Abstand gewonnen hat (BGH GRUR 1969, 415 (416) – Kaffeerösterei; OLG Hamm WRP 1978, 71). Auch das drittgrößte Unternehmen darf daher nicht behaupten, es gehöre zu den „größten", wenn zwei andere Unternehmen erheblich größer sind. – Die Behauptung „Einer der größten Polstermöbel-Spezialhäuser im Großraum …" zu sein, ist nicht irreführend, wenn der Werbende in diesem Bereich den zweiten Rang einnimmt und die ausgestellten Möbelgarnituren etwa die Hälfte hinter denen eines Konkurrenten zurückbleiben (OLG Koblenz WRP 1985, 289). – Die Werbeaussage „Eines der reinsten Mineralwässer der Erde" ist irreführend, da sie den Eindruck erweckt, als gehörten die derart beworbenen Produkte zu einer **Spitzengruppe** von Mineral-wässern, die „reiner" sind als die anderer Mitbewerber, deren Mineralwässer als „weniger rein" einzustufen sind (OLG Köln WRP 1989, 821 (823 ff.)). – Die Behauptung eines Lohnsteuer-hilfevereins in Stellenanzeigen, er sei „einer der beiden führenden Lohnsteuerhilfevereine in Deutschland" bzw. „der neue Marktführer" stellt eine unzulässige Alleinstellungsbehauptung dar (OLG Zweibrücken NJW-RR 2002, 1066). – Eine Spitzengruppenwerbung beinhaltet auch die Angabe zu den **„fünf wichtigsten Meinungsforschungsinstituten in Deutschland"** zu gehören (OLG Köln WRP 2016, 1391).

7. Bezugnahme auf einen bestimmten Markt

Zur Überprüfung der erforderlichen Voraussetzungen einer zulässigen Allein- und Spitzen-gruppenwerbung kommt es entscheidend darauf an, den aus der Sicht der angesprochenen Verkehrskreise relevanten **örtlichen** und **sachlichen Vergleichsmarkt** zu bestimmen. Ob die Werbung eines auf den Teppichhandel spezialisierten Unternehmens als **„Größtes Teppich-haus der Welt"** irreführend ist, weil der Umsatz dieses Unternehmens durch den Teppich-umsatz eines deutschen Kaufhauskonzerns um das Doppelte übertroffen wird, hängt davon ab, wie der Verkehr den Begriff „Teppichhaus" versteht (→ Rn. 1.154). – Unzulässig ist die Werbung eines Verlages, seine Zeitschrift sei die „größte unabhängige deutsche Luftfahrt-Zeit-schrift", wenn sie gegenüber einer anderen Fachzeitschrift keinen merklichen Auflagenvorsprung aufweist und diese nach Auffassung der Leser ebenfalls nicht im abwertenden Sinne als „abhän-gig" (= nicht neutral) angesehen werden kann (BGH GRUR 1968, 440 (442) – Luftfahrt-Zeitschrift). Die Angabe **„Deutschlands größte Partnervermittlung"** ist irreführend, wenn nicht festgestellt werden kann, dass das werbende Unternehmen die mit signifikantem Abstand größten Anzahl der Vermittlungsinteressenten aufweist (OLG München K&R 2019, 47). Die Werbung eines Berufsverbands als **„größte unabhängige Interessenvertretung für Juristen"** ist nicht irreführend, wenn der Verband eine strukturelle und zahlenmäßige Spitzenstellung auf dem Markt für Unternehmensjuristen innehat (OLG Frankfurt GRUR-RR 2021, 498). 4.79

Die Werbebehauptungen eines Unternehmens, das sich in erster Linie mit dem **Immobilien-Leasing** befasst, es sei das größte und erste Leasingunternehmen, das das Leasing in Deutschland als Pionier eingeführt habe und das größte Know-how besitze, werden vom Verkehr als ernst gemeint verstanden und sind irreführend, wenn nicht hinreichend deutlich wird, dass sich die beanspruchte Alleinstellung allein auf den Bereich des Immobilien- und nicht auch auf das Mobilien-Leasing beziehen soll (OLG Düsseldorf WRP 1980, 419). 4.80

Bei der Bestimmung des **relevanten örtlichen Vergleichsmarktes** hat die Verkehrsauffas-sung auf Grund der europäischen Integration und der Schaffung des Binnenmarktes einen Wandel erfahren, der dazu geführt hat, dass die Marktübersicht der Verbraucher heute breiter und nicht mehr so sehr an nationalen Verhältnissen ausgerichtet ist (BGH GRUR 1996, 910 (912) – Der meistverkaufte Europas). Berühmt sich eine inländische Rösterei, deren Tätigkeits-feld sich auf das Inland beschränkt, „eine der größten Kaffeeröstereien Europas" zu sein, fordert die Verkehrsauffassung heute nicht mehr zugleich eine Zugehörigkeit zur Spitzengruppe im Inland (anders noch BGH GRUR 1969, 415 – Kaffeerösterei). Ebenso überholt ist die Ent-scheidung des BGH (GRUR 1972, 129 (130) – Der meistgekaufte der Welt), bei der die Behauptung einer Spitzenstellung auf dem Weltmarkt zugleich als Spitzenstellung auf dem Inlandsmarkt verstanden wurde. Mit Recht ist die Werbung für einen Elektrorasierer im Gebiet der Bundesrepublik Deutschland mit der Behauptung „Die meistverkaufte Rasierermarke Euro-pas" nicht als irreführend angesehen worden, wenn die Spitzenstellung **nur auf dem europäi-schen und nicht zugleich auf dem deutschen Markt** besteht, der inländische Marktanteil aber mit ca. 25 % nicht unbedeutend ist (BGH GRUR 1996, 910 – Der meistverkaufte Europas; Martinek NJW 1996, 3136; Doepner GRUR 1996, 914). – Zur Werbung mit der Angabe „Ein deutsches Spitzenerzeugnis" → Rn. 2.59 und → Rn. 2.105). 4.81

Eine Alleinstellungsberühmung, die erkennbar nur das **„Segment der überregionalen meinungsbildenden Zeitungen"** betrifft, ist nicht unzutr. und demgemäß nicht irreführend, wenn davon nicht erfasste Zeitschriften und/oder Massenpublikationen insoweit höhere Auf-lagen als die beworbene Zeitung haben (OLG Hamburg GRUR 1999, 429). 4.82

Besteht ein Markt wie zB derjenige der Wirtschafts- und Finanzzeitungen nur aus **zwei Marktteilnehmern,** so stellt jede Spitzengruppenbehauptung des einen Marktteilnehmers für eine bestimmte, hervorgehobene Eigenschaft des vertriebenen Produkts zugleich im Verhältnis zum anderen Marktteilnehmer eine Alleinstellungsbehauptung dar (LG Köln AfP 2003, 461). 4.83

8. Reklamehafte Übertreibungen

4.84   Häufig ist eine Superlativwerbung – für den Durchschnittsverbraucher erkennbar – eine reklamehafte Übertreibung, die nicht beansprucht, für bare Münze genommen zu werden. So stellen die Werbebehauptungen „Die einfachste Art Telefonkosten zu sparen" oder (LG Köln MMR 2002, 556) oder „Ab sofort heißt es bundesweit … vorwählen und schon haben Sie gespart" (LG Düsseldorf MMR 2003, 341) in einer Werbung auf dem Gebiet der Telekommunikation nicht automatisch, dass es sich um den günstigsten Anbieter handelt, der alle in Betracht kommenden Mitkonkurrenten übertrifft. Dagegen ist in der Werbebehauptung „Der bessere Anschluss", mit der für T…ISDN geworben wurde, eine irreführende Behauptung einer Alleinstellung gesehen worden (OLG Hamburg CR 2002, 268).

9. Telekommunikation, Internet

4.85   Irreführend ist es, wenn ein Internet-Online-Dienst, der zwar die meisten Kunden hat, aber nicht am meisten genutzt wird, ist als **„Europas größter Onlinedienst"** oder als **„der größte Internet-Provider Europas"** bezeichnet. Der durchschnittlich informierte, aufmerksame und verständige Adressat, der die Werbung mit einer der Situation entspr. angemessenen Aufmerksamkeit zur Kenntnis nimmt, bezieht diese Angabe nicht allein auf die Zahl der Kunden, sondern nimmt auch an, dass dieser Dienst am häufigsten und umfangreichsten benutzt wird (BGH GRUR 2004, 786 (788) – Größter Online-Dienst). Der Werbung „weltweit die Nr. 1 in Online und Internet" versteht der Verkehr allerdings nicht in der Weise, dass dieser Onlinedienst in jedem Land der Welt die Nummer 1 sei (OLG Frankfurt GRUR 2003, 1059). – Zur (produktbezogenen) Werbung für Telekommunikationsdienste → Rn. 2.141 f.

10. „Erste …"

4.86   Die Bezeichnung eines Unternehmens als das **„erste"** kann beim angesprochenen Verkehr verschiedene Vorstellungen hervorrufen. „Erstes" kann rangmäßig ebenso wie **„größtes"** eine Allein- oder Spitzenstellung zum Ausdruck bringen, aber auch im zeitlichen Sinne als **„ältestes"** zu verstehen sein. Es kann sich jedoch auch um eine rein betriebliche Herkunftsangabe handeln, wenn die Bezeichnung andere Bedeutungen kraft Durchsetzung als Unternehmensbezeichnung oder Marke verloren hat (BGH GRUR 1957, 285 – Erstes Kulmbacher). – Zur **Alterswerbung** → Rn. 4.59 ff.).

11. Führerschaft, „Führende …"

4.87   Bezeichnet der Werbende sein Unternehmen als das **„führende"** der Branche, so erwartet der Verkehr weniger einer **quantitative** als eine **qualitative** Alleinstellung. Im Einzelfall kann je nach Art der Branche und Werbeaussage das kumulative Vorliegen beider Voraussetzungen zu fordern sein. Für **Produktionsunternehmen** wird dies idR der Fall sein (Gloy/Loschelder/Danckwerts WettbR–HdB/Helm/Sonntag/Burger § 59 Rn. 419). – Die Behauptung, Linoleum habe **„die führende Stellung"** gegenüber Kunststoffbelägen, ist irreführend, wenn diese bei den nach der Publikumsvorstellung maßgeblichen Eigenschaften überlegen sind oder das zumindest für einen Teil der Kunststoffbeläge zutrifft, der in der Umsatzmenge dem Linoleum gleichkommt (BGH GRUR 1964, 33 (36) – Bodenbeläge). Hingegen ist das **„führende Hotel"** einer Stadt nicht das Hotel mit den meisten Betten, sondern das Hotel, das seinen Gästen an Komfort, Service und Küche das Beste bietet. Das **„führende Filmtheater"** muss ebenfalls nicht das größte sein, sondern das qualitativ beste Programmangebot bieten. – Behauptet ein Unternehmen die **„Technologieführerschaft"** auf einem bestimmten Gebiet, so setzt dies voraus, dass es der gesamten Branche mit bedeutenden Neuentwicklungen vorangeht, an denen sich die Konkurrenz orientiert. Der angenommene Vorsprung muss sich dabei auf alle wesentlichen Technologie-Merkmale beziehen (OLG Hamburg GRUR-RR 2002, 71). – Die Bezeichnung **„Marktführer"** für einen Sportwarenhändler bezieht der Verkehr dagegen nicht auf die Breite des Angebots, sondern auf den Marktanteil, der sich anhand des Umsatzes ermitteln lässt (BGH GRUR 2012, 1053 Rn. 23 – Marktführer Sport). Dabei bezieht sich die Alleinstellungsbehauptung nur auf vergleichbare Unternehmen; nicht vergleichbar ist insofern gegenüber die Verbindung einzelner Händler, die zwar unter einem gemeinsamen Logo auftreten, dem Publikum aber weiterhin als individuelle Marktteilnehmer erscheinen (BGH GRUR 2012, 1053 Rn. 26 – Marktführer Sport). – Ein Nachrichtenmagazin, das das Konkurrenzblatt zwar in der Reichweite leicht übertrifft, die verkaufte Auflage des Konkurrenten aber bei weitem nicht erreicht, darf für sich nicht die „**Marktführerschaft**" in Anspruch nehmen, und zwar nicht nur gegenüber dem allgemeinen Publikum, für das die Reichweite nur von geringer Bedeutung ist, sondern auch gegenüber den potentiellen Inserenten, für die die Reichweite ein wichtiger Faktor ist (BGHZ 156, 250 (256) = GRUR 2004, 244 (246) – Marktführerschaft).

12. Tiefste Preise

Ein Unternehmen, das mit einer „**Tiefpreisgarantie**" und „die tiefsten Preise der Region"   **4.88** wirbt, nimmt an sich eine Alleinstellung in Anspruch. Gleichwohl kann sich aus dem Gesamtzusammenhang der Werbeaussage ergeben, dass der Werbende preisgünstigere Angebote von Mitbewerbern für möglich hält und den Verbrauchern daher garantiert, im Falle des Nachw. günstigerer Preise bei einem Mitbewerber die Differenz zu erstatten (OLG Bremen 2004, 505; OLG Bamberg OLGR 1999, 223; anders aber OLG Bremen WRP 1999, 214 für den Slogan „… kauft man am besten dort, wo die Preise am tiefsten sind"). Zu Tief(st)preisen → Rn. 3.182 f., zu Preisgarantien eingehend → Rn. 3.128 ff.

13. Domainname

Verwendet ein Unternehmen einen Gattungsbegriff als **Domainname**, kann darin eine   **4.89** Alleinstellungsbehauptung liegen, wenn der Verkehr unter diesem Angebot um ein umfassendes Angebot handelt. So ist es denkbar, dass Internetnutzer, die auf das Informationsangebot eines Verbandes von Mitwohnzentralen stoßen, im Hinblick auf den Domainnamen „**Mitwohnzentrale.de**" annehmen werden, es handele sich dabei um den einzigen oder doch den größten Verband von Mitwohnzentralen, und dass sie deswegen nach weiteren Angeboten nicht suchen werden (BGHZ 148, 1 (13) – Mitwohnzentrale.de). Wegen der beschränkten Gestaltungsmöglichkeiten bei Domainnamen kann eine solche Irreführung aber auch noch dadurch ausgeräumt werden, dass auf der Ersten sich öffnenden Seite eine unmissverständliche Klarstellung erfolgt (BGHZ 148, 1 (13) – Mitwohnzentrale.de; OLG Hamburg GRUR 2003, 1058). Zur Irreführung im Zusammenhang mit Domainnamen im Übrigen → Rn. 2.128 ff. und → Rn. 2.136 ff.

IV. Beilegung bes. Vorzüge

1. Fehlende Gewinnerzielungsabsicht

Die zulässige Verwendung des Begriffs der **Gemeinnützigkeit** setzt zunächst voraus, dass das   **4.90** Unternehmen von der Finanzverwaltung gem. § 52 AO als gemeinnützig anerkannt worden ist (BGH GRUR 2003, 448 (450) – Gemeinnützige Wohnungsgesellschaft). Das geforderte Entgelt gemeinnütziger Einrichtungen darf grds. die **Selbstkosten** nicht überschreiten, wobei diese nach einer **Durchschnittskalkulation** ermittelt werden dürfen (BGH GRUR 1981, 670 (671) – Gemeinnützig). Ferner erwartet der Verkehr, dass keine eigene Gewinnabsicht besteht und deshalb wegen der Steuervorteile bes. günstig angeboten wird, insbes. preisgünstiger als die Mitbewerber (BGH GRUR 2003, 448 (450) – Gemeinnützige Wohnungsgesellschaft; GRUR 1981, 670 (671) – Gemeinnützig). Weder Kapitalverzinsung noch Kapitalgewinn darf erstrebt werden (OLG Naumburg OLGR 2001, 198 Ls.).

Gemeinwirtschaftlich wird meist wie gemeinnützig verstanden (OLG Düsseldorf WRP   **4.91** 1981, 649). – **Selbsthilfeeinrichtungen** sind ihrer Natur nach nicht darauf angelegt, Gewinne zu erwirtschaften, sondern nur die Kosten zu decken. – Durch die Bezeichnung „**Selbsthilfeeinrichtungen der Beamten**" werden die angesprochenen Verkehrskreise irregeführt, wenn der Gesellschaftsvertrag von einer **Gewinnerzielung** ausgeht und die Gesellschafter Anspruch auf den nach der Jahresbilanz sich ergebenden Reingewinn haben (BGH GRUR 1997, 927 – Selbsthilfeeinrichtung der Beamten). – Irreführend ist die Werbung eines sich mit der Verwaltung und Vermittlung von Versicherungsverträgen befassenden Unternehmens, wenn es darauf hinweist, es werde **unentgeltlich** tätig, obwohl es zwar nicht von den umworbenen Versicherungsnehmern, wohl aber von den Versicherungsgesellschaften **Provisionen** erhält (BGH GRUR 1981, 823 (826) – Ecclesia-Versicherungsdienst). Erwerbs- und Wirtschaftsgenossenschaften arbeiten nie gemeinnützig.

2. Kontrolle, Überwachung

„**Unternehmer-Selbstkontrolle**" wird vom Publikum in der Weise verstanden, dass die der   **4.92** Gemeinschaft angehörenden Unternehmen irgendeiner Kontrolle durch irgendein Kontrollorgan in Bezug auf Qualität und Preiswürdigkeit von Ware und Kundendienst unterworfen sind; daher irreführend, wenn kein Kontrollorgan vorhanden ist und jeder Unternehmer sich nur selbst kontrolliert (LG Braunschweig WRP 1971, 339 (340)). – Wird bei der Beschreibung von Verlagsmaßnahmen zur innerbetrieblichen Überwachung der Verbreitung unentgeltlich versandter Fachzeitschriften mit dem Hinweis auf **„Kontrollierte Verbreitung"** geworben, so erweckt dies den Eindruck einer unabhängigen Überwachung.

3. Weitere Beispiele

4.93   In einer älteren Entscheidung ist dem (handwerklich arbeitenden) Hersteller eines Bruchbands die Ankündigung von **Sprechstunden** mit der Begründung untersagt worden, er erwecke damit den Anschein **fachmännischer Beratung**; des Kunden erwarteten auf Grund einer solchen Ankündigung auch eine Beratung hins. des zugrunde liegenden medizinischen Leidens (BGH GRUR 1952, 582 (583) – Sprechstunden). Damit wird das Interesse des Anbieters, seinen Betrieb nach seinen Vorstellungen zu organisieren, nicht hinreichend Rechnung getragen. Es verhält sich nicht anders als bei einem Maßschneider oder einem Friseur, der ebenfalls nur nach Terminvereinbarung tätig wird. Der Begriff „Sprechstunde" mag an eine ärztliche Leistung denken lassen, ist aber begrifflich nicht auf diesen Bereich beschränkt (**aA** bei Verwendung mehrerer Begriffe aus dem med. Bereich – „Sprechstunde", „Diagnose" oder „Anamnese" – durch einen Friseur OLG Hamm WRP 2020, 1340).

4.94   Die Angabe **„Import"** ist unzulässig bei Bezug aus zweiter Hand (OLG Hamburg GRUR 1939, 81). Erlaubt wurde die Bezeichnung **„Taxi-Gilde"** für eine **Fahrtenvermittlung,** der über 40 Taxiunternehmen angeschlossen waren, auch wenn sich der Verkehr darunter eine **Genossenschaft** vorstellen konnte, weil damit nicht die Erwartung einer besseren Vermittlung verknüpft ist (OLG Hamm WRP 1985, 507). Die Bezeichnung **„Deutsche Solarschule"** wird im angesprochenen Verkehr überwiegend dahin verstanden, dass die unter diesem Namen tätigen Institutionen sich ausschließlich mit Problemen der Solarenergie beschäftigen und in einheitlicher Trägerschaft stünden; sie ist relevant irreführend, wenn tatsächlich von fünf „Solarschulen" nur eine ausschließlich Kurse in Solartechnik veranstaltet, während bei den übrigen „Schulen" lediglich Lehrgänge unterschiedlichster Art angeboten werden (OLG Köln NJWE-WettbR 1997, 197).

V. Autoritätsbezugnahme

1. Grundsatz

4.95   Stellt der Werbende mit der Unternehmensbezeichnung oder ihr beigefügten Zusätzen einen Bezug zu staatlichen Stellen her, der in Wirklichkeit nicht besteht, so führt diese **unberechtigte Autoritätsanmaßung** den Verkehr über die Bedeutung des Unternehmens in die Irre. Der Hinweis auf Bund, Länder, Gemeinden, Behörden und öffentliche Einrichtungen setzt grds. eine **entspr. Verbindung** mit einer solchen Institution voraus. Die Stärke der notwendigen Verbindung hängt von der Art der Angabe ab und kann von Förderung und Kontrolle bis hin zu staatlicher Führung und zum staatlichen Betrieb des Unternehmens reichen.

2. Staatlich

4.96   **„Staatl. Selters"** wird vom Verkehr bspw. in der Weise verstanden, dass das Mineralwasser aus einer dem **Staat gehörenden** und nicht lediglich aus einer staatlich anerkannten **Quelle** stammt; eine staatliche Beteiligung von nur 5 % des Stammkapitals genügt nicht (BGH GRUR 1986, 316 (318) – „Urselters"; OLG Hamburg WRP 1985, 504 (509)). – Untersagt worden ist auch der Zeitschriftentitel einer privaten Publikation **„Polizei intern"** mit Abbildung eines Polizei-Sternes auf dem Titelblatt, weil bei den angesprochenen Polizeibeamten der Eindruck entstehe, es handele sich um ein offizielles Organ der Polizei (LG Frankfurt WRP 1977, 519). Das erscheint aus zwei Gründen bedenklich: Zum einen muss es der Zeitschrift gestattet sein, schon in ihrem Titel darauf hinzuweisen, dass sie sich nicht an das allgemeine Publikum, sondern nur an Polizisten richtet. Zum anderen kann dem Eindruck eines amtlichen Organs leicht entgegengewirkt werden, ohne dass der Titel schlechthin verboten werden muss. – Ein Unternehmen, das einen kostenpflichtigen Service zur Beschaffung von offiziellen Dokumenten, beglaubigten Abschriften und Urkunden von den Standesämtern anbietet, führt durch die Verwendung des Begriffs **„Standesamt"** im Domainnamen, dem Logo und der Überschrift der

Webseite in die Irre, wenn hierdurch der Eindruck erweckt wird, es handele sich um den Online-Auftritt eines Standesamts oder den zentralen Online-Auftritt mehrerer deutscher Standesämter (LG Berlin StAZ 2021, 119). – Die Verwendung der Domainbezeichnung **„grundbuchauszug24.de"** durch ein Unternehmen erweckt hingegen nicht den Eindruck, dass hinter der Internetpräsenz eine staatliche Stelle steht oder jedenfalls als Mehrheitsgesellschafter an einem entsprechenden Unternehmen beteiligt ist (LG München I K&R 2021, 833).

3. Bundes-

Bei einer Firmenbezeichnung, die den **Bestandteil „Bundes"** enthält, nimmt der Verkehr **4.97** idR an, dass die Bundesrepublik Deutschland zumindest Mehrheitsgesellschafter dieses Unternehmens ist (BGH GRUR 2007, 1079 Rn. 37 – Bundesdruckerei). Diese Fehlvorstellung ist auch relevant, weil sich an die Eigentümerstellung des Bundes die Vorstellung einer besonderen Bonität und Insolvenzfestigkeit knüpft; dieser Eindruck wird durch den GmbH-Zusatz nicht relativiert (BGH GRUR 2007, 1079 Rn. 28 f. – Bundesdruckerei).

4. Städtisch, Universitäts-

Der Zusatz „städtisch" oder „Universitäts-„ deutet auf Beziehungen zur Stadt oder Universität **4.98** hin. Der Titel **„Städtischer Theater- und Konzertanzeiger"** für eine private Veröffentlichung ist untersagt worden, weil es sich um eine Bezeichnung für ein amtliches Organ einer Stadt handele (RGZ 88, 210). Dagegen braucht eine **„Universitätsbuchhandlung"** keine offizielle Verbindung zur Universität zu haben; ausreichend ist, dass sie sich in räumlicher Nähe zu Universitätseinrichtungen befindet und die Universität beliefert.

5. Stadtwerke

Unter einem Unternehmen, das sich als „Stadtwerke" bezeichnet, versteht der Verbraucher **4.99** einen **kommunalen oder gemeindenahen Versorgungsbetrieb,** bei dem die Kommune einen bestimmenden Einfluss auf die Unternehmenspolitik ausübt. Dies setzt idR voraus, dass die Kommune über eine Mehrheitsbeteiligung verfügt (BGH GRUR 2017, 186 Rn. 46 – Stadtwerke Bremen; GRUR 2012, 1273 Rn. 19 – Stadtwerke Wolfsburg). Allerdings kann sich trotz des Bestandteils „Stadtwerke" aus der Unternehmensbezeichnung ergeben, dass neben der Kommune noch andere an dem Unternehmen beteiligt sind. Das ist insbes. dann der Fall, wenn der Verkehr in dem Zusatz den Namen eines anderen Gesellschafters erkennt. Sieht der Verkehr dagegen in dem Zusatz nur eine Phantasiebezeichnung, bleibt es bei dem Erfordernis einer Mehrheitsbeteiligung der Kommune. So hat der BGH das Verbot der Bezeichnung **„LSW LandE-Stadtwerke Wolfsburg GmbH & Co. KG"** für ein Versorgungsunternehmen bestätigt, an dem die Stadt Wolfsburg neben dem Mehrheitsanteil der LandE GmbH nur eine Minderheitsbeteiligung hält, weil der Verkehr in dem Zusatz „LSW LandE" nur eine Phantasiebezeichnung, nicht dagegen den Hinweis auf einen anderen Gesellschafter sieht (BGH GRUR 2012, 1273 Rn. 19 und 23 – Stadtwerke Wolfsburg). Eine solche Fehlvorstellung des Verkehrs ist auch von wettbewerblicher Relevanz, weil der Verkehr einem kommunalen Versorgungsbetrieb größeres Vertrauen entgegenbringt und bei ihm von bes. Verlässlichkeit und Seriosität ausgeht (BGH GRUR 2012, 1273 Rn. 26 – Stadtwerke Wolfsburg).

6. Geografische Bezeichnungen

Geografische Bezeichnungen weisen normalerweise auf den **Standort des Unternehmens 4.100** hin. Auch wenn es sich gleichzeitig um den Namen einer Gebietskörperschaft oder eines Bundeslandes handelt („Dresdner …", „Bayerische …" etc), wird damit nicht unbedingt eine Nähe zu entspr. städtischen oder staatlichen Einrichtungen nahe gelegt. Allerdings ist die Bezeichnung **„Jagdschule SL"** untersagt worden, weil sie den Eindruck einer staatlichen Einrichtung vermittle (OLG Saarbrücken OLGR 2001, 207).

7. Akademie, Diplom

Der Begriff **Akademie** ist mehrdeutig. In neuerer Zeit wird er vor allem auch von solchen **4.101** schulmäßigen Anstalten und Veranstaltungen gebraucht, die mit öffentlich-rechtlichen Ausbildungsstätten nichts gemein haben (OLG Düsseldorf GRUR-RR 2003, 49: „Akademie" zulässig für ein Unternehmen, das Weiterbildung in den Bereichen „Musik, Medien, Events und

Kultur"). Auch die Bezeichnung „Manager-Akademie" ist nach LG Frankfurt (NJWE-WettbR 1998, 244) zulässig, weil der Verkehr überwiegend erkennt, dass es sich um eine Bezeichnung für eine **private Weiterbildungseinrichtung** handelt. Sofern es noch Verkehrsteile gibt, die mit dem Begriff Akademie die Vorstellung von öffentlich-rechtlichen Ausbildungsstätten verbinden, kann deren Fehlvorstellung auch im Hinblick darauf hingenommen werden, dass sich jedem Interessenten der private oder staatliche Charakter der Einrichtung bei näherer Information über das Angebot sofort erschließen wird (vgl. auch OLG Düsseldorf GRUR-RR 2003, 49 (50)). – Bei einem **Diplom** erwartet der Verkehr eine Qualifizierung, die auf Grund einer feststehenden Prüfungsanforderung durch staatliche Stellen verliehen wird (OLG Köln GRUR-RR 2003, 160; → Rn. 4.150 ff.).

8. Bundeszentrale

4.102   Eine **„Bundeszentrale für Fälschungsbekämpfung",** die von einem Verband des Briefmarkenhandels gegründet wurde, erweckt bei Privatleuten den Eindruck einer öffentlichen Einrichtung, mit der man eine bes. Vertrauenswürdigkeit verbindet, wenn nicht zugleich klargestellt wird, dass es sich lediglich um eine Einrichtung auf privater Grundlage ohne öffentlich-rechtlichen Charakter und hoheitliche Befugnisse handelt (BGH GRUR 1980, 794 – Bundeszentrale für Fälschungsbekämpfung; OLG Köln WRP 1979, 73).

9. Vereinsname

4.103   Erweckt ein eingetragener Verein, dem während des Krieges als Berufsvertretung öffentlich-rechtliche Befugnisse übertragen worden waren, in seiner Werbung den Eindruck, diese Sonderstellung bestehe – auch nur teilweise – fort, so verstößt er gegen § 5 (BGH GRUR 1984, 457 (459) – Deutsche Heilpraktikerschaft). Der Vereinsname **„Standesorganisation der staatlichen Lotterieeinnehmer"** ist irreführend, wenn eine konkurrierende Berufsvertretung der staatlichen Lotterieeinnehmer vorhanden ist und es sich um eine reine Interessenvertretung ohne öffentliche Funktion handelt (OLG Frankfurt WRP 1982, 97).

10. Verbraucherschutzorganisation

4.104   Ein Hinweis auf eine bes. Ausrichtung auf Verbraucherinteressen erweckt den Eindruck, es handele sich um eine einer Verbraucherschutzorganisation ähnliche Einrichtung. Einem rein privatwirtschaftlichen Vermittler von Finanzdienstleistungen ist daher die Bezeichnung **„Betreuungsverbund Verbraucherorientierter Finanzpartner"** als irreführend untersagt worden (LG Leipzig WRP 2006, 1268).

VI. Geografische Zusätze

1. Allgemeines

4.105   Eine Unternehmensbezeichnung, die auf einen bestimmten Ort oder ein bestimmtes Gebiet hinweist, kann bei den angesprochenen Verkehrskreisen eine Vielzahl von Vorstellungen hervorrufen (zur Frage der Verbindung mit der jeweiligen Stadt oder dem jeweiligen Land → Rn. 4.100). In jedem Fall ist für den Regelfall zu fordern, dass sich der **Sitz des Betriebes** in dem angegebenen Gebiet befindet. Ein „Hamburger Importhaus" muss daher in Hamburg eine Niederlassung haben und darf nicht nur von dort Ware beziehen. Ebenso muss ein Hersteller von Lodenwaren, der sich „Münchner Loden" nennt, in München oder Umgebung ansässig sein. Bei **Ladengeschäften** ist dagegen eine solche Regel nicht am Platz. Denn der Verbraucher, der in Hamburg eine „Salzburger Trachtenstube" betritt, erkennt, dass der geografische Zusatz nicht den Standort des Unternehmens, sondern die Art der angebotenen Ware beschreibt. Auch bei **Restaurants** und **Hotels** sind geografische Bezeichnungen weit verbreitet und völlig unbedenklich, auch wenn es sich dabei nicht um den Standort handelt („Pizzeria Napoli", „Ristorante Toscana", „Badische Weinstube" in Berlin, „Hotel Stadt Wien" in Freiburg, „Schweriner Hof" in Hamburg etc).

2. Alleinstellung

4.106   **a) Grundsatz.** Geografische Angaben können aber auch eine Aussage über die bes. **Bedeutung,** die **Leistungsfähigkeit,** den **Geschäftsumfang** oder die **Sonderstellung** des Unternehmens in dem genannten Gebiet enthalten (BGHZ 53, 339 (343) – Euro-Spirituosen; → Rn. 4.114). Auch auf einzelne Branchen beschränkt besteht kein Erfahrungssatz, dass die Benutzung von geografischen Angaben in der Geschäftsbezeichnung als Alleinstellungsberühmung aufgefasst wird (Gloy/Loschelder/Danckwerts WettbR-HdB/Helm/Sonntag/Burger § 59 Rn. 419). Ob ein entspr. Verkehrsverständnis besteht, hängt von den Umständen des Einzelfalls, vor allem von der Art des Unternehmens und den sonstigen Firmenbestandteilen, ab. Sofern keine weiteren Zusätze in eine andere Richtung weisen, kann die Kombination der **Ortsangabe** mit dem **Tätigkeitsbereich** des Betriebes auf eine Alleinstellung hindeuten, muss sie aber nicht (Gloy/Loschelder/Danckwerts WettbR-HdB/Helm/Sonntag/Burger § 59 Rn. 419).

b) Beispiele. Die Beispiele aus der Rspr. zeigen meist eine übertrieben strenge Linie, die **4.107** heute nicht mehr als Richtschnur dienen kann. Als irreführend untersagt worden ist bspw. die Firmenbezeichnung **„Kiesbaggerei Rinteln",** weil dadurch der unrichtige Eindruck erweckt werde, es handele sich um das Einzige oder doch das bedeutendste Unternehmen der Branche an diesem Ort (BGH GRUR 1964, 314 – Kiesbaggerei). – Eindeutig zu streng ist das Verbot der Unternehmensbezeichnung, **„Wolfganger Trachtenstube"** für ein Trachtenbekleidungsgeschäft in St. Wolfgang, dessen Angebote sich qualitativ kaum von Konkurrenzangeboten unterscheiden (OGH ÖBl 1977, 39 – Wolfganger Trachtenstube); denn bei der Bezeichnung eines Ladengeschäfts steht im Zweifel die Beschreibung des angebotenen Sortiments im Vordergrund. – Die Firmenbezeichnung **„Bayerische Bank"** ohne jeden einschränkenden oder individualisierenden Zusatz soll den Eindruck erwecken, das Unternehmen sei die bayerische Bank schlechthin und damit das führende Bankunternehmen in Bayern (BGH GRUR 1973, 486 – Bayerische Bank). – Um die Firma **„Hamburger Volksbank"** zu führen, müsse eine Bank ein über das ganze Stadtgebiet sich erstreckendes Filialnetz haben (BGH GRUR 1968, 702 – Hamburger Volksbank). – Ebenso ist die Firma **„Baugesellschaft Feldkirchen GmbH"** als irreführend untersagt worden, weil sie den Eindruck erwecken kann, das so bezeichnete Unternehmen besitze die überragende Bedeutung unter den im Raum Feldkirchen ansässigen Baufirmen (OGH ÖBl 1982, 97). – Die Firma **„Oberhessische Volksbank eGmbH"** erwecke den Eindruck, dass es sich um eine Volksbank von überörtlicher Bedeutung handelt, deren Geschäftsbereich sich auf ganz Oberhessen erstreckt; sie sei daher irreführend, wenn sie mit einer Bilanzsumme von (damals) ca. 24 Mio. DM zu den kleinen Volksbanken gehöre und ihr Geschäftsbereich sich nur auf das Gebiet von Hungen und Umgebung, nicht aber auf ganz Oberhessen erstrecke (BGH GRUR 1975, 380 (381) – Die Oberhessische). Nach Lage des Falles kann durch die Angabe des eigentlichen Betätigungsgebiets erreicht werden, dass der großräumige Begriff nur als geografischer Hinweis verstanden wird; auf jeden Fall unproblematisch daher „Oberhessische Volksbank Hungen". – Von einer „Düsseldorfer" Wirtschaftsprüfungs- und Steuerberatungsgesellschaft erwartet der Verkehr, dass ihr eine im Vergleich zu anderen im gleichen geografischen Raum tätigen gleichartigen Gesellschaften maßgebliche Bedeutung zukommt (OLG Düsseldorf GRUR 1980, 315).

3. Deutsch

a) Bedeutungswandel. Die Bedeutung des **Firmenzusatzes „deutsch"** hat im Laufe der **4.108** Zeit einen erheblichen Wandel erfahren. Während der Zeit des Nationalsozialismus forderte die damalige Rspr. in persönlicher Hinsicht das Vorliegen der deutschen Staatsangehörigkeit der Inhaber. In sachlicher Hinsicht musste dem Betrieb eine Sonderstellung zukommen, die ihn im Hinblick auf Kapital, Umsatz und Warenqualität, zu einem beispielhaften Unternehmen der einheimischen Wirtschaft machte. Nach Kriegsende hat die Rspr. zunächst an diesen strengen Voraussetzungen festgehalten (BayObLG NJW 1959, 147; OLG Karlsruhe BB 1964, 572; OLG Stuttgart BB 1961, 500; DIHT BB 1967, 1100; Knöchlein DB 1960, 746). Die zunehmende internationale Verflechtung des Wirtschaftslebens und die Schaffung des Binnenmarktes haben jedoch zu einem erheblichen Wandel der Verkehrsauffassung geführt. Zahllose ausländische Unternehmen haben in Deutschland Niederlassungen errichtet und viele deutsche Unternehmen stehen in Auslandsbeziehungen. Die Zulässigkeit des Firmenzusatzes „deutsch" hängt daher heute von anderen Voraussetzungen ab (für den Zusatz „national" gelten die gleichen Grundsätze).

b) Heutige Verkehrserwartung. Mit dem Firmenzusatz „deutsch" weist der Werbende **4.109** zunächst auf den **Sitz des Unternehmens in Deutschland** hin. Im Übrigen erwartet der Verkehr idR lediglich ein nach Ausstattung und Umsatz auf den deutschen Markt zugeschnittenes Unternehmen (BGHZ 53, 339 (342) – Euro-Spirituosen; BGH GRUR 1982, 239 (240) – Allgemeine Deutsche Steuerberatungsgesellschaft; GRUR 1987, 638 – Deutsche Heilpraktiker; KG NJWE-WettbR 2000, 33 (34); OGH ÖBl 1993, 242 (243) – AUSTRIA II). Dafür muss das auf dem Inlandsmarkt tätige Unternehmen den Anforderungen des deutschen Marktes entsprechen. Bei dieser Wertung kommt es entscheidend auf den Gesamtcharakter des Betriebes an. Zukünftige Entwicklungen können für die Beurteilung des Größenzuschnittes eingerechnet werden, wenn objektive Umstände vorliegen, die eine baldige Erweiterung des Tätigkeitsfeldes erwarten lassen. Bedenklich ist es daher, dass die Bezeichnung **„Deutsche Kreditkarte"** als irreführend angesehen wurde, weil die entspr. Kreditkarte des Handels gegenüber den vorhandenen Kreditkarten „American Express", „Diners Club", „Eurocard" und „Visa" in der Bundesrepublik Deutschland keine nach Größe, Ausstattung und Umsatz herausragende Sonderstellung oder zumindest Gleichstellung besaß (OLG München GRUR 1988, 709 (710)). Denn diese vom Handel geplante Kreditkarte sollte eine Alternative zu den herkömmlichen Karten darstellen und hätte sich vermutlich im Handel wegen der günstigeren Konditionen rasch durchgesetzt.

4.110   Eine **bloß regionale Bedeutung** des Betriebes ist meist nicht als ausreichend angesehen worden, um den Firmenzusatz „deutsch" zulässigerweise zu verwenden. Daher ist die Bezeichnung **„Deutsches Verkehrspädagogisches Institut"** in der Werbung für einen Fahrschulbetrieb, der keinen überregionalen Charakter hat, als irreführend angesehen worden, obwohl das Unternehmen mit seiner Betätigung auf anderen Gebieten der Verkehrspädagogik überregionale Bedeutung hat (OLG Stuttgart WRP 1986, 628). Die nicht hervorgehobene Verwendung des Bestandteils „Deutschland" oder „Deutsche …" in der **Firma einer Tochtergesellschaft** eines ausländischen Unternehmens wird vom Verkehr lediglich die Aussage entnommen, dass es sich um ein Unternehmen mit Sitz in Deutschland handelt und sein Geschäftsbetrieb auf den deutschen Markt als Ganzes zugeschnitten und nicht auf eine Region innerhalb Deutschlands beschränkt ist (OLG Düsseldorf NJWE-WettbR 1998, 245; aber → Rn. 4.111). Keinesfalls erwartet der Verkehr eine bes. Güte, Größe oder Bedeutung des Unternehmens, auch wenn das inländische Unternehmen dem Publikum nicht bekannt ist.

4.111   **c) Ausnahmen.** Unternehmen, die nach ihrem Gesamtcharakter nicht auf den deutschen Markt im Ganzen zugeschnitten sind, dürfen den Zusatz „deutsch" oder „Deutschland" nur führen, wenn bes. Umstände vorliegen, die eine Irreführung des Verkehrs ausschließen. Führt die **inländische Tochtergesellschaft einer ausländischen Muttergesellschaft** den gleichen oder einen ähnlichen Firmennamen wie diese und ist dieser Name in weiten Teilen Deutschlands bekannt, wird der Verkehr den Zusatz meist nur als einen Hinweis auf die Verbindungen der inländischen Tochter- mit ihrer ausländischen Muttergesellschaft auffassen, jedoch nicht annehmen, dass die Tochtergesellschaft den Anforderungen des deutschen Marktes als ganzen entspricht (BGH GRUR 1982, 239 (240) – Allgemeine Deutsche Steuerberatungsgesellschaft; BayObLG NJW 1959, 47; Müller GRUR 1971, 141 (143)). Entsprechendes gilt für Niederlassungen ausländischer Unternehmen sowie für im Ausland tätige deutsche Unternehmen. **Beispiele:** „Deutsche Shell AG", „Deutsche Fiat AG", „Allgemeine Deutsche Philips Industrie GmbH". Bei diesen Beispielsfällen handelt es sich freilich um Unternehmen, die auf den deutschen Markt als ganzen zugeschnitten sind.

4.112   **d) Deutsche Ware, Deutsches Erzeugnis.** Die irreführende Werbung mit den Bezeichnungen „Deutsche Ware", „Deutsches Erzeugnis", „Made in Germany" beziehen sich nicht das Unternehmen, sondern auf das Produkt. Sie wird daher im Zusammenhang mit der produktbezogenen Irreführung behandelt (→ Rn. 2.103 ff.).

4. International

4.113   Überregionale Zusätze dürfen grds. nur von **bedeutenden Unternehmen** verwendet werden. Die Bezeichnung „International" setzt voraus, dass ein Unternehmen auf Grund seiner Organisation, wirtschaftlichen Stärke und ausländischen Geschäftsbeziehungen einen bedeutenden Teil seiner Geschäfte außerhalb des Bundesgebiets abwickelt; der bloße Export von Waren ins Ausland wird hierfür nicht als ausreichend erachtet (vgl. OGH ÖBl 1979, 155: „Schubert international" für ein Erzeugerunternehmen). Wann die Bedeutung eines Unternehmens den Gebrauch des Wortes „International" rechtfertigt, lässt sich nur im Hinblick auf den konkreten Geschäftszweig beantworten. So kann es auf die **Höhe des Umsatzes** oder des Kapitals, aber auch auf die **Verwendung modernster technischer Hilfsmittel** ankommen. Auf modernste

Einrichtungen technischer Art kommt es jedoch nicht immer an, zB bei **„Internationales Reisebüro"**. Von einem Unternehmen, das in der Firma den Zusatz **„Internationaler Messebau"** führt, erwartet der Verkehr kein Unternehmen von internationalem Rang, jedoch auch kein Kleinunternehmen, sondern ein Unternehmen, das häufig auch im Ausland tätig ist (OLG Hamburg WRP 1984, 93 (95)). Für eine **„Internationale Apotheke"** ist es als ausreichend angesehen worden, dass sie mit ausländischen Arzneimitteln handelt und das Apothekenpersonal fremde Sprachen beherrscht (OLG München WRP 2003, 398; → Rn. 4.8). Der Zusatz **„Interbau"** ist als irreführend untersagt worden, weil die Geschäftstätigkeit nur von geringem Umfang war und regional beschränkt ausgeübt wurde (OLG Stuttgart GRUR 1970, 36).

5. Euro

a) Grundsatz. Enthalten Firmennamen Zusätze, die auf Europa verweisen, so gelten hier die 4.114
für den Zusatz „deutsch" geltenden Grundsätze noch in weit stärkerem Maße. Zur **Lokalisierung des Firmensitzes** sind solche Unternehmensbezeichnungen ungeeignet und zudem auch in der Praxis unüblich. IdR wird eine **Gedankenverbindung zum europäischen Markt** hervorgerufen und die Vorstellung vermittelt, dass es sich um ein schon **nach Größe und Marktstellung** den **Anforderungen des europäischen Marktes** entspr. Unternehmen handelt (BGH GRUR 1997, 669 – Euromint mwN). Diese Vorstellung beruht auf der Erfahrung, dass ein erheblich größerer Markt als der inländische regelmäßig eine höhere Kapitalausstattung und einen größeren Betriebsumfang erfordert, als sie für das Inland nötig sind (BGHZ 53, 339 (343) – Euro-Spirituosen; BGH GRUR 1972, 357 – euromarin; GRUR 1978, 251 – Euro-Sport; GRUR 1994, 120 (121) – EUROCONSULT).

b) Zuschnitt für Tätigkeit auf dem europäischen Markt. Ist ein europäischer Zuschnitt 4.115
zu fordern, muss er an sich bereits zum Zeitpunkt der Werbung bestehen; die bloße Absicht europaweit tätig zu werden, reicht idR nicht aus. Daher muss ein Unternehmen, das sich auf dem europäischen Markt zu betätigen beginnt, nach Kapitalausstattung, Umsatz, Warenangebot, Lieferanten- und Abnehmerbeziehungen erkennen lassen, dass es in Kürze den Vorstellungen des Verkehrs entsprechen wird (BGH GRUR 1979, 716 (718) – Kontinent-Möbel). Die Vorstellungen, die über die Bedeutung und den Umfang der Geschäftstätigkeit hervorgerufen werden, können im Einzelfall unterschiedlich sein. Von Bedeutung ist dabei der Umstand, ob die Bezeichnung lediglich zur Kennzeichnung des Angebotes oder des gesamten Unternehmens dient (BGH GRUR 1994, 120 (121) – EUROCONSULT). In letzterem Fall sind die Gegebenheiten des Marktes und die Vertriebsart zu beachten (BGH GRUR 1997, 669 – Euromint). Bei einem überschaubaren Markt können die Anforderungen auch von kleineren Unternehmen erfüllt werden (BGH GRUR 1997, 669 – Euromint).

Auf Grund der **Abbildung einer Europaflagge** in der Werbung für Kaffeefilter erwarten 4.116
erhebliche Teile der Verbraucher, dass sich die damit beworbene Ware europaweit auf dem Markt befindet, demnach in allen wesentlichen Teilen der Staaten Europas tatsächlich vertrieben wird (OLG Hamburg NJWE-WettbR 1999, 172). Dagegen ist die Aussage **„Europas größter Onlinedienst"** – wenn sie an sich zutrifft – nicht etwa deswegen irreführend, weil sie den Eindruck vermittelt, dass der Werbende überall in Europa tatsächlich präsent ist und in wesentlichen Teilen des Kontinents einen Online-Dienst unterhält. Im Gegensatz zur Vorinstanz (OLG Hamburg GRUR-RR 2002, 73 (74)) hat der BGH auf diesen Gesichtspunkt nicht abgestellt (BGH GRUR 2004, 785 (788) – Größter Online-Dienst).

c) Ausnahmen. Eine Ausnahme liegt dann vor, wenn durch genügende Konkretisierung der 4.117
Firmenbezeichnung sichergestellt ist, dass der Verkehr den Hinweis auf Europa nicht als Aussage über Größe, Bedeutung und Marktstellung des Unternehmens auffasst (BGHZ 53, 339 (345) – Euro-Spirituosen). An das Vorliegen solcher Ausnahmefälle wurden früher strenge Anforderungen gestellt. Heute ist nicht zuletzt im Hinblick auf die Doppelbedeutung des Begriffs „Euro" je nach Geschäftszweig eine großzügigere Beurteilung am Platze.

d) Euro als Markenbestandteil. Bei **Marken** wird ein auf einen geografischen Begriff 4.118
hinweisender Zusatz idR nicht so leicht wie bei Firmennamen als **Hinweis auf Eigenschaften des Unternehmens** aufgefasst. Ob heute der Bestandteil „Euro" in einer Marke wirklich auf den Zuschnitt des Unternehmens hinweist, das die entspr. markierten Waren herstellt oder vertreibt, erscheint daher fraglich (so aber noch BGH GRUR 1972, 353 (354) – euromarin). Es kommt hinzu, dass der Begriff „Euro" als Hinweis auf ein europäisches Tätigkeitsfeld des

UWG § 5 4.119–4.120a

betreffenden Unternehmens dadurch (weiter) verwässert worden ist, dass für die europäische Währung dieselbe Bezeichnung verwendet wird.

6. Kontinent

4.119 Ob – wie früher angenommen – auch heute noch der Begriff **„Kontinent"** auf den europäischen Zuschnitt des Unternehmens hinweist, erscheint zweifelhaft. Wie bei vielen derartigen Begriffen ist im Zuge der Schaffung des Binnenmarktes und der fortschreitenden Globalisierung eine Verwässerung von Begriffen eingetreten, die in der Vergangenheit auf einen internationalen Zuschnitt hindeuteten. In vielen Bereichen ist das Agieren im Binnenmarkt zu einer Selbstverständlichkeit geworden, der keine große Beachtung mehr geschenkt wird. Die Bezeichnung **„Kontinent-Möbel"** hat der BGH jedoch noch 1979 als irreführend behandelt, weil es an einer umfangreichen, über das Übliche hinausgehenden Auswahl aus mehr als einem Land fehlte. Ein Importanteil von ca. 10 % verleihe dem Angebot noch keinen „kontinentalen", europäischen Anstrich, der erst die Verwendung der Bezeichnung „Kontinent-Möbel" rechtfertigt (BGH GRUR 1979, 716 (718) – Kontinent-Möbel; OLG Düsseldorf WRP 1977, 644).

D. Irreführende Angaben über das Vermögen, den Umfang von Verpflichtungen sowie Rechte des geistigen Eigentums

Schrifttum: Barth/Wolhänder, Werbung mit Patentschutz – Erfreulicher Ansatz des OLG München zum Schließen einer Rechtsprechungslücke, Mitt 2006, 16; Bogler, Werbung mit Hinweisen auf zukünftigen oder bestehenden Patentschutz, DB 1992, 413; Bornkamm, Die Werbung mit der Patentanmeldung, GRUR 2009, 227; Bulling, Werbung mit unveröffentlichten Patentanmeldungen, Mitt 2008, 61; Ebert-Weidenfeller/Schmüser, Werbung mit Rechten des geistigen Eigentums – „ges. gesch.", „Pat.", ®, TM, ©&Co., GRUR-Prax 2011, 74; Jordan, Unbegründete Abmahnungen aus Schutzrechten – Die Entscheidung des Großen Zivilsenats vom 15. Juli 2005 – verfrühtes Ende statt fälliger Wende?, 2008; Klöhn, Wettbewerbswidrigkeit von Kapitalmarktinformationen?, ZHR 172 (2008), 388; Köndgen, Die Ad hoc-Publizität als Prüfstein informationsrechtlicher Prinzipien, FS Druey, 2002, 791; Lambsdorff/Hamm, Zur wettbewerbsrechtlichen Zulässigkeit von Patent-Hinweisen, GRUR 1985, 244; Lettl, Die wettbewerbswidrige Ad hoc-Mitteilung, ZGR 2003, 853; Lettl, Die Zulässigkeit von Werbung mit der Einlagensicherung nach UWG und KWG, WM 2007, 1345 und WM 2007, 1397; Sack, Unbegründete Schutzrechtsverwarnungen, 2006; Schröder, Die unberechtigte Abmahnung aus lauterkeitsrechtlichem Nachahmungsschutz (§§ 3 Abs. 1, 4 Nr. 3 UWG) – Gleichstellung mit der unberechtigten Schutzrechtswarnung?, WRP 2019, 1110; Ullmann, Die Berührung mit einem Patent, FS Schilling, 2007, 385; Zimmermann, Die unberechtigte Schutzrechtsverwarnung, 2008.

I. Irreführung über das Vermögen sowie über Umfang von Verpflichtungen

1. Allgemeines

4.120 **Angaben über das Vermögen sowie über den Umfang von Verpflichtungen** sind – in Umsetzung der UGP-RL – durch die UWG-Novelle 2008 in die Bezugspunkte der Irreführung (→ Rn. 0.117 ff.) aufgenommen worden. Eine sachliche Änderung ist damit nicht verbunden. Das Vermögen und der Umfang der Verpflichtungen gehörten schon immer zu den Eigenschaften eines Unternehmens, über die irregeführt werden konnte. Macht bspw. der Kaufmann bei der Bank, bei der er um einen Kredit nachsucht, falsche Angaben über seine Verbindlichkeiten, liegt darin nicht nur ein (versuchter) Betrug, sondern auch ein Verstoß gegen das wettbewerbsrechtliche Irreführungsverbot. Umgekehrt macht eine Bank irreführende Angaben im geschäftlichen Verkehr, wenn sie – um die Sicherheit der Einlagen zu betonen – der Wahrheit zuwider behauptet, sie sei durch die Finanzkrise nicht betroffen, habe insbes. keine Vermögenswerte im amerikanischen Subprime-Hypothekenmarkt angelegt. Darüber hinaus regelt § 5 II Nr. 3 mit dem Aspekt des „Umfangs von Verpflichtungen" auch die Irreführung über den Umfang vertraglicher Pflichten des Unternehmers.

2. Irreführung über den Umfang von Verpflichtungen

4.120a Zu den Umständen, über die nach § 5 II Nr. 3 nicht irregeführt werden darf, zählen die **schuldrechtlichen Verpflichtungen des Unternehmers.** Der **„Umfang der Verpflichtungen"** ist aus Art. 6 I lit. c UGP-RL übernommen, der deutlicher als § 5 II Nr. 3 den Bezug zur vertraglich geschuldeten Leistung erkennen lässt (Harte-Bavendamm/Henning-Bodewig/Weidert Rn. 910c). Hiervon erfasst sind Verpflichtungen des gesamten vertraglichen Regelungsspektrums von Haupt- und Nebenleistungspflichten bis zur Gewährleistung, so dass sich die Regelungsbereiche des § 5 II Nr. 3 und Nr. 2 überschneiden (→ Rn. 3.187 ff.). Insoweit sich die Verpflichtungen des Unternehmers zugleich als **Rechte des Verbrauchers** darstellen, ist parallel § 5 II Nr. 7 anwendbar (→ Rn. 8.1 ff.).

3. Unrichtige Mitteilungen über Insiderinformationen

Nach Art. 17 I Marktmissbrauchs-VO müssen Emittenten der Öffentlichkeit Insiderinforma- **4.121** tionen, die unmittelbar diesen Emittenten betreffen, so bald wie möglich bekannt geben. Diese Verpflichtung zu sog. „Ad-Hoc-Meldungen" ergab sich früher aus § 15 I 1 WpHG aF. Ob auf derartige Meldungen – wenn sie geeignet sind, die Adressaten irrezuführen – das **Irreführungs- verbot** anzuwenden ist, ist streitig (bejahend Lettl ZGR 2003, 853 (856); Köndgen FS Druey, 2002, 791 (812); verneinend Klöhn ZHR 172 (2008), 388 (402 ff.)).

Das **OLG Hamburg** (GRUR-RR 2006, 377) hat in einer Ad-hoc-Meldung eine **irrefüh- 4.122 rende Werbung** gesehen. Es ging um den Streit zwischen der Deutschen Telekom und dem Telefondienstleister telegate AG, der gegenüber der Deutschen Telekom eine zweistellige Mil- lionenforderung wegen überhöhter Gebühren für die Überlassung von Telefondaten geltend gemacht und nach dem Erfolg einer Teilklage in zweiter Instanz eine Ad-hoc-Meldung ver- öffentlicht hatte („Das OLG Düsseldorf hat telegate einen ersten Teilbetrag des gesamten Streit- werts nunmehr bereits in zweiter Instanz zugesprochen"). Den Vorwurf der Irreführung hat das OLG darauf gestützt, dass die Meldung in zwei Punkten einen unzutreffenden Eindruck erwecke: Zum einen werde nahegelegt, dass es sich um den Teilbetrag aus einer größeren Klageforderung gehandelt habe; zum anderen lasse die Formulierung „nunmehr bereits in zweiter Instanz" vermuten, dass die (Teil-)Klage auch in erster Instanz erfolgreich gewesen sei.

Hierzu ist **zweierlei zu bemerken: (1)** Nach dem UWG 2008 ist keine Wettbewerbshand- **4.123** lung mehr erforderlich. Der an die Stelle getretene Begriff **der geschäftlichen Handlung** setzt **keine Wettbewerbsabsicht** voraus. Eine geschäftliche Handlung wird man aber nicht ver- neinen können, so dass es nach dem UWG 2008 auf den Einwand der fehlenden Wettbewerbs- absicht (Klöhn ZHR 172 (2008), 388 (402 ff.)) nicht mehr ankommt. **(2)** Dass § 15 I 1 WpHG aF und Art. 17 I Marktmissbrauchs-VO, der – iVm der Einstufung als Ordnungswidrigkeit und der damit verbundenen Bußgeldbewehrung in § 120 Abs. 15 Nr. 6–11 WpHG – ebenfalls unrichtige Ad-hoc-Meldungen verbietet, einen anderen Maßstab für die Annahme der Unrich- tigkeit vorsehen, muss nicht gegen eine Anwendung des Irreführungsverbots sprechen. Das **Irreführungsverbot muss** aber dann **zurückstehen,** wenn diese Vorschriften dem börsenno- tierten Unternehmen eine Meldung vorschreiben, die nach dem UWG als irreführend zu untersagen wäre. Ein solcher **Zielkonflikt** wird aber nicht die Regel sein. Auch in dem zitierten Fall des OLG Hamburg hätte man ohne weiteres eine Ad-hoc-Meldung formulieren können, die sowohl § 15 WpHG aF als auch § 5 UWG genügt.

II. Irreführende Angaben über Rechte des geistigen Eigentums

1. Überblick

Die Schutzrechtsanmaßung begegnet uns in **drei Formen: (1)** Bei der Angabe, ein bestimm- **4.124** tes Produkt sei „gesetzlich geschützt", „patentiert" oder es sei ein Schutz beantragt („Pat. an- gem." oder „pat. pend."), handelt es sich um eine **Angabe über die Beschaffenheit** des jeweiligen Produkts. **(2)** Die Schutzrechte können werbend herausgestellt werden, um die **Bedeutung des Unternehmens** zu unterstreichen. **(3)** Und schließlich kann die Behauptung, im Besitz eines Schutzrechts zu sein, eingesetzt werden, um einen Dritten – häufig handelt es sich um einen Mitbewerber oder um dessen Abnehmer – abzumahnen **(Schutzrechtsverwar- nung).** Werden in diesem Zusammenhang unrichtige Angaben gemacht, handelt es sich um eine **irreführende Werbung iSv § 5.** Die erste Variante (Beschaffenheitsangabe) gehört an sich zur **produktbezogenen Irreführung** (§ 5 II Nr. 1), während die anderen beiden Varianten zur **unternehmensbezogenen Irreführung** zu rechnen sind (§ 5 II Nr. 3). Trotz der unterschied- lichen Anbindung wird die Schutzrechtsanmaßung an dieser Stelle im Zusammenhang behan- delt.

Der Verkehr zieht aus Hinweisen auf technische Schutzrechte die Schlussfolgerung, dass der **4.125** Inhaber des Schutzrechts über eine gewisse **technische Sonderstellung** verfügt. Daher kommt der Werbung mit diesen Umständen eine erhebliche Relevanz zu. Die Schutzrechtsverwarnung ist ebenfalls von **hoher wettbewerblicher Relevanz:** Sie veranlasst den Verwarnten nicht selten, die Herstellung oder den Vertrieb des Produkts, auf das sich die Verwarnung bezieht, einzustellen.

2. Irreführende Werbung mit Schutzrechten

4.126   **a) Grundsätze.** Grds. steht es jedem Kaufmann frei, die ihm zustehenden **Schutzrechte werblich** für sich **zu nutzen** und bspw. mit den bekannten Abkürzungen wie „DBP" (Deutsches Bundespatent) oder „DBGM" (Deutsches Bundesgebrauchsmuster) darauf hinzuweisen, dass das beworbene Produkt unter Verwendung einer geschützten Erfindung hergestellt worden ist. Ebenso wenig ist es ihm verwehrt, Schutzrechtsverletzungen unter Berufung auf seine Schutzrechte zu verfolgen. Bei der **Schutzrechtsverwarnung** stellt sich die Frage, ob der Verwarnende **für eine Fehleinschätzung** haftet, wenn er bspw. den Mitbewerber mit der Behauptung, das Produkt des Mitbewerbers verletze sein Patent, zur Einstellung der Herstellung und des Vertriebs des Konkurrenzprodukts aufgefordert hat und sich später herausstellt, dass das Produkt des Verwarnten außerhalb des Schutzumfangs des Patents liegt (→ § 4 Rn. 4.169 ff.). Streitig ist hierbei, ob die unberechtigte Schutzrechtsverwarnung einen Anspruch aus § 823 I BGB unter dem Gesichtspunkt eines Eingriffs in den eingerichteten und ausgeübten Gewerbebetrieb (→ § 4 Rn. 4.180) oder aus § 3 iVm § 4 Nr. 4 (wettbewerbswidrige Behinderung, → § 4 Rn. 4.178) begründen kann. Bei diesem Streit geht es jedoch niemals um den Sachverhalt einer **Irreführung;** denn es ist unbestritten, dass die **irreführende Berufung auf ein Schutzrecht** dem Schutzrechtsinhaber **stets verboten** ist. Dies gilt für die Werbung mit Schutzrechten, es gilt aber auch und erst recht bei der Schutzrechtsverwarnung gegenüber dem Hersteller und vor allem gegenüber dem Abnehmer.

4.127   **b) Irreführung.** Wenn in der Werbung mit einem gewerblichen Schutzrecht oder Urheberrecht geworben wird, müssen die zugrunde liegenden Tatsachen der Wahrheit entsprechen. Beispielsweise muss das Patent, auf das sich der Inhaber in der Werbung beruft, tatsächlich erteilt, seine Schutzdauer darf aber noch nicht abgelaufen sein. Allein das Vorliegen der materiellen Voraussetzungen für die Gewährung des Schutzes berechtigt nicht zur Berühmung (Ohly/Sosnitza/Sosnitza Rn. 584).

4.128   **aa) Patentschutz.** Die Bewerbung einer Ware als **„gesetzlich geschützt"** oder nur **„geschützt"** versteht der Verkehr als Hinweis auf ein bestehendes Patent. Unzulässig ist daher die Aufschrift **„Doppelpackung ges gesch"** für Zellstofftaschentücher, wenn kein Patent- oder Musterschutz besteht (OGH ÖBl 1962, 9 – Molett-Taschentücher). Ebenso beziehen sich die Zusätze **„Patentamtlich geschützt",** oder **„patentiert"** nur auf Patente und nicht auf Gebrauchs- oder Geschmacksmuster, die ungeprüft eingetragen worden sind (OLG München NJWE-WettbR 1997, 37 (38); → Rn. 4.133). Auch die Angabe **„gesetzlich geschützt"** oder **„im Inland geschützt"** deutet auf Patentschutz hin; sie ist idR irreführend, wenn lediglich ein Gebrauchsmusterschutz besteht (OLG Düsseldorf GRUR 1978, 437). **Nach Ablauf des Patentschutzes** darf mit dem Hinweis auf das Patent nicht mehr geworben werden (OLG Düsseldorf BeckRS 2018, 34557).

4.129   Wird ein **technisches Erzeugnis** als **„neu"** angekündigt, nimmt der Werbende damit nicht notwendig eine Neuheit im patentrechtlichen Sinne (§ 3 I PatG) für sich in Anspruch. Ausreichend ist es vielmehr, wenn es sich um eine **Neuheit auf dem Markt** handelt (vgl. BGH GRUR 1958, 553 – Saugrohr). – Wird der Zusatz **„Patent-",** dem Begriff für das angebotene Produkt zugesetzt (zB „Patentstuhl", „Patentschloss", „Patentgriff", „Patentrad"), wird damit ein Patentschutz behauptet. – Wer das Patent auf die Ware hat, darf sie auch in der Werbung als **„Patentware"** oder als **„patentiert"** bezeichnen. Ein Patentinhaber ist berechtigt, den gesetzlichen **Schutzbereich** seines Patents darzustellen und hierbei auf alle innerhalb des Schutzbereichs liegenden konkreten Ausführungsformen hinzuweisen, auch wenn diese in den Patentansprüchen nicht wörtlich beschrieben sind. Die uneingeschränkte Berufung auf die Schutzwirkungen des Patents wird nicht dadurch ausgeschlossen, dass bei einem Teil der Umworbenen irrige Vorstellungen über das Verhältnis des Schutzbereichs zu den Patentansprüchen entstehen (BGH GRUR 1985, 520 (521) – Konterhauben-Schrumpfsystem).

4.130   **bb) Angemeldetes Patent.** Von der Anmeldung eines Patents bis zu dessen Erteilung ist es ein weiter Weg. Die Prüfung der Patentfähigkeit kann einen langen Zeitraum beanspruchen, so dass in der Praxis ein Bedürfnis daran besteht, schon **vor der Erteilung des Patents** auf eine technische Sonderstellung **werbend hinzuweisen.** Hinzu kommt, dass auch das Patentgesetz den Anmelder bis zur Patenterteilung nicht schutzlos stellt, sondern ihm gem. § 33 PatG **für die**

unbefugte Benutzung der offengelegten Erfindung eine **angemessene Entschädigung** zu-spricht. Tatbestandsvoraussetzung des § 33 PatG ist jedoch die Bösgläubigkeit des Benutzers, so dass auch aus diesem Grund ein Interesse des Anmelders besteht, potenzielle Benutzer seiner Erfindung auf die Patentanmeldung hinzuweisen. Fraglich ist aber, ob dem Anmelder gestattet werden soll, **schon vor Offenlegung** der Anmeldung auf diese werbend hinzuweisen. Die Frage stellt sich in dieser Form nicht, weil ein Hinweis nur untersagt werden kann, wenn er irreführend ist. Die wettbewerbsrechtliche Frage kann immer nur sein: In welchem Umfang muss der Werbende darüber **aufklären,** dass die Patentanmeldung dem Anmelder noch keine verfestigte Rechtsposition verschafft und sich insbes. aus einer noch nicht offengelegten Anmel-dung **keine Rechte gegenüber Dritten** herleiten lassen, die die Erfindung benutzen.

Die **Frage nach der Irreführung** ist demnach **nicht einheitlich** zu beantworten. Ein Start-   **4.131**
up-Unternehmen kann bspw. gegenüber Investoren ohne weiteres auf Patentanmeldungen hin-weisen, auch wenn diese noch nicht offengelegt sind. Auch gegenüber gewerblichen Abnehmern besteht ein berechtigtes Interesse, auf die Patentanmeldung hinzuweisen. Denn der **gewerbliche Abnehmer,** der ein dieselbe Erfindung nutzendes Konkurrenzprodukt erwirbt, läuft Gefahr, nach Erteilung des angemeldeten Patents von der Nutzung des Produkts ausgeschlossen zu sein. Problematisch ist dagegen die Werbung mit einer nicht offengelegten Patentanmeldung in der **Publikumswerbung.** Sie sollte idR nur zugelassen werden, wenn gleichzeitig darüber auf-geklärt wird, dass die Anmeldung vor Offenlegung noch keinerlei Wirkung gegenüber Dritten entfaltet. Auf diese Weise kann dem Missbrauch wirksam begegnet werden. Andernfalls bestünde stets der Anreiz, mit Hilfe von Patentanmeldungen, die nicht ernsthaft verfolgt werden und kaum Aussicht auf Erfolg bieten, eine nicht vorhandene technische Sonderstellung zu beanspruchen und potenzielle Benutzer einzuschüchtern. Die Werbung mit der Patentanmeldung hat gegen-über dem Verbraucher gerade den Sinn, auf eine Rechtswirkung hinzuweisen, die dem ange-meldeten, aber noch nicht offengelegten Patent eben nicht zukommt (so auch Benkard/Deichfuß/Tochtermann, 12. Aufl. 2023, PatG § 146 Rn. 37; Bornkamm GRUR 2009, 227 (230); aA Bulling Mitt 2008, 60 (62)).

Schutzwürdig ist demnach der Irrtum der angesprochenen Verkehrskreise, die von der   **4.132**
werblich herausgestellten (noch nicht offengelegten) Patentanmeldung **auf eine offengelegte Anmeldung** schließen, der bereits Rechtswirkungen gegenüber Dritten zukommen können. Im Hinblick auf § 33 PatG unbeachtlich ist dagegen der Irrtum des Verkehrs, wenn von der Werbung mit einer (offengelegten) Patentanmeldung bereits auf die **Patenterteilung** geschlos-sen wird (Bornkamm GRUR 2009, 227 (229)). Irreführend ist es wiederum, wenn das **Patent nur angemeldet** ist, aber der Eindruck erweckt wird, es sei **bereits erteilt.** Ebenso sind **Abkürzungen** unzulässig, die vom angesprochenen Verkehr mangels eingehender Kenntnis als Hinweis auf ein erteiltes Patent verstanden werden, wie zB „DPa", „D. P. a.", „B. P. a." (Ullmann FS Schilling, 2007, 385 (392)). Ist die Offenlegung bereits erfolgt, sind Hinweise wie „Patent angemeldet" oder „Patentanmeldung offengelegt" ohne weiteres zulässig, und zwar auch dann, wenn eine verständliche Abkürzung wie „Pat. angem." gewählt wird (Born-kamm GRUR 2009, 227; insofern zu streng Ullmann FS Schilling, 2007, 385 (392)). Dagegen reicht der Hinweis **„pat. pend."** gegenüber einem patentrechtlich nicht vorgebildeten Publi-kum nicht aus, um deutlich zu machen, dass ein Patent angemeldet, aber noch nicht erteilt ist (OLG Düsseldorf NJWE-WettbR 1997, 5 (6 f.)). Die ausgeschriebene Angabe **„Patent Pen-ding"** wird dagegen vom Durchschnittsverbraucher verstanden; dabei ist zu beachten, dass eine relevante Irreführung ohnehin nur bei dem Teil des Verkehrs in Frage kommt, der mit dem Patentschutz irgendeine realistische Vorstellung verbindet; es kann davon ausgegangen werden, dass dieser Teil des Verkehrs den englischen Begriff „pending" richtig versteht (aA OLG München GRUR-RR 2017, 444).

cc) **Ungeprüfte Registerrechte (Gebrauchsmuster, Geschmacksmuster).** Auch mit un-   **4.133**
geprüften gewerblichen Schutzrechten darf geworben werden, selbst wenn der Aussagegehalt einer solchen Werbung gering ist. Einen Rechtssatz, dass eine Werbung mit ungeprüften Schutz-rechten stets wettbewerbswidrig sei, gibt es nicht (zust. Keukenschrijver in Busse/Keuken-schrijver, PatG, 9. Aufl. 2020, GebrMG § 30 Rn. 3). Es kann immer nur darum gehen, ob der Verkehr den objektiv zutr. werblichen Hinweis auf ein Gebrauchs- oder Geschmacksmuster falsch versteht; den Werbenden könnte dann allenfalls eine **Pflicht zu weiterer Aufklärung** über das Schutzrecht treffen. Aber auch eine solche Pflicht ist **zu verneinen.** Die Werbung mit dem ungeprüften Recht kann nicht mit der Begründung untersagt werden, der Verkehr stelle sich unter einem Gebrauchs- oder Geschmacksmuster ein vom DPMA geprüftes Recht vor;

denn gegenüber der zutr. Angabe ist diese Vorstellung nicht schutzwürdig. Dagegen ist es irreführend, wenn der Werbende sich auf ein Gebrauchs- oder Geschmacksmuster stützt, das **noch gar nicht eingetragen** ist (LG Düsseldorf Urt. v. 15.9.1998 – 4 O 35/98, Entsch. 4. ZK 1998, 97 (99)).

4.134   **dd) Markenschutz.** Erlaubt ist der **Hinweis auf den Schutz der Marke,** sofern dieser Schutz besteht; sonst liegt ein Verstoß gegen §§ 3, 5 vor. Als Hinweis auf den Markenschutz dienen auch das **„R" im Kreis (®)** oder die Abkürzung **„TM" ™** für „(Registered) Trademark" (BGH GRUR 2009, 888 Rn. 15 – Thermoroll; OLG Hamburg WRP 1986, 290; OLG Stuttgart WRP 1994, 126; OLG Düsseldorf NJWE-WettbR 1997, 5 ff.). Wer seiner Marke das Zeichen ® oder ™ beifügt, bringt damit zum Ausdruck, dass es eine **Marke genau dieses Inhalts** gibt (BGH GRUR 1990, 364 (366) – Baelz; GRUR 2009, 888 Rn. 15 – Thermoroll). Abweichungen sind nur dann unbeachtlich, wenn sie den kennzeichnenden Charakter der Marke nicht verändern (§ 26 III MarkenG). Dies hat der BGH in einem Fall verneint, in dem ein Unternehmen mit dem Zeichen „Thermoroll®„ warb, obwohl es nur eine Lizenz an der Marke „Termorol" besaß (BGH GRUR 2009, 888 Rn. 16 – Thermoroll). Für unschädlich, also den kennzeichnenden Charakter nicht verändernd ist es angesehen worden, dass bei einer Wort-Bildmarke die grafische Anordnung der Zeichenbestandteile zueinander leicht verändert und die Marke um einen kleingedruckten beschreibenden Zusatz ergänzt worden war (OLG Frankfurt WRP 2015, 1122; s. auch OLG Frankfurt WRP 2017, 1398). Irreführend ist auch die unzutreffende Behauptung, **Inhaber einer Marke** zu sein („ist eine Marke der …"), wenn der Werbende zur Nutzung der Marke berechtigt und mit dem tatsächlichen Markeninhaber gesellschaftsrechtlich verbunden ist (OLG Frankfurt WRP 2019, 1354; LG Frankfurt a. M. GRUR-RS 2021, 26664). – Zur Verwendung des Begriffs „Markenware" → Rn. 2.98 f., zur Frage der Irreführung über Qualität oder Eigenschaften, die der Verkehr mit einer Marke verbindet, → Rn. 2.101 f.

4.135   **ee) Urheberrechte und verwandte Schutzrechte.** Bei vielen urheberrechtlichen Werken ist es üblich, dass die vertriebenen Vervielfältigungsstücke einen **Hinweis auf den urheberrechtlichen Schutz** enthalten. Dies geschieht – gleichzeitig als Hinweis darauf, dass das Werk in den USA registriert worden ist – idR durch **ein „C" im Kreis (©)** und durch die Angabe der Jahreszahl des ersten Erscheinens. Auf das **Leistungsschutzrecht** der ausübenden Künstler und/oder der Tonträgerhersteller wird idR durch ein **„P" im Kreis** hingewiesen (Art. 11 Rom-Abkommen über den Schutz der ausübenden Künstler, der Hersteller von Tonträgern und der Sendeunternehmen). Dass der Berechtigte auf diese Weise auf ein vorhandenes Urheber- oder Leistungsschutzrecht hinweisen darf, ist unbestritten. Besteht das Urheber- oder Leistungsschutzrecht in Wirklichkeit nicht (weil es sich bspw. um ein gemeinfreies Werk handelt), ist der Hinweis irreführend. Die Relevanz dieser Irreführung kann aber im Einzelfall zweifelhaft sein, weil nicht ohne weiteres ersichtlich ist, inwieweit die Nachfrageentscheidung des Abnehmers durch einen solchen Hinweis beeinflusst wird. Die denkbaren Fälle, in denen sich der Käufer eines gemeinfreien Werks durch den Urheberrechtsvermerk davon abhalten lässt, nach demselben Werk im Angebot anderer Verlage zu suchen, sind eher theoretischer Natur. Zu bedenken ist ferner, dass der Verleger eines gemeinfreien Werks, der für die Werkbearbeitung – nach deutschem Recht: zu Unrecht – Urheberrechtsschutz in Anspruch nimmt, ein berechtigtes Interesse an dem Copyright-Vermerk haben kann, weil er nur auf diese Weise in den Genuss der Beweiserleichterungen kommt, die das amerikanische Recht für registrierte Werke vorsieht.

4.136   **c) Umfang des Schutzrechts.** Berühmt sich ein Unternehmer des **uneingeschränkten Patentschutzes** an einem Gegenstand, obwohl ihm dieser nur teilweise zukommt, verstößt dies gegen § 5. Er darf aber den gesamten Gegenstand als „patentiert" bezeichnen, wenn der Patentschutz für die prägenden Teile vorliegt. So ist die Werbung mit einem „patentierten System" zulässig, wenn sich das Schutzrecht nicht auf das gesamte System, wohl aber auf einen wesentlichen Teil desselben erstreckt (OLG Karlsruhe GRUR 1980, 118). Fasst der Verkehr den Hinweis „1 DRP" oder „2 DRP" irrtümlich dahin auf, dass nicht der ganze Gegenstand, sondern nur Teile patentiert sind, so brauchen sie nicht dem Hauptgegenstand ein eigentümliches Gepräge zu geben; es genügt, dass die Brauchbarkeit erhöht oder verbessert wird (BGH GRUR 1957, 372 (373) – 2 DRP). Unzulässig ist es, eine Vorrichtung mit einem Patentvermerk zu bewerben, ohne erkennbar darauf hinzuweisen, dass lediglich ein Verfahrenspatent besteht (OLG München GRUR 1996, 144).

4.137   **d) Irreführung über die territoriale Reichweite des Schutzrechts. aa) Grundsätze.** Bestehen für eine Ware nur **Auslandspatente,** besteht grds. die Gefahr, dass die angesprochenen

Verkehrskreise von dem ausländischen auf den nationalen Patentschutz schließen. So wird die Angabe **„patented"** vom allgemeinen Publikum idR dahin aufgefasst, dass die vertriebene Ware nicht nur für das Gebiet der fremden Sprache, sondern auch für das Inland geschützt ist, da die deutschen Begriffe „patentiert" und „Patent" in Schreibweise und Klang gleich lautend und sinngleich sind (BGH GRUR 1984, 741 (742) – PATENTED). Ebenso führt der Hinweis auf einer Schuhsohle **„Patent Pending"** die Konsumenten in die Irre, wenn Patentschutz nur in Fernost, nicht aber im Inland besteht oder zumindest beantragt ist (OLG Hamburg GRUR 1999, 373 Ls. – Rev. nicht angenommen: BGH Beschl. v. 8.10.1998 – I ZR 41/98). Patenthinweise in anderen als der englischen und deutschen Sprache lassen diese Fehlvorstellungen der Verbraucher aber nicht entstehen, so zB für das französische „breveté" oder das italienische „brevettato". In jedem Fall können **klarstellende Hinweise** die Irreführungsgefahr ausschließen, zB „US-Patent" oder „frz. Patent". Ferner sollte den Umständen des Einzelfalls bei der rechtlichen Bewertung die maßgebliche Bedeutung zukommen, wie bspw. die Produktaufmachung oder Werbesprache.

bb) Unionsrecht. Nationale Werbeverbote sind in grenzüberschreitenden Fällen an die   **4.138** unionsrechtlichen Schranken gebunden (→ Rn. 0.37 ff.). Es stellt eine **Beeinträchtigung des freien Warenverkehrs** (Art. 34 AEUV) dar, wenn eine Ware, die in einem Mitgliedstaat zutr. mit dem Hinweis auf ein dort bestehendes Schutzrecht in Verkehr gebracht worden ist, nicht frei zirkulieren darf, weil der Schutz in einem anderen Mitgliedstaat nicht besteht. Das bedeutet indessen noch nicht, dass die mit dem Hinweis auf ein lediglich in einem anderen Mitgliedstaat bestehendes Schutzrecht verbundene Irreführung in jedem Fall hingenommen werden muss. Es ist zu unterscheiden:

Der **Hinweis auf die Marke** (→ Rn. 4.134) ist ohnehin für den Verbraucher von einge-   **4.139** schränkter Bedeutung; dies gilt erst recht, wenn an sich Markenschutz besteht, aber eben nur in einem anderen Mitgliedstaat und nicht im Inland. Hier wäre ein auf die Irreführung gestütztes Verbot, das wie eine Handelsschranke wirkt, unverhältnismäßig (EuGH Slg. 1990, I-4827 Rn. 22 = GRUR-Int. 1991, 215 – Pall/Dahlhausen). Der **Hinweis auf ein Patent** hat für den Adressaten idR eine größere Bedeutung. Aber auch hier wäre ein Verbot unverhältnismäßig, wenn der Patentschutz, auf den etwa durch eine Einprägung „Patented" auf der Ware hingewiesen wird, in anderen wichtigen Mitgliedstaaten besteht, nur eben in Deutschland nicht (vgl. OGH GRUR-Int. 1999, 796 – Screwpull). Anders kann es sich aber verhalten, wenn der Patentschutz nur in einem kleinen Mitgliedstaat besteht, zumal wenn das Patentamt in jenem Mitgliedstaat für eine großzügige Erteilungspraxis bekannt ist. In keinem Fall rechtfertigt Art. 34 AEUV eine klare Lüge: Findet sich etwa auf einer Ware der Hinweis **„Patentschutz überall in Europa",** muss diese Angabe stimmen. Das Verbot der Irreführung ist auch dann nicht unverhältnismäßig, wenn die angesprochenen Verkehrskreise ein besonderes Interesse daran haben zu erfahren, ob im Inland ein Schutzrecht besteht. So ist es in hohem Maße irreführend und auch im Hinblick auf die Dienstleistungsfreiheit (Art. 56 AEUV) nicht hinzunehmen, wenn ein Franchisegeber in einem Prospekt, mit dem er deutsche Franchisenehmer sucht, auf die im Rahmen des Franchisevertrages zu lizenzierenden Schutzrechte hinweist, obwohl diese Schutzrechte nur in anderen Mitgliedstaaten, aber nicht im Inland bestehen.

e) Rechtsfolgen irreführender Patentberühmung. Wer sich zu Unrecht eines Patents   **4.140** berühmt hat, haftet zwar nicht nur auf **Unterlassung,** sondern bei Verschulden auch auf **Schadensersatz.** Mit Blick auf die anwaltliche Pflicht zur Wahrnehmung der Interessen des Mandanten **dürfte es aber zu weit gehen,** dem für die Schutzrechtsverwarnung eingeschalteten Rechtsanwalt eine **Garantenpflicht** gegenüber dem Verwarnten aufzuerlegen (**so aber** BGH (X. ZS) BGHZ 208, 119 = GRUR 2016, 630 Rn. 20 – Unberechtigte Schutzrechtsverwarnung II mAnm Keller). – Bei der **Berechnung des Schadens,** der durch die Irreführung über eine Patentanmeldung entstanden ist („B p a"), kommt es aber nicht auf den Zustand an, der bestehen würde, wenn nicht der Eindruck eines bereits erteilten Patents erweckt worden wäre, sondern der bestünde, wenn lediglich auf die bekannt gemachte Patentanmeldung („DBP angemeldet") hingewiesen worden wäre (BGH GRUR 1966, 92 (94) – Bleistiftabsätze). Ob Umsatzeinbußen wirklich entstanden sind, kann daher fraglich sein. Ist eine Verkehrsverwirrung eingetreten, so sind bei der Schadensberechnung auch die Kosten ihrer Beseitigung durch erhöhte Werbeanstrengungen sowie eine etwaige Einbuße an geschäftlichem Ansehen zu berücksichtigen. Entfällt ein Patentschutz, so ist ein weiterer Hinweis darauf unzulässig; doch wird nach Lage des Falles eine angemessene **Aufbrauchsfrist** für die schon im Verkehr befindlichen und mit nicht leicht entfernbarem Patenthinweis versehenen Waren zuzubilligen sein.

3. Irreführende Schutzrechtsverwarnung

4.141   Die traditionelle Begründung der Rspr., dass es sich bei der unberechtigten Schutzrechts-verwarnung um einen **Eingriff in den eingerichteten und ausgeübten Gewerbebetrieb** nach § 823 I BGB handelt (vgl. BGHZ 38, 200 (203 f.) – Kindernähmaschinen; BGH GRUR 1997, 741 (742) – Chinaherde), war vor der Entscheidung des Großen Senats für Zivilsachen des BGH v. 15.7.2005 (GRUR 2005, 882 – Unberechtigte Schutzrechtsverwarnung; → § 4 Rn. 4.174 ff., → § 13 Rn. 87) immer **stärker in die Kritik geraten** (vgl. nur OLG Düsseldorf GRUR-RR 2002, 213; GRUR 2003, 814 (815); Deutsch WRP 1999, 25 ff.; Ullmann GRUR 2001, 1027 (1028 ff.)). Damit wurden die wettbewerbsrechtlichen Tatbestände, die bei einer unberechtigten Schutzrechtsverwarnung erfüllt sein können, stärker ins Blickfeld gerückt. Neben dem **Behinderungstatbestand** (§ 4 Nr. 4; → § 4 Rn. 4.169 ff.) ist dies in den Fällen der Abnehmerverwarnung die **Irreführung** (§ 5) und zusätzlich die **Anschwärzung** (§ 4 Nr. 2) und die **Herabsetzung von Mitbewerbern** (§ 4 Nr. 1). Zur Anwendung des § 5 auf die Verwarnung von Mitbewerbern → Rn. 1.6.

4.142   Eine **irreführende Schutzrechtsverwarnung** ist stets wettbewerbswidrig. Gegenüber dem Vorwurf der Irreführung ist dem Verwarner der Einwand verwehrt, er habe nichts anderes getan, als einen (vermeintlichen) Unterlassungsanspruch auf Grund einer Schutzrechtsverletzung durchzusetzen. Er kann sich nicht darauf berufen, es müsse in dem dafür vorgesehenen Streit-verfahren (Verletzungsklage oder negative Feststellungsklage) geklärt werden, ob dieser An-spruch besteht. Die irreführende Schutzrechtsverwarnung steht daher nicht unter einem ver-fahrensrechtlichen Privileg. Nach der Rspr. des X. ZS des BGH haftet auch der die Ver-warnung aussprechende Rechtsanwalt persönlich wegen Verstoßes gegen § 823 I BGB, wenn er die Verwarnung irrtümlich für rechtlich unbedenklich erklärt und der Schutzrechtsinhaber sich infolgedessen für die Verwarnung entscheidet (BGHZ 208, 119 = GRUR 2016, 630 Rn. 20 f. – Unberechtigte Schutzrechtsverwarnung II m. krit. Anm. Keller). Wettbewerbs-rechtl. dürfte der Rechtsanwalt aber regelmäßig nicht haften, weil die Verwarnung im Auftrag des Mandanten keine geschäftliche Handlung iSd § 2 I Nr. 2 darstellt: sie dient nicht – wie für die Annahme einer geschäftlichen Handlung erforderlich (→ § 2 Rn. 2.51) – vorrangig dem Wettbewerb um anwaltliche Mandate, sondern der Durchsetzung von (vermeintlichen) Ansprü-chen des Mandanten (vgl. BGH GRUR 2013, 945 Rn. 23 ff. – Standardisierte Mandatsbear-beitung).

4.143   Irreführend ist eine Schutzrechtsverwarnung jedenfalls, wenn sie objektiv **unzutr. Angaben** enthält, wenn also der Schutzanspruch des Patents unrichtig wiedergegeben oder über den Umstand getäuscht wird, dass das angemeldete Schutzrecht noch nicht eingetragen ist. Dagegen ist es keine unzutr. Angabe, wenn der Verwarner seine Einschätzung mitteilt, dass die Vor-richtung des Verwarnten sein Schutzrecht verletzt (zur Äußerung einer Rechtsansicht → Rn. 1.18). Dabei ist dem Verwarner zu empfehlen, den subjektiven Charakter dieser **Mei-nungsäußerung** in der Verwarnung, vor allem im Falle der Abnehmerverwarnung, zum Aus-druck zu bringen („stellt nach unserer Einschätzung eine Verletzung unseres Patents DE-… dar"). Darüber hinaus können den Verwarner aber auch **Aufklärungspflichten** treffen (§ 5a), wenn abzusehen ist, dass eine objektiv zutr. Aussage falsch verstanden wird oder ihr eine Bedeutung beigemessen wird, die ihr in Wirklichkeit nicht). So ist es irreführend, wenn der Schutzrechtsinhaber ein für ihn günstiges Patentverletzungsurteil des Landgerichts an gewerb-liche Abnehmer des Herstellers verschickt, ohne darauf hinzuweisen, dass der Beklagte Berufung gegen dieses Urteil eingelegt hat. Denn ein erheblicher Teil der Adressaten wird den Eindruck gewinnen, es handele sich um eine abschließende Entscheidung (BGH GRUR 1995, 424 – Abnehmerverwarnung, zu § 1 aF).

E. Irreführende Angaben über Befähigung, Status, Zulassung, Mitgliedschaften oder Beziehungen

Schrifttum: Detterbeck, Die Meisterpräsenz in den Gesundheitshandwerken – Zugleich eine Besprechung von BGH, 17.7.2013 – I ZR 222/11, GewArch 2014, 147; Eibl, Ärztliche Qualifikationsbezeichnungen aus wettbewerbsrechtlicher Sicht und Hinweise zur prozessualen Vorgehensweise, ZGMR 2011, 9; Fritzsche, Grenzen des ärztlichen Werberechts – Aktuelle Rechtsprechung insbesondere zu Berufsbezeichnungen, Qualifikationen und Internetportalen, WRP 2013, 272; Hüpers, Der Schutz handwerksrechtlicher Struktur-prinzipien durch das Wettbewerbsrecht, GewArch 2014, 190; Kleine-Cosack, Vom Fachanwalt zum Spezia-listen: Was bleibt von den Werbeverboten?, AnwBl 2015, 358; Löwisch/Lutz, Führung ausländischer Ehrendoktorgrade in Deutschland, Ordnung der Wissenschaft 2017, 101; Ottofülling, Der „Bausachverständige" und die wettbewerbsrechtlichen Implikationen, DS 2008, 53.

I. Allgemeines

Angaben über Befähigung, Status, Zulassung, Mitgliedschaften oder Beziehungen eines Un- **4.144** ternehmens geben im weitesten Sinn Auskunft über seine **Qualifikation,** die für die geschäftliche Entscheidung des Verbrauchers maßgebliche Bedeutung hat. Gegen § 5 II Nr. 3 verstößt, wer in irreführender Weise **Tätigkeits- oder Berufsbezeichnungen, akademische Grade, Titel oder Prüfungszeugnisse** verwendet, die das Vertrauen der Verbraucher gewinnen und ihre Nachfrageentscheidung anregen sollen (vgl. BGH GRUR 1989, 516 (517) – Vermögensberater).

Irreführend sind auch unrichtige Angaben über bes. Fähigkeiten oder Leistungen von **Mit- 4.145 arbeitern.** So zB wenn der Anpreisende behauptet, er habe **Spezialarbeiter,** jedoch Arbeiter ohne bes. Vorbildung verwendet. Bei einem juristischen **Pressedienst** ist es irreführend, als **Mitarbeiter** Personen zu bezeichnen, die sich lediglich auf einer vorgedruckten Antwortkarte zu gelegentlicher Mitarbeit bereit erklärt haben und die keine laufenden Beiträge leisten (BGH GRUR 1961, 356 – Pressedienst). Auch bei **wissenschaftlichen Zeitschriften** kann die werbemäßige Herausstellung von Personen als Mitarbeiter, die in Wahrheit überhaupt keine Beiträge zur Verfügung stellen, wettbewerbswidrig sein.

II. Handwerkliche Leistungen

1. Allgemeines

Wer unberechtigt ein Handwerk als selbstständiges Gewerbe betreibt, ohne auf Grund des **4.146** Nachw. seiner Befähigung durch eine Meisterprüfung in die Handwerksrolle eingetragen zu sein (§§ 1, 7 HwO), handelt nach § 117 I Nr. 1 HwO ordnungswidrig. Gleiches gilt nach § 117 I Nr. 2 HwO, wer entgegen § 51 HwO die Bezeichnung „Meister" führt. Unabhängig von der gewerberechtlichen Ahndung kann das Verhalten eines sich handwerklich betätigenden Nichthandwerkers auch **wettbewerbswidrig** sein, und zwar zum einen unter dem Gesichtspunkt des Rechtsbruchs (§ 3a; → § 3a Rn. 1.143), zum anderen unter dem der **Irreführung** nach § 5, wenn mit handwerklichen Bezeichnungen, Begriffen oder Hinweisen geworben wird, die auf ein Handwerk hindeuten und geeignet sind, Nachfrager über die **Qualifikation** des Anbieters zu täuschen (zB OLG Celle WRP 2016, 1541). Ob dies der Fall ist, lässt sich nur nach Lage des Einzelfalls beurteilen. Eine der HwO unterliegende handwerkliche Tätigkeit setzt voraus, dass es sich um **wesentliche Handwerkstätigkeiten** handelt, die den Kernbereich eines Handwerks ausmachen und ihm sein essentielles Gepräge geben; sonst liegt nur ein **Minderhandwerk** vor, das der HwO nicht unterliegt (BGH GRUR 1992, 123 (124) – Kachelofenbauer II). – Nur wenn die beworbene handwerkliche Tätigkeit **einem Handwerksbetrieb iSd § 1 I HwO vorbehalten** ist, ist eine **irreführende** Berühmung mit handwerklichen Tätigkeiten nach § 5 unzulässig (vgl. BGH GRUR 1989, 432 (433) – Kachelofenbauer I; GRUR 1992, 123 (124) – Kachelofenbauer II; OLG Dresden WRP 1995, 731; OLG Zweibrücken WRP 1997, 795 (797)). – Die Werbung für handwerkliche Leistungen, die nicht selbst erbracht, sondern an **Dritte vermittelt werden,** ist irreführend, wenn hierauf nicht hingewiesen wird (LG Berlin WRP 2017, 743). Gleiches gilt für die Werbung für handwerkliche Leistungen, wenn diese durch Subunternehmer erbracht werden (OLG Rostock GRUR-RR 2021, 336 Ls.).

2. Beispiele

Das Angebot von Glas- und Gebäudereinigung ohne Einschränkung auf bestimmte Leistungen **4.147** erweckt den Eindruck, dass der Werbende auf diesem Gebiet **sämtliche Tätigkeiten** ausführen darf und ist irreführend, wenn der Werbende nicht in die Handwerksrolle eingetragen ist (OLG Karlsruhe OLGR 1998, 73). Wer nur über die berufliche Qualifikation als Tischlermeister verfügt, handelt irreführend, wenn er für die handwerkliche Tätigkeit **Trockenbau** wirbt. Das gilt auch, wenn diese Tätigkeit dem Tätigkeitsbereich verschiedener Handwerke unterfällt, jedoch nicht deutlich darauf hingewiesen wird, dass die beworbene Leistung ausschließlich für und im Zusammenhang mit der dem werbenden Handwerker **erlaubten** Tätigkeit (Innenbau) angeboten wird (BGH GRUR 1993, 397 – Trockenbau). Eine Irreführung wurde bejaht, wenn ein nicht in die Handwerksrolle eingetragener Unternehmer seinen Betrieb als **Gebäuderei-**

nigung bezeichnet (OLG Stuttgart WRP 1986, 358; OLG Koblenz WRP 1988, 555). We handwerkliche Leistungen anbietet, die wesentlich zum Berufsbild des Maler- und Lackierer Handwerks gehören, ohne in die Handwerksrolle eingetragen zu sein, verstößt gegen di Bestimmungen der HwO und unter dem Gesichtspunkt des Rechtsbruchs gegen § 3a (vgl. OLC Hamm WRP 1999, 455).

4.148 Auch handwerkliche **Nebenbetriebe,** die mit einem Unternehmen des Handwerks, de Industrie, des Handels, der Landwirtschaft und sonstiger Berufszweige verbunden sind und ir denen Waren zum Absatz an Dritte hergestellt oder Leistungen für Dritte handwerksmäßig bewirkt werden, müssen nach § 2 Nr. 3 HwO in die **Handwerksrolle** eingetragen werden, e sei denn, dass eine solche Tätigkeit nur in **unerheblichem Umfang** ausgeübt wird, oder es sich um einen unselbstständigen, der wirtschaftlichen Zweckbestimmung des Hauptbetriebes dienen den Handwerksbetrieb (Hilfsbetrieb) handelt (§ 3 HwO). **Unerheblich** ist eine handwerks mäßige Tätigkeit nach § 3 II HwO, wenn sie während eines Jahres den durchschnittlicher Umsatz und die durchschnittliche Arbeitszeit eines ohne Hilfskräfte arbeitenden Betriebes de betreffenden Handwerkszweiges nicht übersteigt. Wer sich auf die **Unerheblichkeitsgrenz** beruft, muss **beweisen,** dass diese Grenze nicht überschritten ist. Für eine unterhalb der Un erheblichkeitsgrenze liegende **erlaubte** handwerkliche Tätigkeit darf auch in zurückhaltende Weise geworben werden, ohne dass falsche Vorstellungen über Inhalt und Umfang der beworbe nen Tätigkeit geweckt werden. – Ein Altbausanierer, der einige der angebotenen Leistunger mangels Eintragung in die Handwerksrolle nicht selbst ausführen kann und deshalb Subunter nehmer beauftragen muss, verstößt gegen § 5, wenn er mit der Angabe „Übernahme sämtliche Handwerksleistungen" wirbt (vgl. OLG Stuttgart WRP 1988, 563). Die Werbeaussage „Wir .. dekorieren" enthält nicht die Vortäuschung handwerklicher Qualifikation, wenn damit lediglich das Aufhängen fertig vorbereiteter Gardinen gemeint ist (OLG Zweibrücken WRP 1997, 79: (797)). Eine KG darf sich in der Werbung nicht als **„Der erfahrene Meisterbetrieb"** bezeich nen, wenn ihr persönlich haftender Gesellschafter nicht die Meisterprüfung bestanden hat sondern nur in ihrem Betrieb ein Meister tätig ist (OLG Düsseldorf GRUR 1973, 33).

4.149 Ein Handwerksbetrieb, dessen **Meister nicht ständig anwesend** ist, weil er noch in einem weiteren Betrieb in einer Nachbarstadt tätig ist, muss sein Geschäft in den Stunden des Tage nicht schließen, in denen der Meister nicht anwesend ist, wenn in dieser Zeit auch Ware verkauft oder nicht von einem Meister zu erbringende Leistungen erbracht werden können. Sc kann ein Hörgeräteakustikbetrieb, bei dem der Meister nur halbtags zur Verfügung steht, sein Geschäft auch während der anderen Hälfte des Tages offenhalten, um etwa Termine mit Kunden zu vereinbaren, Ersatz- und Verschleißteile wie etwa Batterien abzugeben oder sonstige Leis tungen zu erbringen, die die Anwesenheit des Meisters nicht voraussetzen (BGH GRUR 2013 1056 Rn. 17 – Meisterpräsenz). Für das Handwerk wesentliche Leistungen dürfen in eine Außen- oder Zweigstelle ohne Meisterpräsenz nicht ausgeführt werden (BGH GRUR 2017 194 Rn. 29 ff. – Orthopädietechniker).

III. Titel und Berufsbezeichnungen

1. Akademische Grade

4.150 **a) Professorentitel.** Die Titel Professorinnen und Professoren, Juniorprofessorinnen und Juniorprofessoren sind in Deutschland Dienstbezeichnungen (§§ 42 ff. HRG). Die Führung de Professorentitels setzt eine entspr. **Verleihung durch eine Hochschule** voraus. Die Verwen dung des Professorentitels in einer Werbung für eine medizinische Therapie ist nicht irreführend wenn die Therapie von einem Wissenschaftler entwickelt wurde, der zwar keine medizinische Ausbildung absolviert hat, dem aber der Professorentitel für seine Leistungen auf dem Gebiet de Physik verliehen worden ist (BGH GRUR 1995, 612 (613) – Sauerstoff-Mehrschritt-Therapie) Die Werbung mit „Prof. h. c. (GCA)" oder „Prof." oder „Professor" ist irreführend, wenn de Arzt, der Träger dieser Titel zu sein vorgibt, nicht darlegt, dass ihm die Ehrenprofessur für konkrete Leistungen auf dem Gebiet der Medizin verliehen worden ist.

4.151 **b) Doktortitel.** Der Doktortitel setzt unabhängig von der Fakultätszugehörigkeit eine **abge schlossene Hochschulausbildung** voraus und bietet im Verkehr eine erhöhte Gewähr für die Fähigkeiten, die Zuverlässigkeit und den guten Ruf seines Trägers (BGHZ 53, 65 (68) = GRUR 1970, 320 – Doktor-Firma; BGH GRUR 1959, 375 (376) – Doktortitel; GRUR 1992, 121 – Dr. Stein … GmbH; GRUR 2021, 746 Rn. 24, 30 f. – Dr. Z). Irreführend ist es daher, wenn im Firmennamen ein Doktortitel enthalten ist, obwohl kein Gesellschafter diesen Grad führ oder wenn zwar ein Gesellschafter den Titel führt, er aber nur **Strohmann** ist. Das gilt auch für die Personenfirma einer GmbH (BGHZ 65, 89 (92)). Welche Bedeutung dem Doktortitel in einer bestimmten Firma zukommt, beurteilt sich nach den Umständen des Einzelfalls, insbes. nach dem Gegenstand des Unternehmens. Führt der Inhaber eines Rundfunkeinzelhandelsgeschäfts seinen Doktortitel der **Medizin** ohne Angabe der Fakultät in der Firma, so liegt keine relevante Irreführung vor (BGH GRUR 1959, 375 (376) – Doktortitel). – Die Bezeichnung „Dr. Z" für ein zahnmedizinisches Versorgungszentrum ist irreführend, wenn **kein promovierter Zahnarzt als ärztlicher Leiter** tätig ist; nicht bedeutsam ist in diesem Zusammenhang der Umstand, dass alleiniger Gesellschafter und Geschäftsführer des Trägerunternehmens ein promovierter Zahnarzt ist (BGH GRUR 2021, 746 Rn. 33 – Dr. Z).

Zur **Weiterführung des Dr.-Titels** ist bei einer abgeleiteten Firma ein Nachfolgezusatz zu   **4.152** verlangen (RGZ 162, 121; 169, 150; BGH GRUR 1998, 391 – Dr. St. … Nachf.). Der selbst nicht promovierte **Erwerber eines Maklergeschäfts** darf daher einen in der übernommenen Firmenbezeichnung enthaltenen Doktortitel ohne Nachfolgezusatz nicht beibehalten (BGHZ 53, 65 (68) = GRUR 1970, 320 – Doktor-Firma; LG Stuttgart WRP 2009, 496). Eine Personengesellschaft, die **Bankgeschäfte** betreibt, darf in der Firma nicht als einzigen Familiennamen den eines früheren Gesellschafters mit Doktortitel ohne Nachfolgezusatz verwenden (OLG Koblenz GRUR 1988, 711 (712)). – Wird ein als **Gruppenbezeichnung** für eine bestimmte Art von Arzneimitteln eines Herstellers durchgesetzter Personenname – „Dr. S-Arzneimittel" – zugleich als Firma des Herstellerunternehmens (GmbH) im Handelsregister eingetragen, ohne dass der Träger dieses Namens Gesellschafter der derzeitigen Inhabergesellschaft ist und ohne früher dieser Gesellschaft oder ihren Rechtsvorgängern angehört zu haben, so ist trotz der Durchsetzung im Verkehr die Möglichkeit einer Täuschung nicht ganz unerheblicher Verkehrskreise **nicht** ausgeschlossen (BGH GRUR 1990, 604 (605) – Dr. S-Arzneimittel); nur ein ungewöhnlich hoher Grad der Durchsetzung als reine Gruppenbezeichnung kann die Möglichkeit einer nach § 5 beachtlichen Irreführung ausschließen (OLG Hamburg GRUR 1993, 690). – Scheidet ein den akademischen Grad führender Gesellschafter, der nur als **Strohmann** fungiert, aus der Gesellschaft aus, so wird der Verkehr nicht mehr getäuscht, wenn zurzeit der Letzten mündlichen Verhandlung eine **andere den Doktor-Titel führende Person** Gesellschafter geworden ist und nicht nur die Stellung eines Strohmanns hat, sondern einen bestimmenden Einfluss in der Gesellschaft ausübt (BGH GRUR 1992, 121 – Dr. Stein … GmbH). – Nach Auffassung des II. Zivilsenats des BGH liegt im Fall der Firmenfortführung keine Irreführung über für die angesprochenen Verkehrskreise wesentlichen geschäftlichen Verhältnisse iSd § 18 II 1 HGB vor, wenn die verbleibenden, **nicht promovierten Partner** einer Partnerschaft von Rechtsanwälten sowie einer als Wirtschaftsprüfungs- oder Steuerberatungsgesellschaft anerkannten Partnerschaft den **bisherigen Namen der Partnerschaft mit dem Doktortitel des ausgeschiedenen promovierten Namensgebers weiterführen.** Auch die nicht promovierten Partner hätten eine abgeschlossene Hochschulausbildung absolviert, so dass das durch die Titelführung begründete besondere Vertrauen in die intellektuellen Fähigkeiten, den guten Ruf und die Zuverlässigkeit in der Sache nicht enttäuscht werde (BGH (II. ZS) NZG 2018, 900, ZIP 2018, 1494 und NZG 2018, 1016 jeweils Rn. 19 ff.; zu § 18 II HGB → Rn. 4.6)). Diese Grundsätze können allerdings **nicht ohne Weiteres auf die lauterkeitsrechtliche Beurteilung übertragen** werden. Auch folgt aus der registerrechtlichen Zulässigkeit einer Firma keine lauterkeitsrechtliche Bestandssicherung. Unter dem Gesichtspunkt des § 5 UWG ist vielmehr zu fragen, ob – unabhängig von der registerrechtlichen Zulässigkeit der Firmenführung – eine Irreführung des Verkehrs vorliegt (→ Rn. 4.6). Die **irreführungsrechtliche „Feinsteuerung"** erfolgt insoweit durch das Lauterkeitsrecht (vgl. BGH GRUR 2021, 746 Rn. 25 – Dr. Z).

c) Diplomingenieur. Bei dem Titel **„Diplomingenieur"** handelt sich um einen geschütz-   **4.153** ten akademischen Grad, auch wenn er heute – nach den Bologna-Reformen – in Deutschland nicht mehr vergeben wird. Nur Personen, die das Abschlusszeugnis einer Hochschule über eine Ingenieurausbildung besitzen, dürfen den akademischen Grad „Dipl.-Ing." oder „Dr.-Ing." führen, und zwar ohne Zusatz die Absolventen einer Technischen Hochschule, mit dem Zusatz „FH" die Absolventen einer Fachhochschule und mit dem Zusatz „BA" die Absolventen einer Berufsakademie. In der Geschäftsbezeichnung eines **Ingenieurbüros** darf der Titel „Diplom-Ingenieur" nicht verwendet werden, wenn keiner der Inhaber des Büros zur Führung dieses Titels berechtigt ist. Das gilt auch, wenn der frühere, inzwischen verstorbene Inhaber des Büros zur Titelführung berechtigt war und auf die gegenwärtigen Inhaber durch Namensnennung ohne Beifügung des Titels „Diplom-Ingenieur" hingewiesen wird (BGH GRUR 1965, 610 – Diplom-Ingenieur). Dadurch wird eine Irreführung nicht ausgeschlossen; der Verkehr erwartet überwiegend von einem Diplom-Ingenieur bessere Leistungen als von einem nichtakademischen Ingenieur. Auch wenn dessen Leistungen gleichwertig oder sogar besser sein sollten, darf nicht mit irreführenden Bezeichnungen geworben werden.

4.154   **d) Ausländische akademische Grade.** Die Führung akademischer Grade ausländischer, nach dortigem Recht anerkannter Hochschulen, die zur Verleihung des Grades berechtigt sind, ist nach den Hochschulgesetzen der Länder genehmigungsfrei gestattet, wenn der Grad auf Grund eines tatsächlich absolvierten und durch Prüfung abgeschlossenen Studiums ordnungsgemäß verliehen ist (zB § 37 I LHG BW; § 68 I BaySchG; § 69 II HG NRW; näher Löwisch/Lutz, Ordnung der Wissenschaft, 2017, S. 101). Die Titel sind unter Angabe der verleihenden Hochschule so zu **führen, wie sie verliehen** sind. Die Verwendung des **Professorentitels in der Arzneimittel–** oder in der **Arztwerbung** ist irreführend, wenn es sich um eine außerordentliche Professur an einer ausländischen Universität handelt und es an den typischen Merkmalen für das Professorenamt fehlt (BGH GRUR 1987, 839 – Professorentitel in der Arzneimittelwerbung; GRUR 1989, 445 – Professorenbezeichnung in der Arztwerbung I). Handelt es sich bei den ausländischen akademischen Graden um **ehrenhalber verliehene Titel,** so muss dieser Umstand ebenso wie die Herkunft der Titel bei der Verwendung deutlich werden (OLG Stuttgart NJW-RR 2015, 1528). – Eine relevante Irreführung liegt aber nicht vor, wenn beachtliche Teile des Verkehrs annehmen, ein in Deutschland geführter Professorentitel sei dem Träger auch **in Deutschland verliehen** worden, und ihm deshalb eine höhere Wertschätzung entgegenbringen als einem im Ausland erworbenen Titel. Maßgeblich ist vielmehr, ob der ausländische Titel im konkreten Fall unter Umständen und Voraussetzungen verliehen worden ist, die denen entsprechen, die der Verkehr mit einem Professorenamt und mit der Verleihung eines Professorentitels verbindet (BGH GRUR 1992, 525 – Professorenbezeichnung in der Arztwerbung II; Schricker EWiR 1992, 707). Das trifft jedoch nicht zu, wenn die Führung des von einer Universität in Südamerika verliehenen Professorentitels deshalb verwehrt ist, weil die Lehrtätigkeit nicht die **Qualitätsmerkmale** erfüllt hatte, die nach dem Verständnis der inländischen Verkehrskreise Voraussetzung für die Verleihung des Professorentitels sind (BGH GRUR 1998, 487 – Professorenbezeichnung in der Arztwerbung III). – Der von einem Zahnarzt an der (österreichischen) Donau-Universität Krems erworbene Titel eines **„Master of Science Kieferorthopädie"** kann nicht als irreführend untersagt werden, auch wenn der Verkehr vermuten mag, es handele sich um eine dem Facharzt für Kieferorthopädie gleichwertige Qualifikation (BGH GRUR 2010, 1024 Rn. 29 – Master of Science Kieferorthopädie).

4.155   **e) Sonstiges.** Die Bezeichnung **„Fachexperte für Psychologie"** lässt den Verkehr eine akademische Ausbildung erwarten. Dem kann eine auf Selbststudium beruhende Ausbildung nicht genügen (OLG Karlsruhe GRUR-RR 2008, 179). Die Verkehrserwartung einer akademischen Ausbildung wird hingegen nicht enttäuscht, wenn der Verwender der Bezeichnung **„Wirtschaftspsychologe"** ein Psychologiestudium als 2. Hauptfach absolviert und mit dem akademischen Grad „Magister Artium" abgeschlossen und darüber hinaus einen „Master of Science" im Fach „Management Research" erworben hat, so dass eine Irreführung nicht gegeben ist (OLG München Urt. v. 20.7.2017 – 6 U 4436/16; NZB zurückgew. mit Beschl. v. 26.7.2018 – I ZR 151/17). – Wirbt ein Diplom-Wirtschaftsjurist (FH), der weder Volljurist noch als Rechtsanwalt zugelassen ist, mit den Bezeichnungen **„Wirtschaftsjurist"** und „Wirtschaftsjuristenkanzlei", liegt darin eine Irreführung über seine Qualifikation, weil der Verkehr anwaltliche Dienste erwartet. Um einer Irreführung entgegenzuwirken, muss er seine berufliche Qualifikation als Dipl.-Wirtschaftsjurist (FH) angeben (OLG Hamm GRUR-RR 2007, 294 (296)). Ein angestellter Rechtsanwalt darf in der Werbung einer Rechtsanwaltskanzlei nicht als **„Partner"** bezeichnet werden (LG Münster BRAK-Mitt 2021, 393).

2. Zertifikate, Zertifizierungen

4.156   Auf besondere Qualifikationen kann auch in der Weise hingewiesen werden, dass mit der Erfüllung des von einer privaten Einrichtung **gesetzten Standards,** also mit einem Zertifikat, geworben wird. Als **Zertifizierung** wird ein Verfahren bezeichnet, mit dessen Hilfe die Einhaltung bestimmter Anforderungen an Produkte oder Dienstleistungen nachgewiesen werden kann. Zertifizierungen werden von unabhängigen – nicht notwendig amtlichen – Stellen vergeben und müssen sich nach festgelegten Standards richten (BGH GRUR 2012, 214 Rn. 12 –

Zertifizierter Testamentsvollstrecker; BGHZ 194, 314 Rn. 46 = GRUR 2013, 401 – Biomineralwasser). Mit einem Zertifikat, dessen **Gültigkeitszeitraum abgelaufen** ist, darf nur unter Hinweis auf den Ablauf der Zertifizierung geworben werden (LG Osnabrück WRP 2018, 638).

3. Adelstitel

Irreführend ist die missbräuchliche Aufnahme **adliger** und **fürstlicher Namen** in die Firma, **4.157** um dadurch bes. vertrauensvoll zu wirken (BGH v. 9.6.1972 – I ZR 4/71 – „Fürst zu Schwarzburg Weinhandelsgesellschaft mbH"). Hierin liegt ein Verstoß gegen § 5.

4. Sachverständiger

Als irreführend ist es angesehen worden, wenn die **freie Sachverständigentätigkeit** mit der **4.158** Ausübung eines **Gewerbes** verknüpft wird; denn der Verkehr nehme irrig an, der Gewerbetreibende sei auch im Geschäftsleben mehr unabhängiger und unparteiischer Gutachter als ein am Verkauf interessierter Geschäftsmann. Ein Juwelier dürfe daher im Zusammenhang mit dem Verkauf von Schmuckwaren nicht als „Sachverständiger für Edelsteine" oder als „Diamant-Sachverständiger" werben (KG WRP 1977, 403 (405)). Handelt es sich bei dem Juwelier um Inhaber eines Ladengeschäfts, der dort dem Publikum entgegentritt, erscheint diese Besorgnis jedoch übertrieben. Denn der verständige Durchschnittsverbraucher weiß, dass der ihm gegenübertretende Juwelier kaufmännische Interessen verfolgt.

Die Bezeichnung **„geprüfter Sachverständiger"** deutet auf eine gegenüber den Mitbewer- **4.159** bern erhöhte Qualifikation und insbes. darauf hin, dass die Qualifikation in einer amtlich festgelegten einheitlichen Prüfung unter Beweis gestellt worden ist. Die Bezeichnung ist irreführend, wenn der Betreffende nach einem Lehrgang an der IHK lediglich eine Zertifizierung erhalten hat. In diesem Fall wäre die Bezeichnung **„Gutachter mit Zertifizierung durch die IHK"** nicht zu beanstanden (LG Kiel GRUR-RR 2009, 184).

Die Verwendung eines **Rundstempels** durch einen freien Sachverständigen verstößt gegen **4.160** das Irreführungsverbot, wenn dadurch im Verkehr der irrige Eindruck erweckt wird, es handele sich um einen **öffentlich bestellten und vereidigten Sachverständigen.** Ob das generell der Fall ist oder ob dabei auf die Umstände des Einzelfalls abzustellen ist, ist umstr. (für ein generelles Verbot OLG München WRP 1981, 483; 1983, 528; OLG Bamberg WRP 1982, 158; OLG Düsseldorf WRP 1988, 278; OLG Köln GRUR 1999, 375 Ls.; für ein Abstellen auf die Umstände des Einzelfalls OLG Hamm GRUR 1987, 57; OLG Stuttgart WRP 1987, 334). Die Irreführung liegt jedenfalls in aller Regel nahe, nicht nur weil der Rundstempel an das Dienstsiegel einer Behörde erinnert und auch sonst meist von Einrichtungen verwendet wird, die ihre Autorität auf eine staatliche Verleihung zurückführen, sondern weil auch die Sachverständigenordnungen der Industrie- und Handelskammern, der Handwerks-, der Landwirtschafts-, der Ingenieurs- und der Architektenkammern ausdrücklich vorsehen, dass der öffentlich bestellte und vereidigte Sachverständige einen Rundstempel als Zeichen seiner öffentlichen Bestellung erhält und benutzen darf.

Ein Kraftfahrzeugmeister, der von der **Handwerkskammer** als Sachverständiger für das **4.161** Kraftfahrzeugmechaniker-Handwerk bestellt und vereidigt worden ist, darf sich im amtlichen Telefonbuch nicht als „Kfz-Mstr vereid Kfz-Sachverst" eintragen lassen, ohne die Sparte des Kfz-Wesens anzugeben, für die er als Sachverständiger bestellt und vereidigt ist (OLG Hamm GRUR 1983, 673). – Als **Sachverständiger** für Kfz darf sich nur bezeichnen, wer auf diesem Sachgebiet eine überdurchschnittliche Sachkunde besitzt (OLG Hamm WRP 1997, 972 (974)). – Auch wenn ein **Kfz-Sachverständiger** mit dem Hinweis auf Anerkennung durch eine private Einrichtung wirbt, zB einen Automobilklub oder eine Verbrauchervereinigung, der vom Publikum die erforderliche Qualifikation, Unabhängigkeit und Objektivität beigemessen wird, ist das unzulässig, wenn der irrige Eindruck entsteht, dass der anerkannte Sachverständige gegenüber seinen Mitbewerbern eine deutlich überragende Qualifikation besitzt und diese in einer Prüfung vor einer dafür kompetenten Stelle unter Beweis gestellt hat (BGH GRUR 1984, 740 – Anerkannter Kfz-Sachverständiger). Der Verkehr erwartet nicht nur von öffentlich bestellten und vereidigten **Sachverständigen,** an deren Sachkunde und Unabhängigkeit hohe Anforderungen gestellt werden, sondern auch von einem schlichten Sachverständigen uneingeschränktes Fach- und Erfahrungswissen (BGH GRUR 1997, 758 – Selbsternannter Sachverständiger; OLG Köln NJWE-WettbR 1998, 3; GK/Lindacher/Peifer Rn. 891 ff., 430). Wer von der Handwerkskammer nach § 91 I Nr. 8 HwO zum **Sachverständigen für das Kraftfahrzeugmechanikerhandwerk** bestellt ist, darf beim Angebot und bei der Erstattung von Gutachten über Kfz-

Unfallschäden nicht hierauf hinweisen, wenn er in den Gutachten – über den Umfang seiner öffentlichen Bestellung hinaus – auch Feststellungen über die Art und die Unfallbedingtheit der Schäden und/oder über den Minder- oder Restwert des Fahrzeugs trifft (BGH GRUR 1985, 56 (57) – Bestellter Kfz-Sachverständiger; zur werblich „überschießenden" Verwendung der Bezeichnung als Sachverständiger vgl. auch LG Regensburg WRP 2023, 762). – Ein staatlich geprüfter Bautechniker darf im Geschäftsverkehr als **„Bausachverständiger"** auftreten (OLG Köln BauR 2016, 1060). – Die Werbung eines von der Handwerkskammer für das **„Kälteanlagenbauerhandwerk"** öffentlich bestellten und vereidigter Sachverständigen für die Durchführung von außerhalb dieses Fachgebiets liegenden Überprüfungen ist irreführend (OLG Köln WRP 2021, 1218). – Die Bezeichnung eines von der IHK für Film- und Fernsehproduktionen öffentlich bestellten Sachverständigen als **„Medien-Film-Fernsehsachverständiger IHK"** ist irreführend, da der Begriff der Medien auch über den Bereich der Bestellung hinausgehende Bereiche (zB Internetpräsenz, Presse, Radiosendungen, social media) umfasst (LG München II WRP 2021, 1504).

5. Testamentsvollstrecker

4.162   Mit dem Hinweis auf **besondere Qualifikationen auf dem Gebiet der Testamentsvollstreckung** weist ein Rechtsanwalt auf eine Tätigkeit hin und gibt nicht etwa vor, es existiere der Beruf des Testamentsvollstreckers (BGH GRUR 2012, 214 Rn. 12 – Zertifizierter Testamentsvollstrecker). Allerdings erwartet der Verkehr von einem Rechtsanwalt, der sich als **„zertifizierter Testamentsvollstrecker"** bezeichnet, dass er nicht nur über besondere Kenntnisse, sondern auch über praktische Erfahrungen auf dem Gebiet der Testamentsvollstreckung verfügt. Ein Anwalt, der über mehrere Jahre auf zwei vom Umfang her übliche Testamentsvollstreckungen verweisen kann, erfüllt diese Voraussetzung (noch) nicht (BGH GRUR 2012, 214 Rn. 12 – Zertifizierter Testamentsvollstrecker).

IV. Gesetzlich geschützte Berufsbezeichnungen

1. Allgemeines

4.163   Viele **Berufsbezeichnungen** sind heute **gesetzlich geschützt.** Die Voraussetzungen, unter denen die Berufsbezeichnung geführt werden darf, sind meist zugleich die Voraussetzungen für die Ausübung der Berufstätigkeit. Stets irreführend ist es, ohne die entspr. Erlaubnis eine derartige Berufsbezeichnung zu führen. Die unbefugte Führung bestimmter Berufsbezeichnungen ist strafbar nach § 132a StGB.

2. Arzt, Zahnarzt, Tierarzt

4.164   Diese Bezeichnungen sind staatlich geprüften Akademikern vorbehalten. Die Berufsbezeichnung **„Arzt"** oder **„Ärztin"** darf nach § 2a BÄO idF der Bek. v. 16.4.1987 (BGBl. 1987 I 1218), zuletzt geändert durch G v. 15.8.2019 (BGBl. 2019 I 1307) nur führen, wer von der zuständigen Landesbehörde als Arzt approbiert oder unter bes. Voraussetzungen auf Grund einer Erlaubnis zur vorübergehenden die Ausübung des ärztlichen Berufs befugt ist. Zur Berufsbezeichnung **„Zahnarzt"** vgl. § 1 I 2 ZHG (Gesetz über die Ausübung der Zahnheilkunde idF der Bek. v. 16.4.1987 (BGBl. 1987 I 1225), zuletzt geändert durch G v. 19.5.2020 (BGBl. 2020 I 1018)). Zur Berufsbezeichnung **„Tierarzt"** vgl. § 3 BTierÄrzteO idF der Bek. v. 20.11.1981 (BGBl. 1981 I 1193), zuletzt geändert durch G v. 15.8.2019 (BGBl. 2019 I 1307). **„Facharzt"** ist kein bes. ärztlicher Beruf (BVerfGE 33, 125 (152)). Er muss über die notwendigen Einrichtungen zur Ausübung seiner fachärztlichen Tätigkeit verfügen, muss sich grds. auf sein Spezialgebiet beschränken; doch ist die Führung mehrerer Fachbezeichnungen nicht schlechthin unzulässig (BVerfGE 33, 125 (152)).

4.165   Die **Führung des Doktortitels** bei Ausübung der Heilkunde enthält konkludent die Behauptung, es handelt sich um den Dr. med. (ebenso GK/Lindacher/Peifer Rn. 868). – **Im Ausland approbierte Ärzte** dürfen sich im Wettbewerb Arzt nur nennen, wenn sie nach § 2 BÄO im Inland den Arztberuf ausüben dürfen. – Die Bezeichnung **„Naturarzt"** für einen Heilpraktiker ist in Deutschland – anders als in der Schweiz – ungewöhnlich. Die Bezeichnung „Naturärzte" im Vereinsnamen eines in Deutschland ansässigen Verbandes Freier Heilpraktiker ist daher zur Irreführung iSd § 5 geeignet, wenn der Verband nicht auch die berufsständischen Interessen von Ärzten wahrnimmt (OLG Köln OLGR 2006, 577). – Irreführend ist die Bezeichnung eines **„Dr. med. (…) Therapiezentrums"**, das zudem mit dem Logo eines Aeskulap-stabes wirbt, wenn es keine Ärzte beschäftigt, weil der Verkehr die Behandlung durch einen Arzt oder unter ärztlicher Anleitung erwartet (OLG München WRP 2019, 379). Im Falle der Bezeichnung **„Dr. Z"** eines zahnmedizinischen Versorgungszentrums erwartet der Verkehr die ärztliche Leitung durch einen promovierten Zahnarzt (BGH GRUR 2021, 746 Rn. 33 – Dr. Z; → Rn. 4.151 f.).

Die Existenz einer **Facharztbezeichnung** führt noch nicht dazu, dass die Werbung mit der **4.166** entspr. Tätigkeit – wenn sie auch ohne Facharztausbildung ausgeübt werden darf – irreführend ist. So dürfen Zahnärzte, die in diesem Bereich nachhaltig tätig sind, mit dem **„Tätigkeits-schwerpunkt Kieferorthopädie"** werben, obwohl es eine geschützte Gebietsbezeichnung „Facharzt/Fachärztin für Kieferorthopädie" gibt (OLG Schleswig Urt. v. 3.2.2004 – 6 U 36/03 – Nichtzulassungsbeschwerde zurückgewiesen: BGH Beschl. v. 9.9.2004 – I ZR 32/04; vgl. aber LG Flensburg MD 2018, 241). – Der von einem Zahnarzt an der (österreichischen) Donau-Universität Krems erworbene Titel eines **„Master of Science Kieferorthopädie"** kann nicht als irreführend untersagt werden, auch wenn der Verkehr vermuten mag, es handele sich um eine dem Facharzt für Kieferorthopädie gleichwertige Qualifikation (BGH GRUR 2010, 1024 Rn. 29 – Master of Science Kieferorthopädie). – Mit der Bezeichnung **„Zahnarzt für Kiefer-orthopädie"** wird allerdings darüber getäuscht, über den Facharzttitel „Fachzahnarzt für Kiefer-orthopädie" zu verfügen (OLG Oldenburg WRP 2021, 947), ebenso mit den Bezeichnungen **„Kieferorthopädie"** und **„Zahnarztpraxis für Kieferorthopädie"** (BGH GRUR 2021, 1315 Rn. 30 ff. – Kieferorthopädie).

3. Heilpraktiker

Heilpraktiker darf sich nur nennen, wer eine entspr. Erlaubnis besitzt (§ 1 III HeilpraktG). **4.167** Dagegen ist die Berufsbezeichnung **Tierheilpraktiker** nicht gesetzlich geschützt (BGH GRUR 2000, 73 (74) – Tierheilpraktiker); hierauf braucht von einem Tierheilpraktiker nicht hingewie-sen zu werden (OLG Celle WRP 1996, 1167 (1168); aA OLG Hamm NJW-RR 1995, 1070). Die Verwendung der gesetzlich nicht geschützten Berufsbezeichnung „Tierheilpraktiker" durch Personen, die – ohne Arzt zu sein – bei der Behandlung von Tieren Naturheilverfahren anwenden und eine entspr. Ausbildung abgeleistet haben, ist nicht irreführend, da selbst eine Fehlvorstellung beachtlicher Teile des Verkehrs über das Erfordernis einer – nicht bestehenden – staatlichen Erlaubnispflicht im Rahmen der gebotenen Interessenabwägung als nicht schützens-wert anzusehen ist (BGH GRUR 2000, 73 (75) – Tierheilpraktiker). Ein Heilpraktiker, der mit seiner Berufsbezeichnung die Angaben **„prakt. Psychologe"** und/oder **„Intern-Medizin"** verbindet, täuscht eine bes. Befähigung, akademische Ausbildung oder zumindest eine bes. behördliche Genehmigung oder Prüfung, vor (BGH GRUR 1985, 1064 – Heilpraktikerbe-zeichnung). – Bei einem Tierbehandler ist die Bezeichnung **„Naturheilpraxis für Tiere"** irreführend, weil sie nicht hinreichend deutlich macht, dass hier kein Tierarzt mit bes. Behand-lungsmethoden tätig wird (OLG München WRP 1996, 603). Die Bezeichnung **„Heilpraktiker für Psychotherapie"** ist zur Irreführung geeignet, weil der Verkehr sie als Zusatzqualifikation, nicht aber – wie tatsächlich verliehen – als Einschränkung versteht. Enspricht die Verwendung jedoch der behördlichen Erlaubnis, hat diese legitimierende Wirkung (OLG Düsseldorf WRP 2017, 331). – Zur Bezeichnung **„Naturarzt"** für einen Heilpraktiker → Rn. 4.165.

4. Anwalt, Rechtsanwalt, Fachanwalt

Anwalt ist nach der Verkehrsanschauung der **Rechtsanwalt, ein unabhängiges Organ der 4.168 Rechtspflege.** Nur wer zur Rechtsanwaltschaft zugelassen ist, darf die Berufsbezeichnung „Rechtsanwältin" oder „Rechtsanwalt" führen (§ 12 IV BRAO; BGHSt 26, 131). – Als „Pa-tentanwältin" oder **„Patentanwalt"** darf sich nach § 18 IV PAO v. 7.9.1966 (BGBl. 1966 I 557), zuletzt geändert durch G v. 10.3.2023 (BGBl. 2023 I Nr. 64) nur bezeichnen, wer zur Patentanwaltschaft **zugelassen** ist. – **Rechtsbeistand** bzw. **Kammerrechtsbeistand** dürfen sich nur die nach dem RBerG zugelassenen Rechtsberater nennen, sofern ihre Erlaubnis zur Besorgung fremder Rechtsangelegenheiten nach § 1 RDGEG v. 12.12.2007 (BGBl. 2007 I 2840), zuletzt geändert durch G v. 10.3.2023 (BGBl. 2023 I Nr. 64) infolge Registrierung gem. § 13 RDG bzw. § 209 BRAO fortgilt. Das RDG sieht in § 11 IV RDG nur noch die Bezeichnungen „Inkasso" sowie „Rentenberater/in" vor. – Der Versuch, Rechtsanwälten mit Hilfe des Irreführungsverbots **werbemäßige Anpreisungen** ihrer Tätigkeit oder in der Berufs-ordnung nicht vorgesehene **Hinweise auf Spezialkenntnisse** zu untersagen, sind enge **ver-**

fassungsrechtliche Grenzen gesetzt. Als unbedenklich wurde bspw. angesehen, dass ein Rechtsanwalt eine **„optimale Interessenvertretung"** ankündigt (BVerfG NJW 2003, 1307) oder sich auf dem Briefkopf als **„Spezialist für Verkehrsrecht"** (BVerfG NJW 2004, 2656) oder als **„Spezialist für Familienrecht"** (BGH GRUR 2015, 286 – Spezialist für Familienrecht) bezeichnet. Auch der Umstand, dass der Verkehr die Bezeichnung „Spezialist für …" **mit einer bestehenden Fachanwaltsbezeichnung** (zB „Fachanwalt für Familienrecht") **verwechselt,** führt – wenn die Fähigkeiten und Erfahrungen des sich als „Spezialist" bezeichnenden Rechtsanwalts, wofür dieser die **Darlegungs- und Beweislast** trägt (BGH GRUR 2015, 286 Rn. 27 – Spezialist für Familienrecht; OLG Stuttgart NJW 2008, 1326 betreffend die Bezeichnung „Spezialist für Mietrecht"), den an einen Fachanwalt zu stellenden Anforderungen entsprechen – im Hinblick auf die im Falle objektiv zutreffender Angaben vorzunehmende Interessenabwägung nicht zu einer unzulässigen Irreführung (BGH GRUR 2015, 286 Rn. 20 f. – Spezialist für Familienrecht). Nimmt ein Rechtsanwalt für sich das Prädikat „Spezialist" für ein Rechtsgebiet in Anspruch, für das es (noch) keine Fachanwaltsbezeichnung gibt, ist dies nur zulässig, wenn er in der Lage ist, die Fähigkeiten und die Erfahrungen nachzuweisen und zu belegen, wie sie üblicherweise nach der Fachanwaltsverordnung von einem Fachanwalt verlangt werden (offengelassen in BGH GRUR 2015, 286 Rn. 26 – Spezialist für Familienrecht). Höhere Anforderungen, wie sie üblicherweise an einen Fachanwalt gestellt werden, wird man dagegen in einem solchen Fall nicht stellen können (so aber OLG Stuttgart NJW 2008, 1326 für die Bezeichnung „Spezialist für Mietrecht" und OLG Karlsruhe NJW 2009, 3663 für die Bezeichnung „Spezialist für Zahnarztrecht"). – (BVerfG NJW 2004, 2656). – Zum Verbot der Anpreisung **„Ihre Rechtsfragen sind unsere Aufgabe"** durch das OLG Köln (NJW 1999, 63) hat das BVerfG (Beschl. v. 1.12.1999 – 1 BvR 1638/99) bemerkt, es sei „nur schwer vorstellbar, dass durch die(se) Aussage … ein irreführender Eindruck bei den Rechtsuchenden entstehen kann". – Der Domainname **„presserecht.de"** eines auf Presserecht spezialisierten Anwalts, der unter dieser Adresse auch sachliche Informationen zum Thema angeboten hatte, ist vom Anwaltssenat des BGH ebenfalls nicht als irreführend angesehen worden (BGHZ 153, 61 (66 f.)). – Zur Bezeichnung **„Wirtschaftsjurist"** → Rn. 4.155.

4.169   Unter einem **Fachanwalt** versteht der Verkehr einen Rechtsanwalt, der auf ein bestimmtes Fachgebiet spezialisiert ist und eine entsprechende Zusatzqualifikation erworben hat (BGH GRUR 2007, 807 Rn. 12 – Fachanwälte). Die Verwendung des Begriffs „Fachanwälte" als Zusatz zu der Kurzbezeichnung einer **überörtlichen Anwaltssozietät** auf einem Praxisschild oder auf dem Briefkopf setzt voraus, dass eine den Plural rechtfertigende Zahl von Sozietätsmitgliedern Fachanwälte sind. Nicht erforderlich ist es, dass an jedem Standort, an dem der Zusatz verwendet wird, ein oder mehrere Fachanwälte tätig sind (BGH GRUR 2007, 807 Rn. 13 – Fachanwälte; anders noch die Vorinstanz OLG Bremen OLGR 2005, 44). Allerdings muss die Sozietät – wenn sie in ihrer Kurzbezeichnung den Begriff „Fachanwälte" verwendet – immer dann, wenn die Mitglieder der Sozietät namentlich aufgeführt sind (Briefkopf, Türschild etc), genau bezeichnen, wer welche Zusatzqualifikation erworben hat (BGH GRUR 2007, 807 – Fachanwälte). Mit der Regelung der Fachanwaltsbezeichnungen im Gesetz (FAO) hat der Gesetzgeber keine abschließende Regelung getroffen (BGH GRUR 1995, 422 (423) – Kanzleieröffnungsanzeige). Dem Anwalt steht es daher frei, auf besondere Qualifikationen hinzuweisen, solange der Verkehr diese nicht mit einer geschützten Fachanwaltsbezeichnung verwechselt (BGH GRUR 2012, 214 Rn. 12 – Zertifizierter Testamentsvollstrecker). – Die Bezeichnung **„Erster Fachanwalt für Erbrecht in …"** ist irreführend, auch wenn der fragliche Anwalt der Erste war, der in dieser Stadt die jeweilige Zusatzqualifikation erworben hat; denn es entsteht der unzutreffende Eindruck einer gesetzlich vorgesehenen besonderen Qualifikation (OLG Bremen NJW 2007, 1539). Es darf auch nicht mit der Angabe **„unsere Fachanwälte"** geworben werden, wenn nur ein Fachanwalt in der Kanzlei tätig ist (OLG Köln WRP 2020, 1222). – **Irreführende Sitzbezeichnung:** Hat eine Rechtsanwaltsgesellschaft ihren Sitz nur in einer Stadt, ist es irreführend, auf dem Briefkopf unter der Namensbezeichnung 4 deutsche Großstädte hervorgehoben aufzuführen (OLG Köln WRP 2020, 777). – Ein angestellter Rechtsanwalt darf in der Werbung einer Rechtsanwaltskanzlei nicht als „Partner" bezeichnet werden (LG Münster BRAK-Mitt 2021, 393).

5. Wirtschaftsprüfer, Steuerberater

4.170   Nur wer zum Wirtschaftsprüfer öffentlich bestellt ist, darf die Berufsbezeichnung „Wirtschaftsprüfer" führen (§§ 1, 18, 132, 133 WPO). Verboten ist die Führung der Bezeichnung „Buchprüfer", „Bücherrevisor" oder „Wirtschaftstreuhänder". Eine Ausnahme besteht für die zurzeit des Inkrafttretens des Gesetzes bestellten Buchprüfer (Bücherrevisoren) und zugelassenen Buchprüfungsgesellschaften. – **Steuerberater** dürfen sich nur die von der zuständigen Steuerberaterkammer als Steuerberater bestellten Personen nennen (§ 40 I StBerG, § 43 IV 1 StBerG). Sie dürfen sonstige Berufsbezeichnungen nur führen, wenn sie ihnen, wie zB beim Rechtsanwalt oder Wirtschaftsprüfer, **amtlich** verliehen worden sind. – **Rechtsanwälte** dürfen bei entspr. Qualifikation die Bezeichnung „Fachanwalt für Steuerrecht" oder „Steuerberater" zum Hinweis auf ihre Tätigkeit in Steuersachen verwenden, ferner die Bezeichnung „Wirtschaftsprüfer", wenn sie dafür die Voraussetzungen erfüllen. – Unabhängig davon kann einem Rechtsanwalt aber auch die Verwendung der Bezeichnung **„Steuerbüro"** oder **„Rechtsanwaltskanzlei und Steuerbüro"** auf dem Briefkopf, im Internetauftritt und in Telefonbucheinträgen nicht untersagt werden, wenn er in nennenswertem Umfang steuerrechtlich berät und Hilfeleistung in Steuersachen erbringt; denn Rechtsanwälte gehören nach § 3 Nr. 1 StBerG zu den Personen, die zu unbeschränkter Hilfeleistung in Steuersachen befugt sind (BGH GRUR 2013, 409 Rn. 30 ff. – Steuerbüro). – **„JUS-Steuerberatungsgesellschaft"** deutet auf eine allgemeine und bes. qualifizierte rechtswissenschaftliche Ausrichtung des Unternehmens hin oder auf eine Spezialisierung der Steuerberatung auf Angehörige juristischer Berufe; sonst ist die Firmierung irreführend (BGH GRUR 1985, 930 – JUS-Steuerberatungsgesellschaft). Auch verstößt die Verwendung des Bestandteils „JUS" gegen die Werbebeschränkungen der § 43 IV StBerG, §§ 53, 57 I StBerG. – Zur Verwendung der Bezeichnung **„Mobiler Buchhaltungsservice i. S. § 6 StBerG"** durch eine Person, die nicht den steuerberatenden Berufen angehört, jedoch im Umfang der in § 6 Nr. 3 und 4 StBerG genannten Tätigkeiten zur geschäftsmäßigen Hilfeleistung in Steuersachen befugt ist, → Rn. 2.112.

6. Architekt

Die Bezeichnungen **„Architekt"**, **„Innenarchitekt"**, **„(Garten- und) Landschaftsarchi-** 4.171 **tekt"** und **„Stadtplaner"** sind landesrechtlich geschützt, zB in Baden-Württemberg (ArchitektenG BW idF v. 28.3.2011, GBl. 2011, 152, zuletzt geändert durch G v. 21.12.2021, GBl. 2022, 1), Bayern (G über die Bay. Architektenkammer und die Bay. Ingenieurekammer-Bau (BauKaG) v. 9.5.2007, GVBl. 2007, 308, zuletzt geändert durch G v. 23.12.2020, GVBl. 2020, 678); vgl. BayVerfGH GRUR 1970, 150); Hessen (HessArchitekten- und StadtplanerG (HASG) v. 30.11.2015, GVBl. 2015 I 457, 478, zuletzt geändert durch G v. 14.12.2021, GVBl. 2021, 992, 996); Nordrhein-Westfalen (BaukammernG (BauKaG) v. 1.12.2021, GVBl. 2021, 1385 oder Hamburg (HmbArchtG v. 11.4.2006, GVBl. 2006, 157, zuletzt geändert durch G v. 20.12.2022, GVBl. 2023, 16). Ihre Verwendung setzt die **Eintragung in die Architektenliste** voraus. – Eine Werbung mit dem hervorgehobenen Hinweis **„Architekt"** oder **„Architektur"** erweckt den Eindruck, dass die beworbenen Leistungen von einem Architekten erbracht werden, der in der Architektenliste eingetragen ist (vgl. OLG Bamberg WRP 2021, 651). Die Irreführung wird nicht dadurch ausgeschlossen, dass das werbende Ingenieurbüro Architektenleistungen erbringen darf und auch in der Lage ist, diese Leistungen in gleicher Qualität wie ein Architekt zu erbringen (OLG Karlsruhe WRP 2003, 781 (782); LG Freiburg IBR 2001, 204). – Die Verwendung des Begriffs **„Architektur"** als Firmenbestandteil einer GmbH ist als irreführend angesehen worden, obwohl die Alleingeschäftsführerin eingetragene Architektin, die GmbH dagegen nicht in die Architektenliste eingetragen war (OLG Hamm WRP 2002, 1103 (1105); vgl. auch OLG Nürnberg GRUR 1983, 453). Das ist nicht haltbar, weil der Verkehr mit der Angabe „Architektur" die (zutr.) Vorstellung verbindet, dass die fragliche Gesellschaft von Architekten geleitet wird (so auch OLG Düsseldorf WRP 1996, 564) oder jedenfalls eine zum Führen der Berufsbezeichnung „Architekt" befugte Person im Unternehmen arbeitet (OLG Hamm WRP 2019, 1588). Auch **von Verfassungs wegen** kann es einer – nicht in die Architektenliste eingetragenen – GmbH nicht untersagt werden, ihre Leistungen in der Werbung mit dem Begriff „Architektur" zu beschreiben, wenn die entspr. Mitarbeiter in die Liste eingetragene Architekten sind (BVerfG GRUR 2008, 806 Rn. 18 – Architektur). – Auch einer Ingenieursgesellschaft, die auch (eingetragene) Architekten beschäftigt, ist es nicht verwehrt, zumindest mit dem Firmenzusatz **„Beratende Ingenieure und Architekten"** zu werben (BVerfG BauR 2004, 1834 Ls. mAnm Meurer IBR 2004, 700). Anders verhält es sich allerdings, wenn ein Unternehmen Leistungen aus den Bereichen „Architektur/Tragwerksplanung/Statik/Bauphysik" bewirbt, **ohne einen Architekten zu beschäftigen** (OLG Hamm WRP 2019, 1588; LG Arnsberg WRP 2019, 800; LG Stuttgart WRP 2021, 1106).

4.172   Der Gebrauch der Bezeichnung **„Dipl.-Ing. Architektur"** offenbart dagegen nur den akademischen Grad und stellt keine Berufsbezeichnung iSd Architektengesetze dar, die ausdrücklich das Recht zur Führung akademischer Grade unberührt lassen (OLG Frankfurt OLGR 1999, 243; BGH BeckRS 2005, 2123). – Einem Architekten, der (nur) in einem Bundesland in die Architektenliste eingetragen war, ist es untersagt worden, die Bezeichnung in einem anderen Bundesland, in dem er einen **Zweitwohnsitz** hatte, ins Telefonbuch und Branchenverzeichnis eintragen zu lassen (OLG Koblenz NJW-RR 1996, 3066). – Die Werbung eines nicht in die Architektenliste eingetragenen Küchenstudios mit der Bezeichnung **„Innenarchitektur"** verstößt gegen den landesrechtlich vorgesehenen Bezeichnungsschutz (→ Rn. 4.172) und ist wettbewerbswidrig (vgl. BGH GRUR 1980, 855 – Innenarchitektur mAnm Bürglen (zu § 2 HmbArchtG)). Ebenso die Bezeichnungen **„Architektenbüro"** oder **„Büro für Architektur"** (OLG Bamberg WRP 2021, 651).

7. Ingenieur

4.173   In den im Wesentlichen übereinstimmenden Ingenieurgesetzen der Länder ist eine einheitliche Regelung zum Schutze der Berufsbezeichnung **„Ingenieur"** getroffen worden, zB IngenieurG Baden-Württemberg v. 23.2.2016 (GBl. 2016, 136 (143)), geändert durch V v. 21.12.21 (GBl. 2022, 1, 5), BayIngG v. 12.7.2016 (GVBl. 2016, 156), zuletzt geändert durch V v. 26.3.2019 (GVBl 2019, 98), oder IngenieurG Nordrhein-Westfalen v. 5.5.1970 (GVBl. 1970, 312, zuletzt geändert durch G v. 14.9.2021, GVBl. 2021, 1086). Danach hat derjenige das Recht, die Berufsbezeichnung „Ingenieur" zu führen, der ein entspr. Studium mit Erfolg abgeschlossen hat oder dem durch die zuständige Behörde das Recht verliehen worden ist, die Bezeichnung „Ingenieur (grad.)" zu führen. – Durch bes. Landesgesetze geschützt ist die Bezeichnung **„Beratender Ingenieur"**, zB § 15 IngenieurkammerG Baden-Württemberg v. 28.3.2011 (GBl. 2011, 145), zuletzt geändert durch G v. 21.12.2021 (GBl. 2022, 1, 5); G über die Bay. Architektenkammer und die Bay. Ingenieurekammer-Bau (Bau-KaG) v. 9.5.2007, GVBl. 2007, 308, zuletzt geändert durch G v. 23.12.2020, (GVBl. 2020, 678); BaukammernG Nordrhein-Westfalen v. 1.12.2021 (GVBl. 2021, 1385); ihre Verwendung setzt – wie die Bezeichnung „Architekt" – die Eintragung in eine von der Ingenieurkammer geführte Liste voraus. – Die Bezeichnung **„Ingenieurbüro"** erfordert, dass innerhalb des Büros Ingenieure hauptberuflich arbeiten und sich nicht nur auf die Kontrolle freier Mitarbeiter beschränken; auch müssen die vom Büro erbrachten technischen Leistungen auf die Tätigkeit von Ingenieuren zurückgehen (OLG Frankfurt WRP 1972, 328).

8. Sonstige geschützte Bezeichnungen

4.174   **Meister:** Meister eines Handwerks darf sich nur nennen, wer für dieses die Meisterprüfung bestanden hat (§ 51 HwO). Die Berufsbezeichnung „Baumeister" darf nur noch führen, wer am 31.12.1980 zur Führung dieser Bezeichnung berechtigt war oder wer noch nach diesem Zeitpunkt die Baumeisterprüfung bestanden hat (§ 2 BauMVAblV v. 2.4.1979, BGBl. 1979 I 419). – **Krankenpflegeberufe:** Zu den Bezeichnungen „Pflegefachfrau", „Pflegefachmann", „Gesundheits- und Kinderkrankenpfleger(in)", „Altenpfleger(in)" §§ 1, 58 PflBG v. 17.7.2017 (BGBl. 2017 I 2581, zuletzt geändert durch G v. 11.7.2021, BGBl. 2021 I 2754). Die Erlaubnis zum Führen einer nach dem KrPflG in der am 31.12.2019 geltenden Fassung zulässigen Berufsbezeichnung bleibt nach § 64 PflBG unberührt. – Die Führung der Berufsbezeichnung „Hebamme", die für alle Berufsangehörigen gilt, bedarf der Erlaubnis nach § 5 HebG v. 22.11.2019 (BGBl. 2019 I 1759). – Durch das MTA-ReformG (BGBl. 2021 I 274) ist das frühere MTA-Gesetz, das die Berufsbezeichnung „Technischer Assistent in der Medizin" vorsah, aufgehoben worden. An seine Stelle ist das MTBG (Gesetz über die Berufe in der medizinischen Technologie v. 24.2.2021, BGBl. I 2021, 274) getreten, das die erlaubnisbedürftigen Berufsbezeichnungen (in männlicher und weiblicher Form) „Medizinischer Technologe für Laboratoriumsanalytik", „für Radiologie", „für Funktionsdiagnostik" und „für Veterinärmedizin" vorsieht. – „Diätassistent" (DiätAssG v. 8.3.1994, BGBl. 1994 I 466, zuletzt geändert durch G v. 24.2.2021, BGBl. 2021 I 274). – **Ausbildungsberufe:** Zahlreiche Ausbildungsberufe sind auf Grund von § 4 BBiG staatlich anerkannt, zB die Berufe „Industriekaufmann/Industriekauffrau" (VO v. 23.7.2002, BGBl. 2002 I 2764, geändert durch VO v. 20.7.2007, BGBl. 2007 I 1518), „Kaufmann/Kauffrau für Groß- und Außenhandelsmanagement" (VO v. 19.3.2020, BGBl. 2020 I 715, zuletzt geändert durch V v. 29.6.2021, BGBl. 2021 I 2244), „Bankkaufmann/Bankkauffrau" (VO v. 5.2.2020, BGBl. 2020 I 121, geändert durch VO v. 30.4.2021, BGBl. 2021 I 865), „Kaufmann/Kauffrau für Versicherungen und Finanzen" (VO v. 2.3.2022, BGBl. 2022 I 291).

Die Berufsbezeichnungen **„Masseur(in) und medizinische(r) Bademeister(in)"** und **„Physiotherapeut(in)"** sind nach dem **MPhG** v. 26.5.1994 (BGBl. 1994 I 1084), zuletzt geändert durch G v. 11.7.2021 (BGBl. 2021 I 2754) geschützt; dabei ist die Bezeichnung „Physiotherapeut(in)" an die Stelle der früher üblichen Bezeichnung „Krankengymnast(in)" getreten. – Der werbende Hinweis eines Masseurs und medizinischen Bademeisters auf **„Krankengymnastik"** oder „Physiotherapie" erweckt bei einem nicht unerheblichen Teil der umworbenen Verkehrskreise den Eindruck, dass der Werbende die hierfür nötige staatlich vorgeschriebene Ausbildung durchlaufen hat. Unter dem Gesichtspunkt der **Verhältnismäßigkeit** kann jedoch einem Verbot eines solchen Hinweises im Hinblick auf die **Berufsfreiheit** (Art. 12 I GG) entgegenstehen, wenn ihm – obwohl nicht Krankengymnast oder Physiotherapeut – die Ausübung **krankengymnastischer** (physiotherapeutischer) **Tätigkeit** nach dem Gesetz erlaubt ist, insbes. dann, wenn er hierauf hinweist, um Fehlvorstellungen auszuschließen (BGH GRUR 1990, 1032 (1034) – Krankengymnastik).   **4.175**

Die Berufsbezeichnung **„Podologe/Podologin"** ist ebenso wie die Bezeichnung **„Medizinischer Fußpfleger/Medizinische Fußpflegerin"** nach dem PodG v. 4.12.2001 (BGBl. 2001 I 3320), zuletzt geändert durch G v. 24.2.2021 (BGBl. 2021 I 274) gesetzlich geschützt. Wer diese Bezeichnungen führen möchte, bedarf der Erlaubnis (§ 1 I 1 PodG), die eine entsprechende Ausbildung und Prüfung voraussetzt (§ 2 I PodG). Dies betrifft aber nur die Berufsbezeichnung. Das PodG besagt nicht, dass eine medizinische Fußpflege nur von einer Person angeboten und ausgeführt werden darf, die sich als „Podologe/Podologin" oder „Medizinischer Fußpfleger/Medizinische Fußpflegerin" bezeichnen darf (BGH GRUR 2013, 1252 Rn. 13 – Medizinische Fußpflege). Personen, die die Berufsbezeichnung nicht führen dürfen, dürfen auch weiterhin im Rahmen der allg. rechtlichen Regeln, insbes. § 1 HeilprG, fußpflegerische Leistungen erbringen und ihre Leistungen als medizinische Fußpflege anbieten (BGH GRUR 2013, 1252 Rn. 18 – Medizinische Fußpflege).   **4.176**

V. Zusatz „geprüft"

Wer den Zusatz **„geprüft"** verwendet, ohne dass dem eine staatliche oder staatlich anerkannte Prüfung zugrunde liegt, handelt irreführend, wenn er dies nicht klarstellt. Die Bezeichnung „geprüfter Diamantfachmann" setzt ein durch staatliche oder staatlich anerkannte Prüfung nachgewiesenes **Fachwissen** von einem Grade voraus, das den Standard anderer Juweliere deutlich überragt. Liegen diese Voraussetzungen nicht vor, so wird die Irreführung durch den Zusatz **„GDE",** der auf die Zugehörigkeit zu einem Fachverband hinweist, nicht ausgeräumt, sondern eher noch verstärkt, weil dadurch beim breiten Publikum der Eindruck eines bes. exklusiven Titels hervorgerufen werden kann (BGH GRUR 1978, 368 – Gemmologe DGemG).   **4.177**

Irreführend ist die Bezeichnung **„Elektrotechnische Prüfstelle"** für den Geschäftsbetrieb eines Sachverständigen, der keine gesetzlich anerkannte technische Prüfstelle ist (OLG Karlsruhe WRP 1981, 225). – Die Bezeichnung **„Geprüfter Bilanzbuchhalter"** im Zeugnis einer privaten Steuer-Fachschule täuscht eine **staatliche** anerkannte Prüfung vor, wenn sie drucktechnisch hervorgehoben und auf eine PrüfungsVO von 1990 Bezug genommen wird (OLG Köln WRP 1994, 130). – Wer sich wahrheitsgemäß als **„staatlich geprüfter"** Blitzableiterbauer bezeichnet, verstößt nicht gegen § 5 (OLG Oldenburg GRUR 1986, 178). – Irreführend ist die Verwendung der Bezeichnung **„geprüfter Massagepraktiker",** der keine staatliche oder staatlich anerkannte Prüfung zugrundeliegt (OLG Saarbrücken GRUR-RR 2018, 257).   **4.178**

VI. Irreführende Angaben über Mitgliedschaften oder Beziehungen

In der geschäftlichen Kommunikation können Hinweise auf Mitgliedschaften des Unternehmens als Ausdruck von Kompetenz oder Seriosität aufgefasst werden. Die Angabe **Mitglied** bedeutet die Verbundenheit durch eine Sache oder einen gemeinsamen Zweck. Angaben über die Mitgliedschaft in Selbstverwaltungskörperschaften, Fachverbänden, Arbeitskreisen, Beratungsgremien dürfen daher nicht irreführend sein. Mit der Mitgliedschaft in der Industrie- und Handelskammer darf nur werben, wer tatsächlich Mitglied ist (LG Gießen WRP 2015, 1268). Die Werbung eines Rohr- und Kanalreinigungsunternehmens mit seiner **Mitgliedschaft in der Handwerkskammer** ist mit Blick auf die gesetzliche Verpflichtung zur Mitgliedschaft gem.   **4.179**

§ 18 HwO als Werbung mit Selbstverständlichkeiten (→ Rn. 1.113 ff.) wettbewerbswidrig (LG Gießen WRP 2015, 1268). – Der Eindruck der Mitgliedschaft kann bereits dadurch entstehen, dass die Internetseite eines Unternehmens einen elektronischen Verweis (Link) zu einem Branchenverband aufweist. Verweist bspw. ein Unternehmen, das Dienstleistungen des vorbeugenden Brandschutzes anbietet, auf seiner Internetseite auf den Bundesverband Brandschutz-Fachbetriebe eV und die Gütegemeinschaft Instandhaltung Feuerlöschgeräte eV, so schließt der Verkehr auf eine Mitgliedschaft in diesen Verbänden. Trifft diese Annahme nicht zu, ist die Angabe irreführend (LG Erfurt MMR 2003, 491 =WRP 2003, 414 Ls.). – Der unbestimmte Begriff der „Beziehungen" weist in die gleiche Richtung: Aus der behaupteten Verbindung zu privaten oder öffentlichen Einrichtungen und Organisationen, Unternehmen oder Individuen kann eine Aussage über die Qualifikation oder Seriosität des Unternehmers ableitbar sein. Soweit mit der Angabe einer solchen „Beziehung" auch eine Aussage über die Qualität des Produkts getroffen wird, besteht eine Überschneidung mit § 5 II Nr. 1 (→ Rn. 2.58 ff.). Der ebenfalls eine Werbung mit „Beziehungen" darstellende Fall des Sponsorings ist in § 5 II Nr. 4 gesondert geregelt. Erfolgt die Angabe unter Verwendung eines Logos oder Siegels, dessen Verwendung nach objektiver Prüfung gestattet wird, so geht das per-se-Verbot der Nr. 2 des Anh. zu § 3 III vor, das nicht nur auf produkt- sondern auch auf unternehmensbezogene Angaben anzuwenden ist (→ Anh. § 3 Rn. 2.1 ff.). So verhält es sich etwa, wenn ein Internethändler mit dem Logo „Trusted Shops" des gleichnamigen Anbieters wirbt, der die Einhaltung verbraucherschützender Standards zertifiziert, obwohl er nicht Lizenznehmer des Anbieters ist (LG Bielefeld ITRB 2011, 280). – Irreführend ist die Werbung mit dem Hinweis **„Vom (...)-Verband anerkannter Kfz-Sachverständiger"**, wenn der Werbende weder Mitglied dieses Verbands ist noch dessen Eignungsprüfung durchlaufen hat (LG Essen WRP 2018, 1261). – Irreführend ist die unzutreffende werbliche Behauptung, eine Rechtsanwältin sei ehrenamtlich in der **Vorstandsabteilung für Vermittlungen** der Rechtsanwaltskammer tätig (BGH GRUR 2021, 1422 Rn. 33 und 35 – Vorstandsabteilung).

F. Irreführung über Auszeichnungen und Ehrungen

I. Begriff und Arten der Auszeichnungen und Ehrungen

4.180 Der Hinweis auf den Besitz von Auszeichnungen oder Ehrungen ist ein beliebtes Werbemittel, dem eine hohe wettbewerbsrechtliche Relevanz zukommt. Als Beispiel für eine Irreführung über geschäftliche Verhältnisse wurden die Auszeichnungen in § 3 aF ausdrücklich genannt. In § 5 II Nr. 3 sind – entspr. Art. 6 I lit. f UGP-RL – die (synonymen) Begriffe Auszeichnungen und Ehrungen aufgeführt. Unter einer **Auszeichnung** oder **Ehrung** versteht der Verkehr alles, was das Unternehmen oder seinen Träger aus der Menge der Mitbewerber hervorhebt und ihm von **dritter Seite** bescheinigt worden ist. Die **Erscheinungsformen** von möglichen Auszeichnungen und Ehrungen sind vielfältig (zB Denkmünzen, Ehrenurkunden, Diplome, behördliche Anerkennungsschreiben). Hierher gehört zB auch die Bezeichnung „Hofjuwelier", „Hoflieferant" und dgl., mit der weite Kreise noch die Auffassung bes. Tüchtigkeit und Zuverlässigkeit verbinden (ebenso für die Bezeichnung „Mannheimer Hofbräu" LG Mannheim GRUR 1959, 378). Rein **private Anerkennungsschreiben,** denen es an einem objektiven Prüfungsverfahren fehlt, sind keine Auszeichnungen. Sie können aber eine Irreführung über geschäftliche Verhältnisse im Allgemeinen enthalten, so zB wenn Empfehlungen von Heilmitteln durch Geheilte, Abnehmer, Ärzte vorgeschwindelt werden. Wer in einer Werbung solche Schreiben mitteilt, macht sich die darin enthaltenen Behauptungen zu Eigen (→ Rn. 1.165 ff.). Über **Titel** und **Würden** → Rn. 4.150 ff.

II. Täuschungsformen

4.181 Eine irreführende Angabe über eine Auszeichnung ist zweifelsohne dann gegeben, wenn deren **Bestand** nur vorgetäuscht wird, in Wahrheit also schlicht erdichtet wurde. Die Bewerbung eines Computers „Unser Computer des Jahres" deutet aber nicht auf den Besitz einer in Wirklichkeit nicht bestehenden Auszeichnung hin (OLG Hamburg CR 1995, 538). Anders wenn der **Anschein des Besitzes** einer Denkmünze durch Embleme und ähnliche Zeichnungen vorgetäuscht wird. Unzulässig ist daher die Abbildung von Olympiade- und Weltmeisterschaftsmedaillen und Zahlen auf der Oberseite von **Metallskiern,** wenn dadurch der irrige Eindruck entsteht, mit solchen Skiern seien bestimmte sportliche Erfolge erzielt worden (OGH ÖBl 1962, 11). Ebenso kann über den Bestand einer Auszeichnung getäuscht werden, wenn diese für einen **anderen Zeitraum** vergeben wurde, etwa das vorangegangene Kalenderjahr. Der Verkehr erwartet bei einer Auszeichnung, dass dem Verleiher **fachliche Kompetenz** und **Neutralität** zukommt und diese auf Grund eines ernsten und objektiven **Prüfungsverfahrens** vergeben wird (BGH GRUR 1984, 740 (741) – Anerkannter KFZ-Sachverständiger; OLG Hamburg GRUR 1991, 470; zur irreführenden Verwendung von Gütesiegeln → Rn. 1.167). Bloße **Scheinauszeichnungen,** bei denen diese Voraussetzungen nicht erfüllt werden, führen daher in relevanter Weise irre. Unzulässig sind daher **Qualitätswerbezeichen,** die den irrigen Eindruck erwecken, die so gekennzeichnete Ware sei von zuständiger Stelle auf Qualität geprüft (GA Nr. 2/1971, WRP 1973, 56). Hierher gehört auch der Gebrauch von Rundstempeln, weil sie die Bestellung und Anerkennung als Sachverständiger vortäuschen (OLG München WRP 1981, 483; OLG Bamberg WRP 1982, 158; OLG Frankfurt NJW-RR 1988, 103; Bleutge WRP 1979, 777; → Rn. 4.159).

Über die Frage, für welche **Zwecke** die Auszeichnung im Einzelnen verwendet werden darf, **4.182** entscheidet vor allem der Wortlaut und Sinn der **Verleihungsurkunde.** Aus dieser ergeben sich die Bedeutung und der Umfang des Rechts; die tatsächliche Benutzung muss hiermit übereinstimmen. Wie sie verstanden wird, richtet sich nach der Auffassung der Verkehrskreise, denen gegenüber von der Auszeichnung werbend Gebrauch gemacht wird. Unzulässig ist es daher Auszeichnungen für **einzelne Produkte** zu verwenden, die dem Unternehmen für **gute gewerbliche Leistungen im Allgemeinen** verliehen worden sind. Daher ist eine **Medaillenwerbung** auf dem Flaschenetikett eines „Premium-Pils" irreführend, wenn die Medaillen nicht für dieses Produkt, sondern allgemein für die Leistungen der Brauerei verliehen worden sind (OLG München GRUR 1989, 123). Aus den gleichem Grund wurde es einem französischen Hersteller untersagt, ein mit einem Kranz von Ausstellungsmedaillen aus den Jahren 1862–1900 geschmücktes Etikett für einen Apéritif zu verwenden, die allgemein für gute gewerbliche Leistungen verliehen worden waren (BGH GRUR 1961, 193 (196) – Medaillenwerbung). Als irreführend angesehen wurde auch die Werbung mit der Prämiierung mit „wertvollen Goldmedaillen", sofern solche nicht nur an Gruppensieger oder dergleichen verliehen werden (OLG Koblenz WRP 1984, 503 (504 f.)); ferner die Werbung mit „internationalen Auszeichnungen", sofern sich am Wettbewerb nur inländische Mitbewerber beteiligt haben (OLG WRP 1984, 503 (504 f.)). Sofern dem Unternehmer die Auszeichnung für ein bestimmtes Produkt verliehen wurde, darf er sie nicht gleichzeitig auch für andere Waren verwenden (OLG München GRUR 1983, 339).

Auszeichnungen und Ehrungen können zulässigerweise von behördlichen, als auch privaten **4.183** Instituten verliehen werden. Gleichwohl kommt den **amtlichen** Ehrungen idR eine höhere Werbekraft zu. Daher darf der Werbende nicht den Anschein amtlicher Auszeichnung erwecken, wenn die Auszeichnung in Wahrheit von privaten Stellen vergeben worden ist (Ohly/Sosnitza/ Sosnitza Rn. 608).

Zur Werbung mit Gütezeichen → Rn. 1.167. Ein Fall der irreführenden Werbung mit **4.184** Gütezeichen ist in Anh. Nr. 3 zu § 3 III geregelt (→ Anh. § 3 Rn. 2.1 ff.). Damit verwandt ist der Tatbestand der Anh. Nr. 4 zu § 3 III, der eine Irreführung mit einer Bestätigung, Billigung oder Genehmigung seitens einer öffentlichen oder privaten Stelle betrifft (→ Anh. § 3 Rn. 4.1 ff.).

III. Träger der Auszeichnung und Rechtsnachfolge

Eine Auszeichnung kann dem Unternehmen als solchem verliehen werden oder auch einer **4.185** Person, die mit dem Unternehmen als Inhaber oder Angestellter verbunden ist (GK/Lindacher/ Peifer Rn. 1011). IdR wird sie **mit dem Unternehmen verknüpft** sein und darf dann auch nur von diesem benutzt werden. Sind Auszeichnungen dem **Unternehmen** (Geschäft) verliehen worden, so gehen sie auf jeden Erwerber über (OGH ÖBl 1963, 88 – Martino Balbo). Sind sie dagegen einer **Person,** etwa einem Erfinder, verliehen, so sind sie höchstpersönlich und können vertraglich nicht wirksam übertragen werden. **Lizenzen an Auszeichnungen** sind regelmäßig unzulässig. Doch haftet die für eine bestimmte Ware verliehene Auszeichnung an dieser Ware; darum wird dann eine Lizenz (ein Gebrauchsrecht) an der Auszeichnung mit dem Gebrauchsrecht an der Ware erteilt. Der Gebrauchsnehmer muss jedoch immer auf die Person des Berechtigten hinweisen.

G. Irreführung über die Beweggründe für die geschäftliche Handlung und die Art des Vertriebs (vertriebsbezogene Irreführung)

I. Allgemeines

4.186 § 5 II Nr. 3 nennt als Bezugspunkt der Irreführung die **„Beweggründe für die geschäftli-che Handlung oder die Art des Vertriebs"** (in der engl./franz. Sprachfassung des Art. 6 I lit. c UGP-RL: „motives for the commercial practice and the nature of the sales process"/„la motivation de la pratique commerciale et la nature du processus de vente"). Diese Bezugspunkte sprechen verschiedene **vertriebsbezogene Umstände** an. Soweit die Beweggründe des Unter-nehmers genannt sind, geht es um die gegenüber dem Kunden **kommunizierten Motive**, überhaupt oder in einer bestimmten Weise geschäftlich tätig zu werden. Die Art des Vertriebs meint hingegen die **strukturelle Einbindung** des Unternehmers in den Warenabsatz.

II. Irreführung über die Beweggründe für die geschäftliche Handlung

4.187 Die Täuschung über die Beweggründe für die geschäftliche Handlung kann sich zum einen auf die Motive für eine als **geschäftlich zu erkennende Handlung** beziehen, zum anderen aber auch darauf, dass über den **geschäftlichen Charakter selbst getäuscht** wird.

1. Als geschäftlich erkennbare Handlung

4.188 Unter den erstgenannten Aspekt fallen sämtliche für die Vornahme der Handlung in Betracht kommenden Motive, vor allem diejenigen Fälle, in denen der Unternehmer **besondere Um-stände** – etwa Jubiläen, Geschäftsaufgabe oder Insolvenz – für die **Attraktivität** seines erkenn-bar geschäftlichen Angebots geltend macht. Diese sog **Sonderverkäufe** sind aber wegen ihrer Preisbezogenheit bereits vom Tatbestand des **„Anlasses des Verkaufs"** gem. § 5 II Nr. 2 (→ Rn. 3.1 ff.) erfasst, der mithin – auch wenn der Gesetzgeber insoweit nicht ausdrücklich eine Umsetzung der UGP-RL intendierte (vgl. RegE UWG 2008, BT-Drs. 16/10145 v. 20.8.2008, 24) – in Art. 6 I lit. c UGP-RL seine unionsrechtlich sichere Grundlage haben dürfte.

4.189 Ergibt sich aus einem Angebot dessen **gewerblicher Charakter,** kann es gleichwohl noch irreführend sein, wenn nicht deutlich wird, dass es sich um das **Angebot eines Maklers** handelt. Denn die Angabe des gewerblichen Anbieters vermittelt den Eindruck, dass das Geschäft unmittelbar, also **provisionsfrei,** zustande komme. So ist es unzulässig, wenn in einer Immobi-lienanzeige nicht darauf hingewiesen wird, dass **bei Vertragsschluss eine (Makler-) Provision** zu zahlen ist. Die Irreführung wird nicht schon dadurch ausgeschlossen, dass sich der Inserent in der Anzeige als **„Finanz- und Vermögensberater"** bezeichnet; denn dieser Begriff macht nicht deutlich, dass der – mutmaßlich im Auftrag des Verkäufers handelnde – Berater auch vom Erwerber eine Provision fordern möchte (BGH GRUR 1991, 324 – Finanz- und Vermögens-berater). – Dagegen braucht ein Makler nicht darauf hinzuweisen, dass das Angebot provisions-pflichtig ist (OLG Celle WRP 1996, 910). – Umgekehrt ist es keine irreführende Werbung mit Selbstverständlichkeiten, wenn ein Immobilienverwalter Wohnungen in Zeitungsinseraten unter der herausgestellten Angabe **„Ohne Maklergebühr"** anbietet (OLG Hamburg GRUR-RR 2001, 4170). Die Werbung für **„provisionsfreie" Mietwohnungen,** für die bereits ein Ver-mittlungsauftrag des Vermieters vorliegt, ist allerdings in diesen Fällen nach § 2 Ia WohnraumvermittlungsG dem Wohnungssuchenden keine Zahlungspflichten auferlegt wer-den dürfen (OLG Brandenburg WRP 2020, 344; LG Neuruppin WRP 2018, 754). Die **Abkür-zung „gew."** reicht zur Kenntlichmachung eines gewerblichen Angebots nicht aus (KG WRP 2019, 635). – Die Angabe **„teilgewerblich"** kennzeichnet ein gewerbliches Suchangebot nicht hinreichend, wenn sie dahingehend verstanden werden kann, die gesuchte Wohnung solle teilgewerblich genutzt werden (LG Berlin WRP 2021, 1104).

2. Täuschung über den geschäftlichen Charakter der Handlung

4.190 Erfasst ist weiter die **Täuschung über den geschäftlichen Charakter der Handlung.** Hier ist zunächst auf Anh. Nr. 23 zu § 3 III hinzuweisen: Gibt sich ein **Gewerbetreibender als Privatmann** aus, erfüllt dies idR den Sondertatbestand der Anh. Nr. 23 zu § 3 III; ein solches Verhalten zählt also zu den geschäftlichen Handlungen, die unter allen Umständen unlauter sind (→ Anh. § 3 Rn. 23.1 ff.). In einem Vortäuschen der Verbrauchereigenschaft kann auch das

Verschleiern des kommerziellen Zwecks einer geschäftlichen Handlung iSv § 5a liegen (→ § 5a Rn. 4.125).

Eine Irreführung über den geschäftlichen Charakter liegt vor, wenn ein Unternehmer unter **4.191** einer Kennziffer (Chiffre), einer Telefonnummer oder einer sonstigen Deckadresse gegenüber dem Verbraucher wirbt und so den **Bezug von Privathand vortäuscht** (BGH GRUR 1987, 748 – Getarnte Werbung II mAnm Jacobs; Ohly/Sosnitza/Sosnitza Rn. 679). Der durchschnittlich informierte, aufmerksame und verständige Verbraucher erwartet hier eine Kaufgelegenheit aus Privathand, die preisgünstiger oder verhandelbarer erscheint, weil die Spanne des Handels entfällt (OLG München WRP 1977, 278; LG Stuttgart NJW 1969, 1257; OLG Frankfurt WRP 1979, 468; GK/Lindacher/Peifer Rn. 777). Darauf, ob das Angebot tatsächlich günstig ist, kommt es nicht an. Auch für günstige Angebote darf nicht irreführend geworben werden.

Zur **Verdeutlichung des gewerblichen Charakters** eines Angebots reichen allerdings **4.192** Abkürzungen (zB Gew für gewerbliche; Fa für Firma; Hdl für Händler) aus, wenn sich ihr Sinn dem durchschnittlich informierten, aufmerksamen und verständigen Verbraucher unschwer erschließt. Doch kommt es auf die konkrete Verwendung an (Ohly/Sosnitza/Sosnitza Rn. 680). – Die für die Werbung gegenüber dem Verbraucher geltenden Grundsätze greifen aber nicht bei Werbung gegenüber Unternehmern ein. Denn ihnen ist es idR gleichgültig, ob die Anzeige von einem Privaten oder Gewerbetreibenden ausgeht. – Die genannten Grundsätze greifen auch dann nicht ein, wenn Unternehmer Privatverkäufe anbieten und dabei nicht auf ihre berufliche Stellung hinweisen (BGH GRUR 1993, 761 – Makler-Privatangebot; GRUR 1993, 760 – Provisionsfreies Maklerangebot; Gröning WRP 1993, 621). Hier besteht grds. keine Irreführungsgefahr.

Die Werbung eines Elektroinstallateurs unter einer Chiffre-Nr. macht durch den Zusatz **4.193** „**Prüfprotokoll und Bauabnahme**" noch nicht deutlich, dass es sich um eine gewerbliche Anzeige handelt (OLG München WRP 1985, 231). – Irreführend ist es, wenn in einer gewerblichen Anzeige nur eine Telefonnummer angegeben ist (OLG Hamm WRP 1981, 540; GRUR 1984, 538; OLG Köln WRP 1985, 580). Eine Anzeige, die einen Gegenstand mit dem Zusatz „**aus Privat**" und der Telefonnummer zum Kauf anbietet, weist den Leser auf einen Kauf unter Privaten hin, ist daher irreführend, wenn das Angebot von einem Händler stammt. – Die Werbung „**Priv. Partnervermittlung**" verschleiert den gewerblichen Charakter eines Angebots (OLG Hamm WRP 1989, 532). – Aus dem Immobilienangebot eines Immobilienunternehmens muss dessen gewerblicher Charakter ersichtlich sein. Nichtssagende Namen, Chiffren oder Telefonnummern, die geeignet sind, beim Publikum den unzutr. Eindruck eines Verkaufs aus Privathand zu erwecken, sind unzulässig. Das Inserat eines Immobilienmaklers darf nicht den Eindruck erwecken, die Anzeige sei von einer privaten Person aufgegeben, wenn der Makler ohne Auftraggeber handelt (OLG Karlsruhe GRUR 1984, 602). Ein Maklerinserat ist nicht hinreichend als Maklerangebot gekennzeichnet, wenn mehrere Einzelinserate unter die Überschrift „**X–Immobilien bietet an …**" gesetzt werden, ohne dass ein optischer Zusammenhang zwischen der Überschrift und den Einzelanzeigen hergestellt wird, und hinter jedem einzelnen Objekt nur die Fernsprechnummer angegeben ist (KG GRUR 1984, 137). Die Kleinanzeige mit dem Text „Wohnw z verm Tel …" unter der Rubrik „Wohnwagen" erweckt den Eindruck, dass ein Privatmann und nicht ein Gewerbetreibender sein Wohnmobil zur Vermietung anbietet (OLG Hamm WRP 1998, 327 (328)).

III. Irreführung über die Art des Vertriebs

Schrifttum: Ahlert/Siebenbrock, Der Großhandelsbegriff im Spannungsfeld marketing wissenschaftlicher Betrachtungen, BB 1987, Beilage 15 zu Heft 23; Gröner/Köhler, Der SB-Großhandel zwischen Rechtszwang und Wettbewerb, 1986; Herb, Spezialisierungshinweise und irreführende Werbung nicht markenbezogener Reparaturwerkstätten, WRP 1991, 699; Hereth, Großhandel und Wettbewerbsrecht, WRP 1989, 352; Lindemann/Bauer, Fabrikverkauf, Lagerverkauf, Hersteller-Direkt-Verkauf und Factory Outlet – Werbung am Rande der Legalität, WRP 2004, 45; Okonek, Factory Outlet Center: Eine neue Chance durch E-Commerce?, K&R 2001, 91; Schartel, Der wettbewerbsrechtliche Schutz vor qualitativ geringwertigen Ersatz- und Nachbauteilen, WRP 1995, 901; Schmitz-Temming, Wettbewerbsrecht contra Factory Outlet Center – Fangschuß oder untauglicher Versuch?, WRP 1998, 680; Schricker, Funktionstreue des Großhandels – ein Rechtswert? – Bemerkungen zur Metro-III- und Metro-IV-Entscheidung des Bundesgerichtshofs, GRUR 1990, 567; Schricker/Lehmann, Der Selbstbedienungsgroßhandel, 2. Aufl. 1987; Weyhenmeyer, Der wettbewerbsrechtliche Großhandelsbegriff, WRP 1988, 141.

1. Allgemeines

4.194   Die **„Art des Vertriebs"** erfasst Angaben über eine bestimmte Bezugsart oder Bezugsquelle. Angaben zur Vertriebsart sind deshalb attraktiv, weil ihnen der Verkehr erfahrungsgemäß das Vorliegen einer **preisgünstigen Einkaufsmöglichkeit** entnimmt. Unrichtige Angaben darüber können daher den Käufer zum Kauf veranlassen. Unter der Bezugsart ist der Weg zu verstehen, auf dem eine Ware bezogen wurde, zB „Direktimport", „ohne Zwischenhändler"; „Schnelltransport", „ohne Umladung in Kühlwagen"; vgl. Ohly/Sosnitza/Sosnitza Rn. 678). Die Bezugsquelle weist auf die Herkunft der Ware hin, sei es aus einem bestimmten Land, Ort oder Unternehmen, sei es aus einem Nachlass, einer Privatsammlung oder einem übernommenen Fabriklager (RGSt 36, 430; GK/Lindacher/Peifer Rn. 769). Zum Vortäuschen des Bezugs aus Privathand (→ Rn. 4.190 ff.). Die Irreführung über die geografische und die betriebliche Herkunft ist in § 5 II Nr. 1 geregelt (→ Rn. 2.244, → Rn. 2.253 ff.). Im Folgenden werden die Hauptfälle irreführender Angaben über Bezugsart oder Bezugsquelle behandelt.

4.195   Ein Fall, in dem ein Kaufmann mit **falschen Informationen zu den Bezugsquellen** wirbt, ist nach Anh. Nr. 19 zu § 3 III als Per-se-Verbot ausgestaltet, zählt also zu den geschäftlichen Handlungen, die unter allen Umständen unlauter sind (→ Anh. § 3 Rn. 19.1 ff.).

2. Vortäuschen des Bezugs vom Hersteller

4.196   **a) Sachverhalt.** Angaben, die bei einem durchschnittlich informierten, aufmerksamen und verständigen Abnehmer den falschen Eindruck erwecken, unter Ausschaltung jedes Zwischenhandels direkt vom Hersteller zu kaufen, verstoßen gegen das Irreführungsverbot nach §§ 3, 5. Solche Angaben rufen beim Verbraucher die Vorstellung **bes. Vorteile** hervor, die in der wegen des Wegfalls von Zwischenhandelsspannen **günstigen Preisstellung,** in der **Qualität** der angebotenen Ware, in einer vereinfachten **Garantiestellung** und anderen Momenten liegen können. Ob das Angebot iErg den tatsächlichen Erwartungen entspricht, ist ohne Belang. Entscheidend ist, dass der Verbraucher durch die Irreführung über den direkten Bezug vom Hersteller **zum Kauf verleitet** werden kann. Zur Frage, ob ein Unternehmen als Hersteller anzusehen ist, → Rn. 4.198.

4.197   Von der Irreführung über den Direktbezug vom Hersteller ist die **qualifizierte Irreführung über die betriebliche Herkunft** einer Ware zu unterscheiden (→ Rn. 2.364 f.). Diese verlangt eine Irreführung über eine **bestimmte Herkunftsstätte**, mit der jedoch für Verbraucher, die direkt vom Hersteller kaufen wollen, zugleich eine Irreführung über den Direktbezug verbunden sein kann.

4.198   **b) Herstellereigenschaft.** Wer sich als „Hersteller" bezeichnet oder die Bezeichnungen „Herstellung" oder „Fabrik" verwendet, wird vom Verkehr als ein Unternehmen angesehen, das die von ihm angebotenen Waren im Wesentlichen selbst herstellt. Dabei fragt es sich, welche Tätigkeiten qualitativ dem **Bereich der Herstellung** zuzuordnen sind. Das hängt von der jeweiligen Branche, der Auffassung der Hersteller und Händler und insbes. von der Ansicht der Verbraucher ab. Im Rahmen der wirtschaftlichen Entwicklung können sich die Auffassungen wandeln. Die **bloße Behandlung und Wartung einer fertigen Ware** ist grds. nicht als „Herstellung" anzusehen. Wer sich als Hersteller bezeichnet, braucht aber auch nicht sämtliche Fertigungsschritte vollzogen zu haben. Bei den aus verschiedenen Teilen und aus unterschiedlichem Material bestehenden Waren geht der durchschnittlich informierte Verbraucher nicht davon aus, dass alle Teile und alle Substanzen von demjenigen stammen, der sich als Hersteller präsentiert. Auch wird die Herstellereigenschaft vor allem bei serienmäßig hergestellten Massenwaren nicht dadurch ausgeschlossen, dass ein Teil in fremden Werkstätten gefertigt oder zugekauft wird. Man wird für eine Werbung mit dem Begriff des Herstellers noch nicht einmal voraussetzen können, dass der Fremdherstelleranteil geringfügig ist. Denn in vielen Branchen – etwa bei der PC-Herstellung – ist die Herstellung eines Produkts darauf beschränkt, von anderen hergestellte Komponenten auszuwählen und zusammenzubauen. – Aus dem Gebrauch der eigenen Firmen- oder Warenbezeichnung eines Unternehmens lässt sich nicht darauf schließen, dass der Zeicheninhaber diese Ware tatsächlich im eigenen Betrieb hergestellt hat.

4.199   Die **Beispiele aus der älteren Rspr.** zeigen teilweise eine Strenge, die mit dem heute maßgeblichen Verbraucherleitbild und vor allem mit den Verhältnissen, die im produzierenden Gewerbe herrschen, nur schwer zu vereinbaren sind. Es ist **zu unterscheiden:** Wird damit geworben, dass ein bestimmtes Erzeugnis aus eigener Herstellung stammt, dann muss diese Angabe grds. zutreffen. Stellt sich heraus, dass der Hersteller ein Teil der Waren, die er mit dem

Prädikat „aus eigener Herstellung" versieht, **zugekauft** hat, so ist das irreführend. Der Verbraucher, der bspw. auf einem Erzeugermarkt Eier erwirbt, die entgegen der Ankündigung „aus eigener Herstellung" von einem Großerzeuger zugekauft sind, wird in relevanter und erheblicher Weise irregeführt. Ein großzügiger Maßstab ist dagegen am Platze, wenn es um die **Fertigungstiefe** geht. Auch in traditionellen Produktionsindustrien wie der Automobilindustrie werden heute erhebliche Teile von Zulieferern hergestellt. Computer oder Fahrräder werden von den Herstellern häufig nur aus Komponenten zusammengebaut, die sie bei Zulieferern erwerben. Das Verkehrsverständnis hat sich auf diese Sachverhalte eingestellt. Auch bei geringer Fertigungstiefe darf daher der Hersteller derartige Produkte als aus eigener Herstellung stammend bezeichnen, wenn jedenfalls die Endfertigung in seinen Händen lag. Bringt er dagegen – wie es etwa bei Haushaltsgeräten häufig geschieht – auf dem von einem Dritten vollständig hergestellten Gerät lediglich noch seine Marke an, darf er selbstverständlich nicht behaupten, das Gerät stamme aus der eigenen Produktion. – Nach Auffassung des OLG Köln darf sich nicht als **Hersteller von Whirlpools** bezeichnen, wer lediglich fertige Bauteile zukauft, die wesentlichen Bauteile selbst aussucht und deren Zulieferung an den Produktionsbetrieb in China veranlasst, auch wenn dies unter den Herstellerbegriff nach den Vorschriften des Produkthaftungsgesetzes und Elektrogesetzes fällt (OLG Köln WRP 2020, 781).

Beispiele: Die Werbung **„aus eigener Fabrikation"** wurde als irreführend angesehen, weil 15–20 % des   **4.200** Gesamtumsatzes planmäßig zugekauft wurden; die bloße Prüfung des zugekauften Gemüses, das Ausscheiden minderwertiger Teile, die Reinigung von Fremdkörpern und das Umpacken wurden nicht als hinreichende Rechtfertigung für die Verwendung der Bezeichnung „Fabrikation" angesehen (RG GRUR 1940, 585 – Trockengemüse). – Die Verwendung der Marke **„Klasen-Möbel"** ist als irreführend untersagt worden, obwohl es sich um eine Fabrik- oder Handelsmarke handeln konnte, weil die in dem Möbelverkaufslager angebotenen Möbel nur zu vom Werbenden selbst hergestellt, zu jedoch von anderen Firmen bezogen wurden (BGH GRUR 1957, 348, 349 – Klasen-Möbel). Diese Begründung begegnet Zweifeln, weil die Entscheidung keine Grundlage für die Annahme erkennen lässt, dass der Verkehr die Bezeichnung „Klasen-Möbel" notwendig als Fabrikationsmarke versteht. – Irreführend ist es, sich in der Publikumswerbung für den Verkauf von Bekleidungsgegenständen über als eigene bezeichnete Verkaufsniederlassungen blickfangmäßig als **Bekleidungswerk** zu bezeichnen, wenn das angebotene Sortiment zu einem erheblichen Teil (des Angebots) nicht in dem Bekleidungswerk hergestellt, sondern von anderen Herstellern **zugekauft** worden ist (BGH GRUR 1986, 676 – Bekleidungswerk). – Nicht zu beanstanden ist die Verwendung des Begriffs **„Fabrikverkauf"** oder **„Factory Outlet"**, wenn ein Teil der Produktion im Wege der verlängerten Werkbank von Drittunternehmen hergestellt wird (BGH GRUR 2013, 1254 Rn. 22 – Matratzen Factory Outlet). – Die Bezeichnung **„Herstellung und Vertrieb"** wird gewöhnlich dahin verstanden, dass zumindest ein nennenswerter Teil des Sortiments selbst hergestellt wird, und zwar darunter auch ein Teil der Waren, die im Sortiment eine gewisse Bedeutung nach Umsatz und werblicher Herausstellung haben (BGH GRUR 1976, 197 – Herstellung und Vertrieb).

c) Täuschung über die Herstellereigenschaft. Der falsche Eindruck, man kaufe direkt   **4.201** vom Hersteller (Erzeuger), kann, wie die folgenden Beispiele zeigen, auf verschiedene Weise entstehen.

Wer **Händler** ist, darf nicht als **Hersteller** werben. Ein Einzelhändler, der Staubsauger ver-   **4.202** treibt, darf nicht den Eindruck erwecken, über ihn könne im Wege des Direktbezugs unmittelbar beim Hersteller gekauft werden (BGH GRUR 1955, 409 – AEG Vampyrette). Über die Bezugsquelle wird auch irregeführt, wenn jemand Händler ist, aber durch Abbildungen von Warenlagern und Betriebsstätten der Lieferfirma als Hersteller erscheint (RG GRUR 1938, 726). – Als unzulässig angesehen wurde die Bezeichnung einer Kaffeehandlung als Kaffeerösterei, auch wenn sie ebenso frisch gerösteten Kaffee durch Lohnröster liefert (OLG Hamburg GRUR 1953, 531). – Erweckt ein mit **Leasingangeboten** werbender Kfz-Händler den unzutr. Eindruck, er selbst trete als Leasinggeber auf, so liegt darin eine relevante Irreführung (OLG Karlsruhe NJWE-WettbR 1999, 28).

Die Werbung mit der Angabe **„Verkauf direkt ab Fabrik"** oder **„vom Fabrikanten**   **4.203** **direkt zum Verbraucher"** wird vom Durchschnittsverbraucher dahin verstanden, dass der Werbende die Ware selbst herstellt und ohne Einschaltung der Handelsstufe vertreibt (OLG München GRUR 1979, 159). Jeder Zwischenhandel muss deshalb ausgeschaltet sein. – Irreführend ist der Werbespruch einer Ein- und Verkaufsgenossenschaft **„Vom Erzeuger zum Verbraucher"**, wenn sie nicht Erzeugerin ist, sondern die Waren wie jeder Händler einkaufen muss. Die bloße Verkürzung des Vertriebswegs vom Erzeuger zum Verbraucher genügt nicht, und zwar auch dann nicht, wenn der Kunde zum Erzeugerpreis beliefert wird (Frey WRP 1963, 317 f.). – Unzulässig ist die Werbung **„direkt vom Hersteller"** bei Damenledermänteln, wenn der Werbende keinen Einfluss auf den Herstellungsvorgang hat und die Herstellung nicht von Anfang bis Ende überwacht (OLG Düsseldorf GRUR 1965, 192; OGH ÖBl 1972, 65).

4.204   Auch wenn der Hersteller im Rahmen einer eigenen Absatzorganisation den Verkauf durchführt und dadurch höhere Vertriebskosten entstehen, ist die Werbung **„direkt ab Fabrik – ohne Zwischenhandel"** irreführend, weil ein nicht unerheblicher Teil der Verbraucher annimmt, bes. preisgünstig zu kaufen. – Hat ein Hersteller mehrere unselbstständige Verkaufsniederlassungen, so darf er auch in solchen, die sich nicht am Herstellungsort befinden, mit dem Hinweis **„direkt vom Hersteller"** werben. Entscheidend ist, dass Verkäufer und Hersteller identisch sind; die Ware muss jedoch nicht am Verkaufsort der Niederlassung hergestellt sein. In einem solchen Fall muss der Verkauf an Endverbraucher auch nicht auf dem Werksgelände stattfinden. – Wird eine Ware überhaupt nicht über den Zwischenhandel vertrieben, so kann die Werbung **„direkt ab Fabrik"** unter dem Gesichtspunkt der Werbung mit Selbstverständlichkeiten unzulässig sein (→ Rn. 1.113 ff.). – In der Entscheidung „Direkt ab Werk" hat es der BGH offengelassen, ob der Verkehr die Aussage **„Direkt ab Werk! kein Zwischenhandel!"** so versteht, dass direkt vom Hersteller gekauft werden könne, oder ob er darin nur den Ausschluss jeglichen Zwischenhandels zwischen Hersteller und Einzelhändler sieht (BGH GRUR 2005, 442 – Direkt ab Werk). Dies hängt von den Umständen des Einzelfalls ab. Irreführend ist es aber, wenn in diesem Zusammenhang von einem „garantierten Tief-Preis" die Rede ist, obwohl der Händler in diesen Preis seine Spanne einkalkuliert hat. Denn dieser Hinweis verleitet den Verbraucher zu der Annahme, er habe hier die Gelegenheit, zum Herstellerabgabepreis zu erwerben (BGH GRUR 2005, 442 – Direkt ab Werk; auch → Rn. 3.182).

4.205   Die Werbung eines Herstellers, der ambulante Verkäufe in Gastwirtschaften mit einem eigenen Verkaufsleiter durchführt, mit der Angabe **„vom Hersteller zum Verbraucher"**, insbes. mit Hinweisen auf Qualität und Preisvorteile, erweckt den Eindruck, dass auf Grund des Direktverkaufs günstigere Preise gewährt werden, nicht aber, dass zu Fabrikpreisen verkauft wird (BGH GRUR 1964, 397 (399) – Damenmäntel). Der Verbraucher weiß, dass die Einschaltung von Absatzmittlern tendenziell den Preis erhöht. Nur wenn mit **„echten Fabrikpreisen"** geworben wird, erwartet er, dass die Preisbildung ohne Spannen von Absatzmittlern kalkuliert sind (OLG Oldenburg GRUR 1960, 250). – Zugelassen wurde auch die Werbung eines Handelsvertreters mit der Angabe **„direkt ab Fabrik"** im Blickfang, wenn die Erzeugnisse eines bestimmten Herstellers angeboten werden, der Handelsvertreter kein Lager unterhält, der Kunde zum Hersteller in unmittelbare vertragliche Beziehungen tritt und von diesem die Erzeugnisse geliefert und eingebaut werden (BGH GRUR 1976, 596 – Aluminiumrollläden mAnm Utescher). In diesem Fall wird weder über den Vertriebsweg irregeführt, noch rechnet der Verbraucher damit, zum Fabrikpreis kaufen zu können; wohl aber erwartet er Preisvorteile, so dass er über deren Höhe nach Lage des Falles irregeführt werden kann.

4.206   Eine **Handelsmarke** darf nicht den Eindruck einer Herstellermarke und dadurch einen Direktbezug mit Vorteilen in preislicher und qualitativer Hinsicht vortäuschen. Doch sind heute Handelsmarken häufiger anzutreffen als früher, so dass nicht ohne weiteres davon ausgegangen werden kann, der Verkehr verstehe eine Marke im Zweifel als Herstellermarke (zu streng daher BGH GRUR 1957, 348 – Klasen-Möbel, → Rn. 4.199). Nicht jede Marke wird im Verkehr als „Herstellermarke" aufgefasst; sonst wäre wettbewerbsrechtlich die reine Handelsmarke unzulässig. Die Bezeichnung **„Edeka-Schloss-Export"** erweckt nicht den Eindruck einer Herstellermarke, wenn auf den Etiketten der Name der Herstellerbrauerei deutlich angegeben ist und der Verbraucher daher die Bezeichnung nur als Handelsmarke auffassen kann (BGH GRUR 1967, 100 (103) – Edeka-Schloss-Export). Eine Täuschung der Verbraucher liegt auch nicht darin, dass unter der einheitlichen Handelsmarke Bier aus zehn verschiedenen Brauereien vertrieben wird. Zwar kann sich auch mit einer bekannten Handelsmarke die Vorstellung einer gewissen Qualität der mit ihr bezeichneten Waren verbinden; im Gegensatz zur Herstellermarke erwartet der Verbraucher aber bei einer Handelsmarke nicht die einheitliche Herkunft und die gleichbleibende Beschaffenheit (BGH GRUR 1967, 100 (103) – Edeka-Schloss-Export). – Bei **Modellbezeichnungen für Serienfahrzeuge** nimmt der Verkehr an, sie seien vom Hersteller für den Handel festgelegt worden. Ersetzt ein Einzelhändler die Modellbezeichnung („C Visa Super") durch eine eigene Bezeichnung („C Visa Husar"), die er in der Werbung mit dem Hinweis „nur bei uns" verwendet, so erweckt er bei einem beachtlichen Teil der Kaufinteressenten die irrige Vorstellung, es handele sich um ein anderes Modell des Herstellers, das nur bei diesem Händler erworben werden könne (OLG Nürnberg WRP 1982, 114).

d) Kennzeichnung von Ersatzteilen. Wer nur Ersatzteile oder Zubehör herstellt, darf sie **4.207** nicht unter der Marke der Hauptware vertreiben und dadurch den falschen Eindruck erwecken, die Ware stamme vom Originalhersteller (§ 14 II Nr. 1 MarkenG). Er ist aber nicht gehindert, die **Marke des Originalherstellers** – soweit notwendig – **als Hinweis auf die Bestimmung des Zubehörs oder des Ersatzteils** zu benutzen (§ 23 I Nr. 3 MarkenG; s. aber BGHZ 205, 1 Rn. 33 – BMW-Emblem; BGH GRUR 2019, 165 Rn. 54 – keine-vorwerk-vertretung). Es ist ihm sogar gestattet, für nachgebaute Ersatzteile die Bestellnummern des Originalherstellers zu verwenden (EuGH Slg. 2001, I-7945 Rn. 54 = GRUR 2002, 354 – Toshiba/Katun; BGH GRUR 2001, 350 (351) – OP-Lampen; GRUR 2003, 444 (445) – „Ersetzt"); denn darin liegt eine zulässige vergleichende Werbung nach § 6, die insbes. keine unlautere Ausnutzung der Wertschätzung des Originalkennzeichens nach § 6 II Nr. 4 darstellt (→ § 6 Rn. 155). Ältere Entscheidungen des BGH, die einen strengeren Maßstab angelegt hatten (BGH GRUR 1996, 781 – Verbrauchsmaterialien), sind damit überholt. Voraussetzung eines zulässigen Vergleichs ist jedoch stets, dass die Verbraucher nicht über die Herkunft irregeführt werden und nicht der Eindruck erweckt wird, die Ersatzteile stammten vom Originalhersteller (BGH GRUR 1962, 537 (542) – Radkappe). Entsprechendes gilt für die **Verwendung von Typenbezeichnungen.**

Früher hatte man die Forderung aufgestellt, dass auch umgekehrt der Hersteller der Hauptware **4.208 von einem Dritten bezogene Ersatz- oder Zubehörteile** nicht ohne weiteres **mit seiner eigenen Marke kennzeichnen** durfte. Auch hier haben sich die Erwartungen des Verkehrs infolge der Änderung der zugrunde liegenden Umstände verändert (→ Rn. 4.199). In vielen Industrien werden, was allgemein bekannt ist, **Teile des Fertigprodukts** von Zulieferern gefertigt, so zB in der Automobilindustrie. Als **„Original-Ersatzteile"** dürfen Kfz-Teile nicht nur dann angekündigt werden, wenn sie von der Autofabrik selbst hergestellt worden sind. Der Kfz-Besitzer weiß, dass einzelne Teile – wie Vergaser, Anlasser, Lichtmaschinen, Getriebe, ABS, Klima- oder Navigationsanlage – von Spezialherstellern und Zulieferbetrieben stammen. Wohl aber wird bei dieser Ankündigung erwartet, dass die Ersatzteile derselben Fertigung entstammen wie die bei der Erstausstattung des Wagens verwendeten Teile, so dass der Hersteller mit seinem Namen und Ruf für die Güte dieser Teile einsteht (BGH GRUR 1963, 142 (146) – Original-Ersatzteile; GRUR 1966, 211 (212) – Ölfilter). Der Verkehr geht hierbei davon aus, dass der Hersteller der Hauptware die Qualität der Teile, die als „Original-Ersatzteil" vertrieben werden, in ähnlicher Weise kontrolliert wie die bei der Erstausstattung eingebauten Teile. – Die Bezeichnung eines Kfz-Ersatzteils als „Original-Ersatzteil" für Fahrzeuge eines bestimmten Kfz-Herstellers verstößt nicht schon deshalb gegen § 5, weil das Teil für Fahrzeuge nicht nur dieses Herstellers, sondern auch anderer Hersteller verwendet wird (BGH GRUR 1966, 211 – Ölfilter). Ob das zutrifft oder nicht, wird für die Entschließung des Käufers idR gleichgültig sein (Schartel WRP 1995, 901).

e) Qualität von Ersatzteilen. Bei Ersatzteilen, die sich in die Hauptware integrieren (zB **4.209** Kotflügel eines Autos), erwartet der Verkehr die durch Werbung bekannt gemachte **Qualität der Hauptware** (zB Verzinkung gegen Durchrostung), es sei denn, der Ersatzteilhersteller weist ausdrücklich darauf hin, dass es sich um ein Produkt minderer Güte handelt. Der Hersteller, der – ohne einen solchen Hinweis – integrierende Ersatzteile liefert, die in der Qualität hinter der bekannten Qualität der Hauptware zurückbleiben, hängt sich wettbewerbswidrig an den guten Ruf der Hauptware an und entwertet die Hauptware eines anderen (OLG München GRUR 1995, 429). Außerdem täuscht er Endverbraucher, die Ersatzteile einbauen lassen, die bei Ersatzteilen die Qualität der Originalteile erwarten OLG München GRUR 1995, 429).

3. Vortäuschen des Bezugs vom Großhändler

a) Allgemeines. Die Rspr. zur **Großhandelswerbung** ist ganz von einer **Funktionstren- 4.210 nung** beherrscht, die für den Handel typisch ist und in der Vergangenheit durch das Verbot des § 6a II aF gestützt wurde. Danach war es unzulässig, auf die Eigenschaft als Großhändler hinzuweisen, wenn nicht überwiegend Wiederverkäufer oder gewerbliche Verbraucher beliefert wurden; außerdem durfte bei der Preisgestaltung nicht nach Endverbraucher oder Wiederverkäufer unterschieden werden, es sei denn, es wurde unmissverständlich auf die unterschiedliche Preise für Endverbraucher und Wiederverkäufer hingewiesen. Dieses Verbot ist zwar im Zuge der **UWG-Reform 2004** gestrichen worden, lässt sich aber ohne weiteres als **Bestandteil des allgemeinen Irreführungsverbots des § 5** verstehen, so dass es in der Sache fortbesteht. Denn es ist davon auszugehen, dass es auch in Zukunft weitgehend bei einer Funktionstrennung zwischen Groß- und Einzelhandel bleibt und die Erwartungen von Endverbrauchern und

Wiederverkäufern an das, was einen Großhändler auszeichnet, sind nicht grundlegend wandeln werden. Eine Vermischung der Handelsfunktionen war auch nach altem Recht zulässig; dennoch wurde von dieser Möglichkeit nur wenig Gebrauch gemacht. Hieran wird sich vermutlich nichts Grundlegendes ändern. Würden Großhändler in Zukunft ihre Tore uneingeschränkt für Endverbraucher öffnen und an diese – auch in kleineren Gebinden – dieselbe Ware zum selben Preis verkaufen, die sie auch Wiederverkäufern anbieten, würden sie schnell für Wiederverkäufer an Attraktivität verlieren.

4.211   **b) Grundsätze.** Ein Handelsunternehmen darf gegenüber dem Endverbraucher nur dann auf seine **Großhändlereigenschaft** hinweisen, wenn es überwiegend Wiederverkäufer oder gewerbliche Verbraucher beliefert und an den letzten Verbraucher zu den seinen gewerblichen Abnehmern eingeräumten Preisen verkauft (BGHZ 28, 54 (64 ff.) – Direktverkäufe; BGH Urt. v. 30.11.1989 – I ZR 184/88 – Metro IV). Ob ein Unternehmen mit den Begriffen „Großhändler", „Großhandlung", „ab Großhandlung", „direkt vom Großhändler" usw werben darf, hängt davon ab, was nach der Auffassung des Verkehrs unter „Großhandel" zu verstehen ist. Hierbei kommt es nicht entscheidend auf die Unterhaltung eines umfangreichen Warenlagers an (OLG Hamm NJW 1963, 863). Auch auf die Höhe des Warenumsatzes und die Preisstellung sind nicht maßgeblich. Wesentlich für die Betriebsform des Großhandels ist jedoch nach der Auffassung der Durchschnittsverbraucher, dass der Betrieb des Großhändlers ganz auf die Belieferung von Wiederverkäufern und Großabnehmern (gewerbliche Verbraucher und Großverbraucher) eingestellt ist. Ein Handelsunternehmen, das neben dem Großhandel in erheblichem Umfang auch den Einzelhandel betreibt, darf sich gegenüber letzten Verbrauchern und Facheinzelhändlern nicht ausschließlich als „Großhändler", sein Unternehmen nicht ausschließlich als „Großhandelsunternehmen" („Großhandel") bezeichnen und nicht mit „Großhandelspreisen" werben (BGHZ 50, 169 (173) – Wiederverkäufer). Wer vortäuscht, „Großhändler" zu sein, verstößt auch dann gegen § 5, wenn er tatsächlich zu Preisen verkauft, die Großhandelspreisen entsprechen. Neben den Endverbrauchern wird auch der **Facheinzelhandel** durch das **Vortäuschen des Bezugs vom Großhändler** irregeführt; denn der Weiterverkauf zu einem die Kosten deckenden Preis wird erschwert, wenn ein Unternehmen außer an Einzelhändler in erheblichem Umfang auch an Letztverbraucher liefert (BGHZ 50, 169 (173) – Wiederverkäufer). Liegt „Großhandel" dagegen vor, so ist die Verwendung dieser Bezeichnung nicht deshalb irreführend, weil der Großhändler gelegentlich an Wiederverkäufer für den Eigenbedarf verkauft.

4.212   **c) Offenbarung der Doppelstellung.** Ein Großhändler, der neben dem Großhandel in erheblichem Umfang auch Letztverbraucher beliefert, kann die Bezeichnung „Großhandel" verwenden, wenn er seine Doppelstellung offenbart, zB durch die Angabe „Groß- und Einzelhandel". Auch um eine Irreführung der Einzelhändler und Lieferanten auszuschließen, ist eine Verpflichtung zur Offenbarung der Doppelstellung zu bejahen, wenn es sich nicht nur um gelegentliche Direktgeschäfte handelt. Eine Irreführung ist zu verneinen, wenn das Unternehmen, das sich in einem Kundenausweis als „Großhändler" bezeichnet, die Letztverbraucher über seine Funktionen wahrheitsgemäß und unmissverständlich aufklärt (BGH GRUR 1965, 431 (433) – Wickel).

4. Vortäuschen der Eigenschaft als Händler, Vertragshändler oder Vertragswerkstatt

4.213   **a) Grundsatz.** Im Gegensatz zum Handelsvertreter, Kommissionär oder Vermittler handelt der Händler **im eigenen Namen und für eigene Rechnung.** Für die Entschließung des Käufers ist es von Belang, ob er es mit einem **Händler** oder einem **Vermittler,** mit einem **autorisierten oder einem nichtautorisierten Händler** zu tun hat. Wer neue Kraftfahrzeuge nur vermittelt, darf nicht vortäuschen, er sei Vertragshändler (vgl. BGH GRUR 2011, 1050 Rn. 27 – Ford-Vertragspartner). Ob der Vermittler die gleichen Kundendienstleistungen wie ein Eigenhändler bietet, ist unerheblich. – Wer nur mit Gebrauchtfahrzeugen handelt und zugleich eine Reparaturwerkstatt unterhält, darf zwar darauf hinweisen, dass er auf Fahrzeuge der Marke Opel spezialisiert ist; er darf aber nicht in seiner Werbung durch die Worte „Opel-Kunden" und „Abt.: Opel" beim Publikum den irrigen Eindruck hervorrufen, ein Opel-Händler oder eine autorisierte Opel-Werkstätte zu sein (BGH GRUR 1970, 467 (469) – Vertragswerkstatt). Der freien Werkstatt darf allerdings nicht das Recht abgesprochen werden, objektiv zutreffend auf die angebotene Leistung („Spezialist für Opel") hinzuweisen; problematisch daher das Verbot der Werbung „Die Werkstatt für Ihren Opel" mit der Begründung, iVm dem Verkaufsangebot von Opel-(Gebraucht-)Fahrzeugen werde der Eindruck erweckt, es hand-le sich um eine Opel-Vertragswerkstatt; auch der Hinweis „Ihr Opel-Vermittlungspartner" schließe diesen Eindruck nicht aus (OLG Hamm GRUR 1990, 383). Die Verwendung des Begriffs „Spezialwerkstatt" im Zusammenhang mit dem Inhabernamen des Autohausbetreibers und dem Namen eines Autoherstellers auf einem Werbe-Pylon stellt einen zulässigen Hinweis auf die Spezialisierung dar (OLG Jena WRP 2016, 1291).

Ist dem durchschnittlich informierten Verbraucher bekannt, dass es **spezielle Vertragshänd- 4.214 ler** gibt, die den Kundendienst leisten und Garantieleistungen erbringen, muss sich aus der **Werbung eines nichtautorisierten Händlers** für den Verkauf von Neufahrzeugen ergeben, dass es sich nicht um das Angebot eines autorisierten Vertragshändler handelt (vgl. OLG München GRUR 1988, 708; OLG Frankfurt GRUR-RR 2022, 79); ob ein wirksames selekti-ves Vertriebsbindungssystem des Herstellers besteht, ist insoweit gleichgültig. Die bloße Angabe des Tätigkeitsbereichs, wie zB „Reparaturen von Mercedes-Fahrzeugen" oder „Kfz-Werkstatt für Porsche-Fahrzeuge", deutet noch nicht auf eine vertragliche Beziehung zu einem bestimmten Hersteller hin (Herb WRP 1991, 699 (701 f.)).

Andererseits muss es der **nichtautorisierten Werkstatt** immer möglich sein, auf den **Gegen- 4.215 stand des eigenen Geschäftsbetriebs** hinzuweisen. Hierfür wird aber die Verwendung des Markenwortes ausreichen („Golf-Werkstatt"); das Bildzeichen (Logo) ist für die Beschreibung des Unternehmensgegenstandes nicht erforderlich (vgl. § 23 Nr. 3 MarkenG; BGH GRUR 2011, 1135 Rn. 26 f. – GROSSE INSPEKTION FÜR ALLE; EuGH Slg. 1999, I-905 Rn. 59–63 und 51–54 = GRUR-Int. 1999, 438 – BMW/Deenik zu Art. 6 I lit. c Marken-RL; auch → Rn. 4.216 f.). Maßgeblich sind insofern die markenrechtlichen Grundsätze des § 23 MarkenG.

Ähnliche Grundsätze gelten für den **nichtautorisierten Handel.** Auch hier muss es dem 4.216 Händler, der nicht Vertragshändler ist, rechtlich möglich sein, sein **Angebot unter Verwen- dung der Marke** des angebotenen Produkts **zu beschreiben.** Markenrechtlich fällt dies unter die **Erschöpfung des Markenrechts** (§ 24 MarkenG; vgl. EuGH Slg. 1999, I-905 Rn. 50 ff. = GRUR-Int. 1999, 438 – BMW/Deenik). Diese Erschöpfung betrifft nicht nur das Recht des Weitervertriebs der markierten Ware, sondern auch das **Ankündigungsrecht** (vgl. EuGH Slg. 1997, I-6013 Rn. 36 = GRUR-Int. 1998, 140 – Dior/Evora zu Art. 7 der Markenrechtsricht-linie). Schon zum Warenzeichenrecht hatte der BGH entschieden, dass ein Händler bei der Werbung für eine Markenware neben der Abbildung in der Originalpackung nochmals auf die Marke des Herstellers in vergrößerter Form hinweisen darf (BGH GRUR 1987, 707 (709) – Ankündigungsrecht I). Ein Einzelhändler, der Markenwaren (Schuhe) verschiedener Hersteller führt, erweckt auch nicht dadurch den Eindruck eines autorisierten Vertragshändlers, dass er innerhalb seiner Geschäfte generell jeweils die Stellen, an denen Schuhe bestimmter Marken zu finden sind, durch über den Regalen angebrachte Schilder mit den Marken der darunter angebotenen Ware kennzeichnet (BGH GRUR 1987, 823 (824 f.) – Ankündigungsrecht II).

b) Vortäuschen der Eigenschaft als Vertragshändler oder Vertragswerkstatt. Von der 4.217 Prüfung im Einzelfall hängt es ab, ob ein Werbehinweis entspr. der Lebenserfahrung tatsächlich den Eindruck hervorruft, dass es sich um einen **Vertragshändler** oder eine **Vertragswerkstatt** handelt, oder ob durch Zusätze eine Irreführung des Verkehrs ausgeschlossen wird. Aber auch wenn der betreffende Betrieb mit dem Hersteller vertraglich verbunden ist, darf er nicht den Eindruck einer stärkeren Bindung hervorrufen, als es der Wirklichkeit entspricht. So darf ein Ford-Servicepartner durch die Verwendung des Begriffs „Ford-Vertragspartner" nicht den Ein-druck erwecken, er sei Ford-Vertragshändler (BGH GRUR 2011, 1050 Rn. 27 – Ford-Ver-tragspartner). Denn der Verkehr erwartet von einem Händler, der vertraglich in das Vertriebsnetz eines Automobilherstellers eingebunden ist, ein **besonders geschultes Fachpersonal,** mithin eine gehobene Qualität bei der Beratung, beim Service und bei Werkstattleistungen. Zudem liegt es nicht fern, dass sich die Verbraucher von einem Vertragshändler eine **besondere Nähe zum Hersteller** und damit bessere tatsächliche und rechtliche Möglichkeiten bei der Regelung von Garantie- und Kulanzfällen versprechen als bei einem Betrieb, der mit dem Hersteller lediglich als Servicepartner verbunden ist. Andererseits muss es dem nichtautorisierten Händler/ Reparaturbetrieb stets möglich sein, auf seine (spezialisierte) Tätigkeit hinzuweisen, was bedeu-ten kann, dass im Einzelfall auch einmal eine Irreführung der Verbraucher hingenommen werden muss (→ Rn. 4.213).

Der Werbehinweis **„Kfz-Meisterbetrieb speziell für Mercedes-Benz"** ist bspw. als zulässig 4.218 angesehen worden (OLG Hamm GRUR 1989, 285 (287)), ebenso die Werbung mit **„Merce- des-Benz Spezial-Abtlg"** durch einen Autoreparaturdienst, der nicht Vertragspartner der

Daimler-Benz AG war (KG GRUR 1977, 537). – Dagegen wurde die Angabe „**Porsche-Spezial-Werkstatt**" für eine Kfz-Werkstatt ohne Vertragsbeziehungen zum Porsche-Werk untersagt, weil der Verkehr nicht hinreichend zwischen „Vertragswerkstätten" und „Spezialwerkstätten" für Porsche-Fahrzeuge unterscheide (KG WRP 1978, 54). Allein der Umstand, dass bislang alle Fach- und Spezialwerkstätten gleichzeitig Vertragswerkstätten waren, darf aber keine Rolle spielen, weil auch der Newcomer das Recht hat, auf seine Leistung hinzuweisen und in der Werbung seine Spezialisierung zu beschreiben. – Verwendet ein Autohändler die weltbekannte Marke eines Kfz-Herstellers nicht bloß als unschädliche bloße **Bestimmungsangabe,** sondern nimmt er sie ohne jeden einschränkenden **Zusatz in seine Unternehmensbezeichnung** auf („Mercedes-Teyrowsky"), werden die angesprochenen Verkehrskreise daraus schließen, dass zum Hersteller eine bes. Nähe in wirtschaftlicher oder organisatorischer Hinsicht besteht und dass das so bezeichnete Unternehmen ein Vertragshändler des Herstellers und Markeninhabers ist (OGH ÖBl 1992, 273 (277)). –Der irreführende Eindruck der Vertragshändlereigenschaft kann auch durch Verwendung des **Logos eines Kfz-Herstellers** auf Werbeschildern auf dem Betriebsgelände sowie auf dem geschäftlichen Briefpapier oder im Internetauftritt hervorgerufen werden (OLG Jena WRP 2016, 1291; OLG Frankfurt GRUR-RR 2022, 79).

4.219   **c) Kundendienst.** Zur Irreführung über den Kundendienst → Rn. 2.240.

4.220   **d) Fachliche Qualifikation.** Ungeachtet der Beziehung zum Hersteller müssen Betriebe, die ihre Spezialisierung auf einen bestimmten Typ oder auf einen bestimmten Hersteller in der Werbung herausstellen, auch die **Erwartungen des Verkehrs an die fachliche Qualifikation** erfüllen. Denn wer sich als Spezialwerkstatt für einen bestimmten Typ bezeichnet, weist damit darauf hin, dass er für die fraglichen Erzeugnisse mehr oder weniger über dieselben Qualifikationen verfügt, die von einer eine Vertragswerkstatt erwartet werden. So ist die Bezeichnung „**Jaguar Spezialwerkstatt**" als irreführend angesehen worden, wenn die Mitarbeiter dieser Werkstatt nicht über die Entwicklung dieses Autotyps auf dem Laufenden gehalten werden (OLG Karlsruhe WRP 1980, 574). Dabei ist zu berücksichtigen, dass Kraftfahrzeughersteller gem. Art. 6 VO (EG) 715/2007 dazu verpflichtet sind, unabhängigen Marktteilnehmern uneingeschränkten, standardisierten und nicht diskriminierenden Zugang zu Reparatur- und Wartungsinformationen zu gewähren (dazu EuGH GRUR 2019, 1196 – Gesamtverband Autoteile-Handel e. V./KIA Motors Corporation; BGH GRUR 2018, 955 – Ersatzteilinformation I; GRUR 2020, 426 – Ersatzteilinformation II). Ein Betrieb, der werbend auf seine Spezialisteneigenschaft hinweist, muss diese sich ihm bietenden Möglichkeiten wahrnehmen.

5. Reisegewerbe und stehendes Gewerbe

4.221   Das **Reisegewerbe** zeichnet sich dadurch aus, dass der Gewerbetreibende unangemeldet ohne eine entsprechende Terminsvereinbarung zum Kunden kommt (§ 55 I GewO). Zwar muss der Reisegewerbetreibende seine Leistung nicht sofort erbringen, die **Initiative** zur Erbringung der Leistung muss aber – anders als beim stehenden Gewerbe, bei dem der Kunde um Angebote nachsucht – **stets vom Anbietenden ausgehen** (BVerfG GewA 2007, 294). Erweckt der Reisegewerbetreibende – etwa durch Kontaktangaben (Telefonnummer, E-mail-Adresse und Anschrift) auf einem Baustellenschild – den Eindruck, es handele sich um ein stehendes Gewerbe, täuscht er den Verkehr über die Bezugsart (OLG Jena NJW-RR 2009, 975 (976)).

5. Abschnitt. Irreführung über Sponsoring oder Zulassung
(§ 5 II Nr. 4 UWG)

Übersicht

Schrifttum: Becker, Der Schutz von Veranstaltungszeichen über § 5 Abs. 1 S. 2 Nr. 4 UWG, WRP 2015, 139; Federhoff-Rink, Social Sponsoring in der Werbung – Zur rechtlichen Akzessorietät der Werbung mit Umweltsponsoring, GRUR 1992, 643; Heermann, Sind nicht autorisierte Ticket-Verlosungen lauterkeitsrechtlich unzulässiges Ambush Marketing? – Zugleich Besprechung von LG Stuttgart, Urt. v. 19.1.2012 – 35 O 95/11 KfH – Finaltickets Champions League und LG Stuttgart, Urt. v. 4.5.2012 – 31 O 26/12 KfH – Tickets € 2012, GRUR-RR 2012, 313; Heermann, Sponsoringverträge als Teil von Kopplungsgeschäften, WRP 2014, 897; Holzhäuser/Karlin, Werbung mit Fußballspielern bei konkurrierenden Sponsoringverträgen, GRUR-Prax 2015, 139; Körber/Mann, Werbefreiheit und Sponsoring – Möglichkeiten und Grenzen von Ambush Marketing unter besonderer Berücksichtigung des neuen UWG, GRUR 2008, 737; Roller, Wettbewerbsrechtliche Grenzen einer Werbung mit einem Klimaschutz-Label („CO_2-Fußabdruck"), ZUR 2014, 211; Schaub, Sponsoringverträge und Lauterkeitsrecht, GRUR 2008, 955.

A. Irreführung über Sponsoring

I. Grundsatz

In den letzten Jahren berufen sich Unternehmen in der Werbung verstärkt auf ihr **Umwelt-** **5.1** **engagement.** Die Umweltwerbung bezieht sich dann nicht mehr speziell auf die Beschaffenheit, die Herstellungsart, die Preiswürdigkeit oder die Wirkungen der angebotenen Waren oder Dienstleistungen, sondern besteht in **allgemeinen Hinweisen und Appellen zur Förderung und zum Schutz der Umwelt.** Das ist grds. unbedenklich, und zwar auch dann, wenn zwischen dem Umweltengagement und der in erster Linie beworbenen Ware oder Leistung **kein Sachzusammenhang** besteht (→ § 3 Rn. 9.19). Entweder preist ein Unternehmen allgemein das **eigene Engagement;** dann zielt die Werbung auf eine Stärkung des Ansehens des Unternehmens. Oder ein Unternehmen verspricht in der Werbung, dass der Kunde mit seiner Entscheidung für das beworbene Hauptangebot gleichzeitig etwas Gutes für die Umwelt tue; dann wird eine **zusätzliche Leistung** versprochen, was ebenfalls – wenn die Angaben zutreffen – wettbewerbsrechtlich unbedenklich ist (→ Rn. 3.71; vgl. BGH GRUR 2007, 247 – Regenwaldprojekt I).

Für die wettbewerbsrechtliche Beurteilung ist daher entscheidend, dass die **Angaben zutreffen,** **5.2** die sich auf das Umweltengagement beziehen. Vor allem bei der zweiten Fallgruppe dürfen sich diese Angaben **nicht nur in pauschalen Hinweisen erschöpfen.** Vielmehr sollte derjenige, der dem Verbraucher verspricht, mit der Kaufentscheidung für das beworbene Produkt einen konkreten Beitrag zum Umweltschutz (oder sonst für eine gute Sache) zu leisten, konkrete Angaben darüber machen, worin dieser Beitrag im Einzelnen liegt. Allerdings folgt aus dem Umstand, dass ein Unternehmen allgemein für den Fall des Erwerbs seiner Produkte verspricht, einen Dritten zu unterstützen, noch nicht, dass **über die Details dieser Leistung aufgeklärt** werden muss. Erst wenn die Werbung **konkrete, für die Kaufentscheidung relevante irrige Vorstellungen** hervorruft, ergibt sich eine Verpflichtung des werbenden Unternehmens zu aufklärenden Hinweisen (BGH GRUR 2007, 247 – Regenwaldprojekt I).

II. Hinweispflichten des Werbenden

1. Rspr. der Instanzgerichte

In der Rspr. der Instanzgerichte wurde teilweise verlangt, dass der **Beitrag genau bezeichnet** **5.3** wird, der im Falle eines Geschäftsabschlusses zu leisten versprochen wird (OLG Hamm GRUR 2003, 975: Förderung eines Regenwald-Projekts durch den Erwerb eines Kasten Biers; vgl. auch LG Siegen GRUR-RR 2003, 379). Teilweise war auch eine **großzügigere Betrachtungsweise** zu erkennen; so hat das OLG Hamburg (GRUR-RR 2003, 51) die Werbeaktion eines Händlers für Elektronikartikel für unbedenklich gehalten, der für jeden Auftrag die Überweisung eines festen Betrages für eine UNICEF-Aktion versprochen hatte, obwohl es an konkreten Angaben zu der angekündigten Leistung fehlte („E … unterstützt ab sofort die UNICEF-Aktion ‚Bringt die Kinder durch den Winter'. Für jeden eingehenden Auftrag wird das Unternehmen in den nächsten Monaten einen festen Betrag an die internationale Hilfsorganisation überweisen"). Irreführend sei eine solche Aktion erst, wenn das Unternehmen den Hilfsbeitrag entgegen seiner Ankündigung nicht abführt oder der für jeden Auftrag abgezweigte finanzielle Unterstützungsbetrag derart gering sei, dass hierdurch entgegen der hervorgerufenen berechtigten Verbrauchererwartung eine nennenswerte Unterstützung des sozialen Hilfszwecks nicht erreicht werden könne (OLG Hamburg GRUR-RR 2003, 51 (52); dazu Hartwig EWiR 2003, 291). Teilweise wurde eine solche Werbung mit der Spende lauterkeitsrechtlich als uneingeschränkt zulässig angesehen (OLG Köln NJW-RR 2002, 336: Werbung eines Anbieters von wiederverwert- und recycelbaren Druckerpatronen mit dem Hinweis **„Sammeln Sie mit und Sie helfen mit!** Sie leisten einen aktiven Beitrag zum Umweltschutz, da der WWF-Deutschland … für jede leere Druckerpatrone die ‚Panda sammelt' erhält, mit einem Beitrag unterstützt wird").

2. Rspr. des BGH

5.4   Eine **Verpflichtung,** den für einen guten Zweck zu leistenden Unterstützungsbetrag **stets zu beziffern, lässt sich dem Irreführungsverbot** nach §§ 3, 5 **nicht entnehmen** (BGH GRUR 2007, 247 – Regenwaldprojekt I). Allerdings kann eine vollmundige Werbung Verbraucher- erwartungen erzeugen, die durch die wirklich beabsichtigte Unterstützungsleistung nicht mehr gedeckt sind. Um dies beurteilen zu können, muss aber zunächst einmal feststehen, was von dem mit dem sozialen Engagement werbenden Unternehmen für jeden Geschäftsabschluss geleistet wird. Insofern kann den Werbenden **im Prozess eine Erklärungspflicht** treffen, wie sie die Rspr. generell für innerbetriebliche Vorgänge oder in Fällen der Alleinstellungswerbung oder der Werbung mit fachlich umstrittenen Behauptungen anerkannt hat (→ Rn. 1.157, 1.247 sowie → § 12 Rn. 1.91 ff.). Dies setzt allerdings voraus, dass der Kläger über bloße Verdachtsmomente hinaus die für die Irreführung sprechenden Tatsachen vorgetragen und unter Beweis gestellt hat BGH GRUR 2007, 251 Rn. 31 – Regenwaldprojekt II). Trifft den Beklagten danach eine sekundäre Darlegungs- und Beweislast, muss er im Prozess dartun, ob und ggf. in welcher Höhe es für jeden Geschäftsabschluss Leistungen der versprochenen Art erbracht hat; es liegt auf der Hand, dass in den Fällen, in denen angekündigt wird, der Verbraucher leiste mit jedem Geschäftsabschluss einen konkreten Beitrag, die Leistung nach Geschäftsabschluss erbracht wor- den sein muss (vgl. OLG Köln WRP 1993, 346 (348)).

III. Sponsoring

5.5   Es versteht sich von selbst, dass ein Unternehmen sich nicht wahrheitswidrig als Sponsor einer sportlichen oder kulturellen Veranstaltung darstellen darf (vgl. auch Anh. Nr. 4 zu § 3 III). Allein der Umstand, dass Karten zu einer bestimmten Veranstaltung von einem Unternehmen verlost werden, deutet noch nicht hinreichend auf eine Stellung als Sponsor hin, zumal wenn es sich um freiverkäufliche Karten handelt (vgl. OLG Frankfurt WRP 2014, 215). Lobt ein Unternehmen im Rahmen eines Gewinnspiels Karten zum Finale der Champions League aus, kann nicht ohne weiteres davon ausgegangen werden, der Verkehr nehme an, dieses Unternehmen sei als Sponsor mit der UEFA verbunden; denn der Verkehr wird sich keine Gedanken darüber machen, dass die UEFA nur mit offiziellen Sponsoren derartige Kartengeschäfte tätigt (LG Stuttgart GRUR- RR 2012, 358; dazu ausf. Heermann GRUR-RR 2012, 313 ff.).

B. Irreführung über Zulassung

5.6   Irreführende Angaben über die **Zulassung des Unternehmers** sind bereits Gegenstand des § 5 II Nr. 3. Hierzu zählen insbes. die Bezeichnungen der zulassungspflichten Unternehmen (zB Banken und andere Unternehmen der Finanzbranche, → Rn. 4.18 ff.) oder Unternehmer (zB Apotheker, → Rn. 4.8, Ärzte, → Rn. 4.164 ff., Rechtsanwälte, → Rn. 4.168). Die Zulassung ist auch ein denkbarer **produktbezogener Irreführungsgesichtspunkt,** der im Rahmen des § 5 II Nr. 1 unter den Begriff „Ergebnisse oder wesentliche Bestandteile von Tests" subsumiert werden kann, zu denen bspw auch staatliche Prüfungen und Zulassungen gehören (→ Rn. 2.278 ff.). Auf die vorgenannten Ausführungen kann daher verwiesen werden.

6. Abschnitt. Irreführung über Notwendigkeit einer Leistung, eines Ersatzteils, eines Austauschs oder einer Reparatur (§ 5 II Nr. 5)

6.1   Wird ein Kunde über die **„Notwendigkeit einer Leistung, eines Ersatzteils, eines Aus- tauschs oder einer Reparatur"** getäuscht, so stellt dies eine Irreführung über die **Zweck- tauglichkeit** und **Einsatzmöglichkeit** der ihm angedienten Ware oder Dienstleistung iSd § 5 II Nr. 1 dar (→ Rn. 2.212 ff.). Gleichermaßen kann man darin eine Irreführung über **die von der Verwendung zu erwartenden Ergebnisse** (Wirkung) iSd § 5 II Nr. 1 sehen

(→ Rn. 2.215 ff.). Ist die Leistung nicht erforderlich, so können weder der behauptete Zweck noch die behauptete Wirkung erreicht werden. Dem Tatbestand des § 5 II Nr. 5 kommt damit kaum eigenständige Bedeutung zu.

Beispiele: Obwohl lediglich ein Schlauch durch Marderbiss undicht ist, ersetzt die Autowerkstatt die gesamte   **6.2** Wasserkühlung. Die wegen einer defekten Scheinwerferbirne aufgesuchte Werkstatt ersetzt den gesamten Scheinwerfer mit der unzutreffenden Erklärung, eine einzelne Birne sei nicht lieferbar. Auch der Fall, dass der Erwerb eines neuen Geräts, etwa einer neuen Waschmaschine, empfohlen wird mit der unzutreffenden Begründung, das bisherige Gerät lasse sich nicht mehr oder nicht mehr mit vertretbarem Aufwand reparieren, gehört in diese Fallgruppe.

7. Abschnitt. Irreführung über Einhaltung eines Verhaltenskodexes (§ 5 II Nr. 6)

Übersicht

Schrifttum: Asmussen, Haftung für CSR, Diss. 2020; Balitzki, Werbung mit ökologischen Selbstverpflichtungen, GRUR 2013, 670; Beck, Verhaltenskodizes im Lauterkeitsrecht: zur Frage der Unzulässigkeit von Verstößen gegen Verhaltenskodizes und von sonstigen Verhaltensweisen im Zusammenhang mit Verhaltenskodizes nach dem UWG, Diss. 2015; Birk, Corporate Responsibility, unternehmerische Selbstverpflichtungen und unlauterer Wettbewerb, GRUR 2011, 196; Birk, Irreführung über CSR – Informationspflichten über CSR?, in Hilty/Henning-Bodewig, Corporate Social Responsibility – Verbindliche Standards des Wettbewerbsrechts?, 2014; Bornkamm, Das Verhältnis von Kartellrecht und Lauterkeitsrecht: Zwei Seiten derselben Medaille?, FS Griss, 2011, 79; Bornkamm, Verhaltenskodizes und Kartellverbot – Gibt es eine Renaissance der Wettbewerbsregeln?, FS Canenbley, 2012, 66; Dreyer, Verhaltenskodizes im Referentenentwurf eines Ersten Gesetzes zur Änderung des Gesetzes gegen unlauteren Wettbewerb – Wird das Wettbewerbsrecht zum Motor für die Durchsetzung vertraglicher Verpflichtungen?, WRP 2007, 1294; Kocher, Unternehmerische Selbstverpflichtungen im Wettbewerb, GRUR 2005, 647; Kopp, Selbstkontrolle durch Verhaltenskodizes im deutschen und europäischen Lauterkeitsrecht, Diss. 2016; Pfister, Sportverbandsregeln als Verhaltenskodizes im Sinne des Wettbewerbsrechts, GRUR 2017, 1091; Reichelt, Verhaltenskodizes im Recht des unlauteren Wettbewerbs: zum Verhältnis von Selbstverpflichtung zu formellem Recht, Diss. 2017; Schmidhuber, Verhaltenskodizes im neuen UWG, GRUR 2011, 196; Sosnitza, Wettbewerbsregeln nach §§ 24 ff. GWB im Lichte der 7. GWB-Novelle und des neuen Lauterkeitsrechts, FS Bechtold, 2006, 515; v. Walter, Corporate Social Responsibility und das Irreführungsverbot nach den §§ 5, 5a UWG, in Hilty/Henning-Bodewig, Corporate Social Responsibility – Verbindliche Standards des Wettbewerbsrechts?, 2014; Zetzsche/Preiner, Der Verhaltenskodex für Stimmberater zwischen Vertrags- und Wettbewerbsrecht – Zur Einordnung der Best Practice Principles for Shareholder Voting Research & Analysis, AG 2014, 685.

A. Begriff des Verhaltenskodexes

Ein Verhaltenskodex ist eine Vereinbarung, in der sich Unternehmen **auf bestimmte Ver-**   **7.1** **haltensweisen** oder auf das **Unterlassen bestimmter Verhaltensweisen einigen** (vgl. Art. 2 lit. f UGP-RL). Es besteht kein wesentlicher Unterschied zu den **Wettbewerbsregeln,** die in § 24 II GWB definiert sind als „Bestimmungen, die das Verhalten von Unternehmen im Wettbewerb regeln zu dem Zweck, einem den Grundsätzen des lauteren oder der Wirksamkeit eines leistungsgerechten Wettbewerbs zuwiderlaufenden Verhalten im Wettbewerb entgegenzuwirken und ein diesen Grundsätzen entsprechendes Verhalten im Wettbewerb anzuregen". Der von einer Regierungskommission erarbeitete **„Deutsche Corporate Governance Kodex" (DCGK),** der die wesentlichen gesetzlichen Vorschriften zur Leitung und Überwachung deutscher börsennotierter Gesellschaften darstellt und international und national anerkannte Standards guter und verantwortungsvoller Unternehmensführung enthält, ist kein Verhaltenskodex iSv § 2 I Nr. 10, weil ihm keine Vereinbarung von Unternehmen zugrunde liegt.

B. Bedeutung von Verhaltenskodizes

7.2   Die UGP-RL hat den Begriff des Verhaltenskodexes eingeführt. Sie geht davon aus, dass solche Verhaltenskodizes die in einer bestimmten Branche geltenden **Anforderungen an die berufliche Sorgfalt** (vgl. Art. 2 lit. h UGP-RL, Art. 5 II lit. a UGP-RL) **widerspiegeln** (vgl. ErwGr. 20 UGP-RL; → § 2 Rn. 10.2). Man könnte daher meinen, ein Verstoß gegen einen Verhaltenskodex stelle stets auch eine unlautere Geschäftspraxis dar; denn nach Art. 5 II UGP-RL ist eine Geschäftspraxis unlauter, wenn sie den Erfordernissen der beruflichen Sorgfalt widerspricht und geeignet ist, das wirtschaftliche Verhalten des angesprochenen Durchschnittsverbrauchers wesentlich zu beeinflussen. Der Schluss vom Verstoß gegen einen Verhaltenskodex auf einen Wettbewerbsverstoß darf gleichwohl nicht gezogen werden. Die UGP-RL zieht ihn nicht, sondern behandelt den Fall des **Nichteinhaltens eines Verhaltenskodexes** lediglich als einen **Fall einer Irreführung,** wenn der Gewerbetreibende werbend darauf hinweist, an einen bestimmten Verhaltenskodex gebunden zu sein, und sich gleichwohl nicht an eindeutige Verpflichtungen hält, die sich aus diesem Kodex ergeben (Art. 6 II lit. b UGP-RL; vgl. EuGH WRP 2019, 44 Rn. 58 – Bankia/Juan Carlos Marí Merino ua). Im Übrigen bestimmt Art. 10 UGP-RL, dass die Möglichkeit, unlautere Geschäftspraktiken auch mit Hilfe von Verhaltenskodizes einzuschränken, durch die Richtlinie nicht ausgeschlossen wird. Sie macht damit deutlich, dass die Selbstkontrolle, die in manchen Mitgliedstaaten als Mittel zur Bekämpfung unlauteren Wettbewerbs eingesetzt wird, durch die Richtlinie nicht verdrängt werden soll. Schließlich enthält der Anh. I UGP-RL in Nr. 1 und 3 zwei Tatbestände, die eine irreführende Werbung im Zusammenhang mit einem Verhaltenskodex betreffen (→ Anh. § 3 Rn. 1.1 ff., 3.1 ff.).

7.3   Der **BGH** geht in seiner Rspr. auch nach der UGP-RL davon aus, dass Regeln, die sich ein Verband oder ein sonstiger Zusammenschluss von Verkehrsbeteiligten gegeben hat, für die Frage, ob ein bestimmtes Verhalten unlauter iSv § 3 ist, **allenfalls eine begrenzte Bedeutung** haben (BGH GRUR 2011, 431 Rn. 13, 15 – FSA-Kodex mAnm Nemeczek; dazu auch Bornkamm FS Griss, 2011, 79 (92)). Das gilt unabhängig davon, ob das Unternehmen, das gegen die Regeln verstoßen hat, zu denjenigen gehört, die diese Regeln vereinbart haben.

C. Kartellrechtliche Problematik von Verhaltenskodizes

7.4   Erstaunlich ist, dass die Richtlinie mit keinem Wort die **kartellrechtliche Problematik** von Verhaltenskodizes erkennen lässt. Schließlich stellen sie immer dann, wenn sie ein an sich zulässiges Verhalten untersagen, **eine wettbewerbsbeschränkende Vereinbarung** oder – im Falle eines von einem Verband für seine Mitglieder herausgegebenen Kodexes – einen Beschluss einer Unternehmensvereinigung iSv § 1 GWB bzw. Art. 101 AEUV dar. Wird beispielsweise die Möglichkeit beschränkt, neue Abonnenten für eine Zeitschrift durch großzügige Probeabonnements zu gewinnen, werden damit Marktzutrittsschranken für neue Anbieter geschaffen, die auf besondere Werbeformen angewiesen sind, um ihre Produkte bekanntzumachen (vgl. den Sachverhalt, der der Entscheidung BGHZ 166, 154 = GRUR 2006, 773 – Probeabonnement zugrunde lag). Auch wenn die Richtlinie die notwendige Sensibilität gegenüber vereinbarten Wettbewerbsregeln vermissen lässt, begibt sie sich doch auch nicht in einen offenen Konflikt mit dem Kartellrecht. Denn sie postuliert nicht, dass jeder Verstoß gegen einen Verhaltenskodex eine unlautere Geschäftspraxis darstelle. Nur wenn ein Unternehmen sich damit brüstet, an einen Verhaltenskodex gebunden zu sein, muss es sich – will es sich nicht dem Vorwurf der Irreführung aussetzen – auch an diesen Kodex halten (Art. 6 II lit. b UGP-RL; → Rn. 7.2).

7.5   Für das deutsche Recht hat der Kartellsenat des BGH in der **Probeabonnement-Entscheidung** klargestellt, dass Wettbewerbsregeln iSv § 24 GWB (der Sache nach handelt es sich dabei um Verhaltenskodizes; → Rn. 7.1) nur eine begrenzte Wirkung zukommt. Sie können **allenfalls indizielle Bedeutung** für die Frage der Unlauterkeit haben (BGHZ 166, 154 Rn. 19 = GRUR 2006, 773; vgl. ferner BGH GRUR 1991, 462 (463) – Wettbewerbsrichtlinie der Privatwirtschaft). Insbesondere verleiht auch die in § 26 GWB vorgesehene Anerkennung durch das Bundeskartellamt Wettbewerbsregeln keinen normenähnlichen Status (BGHZ 166, 154 Rn. 20 = GRUR 2006, 773 – Probeabonnement). Diese Grundsätze gelten uneingeschränkt auch für Verhaltenskodizes.

8. Abschnitt. Irreführung über Verbraucherrechte (§ 5 II Nr. 7)

Übersicht

Schrifttum: Köhler, Die Verwendung unwirksamer Vertragsklauseln: ein Fall für das UWG – Zugleich Besprechung der BGH-Entscheidungen „Gewährleistungsausschluss im Internet" und „Vollmachtsnachweis", GRUR 2010, 1047; Möller, Abmahngefahren bei Garantiewerbung, GRUR 2021, 1365; Rätze, Der EuGH zur Informationspflicht über Herstellergarantien, WRP 2022, 942; Schrader, Neue Gewährleistungsregeln für „smarte Produkte" als lauterkeitsrechtliche Herausforderung, WRP 2022, 138; Stillner, Irreführung über Verbraucherrechte – Das Aus für die „Flucht in die Rechtsauffassung", WRP 2015, 438.

A. Allgemeines

§ 5 II Nr. 7 verbietet die Irreführung über die **Rechte des Verbrauchers,** insbes. solche auf **8.1** Grund von Garantieversprechen oder Gewährleistungsrechten bei Leistungsstörungen. Unionsrechtliche Grundlage ist Art. 6 I lit. g UGP-RL. Als Spezialregelung für den **Konditionenwettbewerb gegenüber Verbrauchern mittels der Einräumung von Rechten** ist § 5 II Nr. 7 gegenüber § 5 II Nr. 2 („Bedingungen, unter denen die Ware geliefert oder die Dienstleistung erbracht wird") vorrangig, weil der letzterer Bestimmung zugrunde liegende Art. 3 lit. b RL 84/450/EWG auf das „B2C"-Verhältnis nicht anwendbar ist und die UGP-RL eine solche Formulierung nicht aufweist (Harte-Bavendamm/Henning-Bodewig/Weidert § 5 Rn. 825; aA GK/Lindacher/Peifer Rn. 780; → Rn. 3.188). Insoweit sich „Rechte des Verbrauchers" zugleich als **„Verpflichtungen des Unternehmers"** darstellen, ist parallel § 5 II Nr. 3 anwendbar (→ Rn. 4.120a).

§ 5 II Nr. 7 spricht nur von „Rechten" – anders als Art. 6 I lit. g UGP-RL, der auch die **8.2** **„Risiken, denen er** (der Verbraucher) **sich möglicherweise aussetzt",** nennt. Diese Bestimmung bezieht sich nach dem Regelungskontext auf mit dem Vertragsinhalt verbundene Risiken. Dem hier festzustellenden Umsetzungsdefizit ist durch richtlinienkonforme Auslegung des § 5 II Nr. 2 abzuhelfen, indem unter den dort genannten Begriff „Bedingungen" auch die Risiken iSd Art. 6 I lit. g UGP-RL, zu denen insbes die **Verpflichtungen des Verbrauchers** zählen, subsumiert werden (Harte-Bavendamm/Henning-Bodewig/Weidert § 5 Rn. 828; → Rn. 3.188).

Die Vorschrift ist ein Anwendungsfall der seit dem UWG 2008 erweiterten lauterkeitsrecht- **8.3** lichen Kontrolle, die sich auf geschäftliche Handlungen vor, bei oder nach einem Geschäftsabschluss bezieht, mithin auch auf irreführende Angaben über **die dem Vertragspartner zustehenden Rechte** (→ Rn. 1.10, 1.13 ff.). Zu beachten sind allerdings die für die **Äußerung von Rechtsansichten geltenden Einschränkungen des Irreführungsverbots** (→ Rn. 1.18).

B. Rechte des Verbrauchers

I. Definition

Der Begriff der „Rechte des Verbrauchers" hat eine **weite Bedeutung.** Hiermit sind, wie **8.4** sich aus dem Wortlaut der Vorschrift („einschließlich") ergibt, nicht lediglich Gewährleistungsrechte, sondern **sämtliche Rechte des Verbrauchers** gemeint. Dazu zählen bspw. das Bestehen und der Inhalt von Rechten, die Voraussetzungen ihrer Ausübung, Höhe, Berechnung und

Gegenstand einer zu empfangenden Haupt- oder Nebenleistung, Leistungszeitpunkte, Erfüllungsmodalitäten, Leistungsbestimmungsrechte, Informationsrechte, Garantien, Gestaltungsrechte (Kündigung, Rücktritt) oder Leistungsstörungsrechte. Der Konditionenwettbewerb, der wesentlich von **der Einräumung von Rechten** zugunsten des Kunden geprägt wird, unterliegt damit im Verhältnis zum Verbraucher weitgehend der Beurteilung nach § 5 II Nr. 7. Die Irreführung über **Verpflichtungen des Verbrauchers** unterliegt hingegen § 5 II Nr. 2 (→ Rn. 8.2, → Rn. 3.188).

II. Anwendungsfälle

1. Vertragserfüllung

8.5   In Betracht kommt die Irreführung durch unzutreffende Angaben in einer vom Unternehmer erklärten Kündigung über das **Recht des Verbrauchers auf Fortsetzung und Erfüllung des Vertrags** (vgl. BGH GRUR 2019, 754 Rn. 24 – Prämiensparverträge (im Streitfall Irreführung verneint wg. nicht zur Täuschung geeigneter Äußerung einer Rechtsansicht, → Rn. 1.18)). Unzulässig ist die **Nichtgewährung eines vertraglich geschuldeten Rabatts** (OLG München GRUR-RR 2017, 316. – Wettbewerbswidrig sind irreführende Angaben über den **Leistungsumfang** im Schadensfall in einem **Antragsformular für eine Kfz-Kaskoversicherung** (LG Coburg WRP 2015, 1025). Über die Vertragsbedingungen führt auch die **Jahresrechnung eines Energieversorgers** in die Irre, die im Widerspruch zu den für den Vertrag geltenden Allgemeinen Geschäftsbedingungen **überhöhte Abschlagszahlungen** vorsieht (OLG Düsseldorf MDR 2015, 480). – Ein Fernwärmeversorger führt seine Kunden in die Irre, wenn er in einer Mitteilung an seine Kunden ein tatsächlich nicht bestehendes **Recht zur einseitigen Preisänderung** behauptet (OLG Frankfurt WRP 2019, 912). – Die **falsche Namensangabe** eines Mitarbeiters bei der Vertragsanbahnung am Telefon, die die spätere Rechtsdurchsetzung des Verbrauchers mangels Beweisbarkeit vereiteln könnte, weist eine gewisse Nähe zur Täuschung über Verbraucherrechte auf (BGH GRUR 2018, 950 Rn. 45 – Namensangabe; OLG Frankfurt WRP 2019, 1039).

2. Gestaltungsrechte

8.6   Es ist wettbewerbswidrig, wenn ein Unternehmer Kunden, die von einem Anfechtungs-, Widerrufs-, Rücktritts- oder Kündigungsrecht Gebrauch machen wollen, planmäßig und wider besseres Wissen erklärt, ein solches Recht stehe ihnen nicht zu (BGH GRUR 1977, 498 (500) – Aussteuersortimente; GRUR 1986, 816 (818) – Widerrufsbelehrung bei Teilzahlungskauf). Nach der Rechtsprechung des EuGH kommt es allerdings auf ein planmäßiges Vorgehen des Unternehmers sowie die Anzahl der Vorfälle oder der betroffenen Verbraucher für die Frage, ob eine irreführende geschäftliche Praxis vorliegt, nicht an. Schon die **im Einzelfall** erfolgende unrichtige Auskunft eines Kabelfernsehanbieters über die Vertragslaufzeit, die zu einer **verspäteten Kündigung** und der Fortdauer der Zahlungspflicht des Kunden führt, stellt einen Verstoß dar (EuGH GRUR 2015, 600 – UPC; → Rn. 1.15). – Die Verwendung von Bestellformularen bei Kredit- und Haustürgeschäften sowie Zeitungsabonnements, deren **Widerrufsbelehrung** nicht den gesetzlichen Anforderungen entspricht (vgl. § 355 II BGB), ist geeignet, den Verbraucher über sein Widerrufsrecht irrezuführen (BGH GRUR 1977, 498 (500) – Aussteuersortimente; GRUR 1986, 816 (818) – Widerrufsbelehrung bei Teilzahlungskauf; GRUR 1995, 68 (70) – Schlüssel-Funddienst; WRP 1996, 202 – Widerrufsbelehrung II; WRP 1996, 204 – Widerrufsbelehrung III; OLG Koblenz GRUR-RR 2021, 171). Darüber hinaus kann insoweit ein Rechtsbruch iSd § 3a (→ § 3a Rn. 1.316 ff.) und die Ausnutzung der Rechtsunkenntnis vorliegen. – Eine Krankenkasse warnt ihre Mitglieder mit dem unzutreffenden Hinweis vor einem Wechsel zu einer anderen Krankenkasse, sie seien an diese auch im Falle der Erhebung von Zusatzbeiträgen **mindestens 18 Monate gebunden** (BGH GRUR 2014, 1120 Rn. 23 – Betriebskrankenkasse II). — Ein Mobilfunkanbieter darf Verbrauchern nicht – entgegen § 45h Abs. 3 TKG und § 404 BGB – suggerieren, sie müssten sich mit Einwendungen gegen die Forderungen von Drittanbietern direkt an diese wenden, um eine Gutschrift wegen einer unberechtigten Forderung zu erhalten (LG Potsdam VuR 2016, 114). – Eine Irreführung liegt nicht vor, wenn zutreffend auf den **Ausschluss des Widerrufsrechts** hingewiesen wird (zu § 312g I Nr. 3 BGB OLG Nürnberg WRP 2022, 241). – Die Bitte um Aufschub einer Reise ist keine Irreführung über eine bestehende Stornierungsmöglichkeit (OLG Frankfurt GRUR 2023, 80).

– Zur **unrichtigen Auskunft über die Rechtslage** ferner → Rn. 1.18.

3. Gewährleistung und Garantien

a) Gewährleistung. Mit der Formulierung **„Für alle Produkte gilt selbstverständlich** 8.7
ebenfalls die gesetzliche Gewährleistungsfrist von 2 Jahren." werden Verbraucher nicht in
die Irre geführt, weil aus ihr klar hervorgeht, dass keine über die gesetzliche Regelung hinausgehenden Rechte eingeräumt werden sollen (BGH GRUR 2014, 1007 Rn. 15 – Geld-zurück-
Garantie III; → Rn. 1.113).

b) Garantien. Langjährige Garantiezusagen, die sich auf die Freiheit von Mängeln, insbes. 8.8
die Haltbarkeit eines Materials, einer Konstruktion oder eines Werkes beziehen, sind grds.
erlaubt, wenn sie bei **normaler Abnutzung** sachlich zutreffen und für den Kunden **nicht**
praktisch bedeutungslos sind (BGH GRUR 1958, 455 – Federkernmatratzen; GRUR 1976,
146 (147) – Kaminisolierung mAnm Schwanhäuser). Dagegen ist es bedenklich, wenn eine
langjährige Garantie blickfangmäßig in der Werbung hervorgehoben wird, nach den Vertragsbedingungen aber nur geringfügige Leistungen versprochen werden, die den Erwartungen der
Verbraucher nicht gerecht werden (dazu Schünemann NJW 1988, 1943 ff.). Erst recht ist es
irreführend, mit einer **nicht vorhandenen Garantie** zu werben (OLG Frankfurt WRP 2019,
1487). Ebenso kann eine langjährige Garantie im Hinblick auf die Lebens- oder Gebrauchsdauer
der Ware für den Verbraucher wertlos sein, etwa weil sich wegen der vielfältigen Ursachen von
Schäden die Garantiepflicht kaum jemals beweisen lässt. Als **zulässig** wurden angesehen: eine
25-jährige Garantie für die Haltbarkeit von Federkernmatratzen, weil sie für den Käufer nicht
bedeutungslos ist (BGH GRUR 1958, 455 – Federkernmatratzen); eine 15-jährige Garantie für
die Innenbearbeitung gebrauchter Hausschornsteine (BGH GRUR 1976, 146 – Kaminisolierung). Ist der Werbende **nicht während der vollen Garantielaufzeit Garantiegeber,** muss
dies hinreichend deutlich zum Ausdruck gebracht werden (OLG Frankfurt WRP 2022, 225).

Bei der **Werbung mit Langzeitgarantien** ist ferner darauf zu achten, dass nicht der Eindruck 8.9
erweckt wird, eine Verjährungsfrist werde über das zulässige Maß von 30 Jahren hinaus verlängert (§ 202 II BGB). Unter diesem Gesichtspunkt ist die Werbung mit einer **unbefristeten,**
über 30 Jahre hinausreichenden Garantiezusage als irreführend angesehen worden, weil
eine solche Verpflichtung mit § 202 II BGB nicht im Einklang stehe und deswegen nicht
wirksam eingegangen werden könne (BGH GRUR 1994, 850 – Zielfernrohr). Dagegen ist die
Werbung mit einer Garantielaufzeit von 40 Jahren unbedenklich, wenn es sich nicht um die
Verlängerung der Verjährungsfrist für gesetzliche Gewährleistungsansprüche, sondern um die
Gewährung einer selbstständigen Garantie handelt. Bei einer solchen Garantie handelt es
sich um ein Dauerschuldverhältnis, das unverjährbar ist (BGH GRUR 2008, 915 Rn. 16 ff. –
40 Jahre Garantie). Im konkreten Fall war auch nach dem Gegenstand der Werbung (Dächer)
klar, dass eine solch lange Garantie in der Sache sinnvoll ist. Derartige selbstständige Garantien
werden nicht dadurch berührt, dass die Verjährungsfrist rechtsgeschäftlich nicht über 30 Jahre
hinaus verlängert werden kann (BGH NJW 2008, 1438).

Die Werbung eines Rundfunk- und Fernseheinzelhändlers mit dem Hinweis auf **„Vollgaran-** 8.10
tie" und **„volle Garantie"** ist irreführend, wenn keine umfassende Garantie gewährt wird,
sondern Austauschteile und Reparaturarbeiten berechnet werden. Dagegen wird der Begriff
„Vollgarantie" nicht ohne weiteres als **Herstellergarantie** verstanden; Händlergarantien sind
keinesfalls unüblich (KG WRP 1981, 99; GK/Lindacher/Peifer Rn. 790; aA OLG Düsseldorf
WRP 1977, 193). Irreführend ist eine Werbung mit fünfjähriger **„Vollgarantie"** für Polsterteile,
wenn sich die Garantie nicht auf alle Polstermöbel bezieht oder wenn sie sich nach den AGB nur
auf Mängel bezieht, die bei normalem Gebrauch und sachgemäßer Behandlung nicht auftreten
dürfen (OLG Köln WRP 1980, 648). Ebenso eine „Drei-Jahres-Garantie" für Teppichböden,
wenn die Garantie nur bei Verwendung des Teppichbodens für bestimmte Einsatzbereiche gilt
(OLG Köln WRP 1982, 47).

Dass die Bezeichnung **„Garantiekarte"** auf eine **Herstellergarantie** hindeutet und eine 8.11
entsprechende Werbung irreführend ist, wenn es sich um eine Händlergarantie handelt (so OLG
Köln WRP 1979, 887) wird man jedenfalls heute nicht mehr sagen können (GK/Lindacher/
Peifer Rn. 790). Irreführend ist eine Garantiezusage beim Verkauf eines **Gebrauchtwagens,**
wenn die verwendeten Garantiebedingungen die Übernahme von natürlichen Verschleißschäden
ausschließen (OLG Saarbrücken NJW-RR 1996, 1325). – Dem **Hersteller** steht es grds. frei, ob
er eine Garantie übernimmt, die dann neben die Gewährleistungspflicht des Händlers tritt.
Irreführend ist jedoch die **Werbung mit einer Herstellergarantie** im Kfz-Handel, wenn in

den Garantiebedingungen Ansprüche auf Wandelung oder Minderung gegenüber dem Hersteller, also auch bei einer fehlgeschlagenen Nachbesserung ausgeschlossen sind. Doch gilt das nicht, wenn der Hersteller den Kunden in einer „Garantie-Information" auch darauf hingewiesen hat, dass neben der Herstellergarantie die **Gewährleistungspflicht des Händlers** gegenüber seinen Kunden besteht (BGH GRUR 1997, 929 f. – Herstellergarantie, Mischke BB 1998, 447). – Gibt ein Autohändler eine Garantie auf Gebrauchtwagen ohne zu unterscheiden, ob er Eigenhändler oder nur Vermittler ist, so werden die umworbenen Verkehrskreise jedoch dadurch nicht irregeführt, wenn in beiden Fällen die Reparaturen in einem **autorisierten Herstellerbetrieb** ausgeführt werden (OLG Frankfurt WRP 1983, 569). – Eine Werbung mit dem Begriff „Garantie" für eine reine **Reparaturkosten-Versicherung** führt den Kunden über die Art der ihm angebotenen Leistung irre (OLG München NJW-RR 1996, 1386). Irreführend ist die Werbung mit einer **„bankgarantierten Rückzahlung der Einlage",** wenn die Realisierung der Garantie voraussichtlich mit erheblichen Schwierigkeiten verbunden ist (KG WRP 1997, 31; dazu Klaas EWiR 1997, 137). – Zur Irreführung bei **EU-importierten** Kraftfahrzeugen über den Beginn der Neuwagengarantie (→ Rn. 0.53).

8.12 Die Werbung für Brillenfassungen eines Optikfachgeschäfts mit einer **„Geld-zurück-Garantie"** für den Fall des Nachw. eines billigeren Konkurrenzangebots ist irreführend, soweit sie sich auf exklusiv, also nur von diesem Geschäft angebotene Brillenfassungen bezieht (BGH GRUR 1994, 57 – Geld-zurück-Garantie I). Ebenfalls als irreführend ist es angesehen worden, wenn Nachhilfekurse für Schüler mit der wahren Ankündigung **„bei Misserfolg Geld zurück"** werben; denn der Verkehr verstehe das als eine 100%ige Garantie des Erfolgs (= nachträgliche Versetzung), die naturgemäß bei einer solchen Dienstleistung nicht abgegeben werden könne (OLG Hamm WRP 1981, 328). Die Entscheidung ist mit dem heute maßgeblichen Verbraucherbild nicht zu vereinbaren; denn zum einen erkennt der Durchschnittsverbraucher, dass der Erfolg letztlich von dem jeweiligen Schüler abhängt und der Veranstalter daher unmöglich eine Erfolgsgarantie übernehmen kann; zum anderen besteht ein berechtigtes Interesse des Werbenden, auf die „Geld-zurück-Garantie" in seiner Werbung mit zutr. Angaben hinzuweisen (→ Rn. 3.131).

8.13 Unzulässig ist die Werbung eines Studios für **Gewichtsreduzierung** mit dem Schlagwort **„Wir machen Sie schlank"** und dem Hinweis auf bestimmte Erfolgsfristen, weil viele Leser meinen, der Höchsterfolg trete bei jedem Kunden ein (OLG Hamm GRUR 1984, 140). – Zu **Preisgarantien** → Rn. 3.128 ff.

4. Allgemeine Geschäftsbedingungen

8.14 Unter dem Gesichtspunkt der Irreführung ist die Verwendung **Allgemeiner Geschäftsbedingungen** gegenüber Verbrauchern grds. unbedenklich. So darf ein Versicherer in der Werbung für seine Reisegepäckversicherung auf seine Allgemeinen Versicherungsbedingungen verweisen, auch soweit diese Haftungsausschlüsse und Beschränkungen seiner Ersatzpflicht enthalten. Er ist nicht ohne weiteres verpflichtet, den Versicherungsnehmer darauf im Einzelnen hinzuweisen (BGH GRUR 1983, 654 (655) – Kofferschaden). Es darf aber nicht der Eindruck hervorgerufen werden, bestimmte Risiken seien abgesichert, wenn dies in Wirklichkeit nicht der Fall ist (BGH GRUR 1983, 654 (655) – Kofferschaden; KG WRP 1987, 32; GRUR 1991, 787). Ein allgemeiner Hinweis auf die Vorteile des Versicherungsschutzes etwa mit dem Hinweis „rundum sorglos reisen" genügt dafür aber nicht (KG WRP 1985, 637). – Die Aussage, man könne bei einem **neuen Bauspartarif** „ähnlich wie beim Sparbuch Geld abheben", lässt zwar gewisse Unterschiede zu, ist aber irreführend, wenn dies nach den Bausparbedingungen tatsächlich nur eingeschränkt und mit erheblichen wirtschaftlichen Nachteilen möglich ist (KG WRP 1987, 32). – Das Angebot, eine **Kreditkarte „ohne jedes Risiko"** zu testen, ist irreführend, wenn tatsächlich eine Haftung im Falle des Kartenverlustes besteht (OLG Hamburg WRP 1986, 344). – Irreführend ist es, wenn ein Anbieter bei eBay unter der **Option „sofort kaufen"** eine Ware anbietet und damit dem Verkehr signalisiert, dass es sich um ein bindendes Angebot handelt, obwohl seine AGB deutlich machen, dass sein Angebot nicht bindend sein soll (OLG Hamburg MMR 2008, 44 (45) = CR 2008, 116).

8.15 Das OLG Hamburg hat in **AGB, die mit den verbraucherschützenden Bestimmungen des BGB und der BGB-InfoV nicht in Einklang stehen,** nicht nur einen Verstoß gegen die entsprechenden bürgerlich-rechtlichen Bestimmungen, sondern auch eine Irreführung gesehen, weil der Kunde unzutreffend über die Rechtslage informiert werde (MMR 2008, 44 f. = CR 2008, 116). Es ging um eine Bestimmung, nach der die Ware im Falle der Ausübung des

Widerrufsrechts nicht unfrei an den Verkäufer zurückgesandt werden durfte. Dies verstieß nach Ansicht des OLG nicht nur gegen § 312c I 1 BGB iVm § 1 I Nr. 10 BGB-InfoV (jetzt § 312d I BGB iVm Art. 246a § 1 EGBGB), sondern auch gegen § 5 II Nr. 2, weil unrichtig über die Bedingungen der Ausübung des Widerrufsrechts belehrt worden sei. Dies erscheint zweifelhaft. Die AGB täuschen nicht darüber, was vereinbart worden ist. Die einzige Frage ist, ob die fragliche Klausel wirksam vereinbart worden ist. Diese Frage ist nicht im Rahmen der Irreführung zu klären. Das **Irreführungsverbot** dient **nicht dazu, die Verwendung unzulässiger AGB zu unterbinden.** Dieses Ziel kann über die AGB-Kontrolle nach dem UKlaG und ggf. auch wettbewerbsrechtlich über §§ 3, 3a erreicht werden. Derjenige, der eine unzulässige Vertragsklausel verwendet, führt aber deswegen noch nicht irre.

9. Abschnitt. Lauterkeitsrechtlicher Schutz vor Verwechslungen (§ 5 III Nr. 1)

Übersicht

Schrifttum: Alexander, Der Verwechslungsschutz gem. § 5 Abs. 2 UWG, FS Köhler, 2014, 23; Bärenfänger, Das Spannungsfeld von Lauterkeitsrecht und Markenrecht unter dem neuen UWG, 2010; Bärenfänger, Symbiotische Theorie zum Kennzeichen- und Lauterkeitsrecht, WRP 2011, 16 (Teil 1) und 160 (Teil 2); Bornkamm, Markenrecht und wettbewerbsrechtlicher Kennzeichenschutz – Zur Vorrangthese der Rechtsprechung, GRUR 2005, 97; Bornkamm, Kennzeichenschutz und Irreführungsverbot – Zur wettbewerbsrechtlichen Beurteilung der irreführenden Kennzeichenbenutzung, FS v. Mühlendahl, 2005, 9; Bornkamm, Der lauterkeitsrechtliche Schutz vor Verwechslungen: Ein Kuckucksei im Nest des UWG?, FS Loschelder, 2010, 31; Bornkamm, Die Schnittstellen zwischen gewerblichem Rechtsschutz und UWG – Grenzen des lauterkeitsrechtlichen Verwechslungsschutzes, GRUR 2011, 1; Bornkamm/Kochendörfer, Verwechslungsgefahr und Irreführungsgefahr – Konvergenz der Begriffe?, FS 50 Jahre BPatG, 2011, 533; Böxler, Der Vorrang des Markenrechts, ZGE 2, 357; Büscher, Schnittstellen zwischen Markenrecht und Wettbewerbsrecht, GRUR 2009, 230; Fezer, Imitationsmarketing – Die irreführende Produktvermarktung im Sinne der europäischen Lauterkeitsrichtlinie (Art. 6 Abs. 2 lit. a RL); MarkenR 2006, 511; Fezer, Imitationsmarketing als irreführende Produktvermarktung, GRUR 2009, 451; Goldmann, Lauterkeitsrechtlicher Schutz gegen mittelbare Verwechslungsgefahr?, GRUR 2012, 857; Hafenmayer, Der lauterkeitsrechtliche Schutz vor Verwechslungen im Konflikt mit den Wertungen des Kennzeichenrechts, Diss. 2014; Hahn, Schutz vor „Lookalikes" unter besonderer Berücksichtigung des § 5 II UWG, Diss. 2013; Harte-Bavendamm, Wettbewerbsrechtlicher Verbraucherschutz in der Welt der „look-alikes", FS Loschelder, 2010, 111; Hartwig, Die lauter-keitsrechtliche Beurteilung der Werbung mit dem „Grünen Punkt" (§ 3 UWG), GRUR 1997, 560; Jonas/Hamacher, „MAC Dog" und „shell.de" ade? – Die Auswirkungen des § 5 Abs. 2 UWG nF auf §§ 14, 15 MarkenG und die Schrankenregelung des § 23 MarkenG, WRP 2009, 535; Kiethe/Groeschke, Erweiterung des Markenschutzes vor Verwechslungen durch das neue Lauterkeitsrecht, WRP 2009, 1343; Köhler, „Grüner Punkt" als irreführende Werbung?, BB 1998, 2065; Köhler, Der Schutz vor Produktnachahmung im Markenrecht, Geschmacksmusterrecht und neuen Lauterkeitsrecht, GRUR 2009, 445; Krämer-Tepel, Die Kollision gleichnamiger Zeichen – Eine Analyse zum Spannungsfeld zwischen MarkenG und § 5 Abs. 2 UWG, Diss. 2020; Kur, Verwechslungsgefahr und Irreführung – zum Verhältnis von Markenrecht und § 3 UWG, GRUR 1989, 240; Nussbaum/Ruess, Irreführung durch Marken – Die Neuregelung der Imitations-werbung in § 5 Abs. 2 UWG nF, MarkenR 2009, 233; Sack, Markenschutz und UWG, WRP 2004, 1405; Sack, Markenrechtliche Probleme vergleichender Werbung, GRUR 2008, 201; Sack, Betriebliche Herkunfts-täuschungen und § 5 UWG, WRP 2014, 1130; Sambuc, Was heißt „Verwechslungsgefahr mit einer anderen Ware oder Dienstleistung" in § 5 Abs. 2 UWG?, FS Köhler, 2014, 577; M. Schmidt, Verschiebung marken-rechtlicher Grenzen lauterkeitsrechtlicher Ansprüche nach Umsetzung der UGP-RL, GRUR-Prax 2011, 159; Schork, Imitationsmarketing – Die irreführende Produktvermarktung nach Art. 6 Abs. 2 lit. a UGP-RL, § 5 Abs. 2 UWG, 2011; Sosnitza, Markenschutz im UWG?, Markenartikel 2015, 104; Sosnitza, Obliga-torische Herkunftskennzeichnung im Lebensmittelrecht, GRUR 2016, 347.

A. Allgemeines

9.1   Nach § 5 III Nr. 1 in der seit dem 28.5.2022 geltenden Fassung des G zur Stärkung des Verbraucherschutzes im Wettbewerbs- und Gewerberecht (§ 5 II aF) ist eine geschäftliche Handlung irreführend, wenn sie im Zusammenhang mit der Vermarktung von Waren und Dienstleistungen einschließlich vergleichender Werbung eine Verwechslungsgefahr mit einer anderen Ware oder Dienstleistung oder mit der Marke oder einem anderen Kennzeichen eines Mitbewerbers hervorruft.

9.2   So sehr die Formulierung des § 5 III Nr. 1 und seine Platzierung in einem eigenen Absatz außerhalb der in § 5 II Nr. 1–7 aufgelisteten Bezugspunkte der Irreführung darauf hinzuweisen scheinen, dass es sich bei dieser Bestimmung um einen eigenständigen Irreführungstatbestand mit eigenen Tatbestandsvoraussetzungen handelt, ist diesem Eindruck doch entgegenzutreten. Auch wenn sich § 5 III Nr. 1 der marken- und kennzeichenrechtlichen Terminologie bedient und von einer **Verwechslungsgefahr** mit anderen Waren oder Leistungen sowie mit Marken oder Kennzeichen von Mitbewerbern spricht, geht es doch um nichts anderes als um die **Irreführung über die betriebliche Herkunft.** Obwohl diese Form der Irreführung schon immer vom allgemeinen Irreführungsverbot erfasst war und schon immer zu den Bezugspunkten der Irrefüh-rung gehörte, musste sie doch in der Vergangenheit weitgehend zurückstehen, sobald sie in den Anwendungsbereich des Marken- und Kennzeichenrechts geriet (→ Rn. 0.101 ff., 2.253 ff.). Durch die Formulierung als (scheinbar) eigenständiger Tatbestand machen Richtlinie und UWG jedoch deutlich, dass der Schutz des Verbrauchers und der Mitbewerberschaft nicht gegenüber dem marken- und kennzeichenrechtlichen Individualschutz zurückstehen soll. Das hat unbe-streitbar Auswirkungen auf die Fälle klarer Markenverletzungen, etwa die Fälle der Markenpira-terie, in denen das Schutzbedürfnis der Marktgegenseite, insbes. also der Verbraucher, von vornherein nicht zu leugnen ist.

9.3   Abzuwarten bleibt, wie groß die **praktische Bedeutung** dieses „vergesellschafteten" Schutzes sein wird. Ein genuines Verbraucherinteresse besteht wohl idR eher nicht. Verbraucherverbände werden diesen Bereich nach wie vor den Unternehmen überlassen, deren Individualinteressen das Marken- und Kennzeichenrecht umfassend schützt. Auch Mitbewerber, deren Produkte nicht Opfer einer Nachahmung geworden sind, werden sich kaum berufen fühlen, entsprechen-de UWG-Ansprüche geltend zu machen. Dagegen bestand bei den Wettbewerbsverbänden immer ein lebendiges Interesse an einer Öffnung der Anspruchsberechtigung. Werden diese Verbände – zB der Markenverband oder der Verband Forschender Arzneimittelhersteller (VFA) – in Zukunft mit Hilfe des Irreführungsverbots Markenverletzungen oder Produktnachahmun-gen verfolgen, wird es dabei idR doch um das Individualinteresse des im Verband beschwerde-führenden Unternehmens gehen, das ein Vorgehen im eigenen Namen – aus welchen Gründen auch immer – scheut. Da aber doch immer klar sein wird, welches Unternehmen hinter einer solchen Klage steht, lässt sich mit Hilfe der Verbandsklage – anders als etwa im Kartellrecht – die **„Ross- und-Reiter"-Problematik** kaum lösen. Besondere Aufmerksamkeit verdienen die Fälle, in denen der **Inhaber des Kennzeichenrecht** selbst auf § 5 III Nr. 1 gestützte wett-bewerbsrechtliche Ansprüche geltend macht (vgl. BGH GRUR 2009, 672 Rn. 57 – OSTSEE-

POST: anderer Streitgegenstand). In diesen Fällen stellt sich verstärkt die Frage, ob dem Markeninhaber ein Anspruch, der ihm markenrechtlich – etwa im Hinblick auf eine Schutzschranke – ausdrücklich versagt wird, über das Lauterkeitsrecht gewährt werden kann (→ Rn. 9.10 ff.).

B. Tatbestand des § 5 III Nr. 1

I. Zwei Merkmale

Der **Tatbestand** des lauterkeitsrechtlichen Verwechslungsschutzes zeichnet sich durch **zwei** **9.4** **Merkmale** aus: (1) Es muss sich um eine geschäftliche Handlung **im Zusammenhang mit der Produktvermarktung** handeln. (2) Die geschäftliche Handlung muss eine **Verwechslungsgefahr** hervorrufen, und zwar mit dem Produkt oder dem Kennzeichen eines Mitbewerbers.

II. Zusammenhang mit der Produktvermarktung

Das Erfordernis, nach dem die geschäftliche Handlung im **Zusammenhang mit der Produktvermarktung** erfolgen muss, führt kaum zu einer Eingrenzung des Tatbestands. Zwar gibt **9.5** es durchaus Maßnahmen, bei denen der Zusammenhang mit der Produktvermarktung fehlt (zB bei redaktionellen Berichten über bestimmte Waren; vgl. Ohly/Sosnitza/Sosnitza Rn. 735), doch wird es in solchen Fällen meist schon an der geschäftlichen Handlung fehlen (→ § 2 Rn. 2.54 zur redaktionellen Unterrichtung der Öffentlichkeit). Zur Produktvermarktung gehören die **Gestaltung** und die **Bezeichnung des Produkts** ebenso wie die **Werbung** für das Produkt. Dass dabei die **vergleichende Werbung** eingeschlossen ist, ist eine bare Selbstverständlichkeit und ein Beispiel schlechter (europäischer) Gesetzgebungstechnik; denn die Erwähnung der vergleichenden Werbung stammt aus Art. 6 II lit. a UGP-RL.

III. Lauterkeitsrechtliche Verwechslungsgefahr

Auch wenn das Gesetz – ähnlich wie § 14 II Nr. 2 MarkenG – von Verwechslungsgefahr **9.6** spricht, sind **Unterschiede** zum kennzeichenrechtlichen Begriff der Verwechslungsgefahr zu beachten, über die die unübersehbare Tendenz des EuGH, für den Begriff der Verwechslungsgefahr auf Kategorien zurückzugreifen, die für den Begriff der Irreführung entwickelt worden sind (vgl. Ohly GRUR 2010, 776 (780)), nicht hinwegtäuschen kann: **(1)** Zum einen **greift** der lauterkeitsrechtliche Schutz nach § 5 III Nr. 1 **erst später ein.** Hacker weist mit Recht darauf hin, dass ein Schutz eines lediglich registrierten, aber noch nicht benutzten Zeichens von vornherein ausscheidet (Ströbele/Hacker/Thiering/Hacker MarkenG § 2 Rn. 33). Vielmehr muss – ähnlich wie bei der Herkunftstäuschung nach § 4 Nr. 3 lit. a (→ § 4 Rn. 3.41a) – das Kennzeichen, mit dem eine Verwechslungsgefahr hervorgerufen werden soll, eine **gewisse Bekanntheit** erreicht haben. **(2)** Für die Auslegung des § 5 III Nr. 1 ist auf die Bestimmung des Art. 6 II lit. a UGP-RL zurückzugreifen, die zwar nicht in der deutschen, wohl aber in anderen Sprachfassungen („which creates confusion", „créant une confusion") statt vom Herbeiführen einer Verwechslungsgefahr vom **Herbeiführen von Verwechslungen** spricht. **(3)** Bei dem lauterkeitsrechtlichen (anders als beim markenrechtlichen) Begriff der Verwechslungsgefahr handelt es sich **nicht um einen Rechtsbegriff,** auch wenn normative Gesichtspunkte im Rahmen der Irreführung zu berücksichtigen sind (→ Rn. 0.63 f., 1.59). **(4)** Schließlich kann die – an sich bestehende – Verwechslungsgefahr durch **aufklärende Hinweise** (etwa auf den Umstand, dass es sich um eine Fälschung handelt) oder durch sonstige Umstände (etwa den verräterisch niedrigen Preis) beseitigt werden (Ströbele/Hacker/Thiering/Hacker MarkenG § 2 Rn. 28). Auch dies ist im Markenrecht anders (BGHZ 158, 236 (250 f.) = GRUR 2004, 860 – Internet-Versteigerung I). Entsprechendes gilt, wenn der Verkehr aufgrund der Aufmachung des Produkts erkennt, dass der beanstandete Zeichenbestandteil beschreibend verwendet wird (vgl. BGH GRUR 2013, 631 Rn. 72 – AMARULA/Marulablu).

IV. Gegenstand der Verwechslung

Als Objekt der Verwechslung kommt das **Produkt** eines Mitbewerbers (die Ware oder die **9.7** Dienstleistung) ebenso in Betracht wie eine **Marke,** ein **Unternehmenskennzeichen** oder **jedes andere Kennzeichen,** das ein Mitbewerber benutzt. Damit stellt sich die Frage, wie sich der lauterkeitsrechtliche Verwechslungsschutz zum markenrechtlichen Kennzeichenschutz (→ Rn. 9.10 ff.), zum Schutz von Produktgestaltungen durch das Geschmacksmusterrecht (→ Rn. 9.24) sowie durch den lauterkeitsrechtlichen Nachahmungsschutz (→ Rn. 9.23) stellt.

C. Lauterkeitsrechtlicher Verwechslungsschutz und Markenrecht

I. Vermeidung von Wertungswidersprüchen

9.8   Auch wenn die von der Rspr. entwickelte **Vorrangthese** (→ Rn. 0.101 ff.) sich nicht mit den bisherigen Aussagen aufrechterhalten lässt, kommt ihr doch auch heute noch eine maßgebliche Bedeutung zu, weil die Wertungen des Kennzeichenrechts beachtet werden müssen. Vor allem müssen bei der Anwendung von § 5 III Nr. 1 im Markengesetz vorgesehene abschließende Regelungen beachtet werden. Sie führen teilweise dazu, dass der lauterkeitsrechtliche Verwechslungsschutz nicht zur Verfügung steht. Hier sind **Wertungswidersprüche zu vermeiden,** damit nicht dem Zeicheninhaber über das Lauterkeitsrecht eine Schutzposition eingeräumt wird, die ihm nach dem Markenrecht nicht zukommt (BGH GRUR 2016, 965 Rn. 23 – Baumann II; GRUR 2018, 924 Rn. 65 – ORTLIEB I; GRUR 2018, 935 Rn. 57 – goFit). Dies gilt bspw. für die **markenrechtlichen Schutzschranken.** Sie dürfen nicht dadurch konterkariert werden, dass der Anspruch statt auf §§ 14 II, 15 II MarkenG auf das UWG (§§ 3, 5 III Nr. 1) gestützt wird (hierzu Bornkamm GRUR 2011, 1 ff.; → Rn. 9.19 ff.). Die Gefahr von Wertungswidersprüchen besteht allerdings nicht, wenn **nicht über die Herkunft** von Waren oder Dienstleistungen, sondern über andere Umstände irregeführt wird (vgl. BGH GRUR 2018, 935 Rn. 58 – goFit).

9.9   Die **praktische Bedeutung des § 5 III Nr. 1** scheint sich derzeit noch in Grenzen zu halten. Auf § 5 III Nr. 1 berufen sich fast ausschließlich Markeninhaber, die hoffen, mit § 5 III Nr. 1 zum Zug zu kommen, nachdem ihnen ein markenrechtlicher Einwand die markenrechtlichen Ansprüche aus der Hand zu schlagen droht (vgl. BGH GRUR 2009, 672 Rn. 56 ff. – OSTSEE-POST; GRUR 2011, 828 Rn. 36 – Bananabay II). Liegt keine markenrechtliche Verwechslungsgefahr vor, wird auch stets die Verwechslungsgefahr nach § 5 III Nr. 1 fehlen (vgl. BGH GRUR 2011, 828 Rn. 36 – Bananabay II).

II. Grenzen des lauterkeitsrechtlichen Schutzes

1. Konkurrenz markenrechtlicher und lauterkeitsrechtlicher Ansprüche

9.10   **a) Anspruchskonkurrenz.** Erfüllt eine **Kennzeichenrechtsverletzung** auch den **Tatbestand des § 5 III Nr. 1,** was nicht selten der Fall sein wird, stehen die markenrechtlichen Ansprüche des Zeicheninhabers und die auf § 5 III Nr. 1 gestützten lauterkeitsrechtlichen Ansprüche im Verhältnis der **Anspruchskonkurrenz** zueinander. Die These, dass es dem Zeicheninhaber auf Grund seines Ausschließlichkeitsrechts vorbehalten bleiben müsse, die Zeichenverletzung zu unterbinden, findet im UWG nach der Umsetzung der UGP-RL keine Grundlage mehr.

9.11   **b) Berücksichtigung der Priorität.** Die Bestimmung des § 5 III Nr. 1 gilt auch für den Fall, dass derjenige, der „im Zusammenhang mit der Vermarktung von Waren oder Dienstleistungen … eine Verwechslungsgefahr … mit der Marke … eines Mitbewerbers hervorruft", selbst **Inhaber einer Marke** ist. Unproblematisch ist es, wenn die Marke, die die Verwechslungsgefahr begründet, **prioritätsjünger** ist. Nach seinem Wortlaut gilt § 5 III Nr. 1 aber auch dann, wenn diese Marke **prioritätsälter** ist. **Beispiel:** A ist Inhaber einer Marke, die er mit Priorität 15.1.2016 für ein in der Entwicklung befindliches Produkt hat eintragen lassen. Als er das mit der Marke versehene Produkt Anfang 2022 auf den Markt bringt, wird er vom Mitbewerber B abgemahnt, der sein mit einer ähnlichen Marke (Priorität: 15.1.2018) versehenes Konkurrenzprodukt schon ein Jahr früher auf den Markt gebracht hat. Kann B sich in diesem Fall auf § 5 III Nr. 1 stützen? Kann sich A nur dadurch verteidigen, dass er seinerseits B auf Löschung der prioritätsjüngeren ähnlichen Marke in Anspruch nimmt? – Der BGH hat entschieden, dass sich der **Inhaber des prioritätsjüngeren Zeichens grds. nicht** auf den lauterkeitsrechtlichen Schutz vor einer Irreführung über die betriebliche Herkunft stützen kann, um dem **Inhaber des Zeichenrechts mit älterem Zeitrang** die Benutzung seines Kennzeichens zu verbieten (BGH GRUR 2016, 965 Rn. 23 – Baumann II).

2. Einschränkungen des Zeicheninhabers durch lauterkeitsrechtliche Ansprüche

Der lauterkeitsrechtliche Kennzeichenschutz muss aber die Wertungen des Kennzeichenrechts **9.12** auch dort beachten, wo das **Nebeneinander identischer oder ähnlicher Kennzeichen** auf Grund einer markenrechtlichen Regelung oder doch auf Grund einer markenrechtlich gebilligten Interessenabwägung zwischen den Inhabern der beiden Kennzeichen toleriert wird. Eine Reihe von Gestaltungsmöglichkeiten, die dem Zeicheninhaber nach dem MarkenG zustehen, können durch eine zu weitgehende Anwendung von § 5 III Nr. 1 beeinträchtigt werden. Hier gilt, dass der spezifische Gegenstand des Kennzeichenrechts nicht durch lauterkeitsrechtliche Ansprüche gefährdet werden darf.

a) Recht der Gleichnamigen. Das Recht der Gleichnamigen geht davon aus, dass es zu **9.13** einer **Koexistenz von identischen oder ähnlichen Unternehmenskennzeichen** kommen kann (BGH GRUR 2010, 738 Rn. 17 ff. – Peek & Cloppenburg I). Damit nimmt die Rechtsordnung in gewissem Umfang hin, dass der Verkehr die beiden Unternehmen verwechselt und bei den Verbrauchern Fehlvorstellungen hins. der betrieblichen Herkunft der von diesen Unternehmen angebotenen Waren oder Dienstleistungen entstehen. Hält sich diese Verwechslungsgefahr im Rahmen dessen, was zeichenrechtlich ausdrücklich hingenommen wird, kann das Ergebnis der Koexistenz nicht dadurch in Frage gestellt werden, dass sich einer der beiden Zeicheninhaber, ein Mitbewerber oder ein Verband auf § 5 III Nr. 1 beruft (vgl. Bornkamm GRUR 2011, 1 (4)). Bspw. gibt es in Deutschland zwei voneinander unabhängige Bekleidungsunternehmen, die beide die Firma „Peek & Cloppenburg KG" und zu allem Überfluss auch noch identische Logos verwenden. Auch wenn es zwischen beiden Unternehmen zahlreiche Rechtsstreitigkeiten gibt, ist doch klar, dass beide Unternehmen das Unternehmenskennzeichen „Peek & Cloppenburg KG" in ihrem räumlichen Betätigungsfeld berechtigt benutzen. Dennoch treten zwischen beiden Häusern zwangsläufig Verwechslungen auf, die jedoch keine Irreführung nach § 5 III Nr. 1 begründen können. Der BGH hat dies damit begründet, dass die Wertungen des Rechts der Gleichnamigen zu berücksichtigen sind, wenn sich die Frage stellt, ob die Gefahr der Verwechslung mit dem Kennzeichen eines Mitbewerbers zu einer unlauteren Handlung iSv § 5 II führt (BGH GRUR 2013, 397 Rn. 44 – Peek & Cloppenburg III; GRUR-RR 2014, 201 Rn. 51 – Peek & Cloppenburg IV).

b) Lizenzen. Auch Lizenzen, die an Kennzeichen gewährt werden, können eine Verwechs- **9.14** lungsgefahr begründen, weil der Verkehr die Produkte des Lizenznehmers zu Unrecht dem Inhaber des Zeichenrechts zuordnet. Geht es um **Marken,** wird man idR annehmen können, dass der Durchschnittsverbraucher mit der Möglichkeit der Lizenzerteilung vertraut oder doch zumindest insofern indifferent ist, so dass durch die Verwendung derselben Marke durch mehrere Unternehmen keine Verwechslungsgefahr entsteht. Dies kann bei **Kennzeichen** anders sein, bei denen eine Lizenzierung gerade wegen des damit verbundenen Irreführungspotentials nicht ohne weiteres zulässig ist (vgl. Ingerl/Rohnke/Czychowski/Nordemann MarkenG § 30 Rn. 130 ff.; Ströbele/Hacker/Thiering/Hacker MarkenG § 30 Rn. 134). Dies ist etwa der Fall bei **Unternehmenskennzeichen,** die allenfalls Gegenstand einer schuldrechtlichen Lizenz sein können, sowie vor allem bei **höchstpersönlichen Rechten** wie dem Namensrecht, bei denen eine (schuldrechtliche) Lizenz nur ausnahmsweise in Betracht kommt. Bspw. darf ein Anwalt seiner Kanzlei gestatten, für alle Zeiten, also auch nach seinem Ausscheiden, unter seinem Namen zu firmieren. Hier muss der lauterkeitsrechtliche Verwechslungsschutz sich daran orientieren, ob die **Lizenzierung des Namens** ausnahmsweise – wie im Beispielsfall – als zulässig anzusehen ist. Dies ist letztlich von einer Interessenabwägung abhängig, die im Kennzeichen- oder Namensrecht vorgenommen wird in deren Rahmen gerade auch das Interesse des Verkehrs berücksichtigt wird, sich auf die mit der Namensangabe verbundene Information verlassen zu können (vgl. BGH GRUR 2002, 703 – VOSSIUS & PARTNER; dazu Bornkamm GRUR 2011, 1 (4 f.)). Vgl. hierzu → Rn. 0.106 f.

c) Abgrenzungsvereinbarungen. Auch im Rahmen von Abgrenzungsvereinbarungen, mit **9.15** denen die Inhaber verwechselbarer Zeichen deren **Schutzbereiche voneinander abzugrenzen,** kann es zu einer Verwechslung der Produkte kommen. Es liegt in der Natur solcher im Vergleichswege getroffenen Vereinbarungen, dass die Vertragsparteien die ihnen aus ihren Kennzeichen möglicherweise zustehenden Rechte nicht vollständig ausspielen, sondern ihre sachlichen und räumlichen Tätigkeitsbereiche im gegenseitigen Nachgeben voneinander abgrenzen. Auch hier kann es zumindest in Randbereichen zu Verwechslungen kommen, die die Vertragsparteien hinnehmen. Verfolgen die Parteien mit der Abgrenzungsvereinbarung **legitime**

Zwecke, verstößt sie insbes. nicht gegen das Kartellverbot, darf sie nicht durch den lauterkeitsrechtlichen Verwechslungsschutz gefährdet werden.

3. Erweiterung des Zeichenschutzes mit Hilfe des Lauterkeitsrechts

9.16   **a) Kein Verwechslungsschutz ohne Marke.** Soweit es in § 5 III Nr. 1 um eine geschäftliche Handlung geht, die „eine Verwechslungsgefahr … mit der Marke oder einem anderen Kennzeichen eines Mitbewerbers" hervorruft, setzt der lauterkeitsrechtliche Verwechslungsschutz die **Existenz einer solchen Marke** oder ein solches Kennzeichen voraus. **Beispiel:** A versieht sein Produkt mit einem Zeichen, das er nicht als Marke hat registrieren lassen und das – mangels Verkehrsgeltung – auch nicht als Benutzungsmarke nach § 4 Nr. 2 MarkenG geschützt ist. B bringt sein Konkurrenzprodukt unter demselben Zeichen auf den Markt. Die Voraussetzungen des § 5 III Nr. 1 sind nicht erfüllt. Denn B's Verhalten ruft keine Gefahr der Verwechslung mit der Marke des Mitbewerbers A hervor, weil A gar nicht Inhaber einer Marke ist.

9.17   **b) Lauterkeitsrechtlicher Verwechslungsschutz trotz Verjährung oder Verwirkung der kennzeichenrechtlichen Ansprüche.** Die in Anspruchskonkurrenz zueinander stehenden Ansprüche aus Kennzeichenrecht und auf Grund des lauterkeitsrechtlichen Verwechslungsschutzes **verjähren unabhängig voneinander.** Da die wettbewerbsrechtliche Verjährungsfrist mit sechs Monaten (§ 11 I) kürzer ist als die markenrechtliche mit drei Jahren (§ 20 I MarkenG, § 195 BGB), wird sich der Kennzeicheninhaber im Falle der Verjährung seiner kennzeichenrechtlichen Ansprüche nicht auf den wettbewerbsrechtlichen Anspruch aus § 8 III Nr. 1, §§ 3, 5 stützen können. Auch **Mitbewerber oder Verbände** werden im Falle der Verjährung der kennzeichenrechtlichen Ansprüche keine Unterlassungsansprüche mehr geltend machen können, weil der Unterlassungsanspruch im UWG nach drei Jahren einer absoluten Verjährung unterliegt (§ 11 IV).

9.18   Im Falle der **laufenden Benutzung,** die gerade bei Kennzeichenrechtsverletzungen die Regel sind, kommt allerdings eine **Verjährung nicht in Betracht,** weil die Verjährungsfrist immer wieder neu zu laufen beginnt (Ahrens Wettbewerbsprozess-HdB/Bornkamm Kap. 33 Rn. 9). Hier kann der Anspruch aber auf Grund einer **markenrechtlichen Verwirkung nach § 21 MarkenG** (Duldung der Benutzung über fünf Jahre) ausgeschlossen sein. Geht in einem solchen Fall der Markeninhaber selbst aus § 8 III Nr. 1, §§ 3, 5 III Nr. 1 vor, wird man ihm die markenrechtliche Verwirkung ebenfalls entgegenhalten müssen; denn § 21 I MarkenG spricht dem Markeninhaber generell das Recht ab, die Benutzung der prioritätsjüngeren Marke zu untersagen, wenn die dort genannten Voraussetzungen vorliegen. Aber auch andere Mitbewerber oder Verbände, die sich auf den lauterkeitsrechtlichen Verwechslungsschutz berufen, kann die Verwirkung entgegengehalten werden: Besteht ein schutzwürdiger Besitzstand an der Verwendung einer bestimmten Kennzeichnung, die markenrechtlich nicht verboten werden kann, so ist kein Grund erkennbar, dass der jedem Mitbewerber gewährte lauterkeitsrechtliche Anspruch weitergehen soll als das in gleicher Weise auf Unterlassung gerichtete individuelle Ausschließlichkeitsrecht des Markeninhabers (BGHZ 198, 159 Rn. 64 = GRUR 2013, 1161 – Hard Rock Cafe).

9.19   **c) Markenrechtliche Schutzschranken.** Die Schutzschranken des MarkenG stehen teilweise in einem Konflikt mit dem lauterkeitsrechtlichen Leistungsschutz: Bei der Schutzschranke der **mangelnden Benutzung** (§§ 25, 26 MarkenG) kommt ein Konflikt in Betracht, er wird aber eher selten sein. Zu einem Konflikt kommt es, wenn eine Marke dem Verkehr trotz fünfjähriger Nichtbenutzung noch in Erinnerung ist. Einer solchen Marke, der im markenrechtlichen Verletzungsprozess die Einrede der **Löschungsreife wegen mangelnder Benutzung** entgegenstünde, kann auch über § 5 III Nr. 1 kein Schutz zugebilligt werden, auch wenn die Verbraucher das angegriffene Zeichen mit dem älteren, aber nicht mehr benutzten Zeichen verwechseln (dazu im Einzelnen Bornkamm GRUR 2011, 1 (6)).

9.20   Bei der Schutzschranke der **Erschöpfung** (§ 24 MarkenG) ist dagegen der Konflikt ausgeschlossen, weil in den Fällen der Benutzung eines erschöpften Kennzeichens nicht über die betriebliche Herkunft getäuscht wird.

9.21   Dagegen besteht bei der Schutzschranke der **beschreibenden Benutzung** (§ 23 MarkenG) die Gefahr, dass der Ausschluss kennzeichenrechtlicher Ansprüche durch den lauterkeitsrechtlichen Verwechslungsschutz konterkariert wird. Meist ist es der Markeninhaber, der sich – mit der Schutzschranke des § 23 MarkenG konfrontiert – auf den lauterkeitsrechtlichen Schutz beruft (BGH GRUR 2009, 678 Rn. 23 – POST/RegioPost). Das Markenrecht nimmt eine

Verwechslung hin, wenn eine **Marke** von einem Dritten **beschreibend benutzt** wird und die weiteren Voraussetzungen der Schutzschranke des § 23 MarkenG vorliegen, dh nach einer – in das Kennzeichenrecht implementierten – lauterkeitsrechtlichen Prüfung („sofern die Benutzung nicht gegen die guten Sitten verstößt"). IdR wird das Ergebnis der lauterkeitsrechtlichen mit der markenrechtlichen Prüfung übereinstimmen: Erkennt der Verkehr, dass ein Zeichen beschreibend verwendet wird (§ 23 Nr. 2 MarkenG), schließt das meist die Verwechslungsgefahr nach § 5 III Nr. 1 aus (BGH GRUR 2013, 631 Rn. 72 – AMARULA/Marulablu). Letztlich ist aber zu beachten, dass es sich bei der Schutzschranke des § 23 MarkenG um eine abschließende markenrechtliche Regelung handelt, die durch den lauterkeitsrechtlichen Verwechslungsschutz nicht umgangen werden darf. Dies lässt sich dadurch erreichen, dass im Rahmen der lauterkeitsrechtlichen Prüfung nach § 5 III Nr. 1 die markenrechtlichen Erwägungen berücksichtigt werden (BGH GRUR 2013, 397 Rn. 44 – Peek & Cloppenburg III).

III. Unterschiedliche Rechtsfolgen

Es liegt auf der Hand, dass derjenige, der sich gegen eine Irreführung nach § 5 III Nr. 1 wendet, **nicht dieselben Ansprüche** hat wie derjenige, dessen Marken- oder Kennzeichenrecht verletzt oder dessen Produkte nachgeahmt worden sind. Den nach § 8 III Nr. 2–4 Berechtigten stehen von vornherein nur Unterlassungs- und Beseitigungsansprüche zur Seite. Dem Mitbewerber, der sich unter dem Gesichtspunkt der Irreführung gegen die Verletzung der Marke oder des Kennzeichens oder gegen die Nachahmung des Produkts eines Dritten wendet, steht zwar nach § 9 I ein Schadensersatzanspruch zu. Er ist dabei aber auf die Geltendmachung des ihm persönlich entstandenen **konkreten Schadens** beschränkt. Er kann sich nicht auf das dem Inhaber eines Immaterialgüterrechts, aber auch dem Hersteller eines nach § 4 Nr. 3 nachgeahmten Produkts zustehende (→ § 4 Rn. 3.83 und → § 9 Rn. 1.36 ff.) Privileg stützen, den Schaden nach den Grundsätzen der **Lizenzanalogie** zu berechnen oder den **Verletzergewinn** herauszuverlangen. – Zum lauterkeitsrechtlichen Anspruch gegenüber dem Lizenznehmer des Marken- oder Kennzeichenrechtsinhabers → Rn. 0.106.   **9.22**

D. Lauterkeitsrechtlicher Verwechslungsschutz und lauterkeitsrechtlicher Nachahmungsschutz

Die Täuschung über die betriebliche Herkunft, Hauptanwendungsfall des lauterkeitsrechtlichen Nachahmungsschutzes, lässt sich begrifflich ebenso wenig von der Irreführung nach § 5 II unterscheiden wie die Verwechslungsgefahr nach § 5 III Nr. 1. Beide Bestimmungen – § 4 Nr. 3 lit. a und § 5 III Nr. 1 – regeln **Fälle der Irreführung,** auch wenn der Nachahmungsschutz nach § 4 Nr. 3 lit. a allein dem Nachahmungsopfer und der Verwechslungsschutz allen nach § 8 III Anspruchsberechtigten zusteht. Nach § 4 Nr. 3 lit. a ist die Täuschung über die betriebliche Herkunft allerdings nur unlauter, wenn sie **unvermeidbar** ist. Da diese Einschränkung in § 5 III Nr. 1 fehlt, könnte man auf den Gedanken kommen, die gewollte Schutzlücke, die sich in Fällen der Unvermeidbarkeit der Herkunftstäuschung ergibt, mit Hilfe von § 5 III Nr. 1 zu schließen. Das ist indessen ausgeschlossen. Denn das Kriterium der Vermeidbarkeit verschafft einem **allg. Grundsatz** Geltung, der nicht nur das deutsche, sondern auch das Unionsrecht beherrscht: Die technische Lehre, die sich dem **Stand der Technik** entnehmen lässt, ist frei und kann ungestraft verwendet werden (Art. 3 I lit. e Ziff. ii Marken-RL; Art. 7 I lit. e Ziff. ii UMV; ErwGr. 14 RL 98/71/EG und Art. 7 RL 98/71/EG; ErwGr. 10 GGV und Art. 8 GGV). Unvermeidbar ist eine Herkunftstäuschung daher insbes. dann, wenn sie notwendige Folge einer (gemeinfreien) technischen Lehre ist (BGH GRUR 1981, 517 (519) – Rollhocker; GRUR 1999, 1106 (1108) – Rollstuhlnachbau; GRUR 2002, 86 (90) – Laubhefter; GRUR 2007, 984 Rn. 35 – Gartenliege; → § 4 Rn. 3.49). Geht von einem Gestaltungsmerkmal, das allein funktionsbedingt ist und nicht durch ein ebenso taugliches anderes Gestaltungsmerkmal ersetzt werden kann, eine Herkunftstäuschung aus, muss die damit verbundene Irreführung des Verkehrs hingenommen werden. Diese grundlegende Einschränkung des Schutzes beansprucht – als **ungeschriebene Schranke** – Geltung auch im Rahmen des lauterkeitsrechtlichen Verwechslungsschutzes nach § 5 III Nr. 1 (vgl. Bornkamm GRUR 2011, 1 (7 f.)).   **9.23**

E. Lauterkeitsrechtlicher Verwechslungsschutz und Designschutz

9.24   § 5 III Nr. 1 erfasst neben der Zeichenverletzung vor allem auch die **Produktverwechslung.** Hierfür kommt – neben dem möglichen markenrechtlichen Schutz (dreidimensionale Marke) und dem in Einzelfällen ebenfalls in Betracht kommenden Urheberrechtsschutz – vor allem der **Designschutz** in Frage. Das Designrecht gewährt dem Rechtsinhaber des Designs ein Ausschließlichkeitsrecht an der Schöpfung und schafft damit einen Anreiz für kreative Gestaltungen. Den Zielen dieses Schutzrechts läuft es nicht zuwider, wenn auch unterhalb der Schutzvoraussetzungen des Designschutzrechts – Neuheit und Eigenart – sowie dann, wenn für eine Gestaltung kein Design angemeldet worden oder der Designschutz abgelaufen ist, eine Irreführung der Verbraucher durch Produktgestaltungen unterbunden wird, die anderen Gestaltungen ähnlich oder mit ihnen identisch sind. Ein möglicher Designschutz rechtfertigt daher keine Einschränkung des lauterkeitsrechtlichen Verwechslungsschutzes (dazu Bornkamm FS Loschelder, 2010, 31 (44)).

10. Abschnitt. Irreführung durch Vermarktung von Waren zweierlei Qualität (§ 5 III Nr. 2)

Übersicht

Schrifttum: Alexander, Überblick und Anmerkungen zum Referentenentwurf eines Gesetzes zur Stärkung des Verbraucherschutzes im Wettbewerbs- und Gewerberecht, WRP 2021, 136; Büscher, Neue Unlauterkeitstatbestände und Sanktionen im Gesetz zur Stärkung des Verbraucherschutzes im Wettbewerbs- und Gewerberecht (Teil 1 und 2), WRP 2022, 1 und WRP 2022, 132; Dröge, Der „New Deal for Consumers" – ein Paradigmenwechsel im deutschen UWG, WRP 2019, 160; v. Jagow, Unterschiedliche Qualitäten von Markenprodukten, ZLR 2017, 769; v. Jagow, Der neue Irreführungstatbestand für Produkte zweierlei Qualität – eine Anmerkung zu Art. 6 Abs. 2 Buchst. c) UGP-RL, FS Harte-Bavendamm, 2020, 249; Klaus/Klaus, Dual Quality – Zur Rechtfertigung von Rezepturunterschieden, ZLR 2021, 444; Köhler, Vermarktung von Markenprodukten unterschiedlicher Qualität – ein Fall der Irreführung? Zum Kommissionsvorschlag der Anfügung eines lit. c) an Art. 6 Abs. 2 RL 2005/29/EG, FS Ströbele, 2019, 203; Kuchar, Markenrecht und Dual-Quality: die Pläne der EU zur Bekämpfung der Nutella®-Kränkung, ÖBl 67 (2018), 214; Lettl, Die UWG-Reform 2021, WM 2021, 1405; Würtenberger/Freischem, Stellungnahme des Fachausschusses Arznei- und Lebensmittelrecht der GRUR zum Vorschlag der EU-Kommission vom 11.4.2018 zur Änderung der RL 2005/29/EG im Hinblick auf Produkte von zweierlei Qualität, GRUR 2019, 709; Rosenow/Staiger, Entstehungsgeschichte, Zweck und wesentlicher Inhalt des Gesetzes zur Stärkung des Verbraucherschutzes im Wettbewerbs- und Gewerberecht, GRUR 2022, 773; Schilling, Dual-quality (§ 5 Abs. 3 Nr. 2 UWG); Erweiterung des Anwendungsbereiches von § 5a Abs. 1 UWG auf sonstige Marktteilnehmer; neue PAngV, WRP 2022, 809; Sosnitza, Dual Quality – Der neue Irreführungstatbestand der Vermarktung als identische Waren trotz wesentlicher Unterschiede nach § 5 III Nr. 2 UWG 2022, ZLR 2021, 826; Unland/Grube, Doppelstandards bei der Qualität von Lebensmitteln („Dual Quality"), ZLR 2019, 339; Würtenberger/Freischem, Stellungnahme des Fachausschusses für Wettbewerbs- und Markenrecht der GRUR zum Referentenentwurf des Bundesministeriums der Justiz und für Verbraucherschutz zum

Entwurf eines Gesetzes zur Stärkung des Verbraucherschutzes im Wettbewerbs- und Gewerberecht, GRUR 2021, 456.

A. Einführung

Durch das **G zur Stärkung des Verbraucherschutzes im Wettbewerbs- und Gewerbe-**   **10.1** **recht** v. 10.8.2021 (BGBl. 2021 I 3504) ist mWv **28.5.2022** der der Tatbestand der Irreführung durch Vermarktung von **Waren zweierlei Qualität** in § 5 III Nr. 2 nF eingeführt worden, der dem in § 5 III Nr. 1 nF verlagerten Tatbestand der Irreführung über die betriebliche Herkunft (§ 5 II aF) angefügt worden ist.

B. Bezugspunkt der Irreführung: Waren zweierlei Qualität

I. Unionsrechtlicher Hintergrund

Der Umstand, dass Produkte **in verschiedenen Mitgliedstaaten unter derselben Marke,**   **10.2** aber in **unterschiedlicher Qualität oder Zusammensetzung** vermarktet werden („dual quality"), hat die Kommission veranlasst, im Zuge eines „New Deal for Consumers" eine Erweiterung des Irreführungstatbestands der UGP-RL vorzuschlagen (RL-Vorschlag vom 11.4.2018, COM(2018) 185 final). Art. 3 Nr. 3 der daraufhin erlassenen, seit dem 7.1.2020 geltenden, mit einer Umsetzungsfrist bis zum 28.11.2021 (für den Erlass entsprechender Vorschriften) und 28.5.2022 (für die Anwendung dieser Vorschriften) versehenen **RL (EU) 2019/ 2161** zur Änderung der RL 93/13/EWG des Rates und der Richtlinien 98/6/EG, 2005/29/EG und 2011/83/EU des Europäischen Parlaments und des Rates zur besseren Durchsetzung und Modernisierung der Verbraucherschutzvorschriften der Union (ABl. EU 2019 L 328, 7) **erweitert Art. 6 S. 2 UGP-RL** unter **lit. c** um den Irreführungstatbestand „jegliche(r) Art der Vermarktung einer Ware in einem Mitgliedstaat als identisch mit einer in anderen Mitgliedstaaten vermarkteten Ware, obgleich sich diese Waren in ihrer Zusammensetzung oder ihren Merkmalen wesentlich voneinander unterscheiden, sofern dies nicht durch legitime und objektive Faktoren gerechtfertigt ist".

Die zur Begründung angeführten ErwGr. 51–53 RL (EU) 2019/2161 beginnen in **ErwGr.**   **10.3** **51** RL (EU) 2019/2161 mit dem Hinweis auf die durch Art. 16 GRCh gewährleistete unternehmerische Freiheit. Unmittelbar anschließend wird darauf verwiesen, dass die mitgliedstaatenübergreifende Vermarktung von in Zusammensetzung oder Merkmalen wesentlich unterschiedlichen Waren als identisch für Verbraucher irreführend sein und sie zu geschäftlichen Entscheidungen veranlassen könne, die sie ansonsten nicht getroffen hätten. In **ErwGr. 52** RL (EU) 2019/2161 wird auf die „Bekanntmachung der Kommission vom 29. September 2017 zur Anwendung des EU-Lebensmittel- und Verbraucherschutzrechts auf Fragen der Produkte von zweierlei Qualität – Der besondere Fall der Lebensmittel" (ABl. EU 2017 C 327, 1) verwiesen. Darin hält die Kommission einleitend fest, dass freier Warenverkehr „nicht unbedingt (bedeutet), dass jedes Produkt in jedem Winkel des Binnenmarkts identisch sein muss". So wie es Verbrauchern freistehe, die Produkte ihrer Wahl zu kaufen, stehe es auch Unternehmern frei, Waren mit unterschiedlicher Zusammensetzung oder unterschiedlichen Merkmalen zu vermarkten, sofern diese mit den EU-Rechtsvorschriften in Einklang stünden. Weiter heißt es in der Bekanntmachung der Kommission (S. 1): „Auch Produkte derselben Marke können aufgrund **legitimer Faktoren wie dem Herstellungsort oder Verbraucherpräferenzen** in den Bestimmungsregionen unterschiedliche Merkmale aufweisen. Anlass zur Besorgnis besteht jedoch, wenn unterschiedlich zusammengesetzte Waren unter derselben Marke in einer Weise vermarktet werden, die geeignet ist, den Verbraucher **irrezuführen.**" In der Bekanntmachung (S. 1) scheint aber neben dem Irreführungsaspekt auch eine Art **gleichbehandlungspolitischer Ansatz** auf: Wie Kommissionspräsident Juncker klargestellt habe, könne es in einer Union der Gleichen **keine Verbraucher zweiter Klasse** geben und könne nicht akzeptiert werden, dass den Menschen in manchen Teilen Europas qualitativ schlechtere Lebensmittel verkauft würden als in anderen, obwohl Verpackung und Marke identisch seien. Mit Blick darauf, dass sich die vor der Einführung des neuen RL-Tatbestands geäußerten Befürchtungen vor allem auf eine Benachteiligung von Verbrauchern in osteuropäischen Mitgliedstaaten bezogen (vgl. v. Jagow FS Harte-Bavendamm, 2020, 249 (257); Klaus/Klaus ZLR 2021, 444 (446 f.)), erhellt aus diesen Formulierungen die besondere (integrations-) politische Dynamik des Vorhabens (vgl. v. Jagow

ZLR 2017, 769). Sie wecken zugleich Zweifel daran, dass die normative Ausgestaltung als Irreführungstatbestand eine sachgerechte Lösung für das hier politisch diagnostizierte Diskriminierungsproblem darstellt (→ Rn. 10.6). Sollte sich die in der Literatur vorausgesagte Auswirkung bewahrheiten, dass Markenhersteller zur Vermeidung von Rechtsrisiken zu unionsweiten Einheitsrezepturen übergehen (vgl. Dröge WRP 2019, 160 (166); v. Jagow FS Harte-Bavendamm, 2020, 249 (258)), erwiese sich die Regelung im Ergebnis als verdecktes Gleichbehandlungsgebot.

10.4   Aufschlussreich ist schließlich **ErwGr. 53 RL (EU) 2019/2161,** in dem es heißt: „Bei ihrer Beurteilung sollten die zuständigen Behörden berücksichtigen, ob solche Unterschiede von den Verbrauchern leicht zu erkennen sind, dass Gewerbetreibende berechtigt sind, aufgrund legitimer und objektiver Faktoren wie nationalem Recht, Verfügbarkeit oder Saisonabhängigkeit von Rohstoffen oder freiwilliger Strategien zur Verbesserung des Zugangs zu gesunden und nährstoffreichen Lebensmitteln Waren derselben Marke an unterschiedliche geografische Märkte anzupassen, und dass Gewerbetreibende berechtigt sind, Waren derselben Marke in Packungen mit unterschiedlichem Gewicht oder unterschiedlicher Füllmenge auf verschiedenen geografischen Märkten anzubieten."

10.5   Die vorgenannten Kommissionsdokumente enthalten keine tatsächlichen Feststellungen zu der Frage, in welchem Ausmaß das Problem der Irreführung über zweierlei Qualität von Produkten in der Praxis des Binnenmarkts auftritt (vgl. Stellungnahme des GRUR–Fachausschusses für Wettbewerbs- und Markenrecht GRUR 2021, 456 (457)). Der RL-Vorschlag wurde unterbreitet, ohne den Ausgang des in der Bekanntmachung der Kommission v. 29.9.2017 (→ Rn. 10.3) in Aussicht gestellten Verfahrens abzuwarten, mit dem der „Umfang des Problems" ermittelt und eine „solide Datengrundlage" für die zu treffenden Maßnahmen bereitgestellt werden sollte (v. Jagow FS Harte-Bavendamm, 2020, 249 f. (252)). Der im Juni 2019 veröffentlichte Bericht der Gemeinsamen Forschungsstelle der EU „Results of an EU wide comparison of quality related characteristics of food products" (EUR 29778 EN, 10.2760/ 27120) kam auf der Grundlage von Informationen aus 19 Mitgliedstaaten zu folgenden Ergebnissen (S. 16): 31 % der 1.380 untersuchten Lebensmittelprodukte waren bei identischer oder ähnlicher Aufmachung der Produktschauseite auch in der Zusammensetzung identisch; 2 % der Produkte hatten eine identische Zusammensetzung bei Unterschieden in der Aufmachung der Schauseite; 9 % der Produkte wiesen bei identischer Schauseite Unterschiede in der Zusammensetzung auf; 22 % wiesen Unterschiede in der Zusammensetzung und (nur) gewisse Abweichungen in der Aufmachung der Schauseite auf; 27 % der Produkte wiesen Unterschiede in der Zusammensetzung und eine unterschiedliche Gestaltung der Schauseite auf. Der Bericht enthält sich ausdrücklich einer rechtlichen Bewertung der Irreführung. Der insoweit in erster Linie relevante Befund, dass 9 % der Produkte mit identischem Erscheinungsbild, aber unterschiedlicher Zusammensetzung vermarktet werden, stellt keine besonders kraftvolle rechtstatsächliche Rechtfertigung der Neuregelung dar. Dies gilt auch deshalb, weil der Bericht zutreffend anmerkt, dass Unterschiede in der Produktzusammensetzung keineswegs zwingend als Qualitätsunterschiede zu deuten sind.

10.6   Die dem neuen Art. 6 II lit. c UGP-RL zugrundeliegende, eigentlich tatsächliche Annahme, dass Verbraucher bei Markenprodukten, die in unterschiedlichen Mitgliedstaaten in übereinstimmender Aufmachung vermarktet werden, von der Identität in Zusammensetzung und Merkmalen ausgehen, ist in der deutschen Rechtsprechung und Literatur bisher so **nicht geteilt worden.** Der BGH hat – im Gegenteil – in der „Cinzano"-Entscheidung Folgendes ausgeführt: „Den inländischen Verkehrskreisen ist auf vielen Warengebieten durch die wachsende Breite des Angebots ausländischer Waren und durch vielfältige Erfahrungen im Reiseverkehr nicht unbekannt, dass ausländische Waren, die in verschiedenen Ländern hergestellt sind, aber unter gleichen Warenzeichen vertrieben werden, auch bei äußerlicher Übereinstimmung mit im Inland bereits bekannten Erzeugnissen diesen gegenüber Unterschiede aufweisen können, die auf Besonderheiten des Herkunftslandes und der dortigen Marktverhältnisse beruhen können" (BGHZ 60, 185, 197 Rn. 28 – Cinzano; vgl. Dröge WRP 2019, 160 (164 f.); v. Jagow ZLR 2017, 775; Köhler FS Ströbele, 2019, 203 (205 f.)). Der RL-Geber legt die Identitätserwartung der Verbraucher nunmehr **normativ** zugrunde und eröffnet allenfalls bei gegenteiliger Information durch den Unternehmer (→ Rn. 10.13), durch das Kriterium der Wesentlichkeit des Unterschieds (→ Rn. 10.21 ff.) sowie über die Relevanzklausel (→ Rn. 10.35) Auswege aus einem ansonsten unangemessenen Regelungsautomatismus.

10.7   Nicht nur steht danach die Frage der tatsächlichen Dringlichkeit des Problems im Raum, sondern ist auch die rechtliche Notwendigkeit der Einführung des neuen Tatbestands in

Art. 6 II 2 lit. c UGP-RL zu bezweifeln. Bewirbt ein Unternehmer sein Markenprodukt als identisch mit einem Markenprodukt, das in anderen Mitgliedstaaten vermarktet wird, ohne dass Identität vorliegt, handelt es sich bereits um eine Irreführung über „wesentliche Merkmale des Produkts wie ... Zusammensetzung, ... Zwecktauglichkeit, ... Beschaffenheit, ...‟ gem. Art. 6 I lit. b UGP-RL, so dass es eines Sondertatbestands nicht bedarf (Dröge WRP 2019, 160 (165); v. Jagow FS Harte-Bavendamm, 2020, 249 (250); Köhler FS Ströbele, 2019, 203 (206)). Dies erkennt zwar auch der RL-Geber an (vgl. ErwGr. 52 S. 1 RL (EU) 2019/2161), rechtfertigt aber die Schaffung eines weiteren Tatbestands mit Blick auf Auslegungsschwierigkeiten der Durchsetzungsbehörden und dem Erfordernis von Rechtssicherheit (vgl. ErwGr. 53 S. 1 RL (EU) 2019/2161). Die angestrebte Rechtssicherheit wird allerdings durch die Verwendung zahlreicher unbestimmter Rechtsbegriffe im neuen Tatbestand in Frage gestellt.

II. Tatbestand des § 5 III Nr. 2

Mit der Regelung in § 5 III Nr. 2, die die in Art. 6 II lit. c UGP-RL enthaltene Regelung **10.8** wortlautgetreu umsetzt, wird ein neuer Bezugspunkt der Irreführung in das deutsche Lauterkeitsrecht eingeführt: die Vermarktung einer Ware **als identisch** mit einer in anderen Mitgliedstaaten vermarkteten Ware, wenn deren Zusammensetzung oder Merkmale **wesentlich unterschiedlich** sind, sofern dies nicht durch **legitime und objektive Faktoren** gerechtfertigt ist. Weiter ist in den Tatbestand das **Relevanzerfordernis** des Art. 6 I UGP-RL/§ 5 I hineinzulesen, so dass eine irreführende geschäftliche Handlung nur vorliegt, wenn die Irreführung geeignet ist, den Verbraucher oder sonstigen Marktteilnehmer zu einer geschäftlichen Entscheidung zu veranlassen, die er andernfalls nicht getroffen hätte.

Dem Regelungskonzept der UGP-RL entsprechend bezieht sich Art. 6 II lit. c UGP-RL **10.9** allein auf das Verhältnis von Unternehmern zu Verbrauchern („B2C‟, → Rn. 0.13). Der deutsche Gesetzgeber hat – dem Konzept des UWG folgend, das im Vertikalverhältnis nicht nur Verbraucher, sondern auch sonstige Marktteilnehmer vor unlauterem Wettbewerb schützt (→ § 2 Rn. 3.1) – bei der Umsetzung der RL-Vorschrift den Anwendungsbereich nicht auf Verbraucher beschränkt, so dass § 5 III Nr. 2 auch auf die **Vermarktung gegenüber sonstigen Marktteilnehmern** anwendbar ist.

Regelungsadressat sind in erster Linie die **Hersteller von Markenprodukten,** die über **10.10** Markenverwendung und Rezeptur entscheiden (Begr. RegE, BT-Drs. 19/27873, 34). Der bloße Vertrieb von Waren Dritter durch Händler ist damit – vorbehaltlich der allgemeinen Regeln von Täterschaft und Teilnahme – nicht tatbestandsmäßig.

1. Vermarktung als identisch mit einer in anderen Mitgliedstaaten vermarkteten Ware

a) Identität. Die in § 5 III Nr. 2 angesprochene Vermarktung „als identisch‟ hat bei gebote- **10.11** ner richtlinienkonformer Auslegung zwei Bezugspunkte, die kumulativ vorliegen müssen: die Verwendung **derselben Marke** und eine **identische Produktaufmachung.**

aa) Verwendung derselben Marke. Der RL-Geber geht davon aus, dass die Verwendung **10.12** **derselben Marke** Voraussetzung für die Annahme ist, dass eine Vermarktung „als identisch‟ vorliegt. Dieses Verständnis lag schon der Bekanntmachung der Kommission v. 29.9.2017 (ABl. EU 2017 C 327, 1, 4; → Rn. 10.3) zugrunde, in der auf die Vermarktung mit „derselben Verpackung und Markenkennzeichnung‟ abgestellt wird. Auch im ErwGr. 53 RL (EU) 2019/2161 ist davon die Rede, dass die „zuständigen Behörden berücksichtigen (sollten), (...) dass Gewerbetreibende berechtigt sind, (...) Waren **derselben Marke** an unterschiedliche geografische Märkte anzupassen, und dass Gewerbetreibende berechtigt sind, Waren **derselben Marke** in Packungen mit unterschiedlichem Gewicht oder unterschiedlicher Füllmenge auf verschiedenen geografischen Märkten anzubieten.‟ Auch im Rahmen des **§ 5 III Nr. 2** ist daher für eine Vermarktung „als identisch‟ zu verlangen, dass jeweils **dieselbe Marke** benutzt wird (vgl. Begr. RegE, BT-Drs. 19/27873, 33).

Im Ergebnis wird so die **Qualitätserwartung des Verbrauchers** an die Verwendung einer **10.13** Marke geknüpft. Darin liegt eine **erhebliche, lauterkeitsrechtlich motivierte Ausweitung** der bisher im Markenrecht anerkannten Schutzzwecke. Soweit im Markenrecht neben der Herkunftsfunktion auch von der Garantie- oder Qualitätsfunktion die Rede ist (vgl. EuGH GRUR 2009, 756 Rn. 58 – L'Oreal/Bellure), betrifft dies allein die Gewährleistung der Markenqualität **im Interesse des Markeninhabers.** Dieser kann nach Art. 15 II Marken-RL/ § 24 II MarkenG dagegen vorgehen, dass eine Markenware nach dem Inverkehrbringen durch ihn verändert oder verschlechtert wird; nach Art. 25 II lit. e Marken-RL/§ 30 II Nr. 5 MarkenG kann er sich dagegen wehren, dass ein Lizenznehmer von einer vereinbarten Produktqualität abweicht. In beiden Fällen geht es (allein) darum, den Markeninhaber davor zu schützen, dass ihm verändert oder verschlechterte Markenware zugerechnet wird (vgl. Ströbele/Hacker/Thiering/Hacker Einl. Rn. 43; Dröge WRP 2019, 160 (164); Köhler FS Ströbele, 2019, 203 (205 f.)). Hingegen ist die Annahme einer unlauteren Irreführung wegen der Enttäuschung von Qualitätserwartungen des Verbrauchers aufgrund der Verwendung einer Marke nach bisheriger Sichtweise nur ausnahmsweise gerechtfertigt, wenn tatsächlich – etwa infolge der Herausstellung bestimmter Eigenschaften in der Werbung – eine entsprechende Verkehrsvorstellung besteht; abgesehen davon liegt die Verwendung der Marke auch im Falle von Qualitätsschwankungen allein in der Macht des Markeninhabers (→ Rn. 2.101). Es liegt deshalb grds. keine unlautere Irreführung vor, wenn sich der Markeninhaber dazu entschließt, seine mit der Marke gekennzeichneten Produkte in schlechterer Qualität herzustellen oder durch einen Lizenznehmer herstellen zu lassen (→ Rn. 0.106 f.) oder mit der Marke gekennzeichnete, nicht identische Produkte in verschiedenen Staaten anzubieten (vgl. BGHZ 60, 185 Rn. 28 – Cinzano; → Rn. 10.6). Dieser Grundsatz erfährt für den in § 5 III Nr. 2 geregelten Spezialfall eine deutliche Einschränkung.

10.14   **bb) Identische Produktaufmachung.** Um eine Vermarktung „als identisch" iSd § 5 III Nr. 2 annehmen zu können, muss zur Markenverwendung hinzukommen, dass die Waren (Dienstleistungen sind nicht erfasst, vgl. Begr. RegE, BT-Drs. 19/27873, 33) in **übereinstimmender Aufmachung** angeboten werden (vgl. v. Jagow FS Harte-Bavendamm, 2020, 249 (253)). Die an die Verwendung derselben Marke geknüpfte Qualitätserwartung ist nicht gerechtfertigt, wenn Unterschiede in der Produktaufmachung der Annahme entgegenstehen, es handele sich um ein mit andernorts vertriebenen Produkten identisches Erzeugnis.

10.15   Für das Verständnis der Vermarktung „als identisch" iSv. Art. 6 II lit. c UGP-RL/§ 5 III Nr. 2 sind mit Blick auf die Produktaufmachung die Sätze 5–8 des **ErwR. 53** RL (EU) 2019/2161 zu beachten, die wie folgt lauten: „Die zuständigen Behörden sollten prüfen, ob solche Unterschiede von den Verbrauchern leicht zu erkennen sind, indem sie die Verfügbarkeit und Angemessenheit von Informationen berücksichtigen. Es ist wichtig, dass Verbraucher über die Unterschiede zwischen den Waren aufgrund legitimer und objektiver Faktoren unterrichtet werden. Die Gewerbetreibenden sollten die Möglichkeit haben, diese Informationen in verschiedenen Formen zur Verfügung zu stellen, die es den Verbrauchern ermöglichen, auf die nötigen Informationen zuzugreifen. Die Gewerbetreibenden sollten Alternativen zur Bereitstellung von Information auf dem Etikett der Ware in der Regel bevorzugen."

10.16   Diesen Ausführungen im ErwGr. 53 ist zunächst zu entnehmen, dass eine **Vermarktung „als identisch" nicht vorliegt,** wenn der Verbraucher die mit Blick auf andernorts angebotene, mit derselben Marke gekennzeichnete Produkte bestehenden **Unterschiede leicht erkennen kann,** weil ihm entsprechende **Informationen** zur Verfügung gestellt werden. Weiter ist Satz 8 des ErwGr. 53 („Die Gewerbetreibenden sollten Alternativen…"), der allerdings missverständlich formuliert ist, nach der einzig sinnvollen Lesart dahin zu verstehen, dass dem Unternehmer die Möglichkeit eingeräumt werden soll, dem Verbraucher diese Informationen durch **Hinweise auf dem Etikett** zur Verfügung zu stellen (v. Jagow FS Harte-Bavendamm, 2020, 249 (255)). Diese Sichtweise hat sich auch der deutsche Gesetzgeber zu Eigen gemacht (vgl. Begr. RegE, BT-Drs. 19/27873, 33). Weist der Unternehmer den Verbraucher durch die Aufmachung des Produkts hinreichend deutlich auf die unterschiedliche Qualität hin, ist demnach die **Annahme einer Irreführung gem. § 5 III Nr. 2 ausgeschlossen.** Diese Schlussfolgerung ist zum einen **systematisch zwingend,** weil eine Irreführung nicht vorliegt, wenn hinreichend deutlich angebrachte aufklärende Hinweise einem Irrtum des Verbrauchers vorbeugen (→ Rn. 1.87 ff.). Sie ist zum anderen auch **grundrechtlich geboten,** weil in unverhältnismäßiger Weise in das Recht auf unternehmerische Freiheit gem. Art. 16 GRCh/die Berufsfreiheit gem. Art. 12 I GG des Unternehmers eingegriffen würde, wenn dieser nicht die Möglichkeit hätte, seine Markenprodukte in klar kommunizierter Unterschiedlichkeit unionsweit zu vertreiben. Die in den Erwägungsgründen ebenfalls angesprochene Möglichkeit, die erforderlichen Informationen anders als mit der Produktaufmachung zur Verfügung zu stellen, dürfte demgegenüber eher von theoretischer Bedeutung sein. Denkbar wäre allenfalls eine werbliche Aufklärung in den Medien oder die Bereitstellung von mit Informationen versehenen Präsentationsmitteln im Ladengeschäft (Aufsteller, Regalbeschriftung).

Die Beurteilung der Identität der Produktaufmachung ist den Umständen des Einzelfalls **10.17** vorbehalten, wobei in erster Linie auf die **Schauseite des Produkts** abzustellen ist. Entnimmt der Verbraucher dieser kein Informationssignal, das auf Abweichungen hindeutet, hat er kaum Veranlassung, auf Informationen zu achten, die an weniger auffälligen Orten mitgeteilt werden (vgl. zu § 11 I 2 Nr. 1 LFGB aF und durch den Blickfang trotz zutreffenden Zutatenverzeichnisses ausgelöste Irreführung BGH GRUR 2016, 738 Rn. 15–17 – Himbeer-Vanille-Abenteuer II). Ist auf der Schauseite etwa der deutliche Hinweis angebracht **„Dieses Produkt entspricht in seiner Zusammensetzung nicht dem in … angebotenen",** liegt eine Vermarktung „als identisch" iSv § 5 III Nr. 2 nicht vor (v. Jagow FS Harte-Bavendamm, 2020, 249 (255)). Die Erteilung der Informationen auf Rücken- oder Seitenetiketten dürfte hingegen regelmäßig nicht ausreichen, weil sie das Erscheinungsbild des Produkts nicht prägen. Durch bekräftigende Zusätze (zB „Die Nummer 1 aus Frankreich") mag die Vorstellung der Verbraucher, das Produkt sei identisch, verstärkt werden (vgl. Schilling WRP 2022, 809 Rn. 9). Der Tatbestand legt allerdings eine Identitätserwartung der Verbraucher normativ zugrunde, so dass es für das Tatbestandsmerkmal der Vermarktung „als identisch" auf eine konkrete Verbrauchervorstellung nicht ankommt (→ Rn. 10.6; Klaus/Klaus ZLR 2021, 444 (463 f.)). Auch die korrekte Fassung des **Zutatenverzeichnisses** allein ist im Zweifel ebenfalls nicht geeignet, die hier adressierte Irreführung zu vermeiden, weil es sich gem. Art. 18 LMIV allein auf das ausgezeichnete Produkt, nicht aber auf Referenzprodukte bezieht und daher die mit Blick auf das Referenzprodukt ggf. bestehende Unterschiedlichkeit gerade nicht zum Ausdruck bringt. Auch kann nicht angenommen werden, dass der Verbraucher genaue Kenntnis der Zusammensetzung des Referenzprodukts besitzt, es sei denn, im Zutatenverzeichnis ist die abweichende Zusammensetzung **ausdrücklich benannt** (vgl. Sosnitza ZLR 2021, 826 (832)).

Allein die Verwendung **unterschiedlicher Sprachen** steht der Annahme der Identität nicht **10.18** entgegen, weil andernfalls der Besonderheit des Tatbestands, der auf die mitgliedstaatenübergreifende Vermarktung abstellt, nicht Rechnung getragen werden könnte. Insofern dürfte es für die Annahme von Identität darauf ankommen, dass der Inhalt der schriftlichen Informationen übereinstimmt (vgl. v. Jagow FS Harte-Bavendamm, 2020, 249 (253)).

Der Begriff des identischen Aufmachung umfasst – in sachgerechter Übertragung der für den **10.19** markenrechtlichen Identitätsbegriff geltenden Grundsätze – neben vollständig übereinstimmenden Gestaltungen auch solche, die sich nur **so geringfügig unterscheiden, dass die Unterschiede einem Durchschnittsverbraucher entgehen können** (vgl. zu Art. 5 I lit. a RL 89/104/EWG EuGH GRUR 2010, 841 Rn. 47 – Portakabin/Primakabin; zu § 14 II 2 Nr. 1 MarkenG BGH GRUR 2019, 1053 Rn. 25 – ORTLIEB II).

b) In anderen Mitgliedstaaten vermarktete Ware. Nach dem Wortlaut des Art. 6 II lit. c **10.20** UGP-RL/§ 5 III Nr. 2 handelt es sich bei dem Referenzprodukt um Ware, die **in anderen Mitgliedstaaten** der Europäischen Union auf dem Markt bereitgestellt wird. Aus dem hier verwandten Plural ist zu schließen, dass das **Referenzprodukt** in identischer Zusammensetzung in **mehreren Mitgliedstaaten** vertrieben werden muss (vgl. v. Jagow FS Harte-Bavendamm, 2020, 249 (253)). Es reicht also nicht aus, dass Unterschiede zwischen dem beanstandeten Produkt und dem in nur einem anderen Mitgliedstaat vertriebenen Produkt bestehen.

2. Wesentliche Unterschiede in Zusammensetzung oder Merkmalen

Weitere Voraussetzung des Irreführungstatbestands gem. § 5 III Nr. 2 ist, dass sich die betref- **10.21** fenden Waren in ihrer **Zusammensetzung** oder in ihren **Merkmalen wesentlich** voneinander **unterscheiden.**

a) Zusammensetzung. Unter Zusammensetzung ist die Gesamtheit aller **Stoffe und Er-** **10.22** **zeugnisse** zu verstehen, die bei der Herstellung der Ware verwendet werden. Soweit es um Lebensmittel geht, ist die Gesamtheit der Zutaten iSv Art. 2 II lit. f LMIV gemeint.

b) Merkmale. Merkmal iSv § 5 III Nr. 2 ist jede **objektivierbare charakteristische Ei-** **10.23** **genschaft** der Ware (vgl. auch die Aufzählung „wesentlicher Merkmale" in § 5 II Nr. 1). Hierzu zählen etwa Erscheinungsbild (Aussehen und Farbe), Menge, Nährwert, Textur (Oberflächeneigenschaften), ökologische Eigenschaften. Hingegen gehören Geschmack und Geruch, weil subjektiv bestimmt, nicht zu den relevanten Merkmalen, ohne dass sich dies im Ergebnis auswirkt, wenn –wie wohl meistens – auf diese Weise wahrgenommene Unterschiede ihre Ursache in einer unterschiedlichen Zusammensetzung haben.

10.24   **c) Wesentlichkeit des Unterschieds.** Die Unterschiede in Zusammensetzung und Merkmalen sind im Rahmen des § 5 III Nr. 2 nur von Bedeutung, wenn sie **wesentlich** sind. Dieser unbestimmte Rechtsbegriff bedarf der Konkretisierung durch die Rechtspraxis, weil insoweit Fingerzeige des Gesetzgebers fehlen, der lediglich das Erfordernis einer Einzelfallprüfung betont (vgl. Begr. RegE, BT-Drs. 19/27873, 33). Es hat also eine **wertende Beurteilung** im Einzelfall zu erfolgen, die den jeweiligen, den Unterschied begründenden Umstand und die betroffene Warengattung in Betracht zieht, dabei aber auch die vom Gesetzgeber vorausgesetzte Qualitätserwartung des Verbrauchers nicht unbeachtet lassen kann. Die Beurteilung der Wesentlichkeit gerät damit inhaltlich in die Nähe der nachgelagerten Relevanzprüfung und bestimmt diese in Teilen vor (→ Rn. 10.35).

10.25   Die Eingrenzung des unbestimmten Rechtsbegriffs der Wesentlichkeit kann mit Blick auf die **Zusammensetzung** der Waren qualitativ betrachtet werden, indem auf die jeweilige wertbildende Bedeutung eines Bestandteils für die Ware abgestellt wird. Die Eingrenzung kann weiter quantitativ vorgenommen werden, indem – etwa bei Lebensmitteln – auf Prozentanteile bei den Zutaten abgestellt wird. Allerdings ist damit noch nicht die Frage beantwortet, wie groß quantitative Unterschiede sein müssen, um die Wesentlichkeitsschwelle zu überschreiten. Je bedeutsamer eine Zutat für das Lebensmittel ist, desto eher können schon geringere Mengenabweichungen als wesentlich anzusehen sein. Bei der Beurteilung der Wesentlichkeit muss auch dem Umstand Rechnung getragen werden, dass nicht jeder Unterschied in der Zusammensetzung zugleich einen Qualitätsunterschied bedeutet.

10.26   Unionsrechtliche Anhaltspunkte für die **Bedeutung der Quantität einzelner Zutaten bei Lebensmitteln** liefert **Art. 22 LMIV** (auf diese Vorschrift nimmt die in → Rn. 10.5 erwähnte Studie der Gemeinsamen Forschungsstelle Bezug). Danach ist die **Angabe der Menge einer Zutat** erforderlich, wenn sie in der **Bezeichnung des Lebensmittels** genannt ist oder normalerweise von Verbrauchern mit dieser Bezeichnung in Verbindung gebracht wird (Art. 22 I lit. a LMIV), sie auf der Kennzeichnung durch **Worte, Bilder oder eine graphische Darstellung hervorgehoben** ist (Art. 22 I lit. b LMIV) oder sie von **wesentlicher Bedeutung für die Charakterisierung** eines Lebensmittels und seine Unterscheidung von anderen Erzeugnissen ist, mit denen es aufgrund seiner Bezeichnung oder seines Aussehens verwechselt werden könnte (Art. 22 I lit. c LMIV). So sind etwa der Nussanteil einer als solchen bezeichneten Nuss-Nougat-Creme, der Anteil an Milch in einem Produkt mit der Beschriftung „mit guter Alpenmilch" oder der Mandelgehalt von Marzipan mengenmäßig anzugeben (vgl. Voit/Grube, 2. Aufl. 2016, LMIV Art. 22 Rn. 13 ff.).

10.27   Nicht weniger schwierig ist die Beurteilung der Wesentlichkeit von Unterschieden in den **Merkmalen** der Ware. Hier kommt es ebenfalls auf die im Einzelfall gegebene Konstellation der betroffenen Warengattung, des in Rede stehenden Merkmals und der darauf bezogenen Verbrauchererwartung an.

3. Rechtfertigung durch legitime und objektive Faktoren

10.28   Eine Irreführung gem. § 5 III Nr. 2 ist ausgeschlossen, wenn die Vermarktung wesentlich unterschiedlicher Markenprodukte durch **legitime und objektive Faktoren** gerechtfertigt ist. Damit wird der Tatbestand durch weitere unbestimmte Rechtsbegriffe angereichert, die der Konkretisierung durch die Rechtspraxis bedürfen.

10.29   Die hierdurch eingeräumte Möglichkeit der Rechtfertigung ist Ausprägung der an ein Verbot mit Blick auf Art. 16 GRCh/Art. 12 I GG gestellten **grundrechtlichen Anforderungen.** Das Verbot der Vermarktung von Markenprodukten in unterschiedlicher Zusammensetzung als identisch stellt einen weitreichenden Eingriff in die unternehmerische Freiheit dar. In der Rechtfertigung durch legitime und objektive Faktoren kommt insoweit das **Verhältnismäßigkeitsprinzip** (Art. 52 I 2 GRCh) zur Wirkung.

10.30   Unter Bezugnahme auf ErwGr. 53 RL (EU) 2019/2161 (→ Rn. 10.4) nennt die Begründung des RegE (BT-Drs. 19/27873, 33 f.) als in Betracht kommende Faktoren **Vorgaben des nationalen Rechts,** die **Verfügbarkeit oder Saisonabhängigkeit von Rohstoffen, freiwillige Strategien** zur Verbesserung des Zugangs zu gesunden und nährstoffreichen Lebensmitteln sowie die Anpassung von Waren derselben Marke an **unterschiedliche geografische Märkte.** Auch nach Ansicht des deutschen Gesetzgebers sollen Unternehmer zudem weiterhin berechtigt sein, Waren derselben Marke in Packungen **mit unterschiedlichem Gewicht oder unterschiedlicher Füllmenge** auf verschiedenen geografischen Märkten anzubieten (Begr. RegE, BT-Drs. 19/27873, 34). Zu den berücksichtigungsfähigen Faktoren zählen auch **bestimmte**

Verbraucherpräferenzen. Der Umstand, dass dieser in ErwGr. 43 RL-Vorschlags vom 11.4.2018 (COM(2018) 185 final)) noch genannte Rechtfertigungsgrund in ErwGr. 53 RL (EU) 2019/2161 nicht mehr vorkommt, steht seiner Berücksichtigung im Einzelfall nicht entgegen, weil es sich bei der Aufzählung um eine abschließende Regelung handelt (Begr. RegE, BT-Drs. 19/27873, 34). Das andernfalls drohende Verbot einer **sachlich begründeten Differenzierung** hielte auch als unverhältnismäßiger Eingriff in das Recht auf unternehmerische Freiheit gem. Art. 16 GRCh/die Berufsfreiheit gem. Art. 12 I GG des Unternehmers einer Nachprüfung nicht stand (→ Rn. 10.29).

Nationale Vorgaben für die Vermarktung von Waren dürften angesichts der weitreichenden unionsrechtlichen Harmonisierung im Bereich insbesondere des Lebensmittelrechts für die Rechtfertigung von Qualitätsunterschieden kaum in Betracht kommen (vgl. v. Jagow FS Harte-Bavendamm, 2020, 249 (254)).   **10.31**

Bei der Beurteilung, ob die (eingeschränkte) **Verfügbarkeit von Rohstoffen** eine Änderung in der Zusammensetzung der Ware zu rechtfertigen vermag, werden die durch Art. 16 GRCh/Art. 12 I GG grundrechtlich geschützten unternehmerischen Belange, die gerade auch die bei der Frage einer etwaigen Ersatzbeschaffung relevanten betriebswirtschaftlichen Erwägungen umfassen, angemessen in den Blick zu nehmen sein.   **10.32**

Besondere Bedeutung dürfte dem Rechtfertigungsgrund der **bestimmten Verbraucherpräferenzen** zukommen. Zu diesen zählen nicht nur werbeinduzierte oder aus einer Gewöhnung resultierende Qualitätserwartungen der Verbraucher, sondern auch die von ihren finanziellen Möglichkeiten geleiteten Konsumgewohnheiten (vgl. Köhler FS Ströbele, 2019, 203 (206)). Soweit sich zwischen Mitgliedstaaten zu verzeichnende wirtschaftliche Unterschiede im jeweiligen Preisniveau, der Kaufkraft der Verbraucher oder anderen für die jeweiligen Wettbewerbsverhältnisse maßgeblichen Umständen manifestieren, kann es einem Unternehmer schlechterdings nicht verwehrt sein, sein Markenprodukt ggf. günstiger – dh womöglich auch in geringerer Qualität – herzustellen und zu vermarkten, um wettbewerbsfähig zu bleiben. Auch hier ist die Grundrechtssensibilität der Regelung zu beachten (Art. 16 GRCh/Art. 12 I GG).   **10.33**

Soweit in S. 6 des ErwGr. 53 RL (EU) 2019/2161 davon die Rede ist, es sei wichtig, dass Verbraucher über die Unterschiede zwischen den Waren aufgrund legitimer und objektiver Faktoren unterrichtet würden, ist dieser Formulierung kein eigenständiges Informationsgebot zu entnehmen, das über das im Zusammenhang mit der Vermarktung „als identisch" erörterte (→ Rn. 10.14 ff.) hinausgeht. Soweit eine Rechtfertigung aufgrund der in § 5 III Nr. 2 genannten „legitimen und objektiven Gründe" gegeben ist, scheidet die Annahme einer unlauteren Irreführung aus, ohne dass es auf die Frage ankommt, ob der Verbraucher auch über diese Gründe informiert worden ist.   **10.34**

4. Relevanz

Nach Art. 6 II UGP-RL gilt eine Geschäftspraxis als irreführend, wenn sie im konkreten Fall unter Berücksichtigung aller tatsächlichen Umstände einen Durchschnittsverbraucher zu einer geschäftlichen Entscheidung veranlasst oder zu veranlassen geeignet ist, die er ansonsten nicht getroffen hätte, und die die weiteren, sodann in lit. a–c Tatbestandsmerkmale verwirklicht. Die Verwirklichung der jeweiligen Einzeltatbestände stellt also nur dann eine irreführende Geschäftspraxis dar, wenn sie auch die Voraussetzungen der Relevanzklausel erfüllt. Bei der gebotenen richtlinienkonformen Auslegung ist daher das in § 5 I geregelte **Relevanzerfordernis in den Tatbestand des § 5 III hineinzulesen.** Die ansonsten tatbestandsmäßige Vermarktung von Markenprodukten unterschiedlicher Qualität ist mithin nur eine irreführende geschäftliche Handlung iSv § 5 III Nr. 2, wenn sie geeignet ist, den Verbraucher oder sonstigen Marktteilnehmer zu einer geschäftlichen Entscheidung zu veranlassen, die er andernfalls nicht getroffen hätte (zur Prüfung der Relevanz im Irreführungstatbestand allg. → Rn. 1.174 ff.).   **10.35**

Im Regelfall wird die Relevanz einer Irreführung über die unterschiedliche Qualität unionsweit vermarkteter Markenprodukte gem. § 5 III Nr. 2 **nicht verneint werden können.** Insoweit wirkt sich aus, dass bei der Beurteilung der Wesentlichkeit eines Qualitätsunterschieds bereits die Belange der Marktgegenseite einfließen (→ Rn. 10.24). Ist ein Unterschied in der Zusammensetzung oder in Merkmalen als iSv § 5 III Nr. 2 wesentlich eingestuft, ist kaum vorstellbar, dass die dann zu bejahende Vortäuschung einer besseren Qualität keinen Einfluss auf die geschäftliche Entscheidung des Verbrauchers oder sonstigen Marktteilnehmers hat.   **10.36**

Irreführung durch Unterlassen

5a (1) Unlauter handelt auch, wer einen Verbraucher oder sonstigen Marktteilnehmer irreführt, indem er ihm eine wesentliche Information vorenthält,

1. die der Verbraucher oder der sonstige Marktteilnehmer nach den jeweiligen Umständen benötigt, um eine informierte geschäftliche Entscheidung zu treffen, und
2. deren Vorenthalten dazu geeignet ist, den Verbraucher oder den sonstigen Marktteilnehmer zu einer geschäftlichen Entscheidung zu veranlassen, die er andernfalls nicht getroffen hätte.

(2) Als Vorenthalten gilt auch

1. das Verheimlichen wesentlicher Informationen,
2. die Bereitstellung wesentlicher Informationen in unklarer, unverständlicher oder zweideutiger Weise sowie
3. die nicht rechtzeitige Bereitstellung wesentlicher Informationen.

(3) Bei der Beurteilung, ob wesentliche Informationen vorenthalten wurden, sind zu berücksichtigen:

1. räumliche oder zeitliche Beschränkungen durch das für die geschäftliche Handlung gewählte Kommunikationsmittel sowie
2. alle Maßnahmen des Unternehmers, um dem Verbraucher oder sonstigen Marktteilnehmer die Informationen auf andere Weise als durch das für die geschäftliche Handlung gewählte Kommunikationsmittel zur Verfügung zu stellen.

(4) [1]Unlauter handelt auch, wer den kommerziellen Zweck einer geschäftlichen Handlung nicht kenntlich macht, sofern sich dieser nicht unmittelbar aus den Umständen ergibt, und das Nichtkenntlichmachen geeignet ist, den Verbraucher oder sonstigen Marktteilnehmer zu einer geschäftlichen Entscheidung zu veranlassen, die er andernfalls nicht getroffen hätte. [2]Ein kommerzieller Zweck liegt bei einer Handlung zugunsten eines fremden Unternehmens nicht vor, wenn der Handelnde kein Entgelt oder keine ähnliche Gegenleistung für die Handlung von dem fremden Unternehmen erhält oder sich versprechen lässt. [3]Der Erhalt oder das Versprechen einer Gegenleistung wird vermutet, es sei denn der Handelnde macht glaubhaft, dass er eine solche nicht erhalten hat.

Gesamtübersicht*

---

* Detailübersichten finden sich zu Beginn der Abschnitte.

Schrifttum: Alexander, Die Umsetzung von Art. 7 der Richtlinie 2005/29/EG über unlautere Geschäftspraktiken in Deutschland und Österreich, GRUR-Int. 2012, 1; Alexander, Die „Aufforderung zum Kauf" im Lauterkeitsrecht, WRP 2012, 125; Alexander, Vertragsrecht und Lauterkeitsrecht unter dem Einfluss der Richtlinie 2005/29/EG über unlautere Geschäftspraktiken, WRP 2012, 515; Alexander, Bedarf § 5a UWG einer Korrektur?, WRP 2013, 716; Alexander, Das Vorenthalten wesentlicher Informationen im Regelungssystem des UWG, FS Bornkamm, 2014, 297; Alexander, Die Neufassung von § 5a UWG, WRP 2016, 139; Alexander, Aktuelle lauterkeitsrechtliche Problemfelder von Online-Vergleichsportalen, WRP 2018, 765; Amschewitz, Die Nachprüfbarkeit der Werbung mit selbst durchgeführten Studien, WRP 2013, 571; Bergmann, Richtlinienkonforme Auslegung im Unterlauterkeitsrecht am Beispiel der Irreführung durch Unterlassen nach § 5a UWG, FS Krämer, 2009, 163; Blasek, Kostenfallen im Internet – ein Dauerbrenner, GRUR 2010, 396; Böhler, Die wesentliche Information in § 5a II UWG, GRUR 2018, 886; Böhler, Verbraucherschützende Informationspflichten im Lauterkeitsrecht, 2017; Bornkamm, Irrungen, Wirrungen – Der Tatbestand der Irreführung durch Unterlassen, WRP 2012, 1; Burger, Lauterkeitsrechtliche Informationspflichten, 2012; Busch, Informationspflichten im Wettbewerbs- und Vertragsrecht, 2008; Büscher, Soziale Medien, Bewertungsplattformen & Co, GRUR 2017, 433; Büscher, Das Regel-Ausnahme-Verhältnis und die sekundäre Darlegungslast bei der geschäftlichen Entscheidung des Verbrauchers, WRP 2019, 1249; Dreiser, Die Wesentlichkeit von Informationen gemäß § 5a UWG, 2013; Ernst, Noch mehr Informationspflichten – Die DL-InfoV, CR 2010, 481; Feddersen, Lauterkeitsrechtliche Informationspflichten, in Obergfell (Hrsg.), Beiträge zum Immaterialgüterrecht, 2021, 256; Feddersen, Neue Transparenzanforderungen im Onlinebereich: Online-Marktplätze – Verbraucherbewertungen – Influencer, WRP 2022, 789; Fezer, Das Informationsgebot der Lauterkeitsrichtlinie als subjektives Verbraucherrecht – Zur Umsetzung des Art. 7 der Richtlinie über unlautere Geschäftspraktiken in § 5 UWG, WRP 2007, 1021; Fezer, Lebensmittelimitate, gentechnisch veränderte Produkte und CSR-Standards als Gegenstand des Informationsgebots im Sinne des Art. 7 UGP-RL – Lauterkeitsrechtliche Informationspflichten nach § 5a UWG zum Schutz vor irreführender Lebensmittelvermarktung, WRP 2010, 577; Hamacher, MeinPaket.de II – Zum Verhältnis des Vorenthaltens wesentlicher Informationen zur geschäftlichen Entscheidung im Rahmen von Art. 7 Abs. 1 UGP-RL, WRP 2018, 161; Henning-Bodewig, Relevanz der Irreführung, UWG-Nachahmungsschutz und die Abgrenzung Lauterkeitsrecht/IP-Rechte, GRUR-Int. 2007, 987; Jäger, Schleichwerbung, Produktplatzierung und Sonderverträge, GRUR-Prax 2017, 372; Jungheim/Haberkamm, Probleme der UWG-Novelle zur Umsetzung der Richtlinie über unlautere Geschäftspraktiken, VuR 2009, 250; Höch/Kahl, Anforderungen an eine Kennzeichnungspflicht für KI-Inhalte, K&R 2023, 396; Keßler, Lauterkeitsschutz und Wettbewerbsordnung – zur Umsetzung der Richtlinie 2005/29/EG über unlautere Geschäftspraktiken in Deutschland und Österreich, WRP 2007, 714; Keßler/Micklitz, Das neue UWG – auf halbem Wege nach Europa?, VuR 2009, 88; Kieffer, Die Informationspflichten des § 5a UWG und die Bedeutung des Informationsmodells für das Privatrecht, 2014; Köhler, Konkurrentenklage gegen die Verwendung unwirksamer Allgemeiner Geschäftsbedingungen, NJW 2008, 177; Köhler, Vom deutschen zum europäischen Lauterkeitsrecht – Folgen der Richtlinie über unlautere Geschäftspraktiken für die Praxis, NJW 2008, 3032; Köhler, Die UWG-Novelle 2008, WRP 2009, 109; Köhler, Unzulässige geschäftliche Handlungen bei Abschluss und Durchführung eines Vertrags, WRP 2009, 898; Köhler, Grenzstreitigkeiten im UWG – Zum Anwendungsbereich der Verbotstatbestände des § 3 Abs. 1 UWG und des § 3 Abs. 2 S. 1 UWG, WRP 2010, 1293; Köhler, Preisinformationspflichten, FS Loschelder, 2010, 127; Köhler, Die Verwendung unwirksamer Vertragsklauseln: ein Fall für das UWG – Zugleich Besprechung der BGH-Entscheidungen „Gewährleistungsausschluss im Internet" und „Vollmachtsnachweis", GRUR 2010, 1047; Köhler, Die Umsetzung der Richtlinie über unlautere Geschäftspraktiken in Deutschland – eine kritische Analyse, GRUR 2012, 1073; Köhler, Zum Vorenthalten wesentlicher Informationen am Beispiel der Impressumsangaben, WRP 2013, 1419; Köhler, Verbraucherinformation im Spannungsverhältnis von Lebensmittelrecht und Lauterkeitsrecht, WRP 2014, 637; Köhler, Das neue UWG 2015: Was ändert sich für die Praxis?, NJW 2016, 593; Köhler, UWG 2015: Neue Maßstäbe für Informationspflichten der Unternehmer, WRP 2017, 1; Köhler, M., Alles Werbung – Influencer im Strudel der Gesetzgebung, ZUM 2020, 294; Körber/Heinlein, Informationspflichten und neues UWG, WRP 2009, 780; Leible/Schäfer, Proaktive Informationspflichten aus Art. 7 UGP-RL – eine wettbewerbsrechtliche Allzweckwaffe?, WRP 2012, 32; Lettl, Haftung eines Unternehmers (z. B. Hersteller) für Werbung unter Bezug auf das Angebot anderer selbständiger Unternehmen (z. B. Vertragshändler) insbesondere nach § 5a Abs. 2, Abs. 3 Nr. 2, WRP 2013, 1105; Lettl, Die geschäftliche Relevanz nach §§ 3 Abs. 2, 3a, 4a Abs. 1, 5 Abs. 1 und 5a Abs. 1, 2 S. 1 Nr. 2 UWG, WRP 2019, 1265; Lettl, Die Neuregelung der „Irreführung durch Unterlassen" (§§ 5a, 5b UWG), WRP 2022, 802; Lindacher, Allgemeines Irreführungsverbot und konditioniertes Informationsgebot, FS Spellenberg, 2010, 43; Lorenz, Die Wettbewerbswidrigkeit einer mangelhaften Anbieterkennzeichnung, WRP 2010, 1224; Mackenrodt, Denationalisierung und Europäisierung im Informationsmodell des UWG, 2017; A. Müller, Abenteuer online – Zur Informationspflicht des Anbieters nach § 5a Abs. 3 Nr. 2 UWG, GRUR-Prax 2011, 118; v. Oelffen, § 5a UWG – Irreführung durch Unterlassen – ein neuer Tatbestand im UWG, 2012; Ohly, Das neue UWG im Überblick, GRUR 2016, 3; Ohly, Die ab 28.5.2022 geltenden Änderungen des UWG im Überblick,

GRUR 2022, 763; Peifer, Die Zukunft der irreführenden Geschäftspraktiken, WRP 2008, 556; Peifer, Lauterkeitsrechtliche Informationspflichten – Dogmatik und Verhältnis zu (lebensmittelrechtlichen) Kennzeichnungsgeboten, ZLR 2011, 161; Rehart, Werbung mit im Ausland erzielten Testergebnissen – Grenzen und Möglichkeiten für zulässige Werbung, MMR 2017, 594; Rosenow/Staiger, Entstehungsgeschichte, Zweck und wesentlicher Inhalt des Gesetzes zur Stärkung des Verbraucherschutzes im Wettbewerbs- und Gewerberecht, GRUR 2022, 773; Scherer, Die Problematik des Medienbruchs – Bruchloses System oder unsystematische Regellosigkeit?, WRP 2018, 659; Schilling, Dual-quality (§ 5 Abs. 3 Nr. 2 UWG); Erweiterung des Anwendungsbereichs von § 5a Abs. 1 UWG auf sonstige Marktteilnehmer; neue PAngV, WRP 2022, 809; Schirmbacher, UWG 2008 – Auswirkungen auf den E-Commerce, K&R 2009, 433; Schulte/ Schulte, Informationspflichten im elektronischen Geschäftsverkehr – wettbewerbsrechtlich betrachtet, NJW 2003, 2140; Sosnitza, Der Gesetzentwurf zur Umsetzung der Richtlinie über unlautere Geschäftspraktiken, WRP 2008, 1014; Steinbeck, Richtlinie über unlautere Geschäftspraktiken: Irreführende Geschäftspraktiken – Umsetzung in das deutsche Recht, WRP 2006, 632; Steinbeck, Irrwege bei der Irreführung durch Unterlassen, WRP 2011, 1221; von Walter/Kluge, Identitätsangaben nach § 5a Abs. 3 Nr. 2 UWG – Ein Plädoyer gegen das Impressumsdenken, WRP 2013, 866; Wuttke, Rechtsfragen des Influencer-Marketings, 2022.

1. Abschnitt. Allgemeines

Übersicht

A. Rechtsentwicklung

I. UWG 1909

Das allgemeine **Irreführungsverbot des § 3 UWG 1909** enthielt keine Regelung der **1.1** Irreführung durch Unterlassen. Jedoch legte die Rspr. die Vorschrift dahin aus, dass auch das Verschweigen von Tatsachen irreführend sein könne, wenn der Werbende dadurch eine **Aufklärungspflicht** verletzte (vgl. von Oelffen, § 5a UWG – Irreführung durch Unterlassen – ein neuer Tatbestand im UWG, 2012, S. 3 ff.). Eine Aufklärungspflicht sollte nicht generell, wohl aber dann bestehen, wenn das Publikum bei Unterbleiben des Hinweises in einem wesentlichen Punkt, der den Kaufentschluss zu beeinflussen geeignet sei, getäuscht würde (BGH GRUR 2002, 182 (185) – Das Beste jeden Morgen mwN). – Allerdings bejahte die Rspr. den Irreführungstatbestand auch in Fällen des Unterlassens einer Information, die zu keiner Irreführung im Sinne einer Fehlvorstellung führten, sondern in denen der Verbraucher nur unzureichend informiert worden war (vgl. BGHZ 139, 368 (376) = GRUR 1999, 264 – Handy für 0,00 DM; BGH GRUR 1999, 261 (264) – Handy-Endpreis; BGHZ 151, 84 (88 f.) = GRUR 2002, 976 – Kopplungsangebot I; BGH GRUR 2002, 979 (981) – Kopplungsangebot II). Zur Begründung zog die Rspr. zusätzlich die allgemeine Generalklausel des § 1 UWG 1909 heran. Eine Verpflichtung, negative Eigenschaften des eigenen Angebots in der Werbung zu offenbaren, wurde nur insoweit bejaht, als dies zum Schutz des Verbrauchers auch unter Berücksichtigung der berechtigten Interessen des Werbenden unerlässlich war (BGH GRUR 1999, 1122 (1123) – EG-Neuwagen I).

II. UWG 2004

1.2   Das UWG 2004 knüpfte an diese Rspr. zu § 3 UWG 1909 an und regelte die Irreführung durch Unterlassen in § 5 II 2 wie folgt: „Bei der Beurteilung, ob das Verschweigen einer Tatsache irreführend ist, sind insbesondere deren Bedeutung für die Entscheidung zum Vertragsschluss nach der Verkehrsauffassung sowie die Eignung des Verschweigens zur Beeinflussung der Entscheidung zu berücksichtigen." Dementsprechend entnahm die Rspr. auch dieser Vorschrift keine allg. Pflicht zu einer umfassenden Aufklärung, zumal eine solche von einem verständigen Verbraucher auch nicht erwartet werde. Vielmehr sollte eine Aufklärungspflicht nur dann bestehen, wenn die Werbung konkrete, für die Kaufentscheidung relevante irrige Vorstellungen hervorrief (BGH GRUR 2007, 251 Rn. 20 – Regenwaldprojekt II). Das wurde ua für den Fall bejaht, dass andernfalls die Gefahr einer unlauteren Beeinflussung der Verbraucher durch Täuschung über den tatsächlichen Wert des Angebots, wie den Wert einer angebotenen Zusatzleistung, bestehe (BGH GRUR 2006, 161 Rn. 15 – Zeitschrift mit Sonnenbrille).

III. UWG 2008

1.3   Die Pflicht zur Umsetzung des Art. 7 UGP-RL („Irreführende Unterlassungen") veranlasste den Gesetzgeber, in das UWG eine neue Regelung der **„Irreführung durch Unterlassen" (§ 5a)** aufzunehmen. Sie setzte sich aus **zwei Tatbeständen,** § 5a I einerseits und § 5a II–IV andererseits, zusammen. Die früher in § 5 II 2 UWG 2004 enthaltene Regelung über das „Verschweigen von Tatsachen" wurde in den § 5a I überführt und damit zu einem selbstständigen Tatbestand der „Irreführung durch Unterlassen" erhoben, der neben dem Tatbestand des Vorenthaltens wesentlicher Informationen (§ 5a II–IV) steht. Im Einzelnen:

1.4   In **§ 5a I** wurde der § 5 II 2 UWG 2004 in modifizierter Form übernommen: An die Stelle der Entscheidung zum Vertragsschluss trat die Formulierung geschäftliche Entscheidung, um klar zu stellen, dass – entsprechend dem § 2 I Nr. 1 und den Art. 2 lit. d UGP-RL und Art. 3 UGP-RL – auch Vorgänge bei Abschluss und Durchführung des Vertrags erfasst werden. Zu dieser Vorschrift führte der BGH seine zu § 5 II 2 UWG 2004 entwickelte Rspr. fort (BGH GRUR 2011, 846 Rn. 21 – Kein Telekom-Anschluss nötig). Eine Irreführung durch Verschweigen von Tatsachen wurde insbes. dann angenommen, wenn der verschwiegenen Tatsache nach der Auffassung des Verkehrs eine besondere Bedeutung zukam, so dass das Verschweigen geeignet war, das Publikum in relevanter Weise irrezuführen, also seine Entschließung zu beeinflussen (BGH WRP 2013, 1183 Rn. 34 – Standardisierte Mandatsbearbeitung).

1.5   In § 5a II wurden die Bestimmungen des Art. 7 I–III UGP-RL über das Vorenthalten einer wesentlichen Information in sehr verkürzter Form umgesetzt. So wurde die Einzelfallklausel in Art. 7 I UGP-RL zu Unrecht dem Begriff der wesentlichen Information zugeordnet, die Einschränkung „je nach den Umständen" nicht übernommen und die Relevanzklausel durch einen missverständlichen Hinweis auf § 3 II umgesetzt. Art. 7 II und III UGP-RL wurden überhaupt nicht umgesetzt. Zur Kritik vgl. Köhler GRUR 2012, 1073 (1076); Köhler WRP 2013, 1419; Alexander WRP 2013, 716.

1.6   In **§ 5a III** und IV wurden die Regelungen des Art. 7 IV und V UGP-RL über bestimmte wesentliche Informationen umgesetzt.

IV. UWG 2015

1.7   In der UWG-Novelle v. 2.12.2015 (BGBl. 2015 I 2158) wurde zwar § 5 I 1 um eine dem Art. 6 I UGP-RL entsprechende Relevanzklausel ergänzt und klargestellt, dass der Irreführungstatbestand auch auf das Verhältnis zu sonstigen Marktteilnehmern anzuwenden ist. Von einer entsprechenden Änderung des § 5a hatte der Gesetzgeber dagegen abgesehen.

1.8   Die **wesentlichen Änderungen** betrafen den **§ 5a II** und die diesen Tatbestand ergänzenden Vorschriften in **§ 5a V, VI.** Mit der Neuregelung wurde Art. 7 I–III UGP-RL korrekt umgesetzt.

V. Gesetz zur Stärkung des Verbraucherschutzes im Wettbewerbs- und Gewerberecht

1.9   Durch das G zur Stärkung des Verbraucherschutzes im Wettbewerbs- und Gewerberecht v. 10.8.2021 (BGBl. 2021 I 3504), das am 28.5.2022 in Kraft trat, wurde § 5a neu gefasst, gekürzt und dafür um einen § 5b ergänzt (dazu BT-Drs. 19/27873, 34, 35). Die Neuregelungen waren insbes. durch die Änderungen des Art. 7 UGP-RL aufgrund der RL (EU) 2019/2161 veranlasst. Ersatzlos aufgehoben wurde der bisherige § 5a I aF. An seine Stelle trat der jetzige § 5a I, der weitgehend dem bisherigen § 5a II 1 aF entspricht, aber sonstige Marktteilnehmer in den Schutz einbezieht. Der bisherige § 5a II 2 aF wurde in § 5a II überführt. Der bisherige § 5a III aF wurde in den § 5b I überführt und durch eine neue Nr. 6 ergänzt (→ § 5b Rn. 1 ff.). Der bisherige § 5a IV aF wurde in den § 5b IV überführt. Der bisherige § 5a V aF wurde in den § 5a III überführt und sein Anwendungsbereich wurde auf sonstige Marktteilnehmer erweitert. Der bisherige § 5a VI aF wurde in den § 5a IV 1 überführt; dessen Anwendungsbereich wurde auf sonstige Marktteilnehmer erweitert; hinzukamen die Regelungen in § 5b IV 2 und 3.

B. Zur Unterscheidung zwischen „irreführenden geschäftlichen Handlungen" (§ 5) und der „Irreführung durch Unterlassung" (§ 5a)

I. Die unionsrechtlichen Grundlagen

Die UGP-RL unterscheidet im Hinblick auf Verbraucher zwei Formen der irreführenden **1.10** Geschäftspraktiken: die irreführenden Handlungen (Art. 6 UGP-RL) und die irreführenden Unterlassungen (Art. 7 UGP-RL). Diese Unterscheidung ist auch für die Auslegung der §§ 5, 5a, 5b, soweit es um den Schutz der Verbraucher geht, verbindlich.

Anders verhält es sich bei dem Schutz der Unternehmer vor Irreführung. Die Werbe-RL **1.11** begrenzt den Schutz der Unternehmer auf die irreführende Werbung (Art. 1, 3 Werbe-RL). Eine dem Art. 7 UGP-RL vergleichbare Regelung der irreführenden Unterlassungen ist darin nicht vorgesehen. Allerdings handelt es sich bei Art. 3 Werbe-RL nicht um eine Voll-, sondern nur um eine Mindestharmonisierung. Die Mitgliedstaaten können nach Art. 8 I 1 Werbe-RL einen weiterreichenden Schutz der Gewerbetreibenden vorsehen. Gleiches gilt für den Schutz sonstiger Marktteilnehmer, soweit sie keine Unternehmer sind. Es ist daher mit der Werbe-RL vereinbar, auch im Verhältnis zu sonstigen Marktteilnehmern echte Informationspflichten anzuerkennen.

II. Die maßgeblichen Begriffe

1. „Irreführung"

In der deutschen Rechtstradition wurde – und wird in § 5 I – der Begriff der Irreführung im **1.12** Sinne einer Täuschung des Verbrauchers über die wahre Sachlage verstanden („unwahre … oder … zur Täuschung geeignete Angaben"). Eine geschäftliche Handlung ist dann irreführend iSd § 5 I 1, „wenn das Verständnis, das sie bei den beteiligten Verkehrskreisen erweckt, mit den tatsächlichen Verhältnissen nicht übereinstimmt", wobei es auf den Gesamteindruck ankommt (BGH WRP 2015, 851 Rn. 10 – Schlafzimmer komplett; WRP 2015, 1102 Rn. 19 – Mobiler Buchhaltungsservice; GRUR 2020, 1126 Rn. 14 – LTE-Geschwindigkeit; stRspr).

Im Gegensatz dazu ist der Begriff der Irreführung im System der UGP-RL in einem weiteren **1.13** Sinne zu verstehen. Für sie ist die Irreführung ein Oberbegriff, wie sich aus Art. 6 UGP-RL und Art. 7 UGP-RL ergibt (→ Rn. 1.11): Als Irreführung ist iSd UGP-RL nicht nur die Täuschung (Art. 6 I UGP-RL) zu verstehen, sondern auch das Vorenthalten einer wesentlichen Information, die der Verbraucher für eine informierte Entscheidung benötigt (Art. 7 I UGP-RL). Letzteres gilt ohne Rücksicht darauf, ob dieses Unterlassen zu einer Täuschung des Verbrauchers im Sinne einer Fehlvorstellung führt. Aus der Sicht der UGP-RL kommt es nur darauf an, ob der Verbraucher in seiner Fähigkeit zu einer informierten Entscheidung beeinträchtigt wird und dies geeignet ist, ihn zu einer geschäftlichen Entscheidung zu veranlassen, die er andernfalls nicht getroffen hätte.

2. Abgrenzung von „Handlungen" und „Unterlassungen"

Nach ErwGr. 14 S. 2 UGP-RL unterteilt die UGP-RL „in Übereinstimmung mit dem Recht **1.14** und den Praktiken der Mitgliedstaaten die irreführenden Geschäftspraktiken in irreführende Handlungen und irreführende Unterlassungen". Die Abgrenzung beider Erscheinungsformen der Irreführung ist indessen schwierig (vgl. einerseits Blasek GRUR 2010, 396 (400); andererseits Steinbeck WRP 2011, 1221 (1222)). So gilt es nach Art. 7 II UGP-RL auch als irreführende

Unterlassung, wenn der Unternehmer wesentliche Informationen auf „unklare, unverständliche, zweideutige Weise" bereitstellt. Nach Anh. I Nr. 22 UGP-RL gilt es als irreführend, wenn ein Händler den Eindruck erweckt, dass er „nicht für die Zwecke seines Handels, Geschäfts (usw) handelt." Gleichzeitig gilt es nach Art. 7 II UGP-RL als irreführendes Unterlassen, wenn ein Gewerbetreibender „den kommerziellen Charakter der Geschäftspraxis nicht kenntlich macht, sofern er sich nicht unmittelbar aus den Umständen ergibt".

1.15   Als **Grundsatz** gilt, dass ein irreführendes Handeln iSd § 5 I vorliegt, wenn das Verhalten des Unternehmers aus der Sicht der Abnehmer einen falschen Gesamteindruck begründet und das Unterlassen nur darin besteht, dass die Fehlvorstellung nicht ausgeräumt wird (→ § 5 Rn. 1.48). Erst wenn an dem Vorliegen einer Fehlvorstellung Zweifel bestehen oder sich der Abnehmer über einen bestimmten Umstand, der seine Entscheidung beeinflussen könnte, keine Gedanken macht, ist zu fragen, ob der Unternehmer den Abnehmer hätte entsprechend aufklären müssen.

1.16   **Beispiele: (1)** Wird eine Werbeaktion als Unterhaltungsveranstaltung angekündigt und gewinnt der durchschnittliche Kunde tatsächlich den Eindruck, mit der Veranstaltung werde kein kommerzieller Zweck verfolgt, liegt eine Irreführung durch positives Tun iSv § 5 I vor. Bestehen dagegen beim Kunden Zweifel, so greift § 5a IV ein, nämlich eine Irreführung durch Unterlassen in Gestalt des Nichtkenntlichmachens des kommerziellen Zwecks, weil dieser sich nicht unmittelbar aus den Umständen ergibt. – **(2)** Wird in einem Supermarkt ein Fruchtquark angeboten, dessen Mindesthaltbarkeitsdatum bereits überschritten ist, kann aber der durchschnittliche Kunde dies nicht ohne weiteres erkennen (etwa wegen unzureichender Beleuchtung des Geschäfts oder wegen zu kleiner Schrift), liegt ebenfalls ein irreführendes Handeln iSv § 5 I vor. Denn der Kunde geht davon aus, dass Ware mit abgelaufenem Mindesthaltbarkeitsdatum unter entsprechendem Hinweis gesondert angeboten wird. Dass der Händler den falschen Eindruck nicht durch einen entsprechenden Hinweis beseitigt hat, ist insoweit unerheblich (→ § 5 Rn. 2.109; OLG Hamburg WRP 2001, 423 (424)).

1.17   Im Hinblick auf die Schwierigkeiten einer Abgrenzung im Einzelfall ist es nicht nur gerechtfertigt, sondern auch sinnvoll, die § 5 und §§ 5a, 5b **nebeneinander** anzuwenden (vgl. BGH GRUR 2011, 82 – Preiswerbung ohne Umsatzsteuer; GRUR 2011, 1151 Rn. 22 – Original Kanchipur; Bornkamm WRP 2012, 1 (3); krit. dazu Steinbeck WRP 2011, 1221 (1222)). Die praktische Bedeutung liegt darin, dass bei Anwendung des § 5 II nicht entscheidungserheblich ist, ob eine wesentliche Information vorenthalten wurde, und dass es bei Anwendung des § 5a nicht darauf ankommt, ob der Verbraucher getäuscht wurde.

1.18   Die eigentliche Bedeutung der „Irreführung durch Unterlassen" besteht in der Anerkennung von **Informationspflichten** des Unternehmers. Die Rspr. hat sie bereits aus dem Irreführungstatbestand des § 3 UWG 1909 und des § 5 II 2 UWG 2004 entwickelt; eine förmliche Abtrennung vom Irreführungstatbestand des § 5 erfolgte dann mit der Einführung eines § 5a in der UWG-Novelle 2008.

C. Unionsrechtliche Grundlage der Regelungen in § 5a I–IV

1.19   Die unionsrechtliche Grundlage der Regelungen in § 5a I–IV ist **Art. 7 UGP-RL.** Die Bestimmungen in Art. 7 I–III UGP-RL enthalten allgemeine Grundsätze zu den Voraussetzungen, unter denen eine Geschäftspraxis wegen des Vorenthaltens einer wesentlichen Information als „irreführende Unterlassung" gilt. In Art. 7 IV und V UGP-RL werden bestimmte Informationen für wesentlich iSd Art. 7 I UGP-RL erklärt. Es sind dies nach Art. 7 IV UGP-RL bestimmte Informationen, die der Unternehmer im Fall der Aufforderung zum Kauf (Art. 2 lit. i UGP-RL) bereitzustellen hat. Die Regelung in § 5a IV hat ihre Grundlage in Art. 7 II UGP-RL („oder wenn er den kommerziellen Zweck der Geschäftspraxis nicht kenntlich macht").

1.20   Art. 7 I UGP-RL ist nicht anzuwenden, wenn einer unionsrechtlichen Vorschrift nach **Art. 3 IV UGP-RL** der Vorrang zukommt (EuGH WRP 2018, 1049 Rn. 34 – Dyson). Daher stellt bspw. die Nichtangabe der Testbedingungen zur Energieeinstufung auf einem Etikett für Staubsauger keine irreführende Unterlassung iSd Art. 7 I UGP-RL dar, weil diese Information nach der RL 2010/30/EU und der Delegierten VO (EU) Nr. 665/2013 dem Etikett nicht hinzugefügt werden darf (EuGH WRP 2018, 1049 Rn. 35 ff. – Dyson).

1.21   Die Bestimmungen in § 5a I–IV sind, soweit sie dem Schutz der Verbraucher dienen, richtlinienkonform auszulegen. Die Auslegung muss sich daher so weit wie möglich am Wortlaut und Zweck der UGP-RL orientieren, um das mit ihr verfolgte Ziel zu erreichen (vgl. EuGH GRUR 2012, 1269 Rn. 41 – Purely Creative). Dabei ist insbes. die Auslegung des Art. 7 UGP-RL durch den EuGH zu berücksichtigen (dazu EuGH GRUR 2011, 930 – Ving Sverige; WRP 2016, 1342 Rn. 43 ff. – Deroo – Blanquart).

2. Abschnitt. Irreführung durch Vorenthalten wesentlicher Informationen (§ 5a I und II)

Übersicht

A. Anwendungsbereich

2.1   Anders als noch unter Geltung des § 5a II aF dient die ab dem 28.5.2022 geltende Regelung in § 5a I–III, ebenso wie in § 5a IV, nicht nur dem Schutz der **Verbraucher,** sondern auch dem Schutz der **sonstigen Marktteilnehmer.** Damit wurde ein Gleichlauf mit der entsprechenden Regelung in § 5 I hergestellt. Diese Erweiterung ist mit der UGP-RL vereinbar (ErwGr. 6 S. 3 UGP-RL). Sie ist auch sachgerecht, weil ein entsprechendes Informationsbedürfnis auch bei sonstigen Marktteilnehmern bestehen kann. Die besonderen Regelungen über wesentliche Informationen in § 5b gelten hingegen nur im Verhältnis zu Verbrauchern.

2.2   Da für die Frage, ob eine wesentliche Information für eine geschäftliche Entscheidung benötigt wird oder geeignet ist, die geschäftliche Entscheidung zu beeinflussen, ein unterschiedlicher Maßstab anzulegen sein kann, je nachdem ob sich die geschäftliche Handlung an Verbraucher oder an sonstige Marktteilnehmer richtet (vgl. BT-Drs. 19/27873, 34), erscheint eine getrennte Darstellung sinnvoll. Im Folgenden soll daher zunächst die Anwendung des § 5a I–III auf das Verhältnis zu **Verbrauchern** dargestellt werden (→ Rn. 2.3 ff.). Im Anschluss daran ist auf die Besonderheiten im Hinblick auf das Verhältnis zu **sonstigen Marktteilnehmern** einzugehen (→ Rn. 2.48–2.54).

B. Anwendung des § 5a I auf Verbraucher

I. Rechtsnatur

2.3   § 5a I stellt einen Unlauterkeitstatbestand dar und konkretisiert damit das Tatbestandsmerkmal der Unlauterkeit im Verbotstatbestand des § 3 I. In § 5a II und III wird dagegen nur das in § 5a I enthaltene Tatbestandsmerkmal des Vorenthaltens einer wesentlichen Information konkretisiert.

II. Geschäftliche Handlung

1. Allgemeines

2.4   § 5a I spricht von unlauterem Handeln und meint damit eine **geschäftliche Handlung** iSd § 2 I Nr. 2. Dies entspricht auch Art. 7 I UGP-RL, der eine Geschäftspraxis voraussetzt. Jedoch reicht der Begriff der geschäftlichen Handlung in mehrfacher Hinsicht weiter als der der Geschäftspraxis. Insbes. wird auch das Handeln zugunsten eines **fremden** Unternehmens und das Handeln zur Förderung des **Bezugs** von Waren oder Dienstleistungen erfasst. Die geschäftliche Handlung kann auch in einem **Unterlassen** bestehen, wie aus Art. 2 lit. d UGP-RL hervorgeht. Daher kann das Vorenthalten einer wesentlichen Information schon für sich gesehen eine geschäftliche Handlung darstellen. Das ist insbes. für das Verhalten des Unternehmers **nach Vertragsschluss** von Bedeutung. So bspw., wenn ein Händler nach Vertragsschluss von schwerwiegenden, nämlich gesundheits- und sicherheitsrelevanten Produktmängeln erfährt, es aber unterlässt, den Verbraucher darüber zu informieren, und dies den Verbraucher zu einer geschäftlichen Entscheidung veranlasst, nämlich Gewährleistungsrechte nicht geltend zu machen (vgl. Köhler WRP 2009, 109 (116)). In den meisten Fällen geht es jedoch um Werbung, also um die Absatzförderung, und der Unternehmer unterlässt es in diesem Zusammenhang, dem Verbraucher eine wesentliche Information zu geben.

2. Geschäftliche Handlung gegenüber Verbrauchern

Im Hinblick auf die Definition der geschäftlichen Handlung in § 2 I Nr. 2 werden Ver- **2.5**
braucher nicht nur in ihrer Eigenschaft als **Nachfrager,** sondern grds. auch in ihrer Eigenschaft
als **Anbieter** von Waren oder Dienstleistungen geschützt (ebenso MüKoUWG/Alexander
Rn. 107). Das kann bspw. den Ankauf von Grundstücken, Antiquitäten, Gebrauchtwagen, Gold
oder die Vermietung von Grundstücken betreffen. Auch diese Erweiterung des Anwendungsbereichs ist mit der UGP-RL vereinbar, da sie diesen Bereich nicht regelt. **Beispiel:** Gewerblicher Antiquitätenankäufer muss einen verkaufsbereiten Erben über die von diesem nicht
erkannte Echtheit eines Gemäldes aufklären, weil dies eine wesentliche Information darstellt.

III. Wesentliche Information

1. „Information"

§ 5a I spricht, dem Art. 7 I UGP-RL folgend, nicht vom Verschweigen von Tatsachen, **2.6**
sondern vom Vorenthalten einer wesentlichen Information. Der Begriff der Information ist
empfängerbezogen zu verstehen, nämlich als ein mitteilbares Wissen über Tatsachen. Mitteilbare
Tatsachen in diesem Sinne sind auch Werturteile eines Dritten (zB die Beurteilung eines Produkts in einem Warentest).

2. „Wesentliche" Information

Zentralbegriff des § 5a I ist die wesentliche Information. Er ist aus Art. 7 I UGP-RL über- **2.7**
nommen (engl. material; frz. substantielle). Sie ist in dieser Bestimmung aber nicht definiert,
sondern nur in Art. 7 IV und V UGP-RL konkretisiert. Dies ist bei der richtlinienkonformen
Auslegung zu berücksichtigen. Jedenfalls ist der Begriff anhand des Zwecks und der Systematik
der UGP-RL und speziell im Kontext des Art. 7 UGP-RL auszulegen.

a) Rechtsprechung des EuGH. Eher beiläufig hat sich der EuGH zur Auslegung des **2.8**
Begriffs der wesentlichen Information geäußert. Dieser Begriff sei zwar in der UGP-RL nicht
definiert, jedoch folge aus deren Art. 7 I und II, „dass eine Information diesen Charakter hat, die
der durchschnittliche Verbraucher je nach den Umständen benötigt, um eine informierte Entscheidung zu treffen, und deren Vorenthaltung diesen daher zu einer geschäftlichen Entscheidung veranlassen kann, die er sonst nicht getroffen hätte" (EuGH WRP 2017, 405 Rn. 30, 35 –
Carrefour Hypermarchés). – Richtig daran ist, dass eine Irreführung durch Unterlassen nur dann
vorliegt, wenn der Verbraucher eine bestimmte Information je nach den Umständen benötigt,
um eine informierte Entscheidung zu treffen und das Vorenthalten dieser Information geschäftliche Relevanz besitzt. Allerdings ist dies kein Wesensmerkmal der wesentlichen Information,
sondern ein zusätzliches Tatbestandserfordernis des Art. 7 I UGP-RL. Das zeigt ein Vergleich
mit der Generalklausel des Art. 5 II UGP-RL. Das Vorenthalten einer wesentlichen Information
entspricht der Verletzung der beruflichen Sorgfalt iSd Art. 5 II lit. a UGP-RL, das Benötigen
dieser Information für eine informierte Entscheidung und die Eignung zur Beeinflussung der
geschäftlichen Entscheidung entsprechen dem Tatbestandsmerkmal der „wesentlichen Beeinflussung des wirtschaftlichen Verhaltens des Verbrauchers" iSd Art. 5 II lit. b iVm Art. 2 lit. b
UGP-RL. Dazu hat der EuGH ausgeführt, dass eine Geschäftspraxis nicht schon deshalb unlauter
ist, weil sie das wirtschaftliche Verhalten des Verbrauchers wesentlich beeinflusst; vielmehr muss
zusätzlich geprüft werden, ob die fragliche Geschäftspraxis den Erfordernissen der beruflichen
Sorgfalt widerspricht (EuGH WRP 2011, 45 Rn. 45, 46 – Mediaprint).

b) Deutsche Rechtsprechung. Nach der Rspr. des BGH ist eine Information nicht schon **2.9**
deshalb wesentlich, weil sie für eine geschäftliche Entscheidung des Verbrauchers von Bedeutung
sein kann, sondern nur dann, wenn ihre Angabe unter Berücksichtigung der beiderseitigen
Interessen vom Unternehmer erwartet werden kann und ihr für die vom Verbraucher zu
treffende geschäftliche Entscheidung erhebliches Gewicht zukommt (BGH GRUR 2012, 1275
Rn. 36 – Zweigstellenbriefbogen; GRUR 2016, 1076 Rn. 31 – LGA tested; WRP 2017, 303
Rn. 17 – Entertain; GRUR 2017, 1265 Rn. 19 – Preisportal). Der Unternehmer braucht daher
nicht ungefragt auch weniger vorteilhafte oder gar negative Eigenschaften des eigenen Angebots
offenzulegen (BGH GRUR 2013, 945 Rn. 34 – Standardisierte Mandatsbearbeitung; GRUR
2018, 541 Rn. 38 – Knochenzement II; GRUR 2022, 241 Rn. 27 – Kopplungsangebot III),
sofern dies nicht zum Schutze der (zB Gesundheits- oder Sicherheits-)Interessen des Verbrau-

chers unter Berücksichtigung der berechtigten Interessen des Werbenden unerlässlich ist (OLG Düsseldorf WRP 2015, 365 Rn. 39; OLG Köln WRP 2020, 234 Rn. 52; 2020, 1484 Rn. 51).

2.10   **c) Schrifttum.** Im Schrifttum bestehen unterschiedliche Auffassungen über die Auslegung des Begriffs der wesentlichen Information. Nach einer Ansicht ist eine Information wesentlich, wenn der Verbraucher sie für eine informierte geschäftliche Entscheidung benötigt (Harte-Bavendamm/Henning-Bodewig/Dreyer Rn. 85). Dies seien alle Informationen, die der Verbraucher benötige, um das Für und Wider seiner geschäftlichen Entscheidung abzuwägen (Harte-Bavendamm/Henning-Bodewig/Dreyer Rn. 86; GK-UWG/Lindacher/Peifer Rn. 26), oder die der Verkehr erwarte (jurisPK-UWG/Seichter Rn. 67 ff.). Nach einer anderen Auffassung ist eine Information wesentlich, wenn die geschäftliche Entscheidung des Verbrauchers mit ihr „steht und fällt" (MüKoUWG/Alexander Rn. 226). Ferner wird gesagt, eine Information sei dann wesentlich, wenn eine Aufklärungspflicht bestehe (Ohly/Sosnitza/Sosnitza § 5b Rn. 5). Generell wird darauf hingewiesen, dass die Umstände des Einzelfalls zu berücksichtigen seien und eine Interessenabwägung vorzunehmen sei.

2.11   **d) Stellungnahme. aa) Ausgangspunkt.** Ausgangspunkt der Auslegung ist der allg. Zweck der UGP-RL, für ein hohes Verbraucherschutzniveau zu sorgen, und der bes. Zweck des Art. 7 UGP-RL, dem Verbraucher eine informierte geschäftliche Entscheidung zu ermöglichen. Dazu legt Art. 7 I UGP-RL dem Unternehmer unter bestimmten Voraussetzungen die Pflicht auf, dem Verbraucher die dafür benötigten Informationen zur Verfügung zu stellen. Daraus ergeben sich zwei Einschränkungen der Informationspflicht des Unternehmers: (a) Er muss nicht alle für einen Verbraucher möglicherweise interessanten, sondern von vornherein nur solche Informationen bereitstellen, die der durchschnittliche Verbraucher je nach den Umständen für eine informierte geschäftliche Entscheidung benötigt (→ Rn. 2.37 ff.). (b) Er muss auch nicht alle vom Verbraucher benötigten Informationen bereitstellen, sondern nur solche, die wesentlich sind. Eine Information ist nämlich nicht schon deshalb wesentlich, weil der Verbraucher sie für eine informierte Entscheidung benötigt (BGH WRP 2016, 1221 Rn. 31 – LGA tested; aA offenbar EuGH WRP 2017, 405 Rn. 30 – Carrefour Hypermarchés). Andernfalls wäre dieser Begriff überflüssig (Köhler WRP 2009, 109 (116)). Das Erfordernis der Wesentlichkeit begrenzt daher zusätzlich das Ausmaß der Informationspflichten des Unternehmers.

2.12   **bb) Grundsatz.** Mit der Rspr. des BGH ist davon auszugehen, dass eine Information nicht schon dann wesentlich ist, weil sie für die geschäftliche Entscheidung des Verbrauchers möglicherweise von Bedeutung sein kann, sondern nur dann, wenn ihre Angabe unter Berücksichtigung der beiderseitigen Interessen vom Unternehmer erwartet werden kann und ihr für die vom Verbraucher zu treffende geschäftliche Entscheidung erhebliches Gewicht zukommt (BGH WRP 2016, 1221 Rn. 31 – LGA tested; WRP 2017, 303 Rn. 17 – Entertain; GRUR 2017, 1265 Rn. 19 – Preisportal; WRP 2021, 895 Rn. 13 mAnm Franz = GRUR 2021, 979 Rn. 13 – Testsiegel auf Produktabbildung mAnm. Fritzsche; MüKoUWG/Alexander Rn. 215). Die Information muss einerseits ein solches Gewicht haben, dass sie für die Entscheidung des durchschnittlichen Verbrauchers voraussichtlich und für den Unternehmer erkennbar von maßgebender Bedeutung ist (BGH WRP 2016, 1221 Rn. 46 – LGA tested). Andererseits soll der Unternehmer durch die Informationspflicht nicht unzumutbar belastet werden. Dies gebietet der Grundsatz der **Verhältnismäßigkeit** (ErwGr. 6 S. 2 UGP-RL; OLG Köln WRP 2020, 234 Rn. 53). Was wesentlich iSv Art. 7 I UGP-RL und damit auch von § 5a I ist, steht, von den verbindlichen Festlegungen in Art. 7 IV und V UGP-RL abgesehen, nicht von vornherein fest, sondern hängt von einer **Interessenabwägung** unter Berücksichtigung der Umstände des konkreten Falls ab.

2.13   **cc) Interessenabwägung.** Für die Abwägung der widerstreitenden Interessen von Verbraucher und Unternehmer ist in richtlinienkonformer Auslegung auf den Wertungsmaßstab der beruflichen Sorgfalt iSd Art. 5 II UGP-RL, definiert in Art. 2 lit. h UGP-RL, zurückzugreifen, da Art. 7 UGP-RL letztlich nur die Generalklausel des Art. 5 II UGP-RL konkretisiert (ErwGr. 13 S. 4 UGP-RL; Köhler WRP 2009, 109 (116); Böhler GRUR 2018, 886 (889)). **Zumutbar** ist die Bereitstellung einer vom Verbraucher benötigten Information jedenfalls dann, wenn dies „dem Standard an Fachkenntnissen und Sorgfalt" entspricht, „bei dem billigerweise davon ausgegangen werden kann, dass der Gewerbetreibende sie gegenüber dem Verbraucher gemäß den anständigen Marktgepflogenheiten und/oder dem Grundsatz von Treu und Glauben in seinem Tätigkeitsbereich anwendet" (vgl. auch EuGH WRP 2016, 1342 Rn. 37 – Deroo-Blanquart). Dabei besteht eine gewisse Wechselwirkung: Je **wichtiger** die betreffende Information für eine informierte Entscheidung des Verbrauchers ist, desto eher ist dem Unternehmer auch ihre Bereitstellung zumutbar (OLG Oldenburg WRP 2019, 919 Rn. 11). Dies schließt ggf. die Beschaffung der Information ein, wenn der Unternehmer noch nicht über sie verfügt (→ Rn. 2.27, → Rn. 2.28).

dd) Berücksichtigung der „jeweiligen Umstände". Der Tatbestand des § 5a I setzt nach **2.14** Nr. 1 das Vorenthalten einer wesentlichen Information voraus, die der Verbraucher oder sonstige Marktteilnehmer **„nach den jeweiligen Umständen"** benötigt, um eine informierte Entscheidung zu treffen. Insoweit kommt eine Reihe von Umständen in Betracht.

(1) Handlungs- und produktbezogene Umstände. Dabei geht es um die konkrete ge- **2.15** schäftliche Handlung und das konkrete Produkt. Bei der geschäftlichen Handlung können Zeit, Ort, Anlass und Dauer sowie die Beschränkungen des verwendeten Kommunikationsmittels (§ 5a III Nr. 1) von Bedeutung sein. Produktbezogene Umstände können insbes. solche sein, die die wesentlichen Produktmerkmale iSd des § 5b I Nr. 1 betreffen (vgl. BGH GRUR 2014, 584 Rn. 11 – Typenbezeichnung). So macht es einen Unterschied, ob es sich um ein einfaches Produkt (zB Buch) oder ein komplexes und erklärungsbedürftiges Produkt (zB Versicherungspolice) handelt.

(2) Entscheidungsbezogene Umstände. Dabei kommt es auf die Art und die Tragweite **2.16** der jeweils anstehenden geschäftlichen Entscheidung an. So macht es einen Unterschied, ob die anstehende geschäftliche Entscheidung im Betreten eines Geschäfts oder in der Bestellung einer Ware oder Dienstleistung von nicht unerheblichem Wert besteht.

(3) Verbraucherbezogene Umstände. Die Frage, ob eine Information für die geschäftliche **2.17** Entscheidung des Verbrauchers von erheblichem Gewicht ist, ist nach dem Erwartungs- und Verständnishorizont des Durchschnittsverbrauchers zu beurteilen (BGH GRUR 2016, 1076 Rn. 31 – LGA tested; GRUR 2017, 1265 Rn. 19 – Preisportal). Insoweit ist von Bedeutung, ob die geschäftliche Handlung sich an alle Verbraucher oder nur eine Gruppe von Verbrauchern richtet oder nur eine Gruppe besonders schutzbedürftiger Verbraucher betrifft (§ 3 IV 2). Dabei kommt es auf die Sicht des **Durchschnittsverbrauchers** bzw. unter den Voraussetzungen des § 3 IV 1 oder § 3 IV 2 die Sicht des **durchschnittlichen Mitglieds** der jeweiligen Gruppe an. Es ist von der Wahrnehmung des angemessen (bzw. normal) **informierten** und angemessen **aufmerksamen** und **kritischen** (bzw. **verständigen**) **Verbrauchers** auszugehen (ErwGr. 18 S. 2 UGP-RL; EuGH WRP 2017, 31 Rn. 57 – Canal Digital Danmark; BGH GRUR 2016, 1076 Rn. 37 – LGA tested). Informationen, über die zwar der durchschnittliche Verbraucher bereits verfügt oder die er sich unschwer selbst beschaffen kann (zB im Internet), nicht aber die Mitglieder einer bes. schutzbedürftigen Gruppe von Verbrauchern, können daher ihnen gegenüber als wesentlich anzusehen sein. Erst recht gilt dies, wenn das Produkt den Bedarf nur bestimmter schutzbedürftiger Verbraucher decken soll (zB Hörgeräte). Eine Informationspflicht wird allerdings noch nicht dadurch begründet, dass der Verbraucher (zB in einem individuellen Verkaufsgespräch) eine entsprechende **Frage** stellt, etwa ob das angebotene Produkt von Kindern oder Zwangsarbeitern hergestellt wurde. Denn dadurch hätte es der Verbraucher in der Hand, über die Wesentlichkeit einer Information und damit den Umfang der Aufklärungspflicht selbst zu entscheiden. Lehnt der Unternehmer die Beantwortung einer Frage zu Produktmerkmalen iSd § 5 II Nr. 1, die nicht wesentlich iSd § 5a III Nr. 1 sind, ab, so mag der Verbraucher daraus seine Schlüsse ziehen, jedoch verletzt der Unternehmer seine Informationspflicht nicht. Beantwortet der Unternehmer die Frage unrichtig, so greift ohnehin § 5 I ein.

(4) Unternehmerbezogene Umstände. Insoweit sind der zeitliche und kostenmäßige **Auf-** **2.18** **wand** sowie die **Nachteile** zu berücksichtigen, die für den Unternehmer mit der Verschaffung der Information verbunden sind (→ BGH GRUR 2016, 1076 Rn. 33 – LGA tested; Köhler WRP 2009, 898 (908 f.)). Der Unternehmer darf durch die Auferlegung von Informationspflichten nicht unverhältnismäßig belastet werden. (Der Zeit- und Kostenaufwand für die Einstellung einer Information in ein Internetangebot wird allerdings idR nicht ins Gewicht fallen; BGH GRUR 2017, 1265 Rn. 24 – Preisportal). Auch braucht der Unternehmer nicht jede **negative Eigenschaft** seines Produkts oder Unternehmens anzugeben, selbst wenn dies für den Verbraucher von Interesse ist. So braucht ein Kaufmann nicht über das mittelmäßige Abschneiden eines Produkts in einem Warentest (Köhler WRP 2009, 106 (117)) und ein Anwalt nicht über seine geringe Berufserfahrung (vgl. BGH GRUR 2012, 1275 Rn. 36 – Zweigstellenbriefbogen) zu informieren, auch wenn dies für die geschäftliche Entscheidung des Verbrauchers von ausschlaggebender Bedeutung sein könnte. Zu berücksichtigen sind auch mögliche **Geheimhaltungsinteressen** des Unternehmers (BGH WRP 2016, 1221 Rn. 33, 47 – LGA tested; Alexander GRUR-Prax 2017, 539). So ist es ihm nicht zumutbar, **Betriebsinterna,** wie bspw. seine Bezugsquelle und seinen Einstandspreis zu offenbaren.

3. Verhältnis zu den wesentlichen Informationen iSd § 5b I und IV

2.19   Für den Fall des konkreten Angebots iSd § 5b I („Aufforderung zum Kauf" iSd Art. 7 IV, 2 lit. i UGP-RL) gilt eine Reihe von Informationen als wesentlich. Diese Liste ist **abschließend,** wie sich aus ErwGr. 14 UGP-RL ergibt (EuGH WRP 2017, 31 Rn. 68 – Canal Digital Danmark). Daraus folgt zum einen, dass diese Informationen nicht schon dann geschuldet sind, wenn noch kein derartiges konkretes Angebot vorliegt (Alexander WRP 2016, 139 Rn. 27). Zum anderen folgt daraus, dass der Umfang der in § 5b I genannten wesentlichen Informationen nicht unter Hinweis auf § 5a I beliebig erweitert werden kann. So kann bspw. von einer GmbH nicht unter Hinweis auf § 5a I verlangt werden, dass sie neben ihrer Anschrift und Identität (§ 5b I Nr. 2) auch noch den Namen ihres Geschäftsführers angibt. Andererseits ist es nicht ausgeschlossen, dass auch bei Angabe aller der in § 5b I genannten Informationen die betreffende geschäftliche Handlung gegen § 5 I (BGH WRP 2018, 1069 Rn. 37 – Namensangabe; OLG Frankfurt WRP 2019, 1039 Rn. 7, 8 zur Angabe eines falschen Namens durch einen Mitarbeiter) oder gegen § 5a II 2 verstößt, wie zB bei irreführender Aufspaltung des angegebenen Gesamtpreises (EuGH WRP 2017, 31 Rn. 71 – Canal Digital Danmark). Insbes. bleibt § 5a I auf solche Informationen anwendbar, die sich auf Umstände außerhalb der Liste des § 5b I Nr. 1–4 beziehen. Dazu gehört nach der Rspr. die Angabe einer leicht auffindbaren und nachprüfbaren Fundstelle bei der **Werbung mit Testergebnissen** oder **Prüfsiegeln** (→ Rn. 2.20; BGH WRP 2016, 1221 Rn. 48 – LGA tested; WRP 2019, 736 Rn. 71 – Das beste Netz; GRUR 2021, 979 Rn. 14 – Testsiegel auf Produktabbildung) oder **Symbolen** für **Auszeichnungen** bzw. **Prämierungen,** die den Eindruck einer objektiven Prüfung der Qualität und Sicherheit eines Produkts erwecken, mögen sie auch auf subjektiven Leserbewertungen beruhen (LG Aachen WRP 2018, 634 Rn. 11: „Award"; OLG Zweibrücken WRP 2017, 1015 Rn. 17). Allerdings könnte man diese Information noch den Produktmerkmalen (vgl. § 5 II Nr. 1: „Ergebnisse oder wesentlichen Bestandteile von Tests der Waren oder Dienstleistungen") und die fehlende oder unzureichende Fundstellenangabe dem § 5a II Nr. 2 zuordnen. Nicht erfasst werden Auszeichnungen, die sich nur an der Gestaltung eines Produkts (Design) ausrichten und daher zwangsläufig auf subjektiven Wertungen beruhen (OLG Köln GRUR-RR 2018, 120 Rn. 16). – Keine Sperrwirkung entfaltet § 5b I auch für geschäftliche Handlungen nach Vertragsschluss, in denen eine wesentliche Information vorenthalten wird. – Ferner dürfen rein nationale Informationspflichten, die nicht wesentlich iSd § 5b IV sind, nicht über § 5a I zu wesentlichen Informationen erklärt werden, wie sich aus ErwGr. 15 S. 4 UGP-RL ergibt. Vielmehr können sie nur über § 3a Geltung erlangen.

4. Beispiele aus der Rechtsprechung zu § 5a I

Wesentliche Information bejaht:

2.20   **a) Testergebnisse.** Wer mit einem Testergebnis, das auf einem Test mehrerer vergleichbarer Erzeugnisse beruht (zB Testsiegel der Stiftung Warentest), wirbt, muss in der Werbung **deutlich erkennbar** auf eine **Fundstelle** hinweisen, die **leicht zugänglich ist und eine eindeutige Zuordnung zu einem bestimmten Test erlaubt,** um dem Verbraucher eine einfache Möglichkeit zu verschaffen, den Test selbst zur Kenntnis zu nehmen und ihm damit eine informierte geschäftliche Entscheidung zu ermöglichen. Denn bei der Bewerbung eines Produkts mit einem solchen Qualitätsurteil besteht ein erhebliches Interesse des Verbrauchers zu erfahren, wie sich die Bewertung dieses Produkts in das Umfeld der anderen getesteten Produkte einfügt, damit er die Testergebnisse vergleichen kann (BGH GRUR 2010, 248 Rn. 48 – Kamerakauf im Internet; WRP 2021, 895 Rn. 14, 21 – Testsiegel auf Produktabbildung; OLG Frankfurt WRP 2016, 750 Rn. 4; 2016, 1024 Rn. 10). – Diese Voraussetzung ist dann erfüllt, wenn die konkrete Fundstelle mit **Erscheinungsjahr** und **Ausgabe** einer Veröffentlichung deutlich erkennbar angegeben wird (BGH WRP 2021, 895 Rn. 14, 21 – Testsiegel auf Produktabbildung). Ausreichend dafür ist bspw. die Angabe einer Website auf einem Produkt, die den Hinweis auf die Fundstelle enthält, weil diese Information gewährleistet, dass Verbraucher mit zumutbarem Aufwand, ohne größere Recherche nähere Informationen über den Test auffinden kann. Wird allerdings in einem Werbeprospekt eines **Händlers** das Produkt des Herstellers mit der Angabe der Fundstelle derart abgebildet, dass die Fundstelle nicht mehr erkennbar ist, genügt dies nicht. Es reicht dann auch nicht aus, dass auf der Produktabbildung die Website des Verleihers des Testsiegels (zB Stiftung Warentest) erkennbar ist (BGH WRP 2021, 895 Rn. 22, 23 – Testsiegel auf Produktabbildung mAnm Franz). Denn insoweit fehlt es an der erforderlichen eindeutigen Zuordnung zu einem bestimmten Test. Dass der Verbraucher beim Händler das Produkt und damit die angegebene Fundstelle in Augenschein nehmen kann, reicht nicht aus. Denn bereits die Entscheidung, das Geschäft aufzusuchen, stellt eine geschäftliche Entscheidung dar (BGH WRP 2021, 895 Rn. 24 – Testsiegel auf Produktabbildung). – Bei einer Werbung im **Internet** muss der Hinweis auf der ersten Internetseite erfolgen. Dazu genügt ein deutlicher Sternchenhinweis, wenn er den Verbraucher ohne weiteres zu der Fundstellenangabe führt (BGH GRUR 2010, 248 Rn. 29 ff. – Kamerakauf im Internet). Dem steht ein Link gleich, der zu einem vollständigen Testbericht führt (OLG Düsseldorf WRP 2015, 762 Rn. 22). Nicht ausreichend ist die Angabe einer Publikation, wenn sie trotz ISSN-Nummer nicht problemlos im Zeitschriften- oder Buchhandel bezogen werden kann (OLG Frankfurt WRP 2016, 1024 Rn. 14). – Der Werbende muss eine Fundstelle angeben, unter der sich der Verbraucher über die angewandten Prüfkriterien, insbes. auch die Prüfungsbreite und -tiefe, informieren kann. Denn der Verbraucher erwartet, dass das beworbene Produkt von neutralen und fachkundigen Stelle auf die Erfüllung von Mindestkriterien anhand objektiver Kriterien geprüft worden ist und bestimmte, von ihm für die Güte und Brauchbarkeit als wesentlich angesehene Eigenschaften aufweist, und möchte dies anhand einer Fundstellenangabe überprüfen können (BGH GRUR 2016, 1076 Rn. 38 ff. – LGA tested; OLG Zweibrücken WRP 2017, 1015). Dies gilt auch dann, wenn das Siegel als Gemeinschaftsmarke Schutz genießt (OLG Düsseldorf WRP 2015, 365 Rn. 43 ff.). Wer mit einem Testergebnis der Stiftung Warentest „gut" wirbt, muss grds. auf den Rang dieses Qualitätsurteils im Rahmen des Gesamttests hinweisen, wenn mehrere Mitbewerber mit „sehr gut" bewertet wurden (OLG Frankfurt NJOZ 2011, 974). – Entsprechendes gilt, wenn in einem Testsiegel mit dem Konsumententestergebnis „sehr gut" geworben wird, wenn in der Notenskala „ausgezeichnet" die Bestnote war (OLG Köln WRP 2013, 534 – auch zu § 5 I). – Entsprechendes gilt für die Werbung mit einem Prüfzeichen oder Gütesiegel oder ähnlichen Bezeichnungen (wie TÜV-geprüft; „Auszeichnung" oder „Prämierung"; „Award"), die sich auf die Produktqualität und/oder -sicherheit beziehen.

b) Internetportale. Bewertungsportale, die die Ergebnisse aufgrund von Bewertungen der **2.21** Kunden eines Unternehmers ermitteln, müssen zwar nicht den Anforderungen an objektiv unabhängige Tests genügen (Büscher GRUR 2017, 433 (441)), aber doch den Anforderungen nach § 5b II genügen. – Beim Angebot eines Preisvergleichs für Bestattungsdienstleistungen im Internet muss der Anbieter darüber informieren, dass der Vergleich nur solche Dienstleister erfasst, die sich ihm gegenüber zur Zahlung einer Provision für den Fall eines Vertragsabschlusses verpflichtet haben. Diese Information ist nämlich für den Verbraucher von erheblichem Gewicht (BGH GRUR 2017, 1265 Rn. 20 ff. – Preisportal; dazu Alexander WRP 2018, 765 Rn. 42–45). – Wer auf Internetportalen redaktionelle Beiträge mit Verlinkungen zu bestimmten Anbietern **(Affiliate-Partnerprogramme)** veröffentlicht, muss darauf hinweisen, dass dies für ihn möglicherweise Provisionsansprüche begründet (LG München I WRP 2019, 1083 Rn. 39 ff.). Der kommerzielle Zweck von Affiliate-Links in derartigen Beiträgen wird nicht hinreichend dadurch kenntlich gemacht, dass ein Einkaufswagen-Symbol oberhalb der Überschrift des Beitrags in einem optisch abgetrennten Bereich erfolgt (OLG Köln WRP 2021, 362 Rn. 26 ff.). – Bietet ein Portal die Vermittlung von Immobilienmaklern an, ist der Nutzer darauf hinzuweisen, dass im Falle einer Provisionsvereinbarung zwischen Nutzer und Makler das Portal eine Erfolgsbeteiligung erhält (LG Hamburg WRP 2019, 1082). – Bei der Angabe des Durchschnitts von **Kundenbewertungen** ist die Gesamtzahl der in die Berechnung eingegangenen Kundenbewertungen eine wesentliche Information (LG Hamburg WRP 2023, 628). – Wird eine **medizinische Fernbehandlung** angeboten, ist die Information über den Sitz des Anbieters im Ausland wesentlich (OLG Köln GRUR 2022, 1353 Rn. 90).

c) Telefondienstleister. Ein Anbieter von **Telefondienstleistungen,** die nicht auch eine **2.22** fallweise Betreiberauswahl (Call-by-Call) ermöglichen, muss darauf in der Werbung hinweisen; dies gilt auch dann, wenn er für Gespräche ins deutsche Festnetz einen Pauschaltarif anbietet (BGH GRUR 2012, 943 – Call-by-Call). Zur Datenübertragungsgeschwindigkeit als wesentliche Information vgl. BGH WRP 2020, 1426 Rn. 37 – LTE-Geschwindigkeit.

2.23 **d) Makler.** Ein **Immobilienmakler** muss in einer Kleinanzeige auch dann auf die Provisionspflichtigkeit der Angebote hinweisen, wenn der gewerbliche Charakter des Angebots erkennbar ist (LG Berlin WRP 2015, 653). Ein Makler muss in einer Immobilienanzeige die Pflichtangaben nach § 87 I GEG machen. Diese Vorschrift ist mWv 1.11.2020 an die Stelle des § 16a I EnEV getreten (OLG Frankfurt WRP 2021, 793 Rn. 19; → § 3a Rn. 1.213d).

2.24 **e) Sonstiges.** Wer vom Verbraucher verlangt, bei Entgegennahme einer PostIdent-Sendung mit seiner Unterschrift gegenüber dem Briefträger nicht nur den Empfang zu quittieren, sondern eine zum Vertragsschluss mit dem Absender führende Willenserklärung zu dokumentieren, muss ihn darüber vorher (bei Fernabsatzgeschäften vor der Zusendung klar und verständlich) informieren (KG GRUR-RR 2012, 167). – Wer eine Music Card auf Prepaid-Basis anbietet, muss darauf hinweisen, dass mit einem Berechtigungscode lediglich die Vervielfältigung von Musiktiteln über eine Suchmaschine vermittelt wird, ohne dass Nutzungsrechte verschafft werden, und dass die erfolgreiche Herstellung einer MP3-Datei nicht geschuldet ist (KG GRUR-RR 2011, 425). – Wer mit einem Aufbauseminar zum Abbau von Punkten im Verkehrszentralregister wirbt, muss darauf hinweisen, dass die Teilnahme nur alle fünf Jahre möglich ist (LG München I WRP 2012, 1023 Ls.). – Wirbt eine **Bank** für ein Tagesgeldkonto, muss sie auf die Variabilität des in der Werbung genannten Zinssatzes hinweisen (OLG Düsseldorf WRP 2016, 244). – Wer für Sitzbezüge für Kfz wirbt, muss darauf hinweisen, ob diese sich auch für Fahrzeuge mit Seitenairbags eignen (OLG Köln WRP 2020, 1484 Rn. 40). – Über die Bedingungen einer **„Herstellergarantie"** muss vorvertraglich nur informiert werden, wenn der Unternehmer die Garantie zu einem zentralen oder entscheidenden Merkmal seines Angebots macht, nicht hingegen, wenn er in seinem Internetangebot die Herstellergarantie nur beiläufig erwähnt (BGH GRUR 2022, 1832 Rn. 34 ff. – Herstellergarantie IV). – Informationen über grundlegende Umstände der von dem Unternehmen beanspruchten **Klimaneutralität**, insbesondere darüber, ob sie ganz oder teilweise durch Einsparungen oder durch Kompensationsmaßnahmen erreicht wird (OLG Frankfurt WRP 2023, 211 Rn. 59 ff.; ähnlich OLG Schleswig GRUR 2022, 1451 Rn. 44–46; zur Irreführung durch Werbung mit Klimaneutralität → § 5 Rn. 2.186a). – Wesentlich ist die Information darüber, dass eine angebotene Klimaanlage nur durch einen **zertifizierten Fachbetrieb installiert** werden darf (LG Dortmund WRP 2022, 1043 Rn. 35 ff.).

2.25 **Wesentliche Information verneint:** Rechtsanwalt, der neben seiner Hauptkanzlei noch eine Zweigstelle betreibt, muss auf dem Briefbogen seiner Hauptkanzlei darauf nicht hinweisen (BGH GRUR 2012, 1275 Rn. 35 f. – Zweigstellenbriefbogen). – Nichtzugehörigkeit von beworbenen Brillenfassungen zu einer aktuellen Kollektion (OLG München WRP 2016, 1404 Rn. 57 ff.). – Nennung des Prüfinstituts in der Werbung einer Kfz-Werkstätte „Hier im Haus" für die HU/AU (OLG Frankfurt WRP 2017, 1143 Rn. 30). – Fehlender Hinweis, dass gesundheitliche Unbedenklichkeit einer E-Zigarette noch nicht wissenschaftlich abgesichert ist (OLG Frankfurt GRUR-RR 2014, 402 (404)). – Fehlender Hinweis des Verkäufers eines internetfähigen Mobiltelefons, dass das Betriebssystem Sicherheitslücken aufweist und Sicherheitsupdates für das Betriebssystem nicht zu erwarten sind (OLG Köln WRP 2020, 234 Rn. 51 ff.).

IV. Vorenthalten

1. Begriff

2.26 § 5a I verwendet, der deutschen Fassung des Art. 7 I UGP-RL entsprechend, den Begriff des „Vorenthaltens" einer Information. Das setzt keine Handlung im Sinne eines positiven Tuns, etwa das Vereiteln einer Kenntniserlangung voraus. Vielmehr genügt das Unterlassen einer Mitteilung, wie sich auch aus der engl. und frz. Fassung des Art. 7 UGP-RL (engl. omit; frz. omet) ergibt. Auch setzt das Vorenthalten kein Verschulden (Vorsatz oder Fahrlässigkeit) voraus (vgl. EuGH WRP 2015, 698 Rn. 48, 49 – UPC, zu Art. 6 UGP-RL). Eine wesentliche Information wird dem Verbraucher vorenthalten, **wenn sie zum Geschäfts- und Verantwortungsbereich des Unternehmers gehört oder dieser sie sich mit zumutbarem Aufwand beschaffen kann und der Verbraucher sie nicht oder nicht so erhält, dass er sie bei seiner geschäftlichen Entscheidung berücksichtigen kann** (BGH WRP 2016, 1221 Rn. 27 – LGA tested; WRP 2017, 1081 Rn. 27 – Komplettküchen; WRP 2018, 420 Rn. 32 – Energieausweis; GRUR 2021, 979 Rn. 19 – Testsiegel auf Produktabbildung). Ein Vorenthalten liegt auch dann vor, wenn sich der Verbraucher die Information erst durch eine weitere Recherche, etwa im Internet, beschaffen müsste (BGH GRUR 2021, 979 Rn. 21–23 – Testsiegel auf Produktabbildung; krit. Franz WRP 2021, 899). Der Begriff der **geschäftlichen Ent-**

scheidung iSd § 2 I Nr. 1 erfasst dabei auch die damit **unmittelbar zusammenhängenden Entscheidungen** (→ § 2 Rn. 1.10 ff.), wie bspw. das Betreten eines Geschäfts oder die Kontaktaufnahme zu dem Unternehmer. – Dem Vorenthalten wesentlicher Informationen steht es nach § 5a II gleich, wenn diese verheimlicht oder in unklarer, unverständlicher oder zweideutiger Weise oder nicht rechtzeitig bereitgestellt werden (→ Rn. 2.31 ff.).

2. Pflicht des Unternehmers zur Informationsbeschaffung?

Der Begriff des Vorenthaltens könnte dahin verstanden werden, dass der Unternehmer bereits **2.27** über die betreffende Information verfügen muss (so noch Köhler WRP 2009, 109 (116); OLG Düsseldorf WRP 2015, 365 Rn. 74). Dem steht jedoch der Wortlaut anderer Sprachfassungen der UGP-RL (engl. omit; frz. omet) entgegen (BGH WRP 2016, 1221 Rn. 26 – LGA tested). Vorenthalten ist daher i Sinne eines Unterlassens einer Information zu verstehen. Andernfalls würden die Unternehmer begünstigt, die es unterlassen haben, sich die erforderlichen Informationen zu beschaffen. Ein Unternehmer kann sich auf seine Unkenntnis jedenfalls dann nicht berufen, wenn es sich um Informationen handelt, die zu seinem **Geschäfts- und Verantwortungsbereich** gehören oder in sonstiger Weise für ihn verfügbar sind (→ Rn. 2.26; BGH WRP 2016, 1221 Rn. 27 – LGA tested; WRP 2017, 1081 Rn. 27 – Komplettküchen; MüKoUWG/ Alexander Rn. 250), letztlich also zum **„Standard an Fachkenntnissen"** in seinem Tätigkeitsbereich gehören, deren Kenntnis von ihm nach Treu und Glauben unter Berücksichtigung der anständigen Marktgepflogenheiten billigerweise zu erwarten ist (Köhler WRP 2017, 1 Rn. 22; OLG Köln WRP 2020, 234 Rn. 60). Insoweit ist der Begriff des Vorenthaltens richtlinienkonform am Maßstab des Art. 2 lit. h UGP-RL auszulegen, mag diese Vorschrift auch nicht unmittelbar anwendbar sein (insoweit zutr. BGH GRUR 2010, 248 Rn. 32 – Kamerakauf im Internet). Diese weite Auslegung entspricht der Rspr. des EuGH, wonach die Bestimmungen der Richtlinie im Wesentlichen aus der Sicht des Verbrauchers als Adressaten und Opfers unlauterer Geschäftspraktiken zu verstehen sind und den Zweck verfolgen, ihn umfassend vor solchen Praktiken zu schützen (vgl. EuGH WRP 2015, 698 Rn. 48, 49 – UPC). Der Unternehmer kann sich daher auch nicht darauf berufen, dass sich der Verbraucher die Information selbst hätte beschaffen können (EuGH WRP 2015, 698 Rn. 54 – UPC). Ein Vorenthalten einer wesentlichen Information kann daher auch dann vorliegen, wenn der Unternehmer zwar über sie nicht verfügt, er sie sich aber mit zumutbarem Aufwand beschaffen kann (BGH WRP 2017, 1081 Rn. 27 – Komplettküchen; WRP 2018, 420 Rn. 32 – Energieausweis).

Maßgebend ist insoweit zunächst das **Informationsbedürfnis des Durchschnittsverbrau- 2.28 chers.** Eine Pflicht zur Informationsbeschaffung besteht daher von vornherein nur dann, wenn im konkreten Fall der angemessen informierte, aufmerksame und verständige Durchschnittsverbraucher die Information für eine informierte geschäftliche Entscheidung benötigt (BGH WRP 2016, 1221 Rn. 27 – LGA tested). Die bloße **Frage** eines Verbrauchers in einem Verkaufsgespräch nach einer bestimmten, ihn persönlich interessierenden Information, zB ob das Produkt von Kindern hergestellt oder wie das Produkt getestet wurde, macht diese Information daher noch nicht zu einer wesentlichen und begründet noch keine Informationsbeschaffungspflicht. Jedoch kann die Falschbeantwortung der Frage uU eine Irreführung iSd § 5 I darstellen (vgl. EuGH WRP 2015, 698 Rn. 40 – UPC, zu Art. 6 I UGP-RL). Selbst wenn ein berechtigtes Informationsinteresse des Verbrauchers anzuerkennen und dem Unternehmer die Informationsbeschaffung möglich ist, ist weiter zu fragen, ob ihm dies **zumutbar** ist. Dies setzt eine Interessenabwägung voraus. Dabei sind auch der Kosten-, Arbeits- und Zeitaufwand für den **durchschnittlichen** Unternehmer im Hinblick auf den Wert des Kaufgegenstands und der konkrete Nutzen der Information für den Verbraucher sowie dessen Möglichkeit, sich die Information selbst in zumutbarer Weise zu beschaffen, zu berücksichtigen (→ Rn. 2.17).

V. Dem Vorenthalten gleichstehende Verhaltensweisen (§ 5a II)

1. Überblick

In § 5a II werden drei dem Vorenthalten einer wesentlichen Information gleichstehende **2.29** Verhaltensweisen geregelt. Die Vorschrift dient der Umsetzung der Regelungen in Art. 7 II UGP-RL mit Ausnahme des selbständigen Tatbestands des „Nichtkenntlichmachens des kommerziellen Zwecks", der in § 5a IV umgesetzt wurde (→ Rn. 4.1 ff.). Damit wird ein Umsetzungsdefizit des § 5a II UWG 2008 beseitigt. – § 5a II ist, anders als Art. 7 II UGP-RL („Als irreführende Unterlassung gilt es auch ..."), nicht als weiterer Unlauterkeitstatbestand konzipiert.

Vielmehr wird darin nur der Unlauterkeitstatbestand des § 5a I hinsichtlich des Tatbestands-merkmals des „Vorenthaltens" einer wesentlichen Information konkretisiert. Unlauter iSd § 3 I sind die genannten Verhaltensweisen daher nur dann, wenn alle sonstigen Tatbestandsmerkmale des § 5a I einschließlich der geschäftlichen Relevanz verwirklicht sind. Das entspricht den Vor-gaben aus Art. 7 II UGP-RL.

2. Verheimlichen

2.30   Eine wesentliche Information wird **verheimlicht** (engl. hide; frz. dissimuler), wenn ihre Kenntnisnahme **vereitelt** oder **erschwert** wird. Das ist insbes. der Fall, wenn sie derart inmitten anderer Informationen „versteckt" wird, dass der Durchschnittsverbraucher sie nicht oder nur mit erheblichen Schwierigkeiten auffindet (OLG Köln WRP 2020, 1483 Rn. 63).

3. Bereitstellung in unklarer, unverständlicher oder zweideutiger Weise

2.31   Dem Vorenthalten einer wesentlichen Information steht ihre Bereitstellung **in unklarer, unverständlicher oder zweideutiger Weise** gleich. Maßstab ist wiederum die Wahrnehmung der Informationen durch den **Durchschnittsverbraucher.** Die drei Erscheinungsformen lassen sich nicht säuberlich trennen, sondern überschneiden sich.

2.32   **Unklarheit** kann zum einen im Hinblick auf die **Wahrnehmbarkeit** der Information gege-ben sein. Das ist dann anzunehmen, wenn die Gefahr besteht, dass der Durchschnittsverbraucher die Information nicht vollständig oder nicht richtig liest oder hört. So bspw., wenn die Schrift zu klein (vgl. OLG Celle GRUR-RR 2011, 278) oder zu undeutlich ist, oder wenn die Angaben zu schnell gesprochen werden. Hierzu lässt sich die Rspr. zu § 1 VII 2 PAngV aF (= § 1 III PAngV), wonach die Angaben „leicht erkennbar und deutlich lesbar oder sonst gut wahrnehm-bar" sein müssen) heranziehen. Unklarheit kann zum anderen im Hinblick auf den **Inhalt** der Information vorliegen, nämlich dann, wenn sie unklar formuliert ist.

2.33   **Unverständlichkeit** kann sich zum einen aus der äußeren **Wiedergabe** der Information ergeben. So, wenn Angaben in einem starken Dialekt oder in einer fremden Sprache geschrieben oder gesprochen werden, die der Durchschnittsverbraucher nicht versteht. Jedoch kann sich der Verbraucher darauf nicht berufen, wenn ihm fremdsprachige Angaben in anderer Weise, etwa mittels Piktogrammen, Zahlen sowie Fotos, vermittelt werden (vgl. OLG Hamburg WRP 2022, 235 Rn. 24). Vor allem kann Unverständlichkeit gegeben sein, wenn der Durchschnittsverbrau-cher die Bedeutung oder den Sinn der Information nicht versteht. So bspw. bei Verwendung ungebräuchlicher Fachausdrücke oder Abkürzungen. – **Zweideutigkeit** ist gegeben, wenn die Information unterschiedliche Bedeutungen haben kann. Hier ist nicht ohne weiteres die dem Verbraucher günstigere Bedeutung zugrunde zu legen, wie etwa bei der Auslegung von AGB (§ 305c II BGB). Vielmehr ist von einem Vorenthalten der Information auszugehen.

4. Nicht rechtzeitige Bereitstellung

2.34   Wesentliche Informationen sind dann nicht rechtzeitig bereitgestellt, wenn der Verbraucher sie nicht bis zu dem Zeitpunkt erhält, zu dem er sie für die jeweils zu treffende informierte geschäftliche Entscheidung benötigt. Er muss sie also noch berücksichtigen können (dazu OLG München WRP 2019, 1380 Rn. 42). Im Falle des Angebots iSd § 5b I müssen sie grds. gleich-zeitig, wenngleich unter Berücksichtigung der Beschränkungen des Kommunikationsmittels (§ 5a III), bereitgestellt werden. Im Fall des § 5b I kommt es auf die Vorgaben der jeweiligen Vorschrift an. So sind nach § 312a II BGB iVm Art. 246 I EGBGB bestimmte (iSd § 5b IV wesentliche) Informationen dem Verbraucher vor Abgabe von dessen Vertragserklärung – sei es Angebot oder Annahme iSd §§ 145 ff. BGB – zur Verfügung zu stellen. Liegt ein Angebot des Unternehmers iSd § 5b I („Aufforderung zum Kauf") vor, muss es daher grds. die entsprechen-den Informationen enthalten. Dass sich der Verbraucher beim Online-Kauf nach Erhalt des Produkts über dessen (zB auf der Verpackung aufgedruckten) Eigenschaften informieren kann und er sein Widerrufsrecht ausüben kann, reicht nicht aus (OLG Karlsruhe GRUR-RR 2019, 166 Rn. 42).

VI. „Im konkreten Fall unter Berücksichtigung aller Umstände"?

2.35   Ob Informationen vorenthalten werden, war nach § 5a II aF **„im konkreten Fall unter Berücksichtigung aller tatsächlichen Umstände"** festzustellen (vgl. → 40. Aufl. 2022, § 5a

Rn. 3.16 mwN). Das entsprach der Vorgabe des Art. 7 I UGP-RL. In § 5a I ist diese „Einzelfallklausel" nicht mehr enthalten. Offenbar war der Gesetzgeber der Meinung, dieses Tatbestandsmerkmal lasse sich bei der Prüfung der „jeweiligen Umstände" iSd § 5a I Nr. 1 berücksichtigen. Das ändert aber nichts daran, dass die Vorgabe nach Art. 7 I UGP-RL im Wege der richtlinienkonformen Auslegung weiter zu berücksichtigen ist.

Von Bedeutung ist die Einzelfallklausel vor allem für die Beschränkungen des Kommunikati **2.36** onsmittels (Art. 7 I UGP-RL) und hier wiederum für den Fall seiner **räumlichen oder zeitlichen Beschränkungen** (Art. 7 III UGP-RL; § 5a III Nr. 1; → Rn. 3.1 ff.); ferner bei dem Umfang der im Falle des Angebots iSd § 5b I Nr. 1 („Aufforderung zum Kauf") bereitzustellenden Informationen (EuGH GRUR 2011, 930 Rn. 42 ff., 50 ff., 60 ff. – Ving Sverige).

VII. Benötigen der Information für eine informierte geschäftliche Entscheidung nach den jeweiligen Umständen

1. Überblick

Der Verbraucher muss nach § 5a I Nr. 1 die wesentliche Information „nach den jeweiligen **2.37** Umständen" benötigen, um eine informierte geschäftliche Entscheidung zu treffen". In der Fassung des § 5a II UWG 2008 kam dies nicht deutlich zum Ausdruck. Danach war es erforderlich, dass der Handelnde die Entscheidungsfähigkeit von Verbrauchern iSd § 3 II UWG 2008 dadurch beeinflusst, dass er „eine Information vorenthält, die … wesentlich ist". Dies führte zunächst zu dem Missverständnis der Rspr., es sei zusätzlich ein Sorgfaltsverstoß des Handelnden iSd § 3 II UWG 2008 erforderlich (vgl. BGH GRUR 2010, 248 Rn. 31 – Kamerakauf im Internet). Diese Auslegung war jedoch mit Art. 7 I UGP-RL und dem dreistufigen Verbotskonzept der UGP-RL unvereinbar (EuGH WRP 2014, 38 Rn. 31–47 – CHS Tour Services; WRP 2015, 698 Rn. 62 – UPC). Durch die Regelung zunächst in § 5a II 1 Nr. 1 aF und nunmehr in § 5a I Nr. 1 ist diese Frage aber geklärt (BGH WRP 2018, 320 Rn. 24 – Kraftfahrzeugwerbung).

2. Verbraucher

§ 5a I schützt den **Verbraucher** iSd § 2 II. Es ist unerheblich, ob das Vorenthalten einer **2.38** wesentlichen Information gegenüber einer Vielzahl von Verbrauchern oder nur gegenüber einem einzigen Verbraucher erfolgt; ferner, ob es nur einmal oder wiederholt erfolgt (vgl. EuGH WRP 2015, 698 Rn. 41–46 – UPC zu Art. 6 UGP-RL; OLG München GRUR-RR 2017, 316 Rn. 22 ff. zu § 5). Daher ist § 5a I auch auf einen **individuellen** Kundenkontakt anwendbar.

Unter Verbraucher ist, wie auch aus Art. 7 I UGP-RL hervorgeht, der **Durchschnittsver **2.39** braucher** zu verstehen, der angemessen gut unterrichtet und angemessen aufmerksam und kritisch bzw. verständig ist (vgl. EuGH WRP 2017, 31 Rn. 57 – Canal Digital Danmark; ErwGr. 18 S. 2 UGP-RL; → § 1 Rn. 21 ff.). Es kommt also auf dessen Wahrnehmung an. Wendet sich die Handlung an eine bestimmte Gruppe von Verbrauchern, kommt es auf das durchschnittliche Mitglied der angesprochenen Verbrauchergruppe an (§ 3 IV 1). Bei besonders schutzbedürftigen Verbrauchern kommt es darauf an, ob die Handlung voraussichtlich und für den Unternehmer vernünftigerweise vorhersehbar das wirtschaftliche Verhalten nur dieser Gruppe wesentlich beeinflusst (§ 3 IV 2; Art. 5 III 1 UGP-RL). Diese Unterscheidung gilt grds. auch für individuelle Kontakte zu Verbrauchern, etwa im Rahmen eines persönlichen Verkaufsgesprächs.

3. „Informierte geschäftliche Entscheidung"

§ 5a I Nr. 1 verwendet den Begriff der **informierten geschäftlichen Entscheidung**. Der **2.40** Begriff der geschäftlichen Entscheidung ist in § 2 I Nr. 1 definiert und richtlinienkonform am Maßstab des Art. 2 lit. k UGP-RL und damit weit auszulegen (→ § 2 Rn. 1.10). Er erfasst auch unmittelbar damit zusammenhängende Entscheidungen (EuGH WRP 2014, 161 Rn. 36–38 – Trento Sviluppo; BGH WRP 2015, 851 Rn. 20 – Schlafzimmer komplett; Köhler WRP 2014, 259 (260)). – Schwierigkeiten bereitet dagegen die Auslegung des Begriffs der **informierten** Entscheidung, der offensichtlich eine Übersetzung des englischen Begriffs der „informed decision" darstellt. In § 3 II 1 UWG 2008 wurde noch der Begriff der **„Entscheidung auf Grund von Informationen"** verwendet. Die Rspr. verwendete stattdessen den Begriff der **„informa-**

tionsgeleiteten Entscheidung" (vgl. BGH WRP 2014, 831 Rn. 23 – Goldbärenbarren; WRP 2018, 65 Rn. 30 – MeinPaket.de II). Beides traf indes nicht vollständig die wirkliche Bedeutung des Begriffs iSd UGP-RL. Die Information braucht für die Entscheidung der Verbraucher nämlich nicht ursächlich zu sein. Gemeint ist vielmehr eine geschäftliche Entscheidung **in Kenntnis der Sachlage,** nämlich der dafür relevanten **Informationen** (auch → § 2 Rn. 1.5). Das entspricht der insoweit klareren frz. Fassung der UGP-RL, die von einer „décision commerciale en connaissance de cause" spricht. In diesem Sinne ist es auch zu verstehen, wenn der EuGH von einer Entscheidung „in Kenntnis der Sachlage" (vgl. EuGH WRP 2015, 698 Rn. 40 – UPC) oder „in informierter Weise" (EuGH WRP 2017, 31 Rn. 57 – Canal Digital Danmark) spricht. – Allerdings ist stets im Auge zu behalten, um welche konkrete geschäftliche Entscheidung es geht, zumal diese auch im Unterlassen eines Tätigwerdens bestehen kann (→ § 2 Rn. 1.3; BGH WRP 2017, 1081 Rn. 32 – Komplettküchen).

4. „Benötigen" der Information

2.41   Der Verbraucher muss nach § 5a I Nr. 1 die wesentliche Information nach den jeweiligen Umständen für eine informierte geschäftliche Entscheidung **benötigen.** Das folgt nicht schon daraus, dass es sich um eine wesentliche Information handelt. Denn die Wesentlichkeit einer Information bestimmt sich nach anderen Kriterien (→ Rn. 2.7 ff.). Erst wenn feststeht, dass eine wesentliche Information vorenthalten wurde, ist in einem weiteren Schritt zu prüfen, ob der Verbraucher sie je nach den jeweiligen Umständen (→ Rn. 2.42) für eine informierte geschäftliche Entscheidung benötigt (BGH WRP 2016, 1221 Rn. 54 – LGA tested; WRP 2017, 1081 Rn. 32 – Komplettküchen; Köhler WRP 2017, 1, 4; aA FBO/Obergfell Rn. 85). – Prüfungsmaßstab ist der Durchschnittsverbraucher (EuGH WRP 2017, 31 Rn. 57 – Canal Digital Danmark; → Rn. 3.36). Es handelt sich insoweit um ein zusätzliches Tatbestandsmerkmal (BGH GRUR 2021, 979 Rn. 26 – Testsiegel auf Produktabbildung). Der Durchschnittsverbraucher benötigt eine wesentliche Information nach den jeweiligen Umständen dann, wenn sie **voraussichtlich oder wahrscheinlich bei der Abwägung des Für und Wider seiner geschäftlichen Entscheidung zumindest eine Rolle spielen könnte.** Ob er sich tatsächlich von dieser Information leiten ließ, um eine aus seiner Sicht rationale Entscheidung zu treffen, ist unerheblich. Desgleichen ist unerheblich, ob ihm bei seiner Entscheidung das Fehlen dieser Information bewusst war oder nicht.

5. „nach den jeweiligen Umständen"

2.42   Die Einschränkung in § 5a I Nr. 1, dass der Verbraucher die Informationen **„nach den jeweiligen Umständen"** für eine informierte geschäftliche Entscheidung benötigen muss, entspricht dem klaren Wortlaut des Art. 7 I UGP-RL. Sie war in § 5a II UWG 2008 noch nicht enthalten. In der UWG-Novelle 2015 hieß es „je nach den Umständen" (engl. according to the context; frz. compte tenu du contexte).

2.43   Gemeint ist damit, dass es von den Umständen des **Einzelfalls** abhängt, ob der Verbraucher die Information für eine informierte Entscheidung benötigt. Dabei spielt der konkrete Inhalt der wesentlichen Information eine maßgebliche Rolle (vgl. BGH WRP 2016, 1221 Rn. 54 – LGA tested). Besondere Bedeutung kommt hierbei den wesentlichen Informationen iSd **§ 5b I** und **IV** zu. Denn ErwGr. 14 S. 3 UGP-RL spricht im Hinblick auf Art. 7 IV UGP-RL von einer „bestimmten Zahl von Basisinformationen, die der Verbraucher benötigt, um eine informierte geschäftliche Entscheidung treffen zu können". **Grundsätzlich** gelten daher die in § 5b I aufgeführten Informationen als erforderlich, um dem Verbraucher eine informierte geschäftliche Entscheidung zu ermöglichen (EuGH WRP 2012, 189 Rn. 24 – Ving Sverige; WRP 2017, 31 Rn. 55 – Canal Digital Danmark; BGH WRP 2017, 1081 Rn. 33 – Komplettküchen; WRP 2018, 320 Rn. 25 – Kraftfahrzeugwerbung; vgl. auch Alexander WRP 2016, 139 Rn. 42: Vermutung). Dies entspricht auch der **Lebenserfahrung** und gilt insbes. für die wesentlichen Merkmale und den Preis der Ware oder Dienstleistung sowie die Identität und Anschrift des Unternehmers (§ 5b I Nr. 1, 2 und 3). – Im **Einzelfall** kann zwar etwas anderes anzunehmen sein. Jedoch trifft insoweit den Unternehmer eine **sekundäre Darlegungslast.** Er muss also Umstände darlegen, die den Schluss zulassen, dass der Verbraucher die ihm vorenthaltene Information ausnahmsweise nicht für eine informierte Entscheidung benötigt (BGH WRP 2017, 1081 Rn. 32 – Komplettküchen; WRP 2018, 320 Rn. 25 – Kraftfahrzeugwerbung; GRUR 2021, 979 Rn. 26 – Testsiegel auf Produktabbildung). So bspw., wenn dem Verbraucher die betreffende Information schon aus früheren Geschäften bekannt war oder der Informationserfolg auf andere Weise eingetreten ist (BGH WRP 2019, 874 Rn. 30 – Energieeffizienzklasse III; GRUR 2019, 82 Rn. 33 – Jogginghose; OLG Hamburg WRP 2022, 235 Rn. 24) oder wenn die fragliche Information für den Durchschnittsverbraucher belanglos ist. So wird der Verbraucher die Angabe der Identität und Anschrift des Unternehmers iSd § 5b I Nr. 2 schwerlich für eine informierte Entscheidung, ein Standardprodukt wie eine Zeitung oder eine Schachtel Zigaretten von einem Straßenverkäufer zu kaufen, benötigen (so auch OLG Düsseldorf WRP 2015, 365 Rn. 77, wenngleich mit anderer Schlussfolgerung). Ein gewichtiges Indiz dafür ist auch der für Verbraucherverträge allgemein geltende **Art. 246 II EGBGB.** Danach gelten nämlich die (sogar weitergehenden) vorvertraglichen Informationspflichten aus Art. 246 I EGBGB nicht für **Verträge, die Geschäfte des täglichen Lebens zum Gegenstand haben und bei Vertragsschluss sofort erfüllt werden.** Diese Vorschrift geht zurück auf Art. 5 III Verbraucherrechte-RL und ist im Hinblick auf § 5b IV auch bei § 5a I zu berücksichtigen. Es würde einen Wertungswiderspruch bedeuten, wenn bei derartigen Geschäften zwar keine vorvertragliche Informationspflicht, wohl aber eine Informationspflicht nach § 5b I bestünde. Allerdings ist in derartigen Fällen immer noch zu prüfen, ob eine Irreführung iSd § 5 I vorliegt. So bspw., wenn ein Franchisegeber für Sonderangebote in den Geschäften der teilnehmenden Franchisenehmer wirbt und dabei den Namen und die Anschrift bestimmter Geschäfte angibt, ohne klarzustellen, dass sie die Sonderangebote tatsächlich führen (vgl. BGH WRP 2016, 450 Rn. 24 – Fressnapf).

VIII. Geschäftliche Relevanz

1. Gesetzeswortlaut

Nach § 5a I Nr. 2 muss das Vorenthalten der wesentlichen Information geeignet sein, „den **2.44** Verbraucher (oder den sonstigen Marktteilnehmer) zu einer geschäftlichen Entscheidung zu veranlassen, die er andernfalls nicht getroffen hätte". Dieses Erfordernis der geschäftlichen Relevanz entspricht im Wesentlichen den Vorgaben aus Art. 7 I UGP-RL (vgl. EuGH GRUR 2011, 930 Rn. 71 – Ving Sverige).

2. Auslegung

a) Auslegung unter Geltung des § 5a II UWG 2008. § 5a II UWG 2008 sprach die **2.45** geschäftliche Relevanz nicht unmittelbar, sondern mittelbar durch Verweisung auf den § 3 II UWG 2008 an. Es wurde die Beeinflussung der Entscheidungsfähigkeit von Verbrauchern im Sinne dieser Vorschrift gefordert. Wie dies zu verstehen war, war str. **(1) Rspr.** und **hM** nahmen an, mit dem Vorenthalten einer wesentlichen Information sei zugleich die geschäftliche Relevanz iSd § 3 II UWG 2008 gegeben. Denn eine wesentliche Information, die der Verbraucher nicht benötige, um eine informationsgeleitete Entscheidung zu treffen, sei ein **Widerspruch in sich.** Mit der Bejahung der Wesentlichkeit seien vielmehr **unwiderleglich** auch die Erfordernisse des § 3 II erfüllt, weil sich die Wesentlichkeit nach § 5a II gerade dadurch definiere, dass der Verbraucher „im Sinne des § 3 Abs. 2 … beeinflusst" werde (BGH GRUR 2010, 852 Rn. 21 – Gallardo Spyder; GRUR 2010, 1142 Rn. 24 – Holzhocker; GRUR 2011, 82 Rn. 33 – Preiswerbung ohne Umsatzsteuer; GRUR 2012, 842 Rn. 25 – Neue Personenkraftwagen I mwN; WRP 2013, 1459 Rn. 16 – Brandneu von der IFA; Bornkamm WRP 2012, 1 (5)). Der Relevanzklausel kam damit keinerlei sachliche Bedeutung mehr zu und sie war nicht mehr gesondert zu prüfen. Zurückhaltender aber bereits BGH WRP 2016, 450 Rn. 25 – Fressnapf: „grundsätzlich … geeignet". **(2)** Eine **Mindermeinung** sprach sich dagegen für eine gesonderte Prüfung der geschäftlichen Relevanz aus (Harte-Bavendamm/Henning-Bodewig/Dreyer Rn. 115; Leible/Schäfer WRP 2012, 32 (38); Steinbeck WRP 2011, 1221 (1223 f.)). **(3)** Eine **vermittelnde Meinung** differenzierte: Gehe es nicht um die speziellen Tatbestände des § 5a III und IV aF, sondern um den allgemeinen Tatbestand des § 5a II aF, sei zwar die geschäftliche Relevanz positiv festzustellen, aber regelmäßig schon kraft der Wesentlichkeit der vorenthaltenen Information zu bejahen (OLG Düsseldorf WRP 2015, 365 Rn. 77).

b) Auslegung unter Geltung des § 5a II 1 Nr. 2 UWG 2015. Jedenfalls unter Geltung des **2.46** § 5a II 1 Nr. 2 UWG 2015 ließ sich die Auffassung der früheren hM zu § 5a II UWG 2008 (→ Rn. 2.45) von einer stets gegebenen geschäftlichen Relevanz bei Vorenthalten einer wesentlichen Information nicht mehr aufrechterhalten. Ihr lag der Wortlaut des § 5a II UWG 2008 zugrunde, der keine exakte Umsetzung der Vorgaben des Art. 7 I UGP-RL darstellte. Diese

Umsetzungsdefizite wurden in der Neufassung des § 5a II 1 UWG 2015 beseitigt. Da Art. 7 I UGP-RL kein Per-Se-Verbot iSd Anh. I UGP-RL darstellt, genügte nicht die Feststellung, dass eine wesentliche Information, die der Verbraucher je nach den Umständen für eine informierte Entscheidung benötigt, vorenthalten wird. Vielmehr war nach dem klaren Gesetzeswortlaut **zusätzlich** zu prüfen, ob **„im konkreten Fall unter Berücksichtigung aller Umstände"** der betreffenden geschäftlichen Handlung, insbes. auch des verwendeten Kommunikationsmittels und seiner Beschränkungen, sowie der Beschaffenheit und Merkmale des betreffenden Produkts, das **Vorenthalten** dieser Information (auch iSv § 5a II 1 Nr. 2 aF und § 5a V aF) geeignet ist, **den Verbraucher zu einer geschäftlichen Entscheidung zu veranlassen, die er sonst nicht getroffen hätte** (vgl. EuGH WRP 2017, 31 Rn. 58 – Canal Digital Danmark; BGH WRP 2016, 1221 Rn. 55 – LGA tested; WRP 2017, 1081 Rn. 31 – Komplettküchen; WRP 2018, 420 Rn. 24 – Kraftfahrzeugwerbung; WRP 2019, 874 Rn. 30 – Energieeffizienzklasse III; OLG Hamburg WRP 2022, 235 Rn. 16; Alexander WRP 2016, 139 Rn. 45; Büscher WRP 2019, 1249 Rn. 19 ff.; Lettl WRP 2019, 1265; Ohly GRUR 2016, 3 (5 f.); Köhler WRP 2017, 1 Rn. 44; Köhler WRP 2017, 302 Rn. 9). Dazu muss ein ursächlicher Zusammenhang bestehen (arg. „somit veranlasst"; engl. thereby causes; frz. par conséquent, l'amène). Es ist zu fragen, ob der durchschnittliche Verbraucher voraussichtlich eine andere geschäftliche Entscheidung getroffen hätte, wenn er über die betreffende Information verfügt hätte. Im **Regelfall** wird dies zwar nach der **Lebenserfahrung** zu bejahen sein. So insbes., soweit es die wesentlichen Merkmale oder den Preis der Ware oder Dienstleistung betrifft, weil sie für den Verbraucher grds. ein bestimmender Faktor für seine Entscheidung sind (BGH WRP 2017, 1081 Rn. 34 – Komplettküchen; EuGH WRP 2017, 31 Rn. 46, 55 – Canal Digital Danmark; OLG Köln GRUR-RR 2020, 92 Rn. 29). Jedoch kann es (arg. „im konkreten Fall") **Ausnahmefälle** geben, in denen die geschäftliche Relevanz zu verneinen ist. Dies gilt auch im Falle des Vorenthaltens wesentlicher Informationen iSd § 5a III und IV (EuGH WRP 2017, 31 Rn. 58 – Canal Digital Danmark). So bspw., wenn nach der Art des Produkts (zB Zeitung, Zigaretten oder sonstige Artikel des täglichen Lebensbedarfs) und seines Vertriebs (zB Kiosk) die Information über Namen und Anschrift des Händlers für den Durchschnittsverbraucher völlig belanglos ist (vgl. OLG Bamberg GRUR-RR 2018, 259 Rn. 28). Für das Vorliegen eines Ausnahmefalls trägt allerdings der Unternehmer eine **sekundäre Darlegungslast** (BGH WRP 2017, 1081 Rn. 32 – Komplettküchen; WRP 2018, 420 Rn. 25 – Kraftfahrzeugwerbung; WRP 2019, 874 Rn. 28 – Energieeffizienzklasse III; GRUR 2021, 979 Rn. 26 – Testsiegel auf Produktabbildung; OLG Karlsruhe GRUR-RR 2019, 166 Rn. 44; OLG Hamburg WRP 2022, 235 Rn. 17; krit. Büscher WRP 2019, 1249 Rn. 19 ff.).

2.47   **c) Auslegung unter Geltung des § 5a I Nr. 2.** Die ab dem 28.5.2022 geltende Neufassung des § 5a I enthält zwar nicht mehr die Präzisierung „im konkreten Fall unter Berücksichtigung aller Umstände". Sie ist aber im Wege der richtlinienkonformen Auslegung gleichwohl zu berücksichtigen und ergibt sich mittelbar aus der Einschränkung in Nr. 1 „nach den jeweiligen Umständen" (→ Rn. 2.42). Daher sind die zu § 5a II 1 Nr. 1 und Nr. 2 aF entwickelten Beurteilungsmaßstäbe der Rspr. auch unter Geltung des § 5a I Nr. 1 und Nr. 2 anzuwenden.

C. Anwendung des § 5a I auf sonstige Marktteilnehmer

I. Ausgangspunkt

2.48   § 5a I schützt – anders als noch § 5 II aF – auch sonstige Marktteilnehmer iSd § 2 I Nr. 3. Diese Neuregelung machte den bisherigen § 5a I aF (dazu BGH WRP 2013, 1183 Rn. 34 – Standardisierte Mandatsbearbeitung; WRP 2018, 429 Rn. 38 – Knochenzement II) entbehrlich. Die Schwierigkeit besteht darin, dass es – anders als beim Schutz der Verbraucher (§ 5b) – keine konkreten Regelungen zur Bestimmung der wesentlichen Information iSd § 5a I gibt.

II. Voraussetzungen einer wesentlichen Information

1. Grundsatz

2.49   Ein Unternehmer ist nicht verpflichtet, einen sonstigen Marktteilnehmer über alle Umstände zu informieren, die für seine geschäftliche Entscheidung möglicherweise von Interesse sein könnten. Ob ein bestimmter Umstand „wesentlich" iSd § 5a I ist, ist vielmehr aufgrund einer

Interessenabwägung festzustellen. Dabei ist auf den konkreten Fall und die jeweiligen Umstände, insbes. die Branchenverhältnisse, die die Erwartungen des jeweiligen sonstigen Marktteilnehmers prägen, abzustellen. Das Interesse des sonstigen Marktteilnehmers an einer bestimmten Information ist abzuwägen gegen das Interesse des Unternehmers, diese Information nicht zur Verfügung stellen zu müssen. Allgemeine Maßstäbe sind dabei die **anständigen Marktgepflogenheiten** (vgl. § 2 I Nr. 9) und der Grundsatz der **Verhältnismäßigkeit.**

Maßgebend ist, inwieweit der sonstige Marktteilnehmer auf die Mitteilung einer bestimmten **2.50** Tatsache **angewiesen** und dem Unternehmer eine Aufklärung **zumutbar** ist (vgl. BGH WRP 2018, 429 Rn. 38 – Knochenzement II, zu § 5a I aF). Dabei besteht eine **Wechselwirkung:** Je größer die Bedeutung der Information für die geschäftliche Entscheidung des sonstigen Marktteilnehmers ist, desto eher ist es dem Unternehmer zumutbar, ihm diese Information zu geben. Macht sich der sonstige Marktteilnehmer über den fraglichen Umstand gar keine Gedanken, weil er für seine geschäftliche Entscheidung nicht von Bedeutung ist, liegt keine Irreführung durch Unterlassen vor (BGH WRP 2018 429 Rn. 38 – Knochenzement II). Insgesamt ist abzustellen auf die Sichtweise eines **durchschnittlichen sonstigen Marktteilnehmers,** der angemessen gut informiert, aufmerksam und kritisch bzw. verständig ist.

Beispiel: Wirbt ein Unternehmen für ein neues Produkt mit einer Spitzenstellungsbehauptung unter Hinweis auf die in der Vergangenheit mit einem anderen Produkt erworbene Marktführerschaft, verschweigt es aber dabei, dass es diese Spitzenstellung nicht allein durch eigene Leistung, sondern unter Verletzung von Betriebsgeheimnissen eines Mitbewerbers erreicht hat, ist dies geeignet, eine unrichtige Vorstellung über seine Leistungsfähigkeit hervorzurufen und damit die Entscheidung über den Kauf des Nachfolgeprodukts unlauter zu beeinflussen (BGH WRP 2018, 429 Rn. 42 – Knochenzement II).

2. Einzelheiten

Auf der Seite des sonstigen Marktteilnehmers sind zu berücksichtigen: **(1)** Das konkrete **2.51** **Informationsgefälle,** dh der Unterschied zwischen dem Informationsstand bei dem durchschnittlichen sonstigen Marktteilnehmer, der angemessen gut informiert ist, und dem konkret angesprochenen Kunden. So kann ein Informationsgefälle bestehen im Verhältnis zu NGOs, Start-ups oder Kleinunternehmen (Schilling WRP 2022, 809 Rn. 18). Beispiel: Gebrauchtwagenhändler als Verkäufer eines PKW im Verhältnis zu Bäcker als Käufer. **(2)** Die Bedeutung der Information für die geschäftliche Entscheidung des sonstigen Marktteilnehmers. Umstände von offensichtlich **ausschlaggebender Bedeutung** sind stets mitzuteilen. Das gilt vor allem für Umstände, die den Vertragszweck vereiteln oder erheblich gefährden können, oder die geeignet sind, dem sonstigen Marktteilnehmer erhebliche wirtschaftliche Nachteile zuzufügen (OLG Köln WRP 2019, 1063 Rn. 45 ff.: fehlende Sicherheitsmembran; vgl. auch BGH NJW 2010, 3362 Rn. 22 zur entsprechenden Fragestellung bei § 123 I BGB). **(3)** Die **Möglichkeiten** des sonstigen Marktteilnehmers, sich die Information selbst zu beschaffen; etwa durch eine Internetrecherche.

Auf der Seite des Unternehmers sind zu berücksichtigen: **(1)** Die möglichen **Wettbewerbs-** **2.52** **nachteile** für den Unternehmer aufgrund einer Informationsweitergabe. **(2)** Die **Kosten** der Informationsbeschaffung und –übermittlung für den Unternehmer (sog. Transaktionskosten).

III. Grenzen einer Informationspflicht

Da sonstige Marktteilnehmer grds. weniger schutzbedürftig sind als Verbraucher, dürfen die **2.53** Informationspflichten gegenüber sonstigen Marktteilnehmern jedenfalls **nicht strenger** sein **als gegenüber Verbrauchern.** Sie dürfen sonach nicht über die Anforderungen des § 5b I hinausgehen. Eine analoge Anwendung des § 5b auf das Verhältnis zu sonstigen Marktteilnehmern ist zwar nicht ausgeschlossen, aber nur im Einzelfall möglich. Am Beispiel der Impressumangaben iSd § 5b I Nr. 2: Wird in einer Werbung, die den Abschluss eines Geschäfts iSd § 5b I ermöglicht ("Aufforderung zum Kauf"), die Firma ohne Rechtsform (AG, GmbH usw) angegeben, stellt dies nicht stets ein Vorenthalten einer wesentlichen Information dar, sondern nur dann, wenn bes. Umstände einen Hinweis darauf gebieten (vgl. OLG Stuttgart BB 1991, 993). Jedenfalls bei der Werbung großer und bekannter Unternehmen ist dies zu verneinen.

Keine Informationspflicht besteht, wenn der sonstige Marktteilnehmer **Kenntnis** von der **2.54** betreffenden Tatsache hat. Denn dann kann das Vorenthalten dieser Information auch nicht seine geschäftliche Entscheidung beeinflussen. Ein bloßes **Kennenmüssen** der Tatsache steht dagegen dem Kennen nicht gleich. Am Beispiel des bevorstehenden Modellwechsels bei einem Kfz-Angebot: Der Unternehmer kann sich nicht darauf berufen, der sonstige Marktteilnehmer hätte bei gehöriger Anstrengung vom Modellwechsel Kenntnis erlangen können.

D. Verhältnis des § 5a I zu anderen Vorschriften

I. Verhältnis zu § 3 II (Verbrauchergeneralklausel)

2.55 § 5a I stellt einen Spezialtatbestand gegenüber der Verbrauchergeneralklausel des § 3 II dar. Ist der Tatbestand erfüllt, steht die Unlauterkeit iSd § 3 I fest und es ist nicht zusätzlich zu prüfen, ob der Unternehmer außerdem gegen die unternehmerische Sorgfalt verstoßen hat. Dies ergibt sich aus einer richtlinienkonformen Auslegung am Maßstab des Art. 7 UGP-RL (zur entsprechenden Frage bei Art. 6 UGP-RL vgl. EuGH WRP 2014, 38 Rn. 31–47 – CHS Tour Services; WRP 2015, 698 Rn. 62, 63 – UPC). Eine zu § 5a II UWG 2008 ergangene anders lautende Entscheidung des BGH (BGH GRUR 2010, 248 Rn. 31 – Kamerakauf im Internet) ist daher überholt.

II. Verhältnis zu § 3 III iVm Anh. § 3 III („Schwarze Liste")

2.56 Verstößt ein Unternehmer durch das Vorenthalten einer wesentlichen Information oder – dem gleichstehend – durch das Nichtkenntlichmachen des kommerziellen Zwecks der geschäftlichen Handlung (§ 5a IV) gegen ein Per-se-Verbot des Anh. § 3 III („Schwarze Liste"), ist ein Rückgriff auf § 5a I weder nötig noch möglich. Jedoch ist es zulässig und sinnvoll, ein Verbot **hilfsweise** auf § 5a I zu stützen, wenn die Voraussetzungen des Per-se-Verbots nicht zweifelsfrei geklärt sind.

III. Verhältnis zu § 5 I (Irreführung)

2.57 Auf geschäftliche Handlungen gegenüber **Verbrauchern** und sonstigen Marktteilnehmern sind § 5 und § 5a I unabhängig voneinander und damit auch **nebeneinander** anwendbar. Das ist insbes. dann von Bedeutung, wenn zweifelhaft ist, ob die vorenthaltene Information wesentlich ist, aber jedenfalls eine Irreführung im Sinne einer Fehlvorstellung des Verbrauchers vorliegt oder umgekehrt. Ein und dieselbe Handlung kann aber beide Unlauterkeitstatbestände gleichzeitig erfüllen (vgl. EuGH WRP 2017, 31 Rn. 36 ff.; 50 ff. – Canal Digital Danmark). Während § 5 eine Fehlvorstellung des Verbrauchers voraussetzt, ist dies bei § 5a I nicht erforderlich (vgl. BGH GRUR 2012, 943 Rn. 13 – Call by Call; WRP 2020, 1426 Rn. 37 – LTE-Geschwindigkeit; OLG München GRUR-RR 2018, 299 Rn. 37). Ein weiterer Unterschied liegt darin, dass nur bei § 5a I und III die räumlichen und zeitlichen Beschränkungen des Kommunikationsmittels zu berücksichtigen sind (EuGH WRP 2017, 31 Rn. 36 ff.; 50 ff. – Canal Digital Danmark). Beiden Tatbeständen ist jedoch gemeinsam, dass die geschäftliche Handlung geeignet sein muss, den Verbraucher zu einer geschäftlichen Entscheidung zu veranlassen, die er andernfalls nicht getroffen hätte.

2.58 Beispiel für das Nebeneinander von § 5 I und § 5a I, III und § 5b I: Eine „Irreführung" des Verbrauchers iSd § 5 I kann darin liegen, dass er vom Unternehmer pflichtwidrig nicht oder nur unzureichend informiert wird. Beispiel: Der Preis eines Produkts wird in mehrere Bestandteile aufgeteilt, von denen einer besonders herausgestellt wird. Dies kann dem Verbraucher den falschen Eindruck vermitteln, dass ihm ein besonders vorteilhafter Preis angeboten wird. Dies kann ihn weiter dazu verleiten, eine geschäftliche Entscheidung zu treffen, die er andernfalls nicht getroffen hätte. Dabei kann eine maßgebliche Rolle spielen, ob es sich bei dem nicht oder weniger sichtbaren Preisbestandteil um eine nicht unerhebliche Komponente des Gesamtpreises handelt (EuGH WRP 2017, 31 Rn. 43–49 – Canal Digital Danmark). – Gleichzeitig kann unter den Voraussetzungen des § 5a I, III und § 5b I auch eine „Irreführung durch Unterlassen" vorliegen (EuGH WRP 2017, 31 Rn. 50–64 – Canal Digital Danmark).

IV. Verhältnis zu § 6 (vergleichende Werbung)

2.59 In § 6 II findet sich keine Regelung der irreführenden vergleichenden Werbung. Sie ist lediglich in § 5 IV eher beiläufig geregelt (→ § 5 Rn. 1.39). Dies entspricht nicht den Vorgaben des Art. 4 lit. a Werbe-RL. Danach darf vergleichende Werbung, „was den Vergleich anbelangt", nicht irreführend iSd Art. 6 und 7 UGP-RL sein. Der deutsche Gesetzgeber hat es auch in der UWG-Novelle 2015 unterlassen, die Werbe-RL insoweit korrekt umzusetzen. § 5 III ist daher richtlinienkonform dahin auszulegen, dass vergleichende Werbung auch dann unlauter ist, wenn der Vergleich gegen § 5a I verstößt.

V. Verhältnis zu § 9 II

Ein schuldhafter Verstoß gegen § 5a I kann einen Schadensersatzanspruch des Verbrauchers **2.60** nach § 9 II 1 begründen, wenn er zu einer geschäftlichen Entscheidung veranlasst wurde, die er andernfalls nicht getroffen hätte.

VI. Verhältnis zum Bürgerlichen Recht

Das Vorenthalten einer wesentlichen Information kann, wenn es **vorsätzlich** erfolgt, und **2.61** ursächlich für die Abgabe einer Willenserklärung eines anderen (idR Vertragspartners) ist, deren Anfechtbarkeit wegen **arglistiger Täuschung** nach § 123 I BGB begründen. Liegt bloße **Fahrlässigkeit** vor, kommt eine Haftung aus **culpa in contrahendo** (§ 311 II BGB) in Betracht und kann nach den § 280 I BGB, § 249 I BGB einen Anspruch auf Auflösung des Vertrags begründen.

3. Abschnitt. Berücksichtigung von Beschränkungen des Kommunikationsmittels (§ 5a III)

Übersicht

Schrifttum: Hamacher, MeinPaket.de II – Zum Verhältnis des Vorenthaltens wesentlicher Informationen zur geschäftlichen Entscheidung im Rahmen von Art. 7 Abs. 1 UGP-RL, WRP 2018, 161; Koch/Schmidt-Hern, Alexa, wo bitte geht es hier zum BGH?, WRP 2018, 671; Scherer, Die Problematik des Medienbruchs – Bruchloses System oder unsystematische Regellosigkeit?, WRP 2018, 659.

A. Die Regelung, ihre unionsrechtliche Grundlage und ihr Schutzzweck

I. Regelung

Nach § 5a III sind bei der Beurteilung, ob wesentliche Informationen vorenthalten wurden, **3.1** zu berücksichtigen:

1. räumliche oder zeitliche Beschränkungen durch das für die geschäftliche Handlung gewählte Kommunikationsmittel sowie
2. alle Maßnahmen des Unternehmers, um dem Verbraucher oder sonstigen Marktteilnehmer die Informationen auf andere Weise als durch das für die geschäftliche Handlung gewählte Kommunikationsmittel zur Verfügung zu stellen (sog. **Medienbruch** oder **Medienwechsel**).

II. Unionsrechtliche Grundlage

3.2   § 5a III dient der Umsetzung des Art. 7 III UGP-RL. Diese Vorschrift knüpft wiederum an Art. 7 I UGP-RL an, wonach bei der Prüfung, ob eine wesentliche Information vorenthalten wurde, auf den „konkreten Fall unter Berücksichtigung aller tatsächlichen Umstände und der Beschränkungen des Kommunikationsmediums" abzustellen ist. Die Kriterien des Art. 7 III UGP-RL sind auch auf „Aufforderungen zum Kauf" iSd Art. 7 IV UGP-RL und die darin aufgeführten einzelnen Informationsanforderungen anzuwenden (EuGH GRUR 2011, 930 Rn. 66–72 – Ving Sverige; WRP 2017, 31 Rn. 58, 69 – Canal Digital Danmark). Insbes. gilt dies bei der Angabe der wesentlichen Produktmerkmale in Art. 7 IV lit. a UGP-RL (EuGH GRUR 2011, 930 Rn. 52–55 – Ving Sverige), des Impressums in Art. 7 IV lit. b UGP-RL (EuGH GRUR 2017, 535 Rn. 24 ff. – DHL Paket) und des Preises in Art. 7 IV lit. c UGP-RL (EuGH WRP 2017, 31 Rn. 58 ff. – Canal Digital Danmark). Die Prüfung, ob es im Einzelfall aufgrund räumlicher und zeitlicher Beschränkungen des verwendeten Kommunikationsmediums gerechtfertigt ist, die betreffenden Informationen anderweit, bspw. auf einer Internetseite, zur Verfügung zu stellen, überlässt der EuGH dem nationalen Gericht (EuGH GRUR 2017, 535 Rn. 32 – DHL Paket).

3.3   § 5a I und § 5a III sind **richtlinienkonform** am Maßstab des Art. 7 I, II, III und IV UGP-RL auszulegen. Dabei ist die Auslegung dieser Bestimmungen durch den EuGH (→ Rn. 3.2) zu berücksichtigen.

3.4   Die Informationspflichten nach **Art. 8 Verbraucherrechte-RL,** der besondere Vorschriften hinsichtlich der formalen Anforderungen bei Fernabsatzverträgen enthält, sind strenger als die der UGP-RL und haben insoweit nach Art. 3 IV UGP-RL Vorrang vor ihr (BGH WRP 2019, 1176 Rn. 42 – Werbeprospekt mit Bestellpostkarte II).

III. Schutzzweck

3.5   § 5a III dient der **Erleichterung des geschäftlichen Verkehrs** im Interesse sowohl des Unternehmers als auch des Verbrauchers. Es würde den Unternehmer unverhältnismäßig belasten, wenn er für seine Werbung stets Kommunikationsmittel benutzen müsste, die keinerlei Beschränkungen aufweisen, um alle erforderlichen Informationen bereitstellen zu können. Dies würde seine wettbewerbliche Entfaltung erheblich beeinträchtigen und der Verbraucher würde der Möglichkeit beraubt, möglichst viele Angebote wahrnehmen zu können. Zweck des § 5a III iVm § 5a I und des zugrunde liegenden Art. 7 I und III UGP-RL ist es, unverhältnismäßigen Beschränkungen der unternehmerischen (Werbe-)Freiheit iSd Art. 16 GRCh entgegenzuwirken (BGH WRP 2018, 65 Rn. 27 – Mein.Paket.de II). Daher ist es gerechtfertigt, dass der Unternehmer dem Verbraucher ggf. bestimmte wesentliche Informationen auch auf andere Weise zur Verfügung stellen darf, wenn ihn die Beschränkungen des Kommunikationsmittels daran hindern. Die Regelung in § 5a III entspricht daher dem Grundsatz der **Verhältnismäßigkeit.**

B. Räumliche oder zeitliche Beschränkungen des gewählten Kommunikationsmittels

I. Begriff des Kommunikationsmittels

3.6   Kommunikationsmittel sind Mittel, die es ermöglichen, dem Verbraucher Informationen zu übermitteln. Mit die wichtigsten sind die **Fernkommunikationsmittel,** zu denen Briefe, Kataloge, Telefonanrufe, Telekopien, E-Mails, über den Mobilfunkdienst versendete Nachrichten (SMS) sowie Rundfunk (Fernsehen und Hörfunk) und Telemedien gehören (vgl. § 312c II BGB). Weiter gehören dazu **Printmedien, Plakate** und **Prospekte** sowie **Datenträger.**

II. Räumliche und zeitliche Beschränkungen

3.7   Kommunikationsmittel sind dann **räumlich** oder **zeitlich** beschränkt, wenn sie ihrer Art nach oder im konkreten Fall nicht geeignet sind, alle für eine geschäftliche Handlung vorgeschriebenen wesentlichen Informationen an die Verbraucher so weiterzugeben, dass diese sie für eine informierte geschäftliche Entscheidung nutzen können. Die mangelnde Eignung kann unterschiedliche Gründe haben. **(1)** Sie kann sich aus der begrenzten physischen oder geistigen

Möglichkeit der Verbraucher ergeben, diese Informationen wahrzunehmen und zu verarbeiten. Das gilt insbes. für Werbung mittels **Fernsehen, Hörfunk** und **Telefon** (vgl. EuGH GRUR 2011, 930 Rn. 45 – Ving Sverige; WRP 2017, 31 Rn. 60 – Canal Digital Danmark: „zeitliche Zwänge"). Diese Medien eignen sich schon deshalb häufig nicht zur Wiedergabe umfangreicher Informationen, weil der Verbraucher sie nicht vollständig wahrnehmen und behalten kann und auch nicht will, zumal er sie im Zeitpunkt der Werbung idR auch noch gar nicht benötigt. **(2)** Sie kann sich aber auch aus Beschränkungen durch den **Anbieter** des Kommunikationsmittels ergeben. Das gilt bspw. für **Zeitungsanzeigen,** wenn der Verleger den Raum für Anzeigen begrenzt. Auch bei der **Prospekt-** und **Plakatwerbung** sind die Möglichkeiten zur Bereitstellung einer Vielzahl von Informationen nicht unbegrenzt. **(3)** Sie kann sich schließlich aus der **Begrenztheit** des Kommunikationsmittels selbst ergeben. So bspw. bei der **elektronischen Werbung** mittels SMS.

Eine räumliche oder zeitliche Beschränkung ist jedenfalls dann gegeben, wenn es dem **3.8** Unternehmer tatsächlich **unmöglich** ist, alle bei einer Aufforderung zum Kauf nach Art. 7 IV UGP-RL geschuldeten wesentlichen Informationen („Basisinformationen") in das verwendete Kommunikationsmittel einzubeziehen oder sie darin klar, verständlich und eindeutig bereitzustellen (EuGH WRP 2017, 31 Rn. 62 – Canal Digital Danmark zu einem TV-Werbespot). In diesem Fall kann es zulässig sein, dass der Unternehmer nur bestimmte dieser Informationen in dem verwendeten Kommunikationsmittel angibt und er für die übrigen Informationen auf seine Website verweist, die die wesentlichen Informationen enthält (EuGH WRP 2017, 31 Rn. 63 – Canal Digital Danmark). – Ob und inwieweit darüber hinaus Angaben nach § 5a III bereits in der Aufforderung zum Kauf zu machen sind, ist im **Einzelfall** anhand der Umstände dieser Aufforderung, der Beschaffenheit und der Merkmale des Produkts sowie des verwendeten Kommunikationsmittels zu prüfen (EuGH GRUR 2011, 930 Rn. 55 – Ving Sverige; GRUR 2017, 535 Rn. 28 – DHL Paket; BGH WRP 2018, 65 Rn. 27 – Mein.Paket.de II). Dies hängt auch von der vom Unternehmer gewählten Gestaltung des Werbemittels und dem Umfang der insgesamt erforderlichen Angaben ab (BGH WRP 2018, 65 Rn. 27 – Mein.Paket.de II). Allerdings ist im Fall der Aufforderung zum Kauf (Angebot iSv § 5b I) die Entscheidung des Gesetzgebers zu beachten, bestimmte Angaben als wesentlich anzusehen. Solche Angaben darf der Unternehmer nicht schon deshalb unterlassen, weil er die begrenzten räumlichen oder zeitlichen Möglichkeiten für andere Angaben nutzen möchte, die er für besser geeignet hält, seinen Werbezweck zu erreichen (BGH WRP 2018, 65 Rn. 27 – Mein.Paket.de II). Insgesamt spielt für die Begrenzung auch eine Rolle, wie viele Informationen dem Verbraucher bei Nutzung eines bestimmten Kommunikationsmittels zugemutet werden können (Problem des **Übermaßes an Information,** „information overload"). Weiter kann bei der Abwägung nicht außer Betracht bleiben, welche **Auswahlmöglichkeiten** der Unternehmer bei Kommunikationsmitteln hat und welche **Kosten** mit ihrer Nutzung verbunden sind.

C. Anderweitige Bereitstellung von Informationen

Falls räumliche oder zeitliche Beschränkungen des gewählten Kommunikationsmittels bestehen (und nur dann; → Rn. 3.8, → Rn. 3.12), sind alle Maßnahmen des Unternehmers zu **3.9** berücksichtigen, dem Verbraucher die Informationen auf andere Weise zur Verfügung zu stellen **(Medienbruch).** Damit ist die Nutzung anderer Kommunikationsmittel gemeint. Dazu kann bspw. ein Aushang im Geschäftslokal, eine Hotline-Nummer oder ein dauerhafter Datenträger gehören. In der Praxis am gebräuchlichsten ist die Bereitstellung auf einer **Website** des Unternehmens, die über die Angabe einer Internet-Adresse aufgerufen werden kann. Dass dies grds. ein zulässiger Weg ist, hat der EuGH bestätigt (vgl. EuGH GRUR 2011, 930 Rn. 56 – Ving Sverige; GRUR 2017, 535 Rn. 30 – DHL Paket; vgl. auch BGH WRP 2016, 1100 Rn. 24 – Energieeffizienzklasse). Die Informationen müssen allerdings **einfach** und **schnell** mitgeteilt werden (EuGH GRUR 2017, 535 Rn. 32 – DHL Paket). Mag auch der Umgang mit dem Internet in der heutigen Zeit noch nicht alle Verbraucher gleichsam selbstverständlich sein, so ist doch der **Durchschnittsverbraucher** dazu in der Lage. Ist ein Verbraucher dazu selbst nicht imstande, so mag er fremde Hilfe in Anspruch nehmen. Es verhält sich insoweit nicht anders als bei Verbrauchern, die der deutschen Sprache nicht mächtig sind. Bei der gezielten Ansprache besonders schutzbedürftiger Verbraucher ist deren Schutz durch § 3 IV 2 gewährleistet. – Allerdings genügt ein Verweis auf eine Website dann nicht, wenn der Verbraucher die entsprechenden Informationen „vor Ort" bei seiner Kaufentscheidung benötigt. So bspw., wenn sich der Verweis auf eine Website auf der Umverpackung einer Ware befindet, die in einem Laden angeboten wird. Denn regelmäßig ist es dem Kunde in einem solchen Fall nicht möglich oder nicht zumutbar, sich die Informationen über ein Smartphone zu verschaffen (→ Rn. 3.10; BGH WRP 2009, 1229 Rn. 30 – Geld-zurück-Garantie II; Scherer WRP 2018, 659 Rn. 21, 49). – Ohne Weiteres zulässig ist es hingegen, wenn als Medium eine Website gewählt wird und wesentliche Informationen nicht auf der das Produkt bewerbenden Seite, sondern auf einer gesonderten Seite gegeben werden, auf die mit einem klaren und eindeutigen Link verwiesen wird (BGH WRP 2016, 1100 Rn. 24 – Energieeffizienzklasse; Scherer WRP 2018, 659 Rn. 32: „Webseitensprung").

D. Berücksichtigung bei der Beurteilung des Vorenthaltens von Informationen

3.10   Die Begrenzungen des Kommunikationsmittels und die Maßnahmen des Unternehmers, die Informationen auf andere Weise zur Verfügung zu stellen, sind bei der Beurteilung, ob Informationen **vorenthalten** wurden, zu **berücksichtigen.** Das bedeutet zunächst einmal, dass bei einer anderweitigen Bereitstellung der Informationen nicht ohne weiteres von einer Erfüllung der Informationspflichten auszugehen ist. Vielmehr ist stets zu prüfen, ob es dem Verbraucher **möglich** und **zumutbar** ist, sich die Information auf diesem Weg zu beschaffen, um eine informierte geschäftliche Entscheidung treffen zu können. Das wäre dann zu verneinen, wenn dafür ein nicht unerheblicher Zeit- und Kostenaufwand (bspw. Telefongebühren) anfiele. Insgesamt ist daher abzuwägen zwischen dem Interesse des Unternehmers an der Nutzung von Kommunikationsmitteln mit räumlichen und/oder zeitlichen Beschränkungen und dem Interesse der Verbraucher an der leichten Wahrnehmung aller für ihn relevanten Informationen. Dabei spielt eine wichtige Rolle, für **welche** geschäftliche Entscheidung der Verbraucher eine bestimmte, ihm auf andere Weise zur Verfügung gestellte Information benötigt und **wann** er sie benötigt. Denn dem **Vorenthalten** einer wesentlichen Information steht nach § 5a II Nr. 3 die **nicht rechtzeitige** Bereitstellung gleich.

3.11   **Wesentliche Informationen** (Basisinformationen) iSd § 5b I sind grds. bereits in der Aufforderung zum Kauf bereitzustellen. Jedoch muss dies nach § 5a III nicht zwingend geschehen, wenn das verwendete Kommunikationsmittel räumliche oder zeitliche Beschränkungen enthält (vgl. EuGH WRP 2018, 674 Rn. 30 – DHL Paket; → Rn. 3.8). Vielmehr kann ggf. auch die Bereitstellung auf andere Weise erfolgen. Ob dies gerechtfertigt ist, ist in jedem **Einzelfall** unter Berücksichtigung der Umstände der Aufforderung zum Kauf, der jeweiligen wesentlichen Information und der Beschränkungen des verwendeten Kommunikationsmittels zu beurteilen. So kann es bei einer räumlichen Beschränkung (zB einer Zeitungsanzeige) im Einzelfall gerechtfertigt sein, Angaben zum Anbieter (§ 5b I Nr. 2) nur auf einer Website zur Verfügung zu stellen, wenn die Verbraucher sie auf diese Weise einfach und schnell erhalten können (EuGH GRUR 2017, 535 Rn. 30 – DHL Paket). In der Mein.Paket.de II – Entscheidung des BGH stellte sich dieses Problem nicht, weil es bereits an einer räumlichen Beschränkung fehlte (vgl. BGH WRP 2018, 665 Rn. 26, 28 – Mein.Paket.de II). – Anders verhält es sich, wenn es bspw. nur um die Entscheidung geht, ein bestimmtes Geschäft wegen eines Sonderangebots aufzusuchen (→ § 2 Rn. 1.10). Für diese Entscheidung benötigt der Verbraucher idR noch nicht sofort die Information nach § 5b I Nr. 2, in welcher Rechtsform das Unternehmen betrieben wird. Diese Information braucht er idR erst dann, wenn er im Geschäftslokal einem Kauf nähertritt. Dann aber ergibt sie sich idR „unmittelbar aus den Umständen". Allerdings hat der BGH in einem derartigen Fall entschieden, dass es dem Unternehmer bei einer mehrseitigen Prospektwerbung möglich und zumutbar sei, bei der Unternehmensbezeichnung den Zusatz „e. K." anzubringen (BGH WRP 2013, 1459 Rn. 19 – Brandneu von der IFA), und zugleich angenommen, damit seien die Voraussetzung des § 5a I UWG 2008 erfüllt. Es kommt grds. aber darauf an, ob der Durchschnittsverbraucher eine derartige Information im konkreten Fall unter Berücksichtigung aller Umstände (arg. Art. 7 I UGP-RL) benötigt, um eine informierte geschäftliche Entscheidung (über das Betreten des Geschäfts) zu treffen.

3.12   Bestehen für das verwendete Kommunikationsmittel **keine nennenswerten räumlichen oder zeitlichen Beschränkungen** (wie bspw. bei größeren (DIN A4) Prospekten, ganzseitigen Zeitungsanzeigen, mehrseitigen Zeitungsbeilagen oder Katalogen), so kann sich der Unternehmer grds. nicht darauf berufen, er habe dem Verbraucher bestimmte Informationen auf andere Weise zur Verfügung gestellt (BGH WRP 2018, 182 Rn. 29 – 19% MwSt. GESCHENKT;

WRP 2018, 65 Rn. 28 – MeinPaket.de II; OLG München GRUR-RR 2018, 299 Rn. 29). Denn der Unternehmer ist insoweit nicht schutzbedürftig und dem Verbraucher soll die Mühe erspart bleiben, sich die Informationen anderweit zu beschaffen (ebenso OLG Bamberg WRP 2016, 1147 Rn. 42). Maßgebend sind aber, wie erwähnt, stets die Umstände des **Einzelfalls**.

E. Bedeutung für die geschäftliche Relevanz

I. Grundsatz

Weist das verwendete Kommunikationsmittel **keine** relevanten räumlichen oder zeitlichen **3.13** Beschränkungen iSd § 5a III auf, und ist somit von einem Vorenthalten wesentlicher Informationen auszugehen (→ Rn. 3.12), steht damit aber noch nicht fest, dass der Tatbestand des § 5a I erfüllt ist. Vielmehr ist zusätzlich erforderlich, dass die in § 5a I Nr. 1 und Nr. 2 genannten Tatbestandsvoraussetzungen erfüllt sind (→ Rn. 2.41 ff.). Die bei einer Aufforderung zum Kauf nach § 5b I Nr. 1–6 bereitzustellenden Informationen (Basisinformationen) benötigt der Verbraucher zwar im Allgemeinen für eine informierte geschäftliche Entscheidung nach § 5a I Nr. 1, wie sich aus ErwGr. 14 S. 3 und 4 UGP-RL ergibt. Jedoch steht damit nicht zwangsläufig auch die Eignung des Verhaltens zur Beeinflussung der geschäftlichen Entscheidung des Verbrauchers fest. Vielmehr ist auch in den Fällen des § 5b I zu prüfen, ob das Verhalten des Unternehmers im **konkreten Fall** unter Berücksichtigung aller Umstände der betreffenden geschäftlichen Handlung, des verwendeten Kommunikationsmittels und seiner Beschränkungen, sowie der Beschaffenheit und Merkmale des betroffenen Produkts, geeignet ist, den Verbraucher zu einer geschäftlichen Entscheidung zu veranlassen, die er sonst nicht getroffen hätte (vgl. EuGH WRP 2017, 31 Rn. 58 – Canal Digital Danmark).

II. Die maßgebliche „geschäftliche Entscheidung"

Im **Regelfall** wird allerdings die geschäftliche Relevanz iSd § 5a I Nr. 2 zu bejahen sein, **3.14** wenn dem Verbraucher bei einer Aufforderung zum Kauf eine oder mehrere Informationen iSd § 5b I vorenthalten werden. (Beispiel: Unzureichende Aufklärung über den Gesamtpreis iSd § 5b I Nr. 3). Etwas anderes kann jedoch im **Einzelfall** dann gelten, wenn bei einer Aufforderung zum Kauf das verwendete Kommunikationsmittel zwar **keine räumlichen oder zeitlichen Beschränkungen** aufweist, die Informationen dem Verbraucher gleichwohl anderweitig (im Internet) und noch vor der eigentlichen Kaufentscheidung (zB Bestellung) zur Verfügung gestellt werden. Denn in einem solchen Fall könnte er möglicherweise die Information noch für seine Entscheidung, ob er einen Kauf tätigt oder nicht, berücksichtigen.

Die Schwierigkeit wird deutlich an dem Fall, dass ein Plattformbetreiber in einer Zeitungs- **3.15** anzeige mehrere Waren verschiedener Anbieter bewirbt, darin aber nur sein Impressum einschließlich seiner Internet-Adresse angibt, so dass der Verbraucher die Namen und Anschriften der Anbieter erst beim Aufsuchen der Website des Plattformbetreibers in Erfahrung bringen kann (Fall nach BGH WRP 2018, 65 – Mein.Paket.de II). Der BGH ist der Auffassung, die insoweit maßgebliche geschäftliche Entscheidung bestehe im **Aufsuchen der Website** des Unternehmers. Dabei handle es sich um eine mit der Kaufentscheidung unmittelbar zusammenhängende Entscheidung, vergleichbar dem Aufsuchen eines stationären Geschäfts (EuGH WRP 2014, 161 Rn. 38 – Trento Sviluppo). Der Verbraucher würde bei vollständiger Information in der Werbeanzeige möglicherweise vom Aufsuchen der Website Abstand nehmen, etwa wenn der Anbieter in Bewertungsportalen negativ bewertet worden sei oder der Kunde mit ihm negative Erfahrungen gemacht habe (BGH WRP 2018, 65 Rn. 29, 30 – Mein.Paket.de II). Das Verhalten des Unternehmers erfülle den Tatbestand des § 5a I.

Der Auffassung des BGH ist entgegengehalten worden, das Kriterium der geschäftlichen **3.16** Entscheidung sei vom Kriterium des Vorenthaltens einer wesentlichen Information zu unterscheiden, weil andernfalls die Berücksichtigung räumlicher oder zeitlicher Beschränkungen des gewählten Kommunikationsmittels (§ 5a III/Art. 7 III UGP-RL) leerzulaufen drohe (vgl. Köhler → 41. Aufl. 2022, Rn. 3.16; Hamacher WRP 2018, 161 (164); Scherer WRP 2018, 659 Rn. 35 ff.). Im Streitfall war das Vorliegen solcher Beschränkungen aber durchaus geprüft und verneint worden (BGH WRP 2018, 65 Rn. 26 – Mein.Paket.de II). Köhler (→ 41. Aufl. 2022, Rn. 3.16) hält es darüber hinaus für vorzugswürdig, die maßgebliche geschäftliche Entscheidung nicht im Aufsuchen der Website des Plattformbetreibers und der Anbieter, sondern in der eigentlichen Kaufentscheidung zu erblicken, um so dem Umstand Rechnung tragen zu können, dass der heutige Durchschnittsverbraucher mittlerweile daran gewohnt sei, Waren über das Internet zu kaufen, und er sich bei dieser Gelegenheit noch vor Vertragsschluss über die Person des Verkäufers und seine Bewertungen informieren könne. Der BGH hat in der Entscheidung „Mein.Paket.de II" die Schutzbedürftigkeit des Verbrauchers im Ergebnis höher eingeschätzt.

4. Abschnitt. Nichtkenntlichmachen des kommerziellen Zwecks (§ 5a IV)

Übersicht

Feddersen

Schrifttum: Ahrens, Influencer Marketing – Regulierungsrahmen und Konsequenzen seiner Anwendung, GRUR 2018, 1211; Alexander, Das Vorenthalten wesentlicher Informationen im Regelungssystem des UWG, FS Bornkamm, 2014, 297; Alexander, Die Erkennbarkeit kommerzieller Kommunikation – Neuerungen durch die UWG-Novelle, K&R 2016, 73; Alexander, Transparenz beim Influencer-Marketing – BGH-Rechtsprechung und UWG-Neuregelungen, ZUM 2022, 77; Alexander, Transparenz in der Plattformwirtschaft, Die Regelungsansätze der P2B-VO und des UWG, GRUR 2023, 14; Faustmann/Ramsperger, Räumen ohne Grenzen – ist jetzt alles erlaubt?, WRP 2011, 1241; Feddersen, Neue Transparenzanforderungen im Onlinebereich: Online-Marktplätze – Verbraucherbewertungen – Influencer, WRP 2022, 789; Gerecke, Kennzeichnung von werblichen Beiträgen im Online-Marketing, GRUR 2018, 153; Gerecke, Die rechtliche Behandlung des Influencer Marketings – unverändert unbefriedigend, GWR 2021, 44; Harder, Informationspflichten von Influencern, ZfPC 2022, 178; Hecht, Werbung durch „Leaks" – Rechtliche Bewertung von getarntem Marketing, WRP 2022, 1473; Heermann, Lauterkeitsrechtliche Informationspflichten bei Verkaufsförderungsmaßnahmen, WRP 2005, 141; Heermann, Aktuelle Anwendungsfragen und -probleme zu § 4 Nr. 4 UWG, WRP 2011, 688; Henning-Bodewig, Influencer-Marketing – Der „Wilde Westen des Werbens"?, WRP 2017, 1415; Köberlein, Kennzeichnungspflichten beim Influencer-Marketing: Die drei Influencer-Urteile des BGH, ZVertriebsR 2022, 102; Köhler, Die Unlauterkeitstatbestände des § 4 UWG und ihre Auslegung im Lichte der Richtlinie über unlautere Geschäftspraktiken, GRUR 2008, 841; Köhler, Neujustierung des UWG am Beispiel der Verkaufsförderungsmaßnahmen, GRUR 2010, 767; Köhler, Zur richtlinienkonformen Auslegung der Transparenzgebote des § 4 Nr. 4 und 5 UWG, WRP 2011, 1023; Köhler, Dogmatik des Beispielskatalogs des § 4 UWG, WRP 2012, 638; Köhler, S., Influencer-Marketing: Kennzeichnungspflichten nach UWG, GRUR-Prax 2019, 43; Laoutoumai, Einsatz von Corporate Influencern im Lichte der Influencer-Entscheidungen des BGH, RDi 2022, 340; Lehmann, Lauterkeitsrechtliche Risiken beim Influencer Marketing, WRP 2017, 772; Lefeldt/Heins/Laoutoumai, Konsequenzen der BGH-Trias zum Influencer-Marketing: Verträge, Medienrecht und Überkennzeichnung, CR 2022, 100; Lettl, Die lauterkeitsrechtliche Beurteilung des sog. Influencer-Marketings, WRP 2021, 1 384; Lettl, Die

Neuregelung der „Irreführung durch Unterlassen" (§§ 5a, 5b UWG), WRP 2022, 802; Mach, Influencer-Marketing: „Raus aus der Grauzone – hinein in die rechtliche Problemzone", WRP 2018, 1166; Mallick/Weller, Aktuelle Entwicklungen im Influencer Marketing – Ein Blick aus der Praxis, WRP 2018, 155; Peifer, Aufräumen im UWG – Was bleibt nach der Kodifikation zum irreführenden Unterlassen für § 4 Nr. 1, 4, 5 und 6 UWG?, WRP 2010, 1432; Radtke/Camen, Des Wortlauts letzter Schluss? Für mehr Rechtssicherheit bei der Kennzeichnung kommerzieller Influencer-Beiträge, WRP 2020, 24; Rauer/Kempf, Detecting the influence – Die aktuelle Influencer-Rechtsprechung des BGH, WRP 2022, 16; Rauer/Kempf, Influencer-Marketing – Rechtsprechung, Gesetzgebung und Vertragspraxis, WRP 2022, 817; Ruess/Bredies, Millionäre dank Millionen Follower: Rechtliche Bewertung der Entscheidungspraxis zum Influencer-Marketing, WRP 2020, 18; Schaub, Haftung der Betreiber von Bewertungsportalen für unternehmensbezogene Äußerungen, FS Köhler, 2014, 593; Schaub, Kennzeichnungspflichtige Gegenleistungen beim Influencer-Marketing, NJW 2022, 2510; Scherer, Rezeption kommerzieller Kommunikation in sozialen Netzwerken durch minderjährige Nutzer, WRP 2019, 277; Schonhofen/Detmering, #AD#SPONSOREDBY#SCHLEICHWERBUNG – Die rechtlichen Voraussetzungen des Influencer-Marketings und ihre Umsetzung in der Praxis, WRP 2018, 1171; Schröler, Wettbewerbsrechtliche Fragestellungen bei der Verlängerung und dem Abbruch von zeitlich befristeten Rabattaktionen, GRUR 2013, 564; Steinbeck, Rabatte, Zugaben und andere Werbeaktionen: Welche Angaben sind notwendig?, WRP 2008, 1046; Steinbeck, Der Beispielskatalog des § 4 UWG – Bewährungsprobe bestanden, GRUR 2008, 848; Steinbeck, Chaos beim Räumungsverkauf, FS Köhler, 2014, 715; Steinmetz, Lauterkeitsrechtliche Beurteilung von In-App-Werbung; Terhaag/Schwarz, Influencer – Die Wundertüte des Online-Marketings, K&R 2019, 612; Terhaag/Schwarz, Influencer-Marketing, 2021; Troge, Herausforderung: Influencer-Marketing, GRUR-Prax 2018, 87; Wiebe, Das Leid des Verbrauchers mit dem Verbraucherleitbild, FS Köhler, 2014, 799; Wiebe/Kreutz, Native Advertising – Alter Wein in neuen Schläuchen? (Teil 1), WRP 2015, 1053; (Teil 2), WRP 2015, 1179; Wiedemann, Werbung in Werken der Musik unter Berücksichtigung der lauterkeitsrechtlichen Kennzeichnungspflichten, GRUR 2023, 125.

A. Allgemeines

I. Entstehungsgeschichte und Schutzzweck des § 5a IV

1. Entstehungsgeschichte

Bereits dem **§ 1 UWG 1909** wurde ein Verbot der getarnten Werbung entnommen. Danach **4.1** war es wettbewerbswidrig, eine Werbemaßnahme so zu tarnen, dass sie als solche dem Umworbenen nicht erkennbar war, insbes. eine Werbemaßnahme als eine objektive Unterrichtung durch eine unabhängige Person oder Stelle erscheinen zu lassen. Die Rspr. leitete dieses Verbot aus dem (angeblich) das Lauterkeitsrecht beherrschenden Wahrheitsgrundsatz ab und wendete es auf alle Erscheinungsformen der Werbung an (vgl. BGH GRUR 1997, 912 (913) – Die Besten I mwN; BGHZ 130, 205 (214) – Feuer, Eis & Dynamit I; OGH GRUR-Int. 1993, 503 – Römerquelle II; ÖBl 1993, 265 (267) – Product Placement; Henning-Bodewig GRUR 1996, 321 (324 ff.)).

In **§ 4 Nr. 3 UWG 2004** wurde der Vorschlag von Köhler/Bornkamm/Henning-Bodewig **4.2** (WRP 2002, 1317; dort § 4 Nr. 7 UWG 2004) übernommen, nämlich einen Unlauterkeits-tatbestand der Verschleierung des Werbecharakters von Wettbewerbshandlungen zu schaffen. In der Gesetzesbegründung (Begr. RegE UWG 2004 zu § 4 Nr. 3, BT-Drs. 15/1487, 17) hieß es, durch die Regelung werde das medienrechtliche Schleichwerbungsverbot ausdrücklich auf alle Formen der Werbung ausgedehnt und es werde auch die Tarnung sonstiger Wettbewerbshandlungen erfasst. Hierzu zähle beispielsweise die Gewinnung von Adressen unter Verschweigen einer kommerziellen Absicht. – In **§ 4 Nr. 3 UWG 2008** wurde lediglich der Begriff der „Wettbewerbshandlungen" durch den der „geschäftlichen Handlungen" ersetzt. Der Gesetzgeber des UWG 2008 ging davon aus, dass § 5a II zur Umsetzung des Art. 7 II UGP-RL genüge (vgl. BT-Drs. 16/10145, 25). Allerdings wurde § 4 Nr. 3 UWG 2008 in der Folgezeit richtlinienkonform am Maßstab des Art. 7 II UGP-RL ausgelegt (vgl. → 33. Aufl. 2015, § 4 Rn. 3.5a; BGH GRUR 2011, 163 Rn. 21 – Flappe; GRUR 2013, 644 Rn. 15 – Preisrätselgewinnauslobung V; OLG Karlsruhe WRP 2011, 1335 (1337); John WRP 2011, 1357 (1360); dazu eingehend Alexander FS Bornkamm, 2014, 297 (302 ff.)).

Die **UWG-Novelle 2015** hob den § 4 Nr. 3 UWG 2008 auf und setzte an seine Stelle, **4.3** beschränkt auf den Schutz der Verbraucher, einen **§ 5a VI aF** (BT-Drs. 18/6571, 15).

Durch das G zur Stärkung des Verbraucherschutzes im Wettbewerbs und Gewerberecht v. **4.4** 10.8.2021 (BGBl. 2021 I 3504) wurde § 5a VI aF wortgleich in den **§ 5a IV 1** überführt, auf den Schutz auch der sonstigen Marktteilnehmer erweitert und um die Sätze 2 und 3 ergänzt.

2. Schutzzweck

4.5 § 5a IV bezweckt den Schutz des Verbrauchers oder sonstigen Marktteilnehmers vor Irreführung über den wahren, nämlich kommerziellen Zweck einer geschäftlichen Handlung. Ein besonderes Schutzbedürfnis bei **Verbrauchern** besteht deshalb, weil sie kommerziellen Annäherungen und Äußerungen eher skeptisch gegenüberstehen. Um diese Barriere zu überwinden, wird vielfach versucht, dem Verbraucher zu verheimlichen, dass er es mit Werbung zu tun hat. Der Verbraucher misst nämlich objektiv neutralen Handlungen und Äußerungen typischerweise größere Bedeutung und Beachtung bei als entsprechenden, ohne weiteres als Werbung erkennbaren Angaben des Werbenden selbst. Insbes. wird er ihnen weniger kritisch gegenüberstehen und eher geneigt sein, ihnen zu vertrauen (vgl. zu § 1 UWG 1909 BGHZ 130, 205 (214) = GRUR 1995, 744 – Feuer, Eis & Dynamit I mwN; BGH WRP 2021, 1415 Rn. 70 – Influencer I). Das gilt insbes. für minderjährige Verbraucher (§ 3 IV 2). Durch das Nichtkenntlichmachen des kommerziellen Zwecks wird dem Verbraucher die Möglichkeit genommen, sich auf den kommerziellen Charakter der Handlung einzustellen und darauf entsprechend zu reagieren, etwa durch Ablehnung, nähere Nachfrage oder kritische Beurteilung (ebenso OLG München WRP 2012, 347 (349); BGH WRP 2021, 1415 Rn. 89 – Influencer I). Er kann dadurch auch in eine Situation geraten, die es ihm erschwert, sich einer werblichen Einflussnahme wieder zu entziehen. Geschäftliche Handlungen, insbes. als solche nicht erkennbare Werbe- oder Marketingmaßnahmen, sind daher regelmäßig geeignet, die geschäftliche Entscheidung (§ 2 I Nr. 1), einschließlich der damit unmittelbar zusammenhängenden Entscheidungen (→ § 2 Rn. 1.10) der Verbraucher durch Irreführung zu beeinflussen. Dadurch werden auch die wirtschaftlichen Interessen der rechtmäßig handelnden Mitbewerber geschädigt. Die Vorschrift schützt daher mittelbar auch diese Mitbewerber und gewährleistet damit zugleich einen lauteren, weil unverfälschten Wettbewerb (vgl. ErwGr. 6 S. 1 und 8 S. 2 UGP-RL sowie § 1 I 2). – Im Hinblick auf den Schutz der **sonstigen Marktteilnehmer** (→ Rn. 4.9) ist zu berücksichtigen, dass sie typischerweise nicht gleichermaßen schutzbedürftig sind wie Verbraucher. Dem lässt sich dadurch Rechnung tragen, dass die Eignung zur Beeinflussung ihrer geschäftlichen Entscheidung nicht regelmäßig zu bejahen, sondern anhand der Umstände des Einzelfalls genauer zu prüfen ist.

II. Unionsrechtliche Grundlage

4.6 § 5a IV 1 dient der Umsetzung einer speziellen Regelung in Art. 7 II UGP-RL. Danach gilt es als irreführende Unterlassung ua auch, wenn ein Gewerbetreibender „den kommerziellen Zweck der Geschäftspraxis nicht kenntlich macht, sofern er sich nicht unmittelbar aus den Umständen ergibt, und dies jeweils einen Durchschnittsverbraucher zu einer geschäftlichen Entscheidung veranlasst oder zu veranlassen geeignet ist, die er ansonsten nicht getroffen hätte". Es handelt sich um eine selbständige Regelung, die mit der Frage der korrekten Bereitstellung wesentlicher Informationen nichts zu tun hat.

III. Auslegung

1. Gebot der richtlinienkonformen Auslegung

4.7 § 5a IV 1 ist richtlinienkonform am Maßstab des Art. 7 II UGP-RL auszulegen. Hierzu ist nicht nur auf die deutsche Fassung dieser Bestimmung abzustellen, sondern auch ein Blick auf andere Sprachfassungen zu werfen. Dabei zeigt sich ein gravierender Unterschied. So gilt es nach der deutschen Fassung als irreführende Unterlassung auch, „wenn ein Gewerbetreibender wesentliche Informationen gemäß Absatz 1 unter Berücksichtigung der darin beschriebenen Einzelheiten verheimlicht … oder wenn er den kommerziellen Zweck der Geschäftspraxis nicht kenntlich macht, …". Das „Berücksichtigungserfordernis" bezieht sich demnach nur auf das Verheimlichen usw. wesentlicher Informationen. In der engl. Fassung heißt es dagegen: „It shall also be regarded as a misleading omission when, taking account of the matters described in paragraph 1, a trader hides … or fails to identify the commercial intent of the commercial practice …". Auch in der franz. Fassung bezieht sich das Berücksichtigungserfordernis „compte tenu des aspects mentionnés au paragraphe 1" auf alle in Art. 7 II UGP-RL genannten Verhaltensweisen. Dies entspricht dem allgemeinen Gebot, bei Anwendung der Richtlinie die **Umstände des Einzelfalls** umfassend zu würdigen (ErwGr. 7 S. 6 UGP-RL und Umkehrschluss aus ErwGr. 17 S. 2 UGP-RL). Daher ist § 5a IV richtlinienkonform dahin auszulegen, dass die Prüfung, ob der kommerzielle Zweck nicht kenntlich gemacht wurde, „unter Berücksichtigung aller tatsächlichen Umstände und der Beschränkungen des Kommunikationsmediums" zu erfolgen hat.

2. Gebot der grundrechtskonformen Auslegung

Bei der Auslegung des § 5a IV 1 sind, soweit diese Regelung auf Unionsrecht (Art. 7 II **4.8** UGP-RL) beruht, nicht die deutschen Grundrechte, etwa Art. 5 I GG (so aber OLG Frankfurt WRP 2020, 96 Rn. 14), sondern die **europäischen Grundrechte** zu berücksichtigen (Art. 51 I 2 GRCh, Art. 52 I GRCh; KG WRP 2019, 339 Rn. 47 ff.). Dabei stehen sich die Grundrechte des Handelnden aus Art. 11 I, II GRCh und Art. 13 GRCh und das Grundrecht des Adressaten aus Art. 7 GRCh gegenüber. Wie dieser Konflikt im Einzelfall aufzulösen ist, ist letztlich vom **EuGH** zu entscheiden. – An dieser Stelle sei lediglich auf die zum **UWG 1909** ergangenen Entscheidungen des BVerfG und des BGH zum vergleichbaren Konflikt zwischen dem Grundrecht des Handelnden aus Art. 5 GG und dem Grundrecht des Adressaten aus Art. 2 I GG hingewiesen (vgl. ua BVerfG WRP 2003, 69 (71) – Veröffentlichung von Anwalts-Ranglisten; NJW 2005, 3201). Danach ist bei der Bewertung des Verhaltens Dritter (Presse usw) nach dem jeweiligen Maß der Beachtung und Bedeutung, die der Verkehr der Angabe eines Dritten beimisst, und damit insbes. auch nach dem Grad der – vermeintlichen – Objektivität und Kompetenz dieses Dritten zu differenzieren (BGHZ 130, 205 (215) – Feuer, Eis & Dynamit I). Daraus können sich für die lauterkeitsrechtliche Bewertung durchaus unterschiedliche Gewichtungen je nach Art des Mediums – oder auch seiner verschiedenen Sparten – ergeben, in denen eine Werbung „getarnt" vermittelt wird (BGH GRUR 1994, 821 (822) – Preisrätselgewinnauslobung I; GRUR 1994, 823 (824) – Preisrätselgewinnauslobung II; BGHZ 130, 205 (214) – Feuer, Eis & Dynamit I; Heermann WRP 2014, 509 Rn. 26 ff.). Der Rechtsanwender ist daher in hohem Maße auf wertende Einschätzungen und Prognosen angewiesen. Das gilt insbes. für die Merkmale der sachlichen Unterrichtung, der Werbewirkung und deren Übermaß oder Einseitigkeit. Deshalb muss der Rechtsanwender auf den konkreten Fall bezogene Feststellungen zur Gefährdung der von § 5a IV geschützten Rechtsgüter treffen und bei Kollisionen unterschiedlicher Rechtsgüter die betroffenen Interessen abwägen (vgl. BVerfG WRP 2003, 69 (71) – Veröffentlichung von Anwalts-Ranglisten). – Stellt sich die getarnte geschäftliche Handlung als Kunstwerk iSd Art. 13 S. 1 GRCh oder Art. 5 III GG dar (wie zB eine in einem Spielfilm getarnte Werbung), so kann zwar nicht dessen Verbreitung verboten werden (BGH GRUR 1995, 750 – Feuer, Eis & Dynamit II). Denn dies wäre bei einer Abwägung der Grundrechte aus Art. 5 III GG einerseits und aus Art. 2 I GG andererseits unverhältnismäßig. Wohl aber kann dem Werbenden aufgegeben werden, bei Verbreitung des Kunstwerks den werblichen Charakter deutlich zu machen (vgl. BGHZ 130, 205 (219) – Feuer, Eis & Dynamit I). – Soweit es geschäftliche Handlungen zur Förderung eines fremden Unternehmens betrifft, ist allerdings nur **Art. 5 I GG** (Meinungsfreiheit) zu berücksichtigen. Jedoch ist die Regelung in § 5a IV im Hinblick auf Art. 5 II GG, weil verhältnismäßig, gerechtfertigt (dazu näher BGH GRUR 2021, 1400 Rn. 62, 122 ff. – Influencer I).

IV. Erstreckung des § 5a IV 1 auf den Schutz sonstiger Marktteilnehmer

Nach Wortlaut und Entstehungsgeschichte war § 5a VI aF auf den Schutz der **Verbraucher** **4.9** beschränkt. Die ab dem 28.5.2022 geltende Neufassung dieser Vorschrift in § 5a IV 1 erstreckt sich dagegen auf den Schutz **sonstiger Marktteilnehmer.** Die UGP-RL steht dem nicht entgegen.

B. § 5a IV als selbständiger Unlauterkeitstatbestand

§ 5a IV 1 regelt kein dem Vorenthalten einer wesentlichen Information gleichstehendes Ver- **4.10** halten, sondern ist als **selbständiger Unlauterkeitstatbestand** konzipiert (zu § 5a VI aF vgl. BT-Drs. 18/6571, 15). Das entspricht der Regelung in Art. 7 II UGP-RL („Als irreführende Unterlassung gilt es auch, wenn … oder wenn er den kommerziellen Zweck …") und ergibt sich auch aus dem Wortlaut des § 5a IV („Unlauter handelt auch …") sowie aus dem Vorhandensein einer eigenen Relevanzklausel. Es kann daher dahinstehen, ob es sich dabei um einen Unterfall des Vorenthaltens einer wesentlichen Information iSd § 5a II aF bzw. § 5a I handelt (vgl. Alexander WRP 2016, 139 Rn. 65: „Erkennbarkeit des kommerziellen Zwecks ist stets eine wesentliche Information"). Dass bei der Beurteilung des Nichtkenntlichmachen des kommerziellen Zwecks einer geschäftlichen Handlung die jeweiligen Umstände zu berücksichtigen sind, ergibt sich aus der Einschränkung „… sofern er sich nicht unmittelbar aus den Umständen ergibt". Dagegen sind etwaige Beschränkungen des Kommunikationsmittels nicht zu berücksichtigen. Der Verbraucher oder sonstige Marktteilnehmer soll nach Möglichkeit sofort Klarheit haben, ob er sich auf einen geschäftlichen Kontakt zu einem Unternehmer, welcher Art auch immer, einlässt. Es ist ihm nicht zuzumuten, sich anderweit bereitgestellte Informationen beschaffen zu müssen, um Klarheit zu gewinnen.

C. Verhältnis zu anderen Regelungen

I. Verhältnis zu anderen Unlauterkeitstatbeständen des UWG

1. Anh. Nr. 11, 11a, 21, 22, 23, 28 zu § 3 III

4.11   Vorrangig vor § 5a IV 1 sind die Tatbestände des **Anh. Nr. 11, 11a, 21, 22, 23, 28 zu § 3 III** zu prüfen. **Anh. Nr. 11** behandelt die als Information getarnte Werbung in Medien; **Anh. Nr. 11a** behandelt die verdeckte Werbung in Suchergebnissen; **Anh. Nr. 21** behandelt das Angebot einer Ware als „gratis", „umsonst", „kostenfrei" oder dergleichen, wenn hierfür gleichwohl Kosten zu tragen sind. **Anh. Nr. 22** behandelt die Übermittlung von Werbematerial unter Beifügung einer Zahlungsaufforderung, wenn damit der unzutreffende Eindruck vermittelt wird, die beworbene Ware sei bereits bestellt. **Anh. Nr. 23** behandelt die unwahre Angabe oder das Erwecken des unzutreffenden Eindrucks, der Unternehmer sei Verbraucher oder nicht für Zwecke seines Geschäfts, Handels, Gewerbes oder Berufs tätig. **Anh. Nr. 28** behandelt die an Kinder gerichtete Werbung. Die genannten Vorschriften dienen der Umsetzung der entsprechenden Bestimmungen in Anh. I Nr. 11, 20, 21, 22 und 28 UGP-RL und sind richtlinienkonform auszulegen.

2. § 3a

4.12   Verstöße gegen spezialgesetzliche Regelungen zum Nichtkenntlichmachen des kommerziellen Zwecks (→ Rn. 4.16 ff.) können den Tatbestand des Rechtsbruchs (§ 3a) erfüllen und sind nach § 3 I unzulässig.

3. § 5

4.13   Das Nichtkenntlichmachen des kommerziellen Zwecks kann nach der Rspr. im Einzelfall zugleich den Tatbestand des § 5 I 2 erfüllen, wenn der Handelnde über den kommerziellen Zweck der geschäftlichen Handlung irreführt (BGH WRP 2012, 194 Rn. 30 – Branchenbuch Berg; s. auch → § 5 Rn. 4.186 ff.).

4. § 5b IV

4.14   Informationsanforderungen iSd § 5b IV können sich auch auf das Kenntlichmachen des kommerziellen Zwecks beziehen. Dies ergibt sich aus dem Anh. II UGP-RL, der ua auf Art. 5 und 6 E-Commerce-RL und damit auch auf Art. 6 lit. a E-Commerce-RL, umgesetzt in § 6 I Nr. 1 TMG, verweist. Verstöße können daher neben § 5a IV 1 auch nach § 5b IV verfolgt werden.

5. § 7 I

4.15   Im Einzelfall kann das Nichtkenntlichmachen des kommerziellen Zwecks gleichzeitig den Tatbestand der unzumutbaren Belästigung (**§ 7 I 1**) erfüllen. So bspw. beim Ansprechen von Passanten in der Öffentlichkeit, ohne sich als Werber zu erkennen zu geben (→ § 7 Rn. 75 ff.) oder bei einer Briefwerbung, wenn der Empfänger den kommerziellen Charakter nicht ohne weiteres erkennen kann (→ § 7 Rn. 106; KG WRP 2015, 1534).

II. Verhältnis zu spezialgesetzlichen Regelungen

1. Allgemeines

Art. 7 II UGP-RL stellt nur innerhalb des Anwendungsbereichs der UGP-RL eine abschlie- **4.16**
ßende Regelung dar. In den Ausnahmebereichen der UGP-RL (→ § 3a Rn. 1.20 ff.) ist daher
Raum für spezielle Regelungen mit der gleichen Zielsetzung. Sie sind neben § 5a IV anwendbar. Verstöße können mittels des Rechtsbruchtatbestands des § 3a geahndet werden, soweit nicht
schon § 5a IV eingreift.

2. Presserecht

Dem § 5a IV vergleichbare Regelungen finden sich auch in speziellen Regelungen für die **4.17**
Presse (→ Rn. 4.41 ff.). Sie sind mit der UGP-RL vereinbar, weil insoweit ein ungeschriebener
Ausnahmebereich anzuerkennen ist (vgl. EuGH WRP 2013, 1575 Rn. 50 – RLvS Verlags-
gesellschaft).

3. Rundfunkrecht

Das Rundfunkrecht ist insbes. Im **Medienstaatsvertrag (MStV),** der 2020 an die Stelle des **4.18**
Rundfunkstaatsvertrags (RStV) getreten ist, und im **Jugendmedienschutz-Staatsvertrag
(JMStV)** geregelt. Seine unionsrechtliche Grundlage war früher die Fernseh-RL und ist jetzt die
AVMD-RL (geändert durch die RL 2018/1808/EU). Im Zusammenhang mit dem Kennt-
lichmachen des kommerziellen Zwecks einer geschäftlichen Handlung iSd § 5a IV sind insbes.
Folgende Bestimmungen von Bedeutung: Nach **§ 8 III 1 MStV** und **§ 22 I 1 MStV** müssen im
Rundfunk (Radio und Fernsehen) und in Telemedien Werbung und Teleshopping als solche
klar erkennbar sein. Diese Regelung dient der Umsetzung des Art. 9 I lit. a S. 1 AVMD-RL. –
Nach **§ 8 VII 1 MStV** sind Schleichwerbung und Themenplatzierung sowie entsprechende
Praktiken unzulässig. Für die Produktplatzierung gelten jedoch Ausnahmen nach § 8 VII 2–5
MStV und den §§ 30, 38 MStV. Diese Regelungen dienen der Umsetzung des Art. 9 I lit. a S. 2
AVMD-RL und des Art. 11 II–IV AVMD-RL. Nach **§ 10 I MStV** muss bei gesponserten
Sendungen zu Beginn und am Ende auf die Finanzierung durch den Sponsor hingewiesen
werden. Diese Regelung dient der Umsetzung des Art. 10 I lit. c AVMD-RL. Die Begriffe
Werbung, Rundfunkwerbung, Schleichwerbung, Sponsoring, Teleshopping und Produktplatzie-
rung sind in § 2 II Nr. 7–12 MStV definiert. – Ein Verstoß gegen diese Vorschriften wird durch
§ 5b IV erfasst, da sie zu den „im Gemeinschaftsrecht festgelegten Informationsanforderungen in
Bezug auf kommerzielle Kommunikation einschließlich Werbung oder Marketing" iSd Art. 7 V
UGP-RL iVm Anh. II UGP-RL gehören.

4. Telemedienrecht

Nach **§ 6 I Nr. 1 TMG** müssen kommerzielle Kommunikationen, die Telemedien oder **4.19**
Bestandteile von Telemedien sind, klar als solche zu erkennen sein. Diese Regelung dient der
Umsetzung des Art. 6 lit. a E-Commerce-RL. Nach **§ 6 II TMG** darf bei E-Mail-Werbung in
der Kopf- oder Betreffzeile weder der Absender noch der kommerzielle Charakter der Nachricht
verschleiert oder verheimlicht werden (dazu Kitz DB 2007, 385). – Ein Verstoß gegen diese
Vorschriften wird durch **§ 5b IV** erfasst, da die Art. 5 und 6 E-Commerce-RL im Anh. II
UGP-RL aufgeführt sind. § 3a ist auch nicht daneben anwendbar (BGH GRUR 2022, 930
Rn. 16 ff., 23 ff. – Knuspermüsli II, unter Aufgabe der früheren Rspr.). – Nach **§ 6 V TMG**
bleiben die Vorschriften des UWG unberührt (dazu BGH GRUR 2021, 1414 Rn. 61 –
Influencer II).

5. Heilmittelwerberecht

Nach **§ 3 S. 2 Nr. 2 lit. c HWG** liegt eine unzulässige irreführende **Heilmittelwerbung** **4.20**
vor, wenn fälschlich der Eindruck erweckt wird, dass die Werbung nicht zu Zwecken des
Wettbewerbs veranstaltet wird. Desgleichen ist nach **§ 11 I 1 Nr. 9 HWG** eine Heilmittelwerbung außerhalb der Fachkreise mit Veröffentlichungen, deren Werbezweck missverständlich
oder nicht deutlich erkennbar ist, verboten. – Ein Verstoß gegen diese Vorschriften stellt einen

Rechtsbruch iSd **§ 3a** dar, da es sich um Marktverhaltensregelungen zum Schutze der Verbraucher handelt.

6. Sonstiges

4.21   Nach **§ 63 VI WpHG** müssen Werbemitteilungen „eindeutig als solche erkennbar sein".

III. Verhältnis zu Verhaltenskodizes

4.22   Auch verschiedene **Verbandsregelungen** enthalten ein Gebot der Erkennbarkeit der Werbung (vgl. Art. 11 Internationale Verhaltensregeln für die Werbepraxis der IHK) bzw. ein Gebot der Trennung von Werbung und redaktionellen Beiträgen (vgl. Richtlinien des ZAW für redaktionell gestaltete Anzeigen). Derartigen **Verhaltenskodizes** kommt aber allenfalls indizielle Bedeutung für die Auslegung des § 5a IV 1 zu (→ § 2 Rn. 10.9; BGH GRUR 2011, 631 Rn. 11 – FSA-Kodex; LG/OLG München WRP 2010, 431 (432)). Mangels Normcharakter lassen sich Verstöße gegen solche Regelungen auch nicht über § 3a sanktionieren.

D. Tatbestand

I. Geschäftliche Handlung

4.23   Der Tatbestand des § 5a IV setzt eine **geschäftliche Handlung** iSd § 2 I Nr. 2 voraus. Er erfasst daher auch Handlungen bei Abschluss und Durchführung eines Vertrags. Der Begriff der geschäftlichen Handlung reicht auch weiter als der der Geschäftspraktiken iSd Art. 2 lit. d UGP-RL (BGH WRP 2014, 1058 Rn. 13 – GOOD NEWS II), weil er auch Handlungen gegenüber Verbrauchern und sonstigen Marktteilnehmern zugunsten eines fremden Unternehmens und Nachfragehandlungen erfasst (vgl. Koch FS Köhler, 2014, 359 (368)). Der Anwendungsbereich des § 5a IV ist demensprechend weiter als der des Art. 7 II UGP-RL.

II. Nichtkenntlichmachen des kommerziellen Zwecks

1. Grundsatz

4.24   Das Nichtkenntlichmachen des kommerziellen Zwecks, sofern er sich nicht unmittelbar aus den Umständen ergibt, gilt nach Art. 7 II UGP-RL als weiterer Fall einer Irreführung durch Unterlassen. Davon geht auch § 5a IV 1 aus. Aus § 3 I ergibt sich, dass der Tatbestand eine geschäftliche Handlung voraussetzt. Ob das Vorliegen eines kommerziellen Zwecks einer geschäftlichen Handlung immanent ist oder eine zusätzliche Absicht voraussetzt, ist umstritten (vgl. einerseits OLG Koblenz WRP 2021, 677 Rn. 64; andererseits OLG Köln WRP 2021, 523 Rn. 25 ff.). Der Meinungsstreit ist indessen unerheblich, weil sich auch die Absicht nur anhand objektiver Indizien feststellen lässt (BGH WRP 2021, 1415 Rn. 79 – Influencer I). Richtigerweise stellt der kommerzielle Zweck keine Besonderheit einer geschäftlichen Handlung dar. Vielmehr wohnt jeder geschäftlichen Handlung schon definitionsgemäß (§ 2 I Nr. 2) ein geschäftlicher und somit ein „kommerzieller" Zweck inne, weil sie „zugunsten des eigenen oder eines fremden Unternehmens" erfolgt, also unternehmerischen Interessen dient, gleichviel ob es um die Förderung des Absatzes oder Bezugs oder den Abschluss oder die Durchführung eines Vertrags geht. Die Unlauterkeit des Nichtkenntlichmachens des kommerziellen Zwecks besteht in der Verletzung einer Kennzeichnungspflicht.

2. Nichtkenntlichmachen

4.25   Ein Nichtkenntlichmachen des kommerziellen Zwecks liegt vor, wenn das äußere Erscheinungsbild der geschäftlichen Handlung so gestaltet wird, dass der Verbraucher ihren kommerziellen Zweck nicht klar und eindeutig erkennen kann (OLG Köln WRP 2021, 362 Rn. 25; OLG Frankfurt WRP 2019, 643 Rn. 27; vgl. zu § 4 Nr. 3 UWG 2008 BGH WRP 2011, 194 Rn. 18 – Branchenbuch Berg; GRUR 2013, 644 Rn. 15 – Preisrätselgewinnauslobung V). Ob dabei auf den konkreten Fall abzustellen ist und die Beschränkungen des verwendeten Kommunikationsmittels zu berücksichtigen sind, ist zweifelhaft (→ Rn. 3.7) und ggf. durch Anrufung des EuGH zur Auslegung des Art. 7 II UGP-RL zu klären. Maßgebend ist nach § 3 IV 1 die Sicht des **normal informierten, situationsadäquat aufmerksamen und verständigen**

Durchschnittsverbrauchers oder des durchschnittlichen Mitglieds der angesprochenen Verbrauchergruppe (vgl. OLG Köln WRP 2021, 362 Rn. 25). Geht es um den Schutz besonders schutzbedürftiger Verbraucher, wie bspw. **Kinder,** gilt **§ 3 IV 2.** Da Kinder im Vergleich zu Erwachsenen weniger aufmerksam und leseгeübt sind, sind an die Kennzeichnung als Werbung deutlich höhere und kindgerechte Anforderungen zu stellen (KG WRP 2013, 638). – An einem Nichtkenntlichmachen des kommerziellen Zwecks fehlt es, wenn kein Kontakt zum potenziellen Marktpartner hergestellt wird. So etwa beim heimlichen Sammeln von Informationen über Verbraucher und ihr Kaufverhalten, um damit später gezielt werben zu können. Soweit es geschäftliche Handlungen gegenüber sonstigen Marktteilnehmern betrifft, ist die Sicht des **normal informierten, situationsadäquat aufmerksamen und verständigen Durchschnittsmarktteilnehmers** maßgebend. Insoweit kann die jeweilige Branchenzugehörigkeit eine Rolle spielen.

3. Einschränkung

Eine Verpflichtung zur Kenntlichmachung des kommerziellen Zwecks besteht nur, „**sofern** **4.26** **sich dieser nicht unmittelbar aus den Umständen ergibt**". Das entspricht zwar dem Wortlaut der deutschen Fassung des Art. 7 II UGP-RL. Das Gemeinte erschließt sich jedoch besser aus der englischen und französischen Fassung (engl. if not already apparent from the context; frz. que celle-ci ne ressort pas déjà du contexte). Es muss daher genügen, dass sich der kommerzielle Zweck bereits aus dem Zusammenhang ergibt. Der Verbraucher bzw. sonstige Marktteilnehmer muss jedoch **auf den ersten Blick und ohne jeden Zweifel** (BGH GRUR 2013, 644 Rn. 21 – Preisrätselgewinnauslobung V; GRUR 2021, 1400 Rn. 80 – Influencer I; KG WRP 2018, 224 Rn. 13; OLG Frankfurt WRP 2019, 643 Rn. 28; OLG Koblenz WRP 2021, 677 Rn. 65) erkennen können, dass der Handlung ein kommerzieller Zweck zugrunde liegt. Nur in diesem Fall ist es unnötig, darauf noch gesondert hinzuweisen.

4. Zeitpunkt der Kenntlichmachung

Der kommerzielle Zweck einer geschäftlichen Handlung muss spätestens in dem Zeitpunkt für **4.27** den Verbraucher oder sonstigen Marktteilnehmer erkennbar sein, in dem er eine **geschäftliche Entscheidung** iSd § 2 I Nr. 1 oder zumindest eine **damit unmittelbar zusammenhängende Entscheidung,** wie bspw. das Betreten eines Geschäfts (→ § 2 Rn. 1.10), treffen kann. Andernfalls ist die Information nicht rechtzeitig iSd § 5a II 2 Nr. 3. **Beispiel:** Wird den Mitgliedern des Sportvereins ein Bergfilm im Vereinshaus angekündigt, ohne sie gleichzeitig darauf deutlich hinzuweisen, dass im Anschluss daran eine Verkaufsveranstaltung für Bergsportartikel stattfindet, so erfüllt dies bereits den Tatbestand des § 5a IV.

5. Art und Weise der Kenntlichmachung

Wie der Handelnde den kommerziellen Zweck seiner geschäftlichen Handlung kenntlich **4.28** macht, wenn er nicht offenkundig ist, bleibt ihm überlassen. Der Hinweis muss jedoch so deutlich erfolgen, dass aus der Sicht eines durchschnittlichen Mitglieds der jeweils angesprochenen Gruppe von Verbrauchern oder sonstigen Marktteilnehmern kein Zweifel am Vorliegen eines kommerziellen Zwecks besteht (OLG Celle WRP 2017, 1236 Rn. 8). Zumindest muss der kommerzielle Zweck auf den ersten Blick hervortreten (→ Rn. 4.26).

III. Geschäftliche Relevanz

§ 5a IV 1 setzt weiter voraus, dass „**das Nichtkenntlichmachen geeignet ist, den Ver-** **4.29** **braucher oder sonstigen Marktteilnehmer zu einer geschäftlichen Entscheidung zu veranlassen, die er andernfalls nicht getroffen hätte**". Dies entspricht den Vorgaben aus Art. 7 II UGP-RL. – Als geschäftliche Entscheidung sind auch solche Entscheidungen des Verbrauchers oder sonstigen Marktteilnehmers anzusehen, die mit einer Entscheidung iSd § 2 I Nr. 1 unmittelbar zusammenhängen (→ § 2 Rn. 1.10). Dazu gehört also nicht nur die Entscheidung für einen Vertragsschluss, etwa zum Kauf des getarnt beworbenen Produkts (vgl. BGH WRP 2012, 194 Rn. 30 – Branchenbuch Berg; GRUR 2013, 644 Rn. 26 – Preisrätselgewinnauslobung V) oder zum Erwerb eines Markenprodukts, das über Instagram getarnt beworben wurde (KG WRP 2018, 224 Rn. 14), sondern Bspw. auch die Entscheidung, an einer getarnten Verkaufsveranstaltung teilzunehmen (OLG Nürnberg GRUR-RR 2019, 170 Rn. 45).

Der Hinweis auf den kommerziellen Charakter einer solchen Veranstaltung muss daher bereits in der Werbung angegeben werden. Ein späterer Hinweis wäre nicht rechtzeitig (§ 5a II Nr. 3 analog).

4.30   Ob eine Eignung iSd § 5a IV 1 besteht, ist wiederum aus der Sicht der angesprochenen Verbraucher (§ 3 IV) oder sonstigen Marktteilnehmer zu beurteilen (→ Rn. 4.3). Bei Verbrauchern, insbes. besonders schutzbedürftigen Verbrauchern (§ 3 IV 2), wird sie idR gegeben sein. Maßgebend sind insoweit die Umstände des Einzelfalls. Die Eignung ist bspw. dann zu verneinen, wenn ein Verlag über das Standesamt Heiratswilligen Bücher schenken lässt, die Werbung enthalten, mag dies auch zunächst nicht erkennbar sein (BGH GRUR 2009, 606 Rn. 17 – Buchgeschenk vom Standesamt).

IV. Einschränkung des § 5a IV 1 durch § 5a IV 2 und 3

1. Inhalt der Regelungen

4.31   Durch das G zur Stärkung des Verbraucherschutzes im Wettbewerbs- und Gewerberecht v. 10.8.2021 wurde § 5a IV um die S. 2 und 3 erweitert. Nach § 5a IV 2 liegt bei einer geschäftlichen Handlung zugunsten eines fremden Unternehmens ein kommerzieller Zweck nicht vor, wenn der Handelnde kein Entgelt oder keine ähnliche Gegenleistung für die Handlung von dem fremden Unternehmen erhält oder sich versprechen lässt. Die bloße Hoffnung auf eine Gegenleistung reicht daher für die Annahme eines kommerziellen Zwecks nicht aus (vgl. BT-Drs. 19/ 27873, 34). Nach § 5a IV 3 wird der Erhalt oder das Versprechen einer Gegenleistung vermutet, es sei denn der Handelnde macht glaubhaft, dass er eine solche nicht erhalten hat.

2. Zweck und Anwendungsbereich des § 5a IV 2

4.32   **a) Auslegung nach den Gesetzesmaterialien.** Die neue Regelung in § 5a IV 2 soll nach der Amtl. Begründung (BT-Drs. 19/27873, 34) insbes. einen sicheren Rechtsrahmen für Handlungen von Influencern bieten, wenn diese Waren und Dienstleistungen anderer Unternehmen empfehlen, ohne davon selbst unmittelbar finanziell zu profitieren. Für solche Handlungen erscheine es unangemessen, eine Kennzeichnung als „kommerziell" zu verlangen. Der Begriff der „ähnlichen Gegenleistung" umfasse auch Provisionen, Produkte, die von dem fremden Unternehmen zugesandt wurden und die der Handelnde nutzen oder behalten darf, sowie Pressereisen, die Bereitstellung von Dienst- oder Sachleistungen und Kostenübernahmen. Die Gegenleistung könne auch vorübergehender Natur sein. Die bloße Steigerung der eigenen Bekanntheit, zum Beispiel von Influencern, durch solche Handlungen könne hingegen nicht als Gegenleistung gewertet werden. Die Zuwendungen von Dritten, die nicht von dem durch den Influencer-Beitrag begünstigten Unternehmer veranlasst sind, sollen dagegen für die Annahme einer Gegenleistung außer Betracht bleiben (so auch BGH WRP 2022, 441 Rn. 83 – Influencer III). – Allerdings wird auch klargestellt, dass unentgeltlich abgegebene Empfehlungen von Influencern eine geschäftliche Handlung zugunsten des eigenen Unternehmens darstellen können, so dass insoweit § 5a IV 1 anwendbar sein kann (BT-Drs. 19/27873, 35; so auch BGH GRUR 2021, 1400 Rn. 47 ff. – Influencer I).

4.33   **b) Einschränkung durch die UGP-RL.** Nach der Amtl. Begr. (BT-Drs. 19/27873, 34) liegt die Regelung in § 5a IV 2 außerhalb des Anwendungsbereichs der UGP-RL, weil diese Handlungen, die ausschließlich der Förderung von fremden Unternehmen dienen, nicht erfasst (dazu EuGH GRUR 2013, 1245 Rn. 40, 50 – RLvS/Stuttgarter Wochenblatt). Allerdings ist zu berücksichtigen, dass nach Art. 2 lit. b UGP-RL Gewerbetreibender auch jede Person ist, die im Namen oder Auftrag des Gewerbetreibenden handelt (dazu EuGH WRP 2013, 1575 Rn. 37 ff. – RLvS/Stuttgarter Wochenblatt). Insoweit ist daher der Anwendungsbereich des § 5a IV 2 richtlinienkonform einzuschränken (vgl. Büscher WRP 2022, 1 Rn. 48).

4.34   **c) Anwendung des § 5a IV 2 auf „klassische Presseerzeugnisse".** Nach der bisherigen Rspr. war der Tatbestand des § 5a VI aF (= § 5a IV 1) auch dann erfüllt, wenn ein redaktioneller Beitrag in einem Presseerzeugnis einen „werblichen Überschuss" aufwies (BGH GRUR 2021, 1400 Rn. 60 mwN – Influencer I; krit. Ohly JZ 2022, 204 (205 f.)), so dass es nicht darauf ankam, ob das begünstigte Unternehmen dafür eine Gegenleistung erbracht oder versprochen hatte. Der BGH hat diese Rspr. auf Beiträge von Influencern übertragen (BGH GRUR 2021, 1415 Rn. 59, 61 – Influencer I). Dieser Rspr. ist jedenfalls, soweit es Influencer-Beiträge betrifft, durch die bewusste Entscheidung des Gesetzgebers die Grundlage entzogen. Die Veröffentlichung von Beiträgen mit werblichem Überschuss in Influencer-Posts ist daher nach § 5a IV zulässig, wenn dafür keine Gegenleistung erbracht oder versprochen wurde (vgl. Büscher WRP 2022, 1 Rn. 50). Ob dies auch für die Rspr. zum werblichen Überschuss von Beiträgen in einem Presseerzeugnis gilt, ist im Hinblick auf den Grundsatz der Trennung von redaktionellem Inhalt und Werbung in der Presse dagegen zweifelhaft (vgl. Feddersen WRP 2022, 789 Rn. 33). Es spricht viel dafür, dass insoweit eine teleologische Reduktion von § § 5a IV 2 geboten ist, da sich der Gesetzgeber mit dieser Problematik offenbar nicht befasst und nur den Schutz der Influencer vor Augen hatte (→ Rn. 4.53).

3. Die Vermutungsregelung in § 5a IV 3

Nach § 5a IV 3 wird der Erhalt oder das Versprechen einer Gegenleistung vermutet, es sei   **4.35** denn der Handelnde macht glaubhaft, dass er eine solche nicht erhalten hat. Dadurch wird die Regelung in § 5a IV 2 in ihrer praktischen Bedeutung eingeschränkt. Die gesetzliche Vermutung bedeutet, dass der Kläger den Erhalt oder das Versprechen einer Gegenleistung nicht darlegen und beweisen muss. Vielmehr ist es Sache des Beklagten, durch Glaubhaftung iSd § 294 ZPO (dazu BGH NJW 2003, 3358) diese Vermutung zu entkräften. Das kann etwa durch eine Quittung über den Kauf des erwähnten Produkts oder eine Bestätigung des Herstellerunternehmens, dass es keine Gegenleistung erbracht hat, geschehen (RegE, BT-Drs. 56/21, 35). Zwar bezieht sich die Glaubhaftmachung dem Wortlaut nach nur auf den Fall, dass der Handelnde keine Gegenleistung erhalten hat. Jedoch wird man die Regelung sinngemäß auf den Fall erweitern müssen, dass eine Gegenleistung nur versprochen wurde, da insoweit offenbar ein Redaktionsversehen vorliegt.

E. Fallgruppen

I. Nichtkenntlichmachen des kommerziellen Zwecks eines geschäftlichen Kontakts

Ein nach § 5a IV 1 unlauteres Nichtkenntlichmachen des kommerziellen Zwecks bei der   **4.36** Aufnahme eines geschäftlichen Kontakts liegt vor, wenn unter einem nichtgeschäftlichen Vorwand ein Kontakt zu **Verbrauchern** und **sonstigen Marktteilnehmern** hergestellt wird, um sie im Anschluss daran mit einem geschäftlichen Angebot zu konfrontieren und zu einer geschäftlichen Entscheidung zu veranlassen. Denn solche Maßnahmen sind idR geeignet, die kritische Einstellung von Verbrauchern gegenüber unerbetener Werbung zu überwinden. (Im Verhalten gegenüber **sonstigen Marktteilnehmern** ist eine solche Eignung allerdings im Einzelfall festzustellen.) Zu derartigen Maßnahmen gegenüber Verbrauchern gehören:

1. Tarnung einer Verkaufsveranstaltung als Freizeitveranstaltung

Unlauter nach § 5a IV 1 ist es, Verbraucher zur Teilnahme an Verkaufsveranstaltungen zu   **4.37** veranlassen, ohne deren kommerziellen Zweck ausreichend deutlich zu machen (vgl. BGH GRUR 1962, 461 (464 ff.) – Werbeveranstaltung mit Filmvorführung). Hierher gehören insbes. die Fälle von **Verkaufs-** oder **Kaffeefahrten,** bei denen eine Ausflugsfahrt angekündigt wird, aber der eigentliche Zweck, der Besuch einer Verkaufsveranstaltung, nicht hinreichend deutlich herausgestellt wird (dazu Pluskat WRP 2003, 18). Die Rspr. stellte schon in der Vergangenheit bei der Werbung für Verkaufsfahrten strenge Anforderungen an die Art und Weise, in der der Verkaufscharakter der Fahrt und ihre Einzelumstände (etwa Zeitpunkt und Dauer der Verkaufsveranstaltung sowie deren Stattfinden außerhalb des herausgestellten Zielortes) verdeutlicht werden. An diesen Grundsätzen ist auch unter § 5a IV festzuhalten, zumal derartige Veranstaltungen ein erhebliches Gefährdungspotential enthalten. Denn zum einen können sich die Teilnehmer nicht mehr ohne weiteres der eigentlichen Verkaufsveranstaltung entziehen. Zum anderen nehmen wegen des Zeitaufwands zumeist nur ältere Menschen (Rentner, Pensionisten usw) an solchen Fahrten teil. Bei diesen Personengruppen ist aber eine erhöhte Schutzbedürftigkeit gegeben, weil und soweit sie – bedingt durch Alter und/oder Leichtgläubigkeit (§ 3 IV 2) – der Gefahr der Irreführung, aber auch der aggressiven Beeinflussung in stärkerem Maße ausgesetzt sind. Vor allem aber fehlt es den Teilnehmern einer Verkaufsveranstaltung an Überlegungszeit und Vergleichsmöglichkeiten. Der Veranstalter muss daher **eindeutig, unmissverständlich und unübersehbar** darauf hinweisen, dass es sich um eine Verkaufsfahrt handelt und dass die Teilnahme an der Verkaufsveranstaltung freiwillig ist. Werden die Vorteile der beworbenen Fahrt **blickfangmäßig** herausgestellt, so muss auch regelmäßig deren Charakter als Verkaufsfahrt blickfangmäßig verdeutlicht werden (BGH GRUR 1986, 318 (320) – Verkaufsfahrten I; GRUR 1988, 829 – Verkaufsfahrten II). Der Hinweis „Werbefahrt" genügt, da mehrdeutig, diesen Anforderungen nicht (BGH GRUR 1988, 829 (830) – Verkaufsfahrten II). Den Verkaufsfahrten stehen (mehrtägige) **Verkaufsreisen** (BGH GRUR 1988, 130 (131) – Verkaufsreisen) und **Freizeitveranstaltungen** (BGH GRUR 1990, 1020 – Freizeitveranstaltung) grds. gleich. – Eine ergänzende gesetzliche Regelung zum Schutz der Teilnehmer an derartigen Veranstaltungen ist mWv 28.5.2022 in § 56a GewO erfolgt.

4.38   Im Zuge der Durchführung solcher Veranstaltungen kann es zu weiteren Wettbewerbsverstößen kommen: **(1) Irreführung** (§ 5 I; zu der nach § 16 I strafbaren Werbung für Kaffeefahrten vgl. BGH WRP 2002, 1432 – Strafbare Werbung für Kaffeefahrten); **(2) Aggressive Beeinflussung** (§ 4a; vgl. BGH GRUR 1988, 130 (131) – Verkaufsreisen); **(3) Rechtsbruch** (§ 3a), etwa wegen Verletzung der gesetzlichen Informationspflicht nach Art. 246a § 1 I EGBGB über das Bestehen eines Widerrufsrechts nach § 312g BGB oder wegen Verletzung der Vorschriften nach § 56a GewO.

2. Nichtkenntlichmachen des kommerziellen Zwecks einer persönlichen Kontaktaufnahme

4.39   Unlauter nach § 5a IV ist die Aufnahme eines **persönlichen Kontakts** zu einem Verbraucher, wenn der damit verfolgte kommerzielle Zweck nicht kenntlich gemacht wird. Dazu gehört das **Ansprechen von Passanten in der Öffentlichkeit,** ohne sich als Werber zu erkennen zu geben. Dieses Verhalten kann darüber hinaus den Tatbestand des Anh. Nr. 23 zu § 3 III und des § 7 I 1 (→ § 7 Rn. 75 ff.) erfüllen. – Unlauter ist ferner ein **Hausbesuch,** wenn der Werbende sich durch Verheimlichung des Werbezwecks Zutritt verschafft. Daneben kann auch der Tatbestand des § 7 I erfüllt sein (→ § 7 Rn. 50 ff.). – Unlauter nach § 5a IV ist es schließlich, bei einem **Telefonanruf** den geschäftlichen Zweck nicht sogleich zu offenbaren. Daneben kommt der Tatbestand des Rechtsbruchs nach § 3a wegen Verstoßes gegen § 312a I BGB in Betracht. Fehlt in derartigen Fällen, wie idR, eine vorherige ausdrückliche Einwilligung in den Anruf, liegt auch ein Fall des § 7 II Nr. 1 vor. – An der Unlauterkeit solcher verschleierter Werbekontakte ändert es nichts, wenn sie von **Laienwerbern,** also bspw. Freunden oder Bekannten des Umworbenen, im Auftrag eines Unternehmers ausgehen. **Beispiel:** Einladung zu einem Nachmittagskaffee, wenn damit eine Verkaufsveranstaltung verbunden ist. – Zur **Laienwerbung** allg. → § 3 Rn. 6.23 ff.

3. Nichtkenntlichmachen des kommerziellen Zwecks einer Meinungsumfrage

4.40   Unlauter nach § 5a IV ist es, Verbraucher unter dem Vorwand einer Meinungsumfrage zur Überlassung persönlicher Daten, wie Adressen oder Konsumgewohnheiten, zu veranlassen, wenn nicht gleichzeitig der kommerzielle Zweck deutlich gemacht wird (vgl. auch Begr. RegE UWG 2004 zu § 4 Nr. 3, BT-Drs. 15/1487, 17). Erschwerend kommt hinzu, dass das Vertrauen der Befragten auf den Schutz ihrer Anonymität missbraucht wird. **Beispiele:** Versendung von Antwortkarten, die der Marktforschung nach statistischen Grundsätzen dienen, jedoch nicht erkennen lassen, dass zugleich ein gewerblicher Absatz der Verlagserzeugnisse bezweckt ist (KG GRUR 1972, 192). – Beschaffung von Adressenmaterial für Werbezwecke unter dem Vorwand einer wissenschaftlichen Zwecken dienenden Meinungsumfrage oder einer anonymen Marktumfrage (GA 3/1970 WRP 1981, 238; OLG Frankfurt GRUR 1989, 845; OLG Frankfurt WRP 2000, 1195 (1196); LG Berlin NJW-RR 1997, 747; LG Köln VuR 1997, 228). – Briefumfragen bei Verbrauchern, die den Eindruck einer wissenschaftlich fundierten Markt- und Meinungsforschung mit dem Ziel genereller Auswertung erwecken, obwohl es in Wahrheit nur darum geht, die Wünsche bestimmter Verbraucher zu ermitteln, um sie sodann gezielt zu umwerben. Zulässig sind solche Umfragen nur, wenn für die Befragten klar erkennbar ist, dass sie der Kundengewinnung dienen. In diesem Fall stellt es keine unzulässige Beeinflussung iSd § 4a I 2 Nr. 3 gegenüber den Umworbenen dar, wenn Vertreter sie später mit ihrem Einverständnis aufsuchen und sich im Verkaufsgespräch die Befragungsergebnisse zu Nutze machen. Wussten die Befragten, dass die Testaktion Werbemaßnahmen diente, so ist auch nicht zu befürchten, dass ihre Auskunftsfreudigkeit gegenüber Markt- und Meinungsforschungsinstituten wesentlich nachlässt und deren Funktionsfähigkeit gefährdet (BGH GRUR 1973, 268 – Verbraucher-Briefumfragen). – Dagegen fällt das heimliche Sammeln von Adressen und sonstigen

Informationen über Verbraucher, etwa durch das Setzen von **Cookies** (dazu § 25 TTDSG), durch die Nutzung von **Web-Bugs** oder das Kaufen von Adressmaterial, nicht unter § 5a IV, weil es an einem Nichtkenntlichmachen des kommerziellen Zwecks gegenüber dem Verbraucher fehlt. Solche geschäftlichen Handlungen können nur unter dem Gesichtspunkt des Verstoßes gegen datenschutzrechtliche Vorschriften erfasst werden. Dagegen verstößt es (auch) gegen § 5a IV, uU gegen § 5a I, wenn der Unternehmer gegenüber dem Verbraucher verheimlicht, dass er dessen **Daten** zu Werbezwecken verwendet. Insoweit sind auch die Art. 6 I lit. a DS-GVO und Art. 21 II–IV DS-GVO einschlägig.

II. Getarnte Werbung – Allgemeine Erscheinungsformen

1. Tarnung von Werbung als wissenschaftliche oder fachliche Äußerung

Verbraucher messen **wissenschaftlichen** und **fachlichen** Äußerungen (Gutachten, Aufsätzen) mehr Beachtung und Bedeutung bei als den Werbeaussagen eines Unternehmens, weil sie diese als Ergebnis unabhängiger, objektiver und nur der Wahrheit verpflichteter Forschung und Prüfung ansehen. Unlauter nach § 5a IV handelt daher, wer vorgibt, sich zu einer Frage wissenschaftlich oder fachlich zu äußern, obwohl er in Wahrheit damit für ein bestimmtes Unternehmen werben will. (Nur unter § 5 I fällt dagegen die Werbung eines Unternehmens mit angeblichen, in Wahrheit aber gar nicht vorliegenden wissenschaftlichen Äußerungen.) **4.41**

2. Tarnung von Werbung als private Äußerung

Verbraucher messen auch **privaten** Äußerungen Dritter über Unternehmen und deren Produkte vielfach größere Objektivität und Neutralität bei als entsprechender Werbung von Unternehmen. Dies ist ein Anreiz für Unternehmen, Privatpersonen, einschließlich eigener Mitarbeiter, einzuspannen, um mit Hilfe deren privater Äußerungen den Produktabsatz zu fördern (LG Hamburg GRUR-RR 2012, 400). Auch können Unternehmen beauftragt werden, scheinbar private Äußerungen zu „fabrizieren". In solchen Fällen liegt eine geschäftliche Handlung dieser Unternehmen vor, die nach § 5a IV unlauter ist, weil der kommerzielle Zweck gegenüber dem Verbraucher verschleiert wird (vgl. BGH WRP 2020, 574 Rn. 41 – Kundenbewertungen auf Amazon; OLG Frankfurt WRP 2019, 643 Rn. 13 ff., 24 ff.). Darüber hinaus kommt ein Verstoß gegen Anh. Nr. 23b und 23c zu § 3 III in Betracht (Feddersen WRP 2022, 789 Rn. 22). Davon zu unterscheiden sind geschäftliche Handlungen Dritter **zugunsten eines fremden Unternehmens.** Bei ihnen liegt ein kommerzieller Zweck nach **§ 5a IV 2** nicht vor, wenn der Handelnde kein Entgelt oder keine ähnliche Gegenleistung erhält oder sich versprechen lässt. Diese Regelung spielt insbes., aber nicht nur beim Handeln von Influencern eine Rolle (→ dazu Rn. 4.90 ff.). Fraglich ist allein, ob sie auch auf die Fälle anzuwenden ist, in denen eine Gegenleistung fehlt, aber ein werblicher Überschuss eines redaktionellen Beitrags vorliegt (→ Rn. 4.37 ff.). **4.42**

3. Tarnung von Werbematerial

Unlauter nach § 5a IV ist es, den werblichen Charakter einer Werbeschrift zu verschleiern (BGH GRUR 1989, 516 (518) – Vermögensberater) oder einem Werbebrief den Anstrich einer privaten Mitteilung oder eines amtlichen Dokuments zu geben, um ihm erhöhte Aufmerksamkeit und Beachtung zu sichern (KG WRP 2015, 1534), oder ein Bestellformular als Gutschein in Form eines Anforderungsschreibens zu tarnen (OLG Karlsruhe WRP 1988, 322). Voraussetzung ist freilich stets, dass die Bezeichnung tatsächlich geeignet ist, den durchschnittlich informierten, (situationsadäquat) aufmerksamen und verständigen Verbraucher zu täuschen. Das ist aber nicht schon dann anzunehmen, wenn Werbung in neutralen Briefumschlägen versandt wird (aA Gloy/Loschelder/Danckwerts WettbR-HdB/Bruhn § 59a Rn. 35). **4.43**

III. Getarnte Werbung in der Presse

1. Grundsatz

Ein Unterfall der getarnten Werbung ist die sog. **redaktionelle Werbung in der Presse.** Dem liegt das im Presserecht entwickelte **Gebot der Trennung von Werbung und redaktionellem Teil** bzw. **Verbot der redaktionellen Werbung** zu Grunde (vgl. zB § 10 BWPresseG; BVerfG WRP 2003, 69 (71) – Veröffentlichung von Anwalts-Ranglisten; BGH GRUR **4.44**

2013, 644 Rn. 16 – Preisrätselgewinnauslobung V; WRP 2014, 1058 Rn. 16 – GOOD NEWS II; OLG München WRP 2014, 1074 Rn. 6; zum früheren Recht vgl. BGH GRUR 1998, 481 (482) – Auto '94). Das Trennungsgebot gilt für solche Zeitschriften, die nicht auf dem Titelblatt unmissverständlich und eindeutig als reine Werbeschriften gekennzeichnet sind (BGH GRUR 1989, 516 (518) – Vermögensberater). Das Trennungsgebot hat auch in den Richtlinien des ZAW für redaktionell gestaltete Anzeigen und für die Werbung mit Zeitungs- und Zeitschriften-analysen sowie der Verlegerorganisationen für redaktionelle Hinweise in Zeitungen und Zeit-schriften Ausdruck gefunden. Dem Trennungsgebot liegen zwei gleichrangige Zielsetzungen zu Grunde: **(1) Schutz der Leser vor Irreführung** durch Nichtkenntlichmachung des Werbe-charakters des Beitrags. Der Leser erwartet nämlich im redaktionellen Teil im Allgemeinen eine objektiv-kritische, nicht von gewerblichen Interessen geleitete Information einer unabhängigen und neutralen Redaktion als Beitrag zur Unterrichtung und Meinungsbildung, nicht aber eine in erster Linie von den Eigeninteressen des Werbenden geprägte Reklame. Dementsprechend misst er einem redaktionellen Beitrag, der Äußerungen über Unternehmen und deren Produkte enthält und Werbewirkung entfaltet, regelmäßig größere Beachtung und Bedeutung bei und steht ihm weniger kritisch gegenüber, als wenn es sich um werbende Äußerungen des Unter-nehmens selbst handelt (stRspr; vgl. BGH GRUR 1997, 907 (909) – Emil-Grünbär-Klub; GRUR 2013, 644 Rn. 16 – Preisrätselgewinnauslobung V). Das kann ein Anreiz für die Redak-tion sein, im Gewande eines redaktionellen Beitrags für Unternehmen und deren Produkte zu werben. **(2) Erhaltung der Objektivität und Neutralität der Presse** (vgl. BGH WRP 2014, 1058 Rn. 16 – GOOD NEWS II mwN). – Mittelbar werden durch das Trennungsgebot auch die Interessen der rechtmäßig handelnden Mitbewerber geschützt (ErwGr. 6 S. 1 UGP-RL; BGH GRUR 1998, 481 (482) – Auto '94).

4.45   Wird in einer Zeitschrift der redaktionelle Teil mit Werbung vermischt, ist im Allgemeinen eine Irreführung des Lesers durch **Nichtkenntlichmachung des kommerziellen Zwecks** der Veröffentlichung anzunehmen (vgl. BGHZ 81, 247 (250) = GRUR 1981, 835 – Getarnte Werbung I; BGH GRUR 2013, 644 Rn. 16 – Preisrätselgewinnauslobung V). Maßgebend ist jedoch das Verständnis des **durchschnittlich informierten, situationsadäquat aufmerk-samen und verständigen Verbrauchers** (BGH WRP 2014, 1058 Rn. 24 – GOOD NEWS II).

4.46   Um den Tatbestand des § 5a IV zu erfüllen, muss der Beitrag eine **geschäftliche Handlung** iSd § 2 I Nr. 2 darstellen und geeignet sein, den Leser zu einer geschäftlichen Entscheidung zu veranlassen, die er andernfalls nicht getroffen hätte **(geschäftliche Relevanz)**. Darauf kommt es nicht an, wenn der Beitrag bereits von Anh. Nr. 11 § 3 III erfasst wird; jedoch hängt dies davon ab, ob im konkreten Fall eine „Finanzierung" durch den Unternehmer vorliegt. Nach der bisherigen Rspr. konnte diese Frage offenbleiben, wenn die Voraussetzungen des § 5a IV erfüllt sind (vgl. BGH GRUR 2013, 644 Rn. 27 – Preisrätselgewinnauslobung V).

4.47   Das Gebot der Trennung von Werbung und redaktionellem Beitrag ist allerdings nur als **Grundsatz** zu verstehen, der der weiteren Konkretisierung und Differenzierung bedarf, um den unterschiedlichen Formen und Zwecken einer Veröffentlichung gerecht zu werden (vgl. BGH GRUR 1996, 804 (806) – Preisrätselgewinnauslobung III; GRUR 1997, 907 (909) – Emil-Grünbär-Klub). Für die Rechtsanwendung stellt sich daher das Problem, Abgrenzungskriterien für die Frage zu entwickeln, wann die Grenze von der redaktionellen Berichterstattung mit dem Anspruch auf Unabhängigkeit, Neutralität und kritische Distanz zur getarnten Werbung über-schritten ist. Dabei sind **alle Umstände des Einzelfalls** (→ Rn. 4.7), insbes. der Inhalt des Berichts, dessen Anlass und Aufmachung, insbes. auch seine optische Präsentation sowie die Natur, Gestaltung und Zielsetzung des Presseorgans zu berücksichtigen (BGH GRUR 2013, 644 Rn. 16 – Preisrätselgewinnauslobung V; OLG München WRP 2014, 1074 Rn. 6). Dazu gilt es, **mehrere Erscheinungsformen** der redaktionell getarnten Werbung zu unterscheiden, mag es auch atypische Formen geben (OLG Hamburg NJW-RR 2004, 196 (198): Gestaltung des Titelblatts in ähnlicher Weise wie die Werbung auf der Rückseite).

2. Vortäuschen eines redaktionellen Beitrages

4.48   **a) Tarnung von Anzeigen.** Eine relevante Irreführung iSd § 5a IV 1 liegt stets vor, wenn dem Leser eine entgeltliche Anzeige als redaktioneller Beitrag präsentiert wird. (Dann wird allerdings idR bereits der vorrangig zu prüfende Tatbestand des Anh. Nr. 11 zu § 3 III erfüllt sein; → Rn. 4.11.) In den **Landespressegesetzen** ist – mit im Einzelnen unterschiedlichen Formulierungen – vorgeschrieben, dass der Verleger einer periodischen Druckschrift oder der für den Anzeigenteil Verantwortliche eine Veröffentlichung, für die er ein **Entgelt** erhalten, gefordert oder sich hat versprechen lassen, innerhalb des Druckwerks in der üblichen Weise als „**Anzeige**" kenntlich zu machen hat, wenn sie nicht schon durch Anordnung und Gestaltung allgemein als Anzeige zu erkennen ist. Beispielhaft sei die Regelung in § 10 BWPresseG wiedergegeben:

§ 10 BWPresseG Kennzeichnung entgeltlicher Veröffentlichungen

Hat der Verleger eines periodischen Druckwerks oder der Verantwortliche (§ 8 Abs. 2 Satz 4) für eine Veröffentlichung ein Entgelt erhalten, gefordert oder sich versprechen lassen, so hat er diese Veröffentlichung, soweit sie nicht schon durch Anordnung und Gestaltung allgemein als Anzeige zu erkennen ist, deutlich mit dem Wort „Anzeige" zu bezeichnen.

Diese Regelung ist mit Art. 7 II UGP-RL und Anh. I Nr. 11 UGP-RL vereinbar, weil sie nicht in den Anwendungsbereich der UGP-RL fällt (EuGH WRP 2013, 1575 Rn. 50 – RLvS Verlagsgesellschaft mAnm Alexander; BGH WRP 2014, 1058 Rn. 20 ff. – GOOD NEWS II; zu Einzelheiten vgl. Ruhl/Bohner WRP 2011, 375). Ein Verstoß hiergegen ist unlauter unter dem Gesichtspunkt der Verschleierung des Werbecharakters (§ 5a IV), sofern die weiteren Voraussetzungen des § 5a IV erfüllt sind. Nach der noch hM liegt auch ein Rechtsbruch iSd § 3a vor (vgl. BGH GRUR 2011, 163 Rn. 24 – Flappe; WRP 2014, 1058 Rn. 16 ff. – GOOD NEWS II; Koch FS Köhler, 2014, 359).

Die Kenntlichmachung einer Veröffentlichung als bezahlte Werbung muss nur dann erfolgen, **4.49** wenn dies nicht schon durch Anordnung und Gestaltung (zB durch Unterbringung im Anzeigenteil) eindeutig, dh „auf den ersten Blick und ohne Zweifel" und nicht erst nach einer „analysierenden Lektüre" erkennbar ist (BGH GRUR 2013, 644 Rn. 21 – Preisrätselgewinnauslobung V; OLG München WRP 2014, 1074 Rn. 6). An die Kennzeichnung als Werbung sind allerdings hohe Anforderungen zu stellen (OLG Düsseldorf WRP 2009, 1155; 2009, 1311 (1312) zu Anh. Nr. 11 zu § 3 III; OLG München WRP 2010, 161; OLG Karlsruhe GRUR 2016, 13 Rn. 15). Sie muss grds. durch das Wort „**Anzeige**" erfolgen. (Dazu, dass dieser Begriff eindeutig Informationen werbender Art erfasst und sich nicht auf unabhängige, neutrale und kritische Erörterungen der Redaktion bezieht, vgl. BGH GRUR 1996, 791 (792) – Editorial II.) Es genügen auch gleichwertige Ausdrücke wie zB „Werbeinformation" (BGH GRUR 1996, 791 (793) – Editorial II). Maßgebend ist stets, ob der Durchschnittsleser die Bezeichnung dem Werbetext zuordnet und er sie dahin versteht, dass es sich um keinen redaktionellen Beitrag, sondern um Werbung handelt (ebenso LG/OLG Frankfurt WRP 2010, 156 (159)). – **Beispiele:** Unlauter ist es insbes., Anzeigen in Stil und Aufmachung von Reportagen, redaktionellen Beiträgen oder wissenschaftlichen Aufsätzen zu bringen, ohne den Anzeigencharakter deutlich zu machen (BGHZ 81, 247 (250) = GRUR 1981, 835 – Getarnte Werbung I; OLG München WRP 2010, 161; OLG Karlsruhe GRUR-RR 2016, 13 Rn. 16). Die formale Kennzeichnung des Textes als „Anzeige" genügt nicht, wenn sie so gestaltet ist, dass der Leser sie übersieht oder jedenfalls nicht dem Text zuordnet (ebenso LG/OLG Frankfurt WRP 2010, 156 (159)). So etwa, wenn auf einer Seite sowohl eine als solche erkennbare Anzeige und daneben eine redaktionell gestaltete Anzeige abgedruckt sind, und lediglich die ganze Seite mit dem Wort „Anzeigen" gekennzeichnet ist (OLG Frankfurt WRP 2007, 111 (112); vgl. auch LG Frankfurt WRP 2007, 114 Ls.). – Wendet sich eine (ggf. auch bloße Kunden-)Zeitschrift nach ihrem Inhalt an Kinder zwischen 6 und 14 Jahren, sind im Hinblick auf deren begrenzte Kritikfähigkeit und damit besondere Schutzbedürftigkeit (§ 3 IV 2) an die Trennung zwischen redaktionellem Teil und bezahlten Anzeigen besonders hohe Anforderungen zu stellen (vgl. Köhler FS Ullmann, 2006, 675 (695); LG/OLG Frankfurt WRP 2010, 156 (159)). – Als nicht ausreichend wurden angesehen: die Kennzeichnung redaktionell aufgemachter Werbung als „PR-Mitteilungen" (OLG Düsseldorf WRP 1972, 145), „PR-Anzeige" (OLG Düsseldorf GRUR 1979, 165), „Sonderveröffentlichung" (LG München WRP 2006, 775 (776)), „public relations" oder „Werbereportage" (ZAW-Richtlinien Nr. 8), „Promotion" (OLG Düsseldorf WRP 2011, 127 (128)) oder „sponsored by" (BGH WRP 2014, 1058 Rn. 29–31 – GOOD NEWS II). Gleiches gilt für unauffällige Hinweise wie „Ende des redaktionellen Teils". Denn auch der durchschnittlich informierte, situationsadäquat aufmerksame und verständige Durchschnittsleser beachtet Orientierungsmöglichkeiten dieser Art erfahrungsgemäß nicht. Der Hinweis muss nach Schriftart, Schriftgröße, Platzierung, Kontrast und Begleitumständen ausreichend deutlich sein, um eine Irreführung zu vermeiden (BGH GRUR 1996, 791 (792) – Editorial II; LG/OLG Frankfurt WRP 2010, 156 (159); OLG München WRP 2010, 161; vgl. auch OLG Düsseldorf WRP 2009, 1155 und WRP 2009, 1311 (1312) zu Anh. Nr. 11 zu § 3 III). Werden neben redaktionellen Berichten Anzeigen veröffentlicht, die diesen in der Aufmachung (Gestaltung, Farbgebung und Überschriften) gleichen, müssen diese besonders deutlich als Anzeigen gekennzeichnet sein. Dazu reichen bspw. Hinweise in kleiner weißer Schrift auf lavendelfarbigem Grund nicht aus (OLG München WRP 2010, 161). Als unlauter wurde der „public-relations-Dienst" eines Pressebüros angesehen, in dem der Anzeigenteil mit dem redaktionellen Teil bei übereinstimmender grafischer Gestaltung auf der gleichen Seite erschien (BGH GRUR 1975, 76 (77) – Wirtschaftsanzeigen – public-relations). Zwischen beiden Teilen war ein waagerechter Querstrich gezogen, der von den Worten „Wirtschaftsanzeigen – public-relations" durchbrochen wurde; diese Worte waren in gleicher Schrift und Druckgestaltung wie der laufende Text gehalten. Die Trennung reichte nicht aus, um den irrigen Eindruck eines redaktionellen Beitrags auszuschließen. – Die Täuschungsgefahr wird erst recht nicht schon dadurch beseitigt, dass das werbende Unternehmen oder die beworbenen Waren im Text der Veröffentlichung genannt werden oder der Werbecharakter des Beitrags aus einem Hinweis im Impressum hervorgeht.

4.50 Das Gebot der Kenntlichmachung gilt auch für **Anzeigenblätter mit einem redaktionellen Teil.** Daher reichen die für den Leser erkennbare unentgeltliche Verbreitung, eine bloße Balkenumrandung oder die Nennung des Namens des werbenden Unternehmens zur Beschreibung des Werbecharakters eines Textes nicht aus. Lässt die **Überschrift/Schlagzeile** einen redaktionellen Beitrag vermuten, so liegt eine Irreführung auch dann vor, wenn der nachfolgende Text den Werbecharakter klarstellt (LG/OLG München WRP 2010, 431). – Bei der redaktionellen Berichterstattung auf einer **Internetseite** kann sich die Tarnung einer Anzeige auch daraus ergeben, dass ein **Link** zu einer Werbeseite führt, ohne dass deren werblicher Charakter erkennbar ist (KG GRUR 2007, 254 (255); LG Berlin WRP 2022, 1182 Rn. 43). – Noch keine getarnte Werbung ist ein redaktioneller Hinweis auf dem **Flappenumschlag** einer Zeitschrift, die den Leser zur Werbung eines Unternehmens auf der Rückseite der Zeitschrift führt (BGH GRUR 2011, 163 Rn. 21 – Flappe).

4.51 **b) Unveränderte Übernahme von Beiträgen Dritter.** Ein redaktioneller Beitrag wird auch dann vorgetäuscht, wenn er nicht von der Redaktion verfasst, sondern mehr oder weniger unverändert von einem Dritten übernommen wird (BGH GRUR 1994, 441 – Kosmetikstudio; WRP 2014, 1058 Rn. 24 – GOOD NEWS II; OLG Frankfurt WRP 2020, 96). Denn der Leser erwartet, dass redaktionelle Beiträge auf eigenen journalistischen Recherchen beruhen (vgl. BGH GRUR 1997, 914 (916) – Die Besten II), von der Redaktion jedenfalls maßgeblich gestaltet und bearbeitet werden (BGH GRUR 1993, 565 (566) – Faltenglätter). Unerheblich ist in diesem Zusammenhang, ob der Dritte die Veröffentlichung angeregt oder erbeten und ob er dafür ein Entgelt angeboten oder bezahlt hat (BGH GRUR 2013, 644 Rn. 16 – Preisrätselgewinnauslobung V; OLG Frankfurt WRP 2020, 96 Rn. 12). (Hat er für den Abdruck ein Entgelt angeboten oder geleistet, liegt bereits ein Fall des Anh. Nr. 11 zu § 3 III vor.) Voraussetzung ist allerdings, dass der redaktionelle Beitrag eine geschäftliche Handlung iSd § 2 I Nr. 2 (Förderung fremden Wettbewerbs) darstellt.

4.52 **c) Beiträge mit „werblichem Überschuss". aa) Stand der bisherigen Rspr.** Ein Verstoß gegen § 5a IV ist nach der bisherigen Rspr. auch dann anzunehmen, wenn das Presseunternehmen in einem redaktionellen Beitrag ein Unternehmen oder dessen Produkte über das durch eine sachliche Information bedingte Maß hinaus werblich darstellt (sog. **werblicher Überschuss**), auch wenn es dafür keine Gegenleistung bekommt oder sich versprechen lässt (vgl. BGH GRUR 2021, 1400 Rn. 60 – Influencer I). Denn der Leser nimmt einen redaktionellen Beitrag mit Werbewirkung eher wahr und beurteilt ihn weniger kritisch, als wenn er in einer Anzeige enthalten wäre. Dadurch wird ein wettbewerblich relevanter Vorsprung gegenüber Mitbewerbern erzielt, die sich auf Anzeigenwerbung beschränken. Beurteilungsmaßstab sind die Umstände des Einzelfalls, insbesondere der Inhalt des Berichts, dessen Anlass und Aufmachung sowie die Gestaltung und Zielsetzung des Presseorgans (BGH GRUR 2013, 644 Rn. 16 – Preisrätselgewinnauslobung V). Eine übermäßige Werbung ist schon dann anzunehmen, wenn trotz einer Vielzahl vergleichbarer Produkte nur eines erwähnt wird (vgl. BGH GRUR 1994, 819 (820) – Produktinformation II mwN; GRUR 1996, 292 (293) – Aknemittel). – Die Redaktion kann eine Täuschung des Lesers auch unschwer durch eine entsprechende Quellenangabe vermeiden. Daher behindert ein Verbot solcher Praktiken auch nicht die redaktionelle Arbeit (Köhler WRP 1998, 349 (355)). Da die Täuschung des Lesers dessen Nachfrageentscheidung beeinflussen kann, ist in solchen Fällen idR auch von einer geschäftlichen Relevanz iSd § 5a IV 1 auszugehen.

bb) Anwendung der Sätze 2 und 3 des § 5a IV auch auf redaktionelle Beiträge? Durch **4.53** das G zur Stärkung des Verbraucherschutzes im Wettbewerbs- und Gewerberecht v. 10.8.2021 wurde § 5a IV um die S. 2 und 3 erweitert. Die gesetzgeberische Intention war es, für Influencer einen sicheren Rechtsrahmen zu schaffen. Dem Wortlaut nach sind die Sätze 2 und 3 aber auch auf die redaktionelle Werbung anwendbar. Ob damit der bisherigen Rspr. zum werblichen Überschuss eines redaktionellen Beitrags die Grundlage entzogen ist (so Büscher WRP 2022, 1 Rn. 50), ist zumindest fraglich (vgl. Feddersen WRP 2022, 789 Rn. 33). Möglich und sinnvoll wäre es, § 5a IV 2 und 3 teleologisch dahin einzuschränken, dass die beiden Sätze nicht auf Presseerzeugnisse anzuwenden sind, weil ihnen für die Verbraucherinformation eine ganz andere Bedeutung zukommt als für Influencer-Posts (→ Rn. 4.34). Zumeist wird ein werblicher Überschuss eines redaktionellen Beitrags aber auch ein Indiz dafür sein, dass dafür eine Gegenleistung des begünstigten Unternehmens erbracht oder versprochen wurde, so dass die Vermutungsregelung in § 5a IV 2 und die Beweislastregelung in § 5a IV 3 zum gleichen Ergebnis führen werden. Im Übrigen ist im Auge zu behalten, dass § 5a IV 2 nur für Handlungen zugunsten eines fremden Unternehmens gilt, nicht aber für Handlungen (auch) zugunsten des eigenen Unternehmens. In aller Regel dienen redaktionelle Beiträge auch dem Nutzen des Presseunternehmens selbst, sei es, dass es davon unmittelbar in Gestalt von kostenlos der Redaktion überlassenen Waren oder Dienstleistungen profitiert, sei es, dass gleichzeitig Anzeigen geschaltet oder Anzeigenaufträge erhofft werden.

3. Vortäuschen einer unabhängigen (neutralen) Berichterstattung

a) Allgemeines. Der Leser erwartet im redaktionellen Teil im Allgemeinen eine unabhängige **4.54** (neutrale) Berichterstattung. Er wird daher getäuscht, wenn die Redaktion in ihrer Entscheidung, ob, an welcher Stelle und mit welchem Inhalt ein Bericht mit Werbewirkung für ein Unternehmen abgedruckt wird, nicht unabhängig ist. Das ist der Fall, wenn ein (zB gesellschaftsrechtliches) Abhängigkeitsverhältnis gegeben ist oder die Redaktion durch ein (schuldrechtliches) Kooperationsabkommen gebunden ist (vgl. BGHZ 110, 278 (288 f.) = GRUR 1990, 610 – Werbung im Programm; OLG Hamburg GRUR-RR 2006, 15 (18)). Vor allem aber ist dies der Fall, wenn der Verlag oder der Verfasser des Beitrags dafür eine **Gegenleistung** (Anzeigenauftrag; Produktüberlassung; Geldzahlung usw) gefordert, angeboten bekommen oder erhalten hat; jedoch ist in diesem Fall bereits der Tatbestand des Anh. Nr. 11 zu § 3 III erfüllt. Unerheblich ist dabei, von welcher Seite die Initiative ausgegangen ist und ob der Dritte Druck ausgeübt hat. Es genügt bereits, dass mittels der Veröffentlichung auf eine Gegenleistung hingewirkt wird (BVerfG WRP 2003, 69 (71) – Veröffentlichung von Anwalts-Ranglisten). Allerdings müssen dafür konkrete Anhaltspunkte vorliegen. Das bloß allgemeine Interesse des Verlags an Anzeigenaufträgen reicht nicht aus, um die Unlauterkeit einer Veröffentlichung mit Werbewirkung zu begründen. Denn anzeigenfinanzierte Medien sind regelmäßig darauf angewiesen, zur Schaltung von Anzeigen zu motivieren (BVerfG WRP 2003, 69 (71) – Veröffentlichung von Anwalts-Ranglisten; BGH WRP 2006, 1109 Rn. 28 – Rechtsanwalts-Ranglisten). Lässt sich – wie meist – die „Käuflichkeit" der Berichterstattung nicht aufklären, kommt es darauf an, ob eine sonstige Täuschung über die Objektivität der Berichterstattung vorliegt.

b) Besonderheiten. Das Verbot der redaktionellen Werbung gilt zwar grds. für alle Arten **4.55** von Zeitschriften und Beiträgen, sofern sie nicht eindeutig als Werbeschriften gekennzeichnet sind (BGH GRUR 1989, 516 (518) – Vermögensberater). Allerdings ist zu berücksichtigen, dass die Erwartungen der Leser je nach Zuschnitt der Zeitschrift und Art des Beitrags unterschiedlich ausgeprägt sein können. Es ist also stets zu fragen, ob und inwieweit sich die Irreführungsgefahr, der das Verbot der redaktionellen Werbung entgegenwirken soll, tatsächlich verwirklicht, ob also im konkreten Fall die geschäftliche Relevanz gegeben ist (vgl. OLG Hamburg NJW-RR 2004, 196 (198) zu einer Frauenzeitschrift; OLG Naumburg WRP 2010, 1561 (1563) zu einem Anzeigenblatt).

aa) Anzeigenblätter, Kundenzeitschriften, „Special-Interest"-Zeitschriften. An An- **4.56** zeigenblätter und Kundenzeitschriften, die als Werbemittel eingesetzt werden (BGH GRUR 1995, 125 – Editorial I; GRUR 1996, 791 (792) – Editorial II; GRUR 1997, 907 (909) – Emil-Grünbär-Klub; OLG Hamm WRP 1979, 561; LG Hamburg WRP 1997, 253), wird der Leser nicht die gleichen Erwartungen stellen wie etwa an eine Tageszeitung (vgl. Lorenz WRP 2008, 1494 (1496)). Denn er weiß oder muss davon ausgehen, dass diese Publikationen in erster Linie Werbezwecken dienen (OLG Naumburg WRP 2010, 1561 (1563)). Bei einer redaktionellen

Werbung zu Gunsten einer gemeinnützigen Einrichtung werden diese Erwartungen nicht sehr hoch angesetzt werden können (vgl. BGH GRUR 1997, 907 (909) – Emil-Grünbär-Klub). Anders mag es sich verhalten, wenn in solchen Presseerzeugnissen grds. zwischen redaktionellem Teil und Werbung getrennt wird (vgl. LG Ravensburg WRP 2015, 922). – Bei „Special-Interest"-Zeitschriften wird der Leser ebenfalls davon ausgehen, dass sie sich vornehmlich mit Unternehmen beschäftigen, die dieses Interesse befriedigen (vgl. OLG Hamburg GRUR-RR 2006, 15 (18) zu einer Fernsehzeitschrift mit Schwerpunkt auf digitalem Pay-TV. – Wird eine Kundenzeitschrift allerdings nicht auf dem Titelblatt unmissverständlich und eindeutig als Werbeschrift gekennzeichnet und geht der Verbraucher auch unter Berücksichtigung der Themenwahl davon aus, dass es sich um eine neutrale und unabhängige Zeitschrift handelt, so gilt auch für sie das Gebot der Trennung von Werbung und redaktionellem Beitrag (OLG Frankfurt WRP 2016, 252 Rn. 12 ff.).

4.57   **bb) Preisrätselgewinnauslobung.** Vielfach drucken Zeitschriften Preisrätsel ab, bei denen Waren oder Dienstleistungen eines oder mehrerer Unternehmen als Preis ausgelobt werden. Die Unternehmen stellen diese Preise idR unentgeltlich zur Verfügung, weil sie sich durch die Erwähnung ihres Namens und/oder durch die Darstellung oder Beschreibung ihrer Produkte einen Werbeeffekt erwarten. Zugleich steigert der Abdruck solcher Preisrätsel die Attraktivität der Zeitschrift und ist damit auch eine Form der Werbung für die Zeitschrift selbst. Nach der Rspr. sind Preisrätsel zwar dem redaktionell gestalteten und verantworteten Bereich einer Zeitschrift im weiteren Sinne zuzuordnen (BGH GRUR 1994, 821 (822) – Preisrätselgewinnauslobung I; GRUR 1996, 804 (806) – Preisrätselgewinnauslobung III; OLG Karlsruhe WRP 2012, 991 Rn. 9). Denn der Leser schreibe die Auswahl, Besprechung und rühmende Herausstellung der ausgelobten Waren einer objektiven und gewissenhaften Recherche der Redaktion zu (BGH GRUR 1994, 823 (824) – Preisrätselgewinnauslobung II; GRUR 1997, 145 (147) – Preisrätselgewinnauslobung IV). Die zur Wettbewerbswidrigkeit einer redaktionellen Werbung aufgestellten Grundsätze seien jedoch nicht ohne weiteres auf die Gestaltung eines **Preisrätsels** und die Präsentation des für die richtige Lösung ausgelobten **Gewinns** zu übertragen (BGH GRUR 1994, 821 (822) – Preisrätselgewinnauslobung I; GRUR 1994, 823 (824) – Preisrätselgewinnauslobung II; GRUR 1996, 804 (806) – Preisrätselgewinnauslobung III; GRUR 1997, 145 (146) – Preisrätselgewinnauslobung IV). Der Leser erwarte nämlich anders als bei redaktionellen Beiträgen im engeren Sinne, die der Unterrichtung und Meinungsbildung dienten, bei Preisrätseln in erster Linie spielerische Unterhaltung und Gewinnchancen. Er erkenne regelmäßig auch, dass ihm beides als Anreiz für den Kauf gerade dieser Zeitschrift geboten werde und ihm damit also auch eine Form der Eigenwerbung für diese Zeitschrift entgegentrete. Daher könne nicht ohne weiteres jede positiv gehaltene Präsentation der ausgelobten Preise als verdeckte redaktionelle Werbung für den namentlich genannten Hersteller angesehen werden. In den Grenzen des **Normalen und seriöserweise Üblichen** gehöre sie vielmehr zum Anreiz für die Beteiligung am Rätselspiel und der davon erhofften Werbung für die Zeitschrift (BGH GRUR 1994, 821 (822) – Preisrätselgewinnauslobung I; GRUR 2013, 644 Rn. 17 – Preisrätselgewinnauslobung V). Auch die Abbildung des als Gewinn eines Preisrätsels ausgelobten Produkts und die wiederholte Erwähnung des Produktnamens sind nach der Rspr. dann nicht als eine unzulässige getarnte redaktionelle Werbung zu beanstanden, wenn zugleich darauf hingewiesen wird, dass der Produzent den Gewinn unentgeltlich zur Verfügung gestellt habe (BGH GRUR 1996, 804 (806) – Preisrätselgewinnauslobung III). Gleiches gilt, wenn die mehrfache Benennung des Produkts und die wiederholte Angabe seines Herstellers zur Darstellung des ausgelobten Gewinns (hier: Körperpflege-Serie) gehören und das Produkt auch sonst durch Text und Gestaltung nicht übermäßig werblich herausgestellt wird (BGH GRUR 1997, 145 – Preisrätselgewinnauslobung IV). Unlauter soll es dagegen nach der Rspr. bereits sein, wenn entgegen der Verkehrserwartung die Preise nicht auf Grund einer Auswahlentscheidung des Veranstalters, sondern allein deshalb ausgesetzt sind, weil der Hersteller sie unentgeltlich zur Verfügung gestellt hat. Das Verschweigen eines solchen für die richtige Einschätzung des Charakters und des Werts sowohl des Rätselspiels als auch der ausgelobten Preise wesentlichen Umstands wurde als eine bewusste Täuschungshandlung im geschäftlichen Verkehr zur Erzielung materieller Vorteile angesehen (BGH GRUR 1994, 823 (824) – Preisrätselgewinnauslobung II; GRUR 1997, 145 (147) – Preisrätselgewinnauslobung IV).

4.58   Diese Rspr. stellte jedoch zu strenge Anforderungen an die Präsentation der Preise, wenn sie forderte, die Grenzen des **„Normalen oder seriöserweise Üblichen"** dürften nicht überschritten werden und auf die Unentgeltlichkeit der Überlassung müsse hingewiesen werden.

Denn der durchschnittlich informierte, situationsadäquat aufmerksame und verständige Leser wird die Präsentation der Preise, gerade dann, wenn sie in deutlich übertriebener Form erfolgt, unschwer als Werbung erkennen und sie nicht der objektiv-neutralen redaktionellen Berichterstattung zuordnen. Eine Verpflichtung zum Hinweis auf die unentgeltliche Überlassung der Preise erscheint schon deshalb entbehrlich, weil dies den Leser nicht interessiert. Die Annahme, der Leser gehe ohne einen solchen Hinweis von einem objektiven Auswahlverfahren aus, dürfte in der heutigen Zeit wohl nicht mehr zutreffen (zur Kritik vgl. Ahrens GRUR 1995, 307 (312 f.); Gröning WRP 1995, 181; Köhler WRP 1998, 349 (355)). Im Übrigen sind der **Charakter** des jeweiligen Presseerzeugnisses und die entsprechenden **Verbrauchererwartungen** zu berücksichtigen (→ Rn. 4.49).

Maßgebend für die Anwendung des § 5a IV ist daher letztlich die Gefahr der **Irreführung** **4.59** **über den Werbecharakter** des Preisrätsels im Einzelfall (BGH GRUR 2013, 644 Rn. 18 – Preisrätselgewinnauslobung V). Die Grenze zur **Unlauterkeit** ist im Allgemeinen dann überschritten, wenn die werbliche Herausstellung des Produkts und seiner Eigenschaften optisch und dem Aussagegehalt nach deutlich im Vordergrund steht und dem Verkehr der Eindruck vermittelt wird, die Redaktion habe in einem vermeintlich objektiven Auswahlverfahren ein nicht nur als Preis attraktives, sondern auch sonst seiner Eigenschaften wegen besonders empfehlenswertes Produkt ausgesucht (BGH GRUR 1994, 821 (822) – Preisrätselgewinnauslobung I; GRUR 2013, 644 Rn. 17 – Preisrätselgewinnauslobung V). Strengere Maßstäbe gelten dann, wenn die Werbung für das ausgelobte Produkt selbst Teil des redaktionell verantworteten Gewinnspiels ist und dies mit Elementen redaktioneller Berichterstattung angereichert ist, so dass werbliche und redaktionelle Inhalte ununterscheidbar vermischt sind (BGH GRUR 2013, 644 Rn. 18 – Preisrätselgewinnauslobung V). Denn in diesem Fall mag der Leser zwar erkennen, dass das Preisrätsel zwar nicht nur der sachlichen Information, sondern (auch) der Eigenwerbung des Verlags dient, nicht dagegen, dass es der Förderung des Wettbewerbs eines Dritten dient. Er wird daher dem Beitrag unkritischer gegenüberstehen als den ohne weiteres als Werbung erkennbaren Angaben des Dritten (BGH GRUR 2013, 644 Rn. 19 – Preisrätselgewinnauslobung V). Solange eine Zeitschrift selbst zwischen redaktionellem Teil und Werbung trennt, wird der Leser dem redaktionellen Teil jedenfalls ein Mindestmaß an Vertrauen auf die Objektivität und Neutralität der Beiträge entgegenbringen (BGH GRUR 2013, 644 Rn. 20 – Preisrätselgewinnauslobung V). Gegen § 5a IV verstößt daher ein **Beitrag,** der mit „Preisrätsel" überschrieben ist und sowohl redaktionelle als auch werbliche Elemente enthält, wenn der werbliche Charakter des Beitrags **nicht bereits auf den ersten Blick und ohne Zweifel,** sondern erst nach einer analysierenden Lektüre erkennbar wird (BGH GRUR 2013, 644 Rn. 21 – Preisrätselgewinnauslobung V). Das gilt auch bei Kennzeichnung des Beitrags als „Verlagsanzeige" und/oder dem Hinweis, ein Unternehmen habe die ausgelobten Gewinne unentgeltlich zur Verfügung gestellt. Denn daraus ergibt sich nicht mit hinreichender Deutlichkeit, dass der Beitrag (auch) der Werbung für einen Dritten dient (BGH GRUR 2013, 644 Rn. 22 – Preisrätselgewinnauslobung V; OLG Karlsruhe WRP 2013, 1053 Rn. 14, 15).

4. Vortäuschen einer objektiven Berichterstattung

a) Der Bewertungsmaßstab der bisherigen Rechtsprechung. Eine redaktionelle Wer- **4.60** bung kann nach der **bisherigen** Rspr. auch dann unlauter nach § 5a IV sein, wenn die Redaktion bzw. der Verlag dafür keine Gegenleistung (Zahlung; Anzeigenauftrag usw) erhalten hat, sofern der Beitrag ein Unternehmen oder seine Erzeugnisse über das durch eine sachliche Information bedingte Maß hinaus, dh **übermäßig** oder zu einseitig werbend, darstellt (stRspr; vgl. BGH GRUR 1994, 441 (442) – Kosmetikstudio; GRUR 1994, 445 (446) – Beipackzettel; GRUR 1996, 292 – Aknemittel; GRUR 1996, 502 (506) – Energiekosten-Preisvergleich; GRUR 1997, 139 (140) – Orangenhaut; GRUR 1997, 541 (543) – Produkt-Interview; GRUR 1997, 912 (913) – Die Besten I; GRUR 1997, 914 (915 f.) – Die Besten II; WRP 2021, 1415 Rn. 60 – Influencer I). – Ob an dieser Rspr. unter Geltung der S. 2 und 3 des § 5a IV festgehalten werden kann, müssen die Gerichte entscheiden (→ Rn. 4.53).

Die Rspr. prüft diesen **werblichen Überschuss ohne sachliche Rechtfertigung** (BGH **4.61** GRUR 1997, 912 (913) – Die Besten I) anhand mehrerer Kriterien: Ein Kriterium ist die Aufmachung des Beitrags. Für redaktionelle Werbung spricht es, wenn der Beitrag wie eine attraktive Werbeanzeige aufgemacht ist (BGH GRUR 1997, 139 (140) – Orangenhaut). Der redaktionelle Beitrag kann auch in der Gestaltung des Titelblatts bestehen (OLG Hamburg NJW-RR 2004, 196 (198)). Ein weiteres Kriterium sind **Art und Maß der Darstellung.** Für eine redaktionelle Werbung spricht es, wenn der Bericht eine pauschale Anpreisung des Unternehmens oder seiner Produkte enthält (BGH GRUR 1997, 139 (140) – Orangenhaut) oder die Firmenbezeichnung oder die Marke optisch besonders hervorhebt; ferner, wenn das Produkt als einziges von mehreren vergleichbaren angeführt (BGH GRUR 1996, 293 – Aknemittel; LG München WRP 2006, 284 (286)) oder der Kauf des Produkts oder die Inanspruchnahme der Dienstleistung geradezu empfohlen wird (BGH GRUR 1994, 441 (442) – Kosmetikstudio).

4.62   Maßgeblich ist letztlich, ob ein **publizistischer Anlass** vorliegt, nämlich ob es für den Beitrag einen Anlass im Hinblick auf das Informationsbedürfnis der Leserschaft gibt, und ob anerkennenswerte Gründe für die Nennung des Unternehmens oder seiner Erzeugnisse bestehen (BGH GRUR 1998, 489 (493) – Unbestimmter Unterlassungsantrag III; Gloy/Loschelder/Danckwerts WettbR-HdB/Ahrens § 70 Rn. 46 ff.). Solange die Erwähnung bestimmter Unternehmen oder Erzeugnisse durch die publizistische Informationsaufgabe veranlasst und gerechtfertigt ist, darf dies auch in Form redaktioneller Beiträge geschehen. Ein solcher sachlicher Anlass besteht jedoch nicht mehr, wenn eine sachgerechte Unterrichtung der Leser auch ohne Nennung bestimmter Firmen- oder Markennamen geschehen kann oder die Hinweise über das durch eine Information bedingte Maß hinausgehen, indem Unternehmen oder ihre Erzeugnisse durch ein nicht näher begründetes pauschales Lob oder durch optische Hervorhebung von Firmennamen oder Marken übermäßig herausgestellt werden. Dies soll insbes. für **anzeigenunterstützende redaktionelle Beiträge** gelten, also für Beiträge, die eine in der gleichen Ausgabe erscheinende Anzeige redaktionell unterstützen sollen. Die Rspr. nahm hier regelmäßig Wettbewerbswidrigkeit (und unter Geltung der – mittlerweile aufgehobenen – ZugabeVO auch einen Zugabeverstoß) an, wenn der anzeigenbegleitende Beitrag eine über das Maß der durch den Anlass gebotenen sachlichen Information hinausgehende lobende Herausstellung eines Unternehmens oder seiner Waren oder Dienstleistung enthielt (BGH GRUR 1992, 463 (465) – Anzeigenplazierung; GRUR 1994, 441 (442) – Kosmetikstudio; GRUR 1998, 489 (493) – Unbestimmter Unterlassungsantrag III; GRUR 1998, 471 (475) – Modenschau im Salvator-Keller; LG München WRP 2006, 284 (286); anders für einen Einzelfall BGH GRUR 1998, 947 (948) – Azubi '94; OLG Naumburg WRP 2010, 1561 (1563)). Vgl. auch Ziff. 9 ZAW-Richtlinien.

4.63   **b) Stellungnahme.** Grundlage des lauterkeitsrechtlichen Unwerturteils sollte ausschließlich die Gefahr der **Irreführung** (§ 5a IV) oder der **sorgfaltswidrigen Beeinflussung** (§ 3 II) der Leser und die damit verbundene Eignung, sie zu einer geschäftlichen Entscheidung zu veranlassen, die sie andernfalls nicht getroffen hätten, sein. (Unerheblich ist insoweit, dass der Trennungsgrundsatz auch dem Schutz der journalistischen Unabhängigkeit dient; vgl. aber Gloy/Loschelder/Danckwerts WettbR-HdB/Ahrens § 70 Rn. 45; Wiebe/Kreutz WRP 2015, 1053 Rn. 22.) Maßstab ist der durchschnittlich informierte, situationsadäquat aufmerksame und verständige Leser. Die Grenze zur Unlauterkeit ist daher stets überschritten, wenn unwahre oder irreführende **Tatsachenbehauptungen** aufgestellt werden (BGH WRP 1994, 862 (864) – Bio-Tabletten; dann greift idR bereits § 5 I ein; vgl. auch EGMR NJW 2003, 497 Rn. 47 – Stambuk). Dazu gehören auch die Fälle, dass eine Produktauswahl vorgetäuscht wird, obwohl eine solche nicht stattgefunden hat, oder dass nachteilige Fakten unterschlagen werden. Ob **Werturteile** über Unternehmen und ihre Erzeugnisse, die „übermäßig" lobend ausfallen, bereits den Tatbestand des § 5a IV erfüllen, ist aber zweifelhaft. Denn die Presse ist in der Wahl ihrer Themen und der Art der Behandlung dieser Themen frei. Auch kann es ihr im Hinblick auf die **Meinungs-** und **Pressefreiheit** nicht verwehrt sein, Unternehmen oder ihre Produkte überschwänglich zu loben, wenn diese Wertung ihrer Überzeugung entspricht (vgl. OLG Hamburg GRUR-RR 2006, 15 (17); Piper FS Vieregge, 1995, 715 (719)). Die Überprüfung darauf, ob die Darstellung „sachlich gerechtfertigt" ist, ist mit dem Grundrecht aus Art. 11 II GRCh bzw. Art. 5 I 2 GG schwerlich vereinbar. Der Boden der Objektivität ist vielmehr erst verlassen, wenn **kein ernsthaftes Bemühen um eine objektive Berichterstattung** mehr erkennbar ist, etwa weil Werturteile auf völlig unzulängliche sachliche Beurteilungskriterien gestützt werden (vgl. BGH GRUR 1997, 912 (913) – Die Besten I; GRUR 1997, 914 (915 f.) – Die Besten II). Allerdings reicht selbst dies zur Feststellung der Unlauterkeit noch nicht aus. Denn die Leser messen zwar dem redaktionellen Beitrag als einer objektiven Berichterstattung einer neutralen Redaktion regelmäßig größere Beachtung und Bedeutung bei als entsprechenden, ohne weiteres als Werbung erkennbaren Angaben des Werbenden selbst (vgl. BGH GRUR 1994, 819 (820) – Produktinformation II; GRUR 1997, 541 (543) – Produkt-Interview; WRP 1998, 42 (47) – Unbestimmter Unterlassungsantrag III). Doch bedarf dieser Grundsatz der Differenzierung. Stets ist zu fragen, um welche **Art** von Presseerzeugnis es sich handelt, an welcher **Stelle** der Beitrag platziert ist und an welchen **Leserkreis** er sich wendet. Die Erwartungen des Lesers an die Objektivität (Sachlichkeit) der Berichterstattung können nämlich je nach Zuschnitt und Seriositätsanspruch des Presseerzeugnisses unterschiedlich sein (OLG Karlsruhe WRP 2012, 991 Rn. 13; Köhler WRP 1998, 349 (356); aA Lorenz WRP 2008, 1494 (1496)). So wird der Leser bei anzeigenunterstützenden redaktionellen Beiträgen in **Anzeigenblättern** von vornherein in Rechnung stellen, dass es der Redaktion hier in erster Linie um werbende Unterstützung der Anzeigenkunden geht, und dementsprechend solche Beiträge kritisch-distanziert sehen. Unerheblich ist daher insbes., dass der Leser in dem Beitrag auf die Anzeige besonders hingewiesen (aA KG GRUR 1987, 718) oder das die Anzeige schaltende Unternehmen in dem Beitrag namentlich erwähnt wird (Fuchs GRUR 1988, 736 (742); aA OLG Hamm GRUR 1988, 769). Auch macht es einen Unterschied, an welcher Stelle der Beitrag platziert ist. Geht es um die Beschreibung eines Produkts, das als Preis für die Lösung eines Rätsels ausgesetzt ist, wird der Leser andere Maßstäbe anlegen, als wenn im Wirtschaftsteil über ein Unternehmen berichtet wird. Vor allem aber kommt es darauf an, ob sich eine Veröffentlichung an informierte Fachkreise (zB Ärzte, Anwälte, Apotheker) wendet, die auf Grund ihrer Kenntnisse und Erfahrungen zur kritischen Bewertung in der Lage sind und Übertreibungen erkennen können (vgl. BVerfG WRP 2003, 69 (71) – Veröffentlichung von Anwalts-Ranglisten), oder ob jedermann angesprochen wird.

c) Feststellung einer getarnten Werbung im Einzelfall. Ob ein redaktioneller Beitrag **4.64** eine getarnte Werbung enthält, lässt sich nur von Fall zu Fall feststellen (BGH GRUR 1997, 541 (543) – Produkt-Interview). Die Grenzen sind fließend (ebenso LG Berlin AfP 2007, 263 (264)). Maßgebend ist eine Gesamtwürdigung aller Umstände des konkreten Falls unter Berücksichtigung des Inhalts des Berichts, dessen Anlass und Aufmachung sowie der Gestaltung und Zielsetzung des Presseorgans (BGH GRUR 1993, 565 (566) – Faltenglätter; Fuchs GRUR 1988, 736 (742); Ahrens GRUR 1995, 307 (311)). Das Gericht muss, um den Grundrechten aus Art. 11 II GRCh bzw. Art. 5 I 2 GG gerecht zu werden, im Einzelnen darlegen, weshalb es die Grenzen der sachlichen Unterrichtung überschritten sieht und worin es die Werbewirkung und deren Übermaß oder Einseitigkeit erblickt. Soweit das BVerfG darüber hinaus zu § 1 UWG 1909 verlangt hat, das Gericht müsse darlegen, inwieweit von der Veröffentlichung eine Gefahr für den (Leistungs-)Wettbewerb ausgeht (BVerfG WRP 2003, 69 (71) – Veröffentlichung von Anwalts-Ranglisten = BB 2003, 11 mAnm Berlit), ist dies unter Geltung der § 1 und § 3 nicht mehr gerechtfertigt. Selbst wenn ein solche Wettbewerbsgefährdung festzustellen wäre, müsste das Gericht den Verhältnismäßigkeitsgrundsatz beachten und prüfen, ob ein umfassendes Unterlassungsgebot entbehrlich ist, weil sich die Irreführung bereits durch klarstellende Zusätze vermeiden lässt (BVerfG WRP 2003, 69 (71) – Veröffentlichung von Anwalts-Ranglisten).

d) Beispiele. Die Bezeichnung namentlich genannter Ärzte und Anwälte in der Zeitschrift **4.65** „Focus" als „Die 500 besten Ärzte Deutschlands" bzw. „Die 500 besten Anwälte" wurde als unlauter angesehen, da keine aussagekräftigen, sachlichen und überprüfbaren Bewertungskriterien zu Grunde gelegt waren (BGH GRUR 1997, 912 (913) – Die Besten I; GRUR 1997, 914 (915 f.) – Die Besten II; dazu Köhler FS Sonnenberger, 2004, 249). – In der Beschränkung auf die Nennung nur eines unter vielen vergleichbaren Produkten soll zwar meistens (BGH GRUR 1994, 819 (820) – Produktinformation II), aber nicht notwendig, eine unzulässige besondere Herausstellung liegen (BGH GRUR 1997, 541 – Produkt-Interview); maßgebend sei die konkrete Präsentation. – Presseveröffentlichungen über das Warenangebot zweier Geschäftsbetriebe sind nicht wettbewerbswidrig, wenn die Einzelangaben in der Gesamtbetrachtung nicht so intensiv sind, dass daraus zwingend die Absicht der Verfolgung privatwirtschaftlicher Zwecke hervortritt (OLG Hamm DB 1972, 1227). – Anders soll es sich verhalten, wenn sich die Berichterstattung über Zinskonditionen auf das Zinsangebot der Kreditbank eines ganz bestimmten Kfz-Herstellers beschränkt, der Werbecharakter durch anzeigentypische Details (effektiver Jahreszins, Befristung, Kreditvermittler) herausgestrichen, eine betont lobende Sprache gewählt und der Leser auf eine entsprechende, im Anzeigenteil derselben Ausgabe abgedruckte Werbeanzeige eines Kfz-Händlers hingelenkt wird (OLG Frankfurt WRP 1985, 37 (38)). – Übersteigt die Werbewirkung eines redaktionell gestalteten Zeitungsartikels über die Kreditkarte „Eurocard" bei weitem den Informationsgehalt, insbes. auch, weil die Sparkasse als Ausgeber der Eurocard einseitig herausgestellt wird, so kann eine redaktionelle **Schleichwerbung** vorliegen (OLG Hamm GRUR 1991, 856).

4.66   **e) Sonderregelungen.** Redaktionell getarnte Werbung für Heilmittel unterliegt zugleich den Sonderregelungen für die Heilmittelwerbung im HWG (BGH GRUR 1990, 373 (375) – Schönheits-Chirurgie), insbes. dem § 11 I Nr. 9 HWG.

5. Verantwortlichkeit der Presse

4.67   Für eine wettbewerbswidrige redaktionelle Werbung ist vorrangig der **Verleger** verantwortlich (ebenso LG/OLG Frankfurt WRP 2010, 156 (160)), und zwar unabhängig davon, ob auch der zuständige Redakteur haftet (BGH GRUR 1994, 441 (443) – Kosmetikstudio; GRUR 1998, 471 (472) – Modenschau im Salvator-Keller). Daneben haftet auch der zuständige **Redakteur** (BGH GRUR 1975, 208 – Deutschland-Stiftung). Zu Einzelheiten → § 9 Rn. 3.1 ff.

6. (Mit-)Verantwortlichkeit des Presseinformanten

4.68   Im Falle unzulässiger redaktioneller Werbung kommt eine lauterkeitsrechtliche (Mit-)Verantwortung des Presseinformanten (Unternehmen und Beauftragte, wie zB Werbeagenturen) in Betracht.

4.69   **a) Rechtsgrundlagen der Verantwortlichkeit.** Eine Verantwortlichkeit nach § 8 II für den Wettbewerbsverstoß der Presse setzt voraus, dass die Presse bei Veröffentlichung der redaktionellen Werbung als Beauftragter des durch die redaktionelle Werbung begünstigten Unternehmens tätig wird. Dazu müsste das Unternehmen dem Verlag einen Auftrag zur Veröffentlichung erteilt und ihm einen Spielraum zur Ausgestaltung der Veröffentlichung eingeräumt haben (vgl. BGH GRUR 1990, 1039 (1040) – Anzeigenauftrag). Die bloße Weitergabe einer Information reicht nicht aus (Köhler WRP 1998, 349 (358)). – Eine unmittelbare lauterkeitsrechtliche Verantwortlichkeit des Informanten setzt zunächst voraus, dass die Weitergabe der Information mit der Förderung des Absatzes oder des Bezugs des eigenen oder eines fremden Unternehmens objektiv zusammenhängt, also eine geschäftliche Handlung iSd § 2 I Nr. 2 vorliegt. Dazu ist erforderlich, dass der Informant mit der Veröffentlichung seiner Information rechnet und dies auch wünscht oder zumindest billigt. Dies ist stets der Fall, wenn er von sich aus die Information an die Presse gibt (BGH GRUR 1997, 139 (140) – Orangenhaut), wobei die Form der Mitteilung (zB Leserbrief; BGH GRUR 1964, 392 – Weizenkeimöl) unerheblich ist. Bei der Prüfung der Unlauterkeit ist zu unterscheiden nach dem Inhalt der Information:

4.70   **b) Haftung bei fehlerhafter Information.** Ist bereits die Information sachlich fehlerhaft oder unzureichend und wird sie von der Redaktion inhaltlich mehr oder weniger unverändert übernommen, so begründet dies stets die Verantwortlichkeit des Informanten (BGH GRUR 1993, 561 (562) – Produktinformation I mwN; BGH GRUR 1997, 541 (542) – Produkt-Interview), und zwar auch dann, wenn das werbende Unternehmen sich die vorherige Prüfung des Presseberichts ausbedungen hat (Raeschke-Kessler DB 1986, 843 (848); Köhler WRP 1998, 349 (359)).

4.71   **c) Haftung bei richtiger Information.** Ist die Information hingegen sachlich zutr., so ist ihre Weitergabe nicht schon deshalb unlauter, weil die Redaktion sie als Grundlage einer unzulässigen redaktionellen Werbung benutzt (BGH GRUR 1993, 561 (562) – Presseinformation I; GRUR 1994, 445 – Beipackzettel; GRUR 1994, 819 (820) – Produktinformation II; GRUR 1996, 71 (72) – Produktinformation III; GRUR 1996, 194 (196) – Aknemittel; GRUR 1996, 502 (506) – Energiekosten-Preisvergleich; GRUR 1997, 139 (140) – Orangenhaut). Denn die Gestaltung eines Presseberichts liegt im eigenen Verantwortungsbereich des Presseunternehmens. Bloße adäquate Kausalität reicht daher nicht aus. Auch muss sich das werbende Unternehmen keine Überprüfung vorbehalten haben (OLG Stuttgart NJW-RR 1991, 1515). Eine lauterkeitsrechtliche Haftung kommt vielmehr nur in zwei Fällen in Betracht. Zum einen dann, wenn das werbende Unternehmen vorsätzlich auf eine redaktionelle Werbung hinwirkt. Davon ist auszugehen, wenn das werbende Unternehmen die Erteilung von Anzeigenaufträgen von einer redaktionellen Werbung abhängig macht (BGH GRUR 1996, 502 (507) – Energiekosten-Preisvergleich); ein kollusives Zusammenwirken von Unternehmen und Redaktion bei der Gestaltung des redaktionellen Beitrags ist dagegen nicht erforderlich (BGH GRUR 1996, 502 (507) – Energiekosten-Preisvergleich). Zum anderen dann, wenn das Unternehmen mit der Information gezielt eine werbende redaktionelle Berichterstattung ermöglichen will, auf Grund konkreter Umstände mit einer Verfälschung des Inhalts oder einer Verwertung in Gestalt getarnter Werbung rechnen muss und sich nicht die Überprüfung des Artikels vor seinem

Erscheinen vorbehält (BGH GRUR 1996, 71 (72) – Produktinformation III; GRUR 1996, 292 (293) – Aknemittel; GRUR 1997, 139 (140) – Orangenhaut; GRUR 1997, 541 (543) – Produkt-Interview). Mit einer Verwertung für eine unzulässige redaktionelle Werbung braucht das Unternehmen aber nicht schon deshalb zu rechnen, weil die mitgeteilte Information in einer Weise aufbereitet ist, die eine wettbewerbswidrige Berichterstattung erleichtert (zB Übersendung druckreifer Artikel). Vielmehr kommt es insoweit darauf an, ob der Informant weiß oder auf Grund der Gepflogenheiten der Redaktion damit rechnen muss, dass sie den Bericht als redaktionellen Beitrag veröffentlichen wird (BGHZ 81, 247 (251) – Getarnte Werbung I).

d) Haftung bei Interviews. Nimmt die Redaktion ein Interview lediglich zum Anlass, **4.72** neben dem Interview einen redaktionellen Beitrag über das Unternehmen oder seine Produkte zu bringen, besteht schon mangels Erteilung einer Information keine Prüfungspflicht (BGH GRUR 1997, 541 (543) – Produkt-Interview). Auch braucht der Interviewte den Abdruck des Interviews im Allgemeinen nicht davon abhängig zu machen, dass ihm der gesamte Artikel zur Überprüfung vorgelegt wird, weil die Gestaltung der Beiträge in den eigenen Verantwortungsbereich der Redaktion fällt. Eine Kontrollpflicht besteht ausnahmsweise dann, wenn nach Art und Inhalt des Interviews und/oder bei Berücksichtigung der Gegebenheiten auf Seiten des Adressaten die Möglichkeit eines Berichts mit werbendem Charakter nicht ganz fern liegt (BGH GRUR 1987, 241 (243) – Arztinterview; GRUR 1997, 541 – Produkt-Interview). Selbst wenn ein Unternehmen damit rechnen muss, dass eines seiner Produkte in einem redaktionellen Beitrag genannt wird, braucht es nicht ohne Weiteres damit zu rechnen, dass die Nennung in unzulässiger Weise erfolgt, wie zB durch werbende Herausstellung aus einer Vielzahl von Produkten (BGH GRUR 1997, 541 – Produkt-Interview).

e) Problematik der Prüfungspflicht. Wenn die Rspr. vom Presseinformanten verlangt, sich **4.73** bei einer möglichen und vorhersehbaren Verwertung der Information für eine redaktionelle Werbung durch einen Prüfungsvorbehalt abzusichern, ermöglicht sie ihm zugleich, sich auf bequeme Weise seiner Verantwortung zu entledigen. Denn er kann schon faktisch eine Vorlage des Berichts vor Drucklegung nicht erzwingen, von verfassungsrechtlichen Bedenken gegen eine solche Kontrollbefugnis im Hinblick auf Art. 11 GRCh bzw. Art. 5 I 2 GG und Art. 5 III 2 GG ganz abgesehen. Der Prüfungsvorbehalt stellt daher keine angemessene Problemlösung dar (krit. auch Gloy/Loschelder/Danckwerts WettbR-HdB/Ahrens § 69 Rn. 97 und § 70 Rn. 59; Köhler WRP 1998, 349 (361)). Vielmehr muss der Unternehmer von der Erteilung einer Information oder der Gewährung eines Interviews absehen, wenn er weiß oder damit rechnen muss, dass dies zum Anlass einer redaktionellen Werbung genommen wird.

f) Beweisfragen. Grds. muss der Kläger beweisen, dass der redaktionelle Beitrag auf Informa- **4.74** tionen des begünstigten Unternehmens zurückzuführen ist und die sonstigen Voraussetzungen der (Mit-)Verantwortlichkeit gegeben sind (BGH GRUR 1997, 541 (543) – Produkt-Interview; Köhler WRP 1998, 349 (361) mwN). Für den Nachweis der Mitteilung der Information reicht es nicht aus, dass der Beitrag zB unverändert von einem jedermann zugänglichen Beipackzettel übernommen wurde (BGH GRUR 1994, 445 (446) – Beipackzettel). An den Nachweis der sonstigen Voraussetzungen stellt die Rspr. strenge Anforderungen, da die Redaktion in eigener Verantwortung handelt. So braucht ein Interview-Partner nicht damit zu rechnen, dass auf Grund seiner bloßen Angabe über Prozesse über den Rückerwerb von Urheberrechten behauptet wird, er habe die Rechte an bestimmten Titeln zurückerworben (BGH GRUR 1974, 105 (106) – Kollo-Schlager). Bei einem Produkt-Interview braucht der befragte Unternehmer nicht damit zu rechnen, dass eine unzulässige redaktionelle Berichterstattung erfolgt (BGH GRUR 1997, 541 (543) – Produkt-Interview). Ebenso wenig genügt es, dass der Abdruck der Information honorarfrei gestattet und lediglich um Belegexemplare gebeten wird (BGH GRUR 1996, 71 (72) – Produktinformation III). Nicht ausreichend ist es, dass ein Presseorgan in der Vergangenheit öfters Produktinformationen in redaktionelle Werbung umgemünzt hat, wenn nicht gleichzeitig eine entsprechende Kenntnis des Informanten nachgewiesen wird (BGH GRUR 1996, 71 (72) – Produktinformation III; GRUR 1996, 194 (196) – Aknemittel).

IV. Getarnte Werbung im Rundfunk

1. Rundfunkrechtliches Trennungsgebot und Beeinflussungsverbot

Nach § 8 III 1 MStV müssen **Werbung** (iSd § 2 II Nr. 7 MStV) und **Teleshopping** (iSd **4.75** § 2 II Nr. 11 MStV) als solche leicht erkennbar und vom redaktionellen Inhalt unterscheidbar

und nach § 8 III 3 MStV müssen auch bei Einsatz neuer Werbetechniken Werbung und Teleshopping dem Medium angemessen durch optische oder akustische Mittel oder räumlich eindeutig von anderen Sendungsteilen abgesetzt sein (**Erkennbarkeits- und Trennungsgebot**).
Eine Teilbelegung des ausgestrahlten Bildes (**screensplitting**) mit Werbung, etwa durch Einschaltung von Fenstern oder Laufbändern, ist nach § 8 IV 1 MStV nur zulässig, wenn die
Werbung vom übrigen Programm eindeutig optisch getrennt und als solche gekennzeichnet ist.
Ferner dürfen nach § 8 II 1 MStV Werbung und Werbetreibende das übrige Programm inhaltlich und redaktionell nicht beeinflussen und nach § 8 III 2 MStV und § 22 I 2 MStV dürfen in
der Werbung und im Teleshopping keine Techniken der unterschwelligen Beeinflussung eingesetzt werden (**Beeinflussungsverbot**). Auch sind nach § 8 VII 1 MStV **Schleichwerbung
und Themenplatzierung** sowie entsprechende Praktiken unzulässig. Für die **Produktplatzierung** gelten Ausnahmen (§ 8 VII 2–5 MStV iVm §§ 30 V, 38 MStV). Nach § 74 S. 1 MStV
gelten diese Bestimmungen entsprechend für rundfunkähnliche Telemedien. Dadurch soll die
Unabhängigkeit der Programmgestaltung und die Einhaltung der **Neutralität** gegenüber dem
Wettbewerb im freien Markt gewährleistet werden.

4.76 Gewinnspielsendungen und Gewinnspiele sind nach § 11 I und § 22 III MStV zulässig,
unterliegen aber dem Gebot der Transparenz und des Teilnehmerschutzes und dürfen den
Interessen der Teilnehmer nicht schaden.

2. Lauterkeitsrechtliche Beurteilung

4.77 Verstöße gegen die im MStV aufgeführten medienrechtlichen Gebote und Verbote sind grds.
nach § 3a unlauter, sofern eine geschäftliche Handlung vorliegt (→ § 2 Rn. 2.45 ff.; vgl. noch
BGHZ 110, 278 (291) = GRUR 1990, 611 (613) – Werbung im Programm). Darauf, ob auch
der Tatbestand einer Ordnungswidrigkeit nach § 117 MStV erfüllt ist, kommt es nicht an.
Daneben kommt ein Verstoß gegen § 3 I, § 5a IV im Hinblick auf die Täuschung der Hörer
und Zuschauer über den Werbecharakter einer zum Programmteil gehörenden Sendung in
Betracht. Denn der Verkehr geht davon aus, dass – wie es der MStV vorschreibt – Werbung und
Programm voneinander getrennt sind. Die Grenzen zwischen dem, was vom Programmauftrag
gedeckt ist, und dem, was nach dem MStV unzulässige Werbung ist, sind allerdings fließend.
Auch darf die Rundfunkfreiheit (Art. 11 II GRCh bzw. Art. 5 I 2 GG) nicht durch ein zu weit
gestecktes Verständnis des Trennungsgebots beeinträchtigt und die Erfüllung des Programm-
auftrags über Gebühr eingeschränkt werden. Werbung im Programm, die unvermeidbar ist, weil
und soweit sie als Teil der realen Umwelt bei Berichten und Darstellungen nicht ausgespart
werden kann, ist zulässig (BGHZ 110, 278 (287) – Werbung im Programm).

V. Getarnte Werbung im Internet

Schrifttum: Ahrens, Influencer Marketing – Regulierungsrahmen und Konsequenzen seiner Anwendung
(Teil 1), GRUR 2018, 1211; Ahrens/Richter, Fingierte Belobigungen im Internet, WRP 2011, 814;
Alexander, Transparenz beim Influencer-Marketing – BGH-Rechtsprechung und UWG-Neuregelungen,
ZUM 2022, 77; Bosch, Die angemaßte Influencer-Markenpiraterie 2.0, Aspekte und Möglichkeiten der
Abwehr aufgezwungener Werbung, MMR 2018, 127; Draheim/Lehmann, Facebook & Co.: Aktuelle recht-
liche Entwicklungen im Bereich Social Media – Marken- und Lauterkeitsrecht GRUR-Prax 2014, 401;
Ernst/Seichter, „Heimliche" Online-Werbeformen CR 2011, 62; Feddersen, Neue Transparenzanforderun-
gen im Online-Bereich: Online-Marktplätze – Verbraucherbewertungen – Influencer, WRP 2022, 789;
Harder, Informationspflichten von Influencern, ZfPC 2022, 178; Heermann, Manipulierte Produktbewertun-
gen im Lichte des Lauterkeitsrechts, WRP 2014, 509; Gericke, Kennzeichnung von werblichen Beiträgen im
Online-Marketing, GRUR 2018, 153; Glöckner, Lauterkeitsrechtliche Schranken für Influencer in sozialen
Medien, NJW 2021, 3427; Henning-Bodewig, Influencer-Marketing – der „Wilde Westen des Werbens"?,
WRP 2017, 1415; Kaumanns/Wießner, Vermarktung durch den fingierten Konsumenten – geniale Marke-
tingstrategie oder wettbewerbsrechtlicher Verstoß?, K&R 2013, 145; Köberlein, Kennzeichnungspflichten
beim Influencer-Marketing: Die drei Influencer-Urteile des BGH, ZVertriebsR 2022, 102; Krieg/Roggen-
kamp, Astroturfing – rechtliche Probleme bei gefälschten Kundenbewertungen im Internet KR 2010, 689;
Laoutoumai, Einsatz von Corporate Influencern im Lichte der Influencer-Entscheidungen des BGH, RDi
2022, 340; Laoutoumai/Dahmen, Influencer-Marketing – Neue Stars, alte Pflichten?!, K&R 2017, 29;
Lefeldt/Heins/Laoutoumai, Konsequenzen der BGH-Trias zum Influencer-Marketing: Verträge, Medienrecht und Überkennzeichnung, CR 2022, 100; Lehmann, WRP 2017, 772; Lehmann, Lauterkeitsrechtliche
Risiken beim Influencer Marketing, WRP 2017, 772; Leitgeb, Virales Marketing – Rechtliches Umfeld für
Werbefilme auf Internetportalen wie YouTube, ZUM 2009, 39; Lettl, Die Neuregelung der „Irreführung
durch Unterlassen" (§§ 5a, 5b UWG), WRP 2022, 802; Lettmann, Schleichwerbung durch Influencer
Marketing – Das Erscheinungsbild der Influencer, GRUR 2018, 1206; Lichtnecker, Die Werbung in sozialen

Netzwerken und mögliche hierbei auftretende Probleme, GRUR 2013, 135; Lichtnecker, Ausgewählte Werbeformen im Internet unter Berücksichtigung der neuerer Rechtsprechung, GRUR 2014, 523; Mach, Influencer-Marketing: „Raus aus der Grauzone – hineine in die rechtliche Problemzone", WRP 2018, 1166; Mallick/Weller, Aktuelle Entwicklungen im Influencer Marketing, WRP 2018, 155; Nadi, Die Erkennbarkeit des kommerziellen Hintergrunds eines Influencer-Beitrags, WRP 2021, 586; Peifer, Influencer Marketing – Regulierungsrahmen und Konsequenzen seiner Anwendung (Teil 2), GRUR 2018, 1218; Rauer/Kempf, Detecting the influence – Die aktuelle Influencer-Rechtsprechung des BGH, WRP 2022, 16; Rauer/Kempf, Influencer-Marketing – Rechtsprechung, Gesetzgebung und Vertragspraxis, WRP 2022, 817; Schaub, Haftung der Betreiber von Bewertungsportalen für unternehmensbezogene Äußerungen, FS Köhler, 2014, 593; Schaub, Kennzeichnungspflichtige Gegenleistungen beim Influencer-Marketing, NJW 2022, 2510; Scherer, Rezeption kommerzieller Kommunikation in sozialen Netzwerken durch minderjährige Nutzer, WRP 2019, 277; Schirmbacher, UWG 2008 – Auswirkungen auf den E-Commerce K&R 2009, 433, 436; Schonhofen/Detmering, #AD #SPONSOREDBY #SCHLEICHWERBUNG – Die rechtlichen Voraussetzungen des Influencer-Marketings und ihre Umsetzung in der Praxis, WRP 2018, 1171; Sieling/Lachenmann, Wettbewerbsrechtliche Aspekte bei Werbung in sozialen Netzwerken ITRB 2012, 156; Sobottka/Czernik, Schleichwerbung durch Influencer-Marketing in den sozialen Medien, MMR 2017, 769; Suwelack, Schleichwerbung als Boombranche? Geltung und Wirksamkeit werblicher Grundsätze beim Influencer-Marketing, MMR 2017, 661; Terhaag/Schwarz, Internet-Marketing, 2021; Wesche, Influencer – ein neues Berufsbild im Fokus des Rechts, JM 2020, 2; Wiebe/Kreutz, Native Advertising – Alter Wein in neuen Schläuchen, WRP 2015, 1053, 1179; Wilkat, Bewertungsportale im Internet, 2013.

1. Überblick

Das Internet bietet Unternehmen vielfältige neue Möglichkeiten der Werbung und damit auch **4.78** der Verschleierung von Werbung. Dazu gehört derzeit Werbung ua in Sozialen Netzwerken („social media"), wie YouTube-Videos, Instagram, Snapchat, Facebook, auf Bewertungsportalen, in Internetforen, einschließlich Blogs, und in Suchmaschinen (vgl. Mallick/Weller WRP 2018, 155 Rn. 4 mwN). Die fortschreitende technische Entwicklung ermöglicht aber immer neue Formen der Verschleierung der Werbung. Dem Erfindungsreichtum von Unternehmen sind insoweit keine Grenzen gesetzt. Ähnlich wie bei den Printmedien geht die Tendenz auch im Internet dahin, Werbung mit nichtwerblichen Inhalten („content") zu vermischen. Das Grundprinzip ist aber immer das Gleiche: Der Nutzer soll nicht erkennen, dass er es mit Werbung zu tun hat, sondern glauben, es handle sich um eine private Äußerung des Empfehlers. Wachsende Bedeutung hat das Influencer Marketing (→ Rn. 4.90 ff.). Die lauterkeitsrechtliche Beurteilung knüpft an eine geschäftliche Handlung iSd § 2 I Nr. 2 an (→ Rn. 4.79). Die wichtigsten in Betracht kommenden Unlauterkeitstatbestände sind daran anschließend behandelt (→ Rn. 4.80 ff.). Als Faustformel kann gelten: Getarnte Werbung liegt vor, wenn der angesprochene Durchschnittsnutzer sie nicht sogleich als solche erkennt.

2. Geschäftliche Handlung

Soweit **Unternehmer** iSv § 2 I Nr. 8 Werbung im Internet selbst platzieren oder Dritte **4.79** gegen Entgelt damit beauftragen, liegt ohne weiteres eine geschäftliche Handlung iSd § 2 I Nr. 2 vor. Ob auch Äußerungen **Privater** im Internet zugunsten eines Unternehmens oder seiner Waren oder Dienstleistungen als geschäftliche Handlungen anzusehen sind, ist schwieriger zu beurteilen. Wenn sie dafür ein **Entgelt** oder eine ähnliche Gegenleistung (zB Rabatte, Zugaben) erhalten oder sich versprechen lassen, ist dies zu bejahen (§ 5a IV 2; zuvor bereits OLG Celle WRP 2017, 1236 Rn. 6; KG WRP 2018, 224 Rn. 9; OLG Frankfurt WRP 2019, 1212; Mallick/Weller WRP 2018, 155 Rn. 17). Eine geschäftliche Handlung ist grds. auch dann anzunehmen, wenn sich Mitarbeiter im Internet positiv über ihr Unternehmen und dessen Produkte äußern (vgl. LG Hamburg GRUR-RR 2012, 400; Heermann WRP 2014, 509 Rn. 9). Liegen jedoch keine bes. Umstände vor, so ist unter Berücksichtigung des Grundrechts aus Art. 5 I GG bzw. Art. 11 I GRCh im Zweifel eine geschäftliche Handlung zu verneinen.

3. Einzelne Unlauterkeitstatbestände

a) Anh. Nr. 11 zu § 3 III. Vgl. dazu die gesonderte Kommentierung. Die Vorschrift ist nur **4.80** anwendbar, wenn es sich um einen „vom Unternehmer finanzierten Einsatz redaktioneller Inhalte zu Zwecken der Verkaufsförderung" handelt. Es muss sich also um eine Publikation im Internet handeln, die von einem Medienunternehmen stammt, ohne dass sie von einer „Redaktion" ausgehen müsste (dazu Wiebe/Kreutz WRP 2015, 1053 Rn. 29 ff.).

4.81   **b) § 5 I Nr. 1 TMG (Impressumspflicht).** Anbieter von geschäftsmäßigen, in der Regel gegen Entgelt angebotenen Telemedien trifft eine Impressumspflicht (dazu Lichtnecker GRUR 2014, 523). Wird das Impressum nicht angegeben, kann dadurch der Eindruck entstehen, der Anbieter sei nicht gewerblich tätig, so dass ein Verstoß gegen § 5a IV vorliegen kann.

4.82   **c) § 6 I Nr. 1 und 2 TMG. Kommerzielle Kommunikationen,** die Telemedien oder Bestandteile von Telemedien sind, müssen nach § 6 I Nr. 1 TMG **„klar als solche"** erkennbar sein. Zum Begriff der kommerziellen Kommunikation vgl. § 2 Nr. 5 TMG. Diese Regelung gilt auch für redaktionell gestaltete Werbung im **Internet** (ebenso OLG München WRP 2014, 1074 Rn. 6). Nach § 6 I Nr. 2 TMG muss die natürliche oder juristische Person, in deren Auftrag kommerzielle Kommunikationen erfolgen, klar identifizierbar sein. – Zum Verhältnis von § 6 I Nr. 1 TMG zu § 5a IV vgl. BGH GRUR 2021, 1400 Rn. 56 ff. – Influencer I.

4.83   **d) § 74 MStV.** Nach § 74 MStV iVm § 8 III 1 MStV muss Werbung in rundfunkähnlichen Telemedien „als solche klar erkennbar sein und vom übrigen Inhalt der Angebote eindeutig getrennt sein".

4.84   **e) § 5a IV.** § 5a IV gilt auch für Werbung im Internet. Ein Nichtkenntlichmachen des kommerziellen Zwecks kommt insbes. vor, wenn Äußerungen dem Anschein nach **privater** Natur sind, in Wahrheit aber der Förderung des Erscheinungsbilds oder des Absatzes eines bestimmten Unternehmens dienen und damit eine geschäftliche Handlung darstellen.

4. Einzelne Erscheinungsformen getarnter Werbung

4.85   **a) „Gefällt mir"-Button.** Die Betätigung des „Gefällt mir"-Buttons in Facebook ist für sich gesehen eine bloße private Meinungsäußerung zu einem bestimmten Thema, sei es auch zu einem Unternehmen oder einem Produkt (vgl. LG Hamburg WRP 2013, 679). Die Grenze zu einer getarnten werblichen Äußerung ist jedoch überschritten, wenn der Nutzer dafür irgendein **Entgelt** erlangt oder bekommen soll. In diesem Fall ist sowohl der Unternehmer, der das Entgelt zahlt, als auch der Private, der das Entgelt bekommt, für den Verstoß gegen § 5a IV verantwortlich (vgl. BGH WRP 2020, 574 Rn. 41 – Kundenbewertungen auf Amazon mAnm Hofmann). Unlauter nach Anh. Nr. 23c zu § 3 III, § 5a IV, aber auch nach § 5 handelt, wer gefälschte „Gefällt mir"-Bekundungen einsetzt.

4.86   **b) Posts/Tweets.** Unter Posts/Tweets sind Kommentare oder Äußerungen in Sozialen Netzwerken zu verstehen. Für sie gelten die gleichen Grundsätze. Unlauter unter dem Gesichtspunkt des § 5a IV sind sie jedenfalls dann, wenn sie werblichen Inhalt haben und die Äußerung Erwerbszwecken dient.

4.87   **c) Einträge in Blogs.** Einträge in Blogs sind unlauter nach § 5a IV, wenn dafür irgendein Entgelt entrichtet wird (LG Hamburg GRUR-RR 2012, 400; OLG Köln WRP 2013, 1653 Rn. 9 ff.).

4.88   **d) Einträge in Wikipedia.** Bei Einträgen in Wikipedia erwartet der Nutzer, dass sie auf neutralen Recherchen, ggf. unter Darstellung von Streitständen, beruhen. Einträge, die in Wahrheit der Förderung des Absatzes eines Unternehmens dienen, stellen daher getarnte Werbung dar (OLG München WRP 2012, 1145 Rn. 11).

4.89   **e) „Gekaufte" Einträge in Bewertungsportalen.** Einträge in Bewertungsportalen, die Erfahrungen von Nutzern mit einem Produkt oder einem Unternehmen wiedergeben, sind für viele Verbraucher eine überaus wichtige Informationsquelle, auch wenn sie subjektiv gefärbten positiven wie negativen Bewertungen erfahrungsgemäß mit größerer Skepsis begegnen. Jedenfalls erwarten die Verbraucher, dass der Bewerter dafür kein Entgelt bekommen hat und dass es sich auch um keine gekauften erfundenen Beiträge handelt. Ist dies – wie häufig – der Fall, so erfüllt dies den Tatbestand des § 5a IV (OLG Frankfurt GRUR 2022, 1345 Rn. 31) und darüber hinaus auch den des § 5 I (→ § 5 Rn. 2.153a; OLG Frankfurt WRP 2019, 643 Rn. 27, 33; Ahrens/Richter WRP 2011, 814; Heermann WRP 2014, 509 Rn. 21 ff.; Kaumanns/Wießner K&R 2013, 145; Krieg/Roggenkamp K&R 2010, 689; Lichtnecker GRUR 2014, 523; Schaub FS Köhler, 2014, 593; Wiebe/Kreutz WRP 2015, 1053 (Teil 1); WRP 2015, 1179 (Teil 2); Wilkat, Bewertungsportale im Internet, 2013). Zur Haftung des Bewerters und des Inhabers des bewerteten Unternehmens vgl. Pukas WRP 2019, 1421 Rn. 52 ff.

5. Influencer-Marketing

a) Influencer-Marketing als Geschäftsmodell. Neben die klassischen Vermarktungs- **4.90** methoden ist in den letzten Jahren das Influencer-Marketing als erfolgreiches Geschäftsmodell getreten. Seine Besonderheit besteht darin, dass für den Produktabsatz nicht die üblichen Absatzmittler tätig werden, sondern sog. **Influencer.** Dabei handelt es sich um zumeist weibliche Persönlichkeiten („Vorbilder"), die auf Social-Media-Plattformen, vornehmlich auf Instagram, aber auch auf Youtube, Facebook und Snapchat, einen Account betreiben, der ihrer Selbstdarstellung dient, und die eine Vielzahl von Anhängern, die sog. **Follower,** um sich geschart haben. Sie nutzen ihre Bekanntheit und Beliebtheit dazu aus, auf ihren Accounts mittels Posts **scheinbar privat und eher beiläufig** ihren Followern bestimmte Produkte oder Unternehmen (wie bspw. Kleidungsstücke, Handtaschen, Kosmetika, Nahrungsmittel, Hotels) mittels „Tagging" und „Linking" nahezubringen und damit deren Bereitschaft zum Erwerb diese Produkte zu fördern. Dies geschieht dadurch, dass bei Anklicken der Produkte in Bildbeiträgen in den Posts **„Tap-Tags"**) die Kennzeichen der betreffenden Unternehmen (elektronische Markierungen) erscheinen. Das Anklicken der „Tap-Tags" führt über die dort gesetzten **„Links"** zu den Accounts dieser Unternehmen, die wiederum unmittelbar oder mittelbar den Erwerb der angezeigten Waren oder Dienstleistungen ermöglichen. Für diese Aktivitäten erhalten, fordern oder erwarten die Influencer idR ein Entgelt oder einen sonstigen materiellen Vorteil.

b) Klärung von Rechtsfragen zum Influencer-Marketing durch den BGH und den **4.91** **Gesetzgeber.** Die zahlreichen Rechtsfragen zur Zulässigkeit des Influencer-Marketing haben in der Vergangenheit nicht nur zu einer Vielzahl von Beiträgen im Schrifttum (vor → Rn. 4.78), sondern auch von Entscheidungen der Instanzgerichte geführt (vgl. OLG Celle WRP 2017, 1236; KG WRP 2019, 339 Rn. 17, 30 ff.; OLG Frankfurt GRUR 2020, 208 Rn. 10, 15; OLG Braunschweig GRUR-RR 2020, 452 Rn. 48; OLG Karlsruhe WRP 2020, 1467 Rn. 3 ff., 77; OLG München WRP 2020, 1227; OLG Köln WRP 2021, 523 Rn. 19 ff.; OLG Koblenz WRP 2021, 677 Rn. 69 ff.; OLG Frankfurt WRP 2022, 881). Diese Rechtsfragen wurden mittlerweile durch **drei Leitentscheidungen** und zwei weitere Entscheidungen des **BGH** weitgehend geklärt (vgl. BGHZ 231, 38 = WRP 2021, 1415 – Influencer I; BGHZ 231, 87 = WRP 2021, 1429 – Influencer II; BGH WRP 2022, 441 – Influencer III; ZUM-RD 2021, 693; ZUM 2022, 292). – Der BGH konnte allerdings die Neuregelungen in § 2 I Nr. 2 (Einfügung des Wortes „unmittelbar") und in § 5a IV 2 und 3, eingefügt durch das G zur Stärkung des Verbraucherschutzes im Wettbewerbs- und Gewerberecht mWv 28.5.2022, nicht mehr berücksichtigen. Diese Neuregelungen sollten gerade einen sicheren Rechtsrahmen für das Handeln von Influencern bereitstellen (vgl. BT-Drs. 19/27873, 34; Feddersen WRP 2022, 789 Rn. 23 ff.). – Die **Beratungspraxis** hat sich auf die weitgehend geklärte Rechtslage eingestellt. Die Beziehungen zwischen werbenden Unternehmen und Influencern werden zunehmend detailliert vertraglich geregelt. Darin wird auch die Verpflichtung der Influencer zur angemessenen Kennzeichnung des kommerziellen Zwecks ihrer Posts festgeschrieben (dazu Rauer/Kempf WRP 2022, 817 Rn. 53). Sonach ist damit zu rechnen, dass künftig kaum noch größere gerichtliche Auseinandersetzungen über das Influencer-Marketing stattfinden werden.

c) Unterscheidung zwischen Handlungen zugunsten des eigenen und zugunsten **4.92** **eines fremden Unternehmens.** Für die rechtliche Beurteilung der Tätigkeiten von Influencern ist die Unterscheidung zwischen dem Handeln des Influencers zugunsten des eigenen Unternehmens und zugunsten eines fremden, nämlich des werbenden Unternehmens iSd § 2 I Nr. 2 wichtig, da dafür unterschiedliche tatbestandliche Voraussetzungen gelten (dazu Glöckner NJW 2021, 3427 Rn. 10 ff.; Lettl WRP 2021, 1384 Rn. 14 ff.). Ein und dieselbe Handlung eines Influencers ist daher idR unter beiden Aspekten zu prüfen. Zu beachten ist allerdings, dass nach § 5a IV 2 bei einer Handlung zugunsten eines fremden Unternehmen ein kommerzieller Zweck nicht vorliegt, wenn der Handelnde kein Entgelt oder keine ähnliche Gegenleistung für die Handlung von dem fremden Unternehmen erhält oder sich versprechen lässt.

d) Die maßgeblichen Vorschriften und ihr Verhältnis zueinander. Für die Beurteilung **4.93** der Tätigkeiten von Influencern gelten neben der allgemeinen Regelung in § 5a IV die besonderen Vorschriften des Telemedienrechts (**§ 6 I Nr. 1 TMG** und **§ 22 MStV**). Bei diesen handelt es sich nach Auffassung des BGH (dazu krit. Glöckner NJW 2021, 3427 Rn. 33 ff.) um **bereichsspezifische Regelungen** für Telemedien. Die in diesen **Spezialvorschriften** zum Ausdruck kommenden medienrechtlichen Wertungen dürfen nicht durch die Anwendung der allgemeinen lauterkeitsrechtlichen Vorschrift des § 5a IV unterlaufen werden (BGH GRUR

2021, 1414 Rn. 46, 56 ff. – Influencer II). Wenn eine geschäftliche Handlung daher den Erfordernissen dieser Spezialvorschriften genügt, ist sie nicht als unlauter anzusehen, auch wenn sie an sich die Voraussetzungen des § 5a IV erfüllt (BGH WRP 2022, 441 Rn. 54 – Influencer III). Allerdings gilt das in § 6 I Nr. 1 TMG zur kommerziellen Kommunikation in Telemedien iSd § 2 Nr. 5 TMG und in § 22 I 1 MStV zur Werbung in Telemedien iSd § 2 II Nr. 7 MStV enthaltene Tatbestandsmerkmal der Gegenleistung nur für geschäftliche Handlungen unabhängiger Dritter zugunsten fremder Unternehmen, nicht zugunsten des eigenen Unternehmens (BGH GRUR 2021, 1414 Ls. 2 und Rn. 75, 76 – Influencer II). Damit hat sich der frühere Meinungsstreit über diese Frage (vgl. die Nachweise bei BGH GRUR 2021, 1414 Rn. 58, 71 – Influencer II) erledigt. – **§ 6 V TMG,** wonach die Vorschriften des UWG unberührt bleiben, steht dem nicht entgegen. Vielmehr wird dadurch nur zum Ausdruck gebracht, dass eine nach § 6 I–IV TMG ordnungsgemäß gekennzeichnete kommerzielle Kommunikation unter anderen Aspekten, etwa als irreführend iSd § 5 I, verboten werden kann (BGH GRUR 2021, 1414 Rn. 61 – Influencer II).

4.94 **e) Beurteilung nach § 6 I Nr. 1 TMG. aa) Tatbestand.** Influencer sind **Diensteanbieter** iSd § 2 I Nr. 1 TMG, soweit sie einen Account auf sozialen Medien, etwa auf Instagram, unterhalten (BGH GRUR 2021, 1414 Rn. 51 – Influencer II). Sie unterliegen daher dem Gebot des § 6 I Nr. 1 TMG, nach dem kommerzielle Kommunikationen klar als solche erkennbar sein müssen. Diese Regelung entspricht dem Art. 6 I lit. a E-Commerce-RL.

4.95 **(1) Vorliegen einer kommerziellen Kommunikation (§ 2 Nr. 5 TMG).** Der Begriff der „kommerziellen Kommunikation" wird in § 2 Nr. 5 TMG definiert als „jede Form der Kommunikation, die der unmittelbaren oder mittelbaren Förderung des Absatzes von Waren, Dienstleistungen oder des Erscheinungsbilds eines Unternehmens, einer sonstigen Organisation oder einer natürlichen Person dient, die eine Tätigkeit im Handel, Gewerbe oder Handwerk oder einen freien Beruf ausübt". Jedoch stellt nach § 2 Nr. 5 Hs. 2 TMG die

„Übermittlung der folgenden Angaben (…) als solche keine Form der kommerziellen Kommunikation dar:

a) …
b) Angaben in Bezug auf Waren und Dienstleistungen oder das Erscheinungsbild eines Unternehmens, einer Organisation oder Person, die unabhängig und insbesondere ohne finanzielle Gegenleistung gemacht werden; dies umfasst auch solche unabhängig und insbesondere ohne finanzielle Gegenleistung oder sonstige Vorteile von natürlichen Personen gemachten Angaben, die eine unmittelbare Verbindung zu einem Nutzerkonto von weiteren natürlichen Personen bei Diensteanbietern ermöglichen,".

4.96 Diese Definition dient der Umsetzung des Art. 6 lit. a E-Commerce-RL und ist daher richtlinienkonform auszulegen (BGH WRP 2022, 441 Rn. 62 – Influencer III). Das Erfordernis der „Unabhängigkeit" als Oberbegriff stellt sicher, dass Verbraucher nicht durch die vermeintlich wirtschaftlich unbeeinflusste Authentizität einer Darstellung, etwa einer Produktempfehlung, in die Irre geführt werden (BGH WRP 2022, 441 Rn. 62 – Influencer III). Der deutsche Gesetzgeber hat dieser Definition am Ende einen Hs. 2 hinzugefügt (BGBl. 2020 I 2456). Darin wurde das Tatbestandsmerkmal „unabhängig und insbesondere ohne finanzielle Gegenleistung" durch den Zusatz „oder sonstige Vorteile" erweitert. Dieser Zusatz soll nach der Gesetzesbegründung (BT-Drs. 19/18789, 33, 34) mehr Rechtssicherheit im Bereich der Tätigkeit von sog. Influencern und vergleichbaren Personengruppen in den Sozialen Medien schaffen. Der erweiternde Zusatz „oder sonstige Vorteile" ist durch den Schutzzweck der Regelung im TMG gerechtfertigt und erfasst ua auch den Fall, dass dem Influencer das im Bericht dargestellte Produkt unentgeltlich zur Verfügung gestellt wurde. Denn ein solcher Bericht wird durch die kostenlose Produktbereitstellung initiiert und ist daher nicht unabhängig (BGH WRP 2022, 441 Rn. 64 – Influencer III).

4.97 **(2) Konkretisierung und Abgrenzung.** Setzt ein Influencer bei seinen Posts „Tap-Tags" und „Links" zugunsten eines fremden Unternehmens ein, stellen diese Angaben „keine Form der kommerziellen Kommunikation als solche" iSd § 2 I Nr. 5 Hs. 2 lit. b TMG dar, wenn er diese Angaben „unabhängig und insbesondere ohne finanzielle Gegenleistung oder sonstige Vorteile" macht. Die Unabhängigkeit ist stets dann zu verneinen, wenn sich der Influencer gegenüber dem jeweiligen Produktanbieter zu diesem Verhalten vertraglich verpflichtet hat. Der Begriff der finanziellen Gegenleistung ist im Interesse eines effizienten Verbraucherschutzes weit auszulegen. Er umfasst ohnehin nicht nur Zahlungen in Geld, etwa in Gestalt eines Festbetrags oder einer Vergütung pro Klick, sondern auch geldwerte Vorteile (vgl. EuGH GRUR 2021, 1312 Rn. 42 ff. – P & C Düsseldorf/P & C Hamburg, zu Anh. I Nr. 11 S. 1 UGP-RL; BGH GRUR 2020, 997 Rn. 29 – GRACIA StyleNights). Die Erwähnung „sonstiger Vorteile" dient insoweit nur der Klarstellung. Erfasst werden ua die kostenlose Überlassung oder der preislich ermäßigte („Rabatt") Erwerb der beworbenen oder einer anderen Ware oder Dienstleistung. An der Unabhängigkeit fehlt es aber auch dann, wenn der Produktanbieter das dargestellte Produkt dem Influencer unentgeltlich überlassen hat. Der Bezug zwischen Bericht und geldwertem Vorteil wird in diesem Fall durch die naheliegende und daher idR anzunehmende Erwartung des begünstigten Unternehmens hergestellt, dass der Influencer über das Produkt berichten werde (BGH WRP 2022, 441 Rn. 64 – Influencer III; OLG Frankfurt WRP 2022, 881 Rn. 63 ff.). Eine kommerzielle Kommunikation liegt darüber hinaus auch dann vor, wenn der Influencer eine Gegenleistung oder einen sonstigen Vorteil zwar noch nicht erhalten hat, aber sich hat versprechen lassen, weil es auch hier an der Unabhängigkeit fehlt. Ob im Hinblick auf die Darlegungs- und Beweislast die Vermutungsregelung in § 5a IV 3 analog herangezogen werden kann, ist **zweifelhaft,** aber abzulehnen. Dass aber der Influencer für die Platzierung eines bestimmten Produkts in seinem Post eine Vergütung nur erhofft oder erwartet, reicht jedenfalls angesichts des klaren Wortlauts der Norm für eine kommerzielle Kommunikation nicht aus (OLG München WRP 2020, 1227 Rn. 25; aA wohl OLG Frankfurt GRUR 2020, 208 Rn. 12). Außer Betracht bleiben auch Provisionen, die ein Influencer von dritten Unternehmen für Warenkäufe erhält, die der Nutzer zufällig im Zusammenhang mit der Nutzung des Links tätigt („affiliate links").

bb) Gebot der klaren Erkennbarkeit der kommerziellen Kommunikation. Nach § 6 I **4.98** Nr. 1 TMG muss eine kommerzielle Kommunikation „klar als solche erkennbar" sein. Dieses Erfordernis entspricht dem Kenntlichmachen des kommerziellen Zwecks in § 5a IV 1 (BGH GRUR 2021, 1400 Rn. 111 – Influencer I). Wie der kommerzielle Zweck einer geschäftlichen Handlung kenntlich zu machen ist, hängt von den Umständen des Einzelfalls ab. Klar erkennbar ist eine kommerzielle Kommunikation eines Influencers in Gestalt eines Posts unter Verwendung von „Tap-Tags" und „Links" nur dann, wenn der Verbraucher bei Aufruf des Posts deutlich und unübersehbar bereits im Textteil des Posts darauf hingewiesen wird, dass dieser auch bezahlte Werbung für ein Unternehmen oder bestimmte Produkte eines Unternehmens enthält. Maßgebend ist die Sichtweise des durchschnittlichen „Followers" (§ 3 IV 1). Wird gezielt eine Gruppe von jugendlichen und leichtgläubigen Followern angesprochen, kommt § 3 IV 2 in Betracht (dazu BGH GRUR 2021, 1400 Rn. 80 – Influencer I).

cc) Unlauterkeit eines Verstoßes gegen § 6 I Nr. 1 TMG nach § 5a I, § 5b IV. Die **4.99** Unlauterkeit eines Verstoßes gegen § 6 I Nr. 1 TMG ist nicht, wie früher vom BGH angenommen, nach § 3a, sondern nach den § 5a I, § 5b IV (vgl. BGH GRUR 2022, 930 Rn. 16 ff. – Knuspermüsli II) zu prüfen. Dies ergibt sich aus Art. 7 V UGP-RL iVm Anh. II UGP-RL, in dem ua die Art. 5 und 6 E-Commerce-RL aufgeführt sind. Die „kommerzielle Kommunikation" iSd § 6 I Nr. 1 TMG stellt eine geschäftliche Handlung zugunsten des eigenen oder eines fremden Unternehmens iSd § 2 I Nr. 2 dar. Weitere Voraussetzung ist nach § 5a I Nr. 1, dass der Verbraucher die vorenthaltene Information, also die deutliche Erkennbarkeit der kommerziellen Kommunikation, nach den jeweiligen Umständen benötigt, um eine informierte geschäftliche Entscheidung zu treffen, und nach § 5a I Nr. 2 deren Vorenthalten dazu geeignet ist, den Verbraucher zu einer geschäftlichen Entscheidung zu veranlassen, die er andernfalls nicht getroffen hätte.

Als geschäftliche Entscheidung iSd § 2 I Nr. 1 ist es zwar noch nicht anzusehen, wenn ein **4.100** Verbraucher sich entscheidet, sich näher mit einem Post eines Influencers zu befassen und sich durch einen ersten Klick auf die Abbildung eines Produkts einen „Tap-Tag" anzeigen zu lassen, wohl aber dann, wenn er sich durch einen zweiten Klick auf den „Tap-Tag" das jeweilige Profil des verlinkten Unternehmers anzeigen lässt und er sich auf diese Weise näher mit dem Unternehmen und seinen Produkten auseinandersetzen kann (BGH GRUR 2021, 1400 Rn. 96 iVm Rn. 95 – Influencer I). Das Vorenthalten der Kennzeichnung ist im Regelfall auch geeignet, die Leser des Beitrags zum Anklicken des „Tap-Tags" zu veranlassen (BGH GRUR 2021, 1400 Rn. 97 ff. – Influencer I). Den Unternehmer trifft daher die sekundäre Darlegungslast für Umstände, die gegen die Relevanz der vorenthaltenen Information sprechen. Erst recht gilt dies dann, wenn die Voraussetzungen des **§ 3 IV 2** gegeben sind, insbes. wenn sich die Werbung des Influencers gezielt an **Kinder** und/oder **Jugendliche** wendet und damit deren geschäftliche Unerfahrenheit ausgenutzt wird (OLG Frankfurt GRUR 2020, 208 Rn. 14, 15; Scherer WRP

2019, 277 Rn. 19 ff.). In diesem Fall kommt auch die Anwendung der Anh. Nr. 28 zu § 3 III in Betracht.

4.101   **f) Beurteilung nach § 22 I MStV.** Nach § 22 I 1 MStV 2020 (früher § 58 I 1 RStV) muss Werbung als solche klar erkennbar sein und vom übrigen Inhalt der Angebote getrennt sein. Diese Regelung gilt nach Maßgabe des § 1 VII MStV auch für Telemedien, da sie im 2. Unterabschnitt Telemedien enthalten ist. § 22 I 1 MStV ist daher auch auf Influencer anwendbar, soweit sie für fremde Unternehmen werben (BGH GRUR 2021, 1414 Rn. 77 – Influencer II; WRP 2022, 441 Rn. 86 – Influencer III). Diese Regelung geht ebenfalls als Spezialregelung dem § 5a IV vor (BGH GRUR 2021, 1414 Rn. 70 – Influencer II). Der Begriff der Werbung ist in § 2 II Nr. 7 MStV definiert. Erfasst wird jede Äußerung zur Absatzförderung usw, die „gegen Entgelt oder eine ähnliche Gegenleistung oder als Eigenwerbung … in einem Telemedium aufgenommen ist". Für die Eigenwerbung setzt § 2 II Nr. 7 MStV daher nicht voraus, dass für diese ein Entgelt oder eine ähnliche Gegenleistung erbracht wird. Zur Auslegung dieser Bestimmung und ihren unionsrechtlichen Hintergrund vgl. BGH WRP 2022, 441 Rn. 71 ff. – Influencer III. Eine Gegenleistung in diesem Sinne stellt auch die kostenlose Zurverfügung-stellung von Waren oder Dienstleistungen durch ein Unternehmen dar, wenn dies in der regelmäßig anzunehmenden Erwartung geschieht, der Influencer werde über diese Produkte berichten (BGH WRP 2022, 441 Rn. 75 – Influencer III). Die klare Erkennbarkeit einer Äußerung als Werbung erfordert eine entsprechende Kennzeichnung. Es gelten insoweit die gleichen Grundsätze wie zur Erkennbarkeit nach § 5a IV 1 (BGH WRP 2022, 441 Rn. 78 iVm Rn. 44–48 – Influencer III).

4.102   **g) Beurteilung nach § 5a IV. aa) Geschäftliche Handlung des Influencers.** § 5a IV setzt eine **geschäftliche Handlung** des Influencers iSd § 2 I Nr. 2, also ein Verhalten zugunsten des eigenen oder eines fremden Unternehmens, das mit der Förderung des Absatzes von Waren oder Dienstleistungen unmittelbar und objektiv zusammenhängt, voraus. (Dazu, dass diese Regelung nicht gegen die Vorgaben der UGP-RL verstößt, vgl. Koch FS Köhler, 2016, 359.) Influencer sind **Unternehmer** iSd § 2 I Nr. 8, sofern sie selbst Waren oder Dienstleistungen vertreiben oder das eigene Image vermarkten und durch Werbeeinnahmen kommerzialisieren (BGH GRUR 2021, 1400 Rn. 36 – Influencer I). Die Besonderheit des Influencer-Marketings besteht darin, dass der Influencer typischerweise mittels „Tap-Tags" und „Links" in seinen Posts in sozialen Medien, insbes. auf Instagram, sowohl den Absatz eigener (Werbe-)Dienstleistungen an fremde Unternehmen, als auch deren Absatz von Waren oder Dienstleistungen an Verbraucher fördert (vgl. BGH GRUR 2021, 1400 Rn. 96 iVm Rn. 111 – Influencer I). Der Unternehmereigenschaft steht nicht entgegen, dass der Influencer sich als Privatperson („authentisch") geriert, da dies gerade der Zweck des Influencer-Marketings ist (BGH GRUR 2021, 1400 Rn. 43 – Influencer I). Der Betrieb eines Profils in sozialen Medien, das geeignet ist, den Absatz von Waren oder Dienstleistungen des Influencers oder seines Werbewerts zu steigern, ist unabhängig davon eine geschäftliche Handlung zur Förderung des eigenen Unternehmens, wenn darin auch redaktionelle Beiträge veröffentlicht werden (BGH GRUR 2021, 1400 Rn. 44 – Influencer I).

4.103   Allerdings erfordert eine unternehmerische Tätigkeit eine auf eine gewisse Dauer angelegte, selbständige wirtschaftliche Betätigung, die darauf gerichtet ist, Waren oder Dienstleistungen gegen Entgelt zu vertreiben (→ § 2 Rn. 2.23 ff.). Ob diese Voraussetzungen erfüllt sind, ist im Einzelfall zu prüfen (vgl. dazu EuGH WRP 2018, 1311 Rn. 33 ff. – Kamenova). Ein wichtiges Indiz kann dafür sein, dass der Influencer mehrwertsteuerpflichtig ist bzw. seine Tätigkeit eine gewisse Regelmäßigkeit und Häufigkeit aufweist und er daraus Einnahmen erzielt (vgl. OLG Frankfurt GRUR 2020, 208 Rn. 12; OLG Braunschweig GRUR-RR 2020, 452 Rn. 40, 46; OLG München WRP 2020, 1227 Rn. 25, KG WRP 2019, 339 Rn. 75). – Die Darlegungs- und Beweislast für die Unternehmenseigenschaft des Influencers trifft zwar den Kläger, es kommt aber eine sekundäre Darlegungslast des Influencers in Betracht (OLG München WRP 2020, 1227 Rn. 25; KG WRP 2019, 339 Rn. 80). Bei der Prüfung dieser Voraussetzungen sind alle **Umstände des Einzelfalls** zu berücksichtigen (OLG Karlsruhe WRP 2020, 1467 Rn. 70 ff.). Dass der Influencer seinen Account auch für sonstige geschäftliche Aktivitäten benutzt, bleibt dagegen außer Betracht (aA wohl OLG Frankfurt GRUR 2020, 208 Rn. 13). – Besitzt der Influencer (noch) keine Unternehmereigenschaft, ist er also im Rechtssinne als Verbraucher tätig, kommt nur ein Handeln zugunsten eines **fremden** Unternehmens in Betracht. (Insoweit geht § 5a IV über Art. 7 II UGP-RL iVm Art. 2 lit. a UGP-RL hinaus.) – Ein kommerzieller Zweck und damit eine geschäftliche Handlung des Influencers zugunsten eines fremden Unternehmens ist aber – entgegen der bisherigen Rspr. (BGH GRUR 2021, 1400 Rn. 59 ff., 61 – Influencer I) – nicht schon dann anzunehmen, wenn der Beitrag einen „werblichen Überschuss" aufweist. Vielmehr liegt ein kommerzieller Zweck nach der insoweit eindeutigen Regelung in § 5a IV 2 nicht vor, wenn der Handelnde kein Entgelt von dem fremden Unternehmen erhält oder sich versprechen lässt. (Allerdings ist in der Praxis die Relativierung dieser Regelung in § 5a IV 3 zu beachten.)

bb) Nichtkenntlichmachen des kommerziellen Zwecks. Steht eine geschäftliche Hand-   **4.104**
lung des Influencers und damit der kommerzielle Zweck eines bestimmten Posts fest, ist weitere Voraussetzung des § 5a IV 1, dass der Influencer diesen Zweck nicht kenntlich macht, sofern er sich nicht unmittelbar aus den Umständen ergibt. Diese Einschränkung ist für Influencer naturgemäß misslich, als der eigentliche Zweck des Influencer-Marketings gerade darin besteht, sich „nicht als Werbefigur, sondern als Privatperson, die andere an ihrem Leben teilhaben" lässt, zu gerieren. Eine besondere Kennzeichnung des kommerziellen Zwecks ist nur dann nicht erforderlich, wenn das äußere Erscheinungsbild der geschäftlichen Handlung so gestaltet wird, dass die Verbraucher den kommerziellen Zweck **klar und eindeutig auf den ersten Blick** erkennen können (BGH GRUR 2021, 1400 Rn. 87 – Influencer I mwN). Wie das zu geschehen hat, hängt von den Umständen des Einzelfalls ab. Dementsprechend mangelt es nicht an Versuchen, den werblichen Charakter nur undeutlich kenntlich zu machen (vgl. BGH GRUR 2021, 1400 Rn. 85 – Influencer I). Daher lässt die Rspr. zu Recht versteckte Hinweise, etwa mit den Hashtags #ad, #shopping oder dem Zusatz „sponsored by" oder „paid partnership" innerhalb oder am Ende eines Beitrags, nicht genügen (OLG Celle WRP 2017, 1236 Rn. 10 ff.; KG WRP 2018, 98 Rn. 14; dazu Nadi WRP 2021, 586 Rn. 25). Ebenso wenig genügt der einmalige Hinweis „Dauerwerbesendung" zu Beginn eines Videos auf Youtube. Vielmehr muss ein unmissverständlicher, sofort („auf den ersten Blick") erkennbarer Hinweis auf den werblichen Charakter der Darstellung erfolgen (→ Rn. 4.25; BGH WRP 2021, 1415 Rn. 80 – Influencer I; OLG München WRP 2020, 1227 Rn. 30; OLG Braunschweig GRUR-RR 2020, 452 Rn. 52). Das kann und sollte durch die Angabe „Werbung" oder „Anzeige" vor Text- und Bildbeiträgen oder durch eine gut lesbare entsprechende Einblendung bei bewegten Beiträgen geschehen (vgl. OLG Karlsruhe WRP 2020, 1467 Rn. 117; Henning-Bodewig WRP 2017, 1415 (1419)). – Nicht ausreichend ist es, wenn sich der werbliche Charakter eines Beitrags dem Verbraucher erst erschließt, wenn er ihn bereits zur Kenntnis genommen hat. Denn dann ist er der Anlockwirkung bereits erlegen, die das Kennzeichnungsgebot gerade unterbinden soll, und war der Werbebotschaft unvorbereitet ausgesetzt (BGH GRUR 2021, 1400 Rn. 89 – Influencer I).

Der Influencer kann sich demgegenüber auch nicht auf das **Grundrecht** auf freie Meinungs-   **4.105**
äußerung und auf Informationsfreiheit nach Art. 5 I GG berufen (→ § 3 Rn. 1.22; OLG Karlsruhe WRP 2020, 1467 Rn. 119 ff.). Denn mögen auch die Textbeiträge in den Posts im Einzelfall vorrangig der Information und Meinungsbildung der Nutzer dienen, so gilt dies nicht für die daneben mittels „Tags" und „Links" erfolgte Produktwerbung, wenn also redaktionelle oder rein private Äußerungen mit Tags und Links, die der Werbung dienen, vermischt werden (OLG München WRP 2020, 1227 Rn. 26; KG WRP 2019, 339 Rn. 26, 36; LG Karlsruhe GRUR-RR 2019, 328 Rn. 31 ff.; vgl. aber auch BGH GRUR 2021, 1400 Rn. 62 ff. – Influencer I).

cc) Erkennbarkeit des kommerziellen Zwecks „unmittelbar aus den Umständen".   **4.106**
§ 5a IV ist nicht anwendbar, wenn sich der kommerzielle Zweck „unmittelbar aus den Umständen" ergibt. Das mag insoweit der Fall sein, als der durchschnittliche Nutzer eines sozialen Mediums erkennt, dass der Influencer Posts zur Wertsteigerung seines Images nutzt und dies ihm für bestehende und künftige „bezahlte Partnerschaftsverträge" Vorteile bringen kann (OLG München WRP 2020, 1227 Rn. 33). Das betrifft aber nur den Tatbestand der geschäftlichen Handlung zugunsten des eigenen Unternehmens, nicht aber den Tatbestand der geschäftlichen Handlung zugunsten eines fremden Unternehmens, also der Werbung für dessen Produkte. Gerade die Vermischung nicht werblicher und werblicher Inhalte kann der Einschätzung entgegenstehen, dass sich der kommerzielle Zweck einzelner Beiträge, fremde Unternehmen zu fördern, aus den Umständen ergibt (BGH GRUR 2021, 1400 Rn. 90 – Influencer I; OLG Braunschweig GRUR-RR 2020, 452 Rn. 52; OLG Karlsruhe WRP 2020, 1467 Rn. 97). Daher genügt es auch nicht, dass der Influencer seinen Account mit dem „blauen Haken" verifiziert, weil eben der Nutzer daraus nicht erkennen kann, ob und für welche Produkte der Influencer Werbung betreibt. Es muss jeder mit einem Kommunikationsakt verfolgte kommer-

zielle Zweck erkennbar sein (BGH GRUR 2021, 1400 Rn. 90 – Influencer I; OLG Karlsruhe WRP 2020, 1467 Rn. 106).

4.107   **dd) Eignung zur Beeinflussung der geschäftlichen Entscheidung des Verbrauchers.** Eine Maßnahme des Influencer-Marketings muss schließlich geeignet sein, die Nutzer sozialer Medien als einer bestimmten Gruppe von Verbrauchern iSd **§ 3 IV 1** (OLG München WRP 2020, 1227 Rn. 31) zu einer geschäftlichen Entscheidung iSd § 2 I Nr. 1, einschließlich damit unmittelbar zusammenhängender Entscheidungen (→ § 2 Rn. 1.10 ff.), zu veranlassen, die sie andernfalls nicht getroffen hätten. Dies hängt zwar von den **Umständen des Einzelfalls** ab, ist im Regelfall aber zu bejahen (BGH GRUR 2021, 1400 Rn. 98 – Influencer I; KG WRP 2019, 339 Rn. 39, 40; OLG Karlsruhe WRP 2020, 1467 Rn. 109 ff.; OLG Köln WRP 2021, 523 Rn. 40). Denn dafür genügt es bereits, dass der Verbraucher sich mittels des Links auf den Account des Anbieters des Produkts begibt (BGH WRP 2021, 1415 Rn. 96 – Influencer I; OLG Frankfurt GRUR 2020, 208 Rn. 17; OLG Braunschweig GRUR-RR 2020, 452 Rn. 62; OLG Koblenz WRP 2021, 677 Rn. 74 ff.). Den Unternehmer trifft daher die sekundäre Darlegungslast für Umstände, die gegen die Relevanz des Kennzeichenverstoßes sprechen. Erst recht gilt dies dann, wenn die Voraussetzungen des **§ 3 IV 2** gegeben sind, insbes. wenn sich die Werbung des Influencers an **Kinder** und/oder **Jugendliche** wendet und damit deren geschäftliche Unerfahrenheit ausgenutzt wird (OLG Frankfurt GRUR 2020, 208 Rn. 14, 15; Scherer WRP 2019, 277 Rn. 19 ff.). In diesem Fall kommt auch die Anwendung der Anh. Nr. 28 zu § 3 III in Betracht.

4.108   **h) Haftung.** Der Influencer haftet persönlich, wenn er den Tatbestand der § 3 I, § 5a IV bzw. des § 5b IV iVm § 6 I Nr. 1 TMG erfüllt (KG WRP 2019, 339 Rn. 23; → § 2 Rn. 2.23, 2.25, 2.65). Der Unternehmer, für den der Influencer werbend tätig wird, haftet ggf. als Mittäter bzw. Anstifter (§ 830 BGB), wenn die Werbung mit seinem Wissen und Wollen erfolgt.

6. Sonstiges

4.109   Ein Verstoß gegen § 5a IV liegt in der Verwendung eines Links, der von einem redaktionell gestalteten Beitrag zu einer Werbeseite führt, ohne dass dies für den Nutzer deutlich und unmissverständlich erkennbar ist (KG GRUR 2007, 254 (255); OLG München WRP 2010, 671; LG Berlin GRUR-RR 2011, 332 (333)). – Bei sog. **Teasern** auf Internetportalen, die nur kurze Texte und deutlich erkennbar die Marken der angebotenen Produkte enthalten, wird idR auf Grund der Gestaltung der Internetseite und der konkreten Aufmachung der Rubrik deren Werbecharakter offensichtlich sein, so dass eine Kennzeichnung als Anzeige entbehrlich ist (OLG München WRP 2014, 1074).

VI. Getarnte Werbung in Kinofilmen

4.110   Für die Hersteller und Vertreiber von Kinospielfilmen besteht kein spezialgesetzliches Gebot der Trennung von Werbung und Programm, wenngleich in den Filmtheatern seit langem eine Trennung zwischen der sog Blockwerbung und dem eigentlichen Spielfilm üblich ist (BGH GRUR 1962, 461 – Werbeveranstaltung mit Filmvorführung; BGHZ 130, 205 (213 ff.) = GRUR 1995, 744 – Feuer, Eis & Dynamit I; OLG München WRP 1993, 420 (424)). Jedoch greift insoweit das in § 5a IV verankerte Gebot der Kenntlichmachung des kommerziellen Zwecks ein. Allerdings sind bei einer Werbung in Spielfilmen nicht die gleichen strengen Maßstäbe anzuwenden wie bei verdeckten Werbeaussagen in redaktionellen Beiträgen der Presse und des Rundfunks. Denn der Verkehr pflegt Angaben oder Aussagen in Presse und Rundfunk einen höheren Grad an Objektivität und ein größeres Gewicht beizumessen als solchen, die ihm im Rahmen eines privaten Spielfilms begegnen (BGHZ 130, 205 (214) – Feuer, Eis & Dynamit I). Nicht jede Art von Werbung, die in einem Spielfilm enthalten ist, verstößt daher gegen die Erwartung der Zuschauer. Die Grenze ist dagegen überschritten, wenn ein Kinospielfilm seiner Tendenz nach auf Werbung ausgerichtet ist (BGH GRUR 1962, 461 – Werbeveranstaltung mit Filmvorführung; OLG München WRP 1993, 420 (424)) oder – was auf das Gleiche hinausläuft – **Produktplatzierung** (→ Rn. 4.111 ff., → Rn. 4.114) im Übermaß enthält.

VII. Schleichwerbung und Produktplatzierung (Product Placement) als besondere Formen der getarnten Werbung

1. Beschreibung

„Schleichwerbung" und **„Produktplatzierung"** (Product Placement) sind insbes. in   **4.111** Kinofilmen (dazu BGHZ 130, 205 = GRUR 1995, 744 – Feuer, Eis & Dynamit I) und in audiovisuellen Mediendiensten verbreitet. (1) **„Schleichwerbung"** ist nach der Definition in **§ 2 II Nr. 9 MStV** „die Erwähnung oder Darstellung von Waren, Dienstleistungen, Namen, Marken oder Tätigkeiten eines Herstellers von Waren oder eines Erbringers von Dienstleistungen in Sendungen, wenn sie vom Veranstalter absichtlich zu Werbezwecken vorgesehen ist und mangels Kennzeichnung die Allgemeinheit hinsichtlich des eigentlichen Zwecks dieser Erwähnung oder Darstellung irreführen kann". Eine Erwähnung oder Darstellung gilt nach S. 2 „insbes. dann als zu Werbezwecken beabsichtigt, wenn sie gegen Entgelt oder eine ähnliche Gegenleistung" erfolgt. (Vgl. auch die Definition in Art. 1 I lit. j AVMD-RL). Die Schleichwerbung ist nach § 8 VII 1 MStV unzulässig. (2) **„Produktplatzierung"** ist nach der Definition in **§ 2 II Nr. 12 S. 1 MStV** „jede Form der Werbung, die darin besteht, gegen Entgelt oder eine ähnliche Gegenleistung ein Produkt, eine Dienstleistung oder die entsprechende Marke einzubeziehen oder darauf Bezug zu nehmen, sodass diese innerhalb einer Sendung eines nutzergenerierten Videos erscheinen. Nach § 2 II Nr. 12 S. 2 MStV ist darüber hinaus die kostenlose Bereitstellung von Waren oder Dienstleistungen eine Produktplatzierung, sofern die betreffende Ware oder Dienstleistung von bedeutendem Wert ist (vgl. auch die etwas abweichende Definition in Art. 1 I lit. m AVMD-RL, geändert durch die RL 2018/1808/EU). – Die Produktplatzierung ist unter den Voraussetzungen des § 8 VII 2–5 MStV und des § 38 MStV in Telemedien zulässig.

2. Lauterkeitsrechtliche Beurteilung

a) Allgemeines. Lauterkeitsrechtlich ist es nicht zu beanstanden, wenn im Rahmen eines   **4.112** redaktionell oder künstlerisch gestalteten Beitrags (zB Interview, Spielfilm, Berichterstattung) die Waren, Dienstleistungen usw eines Unternehmens erwähnt oder dargestellt werden. So etwa, wenn bei der Übertragung eines Fußballspiels im Fernsehen die Bandenwerbung gezeigt wird oder wenn bei einem Interview ein Sportler abgebildet wird, der auf seiner Kleidung Werbung trägt. Denn insoweit fehlt es bereits regelmäßig an einer geschäftlichen Handlung iSd § 2 I Nr. 2. Das bloße Bewusstsein, mit der Sendung fremden Wettbewerb zu fördern, reicht dafür nicht aus. Dagegen ist die Kontrolle nach den § 5a IV und ggf. § 3a jedenfalls dann eröffnet, wenn der Beitrag das Ziel hat, den Wettbewerb des betreffenden Unternehmens zu fördern. Eine solche Zielsetzung ist stets anzunehmen, wenn der für den Beitrag Verantwortliche für das **Product Placement** ein Entgelt bekommt, fordert oder erwartet (vgl. auch die Definition in § 2 II Nr. 12 MStV). Allerdings wird sich dies nicht immer beweisen lassen. Nach der Lebenserfahrung ist indessen schon dann von einer geschäftlichen Handlung auszugehen, wenn ein Produkt auffällig oft und ohne erkennbare redaktionelle, künstlerische oder dramaturgische Veranlassung ins Bild gerät. Dass der Beitrag den Charakter eines Kunstwerks iSd Art. 5 III GG hat, ist insoweit unerheblich (BGHZ 130, 205 (213) – Feuer, Eis & Dynamit I). Bei der rechtlichen Bewertung ist allerdings nach dem eingesetzten Medium zu unterscheiden.

b) Schleichwerbung, Themenplatzierung und Produktplatzierung in Rundfunksen-   **4.113** **dungen.** Nach **§ 8 VII 1 MStV** sind **Schleichwerbung** (iSv § 2 II Nr. 9 MStV) und **Themenplatzierung** sowie entsprechende Praktiken im Rundfunk unzulässig. Ein Verstoß gegen diese Vorschrift, die eine besondere Ausprägung des Grundsatzes der Trennung von Werbung und Programm darstellt und die Rundfunkfreiheit und Unabhängigkeit der Programmgestaltung sichert, begründet zugleich die Unlauterkeit nach § 3a. Denn es handelt sich um eine Regelung des Marktverhaltens (auch) zum Schutz der Verbraucher vor Belästigung und unsachlicher Beeinflussung durch unerbetene Werbung. Von unzulässiger **Schleichwerbung** ist insbes. dann auszugehen („gilt"), wenn die Erwähnung oder Darstellung von Waren, Dienstleistungen usw. gegen Entgelt oder eine ähnliche Gegenleistung erfolgt (§ 2 II Nr. 9 S. 2 MStV; Art. 1 I lit. j S. 2 AVMD-RL). Die **Produktplatzierung** (§ 2 II Nr. 12 MStV) ist allerdings **privilegiert:** Sie ist nach § 8 VII 2 MStV zwar grds. gestattet. Sendungen, die Produktplatzierungen enthalten, müssen aber nach § 8 VII 3 MStV bestimmte Voraussetzungen erfüllen. Auf eine Produktplatzierung ist eindeutig hinzuweisen (§ 8 VII 4 MStV). Sie ist zu Beginn und zum Ende einer Sendung sowie bei deren Fortsetzung nach einer Werbeunterbrechung oder im Hörfunk durch einen gleichwertigen Hinweis angemessen zu kennzeichnen (§ 8 VII 5 MStV). Zur Zulässigkeit des sog **Splitscreen** vgl. § 8 IV MStV.

4.114   **c) Produktplatzierung in Kinofilmen und Computerspielen.** Für **Kinospielfilme** (→ Rn. 4.110) fehlt eine gesetzliche Regelung. Jedenfalls darf an sie kein strengerer Maßstab angelegt werden als an die Produktplatzierung im Rundfunk, weil insoweit das Problem der Trennung von Werbung und Programm von vornherein nicht auftritt. Maßgebend ist ausschließlich, ob der Tatbestand des § 5a IV erfüllt ist, also eine getarnte Werbung vorliegt. Der Zuschauer weiß oder rechnet damit, dass der Filmhersteller dabei auch Requisiten verwendet, die ihm ein Unternehmer um des Werbeeffekts willen kostenlos zur Verfügung stellt oder dass für die Produktplatzierung bezahlt wird. Zweifelhaft ist nur, wo die Grenze zur Unlauterkeit zu ziehen ist. Nach der bisherigen Rspr. ist sie überschritten, wenn Zahlungen oder andere geldwerte Leistungen „von einigem Gewicht" dafür erbracht werden, dass Unternehmen oder ihre Erzeugnisse in irgendeiner Weise im Film in Erscheinung treten (BGHZ 130, 205 (217) = GRUR 1995, 744 – Feuer, Eis & Dynamit I). – Dieser Wertungsmaßstab ist grds. auch unter Geltung des § 5a IV anzuwenden. Da ein Film in aller Regel, will er nicht realitätsfern sein, nicht ohne Nutzung von „Requisiten", zB von PKWs, auskommt, die ihm von dritter Seite zur Verfügung gestellt werden, liegt ein kommerzieller Zweck erst dann vor, wenn der Filmhersteller sie gezielt zur Förderung des Absatzes solcher Produkte einsetzt. Das ist aber erst dann anzunehmen, wenn die Darstellung des Produkts in einer Weise erfolgt, die nicht vom Handlungsverlauf gedeckt ist, sondern gezielt die Aufmerksamkeit der Zuschauer auf sich lenkt, also ein „werblicher Überschuss" vorliegt (vgl. OLG München WRP 1993, 420 (424 ff.). Es genügt also zB nicht, dass ein Autohersteller dafür bezahlt, dass in einem Kriminalfilm der Kommissar eines seiner Fahrzeuge verwendet. Hinzukommen muss, dass dieses Fahrzeug häufig in auffälliger, durch den Handlungsablauf nicht gebotener Weise dargestellt wird. Dass das werbliche Element erkennbar ist, lässt die Bewertung als „getarnte Werbung" nicht entfallen. Entscheidend für die rechtliche Bewertung ist nämlich, ob der kommerzielle Zweck rechtzeitig kenntlich gemacht wird. Der durchschnittliche Zuschauer rechnet in dem Zeitpunkt, in dem er sich für den Besuch des Films entscheidet und Eintritt bezahlt, nicht damit, der Film werde Werbung im Übermaß enthalten. Davon darf er auch deshalb ausgehen, weil bei Kinofilmen die eigentliche Werbung vorab als „Blockwerbung" erfolgt. Die Tarnung der Werbung erfolgt dadurch, dass der Zuschauer nicht rechtzeitig über den werblichen Charakter des Films aufgeklärt wird und er sich später dem Einfluss dieser Werbung faktisch nicht mehr entziehen kann, sie ihm gewissermaßen aufgedrängt wird. Dies bedeutet nicht, dass es dem Filmhersteller damit untersagt wäre, die Finanzierung des Films durch Beiträge interessierter Unternehmen zu sichern. Es ist ihm und dem Veranstalter aber zuzumuten, die Zuschauer **vorab** darüber zu **informieren,** dass der Film bezahlte Werbung enthält. Dann können diese frei darüber entscheiden, ob sie den Film gleichwohl ansehen wollen oder nicht; vor allem ist für sie dann der Werbecharakter der Produktplatzierung von vornherein erkennbar. Diese Pflicht zur Vorabinformation stellt auch keinen Eingriff in die Kunstfreiheit (Art. 5 III GG) des Filmschaffenden dar (BGHZ 130, 205 (218 ff.) = GRUR 1995, 744 – Feuer, Eis & Dynamit I), weil es sich lediglich um eine Vertriebsmodalität handelt. – Bei der Produktplatzierung in **Computerspielen** gelten vergleichbare Grundsätze. Eine unzulässige getarnte Werbung liegt vor, wenn bezahlte Werbung im Übermaß enthalten ist. Richtet sich die Werbung gezielt an Kinder, so sind insoweit strenge Maßstäbe anzulegen (vgl. § 3 IV 2; Schaar GRUR 2005, 912 (914 ff.)).

3. Verantwortlichkeit

4.115   Liegt eine unlautere Produktplatzierung vor, so ist dafür nicht nur der Veranstalter verantwortlich, sondern nach den Grundsätzen der Mittäter- bzw. Teilnehmerhaftung auch der von ihm geförderte Unternehmer, soweit dieser Produktplatzierung veranlasst hat.

VIII. Sponsoring

1. Beschreibung

4.116   **Sponsoring** ist ganz allgemein jede geschäftliche Vereinbarung, bei der ein Dritter (Sponsor) eine vertraglich vereinbarte finanzielle oder sonstige Unterstützung leistet, um eine Verbindung zwischen seinem Erscheinungsbild, seinem Namen, seiner Marke, seinen Waren oder Dienstleistungen und der geförderten Veranstaltung, Aktion, Organisation oder Person oder dem geförderten Medium oder Ort herzustellen (vgl. die Beschreibung im ICC-Kodex zur Praxis der Werbe- und Marketingkommunikation) und damit werben zu dürfen. Eine ähnliche, jedoch auf den Rundfunk und sonstige audiovisuelle Mediendienste beschränkte Definition enthält **§ 2 II Nr. 10 MStV** (Medienstaatsvertrag). Danach ist Sponsoring jeder Beitrag einer natürlichen oder juristischen Person oder einer Personenvereinigung, die an Rundfunktätigkeiten, der Bereitstellung von rundfunkähnlichen Telemedien oder Video-Sharing-Diensten oder an der Produktion audiovisueller Werke nicht beteiligt ist, zur direkten oder indirekten Finanzierung von Rundfunkprogrammen, rundfunkähnlichen Telemedien, Video-Sharing-Diensten, nutzergenerierten Videos oder einer Sendung, um den Namen, die Marke, das Erscheinungsbild der Person oder Personenvereinigung, ihre Tätigkeit oder ihre Leistungen zu fördern. (Diese Definition entspricht im Wesentlichen der Definition in Art. 1 lit. k AVMD-RL, geändert durch die RL 2018/1808.)

2. Lauterkeitsrechtliche Beurteilung

a) Allgemeines. Das Sponsoring ist eine Erscheinungsform der **Aufmerksamkeitswerbung** 4.117
(BGHZ 117, 353 (362) = GRUR 1992, 518 (520) – Ereignis-Sponsorwerbung; Ullmann FS Traub, 1994, 411 (414 ff.)). Es ist lauterkeitsrechtlich grds. zulässig (vgl. Hartwig WRP 1999, 744), muss jedoch die allgemeinen lauterkeitsrechtlichen Anforderungen an die Werbung einhalten (dazu Schaub GRUR 2008, 955 (956 ff.)). Es darf daher nicht irreführend iSd **§ 5 II Nr. 4** sein (Irreführung über „Aussagen oder Symbole, die im Zusammenhang mit direktem oder indirektem Sponsoring stehen"; → § 5 Rn. 5.1 ff.). Auch muss klar erkennbar sein, dass ein Ereignis, ein Programm oder eine Person gesponsert sind **(§ 5a IV).**

b) Sponsoring in Rundfunksendungen und rundfunkähnlichen Telemedien. Das 4.118
Sponsoring hat im **Medienrecht,** nämlich in § 10 MStV (Medienstaatsvertrag) eine spezialgesetzliche Regelung gefunden, die nach § 74 MStV für rundfunkähnliche Telemedien entsprechend gilt. Durch diese Regelungen wurden Art. 10 und 25 AVMD-RL umgesetzt.

§ 10 MStV Sponsoring

(1) ¹ Auf das Bestehen einer Sponsoring-Vereinbarung muss eindeutig hingewiesen werden; bei Sendungen, die ganz oder teilweise gesponsert werden, muss zu Beginn oder am Ende auf die Finanzierung durch den Sponsor in vertretbarer Kürze und in angemessener Weise deutlich hingewiesen werden; der Hinweis ist in diesem Rahmen auch durch Bewegtbild möglich. ² Neben oder anstelle des Namens des Sponsors kann auch dessen Firmenemblem oder eine Marke, ein anderes Symbol des Sponsors, ein Hinweis auf seine Produkte oder Dienstleistungen oder ein entsprechendes unterscheidungskräftiges Zeichen eingeblendet werden.

(2) Inhalt eines gesponserten Rundfunkprogramms oder einer gesponserten Sendung und Programmplatz einer Sendung dürfen vom Sponsor nicht in der Weise beeinflusst werden, dass die redaktionelle Verantwortung und Unabhängigkeit des Rundfunkveranstalters beeinträchtigt werden.

(3) Gesponserte Sendungen dürfen nicht zum Verkauf, zum Kauf oder zur Miete oder Pacht von Erzeugnissen oder Dienstleistungen des Sponsors oder eines Dritten, vor allem durch entsprechende besondere Hinweise, anregen.

(4) ¹ Nachrichtensendungen und Sendungen zur politischen Information dürfen nicht gesponsert werden. ² In Kindersendungen und Sendungen religiösen Inhalts ist das Zeigen von Sponsorenlogos untersagt.

(5) Die Absätze 1 bis 4 gelten auch für Teleshoppingkanäle.

(6) § 8 Absatz 1 S. 3 und Absatz 8 bis 10 gelten entsprechend.

Das Sponsoring von Rundfunksendungen ist zu unterscheiden vom **Ereignissponsoring.** 4.119
Wird ein gesponsertes Ereignis gesendet, gilt grds. das Gebot der Trennung von Werbung und Programm (vgl. BGH GRUR 1992, 518 (521) – Ereignis-Sponsorwerbung; dazu krit. MüKoUWG/Heermann UWG 2008 § 4 Nr. 3 Rn. 124). Allerdings ist dafür Voraussetzung, dass überhaupt eine Werbung iSd § 2 II Nr. 7 MStV vorliegt, dh die Sendung gegen Entgelt oder eine ähnliche Gegenleistung erfolgt.

c) Sonstige Regelungen. Sponsoring von Hörfunkprogrammen oder bestimmten **Ver-** 4.120
anstaltungen mit dem Ziel, den Verkauf von **Tabakerzeugnissen** zu fördern, ist nach **§ 19 IV, V TabakerzG** verboten. – **Anwaltswerbung** durch Sponsoring verstößt nicht gegen § 43b BRAO und § 6 I BORA (BVerfG NJW 2000, 3195 (3196); vgl. auch Steinbeck NJW 2003, 1481 (1483)).

IX. Sonstige Formen des Nichtkenntlichmachens des kommerziellen Zwecks einer geschäftlichen Handlung

1. Vortäuschen neutraler Auskunft oder Empfehlung

4.121   Das Verbot des Nichtkenntlichmachens des kommerziellen Zwecks richtet sich auch an solche Personen oder Organisationen, von denen die Öffentlichkeit auf Grund ihrer Stellung oder ihres Auftretens unabhängige, neutrale und objektive Auskünfte erwartet. Das gilt insbes. für die Auskünfte der **öffentlichen Hand** (→ § 3a Rn. 2.39). Das gilt aber auch für sonstige Personen, die von Berufs wegen zur Neutralität und Objektivität verpflichtet sind, wie zB **Notare** oder **Analysten**, die Unternehmen beurteilen und Empfehlungen über den Kauf oder Verkauf von Aktien aussprechen. Verschweigen sie, dass sie mit der Auskunfterteilung eigene oder fremde geschäftliche Interessen verfolgen, so stellt dies eine lauterkeitsrechtlich relevante Täuschung der Auskunftsuchenden dar. Hierher gehören auch Empfehlungen und Ratschläge von **Freiberuflern** (Ärzten, Anwälten, Steuerberatern usw), die kraft Gesetzes zur **Wahrung der Interessen ihrer Kunden** (Mandanten, Patienten usw) verpflichtet sind (→ § 3 Rn. 6.14 ff., 6.20). – Von solchen Fällen abgesehen sind Gewerbetreibende lauterkeitsrechtlich nicht zur Neutralität und Objektivität verpflichtet (vgl. auch § 675 II BGB). Ein Hotelier beispielsweise, den ein Gast nach einem guten Restaurant fragt, handelt daher nicht unlauter, wenn er ihm keine neutrale Auskunft gibt. Ebenso wenig stellt es einen Verstoß gegen § 5a IV dar, wenn eine bekannte Klinik für ästhetische und kosmetische Chirurgie gebeten wird, Namen und Anschrift bekannter Chirurgen für kosmetische Operationen zu nennen, oder dem Ratsuchenden nur eine bestimmte Klinik für kosmetische Operationen genannt wird und die dort tätigen Ärzte mit überschwänglichem Lob hervorgehoben werden (aA iErg OLG Hamburg WRP 1993, 494).

2. Vortäuschen von Abnahme- und Zahlungspflichten

4.122   **a) Beschreibung.** Vielfach werden Angebote so geschickt gestaltet, dass der Leser bei flüchtiger Lektüre den unzutreffenden Eindruck gewinnt, es handle sich um eine Rechnung und es liege bereits eine vertragliche Bindung vor. Typisches Beispiel dafür ist der sog **Adressbuchschwindel** (vgl. BGH WRP 2012, 194 Rn. 18 – Branchenbuch Berg). Die Unlauterkeit solcher Handlungen wird nicht dadurch ausgeschlossen, dass dem Leser bei aufmerksamer Lektüre der bloße Angebotscharakter deutlich wird. Denn zwar kommt es grds. auf den durchschnittlich informierten, aufmerksamen und verständigen Verbraucher oder sonstigen Marktpartner an. Das kann aber dann nicht gelten, wenn der Handelnde gerade auf die situationsadäquate (zB auf Zeitmangel beruhende) Unaufmerksamkeit Einzelner spekuliert und dies planmäßig und systematisch für sich auszunutzen versucht (ebenso BGH WRP 2012, 194 Rn. 29 – Branchenbuch Berg).

4.123   **b) Lauterkeitsrechtliche Beurteilung.** Das Vortäuschen von Abnahme- und Zahlungspflichten kann, soweit es Verbraucher betrifft, den Tatbestand des **Anh. Nr. 22 zu § 3 III** erfüllen. Danach ist es stets unzulässig, Verbrauchern Werbematerial unter Beifügung einer Zahlungsaufforderung zu übermitteln, wenn damit der unzutreffende Eindruck vermittelt wird, die beworbene Ware oder Dienstleistung sei bereits bestellt. Die Vorschrift ist jedoch dann nicht anwendbar, wenn dem Schreiben keine Zahlungsaufforderung beigefügt ist (BGH WRP 2012, 194 Rn. 29 – Branchenbuch Berg) oder wenn sich das Angebot an sonstige Marktteilnehmer wendet. Jedoch kommt gerade im Hinblick auf die Neuregelung in **§ 5a IV,** die ausdrücklich auch sonstige Marktteilnehmer einbezieht, die Anwendung auch dieses Tatbestands in Betracht. Denn jedenfalls ist es für derartige Handlungen charakteristisch, dass der kommerzielle Zweck, das Erlangen einer Zahlung ohne Rechtsgrund, nicht kenntlich gemacht wird.

4.124   **c) Beispiele. Unlauterkeit bejaht:** Akquisition von Aufträgen für Adressbucheintragungen durch den Versand von Formularschreiben, die beim Betrachter den Eindruck erwecken, es würden früher in Auftrag gegebene Leistungen in Rechnung gestellt oder es würden im Rahmen eines bestehenden Vertragsverhältnisses Eintragungsdaten aktualisiert, während in Wahrheit Vertragsangebote unterbreitet werden (vgl. BGHZ 123, 330 (334) = GRUR 1994, 126 (127) – Folgeverträge I; BGH GRUR 1995, 358 (360) – Folgeverträge II; GRUR 1998, 415 (416) – Wirtschaftsregister; WRP 2012, 194 Rn. 17 ff. – Branchenbuch Berg; LG Berlin WRP 2014, 1242; LG Nürnberg-Fürth WRP 2019, 1229). – Angebot einer Höherversicherung, das wie eine Aufforderung zur laufenden Beitragszahlung gestaltet ist (BGH GRUR 1992, 450

(452) – Beitragsrechnung). – Ausgestaltung eines Bestellschreibens als Geschenkgutschein (OLG Karlsruhe WRP 1988, 322). – Formularmäßiges Angebot für teils kostenfreie, teils kostenpflichtige Eintragungen in eine Formulardatenbank ohne ausreichenden Hinweis auf den kostenpflichtigen Teil (LG Hamburg NJW-CoR 1996, 256 Ls.).

3. Vortäuschen der Verbrauchereigenschaft

a) Beim Bezug von Waren oder Dienstleistungen. Gibt sich ein Unternehmer beim **4.125** Bezug von Waren oder Dienstleistungen als Verbraucher aus (zB Antiquitätenhändler gegenüber Erben von Antiquitäten), erfüllt dies bereits den Tatbestand **Anh. Nr. 23 zu § 3 III,** da der Begriff der geschäftlichen Handlung (im Gegensatz zur UGP-RL) auch den Bezug erfasst. – Gibt ein Unternehmer Waren oder Dienstleistungen nur an (End-)Verbraucher ab, und täuscht ein am Wiederverkauf interessierter Abnehmer diesen Unternehmer über seine fehlende Verbrauchereigenschaft, so verschleiert er den kommerziellen Zweck seines Handelns **(Schleichbezug)** und verstößt insoweit gegen § 5a IV (vgl. auch BGH GRUR 2009, 173 Rn. 25 ff. – bundesligakarten.de). **Beispiel:** Ein Wiederverkäufer unterläuft das Vertriebskonzept eines Herstellers, der erklärtermaßen seine Waren nur an Endverbraucher verkauft, durch Einschaltung von Strohmännern (BGH GRUR 1988, 916 – PKW-Schleichbezug). – Zum Schutz selektiver Vertriebssysteme vor Außenseiterbezügen allg. → § 4 Rn. 4.63.

b) Beim Absatz von Waren oder Dienstleistungen. Täuscht ein Unternehmer beim **4.126** Absatz von Waren oder Dienstleistungen über seine Unternehmereigenschaft und spiegelt er Verbrauchern vor, er sei Verbraucher oder handle als Verbraucher, so erfüllt dies den Tatbestand **Anh. Nr. 23 zu § 3 III.**

Wesentliche Informationen

5b (1) Werden Waren oder Dienstleistungen unter Hinweis auf deren Merkmale und Preis in einer dem verwendeten Kommunikationsmittel angemessenen Weise so angeboten, dass ein durchschnittlicher Verbraucher das Geschäft abschließen kann, so gelten die folgenden Informationen als wesentlich im Sinne des § 5a Absatz 1, sofern sie sich nicht unmittelbar aus den Umständen ergeben:

1. alle wesentlichen Merkmale der Ware oder Dienstleistung in dem der Ware oder Dienstleistung und dem verwendeten Kommunikationsmittel angemessenen Umfang,
2. die Identität und Anschrift des Unternehmers, gegebenenfalls die Identität und Anschrift desjenigen Unternehmers, für den er handelt,
3. der Gesamtpreis oder in Fällen, in denen ein solcher Preis auf Grund der Beschaffenheit der Ware oder Dienstleistung nicht im Voraus berechnet werden kann, die Art der Preisberechnung sowie gegebenenfalls alle zusätzlichen Fracht-, Liefer- und Zustellkosten oder in Fällen, in denen diese Kosten nicht im Voraus berechnet werden können, die Tatsache, dass solche zusätzlichen Kosten anfallen können,
4. Zahlungs-, Liefer- und Leistungsbedingungen, soweit diese von den Erfordernissen unternehmerischer Sorgfalt abweichen,
5. das Bestehen des Rechts auf Rücktritt oder Widerruf und
6. bei Waren oder Dienstleistungen, die über einen Online-Marktplatz angeboten werden, die Information, ob es sich bei dem Anbieter der Waren oder Dienstleistungen nach dessen eigener Erklärung gegenüber dem Betreiber des Online-Marktplatzes um einen Unternehmer handelt.

(2) ¹Bietet ein Unternehmer Verbrauchern die Möglichkeit, nach Waren oder Dienstleistungen zu suchen, die von verschiedenen Unternehmern oder von Verbrauchern angeboten werden, so gelten unabhängig davon, wo das Rechtsgeschäft abgeschlossen werden kann, folgende allgemeine Informationen als wesentlich:

1. die Hauptparameter zur Festlegung des Rankings der dem Verbraucher als Ergebnis seiner Suchanfrage präsentierten Waren oder Dienstleistungen sowie
2. die relative Gewichtung der Hauptparameter zur Festlegung des Rankings im Vergleich zu anderen Parametern.

²Die Informationen nach Satz 1 müssen von der Anzeige der Suchergebnisse aus unmittelbar und leicht zugänglich sein. ³Die Sätze 1 und 2 gelten nicht für Betreiber

von Online-Suchmaschinen im Sinne des Artikels 2 Nummer 6 der Verordnung (EU) 2019/1150 des Europäischen Parlaments und des Rates vom 20. Juni 2019 zur Förderung von Fairness und Transparenz für gewerbliche Nutzer von Online-Vermittlungsdiensten (ABl. L 186 vom 11.7.2019, S. 57).

(3) Macht ein Unternehmer Bewertungen zugänglich, die Verbraucher im Hinblick auf Waren oder Dienstleistungen vorgenommen haben, so gelten als wesentlich Informationen darüber, ob und wie der Unternehmer sicherstellt, dass die veröffentlichten Bewertungen von solchen Verbrauchern stammen, die die Waren oder Dienstleistungen tatsächlich genutzt oder erworben haben.

(4) Als wesentlich im Sinne des § 5a Absatz 1 gelten auch solche Informationen, die dem Verbraucher auf Grund unionsrechtlicher Verordnungen oder nach Rechtsvorschriften zur Umsetzung unionsrechtlicher Richtlinien für kommerzielle Kommunikation einschließlich Werbung und Marketing nicht vorenthalten werden dürfen.

Gesamtübersicht[*]

---

[*] Detailübersichten finden sich zu Beginn der Abschnitte.

Schrifttum: Alexander, Überblick und Anmerkungen zum Referentenentwurf eines Gesetzes zur Stär-
kung des Verbraucherschutzes im Wettbewerbs- und Gewerberecht, WRP 2021, 136; Alexander,
Transparenz in der Plattformwirtschaft, Die Regelungsansätze der P2B-VO und des UWG, GRUR 2023, 14;
Büscher, Neue Unlauterkeitstatbestände und Sanktionen im Gesetz zur Stärkung des Verbraucherschutzes im
Wettbewerbs- und Gewerberecht (Teil 1), WRP 2022, 1 und (Teil 2), WRP 2022, 132; Feddersen, Neue
Transparenzanforderungen im Online-Bereich: Online-Marktplätze – Verbraucherbewertungen – Influencer,
WRP 2022, 789; Lettl, Die Neuregelung der „Irreführung durch Unterlassen" (§§ 5a, 5b UWG), WRP
2022, 802; Sosnitza, Bewertungen und Rankings in Internet – Neue lauterkeitsrechtliche Herausforderungen,
CR 2021, 329.

1. Abschnitt. Entstehungsgeschichte und unionsrechtlicher Hintergrund des § 5b

§ 5b wurde durch das G zur Stärkung des Verbraucherschutzes im Wettbewerbs- und Gewer- **1.1**
berecht v. 10.8.2021 (BGBl. 2021 I 3504), in Kraft getreten am 28.5.2022, in das UWG eingefügt. Die Vorschrift stellt eine Abspaltung vom bisherigen § 5a aF dar. Sie enthält in § 5b I und
IV Regelungen über wesentliche Informationen, die bisher in § 5a III und IV aF enthalten
waren. Ein Grund für diese Abspaltung war, dass die allg. Regelungen über die „Irreführung
durch Unterlassen" im neuen § 5a nicht mehr nur Verbraucher, sondern auch sonstige Marktteilnehmer schützen, während § 5b nur im Verhältnis zu Verbrauchern gilt.

In § 5b I Nr. 6, II und III wurden darüber hinaus die Änderungen in Art. 7 UGP-RL durch **1.2**
die RL (EU) 2019/2161 umgesetzt. Für diese Neuregelungen gilt daher ebenfalls das Gebot der

richtlinienkonformen Auslegung. Wichtige Erläuterungen dazu finden sich in den ErwGr. 18 ff. und 47 ff. RL (EU) 2021/2161 sowie in der BT-Drs. 19/27873, 35–37.

2. Abschnitt. Wesentliche Informationen bei Angeboten zu einem Geschäftsabschluss (§ 5b I)

Übersicht

A. Allgemeines

I. Funktion des § 5b I innerhalb des Unlauterkeitstatbestands des § 5a I

Nach § 5b I gelten im Fall eines näher beschriebenen „Angebots" zu einem Geschäftsabschluss **2.1** die in Nr. 1–6 aufgelisteten Informationen als wesentlich iSd § 5a I, sofern sie sich nicht unmittelbar aus den Umständen ergeben. § 5b I knüpft damit an den Unlauterkeitstatbestand des § 5a I an und dient der Konkretisierung des darin enthaltenen Tatbestandsmerkmals der „wesentlichen Information", die dem Verbraucher nicht vorenthalten werden darf.

II. Unionsrechtliche Grundlage und Normzweck

§ 5b I dient der **Umsetzung des Art. 7 IV UGP-RL** und ist dementsprechend richtlini- **2.2** enkonform auszulegen. Die Vorschrift bezweckt den Schutz des Verbrauchers. Die darin geregelten Informationspflichten des Unternehmers sollen es dem Verbraucher ermöglichen, eine informierte geschäftliche Entscheidung zu treffen (§ 5a I Nr. 1), und ihn davor bewahren, eine geschäftliche Entscheidung zu treffen, die er andernfalls nicht getroffen hätte (§ 5a I Nr. 2). Unter diesem Aspekt ist im Einzelfall zu prüfen, welche Angaben der Unternehmer gegenüber dem Verbraucher machen muss (dazu EuGH GRUR 2011, 930 Rn. 58 f. – Ving Sverige).

III. Zeitpunkt der Bereitstellung der Informationen

Die Informationen nach § 5b I sind **rechtzeitig** zu geben. Das ergibt sich unmittelbar aus **2.3** § 5a II Nr. 3 (Art. 7 II UGP-RL). Denn das nicht rechtzeitige Bereitstellen wesentlicher Informationen steht ihrem Vorenthalten gleich (§ 5a II). Maßgeblich für die Rechtzeitigkeit ist der Zweck des § 5b I, dem Verbraucher eine informierte geschäftliche Entscheidung zu ermöglichen (§ 5a I Nr. 1). Das ist grds. der Zeitpunkt der „Aufforderung zum Kauf", weil der Verbraucher ab diesem Zeitpunkt eine geschäftliche Entscheidung iSd § 2 I Nr. 1 treffen kann (EuGH GRUR 2017, 535 Rn. 30 – DHL Paket; BGH WRP 2016, 459 Rn. 23 – MeinPaket.de II), und nicht der Zeitpunkt, in dem der Verbraucher sich nach den Informationen erkundigt (OLG Düsseldorf WRP 2015, 899 Rn. 32 aE; OLG Rostock WRP 2013, 1368 Rn. 32). Davon zu unterscheiden ist die Frage, ob die Informationen bereits in der Aufforderung zum Kauf, wie zB in einer Zeitungsanzeige, selbst gemacht werden müssen oder ob es im Hinblick auf die räumlichen oder zeitlichen Beschränkungen des Kommunikationsmittels nach § 5a III Nr. 1 im Einzelfall gerechtfertigt sein kann, dass die Informationen anderweit, idR auf einer Website, dem Verbraucher einfach und schnell mitgeteilt werden (EuGH GRUR 2017, 537 Rn. 27, 30 – DHL Paket, zu den Impressumsangaben nach Art. 7 IV lit. b UGP-RL (= § 5b I Nr. 2)). Sieht man mit dem BGH bei einer Aufforderung zum Kauf in einer Zeitungsanzeige die geschäftliche Entscheidung bereits im Aufsuchen eines Verkaufsportals im Internet, um ein in der Anzeige beworbenes Produkt zu erwerben oder sich näher damit zu befassen, müssen die wesentlichen Informationen, zB nach § 5b I Nr. 2, grundsätzlich bereits in der Werbeanzeige erfolgen (BGH WRP 2018, 65 Rn. 23 – MeinPaket.de II).

IV. Form der Bereitstellung der Informationen

§ 5b I schreibt ebenso wie Art. 2 lit. i UGP-RL **keine bestimmte Form** und auch **kein** **2.4** **bestimmtes Kommunikationsmittel** vor, **wie** die einzelnen Informationen zu erteilen sind. Der Unternehmer ist insofern in seiner Wahl frei, soweit keine speziellen Vorschriften eingreifen. Je nach den räumlichen oder zeitlichen Beschränkungen des verwendeten Kommunikationsmittels (§ 5a III Nr. 1) kann es auch genügen, die Informationen dem Verbraucher anderweitig, dh mittels eines anderen Mediums (zB Internet; Aushang), zur Verfügung zu stellen.

V. Umfang der bereitzustellenden Informationen

Der Umfang, insbes. die Detailliertheit, der einzelnen Informationen, die der Unternehmer **2.5** nach § 5b I bereitzustellen hat, hängt grds. davon ab, was der **Durchschnittsverbraucher** (§ 3 IV) für eine informierte geschäftliche Entscheidung benötigt. Allerdings kann es im Einzelfall je nach dem gewählten Kommunikationsmittel für den Unternehmer schwierig sein, alle möglicherweise für den Verbraucher entscheidungserheblichen Informationen in diesem Kommunikationsmittel bereitzustellen (vgl. EuGH GRUR 2011, 930 Rn. 37 – Ving Sverige). Daher sind auch die Interessen des Unternehmers angemessen zu berücksichtigen (Grundsatz der **Verhältnismäßigkeit**). Der erforderliche Umfang beurteilt sich zum einen nach den Anforderungen, die in § 5b I selbst aufgestellt werden (zB § 5b I Nr. 1: „wesentliche" Merkmale; „angemessener Umfang"; § 5b I Nr. 3: „nicht im Voraus berechnet werden kann"). Zum anderen sind die Anforderungen nach § 5b I im Lichte des § 5a I (Art. 7 I UGP-RL) und des § 5a III (Art. 7 III UGP-RL) zu sehen (vgl. EuGH GRUR 2011, 930 Rn. 51–54 – Ving Sverige). Es sind also die Umstände des konkreten Falles und die räumlichen oder zeitlichen Beschränkungen des verwendeten Kommunikationsmittels sowie die Maßnahmen zu berücksichtigen, die der Unternehmer getroffen hat, um dem Verbraucher die Informationen anderweitig zur Verfügung zu stellen. Das Ausweichen auf eine anderweitige Informationsquelle ist allerdings nicht schon damit zu rechtfertigen, dass der Unternehmer dadurch Kosten einsparen kann. Vielmehr sind dem werbenden Unternehmen umso größere Anstrengungen zumutbar, je bedeutsamer die betreffende Information im konkreten Fall für den Verbraucher ist (OLG Karlsruhe GRUR-RR 2014, 161 (162); Harte-Bavendamm/Henning-Bodewig/Dreyer § 5a Rn. 90). So kann die Angabe der Identität und Anschrift eines Gebrauchtwagenhändlers auch in einer Kleinanzeige zumutbar sein, weil es für den Käufer wichtig ist, diese Informationen bereits aus der Kleinanzeige zu erfahren.

VI. Klarheit, Verständlichkeit und Eindeutigkeit der Informationen

2.6   Nach § 5a II Nr. 2 (Art. 7 II UGP-RL) steht es dem Vorenthalten einer wesentlichen Information gleich, wenn sie auf „unklare, unverständliche oder zweideutige Weise" bereitgestellt wird. Daraus folgt, dass auch die Informationen nach § 5b I **klar, verständlich und eindeutig** sein müssen. Ob die Angaben im konkreten Fall (zB LG Oldenburg WRP 2014, 634 Ls.) diesen Anforderungen entsprechen, ist aus der **Sicht** des Durchschnittsverbrauchers oder des durchschnittlichen Mitglieds der angesprochenen Verbrauchergruppe zu beurteilen (§ 3 IV 1). Den Anforderungen genügt bspw. nicht eine sehr kleine Schrift, in der wichtige Preisbestandteile angegeben werden (BGH GRUR 2009, 1181 Rn. 29 - 0,00 Grundgebühr). Bei **besonders schutzbedürftigen** Verbrauchern gelten die besonderen Anforderungen des § 3 IV 2.

VII. Entbehrlichkeit der Informationen

2.7   Eine Informationspflicht nach § 5b I besteht nur, sofern die betreffenden Informationen **„sich nicht unmittelbar aus den Umständen ergeben"**. In diesem Fall kann der („angemessen aufmerksame") Durchschnittsverbraucher nicht erwarten, dass er noch gesondert informiert wird. Vielmehr kann der Unternehmer davon ausgehen, dass der Verbraucher Kenntnis von diesen Informationen hat, diese also **offenkundig** sind. Das ist bspw. im Hinblick auf die Angaben nach § 5b I Nr. 2 der Fall, wenn der Verbraucher ein Geschäftslokal betritt, diese Angaben aber beim Geschäftseingang zu finden sind. Ob dagegen die Identitätsangaben bereits dann entbehrlich sind, wenn eine Werbemaßnahme ein bekanntes Logo oder einen bekannten Markennamen enthält (so die Leitlinien der KOM (SEK(2009) 1666, 59)), ist zu bezweifeln. Denn insofern müsste sich der Verbraucher doch noch zusätzlich bemühen, die Firma und Rechtsform des dahinterstehenden Unternehmens in Erfahrung zu bringen.

VIII. Richtigkeit der Informationen

2.8   Die bereitgestellten Informationen dürfen nicht irreführend sein, da sie sonst ihre Funktion nicht erfüllen können. Sind sie unwahr oder sonst irreführend, liegt gleichzeitig ein Verstoß gegen § 5 I vor.

IX. Verhältnis der Informationspflichten nach § 5b I zu denen nach § 5a I und § 5b IV

1. Verhältnis zu § 5a I

2.9   § 5b I stellt in richtlinienkonformer Auslegung am Maßstab des Art. 7 IV UGP-RL an sich eine abschließende Regelung der wesentlichen Informationen dar, die im Falle eines Angebots zu einem Geschäftsabschluss iSd § 5b I („Aufforderung zum Kauf") angegeben werden müssen (EuGH WRP 2017, 31 Rn. 68 – Canal Digital Danmark). Daher kann im Fall der Aufforderung zum Kauf bspw. keine Pflicht zur Angabe des Preises auch einzelner Bestandteile eines Kopplungsangebots aus § 5a I abgeleitet werden (EuGH WRP 2016, 1342 Rn. 51 – Deroo-Blanquart). Dies schließt jedoch nicht aus, dass die geschäftliche Handlung, obwohl alle diese Informationen erteilt werden, als irreführend nach § 5 oder § 5a I eingestuft werden kann (EuGH WRP 2017, 31 Rn. 71 – Canal Digital Danmark). Außerdem können daneben noch weitere Informationspflichten nach **§ 5a I** bestehen, sofern sie nicht auf eine Erweiterung der „Basisinformationen" (ErwGr. 14 UGP-RL) des § 5b I hinauslaufen. So bspw. die Angabe einer Fundstelle mit näheren Angaben zu den Prüfkriterien eines verwendeten Prüfsiegels oder einer Testwerbung (BGH WRP 2016, 1221 Rn. 48 ff. – LGA tested).

2. Verhältnis zu § 5b IV

Die Informationsanforderungen nach § 5b IV gelten zusätzlich zu denen des § 5b I (vgl. **2.9a** EuGH GRUR 2011, 930 Rn. 25 – Ving Sverige) und gehen ihnen unter den Voraussetzungen des Art. 3 IV UGP-RL sogar vor (EuGH GRUR 2016, 945 Rn. 44, 45 – Citroën). Dazu gehören bspw. Art. 23 Luftverkehrsdienste-VO (BGH WRP 2016, 467 Rn. 15 – Buchungssystem II); Art. 7 LMIV (BGH WRP 2016, 838 Rn. 21–23 – Himbeer-Vanille-Abenteuer II; Köhler WRP 2014, 637 Rn. 24; Sosnitza FS Harte-Bavendamm, 2020, 533 (540)). Anders liegt es bei Informationspflichten nach der LMIV, betreffend die Angaben auf der Verpackung von Lebensmitteln, die von Art. 7 V UGP-RL und damit von § 5b IV erfasst werden (BGH GRUR 2022, 930 Rn. 27 ff. – Knuspermüsli II). – Allerdings ist zu beachten, dass die Informationspflichten iSd § 5b IV ggf. erst zu einem späteren Zeitpunkt zu erfüllen sind als im Zeitpunkt der Aufforderung zum Kauf. Das gilt bspw. für die vorvertraglichen Informationspflichten nach den Art. 5–8 Verbraucherrechte-RL, die nicht ab Aufforderung zum Kauf, sondern lediglich bis zum Zeitpunkt des Vertragsschlusses bzw. des bindenden Angebots des Verbrauchers zu erfüllen sind. Da diese Informationspflichten aber alle nach § 5b I zur Verfügung zu stellenden Informationen einschließen, wirkt sich das nicht aus. – Sind umgekehrt bestimmte Informationen nach Spezialbestimmungen **nicht** oder **erst zu einem späteren Zeitpunkt** zur Verfügung zu stellen, können sie auch nicht über § 5b I eingefordert werden (BGH GRUR 2016, 1068 Rn. 20 – Textilkennzeichnung zu Art. 16 I VO (EU) 1007/2011 = Textilerzeugnis-Kennzeichnungs-VO; OLG Köln GRUR-RR 2014, 249 (250) zu § 9 VI 2 Nr. 4 ZZulV = Zusatzstoff-Zulassungsverordnung), soweit diese nach dem Unionsrecht zulässig sind.

X. Angebot zu einem Geschäftsabschluss („Aufforderung zum Kauf")

1. Begriff

§ 5b I setzt voraus, dass **„Waren oder Dienstleistungen unter Hinweis auf deren Merk** **2.10** **male und Preis in einer dem verwendeten Kommunikationsmittel angemessenen Weise so angeboten werden, dass ein durchschnittlicher Verbraucher das Geschäft abschließen kann"**. Die Umschreibung dient der Umsetzung des Begriffs der **„Aufforderung zum Kauf"** in Art. 7 IV UGP-RL und seiner Definition in Art. 2 lit. i UGP-RL als „eine kommerzielle Kommunikation, die die Merkmale des Produkts und den Preis in einer Weise angibt, die den Mitteln der verwendeten kommerziellen Kommunikation angemessen ist und den Verbraucher dadurch in die Lage versetzt, einen Kauf zu tätigen". Es handelt sich dabei um eine besondere Form der Werbung, die einer verstärkten Informationspflicht nach Art. 7 IV UGP-RL unterliegt (EuGH GRUR 2011, 930 Rn. 28 – Ving Sverige). Insoweit lässt sich klarstellend von einem **„qualifizierten Angebot"** iSv § 5b I sprechen (BGH WRP 2018, 65 Rn. 18 – MeinPaket.de II).

2. Auslegung

a) Geschäftsabschluss. Die Auslegung des § 5b I hat richtlinienkonform am Maßstab der **2.11** Art. 7 IV UGP-RL und Art. 2 lit. i UGP-RL zu erfolgen (BGH WRP 2014, 686 Rn. 9 – Typenbezeichnung). Die in diesen Bestimmungen verwendeten Begriffe bedürfen allerdings ihrerseits der Auslegung. Sie hat autonom und einheitlich zu erfolgen. Neben der deutschen Fassung dieser Bestimmungen sind daher auch andere Sprachfassungen heranzuziehen, um ihren Sinn zutreffend zu erfassen (vgl. EuGH WRP 2014, 161 Rn. 26 – Trento Sviluppo). Dies gilt auch für den Begriff der „Aufforderung zum Kauf" (engl. invitation to purchase; frz. invitation à l'achat) und seine Definition. Die Auslegung hat im Hinblick auf das Ziel der UGP-RL, ein hohes Verbraucherschutzniveau zu gewährleisten, teleologisch (iSd praktischen Wirksamkeit der

Richtlinie; EuGH GRUR 2011, 930 Rn. 39 – Ving Sverige) zu erfolgen. Daher verbietet sich eine restriktive Auslegung des Wortlauts (EuGH GRUR 2011, 930 Rn. 29, 31 – Ving Sverige). Andernfalls wäre es nämlich ein Leichtes für den Unternehmer, sich den detaillierten Informationsanforderungen nach § 5b I zu entziehen.

2.12   So ist der Begriff des **„Kaufs"** in der deutschen Fassung nicht im engen Sinne des § 433 BGB, sondern im Sinne eines Vertrags über eine Ware oder Dienstleistung (Art. 2 lit. c UGP-RL) zu verstehen (allgM; vgl. OLG Düsseldorf WRP 2015, 899 Rn. 25; zur Dienstleistung EuGH GRUR 2011, 930 Rn. 33 – Ving Sverige). Entsprechendes gilt für den Begriff des „Kaufs" in der Definition der geschäftlichen Entscheidung in Art. 2 lit. k UGP-RL. Es spielt daher keine Rolle, welchem Vertragstypus des nationalen Rechts, etwa Kauf-, Werk-, Dienst-, Makler-, Kredit-, Garantievertrag, der Vertrag zuzuordnen ist. Insofern ist die Verwendung des Begriffs des **„Geschäfts"** in § 5b I richtlinienkonform.

2.13   Schwieriger zu beantworten ist die Frage, ob nur **entgeltliche** oder auch **unentgeltliche** Verträge erfasst werden. Der Wortlaut des Art. 2 lit. i UGP-RL und auch des § 5b I („und den Preis") spricht dafür, dass nur entgeltliche Verträge erfasst werden. Möglich ist aber auch die Auslegung, dass es nur auf den angestrebten Abschluss eines **bindenden Vertrags** ankommt und die Erwähnung des „Preises" nur für den – allerdings typischen – Fall eines entgeltlichen Vertrags Bedeutung hat. Die Frage ist unter Berücksichtigung des Zwecks der UGP-RL, nämlich der Gewährleistung eines hohen Verbraucherschutzniveaus, und speziell des Art. 7 IV UGP-RL zu beantworten. Diese Bestimmung soll gewährleisten, dass der Verbraucher eine bestimmte Anzahl von Basisinformationen erhält, die er benötigt, um eine informierte geschäftliche Entscheidung treffen zu können (ErwGr. 14 S. 3 UGP-RL). Dazu gehören die entgeltunabhängigen Informationen nach § 5b I Nr. 1 und 2. Sie spielen jedenfalls für solche unentgeltlichen Verträge eine Rolle, bei denen den Verbraucher eine **Nebenpflicht** trifft und deren Verletzung Ansprüche des Unternehmers begründen kann. Praktische Bedeutung hat dies insbes. beim Angebot eines **unentgeltlichen Kreditvertrags** iVm einem Kaufvertrag, da er die Pflicht zur Rückzahlung des Darlehens und ggf. zur Zahlung von Verzugszinsen begründet (vgl. OLG Düsseldorf WRP 2015, 899 Rn. 26–30). Reine Schenkungen, die den Verbraucher zu nichts, auch nicht zur Angabe seiner Kontaktdaten, verpflichten, werden dagegen von § 5b I nicht erfasst. Anders verhält es sich wiederum, wenn der Verbraucher als Gegenleistung für eine scheinbar unentgeltliche Leistung mit seinen personenbezogenen Daten „bezahlt".

2.14   **b) „Anbieten von Waren oder Dienstleistungen".** Der Begriff des „Anbietens" in § 5b I umfasst zwar auch echte Vertragsangebote, ist aber nicht darauf beschränkt. Art. 2 lit. i UGP-RL spricht vielmehr von **„kommerzieller Kommunikation".** Dieser Begriff wird zwar nicht in der UGP-RL, wohl aber in Art. 2 lit. f E-Commerce-RL definiert. In richtlinienkonformer Auslegung ist daher unter „Anbieten" iSd § 5b I jede Form der Kommunikation zu verstehen, die der Förderung des Absatzes von Waren oder Dienstleistungen dient. Das Anbieten muss sich auf Waren oder Dienstleistungen beziehen. – § 5b I ist auf die **Publikumswerbung** zugeschnitten. Nicht erfasst werden daher Angebote, die aufgrund **individueller Verhandlungen** erstellt werden. **Beispiel:** Angebot zur Restaurierung eines bestimmten Kunstwerks. Der Verbraucher ist insoweit nicht schutzbedürftig, da er die für ihn relevanten Informationen im Verhandlungswege in Erfahrung bringen kann. Jedoch bleibt § 5a I anwendbar.

2.15   **c) „unter Hinweis auf deren Merkmale und Preis".** Das Anbieten muss ferner unter Hinweis auf die Merkmale der Waren oder Dienstleistungen und ihren Preis erfolgen. Als Hinweis auf die „Merkmale" einer Ware oder Dienstleistung genügt eine **Bezugnahme in Wort oder Bild,** und zwar auch dann, wenn ein in verschiedenen Ausführungen angebotenes Produkt bezeichnet werden soll (EuGH GRUR 2011, 930 Rn. 42–49 – Ving Sverige). Die Voraussetzungen der Angabe des **Preises** können bereits dann erfüllt sein, wenn die Werbung nur einen „ab"-Preis nennt (EuGH GRUR 2011, 930 Rn. 35–41 – Ving Sverige) oder nur eine unverbindliche Preisempfehlung (OLG Hamm GRUR-RR 2014, 404 (406)) anführt. – Allerdings muss der Verbraucher im Einzelfall hinreichend informiert sein, um die Ware oder Dienstleistung im Hinblick auf eine geschäftliche Entscheidung identifizieren und unterscheiden zu können (EuGH GRUR 2011, 930 Rn. 42–49 – Ving Sverige). Es muss m. a. W. das Produkt in der Werbung ausreichend **individualisiert** sein (OLG Jena GRUR-RR 2013, 305). Denn nur dann hat der Verbraucher bereits in dem Zeitpunkt der Wahrnehmung der Werbung die Möglichkeit, sich für den Kauf eines bestimmten Produkts zu entscheiden. Ob dies der Fall ist, hängt von den Umständen des Einzelfalls ab. So ist bspw. bei der Werbung „Jeder Artikel 1 Euro" eine hinreichende Individualisierung zu bejahen, nicht dagegen bei der Werbung

„Echte Orient-Teppiche schon ab 400 €". Letztere mag zwar geeignet sein, den Verbraucher zu einer geschäftlichen Entscheidung in Gestalt des Betretens des Geschäfts zu veranlassen (vgl. EuGH WRP 2014, 161 Rn. 36 – Trento Sviluppo; → § 2 Rn. 2.51), aber noch nicht zur Entscheidung für den Kauf eines bestimmten Teppichs. Daher greift in diesem Fall § 5b I erst dann ein, wenn der Kunde das Geschäft betritt und dem konkreten Warenangebot begegnet. Nur von diesem Zeitpunkt an benötigt er nämlich die entsprechenden Informationen.

d) „In dem dieser und dem verwendeten Kommunikationsmittel angemessenen **2.16** **Umfang".** Die wesentlichen Merkmale der Ware oder Dienstleistung müssen „in dem dieser und dem verwendeten Kommunikationsmittel angemessenen Umfang" angegeben werden. Das entspricht den Vorgaben aus Art. 7 IV lit. a UGP-RL. Im Hinblick auf **Waren und Dienstleistungen** kommt es auf den Grad ihrer Bekanntheit und ihrer Komplexität an. Bei standardisierten Waren oder Dienstleistungen, insbes. auch bei geringwertigen Gegenständen des täglichen Lebens, die bar bezahlt werden, kann die bloße Sichtbarmachung, Bezeichnung oder Abbildung genügen, weil insoweit kein weiterer Informationsbedarf des Verbrauchers besteht. Dies gilt auch dann, wenn ein und dieselbe Bezugnahme in Wort oder Bild verwendet wird, um ein in verschiedenen Ausführungen angebotenes Produkt zu bezeichnen (EuGH GRUR 2011, 930 Rn. 42–49 – Ving Sverige). Im Hinblick auf das verwendete **Kommunikationsmittel** beurteilt sich die Angemessenheit nach der Form, in der die Kommunikation erfolgt (zB Hörfunk, Fernsehen; elektronisch oder auf Papier). Davon hängt ab, welcher Grad an Genauigkeit in der Beschreibung eines Produkts zu verlangen ist (EuGH GRUR 2011, 930 Rn. 45 – Ving Sverige). In einer Zeitungsannonce für gebrauchte PKW kann daher bspw. die Angabe „Golf GTI Baujahr 2014, km 103.000, unfallfrei" genügen.

e) Möglichkeit eines Geschäftsabschlusses für den durchschnittlichen Verbraucher. **2.17** **aa) Allgemeines.** Das „Angebot" muss derart sein, dass ein durchschnittlicher Verbraucher das Geschäft abschließen kann. Das entspricht den Vorgaben aus Art. 2 lit. i UGP-RL („dadurch in die Lage versetzt"). Dabei handelt es sich um keine zusätzliche Voraussetzung für die Einstufung als Angebot iSd § 5b I, sondern um einen Hinweis auf den Zweck der Erfordernisse in Bezug auf die Merkmale und den Preis des Produkts, damit der Verbraucher über ausreichende Informationen verfügt, um das Geschäft abzuschließen (EuGH GRUR 2011, 930 Rn. 30 – Ving Sverige). Hierfür ist es erforderlich, aber auch ausreichend, dass der durchschnittliche Verbraucher so viel über das beworbene Produkt erfährt, dass er sich für den Kauf entscheiden kann, ohne dass er durch die Art der kommerziellen Kommunikation schon die tatsächliche Möglichkeit zum Kauf erlangt oder die Auswahl anderer Ausführungen des Produkts aufgegeben haben muss (EuGH GRUR 2011, 930 Rn. 27–33 – Ving Sverige; WRP 2017, 31 Rn. 52 – Canal Digital Danmark; BGH WRP 2013, 1459 Rn. 10 – Brandneu von der IFA; WRP 2014, 545 Rn. 12 – Alpenpanorama im Heißluftballon). Dagegen muss das Angebot keine tatsächliche Möglichkeit zu einem Geschäftsabschluss bieten oder im Zusammenhang mit einer solchen Möglichkeit stehen (EuGH GRUR 2011, 930 Rn. 32, 33 – Ving Sverige; BGH WRP 2014, 686 Rn. 9 – Typenbezeichnung; WRP 2018, 320 Rn. 15 – Kraftfahrzeugwerbung).

Bei der gebotenen richtlinienkonformen Auslegung des § 5b I ist zu beachten, dass der Begriff **2.18** und die Definition der „Aufforderung zum Kauf" in Art. 2 lit. i UGP-RL autonom und einheitlich auszulegen sind (→ Rn. 2.11) und Begriffe und Wertungen des deutschen Vertragsrechts (§§ 145 ff. BGB) besser vermieden werden sollten. Nicht unbedenklich, weil Missverständnissen ausgesetzt, ist es daher, wenn eine Kenntnis der „wesentlichen Vertragsbestandteile" verlangt (BGH WRP 2014, 545 Rn. 12 – Alpenpanorama im Heißluftballon; GRUR 2011, 82 Rn. 33 – Preiswerbung ohne Umsatzsteuer) oder von einem „hinreichend bestimmten Angebot" bzw. „abschlussfähigen Angebot" (BGH WRP 2014, 545 Rn. 12, 14, 28 – Alpenpanorama im Heißluftballon) gesprochen wird.

Vielmehr ist es gerade nicht erforderlich, dass in der kommerziellen Kommunikation bereits **2.19** alle essentialia negotii genannt sind (OLG Celle WRP 2013, 231; OLG Düsseldorf WRP 2015, 899 Rn. 24; OLG Nürnberg GRUR-RR 2015, 117 Rn. 12). Insbes. setzt ein Angebot iSd § 5b I nicht voraus, dass bereits alle wesentlichen Merkmale des Produkts in einem dem verwendeten Kommunikationsmittel angemessenen Umfang angegeben werden, da sonst § 5b I Nr. 1 keinen Anwendungsbereich hätte (BGH WRP 2018, 320 Rn. 16 – Kraftfahrzeugwerbung; OLG Köln GRUR-RR 2020, 92 Rn. 20). Erst recht nicht kommt es darauf an, ob die geschäftliche Handlung bereits ein bindendes Angebot iSd § 145 BGB oder eine invitatio ad offerendum darstellt (BGH WRP 2014, 545 Rn. 12 – Alpenpanorama im Heißluftballon; WRP 2018, 65 Rn. 17 – MeinPaket.de II). Es geht vielmehr um eine Werbung, durch die der

Verbraucher so viel über das Produkt und dessen Preis erfährt, dass er sich für den Kauf entscheiden kann, ohne dass er durch die Art der kommerziellen Kommunikation schon die tatsächliche Möglichkeit zum Kauf erlangt oder die Auswahl anderer Ausführungen des Produkts aufgegeben haben muss (EuGH GRUR 2011, 930 Rn. 28 f., 33, 41 – Ving Sverige; BGH GRUR 2014, 403 Rn. 8 – DER NEUE; WRP 2016, 459 Rn. 13 – MeinPaket.de I; WRP 2017, 1081 Rn. 17 – Komplettküchen). Die für die Annahme einer „Aufforderung zum Kauf" erforderliche geschäftliche Entscheidung umfasst nicht nur die Entscheidung zum Kauf des Produkts iSd § 2 I Nr. 1, sondern auch unmittelbar damit zusammenhängende Entscheidungen, wie insbes. das Betreten eines Geschäfts (→ § 2 Rn. 1.10 ff.) oder das Aufrufen eines Verkaufsportals im Internet (BGH WRP 2018, 65 Rn. 17 – MeinPaket.de II; krit. Hamacher WRP 2018, 161 Rn. 23, 24), nicht ohne Weiteres dagegen die Entscheidung des Verbrauchers, sich mit einem in einer Werbeanzeige beworbenen Angebot näher zu befassen (BGH WRP 2017, 1081 Rn. 23, 28 – Komplettküchen; anders BGH WRP 2018, 65 Rn. 23 – MeinPaket.de II).

2.20 **bb) Abgrenzung.** Nicht unter § 5b I fallen bspw.: Die bloße **Image**- oder **Aufmerksamkeitswerbung** oder die bloße **Produktwerbung** ohne Angabe irgendwelcher Preise (ErwGr. 14 S. 4 UGP-RL; BT-Drs. 16/10145, 25; BGH WRP 2018, 320 Rn. 16 – Kraftfahrzeugwerbung). – Die (zB Plakat-)Werbung eines (zB Zigaretten-)**Herstellers** unter Angabe des Produkts und des Preises, aber ohne Angabe der Verkaufsstellen (Köhler WRP 2013, 1419 Rn. 26). – Das Angebot zum **Bezug** einer Ware oder Dienstleistung von einem Verbraucher, wie etwa das Angebot eines Kfz-Händlers an Verbraucher zum Ankauf von Gebrauchtwagen. Zwar erfasst § 2 I Nr. 2 auch Handlungen zur Förderung des Bezugs von Waren oder Dienstleistungen. Daher käme an sich – richtlinienübersteigend, aber nicht richtlinienwidrig – auch eine Anwendung des § 5b I in Betracht. Dies ist jedoch abzulehnen, da die Informationsanforderungen des § 5b I darauf nicht zugeschnitten sind (Alexander WRP 2012, 125 (129)). Jedoch bleibt insoweit § 5a I anwendbar, so dass bspw. Name und Anschrift des nachfragenden Unternehmers eine wesentliche Information iSd § 5a I sein können. – Das Angebot zur **Änderung** oder **Auflösung** eines bereits geschlossenen Vertrags wird nicht erfasst, da der Verbraucher dafür andere Informationen benötigt als für den Abschluss des Vertrags (vgl. OLG Frankfurt WRP 2022, 1551 Rn. 33; Harte-Bavendamm/Henning-Bodewig/Dreyer § 5a Rn. 135; aA Alexander WRP 2012, 125 (129)). Auch insoweit bleibt aber § 5a I als Auffangtatbestand anwendbar.

2.21 **cc) Beispiele für Angebote iSd § 5b I.** Zeitungswerbung für ein bestimmtes Kfz unter Hinweis auf die es individualisierenden Merkmale und einer konkreten Preisangabe, auch wenn Angaben über Motorstärke und benötigten Treibstoff fehlen (BGH WRP 2018, 320 Rn. 16 – Kraftfahrzeugwerbung). – Werbung eines Herstellers für sein Produkt mit einem konkreten Vertriebsnachweis, dh Angabe der Händler, und mit der Angabe des empfohlenen oder gesetzlich festgelegten Händlerverkaufspreises. – Werbung für bestimmte Reisen unter Angabe eines Eckpreises („ab …") sowie einer Internetseite und einer Telefonnummer (EuGH GRUR 2011, 930 Rn. 33 – Ving Sverige). – Werbung für einen Gutschein für ein „Erlebnis" unter Angabe des Gegenstandes der angebotenen Leistung, des Ortes, der Fahrtdauer und des Preises, den der Kunde oder eine von ihm beschenkte Person innerhalb von drei Jahren bei einem Drittunternehmen einlösen kann, ohne dass diesem ein weiteres Entgelt zu zahlen ist (BGH WRP 2014, 545 Rn. 14 – Alpenpanorama im Heißluftballon). – Anzeigenwerbung eines Betreibers einer Verkaufsplattform für verschiedene Produkte, in der der Leser aufgefordert wird, sich auf die Plattform zu begeben und dort den in der Anzeige genannten Produktcode einzugeben, die ihn zu einer Website für das betreffende Produkt führt. Darin werden der Verkäufer, das Produkt und sein Preis angegeben; außerdem kann der Leser unter der Rubrik „Anbieterinformationen" die Firma und Anschrift des Vertragspartners erfahren (EuGH GRUR 2017, 535 Rn. 25 – DHL Paket; dazu Vorlagebeschluss BGH GRUR 2016, 399 – Mein.Paket.de I; WRP 2018, 65 – Mein.Paket.de II).

B. Einzelne „wesentliche Informationen" iSd § 5b I

I. Wesentliche Merkmale der Ware oder Dienstleistung (§ 5b I Nr. 1)

1. Allgemeines

Liegt ein Angebot dergestalt vor, dass ein Durchschnittsverbraucher das Geschäft abschließen **2.22** kann, müssen darin nach § 5b I Nr. 1 auch die **wesentlichen Merkmale** der Ware oder Dienstleistung in dem dieser und dem verwendeten Kommunikationsmittel angemessenen Umfang angegeben werden. Daraus folgt zunächst einmal, dass **nicht alle Produktmerkmale** anzugeben sind, die möglicherweise im Einzelfall für den Verbraucher von Interesse sind, sondern **nur die „wesentlichen"**. Was unter wesentlichen Merkmalen zu verstehen ist, ist allerdings weder in § 5b I Nr. 1 noch in Art. 7 IV lit. a UGP-RL definiert oder erschöpfend aufgelistet (EuGH GRUR 2011, 930 Rn. 52 – Ving Sverige; BGH WRP 2014, 686 Rn. 11 – Typenbezeichnung).

Entsprechend den allgemeinen Vorgaben aus Art. 7 I, III und IV UGP-RL ist die Frage daher **2.23** anhand der **Umstände des Angebots,** der **Beschaffenheit** und **Merkmale** des Produkts sowie des **verwendeten Kommunikationsmittels** zu beantworten (EuGH GRUR 2011, 930 Rn. 53–55, 57 – Ving Sverige; GRUR 2017, 535 Rn. 26–31 – DHL Paket; BGH WRP 2014, 686 Rn. 11 – Typenbezeichnung). Die Informationen über die Merkmale eines Produkts können sich je nach dessen Beschaffenheit erheblich unterscheiden (EuGH GRUR 2011, 930 Rn. 44 – Ving Sverige). Bei der Beurteilung spielen die Komplexität, der Verwendungszweck, die Erklärungsbedürftigkeit und letztlich auch der Preis eines Produkts eine wichtige Rolle. So bedarf es bei nicht erklärungsbedürftigen **Alltagsprodukten,** wie etwa Zeitungen, Büroartikeln oder Werkzeugen, über die Bereitstellung, Bezeichnung oder Abbildung des Produkts hinaus keiner zusätzlichen Angaben. Anders verhält es sich etwa bei **komplexen Waren** (zB Kraftfahrzeugen, Einbauküchen) oder **Dienstleistungen** (zB Versicherungsverträgen), die ggf. in mehreren Varianten angeboten werden. Hierher gehört auch der Fall der Kombination von Ware und Dienstleistung, wie bspw. bei einer Werbung für ein Kfz einschließlich einer Fahrzeug-, Lack- und Mobilitätsgarantie (aA Gutachterausschuss WRP 2018, 291). Hier kann es aber nach § 5a III ausreichen, dass der Werbende auf Detailinformationen auf seiner Internetseite verweist (EuGH GRUR 2011, 930 Rn. 59 – Ving Sverige). Zu den wesentlichen Merkmalen eines Produkts können auch vom Verbraucher nicht erwartete Einschränkungen seiner Nutzung gehören, sofern sie sich nicht unmittelbar aus den Umständen ergeben. So bspw. die begrenzte Dauer einer angebotenen Dienstleistung, die begrenzte Lebensdauer eines technischen Produkts (geplante „Obsoleszenz"), die Notwendigkeit, einen Handwerker mit dem Einbau des Produkts zu beauftragen (OLG Düsseldorf GRUR-RR 2019, 164 Rn. 29), oder die begrenzte Übernahme von Kosten für medizinische Behandlungen (LG Saarbrücken WRP 2020, 938 Rn. 32).

Weiter ist der **Kenntnisstand** zu berücksichtigen, den der Unternehmer bei einem **Durch-** **2.24** **schnittsverbraucher** (oder bei einem durchschnittlichen Mitglied der angesprochenen Verbrauchergruppe oder betroffenen Gruppe besonders schutzwürdiger Verbraucher) erwarten darf, und welches Maß an Information dem Unternehmer zumutbar ist. Insoweit kommt es darauf an, welche Informationen der Durchschnittsverbraucher vom Unternehmer **billigerweise erwarten** darf, **um eine informierte Entscheidung treffen zu können** (BGH WRP 2017, 303 Rn. 17 – Entertain; OLG München WRP 2018, 623 Rn. 23). Maßgebend dafür ist die unternehmerische Sorgfalt iSv § 2 I Nr. 9 (vgl. Köhler WRP 2009, 109 (116)). – Schließlich spielt die zumutbare Möglichkeit der **Informationsbeschaffung** vor Vertragsschluss durch den Verbraucher selbst eine Rolle (OLG Karlsruhe GRUR-RR 2019, 166 Rn. 39), wie zB durch Besichtigung oder Erprobung des Produkts, durch das Studium von Informationsmaterial oder Presseberichten.

Nach dem **Zweck** der Norm ist entscheidend, ob die Angabe im Einzelfall mit Blick auf die **2.25** konkret in Rede stehende geschäftliche Handlung es dem Verbraucher nicht nur ermöglicht, das Geschäft abzuschließen, sondern auch eine **informierte** geschäftliche Entscheidung iSv Art. 2 lit. k UGP-RL bzw. § 2 I Nr. 1 zu treffen (EuGH GRUR 2011, 930 Rn. 58 f. – Ving Sverige; BGH WRP 2014, 686 Rn. 11, 12 – Typenbezeichnung). **Wesentliche Produktmerkmale** sind daher nur solche, die einen Bezug zur **Qualität** oder **Brauchbarkeit** des angebotenen Produkts haben (BGH WRP 2014, 686 Rn. 17 – Typenbezeichnung; OLG Karlsruhe GRUR-RR 2019, 166 Rn. 29), sondern auch solche, die die **Individualisierung** des Produkts ermöglichen. Denn nur so vermag der Verbraucher das Produkt genau zu identifizieren, auf gesicherter Grundlage Testergebnisse nachzulesen, das Produkt in Augenschein zu nehmen und Eigenschafts- und Preisvergleiche mit konkurrierenden Produkten durchzuführen (BGH WRP 2014, 686 Rn. 17, 19 – Typenbezeichnung; OLG Köln WRP 2020, 1484 Rn. 40). Dies kann auch dann der Fall sein, wenn der Unternehmer nur bestimmte, das Produkt kennzeichnende Merkmale angibt und im Übrigen auf seine Website verweist, sofern sich dort wesentliche Informationen über die maßgeblichen Merkmale des Produkts befinden (EuGH GRUR 2011, 930 Rn. 56 – Ving Sverige).

2.26   Zwar enthält § 5 II Nr. 1, der Vorgabe aus Art. 6 I lit. b UGP-RL folgend, eine beispielhafte („wie") Aufzählung der wesentlichen Merkmale eines Produkts. Dies darf aber nicht zu dem Schluss verleiten, dass alle darin aufgeführten Merkmale auch wesentlich iSd § 5b I Nr. 1 sind. Denn es macht einen großen Unterschied, ob der Verbraucher über einzelne Produktmerkmale getäuscht wird oder ob der Unternehmer ihm lediglich Angaben über einzelne Produktmerkmale vorenthält (BGH WRP 2014, 686 Rn. 12 – Typenbezeichnung). Allenfalls lässt sich aus § 5 II Nr. 1 der Umkehrschluss ziehen, dass dort nicht aufgeführte Umstände auch keine Merkmale iSd § 5b I Nr. 1 sind.

2.27   Nicht alle Merkmale eines Produkts, die für die individuelle Kaufentscheidung des Verbrauchers von **Interesse** sein können, sind aus diesem Grund schon „wesentlich" iSd § 5b I Nr. 1 und damit eine wesentliche Information iSd § 5a I. Von Interesse können bspw. die Testergebnisse eines Produkts oder die Herkunft eines Produkts aus Kinderarbeit sein (vgl. Köhler WRP 2009, 109 (117)). Gleichwohl kann der Verbraucher nicht erwarten, dass ihm der Unternehmer diese Informationen von sich aus zur Verfügung stellt. Es ist Sache des Verbrauchers, entsprechende Auskünfte vom Unternehmer zu erbitten. Ist die Auskunft falsch, wird idR eine Irreführung iSd § 5 I vorliegen; wird sie nicht erteilt, mag der Verbraucher daraus seine Schlüsse ziehen und vom Vertragsschluss Abstand nehmen.

2.28   Die Anforderungen an die Angabe der wesentlichen Produktmerkmale hängen außerdem vom jeweils verwendeten **Kommunikationsmittel** (zB Hörfunk; Fernsehen; elektronisch oder in Papierform) ab (EuGH GRUR 2011, 930 Rn. 45 – Ving Sverige). Daraus ergibt sich zunächst, dass der Unternehmer in der Wahl des Kommunikationsmittels frei ist. Der Umfang der Angaben muss dem verwendeten Kommunikationsmittel **angemessen** sein. Dafür ist maßgebend, was ein Durchschnittsverbraucher im Hinblick auf das betreffende Kommunikationsmittel billigerweise an Information erwarten kann, um eine informierte Entscheidung zu treffen, und dementsprechend dem Unternehmer im Hinblick auf das angebotene Produkt zumutbar ist (vgl. BGH GRUR 2017, 295 Rn. 17 – Entertain; OLG München GRUR-RR 2018, 299 Rn. 25). Je bedeutsamer die Information ist, desto größerer Anstrengungen sind insoweit dem werbenden Unternehmen zuzumuten (OLG Karlsruhe GRUR-RR 2019, 166 Rn. 39). Reichen die Darstellungsmöglichkeiten in dem verwendeten Kommunikationsmittel nicht aus, um dem Verbraucher eine informierte geschäftliche Entscheidung zu ermöglichen, ist der Unternehmer nach dem Rechtsgedanken des Art. 7 III UGP-RL und damit des § 5a III gehalten, dem Verbraucher die Informationen anderweitig, etwa auf seiner Website, zugänglich zu machen (vgl. EuGH GRUR 2011, 930 Rn. 54 – Ving Sverige).

2.29   Die Beurteilung der Frage, ob es sich bei einem bestimmten Merkmal um ein wesentliches Merkmal iSd Art. 7 IV lit. a (und damit des § 5b I Nr. 1) handelt, ist Sache der nationalen Gerichte (EuGH GRUR 2011, 930 Rn. 58, 59 – Ving Sverige).

2.29a   Nach ErwGr. 14 S. 5 UGP-RL können die Mitgliedstaaten für bestimmte Produkte, zB Sammlungsstücke oder elektrische Geräte, die wesentlichen Kennzeichen festlegen, deren Weglassen bei einer Aufforderung zum Kauf rechtserheblich wäre.

2. Fälle

2.30   **Wesentliches Produktmerkmal bejaht:** Typenbezeichnung für Elektrogeräte (BGH WRP 2014, 686 Rn. 13 ff. – Typenbezeichnung); Angabe der Hersteller oder Marken oder Typenbezeichnung von Elektrogeräten bei einem Angebot von „Komplettküchen" (BGH WRP 2017, 1081 Rn. 25 – Komplettküchen; OLG Hamm GRUR 2023, 82); Abbildung eines Kfz mit fahrzeugbezogenen Angaben, wie Typ, EZ-Jahr, Laufleistung, Motorstärke, Treibstoff usw (OLG Karlsruhe GRUR-RR 2014, 161; OLG Naumburg WRP 2018, 1129; OLG Köln GRUR 2020, 92 Rn. 23); gebrauchter Zustand eines Produkts (LG München GRUR-RR 2019, 37 Rn. 21 ff.); Eigenschaft eines Gebrauchtwagens als „Mietrückläufer" (OLG Oldenburg WRP 2019, 919 Rn. 12); Inhaltsstoffe eines im Internet angebotenen Naturkosmetikprodukts

(OLG Karlsruhe WRP 2019, 117 Rn. 28 ff.). – **Wesentliches Produktmerkmal verneint:** Textilfaserzusammensetzung nach Art. 16 I TextilkennzVO (OLG Düsseldorf GRUR-RR 2015, 154 Rn. 51; aA LG Düsseldorf Magazindienst 2023, 340 Rn. 36).

II. Identität und Anschrift (§ 5b I Nr. 2)

1. Identität und Anschrift des Unternehmers (§ 5b I Nr. 2 Hs. 1)

a) Allgemeines. Nach § 5b I Nr. 2 Hs. 1 hat der „Anbieter" seine **Identität** und **Anschrift** 2.31 anzugeben. Anders als die Informationen nach § 5b I Nr. 1 enthält das Merkmal der Identität keine wertenden Elemente wie „wesentlich" und „angemessen", die eine Einzelfallbetrachtung bereits auf dieser Ebene erfordern (EuGH GRUR 2011, 930 Rn. 55 ff. – Ving Sverige; BGH GRUR 2013, 1169 Rn. 16 – Brandneu von der IFA). Allerdings besteht die Verpflichtung nicht, wenn sich die entsprechenden Informationen bereits „unmittelbar aus den Umständen ergeben", wie etwa bei einem Werbeplakat im Schaufenster eines Geschäfts (→ Rn. 2.7), oder wenn der Verbraucher die betreffenden Informationen „je nach den Umständen" **nicht** für eine informierte geschäftliche Entscheidung benötigt (dazu Köhler WRP 2013, 1419). Schließlich ist stets zu prüfen, ob ein Vorenthalten der Informationen vorliegt. Denn dies ist nach § 5a I, III im konkreten Fall unter Berücksichtigung aller Umstände und der räumlichen oder zeitlichen Beschränkungen des Kommunikationsmittels sowie aller Maßnahmen des Unternehmers, dem Verbraucher die Informationen anderweitig zur Verfügung zu stellen, zu berücksichtigen (EuGH GRUR 2017, 535 Rn. 27 – DHL Paket; BGH GRUR 2013, 1169 Rn. 16 – Brandneu von der IFA).

b) Normzweck. Die Angaben dienen dazu, den anbietenden Unternehmer zu identifizieren. 2.32 Der Verbraucher benötigt diese Angaben, um eine informierte geschäftliche Entscheidung treffen zu können. Er soll wissen, wer sein potentieller Geschäftspartner ist und wie er zu ihm Kontakt aufnehmen und über ihn Informationen einholen kann, ohne weitere Nachforschungen anstellen zu müssen (BGH GRUR 2013, 1169 Rn. 13, 15 – Brandneu von der IFA; WRP 2014, 545 Rn. 21 – Alpenpanorama im Heißluftballon; OLG Düsseldorf WRP 2015, 899 Rn. 28 mwN). Insbes. soll es ihm ermöglicht werden, sich auch nach Vertragsschluss an den Unternehmer zu wenden, etwa wenn es um Auskünfte, Beschwerden oder die Ausübung und Durchsetzung von vertraglichen Rechten (Anfechtung, Rücktritt, Kündigung; Geltendmachung von Schadensersatzansprüchen; Einforderung einer Quittung usw) geht.

c) Identität. Unter **Identität** ist der **Name** des Unternehmers zu verstehen, unter dem er im 2.33 Geschäftsverkehr auftritt. Dementsprechend erwähnt Art. 7 IV lit. b UGP-RL beispielhaft („wie") den **Handelsnamen**. Bei beruflich selbständigen Unternehmern (zB Ärzten, Steuerberatern) ist Name der **bürgerliche Name,** bestehend aus Nachnamen und mindestens einem Vornamen, bei Kaufleuten iSd § 1 HGB ist dies die **Firma** (§ 17 HGB). Nach der Rspr. muss der dazu gehörige **Rechtsformzusatz** angegeben werden (BGH GRUR 2013, 1169 Rn. 12 – Brandneu von der IFA), und zwar unabhängig von einer etwaigen Verwechslungsgefahr mit einem anderen Unternehmen. Denn der Rechtsformzusatz ist Bestandteil der Firma und des Namens eines Einzelkaufmanns (§ 19 I Nr. 1 HGB), einer Personengesellschaft (§ 19 I Nr. 2 und 3 HGB), einer Partnerschaftsgesellschaft (§ 2 I PartGG), einer EWIV, einer Kapitalgesellschaft (§§ 4, 279 AktG; § 4 GmbHG) und einer Genossenschaft (§ 3 GenG). Bei Einzelkaufleuten muss daher nach § 19 I Nr. 1 HGB die Rechtsformbezeichnung „eingetragener Kaufmann" oder eine allgemein verständliche Abkürzung (zB „e. K.") gewählt werden (BGH WRP 2018, 320 Rn. 21 – Kraftfahrzeugwerbung). Die Mitteilung der Identität, einschließlich der Rechtsform des Unternehmers, dient nicht nur dazu, die Gefahr von Verwechslungen mit anderen Unternehmen auszuschließen. Sie soll es vielmehr dem Verbraucher ermöglichen, den Ruf des Unternehmers im Hinblick auf Qualität und Zuverlässigkeit der von ihm angebotenen Waren oder Dienstleistungen, aber auch dessen wirtschaftliche Stärke, Bonität und Haftung einzuschätzen (BGH GRUR 2013, 1169 Rn. 13, 15 – Brandneu von der IFA; WRP 2018, 320 Rn. 18 – Kraftfahrzeugwerbung). Daher ist auch bei einer Gesellschaft des bürgerlichen Rechts (§ 705 BGB), soweit sie unternehmerisch tätig wird (§ 14 II BGB; BGH NJW 2014, 1107 Rn. 24), ein Rechtsformzusatz (zB GbR) anzugeben (OLG Hamm WRP 2020, 638 Rn. 24). Allerdings kann die Angabe der Rechtsform „je nach den Umständen" entbehrlich sein, so etwa beim Angebot von Waren oder Dienstleistungen des täglichen Lebens auf der Straße oder in Geschäften (so auch die Kommission, Leitlinien v. 25.5.2016, S. 87). – Die Angabe des öffentlichen Unternehmensregisters und der zugehörigen Registernummer ist hingegen nicht erforderlich; ebenso wenig die des organschaftlichen **Vertreters,** wie etwa des Geschäftsführers einer GmbH (KG WRP 2013, 109 Rn. 13 ff.). – Die Angabe der Identität muss im Interesse der klaren, unmissverständlichen und zweifelsfreien Identifizierbarkeit **vollständig** sein. **Abkürzungen,** wie etwa Firmenschlagworte oder Firmenlogos, genügen daher nicht, sofern sich die Identität nicht unmittelbar aus den Umständen ergibt (OLG Rostock WRP 2013, 1368 Rn. 29; OLG Hamm GRUR-RR 2013, 121 (122)). – Die Angabe muss **richtig** sein. Ist sie unrichtig, stimmt sie bspw. nicht mit der Registereintragung überein oder enthält sie einen irreführenden Zusatz („Geschäftsführer" bei einem Einzelkaufmann), so liegt darüber hinaus eine Irreführung iSd § 5 I 2 Nr. 3 vor (Lorenz WRP 2010, 1224; OLG München WRP 2014, 591 Rn. 40).

2.34   **d) Anschrift.** Die Angabe der **Anschrift** soll es dem Verbraucher ermöglichen, persönlich („räumlich") oder mittels Schriftstücken („brieflich") Kontakt zu dem Unternehmer aufzunehmen. Unter Anschrift ist die **geographische Adresse** zu verstehen, in Deutschland also **Ort, Straße und Hausnummer.** Die Angabe einer Postleitzahl ist hingegen nicht erforderlich, wenn die Anschrift aufgrund der Angabe des Ortes nebst Stadtteil, Straße und Hausnummer feststeht (BGH WRP 2018, 320 Rn. 20 – Kraftfahrzeugwerbung). Nicht ausreichend ist dagegen die Angabe eines Postfachs. Unterhält ein Unternehmen neben einer Hauptniederlassung mehrere rechtlich unselbständige **Zweigniederlassungen,** ist die Angabe der Anschrift der Zweigniederlassung, die für den Abschluss des angestrebten Geschäfts zuständig ist, grds. erforderlich (OLG Brandenburg WRP 2013, 127; MüKoUWG/Alexander Rn. 367), aber auch ausreichend. Denn der Verbraucher soll auch in die Lage versetzt werden, die Niederlassung persönlich aufzusuchen, um sich ein Bild zu machen. Die Pflicht zur Angabe der Anschrift entfällt auch nicht schon dann, wenn das werbende Unternehmen und seine Geschäftslokale dem Publikum hinreichend bekannt sind (LG Hamburg WRP 2013, 1669 Rn. 19; aA für einen Einzelfall OLG Bamberg GRUR-RR 2018, 259 Rn. 25).

2.35   Die Angabe einer bloßen Internetadresse, E-Mail-Adresse, Telefon- oder Faxnummer genügt nicht (OLG Schleswig WRP 2013, 1366 Rn. 21), weil insoweit die Möglichkeit des räumlichen oder brieflichen Kontakts nicht gegeben ist. Jedoch brauchen diese Verbindungsdaten – anders als in den Fällen des § 312a II BGB iVm Art. 246 Nr. 2 EGBGB und des § 312d I BGB iVm Art. 246a § 1 Nr. 2 EGBGB – nicht zusätzlich angegeben zu werden.

2.36   **e) Besonderheiten der Gemeinschaftswerbung.** Vielfach werben **mehrere Unternehmen gemeinschaftlich** (oder ein Unternehmen für mehrere andere Unternehmen, wie bspw. bei Franchisesystemen oder bei Plattformbetreibern) für die von ihnen vertriebenen Produkte unter Angabe von Preisen. Je größer die Zahl der beteiligten Unternehmen bzw. der angebotenen Produkte, desto schwieriger kann es werden, im gewählten Kommunikationsmittel (idR Prospekt; Plakat; Anzeige; Fernsehen und Hörfunk) für alle Unternehmen die Angaben nach § 5b I Nr. 2 zu machen. Die Rspr. zu § 5a II, III aF (= §§ 5a I, 5b I) verfuhr bisher dabei sehr streng (vgl. OLG München WRP 2013, 1213).

2.37   Vorzuziehen ist die Beurteilung anhand des **konkreten Falls,** dh unter Berücksichtigung der jeweiligen Umstände (§ 5a I Nr. 1; Art. 7 I UGP-RL) und der **räumlichen oder zeitlichen Beschränkungen** des verwendeten Kommunikationsmittels sowie aller Maßnahmen des Unternehmers, um dem Verbraucher die Informationen auf andere Weise zur Verfügung zu stellen (§ 5a III; Art. 7 III UGP-RL). Räumliche oder zeitliche Beschränkungen bestehen, von der Werbung im Internet oder in Werbebroschüren abgesehen, praktisch bei allen gebräuchlichen Kommunikationsmitteln, insbes. aber bei Anzeigen in Printmedien und bei der Werbung im Fernsehen und Hörfunk. Bei der gebotenen **Gesamtwürdigung** sind einerseits die für die Gemeinschaftswerbung entstehenden Kosten, andererseits die Fähigkeit des Verbrauchers zur Aufnahme und Speicherung der Impressumsangaben zu berücksichtigen. So mögen bei einer Prospektwerbung der Kfz-Vertragshändler einer Stadt für ein neues Modell die Impressumsangaben für alle beteiligten Händler zumutbar und für den Verbraucher sinnvoll sein. Geht es dagegen um die Anzeigen- oder Fernsehwerbung aller überregional tätigen **Lebensmittelfilialisten** für die wöchentlichen Sonderangebote, so wäre es weder den Unternehmen zumutbar, bereits in der Werbung sämtliche Impressumsangaben zu machen, noch wäre dies aus der Sicht des Durchschnittsverbrauchers hilfreich. In derartigen Fällen genügt es nach § 5b I Nr. 2, wenn in der Werbung eine **Internetadresse** angeben ist, unter der die betreffenden Angaben aufgerufen werden können (vgl. Köhler WRP 2013, 1419; Lettl WRP 2013, 1105; von Walter/Kluge WRP 2013, 866). Dies entspricht auch der Rspr. des EuGH zu Art. 7 IV UGP-RL (vgl. EuGH GRUR 2011, 930 Rn. 56 – Ving Sverige). Dem lässt sich nicht entgegenhalten, dass eine gewisse Anzahl von Haushalten immer noch keinen Internetanschluss besitzt. Denn es kommt auf den Durchschnittsverbraucher an, bei dem davon auszugehen ist, dass er – wenn er überhaupt an diesen Angaben interessiert ist – auch den entsprechenden Zugang findet. – Wirbt ein **Franchisegeber** zugunsten seiner Franchisenehmer mit einem Angebot iSd § 5b I, aber mit der (kartellrechtlich gebotenen) Einschränkung „nur in teilnehmenden Märkten" (dazu Lettl WRP 2013, 1105 Rn. 16–19), so ist dies daher ebenfalls nach § 5b I zulässig, wenn die Namen und Anschriften der teilnehmenden Unternehmen über eine Internetadresse in Erfahrung gebracht werden können. Für den Fall, dass ein Plattformbetreiber in einer Zeitungsanzeige eine Vielzahl von Produkten verschiedener Anbieter bewirbt, die der Leser über die Plattform und die darin gegebenen Informationen erwerben kann, ohne bereits in der Anzeige die Informationen vorzuhalten, hat der BGH einen Verstoß gegen § 5a III Nr. 2 aF angenommen (BGH WRP 2018, 65 – Mein.Paket.de II; → § 5a Rn. 3.15 ff.). – Ein Verstoß gegen § 5b I Nr. 2 liegt auch vor, wenn in einer Prospektwerbung die in räumlicher Nähe zu den Adressaten gelegenen Unternehmen zwar mit Name und Anschrift genannt sind, nicht aber angegeben wird, ob sie tatsächlich zu den teilnehmenden Märkten gehören und die beworbenen Produkte zu den angegebenen Preisen anbieten. Es genügt auch nicht, dass sich der Verbraucher durch einen Telefonanruf bei dem jeweiligen Markt darüber informieren kann, ob er an der Aktion teilnimmt (BGH WRP 2016, 450 Rn. 24 – Fressnapf; vgl. dazu auch BGH BeckRS 2016, 10828).

f) Verhältnis zu sonstigen Vorschriften. Impressumsangaben sind auch in anderen Vor- **2.38** schriften enthalten, die teils über **§ 5b IV**, teils über **§ 3a** wettbewerbsrechtlich relevant sind. Durch Auslegung ist zu ermitteln, ob sie Spezialregelungen zu § 5b I sind oder selbständig bzw. ergänzend neben ihnen stehen. Von Bedeutung sind insbes.

– im **Telemedienrecht** § 5 I Nr. 1–7 TMG, § 6 I Nr. 2 TMG;
– im **Vertragsrecht** § 312a II 1 BGB iVm Art. 246 I Nr. 2 EGBGB (eingeschränkt durch II für Verträge über Geschäfte des täglichen Lebens, die bei Vertragsschluss sofort erfüllt werden); § 312d I iVm Art. 246a § 1 Nr. 2 EGBGB (außerhalb von Geschäftsräumen geschlossene Verträge und Fernabsatzverträge); § 312d II iVm Art. 246b § 1 I Nr. 1 EGBGB (Verträge über Finanzdienstleistungen);
– im **Dienstleistungsrecht** § 2 I Nr. 1–6 DL-InfoV;
– im **Handelsrecht** § 37a I HGB;
– im **Energieversorgungsrecht** § 40 II 1 Nr. 1 EnWG.

2. „und gegebenenfalls Identität und Anschrift des Unternehmers, für den er handelt" (§ 5b I Nr. 2 Hs. 2)

§ 5b I Nr. 2 Hs. 2 verpflichtet den Unternehmer dazu, „gegebenenfalls die Identität und **2.39** Anschrift des Unternehmers, für den er handelt", anzugeben (dazu Lettl WRP 2013, 1105). Daraus ist zunächst zu schließen, dass der Handelnde auch in diesem Fall selbst Unternehmer sein muss. (Ist er nur Organ oder Mitarbeiter des Unternehmens, für das er handelt, besteht daher keine Pflicht, seine eigene Identität und Anschrift anzugeben; BGH WRP 2018, 1069 Rn. 30 – Namensangabe.) Von einem Handeln **für** einen anderen Unternehmer ist jedenfalls bei einem Handeln im **Namen** eines anderen (offene Stellvertretung) auszugehen. Ob darüber hinaus auch das Handeln im **Auftrag** oder **zugunsten** eines anderen Unternehmers erfasst wird, erscheint zwar nach dem Wortlaut zweifelhaft. Dafür sprechen jedoch die engl. und frz. Fassung des Art. 7 IV lit. b UGP-RL (engl. trader on whose behalf he is acting; frz. professionel pour le compte duquel il agit). Dafür spricht weiter, dass ein schutzwürdiges Interesse des Verbrauchers gerade im Hinblick auf die Daten seines potentiellen Vertragspartners besteht.

Hauptsächlicher **Zweck** der Regelung ist es nämlich, dass der Verbraucher Anschrift und **2.40** Identität des Unternehmers erfährt, für dessen Waren oder Dienstleistungen er sich auf der Grundlage des ihm unterbreiteten „Angebots" entscheiden kann (BGH WRP 2016, 450 Rn. 18 – Fressnapf mwN). Denn dieser wird sein eigentlicher Vertragspartner. Das „Angebot" braucht daher keine vertragliche Bindung an einen Dritten vorzusehen; es braucht kein Fall einer offenen Stellvertretung oder eine vergleichbare Fallgestaltung vorzuliegen (BGH WRP 2016, 450 Rn. 18 – Fressnapf mwN; WRP 2018, 320 Rn. 28 – Kraftfahrzeugwerbung; aA Lettl WRP 2013, 1105 (1110)). Die Informationspflicht hängt nicht davon ab, ob der Anbieter der beworbenen Produkte oder ein Dritter Verfasser dieses Angebots (iSd Aufforderung zum Kauf) ist (EuGH GRUR 2017, 535 Rn. 31 – DHL Paket; BGH WRP 2018, 320 Rn. 28 – Kraftfahrzeugwerbung). Beispiel: Wirbt ein Kfz-Händler auch für das Angebot eines Kfz-Versicherers oder eines Garantiegebers, müssen daher auch deren Identität und Anschrift angegeben werden. – Das Interesse des Verbrauchers ist auch unabhängig davon schutzwürdig, ob es später möglicherweise zu Streitigkeiten über den Inhalt und die Durchführung des Vertrags kommt. Denn möglicherweise will er gerade mit diesem Unternehmer, aus welchen Gründen auch immer, keinen Vertrag schließen. Vor allem aber besteht ein Interesse des Verbrauchers daran, im Falle einer Auseinandersetzung mit dem Vertragspartner problemlos zu ihm Kontakt aufnehmen zu können und nicht erst dessen exakte Identität und Anschrift ermitteln zu müssen (BGH GRUR 2014, 580 Rn. 21 – Alpenpanorama im Heißluftballon; GRUR 2013, 1169 Rn. 13 – Brandneu von der IFA).

2.41 Der für einen Dritten Handelnde muss auch seine eigene Anschrift und Identität mitteilen und gegenüber dem Verbraucher klarstellen, dass er nicht für sich, sondern für einen **Dritten** handelt. Handelt er als Vertreter, so ist ein Nachweis der Vertretungsmacht nicht erforderlich. Die Kenntnis von Identität und Anschrift des Handelnden ist auch deshalb von Bedeutung, weil er im Falle der Vertretung ohne Vertretungsmacht oder vergleichbaren Fallgestaltungen dem Verbraucher persönlich nach § 179 BGB (analog) haftet.

2.42 Die Verpflichtung des Handelnden nach § 5b I Nr. 2 erstreckt sich nicht auf den von ihm zur **Leistungserbringung** eingeschalteten Unternehmer (BGH GRUR 2014, 580 Rn. 21 – Alpenpanorama im Heißluftballon). Dies gilt unabhängig davon, ob im Zeitpunkt des „Angebots" bereits feststeht, welcher Unternehmer die Leistung erbringen wird und ob der Verbraucher zwischen mehreren Unternehmen eine Auswahl treffen kann (vgl. BGH GRUR 2014, 580 Rn. 20 – Alpenpanorama im Heißluftballon: Angebot eines innerhalb von drei Jahren einlösbaren Gutscheins für eine Ballonfahrt, bei dem der Verbraucher das Ballonfahrtunternehmen aus einer regelmäßig aktualisierten Liste auswählen konnte). Daran ändert es auch nichts, wenn der Verbraucher aufgrund der mit einer Dienstleistung verbundenen Risiken für die Gesundheit oder Sicherheit ein schutzwürdiges Interesse daran haben kann, sich über die Qualifikation und Zuverlässigkeit des Leistungserbringers zu erkundigen (BGH GRUR 2014, 580 Rn. 23, 24 – Alpenpanorama im Heißluftballon). Dieses Interesse kann zwar nicht von § 5b I Nr. 2, wohl aber von § 5b I Nr. 1 („wesentliche Merkmale der Ware oder Dienstleistung") erfasst sein (BGH GRUR 2014, 580 Rn. 25 – Alpenpanorama im Heißluftballon). Allerdings hilft auch dies nicht weiter, wenn der Leistungserbringer im Zeitpunkt des „Angebots" noch gar nicht feststeht.

2.43 Eine Verpflichtung zur Angabe der Identität und Anschrift des **Leistungserbringers** kann sich jedoch aus **§ 5a I unmittelbar** ergeben, wenn diese Information wesentlich im Sinne dieser Bestimmung ist, also einerseits für die geschäftliche Entscheidung des Verbrauchers von Bedeutung, andererseits ihre Mitteilung dem Unternehmer zumutbar ist. Dies ist in den Fällen anzunehmen, in denen mit der Leistungserbringung Risiken für die **Gesundheit** oder **Sicherheit** des Verbrauchers verbunden sind. Denn dann hat der Verbraucher ein Interesse daran zu erfahren, welcher Unternehmer die Leistung erbringt, um ggf. die Leistung wegen dessen mangelnder Zuverlässigkeit ablehnen zu können. § 5a I gilt im Unterschied zu § 5b I Nr. 1 und 2 auch für geschäftliche Entscheidungen nach Vertragsschluss (vgl. Art. 2 lit. k UGP-RL: „ein Produkt behalten oder abzugeben oder ein vertragliches Recht im Zusammenhang mit dem Produkt ausüben will").

III. Preis (§ 5b I Nr. 3)

1. Angabe des Gesamtpreises als Grundsatz

2.44 a) **Allgemeines.** § 5b I Nr. 3 enthält die grds. Verpflichtung zur Angabe des **Gesamtpreises** (früher: Endpreises) der Ware oder Dienstleistung. Dies gilt sowohl für Waren, einschließlich Immobilien, als auch für Dienstleistungen, einschließlich Rechte und Verpflichtungen (§ 2 I Nr. 2 Hs. 2). Unter Gesamtpreis ist in richtlinienkonformer Auslegung am Maßstab des Art. 7 IV lit. c UGP-RL der „Preis einschließlich aller Steuern und Abgaben" zu verstehen, der die Gegenleistung in Geld für den Erwerb einer Ware oder Dienstleistung darstellt. Der Verbraucher soll wissen, mit welcher finanziellen Gesamtbelastung er rechnen muss. Zu den Steuern gehört insbes. die **Umsatzsteuer** (Mehrwertsteuer). Zu den Abgaben gehört bspw. eine kommunale Tourismusabgabe (OLG Köln GRUR-RR 2014, 298). Weiter gehören als sonstige Preisbestandteile dazu die **unvermeidbaren** und **vorhersehbaren Bestandteile** des Preises, die obligatorisch vom Verbraucher zu tragen sind (vgl. EuGH GRUR 2016, 945 Rn. 37 – Citroën, zu Art. 2 lit. a Preisangaben-RL). Zum Gesamtpreis gehören nicht **fakultativ** vom Verbraucher zu tragende Kosten, dh Entgelte für weitere kostenpflichtige Leistungen, die der Kunde aufgrund des Vertrags in Anspruch nehmen kann, aber nicht muss (vgl. BGH GRUR 2009, 690 Rn. 11 f. – XtraPac, zu § 1 PAngV; OLG Köln WRP 2014, 1487 Rn. 45). Auch ein vom Käufer zu entrichtender **Pfandbetrag** ist **nicht** in den Gesamtpreis **einzurechnen,** sondern darf neben dem Gesamtpreis angegeben werden (so zum Begriff des Verkaufspreises iSv Art. 2 lit. a Preisangaben-RL EuGH GRUR 2023, 1115 Rn. 23 auf Vorlage des BGH GRUR 2021, 1320 – Flaschenpfand III). Ein gesonderter Hinweis, dass der Preis die Umsatzsteuer oder sonstige Preisbestandteile enthält, ist – anders als nach § 6 I Nr. 1 PAngV für Fernabsatzverträge – nicht erforderlich. Aus der Pflicht zur Abgabe des Gesamtpreises folgt nicht darüber hinaus auch die Pflicht, diesen aufzuschlüsseln (EuGH WRP 2016, 1342 Rn. 46, 51 – Deroo-Blanquart zu Kopplungsangebot bestehend aus PC mit vorinstallierter Software; OLG Celle WRP 2015, 364 Rn. 3 zu Bestandteilen eines Mobilfunktarifs bei Smartphone-Angebot).

b) Verhältnis zu den Preisangabenpflichten nach der Preisangaben-RL. Hinsichtlich **2.44a** der Preisangabe bei **Erzeugnissen** (im Unterschied zu Immobilien) stellt allerdings Art. 3 IV iVm Art. 2 lit. a Preisangaben-RL eine nach Art. 3 IV UGP-RL gegenüber Art. 7 IV lit. c UGP-RL vorrangige Regelung dar (EuGH GRUR 2016, 945 Rn. 45, 46 – Citroën). Dieser Vorrang bezieht sich jedoch nur auf den Fall der Werbung, in der sowohl die Besonderheiten des beworbenen Erzeugnisses als auch ein Preis, der aus der Sicht des Durchschnittsverbrauchers dem Verkaufspreis dieses Erzeugnisses gleichkommt, genannt sind, und die der Verbraucher als Angebot des Unternehmers, das Erzeugnis zu den in dieser Werbung genannten Konditionen zu verkaufen, auffasst. In diesem Fall besteht die Verpflichtung zur Angabe des „Endpreises" und zur Angabe des „Preises je Maßeinheit" iSv Art. 2 lit. a und b Preisangaben-RL. Diese Informationen stellen nach Art. 7 V UGP-RL iVm Anh. II UGP-RL „wesentliche Informationen" dar (→ Rn. 5.9) – Art. 7 IV lit. c UGP-RL und damit auch § 5b I Nr. 3 bleiben aber **ergänzend** auf die Aspekte anwendbar, die in der Preisangaben-RL nicht speziell geregelt sind (vgl. ErwGr. 10 S. 5 UGP-RL). Das bezieht sich zum einen auf den Fall, in dem zwar noch keine Werbung iSd Art. 3 IV Preisangaben-RL, sondern erst (oder nur) eine „Aufforderung zum Kauf" iSv Art. 7 IV UGP-RL und Art. 2 lit. i UGP-RL bzw. iSv § 5a III vorliegt (dazu Köhler GRUR 2016, 891 (893, 894)). Zum anderen bleibt Art. 7 IV lit. c UGP-RL und damit § 5b I Nr. 3 auf die Fälle anwendbar, in denen „der Preis aufgrund der Beschaffenheit des Produkts vernünftigerweise nicht im Voraus berechnet werden kann". Soweit daher Art. 7 IV lit. c UGP-RL bzw. § 5b I Nr. 3 weitergehende Informationsanforderungen aufstellen, werden diese daher nicht durch die Bestimmungen der Preisangaben-RL verdrängt, sondern bleiben anwendbar. Dementsprechend kommt dem § 3 I PAngV nur insoweit in richtlinienkonformer Auslegung am Maßstab der Art. 3 Preisangaben-RL und Art. 2 lit. a Preisangaben-RL der Vorrang vor § 5b I Nr. 3 zu.

2. Fehlende Möglichkeit der Preisberechnung im Voraus

Lässt sich der Gesamtpreis aufgrund der Beschaffenheit der Ware oder Dienstleistung (ver- **2.45** nünftigerweise; arg Art. 7 IV lit. c UGP-RL) nicht im Voraus berechnen, genügt die Angabe der **Art der Preisberechnung.** So genügt bei Waren, die nach Gewicht (zB kg) oder Volumen (zB Liter), Länge (zB m) oder Fläche (zB qm) verkauft werden, die Angabe des Grundpreises (vgl. § 4 PAngV). Bei Dienstleistungen kommt die Angabe des Verrechnungssatzes (zB Stunden- oder Tagessatz, Kilometersatz) in Betracht (vgl. § 12 PAngV; BGH WRP 2016, 581 Rn. 39 – Wir helfen im Trauerfall).

3. Angabe der Fracht-, Liefer- und Zustellkosten

Soweit („gegebenenfalls") **zusätzliche Fracht-, Liefer- oder Zustellkosten** anfallen, sind **2.46** auch („sowie") diese anzugeben. Sie stellen keine Bestandteile des Gesamtpreises dar, sondern sind zusätzlich zu diesem anzugeben. Es genügt also nicht die Angabe „incl. Frachtkosten". Auf diese Weise kann der Verbraucher erkennen, in welcher Relation diese Kosten zur Ware oder Dienstleistung stehen, und ggf. nach Alternativen suchen. Lassen sich diese Kosten nicht im Voraus berechnen, ist anzugeben, dass solche zusätzlichen Kosten anfallen können. Zu den Fracht-, Liefer- oder Zustellkosten im eigentlichen Sinn gehören nicht die obligatorisch anfallenden **Überführungskosten** für einen Pkw (vgl. BGH WRP 2014, 1444 Rn. 9, 20 – Preis zuzüglich Überführung (Vorlagefrage 3)). Zum gleichen Ergebnis kommt der EuGH hinsichtlich des aus seiner Sicht vorrangig anzuwendenden Art. 2 lit. a Preisangaben-RL (EuGH GRUR

2016, 945 Rn. 37 – Citroën; dazu Köhler GRUR 2016, 891). – Etwas anderes gilt, wenn der Unternehmer dem Verbraucher die Wahl zwischen Selbstabholung und Überführung überlässt oder ihre Höhe im Einzelfall unterschiedlich ist (BGH WRP 2014, 1444 Rn. 10 – Preis zuzüglich Überführung).

4. Einzelfragen

2.47   Die Regelung in § 5b I Nr. 3 ist nicht isoliert, sondern im systematischen Zusammenhang mit § 5a I (Art. 7 I UGP-RL) und § 5a III (Art. 7 III UGP-RL) zu sehen. Entscheidend ist, ob eine Preisangabe, auch wenn sie an sich die Voraussetzungen des § 5b I Nr. 3 nicht erfüllt, im konkreten Fall trotzdem genügt, um dem Verbraucher eine informierte geschäftliche Entscheidung zu ermöglichen. Dazu sind die Beschränkungen des Kommunikationsmittels, die Beschaffenheit und Merkmale des Produkts sowie die übrigen Maßnahmen zu berücksichtigen, die der Unternehmer tatsächlich getroffen hat, um die Informationen dem Verbraucher zur Verfügung zu stellen (§ 5a III). So kann bspw. die Angabe eines **„ab"**-Preises genügen, wenn es – wie bei einer Seereise oder einem Kraftfahrzeug – für die Bestimmung des Gesamtpreises auf eine Vielzahl von Faktoren ankommen kann (EuGH GRUR 2011, 930 Rn. 60–72 – Ving Sverige). Der EuGH interpretiert maW die Anforderungen an die Unlauterkeit des Vorenthaltens von Informationen in den Art. 7 IV lit. c UGP-RL hinein. – Wird in Versicherungsverträgen vereinbart, dass die Versicherungsprämie in unterjährigen Raten gezahlt werden kann, aber hierfür Ratenzahlungszuschläge zu entrichten sind, ist nicht der effektive Jahreszins anzugeben. Denn es handelt sich hierbei nicht um eine Kreditgewährung in Form eines entgeltlichen Zahlungsaufschubs (BGH NJW 2013, 2195 Rn. 16) und es liegt daher auch keine wesentliche Information iSv § 5a I vor (BGH VersR 2014, 451 Rn. 6).

5. Verhältnis zu anderen Preisangabenvorschriften

2.48   Neben § 5b I Nr. 3 bestehen weitere, ggf. vorrangige Preisangabenvorschriften, die der Unternehmer ggf. zu beachten hat. Dazu gehören ua (auch → § 3a Rn. 1.261 ff.; → PAngV Vorb. Rn. 6 ff.):
- §§ 3 ff. PAngV (dazu BGH WRP 2014, 1444 Rn. 6 ff. – Preis zuzüglich Überführung (Vorlagebeschluss); EuGH GRUR 2016, 945 Rn. 37 – Citroën; BGH WRP 2017, 296 – Hörgeräteausstellung);
- §§ 16 ff. PAngV (Werbung für Verbraucherdarlehen);
- § 4 I DL-InfoV (eingeschränkt durch § 4 II DL-InfoV);
- Art. 246 I Nr. 3 EGBGB; Art. 246a § 1 Nr. 4 EGBGB;
- § 32 FahrlG;
- Art. 23 I Luftverkehrsdienste-VO (Flugreisen).

IV. Zahlungs-, Liefer- und Leistungsbedingungen (§ 5b I Nr. 4)

2.49   Angaben zu Zahlungs-, Liefer- und Leistungsbedingungen sind nicht generell, sondern nur insoweit zu machen, als sie von den Erfordernissen der unternehmerischen Sorgfalt abweichen (§ 5b I Nr. 4; Art. 7 IV lit. d UGP-RL). (Die in § 5a III Nr. 4 aF enthaltenen Wörter „Verfahren zum Umgang mit Beschwerden" wurden nicht übernommen. Damit wurde Art. 3 Nr. 4 lit. a Ziff. i RL (EU) 2019/2161 (= Art. 7 IV lit. d UGP-RL) umgesetzt.) – Weitergehende Informationspflichten können sich aus dem Vertragsrecht ergeben; vgl. zB § 312a II BGB iVm Art. 246 I Nr. 4 und 16 EGBGB. Unter „Bedingungen" sind zwar nicht notwendig AGB iSd § 305 I BGB zu verstehen. Sind die Bedingungen jedoch im Einzelnen ausgehandelt, entfällt die Informationspflicht, da sie dann dem Verbraucher bekannt sind. Unter Abweichungen von der unternehmerischen Sorgfalt (§ 2 I Nr. 9) sind Abweichungen von den Bedingungen des dispositiven Rechts oder von den marktüblichen Bedingungen oder Beschwerdeverfahren zum Nachteil der Verbraucher zu verstehen. **Beispiel:** Klausel über Eigentumsvorbehalt, die nicht marktüblich ist. Der Grund dafür ist, dass der Verbraucher mit derartigen Abweichungen nicht rechnet, die Abweichungen aber Einfluss auf seine geschäftliche Entscheidung haben können. Die Information soll ihn vor den entsprechenden Risiken warnen (Köhler NJW 2008, 3032 (3036)). Eine relevante Abweichung liegt stets, aber nicht nur, vor, wenn die Bedingungen nach den §§ 307–309 BGB unwirksam sind (Köhler WRP 2009, 898 (907 f.); Köhler NJW 2008, 177 (179 f.)). Es genügt, dass der Unternehmer die betreffenden Bedingungen angibt. Dagegen braucht er nicht auf ihre Unwirksamkeit oder Unüblichkeit hinzuweisen. Fehlt die Angabe, so wird die betreffende Klausel, wenn sie nicht schon unwirksam ist, nach § 305c I BGB auch nicht Vertragsbestandteil werden.

V. Rücktritts- oder Widerrufsrecht (§ 5b I Nr. 5)

Soweit für bestimmte Rechtsgeschäfte oder Produkte kraft **Gesetzes** ein Rücktritts- oder **2.50** Widerrufsrecht besteht, muss der Verbraucher darauf hingewiesen werden (OLG Frankfurt WRP 2022, 1551 Rn. 34; aA MüKoUWG/Alexander § 5a Rn. 405 zu § 5a aF). Ein gesetzliches Rücktrittsrecht besteht bspw. beim Reisevertrag (§ 651h I BGB), ein gesetzliches Widerrufsrecht bei außerhalb von Geschäftsräumen geschlossenen Verträgen und Fernabsatzverträgen (§ 312g I BGB), bei Teilzeit-Wohnrechteverträgen usw (§ 485 BGB) und bei Verbraucherdarlehensverträgen (§ 495 I BGB). Gleiches gilt für vertraglich vereinbarte Rücktrittsrechte (MüKoUWG/Alexander § 5a Rn. 405). **Nicht erfasst** sind gesetzliche Rücktrittsrechte aufgrund von Leistungsstörungen (zB § 437 Nr. 2 BGB, § 634 Nr. 3 BGB; MüKoUWG/Alexander § 5a Rn. 405 zu § 5a aF). In richtlinienkonformer Auslegung unter Berücksichtigung anderer Sprachfassungen (bspw. engl. withdrawal or cancellation) muss dies auch für gesetzliche **Kündigungsrechte** gelten (vgl. §§ 314, 626, 651h I BGB). – Es genügt der Hinweis auf das **Bestehen** eines solchen Rechts; Angaben über seine Ausübung sind nicht erforderlich (ebenso OLG Köln WRP 2021, 941 Rn. 30). Weitergehende Informationspflichten können sich aber aus dem **Vertragsrecht** ergeben (vgl. § 312d BGB iVm Art. 246a § 1 I Nr. 8 EGBGB zum gesetzlichen Mängelhaftungsrecht und § 312g BGB iVm Art. 246a § 1 II EGBGB).

VI. Angebote auf Online-Marktplätzen (§ 5b I Nr. 6)

1. Unionsrechtliche Grundlage

Mit dem neuen § 5b I Nr. 6 wurde Art. 3 Nr. 4 lit. a Ziff. ii RL (EU) 2019/2161 (= **2.51** Art. 7 IV lit. f UGP-RL) umgesetzt. Als wesentlich iSd § 5a I gilt sonach bei Waren oder Dienstleistungen, die über einen Online-Marktplatz angeboten werden, die Information, ob es sich bei dem Anbieter der Waren oder Dienstleistungen nach dessen eigener Erklärung gegenüber dem Betreiber des Online-Marktplatzes um einen Unternehmer handelt.

2. Normzweck

Die Neuregelung bezweckt den Schutz der Verbraucher (nicht auch der sonstigen Markt- **2.52** teilnehmer), die auf einem Online-Marktplatz iSd § 2 I Nr. 6 angebotene Waren oder Dienstleistungen erwerben möchten. Um eine informierte geschäftliche Entscheidung treffen zu können, müssen sie wissen, ob es sich bei dem Anbieter solcher Waren oder Dienstleistungen um einen Unternehmer handelt oder nicht. Denn nur dann können sie bei einem Geschäftsabschluss ihre Rechte nach den entsprechenden Verbraucherschutzregelungen des BGB wahrnehmen (vgl. BT-Drs. 19/27873, 33). Damit wird ein Gleichlauf mit der inhaltlich entsprechenden Pflicht zur Belehrung nach Art. 246d § 1 Nr. 4 EGBGB erreicht (Feddersen WRP 2022, 789 Rn. 9).

3. Adressat der Informationspflicht

Die Verpflichtung zur Erteilung der Information, ob es sich bei den jeweiligen Anbietern um **2.53** einen Unternehmer iSd § 2 I Nr. 8 oder um einen Verbraucher iSd § 2 II handelt, trifft den Betreiber des Online-Marktplatzes. Dazu muss er jedoch nicht selbst eine entsprechende Einschätzung vornehmen. Vielmehr muss er lediglich von diesen Drittanbietern eine entsprechende Erklärung, also eine Selbsteinschätzung, verlangen, und die Verbraucher darüber informieren. Der Status dieser Anbieter ist in klarer, verständlicher und eindeutiger Weise anzugeben, wie im Umkehrschluss aus § 2 II Nr. 2 folgt. Er kann sich jedoch iSd § 5a I „unmittelbar aus den Umständen ergeben", etwa aus der Rechtsform des Anbieters (Feddersen WRP 2022, 789 Rn. 10). Im Einklang mit § 7 II TMG sind Betreiber von Online-Marktplätzen allerdings nicht verpflichtet, den Status von Anbietern anlassunabhängig zu überprüfen (ErwGr. 28 RL (EU) 2019/2161; BT-Drs. 19/27873, 36). Die Problematik dabei ist jedoch, dass eine scharfe Abgrenzung von Unternehmer und Verbraucher oft nicht möglich ist, weil es auf die Umstände des Einzelfalls ankommt (vgl. EuGH WRP 2018, 1311 Rn. 13 ff. – Kamenova).

4. Verhältnis des § 5b I Nr. 6 zu Anh. Nr. 22 zu § 3 III

2.54   Ist der Anbieter Unternehmer, aber macht er die unwahre Angabe oder erweckt er den unzutreffenden Eindruck, er sei Verbraucher, verstößt er gegen das Per-se-Verbot der Anh. Nr. 22 zu § 3 III.

3. Abschnitt. Ranking (§ 5b II)

Übersicht

A. Allgemeines

I. Unionsrechtliche Grundlage

3.1   Der neu geschaffene § 5b II hat das sog. Ranking von Angeboten zum Gegenstand. Die Vorschrift dient der Umsetzung des Art. 3 Nr. 4 lit. b RL (EU) 2019/2161 (= Art. 7 IVa UGP-RL).

II. Begriff, Nutzen und Gefahren des Rankings für Verbraucher

3.2   Verbraucher bekommen bei einer **Online-Suchanfrage** über bestimmte Angebote von Waren oder Dienstleistungen bei den Betreibern von Suchmaschinen, Online-Marktplätzen oder Vergleichsplattformen idR Suchergebnisse in der Form eines **Rankings,** also einer relativen Hervorhebung von Waren oder Dienstleistungen (§ 2 I Nr. 7) in Gestalt einer Auflistung, mitgeteilt. Dieses Ranking stellt eine wichtige Entscheidungshilfe für Verbraucher dar, wenn sie eine Auswahl treffen wollen. Je höher das Ranking eines bestimmten Angebots ist, desto interessanter ist es für den Verbraucher und desto größer ist damit die Chance des Anbieters, dass sich der Verbraucher damit beschäftigt und sich ggf. dafür entscheidet. Die Gefahren für die Verbraucher bestehen darin, dass sie nicht wissen, nach welchen Kriterien die Angebote eingestuft wurden. Insbes. wissen sie nicht, ob der Anbieter einer Ware oder Dienstleistung durch bezahlte Werbung oder spezielle Zahlungen (zB Provisionen) ein höheres Ranking im Rahmen der Suchergebnisse erlangt hat.

III. Normzweck

3.3   Zweck des § 5b II 1 ist es daher, die Verbraucher dadurch zu schützen, dass sie über die Kriterien informiert werden, nach denen die jeweiligen Angebote im Ranking eingestuft werden (vgl. BT-Drs. 19/27873, 36). Ergänzt wird dieser Schutz durch das Per-se-Verbot des Anh. Nr. 11a zu § 3 III, das Anh. I Nr. 11a UGP-RL umsetzt (→ Rn. 3.11).

B. Informationspflichten nach § 5b II

I. Allgemeines

3.4   Die Informationspflichten nach § 5b II 1 gelten unabhängig davon, wo das jeweilige Rechtsgeschäft des Anbieters mit dem Verbraucher abgeschlossen werden kann (§ 5b II 1).

3.5   **Adressaten** der Informationspflichten nach § 5b II 1 sind Unternehmer (§ 2 I Nr. 8), die Online-Suchfunktionen bereitstellen. Dazu gehören Betreiber von Suchmaschinen sowie Vermittler wie die Anbieter von Online-Marktplätzen und Vergleichsplattformen. Dies gilt unabhängig davon, ob sie Verbrauchern auf ihrer Plattform die Möglichkeit zum Vertragsschluss mit dem Anbieter der Waren oder Dienstleistungen bieten. Sie müssen lediglich die Suche nach Waren und Dienstleistungen verschiedener Anbieter ermöglichen. Nicht von der Vorschrift erfasst sind Online-Shops von Unternehmern, die nur ihre eigenen Waren oder Dienstleistungen anbieten (BT-Drs. 19/27873, 36).

Nach § 5b II 2 müssen die Informationen nach § 5b II 1 von der Anzeige der Suchergebnisse **3.6** aus unmittelbar und leicht zugänglich sein. Dazu gehört es auch, dass sie knapp gehalten und gut sichtbar sind (vgl. ErwGr. 22 RL (EU) 2019/2161).

II. Inhalt der Informationspflichten nach § 5b II 1

Nach § 5b II 1 gelten zwei allgemeine Informationen als wesentlich und begründen damit **3.7** Informationspflichten des Unternehmers. Zum einen sind dies nach § 5b II 1 Nr. 1 „die Hauptparameter zur Festlegung des Rankings der dem Verbraucher als Ergebnis seiner Suchanfrage präsentierten Waren oder Dienstleistungen". Zum anderen ist dies nach § 5b II 1 Nr. 2 „die relative Gewichtung der Hauptparameter zur Festlegung des Rankings im Vergleich zu anderen Parametern".

Unter **Parametern** für das Ranking sind alle allgemeinen Kriterien, Prozesse und spezifischen **3.8** Signale, die in Algorithmen eingebunden sind, oder sonstige Anpassungs- oder Rückstufungsmechanismen, die im Zusammenhang mit dem Ranking eingesetzt werden, zu verstehen. Die Unternehmer sollen jedoch nicht verpflichtet sein, die Funktionsweise ihrer Ranking-Systeme einschließlich der Algorithmen im Detail offenzulegen. Es genügt vielmehr eine allgemeine Beschreibung der Hauptparameter, in der die vom Unternehmer voreingestellten Hauptparameter für das Ranking sowie ihre relative Gewichtung im Verhältnis zu anderen Parametern erläutert werden. Die Beschreibung muss auch nicht in einer jeweils auf die einzelne Suchanfrage zugeschnittenen Form bereitgestellt werden (ErwGr. 22 und 23 RL (EU) 2019/2161; BT-Drs. 19/27873, 36).

Unter **Hauptparametern** sind die Parameter zu verstehen, für die sich der Durchschnitts- **3.9** verbraucher hauptsächlich interessiert. Dazu gehören jedenfalls der Preis und die wesentlichen Merkmale der angebotenen Waren oder Dienstleistungen. Je nach der Eigenart dieser Waren oder Dienstleistungen kann dazu auch gehören, ob der Anbieter, wie zB ein Hotelbetreiber, seinen Sitz im Inland oder im Ausland hat. Der Verbraucher erwartet aber auch, dass das Ranking nicht von Zuwendungen einzelner Anbieter beeinflusst wird. Daher gehören auch bezahlte Werbung oder sonstige spezielle unmittelbare oder mittelbare Zuwendungen zu dem Zweck, ein höheres Ranking zu erreichen, zu den Hauptparametern (ErwGr. 20 RL (EU) 2019/2161). Jedoch greift insoweit bereits die strengere Regelung in Anh. Nr. 11a zu § 3 III ein.

Unter der „relativen Gewichtung der Hauptparameter zur Festlegung des Rankings im Ver- **3.10** gleich zu anderen Parametern" ist insbes. die Angabe eines Prozentsatzes oder von Punktzahlen der einzelnen Hauptparameter im Rahmen der Gesamtbewertung eines Angebots zu verstehen. Der Fall liegt ähnlich wie bei der Produktbewertung im Rahmen eines vergleichenden Warentests. Ausreichend ist eine allg. Beschreibung, in der die voreingestellten Hauptparameter sowie ihre relative Gewichtung im Verhältnis zu anderen Parametern erläutert werden. Jedoch sind die Unternehmer nicht verpflichtet, die Funktionsweise ihrer Rankingsysteme einschließlich der angewendeten Algorithmen im Detail offenzulegen (ErwGr. 23 RL 2019/2161). Die Beschreibung muss nicht in einer auf die einzelne Suchanfrage zugeschnittenen Form bereitgestellt werden (BT-Drs. 19/27873, 36). Die Angabe muss von der Anzeige der Suchergebnisse aus unmittelbar und leicht zugänglich, knapp gehalten, leicht verständlich und an gut sichtbarer Stelle verfügbar sein (BT-Drs. 19/27873, 36).

III. Verhältnis des § 5b II zu Anh. Nr. 11a zu § 3 III

Anh. Nr. 11a zu § 3 III enthält eine Spezialregelung zur Anzeige von Suchergebnissen auf- **3.11** grund der Online-Suchanfrage eines Verbrauchers. Danach gehört es zu den stets unzulässigen geschäftlichen Handlungen, wenn in der Anzeige eine etwaige bezahlte Werbung oder spezielle Zahlungen, die dazu dienen, ein höheres Ranking der jeweiligen Produkte im Rahmen der Suchergebnisse zu erreichen, nicht eindeutig offengelegt werden. Insoweit ist daher die Eignung dieser Maßnahmen zur Beeinflussung der geschäftlichen Entscheidung des Verbrauchers nicht noch gesondert zu prüfen. Das Erfordernis der **eindeutigen** Offenlegung ist dahin zu verstehen, dass keine Formulierungen oder Kennzeichnungen verwendet werden dürfen, die den Verbraucher im Unklaren lassen, was eigentlich damit gemeint ist. Für den Verstoß gegen Anh. Nr. 11a zu § 3 III ist der Unternehmer, der die Vorteile gewährt oder versprochen hat, als Mittäter (§ 830 II BGB) mitverantwortlich.

IV. Verhältnis des § 5b II 1 und 2 zu Art. 2 Nr. 6 P2B-VO

3.12   In § 5b II 3 wird klargestellt, dass § 5b II 1 und 2 nicht für die Anbieter von Online-Suchmaschinen iSd Art. 2 Nr. 6 P2B-VO gelten. Denn die P2B-VO regelt in Art. 5 II–VII P2B-VO bereits vergleichbare bzw. strengere Transparenzanforderungen hinsichtlich des Rankings im Verhältnis zwischen Unternehmern und Betreibern von Online-Suchmaschinen. Dies schließt es jedoch nicht aus, die darin enthaltenen Wertungen auch im Rahmen des § 5b II 1 zu berücksichtigen. Dazu gehört bspw., dass nach Art. 5 VI 2 P2B-VO die Regelungen über Geschäftsgeheimnisse iSd der RL (EU) 2016/943 (umgesetzt im GeschGehG) von der Offenlegungspflicht nicht berührt werden.

4. Abschnitt. Verbraucherbewertungen (§ 5b III)

Übersicht

A. Allgemeines

I. Die Vorschrift und ihre unionsrechtliche Grundlage

4.1   Der neu geschaffene § 5b III erweitert den Katalog der wesentlichen Informationen iSd § 5a I im Hinblick auf **Bewertungen,** die Verbraucher im Hinblick auf Waren oder Dienstleistungen vorgenommen haben, und die ein Unternehmer Verbrauchern zugänglich macht. In diesem Fall gelten Informationen darüber, ob und wie der Unternehmer sicherstellt, dass die veröffentlichten Bewertungen von solchen Verbrauchern stammen, die die Waren oder Dienstleistungen tatsächlich genutzt oder erworben haben, als wesentlich. Das Vorenthalten dieser Informationen ist daher unter den Voraussetzungen des § 5a I und II eine unlautere, weil irreführende Handlung. Die Vorschrift dient der Umsetzung des Art. 3 Nr. 4 lit. c RL (EU) 2019/2161 (= Art. 7 IVa UGP-RL) und ist dementsprechend richtlinienkonform auszulegen.

II. Ausgangspunkt und Normzweck

4.2   Zunehmend finden sich auf den Webseiten von Unternehmen Bewertungen (einschließlich Empfehlungen) ihrer Waren oder Dienstleistungen durch Verbraucher. Sie stellen für Verbraucher eine wichtige Informationsquelle dar und können ihre Kaufentscheidung maßgeblich beeinflussen (ErwGr. 47 RL 2019/2161). So hält nach einer Umfrage des Digitalverbands Bitkom e. V. von 2019 mehr als jeder zweite Online-Shopper Kundenrezensionen für eine wichtige Entscheidungshilfe. Die interessierten Verbraucher erwarten dabei zu Recht, dass solche Bewertungen „echt" („authentisch") sind, also tatsächlich von Verbrauchern stammen, die die angebotene Ware selbst erworben oder die angebotene Dienstleistung selbst genutzt haben. Zunehmend finden sich aber darunter auch Bewertungen, die nicht von Verbrauchern, sondern vom Unternehmer selbst oder seinen Mitarbeitern oder sonstigen Dritten stammen. Es hat sich bereits ein regelrechter Markt für solche sog. Fake-Bewertungen entwickelt. Zweck der Regelung in § 5b III ist jedoch nur der **Schutz des Vertrauens** der Verbraucher auf die **Echtheit** von Bewertungen durch Verbraucher, die das Produkt selbst erworben oder genutzt haben.

B. Voraussetzung und Inhalt der Informationspflicht nach § 5b III

I. Voraussetzung

Voraussetzung der Informationspflicht des Unternehmers ist lediglich, dass er **Bewertungen,** 4.3
die Verbraucher im Hinblick auf (seine) Waren oder Dienstleistungen vorgenommen haben, **zugänglich** macht (und damit veröffentlicht). Insoweit unterscheidet sich die Regelung in § 5b III von derjenigen in Anh. Nr. 23b zu § 3 III, die eine **Behauptung** des Unternehmers voraussetzt, dass Produktbewertungen von Verbrauchern stammen, die das Produkt tatsächlich erworben oder genutzt haben. Ein bloßes Zugänglichmachen besteht darin, dass der Unternehmer es Verbrauchern ermöglicht, ihre Produktbewertungen in seine Webseite (oder eine sonstige Veröffentlichung) einzustellen und damit von interessierten Verbrauchern wahrgenommen werden können. Weitere Voraussetzung ist, dass es sich tatsächlich um Bewertungen von Verbrauchern handelt. Ist dies nicht der Fall, handelt es sich also um Bewertungen durch sonstige Dritte, wie zB durch den Unternehmer oder von ihm Beauftragte, die scheinbar von Verbrauchern stammen, so ist Anh. Nr. 23c zu § 3 III und ggf. § 5 anwendbar.

II. Inhalt

Der Unternehmer muss die Verbraucher darüber informieren, **ob** und **wie** er sicherstellt, dass 4.4
die von ihm zugänglich gemachten (und damit veröffentlichten) Bewertungen von solchen Verbrauchern stammen, die die Waren oder Dienstleistungen tatsächlich genutzt oder erworben haben, es sich also um „echte" Bewertungen durch Verbraucher handelt. Eine Informationspflicht soll nicht bestehen, wenn der Unternehmer lediglich über einen Link auf Verbraucherbewertungen verweist, die von Dritten über die von ihm angebotenen Waren oder Dienstleistungen veröffentlicht worden sind (BT-Drs. 19/27873, 37; dazu krit. Büscher WRP 2022, 1 Rn. 59 unter Hinweis auf BGH WRP 2016, 187 Rn. 12 ff. – Haftung für Hyperlink; Feddersen WRP 2022, 789 Rn. 20).

Der Unternehmer muss darüber informieren, **„ob"** er überhaupt Maßnahmen der Sicher- 4.5
stellung trifft oder nicht, nämlich dass er überhaupt keine entsprechenden Maßnahmen trifft. Das kann durch einen entsprechenden Zusatz bei der Rubrik „Bewertungen" auf der Webseite erfolgen, etwa des Inhalts: „Die Echtheit der Bewertungen wurde von uns nicht überprüft". Dann ist der Verbraucher gewarnt.

Trifft der Unternehmer aber Maßnahmen zur Sicherstellung, so muss er auch über das **„wie"** 4.6
informieren. Was aber der Unternehmer konkret tun kann oder muss, um die Echtheit der Bewertungen zu überprüfen, ist in § 5b III nicht festgelegt und somit ihm überlassen. Die Verpflichtung beschränkt sich jedoch auf angemessene und zumutbare Maßnahmen. Letztlich geht es um eine Überprüfung einer Bewertung mittels bestimmter „Prozesse oder Verfahren" vor ihrer Zugänglichmachung und damit ihrer Veröffentlichung. Eine Möglichkeit besteht darin, dass der Unternehmer nur Bewertungen von Verbrauchern zulässt, die die betreffenden Waren oder Dienstleistungen auch über seine Plattform erworben haben (vgl. BT-Drs. 19/27873, 37). Eine andere Möglichkeit besteht darin, dass der Unternehmer den Verbraucher, der eine Bewertung abgeben will, auffordert, Angaben zu seinem (Klar-)Namen und seiner Anschrift sowie zum Erwerb oder zur Nutzung der Ware oder Dienstleistung zu machen.

Dem Verbraucher sind ferner, wie es in ErwGr. 40 RL (EU) 2019/2161 heißt, eindeutige 4.7
Informationen darüber zur Verfügung stellen, wie mit Bewertungen umgegangen wird. Dazu gehören Informationen darüber, ob alle Bewertungen, seien es positive oder negative, veröffentlicht werden oder ob diese Bewertungen im Wege eines Vertragsverhältnisses mit einem (ggf. anderen) Unternehmen gesponsert oder beeinflusst wurden. Dazu gehört insbes. auch der Fall, dass dem Verbraucher das Produkt kostenlos zur Verfügung gestellt wird, damit er eine positive Bewertung abgibt.

C. Verhältnis zu anderen Vorschriften

I. Verhältnis zu Anh. Nr. 23b und Nr. 23c zu § 3 III

4.8   Spezielle Regelungen zu Verbraucherbewertungen enthalten die Per-se-Verbote des Anh. Nr. 23b und Nr. 23c zu § 3 III. Im Unterschied zu § 5b III geht es dabei nicht um eine Irreführung durch Unterlassen, sondern um eine Irreführung durch positives Tun. Sind diese Tatbestände erfüllt, ist es nicht mehr erforderlich, zusätzlich zu prüfen, ob das Verhalten auch geeignet ist, den Verbraucher zu einer geschäftlichen Entscheidung zu veranlassen, die er andernfalls nicht getroffen hätte.

II. Verhältnis zu § 5

4.9   Macht ein Unternehmer Bewertungen durch Verbraucher zugänglich, die die Ware oder Dienstleistung gar nicht erworben oder genutzt haben, kann dies auch den Tatbestand des § 5 I iVm § 5 II Nr. 1 („von der Verwendung zu erwartende Ergebnisse") erfüllen.

5. Abschnitt. Spezielle auf Unionsrecht gegründete Informationspflichten (§ 5b IV)

Übersicht

A. Allgemeines

I. Normzweck und Gebot der richtlinienkonformen Auslegung

1. § 5b IV als Umsetzung des Art. 7 V UGP-RL

§ 5b IV (= § 5a IV aF) erklärt bestimmte Informationsanforderungen, die im **sonstigen** 5.1 **Unionsrecht** festgelegt sind, zu wesentlichen Informationen iSd § 5a I 1 („Als wesentlich im Sinne des Absatzes 1 gelten …"). Die Vorschrift dient der Umsetzung des **Art. 7 V UGP-RL** und ist dementsprechend richtlinienkonform auszulegen. Diese Bestimmung bezweckt die Einbeziehung spezieller, im sonstigen Unionsrecht festgelegter „Informationsanforderungen in Bezug auf kommerzielle Kommunikation einschließlich Werbung und Marketing" (→ Rn. 5.3) in das Konzept der „Irreführenden Unterlassungen" nach Art. 7 UGP-RL. Dahinter steht die Erwägung, dass die UGP-RL einen einheitlichen Rechtsrahmen für die lauterkeitsrechtliche Beurteilung auch solcher Informationspflichten schaffen soll.

2. Verhältnis des Art. 7 V UGP-RL zu Art. 3 IV UGP-RL

5.1a   Allerdings gilt dies nur, **soweit** die betreffenden Vorschriften keine nach Art. 3 IV UGP-RL vorrangigen Regelungen enthalten, nämlich „besondere Aspekte unlauterer Geschäftspraktiken regeln" (EuGH GRUR 2016, 945 Rn. 45 – Citroën, zum Aspekt des Verkaufspreises iSd Preisangaben-RL). Dagegen ist diese Entscheidung nicht dahin zu verstehen, dass damit die Anwendung des Art. 7 I–III UGP-RL und dementsprechend des § 5a I gänzlich ausgeschlossen ist (so aber BGH GRUR 2017, 286 Rn. 15 – Hörgeräteausstellung). Andernfalls wäre nämlich Art. 7 V UGP-RL völlig sinnlos. Hinzu kommt, dass Anh. II UGP-RL auch Richtlinien wie die RL 2001/83/EG (Gemeinschaftskodex für Humanarzneimittel) anführt, die nach Art. 3 III UGP-RL gar nicht in den Anwendungsbereich der UGP-RL fallen. – Auf die Verletzung von Informationspflichten iSd Art. 7 V UGP-RL bzw. § 5b IV sind vielmehr die Regelungen in Art. 7 I–III UGP-RL bzw. die §§ 5a I, 5b IV anzuwenden (vgl. EuGH WRP 2015, 1212 Rn. 78 – Abcur/Apoteket Farmaci). Es handelt sich insoweit um einen speziellen Rechtsbruchtatbestand des Unionsrechts, der Vorrang vor dem allgemeinen nationalen Rechtsbruchtatbestand des § 3a hat. Dementsprechend scheidet umgekehrt die Anwendung des **§ 3a** grds. aus (BGH GRUR 2022, 930 Rn. 23 – Knuspermüsli II). Nur so lässt sich die Einbeziehung bestimmter Informationspflichten in den Anh. II UGP-RL und damit in Art. 7 V UGP-RL erklären (vgl. ErwGr. 15 S. 1 UGP-RL). Etwas anderes ergibt sich auch nicht aus der Citroën-Entscheidung des EuGH. Sie besagt lediglich, dass die Informationspflicht nach Art. 3 IV Preisangaben-RL einen besonderen Aspekt unlauterer Geschäftspraktiken regelt und daher die UGP-RL hinsichtlich dieses Aspekts nicht zur Anwendung kommen kann (EuGH GRUR 2016, 945 Rn. 45 – Citroën). Dieser besondere Aspekt bezieht sich aber nur auf das Verhältnis zu Art. 7 IV UGP-RL (EuGH GRUR 2016, 945 Rn. 46 – Citroën); auf Art. 7 I–III, V UGP-RL geht der EuGH gar nicht ein. – Die Gegenauffassung, nach der (auch) § 3a anwendbar war (zB BGH GRUR 2017, 286 Rn. 15 – Hörgeräteausstellung; MüKoUWG/Schaffert § 3a Rn. 15 Fn. 57), hat der BGH mittlerweile aufgegeben (BGH GRUR 2022, 930 Rn. 23 – Knuspermüsli II; s. auch BGH GRUR 2022, 1163 Rn. 51, 54 – Grundpreisangabe im Internet). Nur so lässt sich ein Widerspruch zu den Vorgaben aus Art. 11a UGP-RL und deren Umsetzung in § 9 II 2 vermeiden (BGH GRUR 2022, 930 Rn. 24, 25 – Knuspermüsli II). Damit erübrigt sich auch eine Interpretation der Spürbarkeitsklausel des § 3a iSd Relevanzklausel des § 5a I (so zB BGH GRUR 2019, 82 Rn. 31 – Jogginghosen).

3. Reichweite des § 5b IV

5.1b   § 5b IV präzisiert den Art. 7 V UGP-RL dahingehend, dass es sich um Informationen handeln muss, die dem Verbraucher **„auf Grund unionsrechtlicher Verordnungen oder nach Rechtsvorschriften zur Umsetzung unionsrechtlicher Richtlinien"** nicht vorenthalten werden dürfen". Damit trägt der Gesetzgeber der Rechtsnatur der unionsrechtlichen Richtlinien Rechnung, da sie, von Ausnahmefällen abgesehen, keine unmittelbare Geltung besitzen. Ihrem Wortlaut nach ist die Vorschrift aber nicht auf den Fall anwendbar, dass eine von Art. 7 V UGP-RL erfasste Richtlinie nicht oder unzureichend in deutsches Recht umgesetzt wurde. Ein Beispiel dafür bietet die unzureichende Umsetzung des Art. 12 IV RL 2010/31/EU in § 16a EnEV hinsichtlich der Verpflichtung auch von Immobilienmaklern. Der BGH wendete in diesem Fall mangels Umsetzung nicht § 3a, wohl aber (jetzt) § 5b IV an und begründete dies damit, dass die unzureichende Umsetzung einer Richtlinienbestimmung iSd Art. 7 V UGP-RL der Anwendung des § 5b IV nicht entgegenstehe (BGH WRP 2018, 420 Rn. 28 – Energieausweis). Im Ergebnis läuft das auf eine richtlinienkonforme Auslegung des § 5b IV am Maßstab des Art. 7 V UGP-RL hinaus. Dem ist zuzustimmen, da nach Art. 7 V UGP-RL die im Gemeinschaftsrecht festgelegten Informationsanforderungen iSd Art. 7 I–III UGP-RL ohne Rücksicht darauf als wesentlich gelten, ob sie korrekt in nationales Recht umgesetzt wurden. Sie sind daher im Falle unterbliebener Umsetzung jedenfalls nach **§ 5a I** als wesentlich anzusehen. – Zu den von § 5b IV erfassten Richtlinien gehören jedenfalls die in der Liste des Anh. II UGP-RL aufgeführten Richtlinien. Da diese Liste aber „nicht erschöpfend" ist, können auch weitere Richtlinien, insbes. erst später erlassene Richtlinien, wie zB die Verbraucherrechte-RL, herangezogen werden (→ Rn. 5.6, → Rn. 5.20 ff.). – Ferner ist ErwGr. 15 S. 2 UGP-RL zu beachten.

Danach können die Mitgliedstaaten die Informationsanforderungen in Bezug auf das Vertragsrecht oder mit vertragsrechtlichen Auswirkungen aufrechterhalten oder erweitern, wenn dies aufgrund der Mindestklauseln in den bestehenden unionsrechtlichen Rechtsakten zu lässig ist (vgl. zB Art. 5 IV Verbraucherrechte-RL). Jedoch kommt das Vorenthalten solcher Informationen einem irreführenden Unterlassen iSd Art. 7 I UGP-RL nicht gleich. § 5b IV ist daher insoweit nicht anwendbar. Auf derartige vertragsrechtliche Informationsanforderungen ist sonach § 3a uneingeschränkt anwendbar (→ § 3a Rn. 1.19; BGH WRP 2019, 1176 Rn. 42 – Werbung mit Bestellpostkarte II). Zur rechtlichen Einordnung der **vorvertraglichen Informationspflichten der Art. 5 ff. Verbraucherrechte-RL** → Rn. 5.6.

II. Verhältnis des § 5b IV zu § 5a I, III

§ 5b IV stellt keinen selbständigen Unlauterkeitstatbestand dar, sondern konkretisiert ebenso **5.2** wie § 5b I lediglich das Tatbestandsmerkmal der „wesentlichen Informationen" im Unlauterkeitstatbestand des § 5a I. Eine Verletzung dieser Vorschriften durch ein Vorenthalten der betreffenden Information oder durch eine dem Vorenthalten gleichstehende Verhaltensweise (§ 5a II) ist daher nur unter den Voraussetzungen des § 5a I, III unlauter. Ein Verhalten, das in den Anwendungsbereich einer vorrangig anzuwendenden Regelung fällt, aber nach dieser Regelung zulässig ist, kann dementsprechend auch nicht nach § 5a I untersagt werden (insoweit zutreffend BGH GRUR 2017, 286 Rn. 15 – Hörgeräteausstellung). Das entspricht der Rspr. des EuGH zum Verhältnis des Art. 7 IV UGP-RL zu Art. 7 I–III UGP-RL (vgl. EuGH WRP 2012, 189 Rn. 51, 55, 67 – Ving Sverige; WRP 2017, 31 Rn. 58 – Canal Digital Danmark). Enthält die betreffende unionsrechtliche oder auf Unionsrecht beruhende Vorschrift spezielle Regelungen, „wie dem Verbraucher Informationen zu vermitteln sind" (ErwGr. 10 S. 3 UGP-RL), und haben diese nach Art. 3 IV UGP-RL Vorrang, sind sie sonach auch bei der Anwendung des § 5a I, III zu berücksichtigen. Beispiele dafür enthalten Art. 4 I Preisangaben-RL („unmissverständlich, klar erkennbar und gut lesbar") sowie Art. 5 und 6 E-Commerce-RL („leicht zugänglich"; „klar und unzweideutig").

III. Verhältnis des § 5b IV zu § 5b I

Das Verhältnis des § 5b IV zu § 5b I ist in richtlinienkonformer Auslegung nach den Grund **5.2a** sätzen zu beurteilen, die für das Verhältnis von Art. 7 V UGP-RL zu Art. 7 IV UGP-RL gelten. Unionsrechtliche Bestimmungen, die besondere Aspekte unlauterer Geschäftspraktiken regeln, haben nach **Art. 3 IV UGP-RL** Vorrang vor Bestimmungen der UGP-RL, soweit sie mit diesen kollidieren. Eine Kollision ist insbes. dann anzunehmen, wenn eine sonstige Vorschrift des Unionsrechts das jeweilige Verhalten für einen speziellen Sektor regelt (zB die „Gesundheits- und Sicherheitsaspekte von Produkten" iSv Art. 3 III UGP-RL). In diesen Fällen kommt der UGP-RL eine **ergänzende** Funktion zu (EuGH WRP 2015, 1206 Rn. 78 – Abcur/Apoteket Farmaci). Art. 7 IV UGP-RL (und damit § 5b IV) ist daher dahin auszulegen, dass Art. 7 IV UGP-RL nur ergänzend anzuwenden ist, nämlich nur insoweit, als sich aus den jeweiligen sonstigen unionsrechtlichen Informationsanforderungen keine vorrangige Regelung ergibt. Ob und inwieweit ein solcher Vorrang anzunehmen ist, muss durch Auslegung der betreffenden Vorschrift ermittelt werden.

Zum Vorrang der Werberegelungen der **RL 2001/83/EG** vgl. EuGH WRP 2015, 1206 **5.2b** Rn. 75–82 – Abcur/Apoteket Farmaci.

Zum Vorrang des **Art. 3 I, IV Preisangaben-RL** iVm **Art. 1, 2 Preisangaben-RL** vor **5.2c** Art. 7 IV lit. c UGP-RL vgl. EuGH GRUR 2016, 945 Rn. 42–46 – Citroën. Entsprechendes hat für das Verhältnis von (jetzt) § 3 I PAngV zu § 5b I Nr. 3 zu gelten (vgl. BGH GRUR 2017, 286 Rn. 10 ff. – Hörgeräteausstellung). Allerdings ist damit die Anwendung des Art. 7 V UGP-RL und damit des § 5b IV nicht ausgeschlossen. Daher sind auf Verstöße gegen (jetzt) § 3 I PAngV – entgegen der früheren Rspr. (BGH GRUR 2017, 286 Rn. 15 – Hörgeräteausstellung) – nicht § 3a, sondern die §§ 5a I, 5b IV anwendbar (→ Rn. 5.1); ebenso für Verstöße gegen (jetzt) § 4 PAngV BGH GRUR 2022, 1163 Rn. 51, 54 – Grundpreisangabe im Internet; OLG Frankfurt WRP 2018, 1355 Rn. 8.

Das Verhältnis der **Art. 5–8 Verbraucherrechte-RL** (umgesetzt in § 312a BGB iVm **5.2d** Art. 246a EGBGB und § 312d iVm Art. 246a und Art. 246b EGBGB), die ebenfalls Informationspflichten iSd Art. 7 V UGP-RL bzw. § 5b IV darstellen (→ Rn. 5.6), zu Art. 7 IV UGP-RL bzw. § 5b I bedarf noch der Klärung. Grds. ist von einem **Nebeneinander** beider Regelungen auszugehen. Denn die Informationspflichten nach Art. 7 IV UGP-RL bzw. § 5a III sind bereits im Zeitpunkt der „Aufforderung zum Kauf" zu erfüllen, die (weitergehenden) vorvertraglichen Informationspflichten der Verbraucherrechte-RL dagegen erst vor Bindung des Verbrauchers an den Vertrag oder an ein entsprechendes Vertragsangebot. Beispiel: Bei einer Plakatwerbung für das Sonderangebot eines Fastfood-Restaurants sind grds. die wesentlichen Informationen nach Art. 7 IV UGP-RL schon in der Werbung zur Verfügung zu stellen, die weitergehenden Informationen nach Art. 5 I Verbraucherrechte-RL dagegen erst vor der Bestellung im Restaurant, also bspw. in einem Aushang. – Allerdings beansprucht die **Ausnahmeregelung** in Art. 5 Abs. 3 Verbraucherrechte-RL (umgesetzt in Art. 246 Abs. 2 EGBGB) für **Bargeschäfte des täglichen Lebens** insoweit Vorrang nach Art. 3 IV UGP-RL. Sie wäre sinnlos, wenn sie nicht auch schon für die bloße Aufforderung zum Kauf gelten würde.

IV. Beschränkung auf Informationspflichten „in Bezug auf kommerzielle Kommunikation"

5.3   Gegenstand der Informationspflichten nach § 5b IV sind nur Informationen, die im Unionsrecht „in Bezug auf kommerzielle Kommunikation einschließlich Werbung oder Marketing" festgelegt sind. Das betrifft unmittelbar geltende EU-Verordnungen und nationale Vorschriften zur Umsetzung unionsrechtlicher Richtlinien. Der Begriff der „kommerziellen Kommunikation" erfasst nach der Legaldefinition in Art. 2 lit. f E-Commerce-RL „alle Formen der Kommunikation, die der unmittelbaren oder mittelbaren Förderung des Absatzes von Waren oder Dienstleistungen oder des Erscheinungsbilds eines Unternehmens, einer Organisation oder einer natürlichen Person dienen, die eine Tätigkeit in Handel, Gewerbe oder Handwerk oder einen reglementierten Beruf ausübt". Dazu gehören insbes. Maßnahmen der Werbung und des Marketing. Es handelt sich um Erscheinungsformen der Geschäftspraktiken iSd Art. 2 lit. d UGP-RL und damit um geschäftliche Handlungen iSd § 2 I Nr. 2 (→ § 2 Rn. 2.15–2.18).

V. Identifizierung der Informationspflichten nach § 5b IV

5.4   Art. 7 V UGP-RL enthält zur Identifizierung der maßgeblichen Informationspflichten eine Verweisung auf die „nicht erschöpfende Liste des Anhangs II". Diese Liste führt einzelne Bestimmungen von 14 Richtlinien auf. „Nicht erschöpfend" bedeutet dabei, dass es noch andere Bestimmungen geben kann, insbes. aber, dass auch künftige Rechtsakte – wie zB die Verbraucherrechte-RL – erfasst sein sollen (sog. dynamische Verweisung). Für die Anwendung des § 5b IV sind die jeweiligen Umsetzungsvorschriften des nationalen Rechts in richtlinienkonformer Auslegung maßgeblich (dazu eingehend MüKoUWG/Alexander Rn. 436 ff.).

VI. Verhältnis des § 5b IV zu § 3a

5.5   Die von § 5b IV erfassten Informationspflichten „in Bezug auf kommerzielle Kommunikation, einschließlich Werbung und Marketing" stellen an sich zugleich Marktverhaltensregelungen iSd § 3a dar. Das führt zur Frage, ob Verletzungen dieser Pflichten sowohl unter dem Gesichtspunkt der § 5a I, § 5b IV als auch des § 3a als unlautere geschäftliche Handlung iSd § 3 I beurteilt werden können oder ob den § 5a I, § 5b IV der Vorrang gebührt. Letzteres ist – entgegen der früheren Rspr. (zB BGH WRP 2017, 298 Rn. 19 – Service-Pauschale; GRUR 2017, 286 Rn. 6 – Hörgeräteausstattung) – zu bejahen (BGH GRUR 2022, 930 Rn. 23 – Knuspermüsli II mwN; WRP 2022, 977 Rn. 60 – Grundpreisangabe im Internet). Dazu eingehend → Rn. 5.1a; → § 3a Rn. 1.19, 1.262; → PAngV Vor § 1 Rn. 16 zu Art. 23 Luftverkehrsdienste-VO; Köhler WRP 2016, 541 (542 f.); Köhler WRP 2017, 302; MüKoUWG/Alexander Rn. 85 ff.

B. Einzelne Informationspflichten iSd Anh. II UGP-RL

I. Art. 5–8 Verbraucherrechte-RL

5.6   Die **Art. 5–8 Verbraucherrechte-RL,** zuletzt geändert durch die RL 2019/2161 v. 27.11.2021, regeln **vorvertragliche Informationspflichten.** Die Umsetzung dieser Bestimmungen ist in § 312a II BGB iVm Art. 246 EGBGB, in § 312d BGB iVm Art. 246a §§ 1, 4 EGBGB, in §§ 312i, 312j BGB iVm Art. 246a EGBGB sowie für den Versicherungsbereich in der Verordnung über Informationspflichten bei Versicherungsverträgen (VVG-Informationspflichtenverordnung – VVG-InfoV) erfolgt (vgl. BGH GRUR 2020, 652 Rn. 13 ff. – Rückrufsystem II, im Anschluss an EuGH GRUR 2019, 958 – Bundesverband/Amazon). Diese Bestimmungen betreffen das **Vertragsrecht** und regeln die „vertraglichen Rechte des Verbrauchers". Sie fallen daher nach Art. 3 II UGP-RL nicht in den Anwendungsbereich der UGP-RL. – Dies schließt allerdings nicht aus, dass es sich dabei zugleich um „Informationsanforderungen in Bezug auf kommerzielle Kommunikation einschließlich Werbung und Marketing" iSv Art. 7 V UGP-RL handelt, zumal Anh. II UGP-RL ausdrücklich auf die entsprechenden (aufgehobenen) Vorgängervorschriften des Art. 4 und 5 RL 97/7/EG verweist. Die im BGB und EGBGB geregelten vorvertraglichen Informationspflichten stellen daher **sowohl Informationspflichten** iSd § 5b IV **als auch Marktverhaltensregelungen** iSd § 3a (→ § 3a Rn. 1.19, 1.295 ff.; 1.311 ff.) bzw. **Verbraucherschutzgesetze** iSd § 2 I, II Nr. 1 UKlaG dar. Sie haben insoweit eine **Doppelnatur** (ähnlich Alexander WRP 2014, 501 Rn. 86; Büscher/Büscher Rn. 144). Soweit sie strenger sind, als es Art. 7 UGP-RL vorsieht, wie zB Art. 7 III UGP-RL (= § 5a III), haben sie nach Art. 3 IV UGP-RL Vorrang (BGH WRP 2019, 1176 Rn. 42 – Werbeprospekt mit Bestellpostkarte II), so dass insoweit nur § 3a anzuwenden ist. – Zum Verhältnis zu den Informationspflichten nach § 5b I → Rn. 5.2d.

II. Art. 3 RL 90/314/EWG; ab 1.7.2018: Art. 5 Pauschalreise-RL

Art. 3 I RL 90/314/EWG sah vor, dass Beschreibungen einer Pauschalreise durch den Veranstalter oder Vermittler keine irreführenden Angaben über die Preise und die übrigen Vertragsbedingungen enthalten dürfen. Art. 3 II RL 90/314/EWG enthielt besondere Anforderungen für den Prospekt (vgl. EuGH WRP 2013, 189 Rn. 25, 57 – Ving Sverige). Diese Vorgaben wurden durch § 4 BGB-InfoV umgesetzt (dazu BGH WRP 2010, 872 Rn. 15 – Costa del Sol). – Diese Richtlinie wurde durch die **Pauschalreise-RL** v. 25.11.2015 (ABl. 2015 L 326, 1) abgelöst. Sie wurde durch das 3. G zur Änderung reiserechtlicher Vorschriften v. 17.7.2017 (BGBl. 2017 I 2394) umgesetzt. Die Umsetzungsvorschriften (§ 651d BGB und Art. 250, 251 EGBGB) sind **ab 1.7.2018** anzuwenden (dazu Führich NJW 2016, 1204). Art. 5 Pauschalreise-RL regelt die „Vorvertraglichen Informationen", die dem Reisenden vor seiner Bindung durch einen Pauschalreisevertrag oder ein entsprechendes Vertragsangebot zur Verfügung gestellt werden müssen. Die Art. 6–8 enthalten ergänzende Bestimmungen. **5.7**

III. Art. 3 III Timesharing-RL

Die RL 94/47/EWG enthielt in Art. 3 III RL 94/47/EWG Informationspflichten; diese wurden durch Art. 3 **RL 2008/122/EG** (Timesharing-RL) v. 14.1.2009 ersetzt. Die Umsetzung ist in § 482 BGB (Vorvertragliche Informationen, Werbung und Verbot des Verkaufs als Geldanlage) iVm Art. 242 § 1 EGBGB erfolgt. **5.8**

IV. Art. 3 IV Preisangaben-RL

(Vgl. auch → Rn. 4.44a; → PAngV Vor § 1 Rn. 11 ff.) Die Preisangaben-RL wurde zuletzt durch die RL (EU) 2019/2161 v. 27.11.2019 geändert (Einfügung eines neuen Art. 6a Preisangaben-RL, betreffend Preisermäßigungen, und Änderung des Art. 8 Preisangaben-RL, betreffend Sanktionen). – Nach **Art. 3 IV Preisangaben-RL** ist bei jeglicher Werbung, bei der der Verkaufspreis der Erzeugnisse gem. Art. 1 Preisangaben-RL genannt wird, vorbehaltlich des Art. 5 Preisangaben-RL auch der Preis je Maßeinheit anzugeben. Diese Bestimmung ist nach Auffassung des EuGH weit auszulegen und bezieht sich auch auf die Angabe des Verkaufspreises bei Waren, die nicht nach Maßeinheiten angeboten werden (vgl. EuGH GRUR 2016, 945 Rn. 28 ff. – Citroën; dazu Köhler GRUR 2016, 891). Ergänzend gilt Art. 4 I Preisangaben-RL, demzufolge der Verkaufspreis und der Preis je Maßeinheit „unmissverständlich, klar erkennbar und gut lesbar sein" müssen. Diese Vorgaben sind weitgehend in § 1 II 2 PAngV, § 3 I PAngV und § 4 PAngV umgesetzt (→ PAngV Vor § 1 Rn. 11). Verstöße gegen diese Umsetzungsvorschriften sind – entgegen der früheren Rspr. (vgl. BGH GRUR 2017, 286 Rn. 15 – Hörgeräteausstellung) – nicht nach § 3a, sondern – in richtlinienkonformer Auslegung am Maßstab des Art. 7 V UGP-RL iVm Art. 7 I–III UGP-RL – nur unter den Voraussetzungen des (jetzt) § 5a I als unlauter zu urteilen (→ Rn. 5.1). Es muss also ua stets noch geprüft werden, ob ein Vorenthalten der Information vorliegt und ob dies geeignet ist, den Verbraucher zu einer geschäftlichen Entscheidung zu veranlassen, die er andernfalls nicht getroffen hätte. Allerdings dürfte dies idR der Fall sein, da der Preis grds. ein bestimmender Faktor für die Kaufentschei- **5.9** dung des Verbrauchers ist (vgl. EuGH WRP 2017, 31 Rn. 55 – Canal Digital Danmark). – Nach Auffassung des EuGH ist auf eine Werbung, in der der Verkaufspreis eines Erzeugnisses genannt wird, im Hinblick auf Art. 3 IV UGP-RL die Anwendung des Art. 7 IV lit. c UGP-RL (und damit § 5b I Nr. 3) ausgeschlossen (EuGH GRUR 2016, 945 Rn. 44–46 – Citroën). Nicht ausgeschlossen ist hingegen die Anwendung des Art. 7 V UGP-RL iVm Anh. II UGP-RL, der auf Art. 3 IV Preisangaben-RL verweist. – Die Regelung zur Bekanntgabe einer Preisermäßigung in **Art. 6a Preisangaben-RL** ist in § 11 PAngV umgesetzt. – Zusätzlich zu der Preisangabenpflicht nach der Preisangaben-RL sind allerdings die Preisangabenpflichten der Art. 5 I lit. c Verbraucherrechte-RL und Art. 6 I lit. e Verbraucherrechte-RL zu beachten (→ Rn. 5.6).

V. Art. 86–100 RL 2001/83/EG (Gemeinschaftskodex für Humanarzneimittel)

5.10 Der Gemeinschaftskodex für Humanarzneimittel, zuletzt geändert durch RL (EU) 2022/642 v. 12.4.2022 (ABl. EU 2022 L 118, 4), regelt die Herstellung, das Inverkehrbringen, den Vertrieb und den Einsatz von Humanarzneimitteln. Die Art. 86–100 RL 2001/83/EG enthalten unter dem Titel VIII WERBUNG spezielle Regelungen für die Werbung für Humanarzneimitteln (dazu EuGH GRUR 2008, 267 Rn. 20ff. – Gintec; WRP 2015, 1206 – Abcur/Apoteket Farmaci). Die Umsetzung dieser Richtlinie ist weitgehend im HWG erfolgt (→ § 3a Rn. 1.218ff).

VI. Art. 5, 6 E-Commerce-RL

5.11 Art. 5, 6 E-Commerce-RL sehen allgemeine und besondere Informationspflichten vor, die in den **§§ 5, 6 TMG** umgesetzt wurden (zu § 6 TMG → Rn. 5.26ff.). Die Informationspflichten nach Art. 5, 6 E-Commerce-RL und nach der Verbraucherrechte-RL bestehen im Grundsatz unabhängig voneinander, wie sich aus Art. 6 VIII Verbraucherrechte-RL und ihrem ErwGr. 12 ergibt (BGH WRP 2016, 980 Rn. 32, 33 –Mehrwertdienstenummer). Verstöße gegen die **§§ 5, 6 TMG** sind – entgegen der früheren Rspr. des BGH – nicht nach § 3a, sondern nach § 5b IV iVm § 5a I beurteilen (BGH GRUR 2022, 930 Rn. 23 – Knuspermüsli II; so bereits OLG Frankfurt WRP 2014, 1478 Rn. 10).

VII. Art. 1 lit. d RL 98/7/EG (zur Änderung der Verbraucherkredit-RL 87/102/EWG)

5.12 Art. 1 lit. d RL 98/7/EG schreibt für den Verbraucherkredit bestimmte Informationen vor. Diese Bestimmung wurde durch Art. 4 RL 2008/4/EG ersetzt. Die Umsetzung ist in **§ 17 PAngV** erfolgt.

VIII. Art. 3 und 4 Finanzdienstleistungs-Fernabsatz-RL

5.13 Art. 3 und 4 RL 2002/65/EG enthalten Anforderungen an die Unterrichtung des Verbrauchers vor Abschluss eines solchen Fernabsatzvertrags. Die Umsetzung ist in § 312d II BGB iVm Art. 246b EGBGB erfolgt.

IX. Art. 1 Nr. 9 RL 2001/107/EG

5.14 Art. 1 Nr. 9 RL 2001/107/EG zur Änderung der RL 85/611/EWG zur Koordinierung der Rechts- und Verwaltungsvorschriften betreffend bestimmte Organismen für gemeinsame Anlagen in Wertpapieren (OGAW) zwecks Festlegung von Bestimmungen für Verwaltungsgesellschaften und vereinfachte Prospekte sieht Informationspflichten gegenüber den **Anlegern** vor. Diese Richtlinie wurde ersetzt durch die **RL 2009/65/EG** (OGAW-RL). Ihre Vorgaben sind in §§ 297ff. KAGB umgesetzt worden.

X. Art. 12 und 13 Versicherungsvertrieb-RL

5.15 Die Art. 12 und 13 RL 2002/92/EG sehen Informationspflichten vor, die in den §§ 59–62 VVG umgesetzt worden sind. Diese RL wurde aufgehoben mit Ablauf des 30.9.2018 und ersetzt durch die **RL (EU) 2016/97** (Versicherungsvertrieb-RL) v. 20.1.2016 (ABl. EU 2016 L 26, 19), zuletzt geändert durch Delegierte VO (EU) 2019/1935 v. 13.5.2019 (ABl. EU 2019 L 301, 3, ber. ABl. EU 2019 L 308, 135).

XI. Art. 36 Lebensversicherungs-RL

Art. 36 RL 2002/83/EG (Lebensversicherungs-RL) schreibt Informationen vor, die dem **5.16** Versicherungsnehmer vor Abschluss eines Versicherungsvertrags und während der Vertragsdauer zu erteilen sind. Diese Richtlinie wurde durch die RL 2009/138/EG (Solvabilität II-RL) ersetzt. Maßgebend sind die **Art. 183–185 RL 2009/138/EG.** Die Umsetzung ist in der VVG-InfoV erfolgt.

XII. Art. 19 MiFiD

Art. 19 RL 2004/39/EG (MiFiD) enthält unionsrechtliche Vorgaben über Märkte für Finanz- **5.17** instrumente. Diese Richtlinie wurde durch Art. 94 RL 2014/65/EU (MiFiD II) v. 15.5.2014 mWv 3.1.2017 aufgehoben. An die Stelle des aufgehobenen Art. 19 MiFiD traten die Bestimmungen in **Art. 24, 25 MiFiD II.** Die Umsetzung ist in den §§ 63 ff. WpHG erfolgt.

XIII. Art. 31 und 43 RL 92/49/EWG (Dritte Richtlinie Schadensversicherung)

In den Art. 31 und 43 RL 92/49/EWG sind Informationen vorgesehen, die dem Versiche- **5.18** rungsnehmer vor Vertragsschluss zu erteilen sind. Die entsprechenden Regelungen finden sich nunmehr in Art. 183 und 184 RL 2009/138/EG. Die Umsetzung ist in der Verordnung über Informationspflichten bei Versicherungsverträgen (VVG-Informationspflichtenverordnung – VVG-InfoV) erfolgt.

XIV. Art. 5, 7 und 8 Prospekt-RL

Art. 5, 7 und 8 RL 2003/71/EG (Prospekt-RL) enthalten Vorgaben betreffend den Prospekt, **5.19** der beim öffentlichen Angebot von Wertpapieren oder bei deren Zulassung zum Handel zu veröffentlichen ist. Diese Richtlinie wurde durch die VO (EU) 2017/1129 (Prospekt-VO) v. 14.6.2017 ersetzt.

C. Sonstige spezialgesetzliche Informationspflichten

Da die Liste in Anh. II zu Art. 7 V UGP-RL nicht erschöpfend ist, hat der Unternehmer auch **5.20** **sonstige auf Unionsrecht beruhende Informationspflichten** zu erfüllen, wenn sie sich auf die kommerzielle Kommunikation einschließlich Werbung und Marketing im Verhältnis zu **Verbrauchern** beziehen (OLG Köln WRP 2014, 737 Rn. 11). Diese Informationspflichten stellen zwar dem Wortlaut nach Marktverhaltensregelungen iSd § 3a dar. Jedoch ist ihre Verletzung im Hinblick auf den Vorrang der UGP-RL – entgegen der früheren Rspr. (zB BGH WRP 2017, 298 Rn. 19 – Service-Pauschale; GRUR 2018, Rn. 17–25 – Energieausweis) – nicht nach § 3a, sondern nach der speziellen Regelung der **§§ 5a I, 5b IV** zu beurteilen (BGH GRUR 2022, 930 Rn. 23 – Knuspermüsli II mwN). Zu diesen Pflichten gehören insbes. die Folgenden:

Art. 23 Luftverkehrsdienste-VO. Dazu → § 3a Rn. 1.262d ff. mwN; EuGH WRP 2015, **5.21** 326 – Air Berlin; BGH K&R 2013, 200 Rn. 9 – Internetflugbuchung mit voreingestellter Reiserücktrittsversicherung; WRP 2016, 467 Rn. 18 ff. – Buchungssystem II; WRP 2016, 834 Rn. 16 – Flugpreise; WRP 2017, 298 Rn. 23 ff. – Service-Pauschale mAnm Köhler; OLG Frankfurt WRP 2015, 120 Rn. 14; OLG München WRP 2015, 1522 Rn. 49; OLG Dresden GRUR-RR 2019, 264 Rn. 12; LG Frankfurt WRP 2021, 548 Rn. 23 (Check-in-Kosten).

Energieverbrauchskennzeichnungs-VO (VO (EU) 2017/1369). Diese Rahmenverord- **5.22** nung wurde für bestimmte Produkte durch Delegierte Verordnungen konkretisiert. Dazu gehören ua

– Delegierte VO (EU) 2019/2013 der Kommission vom 11.3.2019
– Delegierte VO (EU) 2019/2014 der Kommission vom 11.3.2019
– Delegierte VO (EU) 2019/2016 der Kommission vom 11.3.2019
– Delegierte VO (EU) 2019/2017 der Kommission vom 11.3.2019

Frühere Rspr.: EuGH WRP 2014, 681 – Udo Rätzke; BGH WRP 2016, 1100 Rn. 13 ff. – Energieeffizienzklasse; WRP 2017, 309 – Energieverbrauchskennzeichnung; WRP 2017, 313 – Energieverbrauchskennzeichnung im Internet.

5.23 **Pkw-Energieverbrauchskennzeichnungs-VO (Pkw-EnVKV)** v. 28.5.2004 (BGBl. 2004 I 1037, zuletzt geändert durch Art. 259 VO vom 19.6.2020 (BGBl. 2020 I 1328)). Sie dient der Umsetzung der RL 1999/94/EG über die Bereitstellung von Verbraucherinformationen über den Kraftstoffverbrauch und CO_2-Emissionen beim Marketing für neue Personenkraftwagen (ABl. EG 2000 L 12, 16, zuletzt geändert durch VO (EG) 1137/2008 v. 22.10.2008, ABl. EG 2008 L 311, 1). Zu Einzelheiten → § 3a Rn. 1.212 ff.; OLG Frankfurt WRP 2017, 339 Rn. 13 ff.; 2022, 1282 Rn. 26 ff.; OLG Köln WRP 2022, 1166 Rn. 34 ff.

5.23a **Energieeinsparverordnung (EnEV)** v. 24.7.2007 (BGBl. 2007 I 1519), aufgehoben mit Ablauf des 31.10.2020 durch Art. 10 I 2 Nr. 2 G v. 8.8.2020 (BGBl. 2020 I 1728); s. ab dem 1.11.2020 das Gebäudeenergiegesetz (GEG) v. 8.8.2020 (BGBl. 2020 I 1728). Die Energieeinsparverordnung diente der Umsetzung der RL 2010/31/EU über die Gesamtenergieeffizienz von Gebäuden (ABl. EU 2010 L 153, 13). Diese RL regelte in Art. 12 IV RL 2010/31/EU Informationspflichten iSd Art. 7 V UGP-RL. – Die Umsetzung erfolgte in § 16a EnEV. Darin wurden die Pflichtangaben in Immobilienanzeigen aus Energieausweis geregelt (BGH WRP 2018, 420 Rn. 12, 26 ff. – Energieausweis; → § 3a Rn. 1.213c). Die Vorschrift ist am 1.11.2020 durch **§ 87 GEG** → § 3a Rn. 1.213d) ersetzt worden. Die Informationspflichten gelten nunmehr ausdrücklich auch für Immobilienmakler (OLG Frankfurt WRP 2021, 793 Rn. 19).

5.24 **LMIV** v. 25.10.2011 (ABl. EU 2011 L 304, 18; in Geltung ab 13.12.2014). Die „verpflichtenden Angaben" über Lebensmittel iSd Art. 9 ff. LMIV (zB Zutatenverzeichnis, Mindesthaltbarkeitsdatum) beziehen sich auf die kommerzielle Kommunikation und stellen daher wesentliche Informationen iSd § 5b IV dar (BGH GRUR 2022, 930 Rn. 27 – Knuspermüsli II; OLG Frankfurt GRUR-RR 2019, 283 Rn. 14 ff.; Köhler WRP 2014, 637 Rn. 24). Eine parallele Anwendung des § 3a scheidet aus (→ § 3a Rn. 1.203, 1.209a; OLG Celle GRUR-RR 2019, 282 Rn. 7 ff.).

5.24a **Kosmetik-VO** (VO (EU) 1223/2009 v. 30.11.2009, zuletzt geändert durch VO (EU) 2022/1181, ABl. EU 2022 L 184, 3). Die Angaben über die Kennzeichnung kosmetischer Mittel, ihre Bewerbung und öffentliche Zugänglichmachung beziehen sich zwar nicht auf die kommerzielle Kommunikation, wohl aber können die Inhaltsstoffe hochwertiger Kosmetika, insbes. von Naturkosmetik, wesentliche Merkmale iSv § 5b I Nr. 1 sein (vgl. OLG Karlsruhe GRUR-RR 2019, 166 Rn. 24, 25); außerdem ist § 3a anwendbar.

5.25 **§§ 2, 3, 4 I DL-InfoV** v. 12.3.2010 (BGBl. 2010 I 267). Diese Vorschriften dienen der Umsetzung des Art. 22 I–III Dienstleistungs-RL (dazu BGH WRP 2016, 581 Rn. 21 – Wir helfen im Trauerfall; → § 3a Rn. 1.302; → DL-InfoV § 4 Rn. 1, 8).

5.25a **Art. 14 I ODR-VO** (VO (EU) 524/2013 v. 21.5.2013, ABl. 2013 L 165, 1). Unternehmer, die Online-Kaufverträge oder Online-Dienstverträge eingehen, und in der Union niedergelassene Online-Marktplätze nach dieser Vorschrift auf ihren Websites einen **Link** zur **OS-Plattform** einstellen. (Die bloße textliche Angabe der Internet-Adresse dieser Plattform reicht nicht aus (OLG Hamburg GRUR-RR 2019, 16 Rn. 20).) Damit soll eine außergerichtliche Online-Beilegung von Streitigkeiten zwischen Verbrauchern und Unternehmern ermöglicht werden (Art. 1 ODR-VO). Diese Information ist als wesentlich iSd §§ 5a I, 5b IV anzusehen (OLG Frankfurt GRUR-RR 2019, 287 Rn. 20). Zugleich wurde die Informationspflicht früher als Marktverhaltensregelung iSd § 3a angesehen (→ § 3a Rn. 1.325b; OLG Hamburg WRP 2018, 859 Rn. 14 ff.). Diese Rspr. wurde aber aufgegeben (BGH GRUR 2022, 930 Rn. 23 – Knuspermüsli II).

D. Die Informationspflichten nach den §§ 5, 6 TMG

Schrifttum: Alexander, Das Vorenthalten wesentlicher Informationen im Regelungssystem des UWG, FS Bornkamm, 2014, 297; Alexander, Fachliche Sorgfalt und Gewinnspielwerbung gegenüber Kindern, WRP 2014, 1010; Ernst/Seichter, Bestimmung des Kaufpreises durch Spiel-Glücksspielelemente im Werberecht, WRP 2013, 1437; Faustmann/Ramsperger, Räumen ohne Grenzen – ist jetzt alles erlaubt?, WRP 2011, 1241; Heermann, Lauterkeitsrechtliche Informationspflichten bei Verkaufsförderungsmaßnahmen, WRP 2005, 141; Heermann, Aktuelle Anwendungsfragen und -probleme zu § 4 Nr. 4 UWG, WRP 2011, 688; Köhler, Die Unlauterkeitstatbestände des § 4 UWG und ihre Auslegung im Lichte der Richtlinie über unlautere Geschäftspraktiken, GRUR 2008, 841; Köhler, Neujustierung des UWG am Beispiel der Verkaufsförderungsmaßnahmen, GRUR 2010, 767; Köhler, Die Kopplung von Gewinnspielen an Umsatzgeschäfte:

Wende in der lauterkeitsrechtlichen Beurteilung, GRUR 2011, 478; Köhler, Zur richtlinienkonformen Auslegung der Transparenzgebote des § 4 Nr. 4 und 5 UWG, WRP 2011, 1023; Köhler, Dogmatik des Beispielskatalogs des § 4 UWG, WRP 2012, 638; Lehrfeld, Die Verkaufsförderung im europäischen und deutschen Lauterkeitsrecht, 2015; Lorenz, Die Wettbewerbswidrigkeit einer mangelhaften Anbieterkennzeichnung, WRP 2010, 1224; Peifer, Aufräumen im UWG – Was bleibt nach der Kodifikation zum irreführenden Unterlassen für § 4 Nr. 1, 4, 5 und 6 UWG?, WRP 2010, 1432; Schröler, Wettbewerbsrechtliche Fragestellungen bei der Verlängerung und dem Abbruch von zeitlich befristeten Rabattaktionen, GRUR 2013, 564; Steinbeck, Rabatte, Zugaben und andere Werbeaktionen: Welche Angaben sind notwendig?, WRP 2008, 1046; Steinbeck, Der Beispielskatalog des § 4 UWG – Bewährungsprobe bestanden, GRUR 2008, 848.

§ 5 TMG Allgemeine Informationspflichten

(1) Diensteanbieter haben für geschäftsmäßige, in der Regel gegen Entgelt angebotene Telemedien folgende Informationen leicht erkennbar, unmittelbar erreichbar und ständig verfügbar zu halten:

1. den Namen und die Anschrift, unter der sie niedergelassen sind, bei juristischen Personen zusätzlich die Rechtsform, den Vertretungsberechtigten und, sofern Angaben über das Kapital der Gesellschaft gemacht werden, das Stamm- oder Grundkapital sowie, wenn nicht alle in Geld zu leistenden Einlagen eingezahlt sind, der Gesamtbetrag der ausstehenden Einlagen,
2. Angaben, die eine schnelle elektronische Kontaktaufnahme und unmittelbare Kommunikation mit ihnen ermöglichen, einschließlich der Adresse der elektronischen Post,
3. soweit der Dienst im Rahmen einer Tätigkeit angeboten oder erbracht wird, die der behördlichen Zulassung bedarf, Angaben zur zuständigen Aufsichtsbehörde,
4. das Handelsregister, Vereinsregister, Partnerschaftsregister oder Genossenschaftsregister, in das sie eingetragen sind, und die entsprechende Registernummer,
5. soweit der Dienst in Ausübung eines Berufs im Sinne von Artikel 1 Buchstabe d der Richtlinie 89/48/EWG des Rates vom 21. Dezember 1988 über eine allgemeine Regelung zur Anerkennung der Hochschuldiplome, die eine mindestens dreijährige Berufsausbildung abschließen (ABl. EG Nr. L 19 S. 16), oder im Sinne von Artikel 1 Buchstabe f der Richtlinie 92/51/EWG des Rates vom 18. Juni 1992 über eine zweite allgemeine Regelung zur Anerkennung beruflicher Befähigungsnachweise in Ergänzung zur Richtlinie 89/48/EWG (ABl. EG Nr. L 209 S. 25, 1995 Nr. L 17 S. 20), zuletzt geänd. Durch die Richtlinie 97/38/EG der Kommission vom 20. Juni 1997 (ABl. EG Nr. L 184 S. 31), angeboten oder erbracht wird, Angaben über
   a) die Kammer, welcher die Diensteanbieter angehören,
   b) die gesetzliche Berufsbezeichnung und den Staat, in dem die Berufsbezeichnung verliehen worden ist,
   c) die Bezeichnung der berufsrechtlichen Regelungen und dazu, wie diese zugänglich sind,
6. in Fällen, in denen sie eine Umsatzsteueridentifikationsnummer nach § 27a des Umsatzsteuergesetzes oder eine Wirtschafts-Identifikationsnummer nach § 139c der Abgabenordnung besitzen, die Angabe dieser Nummer,
7. bei Aktiengesellschaften, Kommanditgesellschaften auf Aktien und Gesellschaften mit beschränkter Haftung, die sich in Abwicklung oder Liquidation befinden, die Angabe hierüber,
8. bei audiovisuellen Mediendiensteanbietern die Angabe
   a) des Mitgliedstaats, der für sie Sitzland ist oder als Sitzland gilt sowie
   b) der zuständigen Regulierungs- und Aufsichtsbehörden.

(2) Weitergehende Informationspflichten nach anderen Rechtsvorschriften bleiben unberührt.

§ 6 TMG Besondere Pflichten bei kommerziellen Kommunikationen

(1) Diensteanbieter haben bei kommerziellen Kommunikationen, die Telemedien oder Bestandteile von Telemedien sind, mindestens die folgenden Voraussetzungen zu beachten:

1. Kommerzielle Kommunikationen müssen klar als solche zu erkennen sein.
2. Die natürliche oder juristische Person, in deren Auftrag kommerzielle Kommunikationen erfolgen, muss klar identifizierbar sein.
3. Angebote zur Verkaufsförderung wie Preisnachlässe, Zugaben und Geschenke müssen klar als solche erkennbar sein, und die Bedingungen für ihre Inanspruchnahme müssen leicht zugänglich sein sowie klar und unzweideutig angegeben werden.
4. Preisausschreiben oder Gewinnspiele mit Werbecharakter müssen klar als solche erkennbar und die Teilnahmebedingungen leicht zugänglich sein sowie klar und unzweideutig angegeben werden.

(2) [1]Werden kommerzielle Kommunikationen per elektronischer Post versandt, darf in der Kopf- und Betreffzeile weder der Absender noch der kommerzielle Charakter der Nachricht verschleiert oder verheimlicht werden. [2]Ein Verschleiern oder Verheimlichen liegt dann vor, wenn die Kopf- und Betreffzeile absichtlich so gestaltet sind, dass der Empfänger vor Einsichtnahme in den Inhalt der Kommunikation keine oder irreführende Informationen über die tatsächliche Identität des Absenders oder den kommerziellen Charakter der Nachricht erhält.

(3) Videosharingplattform-Anbieter müssen eine Funktion bereitstellen, mit der Nutzer, die nutzergenerierte Videos hochladen, erklären können, ob diese Videos audiovisuelle kommerzielle Kommunikation enthalten.

(4) Videosharingplattform-Anbieter sind verpflichtet, audiovisuelle kommerzielle Kommunikation, die Nutzer auf den Videosharingplattform-Dienst hochgeladen haben, als solche zu kennzeichnen, soweit sie nach Absatz 3 oder anderweitig Kenntnis von dieser erlangt haben.

(5) Die Vorschriften des Gesetzes gegen den unlauteren Wettbewerb bleiben unberührt.

I. Allgemeines

1. §§ 5, 6 TMG als Regelungen für den elektronischen Geschäftsverkehr

5.26   Zu den Informationsanforderungen in Bezug auf kommerzielle Kommunikation iSv Art. 7 V UGP-RL gehören nach Anh. II auch die **Art. 5 und 6 E-Commerce-RL** (→ Rn. 5.10). Diese Bestimmungen gelten **„zusätzlich zu den sonstigen Informationsanforderungen nach dem Gemeinschaftsrecht".** Sie wurden in den §§ 5 und 6 TMG umgesetzt. Die Änderungen in § 6 III–V gehen auf das G zur Änderung des TMG und weiterer Gesetze zurück und dienen der Umsetzung der AVMD-RL.

5.26a   **§ 5 I Nr. 2 TMG** dient der Umsetzung des Art. 5 I lit. c E-Commerce-RL (dazu EuGH NJW 2008, 3553 Rn. 25 – Verbraucherzentrale Bundesverband/DIV) und ist entsprechend richtlinienkonform auszulegen. Danach ist die Vorschrift so auszulegen, dass der Diensteanbieter den Nutzern vor Vertragsschluss neben der E-Mail-Adresse weitere Informationen zur Verfügung zu stellen hat, die eine schnelle Kontaktaufnahme und eine unmittelbare und effiziente Kommunikation ermöglichen. Hierfür genügt die Angabe einer kostenpflichtigen Mehrwert-dienstenummer nicht (BGH WRP 2016, 980 Rn. 18 ff. – Mehrwertdienstenummer). Auf Verstöße gegen § 5 I TMG wendete die Rspr. früher allerdings nicht § 5a IV aF iVm § 5a II aF, sondern § 3a (BGH WRP 2016, 980 Rn. 9 ff. – Mehrwertdienstenummer; dazu krit. → § 3a Rn. 1.19) oder beide Vorschriften nebeneinander (OLG Frankfurt GRUR-RR 2017, 318 Rn. 16; OLG Düsseldorf WRP 2020, 1060 Rn. 17) an. Diese Rspr. hat der BGH ausdrücklich aufgegeben (vgl. BGH GRUR 2022, 930 Rn. 23 – Knuspermüsli II). Maßgebend sind daher die § 5a I, § 5b IV.

5.27   Im Folgenden sollen lediglich die Regelungen in **§ 6 I Nr. 3 und 4 TMG** kommentiert werden. Diese waren zwar schon unter Geltung des UWG 2008 nach § 5a IV zu berücksichtigen. In der Praxis standen jedoch die Regelungen des **§ 4 Nr. 4 und 5 UWG 2008** im Vordergrund, zumal diese nach der Rspr. mit der UGP-RL in Einklang standen (vgl. BGH WRP 2012, 450 Rn. 13 – Treppenlift; WRP 2011, 1587 Rn. 16 mwN – Original Kanchipur) und weitgehend, wenngleich nicht vollständig, dem § 6 I Nr. 3 und 4 TMG entsprachen. Nach der etwas dunklen Aussage des Gesetzgebers der UWG-Novelle 2015 (BT-Drs. 18/6571, 15) konnten die Tatbestände des § 4 Nr. 4 und 5 UWG 2008 entfallen, da sie „durch die allgemeinen Irreführungstatbestände des § 5 und § 5a erfasst" seien. Die dazu ergangene Rspr. kann jedoch zur Auslegung des § 5a IV iVm § 6 I Nr. 3 und 4 TMG herangezogen werden. Ein Rückgriff auf § 3 II (so noch zum UWG 2008 BGH GRUR 2010, 158 Rn. 11 – FIFA-WM-Gewinnspiel; Alexander FS Bornkamm (2014), 297 (306)) ist dagegen weder erforderlich noch statthaft.

5.28   Nicht kommentiert werden die Regelungen in **§ 6 I Nr. 1 TMG** und **§ 6 I Nr. 2 TMG,** da sie bei § 5a IV behandelt werden (→ § 5a Rn. 4.82, 4.94). Ebenso wenig die bußgeldbewehrte (§ 16 I TMG) Regelung in § 6 I lit. TMG. Nach Art. 13 IV ePrivacy-RL ist „die Praxis des Versendens elektronischer Nachrichten zu Zwecken der Direktwerbung, ... bei der gegen Artikel 6 der Richtlinie 2000/31/EG verstoßen wird", auf jeden Fall verboten. Es handelt sich insoweit um ein Per-se-Verbot, das nach Art. 3 IV UGP-RL der UGP-RL vorgeht. E-Mail-Werbung, die nicht den Anforderungen des Art. 6 lit. c E-Commerce-RL entspricht, ist also stets unzulässig.

2. Analoge Anwendung des § 6 TMG auf den nichtelektronischen Geschäftsverkehr

5.29   In § 6 I Nr. 3 und 4 TMG werden nur Regelungen für den elektronischen Geschäftsverkehr (online) aufgestellt. Entsprechende Regelungen für den nichtelektronischen Geschäftsverkehr (offline) fehlen im Unionsrecht. Sie waren in dem Vorschlag einer Verordnung über Verkaufs-förderung im Binnenmarkt (KOM (2002) 585 endg.) zwar vorgesehen, jedoch hatte die Kommission diesen Vorschlag später wieder zurückgezogen (KOM (2005) 462 endg.). Angebote zur Verkaufsförderung und Gewinnspiele usw. im nichtelektronischen Geschäftsverkehr fallen daher unmittelbar in den Anwendungsbereich des Art. 7 I–III UGP-RL (vgl. EuGH GRUR 2010, 244 Rn. 33 – Plus Warenhandelsgesellschaft). In diesem Sinne hatte die Rspr. den § 4 Nr. 4 und

5 UWG 2008, soweit es den nichtelektronischen Geschäftsverkehr betraf, richtlinienkonform ausgelegt (BGH GRUR 2009, 1064 Rn. 17–20 – Geld-zurück-Garantie II; GRUR 2010, 247 Rn. 10 – Solange der Vorrat reicht; WRP 2011, 863 Rn. 15 – Einwilligungserklärung für Werbeanrufe; WRP 2011, 1587 Rn. 16 – Original Kanchipur; Peifer WRP 2010, 1432 (1436)). Ein Rückgriff auf § 3 II (so noch zum UWG 2008 BGH GRUR 2010, 158 Rn. 11 – FIFA-WM-Gewinnspiel; Alexander FS Bornkamm (2014), 297 (306)) ist sonach weder erforderlich noch statthaft. Da es aus der Sicht des Verbrauchers keinen Unterschied macht, ob Verkaufs-förderungs- und Gewinnspielangebote online oder offline gemacht werden (BGH GRUR 2009, 1064 Rn. 19 – Geld-zurück-Garantie II), andererseits kein Grund für eine Privilegierung des elektronischen gegenüber dem nichtelektronischen Geschäftsverkehr besteht (BGH GRUR 2010, 158 Rn. 16 – FIFA-WM-Gewinnspiel), ist eine **analoge Anwendung des § 6 I Nr. 3 und 4 TMG** in Konkretisierung des § 5a I gerechtfertigt (vgl. BGH WRP 2018, 182 Rn. 30 - 19 % MWSt GESCHENKT; OLG München WRP 2018, 623 Rn. 23; OLG Bamberg WRP 2016, 1147 Rn. 33; OLG Jena WRP 2016, 1388 Rn. 8; OLG Nürnberg GRUR 2022, 1612 Rn. 48; LG Nürnberg-Fürth WRP 2022, 1049 Rn. 58 ff.; Köhler NJW 2016, 593 (597)). Ergänzend ist natürlich § 5a I, III anwendbar. – Im Folgenden wird daher nicht danach unterschieden, ob auf die jeweilige Fallgestaltung § 6 I Nr. 3 und 4 TMG unmittelbar oder analog anzuwenden ist.

3. Normzweck

§ 6 I Nr. 3 und 4 TMG setzen voraus, dass Verkaufsförderungsangebote sowie Preisausschrei- **5.30** ben und Gewinnspiele mit Werbecharakter **grds. zulässig** sind. Von solchen Aktionen geht aber erfahrungsgemäß eine starke **Anlockwirkung** aus (vgl. BGH GRUR 2010, 158 Rn. 20 – FIFA-WM-Gewinnspiel; WRP 2012, 450 Rn. 20 – Treppenlift). Werden Verbraucher daher nicht oder nur unzureichend über die Bedingungen der Inanspruchnahme oder Teilnahme informiert, kann sie dies irreführen und zu einer geschäftlichen Entscheidung veranlassen, die sie anderenfalls nicht getroffen hätten. Um dieser Gefahr der **Intransparenz** zu begegnen und dem Informationsbedürfnis der Verbraucher Rechnung zu tragen, stellt § 6 I Nr. 3 und 4 TMG bestimmte **Informationspflichten** auf.

4. Einbettung in den Unlauterkeitstatbestand des § 5a I

§ 6 TMG knüpft an „kommerzielle Kommunikationen" (definiert in § 2 Nr. 5 TMG) von **5.31** Diensteanbietern in Telemedien oder Bestandteile von Telemedien an. Dabei handelt es sich um **geschäftliche Handlungen** iSv § 2 I Nr. 2. Diese Diensteanbieter haben mindestens ua die Informationsanforderungen in § 6 I Nr. 3 und 4 TMG zu beachten. Bei ihnen handelt es sich, soweit es **Verbraucher** betrifft, um **wesentliche Informationen** iSd § 5b IV (→ Rn. 5.26). Unterlässt es der Unternehmer, diese Informationen dem Verbraucher „leicht zugänglich" zu machen und „klar und unzweideutig" anzugeben, stellt dies ein den Vorenthalten einer wesent-lichen Information gleichstehendes Verhalten iSd Art. 7 II UGP-RL und damit des § 5a II Nr. 1 und 2 dar. Die Unlauterkeit dieses Verhaltens ist daher nach den Maßstäben des **§ 5a I** zu beurteilen. Es müssen sonach auch die weiteren Voraussetzungen dieses Unlauterkeitstatbestands vorliegen. Die Feststellung, ob den Informationsanforderungen des § 6 I Nr. 4 und 5 TMG genügt wurde, ist daher für den konkreten Fall unter Berücksichtigung aller Umstände (§ 5a I 1) sowie der räumlichen oder zeitlichen Beschränkungen des gewählten Kommunikationsmittels und der Maßnahmen des Unternehmers, dem Verbraucher die Informationen auf andere Weise zur Verfügung zu stellen (§ 5a III), zu treffen (vgl. auch BGH GRUR 2010, 158 Rn. 11 – FIFA-WM-Gewinnspiel). Dabei kommt es dann entscheidend darauf an, ob der Durchschnitts-verbraucher diese Informationen **„je nach den Umständen benötigt, um eine informierte Entscheidung zu treffen"** (§ 5a I Nr. 1). Insoweit ist eine Gewichtung der Information vorzunehmen, die dann auch für die Prüfung der **geschäftlichen Relevanz** in § 5a I Nr. 2 von Bedeutung ist. – Soweit es **sonstige Marktteilnehmer** betrifft, lässt sich die Regelung in § 6 I Nr. 3 und 4 TMG als Konkretisierung des § 5a I begreifen, da diese Vorschrift ausdrücklich auch sonstige Marktteilnehmer einbezieht.

II. Verhältnis zu anderen Regelungen

1. Allgemeines

5.32   Die Regelungen in § 6 I Nr. 3 und 4 TMG schließen nach § 6 V TMG die Anwendung des UWG nicht aus. Vielmehr stellen sie nur Mindestanforderungen auf, die mittels § 5b IV iVm § 5a I in das Regelungssystem des UWG integriert werden. Daneben kommt noch die Anwendung weiterer Bestimmungen des UWG in Betracht.

2. § 5 I (Irreführung)

5.33   Das allgemeine Irreführungsverbot des § 5 I ist uneingeschränkt neben § 6 I Nr. 3 und 4 TMG anwendbar.

3. § 3 II (Verbrauchergeneralklausel)

5.34   Die Anwendung des **§ 3 II** kommt nach Aufhebung des § 4 Nr. 6 UWG 2008 insbes. bei der **Kopplung von Umsatzgeschäften mit Gewinnspielen** in Betracht (BGH WRP 2014, 831 Rn. 23 – Goldbärenbarren). (Zur Rechtslage unter Geltung des **UWG 2008** vgl. BGH GRUR 2011, 532 Rn. 23 ff. – Millionen-Chance II im Anschluss an EuGH GRUR 2010, 244 Rn. 43, 47 ff. – Plus Warenhandelsgesellschaft; Köhler GRUR 2010, 177 (180 f.); GRUR 2010, 767; GRUR 2011, 478 (482 f., 485).) Bei der Prüfung des § 3 II sind die Art des beworbenen Produkts, seine wirtschaftliche Bedeutung und die durch die Teilnahme an dem Gewinnspiel entstehende finanzielle Gesamtbelastung zu berücksichtigen; ferner kann von Bedeutung sein, welche Gewinne ausgelobt werden und ob die Gewinnchancen transparent dargestellt werden. Unerheblich ist dagegen, ob der Verkehr sich schon auf die neue, liberalere Rechtslage eingestellt hat (BGH WRP 2014, 831 Rn. 23 – Goldbärenbarren). – Das Gleiche gilt, wenn die Höhe des Kaufpreises oder Rabatts von Zufallselementen abhängig gemacht wird (zB „Rabattwürfeln"; dazu OLG Köln WRP 2007, 678; allg. Ernst/Seichter WRP 2013, 1437).

4. § 3a (Rechtsbruch)

5.35   Eine Anwendung des § 3a neben den § 5a I, § 5b IV war zwar denkbar, da § 6 I Nr. 3 TMG eine Marktverhaltensregelung zum Schutz der Verbraucher darstellt. Doch war dies letztlich zu verneinen, da die UGP-RL erst nach der E-Commerce-RL erlassen wurde und der Unionsgesetzgeber die darin aufgestellten Informationspflichten mittels des Anh. II UGP-RL bewusst in den Regelungszusammenhang der UGP-RL eingefügt hatte (→ § 3a Rn. 1.19). Dieser Auffassung hat sich auch der BGH angeschlossen (BGH GRUR 2022, 930 Rn. 23 – Knuspermüsli II).

5. § 4a (aggressive geschäftliche Handlungen)

5.36   § 4a wird idR nicht anwendbar sein, da von Angeboten iSd § 6 I Nr. 3 und 4 TMG keine erhebliche Beeinträchtigung der Entscheidungsfreiheit der Verbraucher zu befürchten ist.

6. § 4 Nr. 4 (gezielte Behinderung von Mitbewerbern)

5.37   § 4 Nr. 4 ist nur ausnahmsweise anwendbar, nämlich dann, wenn der garantierte Preis den Selbstkostenpreis unterschreitet und eine Verdrängungsabsicht vorliegt (→ § 4 Rn. 4.185 ff.; BGH GRUR 2009, 416 Rn. 11 ff. – Küchentiefstpreisgarantie; GRUR 2010, 1022 Rn. 20 – Ohne 19 % Mehrwertsteuer). Zur **allgemeinen Marktbehinderung** durch das massenhafte Verschenken von Originalware → § 4 Rn. 5.1 ff.

III. Tatbestand des § 6 I Nr. 3 TMG

1. Angebote zur Verkaufsförderung

5.38   **a) Allgemeines.** Das Transparenzgebot des § 6 I Nr. 3 TMG beschränkt sich auf **„Angebote zur Verkaufsförderung wie Preisnachlässe, Zugaben und Geschenke".** Da es sich um Begriffe des Unionsrechts handelt (→ Rn. 5.26), sind sie richtlinienkonform auszulegen. Mangels einer Definition obliegt die verbindliche Konkretisierung letztlich dem EuGH. Im Interesse eines effektiven Verbraucherschutzes ist der Begriff der **Verkaufsförderung** unter Berücksichtigung der Beispiele weit im Sinne aller zur Förderung des Absatzes gewährten **geldwerten Vergüns-**

tigungen auszulegen (vgl. BGH GRUR 2009, 1064 Rn. 22 – Geld-zurück-Garantie II). – Keine Verkaufsförderungsmaßnahme stellt die bloße Beschreibung der Ware oder Dienstleistung (zB Angabe des Zinssatzes für eine Geldanlage; aA LG Düsseldorf WRP 2008, 392 Ls.) oder des Inhalts der Verkaufsförderungsmaßnahme dar. Falsche oder unzureichende Informationen beurteilen sich insoweit ausschließlich nach den §§ 5, 5a II (vgl. OLG Köln GRUR-RR 2010, 293 (294)).

b) Preisnachlass. Preisnachlass (Rabatt) ist ein betragsmäßig oder prozentual festgelegter **5.39** Abschlag vom angekündigten oder allgemein geforderten Preis (Grundpreis, Ausgangspreis), gleichgültig in welcher Form er gewährt wird (Barzahlungsrabatt; Gutschein oÄ). – Bei der Werbung für Waren mit Preisnachlässen ist **§ 11 PAngV** zu beachten.

c) Zugaben. Unter einer **Zugabe ist** die (völlig oder teilweise) unentgeltliche Gewährung **5.40** einer Ware oder Dienstleistung für den Fall des Erwerbs anderer Waren oder Dienstleistungen zu verstehen (vgl. BGH GRUR 2002, 976 (978) – Kopplungsangebot I). Die Zugabe schafft einen **besonderen Anreiz** für den Verbraucher, der – zu Recht oder zu Unrecht – glaubt, er bekäme beim Erwerb einer Ware oder Dienstleistung etwas umsonst. – Vom **Preisnachlass** unterscheidet sich die Zugabe dadurch, dass die Zuwendung in Gestalt einer Ware oder Dienstleistung erfolgt, nicht dagegen in Gestalt einer Verbilligung des Bezugs einer solchen. Ein (aufschiebend bedingter) Preisnachlass und nicht eine Zugabe ist daher anzunehmen, wenn für Einkäufe in einem bestimmten Warenwert Wertmarken oder Geldgutscheine ausgegeben werden, die beim Erwerb anderer Waren oder Dienstleistungen auf den Preis angerechnet werden (vgl. BGH GRUR 1999, 256 - 1.000,– DM Umwelt-Bonus; GRUR 2003, 1057 – Einkaufsgutschein I; GRUR 2004, 344 (345) – Treue-Punkte; GRUR 2004, 350 – Pyrex; OLG Stuttgart WRP 2011, 366 (371 f.); vgl. auch BGH GRUR 2010, 1136 Rn. 18 – UNSER DANKESCHÖN FÜR SIE). – Vom reinen **Geschenk** unterscheidet sich die Zugabe dadurch, dass ihre Gewährung vom entgeltlichen Bezug einer Ware oder Dienstleistung rechtlich oder tatsächlich abhängig ist; vom (allgemeinen) Kopplungsangebot dadurch, dass sie (völlig oder teilweise) unentgeltlich gewährt wird. – Da Rabatt, Zugabe und Werbegeschenk – anders noch als zu Zeiten der ZugabeVO und des RabattG – in § 6 I Nr. 3 und 4 TMG gleichbehandelt werden, kommt der Unterscheidung keine größere Bedeutung zu. Anders ist die Rechtslage bei der **Heilmittelwerbung** (§ 7 HWG; → § 3a Rn. 1.229 f.).

d) Geschenke. Geschenke sind Waren und Dienstleistungen, die der Werbende unentgelt- **5.41** lich und unabhängig vom Kauf abgibt, um die Bereitschaft des Verbrauchers zum Bezug dieser oder anderer Waren oder Dienstleistungen zu fördern. Kein Geschenk in diesem Sinne ist die kostenlose Abgabe einer anzeigenfinanzierten Zeitung, weil der Leser nicht für den Kauf einer anderen Ware oder Dienstleistung geworben werden soll (BGH GRUR 2004, 602 (603) – 20 Minuten Köln).

e) Sonstige Verkaufsförderungsmaßnahmen. Preisnachlässe, Zugaben und Geschenke **5.42** stellen nach dem Wortlaut des § 6 I Nr. 3 TMG (**„wie"**) nur Beispiele einer Verkaufsförderungsmaßnahme dar. Daher werden auch andere geldwerte Vergünstigungen erfasst, soweit sie vergleichbar attraktiv und zur Beeinflussung der Verbraucher geeignet sind (BGH GRUR 2009, 1183 Rn. 7 – Räumungsverkauf wegen Umbau, zu § 4 Nr. 4 UWG 2008). Dazu gehören ua: **Räumungsverkäufe** mit Preisherabsetzungen (BGH GRUR 2009, 1183 Rn. 7 – Räumungsverkauf wegen Umbau); **Garantien** (BGH GRUR 2009, 1064 Rn. 22–25 – Geld-zurück-Garantie II; OLG Köln GRUR-RR 2010, 293); **Kopplungsangebote,** einschließlich der Kopplung von Gewinnspielen mit Umsatzgeschäften (BGH GRUR 2011, 532 Rn. 25 – Millionen-Chance II; WRP 2014, 831 Rn. 23 – Goldbärenbarren); **Kundenbindungssysteme** (vgl. Heermann WRP 2005, 141 (144 f.)). – Weiter gehören dazu **aleatorische Reize,** wie bspw. der zufallsabhängige Erlass oder die zufallsabhängige Rückgewähr des Kaufpreises (BGH GRUR 2009, 875 – Jeder 100. Einkauf gratis; OLG Celle GRUR-RR 2008, 349; OLG Hamm GRUR-RR 2009, 313 (314)), die Gewährung eines Rabatts, dessen Höhe vom Zufall abhängt („Rabattwürfeln"; OLG Köln GRUR-RR 2007, 364), die zufallsabhängige Gewährung eines Gewinns (OLG Köln GRUR-RR 2007, 48: „Jeder 20. Käufer gewinnt") und die zufallsabhängige Gewährung eines Zinsbonus auf eine Festgeldanlage (BGH GRUR 2007, 981 – 150 % Zinsbonus). Bei diesen Verkaufsförderungsmaßnahmen handelt es sich um keine mit dem Absatz gekoppelten Gewinnspiele, sondern um **besondere Verfahren der Preisgestaltung** (BGH GRUR 2009, 875 Rn. 9 – Jeder 100. Einkauf gratis) oder sonstigen Vorteilsgewährung.

2. Klare Erkennbarkeit

5.43   Die Angebote zur Verkaufsförderung müssen nach § 6 I Nr. 3 TMG „klar als solche erkennbar" sein. Maßgebend ist die Sicht des Durchschnittsverbrauchers, der diese Information benötigt, um eine informierte Entscheidung über die Inanspruchnahme treffen zu können. „Klar"
bezieht sich auf den Inhalt der Information und bedeutet, dass der Verbraucher keine Überlegungen anstellen muss, wie die Information zu verstehen und einzuordnen ist. Das ist bspw.
nicht der Fall, wenn die Angaben in missverständlicher oder mehrdeutiger Weise gemacht
werden. – Die Information muss sich darauf beziehen, dass eine bestimmte Verkaufsförderung
angeboten wird. Es muss also bspw. klar erkennbar sein, ob es sich um eine (kaufabhängige)
Zugabe oder um ein (kaufunabhängiges) Geschenk handelt. Darüber hinaus muss der Inhalt der
Verkaufsförderungsmaßnahme klar erkennbar sein. So bspw., welche Waren oder Dienstleistungen als Zugaben gewährt werden oder wie hoch die angebotenen Preisnachlässe sind. Dabei
dürfen jedoch keine unverhältnismäßigen Anforderungen gestellt werden. Nicht anzugeben sind
daher der Wert oder die Eigenschaften einer Zugabe oder eines Geschenks oder der Zeitpunkt
einer Gutschrift (OLG Köln WRP 2013, 1498 Rn. 9). Vom Inhalt der Verkaufsförderung zu
unterscheiden sind die Bedingungen ihrer Inanspruchnahme (→ Rn. 5.44 ff.).

3. Bedingungen der Inanspruchnahme

5.44   **a) Allgemeines.** Der Begriff der **„Bedingungen"** ist aus Art. 6 lit. c E-Commerce-RL
übernommen und daher **richtlinienkonform** (BGH GRUR 2009, 1064 Rn. 20 – Geld-
zurück-Garantie II) im Interesse eines effektiven Verbraucherschutzes **weit auszulegen.** Erfasst
werden alle aus der Sicht des Kunden nicht ohne weiteres zu erwartenden Umstände, die die
Möglichkeit einschränken, die Vergünstigung zu erlangen (vgl. BGH GRUR 2010, 247 Rn. 13
– Solange der Vorrat reicht). Der Begriff ist daher nicht auf die **Berechtigung** zur Inanspruchnahme der Vergünstigung (→ Rn. 5.38) zu beschränken, sondern auch auf ihre **Modalitäten**
(→ Rn. 5.46 ff.) zu erstrecken (vgl. auch OLG Köln GRUR-RR 2006, 196 (198); OLG Nürnberg GRUR 2022, 1612 Rn. 42 ff.). Dazu gehören insbes. zeitliche Beschränkungen der Aktion
sowie Mindest- oder Höchstabnahmemengen (BGH GRUR 2009, 1064 Rn. 28 – Geld-zurück-Garantie II). Die Anwendung des § 6 I Nr. 3 TMG setzt voraus, dass der Unternehmer
Bedingungen für die Inanspruchnahme der Vergünstigung aufgestellt hat. Es ist daher lediglich
ein Hinweis auf **bestehende** Bedingungen geboten (BGH GRUR 2008, 1114 Rn. 13 –
Räumungsfinale; → § 5 Rn. 6.6a). Die Unlauterkeit des Verhaltens wegen unzureichender
Information tritt dann zu Tage, wenn sich der Unternehmer gegenüber dem Kunden darauf
beruft, die Voraussetzungen für die Inanspruchnahme der Vergünstigung seien nicht (mehr)
gegeben.

5.45   **b) Berechtigung zur Inanspruchnahme.** Der Werbende muss angeben, welcher **Personenkreis** in den Genuss der Verkaufsförderungsmaßnahme kommen oder von ihr ausgeschlossen sein soll (BGH GRUR 2009, 1064 Rn. 28 – Geld-zurück-Garantie II; GRUR
2010, 649 Rn. 26 – Preisnachlass für Vorratsware; WRP 2012, 450 Rn. 21 – Treppenlift). Die
entsprechenden Kriterien (bspw. Wohnort, Geschlecht, Alter, Beruf oder Stand, Betriebszugehörigkeit) müssen daher angegeben werden. Davon zu unterscheiden ist die Frage, ob solche
Bedingungen **diskriminierend** iSd §§ 19, 20 AGG und aus diesem Grund gegenüber den
Benachteiligten unzulässig (§ 21 AGG) sind.

5.46   **c) Modalitäten der Inanspruchnahme. aa) Zeitliche Beschränkungen. (1) Keine generelle Pflicht zur zeitlichen Beschränkung.** Aus § 6 I Nr. 3 TMG ergibt sich keine
generelle Pflicht, Verkaufsförderungsmaßnahmen zeitlich zu beschränken (BGH GRUR 2008,
1114 Rn. 13 – Räumungsfinale; GRUR 2009, 1183 Rn. 11 – Räumungsverkauf wegen
Umbau; GRUR 2009, 1185 Rn. 15 – Totalausverkauf). Vielmehr kommt es auf die Umstände
des Einzelfalls an, insbes. darauf, welche Bedeutung der Verbraucher der Dauer der Aktion
beimisst und welche Erwartungen er damit verbindet (BGH WRP 2011, 1587 Rn. 21 –
Original Kanchipur). Dies gilt auch für die Werbung mit herabgesetzten oder sonst als günstig
hingestellten Preisen. So braucht der Unternehmer in Fällen des **Räumungsverkaufs,** etwa
wegen Geschäftsaufgabe, Sortimentsänderung oder Umbaus, nur auf eine bestehende zeitliche
Beschränkung hinzuweisen (BGH GRUR 2008, 1114 Rn. 13 – Räumungsfinale; GRUR 2009,
1183 Rn. 11 – Räumungsverkauf wegen Umbau; GRUR 2009, 1185 Rn. 13, 15 – Totalausverkauf; → § 5 Rn. 6.6). Denn der verständige Verbraucher weiß oder rechnet damit, dass
der Abverkauf der im Preis reduzierten Ware von der jeweiligen Nachfrage abhängt und diese

sich nicht genau vorhersehen lässt (vgl. BGH WRP 2011, 1587 Rn. 19 – Original Kanchipur). Für ihn ist daher eine derartige Angabe „klar und eindeutig". Das Gleiche gilt für **Saison-schlussverkäufe.** Aber auch bei Verkaufsveranstaltungen aus Anlass der **Geschäftseröffnung** oder der **Produkteinführung** braucht nicht generell die Dauer der Aktion angegeben zu werden. Dies gilt nicht nur für begleitende Aktionen (zB Unterhaltung oder Bewirtung der Kunden), sondern auch für die Werbung mit günstigen **Eröffnungs-** oder **Einführungsprei-sen.** Denn es kann von den Umständen abhängen, wie lange der Unternehmer diese Preise gewähren kann (zB davon, wie sich die Nachfrage entwickelt oder wie lange der Lieferant entsprechend günstige Einkaufskonditionen gewährt). Der Verbraucher rechnet daher zwar damit, dass die Aktion von einer bestimmten (Mindest-)Dauer ist, aber auch damit, dass sich der günstige Preis in der Zukunft ändern kann (→ § 5 Rn. 7.114). Stellt allerdings der Unternehmer in seiner Werbung den Einführungspreisen durchgestrichene Preise gegenüber, so muss er klar und eindeutig deren Bedeutung angeben. Hält der Verbraucher – wie idR – die durchgestriche-nen Preise für die künftigen Normalpreise, so muss der Unternehmer den Zeitpunkt angeben, ab dem sie gelten (BGH WRP 2011, 1587 Rn. 22 – Original Kanchipur). Tut er dies nicht, verstößt er nicht nur gegen § 6 I Nr. 3 TMG iVm § 5a I, sondern auch gegen § 5 I 2 Nr. 2 (BGH WRP 2011, 1587 Rn. 20, 22 – Original Kanchipur; → § 5 Rn. 7.102, 7.114a). – Dagegen wird der Verbraucher bei **Jubiläumsaktionen** und dgl. von vornherein davon aus-gehen, dass sie nur für eine bestimmte Zeit gelten, da sie ihrer Funktion nach weder den Abverkauf noch die Einführung von Waren bezwecken.

(2) Erforderliche Angaben bei zeitlicher Beschränkung. Soll die Verkaufsförderungs-   **5.47** maßnahme nur für einen bestimmten Zeitraum gelten, muss der Unternehmer grds. deren Beginn und Ende angeben. Der Zeitraum muss grds. nach dem **Kalender** bestimmt oder bestimmbar sein, weil und soweit der Verbraucher nur auf diese Weise erkennen kann, in welchem Zeitraum die Vergünstigung zu erlangen ist. Es müssen daher grds. der erste und der letzte Verkaufstag durch Datumsangabe gekennzeichnet sein (LG Ulm WRP 2006, 780 Ls.). Dementsprechend reicht die Angabe „nur 14 Tage gültig" in einer Zeitungsbeilage nicht aus (OLG Brandenburg GRUR-RR 2005, 227). Der Beginn einer Verkaufsförderungsmaßnahme muss in der Werbung allerdings nur dann angegeben werden, wenn die Maßnahme noch nicht läuft (BGH GRUR 2009, 1185 Rn. 11 – Totalausverkauf; → § 5 Rn. 3.14).

(3) Verlängerung einer zeitlich beschränkten Aktion. Wird in der Werbung zwar eine   **5.48** zeitliche Beschränkung der Verkaufsaktion (zB Räumungsverkauf, Jubiläumsrabatt, Frühbucher-rabatt) angegeben, die **Aktion** danach aber **verlängert** (fortgesetzt oder wiederholt), ist zunächst zu fragen, wie der Verkehr die ursprüngliche Befristung der Aktion nach den Umständen des Einzelfalls versteht (BGH GRUR 2012, 208 Rn. 20 - 10 % Geburtstags-Rabatt). Es kommt maW darauf an, ob der angemessen gut unterrichtete und angemessen aufmerksame und ver-ständige Durchschnittsverbraucher annimmt, die Aktion dauere **nur** oder **mindestens bis** zum angegebenen Zeitpunkt.

So kann der Verbraucher etwa bei **Räumungsverkäufen,** auch wenn sie nur wegen Umbaus   **5.49** erfolgen, vielfach Anlass haben anzunehmen, dass der Unternehmer nach der Aktion nicht zum ursprünglich verlangten Normalpreis zurückkehren wird (BGH GRUR 2009, 1183 Rn. 8 – Räumungsverkauf wegen Umbau; vgl. auch Berneke GRUR-Prax 2011, 235) oder dass er die Aktion, etwa wegen schleppender Nachfrage, verlängert (→ § 5 Rn. 3.13).

Bei der Werbung für einen **Jubiläumsrabatt** oder einen **Frühbucherrabatt** geht dagegen   **5.50** der Verbraucher regelmäßig davon aus, dass der Unternehmer den angegebenen Endtermin auch tatsächlich einhalten und danach zu den höheren Normalpreisen zurückkehren will. Daher muss sich der Werbende daran grds. festhalten lassen (BGH GRUR 2012, 208 Rn. 21 - 10 % Geburts-tags-Rabatt; → § 5 Rn. 3.12). Hat der Unternehmer **von vornherein** die **Absicht,** die Aktion zu verlängern, ohne darauf in der Werbung hinreichend deutlich hinzuweisen, so ist die Werbung wettbewerbswidrig. Nach der Rspr. ist sie irreführend iSd **§ 5 I 2 Nr. 2** (BGH GRUR 2012, 208 Rn. 21, 23 - 10 % Geburtstags-Rabatt; → § 5 Rn. 3.11). Da die Werbung den Verbraucher veranlassen kann, wegen des zeitlichen Drucks das Angebot innerhalb der Frist in Anspruch zu nehmen oder zumindest sich damit näher auseinanderzusetzen, ohne sich mit Angeboten von Mitbewerbern zu befassen, besitzt die Irreführung für den Verbraucher auch geschäftliche Relevanz (BGH GRUR 2012, 208 Rn. 30 ff. – 10 % Geburtstags-Rabatt; GRUR 2012, 213 Rn. 25 – Frühlings-Special; → § 5 Rn. 1.193). Daneben kommt aber auch ein Verstoß gegen **§ 5a I** (Vorenthalten einer wesentlichen Information, nämlich über die Ver-längerungsabsicht) und **§ 5b IV** iVm **§ 6 I Nr. 3 TMG** (unklare Angabe des Zeitraums der

Befristung) in Betracht. – Verlängert der Werbende die Aktion aus **nach Erscheinen der Werbung eingetretenen Gründen,** ist nach der Rspr. zunächst nach der Art dieser Gründe zu fragen. Maßgebend ist, ob es sich um **vernünftige** Gründe handelt, bei denen der Verbraucher mit einer ausnahmsweisen Verlängerung der Aktion rechnet. Dazu gehören etwa bei einem Jubiläumsrabatt die unverschuldete Unterbrechung des Verkaufs (zB vorübergehende Schließung des Geschäftslokals wegen Wasserschadens) oder bei einem Frühbucherrabatt die schleppende Nachfrage oder die Weitergewährung günstiger Einkaufspreise (BGH GRUR 2012, 213 Rn. 16 – Frühlings-Special; → § 5 Rn. 3.162). Dagegen kann sich der Unternehmer nicht darauf berufen, er habe eine Jubiläumsrabattaktion wegen ihres wirtschaftlichen Erfolgs verlängert. Denn dies gehört nicht zu den Gründen, die nach der Verkehrsauffassung eine Verlängerung naheliegen können (BGH GRUR 2012, 208 Rn. 23 - 10% Geburtstags-Rabatt). Selbst wenn aber an sich vernünftige Gründe für eine Verlängerung vorliegen, ist die Verlängerung nach der Rspr. irreführend, wenn der Unternehmer sie bei Anwendung der unternehmerischen Sorgfalt hätte erkennen und bei der Planung der Aktion und der Gestaltung der Werbung hätte berücksichtigen können (BGH GRUR 2012, 208 Rn. 22 - 10% Geburtstags-Rabatt; GRUR 2012, 213 Rn. 25 – Frühlings-Special). Dabei ist es Sache des Unternehmers, die Umstände darzulegen, die für die Unvorhersehbarkeit der Verlängerungsgründe und die Einhaltung der fachlichen Sorgfalt sprechen (BGH GRUR 2012, 208 Rn. 22 - 10% Geburtstags-Rabatt; GRUR 2012, 213 Rn. 21 – Frühlings-Special).

5.51   **(4) Verkürzung einer zeitlich beschränkten Aktion.** Bricht der Unternehmer eine zeitlich beschränkte Aktion (zB wegen Erschöpfung des Vorrats) vorzeitig ab, ohne sich dies in der Werbung vorbehalten zu haben, so liegt darin zwar kein Verstoß gegen § 6 I Nr. 3 TMG (OLG Köln WRP 2013, 95 Rn. 10, 11 zu § 4 Nr. 4 UWG 2008). Wohl aber kann eine Irreführung iSv § 5 I 2 Nr. 2 der mit der Werbung angesprochenen Verbraucher vorliegen. Maßgebend ist, wie ein angemessen gut unterrichteter und angemessen aufmerksamer und verständiger Durchschnittsverbraucher die Befristung versteht. Grds. rechnet er damit, dass der Unternehmer den genannten Endtermin auch einhält. Eine Irreführung liegt daher stets vor, wenn der Unternehmer von vornherein die Absicht hat, die Vergünstigung vor Ende der Aktion nicht mehr zu gewähren. Treten dagegen erst nach Erscheinen der Werbung Umstände ein, die ihn zu einer Verkürzung der Aktion veranlassen, kommt es darauf an, ob der Unternehmer bei Anwendung der gebotenen unternehmerischen Sorgfalt diese Umstände bei der Planung der Aktion und Ankündigung in der Werbung hätte vorhersehen und berücksichtigen können. Hierbei können die Erfahrungen aus früheren vergleichbaren Aktionen eine Rolle spielen (→ § 5 Rn. 3.12; BGH WRP 2014, 61 Rn. 22 ff. – Treuepunkte-Aktion; Schröler GRUR 2013, 564 (567 f.)). Etwas anderes gilt für den Fall des vorzeitigen Abbruchs infolge einer Insolvenz.

5.52   **bb) Mengenbezogene Beschränkungen.** Nicht zu den Bedingungen gehört die tatsächliche **Menge** der angebotenen Vergünstigungen (dazu Heermann WRP 2005, 141 (143)). Darüber braucht der Unternehmer nicht zu informieren. Insoweit gilt nur Anh. Nr. 5 zu § 3 III. Dagegen gehören bei einer mengenmäßigen Beschränkung der angebotenen Vergünstigungen zu den Bedingungen der Inanspruchnahme Angaben darüber, ob und in welcher **Menge** der Kunde die Verkaufsförderung in Anspruch nehmen kann (OLG Köln GRUR-RR 2006, 57 (58)). Der Verbraucher muss bspw. wissen, ob er beim Erwerb der Hauptware auch die beworbene Zugabe bekommt oder ob die Zugabe nur in geringerer Menge als die Hauptware vorhanden ist. Insoweit reicht aber der auf die Zugabe bezogene Hinweis „solange der Vorrat reicht" aus (BGH GRUR 2010, 247 Rn. 14, 15 – Solange der Vorrat reicht), es sei denn, er ist im Einzelfall irreführend (BGH GRUR 2010, 247 Rn. 16 – Solange der Vorrat reicht). – Ferner gehören zu den Bedingungen etwaige **Mindest-** oder **Höchstabnahmemengen** zur Erlangung der Vergünstigung (BGH GRUR 2009, 1064 Rn. 28 – Geld-zurück-Garantie II; GRUR 2010, 649 Rn. 26 – Preisnachlass für Vorratsware; WRP 2012, 450 Rn. 21 – Treppenlift).

5.53   **cc) Produktbezogene Beschränkungen.** Bei **Preisnachlässen** gehört zu den Bedingungen der Inanspruchnahme die Angabe darüber, welche Waren oder Warengruppen mit welchen Preisnachlässen erworben werden können (BGH GRUR 2010, 649 Rn. 26 – Preisnachlass für Vorratsware; WRP 2012, 450 Rn. 21 – Treppenlift; OLG München WRP 2018, 623 Rn. 25; GRUR-RR 2019, 126 Rn. 53). Nicht ausreichend, weil nicht eindeutig, ist die Einschränkung „Reisen zu großen Sportveranstaltungen" (LG Köln WRP 2007, 1016 (1017)), „30% auf alle unsere Polstermöbel-Bestseller" (OLG München GRUR-RR 2005, 356 (357)) oder „ausgenommen ist Werbeware" (OLG Köln GRUR-RR 2006, 196 f.) oder „gilt nicht für in anderen

Prospekten und Anzeigen beworbene Ware" (OLG Brandenburg WRP 2008, 1601 (1604) oder „Mit folgenden Einschränkungen: Gültig nur bei Neuaufträgen, ausgenommen bereits reduzierte Ware und alle Angebote aus unseren Prospekten, Anzeigen, Mailings" (OLG München WRP 2018, 623 Rn. 28); „gilt nicht für Werbezeilen" (OLG Naumburg WRP 2018, 1130 Rn. 17); „ausgenommen sind … Angebote aus unserem aktuellen Prospekt" (OLG Hamm WRP 2018, 1116 Rn. 19). Ausreichend soll dagegen die Einschränkung „ausgenommen bereits reduzierte Ware" (LG Potsdam WRP 2008, 147 (149); aA LG München WRP 2007, 573) und – bei der Werbung eines Möbelhauses – „Nur auf Neukäufe" (OLG Köln GRUR-RR 2006, 196 f.) sein (krit. Heermann WRP 2011, 688 (692)). – Bezieht sich die Preisnachlasswerbung blickfangmäßig auf das **Gesamtsortiment** (zB „12 % auf alles") bzw. auf eine **Produktgruppe** (zB Möbel, Küchen), müssen Einschränkungen grds. am Blickfang teilhaben. Sie stellen wesentliche Informationen iSd § 5b Nr. 3 dar. Angaben zu den von der Aktion ausgeschlossenen Waren und Lieferanten sind daher grds. bereits in dem für die Werbung benutzten Kommunikationsmittel (zB Zeitungsanzeige; Plakat; Hörfunk oder Fernsehen) selbst zu machen, sofern räumliche oder zeitliche Beschränkungen dieses Mediums nicht entgegenstehen (BGH WRP 2018, 182 Rn. 23, 33, 34 - 19 % MwSt. GESCHENKT). Ein Verweis auf eine **Internetseite** genügt daher nicht. Auch müssen derartige Beschränkungen für den Durchschnittsverbraucher gut wahrnehmbar sein. Ein **Sternchenhinweis** auf umfangreiche Beschränkungen, die im Kleindruck wiedergegeben werden, genügt daher nicht, und zwar erst recht dann nicht, wenn daraus nicht hervorgeht, welche Waren von der Aktion ausgenommen sind (OLG München WRP 2018, 623 Rn. 25 ff.). – Was die Angabe der absoluten oder relativen **Höhe des Preisnachlasses** angeht, ist nach der konkreten Art der Werbung zu unterscheiden (OLG Köln GRUR-RR 2008, 250 (251)). Bezieht sich die Rabattankündigung auf einzelne Artikel, so muss der Werbende die genaue – absolute oder relative – Höhe des Rabatts angeben. Bezieht sich die Werbung auf ganze Warengruppen, reicht es aus, wenn in allgemeiner Form ein Rabatt (zB „bis zu x% Rabatt") angekündigt wird (ebenso Heermann WRP 2011, 688 (692)). – Wirbt ein Unternehmer für einen Preisnachlass an einem ganz bestimmten Tag für bestimmte Waren, versteht der Verbraucher dies dahin, dass sich der Nachlass auch auf solche Waren bezieht, die an diesem Tag verbindlich bestellt werden. Will er den Nachlass tatsächlich aber nur für vorrätige und nicht auch für die an diesem Tag bestellten Waren gewähren, so muss er dies in der Werbung deutlich machen (BGH GRUR 2010, 649 Rn. 28 – Preisnachlass für Vorratsware). Das Angebot eines Apothekers „20 % auf einen Artikel ihrer Wahl" ist irreführend, wenn es in Wahrheit nur für nichtpreisgebundene Artikel gilt (OLG Jena GRUR-RR 2017, 113 Rn. 20).

    dd) Einzelne Verkaufsförderungsangebote. Bei einem Preisnachlass in Form eines **Gut-**   **5.54**
scheins braucht der Werbende den Preis der beworbenen Ware oder Dienstleistung nicht anzugeben, weil es nicht Zweck der Vorschrift ist, dem Verbraucher eine Preisvergleichsmöglichkeit zu verschaffen (BGH WRP 2012, 450 Rn. 23 – Treppenlift; OLG Jena GRUR-RR 2017, 113). Dies gilt auch dann, wenn der Preis nicht von vornherein feststeht, sondern – wie zB bei Einzelanfertigung – von den Umständen des Einzelfalls abhängt. Dagegen muss der Werbende angeben, welchen Einlösewert der Gutschein hat, auf welche Waren- oder Dienstleistungskäufe und welchen Mindesteinkaufswert er sich bezieht und in welchem Zeitraum er eingelöst werden muss (BGH WRP 2012, 450 Rn. 23 – Treppenlift). Besondere Bedeutung kommt diesen Angaben im Rahmen von **Kundenbindungssystemen** zu. So muss bspw. klar angegeben werden, welchen Wert ein Berechnungsfaktor („Bonuspunkt", „Meile") hat (OLG Rostock GRUR-RR 2005, 391 (392)), welche Umsätze dafür erforderlich sind und welche Modalitäten für die Gewährung der Vergünstigung gelten. Den Kunden ist außerdem regelmäßig das Punkteguthaben mitzuteilen. – Bei **Zugaben** ist anzugeben, vom Bezug welcher Ware oder Dienstleistung bei welchem Vertragspartner ihre Gewährung abhängig ist (OLG München GRUR-RR 2005, 356 (357)). Dagegen ist nicht anzugeben, worin die Zugabe besteht. Besteht die Zugabe in einer Garantie, so sind jedoch die Bedingungen für ihre Inanspruchnahme anzugeben (BGH GRUR 2009, 1064 Rn. 28, 29 – Geld-zurück-Garantie II). – Bei **Geschenken** ist anzugeben, unter welchen Bedingungen (Abholung, Bezahlung der Versandkosten, Abholort usw) sie in Anspruch genommen werden können (vgl. auch Anh. Nr. 21 zu § 3 III). – Bei **Kopplungsangeboten** muss auf die Kopplung hingewiesen werden. Es ist daher unlauter, mit einem günstigen Angebot zu werben, ohne gleichzeitig darauf hinzuweisen, dass es nur beim Bezug einer anderen Ware oder Dienstleistung in Anspruch genommen werden kann. – Ist für die Inanspruchnahme des Angebots der Abschluss eines Vertrages mit einem **Dritten** erforderlich, so ist darauf ebenfalls hinzuweisen (OLG Karlsruhe NJW-RR 2002, 250 (253)).

5.55   **d) Abgrenzung.** Keine Bedingung ist die Bitte um eine Spende bei Inanspruchnahme der Maßnahme (OLG Naumburg GRUR-RR 2007, 157).

4. Leichte Zugänglichkeit der Angaben

5.56   Die Bedingungen der Inanspruchnahme müssen **„leicht zugänglich"** sein. Der Verbraucher soll sich rasch und ohne Schwierigkeiten darüber informieren können, welche einschränkenden Bedingungen für die Verkaufsförderung gelten, bspw. welche Waren von einer Rabattaktion ausgenommen sind (ebenso OLG Bamberg WRP 2016, 1147 Rn. 36). Dazu müssen sie sich dem Verkaufsförderungsangebot **eindeutig zuordnen** lassen und sie müssen **leicht erkennbar** und **deutlich lesbar** oder sonst **gut wahrnehmbar** sein (vgl. die Regelung in § 1 VI PAngV und die Rspr. hierzu). Leichte Zugänglichkeit ist daher nicht gegeben, wenn derartige Bedingungen im Text der Werbung „versteckt" oder sonst schwer auffindbar sind, oder wenn sie nur mit Mühe, etwa wegen sehr kleiner Schrift, gelesen werden können. Zugunsten des Unternehmers gelten zwar die Einschränkungen des § 5a III, jedoch kommt es insoweit auf die Umstände des Einzelfalls an. Dabei ist zu berücksichtigen, dass die Informationen bereits im Zeitpunkt der Werbung bzw. des Angebots für den Verbraucher verfügbar sein müssen (OLG Karlsruhe WRP 2015, 1242 Rn. 12 ff.). – Verweist ein **TV-Werbespot** auf eine Internetseite, kommt es auf die grafische Gestaltung und den Kontext an. Der Zuschauer muss ohne bes. Mühe in der Lage sein, sich die Internetadresse zu merken und ggf. zu notieren. Dazu muss der Hinweis aber nicht zusätzlich gesprochen werden (BGH GRUR 2009, 1064 Rn. 44 – Geld-zurück-Garantie II). – Verwendet der Unternehmer in einer **Printwerbung** einen **„Sternchen"-Hinweis,** müssen die dazugehörigen Erläuterungen zwar nicht notwendig auf der gleichen Seite erfolgen (OLG Brandenburg WRP 2008, 1601 (1603 f.)). Ist dies aber nicht geschehen, so muss zumindest bei dem Sternchen-Hinweis die betreffende Seite angegeben werden (vgl. OLG Karlsruhe WRP 2015, 1242 Rn. 7 ff.). Nicht ausreichend ist es, auf Einschränkungen der Rabattgewährung hinsichtlich bestimmter Warengruppen oder Hersteller in einer Internetseite zu verweisen (→ Rn. 6.11). – Bei Angaben im **„Kleingedruckten"** muss zumindest durch einen unmissverständlichen Hinweis („Sternchen") beim Angebot die entsprechende Verbindung hergestellt werden (Heermann WRP 2005, 141 (149); vgl. auch BGH GRUR 2006, 164 Rn. 21 – Aktivierungskosten II). – Bei Angaben im **Internet** kann die Information auch über einen **Link** erfolgen. Dies gilt jedoch dann nicht, wenn die Angaben auf der ersten Internetseite als vollständig erscheinen, der Verbraucher also keinen Anlass hat, nach weiteren Informationen Ausschau zu halten (OLG Stuttgart WRP 2007, 694 (696)), oder wenn lediglich ein Button „mehr Infos" erscheint (OLG Frankfurt WRP 2020, 104 Rn. 40). – Nicht „leicht zugänglich" ist eine Information, wenn sie nur auf der Innenseite eines Etiketts eines Erfrischungsgetränks abgedruckt ist (BGH GRUR 2009, 1064 Rn. 29 ff. – Geld-zurück-Garantie II).

5. „Klare und unzweideutige" Angabe der Bedingungen für die Inanspruchnahme

5.57   Die Bedingungen der Inanspruchnahme müssen **„klar und unzweideutig"** angegeben werden. Das bezieht sich auf **Form** und **Inhalt** der Angaben. Sie dürfen den Angesprochenen nicht im Zweifel lassen, welche Bedingungen im Einzelnen gelten. Ob das der Fall ist, beurteilt sich nach dem Verständnis des durchschnittlich informierten, (situationsadäquat) aufmerksamen und verständigen Verbrauchers (OLG Stuttgart WRP 2007, 1115 (1117); 2008, 517 (519)). Bei Angeboten an deutsche Kunden sind die Angaben in **deutscher** Sprache zu halten. Dies gilt auch für Angebote im Internet. Es gelten die Grundsätze der Blickfangwerbung (OLG Stuttgart WRP 2007, 1115 (1117); OLG Brandenburg WRP 2008, 1601 (1604)).

6. Zeitpunkt der Information

5.58   Das Gesetz sagt nichts darüber aus, **wann** die Information spätestens erteilt werden muss. Da § 6 I Nr. 3 TMG eine „informierte" geschäftliche Entscheidung des Kunden ermöglichen will, ist die Information so **rechtzeitig** zu erteilen, dass ein durchschnittlich informierter, (situationsadäquat) aufmerksamer und verständiger Kunde sie bei seiner Entscheidung über die Inanspruchnahme der Verkaufsförderungsmaßnahme berücksichtigen kann. Das entspricht dem § 5a I Nr. 1 („Benötigen der Information nach den jeweiligen Umständen") und dem § 5a II Nr. 3. Eine derartige Entscheidung kann bereits darin liegen, dass der Kunde das Ladenlokal betritt (→ § 2 Rn. 1.10; EuGH WRP 2014, 161 Rn. 36–38 – Trento Sviluppo; so iErg bereits BGH GRUR 2009, 1183 Rn. 10 – Räumungsverkauf wegen Umbau). Grds. müssen daher die

Bedingungen für die Inanspruchnahme bereits in der **Werbung** angegeben werden (BGH GRUR 2009, 1183 Rn. 9 – Räumungsverkauf wegen Umbau; WRP 2012, 450 Rn. 17 – Treppenlift; OLG Karlsruhe WRP 2015, 1242 Rn. 12, 18). Dementsprechend reicht es jedenfalls nicht aus, wenn die (vollständige) Information nur auf der Innenseite der **Produktverpackung** zu lesen ist, da der Kunde die Verpackung vor dem Kauf nicht öffnen kann (BGH GRUR 2009, 1064 Rn. 29, 30 – Geld-zurück-Garantie II). Was den Inhalt und Umfang der Informationen in der **Produktwerbung** hinsichtlich der Rechtzeitigkeit angeht, ist zu unterscheiden: **(1)** Wird der Kunde in der Werbung **unmittelbar** zur Inanspruchnahme der Verkaufsförderungsmaßnahme aufgefordert, muss die Information unmittelbar zugänglich sein, und zwar im gleichen Text (OLG Naumburg GRUR-RR 2007, 157). **Beispiel:** Wird in einer Zeitungsanzeige dazu aufgefordert, per Fax eine Kreditkarte mit Zugaben zu bestellen, muss die Information über die Inanspruchnahme der Zugabe im gleichen Text (vgl. BGH GRUR 1999, 515 (518) – Bonusmeilen) oder durch Hinweis auf eine Internet-Website oder dgl. erfolgen. **(2)** Beschränkt sich die Werbung dagegen auf eine bloße **Ankündigung** einer Verkaufsförderungsmaßnahme (Aufmerksamkeitswerbung) ohne gleichzeitige Möglichkeit ihrer Inanspruchnahme, benötigt der Kunde noch keine umfassenden Informationen über die Voraussetzungen für die Inanspruchnahme der Verkaufsförderungsmaßnahme (BGH GRUR 2010, 649 Rn. 23 – Preisnachlass für Vorratsware). Insoweit kommt es darauf an, welche räumlichen und zeitlichen Beschränkungen das verwendete **Werbemedium** aufweist und welches aktuelle **Informationsbedürfnis** der Kunde im Zeitpunkt der Werbung hat (vgl. BGH GRUR 2009, 1183 Rn. 10 – Räumungsverkauf wegen Umbau; GRUR 2010, 649 Rn. 23 – Preisnachlass für Vorratsware; WRP 2012, 450 Rn. 18 – Treppenlift; zur entsprechenden Problematik bei § 6 I Nr. 4 TMG vgl. GRUR 2008, 724 Rn. 11 – Urlaubsgewinnspiel, zu § 4 Nr. 5 UWG 2008). Es sind daher die räumlichen und zeitlichen Beschränkungen des Werbemediums ebenso zu berücksichtigen wie die Maßnahmen, um dem Verbraucher die benötigten Informationen anderweitig zur Verfügung zu stellen (§ 5a III). So kann es bei einem TV-Spot oder in einer Internet-Banner-Werbung genügen, dass die vollständige Information erst im Zusammenhang mit dem konkreten Angebot der Verkaufsförderungsmaßnahme (zB im Handel) erfolgt, oder dass der Kunde auf sofort und leicht zugängliche andere Informationsquellen (zB Internetseite) hingewiesen wird (vgl. BGH GRUR 2009, 1064 Rn. 29, 30 – Geld-zurück-Garantie II; GRUR 2010, 158 Rn. 15, 16 – FIFA-WM-Gewinnspiel, zu § 4 Nr. 5 UWG 2008; OLG Frankfurt GRUR-RR 2007, 156 (157); OLG Dresden WRP 2008, 1389 (1390)).

Maßgebend sind jedoch stets die **Umstände des Einzelfalls** (vgl. § 5a I Nr. 1: „nach den **5.59** jeweiligen Umständen"), insbes. das aktuelle Informationsbedürfnis des Verbrauchers im Zeitpunkt der Werbung. Von Bedeutung sind dabei insbes. die Art des beworbenen Produkts (Waren des täglichen Bedarfs oder langlebige Güter) und die damit verbundene Anlockwirkung sowie die Art der Verkaufsförderung und der Umfang der Teilnahmebedingungen (BGH GRUR 2009, 1064 Rn. 38 – Geld-zurück-Garantie II). Bei umfangreicheren Bedingungen, wie etwa bei Kundenbindungssystemen, wird in der Fernseh- und Hörfunkwerbung idR nur eine Verweisung auf andere Informationsquellen in Betracht kommen. Allerdings sind unerwartete Beschränkungen oder sonstige überraschende Teilnahmebedingungen stets unmittelbar zu offenbaren (BGH GRUR 2009, 1064 Rn. 39 – Geld-zurück-Garantie II). Davon abgesehen bestimmt sich der Umfang der Informationspflichten in der Werbung nach ihrem Informationsgehalt (vgl. Steinbeck WRP 2008, 1046 (1050)). Bei völlig unbestimmten Ankündigungen in der Werbung (wie zB „Traumrabatte"; „bis zu x-%-Rabatt"; vgl. Steinbeck WRP 2008, 1046 (1050)) erwartet der Kunde noch keine umfassende Information in der Werbung selbst (vgl. OLG Köln MMR 2002, 469; Heermann WRP 2011, 688 (691)). Allenfalls ist der Werbende gehalten, eine im verwendeten Werbemedium einfach darstellbare Bedingung anzugeben (BGH GRUR 2009, 1183 Rn. 10 – Räumungsverkauf wegen Umbau). Anders liegt es, wenn der Kunde ein aktuelles Informationsbedürfnis hat. So etwa, wenn ein stationärer Einzelhändler im Internet mit Preisnachlässen für bestimmte Produkte wirbt. Hier kann der Kunde erwarten, dass ihm die entsprechenden Informationen bereits in der Internet-Werbung (ggf. mittels eines Links) und nicht erst im Geschäftslokal mitgeteilt werden (OLG Stuttgart WRP 2007, 694 (695 f.); OLG Dresden WRP 2008, 1389). – Entspricht die Werbung (zB in einer Anzeige) nicht den Informationsanforderungen, so entfällt die Unlauterkeit nicht durch eine nachfolgende Aufklärung im Ladengeschäft, weil sich dann der Kunde schon hat anlocken lassen (BGH GRUR 2009, 1064 Rn. 33 – Geld-zurück-Garantie II; GRUR 2009, 1083 Rn. 10 – Räumungsverkauf wegen Umbau). – Wird in einer Zeitungsanzeige mit einem Preisnachlass für bestimmte Waren geworben, soll dies aber nur für vorrätige Waren gelten, muss der Unternehmer darauf bereits in der Werbung klar und eindeutig hinweisen. Dies gilt auch dann, wenn der Preisnachlass nur kurzfristig, etwa beschränkt auf den Tag der Werbung, gewährt wird (BGH GRUR 2010, 649 Rn. 28 – Preisnachlass für Vorratsware).

7. Geschäftliche Relevanz

5.60   Die Verletzung der in § 6 I Nr. 3 TMG vorgeschriebenen Informationspflichten führt zur Unlauterkeit nur, wenn auch die **sonstigen Voraussetzungen des § 5a I** erfüllt sind (→ Rn. 5.31). Der Verbraucher muss also die Information „nach den jeweiligen Umständen benötigen, um eine informierte geschäftliche Entscheidung zu treffen" (§ 5a I Nr. 1) und ihr Vorenthalten muss geeignet sein, den Verbraucher zu einer geschäftlichen Entscheidung zu veranlassen, die er andernfalls nicht getroffen hätte (§ 5a I Nr. 2). Ob diese Tatbestandsmerkmale erfüllt sind, hängt wiederum von den **Umständen des Einzelfalls** ab (BGH GRUR 2010, 649 Rn. 30 – Preisnachlass für Vorratsware; OLG Köln GRUR-RR 2006, 57 (59); OLG Naumburg GRUR-RR 2007, 159 (160); Köhler GRUR 2005, 1 (6)). Allerdings sind sie idR bereits dann erfüllt, wenn die fragliche Werbung geeignet ist, den Verbraucher zum Besuch des Ladenlokals **anzulocken,** da auch dies bereits eine „geschäftliche Entscheidung" darstellt (→ Rn. 5.58). Im Übrigen ist bei der Beurteilung zunächst zu fragen, um welche Verkaufsförderungsmaßnahme es sich handelt und welches Gewicht sie für die geschäftliche Entscheidung des Verbrauchers hat. So mag die Verletzung von Informationspflichten bei Geschenken weniger ins Gewicht fallen als bei Preisnachlässen und Zugaben. Weiter ist zu fragen, wie wichtig die unterbliebenen Informationen für die Entscheidung des Abnehmers sind, insbes. welche Nachteile ihm aus der unterbliebenen Information erwachsen können. **Beispiel:** Werden die Verbraucher nicht darüber aufgeklärt, welche Verpflichtungen ihnen aus der Inanspruchnahme eines Preisnachlasses (zB Verpflichtung zur Datenüberlassung, wie beim Payback-System) erwachsen können, kann dies durchaus ihre geschäftliche Entscheidung beeinflussen. – Bei Verkaufsförderungsmaßnahmen gegenüber besonders schutzbedürftigen Verbrauchern kommt es unter den Voraussetzungen des § 3 IV 2 auf deren Sicht an.

IV. Tatbestand des § 6 I Nr. 4 TMG

Schrifttum: Bolay, Mehrwertgebührenpflichtige Gewinnspiele, 2008; Berlit, Das „Traumcabrio"; Preisausschreiben und Gewinnspiele im Lauterkeitsrecht, WRP 2005, 1213; Eichmann/Sörup, Das Telefongewinnspiel, MMR 2002, 143; Hecker/Ruttig „Versuchen Sie es noch einmal", GRUR 2005, 393; Köhler, Die Unlauterkeitstatbestände des § 4 UWG und ihre Auslegung im Lichte der Richtlinie über unlautere Geschäftspraktiken, GRUR 2008, 841; Köhler, Zur richtlinienkonformen Auslegung der Transparenzgebote des § 4 Nr. 4 und 5 UWG, WRP 2011, 1023; Köhler, Dogmatik des Beispielskatalogs des § 4 UWG, WRP 2012, 638; Pauli, Direktmarketing und die Gewinnung von Kundendaten: Ist die Veranstaltung eines Gewinnspiels ein geeigneter Weg?, WRP 2009, 245; Peifer, Aufräumen im UWG – Was bleibt nach der Kodifikation zum irreführenden Unterlassen für § 4 Nr. 1, 4, 5 und 6 UWG?, WRP 2010, 1432; Ruttig, „Verkaufsverlosungen" – Verkaufsförderung zwischen Gewinnspiel und Sonderangebot, WRP 2005, 925.

1. Allgemeines

5.61   § 6 I Nr. 4 TMG trifft eine dem § 6 I Nr. 3 TMG **vergleichbare** Regelung für Preisausschreiben und Gewinnspiele. Insoweit lassen sich die Ausführungen zu § 6 I Nr. 3 TMG ergänzend heranziehen.

2. Sachlicher und persönlicher Anwendungsbereich

5.62   § 6 I Nr. 4 TMG ist nach seinem Schutzzweck (→ Rn. 5.30) auch auf die **Werbung** für ein Gewinnspiel mit Werbecharakter und die **Ankündigung** eines Gewinnspiels mit Werbecharakter anwendbar (BGH GRUR 2008, 724 Rn. 9, 10 – Urlaubsgewinnspiel; GRUR 2010, 158 Rn. 13 – FIFA-WM-Gewinnspiel). Denn die vom Werbenden bezweckte Anlockwirkung erreicht den Verbraucher bereits mit der Werbung bzw. der Ankündigung eines Gewinnspiels (BGH GRUR 2008, 724 Rn. 10 – Urlaubsgewinnspiel). Dagegen spielt der Grad der Anlockwirkung für die Anwendung des § 6 I Nr. 4 TMG keine Rolle, insbes. ist es nicht erforderlich, dass ihre Intensität ein Maß erreicht, das jede rationale Verbraucherentscheidung ausschaltet (BGH GRUR 2010, 158 Rn. 20 – FIFA-WM-Gewinnspiel). – § 6 I Nr. 4 TMG gilt sowohl im Verhältnis zu **Verbrauchern** (dann § 5a I, § 5b IV) als auch im Verhältnis zu **sonstigen Marktteilnehmern** (dann § 5a I).

3. Verhältnis zu anderen Vorschriften

Spezielle Regelungen über Preisausschreiben und Gewinnspiele enthalten die Anh. Nr. 17, 20 **5.63** zu § 3 III, die der Umsetzung von Anh. I Nr. 19, 31 UGP-RL dienen. Für Gewinnspielsendungen und Gewinnspiele im **Rundfunk** gilt die Spezialregelung des § 11 I MStV. Für die **Heilmittelwerbung** gilt das Verbot nach § 11 I Nr. 13 HWG.

4. Begriff des Preisausschreibens und Gewinnspiels mit Werbecharakter

a) Preisausschreiben. Unter einem Preisausschreiben ist ein Wettbewerb zu verstehen, bei **5.64** dem der Gewinner des Preises ausschließlich aufgrund seiner Kenntnisse und Fertigkeiten ermittelt werden soll. Eine Unterart des Preisausschreibens ist das **Preisrätsel.**

b) Gewinnspiel. Unter einem Gewinnspiel ist ein Spiel zu verstehen, bei dem der Gewinner **5.65** durch irgendein Zufallselement (bspw. Auslosung) ermittelt wird.

c) Erfordernis des Werbecharakters. Nach dem Wortlaut des § 6 I Nr. 4 TMG muss es **5.66** sich um ein Preisausschreiben oder Gewinnspiel **„mit Werbecharakter"** handeln. Dieser Zusatz ist in Art. 6 lit. d E-Commerce-RL nicht enthalten und an sich überflüssig, weil § 6 I Nr. 4 TMG ohnehin nur für „kommerzielle Kommunikationen" gilt, also eine geschäftliche Handlung in Gestalt einer Werbemaßnahme voraussetzt. **Werbecharakter** haben Preisausschreiben und Gewinnspiel dann, wenn sie unmittelbar oder mittelbar der Förderung des Erscheinungsbilds des eigenen oder eines fremden Unternehmens oder dem Absatz seiner Produkte dienen. Werbecharakter hat daher idR bereits die positive Selbstdarstellung des Veranstalters (BGH GRUR 2005, 1061 (1064) – Telefonische Gewinnauskunft).

d) Abgrenzung. Im Unterschied zum **Glücksspiel** ist beim Gewinnspiel für die Teilnahme **5.67** kein Einsatz erforderlich. Vom (echten) **Preisausschreiben** (§ 661 BGB) unterscheiden sich Preisausschreiben und Gewinnspiele **mit Werbecharakter** dadurch, dass entweder keine wirkliche oder überhaupt keine Leistung zu erbringen ist, der Gewinner vielmehr durch Zufall ermittelt wird. Für die lauterkeitsrechtliche Bewertung ist die Unterscheidung von Preisausschreiben und Gewinnspiel ohnehin bedeutungslos, da sie rechtlich gleichbehandelt werden (vgl. BGH GRUR 1973, 474 – Preisausschreiben). Kein eigentliches Gewinnspiel, sondern lediglich einen Sammleranreiz stellt die Beifügung von „Überraschungsgaben" von unterschiedlichem Sammlerwert in Warenpackungen dar („Überraschungseier"), gegen die lauterkeitsrechtlich nichts einzuwenden ist.

5. Teilnahmebedingungen

a) Allgemeines. Unter den **Teilnahmebedingungen** sind die Voraussetzungen zu verste- **5.68** hen, die der Interessent erfüllen muss, um an dem Gewinnspiel oder dem Preisausschreiben teilnehmen zu können. Der Begriff der Teilnahmebedingungen ist weit zu verstehen und bezieht sich nicht nur auf die Teilnahmeberechtigung (→ Rn. 5.69), sondern auch auf die Modalitäten der Teilnahme (→ Rn. 5.70; ebenso BGH GRUR 2005, 1061 (1064) – Telefonische Gewinnauskunft; WRP 2011, 863 Rn. 18 – Einwilligungserklärung für Werbeanrufe).

b) Teilnahmeberechtigung. Der Werbende muss angeben, welcher **Personenkreis** zur **5.69** Teilnahme berechtigt oder von ihr ausgeschlossen sein soll. Einschränkungen, zB auf Grund des Wohnorts, des Alters, des Berufs oder der Betriebszugehörigkeit, müssen daher angegeben werden (ebenso OLG Köln GRUR-RR 2006, 196 (198)).

c) Modalitäten der Teilnahme. Unter den Modalitäten der Teilnahme sind alle Angaben zu **5.70** verstehen, die der Interessent benötigt, um eine „informierte geschäftliche Entscheidung" (§ 5a I Nr. 1) über die Teilnahme zu treffen. Dazu gehören zunächst Angaben darüber, dass es sich um ein **Gewinnspiel** oder ein **Preisausschreiben** handelt (§ 6 I Nr. 4 TMG: „klar als solche erkennbar") und wer der **Veranstalter** ist. Dazu gehören weiter Angaben darüber, was der Teilnehmer tun muss, an wen (Name und Adresse) und auf welchem Weg (Abgabe im Ladengeschäft, Einsendung eines Coupons, Fax, E-Mail usw) er seine Teilnahmeerklärung bzw. Lösung schicken und bis zu welchem Zeitpunkt (Einsendeschluss) dies geschehen muss. Macht der Werbende die Teilnahme vom Kauf einer Ware oder Dienstleistung abhängig (dann Fall der Verkaufsförderung iSd § 6 I Nr. 3 TMG), so muss er auch dies mitteilen. Dazu gehören ferner Angaben darüber, wie die **Gewinner ermittelt** (Los; notarielle Aufsicht oÄ) und **benachrichtigt** (schriftlich, telefonisch, öffentlicher Aushang) werden (BGH WRP 2011, 863 Rn. 18 –

Einwilligungserklärung für Werbeanrufe). Schließlich muss der Teilnehmer auch über etwaige **Kosten** der **Teilnahme** (einschließlich vergeblicher Teilnahmeversuche, zB bei Anrufen über eine Mehrwertdienstenummer; vgl. Hecker/Ruttig GRUR 2005, 393 (396)) sowie der **Entgegennahme** oder **Inanspruchnahme** des Preises oder Gewinns (BGH GRUR 2005, 1061 (1064) – Telefonische Gewinnauskunft) und damit verbundene Folgekosten informiert werden, sofern diese nicht als bekannt vorausgesetzt werden können. – Ist die Teilnahme von der **Einwilligung** des Interessenten in die Übermittlung von **Werbung,** sei es mittels Telefon, E-Mail oder Post, abhängig, muss er bereits vor der Entscheidung über die Teilnahme informiert werden (Pauli WRP 2009, 245 (246); vgl. den Fall OLG Köln GRUR 2008, 62). Die Einwilligung muss darüber hinaus den Anforderungen des Art. 4 Nr. 11 DS-GVO, Art. 6 I lit. a DS-GVO und Art. 7 f. DS-GVO genügen. Dagegen ist die Kopplung von Gewinnspielteilnahme und Einwilligung nicht ohne weiteres unlauter iSd § 4a oder § 3 II (so iErg auch BGH WRP 2011, 863 – Einwilligungserklärung in Werbeanrufe; aA OLG Köln GRUR 2008, 62), sondern nur unter den Voraussetzungen des § 3 IV 2 (Schutz besonders schutzbedürftiger Verbraucher).

5.71   **d) Abgrenzung.** Der Begriff der Teilnahmebedingungen erstreckt sich nicht auf die Art, die Zahl, den Wert (OLG Jena WRP 2010, 1287 Rn. 13), die Höhe oder die Herkunft der ausgelobten Gewinne. Etwas anderes gilt dann, wenn davon die Entscheidung über die Teilnahme beeinflusst wird. Wird zB als Gewinn eine Urlaubsreise ausgelobt, so sind – wenngleich noch nicht in der Ankündigung (→ Rn. 5.62) – Angaben über das Wann, Wo und Wie erforderlich. Auch die Gewinnchancen sind nicht einbezogen (Begr. RegE UWG 2004, BT-Drs. 15/1487, 18), zumal sich darüber keine zuverlässigen Angaben machen lassen. Unzureichende oder irreführende Angaben hierüber sind nach § 5 I zu beurteilen. Insoweit gelten die allgemeinen Grundsätze. Hat der Werbende gar nicht vor, Preise zu vergeben, ist dies stets unzulässig nach Anh. Nr. 20 zu § 3 III.

6. Leichte Zugänglichkeit der Teilnahmebedingungen

5.72   Die Teilnahmebedingungen müssen **„leicht zugänglich"** sein. Dazu → Rn. 5.56.

7. „Klare und unzweideutige" Angabe der Teilnahmebedingungen

5.73   Die Teilnahmebedingungen müssen **„klar und unzweideutig"** angegeben werden (dazu auch → Rn. 5.57). Das ist in gleichem Sinne zu verstehen wie das entsprechende Tatbestandsmerkmal „auf unklare, unverständliche, zweideutige Weise" in § 5a II Nr. 2. Es kommt dabei auf **Form** und **Inhalt** der Angaben an (ebenso BGH WRP 2011, 863 Rn. 21 – Einwilligungserklärung für Werbeanrufe). Die Angaben sind dann nicht „unzweideutig", wenn Begriffe mit mehrdeutigem Inhalt verwendet werden (BGH WRP 2011, 863 Rn. 21 – Einwilligungserklärung für Werbeanrufe). Die Angesprochenen müssen sie ohne Schwierigkeiten erfassen können und sie dürfen nicht im Zweifel gelassen werden, welche Bedingungen im Einzelnen gelten. Ob dies der Fall ist, beurteilt sich nach dem Verständnis des durchschnittlich informierten, (situationsadäquat) aufmerksamen und verständigen Verbrauchers oder sonstigen Marktteilnehmers (BGH WRP 2011, 863 Rn. 21 – Einwilligungserklärung für Werbeanrufe). Bei Angeboten an deutsche Kunden sind dementsprechend die Angaben in **deutscher** Sprache zu halten. Dies gilt auch für Angebote im Internet. Bei Angaben im „Kleingedruckten" muss zumindest durch einen unmissverständlichen Hinweis („Sternchen") beim Angebot der Teilnahme die entsprechende Verbindung hergestellt werden. Ein Verstoß gegen das Transparenzgebot hinsichtlich der Teilnahmebedingungen kommt insbes. in Betracht, wenn den Teilnehmern nicht klar gesagt wird, ob die Teilnahme den Kauf einer Ware oder Dienstleistung voraussetzt oder nicht. Es muss unmissverständlich klargestellt sein, dass die Teilnahme auch ohne den Kauf einer Ware oder Dienstleistung möglich ist (OLG Hamburg MD 2002, 758 (764)). Der Hinweis „Kein Kaufzwang" reicht dafür nicht ohne weiteres aus (BGH WRP 1976, 172 (174) – Versandhandels-Preisausschreiben). Mangelnde Transparenz liegt auch dann vor, wenn der Werbende einen „Organisationsbeitrag" verlangt, aber unklar bleibt, wofür er verwendet werden soll (BGH GRUR 2005, 1061 (1064) – Telefonische Gewinnauskunft). Hierher gehört weiter der Fall, dass der Werbende nicht darüber aufklärt, dass und welche Folgekosten (zB Reise-, Abholkosten) für die Inanspruchnahme des Gewinns anfallen (vgl. auch Anh. Nr. 17 zu § 3 III). – Bei der Beurteilung sind die „räumlichen oder zeitlichen Beschränkungen durch das für die geschäftliche Handlung gewählte Kommunikationsmittel" (§ 5a III Nr. 1) sowie „alle Maßnahmen des Unternehmers, um dem Verbraucher oder sonstigen Marktteilnehmer die Informationen auf andere

Weise als durch das für die geschäftliche Handlung gewählte Kommunikationsmittel zur Verfügung zu stellen" (§ 5a III Nr. 2) zu berücksichtigen.

8. Zeitpunkt der Information

Da § 6 I Nr. 4 TMG eine „informierte" Entscheidung des Kunden ermöglichen will, ist die **5.74** Information so **rechtzeitig** zu erteilen, dass ein durchschnittlich informierter, (situationsadäquat) aufmerksamer und verständiger Kunde sie bei seiner Entscheidung über die Teilnahme berücksichtigen kann (vgl. auch BGH GRUR 2010, 158 Rn. 17 – FIFA-WM-Gewinnspiel). Eine **umfassende** Information hat spätestens im Zeitpunkt der Teilnahme zu erfolgen, also beispielsweise durch entsprechende klare und eindeutige Hinweise auf der Teilnehmerkarte (ebenso OLG Frankfurt WRP 2007, 668 (669)). So liegt zweifelsfrei eine Verletzung der Informationspflichten vor, wenn der Teilnehmer erst bei Gewinnmitteilung erfährt, dass die Übergabe des Gewinns von einer Warenbestellung abhängig ist. Im Übrigen ist zu unterscheiden: Wird der Verbraucher in der Werbung **unmittelbar** zur Teilnahme an einem Preisausschreiben oder Gewinnspiel aufgefordert, wofür bereits die Angabe einer Telefonnummer in einer Fernsehwerbung genügen kann (BGH GRUR 2010, 158 Rn. 15 – FIFA-WM-Gewinnspiel), müssen gleichzeitig in dieser Werbung die Teilnahmebedingungen mitgeteilt werden. – Beschränkt sich die Werbung dagegen auf eine bloße **Ankündigung** eines Preisausschreibens oder Gewinnspiels ohne gleichzeitige Ermöglichung der Teilnahme (zB in einem TV-Spot oder in einer Anzeige), erwartet und benötigt der Verbraucher idR noch keine umfassende Information (ebenso BGH GRUR 2008, 724 Rn. 11 – Urlaubsgewinnspiel; GRUR 2010, 158 Rn. 15 – FIFA-WM-Gewinnspiel). Insoweit sind auch die räumlichen und zeitlichen Beschränkungen des verwendeten Kommunikationsmediums und die vom Werbenden getroffenen Maßnahmen, um den Interessenten die benötigten Informationen anderweit zugänglich zu machen, zu berücksichtigen (§ 5a V; auch schon zu Art. 7 III UGP-RL OLG Frankfurt WRP 2007, 668 (669)). Das gilt insbes. für das „flüchtige" Medium des Fernsehens (BGH GRUR 2010, 158 Rn. 15 – FIFA-WM-Gewinnspiel). IdR genügt daher ein Hinweis auf eine **leicht zugängliche Informationsquelle** (zB Homepage; Telefonnummer mit Basistarif; Geschäftslokal, in dem Teilnahmekarten erhältlich sind), die dem Interessenten die für seine Entscheidung für oder gegen die Teilnahme notwendigen Informationen liefert. Weitere Informationen sind in der Ankündigung nur dann zu geben, wenn dafür ein aktuelles Aufklärungsbedürfnis der Verbraucher besteht (ebenso BGH GRUR 2008, 724 Rn. 11 – Urlaubsgewinnspiel). Das gilt insbes. für unerwartete Beschränkungen oder sonstige überraschende Teilnahmebedingungen (BGH GRUR 2010, 158 Rn. 17 – FIFA-WM-Gewinnspiel). **Beispiel:** Wird in einem TV-Werbespot angegeben, dass es Teilnahmekarten in den Filialen gibt, und steht der Einsendeschluss kurz bevor, ist auch darauf hinzuweisen. Dagegen ist es nicht erforderlich, bereits in der Ankündigung darauf hinzuweisen, welche Gewinne ausgelobt sind (so aber OLG Köln GRUR-RR 2006, 196 (199)). Weist die Teilnahme am Gewinnspiel aus der Sicht des verständigen Verbrauchers keine unerwarteten Beschränkungen auf, so reicht es bei der bloßen Ankündigung eines Gewinnspiels aus, wenn dem Verbraucher mitgeteilt wird, bis wann er wie teilnehmen kann und wie die Gewinner ermittelt werden. Ggf. ist auf besondere Beschränkungen des Teilnehmerkreises hinzuweisen, etwa darauf, dass Minderjährige ausgeschlossen sind (BGH GRUR 2008, 724 Rn. 13 – Urlaubsgewinnspiel).

9. Geschäftliche Relevanz

Vgl. dazu auch → Rn. 5.60. Nach der Neuregelung der § 5a I, § 5b IV durch das G zur **5.75** Stärkung des Verbraucherschutzes im Wettbewerbs- und Gewerberecht ist ein Verstoß gegen § 6 I Nr. 4 TMG nur dann unlauter, wenn der Unternehmer mit seinem Verhalten den Tatbestand des § 5a I erfüllt, der Verbraucher also die betreffende Information benötigt, um eine informierte geschäftliche Entscheidung zu treffen (§ 5a I Nr. 1), und das Verhalten des Unternehmers geeignet ist, den Verbraucher zu einer geschäftlichen Entscheidung zu veranlassen, die er andernfalls nicht getroffen hätte (§ 5a I Nr. 2). Die Entscheidung, am Gewinnspiel oder dem Preisausschreiben teilzunehmen, ist zwar keine eigentliche geschäftliche Entscheidung iSd Wortlauts des § 2 I Nr. 1. Sie hängt aber unmittelbar damit zusammen und steht daher in richtlinienkonformer Auslegung am Maßstab des Art. 2 lit. k UGP-RL in der Rspr. des EuGH (vgl. EuGH WRP 2014, 161 Rn. 36–38 – Trento Sviluppo; Köhler WRP 2011, 1023 (1026)) einer solchen gleich. – Die Unlauterkeit lässt sich dagegen nicht mit der belästigenden Wirkung von Werbeanrufen, die auf der Grundlage von intransparenten Teilnahmebedingungen erfolgen, begründen (überholt insoweit BGH WRP 2011, 863 Rn. 23 – Einwilligungserklärung für Werbeanrufe).

Verbotene Verletzung von Verbraucherinteressen durch unlautere geschäftliche Handlungen

5c (1) Die Verletzung von Verbraucherinteressen durch geschäftliche Handlungen ist verboten, wenn es sich um einen weitverbreiteten Verstoß gemäß Artikel 3 Nummer 3 der Verordnung (EU) 2017/2394 des Europäischen Parlaments und des Rates vom 12. Dezember 2017 über die Zusammenarbeit zwischen den für die Durchsetzung der Verbraucherschutzgesetze zuständigen nationalen Behörden und zur Aufhebung der Verordnung (EG) Nr. 2006/2004 (ABl. L 345 vom 27.12.2017, S. 1), die zuletzt durch die Richtlinie (EU) 2019/771 (ABl. L 136 vom 22.5.2019, S. 28; L 305 vom 26.11.2019, S. 66) geändert worden ist, oder einen weitverbreiteten Verstoß mit Unions-Dimension gemäß Artikel 3 Nummer 4 der Verordnung (EU) 2017/2394 handelt.

(2) Eine Verletzung von Verbraucherinteressen durch unlautere geschäftliche Handlungen im Sinne des Absatzes 1 liegt vor, wenn

1. eine unlautere geschäftliche Handlung nach § 3 Absatz 3 in Verbindung mit den Nummern 1 bis 31 des Anhangs vorgenommen wird,

2. eine aggressive geschäftliche Handlung nach § 4a Absatz 1 Satz 1 vorgenommen wird,

3. eine irreführende geschäftliche Handlung nach § 5 Absatz 1 oder § 5a Absatz 1 vorgenommen wird oder

4. eine unlautere geschäftliche Handlung nach § 3 Absatz 1 fortgesetzt vorgenommen wird, die durch eine vollziehbare Anordnung der zuständigen Behörde im Sinne des Artikels 3 Nummer 6 der Verordnung (EU) 2017/2394 oder durch eine vollstreckbare Entscheidung eines Gerichts untersagt worden ist, sofern die Handlung nicht bereits von den Nummern 1 bis 3 erfasst ist.

(3) Eine Verletzung von Verbraucherinteressen durch unlautere geschäftliche Handlungen im Sinne des Absatzes 1 liegt auch vor, wenn

1. eine geschäftliche Handlung die tatsächlichen Voraussetzungen eines der in Absatz 2 geregelten Fälle erfüllt und

2. auf die geschäftliche Handlung das nationale Recht eines anderen Mitgliedstaates der Europäischen Union anwendbar ist, welches eine Vorschrift enthält, die der jeweiligen in Absatz 2 genannten Vorschrift entspricht.

Übersicht

Schrifttum: Büscher, Neue Unlauterkeitsbestände und Sanktionen im UWG, WRP 2022, 132; Kalbfus/Uhlenhut/Feilke, Umwälzungen im Wettbewerbsrecht: Kommen jetzt Massenverfahren und Bußgelder?, CCZ 2022, 99; Köhler, Behördliche Rechtsdurchsetzung – auch im Lauterkeitsrecht?, WRP 2020, 803; Maaßen, Der Bußgeldtatbestand des § 19 UWG, GRUR-Prax 2021, 41; Podszun, Verbraucherrechtsdurchsetzung im Mix aus öffentlichem Recht und Zivilrecht: Die reformierte CPC-Verordnung, FS Harte-

Bavendamm, 2020, 417; Schubert/Schmitt/Jacobs, Art. 246e EGBGB – Zivilrechtlicher Verbraucherschutz durch das Ordnungswidrigkeitenrecht, BKR 2021, 689.

A. Entstehungsgeschichte, unionsrechtliche Grundlage und Normzweck

§ 5c wurde durch das G zur Stärkung des Verbraucherschutzes im Wettbewerbs- und Gewer- **1** berecht v. 10.8.2021 (BGBl. 2021 I 3504) in das UWG eingefügt (vgl. dazu BT-Drs. 19/27873, 41). Die ab dem 28.5.2022 geltende Vorschrift dient der Umsetzung des durch Art. 3 Nr. 6 RL (EU) 2019/2161 neugefassten Art. 13 UGP-RL. Nach Art. 13 III UGP-RL müssen die Mitgliedstaaten sicherstellen, dass sie bei der Verhängung von Sanktionen im Rahmen von koordinierten Durchsetzungsmaßnahmen nach der VO (EU) 2017/2394 (sog. CPC-VO) bei bestimmten Verstößen gegen die UGP-RL auch Geldbußen verhängen können. Zweck der Regelung ist es, eine europaweit einheitliche und damit effektivere Durchsetzung des Verbraucherrechts zu gewährleisten. – Zur rechtspolitischen Beurteilung der Vorschrift vgl. Alexander WRP 2021, 136; Köhler WRP 2020, 803 Rn. 28–33; BeckOK UWG/Maaßen Rn. 5–7; Podszun FS Harte-Bavendamm, 2020, 417.

B. Das Verbot der Verletzung von Verbraucherinteressen (§ 5c I)

Das in § 5c I beschriebene Verbot der Verletzung von Verbraucherinteressen begründet kein **2** zusätzliches Verbot unlauterer geschäftlicher Handlungen. Es dient vielmehr der Klarstellung, dass bestimmte, in Abs. 2 näher beschriebene unlautere geschäftliche Handlungen die Grundlage für die Verhängung von Sanktionen geben, wenn es sich um einen **„weitverbreiteten Verstoß"** iSv Art. 3 Nr. 3 VO (EU) 2017/2394 oder einen **„weitverbreiteten Verstoß mit Unions-Dimension"** iSv Art. 3 Nr. 4 VO (EU) 2017/2394 handelt (dazu Harte-Bavendamm/Henning-Bodewig/Podszun Rn. 20 ff.; krit. Alexander WRP 2021, 136 Rn. 88). Die Unterscheidung ist von Bedeutung im Hinblick auf den unterschiedlichen Kontrollmechanismus nach den Art. 15 ff. VO (EU) 2017/2394.

C. Die einzelnen Fälle der Verletzung von Verbraucherinteressen durch unlautere geschäftliche Handlungen (§ 5c II)

In § 5c II sind vier Fälle der Verletzung von Verbraucherinteressen durch unlautere geschäft- **3** liche Handlungen aufgelistet. Mit dieser Regelung machte der Gesetzgeber von der durch Art. 13 III 2 UGP-RL eingeräumten Möglichkeit Gebrauch, die Verhängung von Geldbußen aus verfassungsrechtlichen Gründen auf bestimmte unlautere geschäftliche Handlungen zu beschränken.

Die **Nrn. 1–3** entsprechen den Vorgaben aus Art. 13 III 2 lit. a UGP-RL, nämlich den **4** Verstößen gegen die Art. 6, 7, 8 und 9 sowie gegen Anh. I. Im Einzelnen sind dies: Nr. 1 unlautere geschäftliche Handlungen iSd Nr. 1–31 des Anh. zu § 3 III; Nr. 2 aggressive Handlungen nach § 4a I 1; Nr. 3 irreführende geschäftliche Handlungen nach § 5 I oder § 5a I.

Die **Nr. 4** entspricht den Vorgaben aus Art. 13 III 2 lit. b UGP-RL. Sie erfasst fortgesetzte **5** unlautere geschäftliche Handlungen nach § 3 I, die durch eine vollziehbare Anordnung der zuständigen Behörde iSd Art. 3 Nr. 6 VO (EU) 2017/2394 oder durch eine vollstreckbare Entscheidung eines Gerichts untersagt worden sind, sofern die Handlung nicht bereits von den Nummern 1 bis 3 erfasst ist. Damit sind Verstöße gegen § 3 II, der dem Art. 5 II UGP-RL entspricht, gemeint. Die in Art. 13 III 2 UGP-RL angesprochenen verfassungsrechtlichen Gründe sah der Gesetzgeber (vgl. BT-Drs. 19/27873, 38) im grundgesetzlichen Bestimmtheitsgebot. Danach müssen die mit einer Geldbuße bewehrten Handlungsverbote so klar formuliert sein, dass Normadressaten vorhersehen können soll, welches Verhalten verboten und mit Geldbuße bewehrt ist. Diese erforderliche Konkretisierung sei in den Fällen des § 3 II dann gegeben, wenn die betreffende Handlung bereits durch die zuständige Behörde oder das Gericht untersagt worden sei. Mit der fortgesetzten Vornahme einer solchen Handlung ist daher ihre erstmalige oder mehrfache Wiederholung nach einer Untersagung durch eine vollziehbare Anordnung durch die zuständige Behörde, also dem Bundesamt für Justiz, oder durch eine vollstreckbare Entscheidung durch ein Gericht gemeint. Erforderlich, aber auch ausreichend ist sonach ein

Zweitverstoß. – Eine vollstreckbare Entscheidung durch ein Gericht liegt vor, wenn ein Unterlassungstitel vorliegt, der bei vorläufiger Vollstreckbarkeit ggf. gegen Sicherheitsleistung vollstreckbar ist (vgl. §§ 708, 709 ZPO). Ist eine Sicherheitsleistung erforderlich, so muss sie auch erbracht worden sein (vgl. BeckOK UWG/Maaßen Rn. 29).

D. Erstreckung des Verbots auf unlautere geschäftliche Handlungen in einem anderen Mitgliedstaat (§ 5c III)

6   Nach § 5c III liegt eine Verletzung von Verbraucherinteressen durch unlautere geschäftliche Handlungen iSd § 5c I liegt auch dann vor, wenn 1. eine geschäftliche Handlung die tatsächlichen Voraussetzungen eines der in § 5c II geregelten Fälle erfüllt und 2. auf die geschäftliche Handlung das nationale Recht eines anderen Mitgliedstaates der Europäischen Union anwendbar ist, welches eine Vorschrift enthält, die der jeweiligen in § 5c II genannten Vorschrift entspricht. Damit soll es der nach Art. 21 VO (EU) 2017/2394 iVm § 2 EU-VSchDG zuständigen deutschen Behörde, also dem Bundesamt für Justiz, ermöglicht werden, gegen in Deutschland ansässige Unternehmen Geldbußen zu verhängen, wenn sie grenzüberschreitende Verstöße gegen entsprechende Vorschriften anderer Mitgliedstaaten begehen.

7   Die Anwendbarkeit des Rechts eines anderen Mitgliedstaats ist nach dem Marktortprinzip des Art. 6 I Rom II-VO zu ermitteln. Danach ist das Recht des Staates anzuwenden, in dessen Gebiet die Wettbewerbsbeziehungen oder die kollektiven Interessen der Verbraucher beeinträchtigt worden sind oder wahrscheinlich beeinträchtigt werden (vgl. → Einl. Rn. 5.19). Ein Verstoß gegen das Verbot nach § 5c I liegt dann vor, wenn die betreffende geschäftliche Handlung bei Geltung des deutschen Rechts eine unlautere geschäftliche Handlung iSv § 5c II darstellen würde und das Recht des anderen Mitgliedstaates den in § 5c II genannten Normen entsprechende Vorschriften enthält. Da die Bestimmungen der UGP-RL vollharmonisierend sind, ist idR davon auszugehen, dass dies in den anderen Mitgliedstaaten der Fall ist (vgl. BT-Drs. 19/27873/38). Allerdings entbindet dies die Behörde nicht von der Prüfung, ob dies tatsächlich zutrifft und ob die Handlung nach der Entscheidungspraxis der jeweiligen nationalen Behörden und Gerichte den betreffenden Tatbestand erfüllt. Dies kann ggf. durch Einholung eines Rechtsgutachtens erfolgen (BeckOK UWG/Maaßen Rn. 38).

E. Ahndung von Verstößen als Ordnungswidrigkeit (§ 19)

8   Vorsätzliche oder fahrlässige Verstöße gegen § 5c stellen eine Ordnungswidrigkeit dar, die nach § 19 II UWG mit einer Geldbuße geahndet werden kann. Allerdings ist die Ahndung nur im Rahmen einer koordinierten Durchsetzungsmaßnahme nach Art. 2 VO (EU) 2017/2394 möglich.

F. Ergänzende Regelung in Art. 246e EGBGB

I. Verhältnis zur Regelung in § 5c

9   Art. 246e EGBGB dient der Umsetzung des Art. 8b Klausel-RL und Art. 24 Verbraucherrechte-RL. Diese Bestimmung ist am 28.5.2022 in Kraft getreten. Sie stellt eine zivilrechtliche Ergänzung zu § 5c dar.

II. Verbot der Verletzung von Verbraucherinteressen (Art. 246e § 1 EGBGB)

10   Das in Art. 246e § 1 EGBG geregelte zivilrechtliche Verbot der Verletzung von Verbraucherinteressen in Zusammenhang mit Verbraucherverträgen (§§ 312 ff. BGB) betrifft, ebenso wie § 5c, nur weitverbreitete Verstöße gem. Art. 3 Nr. 3 oder weitverbreitete Verstöße mit Unionsdimension gem. Art. 3 Nr. 4 VO (EU) 2017/2394. In Art. 246e § 1 II EGBGB sind fünfzehn Tatbestände solcher Verletzungen aufgelistet, die sich auf Verstöße gegen das Bürgerliche Recht beziehen. Dazu gehören insbes. Verstöße gegen Vorschriften der §§ 312a ff. BGB. Für die Praxis von Bedeutung ist die Nr. 2a), der die Verwendung oder Empfehlung einer Bestimmung, die

nach § 309 BGB unwirksam ist, betrifft. Nach Art. 246e § 1 III liegt eine Verletzung auch vor, wenn eine Handlung oder Unterlassung die tatsächlichen Voraussetzungen eines der in Abs. 2 geregelten Fälle erfüllt und auf den Verbrauchervertrag das nationale Recht eines Mitgliedstaats der EU anwendbar ist, welches eine Vorschrift enthält, die den jeweiligen in Abs. 2 genannten Fällen entspricht. Die Regelung entspricht derjenigen in § 5c III. Zu Einzelheiten vgl. Schubert/Schmitt/Jacobs BKR 2021, 689.

III. Ahndung von Verstößen als Ordnungswidrigkeit (Art. 246e § 2 EGBGB)

Das Bußgeldvorschriften nach Art. 246e § 2 I–III EGBGB entsprechen denjenigen in **11** § 19 I–III UWG. Die zuständige Verwaltungsbehörde nach § 2 IV iVm § 36 OWiG ist jedoch eigenartigerweise das Umweltbundesamt.

Vergleichende Werbung

6 (1) **Vergleichende Werbung ist jede Werbung, die unmittelbar oder mittelbar einen Mitbewerber oder die von einem Mitbewerber angebotenen Waren oder Dienstleistungen erkennbar macht.**

(2) **Unlauter handelt, wer vergleichend wirbt, wenn der Vergleich**

1. **sich nicht auf Waren oder Dienstleistungen für den gleichen Bedarf oder dieselbe Zweckbestimmung bezieht,**
2. **nicht objektiv auf eine oder mehrere wesentliche, relevante, nachprüfbare und typische Eigenschaften oder den Preis dieser Waren oder Dienstleistungen bezogen ist,**
3. **im geschäftlichen Verkehr zu einer Gefahr von Verwechslungen zwischen dem Werbenden und einem Mitbewerber oder zwischen den von diesen angebotenen Waren oder Dienstleistungen oder den von ihnen verwendeten Kennzeichen führt,**
4. **den Ruf des von einem Mitbewerber verwendeten Kennzeichens in unlauterer Weise ausnutzt oder beeinträchtigt,**
5. **die Waren, Dienstleistungen, Tätigkeiten oder persönlichen oder geschäftlichen Verhältnisse eines Mitbewerbers herabsetzt oder verunglimpft oder**
6. **eine Ware oder Dienstleistung als Imitation oder Nachahmung einer unter einem geschützten Kennzeichen vertriebenen Ware oder Dienstleistung darstellt.**

Übersicht

Schrifttum: Alexander, Markenschutz und berechtigte Informationsinteressen bei Werbevergleichen, GRUR 2010, 482; Alexander, Aktuelle lauterkeitsrechtliche Problemfelder von Online-Vergleichsportalen, WRP 2018, 765; Bärenfänger, Das Spannungsfeld von Lauterkeitsrecht und Markenrecht unter dem neuen UWG, 2010; Bärenfänger, Symbiotische Theorie zum Kennzeichen- und Lauterkeitsrecht, WRP 2011, 16 und 160; Berlit, Vergleichende Werbung, 2002; Berlit, Der irreführende Werbevergleich, WRP 2010, 1105; Blankenburg, Gespaltenes Verständnis des Mitbewerberbegriffs im UWG?, WRP 2008, 186; Blankenburg, Neues zur vergleichenden Werbung, zur Verwechslungsgefahr und zur markenmäßigen Benutzung?, WRP 2008, 1294; Bornkamm, Markenrecht und wettbewerbsrechtlicher Zeichenschutz. Zur Vorrangthese der Rechtsprechung, GRUR 2005, 97; Bornkamm/Kochendörfer, Verwechslungsgefahr und Irreführungsgefahr – Konvergenz der Begriffe?, FS 50 Jahre BPatG, 2011, 533; Bottenschein, Markenrecht versus notwendige Bestimmungshinweise, GRUR 2006, 462; Brauneck, EuGH: Neues Tatbestandsmerkmal der Geschäftsgrößenangabe bei vergleichender Werbung?, GRUR 2017, 409; Buck-Freytag, Auswirkungen der Richtlinie 97/55/EG über irreführende und vergleichende Werbung, 2002; Bülow, Vergleichende Werbung im Heilmittelrecht – Ein neuer § 11 Abs. 2 HWG –, PharmR 2000, 138; Büscher, Schnittstellen zwischen Markenrecht und Wettbewerbsrecht, GRUR 2009, 230; Bullinger/Emmerich, Irreführungsgefahr durch selektive Produktauswahl bei Preisvergleichen, WRP 2002, 608; Dilly, Das Irreführungsverbot in Art. 3a der Richtlinie über irreführende und vergleichende Werbung, 2001; Dilly/Ulmar, Vergleichende Werbung ohne Vergleich?, WRP 2005, 467; Dittmer, Rufausbeutung (nicht nur) durch Bestellnummernübernahme, WRP 2005, 955; Dornis/Wein, Imitationsbehauptung und Rufausnutzung in vergleichender Werbung, ZGE 2017, 513; Dreyer, Konvergenz oder Divergenz – Der deutsche und der europäische Mitbewerberbegriff, GRUR 2008, 123; Dück, Vergleichende Werbung mit geografischer Herkunft im internationalen Kontext, GRUR-Int. 2016, 216; Eckel, Die Kohärenz der Harmonisierung von irreführender vergleichender Werbung in Deutschland und England, 2015; Eichholz, Herabsetzung durch vergleichende Werbung, 2008; Faßbender, Zum Erfordernis einer richtlinienkonformen Auslegung des Begriffs der vergleichenden Werbung, EuZW 2005, 42; Fezer, Kumulative Normenkonkurrenz zwischen Markenrecht und Lauterkeitsrecht, GRUR 2010, 953; Fiebig, Wohin mit dem „look-alike"?, WRP 2007, 1316; Faßbender, Zum Erfordernis einer richtlinienkonformen Auslegung des Begriffs der vergleichenden Werbung, EuZW 2005, 42; Franz, Vergleichender Warentest, WRP 2015, 1425; Freund, Vergleichende Werbung nach der RL 97/55/EG und der UWG-Novelle, 2001; Fröndhoff, Die Inhaltsbeschränkungen irreführender und vergleichender Werbung, 2002; Glöckner, The Regulatory Framework for Comparative Advertising in Europe – Time for New Roundof Harmonisation, IIC 2012, 35; Hasselblatt, Die vergleichende Werbung in der Europäischen Gemeinschaft für die Zeit nach Maastricht und Amsterdam, 2002; Henning-Bodewig, Nicht markenmäßiger Gebrauch und Art. 5 Abs. 5 Markenrechtsrichtlinie, GRUR-Int. 2008, 301; Holtz, Vergleichende Werbung in Deutschland, 2009; Ingerl, Rechtsverletzende und rechtserhaltende Benutzung im Markenrecht, WRP 2002, 861; Kebbedies, Vergleichende Werbung. Die europäischen Harmonisierungsbemühungen im deutschen und englischen Lauterkeitsrecht, 2005; Kießling/Kling, Die Werbung mit Emotionen, WRP 2002, 615; Knaak, Metatags und Keywords als vergleichende Werbung, GRUR-Int. 2014, 209; Köhler, Ranking als Rechtsproblem, FS Sonnenberger, 2004, 249; Köhler, Was ist vergleichende Werbung?, GRUR 2005, 273; Köhler, Die Rechtsprechung des EuGH zur vergleichenden Werbung: Analyse und Kritik, WRP 2008, 414; Köhler, Der „Mitbewerber", WRP 2009, 499; Köhler, Der Schutz vor Produktnachahmung im Markenrecht, Geschmacksmusterrecht und neuen Lauterkeitsrecht, GRUR 2009, 445; Köhler, „Gib mal Zeitung" – oder „Scherz und Ernst in der Jurisprudenz" von heute, WRP 2010, 571; Köhler, Irreführende vergleichende Werbung, GRUR 2013, 761; Köhler, Zum „Bagatellverstoß" im Lauterkeitsrecht, WPR 2020, 1378; Koos, Vergleichende Werbung und die Fesseln der Harmonisierung, WRP 2005, 1096; Koppe/Zagouras, Rechtsprobleme der Testwerbung, WRP 2008, 1035; Lettl, Lauterkeitsrechtliche Haftung von Presseunternehmen für „Rankings", GRUR 2007, 936; Lettl, Wettbewerbsrecht, 3. Aufl. 2016; Lubberger, Die Verwechslungsgefahr – Rechtsbegriff oder Tatfrage? Und wenn ja – was dann?, FS 50 Jahre BPatG, 2011, 687; Lux, Alleinstellungsberühmung als vergleichende Werbung?, GRUR 2002, 682; Ohly, Irreführende vergleichende Werbung, GRUR 2003, 641; Ohly, Vergleichende Werbung für Zubehör und Warensortimente, GRUR 2007, 3; Ohly, Unlautere vergleichende Werbung als Markenverletzung?, FS Doepner, 2008, 52; Ohly, Keyword-Advertising auf dem Weg von Karlsruhe nach Luxemburg, GRUR 2009, 709; Ohly/Spence, Vergleichende Werbung – Die Auslegung der Richtlinie 97/55/EG in Deutschland und Großbritannien, GRUR-Int. 1999, 681; Peifer, Vergleichende Werbung und sonst nichts?, WRP 2011, 1; Plaß, Die gesetzliche Neuregelung der vergleichenden Werbung, NJW 2000, 3161; Plassmann, Vergleichende Werbung im gemeinsamen Markt, GRUR 1996, 377; Rippert/Weimer, Vergleichende Werbung – eine Gegenüberstellung der Regeln in Deutschland und den USA, K&R 2007, 302; Römermann/Günther, Der Werbevergleich – Humorvoll! Sarkastisch! Zulässig?, BB 2010, 137; Sack, Vergleichende Werbung nach der UWG-Novelle, WRP 2001, 327; Sack, Die Toshiba-Entscheidung des EuGH zur vergleichenden Werbung, WRP 2002, 363; Sack, Irreführende vergleichende Werbung, GRUR 2004, 89; Sack, Vergleichende Werbung und die Erheblichkeitsschwelle in § 3 des Regierungsentwurfs einer UWG-Novelle, WRP 2004, 30; Sack, Personen- und unternehmensbezogene Werbehinweise auf Mitbewerber als vergleichende Werbung nach § 6 UWG, WRP 2004, 817; Sack, Markenschutz und UWG, WRP 2004, 1405; Sack, Vergleichende Werbung ohne Vergleich, WRP 2008, 170; Sack, Markenrechtliche Probleme vergleichender Werbung, GRUR 2008, 201; Sack, Der Mitbewerberbegriff des § 6 UWG, WRP 2008, 1141; Sack, Die unlautere Ausnutzung des Rufs von Marken im Marken- und Wettbewerbsrecht, WRP 2011, 155; Sack, Unlautere vergleichende Werbung und Markenrecht, WRP 2011, 288; Sack, Reformbedarf bei § 6 UWG, GRUR 2015, 130; Sack, Vergleichende Werbung und Markenrecht nach der europäischen Markenrechtsreform von 2015, GRUR 2017, 664; Saßmann, Das Binnenmarktrecht der vergleichenden Werbung, 2002; Scherer, Partielle Verschlechterung der Verbrauchersituation durch die europäische Rechtsvereinheitlichung bei vergleichender Werbung, WRP 2001, 89; Scherer, Das Verhältnis des lauterkeitsrechtlichen Nachahmungsschutzes nach § 4 Nr. 9 UWG zur europarechtlichen Vollharmonisierung der irreführenden und vergleichenden Werbung, WRP 2009, 1446; Scherer, Kehrtwende bei der vergleichenden Werbung, GRUR 2012, 545; Thress, Die irreführende Produktvermarktung, 2010; Ziervogel, Rufausbeutung im Rahmen vergleichender Werbung, 2002.

A. Entstehungsgeschichte und frühere Rechtslage

1   Die vergleichende Werbung wurde erstmals im Jahre 2000 in § 2 UWG 1909 gesetzlich geregelt. Diese Regelung wurde im UWG 2004 unverändert in § 6 übernommen und durch die Novelle zur Umsetzung der UGP-RL geringfügig geändert (→ Rn. 8). Sie geht zurück auf das Gesetz zur vergleichenden Werbung und zur Änderung wettbewerbsrechtlicher Vorschriften v. 1.9.2000 (BGBl. 2000 I 1374), durch das die RL 97/55/EG aF umgesetzt wurde. Für die rechtliche Beurteilung einer vergleichenden Werbung, die vor dem Inkrafttreten des UWG 2004 am 8.7.2004 erfolgte, war zu unterscheiden: Was den in die Zukunft gerichteten Unterlassungsanspruch anging, waren die §§ 3, 5, 6 iVm § 8 anzuwenden (BGHZ 158, 26 (31) – Genealogie der Düfte). Für den Schadensersatz- und Auskunftsanspruch galten die §§ 1, 2 und 13 UWG 1909 (vgl. BGH GRUR 2005, 172 (174) – Stresstest), ohne dass sich daraus aber sachliche Unterschiede ergaben.

I. Rechtslage bis zum Erlass der RL 97/55/EG

2   In Deutschland wurde die vergleichende Werbung bis zum Erlass der RL 97/55/EG aF als **grds. unzulässig** und nur **ausnahmsweise erlaubt** angesehen. Im Einzelnen lassen sich in der Beurteilung der vergleichenden Werbung bis zum Erlass der RL 97/55/EG aF grob vier Entwicklungsphasen unterscheiden (vgl. die Darstellungen in BGH GRUR 1998, 824 – Testpreis-Angebot; GRUR 1999, 69 (71) – Preisvergleichsliste II mwN). **(1)** In der **ersten** Phase sah die Rspr. vergleichende Werbung grds. als zulässig und nur bei Vorliegen bes. Umstände als wettbewerbswidrig an (vgl. die Nachw. bei Sack RWW 3.2 Rn. 633 ff.). **(2)** In der **zweiten** Phase, vorbereitet durch Kohler und Lobe, wurde das Regel-Ausnahme-Verhältnis umgekehrt. Kritisierende vergleichende Werbung wurde als **grds. unzulässig** bewertet. Auch der bloße Preisvergleich wurde als grds. unzulässig angesehen, wenn Mitbewerber namentlich genannt oder unnötigerweise erkennbar gemacht wurden. Dahinter stand die Erwägung, ein Vergleich der eigenen Waren oder Leistungen mit denen der Mitbewerber sei grds. mit den guten Sitten nicht vereinbar, auch wenn die aufgestellten Behauptungen wahr und die abgegebenen Werturteile sachlich richtig seien. Denn jede Werbung, die die eigene Leistung durch eine vergleichende Herabsetzung des Mitbewerbers herauszustellen suche, stehe mit den Grundsätzen des Leistungswettbewerbs im Widerspruch. Der Mitbewerber solle sich nicht in einer unnötig herabsetzenden Form ein Urteil über fremde Waren oder Leistungen anmaßen, zumal der Mitbewerber sich vielfach nicht oder nicht sofort oder nicht adäquat zur Wehr setzen könne. Von diesem Verbot wurden vom **RG** nur **eng begrenzte Ausnahmen** (Abwehr-, Auskunfts-, System- und Fortschrittsvergleich) zugelassen (vgl. RG GRUR 1927, 486 – Preisvergleich; GRUR 1931, 1299 – Hellegold; GRUR 1934, 473 – Konfektionswatte; GRUR 1937, 230 – Dirro-Ofen; GRUR 1939, 982 (986) – Lindes Verkaufshelfer; GRUR 1940, 50 (53) – Kondensableiter; GRUR 1942, 364 – Förderanlagen). Der **BGH** hatte an dieser Rspr. zunächst festgehalten (BGH GRUR 1952, 417 – Dauerdose; GRUR 1952, 582 – Sprechstunden; GRUR 1953, 293 – Fleischbezug; GRUR 1959, 488 – Konsumgenossenschaft; GRUR 1960, 384 – Mampe I; GRUR 1961, 85 – Pfiffikus-Dose; GRUR 1961, 237 – TOK-Band; GRUR 1961, 288 – Zahnbürsten). **(3)** In einer **dritten** Phase (ab BGH GRUR 1962, 45 (48) – Betonzusatzmittel) wurden die Ausnahmen zu einem **allgemeinen Ausnahmegrundsatz** ausgebaut. Danach war eine vergleichende Werbung zulässig, wenn die in Vergleich gesetzten Leistungen, Waren oder Systeme sachlich vergleichbar waren, für den Vergleich in dieser Form **hinreichender Anlass** bestand und die Angaben sich nach **Art und Maß in den Grenzen des Erforderlichen und der wahrheitsgemäßen sachlichen Erörterung** hielten (vgl. BGHZ 49, 325 (329) – 40 % können Sie sparen; BGH GRUR 1974, 666 (668) – Reparaturversicherung; GRUR 1986, 618 (620) – Vorsatz-Fensterflügel; GRUR 1989, 668 (669) – Generikum-Preisvergleich; GRUR 1996, 502 (506) – Energiekosten-Preisvergleich I; GRUR 1997, 304 (305) –

Energiekosten-Preisvergleich II). Als sachlich gerechtfertigter Anlass wurde ua ein berechtigtes Interesse des Werbenden, ein schutzwürdiges Aufklärungsinteresse der Allgemeinheit und ein schutzwürdiges Informationsinteresse des Nachfragers angesehen. **(4)** In einer **vierten** Phase bahnte sich eine weitere **Liberalisierung** an. Sie war dadurch gekennzeichnet, dass vielfach bereits das Vorliegen einer vergleichenden Werbung, nämlich die Bezugnahme auf Mitbewerber, verneint wurde (vgl. BGH GRUR 1992, 625 – Therapeutische Äquivalenz, aufgehoben durch BVerfG WRP 2001, 1160; BGH GRUR 1997, 227 (228) – Aussehen mit Brille; GRUR 1997, 539 (540) – Kfz-Waschanlagen). Im Schrifttum (Köhler/Piper/Köhler, 1. Aufl. 1995, § 1 Rn. 129, 134; Kloepfer/Michael GRUR 1991, 170; Menke GRUR 1991, 661) wurde darüber hinaus dafür plädiert, vom Verbots- und Ausnahmeprinzip abzurücken, zum Missbrauchsprinzip überzugehen und das Interesse des Werbenden und der Nachfrager an einer Verbesserung der Markttransparenz durch sachliche Information stärker zu berücksichtigen.

II. Rechtslage nach Erlass der RL 97/55/EG

Die RL 97/55/EG aF v. 6.10.1997 zur Änderung der RL 84/450/EWG über irreführende **3** Werbung zwecks Einbeziehung der vergleichenden Werbung (ABl. EG 1997 L 290, 18) hatte das Recht der vergleichenden Werbung harmonisiert. Anlass dafür waren die unterschiedlichen Regelungen der vergleichenden Werbung in den einzelnen Mitgliedstaaten und die daraus resultierende Gefahr von Wettbewerbsverzerrungen und einer Behinderung des freien Waren- und Dienstleistungsverkehrs (vgl. ErwGr. 3 RL 97/55/EG aF). Vergleichende Werbung sollte nach der Richtlinie zulässig sein, wenn bestimmte Bedingungen erfüllt sind. Dadurch versprach man sich eine objektive Information der Verbraucher über die Vorteile der verschiedenen vergleichbaren Erzeugnisse (vgl. ErwGr. 2 und 5 RL 97/55/EG aF) sowie eine Förderung des Wettbewerbs im Interesse der Verbraucher (vgl. ErwGr. 2 RL 97/55/EG aF). Die Richtlinie legte die Bedingungen für die Zulässigkeit der vergleichenden Werbung **kumulativ** und **abschließend** fest und ließ daher keinen Spielraum für den nationalen Gesetzgeber (vgl. Art. 7 I, II RL 84/450/EWG sowie Erwägungsgründe 2, 3, 11, 18 RL 84/450/EWG; EuGH GRUR 2003, 533 Rn. 40–44 – Pippig Augenoptik; Begr. RegE, BT-Drs. 14/2959 = WRP 2000, 555 (556)). Die Richtlinie stellte es den Mitgliedstaaten daher nicht frei, weitere Formen der vergleichenden Werbung zuzulassen als im Katalog vorgesehen (so wohl auch EuGH GRUR 2002, 354 Rn. 32 – Toshiba Europe; aA Borck WRP 2001, 1124 (1128); Sack WRP 2001, 327 (329 ff.); Sack WRP 2002, 363 (366 ff.)). Sonst würde der angestrebte Zweck einer Harmonisierung des Rechts der vergleichenden Werbung nicht erreicht und es würden in den Mitgliedstaaten doch unterschiedliche Beurteilungsmaßstäbe außerhalb der Katalogtatbestände gelten. Auch § 6 II geht davon aus, dass vergleichende Werbung nur zulässig ist, sofern die Zulässigkeitsvoraussetzungen der Richtlinie erfüllt sind (ganz hM; vgl. Eck/Ikas WRP 1999, 251 (255 f.); Nordmann GRUR-Int. 2002, 297 (299); Plaß NJW 2000, 3161 (3163); Tilmann GRUR 1999, 546 (549); Scherer WRP 2001, 89 (90)). Dass die Richtlinie rechtspolitisch nicht vollständig überzeugt, weil sie den Zulässigkeitskatalog zu eng fasst, steht auf einem anderen Blatt. Dabei ist aber zu berücksichtigen, dass eine Harmonisierung nur um den Preis einer strengen Regelung der Zulässigkeitsvoraussetzungen zu erreichen war (vgl. Schlussanträge des Generalanwalts Léger in der Rechtssache C-112/99 – Toshiba Europe, Rn. 1).

Für die Umsetzung der RL 97/55/EG aF war eine Frist von 30 Monaten vorgesehen (Art. 3 I **4** RL 97/55/EG aF) und ein Tätigwerden des Gesetzgebers war unerlässlich, da eine Umsetzung lediglich durch die Rspr. im Rahmen der Anwendung und Auslegung des § 1 aF nicht in Betracht kam (vgl. Begr. RegE, BT-Drs. 14/2959 = WRP 2000, 555 (556)). Gleichwohl wartete die Rspr. nicht ab. Vielmehr nahm der BGH in der grundlegenden **Testpreis-Angebot**-Entscheidung v. 5.2.1998 (BGHZ 138, 55 = GRUR 1998, 824 = WRP 1998, 718 – Testpreis-Angebot) die Gelegenheit wahr, seine bisherige Rspr., nach der vergleichende Werbung grds. unzulässig und nur ausnahmsweise erlaubt war (→ Rn. 2), aufzugeben (ebenso OGH GRUR-Int. 1999, 794 (795) – AMC/ATC). Der BGH ging dazu über, die vergleichende Werbung im Wege der **richtlinienkonformen Auslegung** des § 1 aF unmittelbar am Maßstab der Richtlinie zu beurteilen. Zentrale Argumente waren dabei, dass der nationale Gesetzgeber ohnehin keinen nennenswerten Spielraum bei der Umsetzung habe und dass ein Verhalten, das der europäische Gesetzgeber als grds. zulässig ansehe, nicht gegen die guten Sitten verstoßen könne. Dem folgten weitere Entscheidungen (BGH GRUR 1999, 69 – Preisvergleichsliste II; BGHZ 139, 378 = GRUR 1999, 501 – Vergleichen Sie; BGH GRUR 2001, 350 – OP-

Lampen), die wertvolle Klärungen hins. einzelner in der Richtlinie genannter Zulässigkeitsvoraussetzungen brachten.

III. Rechtslage nach Umsetzung der RL 97/55/EG

5 Mit dem G zur vergleichenden Werbung und zur Änderung wettbewerbsrechtlicher Vorschriften v. 1.9.2000 (BGBl. 2000 I 1374) wurde die RL 97/55/EG aF in deutsches Recht umgesetzt. Entsprechend der Systematik des UWG, das Verbotstatbestände vorsieht, wurden die Bedingungen negativ formuliert, dh als Voraussetzungen definiert, unter denen eine vergleichende Werbung gegen die guten Sitten iSv § 1 aF verstößt. Das Verbot der irreführenden vergleichenden Werbung wurde, um der Systematik des UWG Rechnung zu tragen, in § 3 S. 2 aF verankert. Nicht umgesetzt wurde Art. 3 I lit. f RL 97/55/EG aF („Champagner-Klausel"; dazu EuGH GRUR 2007, 511 Rn. 57–72 – De Landtsheer/CIVC), weil dies vom Gesetzgeber als entbehrlich angesehen wurde (dazu Plass NJW 2000, 3161 (3169); Sack WRP 2001, 327 (347)). – Die **UWG-Reform 2004** hat die bisher in § 2 aF enthaltene Regelung sachlich unverändert in § 6 und die in § 3 S. 2 aF enthaltene Regelung in § 5 III Alt. 1 übernommen.

IV. Rechtslage nach Erlass der UGP-RL

6 Durch Art. 14 UGP-RL v. 11.5.2005 wurde die RL 84/450/EWG in mehreren Punkten geändert. Art. 1 RL 84/450/EWG wurde dahin geändert, dass der Zweck der Richtlinie „der Schutz von Gewerbetreibenden vor irreführender Werbung und deren unlautere Auswirkungen sowie die Festlegung der Bedingungen für zulässige vergleichende Werbung" ist. Darüber hinaus wurde der Zulässigkeitskatalog des Art. 3a I RL 84/450/EWG inhaltlich geändert. Der bisherige Art. 3a I lit. a RL 84/450/EWG wurde dahin geändert, dass die vergleichende Werbung, was den Vergleich anbelangt, zulässig ist, wenn sie „nicht irreführend iSd Art. 2 Nr. 2, Art. 3 und Art. 7 I der vorliegenden Richtlinie oder iSd Art. 6 und 7 der Richtlinie über unlautere Geschäftspraktiken" ist (→ Rn. 23 ff.). An die Stelle des bisherigen Art. 3a I lit. d RL 84/450/EWG Verursachung einer Verwechslung) trat Art. 3a I lit. h RL 84/450/EWG (Begründung einer Verwechslungsgefahr), ergänzt durch Art. 6 II lit. a UGP-RL. Danach gilt „jegliche Vermarktung eines Produkts, einschließlich vergleichender Werbung, die eine Verwechslungsgefahr mit einem anderen Produkt, Warenzeichen, Warennamen oder anderen Kennzeichen eines Mitbewerbers begründet" als irreführend, wenn sie geeignet ist, die Kaufentscheidung eines Durchschnittsverbrauchers zu beeinflussen. (Die Begriffe „Warenzeichen" und „Warenname" sind mangelhafte Übersetzungen der Begriffe „trade mark" und „trade name" und im Sinne von Marke und Handelsname zu verstehen.)

V. Rechtslage nach Erlass der Werbe-RL

7 Durch die Werbe-RL v. 12.12.2006 (ABl. EG 2006 L 376, 21) wurde mWv 12.12.2007 die mehrfach geänderte RL 84/450/EWG „aus Gründen der Übersichtlichkeit und Klarheit" (ErwGr. 1 Werbe-RL) neu gefasst). Insbesondere wurden die Erwägungsgründe neu strukturiert. Die Definition der vergleichenden Werbung ist nunmehr in **Art. 2 lit. c Werbe-RL;** die Zulässigkeitsbedingungen sind nunmehr in **Art. 4 Werbe-RL** enthalten; der bisherige Art. 7 RL 84/450/EWG wurde zum **Art. 8 Werbe-RL,** dementsprechend wurde die Verweisung in Art. 4 lit. a RL 84/450/EWG auf den Art. 7 I Werbe-RL auf den Art. 8 I Werbe-RL umgestellt. Art. 3a III RL 84/450/EWG wurde nicht übernommen.

VI. Rechtslage nach Umsetzung der UGP-RL und der Werbe-RL

8 Durch die UWG-Novelle 2008 zur Umsetzung der UGP-RL und der Werbe-RL wurde in § 6 II Nr. 3 das Tatbestandsmerkmal der „Verwechslungen" durch das der „Gefahr von Verwechslungen" und in § 6 II Nr. 4 das Tatbestandsmerkmal der „Wertschätzung" durch das des „Rufs" ersetzt. Außerdem wurde § 6 III aufgehoben. Eine bes. Erscheinungsform der irreführenden vergleichenden Werbung wurde in Umsetzung des Art. 6 II lit. a UGP-RL in § 5 III geregelt. Eine korrekte Umsetzung des Art. 4 lit. a Werbe-RL ist nicht erfolgt (→ Rn. 23 ff.). Die UWG-Novelle 2015 brachte nur insofern eine Änderung mit sich, als durch Änderung des § 3 I künftig ein Verbot nicht mehr eine spürbare Beeinträchtigung der Interessen von Mitbewerbern, Verbrauchern oder sonstigen Marktteilnehmern zu prüfen ist (zur geschäftlichen Relevanz → Rn. 20 ff.).

B. Auslegungsgrundsätze, Normzweck und Anwendungsbereich

I. Auslegungsgrundsätze

1. Richtlinienkonforme Auslegung

a) Allgemeines. Zur Auslegung des § 6 (früher: § 2 UWG 1909) kann zwar die Begr. RegE **9** v. 23.2.2000 (BT-Drs. 14/2959 = WRP 2000, 555) herangezogen werden. Da mit dieser Vorschrift die RL 97/55/EG aF (nunmehr **Werbe-RL**) in das deutsche Recht umgesetzt wurde, gilt für sie aber das Gebot der **richtlinienkonformen** Auslegung. Dabei sind insbes. Wortlaut und Zweck der Werbe-RL, aber auch – zur Vermeidung von Widersprüchen – das sonstige Unionsrecht (zB auch die kodifizierte Fassung der Marken-RL (RL 2008/95/EG aF) heranzuziehen (EuGH GRUR 2002, 354 Rn. 33 – Toshiba Europe; GRUR 2003, 533 Rn. 34 ff. – Pippig Augenoptik; Bornkamm GRUR 2005, 97 (101); Bottenschein GRUR 2006, 462 (465)). Der Zweck der Richtlinie wird vornehmlich aus den **Erwägungsgründen** erkennbar (EuGH WRP 2013, 1161 Rn. 37, 38 – Belgian Electronic Sorting Technology). Da die Richtlinie in allen Textfassungen gleich verbindlich ist und das Unionsrecht einheitlich angewendet werden muss, sind für die Auslegung **grds. alle EU-Sprachen** heranzuziehen (EuGH EuZW 1997, 345 (346) – Ebony). Wenn die sprachlichen Fassungen voneinander abweichen, muss die Vorschrift nach dem allgemeinen Aufbau und dem Zweck der Regelung ausgelegt werden, zu der sie gehört (EuGH Slg. 1998, I-7053 Rn. 16 – The Institute of the Motors Industry; Slg. 2003, I-345 Rn. 37 – Givane; GRUR 2004, 225 Rn. 70 – Omeprazol; GRUR 2014, 493 Rn. 21 – Posteshop). Die Richtlinie ist ihrerseits im Lichte des primären Unionsrechts (insbes. Art. 34 ff., 56 ff. AEUV) und der dazu ergangenen Entscheidungen des EuGH auszulegen. Eine Überprüfung von Entscheidungen, die auf einer richtlinienkonformen Auslegung des § 6 beruhen, am Maßstab der **deutschen Grundrechte** (insbes. Art. 5 I GG) ist ausgeschlossen, weil (und solange) das BVerfG sich einer Kontrolle europäischen Rechts am Maßstab des Grundgesetzes enthält (nicht berücksichtigt in BVerfG GRUR 2008, 81 (83) – Pharmakartell; OLG Hamburg GRUR-RR 2005, 129 (131)). Wohl dagegen kommt eine Überprüfung am Maßstab der **europäischen Grundrechte,** insbes. Art. 11 GRCh; Art. 10 I 1 EMRK iVm Art. 6 EUV, in Betracht (dazu BGH GRUR 2010, 161 Rn. 23 – Gib mal Zeitung; WRP 2019, 743 Rn. 37 – Knochenzement III; Köhler GRUR 2005, 273; MüKoUWG/Menke Rn. 28 ff.; Lettl GRUR 2007, 936 (940); Peifer WRP 2011, 1 (4)). Dementsprechend ist es auch zulässig und geboten, diese Grundrechte bei der Auslegung des § 6 heranzuziehen (BGH WRP 2019, 743 Rn. 37 – Knochenzement III; OLG Köln WRP 2011, 785 (786)).

b) Grundsatz der Vollharmonisierung. Die Werbe-RL dient der Verwirklichung des **10** Binnenmarktes durch Harmonisierung des unterschiedlichen nationalen Rechts der vergleichenden Werbung (ErwGr. 20 Werbe-RL). Auslegungsfragen sollten daher nach Möglichkeit rasch dem EuGH vorgelegt werden, um zu einer unionsweit einheitlichen Anwendung der Grundsätze über vergleichende Werbung zu kommen. Bisher sind folgende Entscheidungen ergangen: EuGH Slg. 2001, I-7945 = GRUR 2002, 354 (355) Rn. 33 – Toshiba Europe; Slg. 2003, I-3095 = GRUR 2003, 533 Rn. 34 ff. – Pippig Augenoptik; GRUR 2006, 345 Rn. 14 ff. – Siemens/VIPA; GRUR 2007, 69 Rn. 19 ff. – LIDL Belgium; GRUR 2007, 511 – De Landtsheer/CIVC; GRUR 2009, 756 – L'Oréal/Bellure; GRUR 2011, 159 – LIDL/Vierzon; WRP 2013, 1161 – Belgian Electronic Sorting Technology; GRUR 2014, 493 – Posteshop). – Da die Werbe-RL die Zulässigkeit der vergleichenden Werbung **abschließend regelt,** sind die Mitgliedstaaten nicht befugt, vergleichende Werbung in weiter gehendem Umfang zuzulassen oder dafür strengere Voraussetzungen aufzustellen, soweit dies nicht nach Art. 8 III und IV Werbe-RL gestattet ist. Die abschließende Regelung gilt nach Art. 8 I 2 Werbe-RL auch für die irreführende vergleichende Werbung (vgl. EuGH GRUR 2003, 533 Rn. 40–44 – Pippig Augenoptik). Irreführende und unzulässige vergleichende Werbung sind allerdings grds. zwei selbständige Zuwiderhandlungen (EuGH GRUR 2014, 493 Rn. 19 ff. – Posteshop). Das Verbot irreführender Werbung setzt daher nicht voraus, dass sie gleichzeitig eine unzulässige vergleichende Werbung darstellt.

2. Einzelne Auslegungsgrundsätze

Die Werbe-RL beurteilt vergleichende Werbung im Grundsatz wettbewerbs- und verbrau- **11** cherpolitisch positiv und will lediglich vor ihren möglichen Nachteilen schützen. Sie sieht in der vergleichenden Werbung eine Möglichkeit, die „**Vorteile der verschiedenen vergleichbaren Erzeugnisse objektiv herauszustellen**" und damit „**den Wettbewerb zwischen den Anbietern von Waren und Dienstleistungen im Interesse der Verbraucher**" zu fördern (ErwGr. 6 S. 3 und 4 Werbe-RL). Die vergleichende Werbung dient, wie jede Werbung, dazu, Märkte wirksam zu erschließen, und sie soll dem Verbraucher die Möglichkeit geben, aus dem Binnenmarkt größtmöglichen Vorteil zu ziehen (EuGH GRUR 2006, 345 Rn. 22 – Siemens/VIPA). Der Begriff der vergleichenden Werbung soll daher „breit", dh weit gefasst werden, so dass alle Formen der vergleichenden Werbung erfasst sind (ErwGr. 8 S. 1 Werbe-RL). Vergleichende Werbung kann, wenn sie wesentliche, relevante, nachprüfbare und typische Eigenschaften vergleicht und nicht irreführend ist, ein zulässiges Mittel zur Unterrichtung der Verbraucher über ihre Vorteile sein (ErwGr. 8 S. 1 Werbe-RL). Die Anforderungen an die Zulässigkeit der vergleichenden Werbung müssen daher in dem für sie **günstigsten Sinn** ausgelegt werden, damit mit der Werbung objektiv die Eigenschaften der Waren oder Dienstleistungen verglichen werden können (EuGH Slg. 2003, I-3095 = GRUR 2003, 533 (536) Rn. 42 – Pippig Augenoptik; GRUR 2007, 69 Rn. 22, 33 – LIDL Belgium; GRUR 2007, 511 Rn. 35 – De Landtsheer/CIVC; GRUR 2009, 756 Rn. 69 – L'Oréal/Bellure; GRUR 2011, 159 Rn. 20 – LIDL/Vierzon). Daher sind die Vorteile einer vergleichenden Werbung für die Verbraucher zwingend zu berücksichtigen (EuGH GRUR 2007, 69 Rn. 33 – LIDL Belgium). Auf der anderen Seite will die Richtlinie durch genaue Festlegung der Zulässigkeitsvoraussetzungen für vergleichende Werbung vor solchen Praktiken schützen, die „**den Wettbewerb verzerren, die Mitbewerber schädigen und die Entscheidung der Verbraucher negativ beeinflussen können**" (ErwGr. 9 Werbe-RL). Letztlich bezwecken also die Zulässigkeitsvoraussetzungen des Art. 4 Werbe-RL „**eine Abwägung der verschiedenen Interessen**", nämlich des Werbenden, des Mitbewerbers und der Verbraucher (EuGH GRUR 2009, 756 Rn. 68 – L'Oréal/Bellure; GRUR 2011, 159 Rn. 20 – LIDL/Vierzon). Daraus folgt: Die Zulässigkeitsvoraussetzungen für die vergleichende Werbung sind in dem für sie günstigsten Sinn auszulegen. Gleichzeitig ist aber sicherzustellen, dass die vergleichende Werbung nicht in einer wettbewerbswidrigen und unlauteren oder die Verbraucherinteressen beeinträchtigenden Weise betrieben wird (EuGH GRUR 2009, 756 Rn. 69 – L'Oréal/Bellure; GRUR 2011, 159 Rn. 21 – LIDL/Vierzon). Eine objektive Information von Verbrauchern darf also nicht unterdrückt werden. Andererseits ist darauf zu achten, dass eine vermeidbare Schädigung der Mitbewerber unterbleibt. Für die Auslegung des § 6 bedeutet dies, dass es bei der Beurteilung der einzelnen Werbemaßnahme einerseits darauf ankommt, ob sie es dem Werbenden ermöglicht, die Vorteile der verschiedenen vergleichbaren Erzeugnisse herauszustellen, andererseits aber zu berücksichtigen ist, inwieweit die beschriebenen Gefahren einer Wettbewerbsverzerrung, Mitbewerberschädigung und negativen Verbraucherbeeinflussung bestehen. Dabei ist auch zu fragen, ob die vergleichende Werbung auch weniger einschneidend für den Mitbewerber hätte gestaltet werden können (Grundsatz der **Verhältnismäßigkeit**).

II. Normzweck

11a Da § 6 der Umsetzung der Werbe-RL dient, ist der Normzweck anhand dieser Richtlinie zu bestimmen. Aus ErwGr. 9 S. 1 Werbe-RL ergibt sich, dass § 6 nicht nur den Schutz der **Mitbewerber,** sondern auch der **Verbraucher,** und darüber hinaus auch den Schutz der **sonstigen Marktteilnehmer** bezweckt. Letzteres ergibt sich dies auch aus Art. 4 lit. a Werbe-RL, der hinsichtlich der irreführenden Werbung auf die Art. 2 lit. b und Art. 3 Werbe-RL verweist. Richtet sich daher die vergleichende Werbung an sonstige Marktteilnehmer, so dienen die Unlauterkeitskriterien des § 6 II, insbes. § 6 II Nr. 1, 2 und 3, auch ihrem Schutz.

III. Anwendungsbereich

1. Ausschluss vergleichender Werbung

12 Die Regelungen über die vergleichende Werbung greifen nicht ein, soweit die Werbung für bestimmte Waren oder Dienstleistungen entweder generell oder für bestimmte Medien (zB Verbot der Tabakwerbung im Fernsehen) schlechthin verboten oder doch beschränkt ist (vgl. Erwägungsgründe 20, 21, 22 RL 84/450/EWG, die aber in die Werbe-RL nicht übernommen wurden). Sie greift ferner dann nicht ein, wenn eine vergleichende Werbung verboten ist. So darf nach § 11 II HWG außerhalb der Fachkreise für Arzneimittel zur Anwendung bei Menschen nicht mit Angaben geworben werden, die nahe legen, dass die Wirkung des Arzneimittels einem anderen Arzneimittel oder einer anderen Behandlung entspricht oder überlegen ist (dazu Bülow PharmR 2000, 138). Diese Regelung entspricht Art. 5 lit. b RL 92/28/EWG aF v. 31.3.1992. Soweit sich die vergleichende Arzneimittelwerbung auf andere Aspekte bezieht (zB Preisvergleich; Vergleich unterschiedlicher Anwendungsbereiche), gelten die allgemeinen Regelungen der § 6 II und § 5 II, III (OLG Hamburg GRUR-RR 2010, 67 (69)). Jedoch darf eine vergleichende Werbung nicht gegen das Verbot der Arzneimittelwerbung, die sich auf einen von der Zulassung nicht gedeckten Anwendungsbereich bezieht (§ 3a S. 2 HWG), verstoßen (OLG Hamburg GRUR-RR 2010, 67 (68 f.)).

2. Abgrenzung zum allgemeinen Vergleich

Andere Werbeformen wie der allgemein gehaltene, also nicht auf bestimmte Mitbewerber **13** bezogene Vergleich (→ § 4 Rn. 4.137 ff.), werden von der Werbe-RL und damit von § 6 nicht erfasst. Die Zulässigkeit dieser Werbung ist daher anhand anderer Vorschriften des nationalen Rechts oder des Unionsrechts zu prüfen. Daraus kann sich ein geringerer Schutz der Verbraucher oder der Mitbewerber ergeben (EuGH GRUR 2007, 511 Rn. 54–56 – De Landtsheer/CIVC). Im deutschen Recht ist der allgemein gehaltene Vergleich nach den „§§ 3 I, 4 Nr. 1, 2 und 4 zu beurteilen (zu § 1 UWG 1909 vgl. BGH GRUR 2002, 75 (77) – SOOOO … BILLIG!?; GRUR 2002, 752 (753) – Eröffnungswerbung; GRUR 2002, 828 (830) – Lottoschein = LM § 2 UWG 1909 Nr. 3 mAnm Jickeli; GRUR 2002, 982 (983) – DIE „STEINZEIT" IST VORBEI). Dabei sind aber Wertungswidersprüche zu § 6 II zu vermeiden. Es dürfen also jedenfalls keine strengeren Maßstäbe angelegt werden, als sie § 6 II vorsieht (OLG Saarbrücken GRUR-RR 2008, 312 (314); Plaß WRP 1999, 766 (771)).

3. Einbeziehung des unternehmensbezogenen und persönlichen Vergleichs

a) Problem. Nach dem Wortlaut des § 6 I fällt unter den Begriff der vergleichenden Wer- **14** bung auch eine Werbung, die keine Aussagen über die Eigenschaften der Waren oder Dienstleistungen des Mitbewerbers, sondern nur Aussagen über die geschäftlichen oder persönlichen Verhältnisse des Mitbewerbers (vgl. § 6 II Nr. 5) enthält. Wie diese sog **unternehmensbezogene** oder **persönliche vergleichende Werbung** zu beurteilen ist, ist str.

b) Meinungsstand. Eine Entscheidung des EuGH steht noch aus. Zum Meinungsstand vgl. **15** BGH WRP 2019, 743 Rn. 18 – Knochenzement III). Es werden mehrere Lösungsmodelle diskutiert: **(1)** Nach einer Auffassung wird diese Werbung zwar von § 6 I erfasst, sie sei aber stets unlauter nach § 6 II Nr. 2, weil es an einem Vergleich der Eigenschaften der angebotenen Waren und Dienstleistungen fehle (Gloy/Bruhn GRUR 1998, 226 (233, 237); Menke WRP 1998, 811 (825); jurisPK-UWG/Müller-Bidinger Rn. 41). **(2)** Nach einer anderen Auffassung soll es dagegen am Ziel der Richtlinie vorbeigehen, aus ihr die generelle Unlauterkeit der unternehmensbezogenen und persönlichen vergleichenden Werbung herzuleiten. Daher sei es gerechtfertigt, zwar § 6 I, nicht aber auch § 6 II Nr. 1 und 2 anzuwenden (vgl. Begr. RegE, BT-Drs. 14/2959 = WRP 2000, 555 (559); Tilmann GRUR 1999, 546 (547); Berlit BB 2000, 1305 (1306); Sack WRP 2002, 363 (367) und WRP 2008, 170 (175); Kießling/Kling WRP 2002, 615 (624); **(3)** Wieder andere (Harte-Bavendamm/Henning-Bodewig/Sack Rn. 116) wollen bereits den Tatbestand des § 6 I verneinen). **(4)** Nach zutreffender Auffassung des BGH kommt es auf diese Kontroverse dann nicht an, wenn sich der Vergleich nicht allein auf unternehmensbezogene oder persönliche Eigenschaften des Mitbewerbers bezieht, sondern, wie nicht selten, zumindest mittelbar auch Eigenschaften von Waren oder Dienstleistungen betroffen sind (BGH WRP 2019, 743 Rn. 19 – Knochenzement III; Ohly/Sosnitza/Ohly Rn. 38).

c) Stellungnahme. Ausgangspunkt sind Wortlaut und Zweck (→ Rn. 11) der Werbe-RL. **16** Die Richtlinie sieht in der vergleichenden Werbung eine Möglichkeit, die Vorteile der verschiedenen vergleichbaren Erzeugnisse objektiv herauszustellen und den Wettbewerb zwischen den Anbietern von Waren und Dienstleistungen im Interesse der Verbraucher zu fördern (ErwGr. 6 Werbe-RL). Andererseits kann vergleichende Werbung auch den Wettbewerb verzerren, die Mitbewerber schädigen und die Entscheidung der Verbraucher negativ beeinflussen (ErwGr. 9 S. 1 Werbe-RL). Daher stellt die Richtlinie Bedingungen für die zulässige vergleichende Werbung auf. Dabei soll der Begriff „vergleichende Werbung" weit gefasst werden, so dass alle Arten der vergleichenden Werbung abgedeckt werden (ErwGr. 8 S. 2 Werbe-RL). Dies dient auch und gerade dazu, die für den Verbraucher und den Wettbewerb nützlichen Arten der vergleichenden Werbung von den für den Verbraucher und den Wettbewerb schädlichen Arten der vergleichenden Werbung zu unterscheiden (vgl. EuGH GRUR 2009, 756 Rn. 68 – L'Oréal/Bellure). Daher entspricht es nicht nur dem Wortlaut, sondern auch dem Zweck der Werbe-RL, auch eine Werbung, die zwar den Mitbewerber als Anbieter konkurrierender Produkte erkennbar macht, ihn aber nur kritisiert, zu erfassen. Eine derartige Werbung dient jedoch nicht dazu, die Vorteile der verschiedenen Erzeugnisse für den Verbraucher objektiv herauszustellen (ErwGr. 6 S. 2 Werbe-RL) und einen objektiven Vergleich der Eigenschaften von Waren und Dienstleistungen zu ermöglichen (Erwägungsgrund 9 S. 2 Werbe-RL). Da sie demnach nicht die Voraussetzungen zulässiger vergleichender Werbung erfüllen kann, ist sie nach den Wertungen der Richtlinie von vornherein unzulässig. Im **Grundsatz** gilt daher: Eine **Werbung, die** zwar den Mitbewerber als Anbieter konkurrierender Produkte erkennbar macht, ihn aber **nur kritisiert, ist unlauter,** weil (und soweit) sie nicht die Anforderungen des § 6 II Nr. 1 und 2 erfüllt. Diese Werbebeschränkung ist auch mit dem EU-Grundrecht auf freie Meinungsäußerung vereinbar (anders noch Köhler GRUR 2005, 273 (279)). – Jedenfalls kann eine derartige Werbung nach § 6 II Nr. 5 unlauter sein, weil sie „die persönlichen oder geschäftlichen Verhältnisse eines Mitbewerbers herabsetzt oder verunglimpft" (BGH WRP 2019, 743 Rn. 22 – Knochenzement III). Notwendig ist dies freilich nicht.

17   Allerdings ist im **Einzelfall** genau zu prüfen, ob die betreffende Äußerung erstens überhaupt eine **„Werbung"** darstellt (→ Rn. 59 ff.), ob sie zweitens die Verbraucherentscheidung negativ beeinflussen kann und ob sie drittens nicht doch einen Vergleich der Eigenschaften der konkurrierenden Erzeugnisse enthält. So ist zB eine Äußerung auf einer Aktionärsversammlung, in der die Entwicklung eines Unternehmens (Umsatz, Gewinn, Mitarbeiterzahlen usw) im Vergleich zu Mitbewerbern dargestellt wird, nicht als Werbung für den Absatz der Produkte zu verstehen (vgl. auch Erwägungsgrund 7 S. 2 UGP-RL). Lässt sich einer Äußerung nicht einmal mittelbar entnehmen, dass sich unterschiedliche Angebote von Waren oder Dienstleistungen gegenüberstehen, die für den Verbraucher Alternativen darstellen, handelt es sich nicht um vergleichende Werbung. – Bringt die vergleichende Werbung konkrete Informationen über den Mitbewerber und sein Unternehmen, so werden sie häufig auch mittelbar Schlüsse auf die Qualität der konkurrierenden Erzeugnisse zulassen (vgl. auch Scherer GRUR 2012, 545 (549)). Dann ist die Äußerung am Maßstab des § 6 II Nr. 2 zu bewerten. Das entspricht der Auffassung des EuGH, nach der die Anforderungen an die vergleichende Werbung „in dem für sie günstigsten Sinn" ausgelegt werden sollen (EuGH Slg. 2001, I-7945 = GRUR 2002, 354 Rn. 36, 37 – Toshiba Europe), „wobei sicherzustellen ist, dass die vergleichende Werbung nicht in einer wettbewerbswidrigen und unlauteren oder die Verbraucherinteressen beeinträchtigenden Weise betrieben wird" (EuGH Slg. 2007, I-3115 = GRUR 2007, 511 Rn. 35 – De Landtsheer/CIVC; GRUR 2009, 756 Rn. 69 – L'Oréal/Bellure). Das kann insbesondere bei Aussagen über die Eigenschaften eines Dienstleisters (Qualifikation, Erfahrung usw) der Fall sein. So etwa bei einem Vergleich im Rahmen eines „Rankings" (vgl. BGH GRUR 2006, 875 – Rechtsanwalts-Ranglisten; OLG München GRUR 2003, 719, allerdings unter Verneinung eines Vergleichs verneint; dazu Köhler FS Sonnenberger, 2004, 249 (254 ff.); Lettl GRUR 2007, 936). Die Äußerung einer Charterfluggesellschaft über eine noch zu gründende andere Chartergesellschaft „wir werden mit Sicherheit keinen größeren Veranstalter an sie verlieren" war als vergleichende Aussage über die Leistungsfähigkeit und damit die Leistungen der konkurrierenden Unternehmen zu verstehen (BGH GRUR 1984, 823 (824) – Charterfluggesellschaften); ebenso eine Werbung, in der ein Mitbewerber als Verlierer bezeichnet wurde (OLG Hamburg GRUR-RR 2002, 112). Auch ein Vergleich von Werbemethoden kann hierher gehören (offengelassen in BGH GRUR 2002, 75 (76) – SOOOO … BILLIG!?; → Rn. 97). In **Zweifelsfällen** kommt es darauf an, ob die verglichenen Umstände für die Kaufentscheidung des Verbrauchers eine nützliche Information darstellen (dazu näher → Rn. 104 ff.).

4. Abgrenzung zur Allein- oder Spitzenstellungswerbung

18   Auch die Allein- oder Spitzenstellungswerbung fällt nicht unter § 6, weil (und soweit) es an einer Bezugnahme auf bestimmte individualisierbare Mitbewerber fehlt (Begr. RegE, BT-Drs. 14/2959 = WRP 2000, 555 (560); OLG Hamburg GRUR-RR 2006, 170 (172); Harte-Bavendamm/Henning-Bodewig/Sack Rn. 77; krit. Lux GRUR 2002, 682; aA wohl OGH GRUR-Int. 2004, 255 (257) – Länger frische Vollmilch). Eine derartige Bezugnahme kann freilich im Einzelfall vorliegen, wenn es sich nur um wenige Mitbewerber handelt, die für den Verbraucher identifizierbar sind (OLG Hamburg GRUR-RR 2001, 84: „mehr … als jede andere führende Handzahnbürste").

5. Verhältnis zur Generalklausel (§ 3 I)

a) Konkretisierung des Merkmals der Unlauterkeit. Vgl. zunächst → § 3 Rn. 2.5. Die **19** Regelung in § 6 II stellt eine **Konkretisierung** des Tatbestandsmerkmals der Unlauterkeit für die Fälle der vergleichenden Werbung iSd § 6 I dar. Sie ist in dem Sinne **abschließend,** dass vergleichende Werbung nur nach den Kriterien des § 6 II beurteilt werden darf, soweit nicht schon § 5 II, III oder Spezialregelungen eingreifen. Aus § 3 I dürfen daher weder strengere noch mildere Maßstäbe hergeleitet werden. Insbes. ist kein Raum für einen **Abwehrvergleich,** dh der durch einen rechtswidrigen Vergleich angegriffene Mitbewerber darf nicht seinerseits mit einem Vergleich antworten, der nicht den Anforderungen des § 6 II entspricht (vgl. → Rn. 176; Scherer WRP 2001, 89 (96)). Die Werbe-RL ließ insoweit keinen Spielraum (vgl. Begr. RegE, BT-Drs. 14/2959 = WRP 2000, 555 (556)).

b) Wegfall der Relevanzklausel in § 3 I. § 6 II konkretisiert das Tatbestandsmerkmal der **20** Unlauterkeit in § 3 I. Auf Grund der Neufassung des § 3 I durch die UWG-Novelle 2015 ist die Eignung zur spürbaren Beeinträchtigung der Interessen von Mitbewerbern, Verbrauchern oder sonstigen Marktteilnehmern anders als nach § 3 I UWG 2008 nicht mehr zu prüfen. Das entspricht den Vorgaben der Werbe-RL, die ein solches Erfordernis nicht vorsieht. Nach ihr ist eine vergleichende Werbung bereits dann unzulässig und damit verboten, wenn sie nicht den Anforderungen des Art. 4 Werbe-RL entspricht (vgl. Art. 5 III und IV Werbe-RL: „unzulässige vergleichende Werbung"). Dies gilt auch für irreführende vergleichende Werbung gegenüber Verbrauchern und sonstigen Marktteilnehmern iSd Art. 4 lit. a Werbe-RL, wobei allerdings die Irreführungstatbestände der Art. 6 und 7 UGP-RL eine eigene Relevanzklausel aufweisen. Da die Regelung der vergleichenden Werbung in der Werbe-RL abschließend ist, dürfen die Mitgliedstaaten nicht davon abweichen. Dagegen ließe sich möglicherweise ins Feld führen, dass es gegen den unionsrechtlichen Grundsatz der **Verhältnismäßigkeit** verstieße, auch solche Werbemaßnahmen zu verbieten, die die Interessen der Marktteilnehmer nicht spürbar beeinträchtigen (vgl. jurisPK-UWG/Müller-Bidinger Rn. 32; MüKoUWG/Menke Rn. 36; Peifer WRP 2011, 1 (6); krit. Harte-Bavendamm/Henning-Bodewig/Sack Rn. 240; GK-UWG/Glöckner Rn. 590 ff.).

Indessen enthält bereits die **Werbe-RL** selbst die Lösung des Problems: Nach Erwägungs- **21** grund 9 S. 1 Werbe-RL soll die Richtlinie Bedingungen für zulässige vergleichende Werbung vorsehen, „mit denen festlegt wird, welche Praktiken der vergleichenden Werbung den Wettbewerb verzerren, die Mitbewerber schädigen und die Entscheidung der Verbraucher negativ beeinflussen können". Nach der Auffassung des Unionsgesetzgebers begründet also eine vergleichende Werbung, die nicht die Zulässigkeitsvoraussetzungen des Art. 4 Werbe-RL erfüllt, Gefahren für den Wettbewerb, die Mitbewerber und die Verbraucher. Das schließt es aber nicht aus, sondern gebietet es vielmehr, bei der **Auslegung** der Zulässigkeitsvoraussetzungen zu fragen, ob eine bestimmte Werbemaßnahme geeignet ist, **die Mitbewerber zu schädigen oder die Entscheidung der Verbraucher negativ zu beeinflussen.** Dementsprechend nimmt der EuGH einen Verstoß gegen (jetzt) Art. 4 lit. a Werbe-RL nur dann an, wenn die Werbemaßnahme „die Entscheidung des Käufers spürbar beeinträchtigen kann" (EuGH GRUR 2003, 533 Rn. 53 – Pippig Augenoptik). Diese Auslegung vermeidet auch einen Widerspruch zu Art. 6 und 7 UGP-RL (auf die in Art. 4 lit. a Werbe-RL verwiesen wird), nach denen irreführende Geschäftspraktiken geeignet sein müssen, den Verbraucher zu einer geschäftlichen Entscheidung zu veranlassen, die er ansonsten nicht getroffen hätte. Eine Spürbarkeitsprüfung ist in der Sache daher bereits bei den Tatbeständen des § 6 II vorzunehmen (so iErg auch GK-UWG/Glöckner Rn. 603 f.). Daraus folgt: Ist eine Schädigung der Mitbewerber und eine negative Beeinflussung der Entscheidung der Verbraucher (oder sonstigen Marktteilnehmer) im **Einzelfall** ausgeschlossen, so ist bereits die Unlauterkeit der vergleichenden Werbung zu verneinen. Ein Verbot nach § 3 I scheidet dann von vornherein aus. Ist umgekehrt die Unlauterkeit der vergleichenden Werbung zu bejahen, so steht damit zugleich ihre Unzulässigkeit fest. Allerdings setzt die Unlauterkeit nach § 6 II nur eine Schädigung der Mitbewerber **oder** eine negative Beeinflussung der Entscheidung der Verbraucher bzw. sonstigen Marktteilnehmer voraus. Unlauterkeit iSd Nr. 3–6 des § 6 II kann daher auch dann vorliegen, wenn die vergleichende Werbung nur die Mitbewerber schädigen, aber nicht zugleich die Entscheidung der Verbraucher negativ beeinflussen kann.

Eine negative Beeinflussung der Verbraucherentscheidung ist – in Anlehnung an § 3 II iVm **22** § 2 I Nr. 8 – dann anzunehmen, wenn die vergleichende Werbung **geeignet ist, den Durchschnittsverbraucher (oder durchschnittlichen sonstigen Marktteilnehmer) in seiner**

Fähigkeit, eine informierte Entscheidung zu treffen, spürbar zu beeinträchtigen und damit zu einer geschäftlichen Entscheidung zu veranlassen, die er andernfalls nicht getroffen hätte. Das ist im Fall des **§ 6 II Nr. 2** und **3 typischerweise** anzunehmen, weil es insoweit gerade darum geht, eine objektive Information der Verbraucher „über ihre Vorteile" zu gewährleisten (vgl. Erwägungsgrund 8 S. 1 Werbe-RL). Eine Ausnahme ist dann geboten, wenn es sich um **„übertriebene Behauptungen oder nicht wörtlich zu nehmende Behauptungen"** und damit um eine „übliche und rechtmäßige Werbepraxis" handelt (vgl. Art. 5 III 2 UGP-RL). Denn der Verbraucher nimmt solche Behauptungen nicht ernst. Witzige und unterhaltsame Werbespots, die bei wörtlicher Anwendung des § 6 II Nr. 2 zu verbieten wären, sind daher als zulässig anzusehen. Dazu gehört wohl jener bekannte Werbespot für Jaguar-Automobile, der mit der Aussage endete „because I always prefer Elgar to Wagner".

IV. Verhältnis zu anderen Normen des UWG

1. Verhältnis zu den Irreführungstatbeständen (§ 5 I, III, § 5a)

23 **a) Die Regelung des § 5 III Alt. 1 und das Gebot der richtlinienkonformen Auslegung.** Die **Werbe-RL** unterscheidet zwischen den Tatbeständen der irreführenden Werbung und der unzulässigen vergleichenden Werbung (EuGH GRUR 2014, 493 Rn. 26 – Posteshop). Eine irreführende Werbung gegenüber Gewerbetreibenden setzt daher nicht voraus, dass gleichzeitig eine unzulässige vergleichende Werbung vorliegt. Jedoch ist eine vergleichende Werbung unzulässig, wenn sie irreführend ist. Nach **§ 5 III Alt. 1** sind Angaben iSv § 5 I 2 auch Angaben im Rahmen vergleichender Werbung. Das entspricht früheren Regelungen im UWG (§ 3 S. 2 UWG 1909; § 5 III UWG 2004; dazu BGH GRUR 2000, 619 – Orient-Teppichmuster). Jedoch hat es der Gesetzgeber bei der Umsetzung der UGP-RL unterlassen, die in Art. 14 UGP-RL erfolgte Änderung des Art. 3 lit. a Irreführungs-RL 84/450/EWG zu berücksichtigen. Diese Bestimmung ist nunmehr in **Art. 4 lit. a Werbe-RL** enthalten. Nach ihr ist vergleichende Werbung nur zulässig, wenn sie nicht irreführend iSd **Art. 2 lit. b Werbe-RL, Art. 3 und Art. 8 I Werbe-RL** oder iSd **Art. 6 und 7 UGP-RL** ist (dazu EuGH WRP 2017, 405 Rn. 28 ff. – Carrefour). Diese Regelung dient der vollständigen Rechtsangleichung und darf daher im Schutzniveau vom nationalen Gesetzgeber weder unterschritten noch überschritten werden. § 5 III 1 ist sonach richtlinienkonform am Maßstab dieser Regelung auszulegen. Die Verweisung auf die Irreführungstatbestände der Werbe-RL einerseits und die UGP-RL andererseits bedeutet, dass zwischen der **vergleichenden Werbung gegenüber Verbrauchern** (B2C) und der **gegenüber Unternehmern** (B2B) zu unterscheiden ist. Die Irreführung von Verbrauchern beurteilt sich nach den **Art. 6 und 7 UGP-RL,** die Irreführung von Unternehmern nach den **Art. 2 lit. b, 3 und 8 I Werbe-RL.** Daran hat sich die **richtlinienkonforme Auslegung des § 5 III Alt. 1** zu orientieren (dazu Köhler GRUR 2013, 761). Dies wurde bisher zu wenig berücksichtigt.

23a **b) Irreführende vergleichende Werbung gegenüber Verbrauchern. aa) Allgemeines.** Ob eine vergleichende Werbung gegenüber **Verbrauchern** irreführend ist, beurteilt sich nach § 5 III iVm den § 3 I, § 5 I, § 5a I und § 5a II – V in richtlinienkonformer Auslegung am Maßstab der Art. 6 I UGP-RL, Art. 7 UGP-RL iVm Art. 4 lit. a Werbe-RL (dazu Köhler GRUR 2013, 761 (763 ff.)). Ggf. sind die spezialgesetzlichen Irreführungsverbote heranzuziehen (BGH GRUR 2002, 633 (634) – Hormonersatztherapie). Dabei ist nicht zwischen den verschiedenen Bestandteilen des Vergleichs, nämlich zwischen den Angaben über das Angebot des Werbenden, den Angaben über das Angebot des Mitbewerbers und dem Verhältnis zwischen diesen Angeboten, zu unterscheiden (EuGH GRUR 2003, 533 Rn. 37, 56 – Pippig Augenoptik; vgl. auch Begr. RegE, BT-Drs. 14/2959 = WRP 2000, 555 (561)). Maßgebend ist die Sichtweise oder mutmaßliche Erwartung des „angemessen gut unterrichteten und angemessen aufmerksamen und kritischen" (Erwägungsgrund 18 UGP-RL) oder (gleichbedeutend damit) eines „normal informierten und angemessen aufmerksamen und verständigen" **Durchschnittsverbrauchers** (vgl. EuGH GRUR 2003, 533 Rn. 55 – Pippig Augenoptik; GRUR 2007, 69 Rn. 78 – LIDL Belgium; WRP 2017, 405 Rn. 31 – Carrefour; eingehend → § 5 Rn. 1.14, 1.52).

23b **bb) Irreführende Handlungen (§ 5 I).** Die Irreführung kann sich sowohl auf Angaben über den Werbenden und sein Angebot als auch auf Angaben über den Mitbewerber und sein Angebot sowie auf das Verhältnis der Angebote zueinander beziehen. Bei den Angaben über den

Mitbewerber und sein Angebot geht es idR um Angaben, die für den Mitbewerber nachteilig sind, wie etwa seine fehlende berufliche Qualifikation oder die fehlende Zwecktauglichkeit oder der höhere Preis seines Produkts.

cc) Irreführung durch Verschweigen von Tatsachen (§ 5a I). Irreführend iSd § 5a I **24** kann eine **unterlassene Angabe** in einem Vergleich sein, wenn dadurch beim Verbraucher ein **falscher Eindruck** erweckt wird (vgl. auch EuGH GRUR 2003, 533 Rn. 52 – Pippig Augenoptik). Das ist namentlich dann der Fall, wenn die Werbung unter Berücksichtigung der Verbraucher, an die sie sich richtet, einen Umstand verdecken soll, der, wäre er bekannt gewesen, geeignet gewesen wäre, eine erhebliche Anzahl von Verbrauchern von ihrer Kaufentscheidung abzuhalten (EuGH GRUR 2007, 69 Rn. 80 – LIDL Belgium; GRUR 2011, 159 Rn. 49 – Lidl/Vierzon). Dies gilt insbes. für Preisvergleiche (näher → § 5 Rn. 7.62–7.64a). Auch ein sachlich zutreffender Vergleich kann irreführend sein, etwa wenn er aufgrund einseitiger Auswahl der verglichenen Eigenschaften bei den Adressaten einen unzutreffenden Eindruck erwecken kann (BGH GRUR 2013, 1058 Rn. 16 – Kostenvergleich bei Honorarfactoring).

Irreführung bejaht: Nichtangabe der angeseheneren Marke des Mitbewerbers im Vergleich, **24a** wenn die Marke des Produkts die Entscheidung des Käufers spürbar beeinflussen kann und der Vergleich konkurrierende Produkte betrifft, deren jeweilige Marken deutliche Unterschiede hins. ihres Ansehens aufweisen (EuGH GRUR 2003, 533 Rn. 53, 55 – Pippig Augenoptik). – Preisvergleich, für den Waren ausgewählt wurden, die – ohne dass dies aus der Werbung hervorgeht – objektive Unterschiede aufweisen, welche die Kaufentscheidung spürbar beeinflussen können. Denn damit wird implizit die Behauptung aufgestellt, die betreffenden Waren seien gleichwertig (EuGH GRUR 2011, 159 Rn. 51, 52, 56 – LIDL/Vierzon) oder es seien alle relevanten Eigenschaften in den Preisvergleich einbezogen worden (BGH GRUR 2010, 658 Rn. 16 – Paketpreisvergleich). – Preisvergleich, bei dem sich die für den Preis maßgeblichen Konditionen der Wettbewerber nicht unwesentlich unterscheiden und der Werbende darauf nicht deutlich und unmissverständlich hinweist (BGH GRUR 2010, 658 Rn. 16 – Paketpreisvergleich). – Vergleich des **allgemeinen Preisniveaus** des Sortiments von Supermärkten, wenn sich der Vergleich nur auf eine Musterauswahl bezieht, aber nicht deutlich gemacht wird, dass der Vergleich sich nur auf eine solche Auswahl und nicht auf alle Produkte des Werbenden bezieht, dass er nicht die Bestandteile des vorgenommenen Vergleichs erkennbar macht oder dem Adressaten keine Informationsquelle nennt, über die eine solche Erkennbarkeit hergestellt werden kann, oder einen umfassenden Hinweis auf seine Ersparnisspanne enthält, ohne dass das allgemeine Niveau der Preise, die die Mitbewerber jeweils anwenden, und die Höhe der Ersparnis, die durch den Einkauf beim Werbenden erzielt werden kann, individualisiert werden (EuGH GRUR 2007, 69 Rn. 83, 85 – LIDL Belgium). – Werbung mit der besonderen Preiswürdigkeit eines Preisbestandteils unter Verschweigen oder unzureichender Angabe der übrigen Preisbestandteile, wenn sie den unzutreffenden Eindruck einer besonderen Preiswürdigkeit des beworbenen Angebots erweckt (BGH GRUR 2011, 742 Rn. 33–35 – Leistungspakete im Preisvergleich). – Vergleich des eigenen Angebots mit dem teureren Angebot eines Mitbewerbers, wenn nicht erwähnt wird, dass im Zeitpunkt der Werbung ein günstigeres Angebot des Mitbewerbers vorliegt, das dem Angebot des Werbenden in den meisten Punkten entspricht und in einem Punkt sogar klar überlegen ist (BGH GRUR 2011, 742 Rn. 36 – Leistungspakete im Preisvergleich). – Vergleich von Preisen, die eine Handelsgruppe in Geschäften größeren Umfangs oder größerer Art verlangt, mit den Preisen, die in Geschäften kleineren Umfangs oder kleinerer Art konkurrierender Handelsgruppen ermittelt werden, sofern die Verbraucher darüber nicht auf klare Weise und in der Werbebotschaft selbst informiert werden (EuGH WRP 2017, 405 Rn. 29 ff., 40 – Carrefour; dazu Brauneck GRUR 2017, 409).

Irreführung verneint: Werbung mit **wissenschaftlichen Erkenntnissen,** wenn die Unter- **25** suchung, über die berichtet wird, nach wissenschaftlichen Maßstäben nicht zu beanstanden ist (BGH GRUR 2002, 633 (634) – Hormonersatztherapie). Allerdings spielt eine Rolle, worauf sich die Untersuchung bezieht. So liegt bei einem vergleichenden Test von Produkten unter Extrembedingungen die Gefahr einer Irreführung der angesprochenen Verkehrskreise nicht fern (BGH GRUR 2005, 172 (175) – Stresstest). – Unterlassener Hinweis, dass die verglichenen Produkte auf verschiedenen **Vertriebswegen** beschafft wurden (Bezug vom offiziellen Vertriebspartner und Bezug im Wege des Parallelimports). Denn die Werbe-RL verlangt nicht, dass die verglichenen Produkte auf denselben Vertriebswegen beschafft wurden (EuGH GRUR 2003, 533 Rn. 61–64 – Pippig Augenoptik). – Unterlassener Hinweis auf einen vorherigen Testkauf zu dem Zweck, einen für den Werbenden günstigen Preisvergleich vorzunehmen

(EuGH GRUR 2003, 533 Rn. 79, 71 – Pippig Augenoptik). Ein Testkauf wird vielfach geradezu notwendig sein, um einen verlässlichen Preisvergleich durchführen zu können. – Preisvergleich bei **standardisierten Dienstleistungen,** der sich auf einen beispielhaft herausgegriffenen höheren Preis eines Mitbewerbers bezieht, weil die Abnehmer ihn für den Normalpreis des Mitbewerbers halten (BGH WRP 2013, 1333 Rn. 21 ff. – Kostenvergleich bei Honorarfactoring; → Rn. 121).

26   **dd) Vorenthalten wesentlicher Informationen (§ 5a II–V).** Neben § 5a I ist **§ 5a II–IV** als Prüfungsmaßstab heranzuziehen, weil beide Bestimmungen unterschiedliche Anknüpfungspunkte haben (vgl. Bornkamm WRP 2012, 1 (3)): § 5a I handelt vom **unrichtig,** § 5a II–IV vom **unzureichend** informierten Verbraucher. Unlauter iSd **§ 5a II–V** (in richtlinienkonformer Auslegung am Maßstab des Art. 7 UGP-RL) kann eine vergleichende Werbung sein, wenn dem Verbraucher eine **wesentliche Information** vorenthalten wird, die er den Umständen nach für eine informierte Entscheidung benötigt. Die Informationspflicht bezieht sich zunächst einmal auf das Angebot des Werbenden. Insoweit sind die besonderen Informationsanforderungen des § 5a III und IV zu beachten. Eigenständige Bedeutung erlangt § 5a II in Bezug auf das Angebot des Mitbewerbers und das Verhältnis beider Angebote zueinander, insbes. beim **Preisvergleich** (dazu Köhler GRUR 2013, 761 (764)): Eine **Informationspflicht gegenüber dem Verbraucher** kann bestehen, wenn sich die Grundlagen der Preisbemessung nicht unwesentlich unterscheiden (vgl. BGH GRUR 2010, 658 Rn. 16 – Paketpreisvergleich) und wenn noch andere vergleichbare günstigere Angebote des Mitbewerbers vorliegen (vgl. BGH GRUR 2011, 742 Rn. 36 – Leistungspakete im Preisvergleich). Allerdings hat der BGH dieses Ergebnis seinerzeit auf § 5 I, III statt auf § 5a II gestützt. Die praktische Bedeutung des § 5a II liegt darin, dass keine Irreführung des Verbrauchers nachgewiesen werden muss.

27   **c) Irreführende vergleichende Werbung gegenüber Unternehmern.** Für die Beurteilung einer irreführenden vergleichenden Werbung gegenüber **Unternehmern** sind die § 5 III iVm § 3 I; § 5 I, § 5a I in richtlinienkonformer Auslegung am Maßstab der Art. 4 lit. a Werbe-RL iVm Art. 2 lit. b Werbe-RL, Art. 3 und 8 I Werbe-RL einschlägig (dazu Köhler GRUR 2013, 761 (765 ff.); ähnlich Ohly/Sosnitza/Ohly Rn. 13). Diese Maßstäbe dürfen nach Art. 8 I 2 Werbe-RL von den Mitgliedstaaten auch nicht verschärft werden (vgl. EuGH GRUR 2003, 533 Rn. 36 – Pippig Augenoptik). Es gelten also **andere Maßstäbe** als für die vergleichende Werbung gegenüber Verbrauchern. Unterschiede bestehen bei den tatbestandlichen Voraussetzungen der Irreführung, insbes. hinsichtlich der Relevanzklausel (aA Ohly/Sosnitza/Ohly Rn. 13, der von „minimalen" Unterschieden spricht). Denn es reicht nach Art. 2 lit. b Werbe-RL auch aus, dass die Werbung geeignet ist, einen **Mitbewerber zu schädigen.** Auch gibt es keine dem Art. 7 UGP-RL entsprechende Vorschrift. Vielmehr ist insoweit auf die Rspr. des EuGH zu Art. 2 Nr. 2 RL 84/450/EWG, Art. 3 RL 84/450/EWG zur „Irreführung durch Unterlassen" (→ Rn. 24 ff.) zurückzugreifen. Ausgeschlossen ist es lediglich, strengere Informationspflichten anzunehmen, als sie sich aus § 5a II–IV im Verhältnis zu Verbrauchern ergäben.

2. Die Regelung des § 5 II

28   Durch § 5 II wurde Art. 6 II lit. a UGP-RL umgesetzt (näher → § 5 Rn. 1.85f, 4.236 ff.). Danach ist eine geschäftliche Handlung irreführend, wenn sie im Zusammenhang mit der Vermarktung von Waren oder Dienstleistungen eine Verwechslungsgefahr mit einer anderen Ware oder Dienstleistung oder mit der Marke oder einem anderen Kennzeichen eines Mitbewerbers hervorruft. Aus einer richtlinienkonformen Auslegung ergibt sich, dass der Tatbestand des § 5 II nur erfüllt ist, wenn die geschäftliche Handlung außerdem die Kaufentscheidung beeinflussen kann. Irreführungsgefahr hat also weitere Voraussetzungen als nur Verwechslungsgefahr (dazu Bornkamm/Kochendörfer FS 50 Jahre BPatG, 2011, 533). Die Regelung bezieht ausdrücklich auch den Fall der vergleichenden Werbung ein. Während allerdings Art. 6 II lit. a UGP-RL sich auf das Verhältnis Unternehmer zu Verbraucher (B2C) beschränkt, gilt § 5 II, jedenfalls dem Wortlaut nach, auch für das Verhältnis von Unternehmer zu Unternehmer (B2B). In richtlinienkonformer Auslegung ist § 5 II, soweit es die vergleichende Werbung betrifft, auf den Schutz der **Verbraucher** zu beschränken (→ Rn. 142). Allerdings wird der Begriff der vergleichenden Werbung sehr weit gefasst. Er bezieht sich nach der Rspr. auch auf Fälle, in denen bereits die Bezeichnung oder Präsentation eines Produkts eine mittelbare Bezugnahme auf die Produkte eines Mitbewerbers bewirkt (vgl. BGH GRUR 2008, 628 – Imitationswerbung mAnm Köhler; GRUR 2009, 871 Rn. 31 – Ohrclips: Bezeichnung des eigenen Produkts als „a la Cartier"; GRUR 2010, 343 Rn. 28 – Oracle). Folgt man dem, könnte im Grunde bereits die Bezeichnung oder Präsentation eines Nachahmungsprodukts, wenn nicht zugleich die Zulässigkeitsvoraussetzung des § 6 II Nr. 2 erfüllt ist, zu einem Verbot der Werbung führen, selbst wenn der Tatbestand des § 5 II oder der des § 4 Nr. 3 lit. a und b nicht erfüllt wäre (vgl. Köhler GRUR 2008, 632 (633); Köhler GRUR 2009, 445 (450)).

3. Verhältnis zur Herabsetzung und Verunglimpfung (§ 4 Nr. 1)

Vgl. auch → Rn. 165. Die Bestimmung in § 6 II Nr. 5 hat, da in Umsetzung des Art. 4 lit. d **28a** Werbe-RL geschaffen, Vorrang vor § 4 Nr. 1 (BGH WRP 2019, 743 Rn. 13 – Knochenzement II mwN).

4. Verhältnis zur Anschwärzung (§ 4 Nr. 2)

Vgl. auch → § 4 Rn. 2.8. Erfolgt die geschäftsschädigende unwahre Äußerung im Rahmen **29** einer **vergleichenden Werbung,** so ist sie nicht nur idR (so aber MüKoUWG/Menke Rn. 39), sondern stets irreführend iSv § 5 III (BGH GRUR 2002, 633 (635) – Hormonersatztherapie; vgl. auch Art. 7 I UGP-RL). Zwar wird § 4 Nr. 2 durch die Vorschriften über die vergleichende Werbung (§§ 5 III, 6 II Nr. 5) nicht verdrängt, jedoch darf die Anwendung des § 4 Nr. 2 zu keinen von diesen Vorschriften abweichenden Ergebnissen führen (vgl. BGH GRUR 2002, 633 (635) – Hormonersatztherapie zur Regelung der Beweislastumkehr in der Vorgängervorschrift des § 14 UWG 1909 und ihrer Vereinbarkeit mit [jetzt] Art. 7 Werbe-RL; vgl. ferner BGH GRUR 2005, 172 (175) – Stresstest zum Irreführungsmaßstab). Denn die bei der Auslegung dieser Vorschriften zu beachtende Werbe-RL bezweckt eine abschließende Regelung (vgl. ErwGr. 6 Werbe-RL). Daran ändert es nichts, dass § 4 Nr. 2 dem Schutz der Mitbewerber dient, bezweckt doch die Werbe-RL nach ErwGr. 9 Werbe-RL gleichfalls den Schutz der Mitbewerber. Die unterschiedlichen **Beweislastregelungen** in § 4 Nr. 2 Hs. 1 und 2 sind, soweit sie Behauptungen im Rahmen einer vergleichenden Werbung betreffen, durch Art. 7 lit. a Werbe-RL und Art. 12 lit. a UGP-RL gedeckt. IErg stellt sonach § 4 Nr. 2 eine Ergänzung zu § 6 II Nr. 4, 5 und zu § 5 III dar. Daher ist **§ 4 Nr. 2** neben **§ 6 II Nr. 4, 5** (und **§ 5 III**) anwendbar.

Fraglich kann daher nur der verbleibende eigenständige Anwendungsbereich des § 4 Nr. 2 **30** sein. Da § 4 Nr. 2 eine geschäftliche Handlung voraussetzt und damit nur Äußerungen erfasst, die dem Ziel der Absatzförderung dienen, ist in den Fällen der Anschwärzung vielfach eine Werbung iSd § 6 I anzunehmen. Folglich hat § 4 Nr. 2 letztlich nur für die Fälle eigenständige Bedeutung, in denen es an einer vergleichenden Werbung fehlt. Im Übrigen werden von § 4 Nr. 2 nur unwahre Tatsachenbehauptungen über einen Unternehmer, sein Unternehmen und seine Produkte erfasst, nicht dagegen abträgliche wahre Tatsachenbehauptungen und bloße Werturteile (→ § 4 Rn. 2.2). Außerdem setzt § 4 Nr. 2 tatbestandlich nicht voraus, dass die Äußerung eine Herabsetzung oder gar Verunglimpfung enthält (→ § 4 Rn. 2.19; BGH GRUR 2002, 633 (635) – Hormonersatztherapie zu § 14 aF). Die Tatbestände des § 4 Nr. 2 und der §§ 5 und 6 überschneiden sich daher zwar, aber sie decken sich nicht.

5. Verhältnis zum lauterkeitsrechtlichen Nachahmungsschutz (§ 4 Nr. 3)

Die Regelungen in § 6 II Nr. 3, 5 und 6 und die Regelung des lauterkeitsrechtlichen Nach- **31** ahmungsschutzes (§ 4 Nr. 3) stehen grds. nebeneinander (vgl. BGH GRUR 2010, 343 Rn. 42 – Oracle; → § 4 Rn. 3.5). Allerdings hat § 6, da er die abschließende Regelung in der Werbe-RL umsetzt, in seinem Anwendungsbereich Vorrang. Ein nach § 6 zulässige vergleichende Werbung kann daher nicht nach § 4 Nr. 3 lit. a oder b verboten werden (BGH WRP 2012, 318 Rn. 26 – Teddybär).

6. Verhältnis zur Mitbewerberbehinderung (§ 4 Nr. 4)

Eine nach § 6 zulässige vergleichende Werbung kann, da diese Vorschrift das vorrangig **31a** anzuwendende Unionsrecht umsetzt, nicht nach § 4 Nr. 4 verboten werden (BGH WRP 2012, 318 Rn. 26 – Teddybär; MüKoUWG/Menke Rn. 44).

V. Verhältnis zum Markenrecht

1. Problematik

32   Das Verhältnis des Markenrechts zum Recht der vergleichenden Werbung ist noch nicht abschließend geklärt (vgl. Sack GRUR 2017, 664). Fest steht nur, dass das Markenrecht keinen grundsätzlichen Vorrang vor dem Recht der vergleichenden Werbung (vgl. ErwGr. 7 RL 2008/95/EG aF; BGH GRUR 2009, 871 Rn. 30 – Ohrclips), umgekehrt aber auch das Recht der vergleichenden Werbung keinen grundsätzlichen Vorrang vor dem Markenrecht hat (vgl. EuGH GRUR 2008, 698 Rn. 37 – O2/Hutchinson). Die Abstimmung hat anhand der **Werbe-RL** einerseits und der **Marken-RL** sowie der **UMV** v. 14.6.2017 zu erfolgen. Nach Art. 10 III lit. f Marken-RL und nach Art. 9 III lit. f UMV kann bei der Verletzung einer Marke ua verboten werden, das Zeichen in der vergleichenden Werbung in einer der Werbe-RL zuwiderlaufenden Weise zu benutzen. Bei der Auslegung dieser unionsrechtlichen Bestimmungen ist in erster Linie auf die Rspr. des EuGH abzustellen (EuGH GRUR 2008, 698 – O2/Hutchinson; GRUR 2009, 756 – L'Oréal/Bellure; dazu Alexander GRUR 2010, 482; Büscher GRUR 2009, 230 (234 ff.); Sack WRP 2011, 288). Dabei sind mehrere Fragen zu unterscheiden.

2. Markenmäßige Benutzung eines Zeichens in der vergleichenden Werbung

33   Die Benutzung eines mit der Marke eines Mitbewerbers identischen oder ihr ähnlichen Zeichens durch einen Werbenden in einer vergleichenden Werbung zum Zweck der **Identifizierung** der von ihm angebotenen Waren oder Dienstleistungen stellt eine markenmäßige Benutzung dar (vgl. EuGH GRUR 2008, 698 Rn. 33–37 – O2/Hutchinson mAnm Ohly; GRUR 2009, 756 Rn. 53 – L'Oréal/Bellure; BGH WRP 2015, 1336 Rn. 15 – Staubsaugerbeutel im Internet; Sack GRUR 2017, 664 (669)). Damit stellt sich die Frage nach der markenrechtlichen Zulässigkeit einer solchen Benutzung.

3. Markenrechtliche Zulässigkeit der bloßen Benutzung

34   **a) Allgemeines.** Ausgangspunkt ist der Wille des europäischen Gesetzgebers, die vergleichende Werbung im Interesse der Verbraucher und des Wettbewerbs fördern (Erwägungsgründe 6, 8 (9) Werbe-RL). Aus seiner Sicht kann es für eine wirksame vergleichende Werbung unerlässlich sein, die Waren oder Dienstleistungen eines Mitbewerbers dadurch erkennbar zu machen, dass auf eine ihm gehörende Marke oder auf seinen Handelsnamen Bezug genommen wird (ErwGr. 8 und 14f Werbe-RL). Daher ist Art. 4 Werbe-RL dahin auszulegen, dass der Inhaber einer eingetragenen Marke nicht berechtigt ist, die Benutzung eines mit seiner Marke identischen oder ihr ähnlichen Zeichens durch einen Dritten in einer vergleichenden Werbung zu verbieten, wenn diese sämtliche in Art. 4 Werbe-RL genannten Zulässigkeitsvoraussetzungen erfüllt (EuGH GRUR 2008, 698 Rn. 45–51 – O2/Hutchinson; GRUR 2009, 756 Rn. 54 – L'Oréal/Bellure; BGH WRP 2015, 1336 Rn. 16 – Staubsaugerbeutel im Internet). Eine solche bloße Bezugnahme verletzt daher das fremde Kennzeichenrecht nicht, wenn sie unter Beachtung der in Art. 4 Werbe-RL aufgestellten Bedingungen erfolgt und das fremde Kennzeichen verwendet wird, um auf den **Bestimmungszweck des angebotenen Produkts** hinzuweisen (BGH WRP 2015, 1336 Rn. 17 – Staubsaugerbeutel im Internet). Das **Recht aus der Marke** wird insoweit in gewissem Umfang **eingeschränkt** (EuGH GRUR 2008, 698 Rn. 38, 39 – O2/Hutchinson; dazu Alexander GRUR 2010, 482 (486); Blankenburg WRP 2008, 1294). Übertragen auf die Systematik des UWG bedeutet dies: Die Benutzung einer fremden Marke in einer vergleichenden Werbung ist zulässig, wenn sie keinen der Unlauterkeitstatbestände des § 6 II (und des § 5 II, III) erfüllt (vgl. auch Ohly/Sosnitza/Ohly Rn. 19b). Dabei sind insbes. die markenbezogenen Tatbestände des § 6 II Nr. 3, 4 und 6 von Bedeutung. Ist dagegen umgekehrt die Benutzung der Marke unlauter iSd § 6 II, so kann auch eine Markenverletzung vorliegen. Im Einzelnen:

35   **b) Schutz vor Verwendung eines mit der Marke identischen Zeichens (§ 14 II Nr. 1 MarkenG).** Benutzt der Werbende ein mit der Marke identisches Zeichen für Waren oder Dienstleistungen, die mit denjenigen identisch sind, für die die Marke eingetragen wurde, und erfüllt die vergleichende Werbung nicht alle Zulässigkeitsvoraussetzungen des § 6 II, kann der Markeninhaber die Benutzung auch dann untersagen, wenn die Herkunftsfunktion der Marke nicht beeinträchtigt ist, sofern nur eine andere Funktion der Marke beeinträchtigt werden kann

(EuGH GRUR 2009, 756 Rn. 65 – L'Oréal/Bellure). Zu diesen anderen Funktionen gehören ua die Qualitätsgewährleistungs-, Kommunikations-, Investitions- und Werbefunktion der Marke (EuGH GRUR 2009, 756 Rn. 58, 65 – L'Oréal/Bellure). Der Tatbestand des § 14 II Nr. 1 MarkenG kann insbes. bei der Verwendung von Duft-Vergleichslisten zwischen namentlich genannten Markenparfüms und Duftimitationen verwirklicht sein (EuGH GRUR 2009, 756 Rn. 63 – L'Oréal/Bellure).

c) Schutz vor Verwendung eines der Marke ähnlichen Zeichens (§ 14 II Nr. 2 Mar- 36 **kenG).** Besteht **Verwechslungsgefahr** zwischen dem vom Werbenden verwendeten Zeichen und der Marke des Mitbewerbers iSd (insoweit einheitlich auszulegenden) Bestimmungen des Art. 10 II lit. b Marken-RL (= § 14 II Nr. 2 MarkenG) und des Art. 4 I lit. h Werbe-RL (= § 6 II Nr. 3), so erfüllt die vergleichende Werbung die Zulässigkeitsvoraussetzungen nicht. Die Markenbenutzung kann dann auch nach Markenrecht verboten werden (EuGH GRUR 2008, 698 Rn. 45–51 – O2/Hutchinson; Art. 10 III lit. f Marken-RL). Von einer Verwechslungsgefahr ist dann auszugehen, wenn das Publikum glauben könnte, dass die in Frage stehenden Waren oder Dienstleistungen aus demselben Unternehmen oder aus wirtschaftlich verbundenen Unternehmen stammen (EuGH GRUR 2008, 698 Rn. 59 – O2/Hutchinson). Fehlt es an einer Verwechslungsgefahr, so kann der Inhaber der Marke dem Werbenden die Benutzung eines dieser Marke **ähnlichen** Zeichens für Waren oder Dienstleistungen, die mit denen, für die die Marke eingetragen wurde, identisch oder ihnen ähnlich sind, nicht nach Art. 10 II lit. b Marken-RL verbieten, und zwar unabhängig davon, ob die vergleichende Werbung alle in Art. 4 I Werbe-RL genannten Zulässigkeitsbedingungen erfüllt oder nicht (EuGH GRUR 2008, 698 Rn. 69 – O2/Hutchinson).

d) Schutz der bekannten Marke (§ 14 II Nr. 3 MarkenG). Die Benutzung der Marke im 37 Rahmen einer vergleichenden Werbung kann allerdings auch den Tatbestand des § 14 II Nr. 3 MarkenG erfüllen. Den zugrunde liegenden Art. 5 II MRRL RL 2008/95/EG hat der EuGH wie folgt ausgelegt: Die Bestimmung gilt auch in Bezug auf Waren oder Dienstleistungen, die mit denen, für die die Marke eingetragen ist, identisch oder ihnen ähnlich sind (EuGH GRUR 2009, 756 Rn. 35 – L'Oréal/Bellure). Die **Ähnlichkeit** zwischen der bekannten Marke und dem von dem Dritten verwendeten Zeichen erfordert keine Verwechslungsgefahr, vielmehr genügt es, dass die beteiligten Verkehrskreise das Zeichen und die Marke gedanklich miteinander in Verbindung bringen (EuGH GRUR 2009, 756 Rn. 36 – L'Oréal/Bellure).

Eine **Beeinträchtigung der Unterscheidungskraft** der Marke („Verwässerung", „Schwä- 38 chung") liegt vor, wenn die Eignung dieser Marke, die Waren oder Dienstleistungen, für die sie eingetragen ist, zu identifizieren, geschwächt wird, weil die Benutzung des identischen oder ähnlichen Zeichens durch Dritte zur Auflösung der Identität der Marke und ihrer Bekanntheit beim Publikum führt (EuGH GRUR 2009, 756 Rn. 39 – L'Oréal/Bellure).

Eine **Beeinträchtigung der Wertschätzung** der Marke („Herabsetzung", „Verunglimp- 39 fung") liegt vor, wenn die Waren oder Dienstleistungen, für die das identische oder ähnliche Zeichen von Dritten benutzt wird, auf die Öffentlichkeit in einer Weise wirken kann, dass die Anziehungskraft der Marke geschmälert wird. Die Gefahr einer solchen Beeinträchtigung kann sich insbes. daraus ergeben, dass die von Dritten angebotenen Waren oder Dienstleistungen Merkmale oder Eigenschaften aufweisen, die sich negativ auf das Bild einer bekannten älteren Marke auswirken können (EuGH GRUR 2009, 756 Rn. 40 – L'Oréal/Bellure).

Die **unlautere Ausnutzung** der Unterscheidungskraft oder der Wertschätzung der Marke 40 („parasitäres Verhalten", „Trittbrettfahren") setzt weder eine Verwechslungsgefahr noch die Gefahr einer Beeinträchtigung dieser Unterscheidungskraft oder Wertschätzung oder allgemein des Inhabers der Marke voraus. Sie knüpft an den **Vorteil** an, den der Dritte aus der Benutzung des identischen oder ähnlichen Zeichens zieht. Es sollen damit insbes. die Fälle erfasst werden, in denen auf Grund der **Übertragung** des Bilds der Marke oder der durch sie vermittelten Merkmale auf die mit dem identischen oder ähnlichen Zeichen gekennzeichneten Waren eine eindeutige Ausnutzung der bekannten Marke gegeben ist (EuGH GRUR 2009, 756 Rn. 41 – L'Oréal/Bellure). Um eine unlautere Ausnutzung festzustellen, bedarf es einer umfassenden Beurteilung aller relevanten Umstände des konkreten Falles. Insbesondere ist das Ausmaß der Bekanntheit und der Grad der Unterscheidungskraft der Marke, der Grad der Ähnlichkeit der einander gegenüberstehenden Marken sowie die Art der betroffenen Waren und Dienstleistungen und der Grad ihrer Nähe zu berücksichtigen (EuGH GRUR 2009, 756 Rn. 44 – L'Oréal/Bellure). Außerdem kann auch die Gefahr einer Verwässerung oder Verunglimpfung der Marke berücksichtigt werden (EuGH GRUR 2009, 756 Rn. 45 – L'Oréal/Bellure). Eine unlautere

Ausnutzung der Unterscheidungskraft oder der Wertschätzung einer Marke liegt dann vor, wenn der Werbende durch die Benutzung der Marke versucht, sich in den Bereich der **Sogwirkung** der Marke zu begeben, um von ihrer Anziehungskraft, ihrem Ruf und ihrem Ansehen zu **profitieren** und um ohne finanzielle Gegenleistung die wirtschaftlichen Anstrengungen des Markeninhabers zur Schaffung und Aufrechterhaltung des Images dieser Marke auszunutzen (EuGH GRUR 2009, 756 Rn. 49, 50 – L'Oréal/Bellure). Der Begriff der unlauteren Ausnutzung der Wertschätzung der Marke in (jetzt) Art. 10 II lit. c Marken-RL (= § 14 II Nr. 3 MarkenG) ist im gleichen Sinne auszulegen wie der Begriff der unlauteren Ausnutzung des Rufs einer Marke iSd Art. 4 lit. f Werbe-RL (= § 6 II Nr. 4) (EuGH GRUR 2009, 756 Rn. 77 – L'Oréal/Bellure; Ohly/Sosnitza/Ohly Rn. 19b; aA Sack GRUR 2017, 664 (668)).

VI. Verhältnis zum Urheberrecht

41   Die Abbildung eines urheberrechtlich geschützten Konkurrenzprodukts im Rahmen einer vergleichenden Werbung kann zwar tatbestandlich eine Urheberrechtsverletzung iSd § 97 UrhG iVm §§ 16, 17 UrhG darstellen, da die Einschränkung zugunsten einer werblichen Darstellung durch den Vertriebsberechtigten (vgl. BGHZ 144, 232 (237 ff.) = GRUR 2001, 51 – Parfum-flakon) insoweit nicht eingreift. Entsprechend den Grundsätzen zum Markenrecht wird man jedoch auch insoweit von einem Vorrang der Regelungen über die vergleichende Werbung ausgehen müssen. Eine Untersagung ist daher nicht möglich, wenn die Abbildung unter Beachtung der Zulässigkeitsvoraussetzungen für eine vergleichende Werbung erfolgt und nur eine Unterscheidung bezweckt, durch die die Unterschiede der konkurrierenden Produkte objektiv herausgestellt werden sollen (vgl. ErwGr. 15 Werbe-RL).

VII. Spezialregelungen der vergleichenden Werbung

42   Spezielle Regelungen zur vergleichenden Werbung enthalten: **(1) § 4 III WpDVerOV**, durch den Art. 27 III RL 2006/73/EG v. 10.8.2006 umgesetzt wurde, für die vergleichende Werbung für **Wertpapierdienstleistungen** (dazu Köhler WM 2009, 385); **(2) Art. 9 VO (EG) 1924/2006** über nährwert- und gesundheitsbezogene Angaben über Lebensmittel (Health-Claim-VO) für die vergleichende Werbung mit **nährwertbezogenen Angaben** (dazu Köhler ZLR 2008, 135; GK-UWG/Glöckner Rn. 159 ff.); **(3) § 11 II HWG** für die vergleichende Werbung mit der Wirkung eines **Arzneimittels**.

C. Begriff der vergleichenden Werbung

I. Allgemeines

1. Legaldefinition

43   In § 6 I wird die vergleichende Werbung definiert als **„jede Werbung, die unmittelbar oder mittelbar einen Mitbewerber oder die von einem Mitbewerber angebotenen Waren oder Dienstleistungen erkennbar macht"**. Diese Legaldefinition entspricht weitgehend dem Wortlaut von Art. 2 lit. c Werbe-RL (dazu EuGH Slg. 2001, I-7945 = GRUR 2002, 354 (355) Rn. 31 – Toshiba Europe; zur früheren deutschen Rspr. vgl. BGH GRUR 1998, 824 (826) – Testpreis-Angebot). Nach dem ErwGr. 8 der Richtlinie ist die Begriffsbestimmung breit zu fassen und soll alle Arten der vergleichenden Werbung abdecken (vgl. EuGH Slg. 2001, I-7945 = GRUR 2002, 354 (355) Rn. 30 – Toshiba Europe; GRUR 2003, 533 (535) Rn. 35 – Pippig Augenoptik; GRUR 2007, 511 Rn. 16 – De Landtsheer/CIVC; GRUR 2009, 756 Rn. 52 – L'Oréal/Bellure; BGHZ 158, 26 = GRUR 2004, 607 (611) – Genealogie der Düfte). Die Definition in § 6 I umfasst alle der früher im deutschen Recht unter den Fallgruppen der kritisierenden, anlehnenden und persönlichen vergleichenden Werbung zusammengefassten Formen vergleichender Werbung, soweit sie Mitbewerber erkennbar machen (vgl. Begr. RegE, BT-Drs. 14/2959 = WRP 2000, 555 (559)).

2. Einschränkung

44   **a) Erfordernis eines Vergleichs.** Setzt der Tatbestand der vergleichenden Werbung in Art. 2 lit. c Werbe-RL bzw. § 6 I als ungeschriebenes Tatbestandsmerkmal auch einen Vergleich voraus? Oder ist auch eine **„vergleichende Werbung ohne Vergleich"** anzuerkennen? Diese

Frage wurden erstmals in der Toshiba-Europe-Entscheidung des EuGH aufgeworfen und wird immer noch diskutiert.

aa) Die Rspr. des EuGH. Nach dem **Wortlaut** des Art. 2 lit. c Werbe-RL könnte die **45** Definition der „vergleichenden Werbung" auch solche Werbeformen erfassen, die zwar einen Mitbewerber erkennbar machen, bei denen aber der Werbende weder sich noch die von ihm angebotenen Produkte in eine vergleichende Beziehung zu einem Wettbewerber oder dessen Produkte setzt. Vom Wortlaut her ist es daher nach Auffassung des EuGH ohne Belang, ob die Werbung einen Vergleich zwischen den vom Werbenden angebotenen Erzeugnissen und Dienstleistungen und denjenigen des Mitbewerbers darstellt (EuGH Slg. 2001, I-7945 = GRUR 2002, 354 (355) Rn. 31 – Toshiba Europe; GRUR 2007, 511 Rn. 16 – De Landtsheer/CIVC). Vergleichende Werbung iSv Art. 2 lit. c Werbe-RL liegt nach der Rspr. des **EuGH** vielmehr schon dann vor, wenn eine Äußerung in einer beliebigen Form vorliegt, die – wenn auch nur mittelbar – auf einen Mitbewerber oder die Erzeugnisse oder Dienstleistungen, die dieser anbietet, Bezug nimmt (zuletzt EuGH GRUR 2007, 511 Rn. 16 – De Landtsheer/CIVC; GRUR 2009, 756 Rn. 52 – L'Oréal/Bellure). Da jedoch vergleichende Werbung nach Art. 4 Werbe-RL nur zulässig ist, wenn ein Vergleich vorliegt, hätte dies zur Folge, dass jede Äußerung, die einerseits eine Identifizierung eines Mitbewerbers oder der von ihm angebotenen Waren oder Dienstleistungen ermöglicht, andererseits keinen Vergleich iSd Art. 4 Werbe-RL enthält, unzulässig wäre. Dies würde ua einen Widerspruch zu Art. 6 I lit. c RL 89/104/EWG und zur Rspr. des EuGH (Slg. 1999, I-905 = WRP 1999, 407 Rn. 58–60 – BMW/Deenik) darstellen. Daher lehnt der EuGH (Slg. 2001, I-7945 = GRUR 2002, 354 Rn. 35 – Toshiba Europe) iErg zu Recht eine wörtliche Auslegung der Richtlinie ab. Er versucht, den Widerspruch durch **teleologische** Auslegung, nämlich unter Rückgriff auf die Ziele der Richtlinie (→ Rn. 8), aufzulösen. Die Anforderungen an die vergleichende Werbung sollen „in dem für sie günstigsten Sinn" ausgelegt werden (EuGH Slg. 2001, I-7945 = GRUR 2002, 354 Rn. 36, 37 – Toshiba Europe), „wobei sicherzustellen ist, dass die vergleichende Werbung nicht in einer wettbewerbswidrigen und unlauteren oder die Verbraucherinteressen beeinträchtigenden Weise betrieben wird" (EuGH GRUR 2009, 756 Rn. 69 – L'Oréal/Bellure). Es soll also nach Möglichkeit im Einzelfall ein Waren- oder Dienstleistungsvergleich angenommen werden. In der Folgezeit brauchte der EuGH das Problem nicht mehr aufzugreifen, weil in allen entschiedenen Fällen die Werbung einen Vergleich enthielt (vgl. EuGH GRUR 2009, 756 Rn. 52 – L'Oréal/Bellure: Duftvergleichslisten).

bb) Die Rspr. des BGH. Die Rspr. des BGH zu dieser Frage bot in der Vergangenheit kein **46** einheitliches Bild (vgl. die Nachw. in der 33. Aufl. 2015). – Der BGH hat die Frage zwischenzeitlich entschieden: Vergleichende Werbung setzt nicht nur voraus, dass ein Mitbewerber oder die von ihm angebotenen Produkte unmittelbar oder mittelbar erkennbar gemacht werden; vielmehr muss sich darüber hinaus aus der Werbung (und nicht lediglich auf Grund außerhalb der Werbung liegender Umstände; BGH WRP 2018, 1074 Rn. 66 – ORTLIEB) ergeben, dass sich unterschiedliche, aber hinreichend austauschbare Produkte des Werbenden und des Mitbewerbers gegenüberstehen (BGH WRP 2012, 77 Rn. 18 – Coaching-Newsletter mAnm Köhler; WRP 2015, 1336 Rn. 19 – Staubsaugerbeutel im Internet; WRP 2019, 736 Rn. 27 – Das beste Netz; ebenso OLG Hamburg GRUR-RR 2023, 309 Rn. 21). Dies soll sich aus der Rspr. des EuGH zu Art. 4 lit. b Werbe-RL (ua EuGH GRUR 2011, 159 Rn. 25 – LIDL/Vierzon) ergeben.

cc) Das Schrifttum. Das Schrifttum ist gespalten. Die **Befürworter** des Vergleichserfor- **47** dernisses weisen insbes. auf die Gefahr hin, bei einer Anerkennung einer „**vergleichenden Werbung ohne Vergleich**" könnten viele für sich gesehen unbedenkliche Formen der Werbung an den engmaschigen Zulässigkeitsvoraussetzungen des § 6 II scheitern (vgl. Begr. RegE, BT-Drs. 14/2959 = WRP 2000, 555 (560); Harte-Bavendamm/Henning-Bodewig/Sack Rn. 108 ff.; Ohly/Sosnitza/Ohly Rn. 34, 36; Köhler GRUR 2005, 273 (278); Scherer GRUR 2012, 545). Diese Beschränkung könnte auch gegen das europäische Grundrecht auf freie Meinungsäußerung (Art. 11 GRCh) verstoßen. Die **Gegner** des Vergleichserfordernisses verweisen auf den Wortlaut des § 6 I und die angeblich entgegenstehende Rspr. des EuGH (vgl. MüKoUWG/Menke Rn. 137, 148 f; jurisPK-UWG/Müller-Bidinger Rn. 104; Alexander GRUR 2010, 482 (484)) und wollen mit einer großzügigen Auslegung der Zulässigkeitsvoraussetzungen des § 6 II, notfalls gegen den Wortlaut dieser Norm helfen.

48   **dd) Stellungnahme. (1) Fragestellung.** Die Definition der vergleichenden Werbung enthält nicht den Begriff des Vergleichs, wie ihn Art. 4 Werbe-RL und § 6 II verwenden. Das könnte zur Annahme verleiten, eine vergleichende Werbung setze keinen „Vergleich" voraus. Da aber – wie zu zeigen ist – die Definition der vergleichenden Werbung bereits die Beschreibung eines Vergleichs enthält, erweist sich die Frage, ob es eine „vergleichende Werbung ohne Vergleich" gibt und welche Regelungen dafür gelten, als **Scheinproblem.**

49   **(2) Der Inhalt eines Vergleichs.** Ein „Vergleich" iSd des Art. 4 Werbe-RL (und damit des § 6 II) hat nach Auffassung des EuGH drei Bestandteile: Angaben über das Angebot des Werbenden, Angaben über das Angebot des Mitbewerbers und das Verhältnis zwischen diesen beiden Angeboten. Letzteres ergebe sich allerdings bereits zwangsläufig aus der Beschreibung der beiden Angebote (EuGH GRUR 2003, 533 Rn. 36, 37 – Pippig Augenoptik). Das bedeutet: Eine Bewertung der beiden Angebote durch den Werbenden ist für das Vorliegen eines Vergleichs nicht erforderlich. Für einen Vergleich genügt es also, wenn die Werbung Angaben über das eigene Angebot und Angaben über das Angebot des Mitbewerbers enthält und damit die Angebote einander gegenüberstellt (krit. GK-UWG/Glöckner Rn. 276). Dass die Werbung dem Verbraucher eine Kaufalternative bieten will, ergibt sich schon aus dem Erfordernis der Mitbewerbereigenschaft des anderen Anbieters.

50   **(3) Der Vergleich als Folge des Mitbewerberbezugs der Werbung.** Um die Ziele der Richtlinie zu erreichen, sind die Anforderungen an die vergleichende Werbung „in dem für sie günstigsten Sinn" auszulegen (EuGH GRUR 2003, 533 Rn. 42 – Pippig Augenoptik; GRUR 2009, 756 Rn. 52 – L'Oréal/Bellure). Das hat auch für die Auslegung der Definition der vergleichenden Werbung zu gelten. Von einer **Werbung** iSd Art. 2 lit. a Werbe-RL ist daher nur dann auszugehen, wenn die Äußerung einen Bezug zum Angebot des Werbenden hat (ebenso BGH WRP 2012, 77 Rn. 19 – Coaching-Newsletter).

50a   Der Verbraucher muss also aus der Werbung erkennen können, welche Waren oder Dienstleistungen der Werbende anbietet. Darüber hinaus muss die Werbung einen **Mitbewerber** oder die von ihm **angebotenen Waren** („Erzeugnisse") oder **Dienstleistungen erkennbar** machen. Im letzteren Fall ist ohne weiteres ein Vergleich, also eine Gegenüberstellung der beiden Angebote, gegeben. Schwierigkeiten bereitet nur der erste Fall, dass lediglich der Mitbewerber als solcher erkennbar gemacht wird. Als **Mitbewerber** wird ein Unternehmer aber nur dann erkennbar gemacht, wenn für den Verbraucher erkennbar ist, dass er Waren oder Dienstleistungen anbietet, die **„in gewissem Grad"** mit denen des Werbenden austauschbar sind (vgl. EuGH GRUR 2007, 511 Rn. 36 ff. – De Landtsheer/CIVC). Der Bezugnahme auf einen Mitbewerber ist daher eine Bezugnahme auf sein konkurrierendes Leistungsangebot immanent. Das aber reicht aus, um einen Vergleich iSd Art. 4 Werbe-RL (bzw. des § 6 II) anzunehmen. **Der Definition der vergleichenden Werbung ist daher ein Vergleich immanent.** Eine „vergleichende Werbung ohne Vergleich" gibt es nicht. Im Ergebnis entspricht dies auch der neueren Auffassung des BGH (WRP 2012, 77 Rn. 18 – Coaching-Newsletter; → Rn. 46). Allerdings ist – entgegen der Auffassung des BGH – das Vergleichserfordernis kein zusätzliches Tatbestandsmerkmal der vergleichenden Werbung. Vielmehr ergibt es sich bereits aus der Auslegung der Definition der vergleichenden Werbung unter Berücksichtigung der Rspr. des EuGH (vgl. Köhler WRP 2012, 82 (83)). Dementsprechend kommt es nicht darauf an, ob die konkurrierenden Angebote einen „hinreichenden Grad" an Austauschbarkeit aufweisen (so aber BGH WRP 2012, 77 Rn. 18 – Coaching-Newsletter). Denn dieses Kriterium spielt nicht für das Vorliegen einer vergleichenden Werbung, sondern nur für deren Zulässigkeit nach § 6 II 2 eine Rolle. Maßgebend ist vielmehr, ob die konkurrierenden Angebote **„in einem gewissen Grad"** austauschbar sind. Diese – zugegeben – feinsinnige Unterscheidung folgt zwingend aus der Entscheidung EuGH GRUR 2007, 511 Rn. 43–49 – De Landtsheer/CIVC. – Lässt sich der Werbung nicht einmal mittelbar entnehmen, dass sich unterschiedliche Angebote von Waren oder Dienstleistungen gegenüberstehen, die für den Verbraucher Alternativen darstellen, handelt es sich nicht um vergleichende Werbung. Wenn es in Art. 4 Werbe-RL **„was den Vergleich anbelangt"** sowie in ErwGr. 9 Werbe-RL **„soweit der vergleichende Aspekt betroffen ist"** heißt, so bezieht sich dies nur auf das Verhältnis zwischen den vom Werbenden und den vom Mitbewerber angebotenen Waren und Dienstleistungen.

51   **Vergleichende Werbung** liegt daher nur, aber auch immer dann vor, wenn die **Werbung das Angebot des Werbenden dem Angebot eines anderen Unternehmers gegenüberstellt und die von beiden Unternehmern angebotenen Waren oder Dienstleistungen bis zu einem gewissen Grad austauschbar sind.** Da es das Ziel der Werbung ist, den Absatz der eigenen Waren oder Dienstleistungen zu fördern, ist es der vergleichenden Werbung immanent, dem Verbraucher eine **Kaufalternative** zum Konkurrenzprodukt vor Augen zu führen.

(4) Beispiele. Ein Vergleich liegt vor bei der Übermittlung von **Parfüm-Vergleichslisten** 52 an Einzelhändler, in denen Luxusparfums und Imitate gegenübergestellt werden (EuGH GRUR 2009, 756 Rn. 52 – L'Oréal/Bellure). – Bei der Gegenüberstellung von eigenen **Bestellnummern** mit den Originalbestellnummern des Wettbewerbers kommt es darauf an, ob der Verkehr erkennt, dass es sich nicht um Originalprodukte handelt (BGH GRUR 2001, 350 – OP-Lampen). Ist dies der Fall, so stellt die Gegenüberstellung der Artikelnummern die Behauptung der Gleichwertigkeit hins. der technischen Eigenschaften der beiden Erzeugnisse, dh einen Vergleich wesentlicher, relevanter, nachprüfbarer und typischer Eigenschaften iSv § 6 II Nr. 2, dar (vgl. EuGH GRUR 2002, 354 (356) Rn. 39 – Toshiba Europe; BGH GRUR 2003, 444 (445) – „Ersetzt"). Ebenso liegt ein Vergleich unter Behauptung der Gleichwertigkeit vor, wenn ein mit der ausländischen Ursprungsmarke gekennzeichnetes **Importarzneimittel** mit dem Hinweis versehen wird, das gleiche Produkt werde in Deutschland unter einer anderen Marke angeboten (OLG Stuttgart GRUR-RR 2002, 397). – Unerheblich für das Vorliegen eines Vergleichs ist hingegen, ob die verglichenen Produkte demselben Bedarf dienen oder dieselbe Zweckbestimmung haben. Dies ist nur für die Frage der Unlauterkeit des Vergleichs relevant (§ 6 II Nr. 1). Ein Vergleich liegt daher auch dann vor, wenn ungleichartige Produkte als substituierbar dargestellt werden (BGH GRUR 1972, 553 – Statt Blumen ONKO-Kaffee; GRUR 1986, 548 – Dachsteinwerbung; OLG Stuttgart NJW-RR 1999, 266 (267)). – Nicht erforderlich ist es, dass der Werbende eigene Produkte, Preise usw mit denen anderer Mitbewerber vergleicht. Vielmehr genügt es, dass **fremde** Produkte oder Preise miteinander verglichen werden, sofern der Werbende zur Förderung fremden Wettbewerbs handelt (BGH GRUR 1999, 69 (70) – Preisvergleichsliste II). Fehlt es an einer geschäftlichen Handlung, wie zB bei neutralen Waren- oder Preistests (→ Rn. 195 ff.), so findet § 6 daher keine Anwendung (BGH GRUR 1999, 69 (70) – Preisvergleichsliste II). – **Wie** der Vergleich vorgenommen wird, etwa durch Äußerungen oder Handlungen, durch Bilder oder Symbole, durch Wiedergabe von vergleichenden wissenschaftlichen Untersuchungen (OLG Hamburg GRUR 2000, 530 (532)), Testberichten, Gutachten oder Meinungsumfragen, spielt keine Rolle (BGH GRUR 2004, 607 (611) – Genealogie der Düfte). Entscheidend ist nur, ob der angesprochene Personenkreis darin einen Vergleich erblickt.

b) Abgrenzung. aa) Bloße Kritik am Mitbewerber. Eine vergleichende Werbung ist in 53 folgenden Fällen nicht gegeben:
An einer vergleichenden Werbung, genauer: an dem Bezug der Werbung zum eigenen Angebot, fehlt es idR – maßgebend ist aber jeweils das Verkehrsverständnis unter Berücksichtigung der bes. Umstände des Einzelfalls – wenn ein Mitbewerber oder seine Produkte lediglich kritisiert werden, ohne dass gleichzeitig eine Werbung für das das eigene Unternehmen oder seine Produkte erfolgt (BGH GRUR 2002, 75 (76) – SOOOO … BILLIG!?; WRP 2012, 77 Rn. 19 – Coaching-Newsletter; Scherer GRUR 2012, 545 (548)). Das ist dann anzunehmen, wenn eine Werbeaussage so allgemein gehalten ist, dass sich den angesprochenen Verkehrskreisen keine Bezugnahme auf den Werbenden aufdrängt, sondern sich ein solcher Bezug nur reflexartig daraus ergibt, dass mit jeder Kritik an Mitbewerbern idR unausgesprochen zum Ausdruck gebracht wird, diese Kritik treffe den Werbenden selbst nicht (BGH WRP 2012, 77 Rn. 19 – Coaching-Newsletter). Es fehlt insoweit an der Herstellung eines Bezugs zwischen zwei Mitbewerbern, zwischen Waren oder Dienstleistungen oder zwischen Tätigkeiten oder sonstigen Verhältnissen. **Beispiel:** Die Äußerung über einen Mitbewerber, er beschäftige Schwarzarbeiter, ist nicht ohne weiteres als vergleichende Werbung anzusehen (vgl. Köhler GRUR 2005, 273). – Kritische Äußerungen über einen Mitbewerber können im Einzelfall aber eine „Herabsetzung" (dazu BGH WRP 2012, 77 Rn. 22 ff. – Coaching-Newsletter; → § 4 Rn. 1.12 ff.) oder „Anschwärzung" (§ 4 Nr. 2) darstellen. Die Grundsätze über die vergleichende Werbung finden aber keine Anwendung (ebenso Beater Rn. 1507).

bb) Bloße Anlehnung an einen fremden Ruf. Die bloße Bezugnahme auf ein anderes 54 Unternehmen, seine Produkte oder Kennzeichen, sei es auch mit dem Ziel einer Rufausbeutung (zB im Fall BGH GRUR 1983, 247 – Rolls-Royce), stellt ebenfalls für sich allein keinen Vergleich dar (BGH GRUR 2005, 163 (165) – Aluminiumräder). Vielmehr muss (wie zB im Fall BGH GRUR 1992, 625 – Therapeutische Äquivalenz) hinzukommen, dass die Werbung das eigene Angebot als **Alternative zum fremden Angebot** erscheinen lässt (BGH GRUR 2005,

163 (165) – Aluminiumräder). Das ist bspw. anzunehmen bei der Verwendung von Parfüm-Vergleichslisten (EuGH GRUR 2009, 756 Rn. 52 – L'Oréal/Bellure); bei der Bezeichnung der eigenen Waren als „a la Cartier" (BGH GRUR 2009, 871 Rn. 31 – Ohrclips), aber nicht ohne weiteres schon bei der Behauptung „passen wunderbar zu Cartier Schmuck" (aA wohl BGH GRUR 2009, 871 Rn. 30 – Ohrclips). Fehlt es an einer Kaufalternative, so gelten die allgemeinen Grundsätze über die Anlehnung und Rufausbeutung (→ § 4 Rn. 3.51 und → § 4 Rn. 4.13).

55   **cc) Bloße Werbung für das eigene Angebot.** An einem Vergleich fehlt es idR auch dann, wenn ein Unternehmen sich darauf beschränkt, seine eigene Ware oder Dienstleistung anzupreisen, indem es deren Eigenschaften hervorhebt, weil es dann an einer Gegenüberstellung fehlt (BGH GRUR 1999, 1100 (1101) – Generika-Werbung; GRUR 2002, 75 (76) – „SOOOO … BILLIG!"?; GRUR 2002, 982 (984) – DIE „STEINZEIT" IST VORBEI!; GRUR 2011, 343 Rn. 14 – Zweite Zahnarztmeinung; OLG Hamburg GRUR-RR 2023, 309 Rn. 21). Denn der durchschnittlich informierte, aufmerksame und verständige Verbraucher weiß, dass es Sinn und Zweck einer jeden Werbung ist, die Vorzüge der eigenen Waren oder Leistungen herauszustellen, um deren Absatz zu fördern. Ihm ist auch bekannt, dass die in der Werbung bes. herausgestellten persönlichen Eigenschaften bei den Mitbewerbern so nicht in gleicher Weise gegeben sein müssen (BGH GRUR 1999, 1100 (1101) – Generika-Werbung). Auch die Alleinstellungswerbung ist daher idR kein Vergleich (Lehment GRUR 1999, 503 (504)).

55a   **dd) Bloßes Angebot einer Produktnachahmung.** Das bloße Angebot einer Produktnachahmung erfüllt für sich allein nicht den Tatbestand der vergleichenden Werbung. Etwas anderes gilt nach der Rspr. des BGH dann, wenn das Produkt für die potenziellen Käufer (Verbraucher oder Wiederverkäufer) auf Grund seiner Gesamtaufmachung (insbes. Form, Farbe, Verpackung) sowie Bezeichnung das dahinter stehende Originalerzeugnis erkennen lässt (BGH GRUR 2008, 628 Rn. 20 – Imitationswerbung; GRUR 2010, 343 Rn. 28 – Oracle; ähnlich Scherer WRP 2009, 1446 (1451) und GRUR 2012, 545 (547 f.)). – Diese Ausweitung des Tatbestands der vergleichenden Werbung ist aber nicht unbedenklich (vgl. Köhler GRUR 2008, 632 (633); Köhler GRUR 2009, 445 (450); Ohly GRUR 2010, 487 (491); Sack WRP 2008, 170 (173 ff.)). Eine vergleichende Werbung sollte in den Fällen des Angebots einer Produktnachahmung nur dann bejaht werden, wenn sich aus der Werbung ergibt, dass das beworbene Produkt das Produkt eines Mitbewerbers **substituieren** soll (vgl. nunmehr auch BGH GRUR 2011, 79 Rn. 33 – Markenheftchen; vgl. weiter → § 4 Rn. 3.5, 3.16). Das setzt eine erkennbare Bezugnahme auf den Mitbewerber oder seine Produkte voraus. Die Bezugnahme kann bspw. durch die Verwendung von Bestellnummern (EuGH GRUR 2006, 345 Rn. 12 – Siemens/VIPA), von Duftvergleichslisten (EuGH GRUR 20009, 756 – L'Oréal/Bellure) oder Produktbeschreibungen mit Bezug auf das Konkurrenzprodukt (BGH GRUR 2009, 871 Rn. 31 – Ohrclips [„a la Cartier"]), die natürlich auch durch entsprechende Hinweise auf der Produktverpackung (zB „baugleich mit"; „genauso gut wie") erfolgen können. Für diese Auffassung spricht zunächst die **UGP-RL 2005/29/EG,** durch deren Art. 14 UGP-RL auch die damalige Irreführungs-RL 84/450/EWG geändert wurde. Diese Richtlinie enthält drei Irreführungstatbestände, die jedenfalls auch den Vertrieb von Produktnachahmungen erfassen (vgl. BGH GRUR 2010, 80 Rn. 17 – LIKEaBIKE). Es sind dies Art. 6 I lit. b UGP-RL [kommerzielle Herkunft], Art. 6 II lit. a UGP-RL und Anh. I Nr. 13 UGP-RL, jeweils umgesetzt in § 5 I 2 Nr. 1, § 5 II und Anh. Nr. 13 zu § 3 III. Schon daraus ergibt sich, dass der Vertrieb von Produktnachahmungen für sich allein nicht den Tatbestand der vergleichenden Werbung erfüllt. Besonders deutlich ergibt sich dies aus § 5 II. Danach ist ua die Vermarktung von Waren oder Dienstleistungen, einschließlich vergleichender Werbung, irreführend, wenn sie eine Verwechslungsgefahr mit einer anderen Ware oder Dienstleistung eines Mitbewerbers herbeiführt. Gerade weil diese Vorschrift die vergleichende Werbung einbezieht, lässt sie den Schluss zu, dass die Herbeiführung einer Verwechslungsgefahr bei der Vermarktung eines Produkts für sich allein keine vergleichende Werbung darstellt. Bestätigt wird dies durch ErwGr. 14 S. 5 UGP-RL. Danach wird mit der UGP-RL „nicht beabsichtigt, die Wahl für die Verbraucher einzuschränken, indem die Werbung für Produkte, die anderen Produkten ähneln, untersagt wird, es sei denn, dass diese Ähnlichkeit eine Verwechslungsgefahr für die Verbraucher hinsichtlich der kommerziellen Herkunft des Produkts begründet und damit irreführend ist". – Auch aus der **Werbe-RL** selbst ergeben sich Bedenken gegen eine Überdehnung des Tatbestands der vergleichenden Werbung. Der Begriff der vergleichenden Werbung soll zwar nach ErwGr. 8 S. 1 Werbe-RL denkbar weit ausgelegt werden. Dies aber aus der Erwägung, dass vergleichende Werbung, „wenn sie wesentliche, relevante, nachprüfbare und typische Eigenschaften vergleicht und nicht irreführend ist, ein zulässiges Mittel zur Unterrichtung der Verbraucher über ihre Vorteile darstellen" kann (ErwGr. 8 S. 1 Werbe-RL). Würde der Begriff der vergleichenden Werbung auf Fälle des bloßen Angebots einer Produktnachahmung ausgedehnt, so müsste eine derartige Werbung folgerichtig (auch) am Maßstab des § 6 II Nr. 2 gemessen werden. Es müsste also stets gefragt werden, ob das Angebot der Produktnachahmung die Anforderungen des Eigenschaftsvergleichs erfüllt. Man mag diese Anforderungen herunterschrauben, darf sie aber nicht so verwässern, dass sie ihre Funktion verlieren (vgl. Scherer WRP 2009, 1446 (1451): Produktnachahmung enthalte eine „konkludente Gleichwertigkeitsbehauptung, die sich auf jeden Fall auf den Grundnutzen bezieht". Man bedenke nur den Fall, dass ein billiges Imitat einer Luxusuhr angeboten wird: Niemand wird darin eine Alternative zum Kauf der Luxusuhr erblicken.). Die Anwendung des § 6 II Nr. 2 würde daher in vielen Fällen zu einem Verbot des Angebots von Produktnachahmungen führen. Dies sogar dann, wenn weder eine Verwechslungsgefahr begründet noch der Ruf des nachgeahmten Produkts beeinträchtigt oder ausgenutzt wird und das Angebot daher nach § 4 Nr. 3 lit. a und b nicht zu beanstanden wäre (vgl. BGH GRUR 2007, 795 – Handtaschen: Billigimitation von hochwertigen und teuren Handtaschen). Umgekehrt ließe sich ein Verbot nicht auf § 4 Nr. 3 lit. a und b stützen, wenn nicht gleichzeitig die Verbotsvoraussetzungen des § 6 II erfüllt wären. Denn die Werbe-RL sieht für den Bereich der vergleichenden Werbung eine abschließende Regelung, auch hinsichtlich des **Mitbewerberschutzes,** vor. Lediglich eine parallele Anwendung des § 4 Nr. 3 (vgl. BGH GRUR 2010, 343 Rn. 39 ff. – Oracle) wäre möglich (und im Hinblick auf die Möglichkeit der dreifachen Schadensberechnung sinnvoll).

ee) Bloße Aufforderung zum Vergleich. Ein Vergleich setzt voraus, dass der Werbende **56** eine konkrete Aussage über das Verhältnis seines Angebots zum Angebot des Mitbewerbers macht. An einem Vergleich fehlt es daher grds. bei der bloßen Aufforderung, sich über das Angebot von Mitbewerbern zu informieren, um einen Vergleich vornehmen zu können (ebenso Sack WRP 2008, 170 (176)). Denn hier überlässt der Werbende dem Kunden das Urteil (BGH GRUR 1987, 49 (50) – Cola-Test; BGHZ 139, 378 (382) = GRUR 1999, 501 (502) – Vergleichen Sie). Hierher gehört auch der Fall, dass in einer Internet-Werbung ein Link zum Angebot eines Mitbewerbers gesetzt wird und der Nutzer auf diese Weise sich über das Konkurrenzangebot informieren kann (ebenso Ohly/Sosnitza/Ohly Rn. 37). Erst recht greift § 6 nicht ein, wenn nicht einmal die Mitbewerber oder deren Produkte erkennbar gemacht werden, wie etwa bei dem Slogan „Vergleichen … vergleichen … und nochmals vergleichen … dann kaufen Sie doch bei Divi" (BGH GRUR 1974, 280 – Divi). Allerdings kommt es darauf an, wie die angesprochenen Verkehrskreise die Äußerung des Werbenden im konkreten Zusammenhang verstehen (BGH GRUR 1999, 501 (502) – Vergleichen Sie). Je konkreter die Werbung sich auf ein Produkt, seine Eigenschaften oder seinen Preis bezieht, desto eher wird in der Aufforderung zum Vergleich mit dem Angebot eines Mitbewerbers ein verkappter Vergleich liegen. Denn darin steckt die Behauptung, das eigene Angebot sei dem des Mitbewerbers überlegen oder doch gleichwertig. So kann die Aufforderung „Vergleichen Sie einmal mit dem Katalog von P. L." (BGH GRUR 1999, 501 (502) – Vergleichen Sie) oder die Aussage „Die beste Werbung für S. sind die Angebote der Konkurrenz" (KG WRP 1999, 339 (340)) einen konkludenten Preisvergleich enthalten. Weiter kann die Aufforderung zum Vergleich unter gleichzeitiger Bereitstellung von Vergleichswaren zum Test einen Eigenschaftsvergleich enthalten (vgl. OLG Bamberg WRP 1988, 611).

ff) Bloße Komplementarität der gegenübergestellten Leistungen. Kein Vergleich liegt **57** vor, wenn eine Ware oder Dienstleistung lediglich als Ergänzung zu einer anderen Ware oder Dienstleistung beworben wird („… passt zu …, „ideale Ergänzung zu …"), weil es dann an einem Wettbewerbsverhältnis und damit an der Mitbewerbereigenschaft fehlt (OLG Stuttgart NJW-RR 1999, 266 (267)). Dies gilt auch für die Werbung für Ersatzteile und Zubehör (aA wohl Krieger WRP 2000, 927, 930). Anders liegt es, wenn gleichzeitig ein Vergleich mit Originalersatzteilen oder -zubehör des Herstellers der Hauptware vorgenommen wird (dazu Sack GRUR 2004, 720).

gg) Bloßer Eigenvergleich. Kein Vergleich iSd § 6 liegt vor, wenn der Werbende lediglich **58** seine eigenen Produkte und deren Preise vergleicht **(Eigenvergleich),** weil es am Mitbewerberbezug fehlt (OLG Köln GRUR-RR 2002, 334 (336); Lehment GRUR 1999, 503 (504); Ohly/Sosnitza/Ohly Rn. 37). Ein derartiger Vergleich ist grds. zulässig, soweit der Nachfrager nicht irregeführt (§ 5) oder sorgfaltswidrig behandelt (§ 3 II) wird. Ein **Mitbewerberbezug** liegt aber dann vor, wenn ein Händler die Preise der von ihm unter einer Hausmarke vertriebenen eigenen Produkte mit den Preisen der von einem Markenartikelhersteller bezogenen Waren vergleicht (BGH WRP 2007, 1181 Rn. 16 – Eigenpreisvergleich). Denn aus der Sicht der Verbraucher stellen sich diese Angebote als Kaufalternativen dar. Der Markenartikelhersteller ist insofern Mitbewerber, als es um den Absatz der von ihm gelieferten Waren an den Verbraucher geht. Dass der Händler die Preise der verglichenen Waren selbst festsetzt, ändert daran nichts. Insoweit kann allenfalls § 4 Nr. 4 eingreifen.

II. Werbung

1. Begriff der Werbung

59   Eine vergleichende Werbung setzt voraus, dass die betreffende Äußerung sich als „Werbung" darstellt. Nach Art. 2 lit. a Werbe-RL fällt darunter **„jede Äußerung bei der Ausübung eines Handels, Gewerbes, Handwerks oder freien Berufs mit dem Ziel, den Absatz von Waren oder die Erbringung von Dienstleistungen, einschließlich unbeweglicher Sachen, Rechte und Verpflichtungen zu fördern".** Diese „besonders weite" Definition erfasst sehr unterschiedliche Formen von Werbung und ist nicht auf die Formen klassischer Werbung beschränkt (→ § 2 Rn. 15; EuGH WRP 2013, 1161 Rn. 35 – Belgian Electronic Sorting Technology). Sie ist auch für die Auslegung des Begriffs der vergleichenden Werbung heranzuziehen (EuGH GRUR 2009, 756 Rn. 52 – L'Oréal/Bellure). Da § 6 richtlinienkonform auszulegen ist, muss dies auch für die Auslegung des § 6 I gelten (BGH GRUR 2008, 628 Rn. 18 – Imitationswerbung; vgl. auch BGH WRP 2006, 1109 Rn. 22 – Rechtsanwalts-Ranglisten mit allerdings bedenklicher Schlussfolgerung, dass für eine Werbung die Absicht erforderlich sei, den eigenen oder fremden Wettbewerb „zum Nachteil eines anderen" zu fördern). Allerdings bedarf die Definition ihrerseits der Auslegung (→ Rn. 9). Dabei ist auch auf die Formulierung des Richtlinientextes in anderen EU-Sprachen Rücksicht zu nehmen (→ Rn. 9). – Zur vergleichbaren Problematik bei der irreführenden Werbung → § 5 Rn. 2.22 ff.

60   **a) Vorliegen einer Äußerung.** Der Begriff der „Äußerung" ist **weit** zu verstehen. Es ist daher unerheblich, wie die Äußerung (verbal oder nonverbal, öffentlich oder individuell) erfolgt (vgl. EuGH Slg. 2001, I-7945 = GRUR 2002, 354 Rn. 31 – Toshiba Europe: „Äußerung in einer beliebigen Form"). Dafür genügt die Eintragung eines Domain-Namens noch nicht, wohl aber seine Nutzung, wenn er auf ein bestimmtes Unternehmen oder auf bestimmte Produkte hinweist (EuGH WRP 2013, 1161 Rn. 42–48 – Belgian Electronic Sorting Technology). Eine Werbung kann daher auch durch Verwendung bestimmter Produktbezeichnungen erfolgen (BGH GRUR 2008, 628 Rn. 18 – Imitationswerbung). Werbung liegt ferner dann vor, wenn ein Unternehmen sich die Äußerungen Dritter (zB wissenschaftliche Untersuchungen, BGH GRUR 2002, 633 (634) – Hormonersatztherapie; Presseberichte, OLG Hamburg GRUR-RR 2002, 112) zu Werbezwecken zu eigen macht (BGH GRUR 1962, 45 – Betonzusatzmittel; GRUR 1966, 92 – Bleistiftabsätze; GRUR 2002, 633 (634) – Hormonersatztherapie; OLG Hamburg GRUR 2000, 530 (532)).

61   **b) Zusammenhang mit einer unternehmerischen Tätigkeit.** Der Begriff der Werbung erfasst – insoweit enger als der Begriff der „geschäftlichen Handlung" iSd § 2 I Nr. 1 – nur Äußerungen „bei der Ausübung eines Handels, Gewerbes, Handwerks oder freien Berufs". Dieses Tatbestandsmerkmal ist weit auszulegen. Gemeint ist damit, wie auch die zur Auslegung heranzuziehende englische und französische Fassung des Richtlinientexts („in connection with a trade, …"; „dans le cadre d'une activité commerciale, …") verdeutlicht, dass ein funktioneller **Zusammenhang** mit einer (eigenen oder fremden) unternehmerischen Tätigkeit bestehen muss (Köhler/Lettl WRP 2003, 1019 Rn. 10). Die Abgrenzung spielt bei Äußerungen von Privaten, Verbänden und Behörden eine Rolle (→ Rn. 64). – Eine unternehmerische Tätigkeit setzt, wie beim kartellrechtlichen Unternehmensbegriff der Art. 101, 102 AEUV und des GWB, eine **selbstständige wirtschaftliche,** dh planmäßige und auf Erzielung eines Entgelts gerichtete **Tätigkeit** voraus. Nicht ausreichend ist daher eine bloß einmalige entgeltliche oder eine unentgeltliche Tätigkeit.

62   **c) Zweck der Äußerung.** Die Äußerung muss das Ziel verfolgen, **„den Absatz von Waren oder die Erbringung von Dienstleistungen, einschließlich unbeweglicher Sachen, Rechte und Verpflichtungen zu fördern".** Auch dieses Begriffsmerkmal der Werbung ist weit auszulegen. Erfasst wird daher neben der **Produktwerbung** und **konkreten Verkaufsangeboten** auch die **Aufmerksamkeitswerbung,** weil sie letztlich der Absatzförderung dient (vgl. auch die Begriffsbestimmung der „kommerziellen Kommunikation" in Art. 2 lit. f E-Commerce-RL). Selbst die bloße Mitteilung einer Adresse kann, soweit sie nicht gesetzlich vorgeschrieben ist, Werbung sein (vgl. Köhler GRUR 2005, 273 (277)). Hierher gehört auch der Fall, dass ein Unternehmen einen auf einen Mitbewerber hinweisenden **Domain-Namen** nutzt, um Internetnutzer zu bewegen, die darunter erreichbare Website aufzusuchen und sich für das eigene Angebot zu interessieren (EuGH WRP 2013, 1161 Rn. 45 ff. – Belgian Electronic Sorting Technology). Dem steht Art. 2 lit. f Hs. 2 RL 2000/31/EG nicht entgegen (EuGH WRP 2013, 1161 Rn. 49–51 – Belgian Electronic Sorting Technology). – Eine Äußerung zum Zwecke der Absatzförderung kann auch noch nach Vertragsschluss erfolgen; etwa dann, wenn der Kunde von der Geltendmachung eines Vertragslösungsrechts abgehalten oder der Vertrag inhaltlich erweitert werden soll. – Allerdings muss aus der Äußerung zumindest mittelbar hervorgehen, **welche Waren oder Dienstleistungen der Werbende anbietet.** Denn andernfalls kann sie keinen **Mitbewerberbezug** haben (→ Rn. 50). Dafür kann allerdings bereits die Nennung des eigenen und des konkurrierenden Unternehmens genügen, wenn und soweit für die Verbraucher der Mitbewerberbezug erkennbar ist, wie bspw. bei der Aussage: „Wo ALDI ist, ist in der Nähe auch LIDL". Bloße kritische Äußerungen über Mitbewerber oder die von ihnen angebotenen Waren oder Dienstleistungen erfüllen dagegen für sich genommen nicht den Tatbestand der Werbung (→ Rn. 53), wenn nicht gleichzeitig für das eigene Angebot geworben und damit eine Kaufalternative aufgezeigt wird. Allerdings ist stets zu fragen, ob in solchen Äußerungen nicht mittelbar oder im Umkehrschluss auch Angaben über den Werbenden und sein Angebot enthalten sind. Maßgeblich ist der Eindruck, den ein durchschnittlich informierter, aufmerksamer und verständiger Empfänger der Äußerung gewinnt (vgl. auch § 6 II Nr. 5).

Noch ungeklärt ist, ob über den Wortlaut der Definition der Werbung hinaus auch die **63** Förderung des **Bezugs** von Waren oder Dienstleistungen vom Begriff der „Werbung" erfasst ist. Es geht insoweit darum, ob auch die **vergleichende Werbung eines Nachfragers** unter § 6 fallen kann. Das ist nicht selbstverständlich, weil die Verfasser der Richtlinie nur den Fall der Absatzwerbung im Auge hatten (vgl. ErwGr. 6 Werbe-RL). Offenbar wurde die Frage gar nicht gesehen. Ein sachlicher Grund, der es rechtfertigt, Angebot und Nachfrage unterschiedlich zu behandeln, ist allerdings nicht zu erkennen. Vielmehr kann auch vergleichende Werbung eines Nachfragers zu einer Verzerrung des Wettbewerbs und zu einer Schädigung der Mitbewerber führen (vgl. ErwGr. 9 Werbe-RL). Es liegt daher eine planwidrige Lücke vor (vgl. auch BGH GRUR 2008, 923 Rn. 12 – Faxanfrage im Autohandel und BGH GRUR 2008, 925 Rn. 16 – FC Troschenreuth zur vergleichbaren Problematik bei § 7 II). Demnach ist es geboten, im Wege der ergänzenden, den Wortlaut übersteigenden Auslegung die vergleichende Werbung beim Bezug von Waren oder Dienstleistungen in den Anwendungsbereich des § 6 einzubeziehen (wie hier GK/Glöckner Rn. 211 ff.; aA Harte-Bavendamm/Henning-Bodewig/Sack Rn. 39; jurisPK-UWG/Müller-Bidinger Rn. 59). Dies entspricht im Übrigen der Gleichbehandlung von Angebot und Nachfrage bei der Definition der geschäftlichen Handlung (§ 2 I Nr. 1). – In der Praxis kann die Frage insbes. bei knappem Angebot eine Rolle spielen. **Beispiel:** Molkerei A versucht, Bauern, die ihre Milch an die Molkerei B liefern, mit der Aussage abzuwerben, sie würde für den Liter 5 Cent mehr bezahlen als die B.

2. Werbung durch Dritte

Ob von § 6 I nur die von einem Mitbewerber oder auch die von einem Dritten zu seinen **64** Gunsten vorgenommene vergleichende Werbung erfasst wird, ist vom EuGH noch nicht entschieden und str. (bejahend BGH GRUR 1999, 69 (70 f.) – Preisvergleichsliste II; wohl auch BGH GRUR 2006, 875 – Rechtsanwalts-Ranglisten; KG GRUR 2000, 242; Köhler FS Sonnenberger, 2004, 249 (254); Ohly/Sosnitza/Ohly § 6 Rn. 28; Harte-Bavendamm/Henning-Bodewig/Sack § 6 Rn. 62; verneinend OLG München GRUR 2003, 719; MüKoUWG/Menke Rn. 83). Richtigerweise ist zu differenzieren:

Erste Voraussetzung für die Anwendbarkeit des § 6 ist, dass die Äußerung **„in Ausübung 65 eines Handels, Gewerbes, Handwerks oder freien Berufs"** erfolgt. Damit ist, wie aufgezeigt (→ Rn. 61), der (funktionelle) **Zusammenhang mit einer unternehmerischen Tätigkeit** gemeint. Das ist unproblematisch, wenn die Äußerung von einem **Unternehmer** iSv § 2 I Nr. 6 ausgeht, also vom Unternehmensinhaber oder einer Person, die in seinem Namen oder Auftrag handelt. Das ist ferner anzunehmen bei Äußerungen eines (privat- oder öffentlich-rechtlich organisierten) **Verbands,** dem das Unternehmen angehört und dessen Interessen er fördert (vgl. zB BGH GRUR 1986, 905 (907) – Innungskrankenkassenwesen zu einem Vergleich zwischen Innungskrankenkassen und anderen Krankenkassen). Dagegen fällt die von einem **Privaten** oder einer **Behörde,** wenngleich in Wettbewerbsförderungsabsicht, betriebene Werbung nicht darunter. Laienwerber sind stets als Beauftragte eines Unternehmens anzusehen und werden daher von § 6 I erfasst.

66   Zweite Voraussetzung für die Anwendbarkeit des § 6 I ist, dass die Werbung einen Mitbewerber oder dessen Waren oder Dienstleistungen **erkennbar** macht. Daraus ist aber nicht der Schluss zu ziehen, dass die Werbung ihrerseits von einem Unternehmer ausgehen muss, der in Wettbewerb mit dem in den Vergleich einbezogenen Unternehmer steht (so aber OLG München GRUR 2003, 719). Vielmehr gebietet es der Schutzzweck der Richtlinie, auch den Fall einzubeziehen, dass der Vergleich von einem Dritten ausgeht. Das ist unabweisbar, wenn der Dritte von einem Unternehmer mit der Wahrung seiner Interessen betraut ist (Mitarbeiter; Beauftragter; Verband), weil es andernfalls ein Leichtes wäre, die strengen Vorschriften über die vergleichende Werbung zu umgehen. Aber auch der Fall ist einzubeziehen, dass der Dritte selbst unternehmerisch tätig ist, aber den Wettbewerb eines von mehreren konkurrierenden Unternehmen fördern möchte. Denn auch der von einem unternehmerisch tätigen Dritten vorgenommene Vergleich zweier miteinander konkurrierender Unternehmen kann „dazu beitragen, die Vorteile der verschiedenen vergleichbaren Erzeugnisse objektiv herauszustellen" und „kann den Wettbewerb zwischen den Anbietern von Waren und Dienstleistungen im Interesse der Verbraucher fördern" (ErwGr. 6 Werbe-RL). Ein eigenes unternehmerisches Handeln liegt zB vor, wenn ein Versicherungsmakler die Leistungsangebote verschiedener Versicherer tabellarisch gegenüberstellt, um dem Kunden die Auswahl zu erleichtern (vgl. OLG München NJW-RR 1995, 1196; KG GRUR 2000, 242), sowie bei Internet-Bewertungsplattformen, wenn die betroffenen Waren auch über das Portal bezogen werden können (vgl. KG WRP 2013, 1242 (1243); aA Ohly/Sosnitza/Ohly Rn. 75).

67   Allerdings ist stets zu fragen, ob der Dritte vergleichende **Werbung** treibt, also das Ziel verfolgt, mit dem Vergleich den Wettbewerb eines der konkurrierenden Unternehmen zu fördern. Das ist bei einem **Online-Preisvergleichsportal** regelmäßig anzunehmen (vgl. Alexander WRP 2018, 765 Rn. 46 ff.), nicht dagegen – schon im Hinblick auf die Pressefreiheit – bei einem von einem **Presseunternehmen** durchgeführten Vergleich, so dass es insoweit konkreter Anhaltspunkte bedarf (vgl. dazu BGH GRUR 1997, 912 (913) – Die Besten I; GRUR 1997, 914 (915) – Die Besten II; WRP 2006, 1109 Rn. 23 – Rechtsanwalts-Ranglisten sowie Köhler FS Sonnenberger, 2004, 249 (254 ff.); Lettl GRUR 2007, 936 (938)). – Auch bei einem Händler, der die Waren konkurrierender Hersteller in seinem Sortiment führt und in seiner Werbung gegenüberstellt, ist das Ziel, fremden Wettbewerb zu fördern, nicht zu vermuten. Wird er allerdings von einem Hersteller dafür bezahlt, einen Vergleich durchzuführen, so steht einer Anwendung des § 6 nichts im Wege. Vergleicht ein Händler die Preise von Eigenmarkenwaren mit den Preisen von Herstellermarkenwaren, die er in seinem Sortiment führt, liegt ebenfalls ein Vergleich vor. Denn der Markenhersteller ist hins. der an den Händler gelieferten Waren nicht nur Lieferant, sondern auch Mitbewerber des Händlers, da der Vergleich seinen Absatz an die Verbraucher beeinträchtigen kann (→ Rn. 58). – Zur Problematik des Angebots von **Preisvergleichssoftware** vgl. Heydn GRUR 2000, 657.

68   Ein Handeln zu Gunsten eines fremden Unternehmens ist weiterhin problematisch bei der **individuellen Verkaufsberatung** durch einen Händler, der konkurrierende Herstellerprodukte vertreibt. Eine solche Zielsetzung kann zB fehlen, wenn ein Gastwirt einem Kunden auf dessen Frage hin mitteilt, dass ihm der Wein A besser munde als der Wein B, oder ein Bekleidungsverkäufer einer Kundin erklärt, dass ihr ein bestimmtes Kleid besser stehe als ein anderes (dazu Ohly/Spence GRUR-Int. 1999, 681 (685); Scherer WRP 2001, 89 (91)). – Ob der Dritte den Vergleich selbst erarbeitet oder von einem anderen übernommen hat, ist unerheblich (vgl. KG GRUR 2000, 242: Übernahme eines mit Software erstellten Vergleichs).

69   Hat der Mitbewerber den Vergleich durch den Dritten veranlasst oder gefördert, ist er dafür als mittelbarer Täter oder Anstifter verantwortlich, wie wenn er selbst den Vergleich vorgenommen hätte. Ein bloßes Dulden der vergleichenden Werbung durch einen Dritten begründet seine Verantwortlichkeit jedoch nur dann, wenn er nicht nur die rechtliche und tatsächliche Möglichkeit hat, den Vergleich zu unterbinden, sondern wenn er dazu auch (zB berufs-)rechtlich verpflichtet ist. **Beispiel:** Ein Arzt duldet es pflichtwidrig, dass ein Journalist seine Leistungen gegenüber bestimmten Mitbewerbern herausstreicht.

3. Vergleich durch unabhängige Dritte

Nicht unter § 6 fällt der Vergleich von Waren und Dienstleistungen durch unabhängige, dh **70** nicht mit dem Ziel der Förderung des Absatzes oder Bezugs eines Unternehmens tätige Dritte (Testinstitute usw) mit dem Ziel der Information und Aufklärung der Verbraucher (BGH GRUR 1999, 69 (70) – Preisvergleichsliste II; zu Einzelheiten → Rn. 195 ff.), da es insoweit schon an einer „Werbung" fehlt. Dass auf Grund dieser Information das Erscheinungsbild oder der Absatz eines Unternehmens gefördert werden kann, bleibt als notwendige Folge außer Betracht. – Zur **vergleichenden Werbung mit den Ergebnissen der von Dritten durchgeführten Tests** führt die Richtlinie (ErwGr. 10) aus, dass insoweit die „internationalen Vereinbarungen zum Urheberrecht und die innerstaatlichen Bestimmungen über vertragliche und außervertragliche Haftung" gelten. Das besagt aber nicht, dass die vergleichende Werbung damit den Anforderungen der Richtlinie entzogen wäre. Vielmehr bezieht sich diese Äußerung nur auf die Rechtmäßigkeit der Verwendung der Testergebnisse eines Dritten.

4. Adressat der Werbung

Für die Anwendbarkeit des § 6 spielt es keine Rolle, ob sich die vergleichende Werbung an **71** Verbraucher oder Unternehmer (Wiederverkäufer usw) oder sonstige Marktteilnehmer richtet (vgl. BGH GRUR 1999, 501 (502) – Vergleichen Sie; GRUR 2004, 607 (611) – Genealogie der Düfte; WRP 2008, 666 Rn. 15 – Saugeinlagen). Es spielt auch keine Rolle, ob sie in der Öffentlichkeit oder nur gegenüber Einzelpersonen erfolgt. Auch eine im individuellen Verkaufsgespräch vorgenommene vergleichende Werbung wird von § 6 erfasst (BGH GRUR 2004, 607 (612) – Genealogie der Düfte; Scherer WRP 2001, 89 (92); aA Harte-Bavendamm/Henning-Bodewig/Sack Rn. 42: teleologische Reduktion). Unerheblich ist weiter, dass der Adressat durch eine entspr. Frage den Vergleich erst veranlasst hat (**Auskunftsvergleich;** → Rn. 128 aE). Dagegen kann es für die Beurteilung der Unlauterkeit der vergleichenden Werbung anhand des Leitbilds einer durchschnittlich informierten, aufmerksamen und verständigen Person eine Rolle spielen, ob sich die Werbung an Fachleute oder an Verbraucher wendet (vgl. EuGH Slg. 2001, I-7945 = GRUR 2002, 354 (356) Rn. 52 – Toshiba Europe: Fachhändler als Adressaten; BGH GRUR 2003, 444 (445) – „Ersetzt": fachkundige Abnehmer; GRUR 2004, 607 (612) – Genealogie der Düfte: Verbraucher und Verkaufsberater; OLG Hamburg GRUR 2001, 33: Werbewirtschaft als Adressat).

III. Mitbewerber

Die Werbung muss sich auf einen oder mehrere **Mitbewerber** oder die von ihnen angebote- **72** nen Waren oder Dienstleistungen beziehen.

1. Gebot der richtlinienkonformen Auslegung

Der Begriff des Mitbewerbers in § 6 I ist nicht ohne weiteres iSd Legaldefinition des § 2 I **73** Nr. 3 (→ § 2 Rn. 90 ff.) zu verstehen. Denn er ist aus der Richtlinie (Art. 2 lit. c) übernommen und daher **richtlinienkonform** auszulegen. Daraus können sich Unterschiede zur Auslegung der Mitbewerberdefinition in § 2 I Nr. 3 ergeben (dazu Dreyer GRUR 2008, 123 (129 f.); Blankenburg WRP 2008, 186; Köhler WRP 2008, 414 f. und WRP 2009, 499 (500 ff.); Sack WRP 2008, 1141). Allerdings enthält die Richtlinie selbst keine Definition. Maßgeblich ist daher die Auslegung durch den EuGH.

2. „Gewisser Grad der Substituierbarkeit" der angebotenen Produkte als Voraussetzung der Mitbewerbereigenschaft

Die Einstufung von Unternehmen als Mitbewerber beruht nach Auffassung des EuGH **74** definitionsgemäß (?) auf der **Substituierbarkeit (Austauschbarkeit)** der Waren oder Dienstleistungen, die sie auf dem Markt anbieten (EuGH GRUR 2007, 511 Rn. 36 ff. – De Landtsheer/CIVC). Erforderlich, aber auch ausreichend für das Bestehen eines Wettbewerbsverhältnisses sei es, dass die von ihnen angebotenen Waren oder Dienstleistungen oder zumindest ein Teil von ihnen in allgemeiner Weise **„in gewissem Grad substituierbar"** seien (EuGH GRUR 2007, 511 Rn. 28, 32, 47 – De Landtsheer/CIVC). Von einem gewissen Grad der Substituierbarkeit sei auszugehen, wenn „Waren in gewisser Weise gleichen Bedürfnissen dienen können" (EuGH GRUR 2007, 511 Rn. 30 – De Landtsheer/CIVC).

75 Für die **Feststellung** des erforderlichen Substitutionsgrads gibt der EuGH detaillierte Anweisungen. Da die Austauschbarkeit von Produkten im Wesentlichen auf den Kaufentscheidungen der Verbraucher beruhen, müssen zusätzlich zu einer abstrakten Beurteilung der Warengattungen auch die **konkreten Merkmale** der beworbenen Produkte, die **konkrete Werbung** und die Möglichkeit einer **Änderung der Verbrauchergewohnheiten** berücksichtigt werden. Dementsprechend ist nach Auffassung des EuGH für die Feststellung eines Wettbewerbsverhältnisses abzustellen auf (1) den augenblicklichen Zustand des Markts und die Verbrauchsgewohnheiten und ihre Entwicklungsmöglichkeiten, (2) den Teil des Binnenmarkts, in dem die Werbung verbreitet wird, ohne jedoch ggf. die Auswirkungen auszuschließen, die die Entwicklung der in anderen Mitgliedstaaten festgestellten Verbrauchsgewohnheiten auf den in Frage stehenden innerstaatlichen Markt haben kann, und (3) die besonderen Merkmale der Ware (oder Dienstleistung), für die geworben werden soll, und das Image, das der Werbende ihnen geben will (EuGH GRUR 2007, 511 Rn. 36–42 – De Landtsheer/CIVC).

76 Von der Feststellung der Mitbewerbereigenschaft iSd § 6 I zu unterscheiden ist die Feststellung, ob es sich um Waren oder Dienstleistungen „für den gleichen Bedarf oder dieselbe Zweckbestimmung" iSd § 6 II Nr. 1 handelt (→ Rn. 98).

3. Schlussfolgerungen

77 Bei der Feststellung, ob die angebotenen Waren oder Dienstleistungen in gewissem Grad substituierbar sind, ist auf die konkrete Werbung und die Sichtweise des durchschnittlich informierten, situationsadäquat aufmerksamen und verständigen **Durchschnittsverbrauchers** abzustellen. Dabei ist allerdings zu berücksichtigen, dass es unterschiedliche Gruppen von Verbrauchern geben kann: Für die einen kommt eine Substitution ohne weiteres in Betracht, für die anderen ist sie hingegen ausgeschlossen. Es reicht daher aus, wenn für einen **nicht unerheblichen Teil** der angesprochenen Verbraucher eine Substitution **ernsthaft** (iSv nicht völlig fern liegend) in Betracht kommt (vgl. auch BGH GRUR 2002, 828 (829) – Lottoschein; OLG München GRUR-RR 2009, 67 (69); Köhler WRP 2009, 499 (501)). Das kann bei der Gegenüberstellung von „Champagnerbier" und Champagner nicht von vornherein ausgeschlossen werden (vgl. EuGH GRUR 2007, 511 Rn. 36–42 – De Landtsheer/CIVC; aA Sack WRP 2008, 1141 (1143)). Dagegen liegt mangels realistischer Austauschbarkeit bei der Abbildung eines Lottoscheins in einer Wirtschaftszeitschrift mit dem Hinweis „Zur Geldvermehrung empfehlen wir ein anderes Papier" (BGH GRUR 2002, 828 (829) – Lottoschein) oder bei der Aussage einer Börsenzeitschrift „Bereits im Jahre … schlug unser Musterdepot mit …% Jahresgewinn den DAX (Zuwachs … + …%) um Längen" (OLG Frankfurt GRUR 2000, 84) keine vergleichende Werbung vor. Unternehmen müssen nicht der gleichen Branche angehören, um Mitbewerber zu sein. Es kann also genügen, dass die Werbung zu einer Substitution wie zB „Legen Sie ihr Geld besser in einer Yacht von A, als in einem Auto von B an" auffordert oder eine solche zumindest nahe legt (vgl. BGH GRUR 2002, 828 (829) – Lottoschein; vgl. weiter BGH GRUR 1972, 553 – Statt Blumen ONKO-Kaffee; GRUR 1986, 548 – Dachsteinwerbung; OLG Stuttgart NJW-RR 1999, 266 (267)).

4. Mehrheit von Unternehmen

78 Mitbewerber kann nur ein vom Werbenden **verschiedenes** Unternehmen sein, das selbst Waren oder Dienstleistungen anbietet. Es muss sich um rechtlich selbstständige Unternehmen handeln. Unschädlich ist es jedoch, dass die betreffenden Unternehmen konzernmäßig verbunden sind und eine einheitliche Steuerung des Marktverhaltens (Produkt- und Preispolitik) möglich ist. Entscheidend ist insoweit lediglich, ob der Nachfrager eine Wahlmöglichkeit zwischen den Angeboten verschiedener Anbieter hat. Vergleichende Werbung iSd § 6 I ist daher auch innerhalb eines **Konzerns** möglich, bei dem die Konzernspitze die Produktpreise festlegt (aA OGH ÖBl-LS 2001, 162 (166) – Konzernpreise II). An einem Mitbewerberbezug fehlt es dagegen beim sog **Eigenvergleich,** bei dem der Werbende lediglich einen Vergleich der von ihm selbst angebotenen Waren oder Dienstleistungen vornimmt (→ Rn. 58).

IV. Erkennbarkeit des Mitbewerbers

1. Allgemeines

79 Eine vergleichende Werbung iSd § 6 I liegt nur vor, wenn die Werbung den Mitbewerber oder die von ihm angebotenen Waren oder Dienstleistungen **„unmittelbar oder mittelbar**

erkennbar" macht, also eine Identifizierung ermöglicht. Das andere Unternehmen muss daher in seiner **Eigenschaft als Mitbewerber** bzw. die von ihm angebotenen Produkte müssen daher in ihrer **Eigenschaft als konkurrierende Produkte** erkennbar gemacht werden (Köhler GRUR 2005, 275 (280); Sack WRP 2008, 170 (176)). Maßgebend dafür ist nicht die Sichtweise des Werbenden, sondern die mutmaßliche Wahrnehmung des normal informierten und angemessen aufmerksamen und verständigen **Durchschnittsverbrauchers** (EuGH GRUR 2007, 511 Rn. 23 – De Landtsheer/CIVC). Ob Erkennbarkeit gegeben ist, ist unter Berücksichtigung aller Umstände des Einzelfalls zu prüfen (EuGH GRUR 2007, 511 Rn. 22 – De Landtsheer/ CIVC; BGH GRUR 2008, 628 Rn. 20 – Imitationswerbung). Erkennbarkeit ist jedenfalls dann gegeben, wenn sich eine Bezugnahme auf den Mitbewerber oder seine Waren oder Dienstleistungen förmlich aufdrängt (vgl. BGH GRUR 1999, 1100 (1101) – Generika-Werbung; GRUR 1997, 539 (540) – Kfz-Waschanlagen; GRUR 2001, 752 (753), – Eröffnungswerbung; WRP 2001, 1291 (1293) – SOOOO … BILLIG!?; GRUR 2002, 982 (983) – DIE „STEINZEIT" IST VORBEI!; OLG Frankfurt GRUR-RR 2018, 251 Rn. 106). Unerheblich ist, ob die Werbung nur einen einzigen oder mehrere Mitbewerber oder die von ihnen angebotenen Waren oder Dienstleistungen erkennbar macht (EuGH GRUR 2007, 511 Rn. 22–24 – De Landtsheer/CIVC). – Eine vergleichende Werbung liegt dagegen auch bei einem Markt mit nur drei Anbietern von Mobilfunknetzen nicht vor, wenn die Werbung die Netzqualität zweier Anbieter hervorhebt, aber keinen Bezug zum Mitbewerber herstellt. Vielmehr handelt es sich um eine bloße Werbung für das eigene Angebot (OLG Hamburg GRUR-RR 2023, 309 Rn. 21).

Vergleichende Werbung kann sogar dann vorliegen, wenn **alle** Mitbewerber unmittelbar **80** oder mittelbar in Bezug genommen werden (KG WRP 1999, 339 (340)). Eine mittelbare Bezugnahme auf alle Mitbewerber setzt freilich voraus, dass es sich um einen überschaubaren Kreis handelt, da sonst die Grenze zum allgemein gehaltenen Vergleich (→ § 4 Rn. 4.137 ff.) überschritten wird (ebenso BGH GRUR 2002, 982 (983) – DIE „STEINZEIT" IST VORBEI!; OLG Köln GRUR-RR 2019, 30 Rn. 17). Je größer der Kreis der in Betracht kommenden Mitbewerber ist, desto weniger werden die angesprochenen Verkehrskreise eine allgemein gehaltene Werbung auf einzelne Mitbewerber beziehen (BGH GRUR 2001, 752 (753) – Eröffnungswerbung; GRUR 2002, 982 (983) – DIE „STEINZEIT" IST VORBEI!; OLG Hamburg GRUR-RR 2003, 250 (251)). Eine Gegenüberstellung von konkreten Leistungen zur „Konkurrenz" im Allgemeinen kann allenfalls dann die Voraussetzungen an einen Vergleich erfüllen, wenn es um ganz konkrete Produkteigenschaften geht (OLG Frankfurt WRP 2021, 801 Rn. 20). Auch die Alleinstellungsbehauptung einer Krankenkasse reicht im Hinblick auf die Vielzahl von Krankenkassen nicht für eine mittelbare Bezugnahme auf die Mitbewerber aus (OLG Saarbrücken GRUR-RR 2008, 312 (313)). Ebenso wenig genügt ein bloßer Systemvergleich (zB „Die clevere Alternative zum Taxi"), sofern der angesprochene Verkehr damit keine Mitbewerber individuell identifiziert (OLG Köln GRUR-RR 2019, 30).

Eine vergleichende Werbung liegt nicht vor, wenn eine Werbeaussage so allgemein gehalten **81** ist, dass sich den angesprochenen Verkehrskreisen eine Bezugnahme auf Mitbewerber nicht aufdrängt, sondern diese sich nur reflexartig daraus ergibt, dass mit jeder Hervorhebung eigener Vorzüge idR unausgesprochen zum Ausdruck gebracht wird, dass nicht alle Mitbewerber die gleichen Vorteile zu bieten haben (BGH GRUR 1999, 1100 (1101) – Generika-Werbung; GRUR 2002, 75 (76) – SOOOO … BILLIG!?). Zur Abgrenzung → Rn. 13.

Ebenso wenig liegt eine vergleichende Werbung iSd § 6 I vor, wenn in der Werbung zum **82** Preisvergleich auf unverbindliche Preisempfehlungen des Herstellers hingewiesen wird (BGH WRP 2000, 383 (385) – Ehemalige Herstellerpreisempfehlung).

2. Unmittelbare Erkennbarkeit

Ein Mitbewerber und/oder seine Produkte sind unmittelbar erkennbar, wenn sie im Vergleich **83** namentlich genannt oder bildlich wiedergegeben werden oder sonst eindeutig identifizierbar sind. Ein Mitbewerber ist zB dann eindeutig identifizierbar, wenn seine Kennzeichen oder Werbemotive angegeben werden (vgl. OLG Frankfurt GRUR 2000, 621 (623)). Eine eindeutige Identifizierung der Erzeugnisse eines Mitbewerbers ist zB dann möglich, wenn dessen Originalbestellnummern (OEM-Nummern) angegeben werden (EuGH Slg. 2001, I-7945 = GRUR 2002, 354 (355) Rn. 38 – Toshiba Europe; BGH GRUR 2003, 444 (445) – „Ersetzt").

3. Mittelbare Erkennbarkeit

84   **a) Allgemeines.** Nach dem Gesetzeswortlaut genügt es, wenn der Mitbewerber oder seine Produkte **mittelbar,** dh ohne deren Nennung unter Hinzuziehung sonstiger Umstände erkennbar gemacht sind. Es genügt, dass der Durchschnittsverbraucher unter Berücksichtigung der Umstände des Einzelfalls den oder die vom Vergleich betroffenen Mitbewerber oder deren Produkte **konkret** als die erkennen kann, auf die die Werbeaussage **konkret** Bezug nimmt (EuGH GRUR 2007, 511 Rn. 24 – De Landtsheer/CIVC). Dazu kann auch die in einer Werbeaussage enthaltene Bezugnahme auf eine **Warengattung** (EuGH GRUR 2007, 511 Rn. 24 – de Landtsheer/CIVC) oder eine Angabe bestimmter Eigenschaften eines Produkts (BGH GRUR 2008, 628 Rn. 20 – Imitationswerbung) genügen. Die Werbung muss zwar nicht so deutlich gegen einen oder mehrere bestimmte Mitbewerber gerichtet sein, dass sich eine Bezugnahme auf sie für die angesprochenen Verkehrskreise förmlich aufdrängt (so BGH GRUR 1999, 1100 – Generika-Werbung; GRUR 2002, 752 (753) – Eröffnungswerbung). Andererseits darf das Erfordernis der „mittelbaren Erkennbarkeit" nicht überstrapaziert werden. Es genügt nicht jede noch so fernliegende, „nur um zehn Ecken gedachte" Bezugnahme. Denn sonst würde der Begriff des Werbevergleichs uferlos ausgeweitet (BGH GRUR 2008, 628 Rn. 29 – Imitationswerbung; GRUR 2002, 982 (983) – DIE „STEINZEIT" IST VORBEI!). Auch würden der Werbung Beschränkungen auferlegt, die weder mit dem Sinn der Werbung noch mit dem Zweck der Regelung vereinbar sind (BGH GRUR 1999, 1100 (1101) – Generika-Werbung).

85   Die Bezugnahme muss sich aus der in der Werbung enthaltenen Äußerung ergeben. Es reicht daher nicht aus, dass die angesprochenen Verkehrskreise allein auf Grund außerhalb der angegriffenen Werbung liegenden Umstände eine Verbindung zwischen dem beworbenen Produkt und denjenigen von Mitbewerbern herstellen lassen (BGH GRUR 2008, 628 Rn. 20 – Imitationswerbung). Eine mittelbare Bezugnahme liegt daher noch nicht vor, wenn eine Werbeaussage, die die Vorzüge der eigenen Leistung hervorhebt, den Umkehrschluss erlaubt, dass diese Vorzüge bei anderen Wettbewerbern nicht vorliegen. Insoweit handelt es sich um einen bloß reflexartigen Effekt (BGH GRUR 1999, 1100 (1101) – Generika-Werbung; → Rn. 46). Dies gilt auch dann, wenn der Werbende eine Vorzugs- oder Spitzenstellung oder sogar eine Alleinstellung behauptet (→ Rn. 18). Die Werbung als solche muss vielmehr die Bezugnahme auf bestimmte Mitbewerber oder ihre Produkte **eindeutig** nahe legen (BGH GRUR 1999, 1100 (1101, 1102) – Generika-Werbung). Insbes. bei leeren Redensarten, Zusätzen oder Symbolen, auf die der Verkehr wegen ihrer Abgedroschenheit oder Übertreibung kaum achtet, wird eine gedankliche Hinlenkung der Umworbenen auf Angebote bestimmter Mitbewerber zu verneinen sein. So werden inhaltlich nicht nachprüfbare Aussagen über das eigene Erzeugnis wie zB der Kaufappell „den und keinen anderen" vom Publikum nicht als Bezugnahme auf die Erzeugnisse bestimmter Mitbewerber aufgefasst (BGH GRUR 1965, 365 (367) – Lavamat II). – Die Werbung eines Holzhausherstellers mit dem Slogan „DIE ‚STEINZEIT' IST VORBEI!" enthält nach ihrem Wortlaut von sich aus keinen Bezug zu Mitbewerbern, die Ziegelsteinhäuser errichten. Eine mittelbare Bezugnahme auf Mitbewerber scheidet auch schon im Hinblick auf ihre große Zahl aus (BGH GRUR 2002, 982 (983) – DIE „STEINZEIT" IST VORBEI!).

86   Die bloße **räumliche Nähe** einer Werbung zu der eines Mitbewerbers reicht ebenfalls für sich allein noch nicht aus, um eine vergleichende Werbung zu bejahen. Dies gilt auch dann, wenn diese Nähe gewollt ist, um dem Verbraucher einen Vergleich zu ermöglichen oder zu erleichtern. Es **fehlt** insoweit an der erforderlichen **inhaltlichen Bezugnahme** auf einen Mitbewerber. Wenn daher ein Unternehmer sein Werbeplakat neben dem eines Mitbewerbers anbringt, stellt dies noch keine vergleichende Werbung dar. – Bei der sog **adword-Werbung** im Internet ist zu unterscheiden, welches Schlüsselwort (**„Keyword"**) vom Werbenden gewählt wird. Hat das Schlüsselwort keinen unmittelbaren Bezug zum Waren- oder Dienstleistungsangebot eines bestimmten Mitbewerbers (zB bei Verwendung eines Gattungsbegriffs) und kommt es dazu, dass bei Eingabe dieses Suchbegriffs neben der Trefferliste („natürliche Suchergebnisse") unter der Rubrik Anzeigen eine Werbung als Anzeige erscheint, die sich als Alternative zum Unternehmen, das auf der Trefferliste erscheint, darstellt, liegt darin noch keine vergleichende Werbung. Anders verhält es sich bei der Verwendung eines mit der Marke eines Mitbewerbers identischen Zeichens als Schlüsselwort. Denn dies stellt eine gezielte inhaltliche Bezugnahme auf das Waren- oder Dienstleistungsangebot des Mitbewerbers zu dem Zweck, dem Internetnutzer eine Kaufalternative anzubieten, dar (vgl. Knaak GRUR-Int. 2014, 209 (212 f.); offengelassen in EuGH GRUR 2010, 445 Rn. 71 – Google und Google France; vgl. auch Ohly GRUR 2009, 709 (716)).

b) Anknüpfungspunkte. aa) Anknüpfung an die Werbung von Mitbewerbern. Mittel- **87**
bare Erkennbarkeit kann ua bei folgenden Werbegestaltungen gegeben sein:
Erkennbarkeit der Mitbewerber wurde bejaht in folgenden Fällen: Werbung in Berliner
Omnibussen „ja, aber Odol ist besser" wegen der dort gleichzeitigen Werbung für Chlorodont-
Erzeugnisse (RGZ 131, 75). – Werbung einer Möbelfirma „Echter Großeinkauf – Viele reden
davon, doch Möbel-X … hat ihn wirklich", weil von einem Mitbewerber kurz vorher in
derselben Zeitung mit „Großeinkauf" und „Großangebot" geworben worden war (OLG Frankfurt GRUR 1968, 320). – Ankündigung von Sprechstunden zur Erlangung von Bestellungen auf
Spruchbändern mit dem Appell „Lassen Sie sich nicht durch vielversprechende Anzeigen auswärtiger Firmen beirren" (BGH GRUR 1952, 582 – Sprechstunden). – Anzeige „Wir bieten
mehr fürs gleiche Geld. Kuchenfest ab 11 Uhr im … Verbrauchermarkt – Große Stücke
geschnitten vom Bäcker" in enger zeitlicher Übereinstimmung mit dem Konkurrenzinserat
„Große Kuchenschlacht am Sonnabend im XY-Center! … und alles natürlich zu Kuchen-
Schlacht-Preisen!" (Zentrale WRP 1972, 217). Gleichgültig ist in diesen Fällen, ob der Werbende die Bezugnahme auf bestimmte Mitbewerber beabsichtigt; es genügt, dass sie tatsächlich auf
Grund des zeitlichen oder räumlichen Zusammenhangs eintritt.

bb) Anknüpfung an sonstige Verhältnisse beim Mitbewerber. Auch sonstige Verhält- **88**
nisse beim Mitbewerber können seine Identifizierung ermöglichen (BGH GRUR 1961, 237
(240) – TOK-Band; OLG Köln WRP 1993, 522). Dazu gehört insbes. der Herstellungs- oder
Verkaufsort der Mitbewerber. So ist bei einer Werbung für Jaguar, bei der ein Fahrzeug dieser
Marke auf einer deutschen Autobahn fährt und Schilder zu sehen sind, die auf München und
Stuttgart verweisen, ein Hinweis auf die konkurrierenden Marken BMW und Mercedes anzunehmen (→ Rn. 22 aE). Bei der Werbung „Düsseldorfs größtes Möbelhaus steht in Mönchengladbach" ist jedenfalls eine Bezugnahme auf die größeren Möbelhäuser in Düsseldorf gegeben
(vgl. OLG Hamm GRUR 1977, 38). Bei einer an Ärzte gerichteten Werbung für ein Präparat
kann bereits die Angabe der jeweiligen Wirkstoffzusammensetzung genügen, um den Mitbewerber erkennbar zu machen, wenn andere Präparate mit derselben Zusammensetzung nicht vertrieben werden (BGH GRUR 2002, 633 (635) – Hormonersatztherapie). – Eine mittelbare
Erkennbarmachung eines Mitbewerbers soll dagegen nicht vorliegen, wenn die Werbung einer
„noch jungen Firma" auf „bekannte Gesichter" hinweist und der Leser daraus erkennen kann,
dass die **Mitarbeiter** dieser Firma zuvor bei einem bestimmten Mitbewerber beschäftigt waren
(BGH WRP 2010, 636 Rn. 23 – Hier spiegelt sich Erfahrung; zw., vgl. Köhler GRUR 2005,
273 (277) [sub 2a]).
Eine mittelbare Erkennbarmachung liegt auch dann vor, wenn der Werbende zur Kenn- **89**
zeichnung seiner Produkte ein Zeichen benutzt, das der **Marke** des Mitbewerbers ähnlich ist,
wenn der Durchschnittsabnehmer diese Benutzung als Hinweis auf diesen Mitbewerber oder auf
die von ihm angebotenen Produkte auffasst (EuGH GRUR 2008, 698 Rn. 44 – O2 und O2
(UK)). Dann stellt sich das Problem des Verhältnisses zum Markenschutz (→ Rn. 32 ff.). Eine
mittelbare Erkennbarmachung liegt ferner vor, wenn der Werbende **Produktbezeichnungen**
verwendet, die von den jeweils angesprochenen Verkehrskreisen auf Grund ihres Hintergrund-
wissens gleichsam als „Übersetzungscode" zur Erkennung der Produkte von Mitbewerbern
(Produkt x des Werbenden entspricht dem Produkt y des Mitbewerbers) benutzt werden können
(BGH GRUR 2008, 628 Rn. 21 – Imitationswerbung). Werden durch die Werbung **unter-**
schiedliche Verkehrskreise angesprochen, so kann dies dazu führen, dass für die einen Verkehrskreise (Verbraucher) eine vergleichende Werbung zu verneinen, für die anderen Verkehrskreise
(Händler) dagegen zu bejahen ist.

cc) Direkte oder indirekte Gruppenbezeichnung. Es genügt auch die direkte oder indi- **90**
rekte Gruppenbezeichnung, sofern ein Rückschluss auf ein oder mehrere Mitbewerber möglich
ist (OLG Köln WRP 2011, 785: „gesetzliche Krankenkassen").

dd) Begrenzte Mitbewerberzahl. Ist die Werbung zwar allgemein gehalten (zB durch **91**
Bezugnahme auf eine Warengattung), sind aber nur ein oder wenige (wichtige) Mitbewerber auf
dem Markt tätig, die dem Verkehr bekannt sind, so ist dies ein Indiz für deren Erkennbarkeit
(BGH GRUR 1971, 317 (319) – Grabsteinwerbungen II; GRUR 1972, 553 (554) – Statt
Blumen ONKO-Kaffee; GRUR 1973, 534 (536) – Mehrwert II; GRUR 1987, 49 (50) – Cola-
Test; OLG Frankfurt GRUR 2018, 251 Rn. 106). Je größer der Kreis der in Betracht kom-
menden Mitbewerber ist, desto weniger werden die angesprochenen Nachfrager eine allgemeine
Werbeaussage auf einzelne Mitbewerber beziehen, die von ihr allenfalls pauschal erfasst werden

(BGH GRUR 2001, 752 (753) – Eröffnungswerbung; GRUR 2002, 982 (983) – DIE „STEIN-ZEIT" IST VORBEI!). Werden Konkurrenzprodukte abstrakt, also zB nach ihrer Stoffqualität oder technischen Beschaffenheit, bezeichnet („Billige Composite Rackets (Graphite-Fiberglas) muten wir Ihnen nicht zu"), kann darin zwar im Einzelfall eine mittelbare Bezugnahme auf alle Hersteller dieser Produkte erblickt werden (BGHZ 138, 54 (65) = GRUR 1998, 824 – Test-preis-Angebot). Maßgebend sind aber die Verhältnisse auf dem jeweiligen Markt und die Markt-kenntnisse der angesprochenen Nachfrager (Gloy/Bruhn GRUR 1998, 226 (229)). Der Hinweis auf konkurrierende Cognacs, „die durch großen Werbeaufwand auffallen" (vgl. BGH GRUR 1985, 982 – Großer Werbeaufwand), reicht daher nicht aus, um die betreffenden Produkte und/oder ihre Hersteller erkennbar zu machen. Festzuhalten bleibt, dass es sich dabei im Regelfall um einen **überschaubaren** Kreis von Mitbewerbern handeln muss. Die bloße Tatsache, dass sich eine Werbung unmissverständlich auf alle (zB produktmäßig definierten) Mitbewerber bezieht, reicht daher für die Erkennbarkeit nicht aus (OLG Hamburg GRUR-RR 2006, 170 (172); Sack WRP 2001, 327 (334); Scherer WRP 2001, 89 (95, 96); aA OLG München NJW-RR 2000, 177 – ZLR 2000, 949 mAnm Eck/Ikas).

92   **ee) Verwendung des Komparativs.** Häufig dient zum Vergleich der Komparativ, der schon seiner Natur nach vergleichend wirkt und daher den Umworbenen leicht an bestimmte Mit-bewerber denken lässt (ebenso OLG Frankfurt GRUR-RR 2005, 137; OLG Köln GRUR-RR 2009, 181). Es genügt nicht, dass die Umworbenen gewisse Konkurrenzerzeugnisse bereits im Gedächtnis haben oder diese in ihrer Vorstellung „aufsteigen" (OLG Düsseldorf GRUR 1955, 427). Entscheidend ist, ob sich der Vergleich nach der Auffassung der angesprochenen Verkehrs-kreise auf bestimmte Mitbewerber bezieht. So liegt in dem Werbeslogan „Lieber besser aussehen als viel bezahlen" keine pauschale Bezugnahme auf bestimmte Mitbewerber (BGH GRUR 1997, 227 (228) – Aussehen mit Brille). Ebenso wenig wird die Werbeaussage „Ich bin doch nicht blöd" von den angesprochenen Verkehrskreisen als herabsetzende Bezugnahme auf das Leis-tungsangebot konkurrierender Unternehmen verstanden (OLG Karlsruhe WRP 1997, 865). Auch liegt in der Inseratsüberschrift „Der Spezialist bietet mehr" nur eine reklamehafte An-preisung der eigenen Ware, nicht aber ein Vergleich mit bestimmten Mitbewerbern (OLG Hamm DB 1968, 1850 (1852)). – Der Slogan „Kaufen Sie, wo man mehr bietet, mehr weiß und mehr vom Fach versteht – kaufen Sie beim Fachhandel" wurde als Bezugnahme auf den örtlichen Nichtfachhandel aufgefasst (OLG Köln GRUR 1962, 102). Hebt der Werbende seine Leistung nicht nur als „besser" oder „billiger" hervor, sondern verstärkt er die Aggression durch weitere Momente, wie zB die negative Wendung, dass „nichts anderes" besser oder billiger sei oder seine Ware bestimmte Nachteile nicht aufweise, so kann darin eine Bezugnahme auf Mitbewerber liegen, wenn deren Zahl überschaubar ist. Das war zB anzunehmen bei der Werbung eines Autovermieters „Lieber six Sixt als zu teuer" (OLG Hamburg GRUR 1992, 531) oder bei der Aussage, das eigene Produkt habe in einem Test der Feuchtigkeitswirkung einiger der teuersten Prestige-Cremes alle übertroffen (OLG Köln GRUR-RR 2009, 181).

V. Waren und Dienstleistungen

1. Waren

93   Während Art. 2 lit. c Werbe-RL von „Erzeugnissen" spricht, verwenden Art. 2 lit. a Werbe-RL und § 6 II Nr. 1 den Begriff der Ware. Er ist weit zu verstehen und umfasst nicht nur Produktionserzeugnisse, sondern alle Güter, die Gegenstand des geschäftlichen Verkehrs sein können. Dazu gehören daher nicht nur **bewegliche Sachen,** sondern auch **Grundstücke** (vgl. BGH GRUR 1976, 316 (317) – Besichtigungsreisen II) und **Rechte** aller Art wie zB gewerb-liche Schutzrechte, Nutzungsrechte (zB an Computerprogrammen), Miteigentumsrechte, gesell-schaftsrechtliche Rechte, ferner Unternehmen sowie vermögenswerte **Immaterialgüter** wie zB Know-how, Goodwill, Werbeideen, Nachrichten.

2. Dienstleistungen

94   Dienstleistungen sind alle Tätigkeiten, die für einen anderen erbracht werden und ihm zugute-kommen sollen, idR also dienst- und werkvertragliche Tätigkeiten von Unternehmen, ein-schließlich Vermittlungs- und Finanzdienstleistungen. Dazu gehören auch Dienstleistungen als Nebenleistung zu Warenlieferungen (zB Garantien, Kreditgewährungen), auch soweit sie in Allgemeinen Geschäftsbedingungen geregelt sind. Staatliche Tätigkeiten fallen nur darunter,

soweit sie im erwerbswirtschaftlichen Bereich erbracht werden; ausgenommen sind also hoheitliche Tätigkeiten.

D. Unlauterkeit der vergleichenden Werbung

Während Art. 4 Werbe-RL kumulativ und abschließend die Bedingungen regelt, unter denen **95** eine vergleichende Werbung als zulässig gilt, geht § 6 II den umgekehrten Weg und legt, der Systematik des UWG folgend, Voraussetzungen fest, unter denen eine vergleichende Werbung als unlauter iSd § 3 anzusehen ist. Die **irreführende** vergleichende Werbung (Art. 4 lit. a Werbe-RL) ist nicht in § 6 II geregelt, sondern, wiederum der Systematik des UWG folgend, in § 5 II und III Alt. 1 erfasst. Der Aufstellung eines Katalogs der Zulässigkeitsvoraussetzungen liegt eine **Abwägung der Interessen** aller Beteiligten zugrunde, die durch die Gestattung der vergleichenden Werbung berührt sein können (EuGH GRUR 2009, 756 Rn. 68 – L'Oréal/Bellure). Die Regelungen dienen dazu, den Wettbewerb zwischen den Anbietern von Waren und Dienstleistungen im Interesse der Verbraucher zu fördern, indem den Mitbewerbern erlaubt wird, die Vorteile der verschiedenen vergleichbaren Erzeugnisse objektiv herauszustellen, und zugleich dazu, Praktiken zu verbieten, die den Wettbewerb verzerren, die Mitbewerber schädigen und die Entscheidung der Verbraucher negativ beeinflussen können (vgl. Erwägungsgründe 2, 7 und 9 Werbe-RL; EuGH GRUR 2009, 756 Rn. 68 – L'Oréal/Bellure). Dieser Regelungszweck ist bei der **Auslegung** des § 6 II zu berücksichtigen (EuGH GRUR 2009, 756 Rn. 69 – L'Oréal/Bellure), insbes. auch im Hinblick auf das Verhältnis zum Markenrecht (EuGH GRUR 2009, 756 Rn. 70 ff. – L'Oréal/Bellure).

I. Vergleich von Waren oder Dienstleistungen für den gleichen Bedarf oder dieselbe Zweckbestimmung (§ 6 II Nr. 1)

1. Allgemeines

Nach § 6 II Nr. 1 ist vergleichende Werbung unlauter, wenn der Vergleich „sich nicht auf **96** Waren oder Dienstleistungen für den gleichen Bedarf oder dieselbe Zweckbestimmung bezieht". Damit wird Art. 4 lit. b Werbe-RL umgesetzt. Diese Beschränkung des zulässigen Vergleichs auf Waren und Dienstleistungen ist rechtspolitisch zweifelhaft, weil auch andere Arten der vergleichenden Werbung den Wettbewerb fördern und dem Verbraucher wertvolle Informationen geben können (zB Vergleich der Ladenöffnungszeiten oder der Dichte des Händlernetzes). Dem lässt sich zwar durch eine weite Auslegung dieser Begriffe in gewisser Weise Rechnung tragen (→ Rn. 11, 104), aber die gesetzgeberische Grundentscheidung lässt sich nicht in Frage stellen.

2. Waren- oder Dienstleistungsvergleich

Voraussetzung ist zunächst ein Waren- oder Dienstleistungsvergleich. Zum Begriff der Waren **97** und Dienstleistungen → Rn. 93 f. Unerheblich ist, ob die verglichenen Produkte auf denselben oder verschiedenen **Vertriebswegen** (zB über offizielle Vertriebspartner oder durch Parallelimport) beschafft werden (EuGH GRUR 2003, 533 Rn. 61–65 – Pippig Augenoptik/Hartlauer). Ein Vergleich liegt auch vor, wenn Waren (zB Arzneimittel) mit Dienstleistungen (zB Heilbehandlung) oder Warensortimente (EuGH GRUR 2007, 69 Rn. 28 ff. – LIDL Belgium) untereinander verglichen werden oder wenn eine Kombination von Waren (zB Auto mit Zubehör) mit einer Ware oder eine Kombination von Ware und Dienstleistung (zB Möbel plus Transport und Aufstellung) mit einer Ware (zB Möbel) verglichen wird. Sind Gegenstand des Vergleichs dagegen nicht Waren oder Dienstleistungen, sondern nur die persönlichen oder geschäftlichen Verhältnisse des Werbenden und seines Mitbewerbers (sog unternehmensbezogener Vergleich), führt dies zur Unlauterkeit des Vergleichs (sehr str.; nach aA gelten insoweit die allgemeinen, zu § 4 entwickelten Grundsätze; → Rn. 14). Was den Vergleich von **Werbemethoden** angeht, hat der BGH offengelassen, ob er von § 6 II Nr. 1 erfasst wird (BGH GRUR 2002, 75 (76) – SOOOO … BILLIG!?). Richtigerweise ist danach zu unterscheiden, ob sie einen Rückschluss auf die Eigenschaften oder den Preis der beworbenen Waren oder Dienstleistungen zulassen oder nicht. – Ein Dienstleistungsvergleich liegt auch vor, wenn die Leistungen von Dienstleistern (zB Ärzten, Anwälten) in der Weise verglichen werden, dass eine „**Rangliste**" erstellt wird (vgl. dazu BGH GRUR 1997, 912 – Die Besten I; BVerfG WRP 2003, 69 – Veröffentlichung von Anwalts-Ranglisten, wobei die Gerichte nur den Aspekt der getarnten Werbung, nicht auch den der vergleichenden Werbung ansprechen; dazu Köhler FS Sonnenberger, 2004, 249 (254 ff.)). § 6 ist jedoch nur insoweit anwendbar, als Mitbewerber erkennbar gemacht werden. Das sind idR nur die in der Rangliste aufgeführten, unterschiedlich bewerteten Dienstleister.

3. Gleicher Bedarf und dieselbe Zweckbestimmung

98 **a) Allgemeines.** Während die Mitbewerbereigenschaft iSd § 6 I schon dann zu bejahen ist, wenn die angebotenen Waren oder Dienstleistungen „in gewissem Grad substituierbar" sind (→ Rn. 74), ist für der Feststellung, ob es sich um Waren oder Dienstleistungen „für den gleichen Bedarf oder dieselbe Zweckbestimmung" handelt, ein **„hinreichender Grad an Austauschbarkeit"** erforderlich (EuGH GRUR 2007, 69 Rn. 26 – LIDL Belgium; GRUR 2007, 511 Rn. 44 – De Landtsheer/CIVC; GRUR 2011, 159 Rn. 28 – LIDL/Vierzon; BGH GRUR 2009, 418 Rn. 26 – Fußpilz). Es ist insoweit zu fragen, ob die verglichenen Waren oder Dienstleistungen wirklich substituierbar sind. Dazu bedarf es einer **individuellen und konkreten Beurteilung** der in der Werbeaussage verglichenen Waren oder Dienstleistungen dahin, ob sie **wirklich untereinander substituierbar** sind (EuGH GRUR 2007, 511 Rn. 47, 48 – De Landtsheer/CIVC; GRUR 2011, 159 Rn. 28 – LIDL/Vierzon). Diese Unterscheidung soll vermeiden, dass das Zulässigkeitskriterium des § 6 II Nr. 1 jede praktische Wirksamkeit verliert. Welchen Bedarf eine Ware oder Dienstleistung decken soll oder für welchen (Verwendungs-) Zweck sie bestimmt ist, ist aus der Sicht der durch die vergleichende Werbung angesprochenen Verkehrskreise zu beurteilen. Dabei kommt es, wie stets, auf das durchschnittliche Mitglied dieser Verkehrskreise an. Bedarf und Verwendungszweck brauchen daher nicht objektiv-generell festzustehen. Sie können auch durch die Werbung des Anbieters kreiert, spezifiziert oder durch Vereinbarung mit einem Nachfrager oder einer spezifischen Gruppe von Nachfragern festgelegt werden (vgl. auch § 434 I 1 BGB: „vereinbarte Beschaffenheit"). Die Begriffe des „gleichen" Bedarfs und „derselben" Zweckbestimmung dürfen auch nicht zu eng verstanden werden, da sonst der Anwendungsbereich der vergleichenden Werbung übermäßig eingeschränkt würde. Daher ist ein Vergleich von Nahrungsmitteln nicht schon deshalb unzulässig, weil sie sich hinsichtlich ihrer Essbarkeit und dem Verzehrgenuss, je nach den Bedingungen und dem Ort der Herstellung und ihres Herstellers unterscheiden (EuGH GRUR 2011, 159 Rn. 39 – LIDL/Vierzon). Auch braucht **keine völlige Funktionsidentität** der Waren vorzuliegen (BGH GRUR 2009, 418 Rn. 26 – Fußpilz). Ein Vergleich ist daher nicht schon deshalb nach § 6 II Nr. 1 unlauter, weil verschiedene Wirkstoffe und Arzneimittel mit unterschiedlichen Anwendungsgebieten verglichen werden (BGH GRUR 2009, 418 Rn. 26 – Fußpilz; OLG Hamburg GRUR-RR 2010, 67 (69)). – Allerdings können bei einem Preisvergleich objektive und für die Kaufentscheidung relevante Unterschiede der Produkte zu einer **Irreführung** des Verbrauchers iSd **§ 5 I, III** führen, wenn er über diese Unterschiede nicht aufgeklärt wird (EuGH GRUR 2011, 159 Rn. 51–56 – LIDL/Vierzon). Das Gleiche gilt beim Preisvergleich von „Warenkörben", wenn die Verbraucher glauben können, die getroffene Warenauswahl sei repräsentativ für das allgemeine Preisniveau des Werbenden und des Mitbewerbers.

99 **b) Beispiele.** Da es auf den Bedarf und die Zweckbestimmung ankommt, spielt es keine Rolle, ob die verglichenen Waren oder Dienstleistungen in unterschiedlichen Mengen (zB Gebindegrößen) angeboten werden (OLG Frankfurt GRUR 2001, 358) oder identisch sind (zB beim Vergleich der Preise von Markenwaren durch Händler) oder der gleichen Produktkategorie angehören (zB beim Vergleich von Kfz) oder völlig unterschiedlich sind (zB Vergleich von Öl und Strom als Energiequellen; Vergleich von Bahn und Luftfahrt als Beförderungsmöglichkeiten). Austauschbarkeit ist daher zu bejahen: bei einem Vergleich von Leitungswasser und Mineralwasser (OLG München NJWE-WettbR 2000, 177); bei einem Vergleich von Nahrungsmitteln (EuGH GRUR 2011, 159 Rn. 39 – LIDL/Vierzon); bei einem Vergleich von Müsli- und Schokoladenriegeln (OLG Hamburg GRUR-RR 2003, 251 (252)); bei einem Vergleich von hochwertigen Luxusprodukten und billiger Massenware (Scherer WRP 2001, 89 (91)); bei einem Vergleich der Reichweite von Publikationen, auch wenn die Verbreitungsgebiete nicht (ganz) identisch sind (OLG Hamburg NJWE-WettbR 1999, 276); bei einem für Anzeigenkunden bestimmten Vergleich zwischen Tages- und Wochenzeitungen (OLG Hamburg MD 1999, 979); bei einem Vergleich von ISDN-Anschlüssen, auch wenn einer davon zusätzlich einen Anrufbeantworter enthält (OLG Frankfurt GRUR 2001, 89); bei einem Vergleich von HPLC-Säulen zur Trennung chemischer Stoffgemische (BGH GRUR 2005, 172 (174) – Stresstest). – Eine Vergleichbarkeit zwischen einer Wirtschaftszeitung und einer Lotteriegesellschaft unter dem Gesichtspunkt der Möglichkeit der Geldvermehrung ist freilich zu verneinen, da sie vom verständigen Durchschnittsverbraucher nicht als substituierbar angesehen werden (BGH GRUR 2002, 828 (830) – Lottoschein).

Der Vergleich braucht sich auch nicht auf konkrete Waren zu beschränken, er kann sich **100** vielmehr auch auf eine Warenart (Produktgruppe oder Warengattung) beziehen (BGH GRUR 1999, 501 (502) – Vergleichen Sie: „hochwertiger Designer-Modeschmuck"), sofern sie über übereinstimmende Eigenschaften verfügt und eine hinreichende Abgrenzung zu anderen Waren- arten möglich ist.

Darüber hinaus kann sich der Vergleich auf die **Sortimente** von Supermärkten beziehen, **101** soweit diese Sortimente aus einzelnen Produkten bestehen, die jeweils hinreichend austauschbar sind (EuGH GRUR 2007, 69 Rn. 39 – LIDL Belgium). – Bietet ein Mitbewerber Waren und/ oder Dienstleistungen an, die nicht alle dem gleichen Bedarf oder derselben Zweckbestimmung dienen, so muss der Vergleich kenntlich machen, auf welche konkreten Waren oder Dienst- leistungen bzw. Waren- oder Dienstleistungsarten er sich bezieht. Eine pauschale Bezugnahme auf das Sortiment des Mitbewerbers reicht dann nicht aus. Auf Grund der praktischen Schwierig- keiten sind allerdings an den „paarweisen" Vergleich keine strengen Anforderungen zu stellen (vgl. Köhler WRP 2008, 414 (418); GK/Glöckner Rn. 380). Auch ein Vergleich von Pro- dukten, die nur in Teilbereichen austauschbar sind, ist grds. zulässig. Jedoch muss der Werbende auf diesen Umstand hinweisen, um einem Irrtum über Gegenstand und Umfang des Vergleichs vorzubeugen (OLG Hamburg GRUR-RR 2002, 169 (171)).

II. Voraussetzungen des Eigenschaftsvergleichs (§ 6 II Nr. 2)

1. Allgemeines

Nach § 6 II Nr. 2 ist der Vergleich unlauter, wenn er „nicht objektiv auf eine oder mehrere **102** wesentliche, relevante, nachprüfbare und typische Eigenschaften oder den Preis dieser Waren oder Dienstleistungen bezogen ist". Mit dieser Regelung wird Art. 4 lit. c Werbe-RL umgesetzt, der wiederum weitgehend auf den früheren Art. L 121-8 des französischen Code de la consom- mation zurückgeht („… une comparaison objective qui ne peut porter que sur des caractéristi- ques essentielles, significantes, pertinentes et vérifiables des biens ou services"). **Zweck** der Regelung ist es sicherzustellen, dass die Vorteile der verschiedenen vergleichbaren Erzeugnisse objektiv herausgestellt und damit die Verbraucher über ihre Vorteile unterrichtet werden (vgl. ErwGr. 6 S. 3 und 8 S. 1 Werbe-RL; → Rn. 12). Dementsprechend sind die Anforderungen an die Zulässigkeit der vergleichenden Werbung in dem für die Verbraucher günstigsten Sinn auszulegen (stRspr des EuGH; zuletzt EuGH GRUR 2009, 756 Rn. 52 – L'Oréal/Bellure). Dabei handelt es sich nicht um einen typisierten Irreführungsschutz (so aber Harte-Bavendamm/ Henning-Bodewig/Sack Rn. 141; Götting/Nordemann/Koehler Rn. 67), zumal irreführende Angaben bereits von Art. 4 lit. a Werbe-RL und damit von § 5 III erfasst sind (→ Rn. 23 ff.), sondern um ein **Informationsgebot,** das dem Verbraucher eine „informierte" Entscheidung ermöglichen soll.

2. Gegenstand des Vergleichs

Der Vergleich muss sich auf eine oder mehrere **Eigenschaften** einer Ware oder Dienstleistung **103** oder ihren **Preis** beziehen. Ob dies der Fall ist, beurteilt sich aus der Sicht der angesprochenen Verkehrskreise (BGH GRUR 2010, 161 Rn. 26 – Gib mal Zeitung). – Wie schon aus dem Wortlaut hervorgeht, kann sich der Vergleich auf eine **einzige** Eigenschaft beschränken, sofern er die sonstigen Zulässigkeitskriterien erfüllt, insbes. keinen unzutreffenden Gesamteindruck hervorruft. Unbedenklich ist es daher, wenn eine Vergleichsstudie zwei Produkte nur unter einem Gesichtspunkt untersucht, ohne andere Eigenschaften aufzuführen (BGH GRUR 2002, 633 (635) – Hormonersatztherapie; OLG Hamburg GRUR-RR 2001, 33). – Unlauter ist ein Vergleich, wenn er sich weder auf die Eigenschaften eines Produkts noch auf seinen Preis bezieht. Grds. unlauter ist daher etwa ein Vergleich der Umsätze konkurrierender Produkte, weil und soweit daraus kein Rückschluss auf die Produkteigenschaften möglich ist. Bei einer an Facheinkäufer gerichteten Werbung können allerdings Umsätze oder Umsatzzuwächse Eigen- schaften des Produkts sein (BGH GRUR 2007, 605 Rn. 30 – Umsatzzuwachs). – Unlauter ist auch ein pauschaler, nicht näher spezifizierter Vergleich mit fremden Angeboten etwa mit dem Slogan „Die beste Werbung für S. sind die Angebote der Konkurrenz" (vgl. KG WRP 1999, 339 (340)), vorausgesetzt, die Mitbewerber sind erkennbar iSd § 6 I.

104   **a) Eigenschaft. aa) Allgemeines.** Unter Eigenschaften sind die unterscheidenden Merkmale einer Ware oder Dienstleistung zu verstehen. Um vergleichende Werbung in breitem Umfang zuzulassen, wie es dem Zweck der Richtlinie entspricht (→ Rn. 11), ist es geboten, den Begriff der Eigenschaft richtlinienkonform **weit** zu verstehen (BGHZ 158, 26 (33) = GRUR 2004, 607 (611) – Genealogie der Düfte; BGH GRUR 2005, 172 (174) – Stresstest). Er ist daher nicht auf Eigenschaften iSd kaufrechtlichen Mängelhaftung (§ 434 BGB) oder der Irrtumsanfechtung (§ 119 II BGB) zu beschränken. Entscheidend ist vielmehr, ob die Angabe einen Bezug zur Ware oder Dienstleistung hat und die angesprochenen Verkehrskreise ihr eine **nützliche Information** für die Nachfrageentscheidung entnehmen können (ebenso BGHZ 158, 26 (33) = GRUR 2004, 607 (611) – Genealogie der Düfte; BGH GRUR 2005, 172 (174) – Stresstest; GRUR 2007, 605 Rn. 30 – Umsatzzuwachs; GRUR 2010, 161 Rn. 27 – Gib mal Zeitung). Dabei kommt es auf die Sichtweise des durchschnittlich informierten, aufmerksamen und verständigen Durchschnittsverbrauchers an. Der Eigenschaftsbegriff erfasst daher nicht nur die physischen Beschaffenheitsmerkmale einer Ware oder Dienstleistung und ihre tatsächlichen, wirtschaftlichen, sozialen oder rechtlichen Beziehungen zur Umwelt, soweit sie nach der Verkehrsanschauung für ihre Brauchbarkeit und ihren Wert von Bedeutung sind (vgl. Plaß WRP 1999, 766 (768)), sondern darüber hinaus alle Faktoren, die für die Nachfrageentscheidung aus der Sicht der angesprochenen Verkehrskreise eine Rolle spielen können (OLG Düsseldorf GRUR 2022, 731 Rn. 51). Zu den Eigenschaften zählen insbes. die **„wesentlichen Merkmale"** der Ware oder Dienstleistung, wie sie in Art. 6 I lit. b UGP-RL beispielhaft („wie") aufgezählt sind, nämlich: „Verfügbarkeit, Vorteile, Risiken, Ausführung, Zusammensetzung, Zubehör, Kundendienst und Beschwerdeverfahren, Verfahren und Zeitpunkt der Herstellung oder Erbringung, Lieferung, Zwecktauglichkeit, Verwendung, Menge, Beschaffenheit, geographische oder kommerzielle Herkunft oder die von der Verwendung zu erwartenden Ergebnisse oder die Ergebnisse und wesentlichen Merkmale von Tests oder Untersuchungen, denen das Produkt unterzogen wurde". (Die Umsetzung dieser Bestimmung in § 5 I 2 Nr. 1 stimmt damit nicht ganz überein; vgl. auch Art. 3 lit. a Werbe-RL.) Zwar ist der Begriff der Eigenschaft in § 6 II Nr. 2 nicht auf diese Beispiele beschränkt, sondern kann weiter reichen. Stets muss jedoch der in der Werbung genannte Umstand einen unmittelbaren Bezug zu den beworbenen Waren oder Dienstleistungen aufweisen.

105   **bb) Beispiele.** Eine Eigenschaft kann die Art und Weise der **„Herstellung"** einer Ware sein, etwa ob sie im Inland oder im Ausland oder unter Verletzung von Umwelt-, Steuer- oder Personenschutzvorschriften hergestellt wurde oder ob es sich um ein Handwerks- oder ein Industrieprodukt handelt. Ferner gehört dazu die **Zwecktauglichkeit** (OLG Frankfurt WRP 2017, 96 Rn. 15). Weiter kann es eine Eigenschaft darstellen, dass die Ware von einer fachlichen Stelle (zB TÜV) auf ihre Qualität **geprüft** wurde, dass sie Auszeichnungen erhalten hat oder dass ihr Erwerb steuerlich begünstigt ist. Vor allem können die **„von der Verwendung zu erwartenden Ergebnisse"**, insbes. also auch die Auswirkung eines Produkts auf die Gesundheit oder die Umwelt eine Eigenschaft sein. Auch die **„Verfügbarkeit"**, also die räumliche und zeitliche **Lieferbarkeit** oder Erhältlichkeit einer Ware gehört zu den Eigenschaften. Daher kann sich der Vergleich auch darauf beziehen, wo und wie das Produkt bezogen werden kann (Abholung durch Kunden/Lieferung durch Unternehmer), ob das Produkt ständig auf Lager ist oder erst bestellt oder gar hergestellt werden muss.

106   Zu den vergleichbaren Eigenschaften gehören ferner: Der **„Kundendienst"**, etwa die Dichte eines **Händler-** oder **Servicenetzes** oder die Ladenöffnungs- oder Servicezeiten („rund um die Uhr" usw); die **Leserschaft** von **Zeitungen** und **Zeitschriften,** weil sie Rückschlüsse auf deren Inhalt und die Ausrichtung zulässt (BGH GRUR 2010, 161 Rn. 27 – Gib mal Zeitung); die **Reichweitenzahlen** oder **Auflagenzahlen** von Zeitschriften, soweit es um die Werbung von Anzeigenkunden geht (OLG München GRUR-RR 2003, 189 (190); iErg auch OLG Hamburg GRUR 2001, 33 (35)); die **Umsatzzahlen** und **Umsatzzuwächse** (BGH GRUR 2007, 605 Rn. 30 – Umsatzzuwachs), weil und soweit die angesprochenen Verkehrskreise (Facheinkäufer) daraus auf die Attraktivität eines Produkts auch in der Zukunft schließen können. Auch ein Vergleich von **Testergebnissen** ist ein mit der Qualität der angebotenen Waren oder Dienstleistungen unmittelbar im Zusammenhang stehender tatsächlicher Umstand (BGH WRP 2019, 736 Rn. 52 – Das beste Netz). – Ein Eigenschaftsvergleich kann ferner darin bestehen, dass auf das **Fehlen** einer bestimmten Eigenschaft beim Konkurrenzangebot (zB Kauf mit/ohne Beratung) oder dass auf die unterschiedliche Stabilität von Produkten auch außerhalb der regelmäßigen oder empfohlenen Betriebsbedingungen hingewiesen wird, sofern dies für die angesprochenen Verkehrskreise von Interesse ist (BGH GRUR 2005, 172 (174) – Stresstest).

Bei Waren oder Dienstleistungen, deren Qualität von der Zahl, Leistungsfähigkeit und Zuver- **107** lässigkeit von **Mitarbeitern** abhängt (zB Hotels, Restaurants, Paketzustelldienste), wird man Aussagen darüber ebenfalls als Eigenschaftsvergleich qualifizieren müssen. Darüber hinaus wird man auch **Art und Umfang des Waren- oder Dienstleistungsangebots im Ganzen** noch zu den Eigenschaften iSd § 6 II Nr. 2 rechnen müssen, weil auch diese Information für den Verbraucher von Nutzen ist. Ein Hotel darf daher zB vergleichend nicht nur mit der Ausstattung, sondern auch mit der Zahl seiner Zimmer werben; desgleichen ein Warenhaus mit dem Umfang seines Sortiments (EuGH GRUR 2007, 69 Rn. 28 ff. – LIDL Belgium) und seines Services.

Zweifelhaft ist dagegen, ob sich der Begriff der Eigenschaft auch auf „imagebezogene" oder **108** „geschmacksabhängige" Produktmerkmale, dh die subjektive Wertschätzung durch den Verbraucher einbeziehende Merkmale erstreckt (verneinend OLG München WRP 1999, 692; OLG München GRUR-RR 2003, 373; offenlassend OGH GRUR-Int. 2005, 161 (162) – Dan aktuell; bejahend FBO/Koos Rn. 148 f.; MüKoUWG/Menke Rn. 192; Ohly/Sosnitza/Ohly Rn. 48; vgl. auch Scherer WRP 2001, 89 (97)). Zwar handelt es sich dabei nicht um nachprüfbare Eigenschaften des Produkts als solchem. Indessen kann auch die Einschätzung eines Produkts durch die Verbraucher grds. eine Eigenschaft sein, so dass die vergleichende Werbung mit derartigen Wertschätzungen (zB dass ein Lebensmittel einer größeren Zahl von Testpersonen besser schmeckt als ein Konkurrenzprodukt) zulässig ist, soweit die Behauptung nachprüfbar (dh der Test zutr.) ist. Auch die **Kundenzufriedenheit** stellt daher eine Eigenschaft dar (OLG Saarbrücken GRUR-RR 2008, 312 (313); OLG Düsseldorf WRP 2022, 611 Rn. 54). Erst recht gilt dies für das „Image" einer Ware (vgl. EuGH GRUR 2007, 511 Rn. 41 – De Landtsheer/CIVC).

Auch die **Beschreibung sinnlicher Wahrnehmungen** (zB der Duftnote von Parfüms oder **109** Weinen) kann eine Eigenschaft darstellen (BGH GRUR 2004, 607 (611) – Genealogie der Düfte; MüKoUWG/Menke Rn. 180: „sensorische Tests"). Allerdings ist zu unterscheiden zwischen Beschreibung („duftet nach Heu", „schmeckt wie Essig") und qualitativer Bewertung („duftet gut"; „schmeckt toll").

Beim Vergleich von Markenartikeln kann auch der **Markenwert** eine Rolle spielen, soweit er **110** objektiv feststellbar ist (OGH GRUR-Int. 2005, 161 (162) – Dan aktuell).

b) **Preis.** Der Vergleich darf sich auch auf den Preis von Waren oder Dienstleistungen **111** beziehen **(Preisvergleich).** Der Preis ist in § 6 II Nr. 2 gesondert aufgeführt, da er nach deutscher Zivilrechtstradition nicht zu den Eigenschaften einer Ware oder Dienstleistung gehört. Die richtlinienkonforme Auslegung gebietet es, dass auch Angaben über den Preis „wesentlich, relevant, nachprüfbar und typisch" sein und dem Objektivitätserfordernis genügen müssen (vgl. EuGH GRUR 2007, 69 Rn. 56 – LIDL Belgium). Ein reiner Preisvergleich ist daher dann unzulässig, wenn dabei Produkte mit Preisangabe anderen Produkten gegenübergestellt werden, ohne deren Preis anzugeben (OLG Köln GRUR-RR 2019, 386 Rn. 36). Unter Preis ist die in Geld ausgedrückte Gegenleistung zu verstehen. Zum Preis gehören auch **Preisbestandteile** (Rabatte, Skonti usw). Ein Preisvergleich setzt voraus, dass der Mitbewerber einen Preis angegeben hat, auf den der Werbende Bezug nehmen kann (OLG Karlsruhe WRP 2013, 1386 Rn. 16). Ist ein solcher Preis angegeben, so darf sich der Werbende darauf beziehen, auch wenn der Mitbewerber von Fall zu Fall **individuelle** Rabatte gewährt vgl. BGH WRP 2013, 1333 Rn. 26 – Kostenvergleich bei Honorarfactoring). Denn der durchschnittlich informierte, aufmerksame und verständige Verbraucher weiß dies und berücksichtigt es in seiner Entscheidung. Wirbt der Mitbewerber dagegen mit allgemeinen Preissenkungen (zB „20% auf alles"), muss sich der Preisvergleich auf den reduzierten Preis beziehen. Kennt der werbende Händler den Preis des Mitbewerbers nicht, so kann er nicht einfach den vom Hersteller des Konkurrenzprodukts empfohlenen Endverbraucherpreis zu Grunde legen. Denn dies ist kein verlässlicher Maßstab für den vom Mitbewerber tatsächlich verlangten Preis. Auch eine Preisvergleichswerbung von Herstellern, die sich auf die empfohlenen Endverbraucherpreise bezieht, ist unlauter, weil ungewiss ist, ob die Ware tatsächlich von den Händlern zu diesem Preis verkauft wird. Es spielt auch keine Rolle, ob der empfohlene Preis von den Händlern überwiegend eingehalten wird (aA Beater § 15 Rn. 69).

Die **Liefer-** und **Zahlungsbedingungen** sind in § 6 II Nr. 2 nicht ausdrücklich erwähnt. **112** Denkbar ist, sie, soweit preisrelevant, in den Begriff des „Preises" einzubeziehen. Im Übrigen sind sie als Eigenschaften des beworbenen Produkts oder als Dienstleistungen anzusehen. Auch ein Konditionenvergleich ist daher zulässig. Werden bei einem Waren- oder Dienstleistungs-vergleich die preisrelevanten Konditionen nicht deutlich herausgestellt, obwohl sie sich nicht unwesentlich unterscheiden, so wird man im Einzelfall die Objektivität des Vergleichs verneinen oder sogar einen irreführenden Vergleich iSd § 5 III annehmen müssen (vgl. KG GRUR-RR 2003, 319). Unlauter ist daher eine Gegenüberstellung von Zinsen eines Kreditvermittlers und einer Bank, wenn nicht auch die unterschiedlichen Bedingungen der Kreditvergabe mitgeteilt werden, damit die Wertung des Werbenden nachvollzogen werden kann (vgl. OLG Frankfurt WRP 1977, 28).

113   Der Preis- und Konditionenvergleich ist **nicht** auf **völlig identische** (zB Vergleich von Markenartikelpreisen durch Händler) oder homogene Produkte beschränkt. Er ist aber dann unlauter, wenn er sich nicht auf vergleichbare Waren oder Dienstleistungen iSd § 6 II Nr. 1 bezieht. Maßgebend ist also die Substituierbarkeit der verglichenen Produkte (iErg ebenso OLG Karlsruhe GRUR-RR 2008, 407). Es dürfen daher zwar nicht die Preise von „Äpfeln" mit denen von „Birnen" verglichen werden, wohl aber zB die Preise von Mittelklassewagen ver-schiedener Hersteller oder von Hotels der gleichen Kategorie.

114   Der Preisvergleich enthält **nicht** die konkludente Behauptung, dass die Produkte die **gleiche Qualität** aufweisen. Der verständige Durchschnittsverbraucher geht auch nicht davon aus, dass die im Preis verglichenen Produkte die gleichen Produkteigenschaften haben. Auch ein Ver-gleich der Preise nicht qualitätsgleicher Produkte kann für ihn eine nützliche Information sein, insbes. bei beschränktem Budget. Daher darf der Hersteller von Ersatzteilen auch einen Preis-vergleich mit Originalersatzteilen vornehmen (BGH GRUR 2001, 350 – OP-Lampen und daher ist auch ein Preisvergleich zwischen unterschiedlichen Energiequellen, wie Gas und Heizöl oder zwischen Arzneimitteln mit Unterschieden in Wirkstoffen, Indikationen oder sonstigen medizi-nisch-pharmakologischen Eigenschaften (OLG Düsseldorf GRUR-RR 2004, 24 [Ls.]; OLG Hamburg GRUR-RR 2010, 67 (69)) zulässig. Die Grenze wird durch das Objektivitätsgebot (§ 6 II Nr. 2) und das Irreführungsverbot (§ 5 II, III) gezogen (OLG Hamburg GRUR-RR 2010, 67 (69)). Der Werbende muss jedenfalls dann auf Qualitätsunterschiede der Leistung hinweisen, wenn der durchschnittlich informierte Verbraucher diese Unterschiede nicht kennt (vgl. auch → Rn. 120). Wer zB Flüge von (Frankfurt-)Hahn, ein Ort, der 120 km von Frankfurt entfernt liegt und schlecht erreichbar ist, anbietet und seine Flugpreise mit den Preisen von Mitbewerbern vergleicht, die Flüge von Frankfurt aus anbieten, muss auf diesen Umstand hinweisen (OLG Hamburg GRUR-RR 2003, 219; vgl. weiter OLG Frankfurt GRUR-RR 2001, 89; KG GRUR-RR 2003, 319; OLG Düsseldorf GRUR-RR 2004, 24 [Ls.]). Zur Objektivität des Preisvergleichs weiter → Rn. 120.

115   Das Irreführungsverbot ist tangiert, wenn der Mitbewerber den Preis tatsächlich gar nicht oder nicht mehr verlangt. Ein Anbieter von ISDN-Anschlüssen darf daher sein monatliches Grund-entgelt nicht mit einem tatsächlich nicht verlangten Grundentgelt eines Wettbewerbers ver-gleichen, das er als Durchschnittspreis für zwei unterschiedliche Versionen ermittelt hat (vgl. OLG Hamburg NJWE-WettbR 2000, 109: irreführender Preisvergleich).

3. Objektivität des Vergleichs

116   **a) Abgrenzung zur Nachprüfbarkeit und zur Irreführung.** Nach § 6 II Nr. 2 ist ein Vergleich unlauter, wenn er nicht **objektiv** auf wesentliche, relevante, nachprüfbare und typi-sche Eigenschaften oder den Preis bezogen ist. Die Eigenschaften (und der Preis), auf die sich der Vergleich bezieht, müssen daher den genannten vier Kriterien genügen und außerdem objektiv verglichen werden (EuGH GRUR 2007, 69 Rn. 45 – LIDL Belgium; BGH GRUR 2010, 161 Rn. 30 – Gib mal Zeitung). Die **Nachprüfbarkeit** von Eigenschaften und Preis ist daher von der **Objektivität** des Vergleichs zu unterscheiden. Andererseits kann Objektivität nicht gleich-bedeutend mit der Richtigkeit des Vergleichs sein, da die Eignung zur **Irreführung** (iSd § 5 III oder anderer Irreführungstatbestände wie zB § 3a HWG) selbstständig zu prüfen ist (EuGH GRUR 2011, 159 Rn. 44 ff. – LIDL/Vierzon; BGH GRUR 2010, 658 Rn. 16 – Paketpreis-vergleich; OLG Hamburg GRUR-RR 2010, 67 (69); OLG Düsseldorf GRUR-RR 2012, 218 (220); Berlit WRP 2010, 1105 (1107)). Im Einzelfall kann eine vergleichende Werbung sowohl gegen das Objektivitätsgebot als auch gegen das Irreführungsverbot nach Art. 7 I, II UGP-RL verstoßen (vgl. EuGH WRP 2017, 405 Rn. 25–27, 35, 36 – Carrefour zum Fall des asym-metrischen Vergleichs der Preise in Geschäften größeren Umfangs und größerer Art mit den Preisen in Geschäften kleineren Umfangs und kleinerer Art eines Mitbewerbers).

b) Objektivität als Sachlichkeitsgebot? Früher wurde in Deutschland die Verpflichtung 117 zur Objektivität als Sachlichkeitsgebot verstanden, nämlich als Bemühen um Sachlichkeit und Richtigkeit des Vergleichs, um dem Verbraucher nützliche Informationen zu geben (vgl. BGH GRUR 1999, 69 (71) – Preisvergleichsliste II). Daran ließ sich aber nach der LIDL Belgium-Entscheidung des EuGH (GRUR 2007, 69 Rn. 40 ff.) nicht mehr festhalten (ebenso Ohly/Sosnitza/Ohly Rn. 50; aA MüKoUWG/Menke Rn. 190). Will man überhaupt am Begriff der Sachlichkeit festhalten, muss er daher iSd Ausschlusses subjektiver Wertungen (→ Rn. 118) verstanden werden (BGH WRP 2007, 1181 Rn. 17 – Eigenpreisvergleich; GRUR 2010, 161 Rn. 30 – Gib mal Zeitung; GRUR 2010, 658 Rn. 12 – Paketpreisvergleich).

c) Objektivität und Subjektivität. Das Objektivitätserfordernis zielt nach Auffassung des 118 EuGH im Wesentlichen darauf ab, Vergleiche auszuschließen, die sich aus einer **subjektiven Wertung** ihres Urhebers und nicht aus einer objektiven Feststellung ergeben (EuGH GRUR 2007, 69 Rn. 46 – LIDL Belgium). Den Gegensatz zur Objektivität bildet also die **Subjektivität** des Vergleichs (EuGH GRUR 2007, 69 Rn. 40 ff. – LIDL Belgium). Soll allerdings das Kriterium der Objektivität neben dem Kriterium der Nachprüfbarkeit eine selbstständige Funktion haben und nicht bloß eine Wiederholung bedeuten, kann es nicht für die Angaben über die jeweiligen Produkte, sondern nur für die Vergleichsaussage als solche, also für die Aussage über das Verhältnis zwischen den konkurrierenden Angeboten (EuGH GRUR 2003, 533 Rn. 37 – Pippig Augenoptik/Hartlauer) gelten. Da aber eine Vergleichsaussage notwendig wertend ist, ist die Grenzziehung zwischen objektiver Feststellung und subjektiver Wertung allerdings fließend. Maßgebend sollte sein, ob die Schlussfolgerung von den zu Grunde liegenden Tatsachenbehauptungen gedeckt und somit objektiv nachvollziehbar ist. Daher stellt die Aussage, ein Produkt sei **billiger** als das andere oder **funktionell gleichwertig** mit ihm, eine zulässige **objektive Feststellung** (OLG Frankfurt WRP 2017, 96 Rn. 15), die Aussage, ein Produkt sei schöner oder eleganter als das andere, eine unzulässige **subjektive Wertung** dar (vgl. GA Tizzano in Nr. 45 der Schlussanträge im Fall LIDL Belgium). Dementsprechend ist die vergleichende Werbung „Wenn 1 & 1 sich streiten, freut sich der Schnellste" eine zulässige objektive Feststellung (OLG Köln WRP 2016, 646 Rn. 15). Das Objektivitätsgebot wird auch nicht verletzt, wenn ein Unternehmen mit dem Ergebnis einer von einem unabhängigen Dritten durchgeführten Kundenbefragung wirbt und die Antworten der Kunden subjektive Einschätzungen hinsichtlich der „Kundenzufriedenheit" enthalten (OLG Düsseldorf WRP 2022, 611 Rn. 61 ff.).

d) Unvollständigkeit und Einseitigkeit des Eigenschaftsvergleichs. Folgt man der Rspr. 119 des EuGH (→ Rn. 118), wonach das Kriterium der Objektivität lediglich subjektive Wertungen ausschließen soll, verliert es die ihm früher beigemessene Bedeutung der Sachlichkeit und Richtigkeit. Insbes. ist das Objektivitätserfordernis nicht verletzt, wenn der Vergleich lediglich **unvollständig** oder **einseitig** ist. Prüfungsmaßstab ist allein die **Irreführung** (→ § 5 Rn. 2.63; BGH WRP 2013, 1333 Rn. 16 – Kostenvergleich bei Honorarfactoring; OLG Karlsruhe WRP 2013, 1386 Rn. 13 f.; OLG Köln GRUR-RR 2015, 245 (246); Ohly/Sosnitza/Ohly Rn. 14). Unter besonderen Umständen kann sogar die Unterlassung eines Hinweises auf die fremde Marke irreführend sein (EuGH GRUR 2006, 533 Rn. 52, 53 – Pippig Augenoptik). Das Irreführungsverbot bedeutet aber nicht, dass der Werbende alle wesentlichen Eigenschaften in den Vergleich einbeziehen muss (OLG Hamburg NJWE-WettbR 1999, 278). Er kann vielmehr eine Auswahl treffen und die Eigenschaften herausgreifen, bei denen er nach seiner Auffassung besser abschneidet als der Mitbewerber (vgl. OLG Hamburg GRUR-RR 2001, 33 (36)). In ErwGr. 6 S. 3 Werbe-RL ist ausdrücklich die Rede davon, dass vergleichende Werbung dazu beitragen kann, „die Vorteile der verschiedenen Erzeugnisse objektiv herauszustellen". Der Durchschnittsverbraucher geht auch nicht davon aus, dass ein Werbevergleich ebenso wie ein von einem unabhängigen Testveranstalter vorgenommener Vergleich auf einer neutralen Untersuchung beruht (BGH GRUR 2010, 658 Rn. 15 – Paketpreisvergleich). Es begegnet daher auch keinen Bedenken, wenn eine Vergleichsstudie zwei Produkte nur unter einem Gesichtspunkt untersucht, ohne andere Eigenschaften aufzuführen (BGH GRUR 2002, 633 (635) – Hormonersatztherapie; OLG Hamburg GRUR-RR 2001, 33). Der Werbende braucht seine Auswahl grds. nicht zu begründen. Die Grenze zur Irreführung ist aber überschritten, wenn der falsche Eindruck vermittelt wird, es seien mehr oder weniger **alle** wesentlichen Eigenschaften in den Vergleich einbezogen (ebenso BGH GRUR 2010, 658 Rn. 16 – Paketpreisvergleich; WRP 2013, 1333 Rn. 16– Kostenvergleich bei Honorarfactoring).

120   **e) Unvollständigkeit und Einseitigkeit des Preisvergleichs.** Auch die Unvollständigkeit
und Einseitigkeit eines Preisvergleichs hat nichts mit der Objektivität zu tun (ebenso BGH
GRUR 2010, 658 Rn. 12 – Paketpreisvergleich; OLG Hamburg GRUR-RR 2010, 67 (69)).
Prüfungsmaßstab ist auch hier wiederum nur die Gefahr der **Irreführung** (→ Rn. 116; aA
MüKoUWG/Menke Rn. 195, der diese Fälle auch vom Objektivitätserfordernis erfasst sieht).
Eine Irreführung liegt stets dann vor, wenn die Preise eines Mitbewerbers objektiv unrichtig
wiedergegeben werden, mag dies auch auf einer versehentlich falschen Auskunft des Mitbewer-
bers beruhen. Ob der Werbende die Unrichtigkeit dieser Auskunft kennt oder sich ihm die
Kenntnis geradezu aufdrängt, ist unerheblich. Dies spielt nur eine Rolle für den Schadensersatz-
anspruch. Irreführend kann ein Preisvergleich auch dann sein, wenn sich die preisrelevanten
Konditionen (Zahlungsbedingungen, Berechnungsgrundlagen, Zugaben usw) der Wettbewerber
nicht unwesentlich unterscheiden und auf diese Unterschiede nicht deutlich und unmissverständlich hingewiesen wird (→ Rn. 111; → § 5 Rn. 7.63; ebenso BGH GRUR 2010, 658
Rn. 16 – Paketpreisvergleich). Ferner liegt eine Irreführung dann vor, wenn die verglichenen
Produkte nicht unwesentliche, für den Nachfrager nicht ohne weiteres erkennbare Quantitäts-
oder Qualitätsunterschiede aufweisen und der Werbende die Unterschiede nicht deutlich und
unmissverständlich hervorhebt (OLG Frankfurt GRUR-RR 2001, 89; OLG Hamburg GRUR-
RR 2003, 219; OLG Düsseldorf GRUR-RR 2004, 24 [Ls.]; OLG Hamburg GRUR-RR 2010,
67 (69); auch → Rn. 114). Doch wird hier vielfach schon die Voraussetzung des § 6 II Nr. 1
nicht erfüllt sein. Dagegen ist ein Preisvergleich zulässig, wenn sich die verglichenen Produkte
lediglich in ihrem Prestigewert unterscheiden, wie etwa beim Vergleich eines bekannten Markenartikels mit einem no-name-Produkt. Allenfalls kann umgekehrt die Nichterwähnung der
angeseheneren Marke eine Irreführung darstellen (EuGH GRUR 2003, 533 (536) Rn. 53 –
Pippig Augenoptik).

121   Der Preisvergleich ist grds. auch dann objektiv, wenn der Werbende nur eines oder mehrere,
aber nicht alle in Betracht kommenden Produkte eines Mitbewerbers in den Vergleich einbezieht. Dass der Werbende gerade die Produkte für den Vergleich auswählt, bei denen eine für
ihn günstige Preisdifferenz besteht, verletzt nicht das Objektivitätserfordernis. Denn dieses
gebietet nicht, den Preisvergleich auf die **Durchschnittspreise** der vom Werbenden und der
vom Mitbewerber angebotenen Produkte zu beschränken (EuGH GRUR 2003, 533 Rn. 81, 82
– Pippig Augenoptik). Vielmehr sollen durch den Vergleich gerade die Vorteile der verschiedenen vergleichbaren Erzeugnisse objektiv herausgestellt werden, wie sich aus ErwGr. 6 (früher: 2)
der Richtlinie ergibt. Allerdings müssen bei einem Vergleich der Preise oder des Preisniveaus
bezogen auf das Sortiment eines Supermarkts, soweit es vergleichbare Waren betrifft, die verglichenen Preise und Produkte nicht ausdrücklich und umfassend in der Werbung genannt sein
(EuGH GRUR 2007, 69 Rn. 54 – LIDL Belgium). Das Irreführungsverbot ist auch dann noch
nicht verletzt, wenn der Werbende in einer Preisvergleichsliste nicht alle (teureren oder billigeren) Konkurrenzangebote aufführt. Indessen darf nicht der Eindruck erweckt werden, es
würden beim Vergleich alle Produkte des Mitbewerbers berücksichtigt. Das ist aber noch nicht
dann anzunehmen, wenn im Vergleich alle Produkte des Mitbewerbers mit Ausnahme der bes.
günstigen angeführt werden (aA OLG Düsseldorf NJW-RR 1999, 408 (409)). Irreführend ist
allerdings ein Vergleich, wenn von mehreren Produkten des Mitbewerbers nur das teurere
herangezogen wird und der Eindruck entsteht, es wäre das Einzige vergleichbare Produkt.
Unlauter ist daher ein Vergleich der Gebühren für Ferngespräche, wenn neben den verglichenen
Minutenpreisen der Vorteil einer fehlenden Grundgebühr hervorgehoben und dabei ein Mit-
bewerbertarif mit einer höheren Grundgebühr genannt wird, obwohl es in diesem Bereich einen
Tarif dieses Mitbewerbers mit einer niedrigeren Grundgebühr gibt (OLG Hamburg GRUR
2005, 129 (131)). – Bei **standardisierten Dienstleistungsangeboten** ist davon auszugehen,
dass ein als Beispiel genannter höherer Preis des Mitbewerbers den **Normalpreis** darstellt. Den
Mitbewerber trifft daher die Darlegungs- und Beweislast dafür, dass der im Vergleich genannte
Preis sein in entsprechenden Fällen regelmäßig verlangter Preis ist. Die Darlegungspflicht
ist jedoch begrenzt auf die Offenlegung repräsentativer Beispiele für die Preisbildung, die sich
auf dieselben Leistungsmerkmale wie der Preisvergleich beziehen (BGH WRP 2013, 1333
Rn. 21 ff. – Kostenvergleich bei Honorarfactoring).

122   Bei einem **Eigenpreisvergleich** (→ Rn. 58) zwischen selbst hergestellten und fremdbezogenen Waren ist das Objektivitätserfordernis nicht schon deshalb verletzt, weil der Händler die
Preise für die fremdbezogenen Waren selbst festsetzt (double agent). Allerdings kann bei willkürlicher Heraufsetzung der Preise für fremdbezogene Waren ein Verstoß gegen das Irreführungsverbot vorliegen (BGH WRP 2007, 1181 Rn. 18 – Eigenpreisvergleich).

Der Vergleich muss sich auf die Verhältnisse im Zeitpunkt bzw. im Zeitraum der Werbung **123** beziehen. Er ist daher irreführend, wenn die Aussage wegen Veränderung der Produkteigenschaften, sei es beim eigenen, sei es beim fremden Produkt, nicht mehr zutreffen. Der Werbende kann sich nicht damit rechtfertigen, die Änderung der Produkteigenschaften beim Mitbewerber sei ihm nicht bekannt geworden. Ihn trifft insoweit eine Marktbeobachtungslast. Das Gesagte gilt auch und insbes. für den Preisvergleich. In den Vergleich darf nur der jeweils **aktuelle** (zB durch einen Testkauf ermittelte) Preis des Mitbewerbers einbezogen werden. Irreführend ist daher die Bezugnahme auf einen Preis, den der Mitbewerber in der Vergangenheit verlangt hat, der aber nicht mehr aktuell ist. Senkt der Mitbewerber später seinen Preis, so wird der Preisvergleich von diesem Zeitpunkt an irreführend und damit unlauter (vgl. Ohly GRUR 2003, 641 (646)). Irreführend ist es auch, wenn bei einem Preisvergleich von Zeitungsabonnements nicht auf die unterschiedliche Erscheinungshäufigkeit der Einzelzeitungen hingewiesen wird (KG GRUR-RR 2003, 319). – Vergleicht ein Telefondiensteanbieter in einem tabellarischen Preisvergleich die Kosten für ein dreiminütiges Auslandstelefongespräch zu einer **bestimmten Uhrzeit** mit den höheren Kosten der Mitbewerber, so ist es dagegen unerheblich, wenn er zu anderen Uhrzeiten nicht zu den günstigen Tarifen anbietet (OLG Düsseldorf NJW-RR 1999, 408).

Ein Preisvergleich ist nicht bereits dann irreführend, wenn das werbende Unternehmen und **124** sein Mitbewerber **konzernmäßig** verbunden sind und die Konzernspitze die Preise festsetzt. Nur wenn der Preis des Produkts eines Konzernunternehmens in der Absicht festgesetzt wird, das Produkt des anderen Konzernunternehmens als preisgünstig erscheinen zu lassen, kann der Vergleich irreführend (§ 5 III Alt. 1) sein.

4. Vergleichbare Eigenschaften

a) Allgemeines. Der Vergleich muss „auf eine oder mehrere wesentliche, relevante, nach- **125** prüfbare und typische" Eigenschaften der Waren oder Dienstleistungen oder deren Preis bezogen sein. Der EuGH spricht insoweit von den **Haupteigenschaften** einer Ware oder Dienstleistung (EuGH GRUR 2003, 533 Rn. 36 – Pippig Augenoptik/Hartlauer). Bezweckt ist mit der Regelung vor allem die **Gewährleistung nützlicher Information.** Durch das Herausgreifen unmaßgeblicher Eigenschaften kann nämlich ein verzerrter Gesamteindruck entstehen. Außerdem soll dem **Verhältnismäßigkeitsgrundsatz** Rechnung getragen werden. Die Interessen des Wettbewerbers sollen nicht stärker beeinträchtigt werden als im Interesse des Werbenden und der angesprochenen Verbraucher an sachlicher Information erforderlich ist (Begr. RegE, BT-Drs. 14/2959 = WRP 2000, 555 (560)). – Die Regelung bedeutet andererseits nicht, dass der Werbende überhaupt nicht mit unwesentlichen usw Eigenschaften seines Produkts werben dürfte; er darf es lediglich nicht im Wege der vergleichenden Werbung.

Die **vier** Voraussetzungen der zu vergleichenden Eigenschaften müssen **kumulativ** erfüllt sein **126** (EuGH GRUR 2007, 69 Rn. 44 – LIDL Belgium; BGH GRUR 2010, 161 Rn. 26 – Gib mal Zeitung). Es handelt sich, trotz aller Überschneidungen, um selbstständige, unterschiedliche Aspekte ansprechende und getrennt zu prüfende Tatbestandsmerkmale (Eck/Ikas WRP 1999, 251 (263)). Ob eine Eigenschaft wesentlich, relevant, nachprüfbar und typisch ist, beurteilt sich aus der Sicht der jeweils angesprochenen Verkehrskreise. Werden unterschiedliche Verkehrskreise (zB Verkaufsberater und Verbraucher) angesprochen, ist es daher möglich, dass für die einen die Voraussetzungen der Wesentlichkeit usw erfüllt sind, für die anderen dagegen nicht (vgl. BGH GRUR 2004, 607 (612) – Genealogie der Düfte zur Duftnote von Parfüms).

Diese Voraussetzungen sind nach der Rspr. stets erfüllt, wenn **unmittelbar** oder **mittelbar 127** die technische oder funktionale **Gleichwertigkeit** von Produkten behauptet wird. Eine **unmittelbare** Gleichwertigkeitsbehauptung liegt zB vor bei der Angabe „X ersetzt" (BGH GRUR 2003, 444 (445) – „Ersetzt") oder bei der Behauptung der Bau- oder Stoffgleichheit der verglichenen Produkte (vgl. OLG Stuttgart GRUR-RR 2002, 397 (398)). Eine **mittelbare** Gleichwertigkeitsbehauptung liegt vor bei einer Gegenüberstellung der eigenen Bestellnummern mit denen des Konkurrenten (EuGH Slg. 2001, I-7945 = GRUR 2002, 354 (355) Rn. 39, 40 – Toshiba Europe), bei der Einbeziehung fremder Bestellnummern in die eigenen (EuGH GRUR 2006, 345 Rn. 17 – Siemens/VIPA; BGH GRUR 2005, 348 – Bestellnummernübernahme) und bei der Angabe „Produktalternative zu ..." (OLG Köln GRUR-RR 2008, 315: Behauptung der funktionalen Gleichwertigkeit). Ob ein bei einer Suchanfrage mittels **Keyword** im Internet erscheinendes Alternativangebot als mittelbare Gleichwertigkeitsbehauptung anzusehen ist, hängt davon ab, wie der Nutzer es versteht (Knaak GRUR-Int. 2014, 209 (213)). Eine Gleichwertigkeitsbehauptung hins. der Produktqualität ist aber noch nicht bei einer Gegenüberstellung von

„namhaften Markenprodukten" und „Ihre Qualitätsmarke von M." im Rahmen eines Eigenpreisvergleichs anzunehmen (BGH WRP 2007, 1181 Rn. 22 – Eigenpreisvergleich).

128   Wird im Rahmen eines **individuellen Verkaufsgesprächs** der Vergleich nur gegenüber
einem oder einer begrenzten Anzahl von Kunden vorgenommen, kommt es auf deren Sichtweise
an (BGH GRUR 2004, 607 (612) – Genealogie der Düfte). Insbes. kann hier eine Rolle spielen,
welche Eigenschaften gerade für diesen Kunden von maßgeblicher Bedeutung sind. Das kann zB
aus entspr. Fragen dieser Kunden deutlich werden. Ein sog **Nachfrage-** oder **Auskunftsvergleich** ist daher auch dann zulässig, wenn es um Eigenschaften geht, die aus objektiver Sicht
eines Dritten nicht wesentlich, relevant oder typisch sind (vgl. Begr. RegE, BT-Drs. 14/2959 =
WRP 2000, 555 (560); Lettl WettbR § 8 Rn. 39). Denn insoweit ist nur der konkrete Kunde
Adressat des Vergleichs und nur seine Sichtweise maßgebend (ebenso MüKoUWG/Menke
Rn. 208; auch → Rn. 71).

129   **b) Wesentlichkeit.** Die verglichenen Eigenschaften müssen **wesentlich** sein. Damit sollen
Vergleiche mit völlig unwichtigen und bedeutungslosen Eigenschaften ausgeschlossen werden,
weil dadurch der Gesamteindruck verzerrt wird. Für die Beurteilung ist maßgebend, welche
Bedeutung die Eigenschaft objektiv (Tilman GRUR 1997, 790 (796)), dh bei vernünftiger
Betrachtung für den Bedarf des Verbrauchers und die Zweckbestimmung des Produkts, hat.
Wesentlich ist eine Eigenschaft dann, wenn ihre Bedeutung für die Abnehmer im Hinblick auf
die vorgesehene Verwendung des Produkts nicht völlig unerheblich ist (BGHZ 158, 26 (35) =
GRUR 2004, 607 (612) – Genealogie der Düfte; BGH GRUR 2005, 172 (175) – Stresstest;
GRUR 2010, 161 Rn. 29 – Gib mal Zeitung). Dabei ist auf die Sichtweise des Durchschnitts
der angesprochenen Verkehrskreise abzustellen. So kann es für Fachkreise eine wesentliche
Eigenschaft darstellen, wie sich ein Produkt auch außerhalb der üblichen oder empfohlenen
Betriebsbedingungen verhält, wenn ein Bedarf für die entspr. Erweiterung der Nutzung besteht
oder wenn das Produktverhalten Rückschlüsse auf die Stabilität unter den üblichen oder empfohlenen Betriebsbedingungen zulässt (BGH GRUR 2005, 172 (175) – Stresstest). Beim **individuellen** Verkaufsgespräch, insbes. beim **Nachfrage-** bzw. **Auskunftsvergleich,** kommt es auf
die Sichtweise des betreffenden Kunden an (vgl. Scherer WRP 2001, 89 (93) mwN). Eine
abstrakte Wesentlichkeit iSv Eigenschaften, die das „Wesen" oder den „Kern" einer Sache
ausmachen, kann es dagegen nicht geben. Ob die Eigenschaft aus der Sicht des Werbenden
wesentlich ist, spielt ohnehin keine Rolle. Im Zweifel ist eine **weite Auslegung** geboten
(ähnlich Eck/Ikas WRP 1999, 251 (263)).

130   Wesentlich können insbes. Produktinnovationen sein. Bei einer Zahnbürste ist etwa wesentlich, dass sie „signifikant mehr Plaque" entfernt als andere Zahnbürsten (OLG Hamburg
GRUR-RR 2001, 84). Beim Kauf einer Waschmaschine sind der Energie-, Spülmittel- und
Wasserverbrauch, das Fassungsvermögen usw wesentliche Eigenschaften, die Farbe dagegen
nicht. Die **Verpackung** einer Ware kann dann eine wesentliche Eigenschaft sein, wenn ihr der
Verkehr Bedeutung beimisst (zB bei Luxusartikeln). Das gilt ganz generell für die äußere Form
und Gestaltung einer Ware. Auch die **äußere Gestaltung** eines Produkts kann eine Rolle
spielen. Verallgemeinerungen, zB dass bei Lebensmitteln idR nicht mit ihrem Aussehen geworben werden dürfe, sind daher nicht möglich. Generell wird auch die Kompatibilität eines
Produkts von wesentlicher Bedeutung sein.

131   **c) Relevanz.** Eine Eigenschaft ist dann **relevant,** wenn ihr Vorliegen den Kaufentschluss
eines durchschnittlich informierten, aufmerksamen und verständigen Verbrauchers beeinflussen
kann (ebenso GK/Glöckner Rn. 406; aA stRspr, zuletzt BGH GRUR 2010, 161 Rn. 29 – Gib
mal Zeitung: Einfluss auf Kaufentschluss einer nicht völlig unerheblichen Zahl der angesprochenen Kaufinteressenten maßgebend). Auch hier ist wiederum von dem Bedarf und der Zweckbestimmung auszugehen. Der praktische Unterschied zur Wesentlichkeit dürfte nicht groß sein.
Für die Unlauterkeit des Vergleichs spielt dieses Tatbestandsmerkmal nur dann eine eigenständige Rolle, wenn Wesentlichkeit zwar gegeben, Relevanz aber zu verneinen ist oder umgekehrt. Das dürfte in der Praxis selten anzunehmen sein. Sollte aber tatsächlich eine Eigenschaft
zwar relevant, aber nicht wesentlich sein, wäre der Vergleich unzulässig.

132   **d) Nachprüfbarkeit.** Die Eigenschaft muss **nachprüfbar** sein. Das soll es ermöglichen, den
Vergleich auf seine sachliche Berechtigung hin zu überprüfen (BGHZ 139, 378 (385) – Vergleichen Sie; BGH GRUR 2005, 172 (175) – Stresstest; GRUR 2010, 161 Rn. 28 – Gib mal
Zeitung). Da eine solche Prüfung nur bei Tatsachenbehauptungen möglich ist, muss der Vergleich Tatsachenbehauptungen und darf nicht nur Werturteile zum Inhalt haben. Daher kommt

es auf die Unterscheidung zwischen **Tatsachenbehauptung** und **Werturteil** an (BGH GRUR 1999, 69 (71) – Preisvergleichsliste II). Das Erfordernis der Nachprüfbarkeit gilt auch für den **Preisvergleich** (→ Rn. 120). Bei einem (grds. zulässigen) Vergleich des allgemeinen Preisniveaus des Sortiments vergleichbarer Waren von Supermärkten müssen die Preise der betreffenden Waren nachprüfbar sein. Dazu müssen diese Waren auf der Grundlage der Informationen in der Werbung genau, dh individuell und konkret, erkennbar sein (EuGH GRUR 2011, 159 Rn. 60, 64 – LIDL/Vierzon). Selbstverständlich müssen sie tatsächlich zu den Waren gehören, auf deren Grundlage das allgemeine Preisniveau ermittelt worden ist (EuGH GRUR 2007, 69 Rn. 62 – LIDL Belgium). Dasselbe gilt für einen Vergleich, der sich auf die Höhe der Ersparnis bezieht, die ein Verbraucher erzielen kann, wenn er bei dem einen und nicht bei dem anderen Unternehmen kauft (EuGH GRUR 2007, 69 Rn. 62 – LIDL Belgium).

aa) Tatsachenbehauptung. Der Vergleich muss Tatsachenbehauptungen und darf nicht **133** bloße Werturteile zum Inhalt haben (BGH GRUR 2010, 161 Rn. 28 – Gib mal Zeitung). Daher sind rein subjektive Werturteile nach dem Muster „A ist schöner als B", „X schmeckt besser als Y" oder „S ist genauso gut wie T" objektiv nicht nachprüfbar und somit unlauter (KG GRUR 2000, 242). Um eine Tatsachenbehauptung handelt es sich zwar, wenn Werturteile befragter Kunden wiedergegeben werden; doch sagt dies nichts über die Produkteigenschaften aus (OLG Hamburg Pharma Recht 2007, 201). Bei der Abgrenzung ist allerdings zu beachten, dass auch Werturteile einen nachprüfbaren **Tatsachenkern** haben können (BGH GRUR 1999, 69 (71) – Preisvergleichsliste II; GRUR 2005, 172 (175) – Stresstest; GRUR 2010, 161 Rn. 28 – Gib mal Zeitung). Dass sich an Tatsachenbehauptungen Werturteile wie etwa die Angaben „+" und „–" oder an bestimmte Ergebnisse Noten oder Wertungspunkte anschließen, ist unschädlich, sofern die Objektivität des Vergleichs (→ Rn. 116 ff.) gewahrt bleibt, die Wertung also von den Tatsachenbehauptungen gedeckt ist. An einer Tatsachenbehauptung fehlt es bei „aus der Luft gegriffenen" Gegenüberstellungen zu Werbezwecken ohne empirisches Fundament (OLG Frankfurt GRUR-RR 2018, 251 Rn. 108).

bb) Beweisbarkeit. Die Tatsachenbehauptung muss mit den Mitteln des Beweises überprüf- **134** bar sein, so dass rein spekulative Aussagen (zB „hält ewig") unlauter sind, es sei denn, sie stellen eine übertriebene oder nicht wörtlich zu nehmende Behauptung iSv Art. 5 III 2 UGP-RL dar (→ Rn. 22).

cc) Überprüfbarkeit zumindest durch Sachverständige. Die bloß allgemeine Möglich- **135** keit der Nachprüfung im Wege des Beweises genügt grds. nicht (aA Menke WRP 1998, 811 (820)). Hinzukommen muss vielmehr die **konkrete** Möglichkeit der Nachprüfung der Angaben des Werbenden durch die angesprochenen **Verkehrskreise** (vgl. BGH WRP 1997, 549 (551) – Dauertiefpreise) oder jedenfalls durch **Sachverständige** (EuGH GRUR 2007, 69 Rn. 74 – LIDL Belgium; BGHZ 158, 26 (34) – Genealogie der Düfte; BGH GRUR 2005, 172 (175) – Stresstest; GRUR 2007, 605 Rn. 31 – Umsatzzuwachs; GRUR 2010, 161 Rn. 28 – Gib mal Zeitung). Zwar ist grds. der **Kläger darlegungs-** und **beweispflichtig,** dass die Voraussetzungen der Unlauterkeit des Vergleichs und damit auch der mangelnden Nachprüfbarkeit gegeben sind. Indessen trifft den **Beklagten** eine **sekundäre Darlegungslast.** Nämlich dann, wenn der Kläger keine Kenntnis davon hatte, ob die Angaben nachprüfbar waren, und er auch keine Möglichkeit zur Sachverhaltsaufklärung hatte, während der Beklagte diese Kenntnis hatte und die Aufklärung ohne weiteres leisten konnte (BGH GRUR 2007, 605 Rn. 31 – Umsatzzuwachs). Denn der Werbende muss die Adressaten der Werbeaussage darüber informieren, wo und wie sie die Angaben leicht in Erfahrung bringen können, um deren Richtigkeit nachzuprüfen oder, falls sie nicht über die dafür erforderliche Sachkenntnis verfügen, nachprüfen zu lassen, und er muss in der Lage sein, die Richtigkeit seiner Werbung in einem Prozess kurzfristig nachzuweisen (vgl. Art. 7 lit. a Werbe-RL; EuGH GRUR 2007, 69 Rn. 74 – LIDL Belgium; BGH GRUR 2007, 605 Rn. 34 – Umsatzzuwachs). Wird der verlangte Beweis nicht angetreten, ist die Tatsachenbehauptung als unrichtig anzusehen (EuGH GRUR 2007, 69 Rn. 69 – LIDL Belgium). Zu den erforderlichen Angaben gehört bei der Werbung mit einem Test die Angabe der Stelle (zB Internet-Seite), bei der die näheren Informationen abgefragt werden können (OLG Köln GRUR-RR 2009, 181). Weigert sich der Werbende, eine zitierte Vergleichsstudie auf Befragen zur Verfügung zu stellen, ist die Überprüfbarkeit nicht gegeben (LG München WRP 2004, 406 [Ls.]). – Beruft sich der Werbende nicht auf eine Vergleichsuntersuchung Dritter, sondern auf eigene Versuche, trifft ihn eine Pflicht zur Dokumentation aller Daten, die zur Überprüfung der Richtigkeit erforderlich sind (OLG Düsseldorf GRUR-RR 2012, 218 (221)).

– Die Behauptung, die Zeitschrift TAZ sei „nicht für jeden" im Zusammenhang mit der Darstellung eines BILD-Zeitungslesers wurde als eine insbes. durch Sachverständige überprüfbare Tatsachenbehauptung angesehen (BGH GRUR 2010, 161 Rn. 28 – Gib mal Zeitung; krit. Köhler WRP 2010, 571 (573)).

136   Allerdings dürfen die Anforderungen an den Werbenden **nicht überspannt** werden, um nicht die Möglichkeiten der vergleichenden Werbung übermäßig einzuschränken. Das Informationsverlangen muss angemessen sein. Es ist daher nicht erforderlich, dass der Werbeadressat die verglichenen Eigenschaften ohne weiteres und ohne jeden Aufwand nachprüfen kann (BGH GRUR 1999, 69 (71) – Preisvergleichsliste II; GRUR 1999, 501 (503) – Vergleichen Sie). Vielmehr genügt es grds., dass er dies mit **zumutbarem Aufwand** tun kann (BGH GRUR 1999, 501 (503) – Vergleichen Sie: Durchsicht eines Katalogs zumutbar). Dabei kann eine Rolle spielen, welchen Inhalt die Werbeaussage hat, welche Eigenart das beworbene Produkt besitzt und an welche Verkehrskreise (Laien, Fachleute usw) sich die Werbung richtet (vgl. OLG Hamburg GRUR-RR 2001, 84 (86)). Zumutbarkeit ist auch gegeben, wenn die Nachprüfung nur durch Einsichtnahme in allgemein zugängliche **Veröffentlichungen** (Kataloge; Testberichte usw) oder durch Befragen Dritter möglich ist, und der Adressat auf diese Informationsquellen konkret (also durch genaue Angabe der **Fundstelle** usw) hingewiesen wird. Die Informationsquellen müssen freilich ihrerseits mit **zumutbarem Aufwand** auffindbar sein (Nordmann GRUR-Int. 2002, 297 (300)). Dazu gehört nicht nur der zeitliche, sondern auch der finanzielle Aufwand (vgl. OLG Saarbrücken GRUR-RR 2008, 312 (314): Betrag von 40 EUR für die Überlassung einer Studie im Einzelfall noch zumutbar, insbes. wenn Überprüfung nur durch Sachverständigen möglich). – Die Nachprüfbarkeit kann zB bei einem auf eine ganze Warengattung bezogenen Vergleich erschwert sein, ist aber auch insoweit nicht ausgeschlossen. Für die Nachprüfbarkeit kann es genügen, dass sich der angesprochene Personenkreis durch **Rückfrage** beim Werbenden und/oder beim Mitbewerber nähere Auskunft verschaffen kann (BGH GRUR 1999, 69 (71) – Preisvergleichsliste II). Doch kommt es auf die Umstände des Einzelfalls an. Unzumutbar ist eine derartige Rückfrage, wenn damit für den Auskunftsuchenden das Risiko verbunden ist, unangemessen unsachlich beeinflusst zu werden (so wohl auch KG GRUR 2000, 242 (243)). – Sind die sich gegenüberstehenden Produkte hinreichend individualisiert und gekennzeichnet, lässt sich ein Vergleich des Preises und der Zwecktauglichkeit („funktionelle Gleichwertigkeit") der Produkte idR durch eine einfache **Internet-Recherche** nachprüfen (OLG Frankfurt WRP 2017, 96 Rn. 20).

137   Auf die Überprüfbarkeit durch den angesprochenen Verbraucher kommt es dann nicht an, wenn die Überprüfung wegen der Eigenart des Produkts von vornherein nur durch **Sachverständige** möglich ist (BGH GRUR 2004, 607 (612) – Genealogie der Düfte; BGH GRUR 2005, 172 (175) – Stresstest; GRUR 2007, 605 Rn. 31 – Umsatzzuwachs). In diesem Fall genügt es, dass die Richtigkeit der Werbeaussage im Rechtsstreit festgestellt wird (vgl. OLG Hamburg GRUR-RR 2001, 84 zur Überprüfung der Eignung einer Zahnbürste zur Plaqueentfernung).

138   Dass der Werbende die Mitbewerber **namentlich** nennt, ist nicht erforderlich, es sei denn, dass für den Verbraucher anders eine Überprüfung nicht möglich ist (OLG Naumburg WRP 2004, 406 [Ls.]).

139   **e) Typizität.** Die Eigenschaft muss typisch sein, also die Eigenart der verglichenen Produkte im Hinblick auf den Bedarf oder die Zweckbestimmung prägen und damit repräsentativ oder aussagekräftig für deren Wert als Ganzes sein (BGH GRUR 2004, 607 (612) – Genealogie der Düfte; GRUR 2005, 172 (175) – Stresstest; GRUR 2010, 161 Rn. 29 – Gib mal Zeitung). Dazu können auch gesundheits- oder umweltbezogene Eigenschaften gehören. Maßgebend ist die Sicht der jeweils angesprochenen Verkehrskreise. So kann es für Fachkreise eine typische Eigenschaft darstellen, wie sich ein Produkt auch außerhalb der üblichen oder empfohlenen Betriebsbedingungen verhält, wenn ein Bedarf für eine entspr. Erweiterung der Nutzung besteht oder wenn das Produktverhalten Rückschlüsse auf die Stabilität unter den üblichen oder empfohlenen Betriebsbedingungen zulässt (BGH GRUR 2005, 172 (175) – Stresstest). Die Typizität muss daher nicht objektiv allgemein gültig sein. Im Einzelfall – wie etwa bei individueller Werbung und beim Auskunftsvergleich – kann es auch auf die Sicht des einzelnen Kunden ankommen (ebenso Scherer WRP 2001, 89 (93); Tilmann GRUR 1997, 790 (796)). Dem kommt es iErg gleich, wenn gesagt wird, auf Nachfrage des Verbrauchers dürften auch andere als wesentliche, relevante und typische Eigenschaften verglichen werden (Begr. RegE, BT-Drs. 14/2959 = WRP 2000, 555 (560)).

Nicht erforderlich ist, dass diese Eigenschaft schon bei früher gefertigten Produkten vorhanden **140** war (Eck/Ikas WRP 1999, 251 (265)). Es genügt, dass sie – ähnlich wie bei der Handelsüblichkeit iSd früheren § 1 II lit. d ZugabeVO – typisch werden kann. Andernfalls würde die Möglichkeit, mit **Innovationen** zu werben, unnötig beschränkt, was nicht iSd Richtlinie ist. Der Fortschrittsvergleich scheitert daher nicht an der fehlenden Typizität.

Ein Fall fehlender Typizität dürften negative Eigenschaften des fremden Produkts sein, die **141** diesem normalerweise nicht anhaften (zB wenn einzelne Produkte einer Serie Qualitätsmängel aufweisen, sog „Ausreißer", und der Werbende gerade diese Produkte zum Vergleich benutzt; Nordmann GRUR-Int. 2002, 297 (300); aA GK-UWG/Glöckner Rn. 415). Auch kann ein derartiger Vergleich irreführend sein.

III. Herbeiführung einer Verwechslungsgefahr (§ 6 II Nr. 3)

1. Anwendungsbereich und Konkurrenzen

a) Anwendungsbereich. Nach § 6 II Nr. 3 ist ein Vergleich unlauter, wenn er **„im ge-** **142** **schäftlichen Verkehr zur Gefahr von Verwechslungen zwischen dem Werbenden und einem Mitbewerber oder zwischen den von diesen angebotenen Waren oder Dienstleistungen oder den von ihnen verwendeten Kennzeichen führt"**. Die Vorschrift ist **richtlinienkonform** am Maßstab des **Art. 4 lit. h Werbe-RL** auszulegen. Diese Bestimmung ist allerdings in ihrem Anwendungsbereich auf die Begründung einer **„Verwechslungsgefahr bei den Gewerbetreibenden"** beschränkt. Die Begründung einer Verwechslungsgefahr bei **Verbrauchern** ist in **Art. 6 II lit. a UGP-RL** geregelt. Letztere Bestimmung ist in § 5 II umgesetzt worden. Der deutsche Gesetzgeber hat aber diese Differenzierung zwischen Gewerbetreibenden und Verbrauchern in § 6 II Nr. 3 einerseits und in § 5 II andererseits nicht übernommen. Dementsprechend stellt sich das Problem, wie sich § 6 II Nr. 3 und § 5 II zueinander verhalten. Das ist in der Rspr. noch nicht geklärt (vgl. BGH WRP 2012, 318 Rn. 25 – Teddybär). Auf Grund des Gebots der richtlinienkonformen Auslegung kommt man jedoch nicht umhin, die unionsrechtlich vorgenommene Unterscheidung in § 5 II und § 6 II Nr. 3 zu übernehmen. Das bedeutet: § 5 II ist in richtlinienkonformer Auslegung am Maßstab des Art. 6 II lit. a UGP-RL in seinem Anwendungsbereich auf die vergleichende Werbung gegenüber einem **Verbraucher** zu beschränken. § 6 II Nr. 3 ist in seinem Anwendungsbereich auf **sonstige Marktteilnehmer,** insbes. Unternehmen, zu beschränken (vgl. dazu Köhler WRP 2008, 109 (115); GRUR 2009, 445 (448 f.); Harte-Bavendamm/Henning-Bodewig/Sack Rn. 258; Ohly/Sosnitza/Ohly Rn. 57; aA MüKoUWG/Menke Rn. 226; jurisPK-UWG/Müller-Bidinger Rn. 161: parallele Anwendbarkeit aufgrund einer versehentlichen Doppelung seitens des Gesetzgebers). Eine vergleichende Werbung, die sich sowohl an Verbraucher als auch an sonstige Marktteilnehmer richtet, ist folgerichtig nach beiden Vorschriften zu beurteilen. Allerdings lässt Art. 6 II lit. a UGP-RL für ein Verbot der vergleichenden Werbung die bloße Begründung einer Verwechslungsgefahr nicht ausreichen, sondern verlangt zusätzlich die Berücksichtigung der Umstände des konkreten Falles und die geschäftliche Relevanz für den Verbraucher. Das mag in der praktischen Rechtsanwendung keine große Rolle spielen, ist aber gleichwohl zu beachten.

b) Konkurrenzen. Für das **Verhältnis zu § 14 II Nr. 1, 2 MarkenG** gilt: Diese Vorschrif- **143** ten setzen einen kennzeichenmäßigen Gebrauch voraus, der auch bei der Verwendung eines mit der Marke eines Mitbewerbers identischen oder ihm ähnlichen Zeichens in einer vergleichenden Werbung zur Kennzeichnung der eigenen Produkte vorliegen kann (vgl. EuGH GRUR 2008, 698 Rn. 33, 34 – O2/Hutchinson; wN in → Rn. 33). Jedoch gebietet es der Zweck der Werbe-RL, nämlich vergleichende Werbung im Interesse der Verbraucher und des Wettbewerbs zu fördern, das Recht aus der Marke einzuschränken. Daher ist der Inhaber einer Marke nicht berechtigt, dem Werbenden die Benutzung eines mit seiner Marke identischen oder ihr ähnlichen Zeichens zu verbieten, wenn die vergleichende Werbung alle Zulässigkeitsbedingungen des Art. 4 Werbe-RL erfüllt (EuGH GRUR 2008, 698 Rn. 45–51 – O2/Hutchinson). Daraus folgt aber zugleich, dass die Herbeiführung einer Kennzeichenverwechslung iSd § 6 II Nr. 3 zugleich eine Markenverletzung sein kann (Ohly/Sosnitza/Ohly Rn. 57; MüKoUWG/Menke Rn. 51; Hacker MarkenR Rn. 663). Besteht daher Verwechslungsgefahr iSv § 6 II Nr. 3, kann der Inhaber der Marke auch aus Markenrecht gegen den Werbenden vorgehen, zumal der Begriff der Verwechslungsgefahr in Art. 5 I lit. b Markenrechts-RL (und in § 14 II Nr. 2 MarkenG) in gleicher Weise auszulegen ist (EuGH GRUR 2008, 698 Rn. 49 – O2/Hutchinson; Büscher

GRUR 2009, 230 (236); Köhler GRUR 2009, 445 (448)). – Für das **Verhältnis zu § 5 I 2 Nr. 1 iVm § 5 III** (Irreführung über die betriebliche Herkunft eines Produkts in einer vergleichenden Werbung) gilt das Gebot der richtlinienkonformen Auslegung am Maßstab des Art. 4 lit. a Werbe-RL, der wiederum zwischen der Irreführung von Verbrauchern und der Irreführung von Gewerbetreibenden unterscheidet.

2. Verwechslungsgefahr

144   Im Unterschied zu § 14 II Nr. 2 MarkenG genügte es in der Vergangenheit nach dem Wortlaut des § 6 II Nr. 3 nicht bereits, dass der Vergleich die abstrakte „Gefahr von Verwechslungen" begründete (Begr. RegE, BT-Drs. 14/2959 = WRP 2000, 555 (560)). Vielmehr musste er zu „Verwechslungen" führen. Es musste also zu einer tatsächlichen Täuschung von (zumindest einzelnen) Werbeadressaten kommen. Allerdings sieht Art. 4 lit. h Werbe-RL vor, dass die vergleichende Werbung keine „Verwechslungsgefahr" bei den Gewerbetreibenden usw begründen darf. Für die Werbung gegenüber Verbrauchern ergibt sich das Gleiche aus Art. 6 II lit. a UGP-RL. Die UWG-Novelle 2008 zur Umsetzung der UGP-RL hat § 6 II Nr. 3 entspr. geändert. Maßgebend ist also das Bestehen einer **Verwechslungsgefahr.** Für ihre Feststellung ist maßgebend, welche Verkehrskreise (Fachleute oder Verbraucher) durch die vergleichende Werbung angesprochen werden (BGH GRUR 2003, 444 (445) – „Ersetzt"). **Verwechslungsgefahr** iSv § 6 II Nr. 3 (und zugleich iSv § 14 II Nr. 2 MarkenG) liegt dann vor, wenn die angesprochenen Verkehrskreise glauben könnten, dass die in Frage stehenden Waren oder Dienstleistungen aus **demselben Unternehmen** oder ggf. aus **wirtschaftlich verbundenen Unternehmen** stammen (EuGH GRUR 2008, 698 Rn. 59 – O2/Hutchinson). Das wurde bspw. für den Fall verneint, dass der Werbende sein Produkt als dem Produkt des Mitbewerbers „ähnlich" bezeichnete (BGH WRP 2015, 1336 Rn. 24 – Staubsaugerbeutel im Internet). – Von der Verwechslungsgefahr zu unterscheiden ist die **Irreführungsgefahr,** wie sich aus § 5 II ergibt (→ Rn. 28, 142).

3. Gegenstand der Verwechslung

145   **a) Mitbewerber.** Da vergleichende Werbung voraussetzt, dass der Mitbewerber oder seine Produkte in Bezug zum Werbenden gesetzt, also von ihm gerade unterschieden werden, wird idR keine Verwechslungsgefahr bestehen (vgl. Ohly GRUR 2008, 701). Denkbar ist sie bei Vorliegen einer **„gespaltenen Verkehrsauffassung",** wenn also wenigstens ein beachtlicher Teil der angesprochenen Verkehrskreise das in Bezug genommene Unternehmen mit dem Werbenden verwechseln oder doch glauben kann, der Werbende stehe in irgendeiner Geschäftsverbindung mit diesem Unternehmen (EuGH GRUR 2008, 698 Rn. 63 – O2 und O2 [UK]).

146   **b) Kennzeichen.** Der Begriff des „Kennzeichens", den der deutsche Gesetzgeber statt den Begriffen der „Marke", des „Handelsnamens" und „anderer Unterscheidungszeichen" in Art. 4 lit. d und g Werbe-RL verwendet, ist zunächst einmal wie in § 1 MarkenG zu verstehen, umfasst also nicht nur Marken, sondern auch geschäftliche Bezeichnungen und **geografische Herkunftsangaben** (Begr. RegE, BT-Drs. 14/2959 = WRP 2000, 555 (560)). Weiter gehend sind in richtlinienkonformer Auslegung auch **markenrechtlich nicht geschützte Kennzeichen** (Sack WRP 2001, 327 (345)) – wie etwa Artikelnummern oder typische Farben eines Herstellers – als Kennzeichen anzusehen (offengelassen in BGH GRUR 2003, 444 (445) – „Ersetzt"). Voraussetzung ist nur, dass der Verkehr sie dahin versteht, dass die damit gekennzeichneten Produkte von einem bestimmten Unternehmen stammen (EuGH Slg. 2001, I-7945 = GRUR 2002, 354 Rn. 49 ff. – Toshiba Europe; BGH WRP 2012, 318 Rn. 13 – Teddybär). Zu einer Kennzeichenverwechslung kann es dann kommen, wenn der Verkehr annimmt, mit dem fremden Zeichen werde auch das eigene Produkt des Werbenden bezeichnet.

147   **c) Produkte.** Zu einer Verwechslung der Produkte von Werbendem und Mitbewerber ohne gleichzeitige Kennzeichenverwechslung kann es durch die bloße Produktgestaltung oder Produktbeschreibung kommen, wenn das Produkt kennzeichenrechtlich (noch) nicht geschützt ist (zB mangels Eintragung oder Verkehrsgeltung der Marke, § 4 Nr. 2 MarkenG) oder wenn auf das fremde Kennzeichen nicht Bezug genommen wird (Köhler GRUR 2009, 445 (449)). Da die vergleichende Werbung an sich eine Gegenüberstellung der Produkte des Werbenden und des Mitbewerbers voraussetzt, kann dieser Tatbestand wohl nur erfüllt sein, wenn eine **„gespaltene Verkehrsauffassung"** vorliegt, also die überwiegende Mehrzahl zwar den Unterschied erkennt, gleichwohl aber ein nicht unerheblicher Teil der angesprochenen Kreise die verglichenen Produkte verwechselt, etwa die Produkte des Werbenden für Originalprodukte oder Zweitprodukte des Mitbewerbers hält (vgl. dazu BGH GRUR 2001, 350 (351) – OP-Lampen, wenngleich darin nur § 3 aF (= § 5), aber nicht § 6 II Nr. 3 angesprochen wird).

IV. Rufausnutzung und Rufbeeinträchtigung (§ 6 II Nr. 4)

1. Inhalt, Auslegung und Schutzzweck der Norm

Nach § 6 II Nr. 4 ist vergleichende Werbung unlauter, wenn sie **„den Ruf des von einem** **148** **Mitbewerber verwendeten Kennzeichens in unlauterer Weise ausnutzt oder beeinträchtigt"**. Die Vorschrift ist richtlinienkonform auszulegen. Anknüpfungspunkt ist dabei, soweit es die **Rufausnutzung** betrifft, Art. 4 lit. f Werbe-RL. (Der darin mitgeregelte Tatbestand der Ausnutzung der **„Ursprungsbezeichnung"** von Konkurrenzerzeugnissen wurde bewusst nicht in das UWG übernommen.) Soweit es die **Rufbeeinträchtigung** angeht, soll § 6 II Nr. 4 die in Art. 4 lit. d Werbe-RL geregelte Tatbestandsalternative der Herabsetzung oder Verunglimpfung von Marken, Handelsnamen oder anderer Unterscheidungszeichen abdecken. Die Beeinträchtigung eines Kennzeichens in unlauterer Weise ist daher iS einer Herabsetzung oder Verunglimpfung dieses Kennzeichens zu verstehen (ebenso BGH WRP 2012, 318 Rn. 21 – Teddybär).

2. Anwendungsbereich

Da die Werbe-RL eine abschließende Regelung der vergleichenden Werbung vorsieht, ist **149** auch § 6 II Nr. 4 als abschließende Regelung zu begreifen. Ist eine vergleichende Werbung zulässig, kann sie daher nicht als ein nach § 4 Nr. 3 oder § 4 Nr. 4 unzulässiges Verhalten beurteilt werden (BGH WRP 2012, 318 Rn. 26 – Teddybär). Das schließt die gleichzeitige konkurrierende Anwendung des § 4 Nr. 3 nicht aus (BGH GRUR 2010, 343 Rn. 42 – Oracle; Fiebig WRP 2007, 1316 (1319)). Der betroffene Mitbewerber kann daher nach wie vor seinen Schaden nach den Grundsätzen der dreifachen Schadensberechnung geltend machen. Jedoch darf sich die Auslegung des § 4 Nr. 3 lit. b nicht in Widerspruch zu § 6 II Nr. 4 setzen. – Nicht erfasst wird die Ausnutzung oder Beeinträchtigung des Rufs einer Ware oder Dienstleistung außerhalb eines Vergleichs (→ § 4 Rn. 1.9, 3.51 und 4.13).

3. Verhältnis zum Markenrecht

Vgl. zunächst → Rn. 16b ff. Die UWG-Novelle 2008 hat den Begriff der „Wertschätzung" in **150** § 6 II Nr. 4 durch den des „Rufs" ersetzt. Damit sollte der Unterschied zum Begriff der „Wertschätzung" in der markenrechtlichen Terminologie in Art. 4 Nr. 4 RL 89/104/EWG, Art. 5 Nr. 2 und 5 RL 89/104/EWG, nunmehr Art. 4 III, IV lit. a und Art. 5 II und V Markenrechts-RL 2008/95/EG zum Ausdruck kommen, zumal nicht gesichert sei, dass beide Begriffe inhaltlich das Gleiche bedeuten (BT-Drs. 16/10 145). Etwaige inhaltliche Unterschiede dürften jedoch marginal sein. Der EuGH hat mittlerweile entschieden, dass der Begriff der „unlauteren Ausnutzung" der Wertschätzung im Markenrecht und des Rufs im Recht der vergleichenden Werbung grundsätzlich einheitlich auszulegen ist (vgl. EuGH GRUR 2009, 756 Rn. 44–50, 77 – L'Oréal/Bellure; dazu Sack WRP 2011, 155). – Verwirklicht die Werbung den Tatbestand einer Ausnutzung der Wertschätzung einer bekannten Marke „ohne rechtfertigenden Grund in unlauterer Weise" iSd § 14 II Nr. 3 MarkenG, so ist damit gleichzeitig der Tatbestand des § 6 II Nr. 4 erfüllt (vgl. EuGH GRUR 2009, 756 Rn. 77 – L'Oréal/Bellure; BGH GRUR 2010, 161 Rn. 32 – Gib mal Zeitung).

4. „Kennzeichen" und „Ruf"

a) „Kennzeichen". Der Begriff des **„Kennzeichens"** (→ Rn. 146) ist richtlinienkonform **151** (Art. 4 lit. f Werbe-RL spricht von „Marken", „Handelsnamen" und „anderen Unterscheidungszeichen") auszulegen. Maßgebend ist, ob die angesprochenen Verkehrskreise das Zeichen als von einem bestimmten Unternehmen stammend identifizieren (BGH WRP 2012, 318 Rn. 13 – Teddybär). Der Verkehr muss das Zeichen als solches, dh auch bei isolierter Verwendung ohne Angabe der Marke des Herstellers oder des Produkts, für die es bestimmt ist, als Bezeichnung eines von einem bestimmten Unternehmen stammenden Erzeugnisses erkennen (BGH WRP 2012, 318 Rn. 13 – Teddybär). Dabei kommt es auf den durchschnittlich informierten, aufmerksamen und verständigen Adressaten der vergleichenden Werbung an (vgl.

EuGH Slg. 2001, I-7945 = GRUR 2002, 354 Rn. 49 ff. – Toshiba Europe). Daher können im Einzelfall auch bloße Artikelnummern eines Mitbewerbers oder Bildmotive als Kennzeichen anzusehen sein (BGH GRUR 2005, 348 (349) – Bestellnummernübernahme; WRP 2012, 318 Rn. 15 ff. – Teddybär). Das Kennzeichen muss auch keine Bekanntheit iSd § 9 I Nr. 3 MarkenG, § 14 II Nr. 3 MarkenG, § 15 III MarkenG aufweisen (Berlit BB 2000, 1305 (1308); Sack WRP 2004, 1405 (1417)). Denn § 6 II Nr. 4 spricht nur von der Ausnutzung des Rufs eines Kennzeichens und verwendet, anders als das MarkenG, nicht den Begriff des „bekannten" Kennzeichens. Allerdings wird bei völlig unbekannten Zeichen eine Rufausbeutung oder -beeinträchtigung von vornherein nicht in Betracht kommen (Bornkamm GRUR 2005, 97 (101); aA jurisPK-UWG/Müller-Bidinger Rn. 164).

152   **b) „Ruf".** Unter dem (guten) **„Ruf"** (engl „reputation"; frz. „notoriété") (früher: „Wertschätzung") ist das **Ansehen** zu verstehen, das einem Kennzeichen im Verkehr zukommt. Dieses Ansehen kann auf unterschiedlichen Faktoren beruhen, die entsprechende **Wertvorstellungen** bei den angesprochenen Verkehrskreisen begründen. Bei Waren oder Dienstleistungen können dies insbes. die bes. Preiswürdigkeit, die bes. Qualität, die Exklusivität oder der Prestigewert sein. Bei Unternehmen kommen insbes. die Größe, das Alter, die Tradition, der Erfolg und die Leistungsfähigkeit in Betracht.

5. Unlautere Rufausnutzung

153   **a) Rufausnutzung.** Eine **„Ausnutzung"** des Rufs eines Kennzeichens liegt nach der Rspr. vor, wenn seine Verwendung bei den angesprochenen Verkehrskreisen zu einer **Assoziation** zwischen dem Werbenden und dem Mitbewerber in der Weise führen kann, dass diese Kreise den **Ruf der Erzeugnisse des Mitbewerbers auf die Erzeugnisse des Werbenden übertragen** (vgl. EuGH GRUR 2002, 354 Rn. 52, 57 – Toshiba Europe; GRUR 2006, 345 Rn. 18 – Siemens/VIPA; BGH GRUR 2005, 348 (349) – Bestellnummernübernahme; GRUR 2010, 161 Rn. 33 – Gib mal Zeitung). Man spricht insoweit von einem **„Imagetransfer".** Ob es zu einer Rufausnutzung kommt, hängt von den Umständen des Einzelfalls, insbes. von der Präsentation der vergleichenden Werbung, und von den angesprochenen Verkehrskreisen ab (EuGH GRUR 2002, 354 (357) Rn. 58 – Toshiba Europe; BGH GRUR 2004, 607 (611) – Genealogie der Düfte). Dabei ist auf die Sichtweise eines durchschnittlich informierten, aufmerksamen und verständigen Angehörigen dieser Verkehrskreise abzustellen (EuGH GRUR 2002, 354 Rn. 52 – Toshiba Europe; BGH GRUR 2004, 607 (611) – Genealogie der Düfte). Wiederverkäufer oder gewerbliche Verbraucher als Fachleute dürften insoweit weniger einer solchen Assoziation unterliegen als Verbraucher (vgl. EuGH GRUR 2002, 354 Rn. 52 – Toshiba Europe; GRUR 2006, 345 Rn. 19 – Siemens/VIPA; BGH GRUR 2004, 607 (611) – Genealogie der Düfte). Eine Assoziation setzt nicht voraus, dass eine Verwechslungsgefahr besteht (EuGH GRUR 2009, 756 Rn. 50, 77 – L'Oréal/Bellure), zumal dieses Unlauterkeitskriterium bereits in § 6 II Nr. 3 berücksichtigt ist (vgl. BGH GRUR 2005, 348 (349) – Bestellnummernübernahme; Köhler WRP 2008, 414 (420)).

154   **b) „In unlauterer Weise".** Die bloße Ausnutzung des Rufs macht die vergleichende Werbung noch nicht unlauter. Sie muss vielmehr, wie aus dem Wortlaut des § 6 II Nr. 4 folgt, **„in unlauterer Weise"** erfolgen. Das ist nicht schon dann der Fall, wenn im Vergleich das Kennzeichen eines Mitbewerbers aufgeführt wird (BGH WRP 2007, 1181 Rn. 24 – Eigenpreisvergleich) und es auf Grund dessen zu einer Rufübertragung kommt. Nach ErwGr. 14 und 15 Werbe-RL kann die Bezugnahme auf ein fremdes Kennzeichen sogar für eine wirksame vergleichende Werbung unerlässlich sein. Eine solche Bezugnahme stellt daher, wie ErwGr. 15 Werbe-RL klarstellt, keine Verletzung des Ausschließlichkeitsrechts des Mitbewerbers dar, wenn sie unter Beachtung der in der Richtlinie aufgestellten Bedingungen erfolgt und nur eine Unterscheidung bezweckt, durch die Unterschiede objektiv herausgestellt werden sollen (EuGH Slg. 2001, I-7945 = GRUR 2002, 354 (355) Rn. 53 – Toshiba Europe; GRUR 2006, 345 Rn. 14 – Siemens/VIPA; GRUR 2009, 756 Rn. 71 f. – L'Oréal/Bellure).

155   Soweit daher ein Hinweis auf das Kennzeichen des Mitbewerbers für eine objektive Unterscheidung der Erzeugnisse und damit für einen wirksamen Wettbewerb auf dem fraglichen Markt **unerlässlich** ist, liegt keine unlautere Rufausnutzung vor (EuGH GRUR Slg. 2001, I-7945 = GRUR 2002, 354 (355) Rn. 54 – Toshiba Europe; GRUR 2006, 345 Rn. 15 – Siemens/VIPA; BGH GRUR 2010, 161 Rn. 32 – Gib mal Zeitung). Dies gilt auch, wenn eine ausdrückliche („ersetzt") oder konkludente (zB Bestellnummernübernahme) Gleichwertigkeitsbehauptung aufgestellt wird (BGH GRUR 2003, 444 (445) – „Ersetzt"; vgl. auch BGH GRUR 1996, 781 (784) – Verbrauchsmaterialien). Die mit einem Vergleich notwendigerweise verbundene Rufausnutzung ist daher vom betroffenen Mitbewerber hinzunehmen.

Es müssen daher über die bloße Nennung des Kennzeichens hinaus **zusätzliche** Umstände **156** hinzukommen, um den Vorwurf einer unlauteren Rufausnutzung zu begründen (dazu EuGH GRUR 2009, 756 Rn. 44–50, 77 – L'Oréal/Bellure; BGHZ 158, 26 (32) = GRUR 2004, 607 (611) – Genealogie der Düfte; BGH GRUR 2007, 896 Rn. 24 – Eigenpreisvergleich; GRUR 2010, 161 Rn. 32 – Gib mal Zeitung; WRP 2012, 318 Rn. 22 – Teddybär). Dabei sind alle Umstände des Einzelfalls zu berücksichtigen, insbes. das Ausmaß der Bekanntheit und der Grad der Unterscheidungskraft der Marke, der Grad der Ähnlichkeit der einander gegenüberstehenden Marken sowie der Art der betroffenen Waren und Dienstleistungen und der Grad ihrer Nähe. Auch kann die Gefahr einer Verwässerung oder Verunglimpfung der Marke berücksichtigt werden (EuGH GRUR 2009, 756 Rn. 44–45, 77 – L'Oréal/Bellure). Speziell im Falle der vergleichenden Werbung kann die **Gestaltung des Produkts** und der **Werbung** von Bedeutung sein. Es spielt also der Grad der Annäherung an das fremde Markenprodukt und der Grad der Herausstellung des fremden Markenprodukts in der Werbung eine maßgebliche Rolle. Je stärker das fremde Markenprodukt als **„Zugpferd"** für den Absatz des eigenen Produkts genutzt wird, desto eher ist von einer unlauteren Rufausnutzung auszugehen. Unlauter ist es bspw., wenn der Werbende behauptet, bei den eigenen Produkten handle es sich um „dieselben oder die gleichen Produkte mit denselben chemischen Eigenschaften wie bei den Konkurrenzprodukten" (OLG Köln WRP 2022, 359 Rn. 52). Der Werbende handelt insbes. dann unlauter, wenn er versucht, sich in den Bereich der Sogwirkung des fremden Kennzeichens zu begeben, um von seiner Anziehungskraft, seinem Ruf und seinem Ansehen zu profitieren und um ohne finanzielle Gegenleistung die wirtschaftlichen Anstrengungen des Kennzeicheninhabers zur Schaffung und Aufrechterhaltung des Images dieses Kennzeichens auszunutzen (vgl. EuGH GRUR 2009, 756 Rn. 50, 77 – L'Oréal/Bellure; dazu krit. Ohly GRUR 2010, 166 (167)). Dafür ist es ein Anhaltspunkt, wenn sich das eigene Produkt nur deshalb absetzen lässt, weil es das fremde Produkt gibt. Stets ist der Tatbestand der unlauteren Rufausnutzung erfüllt, wenn das eigene Produkt in der Werbung als Imitation oder Nachahmung des fremden Markenprodukts dargestellt und damit zugleich der Tatbestand des § 6 II Nr. 6 verwirklicht wird (vgl. EuGH GRUR 2009, 756 Rn. 78–80 – L'Oréal/Bellure). Umgekehrt spricht es gegen eine unlautere Rufausbeutung, wenn sich der Werbende mit seinem Produkt als dem konkurrierenden Markenprodukt überlegen darstellt.

Die Feststellung der Unlauterkeit im Einzelfall muss daher anhand einer **Interessenabwä- 157 gung,** nämlich zwischen den Interessen des Werbenden, des Mitbewerbers und der Verbraucher, unter Berücksichtigung der legitimen **Funktion der vergleichenden Werbung** (objektive Verbraucherinformation; Förderung des Wettbewerbs) und des Grundsatzes der **Verhältnis- mäßigkeit** erfolgen (ebenso BGH WRP 2012, 318 Rn. 23 – Teddybär; WRP 2015, 1336 Rn. 28 – Staubsaugerbeutel im Internet). Entscheidend ist, ob das legitime Anliegen des Vergleichs ohne Benutzung des fremden Kennzeichens oder unter geringerer Ausnutzung des Rufs des fremden Kennzeichens erreichbar gewesen wäre (zB Verwendung nur der Wortbezeichnung des Mitbewerbers oder der Artikelnummer seines Produkts anstelle seiner Bildmarke oder seines Logos; vgl. OLG Köln GRUR-RR 2008, 315 (316)).

c) Beispiele. Der bloße Hinweis auf **Artikelnummern** des Mitbewerbers ist grds. nicht zu **158** beanstanden. Denn anders wird sich ein Vergleich kaum in der gebotenen Weise darstellen lassen (BGH WRP 2012, 318 Rn. 24 – Teddybär), so wohl auch EuGH Slg. 2001, I-7945 = GRUR 2002, 354 Rn. 59 – Toshiba Europe). Aber auch dann, wenn der Werbende die **Bestellnum- mer** des Mitbewerbers vollständig oder in ihrem Kern übernimmt und in der Werbung darauf hinweist, ist eine unlautere Rufausnutzung zu verneinen. Denn müsste der Besteller anhand von Vergleichslisten des Werbenden die entspr. Bestellnummern des Werbenden heraussuchen, wäre dies für die Verbraucher und den Werbenden von Nachteil und würde den Wettbewerb erschweren (EuGH GRUR 2006, 345 Rn. 26 – Siemens/VIPA; BGH WRP 2012, 318 Rn. 24 – Teddybär). Das Gleiche gilt für die Übernahme von Bildmotiven mit der Funktion von Bestellnummern (BGH WRP 2012, 318 Rn. 24 – Teddybär; WRP 2015, 1336 Rn. 29 – Staubsaugerbeutel im Internet).

Die Verwendung einer fremden Marke im eigenen Internet-Verkaufsangebot mit dem Ziel, **159** Kunden, die sich einer **Suchmaschine** bedienen, auf sich aufmerksam zu machen, stellt für sich allein noch keine unlautere Rufausnutzung dar (ebenso BGH WRP 2015, 1336 Rn. 32 –

Staubsaugerbeutel im Internet; aA KG MMR 2005, 315; jurisPK-UWG/Müller-Bidinger Rn. 170; Ohly/Sosnitza/Ohly Rn. 63b). Insoweit steht das Interesse der Verbraucher, von konkurrierenden Angeboten zu erfahren, im Vordergrund. Vielmehr kommt es auf die Umstände des Einzelfalls an. Dabei ist nicht die Rspr. zur Werbung mit einer fremden Marke als Schlüsselwort bei der Internetsuche (sog Keyword-Advertising; dazu BGH WRP 2013, 505 Rn. 26 ff. – MOST-Pralinen; WRP 2014, 167 Rn. 20 ff. – Fleurop) zugrunde zu legen. Denn für eine wirksame vergleichende Werbung ist es erforderlich, dass Marke und Artikelbezeichnung des Mitbewerbers bei den Angeboten des Werbenden und nicht getrennt davon erscheinen (BGH WRP 2015, 1336 Rn. 34 – Staubsaugerbeutel im Internet). Die Beurteilung hat sich daran zu orientieren, dass vergleichende Werbung dem Verbraucher nützen und den Wettbewerb fördern kann und die Anforderungen an ihre Zulässigkeit daher in dem – für die Zulässigkeit günstigsten Sinn auszulegen sind (BGH WRP 2015, 1336 Rn. 37 – Staubsaugerbeutel im Internet).

160   Auch eine **tabellenartige Gegenüberstellung von Eigenmarken und namhaften Herstellermarken** im Rahmen eines Eigenpreisvergleichs begründet noch keine unlautere Rufausnutzung oder Rufbeeinträchtigung (BGH WRP 2007, 1181 Rn. 24–26 – Eigenpreisvergleich).

161   Unlauterkeit der Rufausbeutung wurde angenommen bei der **Produktbezeichnung** „a la Cartier", weil damit dem Verkehr signalisiert werde, die angebotenen Schmuckstücke seien im **Design** vergleichbar mit Cartier-Schmuckstücken (BGH GRUR 2009, 871 Rn. 31 – Ohrclips). – Unlauterkeit der Rufausbeutung wurde weiter bejaht bei der Erwähnung der **Unternehmensbezeichnung** und der namhaften Marken eines Mitbewerbers, weil diese Art der Produktgegenüberstellung nicht durch ein Bedürfnis der angesprochenen Fachkreise nach Information und Aufklärung gerechtfertigt war und ein Hinweis auf die Substituierbarkeit durch Angabe der Artikelnummern gereicht hätte (OLG Köln GRUR-RR 2008, 315 (316)). – Dagegen liegt eine unlautere Rufausbeutung nicht von vornherein dann vor, wenn ein namenloses Produkt (**„no name"-Produkt**) mit einer Markenware verglichen wird (BGH GRUR 2004, 607 (611) – Genealogie der Düfte). Denn der Vergleich soll ja gerade den Gegensatz zwischen diesen Produkten zum Ausdruck bringen. – Nicht unlauter ist es, wenn der Werbende darauf hinweist, dass sein Produkt **stoffgleich** mit dem Produkt eines Mitbewerbers ist und auf dessen Marke nur unauffällig Bezug genommen wird (OLG Stuttgart GRUR-RR 2002, 397 (398)). Im Übrigen ist zu berücksichtigen, dass nicht nur der Innovationswettbewerb, sondern auch der Imitationswettbewerb im Interesse der Allgemeinheit und des Verbrauchers liegt. – Die Werbung für ein Produkt „fettfrei/wasserloses Garen wie AMC" stellt daher wohl nur die Behauptung einer technischen Gleichwertigkeit der Erzeugnisse, nicht aber eine unlautere Rufausbeutung der Marke AMC dar (aA OGH GRUR-Int. 1999, 794 (795) – AMC/ATC). – Eine Rufausbeutung ist zu verneinen, wenn das Produkt und damit die Marke des Mitbewerbers **negativ** oder jedenfalls nicht positiv dargestellt werden (BGH GRUR 2010, 161 Rn. 33 – Gib mal Zeitung); insoweit kommt allenfalls eine Rufbeeinträchtigung in Betracht.

162   Unlauter ist eine Rufausnutzung jedenfalls dann, wenn bei den angesprochenen Verkehrskreisen ein **falscher Eindruck über die Beziehungen zwischen dem Werbenden und dem Mitbewerber** erweckt wird (vgl. EuGH Slg. 2001, I-7945 = GRUR 2002, 354 (356) Rn. 55 – Toshiba Europe; OGH GRUR 1999, 794 (795) – AMC/ATC).

6. Unlautere Rufbeeinträchtigung

163   **a) Allgemeines.** In richtlinienkonformer (vgl. Art. 4 lit. d Werbe-RL) Auslegung des § 6 II Nr. 4 ist unter einer unlauteren Rufbeeinträchtigung die **Herabsetzung** oder **Verunglimpfung** (dazu § 6 II Nr. 5) des **Kennzeichens** zu verstehen (→ Rn. 148). Eine unlautere Rufbeeinträchtigung liegt aber nicht schon darin, dass überhaupt auf das fremde Kennzeichen Bezug genommen wird, da andernfalls jede Bezugnahme unlauter wäre (vgl. Begr. RegE, BT-Drs. 14/2959 = WRP 2000, 555 (561); BGH GRUR 2003, 444 (445) – „Ersetzt"). Insoweit gilt das Gleiche wie zur unlauteren Rufausnutzung. Eine mit dem Vergleich notwendigerweise verbundene Rufbeeinträchtigung, wie sie etwa beim Vergleich eines Markenprodukts mit einem no-name-Artikel in Betracht kommt, muss der Mitbewerber daher hinnehmen (vgl. auch Bornkamm GRUR 2005, 97 (101)); desgleichen eine bloße Beeinträchtigung der Unterscheidungskraft und damit eine Verwässerung des betroffenen Kennzeichens (BGH WRP 2012, 318 Rn. 21 – Teddybär; WRP 2015, 1336 Rn. 38 – Staubsaugerbeutel im Internet). Liegt eine unlautere Rufausnutzung vor, so wird im Allgemeinen – wenngleich nicht notwendig – auch der Tatbestand der unlauteren Rufbeeinträchtigung erfüllt sein (vgl. zum Markenrecht EuGH GRUR 2009, 756 Rn. 33, 50 – L'Oréal/Bellure).

b) Beispiele. Eine unlautere Rufbeeinträchtigung kommt sowohl bei der **anlehnenden** als 164 auch bei der **kritisierenden** vergleichenden Werbung in Betracht. Im Falle der anlehnenden vergleichenden Werbung ist der Tatbestand erfüllt, wenn der Werbende für das eigene Produkt ein mit dem Kennzeichen des Mitbewerbers identisches oder ähnliches Kennzeichen verwendet und dies die Anziehungskraft des fremden Kennzeichens schmälert. Das ist insbes. dann anzunehmen, wenn das beworbene Produkt Merkmale oder Eigenschaften aufweist, die sich negativ auf das fremde Markenprodukt auswirken können (vgl. zum Markenrecht EuGH GRUR 2009, 756 Rn. 40 – L'Oréal/Bellure). Dagegen reicht es nicht aus, wenn lediglich die Unterscheidungskraft des betroffenen Kennzeichens, zB eines Bildmotivs, beeinträchtigt wird (BGH WRP 2012, 318 Rn. 21 – Teddybär; WRP 2015, 1336 Rn. 38 – Staubsaugerbeutel im Internet). – Im Falle der kritisierenden vergleichenden Werbung ist der Tatbestand erfüllt, wenn der Vergleich das fremde Kennzeichen in einer Weise (zB durch eine ungünstige Abbildung) präsentiert, dass der Verkehr daraus den Schluss ziehen kann, das damit gekennzeichnete Konkurrenzprodukt habe nicht (mehr) die angenommene Qualität oder sei nur eines von vielen Massenprodukten (vgl. auch Ohly GRUR 2003, 641 (645)). Dann kann zugleich der Tatbestand des § 6 II Nr. 5 erfüllt sein. – Verwendet der Mitbewerber markenrechtlich geschützte Werbeslogans (zB „Geiz ist geil"), die der Werbende dann persifliert, kann im Einzelfall ebenfalls eine unlautere Rufbeeinträchtigung vorliegen (vgl. OLG Hamburg MD 2005, 942; OLG Köln MD 2006, 1198). Allerdings ist dabei stets zu fragen, ob es sich dabei nicht um lauterkeitsrechtlich unbedenkliche „übertriebene Behauptungen oder nicht wörtlich zu nehmende Behauptungen" (iSd Art. 5 III 2 UGP-RL) handelt. Entscheidend ist, wie der Durchschnittsverbraucher die Äußerung empfindet.

V. Herabsetzung und Verunglimpfung (§ 6 II Nr. 5)

1. Allgemeines

Nach § 6 II Nr. 5 ist ein Vergleich unlauter, wenn er „die Waren, Dienstleistungen, Tätig- 165 keiten oder persönlichen oder geschäftlichen Verhältnisse eines Mitbewerbers herabsetzt oder verunglimpft". Die Regelung gibt weitgehend den Inhalt von Art. 4 lit. d Werbe-RL wieder. (Die Herabsetzung und Verunglimpfung von „Marken, Handelsnamen oder anderer Unterscheidungszeichen" ist in § 6 II Nr. 4 als „Beeinträchtigung des Rufs" geregelt; → Rn. 163.) Sie ergänzt § 4 Nr. 2 (Anschwärzung) insoweit, als alle herabsetzenden und verunglimpfenden Äußerungen im Rahmen eines Vergleichs erfasst werden, ohne Rücksicht darauf, ob sie erweislich wahr sind oder nicht. Dagegen ist § 6 II Nr. 5 eine Spezialregelung zu § 4 Nr. 1 (BGH WRP 2019, 743 Rn. 13 – Knochenzement III; WRP 2019, 736 Rn. 55 – Das beste Netz; → § 4 Rn. 7). Die Herabsetzung oder Verunglimpfung kann sich beziehen auf die Waren, Dienstleistungen, Tätigkeiten oder die persönlichen oder geschäftlichen Verhältnisse eines Mitbewerbers. Ob eine Herabsetzung oder Verunglimpfung vorliegt, beurteilt sich nicht nach den Vorstellungen und Absichten des Werbenden, sondern nach dem Eindruck der angesprochenen Verkehrskreise. Maßgebend ist die **Sichtweise des durchschnittlich informierten, aufmerksamen und verständigen Durchschnittsverbrauchers** oder **–marktteilnehmers** (EuGH GRUR 2007, 511 Rn. 16 – De Landtsheer/CIVC; BGH GRUR 2010, 161 Rn. 20 – Gib mal Zeitung mwN; WRP 2019, 736 Rn. 30 – Das beste Netz).

2. Herabsetzung und Verunglimpfung

a) Begriffe. Die **Herabsetzung** besteht in der **sachlich nicht gerechtfertigten Verringe-** 166 **rung der Wertschätzung** (des „Rufs") des Mitbewerbers und/oder seiner Produkte in den Augen der angesprochenen Verkehrskreise. Unerheblich sind daher die Sichtweisen des Werbenden und des betroffenen Mitbewerbers (→ Rn. 165; → § 4 Rn. 1.12). Sie kann sowohl durch wahre oder unwahre Tatsachenbehauptungen als auch durch Werturteile erfolgen. Die **Verunglimpfung** ist eine gesteigerte Form der Herabsetzung und besteht in der Verächtlichmachung in Gestalt eines abträglichen Werturteils oder einer abträglichen unwahren Tatsachenbehauptung ohne sachliche Grundlage. Die in § 6 II Nr. 5 enthaltene Gleichstellung von Herabsetzung und Verunglimpfung macht eine genaue Unterscheidung der Begriffe entbehrlich. Jedoch geht es nicht an, nur noch auf den stärkeren Begriff der Verunglimpfung abzustellen.

167   **b) Abgrenzung.** Eine Herabsetzung liegt noch nicht darin, dass der Vergleich den Namen, das Kennzeichen oder das Geschäftslokal des Mitbewerbers (EuGH GRUR 2003, 533 Rn. 83, 84 – Pippig Augenoptik/Hartlauer; OLG Frankfurt GRUR 2000, 621 (623)) oder sein Angebot mehr oder weniger identisch wiedergibt (BGH GRUR 2002, 72 (73) – Preisgegenüberstellung im Schaufenster) und sich nicht mit einer mittelbaren Bezugnahme begnügt, weil dies noch zum Tatbestand der vergleichenden Werbung gehört und somit nicht seine Unlauterkeit begründen kann (anders die frühere Rspr., welche die Unlauterkeit gerade mit der unnötigen Erkennbarmachung von Mitbewerbern begründet hatte; vgl. BGH GRUR 1989, 668 (669) – Generikum-Preisvergleich). Außerdem bekommt der Verbraucher dadurch eine zusätzliche, für ihn nützliche Information. Allerdings kann die **namentliche** Anführung eines Mitbewerbers eine Kritik an der fremden Leistung verschärfen und daher bei der gebotenen Gesamtwürdigung zu berücksichtigen sein (ebenso MüKoUWG/Menke Rn. 292).

168   Die bloße **Hervorhebung der Vorzüge der eigenen Leistung** im Rahmen eines Vergleichs stellt noch **keine** Herabsetzung der fremden Leistung dar. Nicht herabsetzend ist daher zB die Aussage „Sind Sie immer noch T-Kunde? Dann können wir Ihnen ein lukratives Angebot unterbreiten" (OLG Frankfurt GRUR-RR 2003, 198 (200)). Denn es ist das legitime Interesse des Werbenden, auf die Vorzüge der eigenen Leistung hinzuweisen und sich auf diese Weise von den Mitbewerbern abzugrenzen. Dass die fremde Leistung beim Vergleich schlechter abschneidet, ist eine zwangsläufige und dem Vergleich daher immanente Folge. Eine Herabsetzung setzt daher mehr voraus als den Hinweis auf die Vorzüge der eigenen Leistung und der daraus folgenden herabsetzenden Wirkung des Vergleichs (BGH GRUR 1999, 501 (503) – Vergleichen Sie; GRUR 2008, 443 Rn. 18 – Saugeinlagen; OLG Hamburg GRUR-RR 2023, 309 Rn. 23). Dafür spricht vor allem die Gleichstellung von Herabsetzung und Verunglimpfung in § 6 II Nr. 5 (BGH GRUR 1999, 501 (503) – Vergleichen Sie).

169   Auch die Hervorhebung der **Nachteile der fremden Leistung** im Rahmen des Vergleichs (zB bei einem Hotelvergleich der Hinweis auf die Lage an einer belebten Straße; bei einem Automobilvergleich der Hinweis auf die Reparaturanfälligkeit) stellt für sich allein keine Herabsetzung dar, wenn die Nachteile sachlich richtig und ohne zusätzliche negative Wertung dargestellt werden (ebenso OLG Köln GRUR-RR 2015, 245 (246)).

170   **c) Voraussetzungen. aa) Allgemeines.** Es müssen über die mit jedem Werbevergleich verbundenen (negativen) Wirkungen hinaus bes. Umstände hinzutreten, die den Vergleich in **unangemessener Weise abfällig, abwertend** oder **unsachlich** erscheinen lassen (stRspr; vgl. BGH GRUR 2002, 72 (73) – Preisgegenüberstellung im Schaufenster; GRUR 2002, 75 (77) – SOOOO … BILLIG!?; GRUR 2010, 443 Rn. 18 – Saugeinlagen; GRUR 2010, 161 Rn. 16 – Gib mal Zeitung; WRP 2019, 743 Rn. 23 – Knochenzement III; WRP 2019, 736 Rn. 30 – Das beste Netz). Dabei sind die angegriffenen Aussagen in ihrem Gesamtzusammenhang zu sehen und dürfen nicht isoliert betrachtet werden (BGH GRUR 2008, 443 Rn. 18 – Saugeinlagen). Es sind also die Umstände des Einzelfalls, wie insbes. Inhalt und Form der Äußerung, ihr Anlass, der Zusammenhang, in dem sie erfolgt ist, sowie die Verständnismöglichkeiten des angesprochenen Verkehrs zu berücksichtigen, wobei es auf die Sicht des durchschnittlich informierten, aufmerksamen und verständigen Adressaten der Werbung ankommt. In die Gesamtwürdigung sind auch die Grundrechte der Beteiligten einzubeziehen (BGH WRP 2019, 743 Rn. 23 – Knochenzement III). Maßgebend ist, ob die Äußerung für den legitimen Zweck des Vergleichs (Unterrichtung der Verbraucher über die Vorteile des eigenen Angebots und damit Verbesserung der Markttransparenz) erforderlich oder doch nützlich ist oder ob auch eine weniger einschneidende Äußerung ausreichend gewesen wäre. Stets ist also zu fragen, ob der Adressat die betreffende Information für eine sachgerechte, informierte Nachfrageentscheidung benötigt (so auch BGH WRP 2019, 743 Rn. 32 – Knochenzement III). Für einen potentiellen Kunden kann bspw. von Interesse sein, ob ein Mitbewerber des Werbenden seine Marktstellung in der Vergangenheit nicht durch eigene Leistung, sondern durch eine obergerichtlich festgestellte widerrechtliche Verwertung von dem Unternehmer zustehenden Betriebsgeheimnissen erlangt hat (BGH WRP 2019, 743 Rn. 36, 37 – Knochenzement III).

171   Die Behauptung von **unwahren** abträglichen Tatsachen ist stets unlauter. Die Behauptung von **wahren** Tatsachen, die für den Mitbewerber und seine Wettbewerbschancen abträglich sind, ist dann unzulässig, wenn sie bei verständiger Würdigung keine für die Nachfrageentscheidung des Verbrauchers nützliche Information liefern und ihn damit unangemessen unsachlich beeinflussen. Grds. zulässig ist es daher, wahrheitsgemäß über Mängel des Konkurrenzprodukts oder über unsachgemäße Werbemethoden eines Mitbewerbers (Kießling/Kling WRP 2002, 615

(627)) zu berichten. Eine Herabsetzung liegt auch dann nicht vor, wenn wissenschaftliche Erkenntnisse oder Gerichtsentscheidungen sachlich, dh inhaltlich zutreffend sowie nüchtern und zurückhaltend formuliert, wiedergegeben werden, mögen sich daraus auch deutliche Nachteile des Konkurrenzprodukts ergeben (BGH GRUR 2002, 633 (635) – Hormonersatztherapie; GRUR 2008, 443 Rn. 19 – Saugeinlagen; WRP 2019, 743 Rn. 37 – Knochenzement III). Negative Werturteile mit Tatsachenkern sind jedoch dann unlauter, wenn die darin enthaltene Kritik über das vertretbare Maß hinausgeht.

Abträgliche **Werturteile** ohne jeden sachlichen Gehalt (Schmähkritik) sind stets unzulässig. **172** Dabei ist aber zu berücksichtigen, dass Werbung auch von **Humor** und **Ironie** lebt und begleitet wird (BGH GRUR 2002, 72 (74) – Preisgegenüberstellung im Schaufenster). Auch ist der Durchschnittsverbraucher zunehmend an pointierte Werbeaussagen gewöhnt und empfindet sie als Ausdruck lebhaften Wettbewerbs (ebenso BGH GRUR 2010, 161 Rn. 20 – Gib mal Zeitung). Daher kann ein humorvoll (witzig, scherzhaft) oder ironisch (sarkastisch) gestalteter Werbevergleich auch dann zulässig sein, wenn er sich nicht auf feinen Humor und leise Ironie beschränkt (BGH GRUR 2010, 161 Rn. 20 – Gib mal Zeitung; WRP 2019, 736 Rn. 30 – Das beste Netz; vgl. auch BGH GRUR 2002, 828 (830) – Lottoschein; vgl. auch BGH GRUR 2002, 982 (984) – DIE „STEINZEIT" IST VORBEI!). Das gilt auch dann, wenn die ironische Darstellung allein zu Lasten des Mitbewerbers geht (BGH WRP 2019, 736 Rn. 36, 37 – Das beste Netz). Die Grenze zur unzulässigen Herabsetzung ist aber dann überschritten, wenn die Äußerung von den Adressaten der Werbung **wörtlich** und damit **ernst** genommen wird (dazu auch → Rn. 22) oder den Mitbewerber der **Lächerlichkeit** oder dem **Spott** preisgibt (BGH GRUR 2010, 161 Rn. 20 – Gib mal Zeitung; WRP 2019, 736 Rn. 30 – Das beste Netz). Dies bedarf einer sorgfältigen Prüfung auf Grund einer **Gesamtwürdigung** der **Umstände des Einzelfalls** (BGH GRUR 2002, 72 (73) – Preisgegenüberstellung im Schaufenster; WRP 2019, 736 Rn. 37 – Das beste Netz Köhler WRP 2010, 571 (575 f.)).

Eine übermäßig strenge Beurteilung ist generell nicht (mehr) angebracht, zumal auch die **173** **Presse-** und **Meinungsfreiheit** (Art. 11 GRCh bzw. Art. 10 EMRK) angemessen zu berücksichtigen ist (BGH GRUR 2010, 161 Rn. 23 – Gib mal Zeitung). Die gleichzeitige Heranziehung des Art. 5 I GG (dafür BGH GRUR 2010, 161 Rn. 23 – Gib mal Zeitung) ist zumindest entbehrlich, da § 6 auf einer abschließenden Regelung des Unionsrechts beruht (Köhler GRUR 2005, 273 (276); nicht berücksichtigt in BVerfG GRUR 2008, 81 (82) – Pharmakartell). Die Meinungsfreiheit ist jedoch kein Freibrief für Beschimpfungen von Mitbewerbern. Eine glatte Verunglimpfung stellt daher die Aussage „Lufthansa zieht Ihnen die Hosen aus" oder die Aussage „Expensive ba … ds" [= bastards] über einen Mitbewerber dar (vgl. High Court of Justice v. 5.12.2000 – British Airways vs. Ryanair – [2001] F. S. R. 541 ff.; weit. Beispiele aus der liberalen englischen Entscheidungspraxis bei Eichholz, Herabsetzung durch vergleichende Werbung, 2008, 84 ff.).

bb) Beispiele. Herabsetzung verneint: Identische Wiedergabe einer fremden PC-Sonder- **174** angebotswerbung mit dem handschriftlichen Zusatz „Dieser PC wird bei uns normal für … verkauft" (BGH GRUR 2002, 72 (73) – Preisgegenüberstellung im Schaufenster). – Abbildung eines Lottoscheins mit dem Zusatz „Zur Geldvermehrung empfehlen wir ein anderes Papier" (BGH GRUR 2002, 828 (830) – Lottoschein zu § 1 aF). – Abbildung eines (nicht des) typischen BILD-Zeitungslesers in einem Werbespot der TAZ (BGH GRUR 2010, 161 Rn. 21–23 – Gib mal Zeitung). – Humorvoll persiflierende Darstellung unterschiedlich großer Hunde zur Verdeutlichung unterschiedlicher Reichweitenzahlen von Magazinen (OLG München GRUR-RR 2003, 189 (190)). – Bezeichnung des Nutzers eines billigeren Telefontarifs des Werbenden als „schlau" (OLG Hamburg GRUR-RR 2005, 131 (135)). – Werbeslogan „Wenn 1 & 1 sich streiten, freut sich der Schnellste" = Anspielung auf Streitigkeiten zwischen der Unternehmensgruppe 1 & 1 und dem Werbenden (OLG Köln WRP 23016, 646 Rn. 16). – Behauptung, ein Mitbewerber habe seine Marktstellung in der Vergangenheit nicht durch eigene Leistung, sondern durch eine obergerichtlich festgestellte widerrechtliche Verwertung von dem Werbenden zustehenden Betriebsgeheimnissen erlangt (BGH WRP 2019, 743 Rn. 36, 37 – Knochenzement III). – Parodierende Darstellung des Repräsentanten eines Mitbewerbers im Rahmen einer fiktiven Preisverleihung (BGH WRP 2019, 736 Rn. 29 ff. – Das beste Netz).

Herabsetzung bejaht: Äußerung „Hängen Sie noch an der Flasche?" bei vergleichender **175** Werbung zwischen Leitungswasser und Mineralwasser (OLG München NJWE-WettbR 2000, 177). – Äußerung „Fremdgehen kann teuer werden" bei einem Preisvergleich (OLG Jena GRUR-RR 2003, 254). – Darstellung eines kreisenden Flugzeugs mit der Aussage „Deutschlands Manager machen zu viele Überstunden" im Rahmen eines Vergleichs von Bahn und Flugzeug, weil bekanntermaßen gerade auch die Bahn sehr oft unpünktlich ist (vgl. OLG Frankfurt GRUR-RR 2001, 221). – Bezeichnung des Mitbewerbers als „Verlierer" (OLG Hamburg GRUR-RR 2002, 112). – Äußerung: „Fühlen sich manche feuchten Toilettentücher nicht ein bisschen steif an?", wenn sie mit der Abbildung eines Stachelschweins verbunden wird (OLG Frankfurt GRUR-RR 2005, 137 (138)). – Äußerung „Jetzt auf zum fröhlichen Preisvergleich! … kaufen ohne Risiko – unser „m" macht doppelt froh!", die sich ersichtlich auf einen Mitbewerber mit der Unternehmensbezeichnung „Das fröhliche m" bezieht (LG/OLG Saarbrücken WRP 2008, 529). – Szenische Darstellung, bei der das Navigationsgerät „Lucca" des Werbenden als attraktive, intelligente Schülerin und das Navigationsgerät „TomTom" des Mitbewerbers als dumme, ausgelachte Schüler auftreten (LG Köln GRUR-RR 2009, 154 (155)). – Darstellung eines Waschbären, der eine rote Wand mit blauer Farbe übersprüht, wenn es sich um die Hausfarben der konkurrierenden Unternehmen handelt (OLG Frankfurt WRP 2015, 122 Rn. 19).

176   **d) Feststellung.** Bei der Würdigung sind die Umstände des Einzelfalls, insbes. Inhalt und Form der Äußerung, der Anlass des Vergleichs und der gesamte Sachzusammenhang sowie die Verständnismöglichkeiten der angesprochenen Verkehrskreise zu berücksichtigen. Dabei kommt es auf die Sichtweise des durchschnittlich informierten, verständigen und aufmerksamen Durchschnittsverbrauchers an, der freilich zunehmend aggressive Aussagen nicht als herabsetzend empfindet. Das Bestehen einer **Abwehrlage** kann allerdings, weil die Voraussetzungen der Unlauterkeit des Vergleichs in § 6 II abschließend geregelt sind, keine Rechtfertigung für eine Herabsetzung oder für deren mildere Beurteilung sein (Plaß WRP 1999, 766 (770); Scherer WRP 2001, 89 (96); aA Eck/Ikas WRP 1999, 251 (270)). Wohl aber können die bes. Umstände bei der Beurteilung des Vorliegens einer Herabsetzung eine Rolle spielen (ebenso MüKoUWG/ Menke Rn. 284). Auf welche Weise die Herabsetzung bewirkt wird, spielt keine Rolle. Sie kann daher auch nonverbal, etwa durch Verwendung von Symbolen oder Bildern erfolgen (vgl. OLG Köln NJWE-WettbR 1999, 277: Abbildung einer neidisch, niedergeschlagen und hilflos dargestellten Person als Verkörperung eines Mitbewerbers).

3. Einzelfragen

177   **a) Preisvergleiche.** Eine bloße Preisgegenüberstellung von identischen oder vergleichbaren Produkten stellt niemals eine Herabsetzung oder Verunglimpfung dar (BGH GRUR 1999, 501 (503) – Vergleichen Sie; OLG Frankfurt GRUR 2000, 621 (623)). Dies gilt auch dann, wenn der Preisunterschied über dem durchschnittlichen Preisunterschied liegt und derartige Preisvergleiche immer wieder durchgeführt werden, so dass zwangsläufig der Eindruck entsteht, die Preise der Mitbewerber seien überhöht (EuGH GRUR 2003, 533 Rn. 80, 84 – Pippig Augenoptik/Hartlauer). Denn es liegt im Wesen eines Preisvergleichs, der die eigenen Produkte als preisgünstiger herausstellt, dass er zu Lasten der teureren Produkte der Mitbewerber geht. Der Verbraucher weiß, dass es für identische oder vergleichbare Produkte unterschiedliche Preise gibt, und ist daran gewöhnt. Er empfindet einen Preisvergleich daher nicht als Herabsetzung oder gar Verunglimpfung des teureren Mitbewerbers, sondern als Ausdruck funktionierenden Preiswettbewerbs (BGH GRUR 1999, 501 (503) – Vergleichen Sie; GRUR 2002, 72 (73) – Preisgegenüberstellung im Schaufenster). Auch liegt keine Herabsetzung darin, dass in einer Preisvergleichsliste das Produkt eines Mitbewerbers als teuerstes aufgeführt wird, obwohl andere darin nicht aufgeführte Konkurrenzprodukte noch teurer sind (überholt daher BGH GRUR 1992, 61 (62) – Preisvergleichsliste I). Der bloße Preisvergleich ist auch dann zulässig, wenn die Preise von (Hersteller-)**Markenwaren** mit denen von **no-name-Produkten** oder von Handelsmarken verglichen werden (BGH GRUR 1999, 501 (502) – Vergleichen Sie; OLG Stuttgart NJWE-WettbR 1999, 98; Sack GRUR-Int. 1998, 263 (272)). In der Äußerung, man biete zu akzeptablen Preisen an, verbunden mit der Aufforderung, damit die Preise der Konkurrenz zu vergleichen, liegt ebenfalls noch keine Herabsetzung (BGH GRUR 1999, 501 (502) – Vergleichen Sie).

178   Anders liegt es, wenn ausdrücklich erklärt oder auf Grund der Umstände der Eindruck erweckt wird, die Preise der Mitbewerber seien nicht akzeptabel, weil generell überhöht oder überteuert und daher außerhalb eines vernünftigen Preis-Leistungs-Verhältnisses liegend (BGH GRUR 1999, 501 (502) – Vergleichen Sie; OLG Hamm WRP 2000, 1316). Ein herabsetzender Preisvergleich kann daher auch in der Aussage enthalten sein „Die beste Werbung für S sind die Angebote der Konkurrenz", sofern die Mitbewerber erkennbar sind (KG WRP 1999, 339

(340)). Dagegen liegt in der (zutr.) Aussage, das Konkurrenzprodukt falle durch großen Werbeaufwand auf, noch keine Herabsetzung (Kießling/Kling WRP 2002, 615 (627); aA noch BGH GRUR 1985, 982 (983) – Großer Werbeaufwand); ebenso wenig in der Aussage, der Sonderpreis des Mitbewerbers für ein bestimmtes Produkt sei höher als der eigene Normalpreis, insbes. liegt darin nicht der Vorwurf generell überhöhter Preise (BGH GRUR 2002, 72 (74) – Preisgegenüberstellung im Schaufenster). Erst recht zulässig ist die Aussage, das eigene Produkt sei preiswerter als das des Mitbewerbers. – Herabsetzend ist ein Preisvergleich, wenn er mit einem außerhalb des Vergleichs liegenden ironisch abwertenden „Seitenhieb" verknüpft wird (OLG Frankfurt WRP 2005, 635 [Ls.]).

b) Qualitätsvergleiche. Regelmäßig liegt eine Herabsetzung vor, wenn ein Konkurrenzprodukt im Vergleich zum eigenen Produkt direkt oder indirekt als **minderwertig** bezeichnet wird (BGH GRUR 1998, 824 (828) – Testpreis-Angebot, aA Ohly/Sosnitza/Ohly Rn. 68). Dies wurde angenommen bei der Aussage „Billige Composite Rackets (Graphite Fiberglas) muten wir ihnen nicht zu" (BGH GRUR 1998, 824 (828) – Testpreis-Angebot). Eine Verunglimpfung liegt in der Aussage, das Konkurrenzprodukt sei „Mist" (OLG Köln WRP 1985, 233) oder ein „Schwindelmittel" (BGH GRUR 1964, 392 (394) – Weizenkeimöl). Eine Herabsetzung liegt auch dann vor, wenn das Konkurrenzprodukt zu Unrecht als Imitation oder Nachahmung bezeichnet wird (dazu, dass dieser Fall nicht von § 6 II Nr. 6 erfasst wird, → Rn. 182). Ferner dann, wenn vom Kauf des Konkurrenzprodukts wegen seiner minderen Qualität abgeraten wird. Zulässig ist dagegen die Aussage, das eigene Produkt sei qualitativ besser als das Konkurrenzprodukt. **179**

c) Tätigkeiten, persönliche und geschäftliche Verhältnisse. Die Herabsetzung oder Verunglimpfung der Tätigkeiten, persönlichen oder geschäftlichen Verhältnisse eines Mitbewerbers spielt bei der Beurteilung der Zulässigkeit einer vergleichenden Werbung nur dann eine entscheidende Rolle, wenn sie im Zusammenhang mit einem Vergleich der Eigenschaften von Waren oder Dienstleistungen stattfindet. Denn sonst ist der Vergleich bereits nach § 6 II Nr. 1 unlauter. Wird in einer vergleichenden Werbung nicht nur der Name, sondern auch das Firmenlogo und/oder die Geschäftsfassade des Mitbewerbers abgebildet, so stellt dies für sich allein noch keine Herabsetzung dar (EuGH GRUR 2003, 533 Rn. 80, 84 – Pippig Augenoptik), weil die Benutzung von Marken, Handelsnamen und anderen Unterscheidungszeichen eines Mitbewerbers keine Verletzung seiner Ausschließlichkeitsrechte darstellt (vgl. ErwGr. 15) und dadurch der Vergleich im Hinblick auf den Mitbewerber lediglich verdeutlicht wird. **180**

Eine Herabsetzung ist umso eher anzunehmen, je weniger eine für den Mitbewerber nachteilige Aussage den Zielen der Verbraucherinformation und Markttransparenz dient (BGH WRP 2019, 736 Rn. 39 – Das beste Netz). Eine Herabsetzung ist jedenfalls dann anzunehmen, wenn ungünstige Aussagen über den Mitbewerber gemacht werden, die zur Erläuterung des eigentlichen Waren- oder Dienstleistungsvergleichs **nicht erforderlich** sind oder in keinem sachlichen Zusammenhang mit ihm stehen, mag die Aussage auch für sich gesehen zutreffen. Unlauter ist daher etwa der Hinweis eines Bauunternehmers, dass der Mitbewerber dreimal geschieden sei, zulässig dagegen der (wahre) Hinweis, dass der Mitbewerber kein qualifiziertes Personal beschäftige, sofern diese Aussage für die Nachfrageentscheidung von Bedeutung ist. Unlauter ist es, wenn der Konkurrenz pauschal die Befähigung zur Leistung gleicher Art und Güte abgesprochen wird (KG WRP 1999, 339). Das ist der Fall bei der Aussage „Die beste Werbung für S sind die Angebote der Konkurrenz" (KG WRP 1999, 339 (340)), aber nicht schon dann, wenn lediglich die sachlichen Vorzüge der eigenen Leistung hervorgehoben werden. Eine Herabsetzung liegt daher nicht schon dann vor, wenn ein Generika-Hersteller in seiner Werbung wahrheitsgemäß auf die Förderung der Forschung hinweist, mag darin auch der unausgesprochene Hinweis liegen, dass andere Hersteller keine Forschung betreiben (BGH GRUR 1999, 1100 (1102) – Generika-Werbung). Bedenklich wird eine derartige, die eigene Leistung herausstellende Werbung erst, wenn sie sich darauf nicht beschränkt, sondern so dargestellt würde, dass sie als Aufforderung zu verstehen wäre, keine Produkte von Herstellern zu verschreiben, die keine Forschung betreiben (BGH GRUR 1999, 1100 (1102) – Generika-Werbung). In diesem Falle läge auch ein unlauterer Boykottaufruf (→ § 4 Rn. 4.116 ff.) vor. Herabsetzend ist die Bezeichnung eines Mitbewerbers als „(Marktanteils-)Verlierer", wenn dies nicht entspr. substanziiert belegt wird (OLG Hamburg GRUR-RR 2002, 112). **181**

VI. Darstellung einer Ware als Imitation oder Nachahmung (§ 6 II Nr. 6)

1. Inhalt, Auslegung und Schutzzweck der Norm

182   Nach § 6 II Nr. 6 ist ein Vergleich unlauter, wenn er „**eine Ware oder Dienstleistung als Imitation oder Nachahmung einer unter einem geschützten Kennzeichen vertriebenen Ware oder Dienstleistung darstellt**". Die Regelung setzt die (wettbewerbspolitisch umstrittene, weil protektionistisch wirkende) sog „**Parfümklausel**" des Art. 4 lit. g Werbe-RL um. Sie ist daher richtlinienkonform unter Berücksichtigung der Zwecke der Werbe-RL und der ihr zugrunde liegenden Interessenabwägung auszulegen (dazu EuGH GRUR 2009, 756 Rn. 66 ff. – L'Oréal/Bellure). Der EuGH sieht in dieser Form der vergleichenden Werbung eine Geschäftspraxis, die den Wettbewerb verzerren, den Mitbewerber schädigen und die Entscheidung der Verbraucher negativ beeinflussen kann (vgl. EuGH GRUR 2009, 756 Rn. 68, 69, 72 – L'Oréal/Bellure: ErwGr. 9 Werbe-RL). Geschützt werden daher nicht nur die Hersteller der betreffenden Markenwaren (zB Medikamente, Parfüms) und Markendienstleistungen vor Rufausbeutung, sondern auch die Interessen aller sonstigen Mitbewerber des Werbenden sowie der Abnehmer und das Interesse der Allgemeinheit an einem unverfälschten Wettbewerb. Allerdings knüpft das Unlauterkeitsurteil nicht an die Benutzung des geschützten Zeichens als solches an, sondern an den Vergleich der Produkte, bei dem das beworbene Produkt als eine Imitation oder Nachahmung des mit dem geschützten Zeichen versehenen Produkts dargestellt wird (ebenso OLG Köln GRUR-RR 2014, 393 (395)). Insgesamt ist der Tatbestand nach Auffassung des BGH restriktiv auszulegen (BGH WRP 2008, 930 Rn. 25 – Imitationswerbung; WRP 2015, 1336 Rn. 42 – Staubsaugerbeutel im Internet).

2. Anwendungsbereich

183   Die Regelung bezieht sich nur auf den Fall, dass der Werbende sein **eigenes** Produkt als Imitation oder Nachahmung eines fremden Produkts darstellt (Begr. RegE, BT-Drs. 14/2959 = WRP 2000, 555 (561); BGH GRUR 2008, 628 Rn. 22 – Imitationswerbung). – Wird dagegen in einer vergleichenden Werbung das **Produkt des Mitbewerbers** als Imitation oder Nachahmung des eigenen Produkts bezeichnet, ist diese Aussage nach § 6 II Nr. 5 zu würdigen. Insofern kommt es dann (auch) darauf an, ob die Aussage sachlich zutreffend ist oder nicht. Handelt es sich beim fremden Produkt tatsächlich um eine **unerlaubte** Imitation oder Nachahmung, dh verstößt sie gegen Sonderschutzrechte oder gegen die §§ 3 I, 4 Nr. 9 (lauterkeitsrechtlicher Nachahmungsschutz; → § 4 Rn. 3.1 ff.), so ist die Aussage grds. nicht zu beanstanden.

3. Tatbestand

184   **a) Bezugnahme auf Waren oder Dienstleistungen mit geschütztem Kennzeichen.** Die Vorschrift bezieht sich nur auf den Vergleich der eigenen Ware oder Dienstleistung mit „**einer unter einem geschützten Kennzeichen vertriebenen Ware oder Dienstleistung**". In den Worten der Werbe-RL muss es sich um Waren oder Dienstleistungen mit „**geschützter Marke oder geschütztem Handelsnamen**" („protected trade mark or trade name") handeln. In richtlinienkonformer Auslegung muss also das Originalprodukt mit einer Marke oder einer Unternehmenskennzeichnung geschützt sein, während andere „Unterscheidungszeichen", wie etwa eine geographische Herkunftsangabe, nicht erfasst sind. Was den Markenschutz angeht, werden allerdings nicht nur eingetragene Marken erfasst, sondern auch nicht eingetragene Marken iSd § 4 Nr. 2 und 3 MarkenG (vgl. EuGH GRUR 2009, 756 Rn. 80 – L'Oréal/Bellure zur notorisch bekannten Marke; Harte-Bavendamm/Henning-Bodewig/Sack Rn. 226 mwN auch zur Gegenansicht). Ob im Einzelfall Kennzeichenschutz besteht, beurteilt sich nach dem jeweils geltenden Markenrecht (§§ 4, 5 MarkenG). Nach dem Wortlaut des § 6 II Nr. 6 müssen die Originalwaren im Zeitpunkt der Werbung „**vertrieben**" werden. Das lässt sich allerdings dem Art. 4 lit. g Werbe-RL nicht entnehmen. In richtlinienkonformer Auslegung genießen daher auch solche Produkte Schutz, die (zB vorübergehend) nicht auf dem Markt sind (jurisPK-UWG/Müller-Bidinger Rn. 199), solange noch Markenschutz besteht.

185   **b) „Imitation oder Nachahmung".** Die Begriffe der Imitation und der **Nachahmung** sind aus Art. 4 lit. g Werbe-RL übernommen. Eine Definition existiert nicht. In der englischen Fassung ist von „imitation" und „replica", in der französischen Fassung von „imitation" und

„reproduction" die Rede. Eine Definition der Begriffe fehlt. Der Begriff der Imitation weist mehr auf die Annäherung der Produktgestaltung an das Original, der Begriff der Nachahmung dagegen mehr auf die vollständige Übernahme der Gestaltungsmerkmale des Originals iSe Reproduktion oder Kopie hin. Eine genaue Abgrenzung der beiden Begriffe ist indessen nicht erforderlich, da beide Erscheinungsformen der Produktgestaltung gleich behandelt werden. Da es sich um unionsrechtliche Begriffe handelt, ist ein Rückgriff auf die Auslegung des Begriffs der Nachahmung in § 4 Nr. 3 nicht statthaft. Erfasst werden jedenfalls nicht nur gefälschte Produkte, sondern alle Imitationen und Nachahmungen (EuGH GRUR 2009, 756 Rn. 73 – L'Oréal/ Bellure). Außerdem ist es nicht erforderlich, dass es sich um eine umfassende Imitation oder Nachahmung des Produkts mit geschützter Marke handelt, vielmehr reicht eine Imitation eines wesentlichen Merkmals des Produkts, wie zB der Geruch eines Parfüms, aus (EuGH GRUR 2009, 756 Rn. 76 – L'Oréal/Bellure). Es muss jedenfalls das Originalprodukt in der Werbung als **Vorbild** oder **Grundlage** des Produkts des Werbenden aufscheinen. – Um keine Imitation oder Nachahmung handelt es sich, wenn das Produkt mit dem Markenprodukt des Herstellers identisch ist und auch von ihm hergestellt wurde. Es ist daher nicht nach § 6 II Nr. 6 unlauter, für ein ohne die Herstellermarke oder unter einer Handelsmarke vertriebenes Produkt mit der Aussage „identisch mit …" oder „baugleich mit …" zu werben, wenn das Produkt vom Originalhersteller stammt.

c) „Darstellung" als Imitation oder Nachahmung. aa) Allgemeines. Die Werbung 186 muss das eigene Produkt als Imitation oder Nachahmung **darstellen** (BGH GRUR 2008, 726 Rn. 19 – Duftvergleich mit Markenparfüm) es muss also eine entsprechende Behauptung aufgestellt werden. Maßgebend ist die Sichtweise eines durchschnittlichen Mitglieds der jeweils angesprochenen Verkehrskreise (BGH WRP 2011, 1593 Rn. 32 – Creation Lamis). Dabei kann im Einzelfall zwischen gewerblichen Wiederverkäufern und Endverbrauchern zu unterscheiden sein (BGH WRP 2011, 1593 Rn. 34 ff. – Creation Lamis). Ob die Werbung darüber hinaus irreführend ist oder eine Verwechslungsgefahr hervorruft, spielt dagegen keine Rolle. Denn dies sind eigenständige Voraussetzungen der Unzulässigkeit der vergleichenden Werbung (vgl. EuGH GRUR 2009, 756 Rn. 74 – L'Oréal/Bellure). Daher ist auch unerheblich, ob die beworbenen Produkte wirklich Imitationen oder Nachahmungen von Produkten eines Mitbewerbers sind. Entscheidend ist nur ob sie als solche dargestellt werden. Die Vorschrift verbietet nur die Darstellung des eigenen Produkts als Imitation oder Nachahmung, **nicht** dagegen seinen **Vertrieb.** Ein Verbot des Vertriebs kann sich aus den § 3 I, § 4 Nr. 3 und aus Markenrecht ergeben.

bb) Auslegung des Begriffs der Darstellung. Die Auslegung des Merkmals der Darstellung 187 hat sich an den Zwecken der Richtlinie zu orientieren. Dabei zeigte sich allerdings, dass die Interessen der Beteiligten unterschiedlich gewichtet werden können.

Nach Auffassung des **BGH** ist das Merkmal der Darstellung **restriktiv** auszulegen, um zu 188 verhindern, dass die Verbrauchern entgegen dem Zweck der Richtlinie im Hinblick auf die Vergleichbarkeit gleichwertiger Fremdprodukte mit Markenprodukten vorteilhafte Sachinformationen vorenthalten werden (BGH GRUR 2008, 628 Rn. 25 – Imitationswerbung mAnm Köhler; WRP 2015, 1336 Rn. 42 – Staubsaugerbeutel im Internet). Es müsse sich daher um eine **„offene"** Darstellung der beworbenen Produkte als Imitation oder Nachahmung handeln (BGH GRUR 2010, 343 Rn. 35, 36 – Oracle; vgl. auch OLG Frankfurt WRP 2007, 1372 (1374)). Dazu sei zwar eine Bezeichnung als Imitation oder Nachahmung nicht erforderlich (BGH GRUR 2008, 628 Rn. 26 – Imitationswerbung). Jedoch müsse das Produkt mit einem **besonderen Grad** an **Deutlichkeit,** der über ein bloßes Erkennbarmachen iSv § 6 I hinausgehe, als Imitation oder Nachahmung des Produkts eines Mitbewerbers beworben werden (BGH GRUR 2008, 628 Rn. 26 – Imitationswerbung). Die Darstellung müsse **klar** und **deutlich** über eine bloße Gleichwertigkeitsbehauptung hinausgehen (BGH WRP 2015, 1336 Rn. 42 – Staubsaugerbeutel im Internet). Es reiche nicht aus, dass die angesprochenen Verkehrskreise lediglich auf Grund außerhalb der beanstandeten Werbung liegender Umstände oder eines auf andere Weise erworbenen Wissens in der Lage seien, die Produkte des Werbenden mit Hilfe der für sie verwendeten Bezeichnungen jeweils bestimmten Produkten des Mitbewerbers zuzuordnen (BGH GRUR 2008, 628 Rn. 30, 31 – Imitationswerbung; GRUR 2008, 726 Rn. 19 – Duftvergleich mit Markenparfüm; GRUR 2010, 343 Rn. 36 – Oracle).

Nach Auffassung des **EuGH** muss die Werbebotschaft allerdings lediglich die Aussage **erken-** 189 **nen** lassen, dass die angebotene Ware oder Dienstleistung eine Imitation oder Nachahmung der Markenware oder Markendienstleistung ist (EuGH GRUR 2009, 756 Rn. 75 – L'Oréa/lBellure). Daher sind nicht nur solche Werbebotschaften verboten, die den Gedanken an eine Imitation oder Nachahmung **ausdrücklich** wecken, sondern auch solche Botschaften, die in Anbetracht ihrer Gesamtdarstellung und des wirtschaftlichen Kontextes im jeweiligen Fall geeignet sind, den betreffenden Verkehrskreisen diesen Gedanken **implizit** zu vermitteln (EuGH GRUR 2009, 756 Rn. 75 – L'Oréal/Bellure). – Nach Auffassung des EuGH genügt es, dass die Werbung die Aussage enthält, es handle sich um die Imitation eines **wesentlichen Merkmals** der Ware, etwa des Geruchs eines Parfums (EuGH GRUR 2009, 756 Rn. 76 – L'Oréal/Bellure). Damit wird der Anwendungsbereich des § 6 II Nr. 6 sehr weit gezogen. Bei der Werbung für pharmazeutische **Generika** ist daher Vorsicht geboten (großzügiger Harte-Bavendamm/Henning-Bodewig/Sack Rn. 232). – Der **BGH** hat sich der Auffassung des EuGH zwar im Grundsatz angeschlossen (BGH GRUR 2010, 343 Rn. 29 – Oracle; WRP 2010, 761 – Darstellung als Imitation), sie aber dahin präzisiert, dass das Produkt **offen** oder **deutlich** als Imitation oder Nachahmung dargestellt sein muss. Auf den „wirtschaftlichen Kontext" komme es nur insoweit an, als er geeignet sei, die Imitationsbehauptung in der Werbung, etwa bei der Wahl bestimmter Publikationsmedien, erkennbar zu machen. Dagegen reiche es nicht aus, wenn das beworbene Produkt erst auf Grund zu ermittelnder **weiterer Umstände** als Imitat erkennbar werde, die **außerhalb** der **Gesamtdarstellung** und des **präsenten Wissens** der durch sie angesprochenen Verkehrskreise lägen (BGH WRP 2011, 1593 Rn. 31 – Creation Lamis). Umgekehrt erfülle es den Tatbestand des § 6 II Nr. 6, wenn präsente Kenntnisse ohne zusätzliche Recherchen oder Informationen ausreichten, um die beworbenen Waren deutlich als Imitate der Originalware zuzuordnen (BGH WRP 2011, 1593 Rn. 32 – Creation Lamis).

190   **cc) Feststellung im Einzelfall.** Bei der Beurteilung kommt es sonach auf die Umstände des Einzelfalls, insbes. auf den Zweck und die Wirkung der Werbung, an. Im Allgemeinen kann eine Angabe **„ähnlich"** oder **„wie"** nicht schon als implizite Behauptung einer Imitation oder Nachahmung angesehen werden. Vielmehr ist anhand der Umstände des Einzelfalls zu beurteilen, ob darin nur eine zulässige Gleichwertigkeitsbehauptung oder bereits eine implizite Darstellung einer Nachahmung oder Imitation enthalten (BGH GRUR 2011, 152 Rn. 50 – Kinderhochstühle im Internet I; WRP 2015, 1336 Rn. 41 – Staubsaugerbeutel im Internet). Beispiel: „ … ist ein Dupe zu … von …" ist keine Imitationsbehauptung (LG Hamburg GRUR-RS 2023, 14068 Rn. 16). In der Praxis spielt vor allem die Imitation des Geruchs von **Markenparfüms** eine Rolle. Die Hersteller der Duftimitationen verwenden für den Vertrieb sog **Vergleichslisten,** die die Wortmarke des jeweiligen Markenparfums aufweisen, das das vertriebene Parfüm imitiert, und gestalten Flakons und Schachteln ähnlich wie die der Markenparfüms (vgl. EuGH GRUR 2009, 756 Rn. 14–21 – L'Oréal/Bellure). In einem solchen Fall ist ohne weiteres der Tatbestand des § 6 II Nr. 6 erfüllt. Indessen ist die Nennung der Marke des fremden Produkts oder die Bezeichnung als Imitation oder Nachahmung nicht zwingend erforderlich. Es braucht daher nicht gleichzeitig ein markenrechtlicher Verletzungstatbestand vorzuliegen (BGH GRUR 2008, 628 Rn. 16 – Imitationswerbung). Entscheidend ist vielmehr, ob das Nachahmungsprodukt Merkmale, wie zB Bezeichnung, Ausstattung, Umverpackung, aufweist, denen der Verkehr einen zwar impliziten, aber doch deutlichen Hinweis des Herstellers entnimmt, das Produkt sei eine Imitation oder Nachahmung eines bestimmten fremden Produkts. Das setzt allerdings voraus, dass der Verkehr zwischen dem Nachahmungs- und dem Originalprodukt eine gedankliche Verbindung herstellt. Insoweit spielen die Bekanntheit des Originalprodukts und der Grad der Annäherung an seine Gesamtausstattung eine Rolle, wobei die Annäherung umso unauffälliger erfolgen kann, je bekannter das Original ist und umgekehrt (Wechselwirkung; OLG Frankfurt WRP 2007, 1372 (1374) betr. Duftimitat).

191   **dd) Abgrenzung.** Um keine Darstellung als Imitation oder Nachahmung handelt es sich, wenn das eigene Produkt lediglich als (funktionell) **gleichwertig** mit einem fremden Produkt dargestellt wird (vgl. BGH GRUR 2010, 343 Rn. 29 – Oracle; GRUR 1996, 781 (782 f.) – Verbrauchsmaterialien, aber auch BGHZ 107, 136 – Bioäquivalenz-Werbung).

4. Konkurrenzen

192   Ist der Tatbestand des § 6 II Nr. 6 erfüllt, so stellt der dadurch vom Werbenden erzielte Vorteil zugleich eine unlautere Ausnutzung des Rufs des von dem Mitbewerber verwendeten Kennzeichens iSd § 6 II Nr. 4 (vgl. EuGH GRUR 2009, 756 Rn. 79, 80 – L'Oréal/Bellure) und des § 4 Nr. 3 lit. b (BGH GRUR 2010, 343 Rn. 42 – Oracle; WRP 2011, 1593 Rn. 50 – Creation Lamis) dar. Darüber hinaus kann der betroffene Mitbewerber gegen die Benutzung

seines Kennzeichens nach **Markenrecht** vorgehen, auch wenn diese Benutzung nicht die Hauptfunktion der Marke (Herkunftsfunktion) beeinträchtigt, sofern nur andere Funktionen der Marke, insbes. die Kommunikations-, Investititons- oder Werbefunktionen, beeinträchtigt werden können (vgl. EuGH GRUR 2009, 756 Rn. 63–65 – L'Oréal/Bellure). – Ist umgekehrt der Tatbestand des § 6 II Nr. 6 nicht erfüllt, so scheidet mangels eines Imagetransfers auch eine unlautere Rufausbeutung iSd § 4 Nr. 3 lit. b aus (OLG Frankfurt WRP 2007, 1372 (1377)). Auch eine Anwendung des § 4 Nr. 4 (gezielte Behinderung) unter dem Gesichtspunkt des unlauteren Abfangens von Kunden scheidet im Hinblick auf die abschließende Regelung der vergleichenden Werbung durch die Werbe-RL aus (BGH WRP 2011, 1599 Rn. 26 – Teddybär; WRP 2015, 1336 Rn. 43 – Staubsaugerbeutel im Internet).

E. Beweislast und Rechtsfolgen

I. Beweislast

Grds. trägt der Kläger die Darlegungs- und Beweislast dafür, dass eine vergleichende Werbung **193** iSd § 6 I vorliegt und die Voraussetzungen ihrer Unzulässigkeit, dh mindestens eines der Verbotskriterien, erfüllt sind (BGH GRUR 2007, 605 Rn. 33 – Umsatzzuwachs; OLG Hamburg GRUR-RR 2002, 362; OLG Köln GRUR-RR 2008, 315). Nach allgemeinen Grundsätzen gilt dies jedoch nicht, wenn es sich um Tatsachen handelt, die der außerhalb des Geschehensablaufs stehende Kläger nicht oder nur unter größten Schwierigkeiten im Einzelnen darlegen oder beweisen kann, während es umgekehrt dem Beklagten zumutbar ist, die erforderliche Aufklärung zu geben (vgl. BGH GRUR 1997, 229 (230) – Beratungskompetenz; OLG Jena GRUR-RR 2006, 291 (292); Begr. RegE WRP 2000, 550 (558); vgl. auch OGH GRUR-Int. 2004, 255 – Länger frische Vollmilch; zur irreführenden vergleichenden Werbung vgl. Art. 7 lit. a Werbe-RL und BGH GRUR 2013, 1058 Rn. 22 ff. – Kostenvergleich bei Honorarfactoring). Insoweit trifft den Beklagten eine sekundäre Darlegungslast. Wendet sich ein Mitbewerber dagegen, dass ein von ihm an einen bestimmten Kunden gerichtetes Angebot für einen Preisvergleich verwendet wird, trägt er jedenfalls im Bereich standardisierte Dienstleistungen grds. die Darlegungs- und Beweislast dafür, dass der für ihn im Preisvergleich genannte Preis nicht sein in entsprechenden Fällen regelmäßig verlangter Preis ist. Allerdings beschränkt sich die Darlegungspflicht auf die Offenlegung repräsentativer Beispiele für die Preisbildung, die sich auf dieselben Leistungsmerkmale wie der Preisvergleich beziehen (BGH GRUR 2013, 1058 Rn. 25 ff., 31 – Kostenvergleich bei Honorarfactoring). – Zum Kriterium der Nachprüfbarkeit einer Eigenschaft vgl. EuGH GRUR 2007, 69 Rn. 74 – LIDL Belgium; BGH GRUR 2007, 605 Rn. 33 – Umsatzzuwachs; → Rn. 132. – Da diese Grundsätze auch für das Verfahren der einstweiligen Verfügung Geltung beanspruchen (Ulrich GRUR 1985, 201 (206)), ist dem Erfordernis des Art. 5 Werbe-RL genügt.

II. Rechtsfolgen

Da § 6 II nur das Tatbestandsmerkmal der Unlauterkeit konkretisiert, gelten für die unlautere **194** vergleichende Werbung, sofern die sonstigen Voraussetzungen des § 3 I erfüllt sind (→ Rn. 19), dessen Rechtsfolgen. Unzulässige vergleichende Werbung kann also Unterlassungs- und Beseitigungsansprüche nach § 8 sowie bei Verschulden Schadensersatzansprüche nach § 9 auslösen. Ob in den Fällen des § 6 II Nr. 4–6 nur die betroffenen Hersteller oder alle in § 8 III genannten Mitbewerber und Verbände anspruchsberechtigt sind, war umstritten (vgl. → 27. Aufl. 2009, Rn. 85). Der BGH hatte die Frage offengelassen (BGH GRUR 2008, 628 Rn. 12 – Imitationswerbung). Sieht man mit ErwGr. 9 S. 1 Werbe-RL und dem EuGH in diesen Tatbeständen Verbote von Praktiken, die den Wettbewerb verzerren, die Mitbewerber schädigen und die Entscheidung der Verbraucher negativ beeinflussen können (vgl. EuGH GRUR 2009, 756 Rn. 68 – L'Oréal/Bellure), sind alle in § 8 III genannten Mitbewerber und Verbände als anspruchsberechtigt anzusehen (ebenso BGH WRP 2011, 1593 Rn. 51 – Creation Lamis; Bärenfänger WRP 2011, 160 (166)). Die dreifache Schadensberechnung steht aber nur dem unmittelbar betroffenen Mitbewerber zu.

F. Anhang: Vergleichende Waren- und Dienstleistungstests

Schrifttum: Ahrens, Vergleichende Bewertung von Universitätsdienstleistungen, FS Ullmann, 2006, 565; Beater, Die Anwendbarkeit des UWG auf Medien und Journalisten (Teil 1), WRP 2016, 787; (Teil 2) WRP 2016, 929; Franz, 50 Jahre Stiftung Warentest, GRUR 2014, 1051; Franz, Vergleichender Warentest, WRP 2015, 1425; Franz, Werbung mit Testergebnissen, WRP 2016, 439; Himmelsbach, Die neuen Werbe-Bedingungen der Stiftung Warentest, K&R 2008, 335; Koppe/Zagouras, Haftung für Produktkritik, GRUR 2005, 1011; Koppe/Zagouras, Rechtsprobleme der Testwerbung, WRP 2008, 1035; Lindacher, „Testsieger"-Werbung, WRP 2014, 140; Messer, Der unvollständige Testbericht, GRUR 1996, 647; Paschke, Verbraucherinformation in der Marktwirtschaft – Rechtliche Grenzen der Publikationstätigkeit der Stiftung Warentest im Spannungsfeld zwischen Verbraucheraufklärung und Pressemarktschutz, AfP 1991, 683; Schönewald, Werbung mit Testurteilen und die Grenzen des Unternehmenspersönlichkeitsrechts der Testveranstalter, WRP 2016, 319; Schulte-Franzheim/Tyra, Werbung mit Auszeichnungen nach „Kamerakauf im Internet", FS Bornkamm. 2014, 489; Selting/Kosta, Die Werbung mit Testergebnissen der Stiftung Warentest, MDR 2013, 1260; Silberer, Der vergleichende Warentest im Dienste des leistungsfördernden Wettbewerbs, FS Fezer, 2016, 936; Wieddekind, Praktische Hinweise zur Werbung mit Testergebnissen, GRUR-Prax 2013, 440.

I. Begriff und Bedeutung

1. Vergleichende Waren- und Dienstleistungstests

195   Vergleichende Waren- und Dienstleistungstests sind Untersuchungen, in denen bestimmte Produkte (Waren oder Dienstleistungen) verschiedener Hersteller oder Anbieter auf ihre Eigenschaften und Preiswürdigkeit hin vergleichend geprüft werden und deren Veröffentlichung der Verbraucheraufklärung dienen soll. Solche Tests liegen auch im Allgemeininteresse, weil sie die Markttransparenz und den Wettbewerb fördern, und damit zugleich im wohlverstandenen Interesse der fraglichen Hersteller und Anbieter liegen (BGHZ 65, 325 = GRUR 1976, 268 (270) – Warentest II mAnm Schricker). – Sie haben erfahrungsgemäß für den Absatz der beurteilten Unternehmen eine ganz erhebliche Bedeutung. – Von den eigentlichen Warentests zu unterscheiden sind die (bloßen) **Preistests**, in denen die Preise bestimmter Anbieter für ein und dasselbe Produkt verglichen werden (dazu BGH GRUR 1981, 658 – Preisvergleich; GRUR 1986, 330 – Warentest III).

2. Testveranstalter

196   Testveranstalter sind zumeist Verbraucherverbände und Zeitschriftenverlage, wie zB die **ÖKO-TEST Verlag GmbH** mit der Zeitschrift **ÖKO-TEST**. Die wohl wichtigste und einflussreichste Institution ist die von der Bundesrepublik errichtete **„Stiftung Warentest"** (dazu Franz GRUR 2014, 1051; Franz WRP 2016, 439) mit ihren Zeitschriften **„test"** und **„FINANZtest"**. Sie ist kein Verbraucherverband, sondern eine Stiftung bürgerlichen Rechts. Wegen des Vertrauens, das sie in der Öffentlichkeit als staatliche Einrichtung genießt, ist sie in besonderem Maße zur Unparteilichkeit verpflichtet (BGH GRUR 1987, 468 (471) – Warentest IV). Die Testveranstalter können ihrerseits auf dem „Testmarkt" in Wettbewerb zueinander stehen (vgl. OLG Düsseldorf GRUR 1977, 164; Ahrens WRP 1977, 13). Jedoch begründet die Werbung mit dem Schlagwort „anzeigenfrei" durch die Stiftung Warentest noch keinen Wettbewerbsverstoß (OLG Düsseldorf GRUR 1977, 164), insbes. wird dadurch nicht der Eindruck einer bei dieser Zeitschrift vorhandenen, bei anderen Zeitschriften aber fehlenden Unabhängigkeit erweckt. – Das Unternehmenspersönlichkeitsrecht eines Testveranstalters, wie bspw. der Stiftung Warentest, ist grds. noch nicht verletzt, wenn ein getesteter Unternehmer blickfangartig und unter Angabe des Namens des Testveranstalters mit dem von diesem veröffentlichten Testergebnis wirbt. Dies gilt auch dann, wenn der Testveranstalter für die Verwendung seines Logos in der Testwerbung eine Lizenzgebühr verlangt, der Unternehmer zwar ohne entsprechende Lizenz wirbt, aber das Logo nicht bzw. nicht wettbewerbswidrig verwendet (KG WRP 2016, 126 Rn. 10 ff.; dazu Schönewald WRP 2016, 319).

II. Zulässigkeit

1. Allgemeines

197   Die Veröffentlichung vergleichender Warentests ist, wenn sie keine **geschäftliche Handlung** iSd § 2 I Nr. 1 darstellt (dazu BGH GRUR 1981, 658 (659 f.) – Preisvergleich), nicht nach

Lauterkeitsrecht (§§ 3 ff.), sondern allein nach Bürgerlichem Recht (§§ 823 ff. BGB) unter Beachtung des Art. 5 I GG zu überprüfen (BGH GRUR 1976, 268 (269) – Warentest II; GRUR 1999, 69 (70) – Preisvergleichsliste II; OLG Karlsruhe ZLR 2003, 77 mAnm Frenz). Eine geschäftliche Handlung liegt nicht vor, wenn es sich bei der Veröffentlichung um einen **redaktionellen Beitrag** handelt, der der Information und Meinungsbildung der Leser dient, und diese daher den Grundrechtsschutz nach Art. 5 I GG und Art. 11 II GRCh genießt (vgl. BT-Drs. 16/10145, 21; BGH WRP 2012, 77, 15, 38 – Coaching Newsletter). Dem steht nicht entgegen, dass die Veröffentlichung objektiv geeignet ist, den Absatz **positiv** bewerteter Produkte zu fördern, da es sich um einen bloßen Reflex handelt. Der **negativ** bewertete Unternehmer hat keinen Anspruch darauf, dass ein Test seines Produkts und seine Kritik in Testveröffentlichungen unterbleibt. Im Hinblick auf die Angriffspunkte, die solche Tests in Bezug auf Verfahren und Art der Darstellung für die betroffenen Unternehmen immer bieten werden, muss dem Testveranstalter nach Art. 5 GG insoweit ein gewisser Freiraum verbleiben. Andernfalls könnten solche Tests ihre volkswirtschaftliche **Funktion** für **Verbraucheraufklärung und Markttransparenz** nicht erfüllen (OLG München GRUR-RR 2015, 395 Rn. 72). Ein Beurteilungsspielraum ist jedoch nur zuzuerkennen, wenn die Untersuchung **neutral, objektiv** und **sachkundig** durchgeführt wird und sowohl die Art des Vorgehens bei der Prüfung als auch die aus den Untersuchungen gezogenen Schlüsse **vertretbar**, dh diskutabel erscheinen (BGH GRUR 1989, 539 – Warentest V; GRUR 1997, 942 (943) – Druckertest; OLG Frankfurt GRUR 2003, 85). – Eine geschäftliche Handlung kann jedoch dann anzunehmen sein, wenn der Test nicht den Anforderungen an Neutralität, Objektivität und Sachkunde genügt, weil sich der Testveranstalter dann nicht auf das „Pressepriveleg" berufen kann.

2. Neutralität, Objektivität und Sachkunde

a) Neutrale Untersuchung. Die Untersuchung muss **neutral** vorgenommen werden (BGH **198** GRUR 1976, 268 (271) – Warentest II; GRUR 1989, 539 – Warentest V). Das setzt zunächst die **Unabhängigkeit** des Testveranstalters voraus. Sie ist nicht gegeben, wenn der Testveranstalter in irgendeiner Weise mit Herstellern, Anbietern oder deren Verbänden rechtlich oder wirtschaftlich verbunden ist (vgl. OLG Hamm WRP 1980, 281) oder von ihnen abhängig ist oder für seine Tätigkeit ein Entgelt oder eine Belohnung anstrebt. Die Unabhängigkeit kann zumindest zweifelhaft sein, wenn ein Unternehmen für den Fall günstiger Testergebnisse die Abnahme eines größeren Postens der Zeitschrift in Aussicht stellt, nicht aber dann, wenn die Bestellung erst nach Veröffentlichung des Tests erfolgt. Die Unabhängigkeit ist auch nicht schon dadurch gefährdet, dass eine Zeitschrift neben Testergebnissen zur Deckung ihrer Kosten zugleich **Anzeigen** veröffentlicht oder **Lizenzen** zur Werbung mit einem Testergebnis unter Benutzung des Namens oder der Marke des Testveranstalters vergibt (vgl. BGH WRP 2016, 1221 – LGA tested). Anders verhält es sich, wenn Hersteller mittels des Anzeigenauftrags oder der Lizenznachfrage auf den Inhalt des Tests Einfluss nehmen können. Ein Indiz dafür kann es sein, dass der Testveranstalter sich **aktiv** vor der Veröffentlichung um Anzeigenaufträge oder Lizenzvergaben bemüht. – Zur Neutralität gehört aber auch die neutrale Durchführung der Untersuchung (**„Neutralitätspflicht"**). Dazu gehört zunächst die Unabhängigkeit der eingesetzten Prüfer. Sie ist nicht gewährleistet, wenn die Prüfer Mitarbeiter von Herstellern oder Anbietern der geprüften Produkte sind (OLG Frankfurt GRUR 2003, 85) oder wenn Prüfer Testgeräte eines Wettbewerbers einsetzen (OLG München NJW-RR 1997, 1330). Zur Neutralität der Untersuchung gehört aber auch die Beachtung des Gleichbehandlungsgrundsatzes (OLG München GRUR-RR 2015, 395 Rn. 73). Dies beginnt bei der Auswahl der zu vergleichenden Produkte. Sie müssen im Hinblick auf den Verwendungszweck sachlich-funktional miteinander vergleichbar sein. Sind zu viele Produkte auf dem Markt, kann eine sachgerechte Auswahl iSe repräsentativen Querschnitts genügen. Doch müssen die Auswahlkriterien offengelegt und unsachliche Diskriminierungen vermieden werden, um den Verbraucher vor falschen Rückschlüssen zu bewahren. Die Neutralität ist noch nicht tangiert, wenn ein in den Test aufgenommenes Produkt vom weiteren Prüfungsverfahren ausgeschlossen wird, weil es im Testbereich „Sicherheitsprüfung" nicht einmal den DIN-Anforderungen entspricht (BGH GRUR 1987, 468 (469) – Warentest IV). – Die Neutralität ist auch bei der Darstellung der Ergebnisse zu beachten (BGH GRUR 1987, 468 (469) – Warentest IV). – Fehlende Neutralität kann eine **geschäftliche Handlung** und zugleich eine **Irreführung** des Publikums indizieren. Die Zulässigkeit der Testveröffentlichung ist dann nach § 5a VI und nach § 6 zu beurteilen (vgl. Ahrens FS Ullmann, 2006, 565; überholt daher BGH GRUR 1976, 268 (271) – Warentest II; OLG München NJW-RR 1997,

1330). Fehlt es an einer geschäftlichen Handlung, so kann ein Abwehranspruch der betroffenen Unternehmen aus § 823 I BGB, § 1004 BGB bestehen (→ Rn. 203).

199   **b) Objektive Untersuchung.** Die Untersuchung muss objektiv, nämlich iSd Bemühens um richtige Ergebnisse durchgeführt werden. Ein Test ist also nicht schon deshalb angreifbar, weil er sich als objektiv unrichtig erweist (OLG Frankfurt GRUR 2003, 85). Objektivität ist jedenfalls dann zu bejahen, wenn in einem Untersuchungsprogramm das Vorgehen beim Test festgelegt und der Test durch Fachleute durchgeführt wird (vgl. OLG Frankfurt GRUR 2003, 85). Die Prüfungsmethoden müssen anerkannt, zumindest vertretbar, dh diskutabel sein. Die Prüfung hat sich auf die für die Verbraucherentscheidung wesentlichen Punkte zu erstrecken, aber auch zu beschränken. Handelt es sich erkennbar um einen Ausreißer, darf sich die Prüfung nicht auf dieses Produkt beschränken. Bei der Darstellung der Testergebnisse ist darauf zu achten, dass für den Durchschnittsleser kein falsches, weil zB unvollständiges Gesamtbild entsteht (ebenso OLG München WRP 2015, 104 Rn. 64). Zur Missdeutung des Untersuchungsergebnisses führende Äußerungen müssen unterlassen werden. Aussagen, für deren richtige Bewertung und Einordnung ein erläuternder Zusatz erforderlich ist, dürfen nur mit einem entspr. Zusatz, der seinerseits nicht missverständlich, verzerrend oder unwahr sein darf, veröffentlicht werden (OLG Karlsruhe NJW-RR 2003, 177). Diese Voraussetzungen liegen aber nicht vor bei der Mitteilung über Antibiotikum-Rückstände in Muskelfleisch, weil derartige Rückstände auf Grund Unionsrechts in jeder Konzentration verboten sind. Daher kann der Hersteller nicht den Zusatz verlangen, unterhalb eines bestimmtes Wertes liegende Rückstände seien unmaßgeblich und seien mit früher üblichen Messverfahren nicht nachweisbar gewesen (OLG Karlsruhe NJW-RR 2003, 177).

200   **c) Sachkundige Untersuchung.** Die Untersuchung muss sachkundig durchgeführt werden. Dies setzt eine entspr. Qualifikation, Erfahrung und Unparteilichkeit der ausgewählten Prüfer und eine sorgfältige Durchführung der Prüfung voraus (BGH GRUR 1997, 942 (944) – Druckertest; OLG Frankfurt GRUR 2003, 85).

3. Beurteilungsspielraum

201   Sind die Anforderungen an Neutralität, Objektivität und Sachkunde erfüllt, ist dem Testveranstalter auf Grund des Art. 5 I GG ein erheblicher Beurteilungsspielraum (BGH GRUR 1987, 468 (469) – Warentest IV; BGH GRUR 1997, 942 (943) – Druckertest: Ermessensfreiraum; OLG München GRUR-RR 2006, 208; OLG München GRUR-RR 2015, 395) zuzugestehen, soweit es um die Angemessenheit der Prüfungsmethoden, die Auswahl der Testobjekte und die Darstellung der Untersuchungsergebnisse geht. Insoweit ist also die Richtigkeitskontrolle eingeschränkt.

4. Grenzen zulässiger Beurteilung

202   Ob die Grenzen des Beurteilungsspielraums überschritten sind, ist nach den Umständen des Einzelfalls zu entscheiden. Jedoch hat die Rspr. (vgl. insbes. BGH GRUR 1987, 468 (469) – Warentest IV) hierzu bestimmte Grundsätze aufgestellt. Unzulässig ist die Beurteilung danach in folgenden Fällen: **(1)** Die Wertung ist nicht mehr sachbezogen, sondern eine reine Schmähkritik. **(2)** Die Beurteilung ist offensichtlich unrichtig. Das ist der Fall, wenn sie bewusste Fehlurteile und bewusste Verzerrungen (insbes. auch bewusst unrichtige Angaben und eine bewusst einseitige Auswahl der verglichenen Produkte) enthält. **(3)** Die Art des Vorgehens bei der Prüfung (Methodenwahl) und die aus den durchgeführten Untersuchungen gezogenen Schlüsse sind als nicht mehr vertretbar („diskutabel") anzusehen (BGH GRUR 1976, 268 (271) – Warentest II; GRUR 1997, 942 (943) – Druckertest). Vertretbar ist grds. die Beschränkung der Untersuchung auf ein Prüfmuster, wenn es sich um einen Markenartikel ohne erkennbare individuelle Abweichungen von der Serie handelt (BGH GRUR 1976, 268 (271) – Warentest II). Vertretbar ist es ferner, von strengeren Voraussetzungen, als sie DIN-Normen (BGH GRUR 1987, 468 (469) – Warentest IV) oder gesetzliche Vorschriften (vgl. Franz WRP 2015, 1425 Rn. 26) aufstellen, auszugehen. **(4)** Der Testbericht enthält eigenständige, dh nicht in der Bewertung aufgehende und ihr untergeordnete, nachweisbar unrichtige Tatsachenbehauptungen (BGH GRUR 1989, 539 – Warentest V). – Bei der Anwendung dieser Kriterien kann ein Blick auf die Kontrollmaßstäbe des § 6 II hilfreich sein (dazu auch Ahrens FS Ullmann, 2006, 565 (577)).

5. Darlegungs- und Beweislast

Die Darlegungs- und Beweislast liegt grds. beim klagenden Hersteller. Den Testveranstalter **202a** trifft jedoch die sekundäre Darlegungslast, auf welche Weise er zu bestimmten Ergebnissen und den daraus folgenden Bewertungen gelangt ist (OLG München WRP 2015, 104 Rn. 38). Daraus muss sich ergeben, dass die Kriterien der Neutralität, Objektivität und Sachkunde eingehalten sind. Genügt der Testveranstalter diesen Anforderungen, ist es Sache des Herstellers, Fehler bei der Untersuchung darzulegen und zu beweisen.

III. Abwehr- und Schadensersatzansprüche

Stellt das Handeln des Testveranstalters keine geschäftliche Handlung zugunsten eines anderen **203** Unternehmens (§ 2 I Nr. 1) dar, so kommen gegen ihn nur bürgerlichrechtliche Ansprüche des betroffenen Unternehmens aus den §§ 823 ff., 1004 BGB in Betracht.

1. Anspruchsgrundlagen

a) Haftung aus § 824 BGB. Werden Testberichte veröffentlicht, die **unrichtige Tatsachen 204** enthalten, so hat das geschädigte Unternehmen einen **Schadensersatzanspruch** aus § 824 BGB. Die Stiftung Warentest haftet für Fehler ihrer Sachbearbeiter nach § 831 BGB. Daneben haftet sie aus §§ 824, 31 BGB, wenn ihre satzungsmäßigen Vertreter nicht Vorkehrungen getroffen haben, die fehlerhafte Beurteilungen verhindern (BGH GRUR 1986, 330 (331) – Warentest III). Die Haftung aus § 824 BGB hat zwar Vorrang vor der Haftung aus § 823 I BGB wegen Eingriffs in den Gewerbebetrieb (BGH GRUR 1976, 268 (269) – Warentest II), setzt aber das Vorliegen einer nachweislich unrichtigen **Tatsachenbehauptung** voraus. Testberichte können sowohl Tatsachenbehauptungen als auch Meinungsäußerungen enthalten. Im Allgemeinen wird aber ein Testbericht rechtlich als Gesamtheit zu beurteilen sein. Liegt der Schwerpunkt in wertenden Äußerungen und werden die Grundlagen des Testverfahrens sowie die für die Gewichtung maßgeblichen Umstände dargelegt, so wird eine selbstständig angreifbare Tatsachenbehauptung nur ausnahmsweise anzunehmen sein. Letzteres etwa dann, wenn einer Äußerung jeder Wertungscharakter fehlt und ihr in ihrem tatsächlichen Gehalt im Rahmen des Testberichts aus der Sicht des Durchschnittslesers eigenständige Bedeutung zukommt, sie also als Grundlage seines eigenen Qualitätsurteils dient (BGH GRUR 1976, 268 (272) – Warentest II; GRUR 1989, 539 – Warentest V). Als selbstständig angreifbare Tatsachenbehauptungen wurden zB angesehen: die Feststellung „kleine Lautsprecherklemmen, dünne Kabel" (BGH GRUR 1989, 539 (540) – Warentest V); die unrichtige Zusammenfassung mehrerer Selbstbedienungsläden zu einer einheitlichen Ladenkette bei einem Preisvergleich (BGH GRUR 1986, 330 (331) – Warentest III); die Nichterwähnung, dass das getestete Produkt nicht mehr im Handel ist (BGH GRUR 1989, 539 (540) – Warentest V). Eine objektiv unrichtige Tatsachenbehauptung ist grds. **rechtswidrig.** Dies gilt aber dann nicht, wenn der Prüfer seine Angaben dem Hersteller zur Stellungnahme zuleitet und dieser den Angaben nicht widerspricht (BGH GRUR 1997, 942 (944) – Druckertest).

Bei der Prüfung des **Verschuldens** ist zu beachten, dass an die Sorgfaltspflicht des Testver- **205** anstalters (bzw. seiner Mitarbeiter, §§ 31 bzw. 831 BGB) im Hinblick auf die Bedeutung öffentlicher Warentests für die betroffenen Unternehmen hohe Anforderungen zu stellen sind (BGH GRUR 1986, 330 (331) – Warentest III). – Auf die **Wahrnehmung berechtigter Interessen** gem. § 824 II BGB, nämlich des Informationsinteresses der Öffentlichkeit, kann sich der Tester dann nicht berufen, wenn – wie idR – dieses Interesse gerade an zuverlässigen, auf ihre Richtigkeit ausreichend geprüften Informationen besteht und die fragliche Tatsache für die Werbung und den Absatz des betroffenen Unternehmens bedeutsam ist (BGH GRUR 1986, 330 (331) – Warentest III).

b) Haftung aus § 823 I BGB. Stellt sich die angegriffene Testäußerung über ein Produkt als **206** Werturteil dar, so kommt eine Haftung aus § 823 I BGB wegen Eingriffs in das **Unternehmerpersönlichkeitsrecht** und in das **„Recht am eingerichteten und ausgeübten Gewerbebetrieb"** in Betracht (BGH GRUR 1976, 268 (270) – Warentest II; GRUR 1997, 942 (943) – Druckertest; OLG München GRUR-RR 2015, 395 Rn. 67 ff.; OLG München WRP 2015, 104 Rn. 51 ff.). Im Rahmen der gebotenen Güter- und Interessenabwägung zur Feststellung der Rechtswidrigkeit sind die oben dargestellten Grundsätze zu berücksichtigen. Der erwähnte Beurteilungsspielraum kann vom Testveranstalter nur in Anspruch genommen werden, wenn er den Anforderungen an Neutralität, Objektivität und Sachkunde genügt. – Die bessere Bewertung eines Konkurrenzprodukts oder die Nichterwähnung noch schlechterer Produkte stellt mangels „Betriebsbezogenheit" keinen Eingriff in den Gewerbebetrieb dar (BGH GRUR 1987, 468 (472) – Warentest IV; OLG Frankfurt GRUR 2003, 85).

207   **c) Haftung aus § 826 BGB.** Bei bewusst unrichtigen und unsachlichen Beurteilungen kommt auch eine Haftung aus § 826 BGB in Betracht (BGH GRUR 1976, 268 (271) – Warentest II).

2. Anspruchsinhalt

208   **a) Unterlassung und Beseitigung.** Unterlassung kann stets verlangt werden, Beseitigung durch Widerruf dagegen nur bei unwahren Tatsachenbehauptungen (BGH GRUR 1976, 267 (272) – Warentest II). Der Unterlassungsanspruch setzt Erstbegehungs- oder Wiederholungsgefahr voraus. Im Regelfall ist bei Vorliegen einer objektiv unrichtigen Tatsachenbehauptung von Wiederholungsgefahr auszugehen. Sie kann jedoch auch ohne Abgabe einer strafbewehrten Unterlassungserklärung entfallen, wenn der Prüfer sofort nach Kenntniserlangung sich bereit erklärt, bei nächster Gelegenheit in angemessener Form auf die Unrichtigkeit hinzuweisen, und dies auch tut (BGH GRUR 1997, 942 (944) – Druckertest).

209   **b) Schadensersatz.** Zum ersatzfähigen Schaden können auch die Kosten einer Anzeigenaktion gehören, allerdings nur in engen Grenzen: Es muss ein ungewöhnlich hoher Schaden (Umsatzrückgang) drohen, dem durch eine Gegendarstellung nicht so rechtzeitig oder nicht so gezielt entgegengewirkt werden kann wie durch eine Anzeige (BGH GRUR 1986, 330 (332) – Warentest III). Zu Einzelheiten → § 9 Rn. 1.32.

IV. Werbung mit Testergebnissen

1. Allgemeines

210   Auf die Werbung eines Unternehmens mit Testergebnissen, insbes. solchen der Stiftung Warentest, ist das Lauterkeitsrecht anwendbar, da insoweit eine geschäftliche Handlung vorliegt. Voraussetzung für die Anwendung des § 6 ist allerdings, dass Mitbewerber oder deren Produkte erkennbar gemacht werden; sonst greifen die Grundsätze über den allgemein gehaltenen Vergleich ein (→ § 4 Rn. 4.137 ff.). Bei der rechtlichen Bewertung sind die **„Allgemeinen Vertragsbedingungen"** der RAL gGmbH zur **Werbung mit Testergebnissen der Stiftung Warentest** (→ Rn. 213) mit zu berücksichtigen (vgl. BGH GRUR 1991, 679 – Fundstellenangabe; Franz WRP 2016, 439), wenngleich ihnen keine für die Anwendung des UWG verbindliche Wirkung zukommt (vgl. OLG München VersR 2000, 909 mAnm Dallmayr). Wirbt ein Unternehmen ohne entsprechende Lizenz oder unter Verstoß gegen diese Vertragsbedingungen ist die Werbung daher nicht schon aus diesem Grund wettbewerbswidrig (dazu KG WRP 2016, 126; Schönewald WRP 2016, 319). Insbes. ist eine Werbung nicht schon deshalb wettbewerbswidrig, weil sie – entgegen den Vorgaben der Stiftung Warentest/RAL gGmbH – nur das Testergebnis eines Einzelmerkmals angibt, nicht aber auch das Gesamturteil (vgl. OLG Celle GRUR-RR 2005, 286).

210a   Die bloße **Testhinweiswerbung,** also der Hinweis auf eine Testveröffentlichung, sowie die Aufforderung, sich den Testbericht zu verschaffen, stellt idR keine vergleichende Werbung dar. Entspricht allerdings der Testbericht nicht den dafür geltenden Grundsätzen (→ Rn. 211 ff.), kann darin eine irreführende Werbung liegen, weil und soweit der Verbraucher davon ausgeht, dass es sich um einen ordnungsgemäß durchgeführten Test handelt. – Werden in der vergleichenden Werbung die Ergebnisse der von Dritten durchgeführten vergleichenden Tests angeführt oder wiedergegeben, so gelten insoweit die „internationalen Vereinbarungen zum Urheberrecht und die innerstaatlichen Bestimmungen über vertragliche und außervertragliche Haftung" (vgl. ErwGr. 10 Werbe-RL).

2. Verstoß gegen § 3 I iVm § 6 II Nr. 2 oder § 5a II

211   Unzulässig im Hinblick auf § 6 II Nr. 2 (Nachprüfbarkeit) ist eine Werbung mit einem Testergebnis ohne Angabe der **Fundstelle** der Veröffentlichung (OLG Düsseldorf WRP 2015, 365; OLG Saarbrücken GRUR-RR 2008, 312 (313); so bereits BGH GRUR 1991, 679 – Fundstellenangabe; krit Franz WRP 2016, 439 Rn. 30 ff.). Denn für den Verbraucher wird dadurch die Kenntnisnahme vom Test und die Überprüfung der Werbung unnötig erschwert, wenn nicht unmöglich gemacht (vgl. BGH GRUR 1999, 69 (71) – Preisvergleichsliste II). – Ist § 6 nicht anwendbar, weil weder ein Mitbewerber noch sein Produkt erkennbar gemacht wird, so greift bei einer derartigen Werbung § 5a II unmittelbar ein (vgl. BGH WRP 2016, 1221 Rn. 30 ff. – LGA tested).

3. Verstoß gegen § 3 I iVm § 5 I

Nach § 5 I 2 Nr. 1 kann sich die Irreführung auch auf „die Ergebnisse oder wesentlichen **212** Bestandteile von Tests der Waren oder Dienstleistungen" beziehen (→ § 5 Rn. 2.280 ff.; Franz WRP 2016, 439 Rn. 7–40). Eine Werbung mit älteren Testergebnissen ist dann nicht irreführend, wenn der Zeitpunkt der Veröffentlichung erkennbar gemacht wird und die angebotenen Waren mit den seinerzeit geprüften gleich sind, technisch nicht durch neuere Entwicklungen überholt sind und für solche Waren auch keine neueren Prüfungsergebnisse vorliegen (BGH WRP 2014, 67 Rn. 8 – Testergebniswerbung für Kaffee-Pads; GRUR 1985, 932 (933) – Veralteter Test; OLG Hamburg GRUR 2000, 530 (532)). Eine Irreführung liegt stets dann vor, wenn sich der Test nicht auf die beworbene, sondern eine andere Ware bezog, auch wenn sie äußerlich ähnlich und technisch baugleich war (OLG Köln GRUR 1988, 556; Franz WRP 2016, 439 Rn. 8). Irreführend kann die Werbung mit der Benotung „gut" sein, wenn das Produkt mit dieser Note unter dem Notendurchschnitt der getesteten Waren geblieben ist und der Werbende die Zahl und die Noten der besser beurteilten Erzeugnisse nicht angibt. Dagegen dürfte die Werbung mit dieser Note zulässig sein, wenn das Erzeugnis über dem Notendurchschnitt geblieben ist (BGH GRUR 1982, 436 (437) – Test gut). Die Werbung mit der Note „sehr gut" vermittelt idR nicht den Eindruck einer Alleinstellung und ist daher zulässig (OLG Frankfurt WRP 1985, 495 (496)). Erhielt eine Vollversicherung einer Krankenversicherung bei einem Test der Stiftung Warentest das Gesamturteil „mangelhaft", eine Zusatzversicherung desselben Unternehmens dagegen die Bewertung „sehr gut", so ist es nicht irreführend, wenn die Krankenversicherung für ihre Zusatzversicherung mit dem Testurteil der STIFTUNG WARENTEST, für ihre Vollversicherung dagegen mit dem für sie sehr guten Ergebnis der Untersuchung eines Wirtschaftsmagazins wirbt (OLG München VersR 2000, 909). – Eine Werbung ist nicht ohne weiteres deshalb irreführend, weil sie – entgegen den Empfehlungen der STIFTUNG WARENTEST – nur das Testergebnis eines Einzelmerkmals (Kaffeearoma bei Werbung für Kaffeemaschinen), nicht aber das Gesamturteil angibt (OLG Celle GRUR-RR 2005, 286). – Werden in einem Test verschiedener Lohnsteuerhilfevereine nur einzelne Beratungsstellen einbezogen, so ist die Werbung eines am Test beteiligten Vereins, die den Eindruck erweckt, die vergebene Testnote beziehe sich auf seine gesamte Organisation, irreführend, wenn dem Test nur eine auf die jeweils getestete Beratungsstelle beschränkte Aussagekraft zukommt (BGH GRUR 2005, 877 (879 f.) – Werbung mit Testergebnis). – Werden mehrere Produkte in ein- und derselben Anzeige beworben, muss klar erkennbar sein, auf welches Produkt sich ein Testsiegel bezieht (BGH WRP 2015, 1098 – TIP der Woche).

4. Bedingungen zur „Werbung mit den Testergebnissen der Stiftung Warentest"

Die **Stiftung Warentest** hat mit Wirkung zum 1.7.2013 ein neues **„Logo-Lizenzsystem"** **213** eingeführt, um die lautere und zutreffende Werbung mit ihren Testurteilen zu stärken. Die Umsetzung wurde der **RAL gGmbH** übertragen (weitere Informationen unter **www.rallogolizenz.com**). Die „Allgemeinen Vertragsbedingungen" stellen allerdings weder Marktverhaltensregelungen iSv § 3a noch Verhaltenskodizes iSv § 2 I Nr. 5 dar (vgl. Koppe/Zagouras WRP 2008, 1035 (1044 f.)). Ihre Nichteinhaltung ist daher nicht ohne weiteres wettbewerbswidrig.

Unzumutbare Belästigungen

7 (1) ¹**Eine geschäftliche Handlung, durch die ein Marktteilnehmer in unzumutbarer Weise belästigt wird, ist unzulässig. ²Dies gilt insbesondere für Werbung, obwohl erkennbar ist, dass der angesprochene Marktteilnehmer diese Werbung nicht wünscht.**

(2) Eine unzumutbare Belästigung ist stets anzunehmen

1. **bei Werbung mit einem Telefonanruf gegenüber einem Verbraucher ohne dessen vorherige ausdrückliche Einwilligung oder gegenüber einem sonstigen Marktteilnehmer ohne dessen zumindest mutmaßliche Einwilligung,**

2. **bei Werbung unter Verwendung einer automatischen Anrufmaschine, eines Faxgerätes oder elektronischer Post, ohne dass eine vorherige ausdrückliche Einwilligung des Adressaten vorliegt, oder**

3. **bei Werbung mit einer Nachricht,**
   a) **bei der die Identität des Absenders, in dessen Auftrag die Nachricht übermittelt wird, verschleiert oder verheimlicht wird oder**
   b) **bei der gegen § 6 Absatz 1 des Telemediengesetzes verstoßen wird oder in der der Empfänger aufgefordert wird, eine Website aufzurufen, die gegen diese Vorschrift verstößt, oder**
   c) **bei der keine gültige Adresse vorhanden ist, an die der Empfänger eine Aufforderung zur Einstellung solcher Nachrichten richten kann, ohne dass hierfür andere als die Übermittlungskosten nach den Basistarifen entstehen.**

(3) Abweichend von Absatz 2 Nummer 2 ist eine unzumutbare Belästigung bei einer Werbung unter Verwendung elektronischer Post nicht anzunehmen, wenn

1. **ein Unternehmer im Zusammenhang mit dem Verkauf einer Ware oder Dienstleistung von dem Kunden dessen elektronische Postadresse erhalten hat,**

2. **der Unternehmer die Adresse zur Direktwerbung für eigene ähnliche Waren oder Dienstleistungen verwendet,**

3. **der Kunde der Verwendung nicht widersprochen hat und**

4. **der Kunde bei Erhebung der Adresse und bei jeder Verwendung klar und deutlich darauf hingewiesen wird, dass er der Verwendung jederzeit widersprechen kann, ohne dass hierfür andere als die Übermittlungskosten nach den Basistarifen entstehen.**

Übersicht

Schrifttum: Alexander, Neuregelungen zum Schutz der Verbraucher bei unerlaubter Telefonwerbung, JuS 2009, 1070; Beater, Allgemeinheitsinteressen und UWG, WRP 2012, 6; Becker, Anruf in Abwesenheit!? Der Ping-Anruf – Ein „Klassiker" neu aufgelegt, WRP 2011, 808; Bernreuther, Neues zur Telefonwerbung, WRP 2009, 390; Bernreuther, Zulässigkeit von Telefonwerbung, MMR 2012, 284; Bittner, Die Vereinbarkeit eines wettbewerblichen Verbots des unbestellten Vertreterbesuchs mit der Richtlinie über unlautere Geschäftspraktiken, WRP 2019, 1529; Bierekoven, Die BDSG-Novelle II und ihre Folgen für die Werbung, IPRB 2010, 15; Bornkamm/Seichter, Das Internet im Spiegel des UWG, CR 2005, 747; Brömmelmeyer, Internetwettbewerbsrecht, 2007; Buchner, Die Einwilligung im Datenschutzrecht, DuD 2010, 39; Buchner, Facebook zwischen BDSG und UWG, FS Köhler, 2014, 51; Buchner, Die Einwilligung in Werbung, WRP 2018, 1283; Burmeister, Belästigung als Wettbewerbsverstoß, 2006; A. Decker, Ähnlichkeit von Waren und Dienstleistungen im Rahmen der Privilegierung von E-Mail-Werbung nach § 7 III UWG, GRUR 2011, 774; Drexl, Verbraucherschutz und Electronic Commerce in Europa, in Lehmann, Electronic Business in Europa, 2002, 473; Eckhardt, Neuausrichtung der Einwilligung in Werbung?, K&R 2018, 310; Engels/Brunn, Wettbewerbsrechtliche Beurteilung von telefonischen Kundenzufriedenheitsbefragungen, WRP 2010, 687; Engels/Brunn, Ist § 7 II Nr. 2 UWG europarechtswidrig?, GRUR 2010, 886; Engels/Stulz-Herrnstadt, Aktuelle Rechtsfragen des Direktmarketings nach der UWG-Reform, WRP 2005, 1218; Ernst, Die Einwilligung in belästigende telekommunikative Werbung nach neuer Rechtslage in UWG und BDSG, WRP 2009, 1455; Ernst, Headhunting per E-Mail, GRUR 2010, 963; Faber, Die Versendung unerwünschter E-Mail-Werbung – Widerruf und Privilegierung nach § 7 III UWG, GRUR 2014, 337; Fezer, Telefonmarketing im b2 c- und b2 b-Geschäftsverkehr, WRP 2010, 1075; Fikentscher/Möllers, Die (negative) Informationsfreiheit als Grenze von Werbung und Kunstdarbietung, NJW 1998, 1337; Fleischer, Werbefreiheit und rechtliche Zulässigkeit von Werbemaßnahmen, NJW 2014, 2150; Gomille, Die Verteidigung gegen unerwünschte Werbung, GRUR 2017, 241; Groh, Plädoyer für ein flankierendes Behördenmodell bei der Bekämpfung unerwünschter E-Mail-Werbung, GRUR 2015, 551; Haug, Stellen Anrufe zu Zwecken der Kundenzufriedenheitsermittlung oder der Werbezustellungskontrolle Telefonwerbung dar?, K&R 2010, 767; Hanloser, „opt-in" im Datenschutzrecht und Wettbewerbsrecht, CR 2008, 713; Heil, Einwilligungserklärung für mehrere Werbekanäle?, WRP 2018, 535; Hornung, Die Zulässigkeit der Markt- und Meinungsforschung nach Datenschutz- und Wettbewerbsrecht, WRP 2014, 776 /Teil 1), 910 (Teil 2); Hug/Gaugenrieder, Cold Calls in der Marktforschung?, WRP 2006, 1420; Isele, Das gezielte und individuelle Ansprechen von Passanten in öffentlichen Verkehrsräumen, GRUR 2008, 1061; Isele, Telefonwerbung: Was ist (noch) erlaubt?, GRUR-Prax 2011, 463; Jankowski, Nichts ist unmöglich! – Möglichkeiten der formularmäßigen Einwilligung in die Telefonwerbung, GRUR 2010, 495; Klein/Insam, Telefonische Abwerbung von Mitarbeitern am Arbeitsplatz und im Privatbereich, GRUR 2006, 379; Köbrich/Froitzheim, Lass uns quatschen – Werbliche Kommunikation mit Chatbots, WRP 2017, 1188; Köhler, Der Streit um die Telefonwerbung, FS Koppensteiner, 2001, 431; Köhler, Zur wettbewerbsrechtlichen Zulässigkeit der telefonischen Ansprache von Beschäftigten am Arbeitsplatz zum Zwecke der Abwerbung, WRP 2002, 1; Köhler, Neue Regelungen zum Verbraucherschutz bei Telefonwerbung und Fernabsatzverträgen, NJW 2009, 2567; Köhler, Unzulässige geschäftliche Handlungen bei Abschluss und Durchführung eines Vertrags, WRP 2009, 898; Köhler, Unbestellte Waren und Dienstleistungen – neue Normen, neue Fragen, GRUR 2012, 217; Köhler, Ist die Regelung der Telefonwerbung im UWG richtlinienkonform?, WRP 2012, 1329; Köhler, Die Umsetzung der Richtlinie über unlautere Geschäftspraktiken in Deutschland – eine kritische Analyse, GRUR 2012, 1073; Köhler, Das Verbot der unzumutbaren Belästigung (§ 7 UWG) im Lichte des Unionsrechts, WRP 2015, 798; Köhler, Zur Neuvermessung der Tatbestände der unzumutbaren Belästigung (§ 7 UWG), WRP 2017, 253; Köhler, Die Verbote der unerbetenen Telefon-, Fax- und E-Mail-Werbung: Geschützte Personen, Schutzzwecke und Durchsetzung, WRP 2017, 1025; Köhler, Die Regelung der „unerbetenen Kommunikation" in der ePrivacy-Verordnung und ihre Folgen für das UWG, WRP 2017, 1291; Köhler, Zum „Bagatellverstoß" im Lauterkeitsrecht, WRP 2020, 1378; Köhler/Lettl, Das geltende europäische Lauterkeitsrecht, der Vorschlag für eine Richtlinie über unlautere Geschäftspraktiken und die UWG-Reform, WRP 2003, 1019; Kreutz, Technische Umgehung von Werbeblocker -Software durch Webseitenbetreiber – Rechtlich zulässige Abwehrreaktion oder wettbewerbsrechtlich bedenkliche Nutzerbevormundung?, MMR 2016, 364; Lange, Werbefinanzierte Kommunikationsdienstleistungen, WRP 2002, 786; Leible, Haustürwerbung als unzumutbare Belästigung, FS 100 Jahre Wettbewerbszentrale, 2012, 139; Leistner/Pohlmann, E-Mail-Direktmarketing im neuen europäischen Recht und in der UWG-Reform, WRP 2003, 815; Lenz/Rabe, Telefonwerbung – Eine Betrachtung aus der Praxis der Versicherungswirtschaft, VersR 2010, 1541; Lettl, Rechtsfragen des Direktmarketings per Telefon und e-mail, GRUR 2000, 977; Lettl, Die AGB-rechtliche Relevanz einer Option in der formularmäßigen Einwilligungserklärung zur Telefonwerbung, NJW 2001, 42; Lettl, Werbung mit einem Telefonanruf gegenüber einem Verbraucher nach § 7 Abs. 2 Nr. 2 Alt 1 UWG n. F., WRP 2009, 1315; Lindacher, Headhunting am Arbeitsplatz, FS Erdmann, 2002, 647; Lober, Spielend werben: Rechtliche Rahmenbedingungen des Ingame-Advertising, MMR 2006, 643; Mankowski, Scheibenwischerwerbung und andere belästigende Werbung an Auto und Fahrrad, GRUR 2010, 578; Mankowski, Postwurfsendungen nein danke!, WRP 2012, 269; Mankowski, Zeitungsbeilagenwerbung, FS Fezer 2016, 915; Mederle, Die Regulierung von Spam und unerbetenen kommerziellen E-Mails, 2010; Meyer, Briefkastenwerbung in Plastikfolie und Gratiszeitungen, WRP 2012, 788; Meyer, Inhaltliche Aspekte unzumutbarer Belästigung, WRP 2017, 501; Möller, Die Änderung der rechtlichen Rahmenbedingungen des Direktmarketings, WRP 2010, 321; Mummenhoff, Persönlichkeitsschutz gegen unerbetene Werbung auf privaten Telefonanschlüssen, 2011; Nemeczek, Neueste gesetzgeberische Bemühungen um die Bestätigungslösung bei unerlaubter Telefonwerbung, WRP 2011, 530; Neuner, Das Recht auf Uninformiertheit – zum privatrechtlichen Schutz der negativen Informationsfreiheit, ZfPW 2015, 257; Nippe, Belästigung zwischen Wettbewerbshandlung und Werbung, WRP 2006, 951; von Nussbaum/Krienke, Telefonwerbung gegenüber Verbrauchern nach dem Payback-Urteil, MMR 2009, 372; Paal/Nikol, Spendenwerbung durch E-Mail-Direktwerbung zwischen UWG und DSGVO, GRUR 2023, 781; Pauli, Die Einwilligung in Werbung bei Gewinnspielen, WRP 2011, 1232; Pauli, Die Einwilligung in Telefonwerbung per AGB bei der Gewinnspielteilnahme – Trotz verschärfter Gesetze ein Lichtblick für werbende Unternehmen, WRP 2009, 1192; Pauly/Jankowski, Rechtliche Aspekte der Telefonwerbung im B-to-B-Bereich, GRUR 2007, 118; Peifer, Neue Regeln für die Datennutzung zu Werbezwecken, MMR 2010, 524; Plath/Frey, Direktmarketing nach der BDSG-Novelle: Grenzen erkennen, Spielräume optimal nutzen, BB 2009, 1762; Pohle, Rechtliche Aspekte des Mobile Marketing, K&R 2008, 711; Quiring, Die Abwerbung von Mitarbeitern im Licht der UWG-Reform – und vice versa, WRP 2003, 1181; van Raay-Meyer/van Raay, Opt-in, Opt-out und (k)ein Ende der Diskussion, VuR 2009, 103; Radlansky, Das Konzept der Einwilligung in der datenschutzrechtlichen Realität, 2016; Rath-Glawatz, Rechtsfragen der Haushaltswerbung (Briefkastenwerbung), K&R 2007, 295; Reich, Die wettbewerbsrechtliche Beurteilung der Haustürwerbung in Deutschland, 2010; Reich, Die wettbewerbsrechtliche Beurteilung der Haustürwerbung, GRUR 2011, 589; Reufels, Neue Fragen der wettbewerbsrechtlichen Bewertung von „Headhunting", GRUR 2001, 214; Sachs, Marketing, Datenschutz und das Internet, 2008; Schaffert, Ist die Regelung der Telefonwerbung im deutschen Lauterkeitsrecht unionsrechtskonform?, FS Köhler, 2014, 585; Schaub, Lauterkeitsrechtliche Beurteilung von Werbeempfehlungen und Datennutzung in sozialen Netzwerken, GRUR 2016, 1017; Scherer, „Unternehmerisches Risiko" im Lauterkeitsrecht, FS Köhler, 2014, 607; Scherer, Das Chamäleon der Belästigung – Unterschiedliche Bedeutung eines Zentralbegriffs des UWG, WRP 2017, 891; Schirmbacher, Unzumutbare Belästigung durch Display-Werbung – wann ist nervig auch wettbewerbswidrig?, K&R 2019, 229; Schirmbacher/Schätzle, Einzelheiten zulässiger Werbung per E-Mail, WRP 2014, 1143; Schmid, Freier Dienstleistungsverkehr und Recht des unlauteren Wettbewerbs, dargestellt am Beispiel der Telefonwerbung, 2000; Schmitz/Eckhardt, AGB-Einwilligung in Werbung, CR 2006, 533; Schneider, Geltungsdauer einer Einwilligung in die Werbeansprache, K&R 2019, 8; Schwab, Denn sie wissen, was sie tun – notwendige wettbewerbsrechtliche Neubewertung des Anreißens bei unaufgefordertem Ansprechen von Passanten in der Öffentlichkeit, GRUR 2002, 579; Schweizer, Grundsätzlich keine Anwendbarkeit des UWG auf die Medien- und insgesamt die Markt- und Meinungsforschung, ZUM 2010, 400; Seichter/Witzmann, Die Einwilligung in die Telefonwerbung, WRP 2007, 699; Sokolowski, E-Mail-Werbung als Spamming, WRP 2008, 888; Sosnitza, Wettbewerbsrechtliche Sanktionen im BGB: Die Reichweite des neuen § 241a BGB, BB 2001, 2317; Sosnitza, Der Gesetzentwurf zur Umsetzung der Richtlinie über unlautere Geschäftspraktiken, WRP 2008, 1014; Splittgerber/Zscherpe/Goldmann, Werbe-E-Mails – Zulässigkeit und Verantwortlichkeit, WRP 2006, 178; Steinmetz, Lauterkeitsrechtliche Beurteilung von In-App-Werbung, WRP 2018, 1415; Tonner/Reich, Die Entwicklung der wettbewerbsrechtlichen Beurteilung der Telefonwerbung, VuR 2009, 95; Wahl, Die Einwilligung des Verbrauchers in Telefonwerbung durch AGB, WRP 2010, 599; von Wallenberg, Ist das Telefonmarketing gegenüber Verbrauchern tot?, BB 2009, 1768; Wasse, Endlich: Unzulässigkeit der Scheibenwischerwerbung nach dem UWG, WRP 2010, 191; Weber, E-Mail-Werbung im geschäftlichen Verkehr, WRP 2010, 462; Wegmann, Anforderungen an die Einwilligung in Telefonwerbung nach dem UWG, WRP 2007, 1141; Ziebarth, Nutzer von Werbeblockern als Adressaten gezielter Werbung? VuR 2018, 257; von Zimmermann, Die Einwilligung im Internet, 2014.

A. Allgemeines

I. Entstehungsgeschichte und Normzwecke

1. Entstehungsgeschichte

Schon im **früheren Recht** war die „Belästigung" bzw. „belästigende Werbung" als Fallgruppe **1** des § 1 aF anerkannt (vgl. Baumbach/Hefermehl, 22. Aufl. 2001, § 1 aF Rn. 57 ff.; Köhler/Piper/Köhler, 3. Aufl. 2002, § 1 aF Rn. 107 ff.). Die **UWG-Novelle 2004** regelte sie als Beispielstatbestand unlauteren Verhaltens unter dem Stichwort „Unzumutbare Belästigungen" in § 7 relativ ausführlich. – Die **UWG-Novelle 2008** änderte § 7 in mehrfacher Hinsicht. Die unzumutbare Belästigung wurde von einem bloßen Beispielstatbestand der Unlauterkeit in einen selbständigen Tatbestand einer Zuwiderhandlung (vgl. § 8 I 1, § 10 I) umgewandelt (→ Rn. 25; krit. Fezer WRP 2010, 1075 (1079)). Diese Verselbständigung bedeutete zugleich, dass die Bagatellklausel des § 3 I UWG 2008 nicht mehr anwendbar war (BGH GRUR 2010, 839 Rn. 18 – Telefonwerbung nach Unternehmenswechsel; GRUR 2011, 433 Rn. 23 – Verbotsantrag bei Telefonwerbung; WRP 2013, 1579 Rn. 22 – Empfehlungs-E-Mail). Die bisherige Regelung in § 7 II Nr. 1 wurde nach § 7 I 2 verschoben. Für die Beispielsfälle des § 7 II wurde festgelegt, dass sie „stets" (dh ohne Wertungsmöglichkeit) eine unzumutbare Belästigung darstellen. Durch den neuen § 7 II Nr. 1 sollte der Unlauterkeitstatbestand der Anh. Nr. 26 UGP-RL (Schwarze Liste), soweit nicht bereits durch § 7 II Nr. 2 und 3 erfasst, umgesetzt werden. In § 7 II Nr. 3 wurde das Erfordernis der „Einwilligung" durch das Erfordernis der „vorherigen ausdrücklichen Einwilligung" ersetzt und verschärft. Durch das G zur Bekämpfung unerlaubter Telefonwerbung und zur Verbesserung des Verbraucherschutzes bei besonderen Vertriebsformen v. 29.7.2009 (BGBl. 2009 I 2413) wurde eine entsprechende Regelung auch in § 7 II Nr. 2 eingefügt. Die Erweiterung des § 7 II Nr. 4 erfolgte durch das G gegen unseriöse Geschäftspraktiken v. 8.10.2013 (BGBl. 2013 I 3714) und dient der Umsetzung des Art. 13 IV ePrivacy-RL, geändert durch die RL 2009/136/EG. – Die **UWG-Novelle 2015** brachte zwar keine Änderung des § 7 mit sich. Durch die Einfügung des Tatbestands der aggressiven geschäftlichen Handlungen (§ 4a), der ebenfalls den Begriff der Belästigung verwendet (§ 4a I 2 Nr. 1), ergab sich jedoch das Problem der Abgrenzung der Tatbestände des § 7 und des § 4a (→ Rn. 17). Durch das **G zur Stärkung des Verbraucherschutzes im Wettbewerbs- und Gewerberecht** v. 10.8.2021 (BGBl. 2021 I 3504), in Kraft ab dem 28.5.2022, wurde § 7 wie folgt geändert: In Abs. 2 wurde die Nr. 1 aufgehoben und die bisherigen Nr. 2–4 wurden durch die Nr. 1–3 ersetzt. In Abs. 3 wurde die Angabe „Nummer 3" durch die Angabe „Nummer 2" ersetzt. An die Stelle des bisherigen § 7 II Nr. 1 trat die Neuregelung in Anh. Nr. 26 zu § 3 III, die der (verspäteten) Umsetzung der Anh. I Nr. 26 UGP-RL diente.

2. Normzwecke

2   **a) Schutz der privaten und geschäftlichen Sphäre von Marktteilnehmern.** § 7 bezweckt aus heutiger Sicht den Schutz der Marktteilnehmer, also der Verbraucher und der sonstigen Marktteilnehmer, ggf. auch der Mitbewerber vor einer unangemessenen Beeinträchtigung ihrer **privaten** (BGH WRP 2019, 879 Rn. 12 – WiFiSpot) bzw. **geschäftlichen Sphäre.** Diese Sphäre wird beeinträchtigt, wenn sie sich ohne oder gegen ihren Willen mit dem Anliegen des geschäftlich Handelnden auseinandersetzen müssen und dementsprechend in ihrer Ruhe oder in ihrer anderweitigen Beschäftigung gestört werden. Hinzukommen können noch – je nach Eigenart der geschäftlichen Handlung – Störungen durch die Inanspruchnahme von Ressourcen der angesprochenen Marktteilnehmer (zB Zeitaufwand; Nutzung von privaten oder betrieblichen Einrichtungen wie Briefkasten, Faxgerät und Faxpapier, Computer; Entsorgungskosten; vgl. BGH WRP 2016, 866 Rn. 16 – Lebens-Kost). Der Schutz der privaten und der geschäftlichen Sphäre hat grds. Vorrang vor dem wirtschaftlichen Gewinnstreben des Unternehmers (BGH GRUR 1965, 315 (316) – Werbewagen; GRUR 1970, 523 (524) – Telefonwerbung I; GRUR 1971, 317 (318) – Grabsteinwerbung II). Da Art. 13 ePrivacy-RL dem Schutz der Privatsphäre bzw. geschäftlichen Sphäre von natürlichen bzw. juristischen Personen dient, ist dieser Schutzzweck grds. auch für § 7 II Nr. 1–3, III maßgeblich, soweit darin diese Richtlinienbestimmung umgesetzt wird.

3   **b) Schutz der Entscheidungsfreiheit der Verbraucher und sonstigen Marktteilnehmer?** Eine andere Frage ist es, ob über den Schutz der Privatsphäre und geschäftlichen Sphäre hinaus § 7 auch die **Entscheidungsfreiheit** der Verbraucher und sonstigen Marktteilnehmer schützt. Dies ist zu verneinen. Bereits unter Geltung des **§ 7 aF** war anerkannt, dass die Regelungen in § 7 I 1 und II Nr. 2–4 aF nicht den Schutz der Entscheidungsfreiheit der Verbraucher und sonstigen Marktteilnehmer, etwa vor Überrumpelung (BGH WRP 2016, 866 Rn. 16 – Lebens-Kost; WRP 2019, 879 Rn. 12 – WiFiSpot), sondern in richtlinienkonformer Auslegung am Maßstab des **Art. 13 ePrivacy-RL** nur den Schutz natürlicher Personen vor einer Beeinträchtigung ihrer Privatsphäre und juristischer Personen vor einer Beeinträchtigung ihrer berechtigten Interessen, dh ihrer geschäftlichen Sphäre, bezweckten. – Dagegen schützte § 7 II Nr. 1 aF in richtlinienkonformer Auslegung am Maßstab von Anh. I Nr. 26 UGP-RL die Entscheidungsfreiheit der Verbraucher. Diese Vorschrift diente nämlich der partiellen Umsetzung von Anh. I Nr. 26 UGP-RL, einer Bestimmung, die im Zusammenhang mit Art. 8, 9

UGP-RL steht und dementsprechend dem Schutz der Entscheidungsfreiheit der Verbraucher dient. Nach **Aufhebung des § 7 II Nr. 1 aF** und seiner Ersetzung durch Anh. Nr. 26 zu § 3 III durch das G zur Stärkung des Verbraucherschutzes im Wettbewerbs- und Gewerberecht mWv 28.5.2022 hat sich diese Ungereimtheit erledigt. Die Entscheidungsfreiheit **sonstiger Marktteilnehmer** wird nach den §§ 3 I, 4a geschützt.

II. Überblick über die Normstruktur

1. § 7 als Zusammenfassung unterschiedlicher Vorschriften

Die in § 7 zusammengefassten Regelungen bilden zwar nach dem Regelungskonzept des **4** Gesetzgebers und dem Anschein nach eine homogene Regelung der „unzumutbaren Belästigungen". Im Lichte des Unionsrechts betrachtet, handelt es sich aber um die Zusammenfassung unterschiedlicher Regelungen.

2. § 7 I 1 als „kleine Generalklausel" mit Beispielstatbestand in § 7 I 2

§ 7 I 1 enthält den allgemeinen Grundsatz, dass eine geschäftliche Handlung (iSd § 2 I Nr. 2), **5** durch die ein Marktteilnehmer (iSd § 2 I Nr. 3) in unzumutbarer Weise belästigt wird, unzulässig ist. Die Regelung stellt daher einen selbstständigen Tatbestand einer Zuwiderhandlung neben § 3 dar, wie sich auch aus § 8 I und § 9 I ergibt. Allerdings handelt es sich dabei um eine **„kleine Generalklausel",** die in **§ 7 I 2** um einen Beispielsfall („insbes.") ergänzt wird, nämlich die erkennbar unerwünschte Werbung. Die richtlinienkonforme Auslegung muss sich einerseits an dem Ausnahmebereich der „guten Sitten und des Anstands" des ErwG.7 S. 3–5 UGP-RL, andererseits an Art. 13 ePrivacy-RL orientieren.

3. § 7 II Nr. 1–3 als Per-se-Verbote

Bei den Tatbeständen des **§ 7 II Nr. 1–3** handelt es sich nicht um Beispielsfälle im eigentli- **6** chen Sinn, sondern um **Spezialtatbestände,** bei deren Verwirklichung **„stets",** also ohne Rücksicht auf die Umstände des Einzelfalls, eine unzumutbare Belästigung und damit die Unzulässigkeit der Werbung anzunehmen ist (vgl. Begr. RegE zu § 7, BT-Drs. 16/10145, 28 f.). In der Sache handelt es sich also um **Per-se-Verbote.** Sie haben ihre unionsrechtliche Grundlage aber nicht in der UGP-RL, die die **kollektiven (wirtschaftlichen) Verbraucherinteressen** schützt, sondern in Art. 13 ePrivacy-RL, der die **Individualinteressen** von natürlichen und juristischen Personen schützt. **§ 7 III** regelt eine Ausnahme von **§ 7 II Nr. 2** für den Fall der Werbung mit elektronischer Post (→ Rn. 270–277). Die Auslegung des § 7 II Nr. 1–3, III muss sich dementsprechend an dieser Richtlinie orientieren (→ Rn. 247 ff.).

III. Verhältnis zu anderen Normen

1. Verhältnis zum Unionsrecht

a) Allgemeines. Das Unionsrecht hat Vorrang vor § 7. Im Bereich des primären Unions- **7** rechts sind, soweit grenzüberschreitende Handlungen nach § 7 zu beurteilen sind, die **Grundfreiheiten** der Art. 34 AEUV und Art. 49, 56 AEUV zu berücksichtigen. Die Auslegung des § 7 hat sich im Übrigen an **Art. 7 GRCh** und an den einschlägigen **Richtlinien** zu orientieren (Gebot der richtlinienkonformen Auslegung).

b) ePrivacy-RL und andere Richtlinien. Die Regelungen in der RL 97/66/EG, in der E- **8** Commerce-RL und in der RL über den Fernabsatz von Finanzdienstleistungen an Verbraucher 2002/65/EG sind teilweise überholt durch Art. 13 ePrivacy-RL. Die Regelungen in § 7 II Nr. 1–3 und III dienen der Umsetzung dieser **individualschützenden** Bestimmungen. – Die Regelung in § 7 I 2 diente ursprünglich der Umsetzung des Art. 10 II Fernabsatz-RL. Diese Richtlinie ist jedoch gem. Art. 31 Verbraucherrechte-RL mWv 13.6.2014 außer Kraft getreten. Eine Nachfolgeregelung gibt es nicht, da die Regelung in Art. 13 ePrivacy-RL als ausreichend angesehen wird (vgl. ErwGr. 61 Verbraucherrechte-RL). Diese wird wiederum durch die ePrivacy-VO abgelöst werden (→ Rn. 9 ff.).

c) UGP-RL. Die UGP-RL lässt die ePrivacy-RL unberührt (vgl. Anh. I Nr. 26 S. 2 UGP- **9** RL). Sie behandelt in Art. 8 und 9 UGP-RL sowie in Anh. I Nr. 25, 26 und 29 UGP-RL die **Belästigung** unter bestimmten Voraussetzungen als aggressive Geschäftspraxis (näher → Einl.

Rn. 3.60 ff.; EuGH GRUR 2018, 1156 Rn. 40 ff. – Wind Tre; → § 4a Rn. 1.10; Köhler
GRUR 2012, 1073; Köhler WRP 2017, 253; Köhler/Lettl WRP 2003, 1019 (1043 ff.);
Burmeister, Belästigung als Wettbewerbsverstoß, 2006, S. 15 ff., 72 ff.). Sie trifft aber nur für
solche Geschäftspraktiken eine abschließende Regelung, die geeignet sind, die Entscheidungsfreiheit der Verbraucher erheblich zu beeinträchtigen. Das gilt nicht nur für Art. 8 und 9 UGP-
RL, sondern auch für Anh. I Nr. 25, 26 und 29 UGP-RL, wenngleich insoweit diese Eignung
nicht gesondert zu prüfen, sondern grds. zu unterstellen ist. Dagegen bezieht sich die UGP-RL
nach ihrem ErwGr. 7 UGP-RL „nicht auf die gesetzlichen Anforderungen in Fragen der guten
Sitten und des Anstands, die in den Mitgliedstaaten sehr unterschiedlich sind". Als Beispiel dient
das „Ansprechen von Personen auf der Straße zu Verkaufszwecken". Nach Auffassung des
Unionsgesetzgebers sollten daher die Mitgliedstaaten „im Einklang mit dem Gemeinschaftsrecht
… weiterhin Geschäftspraktiken aus Gründen der guten Sitten und des Anstands verbieten
können, auch wenn diese Praktiken die Wahlfreiheit des Verbrauchers nicht beeinträchtigen". –
Aus diesem Grund war der deutsche Gesetzgeber durch die UGP-RL nicht gehindert, geschäftliche Handlungen, die eine unzumutbare Belästigung der Verbraucher darstellen, ohne Rücksicht darauf zu verbieten, ob sie darüber hinaus auch die Entscheidungsfreiheit der Verbraucher
beeinträchtigen (BGH GRUR 2010, 1113 Rn. 14 – Grabmalwerbung). § 7 I ist daher grds. mit
der UGP-RL vereinbar (dazu Köhler GRUR 2012, 1073 (1081 ff.); aA Bittner WRP 2019,
1529 Rn. 10 ff.). Im Verhältnis zu sonstigen Marktteilnehmern und Mitbewerbern entfaltet die
UGP-RL keine Wirkung. § 4a ist jedoch auch auf sonstige Marktteilnehmer anwendbar.

10   **d) Die geplante Verordnung über Privatsphäre und elektronische Kommunikation
(ePrivacy-VO-E). aa) Bedeutung für die Anwendung des § 7 II und III.** Die ePrivacy-
RL (→ Rn. 8) soll nach einem Vorschlag der Kommission v. 10.1.2017 (COM (2017) 10 final)
durch eine **Verordnung über Privatsphäre und elektronische Kommunikation (ePrivacy-VO-E)** ersetzt werden. Damit würde Art. 13 ePrivacy-RL durch Art. 16 ePrivacy-VO-E
ersetzt. Kommt es zu dieser unionsrechtlichen Regelung, so hätte sie Vorrang vor § 7 II Nr. 2
und 3, III. Dies würde bedeuten, dass diese Vorschriften, wenn sie nicht aufgehoben werden,
zwar nicht unwirksam wären, aber nicht mehr angewendet werden dürften (dazu Köhler WRP
2017, 1291). Allerdings sind in den parlamentarischen Beratungen dieses Entwurfs zahlreiche
Änderungs- und Ergänzungsvorschläge gemacht worden, so dass derzeit weder Inhalt noch
Inkrafttreten der Verordnung feststehen. Die folgenden Ausführungen orientieren sich gleichwohl am Entwurf der Kommission (ePrivacy-VO-E). Vgl. dazu Köhler WRP 2017, 1291.

11   **bb) Schutzzweck.** Nach Art. 1 ePrivacy-VO-E legt diese Verordnung „Vorschriften zum
Schutz von Grundrechten und Grundfreiheiten natürlicher und juristischer Personen bei der
Bereitstellung und Nutzung elektronischer Kommunikationsdienste fest und regelt insbesondere
die Rechte auf Achtung des Privatlebens und der Kommunikation und den Schutz natürlicher
Personen bei der Verarbeitung personenbezogener Daten". Es geht also in erster Linie um das
Grundrecht aus Art. 7 GRCh, insbes. das **Recht auf Achtung der Privatsphäre** in der
Kommunikation, sowie das Grundrecht aus Art. 8 I GRCh, nämlich das **Recht jeder Person
auf den Schutz ihrer Daten.** Hingegen dient die Verordnung nicht dem Schutz der wirtschaftlichen Interessen der Verbraucher und sonstigen Marktteilnehmer.

12   **cc) Regelungen der „unerbetenen Kommunikation" in Art. 16 ePrivacy-VO-E.**
Nach **Art. 16 I ePrivacy-VO-E** können natürliche oder juristische Personen Direktwerbung
über elektronische Kommunikationsdienste an Endnutzer richten, die natürliche Personen sind
und hierzu ihre Einwilligung gegeben haben. Der Begriff der elektronischen Kommunikationsdienste (Art. 2 Nr. 4 ePrivacy-VO-E) erfasst neben den klassischen Telekommunikationsdiensten (Telefon, E-Mail usw.) auch die sog. Over-the-Top (OTT)-Dienste (zB WhatsApp, Skype,
GMail, Facebook). Der Begriff der Direktwerbung ist in **Art. 4 lit. f ePrivacy-VO-E** definiert
und erfasst **nicht nur kommerzielle** Werbung, sondern Werbung aller Art, auch zB politische
(ErwGr. 32 ePrivacy-VO-E). Für die **Einwilligung** gelten nach **Art. 9 I ePrivacy-VO-E** die
Begriffsbestimmungen und die Voraussetzungen nach **Art. 4 Nr. 11 DS-GVO** und **Art. 7
DS-GVO.**

13   **Art. 16 II ePrivacy-VO-E** entspricht weitgehend dem Art. 13 II ePrivacy-RL und damit
dem § 7 III. Nach **Art. 16 III 3 ePrivacy-VO-E** müssen Personen, die Direktwerbeanrufe
mittels elektronischer Kommunikationsdienste tätigen, eine Rufnummer angeben, unter der sie
erreichbar sind, oder einen besonderen Code/eine Vorwahl angeben, der/die kenntlich macht,
dass es sich um einen Werbeanruf handelt. – **Art. 16 IV ePrivacy-VO-E** ermöglicht wie

Art. 13 III ePrivacy-RL den Mitgliedstaaten eine opt-in-Lösung für persönliche Direktwerbeanrufe an natürliche Personen. – **Art. 16 V ePrivacy-VO-E** verpflichtet die Mitgliedstaaten, die
berechtigten Interessen von juristischen Personen in Bezug auf unerbetene Kommunikation
ausreichend zu schützen und entspricht Art. 13 V 2 ePrivacy-RL. – **Art. 16 VI ePrivacy-VO-
E** verpflichtet natürliche und juristische Personen, die Direktwerbung mittels elektronischer
Kommunikationsdienste übermitteln, die Endnutzer über den Werbecharakter der Nachricht
und die Identität der juristischen oder natürlichen Person, in deren Namen die Nachricht
übermittelt wird, und die nötigen Informationen bereit zu stellen, damit die Empfänger in
einfacher Weise ihre Einwilligung in den weiteren Empfang von Werbenachrichten widerrufen
können.

dd) Durchsetzung. (1) Durchsetzung durch Endnutzer. Jeder Endnutzer hat nach **14**
Art. 21 I ePrivacy-VO-E unbeschadet anderweitiger verwaltungsrechtlicher oder gerichtlicher
Rechtsbehelfe dieselben Rechte, wie sie in Art. 77, 78 und 79 DS-GVO vorgesehen sind. Für
die private Rechtsdurchsetzung ist Art. 79 DS-GVO maßgebend („Recht auf gerichtlichen
Rechtsbehelf"). **Art. 22 ePrivacy-VO-E** regelt den Schadensersatzanspruch.

(2) Behördliche Durchsetzung. Die behördliche (öffentlich-rechtliche) Durchsetzung er- **15**
folgt nach **Art. 18 ePrivacy-VO-E** durch unabhängige Aufsichtsbehörden. Dafür käme in
Deutschland die Bundesnetzagentur in Betracht.

(3) Keine Klagebefugnis von Mitbewerbern und Verbänden. Eine Klagebefugnis von **16**
Mitbewerbern ist von vornherein nicht vorgesehen. Art. 21 ePrivacy-VO-E enthält aber auch
keine Verweisung auf Art. 80 DS-GVO. Diese Bestimmung ermöglicht in Abs. 1 die Wahrnehmung der Rechte der betroffenen Personen durch Einrichtungen, Organisationen oder Vereinigungen ohne Gewinnerzielungsabsicht in deren Auftrag. Nach Abs. 2 können die Mitgliedstaaten vorsehen, dass die genannten Stellen unabhängig von dem Auftrag der betroffenen Person
zu deren Schutz tätig werden. Daraus ist zu schließen, dass – im Gegensatz zum derzeitigen
deutschen Recht – weder Mitbewerber noch Verbände klagebefugt sind (vgl. Köhler WRP
2018, 1269).

2. Verhältnis zu anderen Normen des UWG

a) Verhältnis zu § 4a. Vgl. → § 4a Rn. 1.15, 1.38. Belästigende geschäftliche Handlungen **17**
können unter den Voraussetzungen des § 4a unlauter und damit nach § 3 I unzulässig sein (BGH
WRP 2016, 866 Rn. 16 – Lebens-Kost; WRP 2019, 879 Rn. 12 – WiFiSpot). Gerade bei
aufdringlicher Werbung besteht die Gefahr, dass der Werbeadressat von einer ruhigen sachlichen
Prüfung des Angebots absieht und eine Kaufentscheidung nur deshalb trifft, weil er den Werber
loswerden will. (Im Falle des gezielten Ansprechens von Passanten in der Öffentlichkeit spielt
dieser Gesichtspunkt in der heutigen Zeit aber keine Rolle mehr; → Rn. 80.) In gleicher Weise
kann § 4a anwendbar sein, wenn die Belästigung als Mittel zur Beeinflussung sonstiger geschäftlicher Entscheidungen des Verbrauchers, etwa der Zahlung des Kaufpreises oder der Geltendmachung vertraglicher Rechte, eingesetzt wird. So etwa, wenn der Verbraucher durch hartnäckige
Anrufe zur Nachtzeit dazu gebracht werden soll, eine Forderung zu bezahlen. – Allerdings kann
den Verbrauchern oder sonstigen Marktteilnehmern aus einem Verstoß gegen § 4a kein Schadensersatzanspruch aus § 9 erwachsen, da diese Vorschrift nur auf den Schaden von Mitbewerbern anwendbar ist (missverständlich insoweit BGH WRP 2016, 866 Rn. 24 – Lebens-Kost). –
Eine andere Frage ist es, ob § 7 I nur die Fälle erfasst, in denen die Belästigung nicht zu einer
Beeinträchtigung der Entscheidungsfreiheit führt (dazu Scherer WRP 2017, 891 Rn. 10 ff.).
Nach einer Auffassung ist dies zu verneinen, so dass beide Vorschriften ggf. nebeneinander
anzuwenden sind (jurisPK-UWG/Koch/Seichter Rn. 5). Vorzugswürdig erscheint es zu differenzieren: Ist nach dem Lebenssachverhalt, der dem Streitgegenstand zugrunde liegt, zwar nicht
der Tatbestand des § 7 II Nr. 1 – 3, wohl aber der Tatbestand des § 4a erfüllt, hat diese
Vorschrift Vorrang vor § 7 I. Andernfalls würde der Vorrang der Art. 8, 9 UGP-RL in Frage
gestellt. § 7 I ist daher nur anwendbar, wenn nach dem Lebenssachverhalt die Voraussetzungen
des § 4a nicht vorliegen (Köhler WRP 2017, 253 Rn. 49). Dabei ist zu bedenken, dass die
Rechtsfolgen eines Verstoßes gegen § 4a weiter reichen als die des § 7 I, insbes. hinsichtlich des
Schadensersatzanspruchs eines Verbrauchers nach § 9 II 1, da diese Vorschrift nicht auf § 7
verweist. Keinesfalls aber hat § 7 I Vorrang vor § 4a. Erst recht darf der Richter bei Anwendung
des § 7 I nicht ergänzend auf den Gesichtspunkt einer Beeinträchtigung der Entscheidungs-

freiheit abstellen (BGH WRP 2016, 866 Rn. 16 – Lebens-Kost; jurisPK-UWG/Koch/Seichter Rn. 5).

18   **b) Verhältnis zu § 5b IV.** Nach Art. 8 V Verbraucherrechte-RL hat der Unternehmer, der einen Verbraucher im Hinblick auf den Abschluss eines Fernabsatzvertrags anruft, zu Beginn des Gesprächs mit dem Verbraucher seine Identität und ggf. die Identität der Person, in deren Auftrag er anruft, sowie den geschäftlichen Zweck des Anrufs offenzulegen. Diese Bestimmung wurde in § 312a I BGB umgesetzt. Es handelt sich um eine Informationspflicht iSd § 5b IV, deren Verletzung unter den weiteren Voraussetzungen des § 5a I den Tatbestand der Irreführung durch Unterlassen erfüllt.

19   **c) Verhältnis zu § 5a IV.** Verschleiert der Werber, zB bei einem Hausbesuch oder einem Telefonat, zunächst sein eigentliches, kommerzielles Anliegen, kann dies den Tatbestand des § 5a IV erfüllen. Daneben ist jedoch auch § 7 anwendbar, wenn dessen Voraussetzungen erfüllt sind.

20   **d) Verhältnis zu § 4 Nr. 4.** Da § 7 I 1 nur von „Marktteilnehmern" spricht und daher die Definition des § 2 I Nr. 3 eingreift, erfasst die Vorschrift nach ihrem Wortlaut auch geschäftliche Handlungen, die Mitbewerber unzumutbar belästigen (→ Rn. 41). Dies kann gleichzeitig den Tatbestand des § 4 Nr. 4 erfüllen. Daneben ist jedoch auch § 7 I 1 grds. anwendbar, wenn dessen Voraussetzungen erfüllt sind. Jedoch hat § 7 keinen Vorrang vor § 4 Nr. 4 (→ § 4 Rn. 4.25; OLG Frankfurt WRP 2017, 100 Rn. 16; aA Ohly/Sosnitza/Ohly § 4 Rn. 4/46).

21   **e) Verhältnis zu § 3a.** Soweit es Marktverhaltensregelungen gibt, die zumindest auch dem Schutze von Mitbewerbern, Verbrauchern oder sonstigen Marktteilnehmern vor Belästigung dienen, kann ihre Verletzung den Tatbestand des Rechtsbruchs iSv § 3a erfüllen (→ Rn. 73). Daneben ist jedoch auch § 7 I 1 anwendbar, wenn dessen Voraussetzungen erfüllt sind.

22   **f) Verhältnis zum Anh. § 3 III.** Vorrangig vor § 7 I zu prüfen sind auch die von § 7 II nicht erfassten Tatbestände des Anh. § 3 III, die Fälle der Belästigung regeln, wie zB Nr. 25 und Nr. 29, weil auch in diesen Fällen eine Berücksichtigung der Umstände des Einzelfalls entbehrlich ist.

3. Verhältnis zum Bürgerlichen Recht

23   **a) Haftung nach § 823 I BGB.** Den von einer unzumutbar belästigenden geschäftlichen Handlung betroffenen Verbrauchern oder sonstigen Marktteilnehmern stehen zwar – anders als einem Mitbewerber (§ 8 III Nr. 1, § 9 I) – keine lauterkeitsrechtlichen Ansprüche zu. Wohl aber können ihnen nach ganz hM **Schadensersatzansprüche** nach **§ 823 I BGB** unter dem Gesichtspunkt der Verletzung des **Allgemeinen Persönlichkeitsrechts** oder des **Rechts am eingerichteten und ausgeübten Gewerbebetrieb** sowie **Unterlassungs- und Beseitigungsansprüche** nach **§ 1004 BGB** analog zustehen (BGH GRUR 2009, 980 Rn. 10 – E-Mail-Werbung II; WRP 2013, 1579 Rn. 20 – Empfehlungs-E-Mail; WRP 2016, 866 Rn. 14 – Lebens-Kost; WM 2018, 1853 Rn. 14 ff.; KG GRUR-RS 2021, 45808 Rn. 18). Bei der Prüfung dieser generalklauselartigen Tatbestände des Bürgerlichen Rechts sind grds. die gleichen Wertmaßstäbe wie bei § 7 anzulegen, um unterschiedliche Ergebnisse zu vermeiden (ebenso BGH GRUR 2009, 980 Rn. 14 – E-Mail-Werbung II; WRP 2013, 1579 Rn. 20 – Empfehlungs-E-Mail; WRP 2016, 866 Rn. 16 – Lebens-Kost; WRP 2017, 700 Rn. 15; WM 2018, 1853; jurisPK-UWG/Koch/Seichter Rn. 16, 359). Unerbetene Werbung mittels Telefonanruf oder E-Mail ist daher grds. auch rechtswidrig iSd § 823 I BGB (BGH (VI. ZS) WRP 2017, 700 Rn. 27, 28). Dies entspricht der Vorgabe aus Art. 13 VI 1 ePrivacy-RL, die in richtlinienkonformer Auslegung zu berücksichtigen ist. Auf eine Abwägung der grundrechtlich geschützten Interessen des Adressaten und des Werbenden kommt es daher, sofern keine besonderen Umstände des Einzelfalls vorliegen, nicht an. Eine E-Mail-Werbung ist auch dann rechtswidrig, wenn sie an eine automatisch generierte (zulässige) Bestätigungs-E-Mail oder eine E-Mail-Rechnung angehängt ist. Es genügt eine einmalige Werbung (offengelassen in BGH (VI. ZS) WRP 2016, 493 Rn. 15 m. krit. Anm. Gramespacher). – Der auf die Verletzung von § 7 I, II Nr. 2 und 3 iVm § 823 I BGB gestützte Schadensersatzanspruch ist auf den Schaden begrenzt, der vom **Schutzbereich** dieser Normen erfasst ist (BGH WRP 2016, 866 Rn. 15 – Lebens-Kost; → § 9 Rn. 1.13). Dazu gehören zwar Schäden infolge der Beeinträchtigung der geschäftlichen Sphäre sonstiger Marktteilnehmer, nämlich der ungestörten Betriebsabläufe, einschließlich der Bindung von Ressourcen (etwa Zeitaufwand, Vorhaltekosten für Empfangseinrichtungen,

Faxpapier), nicht aber Schäden infolge einer Überrumpelung durch einen Werbeanruf, wie etwa ein unüberlegter Vertragsschluss (BGH WRP 2016, 866 Rn. 1, 21– Lebens-Kost).

b) Haftung nach § 823 II BGB. Vertretbar erscheint es indessen, § 7 II Nr. 1 und 2 in **24** richtlinienkonformer Auslegung am Maßstab des Art. 13 ePrivacy-RL als **Schutzgesetze iSd § 823 II BGB** zu werten (jurisPK-UWG/Koch/Seichter Rn. 18; → Rn. 138), weil diese Richtlinie dem Individualschutz natürlicher und juristischer Personen dient (Köhler WRP 2017, 1025 Rn. 2). Ein Rückgriff auf § 823 I BGB ist insoweit entbehrlich. § 1004 I BGB ist insoweit ebenfalls entsprechend anwendbar.

B. Der Grundtatbestand des § 7 I 1

I. Die Besonderheiten der Regelung

Nach § 7 I 1 ist eine geschäftliche Handlung, durch die ein Marktteilnehmer in unzumutbarer **25** Weise belästigt wird, **unzulässig.** Anders als im früheren Recht (§ 7 I UWG 2004) ist die unzumutbare Belästigung daher kein bloßer Beispielsfall der Unlauterkeit eines Handelns, sondern ein **selbständiger Verbotstatbestand** (vgl. § 8 I 1). Die nach § 3 II, §§ 3a ff. grds. erforderliche Prüfung der „Spürbarkeit" bzw. „geschäftlichen Relevanz" einer unlauteren geschäftlichen Handlung entfällt daher. Vielmehr stellt das Erfordernis der „Unzumutbarkeit" eine spezielle Bagatellschwelle dar, die bereits eine umfassende Wertung ermöglicht und erfordert (vgl. Begr. RegE UWG 2009 zu § 7 I, BT-Drs. 16/10145, 56 ff.). Das entspricht der bisherigen Rspr. zum UWG 2004, die in den Fällen des § 7 UWG 2004 stets die Bagatellschwelle des § 3 UWG 2004 überschritten sah (vgl. BGH GRUR 2007, 607 Rn. 23 – Telefonwerbung für „Individualverträge"; GRUR 2007, 189 Rn. 23 – Suchmaschineneintrag; GRUR 2010, 1113 Rn. 13 – Grabmalwerbung).

II. Erfordernis einer geschäftlichen Handlung

1. Erfassung aller geschäftlichen Handlungen vor, bei und nach Vertragsschluss

§ 7 I 1 erfasst, anders als § 7 I 2, II und III, **nicht nur** die **Werbung,** sondern **alle geschäft- 26 lichen Handlungen.** Bereits in der Begr. RegE zum UWG 2004 wurde deutlich gemacht, dass der Tatbestand des § 7 nicht auf Werbung beschränkt sein sollte. Erfasst werden sollte insbes. der Fall, dass mittels unerbetener Faxmitteilungen zur Abstimmung über bestimmte politische Fragen aufgerufen wird, hierfür aber eine Mehrwertdienstenummer gewählt werden muss (vgl. Begr. RegE UWG 2004 zu § 7 I, BT-Drs. 15/1487, 20; vgl. auch OLG Frankfurt GRUR 2003, 805 (806)). Der Begriff der „geschäftlichen Handlung" ist iSv **§ 2 I Nr. 2** zu verstehen. Er erstreckt sich daher auf alle Handlungen vor, bei und nach Vertragsschluss, sofern sie in einem unmittelbaren und objektiven Zusammenhang mit der Förderung des Absatzes oder Bezugs oder mit dem Abschluss oder der Durchführung eines Vertrages stehen. Insofern geht § 7 I 1 über § 7 I aF hinaus. Das Erfordernis des „unmittelbaren und objektiven Zusammenhangs" mit dem Abschluss oder der Durchführung eines Vertrages stellt klar, dass Belästigungen, die mit dem Vertragsschluss oder der Vertragsdurchführung nichts zu tun haben, nicht erfasst werden. **Beispiel:** Belästigende Telefonanrufe eines gewerblichen Vermieters beim Mieter können unter § 7 I 1 fallen, wenn der Vermieter damit den Zweck verfolgt, den Mieter zur Kündigung oder zur Zahlung rückständiger Miete zu veranlassen. Unter § 7 II Nr. 1 fallen solche Anrufe nicht, weil es nicht um „Werbung" geht. Allerdings ist insoweit Anh. I Nr. 26 UGP-RL anwendbar. Verfolgt dagegen der Vermieter mit dem Anruf private Zwecke, ist mangels geschäftlicher Handlung das UWG von vornherein nicht anwendbar (Köhler WRP 2009, 898 (911); → Rn. 27).

2. Abgrenzung zu sonstigen Handlungen

§ 7 I 1 regelt nur den Fall, dass die Belästigung eines Marktteilnehmers durch eine **geschäft- 27 liche Handlung** iSd § 2 I Nr. 2 erfolgt. Die Belästigung muss also von einer Person ausgehen, die **zugunsten des eigenen oder eines fremden Unternehmens** handelt. Sonstige Belästigungen, etwa im privaten, unternehmensinternen, verbands- oder parteibezogenen Bereich (zB nachbarschaftliche Belästigungen; aggressive Werbung um Mitglieder oder Stimmen), fallen nicht in den Anwendungsbereich des § 7 (anders die ePrivacy-VO-E; → Rn. 12).

3. Keine Beschränkung auf individuelle Maßnahmen

28   Für die Anwendung des § 7 I 1 spielt es (anders als bei § 7 II) keine Rolle, ob sich die Maßnahme gezielt an einzelne Marktteilnehmer oder (wie zB bei einer Lautsprecherdurchsage) an einen unbestimmten Adressatenkreis wendet. Unerheblich ist auch, ob die Maßnahme gegenüber mehreren oder nur gegenüber einem einzelnen Marktteilnehmer erfolgt.

III. Erfordernis einer unzumutbaren Belästigung

1. Belästigung

29   **Belästigend** ist eine geschäftliche Handlung (→ Rn. 26), insbes. eine Werbemaßnahme, die dem Empfänger gegen seinen erkennbaren oder doch mutmaßlichen Willen **aufgedrängt** wird und die bereits wegen ihrer Art und Weise unabhängig von ihrem Inhalt als **störend** empfunden wird (BGH GRUR 2011, 747 Rn. 17 – Kreditkartenübersendung mwN; WRP 2019, 879 Rn. 12 – WiFiSpot). Das ist dann anzunehmen, wenn der Handelnde die **Aufmerksamkeit** und/oder die **Einrichtungen** und **Ressourcen** eines Marktteilnehmers gegen seinen erkennbaren oder mutmaßlichen Willen in Anspruch nimmt und ihn damit zwingt, sich mit der Handlung auseinanderzusetzen (ebenso OLG Hamm GRUR-RR 2023, 274 (276). Es muss maW ein Eingriff in die private oder geschäftliche Sphäre eines Marktteilnehmers vorliegen (BGH WRP 2017, 866 Rn. 16 – Lebens-Kost mwN; OLG Köln WRP 2018, 498 Rn. 19). Ein solcher Eingriff wurde bspw. verneint bei der Aktivierung eines zweiten WL-Signals auf dem von einem TK-Dienstleister seinen Kunden zur Verfügung gestellten WLAN-Router, das von Dritten genutzt werden kann, sofern den Kunden ein Widerspruchsrecht zusteht, die Aktivierung des zweiten WLAN-Signals ihren Internetzugang nicht beeinträchtigt und auch sonst keine Nachteile mit sich bringt (BGH WRP 2019, 879 Rn. 18 ff. – WiFiSpot); ferner bei Versendung einer Information über eine Viruserkrankung von Pferden und eine Verpflichtung zur Führung eines bestimmten Registers (OLG Hamm GRUR-RR 2023, 274). Nicht dagegen ist eine Beeinträchtigung der geschäftlichen Entscheidungsfreiheit erforderlich. Häufig wird die Belästigung mit anderen Mitteln unzulässiger Kundenbeeinflussung oder mitunter auch mit einer gezielten Behinderung der Mitbewerber zusammentreffen. – Nicht unter den Begriff der „Belästigung" fällt der belästigende **Inhalt** einer Werbung (→ Rn. 46; aA Meyer WRP 2017, 501). Eine Allgemeinwerbung, die jemandem wegen ihres Inhalts missfällt, zB ihn in seinen sittlichen, weltanschaulichen, religiösen oder politischen Anschauungen verletzt, oder die er als geschmacklos empfindet, kann nicht nach § 7 I 1 untersagt werden. Diese Vorschrift stellt kein Instrument zur Kontrolle des Inhalts von Werbung dar (vgl. auch BVerfG GRUR 2003, 442 (444) – Benetton-Werbung II; GRUR 2001, 170 (174) – Schockwerbung). Dies gilt auch für „pietätlose" Werbung auf Friedhöfen (bedenklich daher OLG München GRUR-RR 2003, 117: Aufstellen von Containern auf Friedhof mit deutlich sichtbarem Firmenschlagwort sei wettbewerbswidrig; relativierend OLG München WRP 2008, 380 (382)). Eine **Inhaltskontrolle** kann lediglich nach **§ 4 Nr. 1** und **2,** nach **§ 3a** iVm bestimmten Marktverhaltensregelungen, zB § 119 I OWiG, JuSchG, oder unmittelbar nach **§ 3 I** in seiner Funktion als Auffangtatbestand bei der Verletzung von Grundrechten, insbes. des Art. 1 GG, stattfinden. – Eine unzumutbare Belästigung liegt nicht vor, wenn eine E-Mail mit neutralem Inhalt aufgrund eines technischen Versehens mehrfach hintereinander versendet wird (OLG Hamm GRUR-RR 2023, 274 (276).

2. In unzumutbarer Weise

30   **a) Allgemeines.** Der Gesetzgeber lässt nicht jede Belästigung genügen, sondern verlangt eine Belästigung **„in unzumutbarer Weise".** Denn jede geschäftliche Handlung, insbes. Werbung, ist mit einer gewissen Belästigung für den Adressaten verbunden, weil und soweit er sich damit auseinandersetzen muss. Wettbewerb ist ohne umfangreiche und intensive Einwirkung auf die Marktteilnehmer nicht möglich. Dies ist im Interesse des Wettbewerbs den Adressaten der Handlung zuzumuten, auch wenn sie persönlich die Maßnahme als lästig empfinden. Es kann daher nicht darum gehen, mittels des Lauterkeitsrechts jede Belästigung auszuschalten, sondern nur die als **unerträglich empfundene** und **damit unzumutbare Belästigung** zu verhindern (BGH GRUR 2011, 747 Rn. 17 – Kreditkartenübersendung). Im Ergebnis kommt es, wie der Wortlaut des § 7 I 1 klar zum Ausdruck bringt, jeweils darauf an, welches Maß an Belästigung und Beeinflussung dem jeweiligen Adressaten noch **zumutbar** ist. Dies beurteilt sich nach den Umständen des **Einzelfalls,** insbes. – entsprechend § 4a II 1 Nr. 1 – nach Zeitpunkt, Ort, Art oder Dauer der Handlung, sowie nach der Schutzbedürftigkeit der angesprochenen Marktteilnehmer (§ 3 IV 2 analog; → Rn. 31) in der jeweiligen Situation. Bei der Prüfung der Unzumutbarkeit sind im Interesse eines effektiven Schutzes der Marktteilnehmer vor Belästigung keine strengen Maßstäbe anzulegen (ähnlich Begr. RegE UWG 2004 zu § 7 I, BT-Drs. 15/1487, 20). Es ist dabei auch zu fragen, wie sich ein Verbot oder umgekehrt eine Zulassung einer bestimmten Maßnahme auf den Wettbewerb und die Allgemeinheit sowie auf die an solcher Werbung interessierten Adressaten auswirkt (vgl. BGH GRUR 1960, 431 (432) – Kraftfahrzeugnummernschilder). Eine unzumutbare Belästigung ist umso eher anzunehmen, je mehr sie nicht eine ungewollte oder nur gelegentliche Nebenwirkung einer Maßnahme darstellt, sondern mit der beanstandeten Maßnahme notwendig und regelmäßig verbunden ist. Daher liegt regelmäßig eine unzumutbare Belästigung vor, wenn belästigendes Verhalten bewusst und gezielt im eigenen Absatzinteresse angewandt wird (BGH WRP 2005, 485 (487) – Ansprechen in der Öffentlichkeit II). Auch spielt eine Rolle, welcher Aufwand für den Marktteilnehmer erforderlich ist, um sich der Maßnahme zu entziehen (vgl. OLG Köln GRUR-RR 2018, 200 Rn. 30).

b) Empfinden des Durchschnittsmarktteilnehmers als Maßstab. Ob eine geschäftliche **31** Handlung zu einer „unzumutbaren Belästigung" führt, beurteilt sich nicht nach dem subjektiven Empfinden des einzelnen Adressaten. Vielmehr ist – wie bei irreführenden oder aggressiven Handlungen – auf den normal informierten und angemessen aufmerksamen und verständigen Durchschnittsverbraucher bzw. -marktteilnehmer abzustellen (OLG München GRUR-RR 2008, 355 (356); OLG Hamm WRP 2012, 585 Rn. 21). Maßgebend ist insoweit die Empfindlichkeit („Reizschwelle") des Durchschnittsmarktteilnehmers. Abzustellen ist daher auf den **durchschnittlich empfindlichen** Adressaten (BGH GRUR 2010, 939 Rn. 24 – Telefonwerbung nach Unternehmenswechsel; GRUR 2010, 1113 Rn. 15 – Grabmalwerbung; GRUR 2011, 747 Rn. 17 – Kreditkartenübersendung; WRP 2019, 879 Rn. 27 – WiFiSpot; vgl. auch Begr. RegE UWG 2004 zu § 7 I, BT-Drs. 15/1487, 21, wonach die Fälle erfasst werden sollen, in denen sich die Belästigung zu einer solchen Intensität verdichtet hat, dass sie von einem großen Teil der Verbraucher als unerträglich empfunden wird). Wendet sich die Maßnahme gezielt an eine bestimmte Personengruppe (zB Fachleute, Kinder, Hausfrauen, Ausländer, Kranke), ist der Durchschnitt dieser Gruppe maßgebend (§ 3 IV 2 in analoger Anwendung; Köhler WRP 2017, 253 Rn. 55).

c) Interessenabwägung am Maßstab der europäischen und deutschen Grundrechte. **32** Bei der Prüfung der Unzumutbarkeit sind nicht nur die Interessen der betroffenen Marktteilnehmer zu berücksichtigen, sondern auch die Interessen der handelnden Unternehmen. Darüber hinaus sind auch die Interessen der Werbedienstleister sowie die Interessen der Adressaten, die an nützlicher Information interessiert sind, sowie die Interessen der Mitbewerber zu berücksichtigen. Die Abwägung hat am Maßstab der europäischen und deutschen Grundrechte zu erfolgen (BGH GRUR 2010, 1113 Rn. 15 – Grabmalwerbung). Soweit es den Anwendungsbereich der UGP-RL angeht, nimmt diese Richtlinie für sich in Anspruch, „die insbes. in der Charta der Grundrechte der Europäischen Union anerkannten Grundrechte und Grundsätze" zu achten (ErwGr. 25 UGP-RL). Von Bedeutung werden die europäischen Grundrechte, insbes. Art. 7 GRCh, aber erst bei der Auslegung der UGP-RL (grundrechtskonforme Auslegung der UGP-RL). Im verbleibenden, vom europäischen Recht nicht geregelten Bereich des § 7 muss sich die Auslegung an den deutschen Grundrechten orientieren. Das Interesse des Unternehmers an Werbung ist durch Art. 5 I GG (vgl. BVerfGE 71, 162 (175) = NJW 1986, 1533) und Art. 12 GG, das Interesse der an Werbung interessierten Marktteilnehmer durch Art. 2 I GG und Art. 5 I GG geschützt (BGH GRUR 2011, 747 Rn. 17 – Kreditkartenübersendung; WRP 2019, 879 Rn. 27 – WiFiSpot). Demgegenüber ist das Interesse, von Werbung verschont zu bleiben, durch Art. 2 I GG (BGH GRUR 2010, 1113 Rn. 15 – Grabmalwerbung; GRUR 2011, 747 Rn. 17 – Kreditkartenübersendung; WRP 2019, 879 Rn. 27 – WiFiSpot) und Art. 14 GG, ggf. auch durch Art. 5 I GG (zur **negativen Informationsfreiheit** als Bestandteil des Grundrechts aus Art. 5 I GG vgl. Fikentscher/Möllers NJW 1998, 1337 (1340) mwN) und, soweit Unternehmer betroffen sind, nach Art. 12 GG geschützt. Auch das durch die Art. 5, 12 GG geschützte Interesse der Mitbewerber, ihre eigene Werbung zur Geltung zu bringen, ist einzubeziehen (BGH GRUR 1960, 431 (432) – Kraftfahrzeugnummernschilder). Bei der Abwägung der grundrechtlich geschützten Interessen von Werbendem und Umworbenem ist grds. das Interesse des Umworbenen an einer ungestörten Individualsphäre höher zu bewerten, weil dem Werbenden idR ausreichende sonstige Werbemöglichkeiten zu Gebote stehen (vgl. BGH WRP 2005, 485 (487) – Ansprechen in der Öffentlichkeit II).

33   **d) Einzelne Beurteilungskriterien.** Bei der Beurteilung der Unzumutbarkeit einer Belästigung ist zunächst zu fragen, ob einer der Spezialtatbestände des § 7 II oder ein Tatbestand der Schwarzen Liste (Anh. § 3 III) verwirklicht ist. Ist dies nicht der Fall, greift also der Auffangtatbestand des § 7 I ein, so können folgende Umstände eine Rolle spielen:

34   **aa) Intensität des Eingriffs in die private oder geschäftliche Sphäre.** Dabei spielt zunächst eine Rolle, welche **Sphäre** (Individualsphäre, Privatsphäre, Intimsphäre) der Adressaten betroffen ist. Daher kann auch ein bloßes Werbeschreiben eine unzumutbare Belästigung darstellen, wenn es in die **Intimsphäre,** also in die innere Gedanken- und Gefühlswelt des Adressaten eingreift. So stellt es eine unzumutbare Belästigung dar, wenn Werbeschreiben für Grabmalausstattungen innerhalb von zwei Wochen nach dem Todesfall an die Angehörigen eines Verstorbenen verschickt werden, mögen sie auch neutral verfasst sein. Denn darin liegt zwar noch keine unlautere Ausnutzung, wohl aber eine Missachtung der Gefühle der Angehörigen und eine ungebührliche Bedrängung (BGH GRUR 2010, 1113 Rn. 17, 22 – Grabmalwerbung). – Weiter spielt eine Rolle, **wie** der Eingriff erfolgt. Unzumutbar ist idR ein unerbetener Eingriff in das **Eigentum** oder den **Besitz** des Adressaten oder ein unerbetenes Betreten seiner **Privaträume** (OLG Köln WRP 2018, 498 Rn. 25). Unzumutbar kann auch ein unerbetener **persönlicher Kontakt** des Handelnden zum Adressaten sein, soweit es einer besonderen persönlichen Anstrengung bedarf, um sich der Werbung zu entziehen. Zum „Ansprechen in der Öffentlichkeit“ → Rn. 75 ff.; zur „Haustürwerbung“ → Rn. 50 ff. – Bei der Übermittlung von **verkörperter Werbung** ist insbes. zu berücksichtigen, welche Kosten und Mühen die Fernhaltung, Erkennung und Entsorgung des Werbematerials verursachen. – Bei Erbringung einer unbestellten Dienstleistung, wie zB der erweiterte Zugriff auf WLAN-Leistungen, ist die damit verbundene Belästigung nur dann unzumutbar, wenn die Maßnahme gegen den geäußerten oder erkennbaren Widerspruch des Kunden durchgeführt wird oder der Kunde nicht vorab über die Möglichkeit eines Widerspruchs informiert wurde (OLG Köln WRP 2018, 498 Rn. 22).

35   **bb) Möglichkeit zum Vorgehen in schonenderer Weise.** Kann der Handelnde sein (insbes. werbliches) Anliegen ebenso gut in einer Weise verwirklichen, die mit einer geringeren Belästigung des Adressaten verbunden ist, ist auch dies zu berücksichtigen.

36   **cc) Ausweichmöglichkeiten des Adressaten.** Hier kann eine Rolle spielen, welches Maß an Zeit, Arbeit und Kosten der Adressat aufwenden muss, um der Werbung zu entgehen oder sich ihrer zu entledigen. Dies kann bei den einzelnen Werbemethoden sehr unterschiedlich sein. Am Beispiel einer aufdringlichen Lautsprecherwerbung: Sie kann durchaus eine Belästigung des Publikums darstellen. Allerdings wird diese Belästigung idR nicht unzumutbar sein, da sich die betroffenen Personen ihr durch Weitergehen oder Verlassen des Geschäfts entziehen können. Besteht diese Möglichkeit jedoch nicht, wie zB bei Lautsprecherwerbung in einem Flugzeug oder einem Zug, bleibt der Rückgriff auf § 7 I 1 offen. – Hierher gehört aber auch der Fall der Versendung vorbeugender Unterlassungserklärungen an Anwälte, die von den verletzten Rechteinhabern gar nicht beauftragt worden waren. Denn diese werden mit dem Prüfungsaufwand belastet, ob Interessen etwaiger Mandanten betroffen sind (OLG Hamburg MMR 2012, 460 (461)).

37   **dd) Gefahr der Summierung der Belästigung.** Die mit einer bestimmten Werbemethode verbundene Belästigung der Umworbenen kann in Grenzfällen ein so geringes Ausmaß besitzen, dass sie, solange sie nicht massiv auftritt, gerade noch hinnehmbar erscheint (zu Bagatellverstößen und zu **„Ausreißer“**-Fällen → Rn. 38). Die Unzumutbarkeit einer Belästigung kann sich jedoch auch aus der Gefahr ihrer Summierung ergeben. Denn mag auch die Belästigung im einzelnen Fall geringfügig sein, so kann sie sich doch im Falle ihrer Wiederholung oder Nachahmung durch Dritte zu einer unerträglichen Beeinträchtigung der Betroffenen auswachsen. Daher sind stets auch die Folgen zu berücksichtigen, wenn die Werbung im Einzelfall erlaubt würde. Wäre damit zu rechnen, dass andere Unternehmen in größerer Zahl die gleiche Methode anwenden und es durch die Nachahmung zu einer Summierung der Belästigung kommt, so kann auch diese Auswirkung die Unlauterkeit einer Werbemaßnahme begründen (BGH WRP 2005, 485 (486) – Ansprechen in der Öffentlichkeit II; GRUR 2009, 980 Rn. 12 – E-Mail-Werbung II; WRP 2013, 1579 Rn. 22 – Empfehlungs-E-Mail; WRP 2020, 446 Rn. 47 – Inbox-Werbung I).

38   **ee) „Ausreißer“.** § 7 I 2 gilt auch und gerade für eine erkennbar unerwünschte Werbung im Einzelfall. Jedoch soll nach einer Auffassung im Rahmen der gebotenen Interessenabwägung

unter Berücksichtigung der Umstände des Einzelfalls zu berücksichtigen sein, ob es sich um einen einmaligen geringfügigen und ungewollten Verstoß gegenüber einem einzelnen Marktteilnehmer („Ausreißer") handelt (jurisPK-UWG/Koch/Seiter Rn. 35). Dies kann aber allenfalls für den verschuldensabhängigen Schadensersatzanspruch und Vertragsstrafenanspruch, nicht aber für den verschuldensunabhängigen Unterlassungs- und Beseitigungsanspruch gelten (ebenso OLG Frankfurt WRP 2020, 1460 Rn. 24). Denn insoweit ist nur die objektive Tatbestandsverwirklichung maßgebend. Ist der Tatbestand aber im Einzelfall objektiv erfüllt, wird die Wiederholungsgefahr vermutet. Sie kann dann grds. nur durch Abgabe einer strafbewehrten Unterlassungserklärung ausgeräumt werden, nicht dagegen durch den Hinweis, es habe sich um einen einmaligen unverschuldeten „Ausreißer" gehandelt. Zwar kennt § 7 I 2 im Gegensatz zu § 3a keine Spürbarkeitsklausel, so dass sich insoweit auch nicht die Rspr. zu Bagatellverstößen gegen § 3a (BGH GRUR 2017, 203 Rn. 31 – Quecksilberhaltige Leuchtstofflampen) heranziehen lässt. Jedoch ist die „Ausreißerproblematik" im Rahmen der gebotenen **Interessenabwägung** (→ Rn. 32) zu beurteilen. Dies rechtfertigt es, darauf abzustellen, ob der Verletzer ausreichende Vorkehrungen gegen „Ausreißer" getroffen hat, wofür er die Darlegungs- und Beweislast trägt (OLG Frankfurt WRP 2020, 1460 Rn. 24, 25).

IV. Schutz der Marktteilnehmer

§ 7 I 1 schützt nur **„Marktteilnehmer"** vor unzumutbarer Belästigung. Das sind nach der **39** Legaldefinition in § 2 I Nr. 3 „neben Mitbewerbern und Verbrauchern alle Personen, die als Anbieter oder Nachfrager von Waren oder Dienstleistungen tätig sind". Dritte werden daher nur geschützt, wenn sie von der geschäftlichen Handlung in ihrer Eigenschaft als Marktteilnehmer angesprochen werden. Geht bspw. von einer Werbeveranstaltung auf einem Grundstück ruhestörender Lärm aus, durch den sich Dritte gestört fühlen, erfüllt dies zwar möglicherweise einen Deliktstatbestand, nicht aber den Tatbestand des § 7 I 1.

Wie bereits aus dem Wortlaut des § 7 I 1 („ein Marktteilnehmer") hervorgeht, kann der **40** Tatbestand bereits dann erfüllt sein, wenn nur **ein einziger** Marktteilnehmer von der Handlung betroffen ist. Zum möglichen Einwand des Handelnden, es habe sich um ein einmaliges Versehen (**„Ausreißer"**) gehandelt (→ Rn. 38).

In der Praxis steht sicher der Schutz der **Verbraucher** im Vordergrund. Maßgebend ist nach **41** § 2 II insoweit der Verbraucherbegriff des § 13 BGB. Darüber hinaus schützt § 7 I 1 **alle sonstigen als Anbieter oder Nachfrager von Waren oder Dienstleistungen tätigen Personen.** Darunter fallen insbes. Unternehmen, Verbände und die öffentliche Hand. Auch sie haben ein schutzwürdiges Interesse, vor unzumutbarer Belästigung durch geschäftliche Handlungen, insbes. Werbemaßnahmen, bewahrt zu werden. Weitergehend schützt § 7 I 1 auch die **Mitbewerber** iSd § 2 I Nr. 4 (so auch OLG Hamburg MMR 2012, 460 (461); aA Beater WRP 2012, 6 (11 f.)). Dabei kommt insbes. der Fall in Betracht, dass ein Unternehmer (oder ein von ihm beauftragter Headhunter) mittels Telefonanrufen im Betrieb eines Mitbewerbers dessen Mitarbeiter abzuwerben versucht. Solche Maßnahmen sind nicht nur nach §§ 3, 4 Nr. 4 (→ § 4 Rn. 4.112), sondern auch nach § 7 I 1 zu beurteilen. Ausschließlich nach § 7 I 1 zu beurteilen sind geschäftliche Handlungen, die den Mitbewerber nicht im Wettbewerb behindern, sondern nur seine geschäftliche Tätigkeit stören. Dazu gehören zB hartnäckige und daher belästigende Versuche, einen Mitbewerber zur Teilnahme an einem Kartell oder an einem Boykott zu bewegen; ferner die Versendung vorbeugender Unterlassungserklärungen durch einen Anwalt an Anwälte, die nach seiner bloßen Vermutung von verletzten Rechteinhabern mandatiert sind (OLG Hamburg MMR 2012, 460 (461)).

C. Der Beispielstatbestand des § 7 I 2

I. Die Regelung und ihre Rechtsnatur

Nach § 7 I 2 gilt die Regelung des § 7 I 1 **„insbesondere für Werbung, obwohl erkenn-** **42** **bar ist, dass der angesprochene Marktteilnehmer diese Werbung nicht wünscht".** Wie sich aus dem Wortlaut der Vorschrift („insbes.") ergibt, handelt es sich lediglich um einen (abstrakt gefassten) **Beispielstatbestand** der unzumutbaren Belästigung. Aus ihr ist daher nicht der Umkehrschluss zu ziehen, eine Werbung stelle so lange keine Belästigung dar, als der Umworbene nicht erklärt habe, er wünsche sie nicht (vgl. Begr. RegE UWG 2004 zu § 7 II

Nr. 1 aF, BT-Drs. 15/1487, 21). Denn in vielen Fällen kann der Empfänger einen entgegenstehenden Willen gar nicht sofort erkennbar machen, wie etwa bei dem Ansprechen in der Öffentlichkeit (→ Rn. 75 ff.) oder bei der Zusendung unbestellter Waren (→ Rn. 90 ff.). – Ob und inwieweit andere Werbeformen zu einer „unzumutbaren Belästigung" führen, ist vielmehr von der Rspr. zu klären (Begr. RegE UWG 2004 zu § 7 II, BT-Drs. 15/1487, 21).

II. Das Verhältnis zu den Tatbeständen des § 7 II

1. Entstehungsgeschichte des § 7 I 2

43   Die Regelung des § 7 I 2 war früher in § 7 II Nr. 1 aF UWG 2008 enthalten. Da die Tatbestände des § 7 II als Per-se-Verbote ausgestaltet sind, wie sich aus dem Wortlaut („stets") ergibt, sah sich der Gesetzgeber veranlasst, den Tatbestand der erkennbar nicht gewünschten Werbung in den § 7 I 2 zu verschieben, um nicht mit der UGP-RL in Konflikt zu kommen (vgl. Begr. RegE UWG 2009 zu § 7, BT-Drs. 16/10145, 57 ff.). Damit sollte zugleich zum Ausdruck gebracht werden, dass bei der Beurteilung der Unzumutbarkeit der Belästigung grds. **alle Umstände des Einzelfalls** zu berücksichtigen sind (Köhler WRP 2017, 253 Rn. 63). Die Entstehungsgeschichte des § 7 I 2 spricht dafür, dass der Gesetzgeber in § 7 II eine abschließende Regelung gegenüber § 7 I 2 treffen wollte (BT-Drs. 16/10145, 57 ff.). Auch die Rspr. neigte dieser Auffassung zu (BGH WRP 2012, 938 mAnm Köhler). Eine endgültige Klärung steht noch aus.

2. Zur Anwendung des § 7 I 2 neben § 7 II Nr. 1–3

44   Die Tatbestände des **§ 7 II Nr. 1–3, III** dienen der Umsetzung des Art. 13 ePrivacy-RL und bezwecken wie § 7 I 2 den Schutz der Privatsphäre von Verbrauchern sowie der betrieblichen Sphäre von sonstigen Marktteilnehmern. Sie stellen jedoch **Spezialregelungen zu § 7 I 2** dar, da kein Bedarf für einen noch strengeren Schutz der Verbraucher und sonstigen Marktteilnehmer besteht.

III. Anwendungsbereich des § 7 I 2

1. Beschränkung auf Individualwerbung

45   Zum Begriff der **Werbung** → § 2 Rn. 2.17. Nach Sinn und Zweck der Regelung fällt darunter nicht nur die **Absatzwerbung,** sondern auch die **Nachfragewerbung,** also das Bemühen um den Bezug von Waren oder Dienstleistungen (→ Rn. 149, 150, 245; BGH GRUR 2008, 923 Rn. 12 – Faxanfrage im Autohandel; GRUR 2008, 925 Rn. 16 – FC Troschenreuth; OLG Karlsruhe GRUR-RR 2010, 51 (52); vgl. auch Nippe WRP 2006, 951 (956)). Die Regelung bezieht sich aber nur auf Werbung, durch die ein Marktteilnehmer **angesprochen** wird. Es muss sich lediglich um eine **Individualwerbung** handeln (ebenso Sosnitza GRUR 2003, 739 (744)). Angesprochen iSd § 7 I 2 ist ein einzelner Marktteilnehmer also bereits dann, wenn ihm die Werbung in einer Weise nahegebracht wird, die seine private oder geschäftliche Sphäre berührt, auch wenn er nicht **persönlich** als potenzieller Kunde angesprochen wird. Dies ergibt sich ua daraus, dass die Vorschrift nur den „angesprochenen" Marktteilnehmer schützt. Daher ist § 7 I 2 auf die **Briefkastenwerbung,** nämlich den Einwurf nichtadressierter oder teiladressierter Werbung, wie Werbeprospekte, Kataloge, in Briefkästen, anwendbar (→ Rn. 111 ff.; Köhler WRP 2017, 253 Rn. 65, 66). Davon zu unterscheiden ist die **Allgemeinwerbung,** also Werbung, die sich an einen unbestimmten Personenkreis wendet, wie zB Plakat- oder Medienwerbung. Sie kann zwar ebenfalls vom Einzelnen als unzumutbare Belästigung empfunden werden, fällt aber nicht unter § 7 I 2. IdR ist der Einzelne insoweit auch nicht schutzbedürftig, da er sich einer solchen Werbung ohne weiteres entziehen kann (zB durch Wegsehen oder Weggehen). Besteht diese Möglichkeit nicht, wie zB bei einer aufdringlichen Lautsprecherwerbung in einem Flugzeug oder einem Zug, bleibt der Rückgriff auf § 7 I 1 offen. – Zur Anwendung des § 7 I 2 auf **Presseerzeugnisse** → Rn. 118 ff. – Zur Anwendung des § 7 I 2, II Nr. 2 auf die **Spendenwerbung** vgl. Paal/Nikol GRUR 2023, 781 (783). Zur Frage, ob Spendenwerbung eine geschäftliche Handlung ist, → § 2 Rn. 2.44.

2. Beschränkung auf die Form der Werbung

Die Regelung bezieht sich nur auf die **Form** der Werbung, dh auf die Art und Weise, wie die **46** Werbung dem Empfänger nahegebracht wird, **nicht** auch auf den **Inhalt** der Werbung (vgl. Begr. RegE UWG 2004 zu § 7, BT-Drs. 15/1487, 207; → Rn. 29). Zwar mag vielfach der Inhalt einer Werbung vom Empfänger als Beeinträchtigung seiner Gefühle und Anschauungen empfunden werden (wie zB in den Benetton-Fällen). Darum geht es aber bei § 7 I 2 nicht. Vielmehr geht es lediglich darum, ob und inwieweit eine Werbung jemandem gegen seinen erkennbaren oder mutmaßlichen Willen aufgedrängt werden darf, so dass er gezwungen ist, sich damit auseinanderzusetzen. Wird mit **strafbaren** (zB jugendgefährdenden) **Inhalten** geworben, kann dies mit Hilfe des Rechtsbruchtatbestands des § 3a geahndet werde (vgl. BGH GRUR 2007, 890 Rn. 35 – Jugendgefährdende Medien bei eBay). Ggf. kann auch § 3 I in seiner Funktion als Auffangtatbestand eingreifen, etwa bei Werbung unter Verletzung der Menschenwürde (Art. 1 GG).

3. Beschränkung auf die erkennbar unerwünschte Werbung

Die Regelung bezieht sich nur auf die erkennbar nicht gewünschte Werbung. Ob der **47** Wunsch, nicht mit der Werbung konfrontiert zu werden, schon vor Beginn der Werbemaßnahme geäußert wird (**Beispiel:** Briefkastenaufkleber „Werbung unerwünscht"; → Rn. 111 ff.) oder erst zu einem späteren Zeitpunkt (**Beispiel:** Aufforderung an Werber, das Haus zu verlassen), ist unerheblich.

IV. Normzweck und richtlinienkonforme Auslegung

Die Norm dient dem Schutz der **privaten** und **geschäftlichen Sphäre** des Umworbenen vor **48** Beeinträchtigung (→ Rn. 2, 34). Aus dem Blickwinkel des Bürgerlichen Rechts (§ 823 I BGB) geht es zum einen um die Beeinträchtigung des **allgemeinen Persönlichkeitsrechts,** zum anderen um die Beeinträchtigung des **Rechts am eingerichteten und ausgeübten Gewerbebetrieb.** Der Wille des Einzelnen, sich nicht mit unerbetener Werbung auseinandersetzen zu müssen, ist als Ausfluss seines personalen Selbstbestimmungsrechts schutzwürdig und hat Vorrang vor dem Interesse des Werbenden an „freier Meinungsäußerung". Soweit die Werbemaßnahme die räumlich-gegenständliche Sphäre des Empfängers gegen seinen Willen beeinträchtigt, ist § 823 I BGB auch im Hinblick auf den Schutz von **Besitz und Eigentum** anwendbar. Das Interesse der werbenden Wirtschaft hat insoweit zurückzutreten (BGHZ 106, 229 (233 f.) = GRUR 1989, 225 – Handzettel-Wurfsendung). Geschützt wird jeder durch die Werbung angesprochene Marktteilnehmer (→ Rn. 39). Die Vorschrift ist also nicht auf den Schutz der Verbraucher beschränkt.

V. Erkennbarkeit des entgegenstehenden Willens

Für den Werbenden muss **„erkennbar"** sein, „dass der Empfänger diese Werbung nicht **49** wünscht". Der entgegenstehende Wille kann auf Grund der **äußeren Umstände** erkennbar sein. Das ist insbes. anzunehmen, wenn der Werbende das Werbematerial dem Empfänger außerhalb der verkehrsüblichen Zugangseinrichtungen **aufdrängt,** wie etwa im Anbringen von Prospekten an der Windschutzscheibe („Scheibenwischerwerbung"; → Rn. 126) oder beim Ablegen von Anzeigenblättern im Hausflur. In den übrigen Fällen muss der Empfänger seinen **entgegenstehenden Willen geäußert,** also irgendwie zum Ausdruck gebracht haben. So bspw. bei der Briefkastenwerbung durch Anbringen eines **Sperrvermerks** (→ Rn. 111 ff.). Jedenfalls muss dies in einer Weise geschehen sein, dass gerade der Werbende oder sein Mitarbeiter oder Beauftragter bei Anwendung der gebotenen **unternehmerischen Sorgfalt** (§ 2 I Nr. 9) diesen Willen erkennen kann. **Beispiele:** Hat ein Unternehmer einem Handelsvertreter schriftlich mitgeteilt, dass er keine Hausbesuche mehr wünsche, so muss die Erklärung dem Vertreter zugegangen (§ 130 BGB analog) sein, um ihre Wirkung zu entfalten. Dass der Werbende den entgegenstehenden Willen tatsächlich gekannt hat, ist dagegen nicht erforderlich, da der Wille nur erkennbar sein muss.

D. Fallgruppen zu § 7 I

I. Haustürwerbung

1. Allgemeines

50 **a) Begriff und wirtschaftliche Bedeutung.** Unter „Haustürwerbung" ist das Aufsuchen potenzieller Kunden in ihren privaten oder betrieblichen Räumlichkeiten mit dem Ziel der Absatzwerbung zu verstehen. Dieser Direktvertrieb von Waren und Dienstleistungen hat einen Strukturwandel erlebt. Während vor dem 2. Weltkrieg der Hausierhandel des kleinen selbstständigen Händlers im Vordergrund stand, kam es in der Nachkriegszeit mehr und mehr zum Direktvertrieb von Unternehmen und der Einschaltung eines Außendienstes („Vertreterbesuche"). Wegen seiner hohen Kosten für den Vertretereinsatz ist die wirtschaftliche Bedeutung des Direktvertriebs zwar im Vergleich zum gesamten Einzelhandelsumsatz gering. Absolut gesehen kommt ihm aber immer noch eine wichtige wirtschaftliche Bedeutung zu.

51 **b) Unionsrecht.** Eine unionsrechtliche Regelung der Zulässigkeit der Haustürwerbung besteht nur partiell. Der EuGH (Slg. 1989, 1235 = GRUR Int 1990, 459 – Buet) hielt eine französische Regelung, die den Verkauf von pädagogischen Materialien und den Abschluss von Unterrichtsverträgen im Wege der Haustürwerbung verbot, für nicht unvereinbar mit (jetzt) Art. 34 AEUV. Maßgebend war dafür die Erwägung, dass auf diesem Gebiet die Einräumung eines Rücktrittsrechts nicht ausreiche und ein völliges Verbot der Kundenwerbung an der Haustür erforderlich sei. – Diesen Ausführungen ist jedoch nicht ohne weiteres im Umkehrschluss zu entnehmen, dass die Haustürwerbung in anderen Fällen zuzulassen sei. Denn der EuGH hatte es nur mit einer Regelung zu tun, die den Schutz des Verbrauchers vor Überrumpelung und Täuschung bezweckte. Der im deutschen Recht im Vordergrund stehende Gesichtspunkt der unzumutbaren Belästigung des Verbrauchers spielte in diesem Verfahren keine Rolle. – Nach **Anh. I Nr. 25 UGP-RL** ist es schlechthin unlauter, die Aufforderung des Verbrauchers bei persönlichen Besuchen in dessen Wohnung, diese zu verlassen bzw. nicht zurückzukehren, nicht zu beachten, außer in den Fällen und in den Grenzen, in denen dies nach nationalem Recht gerechtfertigt ist, um eine vertragliche Verpflichtung durchzusetzen. Daraus ist aber ebenfalls nicht der Umkehrschluss zu ziehen, dass der unerbetene Hausbesuch im Übrigen zulässig ist. Vielmehr kommt es insoweit auf die Umstände des Einzelfalls an.

52 **c) Bürgerliches Recht.** Verträge, die auf Grund einer im Einzelfall wettbewerbswidrigen Haustürwerbung zu Stande gekommen sind, sind nicht schon aus diesem Grund nichtig oder anfechtbar. Jedoch steht dem Kunden unter bestimmten Voraussetzungen bei Haustürgeschäften, also **„außerhalb von Geschäftsräumen geschlossenen Verträgen"** (gleichgültig, ob das Vorgehen dabei wettbewerbswidrig war oder nicht) nach §§ 312g, 355 BGB ein **Widerrufsrecht** zu. – Die unerbetene Haustürwerbung kann eine **Eigentums-** bzw. **Besitzstörung** iSd §§ 1004, 858 BGB sein. So etwa, wenn ein Werber ein erkennbares Hausverbot missachtet oder sich nach Aufforderung des Wohnungsinhabers nicht entfernt.

2. Unerbetene Haustürwerbung als unzumutbare Belästigung

53 **a) Problematik.** „Der Verkauf an der Haustür ist eine der am meisten umstrittenen Verkaufstechniken, die im Laufe dieses Jahrhunderts erdacht und entwickelt wurden". (Generalanwalt Tesauro im Fall EuGH Slg. 1989, 1235 (1240) = GRUR Int 1990, 459 – Buet). Die rechtliche Problematik besteht darin, dass der Verkauf an der Haustür einerseits eine lange Tradition besitzt und für viele Verbraucher eine bequeme Möglichkeit des Produkterwerbs darstellt, andererseits aber zu einer nicht unbeträchtlichen Beeinträchtigung der Privatsphäre der Verbraucher und zur Überrumpelung der Verbraucher führen kann. Dem gilt es bei der lauterkeitsrechtlichen Beurteilung Rechnung zu tragen.

54 **b) Haustürwerbung als unzumutbare Belästigung iSv § 7 I 2.** Der unerbetene Hausbesuch zu Werbezwecken stellt eine unzumutbare Belästigung iSv § 7 I 2 dar, wenn der Werbende ein erkennbares Verbot des **Wohnungsinhabers** („Betteln und Hausieren verboten"; „Für Vertreter verboten") missachtet (LG Hamburg WRP 1987, 272). Dies gilt gleichermaßen für erkennbare Besuchsverbote oder Besuchsbeschränkungen, die ein **Unternehmer** ausgesprochen hat (zB „Vertreterbesuche nur zwischen 14:00 und 17:00"). Derartige Regelungen sind

auch mit der UGP-RL vereinbar (vgl. Art. 3 V UGP-RL und ErwGr. 54, 55 RL (EU) 2019/
2161).

**c) Haustürwerbung als unzumutbare Belästigung iSv § 7 I 1. aa) Entwicklung der 55
Rspr. (1) Rspr. zum UWG 1909.** Die **ältere Rspr.** zu § 1 aF (BGH GRUR 1955, 541 –
Bestattungswerbung; GRUR 1959, 277 (280) – Künstlerpostkarten; BGHZ 54, 188 (193) =
GRUR 1970, 523 – Telefonwerbung I; GRUR 1967, 430 (431) – Grabsteinaufträge I; GRUR
1971, 317 – Grabsteinaufträge II) beurteilte die Zulässigkeit von Vertreterbesuchen im Einzelfall
unter Berücksichtigung aller Umstände. Die neuere Rspr. zu § 1 aF (BGH GRUR 1994, 380
(382) – Lexikothek; GRUR 1994, 818 (819) – Schriftliche Voranmeldung) sah dagegen den
ohne vorheriges Einverständnis getätigten Hausbesuch bei Verbrauchern oder Unternehmern
grds. als wettbewerbsrechtlich zulässig an, sofern nicht auf Grund bes. Umstände die Gefahr einer
untragbaren oder sonst wettbewerbswidrigen Belästigung oder Beunruhigung des privaten
Lebensbereichs gegeben sei. Denn Vertreterbesuche lägen im Rahmen einer traditionell zulässigen gewerblichen Betätigung, wovon auch die Gewerbeordnung (§§ 55 ff. GewO) und die
Vorschriften über Haustürgeschäfte (§ 312 I BGB aF) ausgingen. Dass ein Teil der Bevölkerung
diese Werbemethode als belästigend erachte, spiele für die lauterkeitsrechtliche Bewertung keine
Rolle (BGH GRUR 1994, 818 (819) – Schriftliche Voranmeldung). Eine abweichende Bewertung würde einen unzulässigen Eingriff in die Berufsausübungsfreiheit (Art. 12 GG) darstellen.
Denn die mit jedem Besuch im Privatbereich verbundene Störung oder Belästigung reiche allein
nicht aus, um ein generelles Verbot dieser Art von Werbung zu rechtfertigen (BGH GRUR
1994, 818 (819) – Schriftliche Voranmeldung). Weiter lasse sich im Wege eines Umkehrschlusses
anführen, dass der Gesetzgeber nur in einem Fall unangemeldete Hausbesuche ausdrücklich
verboten habe (§ 17 FernUSG).

(2) Rspr. Unter Geltung des § 7 UWG 2004 hat der BGH (in einem obiter dictum) 56
ausgeführt, dass Hausbesuche von Vertretern" seit jeher als zulässig erachtet worden" seien (BGH
GRUR 2004, 699 (701) – Ansprechen in der Öffentlichkeit I). Auch unter Geltung des § 7
UWG 2008 geht der BGH davon aus, dass Haustürwerbung grds. zulässig ist (BGH WRP 2014,
1050 Rn. 29 – Geschäftsführerhaftung). Bejahend zuletzt mit ausf. Begr. KG WRP 2021, 659
Rn. 29 ff.

bb) Schrifttum. Teile des Schrifttums (jurisPK-UWG/Koch/Seichter § 7 Rn. 69 ff.; Bü- 57
scher/Büscher Rn. 76; Bittner WRP 2019, 1529) folgen der Rspr. Doch mehren sich die
Vorbehalte gegen die grds. Zulässigkeit unangemeldeter Hausbesuche. Vornehmlich wird die
unterschiedliche Behandlung unerbetener Telefonanrufe und unerbetener Hausbesuche kritisiert
(FBO/Mankowski Rn. 311 f.; Harte-Bavendamm/Henning-Bodewig/Schöler Rn. 92; Ohly/
Sosnitza Rn. 80). Denn die Zwangssituation, in die Wohnungsinhaber bei unerbetenen Hausbesuchen gerieten, sei auf Grund der Überraschungswirkung und des persönlichen Kontakts
grds. stärker als bei einem unerbetenen Telefonanruf, dem man mit Auflegen des Hörers sofort
begegnen könne. Der wettbewerbsrechtlichen Bewertung stünden die §§ 55 ff. GewO nicht
entgegen (Ulrich FS Vieregge, 1995, 914). Andere sehen unerbetene Hausbesuche bei Privaten
als generell unzulässig an (Scherer, Privatrechtliche Grenzen der Verbraucherwerbung,
1996, 120 ff.; Anm. Köhler zu BGH LM § 1 Nr. 643 – Lexikothek; Beater § 16 Rn. 43), sofern
keine vorherige ausdrückliche Einwilligung vorliegt (Reich GRUR 2011, 589 (595)).

cc) Stellungnahme. (1) Grundsatz. Unter Geltung des § 7 I 1 ist zu fragen, ob unerbetene 58
Hausbesuche eine **unzumutbare Belästigung** darstellen. Dass der Hausbesuch eine Belästigung
der aufgesuchten Personen zur Folge hat, liegt auf der Hand. Die Frage ist nur, ob die
Belästigung so stark ist, dass sie – auch unter Berücksichtigung der Interessen der Werbenden –
unzumutbar ist. Das ist dann anzunehmen, wenn **weder eine tatsächliche noch eine mutmaßliche Einwilligung** des Wohnungsinhabers vorliegt (→ Rn. 63). Das ergibt sich aus folgenden Erwägungen:

(2) Hoher Belästigungsgrad. Nicht beizupflichten ist dem BGH zunächst einmal in der 59
Bewertung des Grades der Belästigung, der von einem unangemeldeten Hausbesuch ausgeht.
Um die unterschiedliche Behandlung von Telefonwerbung und Haustürwerbung zu rechtfer-
tigen, weist der BGH (GRUR 1994, 380 (381) – Lexikothek) auf folgende Gesichtspunkte hin:
Hausbesuche würden im Allgemeinen tagsüber stattfinden und sich auf Werktage beschränken,
Telefonanrufe seien zeitlich unbeschränkter möglich. Ein Vertreterbesuch an der Haustür könne
als solcher bald erkannt und abgelehnt werden. Wiederholte Anrufe in der gleichen Angelegen-

heit seien eher möglich als wiederholte Vertreterbesuche. Unternehmen hätten bei der Telefonwerbung nicht denselben Kostenaufwand wie bei Hausbesuchen. Auch die Begründung des KG
(WRP 2021, 659 Rn. 34 ff.), dass der entscheidende Unterschied zwischen der unerlaubten
Telefonwerbung und einer Haustürwerbung ohne vorherige ausdrückliche oder mutmaßliche
Einwilligung in der unterschiedlichen Anzahl dieser Werbemaßnahmen gegenüber dem einzelnen Verbraucher und in der bei der Telefonwerbung deutlich höheren Nachahmungsgefahr
bestehe, vermag nicht zu überzeugen. – Dem ist entgegenzuhalten, dass eine Werbemethode, die
ganz überwiegend von der Bevölkerung als belästigend empfunden wird (vgl. Ulrich FS Vieregge, 1995, 901 (912)), nicht aus dem Grund hingenommen werden kann, weil sie aus Kostengründen „sparsamer" eingesetzt wird als eine andere Werbemethode. Vor allem aber trifft es
nicht zu, dass ein Vertreterbesuch mit einer geringeren Belästigung verbunden sei, weil leichter
abwehrbar als ein Telefonanruf. Zunächst einmal muss der Wohnungsinhaber sich zur Tür (oder
Haussprechanlage) begeben, um festzustellen, wer ihn sprechen möchte. Diese Störung der
privaten oder beruflichen Sphäre des Verbrauchers lässt sich nicht mehr rückgängig machen,
selbst wenn der Vertreter kurz abgefertigt wird. Auch lässt sich das werbliche Anliegen des
Besuchers meist nicht sofort feststellen, da dieser – aus verkaufspsychologischen Gründen – nicht
sofort mit seinem Anliegen hervortreten wird. Ist aber das Werbeanliegen erkannt, so bedarf es –
im Vergleich zu einem anonymen Anrufer – einer größeren Anstrengung, den vor einem
stehenden Werber abzuweisen, ohne sich auf eine Auseinandersetzung mit ihm einzulassen. Mit
Recht hat der XI. ZS des BGH (NJW 1996, 929 (930)) im Zusammenhang mit Haustürgeschäften darauf hingewiesen, „dass es dem Kunden leichter fällt, ein Telefongespräch abzubrechen als einen Besucher aus der Wohnung zu weisen". – Da der Wohnungsinhaber idR nicht
weiß und erkennen kann, wer ihn sprechen möchte, liegt auch die Parallele zum überraschenden
Ansprechen durch einen als solchen nicht erkennbaren Werber in der Öffentlichkeit auf der
Hand. Wenn die Rspr. diese Art Werbung als unzumutbare Belästigung ansieht (→ Rn. 77), ist
es nur folgerichtig, diese Wertung auch auf den unerbetenen Hausbesuch zu übertragen (LG
Berlin WRP 2019, 1612; aA jurisPK-UWG/Koch/Seichter Rn. 70). Auch für diese Werbe-
methode gilt, dass die Belästigung nicht nur eine ungewollte oder nur gelegentliche Nebenwir-
kung ist, sondern bewusst und gezielt als Mittel im eigenen Interesse eingesetzt wird (vgl.
BGH GRUR 2005, 443 (445) – Ansprechen in der Öffentlichkeit II). Hinzu kommt, dass der
Hausbesuch im Vergleich zum überraschenden Ansprechen in der Öffentlichkeit einen stärkeren
Eingriff in die Individualsphäre des Umworbenen darstellt. Der Straßenwerber kann nämlich
leichter, durch schlichtes Weitergehen, abgeschüttelt werden als der Haustürwerber, zumal dann,
wenn dieser sich schon Zutritt zur Wohnung verschafft hat. Die Annahme, der Durchschnitts-
bürger fühle sich in den eigenen vier Wänden sicherer als in der Öffentlichkeit und es falle ihm
daher leichter, unerwünschte Werber zurückzuweisen, trifft nicht zu. – Es ist daher festzuhalten,
dass der Hausbesuch eine stärkere Belästigung zur Folge hat als ein bloßer Telefonanruf oder als
das Ansprechen in der Öffentlichkeit. – Es ist dem Privaten auch nicht zumutbar, selbst für seinen
Schutz zu sorgen, etwa durch Anbringung von Schildern an der Haustür, die Vertreterbesuche
untersagen, zumal dies häufig, wie bei größeren Wohnanlagen nicht möglich ist, solche Schilder
im Übrigen deutlich lesbar sein müssten und daher verunzierend wirken könnten. – Auch die
angeblich geringere Nachahmungsgefahr eines unerbetenen Hausbesuchs im Vergleich zur unerbetenen Telefonwerbung vermag seine grds. Zulässigkeit nicht zu rechtfertigen. Denn für den
Schutz des einzelnen Verbrauchers vor Belästigung durch einen unerbetenen Hausbesuch ist dies
kein Trost. Auch hat bereits der Einsatz auch nur eines Haustürwerbers zur Folge, dass es zu
einer Vielzahl von unerbetenen Hausbesuchen bei Verbrauchern kommen wird. – Bei der
Abwägung zwischen dem Interesse des Gewerbetreibenden an freier Berufsausübung (Art. 12
GG) und dem Interesse des Einzelnen an Wahrung seiner Privatsphäre (Art. 2 I GG) hat daher
das Interesse des Unternehmers an unerbetener Haustürwerbung zurückzutreten.

60 **(3) Keine schutzwürdigen Besitzstände.** Das Besitzstandsargument (Art. 14 GG) kann von
vornherein nur für konkrete Unternehmen gelten, die bereits längere Zeit im Direktvertrieb
tätig sind und entspr. Investitionen getätigt haben. Nicht dagegen kann es für Branchen als solche
gelten. Hinzu kommt, dass sich die wirtschaftlichen und sozialen Verhältnisse stark gewandelt
haben. Das spiegelt sich bei den Waren und Dienstleistungsarten wider, die in heutiger Zeit „an
der Haustür" verkauft werden (Kosmetika; Zeitschriften; Versicherungen; Weine; Unterrichts-
materialien; Staubsauger; Teppiche; Energieversorgungsverträge). – Hatte früher der Hausierhandel, insbes. auf dem flachen Land, seine Berechtigung („Scherenschleifer und Kesselflicker";
OLG Hamburg WRP 1992, 728 (729)), so ist heute ein wirtschaftliches Bedürfnis der Bevölke-

rung an dieser Form des Absatzes von Waren und Dienstleistungen kaum mehr zu erkennen. In der Hauptsache geht es bei den Hausbesuchen darum, Bestellungen zu akquirieren und nicht – wie früher – die Bevölkerung unmittelbar mit Waren und Dienstleistungen zu versorgen. Im Übrigen ist die Mobilität der Bevölkerung deutlich gestiegen und die Direktlieferung durch den Versandhandel ins Haus möglich. – Selbst wenn man aber das Besitzstandsargument grds. gelten ließe (abl. BVerfGE 32, 311 (319) = NJW 1972, 573 (574)), so kann es doch nicht einen ewigen Fortbestand einer Vertriebsmethode rechtfertigen, wenn sie gewandelten Wertvorstellungen nicht mehr entspricht (ebenso FBO/Mankowski Rn. 317 f.; aA KG WRP 2021, 659 Rn. 37).

(4) Keine Präjudizierung durch gewerberechtliche Vorschriften. Dass die §§ 55 ff. **61** GewO das sog. Reisegewerbe in weiten Bereichen zulassen, kann die wettbewerbsrechtliche Bewertung von Hausbesuchen nicht präjudizieren (ebenso BGH GRUR 1998, 1041 (1042) – Verkaufsveranstaltung in Aussiedlerwohnheim; LG Berlin WRP 2019, 1612 Rn. 27). Denn die Zulässigkeit des Reisegewerbes in den von der GewO gezogenen Grenzen wird dadurch ausgehöhlt, dass man – wie hier vorgeschlagen (→ Rn. 63) – die wettbewerbsrechtliche Zulässigkeit von Hausbesuchen vom tatsächlichen oder mutmaßlichen Einverständnis des Umworbenen abhängig macht. Der im Reisegewerbe Tätige hat noch andere Möglichkeiten, „ohne vorherige Bestellung" (§ 55 GewO) Kunden auf sich aufmerksam zu machen, als durch Klingeln an der Haustür.

(5) Keine Präjudizierung durch Vorschriften über außerhalb von Geschäftsräumen 62 geschlossene Verträge. Auch die Vorschriften über „außerhalb von Geschäftsräumen geschlossene Verträge" (§§ 312b, 312d ff. BGB) lassen keinen Rückschluss auf die grds. wettbewerbsrechtliche Zulässigkeit unerbetener Hausbesuche zu (so bereits BGH GRUR 1998, 1041 (1042) – Verkaufsveranstaltung in Aussiedlerwohnheim; GRUR 2000, 235 (236) – Werbung am Unfallort IV und BGH WRP 2005, 485 (487) – Ansprechen in der Öffentlichkeit I zum unerlaubten Ansprechen in der Öffentlichkeit; LG Berlin WRP 2019, 1612 Rn. 28). Sie bezwecken nicht den Schutz vor Belästigung, sondern lediglich den Schutz der Verbraucher vor unüberlegten Geschäften durch Zuerkennung eines Widerrufsrechts. Das UWG könnte einen effektiven Überrumpelungsschutz im Übrigen gar nicht leisten, da das infolge eines Wettbewerbsverstoßes zu Stande gekommene sog Folgegeschäft grds. zivilrechtlich wirksam ist. Der Schutz durch die §§ 312b, 312d, 312g BGB gilt auch unabhängig davon, ob der Hausbesuch im Einzelfall wettbewerbswidrig war oder nicht. Dies zeigt sich gerade beim „persönlichen und individuellen" Ansprechen (§ 312b I Nr. 3 BGB).

dd) Zulässigkeit der Haustürwerbung nur bei tatsächlichem oder mutmaßlichem 63 Einverständnis. Im Gegensatz zur bisherigen Rspr. sollte daher die Haustürwerbung gegenüber **Verbrauchern** nur mit deren **vorheriger tatsächlicher** oder doch **mutmaßlicher Einwilligung** zulässig sein (Köhler/Lettl WRP 2003, 1019 Rn. 118; ebenso MüKoUWG/Leible Rn. 241; Harte-Bavendamm/Henning-Bodewig/Schöler Rn. 93; Ohly/Sosnitza/Ohly Rn. 80; GK/Pahlow Rn. 64; Gloy/Loschelder/Danckwerts WettbR–HdB/Hasselblatt/Zarn § 61 Rn. 60; noch strenger Reich GRUR 2011, 589 (595): vorherige ausdrückliche Einwilligung erforderlich). Letztlich dient diese Regelung auch dem wohlverstandenen Interesse der seriösen Direktvertriebsunternehmen. Die **tatsächliche** Einwilligung kann unschwer durch vorherige Übersendung von frankierten Antwortkarten oÄ eingeholt werden. Dadurch stellt der Gewerbetreibende auch sicher, dass der Hausbesuch nicht von vornherein zum Scheitern verurteilt ist, zB weil der potenzielle Kunde gar nicht angetroffen wird oder keine Zeit oder Lust für ein Gespräch hat. Allerdings muss die Einwilligungserklärung, da vorformuliert, den Anforderungen des AGB-Rechts entsprechen (zur Parallelproblematik bei der Telefonwerbung → Rn. 161 ff.). Es bleiben die Fälle, in denen ein tatsächliches Einverständnis nicht eingeholt wird oder aus wirtschaftlichen oder technischen Gründen nicht eingeholt werden kann. Hier ist auf eine **mutmaßliche** Einwilligung abzustellen. Es kommt darauf an, ob im Einzelfall konkrete Umstände vorliegen, die den Schluss erlauben, dass der Wohnungsinhaber dem Hausbesuch aufgeschlossen gegenübersteht. Hier wird man zunächst eine zeitliche Grenze setzen müssen: Hausbesuche zu bestimmten Zeiten, etwa mittags oder abends, werden regelmäßig nicht erwünscht sein. Im Übrigen kann es eine Rolle spielen, in welchen Haushalten sich der Hausbesuch abspielt (vgl. auch BGH GRUR 1998, 1041 – Verkaufsveranstaltung in Aussiedlerwohnheim), welche wirtschaftliche Bedeutung das angestrebte Geschäft für den Aufgesuchten hat und welche (zB in der Beschaffenheit des Produkts liegende) Gründe der Unternehmer hat, durch unangemeldete Hausbesuche für seine Waren oder Leistungen zu werben. So wird sicher eine mutmaßliche

Einwilligung bei der Direktvermarktung land- oder forstwirtschaftlicher Produkte (zB durch Bauern, die Kartoffeln, Obst, Brennholz usw anbieten) anzunehmen sein. Ganz allgemein dürfte ein Einverständnis zu vermuten sein, wenn bereits eine Geschäfts- und damit Vertrauensbeziehung zu einem Unternehmen hergestellt ist und ein bes. Grund vorliegt, den Kunden unangemeldet zu Hause aufzusuchen. Dagegen besteht kein Anlass, ein Einverständnis zu vermuten, wenn es etwa um die erstmalige Akquisition von Aufträgen für Zeitschriften, Bücher, Versicherungen usw oder um die „Nachbearbeitung" abgesprungener Kunden (hierzu BGH GRUR 1994, 380 (382) – Lexikothek) geht. Dies gilt auch dann, wenn der Besuch schriftlich angemeldet und dem Angeschriebenen Gelegenheit gegeben wurde, mittels beigefügter frankierter Antwortkarte den Besuch abzulehnen (vgl. aber BGH GRUR 1994, 818 (819) – Schriftliche Voranmeldung; → Rn. 65, 131). – Die genannten Grundsätze gelten auch für das Aufsuchen von **Unternehmern** in ihren Geschäftsräumen. Es ist daher grds. nur mit deren vorherigem, tatsächlichem oder mutmaßlichem Einverständnis zulässig. Eine mutmaßliche Einwilligung ist dann anzunehmen, wenn das Aufsuchen in einem sachlichen Zusammenhang mit dem betreffenden Geschäftsbetrieb steht (vgl. OLG Hamburg WRP 1992, 728: Besuch eines Vertreters für Kopiergeräte bei einem Anwalt). Dem Unternehmer steht es aber frei, Besuchsverbote oder Besuchsbeschränkungen aufzustellen, die vom Werbenden dann auch beachtet werden müssen (→ Rn. 54).

3. Besondere unlauterkeitsbegründende Umstände bei der Haustürwerbung

64   **a) Allgemeines.** Unabhängig davon, ob man die unerbetene Haustürwerbung für grds. zulässig oder nach § 7 I für unzulässig erachtet, können jedenfalls besondere Umstände die Unzulässigkeit eines Hausbesuchs nach § 3 I begründen.

65   **b) Aggressive geschäftliche Handlung (§ 4a).** Der Haustürwerber handelt unlauter nach § 4a I, wenn er durch sein Vorgehen die Entscheidungsfreiheit des Angesprochenen durch Belästigung erheblich beeinträchtigt. Das kann durch die **Vorbereitung** des Hausbesuchs geschehen (vgl. zu § 1 UWG 1909 BGH GRUR 1968, 648 – Farbbildangebot; GRUR 1971, 320 – Schlankheitskur; GRUR 1973, 81 – Gewinnübermittlung; GRUR 1976, 32 (33) – Präsentation).

66   **aa) Besuchsankündigung.** Die unerbetene **telefonische Besuchsankündigung** ist zwar von vornherein unzulässig nach § 7 II Nr. 1 (→ Rn. 166), macht aber nach der Rspr. den nachfolgenden Hausbesuch nicht aus diesem Grund unlauter (BGH GRUR 1994, 380 (381) – Lexikothek). Die **schriftliche Besuchsankündigung** stellt eine unzumutbare Belästigung iSd § 7 I 1 dar. Damit ist aber noch nicht über die Unzulässigkeit des nachfolgenden Hausbesuchs entschieden. Die Unlauterkeit dürfte sich nicht aus § 4a I, II 1 Nr. 1 ergeben, da dieser angekündigte Besuch die Entscheidungsfreiheit des Verbrauchers noch nicht erheblich beeinträchtigt (vgl. dazu BGH GRUR 1994, 818 (819) – Schriftliche Voranmeldung). Wohl aber ist eine unzumutbare Belästigung iSd § 7 I 1 anzunehmen. Denn die Aufdringlichkeit des Besuchs ist sogar noch stärker als beim unangemeldeten Besuch, weil der Vertreter sich auf die Voranmeldung berufen wird (aA wohl BGH GRUR 1994, 818 (819) – Schriftliche Voranmeldung). Es ist dem Unternehmer zuzumuten, die Einwilligung des Verbrauchers (zB mittels frankierter Antwortkarte, die den Anforderungen des AGB-Rechts genügt) einzuholen.

67   **bb) Provokation eines Hausbesuchs.** Die Veranlassung zu Äußerungen, die als Vorwand für einen Vertreterbesuch dienen, ist unzulässig nach § 7 I 1, weil sie es dem Umworbenen erschwert, den Besuch ohne Angabe von Gründen zurückzuweisen, vielmehr ihn dazu nötigt, sich mit dem Anliegen des Werbers auseinanderzusetzen. Dazu gehören folgende Fälle: Der Hausbesuch erfolgt auf Grund einer vom Angeschriebenen zurückgesandten Antwortkarte, in der es heißt: „Ich wünsche eine unverbindliche Präsentation der ... Kollektion in Verbindung mit der Vorlage des neuesten Katalogs" (BGH GRUR 1976, 32 (33) – Präsentation). Denn für den Umworbenen kommt darin nicht zweifelsfrei zum Ausdruck, dass dies auf einen Vertreterbesuch hinausläuft. Er wird aber Hemmungen haben, den Vertreter zurückzuweisen, weil er glauben könnte, er habe sich mit dem Besuch einverstanden erklärt. Daran ändert es nichts, wenn vor dem Hausbesuch nochmals dem Umworbenen mitgeteilt wird, er habe den Besuch eines Vertreters gewünscht (BGH GRUR 1976, 32 (33) – Präsentation). – Der Umworbene hat lediglich einen Prospekt angefordert (BGH GRUR 1968, 648 – Farbbildangebot; GRUR 1971, 320 – Schlankheitskur). – Dagegen wurde mangels psychischen Kaufzwanges ein Hausbesuch eines Weinvertreters nicht beanstandet, der zwar im Anschluss an eine schriftliche Befragungs-

aktion, aber mit Einverständnis des Umworbenen erfolgte (BGH GRUR 1973, 268 (269) – Verbraucher-Briefumfrage).

cc) Vorherige unentgeltliche Zuwendung. Die Anknüpfung des Hausbesuchs an eine **68** vorherige unentgeltliche Zuwendung kann unlauter nach § 4a I 1, 2 Nr. 1 sein, weil und soweit sie Dankbarkeitsgefühle und damit Hemmungen des Umworbenen hervorrufen kann, den Hausbesuch ohne Angabe von Gründen zurückzuweisen, und dadurch die Entscheidungsfreiheit erheblich beeinträchtigt wird. So wurde ein Hausbesuch als unzulässig angesehen, der im Zusammenhang mit einer unbestellten Warenzusendung angekündigt wurde (BGH GRUR 1959, 277 (280) – Künstlerpostkarten); ferner ein Hausbesuch bei den Gewinnern eines Preisausschreibens, um sie in ein Verkaufsgespräch zu verwickeln (BGH GRUR 1973, 81 (82) – Gewinnübermittlung), und zwar auch dann, wenn ihnen die Möglichkeit eröffnet wurde, sich den Gewinn in bar auszahlen zu lassen (BGH GRUR 1973, 81 (82) – Gewinnübermittlung). Maßgebend sind die Umstände des Einzelfalls.

dd) Ausnutzung persönlicher Beziehungen. Unlauter nach § 4a I 1, 2 Nr. 1 ist es ferner, **69** den Umworbenen unter Ausnutzung persönlicher (nachbarschaftlicher, freundschaftlicher, beruflicher, verwandtschaftlicher usw) Beziehungen zu Hause aufzusuchen, um für ein Produkt zu werben (**Laienwerbung;** vgl. auch BGH GRUR 1974, 341 (343) – Campagne). Vielfach wird hier schon eine Täuschung über den wahren Grund des Hausbesuchs (§ 5a IV) vorliegen (→ Rn. 72). Unabhängig davon aber wird die Freiheit des Umworbenen, den Besuch ohne Angabe von Gründen zurückzuweisen oder das Gespräch abzubrechen, und damit seine Entscheidungsfreiheit erheblich beeinträchtigt. Denn der Umworbene muss ggf. eine Verschlechterung der Beziehungen befürchten. Auch kann er aus einem Gefühl der Dankbarkeit oder sozialen Verantwortung heraus sich auf Bestellungen einlassen, die er bei einem Dritten nicht tätigen würde.

ee) Gefühlsausnutzung oder –missachtung. Nach der Rspr. zu § 1 UWG 1909 (BGH **70** GRUR 1955, 541 – Bestattungswerbung; GRUR 1971, 317 (318) – Grabsteinaufträge II; bestätigt durch BVerfGE 32, 311 = GRUR 1972, 358 (360)) waren unerbetene Hausbesuche, um Aufträge anlässlich eines (bevorstehenden oder eingetretenen) **Todesfalls** (Sterbegeldversicherungen; Bestattungsverträge; Grabmäler usw) zu erhalten, stets – auch nach Ablauf einer Wartefrist (anders noch BGH GRUR 1967, 430 (431) – Grabsteinaufträge I) – unlauter. Denn insoweit besteht die Gefahr, dass der Werbende die besondere Situation ausnutzt, in der sich die Angehörigen befinden und die ihr Urteilsvermögen beeinträchtigen kann. Dieser Fall ist nunmehr in § 4a II 1 Nr. 3 geregelt. Dies gilt umso mehr, als auch andere Möglichkeiten einer angemessenen Werbung im Trauerfall zur Verfügung stehen (BVerfGE NJW 1972, 573 (574)), etwa Werbedrucksachen (OLG Hamburg WRP 1972, 362), Übersendung von Antwortkarten zur Anforderung eines Vertreterbesuchs (OLG Oldenburg GRUR 1987, 300) oder Zeitungsannoncen (LG Hamburg NJW-RR 1989, 488). Diese Beurteilung gilt aber auch für § 7 I 1 (BGH GRUR 2010, 1113 Rn. 21 – Grabmalwerbung).

ff) Einsatz von Werbekolonnen. Der Einsatz von Werbekolonnen („Drückern") bringt die **71** Gefahr mit sich, dass einzelne Werber Verbraucher iSv § 4a I 2 Nr. 3 unzulässig beeinflussen, ggf. sogar den Tatbestand der Anh. Nr. 30 zu § 3 III verwirklichen. Dies allein reicht jedoch nicht aus, um diese Geschäftsstrategie für unlauter zu erklären (MüKoUWG/Leible Rn. 253).

c) Täuschung über den Werbecharakter des Hausbesuchs (§ 5a IV). Unlauter nach **72** § 5a IV ist es, dem Umworbenen zunächst den wahren, nämlich kommerziellen Grund des Hausbesuchs zu verschweigen, um mit ihm ins Gespräch und zu ihm in die Wohnung zu kommen. Denn erfahrungsgemäß fällt es dem Umworbenen schwerer, den Kontakt wieder abzubrechen, wenn er sich erst einmal auf ein Gespräch eingelassen hat. Unzulässig ist es insbes., eine **Marktuntersuchung** oder **Meinungsbefragung** vorzutäuschen, um ins Gespräch zu kommen (OLG Stuttgart WRP 1976, 400: Bitte um Beantwortung einiger Fragen, nämlich ob und wie viele Schallplatten und Bücher der Umworbene kaufe und ob er einem Lesering angehöre). Es kommt hinzu, dass dadurch die Arbeit seriöser Meinungsforscher diskreditiert werden kann (hierzu auch BGH GRUR 1973, 268 (269) – Verbraucher-Briefumfrage).

d) Rechtsbruch (§ 3a). Unlauterkeit nach § 3a liegt vor, wenn der Werber gegen ein **73** gesetzliches Verbot von Hausbesuchen (wie zB § 17 I FernUSG, § 24 I Nr. 4 FernUSG) oder gegen die Vorschriften über das Reisegewerbe (§§ 55 ff. GewO) verstößt.

74   **e) Rechtsfolgen (§§ 8, 9).** Handelt ein Haustürwerber dem § 3 oder § 7 zuwider, so ist er nach § 8 I zur Unterlassung und ggf. nach § 9 I Mitbewerbern zum Schadenersatz verpflichtet. Ist der Werber Angestellter eines Hersteller- oder Handelsunternehmens oder ist er als rechtlich selbstständiger Handelsvertreter in die Vertriebsorganisation des Unternehmens eingegliedert, so begründen die von ihm im Dienste des Unternehmens begangene Wettbewerbsverstöße nach § 8 II auch Unterlassungsansprüche gegen das Unternehmen. Soweit man unerbetene Haustürwerbung – entgegen der hier vertretenen Auffassung – grds. für zulässig erachtet, werden Wettbewerbsverstöße, solange es sich um Einzelfälle handelt, das gesamte Direktvertriebssystem eines Unternehmens nicht in Gefahr bringen. Sind sie jedoch systembedingt, beruhen sie zB auf ungenügender Ausbildung oder Überwachung der Vertreter oder auf unzulässigen Anweisungen, so kann das gesamte Vertriebssystem wettbewerbswidrig sein.

II. Ansprechen in der Öffentlichkeit

1. Begriff und wirtschaftliche Bedeutung

75   Unter dem „**Ansprechen in der Öffentlichkeit**" ist die **gezielte individuelle Kontaktaufnahme zu Verbrauchern an einem allgemein zugänglichen Ort mit dem Ziel der Absatzförderung** zu verstehen. Dazu gehören nicht nur öffentliche Straßen, Wege und Plätze, sondern auch öffentliche Verkehrsmittel und öffentlich zugängliche Gebäude (Bahnhöfe, Einkaufszentren, Geschäftspassagen, Warenhäuser, Gaststätten, Behörden; vgl. BGH GRUR 2004, 699 (701) – Ansprechen in der Öffentlichkeit I) und Flächen (Parks, Sportplätze). Ob ein Ansprechen in der **Öffentlichkeit** stattfindet, hängt nicht davon ab, in wessen Eigentum sich das Gelände befindet und ob der Eigentümer das Handeln des Werbers genehmigt oder geduldet hat (ebenso OLG Hamburg BB 1970, 1275; Gloy/Loschelder/Danckwerts WettbR-HdB/Hasselblatt § 61 Rn. 39). Den Gegensatz zur Öffentlichkeit bildet die **Privatsphäre.** Für das Eindringen in die Privatsphäre (Hausbesuch, Besuch am Arbeitsplatz) gelten andere Grundsätze (→ Rn. 50 ff.). Das Ansprechen in der Öffentlichkeit ist wirtschaftlich attraktiv, weil mit geringem Personalaufwand eine Vielzahl von potenziellen Kunden erreicht werden kann. Diese Werbemethode wird insbes. von Unternehmen genutzt, die Kunden in ihr Geschäftslokal locken wollen. Verbreitet ist auch die Werbung für Kreditkarten und Zeitschriftenabonnements in Bahnhöfen oder Flughäfen.

2. Lauterkeitsrechtliche Beurteilung

76   **a) Entwicklung der Rspr.** Das Ansprechen in der Öffentlichkeit wurde in der **älteren Rspr.** ohne weiteres als unlauter iSd § 1 aF angesehen (vgl. BGH GRUR 1960, 431 (432) – Kfz-Nummernschilder; GRUR 1965, 315 (316) – Werbewagen). Später wurde dies unter Hinweis auf das gewandelte Verbraucherverhalten kritisiert (OLG Frankfurt GRUR 2002, 641 (642); Schwab GRUR 2002, 579). Die **neuere Rspr.** hat unter der Geltung des UWG 2004 die lauterkeitsrechtlichen Schranken präzisiert (BGH GRUR 2004, 699 (700) – Ansprechen in der Öffentlichkeit I; GRUR 2005, 443 (445) – Ansprechen in der Öffentlichkeit II) und stellt nunmehr auf § 7 I ab.

77   **b) Beurteilung nach § 7 I.** Eine unzumutbare Belästigung liegt nicht vor, wenn der Angesprochene zuvor **eingewilligt** hat (→ Rn. 82). Davon abgesehen ist nach der Rspr. eine unzumutbare Belästigung iSd § 7 I von vornherein dann anzunehmen, wenn der **Werber sich nicht als solcher zu erkennen** gibt (BGH GRUR 2004, 699 (701) – Ansprechen in der Öffentlichkeit I; GRUR 2005, 443 (444 f.) – Ansprechen in der Öffentlichkeit II). Denn der Angesprochene wird sich idR schon aus Gründen der Höflichkeit nicht von vornherein abweisend und ablehnend verhalten und der Werber erschleicht auf diese Weise seine Aufmerksamkeit für den zunächst verdeckt gehaltenen geschäftlichen Zweck. – Anders verhält es sich, wenn der Werbende von **vornherein eindeutig als solcher erkennbar** ist (zB durch entsprechende Bekleidung oder Abzeichen oder Stehen hinter einem als solchem erkennbaren Werbestand; vgl. OLG Frankfurt GRUR 2008, 353; dazu Isele GRUR 2008, 1061). Denn hier kann der Angesprochene sich idR der Ansprache ohne große Mühe durch Nichtbeachtung des Werbenden oder durch abweisende Bemerkungen oder Gesten entziehen. Eine unzumutbare Belästigung liegt in einem solchen Fall nur vor, wenn der Werbende **nachhaltig** auf den Angesprochenen **einwirkt,** etwa ihn mit sich zerrt, am Weitergehen hindert, ihm folgt oder an einem Ort anspricht, an dem ein Ausweichen nur schwer möglich ist (zB enge Straße, BGH

GRUR 2005, 443 (445) – Ansprechen in der Öffentlichkeit II). Missachtet der Werbende einen erkennbar entgegenstehenden Willen des Passanten, etwa wenn dieser sich ein weiteres Ansprechen verbittet, so ist bereits der Tatbestand des § 7 I 2 erfüllt (ebenso GK-UWG/Pahlow Rn. 91).

Das gezielte individuelle Ansprechen stellt in diesen Fällen einen unzulässigen **Eingriff in die** **78** **Individualsphäre** dar. Der Angesprochene wird nämlich in seinem Bedürfnis, auch im öffentlichen Raum möglichst ungestört zu bleiben, beeinträchtigt und unmittelbar persönlich für die geschäftlichen Zwecke des werbenden Unternehmens in Anspruch genommen. Die damit verbundene Belästigung ist zwar für sich allein gesehen geringfügig. Würde man jedoch diese Werbemethode zulassen, so könnte dies andere Unternehmen zur Nachahmung ermutigen. Das aber würde zu einer unzumutbaren Summierung der Belästigung führen (BGH GRUR 2004, 699 (701) – Ansprechen in der Öffentlichkeit I; GRUR 2005, 443 (444 f.) – Ansprechen in der Öffentlichkeit II). Da die Belästigung nicht nur ungewollte oder nur gelegentliche Nebenwirkung der Werbemethode ist, sondern bewusst und gezielt als Mittel im eigenen Interesse eingesetzt wird, war sie unter Geltung der §§ 3, 7 I UWG 2004 auch stets geeignet, den Wettbewerb nicht nur unerheblich zum Nachteil der anderen Marktteilnehmer zu beeinträchtigen (BGH GRUR 2005, 443 (445) – Ansprechen in der Öffentlichkeit II). Nach heutigem Recht kommt es darauf allerdings nicht mehr an. – Die Unzumutbarkeit der Belästigung wird nicht dadurch ausgeräumt, dass dem auf diese Weise geworbenen Kunden ein **Widerrufsrecht** nach § 312 I Nr. 3 BGB, § 355 BGB zusteht (BGH GRUR 2004, 699 (701) – Ansprechen in der Öffentlichkeit I). Das BGB will nicht derartige Vertriebsformen schützen, sondern lediglich dem Kunden helfen, sich von unüberlegt geschlossenen Verträgen zu lösen. Der Widerruf beseitigt nur die vertragliche Bindung, nicht auch die wettbewerbsrechtliche Unlauterkeit (BGH GRUR 2000, 235 (236) = LM § 1 Nr. 808 mAnm Köhler – Werbung am Unfallort IV). Das BGB gewährleistet auch nicht, dass der Kunde tatsächlich über sein Widerrufsrecht belehrt wird.

c) Beurteilung nach Anh. Nr. 23 zu § 3 III. Gibt sich der Werber gegenüber den an- **79** gesprochenen Verbrauchern als Privatperson aus, ist er aber in Wahrheit Inhaber oder Mitarbeiter oder Beauftragter eines Unternehmens, so erfüllt dies den Tatbestand von Anh. Nr. 23 zu § 3 III. Das kann bspw. bei der Empfehlung eines bestimmten Unternehmens gegenüber den Angesprochenen relevant werden. Dagegen ist Anh. Nr. 23 nicht anwendbar, wenn der Werber zunächst als solcher nicht erkennbar ist, aber der Werbezweck aus dem Inhalt seiner werblichen Ansprache klar erkennbar wird.

d) Beurteilung nach § 4a I 2 Nr. 1. Das Ansprechen in der Öffentlichkeit ist aus heutiger **80** Sicht nicht mehr unter dem Gesichtspunkt des aggressiven Verhaltens (Belästigung iSd § 4a I 2 Nr. 1) zu beurteilen. Denn in der heutigen Zeit ist nicht mehr zu befürchten, der durchschnittlich informierte, aufmerksame und verständige Verbraucher könne durch bloßes Ansprechen in seiner Entscheidungsfreiheit erheblich beeinträchtigt werden (BGH GRUR 2004, 699 (700) – Ansprechen in der Öffentlichkeit I). Insoweit müssen besondere Umstände vorliegen, die eine Anwendung des § 4a I, II 1 Nr. 1 rechtfertigen.

e) Beurteilung nach § 5a IV. Gibt sich der Werber nicht als solcher zu erkennen, kann dies **81** gleichzeitig den Unlauterkeitstatbestand des § 5a IV erfüllen, sofern er nicht sofort sein werbliches Anliegen offenbart.

3. Einzelfragen

a) Einwilligung. Das Ansprechen ist zulässig, wenn der Angesprochene ein Verhalten an den **82** Tag legt, aus dem der Werber auf ein Einverständnis mit dem Ansprechen schließen darf. Dieses Einverständnis kann ausdrücklich erklärt werden, etwa durch entspr. Aufforderung oder Frage seitens des Angesprochenen. Es kann aber auch konkludent zum Ausdruck gebracht werden, etwa durch Betreten eines Geschäfts mit Bedienungspersonal. Nicht ausreichend ist das bloße Stehenbleiben vor einem Schaufenster oder einem Werbewagen (BGH GRUR 1965, 315 (316) – Werbewagen) oder das Betreten eines Selbstbedienungsladens (Gloy/Loschelder/Danckwerts WettbR-HdB/Hasselblatt § 61 Rn. 47). Nicht ausreichend ist auch ein erkennbarer Bedarf an einer bestimmten Ware oder Dienstleistung beim Kunden (zB Bedarf an einem Kfz-Nummernschild, erkennbar an dem entspr. Laufzettel; vgl. BGH GRUR 1960, 431 (432) – Kfz-Nummernschilder). Denn dies besagt noch lange nicht, dass der Angesprochene seinen Bedarf gerade beim Werber decken will. Liegt keine Einwilligung vor, kommt es darauf an, ob das Ansprechen eine unzumutbare Belästigung darstellt (→ Rn. 77 ff.).

83 **b) Ausrufen.** Grds. zulässig ist es, Waren und Dienstleistungen in der Öffentlichkeit durch Ausrufen anzubieten, sofern nur ein gezieltes, individuelles Ansprechen vermieden wird. Dazu gehört insbes. das Ausrufen von Waren auf Märkten („Marktschreierei") oder das Ausrufen bestimmter Produkte (Zeitungsausrufen; Angebote von Speisen und Getränken durch einen Kellner im Zug; Angebot von ambulanten Blumen- oder Zeitungsverkäufern in Lokalen usw). Für den Einzelnen wird dadurch nur eine (ggf. sogar nützliche) Information geboten; seine Individualsphäre wird aber nicht eingeschränkt. Dass das Ausrufen – je nach den Umständen – als lästig empfunden wird, macht es noch nicht unlauter. Die Abgrenzung kann mitunter schwierig sein und hängt dann vom Einzelfall ab (wie zB bei Blumen- und Zeitungsverkäufern in Restaurants).

84 **c) Ansprechen auf Jahrmärkten und Messen.** Auf Jahrmärkten und Messen ist das gezielte Ansprechen grds. zulässig, weil der Verkehr daran gewöhnt ist (vgl. BGH GRUR 1965, 315 (317) – Werbewagen; Gloy/Loschelder/Danckwerts WettbR-HdB/Hasselblatt § 61 Rn. 48). Wer sich auf derartige – zudem räumlich begrenzte – Veranstaltungen begibt, rechnet idR damit, angesprochen zu werden, und ist daher nicht unvorbereitet. Die Grenze des Zulässigen wird aber überschritten, wenn der Kunde über das Übliche und Vorhersehbare hinaus beeinflusst wird (zB Hindern am Weitergehen; Anfassen; Nachgehen; Täuschen über das Gesprächsziel) oder wenn er mit Angeboten konfrontiert wird, mit denen er auf dieser Veranstaltung nicht zu rechnen braucht.

85 **d) Ansprechen in Geschäftsräumen.** Das Ansprechen in allgemein zugänglichen Geschäftsräumen (Einkaufszentren, Warenhäusern, Geschäftspassagen) ist zulässig, soweit es das dort typischerweise anzutreffende Waren- und Dienstleistungsangebot betrifft, weil der Kunde insoweit nicht unvorbereitet ist und zudem durch das Betreten der Geschäftsräume ein allgemeines Interesse an dem dortigen Angebot signalisiert (OLG Köln GRUR 2002, 641 (644)) und außerdem der Werbende (Verkaufspersonal) als solcher erkennbar ist.

86 **e) Ansprechen am Unfallort.** Das Ansprechen von Unfallbeteiligten am Unfallort mit dem Ziel eines Vertragsabschlusses (zB Abschleppen; Ersatzwagenmiete; Reparatur) ist bereits unlauter nach **§ 4a I 2 Nr. 1** oder **Nr. 3** (vgl. → § 4a Rn. 1.87 ff.; zur früheren Rechtslage vgl. BGH GRUR 1975, 264 – Werbung am Unfallort I; GRUR 1975, 266 – Werbung am Unfallort II; GRUR 1980, 790 – Werbung am Unfallort III; GRUR 2000, 235 – Werbung am Unfallort IV). Denn insoweit liegt eine bewusste Ausnutzung einer Unglückssituation iSd § 4a II 1 Nr. 3 vor, da hier auf Grund der psychisch belastenden Unfallsituation die Gefahr eines unüberlegten und übereilten Vertragsschlusses bes. groß ist. Daran ändert auch die Möglichkeit eines Widerrufs nach § 312 I BGB, § 355 BGB nichts (BGH GRUR 2000, 235 – Werbung am Unfallort IV). Auf die nachträglich nur schwer aufzuklärenden Umstände des Einzelfalls kann es im Interesse der Rechtssicherheit nicht ankommen (BGH GRUR 2000, 235 – Werbung am Unfallort IV). Insbes. steht es der Unlauterkeit nicht entgegen, dass möglicherweise ein erkennbarer Bedarf der Beteiligten an derartigen Leistungen besteht und sie nicht wissen, an wen sie sich ggf. wenden können. Dem unzulässigen Ansprechen am Unfallort stehen in dieser bes. Situation andere aktive Maßnahmen zur Willensbeeinflussung (zB Überreichen von Visitenkarten oder Werbezetteln) gleich. Keine unzumutbare Belästigung stellt es dagegen dar, wenn der Werbende in geziemender Entfernung vom Unfallort abwartet, ob der Geschädigte von sich aus die Initiative ergreift. – An sich erfüllt das Ansprechen am Unfallort zugleich den Tatbestand des § 7 I 1. Jedoch hat insoweit § 4a I Vorrang (vgl. Köhler WRP 2017, 253 Rn. 50), weil nur dieser Tatbestand den Unwertgehalt der Handlung vollständig erfasst (von Bedeutung ua für den Streitwert bzw. die Höhe der angemessenen Vertragsstrafe).

87 **f) Meinungsumfragen.** Das gezielte Ansprechen von Passanten im Rahmen einer Meinungsumfrage zu bestimmten Themen ist grds. zulässig, da es nicht zu Zwecken der Wirtschaftswerbung geschieht. Anders verhält es sich, wenn die Meinungsumfrage nur als Vorwand für eine Produktwerbung dient. In diesem Fall ist neben § 7 I auch § 5a IV anwendbar. Problematisch ist der Fall, dass ein Unternehmen die Umfrage durchführt, um die Akzeptanz eines (zB noch zu entwickelnden) Produkts zu testen oder den Bedarf der Verbraucher kennen zu lernen. Auch dabei handelt es sich indessen um eine geschäftliche Handlung. Entscheidend ist dann wiederum, ob der Fragesteller sich offen als Vertreter des Unternehmens zu erkennen gibt (zB durch entsprechende Kleidung) oder nicht.

g) Verteilen von Werbematerial. Das bloße Verteilen von Werbematerial (Werbezettel;　**88** Werbegeschenke) in der Öffentlichkeit ist seit jeher wettbewerbsrechtlich unbedenklich (vgl. BGH GRUR 1994, 339 (340) – Pinguin-Apotheke; LG Kiel GRUR 2005, 446 (447); Gloy/ Loschelder/Danckwerts WettbR-HdB/Hasselblatt § 61 Rn. 50), da die davon ausgehende Belästigung geringfügig ist und auch keine unmittelbare Gefahr der Beeinträchtigung der Entscheidungsfreiheit iSd § 4a I 2 besteht. Dem Verbraucher steht es frei, ob er das Werbematerial entgegennimmt oder nicht. Anders verhält es sich, wenn es mit dem Anbieten von Werbematerial nicht sein Bewenden hat, der Werber vielmehr weitere Maßnahmen ergreift (zB Aufnötigen des Werbematerials; Verwickeln in ein Verkaufsgespräch; Auffordern zum Betreten des Geschäftslokals; Hindern am Weitergehen). Wettbewerbswidrig ist es aber noch nicht, wenn die Verteilung des Werbematerials gezielt zu dem Zweck erfolgt, Kunden abzufangen, die ersichtlich entschlossen sind, ein anderes Geschäft zu betreten, es sei denn, sie werden am Betreten des Geschäfts gehindert (dann auch ein Fall des § 4 Nr. 4; vgl. Gloy/Loschelder/Danckwerts WettbR-HdB/Hasselblatt § 61 Rn. 50).

h) Ansprechen von Kindern. Werden Kinder in der Öffentlichkeit mit dem Ziel eines　**89** Vertragsschlusses angesprochen, ist zunächst zu prüfen, ob dieses Verhalten den Beispielstatbestand des Anh. **Nr. 28** zu § 3 III („unmittelbare Aufforderung an Kinder") erfüllt und somit schlechthin unzulässig ist. Ist dies nicht der Fall, gelten die allgemeinen Grundsätze (§ 4a I, II 2 iVm § 3 IV 2). Beschränkt sich die Werbung auf das Aushändigen von Werbematerial zur Weiterleitung an die nicht anwesenden Eltern, ist dies auch nach § 4a I nicht zu beanstanden, weil bei den Eltern keine psychische Zwangslage entsteht. Anders kann es sein, wenn die Eltern anwesend sind und zu befürchten ist, dass die Kinder spontan versuchen, die Eltern zum Vertragsschluss zu überreden. Das wettbewerbswidrige Element solcher Praktiken besteht darin, dass die Kinder als Werkzeug zur unzulässigen Beeinflussung der Erwachsenen benutzt werden (vgl. § 4a I 2 Nr. 3). Maßgebend sind die Umstände des Einzelfalls, insbes. die Intensität der Einflussnahme und die äußeren Umstände.

III. Unbestellte Waren und Dienstleistungen

1. Begriff und wirtschaftliche Bedeutung

a) Begriff der „unbestellten" Ware oder Dienstleistung. Waren oder Dienstleistungen　**90** sind dann unbestellt, wenn der Lieferung oder Leistung kein entgeltlicher Vertrag zugrunde liegt. Darauf, ob der schuldrechtliche Vertrag wirksam ist oder nicht, kommt es nicht an. Ein Fall der „Nichtbestellung" liegt also nicht vor, wenn der zugrunde liegende Vertrag unwirksam (nichtig, angefochten) ist. Nicht gemeint ist auch der Fall, dass zwar ein wirksamer Vertrag vorliegt, der Unternehmer aber **irrtümlich** eine andere als die bestellte Ware liefert oder Dienstleistung erbringt. Denn in diesem Fall dient die Maßnahme nicht der Absatzförderung, sondern der Vertragserfüllung, und ist daher keine geschäftliche Handlung. Das Gleiche gilt, wenn der Unternehmer ggf. schuldlos von einem tatsächlichen Vertragsschluss ausgeht (zB durch Adressenverwechslung). Es muss sich vielmehr so verhalten, dass der Unternehmer **eigenmächtig** eine Ware liefert oder eine Dienstleistung erbringt, um seinen Absatz zu fördern.

b) Wirtschaftliche Bedeutung. Wohl auf Grund der restriktiven wettbewerbsrechtlichen　**91** Bewertung durch die Rspr. (zB BGH GRUR 1992, 855 (856) – Gutscheinübersendung; OLG Stuttgart NJWE-WettbR 1996, 38; KG GRUR-RR 2001, 189; OLG Köln NJW-RR 2002, 472; OLG Köln GRUR-RR 2002, 236) und der hohen Kosten dieser Methode des Direktvertriebs kommen der Zusendung unbestellter Waren und der Erbringung unbestellter Dienstleistungen heute nur noch geringe Bedeutung zu (vgl. aber OLG Köln GRUR-RR 2018, 200 Rn. 24: unbestellte Aufschaltung eines WL-Routers).

2. Verhältnis zum Unionsrecht

a) Verbraucherrechte-RL. Die Fernabsatz-RL und die Finanzdienstleistungs-Fernabsatz-　**92** RL wurden durch die Verbraucherrechte-RL v. 25.10.2011 mWv 13.6.2014 aufgehoben. Art. 27 S. 1 Verbraucherrechte-RL sieht vor, dass der Verbraucher von der Pflicht zur Gegenleistung befreit ist, wenn unter Verstoß gegen Art. 5 V UGP-RL und Anh. I Nr. 29 UGP-RL unbestellte Waren, Wasser, Gas, Strom, Fernwärme oder digitaler Inhalt geliefert oder unbestellte Dienstleistungen erbracht werden. Nach S. 2 gilt in diesen Fällen das Ausbleiben einer Antwort des Verbrauchers auf eine solche unbestellte Lieferung oder Erbringung nicht als Zustimmung.

93   **b) Richtlinie über unlautere Geschäftspraktiken.** Nach **Anh. I Nr. 29 UGP-RL** ist es unter allen Umständen unlauter, einen Verbraucher zur sofortigen oder späteren Bezahlung oder zur Rücksendung oder Verwahrung von Produkten, die der Gewerbetreibende geliefert, der Verbraucher aber nicht bestellt hat, aufzufordern. Die Ausnahme für Produkte, bei denen es sich um Ersatzlieferungen gemäß Art. 7 III Fernabsatz-RL handelt, ist nach Aufhebung dieser Richtlinie (→ Rn. 92) obsolet geworden.

3. Bürgerlichrechtliche Beurteilung

94   Die Zusendung unbestellter Waren oder die Erbringung unbestellter Dienstleistungen an Verbraucher ist idR als Vertragsangebot zu verstehen. Das Schweigen hierauf ist jedoch keine Annahme, selbst wenn der Absender erklärt hat, der Vertrag gelte im Falle der Nichtablehnung des Angebots oder Nichtrücksendung der Ware als geschlossen. Dieser allgemeine Grundsatz des Bürgerlichen Rechts entspricht der Regelung in Art. 27 S. 2 Verbraucherrechte-RL (→ Rn. 92). Nach **§ 241a I BGB** (idF ab 13.6.2014) begründen diese Handlungen aber nicht nur keine Ansprüche auf eine Gegenleistung, sondern überhaupt keine Ansprüche gegen den Verbraucher, also auch keine Herausgabe-, Nutzungsersatz- oder Schadensersatzansprüche. Die Regelung soll zwar Art. 27 S. 1 Verbraucherrechte-RL umsetzen, weicht indessen davon ab. Da diese Bestimmung an der Vollharmonisierung teilhat, ist eine richtlinienkonforme Einschränkung des § 241a I BGB geboten: Erstens muss die Lieferung oder Leistung unter Verstoß gegen Anh. I Nr. 29 UGP-RL erfolgt sein, der Unternehmer muss also den Verbraucher zur Bezahlung oder zur Rücksendung oder Verwahrung aufgefordert haben. Zweitens ist nur ein Anspruch auf die Gegenleistung ausgeschlossen. Daher bleiben sonstige Ansprüche des Unternehmers, entgegen dem Wortlaut des § 241a I BGB, unberührt (vgl. Köhler FS Gottwald, 2014, 383). Der Empfänger muss daher auf Verlangen die Ware herausgeben (§§ 812, 985 BGB), ist aber zur Rücksendung nicht verpflichtet, auch dann nicht, wenn entspr. Porto beigelegt ist. Bei Verschlechterung oder Untergang der Ware haftet er nur außervertraglich (§ 989 BGB) für Vorsatz und grobe Fahrlässigkeit (§ 300 I BGB analog). Geringwertige Ware braucht nicht aufbewahrt zu werden, da der Versender an einer kostspieligen Abholung oder Rücksendung mutmaßlich nicht interessiert ist.

4. Lauterkeitsrechtliche Beurteilung

95   **a) Nach Anh. Nr. 29 zu § 3 III.** Die Regelung in Anh. I Nr. 29 UGP-RL (→ Rn. 93) wurde in **Anh. Nr. 29 zu § 3 III** umgesetzt (zu Einzelheiten vgl. dort). Sie ist vorrangig vor § 7 I (→ Rn. 5) und § 4a zu prüfen, da eine Prüfung der Umstände des Einzelfalls entbehrlich ist. Jedoch erfasst sie nicht den Fall der unbestellten Lieferung oder Leistung ohne die Aufforderung zur sofortigen Bezahlung oder Rücksendung oder Verwahrung der betreffenden Produkte (→ Rn. 96). Sie regelt auch nur das Verhältnis von Unternehmern zu Verbrauchern, dagegen nicht das Verhältnis zu sonstigen Marktteilnehmern, insbes. Unternehmern, auch wenn sie mit einer Zahlungsaufforderung usw verbunden ist (→ Rn. 99). Die Ausnahme für die „nach den Vorschriften über Vertragsabschlüsse im Fernabsatz zulässigen Ersatzlieferungen" ist mit Aufhebung der Fernabsatz-RL durch die Verbraucherrechte-RL mWv 13.6.2014 obsolet geworden.

96   **b) Nach § 7 I 1. aa) Unbestellte Lieferung oder Leistung ohne Aufforderung zur Zahlung, Rücksendung oder Verwahrung.** Ob die bloße unbestellte Lieferung oder Leistung **ohne** damit verbundene Aufforderung zur Zahlung, Rücksendung oder Verwahrung eine unzumutbare Belästigung iSd § 7 I 1 darstellt, hängt von den Umständen des Einzelfalls ab (zu Einzelheiten jurisPK-UWG/Koch/Seichter Rn. 115 ff.). Daher kann im Einzelfall auch die Äußerung einer Bitte für eine Aufforderung genügen, und zwar selbst dann, wenn damit der Hinweis verbunden ist, dass den Verbraucher keine Pflicht zur Zahlung oder Rücksendung oder Aufbewahrung trifft.

97   **(1) Unbestellte Warenlieferung.** Zunächst ist zu fragen, ob es sich bei der Lieferung lediglich um ein **Werbegeschenk** handelt, dessen Übersendung grds. zulässig ist. Die Abgrenzung hat danach zu erfolgen, ob der Empfänger den Umständen nach davon ausgehen muss, dass der Lieferer eine Zahlung, Rücksendung oder Verwahrung erwartet oder nicht. Von einer solchen Erwartung ist jedenfalls dann auszugehen, wenn der Lieferer gleichzeitig oder später eine entsprechende, wenngleich unverbindliche Bitte äußert. Liegt in diesem Sinne eine unbestellte Warenlieferung vor, so wird der Empfänger in die Situation gebracht, die Ware entgegenzunehmen, ggf. die Verpackung zu öffnen und sich Gedanken darüber zu machen, wie er mit der Ware verfahren soll. Entschließt er sich zur Rücksendung, verursacht ihm dies Kosten und Mühen. Entschließt er sich, sie einstweilen zu behalten, kann ihn dies verunsichern, weil er nicht weiß, ob der Absender die Ware zurückfordert oder möglicherweise Zahlungsansprüche geltend macht. Die damit verbundene Beeinträchtigung seiner Individualsphäre ist im Regelfall so stark, dass von einer unzumutbaren Belästigung auszugehen ist. Etwas anderes mag dann gelten, wenn es sich um ersichtlich geringwertige Waren (zB Weihnachtskarten) handelt, oder wenn die Lieferung an einen Unternehmer erfolgt. Umgekehrt ist eine unzumutbare Belästigung umso eher anzunehmen, wenn der Absender gleichzeitig einen moralischen Druck aufbaut, der ihn zur freiwilligen Zahlung, Rücksendung oder Verwahrung bestimmen soll (jurisPK-UWG/ Koch/Seichter Rn. 123: Grenzfall). – Stellt dagegen der Lieferer den Empfänger ausdrücklich von einer Zahlungs-, Rückgabe- oder Verwahrungspflicht frei und baut er auch keinen moralischen Druck auf, so ist das Verhalten weder nach § 7 I noch nach § 4a zu beanstanden (anders noch die ältere Rspr.; vgl. BGH GRUR 1959, 277 (279 f.) – Künstlerpostkarten; GRUR 1960, 382 (383) – Verbandsstoffe). – Dagegen ist es unzulässig, einen Vertreterbesuch anzukündigen, um die Rückgabe der Ware zu ermöglichen. Denn hier wird dem Empfänger iErg doch gesetzwidrig (§ 241a I BGB) eine Aufbewahrungs- und Rückgabepflicht angesonnen und von ihm verlangt, den Vertreter zu empfangen (vgl. BGH GRUR 1959, 277 (279 f.) – Künstlerpostkarten). – Die unzumutbare Belästigung entfällt nicht dadurch, dass der unbestellten Sendung Umschlag und Porto für die Rücksendung beigefügt sind oder der Empfänger einen Teil der Ware zur Deckung seiner Unkosten behalten darf. Denn den Empfänger trifft nach § 241a I BGB ohnehin weder eine Aufbewahrungs- noch eine Rücksendungspflicht, iErg wird der Empfänger aber doch mit der Mühe für die Rücksendung belastet.

(2) Unbestellte Dienstleistung. Die Besonderheit bei der unbestellten, aber erbrachten **98** Dienstleistung besteht darin, dass sie weder zurückgegeben noch verwahrt werden kann. Auch hier ist zunächst zu fragen, ob der Empfänger den Umständen nach davon ausgehen muss, dass der Erbringer der Dienstleistung eine freiwillige Zahlung erwartet, oder ob es sich um eine unentgeltliche Dienstleistung zu Werbezwecken handelt. Muss der Empfänger davon ausgehen, dass der Erbringer der Dienstleistung eine freiwillige Zahlung erwartet, so liegt im Regelfall eine unzumutbare Belästigung vor. Denn eine Rückgabe oder Verwahrung ist naturgemäß ausgeschlossen und der Empfänger muss sich mit der Frage auseinandersetzen, ob er zahlen soll oder nicht, und dies ist möglicherweise eine viel stärkere Belastung als bspw. das Löschen einer unerbetenen E-Mail. Etwas anderes mag in den Fällen geringwertiger Dienstleistungen bei entsprechender Verkehrssitte gelten (zB Tankwart säubert Windschutzscheibe in Erwartung eines Trinkgelds). Keine unzumutbare Belästigung liegt in den Fällen vor, in denen die Dienst- oder Werkleistung im Rahmen einer berechtigten Geschäftsführung ohne Auftrag (§ 683 BGB) erfolgt (zB Rettungsmaßnahmen bei Unglücksfällen; Gefahrenabwehr).

bb) Unbestellte Lieferung oder Leistung an Unternehmer unter Aufforderung zur 99 Zahlung, Rücksendung oder Verwahrung. Dieser Fall wird von Anh. Nr. 29 zu § 3 III nicht erfasst, weil er sich nur auf Verbraucher bezieht. Im Ergebnis ändert sich jedoch nichts, da insoweit von einer unzumutbaren Belästigung iSd § 7 I 1 auszugehen ist. Dies gilt insbes. für Dienstleistungen, die im Zusammenhang mit Reparaturaufträgen erbracht und abgerechnet werden, ohne dass ein entsprechender Auftrag erteilt worden war. Ausnahmen sind wiederum nur in den Fällen der berechtigten Geschäftsführung ohne Auftrag (§§ 677 ff. BGB) zu machen.

c) Beurteilung nach § 4a I und § 5. Die Zusendung unbestellter Waren und die Erbringung **100** unbestellter Dienstleistungen mit Zahlungsaufforderung usw. gegenüber einem **Unternehmer** kann im Einzelfall auch den Tatbestand des § 4a I 2 Nr. 1 erfüllen, wenn er in eine Situation gebracht wird, die ihm die freie Entscheidung über den Erwerb der Ware oder die Inanspruchnahme der Dienstleistung erschwert (→ § 4a Rn. 1.45; aA Scherer NJW 2020, 3273 Rn. 30). Der Empfänger wird, auch wenn er Unternehmer ist, möglicherweise nur deshalb der Aufforderung des Leistenden nachkommen, um sich Unannehmlichkeiten zu ersparen. – Täuscht der Lieferer oder Leistungserbringer über das Bestehen einer Rechtspflicht zur Zahlung, Rücksendung oder Verwahrung, so kann dies auch den Tatbestand des § 5 II Nr. 2 („Bedingungen") erfüllen.

5. Einzelfragen

101   **a) Fehlende Bestellung.** Die Zusendung muss **unbestellt** sein. Das Vorliegen einer vorherigen Bestellung kann zweifelhaft sein, wenn die Bestellung in der Anforderung einer kostenlosen Probelieferung oder dergleichen enthalten ist. Hier kommt es darauf an, ob für den Kunden unmissverständlich erkennbar ist, dass er (auch) eine Warenbestellung aufgibt (vgl. OLG Düsseldorf DB 1979, 255: Werbung mit der Aufforderung zur Bestellung von zwei Probeheften, verbunden mit dem unübersehbaren Hinweis, dass die Anforderung als Bestellung gilt, wenn nicht binnen zwei Wochen nach Zusendung des ersten Probehefts gekündigt wird). Die unbestellte Zusendung muss eine **entgeltpflichtige** Ware oder Dienstleistung zum Gegenstand haben. Nicht hierher gehört also der Fall, dass einer bestellten Ware eine kostenlose Warenprobe oder ein Werbezettel für eine andere Ware beigefügt ist (vgl. BGH GRUR 1970, 557 – Erotik in der Ehe). – Geht der Unternehmer **irrtümlich** von einer Bestellung aus, ist § 7 I 1 nicht anwendbar, wenn der Irrtum nicht in seinem Verantwortungsbereich liegt (BGH GRUR 2012, 82 Rn. 18 – Auftragsbestätigung), etwa weil die Ware von einem Dritten unter dem Namen des Belieferten bestellt worden ist oder unter derselben Adresse mehrere Personen gleichen Namens wohnen. Dagegen hat es der Unternehmer zu verantworten, wenn der Irrtum auf Fahrlässigkeit beruht oder er sich die Kenntnis oder das Kennenmüssen seiner Hilfspersonen nach § 8 II oder § 166 I BGB analog zurechnen lassen muss (Köhler GRUR 2012, 217 (223 f.)).

102   **b) Ankündigung der unbestellten Zusendung.** Die Unzumutbarkeit der Belästigung durch eine unbestellte Warenzusendung entfällt nicht dadurch, dass sie vorher (zB in einem Begleitschreiben zu einer Warenlieferung oder Prospektübersendung) angekündigt wird. Dies gilt auch dann, wenn dem Empfänger die Möglichkeit eingeräumt wird, innerhalb einer bestimmten Frist die Übersendung abzulehnen (vgl. BGH GRUR 1966, 47 (48) – Indicator; GRUR 2012, 82 – Auftragsbestätigung). Nach § 4a ist es unlauter, dem Empfänger anzukündigen, man werde ein bestimmtes Verhalten als Bestellung werten. Denn darin liegt eine erhebliche Beeinträchtigung der Entscheidungsfreiheit durch unzulässige Beeinflussung (§ 4a I 2 Nr. 3). Auch ist es nicht auszuschließen, dass es zu Missverständnissen und Fehlreaktionen kommt. Zu Recht hat es der BGH (GRUR 1977, 157 (158) – Filmzusendung) daher beanstandet, dass Versandtaschen für die Filmentwicklung ein Zettel des Inhalts beigefügt wurde, man werde neben den fertigen Bildern gleich einen frischen Film schicken, sofern dieser Zettel nicht in den Versandbeutel zurückgesteckt werde. Denn es ist jedenfalls unüblich und missverständlich, dem Kunden aufzuoktroyieren, das Einlegen des Zettels gelte als „Nichtbestellung", das Entfernen dagegen als „Bestellung"; das aber kann bei einem nicht unerheblichen Teil der angesprochenen Kreise zur Zusendung unbestellter Ware führen. Die Beeinträchtigung des Kunden, der keinen neuen Film haben will, ist umso stärker, als er rechtlich verunsichert sein kann und sich im Hinblick auf den geringen Wert des Films gleich gar nicht auf eine Auseinandersetzung einlassen wird. Zu Unrecht wurde eingewandt, hier werde zum Nachteil des Verbrauchers eine Methode unterbunden, die auf billigste Weise dem Verbraucher eine Bestellmöglichkeit eröffne (Fritze GRUR 1977, 158 (159)). Denn es wäre dem Gewerbetreibenden unbenommen gewesen, einen Zettel beizufügen, der als Bestellformular gestaltet ist und damit keinen Anlass zu Missverständnissen gibt.

103   **c) Tatsächliche oder mutmaßliche Einwilligung in die unbestellte Zusendung.** Hat der Empfänger sich mit der Lieferung von Waren oder Dienstleistungen ohne vorherige Bestellung und ohne Bestellpflicht ausdrücklich oder stillschweigend **einverstanden** erklärt, ist eine unzumutbare Belästigung grds. zu verneinen (vgl. OLG Frankfurt WRP 1990, 765 zu § 1 UWG 1909). In dieser Entscheidung ist offengelassen, ob ein entspr. Vertriebssystem insgesamt gegen § 1 UWG 1909 verstößt, da es auf die Trägheit der Empfänger abgestellt ist, die die Rücksendung der Ware scheuen und sie deshalb lieber behalten und bezahlen. Eine unzumutbare Belästigung oder unangemessene unsachliche Beeinflussung ist jedenfalls dann zu verneinen, wenn erkennbar ist, welche Art von Waren oder Dienstleistungen geliefert wird. Denn der Kunde weiß dann, was auf ihn zukommt. Auch kann ein solches System gerade dem Interesse des Kunden entsprechen. – Dies gilt allerdings nicht, wenn das Einverständnis durch Täuschung erschlichen oder in sonst unlauterer Weise (zB im Wege eines unerbetenen Telefonanrufs) eingeholt wird. – Ein Einverständnis mit der Zusendung von Ansichtssendungen, für die Bezahlung oder Rückgabe binnen zehn Tagen verlangt wird, liegt nicht schon in der Anforderung eines kostenlosen Überraschungspakets, wenn nicht gleichzeitig auf dem Anforderungszettel auch für den flüchtigen Leser unübersehbar darauf hingewiesen wird (OLG Stuttgart

NJWE-WettbR 1996, 38 (39): Hinweis lediglich auf der Rückseite genügt nicht). – Eine **mutmaßliche Einwilligung** kann ebenfalls zur Zulässigkeit der unbestellten Zusendung führen. Sie kann vor allem einer **ständigen Geschäftsverbindung** zu entnehmen sein (vgl. BGH GRUR 1960, 382 (384) – Verbandsstoffe; GRUR 1966, 47 (48 f.) – Indicator; Gloy/Loschelder/Danckwerts WettbR-HdB/Hasselblatt § 61 Rn. 93). Doch ist auch hier stets zu prüfen, ob der Absender davon ausgehen kann, dass der Kunde eine unbestellte Zusendung wünsche. Dabei können insbes. Verkehrssitten (§ 157 BGB), etwa bei Bücheransichtssendungen, oder Handelsbräuche (§ 346 HGB) zu berücksichtigen sein. Auch spielt der mutmaßliche Bedarf des Kunden eine Rolle. Wird einem Verbraucher statt der bestellten eine nach Qualität und Preis gleichwertige Leistung angeboten und wird er gleichzeitig darauf hingewiesen, dass er zur Annahme nicht verpflichtet ist und er die Kosten der Rücksendung nicht zu tragen hat (vgl. § 241a III BGB), ist ebenfalls von einem mutmaßlichen Einverständnis mit der Zusendung auszugehen.

d) Sonderfälle. Der unbestellten Warenzusendung soll es gleichstehen, wenn bei Einsendung **104** einer Kamera zur Reparatur mit der Bitte um Kostenvoranschlag dem Kunden mitgeteilt wird, die Reparatur sei unmöglich, ihm aber statt der Kamera ein Prospekt für neue Kameras und ein Gutschein über 30,– DM für eine Neubestellung zurückgeschickt wird. Der Kunde werde hier unzumutbar belästigt, ua weil er sich genötigt sehen könne, eine neue Kamera zu erwerben (BGH GRUR 1992, 855 (856) – Gutscheinübersendung). Nach heutigem Recht sind solche Fälle nur nach § 4a zu beurteilen.

IV. „Briefwerbung"

1. Begriff und wirtschaftliche Bedeutung

Die Briefwerbung unterscheidet sich von anderen Werbemitteln (Postwurfsendungen usw) **105** dadurch, dass sie an den Empfänger persönlich adressiert ist. Der Werbende kann sich von dieser individualisierten Werbung eine stärkere Beachtung erhoffen. Auf Grund der modernen Computer- und Druckertechnik lässt sich ohne großen Aufwand damit Massenwerbung betreiben, so dass sich diese Werbeform nach wie vor großer Beliebtheit erfreut. Ein Sonderfall der Briefwerbung ist die Briefbeilagenwerbung, bei der einem Geschäftsbrief (zB Gebührenabrechnung; Kontoauszug; Rechnung) ein Werbeprospekt oÄ beigelegt ist.

2. Lauterkeitsrechtliche Beurteilung

a) Grundsätzliche Zulässigkeit. Grds. ist die Briefwerbung auch ohne das vorherige Ein- **106** verständnis des Empfängers zulässig. Dies gilt auch dann, wenn das Werbeschreiben nicht bereits auf dem Umschlag, wohl aber nach dem Öffnen des Briefs sofort und unmissverständlich als Werbung erkennbar ist (BGH GRUR 2011, 747 Rn. 19 – Kreditkartenübersendung). Denn die damit verbundene Beeinträchtigung der Privatsphäre bzw. betrieblichen Sphäre des Empfängers (Belästigung auf Grund der Notwendigkeit der Entgegennahme, Prüfung und ggf. Entsorgung der Werbung; Verstopfung des Briefkastens) ist nicht so gravierend, als dass das Absatzinteresse der werbenden Wirtschaft und das Informationsinteresse der Verbraucher oder sonstigen Marktteilnehmer dahinter zurücktreten müssten. Dies gilt auch dann, wenn man die Konkretisierung des Wertmaßstabs des § 7 I mittels einer Abwägung der widerstreitenden Grundrechte (Art. 2 I GG iVm Art. 1 I GG einerseits und Art. 12, 14 GG sowie Art. 5 I 1 GG andererseits) vornimmt. Es kann daher nicht von vornherein angenommen werden, dass der Umworbene jegliche Art von Briefwerbung ablehnt. Eine unzumutbare Belästigung iSv § 7 I 1 ist jedoch dann anzunehmen, wenn die Angabe des Absenders fehlt und weitere, eine Dringlichkeit vortäuschende Angaben auf dem Briefumschlag gemacht werden (KG WRP 2015, 1534). – Auch die **Briefbeilagenwerbung** ist grds. zulässig, sofern der Empfänger nicht widersprochen hat oder sich in eine Robinson-Liste hat eintragen lassen.

b) Unlauterkeit nach § 5a IV. Unlauter nach § 5a IV kann die Briefwerbung sein, wenn der **107** Werbebrief als **Privatbrief** getarnt ist und der Empfänger erst nach näherer Befassung mit dem Inhalt erkennen kann, dass es sich um Werbung handelt (vgl. BGH GRUR 1973, 552 (553) – Briefwerbung). Dabei spielt es keine Rolle, ob es sich um einen Erstbrief oder um eine Reihe von Werbebriefen handelt. Zu Recht weist die Rspr. darauf hin, dass der, der werben wolle, sich dazu auch eindeutig bekennen solle und nicht dadurch, dass er der Werbesendung den Anstrich eines Privatschreibens gebe, eine Aufmerksamkeit erwecke, die er ohne den irreführenden Vorspann nicht zu erzielen vermöchte. Der Versender von Werbebriefen muss also sicherstellen, dass der werbliche Charakter des Schreibens zwar nicht schon aus dem Briefumschlag (hierfür Freund BB 1986, 409 (415)), wohl aber nach dem Öffnen des Briefs sofort und unmissverständlich („auf den ersten Blick") erkennbar ist (BGH GRUR 2011, 747 Rn. 19 – Kreditkartenübersendung).

108 **c) Unzulässigkeit nach § 7 I 2.** Nach § 7 I 2 ist insbesondere eine Werbung nach § 7 I 1 unzulässig, „obwohl erkennbar ist, dass der angesprochene Marktteilnehmer diese Werbung nicht wünscht. Das ist anzunehmen, wenn der Empfänger erkennbar der Werbung widersprochen hat. Dies gilt auch dann, wenn der Werbecharakter des Briefs ohne weiteres erkennbar ist. Ein Widerspruch ist – entgegen der älteren Rspr. (BGH GRUR 1973, 552 (553) – Briefwerbung; OLG Hamburg NJW-RR 1989, 873) – unabhängig davon zu beachten, ob nach der Art der Werbeaktion eine Beachtung des Widerspruchs für den Werbenden mit Mühen und Kosten verbunden ist, die in keinem Verhältnis zu der Verärgerung und Belästigung des Umworbenen stehen.

109 Der **Widerspruch** ist stets erkennbar, wenn er unmittelbar und unmissverständlich gegenüber dem Werbenden erklärt wurde, etwa brieflich oder telefonisch. – Das ist weiter der Fall, wenn sich der Empfänger in eine (in ihrer Wirkung freilich zweifelhafte, weil missbrauchsanfällige) **Robinsonliste** hat eintragen lassen. Die Robinsonliste des DDV Deutschen Dialogmarketing Verbands verpflichtet zwar nur die angeschlossenen Unternehmen, den eingetragenen Personen keine Briefwerbung zukommen zu lassen. Indessen wird die Robinsonliste sowohl Mitgliedern als auch Nichtmitgliedern zum Abgleich angeboten. Auch Nichtmitglieder haben daher die Möglichkeit, mit zumutbarem Aufwand einen Datenabgleich vorzunehmen. Daher ist auch Nichtmitgliedern die Kenntnisnahme und Beachtung des entgegenstehenden Willens des Empfängers möglich und zumutbar (Weichert WRP 1996, 522 (531 f.)).

110 Problematisch ist der Fall, dass der Empfänger lediglich einen **allgemeinen Sperrvermerk** („Werbung nein danke") an seinem Briefkasten angebracht hat. Hier ist zu unterscheiden. Der (dem Werbenden unbekannte) Widerspruch ist unbeachtlich, soweit der Werbebrief mit der Post zugestellt wird. Denn für die Postbediensteten ist nicht erkennbar, ob es sich um einen unerbetenen Werbebrief handelt. Anders verhält es sich, wenn der Werbebrief von einem damit beauftragten Verteiler ausgetragen wird. Denn hier weiß der Verteiler, dass es sich um einen Werbebrief handelt. Ihm ist es daher möglich und zumutbar, den Sperrvermerk zu beachten. Der Werbende muss sich die Nichtbeachtung derartiger Sperrvermerke durch den Verteiler jedenfalls nach § 8 II zurechnen lassen.

V. Briefkastenwerbung

1. Begriff und wirtschaftliche Bedeutung

111 Unter Briefkastenwerbung ist der Einwurf von **nichtadressiertem Werbematerial** (Prospekte, Handzettel, Kataloge) in die Briefkästen der Empfänger zu verstehen. Der nichtadressierten Werbung steht die **teiladressierte** Werbung (Beispiel: „an alle Bewohner der Straße x") gleich. Zur Frage, inwieweit **Presseerzeugnisse** als Werbung anzusehen sind, → Rn. 118–120. Die Briefkastenwerbung ist nach wie vor sehr verbreitet, vor allem bei lokalen Anbietern, und wird vom Großteil der Bevölkerung akzeptiert, weil sie darin nützliche Informationen sieht.

2. Lauterkeitsrechtliche Beurteilung

112 **a) Grundsätzliche Zulässigkeit.** Im Gegensatz zu Werbemethoden, die mit einer persönlichen oder individuellen Ansprache des Umworbenen verbunden sind, führt die Briefkastenwerbung zu einer geringeren Belästigung der Privatsphäre der Empfänger. Sie ist, da der Werbecharakter des Materials offen zu Tage tritt, vom Empfänger sofort als Werbung erkennbar. Ihn trifft, falls er sich nicht dafür interessiert, lediglich die Mühe der Entgegennahme und Entsorgung. Da die werbende Wirtschaft ein berechtigtes Interesse hat, auf ihre Angebote aufmerksam zu machen, und andererseits viele Verbraucher an dieser Art Werbung interessiert sind, um attraktive Angebote wahrzunehmen, ist die Briefkastenwerbung grds. wie im früheren Recht (BGHZ 106, 229 (235) = GRUR 1989, 225 – Handzettel-Wurfsendung; Jahn/Gonzalez WRP 1991, 1 (3)) als zulässig anzusehen. Ihr liegt eine mutmaßliche Einwilligung der Verbraucher und sonstigen Marktteilnehmer zugrunde.

113 **b) Unzulässigkeit nach § 7 I 2.** Die Rspr. wendete auf die Briefkastenwerbung gegenüber einem **Verbraucher** das Per-se-Verbot des § 7 II Nr. 1 aF iVm § 7 I 1 als Prüfungsmaßstab an (vgl. BGH WRP 2012, 938; OLG Hamm WRP 2012, 585). Danach war Briefkastenwerbung stets unzulässig, wenn sie hartnäckig erfolgte, obwohl der Verbraucher dies erkennbar nicht wünschte. Diese Rspr. berücksichtigte jedoch nicht hinreichend, dass § 7 II Nr. 1 aF der Umsetzung von Anh. I Nr. 26 S. 1 UGP-RL diente und insoweit richtlinienkonform auszulegen war. Da Anh. I Nr. 26 UGP-RL zu den unter allen Umständen unlauteren aggressiven Geschäftspraktiken gehört, dient diese Bestimmung dem Schutz der Entscheidungsfreiheit des Verbrauchers (vgl. Art. 8 UGP-RL) und nicht lediglich dem Schutz vor unzumutbarer Belästigung. Die Entscheidungsfreiheit des Verbrauchers kann aber, wenn überhaupt, allenfalls durch solche Werbemaßnahmen beeinträchtigt werden, die Verbraucher „persönlich und individuell" (vgl. Art. 2 VIII lit. c Verbraucherrechte-RL) ansprechen, um sie zu einer geschäftlichen Entscheidung zu veranlassen. Der Begriff des **„Ansprechens"** in § 7 II Nr. 1 aF war folglich richtlinienkonform im Sinne einer **gezielten Individualwerbung** (vgl. BGH WRP 2011, 1054 Rn. 17 – Kreditkartenübersendung) zu verstehen. Daran fehlt es bei der Briefkastenwerbung (Köhler WRP 2017, 253 Rn. 20). Der Verbraucher fühlt sich von ihr nicht gezielt, nämlich persönlich und individuell als potenzieller Kunde angesprochen und zu einer Reaktion herausgefordert. Sie tarnt sich nicht als Quasi-Individualkommunikation (FBO/Mankowski § 7 Rn. 338) und ist von vornherein nicht geeignet, die Entscheidungsfreiheit der Verbraucher hinsichtlich der beworbenen Produkte erheblich zu beeinträchtigen. **Briefkastenwerbung** war daher schon mangels eines „Ansprechens" iSd § 7 II Nr. 1 aF nicht nach dieser Vorschrift, sondern nur nach § 7 I 2 zu beurteilen (vgl. Köhler WRP 2017, 253 Rn. 34). Dies entsprach auch der Auffassung der Kommission (vgl. Leitlinien zur Umsetzung/Anwendung der RL 2005/29/EG über unlautere Geschäftspraktiken v. 25.5.2016, Ziff. 4.5). Nach Aufhebung des § 7 II Nr. 1 aF mWv 28.5.2022 ist dies auch durch den Gesetzgeber geklärt.

Der Anwendungsbereich des § 7 I 2 ist jedenfalls dann eröffnet, wenn die Briefkastenwerbung **114** gegenüber einem sonstigen Marktteilnehmer, insbes. einem **Unternehmer,** erfolgt (Ohly/Sosnitza/Ohly Rn. 35; Meyer WRP 2012, 788 (793)). Beispiel: Einlegen von Werbematerial in Anwaltsfächer bei den Gerichten, das vom Gerichtsvorstand generell oder vom Fachinhaber durch einen Hinweis am Fach untersagt ist (vgl. OLG Karlsruhe NJW 1996, 3283 zu § 1 UWG 1909). – Jedoch ist § 7 I 2 auch auf Briefkastenwerbung gegenüber **Verbrauchern** anzuwenden. Diese Vorschrift ist zwar scheinbar strenger als § 7 II Nr. 1 aF, weil sie kein hartnäckiges Handeln des Unternehmers voraussetzt, was offenbar der Grund dafür war, den § 7 II Nr. 1 aF als lex specialis zu § 7 I 2 anzusehen (vgl. Begr. RegE zu § 7, BT-Drs. 16/10145, 29). Dabei wurden jedoch die unterschiedlichen Schutzzwecke beider Vorschriften (Schutz der Entscheidungsfreiheit in § 7 II Nr. 1 einerseits, Schutz der Privatsphäre in § 7 I 2 andererseits) und ihre unterschiedlichen Grundlagen im Unionsrecht nicht berücksichtigt. § 7 I 2 ist zwar grds. durch den Ausnahmebereich der „guten Sitten und des Anstands" iSd ErwGr. 7 S. 3–5 UGP-RL gerechtfertigt. Die Vorschrift darf aber nicht in einer Weise ausgelegt werden, die **faktisch** zu einer Verschärfung von Anh. I Nr. 26 S. 1 UGP-RL führen würde. Denn die Mitgliedstaaten dürfen nach Art. 4 und Art. 5 V 3 UGP-RL keine strengeren als die in der UGP-RL festgelegten Maßnahmen erlassen, und zwar auch nicht, um ein höheres Verbraucherschutzniveau zu erreichen (EuGH in stRspr; vgl. EuGH WRP 2017, 31 Rn. 25 – Canal Digital Danmark; vgl. auch Leitlinien zur Umsetzung/Anwendung der RL 2005/29/EG über unlautere Geschäftspraktiken v. 25.5.2016, Ziff. 4.5). Jedenfalls sollte, um einen Verstoß gegen die Vorgaben der UGP-RL zu vermeiden, **§ 7 I 2 nicht als Per-se-Verbot gehandhabt** werden. Die Auslegung und Anwendung des § 7 I 2 muss vielmehr, wie bei § 7 I 1 unter Berücksichtigung der **Umstände des Einzelfalls,** der **Abwägung der widerstreitenden Interessen** und des **Grundsatzes der Verhältnismäßigkeit** erfolgen (jurisPK-UWG/Koch/Seichter Rn. 177; Köhler WRP 2017, 253 Rn. 63).

Der Tatbestand des § 7 I 2 ist erfüllt, wenn der **angesprochene Verbraucher oder sonstige** **115** **Marktteilnehmer** die betreffende **Werbung erkennbar nicht wünscht.** Ein „Ansprechen" iSd § 7 I 2 liegt bereits dann vor, wenn dem Marktteilnehmer die Werbung in einer Weise nahe gebracht wird, die seine private oder geschäftliche Sphäre berührt, wie dies beim Einwurf in den Briefkasten der Fall ist. Es muss sich aber um **„Werbung"** handeln. Darunter fallen – schon nach allgemeinem Sprachgebrauch (vgl. BGH WRP 2012, 938 Rn. 4) – **nicht Presseerzeugnisse,** einschließlich Anzeigenblätter mit redaktionellem Teil (→ Rn. 118; Köhler WRP 2017, 253 Rn. 65). Ihre Verteilung gegen den erkennbaren Willen des Empfängers (zB durch einen entsprechend formulierten Sperrvermerk) ist nach § 7 I 1 zu beurteilen. **Erkennbar nicht gewünscht** ist Briefkastenwerbung, **wenn** der Inhaber des Briefkastens seinen entgegenstehenden Willen in einer Weise ausgedrückt hat, dass dies für den Werbenden bzw. den Zusteller als Beauftragten bei Anwendung der unternehmerischen Sorgfalt erkennbar ist. Der Empfänger ist

darin frei, die Reichweite seiner Ablehnung zu bestimmen. Zu beachten sind daher auch eingeschränkte Sperrvermerke, wie zB „Keine Werbung in Plastiktüten. Der Umwelt zuliebe!"
(Meyer WRP 2012, 788; aA OLG Frankfurt WRP 2012, 844). – **Wie** der Inhaber des Briefkastens seinen entgegenstehenden Willen zum Ausdruck bringt, liegt an sich in seinem Ermessen.
Er kann also grds. seinen Willen **abstrakt-generell** (durch einen Sperrvermerk am Briefkasten)
oder **konkret-individuell** (durch Benachrichtigung des jeweiligen Werbenden) erkennbar machen. Allerdings ist es idR bei Abwägung der Interessen aller Beteiligten, also auch der Verbraucher, die an Briefkastenwerbung interessiert sind, unter Berücksichtigung des Grundsatzes
der Verhältnismäßigkeit und der Umstände des Einzelfalls dem Empfänger **zuzumuten,** seinen
Widerspruch abstrakt-generell, also durch einen **Sperrvermerk,** zum Ausdruck zu bringen.
Dafür spricht, dass einerseits der Empfänger durch unerbetene Briefkastenwerbung und die damit
verbundene Mühe der Entsorgung vergleichsweise geringfügig belästigt wird, es andererseits für
den Werbenden einen hohen Organisations- und Kontrollaufwand bedeutet, den Willen des
Empfängers zu beachten, und außerdem die große Gefahr besteht, dass es durch ein Versehen
des einzelnen Zustellers doch zu einem Fehleinwurf kommt. Ist es dem Empfänger zuzumuten,
sich eines Sperrvermerks zu bedienen, so ist seine Berufung auf einen konkret-individuellen
Widerspruch nach § 242 BGB **unbeachtlich,** da rechtsmissbräuchlich.

116 **c) Verantwortlichkeit.** Wird der Sperrvermerk nicht beachtet, so hat dafür nicht nur die
Verteilerorganisation (insbes. auch die Deutsche Post AG) und ggf. auch der einzelne Verteiler, sondern auch das **werbende Unternehmen** als mittelbarer Täter oder nach Maßgabe des
§ 8 II einzustehen. Dem werbenden Unternehmen ist es zumutbar, durch entspr. Vorkehrungen
im Vertrag mit der Verteilerorganisation (bzw. mit dem Verteiler) dafür Sorge zu tragen, dass ein
Sperrvermerk beachtet wird. Haben sich Personen, die keine Werbesendungen erhalten wollen,
in eine (allerdings missbrauchsanfällige) **„Robinson-Liste"** aufnehmen lassen, so muss das
Werbeunternehmen diese Personen von künftigen Werbesendungen ausschließen (vgl. Weichert
WRP 1996, 522 (531)). – Für den Ausschluss der Verantwortlichkeit des **Werbenden** reicht die
bloße Anweisung, Sperrvermerke zu beachten, nicht aus. Damit würde sich das werbende
Unternehmen allzu leicht aus seiner Verantwortung stehlen können. Vielmehr ist es erforderlich,
dass das werbende Unternehmen die Verteilerorganisation eindringlich auf die Notwendigkeit
einer entspr. Organisation und Kontrolle der Werbeaktion hinweist, sich über den Einsatz
etwaiger Schutzvorkehrungen vergewissert, Beanstandungen nachgeht und ggf. Sanktionen (zB
Vertragsstrafenvereinbarung, Kündigung) vorsieht (BGH GRUR 1992, 617 – Briefkastenwerbung).

117 **d) Bürgerlichrechtliche Beurteilung.** Die Missachtung eines Sperrvermerks stellt eine
rechtswidrige Beeinträchtigung von Eigentum und/oder Besitz des Briefkasteninhabers und auch
seines allgemeinen Persönlichkeitsrechts (Selbstbestimmungsrechts) dar und erfüllt damit den
Tatbestand der §§ 823 I, 1004 BGB analog (BGHZ 106, 229 = GRUR 1989, 225 (226) –
Handzettel-Wurfsendung). Denn das Interesse des Einzelnen am Schutze seiner Individualsphäre
hat grds. Vorrang vor dem Gewinnstreben der werbenden Wirtschaft. Das Selbstbestimmungs-
recht des Umworbenen hat Vorrang vor dem Interesse des Unternehmers an Werbung (BGHZ
106, 229 = GRUR 1989, 225 – Handzettel-Wurfsendung). Die Wirtschaft kann sich insoweit
weder auf „gewachsene Besitzstände" noch auf eine „Sozialadäquanz" der Beeinträchtigung
noch auf den Arbeits- und Kostenaufwand einer Berücksichtigung eines Sperrvermerks oder
Widerspruchs berufen. Denn angesichts des Ausmaßes, das die Briefkastenwerbung erreicht hat,
lässt sich nicht mehr von einer unwesentlichen Beeinträchtigung sprechen. Der Einzelne hat ein
schutzwürdiges Interesse daran, dass sein Briefkasten nicht überfüllt oder gar verstopft wird und
dass ihm nicht die Mühe der Entsorgung aufgebürdet wird. Allerdings wird ein Verstoß gegen
§ 823 I BGB iVm § 1004 BGB analog idR nur anzunehmen sein, wenn gleichzeitig der Tatbestand des § 7 I 2 erfüllt ist.

VI. Verteilung von Presseerzeugnissen

1. Rechtlicher Ausgangspunkt

118 Unter **Presseerzeugnissen** sind **periodisch erscheinende Druckwerke mit redaktionellem Inhalt** zu verstehen. Sie unterliegen speziellen Anforderungen nach den Pressegesetzen der
Länder (ua Impressums- und Kennzeichnungspflichten; vgl. §§ 8, 10 BWPresseG). Dass sie (ggf.
kennzeichnungspflichtige) Werbung enthalten und teilweise sogar unentgeltlich, weil nur durch

Werbeeinnahmen finanziert, abgegeben werden, macht sie noch nicht zu Werbung iSd § 7 I 2. Dem steht auch der allgemeine Sprachgebrauch entgegen, der zwischen Werbung und Presseerzeugnissen unterscheidet (vgl. OLG Hamm WRP 2012, 585 Rn. 20). Die Gratisverteilung von **Anzeigenblättern ohne redaktionellen** Teil fällt hingegen unter den Begriff der Werbung iSd § 7 I 2. Für die Verteilung von unentgeltlichen Presseerzeugnissen durch Einwurf in den Briefkasten gilt jedoch **§ 7 I 1.** Eine unzumutbare Belästigung iSd § 7 I 1 liegt noch nicht darin, dass der Inhaber des Briefkastens keine ausdrückliche Einwilligung erklärt hat, da jedenfalls aus der Sicht des durchschnittlich empfindlichen Durchschnittsverbrauchers eine mutmaßliche Einwilligung vorliegt. Eine andere Beurteilung kann jedoch angezeigt sein, wenn der Empfänger erkennbar einen entgegenstehenden Willen geäußert hat. Insoweit stellen sich letztlich die gleichen Fragen wie bei der Anwendung des § 7 I 2.

2. Reichweite eines Sperrvermerks

Ob ein Sperrvermerk am Briefkasten auch für den Einwurf von Presseerzeugnissen gilt, hängt **119** von der (durch **Auslegung** zu ermittelnden) Reichweite des Sperrvermerks ab (ebenso OLG Hamm WRP 2012, 585 Rn. 20). Wünscht der Empfänger erkennbar keinen Einwurf von (bestimmten) Presserzeugnissen (zB „Einkauf Aktuell"), so ist dieser Widerspruch zu beachten. Hat sich der Empfänger lediglich den Einwurf von „Werbesendungen und Prospekten" verbeten, so ist damit nicht auch der Einwurf von Gratisblättern mit redaktionellem Teil (Anzeigenblätter) untersagt (vgl. OLG Karlsruhe GRUR 1991, 940 – Anzeigenblatt im Briefkasten). Das Gleiche gilt, wenn sich der Empfänger den Einwurf von „Werbung" verbeten hat (BGH WRP 2012, 938 Rn. 6 mAnm Köhler). Denn daraus ist nicht ohne weiteres der Wille des Empfängers ersichtlich, auch keine Anzeigenblätter mit redaktionellem Teil entgegennehmen zu wollen (aA Mankowski WRP 2012, 589). Dem Empfänger ist es möglich und zumutbar, den Sperrvermerk entsprechend deutlich zu formulieren.

3. Zeitungsbeilagenwerbung

Zeitungen und Zeitschriften, aber auch Anzeigenblätter mit redaktionellem Teil, enthalten **120** nahezu in jeder Ausgabe einen oder mehrere beigelegte Werbeprospekte. Offenbar ist es für die werbenden Unternehmen preiswerter und effizienter, Prospekte auf diesem Wege als durch eigene Verteiler unter die Leute zu bringen. Problematisch ist jedoch, ob ein Sperrvermerk gegenüber Werbeprospekten auch für die Zeitungsbeilagenwerbung gilt. Das ist für **Abonnementzeitungen** und **-zeitschriften** zu verneinen (OLG Karlsruhe NJW 1991, 2913; LG Bonn NJW 1992, 1112). Denn der Abonnementvertrag bezieht sich auf die Lieferung der Zeitung oder Zeitschrift, so wie sie der Verleger vertreibt, also ggf. mit Beilagen. Der Verleger ist daher zur entspr. Auslieferung an den Abonnenten berechtigt. Das mag für den Kunden, der gerade von Werbeprospekten verschont bleiben will, bedauerlich sein. Will er dies nicht hinnehmen, bleibt ihm aber nur der Weg, entweder eine Sondervereinbarung zu treffen oder den Abonnementvertrag zu kündigen (ebenso OLG Hamm WRP 2012, 585 Rn. 20; aA Mankowski FS Fezer, 2016, 915, der vom Erfordernis einer gesonderten Einwilligung ausgeht und diese als unvereinbar mit § 307 BGB ansieht). – Ein Sperrvermerk gegenüber Werbung erstreckt sich aber auch nicht auf Werbebeilagen in Anzeigenblättern mit redaktionellem Teil. Dem Empfänger, der dies nicht wünscht, ist es zuzumuten, den Sperrvermerk entsprechend zu formulieren, etwa „Keine Werbeprospekte und keine Anzeigenblätter" oder „Keine Werbeprospekte und keine Anzeigenblätter mit einliegenden Werbeprospekten" (BGH WRP 2012, 938 Rn. 6 mAnm Köhler; OLG Hamm WRP 2012, 585 Rn. 21).

VII. Sonstiges

1. Werbung in Schulen und Behörden

Verteilen Verlage mit Genehmigung der Schulbehörden in Schulen Werbung für Zeitschriften **121** und lassen sie Bestellungen einsammeln, stellt dies keine unzumutbare Belästigung der Lehrer und Schüler dar (BGH GRUR 1984, 665 (667) – Werbung in Schulen; vgl. auch OLG Hamburg GRUR-RR 2005, 224 zu § 4 Nr. 1 UWG 2004). Denn es ist in erster Linie Sache des Schulrechts, der Schulorganisation und des Hausrechts, Schüler und Lehrer vor belästigender Werbung zu schützen (BGH GRUR 1984, 665 (667) – Werbung in Schulen). Die Entscheidung der Schulverwaltung, Werbung zuzulassen, kann – sofern diese nicht unangemessen unsachlich beeinflusst wurde (vgl. OLG Brandenburg WRP 2003, 903) – nicht mittels des Lauterkeitsrechts unterlaufen werden. – Entsprechende Grundsätze gelten für die Werbung innerhalb von Behörden.

2. Werbung im Internet

122   Internet-Seiten werden vielfach für werbliche Zwecke genutzt, insbes. auch für In-App-Werbung. Soweit Werbung klar erkennbar ist (sonst § 5a IV), wie bei der **Banner-Werbung,** ist dies im Allgemeinen ebenso wenig zu beanstanden wie die Anzeigenwerbung in der Zeitung (Steinmetz WRP 2018, 1415 Rn. 25, 26). Auch Werbung mittels **Interstitials** oder **Pop-Up-Fenstern** ist im Allgemeinen nicht zu beanstanden, wenn sich der Nutzer der Werbung in kurzer Zeit durch Wegklicken oder durch Verlassen der Seite entziehen kann oder wenn das Interstitial in kurzer Zeit von selbst verschwindet (LG Berlin GRUR-RR 2011, 332 (334); Bornkamm/Seichter CR 2005, 747 (752); aA Burmeister, Belästigung als Wettbewerbsverstoß, 2006, S. 97 ff.; Schreibauer/Mulch WRP 2005, 442 (457)). Dagegen ist eine unzumutbare Belästigung anzunehmen, wenn sich das Interstitial nicht wegklicken lässt und erst nach längerer Zeit von selbst verschwindet (LG Berlin GRUR-RR 2011, 332 (334); Steinmetz WRP 2018, 1415 Rn. 28 ff.; aA Rauda GRUR-RR 2011, 334 (335 f.)) oder wenn es dem Nutzer durch das Öffnen immer neuer Fenster (Exit-Pop-Up-Fenster) unmöglich gemacht oder erschwert wird, die ursprünglich aufgerufene Seite zu verlassen (vgl. LG Düsseldorf MMR 2003, 486; Ohly/Sosnitza/Ohly Rn. 95; Schirmbacher K&R 2009, 433 (437)). Dasselbe gilt für **Pop-Under-Fenster** wegen der Schwierigkeiten, die aufgerufene Seite zu verlassen. – Die Verwendung von **Metatags,** um die Aufmerksamkeit des Nutzers auf das eigene Angebot zu lenken, stellt dagegen im Allgemeinen keine unzumutbare Belästigung dar, weil damit keine nennenswerte Beeinträchtigung der Nutzung der Internet-Informationsmöglichkeiten verbunden ist (Brömmelmeyer InternetWettbR S. 389). – Wer einen kostenlosen Push-Dienst, dh die Übermittlung bestimmter Informationen über das Internet, in Anspruch nimmt, erklärt damit konkludent seine Zustimmung zur Zusendung auch von Werbung. Denn er muss davon ausgehen, dass derartige Dienstleistungen – ähnlich wie beim Free-TV – durch Werbung finanziert werden (Lange WRP 2002, 786 (788); Sieber/Klimek K&R 1999, 305 (307)).

3. Werbung auf Trägermedien

123   Die sog Trailer-Werbung auf Spielfilm-DVDs (idR Vorschau auf einen anderen Film) kann bei entsprechender Länge eine unzumutbare Belästigung darstellen, weil sich der Käufer dieser Werbung nicht durch Ausblenden entziehen kann. Etwas anderes gilt, wenn der Käufer vor dem Kauf darauf hingewiesen wurde (aA Burmeister, Belästigung als Wettbewerbsverstoß, 2006, S. 94). – Das sog In-Game-Advertising (dazu Schaar GRUR 2005, 912 (913 ff.); Burmeister, Belästigung als Wettbewerbsverstoß, 2006, 95 f.; Lober MMR 2006, 643) besteht in einem Product Placement auf Computerspielen. Es kann den Tatbestand des § 5a VI, aber auch des § 7 I 1 erfüllen, es sei denn, der Käufer wurde vor dem Kauf darauf hingewiesen oder die Werbung lässt sich „wegklicken".

4. Unrichtige Bestätigungen

124   Versendet ein Unternehmer eine **objektiv unrichtige Auftragsbestätigung** oder eine **Bestätigung** der **Einwilligung** in Werbemaßnahmen, kann dies den Empfänger dazu veranlassen, sich dagegen zu verwahren. Denn sonst besteht für ihn das Risiko, dass sein Schweigen als Zustimmung oder als Indiz für die Richtigkeit der Bestätigung gewertet wird. Wegen der damit verbundenen zeitlichen und finanziellen Belastung wird darin vielfach eine unzumutbare Belästigung erblickt (vgl. OLG Stuttgart VuR 2011, 144; LG Bonn CR 2012, 336). Eine unzumutbare Belästigung ist jedoch dann zu verneinen, wenn der Unternehmer irrtümlich von einer Bestellung oder einer Einwilligung ausgeht und der Irrtum auch nicht von ihm zu verantworten ist (BGH WRP 2012, 198 Rn. 16, 18 – Auftragsbestätigung; vgl. ferner jurisPK-UWG/Koch/Seichter Rn. 127, 136). – Nach diesen Grundsätzen ist auch das sog **Slamming** zu beurteilen (jurisPK-UWG/Koch/Seichter Rn. 138). Darunter ist die Umstellung eines Endkunden-Telefonanschlusses auf einen neuen Betreiber ohne Wissen und Einverständnis des Kunden zu verstehen: Telekommunikationsunternehmen schicken den meist telefonisch kontaktierten Kunden eine unrichtige Auftragsbestätigung über die Umstellung (Preselection-Vertrag) zu und kündigen gleichzeitig in deren Namen den Vertrag mit dem bisherigen Diens-

teanbieter, verbunden mit dem Antrag auf technische Umsetzung des neuen Dienstes. Diese Geschäftspraxis ist gegenüber dem Verbraucher irreführend (§ 5) und belästigt ihn unzumutbar (§ 7 I), weil er mit der Mühe der Auseinandersetzung mit dem Anbieter und mit der Verhinderung oder Rückgängigmachung der Umstellung belastet wird. Außerdem stellt sie eine gezielte Behinderung des betroffenen Mitbewerbers (§ 4 Nr. 4) dar (vgl. OLG Frankfurt WRP 2009, 348 (349); LG Hamburg WRP 2008, 841).

5. Unberechtigte Ausübung von Gestaltungsrechten

Für die objektiv unberechtigte Ausübung von Gestaltungsrechten (Anfechtung; Kündigung; **125** Kontoabbuchung oä) gelten die gleichen Grundsätze. Eine unzumutbare Belästigung des Verbrauchers wegen der Mühen und Kosten eines Widerspruchs zur Vermeidung von Rechtsnachteilen ist daher nur anzunehmen, wenn der Unternehmer oder die für ihn handelnde Person die fehlende Berechtigung für die Maßnahme kannte (ebenso OLG Stuttgart GRUR-RR 2007, 330 (331)). Beruht die Maßnahme dagegen auf einem technischen Defekt oder auf bloßer Fahrlässigkeit, ist dies vom Verbraucher hinzunehmen. Die Notwendigkeit, sich dagegen zur Wehr zu setzen, um keine Rechtsnachteile zu erleiden, gehört insoweit zum allgemeinen Lebensrisiko (aA jurisPK-UWG/Koch/Seichter Rn. 137).

6. „Scheibenwischerwerbung"

Scheibenwischerwerbung, dh das Anbringen von Werbematerial hinter dem Scheibenwischer **126** eines Autos, und vergleichbare Werbemaßnahmen stellen stets eine unzumutbare Belästigung iSd § 7 I 2 dar (ebenso Wasse WRP 2010, 191; Mankowski GRUR 2010, 578; iErg auch Ohly/ Sosnitza/Ohly Rn. 78: Fall des § 7 I 1; aA jurisPK-UWG/Koch/Seichter Rn. 130). Denn sie beeinträchtigen den Autofahrer in der Nutzung seines Fahrzeugs, bürden ihm die Last der Entsorgung auf und sind daher erkennbar unerwünscht. Außerdem kann sich der Fahrer nicht durch eine Art Sperrvermerk wie bei der Briefkastenwerbung dagegen wehren (Ohly/Sosnitza/ Ohly Rn. 78).

E. Die Tatbestände des § 7 II

I. Allgemeines

1. Per-se-Verbote

Nach Aufhebung des § 7 II Nr. 1 aF wurden aus den bisherigen Tatbeständen der Nr. 1–4 **127** des § 7 II mWv 28.5.2022 die Nr. 1–3. Bei diesen drei Tatbeständen ist **„stets"** eine unzumutbare Belästigung anzunehmen. Diese Formulierung soll deutlich machen, dass die in § 7 I 1 enthaltene Bagatellschwelle der Unzumutbarkeit nicht auf die Sachverhalte des § 7 II anwendbar sein soll. Vielmehr soll ohne Wertungsmöglichkeit von einer unzumutbaren Belästigung und damit von der Unzulässigkeit der betreffenden Handlung auszugehen sein (Begr. RegE UWG 2008 zu § 7 II, BT-Drs. 16/10145, 57 ff.). Es handelt sich also um **Per-se-Verbote.**

2. Verhältnis zu Art. 13 ePrivacy-RL

Die Regelungen in § 7 II Nr. 1–3, III bezwecken nach Auffassung des Gesetzgebers die **128** Umsetzung der Bestimmungen des Art. 13 I–V ePrivacy-RL. Die Rspr. ist dem gefolgt (BGH WRP 2016, 958 Rn. 24 – Freunde finden). Die Regelung in **§ 7 II Nr. 1** soll demnach der Umsetzung des Art. 13 III, V ePrivacy-RL dienen. Danach ist es dem nationalen Gesetzgeber ausdrücklich gestattet, die Telefonwerbung von der Einwilligung der betreffenden Teilnehmer („opt-in") abhängig zu machen. Daran habe die UGP-RL ausweislich ErwGr. 14 S. 7 und 8 UGP-RL nichts geändert (BGH WRP 2011, 1153 Rn. 23 ff. – Double-opt-in-Verfahren). Der Tatbestand des **§ 7 II Nr. 2** soll durch Art. 13 I, V ePrivacy-RL gedeckt sein (BGH WRP 2016, 958 Rn. 24 – Freunde finden). Danach darf die Verwendung von automatischen Anrufmaschinen, Faxgeräten oder elektronischer Post nur bei vorheriger Einwilligung der Teilnehmer gestattet werden. Der Tatbestand des **§ 7 II Nr. 3** entspricht der Regelung in Art. 13 IV ePrivacy-RL. – Allerdings entsprechen diese Regelungen insoweit nicht den Vorgaben des Art. 13 ePrivacy-RL, als diese Richtlinie nicht den Schutz von Verbrauchern und sonstigen Marktteilnehmern, sondern den Schutz von **natürlichen** Personen (Art. 13 V 1 ePrivacy-RL) und **juristischen Personen** (Art. 13 V 2 ePrivacy-RL) bezweckt. Daher ist § 7 II Nr. 1 und 2 richtlinienkonform am Maßstab des Art. 13 I, III, V ePrivacy-RL auszulegen: Geschützt sind natürliche Personen in ihrer „Privatsphäre" und juristische Personen in ihren „berechtigten Interessen". Ob natürliche Personen die Fernkommunikationsmittel für private oder geschäftliche Zwecke nutzen, ist unerheblich (Art. 2 lit. a ePrivacy-RL). – Ihre gleichzeitige Eigenschaft als **Verbraucher** iSd § 2 II iVm § 13 BGB ist nur von Bedeutung, soweit es um den Schutz ihrer wirtschaftlichen Interessen, also um ihr Interesse an einer freien und informierten geschäftlichen Entscheidung geht. Dieses Interesse wird bei Verwendung elektronischer Fernkommunikationsmittel iSd § 7 II Nr. 1 und 2 durch § 4a (Köhler WRP 2017, 1025 Rn. 61), geschützt. Der Schutz sonstiger Marktteilnehmer wird ebenfalls durch § 4a gewährleistet (Köhler WRP 2017, 1025 Rn. 69). – Die Unterscheidung zwischen natürlichen und juristischen Personen (Individualschutz) einerseits und Verbrauchern und sonstigen Marktteilnehmern (Kollektivschutz) andererseits wirkt sich insbesondere auf die **Rechtsdurchsetzung** nach § 8 I und III aus. Der Schutz natürlicher und juristischer Personen vor unerbetener elektronischer Werbung ist nicht Sache der Mitbewerber und Verbände, sondern ihnen selbst überlassen (Köhler WRP 2017, 253 Rn. 26; Köhler WRP 2017, 1025 Rn. 45 ff.; aA OLG München GRUR 2019, 654 Rn. 56 ff.; → § 8 Rn. 3.5b).

II. Telefonwerbung (§ 7 II Nr. 1)

1. Wirtschaftliche Bedeutung der Telefonwerbung

129   Die Telefonwerbung (= Telefonmarketing) als eine Form des Direktmarketing hat ihren Ursprung in den Vereinigten Staaten und ist in den Ländern, in denen sie rechtlich zulässig ist (zB auch in England) von erheblicher wirtschaftlicher Bedeutung (vgl. Paefgen GRUR-Int. 1993, 208). In Deutschland hat sie – auf Grund der von Anfang an sehr restriktiven Haltung der Rspr. – zwar einen geringeren, aber ebenfalls beachtlichen und auch ständig wachsenden Umfang (Leible/Sosnitza K&R 1998, 283 (284); Schricker GRUR-Int. 1998, 541 (545); Böhm MMR 1999, 643), ungeachtet dessen, dass sie weithin als „Landplage" empfunden wird. Der Nutzen dieser Vertriebsmethode besteht darin, dass der Verkäufer den Kunden individuell ansprechen und auf seine Fragen und Bedürfnisse eingehen, ihm das Gefühl der bes. Dringlichkeit und Wichtigkeit des Geschäfts vermitteln und ihn damit gezielt beeinflussen kann. Kunden, die mit schriftlicher Werbung uU überhaupt nicht erreichbar sind, lassen sich auf diese Weise ganz gezielt ansprechen. Gerade bei Geschäften größeren Umfangs und/oder speziellem Kundenkreis lässt sich auf diese Weise der Umsatz mit relativ geringem Kostenaufwand fördern. Auch spart sich ein Unternehmen, das seine Produkte nur auf diese Weise vertreibt, die Kosten eines stationären (ladengebundenen) oder ambulanten (vertretergebundenen) Vertriebs (dazu Paefgen WRP 1994, 73 mwN). Die stark gesunkenen Telefonkosten stellen einen zusätzlichen Anreiz für diese Art des Direktmarketing dar.

2. Bürgerlichrechtliche Beurteilung der Telefonwerbung

130   Nach **§ 312a I BGB** muss ein Unternehmer oder eine Person, die in seinem Namen oder Auftrag handelt, einen Verbraucher an, um mit diesem einen Vertrag zu schließen, zu Beginn des Gesprächs seine **Identität** und ggf. die Identität der Person, für die er anruft, sowie den **geschäftlichen Zweck des Anrufs** offenzulegen. Die Vorschrift dient der Umsetzung von Art. 8 V Verbraucherrechte-RL. Die Verletzung dieser **Informationspflicht** kann eine Haftung aus culpa in contrahendo (§ 241 II BGB, § 311 II BGB, § 280 I BGB) auslösen. Außerdem kann sie den Tatbestand des § 3a und des § 2 I UKlaG verwirklichen. – Am Telefon abgeschlossene Verträge zwischen einem Unternehmer (§ 14 I BGB) und einem Verbraucher (§ 13 BGB) unterliegen darüber hinaus einem **Widerrufsrecht** des Verbrauchers nach § 312g I BGB iVm § 355 BGB (dazu Köhler NJW 2009, 2567). Sie sind aber nicht schon aus dem Grund nichtig oder anfechtbar, weil sie auf Grund eines unlauteren Telefonanrufs eines Unternehmers zu Stande gekommen sind. Zur Anfechtung wegen Inhaltsirrtums vgl. AG Lörrach GRUR-RS 2023, 12561. – Unabhängig davon kann ein unerbetener Telefonanruf bei einem **Verbraucher** zu Werbezwecken einen Eingriff in das „allgemeine Persönlichkeitsrecht" darstellen und damit Unterlassungs- und Schadensersatzansprüche (§ 823 I BGB iVm § 1004 I BGB analog) auslösen (→ Rn. 23). Die (zu vermutende) Wiederholungsgefahr wird noch nicht durch die Aufnahme der Telefonnummer in eine Sperrdatei, sondern grds. nur durch Abgabe einer strafbewehrten Unterlassungserklärung ausgeräumt (LG Hamburg GRUR-RR 2007, 61 (62)). Ein Anruf bei einem **Unternehmer** zu Werbezwecken stellt, wenn keine tatsächliche oder mutmaßliche Einwilligung vorliegt, grds. einen Eingriff in das „Recht am eingerichteten und ausgeübten Gewerbebetrieb" dar (BGH WRP 2016, 866 Rn. 14 – Lebens-Kost; → Rn. 23), gegen den sich dieser nach § 823 I BGB, § 1004 BGB analog zur Wehr setzen kann. Deren Anwendung ist nicht schon wegen der Subsidiarität gegenüber den §§ 7, 8 ausgeschlossen. Denn der angerufene Unternehmer könnte, da er nur im Vertikalverhältnis und nicht als Mitbewerber (§ 8 III Nr. 3) betroffen ist, gerade nicht aus Wettbewerbsrecht (§ 7 I iVm § 7 II Nr. 1) vorgehen. Von einer mutmaßlichen Einwilligung ist auszugehen, wenn zwischen den Beteiligten geschäftliche Beziehungen bestehen und dabei regelmäßig Faxsendungen erfolgen, wenn und solange dies nicht beanstandet wird (vgl. LG München I GRUR-RR 2007, 59 (60)).

3. Unionsrechtliche Regelungen der Telefonwerbung

a) Primäres Unionsrecht. Ein nationales Verbot der Telefonwerbung muss sich an den 131 Maßstäben der Warenverkehrs- und Dienstleistungsfreiheit (Art. 34, 56 AEUV = früher Art. 28, 49 EGV) messen lassen (Köhler FS Koppensteiner, 2001, 431 (432 ff.); Lettl WRP 2009, 1315 (1316 f.); Schmid, Freier Dienstleistungsverkehr und Recht des unlauteren Wettbewerbs, dargestellt am Beispiel der Telefonwerbung, 2000, 339 ff.). In Bezug auf die Warenverkehrsfreiheit ist ein solches Verbot als Regelung einer „sonstigen Verkaufsmodalität" zu bewerten (OGH ÖBl 1995, 12). Allerdings ist nicht auszuschließen, dass sich ein solches Verbot in tatsächlicher Hinsicht zum Nachteil ausländischer Anbieter auswirkt, die keine zumutbaren Möglichkeiten haben, auf andere Werbemittel auszuweichen (vgl. EuGH GRUR-Int. 1997, 313 – de Agostini). Was die Dienstleistungsfreiheit angeht, hat der EuGH (GRUR-Int. 1995, 900 Rn. 39 – Alpine Investments) entschieden, dass die Regelung eines Mitgliedstaats, wonach in diesem Staat ansässige Dienstleistungserbringer in anderen Mitgliedstaaten ansässigen potenziellen Kunden nicht unaufgefordert telefonisch ihre Dienstleistungen anbieten dürfen, eine Beschränkung des freien Dienstleistungsverkehrs darstellt. Er hat aber zugleich festgestellt, dass (jetzt) Art. 56 AEUV einer nationalen Regelung nicht entgegensteht, die es zum Schutze des Vertrauens der Kapitalanleger in die nationalen Finanzmärkte untersagt, in anderen Mitgliedstaaten ansässigen potenziellen Kunden unaufgefordert telefonisch Finanzdienstleistungen anzubieten. Die Tragweite dieser Entscheidung ist allerdings begrenzt. Ausgangspunkt ist, ob eine nationale Beschränkung der unerbetenen Telefonwerbung („cold calling") aus zwingenden Gründen des Allgemeininteresses gerechtfertigt und die Beschränkung objektiv erforderlich und dem verfolgten Ziel angemessen ist (vgl. EuGH GRUR-Int. 1995, 900 Rn. 40 – Alpine Investments). Die Besonderheit des Falles bestand darin, dass die nationale Regelung (ausschließlich) mit dem Zweck gerechtfertigt wurde, zum einen den Ruf der nationalen Finanzmärkte und zum anderen die Kapitalanleger vor unüberlegten Entscheidungen zu schützen. Der EuGH war daher darauf beschränkt, das nationale Verbot auf der Grundlage dieser Rechtfertigung zu überprüfen. Der Fall bot somit keinen Anlass, die unionsrechtliche Zulässigkeit unerwünschter Telefonanrufe generell, insbes. auch unter dem Aspekt der unzumutbaren Belästigung, zu beurteilen. – Jedoch lässt sich festhalten: Ein nationales Verbot der unerbetenen Telefonwerbung kann zwar die Dienstleistungsfreiheit und uU auch die Warenverkehrsfreiheit einschränken, jedoch ist diese Beschränkung aus **„zwingenden Gründen des Allgemeininteresses"**, nämlich des Verbraucherschutzes und des Schutzes der Lauterkeit des Handelsverkehrs, gerechtfertigt (ebenso Raeschke-Kessler/Schroeder FS Piper, 1996, 391 (416 ff.); diff. Schmid, Freier Dienstleistungsverkehr und Recht des unlauteren Wettbewerbs, dargestellt am Beispiel der Telefonwerbung, 2000, 339 ff.). Insbes. ist ein derartiges Verbot auch nicht unverhältnismäßig. Das Interesse der Wirtschaft an einer Werbung mittels unerbetener Telefonanrufe muss hinter dem Interesse der Verbraucher, vor solchen zu jeder Tageszeit möglichen Anrufen verschont zu bleiben, zurücktreten (→ Rn. 161). – Beschränkungen der Telefonwerbung gegenüber sonstigen Marktteilnehmern, insbes. Unternehmern (→ Rn. 213 ff.), sind zwar nicht mit dem Verbraucherschutzgedanken zu rechtfertigen, wohl aber mit dem Schutz des Unternehmens vor unerbetenen Störungen. – Da es nach Art. 13 III und V ePrivacy-RL den Mitgliedstaaten freigestellt ist, ob sie Telefonwerbung von der Einwilligung der Teilnehmer abhängig machen (Opt-in-Lösung), kann ein nationales Verbot der Telefonwerbung ohne Einwilligung gegen primäres Unionsrecht allenfalls dann verstoßen, wenn es Diskriminierungen ausländischer Anbieter bezweckt oder bewirkt.

b) Sekundäres Unionsrecht. In den Mitgliedstaaten bestanden seit jeher unterschiedliche 132 Regelungen der Telefonwerbung (dazu EuGH GRUR-Int. 1995, 900 Rn. 27 – Alpine Investments; Schricker GRUR-Int. 1996, 467 (475); Schricker GRUR 1998, 541 (546)). Eine abschließende unionsrechtliche Regelung der Telefonwerbung existiert bis heute nicht. Vielmehr wird den Mitgliedstaaten die Wahl zwischen mehreren Modellen gelassen. Dies ergibt sich aus den einschlägigen Richtlinien:

133 **aa) Fernabsatzrichtlinie, Verbraucherrechterichtlinie und Finanzdienstleistungsfernabsatzrichtlinie.** In Art. 10 **Fernabsatz-RL** war eine Mindestschutzregelung getroffen. Danach war die telefonische Kommunikation mit Verbrauchern auch ohne deren vorherige Zustimmung zulässig (vgl. auch ErwGr. 12 Fernabsatz-RL) und war lediglich dann verboten, wenn der Verbraucher sie offenkundig abgelehnt hatte. Jedoch ließ Art. 14 S. 1 Fernabsatz-RL den Mitgliedstaaten Raum für den Erlass oder die Aufrechterhaltung strengerer Bestimmungen, um ein höheres Schutzniveau für die Verbraucher sicherzustellen. Dementsprechend brauchte die (strengere) deutsche Rspr. zur Unzulässigkeit der unerbetenen Telefonwerbung nach § 1 UWG 1909 nicht aufgegeben zu werden (BGH GRUR 2000, 818 (820) – Telefonwerbung VI; GRUR 2001, 1181 (1184) – Telefonwerbung für Blindenwaren; GRUR 2002, 637 (638) – Werbefinanzierte Telefongespräche). Daran änderte auch Art. 14 S. 2 Fernabsatz-RL nichts, da diese Bestimmung sich nur auf Vertriebsverbote (iSv § 134 BGB) bezog, also den S. 1 nur konkretisierte, aber nicht einschränkte (BGH GRUR 2001, 1181 (1184) – Telefonwerbung für Blindenwaren; GRUR 2002, 637 (638) – Werbefinanzierte Telefongespräche). Die Fernabsatz-RL wurde durch **Art. 31 Verbraucherrechte-RL** mWv 31.6.2014 aufgehoben. Eine dem früheren Art. 10 Fernabsatz-RL entsprechende Regelung enthält die Verbraucherrechte-RL nicht. Es wurde dafür kein Bedarf gesehen, da bereits die ePrivacy-RL (→ Rn. 134) eine Regelung für unerbetene Nachrichten enthalte und ein hohes Verbraucherschutzniveau vorsehe (ErwGr. 61 Verbraucherrechte-RL). Dementsprechend wurde in Umsetzung der Verbraucherrechte-RL auch § 312c BGB aF ersatzlos aufgehoben. – Art. 10 I **Finanzdienstleistungs-Fernabsatz-RL** (zuletzt geändert durch die RL (EU) 2015/2366 v. 25.11.2015) sieht vor, dass die Verwendung von Anrufautomaten (Voice-Mail-Systemen) und Telefax der vorherigen Einwilligung des Verbrauchers bedarf. Nach Art. 10 II Finanzdienstleistungs-Fernabsatz-RL müssen die Mitgliedstaaten dafür Sorge tragen, dass „andere als die in Absatz 1 genannten Fernkommunikationsmittel, die eine individuelle Kommunikation erlauben", insbes. also das Telefon, entweder „ohne Zustimmung des Verbrauchers nicht zulässig sind" oder „nur benutzt werden dürfen", wenn der Verbraucher keine deutlichen Einwände dagegen erhebt". Dem trägt § 7 II Nr. 1 Rechnung.

134 **bb) ePrivacy-RL.** Die ePrivacy-RL v. 12.7.2002 (zuletzt geändert durch die RL 2009/136/EG v. 25.11.2009) stellt es, wie sich aus Art. 13 III und V 1 Datenschutz-RL sowie ErwGr. 42 Datenschutz-RL ergibt, den Mitgliedstaaten frei, Regelungen zu schaffen oder beizubehalten, die für Telefonwerbung die Einwilligung (→ Rn. 184) der Teilnehmer, soweit es natürliche Personen sind, fordern (Opt-in-Lösung). Von dieser Möglichkeit hat der deutsche Gesetzgeber in § 7 II Nr. 1 Gebrauch gemacht (BGH WRP 2020, 1009 Rn. 28 – Cookie-Einwilligung II). Allerdings entspricht die gewählte Lösung in einem entscheidenden Punkt nicht den Vorgaben des Art. 13 III und V ePrivacy-RL. Denn diese Richtlinie unterscheidet nicht zwischen **Verbrauchern** und **sonstigen Marktteilnehmern,** sondern nur zwischen **natürlichen** und **juristischen Personen.** Natürliche Personen können aber sowohl Verbraucher als auch Unternehmer sein (vgl. Art. 2 lit. a ePrivacy-RL). Da für natürliche Personen eine einheitliche Lösung, entweder opt-in oder opt-out, gewählt werden kann, § 7 II Nr. 1 aber nur für Verbraucher eine opt-in-Lösung vorschreibt, nicht dagegen auch für sonstige Marktteilnehmer, selbst wenn sie natürliche Personen sind, ist diese Differenzierung mit Art. 13 III ePrivacy-RL nicht vereinbar (Köhler WRP 2012, 1329 (1333); Köhler WRP 2017, 1025 Rn. 25). Für juristische Personen wäre die vom Gesetzgeber gewählte Lösung (mutmaßliche Einwilligung ausreichend) dagegen von Art. 13 V 2 ePrivacy-RL gedeckt. Deren „berechtigte Interessen" von unerbetenen Nachrichten bewahrt zu bleiben, müssen nur ausreichend geschützt werden.

135 **cc) UGP-RL.** Nach **Anh. I Nr. 26 S. 1 UGP-RL** ist es eine unter allen Umständen unlautere (und damit unzulässige) Geschäftspraxis, wenn Kunden (= Verbraucher) „durch hartnäckiges und unerwünschtes Ansprechen über Telefon … geworben" werden. (Allerdings ist der Anwendungsbereich der Nr. 26 S. 1 – wie sich aus anderen Sprachfassungen der UGP-RL ergibt – nicht auf Werbung beschränkt, sondern erstreckt sich auf jegliches Ansprechen von Verbrauchern vor, bei und nach Geschäftsabschluss. Das wirft die Frage auf, ob das Per-se-Verbot des § 7 II Nr. 1, soweit es das Verhältnis von Unternehmern zu Verbrauchern betrifft, mit Anh. I Nr. 26 S. 1 UGP-RL vereinbar ist. Dies betrifft das Verhältnis der UGP-RL zur ePrivacy-RL (→ Rn. 136).

dd) Das Verhältnis der UGP-RL zur ePrivacy-RL. (1) Nach stRspr und hL kommt dem   **136** Art. 13 III ePrivacy-RL und damit § 7 II Nr. 1 Vorrang vor Anh. I Nr. 26 S. 1 UGP-RL zu (vgl. BGH WRP 2011, 1153 Rn. 24 – Double-opt-in-Verfahren mwN; WRP 2013, 1461 Rn. 10 – Telefonwerbung für DSL-Produkte; WRP 2016, 958 Rn. 24 – Freunde finden). Begründet wird dies mit der Regelung in Anh. I Nr. 26 S. 2 UGP-RL. Darin heißt es, dass die Regelung in S. 1 „unbeschadet des Artikels 10 der Richtlinie 97/7/EG sowie der Richtlinien 95/46/EG und 2002/58/EG" gilt. Diese Bestimmungen sollten durch Anh. I Nr. 26 S. 1 UGP-RL nicht eingeschränkt werden. Art. 13 III ePrivacy-RL erlaube eine nationale Regelung, nach der Telefonwerbung ohne die Einwilligung der betreffenden Teilnehmer „nicht gestattet" ist. Daran habe die UGP-RL nach ErwGr. 14 S. 7 und 8 nichts ändern wollen. Anh. I Nr. 26 S. 1 UGP-RL habe nur für die Mitgliedstaaten Bedeutung, die für die Telefonwerbung eine Opt-out-Regelung getroffen hätten (BGH WRP 2011, 1153 Rn. 27 – Double-opt-in-Verfahren).

(2) Gegen diese Auffassung spricht jedoch folgende Erwägung: Die Bestimmungen in   **137** Art. 13 I und III ePrivacy-RL und in Anh. I Nr. 26 S. 1 UGP-RL unterscheiden sich gravierend nach den **geschützten Personen,** den **Schutzzwecken** und der **Rechtsdurchsetzung** (Köhler WRP 2017, 1025 Rn. 4 ff.). Erstere dienen dem **Individualschutz natürlicher und juristischer Personen** vor einer Beeinträchtigung ihrer Privatsphäre bzw. ihrer berechtigten Interessen durch unerbetene Nachrichten, letztere dem **kollektiven Schutz der Verbraucher** vor einer Beeinträchtigung ihrer Entscheidungsfreiheit. Dies war dem Unionsgesetzgeber bei Schaffung von Anh. I Nr. 26 S. 1 UGP-RL bewusst und daraus erklärt sich auch die **„unbeschadet"**-Klausel in Anh. I Nr. 26 S. 2 UGP-RL zugunsten der Regelungen in Art. 13 ePrivacy-RL (vgl. auch ErwGr. 14 S. 7, 8 UGP-RL: „unberührt"). Ihr ist weder ein Vorrang des Art. 13 III ePrivacy-RL vor Anh. I Nr. 26 S. 1 UGP-RL, wie die hM (→ Rn. 136) annimmt, noch umgekehrt ein Vorrang der Anh. I Nr. 26 S. 1 UGP-RL vor Art. 13 ePrivacy-RL (dafür Bernreuther WRP 2009, 390 (396 ff.); Engels/Brunn GRUR 2010, 886 (888 ff.)) zu entnehmen. Vielmehr gelten diese Bestimmungen **nebeneinander** und unabhängig voneinander (vgl. jurisPK-UWG/Koch/Seichter Rn. 13; Köhler WRP 2012, 1329 (1331 ff.); Köhler GRUR 2012, 1073 (1080); Köhler WRP 2013, 567; Köhler WRP 2017, 253 Rn. 24; Köhler WRP 2017, 1025 Rn. 30 ff.; Zech WRP 2013, 1434 Rn. 18). Andernfalls hätte es auch der Einbeziehung der E-Mail- und Faxwerbung in Anh. I Nr. 26 S. 1 UGP-RL nicht bedurft. Es ist nicht anzunehmen, dass der Unionsgesetzgeber eine überflüssige, weil leerlaufende Regelung treffen wollte.

(3) Beide Richtlinienbestimmungen wären folgerichtig vom nationalen Gesetzgeber je für   **138** sich umzusetzen gewesen. (So geschehen bspw. in § 1a III iVm Anh. Nr. 26 östUWG einerseits und in § 107 I, 109 IV Nr. 8 östTKG andererseits). Die in § 7 II Nr. 1 getroffene Regelung der unerbetenen Telefonwerbung setzt jedoch weder Anh. I Nr. 26 S. 1 UGP-RL noch den Art. 13 III ePrivacy-RL korrekt um, sondern stellt eine unzulässige Kombination aus Elementen beider Regelungen dar. Aus Art. 13 III ePrivacy-RL wurde zwar die Opt-in Regelung übernommen. Im Widerspruch zu Art. 13 V ePrivacy-RL wurden jedoch die Begriffe der natürlichen und juristischen Person durch die des Verbrauchers und sonstigen Marktteilnehmers ersetzt. Das war schon sachlich nicht richtig, weil zwar nur natürliche Personen Verbraucher, umgekehrt aber auch Unternehmer natürliche Personen sein können. Vor allem aber hat der Gesetzgeber durch die Wahl des Begriffs des Verbrauchers einen Zusammenhang mit der UGP-RL hergestellt. Er hat damit eine Regelung geschaffen, die jedenfalls nach ihrem Wortlaut **strenger** als das Per-se-Verbot von Anh. I Nr. 26 S. 1 UGP-RL ist, weil sie das Kriterium des „hartnäckigen" Handelns nicht enthält. Mit der gleichzeitigen Herausnahme der Telefonwerbung aus dem § 7 II Nr. 1 aF verstieß der deutsche Gesetzgeber an sich gegen den Grundsatz der vollständigen Harmonisierung. Danach dürfen nämlich, wie der EuGH in stRspr betont, die Mitgliedstaaten, wie dies in Art. 4 und Art. 5 V UGP-RL ausdrücklich vorgesehen ist, keine strengeren als die in der UGP-RL festgelegten Maßnahmen erlassen, und zwar auch nicht, um ein höheres Verbraucherschutzniveau zu erreichen (vgl. zuletzt EuGH WRP 2017, 31 Rn. 26 – Canal Digital Danmark). Allerdings ist die Rspr. in Deutschland darüber hinweggegangen (zuletzt BGH WRP 2020, 1009 Rn. 28 – Cookie-Einwilligung II).

4. Lauterkeitsrechtliche Regelung der Telefonwerbung

139   **a) Entstehungsgeschichte.** Die Rspr. hatte bereits zu **§ 1 UWG 1909** den Grundsatz entwickelt, dass Telefonwerbung gegenüber Verbrauchern nur mit deren Einwilligung und gegenüber Unternehmern nur mit deren zumindest mutmaßlicher Einwilligung zulässig ist (vgl. BGHZ 54, 188 (190) = GRUR 1970, 523 – Telefonwerbung I; BGH GRUR 1989, 753 (754) – Telefonwerbung II; GRUR 1990, 280 (281) – Telefonwerbung III; GRUR 1991, 764 (765) – Telefonwerbung IV; GRUR 1995, 220 (221) – Telefonwerbung V; WRP 1999, 847 (851) – Private Vorsorge bei Arbeitslosigkeit; GRUR 2000, 818 (819) – Telefonwerbung VI; GRUR 2002, 637 (638) – Werbefinanzierte Telefongespräche). An dieser lauterkeitsrechtlichen Bewertung hielt die Rspr. auch nach Inkrafttreten der Vorschriften über die Fernabsatzverträge (jetzt §§ 312b ff. BGB) fest (BGH GRUR 2000, 818 (820) – Telefonwerbung VI; GRUR 2001, 1181 (1184) – Telefonwerbung für Blindenwaren; GRUR 2002, 637 (638) – Werbefinanzierte Telefongespräche). – Der Gesetzgeber hätte bei der **UWG-Reform 2004** zwar nach Art. 13 III ePrivacy-RL die Möglichkeit gehabt, eine weniger strenge Lösung (Opt-out-Modell) zu wählen. Er hatte davon aber keinen Gebrauch gemacht, sondern sich – zu Recht – in § 7 II Nr. 2 aF für eine Beibehaltung der Grundsätze der Rspr. zu § 1 UWG 1909 entschieden (BGH GRUR 2008, 189 Rn. 13 – Suchmaschineneintrag); allerdings berücksichtigte er dabei nicht, dass Art. 13 III ePrivacy-RL nicht Verbraucher und sonstige Marktteilnehmer, sondern natürliche und juristische Personen schützt, was nicht das Gleiche ist. In der **UWG-Novelle 2008** wurde zwar der bisherige Unlauterkeitstatbestand des § 7 zu einem selbstständigen Verbotstatbestand neben § 3 erhoben, die Regelung der Telefonwerbung aber sachlich nicht geändert. Die **UWG-Novelle 2015** änderte daran nichts.

140   **b) Jetzige gesetzliche Regelung.** Durch das G zur Bekämpfung unerlaubter Telefonwerbung und zur Verbesserung des Verbraucherschutzes bei besonderen Vertriebsformen v. 29.7.2009 (BGBl. 2009 I 2413) wurde das **Einwilligungserfordernis verschärft.** Nach § 7 II Nr. 2 aF war eine unzumutbare und damit unzulässige Belästigung iSv § 7 I 1 „stets anzunehmen bei Werbung mit einem Telefonanruf gegenüber einem Verbraucher ohne dessen **vorherige ausdrückliche** Einwilligung oder gegenüber einem sonstigen Marktteilnehmer ohne dessen zumindest mutmaßliche Einwilligung". Damit reicht, anders als früher, eine bloß konkludente Einwilligung nicht aus (dazu Köhler NJW 2009, 2567 (2568); krit. Möller WRP 2010, 321 (327)). Die Verschärfung sorgte außerdem für **mehr Rechtsklarheit** sowohl für den Anrufer als auch für den Verbraucher. Denn erklärt der Verbraucher ausdrücklich seine Einwilligung, so wissen beide, dass ein Werbeanruf erlaubt ist. Umgekehrt wissen beide, dass der Anruf unzulässig ist, wenn keine solche Einwilligung vorliegt (vgl. BT-Drs. 16/10734, 13). – Das G zur Stärkung des Verbraucherschutzes im Wettbewerbs- und Gewerberecht hob lediglich den bisherigen § 7 II Nr. 1 aF auf und ersetzte ihn durch § 7 II Nr. 1 mWv 28.5.2022.

141   **c) Ergänzende Regelungen.** Eine Verletzung der Hinweispflicht nach **§ 312a I BGB** kann, da es sich insoweit um eine Marktverhaltensregelung handelt, überdies zur Unzulässigkeit des Anrufs nach § 3 I iVm § 3a führen, auch wenn eine Einwilligung vorliegt. – Nach **§ 20 I Nr. 1** stellt ein vorsätzlich oder fahrlässig begangener Verstoß gegen § 7 I 1 iVm § 7 II Nr. 1 eine **Ordnungswidrigkeit** dar. – Außerdem ist die **Rufnummernunterdrückung** bei Anrufen zum Zweck der Werbung verboten (§ 15 II TTDSG) und wird als Ordnungswidrigkeit geahndet (§ 28 I Nr. 9 TTDSG).

5. Telefonanruf

142   **a) Begriff.** Die Regelung des § 7 II Nr. 1 bezieht sich nur auf „Telefonanrufe". Darunter ist nur die von dem Werbenden **telefonisch** eingeleitete oder veranlasste **individuelle mündliche Kommunikation** zu verstehen (vgl. auch § 312a I BGB).

143   **b) Abgrenzung. aa) Verwendung von automatischen Anrufmaschinen.** Für sie gilt die Sonderregelung des § 7 II Nr. 2. Danach ist generell die vorherige ausdrückliche Einwilligung des Adressaten, sei er nun Verbraucher oder sonstiger Marktteilnehmer, erforderlich.

144   **bb) Anruf durch Verbraucher.** Geht der Anruf vom Verbraucher aus und nutzt der Unternehmer diesen Anruf lediglich aus, um Werbung zu treiben, etwa durch individuelle oder automatische Ansagen in der Wartezeit bis zur Annahme des Anrufs durch den zuständigen Mitarbeiter, erfüllt dies nicht den Tatbestand des § 7 II Nr. 1 oder 2. Eine solche Werbung mag, insbesondere bei längeren Wartezeiten, lästig sein. Unzulässig wird sie aber erst dann, wenn sie tatsächlich die Schwelle zur unzumutbaren Belästigung iSd § 7 I 1 überschreitet (→ Rn. 238). Maßgebend sind insoweit die Umstände des Einzelfalls, insbesondere die ungebührliche, weil sachlich nicht gerechtfertigte Dauer der Wartezeit und damit der Werbeansagen. Weiter ist von Bedeutung, ob der Verbraucher auf eine telefonische Kontaktaufnahme zum Unternehmer angewiesen ist, etwa weil er mit ihm in einer Vertragsbeziehung steht und eine rasche Auskunft benötigt, oder ob es sich nur um eine allgemeine Anfrage handelt.

cc) Lock- oder Ping-Anrufe. Sog Lock- oder Ping-Anrufe (dazu VG Köln NJW 2005, **145** 1880 (1881); Scherer NJW 2006, 2016 (2021); Becker WRP 2011, 808) enden nach kurzem Anläuten und lassen auf dem Display des Angerufenen eine Anzeige der Rufnummer mit dem Vermerk „Anruf in Abwesenheit" erscheinen. Sie sollen den Angerufenen zu einem **Rückruf** veranlassen. Der Werbecharakter solcher Anrufe ergibt sich daraus, dass der damit bezweckte Rückruf entweder Einnahmen aus Anwählen teurer Mehrwertdienstnummern erzielen soll oder – neue Variante – dass der Rückruf zwar zu einer Telefonnummer mit einem Normaltarif führt, aber zur Werbung auf Kosten des Verbrauchers genutzt werden soll. Derartige Anrufe fallen bereits unter § 7 II Nr. 2, weil dafür automatische Anrufmaschinen genutzt werden. Im Übrigen ist in aller Regel der Tatbestand des § 5a IV und des § 5 I erfüllt – Die Versendung von **SMS** und **MMS** an die Nutzer von Mobiltelefonen (dazu LG Berlin MMR 2003, 419) fällt unter die Regelung für elektronische Post (§ 7 II Nr. 2; → Rn. 265).

dd) Versehentliche Anrufe. (1) Irrtum über die Einwilligung des Angerufenen. Geht **146** der Anrufer irrtümlich von einer Einwilligung des Angerufenen aus, etwa weil ihn der wirksame Widerruf der Einwilligung noch nicht erreicht hat, so erfüllt er trotzdem den objektiven Tatbestand des § 7 II Nr. 1. Der Anruf löst auch einen Unterlassungsanspruch aus. Denn die Wiederholungsgefahr wird widerleglich vermutet und ist auch bei einem versehentlichen Werbeanruf gegeben. Wollte man anders entscheiden, wäre die Berufung auf ein „Versehen" eine bequeme Ausrede, um sich der Verantwortung zu entziehen. Das Irrtumsrisiko geht zu Lasten des Anrufers. Auf ein Verschulden kommt es nur beim Schadensersatzanspruch und beim Ordnungswidrigkeitstatbestand des § 20 an.

(2) Irrtum über die Identität des Angerufenen. Hat sich der Anrufer allerdings „verwählt" **147** oder wurde ihm eine falsche Telefonnummer mitgeteilt und hat der Angerufene keine Einwilligung für eine Telefonwerbung erteilt, so ist zu unterscheiden: Fragt der Anrufer zu Beginn des Gesprächs, ob er es mit der Person zu tun habe, die er zu Werbezwecken anrufen wolle („Spreche ich mit …?"), und beendet er das Gespräch, wenn er über den Irrtum aufgeklärt wird, ist der Tatbestand des § 7 II Nr. 1 nicht erfüllt, weil es sich um keinen eigentlichen Werbeanruf gegenüber dieser Person handelt. Stellt er aber diese Frage nicht oder versucht er trotz des aufklärenden Hinweises des Angerufenen, Werbung zu treiben, so verwirklicht er den Tatbestand des § 7 II Nr. 1.

(3) Telefonanschluss für mehrere Personen. Nutzen mehrere Personen im Einverständnis **148** mit dem Anschlussinhaber ein und denselben privaten Telefonanschluss, wie idR bei einem Mehrpersonenhaushalt, und haben nicht alle in den konkreten Werbeanruf eingewilligt, so ist ein Werbeanruf, der von einer Person entgegengenommen wird, die nicht eingewilligt hat, ihr gegenüber an sich unzulässig. Jedoch ist insoweit eine teleologische Einschränkung des Verbots vorzunehmen. Denn derjenige, der den Anruf entgegennimmt, weiß, dass der Anruf nicht unbedingt ihm gilt. Allerdings muss der Anrufer in diesem Fall sofort klarstellen, dass er nur mit der Person sprechen möchte, die in den Anruf eingewilligt hat. Wirbt er stattdessen auch gegenüber dem Gesprächspartner, so erfüllt er damit den Tatbestand des § 7 II Nr. 1 (ebenso OLG Köln GRUR-RR 2010, 219 Ls.). Hat auch die Person, die der Anrufer eigentlich sprechen möchte, nicht wirksam eingewilligt oder existiert sie nicht (mehr), so begründet der Anruf jedenfalls Erstbegehungsgefahr eines Verstoßes gegen § 7 II Nr. 1. – Ist Anschlussinhaber ein Unternehmer und gilt der Anruf einem Mitarbeiter in seiner Eigenschaft als Verbraucher, so kommt es nicht nur auf dessen ausdrückliche Einwilligung, sondern auch auf die zumindest mutmaßliche Einwilligung des Unternehmers an.

6. Werbung mit einem Telefonanruf

a) Begriff der Werbung. Die Regelung des § 7 II Nr. 1 bezieht sich nur auf die **„Wer- 149 bung"** mit Telefonanrufen. Der Begriff der Werbung ist im UWG nicht definiert. Er ist grds. dem Begriff der **„Direktwerbung"** in Art. 13 III ePrivacy-RL zuzuordnen, da § 7 II Nr. 1 der

Umsetzung dieser Bestimmung dient. Unter Direktwerbung ist eine Werbung zu verstehen, die sich unmittelbar an einen Marktteilnehmer wendet, wie dies bei der Telefonwerbung der Fall ist. Da die ePrivacy-RL den Begriff der (Direkt-)Werbung nicht selbst definiert hatte, ist davon auszugehen, dass der europäische Gesetzgeber ihn seinerzeit iSd Art. 2 Nr. 1 RL 84/450/EWG verstanden wissen wollte. Diese Definition ist unverändert in Art. 2 lit. a Werbe-RL übernommen worden und lautet: „**„Werbung' jede Äußerung bei der Ausübung eines Handels, Gewerbes, Handwerks oder freien Berufs mit dem Ziel, den Absatz von Waren oder die Erbringung von Dienstleistungen, einschließlich unbeweglicher Sachen, Rechte und Verpflichtungen zu fördern.**" In diesem Sinne ist daher grds. der Begriff der Werbung in § 7 II Nr. 1 (und § 7 II Nr. 2 und 3) zu verstehen (BGH GRUR 2009, 980 Rn. 13 – E-Mail-Werbung II; WRP 2013, 1579 Rn. 17 – Empfehlungs-E-Mail; WRP 2016, 958 Rn. 27 – Freunde finden; näher → § 6 Rn. 27 ff.). Allerdings ist der Anwendungsbereich der Werbe-RL auf Gewerbetreibende beschränkt, bezieht sich also nicht auf Verbraucher. Im Hinblick auf Verbraucher ist daher grds die UGP-RL heranzuziehen, die in Art. 2 lit. d UGP-RL die Werbung als Unterfall der „kommerziellen Mitteilung" bzw. in Art. 7 V UGP-RL als Unterfall der „kommerziellen Kommunikation" versteht (vgl. dazu die Definition der **„kommerziellen Kommunikation"** in Art. 2 lit. f E-Commerce-RL). Darunter fällt nicht nur die unmittelbare produktbezogene Werbung, sondern auch die **mittelbare** Absatzförderung, etwa durch Imagewerbung oder Sponsoring, aber bspw. auch durch die „Freunde finden"-Funktion von Facebook (BGH WRP 2016, 958 Rn. 27 – Freunde finden). Der Begriff ist im Übrigen in keiner Weise auf die Formen klassischer Werbung beschränkt (EuGH WRP 2013, 1161 Rn. 35 – Belgian Electronic Sorting Technology; BGH WRP 2016, 958 Rn. 28 – Freunde finden). Von einem **Ziel** der Äußerung, den Absatz von Waren oder Dienstleistungen zu fördern, ist auszugehen, wenn sie objektiv darauf gerichtet ist, durch Beeinflussung der geschäftlichen Entscheidung des Verbrauchers (oder sonstigen Marktteilnehmers) den Absatz zu fördern (→ § 2 Rn. 2.51; BGH WRP 2013, 1183 Rn. 17, 18 – Standardisierte Mandatsbearbeitung). Allerdings ist der Begriff der geschäftlichen Entscheidung weit auszulegen und umfasst auch damit unmittelbar zusammenhängende Entscheidungen (→ § 2 Rn. 1.10 ff.), so dass auch die Aufforderung zu einem Voting für ein vom Werbenden initiiertes soziales Projekt darunter fällt (so iErg auch OLG Frankfurt WRP 2016, 1544 Rn. 18).

150 Darüber hinaus ist der Begriff der Werbung in § 7 II auch auf die **Nachfrage,** dh auf Äußerungen zum Zwecke der Förderung des Bezugs von Waren oder Dienstleistungen, zu erstrecken (→ Rn. 45; BGH GRUR 2008, 923 Rn. 12 – Faxanfrage im Autohandel; GRUR 2008, 925 Rn. 16 – FC Troschenreuth). Beispiele: Gebrauchtwagenhändler, Antiquitätenhändler oder Immobilienmakler rufen Privatleute an, um sie zum Verkauf von Objekten zu veranlassen; Unternehmer ruft bei Sportverein an, um ihn zu veranlassen, ihm auf seiner Homepage Platz für eine Bannerwerbung gegen Entgelt zur Verfügung zu stellen. Denn insoweit enthält die Werbe-RL (und auch die UGP-RL) keine abschließende Regelung, die entsprechende nationale Regelungen verbieten würde (→ § 5 Rn. 2.32; → § 6 Rn. 63; Nippe WRP 2006, 951 (953 ff.); aA Klein/Insam GRUR 2006, 379 (380)). Im Hinblick auf das Schutzbedürfnis der Umworbenen kann es keinen Unterschied machen, ob ihm Verkaufs- oder Kaufangebote unterbreitet werden. Im Übrigen ist auch die Nachfrage eines Unternehmers nach (weiterzuvertreibenden) Waren oder Dienstleistungen mittelbar auf die Förderung seines Absatzes gerichtet.

151 **b) Vorliegen einer Werbung.** Das Ziel der Förderung des Absatzes oder Bezugs von Waren oder Dienstleistungen ist stets gegeben, wenn der Angerufene **unmittelbar** zu einem Geschäftsabschluss bestimmt werden soll. Dazu genügt es, wenn im Rahmen eines bestehenden Vertragsverhältnisses die Fortsetzung oder Erweiterung der Vertragsbeziehung (zB die Versicherung eines weiteren Risikos oder die Erhöhung der Versicherungssumme; vgl. BGH GRUR 1995, 220 – Telefonwerbung V; OLG Frankfurt GRUR-RR 2013, 74 (75)) angestrebt wird (krit. Eckhardt K&R 2005, 520 (521)). Ferner, wenn ein Kunde abgeworben oder ein abgesprungener Kunde zur Wiederaufnahme der Geschäftsbeziehung bestimmt werden soll (und sei es auch nur durch Befragen nach den Gründen seines Wechsels; vgl. BGH GRUR 1994, 380 (382) – Lexikothek). oder ein Kunde von der Ausübung eines Vertragsauflösungsrechts (Widerruf, Rücktritt, Kündigung, Anfechtung) abgehalten werden soll (Lettl WRP 2009, 1315 (1321)).

152 Ein Werbezweck liegt aber auch dann vor, wenn der Anruf **mittelbar** das Ziel verfolgt, den Absatz oder Bezug von Waren oder Dienstleistungen zu fördern (vgl. auch die Definition der „kommerziellen Kommunikation" in Art. 2 lit. f E-Commerce-RL: „unmittelbare oder mittelbare Förderung des Absatzes … oder des Erscheinungsbilds eines Unternehmens"). **Beispiele:**

Telefonische Ankündigung oder Vereinbarung eines **Termins** für einen Vertreterbesuch (BGH GRUR 1989, 753 (754) – Telefonwerbung II; GRUR 1994, 380 (381) – Lexikothek; GRUR 2000, 818 (819) – Telefonwerbung VI). – Telefonische Ankündigung der **Übersendung** von Informationsmaterial oder Werbegeschenken. – Anruf mit dem Ziel, die **Aufmerksamkeit** des Verbrauchers auf ein bestimmtes Produkt zu lenken (OLG Stuttgart NJW-RR 2002, 767 (768); OLG Frankfurt WRP 2016, 1544 Rn. 18). – Anruf zum Zwecke der „**Werbezustellungs- kontrolle**". Denn auch er ist letztlich darauf gerichtet, die Aufmerksamkeit des Kunden auf das Unternehmen oder seine Produkte zu richten (aA Haug K&R 2010, 767). – Anruf mit dem Ziel, eine **Einwilligung** in Werbeanrufe zu erlangen. Denn auch diese Maßnahme dient letzt- lich der Absatzförderung.

Eine Werbung liegt nicht vor, wenn ein Haftpflichtversicherer bei einem Unfallgeschädigten **153** anruft und ihm die Möglichkeit einer kostenlosen Reparatur bei einer Partnerwerkstätte anstelle des eigentlich geschuldeten Geldersatzes (§ 115 I 3 VVG) in Aussicht stellt. Denn der Geschä- digte soll insoweit gerade nicht zu einem Vertragsschluss mit dieser Werkstätte veranlasst werden.

c) Abgrenzungsfragen. aa) Kundenzufriedenheitsanfragen. Sie sind Werbung, weil sie **154** jedenfalls auch dazu dienen, Kunden zu behalten und damit künftige Geschäftsabschlüsse zu fördern (BGH WM 2018, 1853 Rn. 18; OLG Köln GRUR-RR 2014, 80 (82); OLG Dresden GRUR-RR 2016, 462; KG GRUR-RR 2017, 245). Dies gilt erst recht, wenn der werbliche Charakter des Anrufs dadurch verschleiert wird, dass er als Kundenbefragung bezeichnet wird (OLG Köln GRUR-RR 2014, 80 (82)). In diesem Fall ist auch § 5a IV anwendbar. Unerheb- lich ist, dass die Anfrage mit einem anderen Anliegen verknüpft wird. – Diese Grundsätze gelten auch für „Service Calls" eines Versicherungsmaklers, die auch der Überprüfung der Wechselwil- ligkeit eines Kunden dienen und in deren Rahmen bei Bedarf ein neues Angebot unterbreitet werden soll; er kann sich insoweit nicht auf seine Verpflichtung zur „Nachbetreuung" gem. § 61 I 1 VVG berufen (OLG Düsseldorf WRP 2019, 1584 Rn. 14, 17).

bb) Meinungsforschungsumfragen. Umfragen im Auftrag eines Unternehmens sind nicht **155** per se vom Verbot des § 7 II Nr. 1 freigestellt (aA Schweizer ZUM 2010, 400). Vielmehr kommt es darauf an, ob die Umfrage dem Ziel dient, unmittelbar oder mittelbar den Absatz dieses Unternehmens zu fördern (→ § 2 Rn. 2.50; dazu Hug/Gaugenrieder WRP 2006, 1420 (1424); Hornung WRP 2014, 910). Denn solche Umfragen lassen sich ohne weiteres als Instru- mente der Absatzförderung einsetzen (vgl. OLG Köln GRUR-RR 2009, 240; OLG Oldenburg WRP 2006, 492 (495); OLG Stuttgart GRUR 2002, 457; Schäfer-Newiger WRP 2001, 782). Wegen der Tarnung des Absatzinteresses greifen sie sogar noch gravierender in die Privatsphäre des Verbrauchers ein (OLG Stuttgart GRUR 2002, 457), als wenn die Umfrage durch den Unternehmer selbst erfolgt. Dann kann auch Anh. Nr. 23 zu § 3 III sowie § 5a IV verwirklicht sein. Eine absatzfördernde Zielsetzung ist bereits dann anzunehmen, wenn Verbrauchergewohn- heiten abgefragt werden, die im Zusammenhang mit den Waren oder Dienstleistungen des Auftraggebers stehen (LG Hamburg GRUR-RR 2007, 61). Denn jedenfalls wird damit Auf- merksamkeitswerbung betrieben, und dies genügt für eine Werbung iSd § 7 II Nr. 1. Zulässig sind daher unerbetene Telefonanrufe zu Markt- und Meinungsforschungszwecken nur dann, wenn der Anruf weder das beauftragende Unternehmen noch dessen Produkte unmittelbar oder mittelbar erkennbar macht oder wenn vorrangig ein anderes Ziel verfolgt wird, wie zB die Ermittlung des Bekanntheitsgrads einer Marke im Zusammenhang mit einem markenrechtlichen Eintragungs- oder Verletzungsverfahren. – Zur **datenschutzrechtlichen** Zulässigkeit von Markt- und Meinungsforschungsumfragen nach § 30a BDSG 2003 (aF) vgl. Hornung WRP 2014, 776.

cc) Anruf zu „vorrangig anderen Zielen". Kommt der Unternehmer mit seinem Anruf in **156** erster Linie einer **gesetzlichen** oder **vertraglichen Pflicht, insbes. einer Aufklärungspflicht iSd § 241 II BGB,** nach, so liegt auch dann kein unzumutbar belästigender Werbeanruf iSd § 7 II Nr. 1 vor, wenn damit ein werblicher Nebenzweck oder eine werbliche Nebenwirkung verbunden ist, etwa weil der Anruf den Kunden zu einer Vertragserweiterung oder zum Abschluss eines sonstigen Vertrags veranlassen kann (→ BT-Drs. 16/10734, 13; jurisPK-UWG/ Koch/Seichter Rn. 261; Lettl WRP 2009, 1315 (1322)). Dies entspricht der Wertung in ErwGr. 7 S. 2 UGP-RL („Geschäftspraktiken, die vorrangig anderen Zielen dienen"), die auch bei der Auslegung des § 2 I Nr. 2 zu berücksichtigen ist (BGH WRP 2016, 843 Rn. 16 – Im Immobi- liensumpf; OLG Frankfurt WRP 2015, 1246 Rn. 25; → § 2 Rn. 2.54 mwN). Ggf. ist insoweit auch der Gedanke der Rechtfertigung aufgrund berechtigter Geschäftsführung ohne Auftrag zur

Abwendung einer dem Geschäftsherrn drohenden dringenden Gefahr (§ 679 BGB) heranzuziehen (→ Rn. 212).

156a   **Beispiele: (1)** Arzt ruft bei einem Patienten an, um ihm einen Befund bekannt zu geben, der eine weitere Behandlung erforderlich macht. – **(2)** Autowerkstätte ruft beim Kunden an, weil sich ein sicherheitsrelevanter Mangel gezeigt hat, der eine weitere Reparatur erforderlich macht. – **(3)** Haftpflichtversicherer ruft bei einem Unfallgeschädigten an, um ihn auf das Wirtschaftlichkeitsgebot nach § 249 II 1 BGB bzw. auf die Schadensminderungspflicht nach § 254 II 1 BGB und ihn in diesem Zusammenhang auf die Möglichkeit eines kostengünstigeren Reparaturvertrags oder Mietvertrags über ein Ersatzfahrzeug mit bestimmten Unternehmen hinzuweisen (BGH NJW 2016, 2402 Rn. 7). Der Anruf ist insoweit erforderlich, als sonst die Gefahr besteht, dass der Geschädigte sich ohne diese Information anderweitig vertraglich bindet.

157   Derartige Hinweise im Zusammenhang mit der Erfüllung einer gesetzlichen oder vertraglichen Aufklärungspflicht werden vom Durchschnittsverbraucher nicht als Belästigung iSe störenden Eingriffs in die private oder berufliche Sphäre, sondern als nützliche Information empfunden. – Allerdings muss sich der Unternehmer in solchen Fällen auf die Informationen beschränken, die in einem unmittelbaren Sachzusammenhang mit dem Anlass des Anrufs stehen und darf nicht sogleich zu einer konkreten Werbung für bestimmte Waren, Dienstleistungen oder Unternehmen übergehen, will er nicht gegen § 7 II Nr. 1 verstoßen. Mindestens muss er sich in dem Telefonat die Einwilligung in die nachfolgende Werbung geben lassen (**Beispiel:** „Sind Sie damit einverstanden, dass wir Ihnen gleich ein konkretes Angebot machen?"). Die dem zulässigen Anruf nachfolgende Werbung darf jedoch den Verbraucher nicht überrumpeln und zu einem unüberlegten Vertragsschluss veranlassen. In einem solchen Fall ist zwar nicht der Tatbestand des § 7 II Nr. 1 verwirklicht, wohl aber kann der Tatbestand des § 4a I 2 Nr. 1 erfüllt sein. Auch kommt ein Verstoß gegen § 3 II in Betracht.

158   Ein „vorrangig anderes Ziel" ist auch dann anzunehmen, wenn ein **Dritter** eine Unternehmens- oder Produktempfehlung ausspricht, dabei aber der **private Charakter** der Mitteilung im Vordergrund steht. In diesem Fall ist die Mitteilung letztlich als positive Äußerung über das Unternehmen oder die von ihm angebotenen Produktempfehlungen, nicht jedoch als Werbung eines Unternehmens oder zugunsten eines fremden Unternehmens anzusehen (BGH WRP 2016, 958 Rn. 33 – Freunde finden mwN). Das gilt aber nicht für die Versendung von Einladungs-E-Mails mit Hilfe der „Freunde finden"-Funktion von Facebook (BGH WRP 2016, 958 Rn. 33 – Freunde finden).

159   **dd) Anruf mit anschließender Werbung.** Ist der Anruf an sich auf Grund einer Einwilligung oder einer Erfüllung einer gesetzlichen oder vertraglichen Pflicht (→ Rn. 156) zulässig, geht der Anrufer dann aber während des Gesprächs zu einer inhaltlich damit nicht zusammenhängenden „separaten" Werbung über, so erfüllt dies den Tatbestand des § 7 II Nr. 1, weil es insoweit an einer vorherigen ausdrücklichen Einwilligung fehlt. **Beispiele:** Gesetzliche Krankenkasse ruft bei Versichertem zum Zwecke der Information an, geht aber während des Gesprächs dazu über, Werbung für eine private Zusatzversicherung bei einer privaten Krankenversicherung zu treiben (OLG Braunschweig GRUR-RR 2009, 182). – Autowerkstätte ruft bei Kunden an, dass das Fahrzeug abholbereit sei, nimmt dies aber zum Anlass, für eine Probefahrt mit einem neuen Automodell zu werben. – An der Unzulässigkeit der Werbung ändert es nichts, wenn der Verbraucher das Gespräch widerspruchslos fortsetzt. Denn darin ist allenfalls im Einzelfall eine konkludente (und damit nicht ausreichende) Einwilligung zu erblicken (vgl. Seichter/Witzmann WRP 2007, 699 (703)).

7. Telefonwerbung gegenüber Verbrauchern

160   **a) Die gesetzliche Regelung.** Nach § 7 II Nr. 1 ist die Telefonwerbung gegenüber einem Verbraucher ohne dessen **vorherige ausdrückliche Einwilligung** (→ Rn. 166 ff.) stets als unzumutbare und damit unzulässige Belästigung iSv § 7 I 1 anzusehen. Es genügt daher bereits **ein Anruf** gegenüber **einem Verbraucher,** um den Tatbestand zu verwirklichen.

161   **b) Zweck und Rechtfertigung der Regelung.** Das Verbot der unerbetenen Telefonwerbung („cold calling") dient allein dem Schutz des Verbrauchers vor einer unzumutbaren Beeinträchtigung seiner **Privatsphäre.** Reflexartig wird dadurch zwar zugleich seine Entscheidungsfreiheit geschützt (→ Rn. 2, 3). Der Schutz vor Beeinträchtigungen der Entscheidungsfreiheit wird jedoch durch andere Normen mit anderen tatbestandlichen Voraussetzungen (§ 3 II, §§ 4a, 5a IV) gewährleistet. Die mit dem Verbot verbundene Einschränkung der Grundrechte des

Werbenden aus Art. 5 und 12 GG (dazu Köhler FS Koppensteiner, 2001, 431 (438 ff.)) rechtfertigt sich aus folgenden Erwägungen: **(1)** Der zu jeder Tageszeit mögliche Anruf als solcher
stellt bereits ein Eindringen in die (auch verfassungsrechtlich, Art. 2 I, 1 I GG) geschützte
Privatsphäre des Einzelnen dar, da er in seiner Beschäftigung oder Ruhe gestört wird (BGHZ
141, 124 (127) = NJW 1999, 1864). Zudem wird der Einzelne in seinem (nach Art. 5 I GG)
geschützten Recht auf negative Informationsfreiheit beeinträchtigt. **(2)** Der Einzelne weiß
zunächst nicht, von wem und zu welchem Zweck er angerufen wird. Er ist daher idR gezwungen, den Anruf entgegenzunehmen, da es sich um eine für ihn wichtige Nachricht handeln kann.
(3) Der Anrufer, der vielfach nicht sofort den Zweck seines Anrufs offenbart, nötigt ihn, sich mit
ihm und seinem werblichen Anliegen gedanklich und verbal auseinanderzusetzen. Selbst wenn
aber – wie Art. 8 V VerbrR-RL und § 312a I BGB dies vorschreiben – zu Beginn des Gesprächs
die Identität des Anrufers und der kommerzielle Zweck des Gesprächs ausdrücklich offengelegt
wird, ist ein sofortiger Abbruch des Gesprächs häufig nicht ohne weiteres mehr möglich. Denn
in aller Regel sind die Telefonwerber psychologisch geschult (BGHZ 141, 124 (127) = NJW
1999, 1864; BGH WRP 1999, 847 (851) – Private Vorsorge bei Arbeitslosigkeit) und wissen,
wie sie vorzugehen haben, um einen vorzeitigen Gesprächsabbruch zu verhindern. Ein Gesprächsabbruch wird daher oft nur unter „peinlicher Verletzung der Regeln der Höflichkeit"
möglich sein (BGHZ 141, 124 (127) = NJW 1999, 1864). Im Übrigen ist die Störung in jedem
Fall bereits erfolgt und die Zeit des Angerufenen aus dessen Sicht unnütz in Anspruch genommen. Vor allem aber ist der Angerufene aus seiner sonstigen Beschäftigung herausgerissen oder
doch in seiner Ruhe gestört und Ärger über die Belästigung entstanden (BGH GRUR 2002,
637 (638) – Werbefinanzierte Telefongespräche). Hier von einem „Minimum an Belästigung"
zu sprechen (Leible/Sosnitza K&R 1998, 283 (291)), ist eine unzutreffende Verharmlosung,
zumal wenn sich derartige Anrufe häufen. **(4)** Es besteht die Gefahr von unüberlegten Geschäftsabschlüssen, da der Angerufene auf den Anruf nicht vorbereitet ist. Zwar hat der Verbraucher
ein Widerrufsrecht nach § 312d I 1 BGB, § 355 I BGB; es bleibt aber ungewiss, ob er davon
Kenntnis hat und Gebrauch macht. Ein präventiver Schutz ist daher unentbehrlich. **(5)** Der
Telefonanschluss ist für die Dauer des Gesprächs blockiert (BGHZ 141, 124 (127 f.) = NJW
1999, 1864). **(6)** Würde man den unerbetenen Telefonanruf zu werblichen Zwecken zulassen,
würde dies voraussichtlich bei den für die betreffenden Wirtschaftskreise interessanten Kunden-
schichten zu einer schlechthin unerträglichen Belästigung mit Anrufen führen (BGHZ 141, 124
(127 f.) = NJW 1999, 1864; Teplitzky ZHR 162 (1998), 639 (642)). Das (ebenfalls verfassungsrechtlich geschützte, Art. 5 I GG, Art. 12 GG) Interesse der Wirtschaft an der Nutzung des
(vergleichsweise kostengünstigen) Werbeinstruments Telefon zur Vermarktung ihrer Produkte
muss demgegenüber zurücktreten (BGH GRUR 1995, 220 – Telefonwerbung V; GRUR 2000,
818 (819) – Telefonwerbung VI; OLG Stuttgart NJW-RR 2002, 767 (768); aA Paschke WRP
2002, 1219). Denn es stehen ihr vielfältige andere, den Verbraucher weniger beeinträchtigende
Werbemöglichkeiten zur Verfügung. Für die grds. Zulässigkeit der unerbetenen Telefonwerbung
wird zwar ins Feld geführt, dass sie weniger belästigend sei als die Haustürwerbung. Da diese
nach der Rspr. grds. zulässig sei, müsse dies erst recht für die Telefonwerbung gelten (Zöller
GRUR 1992, 297). Dagegen lassen sich zwar die von der Rspr. (BGH GRUR 1994, 380 (381)
– Lexikothek) herausgearbeiteten unterschiedlichen Grade der Belästigung durch Telefonwerbung und Haustürwerbung (Haustürbesuche würden im Allgemeinen tagsüber stattfinden und
sich auf Werktage beschränken, Telefonanrufe seien zeitlich unbeschränkt möglich; Vertreterbesuche könnten als solche alsbald erkannt und abgelehnt werden, bei Telefonanrufen müsse erst
der Anruf entgegengenommen sowie die Person des Anrufers und der Zweck seines Anrufs
festgestellt werden) kaum ins Feld führen. Denn typischerweise stellt der Hausbesuch ein
stärkeres Eindringen in die Privatsphäre dar als ein Telefonanruf und zutr. weist der XI. Senat des
BGH (NJW 1996, 929 (930)) darauf hin, „dass es dem Kunden leichter fällt, ein Telefongespräch
abzubrechen, als einen Besucher aus der Wohnung zu weisen". Daraus lässt sich aber allenfalls
der Schluss ziehen, dass – entgegen der bisherigen Rspr. – auch der unerbetene Hausbesuch
wettbewerbsrechtlich strenger beurteilt werden sollte. Jedenfalls aber liegt kein Verstoß gegen
Art. 3 GG vor, weil es sich um nicht vergleichbare Sachverhalte handelt (ebenso BGH GRUR
1994, 380 (381) – Lexikothek).

c) „Verbraucher" als Adressaten des Anrufs. Da für Anrufe gegenüber sonstigen Markt- 162
teilnehmern, insbes. Unternehmern, andere Grundsätze als für Anrufe gegenüber Verbrauchern
gelten (→ Rn. 213 ff.), kommt der Unterscheidung zwischen beiden Personengruppen wesentliche Bedeutung zu.

163   **aa) Begriff des Verbrauchers.** Verbraucher ist nach der Legaldefinition des § 2 II iVm § 13 BGB jede natürliche Person, die ein Rechtsgeschäft zu einem Zweck abschließt, der weder ihrer gewerblichen noch ihrer selbstständigen beruflichen Tätigkeit zugerechnet werden kann (zB Urlaub, Vermögensanlage, Gesundheits- und Altersvorsorge). Diese Definition passt zwar nicht unmittelbar auf (dem Vertragsschluss vorgelagerte) Werbemaßnahmen gegenüber Verbrauchern, ist aber sinngemäß anzuwenden. Sie gilt des Weiteren auch für Anrufe gegenüber Privatpersonen, die als Anbieter angesprochen werden. Ruft ein Unternehmer Privatpersonen an, um sie zum Verkauf oder zur Vermietung von Waren (zB Antiquitäten; Grundstücken; Gebrauchtwagen) zu bewegen, sind diese ebenfalls Verbraucher iSd Gesetzes.

164   **bb) Abgrenzung zum Unternehmer.** Die Abgrenzung zum Begriff des Unternehmers ist grds. auch für die Beurteilung der Telefonwerbung heranzuziehen. Jedoch sind die Besonderheiten der telefonischen Kommunikation zu berücksichtigen. Schwierigkeiten ergeben sich, wenn eine natürliche Person Unternehmer ist oder für ein Unternehmen arbeitet, weil insoweit für den Anruf eine mutmaßliche Einwilligung ausreicht. Grds. kommt es daher darauf an, ob der Anruf einem geschäftlichen oder privaten Zweck des Angerufenen dient. Allerdings lässt sich die Unterscheidung nicht eindeutig durchführen. Bezieht sich der Anruf eindeutig auf den **Privatbedarf** dieser Person, auch wenn sie unter deren **Geschäftsnummer** erfolgt, ist von einer Werbung gegenüber einem Verbraucher auszugehen. Bei Gegenständen des **dual-use** (dazu § 13 BGB; → § 2 Rn. 12.11), die sowohl für eine private als auch eine geschäftliche Nutzung in Betracht kommen (zB Kfz), kommt es darauf an, welche Nutzung überwiegt (vgl. Grüneberg/ Grüneberg BGB § 13 Rn. 1, 4 mwN). Das Risiko einer Fehleinschätzung trägt der Anrufer. Bezieht sich der Anruf dagegen eindeutig auf den **geschäftlichen** Bedarf einer Person, so ist zu unterscheiden: Werbliche Anrufe unter der Geschäftsnummer eines Unternehmers zu geschäftlichen Zwecken sind auch dann als Werbung gegenüber einem „sonstigen Marktteilnehmer" zu werten, wenn der Anruf ohne Wissen des Anrufers automatisch zu einem privaten Anschluss des Angerufenen umgeleitet wird (OLG Köln GRUR-RR 2005, 138 (139)). Werbliche Anrufe unter der **Privatnummer** einer Person sind dagegen grds. als Werbung gegenüber Verbrauchern zu werten, gleichgültig ob der Angerufene in seiner Eigenschaft als Privatmann, als Verbandsfunktionär, Berufstätiger oder als Unternehmer angesprochen werden soll, weil insoweit ein Eingriff in die **Privatsphäre** des Angerufenen als **natürlicher Person** vorliegt, um deren Schutz es nach Art. 13 III, V 1 ePrivacy-RL geht (ebenso OLG Köln GRUR-RR 2005, 138 (139); Lettl WRP 2009, 1315 (1323); aA jurisPK-UWG/Koch/Seichter Rn. 224). Besitzt eine Person nur eine Telefonnummer (zB eine Mobilfunknummer), die sie sowohl privat als auch geschäftlich nutzt, muss sie damit rechnen, dass sie auch zu geschäftlichen Zwecken angerufen wird. Mangels anderer Anhaltspunkte kommt es dann darauf an, ob der Anruf überwiegend dem geschäftlichen Bedarf des Angerufenen dient oder nicht. Besitzt die Person einen Anschluss mit mehreren Rufnummern, von denen sie die einen gewerblich oder beruflich, die anderen privat nutzt, ist maßgebend, wie sie die jeweilige Rufnummer nach außen (zB in Telefonverzeichnissen) kommuniziert hat.

165   **cc) Arbeitnehmer als Verbraucher?** Es ist zu unterscheiden. Der Anruf bei einer natürlichen Person unter ihrer **privaten Telefonnummer** zum Zwecke der **Anwerbung** als **Arbeitnehmer** stellt dies eine Werbung gegenüber einem Verbraucher dar (Lettl WRP 2009, 1315 (1324); aA → 40. Aufl. 2022, Rn. 165). Dafür spricht, dass der Unternehmer insoweit zum Zwecke des Bezugs einer Dienstleistung von einer Person handelt, die ein Rechtsgeschäft zu Zwecken abschließt, die nicht ihrer gewerblichen oder selbständigen beruflichen Tätigkeit zugerechnet werden können. Daran ändert es nichts, dass für den Arbeitsvertrag zusätzliche Schutzbestimmungen des Arbeitsrechts gelten. – Beim Anruf bei einem Arbeitnehmer unter seiner **betrieblichen Telefonnummer** ist von vornherein dessen Privatsphäre nicht betroffen und es ist von einem typischerweise vorhandenen Interesse des Arbeitnehmers an einer möglichen Verbesserung seiner Stellung auszugehen. Daher sollte der Arbeitnehmer in dieser Situation wie ein sonstiger Marktteilnehmer behandelt werden und seine mutmaßliche Einwilligung ausreichen (Köhler FS Roth, 2015, 299 (306)). Für den Anruf sollten, um Wertungswidersprüche zu vermeiden, die gleichen Grundsätze gelten, wie sie die Rspr. zur Zulässigkeit derartiger Anrufe im Verhältnis zum betroffenen Arbeitgeber entwickelt hat (→ Rn. 223). Es ist daher von einer mutmaßlichen Einwilligung in solche Anrufe auszugehen, die sich in den Grenzen der kurzen sachlichen Information halten und nicht aufdringlich, bedrängend oder belästigend sind (vgl. BGHZ 158, 174 = GRUR 2004, 696 (699) – Direktansprache am Arbeitsplatz I; BGH GRUR 2006, 426 Rn. 19 – Direktansprache am Arbeitsplatz II).

8. Vorherige ausdrückliche Einwilligung

a) Begriff und Arten der Einwilligung. Unter **Einwilligung** ist das **Einverständnis** mit **166** dem Anruf zu verstehen. Dabei ist zwischen der tatsächlichen und der mutmaßlichen Einwilligung zu unterscheiden. Die tatsächliche Einwilligung kann ausdrücklich oder konkludent erfolgen. Jedoch ist nach § 7 II Nr. 1 gegenüber Verbrauchern eine ausdrückliche Einwilligung erforderlich, so dass eine bloß konkludente Einwilligung nicht genügt. Bei Anrufen gegenüber sonstigen Marktteilnehmern genügt dagegen auch eine konkludente und darüber hinaus sogar eine „zumindest mutmaßliche Einwilligung".

b) Rechtsnatur der Einwilligung. Unter der „Einwilligung" ist nicht die in § 183 S. 1 **167** BGB geregelte vorherige Zustimmung zu einem Rechtsgeschäft zu verstehen (wie Splittgerber/Zscherpe/Goldmann WRP 2006, 178 (179) meinen), sondern das Einverständnis mit einem tatsächlichen Eingriff in ein Rechtsgut, nämlich die Privatsphäre bzw. die betriebliche Sphäre (ebenso Seichter/Witzmann WRP 2007, 699 (701); BT-Drs. 16/10734, 13). Sie kann sowohl vertraglich (als **„vertragliche Gestattung";** → Rn. 197), aber auch einseitig erteilt werden. Im letzteren Fall handelt es sich um kein Rechtsgeschäft (BGHZ 29, 33; BGHZ 105, 45 (47 f.); aA Ohly, „Volenti non fit iniuria" – die Einwilligung im Privatrecht, 2002, S. 210 ff.), sondern um eine **geschäftsähnliche Handlung** (OLG Karlsruhe WRP 2018, 1117 Rn. 14; vgl. auch BGH WRP 2010, 916 Rn. 35 – Vorschaubilder I).

c) „Vorherige" Einwilligung. Die Einwilligung muss schon **vor** dem Anruf vorliegen. Das **168** war auch in der Vergangenheit nie zweifelhaft (vgl. BGH GRUR 1995, 220 – Telefonwerbung V). Es genügt also nicht, dass der Angerufene **nachträglich,** also bei oder nach dem Gespräch, den Anruf billigt (BGH GRUR 1994, 380 (381) – Lexikothek). Denn in diesem Zeitpunkt ist die Belästigung bereits eingetreten (BGHZ 113, 282 (284) – Telefonwerbung IV). Erst recht reicht es nicht aus, dass der Angerufene nicht widerspricht, nachdem er zu Beginn des Gesprächs über die Identität des Anrufers und den geschäftlichen Zweck des Anrufs unterrichtet worden ist (BGH GRUR 2002, 637 (638) – Werbefinanzierte Telefongespräche), wozu der Unternehmer ohnehin nach § 312a I BGB verpflichtet ist. Etwas anderes gilt für werbefinanzierte Telefongespräche (→ Rn. 237). – An einer vorherigen (und auch einer ausdrücklichen) Einwilligung fehlt es ferner, wenn der Werbeanruf zunächst von der Einwilligung gedeckt ist, der Anrufer aber während des Gesprächs zu einer Werbung übergeht, die von der ursprünglichen Einwilligung nicht gedeckt ist (→ Rn. 159; Seichter/Witzmann WRP 2007, 699 (703); v. Wallenberg BB 2009, 1768 (1769)). – Maßgebend ist die Einwilligung des Angerufenen, idR also des **Anschlussinhabers.** Nimmt ein Dritter den Anruf entgegen und weist dieser darauf hin, dass er nicht der Anschlussinhaber sei, muss sich der Anrufer darauf beschränken, um Weitervermittlung zu bitten (→ Rn. 147; Möller WRP 2010, 321 (331)), und zwar selbst dann, wenn der Dritte mit der Werbung einverstanden sein sollte.

d) Ausdrückliche Einwilligung. aa) Allgemeines. Anders als noch in der UWG-Novelle **169** 2008 bedarf es seit 2009 (→ Rn. 140) einer **ausdrücklichen** Einwilligung. Daher reicht die **konkludente** Einwilligung nicht (mehr) aus. Erst recht nicht ausreichend ist eine nur **mutmaßliche** Einwilligung (→ Rn. 218 ff.), wie dies auch schon zum früheren Recht anerkannt war (BGH GRUR 1991, 764 (765) – Telefonwerbung IV; GRUR 1994, 380 (382) – Lexikothek; GRUR 1995, 220 (221) – Telefonwerbung V). – Jedoch kommen außer der Einwilligung noch **andere Rechtfertigungsgründe** für einen Anruf in Betracht, die dann die Unzumutbarkeit der Belästigung ausschließen (→ Rn. 212).

bb) Anforderungen an eine ausdrückliche Einwilligung. Mit dem Begriff „ausdrücklich" **170** soll klargestellt werden, dass eine konkludente Einwilligung (→ Rn. 171) nicht genügt. Das Erfordernis der ausdrücklichen Einwilligung ist mit Art. 2 lit. f ePrivacy-RL vereinbar. Diese Vorschrift verweist nämlich auf die Definition der Einwilligung der betroffenen Person iSd **Art. 2 lit. h Datenschutz-RL:** „jede Willensbekundung, die ohne Zwang, für den konkreten Fall und in Kenntnis der Sachlage erfolgt und mit der die betroffene Person akzeptiert, dass personenbezogene Daten, die sie betreffen, verarbeitet werden. Die Datenschutz-RL wurde allerdings mWv 25.5.2018 durch die **DS-GVO** aufgehoben und Verweise auf diese Richtlinie gelten nach Art. 94 I DS-GVO als Verweise auf diese VO, die ab dem **25.5.2018** gilt. Dementsprechend ist ab diesem Zeitpunkt die Definition der Einwilligung in **Art. 4 Nr. 11 DS-GVO** maßgebend, die wie folgt lautet: **„jede freiwillig für den bestimmten Fall, in informierter Weise und unmissverständlich abgegebene Willensbekundung in Form**

einer Erklärung oder einer sonstigen eindeutigen bestätigenden Handlung, mit der die betroffene Person zu verstehen gibt, dass sie mit der Verarbeitung der sie betreffenden **personenbezogenen Daten einverstanden ist**". Zu Einzelheiten vgl. → Rn. 184 ff.; EuGH WRP 2019, 1455 Rn. 61 ff. – vzbv/Planet49; GRUR 2022, 87 Rn. 53 ff. – StWL/eprimo; BGH WRP 2020, 1009 Rn. 64 – Cookie-Einwilligung II; Buchner WRP 2018, 1283; Schneider K&R 2019, 8). „Ausdrücklich" ist nicht gleichbedeutend mit „schriftlich". Auch das Unionsrecht verlangt keine spezifische Form der Einwilligung (arg. Art. 7 II DS-GVO e contrario). Die Einwilligung kann daher auch **formlos,** insbes. elektronisch oder **(fern)mündlich** (OLG Köln GRUR-RR 2013, 219 (221)) oder durch Anklicken eines Kästchens (ErwGr. 32 DS-GVO) erfolgen.

171 **cc) Abgrenzung zur konkludenten Einwilligung.** Eine nur **konkludente** (und damit **nicht ausreichende**) Einwilligung liegt vor, wenn der Verbraucher ein Verhalten an den Tag legt, aus dem nur **mittelbar** auf ein Einverständnis mit Werbeanrufen zu schließen ist. Die Abgrenzung mag im Einzelfall schwierig sein, ist aber nicht unmöglich (so indessen Möller WRP 2010, 321 (327)). Von der konkludenten Einwilligung ist die lediglich mutmaßliche Einwilligung zu unterscheiden. Sie reicht erst recht nicht aus.

172 **dd) Beispiele fehlender ausdrücklicher Einwilligung. (1) Bekanntgabe der Telefonnummer.** Weder eine ausdrückliche noch eine konkludente Einwilligung in Werbeanrufe ergibt sich daraus, dass der Angerufene in ein Telefonbuch eingetragen ist (BGH GRUR 1989, 753 (754) – Telefonwerbung II; GRUR 1990, 280 (281) – Telefonwerbung III; KG GRUR-RR 2017, 77 Rn. 39; vgl. weiter Seichter/Witzmann WRP 2007, 699 (702)). Auch die Angabe der Telefonnummer durch den Teilnehmer eines Gewinnspiels reicht nicht aus, weil er damit lediglich in die telefonische Unterrichtung über einen Gewinn einwilligt (LG Hamburg MMR 2005, 630); ebenso wenig die Angabe der Telefonnummer auf einem Bestellformular, weil damit mangels anderer Anhaltspunkte lediglich in Anrufe mit Bezug auf das konkrete Vertragsverhältnis eingewilligt wird (OLG Stuttgart WRP 2007, 854 Ls.).

173 **(2) Bloße geschäftliche Beziehung.** Eine allenfalls konkludente (und damit nicht ausreichende) Einwilligung ist anzunehmen, wenn ein Kunde in einer **geschäftlichen Beziehung** zum Anrufer steht, etwa in der Vergangenheit Anrufe eines Gewerbetreibenden nicht nur nicht beanstandet, sondern sogar begrüßt oder gar Bestellungen getätigt hat (BGH GRUR 1989, 753 (754) – Telefonwerbung II; GRUR 1990, 280 (281) – Telefonwerbung III).

174 **(3) Vorhergehendes Kundenverhalten.** In einer bloßen **schriftlichen Bitte,** etwa auf einer Antwortkarte, um Informationsmaterial ohne gleichzeitige Angabe der Telefonnummer liegt idR nicht einmal ein konkludentes Einverständnis mit einem Anruf (BGH GRUR 1990, 280 (281) – Telefonwerbung III). Denn dieses Bedürfnis kann genauso gut anders als durch einen Anruf befriedigt werden. Auch nach Übersendung des erbetenen Informationsmaterials besteht noch kein Anlass, telefonisch an den Interessenten heranzutreten (BGH GRUR 1990, 280 (281) – Telefonwerbung III). Das Gleiche gilt, wenn ein Kunde telefonisch bei einem Unternehmen vorstellig wird, ohne ausdrücklich einen Rückruf zu erbitten (Lettl GRUR 2000, 977 (980)). – Erst recht besteht kein, nicht einmal ein konkludentes Einverständnis, wenn der Interessent auf der Antwortkarte das Feld für die Angabe der Telefonnummer durchgestrichen (BGH GRUR 1990, 280 (281) – Telefonwerbung III) oder nur um Abgabe eines schriftlichen Angebots gebeten hat (OLG Düsseldorf WRP 1997, 853 (854)). Ganz allgemein kann aus einer Zustimmung zur Zusendung von Informationen keine ausdrückliche oder mutmaßliche Einwilligung für einen Werbeanruf abgeleitet werden (OLG Düsseldorf WRP 2018, 844). – Das sog **Nachbearbeiten** von Kunden, die von einem Widerrufsrecht Gebrauch gemacht haben und nach den Gründen für den Widerruf befragt werden, ist nicht von dem ursprünglichen Einverständnis gedeckt (OLG Karlsruhe WRP 1992, 125 (126)).

175 **(4) Bloße Branchenüblichkeit.** Eine angebliche oder tatsächliche **Branchenüblichkeit,** Verbraucher anzurufen, ersetzt das fehlende Einverständnis nicht (BGH GRUR 1989, 753 (754) – Telefonwerbung II). – Eine Einwilligung ergibt sich auch nicht daraus, dass einem **anderen, in der gleichen Branche tätigen Unternehmen** gegenüber ein Einverständnis abgegeben worden ist (BGH GRUR 1994, 380 (381) – Lexikothek). Wechselt also zB ein Handelsvertreter zu einem anderen Unternehmen, so kann er sich im Zweifel nicht auf das gegenüber seinem früheren Geschäftsherrn erteilte Einverständnis berufen.

(5) Bloßes Schweigen. Das bloße Schweigen auf die briefliche oder sonstige Ankündigung   **176**
eines Anrufs stellt noch kein Einverständnis dar (BGH GRUR 1989, 753 (754) – Telefonwerbung II).

(6) Bestehen persönlicher Beziehungen. Bestehen zwischen dem Anrufer und dem Ver-   **177**
braucher persönliche Beziehungen, die der Anrufer für geschäftliche Zwecke nutzen will
(**Laienwerbung;** → § 3 Rn. 6.23 ff.), so liegt darin keine, nicht einmal eine konkludente
Einwilligung für werbliche Anrufe. Dies gilt auch dann, wenn der Anrufer erst während des
Gesprächs den werblichen Charakter offenbart (aA Seichter/Witzmann WRP 2007, 699 (703)),
zumal hier auch der Tatbestand des § 5a IV verwirklicht sein dürfte.

(7) Mutmaßliches Interesse am Anruf. Nicht einmal eine mutmaßliche Einwilligung liegt   **178**
vor, wenn der Anrufer glaubt, ein bes. günstiges Angebot unterbreiten zu können, oder wenn er
einen bestimmten Bedarf beim Angerufenen annimmt. So etwa beim Anruf eines Heizölhändlers
bei einem Kunden, von dem er annimmt, dass er seine Vorräte ergänzen sollte (so aber Zöller
GRUR 1992, 297 (300); hiergegen mit Recht krit. Steinbeck GRUR 1995, 492 (493)), oder
beim Anruf eines Telefondiensteanbieters mit dem Ziel, den Kunden zu einer (angeblich für ihn
günstigen) Umstellung des Tarifs zu veranlassen (OLG Köln K&R 2002, 254 (256)).

9. Reichweite der Einwilligung

a) Ermittlung durch Auslegung. Ob eine Erklärung eine Einwilligung darstellt und wie   **179**
weit sie inhaltlich und zeitlich reicht, ist durch **Auslegung** anhand der Umstände des Einzelfalls
zu ermitteln (vgl. BGH GRUR 1995, 220 – Telefonwerbung V). Dabei sind die allgemeinen
Auslegungsgrundsätze heranzuziehen. Es kommt also darauf an, ob aus der Sicht des Anrufers bei
verständiger Würdigung eine Einwilligung des Anzurufenden für den betreffenden Anruf zu
Werbezwecken anzunehmen ist. Er darf dabei von einem normal informierten und angemessen
aufmerksamen und verständigen Durchschnittsverbraucher ausgehen. Maßgebend ist der Durchschnitt der jeweils angesprochenen Verbrauchergruppe (Rechtsgedanke des § 3 IV).

b) Vorliegen einer Einwilligung. IdR wird nicht zweifelhaft sein, ob eine Äußerung als   **180**
Einwilligung in Werbeanrufe zu werten ist. Hat der Werbende – wie zumeist – die Erklärung
vorformuliert (→ Rn. 196 ff.) kommt es darauf an, ob der Durchschnittsverbraucher ihr eine
Einwilligung entnehmen kann.

c) Inhalt einer Einwilligung. IdR legt der Werbende den Inhalt der erbetenen Einwilligung,   **181**
also ihre persönliche und sachliche Reichweite, fest. Daher kann die Einwilligung grds. auch in
der Beantwortung einer für den Durchschnittsverbraucher hinreichend klaren Frage bestehen
(OLG Köln GRUR-RR 2013, 219 (221)). Im Zweifel ist dabei eine enge Auslegung, dh eine
Beschränkung auf das konkret angebahnte Geschäft, geboten. Gibt ein Kunde auf einem Bestell-
oder Vertragsformular seine Telefonnummer an, so bezieht sich das Einverständnis mangels bes.
Anhaltspunkte (zB fortlaufender Bedarf; vgl. LG Offenburg WRP 1998, 85 (88)) lediglich auf
Anrufe, die das konkrete Vertragsverhältnis (zB Durchführung oder Störungsabwicklung) betref-
fen, nicht aber auf Anrufe zu weitergehenden Zwecken. Dazu gehören etwa eine Vertrags-
verlängerung oder -erweiterung, eine Wiederaufnahme der Vertragsbeziehung oder eine weitere
Bestellung (BGH GRUR 1995, 220 (221) – Telefonwerbung V; Paefgen WRP 1994, 73 (86)).
Gibt ein Verbraucher, der eine Immobilie zum Verkauf „von Privat“ anbietet, dabei seine
Telefonnummer an, so bezieht sich seine Einwilligung auch auf Anrufe von Maklern,
die für Kunden Objekte suchen, nicht jedoch, wenn sie ihre Maklerdienste anbieten (OLG
Karlsruhe WRP 2018, 1117 Rn. 15 ff.). Im Übrigen kommt es darauf an, wie der Werbende die
vom Verbraucher abgegebene Erklärung verstehen darf. Dabei darf er sich allerdings am Leitbild
des angemessen gut informierten und angemessen aufmerksamen und verständigen Durchschnittsverbrauchers orientieren. Im Falle der für eine Vielzahl von Verbrauchern vorformulierten Einwilligungserklärungen sind die Grundsätze über die Auslegung von **AGB** heranzuziehen
(→ Rn. 198 ff.). Im Übrigen steht es dem Verbraucher frei, ggf. durch individuelle Abänderung
einer vorformulierten Erklärung (Streichung oder Änderung von Textstellen), die inhaltliche
Reichweite seiner Erklärung klarzustellen oder einzuschränken.

d) Dauer der Einwilligung. Eine einmal erteilte Einwilligung ist an sich **unbefristet** (BGH   **182**
WRP 2018, 442 Rn. 31; OLG Hamburg WRP 2009, 1282 (1284); OLG Köln GRUR-RR
2013, 219 (221)), es sei denn, dass der Verbraucher eine zeitliche Beschränkung vorgenommen
hat. Die Einwilligung erlischt daher grds. nicht schon durch bloßen **Zeitablauf,** zumal der

Verbraucher die Möglichkeit des Widerrufs hat (→ Rn. 183; Schulz CR 2012, 687; Schneider K&R 2019, 8). Etwas anderes kann sich jedoch aus dem mutmaßlichen Willen des Verbrauchers ergeben. Insoweit kommt es auf die Umstände des Einzelfalls, insbes. den konkreten **Zweck** der Einwilligung an. Dabei kann es eine Rolle spielen, ob von der Einwilligung erst nach längerer Zeit erstmals Gebrauch gemacht wird und ob der Werbende davon ausgehen darf, dass der Verbraucher noch **Kenntnis** von seiner Einwilligung und **Interesse** an einem Anruf hat (vgl. OLG Hamburg MMR 2009, 557; OLG Köln WRP 2013, 659 Rn. 15: 16 Monate noch ausreichend; vgl. weiter LG Stuttgart WRP 2006, 1548 Ls. zur Faxwerbung; LG München I CR 2011, 830 Ls.; LG Berlin WRP 2012, 610 Rn. 21 zur E-Mail-Werbung: 1,5 Jahre; AG München K&R 2023, 378: vier Jahre nicht mehr ausreichend).

183   **e) Widerruf der Einwilligung.** Die Einwilligung ist grds. **frei widerruflich,** aber nur mit Wirkung für die Zukunft. Ab dem **25.5.2018** ist dies auch in Art. 7 III DS-GVO ausdrücklich geregelt. Der Widerruf ist **formlos,** sogar durch konkludente Erklärung, möglich, und zwar auch dann, wenn die Einwilligung schriftlich erteilt wurde (Köhler FS Koppensteiner, 2001, 431 (441); Seichter/Witzmann WRP 2007, 699 (701)). Für die Wirksamkeit des Widerrufs ist grds. der **Zugang** beim Werbenden erforderlich, damit er sich darauf einrichten kann. Auf fehlenden Zugang kann sich der Werbende aber dann nicht berufen, wenn er dem Verbraucher keine gültige Adresse angegeben hat, an die er den Widerruf richten kann, ohne dass dafür andere als die Übermittlungskosten nach den Basistarifen entstehen. Dies gilt unabhängig davon, ob die Regelung in § 7 III Nr. 4 lit. c Hs. 2 auch auf die Telefonwerbung anzuwenden oder auf die E-Mail-Werbung zu beschränken ist (→ Rn. 280). Nach Art. 7 III 3 DS-GVO (ab dem 25.5.2018) ist die betroffene Person von der Möglichkeit des Widerrufs und ihrer Wirkung nur für die Zukunft vor Abgabe der Einwilligung in Kenntnis zu setzen. Der Widerruf muss nach Art. 7 III 4 DS-GVO „so einfach wie ihre Erteilung" sein; es dürfen also keine zusätzlichen Anforderungen an den Widerruf gestellt werden. Der Verbraucher kann die Einwilligung auch während des Werbeanrufs ausdrücklich oder konkludent widerrufen, bspw. dadurch, dass er unmissverständlich sein Desinteresse an der Werbung zum Ausdruck bringt. Setzt der Anrufer danach gleichwohl seine werbliche Ansprache fort, erfüllt dies den Tatbestand des § 7 II Nr. 1. Jedenfalls wird der Anruf zur unzumutbaren Belästigung iSv § 7 I 2 (!) und damit unzulässig. Der Fall ist nicht anders zu beurteilen als die Nichtbeachtung der Aufforderung an einen Haustürwerber, die Räume zu verlassen (vgl. Anh. Nr. 25 zu § 3 III).

10. Wirksamkeit der Einwilligung

184   **a) Anforderungen der ePrivacy-RL und der DS-GVO.** § 7 II Nr. 1 ist richtlinienkonform am Maßstab des Art. 13 III ePrivacy-RL auszulegen. Der dort verwendete Begriff der Einwilligung wurde in Art. 2 S. 2 lit. f durch einen Verweis auf die Definition in **Art. 2 lit. h Datenschutz-RL 95/46/EG** konkretisiert. Die Datenschutz-RL wurde allerdings durch Art. 94 I DS-GVO mWv **25.5.2018** aufgehoben und durch die **DS-GVO** und deren Definition der Einwilligung in **Art. 4 Nr. 11 DS-GVO** abgelöst. Daher ist zu unterscheiden:

185   **aa) Rechtslage bis zum 25.5.2018 (Art. 2 lit. h Datenschutz-RL aF).** Nach Art. 2 lit. h Datenschutz-RL (aufgehoben durch Art. 94 I DS-GVO mit Wirkung v. 25.5.2018) ist unter einer Einwilligung zu verstehen „jede Willensbekundung, die ohne Zwang, für den konkreten Fall und in Kenntnis der Sachlage erfolgt und mit der die betreffende Person akzeptiert, dass personenbezogene Daten, die sie betreffen, verarbeitet werden". Zum besseren Verständnis sei auch die englische Fassung wiedergegeben: „any freely given specific and informed indication of his wishes by which the data subject signifies his agreement to personal data relating to him being processed. Die Einwilligung setzt danach eine **Willensbekundung** voraus, die **ohne Zwang,** für den **konkreten Fall** und **in Kenntnis der Sachlage** erfolgt (BGH GRUR 2013, 531 Rn. 23 – Einwilligung in Werbeanrufe II; OLG Köln WRP 2013, 659 Rn. 15; → Rn. 254; eingehend Lettl WRP 2009, 1315 (1325 ff.)). Dies entspricht dem ErwGr. 17 S. 2 ePrivacy-RL, wonach die Einwilligung in jeder geeigneten Weise gegeben werden kann, wodurch der Wunsch des Nutzers in einer spezifischen Angabe zum Ausdruck kommt, die sachkundig und in freier Entscheidung erfolgt. Sind diese Voraussetzungen – die den §§ 104 ff., 119 ff. BGB vorgehen – nicht erfüllt, so ist die Einwilligung unwirksam. Im Einzelnen:

186   **(1) „Ohne Zwang".** „Ohne Zwang" (engl. „freely") wird die Einwilligung erteilt, wenn sie freiwillig erfolgt, also auf den Betroffenen kein Druck ausgeübt wird, sondern er frei entscheidet. Eine Ausübung von Druck kann vorliegen, wenn der Werbende eine rechtliche, wirtschaftliche oder soziale Überlegenheit ausnutzt, um den Betroffenen zur Einwilligung zu veranlassen (vgl. § 4a I 2). Ein bloßes Anlocken durch Versprechen einer Vergünstigung, etwa einer Teilnahme an einem Gewinnspiel, reicht nicht aus.

(2) „In Kenntnis der Sachlage". „In Kenntnis der Sachlage" (engl. „informed") wird eine **187** Einwilligung erteilt, wenn der Verbraucher **weiß,** dass seine Erklärung ein Einverständnis darstellt und worauf sie sich bezieht (ebenso BGH GRUR 2013, 531 Rn. 24 – Einwilligung in Werbeanrufe II; WRP 2017, 700 Rn. 24). Maßgebend ist aber nicht die konkrete Vorstellung des einzelnen Verbrauchers, sondern die Sichtweise des angemessen gut informierten und angemessen aufmerksamen und verständigen **Durchschnittsverbrauchers** oder des durchschnittlichen Mitglieds der angesprochenen Verbrauchergruppe (vgl. den Rechtsgedanken des § 3 IV). Der einzelne Verbraucher kann sich also – soweit es die lauterkeitsrechtliche Zulässigkeit der Werbung angeht – nicht darauf berufen, er habe eine falsche Vorstellung von Inhalt und Tragweite der Erklärung gehabt, wenn für den Durchschnittsverbraucher darüber keine Zweifel bestehen (→ Rn. 181). Für die Anwendung der bürgerlichrechtlichen Grundsätze über die Anfechtung von Willenserklärungen nach den §§ 119, 123 BGB ist insoweit kein Raum. Der Verbraucher hat dafür die Möglichkeit des jederzeitigen Widerrufs.

(3) „Für den konkreten Fall". „Für den konkreten Fall" (engl. „specific") wird eine **188** Einwilligung erteilt, wenn sich aus ihr klar ergibt, welche einzelnen Werbemaßnahmen welcher Unternehmen davon erfasst werden, dh auf welche Waren oder Dienstleistungen welcher Unternehmen sie sich bezieht (BGH GRUR 2013, 531 Rn. 24 – Einwilligung in Werbeanrufe II; WRP 2020, 1009 Rn. 31 – Cookie-Einwilligung II). Sie muss daher **gesondert** erklärt werden und darf nicht in Textpassagen enthalten sein, die auch andere Erklärungen oder Hinweise enthalten. Beispiel: Gewinnspielkarte, auf der der Teilnehmer auch seine Telefonnummer „zur Gewinnbenachrichtigung und für weitere interessante telefonische Angebote" angeben soll (vgl. BGH WRP 2011, 863 Rn. 2, 25 – Einwilligungserklärung für Werbeanrufe I; KG NJW 2011, 466; dazu Köhler WRP 2011, 1023). Der Werbende muss folglich eine vom übrigen Text getrennte Einwilligungserklärung vorsehen, die vom Verbraucher durch eine zusätzliche Unterschrift oder durch individuelles Markieren eines bestimmten Feldes, etwa auf einer Internetseite, akzeptiert wird (BGHZ 177, 254 = GRUR 2008, 1010 Rn. 27–30 – Payback). Eine wirksame Einwilligung ist daher auch durch Ankreuzen einer entsprechend konkret vorformulierten Erklärung möglich, wenn sie in einem gesonderten Text oder Textabschnitt ohne anderen Inhalt enthalten ist (→ BGH GRUR 2013, 531 Rn. 24 – Einwilligung in Werbeanrufe II). Liegt danach eine wirksame Einwilligung vor, so ist es unerheblich, ob das Unternehmen selbst oder von ihm eingeschaltete Beauftragte den Werbeanruf durchführen (BGH GRUR 2013, 531 Rn. 24 – Einwilligung in Werbeanrufe II). Umgekehrt ist, unabhängig von einer etwaigen AGB-Kontrolle (→ Rn. 196 ff.), eine Einwilligungserklärung unwirksam, wenn sie nicht klar erkennen lässt, auf welche Werbemaßnahmen welcher Unternehmen sich die Einwilligung erstrecken soll. Das ist bspw. anzunehmen, wenn der Verbraucher mit einem aufwendigen Verfahren der Abwahl von in einer Liste aufgeführten Partnerunternehmen konfrontiert wird, das ihn dazu veranlassen soll, von der Ausübung dieser Wahl Abstand zu nehmen und stattdessen dem Unternehmer die Wahl der Werbepartner zu überlassen (BGH WRP 2020, 1009 Rn. 32, 33. – Cookie-Einwilligung II). – Stets unwirksam ist eine **„Generaleinwilligung".**

bb) Rechtslage ab dem 25.5.2018 (Art. 4 Nr. 11 DS-GVO). Ab dem 25.5.2018 gilt die **189** Definition der Einwilligung in **Art. 4 Nr. 11 DS-GVO** (→ Rn. 170; BGH WRP 2020, 1009 Rn. 34 – Cookie-Einwilligung II). Es muss daher eine aktive Einwilligung erfolgen. Ein „Stillschweigen, bereits angekreuzte Kästchen oder Untätigbleiben" reicht daher nicht aus (EuGH WRP 2019, 1455 Rn. 62 – vzbv/Planet 49). Einzelheiten zur Einwilligung sind in Art. 7 und 8 DS-GVO geregelt. Hinzu kommen die ErwGr. 32, 38, 42 und 43 DS-GVO. Dazu auch → Rn. 256. Sind diese Voraussetzungen – die den §§ 104 ff., 119 ff., 182, 183 BGB vorgehen – nicht erfüllt, so ist die Einwilligung unwirksam. Im Einzelnen:

(1) „Freiwillig". „Freiwillig" ist gleichbedeutend mit **„ohne Zwang"** iSd Art. 2 lit. h **190** Datenschutz-RL aF (engl. beide Male „freely"). Der Betroffene muss also eine echte oder freie Wahl haben und somit in der Lage sein, die Einwilligung zu verweigern oder zu widerrufen, ohne Nachteile zu erleiden (ErwGr. 42 DS-GVO). Insbes. darf auf den Betroffenen kein Druck ausgeübt werden (OLG Frankfurt WRP 2019, 1489 Rn. 11). Eine Ausübung von Druck kann vorliegen, wenn der Werbende eine rechtliche, wirtschaftliche oder soziale Überlegenheit ausnutzt, um die Entscheidungsfreiheit des Betroffenen zu beeinträchtigen (vgl. § 4a I 3; ErwGr. 43

DS-GVO: „klares Ungleichgewicht"). Ein bloßes Anlocken durch Versprechen einer Vergünstigung, etwa einer Teilnahme an einem Gewinnspiel, reicht dafür aber nicht aus. Zur Beurteilung der Freiwilligkeit, wenn die Einwilligung im Zusammenhang mit der Erfüllung eines Vertrags steht, trifft Art. 7 IV DS-GVO eine Regelung.

191   **(2) „Für den bestimmten Fall".** „Für den bestimmten Fall" ist gleichbedeutend mit „im konkreten Fall" iSd Art. 2 lit. h Datenschutz-RL aF (engl. beide Male „specific"). Eine Einwilligung erfüllt diese Voraussetzung, wenn sich aus ihr klar ergibt, welche einzelnen Werbemaßnahmen welcher Unternehmen davon erfasst werden, dh auf welche Waren oder Dienstleistungen welcher Unternehmen sie sich bezieht (BGH GRUR 2013, 531 Rn. 24 – Einwilligung in Werbeanrufe II; WRP 2017, 700 Rn. 25). Eine wirksame Einwilligung ist daher auch durch Ankreuzen einer entsprechend konkret vorformulierten Erklärung möglich, wenn sie in einem gesonderten Text oder Textabschnitt ohne anderen Inhalt enthalten ist (→ Rn. 195; BGH GRUR 2013, 531 Rn. 24 – Einwilligung in Werbeanrufe II). Liegt danach eine wirksame Einwilligung vor, so ist es unerheblich, ob das Unternehmen selbst oder von ihm eingeschaltete Beauftragte den Werbeanruf durchführen (BGH GRUR 2013, 531 Rn. 24 – Einwilligung in Werbeanrufe II). Umgekehrt ist, unabhängig von einer etwaigen AGB-Kontrolle (→ Rn. 196 ff.), eine Einwilligungserklärung unwirksam, wenn sie nicht klar erkennen lässt, auf welche Werbemaßnahmen welcher Unternehmen sich die Einwilligung erstrecken soll (BGH WRP 2020, 1009 Rn. 34 – Cookie-Einwilligung II). – Stets unwirksam ist eine **„Generaleinwilligung"** (→ Rn. 252).

192   **(3) „In informierter Weise".** „In informierter Weise" ist gleichbedeutend mit „in Kenntnis der Sachlage" iSv ErwGr. 42 DS-GVO; Art. 2 lit. h Datenschutz-RL aF (engl. beide Male „informed"; → Rn. 187). Der Verbraucher muss **wissen,** dass seine Erklärung ein Einverständnis darstellt und worauf sie sich bezieht. Maßgebend ist aber nicht die konkrete Vorstellung des einzelnen Verbrauchers, sondern die Sichtweise des angemessen gut informierten und angemessen aufmerksamen und verständigen **Durchschnittsverbrauchers** oder des durchschnittlichen Mitglieds der angesprochenen Verbrauchergruppe (vgl. den Rechtsgedanken des § 3 IV).

193   **(4) „Unmissverständlich".** „Unmissverständlich" (engl. „unambiguous") ist die Einwilligung, wenn für den Adressaten kein Zweifel an ihrem Vorliegen bestehen kann, sie also **eindeutig** ist. Das bedeutet nicht, dass sie schriftlich abgegeben werden müsste. Vielmehr kann die entsprechende Willensbekundung nach Art. 4 Nr. 11 DS-GVO „in Form einer „Erklärung oder einer sonstigen eindeutigen bestätigenden Handlung" erfolgen. Jedoch trifft den Werbenden nach Art. 7 I DS-GVO die Beweislast für das Vorliegen einer Einwilligung und das idR nur dann möglich, wenn die Einwilligung zumindest in Textform (zB E-Mail) abgegeben wurde (Buchner WRP 2018, 1283 Rn. 17). – Konnte für den Durchschnittsverbraucher kein Zweifel am Vorliegen einer Einwilligung bestehen, so kann sich der einzelne Verbraucher – soweit es die lauterkeitsrechtliche Zulässigkeit der Werbung angeht – nicht darauf berufen, er habe eine falsche Vorstellung von Inhalt und Tragweite seiner Erklärung gehabt, (→ Rn. 181). Für die Anwendung der bürgerlichrechtlichen Grundsätze über die Anfechtung von Willenserklärungen nach den §§ 119, 123 BGB ist insoweit kein Raum. Der Verbraucher hat dafür die Möglichkeit des jederzeitigen **Widerrufs** (Art. 7 III DS-GVO).

194   **(5) Unterscheidbarkeit von anderen Sachverhalten.** Erfolgt die Einwilligung der betroffenen Person durch eine schriftliche Erklärung, die noch andere Sachverhalte betrifft, so muss nach Art. 7 II 1 DS-GVO „das Ersuchen um Einwilligung in verständlicher und leicht zugänglicher Form in einer klaren und einfachen Sprache so erfolgen, dass es von den anderen Sachverhalten klar zu unterscheiden ist." Die Einwilligung muss daher so gestaltet sein, dass die betroffene Person sie nicht übersehen kann, etwa durch einen größeren Abstand zum übrigen Text (vgl. BGH GRUR 2008, 1010 Rn. 27–30 – Payback), durch Einrahmung oder Fettdruck; ferner muss sie so formuliert sein, dass die (durchschnittliche) betroffene Person verstehen kann (vgl. Buchner WRP 2018, 1283 Rn. 18).

195   **(6) Einwilligung durch oder für Minderjährige.** Inwieweit **Minderjährige** wirksam einwilligen können, hängt von ihrer Einsichtsfähigkeit im Einzelfall ab. Der ab dem 25.5.2018 geltende Art. 8 DS-GVO enthält spezielle Regelungen für die Einwilligung durch oder für **Kinder,** soweit ihnen ein Angebot von Diensten der Informationsgesellschaft (iSd der Definition in Art. 4 Nr. 25 DS-GVO iVm Art. 1 Nr. 1 lit. b RL (EU) 2015/1535) gemacht wird (dazu Buchner WRP 2018, 1283 Rn. 29 ff.). Sie können nach Art. 8 I 1 DS-GVO wirksam einwilligen, wenn sie das **16. Lebensjahr** vollendet haben. Unterhalb dieser Altersgrenze ist die Einwilligung nach Art. 8 I 2 DS-GVO nur wirksam, wenn sie vom Träger der elterlichen Verantwortung für das Kind oder (vom Kind) mit dessen Zustimmung erteilt wird. Nach Art. 8 II DS-GVO muss der Verantwortliche, dh der Werbende, unter Berücksichtigung der verfügbaren Technik angemessene Anstrengungen unternehmen, um sich zu vergewissern, dass die Einwilligung durch den Träger der elterlichen Verantwortung für das Kind oder mit dessen Zustimmung erteilt wurde. Nach Art. 8 III DS-GVO bleiben die mitgliedstaatlichen Vorschriften u. a. zur Gültigkeit, zum Zustandekommen oder zu den Rechtsfolgen eines Vertrags in Bezug auf ein Kind unberührt. – Die §§ 106 ff., 145 ff. BGB bleiben sonach für den aufgrund einer Werbung mit dem Kind abgeschlossenen Vertrag unberührt.

b) AGB-Kontrolle vorformulierter Einwilligungserklärungen. aa) Vereinbarkeit der **196** **AGB-Kontrolle mit der ePrivacy-RL und der DS-GVO.** Hat der Werbende, wie zumeist, die Einwilligungserklärung für eine Vielzahl von Fällen **vorformuliert,** stellt sich die Frage, ob über die Anforderungen der ePrivacy-RL hinaus auch die nationalen Anforderungen der §§ 305 ff. BGB an die Einbeziehung und Verwendung von AGB erfüllt sein müssen (BGH WRP 2017, 700 Rn. 20 ff.). Die ePrivacy-RL räumt den Mitgliedstaaten zwar die Wahl zwischen einer Opt-in- und einer Opt-out-Lösung ein. Daraus ist aber nicht der Schluss zu ziehen, dass die Mitgliedstaaten unterschiedliche Anforderungen an die Voraussetzungen einer wirksamen Einwilligung stellen dürften. Vielmehr sollen in allen Mitgliedstaaten, die sich für eine Opt-in-Lösung entscheiden, die gleichen Grundsätze gelten. Das schließt eine nationale AGB-Kontrolle nicht aus; sie muss sich aber innerhalb der Grenzen halten, die durch die unionsrechtliche Definition der Einwilligung und durch die Klausel-RL gezogen sind. Dies ergibt sich auch aus **ErwGr. 42 S. 3 DS-GVO.** Danach muss eine vom Verantwortlichen vorformulierte Einwilligungserklärung in verständlicher und leicht zugänglicher Form in einer klaren und einfachen Sprache zur Verfügung gestellt werden und darf **keine missbräuchlichen Klauseln** enthalten.

bb) Zulässigkeit der AGB-Kontrolle. Nach der Rspr. handelt es sich bei der Einwilligung **197** als einer einseitigen Erklärung zwar um keine Vertragsbedingung im eigentlichen Sinne (BGH GRUR 2000, 818 (819) – Telefonwerbung VI; GRUR 2008, 1010 Rn. 18 – Payback). Jedoch sind die §§ 305 ff. BGB mit Rücksicht auf ihren Schutzzweck auch auf eine vorformulierte und vom Verwender vorgegebene Einwilligungserklärung für Werbeanrufe anwendbar, wenn sie im Zusammenhang mit einer Sonderverbindung steht (BGH GRUR 2013, 531 Rn. 19, 20 – Einwilligung in Werbeanrufe II; WRP 2017, 700 Rn. 21; 2018, 442 Rn. 10; 2020, 1009 Rn. 26 – Cookie-Einwilligung II). Eine solche Sonderverbindung, die jedenfalls ein vertragsähnliches Verhältnis begründet, stellt die Teilnahme an einem Gewinnspiel dar, weil daraus Pflichten hinsichtlich der sorgfältigen und ordnungsgemäßen Durchführung des Spiels sowie des Schutzes der persönlichen Daten des Teilnehmers erwachsen (BGH GRUR 2013, 531 Rn. 19, 20 – Einwilligung in Werbeanrufe II). Ob für die am Gewinnspiel interessierten Verbraucher der Eindruck entsteht, ohne Einwilligung in die Telefonwerbung sei eine Spielteilnahme nicht möglich, kommt es nicht an (BGH GRUR 2013, 531 Rn. 20 – Einwilligung in Werbeanrufe II), zumal dies im Einzelfall gerade fraglich sein kann (vgl. BGH WRP 2011, 863 Rn. 22 – Einwilligungserklärung für Werbeanrufe). – Richtigerweise ist jedoch bereits in der Aufforderung, eine Einwilligungserklärung für Werbeanrufe abzugeben, und in der nachfolgenden Abgabe einer solchen Erklärung ein Vertrag zu sehen („vertragliche Gestattung" eines tatsächlichen Eingriffs in die private Sphäre; → Rn. 167). Darauf, ob ein Zusammenhang mit einem sonstigen Vertragsverhältnis besteht, kommt es daher nicht an. Verspricht der Unternehmer dem Verbraucher für seine Einwilligung in Werbeanrufe eine Gegenleistung in Gestalt der Teilnahme an einem Gewinnspiel, handelt es sich um einen atypischen **gegenseitigen Vertrag.** – Die Anwendung der §§ 305 ff. BGB schützt den Verbraucher davor, dass der Unternehmer einseitig seine rechtsgeschäftliche Gestaltungsfreiheit für sich in Anspruch nimmt und der Verbraucher auf den Inhalt und die Tragweite seiner Einwilligungserklärung keinen Einfluss hat. Dies gilt auch dann, wenn der Unternehmer dem Verbraucher die Wahl zwischen mehreren Alternativen überlässt (BGHZ (XI. ZS) 141, 124 (126 ff.); BGH GRUR 2000, 818 (819) – Telefonwerbung VI).

cc) Kontrollmaßstäbe. (1) Auslegung. Vor Prüfung der Unwirksamkeit ist der Inhalt der **198** Einwilligungserklärung durch Auslegung zu ermitteln. Dabei ist die **Unklarheitenregel** des § 305c II BGB zu berücksichtigen. Im Rahmen einer Unterlassungsklage nach UWG oder

UKlaG ist allerdings bei mehreren Auslegungsmöglichkeiten diejenige zu Grunde zu legen, die zur Unwirksamkeit der Klausel führt (sog kundenfeindlichste Auslegung; stRspr; vgl. BGH NJW 2003, 1337 (1338)).

199　　(2) **Überraschende Klauseln.** Bereits an einer wirksamen Einbeziehung fehlt es, wenn die Klausel **überraschend** iSd § 305c I BGB ist, zB wenn sie in den AGB an versteckter Stelle untergebracht ist (OLG Hamm WRP 2011, 941 (943)), oder wenn der Kunde damit bei einem Verkaufsgespräch überrumpelt wird (vgl. auch Ayad/Schafft BB 2002, 1711 (1712 ff.); Engels/Stulz-Herrnstadt WRP 2005, 1218 (1224); Köhler FS Koppensteiner, 2001, 431 (443)).

200　　(3) **Unangemessene Benachteiligung (§ 307 I 2 BGB).** Eine vorformulierte Einwilligung in Telefonwerbung stellt nicht generell eine unangemessene Benachteiligung des Kunden iSd § 307 I 2 BGB (Verstoß gegen das Transparenzgebot) dar. Denn danach wäre jede vorformulierte Einwilligungserklärung unwirksam. Dies würde sich im heutigen Geschäftsleben wie ein faktisches Verbot jeder Telefonwerbung auswirken, weil anders als mittels vorformulierter Erklärungen eine Einwilligung praktisch nicht zu erlangen ist. Das wäre wiederum mit der von Art. 13 III ePrivacy-RL vorgesehenen und in § 7 II Nr. 1 verwirklichten „Opt-in"-Lösung nicht vereinbar (BGH GRUR 2013, 531 Rn. 21 – Einwilligung in Werbeanrufe II; GRUR 2008, 818 Rn. 29, 33 – Payback; anders noch BGHZ 141, 124 (128) = NJW 1999, 1864; BGHZ 141, 137 (149) = WRP 1999, 847 (851) – Private Vorsorge bei Arbeitslosigkeit; GRUR 2000, 818 (819) – Telefonwerbung VI). Es kommt vielmehr auf die Gestaltung im Einzelfall an.

201　　**Unangemessene Benachteiligung zu verneinen:** Dem Verbraucher wird eine vom Vertrag getrennte Klausel zur Unterschrift vorgelegt und ihm wird dabei (zB durch Ankreuzen eines entspr. Kästchens) die Wahl gelassen, ob er mit einer telefonischen Beratung oder Werbung durch den Verwender einverstanden ist oder nicht (**Opt-in**-Klausel; BGH GRUR 2008, 1010 Rn. 28, 29 – Payback). – Erstreckung der Einwilligung über das konkret abgeschlossene Vertragsverhältnis hinaus (vgl. Engels/Stulz-Herrnstadt WRP 2005, 1218 (1225); Lettl WRP 2009, 1315 (1328); Jankowski GRUR 2010, 495 (500); Wahl WRP 2010, 599 (604); anders noch, aber zu streng, BGH GRUR 2000, 818 (820) – Telefonwerbung VI). – Erstreckung der Einwilligung in Werbung auf mehrere Werbekanäle, etwa Telefon und E-Mail (BGH WRP 2018, 442 Rn. 25 ff.; dazu krit. Heil WRP 2018, 535 Rn. 12 ff.).

202　　**Unangemessene Benachteiligung zu bejahen:** Weglassen einer **Opt-in**-Klausel oder Verwendung einer **Opt-out**-Klausel in AGB (BGH GRUR 2008, 1010 Rn. 33 – Payback) oder einer Klausel, bei der das Kästchen für die Einwilligung bereits angekreuzt ist (ErwGr. 32 S. 3 DS-GVO). – Wird die Einwilligung durch das Markieren eines Feldes auf einer Internet-Website („Häkchen") erteilt, stellt dies eine unangemessene Benachteiligung des Verbrauchers dar, wenn er dabei mit einem aufwendigen Verfahren bei der Abwahl (opt-out) von in einer Liste aufgeführten Partnerunternehmen konfrontiert wird, das ihn dazu veranlassen kann, von der Ausübung dieser Wahl Abstand zu nehmen und stattdessen dem Unternehmer die Wahl der Werbepartner zu überlassen (BGH WRP 2020, 1009 Rn. 27, 34 – Cookie-Einwilligung II). – Erstreckung der Einwilligung auf **weitere Unternehmen,** die in der Einwilligungserklärung nicht mit Namen und Adresse aufgeführt sind, weil dadurch die Möglichkeit des jederzeitigen Widerrufs der Einwilligung gegenüber dem Werbenden unangemessen beschränkt wird (**Beispiele:** „und deren Partner", OLG Hamburg VuR 2010, 104; „Unternehmen des A-Konzerns", OLG Köln WRP 2008, 1130; „mit ihr verbundenen Unternehmen", OLG Koblenz WRP 2014, 876 Rn. 34). – **Fehlende konkrete Angabe der Waren oder Dienstleistungen,** weil diese entweder gar nicht (BGH WRP 2017, 700 Rn. 25) oder im Hinblick auf das beworbene Produkt nicht hinreichend bestimmt sind (zB „in Geldangelegenheiten", BGH GRUR 2000, 818 (819) – Telefonwerbung VI; „interessante telefonische Angebote … aus dem Abonnementbereich", WRP 2011, 863 Rn. 2, 25 – Einwilligungserklärung für Werbeanrufe; WRP 2017, 700 Rn. 17 „werbliche Informationen"; KG WRP 2013, 360 Rn. 2) oder weil die Angabe inhaltlich für den Kunden unverständlich ist (vgl. auch Pauli WRP 2009, 1192; Seichter/Witzmann WRP 2007, 699 (705)).

11. Darlegungs- und Beweislast

203　　a) **Allgemeines.** Die Darlegungs- und Beweislast für das Vorliegen einer Einwilligung trägt der Werbende (Art. 7 I DS-GVO; BGH GRUR 2004, 517 (519) – E-Mail-Werbung I; WRP 2013, 1579 Rn. 24 – Empfehlungs-E-Mail). Die Einwilligung muss jeweils konkret in der Person des Angerufenen vorliegen (BGH WRP 2011, 1153 Rn. 30 – Double-opt-in-Verfahren). Behauptet der Werbende, er habe nicht bei einem Verbraucher, sondern bei einem sonstigen Marktteilnehmer, insbes. einem Unternehmer, angerufen, so dass eine mutmaßliche Einwilligung genüge, trägt er dafür die Beweislast. Wer mit einem Telefonanruf gegenüber einem **Verbraucher** wirbt, hat nach **§ 7a** ab dem 1.10.2021 dessen vorherige ausdrückliche Einwilligung in angemessener Form zu dokumentieren und gem. § 7a II 1 aufzubewahren (→ § 7a Rn. 6 ff.). Bei einer elektronisch übermittelten Einwilligung bedarf es dazu der Speicherung und der jederzeitigen Möglichkeit des Ausdrucks (BGH WRP 2011, 1153 Rn. 31 – Double-opt-in-Verfahren). Allerdings ist der Nachweis einer Einwilligung in der Praxis nicht leicht zu führen. Das gilt insbesondere für eine nur mündlich erteilte Einwilligung. In der Praxis geht es derzeit um drei Techniken.

b) **„Audiofile"-Verfahren.** Hinter diesem Begriff steht eine elektronische Aufzeichnung   **204**
einer Erklärung des Angerufenen während eines Telefonats. Was die Zulässigkeit und den Beweiswert einer derartigen Speicherung angeht, ist zu unterscheiden: Bittet der Anrufer um eine Einwilligung, so hat ein solcher Anruf bereits Werbecharakter und ist daher unzulässig, weil eben noch keine vorherige Einwilligung vorliegt. Überdies dürfte eine mündliche Einwilligung idR auch unwirksam sein, weil der Verbraucher in dieser Situation nicht in Ruhe abwägen kann, ob und in welchem Umfang er eine Einwilligung erteilen will, und er daher schwerlich „in Kenntnis der Sachlage" einwilligt. Im Hinblick auf das Überraschungsmoment des Anrufs kann sich der Anrufer jedenfalls nicht auf solche Einwilligungserklärungen berufen, die er vorformuliert hat und die nicht völlig eindeutig und leicht verständlich sind (vgl. § 305c I BGB). – Anders zu beurteilen ist der Fall, dass dem Anrufer eine elektronische Bestätigung vorliegt, der zu entnehmen ist, dass der Angerufene eine Einwilligung erteilt hat (double-opt-in; → Rn. 205). Ein Rückruf, um festzustellen, ob der Angerufene tatsächlich eingewilligt hat, stellt noch keinen Werbeanruf dar.

c) **Elektronisches Double-opt-in-Verfahren.** Das Double-opt-in-Verfahren findet haupt-   **205**
sächlich bei Online-Gewinnspielen Anwendung. Der Teilnehmer kann oder soll zusammen mit seiner elektronischen Teilnahmeerklärung seine Kontaktdaten, einschließlich der E-Mail-Adresse und der Telefonnummer, angeben und sein Einverständnis mit (ua) einer Telefonwerbung durch Markieren eines dafür vorgesehenen Felds in dem betreffenden Teilnahmeformular erklären. Hat er dies getan, so wird er durch eine E-Mail um Bestätigung seines Teilnahmewunsches gebeten. Nach der Rspr. (BGH WRP 2011, 1153 Rn. 39 f. – Double-opt-in-Verfahren) ist eine derartige elektronische Double-opt-in-Erklärung, soweit es die Telefonwerbung betrifft, wenig beweiskräftig. Denn es bestehe kein notwendiger Zusammenhang zwischen der angegebenen E-Mail-Adresse und der angegebenen Telefonnummer. Es gebe zahlreiche, nicht fernliegende Gründe für die Eintragung einer falschen Telefonnummer. Daher begründe eine derartige Erklärung auch keine Beweiserleichterung für den Werbenden. Vielmehr trage der Werbende die Darlegungs- und Beweislast dafür, dass der Telefonanschluss der E-Mail-Adresse, unter der die Bestätigung abgesandt wurde, zuzuordnen sei. Dem ist beizupflichten (ebenso Scherer FS Köhler, 2014, 607 (610)). Jedoch ist es dem Werbenden grds. gestattet, zum Zweck der Verifizierung beim Anschlussinhaber anzurufen und den Anruf – bei entsprechendem Einverständnis – aufzuzeichnen (audiofile-Verfahren; → Rn. 204). Hat der Werbende seiner Darlegungslast genügt, obliegt es wieder dem Verbraucher darzulegen, dass er dennoch kein Einverständnis mit Werbeanrufen erklärt habe (BGH WRP 2011, 1153 Rn. 40 – Double-opt-in-Verfahren).

d) **Schriftliche Bestätigung.** Vielfach versenden (zB Versicherungs-)Unternehmen an Kun-   **206**
den schriftliche Bestätigungen, aus denen hervorgeht, dass sie in Telefonwerbung in bestimmtem Umfang eingewilligt haben. Das entsprach zwar der datenschutzrechtlichen Vorgabe aus § 28 IIIa BDSG 2003 (aF), jedoch enthalten weder Art. 6 DS-GVO noch Art. 7 I DS-GVO eine entsprechende Regelung. Unabhängig davon stellt die bloße Übersendung einer solchen Bestätigung noch keine unzumutbare Belästigung iSd § 7 I 1 dar, es sei denn, das Unternehmen oder seine Mitarbeiter wussten, dass keine Einwilligung vorlag (→ Rn. 124). Indessen ist damit das Nachweisproblem nicht gelöst. Denn nach Art. 7 I DS-GVO trifft das Unternehmen die Beweislast für die Einwilligung und diese muss, um wirksam zu sein, die Voraussetzungen des Art. 6 I 1 lit. a DS-GVO erfüllen. Das erste Problem liegt darin, dass das Unternehmen im Streitfall den Zugang der Bestätigung iSv § 130 BGB analog beweisen muss. Das zweite, weitaus schwierigere Problem ist aber, dass der Verbraucher möglicherweise eine Einwilligung nicht oder nicht im angegebenen Umfang erteilt hat. Wollte man gleichwohl die Bestätigung als

Beweismittel akzeptieren, so müsste der Verbraucher der Bestätigung schriftlich widersprechen und auch noch den Zugang seines Widerspruchs beweisen, um im Streitfall den Beweiswert der Bestätigung erschüttern zu können. Dies ist ihm aber nicht zuzumuten. Zwar gelten im kaufmännischen Geschäftsverkehr die Grundsätze des „kaufmännischen Bestätigungsschreibens", wonach das Schweigen auf eine Bestätigung als Zustimmung gilt. Sie lassen sich aber nicht auf den Geschäftsverkehr mit Verbrauchern übertragen. Das Schweigen des Verbrauchers kann daher nicht als Zustimmung gelten. Um sicherzugehen, sollte der Unternehmer daher seine Bestätigung mit einem Einwilligungsvermerk versehen und den Verbraucher auffordern, den unterschriebenen Vermerk zurückzusenden (vgl. DSK Orientierungshilfe zur Verarbeitung von personenbezogenen Daten für Zwecke der Direktwerbung 3.1). Inwieweit diese Lösung effizient ist, sprich: inwieweit es zu einer hohen Rücklaufquote kommt, steht auf einem anderen Blatt. Eine gewisse Alternative stellt das Audiofile-Verfahren dar (→ Rn. 204).

12. Lauterkeitsrechtliche Kontrolle der Akquisition der Einwilligung

207   **a) Allgemeines.** Um eine wirksame Einwilligung in Werbeanrufe zu erlangen, muss ein Unternehmer an die Verbraucher herantreten. Die Aufforderung, eine Einwilligungserklärung abzugeben, stellt eine geschäftliche Handlung iSd § 2 I Nr. 2 dar. Denn sie zielt letztlich auf eine Förderung des Absatzes oder Bezugs von Waren oder Dienstleistungen. Mehr noch: Sie erfüllt sogar den Tatbestand der Werbung. Bereits die Aufforderung zur Abgabe einer Einwilligungserklärung unterliegt daher der lauterkeitsrechtlichen Kontrolle (→ Rn. 152 aE).

208   **b) Aufforderung als Wettbewerbsverstoß iSd § 3.** Im Einzelfall kann die Aufforderung gegen § 3 I verstoßen. Die Unlauterkeit kann sich aus den §§ 3 II, 4a, 5 und 5a ergeben. Ein Verstoß gegen § 4a liegt aber beispielsweise noch nicht darin, dass die Teilnahme an einem Gewinnspiel oder einem Preisausschreiben von der Einwilligung in Telefonwerbung abhängig gemacht wird. Etwas anderes kann gelten, wenn eine solche Geschäftspraxis gegenüber schutzbedürftigen Verbrauchern iSd § 4a II 2 eingesetzt wird. – Die Aufforderung kann eine getarnte Werbung iSv § 5a VI darstellen. Das ist etwa dann der Fall, wenn ein Versicherungsvertreter einem Verbraucher bei einem Hausbesuch vorspiegelt, er brauche noch eine Besuchsbestätigung, und ihn veranlasst, eine Einwilligungserklärung zu unterschreiben. Die Aufforderung kann aber auch gegen das Transparenzgebot des § 6 I Nr. 3 und 4 TMG (ggf. analog) verstoßen (→ § 5a Rn. 5.70; BGH WRP 2011, 863 – Einwilligungserklärung für Werbeanrufe). In der Praxis kommt diesen Tatbeständen große Bedeutung zu, da unentgeltliche Zuwendungen, insbesondere Geschenke, Gewinnspiele und Preisausschreiben sich hervorragend dazu eignen, massenhaft schriftliche Einwilligungen zu erlangen. Des Weiteren kann die Aufforderung gegen das Irreführungsverbot des § 5 verstoßen. Das kommt insbesondere dann in Betracht, wenn der Verbraucher über die inhaltliche Tragweite der Einwilligung irregeführt wird. Schließlich kommt als Prüfungsmaßstab noch § 3 II 1 in Betracht. Allerdings dürfte die Verknüpfung der Gewinnspielteilnahme mit der Einwilligung in Werbeanrufe, von den Fällen der Ansprache besonders schutzbedürftiger Verbraucher abgesehen, nicht gegen das Erfordernis der unternehmerischen Sorgfalt verstoßen.

209   **c) Aufforderung als Verstoß gegen § 7.** Eine briefliche Aufforderung zu einer Einwilligung stellt – wie sonstige Briefwerbung – noch keine unzumutbare Belästigung dar. Dagegen kann eine mündliche Aufforderung zu einer Einwilligung im Einzelfall gegen § 7 I 1 verstoßen. So beispielsweise, wenn der Werber einen Verbraucher in der Öffentlichkeit anspricht, ohne sich als solcher zu erkennen zu geben (BGH GRUR 2005, 443 (444 f.) – Ansprechen in der Öffentlichkeit II). Ein Anruf bei einem Verbraucher, um ihn zu einer Einwilligung zu veranlassen, verstößt ohnehin gegen § 7 II Nr. 1, weil es sich dabei bereits um Werbung handelt (→ Rn. 152). Dementsprechend stellt auch eine Aufforderung mittels Fax oder E-Mail einen Verstoß gegen § 7 II Nr. 2 dar.

210   **d) Rechtsfolge einer wettbewerbswidrigen Aufforderung.** Verstößt die Aufforderung zu einer Einwilligung gegen § 3 oder § 7, so führt dies nicht zwangsläufig zur Unwirksamkeit der so erlangten Einwilligung. Vielmehr kommt es darauf an, ob die Einwirkung derart war, dass die Einwilligung nicht „ohne Zwang" oder nicht „in Kenntnis der Sachlage" erteilt worden ist, ob mit anderen Worten die Entscheidungsfreiheit oder Entscheidungsfähigkeit des Verbrauchers beeinträchtigt war.

13. Verhältnis der lauterkeitsrechtlichen zur datenschutzrechtlichen Einwilligung

Von der Einwilligung in Werbeanrufe iSd § 7 II Nr. 1 zu unterscheiden ist die Einwilligung **211** in die Datenverarbeitung für Zwecke der Werbung (dazu eingehend Buchner FS Köhler, 2014, 51 (52 ff.)). Für die Zeit **bis zum 25.5.2018** galt: Eine Einwilligung war grds. nach § 28 III 1 BDSG 2003 (Ausnahme: § 28 III 2 Nr. 1 BDSG 2003 iVm § 28 III 3 BDSG 2003) erforderlich. Die Einwilligung nach § 4 I BDSG 2003 hat gem. § 4a I 3 BDSG 2003 **schriftlich** zu erfolgen. Nach § 28 IIIa 1 BDSG 2003 genügte allerdings die schriftliche Bestätigung einer mündlich erteilten Einwilligung. Für die Schriftform galt § 126 BGB. Da die Verwendung einer Telefonnummer eine Datenverarbeitung darstellt, benötigte der Werbende also, um nicht gegen das BDSG zu verstoßen, eine schriftliche Einwilligung oder Bestätigung (krit. Drewes CR 2010, 759). Allerdings genügte für die datenschutzrechtliche Einwilligung eine **Opt-out-Erklärung** (BGH GRUR 2008, 1010 Rn. 20–25 – Payback; NJW 2010, 864 Rn. 20 ff. – Happy Digits; dazu krit. Buchner DuD 2010, 39; Hanloser CR 2008, 713), während für die lauterkeitsrechtliche Einwilligung eine Opt-in-Erklärung erforderlich ist. – Für die Zeit **ab dem 25.5.2018** gilt das Erfordernis der Einwilligung nach Art. 6 I lit. a DS-GVO. Der Begriff der Einwilligung ist in Art. 4 Nr. 11 DS-GVO definiert (→ Rn. 170, 189 ff.). – Zur Anwendung des **§ 3a** auf einen Verstoß gegen das Datenschutzrecht (DS-GVO) → § 3a Rn. 42.

14. Sonstige Rechtfertigungsgründe für Telefonwerbung gegenüber Verbrauchern

Die Einwilligung stellt einen Rechtfertigungsgrund für eine Werbung mit einem Telefonanruf **212** dar. Daran knüpft sich die Frage, ob es auch sonstige Rechtfertigungsgründe geben kann, die eine unzumutbare Belästigung ausschließen, oder ob § 7 II Nr. 1 eine abschließende Regelung ist. Eine Rechtfertigung aus **sozialpolitischen** Gründen kommt dabei allerdings nicht in Betracht (aA BGH GRUR 2001, 1181 (1183) – Telefonwerbung für Blindenwaren). Denkbar ist jedoch eine Rechtfertigung auf Grund einer **vertraglichen Verpflichtung** (§ 241 II BGB; → Rn. 156) oder einer **berechtigten Geschäftsführung ohne Auftrag** (§ 677 BGB). In diesem Fall ist § 7 II Nr. 1 im Wege einer teleologischen Reduktion nicht anzuwenden (aA GK-UWG/Pahlow Rn. 163). So kann es liegen, wenn **„Gefahr im Verzug"** ist (§ 679 BGB) und der Telefonanruf das **einzige oder sicherste** Mittel darstellt, um etwaige Schäden vom Angerufenen abzuwenden. Das ist zB zu bejahen, wenn ein Patient vom behandelnden Arzt angerufen wird, weil anlässlich eines Untersuchungsbefunds eine sofortige Operation angezeigt ist, oder wenn ein Autofahrer sein Fahrzeug zur Reparatur gegeben hat und anlässlich der Reparatur Sicherheitsmängel festgestellt werden, die sofort beseitigt werden müssten, oder wenn eine Versicherung feststellt, dass bei einem Kunden ein größeres, nur vermeintlich abgesichertes Risiko besteht und es eines eiligen Hinweises bedarf (Lettl WRP 2009, 1315 (1322); wohl auch BGH GRUR 1995, 220 (221) – Telefonwerbung V).

15. Telefonwerbung gegenüber „sonstigen Marktteilnehmern"

a) Die gesetzliche Regelung. Nach § 7 II Nr. 1 ist eine unzumutbare Belästigung iSv § 7 I **213** stets anzunehmen „bei einer Werbung mit einem Telefonanruf … gegenüber einem sonstigen Marktteilnehmer ohne dessen **zumindest mutmaßliche** Einwilligung". Diese Regelung ist durch Art. 13 III, V 2 ePrivacy-RL nicht vollständig gedeckt, weil sie nicht der darin vorgenommenen Unterscheidung zwischen natürlichen und juristischen Personen entspricht (→ Rn. 134).

b) Normzweck. Die Norm bezweckt nicht den Schutz der Privatsphäre, sondern den **214** **Schutz der geschäftlichen Sphäre,** also der geschäftlichen **Betätigung** des Angerufenen. Die Werbung mit Telefonanrufen kann zu belästigenden oder sonst unerwünschten Störungen der beruflichen Tätigkeit des Angerufenen führen (BGH WRP 2010, 1249 Rn. 20 – Telefonwerbung nach Unternehmenswechsel) und in die betrieblichen Arbeitsabläufe hemmend eingreifen (BGH WRP 2016, 866 Rn. 16 – Lebens-Kost). Es wird aber nicht nur Arbeitszeit des Angerufenen in Anspruch genommen. Vielmehr wird auch für die Dauer des Anrufs der Anschluss blockiert. Unerheblich ist, dass auf Grund der modernen Telekommunikationstechnik im Einzelfall mehrere Anrufe gleichzeitig entgegengenommen werden können. Andererseits ist zu bedenken, dass Unternehmer und sonstige Organisationen durchaus mit geschäftsbezogenen Anrufen rechnen und ihnen sogar aufgeschlossen gegenüberstehen können, ferner weit weniger als bei Privatpersonen die Gefahr der Überrumpelung besteht. Aus diesem Grunde ist es gerechtfertigt, eine unzumutbare Belästigung bei einer mutmaßlichen Einwilligung in den Anruf zu verneinen.

215   **c) „Sonstige Marktteilnehmer" als Adressaten des Anrufs.** Nach der Legaldefinition in § 2 I Nr. 3 sind sonstige Marktteilnehmer neben Mitbewerbern und Verbrauchern „alle Personen, die als Anbieter oder Nachfrager von Waren oder Dienstleistungen tätig sind". In der Hauptsache geht es bei den „sonstigen Marktteilnehmern" um **Unternehmer** als Adressaten einer Telefonwerbung. Darunter fallen aber auch alle **juristischen Personen des Privatrechts und des öffentlichen Rechts,** soweit sie nicht die Eigenschaft eines Unternehmers iSd § 2 I Nr. 8 haben, wie zB Idealvereine, Gewerkschaften, Parteien, staatliche Behörden, Kirchen. Werden die Vertreter solcher Organisationen in dieser Eigenschaft zu Werbezwecken angerufen, betrifft dies nicht ihre Privatsphäre, sondern die geschäftliche Sphäre. Daher ist es gerechtfertigt, nicht die strengen Maßstäbe der Werbung gegenüber Verbrauchern anzuwenden.

216   **d) Tatsächliche oder „zumindest mutmaßliche" Einwilligung.** Ein Werbeanruf bei einem sonstigen Marktteilnehmer ist unzulässig, wenn nicht seine tatsächliche oder „zumindest mutmaßliche" Einwilligung vorliegt. Allerdings rechtfertigt die tatsächliche oder mutmaßliche Einwilligung nur den Anruf als solchen. Erklärt der Angerufene unmissverständlich sein Desinteresse an der Werbung, so entfällt damit auch die tatsächliche oder mutmaßliche Einwilligung ex nunc. Setzt der Anrufer gleichwohl das Gespräch fort, so wird der Anruf zur unzumutbaren Belästigung. Der Fall ist nicht anders zu beurteilen als die Nichtbeachtung der Aufforderung an einen Haustürwerber, die Räume zu verlassen (vgl. Anh. Nr. 25 zu § 3 III).

217   **e) Tatsächliche Einwilligung.** Die Telefonwerbung gegenüber einem sonstigen Marktteilnehmer ist stets zulässig, wenn er seine Einwilligung, also sein vorheriges **ausdrückliches** (zum Begriff → Rn. 169, 170) oder doch **konkludentes Einverständnis** (zum Begriff → Rn. 171) erklärt hat. An die Annahme eines solchen Einverständnisses sind indessen strenge Anforderungen zu stellen. Daher begründet die Eintragung in ein Telefonverzeichnis noch keine Einwilligung in Telefonwerbung (LG Münster WRP 2005, 639 (640)). Grds. genügt es auch nicht, dass mit dem Werbenden schon eine Geschäftsbeziehung besteht. Denn daraus ist nicht der Schluss zu ziehen, dass der Kunde mit einer – noch dazu telefonischen – Werbung für eine Erweiterung der Geschäftsbeziehung einverstanden ist. Daher ist ein tatsächliches Einverständnis mit einer Telefonwerbung für eine entgeltliche Erweiterung einer Eintragung in ein Branchenverzeichnis oder mit einer Eintragung im elektronischen Branchenverzeichnis nicht schon darin zu sehen, dass ein Kunde einer Telefongesellschaft sich mit einem unentgeltlichen Standard- oder Grundeintrag in ein solches Verzeichnis einverstanden erklärt hat (BGH GRUR 2004, 520 (521) – Telefonwerbung für Zusatzeintrag). Insoweit kommt jedoch eine mutmaßliche Einwilligung in Betracht (BGH GRUR 2004, 520 (521 f.) – Telefonwerbung für Zusatzeintrag).

218   **f) Mutmaßliche Einwilligung. aa) Allgemeines.** Die Telefonwerbung gegenüber sonstigen Marktteilnehmern ist weiter zulässig, wenn eine mutmaßliche Einwilligung des Adressaten vorliegt. Auf eine mutmaßliche Einwilligung kann sich der Anrufer allerdings nicht berufen, wenn der Angerufene **zuvor** seine Ablehnung derartiger Anrufe und damit seinen wirklichen Willen zum Ausdruck gebracht hat. Das Vorliegen einer mutmaßlichen Einwilligung ist anhand der **Umstände vor dem Anruf** sowie anhand der **Art** und des **Inhalts** der Werbung festzustellen. Die mutmaßliche Einwilligung muss sich wohlgemerkt auch auf die Art der Werbung, nämlich mittels Telefonanruf, beziehen. Maßgeblich ist, ob der Werbende bei verständiger Würdigung der Umstände annehmen durfte, der Anzurufende erwarte einen solchen Anruf oder werde ihm jedenfalls aufgeschlossen gegenüberstehen (BGH GRUR 2007, 607 Rn. 21 – Telefonwerbung für „Individualverträge"; GRUR 2008, 189 Rn. 15, 17 – Suchmaschineneintrag; GRUR 2010, 939 Rn. 21 – Telefonwerbung nach Unternehmenswechsel). Ist dies zu verneinen, so kommt es grds. nicht mehr darauf an, ob der Anruf zu einer sonstigen Belästigung oder zu einem Vertragsschluss geführt hat (BGH GRUR 2007, 607 Rn. 21 – Telefonwerbung für „Individualverträge"). Denn für die lauterkeitsrechtliche Bewertung ist auf die Umstände vor dem Anruf abzustellen.

219   **bb) Anforderungen an eine mutmaßliche Einwilligung.** Nach der Rspr. ist erforderlich, dass **„auf Grund konkreter Umstände ein sachliches Interesse des Anzurufenden"** am Anruf durch den Anrufer vermutet werden kann (BGH GRUR 2001, 1181 (1183) – Telefonwerbung für Blindenwaren; GRUR 2004, 520 (521) – Telefonwerbung für Zusatzeintrag; GRUR 2008, 189 Rn. 14 – Suchmaschineneintrag; GRUR 2010, 939 Rn. 20 – Telefonwerbung nach Unternehmenswechsel). Für diese, an § 683 BGB (Interesse und wirklicher oder mutmaßlicher Wille) angelehnte Bewertung sind folgende Aspekte maßgebend: Einerseits ist zu berücksichtigen, dass durch derartige Anrufe die Privatsphäre (Individualbereich) nicht beeinträchtigt wird und auch weit weniger die Gefahr der Überrumpelung besteht; ferner, dass der sonstige Marktteilnehmer mit geschäftsbezogenen Anrufen rechnet und ihnen sogar aufgeschlossen gegenüberstehen kann. Andererseits unterhält der Marktteilnehmer seinen Telefonanschluss in erster Linie im eigenen Interesse und nicht im Interesse eines Werbenden. Er möchte in seiner beruflichen, gewerblichen oder amtlichen Tätigkeit nicht unnötig gestört werden. Auch ist zu bedenken, dass für die Dauer des Anrufs der Anschluss belegt ist und damit der Geschäftsgang gestört werden kann. Das ist insbes. bei kleineren und mittleren Unternehmen von Bedeutung.

Eine mutmaßliche Einwilligung ist im Allgemeinen noch nicht dann anzunehmen, wenn der **220** Anruf lediglich eine **„allgemeine Sachbezogenheit"** aufweist, da sie nahezu immer gegeben sein dürfte und damit die Telefonwerbung fast unbegrenzt möglich wäre (BGH GRUR 2001, 1181 (1183) – Telefonwerbung für Blindenwaren; GRUR 2007, 607 Rn. 20 – Telefonwerbung für „Individualverträge"; GRUR 2010, 939 Rn. 25 – Telefonwerbung nach Unternehmenswechsel; aA Engels/Stulz-Herrnstadt WRP 2005, 1218 (1229); Fezer WRP 2010, 1075 (1093): „Sachinteresse" ausreichend). Auch eine typisierende oder generalisierende Unterscheidung zwischen Anrufen, die die eigentliche Geschäftstätigkeit betreffen, und solchen, die sich auf Hilfsmittel beziehen, ist nicht statthaft. Denn weder ist bei ersteren stets ein sachliches Interesse generell zu vermuten noch bei letzteren stets zu verneinen (BGH GRUR 1991, 764 (765) – Telefonwerbung IV). Vielmehr ist mit der Rspr. darauf abzustellen, ob im **Einzelfall** der Werbende bei verständiger Würdigung davon ausgehen kann, der Anzurufende erwarte den Anruf oder stehe ihm jedenfalls positiv gegenüber (BGH GRUR 1991, 764 (765) – Telefonwerbung IV; GRUR 2001, 1181 (1183) – Telefonwerbung für Blindenwaren; GRUR 2008, 189 Rn. 14 – Suchmaschineneintrag; GRUR 2010, 939 Rn. 20 – Telefonwerbung nach Unternehmenswechsel). Es ist also zu fragen, ob ein **konkreter,** aus dem Interessenbereich des Anzurufenden herzuleitender **Grund** vorliegt, der den Werbeanruf rechtfertigen könnte (BGH GRUR 2001, 1181 (1183) – Telefonwerbung für Blindenwaren). Das bezieht sich sowohl auf die **Art** der Werbung, nämlich mittels Telefonanruf, als auch auf den **Inhalt** der Werbung (→ Rn. 218).

cc) Sachliches Interesse an der Art der Werbung. Es genügt also nicht, dass der Werbende **221** von einem aktuellen oder konkreten Bedarf für die angebotene oder nachgefragte Ware oder Dienstleistung ausgehen darf (ebenso OLG München WRP 2011, 1216 (1217)). Vielmehr muss hinzukommen, dass der Angerufene mutmaßlich (gerade) auch mit einer telefonischen Werbung einverstanden sein wird (BGH GRUR 2004, 520 (521) – Telefonwerbung für Zusatzeintrag; GRUR 2008, 189 Rn. 15 – Suchmaschineneintrag; GRUR 2010, 939 Rn. 20 – Telefonwerbung nach Unternehmenswechsel). Das ist dann zu bejahen, wenn der Angerufene ein Interesse hat, vom Werbenden Einzelheiten über die anzubahnende Geschäftsbeziehung zu erfahren, wie etwa beim Anruf eines ausgeschiedenen Mitarbeiters eines Unternehmens bei dessen Kunden (BGH GRUR 2010, 939 Rn. 33 – Telefonwerbung nach Unternehmenswechsel). Anders verhält es sich bei dem Angebot konkreter Wirtschaftsgüter. Benötigt zB der Gewerbetreibende einen Neuwagen, so ist daraus nicht ohne weiteres sein Einverständnis mit Telefonanrufen aller möglichen Autohändler zu mutmaßen; erscheint die Neuauflage eines Kommentars, so rechtfertigt dies nicht Telefonanrufe aller möglichen Buchhändler bei einem Rechtsanwalt; wirbt ein Anwalt für sich auf einer Internetseite, rechtfertigt dies nicht einen Anruf mit dem Angebot zur Teilnahme an einem Onlineportal zur Vermittlung von Terminsvertretungen (LG Berlin WRP 2014, 888 Rn. 24). – Betrifft der Bedarf eine Ware oder Dienstleistung, mit der der Unternehmer handelt oder die er für seine Produktion laufend benötigt, ist zwar meist von einem Interesse des Unternehmers auch am Angebot von „Newcomern" auszugehen. Jedoch dürfte dabei eine Rolle spielen, ob die Angelegenheit so eilig ist, dass sie eines Telefonanrufs bedarf (so auch OLG Hamburg GRUR 1987, 60 (61); OLG Stuttgart NJW-RR 1998, 184; aA Pauly/Jankowski GRUR 2007, 118 (122 ff.) und Seichter/Witzmann WRP 2007, 699 (707), die bei einem den „Kern" des Geschäftsbetriebs betreffenden Anruf stets eine mutmaßliche Einwilligung bejahen). Eilbedürftigkeit kann zB gegeben sein, wenn von vornherein nur ein umgehender Vertragsschluss in Betracht kommt (zB Kauf von Wertpapieren oder von leicht verderblicher Ware). Daraus ist aber nicht der Umkehrschluss zu ziehen, dass bei eiligen Angeboten Abstriche im Hinblick auf die sachliche Rechtfertigung des Anrufs zu machen wären. Eine Rolle kann auch spielen, ob der Angerufene von sich aus mit dem Werbenden in Kontakt treten kann, etwa unter Nutzung von Suchmaschinen, und dies auch zu erwarten ist.

Der Anrufer trägt demnach grds. das **Risiko einer subjektiven Fehleinschätzung** (ebenso **222** OLG München WRP 2011, 1216 (1217)). Er kann aber dieses Risiko dadurch minimieren, dass er in Zweifelsfällen auf andere Weise (zB brieflich oder durch persönliche Vorsprache) einen geschäftlichen Kontakt herstellt und sich das Einverständnis mit Telefonanrufen geben lässt. Allerdings kann eine mutmaßliche Einwilligung auch dann anzunehmen sein, wenn die Werbung durch Telefonanruf gegenüber einer schriftlichen Werbung zwar keine oder sogar weniger Vorzüge aufweist, den Interessen des Anzurufenden aber gleichwohl noch in einem Maße entspricht, dass die mit dem Anruf verbundenen Belästigungen hinnehmbar erscheinen (BGH GRUR 2004, 520 (522) – Telefonwerbung für Zusatzeintrag; GRUR 2008, 189 Rn. 15 – Suchmaschineneintrag; GRUR 2010, 939 Rn. 32 – Telefonwerbung nach Unternehmenswechsel).

223 **dd) Sachliches Interesse an dem Inhalt der Werbung.** Was den **Inhalt** der Werbung angeht, kann eine Vielzahl von Umständen bei der Beurteilung des sachlichen Interesses von Bedeutung sein. Leitender Gesichtspunkt ist, ob der Anruf für den Anzurufenden **objektiv nützlich** ist.

224 **(1) Anrufe von Nachfragern.** Anrufe von Nachfragern bei Unternehmern sind, soweit es um konkrete Bestellungen für den Eigenbedarf geht, in der Regel schon keine Werbeanrufe. Anders kann es sich verhalten, wenn der Anrufer die nachgefragten Produkte weiterveräußern möchte. Derartige Anrufe sind in der Regel von einer ausdrücklichen Einwilligung der Anbieter auf Grund der Angabe der Telefonnummer in deren Eigendarstellung gedeckt. Ist dies ausnahmsweise nicht anzunehmen, wird typischerweise gleichwohl von einer mutmaßlichen Einwilligung auszugehen sein, weil jeder Anbieter am Absatz seiner Produkte interessiert ist. Anders kann es sich dann verhalten, wenn der Anbieter erkennbar nicht an Wiederverkäufer verkaufen darf oder verkaufen will. **Beispiel:** Telefonische Anfrage eines Händlers bei einem Händler, der einem selektiven Vertriebssystem angehört, wegen eines „Grauvertriebs".

225 **(2) Anrufe von Anbietern.** Anrufe von Anbietern bei Unternehmen sind grundsätzlich Werbeanrufe, weil sie auf die Absatzförderung gerichtet sind. Hat der Nachfrager seine Telefonnummer überhaupt nicht öffentlich bekannt gemacht, ist von vornherein auf das Fehlen auch einer mutmaßlichen Einwilligung zu schließen. Aber auch bei einer öffentlichen Bekanntgabe der Telefonnummer (zB Telefonverzeichnis; Internetseite) ist noch nicht zwingend auf eine ausdrückliche oder mutmaßliche Einwilligung in Werbeanrufe von Anbietern zu schließen. Vielmehr kommt es auf eine Würdigung der Umstände des Einzelfalls an. Dabei können insbesondere folgende Umstände oder Kriterien eine Rolle spielen:

226 **(3) Bestehende oder angebahnte Geschäftsverbindung.** Ein konkreter Grund kann in einem sachlichen Zusammenhang mit einer bereits bestehenden oder doch angebahnten **Geschäftsverbindung** liegen (BGH GRUR 1991, 764 (765) – Telefonwerbung IV; GRUR 2008, 189 Rn. 18 – Suchmaschineneintrag; GRUR 2010, 939 Rn. 27 – Telefonwerbung nach Unternehmenswechsel). Doch hängt dies nicht nur von Art, Inhalt und Intensität der Geschäftsbeziehung ab, sondern auch davon, ob der Werbende erwarten darf, der Anzurufende werde mit einem Anruf zu den damit verfolgten Zwecken einverstanden sein (BGH GRUR 2008, 189 Rn. 18 – Suchmaschineneintrag). Ein mutmaßliches Einverständnis ist zu bejahen, wenn der **ausgeschiedene Mitarbeiter** eines Unternehmens bei dessen Kunden anruft, um eine Geschäftsbeziehung aufzubauen. Denn es kann für die Kunden eine nützliche Information sein, zu erfahren, dass der Mitarbeiter ausgeschieden und für ein neues Unternehmen tätig ist, das mit dem bisherigen Arbeitgeber im Wettbewerb steht (BGH GRUR 2010, 939 Rn. 29, 30 – Telefonwerbung nach Unternehmenswechsel). – Der Werbende muss allerdings auch berücksichtigen, welches Interesse der Anzurufende an der Werbung hat, und ob und inwieweit die Gefahr besteht, dass seine Mitbewerber mit gleichartigen Anrufen werben und sich dadurch die Störungen des Geschäftsbetriebs des Anzurufenden summieren können (BGH GRUR 2008, 189 Rn. 20 – Suchmaschineneintrag). So ist zwar eine mutmaßliche Einwilligung anzunehmen, wenn ein Telefonbuchverlag („Gelbe Seiten") einen Anruf, mit dem die Daten des kostenlosen Grundeintrags für einen Neudruck überprüft werden sollen, zur Werbung für eine entgeltpflichtige Erweiterung des Eintrags nutzt (BGH GRUR 2004, 520 (521 f.) – Telefonwerbung für Zusatzeintrag). Dagegen ist eine mutmaßliche Einwilligung zu verneinen, wenn der Betreiber einer Internet-Suchmaschine, die nur eine unter vielen gleichartigen Suchmaschinen ist, den kostenlosen Eintrag eines Gewerbetreibenden im Verzeichnis dazu nutzt, telefonisch für einen erweiterten entgeltlichen Eintrag zu werben (BGH GRUR 2008, 189 Rn. 20 – Suchmaschineneintrag). Das Gleiche gilt, wenn der Inhaber eines Telefonanschlusses angerufen wird, um ihn für einen DSL-Anschluss oder eine Flatrate zu werben (OLG Hamm MMR 2009, 559) oder wenn ein Unternehmer einem Geschäftskunden telefonisch mitteilt, eine an ihn gerichtete Sendung sei verloren gegangen und er werde ihm das Porto erstatten, aber daran eine Kundenzufriedenheitsanfrage anschließt (KG GRUR-RS 2021, 45808 Rn. 22).

(4) Anzahl möglicher Anrufe. Grds. genügt ein einziger Anruf, um den Tatbestand des **227** § 7 II Nr. 1 zu erfüllen, auch wenn die damit verbundene Belästigung für sich gesehen nicht unerträglich ist. Das Verbot der unerbetenen Telefonwerbung hat seinen inneren Grund nämlich vor allem darin, dass es der Gefahr einer unbestimmten Vielzahl von Werbeanrufen entgegenwirken soll. Je geringer die Zahl zu befürchtender Werbeanrufe bei einem Marktteilnehmer ist, desto geringer ist aber die Gefahr seiner Belästigung. Dies ist auch bei der Prüfung der mutmaßlichen Einwilligung zu berücksichtigen. Daher kann es im Einzelfall eine Rolle spielen, wie viele mögliche Anbieter auf dem betreffenden Markt tätig sind und wie häufig von ihnen Anrufe bei dem betreffenden Marktteilnehmer zu erwarten sind (vgl. BGH GRUR 2008, 189 Rn. 20 – Suchmaschineneintrag). Daher kann beispielsweise der Anruf des Inhabers einer „freien" Autowerkstatt bei einem Autohersteller wegen der Übernahme einer Vertretung oder der Anruf eines Grundstücksmaklers bei einem Großunternehmen zwecks Vermittlung eines Firmengrundstücks von einer mutmaßlichen Einwilligung gedeckt sein. Desgleichen der Anruf eines Telefonbuchverlags („Gelbe Seiten"), mit dem die Daten des kostenlosen Grundeintrags für einen Neudruck überprüft werden sollen, und der zugleich Werbung für eine entgeltpflichtige Erweiterung des Eintrags enthält (BGH GRUR 2004, 520 (521 f.) – Telefonwerbung für Zusatzeintrag). Dagegen ist eine mutmaßliche Einwilligung zu verneinen, wenn der Betreiber einer Internet-Suchmaschine, die nur eine unter vielen gleichartigen Suchmaschinen ist, den kostenlosen Eintrag eines Gewerbetreibenden im Verzeichnis dazu nutzt, telefonisch für eine Werbung für einen erweiterten entgeltlichen Eintrag zu werben (BGH GRUR 2008, 189 Rn. 20 – Suchmaschineneintrag).

(5) Bekannt gewordenes Interesse. Ein konkreter Grund kann auch bei **Äußerung eines** **228** **Interesses** an einschlägigen Angeboten, und sei es auch nur Dritten gegenüber, anzunehmen sein. Erfährt zB ein Makler von dritter Seite, dass ein Rechtsanwalt an neuen Büroräumen interessiert ist, so kann dies ein konkreter Grund für einen Anruf sein.

(6) Branchenüblichkeit. Ein konkreter Grund ist nicht schon dann anzunehmen, wenn eine **229** Vielzahl von Unternehmen einer bestimmten Branche von Telefonwerbung Gebrauch macht. Denn dies sagt nichts darüber aus, ob der Durchschnittsmarktteilnehmer damit mutmaßlich einverstanden ist und das Verbot gerade eine Nachahmung durch Wettbewerber verhindern soll (BGH GRUR 2010, 939 Rn. 24 – Telefonwerbung nach Unternehmenswechsel). Branchenüblichkeit stellt einen konkreten Grund nur dann dar, wenn sich also eine entsprechende Verkehrssitte (§ 157 BGB) oder ein entsprechender Handelsbrauch (§ 346 HGB) gebildet hat (BGH GRUR 2001, 1181 (1183) – Telefonwerbung für Blindenwaren).

(7) Branchenzugehörigkeit und individuelle Verhältnisse des Angerufenen. Von Be- **230** deutung sind insbesondere auch die Branchenzugehörigkeit und die individuellen Verhältnisse des Angerufenen, insbes. die Größe und Zielsetzung des Unternehmens. So kann es für eine mutmaßliche Einwilligung sprechen, wenn das Unternehmen über eine eigene Einkaufsabteilung verfügt und laufend Waren unterschiedlicher Herkunft bezieht.

(8) Wirtschaftliche Bedeutung des Angebots. Ganz allgemein ist bei einem objektiv **231** ungünstigen Angebot eine mutmaßliche Einwilligung zu verneinen (BGH GRUR 2007, 607 Rn. 21 – Telefonwerbung für „Individualverträge"). So ist bei einem Bauhandwerker nicht von einer mutmaßlichen Einwilligung in eine Telefonwerbung auszugehen, wenn sie eine nach Inhalt und Umfang nicht näher bestimmte Vermittlungsleistung betrifft, für die eine nicht unbeträchtliche Gegenleistung im Voraus erbracht werden soll (BGH GRUR 2007, 607 Rn. 20 – Telefonwerbung für „Individualverträge"). Umgekehrt spricht es für eine mutmaßliche Einwilligung, wenn das Angebot objektiv sehr vorteilhaft für den Angerufenen ist („Okkasion") und eine rasche Entscheidung erforderlich ist.

(9) Kaufmännische Hilfsgeschäfte. Im Allgemeinen ist es nicht gerechtfertigt, einen Unter- **232** nehmer ohne bes. geschäftlichen Kontakt oder mindestens Anlass anzurufen, um ihn zum Abschluss eines „kaufmännischen Hilfsgeschäfts" zu veranlassen. Unzulässig ist daher ein Anruf bei einem Unternehmer, um ihm eine kostenlose Probefahrt mit einem Neuwagen zu offerieren (BGH GRUR 1991, 764 (765) – Telefonwerbung IV), ihn zum Kauf eines Bürostuhls zu animieren (OLG Frankfurt WRP 2016, 745) oder ihn zur Schaltung einer Werbeanzeige aufzufordern (OLG Hamburg NJWE-WettbR 1997, 3). Ein konkreter Grund fehlt auch, wenn ein

Diamantenhändler bei einem Ingenieurbüro zwecks Übersendung von Informationsmaterial (OLG Frankfurt WRP 1995, 773 Ls.) oder ein Bürobedarfshändler bei einem Übersetzungsbüro zwecks Verkaufs von Büromaterial anruft (OLG Köln WRP 1991, 836). Doch kommt es auch hier stets auf die Umstände des **Einzelfalls** an. Als zulässig erachtet wurde ein Anruf eines Anbieters von Hochgeschwindigkeitszugängen bei einem Unternehmen, das seinen Kunden Dateien zum Herunterladen (Download) offeriert, weil hier ein vitales Interesse des Angerufenen vermutet werden kann (OLG Frankfurt K&R 2002, 252). Allerdings ist auch in einem solchen Fall zu prüfen, ob außer einem Telefonanruf noch eine andere Möglichkeit der wirksamen Kontaktaufnahme gegeben ist (zB brieflicher Kontakt).

233   **(10) Anrufe von Leiharbeitsunternehmen.** Auch bei unerbetenen Anrufen von Leiharbeitsunternehmen kommt es darauf an, ob sie auf Grund konkreter Umstände von einem aktuellen Bedarf an Arbeitskräften ausgehen können (OLG Düsseldorf WRP 1997, 853 (854); strenger noch LG Mannheim WRP 1999, 460; aA Schricker GRUR-Int. 1998, 541 (551 ff.)). Bei Großunternehmen mit eigener Personalabteilung und ständigem Bedarf an Personal mag der Leiharbeitsunternehmer von einem mutmaßlichen Einverständnis mit einem Telefonanruf ausgehen; anders dagegen bei mittelständischen, insbes. Handwerksunternehmen, bei denen nur gelegentlich ein solcher Bedarf auftritt. Dem Leiharbeitsunternehmen ist es durchaus zuzumuten, sich vorab mit den potenziellen Nachfragern seiner Vermittlungsleistung zu verständigen, ob telefonische Werbemaßnahmen (bzw. E-Mail- oder Telefax-Werbung) erwünscht sind oder nicht.

234   **g) Zulässigkeit der Telefonwerbung auf Grund einer Interessenabwägung.** Im Einzelfall kann die Wettbewerbswidrigkeit eines unerbetenen Anrufs bei einem Gewerbetreibenden trotz Fehlens eines vermuteten Einverständnisses auf Grund einer **Interessenabwägung** zu verneinen sein. Dabei kann nach der Rspr. eine Rolle spielen, ob der Verkehr aus sozialpolitischen Gründen einer Telefonwerbung für bestimmte Waren aufgeschlossener gegenübersteht als sonstiger Werbung und ob sich sogar eine entspr. Branchenüblichkeit herausgebildet hat (BGH GRUR 2001, 1181 (1183) – Telefonwerbung für Blindenwaren; bedenklich → Rn. 212). Ferner kann eine Rolle spielen, ob sich der Anrufer auf eine kurze Vorstellung seiner Person und des Zwecks seines Anrufs beschränkt, und für den Fall eines Interesses um Rückruf bittet (auch → Rn. 235).

16. Telefonische Mitarbeiterabwerbung

235   Die Zulässigkeit eines Telefonanrufs auf dem Festnetz- oder dem Mobiltelefonanschluss bei einem **Arbeitnehmer** während der Arbeitszeit zum **Zweck der Abwerbung ("Headhunting")** beurteilt sich im Verhältnis zu diesem nach § 7 II Nr. 1 (→ Rn. 165). Darüber hinaus ist aber zu prüfen, ob der Anruf eine nach **§ 7 I I** und/oder nach **§ 3 I** (ggf. iVm **§ 4 Nr. 4**) unzulässige Handlung gegenüber dem **Arbeitgeber** des Angerufenen darstellt. Das setzt eine **Abwägung der Interessen aller beteiligten Marktteilnehmer** (Anrufer, Auftraggeber, Angerufener, Arbeitgeber als Mitbewerber) voraus. Danach ist ein solcher Anruf zulässig, wenn er sich auf eine erste Kontaktaufnahme unter Hinweis auf die Möglichkeit eines Stellenwechsels, eine kurze Beschreibung der Stelle und das Angebot einer Kontaktaufnahme außerhalb des Betriebs beschränkt. Denn die damit verbundene geringfügige Beeinträchtigung der Betriebsabläufe fällt gegenüber dem schutzwürdigen Interesse von Beschäftigten an einer Verbesserung ihrer beruflichen Situation nicht ins Gewicht (→ § 4 Rn. 4.112; BGH GRUR 2004, 696 (697 ff.) – Direktansprache am Arbeitsplatz I; GRUR 2006, 426 Rn. 18 ff. – Direktansprache am Arbeitsplatz II; GRUR 2008, 262 Rn. 8 – Direktansprache am Arbeitsplatz III; Klein/Insam GRUR 2006, 379; Köhler WRP 2002, 1; Lindacher FS Erdmann, 2002, 647). Die Grenzen der Zulässigkeit sind aber bei nachhaltigen oder wiederholten telefonischen Abwerbeversuchen überschritten (BGH GRUR 2004, 696 (697 ff.) – Direktansprache am Arbeitsplatz I). Insbes. ist es wettbewerbswidrig, wenn der Werbende dem Arbeitnehmer Daten zu dessen Lebenslauf und bisherigen Tätigkeiten vorhält (BGH GRUR 2008, 262 Rn. 12 – Direktansprache am Arbeitsplatz III). Ein Indiz für die Wettbewerbswidrigkeit ist es, wenn der Anruf länger als nur wenige Minuten dauert (BGH GRUR 2008, 262 Rn. 13 – Direktansprache am Arbeitsplatz III). Auch braucht der Unternehmer eine telefonische Ausforschung nach potenziellen Abwerbekandidaten nicht hinzunehmen (Lindacher FS Erdmann, 2002, 647 (655)). Insoweit liegt eine wettbewerbswidrige unzumutbare Belästigung und gleichzeitig gezielte Behinderung des Mitbewerbers vor.

17. Sonstige Formen der Telefonwerbung

a) Umgekehrte Telefonwerbung. Sie besteht darin, dass der Werbende in Fernsehsendun- **236** gen oder Zeitungsanzeigen Interessenten auffordert, bei ihm anzurufen. Diese Maßnahme ist wettbewerbsrechtlich grds. zulässig, insbes. ist damit keine Beeinträchtigung der Privatsphäre des Umworbenen verbunden. Denn es steht dem Umworbenen frei, ob er auf seine Kosten anrufen will. – Etwas anderes kann aber gelten, wenn sich eine derartige Werbung gezielt an Kinder richtet (§ 4a I 1 iVm § 3 IV 2). Denn hier besteht die Gefahr, dass sie spontan und ohne Rücksicht auf die Kosten den Anruf tätigen, ferner, dass sie leichter beeinflussbar sind und mit ihren Wünschen die Eltern unter Druck setzen können. Außerdem wälzt das Unternehmen auf diese Weise Kosten seiner Werbung auf die Eltern der Kinder ab. Eine derartige Werbung ist daher als unlauter iSv § 4a I 1 iVm § 3 IV 2 anzusehen (OLG Frankfurt WRP 1994, 426; Benz WRP 2003, 1160 (1164)). Als unzulässig ist die Aufforderung zum Telefonanruf auch dann anzusehen, wenn der Umworbene über die **Gebührenpflichtigkeit** oder die Höhe der anfallenden Telefongebühren getäuscht wird (ebenso VG Köln NJW 2005, 1880 (1881)). Eine solche Täuschung iSv § 5 ist bereits dann gegeben, wenn auf die Gebührenpflichtigkeit des Anrufs nicht eigens hingewiesen wird.

b) Werbefinanzierte Telefongespräche. Das Angebot kostenlosen, aber durch Werbung **237** unterbrochenen Telefonierens ist nicht unlauter (BGH GRUR 2002, 637 (638) – Werbefinanzierte Telefongespräche; BVerfG NJW 2003, 1726; Lange WRP 2002, 786). Denn der Anrufer wird regelmäßig den Angerufenen über die Werbeunterbrechung informieren, um eine vorzeitige Beendigung des Gesprächs zu vermeiden, und der Angerufene erklärt durch Fortführung des Gesprächs und Hinnahme der Werbeunterbrechung sein konkludentes Einverständnis. Eine Information durch die Telefongesellschaft vor Beginn des eigentlichen Gesprächs ist nicht erforderlich (aA Hartwig/Ferschl WRP 1999, 1083). Dass dieses Einverständnis möglicherweise unter einem gewissen psychischen Druck erklärt wird, um den Anrufer nicht zu brüskieren, ist unerheblich (BGH GRUR 2002, 637 (638) – Werbefinanzierte Telefongespräche). Im Übrigen kann der Angerufene, wenn er die Belästigung durch Werbung nicht wünscht, das Gespräch jederzeit beenden.

c) Werbung während eines Kundenanrufs. Nutzt ein Unternehmen Kundenanrufe dazu, **238** die Wartezeit bis zur Entgegennahme des Anrufs durch einen Kundenbetreuer mit Werbung „aufzufüllen" oder sogar zu verlängern, kann dies eine unzumutbare Belästigung iSv § 7 I 1 darstellen (→ Rn. 144).

18. Flankierende Regelungen

a) Unerlaubte Telefonwerbung gegenüber Verbrauchern als Ordnungswidrigkeit. **239** Wer vorsätzlich oder fahrlässig entgegen § 7 I 1 iVm § 7 II Nr. 1 gegenüber einem Verbraucher ohne dessen vorherige ausdrückliche Einwilligung mit einem Telefonanruf wirbt, handelt nach § 20 I Nr. 1 ordnungswidrig. Zu Einzelheiten vgl. → § 20 Rn. 1 ff.

b) Rufnummernunterdrückung als Ordnungswidrigkeit. Die Rufnummernunterdrü- **240** ckung dient dazu, die Identifizierung des Anrufers oder seines Auftraggebers und damit das rechtliche Vorgehen gegen sie zu erschweren. Aus diesem Grund ist die Rufnummernunterdrückung nach Maßgabe des § 102 II und III TKG verboten. Wer vorsätzlich oder fahrlässig die Rufnummernanzeige unterdrückt oder veranlasst, dass diese unterdrückt wird, verstößt gegen § 15 II TTDSG und handelt bei Verschulden nach § 28 I Nr. 9 TTDSG ordnungswidrig.

19. Rechtsdurchsetzung

a) Stand der Rspr. Nach gefestigter Rspr. (seit BGH WRP 2013, 1461 Rn. 10 ff. – **241** Telefonwerbung für DSL-Produkte; GRUR-RR 2014, 117; OLG Frankfurt WRP 2016, 745 Rn. 2; OLG Köln GRUR-RR 2013, 219 (220 f.)) und hL (jurisPK-UWG/Koch/Seichter Rn. 205; Schaffert FS Köhler, 2014, 585; Ohly/Sosnitza/Ohly Rn. 9) sind Mitbewerber und Verbände iSd § 8 III berechtigt, Verstöße gegen § 7 II Nr. 1–3 zu verfolgen.

b) Kritik. Da § 7 II Nr. 1 der Umsetzung des Art. 13 I, V ePrivacy-RL dient, ist diese **242** Vorschrift dahin auszulegen, dass sie nicht Verbraucher und sonstige Marktteilnehmer, sondern natürliche und juristische Personen schützt. Art. 13 VI ePrivacy-RL und Art. 15 II ePrivacy-RL räumen diesen Personen individuelle Rechte und dementsprechende individuelle Rechtsbehelfe ein. Hinzu kommt ein verwaltungsrechtlicher Rechtsschutz nach Art. 13 VI ePrivacy-RL und Art. 15a II ePrivacy-RL dergestalt, dass die zuständige nationale Behörde (Bundesnetzagentur) und ggf. andere nationale Stellen befugt sind, die Einstellung von Verstößen abzustellen, also einen entsprechenden Verwaltungsakt zu erlassen. Darunter sind aber nicht Mitbewerber und Verbände iSd § 8 III zu verstehen, da diese nicht die Befugnis haben, die Einstellung des Verstoßes „anzuordnen" (aA jurisPK-UWG/Koch/Seichter Rn. 205 aE; Schaffert FS Köhler, 2014, 585 (589)). Soweit die Rspr. sich auf Art. 7 Unterlassungsklagen-RL beruft, berücksichtigt sie insoweit nicht hinreichend, dass sich diese Bestimmung nur auf eine Erweiterung des Schutzes von „Kollektivinteressen der Verbraucher" bezieht und die ePrivacy-RL gerade nicht zu den in Anh. I aufgeführten Richtlinien zum Schutz der Kollektivinteressen der Verbraucher gehört. (Zu Einzelheiten vgl. Köhler WRP 2017, 1025 Rn. 52 ff.). Entgegen der bisherigen Rspr. und hL sollten daher Mitbewerber und Verbände iSd § 8 III nicht generell, sondern nur unter der Voraussetzung der Nr. 26 Anh § 3 III zu einem Vorgehen befugt sein. Betroffene natürliche und juristische Personen können hingegen, wie von der Rspr. anerkannt, gegen Verstöße nach § 823 I BGB, § 1004 I BGB (Eingriff in das Allgemeine Persönlichkeitsrecht bzw. in das Recht am eingerichteten und ausgeübten Gewerbebetrieb), richtigerweise aber nach § 823 II BGB, § 1004 BGB (→ Rn. 24) vorgehen. Sie können allerdings nur ein Verbot inter partes verlangen (Köhler WRP 2017, 1025 Rn. 44).

III. Werbung unter Verwendung von automatischen Anrufmaschinen, Faxgeräten oder elektronischer Post (§ 7 II Nr. 2 und III)

1. Allgemeines

243 **a) Entstehungsgeschichte.** Im **früheren Recht** beurteilte sich die Zulässigkeit der Telefaxwerbung und der E-Mail-Werbung nach den gleichen Grundsätzen wie die Telefonwerbung (vgl. zur Telefaxwerbung BGH GRUR 1996, 208 (209) – Telefax-Werbung I; GRUR 2007, 164 Rn. 8 – Telefax-Werbung II; zur E-Mail-Werbung BGH GRUR 2004, 517 (518 f.) – E-Mail-Werbung). Diese Art der Werbung gegenüber Unternehmern war danach schon bei Vorliegen einer mutmaßlichen Einwilligung zulässig (vgl. BGH GRUR 1996, 208 – Telefax-Werbung I; GRUR 2007, 164 Rn. 8 – Telefax-Werbung II). Die **jetzige Regelung** in § 7 II Nr. 3 stellt eine Verschärfung gegenüber der früheren Rechtslage insoweit dar, als sie die Zulässigkeit dieser Art von Werbung generell von der vorherigen **ausdrücklichen** Einwilligung des **Adressaten** abhängig macht. Unter Adressaten sind dabei, wie sich aus der Verknüpfung des § 7 II mit § 7 I 1 und aus dem systematischen Zusammenhang mit § 7 II Nr. 2 ergibt, alle **Marktteilnehmer** iSd § 2 I Nr. 3 gemeint, also sowohl Verbraucher als auch sonstige Marktteilnehmer.

244 **b) Rechtsnatur der Regelung.** In den Fällen des § 7 II Nr. 2 ist, sofern nicht die Ausnahmeregelung des § 7 III eingreift, „stets" eine unzumutbare Belästigung iSv § 7 I 1 anzunehmen. Die betreffende Werbung ist daher **unzulässig,** ohne dass es einer Interessenabwägung im Einzelfall bedarf (BGH WRP 2022, 859 Rn. 17 – Inbox-Werbung II; WRP 2016, 946 Rn. 51 – Freunde finden). Der Werbende kann sich daher auch nicht darauf berufen, dass es sich im Einzelfall um ein Versehen oder um einen atypischen Fall gehandelt habe (ebenso LG Braunschweig WRP 2013, 537 Rn. 30). Auch lässt sich mit dieser Begründung nicht die **Wiederholungsgefahr** iSv § 8 I 1 ausschließen. Es ist dem Werbenden zuzumuten, eine strafbewehrte Unterlassungserklärung abzugeben. Der Einwand des fehlenden Verschuldens kann nur beim Schadensersatz- und beim Vertragsstrafeanspruch eine Rolle spielen.

245 **c) Anwendungsbereich.** § 7 II Nr. 2 spricht von **Werbung** (dazu näher → § 7 Rn. 149, 150). Obwohl die der Vorschrift zugrunde liegende unionsrechtliche Regelung (→ Rn. 247) sich nur auf die **Absatzwerbung** bezieht (vgl. OLG Düsseldorf MMR 2006, 171), schließt dies nicht aus, § 7 II Nr. 2 auch auf die **Nachfragewerbung** zu erstrecken (→ Rn. 45; BGH GRUR 2008, 925 Rn. 16 – Faxanfrage im Autohandel; GRUR 2008, 925 Rn. 12–19 – FC Troschenreuth). Denn von der belästigenden Wirkung her macht es keinen Unterschied, ob die Mitteilung der Förderung des Absatzes oder des Bezugs des Werbenden dient (Beispiel: Gewerbetreibende senden Faxmitteilungen oder E-Mails an Privatleute, um sie zum Verkauf von Grundstücken, Antiquitäten oder Fahrzeugen zu veranlassen). – Das **Herkunftslandprinzip** ist auf die unaufgefordert zugeschickte elektronische Post nicht anwendbar, wie bereits Art. 3 III E-Commerce-RL (iVm Anh. E-Commerce-RL) klargestellt hat.

2. Verhältnis zum Unionsrecht

a) Verhältnis zu Anh. I Nr. 26 UGP-RL. § 7 II Nr. 2 verwendet den Begriff des **„Adres-** 246 **saten"** und nicht, wie § 7 II Nr. 1, die Begriffe Verbraucher und sonstige Marktteilnehmer. Die Vorschrift dient der Umsetzung des Art. 13 I RL 2002/5/EG (→ Rn. 247, 248) und steht daher im Einklang mit Anh. I Nr. 26 S. 2 UGP-RL (BGH WRP 2016, 958 Rn. 24 – Freunde finden; WRP 2022, 859 Rn. 17 – Inbox-Werbung II).

b) Verhältnis zu Art. 13 ePrivacy-RL. § 7 II Nr. 2 hat seine unionsrechtliche Grundlage 247 in Art. 13 I ePrivacy-RL und ist daher richtlinienkonform auszulegen (BGH WRP 2020, 446 Rn. 15 – Inbox-Werbung I; WRP 2022, 859 Rn. 17 – Inbox-Werbung II). Nach Art. 13 I ePrivacy-RL darf die Verwendung von automatischen Anrufsystemen ohne menschlichen Eingriff (automatische Anrufmaschinen), Faxgeräten oder elektronischer Post zum Zwecke der Direktwerbung (dh einer Werbung, die sich direkt und individuell an Nutzer richtet; vgl. BGH WRP 2022, 859 Rn. 29 – Inbox-Werbung II) nur bei vorheriger Einwilligung der Teilnehmer gestattet werden. Nach Art. 13 V 1 ePrivacy-RL gilt dies unmittelbar nur für Teilnehmer, die natürliche Personen sind. Jedoch ordnet Art. 13 V 2 ePrivacy-RL an, dass die Mitgliedstaaten im Rahmen des Unionsrechts und der geltenden einzelstaatlichen Rechtsvorschriften außerdem dafür Sorge tragen, dass die berechtigten Interessen anderer Teilnehmer als natürlicher Personen in Bezug auf unerbetene Nachrichten ausreichend geschützt werden. Der deutsche Gesetzgeber hat von einer danach an sich zulässigen Differenzierung beim Schutz von natürlichen und juristischen Personen vor unerbetenen Nachrichten abgesehen, sondern die Regelung auf alle Marktteilnehmer, insbes. also auch auf Unternehmer als Werbeadressaten, erstreckt. Den Grund dafür erblickte er in dem stark belästigenden Charakter solcher Werbemaßnahmen gerade auch im geschäftlichen Bereich (vgl. Begr. RegE UWG 2004 zu § 7 II Nr. 3 aF; BT-Drs. 15/ 1487, 21).

Da § 7 II Nr. 2 die Umsetzung des Art. 13 I ePrivacy-RL bezweckt, ist im Rahmen der 248 gebotenen **richtlinienkonformen Auslegung** deren Schutzzweck zu berücksichtigen. Die ePrivacy-RL unterscheidet nicht zwischen Verbrauchern und sonstigen Marktteilnehmern, insbes. Unternehmern, sondern zwischen natürlichen und juristischen Personen. Sie will **natürliche Personen** als Teilnehmer eines elektronischen Kommunikationssystems vor einer Verletzung ihrer **Privatsphäre** durch unerbetene Nachrichten für Zwecke der Direktwerbung schützen. Die darin erwähnten Formen der Direktwerbung können zum einen leicht und preiswert zu versenden sein und zum anderen eine Belastung und/oder einen Kostenaufwand für den Empfänger bedeuten. Darüber hinaus kann ihr Umfang im Einzelfall auch Schwierigkeiten für die elektronischen Kommunikationsnetze und die Endgeräte verursachen. Daher erscheint es gerechtfertigt zu verlangen, die Einwilligung der Empfänger einzuholen, bevor ihnen solche Nachrichten gesandt werden (vgl. ErwGr. 40 ePrivacy-RL). – Soweit es den Schutz **juristischer Personen** angeht, will die Richtlinie nicht die Vorkehrungen der Mitgliedstaaten berühren, mit denen die legitimen Interessen juristischer Personen gegen unerbetene Nachrichten geschützt werden sollen (vgl. ErwGr. 45 ePrivacy-RL). Eine Gleichbehandlung natürlicher und juristischer Personen ist also gerechtfertigt. Allerdings hat sich der deutsche Gesetzgeber nicht an diese Unterscheidung gehalten. Mit dem Begriff des **Adressaten** sind vielmehr, wie sich aus der Verknüpfung des § 7 II mit § 7 I 1 ergibt, **alle Marktteilnehmer**, seien sie Verbraucher oder sonstige Marktteilnehmer, gemeint. Das ist im Wege der richtlinienkonformen Auslegung dahingehend zu verstehen, dass es um den Schutz natürlicher und juristischer Personen (einschließlich rechtsfähiger Personengesellschaften) geht.

Dieser Schutz wird dann aber folgerichtig nicht durch das **Lauterkeitsrecht** (§§ 8–12), 249 sondern durch das **Bürgerliche Recht** (§ 823 II BGB, § 1004 I BGB) gewährleistet. § 7 II Nr. 2 ist insoweit als Schutzgesetz iSd § 823 II BGB anzusehen (→ Rn. 24; Köhler WRP 2017, 1025 Rn. 41, 42). Zum gleichen Ergebnis führt der Individualschutz nach § 823 I BGB („Allgemeines Persönlichkeitsrecht" bzw. „Recht am eingerichteten und ausgeübten Gewerbebetrieb"; → Rn. 23; BGH WRP 2016, 866 Rn. 14 – Lebens-Kost; WRP 2017, 700 Rn. 14 ff.; WM 2018, 1853 Rn. 18 ff.).

3. „Vorherige ausdrückliche Einwilligung"

a) Begriff und Abgrenzung zur konkludenten und mutmaßlichen Einwilligung. Nach 250 § 7 II Nr. 2 sind die dort genannten Maßnahmen der Direktwerbung stets als unzumutbare Belästigung anzusehen, wenn nicht eine **vorherige ausdrückliche Einwilligung** des **Adressa-**

ten vorliegt. An das Vorliegen einer solchen Einwilligung sind – wie bei der Telefonwerbung
(→ Rn. 182 ff.) – strenge Anforderungen zu stellen. Der Begriff der **Einwilligung** ist im Wege
der richtlinienkonformen Auslegung nach Art. 13 I ePrivacy-RL iSd Definition in Art. 2 S. 2
lit. f ePrivacy-RL zu verstehen. Mit dem Erfordernis der ausdrücklichen Einwilligung soll zum
Ausdruck gebracht werden, dass eine **konkludente** Einwilligung **nicht** ausreicht. Eine **mutmaßliche** Einwilligung reicht erst recht nicht aus. Insbes. lässt sich eine Einwilligung nicht aus
der widerspruchslosen Hinnahme zuvor übersandter E-Mails ableiten (LG Braunschweig WRP
2007, 222 Ls.). Was die Definition der Einwilligung in Art. 2 lit. f ePrivacy-RL betrifft, ist in
zeitlicher Hinsicht zu unterscheiden.

251   **b) Rechtslage bis zum 25.5.2018. aa) Überblick.** Art. 2 S. 2 lit. f ePrivacy-RL verweist
auf die Definition in Art. 2 lit. h Datenschutz-RL (aufgehoben durch Art. 94 I DS-GVO mit
Wirkung v. 25.5.2018). Dazu → Rn. 185–195; BGH GRUR 2008, 923 Rn. 16, 18 – Faxanfrage
im Autohandel; GRUR 2008, 1010 Rn. 28 f. – Payback; OLG Frankfurt WRP 2017, 342
Rn. 13; Lettl WRP 2009, 1315 (1324 ff.)). Der Begriff der „vorherigen ausdrücklichen Einwil-
ligung" war daher richtlinienkonform im Sinne dieser unionsrechtlichen Definition auszulegen.
Es durften sonach mittels des Erfordernisses der „ausdrücklichen" Einwilligung keine strengeren
Anforderungen an die Einwilligung aufgestellt werden, als sie die Richtlinie aufstellt.

252   **bb) Einwilligung „für den konkreten Fall".** Die Einwilligung muss **„für den konkreten
Fall"** erteilt sein (BGH GRUR 2017, 748 Rn. 24; OLG Köln WRP 2013, 659 Rn. 15;
Sokolowski WRP 2008, 888 (893); Lettl WRP 2009, 1315 (1326)). Damit wird eine **„Generaleinwilligung"** gegenüber jedermann, etwa auf Grund der bloßen Angabe der Faxnummer oder
der E-Mail-Adresse, ausgeschlossen (ebenso KG GRUR-RR 2017, 77 Rn. 39; OLG Frankfurt
WP 2017, 342 Rn. 14). Das Erfordernis der Einwilligung „für den konkreten Fall" dient dem
Schutz des Adressaten, der idR die Einwilligungserklärung nicht selbst formuliert, sondern eine
vom Werbenden vorformulierte Erklärung akzeptiert. Aus der Einwilligungserklärung muss
daher hervorgehen, auf welchen konkreten Fall sie sich bezieht. Das bedeutet nicht, dass für jede
einzelne Werbemaßnahme eine gesonderte Einwilligung vorliegen muss. Vielmehr darf sich ein
und dieselbe Erklärung auf eine Vielzahl von Fällen beziehen, sofern sie nur konkret beschrieben
oder doch für Außenstehende erkennbar gemeint sind. Entscheidend ist, dass aus der Erklärung
hinreichend klar hervorgeht, welche konkreten **Unternehmen** für welche konkreten **Produkte**
werben dürfen. Gibt bspw. ein privater Immobilieninserent in einer Anzeige seine Faxnummer
an, erstreckt sich die darin liegende Einwilligung nicht auf die Telefax-Anfrage eines Immobilienmaklers zur Erteilung eines Immobilienauftrags (GA Nr. 1/2000, WRP 2001, 435). Was den
Produktbezug angeht, so reichen vom Werbenden vorformulierte allgemeine Umschreibungen,
etwa dahin, dass sich die Einwilligung auf „Finanzdienstleistungen aller Art" erstreckt, nicht aus.
Andererseits dürfen die Anforderungen auch nicht überspannt werden, weil dies auf eine Bevor-
mundung des Adressaten und eine Einschränkung seiner Privatautonomie hinausliefe. Der erforderliche **Grad der Konkretisierung** bestimmt sich daher auch nach der Schutzbedürftigkeit
des Adressaten und nach seinen Interessen. Dabei spielt nicht nur eine Rolle, wer die Einwilligung formuliert hat, sondern auch, ob der Einwilligende Unternehmer oder Verbraucher oder
sonstiger Marktteilnehmer ist (auch → Rn. 253). Wenn daher ein **Unternehmer** seine E-Mail-
Adresse oder die Nummer seines Faxanschlusses im Internet oder in allgemein zugänglichen
Verzeichnissen bekannt gibt, so erklärt er damit nicht nur sein konkludentes (so BGH GRUR
2008, 923 Rn. 17, 18 – Faxanfrage im Autohandel), sondern sein ausdrückliches Einverständnis
dazu, dass potentielle **Kunden** seine E-Mail-Adresse oder seinen Telefaxanschluss bestimmungsgemäß nutzen und ihm auf diesem Wege insbes. Kaufanfragen im Rahmen seiner üblichen
Verkaufstätigkeit übermitteln können (OLG Frankfurt WRP 2017, 342 Rn. 15; Köhler GRUR
2008, 927 (928)). Eine solche Einwilligung erfolgt „für den konkreten Fall" und darüber hinaus
„freiwillig" und „in Kenntnis der Sachlage" (BGH GRUR 2008, 923 Rn. 17, 18 – Faxanfrage
im Autohandel). – Einen Anhaltspunkt für den erforderlichen Grad der Konkretisierung geben
§ 7 III bzw. Art. 13 II ePrivacy-RL („ähnliche Produkte oder Dienstleistungen"; enger Lettl
WRP 2009, 1315 (1327): § 6 II Nr. 1 als Anhaltspunkt). – Eine einmal erteilte Einwilligung
gilt, soweit sie nicht befristet erteilt wird oder widerrufen wird, an sich zeitlich unbegrenzt und
erlischt daher grds. nicht allein durch bloß Zeitablauf (BGH WRP 2018, 442 Rn. 31). Maßgebend für ein Erlöschen durch **Zeitablauf** ist vielmehr der mit der Einwilligung verfolgte
Zweck und das Interesse des Einwilligenden (vgl. → Rn. 182; OLG Köln WRP 2013, 659
Rn. 15; LG Stuttgart WRP 2006, 1548 Ls.: vier Wochen bei Faxwerbung; LG Berlin WRP
2012, 610 Rn. 21: Erlöschen jedenfalls nach 1,5 Jahren; Pohle K&R 2008, 711 (713); aA

Schirmbacher/Schätzle WRP 2014, 1143 (1148); Decker GRUR 2011, 774 (776); Schulz CR 2012, 686 (688)).

Beispiele: Gibt ein **Verbraucher** seine Telefaxnummer oder E-Mail-Adresse in öffentlichen Verzeichnissen **253** oder auf Briefköpfen, Visitenkarten (LG Baden-Baden WRP 2012, 612 Rn. 9) und dergleichen an, so ist darin keine Einwilligung gegenüber jedermann in die Zusendung von Werbung zu erblicken. Das Gleiche gilt für **sonstige Marktteilnehmer,** wie zB **Idealvereine** (vgl. BGH GRUR 2008, 925 Rn. 22 – FC Troschenreuth). Gibt ein **Unternehmer** seine Telefaxnummer oder E-Mail-Adresse gegenüber potentiellen Kunden oder in öffentlichen Verzeichnissen oder auf seiner Homepage an, so erklärt er damit sein (sogar ausdrückliches; → Rn. 252) Einverständnis dazu, dass potentielle **Kunden** ihm auf diesem Wege insbes. Kaufanfragen im Rahmen seiner üblichen Verkaufstätigkeit übermitteln (einschr. BGH GRUR 2008, 923 Rn. 17, 18 – Faxanfrage im Autohandel und BGH GRUR 2008, 925 Rn. 22 – FC Troschenreuth: nur konkludente Einwilligung). Dagegen liegt in der Bekanntgabe der Telefaxnummer oder der E-Mail-Adresse in öffentlichen Verzeichnissen oder auf der Homepage keine ausdrückliche Einwilligung in deren Nutzung durch **gewerbliche Anbieter** von Waren oder Dienstleistungen zu **Werbezwecken** (LG Leipzig WRP 2007, 1018 (1019); LG Ulm WRP 2009, 1016 (1017 ff.); aA Weber WRP 2010, 462 (465 f.)) oder zu **Spendenaufrufen** (LG Berlin WRP 2012, 237 Rn. 23). – Lässt sich ein Unternehmer in das Ausstellerverzeichnis einer Messe mit seiner E-Mail-Adresse eintragen, kann dies eine Einwilligung in messebezogene Werbung (zB für Mittel zur Präsentation von Waren per E-Mail) enthalten (LG Mainz WRP 2007, 1019). – Gibt ein Unternehmen nur auf Grund eines Telefonanrufs seine Faxnummer an, so liegt darin jedenfalls dann keine Einwilligung in eine Faxwerbung, wenn der werbliche Zweck der Anfrage nicht ausdrücklich offengelegt wird (OLG Stuttgart WRP 2007, 854 Ls.). Im Übrigen kommt es darauf an, ob der Mitarbeiter des Unternehmens, der die Faxnummer mitteilt, überhaupt zur Erteilung der Einwilligung befugt ist. Das ist jedenfalls zu verneinen, wenn die Mitteilung durch einen Mitarbeiter in der Telefonzentrale erfolgt (LG Leipzig WRP 2007, 1018 (1019)). – Die Einwilligung muss vom **Inhaber** des **Anschlusses** bzw. der **E-Mail-Adresse erteilt** worden sein (OLG Düsseldorf WRP 2016, 900 Rn. 6). Eine Werbe-SMS an einen Mobiltelefonanschluss ist daher idR auch dann unzulässig, wenn sie für einen **Familienangehörigen** des Anschlussinhabers bestimmt ist, der dem Werbenden die Nummer des Anschlusses ohne vorherige ausdrückliche Einwilligung des Anschlussinhabers als Zustelladresse mitgeteilt hat (OLG Köln GRUR-RR 2011, 336 Ls.).

cc) **Einwilligung „ohne Zwang" und „in Kenntnis der Sachlage".** Die Einwilligung **254** muss **„ohne Zwang"** und **„in Kenntnis der Sachlage"** erfolgt sein. Nach ErwGr. 17 S. 2 ePrivacy-RL kann die Einwilligung in jeder geeigneten Weise gegeben werden, wodurch der Wunsch des Nutzers in einer spezifischen Angabe zum Ausdruck kommt, die sachkundig und in freier Entscheidung erfolgt. „In Kenntnis der Sachlage" wird eine Einwilligung erteilt, wenn der Betroffene weiß, worauf sich seine Einwilligung bezieht. Hat er auf Grund eines (auch unverschuldeten) Irrtums oder auf Grund einer Täuschung eine falsche Vorstellung, worauf sich seine Einwilligung bezieht, liegt daher keine wirksame Einwilligung vor. „Ohne Zwang" wird die Einwilligung erteilt, wenn auf den Betroffenen kein Druck ausgeübt wird, sondern er frei entscheidet. Eine Ausübung von Druck kann vorliegen, wenn der Werbende eine rechtliche, wirtschaftliche oder soziale Überlegenheit ausnutzt, um den Betroffenen zur Einwilligung zu bestimmen. Das Erfordernis der **„spezifischen Angabe"** besagt, dass die Einwilligung **gesondert** erklärt werden muss. Sie darf daher nicht in Textpassagen enthalten sein, die auch andere Erklärungen oder Hinweise enthalten. Dem lässt sich entweder durch eine zusätzliche Unterschrift oder durch individuelles Markieren eines bestimmten Feldes, etwa auf einer Internetseite, Rechnung tragen (**„opt-in"-Erklärung**; BGHZ 177, 254 = GRUR 2008, 1010 Rn. 27–30 – Payback). Eine **„opt-out"-Klausel** reicht daher nicht aus.

dd) **Abgrenzung zur datenschutzrechtlichen Einwilligung.** Nach § 4a I 1, 3 BDSG **255** 2003 (aF) war die Einwilligung in die Datenverwendung nur wirksam, wenn sie auf der **„freien Entscheidung"** des Betroffenen beruht und **schriftlich** erfolgt (dazu BGH NJW 2010, 864 Rn. 21 ff. – Happy Digits; OLG Hamm WRP 2011, 941 (943)). Das schloss die Verwendung einer **„opt-out"-Klausel** nicht aus (BGH GRUR 2008, 1010 Rn. 23, 30 – Payback; dazu krit. Buchner DuD 2010, 39 (42 f.)). Dem Schutz des Betroffenen wurde vielmehr durch das **Hervorhebungserfordernis** in § 4a I 4 BDSG 2003 (aF) genügt (BGH NJW 2010, 864 Rn. 25 ff. – Happy Digits). Bei einer Verarbeitung oder Nutzung personenbezogener Daten für Zwecke des Adresshandels oder der Werbung war das Hervorhebungserfordernis durch § 28a IIIa 2 BDSG 2003 (aF) verschärft worden („drucktechnisch deutliche Gestaltung"; dazu BGH NJW 2010, 864 Rn. 33, 34 – Happy Digits).

c) **Rechtslage ab dem 25.5.2018.** Ab dem **25.5.2018** gilt die Definition der Einwilligung in **256** **Art. 4 Nr. 11 DS-GVO.** Für das Einwilligungserfordernis gem. Art. 13 I ePrivacy-RL ergeben sich daraus in der Sache keine wesentlichen Unterschiede (vgl. BGH WRP 2022, 859 Rn. 37 –

Inbox-Werbung II). Dazu iE → Rn. 184 ff. Damit wurde die bis zum 25.5.2018 geltende Unterscheidung zwischen der lauterkeitsrechtlichen Einwilligung iSd § 7 II Nr. 2 und der datenschutzrechtlichen Einwilligung in die Erhebung, Verarbeitung und Nutzung personenbezogener Daten (→ Rn. 255) hinfällig.

257 **d) Beweislast.** Der Werbende muss darlegen und im Streitfall beweisen, dass im Zeitpunkt der Werbung eine vorherige ausdrückliche Einwilligung vorlag (vgl. Art. 7 I DS-GVO). Dafür genügt nicht die standardisierte Angabe auf Werbefaxen oder E-Mail-Newsletters, der Adressat habe in die Werbung eingewilligt und er möge sich melden, wenn er keine weiteren Mitteilungen mehr wünsche. Ebenso wenig genügt die Eintragung der E-Mail-Adresse auf der Homepage des Werbenden, da die Eintragung auch durch einen Dritten erfolgt sein kann (LG München I WRP 2018, 1138 Rn. 13). Dazu muss der Werbende die konkrete Einverständniserklärung jedes einzelnen Empfängers vollständig dokumentieren (OLG Düsseldorf WRP 2016, 900 Rn. 6). Ist sie elektronisch übermittelt worden, muss der Werbende sie speichern und in der Lage sein, sie jederzeit auszudrucken (OLG München GRUR-RR 2013, 226 (227)). Vielfach veranlassen Werbende Verbraucher dazu, mittels eines Online-Formulars den Antrag auf Teilnahme an einem Gewinnspiel zu stellen und darin durch Setzen eines Häkchens in die Zusendung von E-Mail-Werbung an die betreffende E-Mail-Adresse einzuwilligen. Wird der Absender durch eine E-Mail um eine Bestätigung seines Teilnahmewunsches gebeten und geht diese Bestätigung beim Werbenden ein, so ist durch dieses **double-opt-in-Verfahren** (confirmed-opt-in) grds. hinreichend dokumentiert, dass er in E-Mail-Werbung an diese E-Mail-Adresse ausdrücklich eingewilligt hat (BGH WRP 2011, 1153 Rn. 37 – Double-opt-in-Verfahren). Dies schließt es allerdings nicht aus, dass sich der Verbraucher auch nach Bestätigung seiner E-Mail-Adresse im Double-opt-in-Verfahren noch darauf berufen kann, er habe die unter dieser Adresse abgeschickte Einwilligung in E-Mail-Werbung nicht abgegeben. Dafür trägt er allerdings die Darlegungslast (BGH WRP 2011, 1153 Rn. 38 – Double-opt-in-Verfahren). – Die Übersendung der **Aufforderung zur Bestätigung** stellt allerdings noch **keine unerbetene Werbung** iSd § 7 II Nr. 2 dar (ebenso Gramespacher WRP 2013, 113; OLG Düsseldorf WRP 2016, 900 Rn. 16; OLG Celle WRP 2014, 1218 Rn. 6; **aA** OLG München WRP 2013, 111; Möller WRP 2010, 321 (328)). Denn es geht – auch im Interesse des Empfängers – nur um die Klärung, **ob** er wirklich in Werbung eingewilligt hat, nicht um die Erlangung der Einwilligung. Dies gilt jedenfalls dann, wenn die fragliche E-Mail nicht selbst einen werblichen Inhalt aufweist (vgl. Gramespacher WRP 2013, 113 Rn. 6.9).

4. Werbung unter Verwendung automatischer Anrufmaschinen

258 Diese Werbeform ist in Deutschland, soweit ersichtlich, vor allem bei „Gewinnbenachrichtigungen" verbreitet, die die Verbraucher dazu verleiten sollen, teure Mehrwertdienste anzurufen. Spezielle Rechtsfragen dazu sind nicht aufgetreten.

5. Werbung unter Verwendung von Telefaxgeräten

259 **a) Begriff und wirtschaftliche Bedeutung.** Telefax-Werbung ist eine elektronisch übermittelte, beim Adressaten originalgetreu ausgedruckte Werbung. Diese Werbemöglichkeit hat den Vorteil, dass mit geringem Kostenaufwand (ggf. sogar computergesteuert) rasch und sicher Werbebotschaften an eine Vielzahl von Empfängern übermittelt werden können. Außerdem werden Streuverluste durch Zusendung an von vornherein Uninteressierte vermieden. Die Kosten des Empfangs müssen vom Adressaten getragen werden. Schließlich wird Telefax-Mitteilungen eine größere Aufmerksamkeit zuteil als anderen Werbemitteilungen (vgl. Unger/Sell GRUR 1993, 24). Im Hinblick auf die große Zahl von Telefax-Anschlüssen und die sinkenden Telekommunikationsgebühren kommt dieser Werbeform große wirtschaftliche Bedeutung zu. Trotz des schon früher bestehenden „Verbots mit Einwilligungsvorbehalt" wird diese Werbemethode weiterhin hartnäckig – insbes. durch Anbieter mit Sitz im Ausland oder ohne Adressenangabe – genutzt.

260 **b) Unzumutbare Belästigung.** Bei unerbetener Werbung unter Verwendung eines Telefaxgeräts ist nach § 7 II Nr. 2 stets, dh ohne Wertungsmöglichkeit, eine unzumutbare Belästigung iSd § 7 I 1 anzunehmen. Hinter dieser gesetzgeberischen Entscheidung stehen folgende Erwägungen: Die Unzumutbarkeit der Belästigung durch unerbetene Faxwerbung ergibt sich – anders als bei der Telefonwerbung – nicht so sehr aus einer Störung des Empfängers in seiner Beschäftigung oder seiner Ruhe, sondern aus der eigenmächtigen Inanspruchnahme der Ressourcen des Empfängers. Denn die Zusendung solcher Werbung verursacht beim Empfänger Kosten für Papier, Toner, Strom und Wartung. Außerdem wird für die Dauer der Übertragung das Gerät blockiert, dh es können Telefax-Mitteilungen weder abgesandt noch empfangen werden. Hinzu kommt die Belästigung des Empfängers, der die eingehenden Mitteilungen sortieren und sich inhaltlich damit auseinandersetzen muss, zumal dann, wenn der werbliche Charakter nicht sofort und ohne weiteres erkennbar ist. Dies wiegt umso stärker, als Telefax-Mitteilungen im Gegensatz etwa zu Wurfsendungen den Eindruck der Wichtigkeit und Dringlichkeit erwecken. Außerdem kann sich der Empfänger – anders als etwa bei der Briefkastenwerbung – nicht gegen unverlangte Zusendungen wehren. Bei vereinzelten Telefax-Werbesendungen könnte die damit verbundene Beanspruchung und Belästigung des Empfängers möglicherweise noch hingenommen werden. Würde man aber die unerbetene Telefax-Werbung gestatten, so hätte dies angesichts der wirtschaftlichen Vorteile dieses Mediums zur Folge, dass die werbende Wirtschaft – auch aus Wettbewerbsgründen – in immer größerem Maße sich dieser Werbemöglichkeit bedienen würde mit der Folge einer untragbaren Belastung und Belästigung der privaten Anschlussinhaber. Schon nach früherem Recht war daher Telefaxwerbung nur mit Einwilligung des Verbrauchers zulässig (vgl. BGH GRUR 1996, 208 (209) – Telefax-Werbung).

Bei der Telefaxwerbung gegenüber **Unternehmern** (und sonstigen Organisationen) kommt **261** noch der Gesichtspunkt der Störung des Betriebsablaufs beim Empfänger hinzu. Denn das Telefax-Schreiben wird üblicherweise in den Geschäftsgang geleitet, wobei derartigen Schreiben erfahrungsgemäß mehr Beachtung geschenkt wird als der Briefwerbung. Je nach der Organisation des Geschäftsablaufs im Betrieb werden Telefax-Mitteilungen möglicherweise ungelesen an die Geschäftsleitung weitergegeben, die sich idR mit Werbeschreiben nicht befasst. Auch kann es zu unerwünschten Arbeitsunterbrechungen kommen, da – anders als beim Posteingang – Telefax-Mitteilungen jederzeit eintreffen können. Im Hinblick auf das Interesse der Anschlussinhaber, den Anschluss für ihre Geschäftszwecke (Rationalisierung und Beschleunigung des Geschäftsverkehrs und ständige Erreichbarkeit für Mitteilungen) zu nutzen und von unerbetener Nutzung freizuhalten, sowie im Hinblick auf die drohende Dauerbelästigung bei Freigabe der unverlangten Telefaxwerbung, ist es gerechtfertigt, die Telefaxwerbung gegenüber Unternehmen (und sonstigen Marktteilnehmern) nicht anders zu behandeln als die Telefaxwerbung gegenüber Verbrauchern.

c) Einzelfragen. Die Notwendigkeit der vorherigen ausdrücklichen Einwilligung besteht **262** unabhängig davon, ob Adressat der Werbung ein Verbraucher oder ein Unternehmer ist. Daher kommt es nicht darauf an, ob die Versendung innerhalb oder außerhalb der Geschäftszeiten des Empfängers erfolgt (BGH GRUR 1996, 208 (209) – Telefax-Werbung I). Die Einwilligung ist auch nicht deshalb entbehrlich, weil die Telefax-Werbung immer häufiger auf einen PC umgeleitet wird und der Nutzer über einen Ausdruck entscheiden kann (BGH GRUR 2007, 164 Rn. 8 – Telefax-Werbung II zu § 1 UWG 1909). Erst recht kann sich der Werbende dem Erfordernis der Einwilligung nicht durch eine Aufforderung an den Empfänger entziehen, ihm mitzuteilen, dass weitere Werbung unerwünscht sei (LG Frankfurt NJWE–WettbR 1996, 156). – Fehlt eine Einwilligung, so ist eine unzumutbare Belästigung ausnahmsweise dann nicht anzunehmen, wenn die Faxwerbung sich als **berechtigte Geschäftsführung ohne Auftrag** darstellt (→ Rn. 212 zur vergleichbaren Rechtslage bei der Telefonwerbung).

d) Bürgerlichrechtliche Beurteilung. Die Zusendung von Telefax-Werbung ohne das vor- **263** herige Einverständnis des Adressaten stellt, soweit es sich um Privatpersonen handelt, wegen der damit verbundenen Belästigung einen Eingriff in deren **allgemeines Persönlichkeitsrecht** sowie wegen der unerlaubten Inanspruchnahme der Funktionen des Geräts einen Eingriff in deren Eigentum bzw. Besitz am Gerät dar. Bei Gewerbetreibenden als Adressaten liegt im Hinblick auf die Störung des Betriebsablaufs ein Eingriff in das **Recht am eingerichteten und ausgeübten Gewerbebetrieb** und im Hinblick auf die unerlaubte Inanspruchnahme der Funktion des Geräts ein Eingriff in das Eigentum oder den Besitz am Gerät vor. Daraus können Unterlassungs-, Beseitigungs- und ggf. Schadensersatzansprüche (§ 823 I BGB, § 1004 I BGB analog) resultieren (KG NJW-CoR 1998, 111; OLG Bamberg MMR 2006, 481: Anspruch auf Löschung der gespeicherten Daten und auf Sperrung der Mail-Adresse; AG Ludwigshafen MMR 2006, 421: Abmahnkosten als Schaden). Kommt es infolge der elektronischen Werbung zu einem Vertragsschluss, sind die Vorschriften über **Fernabsatzverträge** (§§ 312c ff. BGB) zu beachten. – Entsprechendes gilt für **E-Mail-Werbung** (→ Rn. 264 ff.) und Werbung unter Verwendung **automatischer Anrufmaschinen** (→ Rn. 258).

6. Werbung mit elektronischer Post (E-Mail-, SMS- und MMS-Werbung)

264   **a) Begriff, Funktionsweise und wirtschaftliche Bedeutung der elektronischen Post. aa) Begriff.** Der Begriff der „**elektronischen Post**" ist in Art. 2 S. 2 lit. h ePrivacy-RL definiert. Diese Definition beansprucht auf Grund des Gebots der richtlinienkonformen Auslegung Geltung auch für § 7 II Nr. 2. Danach ist „elektronische Post" jede über ein öffentliches Kommunikationsnetz verschickte Text-, Sprach-, Ton- oder Bildnachricht, die im Netz oder im Endgerät des Empfängers gespeichert werden kann, bis sie von diesem abgerufen wird. Nicht darunter fallen Faxgeräte und automatische Anrufmaschinen, da nicht nur § 7 II Nr. 2, sondern auch die **ePrivacy-RL** in Art. 13 I zwischen automatischen Anrufmaschinen, Faxgeräten und elektronischer Post unterscheidet (Köhler/Lettl WRP 2003, 1019 (1026)). Bekannter als der Begriff der elektronischen Post ist der gleichbedeutende Begriff der **E-Mail** (= Electronic Mail), der im Folgenden ebenfalls verwendet werden soll. Allerdings fällt auch die sog **SMS** (short message service) und die **MMS** (multimedia messaging service) unter den Begriff der elektronischen Post (vgl. ErwGr. 40 ePrivacy-RL; BGH WRP 2018, 442 Rn. 18). Desgleichen gehören dazu Nachrichten über Social-Media-Dienste wie Xing, Facebook, LinkedIn oder WhatsApp (OLG Nürnberg GRUR-RR 2019, 170 Rn. 59; OLG Hamm WRP 2023, 1252 Rn. 33). – Auch die Einblendung von Werbenachrichten in der **Inbox** eines Nutzers eines E-Mail-Dienstes in einer Form, die der einer tatsächlichen E-Mail ähnlich ist, und an derselben Stelle wie eine solche E-Mail, stellt eine „Verwendung … elektronischer Post für die Zwecke der Direktwerbung" dar (EuGH GRUR 2022, 87 Rn. 38, 39 – StWL/eprimo; BGH WRP 2022, 859 Rn. 27 – Inbox-Werbung II). – Zu sonstigen Formen elektronischer Werbung vgl. Pohle K&R 2008, 711 (712 f.); Büscher/Büscher Rn. 200).

265   **bb) Funktionsweise.** Der elektronische Datenaustausch findet über einen Diensteanbieter (Provider) statt. Die Teilnehmer benötigen einen mit individueller Adresse ausgestatteten elektronischen Briefkasten (Mailbox), der ihnen von einem Diensteanbieter zur Verfügung gestellt wird. Dieser Diensteanbieter unterhält einen ständig erreichbaren Mail-Server. Der Absender einer Botschaft übermittelt sie elektronisch an seinen Anbieter. Dieser leitet sie an den Anbieter des Adressaten weiter. Bei ihm wird die Botschaft gespeichert. Der Adressat kann die ihm zugeordnete Mailbox unter Verwendung eines Geheimcodes abfragen und die eingegangenen, zunächst nur mit Absender und Betreff gekennzeichneten Mitteilungen entweder löschen oder auf seinen Rechner übertragen.

266   **cc) Wirtschaftliche Bedeutung.** Die E-Mail eignet sich auch für die massenhafte Versendung von Botschaften und damit in bes. Weise für die Werbung. E-Mail-Werbung ist im Vergleich zu anderen Werbemitteln billiger, schneller, arbeitssparender und gezielter einsetzbar. Überdies kann die Werbebotschaft unter Einsatz von Schrift, (bewegten) Bildern und Ton erfolgen. Dies macht dieses Medium für die werbende Wirtschaft interessant (vgl. Leupold WRP 1998, 270 mwN). Allerdings stellt mittlerweile die Versendung von Werbe-E-Mails ohne Einwilligung der Empfänger (**„Spamming"**) eine regelrechte Landplage dar. – Der E-Mail-Werbung über das Internet steht der Versand von **SMS** und **MMS** gleich (vgl. ErwGr. 40 ePrivacy-RL), zumal sie ua wegen der begrenzten Speicherungsfähigkeit der Mobiltelefone für SMS und MMS noch stärker in die private oder geschäftliche Sphäre des Adressaten eingreift (OLG Frankfurt WRP 2016, 1544 Rn. 16). – Eine neue Variante der E-Mail-Werbung ist die **Inbox-Werbung** (→ Rn. 264).

267   **b) Einzelfragen zur lauterkeitsrechtlichen Beurteilung.** Die ohne **vorherige ausdrückliche Einwilligung** des Adressaten (→ Rn. 250 ff.) erfolgte E-Mail-Werbung stellt nach § 7 II Nr. 2 sowohl gegenüber Verbrauchern als auch gegenüber sonstigen Marktteilnehmern stets eine unzumutbare Belästigung dar.– Eine unzumutbare Belästigung ist auch dann noch gegeben, wenn die Empfänger Absender und Betreffzeile einer elektronischen Post sehen und diese Post löschen können, ohne die gesamte Post und deren Anlagen herunterladen zu müssen. Zwar verringert sich dadurch der Zeit- und Kostenaufwand des Empfängers. Dies ändert jedoch an der lauterkeitsrechtlichen Beurteilung nichts, da die der gesetzlichen Regelung zu Grunde liegende Richtlinie in diesem Punkt eindeutig ist (vgl. ErwGr. 44 ePrivacy-RL). Eine unzumutbare Belästigung ist daher selbst dann noch zu bejahen, wenn die Werbebotschaft im „Betreff" von vornherein klar und unzweideutig als Werbung gekennzeichnet ist und der Empfänger sie auf Grund dieser Beschreibung ohne weiteres löschen kann, ohne sie erst lesen zu müssen (ebenso BGH WRP 2020, 446 Rn. 48 – Inbox-Werbung I). Denn auch Aufbau und Anzeige der E-Mail sowie das Lesen des Betreffs kosten Zeit und Geld. – Gibt ein Verbraucher oder ein Idealverein auf seiner Website eine E-Mail-Adresse an, so liegt darin keine (nicht einmal eine konkludente) Einwilligung (BGH GRUR 2008, 925 Rn. 21 ff. – FC Troschenreuth). Gibt dagegen ein Unternehmen auf seiner Website seine E-Mail-Adresse an, so kann darin nicht nur seine konkludente (so BGH GRUR 2008, 925 Rn. 22 – FC Troschenreuth), sondern sogar seine ausdrückliche Einwilligung in Anfragen potentieller **Kunden** zu dem üblichen Waren- oder Dienstleistungsangebot unter dieser E-Mail-Adresse liegen (aA Schirmbacher K&R 2009, 433 (438): nicht hinreichend konkret). – Die Versendung einer E-Mail an einen **Arbeitnehmer** zum Zwecke der **Abwerbung** ohne dessen vorherige ausdrückliche Einwilligung verstößt gegen § 7 II Nr. 2, gleichgültig ob sie an die private oder die betriebliche E-Mail-Adresse gerichtet ist. Ist sie an die betriebliche E-Mail-Adresse gerichtet, kann im Hinblick auf die Störung des Betriebsablaufs beim Arbeitgeber im Einzelfall gleichzeitig ein Verstoß gegen § 3 I vorliegen (dazu Ernst GRUR 2010, 963).

Vielfach setzt der Werbende die Versender privater E-Mails (oder SMS), etwa mittels einer **268** Empfehlungsfunktion auf seiner Website, ein, um Werbung an möglichst viele Verbraucher zu übermitteln (**Virales Marketing** in der Form der **„Tell-a-friend"-Werbung**). Es handelt sich um eine Erscheinungsform der Laienwerbung. Für die lauterkeitsrechtliche Beurteilung nach § 7 II Nr. 2 und ggf. nach § 7 II Nr. 3 ist dies grds. unerheblich (BGH WRP 2013, 1579 Rn. 19 – Empfehlungs-E-Mail; WRP 2016, 958 Rn. 29 – Freunde finden; dazu Schaub GRUR 2016, 1017). Insbes. kommt es nicht darauf an, dass die Belästigung durch die beigefügte Werbung nur geringfügig ist. Entscheidend ist, dass der Empfänger in diese Art Werbung nicht eingewilligt hat und sich, falls er überhaupt vor Öffnen der E-Mail von dieser Art Werbung weiß, praktisch nicht zur Wehr setzen kann (BGH WRP 2013, 1579 Rn. 21 – Empfehlungs-E-Mail). Das gilt bspw. für die **„Freunde finden"**-Funktion, die Facebook ihren Nutzern zur Verfügung stellte. Deren Verwendung ermöglichte es Facebook, als private E-Mails getarnte „Einladungs-E-Mails" an Dritte mit der Aufforderung, sich ebenfalls registrieren zu lassen, zu versenden. Damit trieb Facebook zumindest auch Werbung für ihr Unternehmen. Dies verstieß gegen § 7 II Nr. 3, da keine Einwilligung dieser Personen vorlag (BGH WRP 2016, 958 Rn. 33 ff. – Freunde finden). – Das gilt auch für die Werbung mittels **E-Cards,** dh E-Mails, die mit einem Link versehen sind, unter dem eine persönliche Nachricht (zB Geburtstagsglückwünsche) innerhalb eines mit Werbung versehenen Web-Formulars abgerufen werden kann (KG MMR 2004, 616; OLG München MMR 2004, 324; aA Sokolowski WRP 2008, 888 (895) mwN). Das gilt ferner für die Werbung, die der Inhaber eines kostenlosen, weil durch Werbung finanzierten E-Mail-Accounts mit seinen E-Mails gewissermaßen zwangsläufig mitverschickt (dazu Sokolowski WRP 2008, 888 (895 f.); Franck K&R 2017, 226). Allenfalls wäre daran zu denken, in solchen Fällen gegen Abwehransprüche den Einwand der Unverhältnismäßigkeit (§ 242 BGB) zuzulassen. Das stünde im Einklang mit der UGP-RL, da nach ErwGr. 22 S. 2 UGP-RL die Sanktionen „wirksam, verhältnismäßig und abschreckend" sein müssen.

Eine wirksame Einwilligung in **Inbox-Werbung** (→ Rn. 264) liegt nicht vor, wenn der **269** Nutzer, der eine unentgeltliche, durch Werbung finanzierte Variante eines E-Mail-Dienstes gewählt hat, sich allgemein damit einverstanden erklärt hat, Werbeeinblendungen zu erhalten, um kein Entgelt für die Nutzung des E-Mail-Dienstes zahlen zu müssen. Vielmehr muss der Nutzer vor einer Einwilligungserklärung klar und präzise über die genauen Modalitäten der Verbreitung einer solcher Werbung und insbes. darüber informiert werden, dass Werbenachrichten in der Liste der empfangenen privaten E-Mails angezeigt werden. Außerdem ist erforderlich, dass der Nutzer seine Einwilligung, solche Werbenachrichten zu erhalten, für den konkreten Fall und in voller Kenntnis der Sachlage bekundet hat (BGH WRP 2022, 859 Rn. 36 – Inbox-Werbung II, im Anschluss an EuGH WRP 2022, 33 Rn. 58, 59 – StWL/eprimo).

7. Die Ausnahmeregelung in § 7 III für elektronische Post

a) Rechtsnatur und Normzweck. In § 7 III wird eine **Ausnahme** vom Erfordernis der **270** Einwilligung des Adressaten in die Zusendung elektronischer Post (§ 7 II Nr. 3) gemacht. Im Rahmen bestehender Kundenbeziehungen soll es dem Händler möglich sein, für den Absatz ähnlicher Waren und Dienstleistungen per E-Mail zu werben, ohne die Einwilligung des Kunden eingeholt zu haben, jedoch nur so lange, bis dieser die weitere Nutzung untersagt (**opt-out-Modell**). Die Regelung soll den elektronischen Handel fördern. Die mit der Erleichterung der elektronischen Direktwerbung verbundene Beeinträchtigung der Privatsphäre der Verbraucher erscheint unter Berücksichtigung der wohlverstandenen Verbraucherinteressen hinnehmbar. Denn es ist davon auszugehen, dass der Durchschnittskunde die Werbung eines Unternehmens für ähnliche Produkte und Dienstleistungen wie die bereits gekauften idR nicht als Belästigung empfindet, sondern als nützliche Information auffasst. Inhaltlich entspricht die Regelung weitgehend dem **Art. 13 II ePrivacy-RL** und ist richtlinienkonform auszulegen (vgl. dazu ErwGr. 41 ePrivacy-RL). Zum Schutze des Kunden vor unerbetener Werbung ist die Ausnahmeregelung **eng** auszulegen.

271   **b) Tatbestand. aa) Überblick.** Nach § 7 III ist eine Einwilligung für die Direktwerbung eines Unternehmers mit elektronischer Post dann nicht erforderlich, wenn er **(1)** die elektronische Postadresse (das ist die E-Mail-Adresse sowie die Telefonnummer hins. SMS/MMS; Pohle K&R 2008, 711 (713); nicht dagegen die Faxnummer) eines Kunden im Zusammenhang mit dem Verkauf einer Ware oder Dienstleistung erhalten hat, **(2)** er diese Adresse zur Direktwerbung für eigene ähnliche Waren oder Dienstleistungen verwendet, **(3)** der Kunde der Verwendung nicht widersprochen hat und **(4)** der Kunde bei Erhebung der Adresse und bei jeder Verwendung klar und deutlich darauf hingewiesen wird, dass er der Verwendung jederzeit widersprechen kann, ohne dass hierfür andere als die Übermittlungskosten nach den Basistarifen entstehen.

272   **bb) Erlangung der Adresse durch den Unternehmer.** Der Werbende muss **Unternehmer** (§ 2 I Nr. 8) sein. Er muss die elektronische Postadresse **„im Zusammenhang mit dem Verkauf einer Ware oder Dienstleistung"** erhalten haben. Dies setzt zunächst voraus, dass der Werbende die Adresse vom Kunden selbst, sei es auf Anfrage („bei Erhebung der Adresse"), sei es unmittelbar, etwa auf Grund einer Bestellung per E-Mail oder SMS, erhalten hat. Es genügt also nicht, dass der Werbende sich die Adresse anderweitig (zB durch kooperierende Händler; Adressenhändler; Adressbücher) beschafft hat. Ferner muss ein (sachlicher und zeitlicher) „Zusammenhang mit dem Verkauf einer Ware oder Dienstleistung" gegeben sein.

273   Ein **sachlicher** Zusammenhang ist ohne weiteres gegeben, wenn der Kunde per E-Mail oder SMS eine Bestellung aufgegeben hat. Es muss jedoch zu einem **Verkauf** gekommen sein. Als „Verkauf" iSd § 7 III ist nicht nur der Kaufvertrag iSd § 433 BGB, sondern jeder **Austauschvertrag** (also zB auch Werkvertrag, Dienstvertrag, Geschäftsbesorgungsvertrag, Mietvertrag usw.) anzusehen. Hierher gehört auch die Überlassung persönlicher Daten, einschließlich der E-Mail-Adresse zur kostenlosen Registrierung auf einem Internet-Portal gegen die Einräumung der eingeschränkten Nutzung einer Partnerschaftsbörse (OLG München WRP 2018, 877 Rn. 13). Unter Verkauf ist der **Vertragsschluss** zu verstehen. Es reicht allerdings nicht aus, dass der Kunde zwar Informationen über das Angebot des Werbenden eingeholt, aber dann doch nichts bestellt hat (ganz hM; vgl. jurisPK-UWG/Koch Rn. 392; Harte-Bavendamm/Henning-Bodewig/Schöler Rn. 353; Ohly/Sosnitza/Ohly Rn. 73; FBO/Mankowski Rn. 239; Köhler/Lettl WRP 2003, 1019 Rn. 30; Splittgerber/Zscherpe/Goldmann WRP 2006, 178 (181); aA Leistner/Pothmann WRP 2003, 815 (822); Ohlenburg MMR 2003, 82 (84); Brömmelmeyer InternetWettbR S. 359: Vertragsverhandlungen ausreichend). Ein sachlicher Zusammenhang mit dem Verkauf ist ferner dann gegeben, wenn der Werbende die elektronische Adresse im Zuge der Vertragsdurchführung (zB Schadensabwicklung durch eine Versicherung) oder zur Erfüllung einer nachvertraglichen Verpflichtung (zB Rückrufaktion bei erkanntem Sicherheitsmangel bei Pkw) erhalten und der Kunde der Verwendung für Zwecke der Direktwerbung nicht widersprochen hat. – Etwas anderes hat dann zu gelten, wenn der Werbende die elektronische Adresse lediglich im Zusammenhang mit der **Auflösung** des (einzigen) geschlossenen Vertrages durch den Kunden erhalten hat, der Kunde also zB mittels elektronischer Post widerrufen, gekündigt oder angefochten hat oder zurückgetreten ist. Denn dann fehlt es an einer „bestehenden" Kundenbeziehung. – Davon zu unterscheiden ist die Frage, ob ein durch den Vertragsschluss begründeter sachlicher Zusammenhang durch die Auflösung des Vertrags seitens des Kunden endet (dazu Ohly/Sosnitza/Ohly Rn. 73; Faber GRUR 2014, 337). Das ist grds. zu verneinen. Jedoch kann sich aus der Auflösungserklärung ein konkludenter **Widerspruch** iSd § 7 III Nr. 3 ergeben. Das ist bspw. bei einer Anfechtung nach § 123 BGB zu bejahen, bei einem **Widerruf** gem. § 355 BGB zu verneinen.

274   Das Erfordernis eines auch **zeitlichen** Zusammenhangs zwischen dem Verkauf und der Erlangung der elektronischen Postadresse (dazu krit. Decker GRUR 2011, 774 (776)) ergibt sich daraus, dass idR das mutmaßliche Interesse des Kunden an einer Follow-up-Werbung im Laufe der Zeit schwindet. Der Unternehmer soll, wenn er erst längere Zeit nach Abschluss des Kaufvertrags von der elektronischen Kundenadresse Kenntnis erlangt (zB weil der Kunde nach Ablauf von zwei Jahren Mängelbeseitigung per E-Mail verlangt), dies nicht zum Anlass für eine erneute Werbung nehmen. Davon zu unterscheiden ist an sich die Frage, ob eine elektronische

Werbung auch dann unzulässig wird, wenn seit Kaufvertragsschluss und Erlangung der E-Mail-Adresse eine längere Zeit verstrichen ist. Jedoch ist auch hier eine **zeitliche Begrenzung** angezeigt. Geht man nämlich davon aus, dass auch eine Einwilligung iSd § 7 II Nr. 2 durch Zeitablauf erlöschen kann (→ Rn. 182), muss dies erst recht für § 7 III gelten (ebenso Harte-Bavendamm/Henning-Bodewig/Schöler Rn. 357; aA jurisPK-UWG/Koch Rn. 395; Schirmbacher/Schätzle WRP 2014, 1143 (1149)). Eine feste Zeitgrenze lässt sich nicht angeben, da es auf die Umstände des Einzelfalls ankommt (aA Splittgerber/Zscherpe/Goldmann WRP 2006, 178 (181)). Zwei Jahre sind jedenfalls zu lange (LG Berlin CR 2004, 941). – Ist die elektronische Adresse nicht korrekt erlangt worden, so greift die Ausnahmeregelung des § 7 III nicht ein. Die Nutzung der Adresse zur Werbung stellt dann eine unzumutbare Belästigung iSd § 7 II Nr. 2 dar. – Die **Beweislast** für die Erlangung der elektronischen Adresse vom Kunden trägt der Werbende (jurisPK-UWG/Koch Rn. 390). Dazu reicht es nicht aus, wenn der Werbende auf einen entsprechenden Eintrag der elektronischen Adresse auf seiner Homepage hinweist, ist es doch jedermann möglich, beliebige Adressen einzugeben (KG CR 2003, 291 (292 f.)).

cc) Verwendung zur Direktwerbung für eigene ähnliche Waren oder Dienstleistungen. Der Unternehmer darf die elektronische Postadresse des Kunden nur „zur Direktwerbung für eigene ähnliche Waren oder Dienstleistungen" verwenden. Er darf die Adresse also weder an andere Unternehmen weitergeben noch zur Werbung für Waren- oder Dienstleistungsangebote anderer Unternehmen benutzen. Dies gilt auch für solche Unternehmen, die mit dem werbenden Unternehmen konzernmäßig verbunden sind (ebenso Decker GRUR 2011, 774 (777)). Ferner ist nur eine Werbung für **„ähnliche"** Waren oder Dienstleistungen gestattet. Die Ähnlichkeit muss im Hinblick auf die bereits gekauften Waren oder Dienstleistungen gegeben sein. Die beworbene Ware oder Dienstleistung muss also dem **gleichen oder ähnlichen erkennbaren** oder doch **typischen Verwendungszweck** oder **Bedarf** des Kunden entsprechen (Köhler/Lettl WRP 2003, 1019 Rn. 35; OLG München WRP 2018, 877 Rn. 14). **Beispiele:** Wer per E-Mail französischen Rotwein bestellt hat, dem darf künftig auch Werbung für chilenischen Rotwein übersandt werden. Wer einen Hotelaufenthalt in Kärnten per E-Mail gebucht hat, dem darf auch eine Werbung für einen Hotelaufenthalt in Sizilien geschickt werden. Wer sich kostenlos bei einer Partnerschaftsbörse hat registrieren lassen, darf auch von kostenpflichtig registrierten Nutzern angeschrieben werden (OLG München WRP 2018, 877 Rn. 13). – An sich ist die Regelung, da als Ausnahme konzipiert, nach den Grundsätzen des Unionsrechts eng auszulegen (KG K & R 2011, 605). Vom Normzweck her erscheint es gleichwohl vertretbar, Werbung auch für funktionell zusammengehörige Waren, wie **Zubehör** und **Ergänzung,** zuzulassen (Köhler/Lettl WRP 2003, 1019 (1028); FBO/Mankowski Rn. 264; Brömmelmeyer GRUR 2006, 285 (289); **aA** Leistner/Pohlmann WRP 2003, 817 (822); Harte-Bavendamm/Henning-Bodewig/Schöler Rn. 360; Decker GRUR 2011, 774 (779): Austauschbarkeit der Waren erforderlich). **Beispiel:** Wer per E-Mail ein Jagdgewehr bestellt hat, dem darf auch per E-Mail Werbung für ein Zielfernrohr oder für Munition geschickt werden. Dagegen ginge es zu weit, auch Werbung für Jagdbekleidung zuzulassen. – Eine Werbung für ähnliche Waren oder Dienstleistungen liegt **nicht** vor, wenn Kunden bspw. aufgefordert werden, an Zufriedenheits- oder Bewertungsanfragen des Unternehmers teilzunehmen, seinen „Shop" zu besuchen, Freunde zu werben oder wenn der Unternehmer für seine „Apps" wirbt. – Erfüllt eine Werbung diese Voraussetzungen nicht, so greift die Ausnahmeregelung des § 7 III nicht ein. Die Werbung stellt dann eine unzumutbare Belästigung iSd § 7 II Nr. 2 dar.

dd) Widerspruch als Ausschlussgrund. Die elektronische Werbung ist nicht gestattet, wenn der Kunde ihr widersprochen hat. Ist dies der Fall, greift die Regelung des § 7 II Nr. 2 ein, dh die Werbung stellt eine unzumutbare Belästigung iSd § 7 II Nr. 3 dar. Der Widerspruch stellt keine Willenserklärung, sondern ebenso wie die Einwilligung eine **geschäftsähnliche Handlung** dar. Er ist formlos möglich, kann also mit jedem Kommunikationsmittel, nicht nur per E-Mail, erklärt werden. Er muss aber dem Unternehmer **zugehen** (§ 130 BGB analog), um wirksam zu werden, so dass bspw. eine Eintragung in eine Robinson-Liste nicht ausreicht. Der Widerspruch gilt grds. zeitlich unbeschränkt (AG München WRP 2022, 1449). Der Widerspruch beseitigt allerdings nur die Zulässigkeit einer Werbung hinsichtlich der konkreten E-Mail-Adresse, die der Unternehmer dem Widerspruch entnehmen kann, nicht dagegen für weitere E-Mail-Adressen des Kunden (KG WRP 2017, 583 Rn. 21 ff.).

ee) Information über die Möglichkeit des Widerspruchs. Die elektronische Werbung ist außerdem nur zulässig, **„wenn der Kunde bei Erhebung der Adresse und bei jeder Ver-**

wendung klar und deutlich darauf hingewiesen wird, dass er der Verwendung jederzeit widersprechen kann, ohne dass hierfür andere als die Übermittlungskosten nach den Basistarifen entstehen". Dem Kunden muss es also ermöglicht werden, seinen Widerspruch dem Unternehmer zu übersenden. Zu diesem Zweck muss der Unternehmer dem Kunden eine entspr. Kontaktadresse benennen (Postadresse, Telefon- oder Faxnummer; E-Mail-Adresse), wie sich auch aus § 7 II Nr. 3 ergibt. – Ferner muss die entspr. Information „klar und deutlich" erfolgen, sie darf also nicht an versteckter Stelle stehen und sie muss inhaltlich verständlich und hinreichend bestimmt sein. **Beispiel:** „Falls Sie keine weitere Werbung wünschen, teilen Sie uns dies bitte per E-Mail an folgende Adresse mit: …". Darüber hinaus muss die Information nicht nur „bei Erhebung der Adresse", sondern „bei jeder Verwendung" erfolgen. – Schließlich dürfen für die Übermittlung keine höheren Kosten als nach den Basistarifen entstehen, insbes. darf also nicht für die telefonische Übermittlung des Widerspruchs eine kostenpflichtige Rufnummer angegeben werden. Ebenso wenig darf eine „Gebühr" für die Einstellung der Werbung berechnet werden. – Kommt der Unternehmer diesen Pflichten nicht nach, so greift die Ausnahmeregelung des § 7 III nicht ein und die elektronische Werbung stellt eine unzumutbare Belästigung iSd § 7 II Nr. 2 dar.

8. Darlegungs- und Beweislast

278 Es gelten die gleichen Grundsätze wie zur Telefonwerbung (→ Rn. 203–206).

IV. Anonyme elektronische Werbung (§ 7 II Nr. 3)

1. Überblick

279 Nach § 7 II Nr. 3 ist eine unzumutbare Belästigung in **drei Fällen** der Werbung mit (elektronischen) Nachrichten anzunehmen, nämlich bei einer Werbung: (a) „bei der die Identität des Absenders, in dessen Auftrag die Nachricht übermittelt wird, verschleiert oder verheimlicht wird, (b) bei der gegen § 6 I TMG verstoßen wird oder in der der Empfänger aufgefordert wird, eine Website aufzurufen, die gegen diese Vorschrift verstößt, oder (c) bei der keine gültige Adresse vorhanden ist, an die der Empfänger eine Aufforderung zur Einstellung solcher Nachrichten richten kann, ohne dass hierfür andere als die Übermittlungskosten nach den Basistarifen entstehen". Die Regelung soll es dem Werbeadressaten ermöglichen, sich vor unerbetener Werbung zu schützen, insbes. auch eine Einwilligung zu widerrufen, und etwaige Ansprüche gegen den Werbenden durchzusetzen. Sie dient der Umsetzung des **Art. 13 IV ePrivacy-RL**, der durch die RL 2009/136/EG v. 25.11.2009 **neu gefasst** wurde, und ist dementsprechend richtlinienkonform auszulegen (→ Rn. 280). Es handelt sich insoweit um Per-se-Verbote, die nach Art. 3 IV UGP-RL der UGP-RL vorgehen. – Die Regelung des § 7 II Nr. 3 ist unabhängig davon anwendbar, ob eine Einwilligung in die Werbung mit Nachrichten iSv § 2 I Nr. 5 vorliegt oder nicht. Es können also die Tatbestände des § 7 II Nr. 1, 2 und 3 nebeneinander erfüllt sein. – Unabhängig von § 7 verbietet es **§ 6 II TMG** Unternehmen, die per E-Mail werben, in der Kopf- und Betreffzeile den Absender und den kommerziellen Charakter der Nachricht zu verheimlichen oder zu verschleiern (dazu Kitz DB 2007, 385). Dabei handelt es sich nicht um eine Marktverhaltensregelung iSd § 3a, sondern um einen Fall der Irreführung durch Unterlassen iSv § 5b IV (BGH WRP 2022, 847 Rn. 23 – Knuspermüsli II).

2. Tatbestand

280 **a) Werbung mit Nachrichten.** Es muss eine „Werbung mit Nachrichten" vorliegen. Der Begriff der **„Nachrichten"** ist in § 2 I Nr. 5 (inhaltsgleich mit Art. 2 S. 2 lit. d ePrivacy-RL) definiert. Darunter fallen Mitteilungen unter Nutzung elektronischer Kommunikationsmedien, wie Telefonanrufe, SMS- und Faxmitteilungen und E-Mail-Nachrichten. Allerdings geht der Wortlaut des § 7 II Nr. 3 über Art. 13 IV ePrivacy-RL weit hinaus. Denn diese Vorschrift bezieht sich nicht generell auf „Nachrichten" iSd Definition in Art. 2 S. 2 lit. d dieser Richtlinie, sondern nur auf das **„Versenden elektronischer Nachrichten".** Damit sind aber – entsprechend der englischen Fassung („electronic mail") – nur **E-Mails** (und ggf. SMS) gemeint. Daher ist § 7 II Nr. 3 in einschränkender, aber **richtlinienkonformer Auslegung** auf die Fälle der **E-Mail-Werbung** und **SMS-Werbung** zu beschränken. Dies gilt umso mehr, als die Anforderungen dieser Vorschrift in einer Telefonwerbung praktisch nicht zu erfüllen sind – im Gegensatz zu den Anforderungen für die vom Unternehmer veranlassten Telefongespräche nach

§ 312a I BGB. Hinzu kommt, dass Art. 13 IV ePrivacy-RL durch die RL 2009/136/EG v. 25.11.2009 wesentlich verschärft worden ist. Danach ist nämlich das Versenden elektronischer Nachrichten zu Zwecken der Direktwerbung ua auch dann verboten, wenn sie gegen Art. 6 I E-Commerce-RL verstoßen. Es müssen maW auch die darin aufgeführten Informationspflichten erfüllt werden (→ Rn. 281).

b) Verschleierung oder Verheimlichung der Identität des Werbenden. Die Werbung **281** darf die Identität des Werbenden nicht verschleiern oder verheimlichen. Dadurch soll insbes. die Durchsetzung etwaiger Ansprüche gegen den Werbenden erleichtert werden (vgl. Begr. RegE zu § 7 II Nr. 4 aF UWG 2004, BT-Drs. 15/1487, 21). Ein Verschleiern liegt vor, wenn zwar ein Name angegeben wird, dahinter aber keine oder eine andere Person steht als der Werbende (Schein- oder Tarnadressen). Ein Verheimlichen liegt vor, wenn überhaupt kein Name angegeben wird oder nur eine Adressangabe, aus der die Identität des Werbenden nicht hervorgeht (zB bloße Angabe einer Postfach- oder Faxnummer oder einer E-Mail-Adresse). – Im Bürgerlichen Recht sind vergleichbare Informationspflichten angeordnet (vgl. § 312d I und II BGB iVm Art. 246a, 246b EGBGB), deren Verletzung den Tatbestand des § 3a und des § 2 I UKlaG erfüllen kann.

c) Verstoß gegen § 6 I TMG oder Aufforderung zum Aufruf einer entsprechenden **282** **Website.** Die Regelung dient der (verspäteten) Umsetzung des 2009 geänderten Art. 13 IV ePrivacy-RL. Ein Verstoß gegen § 6 I TMG liegt vor, wenn die darin genannten „besonderen Informationspflichten bei kommerziellen Kommunikationen" nicht erfüllt sind. § 6 I TMG dient wiederum der Umsetzung des Art. 6 E-Commerce-RL und ist richtlinienkonform aus-zulegen. Nach § 6 III TMG bleiben die Vorschriften des UWG unberührt, so dass Verstöße gegen § 6 I TMG auch nach §§ 3 I, 5a II, IV und § 3a geahndet werden können. – Dem unmittelbaren Verstoß gegen § 6 I TMG steht es gleich, wenn der Empfänger aufgefordert wird, eine Website aufzurufen, auf der gegen diese Vorschrift verstoßen wird. Der Begriff der „Websi-te" wurde aus der Richtlinie übernommen. Darunter ist die gesamte Internetpräsenz eines Anbieters zu verstehen, die aus einer Vielzahl einzelner Internetseiten bestehen kann. Erfasst werden nicht nur „klassische" Internetpräsenzen, sondern auch Angebote im mobilen Internet oder Angebote in Verkaufsportalen, in denen zum Beispiel „Apps" für Smartphones vertrieben werden.

d) Fehlen einer gültigen Adresse. Es muss schließlich bei der Werbung eine gültige Adresse **283** vorhanden sein, an die der Empfänger eine Aufforderung zur Einstellung solcher Nachrichten richten kann. Der Empfänger soll nämlich jederzeit die Möglichkeit haben, die Einstellung der Nachrichten zu verlangen, und zwar auch dann, wenn er zuvor – wie in den Fallgruppen der Nummer 1 und 2 vorausgesetzt – seine Einwilligung erklärt hat (vgl. Begr. RegE zu § 7 II Nr. 4 aF, BT-Drs. 15/1487, 21). Bei der „gültigen Adresse" kann es sich um eine Postadresse, eine Telefon- oder Faxnummer oder eine E-Mail-Adresse handeln. Nicht erforderlich ist die Angabe einer ladungsfähigen oder einer inländischen Anschrift. Für die Mitteilung dürfen dem Emp-fänger keine anderen als die Übermittlungskosten nach den Basistarifen entstehen. Diese Voraus-setzung ist zB dann nicht erfüllt, wenn eine Mehrwertdiensterufnummer angerufen werden muss (vgl. Begr. RegE zu § 7 II Nr. 4 aF UWG 2004, BT-Drs. 15/1487, 21). Außerdem darf dem Empfänger keine „Gebühr" für die Einstellung der Werbung abverlangt werden (vgl. Art. 13 III ePrivacy-RL: „gebührenfrei"). Dagegen braucht der Werbende nicht die Kosten des Wider-spruchs zu übernehmen.

Einwilligung in Telefonwerbung

7a (1) **Wer mit einem Telefonanruf gegenüber einem Verbraucher wirbt, hat dessen vorherige ausdrückliche Einwilligung in die Telefonwerbung zum Zeitpunkt der Erteilung in angemessener Form zu dokumentieren und gemäß Absatz 2 Satz 1 aufzubewahren.**

(2) **¹Die werbenden Unternehmen müssen den Nachweis nach Absatz 1 ab Erteilung der Einwilligung sowie nach jeder Verwendung der Einwilligung fünf Jahre aufbewah-ren. ²Die werbenden Unternehmen haben der nach § 20 Absatz 3 zuständigen Ver-waltungsbehörde den Nachweis nach Absatz 1 auf Verlangen unverzüglich vorzule-gen.**

Übersicht

I. Entstehungsgeschichte und Normzweck

1   § 7a wurde durch das G für faire Verbraucherverträge v. 10.8.2021 (BGBl. 2021 I 3433) in das UWG eingefügt und ist am 1.10.2021 in Kraft getreten. Die Vorschrift knüpft an § 7 II Nr. 2 (ab 28.5.2022: § 7 II Nr. 1 nF) an (→ § 7 Rn. 129 ff.). Danach ist bei Werbung mit einem Telefonanruf gegenüber einem Verbraucher ohne dessen vorherige ausdrückliche Einwilligung stets eine unzumutbare Belästigung anzunehmen. Ein vorsätzlicher oder fahrlässiger Verstoß gegen diese Vorschrift stellt eine Ordnungswidrigkeit nach § 20 I Nr. 1 dar.

2   Die in § 7a I angeordnete Verpflichtung zur Dokumentation der Einwilligung der Verbraucher in die Telefonwerbung zum Zeitpunkt der Erteilung der Einwilligung und zu ihrer Aufbewahrung sowie die Einführung eines entsprechenden Bußgeldtatbestands in § 20 I Nr. 2 soll die Sanktionierung unerlaubter Telefonwerbung effizienter gestalten (BT-Drs. 19/26915, 14, 16 und 33). Damit sollen Anreize für einen Verstoß gegen das Gebot reduziert werden (BT-Drs. 19/26915, 16).

3   Außerdem soll es die Pflicht zur Dokumentation den werbenden Unternehmen erleichtern, die Wirksamkeit der Einwilligung zu prüfen (BT-Drs. 19/26915, 14). Denn sie tragen die Darlegungs- und Beweislast für deren Vorliegen (vgl. Art. 7 I DS-GVO). Zur Wirksamkeit einer Einwilligung → § 7 Rn. 184 ff.

4   Darüber hinaus kann es die ordnungsmäßige Dokumentation den werbenden Unternehmen ermöglichen, sich gegen den Unterlassungsanspruch eines nach § 8 III Anspruchsberechtigten, gestützt auf § 8 I iVm § 7 II Nr. 1, oder des betroffenen Verbrauchers, gestützt auf die § 823 I BGB, § 1004 BGB (Verletzung des Allgemeinen Persönlichkeitsrechts), zu verteidigen. Denn die Darlegungs- und Beweislast für die Einwilligung trifft den werbenden Unternehmer (→ § 7 Rn. 203).

II. Voraussetzungen und Reichweite einer vorherigen ausdrücklichen Einwilligung

5   Zu den Voraussetzungen einer vorherigen ausdrücklichen Einwilligung → § 7 Rn. 166–178. Zur Reichweite einer solchen Einwilligung → § 7 Rn. 179–183.

III. Pflicht zur Dokumentierung der vorherigen ausdrücklichen Einwilligung

1. Pflicht zur Dokumentierung in angemessener Form

6   § 7a I begründet die Pflicht zur Dokumentierung der Einwilligung **„in angemessener Form"**. Das bedeutet zunächst, dass keine bestimmte Form vorgeschrieben ist. Die Angemessenheit der Form der Dokumentation hängt vielmehr von der Art und Weise der Einwilligung ab. Grundsätzlich kann die Einwilligung auch (fern-)mündlich erfolgen (BT-Drs. 19/26915, 33). In diesem Fall kann die Dokumentation an sich auch in einer elektronischen Tonaufzeichnung („audiofile"-Verfahren, → § 7 Rn. 204) bestehen. In Betracht kommt ferner das elektronische

„Double-opt-in-Verfahren" (→ § 7 Rn. 205). Schließlich kommt die schriftliche Bestätigung in Betracht (→ § 7 Rn. 206). Allerdings muss die Einwilligung stets derart dokumentiert sein, dass wahrscheinlich ist, dass die personenbezogenen Daten und die entsprechende Einwilligung zur werblichen Verwendung tatsächlich über den behaupteten Weg (wie zum Beispiel ein Online-Gewinnspiel) eingeholt wurden und die Person, deren personenbezogenen Daten in der Einwilligung genannt werden, diese auch tatsächlich abgegeben hat (BT-Drs. 19/26915, 33). Zudem müssen Inhalt und Umfang der Einwilligung dokumentiert werden. Die Bundesnetzagentur kann nach § 7a II 2 als zuständige Behörde Hinweise veröffentlichen, wie sie den unbestimmten Rechtsbegriff der „angemessenen Dokumentation" auslegen wird (BT-Drs. 19/26915, 33). Allerdings ist die Rechtsauffassung dieser Behörde für die Gerichte nicht bindend.

2. Zeitpunkt der Dokumentation

Die Dokumentation muss nach § 7a I im Zeitpunkt der Erteilung der Einwilligung erfolgen. **7** Wurde die Einwilligung in schriftlicher Form erteilt und geht daraus auch der Inhalt und Umfang der Einwilligung hervor, ist keine gesonderte Dokumentation erforderlich. Insoweit besteht nur eine Aufbewahrungspflicht. Bei einer auf elektronischem Weg erteilten Einwilligung (E-Mail) ist zu verlangen, dass sie auf einem dauerhaften Datenträger, ggf. auch in Papierform, festgehalten wird. Eine telefonisch erteilte Einwilligung (→ Rn. 5) muss unverzüglich in geeigneter Weise so dokumentiert werden, dass alle relevanten Daten (Name und Anschrift des Einwilligenden sowie Zeitpunkt, Inhalt und Umfang der Einwilligung) daraus ersichtlich und überprüfbar sind. Ob dafür eine bloße Tonaufzeichnung genügt, hängt von den Umständen des Einzelfalls ab, insbes. davon, ob die Einwilligung nur für eine einmalige oder für eine wiederholte Nutzung erteilt wird.

IV. Aufbewahrungspflicht

1. Adressat der Aufbewahrungspflicht

Die Aufbewahrungspflicht trifft das „werbende Unternehmen". Das gilt unabhängig davon, **8** ob die Person, die iSd § 7a I „mit einem Telefonanruf wirbt", der Unternehmer selbst oder ein Organ (§ 31 BGB), ein Mitarbeiter oder eine vom Unternehmen beauftragte Person (§ 8 II) ist.

2. Dauer der Aufbewahrungspflicht

Die werbenden Unternehmen müssen den Nachweis nach § 7a I, dh die Dokumentation, **9** nach Abs. 2 ab Erteilung der Einwilligung sowie nach jeder Verwendung der Einwilligung **fünf Jahre** aufbewahren. Diese Frist wurde nach dem Vorbild des § 83 VIII WpHG gewählt.

3. Verwendung der Einwilligung

Unter **Verwendung** der Einwilligung ist jede konkrete telefonische Werbung, insbes. die **10** Werbung für den Abschluss eines Vertrags mit dem jeweiligen Verbraucher, zu verstehen. Bei wiederholten Werbeanrufen kann sich daher die Frist entsprechend immer wieder verlängern. Die Regelung ist indes nicht dahin zu verstehen, dass eine erteilte Einwilligung stets auch fünf Jahre Gültigkeit besitzen würde. Denn viele Verbraucher werden sich an eine einmal erteilte mündliche Einwilligung nicht mehr erinnern können oder haben keine Kopie mehr davon. Die Einwilligung kann auch schon vor Ablauf der Fünfjahresfrist durch Zeitablauf (→ § 7 Rn. 148) oder durch Widerruf erloschen sein (→ § 7 Rn. 148a).

V. Vorlagepflicht

Nach § 7a II 2 haben die werbenden Unternehmen der nach **§ 20 Abs. 3** zuständigen Ver- **11** waltungsbehörde, der **Bundesnetzagentur,** den Nachweis nach Abs. 1 auf Verlangen unverzüglich vorzulegen. Da die Behörde im Bußgeldverfahren das Fehlen einer wirksamen Einwilligung zu beweisen hat, dient die Vorlagepflicht dazu, es ihr zu ermöglichen, die von Verbrauchern vorgelegten Sachverhalte, also Beschwerden wegen unerlaubter Telefonwerbung, **aufzuklären, effizient zu beurteilen** und zu **sanktionieren.** Denn in vielen Fällen werden keine Nachweise vorgelegt oder Verbraucher erklären bei Vorlage der entsprechenden Einwilligung vielfach, dass sie die Einwilligung nicht abgegeben haben oder dass die in der Einwilligung verwendeten persönlichen Daten nicht korrekt sind (BT-Drs. 19/26915, 33). Der Begriff **„unverzüglich"** ist iSd § 121 BGB zu verstehen, bedeutet also ohne schuldhaftes Zögern.

VI. Sanktionierung

12   Hat das werbende Unternehmen vorsätzlich oder fahrlässig entgegen § 7a I Nr. 2 eine dort genannte Einwilligung nicht, nicht richtig, nicht vollständig oder nicht rechtzeitig dokumentiert oder nicht oder nicht mindestens fünf Jahre aufbewahrt, so handelt es nach § 20 I ordnungswidrig. Diese Ordnungswidrigkeit kann von der Bundesnetzagentur nach § 20 II mit einer Geldbuße bis zu 50.000 EUR geahndet werden.

VII. Fehlende Einwilligung in den Werbeanruf und nachfolgender Vertragsschluss

13   Ist der Werbeanruf ohne die erforderliche wirksame Einwilligung erfolgt, so führt dies nicht ohne Weiteres auch zur Unwirksamkeit eines während dieses Anrufs abgeschlossenen Vertrags mit dem Verbraucher. (Ausgenommen sind Fälle eines sog. Doppelmangels, etwa fehlende oder beschränkte Geschäftsfähigkeit des Verbrauchers.) Jedoch kommt im Einzelfall eine Anfechtung wegen Irrtums (§ 119 BGB) oder arglistiger Täuschung (§ 123 BGB) sowie ein Anspruch auf Vertragsaufhebung wegen fahrlässiger Täuschung (§§ 311a, 241 II BGB, § 280 I BGB, § 249 I BGB) in Betracht (vgl. Grüneberg/Grüneberg BGB § 311 Rn. 13).

14   Zum Schutz des Verbrauchers vor telefonisch geschlossenen **Energielieferungsverträgen**, die dem Verbraucher möglicherweise aufgedrängt oder untergeschoben wurden, müssen solche Verträge eine Vielzahl von Angaben enthalten (§ 41 I 2 EnWG).

VIII. Ergänzende Vorschriften

15   Die Dokumentationspflicht nach § 7a stellt eine Marktverhaltensregelung im Interesse der Verbraucher iSd § 3a dar. Ihre Verletzung löst daher Ansprüche nach § 8 I, III aus. – In einem sachlichen Zusammenhang mit § 7a steht auch die Informationspflicht des anrufenden Unternehmers nach § 312a BGB, die ebenfalls eine Marktverhaltensregelung iSd § 3a darstellt (→ § 3a Rn. 1.312; BGH WRP 2018, 1069 Rn. 11 f. – Namensangabe).

Kapitel 2. Rechtsfolgen

Beseitigung und Unterlassung

8 (1) ¹Wer eine nach § 3 oder § 7 unzulässige geschäftliche Handlung vornimmt, kann auf Beseitigung und bei Wiederholungsgefahr auf Unterlassung in Anspruch genommen werden. ²Der Anspruch auf Unterlassung besteht bereits dann, wenn eine derartige Zuwiderhandlung gegen § 3 oder § 7 droht.

(2) Werden die Zuwiderhandlungen in einem Unternehmen von einem Mitarbeiter oder Beauftragten begangen, so sind der Unterlassungsanspruch und der Beseitigungsanspruch auch gegen den Inhaber des Unternehmens begründet.

(3) Die Ansprüche aus Absatz 1 stehen zu:

1. jedem Mitbewerber, der Waren oder Dienstleistungen in nicht unerheblichem Maße und nicht nur gelegentlich vertreibt oder nachfragt,
2. denjenigen rechtsfähigen Verbänden zur Förderung gewerblicher oder selbstständiger beruflicher Interessen, die in der Liste der qualifizierten Wirtschaftsverbände nach § 8b eingetragen sind, soweit ihnen eine erhebliche Zahl von Unternehmern angehört, die Waren oder Dienstleistungen gleicher oder verwandter Art auf demselben Markt vertreiben, und die Zuwiderhandlung die Interessen ihrer Mitglieder berührt,
3. den qualifizierten Verbraucherverbänden, die in der Liste nach § 4 des Unterlassungsklagengesetzes eingetragen sind, und den qualifizierten Einrichtungen aus anderen Mitgliedstaaten der Europäischen Union, die in dem Verzeichnis der Europäischen Kommission nach Artikel 5 Absatz 1 Satz 4 der Richtlinie (EU) 2020/1828 des Europäischen Parlaments und des Rates vom 25. November 2020 über Verbandsklagen zum Schutz der Kollektivinteressen der Verbraucher und zur Aufhebung der Richtlinie 2009/22/EG (ABl. L 409 vom 4.12.2020, S. 1) eingetragen sind,
4. den Industrie- und Handelskammern, den nach der Handwerksordnung errichteten Organisationen und anderen berufsständischen Körperschaften des öffentlichen Rechts im Rahmen der Erfüllung ihrer Aufgaben sowie den Gewerkschaften im Rahmen der Erfüllung ihrer Aufgaben bei der Vertretung selbstständiger beruflicher Interessen.

(4) Stellen nach Absatz 3 Nummer 2 und 3 können die Ansprüche nicht geltend machen, solange ihre Eintragung ruht.

(5) ¹§ 13 des Unterlassungsklagengesetzes ist entsprechend anzuwenden; in § 13 Absatz 1 und 3 Satz 2 des Unterlassungsklagengesetzes treten an die Stelle der dort aufgeführten Ansprüche nach dem Unterlassungsklagengesetz die Ansprüche nach dieser Vorschrift. ²Macht eine anspruchsberechtigte Stelle nach Absatz 3 Nummer 3 Ansprüche nach Absatz 1 gerichtlich geltend, so sind die §§ 5a und 6a des Unterlassungsklagengesetzes entsprechend anzuwenden. ³Im Übrigen findet das Unterlassungsklagengesetz keine Anwendung, es sei denn, es liegt ein Fall des § 2a des Unterlassungsklagengesetzes vor.

Gesamtübersicht*

---

* Detailübersichten finden sich zu Beginn der Abschnitte.

1. Abschnitt. Wettbewerbsrechtliche Abwehransprüche (§ 8 I)

Übersicht

Schrifttum: H.-J. Ahrens, Unterlassungsschuldnerschaft beim Wechsel des Unternehmensinhabers, GRUR 1996, 518; H.-J. Ahrens, Beseitigung kraft Unterlassungstitels: berechtigter Aufstand gegen den BGH? – Zugleich Besprechung von BGH „Produkte zur Wundversorgung", GRUR 2018, 374; Bacher, Die Beeinträchtigungsgefahr als Voraussetzung für Unterlassungsklagen im Wettbewerbsrecht und in anderen Gebieten des Zivilrechts, 1996; Berlit, Aufbrauchsfrist im Gewerblichen Rechtsschutz und Urheberrecht, 1997; Berlit, Zur Frage der Einräumung einer Aufbrauchsfrist im Wettbewerbsrecht, Markenrecht und Urheberrecht, WRP 1998, 250; Bernreuther, Titelgläubiger, Vertragsgläubiger und erneuter Unterlassungsschuldner, WRP 2012, 796; Beuchler, Wegfall der Wiederholungsgefahr im Wettbewerbs- und Verbraucherrecht, VuR 2007, 66; A. Beyer, Unterlassungserklärung ohne Vertragsstrafeversprechen in Fällen des § 13a Abs. 2 UWG ausreichend, jurisPR-ITR 15/2021 Anm. 6; Borck, Über unbegründete Nebenentscheidungen in Unterlassungsurteilen, WRP 1997, 1162; Borck, Über unrichtig gewordene Unterlassungstitel und deren Behandlung, WRP 2000, 9; Bornkamm, Unterlassungstitel und Wiederholungsgefahr, FS Tilmann, 2003, 769; Buchmann/Panfili, Die praktischen Folgen des neuen UWG auf Wettbewerber im Online-Handel, K&R

2021, 21; Buchmann/Stillner, Wer missbraucht das UWG? – Das neue UWG im (un)fairen Wettbewerb mit private enforcement, Politik und Populismus; Bunte, Folgenbeseitigungsanspruch nach dem UWG bei unzulässigen AGB-Klauseln?, ZIP 2016, 956; Büch, Die Erstbegehungsgefahr und ihre Ausräumung im gewerblichen Rechtsschutz, FS Bornkamm, 2014, 15; v. Czettritz/Thewes, Rückrufverpflichtung in einstweiligen Verfügungsverfahren?, PharmR 2017, 92; E. Deutsch/H.-J. Ahrens, Deliktsrecht, 6. Aufl. 2014; A. Dissmann, Unterlassungsanspruch und Beseitigungsanspruch – Schnittmenge, Teilmenge oder doch gar zwei verschiedene Dinge? – Eine kritische Auseinandersetzung mit den BGH-Entscheidungen Hot Sox und RESCUE TROPFEN, MarkenR 2017, 293; R. Dissmann, Unterlassung und Rückruf – die europäische Perspektive, GRUR 2017, 986; Doepner, Wiederholungsgefahr – Ausräumung mit Drittwirkung?, FS Mes, 2009, 71; Ernst-Moll, Beseitigungsanspruch und Rückruf im gewerblichen Rechtsschutz, FS Klaka, 1987, 16; Foerste, Umschreibung des Unterlassungstitels bei Betriebserwerb – negatorische Haftung und Betriebsinhaberhaftung nach § 13 IV UWG, GRUR 1998, 450; Fritzsche, Unterlassungsanspruch und Unterlassungsklage, 2000; Fritzsche, Der Beseitigungsanspruch im Kartellrecht nach der 7. GWB-Novelle – Zugleich ein Beitrag zur Dogmatik des quasi-negatorischen Beseitigungsanspruchs, WRP 2006, 42; Fritzsche, Folgenbeseitigungsansprüche im Zivilrecht, Editorial WRP Heft 3/2019; Goldmann, Anmerkung zu BGH GRUR 2016, 720 – Hot Sox, GRUR 2016, 724; Gruber, Der wettbewerbsrechtliche Unterlassungsanspruch nach einem „Zweitverstoß", WRP 1991, 279; Gruber, Die tatsächliche Vermutung der Wiederholungsgefahr, WRP 1991, 368; Gruber, Grundsatz des Wegfalls der Wiederholungsgefahr, WRP 1992, 71; GRUR-Fachausschuss für Wettbewerbs- und Markenrecht, „Zwischenruf" zum Verhältnis von Unterlassung und Beseitigung im Gewerblichen Rechtsschutz und insbesondere im Wettbewerbsrecht, GRUR 2017, 885; Hartwig, Die auflösend bedingte Unterlassungs- und Verpflichtungserklärung, FS Pagenberg, 2006, 301; Heckelmann, Zum wettbewerbsrechtlichen Unterlassungsvertrag bei Wegfall der Geschäftsgrundlage und dem Verbot der geltungserhaltenden Reduktion nach dem AGBG, WRP 1995, 166; Helle, Der Ausschluss privatrechtlichen Ehrenschutzes gegenüber Zeugenaussagen im Strafverfahren, NJW 1987, 233; Hermanns, Der Unterlassungsanspruch als verkappter Rückrufanspruch? – Eine dogmatische Untersuchung der Ausdehnung tenorierter Unterlassungspflichten auf eine generelle Rückrufpflicht, GRUR 2017, 977; Hofmann, Versteckte Haftungsfalle beim neuen UWG bei der Durchsetzung des Unterlassungsanspruchs durch Mitbewerber?, WRP 2021, 1; Hofmeister, Die Fischdose der Pandora – Rechtsfragen zur Durchsetzung der Unterlassung von abwerbenden Äußerungen in Patentschriften, Mitt 2010, 178; R. Jacobs, Zum Anspruch auf Drittauskunft beim wettbewerbsrechtlichen Leistungsschutz, GRUR 1994, 634; Jauernig, Einstweilige Verfügung gegen ein Bezugsverbot?, NJW 1973, 1671; Kisseler, Die Aufbrauchfrist im vorprozessualen Abmahnverfahren, WRP 1991, 691; Klute, Die aktuellen Entwicklungen im Lauterkeitsrecht, NJW 2017, 1648; Köhler, Zum „Wiederaufleben der Wiederholungsgefahr" beim wettbewerblichen Unterlassungsanspruch, GRUR 1989, 804; Köhler, Vertragliche Unterlassungspflichten, AcP 190 (1990), 496; Köhler, Die wettbewerbsrechtlichen Abwehransprüche (Unterlassung, Beseitigung, Widerruf), NJW 1992, 137; Köhler, Grenzen der Mehrfachklage und Mehrfachvollstreckung im Wettbewerbsrecht, WRP 1992, 359; Köhler, Die Begrenzung wettbewerbsrechtlicher Ansprüche durch den Grundsatz der Verhältnismäßigkeit, GRUR 1996, 82; Köhler, Die Auswirkungen der Unternehmensveräußerung auf gesetzliche und vertragliche Unterlassungsansprüche, WRP 2000, 921; Köhler, Zur Geltendmachung und Verjährung von Unterlassungsansprüchen, JZ 2005, 489; Köhler, Wegfall der Erstbegehungsgefahr durch „entgegengesetztes Verhalten"?, GRUR 2011, 879; Köhler, Der wettbewerbsrechtliche Beseitigungsanspruch – ein Folgenbeseitigungsanspruch?, WRP 2019, 269; Körner, Befristete und unbefristete Unterlassungstitel bei Wettbewerbsverstößen, GRUR 1985, 909; Ch. Krüger, Wiederholungsgefahr – unteilbar? GRUR 1984, 785; Kruis, Beseitigungsanspruch nach § 8 UWG statt Musterfeststellungsklage? – Hard cases make bad law (§ 8 UWG) – Zugleich Besprechung OLG Dresden v. 10.4.2018 – 14 U 82/16, ZIP 2018, 1919; Leisse, Schadenersatz durch befristete Unterlassung, FS Traub, 1994, 229; Lettl, Kein vorbeugender Schutz des Persönlichkeitsrechts gegen Bildveröffentlichung?, NJW 2008, 2160; Lindacher, Unterlassungs- und Beseitigungsanspruch – Das Verhältnis der wettbewerbsrechtlichen Abwehransprüche im Spiegel des Erkenntnisverfahrens-, Vollstreckungs- und Verjährungsrechts, GRUR 1985, 423; Lindacher, Zur wettbewerbsrechtlichen Unterlassungshaftung der Presse im Anzeigengeschäft, WRP 1987, 585; Lindacher, Der „Gegenschlag" des Abgemahnten, FS v Gamm, 1990, 83; v. Linstow, Die aber rechtsverletzende Titelschutzanzeige, FS Erdmann, 2002, 375; Lohse, § 1004 BGB als Rechtsgrundlage für Zahlungsansprüche?, AcP 201 (2001), 902; Lorenz, Die modifizierte Unterlassungserklärung in Tauschbörsenfällen, VuR 2011, 323; Loschelder, Anspruch aus § 1 UWG, gerichtet auf die Unterlassung einer Unterlassung, WRP 1999, 57; Lubberger, Zu Risiken und Nebenwirkungen kontaktieren Sie Ihren Anwalt oder Richter – Besprechung von BGH „Produkte zur Wundversorgung", GRUR 2018, 378; Mankowski, Für einen Wegfall der Fortsetzungszusammenhangs bei der Unterlassungsvollstreckung, WRP 1996, 1144; Meinhardt, Neues und altes UWG in der Gerichtspraxis – Aktuelle Entscheidungen, WRP 2022, 9; Mels/Franzen, Rechtsnachfolge in die gesetzliche Unterlassungsschuld des Wettbewerbsrechts – Zugleich eine kritische Stellungnahme zur „Schuldnachfolge"-Entscheidung des BGH, GRUR 2008, 968; Melullis, Zu den Auswirkungen der UWG-Novelle v. 25.7.1994 auf bestehende Unterlassungsverpflichtungen, FS Piper, 1996, 375; Möller, Das Gesetz zur Stärkung des fairen Wettbewerbs, NJW 2001, 1; Mörger, Ausgewählte Probleme im neuen UWG: Fortfall der Wiederholungsgefahr ohne Vertragsstrafeversprechen?, WRP 2021,885; Nägele, Das konkrete Wettbewerbsverhältnis – Entwicklungen und Ausblick, WRP 1996, 997; Nieder, Aufbrauchfrist via Unterwerfungserklärung?, WRP 1999, 583; Ott, Erfüllung von Löschungspflichten bei Rechtsverletzungen im Internet, WRP 2007, 605; Petersenn/Graber, Rückrufverpflichtung auch im Verfügungsverfahren, GRUR-Prax 2017, 362; Pohlmann, Das Rechtsschutzbedürfnis bei der

Durchsetzung wettbewerbsrechtlicher Unterlassungsansprüche, GRUR 1993, 361; Pokrant, Zur vorprozessualen Erfüllung wettbewerbsrechtlicher Unterlassungsansprüche, FS Erdmann, 2002, 863; Pres, Rückrufverpflichtung als Teil des Unterlassungsanspruchs, GRUR-Prax 2017, 50; E. Rehbinder, Vergütung für eingespeisten Strom im Wege der Beseitigung auch nach Betriebseinstellung?, NJW 1997, 564; Reich, Zur Möglichkeit und Durchsetzung eines sog. Folgenbeseitigungsanspruchs im UWG und im AGB-Recht – das Flexstrom-Urteil des KG v. 27.3.2013 und die Folgen für unberechtigt geforderte Energiepreis"anpassungen" durch die Versorger, VuR 2014, 247; Retzer, Vernichtungsanspruch bei Nachahmung, FS Piper, 1996, 421; Rheineck, Rückrufpflichten des Unterlassungsschuldners?, WRP 1992, 753; Rüßmann, Die Bindungswirkung rechtskräftiger Unterlassungsurteile, FS Lüke, 1997, 675; Sack, Die Durchsetzung unlauter zustande gebrachter Verträge als unlauterer Wettbewerb?, WRP 2002, 396; Sakowski, BB-Kommentar – „Ein auf Unterlassung des Vertriebs bestimmter Produkte gerichteter Titel umfasst grundsätzlich die Pflicht des Schuldners zum Produktrückruf", BB 2017, 275; Sakowski, Unterlassen durch Rückruf – „Hot Sox" und „RESCUE-Produkte" und die Folgen, GRUR 2017, 355; Schacht, Die Prüfung konkreter Unterlassungspflichten im Erkenntnisverfahren, WRP 2017, 1055; W. Schmid, Überlegungen zum Sinn und zu den Rechtsfolgen von Titelschutzanzeigen, FS Erdmann, 2002, 469; Schmitt-Gaedke/P. M. Schmidt: Vollstreckung des Unterlassungstitels: Was hat der Schuldner zu unterlassen, was muss er tun?, GRUR-Prax 3027, 343; Schnepel, Zum Streit um das „Wiederaufleben der Wiederholungsgefahr" beim wettbewerblichen Unterlassungsanspruch, WRP 1994, 467; Schrader, Wettbewerbsrechtliche Unterlassungs- und Beseitigungsanspruch gegen Vorstandsmitglieder oder gegen die Aktiengesellschaft?, DB 1994, 2221; Schuschke, Wiederholte Verletzungshandlungen: Natürliche Handlungseinheit, Fortsetzungszusammenhang und Gesamtstrafe im Rahmen des § 890 ZPO, WRP 2000, 1008; Sosnitza, Wettbewerbsrechtliche Fragen nach dem „Gesetz zur Stärkung des fairen Wettbewerbs", GRUR 2021, 671; Spätgens, Drittwirkung bei Bewilligung einer Aufbrauchfrist, WRP 1994, 693; Steiniger, Unterlassungstitel – Verletzungshandlung – Kerntheorie – oder warum man Untersagungsgeboten Folge leisten sollte, WRP 2000, 1415; Stelzer, Beseitigung der Wiederholungsgefahr eines Wettbewerbsverstoßes durch Abgabe einer einfachen Unterlassungserklärung ohne Strafbewehrung, EWiR 2021, 734; Teplitzky, Unterwerfung oder Unterlassungsurteil? Zur Frage des aus der Verletzerperspektive „richtigen" Streiterledigungsmittels, WRP 1996, 171; Teplitzky, Die Auflösung von Unterwerfungsverträgen mit nicht mehr verfolgungsberechtigten Gläubigern, WRP 1996, 1004; Teplitzky, Streitgegenstand und materielle Rechtskraft im wettbewerbsrechtlichen Unterlassungsprozess, GRUR 1998, 320; Teplitzky, Die jüngste Rechtsprechung des BGH zum wettbewerbsrechtlichen Anspruchs- und Verfahrensrecht I bis XI, GRUR 1989, 661; GRUR 1990, 393; GRUR 1991, 709; GRUR 1992, 821; GRUR 1993, 857; GRUR 1994, 765; GRUR 1995, 627; GRUR 1997, 691; GRUR 1999, 1050; GRUR 2003, 272; GRUR 2007, 177; Thun, Der immaterialgüterrechtliche Vernichtungsanspruch, 1998; Tillmanns, Anmerkung zu BGH 29.9.2016 – I ZB 34/15 – Rückruf von RESCUE-Produkten, MPR 2017, 65; Ullmann, Erstbegehungsgefahr durch Vorbringen im Prozess?, WRP 1996, 1007; Ulrich, Die Aufbrauchsfrist im Verfahren der einstweiligen Verfügung, GRUR 1991, 26; Ulrich, Die Vollstreckungsabwehrklage in Wettbewerbssachen, FS Traub, 1994, 423; Ulrich, Die fortgesetzte Handlung im Zivilrecht, WRP 1997, 1; Ulrich, Abänderungsklage (§ 323 ZPO) oder/und Vollstreckungsabwehrklage (§ 767 ZPO) bei „unrichtig gewordenen" Unterlassungstiteln?, WRP 2000, 1054; Ulrici, Die Eindämmung von Abmahnmissbrauch und das Recht der Vertragsstrafe – Zum aktuellen Regierungsentwurf eines Gesetzes zur Stärkung des fairen Wettbewerbs, WRP 2019, 1117; Vogt, Die Entwicklung des Wettbewerbsrechts in den Jahren 2003 bis 2005, NJW 2006, 2960; Voit, Zur Frage der Rückrufverpflichtung auf der Grundlage eines Unterlassungsanspruchs nach der Rescue-Tropfen-Entscheidung des Bundesgerichtshofs vom 29.9.2016, PharmaR 2018, 1; Völp, Änderung der Rechts- oder Sachlage bei Unterlassungstiteln, GRUR 1984, 486; Walchner, Der Beseitigungsanspruch im gewerblichen Rechtsschutz und Urheberrecht, 1998; Walter, Ehrenschutz gegenüber Parteivorbringen im Zivilprozess, JZ 1986, 614.

A. Grundzüge

I. Wettbewerbsrechtliche Abwehransprüche

1. Neuregelung im UWG 2004

Im **UWG 2004** sind die **Verbote** und die **Anspruchsgrundlagen** voneinander getrennt **1.1** geregelt. Während die §§ 3–7 das unlautere Verhalten umschreiben, sind die Ansprüche, die durch ein solches Verhalten ausgelöst werden, umfassend in den §§ 8–10 geregelt, wobei **§ 8 I die Abwehransprüche** (Beseitigung und Unterlassung), **§ 9 den Schadensersatzanspruch** und **§ 10 den Gewinnherausgabeanspruch** betrifft. Das Gesetz nennt in § 8 I auch den Beseitigungsanspruch, den das alte UWG nicht erwähnt hatte. Die Begründung des Gesetzentwurfs macht indessen deutlich, dass hiermit wie auch sonst mit der Regelung der wettbewerbsrechtlichen Ansprüche keine sachliche Änderung bezweckt ist (BT-Drs. 15/1487, 22). Neu ist lediglich der Gewinnabschöpfungsanspruch (§ 10), der im früheren Recht keine Entsprechung hatte.

2. Neuregelung 2020

1.1a   § 8 hat durch das **Gesetz zur Stärkung des fairen Wettbewerbs** eine Reihe von einschneidenden Änderungen erfahren. Unberührt geblieben sind davon allerdings die lauterkeitsrechtlichen Abwehransprüche, deren Regelung in § 8 I unverändert geblieben sind.

3. Terminologie

1.2   Der wettbewerbsrechtliche Abwehranspruch schließt den gegen künftige unlautere geschäftliche Handlungen gerichteten Unterlassungsanspruch und den gegen bereits eingetretene Beeinträchtigungen gerichteten Beseitigungsanspruch ein. § 8 I nennt ebenso wie § 1004 BGB, § 97 I UrhG, § 42 I DesignG und § 33 I 1 GWB sogar zuerst den Beseitigungsanspruch. Andere Gesetze – § 139 I PatG sowie §§ 14 V und 15 IV MarkenG – sprechen dagegen nur von Unterlassung. Der Beseitigungsanspruch ist aber auch dort immer mitzudenken. Die beiden Ansprüche sind jedoch nicht zwangsläufig verbunden. Sie stehen selbstständig nebeneinander und unterscheiden sich in ihren rechtlichen Voraussetzungen. Beide Ansprüche setzen kein Verschulden voraus und unterscheiden sich dadurch von den Schadensersatzansprüchen. Diese zielen auf den Ausgleich des eingetretenen Schadens ab (§§ 249 ff. BGB) und entsprechen daher auch in ihrer Zielsetzung nicht dem Abwehranspruch. Lässt sich die geschaffene Beeinträchtigung nur durch eine Zahlung beseitigen, kann sich der Abwehranspruch ausnahmsweise auch auf die Zahlung von Geld richten (BGHZ 133, 177 (181 f.) – Kraft-Wärme-Kopplung I; → Rn. 1.106).

4. Bedeutung

1.3   Der im Wettbewerbsrecht wichtigste Anspruch ist der auf **Abwehr künftiger Wettbewerbsverstöße** gerichtete **Unterlassungsanspruch.** Die Gesetze gewähren ihn regelmäßig mit der Wendung, der Verletzer könne „auf **Unterlassung** in Anspruch genommen werden", zB in § 8 I UWG und in § 14 V MarkenG, § 15 IV MarkenG. Wer durch wettbewerbsbeschränkendes Verhalten eines anderen beeinträchtigt wird, hat einen Unterlassungsanspruch aus § 33 S. 1 GWB, sofern die verletzte Vorschrift des GWB seinen Schutz bezweckt (BGHZ 64, 232 (237) – Krankenhauszusatzversicherung; BGHZ 86, 324 (330) – Familienzeitschrift; BGHZ 96, 337 (351) – Abwehrblatt II). Wie bei § 1004 BGB wird der wettbewerbsrechtliche Unterlassungsanspruch gewährt, wenn Umstände auf eine bevorstehende Verletzungshandlung hindeuten (vorbeugender Unterlassungsanspruch) oder wenn es bereits zu einer Verletzungshandlung gekommen ist und weitere Beeinträchtigungen zu besorgen sind (Verletzungsunterlassungsanspruch). Materielle Voraussetzung für die Geltendmachung des Anspruchs ist stets die **Begehungsgefahr,** entweder in der Form der **Erstbegehungsgefahr** oder in der Form der **Wiederholungsgefahr.**

5. Anwendungsbereich

1.3a   Im Kapitel 2 des Gesetzes geht es um **Rechtsfolgen von Wettbewerbsverstößen.** Die zugrundeliegenden unerlaubten Handlungen müssen daher stets geschäftliche Handlungen nach § 3 oder § 7 sein. Der Abwehranspruch des § 8 I kommt daher nicht in Betracht, wenn es um eine Verwendung unwirksamer AGB (§ 1 UKlaG) geht. Seit 2016 sieht das UKlaG für diesen Fall nicht mehr nur einen Unterlassungs- und Widerrufs-, sondern ausdrücklich auch einen Beseitigungsanspruch vor (zum UKlaG aF vgl. BGH GRUR 2018, 423 Rn. 18 ff. – Klauselersetzung).

6. Verfolgung

1.4   Um einen **Unterlassungsanspruch** durchzusetzen, hat der Gläubiger **mehrere** Möglichkeiten: Gewöhnlich wird er den Schuldner vor einer gerichtlichen Verfolgung **abmahnen,** um kein Kostenrisiko einzugehen (→ § 13 Rn. 4, 8). Gibt der Schuldner hierauf eine **strafbewehrte Unterlassungserklärung** ab, so entfällt grds. die Wiederholungsgefahr und damit auch der Unterlassungsanspruch (→ Rn. 1.48, → § 13 Rn. 139). Gibt der Verletzer auf eine ordnungsgemäße Abmahnung hin keine strafbewehrte Unterlassungserklärung ab, so gibt er damit **Veranlassung** zur gerichtlichen Verfolgung (§ 93 ZPO; → § 13 Rn. 8 f.). Der Gläubiger kann dann entweder den Erlass einer **einstweiligen Verfügung** beantragen, die zu einem endgültigen Titel (Beschluss oder Urteil) führt, wenn der Schuldner die Verfügung als endgültige Regelung anerkennt (→ § 12 Rn. 2.74 ff.). Zum anderen kann der Gläubiger auf Unterlassung klagen, wodurch er einen Titel in der Hauptsache erlangt. Gibt der Schuldner während des Verfügungs- oder des Klageverfahrens eine **strafbewehrte Unterlassungserklärung** ab, muss der Gläubiger dadurch reagieren, dass er den Rechtsstreit in der Hauptsache für erledigt erklärt (iE → § 13 Rn. 148 ff.), weil sein Anspruch durch den Wegfall der Wiederholungsgefahr entfallen ist. – Außer dem Unterlassungsanspruch können dem Gläubiger **Beseitigungsansprüche,** auch in der Form von **Widerrufsansprüchen, Ersatzansprüche, Auskunfts-** und **Rechnungs- legungsansprüche** sowie **Herausgabeansprüche** zustehen.

II. Bürgerlichrechtlicher Abwehranspruch

Zum Schutz des **Eigentums** gibt § 1004 BGB einen Anspruch auf **Beseitigung** einer bereits **1.5** bestehenden und auf **Unterlassung** einer künftigen Störung. Entgegen der Gesetzesformulie- rung, wonach „der Eigentümer auf Unterlassung klagen" kann (vgl. auch § 12 S. 2 und § 862 I 2 BGB), gibt § 1004 BGB nicht nur ein Klagerecht, sondern gewährt – wie im Falle der Beseitigung – auch den zugrundeliegenden Anspruch (→ Rn. 1.8). In analoger Anwendung des in § 1004 BGB für den Schutz des **Sacheigentums** ausgesprochenen Rechtsgedankens hat die Rspr. einen Abwehranspruch gegen jeden objektiv widerrechtlichen Eingriff in ein absolutes Recht oder in ein sonstiges Rechtsgut oder rechtlich geschütztes Interesse entwickelt (stRspr seit RGZ 60, 6; vgl. BGHZ 14, 163 (173) = GRUR 1955, 97 – Constanze II; BGH GRUR 1958, 448 – Blanko-Verordnungen; zur Entwicklung des Unterlassungsanspruchs Fritzsche S. 18 ff.). Zu diesen Rechten gehört auch das **allgemeine Persönlichkeitsrecht** (BGHZ 13, 334 (338) – Leserbriefe; BGHZ 24, 72 (76) – Krankenpapiere; BGHZ 27, 284 (286) – Tonbandaufnahme I; BGH GRUR 1984, 688 (690) – AEG-Aktionär; BGHZ 143, 214 (218) – Marlene Dietrich).

Die Unterscheidung zwischen **negatorischen** und **quasi-negatorischen Abwehransprü-** **1.6** **chen** – Erstere dienen dem Schutz dinglicher (§§ 1004, 1027, 1065, 1090, 1134, 1227 BGB) und anderer absoluter Rechte (§ 12 BGB, §§ 14, 15 MarkenG; § 97 UrhG; § 139 PatG), Letztere flankieren die deliktsrechtlichen Verhaltensregeln von § 823 II BGB, §§ 824, 826 BGB, zu denen auch die wettbewerbsrechtlichen Tatbestände gehören – ist im heutigen Recht nicht mehr von Bedeutung. Auch die Unterscheidung zwischen **direkten** und **indirekten Abwehr-** **ansprüchen** –, diese knüpfen an gesetzlich geregelte Schadensersatzansprüche an, jene sind unmittelbar dem Gesetz zu entnehmen – erfüllt keine rechtliche Funktion. Denn die Rechts- ordnung gewährt bei deliktischen Handlungen – seien es unerlaubte Handlungen nach § 823 BGB, seien es Schutzrechtsverletzungen oder seien es Wettbewerbsverstöße – immer eine **Trias von Ansprüchen:** Unterlassung, Beseitigung und Schadensersatz.

B. Unterlassungsanspruch

I. Überblick

1. Wesen

a) Abwehr künftiger Beeinträchtigungen. Der Unterlassungsanspruch dient der Abwehr **1.7** künftiger Beeinträchtigungen (Störungen, Eingriffe). Seine Entstehung setzt die drohende Ge- fahr einer Beeinträchtigung voraus. Die Beeinträchtigung braucht jedoch noch nicht eingetreten zu sein. Darin liegt der Unterschied zum negatorischen Beseitigungs- oder deliktischen Schaden- ersatzanspruch. Der Unterlassungsanspruch wäre eine stumpfe Waffe, wenn der Bedrohte – um weitere Angriffe abzuwehren – abwarten müsste, bis ihm ein Schaden zugefügt worden ist. In Wahrheit sind die Interessen desjenigen, der unter der Drohung eines Angriffs lebt, bereits beeinträchtigt. Er braucht die **Durchführung** des Eingriffs nicht erst abzuwarten; es genügt die **Erstbegehungsgefahr** (stRspr; BGHZ 2, 394 (395 f.) – Widia/Ardia; BGH GRUR 2001, 1174 (1175) – Berühmungsaufgabe).

b) Rechtsnatur. Früher war – nicht zuletzt im Hinblick auf den Gesetzeswortlaut des **1.8** § 1004 I 2 BGB („kann der Eigentümer auf Unterlassung klagen") – streitig, ob der Unterlas- sungsanspruch ein **materiell-rechtlicher Anspruch** iSv § 241 I BGB oder nur ein **prozessua- ler Rechtsbehelf** ist (dazu Teplitzky Wettbewerbsrechtliche Ansprüche/Schaub Kap. 1 Rn. 4 ff.; Fritzsche S. 115 ff. mwN). Diese weitgehend akademische Frage ist inzwischen zu- gunsten des materiell-rechtlichen Anspruchscharakters entschieden, und zwar sowohl für den negatorischen wie für den quasi-negatorischen Anspruch (zu den Begriffen → Rn. 1.6). Der Einwand, der Anspruch sei, weil er sich gegen jedermann richte, nicht genügend individuell, trifft nicht zu. Der Anspruch ist durch das Tatbestandsmerkmal der Begehungsgefahr – sei es als Erstbegehungsgefahr oder als Wiederholungsgefahr – hinreichend individualisiert. – Zur **Verjährung des** gesetzlichen **Unterlassungsanspruchs** → § 11 Rn. 1.3, zur Verjährung des vertraglichen Unterlassungsanspruchs → § 11 Rn. 1.15; Ahrens Wettbewerbsprozess-HdB/Bornkamm Kap. 34 Rn. 26 ff.

1.9   **c) Unterlassungsanspruch und Gesetzesänderung.** Der in die Zukunft gerichtete Unterlassungsanspruch setzt voraus, dass das Verbot, gegen das verstoßen worden ist, noch besteht. Gerichte können daher ein Unterlassungsurteil nur aussprechen oder bestätigen, wenn das zu untersagende Verhalten **auch am Tage des Urteils noch verboten** ist. Das gilt auch in der Revisionsinstanz. Ein Unterlassungsanspruch besteht also nicht, wenn das beanstandete Verhalten zum Tatzeitpunkt verboten war, dieses Verbot aber inzwischen entfallen ist (BGH GRUR 2002, 717 (719) – Vertretung der Anwalts-GmbH; BGHZ 141, 329 (336) = GRUR 1999, 923 – Tele-Info-CD; BGH WRP 2000, 759 (760) – Zahnersatz aus Manila; GRUR 2001, 348 (349) – Beratungsstelle im Nahbereich; GRUR 2009, 79 Rn. 25 – Gebäckpresse; GRUR 2009, 845 Rn. 38 – Internet-Videorecorder). Ist umgekehrt das beanstandete Verhalten erst **danach durch eine Gesetzesänderung verboten** worden, besteht ebenfalls kein Unterlassungsanspruch, weil es dann an der Wiederholungsgefahr fehlt (BGH GRUR 2009, 977 Rn. 11 – Brillenversorgung I; → Rn. 1.54).

2. Begehungsgefahr

1.10   **a) Konkretisierung des allgemeinen Verbots.** Wie jeder Anspruch konkretisiert auch der Unterlassungsanspruch eine bestehende rechtliche Pflicht (§ 194 I BGB). Da das **Unterlassungsgebot** – etwa das Gebot, die Verbraucher nicht irrezuführen – ohnehin besteht, bedarf es einer Anspruchsvoraussetzung, die erklärt und begründet, weshalb das allgemeine Verhaltensgebot in einem Urteil zu einem vollstreckbaren Verbot konkretisiert werden muss. Dieses Merkmal ist die **Begehungsgefahr.** Der Schuldner unterscheidet sich von anderen, die in derselben Weise dem Verbot unterworfen sind, allein dadurch, dass in seiner Person eine Begehungsgefahr besteht.

1.11   **b) Materielle Anspruchsvoraussetzung.** Die Begehungsgefahr ist eine materielle Anspruchsvoraussetzung (BGH GRUR 1973, 208 (209) – Neues aus der Medizin; GRUR 1980, 241 (242) – Rechtsschutzbedürfnis; GRUR 1983, 127 (128) – Vertragsstrafeversprechen; GRUR 1992, 318 (319) – Jubiläumsverkauf) und vom allgemeinen Rechtsschutzinteresse zu unterscheiden (→ Rn. 1.14). Begehungsgefahr liegt vor, wenn entweder die Gefahr eines **erstmaligen** Wettbewerbsverstoßes drohend bevorsteht **(Erstbegehungsgefahr)** oder der Anspruchsgegner sich bereits wettbewerbswidrig verhalten hat und **Wiederholungsgefahr** besteht. Im ersten Fall handelt es sich um den **vorbeugenden Unterlassungsanspruch,** im zweiten Fall um den **Verletzungsunterlassungsanspruch.**

1.12   Die beiden **Ansprüche unterscheiden sich** (nur) dadurch, dass für die **Erstbegehungsgefahr** entspr. Tatsachen vorgetragen werden müssen (→ Rn. 1.18), während die **Wiederholungsgefahr** aufgrund einer bereits erfolgten Verletzungshandlung vermutet wird (→ Rn. 1.42). Für den Unterlassungsanspruch kommt es allein darauf an, ob eine **künftige** Verletzung zu besorgen ist. Ob sie sich aus vorangegangenen Verletzungshandlungen oder aus anderen Umständen erstmalig ergibt, ist unerheblich (BGH GRUR 1992, 318 – Jubiläumsverkauf). Ob eine wettbewerbswidrige Handlung **künftig** zu befürchten ist, ist – wie bei allen Tatbestandsvoraussetzungen – nach den Verhältnissen zu beurteilen, die zurzeit der letzten mündlichen Verhandlung in der Tatsacheninstanz bestehen (BGH GRUR 1964, 274 (275) – Möbelrabatt; GRUR 2002, 717 (719) – Vertretung der Anwalts-GmbH). Besteht keine Begehungsgefahr, gibt es keinen Unterlassungsanspruch. Eine gleichwohl erhobene Klage ist als **unbegründet** abzuweisen. Da es sich um eine **Tatfrage** handelt (stRspr; BGH GRUR 1983, 186 – Wiederholte Unterwerfung; GRUR 1987, 45 (46) – Sommerpreiswerbung), kommt es darauf an, ob die Begehungsgefahr zum Zeitpunkt der letzten mündlichen Verhandlung in der Tatsacheninstanz bestand. Ein späterer Wegfall – etwa durch eine Unterwerfungserklärung – bleibt unberücksichtigt (§ 559 I 1 ZPO). Er kann aber die Parteien dazu veranlassen, den Rechtsstreit übereinstimmend für erledigt zu erklären. Ist der Wegfall unstreitig, ist auch eine einseitige Erledigungserklärung möglich.

Anders als der gesetzliche kennt der **vertragliche Unterlassungsanspruch** kein Erfordernis **1.13** der Begehungsgefahr. Denn der vertragliche Unterlassungsanspruch wird durch die vertraglich übernommene Unterlassungsverpflichtung hinreichend konkretisiert. Gleichwohl kann der Unterlassungsgläubiger auch bei einem vertraglichen Unterlassungsanspruch nicht ohne Anlass Erfüllungsklage erheben. Besteht keine Begehungsgefahr, fehlt es für die klageweise Geltendmachung am Rechtsschutzbedürfnis (BGH GRUR 1999, 522 (524) – Datenbankabgleich).

c) Rechtsschutzbedürfnis. Von der zur Begründetheit der Klage gehörenden Begehungs- **1.14** gefahr ist das allgemeine Rechtsschutzbedürfnis zu unterscheiden (→ § 12 Rn. 1.15 ff.). Wie jede Leistungsklage verlangt auch die Unterlassungsklage als **prozessuales Erfordernis** ein allgemeines Rechtsschutzinteresse im Sinne eines Interesses an gerichtlicher Geltendmachung (BGH 1980, 241 (242) – Rechtsschutzbedürfnis; GRUR 1987, 45 – Sommerpreiswerbung; BGHZ 121, 242 (244 f.) – TRIANGLE). Dieses Interesse fehlt, wenn ein einfacherer Weg zum selben oder zu einem gleichwertigen Ergebnis wie der Prozess führt.

Streitig ist, ob die Unterlassungsklage ein Anwendungsfall der **Klage auf künftige Leistung** **1.15** (§ 259 ZPO) ist, deren prozessuale Zulässigkeit vom Vorliegen eines **bes. Rechtsschutzinteresses** abhängt (so für den vertraglichen Unterlassungsanspruch noch BGH GRUR 1956, 238 (240) – Westfalenzeitung). Jedenfalls für die Geltendmachung des gesetzlichen Unterlassungsanspruchs ist dies zu verneinen, weil bei bestehendem Anspruch stets eine **gegenwärtige Leistung** geschuldet ist (Teplitzky Wettbewerbsrechtliche Ansprüche/Kessen Kap. 9 Rn. 8; Fritzsche S. 580 ff.).

II. Vorbeugender Unterlassungsanspruch

1. Voraussetzungen

Aus dem Wesen des Unterlassungsanspruchs (→ Rn. 1.7) folgt, dass er schon dann gegeben ist, **1.16** wenn ein rechtswidriger Eingriff **erstmals unmittelbar drohend bevorsteht,** zB ein irreführende Werbemaßnahme oder eine Kennzeichenverletzung (BGHZ 2, 394 – idia/Ardia; BGHZ 3, 276 – Constance I; BGH GRUR 1992, 318 (319) – Geld-zurück-Garantie; GRUR 1999, 1097 (1099) – Preissturz ohne Ende mwN). Insoweit gilt nichts anderes als beim Unterlassungsanspruch des § 1004 BGB, obwohl dort den Wortlaut den Unterlassungsanspruch von einer früheren Verletzung abhängig zu machen scheint (§ 1004 I 2 BGB). Anspruchsvoraussetzung ist in diesem Fall nicht die rechtswidrige **Verletzung** eines absoluten Rechts oder eines geschützten Rechtsguts oder Interesses; es genügt, dass eine solche Verletzung **unmittelbar droht.** Das bedeutet, dass auch bei Fehlen einer Verletzungshandlung in der Vergangenheit immer noch zu prüfen ist, ob nicht eine unmittelbar drohende Gefahr einer **erstmaligen Rechtsverletzung** besteht (BGH GRUR 1960, 126 (127) – Sternbild). Eine Erstbegehungsgefahr kann auch begründen, wer sich des Rechts berühmt, bestimmte Handlungen vornehmen zu dürfen (vgl. BGH GRUR 1987, 125 (126) – Berühmung; GRUR 2001, 1174 (1175) – Berühmungsaufgabe).

Stützt sich die Begehungsgefahr nicht auf eine Dauerhandlung, sondern auf ein abgeschlosse- **1.17** nes, in der Vergangenheit liegendes Ereignis, etwa auf eine bestimmte sich berühmende Äußerung, kann entgegen einer vielfach vertretenen Ansicht (Teplitzky Wettbewerbsrechtliche Ansprüche/Bacher Kap. 16 Rn. 4 mwN; beiläufig in diesem Sinne BGH GRUR 1979, 121 (122) – Verjährungsunterbrechung) auch der **vorbeugende Unterlassungsanspruch verjähren** (GK/Messer § 21 Rn. 12; Ahrens Wettbewerbsprozess-HdB/Bornkamm Kap. 34 Rn. 11; ferner → § 11 Rn. 3). Beruht die Erstbegehungsgefahr dagegen auf einer Dauerhandlung (Beispiel: Die Eintragung einer Marke begründet die Gefahr, dass diese Marke im geschäftlichen Verkehr benutzt wird), fängt wie beim Verletzungsunterlassungsanspruch die Verjährungsfrist täglich neu zu laufen an mit der Folge, dass Verjährung nicht eintreten kann, solange die fragliche Handlung andauert.

2. Erstbegehungsgefahr

Schrifttum: Köhler, Wegfall der Erstbegehungsgefahr durch „entgegengesetztes Verhalten"?, GRUR 2011, 879.

a) Die Begehungsgefahr begründende Umstände. aa) Objektive Feststellung. Erst- **1.18** begehungsgefahr muss ebenso wie Wiederholungsgefahr **objektiv** vorliegen. Während diese aber aufgrund einer begangenen Verletzung **vermutet** wird, muss der Kläger die tatsächlichen

Umstände, die eine **ernstlich drohende und unmittelbar bevorstehende Gefahr erstmaliger Begehung** begründen, im Einzelnen darlegen und ggf. beweisen. Darin liegt für den Kläger im Gegensatz zur Beweislage bei der Wiederholungsgefahr (→ Rn. 1.43) eine besondere Schwierigkeit. Die bloß theoretische Möglichkeit der Begehung genügt nicht; gegen sie schützt kein Gesetz. Gewöhnlich werden sich die Umstände, die eine Erstbegehungsgefahr begründen, aus dem **Verhalten** des Schuldners ergeben, möglicherweise auch erst im Prozess. Liegt keine Erstbegehungsgefahr vor, ist die **Unterlassungsklage als unbegründet** abzuweisen; die rechtskräftige Abweisung steht der Geltendmachung eines künftigen Unterlassungsanspruchs bei Erstbegehungsgefahr nicht entgegen (BGH GRUR 1990, 687 (689) – Anzeigenpreis II).

1.19   **bb) Berühmung.** Wer sich berühmt, zu einer bestimmten Handlung **berechtigt** zu sein, kann dadurch den Eindruck erwecken, auch entspr. zu handeln, so dass Erstbegehungsgefahr besteht (BGH GRUR 1957, 342 (345) – Underberg; GRUR 1963, 218 (220) – Mampe Halb und Halb II; GRUR 1987, 45 (46) – Sommerpreiswerbung; GRUR 1987, 125 (126) – Berühmung; GRUR 1988, 313 – Auto F. GmbH; GRUR 1990, 678 (679) – Herstellerkennzeichen auf Unfallwagen; GRUR 1992, 404 (405) – Systemunterschiede; OLG Düsseldorf WRP 1978, 727; OLG Stuttgart WRP 1982, 115 (116)). Unter Umständen kann die Berühmung auch in Erklärungen zu sehen sein, die im Rahmen der Rechtsverteidigung in einem gerichtlichen Verfahren abgegeben werden (BGH GRUR 1993, 53 (55) – Ausländischer Inserent; GRUR 1999, 418 (420) – Möbelklassiker; GRUR 2001, 1174 (1175) – Berühmungsaufgabe).

1.20   Allerdings begründet nicht jede **Berühmung** die ernsthafte Gefahr erstmaliger Begehung. Es kommt auf die Umstände des Einzelfalls an. Das gilt insbes. dann, wenn sich der Schuldner im **Unterlassungsprozess** darauf beruft, das beanstandete Verhalten, zB eine Werbebehauptung, sei rechtmäßig (Ullmann WRP 1996, 1007 (1009 f.)). Ist hier die Verletzungshandlung, auf die die Klage an sich gestützt war, zweifelhaft, so besteht zuweilen die Versuchung, auf die **Erstbegehungsgefahr auszuweichen** und diese mit dem Prozessverhalten des Beklagten zu begründen, der das beanstandete Verhalten als rechtmäßig verteidigt hat. Für dieses Prozessverhalten gibt es indessen nicht nur die Erklärung, dass der Schuldner beabsichtigt, sich – wenn nicht in der Vergangenheit, so doch in der Zukunft – entspr. der Beanstandung zu verhalten, sondern ebenso die deutlich näher liegende Annahme einer **optimalen Rechtsverteidigung:** Der Beklagte leugnet nicht nur, die ihm vorgeworfene Handlung begangen zu haben; er vertritt darüber hinaus die Ansicht, das beanstandete Verhalten sei gar nicht wettbewerbswidrig. Aus einer solchen, zum Zweck der Verteidigung geäußerten **Rechtsauffassung** lässt sich **nicht schließen,** dass der Beklagte sich auch entspr. verhalten werde (vgl. BGH GRUR 1968, 49 (50) – Zentralschlossanlagen; GRUR 1992, 116 (117) – Topfgucker-Scheck; GRUR 1992, 627 (630) – Pajero; GRUR 2001, 1174 (1175) – Berühmungsaufgabe).

1.21   Dies gilt erst recht, wenn der Beklagte **klarstellt,** dass er die fragliche Rechtsauffassung nur zum Zweck der Rechtsverteidigung vertreten hat, nicht aber in der Praxis umsetzen will (BGH GRUR 1988, 313 – Auto F. GmbH; BB 1990, 2068 – Kreishandwerkerschaft II; GRUR 1992, 404 – Systemunterschiede; OLG Stuttgart WRP 1997, 358 (361 f.); 1997, 1219 (1223)). Verteidigt sich etwa ein Presseunternehmen im Wettbewerbsprozess mit dem Einwand, seine Prüfungspflicht erfüllt zu haben, so begründet dieses Prozessverhalten **keine Erstbegehungsgefahr,** zumal wenn gleichzeitig zum Ausdruck gebracht wird, dass die Verteidigung ausschließlich der Wahrung der Rechte im Prozess, nicht aber der Rechtfertigung eines beabsichtigten Verhaltens dient (vgl. BGH GRUR 1992, 618 – Pressehaftung II). Aus dem Umstand, dass der Beklagte von sich aus eine solche **Klarstellung** nicht vornimmt, kann aber nicht auf eine Begehungsgefahr geschlossen werden (Ohly/Sosnitza/Ohly Rn. 30; GK/Köhler Vor § 13 B Rn. 79; Fritzsche S. 180 f.). Die anders lautende, bis 1995 immer wieder als gefestigt bezeichnete **Rspr. des BGH** (BGH GRUR 1987, 125 – Berühmung; GRUR 1988, 313 – Auto F. GmbH; GRUR 1992, 404 (405) – Systemunterschiede; GRUR 1992, 618 (619) – Pressehaftung II m. krit. Anm. Köhler LM UWG § 1 Nr. 598; GRUR 1995, 595 (598) – Kinderarbeit; GRUR-Int. 1995, 503 (505) – Cliff Richard; vgl. auch noch BGH GRUR 1999, 1097 (1099) – Preissturz ohne Ende) kann nach der **Entscheidung „Berühmungsaufgabe"** (BGH GRUR 2001, 1174 (1175)) nicht mehr als maßgeblich angesehen werden (zur Wandlung der Auffassung Teplitzky Wettbewerbsrechtliche Ansprüche/Kessen Kap. 10 Rn. 9 ff.). Vielmehr wird eine Klarstellung vom Beklagten nur verlangt, wenn sein Verhalten über die bloße Rechtsverteidigung hinausging und deswegen Anlass zu der Annahme gab, er werde sich entspr. verhalten; nur in diesem Fall muss er die gegenteilige Absicht ausdrücklich kundtun (BGH GRUR 2001, 1174 (1175) – Berühmungsaufgabe).

Ist aufgrund des **Prozessverhaltens** des Beklagten **unklar,** ob er das beanstandete Verhalten **1.22** nur zur Begründung seines Klageabweisungsantrags verteidigt oder ob es ihm darum geht, sich auch in Zukunft entspr. verhalten zu können, muss das Gericht – bevor es von einer Erstbegehungsgefahr durch Berühmung ausgeht – dem Beklagten **Gelegenheit zur Klärung** geben (§ 139 ZPO). Im Übrigen ist es – entgegen BGH GRUR 1992, 618 (619) – Pressehaftung II – **Sache des Klägers,** sich auf eine Erstbegehungsgefahr aufgrund einer Berühmung zu stützen. Ist die Klage mit einer früheren Verletzungshandlung begründet worden, kann das Gericht nicht von sich aus wegen einer aus dem Prozessverhalten des Beklagten geschlossenen Erstbegehungsgefahr verurteilen. Denn es handelt sich insoweit um einen anderen Streitgegenstand, der nur im Wege einer Klageänderung ins Verfahren eingeführt werden könnte (vgl. Köhler in seiner krit. Anm. zu BGH LM UWG § 1 Nr. 598 = GRUR 1992, 618 – Pressehaftung II; Teplitzky Wettbewerbsrechtliche Ansprüche/Kessen Kap. 9 Rn. 5).

Auch an die Begründung der **Erstbegehungsgefahr** durch prozessuale Erklärungen im **1.23** Rahmen eines **Vergleichsgesprächs** sind **strenge Anforderungen** zu stellen (BGH GRUR 1992, 627 (630) – Pajero; OLG Köln NJWE-WettbR 1997, 181). Ebenso begründet eine in einem **Musterprozess** zur Klärung der Rechtslage aufgestellte Berühmung keine Erstbegehungsgefahr, wenn eine tatsächliche Begehung nur für den Fall zu erwarten ist, dass der Prozess die Rechtmäßigkeit des Verhaltens erwiesen hat (BGH GRUR 1987, 45 – Sommerpreiswerbung).

cc) Sonstige Anzeichen für eine Verletzungshandlung. Da eine Rechtsgutverletzung **1.24** nicht erforderlich ist, können **Drohungen, Warnungen, Absichtserklärungen und vorbereitende Maßnahmen,** die einen künftigen Eingriff **unmittelbar** befürchten lassen, die Erstbegehungsgefahr begründen. Es müssen aber **greifbare Anhaltspunkte** dafür vorliegen, dass das wettbewerbswidrige Verhalten in naher Zukunft bevorsteht (BGH GRUR 1963, 218 (220) – Mampe Halb und Halb II; GRUR 1991, 607 – VISPER; GRUR 1994, 57 – Geldzurück-Garantie; GRUR 1990, 687 (689) – Anzeigenpreis II; GRUR 1999, 1097 (1099) – Preissturz ohne Ende), zB aufgrund einer entspr. **Ankündigung** (BGH GRUR 1974, 477 (478) – Hausagentur) oder aufgrund von **Vorbereitungshandlungen.** Die Gefahr einer unlauteren Werbemaßnahme besteht etwa, nachdem hierfür eine betriebsinterne Weisung erteilt worden ist (BGH GRUR 1971, 119 (120) – Branchenverzeichnis); Gegenstand des Unterlassungsanspruchs ist dann nicht die interne Weisung, die mangels einer geschäftlichen Handlung (§ 2 I Nr. 1) noch keinen Wettbewerbsverstoß darstellt, sondern das angeordnete und damit ernstlich drohende Werbeverhalten.

Eine typische Vorbereitungshandlung für die rechtsverletzende Benutzung einer Marke stellt **1.25** bspw. die Markenanmeldung dar (BGH GRUR 1985, 550 (553) – DIMPLE; OLG Köln WRP 1997, 872 zum Markenrecht). Aus ihr lässt sich ohne weiteres eine Benutzungsabsicht ableiten. Dagegen liegt in der Markenanmeldung noch keine **Markenbenutzung** und daher auch keine Verletzung eines prioritätsälteren Kennzeichenrechts im Identitäts- oder Verwechslungsbereich (§ 14 II Nr. 1und 2, § 15 II MarkenG). Die Markenanmeldung begründet daher regelmäßig nur eine Erstbegehungsgefahr (BGH GRUR 2004, 600 (601) – d-c-fix/CD-FIX; GRUR 2008, 912 Rn. 30 – Metrosex; GRUR 2010, 838 Rn. 22 – DDR-Logo; aA Büscher/Dittmer/ Schiwy/Büscher MarkenG § 14 Rn. 613; Fezer MarkenG § 14 Rn. 1004).

Dagegen **wird in der Eintragung der Firma ins Handelsregister** bereits die Benutzung **1.26** des Unternehmenskennzeichens gesehen, in der im Falle eines Konflikts mit einem prioritätsälteren Recht eine Verletzung dieses Rechts liegt, die eine Wiederholungsgefahr begründet (BGH GRUR 1957, 426 (427 f.) – Getränke Industrie; GRUR 2008, 912 Rn. 17 – Metrosex; krit. insofern Büscher/Dittmer/Schiwy/Büscher MarkenG § 14 Rn. 611, 613).

Auch in der **Schaltung einer Titelschutzanzeige** liegt noch keine Benutzung dieses Titels **1.27** und damit auch keine Verletzung älterer Rechte, mit denen der Titel verwechselt werden kann. Aus der Anzeige wird aber idR auf eine entsprechende Benutzungsabsicht und daher auf eine Begehungsgefahr für eine Verwendung des angezeigten Titels geschlossen (BGH GRUR 2001, 1054 (1055) – Tagesreport; LG Hamburg NJWE-WettbR 2000, 296), was aber – wie v. Linstow (FS Erdmann, 2002, 375 (380 ff.)) und W. Schmid (FS Erdmann, 2002, 469 (479)) aufgezeigt haben – nicht unproblematisch ist und jedenfalls durch eine vorsichtige Formulierung vermieden werden kann (statt „nehmen wir in Anspruch" sollte formuliert werden „wir ziehen in Erwägung ..."). Denn die Titelschutzanzeige dient nicht nur der Sicherung der Priorität, sie hat auch die **Funktion eines Aufgebots** und soll die Frage klären, ob möglicherweise ältere Rechte entgegenstehen. Wird dies deutlich, begründet die Titelschutzanzeige auch keine Erstbegehungsgefahr (aA Büscher/Dittmer/Schiwy/Büscher MarkenG § 14 Rn. 610).

1.28   **dd) Anforderungen an den Parteivortrag.** Ungeachtet dessen setzt ein auf Erstbegehungsgefahr gestützter vorbeugender Unterlassungsanspruch voraus, dass **ernsthafte und greifbare tatsächliche Anhaltspunkte für eine in naher Zukunft konkret drohende Rechtsverletzung** bestehen (stRspr; vgl. nur BGHZ 201, 344 Rn. 35 = GRUR 2014, 883 – Geschäftsführerhaftung; BGH GRUR 2015, 603 Rn. 17 – Keksstangen; GRUR 2015, 672 Rn. 63 – Videospiel-Konsolen II; GRUR 2015, 1108 Rn. 53 – Green-IT; GRUR 2016, 187 Rn. 21 – Stirnlampen). Dabei muss sich die Erstbegehungsgefahr auf eine **konkrete Verletzungshandlung** beziehen. Die die Erstbegehungsgefahr begründenden Umstände müssen die drohende Verletzungshandlung so konkret abzeichnen, dass sich für alle Tatbestandsmerkmale zuverlässig beurteilen lässt, ob sie verwirklicht sind (BGH GRUR 2015, 603 Rn. 17 – Keksstangen, mwN; GRUR 2017, 79 Rn. 32 – Segmentstruktur; GRUR 2019, 189 Rn. 61 – Crailsheimer Stadtblatt II). Ernsthafte und greifbare tatsächliche **Anhaltspunkte für eine in naher Zukunft konkret drohende Rechtsverletzung liegen regelmäßig nicht vor,** wenn ein Wettbewerber seinen bislang in wettbewerbswidriger Weise betriebenen Handel unter Hinweis auf die Beendigung der Geschäftsbeziehung mit seinem bisherigen Lieferanten sowie darauf ausgesetzt hat, dass er an neuen Produkten arbeite, und zwischen dieser Mitteilung und der Einleitung gerichtlicher Maßnahmen nahezu eineinhalb Jahre vergangen sind, ohne dass der Wettbewerber wieder auf dem Markt aufgetreten ist oder nach außen erkennbare Vorbereitungshandlungen dafür getroffen hat (BGH GRUR 2016, 187 Rn. 22 – Stirnlampen).

1.29   **ee) Erstbegehungs- und Wiederholungsgefahr ein oder zwei Streitgegenstände.** Wird eine Unterlassungsklage zunächst auf Wiederholungsgefahr, später – etwa wegen des Prozessverhaltens des Beklagten, in dem der Kläger eine Berühmung sieht – auf Erstbegehungsgefahr gestützt, stellt sich die Frage, ob es sich dabei **um zwei verschiedene Streitgegenstände** handelt. Zunächst hatte der BGH insofern offenbar die Auffassung vertreten, dass es sich um zwei Streitgegenstände handelt, wenn der Kläger sein Unterlassungsbegehren sowohl auf Wiederholungs- als auch auf Erstbegehungsgefahr stützt; so konnten jedenfalls einzelne Entscheidungen verstanden werden (GRUR 2006, 429 Rn. 22 – Schlank-Kapseln; BGHZ 166, 253 Rn. 25 = GRUR 2006, 421 – Markenparfümverkäufe). Inzwischen hat der BGH **indessen klargestellt,** dass es sich hierbei **keineswegs um eine generelle Aussage** handelt (BGH GRUR 2016, 83 Rn. 41 – Amplidect/ampliteq). Vielmehr gilt Folgendes: Kommt ein Unterlassungsanspruch als Verletzungsunterlassungsanspruch gemäß § 8 I 1 UWG oder als vorbeugender Unterlassungsanspruch nach § 8 I 2 UWG in Betracht, bestimmt sich die Frage, ob es sich um einen Streitgegenstand oder um zwei verschiedene Streitgegenstände handelt, nach den allgemeinen Regeln. Ist – wie häufig – dem Unterlassungsantrag nicht zu entnehmen, ob es sich um einen Verletzungs- oder einen vorbeugenden Unterlassungsanspruch handelt, kommt es auf den Klagegrund, das heißt darauf an, ob es sich **um einen einheitlichen Sachverhalt oder um mehrere den Anspruch möglicherweise rechtfertigende Lebenssachverhalte** handelt (BGH GRUR 2016, 83 Rn. 41 – Amplidect/ampliteq; GRUR 2016, 1187 – Stirnlampen). Ein klassisches **Beispiel** für einen einheitlichen Lebenssachverhalt, aus dem ein Kläger sowohl eine Erstbegehungsgefahr als auch eine Wiederholungsgefahr ableiten kann, ist die **Markenanmeldung.** Hier war lange Zeit streitig, ob die Markenanmeldung bereits als eine die Wiederholungsgefahr begründende Verletzung einer identischen oder verwechselbaren prioritätsälteren Marke anzusehen ist oder ob sie lediglich eine Erstbegehungsgefahr begründet, auf die ein vorbeugender Unterlassungsanspruch gestützt werden kann. Ein Kläger, der aufgrund einer erfolgten Markenanmeldung seine Unterlassungsklage zunächst auf Wiederholungsgefahr stützt und der sodann – nach Hinweis auf die herrschende Meinung, nach der die Markenanmeldung lediglich eine Erstbegehungsgefahr begründet – seine Klage auf Erstbegehungsgefahr stützt, führt damit keinen neuen Streitgegenstand in den Rechtsstreit ein, so dass seinem Begehren auch nicht entgegengehalten werden kann, es handele sich um eine unzulässige Klageänderung.

1.30   **ff) Weitere Beispiele.** Lässt sich ein Versicherungsmakler von Versicherungsnehmern eine Vollmacht zur Verbesserung und ggf. Kündigung bestehender Versicherungsverträge geben, besteht die ernste Gefahr, dass er von den Kündigungsrechten auch Gebrauch macht (BGH GRUR 1966, 509 (511) – Assekuranz; die Klage wurde aber aus anderen Gründen abgewiesen). – Wird für ein wettbewerbswidriges Verhalten geworben (ohne dass die Werbung selbst wettbewerbswidrig ist), begründet diese **Werbung** eine **Erstbegehungsgefahr** hins. des beworbe-

nen Verhaltens (BGH GRUR 1989, 432 (434) – Kachelofenbauer I). – Um eine Erstbegehungsgefahr zu bejahen, muss sich die drohende Verletzungshandlung stets so **konkret abzeichnen,**
dass sich für **alle Tatbestandsmerkmale** beurteilen lässt, ob sie verwirklicht sein werden (BGH
GRUR 1970, 305 (306) – Löscafé; GRUR 2008, 912 Rn. 17 – Metrosex). – Die mangelnde
Vorratshaltung einer beworbenen, nicht (mehr) vorrätigen Ware kann eine **Erstbegehungs-**
gefahr auch für Waren anderer Art begründen (BGH GRUR 1987, 371 (373) – Kabinettwein;
die Frage wird heute allerdings als eine Frage der Wiederholungsgefahr angesehen, → Rn. 1.38).
– Der Schluss von einem auf das andere Produkt muss sich aber bei anderen Formen wettbewerbswidrigen Verhaltens nicht in gleicher Weise anbieten; so kann aufgrund einer herabsetzenden vergleichenden Werbung für ein bestimmtes Produkt (Bananen) nicht ohne weiteres
geschlossen werden, dass eine solche Gefahr auch für weitere Handelswaren besteht; entscheidend ist, ob die angegriffene Werbung eine ausgesprochen **produktspezifische** unzulässige
Angabe enthielt (OLG Frankfurt GRUR 1989, 136).

b) Wegfall der Erstbegehungsgefahr. aa) Weniger strenge Regeln. Für die Ausräumung   **1.31**
der Erstbegehungsgefahr gelten nicht die strengen Regeln, die an die Ausräumung der Wiederholungsgefahr gestellt werden. Im Falle der Erstbegehungsgefahr liegt dem Schuldner **keine**
Verletzungshandlung zur Last, die bei der Wiederholungsgefahr die Grundlage für die strenge
Vermutung bildet, die idR nicht widerlegt, sondern nur durch eine strafbewehrte Unterwerfung
ausgeräumt werden kann. Für die Beseitigung der Erstbegehungsgefahr ist daher im Allgemeinen
keine strafbewehrte Unterlassungserklärung erforderlich, sie kann vielmehr idR durch ein
entgegengesetztes Verhalten (actus contrarius) beseitigt werden (BGH GRUR 2008, 912
Rn. 30 – Metrosex; GRUR 2009, 841 Rn. 23 – Cybersky).

Ist die Erstbegehungsgefahr aufgrund von Vorbereitungshandlungen oder aufgrund einer   **1.31a**
Berühmung entstanden, entfällt sie nicht allein durch den Hinweis des Beklagten, seine Aus-
führungen im Prozess erfolgten **nur zum Zwecke der Rechtsverteidigung.** Ein solcher
Hinweis hindert zwar die Annahme einer Berühmung, ist aber nicht geeignet, eine bereits
bestehende Erstbegehungsgefahr zu beseitigen (BGH GRUR 2019, 189 Rn. 65 – Crailsheimer
Stadtblatt II).

bb) Actus contrarius ausreichend, wenn er erst aufgrund einer Abmahnung erfolgt.   **1.31b**
Köhler (GRUR 2011, 879 (883)) hat vorgeschlagen, für die Frage des Wegfalls der Erstbegehungsgefahr danach zu **differenzieren,** ob der Schuldner **aus freien Stücken den Anlass für**
die Erstbegehungsgefahr durch einen „actus contrarius" **beseitigt** oder ob er hierzu erst
durch eine Abmahnung aufgefordert werden musste; hat er erst aufgrund einer Abmahnung
gehandelt, soll die Erstbegehungsgefahr nicht schon durch den „actus contrarius", sondern **erst**
durch eine strafbewehrte Unterwerfungserklärung entfallen. Die in der Rspr. festgefügten
Grundsätze bedürfen indessen **keiner Änderung.** Es sollte bei dem Grundsatz bleiben, dass nur
derjenige sich strafbewehrt unterwerfen muss, um die Begehungsgefahr entfallen zu lassen, der
bereits eine Verletzungshandlung begangen hat. Gerade in Fällen der Markenanmeldung und der
Titelschutzanzeige, in denen das die Erstbegehungsgefahr begründende Verhalten einer Klärung
dient, ob ältere Rechte entgegenstehen, legt die Rücknahme der Anmeldung oder der Anzeige
eindeutig Zeugnis davon ab, dass der Schuldner seinen ursprünglichen Plan aufgegeben hat. Ist
auf diese Weise der status quo ante und damit der Rechtsfrieden wiederhergestellt, besteht für
die Forderung nach einer strafbewehrten Unterwerfung kein Anlass mehr.

cc) Erstbegehungsgefahr beruht auf Äußerung. Beruht die Erstbegehungsgefahr auf einer   **1.32**
Äußerung, ist der Widerruf oder die Erklärung des Unterlassungswillens ausreichend. Voraus-
setzung ist stets, dass die Äußerung **unmissverständlich** und **ernst gemeint** ist (vgl. BGH
GRUR 2001, 1174 (1176) – Berühmungsaufgabe). Ob dies der Fall ist, hängt von den Umstän-
den des **Einzelfalls** ab (Teplitzky Wettbewerbsrechtliche Ansprüche/Kessen Kap. 10 Rn. 21).
Verneint wurde eine klare Aussage etwa bei der Erklärung, von der (markenverletzenden)
Verwendung eines Titels werde „wohl Abstand genommen" (LG Hamburg NJWE-
WettbR 2000, 296).

dd) Berühmung. Eine **Berühmung** (→ Rn. 1.19) endet mit der Aufgabe der Berühmung   **1.33**
(BGH GRUR 1987, 125 (126) – Berühmung; GRUR 1989, 432 – Kachelofenbauer I; GRUR
1992, 116 (117) – Topfgucker-Scheck; GRUR 1993, 53 (55) – Ausländischer Inserent). Eine
solche liegt jedenfalls in der uneingeschränkten und eindeutigen Erklärung, dass die beanstandete
Handlung in der Zukunft nicht vorgenommen werde (BGH GRUR 2001, 1174 (1176) –
Berühmungsaufgabe). Beruht die Erstbegehungsgefahr auf einer Werbung (→ Rn. 1.30), so

endet sie, wenn diese Werbung aufgegeben wird (BGH GRUR 1992, 116 (117) – Topfgucker-Scheck).

1.34   **ee) Markenanmeldung.** Bei der durch eine Markenanmeldung oder -eintragung begründeten Erstbegehungsgefahr führt demnach die Rücknahme der Markenanmeldung oder der Verzicht auf die Eintragung der Marke regelmäßig zum Fortfall der Erstbegehungsgefahr (BGH GRUR 2008, 912 Rn. 30 – Metrosex; GRUR-RR 2009, 299 Rn. 12 – Underberg/Demuth; GRUR 2010, 838 Rn. 27 – DDR-Logo; Teplitzky Wettbewerbsrechtliche Ansprüche/Kessen Kap. 10 Rn. 21). Allerdings ist eine nicht unerhebliche Meinung im Schrifttum der Auffassung, dass gerade bei der durch die Markenanmeldung bewirkten Erstbegehungsgefahr der actus contrarius – die Rücknahme der Anmeldung oder, falls die Marke bereits eingetragen worden ist, der Verzicht – nicht ausreichend sei, um die Erstbegehungsgefahr zu beseitigen (Ingerl/Rohnke Vor §§ 14–19d Rn. 127; Büscher/Dittmer/Schiwy/Büscher MarkenG § 14 Rn. 613 f.). Diese Ansicht unterstellt dem Markenmelder zu Unrecht, die angemeldete Marke um jeden Preis benutzen zu wollen, und berücksichtigt nicht hinreichend, dass der Anmelder womöglich, bevor er die Marke zu benutzen beginnt, erst einmal **die Lage sondieren** und **in Erfahrung bringen möchte,** welche älteren Rechte der Eintragung möglicherweise entgegenstehen. Da er nicht jedes relative Schutzhindernis durch Recherche ermitteln kann, kann die Markenanmeldung der legitimen Klärung der Frage dienen, ob der Eintragung Rechte Dritter entgegenstehen und ob Inhaber älterer Rechte im Grenzbereich der Verwechslungsgefahr Anstoß an der angemeldeten Marke nehmen. Legt der Inhaber eines älteren Rechts Widerspruch ein oder mahnt den Anmelder ab und verzichtet daraufhin der Anmelder auf die Marke oder nimmt die Anmeldung zurück, so ist die in der Markenanmeldung liegende **Gefahr einer Verletzungshandlung ausgeräumt.** Es besteht kein Anlass, dem Anmelder in dieser Situation eine strafbewehrte Unterlassungserklärung abzunötigen (anders Büscher/Dittmer/Schiwy/Büscher MarkenG § 14 Rn. 614). Die Interessen des Abmahners sind dadurch hinreichend gewahrt, dass er die Kosten der Abmahnung ersetzt verlangen kann (§ 13 III). Der Rücknahme der Markenanmeldung steht es gleich, wenn die Markenanmeldung wegen unterbliebener Zahlung der Anmeldegebühr kraft Gesetzes als zurückgenommen gilt; auch in diesem Fall entfällt die durch die Markenanmeldung begründete Erstbegehungsgefahr (BGH GRUR 2010, 838 Rn. 30 – DDR-Logo). Anders sieht es aber aus, wenn gegen die Zurückweisung der Markenanmeldung durch das DPMA keine Beschwerde eingelegt wird, weil in der unterbliebenen Rechtsmitteleinlegung keine fingierte Rücknahme der Markenanmeldung liegt (BGH GRUR 2012, 382 Rn. 36 – REAL-Chips).

1.35   **ff) Titelschutzanzeige.** Ist die Titelschutzanzeige vorsichtig – also nicht als Anspruch, sondern eher als Anfrage nach möglicherweise entgegenstehenden älteren Rechten Dritter – formuliert (vgl. → Rn. 1.24), muss sich aus ihr noch nicht einmal eine Erstbegehungsgefahr ergeben. Im Falle der üblichen Formulierung („… nehme ich für den Titel … Titelschutz nach § 5 MarkenG in Anspruch"), lässt sich aber an der **Erstbegehungsgefahr nicht zweifeln.** Hier stellt sich die Frage, ob die Erstbegehungsgefahr **nur dadurch beseitigt** werden kann, dass die Aufgabe des zunächst beanspruchten Titels **in demselben Organ veröffentlicht** wird, in dem die Titelschutzanzeige erschienen ist, oder ob hier auch eine (nicht strafbewehrte) Unterlassungserklärung ausreicht. Auch hier ist am Erfordernis eines **„actus contrarius"** festzuhalten: Der Schuldner muss die Titelschutzanzeige quasi zurücknehmen. Solange sie fortbesteht, wirkt sie erga omnes und sichert dem Schuldner die Priorität für den fraglichen Titel. Eine nicht strafbewehrte Unterlassungsverpflichtung kann den Schuldner nicht davon abhalten, sich doch noch den Vorteil dieser Priorität zu sichern und den Titel in Gebrauch zu nehmen (so auch Fezer/Büscher, 2. Aufl. 2010, § 8 Rn. 108; aA Teplitzky Kap. 10 Rn. 23, der eine einfache Unterlassungserklärung ausreichen lassen will).

1.35a   **gg) Verschmelzung.** Aus der Verschmelzung eines Unternehmens, in dem ein Wettbewerbsverstoß begangen worden ist, folgt keine Erstbegehungsgefahr.

1.36   Ebenso wie die Wiederholungsgefahr (→ Rn. 1.42) ist die **Erstbegehungsgefahr ein tatsächlicher Umstand,** der nach den Verhältnissen in der Person des in Anspruch genommenen Schuldners zu beurteilen ist. Wettbewerbsverstöße, die Organe oder Mitarbeiter einer auf einen anderen Rechtsträger verschmolzenen Gesellschaft begangen haben, begründen keine Wiederholungsgefahr für die Rechtsnachfolgerin (vgl. BGHZ 172, 165 Rn. 11 – Schuldnachfolge). **Aus der Verschmelzung eines Unternehmens, in dem ein Wettbewerbsverstoß begangen worden ist, folgt auch keine Erstbegehungsgefahr bei dem übernehmenden**

Rechtsträger (vgl. BGHZ 172, 165 Rn. 14 – Schuldnachfolge; BGH GRUR 2008, 1002 Rn. 39– Schuhpark; BGHZ 185, 11 Rn. 40 – Modulgerüst II, mwN; GRUR 2019, 746 Rn. 38 – Energieeffizienzklasse III). Dies gilt nicht nur, wenn der Rechtsvorgänger die **Wiederholungsgefahr persönlich durch eigenes Verhalten begründet** hat (vgl. BGH GRUR 2006, 879 Rn. 17 – Flüssiggastank), sondern auch dann, wenn der **Wettbewerbsverstoß durch Organe des Rechtsvorgängers oder Mitarbeiter seines Unternehmens** begangen worden ist.

c) Notwendigkeit und Kosten der Abmahnung. Besteht Erstbegehungsgefahr, **muss der** 1.37 **Gläubiger den Schuldner** vor Klageerhebung oder vor Beantragung einer einstweiligen Verfügung abmahnen. Unterlässt er dies, werden ihm im Fall eines sofortigen Anerkenntnisses die Kosten auferlegt (§ 93 ZPO). Mit der Abmahnung fordert der Gläubiger den Schuldner nicht zur Abgabe einer Unterwerfungserklärung, sondern zum **„actus contrarius",** also zu dem Verhalten auf, das dem die Begehungsgefahr begründenden Verhalten entgegengesetzt ist, zB zur Aufgabe der Berühmung, zur Rücknahme der Markenanmeldung oder zur Erklärung, den angezeigten Titel entgegen der Ankündigung nicht verwenden zu wollen (→ § 13 Rn. 6). Außerdem muss der Schuldner dem Gläubiger gegenüber den „actus contrarius" belegen. Ist die Abmahnung zur Vermeidung von Kostennachteilen geboten, steht dem Gläubiger stets auch ein **Anspruch auf Ersatz der Abmahnkosten** zu (§ 13 III).

d) Vorbeugender Unterlassungsanspruch und Verletzungsunterlassungsanspruch. 1.38 Die Frage, ob aufgrund eines Verstoßes nicht nur die Wiederholung der konkreten Verletzungshandlung, sondern darüber hinaus auch **ähnliche Verletzungshandlungen** drohen, wird heute nicht als Frage der Erstbegehungsgefahr, sondern als eine Frage der **Reichweite der Wiederholungsgefahr** verstanden (BGHZ 126, 287 (295) – Rotes Kreuz; BGH GRUR 1996, 800 (802) – EDV-Geräte; GRUR 1998, 1039 (1040) – Fotovergrößerungen; GRUR 2000, 337 (338) – Preisknaller; anders noch BGH GRUR 1987, 371 (373) – Kabinettwein; vgl. auch Teplitzky Wettbewerbsrechtliche Ansprüche/Kessen Kap. 10 Rn. 16). Denn der Verletzungsunterlassungsanspruch ist nicht auf die konkrete Verletzungshandlung begrenzt, sondern erstreckt sich auf **im Kern gleiche Verletzungshandlungen** (→ Rn. 1.46 f.). – Nach Eintritt der **Verjährung** entfällt eine **Wiederholungsgefahr** mangels einer in unverjährter Zeit begangenen Verletzungshandlung. Jedoch kann aufgrund neuer Umstände **Erstbegehungsgefahr** bestehen (BGH GRUR 1973, 203 (205) – Badische Rundschau; GRUR 1988, 313 – Auto F. GmbH).

Ist eine beanstandete geschäftliche Handlung zunächst rechtmäßig und wird erst infolge einer 1.39 Gesetzesänderung von einem **im Laufe des Verfahrens in Kraft tretenden Verbot erfasst,** kann nicht von dem früheren (rechtmäßigen) Verhalten auf eine (Erst-)Begehungsgefahr geschlossen werden, zumal wenn der Beklagte erklärt, sich künftig nach dem neuen Gesetz zu richten (BGH GRUR 1998, 591 (592 f.) – Monopräparate; vgl. zur entspr. Frage bei der Wiederholungsgefahr → Rn. 1.54).

III. Verletzungsunterlassungsanspruch

1. Voraussetzungen

Ist es bereits in der Vergangenheit zu einer **Verletzungshandlung** gekommen, stellt sich die 1.40 Frage der **Begehungsgefahr in anderem Licht.** Weiterer Anzeichen für die bevorstehende Gefahr einer Zuwiderhandlung bedarf es nun nicht mehr, vielmehr besteht aufgrund des bereits geschehenen Verstoßes **grds. Wiederholungsgefahr.** Damit ist Voraussetzung des Verletzungsunterlassungsanspruchs zum einen ein bereits erfolgter Wettbewerbsverstoß, zum anderen die Wiederholungsgefahr. Das wettbewerbswidrige Verhalten muss dabei rechtswidrig, braucht aber nicht schuldhaft zu sein.

Während § 1004 II BGB ausdrücklich bestimmt, dass der Anspruch ausgeschlossen ist, „wenn 1.41 der Eigentümer **zur Duldung verpflichtet** ist", kennt der wettbewerbsrechtliche Unterlassungsanspruch eine solche Einschränkung nicht. Das heißt aber nicht, dass es nicht auch Fallkonstellationen gäbe, in denen ein Wettbewerber eine Beeinträchtigung durch einen Mitbewerber hinnehmen muss. Liegt eine solche Duldungspflicht vor, scheidet aber schon ein Wettbewerbsverstoß aus. Die Frage der Duldung ist also, etwa im Rahmen einer Interessenabwägung, auf der **Tatbestandsebene** zu beantworten.

2. Wiederholungsgefahr

1.42   **a) Tatbestand.** Die **Wiederholungsgefahr** ist als Tatbestandsmerkmal materiell-rechtliche Voraussetzung eines (Verletzungs-)Unterlassungsanspruchs (→ Rn. 1.11). Sie liegt vor, wenn eine Wiederholung des wettbewerbswidrigen Verhaltens **ernsthaft** und **greifbar** zu besorgen ist, nicht schon, wenn sie nur denkbar oder möglich ist. Ob Wiederholungsgefahr besteht, hängt von der **Willensrichtung** des Verletzers ab. Diese lässt sich als eine rein subjektive Tatsache nicht mit Sicherheit feststellen, sondern nur aufgrund **äußerlich erkennbarer** Umstände erschließen. Da die Unterlassungspflicht **höchstpersönlicher Natur** ist, setzt sich auch die in der Person des Erblassers begründete Wiederholungsgefahr in der Person des Erben fort (BGH GRUR 2006, 879 Rn. 17 – Flüssiggastank). Nichts anderes gilt im Falle der Verschmelzung eines Unternehmens auf ein anderes: Eine in der Person des alten Rechtsträgers begründete Wiederholungsgefahr lässt nicht auch bei dem übernehmenden Rechtsträger eine Wiederholungs- oder Erstbegehungsgefahr entstehen (BGHZ 172, 165 Rn. 12 = GRUR 2007, 995 – Schuldnachfolge; BGH GRUR 2008, 1002 Rn. 39 – Schuhpark; → Rn. 2.53).

1.43   **b) Tatsächliche Vermutung.** Ist es zu einem Wettbewerbsverstoß gekommen, streitet eine **tatsächliche Vermutung für die Wiederholungsgefahr** (stRspr; BGH GRUR 1997, 379 (380) – Wegfall der Wiederholungsgefahr II; GRUR 1997, 929 (930) – Herstellergarantie; GRUR 2001, 453 (455) – TCM-Zentrum; GRUR 2002, 717 (719) – Vertretung der Anwalts-GmbH). Die **Wiederholungsgefahr** beschränkt sich dabei nicht auf die identische Verletzungsform, sondern **umfasst auch alle im Kern gleichartigen Verletzungsformen** (vgl. BGH GRUR 1996, 290 (291) – Wegfall der Wiederholungsgefahr I; GRUR 1996, 800 (802) – EDV-Geräte; GRUR 1997, 931 (932) – Sekundenschnell; GRUR 1999, 1017 (1018) – Kontrollnummernbeseitigung I; GRUR 2005, 443 (446) – Ansprechen in der Öffentlichkeit II). An den **Fortfall** der Wiederholungsgefahr sind **strenge Anforderungen** zu stellen (BGHZ 14, 163 – Constance; BGH GRUR 1959, 368 (374) – Ernst Abbe; GRUR 1965, 198 (202) – Küchenmaschinen; GRUR 1970, 558 (559) – Sanatorium; GRUR 1972, 550 – Spezialsalz II; GRUR 1998, 483 (485) – Der M.-Markt packt aus; GRUR 2002, 180 – Weit-Vor-Winterschluss-Verkauf); im Einzelnen hierzu → Rn. 1.48 ff.

1.44   Die **Vermutung** beschränkt sich auf die **konkrete Verletzungshandlung** und auf im Kern gleichartige Verstöße (→ Rn. 1.43, 1.46 f.). Sie ist aber **widerleglich.** Sie zu widerlegen, obliegt dem **Verletzer** (BGH GRUR 1993, 579 (581) – Römer GmbH). Dies gelingt im Allgemeinen nur dadurch, dass der Verletzer eine **bedingungslose und unwiderrufliche Unterlassungsverpflichtungserklärung** unter Übernahme einer angemessenen **Vertragsstrafe** für jeden Fall der Zuwiderhandlung abgibt (BGH GRUR 1984, 214 (216) – Copy-Charge; GRUR 1984, 593 (595) – adidas-Sportartikel; GRUR 1985, 155 (156) – Vertragsstrafe bis zu … I; Teplitzky GRUR 1983, 609 ff.; auch → Rn. 1.48). In der Praxis ist die **strafbewehrte Unterlassungserklärung** des Verletzers, kurz **Unterwerfungserklärung,** zum festen Brauch geworden. Weil dem Verletzer stets dieser einfache Weg offen steht, kann sonst kaum ein Umstand die Wiederholungsgefahr ausräumen. Vielmehr zeigt der Verletzer mit der Verweigerung der Unterwerfung, dass nach wie vor Wiederholungsgefahr besteht (BGH GRUR 1959, 367 (374) – Ernst Abbe; BGHZ 115, 105 (115) – Anwaltswerbung I; BGH GRUR 1998, 1045 (1046) – Brennwertkessel). Auch wenn sich der Unterlassungsanspruch gegen eine am privaten Geschäftsverkehr teilnehmende Körperschaft des öffentlichen Rechts richtet, gilt die Vermutung der Wiederholungsgefahr (BGH GRUR 1991, 769 (771) – Honoraranfrage; GRUR 1994, 516 – Auskunft über Notdienste).

1.45   **c) Anwendungsbereich.** Die strenge Vermutung der Wiederholungsgefahr, die idR nur durch Abgabe einer (strafbewehrten) Unterwerfungserklärung ausgeräumt werden kann, gilt nicht nur im **Wettbewerbsrecht,** sondern generell im **gewerblichen Rechtsschutz** (zum Patentrecht: BGH GRUR 1976, 579 (582 f.) – Tylosin; Busse/Keukenschrijver/Werner, 9. Aufl. 2020, PatG § 139 Rn. 54 ff.; zum Kennzeichenrecht: BGH GRUR 2000, 605 (607 f.) – comtes/ComTel; GRUR 2001, 422 (424) – ZOCOR; BGHZ 149, 191 (196) – shell.de) und **Urheberrecht** (BGHZ 136, 380 (390) – Spielbankaffaire; Schricker/Wild UrhR, 2. Aufl. 1999, UrhG § 97 Rn. 42) sowie im **Kartellrecht** (Langen/Bunte/Bornkamm GWB § 33 Rn. 41). Auch bei **Persönlichkeitsrechtsverletzungen** (BGH GRUR 1961, 138 (140) – Familie Schölermann; GRUR 1994, 394 (395) – Bilanzanalyse) und bei der **Verwendung unzulässiger AGB-Klauseln** (BGHZ 81, 222 (225 f.); BGHZ 119, 152 (164 f.)) geht die Rspr. von einer solchen Vermutung aus.

d) Erstreckung der Wiederholungsgefahr auf im Kern gleichartige Verstöße. Die **1.46** durch eine Verletzungshandlung begründete Wiederholungsgefahr erstreckt sich grds. auch auf alle **im Kern gleichartigen Verletzungshandlungen** (BGH GRUR 1989, 445 (446) – Professorenbezeichnung in der Ärztewerbung II; GRUR 1991, 672 (674) – Anzeigenrubrik I; GRUR 1993, 579 (581) – Römer-GmbH; GRUR 1996, 199 – Wegfall der Wiederholungsgefahr I; GRUR 1996, 800 (802) – EDV-Geräte; GRUR 1997, 379 (380) – Wegfall der Wiederholungsgefahr II; GRUR 1999, 509 (511) – Vorratslücken; GRUR 2000, 337 (338) – Preisknaller; GRUR 2000, 907 (909) – Filialleiterfehler; GRUR 2008, 702 Rn. 55 – Internet-Versteigerung III). Dieses Verständnis hat sich durchgesetzt, auch wenn es logischer wäre, nur hins. der konkreten Verletzungshandlung von einer Wiederholungsgefahr zu sprechen und im Übrigen aufgrund der erfolgten Verletzungshandlung für ähnliche Verhaltensweisen von einer Erstbegehungsgefahr auszugehen.

Im Kern gleichartig ist ein Verhalten, das – ohne identisch zu sein – von der Verletzungs- **1.47** handlung nur unbedeutend abweicht (Teplitzky Wettbewerbsrechtliche Ansprüche/Feddersen Kap. 57 Rn. 12). Entscheidend ist, dass sich das **Charakteristische der Verletzungshandlung** wiederfindet. – **Beispiele:** Aufgrund einer irreführenden Werbung in einer Zeitung besteht die Gefahr, dass dieselbe Anzeige auch in einer **anderen Zeitung** erscheint. Wird ein Fernsehgerät der Marke X mit nicht vorhandenen Ausstattungsmerkmalen beworben, besteht die Gefahr, dass auch Fernsehgeräte der Marken Y und Z auf diese Weise beworben werden. Fraglich ist aber bereits, ob eine entspr. Gefahr auch für sonstige Artikel der **Unterhaltungselektronik** besteht (OLG Saarbrücken WRP 1997, 603). Aus dem vorübergehenden Nichtvorhandensein eines Computergeräts kann nicht die Vermutung abgeleitet werden, dass für das gesamte Sortiment des EDV-Handels die Gefahr einer unzureichenden Vorratshaltung besteht (BGH GRUR 1996, 800 – EDV-Geräte; vgl. auch BGH GRUR 1992, 858 (860) – Clementinen). Werden Fotovergrößerungen nicht zu den für die Anfertigung beworbenen Preisen ausgeführt, so rechtfertigt die Wettbewerbswidrigkeit nicht ein Verbot der Werbung für **Fotoarbeiten** schlechthin (BGH GRUR 1998, 1039 (1040) – Fotovergrößerungen). Auf den Kern der Verletzungshandlung wird auch bei der Bestimmung des **Verbotsumfangs gerichtlicher Unterlassungsgebote** abgestellt (→ § 12 Rn. 5.4).

3. Wegfall der Wiederholungsgefahr

a) Strafbewehrte Unterwerfung. Der Normalfall des Wegfalls der Wiederholungsgefahr ist **1.48** die strafbewehrte Unterwerfungserklärung, also die **Erklärung** des Schuldners, mit der er sich verpflichtet, das beanstandete Verhalten **zukünftig zu unterlassen,** und mit der er zur Bekräftigung dieser übernommenen Verpflichtung für jeden Fall der Zuwiderhandlung die **Zahlung einer Vertragsstrafe** verspricht. Auch wenn nicht ohne Ausnahmen (→ Rn. 1.48 ff.), lässt sich doch die Regel aufstellen, dass der Verletzer die zu vermutende Wiederholungsgefahr nach einem Wettbewerbsverstoß lediglich durch eine strafbewehrte Unterwerfungserklärung beseitigen kann (BGHZ 14, 163 (168) = GRUR 1955, 97 – Constanze II; BGH GRUR 1972, 550 f. – Spezialsalz II; GRUR 1990, 617 (624) – Metro III; GRUR 1993, 53 (55) – Ausländischer Inserent; GRUR 1994, 443 (445) – Versicherungsvermittlung im öffentlichen Dienst; GRUR 1998, 1045 (1046) – Brennwertkessel; GRUR 2003, 450 (452) – Begrenzte Preissenkung; GRUR 2008, 996 Rn. 33 – Clone-CD; GRUR 2008, 1108 Rn. 23 – Haus & Grund III; OLG Celle WRP 2009, 867). Die Unterwerfung ist der wichtigste und häufigste Grund für den Wegfall der Wiederholungsgefahr. Ihr geht idR eine **Abmahnung** des Gläubigers voraus. Diese beiden Rechtsinstitute sind bei § 13 (→ § 13 Rn. 3 ff., 138 ff.) kommentiert. Der hier beschriebene Mechanismus der außergerichtlichen Streitbeilegung ist indes nicht nur von der Rspr. entwickelt worden, sondern hat in § 13 I auch Eingang in den Gesetzestext gefunden, wenn es dort heißt, der Gläubiger solle „den Schuldner vor der Einleitung eines gerichtlichen Verfahrens abmahnen und ihm Gelegenheit geben, **den Streit durch Abgabe eines mit einer angemessenen Vertragsstrafe bewehrten Unterlassungsverpflichtung beizulegen**".

aa) Die Unterwerfungserklärung ist unverzichtbar. Die bloße Unterlassungsverpflich- **1.48a** tungserklärung des Schuldners lässt die Wiederholungsgefahr nicht entfallen (→ Rn. 1.48). Stets muss das Vertragsstrafeversprechen des Schuldners hinzutreten, damit die Wiederholungsgefahr entfällt (→ Rn. 1.44, → § 13a Rn. 105a, 138); dies liegt im Interesse des Schuldners, da andernfalls der Unterlassungsanspruch des Gläubigers bestehen bleibt und der Schuldner mit einer gerichtlichen Inanspruchnahme (einstweilige Verfügung oder Hauptsacheklage) rechnen muss. Es liegt auf der Hand, dass eine gesetzliche Regelung, die dem Gläubiger und dem Schuldner die

Vereinbarung eines Vertragsstrafeversprechens verbietet, vollkommen fehl am Platze ist. Denn dann wäre dem Schuldner genau der von der Rspr. und dem Gesetz (§ 13 I) gewiesene Ausweg versperrt, durch seine (strafbewehrte) Unterwerfung dem Unterlassungsanspruch des Gläubigers die Grundlage zu entziehen und auf diese Weise die für ihn kostenträchtige gerichtliche Durchsetzung des Unterlassungsanspruchs zu verhindern (→ § 13a Rn. 18 f.).

1.48b Tatsächlich hat der Gesetzgeber 2020 mit § 13a II in seinem Bemühen, dem sogenannten Abmahnmissbrauch einen Riegel vorzuschieben, genau eine solche Regelung geschaffen: Danach ist für Anspruchsberechtigte nach § 8 III Nr. 1 (Mitbewerber) die Vereinbarung einer Vertragsstrafe in bestimmten Konstellationen ausgeschlossen, und zwar ist (im Falle einer erstmaligen Abmahnung) bei Verstößen nach § 13 IV (also bei Verstößen im elektronischen Geschäftsverkehr, bei in Telemedien begangenen Verstößen gegen gesetzliche Informations- und Kennzeichnungspflichten sowie bei sonstigen Verstößen gegen die DS-GVO und das BDSG, sofern der Abgemahnte idR weniger als einhundert Mitarbeiter beschäftigt) die Vereinbarung einer Vertragsstrafe ausgeschlossen. Unterwirft sich der Schuldner in einem solchen Fall, kann er sich nur zur Unterlassung, nicht aber zur Zahlung einer Vertragsstrafe im Falle der Zuwiderhandlung verpflichten. Dies bedeutet, dass dem Schuldner im Falle eines erneuten Verstoßes keinerlei Sanktion droht, dass er also ungestraft sein gesetzeswidriges Verhalten fortsetzen kann. Dass unter diesen Umständen eine solche Unterlassungserklärung ohne Strafbewehrung die Vermutung der Wiederholungsgefahr (Rn. 1.42 f.) nicht entkräften kann, ist nach den von der Rspr. aufgestellten Regeln (→ Rn. 1.48) eigentlich eine Selbstverständlichkeit. Mit der gesetzlichen Neuregelung in § 13a II hat der Gesetzgeber damit – offenbar ungewollt – den Parteien die im Interesse beider Seiten, vor allem aber des Schuldners geschaffene Möglichkeit der außergerichtlichen Streitbeilegung aus der Hand geschlagen. Nach der Rspr. des BGH entfallen mit der strafbewehrten Unterwerfung gegenüber dem abmahnenden Gläubiger auch die Unterlassungsansprüche anderer Gläubiger wegen desselben Verstoßes (→ § 13 Rn. 212 ff.). Es liegt auf der Hand, dass eine bloße Unterlassungsverpflichtungserklärung ohne Vertragsstrafeversprechen auch die in der Rspr. anerkannte Wirkung der Drittunterwerfung (→ § 13 Rn. 12 ff.) – die strafbewehrte Unterwerfung gegenüber einem Gläubiger lässt die Wiederholungsgefahr auch im Verhältnis zu allen anderen Gläubigern entfallen – unmöglich macht. Dem Schuldner ist daher zu empfehlen, sich in einem solchen Fall nur oder zusätzlich auch gegenüber einem Gläubiger nach § 8 III Nr. 2–4 (strafbewehrt) zu unterwerfen, weil nur solche Unterwerfungen die Wiederholungsgefahr und damit den Unterlassungsanspruch des abmahnenden Gläubigers ebenso wie den Anspruch anderer Gläubiger entfallen lassen. Dies macht es indessen erforderlich, dass der bislang unbeteiligte Gläubiger nach § 8 III Nr. 2–4 bereit ist, die Unterwerfungserklärung anzunehmen; denn ein wirksames Vertragsstrafeversprechen setzt stets einen Vertrag, also eine Einigung zwischen Gläubiger und Schuldner, voraus.

1.48c **bb) Was geschieht, wenn das Gesetz die strafbewehrte Unterwerfungserklärung untersagt?** Ist das Vertragsstrafeversprechen des Schuldners wegen Verstoßes gegen ein gesetzliches Verbot von Gesetzes wegen unwirksam (§ 134 BGB iVm § 13a II), stellt sich **die Frage, was der abgemahnte Schuldner in dieser Situation tun soll, um die Wiederholungsgefahr zu beseitigen** und den Gläubiger damit klaglos zu stellen. In der Diskussion ist noch erwogen worden, dem Schuldner zu empfehlen, eine **notarielle Unterwerfungserklärung** abzugeben (so etwa Meinhardt WRP 2022, 9 (14)). Dieser Weg ist indessen letztlich nicht zielführend: Denn wenn es durch § 13a II ausgeschlossen ist, dass sich ein Gläubiger von dem Schuldner für den Fall einer erneuten Zuwiderhandlung mittels einer strafbewehrten Unterwerfungserklärung eine Vertragsstrafe versprechen lässt, wird von diesem gesetzlichen Verbot natürlich auch eine entsprechende notarielle Unterwerfungserklärung erfasst.

1.48d Wie zu befürchten war, haben bereits einzelne Instanzgerichte im Blick auf die Gesetzeslage, aufgrund deren der Schuldner durch § 13a II daran gehindert ist, ein Vertragsstrafeversprechen abzugeben, eine einfache – also nicht strafbewehrte – Unterlassungsverpflichtungserklärung ausreichen lassen, um die Wiederholungsgefahr entfallen zu lassen. So hat das Landgericht Lübeck in einem Fall, in dem der Schuldner unter (berechtigter) Berufung auf § 13a II lediglich eine **einfache Unterlassungsverpflichtungserklärung ohne Strafbewehrung** abgegeben hatte, den Verfügungsantrag des Gläubigers mit der Begründung abgelehnt, in den Fällen, in denen das Gesetz eine strafbewehrte Unterwerfungserklärung verbiete, **entfalle die Wiederholungsgefahr auch durch eine einfache Unterlassungsverpflichtungserklärung** (also ohne Strafbewehrung) (LG Lübeck Beschl. v. 9.2.2021 – 13 HKO 3/21, nv). Das OLG Schleswig (WRP 2021, 950), hat diese landgerichtliche Entscheidung bestätigt und entschieden, dass an dem **Erfordernis der Strafbewehrung zur Widerlegung der vermuteten Wiederholungsgefahr nicht mehr festgehalten werden könne;** das OLG hat sich damit über die ständige Rechtsprechung des BGH hinweggesetzt, wonach der Wegfall der Wiederholungsgefahr **stets eine strafbewehrte Unterlassungserklärung voraussetzt** (vgl. → Rn. 1.49; krit. → § 13a Rn. 19a; Büscher/Ahrens § 13a Rn. 10; Mörger WRP 2021, 885 (888); Zipfel GRUR-Prax 2021, 455). Sei die Vereinbarung eines Vertragsstrafeversprechens zwischen Gläubiger und Verletzer durch Gesetz ausgeschlossen, könne an dem Erfordernis der Strafbewehrung zur Widerlegung der vermuteten Wiederholungsgefahr nicht mehr festgehalten werden; andernfalls wäre es dem Verletzer unmöglich, die Vermutung der Wiederholungsgefahr im unmittelbaren Verhältnis zum Gläubiger zu widerlegen und so eine außergerichtliche Streitbeilegung zwischen ihm und dem Gläubiger herbeizuführen; dass der Gesetzgeber mit der Einführung des §§ 13a II 2 für diese Fälle eine außergerichtliche Streitbeilegung zwischen Mitbewerbern ausschließen wollte, lasse sich weder der Gesetzessystematik enthalten in §§ 13, 13a noch der Gesetzesbegründung entnehmen (OLG Schleswig WRP 2021, 250 Rn. 14).

Dass der Beschluss des OLG Schleswig in das durch das Gesetz und die Rspr. geschaffene **1.48e** Gefüge nicht passt, erkennt man bereits daran, dass der **Gläubiger** (in casu: der Mitbewerber), dem das Gesetz für den in Rede stehenden Verstoß ausdrücklich einen Unterlassungsanspruch zubilligt, durch die Entscheidung **praktisch rechtlos gestellt** wird. Geht man davon aus, dass dem Inhaber eines gesetzlichen Anspruchs durch die Rechtsordnung die Möglichkeit eröffnet wird diesen Anspruch, ohne mit Gerichtskosten belastet zu werden, notfalls mit staatlicher Hilfe durchzusetzen, so wird dem Gläubiger in der durch § 13a II geschaffenen Konstellation gerade diese Möglichkeit entzogen mit der Folge, dass das Gesetz ihm den mit der einen Hand gegebenen Anspruch mit der anderen Hand wieder wegnimmt. Im Übrigen steht zu befürchten, dass die Instanzgerichte das von der Rechtsprechung über Jahrzehnte festgefügte Gebäude von Abmahnung und Unterwerfung untergraben und über kurz oder lang auch in anderen Fällen auf das Erfordernis der Strafbewehrung verzichtet. Es ist auch nicht einzusehen, dass einem Gläubiger, der durch einen Wettbewerbsverstoß in seinen Rechten verletzt worden ist, der hierfür im Gesetz vorgesehene **Rechtsschutz vollständig verweigert** wird. Schon in Fällen, in denen eine strafbewehrte Unterwerfungserklärung abgegeben worden ist, stellt es eine keineswegs selbstverständliche Einschränkung der verfassungsmäßig (Art. 19 IV GG) verbrieften Rechte des Gläubigers dar, dass ihm im Interesse der Schaffung einer außergerichtlichen Streitbeilegung die Möglichkeit des Erstreitens eines gerichtlichen Unterlassungstitels genommen wird und er stattdessen mit einem privaten Wohlverhaltensversprechen vorliebnehmen muss, durch das er letztlich rechtlos gestellt wird. Es geht nicht an, dass der Gläubiger, den die Rechtsordnung mit einem auf Unterlassung gerichteten Anspruch ausstattet, durch eine gesetzliche Regelung daran gehindert wird, diesen Anspruch mit den Mitteln durchzusetzen, die die Rechtsordnung hierfür vorsieht.

Für das OLG Schleswig war die Konsequenz einfach: Da die einfache Unterlassungsverpflich- **1.48f** tungserklärung ohne Strafbewehrung nach Ansicht des OLG ausreichte, um die Wiederholungsgefahr entfallen zu lassen, war der (die fortdauernde Wiederholungsgefahr voraussetzende) materiellrechtliche Anspruch entfallen mit der Folge, dass der Antrag auf Erlass der einstweiligen Verfügung abzulehnen war. Genauso wenig hätte eine Klage des Gläubigers unter diesen Umständen Aussicht auf Erfolg gehabt. Dies bedeutet nichts weniger, als dass dem **Gläubiger der Rechtsschutz für die Durchsetzung des ihm zunächst unzweifelhaft zustehenden Anspruchs verwehrt** worden ist.

cc) Vorschlag zur Güte. (1) Zwingend zu beachtende Rechtspositionen des Schuld- **1.48g** **ners.** Im Hinblick auf die gesetzliche Regelung in § 13a II steht fest, dass eine Lösung des Dilemmas nicht darin bestehen kann, dem Schuldner entgegen dem gesetzlichen Verbot doch die Abgabe einer strafbewehrten Unterwerfungserklärung – also einer Unterlassungsverpflichtungserklärung mit Strafbewehrung – zuzumuten. Ein solcher Weg würde das Dilemma im Übrigen nicht lösen, weil das Vertragsstrafeversprechen des Schuldners aufgrund des gesetzlichen Verbotes unwirksam wäre (§ 138 BGB).

(2) Zwingend zu beachtende Rechtspositionen des Gläubigers. Erstaunlich ist, dass die **1.48h** Entscheidung des OLG Schleswig (→ Rn. 48c f.) mit keinem Wort die Interessen des Gläubigers beleuchtet: Durch diese Entscheidung wurde dem Gläubiger immerhin in dem konkreten Fall die Durchsetzung des ihm gesetzlich eingeräumten Unterlassungsanspruchs verwehrt. Dass dies nicht richtig sein kann, liegt auf der Hand. In dem konkreten Fall hatte sich der Gläubiger genauso verhalten, wie es das Gesetz in § 13 I von ihm verlangt. Dort heißt es: „Die zur

Geltendmachung eines Unterlassungsanspruchs Berechtigten sollen den Schuldner vor der Einleitung eines gerichtlichen Verfahrens abmahnen und ihm Gelegenheit geben, den Streit durch Abgabe einer mit einer angemessenen Vertragsstrafe bewehrten Unterlassungsverpflichtung beizulegen." Mit dieser gesetzlich verankerten Obliegenheit hat sich der Gesetzgeber den von der Rechtsprechung entwickelten Mechanismus der außergerichtlichen Streitbeilegung zu eigen gemacht und ist dabei davon ausgegangen, dass im Falle der Nichtbeachtung der Obliegenheit – also im Falle der gerichtlichen Geltendmachung des Unterlassungsanspruchs ohne vorherige Abmahnung – ein rechtlicher Nachteil droht, nämlich die Belastung mit den Kosten im Falle eines sofortigen Anerkenntnisses durch den Schuldner. Im Falle des OLG Schleswig hatte freilich der Gläubiger abgemahnt, im Hinblick auf § 13a II hatte er lediglich hinsichtlich des in Rede stehenden Unterlassungsanspruchs darauf verzichtet, zur Abgabe einer Unterlassungserklärung mit Vertragsstrafeversprechen aufzufordern, vielmehr die Formulierung der Unterlassungsverpflichtungserklärung dem Schuldner überlassen. Damit hatte der Gläubiger – unfreiwillig, weil durch § 13a II gezwungen – seine Obliegenheit aus § 13 I zur Abmahnung einschließlich Aufforderung zur Abgabe einer strafbewehrten Unterlassungserklärung verletzt. Da das OLG Schleswig angenommen hat, die Unterlassungserklärung habe sich der Schuldner abgegeben hat, habe die Wiederholungsgefahr entfallen lassen und damit zum Wegfall des materiellrechtlichen Unterlassungsanspruch geführt, stellt es sich nach dieser Rechtsauffassung des OLG so dar, dass dem Gläubiger, der notgedrungen eine Abmahnung ohne Aufforderung zur Abgabe einer strafbewehrten Unterlassungserklärung ausspricht, der von ihm geltend gemachte materiellrechtliche Unterlassungsanspruch entzogen wird. Man kann gewiss darüber streiten, ob jeder Mitbewerber das Recht haben soll, auch relativ triviale Verstöße seiner Konkurrenten im Wettbewerb gerichtlich verfolgen zu können. Entscheidet sich der Gesetzgeber aber eindeutig für ein solches private enforcement, geht es nicht an, dass derselbe Gesetzgeber einige Jahre später den zugesprochenen Anspruch dadurch konterkariert, dass er ihn praktisch undurchsetzbar macht. Es ist schon verwunderlich, dass das OLG Schleswig in dem – im Übrigen sorgfältig begründeten – Beschluss keine Gedanken darauf verschwendet hat, dass bei der von ihm vorgeschlagenen Lösung der Anspruch des Gläubigers ersatzlos entfällt. Auch enthält der Beschluss keinen Hinweis darauf, wie es der Gläubiger hätte anstellen sollen, der seinen Unterlassungsanspruch gegenüber dem Schuldner geltend machen möchte und den der Gesetzgeber in § 13 I unmissverständlich zu einer vollständigen Abmahnung auffordert, vermeiden kann, dass ihm der Anspruch im Zuge seiner Durchsetzung abhanden kommt.

1.48i Richtigerweise hätte das OLG Schleswig davon ausgehen müssen, dass ungeachtet der abgegebenen, aber nicht strafbewehrten Unterlassungsverpflichtungserklärung der geltend gemachte Unterlassungsanspruch fortbestand. Allenfalls kann man erwägen, dem Schuldner in dieser Situation bei der Kostenentscheidung zu helfen.

1.48j **(3) Wie ist das Dilemma zu lösen?** Es führt kein Weg daran vorbei: Dem Gläubiger muss eine Möglichkeit gewährt werden, im Falle einer eindeutigen Rechtsverletzung des Schuldners einen Unterlassungstitel zu erwirken. Anders kann man dem Umstand nicht gerecht werden, dass das Gesetz dem Gläubiger für diese Situation einen entsprechenden materiellrechtlichen Unterlassungsanspruch zuerkannt hat. Versperrt das Gesetz dem Gläubiger (und dem Schuldner!) – wie unglücklicherweise in § 13a II geschehen – die Möglichkeit, durch ein vom Schuldner gegebenes Vertragsstrafeversprechen eine dem gerichtlichen Titel in der Funktion vergleichbare, aber für den Schuldner kostenmäßig günstigere „Ersatzsanktion" zu generieren, kann dem Gläubiger nach einer Verletzung sein Recht, sich einen entsprechenden Unterlassungstitel zu beschaffen, nicht abgesprochen werden

1.48k In der Fallkonstellation, wie sie der Entscheidung des OLG Schleswig zugrunde lag, empfiehlt es sich für den Gläubiger, der sich mit der Entrechtung durch den Gesetzgeber nicht abfinden möchte, gegen den Schuldner einen Antrag auf Erlass einer einstweiligen Verfügung zu stellen (einen Antrag, den das Landgericht Lübeck im Fall des OLG Schleswig zu Unrecht abgelehnt hat (§ 93 ZPO). Der Schuldner, der den Verfügungsanspruch eigentlich anerkennen möchte, muss nun darauf achten, dass sich sein Widerspruch nicht gegen die Verfügung als Ganzes richtet vielmehr muss der **Widerspruch auf die Kosten beschränkt** werden **(Kostenwiderspruch)**, was als sofortiges Anerkenntnis ausgelegt wird, und beantragen. dem Gläubiger nach § 93 ZPO die Kosten des Verfügungsverfahrens aufzuerlegen (Teplitzky Wettbewerbsrechtliche Ansprüche/Feddersen Kap. 55 Rn. 9). Die Konstellation ist nun vergleichbar dem Fall, dass der Schuldner nach einem Verstoß ohne vorherige Abmahnung gerichtlich in Anspruch genommen wird. In dieser Konstellation ist allgemein anerkannt, dass der Schuldner, der nicht abgemahnt

worden ist, keine Veranlassung zur Klage gegeben hat. Ebenso wenig hat der Schuldner, der sich unter den Bedingungen des § 13a II dem Gesetzesbefehl gehorchend trotz erfolgter (begründeter) Abmahnung nicht strafbewehrt unterworfen hat, keinen Anlass zur Klage gegeben (§ 93 ZPO); denn er hat die Erklärung abgegeben, die das Gesetz zulässt; eine weitergehende Erklärung war ihm dagegen aufgrund der gesetzlichen Regelung in § 13a II verwehrt. Der Schuldner, der den Gläubiger davon abhalten möchte, den kostenmäßig für ihn ungünstigeren Weg der Klageerhebung zu wählen, sollte dem Gläubiger nach Erhalt der Abmahnung mitteilen, dass er eine allfällige einstweilige Verfügung als endgültige Regelung anerkennen werde.

b) Wegfall der Störung oder Zusage des Verletzers. Zur Beseitigung der Wiederholungs- **1.49** gefahr genügen weder der bloße **Wegfall der Störung** noch die **Zusage des Verletzers,** von Wiederholungen künftig Abstand zu nehmen. Hiervon geht die Rspr. in Wettbewerbsprozessen seit jeher mit Recht aus (BGHZ 1, 241 (248) – Piek-fein; BGH GRUR 1955, 342 (345) – Holländische Obstbäume). Die Wiederholungsgefahr wird auch nicht dadurch beseitigt, dass der Gläubiger bereits eine gleichlautende **einstweilige Verfügung** erwirkt hat, solange der Schuldner nicht eine **durch Vertragsstrafe gesicherte Unterlassungserklärung** oder eine **Abschlusserklärung** abgegeben hat (BGH GRUR 1964, 274 (275) – Möbelrabatt). Im Falle des § 8 II UWG kommt es für den Wegfall der Wiederholungsgefahr auf die Person und das Verhalten des Unternehmers **und** des Mitarbeiters an (BGH GRUR 1964, 263 (266) – Unterkunde; GRUR 1965, 155 – Werbefahrer; GRUR 1973, 208 (209) – Neues aus der Medizin). Es reicht daher im Allgemeinen nicht aus, dass der fragliche Mitarbeiter entlassen worden ist (großzügiger OLG Stuttgart WRP 1993, 780). Auch derjenige, der ernstliche Anstalten getroffen hat, um jeder Wiederholung vorzubeugen, hat damit die Wiederholungsgefahr noch nicht ausgeräumt. Ebenso wenig wird die Wiederholungsgefahr dadurch ausgeräumt, dass dem Gläubiger die Möglichkeit gegeben wird, durch einfache Erklärung weitere Verletzungshandlungen zu unterbinden. So entfällt die Wiederholungsgefahr im Falle einer unaufgeforderten E-Mail-Werbung nicht schon dadurch, dass der Adressat weitere Belästigungen durch Mausklick abstellen kann (aA AG Dresden NJW 2005, 2561 (2562)). Dem Gläubiger ist die Abgabe einer solchen Erklärung schon deswegen nicht zuzumuten, weil er damit rechnen muss, dass solche Erklärungen unbeachtet bleiben und ihnen umgekehrt der Hinweis entnommen wird, dass der Absender eine derartige Werbung überhaupt zur Kenntnis nimmt.

c) Aufgabe des Geschäftsbetriebs, Insolvenz. Selbst die **Aufgabe jeder Geschäftsbetä- 1.50 tigung** lässt die Wiederholungsgefahr nicht entfallen, es sei denn, es ist auszuschließen, dass der Verletzer denselben oder einen ähnlichen Geschäftsbetrieb wieder aufnimmt (BGH GRUR 1959, 367 (374) – Ernst Abbe; GRUR 1972, 550 (551) – Spezialsalz II; GRUR 1976, 579 (583) – Tylosin; GRUR 1992, 318 (320) – Jubiläumsverkauf; GRUR 1998, 824 (828) – Testpreis-Angebot; GRUR 2001, 453 – TCM-Zentrum; öOGH ÖBl 1995, 214 (215) – Ausverkaufs-zeitraum; großzügiger dagegen OLG Koblenz GRUR 1988, 43 (45)). Auch die Auflösung eines Unternehmens nach Ablehnung des Insolvenzantrags mangels Masse stellt lediglich eine Änderung der tatsächlichen Verhältnisse dar, die für sich genommen die Wiederholungsgefahr nicht entfallen lässt (BGH GRUR 2008, 625 Rn. 23 – Fruchtextrakt).

d) Änderung der tatsächlichen Verhältnisse. Auch die Einstellung der Produktion eines – **1.51** möglicherweise technisch veralteten – Erzeugnisses führt nicht dazu, dass die Wiederholungs-gefahr entfällt (BGH GRUR 1998, 1045 (1046) – Brennwertkessel; vgl. auch BGH GRUR 1961, 356 (360) – Pressedienst; GRUR 1965, 198 (202) – Küchenmaschine). Dies gilt erst recht, wenn lediglich die beanstandete Werbung eingestellt worden ist (BGH GRUR 1974, 225 (227) – Lager-Hinweiswerbung). Generell gilt, dass eine nur **tatsächliche Veränderung** der Verhält-nisse die Wiederholungsgefahr nicht berührt, solange nicht auch jede Wahrscheinlichkeit für eine Aufnahme des unzulässigen Verhaltens durch den Verletzer beseitigt ist; sie entfällt nicht schon dann, wenn ein Wiedereintreten völlig gleichgearteter Umstände nicht zu erwarten ist (BGH GRUR 1961, 288 (290) – Zahnbürsten; GRUR 1988, 38 (39) – Leichenaufbewahrung).

e) Wettbewerbsverstoß ohne Wiederholungsgefahr. Häufig werden als Argument gegen **1.52** die Wiederholungsgefahr die **einzigartigen Umstände** angeführt, die angeblich zu dem Verstoß geführt haben. Dieser Einwand kann zwar im Einzelfall begründet sein (vgl. GK/Köhler Vor § 13 B Rn. 28, 33), ist aber meist unbehelflich. Ihm steht idR gerade die Vermutung entgegen, dass diese Umstände erneut auftreten werden und sich der Verstoß wiederholen wird. Dabei ist zu beachten, dass die Wiederholungsgefahr auch dann zu bejahen ist, wenn in Zukunft zwar keine identischen, aber **im Kern gleichartige Verstöße** zu erwarten sind. Bedenken

begegnet insoweit die Entscheidung „**Jubiläumsverkauf**" des BGH. Dort war es als Verstoß gegen § 1 I PAngV beanstandet worden, dass ein Unternehmen anlässlich eines zulässigen Jubiläumsverkaufs pauschal einen Nachlass von 10 % auf alle Waren angekündigt hatte, ohne die Preisauszeichnung der einzelnen Waren zu verändern (eine solche Auszeichnungspraxis ist inzwischen aufgrund einer Änderung des § 9 II PAngV legalisiert!). Der BGH wies die Klage mit der Begründung ab, es fehle an der Wiederholungsgefahr, weil frühestens in 25 Jahren erneut ein zulässiger Jubiläumsverkauf denkbar sei (BGH GRUR 1992, 318 (319) – Jubiläumsverkauf). Das lässt sich bezweifeln, wenn man als Kern der Verletzungshandlung die Werbung mit der pauschalen Preisherabsetzung während einer (zulässigen) Sonderveranstaltung ansieht (zu einer derartigen Konstellation BGH GRUR 1999, 762 – Herabgesetzte Schlussverkaufspreise). Als solche kamen aber zum Zeitpunkt der Entscheidung im Jahre 1999 auch noch Saisonschluss- und Räumungsverkäufe in Betracht.

1.53   **f) Keine Wiederholungsgefahr bei Rechtsirrtum.** Vereinzelt hat die Rspr. jedoch **Ausnahmen** zugelassen, die allerdings wenig überzeugen und nicht verallgemeinert werden dürfen: Zum einen ist die Wiederholungsgefahr in der Entscheidung „**Versicherungsvermittlung im öffentlichen Dienst**" verneint worden, weil sich der Verletzer bei unklarer Rechtslage in einem **entschuldbaren Rechtsirrtum** befunden habe und zu erwarten gewesen sei, dass er den Gesetzesverstoß nach höchstrichterlicher Klärung nicht wiederholen würde (BGH GRUR 1994, 443 (445) – Versicherungsvermittlung im öffentlichen Dienst). Dasselbe Argument ist jedoch in vergleichbaren Fällen des Rechtsbruchs in anderer Weise verwandt worden, um zu begründen, dass sich der Verletzer nicht bewusst und planmäßig über eine Rechtsnorm hinweggesetzt hatte (BGH GRUR 1988, 382 (383) – Schelmenmarkt; GRUR 1994, 222 (224) – Flaschenpfand I). Zum anderen ist in derselben Entscheidung darauf abgestellt worden, dass die **Wettbewerbsverstöße provoziert** worden waren und der Dienstherr weitere Verstöße durch eine **verstärkte Kontrolle** unterbinden werde (BGH GRUR 1994, 443 (445) – Versicherungsvermittlung im öffentlichen Dienst). Mit Recht ist diese Abweichung von der klaren Linie der Rspr. kritisiert worden (Teplitzky Wettbewerbsrechtliche Ansprüche/Kessen Kap. 7 Rn. 4; vgl. hierzu auch Ohly/Sosnitza/Ohly § 8 Rn. 19).

1.54   **g) Gesetzesänderung.** An der Wiederholungsgefahr fehlt es von vornherein, wenn das beanstandete Verhalten **zum Zeitpunkt der Begehung nicht verboten** war. Denn eine Vermutung, dass ein Verhalten wiederholt wird, nachdem es vom Gesetz ausdrücklich verboten worden ist, besteht nicht (BGH GRUR 2005, 442 – Direkt ab Werk; GRUR 2008, 186 Rn. 17 – Telefonaktion; GRUR 2009, 79 Rn. 25 – Gebäckpresse; GRUR 2009, 845 Rn. 38 – Internet-Videorecorder; GRUR 2009, 875 Rn. 8 – Jeder 100. Einkauf gratis; GRUR 2009, 977 Rn. 11 – Brillenversorgung I; GRUR 2009, 886 Rn. 13 – Die clevere Alternative). An der Wiederholungsgefahr kann es auch fehlen, wenn der Verstoß unter Geltung einer **zweifelhaften Rechtslage** erfolgt ist, diese Zweifel aber inzwischen durch eine **Gesetzesänderung** beseitigt sind und außer Frage steht, dass das beanstandete Verhalten verboten ist. In diesem Sinne hat der BGH etwa in einem Fall entschieden, in dem es darum ging, ob eine in der Rechtsform der GmbH organisierte überörtliche Anwaltssozietät an jedem Standort einen organschaftlichen Vertreter benötigt; diese Frage ist spätestens durch § 59i BRAO in der Weise entschieden, dass an jedem Standort zumindest ein geschäftsführender Anwalt tätig sein muss, war aber zuvor streitig (BGH GRUR 2002, 717 (719) – Vertretung der Anwalts-GmbH; vgl. auch BGH NJW-RR 1989, 101 (102) – Brillenpreise I; GRUR 1997, 665 – Schwerpunktgebiete; GRUR 1998, 591 (592 f.) – Monopräparate). Es kann nicht angenommen werden, dass derjenige, der bei zweifelhafter Rechtslage sein Verhalten mit vertretbaren Gründen verteidigt, auch dann auf einer Fortsetzung oder Wiederholung seines Handelns besteht, wenn der Gesetzgeber die offene Frage eindeutig iSd – früher streitigen – Verbots entschieden hat. Zum umgekehrten Fall der inzwischen erfolgten Legalisierung eines Verhaltens → Rn. 1.9).

1.55   **h) Prozessverhalten.** Das Prozessverhalten spielt **für die Frage der Wiederholungsgefahr** nur eine **geringe Rolle.** Denn wenn es bereits zu einem Verstoß gekommen ist, bedarf es meist keiner Bekräftigung der – ohnehin bestehenden – Wiederholungsgefahr. Nur in den seltenen Fällen, in denen ein Wegfall der Wiederholungsgefahr in Betracht zu ziehen ist, kann auf das Prozessverhalten als wichtiges Indiz zurückgegriffen werden. Dabei ist aber zu beachten, dass ein Beklagter sich widerspruchslos auf den Standpunkt stellen kann, sein Verhalten sei rechtmäßig gewesen; unabhängig davon sei aber die Wiederholungsgefahr entfallen (zur Berühmung → Rn. 1.19 ff.). Allein der Umstand, dass ein früheres Verhalten als rechtmäßig verteidigt wird,

besagt nichts für die Wiederholungsgefahr (zu weitgehend daher BGHZ 14, 163 (168) = GRUR 1955, 97 – Constanze II). – Bei Licht betrachtet geht es in den Fällen, in denen das Prozessverhalten als Indiz herangezogen wird, meist um Fälle, in denen entweder die Wiederholungsgefahr schon nach den allgemeinen Kriterien nicht bezweifelt werden kann oder in denen es gar nicht um eine Wiederholung, sondern um einen Erstverstoß geht. Für die **Erstbegehungsgefahr** spielt die Frage der **Berühmung,** und damit auch das Prozessverhalten eine große Rolle; → Rn. 1.19 ff.

i) Kein Wiederaufleben der Wiederholungsgefahr. Ist die Wiederholungsgefahr einmal   **1.56**
entfallen, **erlischt der Unterlassungsanspruch.** Dies ist die Konsequenz daraus, dass die Wiederholungsgefahr als materielle Tatbestandsvoraussetzung begriffen wird (→ Rn. 1.11). Der Anspruch kann auch **nicht** mehr **wiederaufleben,** wenn es – wider Erwarten – doch zu einem erneuten Verstoß kommt. Grundlage des Unterlassungsanspruchs kann dann nicht der erste, sondern nur der zweite Verstoß sein, der eine **neue Wiederholungsgefahr** begründet (BGHZ 130, 288 (292) – Kurze Verjährungsfrist; BGH GRUR 1998, 1043 (1044) – GS-Zeichen; OLG Stuttgart WRP 1997, 1219 (1223); Teplitzky Wettbewerbsrechtliche Ansprüche/Kessen Kap. 8 Rn. 49; vgl. dazu auch → § 13 Rn. 147, 150 und 225). Liegt kein erneuter Verstoß vor, macht aber der Schuldner auf andere Weise deutlich, dass er nicht daran denkt, sich an eine Unterwerfungserklärung oder einen Unterlassungstitel (dazu als Grund für den Wegfall der Wiederholungsgefahr → Rn. 1.57 ff.) zu halten, wird dadurch eine originäre **Begehungsgefahr** begründet. Dem Gläubiger steht dann ein vorbeugender Unterlassungsanspruch (kein Verletzungsunterlassungsanspruch) zu.

j) Rechtskräftiges Unterlassungsurteil. In der Regel entfällt die Wiederholungsgefahr –   **1.57**
ebenso wie durch eine strafbewehrte Unterwerfungsklärung – auch durch ein **rechtskräftiges Urteil,** durch das der Schuldner zur Unterlassung verurteilt wird. Die Frage ist allerdings umstritten. Insbes. Teplitzky ist in der Vergangenheit nachdrücklich für die Gegenmeinung eingetreten (→ 8. Aufl. 2002, Kap. 7 Rn. 13 ff.; WRP 1996, 171 (173); inzwischen einlenkend Teplitzky, 10. Aufl. 2011, Kap. 7 Rn. 4a; Teplitzky GRUR 2003, 272 (275) Fn. 53 sowie Teplitzky Wettbewerbsrechtliche Ansprüche/Kessen Kap. 7 Rn. 14). Mittlerweile überwiegen indessen die Stimmen in der Rspr. und im Schrifttum, die im Allgemeinen auch bei (rechtskräftigen) Unterlassungsurteilen von einem **Wegfall der Wiederholungsgefahr** ausgehen und lediglich im Einzelfall prüfen wollen, ob sich aus den Umständen Zweifel an dem Unterlassungswillen des Schuldners ergeben (OLG Hamburg GRUR 1984, 889 (890); OLG Karlsruhe GRUR 1991, 619 (621); 1995, 510 (513); WRP 1995, 649 (650); GRUR 1997, 72 (73); KG WRP 1993, 22; 1998, 71 (72); Köhler WRP 1992, 359 (362); GK/Köhler Vor § 13 B Rn. 73; Ohly/Sosnitza/Ohly § 8 Rn. 21; Bornkamm FS Tilmann, 2003, 769 (771 ff.); Melullis Wettbewerbsprozess-HdB Rn. 588; Bacher S. 254 f.; diff., aber ohne Festlegung Fritzsche S. 196 ff.; aA auch OLG Hamm GRUR 1991, 706 (707); Traub WRP 1987, 256 f.).

Es besteht tatsächlich **kein Anlass, die Kopie anders zu behandeln als das Original,** dem   **1.58**
sie nachgebildet ist. Denn die Unterwerfungserklärung hat die Funktion, den Gläubiger auch ohne Rechtsstreit möglichst so zu stellen, als hätte er einen Unterlassungstitel erstritten. Es entspricht nicht der Realität, dass derjenige, der sich verurteilen lässt, stets der nicht zu überzeugende Rechtsbrecher, derjenige, der sich unterwirft, dagegen der zum Besseren Bekehrte sei. Auch die Unterwerfungserklärung wird meist nicht aus innerer Einsicht, sondern im Hinblick auf drohende Prozesskosten häufig nur zähneknirschend abgegeben. Umgekehrt hat der verurteilte Schuldner die Rechtslage klären lassen, was für eine **höhere Akzeptanz des Verbots** sprechen kann. Die Gegenansicht steht auf dem Standpunkt, dass der rechtskräftig verurteilte Schuldner sich noch gegenüber einem anderen Gläubiger unterwerfen muss, um die Wiederholungsgefahr entfallen zu lassen. Die unerfreuliche Folge wäre, dass der Schuldner nach rechtskräftiger Verurteilung noch einmal ohne Risiko abgemahnt werden könnte und dafür auch noch die Abmahnkosten zu tragen hätte.

Gegen die – mittlerweile wohl herrschende – Meinung, dass auch ein Unterlassungstitel die   **1.59**
Wiederholungsgefahr entfallen lassen kann, werden **drei Argumente** vorgebracht: **(1)** Dem Unterlassungstitel fehle das **Moment der Freiwilligkeit,** das die Unterwerfungserklärung auszeichne. **(2)** Der Unterlassungstitel sei der Unterwerfungserklärung **nicht gleichwertig;** außerdem werde die Unterwerfungserklärung als Streiterledigungsalternative entwertet, wenn der Unterlassungstitel dieselben Wirkungen entfalte. **(3)** Der Wegfall der Wiederholungsgefahr durch die Rechtskraft des Unterlassungstitels führe zu der absurden Konsequenz, dass der Schuldner – weil ja die Voraussetzungen des Anspruchs nachträglich entfallen seien – mit der

Vollstreckungsgegenklage (§ 767 II ZPO) gegen das rechtskräftige Unterlassungsurteil vorgehen könne (dieses Argument stammt von Bacher S. 250 f., der es aber sogleich wieder verwirft).

1.60 **Zu (1)** ist bereits → Rn. 1.58 Stellung genommen worden; im Übrigen beruht auch mancher Unterlassungstitel (Anerkenntnisurteil, einstweilige Verfügung mit Abschlusserklärung) auf **Freiwilligkeit. Zu (2):** Richtig ist, dass der Titel in manchem schuldnerfreundlicher ist als die Unterwerfung, weil in der Zwangsvollstreckung § 278 BGB generell nicht gilt, der Schuldner daher nur für eigenes Verschulden haftet und weil der Anreiz, einen Verstoß zu verfolgen, wegen der in die Tasche des Gläubigers fließenden Vertragsstrafe größer sein mag. Nach hier vertretener Auffassung kann jedoch auch bei der Unterwerfungserklärung die Haftung für Erfüllungsgehilfen ausgeschlossen werden (vgl. → § 13 Rn. 32). Wie die Erfahrung zeigt, hält der Umstand, dass das Ordnungsgeld dem Staat zufließt, Gläubiger nicht von der Vollstreckung des Unterlassungstitels ab. Zu beachten ist aber, dass die **Vollstreckungsbereitschaft des Gläubigers** stets Voraussetzung für den Wegfall der Wiederholungsgefahr ist (vgl. OLG Karlsruhe GRUR 1997, 72 (73)). **Zu (3):** Zwei Argumente lassen sich gegen die **Vollstreckungsgegenklage** vorbringen: Ihr steht zum einen der **Einwand aus Treu und Glauben** entgegen (vgl. Bacher S. 250 f.); zwar mag in dem Verhalten des Schuldners, der nach rechtskräftiger Verurteilung sogleich versucht, diese Verurteilung zu beseitigen, kein venire contra factum proprium liegen; doch wird mit seinem Vorgehen erneut eine Begehungsgefahr und damit ein neuer Unterlassungsanspruch begründet; er verlangt also mit der Vollstreckungsgegenklage etwas, was er sofort wieder hergeben müsste. Zum anderen handelt es sich bei dem rechtskräftigen Titel um einen **innerprozessualen Umstand,** der nicht als neue Tatsache iSv § 767 II ZPO gewertet werden kann; der Titel ist das von der ZPO vorgesehene Ziel der Unterlassungsklage und kann nicht gleichzeitig der Grund für seine Aufhebung sein (vgl. Fritzsche S. 199). Im Übrigen stellt sich das Problem mit der Vollstreckungsgegenklage auch für die Gegenansicht: Folgt man ihr, muss sich der rechtskräftig verurteilte Schuldner – von einem anderen Gläubiger abgemahnt – unterwerfen, wenn er einen zweiten Prozess vermeiden möchte (→ Rn. 1.47 aE). Spätestens nach dieser Unterwerfung ist aber die Wiederholungsgefahr generell entfallen, was der Schuldner mit der Vollstreckungsgegenklage geltend machen könnte (vgl. Bornkamm FS Tilmann, 2003, 769 (776)).

1.61 Auch der **BGH** hat sich in der Entscheidung **„Begrenzte Preissenkung"** auf den Standpunkt gestellt, dass ein rechtskräftiges Unterlassungsurteil die Wiederholungsgefahr entfallen lassen kann (BGH GRUR 2003, 450 – Begrenzte Preissenkung). Voraussetzung ist danach allerdings, dass sich der Verurteilte im Verhältnis zu dem weiteren Unterlassungsgläubiger **auf den rechtskräftigen Titel beruft** und damit deutlich macht, dass er darin auch eine Regelung des Streits mit dem weiteren Gläubiger sieht und sich dementsprechend verhalten wird. Führt er die erfolgte Verurteilung nicht an, verteidigt er vielmehr gegenüber dem weiteren Gläubiger sein Verhalten, zeigt dies, dass das rechtskräftige Urteil die Wiederholungsgefahr ausnahmsweise nicht hat entfallen lassen. Im **konkreten Fall** war ein Berliner Möbelhändler wegen derselben Werbung von zwei verschiedenen Gläubigern in Anspruch genommen worden. Nachdem er im ersten Verfahren rechtskräftig verurteilt worden war, verteidigte er sein Verhalten in dem zweiten Verfahren weiterhin als rechtmäßig und erwähnte auch das Ergebnis des Parallelprozesses nicht. Deshalb bestand die Wiederholungsgefahr – so der BGH GRUR 2003, 450 – Begrenzte Preissenkung – fort (vgl. die ähnliche Konstellation im Fall OLG Karlsruhe GRUR 1997, 72 (73)). Genau genommen handelt es sich hier aber nicht einmal um eine Besonderheit, die nur für Unterlassungsurteile gilt. Hat sich ein Schuldner gegenüber einem Gläubiger unterworfen und verteidigt er – von einem zweiten Gläubiger abgemahnt – sein Verhalten, ohne auf die abgegebene Unterwerfungserklärung hinzuweisen, begründet dies ebenfalls Zweifel am bestehenden Unterlassungswillen (OLG Düsseldorf WRP 2002, 1019).

1.62 **k) Vergleich.** Ebenso wie durch ein rechtskräftiges Urteil entfällt die Wiederholungsgefahr auch durch einen Vergleich, in dem sich der Schuldner strafbewehrt unterwirft (vgl. OLG Celle VuR 2007, 65). In diesem Fall fehlt auch das Freiwilligkeitsmoment (→ Rn. 1.58 f.) nicht. Bei einem **Widerrufsvergleich** fällt die Wiederholungsgefahr allerdings erst weg, wenn feststeht, dass der Vergleich Bestand hat. Wird der Vergleich widerrufen, besteht nach wie vor Wiederholungsgefahr. Dies gilt nicht nur für den Fall, dass der Schuldner, sondern – entgegen OLG Celle VuR 2007, 65 (mit krit. Anm. Beuchler VuR 2007, 66 (68)) – auch dann, wenn der Gläubiger den Vergleich (aus welchen Gründen auch immer) widerruft. Nur der Vergleich, der Bestand hat, bietet eine **Sanktionsmöglichkeit** im Falle eines erneuten Verstoßes. Im Übrigen ist zu fragen: Welche Gewähr für ein Wohlverhalten bietet der uneinsichtige Schuldner, der sich die Unterwerfungserklärung nur für den Fall abnötigen lässt, dass der Gläubiger eine bestimmte Gegenleistung (zB Übernahme eines Teils der entstandenen Kosten) erbringt? Letztlich handelt es sich hier um eine bedingte Unterwerfungserklärung, die schon durch den Nichteintritt der Bedingung gegenstandslos wird. Will der Schuldner den Unterlassungsanspruch entfallen lassen, bleibt es ihm im Falle des Widerrufs des Vergleichs unbenommen, unverzüglich eine vom Vergleich unabhängige Unterwerfungserklärung abzugeben.

l) Einstweilige Verfügung mit Abschlusserklärung. Die Wiederholungsgefahr entfällt **1.63** schließlich nicht nur durch ein rechtskräftiges Unterlassungsurteil in der Hauptsache, sondern auch durch eine **einstweilige Verfügung,** die der Schuldner durch **Abschlusserklärung** als endgültige Regelung anerkannt hat (→ § 12 Rn. 2.74; ferner OLG Hamburg GRUR 1984, 889 (890); OLG Karlsruhe GRUR 1995, 510 (513); Fritzsche S. 631).

IV. Umfang des Unterlassungsanspruchs

1. Sachlicher Umfang

Schrifttum: (insbes. zur Frage, ob der Unterlassungsanspruch Rückrufpflichten umfasst (→ Rn. 1.69 ff.): H.-J. Ahrens, Beseitigung kraft Unterlassungstitels: berechtigter Aufstand gegen den BGH? – Zugleich Besprechung von BGH „Produkte zur Wundversorgung", GRUR 2018, 374; v. Czettritz/Thewes, Rückrufverpflichtung in einstweiligen Verfügungsverfahren?, PharmR 2017, 92; A. Dissmann, Unterlassungsanspruch und Beseitigungsanspruch – Schnittmenge, Teilmenge oder doch gar zwei verschiedene Dinge? – Eine kritische Auseinandersetzung mit den BGH-Entscheidungen Hot Sox und RESCUE TROPFEN, MarkenR 2017, 293; R. Dissmann, Unterlassung und Rückruf – die europäische Perspektive, GRUR 2017, 986; Ernst-Moll, Beseitigungsanspruch und Rückruf im gewerblichen Rechtsschutz, FS Klaka, 1987, 16; Goldmann, Anmerkung zu BGH GRUR 2016, 720 – Hot Sox, GRUR 2016, 724; GRUR-Fachausschuss für Wettbewerbs- und Markenrecht, „Zwischenruf" zum Verhältnis von Unterlassung und Beseitigung im Gewerblichen Rechtsschutz und insbesondere im Wettbewerbsrecht, GRUR 2017, 885; Hermanns, Der Unterlassungsanspruch als verkappter Rückrufanspruch? – Eine dogmatische Untersuchung der Ausdehnung tenorierter Unterlassungspflichten auf eine generelle Rückrufpflicht, GRUR 2017, 977; Jauernig, Einstweilige Verfügung gegen ein Bezugsverbot?, NJW 1973, 1671; Klute, Die aktuellen Entwicklungen im Lauterkeitsrecht, NJW 2017, 1648; Lindacher, Unterlassungs- und Beseitigungsanspruch – Das Verhältnis der wettbewerbsrechtlichen Abwehransprüche im Spiegel des Erkenntnisverfahrens-, Vollstreckungs- und Verjährungsrechts, GRUR 1985, 423; Lubberger, Zu Risiken und Nebenwirkungen kontaktieren Sie Ihren Anwalt oder Richter – Besprechung von BGH „Produkte zur Wundversorgung, GRUR 2018, 378; Petersenn/Graber, Rückrufverpflichtung auch im Verfügungsverfahren, GRUR-Prax 2017, 362; Pres, Rückrufverpflichtung als Teil des Unterlassungsanspruchs, GRUR-Prax 2017, 50; Rheineck, Rückrufpflichten des Unterlassungsschuldners?, WRP 1992, 753; Sakowski, BB-Kommentar – „Ein auf Unterlassung des Vertriebs bestimmter Produkte gerichteter Titel umfasst grundsätzlich die Pflicht des Schuldners zum Produktrückruf", BB 2017, 275; Sakowski, Unterlassen durch Rückruf – „Hot Sox" und „RESCUE-Produkte" und die Folgen, GRUR 2017, 355; Schacht, Die Prüfung konkreter Unterlassungspflichten im Erkenntnisverfahren, WRP 2017, 1055; Schmitt-Gaedke/P. M. Schmidt: Vollstreckung des Unterlassungstitels: Was hat der Schuldner zu unterlassen, was muss er tun?, GRUR-Prax 3027, 343; Tillmanns, Anmerkung zu BGH 29.9.2016 – I ZB 34/15 – Rückruf von RESCUE-Produkten, MPR 2017, 65.

a) Grundsatz. Der sachliche Umfang des Unterlassungsanspruchs richtet sich danach, in **1.64** welchem Umfang eine Begehungsgefahr (Wiederholungs- oder Erstbegehungsgefahr) besteht. Ausgangspunkt ist dabei die konkrete Verletzungshandlung (→ Rn. 1.38, 1.44), die sich entweder aus einem bereits erfolgten Wettbewerbsverstoß oder aus den Umständen ergibt, die – wie bspw. eine Berühmung – die Erstbegehungsgefahr begründen. Dabei ist zu beachten, dass sich die durch eine Verletzungshandlung begründete **Wiederholungsgefahr** grds. auch auf alle **im Kern gleichartigen Verletzungshandlungen** erstreckt, ohne dass insofern auf eine Erstbegehungsgefahr zurückgegriffen werden müsste (BGH GRUR 1989, 445 (446) – Professorenbezeichnung in der Ärztewerbung II; GRUR 1991, 672 (674) – Anzeigenrubrik I; GRUR 1993, 579 (581) – Römer-GmbH; GRUR 1996, 199 – Wegfall der Wiederholungsgefahr I; GRUR 1996, 800 (802) – EDV-Geräte; GRUR 1997, 379 (380) – Wegfall der Wiederholungsgefahr II; GRUR 1999, 509 (511) – Vorratslücken; GRUR 2000, 337 (338) – Preisknaller; BH GRUR 2000, 907 (909) – Filialleiterfehler; BGHZ 148, 221 (224) – SPIEGEL-CD-ROM zum Urheberrecht; GRUR 2004, 155 (156) – Farbmarkenverletzung II zum Markenrecht; GRUR 2009, 772 Rn. 29 – Augsburger Puppenkiste zum Kennzeichenrecht).

b) Beispiele. Wirbt ein Händler mit einer unzutreffenden Preisgegenüberstellung für eine **1.65** **Polstergarnitur,** erstreckt sich der Anspruch auf eine entspr. Werbung für **Teppiche und**

Möbel (BGH GRUR 2000, 337 (338) – Preisknaller). Dagegen ist es als zu weitgehend angesehen worden, aufgrund einer irreführenden **Preiswerbung für Fotovergrößerunger** den Unterlassungsanspruch auf eine entspr. Irreführung in der Werbung **generell für Fotoarbeiten** zu erstrecken; denn damit bezieht sich der Anspruch auch auf die Werbung für Filmentwicklungen, für das Anfertigen von Passfotos, Ausschnittsabzügen oÄ, die mit Vergrößerungsarbeiten von der Art her nicht ohne weiteres gleichartig erscheinen (BGH GRUR 1998 1039 (1040 f.) – Fotovergrößerungen). Wird mit unzutreffenden unverbindlichen **Preisempfehlungen für einen Radiorecorder, eine Waschmaschine und einen Kühlautomaten** geworben, umfasst der Unterlassungsanspruch generell die Werbung mit unrichtigen Preisempfehlungen für **Artikel der Unterhaltungselektronik und für Haushaltsgeräte;** es ginge aber zu weit, das Verbot auf sämtliche vom Schuldner geführte Markenartikel zu erstrecken (BGH GRUR 2003, 446 (447) – Preisempfehlung für Sondermodelle). Entsprechendes gilt bei unzureichender Vorratshaltung einer **Videokamera;** auch hier erstreckt sich der Anspruch und damit das zu beantragende Verbot auf eine entspr. unzureichende Vorratshaltung für **Geräte der Unterhaltungselektronik** (BGH GRUR 2000, 907 (909) – Filialleiterfehler). Schließlich ist der Unterlassungsanspruch wegen einer **unaufgeforderten Zusendung von E-Mails** nicht auf die Versendung des konkreten Rundschreibens an die E-Mail-Adressen beschränkt, die bereits Adressaten der bisherigen Werbeaktionen waren (BGH GRUR 2004, 517 (520) – E-Mail-Werbung).

1.66 **c) Konsequenzen für die Antragsfassung.** Wird im Prozess mehr verlangt, als es dem materiellen Unterlassungsanspruch entspricht, kann das Gericht das **Verbot auf das angemessene Maß beschränken,** das als ein Minus in der zu weiten Antragsfassung enthalten ist. Fehler Anhaltspunkte für eine solche Beschränkung auf das angemessene Maß, ist das Verbot auf die konkrete Verletzungsform zu beschränken. – Bei der üblichen Bezugnahme im Schadensersatzfeststellungs- und im Auskunftsantrag auf den Unterlassungsantrag ist zu bedenken, dass sich die Schadensersatzfeststellung und die Verpflichtung zur Auskunftserteilung ebenfalls auf im Kern gleichartige Verletzungshandlungen erstrecken können (BGH GRUR 1996, 502 (507) – Energiekosten-Preisvergleich). Eine Bezugnahme auf den Unterlassungsantrag ist dagegen problematisch, wenn sich ein Unterlassungsanspruch in dem beantragten Umfang nur deswegen begründen lässt, weil hins. des Teils, für den keine Wiederholungsgefahr besteht, eine Erstbegehungsgefahr angenommen werden kann (BGH GRUR 2000, 907 (910) – Filialleiterfehler).

1.67 **d) Begrenzung des Anspruchs durch den Verhältnismäßigkeitsgrundsatz.** Wettbewerbsrechtliche Unterlassungsansprüche können ferner durch den **Grundsatz der Verhältnismäßigkeit** begrenzt sein (BGH GRUR 1999, 504 (506) – Implantatbehandlung; GRUR 2003, 628 (630) – Klosterbrauerei). Eine solche Begrenzung kann auf der Tatbestandsebene dazu führen, dass das in Frage stehende Verhalten nicht verboten ist. Hiervon zu unterscheiden ist die Begrenzung auf der Ebene der Rechtsfolgen, also der Ansprüche, die das Verbot an sich unberührt lässt (dazu eingehend Köhler GRUR 1996, 82 ff.; zum Verhältnismäßigkeitsgrundsatz als Korrektiv für den Beseitigungs-, insbes. den Widerrufsanspruch → Rn. 1.89, 1.122 und 1.133 ff.). Eine solche dem Gebot der Verhältnismäßigkeit entspringende Einschränkung auf der Rechtsfolgenseite ist die **Aufbrauchsfrist** (→ Rn. 1.88 ff.).

1.68 **e) Geltung der Grundsätze der Kerntheorie außerhalb des Wettbewerbsrechts.** Die Grundsätze zur Bestimmung des sachlichen Umfangs des Unterlassungsanspruchs gelten nicht nur im Lauterkeitsrecht, sondern im gesamten **Immaterialgüterrecht** (Busse/Keukenschrijver/Werner, 9. Aufl. 2020, PatG § 139 Rn. 58 zum Patentrecht; Dreier/Schulze/Specht-Riemenschneider, 7. Aufl. 2022, UrhG § 97 Rn. 59 zum Urheberrecht; BGHZ 166, 233 Rn. 34 = GRUR 2006, 504 – Parfümtestkäufe; BGHZ 166, 253 Rn. 27 = GRUR 2006, 421 – Markenparfümverkäufe; Ströbele/Hacker/Thierig/Thierig, 13. Aufl. 2021, MarkenG § 14 Rn. 522 zum Markenrecht) sowie im **Kartellrecht** (vgl. BGH GRUR 2007, 172 Rn. 10 – Lesezirkel II; WRP 2006, 1030 Rn. 13 – Call-Option; BGHZ 136, 268 (273) = WRP 1998, 194 – Stromversorgung Aggertal). Für den **Bereich der Bildberichterstattung** wendet der VI. ZS des BGH dagegen die Grundsätze der Kerntheorie nicht an, weil „die Prüfung der Zulässigkeit einer Bildveröffentlichung ohne Einwilligung des Abgebildeten in jedem Einzelfall eine Abwägung zwischen dem Informationsinteresse der Öffentlichkeit und dem Interesse des Abgebildeten an dem Schutz seiner Privatsphäre (erfordert), wobei die begleitende Wortberichterstattung eine wesentliche Rolle spielen kann" (BGHZ 174, 262 = WRP 2008, 673; BGH GRUR 2008, 446). Dabei werden freilich die Möglichkeiten der Kerntheorie unterschätzt. Auch bei ihrer Anwendung ist auf die Umstände des konkreten Verletzungsfalls abzustellen. Dass es gerade auf diese Umstände ankommt, kann sich aus den Entscheidungsgründen ergeben, braucht also nicht im Antrag bzw. im ausgesprochenen Unterlassungsgebot seinen Niederschlag gefunden zu haben (vgl. Lettl NJW 2008, 2160 (2162)). Daher empfiehlt sich auch für den **Bereich des Persönlichkeitsrechts** die Orientierung an der konkreten Verletzungsform (MüKoBGB/Rixecker, 9. Aufl. 2021, BGB Anh. § 12 Rn. 329) mit der unausgesprochenen Maßgabe, dass dieses Verbot für kerngleiche Verletzungen ebenfalls gilt.

f) Umfasst der Unterlassungsanspruch Rückrufpflichten?

Schrifttum: Ahrens, Beseitigung kraft Unterlassungstitels: berechtigter Aufstand gegen den BGH? – Zugleich Besprechung von BGH „Produkte zur Wundversorgung", GRUR 2018, 374; v. Czettritz/Thewes, Rückrufverpflichtung in einstweiligen Verfügungsverfahren?, PharmR 2017, 92; A. Dissmann, Unterlassungsanspruch und Beseitigungsanspruch – Schnittmenge, Teilmenge oder doch gar zwei verschiedene Dinge? – Eine kritische Auseinandersetzung mit den BGH-Entscheidungen Hot Sox und RESCUE TROPFEN, MarkenR 2017, 293; R. Dissmann, Unterlassung und Rückruf – die europäische Perspektive, GRUR 2017 986; Ernst-Moll, Beseitigungsanspruch und Rückruf im gewerblichen Rechtsschutz, FS Klaka, 1987, 16; Goldmann, Anmerkung zu BGH GRUR 2016, 720 – Hot Sox, GRUR 2016, 724; GRUR-Fachausschuss für Wettbewerbs- und Markenrecht, „Zwischenruf" zum Verhältnis von Unterlassung und Beseitigung im Gewerblichen Rechtsschutz und insbesondere im Wettbewerbsrecht, GRUR 2017, 885; Hermanns, Der Unterlassungsanspruch als verkappter Rückrufanspruch? – Eine dogmatische Untersuchung der Ausdehnung tenorierter Unterlassungspflichten auf eine generelle Rückrufpflicht, GRUR 2017, 977; Jauernig, Einstweilige Verfügung gegen ein Bezugsverbot?, NJW 1973, 1671; Klute, Die aktuellen Entwicklungen im Lauterkeitsrecht, NJW 2017, 1648; Lindacher, Unterlassungs- und Beseitigungsanspruch – Das Verhältnis der wettbewerbsrechtlichen Abwehransprüche im Spiegel des Erkenntnisverfahrens-, Vollstreckungs- und Verjährungsrechts, GRUR 1985, 423; Lubberger, Zu Risiken und Nebenwirkungen kontaktieren Sie Ihren Anwalt oder Richter – Besprechung von BGH „Produkte zur Wundversorgung", GRUR 2018, 378; Petersenn/Graber, Rückrufverpflichtung auch im Verfügungsverfahren, GRUR-Prax 2017, 362; Pres, Rückrufverpflichtung als Teil des Unterlassungsanspruchs, GRUR-Prax 2017, 50; Rheineck, Rückrufpflichten des Unterlassungsschuldners?, WRP 1992, 753; Sakowski, BB-Kommentar – „Ein auf Unterlassung des Vertriebs bestimmter Produkte gerichteter Titel umfasst grundsätzlich die Pflicht des Schuldners zum Produktrückruf", BB 2017, 275; Sakowski, Unterlassen durch Rückruf – „Hot Sox" und „RESCUE-Produkte" und die Folgen, GRUR 2017, 355; Schmitt-Gaedke/P. M. Schmidt: Vollstreckung des Unterlassungstitels: Was hat der Schuldner zu unterlassen, was muss er tun?, GRUR-Prax 3027, 343; Tillmanns, Anmerkung zu BGH 29.9.2016 – I ZB 34/15 – Rückruf von RESCUE-Produkten, MPR 2017, 65; Voit, Zur Frage der Rückrufverpflichtung auf der Grundlage eines Unterlassungsanspruchs nach der Rescue-Tropfen-Entscheidung des Bundesgerichtshofs vom 29.9.2016, PharmaR 2018, 1.

aa) Ausgangspunkt. Die Frage, ob im Falle eines Vertriebsverbots für Waren oder Werbematerial der Unterlassungsanspruch auch die Verpflichtung umfasst, **bereits ausgelieferte Ware oder Werbematerial zurückzurufen,** wird im Recht der wettbewerblichen Ansprüche schon seit Jahrzehnten diskutiert (vgl. nur Ernst-Moll FS Klaka, 1987, 16; Rheineck WRP 1992, 753). Ausgangspunkt war und ist dabei stets die Erkenntnis, dass der Unterlassungs- und der Beseitigungsanspruch auch parallel laufen können, dann nämlich, wenn die **Nichtbeseitigung gleichbedeutend mit der Fortsetzung der Verletzungshandlung** ist (→ Rn. 1.73). Klassisches Beispiel hierfür ist das kennzeichenrechtlich unzulässige Firmenschild: Hier setzt das rechtlich gebotene Unterlassen voraus, dass das Firmenschild abmontiert wird; neben dem Unterlassen ist daher zwingend auch eine Handlung geschuldet, die nicht gesondert tituliert zu werden braucht, vielmehr umfasst der Unterlassungsanspruch in diesem Fall auch das denknotwendig zur Unterlassung gehörende positive Tun. **1.69**

Erstaunlich ist, dass die Rspr. nicht auf der Grundlage der Erkenntnis, dass die Überlappung von Unterlassungs- und Beseitigungsanspruch nur in einer geringen Zahl von Fällen in Betracht kommt, die **naheliegende Konsequenz** gezogen hat, immer dann, wenn das begehrte positive Handeln vom Unterlassungsanspruch nicht ohne weiteres erfasst wird, auf den Beseitigungsanspruch zu verweisen und vom Kläger einen in dieser Hinsicht **eindeutigen Antrag** zu verlangen, insbes. also klarzustellen, dass er nicht nur Unterlassung, sondern darüber hinaus auch Beseitigung, also vor allem den Rückruf bereits ausgelieferter Ware oder bereits verteilten Werbematerials begehrt. **1.70**

Auf diese Weise wäre auch von vornherein klargestellt worden, dass das **Verfahren der einstweiligen Verfügung** immer nur für den wirklichen Unterlassungsanspruch infrage kommt, während der Beseitigungsanspruch wegen des **Verbots der Vorwegnahme der Hauptsache** auf das Hauptsacheverfahren verwiesen worden wäre. Diesen Weg hat aber weder die Rspr. noch das Schrifttum beschritten. **1.71**

1.72   So hat der BGH etwa in der Entscheidung **„Vertragsstrafenklausel"** aus dem Jahr 2013 noch die Forderung aufgestellt, der Schuldner eines Unterlassungsanspruchs müsse nicht nur alles unterlassen, was zu einer Verletzung führen könne, sondern auch **alles tun, was im konkreten Fall erforderlich und zumutbar sei, um künftige oder andauernde Verletzungen zu verhindern oder rückgängig zu machen.** Zwar habe der Schuldner für das selbstständige Handeln Dritter grds. nicht einzustehen; er sei jedoch gehalten, auf Dritte, deren Handeln ihm wirtschaftlich zugutekomme, einzuwirken, wenn er mit einem Verstoß ernstlich rechnen müsse und zudem **rechtliche und tatsächliche Einwirkungsmöglichkeiten auf das Verhalten** des Dritten habe (BGH GRUR 2014, 595 Rn. 26 – Vertragsstrafenklausel).

1.73   In der **Entscheidung „CT-Paradies"** aus dem Jahre 2014 hat der BGH sogar das **Verhältnis zum Beseitigungsanspruch** völlig zutreffend charakterisiert und darauf hingewiesen, dass in derartigen Fällen neben dem Unterlassungsanspruch ein Beseitigungsanspruch bestehe; es handele sich dabei um **selbstständige Ansprüche mit unterschiedlicher Zielrichtung;** der Gläubiger habe es in der Hand, ob er den einen oder den anderen Anspruch oder aber beide Ansprüche geltend mache. Problematisch ist freilich der folgende Satz: **Der Gläubiger könne bei einer solchen Fallgestaltung aber auch bereits mit dem Unterlassungsanspruch die Beseitigung des Verletzungszustands verlangen; dies folge daraus, dass bei einer Dauerhandlung die Nichtbeseitigung des Verletzungszustands gleichbedeutend mit der Fortsetzung der Verletzungshandlung sei** (BGH GRUR 2015, 258 Rn. 64 – CT-Paradies).

1.74   **bb) Die Rechtsprechung der Oberlandesgerichte.** Die Rspr. der Oberlandesgerichte zu der Frage, ob der Unterlassungstitel auch eine Rückrufpflicht umfassen kann, ist uneinheitlich: Eine Rückrufpflicht, die bereits aus dem Unterlassungstitel folgt, haben bspw. das OLG Zweibrücken (GRUR 2000, 921), das OLG München (GRUR-RS 2015, 116459, bestätigt durch BGH GRUR 2017, 208 – RESCUE-Tropfen), das OLG Köln (GRUR-RR 2008, 365) und das KG (25. ZS) (WRP 1998, 627 (628)). Diese Rspr. konnte sich im Übrigen auf zahlreiche prominente Stimmen im Schrifttum stützen (vgl. FBO/Büscher § 12 Rn. 378; → § 12 UWG Rn. 5.7; Teplitzky Wettbewerbsrechtliche Ansprüche/Feddersen Kap. 57 Rn. 26c). Das OLG München hält seine sogar für die „allgemeine Auffassung" (OLG München GRUR-RS 2015, 116459 Rn. 17)! Eine Reihe von Oberlandesgerichten hat sich allerdings mit Nachdruck dagegen ausgesprochen, aus einem Unterlassungsanspruch mehr als Unterlassungspflichten abzuleiten, so schon 2003 das OLG Hamburg (PharmR 2003, 171), 2007 das OLG Brandenburg (BeckRS 2009, 07298 betr. eine Unterlassungsverpflichtungserklärung), 2012 das OLG Düsseldorf (BeckRS 2013, 21057 mit dem zutr. Hinweis, dass ein Rückrufanspruch im Erkenntnisverfahren neben dem Unterlassungsanspruch geltend gemacht (und geprüft) werden müsse; GRUR 2018, 855 Rn. 55 mAnm Hermanns) und schließlich 2016 – dem BGH (GRUR 2016, 720 – Hot Sox) ohne Erfolg (GRUR 2018, 292 – „Produkte zur Wundversorgung") die Gefolgschaft verweigernd – das OLG Frankfurt (GRUR 2016, 1319) sowie das OLG Düsseldorf (GRUR-RR 2019, 278); auch diese Entscheidung wurde nicht rechtskräftig; vielmehr wurde sie auf die (zugelassene) Rechtsbeschwerde des Gläubigers hin aufgehoben (BGH GRUR 2020, 548 – Diätetische Tinnitusbehandlung). Im Vollstreckungsverfahren hat dann das OLG Düsseldorf nochmals dagegengehalten (OLG Düsseldorf GRUR-RR 2018, 278; Abrar GRUR-Prax 2019, 221), allerdings wiederum ohne Erfolg; auch diese Entscheidung wurde vom BGH auf die (zugelassene) Rechtsbeschwerde des Gläubigers hin aufgehoben (BGH GRUR 2020, 548).

1.75   **cc) Sechs Entscheidungen des BGH.** Die Diskussion um die Frage, ob der Rückruf vom Unterlassungsanspruch erfasst wird, ist **durch mittlerweile sechs Entscheidungen des BGH aus den Jahren 2015 bis 2019** beflügelt worden; inzwischen scheint sie im Hinblick darauf verstummt zu sein, dass der BGH seine umstrittene Auffassung immer wieder – zuletzt im Oktober 2019 – bekräftigt und kein Zeichen des Einlenkens hat erkennen lassen. Es handelt sich um die Entscheidungen „Piadina-Rückruf" (GRUR 2016, 406 Rn. 28 f.), „Hot Sox" (GRUR 2016, 720 Rn. 35), „RESCUE-Tropfen" (GRUR 2017, 208 Rn. 24), „Luftentfeuchter" (GRUR 2017, 823 Rn. 28 f.), „Produkte zur Wundversorgung" (GRUR 2018, 292) und „Diätetische Tinnitusbehandlung" (GRUR 2020, 548).

1.76   **(1) „Piadina-Rückruf" und „Hot Sox".** Die **ersten beiden der fünf Entscheidungen („Piadina-Rückruf" und „Hot Sox")** machten bereits deutlich, dass es sich bei der großzügigen Bejahung einer Rückrufpflicht nicht unbedingt um ein wohlfeiles Geschenk für den Gläubiger handelt. Denn der BGH entschied hier, dass **zu dem nach § 945 ZPO ersatzfähigen Schaden,** den der Gläubiger dem Schuldner nach einer späteren Aufhebung einer einstweiligen Verfügung schuldet, auch Kosten gehören können, die dadurch entstehen, dass ein Unternehmen zur Befolgung eines Unterlassungsgebots **Produkte aus den Vertriebswegen zurückruft.** In beiden Fällen ging es um – später aufgehobene – **einstweilige Verfügungen,** durch die der Schuldnerin im ersten Fall untersagt worden war, ihr „italienisches Fladenbrot" in einer Aufmachung zu vertreiben, die auf einen in Italien liegenden Herstellungsort hinzuweisen schien, und durch die der Schuldnerin im zweiten Fall verboten worden war, ihre Wärmepantoffeln anzubieten, zu bewerben, zu importieren und/oder in Verkehr zu bringen; in Befolgung dieser Verbote – so der BGH – waren die Schuldnerinnen (und Klägerinnen der auf § 945 ZPO gestützten Klage) nicht nur verpflichtet, den weiteren Vertrieb ihrer noch nicht verkauften Fladenbrote bzw. Wärmepantoffeln einzustellen. **Es oblag ihnen auch, bereits an den Groß- und Einzelhandel verkaufte Fladenbrote und Wärmepantoffeln zurückzurufen** (BGH GRUR 2016, 720 Rn. 35 – Hot Sox). Diese Schadensersatzfolge trifft den Gläubiger auch dann, wenn er im Erkenntnisverfahren – nicht selten ein **Verfügungsverfahren,** in dem der Schuldner/Antragsgegner noch nicht einmal gehört worden ist –, mit keinem Wort auf dem Rückruf bestanden, sondern nur Unterlassung verlangt hat, und wenn der Schuldner ohne gesonderte Aufforderung von sich aus den Rückruf veranlasst hat. Möchte der Gläubiger dieses Risiko vermeiden, muss er im Erkenntnisverfahren, ggf. bereits im Antrag auf Erlass einer einstweiligen Verfügung, unmissverständlich zum Ausdruck bringen, **dass er einen Rückruf nicht begehrt.**

(2) „RESCUE-Tropfen". Mit der **dritten Entscheidung („RESCUE-Tropfen)** hat der **1.77** BGH eine Rechtsbeschwerde zurückgewiesen, mit der sich die Schuldnerin, gegen die vom OLG München ein Ordnungsgeld iHv 45.000 EUR festgesetzt worden war, gegen diese Entscheidung gewehrt hatte. Die Schuldnerin habe dadurch, dass sie die Apotheken nicht zur Rückgabe der bereits an sie ausgelieferten Produkte „RESCUE TROPFEN" und „RESCUE NIGHT SPRAY" aufgefordert habe, gegen das Verbot verstoßen, im geschäftlichen Verkehr als Spirituosen gekennzeichnete Produkte unter der Bezeichnung „RESCUE TROPFEN" oder „RESCUE NIGHT SPRAY" zu bewerben oder zu vertreiben. Zunächst räumt der BGH der Schuldnerin ein, dass sie nach dem Wortlaut des in Rede stehenden Tenors lediglich zu einem Unterlassen und nicht zur Vornahme von Handlungen verpflichtet sei; den Entscheidungsgründen, der Klagebegründung oder dem Parteivortrag lasse sich nicht entnehmen, dass die tenorierte Unterlassungspflicht der Schuldnerin die Verpflichtung umfasse, bereits an Apotheken **ausgelieferte Produkte zurückzurufen.** Für die Auslegung des Vollstreckungstitels sei es ohne Bedeutung, ob den Gläubigerinnen ein solcher Rückrufanspruch sachlich-rechtlich zustehe.

Mangels abweichender Anhaltspunkte sei aber die Verpflichtung zur Unterlassung einer **1.78** Handlung, durch die ein fortdauernder Störungszustand geschaffen worden sei, **regelmäßig dahin auszulegen,** dass sie **nicht nur die Unterlassung** derartiger Handlungen, sondern auch die **Vornahme möglicher und zumutbarer Handlungen zur Beseitigung des Störungszustands** umfasse. Eine Unterlassungsverpflichtung erschöpfe sich nicht im bloßen Nichtstun, sondern umfasse die **Vornahme von Handlungen zur Beseitigung eines zuvor geschaffenen Störungszustands, wenn allein dadurch dem Unterlassungsgebot entsprochen werden kann.** Diese Bedingung war im Streitfall eigentlich nicht erfüllt, obwohl der BGH dies ohne nähere Begründung bejaht (BGH GRUR 2017, 208 Rn. 24 f. – RESCUE-Tropfen). Tatsächlich unterscheidet sich die in Rede stehende Unterlassungsverpflichtung recht deutlich von der vom BGH als Beispiel herangezogenen **Dauerhandlung** (zB kennzeichenrechtsverletzendes Firmenschild, vgl. → Rn. 1.69 und 1.73), **bei der die Nichtbeseitigung des Verletzungsgegenstandes gleichbedeutend ist mit der Fortsetzung der Verletzungshandlung.** Denn das an die Schuldnerin gerichtete Gebot, den Vertrieb der fraglichen Präparate zu unterlassen, konnte in erster Linie durch das Unterlassen eines solchen Vertriebs erfüllt werden; insofern unterscheiden sich die vom BGH entschiedenen Fälle klar von den vom BGH als Begründung herangezogenen Beispielsfällen einer Dauerhandlung, bei der die Nichtbeseitigung des Verletzungszustands gleichbedeutend ist mit der Fortsetzung der Verletzungshandlung.

(3) „Luftentfeuchter". Die **vierte Entscheidung des BGH** ist die **Entscheidung „Luft-** **1.79** **entfeuchter" vom 4. Mai 2017** (GRUR 2017, 823). Es ging dort nicht um einen Unterlassungstitel, sondern um ein **Vertragsstrafeversprechen,** also eine Unterwerfungserklärung: Die Beklagte hatte sich nach sogenanntem „neuen Hamburger Brauch" verpflichtet, es zu unterlassen, für ihren Luftentfeuchter mit der auf der Produktverpackung aufgedruckten Aussage „40 % mehr Wirksamkeit" zu werben. Die Beklagte klebte auf den bei ihr vorrätigen Produkten die beanstandete Aussage ab, nahm die entsprechende Werbung von ihrer Internetseite und sorgte dafür, dass andere Werbemittel mit der beanstandeten Aussage nicht mehr verwendet wurden.

Bei Produkten, die die Beklagte bereits vor Abgabe der Unterwerfungserklärung (unter verlängertem Eigentumsvorbehalt) an OBI verkauft hatte, wurde die beanstandete Werbeaussage dagegen nicht abgeklebt. Der BGH hat angenommen, dass die Beklagte **für diese Zuwiderhandlung aufgrund eigenen Fehlverhaltens haftet.** Die Beklagte sei **zum Rückruf verpflichtet** gewesen. Entsprechende Handlungspflichten setzten nicht voraus, dass die Parteien eines Unterlassungsvertrags eine ausdrückliche Vereinbarung über eine Pflicht zur Beseitigung getroffen hätten (BGH GRUR 2017, 823 Rn. 27 – Luftentfeuchter),

1.80   Bei den Ansprüchen auf Unterlassung (§ 8 I 1 Fall 2) und Beseitigung (§ 8 I 1 Fall 1) handele es sich zwar **um selbständige Ansprüche mit grundsätzlich unterschiedlicher Zielrichtung.** Habe eine Verletzungshandlung einen andauernden rechtswidrigen Verletzungszustand hervorgerufen, bestünden jedoch **beide Ansprüche nebeneinander** (→ Rn. 1.73). Der Gläubiger habe es in der Hand, ob er den einen oder den anderen Anspruch oder aber beide Ansprüche geltend mache. Er könne bei einer solchen Fallgestaltung auch **bereits mit dem Unterlassungsanspruch die Beseitigung des Verletzungszustands verlangen.** Das folge daraus, dass bei einer Dauerhandlung die Nichtbeseitigung des Verletzungszustands gleichbedeutend mit der Fortsetzung der Verletzungshandlung sei (BGH GRUR 2017, 823 Rn. 28 – Luftentfeuchter).

1.81   Die Entscheidung „Luftentfeuchter" macht darüber hinaus **zwei Dinge** deutlich: **(1)** Sie stellt zum einen klar, dass die Grundsätze, die der BGH zur Rückrufpflicht aufgestellt hat, für **Unterlassungstitel ebenso gelten wie für vertragliche Unterlassungsverpflichtungen,** die im Rahmen einer Unterwerfungserklärung abgegeben werden (BGH GRUR 2017, 823 Rn. 29 – Luftentfeuchter). **(2)** Zum anderen nimmt der BGH zu der Frage Stellung, ob eine Rückrufpflicht davon abhängig sei, ob der Schuldner gegenüber seinen Abnehmern über eine **rechtliche Handhabe** verfüge, die fraglichen Produkte zurückzurufen. Hierzu hatte der BGH 1974 entschieden, dass ein Rückruf von wettbewerbswidrigem Werbematerial (auch im Rahmen eines ausdrücklichen auf Rückruf gerichteten Beseitigungsantrags) nur verlangt werden könne, wenn sich das Material **noch in der Verfügungsgewalt** des auf Beseitigung in Anspruch genommenen Störers befinde (BGH GRUR 1974, 666 (669) – Reparaturversicherung). An diesen Grundsätzen hält der BGH – ohne seine alte Rspr. insofern zu erwähnen – jetzt nicht mehr fest: **Die Verpflichtung des Unterlassungsschuldners, bereits ausgelieferte und mit einer wettbewerbswidrigen Werbung versehene Produkte zurückzurufen, setze nicht voraus, dass ihm gegen seine Abnehmer rechtlich durchsetzbare Ansprüche auf Unterlassung der Weiterveräußerung oder auf Rückgabe dieser Produkte zustünden** (vgl. BGH GRUR 2017, 208 Rn. 33 – Luftentfeuchter). Die Beklagte sei zu – ihr tatsächlich möglichen und zumutbaren – Anstrengungen verpflichtet gewesen, um auf das Verhalten der OBI-Märkte einzuwirken, bei denen sich die fraglichen Luftentfeuchter noch im Handel befanden. Selbst wenn ein Rechtsanspruch gefehlt habe, schließe dies die Pflicht nicht aus, einen **Rückruf zumindest zu versuchen.**

1.81a   **(4) „Produkte zur Wundversorgung".** Die fünfte Entscheidung des **BGH** zum Thema Rückrufpflicht ist der – in einem Vollstreckungsverfahren ergangene – Beschluss „Produkte zur Wundversorgung" v. 11.10.2017. Der Schuldnerin war durch eine auf die Gemeinschaftsmarkenverordnung gestützte **Beschlussverfügung** untersagt worden, mit der Klagemarke versehene Verpackungen von Produkten zur Wundversorgung ohne Nennung der Markeninhaberin durch Aufbringen eines Klebeetiketts zu verändern und die veränderten Verpackungen in Verkehr zu bringen. Die Schuldnerin hatte zwar den Vertrieb eingestellt, die bereits an Dritte ausgelieferte Ware jedoch nicht zurückgerufen **und auch ihre Abnehmer nicht von der eV in Kenntnis gesetzt.** Nachdem die Gläubigerin eine Testbestellung aufgegeben hatte, lieferte ein pharmazeutischer Großhändler von der Schuldnerin bezogene Produkte mit der in der eV beschriebenen Kennzeichnung an den Testkäufer; das Landgericht setzte daraufhin auf Antrag der Gläubigerin ein Ordnungsgeld iHv 1.800 EUR gegen die Schuldnerin fest; auf die sofortige Beschwerde der Schuldnerin hob das OLG Frankfurt diesen Beschluss auf, stellte sich in der Begründung gegen die Rspr. des BGH und ließ die Rechtsbeschwerde zu (→ Rn. 1.74).

1.81b   Der **BGH** hob diese Entscheidung auf und **stellte die landgerichtliche Entscheidung wieder her.** Die Schuldnerin habe dadurch gegen die einstweilige Verfügung verstoßen, dass sie die rechtsverletzend gekennzeichneten Produkte zur Wundversorgung nicht zurückgerufen **und die Abnehmer der Produkte auch nicht dazu aufgefordert habe, diese im Hinblick auf die einstweilige Verfügung vorläufig nicht mehr weiterzuvertreiben.** Das in einem Unterlassungstitel enthaltene Verbot verpflichte den Schuldner außer zum Unterlassen weiterer

Vertriebshandlungen auch dazu, aktive Maßnahmen zu ergreifen, die den Weitervertrieb der rechtsverletzend aufgemachten Produkte verhinderten; diese Handlungspflicht des Schuldners beschränke sich allerdings darauf, im Rahmen des Möglichen, Erforderlichen und Zumutbaren auf Dritte einzuwirken (BGH GRUR 2018, 292 Rn. 17 – „Produkte zur Wundversorgung").

Dem aufmerksamen Leser fällt hier sogleich **eine gewisse Einschränkung** auf, die freilich **1.81c** nur für den Fall eingeräumt wird, dass das Unterlassungsverbot nicht im Hauptsache-, sondern **im Verfügungsverfahren** ergangen ist. Bei der Vollziehung einer einstweiligen Verfügung seien **Beschränkungen zu beachten,** die sich aus der **Eigenart des Verfügungsverfahrens** und aus den engen Voraussetzungen für die Vorwegnahme der Hauptsache sowie aus den im Verfügungsverfahren eingeschränkte Verteidigungsmöglichkeiten des Antragsgegners ergäben (BGH GRUR 2018, 292 Rn. 17 – „Produkte zur Wundversorgung"). Ergehe eine einstweilige Verfügung **ohne vorherige Anhörung des Antragsgegners,** könne dieser nicht zu der Frage Stellung nehmen, ob und wie er auf seine Abnehmer einwirken könne; deshalb komme es bei der Vollziehung einer Unterlassungsverfügung in besonderem Maße darauf an, ob die Parteien im Vollstreckungsverfahren darlegen könnten, inwiefern eine positive Handlungspflicht des Schuldners den Anspruch des Gläubigers lediglich sichere oder bereits befriedige. Eine im Verfügungsverfahren grundsätzlich **unzulässige Vorwegnahme der Hauptsache** liege – etwas anderes gelte, wenn der Schuldner versucht habe, sich seiner Unterlassungspflicht durch die schnelle Weiterveräußerung der fraglichen Waren praktisch zu entziehen oder in Fällen von Produktpiraterie – regelmäßig dann nicht vor, wenn der Schuldner die von ihm vertriebenen Waren aufgrund der gegen ihn ergangenen einstweiligen **Verfügung nicht bei seinen Abnehmern zurückrufen, sondern diese lediglich aufzufordern habe, die enthaltenen Waren im Hinblick auf die einseitige Verfügung vorläufig nicht weiterzuvertreiben** (BGH GRUR 2018, 292 Rn. 36 und 38 f. – „Produkte zur Wundversorgung").

Festzuhalten ist, dass die beschriebene Einschränkung – keine unbedingte Rückrufpflicht, **1.81d** ausreichend vielmehr, dass der Schuldner seine Abnehmer auf das Vertriebsverbot hinweist und zur Befolgung auffordert – nur dann gelten soll, wenn das Vertriebsverbot nicht im Hauptsache-, sondern im Verfügungsverfahren ergangen ist. Positiv zu vermerken ist, dass der BGH einen der angeführten Kritikpunkte aufgegriffen und die Rückrufpflicht für eine Konstellation deutlich abgemildert hat. Doch wirft auch dieser Punkt neue Fragen auf: Eingehend darauf, dass der Antragsgegner im Verfügungsverfahren häufig nicht angehört werde und deswegen keine Gelegenheit habe, im Erkenntnisverfahren vorzutragen, dass ihm eine Einwirkung auf seine Abnehmer nicht zuzumuten, eine solche aber jedenfalls nicht erforderlich sei, nimmt der BGH an, die Auslegung des Unterlassungstitels könne ausnahmsweise im Vollstreckungsverfahren erfolgen (BGH GRUR 2018, 292 Rn. 38 – „Produkte zur Wundversorgung"). Damit stellt sich zugleich die Frage, ob sich der Umfang des Unterlassungstitels noch nach Abschluss des Erkenntnisverfahrens – gegebenenfalls noch nach Rechtskraft – verändern kann, weil erst die Stellungnahme des Antragsgegners im Vollstreckungsverfahren die nach Ansicht des BGH gebotene umfassende Interessenabwägung und damit eine Antwort auf die Frage ermöglicht, ob der Unterlassungstitel die Auslegung des Unterlassungstitels umfasst oder nicht Denn für die Frage, ob die Hauptsache ausnahmsweise durch Titulierung eines positiven Tuns vorweggenommen werden darf, stellt der BGH auf eine Interessenabwägung ab (BGH GRUR 2018, 292 Rn. 35 – Produkte zur Wundversorgung): Die Auslegung eines Unterlassungstitels im Sinne einer Leistungsverfügung komme nur in Betracht, wenn ein dringendes Bedürfnis für eine solche Eilmaßnahme in dem Sinne bestehe, dass der Gläubiger auf die sofortige Erfüllung dringend angewiesen, dh die geschuldete Handlung so kurzfristig zu erbringen sei, dass der Titel im ordentlichen Klageverfahren nicht erwirkt werden könne. Erforderlich sei, dass bei einer Abwägung der Interessen des Gläubigers und des Schuldners die Interessen des Gläubigers deutlich überwögen, weil die Anspruchsdurchsetzung für diesen wegen der Gefahr weiterer Beeinträchtigungen seines Anspruchs besonders dringlich und andererseits das Risiko des Schuldners, im Verfügungsverfahren zu Unrecht zum Rückruf verpflichtet zu werden, verhältnismäßig gering sei (BGH GRUR 2018, 292 Rn. 35 – Produkte zur Wundversorgung). Die Auslegung eines Unterlassungstitels in dem Sinne, dass er eine Rückrufpflicht umfasse, sei dem Schuldner etwa dann zumutbar, wenn Anhaltspunkte dafür bestünden, dass er versucht habe, sich seiner Unterlassungspflicht durch die schnelle Weiterveräußerung der fraglichen Waren zu entziehen.

(5) „Diätetische Tinnitusbehandlung". Vorläufig abgeschlossen hat der BGH das Thema **1.81e** mit der sechsten und vorläufig letzten Entscheidung „Diätetische Tinnitusbehandlung" vom 19.10.2019 (GRUR 2020, 548). Auch diese Entscheidung ist in einem Vollstreckungsverfahren ergangen: Die Gläubigerin hatte in einem lauterkeitsrechtlichen Streit zunächst eine Urteilsverfügung erwirkt, durch die der Schuldnerin untersagt worden war, das fragliche Präparat mit dem Namen „T. B." in den Verkehr zu bringen und/oder zu bewerben (LG Düsseldorf BeckRS 2017, 155799). Nach Zustellung des Urteils hat die Schuldnerin eine Abschlusserklärung abgegeben und das landgerichtliche Urteil als endgültige Regelung anerkannt. Nachdem die Gläubigerin aufgrund von Testkäufen bei verschiedenen Apotheken festgestellt hatte, dass ihr das inkriminierte Präparat mit der untersagten Werbung nah wie vor geliefert wurde, beantragte die Gläubigerin beim Landgericht die Festsetzung eines Ordnungsgeldes in Höhe von 5.000 EUR. Die sofortige Beschwerde der Schuldnerin führte zur Zurückweisung des Vollstreckungsantrags durch das Oberlandesgericht (OLG Düsseldorf GRUR-RR 2019, 278). Die Schuldnerin sei weder zum Rückruf des Produkts noch zur Aufforderung an selbstständige Abnehmer, das inkriminierte Präparat einstweilen nicht weiterzuvertreiben, verpflichtet gewesen; sie habe nach Auslieferung der Ware an die Apotheken keine Weisungs- oder Entscheidungsbefugnis über den Weitervertrieb durch ihre Abnehmer gehabt; es liege keine Dauerverletzungshandlung vor, die durch schlichtes Unterlassen aufrechterhalten werde.

1.81f Auf die (zugelassene) **Rechtsbeschwerde der Gläubigerin** hat der BGH diese Entscheidung aufgehoben und hat die Sache – anders als in der Entscheidung „Produkte zur Wundversorgung", in der der landgerichtliche Ordnungsmittelbeschluss wiederhergestellt worden war – an das Beschwerdegericht zurückverwiesen, weil die Sache zur Endentscheidung noch nicht reif sei (BGH GRUR 2020, 548 Rn. 24 – „Diätetische Tinnitusbehandlung"). Nach der Senatsrechtsprechung verpflichte das in einem Unterlassungstitel enthaltene Verbot den Schuldner außer zum Unterlassen weiterer Vertriebshandlungen auch dazu, aktiv Maßnahmen zu ergreifen, die den Weitervertrieb des Rechts der rechtsverletzend aufgemachten Produkte zu verhindern; diese Handlungspflicht des Schuldners **beschränke sich allerdings darauf im Rahmen des Möglichen, Erforderlichen und Zumutbaren auf Dritte einzuwirken.** Zwar habe der Schuldner eines Unterlassungsanspruchs nicht für das selbstständige Handeln Dritter einzustehen; das entbinde ihn im Rahmen seiner durch Auslegung ermittelten positiven Handlungspflicht aber nicht davon, auf Dritte einzuwirken, deren Handeln ihm wirtschaftlich zugutekomme und bei denen er mit gegebenenfalls weiteren Verstößen ernstlich rechnen müsse; der Schuldner sei daher **verpflichtet im Rahmen des Möglichen und Zumutbaren** auf solche Personen einzuwirken; dabei komme es nur darauf an, **ob der Schuldner rechtliche oder tatsächliche Einflussmöglichkeiten auf das Verhalten Dritter habe** (BGH GRUR 2020, 548 Rn. 17 – „Diätetische Tinnitusbehandlung"). Dem Bedenken, die Geltendmachung eine Rückrufpflicht könne im Verfahren des einstweiligen Rechtsschutzes **zu einer unzulässigen Vorwegnahme der Hauptsache** führen, trage der Senat Rechnung, indem er den Schuldner gegebenenfalls lediglich für verpflichtet halte, Maßnahmen zu treffen, die die Abwehransprüche des Gläubigers sichern, ohne ihn in diesen Ansprüchen abschließend zu befriedigen; hierzu zähle die Aufforderung an die Abnehmer, die erhaltenen Waren im Hinblick auf die einstweilige Verfügung vorläufig nicht weiterzuvertreiben.

1.81g Man wird diese neuen Ausführungen des BGH so verstehen müssen, dass die Schulden durch den Unterlassungstitel nicht dazu verpflichtet werden soll, den Versuch zu unternehmen, einen rechtlich nicht vorhandenen Rückrufanspruch gegenüber seinen Abnehmern durchzusetzen (→ Rn. 1.81, 1.121). Ausreichend scheint es aus der Sicht des BGH zu sein, dass der Schuldner im Rahmen seiner tatsächlichen Möglichkeiten den Versuch unternimmt, seine Kunden im Guten dazu zu bewegen, das fragliche Produkt nicht weiterzuvertreiben.

1.81h **(6) Weitere Ausdifferenzierungen durch die Entscheidung „Wirbel um Bauschutt".** In der Entscheidung **„Wirbel um Bauschutt"** hat der BGH weiter konkretisiert, welche positiven Maßnahmen dem Schuldner aufgrund eines Unterlassungstitels zuzumuten sind (BGH GRUR 2018, 1183 – Wirbel um Bauschutt): In diesem Fall war dem NDR durch eine eV untersagt worden, verschiedene Äußerungen im Zusammenhang mit einer Berichterstattung unter dem Titel „Wirbel um belasteten Bauschutt in Hannover" in einer bestimmten Sendung zu verbreiten. Der NDR hatte daraufhin den Beitrag in seiner **Mediathek gelöscht** und eine **Löschung bei den gängigen Suchmaschinen**, insbes. bei Google, veranlasst. Gleichwohl konnte der Beitrag noch zweieinhalb Wochen nach Zustellung der eV auf YouTube abgerufen werden, weil er dort von einem Nutzer, der mit dem NDR nichts zu tun hatte, eigenständig eingestellt worden war. Das Landgericht hatte daraufhin gegen den NDR ein Ordnungsgeld festgesetzt; das OLG hatte den Ordnungsmittelbeschluss aufgehoben und den entsprechenden Antrag des Gläubigers zurückgewiesen. Die hiergegen gerichtete Rechtsbeschwerde hatte keinen

Erfolg. Bei einer Handlung, die einen **fortdauernden Störungszustand** geschaffen habe, sei der Unterlassungstitel mangels abweichender Anhaltspunkte regelmäßig dahin auszulegen, dass er außer zur Unterlassung derartiger Handlungen auch zur Vornahme möglicher und zumutbarer Handlungen zur Beseitigung des Störungszustands verpflichte (BGH GRUR 2018, 1183 Rn. 9 – Wirbel um Bauschutt). Zu den danach geschuldeten Maßnahmen zur Störungsbeseitigung könne die **Einwirkung auf Dritte** zählen. Der Schuldner eines Unterlassungsanspruchs müsse zwar nicht für das selbständige Handeln Dritter einstehen. Das entbinde ihn im Rahmen seiner durch Auslegung ermittelten positiven Handlungspflicht aber nicht davon, auf Dritte einzuwirken, deren Handeln ihm **wirtschaftlich zugutekomme** und bei denen er mit (weiteren) Verstößen ernstlich rechnen müsse. Der Schuldner sei daher verpflichtet, im Rahmen des Möglichen und Zumutbaren auf solche Personen einzuwirken. Mit Blick auf seine Einwirkungsmöglichkeiten auf den Dritten komme es nur darauf an, ob der Schuldner **rechtliche oder tatsächliche Einflussmöglichkeiten auf das Verhalten Dritter** habe (BGH GRUR 2018, 1183 Rn. 11 – Wirbel um Bauschutt).

Im Rahmen der Unterlassungsvollstreckung nach § 890 ZPO hafte der Schuldner grund- **1.81i** sätzlich nicht für das **selbständige Handeln Dritter.** Eine Pflicht zur aktiven Einwirkung auf Dritte komme nur in Betracht, wenn das Handeln des Dritten dem Schuldner wirtschaftlich zugutekomme. Diesem Haftungsmodell liege die Wertung zugrunde, dass ein Schuldner, der sich zur Erweiterung seiner Handlungsmöglichkeiten der Hilfe Dritter bedient, für das **hierdurch gesteigerte Risiko** – etwa in der Vertriebskette – von Störungen einstehen müsse. Wer rechtsverletzend gekennzeichnete oder aufgemachte Produkte an Weiterverkäufer vertrieben habe, habe zur Erfüllung seiner Unterlassungspflicht diese Produkte regelmäßig zurückzurufen, um einer Fortsetzung des Störungszustands in Form des weiteren Vertriebs vorzubeugen (BGH GRUR 2018, 1183 Rn. 19 – Wirbel um Bauschutt).

dd) Kritik. Die Rspr. des BGH zu Rückrufpflichten, die sich – so der BGH – ohne weiteres **1.82** aus dem Unterlassungsanspruch ergeben, weist bereits ein deutliches Beharrungsvermögen auf, so dass – ungeachtet des Sturms der Entrüstung, den diese Rspr. im Schrifttum ausgelöst hat – nicht damit gerechnet werden kann, dass der BGH seine einmal eingeschlagene Linie kurz- oder auch nur mittelfristig wieder aufgeben wird. In **jüngsten Entscheidungen aus dem Jahre 2018** hat der I. Zivilsenat die strittige Rspr. noch einmal zusammengefasst (BGH GRUR 2018, 428 Rn. 22 – Klauselersetzung; vgl. auch BGH GRUR 2018, 1183 Rn. 8 ff. – Wirbel um Bauschutt) und auch damit zum Ausdruck gebracht, dass man sich auf den Fortbestand der Rechtsprechung einrichten müsse. Auf längere Sicht ist lediglich zu erwarten, dass andere Zivilsenate (vor allem der VI. und der X. Zivilsenat) vor die Frage gestellt werden, ob sie der Rspr. des I. Zivilsenats zur Auslegung von Unterlassungstiteln folgen wollen; es gibt keinen sachlichen Grund, weswegen die sich stellenden sachlichen Fragen im Äußerungs- oder Patentrecht anders zu beantworten wären als im Kennzeichen- und Lauterkeitsrecht. Zu bemerken ist in diesem Zusammenhang noch, dass gegen die Entscheidung „Produkte zur Wundversorgung" **Verfassungsbeschwerde eingelegt** worden ist (1 BvR 396/18). Vgl. die Stellungnahme der Deutschen Vereinigung für Gewerblichen Rechtsschutz und Urheberrecht (GRUR 2019, 1278) mit aA(!) von Ahrens GRUR 2019, 1278 (1282). Die dort wiedergegebenen Fragen des Berichterstatters des BVerfG deuten darauf hin, dass mit den Verfassungsbeschwerde vor allem die Frage angesprochen worden war gehen wird, ob die Regelung des Unterlassungsanspruchs in der Unionsmarkenverordnung dem BGH Anlass hätten geben müssen, die Frage des Umfangs des Unterlassungsanspruchs dem EuGH mit einem Vorabentscheidungsersuchen vorzulegen. Mit Beschl. v. 28.3.2022 (1 BvR 396/18) hat schließlich die 2. Kammer des Ersten Senats des BVerfG die Verfassungsbeschwerde mit nichtssagender Begründung nicht zur Entscheidung angenommen. Dies bedeutet, dass eine Klärung des Streits über die Rechtsprechung zu den Rückrufpflichten durch eine Vorlage an den Großen Senat für Zivilsachen herbeigeführt werden kann.

Gleichwohl soll im Folgenden kurz die Kritik an der neuen Rechtsprechungslinie des I. Zivil- **1.82a** senats zusammengefasst werden:

(1) Die Rspr des BGH verwischt ohne jede Not die klaren Grenzen zwischen dem Unterlas- **1.83** sungs- und dem davon wesensverschiedenen (→ Rn. 1.101) Beseitigungsanspruch. Während dieser auf ein positives Tun, ist jener auf eine Unterlassung gerichtet. Auch wenn der BGH dies fast in jeder Entscheidung wiederholt, handelt es sich bei der untersagten Handlung eindeutig nicht um eine Dauerhandlung und damit nicht um einen der Fälle, in denen dem Unterlassungsgebot – wie zB bei der gebotenen Unterlassung der Werbung mit einem bestimmten Firmen-

schild – nur durch ein positives Tun (Entfernung des Firmenschilds) entsprochen werden kann (→ Rn. 1.73, 1.78). Mit dieser wesentlichen Unterscheidung gehen maßgebliche prozessuale Unterschiede einher (dazu Jauernig NJW 1973, 1671 (1762)): Während das Unterlassungsgebot nach § 890 ZPO im Falle der Zuwiderhandlung durch Festsetzung eines Ordnungsmittels vollstreckt wird, wird der Beseitigungsanspruch – je nachdem, ob es sich um eine vertretbare oder um eine unvertretbare Handlung handelt – nach § 887 ZPO (Ersatzvornahme) oder nach § 888 ZPO (Festsetzung von Zwangsmitteln) vollstreckt. Die Konsequenz, dass die Vollstreckung der Rückrufverpflichtung durch Festsetzung eines Ordnungsgeldes nach § 890 I 1 1 Fall 1 ZPO erfolgen soll (vgl. BGH GRUR 2017, 208 Rn. 13 – RESCUE-Tropfen), ist vollstreckungsrechtlich ein Systembruch. Auch im Verfügungsverfahren bestehen erhebliche Unterschiede: Während die Durchsetzung eines Unterlassungsanspruchs ohne weiteres durch einstweilige Verfügung gesichert werden kann, steht der Durchsetzung eines auf ein positives Tun gerichteten Anspruchs im Verfügungsverfahren das Verbot der Vorwegnahme der Hauptsache entgegen.

1.84   **(2) Die Rspr. des BGH verwischt ohne Not die Aufgabenteilung zwischen dem Erkenntnis- und dem Vollstreckungsverfahren.** Über die Frage, welche Maßnahmen der Schuldner im Einzelnen ergreifen muss, um seiner Rückrufpflicht nachzukommen, lässt sich trefflich streiten; denn es geht immer nur um **mögliche, erforderliche und zumutbare Maßnahmen,** die der Schuldner ergreifen muss. Besteht zwischen den Parteien Streit darüber, ob eine bestimmte Maßnahme des Rückrufs möglich, erforderlich oder zumutbar ist, sollte hierüber **sinnvollerweise im Erkenntnisverfahren** und nicht erst im Vollstreckungsverfahren entschieden werden. Die neue Rechtsprechungslinie des BGH führt dagegen dazu, dass diese **Fragen ins Vollstreckungsverfahren verlagert** werden (→ Rn. 1.84c). Unabhängig davon ist es sinnvoll, dass der Kläger bereits im Erkenntnisverfahren deutlich macht, ob ihm an einer – im Zweifel äußerst aufwendigen und hohe Kosten verursachenden – Rückrufaktion gelegen ist (→ Rn. 1.76). Aber auch der Beklagte, der mit einem Unterlassungstitel rechnen muss, dem aufgrund der BGH-Rspr. Rückrufpflichten entnommen werden, sollte rechtzeitig im Erkenntnisverfahren Gründe vortragen, die dafür sprechen, dass eine Rückrufaktion nicht möglich oder nicht erforderlich, jedenfalls aber nicht zumutbar sei. Unabhängig davon, wie das Gericht diese Frage entscheidet, müssen die Prüfung und das Ergebnis der Prüfung im Urteil abgehandelt werden. Häufig wird in derartigen Fällen dem Unterlassungsantrag vollständig entsprochen werden können, so dass sich die Frage einer **Teilabweisung der Klage** nicht stellt (anders offenbar Haupt WRP 2017, 1055 Rn. 17, 23). Gewiss werden sich diese Probleme lösen lassen. Doch zeigt auch dieser Punkt, dass es wesentlich sinnvoller und systemgerechter wäre, die Frage der Rückrufpflichten eindeutig einem gesonderten Beseitigungsantrag zuzuordnen, über den – vom Unterlassungsantrag gesondert – ggf. durch Teilabweisung der Klage entschieden werden könnte.

1.84a   In den vom BGH entschiedenen Fällen bestand **keine Gewähr dafür, dass die Frage des Rückrufs Gegenstand der Erörterung im Erkenntnisverfahren gewesen ist.** In den Fällen, in denen der Unterlassungstitel im Verfahren der einstweiligen Verfügung erstritten worden war, kann dies sogar meist ausgeschlossen werden. Zugegebenermaßen handelt es sich hierbei um ein **Problem der Übergangszeit.** Nachdem über die neue Rechtsprechungslinie des BGH nicht nur in der juristischen Fachpresse umfassend berichtet worden ist, kann für die Zukunft davon ausgegangen werden, dass die anwaltlich vertretenen Parteien nicht erst im Vollstreckungsverfahren erfahren, was sich hinter dem Unterlassungstitel, um den im Prozess gestritten worden ist, verbergen kann. Die Instanzgerichte können und sollten – unabhängig davon, wie sie zu der BGH-Rspr. zur Rückrufpflicht stehen – **zur Rechtssicherheit beitragen,** indem sie den Kläger/Antragsteller durch entspr. Hinweise nach § 139 ZPO auffordern **klarzustellen, ob er vom Beklagten neben der bloßen Unterlassung auch einen Rückruf verlangen möchte.** Bejahendenfalls sollten sie dem Kläger/Antragsteller nahelegen, das **Rückrufbegehren in einen gesonderten Beseitigungsantrag** zu fassen, damit das Klagebegehren von vornherein unmissverständlich zu Tage tritt. Wird die Frage verneint, sollte auch dies klar dokumentiert werden, um den Kläger (Antragsteller) im Falle eines Erlasses einer einstweiligen Verfügung oder einer Vollstreckung aus einem vorläufig vollstreckbaren Urteil vor Schadensersatzansprüchen zu bewahren, falls der Beklagte/Antragsgegner aufgrund seiner Verurteilung zur Unterlassung eine aufwendige Rückrufaktion eingeleitet hat.

1.84b   **(3)** Die Rspr. des I. Zivilsenats zu den Rückrufpflichten kann sich bislang nicht auf eine entspr. **Auffassung der anderen Zivilsenate des BGH** stützen. In der Entscheidung „Rescue-Tropfen" hat sich der I. Zivilsenat für seine Ansicht, die Verpflichtung zur Unterlassung einer Handlung, durch die ein fortdauernder Störungszustand geschaffen wurde, sei mangels abweichender Anhaltspunkte regelmäßig dahin auszulegen, dass sie nicht nur die Unterlassung derartiger Handlungen, sondern auch die Vornahme möglicher und zumutbarer Handlungen zur Beseitigung des Störungszustands umfasse, auf zwei Entscheidungen anderer Zivilsenate (des VI. und des IX.) des BGH berufen (BGH GRUR 2017, 208 Rn. 24 – RESCUE-Tropfen unter Hinweis auf BGH GRUR 2015, 190 Rn. 11 bis 17 – Ex-RAF-Terroristin und BGHZ 120, 73 (76 f.)). In diesen beiden Entscheidungen berufen sich die beiden Zivilsenate allein auf den gänzlich unumstrittenen Rechtssatz, dass sich eine Unterlassungsverpflichtung nicht im bloßen Nichtstun erschöpfe, sondern die Vornahme von Handlungen zur Beseitigung eines zuvor geschaffenen Störungszustands umfasse, **wenn allein dadurch dem Unterlassungsgebot entsprochen werden könne.** Diese Voraussetzung liegt in Fällen eines Vertriebsverbots – und in den Fällen, die der I. Zivilsenat entschieden hat, handelte es sich jeweils um **Vertriebsverbote** – nicht vor (auch in dem zitierten Fall des VI. Zivilsenats scheiterte die Anwendung dieses Rechtssatzes daran, dass diese Voraussetzung nicht gegeben war (BGH GRUR 2015, 190 Rn. 17 – Ex-RAF-Terroristin). Der X. Zivilsenat hat sich bislang zu der durch die Rechtsprechung des I. Zivilsenats aufgeworfenen Streitfrage noch nicht geäußert. Das OLG Düsseldorf (GRUR 2018, 855 Rn. 55 mit Anm. Hermanns) ist in einer patentrechtlichen Zwangsvollstreckungssache der Rspr. des I. Zivilsenats nicht gefolgt und hat die Rechtsbeschwerde zugelassen, über die freilich nach der Geschäftsverteilung des BGH nicht der X., sondern wiederum der I. Zivilsenat zu entscheiden hätte (soweit ersichtlich ist die Rechtsbeschwerde nicht eingelegt worden). Dies hat zwischen offenbar auch die Schuldnerin erkannt; beim BGH ist jedenfalls keine Rechtsbeschwerde in dieser Sache eingegangen.

(4) Soweit der BGH inzwischen klargestellt hat, welche positiven Handlungen dem Unterlassungsschuldner zur Beseitigung eines eingetretenen Störungszustands zuzumuten sind (BGH GRUR 2018, 1183 – Wirbel um Bauschutt); vgl. → Rn. 1.116 ff., → § 12 Rn. 1.52, stellt sich ein gravierendes **Bestimmtheitsproblem.** Auch wenn es grundsätzlich dem Beseitigungsschuldner überlassen bleibt, auf welche Weise er den Störungszustand beseitigt (→ Rn. 1.115), muss der Beseitigungstitel doch den allg. Bestimmtheitsanforderungen genügen. Dies bedeutet, dass das Ziel, das durch die Beseitigung erreicht werden soll, klar und den Bestimmtheitsanforderungen genügend umschrieben sein muss. Dies ist **bei einem Unterlassungstitel idR nicht gewährleistet.** Als Beispiel mag die Entscheidung „Wirbel um Bauschutt" dienen. Hier war dem NDR untersagt worden, verschiedene Äußerungen in der Sendung „Markt" nicht mehr zu verbreiten. Die Frage, die sich für das OLG und den BGH in diesem Fall stellte, war, ob der Unterlassungsschuldner aufgrund des Titels verpflichtet war, über die Löschung der Sendung in der Mediathek des NDR und über den Antrag auf Löschung bei den gängigen Suchmaschinen hinaus weitergehende Internetrecherchen nach einer möglichen weiteren Verbreitung der Sendung im Netz hätte durchführen müssen oder nicht. Der Streit der Parteien drehte sich in diesem Verfahren um nichts anderes als darum, welche positiven Handlungspflichten sich für den Schuldner ergeben. Zur Begründung des Bestimmtheitsgebots wird gerade vom BGH in stRspr immer wieder darauf verwiesen, dass der Streit über den Umfang des Unterlassungs- oder Beseitigungsgebots allein im Erkenntnisverfahren ausgetragen werden müsse; andernfalls werde er – horribile dictu – **ins Vollstreckungsverfahren verlagert** (BGHZ 156, 1 (8 ff.) = GRUR 2003, 958 (960) – Paperboy; BGH GRUR 2009, 977 Rn. 21 – Brillenversorgung I; → § 13 Rn. 1.35, 1.52, jeweils mwN). Was den Streit um die Frage angeht, ob Unterlassungstitel auch Rückrufpflichten umfassen, hat eine solche Verlagerung ins Vollstreckungsverfahren bereits stattgefunden, was sich nicht zuletzt an der Rechtsprechung des BGH zu den Rückrufpflichten ablesen lässt: Schließlich ist die Hälfte der BGH-Entscheidungen zu diesem Thema im Vollstreckungsverfahren ergangen: BGH GRUR 2017, 208 – RESCUE-Tropfen; GRUR 2018, 292 – Produkte zur Wundversorgung; GRUR 2018, 1183 – Wirbel um Bauschutt.

2. Räumlicher Umfang

Nach einer Phase der Verunsicherung herrscht seit der Entscheidung **„Vorratslücken"** aus dem Jahre 1998 Klarheit darüber, dass der wettbewerbsrechtliche Unterlassungsanspruch in seinem **räumlichen Umfang** durch ein räumlich beschränktes Tätigkeitsfeld des Gläubigers oder des Schuldners nicht eingeschränkt wird und dass auch ein entspr. Titel im gesamten Bundesgebiet vollstreckt werden kann (BGH GRUR 1999, 509 (510) – Vorratslücken; vgl. ferner BGH GRUR 2000, 907 (910) – Filialleiterfehler; BGHZ 144, 165 (178 f.) – Missbräuchliche Mehrfachverfolgung; BGH GRUR 2001, 85 (86 f.) – Altunterwerfung IV). **Beispiel:** Der

1.84c

1.85

im gesamten Bundesgebiet tätige Handelskonzern A begeht in Düsseldorf einen Wettbewerbs-verstoß; dem nur in Düsseldorf tätigen Mitbewerber B steht ein Unterlassungsanspruch für das gesamte Bundesgebiet zu. Aus dem entspr. Titel kann B auch dann vollstrecken, wenn A in Berlin, Hamburg oder München dem titulierten Verbot zuwidergehandelt hat.

1.86   Der Unterlassungsanspruch ist allerdings nur dann räumlich unbeschränkt, wenn die **recht-liche Grundlage ausschließlich bundesrechtlich** ist. Scheidet dagegen eine einheitliche Beurteilung im Hinblick auf verschiedene landesrechtliche Regelungen aus, weil es zB um den Verstoß gegen eine auf Landesrecht beruhende Marktverhaltensregelung geht, kommt ein bundesweiter Unterlassungsanspruch nicht in Betracht (BGHZ 175, 207 Rn. 28 = GRUR 2008, 438 – ODDSET).

1.87   Eine andere Frage ist, ob der Titel, den ein Mitbewerber mit **räumlich begrenztem Tätig-keitsfeld** erstreitet, im gesamten Bundesgebiet die **Wiederholungsgefahr entfallen** lässt (→ Rn. 1.46 f.). Das wird man idR nicht annehmen können, weil dem Gläubiger Verstöße, die der Schuldner an anderen Standorten begeht, gar nicht zur Kenntnis gelangen, und für ihn im Übrigen keine Veranlassung besteht, Mittel zur Durchsetzung eines Verbots in Bereichen auf-zuwenden, in denen er nicht tätig ist. Handelt es sich beim Gläubiger zwar um ein selbstständiges Unternehmen, das jedoch zu einem bundesweit agierenden Konzern gehört, wird man idR davon ausgehen können, dass der Titel auch bundesweit durchgesetzt werden wird (zur ähn-lichen Frage, ob durch eine Unterwerfung gegenüber einem räumlich beschränkt tätigen Gläu-biger die Wiederholungsgefahr auch in Bereichen entfällt, in denen dieser Gläubiger nicht tätig ist, → § 13 Rn. 218; ferner OLG Schleswig NJWE-WettbR 1998, 91 (92)). – Dem Gläubiger steht es allerdings frei, den **Unterlassungsanspruch** nur **für einen räumlich begrenzten Bereich** – zB einen bestimmten Regierungsbezirk oder einen Postleitzahlbereich – geltend zu machen (Ohly/Sosnitza/OhlyRn. 36).

3. Aufbrauchsfrist

1.88   **a) Allgemeines.** Das Unterlassungsgebot trifft den Schuldner – wenn es sofort mit Zustellung des Titels uneingeschränkt zu beachten ist – zuweilen **ungebührlich** (will sagen: unverhält-nismäßig) **hart;** so, wenn er in gutem Glauben Tausende von Flaschen mit einer Marke widerrechtlich versehen hat und nun diese Flaschen vernichten oder wegwerfen müsste. Dem Schuldner kann in solchen Fällen unter Abwägung der gegenseitigen Interessen **im Rahmen von § 242 BGB** eine **Aufbrauchs- oder Umstellungsfrist** bewilligt werden. Das setzt voraus, dass dem Schuldner durch ein unbefristetes Verbot **unverhältnismäßige Nachteile** entstünden und die Belange sowohl des Gläubigers als auch der Allgemeinheit durch eine befristete Fortset-zung der Wettbewerbswidrigkeit nicht unzumutbar beeinträchtigt werden (BGH GRUR 1974, 474 (476) – Großhandelshaus; GRUR 1982, 425 (431) – Brillen-Selbstabgabestellen; GRUR 1990, 522 (528) – HBV-Familien- und Wohnungsrechtsschutz).

1.89   **b) Rechtsnatur.** Heute wird zutr. in der Aufbrauchsfrist eine dem **Verhältnismäßigkeits-grundsatz** zuzurechnende **materiell-rechtliche Beschränkung** des Unterlassungsanspruchs gesehen (OLG Karlsruhe GRUR 1991, 619 (621); Ohly/Sosnitza/Ohly § 8 Rn. 39; Teplitzky Wettbewerbsrechtliche Ansprüche/Bacher Kap. 19 Rn. 20; Teplitzky Wettbewerbsrechtliche Ansprüche/Feddersen Kap. 57 Rn. 18; Köhler GRUR 1996, 82 (90); Berlit WRP 1998, 250 (251); Ahrens Wettbewerbsprozess-HdB/Bähr Kap. 38 Rn. 6 ff.; FBO/Büscher Rn. 124; aA Harte/Henning/Brüning Vor § 12 Rn. 236). Die früher vom BGH vertretene Auffassung, nach der es sich bei der Aufbrauchsfrist um eine Art Vollstreckungsschutzmaßnahme nach § 765a ZPO handeln sollte (BGH GRUR 1960, 563 (567) – Alterswerbung), ist vollständig in den Hintergrund getreten. Seit BGH GRUR 1974, 735 (737) – Pharmamedan nennt der BGH als Rechtsgrundlage lediglich § 242 BGB, ohne deutlich zu machen, ob mit Hilfe des Grundsatzes von Treu und Glauben das Vollstreckungsrecht oder der zugrundeliegende Anspruch relativiert wird (vgl. BGH GRUR 1982, 425 (431) – Brillen-Selbstabgabestellen; GRUR 1990, 522 (528) – HBV-Familien- und Wohnungsrechtsschutz; s. auch BGH GRUR 1961, 283 f. – Mon Chéri II). Immerhin bezeichnet der BGH die Aufbrauchsfrist als „eine dem Beklagten gewährte Rechtswohltat, die nur den Unterlassungsanspruch des Klägers beschränkt" (BGH GRUR 1974, 735 (737) – Pharmamedan).

1.90   Auch wenn es sich bei der Aufbrauchsfrist um eine materiell-rechtliche Einschränkung des Unterlassungsanspruchs handelt, betrifft sie **nicht die Tatbestandsseite** des Verbots, sondern **nur die Rechtsfolge.** Die Gewährung der Aufbrauchsfrist ändert daher nichts daran, dass es sich um ein rechtswidriges Verhalten handelt, das auch einen **Schadensersatzanspruch** nach sich ziehen kann (BGH GRUR 1960, 563 (567) – Alterswerbung; GRUR 1974, 735 (737) – Pharmamedan; GRUR 1982, 420 (423) – BBC/DDC; Teplitzky Wettbewerbsrechtliche Ansprüche/Feddersen Kap. 57 Rn. 18; aA Spätgens WRP 1994, 693 (695); GK/Jakobs Vor § 13 Rn. 185). Das rechtsverletzende Verhalten muss – nur für eine kurze Übergangszeit – **ausnahmsweise geduldet** werden.

c) Voraussetzungen. Im Kern der Prüfung steht eine **Abwägung der Interessen** des 1.91
Schuldners auf der einen sowie des Gläubigers und der Allgemeinheit auf der anderen Seite
(Melullis Wettbewerbsprozess-HdB Rn. 896 f.). Die weitere (negative) Voraussetzung – im Falle
eines **vorsätzlichen oder grob fahrlässigen Verstoßes** soll die Gewährung einer Aufbrauchsfrist im Allgemeinen ausscheiden – lässt sich ohne weiteres in die Interessenabwägung integrieren.

aa) Interessen des Schuldners. Auf der Seite des Schuldners ist zunächst von Bedeutung, 1.92
wie schwer sein **Verschulden** wiegt. Liegt ihm – was im Wettbewerbsrecht im Hinblick auf die
großzügige Bejahung eines schuldhaften Rechtsirrtums (→ § 9 Rn. 1.18 f.) freilich nur selten
vorkommt – überhaupt kein oder nur ein geringes Verschulden zur Last, stellt dies sein Interesse
an der Aufbrauchsfrist in ein günstiges Licht. Umgekehrt kann ein Schuldner kaum den Schutz
seiner Interessen beanspruchen, wenn er den zugrundeliegenden Verstoß vorsätzlich oder grob
fahrlässig begangen hat. In erster Linie muss der Schuldner darlegen können, dass er durch den
sofortigen Vollzug des Verbots **schwere Nachteile** erleiden würde. Daneben ist der **Zeitfaktor**
von entscheidender Bedeutung: Ab wann musste er mit dem Verbot rechnen? Hatte er Gelegenheit, sich auf das drohende Verbot einzurichten? Die Frage macht deutlich, dass eine Aufbrauchsfrist am dringendsten benötigt wird, wenn der Schuldner durch das gerichtliche Verbot quasi
überrascht wird, also dann, wenn das gerichtliche Unterlassungsgebot am Anfang der Auseinandersetzung steht, wie es häufig im **Verfahren der einstweiligen Verfügung** der Fall ist, zumal
wenn dem Verfügungsantrag keine Abmahnung vorausgegangen ist (zur Gewährung von Aufbrauchsfristen im Verfügungsverfahren → Rn. 1.98).

bb) Interessen des Gläubigers. Auf der Gegenseite ist zunächst zu fragen, in welcher Weise 1.93
der Gläubiger durch den Verstoß betroffen ist. Wird der Unterlassungsanspruch von einem
Verband oder einer Kammer (§ 8 III Nr. 2–4) geltend gemacht, ist – je nach Schutzrichtung der
verletzten Norm – auf die Interessen der Mitbewerber oder der Marktgegenseite abzustellen.
Macht ein Mitbewerber den Unterlassungsanspruch geltend, ist zu fragen, ob er durch den
Verstoß **wie jeder andere Mitbewerber** oder **gezielt und individuell** – etwa durch Anschwärzung (§ 4 Nr. 1, 2), durch wettbewerbswidrige Nachahmung (§ 4 Nr. 3), durch gezielte
Behinderung (§ 4 Nr. 4) oder gar durch die Verletzung eigener Schutzrechte – **betroffen** ist. Ist
er nur als Mitbewerber tangiert, ist das Augenmerk vor allem auf die Interessen der Allgemeinheit, also wiederum auf die betroffenen Mitbewerber insgesamt und auf die Marktgegenseite, zu
richten (→ Rn. 1.95).

Schützt die Verbotsnorm, gegen die verstoßen worden ist, in erster Linie die Interessen des 1.94
Gläubigers, kommt die Gewährung der Aufbrauchsfrist nur in Betracht, wenn ihm der **Aufschub zuzumuten** ist. Dabei ist zu berücksichtigen, dass die Aufbrauchsfrist nur den Unterlassungsanspruch des Gläubigers einschränkt, nicht dagegen einen möglichen **Schadensersatzanspruch** (→ Rn. 1.90). Stehen die Gläubigerinteressen in Rede, kann die Zumutbarkeit auch
dadurch erreicht werden, dass die Aufbrauchsfrist nur gegen **Sicherheitsleistung** gewährt wird
(Köhler GRUR 1996, 82 (90)).

cc) Interessen der Allgemeinheit. Ist der Gläubiger durch den Verstoß nur in seiner 1.95
Eigenschaft als Mitbewerber betroffen – wie etwa in Fällen der belästigenden oder der irreführenden Werbung –, ist zu fragen, ob die **geschützten Interessen der Mitbewerber und der
Marktgegenseite**, insbes. der Verbraucher, durch die Gewährung der Aufbrauchsfrist erheblich
beeinträchtigt werden. In Fällen der Irreführung kann nicht etwa stets von einer solchen Beeinträchtigung ausgegangen werden (zurückhaltend aber Teplitzky Wettbewerbsrechtliche Ansprü-
che/Feddersen Kap. 57 Rn. 21); vielmehr gibt es durchaus Fälle, in denen ein kurzer Aufschub
bei der Durchsetzung des Verbots die Mitbewerber- und Verbraucherinteressen nur marginal
berührt (vgl. BGH GRUR 1960, 563 (567) – Alterswerbung; KG WRP 1999, 339 (341)). Mit
dem Schutzbedürfnis der Allgemeinheit kann zuweilen auch das Interesse an der Verfügbarkeit
des Produkts verquickt sein, wenn es sich bspw. um die Auslieferung einer Zeitung oder
Zeitschrift handelt, die eine irreführende Anzeige enthält (Lindacher WRP 1987, 585 (587)).

1.96   **d) Gewährung der Aufbrauchsfrist. aa) Keine Ermessensentscheidung.** Die Gewährung der Aufbrauchsfrist liegt **nicht im Ermessen des Gerichts.** Liegen die Voraussetzungen für eine Aufbrauchsfrist vor, muss sie gewährt werden, ohne dass es insofern eines Antrags bedarf; denn das Unterlassungsgebot mit Aufbrauchsfrist ist in dem uneingeschränkten Unterlassungsantrag als ein Minus enthalten. Die nicht immer beachtete Konsequenz ist allerdings, dass die Klage teilweise abgewiesen werden muss, wenn eine im Antrag noch nicht berücksichtigte Aufbrauchsfrist eingeräumt wird (Kostenfolge idR: § 92 II ZPO). Vor allem dann, wenn mit dem Unterlassungstitel ein Produkt vom Markt genommen oder ein Unternehmen aus dem Markt entfernt werden soll, sollte der Richter stets die Gewährung einer Aufbrauchs- oder Umstellungsfrist erwägen. Ggf. kann dem Antragsteller ein entsprechender Hinweis gegeben werden, der in der Regel dazu führen wird, dass der Antragsteller – schon um nicht eine teilweise Zurückweisung seines Antrags und eine entsprechende Kostenentscheidung zu riskieren – seinen Antrag durch Aufnahme einer Aufbrauchs- und Umstellungsfrist beschränkt.

1.97   **bb) Gewährung einer Aufbrauchsfrist in den Rechtsmittelinstanzen.** Lassen sich den Feststellungen die Voraussetzungen entnehmen, ist eine Aufbrauchsfrist auch noch in der Revisionsinstanz zu gewähren (BGH GRUR 1966, 495 (498) – UNIPLAST; GRUR 2013, 1254 Rn. 44 – Matratzen Factory Outlet). Freilich hat sich der Schuldner bis dahin auf das drohende Unterlassungsgebot einstellen können, besonders wenn er auch schon in der Vorinstanz zur Unterlassung verurteilt worden ist (BGH GRUR 1974, 474 (476) – Großhandelshaus; OLG Köln NJWE-WettbR 2000, 209 (211); KG WRP 1999, 339 (341 f.)), so dass die Interessenlage in den Rechtsmittelinstanzen häufig die Gewährung einer Aufbrauchs- oder Umstellungsfrist nicht gebietet. (OLG Frankfurt WRP 2020, 630 Rn. 25)

1.98   **cc) Gewährung von Aufbrauchsfristen im Verfügungsverfahren.** Zu Unrecht wird in Rspr. und Schrifttum bezweifelt, dass auch im **Verfahren der einstweiligen Verfügung** eine Aufbrauchsfrist gewährt werden kann (OLG Stuttgart WRP 1989, 832 (833); Ohly/Sosnitza/Ohly § 8 Rn. 46; Ulrich WRP 1991, 26 (28) mit ausführlichem Referat der Gegenansicht; aA OLG Frankfurt WRP 1988, 110 (113)). Ist die einstweilige Verfügung im Beschlusswege erlassen worden, erfährt der Schuldner oftmals erst mit der Zustellung etwas von dem drohenden Verbot, das in diesem Moment Beachtung gebietet. Daraus wird deutlich, dass **gerade im Verfügungsverfahren häufiger** eine Aufbrauchsfrist eingeräumt werden müsste, weil der Schuldner hier oftmals keine Gelegenheit hatte, sich auf das Verbot einzustellen und entspr. zu disponieren. Andererseits scheitert hier die Gewährung der Aufbrauchsfrist oft daran, dass der Schuldner vor Erlass nicht gehört wird, und deswegen die Gründe, die für die Aufbrauchsfrist sprechen, dem Richter vor Erlass der Beschlussverfügung nicht bekannt sind oder ein – nach richtiger Auffassung gar nicht erforderlicher – Antrag auf Gewährung der Aufbrauchsfrist nicht gestellt worden ist. Dies sollte für den Richter Anlass sein, dem Schuldner in Fällen, in denen mit der Unterlassungsverfügung in ein laufendes Geschäft eingegriffen wird, rechtliches Gehör zu gewähren, was auch im Beschlussverfahren möglich ist, also nicht notwendig eine mündliche Verhandlung erfordert.

C. Beseitigung und Widerruf

I. Beseitigungsanspruch

1. Wesen, Funktion und Rechtsgrundlage

1.99   **a) Abwehransprüche.** Zu den **wettbewerbsrechtlichen Abwehransprüchen** zählt neben dem gegen künftige Wettbewerbsverstöße gerichteten Unterlassungsanspruch auch der **gegen bereits eingetretene Beeinträchtigungen gerichtete Beseitigungsanspruch.** Die Rechtsordnung gewährt bei allen deliktischen Handlungen neben dem Unterlassungs- und dem Schadensersatzanspruch auch den Beseitigungsanspruch. Er ist allerdings nur in manchen Gesetzen ausdrücklich genannt, so in § 1004 BGB, § 97 I UrhG, § 42 I DesignG und nunmehr im UWG (§ 8 I 1 Fall 1) und im GWB (§ 33 I Fall 1 GWB). Andere Gesetze – § 139 I PatG und §§ 14 V, 15 IV MarkenG sowie das alte UWG – sprechen dagegen nur den Unterlassungsanspruch an, ohne den Beseitigungsanspruch zu nennen. Der Beseitigungsanspruch ist dabei aber immer mitzudenken. Mit dem Unterlassungsanspruch hat er gemein, dass er **kein Verschulden** voraussetzt und sich insofern vom Schadenersatzanspruch unterscheidet.

b) Rechtsgrundlage. Der wettbewerbsrechtliche Beseitigungsanspruch ist nunmehr in **1.100**
§ 8 I 1 ausdrücklich neben dem Unterlassungsanspruch genannt. In der rechtlichen Beurteilung
hat sich dadurch nichts geändert; denn der Beseitigungsanspruch wurde auch schon bisher unter
Verzicht auf eine analoge Anwendung des § 1004 BGB unmittelbar den wettbewerbsrechtlichen
Verbotsnormen entnommen (BGH GRUR 2001, 420 (422) – SPA; vgl. BGHZ 121, 242 (247)
– TRIANGLE; GK/Köhler Vor § 13 B Rn. 125). Vgl. auch § 15 östUWG, wonach der
Anspruch auf Unterlassung auch das Recht umfasst, die **Beseitigung** des gesetzwidrigen Zu-
standes zu verlangen.

c) Verhältnis zum Unterlassungsanspruch. Trotz des gemeinsam verfolgten **Abwehr-** **1.101**
zwecks sind Unterlassungs- und Beseitigungsanspruch in ihrer Zielsetzung **wesensverschiede-**
ne Ansprüche, die grundsätzlich **unterschiedliche Zielrichtungen** verfolgen und von **unter-**
schiedlichen Voraussetzungen abhängig sind. Der Unterlassungsanspruch zielt auf die Abwehr künftigen rechtswidrigen Handelns, der Beseitigungsanspruch auf die Abwehr einer bereits
eingetretenen, aber fortwirkenden Beeinträchtigung (BGH GRUR 1995, 424 (426) – Abnehmerverwarnung; WRP 1993, 396 (397) – Maschinenbeseitigung; GRUR 1998, 415 (416) –
Wirtschaftsregister; GRUR 2018, 423 Rn. 19 – Klauselersetzung; Teplitzky Wettbewerbsrechtliche Ansprüche/Löffler Kap. 22 Rn. 3 ff.).

Nicht selten laufen Beseitigungs- und Unterlassungsanspruch allerdings parallel, dann nämlich, **1.102**
wenn die Nichtbeseitigung gleichbedeutend mit der Fortsetzung der Verletzungshandlung ist
(BGH GRUR 1972, 558 (560) – Teerspritzmaschinen; GRUR 1977, 614 (616) – Gebäudefassade; BGHZ 121, 242 (248) – TRIANGLE). Denn auch die Unterlassungsverpflichtung erschöpft
sich nicht im bloßen Nichtstun (BGHZ 120, 73 (76 f.) – Straßenverengung). Wer durch einen
Wettbewerbsverstoß einen fortdauernden Störungszustand geschaffen hat, stört auch in Zukunft,
solange er die von ihm geschaffene Störungsquelle nicht beseitigt hat. In einem solchen Fall kann
der Gläubiger aus dem Unterlassungstitel neben Unterlassung auch Beseitigung verlangen (GK/
Köhler Vor § 13 B Rn. 127). Dies sollte aber auf die Fälle beschränkt sein, in denen wirklich die
Nichtbeseitigung gleichbedeutend ist mit der Fortsetzung der Verletzungshandlung, die Verletzungshandlung also eine Dauerhandlung darstellt. Ist dem Schuldner untersagt worden, die
kennzeichenrechts- oder wettbewerbswidrig gekennzeichnete Ware weiterzuverbreiten oder hat
er sich entsprechend strafbewehrt zur Unterlassung verpflichtet, besteht keine Notwendigkeit,
den Anspruch des Gläubigers auf Rückruf der bereits ausgelieferten Ware aus dem Unterlassungsanspruch herzuleiten. Hier wird vom Schuldner ein positives Tun verlangt, und für einen solchen
Anspruch steht der gesetzliche Beseitigungsanspruch bereit (zur Streitfrage, ob sich das Rück-
rufverlangen auch auf den Unterlassungsanspruch stützen lässt, → Rn. 1.69 ff.).

Für die gesonderte Geltendmachung der Beseitigung besteht schon deshalb stets ein **Rechts-** **1.103**
schutzbedürfnis, weil der Beseitigungstitel anders als der Unterlassungstitel **vollstreckt** wird,
und zwar **durch Ersatzvornahme** (§ 887 ZPO) oder – bei nicht vertretbaren Handlungen –
durch Zwang (§ 888 ZPO). Anders als der Unterlassungsanspruch, der sich auch gegen eine
bevorstehende Verletzungshandlung richten kann, setzt der Beseitigungsanspruch eine **in der**
Vergangenheit liegende Verletzungshandlung voraus (→ Rn. 1.110). – Geht der Kläger im
Rechtsstreit vom Unterlassungs- zum Beseitigungsanspruch über oder umgekehrt, liegt darin
eine **Klageänderung** (BGH NJW-RR 1994, 1404 f.). Das ist nur dann anders zu beurteilen,
wenn der Kläger bereits mit dem ursprünglichen Unterlassungsantrag – der BGH-Rspr.
(→ Rn. 1.75 ff.) folgend – nicht nur Unterlassung, sondern auch den Rückruf bereits ausgeliefer-
ter Waren begehrt hatte und dieses Begehren dann – etwa auf entspr. Hinweis des Gerichts
(→ Rn. 1.84a aE) – zum Gegenstand eines gesonderten Beseitigungsantrags gemacht hat.

d) Verhältnis zum Schadensersatzanspruch. Beseitigungs- und Schadensersatzanspruch **1.104**
haben verschiedene Ziele. Ersterer zielt ab auf die Beseitigung der **Störungsquelle,** um **fort-**
dauernde Störungen zu verhindern; er ist ein Gefahrenbeseitigungsanspruch. Letzterer zielt ab
auf den Ausgleich des durch den Eingriff **entstandenen Schadens.** Da sich der fortdauernde
Störungszustand aber auch als Schaden darstellen kann, können die beiden Ansprüche auch
parallel laufen (vgl. BGH NJW 1996, 845 (846)). Kann die gewünschte Rechtsfolge schon mit
dem Beseitigungsanspruch erreicht werden, entfällt das Verschuldenserfordernis.

Auch im Rahmen des Beseitigungsanspruchs ist der **Rechtsgedanke des § 254 BGB** entspr. **1.105**
heranzuziehen (BGHZ 135, 235 (239) zu § 1004 BGB), so dass sich der Beseitigungsanspruch
um den **Mitverursachungsanteil** des Gläubigers reduziert. Diese Beschränkung des Beseitigungsanspruchs tritt nicht nur ein, wenn lediglich Kostenerstattung begehrt wird, sondern auch
dann, wenn die eigentliche Beseitigung verlangt wird; in diesem Fall wird der Beseitigungs-

ausspruch im Urteil durch eine **Feststellung zur Kostenbeteiligung des Klägers** ergänzt (BGHZ 135, 235 (239)).

1.106 **Ausnahmsweise** kann der **Beseitigungsanspruch auf Zahlung von Geld** gerichtet sein, wenn sich anders als durch die Geldzahlung die geschaffene Beeinträchtigung nicht beseitigen lässt. Einen solchen Anspruch hat der BGH in einem kartellrechtlichen Fall zu §§ 33, 20 I GWB bejaht, in dem das Vorenthalten der Vergütung für eingespeisten Strom eine unbillige Behinderung darstellte und den Einspeiser zur Einstellung seines Betriebs genötigt hatte. Die Beeinträchtigung, um deren Beseitigung es geht, lag hier in einer fortdauernden unbilligen Behinderung durch Vorenthalten gesetzlich geschuldeter Geldbeträge (BGHZ 133, 177 (181 f.) – Kraft-Wärme-Kopplung I; dazu E. Rehbinder NJW 1997, 564; Lohse AcP 201 (2001), 902).

1.107 **e) Folgenbeseitigungsanspruch.** Ob dieser Gedanke sich indessen ohne Weiteres auf das UWG übertragen lässt, ist heftig umstritten und höchstrichterlich noch nicht abschließend geklärt. Durch entsprechende Musterklagen haben Verbraucherverbände in den letzten Jahren versucht, einen **Folgenbeseitigungsanspruch** gegenüber Unternehmen, namentlich Banken und Versicherungsunternehmen, zu etablieren, die **unzulässige AGB-Klauseln verwendet** hatten. Einen solchen auf § 8 I gestützten (Folgenbeseitigungs-)Anspruch haben das LG Stuttgart (VuR 2015, 30 = GRUR-RS 2014, 18599) und das LG Leipzig (ZIP 2016, 207; dazu krit. Bunte ZIP 2016, 956 (957)), bejaht; das Stuttgarter Urteil hat freilich die Berufungsinstanz nicht überlebt (OLG Stuttgart ZIP 2016, 927 = GRUR-RS 2016, 03602); in der Revisionsinstanz hatte das Stuttgarter Berufungsurteil nur teilweise Bestand (BGH GRUR 2018, 428 – Klauselersetzung; → Rn. 1.108a aE), das Leipziger Urteil (das zunächst nur einen Auskunftsanspruch bejaht hat, ist indessen in der Berufungsinstanz bestätigt worden (OLG Dresden ZIP 2018, 1919 = VuR 2018, 256 m. zust. Anm. (des Mitarbeiters der klagenden Verbraucherzentrale(!)) Hummel VuR 2018, 270; ablehnend dagegen Kruis ZIP 2019, 393 (394 ff.)); **ablehnend** gegenüber dem Folgenbeseitigungsanspruch Köhler WRP 2019, 269 (274 f.).

1.108 Um die verbraucherpolitische Dynamik, die in der Frage der Herleitung eines Folgenbeseitigungsanspruchs aus § 8 I steckt, deutlich zu machen, soll kurz auf die **Sachverhalte** eingegangen werden, die den beiden Musterverfahren zugrunde lagen: **(1)** Im **Leipziger Verfahren** hatte sich die Verbraucherzentrale Sachsen ua dagegen gewandt, dass die beklagte regionale Genossenschaftsbank für den Aufwand bei Pfändungen, insbes. für die Drittschuldnererklärung gegenüber den Gläubigern, nach entspr. Ankündigung gegenüber den Kontoinhabern in Tausenden von Fällen ein Entgelt in Höhe von 30 EUR erhoben hatte. Klauseln in AGB von Kreditinstituten, in denen für die Bearbeitung einer Pfändung gegen Kunden von diesen ein Entgelt gefordert wird, verstoßen gegen § 9 AGB (BGH (XI. ZS) NJW 2000, 651 Rn. 14). **(2) Im Stuttgarter Verfahren** hatte die beklagte Allianz-Lebensversicherungs-AG für Verträge über kapitalbildenden Lebens- und Rentenversicherungen die Klauseln zu den Abschlusskosten geändert und ein Klauselersetzungsverfahren nach § 164 VVG durchgeführt. Die klagende Verbraucherzentrale beanstandete die neuen Klauseln als unangemessene Benachteiligung iSv § 307 BGB und einige Angaben im Begleitschreiben als irreführend.

1.108a Im Stuttgarter Verfahren hatte das Landgericht den **Unterlassungsanspruch nicht aus UWG, sondern allein aus § 1 UKlaG** hergeleitet (LG Stuttgart VuR 2015, 30 = GRUR-RS 2014, 18599 Rn. 24). Gleichwohl hatte das Landgericht den **Folgenbeseitigungsanspruch auf § 8 I gestützt** (LG Stuttgart VuR 2015, 30 = GRUR-RS 2014, 18599 Rn. 67), ohne eine wettbewerbsrechtliche Anspruchsgrundlage für den Unterlassungsanspruch und eine entspr. lauterkeitsrechtliche Verletzungshandlung geprüft zu haben. Das OLG Stuttgart erkannte zu Recht, dass das **UKlaG in seiner damaligen Fassung** (heute sieht § 2 I 1 UKlaG ausdrücklich auch einen Beseitigungsanspruch vor) **den Verbandskläger nicht mit einem (Folgen-) Beseitigungsanspruch ausgestattet hatte** (OLG Stuttgart ZIP 2016, 927 = GRUR-RS 2016, 03602 Rn. 209 ff.), meinte aber zu Unrecht, dass diese Begrenzung aus systematischen Gründen **auch den Beseitigungsanspruch aus § 8 I erfasse** (OLG Stuttgart ZIP 2016, 927 = GRUR-RS 2016, 03602 Rn. 214 ff.). In der Revisionsentscheidung hat der BGH bestätigt, dass dem UKlaG in seiner alten Fassung kein Folgenbeseitigungsanspruch entnommen werden konnte (BGH GRUR 2018, 428 Rn. 26 ff. – Klauselersetzung). Dagegen könne auf eine gemäß § 3 I unzulässige Handlung ein Beseitigungsanspruch nach § 8 I 1 gestützt werden. Aus dem Umstand, dass der BGH auch hins. der beantragten (Folgen-)Beseitigung zurückverwiesen hat, wird man schließen können, dass **aus der Sicht des BGH** der Beseitigungsanspruch mit der vom klagenden Verband angestrebten Rechtsfolge in casu in Betracht kam (so auch Büscher/Hohlweck Rn. 105). Denn: wäre eine Rückzahlung als Folgenbeseitigung – wie Köhler WRP 2019,

269 Rn. 40 meint – von Vornherein auszuschließen gewesen, hätte es insoweit einer Zurückverweisung an das OLG Dresden nicht bedurft; die Sache wäre in diesem Punkt spruchreif
gewesen.

Bei der Folgenbeseitigung geht es darum, die **rechtlichen Folgen, die sich aus einer**   **1.108b**
Verwendung unzulässiger AGB ergeben, rückgängig zu machen. In der Hand eines
Verbraucherverbandes kann ein solcher Anspruch durchaus eine scharfe Waffe sein, insbesondere
wenn aufgrund der unzulässigen AGB Zahlungen oder Abbuchungen erfolgt sind und mit Hilfe
des Folgenbeseitigungsanspruchs **auf einen Schlag die Rückzahlung eines bestimmten**
Betrages an unzählige Bank- oder Versicherungskunden als Folgenbeseitigung verlangt
werden kann.

Im Rahmen der Folgenbeseitigung kommen eine **Reihe von Maßnahmen** in Betracht, die   **1.108c**
der Beseitigungsgläubiger geltend machen kann: **(1) Versendung eines Berichtigungsschrei-**
bens an alle Adressaten, gegenüber denen sich der Schuldner auf die unwirksamen AGB berufen
hat; **(2) Erteilen einer Auskunft** darüber, gegenüber welchen Verbrauchern sich der Beseitigungsschuldner auf die unwirksamen Klauseln berufen hat (ohne diese Auskunft lässt sich die
Erfüllung des Berichtigungsanspruchs nicht kontrollieren); **(3) Rückzahlung der Beträge,** die
dem Beseitigungsschuldner aufgrund von Zahlungsaufforderungen, die sich auf unwirksame
Vertragsklauseln stützen, zugeflossen sind (um die Erfüllung auch dieser Verpflichtung überwachen zu können, benötigt der Beseitigungsgläubiger **hier ebenfalls eine Auskunft** darüber,
welche Kunden eine entspr. Zahlung geleistet oder zum Nachteil welcher Kunden eine entspr.
Abbuchung vorgenommen worden ist).

Dem Folgenbeseitigungsanspruch lässt sich (entgegen der noch in der Vorauflage geäußerten   **1.108d**
Skepsis (→ 37. Aufl. 2019, Rn. 1.108 aE und Rn. 1.127 aE)) nicht entgegenhalten, dass das
UWG den betroffenen **Verbrauchern keine eigenen Ansprüche** einräume und dass **bei den**
Verbraucherverbänden kein Störungszustand eingetreten sei, dessen Beseitigung diese ver-
langen könnten (zu diesem im Stuttgarter Verfahren vom Berufungsgericht angeführten Argu-
ment hat der BGH im Revisionsurteil ausführlich Stellung genommen, BGH GRUR 2018, 428
Rn. 51 – Klauselersetzung). Die gesetzliche Regelung in § 8 Abs. 3 Nr. 3 geht davon aus, dass
die Rechtsfolgen, die sich aus einer zum Nachteil von Verbrauchern begangenen unerlaubten
Handlung, nicht von den Verbrauchern selbst, sondern **ausschließlich von den ihre**
Interessen wahrnehmenden Verbänden geltend gemacht werden können. Auch wenn die
Verbände den ihnen eingeräumten Unterlassungsanspruch geltend machen, geht es nicht darum,
dass die zu unterlassende Handlung etwa die aktivlegitimierten Verbände beeinträchtigen würde.
Vielmehr geht es hier allein um die zu vermeidende Störung der Verbraucherinteressen. Es ist
nur konsequent, dass die Verbände – falls die Beeinträchtigung bereits eingetreten ist – auch die
Beseitigung des bei den Verbrauchern eingetretenen Störungszustands beanspruchen können.
Wenn es – wie im Leipziger Verfahren – um zu Unrecht gezahlte oder abgebuchte Geldbeträge
geht, liegt der fortbestehenden Störungszustand darin, dass den Verbrauchern der ihnen zustehende Geldbetrag weiterhin vorenthalten wird; insofern könnten sie allenfalls einen Anspruch
aus ungerechtfertigter Bereicherung geltend machen, was im Hinblick darauf, dass die zu
Unrecht verlangten und gezahlten Beträge – häufig handelt es sich um Gebühren oÄ – nicht
selten unter der Trägheitsschwelle liegen werden mit der Folge, dass der Bank die Rendite aus
der Verwendung der unwirksamen AGB verbliebe.

Erstreckt sich der Beseitigungsanspruch auch auf die Rückerstattung rechtsgrundlos verein-   **1.108e**
nahmter Zahlungen, stellt sich die Frage, **für welchen zurückliegenden Zeitraum** eine solche
Rückerstattung zu erfolgen hat (dazu auch Kruis ZIP 2019, 393 (400)). Maßgeblich ist grds.
die **sechsmonatige Verjährungsfrist des § 11.** Dabei ist zu beachten, dass Voraussetzung für
den Beseitigungsanspruch – ebenso wie für den (Verletzungs-)Unterlassungsanspruch
(→ Rn. 1.3, 1.11, 1.40) – stets eine in der Vergangenheit liegende Verletzungshandlung, also
bspw. die Verwendung unwirksamer AGB, ist. Unproblematisch ist es also, wenn die Verletzungshandlung in unverjährter Zeit liegt, wobei der möglicherweise verspätete Beginn der Verjährungsfrist nach § 11 II Nr. 2 (verspätet erlangte Kenntnis von den anspruchsbegründenden
Umständen) zu berücksichtigen ist.

2. Anspruchsvoraussetzung: Fortdauernder Störungszustand

a) Materielle Anspruchsvoraussetzung. Der **fortdauernde Störungszustand** bildet die   **1.109**
materielle Anspruchsgrundlage für den Beseitigungsanspruch. Es muss ein Zustand entstanden sein, der sich für den Verletzten als eine sich ständig erneuernde und fortwirkende Quelle

der Störung darstellt. Im Prozess muss der Störungszustand noch im Zeitpunkt der Letzten mündlichen Verhandlung vor dem Tatrichter fortbestehen (KG GRUR-RR 2002, 337). **Passivlegitimiert** ist der Schuldner, der den fortwirkenden Störungszustand herbeigeführt hat und in der Lage ist, ihn zu beseitigen.

1.110   **b) Verletzungshandlung.** Der Beseitigungsanspruch, bei dem es um die Beseitigung einer bereits eingetretenen Störung geht, setzt grds. eine **Verletzungshandlung** voraus, kann also **nicht vorbeugend** gewährt werden (→ Rn. 1.126). Eine praktische Notwendigkeit, den Anspruch auf die Arbeitsergebnisse von **Vorbereitungshandlungen** zu erstrecken (zB auf das Klischee einer durch Unterlassungsverfügung gestoppten wettbewerbswidrigen Anzeige) besteht nicht (weitergehend allerdings GK/Köhler Vor § 13 Rn. B 130; Köhler WRP 1999, 1075 (1077, 1079); ferner Teplitzky Wettbewerbsrechtliche Ansprüche/Löffler Kap. 22 Rn. 14; wie hier Ohly/Sosnitza/Ohly § 8 Rn. 71; Teplitzky WRP 1984, 365 (366)). Mit dem Wettbewerbsrecht kann stets nur das **Verhalten im geschäftlichen Verkehr** bekämpft werden; so ist beim Leistungsschutz nach stRspr nur der **Vertrieb, nicht** aber die **Herstellung** der nachgeahmten Ware verboten (BGH GRUR 1988, 690 (693) – Kristallfiguren; GRUR 1996, 210 (212) – Vakuumpumpen; GRUR 1999, 751 (754) – Güllepumpen; BGHZ 141, 329 (346) – Tele-Info-CD; eingehend → § 4 Rn. 9.79). Selbst wenn es zu einer Verletzungshandlung gekommen ist, kann die **Vernichtung** weiterer nachgeahmter Waren nur ausnahmsweise verlangt werden (BGH GRUR 1957, 278 (279) – Evidur; GRUR 1963, 539 (542) – echt skai; GRUR 1974, 666 (669) – Reparaturversicherung; GRUR 2002, 709 (711) – Entfernung der Herstellungsnummer III). Insoweit unterscheidet sich der wettbewerbsrechtliche Schutz vom Schutz der Immaterialgüterrechte, die nicht nur durch den Vertrieb, sondern bereits durch die Herstellung der nachgeahmten Ware verletzt werden.

1.111   **c) Widerrechtlichkeit der Beeinträchtigung.** Für den Beseitigungsanspruch ist es ausreichend, dass die **Störung rechtswidrig** ist, auch wenn die zugrundeliegende Handlung rechtmäßig war, weil sie zB in Wahrnehmung berechtigter Interessen erfolgt ist (BGHZ 14, 163 (173) = GRUR 1955, 97 – Constanze II; BGH GRUR 1958, 448 (449) – Blanko-Verordnungen; GRUR 1960, 500 (502) – Plagiatsvorwurf I; BGHZ 66, 37 (39) zu § 1004 BGB; BGH GRUR 1977, 614 (615) – Gebäudefassade; Teplitzky Kap. 22 Rn. 14; GK/Köhler Vor § 13 Rn. B 129). Die Beeinträchtigung ist auch dann nicht rechtswidrig, wenn der Betroffene **zur Duldung verpflichtet** ist, etwa weil der Verletzte damit einverstanden ist oder sich aus Rechtsvorschriften die Duldungspflicht ergibt (Teplitzky Wettbewerbsrechtliche Ansprüche/Löffler Kap. 22 Rn. 17; GK/Köhler Vor § 13 Rn. B 132). – Zum Anspruch auf **Widerruf unwahrer Behauptungen** → Rn. 1.126 ff., 1.137.

1.112   **d) Wegfall des Störungszustands.** Ein Wegfall des Störungszustandes führt zum **Erlöschen des Beseitigungsanspruchs** (BGH WRP 1993, 396 (398) – Maschinenbeseitigung). Endet der Störungszustand während des Prozesses noch in den Tatsacheninstanzen, wird die Beseitigungsklage unbegründet, auch wenn der Kläger die Verfahrensdauer nicht zu vertreten hat (KG GRUR-RR 2002, 337). Der Kläger ist in dieser Situation genötigt, die Hauptsache hins. des Beseitigungsantrags für erledigt zu erklären.

3. Inhalt des Beseitigungsanspruchs

1.113   **a) Art der Beeinträchtigung.** Es liegt in der Natur des Beseitigungsanspruchs, dass er **nicht auf eine bestimmte Handlung** gerichtet ist, sondern dass sich sein Inhalt stets nach der **Art der Beeinträchtigung** bestimmt. Was auch immer erforderlich ist, um den rechtswidrigen Störungszustand zu beseitigen, ist Gegenstand des Anspruchs (Teplitzky Wettbewerbsrechtliche Ansprüche/Löffler Kap. 24 Rn. 1; Ahrens Wettbewerbsprozess-HdB/Bacher Kap. 73 Rn. 12). Damit hängt der Inhalt des Beseitigungsanspruchs stets von der **Art und dem Umfang der Beeinträchtigung** ab. Näheres lässt sich deshalb nur für den Einzelfall sagen.

1.114   Bspw. wurde in der Entscheidung „Uhrenankauf im Internet" der Uhrenhersteller Rolex aufgrund des Beseitigungsanspruchs dazu verurteilt, seine Zustimmung zur Verwendung der Marke „Rolex" im Rahmen von Google-Adwords zu erklären: Der klagende Händler mit gebrauchten Rolex-Uhren hatte mit seiner Adwords-Anzeige und dem Suchwort „Rolex" für den Ankauf gebrauchter Rolex-Uhren werben wollen. Google hatte daraufhin im Rahmen des von Google angebotenen Markenbeschwerdeverfahrens Rolex Gelegenheit gegeben, der Verwendung der Marke „Rolex" zu widersprechen, wovon Rolex Gebrauch gemacht hatte; Google sieht vor, dass der Werbende sich in diesem Fall an den Markeninhaber wenden und ihm darlegen kann, dass die geplante Verwendung der fremden Marke – wie im Streitfall infolge der Erschöpfung – markenrechtlich unbedenklich sei. Der BGH hat es als gezielte Behinderung iSv § 4 Nr. 4 angesehen, wenn der Markeninhaber in einem solchen Fall dennoch seine Zustimmung verweigert. Die geeignete und erforderliche Maßnahme zur Beseitigung der Behinderung sei die Erteilung der begehrten Zustimmung; der Beseitigungsanspruch nach § 8 I könne alle geeigneten Maßnahmen umfassen, die zur Beseitigung der fortwirkenden Störung geeignet und erforderlich seien (BGH GRUR 2015, 607 Rn. 35 – Uhrenankauf im Internet).

b) Bestimmte Anordnungen. Häufig kann der Störungszustand auf **unterschiedliche Art** **1.115** **und Weise** beseitigt werden. Dabei stellt sich die Frage, ob sich der Beseitigungsanspruch auf eine **bestimmte Maßnahme** richten kann und muss. Für den Beseitigungsanspruch aus § 1004 BGB gilt insofern der Grundsatz, dass es dem Schuldner überlassen bleiben muss, wie er den Störungszustand beseitigt (BGH NJW 1960, 2335; BGHZ 67, 252 (253)). Die Beschränkung auf eine bestimmte Beseitigungshandlung kann – so der BGH – nicht mit dem wohlverstandenen Interesse des Störers begründet werden, dem ein aufwändiges Vollstreckungsverfahren erspart werden soll. Im Interesse des Schuldners liegt es allein, dass er in seinen **Handlungsmöglich-** **keiten nicht mehr eingeschränkt** wird, als es der Schutz des Gläubigers gebietet (BGHZ 67, 252 (253)). Auch die Schwierigkeit, den Beseitigungsanspruch in einen hinreichend bestimmten Klageantrag zu fassen (§ 253 II Nr. 2 ZPO), rechtfertigt nach Ansicht des BGH keine Reduzierung des Beseitigungsanspruchs auf eine von mehreren möglichen Beseitigungsmaßnahmen (BGHZ 121, 248 (251), zum Unterlassungsanspruch aus § 1004 BGB).

Für den **wettbewerbsrechtlichen Beseitigungsanspruch** aus § 8 I 1 kann nichts anderes **1.116** gelten (→ § 12 Rn. 1.52; Ohly/Sosnitza/Ohly § 8 Rn. 81; Ahrens Wettbewerbsprozess-HdB/ Bacher Kap. 73 Rn. 17, zum früheren Recht so auch Melullis Wettbewerbsprozess-HdB Rn. 1005; v. Gamm WettbR Kap. 48 Rn. 35 und Kap. 57 Rn. 49; vermittelnd GK/Köhler Vor § 13 Rn. B 133; Teplitzky Wettbewerbsrechtliche Ansprüche/Löffler Kap. 24 Rn. 2 ff.). Die Gegenmeinung (GK/Jacobs Vor § 13 Rn. D 211; Ahrens WbVerfR S. 65; Baumbach/Hefermehl, 22. Aufl. 2001, Einl. Rn. 313) beruft sich auf das **Bestimmtheitsgebot des § 253 II** **Nr. 2 ZPO;** der Zwang zur Konkretisierung sei erforderlich, weil es im Wettbewerbsrecht häufig zweifelhaft sei, welches die richtige Beseitigungsmaßnahme sei; der Streit darüber dürfe aber nicht ins Vollstreckungsverfahren verlagert werden. Diese Argumente für einen wettbewerbsrechtlichen Sonderweg **überzeugen aus drei Gründen nicht:**

(1) Es stellt **keine Besonderheit des Wettbewerbsrechts** dar, dass die Störung nicht nur auf **1.117** eine Weise beseitigt werden kann. Bei Immissionen geht es bspw. um die Frage, ob Einwirkungen, die von einem anderen Grundstück ausgehen (zB Lärm oder Geruch), zu mehr als einer „unwesentlichen Beeinträchtigung" führen (§ 906 I BGB). Ist eine solche Störung zu bejahen, lässt sie sich idR auf mehr als eine Weise beseitigen. Gerade dies ist Anlass für die Rspr., den Anspruch nicht auf eine bestimmte Beseitigungsmaßnahme zu beschränken.

(2) Der **Umfang des materiell-rechtlichen Anspruchs** bestimmt sich niemals nach der **1.118** Antragsfassung, sondern umgekehrt. Kann ein materiell-rechtlicher Anspruch nicht anders als durch einen relativ unbestimmten Begriff umschrieben werden, muss die Unbestimmtheit hingenommen werden (BGH GRUR 2002, 1088 (1089) – Zugabenbündel; zum Kartellrecht BGHZ 128, 17 (24) – Gasdurchleitung; BGH GRUR 2003, 169 (170) – Fährhafen Puttgarden). Die Anforderungen an die Bestimmtheit müssen sich an dem Möglichen orientieren.

(3) Durch die Konkretisierung werden **Rechte des Schuldners beschnitten,** ohne dass es **1.119** hierfür eine Grundlage im materiellen Recht gäbe (BGH (VI. ZS) AfP 2015, 425 Rn. 40). Ist bspw. die Verwendung grüner Gestaltungselemente für eine Gebäudefassade wettbewerbswidrig, kann die fortgesetzte Störung nicht nur durch das Abmontieren der Elemente, sondern uU auch durch eine rote Färbung beseitigt werden (vgl. Teplitzky Wettbewerbsrechtliche Ansprüche/ Löffler Kap. 24 Rn. 4 mit zu Recht kritischem Hinweis auf die bei Baumbach/Hefermehl, 22. Aufl. 2001, Einl. Rn. 313 zust. zitierte Entscheidung RG MuW 1932, 338 (342) – Bensdorp). In vielen Fällen stellt sich die Streitfrage indessen nicht, weil sich die Störung **nur auf** **eine Weise** beseitigen lässt, etwa durch **Löschung der Marke** in der Markenrolle oder der Firma im Handelsregister oder durch **Widerruf** einer unwahren Behauptung (BGH NJW 1983, 751 (752) zu §§ 1004, 906 BGB; v. Gamm WettbR Kap. 57 Rn. 49). Gibt es mehrere konkrete Möglichkeiten, kann der Gläubiger auch verlangen, dass der Schuldner die Störung **auf die eine** **oder andere Art und Weise** beseitigt (vgl. zu einer solchen Konstellation BGH GRUR 1954, 337 (338, 342) – Radschutz; ferner → § 12 Rn. 1.52; Teplitzky Wettbewerbsrechtliche Ansprüche/Löffler Kap. 22 Rn. 8; GK/Köhler Vor § 13 Rn. B 133; GK/Jacobs Vor § 13 D Rn. 211;

Ahrens Wettbewerbsprozess-HdB/Bacher Kap. 73 Rn. 17). Auch in einem solchen alternativen Verlangen kommt das **Wahlrecht des Schuldners** zum Ausdruck, das erst in der Vollstreckung auf den Gläubiger übergeht (Zöller/Greger, 32. Aufl. 2018, ZPO § 253 Rn. 13c; §§ 887, 888 ZPO).

1.120   Im Prozess birgt das **Alternativbegehren** allerdings Risiken, weil zuweilen – freilich zu Unrecht – eingewandt wird, ein solcher Antrag sei nicht hinreichend bestimmt (vgl. BGH NJW-RR 1990, 122; Melullis Wettbewerbsprozess-HdB Rn. 1005). Der Antrag stellt nichts anderes dar als eine Konkretisierung des abstrakten Gebots, das dem Schuldner ebenfalls Alternativen des Handelns lässt. Kann der Schuldner dartun, dass es **noch weitere Möglichkeiten** für eine Beseitigung der Störung gibt, muss der Gläubiger entweder diese ebenfalls in seinen Antrag aufnehmen oder doch wieder auf eine abstraktere Antragsfassung (Teplitzky Wettbewerbsrechtliche Ansprüche/Löffler Kap. 24 Rn. 8: nächsthöhere Handlungsebene) zurückgreifen.

1.121   **c) Möglichkeit der Beseitigung.** Es liegt auf der Hand, dass der Schuldner nur zu einer Beseitigung verpflichtet ist, die **in seiner Macht** steht (BGH (VI. ZS) AfP 2015, 425 Rn. 39). Auch der markenrechtliche Vernichtungsanspruch, ebenfalls ein Beseitigungsanspruch, setzt voraus, dass sich die widerrechtlich gekennzeichneten Gegenstände im Besitz oder Eigentum des Verletzers befinden (§ 18 I MarkenG). Beim wettbewerbsrechtlichen Leistungsschutz scheitert der auf eine Vernichtung der Plagiate zielende Beseitigungsanspruch daher im Allgemeinen daran, dass der Schuldner die vertriebenen Gegenstände **nicht mehr in Besitz** hat und hins. der noch auf Lager befindlichen Waren **keine akute Störung** besteht (BGHZ 141, 329 (346) – Tele-Info-CD; BGH GRUR 2002, 709 (711) – Entfernung der Herstellungsnummer III; auch → Rn. 1.92, 1.108). Werden Äußerungen im Internet zu Recht beanstandet, schuldet der Beklagte nicht die Löschung der angegriffenen Behauptungen; hierzu ist er nicht in der Lage, weil er keinen Zugriff auf fremde Internetseiten hat (BGH (VI. ZS) AfP 2015, 425 Rn. 39). Was der Gläubiger aber verlangen kann, ist das **Hinwirken auf die Löschung** (BGH GRUR 2015, 258 Rn. 70 – CT-Paradies). Ähnlich ist es bei wettbewerbswidrigem Werbematerial. Insofern käme als Vorstufe einer möglichen Vernichtung zunächst eine **Rückrufaktion** in Betracht, die vom Schuldner allerdings nach der älteren Rspr. nur verlangt werden kann, wenn sich die störenden Gegenstände noch in seinem **Einflussbereich**, etwa bei Kommissionären oder Franchisenehmern, befinden und der Störer für den Rückruf eine **rechtliche Handhabe** hat (BGH GRUR 1954, 337 (342) – Radschutz; GRUR 1954, 163 (165) – Bierbezugsverträge; GRUR 1956, 284 (287) – Rheinmetall Borsig II; GRUR 1974, 666 (669) – Reparaturversicherung). An dieser Voraussetzung des Rückrufanspruchs scheint der BGH indessen nicht mehr festhalten zu wollen, ohne auf die zitierte entgegenstehende Rspr. einzugehen (BGH GRUR 2017, 208 Rn. 33 – Luftentfeuchter; → Rn. 1.81).

1.122   **d) Verhältnismäßigkeit der Beseitigung.** Der wettbewerbsrechtliche Beseitigungsanspruch steht unter einem **Verhältnismäßigkeitsvorbehalt** (vgl. auch Begr. BT-Drs. 15/1487, 22). Beseitigung wird nur geschuldet, wenn sie **geeignet** und **erforderlich** ist, um den widerrechtlichen Störungszustand zu beseitigen, und wenn sie darüber hinaus **im engeren Sinne verhältnismäßig** und dem Störer **zumutbar** ist (BGH GRUR 1994, 630 (633) – Cartier-Armreif; GRUR 1995, 424 (426) – Abnehmerverwarnung; GRUR 1998, 415 (416) – Wirtschaftsregister; GRUR 2002, 709 (711) – Entfernung der Herstellungsnummer III; Teplitzky Wettbewerbsrechtliche Ansprüche/Löffler Kap. 25 Rn. 5 und Kap. 26 Rn. 10; Köhler GRUR 1996, 82 (85 ff.)). Diese Voraussetzung ist vor allem dann zu verneinen, wenn der mit der Beseitigung verfolgte Zweck auch auf anderem, **weniger einschneidendem Weg** erreicht werden kann (BGH GRUR 1956, 553 (558) – Coswig: Überkleben statt Vernichten; GRUR 1957, 278 (279) – Evidur; GRUR 1963, 539 (542) – echt skai; Köhler GRUR 1996, 82 (85 ff.); Retzer FS Piper, 1996, 421 (426)). Für die Prüfung der Verhältnismäßigkeit ist Art und Schwere der Rechtsverletzung von Bedeutung (BGH GRUR 1978, 52 (53) – Fernschreibverzeichnisse). Außerdem sind die **Interessen** des Gläubigers und des Schuldners angemessen zu berücksichtigen (BGH GRUR 1976, 367 (369) – Ausschreibungsunterlagen). Die Verhältnismäßigkeit stellt je nach Rechtsfolge, die mit dem Beseitigungsanspruch erreicht werden soll, eine **unterschiedlich hohe Hürde** dar. Ist die Verwendung einer Unternehmensbezeichnung als irreführend zu unterlassen, bedarf es für den Anspruch auf Einwilligung in die **Löschung** der entsprechenden Firma im Handelsregister keines großen Begründungsaufwands. Anders verhält es sich dagegen, wenn mit Hilfe des Beseitigungsanspruchs eine **Drittauskunft** beansprucht wird, also zB Auskunft über die Wege, auf denen nachgeahmte Waren abgesetzt worden sind (BGH GRUR 1976, 367; BGHZ 148, 26 (30) – Entfernung der Herstellungsnummer II).

4. Einzelfälle

So vielfältig wie die Formen wettbewerbsrechtlicher Beeinträchtigung ist auch die **Kasuistik** 1.123
zum Beseitigungsanspruch. Es lassen sich **körperliche,** von Sachen ausgehende und **unkör-**
perliche Störungen unterschieden, wobei sinnvollerweise eine dritte Kategorie, die **von**
Registereintragungen ausgehenden Störungen, gebildet wird. Bei all diesen Kategorien
können wiederum **akute** und **latente Störungszustände** unterschieden werden.

a) Körperliche Störungen. Ein wichtiger Beispielsfall der körperlichen Störungen ist der 1.124
wettbewerbswidrige Vertrieb **nachgeahmter Gegenstände.** Hierzu zählen aber auch irreführende oder sonst wettbewerbswidrige **Werbematerialien,** Firmenschilder, Reklametafeln oÄ,
schließlich Gegenstände, deren Herstellung bereits wettbewerbswidrig ist, wie etwa die unter
Verstoß gegen ein Betriebsgeheimnis erstellten **Pläne oder Entwürfe** oder die weggenommene
Maschine, in der ein Betriebsgeheimnis verkörpert ist.

aa) Akute Störungszustände. Ist es bereits zu einem Wettbewerbsverstoß gekommen, ist 1.125
also die nachgeahmte Ware bereits vertrieben, die irreführende Werbebroschüre bereits verteilt
oder das Betriebsgeheimnis bereits zur Erstellung eines Entwurfs verwendet worden, liegt zwar
ein **akuter Störungszustand** vor, dem Schuldner fehlt aber häufig die Verfügungsgewalt über
die störenden Gegenstände. Lediglich in Fällen, in denen schon die Herstellung eines Gegenstandes wettbewerbswidrig ist (zB Erstellung eines Entwurfs unter Verwendung eines Betriebsgeheimnisses, nicht dagegen beim wettbewerbsrechtlichen Leistungsschutz), kann der Gläubiger
Vernichtung oder uU sogar **Herausgabe** verlangen. Im Falle der wettbewerbswidrigen Verbreitung kommt dagegen – mangels Verfügungsgewalt – idR kein die Sache selbst betreffender
Beseitigungsanspruch in Betracht. Zur Beseitigung des fortdauernden Störungszustands kann
dem Gläubiger aber in diesem Fall uU ein **selbstständiger Auskunftsanspruch** (Drittauskunft)
zustehen, den die Rspr. ebenfalls aus dem Beseitigungsanspruch abgeleitet hat (BGHZ 125, 322
(330) – Cartier-Armreif; BGH GRUR 1994, 635 (637) – Pulloverbeschriftung; GRUR 1995,
427 (428 f.) – Schwarze Liste; GRUR 2001, 841 (844) – Entfernung der Herstellungsnummer II;
→ § 9 Rn. 4.2 f.). Ausdrücklich anerkannt ist ein solcher Anspruch bislang für Fälle des **wett-**
bewerbsrechtlichen Leistungsschutzes, der **Verbreitung geschäftsschädigender Äuße-**
rungen und des **Vertriebs von vertriebsgebundenen Waren,** bei denen die Herstellungsnummer entfernt worden ist; er ist aber – vorbehaltlich der Verhältnismäßigkeitsprüfung –
ebenso denkbar in Fällen der Verbreitung irreführender oder pauschal herabsetzender Werbeaussagen.

bb) Latente Störungszustände. Hinsichtlich der im Besitz des Schuldners befindlichen 1.126
Waren, bei denen ein Wettbewerbsverstoß allenfalls bevorsteht, lehnt die Rspr. einen auf Vernichtung gerichteten Beseitigungsanspruch ab (BGHZ 141, 329 (346) – Tele-Info-CD; BGH
GRUR 2002, 709 (711) – Entfernung der Herstellungsnummer III; → Rn. 1.110, 1.121 mwN
auch zur Gegenmeinung).

b) Unkörperliche Störungen. Häufig geht die wettbewerbswidrige Störung nicht von 1.127
Sachen, sondern von einem bestimmten Verhalten, etwa einer Äußerung, aus. In diesen Fällen
kommt nach einhelliger Auffassung nur die **Beseitigung eines akuten Störungszustands** in
Frage. Geht es um wettbewerbswidrige Äußerungen, richtet sich der Beseitigungsanspruch meist
auf einen Widerruf (→ Rn. 1.129 ff.), der gesondert behandelt wird). Es kommen aber auch – je
nach Fallkonstellation – andere Gegenmaßnahmen in Betracht, etwa im Falle des **Boykotts** die
Aufhebung der Sperre, also häufig die Lieferung von Waren (Teplitzky Wettbewerbsrechtliche
Ansprüche/Löffler Kap. 26 Rn. 45). In Fällen der irreführenden Werbung kann als Gegenmaß-
nahme eine **berichtigende Werbung** zu gewähren sein, die dazu beitragen kann, eine ent-
standene Marktverwirrung zu beseitigen (Schricker GRUR-Int. 1975, 191 (193 ff.)). Hat ein
Energieunternehmen seinen Kunden zu Unrecht mitgeteilt, in der Nichtkündigung liege die
Zustimmung zu den neuen (höheren) Preisen, liegt hierin eine Irreführung, die durch ein
Berichtigungsschreiben zu beseitigen ist (LG Berlin BeckRS 2011, 11068; dazu Thomale
GRUR-Prax 2011, 306; KG GRUR-RS 2013, 09271; vgl. auch OLG Bamberg BeckRS 2016,
004473; dazu auch Reich VuR 2014, 247). Dieser Anspruch kann in praktikabler Weise nur von
einem Verbraucherverband nach § 8 III Nr. 3 geltend gemacht werden, was den Vorteil hat,
dass die Berichtigung gebündelt gegenüber allen irregeführten Verbrauchern durchgesetzt werden kann (→ Rn. 1.107 ff.). Den Verbrauchern selbst räumt das UWG weder einen Unterlas-
sungs- noch einen Beseitigungsanspruch ein.

1.128   **c) Von Registereintragungen ausgehende Störungen.** In diesen Fällen kann typischerweise die Beseitigung der Störung durch **Löschung der Eintragung im Register** erfolgen, sei es die Löschung der Marke in der Markenrolle, die Löschung der Firma im Handelsregister, die Löschung des Domainnamens im Register des zuständigen Providers oder die Löschung der zugewiesenen Telefonnummer. Hier besteht Einigkeit, dass der Beseitigungsanspruch auch dann besteht, wenn in der **Registereintragung** an sich noch **keine wettbewerbswidrige Handlung** zu sehen ist (GK/Köhler Vor § 13 Rn. B 141). Es ist dies der einzige Fall, in dem auch die Rspr. auf das Erfordernis eines **akuten Störungszustandes** verzichtet.

II. Widerrufsanspruch

1. Wesen, Funktion und Rechtsgrundlage

1.129   Der Widerrufsanspruch ist ein **bes. Beseitigungsanspruch** und daher ebenfalls in § 8 I 1 geregelt. Er dient dazu, die **negativen Folgen wettbewerbswidriger Tatsachenbehauptungen,** insbes. ruf- und kreditschädigender Äußerungen und irreführender Werbeaussagen, zu beseitigen. Auch dort, wo der Beseitigungsanspruch nicht unmittelbar im Gesetz geregelt ist, wird heute zur Begründung des Widerrufsanspruchs nicht mehr auf § 1004 BGB zurückgegriffen. Vielmehr wird er ebenso wie der generelle Beseitigungsanspruch unmittelbar der jeweiligen Verbotsnorm entnommen (BGH GRUR 2001, 420 (422) – SPA zu dem Recht aus einer geografischen Herkunftsbezeichnung). Für diesen Anspruch kommt es weder auf Verschulden oder bösen Glauben des Verletzers noch auf Wiederholungsgefahr an. Es genügt, dass die aufgestellte Behauptung **objektiv unrichtig** ist und die dadurch für den Betroffenen eingetretene Beeinträchtigung des Rufes fortwirkt (→ Rn. 1.131).

1.130   Die **Verjährung** eines Anspruchs auf **Widerruf** einer gegen das UWG verstoßenden geschäftsschädigenden Äußerung richtet sich nicht nach den §§ 195, 199 BGB, sondern ebenso wie ein Schadenersatzanspruch auf Widerruf nach § 11 (vgl. BGH GRUR 1974, 99 – Brünova zu § 21 UWG aF; → § 11 Rn. 1.3, 1.34). Durch eine Klage auf **Unterlassung** geschäftsschädigender Äußerungen wird die **Verjährung des Widerrufsanspruchs** nicht gehemmt. Mit dem Widerrufsanspruch verjährt nach der hM auch ein seiner Vorbereitung dienender Auskunftsanspruch (BGH GRUR 1972, 558 (560) – Teerspritzmaschinen; Teplitzky Wettbewerbsrechtliche Ansprüche/Löffler Kap. 38 Rn. 37 mwN). Richtiger ist es, den Auskunftsanspruch einer selbstständigen Verjährung zu unterziehen (so auch BGHZ 33, 373 (379); BGH GRUR 1988, 533 (536) – Vorentwurf II; NJW 1990, 180 (181); Ohly/Sosnitza/Ohly Rn. 82; auch → § 11 Rn. 1.17). In der Sache ändert sich dadurch nichts, weil ein Anspruch auf Erteilung einer Auskunft zur Durchsetzung eines verjährten und damit nicht mehr durchsetzbaren Anspruchs nicht besteht (BGHZ 108, 393 (399) = NJW 1990, 180 (181)). – Eine Klage auf **Feststellung** der Unwahrheit oder Rechtswidrigkeit ehrverletzender Tatsachenbehauptungen ist nach § 256 ZPO **nicht** zulässig (BGH GRUR 1977, 674 (676) – Abgeordnetenbestechung).

2. Voraussetzungen

1.131   **a) Fortdauernder Störungszustand.** Der Störungszustand muss durch eine **unrichtige Tatsachenbehauptung** hervorgerufen worden sein (BGH GRUR 1969, 368 (370) – Unternehmensberater; GRUR 1976, 268 (272) – Warentest II). Der Widerruf einer subjektiven Meinungsäußerung oder eines Werturteils kann nicht verlangt werden; das widerspräche dem Recht auf freie Meinungsäußerung (Art. 5 I GG). Eine Tatsachenbehauptung liegt nur vor, wenn sie auf ihre **Wahrheit** objektiv nachgeprüft werden kann. Die Einstufung eines Vorgangs als strafrechtlich relevanter Tatbestand ist grds. keine Tatsachenbehauptung, sondern ein Werturteil (BGH GRUR 1965, 206 – Volkacher Madonna; GRUR 1974, 797 – Fiete Schulze; GRUR 1982, 631 (632) – Klinikdirektoren für die Bezeichnung eines Verhaltens als „illegal"). Als Tatsachenbehauptung ist eine solche Äußerung nur zu werten, wenn das Urteil **nicht als Rechtsauffassung kenntlich gemacht** ist, sondern beim Adressaten zugleich die Vorstellung von **konkreten** in die Wertung eingekleideten Vorgängen hervorruft, die auf ihren Wahrheitsgehalt im Beweisweg objektiv nachprüfbar sind. Hierbei kommt es auf den **Zusammenhang** an, in dem das Urteil getroffen wird (BGH GRUR 1982, 633 (635) – Geschäftsführer).

1.132   Die Folgen einer Behauptung sind nicht dadurch aus der Welt geschafft, dass der Schuldner sie nicht wiederholt oder sie ausdrücklich aufgibt. Andererseits muss durch die zu widerrufende Aussage „ein dauernder Zustand geschaffen sein, der sich für den Gläubiger als eine **stetig neu fließende und fortwirkende Quelle der Schädigung** und Ehrverletzung darstellt" (vgl.

BGHZ 10, 104 f.; 34, 99 (102); BGHZ 57, 325 (327); BGH GRUR 1958, 448 (449) – Blanko-Verordnungen; GRUR 1970, 254 (256) – Remington; NJW 1965, 35 – Lüftungsanlage). Die Äußerung muss sich dem Gedächtnis Dritter – meist geht es um die Verbraucher – derart eingeprägt haben, dass sie in ihnen **geistig fortlebt.** Das liegt bei der kurzlebigen Werbung häufig nicht nahe; hier fehlt oft das Erfordernis **fortwirkender** Störung. Anders verhält es sich, wenn Gefahr besteht, eine Geschäftsverbindung zu verlieren. Als **Schadensfolge** lässt sich der Störungszustand mit dem deliktischen, als **Ursache neuer Beeinträchtigungen** der Ehre und des Rufes mit dem negatorischen Widerrufsanspruch beseitigen. Die Ansprüche schließen sich somit hier nicht aus (→ Rn. 1.104).

b) Verhältnismäßigkeit. Steht schon der allgemeine Beseitigungsanspruch unter einem Ver-   **1.133** hältnismäßigkeitsvorbehalt, gilt dies in besonderem Maße für den Widerrufsanspruch. Der Widerruf muss nötig und dazu geeignet sein, den Störungszustand zu beseitigen. Besondere Bedeutung kommt der Abwägung der Interessen beider Parteien zu. Ebenso wie bei Anordnung der Bekanntmachungsbefugnis bei einem Unterlassungsurteil (§ 12 II) müssen auch bei einer Verurteilung zum Widerruf oder zur Berichtigung die **Interessen beider Parteien** sorgfältig gegeneinander abgewogen werden (BGH GRUR 1957, 236 – Pertussin I). Mitunter kann die Bekanntmachung, mitunter der Widerruf oder die Berichtigung den Schuldner härter treffen.

Ist dem Verletzten die Befugnis zur **Veröffentlichung** des Unterlassungsgebots nach § 12 II   **1.134** zugesprochen worden, so wird, falls nicht bes. Gründe dargelegt werden, **nicht** noch ein öffentlicher **Widerruf** der Behauptung durch den Verletzer nötig sein, um die andauernden Folgen der Schädigung zu beseitigen (BGH GRUR 1966, 272 – Arztschreiber; → § 12 Rn. 3.7). Der Widerruf darf ferner nicht geeignet sein, zum Nachteil des Widerrufenden ein unrichtiges Bild vom wirklichen Sachverhalt hervorzurufen (BGH GRUR 1957, 561 (564) – REI-Chemie). Es ist nicht Aufgabe des Widerrufs, dem Verletzten innerlich „Genugtuung zu verschaffen" oder „sein Rechtsgefühl wiederherzustellen" oder gar den Schuldner zu „demütigen" (stRspr; BGHZ 10, 106; BGHZ 31, 308 (320); BGH GRUR 1957, 278 – Evidur).

Zivilrechtlich kann ein **Widerruf** nur **formaler Beleidigungen** (Schimpfworte) oder **bloßer**   **1.135** **Meinungsäußerungen** nicht verlangt werden. Hier steht dem Verletzten, wenn sich der Beleidiger nicht entschuldigt, nur **strafrechtlicher** Schutz zur Seite (§ 185 StGB). Aber auch gegenüber **Tatsachenbehauptungen** scheidet ein Widerrufsanspruch aus, wenn sie **nur dem Gläubiger gegenüber** aufgestellt oder von diesem selbst Dritten mitgeteilt worden sind, ohne dass dies nötig war (BGHZ 10, 105; BGH LM BGB § 1004 Nr. 54a). Dagegen steht einem Widerruf grds. **nicht** entgegen, dass die ehrverletzenden unwahren Angaben nur im „kleinen Kreis" gemacht worden sind, zu dem die Öffentlichkeit keinen Zugang gehabt hat (BGHZ 89, 189 (203) – Aktionärsversammlung). Beschuldigungen „unter vier Augen" oder im „kleinen Kreis" können den Betroffenen nachhaltiger beeinträchtigen als eine öffentliche Kritik, von der er idR schneller erfährt und der er daher eher begegnen kann. Eine Ausnahme ist lediglich für **Beschuldigungen im engsten Familienkreis** und allenfalls auch **im engsten Freundeskreis** zu machen sowie bei gesetzlich abgesicherter Vertraulichkeit, so bei Beziehungen zwischen Mandant und Rechtsanwalt oder Patient und Arzt (BGHZ 89, 189 (203) – Aktionärsversammlung).

Niemals darf der Widerruf über das Erforderliche hinausgehen, insbes. **nicht** mit einer   **1.136** **Demütigung** oder Abbitte verbunden sein. Mitunter genügt die Erklärung des Schuldners, er halte die ehrenrührige Behauptung nicht mehr aufrecht. Im Rahmen der erforderlichen Interessenabwägung ist auch eine vorangegangene öffentliche **Herabsetzung der Leistung** des Schuldners durch den Gläubiger zu berücksichtigen (BGH GRUR 1992, 527 – Plagiatsvorwurf II).

c) Unrichtigkeit der Behauptung. Ein Anspruch auf einen uneingeschränkten Widerruf   **1.137** setzt voraus, dass die **Unrichtigkeit** der Behauptung **positiv feststeht** (BGHZ 37, 187 – Eheversprechen; BGHZ 65, 325 (337) – Warentest II; BGH GRUR 1970, 370 (372); krit. Schnur GRUR 1979, 139 (140)). Die Unwahrheit bestimmt sich nach dem Sinn, der von der Verkehr der Äußerung beimisst. Der Widerruf ist im Grunde nichts anderes als die Erklärung, die Behauptung zurückzunehmen. Der Schuldner kann nicht zum Widerruf einer Behauptung verurteilt werden, die möglicherweise doch wahr ist. Steht die Unrichtigkeit der Behauptung nicht fest, hat jedoch die Beweisaufnahme für einen objektiven Beurteiler keine ernstlichen Anhaltspunkte dafür ergeben, dass der Vorwurf zutrifft, kann der Äußerer nur zu der **einge-schränkten Erklärung** verurteilt werden, dass er seinen **Vorwurf** nach dem Ergebnis der Beweisaufnahme nicht aufrechterhalten könne. Um seine inneren Vorbehalte zum Ausdruck zu bringen, kann er seiner Erklärung hinzufügen, dass er zu ihr verurteilt worden sei (BGH GRUR 1977, 674 (677)). Auch eine eingeschränkte Verurteilung scheidet aus, wenn die **Wahrheit der Behauptung** zwar nicht erwiesen, aber als **wahrscheinlich** oder **durchaus möglich** anzusehen ist (BGHZ 69, 181 (183) – Heimstättengemeinschaft).

1.138 Ist eine **Behauptung** nur **teilweise unwahr,** so kann nur eine **Richtigstellung** der Behauptung, nicht aber Widerruf schlechthin verlangt werden (BGHZ 31, 308 (318) – Alte Herren; BGH GRUR 1976, 651 – Der Fall Bittenbinder; GRUR 1982, 631 (633) – Klinikdirektoren; GRUR 1987, 397 (399) – Insiderwissen). – **Sachverständigengutachten** sind, auch soweit sie die Feststellung von Tatsachen bezwecken, als **Werturteile** anzusehen und daher keinem Widerruf zugänglich (BGH GRUR 1978, 258 – Schriftsachverständiger).

1.139 **d) Rechtmäßig aufgestellte unwahre Behauptung.** Wird die **Unwahrheit** einer ehrenkränkenden oder kreditschädigenden Behauptung **nachgewiesen,** so kann sich der Schuldner nicht mehr darauf berufen, dass die Aufstellung der Behauptung wegen Wahrnehmung berechtigter Interessen rechtmäßig sei. Sofern Wiederholungsgefahr besteht, kann er daher auf **Unterlassung** in Anspruch genommen werden, auch wenn er bei Aufstellung der unwahren Behauptung in Wahrnehmung berechtigter Interessen gehandelt hat (RGZ 95, 342 f.; BGH GRUR 1962, 35 – Torsana).

1.140 Streitig ist, ob den Schuldner in dieser Situation bei einem fortdauernden Zustand der Beeinträchtigung auch eine **Widerrufpflicht** trifft, obwohl sein früheres Verhalten **rechtmäßig** war. Das ist, sofern der Schuldner nicht seine unrichtige Behauptung ausdrücklich aufrechterhalten hatte, mitunter mit der Begründung verneint worden, dass durch den späteren Nachweis der Unrichtigkeit die rechtmäßig aufgestellte ehrenkränkende Äußerung nicht nachträglich rechtswidrig geworden sei. Aber auf die **Rechtswidrigkeit des Verhaltens** des Störers kommt es für den Beseitigungsanspruch **nicht** an (BGHZ 66, 37 (39)). Da der Schuldner eine unrichtige Behauptung aufgestellt hat, die im Gedächtnis der Adressaten fortlebt, zieht sein vorangegangenes, die Gefahrenquelle bewirkendes Verhalten für ihn die Rechtspflicht nach sich, die **fortdauernde Störung zu beseitigen.** Ansatzpunkt für die Beseitigungspflicht ist nicht die frühere (rechtmäßige) Handlung, sondern der **jetzige Störungszustand,** den der Gläubiger nicht hinzunehmen braucht. Auch Rspr. und Schrifttum bejahen die Widerrufpflicht, wenn die Unwahrheit der ehrenkränkenden Behauptung feststeht (BGHZ 37, 187 (191); 57, 325 (328); BGH GRUR 1958, 448 f. – Blanko-Verordnungen; NJW 1959, 2011 f.; GRUR 1960, 500 (502) – Plagiatsvorwurf I).

1.141 **e) Beweislast.** Für die **Beweislast** kommt es darauf an, auf welchen **Tatbestand** sich der Widerruf gründet (§ 4 Nr. 1, 2 UWG, §§ 824, 823 II BGB iVm § 186 StGB). Die Frage der Beweislast lässt sich deshalb nicht einheitlich beantworten (BGHZ 37, 187; BGH NJW 1966, 1214; GRUR 1960, 135 – Druckaufträge). Günstig für den **Gläubiger** ist § 4 Nr. 1, 2: Bei einer **Anschwärzung** zu Wettbewerbszwecken ist der Beweis der tatsächlichen Richtigkeit der geschäftsschädigenden Behauptung vom Schuldner (Angreifer) zu erbringen (→ § 4 Rn. 2.20). Ebenso verhält es sich, wenn der Widerrufsanspruch als deliktischer Anspruch nach § 823 II BGB oder als quasi-negatorischer Anspruch aus § 1004 BGB auf **üble Nachrede** (§ 186 StGB) gestützt wird: Auch hier muss der Schuldner den **Wahrheitsbeweis** führen. Bei einer **Kreditgefährdung** außerhalb des Wettbewerbs liegt es anders (§ 824 BGB): Hier muss der angegriffene Gläubiger die Unwahrheit beweisen.

1.142 Doch auch wenn die Beweislast den Gläubiger bevorzugt, kann er vom Schuldner **keinen uneingeschränkten Widerruf** beanspruchen, solange die Unrichtigkeit der Behauptung nicht positiv feststeht. Er kann in diesem Fall nur zu einer Art Distanzierung von seiner früheren Aussage verurteilt werden, und auch das nur, wenn die Unwahrheit der Behauptung aufgrund der Beweisaufnahme nahe liegt. Im Einzelnen → Rn. 1.137.

3. Durchführung des Widerrufs

1.143 Die Einzelheiten, wie der **Widerruf durchzuführen** ist, werden im Urteil bestimmt. Hierzu gehört auch, wem gegenüber, wie und wann zu widerrufen ist. Beim Widerruf handelt es sich um eine nicht vertretbare Handlung, so dass die **Vollstreckung grds. nach § 888 I ZPO** erfolgt. Insbes. gilt der Widerruf nicht etwa – wie bei der Verurteilung zur Abgabe einer Willenserklärung nach § 894 ZPO – bereits mit der Rechtskraft des Urteils als abgegeben (BGH NJW 1962, 1438; OLG Frankfurt GRUR 1993, 697; Teplitzky Wettbewerbsrechtliche Ansprüche/Löffler Kap. 26 Rn. 16). Die Fiktion passt nicht für tatsächliche Erklärungen. Dass eine

„Demütigung" des Verletzers weder Sinn noch Folge der Verurteilung sein darf, muss auch bei der Vollstreckung beachtet werden. Hat der Schuldner durch eigenhändig unterzeichnete schriftliche Erklärung zu widerrufen, so kann er hinzufügen, dass er sie in Erfüllung eines rechtskräftigen Urteils abgibt (BVerfGE 28, 1 (10); BGHZ 69, 181 (184)). Er darf jedoch nicht einen uneingeschränkten Widerruf in seiner Wirkung abschwächen, zB durch den Zusatz, er halte seine früheren Behauptungen nach wie vor für wahr (BGH GRUR 1977, 674 (676) – Abgeordnetenbestechung). Die Beseitigung des Störungszustands erfordert **nicht zwingend eine höchstpersönliche Handlung,** sondern lässt sich uU auch in Anlehnung an § 12 III UWG durch **Bekanntmachung des Urteils** erreichen (→ § 12 Rn. 3.3; Teplitzky Wettbewerbsrechtliche Ansprüche/Löffler Kap. 26 Rn. 25). Doch kann die Bekanntmachung den Schuldner uU mehr treffen als ein (mündlicher oder schriftlicher) Widerruf gegenüber bestimmten Personen. Auch reicht die Urteilsveröffentlichung nicht immer aus, das Ansehen des Verletzten wiederherzustellen; Richtigstellung gegenüber einem bestimmten Empfängerkreis kann unerlässlich sein.

D. Verfahrensbezogene Äußerungen

I. Grundsätze

Nach § 8 I (oder § 823 I BGB) besteht grds. kein Anspruch auf Unterlassung oder Widerruf **1.144** von Behauptungen, zB ehrverletzenden Äußerungen, einer **Partei** oder ihres **Anwalts,** eines **Zeugen** oder **Sachverständigen in einem Zivilprozess, Straf- oder Verwaltungsverfahren,** wenn sie – ungeachtet ihres Wahrheitsgehalts – der Rechtsverfolgung in einem Verfahren dienen (BGH GRUR 1965, 381 (385) – Weinbrand; GRUR 1969, 236 (237) – Ostflüchtlinge; GRUR 1971, 175 (176) – Steuerhinterziehung; GRUR 1973, 550 (551) – halbseiden; GRUR 1977, 745 (747) – Heimstättengemeinschaft; GRUR 1984, 301 (304) – Aktionärsversammlung; GRUR 1987, 568 f. – Gegenangriff; NJW 1992, 1314 (1315); GRUR 1995, 66 (67) – Konkursverwalter; GRUR 1998, 587 (589) – Bilanzanalyse Pro 7; BGHZ 183, 309 = GRUR 2010, 253 Rn. 14 – Fischdosendeckel; GRUR 2013, 305 Rn. 14 – Honorarkürzung; GRUR 2013, 647 Rn. 12 – Rechtsmissbräuchlicher Zuschlagsbeschluss; Teplitzky Wettbewerbsrechtliche Ansprüche/Bacher Kap. 19 Rn. 16 ff.). Darin läge eine Einengung der **Äußerungsfreiheit** der am Verfahren Beteiligten. Die ungehinderte Durchführung staatlich geregelter Verfahren darf nicht mehr als unbedingt notwendig behindert werden. Die Verfahrensbeteiligten müssen, soweit nicht zwingende rechtliche Grenzen entgegenstehen, vortragen können, was sie zur Rechtsverfolgung oder Rechtsverteidigung für erforderlich halten (BGH GRUR 2013, 305 Rn. 16 – Honorarkürzung; GRUR 2013, 647 Rn. 14 – Rechtsmissbräuchlicher Zuschlagsbeschluss). Für solche Unterlassungs- oder Widerrufsklagen **fehlt** bereits **das prozessuale Rechtsschutzbedürfnis,** so dass sie als **unzulässig** abzuweisen sind (BGH GRUR 1971, 175 (176); 1987, 568 (569) – Gegenangriff für eine Widerklage auf Unterlassung von zu Prozesszwecken erhobenen Vorwürfen gegenüber einer Klage auf Unterlassung angeblicher Rabattverstöße).

Die **Privilegierung verfahrensbezogener Angaben** bezieht sich nicht allein auf die Kon- **1.145** stellation, dass eine Partei, die sich in einem Verfahren den Angriffen der anderen Partei ausgesetzt sieht, diese Angriffe mit Hilfe eines wettbewerbsrechtlichen Anspruchs zu unterbinden sucht. Dennoch ist es hilfreich, den Ausgangspunkt des Konflikts als **Urmodell** wie folgt zu beschreiben: A klagt gegen B wegen Patentverletzung vor einer Patentstreitkammer. B beantragt mit der Begründung, es handele sich bei der Patentverletzungsklage um eine gegen ihn gerichtete gezielte individuelle Behinderung seines Konkurrenten A, Erlass einer einstweiligen Verfügung bei der für Wettbewerbssachen zuständigen Kammer für Handelssachen; mit einstweiliger Verfügung soll A die Behauptung einer Patentverletzung gegenüber jedermann, insbes. gegenüber den Richtern der Patentstreitkammer, untersagt werden. Bei dieser Konstellation ist das Ergebnis eindeutig. Das Forum, vor dem über die Patentverletzungsklage gestritten werden soll und das allein für die zu treffende Entscheidung zuständig ist, ist die Patentstreitkammer. B hat in diesem Verfahren alle notwendigen Rechte, um sich eines unbegründeten Angriffs zu erwehren.

In der Entscheidung **„Unberechtigte Schutzrechtsverwarnung"** vom 15.7.2005 hat der **1.146** Große Senat für Zivilsachen des BGH klargestellt, dass bei subjektiver Redlichkeit des Klägers gegenüber einer unbegründeten Klage aus einem Schutzrecht kein Schadensersatz- und erst recht kein Unterlassungsanspruch besteht (BGH GRUR 2005, 882 (884) – Unberechtigte Schutzrechtsverwarnung; anders noch BGHZ 38, 200 (206 f.) – Kindernähmaschinen). Dagegen hat der Große Senat in einem obiter dictum die frühere Rspr. (BGHZ 38, 200 (206) – Kindernähmaschinen) bestätigt, wonach dem durch eine Abnehmerverwarnung betroffenen Mitbewerber **im Falle einer unberechtigten Abnehmerverwarnung** gegen den Schutzrechtsinhaber nicht nur ein Schadensersatz-, sondern auch ein **Unterlassungsanspruch** zusteht (BGH GRUR 2005, 882 (885) – Unberechtigte Schutzrechtsverwarnung); denn anders lassen sich die Erwägungen nicht erklären, mit denen der Große Senat die Auswirkungen einer unberechtigten Geltendmachung dieses Unterlassungsanspruchs diskutiert. Mit einem solchen Unterlassungsanspruch wird jedoch der Schutzrechtsinhaber von dem Weg abgehalten, den ihm die Rechtsordnung zur Durchsetzung seiner (vermeintlichen) Ansprüche und zur Klärung der Frage weist, ob diese Ansprüche wirklich bestehen.

II. Privilegierte Äußerungen

1. Interessenabwägung

1.147   Die Privilegierung verfahrensbezogener Äußerungen beruht auf einer **Interessenabwägung.** Auf der einen Seite steht das Interesse des Schuldners an einem ungehinderten Vortrag in dem fraglichen Verfahren, das sich nicht zuletzt auf das öffentliche Interesse am sachgerechten Funktionieren der Rechtspflege stützen kann. Diesem Interesse kommt idR der Vorrang vor den Interessen des Mitbewerbers zu, das in der fraglichen Äußerung einen Wettbewerbsverstoß sieht und deswegen auf Unterlassung der Äußerung besteht. Durch die Anerkennung von Abwehransprüchen wäre die sachgerechte Verfolgung oder Verteidigung von Rechten in einem schwebenden Zivilprozess oder Verwaltungsverfahren in Frage gestellt. Die Unterlassungs- oder Widerrufsklage darf daher auch nicht dazu dienen, das Vorbringen des Schuldners in einem **künftigen gerichtlichen Verfahren** zu verhindern oder zu entwerten (BGH GRUR 1977, 745 (747) – Heimstättengemeinschaft; GRUR 1995, 66 (67 f.) – Konkursverwalter). Auch die Frage, ob eine Bank als Gläubigerin im Zwangsversteigerungsverfahren unter dem Mindestwert liegende Gebote abgeben darf, die zwar im ersten Termin unberücksichtigt bleiben, die aber dazu führen, dass in einem zweiten Termin auch unter dem Mindestwert liegende Gebote den Zuschlag erhalten können, muss allein in dem dafür zuständigen gerichtlichen Verfahren geklärt werden. Der Klage eines Verbandes, der einer Bank generell solche Gebote untersagen lassen will, muss daher als unzulässig abgewiesen werden (BGH GRUR 2013, 647 Rn. 15 ff. – Rechtsmissbräuchlicher Zuschlagsbeschluss).

1.148   Ob die fraglichen **Behauptungen wahr und erheblich** sind, muss grds. in dem Verfahren geprüft werden, in dem diese Äußerungen gemacht werden sollen. Auf der anderen Seite ist aber auch das schutzwürdige Interesse desjenigen in Rechnung zu stellen, der durch die Äußerung in seinen Rechten verletzt wird. Ihm ist es grds. nur dann zuzumuten, seine auf Unterlassung und Widerruf der fraglichen Äußerung gerichteten Ansprüche zurückzustellen, wenn das Verfahren, in dem die Äußerung gemacht worden ist, unter seiner Beteiligung Gelegenheit zu einer abschließenden Klärung der Vorwürfe bietet (BGH GRUR 1998, 587 (590) – Bilanzanalyse Pro 7).

2. Umfang des Privilegs

1.149   In **sachlicher Hinsicht** sind nur verfahrensbezogene Äußerungen privilegiert, die allein der Wahrung einer Rechtsposition in einem Verfahren dienen (BGH GRUR 1987, 568 – Gegenangriff), etwa in einem Schriftsatz, der in einem Zivilprozess eingereicht werden soll, oder in einer Zeugenaussage. Äußerungen mit einer anderen Zielrichtung – etwa Unterrichtung der Presse oder der Kunden über das Verfahren – fallen nicht unter das Privileg. Die Äußerungen müssen in sachlichem Zusammenhang mit dem Verfahren stehen (BGH GRUR 1973, 550 (551) – halbseiden; GRUR 1995, 66 (68) – Konkursverwalter). Äußerungen, die sachlich nichts mit dem Verfahren zu tun haben, sind nicht privilegiert.

1.150   Privilegiert sind nicht nur Äußerungen in gerichtlichen, sondern – bei entspr. Interessenlage – auch **Äußerungen in einem Verwaltungsverfahren** (BGH GRUR 1998, 587 (589) – Bilanzanalyse Pro 7). So kann die Eingabe eines Sendeunternehmens gegenüber den Landesmedienanstalten, mit der auch im Interesse der Wahrung der Meinungsvielfalt ein **Einschreiten gegen einen Mitbewerber** verlangt wird, nicht mit einem wettbewerbsrechtlichen Abwehranspruch unterbunden werden. Das gilt nur dann nicht, wenn es sich um bewusst unwahre oder leichtfertig aufgestellte falsche Behauptungen handelt und das aufgrund der Eingabe eingeleitete Verwaltungsverfahren **keine Gewähr für eine Klärung der erhobenen Vorwürfe** bietet (BGH

GRUR 1998, 587 (590) – Bilanzanalyse Pro 7; BGHZ 183, 309 = GRUR 2010, 253 Rn. 17 – Fischdosendeckel; BGH GRUR 2013, 305 Rn. 15 f. – Honorarkürzung).

Auch Äußerungen, die ein Gläubiger zur Begründung seines Anspruchs oder ein Schuldner **1.151** zur Rechtsverteidigung in der **vorprozessualen Korrespondenz** macht, können ihm nicht ohne weiteres generell mit Hilfe des Lauterkeitsrechts untersagt werden. So hat der BGH eine Unterlassungsklage am Rechtsschutzbedürfnis scheitern lassen, weil mit ihr ein Haftpflichtversicherer daran gehindert werden sollte, im Rahmen der außergerichtlichen Schadensregulierung Sachverständigenhonorare generell unter Hinweis auf pauschale Vergütungssätze zu kürzen, die nach der Höhe des Unfallschadens gestaffelt waren (BGH GRUR 2013, 305 Rn. 21 f. – Honorarkürzung).

Betrifft die Verfahrensäußerung die **Rechte Dritter,** die an dem betreffenden Verfahren nicht **1.152** beteiligt sind, kann das Privileg ebenfalls gelten (BGH GRUR 1973, 550 (551) – halbseiden; BGHZ 183, 309 = GRUR 2010, 253 Rn. 15 – Fischdosendeckel; BGH GRUR 2013, 305 Rn. 15 – Honorarkürzung; GRUR 2013, 647 Rn. 14 – Rechtsmissbräuchlicher Zuschlagsbeschluss). In einer solchen Konstellation sind die im Spiel befindlichen Interessen bes. sorgfältig zu analysieren. Auch hier können die Äußerungsrechte in dem Verfahren nicht durch Unterlassungs- und Widerrufsansprüche des Dritten bestimmt werden. Wird bspw. ein Unternehmen von einem Verband wegen eines Wettbewerbsverstoßes in Anspruch genommen und trägt es vor, das beanstandete Verhalten sei ein reines Abwehrverhalten gegenüber dem wettbewerbswidrigen Verhalten eines Mitbewerbers (→ § 9 Rn. 5.4), kann dieser Mitbewerber nicht Unterlassung dieser Äußerung verlangen, auch wenn er an dem Verfahren, in dem die für ihn nachteilige Behauptung aufgestellt wird, nicht beteiligt ist und dort keine Klärung des Sachverhalts unter seiner Mitwirkung stattfindet. Es ist dann allein Aufgabe des mit der Entscheidung befassten Organs, die Erheblichkeit und Richtigkeit des jeweiligen Vorbringens für seine Entscheidung zu beurteilen. Die **Interessenabwägung** führt hier dazu, dass der Mitbewerber diese Äußerung hinnehmen muss. **Erst nach rechtskräftigem Abschluss** des Verfahrens kann er den Unterlassungsanspruch geltend machen und eine Klärung des gegen ihn erhobenen Vorwurfes erreichen.

III. Schadensersatzanspruch

Anders als der Abwehranspruch wird ein Schadensersatzanspruch nicht notwendig von dem **1.153** Privileg erfasst. Wie weit die Privilegierung reicht, kann nur im Einzelfall festgestellt werden: In dem Beispielsfall → Rn. 1.145, in dem B die gegen ihn gerichtete Patentverletzungsklage des A mit einem wettbewerbsrechtlichen Anspruch nicht unterbinden konnte, kann B auch nicht Schadensersatz verlangen, wenn die Klage gegen ihn abgewiesen worden ist. Denn die Nachteile, die dem B dadurch entstehen, dass er mit einer unbegründeten Klage überzogen worden ist, werden abschließend durch die **Kostenregelung der ZPO ausgeglichen.** Auch für Nachteile, die ihm durch den Vollzug eines vorläufigen Verbots entstehen, enthält die ZPO eine abschließende Regelung (§ 717 II ZPO, § 945 ZPO). Außerhalb dieses prozessrechtlichen Rahmens ist dagegen die **spätere Geltendmachung eines Schadensersatzanspruchs nicht ausgeschlossen** (BGH GRUR 1998, 587 (590) – Bilanzanalyse Pro 7).

Den **Kläger** trifft die **Darlegungs- und Beweislast** für die Tatsachen, aus denen sich seine **1.154** Anspruchsberechtigung und seine Prozessführungsbefugnis ergeben. Nicht zu prüfen ist allerdings, ob ein Verband die Rechtsfähigkeit zu Recht erlangt hat. Denn die Zuerkennung der Rechtsfähigkeit ist konstitutiv (BGH GRUR 1983, 130 (131) – Lohnsteuerhilfe-Bundesverband; für „qualifizierte Einrichtungen" ergibt sich dies aus § 4 IV UKlaG). Um im Streitfall den **Nachweis der Mitgliedschaft** einer **erheblichen** Anzahl von Mitgliedsunternehmen iSv § 8 III Nr. 2 zu führen, muss der Verband die Namen, Branchen, Umsätze und örtlichen Tätigkeitsbereiche seiner Mitglieder insoweit bekannt geben, als dies zur Überprüfung der (Klagebefugnis und) Anspruchsberechtigung durch das Gericht und den Beklagten erforderlich ist (BGH GRUR 1996, 217 (218) – Anonymisierte Mitgliederliste; GRUR 1997, 934 (936) – 50 % Sonder-AfA; WRP 1998, 177 (179) – Fachliche Empfehlung III; OLG Düsseldorf GRUR-RR 2003, 131 (133)). Geringfügige Fehler sind unschädlich (OLG Naumburg WRP 1997, 228 (230); dazu krit. Derleder/Zänker GRUR 2002, 490). Wichtig ist, dass die Voraussetzungen auch noch in der letzten mündlichen Verhandlung vorliegen, die entspr. Daten also **aktuell** sein müssen. Mitglieder sind aber nicht schon deshalb unberücksichtigt zu lassen, weil sie ihren Beitrag nicht bezahlt haben (so aber Derleder/Zänker GRUR 2002, 490 (493)), denn dadurch wird die Mitgliedschaft nicht beendet. – Der **Nachweis der erforderlichen personellen,**

sachlichen und finanziellen Ausstattung und der Fähigkeit zur tatsächlichen Zweckverfolgung dürfte seriösen Verbänden nicht schwerfallen. Ist ein Verband jahrelang als klagebefugt anerkannt, so ist zu vermuten, dass diese Voraussetzungen weiterhin vorliegen (KG WRP 2012, 993 Rn. 44). Ein bloßes Bestreiten durch den Beklagten genügt also nicht (BGH GRUR 2000, 1093 (1095) – Fachverband; OLG Stuttgart GRUR-RR 2009, 343 (344)). Jedoch ist diese Vermutung widerleglich, etwa wenn der Verband in der Vergangenheit die Prozesskosten nicht begleichen konnte. – Was die **Prüfungsreihenfolge** angeht, kann aus Gründen der Prozessökonomie offenbleiben, ob die Klagebefugnis oder Anspruchsberechtigung zu Recht besteht, wenn bereits eine Rechtsprüfung ergibt, dass der Anspruch nicht besteht und damit die Klage unbegründet ist (BGH GRUR 1999, 1119 (1120) – RUMMS!; WRP 1999, 421 (422) – Vorratslücken zur vergleichbaren Problematik bei § 8 IV; Teplitzky WRP 1997, 691 (695)). Dasselbe gilt, wenn die Beweiserhebung über die Begründetheit des Anspruchs leichter und rascher möglich ist.

2. Abschnitt. Die Schuldner der Abwehransprüche

Übersicht

Schrifttum: Ahrens, Beteiligung der Presse an Wettbewerbsverstößen von Anzeigenkunden, FS Traub, 1994, 11; Ahrens, Störerhaftung als Beteiligungsform im Zivilrecht, FS Canaris, 2007, 3; Ahrens, 21 Thesen zur Störerhaftung im UWG und im Recht des Geistigen Eigentums, WRP 2007, 1281; Ahrens, Erfolgs- und Verhaltensunrecht in der Rechtsprechung des I. Zivilsenats – Wirkungszusammenhänge mit der Störerhaftung?, FS Büscher, 2018, 423; Alexander, Schadensersatz und Abschöpfung im Lauterkeits- und Kartellrecht, 2010; Alexander, Die Sanktions- und Verfahrensvorschriften der Richtlinie 2005/29/EG über unlautere Geschäftspraktiken im Binnenmarkt – Umsetzungsbedarf in Deutschland?, GRUR-Int. 2005, 809; Alexander, Aktuelle lauterkeitsrechtliche Problemfelder von Online-Vergleichsportalen, WRP 2018, 765; Alpert, Virtuelle Marktplätze im Internet: Typische Haftungsrisiken des Anbieters von B2B-Portalen, CR 2001, 604; Behrens, Abschied von der Störerhaftung – Die Verantwortlichkeit für Verkehrspflichtverletzungen im Wettbewerbs- und Immaterialgüterrecht unter besonderer Berücksichtigung des Patentrechts, Diss. 2015; Berger, Verantwortlichkeit von TK-Unternehmen für wettbewerbswidrig genutzte Rufnummern, MMR 2003, 642; Berger/Loeck, Das Ende der ausufernden Beauftragtenhaftung im Wettbewerbsrecht, MMR 2011, 634; Bisle/Frommer, EuGH klärt Verantwortlichkeit bei anonym nutzbaren WLAN-Hotspots – Das Ende der Pläne zur „Abschaffung der Störerhaftung"?, CR 2017, 54; Bornkamm, Die „Abschaffung" der Störerhaftung – Nach der Abschaffung ist vor der Abschaffung, FS Kirchberg 2017, 547; Brammsen/Sonnenburg, Geschäftsführeraußenhaftung in der GmbH, NZG 2019, 681; Breun-Goerke, Die Rechtsprechung zu Bewertungs- und Vergleichsplattformen – muss ich mir das gefallen lassen? WRP 2017, 383; Büscher, Soziale Medien, Bewertungsplattformen & Co – Die lauterkeitsrechtliche Haftung von Internetdienstleistern, GRUR 2017, 433; Busche/Fischer, Lauterkeitsrechtliche Haftung von Internetportalen, GRUR 2023, 23; Czychowski/Nordemann, Grenzenloses Internet – entgrenzte Haftung, GRUR 2013, 986; Dienstbühl, Zur Haftung von Händlern für irreführende Produktbewertungen auf Online-Marktplätzen, WRP 2020, 821; Döring, Die Haftung für eine Mitwirkung an Wettbewerbsverstößen nach der Entscheidung des BGH „Jugendgefährdende Medien bei eBay", WRP 2007, 1131; Döring, Die zivilrechtliche Inanspruchnahme des Access-Providers auf Unterlassung bei Rechtsverletzungen auf fremden Webseiten, WRP 2008, 1155; Dregelies, Die Haftung des GmbH-Geschäftsführers für Patent- und andere Immaterialgüterrechte, GRUR 2018, 8; Dregelies, Digital Services Act – Überblick über den neuen Rechtsrahmen für das Internet, MMR 2022, 1033; Dregelies, Verbraucherschutz im Digital Services Act, VuR 2023, 175; Ehret, Internet-Aktionshäuser auf dem haftungsrechtlichen Prüfstand, CR 2003, 754; Emanuel, Die Störerhaftung des Registrars, FS Büscher, 2018, 459; Engels/Köster, Haftung für „werbende Links" in Online-Angeboten, MMR 1999, 522; Flechsig, Subdomain Sicher, versteckt und unerreichbar? – Die Verkehrssicherungspflichten des Hostproviders, MMR 2002, 347; Foerste, Umschreibung des Unterlassungstitels bei Betriebserwerb, GRUR 1998, 450; Franz/Sakowski, Die TMG-Novelle 2017 und ihre Vereinbarkeit mit dem Unionsrecht – Gewährleisten Netzsperren (anstelle der Störerhaftung) einen europarechtskonformen Interessenausgleich zwischen Rechteinhabern, Anschlussbetreibern und Nutzern?, CR 2017, 734; Franz/Sakowski, Die Haftung des WLAN-Betreibers nach der TMG-Novelle und den Schlussanträgen des Generalanwalts beim EuGH – Handelnden- und Störerhaftung nach dem Stand des deutschen Rechtsprechung, der TMG-Novelle und den Schlussanträgen des Generalanwalts in Rs. C-484/14 (McFadden/Sony Music), CR 2016, 524; Frey/Rudolph/Oster, Die Host-Providerhaftung im Lichte des Unionsrechts – Vorgaben der EuGH-Rechtsprechung und Gestaltungsspielräume für den nationalen Gesetzgeber, CR 2015, Beilage zu Heft 11/2015; Freytag, Haftung im Netz, 1999; Franz, Die rechtliche Beurteilung von Bewertungsportalen, WRP 2016, 1195; Fritzsche, Unterlassungsanspruch und Unterlassungsklage, 2000; Gerdemann/Spindler, Das Gesetz über digitale Dienste (Digital Services Act) (Teil 1) – Grundlegende Strukturen und Regelungen für Vermittlungsdienste und Host-Provider, GRUR 2023, 3; Gerdemann/Spindler, Das Gesetz über digitale Dienste (Digital Services Act) (Teil 2) – Die Regelungen über Online-Plattformen sowie sehr große Online-Plattformen und -Suchmaschinen, GRUR 2023, 115; v. Gierke, Grenzen der wettbewerbsrechtlichen Störerhaftung, WRP 1997, 892; Glockshuber, Die Passivlegitimation im deutschen Recht des unlauteren Wettbewerbs, 1997; Goldmann, Geschäftsführer „mbH": Einschränkung der persönlichen Haftung von Organen bei Wettbewerbsverstößen, GRUR-Prax 2014, 404; Götting, Die persönliche Haftung des GmbH-Geschäftsführers für Schutzrechtsverletzungen und Wettbewerbsverstöße, GRUR 1994, 6; Griss, Wer ist „Störer"? – Eine deutsch-österreichische Begriffsverwirrung, FS Bornkamm, 2014, 29; Grisse, Was bleibt von der Störerhaftung? Bedeutung der 3. Änderung des TMNG für die zivilrechtliche Systematik und Umsetzung der Vermittlerhaftung in Deutschland, GRUR 2017, 1073; Hackbarth, Zur Störerverantwortlichkeit für die Inhalte von Internetseiten, CR 1998, 307; Hacker, „L'Oréal/eBay": Die Host-Provider-Haftung vor dem EuGH, GRUR-Prax 2011, 391; Haedicke, Die Haftung für mittelbare Urheber- und Wettbewerbsrechtsverletzungen, GRUR 1999, 397; Handel, Strafbare Inhalte: Die Privilegierung von Online-Plattformen und Hosting-Diensten nach Art. 6 DSA, K&R 2023, 161; Haun, Geht es auch ohne? Offene Netze ohne Störerhaftung? – Zwischen politischen Zielen und rechtlichen Schranken, WRP 2017, 780; Harrer, Die Haftung des Geschäftsführers im Wettbewerbsrecht, FS Koppensteiner, 2001, 407; Heermann/Ohly, Verantwortlichkeit im Netz, 2002; Hoche, Haftung der Organe von Unternehmen für Rechtsverstöße im Wettbewerbs- und Immaterialgüterrecht, IPRB 2015, 40; Hoeren, Cybermanners und Wettbewerbsrecht – Einige Überlegungen zum Lauterkeitsrecht im Internet, WRP 1997, 993; Hoeren/Eustergerling, Die Haftung des Admin C, MMR 2006, 132; Hoeren/Klein, Anmerkung zu einer Entscheidung des EuGH, Urteil vom 15.9.2016 (C-484/14) – Zur Frage der Haftung eines Betreibers öffentlicher WLAN-Netze, MMR 2016, 764; Hoeren/Neubauer, Der EuGH, Netlog und die Haftung für Host-Provider, WRP 2012, 508; Hoeren/Semrau, Haftung des Merchant für wettbewerbswidrige Affiliate-Werbung, MMR 2008, 571; Hoffmann, Zivilrechtliche Haftung im Internet, MMR 2002, 284; Jacobs, Markenrechtsverletzungen durch Internet-Auktionen, FS Erdmann, 2002, 327; Hofmann, Markenrechtliche Sperranordnungen gegen nicht verantwortliche Intermediäre, GRUR 2015,

123; Hofmann, Private Enforcement im Wett- und Glücksspielrecht – Die Rechtsgrundlagen für die Haftung von Intermediären wie Werbemedien, Zahlungsdienstleistern oder Internetzugangsprovidern bei illegalen Glücksspielangeboten, ZfWG 2016, 304; Hofmann, Prozeduralisierung der Haftungsvoraussetzungen im Medienrecht – Vorbild für die Intermediärshaftung im Allgemeinen? ZUM 2017, 102; Hofmann, Das Allgemeininteresse an der Verfügbarkeit von Internet im Spannungsverhältnis zum Schutz von Urheberrechten, GPR 2017, 176; Hofmann, Mittelbare Verantwortlichkeit im Internet – Eine Einführung in die Intermediärshaftung, JuS 2017, 713; Hofmann, Der Unterlassungsanspruch als Rechtsbehelf, 2017; Hofmann, Anmerkung zum Urteil des BGH vom 20.2.2020 (I ZR 193/18) – Zur wettbewerbsrechtlichen Haftung für fremde Äußerungen auf Online-Handelsplattformen, WRP 2020, 574; Hofmann, Markenrechtliche Aspekte der Plattformregulierung – Hat die klassische Störerhaftung auch im Markenrecht bald ausgedient?, MarkenR 2022, 149; Hofmann, Lauterkeitsrechtliche Haftung von Online-Plattformen, Die neuen Transparenzvorgaben im UWG 2022 im Kontext lauterkeitsrechtlicher Plattformregulierung, GRUR 2022, 780; Hohlweck, Eckpfeiler der mittelbaren Verantwortlichkeit von Plattformbetreibern in der Rechtsprechung, ZUM 2017, 109; Holznagel, Unterlassungsanordnungen gegen Betreiber unverschlüsselter WLANs („Mc Fadden vs. Sony“), jurisPR-WettbR 10/2016 Anm. 1; Husemann, Die Durchsetzung von Ansprüchen im Wettbewerbs- und Urheberrecht sowie gewerblichen Rechtsschutz, JuS 2022, 113; Jahn/Palzer, Der Intermediär im Spannungsfeld zwischen digitaler Dynamik und Rechtsgüterschutz, K&R 2015, 767; Janal, Lauterkeitsrechtliche Betrachtungen zum Affiliate-Marketing, CR 2009, 317; Jaworski/Nordemann, Gehilfenhaftung von Intermediären bei Rechtsverletzungen im Internet – BGH-Rechtsprechung und neueste Entwicklungen in den Instanzen, GRUR 2017, 567; Jergolla, Das Ende der wettbewerbsrechtlichen Störerhaftung, WRP 2004, 655; Kiethe, Werbung im Internet, WRP 2000, 616; Kniesbeck, Die Haftung der Konzernobergesellschaft für Wettbewerbsverstöße der Untergesellschaft, 1999; Koch, Perspektiven für die Link- und Suchmaschinen-Haftung – Kommissionsbericht zur Umsetzung der E-Commerce-Richtlinie und seine Konsequenzen für das TDG, CR 2004, 213; Koch, Die Haftung für Schutzrechtsverletzungen und Wettbewerbsverstöße Dritter im Internet in der Rechtsprechung des BGH, KSzW 2010, 229; Köhler, Die Haftung des Betriebsinhabers für Wettbewerbsverstöße seiner Mitarbeiter und Beauftragten (§ 13 IV UWG), GRUR 1991, 344; Köhler, Pressehaftung für wettbewerbswidrige Anzeigen, JuS 1991, 719; Köhler, Die Beteiligung an fremden Wettbewerbsverstößen, WRP 1997, 897; Köhler, Die Auswirkungen der Unternehmensveräußerung auf gesetzliche und vertragliche Unterlassungsansprüche, WRP 2000, 921; Köhler, „Täter“ und „Störer“ im Wettbewerbs- und Markenrecht, GRUR 2008, 1; Köhler, Neubeurteilung der wettbewerbsrechtlichen Haftung des Rechtsnachfolgers eines Unternehmers?, WRP 2010, 475; Köhler, „Fachliche Sorgfalt – Der weiße Fleck auf der Landkarte des UWG, WRP 2012, 22; Köhler, Der Regierungsentwurf zur UWG-Novelle 2015: Nur Klarstellungen oder doch tiefgreifende Änderungen?, WRP 2015, 275; König, Wettbewerbsrechtliche Abwehransprüche gegen die GmbH und ihre Gesellschafter, 1992; Köster/Jürgens, Haftung professioneller Anbieter im Internet – Eine Bestandsaufnahme der Novellierung der Haftungsregelungen, MMR 2002, 420; Krekel, Diensteanbieter als Überwachungsgaranten?, WRP 2009, 1029; Kuhlmann, Der Digital Services Act und seine Folgen für das nationale Medienrecht, ZUM 2023, 170; Lehment, Zur Störerhaftung von Online-Auktionshäusern, WRP 2003, 1058; Lehment, Neuordnung der Täter- und Störerhaftung, WRP 2012, 149; Leible/Sosnitza, „3 … 2 … 1 … meins!“ und das TDG, WRP 2004, 592; Leible/Sosnitza, Neues zur Störerhaftung von Internet-Auktionshäusern, NJW 2004, 3225; Leistner, Von „Grundig-Reporter(n) zu Paperboy(s)“, GRUR 2006, 801; Leistner, Störerhaftung und mittelbare Schutzrechtsverletzung, GRUR 2010, Beilage zu Heft 1; Leistner, Die Haftung von Kauf- und Buchungsportalen mit Bewertungsfunktion, FS Köhler, 2014, 413; Leistner/Grisse, Sperrverfügungen gegen Access-Provider im Rahmen der Störerhaftung (Teil 1) GRUR 2015, 19; (Teil 2) GRUR 2015, 105; Leistner/Stang, Die Neuerung der wettbewerbsrechtlichen Verkehrspflichten – Ein Siegeszug der Prüfungspflichten?, WRP 2008, 533; Lensing/Kramer, Markenrechtliche Verantwortlichkeit von Internet-Auktionsportalen im Rechtsvergleich, GRUR 2009, 722; Löffler, Störerhaftung oder Beihilfe durch Unterlassen? Allgemeine strafrechtliche Haftungskategorien für die Konkretisierung der Schuldnerstellung im gewerblichen Rechtsschutz und im Lauterkeitsrecht, FS Bornkamm, 2014, 37; Loschelder/Dörre, Wettbewerbsrechtliche Verkehrspflichten des Betreibers eines realen Marktplatzes, WRP 2010, 822; Lunk/Nebendahl, Zur Unterlassungshaftung des Inserenten für wettbewerbswidrige Zeitungsanzeigen, GRUR 1991, 656; Mantz, Rechtssicherheit für WLAN? Die Haftung des WLAN-Betreibers und das McFadden-Urteil des EuGH, EuZW 2016, 817; Mantz, Die (neue) Haftung des (WLAN-)Access-Providers nach § 8 TMG – Einführung von Websperren und Abschaffung der Unterlassungshaftung, GRUR 2017, 969; Mees, Haftung von Aufsichtsräten juristischer Personen im Bereich des Wettbewerbsrechts und verwandten Rechtsgebieten, FS Bornkamm, 2014, 53; Meier-Beck, Täter, Teilnehmer, Störer und Garanten – Über die Gefahren des Umgangs mit Baustoffen oder: Wer haftet für Immaterialgüterrechtsverletzungen?, FS Büscher, 2018, 543; Müller, Künftige Plattformregulierung und effektive Durchsetzung in Deutschland – Notwendigkeit und Umsetzung des Digital Services Act, MMR 2022, 1007; Neuhaus, Sekundäre Haftung im Lauterkeits- und Immaterialgüterrecht, 2011; Nordemann, Verkehrspflichten und Urheberrecht, FS Loewenheim, 2009, 215; Nordemann, Nach TMG-Reform und EuGH „McFadden“ – Das aktuelle Haftungssystem für WLAN- und andere Zugangsprovider, GRUR 2016, 1097; Nordemann, Die Haftung allgemeiner Zugangsprovider auf Website-Sperren, GRUR 2018, 1016; Mels/Franzen, Rechtsnachfolge in die gesetzliche Unterlassungsschuld des Wettbewerbsrechts, GRUR 2008, 968; Ohly, Die Verantwortlichkeit von Intermediären, ZUM 2015, 308; Ohly, Die lauterkeitsrechtliche Haftung für Hyperlinks, NJW 2016, 1417; Ohly, Die Haftung von Internet-Dienstleistern für die Verletzung lauterkeitsrechtlicher Verkehrspflichten, GRUR 2017, 441; Ohly, Der weite Täterbegriff des EuGH in den Urteilen „GS

Media", „Filmspeler" und „The Pirate Bay": Abenddämmerung für die Störerhaftung?, ZUM 2017, 793; Ohly, Die markenrechtliche Haftung des Suchmaschinenbetreibers für Trefferlisten, WRP 2018, 131; Ottofülling, Die wettbewerbsrechtliche und immaterialgüterrechtliche Störerhaftung des Geschäftsführers der GmbH, 1990; Pankoke, Von der Presse- zur Providerhaftung, 2000; Peifer, Konvergenz in der Störer- und Verbreiterhaftung, AfP 2014, 18; v. Pentz, Ausgewählte Fragen des Medien- und Persönlichkeitsrechts im Lichte der aktuellen Rechtsprechung des VI. Zivilsenats, AfP 2014, 8; Raue, »Unberührt« – das Verhältnis von DSA zur DSM-RL und zum UrhDaG, ZUM 2023, 160; Raue/Heesen, Der Digital Services Act, NJW 2022, 3537; Reichelsdorfer, Die Haftung für Dritte im Wettbewerbsrecht, Diss. Erlangen, 2001; Rehart, Inanspruchnahme von Access-Providern im Eilverfahren – Betrachtung von ausgewählten Verfahrensfragen für im Internet begangene Urheberrechtsverletzungen, MMR 2018, 784; Remmertz, Werbebotschaften per Handy, MMR 2003, 314; Rössel, Digital Services Act – Eingehende Analyse und Überprüfung der regulatorischen Neuerungen aus dem Trilog und potentieller Lücken, AfP 2023, 93; Roth, Verantwortlichkeit von Betreibern von Internet-Marktplätzen für Markenrechtsverletzungen durch Nutzer, WRP 2011, 1258; Säcker, Die Haftung von Diensteanbietern nach dem Entwurf des EGG, MMR-Beilage 9/2000; Samwer, Die Störerhaftung und die Haftung für fremdes Handeln im wettbewerblichen Unterlassungsrecht, WRP 1999, 67; Schack, Täter und Störer: Zur Erweiterung und Begrenzung der Verantwortlichkeit durch Verkehrspflichten im Wettbewerbs- und Immaterialgüterrecht, FS Reuter, 2010, 1167; Schäufele/Krück, Der Digital Services Act – Revolution für Vermittlungsdienste? GRURPrax 2023, 120; Schaub, Haftung der Betreiber von Bewertungsportalen für unternehmensbezogene Äußerungen, FS Köhler, 2014, 593; Scherer, Einschränkung der Verantwortlichkeit des Werbenden für Marken- und Wettbewerbsrechtsverletzungen im Internet, WRP 2016, 941; K. Schmidt, Gesetzliche, insbesondere wettbewerbsrechtliche Unterlassungsansprüche bei Umstrukturierungen, FS Köhler, 2014, 631; Schünemann, Die wettbewerbsrechtliche „Störer"-Haftung, WRP 1998, 120; Schwippert, Täter oder Störer – alles längst geklärt? WRP 2018, 1027; Sesing-Wagenpfeil, Die Zukunft der Haftungsausschlüsse im Telemediengesetz – Notwendigkeit der Beibehaltung von §§ 7–10 TMG unter Geltung des Digital-Services Act, ZRP 2023, 115; Smirra, Haftungsszenarien im Recht der Bewertungsportale, ZUM 2020, 525; Spindler, Verantwortlichkeit und Haftung für Hyperlinks im neuen Recht, MMR 2002, 495; Spindler, Das Gesetz zum elektronischen Geschäftsverkehr – Verantwortlichkeit der Diensteanbieter und Herkunftslandprinzip, NJW 2002, 921; Spindler, Hyperlinks und ausländische Glücksspiele, GRUR 2004, 724; Spindler, Präzisierungen der Störerhaftung im Internet, GRUR 2011, 101; Spindler, Die Störerhaftung im Internet – (k)ein Ende in Sicht? Geklärte und ungeklärte Fragen, FS Köhler, 2014, 695; Spindler, Zivilrechtliche Sperrverfügungen gegen Access Provider nach dem EuGH-Urteil „UPC Telekabel", GRUR 2014, 826; Spindler, IT-Sicherheitsgesetz und zivilrechtliche Haftung, CR 2016, 297; Spindler, Sperrverfügungen gegen Access-Provider – Klarheit aus Karlsruhe? GRUR 2016, 451; Spindler, Störerhaftung der Provider, insbesondere WLANs – ein neuer Anlauf. Eine kritische Untersuchung des Referenten-Entwurfs v. 23.2.2017 für ein neues WLAN-Gesetz – 3. TMGÄndG, CR 2017, 262; Spindler, Der RegE zur Störerhaftung der Provider, insbesondere WLANs-Verschlimmbesserung und Europarechtswidrigkeit – Kritische Anmerkungen zum TMG-RegE v. 5.4.2017, CR 2017, 333; Spindler, Das neue Telemediengesetz – WLAN-Störerhaftung endgültig adé?, NJW 2017, 2305; Spindler, Fortentwicklung der Haftung für Internetanschlüsse – Auswirkungen der TMG-Reform und neue Rechtsprechung, GRUR 2018, 16; Spindler, Störerhaftung für Access-Provider reloaded, GRUR 2018, 1012; Spindler, Die Zukunft des europäischen Haftungsrechts für Internet-Provider – der Digital Services Act, MMR 2023, 73; Spindler/Volkmann, Die zivilrechtliche Störerhaftung der Internet-Provider, WRP 2003, 1; Spindler/Volkmann, Störerhaftung für wettbewerbswidrig genutzte Mehrwertdienst-Rufnummern und Domains, NJW 2004, 808; Stadler, Haftung für Informationen im Internet, 2002; Tettenborn/Bender/Lübben/Karenfort, Rechtsrahmen für den elektronischen Geschäftsverkehr, K&R 2001, Beilage 1 zu Heft 12/2001; Volkmann, Die Unterlassungsvollstreckung gegen Störer aus dem Online-Bereich, CR 2003, 440; Volkmann, Verkehrspflichten für Internet-Provider, CR 2008, 232; v. Walter, Die Verbandsklage im Datenschutz nach Meta Platforms Ireland/Verbraucherzentrale Bundesverband, WRP 2022, 937; Weismantel, Haftung für Trittbrettfahrer? – Zur Reichweite mittelbarer Glücksspielwerbung und korrespondierender Prüfungspflichten ausstrahlender Rundfunkveranstalter, ZUM 2022, 105; Werner, Die Haftung des GmbH-Geschäftsführers für Wettbewerbsverstöße und Immaterialgüterrechtsverletzungen durch die Gesellschaft, GRUR 2015, 739; Werner, Die wettbewerbsrechtliche Konzernhaftung, WRP 2018, 286; Wick, Die Außenhaftung des Geschäftsführers im Spannungsfeld zwischen Wettbewerbsrecht und Immaterialgüterrecht in Theorie und Praxis, GRUR 2020, 23; Wiebe, Providerhaftung in Europa: Neue Denkanstöße durch den EuGH (Teil 1), WRP 2012, 1182; (Teil 2) WRP 2012, 1335; Wiegand, Die Passivlegitimation bei wettbewerbsrechtlichen Abwehransprüchen, 1997; Wilmer, Überspannte Prüfungspflichten für Host-Provider?, NJW 2008, 1845; Wimmer, Die Verantwortlichkeit des Online-Providers nach dem neuen Multimediarecht, ZUM 1999, 436; Wollin, Störerhaftung im Immaterialgüter- und Persönlichkeitsrecht – Zustandshaftung analog § 1004 I BGB, 2018.

A. Allgemeine Grundsätze

I. Überblick

Schuldner des Abwehranspruchs (Unterlassungs- und Beseitigungsanspruch) ist zunächst **2.1** jeder, der dem § 3 oder § 7 zuwiderhandelt (§ 8 I 1). Beim vorbeugenden Unterlassungsanspruch ist Schuldner jeder, von dem die Gefahr einer Zuwiderhandlung gegen § 3 oder § 7 ausgeht (§ 8 I 2). Für die (begangene oder drohende) Zuwiderhandlung können gleichzeitig mehrere Personen verantwortlich sein. Insbes. besteht unter bestimmten Voraussetzungen auch eine Verantwortlichkeit für die (drohende oder begangene) Zuwiderhandlung eines Dritten.

II. Unionsrecht

1. UGP-RL

Soweit eine geschäftliche Handlung in den Anwendungsbereich der UGP-RL fällt, sind deren **2.1a** Vorgaben für die Rechtsdurchsetzung zu beachten. **Verbotsadressaten** sind nach der Richtlinie **Unternehmer** (= Gewerbetreibende). Nach der Legaldefinition des Art. 2 lit. b UGP-RL gehören dazu natürliche oder juristische Personen, die im Geschäftsverkehr im Rahmen ihrer gewerblichen, handwerklichen oder beruflichen Tätigkeit handeln (hierzu EuGH GRUR 2018, 1154 – KfV/Kamenova), und Personen, „die im Namen oder Auftrag des Gewerbetreibenden" handeln. Letztere müssen ihrerseits der Definition des „Gewerbetreibenden" entsprechen, also „im Geschäftsverkehr im Sinne dieser Richtlinie im Rahmen ihrer gewerblichen, handwerklichen oder beruflichen Tätigkeit" handeln (EuGH WRP 2013, 1575 Rn. 38 – RLvS Verlagsgesellschaft). Diese Regelung ermöglicht es, beide Unternehmer nebeneinander in Anspruch zu nehmen (vgl. auch Art. 11 I UAbs. 4 lit. a UGP-RL). Mögliche Verbotsadressaten sind nach Art. 11 I UAbs. 3 lit. b UGP-RL darüber hinaus auch die Urheber eines Verhaltenskodex. Nach Art. 11 I UAbs. 1 UGP-RL stellen die Mitgliedstaaten im Interesse der Verbraucher sicher, dass geeignete und wirksame Mittel zur Bekämpfung unlauterer Geschäftspraktiken vorhanden sind, um die Einhaltung dieser Richtlinie durchzusetzen. Ergänzt wird dieses Gebot durch Art. 13 UGP-RL. Danach legen die Mitgliedstaaten die Sanktionen fest, die bei Verstößen gegen die nationalen Vorschriften zur Umsetzung dieser Richtlinie anzuwenden sind. Diese Sanktionen müssen wirksam, verhältnismäßig und abschreckend sein. – Im Hinblick auf diese Vorgaben ist es mit der UGP-RL vereinbar, auch gegen Organe iSd § 31 BGB und gegen Mitarbeiter und Beauftragte iSd § 8 II als Unternehmer iSd UGP-RL und darüber hinaus auch gegen **Teilnehmer** iSd § 830 II BGB an einer unzulässigen geschäftlichen Handlung vorzugehen, selbst wenn sie keine Unternehmer iSd UGP-RL sind. In der Sache ist dies gleichbedeutend mit der Haftung der „Mittelspersonen" iSd Art. 11 S. 3 Durchsetzungs-RL.

2. Werbe-RL

Im Anwendungsbereich der Werbe-RL gelten die Vorgaben des Art. 5 Werbe-RL. Sie ent- **2.1b** sprechen weitgehend den Bestimmungen der Art. 11, 13 UGP-RL, so dass darauf verwiesen werden kann (→ Rn. 2.1a).

3. E-Commerce-RL

Im Anwendungsbereich der E-Commerce-RL sind bis zum 16.2.2024 (→ Rn. 2.1d) die **2.1c** Bestimmungen der Art. 12–15 E-Commerce-RL über die **„Verantwortlichkeit der Vermittler"** zu beachten. Diese Bestimmungen wurden in den §§ 7–10 TMG umgesetzt (→ Rn. 2.25 ff.).

4. Digital Services Act

Ab dem 17.2.2024 gilt die VO (EU) 2022/2065 über einen Binnenmarkt für digitale Dienste **2.1d** und zur Änderung der RL 2000/31/EG (Gesetz über digitale Dienste, engl. Digital Services Act – DSA) vom 19.10.2022 (ABl. 2022 L 277, 1, ber. 2022 ABl. L 310, 17). Der DSA hat nach Art. 2 III DSA zwar „keine Auswirkungen auf die Anwendung der Richtlinie 2001/31/EG", sieht jedoch in Art. 89 I DSA die **Streichung der Art. 12–15 E-Commerce-RL** und in den

Art. 4, 5 6 und 8 DSA neue Bestimmungen über die **Haftung der Anbieter von Vermitt-lungsdiensten** vor (→ Rn. 2.25 ff.).

III. Rechtsentwicklung: Von der Haftung des Störers zur Haftung des Täters und Teilnehmers

2.2 Ursprünglich hatte die Rspr. in Anlehnung an die Terminologie des Bürgerlichen Rechts begrifflich zwischen dem Täter und Teilnehmer einerseits und dem Störer andererseits unter-schieden. Die Begriffe des **Täters** und **Teilnehmers** wurden dem Deliktsrecht (§ 830 BGB) entlehnt und dem verschuldensabhängigen **Schadensersatzanspruch** zugeordnet. Der Begriff des **Störers** wurde dem § 1004 BGB entlehnt und dem verschuldensunabhängigen **Abwehr-anspruch** zugeordnet. Als Störer haftete jeder, der – auch ohne Täter oder Teilnehmer zu sein – **in irgendeiner Weise willentlich und adäquat kausal zu einem Wettbewerbsverstoß beigetragen** hatte (vgl. BGH GRUR 2002, 618 (619) – Meißner Dekor I). Dahinter stand die Erwägung, Wettbewerbsverstöße in allen Stadien ihrer Verwirklichung bekämpfen zu können (BGH GRUR 1990, 463 (464) – Firmenrufnummer). Als (Mit-)Störer konnten daher auch Personen in Anspruch genommen werden, die an sich nicht den Tatbestand eines Wettbewerbs-verstoßes erfüllten, entweder weil sie ohne Wettbewerbsförderungsabsicht oder ohne Täterquali-fikation handelten, aber an dem Wettbewerbsverstoß eines Dritten mitwirkten. Dabei sollte als Mitwirkung auch die Unterstützung oder Ausnutzung der Handlung eines eigenverantwortlich handelnden Dritten genügen, sofern der In-Anspruch-Genommene die rechtliche Möglichkeit zur Verhinderung dieser Handlung hatte (vgl. BGH GRUR 1990, 373 (374) – Schönheits-Chirurgie; GRUR 1997, 313 (315) – Architektenwettbewerb mwN; GRUR 2003, 798 (799) – Sanfte Schönheitschirurgie). Vorausgesetzt wurde aber stets die tatsächliche Wettbewerbswidrig-keit des Verhaltens des Dritten (sog Akzessorietätserfordernis; BGH GRUR 1996, 905 – GmbH-Werbung für ambulante ärztliche Leistungen; GRUR 2000, 613 (615 f.) – Klinik Sans-souci).

2.2a Im Laufe der Zeit schränkte die Rspr. die Störerhaftung ein, um ihre uferlose Ausdehnung auf unbeteiligte Dritte zu vermeiden. Voraussetzung der Störerhaftung sollte die Verletzung einer **„Prüfungspflicht"** sein. Für Ausmaß und Umfang einer Prüfungspflicht sollten die Funktion und Aufgabenstellung des als Störer in Anspruch Genommenen sowie die Eigenverantwortung des unmittelbar handelnden Dritten maßgebend sein (BGH GRUR 2003, 969 (970) – Aus-schreibung von Vermessungsleistungen; GRUR 2004, 693 (695) – Schöner Wetten; GRUR 2006, 875 Rn. 32 – Rechtsanwalts-Ranglisten). Eine Haftung sollte daher entfallen, wenn für den in Anspruch Genommenen im konkreten Fall der Störungszustand nicht ohne weiteres oder nur mit unverhältnismäßigem Aufwand erkennbar war (BGH GRUR 1997, 313 (315) – Architektenwettbewerb; WRP 1997, 1059 (1061) – Branchenbuch-Nomenklatur; GRUR 2004, 693 (695) – Schöner Wetten zur Störerhaftung eines Presseunternehmens bei Setzung eines Links zu einem Glücksspielveranstalter; WRP 2001, 1305 (1307 f.) – ambiente.de – zur Störerhaftung der DENIC). Damit kam in den an sich verschuldensunabhängigen Abwehranspruch ein gewis-ses Verschuldenselement hinein (Teplitzky Wettbewerbliche Ansprüche/Büch Kap. 14 Rn. 24). Teilweise hatte die Rspr. (BGH WRP 1999, 501 (505) – Implantatbehandlungen; GRUR 2001, 181 (184) – Dentalästhetika I; vgl. auch BGH GRUR 2003, 624 (626) – Kleidersack) die Störerhaftung sogar von einer **vorsätzlichen** Mitwirkung am Wettbewerbs-verstoß eines Dritten abhängig gemacht.

2.2b Später stellte die Rspr. die Störerhaftung gänzlich in Frage (BGH GRUR 2003, 807 (808) – Buchpreisbindung; GRUR 2003, 969 (970) – Ausschreibung von Vermessungsleistungen; GRUR 2004, 693 (695) – Schöner Wetten; GRUR 2005, 171 (172) – Ausschreibung von Ingenieurdienstleistungen; GRUR 2004, 860 (864) – Internet-Versteigerung I; GRUR 2006, 875 Rn. 32 – Rechtsanwalts-Ranglisten; GRUR 2010, 633 Rn. 19 – Sommer unseres Lebens). Diese Entwicklung vollzog sich wohl auch unter dem Eindruck der Kritik aus dem Schrifttum (vgl. Köhler WRP 1997, 897 (898); Köhler GRUR 2008, 1; MüKoUWG/Fritzsche Rn. 312; Schünemann WRP 1998, 120; tendenziell auch Teplitzky, 8. Aufl. 2002, Kap. 14 Rn. 10b f.; jurisPK-UWG/Seichter Rn. 122; Döring WRP 2007, 1131 (1133 ff.); Leistner/Stang WRP 2008, 533 (537 ff.); Ohly/Sosnitza/Ohly Rn. 121).

2.2c Den vorläufigen Abschluss der Rechtsentwicklung bildete die völlige **Aufgabe der Störer-haftung** im **Lauterkeitsrecht** (BGH GRUR 2011, 152 Rn. 48 – Kinderhochstühle im Inter-net; WRP 2013, 491 Rn. 49 – Solarinitiative). An ihre Stelle trat die **Haftung des Täters und Teilnehmers** (BGH WRP 2014, 1050 Rn. 11 – Geschäftsführerhaftung; GRUR 2016, 961

Rn. 32 – Herstellerpreisempfehlung bei Amazon; GRUR 2021, 1544 Rn. 69 – Kaffeebereiter). Ermöglicht wurde dies durch eine dogmatische Weiterentwicklung dieser Kategorien der Verantwortlichkeit: Die Mitwirkung an einem fremden Wettbewerbsverstoß stellt einen selbstständigen Wettbewerbsverstoß auf Grund der Verletzung einer wettbewerbsrechtlichen Verkehrspflicht dar. Die Haftung des Teilnehmers ist auf die vorsätzliche Mitwirkung an einem fremden Wettbewerbsverstoß beschränkt (grdl. BGHZ 173, 188 = GRUR 2007, 890 Rn. 21 – Jugendgefährdende Medien bei eBay; s. auch BGH GRUR 2015, 1025 Rn. 17 – TV-Wartezimmer).

Allerdings wendet die Rspr. die Störerhaftung nach wie vor bei der Verletzung **absoluter** **2.2d** **Rechte,** insbes. der **Rechte des geistigen Eigentums** an (vgl. zum **Namensrecht:** § 12 BGB: BGH GRUR 2012, 304 Rn. 50 ff. – Basler Haar-Kosmetik; GRUR 2012, 651 Rn. 21 – regierung-oberfranken.de; zum **Markenrecht:** BGHZ 158, 236 (252) – Internet-Versteigerung I; BGH GRUR 2007, 708 Rn. 34 ff. – Internet-Versteigerung II; GRUR 2008, 702 Rn. 50 – Internet-Versteigerung III; GRUR 2011, 152 Rn. 45 – Kinderhochstühle im Internet I; GRUR 2015, 485 Rn. 49 – Kinderhochstühle im Internet III; GRUR 2016, 936 Rn. 16 – Angebotsmanipulation bei Amazon; GRUR 2021, 730 Rn. 37 – Davidoff Hot Water IV; GRUR 2021, 1303 Rn. 30 – Die Filsbacher; zum **Urheberrecht:** BGH GRUR 2010, 633 Rn. 19 – Sommer unseres Lebens; GRUR 2013, 1030 Rn. 30 – File-Hosting-Dienst; GRUR 2015, 672 Rn. 81 – Videospiel-Konsolen II; GRUR 2016, 268 Rn. 21 ff. – Störerhaftung des Access-Providers; GRUR 2017, 617 Rn. 11 – WLAN-Schlüssel; GRUR 2018, 178 Rn. 74 – Vorschaubilder III; WRP 2019, 1013 Rn. 82 – Cordoba II; WRP 2019, 1025 Rn. 15 – Bring mich nach Hause; GRUR 2020, 738 Rn. 42 – Internet-Radiorecorder; BGHZ 227, 173 = GRUR 2021, 63 Rn. 13 – Störerhaftung des Registrars; zum **Designrecht:** BGH GRUR 2016, 803 Rn. 61 – Armbanduhr; GRUR 2018, 1246 Rn. 48 – Kraftfahrzeugfelgen II). Die Störerhaftung hat insoweit die Funktion, auch solche Personen für eine fremde Rechtsverletzung haftbar zu machen, die weder (Mit-)Täter noch Teilnehmer sind, jedoch Prüfpflichten verletzt haben (zust. Schack FS Reuter, 2010, 1167). Das erscheint freilich zweifelhaft (krit. Ahrens WRP 2007, 1281; Fürst WRP 2009, 378; Köhler GRUR 2008, 1 (6 f.) zum Markenrecht; Nordemann FS Loewenheim, 2009, 215 zum Urheberrecht; Volkmann CR 2008, 232 Fn. 2; Leistner GRUR 2010, Beilage Heft 1 S. 1 (20 ff.); Stang/Hühner GRUR 2010, 636; Spindler GRUR 2011, 101 (103); Schwippert WRP 2018, 1027 (1029 ff.)). Die fraglichen Fälle ließen sich wohl sachgerechter mit den Kategorien der Täterschaft und Teilnahme lösen. Dabei ließe sich die im Bürgerlichen Recht entwickelte Theorie der mittelbaren Rechtsverletzung kraft Verkehrspflichtverletzung heranziehen. Inhalt und Umfang der Verkehrspflichten sollten nach den betroffenen Rechten, den geschaffenen Risiken und den bestehenden Prüfungs-, Kontroll- und Einflussmöglichkeiten begrenzt werden. – Für das **Patentrecht** begrenzt der X. ZS des BGH die Haftung ohnehin auf Täter und Teilnehmer (BGHZ 171, 13 Rn. 17 = GRUR 2007, 313 – Funkuhr II; BGHZ 182, 245 Rn. 29 ff. = GRUR 2009, 1142 – MP3-Player-Import; Meier-Beck GRUR 2010, 1041 (1046)). – Nur terminologisch, nicht aber sachlich abweichend ist der an § 1004 BGB orientierte Sprachgebrauch des für das **Deliktsrecht** zuständigen VI. Zivilsenats des BGH: Danach bezeichnet der Begriff „(unmittelbarer) Störer" den Täter einer Rechtsverletzung und der Begriff „mittelbarer Störer" den „Störer" im Sinne des Sprachgebrauchs des I. ZS (vgl. (VI. ZS) BGHZ 197, 213 = GRUR 2013, 751 Rn. 24 – Autocomplete-Funktion; (I. ZS) GRUR 2015, 1223 Rn. 46 – Posterlounge; v. Pentz AfP 2014, 8 (16 f.)).

IV. Rechtsgrundlagen

1. Die Verbotstatbestände der §§ 3 und 7 als Tatbestände einer unerlaubten Handlung

Da das Lauterkeitsrecht ein Sonderdeliktsrecht darstellt, sind die Zuwiderhandlungen gegen **2.3** § 3 und § 7 als speziell geregelte Fälle einer **unerlaubten Handlung** zu begreifen. Ihrer Struktur nach sind sie am ehesten mit dem Deliktstatbestand des § 823 II BGB vergleichbar. Denn die §§ 3 und 7 verbieten Eingriffe in die wirtschaftlichen Interessen von Mitbewerbern, Verbrauchern und sonstigen Marktteilnehmern nicht schlechthin, sondern nur dann, wenn der Eingriff gegen bestimmte lauterkeitsrechtliche Verhaltenspflichten, die dem Schutz dieser Marktteilnehmer dienen, verstößt. Das Lauterkeitsrecht regelt also nicht ein Erfolgsunrecht, sondern ein **Verhaltensunrecht** (vgl. BGH GRUR 2011, 152 Rn. 48 – Kinderhochstühle im Internet I; GRUR 2016, 730 Rn. 22 – Herrnhuter Stern).

2. Die Adressaten der Verbotstatbestände der §§ 3 und 7

2.3a   **Verbotsadressaten** der §§ 3 und 7 sind nur Personen, die eine **geschäftliche Handlung** iSd § 2 I Nr. 2 vornehmen. (In manchen Fällen des § 3a ist zusätzlich noch eine besondere berufliche Stellung zur Täterqualifikation erforderlich.) Dies gilt auch für die Anwendung des § 8 I. Diese Vorschrift setzt – im Unterschied zu den §§ 9 und 10 – keine schuldhafte, sondern nur eine **objektiv widerrechtliche Zuwiderhandlung** voraus. Wer den Tatbestand des § 3 oder § 7 objektiv widerrechtlich erfüllt, ist im Rechtssinne **Täter**. Wer selbst keine geschäftliche Handlung begeht, kann daher für einen fremden Wettbewerbsverstoß nicht als Täter, sondern allenfalls als **Teilnehmer** (Anstifter oder Gehilfe) iSd § 830 II BGB verantwortlich sein (→ Rn. 2.15 ff.). Denn Teilnehmer kann auch sein, wer nicht die bes. Voraussetzungen an die Person des Täters erfüllt (vgl. BGHZ 75, 96 (107); BGH GRUR 2008, 810 Rn. 14 – Kommunalversicherer; GRUR 2015, 1025 Rn. 16 – TV-Wartezimmer; GRUR 2017, 194 Rn. 43 – Orthopädietechniker; GRUR 2018, 438 Rn. 21 – Energieausweis). Zwar gilt § 830 II BGB unmittelbar nur für den Schadensersatzanspruch; er muss aber erst recht – ggf. modifiziert – für den verschuldensunabhängigen Abwehranspruch gelten (vgl. BGH GRUR 2013, 1229 Rn. 32 – Kinderhochstühle im Internet II; OLG Frankfurt GRUR-RR 2007, 16 (18); OLG Brandenburg GRUR-RR 2007, 18 (19)).

3. Keine über Täterschaft und Teilnahme hinausgehende Störerhaftung

2.3b   Die aus den §§ 862, 1004 BGB entlehnte Bezeichnung „**Störer**" für Personen, die einen Deliktstatbestand der §§ 823 ff. BGB objektiv widerrechtlich verwirklichen und dementsprechend auf Unterlassung und Beseitigung in Anspruch genommen werden können, ist im Bürgerlichen Recht zwar noch sehr verbreitet (vgl. Grüneberg/Sprau BGB Einf. v. § 823 Rn. 22). Der Begriff des Störers ist aber auf die spezielle Situation des Eigentümers oder Besitzers einer Sache zugeschnitten (Handlungsstörer, Zustandsstörer) und passt daher schon sprachlich nicht auf die Tatbestände des allgemeinen Deliktsrechts (§§ 823 ff. BGB) und des Sonderdeliktsrechts, insbes. des Rechts des geistigen Eigentums und des Lauterkeitsrechts. (Auch § 12 BGB verwendet bspw. den Begriff des Störers nicht.) Eine analoge Anwendung des § 1004 BGB im Lauterkeitsrecht verbietet sich im Übrigen schon deshalb, weil § 8 I eine spezialgesetzliche Regelung darstellt. – Die Verwendung des Störerbegriffs wäre zwar für alle Deliktstatbestände unschädlich, die von jedermann erfüllt werden können. Anders verhält es sich aber bei Tatbeständen, die eine bestimmte Täterqualifikation voraussetzen und die es auch im allgemeinen Deliktsrecht gibt, wie etwa bei bestimmten Schutzgesetzen iSd § 823 II BGB. Liegt in der Person des Handelnden diese Täterqualifikation nicht vor, kommt auch im Bürgerlichen Recht nur die Haftung als Teilnehmer in Betracht (vgl. nur BGHZ 75, 96 (106 f.)). Gerade für Sonderdeliktstatbestände, die eine bestimmte Täterqualifikation voraussetzen, wie insbes. die § 3 und § 7, aber auch § 33 GWB (vgl. Bunte/Bornkamm/Tolkmitt, Komm. zum dt. und europ. KartR, 14. Aufl. 2022, GWB § 33 Rn. 89), ist die Verwendung des Störerbegriffs daher nicht nur entbehrlich, sondern sogar missverständlich. Denn dieser Begriff suggeriert, dass nicht nur Täter und Teilnehmer, sondern auch andere Personen für eine objektiv widerrechtliche Zuwiderhandlung auf Unterlassung und Beseitigung in Anspruch genommen werden können – wie dies in der Vergangenheit denn auch im Lauterkeitsrecht der Fall war. Daher ist festzuhalten: Eine dritte Gruppe von nach § 8 I verantwortlichen Personen neben Tätern und Teilnehmern gibt es nicht. Zu Recht hat die Rspr. daher die Störerhaftung – jedenfalls für den Bereich des Lauterkeitsrechts – aufgegeben (BGH GRUR 2011, 152 Rn. 48 – Kinderhochstühle im Internet I; WRP 2014, 1050 Rn. 11 – Geschäftsführerhaftung).

4. Reichweite der Haftung des Täters und Teilnehmers

2.3c   Das Anliegen der früheren Störerhaftung, Wettbewerbsverstöße möglichst effizient zu unterbinden und dazu auch solche Personen in Anspruch zu nehmen, die einen fremden Wettbewerbsverstoß ermöglichen oder unterstützen, war im Kern berechtigt. Dem ließ sich jedoch durch eine sachgerechte Weiterentwicklung der Grundsätze über die Täterschaft und Teilnahme auf die Mitwirkung an fremden Wettbewerbsverstößen Rechnung tragen (→ Rn. 2.2c). Dazu hat die Rspr. wesentlich beigetragen. Von grundlegender Bedeutung sind dabei die Entscheidungen „Jugendgefährdende Medien bei eBay" (BGHZ 173, 188 = GRUR 2007, 890 Rn. 21 – Jugendgefährdende Medien bei eBay) und „Halzband" (BGH GRUR 2009, 597 Rn. 16, 23 – Halzband). Mit der Heranziehung der Haftung als Täter oder Teilnehmer ist es auch möglich, diese Personen bei schuldhaftem Verhalten zum Schadensersatz nach § 9 heranzuziehen (vgl. BGH WM 2011, 543 Rn. 33 ff. zu § 826 BGB).

V. Die Haftung des Täters

1. Definition des Täters

Täter (Verletzer) ist, wer den **objektiven Tatbestand einer Zuwiderhandlung iSd § 3** **2.4** **oder des § 7 adäquat kausal verwirklicht** (BGH GRUR 2008, 530 Rn. 21 ff. – Nachlass bei der Selbstbeteiligung; GRUR 2011, 340 Rn. 27 – Irische Butter; GRUR 2016, 961 Rn. 32 – Herstellerpreisempfehlung bei Amazon; GRUR 2021, 979 Rn. 30 – Testsiegel auf Produktabbildung) oder **zu verwirklichen droht.** Dieser Begriff ist dem allgemeinen Deliktsrecht (§ 830 BGB) entlehnt, das wiederum an die entsprechenden strafrechtlichen Begriffe anknüpft (BGH GRUR 2011, 1018 Rn. 24 – Automobil-Onlinebörse; GRUR 2016, 946 Rn. 40 – Freunde finden; GRUR 2018, 203 Rn. 35 – Betriebspsychologe; GRUR 2020, 543 Rn. 30 – Kundenbewertungen auf Amazon; GRUR 2021, 730 Rn. 26 – Davidoff Hot Water IV). (Im Hinblick auf die Funktionsunterschiede von Strafrecht und Bürgerlichem Recht lassen sich allerdings die strafrechtlichen Definitionen nicht uneingeschränkt übernehmen.) Innerhalb des Täterbegriffs sind mehrere Formen der Tatbestandsverwirklichung zu unterscheiden. Täter ist nach **§ 25 I StGB,** wer die Zuwiderhandlung **selbst** oder durch einen anderen begeht (mittelbare Täterschaft). **Mittelbarer Täter** ist derjenige, der die Zuwiderhandlung im eigenen Interesse veranlasst und die Kontrolle über das Handeln des anderen hat. Täter ist auch, wer Neben- oder Mittäter ist. **Nebentäter** ist, wer den Tatbestand unabhängig vom täterschaftlichen Handeln eines Dritten verwirklicht. **Mittäterschaft** setzt eine gemeinschaftliche Begehung (§ 830 I 1 BGB), also ein bewusstes und gewolltes Zusammenwirken voraus (BGHZ 180, 134 = GRUR 2009, 597 Rn. 14 – Halzband; BGH GRUR 2010, 536 Rn. 85 – Modulgerüst II; GRUR 2011, 152 Rn. 30 – Kinderhochstühle im Internet; GRUR 2011, 1018 Rn. 17 – Automobil-Onlinebörse; GRUR 2016, 946 Rn. 40 – Freunde finden; GRUR 2020, 543 Rn. 30 – Kundenbewertungen auf Amazon; GRUR 2021, 730 Rn. 26 – Davidoff Hot Water IV). Psychische oder intellektuelle Mitwirkung genügt. Der Täterbegriff beansprucht nicht nur für den verschuldensabhängigen Schadensersatzanspruch, sondern auch für den verschuldensunabhängigen Unterlassungs- und Beseitigungsanspruch Geltung (vgl. BGH GRUR 2003, 624 (626) – Kleidersack; GRUR 2007, 890 Rn. 21 ff. – Jugendgefährdende Medien bei eBay). Dass ein Dritter bei der Verwirklichung des Tatbestands mitwirkt und ggf. mitverantwortlich ist, ist insoweit unerheblich. **Beispiele:** Wer für eine Ware in einem Preisvergleichsportal (Preissuchmaschine) wirbt und den geforderten Preis dem Suchmaschinenbetreiber mitteilt, ist für die Irreführung als Täter verantwortlich, wenn der Suchmaschinenbetreiber diesen Preis in die Suchmaschine einstellt, er selbst aber den Preis nachträglich heraufsetzt (BGH GRUR 2010, 1110 Rn. 32 ff. – Versandkosten bei Froogle II). Ein Händler, der auf einer Internet-Handelsplattform in seinem Namen ein Verkaufsangebot veröffentlichen lässt, obwohl er dessen inhaltliche Gestaltung nicht vollständig beherrscht, weil dem Plattformbetreiber die Angabe und Änderung der unverbindlichen Preisempfehlung vorbehalten ist, haftet als Täter für den infolge unzutreffender Angabe der Preisempfehlung irreführenden Inhalt seines Angebots (BGH GRUR 2016, 961 Rn. 36 – Herstellerpreisempfehlung bei Amazon).

2. Persönliche Voraussetzungen der Täterschaft (Täterqualifikation)

Täter einer Zuwiderhandlung iSd § 3 oder des § 7 kann nur sein, wer eine **geschäftliche** **2.5** **Handlung** iSd § 2 I Nr. 2 vorgenommen hat. Wer diese Voraussetzung nicht erfüllt, kann allenfalls als Teilnehmer (Anstifter oder Gehilfe) in Anspruch genommen werden (BGH GRUR 2011, 340 Rn. 27 – Irische Butter; GRUR 2017, 194 Rn. 43 – Orthopädietechniker; GRUR 2018, 438 Rn. 21 – Energieausweis; → Rn. 2.8). Stellt das Lauterkeitsrecht **zusätzliche Voraussetzungen** an die Person des Handelnden auf, muss er auch diese erfüllen, um Täter zu sein. Knüpft zB die Unlauterkeit iSd § 3 I an die Verletzung einer Marktverhaltensregelung iSd § 3a an, die sich nur an einen bestimmten Personenkreis (zB Ärzte; Architekten; Vergabestellen) richtet, kann Täter dieses Wettbewerbsverstoßes nur sein, wer zu diesem Personenkreis gehört (vgl. auch BGH GRUR 1997, 313 (315) – Architektenwettbewerb; GRUR 2015, 1025 Rn. 16 – TV-Wartezimmer; GRUR 2018, 1271 Rn. 76 – Applikationsarzneimittel). Das schließt aber nicht aus, dass Dritte, die an diesem Verstoß mitwirken, entweder als Teilnehmer handeln (BGH GRUR 2008, 810 Rn. 14 – Kommunalversicherer; GRUR 2015, 1025 Rn. 16 – TV-Wartezimmer; GRUR 2017, 194 Rn. 43 – Orthopädietechniker; GRUR 2018, 438 Rn. 21 – Energieausweis; GRUR 2019, 298 Rn. 63 – Uber Black II) oder einen eigenständigen Wettbewerbsverstoß begehen.

2.5a   Eine geschäftliche Handlung liegt allerdings nach § 2 I Nr. 2 auch bei einem Handeln **„zugunsten eines fremden Unternehmens"** vor. Täter kann daher auch sein, wer nicht zur Förderung des eigenen, sondern eines **fremden** Unternehmens tätig wird (BGH GRUR 2015, 694 Rn. 26 – Bezugsquellen für Bachblüten; GRUR 2017, 1144 Rn. 15 – Reisewerte; GRUR 2019, 298 Rn. 30 – Uber Black II; GRUR 2019, 741 Rn. 21 – Durchleitungssystem; BGHZ 231, 38 = GRUR 2021, 1400 Rn. 29, 50 – Influencer I). Das können nicht nur Mitarbeiter und Beauftragte eines Unternehmers, sondern auch kooperierende Unternehmen, Privatleute, öffentliche Hände, Verbände usw sein. Der zugunsten eines fremden Unternehmens Handelnde kann auch dann Täter und nicht nur Teilnehmer einer Zuwiderhandlung sein, wenn sein Handeln sich darauf beschränkt, die Zuwiderhandlung eines Dritten zu ermöglichen oder zu unterstützen. Allerdings genügt insoweit nicht ein adäquat kausaler Tatbeitrag, der Handelnde muss vielmehr in seiner Person die Voraussetzungen unlauteren Handelns erfüllen. Dazu kann aber die Verletzung einer Sorgfaltspflicht (Verletzung einer „wettbewerbsrechtlichen Verkehrspflicht" oder der „unternehmerischen Sorgfalt") genügen (→ Rn. 2.6 ff.). Die täterschaftliche Verletzung einer Marktverhaltensregel, die sich an einen bestimmten Personenkreis wendet (→ Rn. 2.5), setzt aber auch im Falle des Handelns zugunsten eines fremden Unternehmens voraus, dass der Handelnde zu diesem Personenkreis gehört; andernfalls kommt nur die Haftung als Teilnehmer in Betracht (vgl. BGH GRUR 2015, 1025 Rn. 16 – TV-Wartezimmer; GRUR 2017, 194 Rn. 43 – Orthopädietechniker).

3. Täterschaft auf Grund einer Verkehrspflichtverletzung (Verletzung der „unternehmerischen Sorgfalt")

2.6   **a) Grundsatz.** Unter der Geltung des UWG 2004 hat der BGH folgenden Rechtssatz entwickelt: „Wer durch sein Handeln im geschäftlichen Verkehr die ernsthafte Gefahr begründet, dass Dritte durch das Wettbewerbsrecht geschützte Interessen von Marktteilnehmern verletzen, ist auf Grund einer wettbewerbsrechtlichen Verkehrspflicht dazu verpflichtet, diese Gefahr im Rahmen des Möglichen und Zumutbaren zu begrenzen. Wer in dieser Weise gegen eine wettbewerbsrechtliche Verkehrspflicht verstößt, ist Täter einer unlauteren Wettbewerbshandlung" (BGHZ 173, 188 Ls. 2 = GRUR 2007, 890 – Jugendgefährdende Medien bei eBay). Das Schrifttum ist dieser Beurteilung weitgehend gefolgt (Ahrens WRP 2007, 1281; Döring WRP 2007, 1131; Köhler GRUR 2008, 1 (3); Leistner GRUR-Beilage 2010, 1; Spindler GRUR 2011, 101). In der Sache handelt es sich dabei zwar um eine Mitverantwortlichkeit für einen fremden (begangenen oder drohenden) Wettbewerbsverstoß, die eigentlich nach den Grundsätzen über die Mittäterschaft oder die Teilnahme zu beurteilen wäre. Der BGH hat jedoch dieses Verhalten als selbstständigen Wettbewerbsverstoß iSd § 3 UWG 2004 qualifiziert und damit den Weg zu einer originären täterschaftlichen Verantwortung frei gemacht. – Da das UWG seit dem 12.12.2007 richtlinienkonform am Maßstab der **UGP-RL** auszulegen ist, ist allerdings zu fragen, ob und wie sich diese unter dem UWG 2008 fortgeführte Rspr. (BGH WRP 2013, 491 Rn. 51 – Solarinitiative) in Einklang mit den Anforderungen dieser Richtlinie (→ Rn. 2.1a) und dementsprechend mit den Anforderungen des UWG 2015 bringen lässt. Das UWG 2015 diente dem Zweck, durch gesetzessystematische Klarstellungen des die UGP-RL umsetzenden UWG 2008 zu gewährleisten, dass die bereits durch das UWG 2008 angestrebte vollständige Rechtsangleichung iSd UGP-RL im Gesetzeswortlaut zum Ausdruck kommt (vgl. BT-Drs. 18/6571, 1).

2.7   **b) Vorliegen einer geschäftlichen Handlung.** Vgl. zunächst → Rn. 2.5 und 2.5a. Die unter dem Gesichtspunkt der „Verletzung einer wettbewerbsrechtlichen Verkehrspflicht" beurteilten Fälle betreffen insbes. das Betreiben einer Einrichtung, die von Dritten (Unternehmern und Verbrauchern) gegen Entgelt dazu benutzt werden kann, Waren oder Dienstleistungen an Verbraucher abzusetzen. Dieses Handeln stellt schon deshalb eine geschäftliche Handlung iSd § 2 I Nr. 2 dar, weil es das Ziel verfolgt, den Absatz der eigenen Dienstleistung zu fördern. Insoweit ist das Handeln allerdings lauterkeitsrechtlich unbedenklich, weil es sich um ein „neutrales" Geschäftsmodell handelt. Soweit die Nutzer dieser Einrichtung Unternehmer sind, liegt indessen auch eine geschäftliche Handlung zugunsten eines fremden Unternehmens, nämlich zur Förderung des Absatzes eines fremden Unternehmers vor. Der nach § 2 I Nr. 2 erforderliche objektive („unmittelbare") Zusammenhang zwischen der Handlung und der Förderung fremden

Absatzes ist gegeben, weil die Handlung objektiv darauf gerichtet ist, potenzielle Kunden (idR Verbraucher) zum Erwerb der von den fremden Unternehmen angebotenen Waren oder Dienstleistungen zu veranlassen.

c) Zuwiderhandlung gegen § 3 oder § 7. aa) Allgemeines. Anders als im früheren Recht **2.8** ist bei **§ 3** nunmehr zwischen drei unterschiedlich ausgestalteten Verbotstatbeständen zu unterscheiden. Soweit – wie idR – eine geschäftliche Handlung gegenüber **Verbrauchern** vorliegt und der Anwendungsbereich der UGP-RL eröffnet ist, sind die Vorgaben dieser Richtlinie zu beachten. Wer durch eine geschäftliche Handlung die ernsthafte Gefahr begründet, dass Dritte durch das Wettbewerbsrecht geschützte Interessen von Marktteilnehmern verletzen, erfüllt damit weder den Tatbestand einer irreführenden noch den einer aggressiven Geschäftspraktik iSd Art. 5 IV UGP-RL iVm Art. 6–9 UGP-RL oder iSd Art. 5 V UGP-RL iVm Anh. I UGP-RL. Daher scheiden im Verhältnis zu **Verbrauchern** sowohl § 3 III als auch § 3 I als Verbotstatbestände aus. Die Unzulässigkeit des Handelns kann sich vielmehr nur aus einer Verletzung der **beruflichen Sorgfaltspflicht** iSd Art. 5 II UGP-RL ergeben (Köhler WRP 2012, 22 (26)). Dem entspricht im deutschen Recht der Tatbestand des § 3 II, in dem durch das UWG 2015 der Begriff der „fachlichen Sorgfalt" durch denjenigen der **„unternehmerischen Sorgfalt"** ersetzt wurde, ohne dass hiermit eine inhaltliche Änderung beabsichtigt war. Die Frage ist daher, ob die vom BGH angenommene „wettbewerbsrechtliche Verkehrspflicht" in der Sache der **„unternehmerischen Sorgfalt"** iSd § 3 II entspricht. Das ist angesichts der weiten Definition dieses Begriffs in § 2 I Nr. 9, die sich ihrerseits an die Definition der „beruflichen Sorgfalt" in Art. 2 lit. h UGP-RL anlehnt, zu bejahen (vgl. BGH WRP 2014, 1050 Rn. 22 – Geschäftsführerhaftung). Denn vom Betreiber der Einrichtung ist zu verlangen, dass er in seinem Tätigkeitsbereich nach Treu und Glauben angemessene Rücksicht auf die schutzwürdigen Interessen der Verbraucher nimmt. Das Verdienst der Rspr. zu den wettbewerbsrechtlichen Verkehrspflichten ist es gerade, den Begriff der „unternehmerischen Sorgfalt" für einen bestimmten Teilbereich zu konkretisieren. Die Sorgfaltspflichtverletzung reicht indessen nicht aus, um einen Verstoß gegen § 3 II zu bejahen. Hinzukommen muss die Eignung der Pflichtverletzung zur wesentlichen Beeinflussung des wirtschaftlichen Verhaltens des Verbrauchers. Die Definition dieses Begriffs hat die UWG-Novelle 2015 von § 3 II 1 in die neugeschaffene Vorschrift des § 2 I Nr. 8 aF – seit dem 28.5.2022 nunmehr § 2 I Nr. 11 – verlagert, ohne dass hiermit eine inhaltliche Änderung beabsichtigt war. Nach § 2 I Nr. 11 besteht die „wesentliche Beeinflussung des wirtschaftlichen Verhaltens des Verbrauchers" in der Vornahme einer geschäftlichen Handlung, um die Fähigkeit des Verbrauchers, eine informierte Entscheidung zu treffen, spürbar zu beeinträchtigen und damit den Verbraucher zu einer geschäftlichen Entscheidung zu veranlassen, die er andernfalls nicht getroffen hätte. Eine solche Beeinflussung ist aber idR anzunehmen, wenn der Anbieter in wettbewerbswidriger Weise, etwa durch Irreführung iSd §§ 5, 5a, auf den Verbraucher einwirkt. Verstößt das Angebot des Dritten gegen eine Marktverhaltensregelung iSd § 3a (§ 4 Nr. 11 aF), die nicht in den Anwendungsbereich der UGP-RL fällt, wie zB das Verbot des Vertriebs von jugendgefährdenden Schriften oder von Waffen (vgl. Art. 3 III UGP-RL), beansprucht an sich die UGP-RL keinen Vorrang. Dies hindert jedoch nicht die Anwendung des § 3 II, soweit Verbraucher betroffen sind. Eines Rückgriffs auf **§ 3 I** bedarf es nur, soweit **sonstige Marktteilnehmer** betroffen sind (BGH WRP 2014, 1050 Rn. 22 – Geschäftsführerhaftung; GRUR 2022, 241 Rn. 28 – Kopplungsangebot III). Im Interesse einer einheitlichen Terminologie sollte allerdings auch im Falle des § 3 I die Unlauterkeit mittels des Begriffs der „unternehmerischen Sorgfalt" und nicht mehr des Begriffs der „wettbewerbsrechtlichen Verkehrspflicht" konkretisiert werden. – Das Gesagte gilt sinngemäß auch für den Verbotstatbestand des **§ 7. Beispiel:** Dritter nutzt die fremde Einrichtung für unzulässige Telefon- oder E-Mailwerbung.

Die für den Unterlassungsanspruch gegen den Täter erforderliche **Wiederholungsgefahr 2.9** wird durch die Verletzung der Verkehrspflicht begründet. Setzt die Entstehung der Verkehrspflicht den Hinweis auf eine eindeutige Rechtsverletzung voraus, wird Wiederholungsgefahr erst durch die Verletzung der durch den Hinweis ausgelösten Prüfungspflicht begründet (BGHZ 173, 188 = GRUR 2007, 890 Rn. 53 – Jugendgefährdende Medien bei eBay; BGHZ 191, 19 = GRUR 2011, 1038 Rn. 39 – Stiftparfüm; BGH GRUR 2015, 1129 Rn. 42 – Hotelbewertungsportal; GRUR 2021, 1534 Rn. 94 – Rundfunkhaftung I). Erstbegehungsgefahr besteht in einem solchen Fall nur, wenn ernsthafte und greifbare tatsächliche Anhaltspunkte die Annahme nahelegen, der Anspruchsgegner werde künftig nicht gegen ihm zur Kenntnis gebrachte Rechtsverletzungen vorgehen (BGH GRUR 2015, 1129 Rn. 43 – Hotelbewertungsportal; GRUR 2021,

1534 Rn. 95 – Rundfunkhaftung I). – Zur **Darlegungslast** des Klägers und zur sekundären Darlegungslast des Beklagten vgl. BGH WRP 2008, 1517 Rn. 19, 20 – Namensklau im Internet. – Die objektive Pflichtverletzung begründet, sofern keine besonderen, den Täter entlastenden Umstände vorliegen, zugleich den Vorwurf der **Fahrlässigkeit** und kann daher einen **Schadensersatzanspruch** auslösen.

2.10   **bb) Entstehen, Inhalt und Verletzung einer Verkehrspflicht (Sorgfaltspflicht).** Voraussetzung für das **Entstehen** einer wettbewerbsrechtlichen Verkehrspflicht oder unternehmerischen Sorgfaltspflicht ist eine geschäftliche Handlung, von der erkennbar die ernsthafte Gefahr ausgeht, dass Dritte durch das Lauterkeitsrecht geschützte Interessen von Marktteilnehmern verletzen. Es muss maW in der Person des Dritten Erstbegehungs- oder Wiederholungsgefahr eines Wettbewerbsverstoßes bestehen. Dies ist erforderlich, „um einer unangemessenen Ausdehnung der Haftung für Rechtsverstöße Dritter entgegenzuwirken" (BGH GRUR 2007, 890 Rn. 38 – Jugendgefährdende Medien bei eBay; GRUR 2018, 203 Rn. 37 – Betriebspsychologe). Verkehrspflichten können zudem vertraglich auf andere Personen übertragen werden mit der Folge, dass diese für Verstöße lauterkeitsrechtlich verantwortlich werden (BGH GRUR 2021, 1534 Rn. 72 – Rundfunkhaftung I; GRUR 2023, 732 Rn. 37 – Rundfunkhaftung II; → Rn. 2.13e). – Die Verkehrspflicht (Sorgfaltspflicht) ist ihrem **Inhalt** nach darauf gerichtet, den wettbewerbswidrigen Erfolg, also die Zuwiderhandlung des Dritten, abzuwenden. Was im Einzelnen geschuldet ist, hängt von den **Umständen des Einzelfalls** ab. Es kann sich insbes. um **Prüfungs-**, **Überwachungs-** und **Eingreifpflichten** handeln (BGH WRP 2014, 1050 Rn. 21 – Geschäftsführerhaftung; GRUR 2016, 209 Rn. 23 – Haftung für Hyperlink; GRUR 2021, 1534 Rn. 68 f. – Rundfunkhaftung I; Leistner GRUR-Beil. 2010, 1 (2 ff.); Volkmann CR 2008, 232). Jedoch sind nur solche Gefahrabwendungsmaßnahmen geschuldet, deren Erfüllung dem Handelnden **möglich** und **zumutbar** ist. Die Zumutbarkeit hängt einerseits davon ab, wie groß die vom Dritten ausgehende Verletzungsgefahr und wie gewichtig das verletzte Interesse ist (BGH GRUR 2011, 152 Rn. 36 – Kinderhochstühle im Internet I), andererseits davon, welches wirtschaftliche Eigeninteresse der Verpflichtete hat (vgl. BGH GRUR 2010, 633 Rn. 13 – Sommer unseres Lebens) und welcher Aufwand für die Gefahrenabwehr erforderlich ist (vgl. Loschelder/Dörre WRP 2010, 822 (824)).

2.11   **cc) Schutzbedürftigkeit des Verletzten.** Im Rahmen der vorzunehmenden Gesamtabwägung der Einzelfallumstände hat auf das Ausmaß der Prüfungs- und Handlungspflichten ua Einfluss, in welchem Grade der Verletzte schutzbedürftig ist (vgl. BGH GRUR 2009, 1142 Rn. 43 – MP3-Player-Import zum Patentrecht). Hier kann insbesondere Bedeutung erlangen, ob dem Verletzten ein unmittelbares Vorgehen gegen den eigentlichen Verletzer möglich und zumutbar ist (vgl. Köhler GRUR 2008, 1 (4 f.); Loschelder/Dörre WRP 2010, 822 (825); aus heutiger Sicht daher abzulehnen: BGH GRUR 1995, 601 – Bahnhofsverkaufsstellen, betr. Verpächter von Läden haftet für Verstöße der Pächter gegen die Ladenöffnungszeiten).

2.12   **d) Einzelne Verkehrspflichten (Sorgfaltspflichten) von Mittelspersonen.** Für die Intensität der Verkehrspflichten von Mittelspersonen („Intermediären") spielt insbes. eine Rolle, welche Risiken von Wettbewerbsverstößen Dritter ihr Geschäftsmodell typischerweise begründet (vgl. BGH WM 2011, 735 Rn. 45; WRP 2014, 1050 Rn. 23 – Geschäftsführerhaftung). Für die Telemedienanbieter, die in den Anwendungsbereich der Art. 12–15 E-Commerce-RL bzw. der VO (EU) 2022/2065 (DSA) fallen, sind die besonderen Regelungen der §§ 7–10 TMG bzw. der Art. 4–8 DSA zu beachten (→ Rn. 2.25 ff.).

2.13   **aa) Presse.** Bei Verbreitung wettbewerbswidriger Äußerungen in **Medien** haftet nicht nur der Urheber, sondern jeder an der Weitergabe und der Verbreitung Beteiligte (insbes. Verleger oder Sendeanstalt, Herausgeber, Redakteur, Vertriebsorgane; vgl. BGH GRUR 1977, 114 (116) – VUS; GRUR 1980, 259 – Wahlkampfillustrierte; GRUR 1994, 441 (443) – Kosmetikstudio; GRUR 2015, 906 Rn. 29 – TIP der Woche; GRUR 2021, 1534 Rn. 69 – Rundfunkhaftung I), sofern sein Verhalten eine geschäftliche Handlung (§ 2 I Nr. 2) darstellt (BGH GRUR 2011, 340 Rn. 27 – Irische Butter). – Wer der Presse sachliche und zutreffende Informationen zur Verfügung stellt, ist nicht schon aus diesem Grunde für eine **redaktionell getarnte Werbung** verantwortlich (→ § 5a Rn. 4.71 ff.; BGH GRUR 1993, 561 (562) – Produktinformation I; GRUR 1994, 445 (446) – Beipackzettel; GRUR 1994, 819 (821) – Produktinformation II; GRUR 1996, 71 (72 f.) – Produktinformation III). Sperrauflagen sind nur geboten, wenn mit einer unzulässigen Werbung zu rechnen ist (BGH GRUR 1994, 819 (821) – Produktinformation II). – Bei der Verbreitung wettbewerbswidriger **Anzeigen** oder Fernsehspots trifft den Verleger oder das Sendeunternehmen sowie den Anzeigenredakteur wegen des Zeitdrucks und zur Gewährleistung der Presse- und Rundfunkfreiheit nur eine grds. auf grobe und unschwer zu erkennende Verstöße beschränkte Prüfungspflicht (BGH GRUR 1990, 1012 (1014) – Pressehaftung I; GRUR 1992, 618 (619) – Pressehaftung II; GRUR 1994, 454 (455) – Schlankheitswerbung; GRUR 1995, 751 (752) – Schlussverkaufswerbung; GRUR 2015, 906 Rn. 37 – TIP der Woche; GRUR 2021, 1534 Rn. 69 – Rundfunkhaftung I; GRUR 2023, 732 Rn. 35 – Rundfunkhaftung II). Weitergehende Prüfungsanforderungen bestehen auch nicht bei Inseraten mit Sitz im Ausland (BGH GRUR 1993, 53 (55) – Ausländischer Inserent). Der Schutz der Pressefreiheit ist allerdings umso geringer, je weniger ein Presseerzeugnis der Befriedigung eines Informationsbedürfnisses von öffentlichem Interesse oder der Einwirkung auf die öffentliche Meinung dient und je mehr es eigennützige Geschäftsinteressen verfolgt (BGH GRUR 2015, 906 Rn. 37 – TIP der Woche). Wird das Presse- oder Rundfunkunternehmen auf eine Werbung hingewiesen, deren Wettbewerbswidrigkeit sich ihm auf Grund der in Abmahnung mitgeteilten oder sonst bekannt gewordenen Umstände unschwer erschließt, löst dies eine erhöhte Kontrollpflicht und damit eine Verantwortlichkeit für weitere derartige Verstöße aus; hingegen ist eine aufwändige Prüfung der Sach- und Rechtslage unter Einbeziehung höchstrichterlich nicht geklärter Rechtsfragen unzumutbar (BGH GRUR 2021, 1534 Rn. 81 – Rundfunkhaftung I; GRUR 2023, 732 Rn. 35 – Rundfunkhaftung II; OLG Köln WRP 2012, 1127).

bb) Internetdienstleister. Vgl. dazu auch → Rn. 2.25 ff. Der Betreiber einer **Internetplatt-**   **2.13a** **form,** der eine neutrale Vermittlerrolle iSd Art. 12 ff. E-Commerce-RL zwischen seinen Kunden und den Nutzern einnimmt (dazu EuGH WRP 2011, 1129 Rn. 116 – L'Oréal/eBay; BGHZ 191, 19 = BGH WRP 2011, 1609 Rn. 23, 24 – Stiftparfüm; Wiebe WRP 2012, 1182; Wiebe WRP 2012, 1335), ist nach **§ 7 II 1 TMG** nicht verpflichtet, die von ihm übermittelten oder gespeicherten Informationen zu überwachen oder nach Umständen zu forschen, die auf eine rechtswidrige Tätigkeit hinweisen. Entsprechendes gilt nach den ab dem 17.2.2024 an die Stelle der Art. 12–15 E-Commerce-RL tretenden Art. 4–8 VO (EU) 2022/2065 (DSA). Daher dürfen dem Betreiber einer solchen Internetplattform auch keine Anforderungen auferlegt werden, die sein von der Rechtsordnung gebilligtes Geschäftsmodell gefährden oder seine Tätigkeit unverhältnismäßig erschweren (BGH GRUR 2008, 702 Rn. 51 ff. – Internet-Versteigerung III; GRUR 2011, 152 Rn. 38 – Kinderhochstühle im Internet I; WRP 2013, 332 Rn. 28 – Alone in the Dark; OLG Düsseldorf WRP 2013, 1221 Rn. 22 f.). Ihm ist daher bspw. zwar zuzumuten, seine Angebotsmaske so zu gestalten, dass Anbieter ihrer Impressumspflicht nachkommen können (OLG Düsseldorf WRP 2013, 1221 Rn. 25). Dagegen ist ihm bspw. nicht zuzumuten, über den Einsatz einer Filtersoftware hinaus noch manuelle Kontrollen durchzuführen, um rechtsverletzende Angebote Dritter aufzuspüren (BGH GRUR 2011, 152 Rn. 39–43 – Kinderhochstühle im Internet I). Er ist auch nicht gehalten, komplizierte Beurteilungen im Einzelfall durchzuführen und dazu rechtlichen Rat einzuholen, um festzustellen, ob das Angebot des Dritten wettbewerbswidrig ist (BGH GRUR 2011, 152 Rn. 48–51 – Kinderhochstühle im Internet I). Eine Verkehrspflicht entsteht für ihn erst dann, wenn er auf **klare und eindeutige Rechtsverletzungen** hingewiesen worden ist (BGH GRUR 2007, 890 Rn. 39, 42 – Jugendgefährdende Medien bei eBay; GRUR 2011, 152 Rn. 48 – Kinderhochstühle im Internet I; WRP 2013, 332 Rn. 28 – Alone in the Dark; GRUR 2015, 485 Rn. 52 – Kinderhochstühle im Internet III). Ist ein entsprechender Hinweis erfolgt, muss er die ihm möglichen und zumutbaren Maßnahmen der Gefahrenabwehr treffen. Dazu kann es gehören, ein konkretes wettbewerbswidriges Angebot eines Dritten zu sperren und Vorsorge zu treffen, damit es möglichst nicht zu weiteren Verletzungen kommt (vgl. BGH GRUR 2008, 534 Rn. 22 ff. – ueber18.de). – Zum Einsatz von **Affiliates,** also Internet-Vertriebspartnern vgl. BGH GRUR 2009, 1167 Rn. 21 ff. – Partnerprogramm; GRUR 2023, 343 Rn. 27–29 – Haftung für Affiliates; OLG München WRP 2008, 1471 (1473 ff.) – Zur Verpachtung einer **Domain** vgl. BGH GRUR 2009, 1093 Rn. 27 – Focus Online. – Zum Betreiben einer **Suchmaschine** vgl. BGH WRP 2010, 916 Rn. 39 – Vorschaubilder; GRUR 2018, 178 Rn. 57 ff. – Vorschaubilder III). – Zum Betreiben eines **Kleinanzeigen-Internet-Portals** vgl. OLG Frankfurt GRUR-RR 2009, 315. – Zum Betreiben eines **Online-Marktplatzes** OLG Frankfurt WRP 2021, 1198. – Der Betreiber eines **Online-Lieferportals für Lebensmittel** ist verantwortlich, wenn er Speisekarten teilnehmender Restaurants in sein Portal einstellt, die gegen die PAngV verstoßen (KG WRP 2018, 226).

cc) Sonstige Unternehmen. Werbeagenturen haften, da sie zur Förderung des Absatzes   **2.13b** ihrer Auftraggeber handeln, für von ihnen verursachte Verstöße bei Gestaltung und Durchführung der Werbung, unabhängig von der Haftung des Auftraggebers (BGH GRUR 1973, 208

(209) – Neues aus der Medizin; GRUR 2023, 343 Rn. 30 – Haftung für Affiliates; zu Unrecht einschränkend OLG Frankfurt WRP 2001, 713 (715): Haftung nur nach den Grundsätzen der Störerhaftung). Bei **Reiseveranstaltungen** haften neben dem Veranstalter auch der Busunternehmer (OLG Stuttgart NJWE-WettbR 1998, 101) und (bei Verkaufsfahrten) der Produzent (BGH GRUR 1988, 829 – Verkaufsfahrten II; OLG Frankfurt GRUR 1992, 711), sofern sie mit dem Ziel der Wettbewerbsförderung handeln. – Der **Vermieter** haftet für einen Wettbewerbsverstoß des Mieters, sofern er mit dem Ziel der Absatzförderung handelt, etwa wenn er diesen Wettbewerbsverstoß aktiv fördert, bspw. durch Anzeigen, oder wenn er den Wettbewerbsverstoß vertraglich gestattet und davon profitiert. Dagegen reicht es nicht ohne weiteres aus, dass er den Wettbewerbsverstoß kennt, aber nicht unterbindet, obwohl er dazu auf Grund seiner vertraglichen Beziehungen die Rechtsmacht besitzt. Denn weder begründet die Vermietung eine spezifische Gefahr von Wettbewerbsverstößen des Mieters noch besteht idR ein schutzwürdiges Bedürfnis des Verletzten, gegen den Vermieter vorzugehen (→ Rn. 2.11; aA BGH GRUR 1995, 601 – Bahnhofs-Verkaufsstellen). – Zur Haftung des Betreibers eines **realen Marktplatzes** vgl. Loschelder/Dörre WRP 2010, 822. – Die **Deutsche Post AG** (die kein von der öffentlichen Hand beherrschtes Unternehmen ist; BGH GRUR 2012, 728 Rn. 12 ff.) verletzt keine Prüfpflichten, wenn sie Dritten Postfächer überlässt, ohne genaue Feststellungen zu deren Identität, Rechtsfähigkeit und Vertretungsverhältnisse zu treffen (OLG Köln GRUR-RR 2011, 468 (469)). – Private Unternehmen, die von der **öffentlichen Hand** durch unlautere Empfehlungen oder Auskünfte begünstigt werden, trifft grds. keine Prüfpflicht, ob diese ihre Pflicht zur objektiven und neutralen Amtsführung verletzt. Denn sie dürfen darauf vertrauen, dass die öffentliche Hand die Zulässigkeit ihres Verhaltens in eigener Verantwortung prüft (BGH WRP 2013, 491 Rn. 52 – Solarinitiative). – Der Anbieter eines Elektroprodukts, das ohne Beschränkungen für Instandhaltungsarbeiten in weiten Teilen des Hausstromnetzes eingesetzt werden kann, schafft durch dieses Angebot keine spezifische, eine Verkehrspflicht auslösende Gefahr dahingehend, dass Verbraucher die Produkte in Bereichen einsetzen, die dem Installateurhandwerk vorbehalten sind (OLG Frankfurt GRUR-RR 2022, 183).

2.13c **dd) Hersteller.** Der Hersteller haftet für ein wettbewerbswidriges Verhalten des Händlers, wenn er durch sein Verhalten die Verstöße fördert oder ermöglicht und er mit solchen Verstößen rechnen muss (BGH GRUR 1973, 370 (371) – Tabac; GRUR 2003, 624 (626) – Kleidersack).

2.13d **ee) Organe juristischer Personen.** Wettbewerbsrechtliche Verkehrspflichten können auch das Organ einer juristischen Person, zB den **GmbH-Geschäftsführer,** treffen (BGH WRP 2014, 1050 Rn. 22 – Geschäftsführerhaftung). In der bürgerlichrechtlichen Terminologie sind sie als Garantenpflicht aus vorangegangenem gefahrbegründenden Verhalten, in der lauterkeitsrechtlichen Terminologie als Erfordernisse der unternehmerischen Sorgfalt iSd § 3 II zu begreifen. Diese Verkehrspflichten dürfen jedoch nicht überspannt werden. Die bloße Organstellung und die allgemeine Verantwortlichkeit für den Geschäftsbetrieb gegenüber der Gesellschaft begründen noch keine Verpflichtung des Organs gegenüber außenstehenden Dritten (!), Wettbewerbsverstöße der Gesellschaft bzw. ihrer Mitarbeiter zu verhindern. Auch die bloße Kenntnis des Organs von Wettbewerbsverstößen ändert daran nichts. Andernfalls würde dem Organ ein kaum kalkulierbares Risiko auferlegt (BGH WRP 2014, 1050 Rn. 23 – Geschäftsführerhaftung). Daher kann sich eine Erfolgsabwendungspflicht allenfalls in begrenztem Umfang aufgrund bes. Umstände ergeben. So etwa, wenn sich das Organ, zB durch dauerhaften Aufenthalt im Ausland, bewusst der Möglichkeit entzieht, gegen Wettbewerbsverstöße in seinem Unternehmen oder von ihm beauftragter Dritter vorzugehen (BGH WRP 2014, 1050 Rn. 26 – Geschäftsführerhaftung); ferner dann, wenn es ein auf Rechtsverletzungen angelegtes Geschäftsmodell selbst ins Werk gesetzt hat (BGH GRUR 2012, 184 Rn. 1, 32 – Branchenbuch Berg; GRUR 2012, 1145 Rn. 2, 36 – Pelikan; WRP 2014, 1050 Rn. 19 und 31 – Geschäftsführerhaftung; GRUR 2022, 837 Rn. 72 – Kinderzahnärztin). Bei einer Maßnahme der Gesellschaft, über die typischerweise auf Geschäftsführungsebene entschieden wird, kann nach dem äußeren Erscheinungsbild und mangels abweichender Feststellungen davon ausgegangen werden, dass sie von den Geschäftsführern veranlasst worden ist (BGH WRP 2014, 1050 Rn. 19 – Geschäftsführerhaftung; GRUR 2017, 397 Rn. 110 – World of Warcraft II; GRUR 2017, 541 Rn. 25 – Videospielkonsolen III; GRUR 2020, 738 Rn. 58 – Internet-Radiorecorder; GRUR 2022, 837 Rn. 72 – Kinderzahnärztin). Die Wahl üblicher und verbreiteter Mittel der Vertriebsorganisation (zB Einsatz von Subunternehmern oder von Werbern auf Provisionsbasis) begründet allerdings noch keine Erfolgsabwendungspflicht.

ff) Verkehrspflichten aufgrund vertraglicher Übernahme. Im Deliktsrecht ist anerkannt, **2.13e** dass Verkehrssicherungspflichten **vertraglich** auf andere Personen mit der Folge **übertragen werden können,** dass der Übernehmer der Pflichten für ihre Einhaltung sorgen muss und bei Verletzungen dieser Pflichten deliktisch verantwortlich wird, während sich die Pflichten des Übertragers auf Auswahl-, Instruktions- und Überwachungspflichten verengen (BGH (VI. ZS) NJW 2006, 3628 Rn. 11; (VI. ZS) NJW 2008, 1440 Rn. 9; (VI. ZS) TranspR 2014, 84 Rn. 16; MüKoBGB/Wagner BGB § 823 Rn. 522, 527). Diese Grundsätze sind auf die vertragliche Übertragung wettbewerbsrechtlicher Verkehrspflichten anwendbar (BGH GRUR 2021, 1534 Rn. 73 – Rundfunkhaftung I), dies allerdings mit der Maßgabe, dass eine haftungsrechtliche Privilegierung der übertragenden Person angesichts des § 8 II, der eine gegenüber dem allgemeinen Deliktsrecht strengere lauterkeitsrechtliche Haftung vorsieht, nicht in Betracht kommt (BGH GRUR 2023, 732 Rn. 38 – Rundfunkhaftung II). Eine Holdinggesellschaft, die nach der konzerninternen vertraglichen Aufgabenverteilung die wettbewerbsrechtlichen Prüfungspflichten der konzernangehörigen Rundfunkveranstalter übernommen hat, kann deshalb für die Ausstrahlung rechtswidriger Werbung lauterkeitsrechtlich haften, wenn sie einen bestimmenden, durchsetzbaren Einfluss auf die Tochterunternehmen hinsichtlich der Veröffentlichung der Werbung hat (BGH GRUR 2021, 1534 Rn. 74 f. – Rundfunkhaftung I). In dieser Konstellation kann sich zugleich eine Haftung des Rundfunkveranstalters ergeben, weil die von ihm mit der Prüfung betraute Holding Beauftragte iSd § 8 II ist (BGH GRUR 2023, 732 Rn. 37 – Rundfunkhaftung II; → Rn. 2.45).

4. Täterschaft auf Grund unzureichender Kontrolle eigener geschäftlicher Einrichtungen?

a) Grundsatz. Bestimmte geschäftliche Einrichtungen eines Unternehmers, wie etwa E- **2.14** Mail-Adressen, IP-Adressen, WLAN-, Telefon- und Telefaxanschlüsse oder Briefbögen, lassen sich – befugt oder unbefugt – auch von Dritten für eigene geschäftliche Zwecke nutzen, ohne dass dies für Außenstehende (Kunden, Mitbewerber) erkennbar ist. Zwar spricht eine tatsächliche Vermutung dafür, dass der Inhaber der Einrichtung für den Rechtsverstoß verantwortlich ist, und aus diesem Grund trifft ihn eine sekundäre Darlegungslast dafür, dass er selbst den Verstoß nicht begangen hat (BGH GRUR 2010, 633 Rn. 15 – Sommer unseres Lebens; GRUR 2016, 1280 Rn. 32 f. – Everytime we touch). Allerdings kann der Verkehr nicht ohne weiteres davon ausgehen, dass die jeweilige geschäftliche Aktivität vom Inhaber der Einrichtung oder mit dessen Zustimmung von einem Dritten ausgeht (BGH GRUR 2009, 597 Rn. 18 – Halzband; GRUR 2010, 633 Rn. 15 – Sommer unseres Lebens). Begeht daher ein Dritter einen Wettbewerbsverstoß unter Nutzung dieser Einrichtung, so kann deren Inhaber dafür idR nur als Mittäter oder Teilnehmer oder als Unternehmensinhaber nach § 8 II und bei Verschulden nach § 9 mitverantwortlich sein (BGH GRUR 2009, 597 Rn. 14, 15 – Halzband). Eine eigene täterschaftliche Verantwortung des Inhabers der Einrichtung für den fremden Wettbewerbsverstoß kommt grds. nur bei der Verletzung von wettbewerbsrechtlichen Verkehrspflichten in Betracht.

b) Täterhaftung des Inhabers eines eBay-Mitgliedskontos. aa) Rspr. Nach der Rspr. **2.14a** haftet der Inhaber eines Mitgliedskontos bei eBay allerdings als (Neben-)Täter für den Wettbewerbsverstoß eines Dritten, der ohne sein Wissen unter diesem Mitgliedskonto handelt, wenn er die Zugangsdaten zu diesem Mitgliedskonto nicht hinreichend vor fremdem Zugriff gesichert hat (BGH GRUR 2009, 597 Rn. 16 ff. – Halzband). Er muss sich, auch wenn er den Wettbewerbsverstoß weder veranlasst noch geduldet hat, so behandeln lassen, als ob er selbst gehandelt hätte. Dieses „Haftungsmodell" stellt einen selbstständigen Zurechnungsgrund dar, der sowohl von der (früheren) Störerhaftung als auch von der (neueren) Haftung wegen Verletzung einer wettbewerbsrechtlichen Verkehrspflicht zu unterscheiden ist. Der Grund für die Zurechnung liegt darin, dass bei der Eröffnung eines Mitgliedskontos bei eBay der Mitgliedsname und ein Passwort anzugeben ist. Diese Zugangsdaten ermöglichen als ein bes. Identifikationsmittel ein Handeln unter einem bestimmten Namen. Der Inhaber, der diese Zugangsdaten ungesichert verwahrt, erhöht damit zwar nicht die Gefahr von Rechtsverletzungen durch Dritte. Der Grund für die Zurechnung des Handelns des Dritten besteht vielmehr in der vom Inhaber geschaffenen Gefahr, dass für den Verkehr Unklarheiten entstehen können, welche Person unter dem betreffenden eBay-Mitgliedskonto gehandelt hat, und dadurch die Möglichkeiten, den Handelnden zu identifizieren und ggf. rechtsgeschäftlich oder deliktisch in Anspruch zu nehmen, erheblich beeinträchtigt werden (BGH GRUR 2009, 597 Rn. 18 – Halzband). Das für einen Wettbewerbsverstoß erforderliche geschäftliche Handeln (§ 2 I Nr. 2) des Inhabers liegt nach dieser

Rspr. zum einen dann vor, wenn der Dritte im geschäftlichen Verkehr gehandelt hat, auch wenn in seiner Person dieses Handeln dem privaten Bereich zuzurechnen wäre. Zum anderen dann, wenn der Dritte zwar für sich gesehen privat gehandelt hat, dessen Verhalten sich aber dem Verkehr als nicht unterscheidbarer Teil des geschäftlichen Handelns des Inhabers darstellt (BGH GRUR 2009, 597 Rn. 22 – Halzband). Für die Haftung des Inhabers kommt es nicht darauf an, ob er Kenntnis von der unberechtigten Nutzung der Einrichtung erlangt hat. Eine Schadens-ersatzpflicht des Inhabers kommt allerdings idR nur dann in Betracht, wenn er weiß oder jedenfalls damit rechnen muss, dass der Dritte sie für rechtsverletzende Handlungen nutzt (BGH GRUR 2009, 597 Rn. 20 – Halzband). Ob der konkret angesprochene Kunde im Einzelfall den Missbrauch erkennt oder erkennen kann, ist für die wettbewerbsrechtliche Haftung unerheblich (BGH GRUR 2009, 597 Rn. 19 – Halzband). – Das für eBay-Konten entwickelte neue „Haftungsmodell" (so BGHZ 180, 134 = GRUR 2009, 597 Rn. 23 – Halzband) unterscheidet sich von der Haftung wegen Verletzung wettbewerbsrechtlicher Prüfungspflichten hinsichtlich des rechtsverletzenden Verhaltens Dritter (BGHZ 173, 188 Rn. 41f – Jugendgefährdende Schriften bei eBay). Denn dem Inhaber der Einrichtung wird bereits die erste auf der unzurei-chenden Sicherung seiner Einrichtung beruhende Rechtsverletzung des Dritten täterschaftlich zugerechnet (BGH GRUR 2009, 597 Rn. 21 – Halzband). Gemeinsame Wurzel ist allerdings das Prinzip der Haftung für unterlassene Schutzvorkehrungen bei vorangegangenem erlaubtem, aber gefahrbegründendem Tun. – Die Grundsätze der „Halzband"-Entscheidung sind auf die Haftung wegen missbräuchlicher Nutzung eines **Facebook-Accounts** für persönlichkeitsrechts-verletzende Postings durch Dritte übertragbar (OLG Frankfurt ZUM 2016, 875). – Nicht anwendbar sind diese Grundsätze allerdings auf die Tätigkeit des Admin-C (administrativer Ansprechpartner) bei der Registrierung einer Internetdomain, da über die Person des Domain-inhabers keine Unklarheit besteht (BGH GRUR 2012, 304 Rn. 46 – Basler Haar-Kosmetik). – Dagegen sollen diese Grundsätze auf die Haftung des Geschäftsführers eines Unternehmens, der jegliche geschäftsführende oder überwachende Tätigkeit für das von ihm geleitete Unternehmen unterlässt, anwendbar sein (OLG Frankfurt GRUR-RR 2012, 36 (37)).

2.14b   **bb) Stellungnahme.** Die „Halzband"-Entscheidung ist im Schrifttum unterschiedlich auf-genommen worden (vgl. Haedicke JZ 2010, 150; Leistner GRUR 2010, Beilage zu Heft 1, 1 (6 ff.); Meier-Beck GRUR 2010, 1041 (1046) Fn. 49; Neuhaus S. 232 ff.; Peifer jurisPR-WettbR 5/2009 Anm. 1; Rössel CR 2009, 453; Schack FS Reuter, 2010, 1167 (1176); v. Ungern-Sternberg GRUR 2010, 386 (392)). Gegen sie bestehen teilweise Bedenken, jeden-falls soweit es die wettbewerbsrechtliche Haftung des Kontoinhabers betrifft. Denn insoweit sind die Vorgaben der UGP-RL (soweit anwendbar) zu berücksichtigen. Es ist daher zu unterschei-den: **(1) Geschäftliche Handlung des Kontoinhabers.** Nutzt der Inhaber sein Mitglieds-konto nur für private Zwecke, so handelt er nicht zugunsten des eigenen oder eines fremden Unternehmens iSd § 2 I Nr. 2. Es liegt in seiner Person daher keine geschäftliche Handlung vor. Ihm können daher auch keine wettbewerbsrechtlichen Verhaltenspflichten aufgebürdet werden. Daran ändert es nichts, wenn der Dritte das Konto für seine geschäftlichen Zwecke nutzt und der Inhaber dies hätte verhindern können. Der privat handelnde Kontoinhaber kann insoweit nur nach allgemeinen deliktsrechtlichen Grundsätzen (§ 826 BGB) zur Verantwortung gezogen werden. Unterhält der Inhaber sein Mitgliedskonto dagegen für geschäftliche Zwecke, liegt bereits darin eine geschäftliche Handlung. Daran ändert es nichts – insoweit ist der Rspr. zuzustimmen –, wenn der Dritte dieses Konto für Privatangebote nutzt, zumal er insoweit möglicherweise als Unternehmer zu behandeln ist („Scheinunternehmer"; → § 2 Rn. 12.12). **(2) Eigener Wettbewerbsverstoß des Kontoinhabers.** Das rechtsverletzende Verhalten des Dritten ist dem Kontoinhaber nicht wie eigenes zuzurechnen. Insoweit ist ein Erst-recht-Schluss aus § 8 II geboten: Wenn nicht einmal der Geschäftsinhaber dafür einzustehen hat, dass ein Mitarbeiter innerhalb seines Geschäftsbetriebs für eigene Zwecke handelt, so erst recht nicht der Inhaber eines Mitgliedskontos für den Missbrauch des Kontos durch einen Dritten. Vielmehr muss ein eigener Wettbewerbsverstoß des Kontoinhabers vorliegen. Da das Unterlassen von Sicherungsmaßnahmen weder eine irreführende noch aggressive Geschäftspraxis darstellt, kann der Kontoinhaber für dieses Verhalten nur unter den Voraussetzungen des **§ 3 II** (bzw. des § 3 I im Verhältnis zu sonstigen Marktteilnehmern) haftbar gemacht werden. Sein Unterlassen muss daher (a) adäquat kausal für die vom Dritten begangene **Rechtsverletzung** sein, (b) einen Verstoß gegen die **-unternehmerische Sorgfalt** (→ § 3 Rn. 3.16 ff.) darstellen und (c) geeignet sein, das wirtschaftliche Verhalten des Verbrauchers wesentlich zu beeinflussen (→ § 3 Rn. 3.22 ff.). Dies ist jeweils im Einzelfall zu prüfen. **(3) Wettbewerbsverstoß des Dritten.**

Soweit ein geschäftliches Handeln des Dritten vorliegt, kommt in derartigen Fällen auch eine Verantwortlichkeit nach den §§ 3, 5 unter dem Gesichtspunkt der Irreführung über die Person des Geschäftspartners in Betracht. Unabhängig davon kann der Dritte dem Geschäftspartner vertraglich (§ 179 BGB) bzw. nach den §§ 311 II Nr. 3, 280, 241 II BGB sowie deliktisch nach § 826 BGB verantwortlich sein. **(4) Vertragliche Haftung des Kontoinhabers.** Der Kontoinhaber haftet dem Geschäftspartner nicht schon aus dem Grund vertraglich, weil er sein Konto nicht hinreichend vor fremdem Zugriff geschützt hat (BGH NJW 2011, 2421 Rn. 11 ff.). – Im Übrigen trifft den Inhaber ohnehin die Beweislast dafür, dass nicht er, sondern ein bestimmter Dritter das eBay-Mitgliedskonto genutzt hat (dazu Hecht K&R 2009, 462 (464)). Kann er diesen Beweis nicht führen, so haftet er persönlich als Täter. – Ohne weiteres haftet der Inhaber eines eBay-Mitgliedskontos für fremde wettbewerbswidrige Angebote, wenn er selbst als Anbieter auftritt, aber nicht eindeutig zum Ausdruck bringt, dass diese Angebote nicht von ihm stammen, etwa weil er sich als „Verkaufsagent" bezeichnet (vgl. LG Bonn WRP 2005, 640 (641)).

VI. Die Haftung des Teilnehmers (Anstifters, Gehilfen)

1. Begriff des Teilnehmers

Teilnehmer sind der **Anstifter** und der **Gehilfe.** Diese Begriffe (§ 830 II BGB) sind, soweit es **2.15** den **Schadensersatzanspruch** (§ 9) angeht, wie im Strafrecht zu verstehen (BGH WM 2011, 749 Rn. 34; GRUR 2015, 1025 Rn. 16 – TV-Wartezimmer; GRUR 2018, 203 Rn. 35 – Betriebspsychologe). Danach ist **Anstifter,** wer vorsätzlich einen anderen zu dessen vorsätzlich begangener Zuwiderhandlung bestimmt hat (vgl. § 26 StGB). Ein Bestimmen setzt eine wirkliche Einflussnahme, also die Aufforderung zu einem bestimmten Verhalten (vgl. BGH GRUR 2001, 255 (256) – Augenarztanschreiben) voraus. Dies kann auch durch das Angebot zum Abschluss einer Vereinbarung, die dem anderen verboten ist (OLG Celle WRP 2010, 1565 (1566)), oder durch die Behauptung der Zulässigkeit einer Maßnahme erfolgen (BGH GRUR 2008, 810 Rn. 37 – Kommunalversicherer). Ob bloße Werbe- und Informationsschreiben dazu ausreichen, hängt von den Umständen des Einzelfalls ab (vgl. OLG Frankfurt GRUR-RR 2005, 230 (231)), ggf. kann zumindest psychische Beihilfe vorliegen. – **Gehilfe** ist, wer vorsätzlich einem anderen zu dessen vorsätzlich begangener Zuwiderhandlung Hilfe geleistet hat (vgl. § 27 StGB; BGH GRUR 2003, 624 (626) – Kleidersack; WRP 2004, 1021 (1023) – Verabschiedungsschreiben; GRUR 2008, 810 Rn. 37 – Kommunalversicherer). – Für die verschuldensunabhängigen **Abwehransprüche** sind diese Definitionen nach ihrer Funktion zu modifizieren. Demnach ist eine vorsätzliche Zuwiderhandlung des Täters nicht erforderlich (BGH GRUR 2008, 810 Rn. 15 – Kommunalversicherer mwN). Ausreichend, aber auch notwendig, ist eine **vorsätzliche Mitwirkung an der Verwirklichung des objektiven Tatbestands der Zuwiderhandlung durch einen anderen.** Zum Teilnehmervorsatz gehört dabei neben der Kenntnis der objektiven Tatumstände auch der zumindest bedingte Vorsatz in Bezug auf die Haupttat, der das Bewusstsein der Rechtswidrigkeit der Haupttat einschließt (BGHZ 180, 134 = GRUR 2009, 597 Rn. 14 – Halzband; BGH GRUR 2010, 536 Rn. 65 – Modulgerüst II; GRUR 2011, 152 Rn. 30 – Kinderhochstühle im Internet I; GRUR 2011, 1018 Rn. 24 – Automobil-Onlinebörse; WRP 2013, 491 Rn. 47 – Solarinitiative; GRUR 2021, 1544 Rn. 69 – Kaffeebereiter; früher bereits Köhler WRP 1997, 897 (899)). Der Handelnde muss also wissen, dass der Täter einen Wettbewerbsverstoß begeht, oder dies für möglich halten und billigend in Kauf nehmen (BGH GRUR 2008, 810 Rn. 45 – Kommunalversicherer). Bedingter Vorsatz ist bereits dann anzunehmen, wenn der Handelnde so leichtfertig handelt, dass er den für möglich gehaltenen Verstoß billigend in Kauf genommen haben muss (vgl. BGHZ 176, 281 Rn. 46; BGH WM 2011, 749 Rn. 39), oder wenn er sich bewusst einer Kenntnisnahme von der Unlauterkeit des von ihm veranlassten oder geförderten Verhaltens verschließt (BGH GRUR 2008, 810 Rn. 45 – Kommunalversicherer). In Kauf genommen wird der Verstoß auch dann, wenn sich der Handelnde diesen Erfolg an sich nicht wünscht, aber es dem Zufall überlässt, ob er eintritt oder nicht (BGH WM 2011, 749 Rn. 40). Die erforderliche „Bösgläubigkeit" des Teilnehmers lässt sich durch eine substanziierte Aufklärung, insbes. in einer plausibel begründeten Abmahnung, seitens des Verletzten herbeiführen (BGH GRUR 2008, 810 Rn. 47 – Kommunalversicherer). Für die Praxis bedeutet dies, dass die (erste) Abmahnung den gutgläubig Handelnden zwar bösgläubig und damit ex nunc verantwortlich machen kann (vgl. BGH GRUR 2015, 1025 Rn. 17 – TV-Wartezimmer; OLG Köln NJWE-WettbR 1999, 252 (254)), aber ansonsten noch keine weiteren Folgen auslöst, insbes. keine Haftung für die Abmahnkosten

nach § 13 III. – Das Vorsatzerfordernis (dazu krit. Harte-Bavendamm/Henning-Bodewig/
Goldmann Rn. 511; Neuhaus S. 195 ff.: **fahrlässige Beihilfe** ausreichend) rechtfertigt sich
daraus, dass der Teilnehmer auch dann haftet, wenn er keine geschäftliche Handlung vornimmt
oder keine Täterqualifikation hat. Auf Grund der Anerkennung einer täterschaftlichen (Mit-)
Verantwortung für Wettbewerbsverstöße Dritter (→ Rn. 2.6 ff.) besteht allerdings nur noch
selten ein praktisches Bedürfnis, die Grundsätze über die Teilnahme heranzuziehen. – Zur
Beihilfe durch Unterlassen → Rn. 2.17.

2. Beispiele für Teilnehmerhaftung

2.15a   Wer eine fremde **wettbewerbswidrige Arztwerbung** ermöglicht oder unterstützt, haftet
nicht schon auf Grund der objektiven Mitwirkung ohne Rücksicht auf Verschulden (so aber
BGH WRP 1994, 859 (861) – GmbH-Werbung für ambulante ärztliche Leistungen; GRUR
2003, 798 (799) – Sanfte Schönheitschirurgie), sondern – sofern nicht schon eine täterschaftliche
Eigenverantwortung besteht – nur bei **vorsätzlicher** Mitwirkung. Der Handelnde muss also
wissen (oder sich bewusst der Kenntnis verschließen), dass die fremde Werbung wettbewerbswidrig ist (vgl. BGH WRP 1999, 501 (505) – Implantatbehandlungen; GRUR 2001, 181 (184)
– Dentalästhetika; vgl. weiter BGH WRP 2000, 506 (509) – Klinik Sanssouci). Wenn der Arzt
die Werbung nicht kennt und duldet, fehlt es bereits am fremden Wettbewerbsverstoß, so dass
eine Haftung des Werbenden unter dem Aspekt der Teilnahme ausscheidet und allenfalls unter
dem Aspekt der „redaktionellen Werbung" in Betracht kommt (BGH GRUR 1990, 373 (374) –
Schönheits-Chirurgie; → § 3a Rn. 1.187). – Wer einen **Arzt** dazu **verleitet,** gegen Berufsrecht
(zB § 34 MBO) zu verstoßen, haftet dafür – sofern nicht schon eine täterschaftliche Eigenverantwortung besteht, die allerdings die Zugehörigkeit zur berufsrechtlichen Adressatengruppe
voraussetzt (→ Rn. 2.5) – als Anstifter (vgl. BGH GRUR 2015, 1025 Rn. 16 – TV-Wartezimmer; OLG Köln GRUR-RR 2006, 600 (601)). – Der Betreiber eines in Arztpraxen ausgestrahlten TV-Programms, der Apothekern die Schaltung von Werbeplätzen bei bestimmten
Ärzten anbietet, haftet nicht wegen täterschaftlichen Verstoßes gegen das Kooperationsverbot des
§ 11 I ApoG, weil er nicht Normadressat ist; in Betracht kommt bei vorsätzlichem Handeln
allein seine Haftung als Teilnehmer (BGH GRUR 2015, 1025 Rn. 16 f. – TV-Wartezimmer). –
Eine Teilnahmehandlung kann auch darin liegen, dass ein Sanitätshaus gegen das ärztliche
Berufsrecht (zB § 31 II BayBOÄ) verstoßende Zuweisungen von Patienten durch einen Arzt
entgegennimmt (BGH GRUR 2017, 194 Rn. 43 – Orthopädietechniker). – Wer als Nachfrager
Freiberufler zu Angeboten auffordert, die nur unter rechtswidriger **Gebührenunterschreitung**
erfolgen können, konnte nach der früheren Rspr. als „Störer" nur dann in Anspruch genommen
werden, wenn ihm eine Prüfung der Rechtslage möglich und zumutbar war (BGH GRUR
1997, 313 (315 f.) – Architektenwettbewerb; undifferenziert noch BGH GRUR 1991, 540 –
Gebührenausschreibung; GRUR 1991, 769 – Honoraranfrage). Eine Anstifterhaftung kommt
hingegen nur dann in Betracht, wenn der Nachfrager in Kenntnis von der Rechtswidrigkeit der
Gebührenunterschreitung handelt. Allerdings ist in derartigen Fällen zu prüfen, ob nicht eine
täterschaftliche Verantwortung des Nachfragers für den (drohenden) fremden Wettbewerbsverstoß unter dem Gesichtspunkt der Verletzung einer Verkehrs- bzw. Sorgfaltspflicht in Betracht
kommt. Das setzt voraus, dass in der Person des Nachfragers eine geschäftliche Handlung
vorliegt. Dies ist bei einem Unternehmer zu bejahen, weil er insoweit zur Förderung des Bezugs
von Waren oder Dienstleistungen handelt. – Wer einem Dritten einen **Telefon-, Fax-** oder **E-
Mail-Anschluss** überlässt, über den dieser unlautere Werbung treibt, haftet als Mittäter, wenn
darin eine geschäftliche Handlung zugunsten des Werbenden liegt und er Kenntnis von der
Unlauterkeit der Werbung hat (vgl. OLG Hamm GRUR 1992, 126; KG BB 1997, 2348). Eine
Haftung als (Neben-)Täter unter dem Gesichtspunkt der Verletzung einer wettbewerbsrecht-
lichen Verkehrspflicht oder Sorgfaltspflicht kommt in Betracht, wenn der Überlassende ein
geschäftliches Interesse an der Überlassung hat und er auf Grund der Umstände davon ausgehen
muss, dass der Anschluss zu wettbewerbswidrigen Mitteilungen missbraucht wird (vgl. BGH
GRUR 2007, 890 Rn. 21 – Jugendgefährdende Medien bei eBay). Liegt keine geschäftliche
Handlung vor, so haftet er als Gehilfe, wenn er (bedingt) vorsätzlich am Wettbewerbsverstoß des
Dritten mitwirkt. Die erforderliche Bösgläubigkeit wird durch eine substanziierte Abmahnung
hergestellt (vgl. BGH GRUR 2015, 1025 Rn. 17 – TV-Wartezimmer). Liegt die Unlauterkeit
des Verhaltens des Werbenden darin, dass er die angesprochenen Verbraucher über den Inhaber
des Anschlusses täuscht, so ist für vorsätzliches Handeln erforderlich, dass der Anschluss bewusst
zu diesem Zweck überlassen wird. Entsprechendes gilt für fremde Schutzrechtsverletzungen.

mittels des Anschlusses (vgl. BGH WRP 1999, 1045 (1048) – Räumschild). – Eine **Domain-Vergabestelle** (DENIC eG) haftet wegen Registrierung einer zeichenverletzenden Domain nur bei bestehender oder sich aufdrängender Kenntnis von der Rechtsverletzung (zB bei Vorlage eines rechtskräftigen Titels). Dagegen trifft sie keine allgemeine Prüfungspflicht (vgl. BGHZ 148, 13 (18 ff.) = GRUR 2001, 1038 – ambiente.de; → § 4 Rn. 4.99; zum Domain-Registrar vgl. BGHZ 227, 173 = GRUR 2021, 63 Rn. 30 – Störerhaftung des Registrars). – Der Betreiber einer **Internetplattform** haftet für Wettbewerbsverstöße der Nutzer unter dem Gesichtspunkt der Verletzung wettbewerbsrechtlicher Verkehrspflichten bereits als Täter und nicht bloß als Teilnehmer (→ Rn. 2.6 ff.; Leistner/Stang WRP 2008, 533; Volkmann CR 2008, 232; Lehment WRP 2012, 149 (156 ff.)). – Der Betreiber einer **Smartphone-App zur Mietwagenvermittlung,** die Fahraufträge gleichzeitig an Fahrer und deren Betriebssitz sendet, ist Teilnehmer des durch den Mietwagenunternehmer und -fahrer begangenen Verstoßes gegen § 49 Abs. 4 S. 2 PBefG (BGH GRUR 2019, 298 Rn. 63 ff. – Uber Black II). – Als Teilnehmer haftet auch eine **Werbeagentur,** die dem wettbewerbswidrig handelnden Vertriebsunternehmen Postfach und Telefonnummer überlässt (OLG Köln Magazindienst 2019, 600).

3. Teilnahme durch nicht entscheidungsbefugte Personen?

Bei **Personen,** die zwar rein tatsächlich an der Verletzung mitwirken, aber (wie zB Plakat-   **2.15b**
kleber oder Prospektverteiler) **nicht entscheidungsbefugt** und **in völlig untergeordneter Stellung** ohne eigenen Entscheidungsspielraum tätig sind, dürfte idR schon keine geschäftliche Handlung iSd § 2 I Nr. 2 vorliegen. Ob eine Person in völlig untergeordneter Stellung tätig ist, beurteilt sich nach den Umständen des Einzelfalls. Bei einem Konzernunternehmen, das nach außen als das allein für eine Werbung verantwortliche Unternehmen auftritt, ist idR nicht davon auszugehen, es sei nicht in der Lage, auf den Inhalt einer Werbung Einfluss zu nehmen (BGH GRUR 2011, 340 Rn. 28 – Irische Butter). Macht dieses Unternehmen geltend, keinerlei Einfluss auf das Erscheinen des wettbewerbswidrigen Prospekts gehabt zu haben, muss diesem Einwand aber nachgegangen werden (BGH GRUR 2011, 340 Rn. 31 – Irische Butter; GRUR 2016, 395 Rn. 30 – Smartphone-Werbung). Handelt eine Person in einer völlig untergeordneten Stellung, so kann sie allenfalls als **Gehilfe** (§ 830 II BGB) zur Verantwortung gezogen werden. Allerdings setzt dies idR **Vorsatz** voraus, dh das Bewusstsein der Unlauterkeit des Handelns (BGH GRUR 2011, 340 Rn. 27 – Irische Butter). Selbst wenn aber diese Voraussetzung im Einzelfall erfüllt ist, wird es einer solchen Person idR nicht zumutbar sein, die Mitwirkung am Wettbewerbsverstoß zu unterlassen, obwohl sie an sich ein Leistungsverweigerungsrecht nach § 275 III BGB hätte. Soweit es den Beseitigungsanspruch (zB Entfernen eines Plakats) angeht, wird es solchen Personen ohnehin unmöglich (§ 275 I BGB) sein, die Störung ohne oder gegen den Willen des Geschäftsherrn zu beseitigen. Sie können daher idR nicht wettbewerbsrechtlich in Anspruch genommen werden (OLG Nürnberg WRP 1981, 166; aA Schünemann WRP 1998, 120 (124)). Dementsprechend scheidet auch eine Verantwortlichkeit des Unternehmensinhabers für diese Personen nach § 8 II aus. Mit dem prozessualen Rechtsschutzinteresse hat diese Frage aber nichts zu tun.

VII. Begehungsformen (positives Tun und pflichtwidriges Unterlassen)

1. Täterschaft

Das haftungsbegründende Handeln eines Täters kann entweder durch **positives Tun** oder   **2.16**
pflichtwidriges Unterlassen (einschließlich Dulden) erfolgen (BGH WRP 1994, 859 (861) – GmbH-Werbung für ambulante ärztliche Leistungen; GRUR 2001, 82 (83) – Neu in Bielefeld I). Täter kann aber von vornherein nur sein, wer eine geschäftliche Handlung (§ 2 I Nr. 2) vornimmt, sonst kommt nur Teilnahme in Betracht (→ Rn. 2.15). Für die Unterscheidung zwischen positivem Tun und Unterlassen ist maßgebend, worauf der wertungsmäßige **Schwerpunkt** des Handelns liegt (BGH GRUR 2011, 152 Rn. 34 – Kinderhochstühle im Internet I; GRUR 2015, 1223 Rn. 43 – Posterlounge; GRUR 2020, 738 Rn. 42 – Internet-Radiorecorder). Das ist vor allem dann von Bedeutung, wenn es um die täterschaftliche Mitwirkung an einem fremden Wettbewerbsverstoß geht. Ein Handeln durch **positives Tun** ist stets gegeben, wenn der Täter den fremden Wettbewerbsverstoß durch gezieltes aktives Tun fördert. **Beispiele:** Der Betreiber einer Internetplattform gibt bei einem Suchmaschinenbetreiber eine wettbewerbswidrige adword-Anzeige eines Dritten in Auftrag (BGH GRUR 2011, 152 Rn. 53 – Kinderhochstühle im Internet I); der Vermieter fördert durch eine Werbeanzeige den Wettbewerbs-

verstoß des Mieters (LG Oldenburg WRP 2000, 660); der Gaststättenverpächter stellt dem Pächter Gläser mit falschem Eichstrich zur Verfügung. – **Pflichtwidrig** ist ein **Unterlassen** oder Dulden dann, wenn eine **Erfolgsabwendungspflicht** besteht, die dazu erforderliche Handlung dem Verpflichteten **möglich** und **zumutbar** ist (BGH GRUR 2011, 152 Rn. 34 – Kinderhochstühle im Internet I), diese Pflicht aber nicht erfüllt wird. Die Erfolgsabwendungspflicht muss sich auf den drohenden Wettbewerbsverstoß beziehen. Sie kann sich vor allem aus **Gesetz, Vertrag, Vertrauen,** oder **vorangegangenem gefahrbegründendem Tun** ergeben (BGH GRUR 2001, 82 (83) – Neu in Bielefeld I; GRUR 2008, 186 Rn. 21 – Telefonaktion; WRP 2014, 1050 Rn. 16 – Geschäftsführerhaftung; GRUR 2020, 543 Rn. 34 – Kundenbewertungen auf Amazon). Letzteres kommt insbes. in Betracht, wenn einem Dritten eine Einrichtung zur Verfügung gestellt wird, die auch zur Begehung von Wettbewerbsverstößen genutzt werden kann. Die Erfolgsabwendungspflicht aus vorangegangenem gefahrbegründendem Tun wird zumeist mit der wettbewerbsrechtlichen Verkehrspflicht gleichgesetzt (vgl. BGH GRUR 2007, 890 Rn. 22, 36 ff. – Jugendgefährdende Medien bei eBay; dazu Köhler GRUR 2008, 1). Der Systematik und Terminologie des Lauterkeitsrechts entspräche es freilich besser, insoweit den Oberbegriff der „unternehmerischen Sorgfalt" iSd § 2 I Nr. 9 zu verwenden. Zu Einzelheiten → Rn. 2.8.

2. Teilnahme

2.17   Als Teilnahmehandlung kommt sowohl ein **positives Tun** als auch ein **pflichtwidriges Unterlassen** in Betracht (BGH GRUR 2008, 810 Rn. 48 – Kommunalversicherer; GRUR 2015, 1223 Rn. 43 – Posterlounge). Eine **Beihilfe durch Unterlassen** setzt daher zusätzlich zur objektiven Unterstützung der Rechtsverletzung, dem Vorsatz in Bezug auf die Haupttat (BGH WRP 2011, 881 Rn. 34 – Sedo) und dem Bewusstsein der Rechtswidrigkeit voraus, dass den Gehilfen eine **Rechtspflicht zur Erfolgsabwendung** trifft und er diese Pflicht verletzt (BGH GRUR 2011, 152 Rn. 30, 34 – Kinderhochstühle im Internet; WRP 2014, 1050 Rn. 33 – Geschäftsführerhaftung). Diese Pflicht setzt wiederum voraus, dass die Abwendung des Erfolgs **möglich** und **zumutbar** ist (→ Rn. 2.10). – Da auch derjenige, der lediglich fremden Absatz fördert (vgl. § 2 I Nr. 2: „zugunsten des eigenen oder eines fremden Unternehmens"), als Täter oder Mittäter in Betracht kommt, beschränkt sich der Anwendungsbereich der Teilnehmerhaftung allerdings von vornherein auf die Fälle, in denen der Handelnde keine geschäftliche Handlung vornimmt oder mangels Tätereigenschaft nicht Täter sein kann. **Beispiele:** Stiftet ein Hersteller einen Händler an, in irreführender Weise für sein Produkt zu werben, so haftet er bereits als (ggf. mittelbarer) Täter, so dass ein Rückgriff auf eine Haftung als Anstifter entbehrlich ist. – Ermöglicht der Betreiber einer Internetplattform Dritten die Nutzung für eigene Angebote, so haftet er, wenn ihn eine Erfolgsabwendungspflicht trifft, als Täter und nicht bloß als Teilnehmer (offengelassen in BGH GRUR 2011, 152 Rn. 48 – Kinderhochstühle im Internet I). – Gestattet eine **Testzeitschrift** einem Unternehmen gegen Entgelt die Werbung mit einem Testergebnis und wirbt dieses Unternehmen in vorhersehbarer Weise damit irreführend, so kann der Verleger der Zeitschrift dafür als Täter verantwortlich sein, wenn er das Unternehmen nicht auf die Irreführungsgefahr hinweist (aA OLG Frankfurt GRUR–RR 2007, 16 (18): Anstiftung oder Beihilfe). – Ein spezielles Werbeverbot für Ärzte, das eine Marktverhaltensregelung iSd § 3a darstellt, kann dagegen nur von einem Arzt verletzt werden; Teilnehmer an der Zuwiderhandlung kann jedoch auch ein Nichtarzt sein. – Der Betreiber eines in Arztpraxen ausgestrahlten TV-Programms, der Apothekern die Schaltung von Werbeplätzen bei bestimmten Ärzten anbietet, haftet allenfalls als Teilnehmer, nicht aber wegen täterschaftlichen Verstoßes gegen das Kooperationsverbot des § 11 I ApoG, weil er nicht Normadressat ist (BGH GRUR 2015, 1025 Rn. 16 f. – TV-Wartezimmer). – Gegen das berufsrechtliche Verbot der Zuweisung von Patienten (zB § 31 II BayBOÄ) kann nur ein Arzt verstoßen, jedoch kommt eine Haftung eines Sanitätshauses, das solche Zuweisungen entgegennimmt, als Teilnehmer in Betracht (BGH GRUR 2017, 194 Rn. 43 – Orthopädietechniker). – Ein Vergaberechtsverstoß, der unter § 3a fällt, kann nur vom Auftraggeber begangen werden; Teilnehmer kann aber auch der begünstigte Bieter sein (BGH GRUR 2008, 810 Rn. 14 – Kommunalversicherer).

VIII. Art und Umfang des Tatbeitrags

2.18   Art und Umfang des Tatbeitrages von Täter und Teilnehmer sind, soweit abgrenzbar, für den konkreten Inhalt des Abwehranspruchs von Bedeutung (BGH GRUR 1977, 114 (115) – VUS).

Dem Gläubiger steht es grds. frei, ob er alle oder nur einzelne Beteiligte zur Verantwortung zieht und in welcher Reihenfolge er vorgeht (BGH GRUR 1977, 114 (115) – VUS; Teplitzky Wettbewerbsrechtliche Ansprüche/Büch Kap. 14 Rn. 27). Eine Schranke setzt insoweit nur § 8c.

IX. Haftung für fremdes Verhalten

1. Organ- und Repräsentantenhaftung nach §§ 31, 89 BGB

Hat ein **Organ** oder ein anderer **verfassungsmäßig berufener Vertreter** iSd §§ 31, 89 **2.19** BGB den Wettbewerbsverstoß „in Ausführung der ihm zustehenden Verrichtungen" begangen, so ist die dahinterstehende Organisation dafür verantwortlich, ohne dass die Möglichkeit einer Entlastung besteht. Die Vorschrift ist nicht nur auf den Schadensersatzanspruch, sondern auch auf den verschuldensunabhängigen **Unterlassungsanspruch** anwendbar. Das „Organ" begeht dann einen Wettbewerbsverstoß „in Ausführung der ihm zustehenden Verrichtungen", wenn zwischen seinem Aufgabenkreis und der schädigenden Handlung nicht bloß ein zufälliger zeitlicher und örtlicher, sondern ein sachlicher Zusammenhang besteht. Dieser Zusammenhang kann auch bei einer Aufgabenüberschreitung oder sogar einer vorsätzlichen unerlaubten Handlung gegeben sein. Die Haftung gilt nicht nur für den eingetragenen Verein (§ 21 BGB), sondern auch für sonstige juristische Personen des öffentlichen und privaten Rechts, insbes. AG und GmbH, und Personenverbände, insbes. den nichtrechtsfähigen Verein, die OHG, die KG, die Partnerschaftsgesellschaft, die BGB-Gesellschaft (einschließlich der Rechtsanwaltssozietät) und wohl auch für die Insolvenzmasse hins. des Insolvenzverwalters (Grüneberg/Ellenberger BGB § 31 Rn. 3). Für andere „Vertreter" kraft Amtes, wie zB Testamentsvollstrecker, ist dies noch ungeklärt, aber ebenfalls zu bejahen (→ Rn. 2.42, 2.50). Die Organ- oder Repräsentantenhaftung besteht nicht nur für gesetzliche Vertreter (zB Vorstand einer AG; Geschäftsführer einer GmbH), sondern auch für „verfassungsmäßig berufene Vertreter". Zu diesen sog Repräsentanten gehören alle Personen, denen durch die allgemeine Betriebsregelung und Handhabung bedeutsame, wesensmäßige Funktionen der Organisation zur selbstständigen, eigenverantwortlichen Erfüllung zugewiesen sind, unabhängig davon, ob ihre Stellung satzungsmäßig geregelt ist oder ihnen entspr. Vertretungsmacht erteilt ist (vgl. BGH NJW 1998, 1854 (1856); BGHZ 172, 169 Rn. 16). Es sind dies maW **Führungskräfte** (insbes. leitende Mitarbeiter, aber auch Aufsichtsräte, selbstständige Unternehmer). Das kann zB ein Filialleiter oder im Rahmen eines „Strukturvertriebs" auch ein selbstständiger Handelsvertreter mit Führungsaufgaben sein (BGH NJW 1998, 1854 (1856)). Eine Einstandspflicht für eine juristisch selbstständige, nicht weisungsgebundene **Schwestergesellschaft** besteht nicht (OLG München WRP 1985, 238), ebenso wenig eine Einstandspflicht des Franchisegebers für den **Franchisenehmer** (BGH GRUR 2001, 82 (83) – Neu in Bielefeld I). – Ist der Handelnde Organ **mehrerer** juristischer Personen, so entscheidet über die Zuordnung seines Handelns nicht sein innerer Wille, sondern eine objektive Betrachtung (OLG Frankfurt OLGZ 85, 112; vgl. auch BGH GRUR 2009, 1167 Rn. 27 – Partnerprogramm zum entsprechenden Problem bei § 14 VII MarkenG und § 8 II).

Die Organ- oder Repräsentantenhaftung schließt die **Eigenhaftung des Repräsentanten** **2.20** nicht aus, wenn er persönlich den Haftungstatbestand verwirklicht hat (BGH NJW 1996, 1535 (1536), BGH GRUR 2014, 883 Rn. 17 – Geschäftsführerhaftung und OLG Köln GRUR-RR 2011, 370 zum **GmbH-Geschäftsführer;** OLG Düsseldorf NJWE-WettbR 1997, 245 zum Geschäftsführer einer Komplementär-GmbH). Dies gilt auch dann, wenn die juristische Person bereits erfolgreich auf Unterlassung in Anspruch genommen wurde (OLG Bremen AfP 2007, 219 Rn. 37). Der Repräsentant haftet persönlich, wenn er **(a)** entweder selbst die Rechtsverletzung begangen oder veranlasst hat oder **(b)** die eines anderen gekannt und pflichtwidrig nicht verhindert hat (BGH GRUR 2005, 1061 (1064) – Telefonische Gewinnauskunft; WRP 2009, 1001 Rn. 47 – Internet-Video-Recorder; WRP 2010, 922 Rn. 34 – marions-kochbuch.de; GRUR 2012, 184 Rn. 32 – Branchenbuch Berg; KG WRP 2013, 354 Rn. 11 mAnm Köhler; GRUR 2014, 883 Rn. 17 – Geschäftsführerhaftung; GRUR 2022, 837 Rn. 72 – Kinderzahnärztin). Bei einer Maßnahme der Gesellschaft, über die typischerweise auf Geschäftsführungsebene entschieden wird, kann nach dem äußeren Erscheinungsbild und mangels abweichender Feststellungen davon ausgegangen werden, dass sie von den Geschäftsführern veranlasst worden ist (BGH WRP 2014, 1050 Rn. 19 – Geschäftsführerhaftung; GRUR 2017, 397 Rn. 110 – World of Warcraft II; GRUR 2017, 541 Rn. 25 – Videospielkonsolen – III; GRUR 2022, 837 Rn. 72 – Kinderzahnärztin). Fehlt es hieran, kommt eine Haftung wegen der Verletzung von

Verkehrspflichten in Betracht, die sich als Garantenpflichten aus vorangegangenem gefahrerhöhenden Tun darstellen (BGH GRUR 2014, 883 Rn. 22 – Geschäftsführerhaftung). Die Organstellung als solche und die allgemeine Verantwortung des Geschäftsführers für den Geschäftsbetrieb begründen aber keine Verpflichtung des Geschäftsführers gegenüber außenstehenden Dritten, Wettbewerbsverstöße der Gesellschaft zu verhindern (BGH GRUR 2014, 883 Rn. 23 – Geschäftsführerhaftung). Die Verletzung einer Verkehrspflicht mit Blick auf die organisatorische Verantwortung des Geschäftsführers kommt aber in Betracht, wenn dieser sich – etwa durch einen dauerhaften Auslandsaufenthalt – bewusst der Möglichkeit der Kenntnis- und Einflussnahme entzieht (BGH GRUR 2014, 883 Rn. 26 – Geschäftsführerhaftung; OLG Nürnberg GRUR 1983, 595; OLG Hamburg GRUR-RR 2002, 240 (243); 2006, 182 (183)). – Die **Wiederholungsgefahr** entfällt nicht schon mit Aufgabe der Tätigkeit, da der Repräsentant die Verletzungshandlung in gleicher Weise als selbstständiger Unternehmer oder als Verantwortliche eines anderen Unternehmens weiter betreiben oder wieder aufnehmen kann (BGH WRP 2009, 1001 Rn. 47 – Internet-Video-Recorder). Ggf. kann beim Repräsentanten auch **Erstbegehungsgefahr** bestehen, wenn er nicht gegen einen drohenden Wettbewerbsverstoß einschreitet. Erstbegehungsgefahr wird aber nicht schon durch die bloße Rechtsverteidigung im Prozess begründet (vgl. BGH GRUR 2006, 879 Rn. 17 – Flüssiggastank; GRUR 2014, 1013 Rn. 18 – Original Bach-Blüten; GRUR 2015, 1025 Rn. 21 – TV-Wartezimmer; aA noch BGH GRUR 1986, 248 (251) – Sporthosen). – Ist einer von mehreren GmbH-Geschäftsführern auf Grund interner Geschäftsverteilung für den Bereich der Werbung nicht zuständig, und kennt er den in diesem Bereich erfolgten Wettbewerbsverstoß nicht, kann er dafür auch nicht persönlich verantwortlich gemacht werden. Die Grundsätze über die Wissenszurechnung bei juristischen Personen sind auf die persönliche Haftung der Geschäftsführer nicht anwendbar (aA OLG Frankfurt GRUR-RR 2001, 198). – Zur Haftung der gesetzlichen Vertreter natürlicher Personen → Rn. 2.42.

2. Haftung der Gesellschafter

2.21   Ist ein Unterlassungsanspruch gegen eine **Kapitalgesellschaft** (zB GmbH) begründet, haftet der Gesellschafter neben dieser nicht ohne weiteres, sondern nur, wenn er auch in seiner Person den Tatbestand der Zuwiderhandlung begründet (zB als faktischer Geschäftsführer anzusehen ist oder durch Weisungen an den Geschäftsführer den Wettbewerbsverstoß veranlasst hat). Entsprechendes gilt für die **Personengesellschaft** (OHG, KG, BGB-Gesellschaft, Partnerschaftsgesellschaft usw.). Ist ein Unterlassungsanspruch gegen eine solche Gesellschaft begründet, so haftet der einzelne Gesellschafter nicht schon auf Grund seiner Gesellschafterstellung ebenfalls auf Unterlassung (§ 128 S. 1 HGB (ab 1.1.2024: § 721 S. 1 BGB nF) ist nicht anwendbar; BGH WRP 2006, 767 Rn. 22 – Michel-Nummern; GRUR 2021, 742 Rn. 41 – Steuerberater-LLP; GRUR 2022, 837 Rn. 71 – Kinderzahnärztin; OLG Nürnberg GRUR 1996, 206 (208); OLG Karlsruhe WRP 1998, 898 (899); Fritzsche S. 446; aA Ahrens Wettbewerbsprozess-HdB/Bacher, 9. Aufl. 2021, Kap. 20 Rn. 48). Denn sonst würde es über eine Haftungserstreckung auf das Privatvermögen hinaus zu einer Verdoppelung der Haftung kommen. Der persönlich haftende Gesellschafter ist vielmehr nur dann mitverantwortlich, wenn er selbst den Wettbewerbsverstoß begangen oder ihn pflichtwidrig nicht verhindert hat oder wenn er Teilnehmer (iSv § 830 II BGB) ist (BGH GRUR 2022, 837 Rn. 71 – Kinderzahnärztin; OLG Naumburg WRP 2011, 1327 (1329); OLG Stuttgart WRP 2018, 1252). Begeht ein persönlich haftender Gesellschafter daher einen Wettbewerbsverstoß, so ist dafür zwar nach § 31 BGB analog die OHG (mit-)verantwortlich und kann dementsprechend abgemahnt und verklagt werden. Jedoch kann neben der OHG nicht noch ein anderer (etwa gar ein nicht geschäftsführungsberechtigter) Gesellschafter abgemahnt und verklagt werden. Letzterer haftet nur (auf Schadensersatz oder Vertragsstrafe), wenn die Gesellschaft ihre vertragliche Unterlassungspflicht verletzt (vgl. BGH GRUR 2013, 1268 Rn. 11 – Markenheftchen II). – Diese Grundsätze gelten entsprechend für die **Limited Liability Partnership** (LLP) des britischen Rechts, die eine eigenständige juristische Person und eine Art Kapitalgesellschaft darstellt, die im Innenverhältnis weitgehend als Personengesellschaft ausgestaltet ist (BGH GRUR 2021, 742 Rn. 41 – Steuerberater-LLP).

3. Haftung für Organisationsmängel; Wissenszurechnung

2.22   Der Unternehmer haftet für sog **Organisationsmängel** (vgl. BGH GRUR 2007, 994 Rn. 15 – Gefälligkeit; Samwer WRP 1999, 67 (69)). Dies gilt zunächst einmal für juristische Personen, die für bestimmte, wesentliche Aufgaben kein Organ iSd § 31 BGB bestellt haben (**Beispiel:**

Bestellt Verleger für Korrekturen bes. gefährlicher Beiträge kein Organ, sondern lässt er sie durch Rechtsanwalt erledigen, haftet er für dessen Versehen ohne Entlastungsmöglichkeit; BGH NJW 1980, 2810 (2811); KG WRP 2013, 354 Rn. 34). Dem steht es gleich, wenn zwar ein Organ bestellt ist, die betreffende Person aber wegen Überlastung oder dgl. faktisch nicht in der Lage ist, mögliche Wettbewerbsverstöße zu erkennen und zu verhindern. Die Haftung für Organisationsmängel gilt darüber hinaus für jeden Unternehmensinhaber, gleichgültig wie er rechtlich organisiert ist, also auch für den Einzelunternehmer (BGH GRUR 1969, 51 (52) – Glassteine – zur Beschäftigung unzureichend ausgebildeter Verkäufer). – Der Inhaber des Unternehmens muss sich auch das Wissen oder Wissenmüssen der Personen zurechnen lassen, die er mit der Erledigung bestimmter Aufgaben in eigener Verantwortung beauftragt hat und die anfallende Informationen zur Kenntnis zu nehmen und weiterzugeben haben (vgl. BGHZ 117, 104 (106); zur Wissenszurechnung im Rahmen der Verjährung BGH WRP 2016, 958 Rn. 61 – Freunde finden).

4. Haftung für Erfüllungs- und Verrichtungsgehilfen

Die Haftung für Erfüllungsgehilfen nach § 278 BGB setzt ein bestehendes Schuldverhältnis **2.23** (zB Unterlassungsvertrag) voraus und ist daher auf den Abwehranspruch nicht anwendbar. Die Haftung nach § 831 I 1 BGB ist eine Haftung für eigenes vermutetes Verschulden bei objektiv rechtswidrigem Handeln eines Dritten, eingeschränkt durch die Möglichkeit des Entlastungsbeweises (§ 831 I 2 BGB). Ob § 831 BGB auf den verschuldensunabhängigen Abwehranspruch analog (unter Ausschluss der Exkulpation) anwendbar ist, ist noch nicht geklärt (vgl. Larenz/Canaris SchuldR II § 86 III 2c; Fritzsche S. 424 ff.); für das Lauterkeitsrecht ist die Frage auf Grund der Sonderregelung des § 8 II (→ Rn. 2.32 ff.) praktisch bedeutungslos.

5. Haftung für Mitarbeiter und Beauftragte nach § 8 II

Begehen Mitarbeiter oder Beauftragte einen Wettbewerbsverstoß in einem Unternehmen, so **2.24** ist nach § 8 II der Abwehranspruch auch gegen den Unternehmensinhaber begründet. Dazu näher → Rn. 2.32 ff.

X. Verantwortlichkeit von Telemedienanbietern

1. Rechtsgrundlagen und Anwendungsbereich

Die „Verantwortlichkeit" der Diensteanbieter von Telemedien hat in den §§ 7–10 TMG **2.25** (früher: §§ 8–11 TDG) eine Sonderregelung erfahren. Diese Vorschriften dienen der Umsetzung der Art. 12–15 E-Commerce-RL, an deren Stelle **mWv 17.2.2024** die Art. 4, 5 6 und 8 VO (EU) 2022/2065 (DSA) treten (→ Rn. 2.1d). Ab diesem Zeitpunkt gehen diese Vorschriften des DSA in seinem Anwendungsbereich (→ Rn. 2.25b) den §§ 7–10 TMG vor.

a) §§ 7–10 TMG. In den §§ 7–10 TMG wird zwischen der Bereithaltung von **eigenen** und **2.25a** **fremden Informationen** und **Inhalten** sowie der **Zugangsvermittlung** zu fremden Diensten unterschieden. Die Diensteanbieter iSv § 2 Nr. 1 TMG sind nach § 7 I TMG für eigene Informationen, die sie zur Nutzung bereithalten, nach den allgemeinen Gesetzen verantwortlich. Dagegen trifft Diensteanbieter, die lediglich fremde Informationen durchleiten oder für einen Nutzer speichern, nur eine eingeschränkte Verantwortung nach Maßgabe der §§ 8–10 TMG. Die Anwendbarkeit der Regelungen wird durch das **Herkunftslandprinzip** (§ 3 TMG, dem Art. 3 E-Commerce-RL zugrunde liegt) präzisiert. Die in Deutschland niedergelassenen Diensteanbieter und ihre Telemedien unterliegen also dem deutschen Recht auch dann, wenn die Telemedien in einem anderen Mitgliedstaat geschäftsmäßig angeboten oder erbracht werden (§ 3 I TMG). Dagegen wird der freie Dienstleistungsverkehr von Telemedien, die in Deutschland von Diensteanbietern, die in einem anderen Mitgliedstaat niedergelassen sind, erbracht werden, nicht beeinträchtigt. Diese unterliegen grds. nur der Kontrolle durch deren Heimatrecht (§ 3 II TMG). Ausnahmebestimmungen sind in § 3 III – VI TMG enthalten. – Auf die Setzung eines **Links** finden die §§ 7 ff. TMG keine, auch keine entspr. Anwendung (BGHZ 206, 103 Rn. 12 = GRUR 2016, 209 – Haftung für Hyperlink; zum früheren Recht: BGH GRUR 2004, 693 (694) – Schöner Wetten; Koch CR 2004, 213 (215 f.); Spindler GRUR 2004, 724 (727); str.). Dies ergibt sich zwar nicht ohne weiteres aus dem Wortlaut, wohl aber aus einer richtlinienkonformen Auslegung (vgl. Art. 21 II E-Commerce-RL) sowie aus der Entstehungsgeschichte der Vorschriften (vgl. BT-Drs. 14/6098, 34, 37). Ebenso wenig anwendbar sind diese Vorschriften auf die bloße Überlassung einer Domain durch eine **Vergabestelle** (OLG Frankfurt WRP 2000, 214 (217)), auf den **Admin-C** eines Domaininhabers (BGH GRUR 2012, 304 Rn. 54 – Basler Haar-Kosmetik) und den **Registrar e**iner Internetdomain (BGH GRUR 2021, 63 Rn. 16 – Störerhaftung des Registrars).

2.25b   **b) Art. 4, 5, 6 und 8 DSA.** Der DSA gilt gem. Art. 2 I DAS für Vermittlungsdienste, die für Nutzer mit Niederlassungsort oder Sitz in der Union angeboten werden, ungeachtet des Niederlassungsortes des Anbieters dieser Vermittlungsdienste. Er ist folglich auch auf Vermittlungsdienste anwendbar, die keine Niederlassung in der EU haben, sofern Dienste für in der Union niedergelassene oder ansässige Nutzer erbracht werden (Hofmann/Raue/Hofmann DSA Art. 2 Rn. 2). Art. 3 lit. a DSA beruft die Definition des **„Dienstes der Informationsgesellschaft"** iSv Art. 1 I lit. b RL (EU) 2015/1535 („jede in der Regel gegen Entgelt elektronisch im Fernabsatz und auf individuellen Abruf eines Empfängers erbrachte Dienstleistung"). Art. 3 lit. g DSA definiert **„Vermittlungsdienst"** als Dienstleistung der Informationsgesellschaft in Form (i) der **„reinen Durchleitung"**, (ii) der **„Caching"-Leistung** und (iii) des **„Hosting"-Dienst** in jeweils fast wortgleicher Übernahme der entsprechenden Definitionen in Art. 12, 13 und 14 E-Commerce-RL. Auch die Ausgestaltung der Privilegierungstatbestände ist fast wortgleich erfolgt: Art. 4 DSA entspricht im Wesentlichen Art. 12 RL 2001/31/EG, ebenso Art. 5 DSA dem Art. 13 RL 2001/31/EG und Art. 6 DSA dem Art. 14 E-Commerce-RL. Art. 8 DSL regelt entsprechend Art. 15 E-Commerce-RL, dass Anbietern von Vermittlungsdiensten keine allgemeine Überwachungs- oder Nachforschungspflicht hinsichtlich der von ihnen übermittelten oder gespeicherten Informationen obliegt.

2. Verantwortlichkeit für eigene Informationen

2.26   Diensteanbieter sind nach § 7 I TMG für **eigene Informationen,** die sie zur Nutzung bereithalten, nach den **allgemeinen Gesetzen** verantwortlich. Zu den allgemeinen Gesetzen gehören neben den § 1004 I 2 BGB, § 823 I BGB (BGH GRUR 2009, 1093 Rn. 10 – Focus Online) und dem Urheberrecht (zB GRUR 2010, 616 Rn. 31 – marions-kochbuch.de), dem Markenrecht (zB EuGH GRUR 2011, 1025 Rn. 87 – L'Oréal/eBay) auch das UWG (BGH GRUR 2007, 890 Rn. 36 – Jugendgefährdende Medien bei eBay). Soweit das Bereithalten von Informationen wettbewerbsrechtlich relevant ist, richtet sich also die Verantwortlichkeit nach §§ 3 ff. iVm §§ 8 ff. Auch unter Geltung der **Art. 4–8 DSA,** die ebenso wie die E-Commerce-RL die Haftung des Anbieters nicht begründen, sondern nur begrenzen, ist die Verantwortlichkeit eines Vermittlungsdienstes für eigene Inhalte nach den einschlägigen haftungsbegründenden Bestimmungen des Unionsrechts oder des jeweiligen nationalen Rechts selbstverständlich (Hofmann in Hofmann/Raue DSA Vor Art. 4 ff. Rn. 2, 11).

3. Abgrenzung von eigenen und fremden Informationen

2.27   Zu den **eigenen** Informationen und Inhalten gehören zunächst die selbst hergestellten Inhalte eines Diensteanbieters, etwa die Werbung für eigene und fremde Angebote auf der Homepage eines Unternehmens, einschließlich Internet-Marktplätze (dazu EuGH WRP 2011, 1129 Rn. 106 ff. – L'Oréal/eBay; BGH WRP 2011, 1609 Rn. 22 – Stiftparfüm; Lehment WRP 2012, 149 (150)). Hinzu kommen nach der Rspr. des BGH **fremde** Inhalte, soweit der Diensteanbieter sie sich **zu eigen gemacht** hat (BT-Drs. 14/6098, 23; BGH GRUR 2008, 534 Rn. 20 f – ueber18.de; GRUR 2010, 616 Rn. 23 – marions-kochbuch.de; GRUR 2015, 1129 Rn. 25 – Hotelbewertungsportal; GRUR 2020, 543 Rn. 15 f. – Kundenbewertungen auf Amazon). In der Terminologie des EuGH sind dies die Fälle, in denen sich ein Diensteanbieter nicht mehr auf eine neutrale Rolle beschränkt, sondern eine **aktive Rolle übernimmt,** die ihm eine Kenntnis von bestimmten Daten oder eine Kontrolle über sie verschaffen kann (vgl. EuGH WRP 2011, 1129 Rn. 115 – L'Oréal/eBay; GRUR 2011, 1025 Rn. 109 ff. – Google und Google France; → Rn. 2.28b). Maßgeblich ist dafür eine objektive Sicht des verständigen Durchschnittsnutzers auf der Grundlage einer Gesamtbetrachtung aller relevanten Umstände. Der Diensteanbieter muss sich mit der fremden Äußerung identifizieren, so dass sie als seine eigene erscheint (BGH GRUR 2009, 1093 Rn. 19 – Focus Online). Das ist dann anzunehmen, wenn er die eingestellten Inhalte vor ihrer Freischaltung auf Vollständigkeit und Richtigkeit überprüft (BGH GRUR 2010, 616 Rn. 25, 26 – marions-kochbuch.de). Dabei ist grds. Zurückhaltung geboten (BGH GRUR 2009, 1093 Rn. 19 – Focus Online). Daher macht sich der Betreiber einer **Internet-Plattform,** der sich erkennbar darauf beschränkt, den Nutzern lediglich eine Handelsplattform zur Verfügung zu stellen, die Angebote der Nutzer nicht zu eigen (BGH WRP 2011, 1609 Rn. 22 – Stiftparfüm); ebenso wenig der Verpächter einer Domain für darunter abrufbare Äußerungen (BGH GRUR 2009, 1093 Rn. 19 – Focus Online). Ein Unternehmer, der auf einer Internethandelsplattform Produkte anbietet, macht sich hierzu abgegebene **Kundenbewertungen** nicht zu eigen, wenn die Kundenbewertungen aufgrund ihrer Kennzeichnung und räumlichen Anordnung von den Nutzern der Plattform nicht dem Anbieter zugerechnet werden GRUR 2020, 543 Rn. 18 – Kundenbewertungen auf Amazon).

Auf das Setzen von **(Hyper-)Links,** die zu fremden Inhalten führen, sind die §§ 7–10 TMG   **2.27a** nicht, auch nicht analog, anwendbar (BGH GRUR 2004, 693 (694) – Schöner Wetten; BGHZ 206, 103 Rn. 12 = GRUR 2016, 209 – Haftung für Hyperlink; → Rn. 2.25). Vielmehr gelten insoweit die **allgemeinen Grundsätze** des Wettbewerbsrechts (BGH GRUR 2004, 693 (694) – Schöner Wetten; BGHZ 206, 103 Rn. 12 = GRUR 2016, 209 – Haftung für Hyperlink). Wer sich **fremde Informationen zu Eigen macht,** auf die er mit Hilfe eines Hyperlinks verweist, haftet dafür mithin wie für eigene Informationen (BGHZ 206, 103 Rn. 13 = GRUR 2016, 209 – Haftung für Hyperlink). Ferner kommt eine Haftung wegen Verletzung einer wettbewerbsrechtlichen Verkehrspflicht in Betracht, wenn derjenige, der den Hyperlink gesetzt hat, zumutbare Prüfungspflichten verletzt hat. Eine Pflicht zur proaktiven Prüfung wäre jedoch – ähnlich wie im Falle der Internet-Dienstleister (→ Rn. 2.13a) – nicht zumutbar, denn Hyperlinks erfüllen grds eine nützliche Funktion bei der Informationsvermittlung über das Internet. Ist der rechtswidrige Inhalt der verlinkten Inhalte nicht deutlich erkennbar, besteht eine Haftung deshalb erst ab dem Zeitpunkt, zu dem der Vertreiber der mit dem Hyperlink versehenen Seite Kenntnis von der Rechtswidrigkeit der verlinkten Inhalte erlangt (BGHZ 206, 103 Rn. 25 = GRUR 2016, 209 – Haftung für Hyperlink). Bei einem Hinweis auf Rechtsverletzungen ist der Betreiber der mit dem Hyperlink versehenen Internetseite allerdings zur Prüfung **ohne Rücksicht darauf** verpflichtet, ob es sich um eine **klare Rechtsverletzung** handelt. Anders als im Fall der Internet-Dienstleister, die nur bei klarer Rechtsverletzung reagieren müssen (→ Rn. 2.13a), ist eine solche Prüfungspflicht dem Betreiber der mit Hyperlinks versehenen Internetseite zumutbar, da er Hyperlinks gezielt einsetzt (BGHZ 206, 103 Rn. 27 = GRUR 2016, 209 – Haftung für Hyperlink). – Entsprechendes gilt bei **deep links,** die sogleich zu den Folgeseiten der Homepage eines fremden Anbieters führen, bei **inline-links** und **frames,** bei denen fremde Inhalte bereits beim Seitenaufbau integriert werden und ein zusätzliches Anklicken nicht erforderlich ist (vgl. Bettinger/Freytag CR 1998, 545 (551); Engels/Köster MMR 1999, 522 (523); Hoeren WRP 1997, 993 (996); Ernst NJW-CoR 1999, 430; Plaß WRP 2000, 599 (609)). – Von der Frage, ob es sich um eigene oder fremde Inhalte handelt, ist die Frage zu unterscheiden, ob es zulässig ist, sich fremde Inhalte zu eigen zu machen. Insoweit kann uU ein Verstoß gegen §§ 3, 4 Nr. 3 durch unzulässige Leistungsübernahme (vgl. OLG Celle WRP 1999, 865; Wiebe WRP 1999, 734 (735)), gegen §§ 3, 4 Nr. 4 durch Behinderung (vgl. Menke WRP 1999, 982 (989); Kotthoff K&R 1999, 157; Viefhues MMR 1999, 336: Verwendung fremder Kennzeichen in **Metatags**), gegen §§ 3, 5a IV durch Verletzung des auch für die elektronische Kommunikation geltenden „Trennungsgebots" oder gegen §§ 3 I, 5 I durch Vorspiegelung geschäftlicher Verbindungen (vgl. Menke WRP 1999, 982 (989)) vorliegen.

4. Eingeschränkte Verantwortlichkeit der Hosting-Anbieter (§ 10 S. 1 TMG/Art. 6 I DSA)

a) Die gesetzliche Regelung und ihr Anwendungsbereich. Nach **§ 10 S. 1 TMG** sind   **2.28** Diensteanbieter für **fremde Informationen,** die sie für einen Nutzer speichern (sog **Hosting-Anbieter** oder **Hostprovider**), nicht verantwortlich, sofern sie keine Kenntnis von der rechtswidrigen Handlung oder der Information haben und ihnen im Falle von Schadensersatzansprüchen auch keine Tatsachen oder Umstände bekannt sind, aus denen die rechtswidrige Handlung oder die Information offensichtlich wird, oder sie unverzüglich tätig geworden sind, um die Information zu entfernen oder den Zugang zu ihr zu sperren, sobald sie diese Kenntnis erlangt haben. Diese Regelung setzt **Art. 14 I E-Commerce-RL** um und ist dementsprechend richtlinienkonform auszulegen (dazu EuGH WRP 2011, 1129 Rn. 106 ff. – L'Oréal/eBay). Eine inhaltlich entsprechende Regelung sieht **Art. 6 I DSA** vor, der mit Wirkung vom 17.2.2024 an die Stelle des Art. 14 E-Commerce-RL tritt.

Nach der früheren Rspr. des I. ZS des BGH sollte sich dieses Haftungsprivileg nur auf die   **2.28a** **strafrechtliche Verantwortlichkeit** und die **Schadensersatzhaftung** beziehen. Der Beseitigungs- und der **Unterlassungsanspruch** nach den allgemeinen Gesetzen sollten hiervon grds.

unberührt bleiben (vgl. BGH GRUR 2007, 890 Rn. 20 – Jugendgefährdende Medien bei eBay; GRUR 2011, 152 Rn. 26 – Kinderhochstühle im Internet; auch noch BGH (VI. ZS) GRUR 2012, 311 Rn. 19 – Blog-Eintrag). Begründet wurde dies mit § 7 II 2 TMG aF (jetzt: § 7 III 1 TMG) und dem Gesamtzusammenhang der gesetzlichen Regelung. Demgegenüber hatte der EuGH in mehreren Entscheidungen den Haftungsprivilegierungen gem. Art. 12–15 E-Commerce-RL einen umfassenden Anwendungsbereich zuerkannt (vgl. EuGH GRUR 2010, 445 Rn. 107 – Google und Google France; GRUR 2011, 1025 Rn. 107 f. – L'Oréal/eBay; vgl. BGH WRP 2011, 1609 Rn. 22 – Stiftparfüm; KG WRP 2013, 1242 Rn. 49; v. Ungern-Sternberg GRUR 2012, 321 (327); Ohly GRUR 2010, 776 (785); Hacker GRUR-Prax 2011 391 (393)). In der Entscheidung „McFadden/Sony Music" hat der EuGH nunmehr für die Haftung des **Zugangsproviders** ausgesprochen, dass Art. 12 der E-Commerce-RL lediglich Ansprüchen auf **Schadensersatz** sowie darauf bezogenen (Abmahn- oder Gerichts-) Kostenansprüchen, **nicht aber Unterlassungsansprüchen** nebst darauf bezogenen Kostenansprüchen entgegensteht (EuGH GRUR 2016, 1146 Rn. 79 – McFadden/Sony Music; dazu Holznagel jurisPR-WettbR 10/2016 Anm. 1; Nordemann GRUR 2016, 1097 (1099 ff.); Ohly GRUR 2017, 441 (449); → Rn. 2.29). Damit ist geklärt, dass die Haftungsprivilegierung des Zugangs-providers nach Art. 12 I E-Commerce-RL **den Unterlassungsanspruch nicht ausschließt** (siehe aber → Rn. 2.29). Zur Begründung hat der EuGH auf Art. 12 III der E-Commerce-RL verwiesen, dem zufolge die Möglichkeit unberührt bleibt, dass ein Gericht oder eine Verwaltungsbehörde nach den Rechtssystemen der Mitgliedstaaten vom Diensteanbieter verlangt die Rechtsverletzung abzustellen oder zu verhindern (EuGH GRUR 2016, 1146 Rn. 76 f. – McFadden/Sony Music). Diese Argumentation ist allerdings auf die Haftung der **Hostprovider** nach Art. 14 E-Commerce-RL nicht ohne weiteres übertragbar: Die E-Commerce-RL sieht mit Blick auf die verschiedenen Funktionen von Zugangsprovidern (reine Durchleitung) und Hostprovidern (Speicherung über eine gewisse Dauer) unterschiedliche Haftungsausnahmen vor (vgl. EuGH GRUR 2016, 1146 Rn. 55–63 – McFadden/Sony Music). Nach Art. 14 I lit. b E-Commerce-RL hängt die Haftungsprivilegierung des Hostproviders davon ab, dass er nach Erlangung vom Kenntnis vom Rechtsverstoß tätig wird und die Information entfernt oder den Zugang zu ihr sperrt. Eine niedrigere Haftungsschwelle kann weder für Schadensersatz- noch für Unterlassungsansprüche gelten (Ohly GRUR 2017, 441 (449)). Eine Haftung setzt vielmehr stets voraus, dass der Hostprovider spezifische Prüfungspflichten verletzt (vgl. BGH GRUR 2015, 1129 Rn. 31 – Hotelbewertungsportal). Auch in Ansehung der Entscheidung „McFadden/Sony Music" hat es daher dabei zu verbleiben, dass die Privilegierung des Hostproviders nach Art. 14 E-Commerce-RL **Unterlassungsansprüche erfasst** (Ohly GRUR 2017, 441 (449); aA Nordemann GRUR 2016, 1097 (1100); Holznagel jurisPR-WettbR 10/2016 Anm. 1). Auch der BGH neigt inzwischen zu dieser Sichtweise (vgl. BGH GRUR 2018, 1132 Rn. 46 ff. – YouTube m. Anm. Ohly GRUR 2018, 1139 (1140)).

2.28b   Allerdings kann sich nach Auffassung des EuGH nicht jeder Hosting-Anbieter auf das Haftungsprivileg berufen, sondern nur der **„neutrale" Diensteanbieter,** der „Vermittler" iSd Art. 12 ff. E-Commerce-RL ist. Bezogen auf den Betreiber eines **Online-Marktplatzes** bedeutet dies, dass er sich nur dann auf das Haftungsprivileg des § 10 S. 1 TMG berufen kann, wenn er sich darauf beschränkt, seine Leistung mittels rein technischer und automatischer Verarbeitung der von seinen Kunden eingegebenen Daten neutral zu erbringen. Unschädlich ist es auch noch, wenn er die Modalitäten für seinen Dienst festlegt, für diesen eine Vergütung erhält und seinen Kunden Auskünfte allgemeiner Art erteilt (EuGH WRP 2011, 1129 Rn. 115 – L'Oréal/eBay). Dagegen kann er sich nicht mehr auf das Haftungsprivileg berufen, wenn er zwischen dem als Verkäufer auftretenden Kunden und den potenziellen Käufern **keine neutrale Stellung** mehr einnimmt, sondern seinem Kunden Hilfestellung leistet, etwa indem er die Präsentation der betreffenden Verkaufsangebote optimiert oder durch Adword-Anzeigen in Suchmaschinen wie Google bewirbt (dazu Lehment WRP 2012, 149 (157 f.)). Denn damit übernimmt er eine **aktive Rolle,** die über die eines „Vermittlers" iSd Art. 12 ff. E-Commerce-RL hinausgeht, und die ihm eine Kenntnis der diese Angebote betreffenden Daten oder eine Kontrolle über sie verschaffen könnte (EuGH WRP 2011, 1129 Rn. 116 – L'Oréal/eBay; BGH WRP 2011, 1609 Rn. 23, 24 – Stiftparfüm). Nimmt der Diensteanbieter eine aktive Rolle im vorstehenden Sinne ein, dürfte – übertragen auf das TMG – ein **Zu-Eigen-Machen** der fremden Information iSd → Rn. 2.27 vorliegen. Diese Grundsätze gelten entsprechend für den Betreiber einer **Video-sharing- oder Sharehosting-Plattform** (EuGH WRP 2021, 1019 Rn. 106 –YouTube). – Betreibt ein Internet-Reisebüro ein **Hotelbewertungsportal,** das die eingehenden Bewertungen Privater zu einem Durchschnittswert und einer Weiterempfehlungsrate auswertet und dieses geschäftlich nutzt, übernimmt es damit noch keine aktive Rolle (→ § 4 Rn. 2.18c; BGH GRUR 2015, 1129 Rn. 35 – Hotelbewertungsportal). Dies gilt aber dann nicht mehr, wenn die eingehenden Bewertungen selektiv veröffentlicht werden, um bestimmte Anbieter zu begünstigen (ausgenommen das Herausfiltern unangemessener Bewertungen; KG WRP 2013, 1242 Rn. 60 ff.; Leistner FS Köhler, 2014, 415 (423 ff.)).

b) Beseitigungs- und Unterlassungsanspruch gegen Hosting-Anbieter. „Neutrale" **2.28c**
Hosting-Anbieter (→ Rn. 2.28b) sind für die gespeicherte fremde Information nach § 10 S. 1 TMG/Art. 6 I DSA nicht verantwortlich, sofern sie keine Kenntnis von der rechtswidrigen Handlung oder der Information haben oder sie unverzüglich tätig geworden sind, um die Information zu entfernen oder den Zugang zu ihr zu sperren, sobald sie diese Kenntnis erlangt haben. Umgekehrt folgt daraus, dass sie unter dem Gesichtspunkt der **Beihilfe** oder der täterschaftlichen **Verletzung einer wettbewerbsrechtlichen Verkehrspflicht** (BGHZ 173, 188 = GRUR 2007, 890 Rn. 21 ff. – Jugendgefährdende Medien bei eBay; → Rn. 2.6 ff.) verantwortlich sind, wenn sie Kenntnis erlangen, aber nicht unverzüglich tätig werden. Der EuGH hat ausgesprochen, dass die Privilegierung des Art. 14 E-Commerce-RL nicht für Betreiber von Videosharing- oder Sharehosting-Plattformen gilt, die aufgrund eigener Nachprüfung oder eines Hinweises **Kenntnis von konkreten rechtswidrigen Handlungen** ihrer Nutzer haben (EuGH WRP 2021, 1019 Rn. 115–118 – YouTube und Cyando). Bei Verletzung von **Immaterialgüterrechten** kam nach bisherigen Rspr. des BGH (lediglich) eine **Störerhaftung** in Frage (→ Rn. 2.2d), die aber unter dem Vorbehalt stand, dass der Diensteanbieter nur technisch mögliche und ihm zumutbare Maßnahmen ergreifen muss (BGHZ 158, 236 (252) – Internet-Versteigerung I; BGH WRP 2011, 1609 Rn. 20 – Stiftparfüm; GRUR 2015, 485 Rn. 49 – Kinderhochstühle im Internet III; zu Einzelheiten vgl. Lehment WRP 2012, 149; Wiebe WRP 2012, 1182; Wiebe WRP 2012, 1336). Der **EuGH** hat auf Vorlage des BGH (GRUR 2018, 1132 – YouTube I; GRUR 2018, 1239 – uploaded I) das Haftungsmodell der Störerhaftung für Urheberrechtsverstöße **als mit Art. 8 III RL 2001/29/EG vereinbar** angesehen (EuGH WRP 2021, 1019 Rn. 143 – YouTube und Cyando), jedoch zugleich den Begriff der öffentlichen Zugänglichmachung iSv Art. 3 I RL 2001/29/EG mit Blick auf die Tätigkeit von Videosharing- und Sharehosting-Plattformen erweitert: Diese nehmen danach **selbst (täterschaftlich) eine öffentliche Wiedergabe vor,** wenn sie über die bloße Bereitstellung der Plattform hinaus dazu beitragen, der Öffentlichkeit unter Verletzung von Urheberrechten Zugang zu solchen Inhalten zu verschaffen; dies ist der Fall, wenn der Betreiber trotz Kenntnis von der rechtsverletzenden Zugänglichmachung eines geschützten Inhalts auf seiner Plattform diesen Inhalt nicht unverzüglich löscht oder den Zugang zu ihm sperrt, oder wenn er nicht die geeigneten technischen Maßnahmen ergreift, die von einem die übliche Sorgfalt beachtenden Wirtschaftsteilnehmer in seiner Situation erwartet werden können, um Urheberrechtsverletzungen auf dieser Plattform glaubwürdig und wirksam zu bekämpfen, oder wenn er ein Geschäftsmodell gewählt hat, das die Nutzer seiner Plattform dazu verleitet, geschützte Inhalte auf dieser Plattform rechtswidrig öffentlich zugänglich zu machen (EuGH WRP 2021, 1019 Rn. 102 – YouTube und Cyando). Im Anschluss daran hat der BGH **für den durch Art. 3 Abs. 2 RL 2001/29/EG vollharmonisierten Bereich** entschieden, dass unter den vom EuGH ausgesprochenen Bedingungen eine **Haftung als Täter** einer öffentlichen Wiedergabe iSv § 85 I 1 Fall 3 UrhG besteht (BGHZ 234, 56 = GRUR 2022, 1308 Rn. 77 – YouTube II; BGHZ 233, 373 = GRUR 2022, 1324 Rn. 25 – uploaded II) und diese **an die Stelle der bisherigen Störerhaftung** tritt (BGHZ 234, 37 = GRUR 2022, 1328 Rn. 38 – uploaded III).

Wie der Hosting-Anbieter Kenntnis von der rechtswidrigen Information erlangt, ob durch **2.28d** eigene Recherchen oder auf Grund eines Hinweises des Verletzten, der auch in einer Abmahnung oder Klage enthalten sein kann, ist unerheblich. Die **Beweislast** für das Vorliegen der Kenntnis trägt der Anspruchsteller (BGH MMR 2004, 166). In der Praxis stellt sich daher das Problem, wie der Anspruchsteller die Kenntnis der Rechtswidrigkeit beweisen kann. Denn sein Hinweis auf eine Verletzungshandlung ist möglicherweise nicht hinreichend genau und substantiiert. Das macht ihn aber nicht unverwertbar. Denn er kann gleichwohl ein Anhaltspunkt für die Würdigung durch das Gericht sein, ob sich der Hosting-Anbieter in Anbetracht der ihm so übermittelten Informationen etwaiger Tatsachen oder Umstände bewusst war, auf deren Grundlage ein sorgfältiger Wirtschaftsteilnehmer die Rechtswidrigkeit hätte feststellen müssen (EuGH WRP 2011, 1129 Rn. 122 – L'Oréal/eBay). Dem entspricht es in der Sache, wenn der BGH einen Hinweis auf eine klare Rechtsverletzung verlangt: Der Hinweis müsse so konkret sein, dass der Adressat den Rechtsverstoß unschwer, also ohne eingehende rechtliche und tatsächliche Überprüfung feststellen könne. Der gebotene Prüfungsaufwand hänge von den Umständen des Einzelfalls ab, insbes. vom Gewicht der angezeigten Rechtsverletzungen und den Erkenntnismöglichkeiten des Hosting-Anbieters (BGH WRP 2011, 1609 Rn. 28 – Stiftparfüm). (Zur Frage, wann der Anspruchsteller die von ihm mitgeteilten Umstände einer Rechtsverletzung belegen muss, vgl. BGH WRP 2011, 1609 Rn. 31 ff. – Stiftparfüm.) Im Ergebnis haftet der Hosting-Anbieter also von dem Zeitpunkt an auf Beseitigung und Unterlassung, in dem er von der Rechtsverletzung Kenntnis erlangt hat oder bei der gebotenen Sorgfalt hätte erlangen müssen (BGH WRP 2011, 1609 Rn. 26, 39 – Stiftparfüm). Der wettbewerbsrechtliche Unterlassungsanspruch gegen den Hosting-Anbieter setzt nach § 8 I allerdings eine **Wiederholungs-** oder **Erstbegehungsgefahr** voraus. Wiederholungsgefahr besteht dann, wenn der Hosting-Anbieter trotz Kenntnis von der rechtswidrigen Information nicht unverzüglich tätig wird, um sie zu entfernen oder den Zugang zu ihr zu sperren. Ist der Hosting-Anbieter aber in dieser Weise tätig geworden, so besteht Wiederholungsgefahr erst dann, wenn diese oder eine gleichartige rechtswidrige Information wiederum gespeichert wird, obwohl der Hosting-Anbieter dies mit den ihm möglichen und zumutbaren Mitteln hätte erkennen und verhindern können (so iErg auch BGH WRP 2011, 1629 Rn. 39 – Stiftparfüm; GRUR 2013, 1030 Rn. 45 – File-Hosting-Dienst; krit. Lehment WRP 2012, 149 (156)). Der Hosting-Anbieter muss maW Prüf- und Eingreifpflichten verletzt haben (vgl. BGHZ 173, 188 Rn. 50 ff. – Jugendgefährdende Medien bei eBay). Die Anforderungen dürfen aber nicht so weit gehen, dass der Hosting-Anbieter alle von ihm gespeicherten Informationen seiner Kunden überwachen müsste (vgl. § 7 II TMG, der Art. 15 E-Commerce-RL umsetzt). Erstbegehungsgefahr besteht, wenn Umstände vorliegen, die auf die Bereitschaft des Hosting-Anbieters schließen lassen, auch künftig nicht gegen derartige Informationen vorzugehen (BGH WRP 2011, 1629 Rn. 44, 45 – Stiftparfüm; GRUR 2015, 1129 Rn. 43 – Hotelbewertungsportal). Dazu reicht es aber nicht aus, wenn der Hosting-Anbieter erklärt, er habe die rechtswidrige Information lediglich aus Kulanzgründen gelöscht.

2.28e   **c) Schadensersatzanspruch gegen Hosting-Anbieter.** Für wettbewerbsrechtliche Schadensersatzansprüche aus §§ 3, 9 gegen den Diensteanbieter gilt das Haftungsprivileg des § 10 S. 1 TMG/Art. 6 I DSA, sofern er eine **neutrale** Stellung zwischen seinen Kunden und den Nutzern einnimmt (→ Rn. 2.28b). Er ist nicht verantwortlich, wenn ihm keine Tatsachen oder Umstände bekannt sind, aus denen die rechtswidrige Handlung oder die Information offensichtlich wird (→ Rn. 2.28c). Bei der Auslegung des Art. 6 I DSA bzw. bei der richtlinienkonformen Auslegung des § 10 S. 1 TMG ist maßgebend, ob der Diensteanbieter sich etwaiger Tatsachen oder Umstände bewusst war, auf deren Grundlage ein sorgfältiger Wirtschaftsteilnehmer die fragliche Rechtswidrigkeit hätte feststellen und nach Art. 14 I lit. b E-Commerce-RL bzw. Art. 6 I lit. B DSA unverzüglich hätte dagegen vorgehen müssen (zu Art. 14 I lit. b E-Commerce-RL vgl. EuGH WRP 2011, 1429 Rn. 120, 124 – L'Oréal/eBay; WRP 2021, 1019 Rn. 115–117 – YouTube). Wie der Hosting-Anbieter von diesen Tatsachen oder Umständen Kenntnis erlangt, sei es durch eigene Überprüfung, sei es durch Mitteilungen Dritter, ist unerheblich. Maßgebend ist nur, dass ein sorgfältiger Wirtschaftsteilnehmer daraus auf die Rechtswidrigkeit der Handlung oder Information schließen konnte. In der Sache entspricht dies den Anforderungen der deutschen Rspr. an die schuldhafte Verletzung einer wettbewerbsrechtlichen Verkehrspflicht (vgl. Lehment WRP 2012, 149 (150); Nordemann GRUR 2011, 977 (978)).

5. Verantwortlichkeit der Access- und Network-Provider (§ 8 I TMG/Art. 4 I DSA)

2.29   Die sog. **Access-** und **Network-Provider** sind nach § 8 I TMG bzw. Art. 4 I DSA für fremde Informationen nicht verantwortlich, sofern sie die Übermittlung nicht veranlasst, die Adressaten nicht ausgewählt und die übermittelten Informationen nicht ausgewählt oder verändert haben. Mit dem **2. TMG-ÄndG** (BGBl. 2016 I 1766) ist § 8 TMG mWv 27.7.2016 ein neuer Abs. 3 angefügt worden, der den Diensteanbieter in den Regelungsbereich der Vorschrift einbezieht, die Nutzern einen Internetzugang über ein **drahtloses lokales Netzwerk** zur Verfügung stellen. Der Gesetzgeber hatte mit dem Gesetzentwurf zunächst das Ziel verfolgt, die Verbreitung öffentlicher WLAN-Netze durch die **Abschaffung der Störerhaftung** von Betreibern solcher Netze zu fördern (RegE 2. TMG-ÄndG, BT-Drs. 18/6745, 7). Die entsprechende Regelung in § 8 IV TMG-RegE ist jedoch nicht Gesetz geworden, wenngleich in der Beschlussempfehlung des Ausschusses für Wirtschaft und Energie das ursprüngliche Ziel bekräftigt wurde (BT-Drs. 18/8645, 10; hierzu Bornkamm FS Kirchberg, 2017, 547 (561 ff.)). Mit dem **3. TMG-ÄndG** v. 28.9.2017 (BGBl. 2017 I 3530) das am 13.10.2017 in Kraft getreten ist, hat der Gesetzgeber das Ziel der „Abschaffung der Störerhaftung" **für sämtliche Accesspro-vider** weiterverfolgt (RegE 3. TMG-ÄndG, BT-Drs. 18/12202, 11 ff.; ferner BT-Drs. 18/12496, 1 ff.). Nach § 8 I 2 TMG nF können Diensteanbieter – der Gesetzgeber differenziert hier nicht zwischen Anbietern von WLAN-Zugängen und anderen Accessprovidern – wegen einer rechtswidrigen Handlung eines Nutzers **nicht auf Schadensersatz, Unterlassung, Beseitigung oder jegliche mit der Durchsetzung dieser Ansprüche verbundene Kostenerstattung** in Anspruch genommen werden. § 8 IV TMG nF sieht vor, dass Anbieter von WLAN-Netzen von einer Behörde nicht verpflichtet werden dürfen, vor Gewährung des Zugangs dem Nutzer eine Registrierung oder die Eingabe eines Passworts abzuverlangen oder das Anbieten des Dienstes dauerhaft einzustellen. § 7 IV nF sieht einen Anspruch des Rechtsinhabers vor, im Falle der Verletzung eines Rechts des geistigen Eigentums von dem betroffenen Anbieter eines WLAN-Zugangs („Diensteanbieter nach § 8 Absatz 3") die **Sperrung** der Nutzung von Informationen zu verlangen, um die Wiederholung der Rechtsverletzung zu verhindern, sofern die Sperrung zumutbar und verhältnismäßig ist und für den Rechtsinhaber keine andere Möglichkeit besteht, der Verletzung seines Rechts abzuhelfen; ein Anspruch auf **Erstattung der vor- und außergerichtlichen Kosten für die Anspruchsverfolgung** wird – außer bei absichtlichem Zusammenwirken – **ausgeschlossen.** Ein entsprechender Anspruch auf Sperrung gegenüber sonstigen Accessprovidern ist nicht vorgesehen.

§ 8 I 2 TMG nF und § 7 IV TMG nF **bedürfen der unionsrechtskonformen Rechtsfort-** **2.29a** **bildung** (BGH GRUR 2018, 1044 Rn. 49 – Dead Island). Nach Art. 8 Abs. 3 RL 2001/29/EG sowie Art. 11 S. 3 Durchsetzungs-RL obliegt den Mitgliedstaaten die **unionsrechtliche Pflicht,** im Falle der Verletzung von Rechten des geistigen Eigentums die Möglichkeit einer **Anordnung gegen Vermittler** bereitzustellen, deren Dienste für rechtsverletzende Handlungen genutzt werden. Lediglich hinsichtlich der Ausgestaltung der Modalitäten einer solchen Anordnung verbleibt den Mitgliedstaaten ein Spielraum (vgl. ErwGr. 59 RL 2001/29/EG; ErwGr. 23 RL 2004/48/EG; EuGH GRUR 2011, 1025 Rn. 135 – L'Oréal/eBay; GRUR 2012, 265 Rn. 32 – Scarlet/SABAM; GRUR 2014, 468 Rn. 43 – UPC Telekabel; BGHZ 208, 82 = GRUR 2016, 268 Rn. 34 – Störerhaftung des Accessproviders). Die E-Commerce-RL steht ebenso wie der DSA einer solchen Anordnung nicht entgegen, weil gem. Art. 12 III E-Commerce-RL bzw. Art. 4 III DSA bezogen auf Diensteanbieter, die als Vermittler von einem Nutzer eingegebene Informationen in einem Kommunikationsnetz übermitteln oder den Zugang zu einem Kommunikationsnetz vermitteln, die Möglichkeit unberührt lassen, nach den Rechtssystemen der Mitgliedstaaten vom Diensteanbieter zu verlangen, die Rechtsverletzung abzustellen oder zu verhindern (BGH GRUR 2016, 268 Rn. 22 – Störerhaftung des Access-Providers). Die Ersetzung des nach bisherigem Recht aus der Störerhaftung abgeleiteten Unterlassungsanspruchs gegen Zugangsvermittler durch einen auf aktive Leistung gerichteten Anspruch (vgl. BT-Drs. 18/12202, 12) auf Sperrung von Informationen nach § 7 IV TMG nF kann auch vor dem Hintergrund der Entscheidung „McFadden/Sony Music" (EuGH GRUR 2016, 1146 Rn. 79) grds. noch als zulässige Ausschöpfung dieses mitgliedstaatlichen Gestaltungsspielraums angesehen werden. **Klar unionsrechtswidrig** wäre es jedoch, Rechtsinhabern den Unterlassungsanspruch gem. § 8 I 2 TMG nF umfassend abzuerkennen, den diese Maßnahme kompensierenden Sperranspruch nach § 7 IV TMG nF – wie durch den Wortlaut dieser Vorschrift nahegelegt – jedoch nur gegenüber Anbietern von Internetzugängen über WLAN und nicht auch gegenüber Anbietern drahtgebundener Internetzugänge zu eröffnen (BGH GRUR 2018, 1044 Rn. 46 – Dead Island; Grisse GRUR 2017, 1073 (1080); Hofmann GPR 2017, 176 (180); Spindler CR 2017, 333 (334) und NJW 2017, 2305). Um dem Unionsrecht zur vollen Wirksamkeit zu verhelfen, ist die Neuregelung deshalb dahingehend unionsrechts-konform fortzubilden, dass der Sperranspruch **in entsprechender Anwendung von § 7 IV TMG nF auch gegenüber Anbietern drahtgebundener Internetzugänge besteht** (BGH GRUR 2018, 1044 Rn. 49 – Dead Island; Spindler/Schmitz/Spindler TMG, 2. Aufl. 2018, § 7 Rn. 89; Grisse GRUR 2017, 1073 (1078 f.)). Den Gerichten steht bei der Anwendung des § 7 IV TMG nF **die volle Bandbreite denkbarer Sperrmaßnahmen** – etwa Passwortverschlüsselung, Sperrung von Internetseiten, Datenmengenbegrenzung, Portsperren bis hin zur vollständigen Sperrung des Zugangs, soweit die Abwägung der betroffenen Grundrechte dies zulässt (vgl. EuGH GRUR 2016, 1146 Rn. 85 ff. – McFadden/Sony Music) – zur Verfügung, ohne dass die allein Maßnahmen von **Behörden** restringierende Vorschrift des § 8 IV TMG nF dem entgegenstünde (BGH GRUR 2018, 1044 Rn. 54 f. – Dead Island). Der Ausschluss von **Schadensersatz- und Kostenerstattungsansprüchen** durch § 8 I 2 TMG nF ist unionsrechtlich weniger problematisch: Art. 8 Abs. 3 RL 2001/29/EG sowie Art. 11 S. 3 Durchsetzungs-RL verlangen solche Ansprüche nicht; zudem unterfallen Schadensersatzansprüche gegenüber Zugangsvermittlern der Privilegierung des Art. 12 E-Commerce-RL (vgl. EuGH GRUR 2016, 1146 Rn. 79 –McFadden/Sony Music). Schon bisher schloss die Inanspruchnahme des Störers Schadensersatz nicht ein, sondern beschränkte sich auf Unterlassungshaftung. Die Versagung des Ersatzes von Abmahnkosten dürfte sich als verfahrensrechtliche Regelung innerhalb des mitgliedstaatlichen Gestaltungsspielraums halten (vgl. (zu den vom Zugangsvermittler für die Durchführung einer „blocking injunction" aufgewendeten Kosten) UK Supreme Court (2018) UKSC 28, S. 18 f. – Cartier International/British Telecom; Hoeren/Klein MMR 2016, 764 (767); Hofmann GPR 2017, 176 (180); Mantz EuZW 2016, 817 (820)). Auch Art. 10 Durchsetzungs-RL erfordert nicht zwingend die Kostentragungspflicht der unterlegenen Partei, die durch § 8 I 2 TMG nF allenfalls hinsichtlich der Rechtsanwaltskosten des Zugangsvermittlers tangiert wird (s. BT-Drs. 18/12202, 13), sondern stellt sie unter den Vorbehalt der Zumutbarkeit, Angemessenheit und Billigkeit (zu Art. 14 Durchsetzungs-RL vgl. EuGH GRUR 2022, 853 – NovaText/Ruprecht-Karls-Universität Heidelberg; BGH GRUR 2023, 446 Rn. 18 ff. – Kosten des Patentanwalts VII).

2.29b   Die bei der Prüfung von **Sperransprüchen** nach Art. 8 III RL 2001/29/EG und Art. 11 S. 3 Durchsetzungs-RL vorzunehmende umfassende **Abwägung der betroffenen Grundrechtspositionen** hat der EuGH den Gerichten der Mitgliedstaaten überantwortet, jedoch darauf hingewiesen, dass die Anordnung zur Wahrung des Grundrechts der Internetnutzer auf Informationsfreiheit (Art. 11 I GRCh, Art. 5 I 1 GG) den Zugriff auf rechtmäßige Inhalte nicht unnötig vorenthalten darf (vgl. EuGH GRUR 2014, 468 Rn. 56, 62, 64 – UPC-Telekabel/Constantin Film; nachfolgend öOGH GRUR-Int. 2014, 1074; zust. Leistner/Grisse GRUR 2015, 19 ff.; Leistner/Grisse GRUR 2015, 105 ff.; Nordemann ZUM 2014, 499; krit. Spindler GRUR 2014, 826 ff.). Das vom BGH angenommene Subsidiaritätserfordernis, dem zufolge eine gegenüber dem Access-Provider ergehende Anordnung nur zumutbar ist, wenn der Anspruchsteller nachweist, dass die Inanspruchnahme des unmittelbaren Verletzers nicht möglich war (BGH GRUR 2016, 268 Rn. 82 – Störerhaftung des Access-Providers; vgl. auch BGHZ 227, 173 = GRUR 2021, 63 Rn. 35 – Störerhaftung des Registrars), hat in § 7 IV TMG nF Eingang gefunden. Nur dann, wenn der Anspruchsteller andernfalls schutzlos wäre, vermag sich sein durch das Eigentumsgrundrecht gem. Art. 17 II GRCh bzw. Art. 14 I GG geschütztes Immaterialgüterrecht gegenüber dem Recht des Access-Providers auf unternehmerische Freiheit gem. Art. 16 GRCh bzw. dem Grundrecht auf Berufsausübungsfreiheit gem. Art. 12 I GG durchzusetzen.

2.29c   Zugangsprovider haften grds. nicht unter dem Gesichtspunkt der Verletzung einer wettbewerbsrechtlichen Verkehrspflicht, weil (und soweit) sie nicht im eigenen Verantwortungsbereich eine Gefahrenquelle für Wettbewerbsverstöße eröffnen, sondern nur den Zugang zu etwaigen Wettbewerbsverstößen ermöglichen, die aus einer von einem Dritten eröffneten Gefahrenquelle herrühren (OLG Frankfurt CR 2008, 242; Döring WRP 2008, 1131; Spindler FS Köhler, 2014, 695 (704)).

XI. Mehrheit von Schuldnern

2.30   Sind mehrere nebeneinander für einen Wettbewerbsverstoß verantwortlich (zB Unternehmensinhaber neben Mitarbeitern; GmbH-Geschäftsführer neben GmbH), ist der Gläubiger grds. frei, ob er gegen alle (gemeinsam oder getrennt) oder nur einzelne Verantwortliche vorgeht (OLG Düsseldorf NJWE-WettbR 1997, 245). Eine Grenze setzt der Missbrauchstatbestand des § 8c. Die Regeln über die **Gesamtschuld** (§§ 421 ff. BGB) sind auf den Unterlassungsanspruch nicht und auf den Beseitigungsanspruch nur eingeschränkt anwendbar (vgl. Teplitzky Wettbewerbsrechtliche Ansprüche/Büch Kap. 14 Rn. 44; Gloy/Loschelder/Danckwerts WettbR-HdB/Fritzsche § 79 Rn. 158).

XII. Verantwortlichkeit bei Unternehmensnachfolge, Insolvenz und Arbeitsplatzwechsel

2.31   Besteht gegen einen Unternehmer ein **gesetzlicher Unterlassungsanspruch,** erlischt er weder durch **Unternehmensveräußerung** noch haftet der Erwerber anstelle des Veräußerers (§ 25 HGB ist insoweit nicht anwendbar, sondern gilt nur für den vertraglichen Unterlassungsanspruch; LG Düsseldorf WRP 2012, 496 (497)). Der Rechtsnachfolger haftet auch nicht bei einem Übergang des Unternehmens auf einen anderen Rechtsträger kraft Gesetzes unter Wegfall des ursprünglichen Schuldners, etwa durch **Erbfolge** oder **Verschmelzung** (BGH GRUR 2006, 879 Rn. 17 – Flüssiggastank; GRUR 2007, 995 Rn. 10 – Schuldnachfolge; GRUR 2008, 1002 Rn. 39 – Schuhpark; Köhler WRP 2000, 921 und WRP 2010, 475; krit. FBO/Büscher Rn. 158). Denn die Unterlassungspflicht ist **höchstpersönlicher** Natur, dh an die Person des Schuldners geknüpft (differenzierend Mels/Franzen GRUR 2008, 968; Gloy/Loschelder/Danckwerts WettbR-HdB/Fritzsche § 79 Rn. 161; OLG Frankfurt OLGR 2008, 192). Daher sind auch die §§ 265, 325, 727 ZPO nicht anwendbar. Der Wettbewerbsverstoß in der Person des Rechtsvorgängers begründet keine Wiederholungsgefahr in der Person des Rechtsnachfolgers (BGH GRUR 2007, 995 Rn. 10, 11 – Schuldnachfolge; GRUR 2019, 746 Rn. 38 – Energieeffizienzklasse III). Der Rechtsnachfolger haftet nur, wenn er in seiner Person die Anspruchsvoraussetzungen erfüllt, zB das Verhalten des Vorgängers fortsetzt oder fortzusetzen droht (vgl. OLG München GRUR-RR 2007, 211 (214); K. Schmidt FS Köhler, 2014, 631 (638 ff.)). Für eine **Erstbegehungsgefahr** reichen für sich allein aber weder die Unternehmensnachfolge noch die bloße Verteidigung des Verhaltens des Rechtsvorgängers aus (BGH GRUR 2006, 879 Rn. 18 – Flüssiggastank; BGHZ 185, 11 Rn. 40 = GRUR 2010, 536 – Modulgerüst II). Diese Grundsätze gelten auch dann, wenn der Veräußerer nur nach § 8 II oder nach § 31 BGB für den Wettbewerbsverstoß einzustehen hat (→ Rn. 2.53 mN zur Gegenansicht; wie hier auch BGH GRUR 2007, 995 Rn. 10 – Schuldnachfolge; GRUR 2008, 1002 Rn. 39 – Schuhpark; WRP 2013, 347 Rn. 15 – Wiederholungsgefahr bei Unternehmensverschmelzung; Teplitzky Wettbewerbsrechtliche Ansprüche/Büch Kap. 15 Rn. 12). Allerdings kann eine **originäre** Haftung des Rechtsnachfolgers aus § 8 II oder § 31 BGB (analog) in Betracht kommen, wenn die Zuwiderhandelnden in mehr oder weniger unveränderter Funktion für den Rechtsnachfolger tätig sind und die in ihrer Person bestehende Wiederholungsgefahr im Zeitpunkt der Rechtsnachfolge nicht ausgeräumt ist (→ Rn. 2.53). – Besteht gegen den Veräußerer ein **gesetzlicher Beseitigungsanspruch,** erlischt er nur bei objektiver Unmöglichkeit (§ 275 I BGB) der Beseitigung. Der **Erwerber** haftet originär auf Beseitigung, wenn er den Störungszustand aufrechterhält, obwohl er zur Beseitigung in der Lage wäre (**Beispiel:** Der Veräußerer hat ein wettbewerbswidriges Werbeplakat in den Verkaufsräumen nicht beseitigt. Seine Beseitigungspflicht erlischt ggf. nach § 275 BGB, uU besteht eine Schadensersatzpflicht nach §§ 280 ff. BGB; stattdessen haftet der Erwerber auf Beseitigung). – Die gleichen Grundsätze gelten im Fall der **Insolvenz** des Schuldners für die Verantwortlichkeit des **Insolvenzverwalters** wegen eines Wettbewerbsverstoßes des Schuldners (BGH GRUR 2010, 536 Rn. 40, 41 – Modulgerüst II; K. Schmidt FS Köhler, 2014, 631 (641 ff.)). – Entsprechendes gilt für einen Unterlassungsanspruch gegen einen **gesetzlichen Vertreter** oder **Mitarbeiter,** der das Unternehmen wechselt: Der Unterlassungsanspruch gegen ihn erlischt nicht (BGH GRUR 1976, 579 (583) – Tylosin) und erstreckt sich nicht auf den Nachfolger am Arbeitsplatz. Beim Beseitigungsanspruch kommt es darauf an, ob dem Ausgeschiedenen eine Beseitigung tatsächlich und rechtlich noch möglich ist (vgl. BGH GRUR 1974, 666 (669) – Reparaturversicherung; Klaka GRUR 1988, 729 (733)). – Wechselt die Gesellschaft, gegen die ein gesetzlicher Unterlassungsanspruch besteht, gem. §§ 190 ff. UmwG ihre Form, ohne dass dieser **Formwechsel** die Identität der Gesellschaft berührt (§ 202 I Nr. 1 UmwG), so **bleibt die Wiederholungsgefahr unberührt** (BGH GRUR 2015, 813 Rn. 17 – Fahrdienst zur Augenklinik; K. Schmidt FS Köhler, 2014, 631 (640)). Wegen fortbestehender Identität des Rechtsträgers dauert die Wiederholungsgefahr auch fort, wenn die Gesellschaft, gegen die ein gesetzlicher Unterlassungsanspruch besteht, als **übernehmender Rechtsträger** im Wege der **Verschmelzung** gem. § 2 Nr. 1, §§ 4 ff. UmwG eine andere Gesellschaft aufnimmt (BGH GRUR 2015, 813 Rn. 17 – Fahrdienst zur Augenklinik; K. Schmidt FS Köhler, 2014, 631 (640); anders, wenn der Wettbewerbsverstoß im auf eine andere Gesellschaft verschmolzenen Unternehmen erfolgt war, BGH GRUR 2019, 746 Rn. 38 – Energieeffizienzklasse III).

B. Die Haftung des Unternehmensinhabers für Mitarbeiter und Beauftragte (§ 8 II)

Schrifttum: Ahrens, Beteiligung der Presse an Wettbewerbsverstößen von Anzeigenkunden, FS Traub, 1994, 11; Ahrens, Unterlassungsschuldnerschaft beim Wechsel des Unternehmensinhabers, GRUR 1996, 518; Foerste, Umschreibung des Unterlassungstitels bei Betriebserwerb, GRUR 1998, 450; Fritzsche, Unterlassungsanspruch und Unterlassungsklage, 2000; Fritzsche, Anm. zu BGH, Urteil vom 26.1.2023 (I ZR 27/22) – Zu den Anforderungen an wettbewerbsrechtliche Haftung für Affiliate-Partner, GRUR 2023, 346; Gerecke, Kennzeichnung von werblichen Beiträgen im Online-Marketing, GRUR 2018, 153; Hahn, Die Haftung des Unternehmensinhabers nach § 8 Abs. 2 UWG, 2007; Karg/Bußmann, Haftung des Unternehmensinhabers gem. § 8 Abs. 2 UWG für unlautere Abwerbungshandlungen seiner Mitarbeiter in untergeordneter Stellung, WRP 2023, 282; Köhler, Die Haftung des Unternehmensinhabers für Wettbewerbsverstöße seiner Mitarbeiter und Beauftragten (§ 13 IV UWG), GRUR 1991, 344; Köhler, Neubeurteilung der wettbewerblichen Haftung des Rechtsnachfolgers eines Unternehmers?, WRP 2010, 475; Leeb/Maisch, Social-Media-Stars und -Sternchen im rechtsfreien Raum? ZUM 2019, 29; Lichtnecker, Neues aus dem Social Media-Marketing, MMR 2018, 512; Lunk/Nebendahl, Zur Unterlassungshaftung gemeine Inseraten für wettbewerbswidrige Zeitungsanzeigen, GRUR 1991, 656; Omsels/Wagner, Die Verantwortung der Kommunikationsagentur für rechtswidrige Werbung, GRUR 2015, 1059; Reichelsdorfer, Die Haftung für Dritte im Wettbewerbsrecht, Diss. Erlangen 2001; Renner/Schmidt, Unterlassung von Handlungen Dritter?, GRUR 2009, 908; Scherer, Einschränkung der Verantwortlichkeit des Werbenden für Marken- und Wettbewerbsrechtsverletzungen im Internet, WRP 2016, 941; Schünemann, Die wettbewerbsrechtliche „Störer"-Haftung, WRP 1998, 120; Seichter/Röhm, Keine grenzenlose Haftung – zur Reichweite des § 8 Abs. 2 UWG im Bereich des Affiliate-Marketings, jM 2023, 190; Werner, Die wettbewerbsrechtliche Konzernhaftung, WRP 2018, 286.

I. Rechtsnatur, Normzweck und Auslegung

1. Rechtsnatur

2.32   Die Rechtsnatur der Regelung in § 8 II, die inhaltlich dem § 13 IV UWG 1909 entspricht und nur redaktionell verbessert wurde, ist umstritten. Nach einer Auffassung ist der Norm zu entnehmen, dass der Unternehmensinhaber stets als Verletzer haftet und diese Haftung auf die Mitarbeiter ausgedehnt wird (Schünemann WRP 1998, 120 (123) zu § 13 IV UWG 1909). Diese Auffassung ist aber mit dem Wortlaut der Norm („auch") nicht und erst recht nicht mit der Definition des Unternehmers in § 2 I Nr. 8 („und jede Person, die im Namen oder Auftrag einer solchen Person handelt") vereinbar. Nach einer zweiten Auffassung stellt § 8 II keine selbstständige Anspruchsgrundlage, sondern nur eine Zurechnungsnorm dar (Fritzsche S. 443 f. zu § 13 IV UWG 1909). Daran ist zwar richtig, dass sich der Unternehmensinhaber die Zuwiderhandlung wie eine eigene zurechnen lassen muss. Das ändert aber nichts daran, dass § 8 II – ähnlich wie § 831 BGB – einen **zusätzlichen selbstständigen Anspruch** des Verletzten gegen den Unternehmensinhaber begründet (BGH GRUR 1995, 605 (608) – Franchise-Nehmer; GRUR 2000, 907 – Filialleiterfehler; WRP 2012, 1517 Rn. 43 – DAS GROSSE RÄTSELHEFT; Teplitzky Wettbewerbsrechtliche Ansprüche/Büch Kap. 14 Rn. 35). – Auf die Haftung aus § 8 II braucht dann nicht zurückgegriffen zu werden, wenn der Unternehmensinhaber selbst als (mittelbarer oder Mit-)**Täter** haftet (BGH GRUR 1994, 441 (443) – Kosmetikstudio; GRUR 2010, 936 Rn. 20 – Espressomaschine; GRUR 2010, 1110 Rn. 33 – Versandkosten bei Froogle II; OLG München WRP 2008, 1471 (1473)). Allerdings kann sich der Gläubiger auch in diesem Fall auf § 8 II berufen, etwa weil er dessen Voraussetzungen leichter beweisen kann (MüKoUWG/Fritzsche Rn. 386). Dasselbe gilt, wenn der Handelnde **Organ** des Unternehmensinhabers ist (zB GmbH-Geschäftsführer; OHG-Gesellschafter; → Rn. 2.20) ist und der Unternehmensinhaber für sein Handeln bereits nach §§ 31, 89 BGB haftet (Köhler GRUR 1991, 344 (347 f.); Hahn, Die Haftung des Unternehmensinhabers nach § 8 Abs. 2 UWG, 2007, S. 310 ff.).

2. Normzweck

2.33   § 8 II regelt den Unterlassungsanspruch gegen den Unternehmensinhaber bei Zuwiderhandlungen seiner Mitarbeiter und Beauftragten im Sinne einer **Erfolgshaftung** ohne Entlastungsmöglichkeit (BGH GRUR 2000, 907 (909) – Filialleiterfehler; GRUR 2011, 543 Rn. 13 – Änderung der Voreinstellung III; BGH MD 2012, 802 Rn. 9). Der Unternehmensinhaber kann sich also nicht darauf berufen, er habe die Zuwiderhandlung seines Mitarbeiters oder Beauftragten nicht gekannt oder nicht verhindern können. Die verfassungskonforme (BVerfG NJW 1996, 2567) Norm schließt damit Schutzlücken, die bestünden, wenn 1. die allgemeine deliktsrechtliche Haftung des Unternehmers für seine Mitarbeiter wegen Exkulpation nach § 831 BGB iVm § 1004 BGB entfiele oder 2. bei vertraglicher Übertragung von Verkehrspflichten die Haftung des Überträgers nach § 823 BGB aufgrund der Verengung seiner Pflichten auf Auswahl-, Instruktions- oder Überwachungspflichten ausgeschlossen wäre (vgl. BGH GRUR 2023, 732 Rn. 37 f. – Rundfunkhaftung II; → Rn. 2.13e). Der Inhaber des Unternehmens, dem die geschäftlichen Handlungen zugutekommen sollen, soll sich nicht hinter von ihm abhängigen Dritten verstecken können (BGH GRUR 1980, 116 (117) – Textildrucke; GRUR 1990, 1039

(1040) – Anzeigenauftrag; GRUR 2003, 453 (454) – Verwertung von Kundenlisten; GRUR 2008, 186 Rn. 22 – Telefonaktion). Seine Haftung rechtfertigt sich daraus, dass er durch den Einsatz von Mitarbeitern und Beauftragten seinen **Geschäftskreis erweitert** und damit zugleich das **Risiko von Zuwiderhandlungen** innerhalb seines Unternehmens **schafft** (BGH GRUR 1995, 605 (607) – Franchise-Nehmer; GRUR 2023, 343 Rn. 23 – Haftung für Affiliates; Köhler GRUR 1991, 344 (345 f.); Hahn, Die Haftung des Unternehmensinhabers nach § 8 Abs. 2 UWG, 2007, 186 ff.). Da er die **Vorteile** der arbeitsteiligen Organisation in Anspruch nimmt, soll er auch die damit verbundenen und in gewisser Weise auch **beherrschbaren Risiken** tragen (vgl. BGH GRUR 2007, 994 Rn. 19 – Gefälligkeit; GRUR 2009, 597 Rn. 15 – Halzband; GRUR 2009, 1167 Rn. 21 – Partnerprogramm; GRUR 2023, 732 Rn. 39 – Rundfunkhaftung II). Darauf, ob diese Risiken im Einzelfall für ihn tatsächlich beherrschbar sind, ob etwa die Zuwiderhandlung ohne sein Wissen oder gar gegen seinen Willen erfolgt, kommt es nicht an (BGH GRUR 2023, 343 Rn. 23 – Haftung für Affiliates; Köhler GRUR 1991, 344 (346); Hahn, Die Haftung des Unternehmensinhabers nach § 8 Abs. 2 UWG, 2007, S. 186). Daher kann er sich auch nicht darauf berufen, er habe dem Mitarbeiter in dem fraglichen Bereich Entscheidungsfreiheit eingeräumt (BGH GRUR 2000, 907 (909) – Filialleiterfehler) oder der Mitarbeiter habe weisungswidrig gehandelt (→ Rn. 2.47). Die (zusätzliche) Haftung des Unternehmensinhabers ist auch deshalb geboten, weil er die Beweislage beherrscht und weil Ansprüche gegen Mitarbeiter oder Beauftragte oftmals nicht durchsetzbar oder wirtschaftlich wertlos sind (Köhler GRUR 1991, 344 (345 f.)). – Zur **Verfassungsmäßigkeit** des § 8 II vgl. BVerfG NJW 1996, 2567.

3. Auslegung

Die ratio legis (→ Rn. 2.33) gebietet eine **weite Auslegung** der Tatbestandsmerkmale „in **2.34** einem Unternehmen" und „Mitarbeiter" und „Beauftragte" (vgl. BGH GRUR 1995, 605 (607) – Franchise-Nehmer; GRUR 2009, 1167 Rn. 21 – Partnerprogramm; OLG Köln GRUR-RR 2006, 205 (206); OLG Stuttgart GRUR-RR 2009, 343 (346)).

II. Anwendungsbereich

Anwendbar ist § 8 II auf den (vorbeugenden und Verletzungs-) **Unterlassungs-** und den **2.35** **Beseitigungsanspruch** (§ 8 I), einschließlich des dazugehörigen, auf ihre Durchsetzung gerichteten **Auskunftsanspruchs** (BGH GRUR 1995, 427 (428) – Schwarze Liste, BGH WRP 2012, 1517 Rn. 43 – DAS GROSSE RÄTSELHEFT), der aus Zuwiderhandlungen gegen § 3 und § 7 resultiert.

Nicht anwendbar ist § 8 II auf **Schadensersatzansprüche** (§ 9; anders § 14 VII Mar- **2.36** kenG), **Gewinnabschöpfungsansprüche** (§ 10) und dazugehörige Auskunftsansprüche (BGH GRUR 2006, 426 Rn. 24 – Direktansprache am Arbeitsplatz II; GRUR 2010, 936 Rn. 22 – Espressomaschine; aA Alexander, Schadensersatz und Abschöpfung im Lauterkeits- und Kartellrecht, 2010, 665 ff.). Insoweit gelten die §§ 31, 89, 831 BGB. (Umgekehrt steht § 8 II der Anwendung des § 831 BGB nicht entgegen; BGH WRP 2012, 1517 Rn. 43 – DAS GROSSE RÄTSELHEFT; OLG Frankfurt WRP 2019, 648.) Auch bei Verstößen gegen § 20 gilt § 8 II nicht. Jedoch kann gleichzeitig ein Verstoß gegen § 3 I vorliegen und dann § 8 II anwendbar sein. – Handelt jedoch der Unternehmensinhaber schuldhaft seiner aus § 8 II resultierenden Unterlassungspflicht zuwider, etwa indem er es schuldhaft unterlässt, weitere Verletzungshandlungen seines Beauftragten zu unterbinden, haftet er dem Verletzten nach § 9 I auf Schadensersatz (vgl. LG Köln GRUR-RR 2009, 154).

Dem § 8 II **vergleichbare Regelungen** enthalten § 14 VII MarkenG, § 15 VI MarkenG, **2.37** § 128 III MarkenG (zu § 14 VII MarkenG vgl. BGH GRUR 2009, 1167 Rn. 21 ff. – Partnerprogramm; WRP 2011, 881 – Sedo), § 44 DesignG, § 99 UrhG (dazu BGH WRP 2019, 1013 Rn. 78 ff. – Cordoba II) sowie § 2 I 2 UKlaG.

III. Zurechnungsvoraussetzungen

1. Zuwiderhandlung

Der Mitarbeiter oder Beauftragte muss eine Zuwiderhandlung gegen § 3 oder § 7 **begangen, 2.38** dh ihren Tatbestand verwirklicht haben (arg. „auch"). § 8 II greift also nicht ein, wenn der Anspruch aus § 8 I gegen den Mitarbeiter oder Beauftragten (zB wegen Fehlens einer geschäftlichen Handlung oder wegen zulässiger Abwehr) nicht entstanden ist (vgl. BGH GRUR 1996, 798 (800) – Lohnentwesungen; OLG Frankfurt GRUR-RR 2014, 270 (271)). Nach dem Gesetzeswortlaut reicht es an sich nicht aus, dass eine Zuwiderhandlung lediglich droht, also nur ein **vorbeugender** Unterlassungsanspruch gegen den Mitarbeiter oder Beauftragten besteht. Nach dem Normzweck muss indessen die Haftung aus § 8 II auch in diesem Fall eingreifen (so auch Harte-Bavendamm/Henning-Bodewig/Goldmann Rn. 722). Der Unternehmensinhaber kann den gegen ihn gerichteten vorbeugenden Unterlassungsanspruch nur in der Weise beseitigen, dass er gleichzeitig die von den Mitarbeitern oder Beauftragten ausgehende Erstbegehungsgefahr ausräumt. – Unerheblich ist es, ob der Anspruch gegenüber dem Mitarbeiter oder Beauftragten auch durchsetzbar ist. So kann zB ein grds. gegebener Beseitigungsanspruch gegen den Mitarbeiter nicht durchsetzbar sein, weil diesem die rechtliche Befugnis fehlt, die Störung im Unternehmen zu beseitigen (vgl. Köhler GRUR 1991, 344 (345)). Ohne Einfluss auf die Haftung des Unternehmensinhabers ist es auch, wenn der Anspruch gegen den Mitarbeiter oder Beauftragten später entfällt (zB durch Abgabe einer strafbewehrten Unterwerfungserklärung) oder verjährt oder diese Personen nicht mehr im Unternehmen tätig sind.

2. Mitarbeiter

2.39   **a) Begriff.** Es ist eine weite Auslegung geboten (→ Rn. 2.34). Mitarbeiter ist danach jeder, der auf Grund eines (nicht notwendig entgeltlichen oder wirksamen) Vertrages oder Dienstverhältnisses **weisungsabhängige** Dienste zu leisten hat, also im Wesentlichen **Arbeitnehmer** (ebenso Harte-Bavendamm/Henning-Bodewig/Goldmann Rn. 707). Eine genaue Abgrenzung zum Begriff des Beauftragten ist aber entbehrlich, da die Rechtsfolgen beide Male gleich sind (vgl. Köhler GRUR 1991, 344 (346)). – Ist der Handelnde völlig **weisungsunabhängig,** so greift ggf. § 31 BGB (ggf. analog) ein (→ Rn. 2.19).

2.40   **b) Beispiele.** Arbeitnehmer (BGH GRUR 1965, 155 – Werbefahrer; OLG Saarbrücken GRUR 2018, 742); Auszubildende; Praktikanten; Volontäre (RG GRUR 1936, 989); freiberufliche Mitarbeiter; Beamte. – Mitarbeiter, die in ihrer Eigenschaft als Betriebsrat handeln, fallen nicht darunter, weil sie insoweit nicht weisungsabhängig sind (Ahrens Wettbewerbsprozess-HdB/Bacher, 9. Aufl. 2021, Kap. 20 Rn. 38).

3. Beauftragter

2.41   **a) Begriff.** Beauftragter ist jeder, der, ohne Mitarbeiter zu sein, für das Unternehmen eines anderen auf Grund eines vertraglichen oder anderen Rechtsverhältnisses tätig ist. Er muss aber in die betriebliche Organisation dergestalt eingliedert sein, dass einerseits der Erfolg seiner Handlung zumindest auch dem Unternehmensinhaber zugutekommt, andererseits dem Unternehmensinhaber ein bestimmender und durchsetzbarer Einfluss jedenfalls auf die beanstandete Tätigkeit eingeräumt ist (vgl. BGH GRUR 1995, 605 (607) – Franchise-Nehmer; GRUR 2005, 864 (865) – Meißner Dekor II; GRUR 2011, 543 Rn. 11, 13 – Änderung der Voreinstellung III; WRP 2011, 881 Rn. 54 – Sedo). Ob der Unternehmensinhaber von dieser Möglichkeit Gebrauch gemacht hat, ist unerheblich (BGH GRUR 2011, 543 Rn. 11 – Änderung der Voreinstellung III). Ausreichend ist es daher, dass sich der Unternehmensinhaber einen solchen Einfluss sichern konnte und musste (BGH GRUR 2009, 1167 Rn. 21 – Partnerprogramm; OLG Köln GRUR-RR 2006, 205 (206); OLG Stuttgart NJW-RR 2009, 913 (916)). Unterlässt er dies, handelt er auf eigenes Risiko. – Beauftragter eines Unternehmens ist dagegen nicht, wer von diesem lediglich eine Leistung bezieht, die er im eigenen Namen an Endkunden anbietet, sofern er in der Gestaltung seines Vertriebskonzepts sowie seiner Verkaufskonditionen grds. frei ist. Denn in diesem Fall fehlt es an der Möglichkeit eines bestimmenden und durchsetzbaren Einflusses des Unternehmens auf den Vertragspartner (BGH GRUR 2011, 542 Rn. 13, 14 – Änderung der Voreinstellung III zum Reseller). – Ein Affiliate, der in eigener Verantwortung und im eigenen Interesse ein Produkt – etwa eine redaktionelle Internetseite – gestaltet, wird nicht in Erweiterung des Geschäftsbetriebs des Unternehmens tätig, auf dessen Internetseite er verlinkt, um im Falle eines dort erfolgten Vertragsabschlusses eine Provision zu erhalten (BGH GRUR 2023, 343 Rn. 27–29 – Haftung für Affiliates).

2.42   **b) Abgrenzung.** Auf Grund des Normzwecks ist zwar eine weite Auslegung geboten (→ Rn. 2.34). Unter den Begriff des Beauftragten fallen dagegen nicht die **gesetzlichen Vertreter** des Unternehmensinhabers, die ihn auf Grund eines ihnen verliehenen Amtes (Insolvenzverwalter, Testamentsvollstrecker, Vormund, Betreuer usw) oder auf Grund ihrer familiären

Stellung (Eltern) vertreten. Andererseits sind diese Personen auch nicht als Unternehmensinhaber anzusehen. Um eine Haftungslücke zu vermeiden, ist es geboten, den § 31 BGB analog anzuwenden (→ Rn. 2.50; Renner/Schmidt GRUR 2009, 908 (909); Gloy/Loschelder/Danckwerts WettbR-HdB/Fritzsche § 79 Rn. 125; str.). Bei Eltern und Vormündern folgt dies mittelbar aus § 1629a I 1 BGB („sonstige Handlung mit Wirkung für das Kind").

c) Einzelheiten. aa) Person des Beauftragten. Beauftragter kann eine natürliche oder **2.43** juristische Person oder eine rechtsfähige Personengesellschaft sein. Unerheblich ist, dass der Beauftragte die Tätigkeit nur gelegentlich oder vorübergehend ausübt, dass er auch noch für andere Unternehmer tätig ist oder dass er selbst ein selbstständiger Unternehmer ist (BGH GRUR 2009, 1166 Rn. 21 – Partnerprogramm; GRUR 2011, 543 Rn. 11 – Änderung der Voreinstellung III). Der Unternehmensinhaber muss sich auch das Handeln von Mitarbeitern oder Beauftragten seines Beauftragten zurechnen lassen (BGHZ 28, 1 (12 f.) – Buchgemeinschaft II: **Mehrstufigkeit des Auftragsverhältnisses;** OLG Stuttgart WM 1998, 2054), zumindest dann, wenn er ausdrücklich oder stillschweigend mit ihrer Heranziehung einverstanden war (vgl. BGH GRUR 1988, 561 (563) – Verlagsverschulden – zu § 278 BGB).

bb) Rechtsnatur der Beauftragung. Die Rechtsnatur des Vertragsverhältnisses (zB Auftrag, **2.44** Geschäftsbesorgungs-, Werk-, Lizenz-, Treuhand-, Beherrschungsvertrag iSv § 291 AktG) ist unerheblich (BGH GRUR 2009, 1166 Rn. 21 – Partnerprogramm); desgleichen die Entgeltlichkeit und die Wirksamkeit des Vertrages. Sonstige Rechtsverhältnisse müssen den Vertragsverhältnissen gleichstehen, soweit sie funktionsgleich sind (zB Vereins- und Genossenschaftssatzungen; qualifizierte faktische Konzernverhältnisse). Zur Unternehmensorganisation gehören auch solche Unternehmensfunktionen, die aus dem Betrieb ausgegliedert und auf andere Unternehmen übertragen sind (zB Einkauf, Vertrieb, Werbung, Rechtsprüfung; BGH GRUR 2023, 732 Rn. 40 – Rundfunkhaftung II; OLG Köln GRUR-RR 2006, 205 (206); OLG Stuttgart GRUR-RR 2009, 343 (346)). Der Handelnde muss tatsächlich in die (freilich weit zu verstehende) geschäftliche oder betriebliche Organisation eingegliedert sein und seine Tätigkeit muss tatsächlich dem Unternehmen zugutekommen, ein **bloßer Anschein genügt nicht** (BGH GRUR 1963, 438 (439 f.) – Fotorabatt; OLG Frankfurt WRP 1984, 330 (331); OLG München WRP 1989, 756 (757)). Darauf, ob der Unternehmensinhaber auf die Tätigkeit, in deren Bereich die Verletzungshandlung fällt, tatsächlich einen bestimmenden Einfluss nehmen kann (so BGH GRUR 1964, 263 – Unterkunde; OLG Köln WRP 1984, 166 (168)), kommt es nicht an, zumal er sie sich auf Grund des Rechtsverhältnisses sichern könnte und müsste (BGHZ 28, 1 (12) – Buchgemeinschaft II). Vielmehr genügt es, dass der Handelnde die **Interessen** des Geschäftsinhabers wahrnehmen soll (vgl. Köhler GRUR 1991, 344 (348); Hahn, Die Haftung des Unternehmensinhabers nach § 8 Abs. 2 UWG, 2007, S. 192 ff.).

d) Beispiele. Maßgebend ist, ob im Einzelfall die Voraussetzungen vorliegen, eine pauschale **2.45** Zuordnung ist nicht möglich. **Beauftragte können sein: (1)** Im Rahmen von **Interessenwahrungsverhältnissen** tätige Unternehmer. Dazu gehören Mitglieder von **Absatzorganisationen,** wie selbstständige **Handelsvertreter** (BGH GRUR 1971, 119 (120) – Branchenverzeichnis; LG Frankfurt ZVertriebsR 2019, 123); **Vertragshändler** (BGH GRUR 1971, 119 (120) – Branchenverzeichnis; GRUR 2011, 543 Rn. 15 – Änderung der Voreinstellung III); **Franchisenehmer** (BGH GRUR 1995, 605 (607) – Franchise-Nehmer; OLG Frankfurt GRUR-RR 2021, 324); **Kommissionäre; Einkaufsagenturen; Versteigerer** (KG WRP 1973, 642); **Einzelhändler** als Beauftragte des Großhändlers beim Unterkundengeschäft (BGH GRUR 1964, 263 – Unterkunde) oder bei enger organisatorischer und kapitalmäßiger Verflechtung mit dem Großhändler (BGH GRUR 1964, 88 (89) – Verona-Gerät); **Hersteller** bei Auftragsproduktion für einen Händler; Personen, die mit der Umstellung, Sanierung oder Liquidierung des Unternehmens beauftragt sind; beauftragte **Rechtsanwälte,** sofern sie nicht als selbstständige Organe der Rechtspflege tätig werden und somit nicht eingegliedert sind (OLG München NJWE-WettbR 1999, 5 (6)). **(2)** Im Rahmen von **gesellschaftsrechtlichen Verbindungen** tätige Personen. Dazu gehören **Gesellschafter** einer Personengesellschaft (vgl. § 713 BGB); **Einzelhändler** als Mitglieder von (zB Einkaufs-)Genossenschaften oder Gesellschaften (vgl. RGZ 151, 287 (292); aber auch OLG Köln WRP 1984, 166); **Aufsichtsräte** (RG JW 1934, 1360); **Kartellsyndikate; abhängige Unternehmen** beim Beherrschungsvertrag (§ 291 AktG) und beim faktischen Konzern (§§ 308 ff. AktG), soweit sie im Rahmen eines einheitlichen Wirtschaftsplans tätig sind und einem beherrschenden Einfluss der Muttergesellschaft unterliegen (BGH GRUR 2005, 864 (865) – Meißner Dekor II; OLG Frankfurt WRP 2001, 1111 (1113);

OLG Frankfurt WRP 2019, 648; OLG Hamm WRP 2021, 1489); **Konzernmuttergesellschaft,** die für Konzerntochter eine Internetseite erstellt (OLG München WRP 2012, 579 Rn. 40) oder von ihrer Tochtergesellschaft, die **Rundfunkveranstalter** ist, vertraglich die Prüfung der Rechtsangelegenheiten übertragen erhalten hat (BGH GRUR 2023, 732 Rn. 37 bis 40 – Rundfunkhaftung II; zur vertraglichen Übernahme von Verkehrspflichten → Rn. 2.13e). **(3)** Im Rahmen von **Dienst-, Werk- oder Lieferverträgen** tätige Personen. Dies gilt jedoch nur, soweit sie Aufgaben übernommen haben, die in den Geschäftskreis des Unternehmensinhabers fallen. Dazu gehört die Tätigkeit zB von **Werbeagenturen** (BGH GRUR 1973, 208 (209) – Neues aus der Medizin; GRUR 1991, 772 (774) – Anzeigenrubrik I; GRUR 1994, 219 (220) – Warnhinweis; LG Köln GRUR-RR 2009, 154), **Werbegemeinschaften** (Stute WRP 1999, 875; Teplitzky Wettbewerbsrechtliche Ansprüche/Büch Kap. 40 Rn. 25), **Inkassoinstitute** (BGH GRUR 2015, 1134 Rn. 32 – SCHUFA-Hinweis), **Affiliates** (= Internet-Werbepartner), soweit ein bestimmender Einfluss des Betreibers des Partnerprogramms hinsichtlich der Werbung besteht, dazu BGH GRUR 2009, 1167 Rn. 21 ff. – Partnerprogramm), allerdings **keine Haftung nach § 8 II,** wenn sich die Tätigkeit des Affiliates nicht als Erweiterung des Geschäftsbetriebs des verlinkten Unternehmens erweist (BGH GRUR 2023, 343 Rn. 27 bis 29 – Haftung für Affiliates); Haftung gem. § 8 II verneint von OLG Karlsruhe GRUR-RR 2020, 386, OLG Hamburg WRP 2021, 82; OLG Köln GRUR 2022, 660; **Laienwerber** (MüKoUWG/Fritzsche Rn. 368), **Influencer** (Gerecke GRUR 2018, 153 (159); Leeb/Maisch ZUM 2019, 29 (31); Lichtnecker MMR 2018, 512 (516)) und **Werbestars** (Henning-Bodewig GRUR 1982, 202 (204)). Ein **Zeitungsverleger** ist aber nur dann Beauftragter eines Anzeigenkunden, wenn ihm dieser einen Gestaltungsspielraum eingeräumt hat, da er nur dann Aufgaben wahrnimmt, die in den Geschäftskreis des Anzeigenkunden fallen. Das ist der Fall, wenn der Anzeigenkunde ihm zusätzliche Dispositionen etwa hins. Inhalt, Gestaltung oder Zeitpunkt des Erscheinens eingeräumt hat, die er normalerweise selbst vornimmt (BGH GRUR 1990, 1039 (1040) – Anzeigenauftrag). Bei einer Anzeigenseite mit unterschiedlicher Ausgestaltung ist das Vorliegen eines Gestaltungsspielraums im Einzelnen widerleglich zu vermuten (OLG Hamm WRP 1998, 327 (328)). – Der Betreiber einer **Preissuchmaschine** ist Beauftragter des Werbenden, soweit ihm ein Gestaltungsspielraum hinsichtlich des Zeitpunkts der Präsentation des Angebots eingeräumt ist (vgl. BGH GRUR 2010, 936 Rn. 20 – Espressomaschine). – Beauftragter eines Pharmaherstellers ist ein Facharzt, der als **Vortragender** im Rahmen eines vom Hersteller veranstalteten Symposiums vom Hersteller zur Verfügung gestellte Powerpoint-Folien mit irreführenden Angaben verwendet (OLG Hamburg PharmR 2022, 451).

2.46   **Nicht** als Beauftragte anzusehen sind: **Selbstständige Händler** im Verhältnis zum Großhändler oder Lieferanten (BGH GRUR 2011, 543 Rn. 13 – Änderung der Voreinstellung III); **Reseller** von Telekommunikationsnetzbetreibern, weil und soweit sie in der Gestaltung ihres Vertriebskonzepts und ihrer Verkaufskonditionen frei sind (BGH GRUR 2011, 543 Rn. 14 – Änderung der Voreinstellung III; dazu Berger/Loeck MMR 2011, 634; Hahn GRUR-Prax 2011, 413); Kunden des Betreibers eines Domain-Parking-Programms im Verhältnis zu diesem (BGH WRP 2011, 881 Rn. 55 – Sedo); die **Aktiengesellschaft** im Verhältnis zu ihren Aktionären, da die Aktionäre kein Weisungsrecht gegenüber ihrer Gesellschaft haben (aA OLG Hamburg GRUR-RR 2004, 87); anders mag es sein, wenn daneben noch ein spezielles Auftragsverhältnis zwischen Aktionär und AG besteht; **Werbepartner (Affiliates),** die in eigener Verantwortung und im eigenen Interesse ein Produkt – etwa eine redaktionelle Internetseite – gestalten, so dass sich seine Tätigkeit nicht als Erweiterung des Geschäftsbetriebs des verlinkten Unternehmens erweist (BGH GRUR 2023, 343 Rn. 27 bis 29 – Haftung für Affiliates) oder denen vom Betreiber des Partnerprogramms **keine Vorgaben** für das Ob und Wie der Werbung gemacht werden (OLG Hamburg WRP 2021, 82; OLG Köln GRUR 2022, 660).

4. In einem Unternehmen

2.47   Die Zuwiderhandlung muss „in einem Unternehmen" begangen sein. Das ist nicht räumlich, sondern **funktional** zu verstehen. Es muss ein **innerer Zusammenhang** mit dem Unternehmen bestehen (BGH GRUR 2008, 186 Rn. 23 – Telefonaktion). Daher ist es weder erforderlich noch ausreichend, dass die Handlung in den Räumlichkeiten des Unternehmens vorgenommen wurde (BGH GRUR 1963, 438 (439) – Fotorabatt). Maßgebend ist allein, dass der Zuwiderhandelnde nicht für einen Dritten oder zu privaten Zwecken, sondern in seiner Eigenschaft als Mitarbeiter oder Beauftragter des Unternehmers tätig wurde, die Handlung also in den Geschäftskreis oder die tatsächlich ausgeübte gewerbliche Tätigkeit des Unternehmers fiel und

Rn. 743; K. Schmidt FS Köhler, 2014, 631; aA FBO/Büscher Rn. 158; Ahrens GRUR 1996, 518; Foerste GRUR 1998, 450; Mels/Franzen GRUR 2008, 968). Dies gilt auch dann, wenn der frühere Rechtsträger, wie im Fall des Erbgangs oder der **Verschmelzung,** nicht mehr existiert (BGH WRP 2013, 347 Rn. 14, 15 – Wiederholungsgefahr bei Unternehmensverschmelzung; GRUR 2019, 746 Rn. 38 – Energieeffizienzklasse III). Im Falle des die Identität der Gesellschaft nicht berührenden **Formwechsels** einer Gesellschaft nach §§ 190 ff. UmwG besteht ein gegen sie begründeter gesetzlicher Unterlassungsanspruch fort; gleiches gilt bei Aufnahme einer anderen Gesellschaft im Wege der Verschmelzung gem. § 2 Nr. 1, §§ 4 ff. UmwG für den übernehmenden Rechtsträger, gegen den ein gesetzlicher Unterlassungsanspruch besteht (→ Rn. 2.31 aE).

Davon zu unterscheiden ist die Frage, ob den **neuen** Unternehmensinhaber eine **originäre**   **2.53a** Haftung aus § 8 II im Hinblick auf die früher begangenen Wettbewerbsverstöße von Mitarbeitern oder Beauftragten treffen kann. Dann muss in seiner Person der Tatbestand dieser Norm erfüllt sein. Für den **Unterlassungsanspruch** genügt es aber nicht, dass es früher im Unternehmen von Mitarbeitern oder Beauftragten zu einem Wettbewerbsverstoß gekommen ist und in ihrer Person noch Wiederholungsgefahr besteht. Vielmehr muss, soweit es die Haftung des **neuen** Unternehmensinhabers aus § 8 II (oder § 31 BGB analog) angeht, in der Person der betreffenden Mitarbeiter oder Beauftragten **Erstbegehungsgefahr** bestehen (ebenso BGH WRP 2013, 347 Rn. 15 – Wiederholungsgefahr bei Unternehmensverschmelzung; OLG Frankfurt GRUR-RR 2021, 387). Dafür reicht die bloße Tatsache des Unternehmensübergangs und der Fortführung des Betriebs selbst mit identischem Personal nicht aus (BGH GRUR 2008, 1002 Rn. 39 – Schuhpark; aA FBO/Büscher Rn. 158). Vielmehr müssen dafür **konkrete Anhaltspunkte** vorliegen, dass die Mitarbeiter oder Beauftragten auch unter dem neuen Unternehmensinhaber vergleichbare Wettbewerbsverstöße begehen. Zumindest müssen die betreffenden Mitarbeiter oder Beauftragten in mehr oder weniger unveränderter Funktion für den neuen Unternehmensinhaber tätig sein und der gegen sie persönlich bestehende Unterlassungsanspruch muss weiterbestehen, weil sie die Wiederholungsgefahr nicht durch Unterwerfung ausgeräumt haben. Gegen eine Erstbegehungsgefahr spricht es, wenn der neue Inhaber konkrete Maßnahmen (Anweisungen; Kontrollen) getroffen hat, um die Begehung vergleichbarer Wettbewerbsverstöße zu verhindern, oder wenn der frühere Verstoß lange zurückliegt und vereinzelt geblieben ist. Für eine Erstbegehungsgefahr spricht es wiederum, wenn Verstöße wiederholt begangen wurden und die Geschäftsstrategie, die derartige Verstöße begünstigt, nicht geändert wird (vgl. Köhler WRP 2010, 475 (478 ff.)).

Was den **Beseitigungsanspruch** angeht, ist eine originäre (Zustandsstörer-)Haftung des   **2.53b** neuen Unternehmensinhabers anzunehmen, soweit die Störung fortbesteht und die Beseitigung rechtlich und tatsächlich nur dem (jeweiligen) Unternehmensinhaber möglich ist (Köhler GRUR 1991, 344 (353)).

3. Haftung für ausgeschiedene und neu eingetretene Mitarbeiter und Beauftragte

Die Haftung des Unternehmensinhabers endet nicht mit dem Ausscheiden des zuwiderhan-   **2.54** delnden Mitarbeiters oder Beauftragten. Umgekehrt haftet der Arbeitgeber oder Auftraggeber nicht für Zuwiderhandlungen, die ein neu eingetretener Mitarbeiter oder Beauftragter in seinem früheren Unternehmen begangen hat, weil insoweit die ratio legis (→ Rn. 2.33) nicht zutrifft (BGH GRUR 2003, 453 (454) – Verwertung von Kundenlisten; OLG Brandenburg WRP 2007, 1368 (1371)). Der neue Arbeitgeber oder Auftraggeber haftet jedoch dann, wenn der Mitarbeiter oder Beauftragte in seinem Unternehmen die Zuwiderhandlung fortsetzt. Auch kommt eine eigenverantwortliche Haftung als Mittäter oder Teilnehmer in Betracht, wenn er an der Zuwiderhandlung beteiligt ist (BGH GRUR 2003, 453 (454) – Verwertung von Kundenlisten).

4. Urteilsformel

Die Urteilsformel kann genauso wie bei einem eigenen Verstoß des Unternehmensinhabers   **2.55** lauten, aber auch (zusätzlich) den Fremdverstoß aufnehmen (vgl. BGH GRUR 1961, 288 (290) – Zahnbürsten), etwa mit den Worten: „wird untersagt, unmittelbar oder mittelbar durch …".

5. Zwangsvollstreckung

Verstöße gegen das Unterlassungsurteil durch Mitarbeiter oder Beauftragte rechtfertigen die   **2.56** Vollstreckung gegen den Unternehmensinhaber nur bei dessen eigenem Verschulden (BVerfG

NJW 1996, 2567; BGH GRUR 1972, 208 (209) – Neues aus der Medizin; Teplitzky Wettbewerbsrechtliche Ansprüche/Büch Kap. 14 Rn. 37; → § 12 Rn. 6.6 ff.).

3. Abschnitt. Die Gläubiger der Abwehransprüche

Übersicht

Schrifttum: S. Ahrens, Der Entwurf eines Gesetzes zur Stärkung des fairen Wettbewerbs, IPRB 2019, 153 und IPRB 2019, 178; Alexander, Neue Aufgaben des Bundeskartellamtes bei Verstößen gegen Verbraucherschutzbestimmungen, NZKart 2017, 391; Aßhoff, Mysterium Abmahnwelle – Der Referentenentwurf zum Schutz vor rechtsmissbräuchlicher Abmahnung und seine Wirksamkeit in der Praxis, CR 2018, 720; Beater,

Zur Deregulierung des Wettbewerbsrechts, ZHR 159 (1995), 217; Beater, Mitbewerber und sonstige unternehmerische Marktteilnehmer, WRP 2009, 768; Borck, Gesetz zur Änderung des Gesetzes gegen den unlauteren Wettbewerb, WRP 1994, 719; Bornkamm, Das Wettbewerbsverhältnis und die Sachbefugnis der Mitbewerber, GRUR 1996, 527; Brönneke, Kollektiver Verbraucherschutz im Zivilprozeßrecht, 2001; Buchmann/Panfili, Die praktischen Folgen des neuen UWG auf Wettbewerber im Online-Handel, K&R 2021, 20; Derleder/Zänker, Die Anforderungen an die Struktur von Abmahnvereinen seit der UWG-Novelle 1994, GRUR 2002, 490; Dieselhorst, Der „unmittelbar Verletzte" im Wettbewerbsrecht nach der UWG-Novelle, WRP 1995, 1; Dröge, Der „New Deal for Consumers" – ein Paradigmenwechsel im deutschen UWG, WRP 2019, 160; Eickemeier/Brodersen, Der Entwurf eines Gesetzes zur Stärkung des fairen Wettbewerbs, BB 2019, 1859; Elbrecht/Schröder, Verbandsklagebefugnisse bei Datenschutzverstößen für Verbraucherverbände, K&R 2015, 361; Föhlisch, Das Gesetz zur Stärkung des fairen Wettbewerbs – weder Fluch noch Segen, Die wichtigsten Änderungen und ihre praktischen Auswirkungen im Überblick, CR 2020, 796; Fritzsche, Anmerkungen zum Referentenentwurf für ein Gesetz zur Stärkung des fairen Wettbewerbs, WRP 2018, 1277; Fritzsche, Endlich: Das Gesetz zur Stärkung des fairen Wettbewerbs, WRP 2020, 1367; Garbers, Das Ende anonymisierter Mitgliederlisten, WRP 1996, 265; Gloy, Hat die Einschränkung der Klagebefugnis gewerblicher Verbände sich bewährt?, WRP 1999, 34; Göckler, Die Klagebefugnis vertikaler Wirtschaftsverbände – Auf der Suche nach dem Schutz der sonstigen Marktteilnehmer im Wettbewerbsrecht, WRP 2016, 434; Goldbeck, Der „umgekehrte" Wettbewerbsprozess, 2008; Greger, Neue Regeln für die Verbandsklage im Verbraucherschutz- und Wettbewerbsrecht, NJW 2000, 2457; Gröning, 100 Tage UWGÄndG, WRP 1994, 775; Gröning, Die „Eignung zur wesentlichen Beeinträchtigung des Wettbewerbs", WRP 1995, 278; Häsemeyer, Die Verbandsklage als Instrument öffentlicher Kontrolle kraft Beleihung, FS Spellenberg, 2010, 99; Halfmeier/Rott, Verbandsklage mit Zähnen? – Zum Vorschlag einer Richtlinie über Verbandsklagen zum Schutz der Kollektivinteressen der Verbraucher, VuR 2018, 243; Hasselbach, Durchbrechungen der Rechtskraft im Verbandsklageverfahren, GRUR 1997, 40; Hofmann, Der Unterlassungsanspruch als Rechtsbehelf, 2017; Hohlweck, Das Gesetz zur Stärkung des fairen Wettbewerbs – Heilmittel oder Placebo?, WRP 2020, 266; Hohlweck, Das Gesetz zur Stärkung des fairen Wettbewerbs 2020 – Auswirkungen der Neuregelungen in der ersten und zweiten Instanz, WRP 2021, 719; Husemann, Die Durchsetzung von Ansprüchen im Wettbewerbs- und Urheberrecht sowie gewerblichen Rechtsschutz, JuS 2022, 113; Kefferpütz, Referentenentwurf zum UWG erschwert Abmahnungen – nicht nur bei Rechtsmissbrauch, GRUR-Prax 2018, 541; Klocke, Gewerkschaften als Verbraucherschützer? Neue Arbeitswelt 2014, 145; Köhler, Grenzen der Mehrfachklage und Mehrfachvollstreckung im Wettbewerbsrecht, WRP 1992, 359; Köhler, UWG-Reform und Verbraucherschutz, GRUR 2003. 265; Köhler, Schutzlücken bei der Verbandsklagebefugnis im Kartell- und Wettbewerbsrecht – eine Aufgabe für den Gesetzgeber, WRP 2007, 602; Köhler, Der „Mitbewerber", WRP 2009, 499; Köhler, Der Schutz vor Produktnachahmung im Markenrecht, Geschmacksmusterrecht und neuen Lauterkeitsrecht, GRUR 2009, 441; Köhler, Unzulässige geschäftliche Handlungen bei Abschluss und Durchführung eines Vertrags, WRP 2009, 898; Köhler, Verbandsklagen gegen unerbetene Telefon-, Fax- und E-Mail-Werbung: Was sagt das Unionsrecht?, WRP 2013, 567; Köhler, Behördliche Durchsetzung des Lauterkeitsrechts – eine Aufgabe für das Bundeskartellamt?, WRP 2018, 519; Köhler, Durchsetzung der DS-GVO – eine Aufgabe für Mitbewerber oder zumindest für Verbraucherverbände? WRP 2019, 1279; Köhler, Stellungnahme zum Entwurf eines Gesetzes zur Stärkung des fairen Wettbewerbs, WRP 2019, 1550; Köhler, Funktion und Anwendungsbereich des Mitbewerberbegriffs im UWG – Zugleich Besprechung der Entscheidung „Werbeblocker II" des BGH, GRUR 2019, 123; Köhler, Behördliche Rechtsdurchsetzung – auch im Lauterkeitsrecht? WRP 2020, 803; Köhler, Einheitlicher, gespaltener oder funktionaler Mitbewerberbegriff im UWG? Zugleich Besprechung der Entscheidung „Zweitmarkt für Lebensversicherungen" des BGH, GRUR 2021, 426; Krausbeck, Kollektiver Rechtsschutz im Zivilprozess – Zusammenfassung und Bewertung des Gutachtens für den Deutschen Juristentag 2018 vor dem Hintergrund von Musterfeststellungsklage und „New Deal", VuR 2018, 287; Lambsdorff, Zur Klagebefugnis von Rechtsanwaltskammern, WRP 1998, 1151; Lettl, Der Entwurf eines Gesetzes zur Stärkung des fairen Wettbewerbs, WM 2019, 289; Lindacher, Die internationale Verbandsklage in Wettbewerbssachen, FS Lüke, 1997, 377; Lindacher, Prozessführung durch Verbände unter Kostendeckungszusage, WRP 2017, 1168; Linstow, Klagebefugnis und Gerichtsstand nach der UWG-Novelle, WRP 1994, 787; Mankowski, Können ausländische Schutzverbände der gewerblichen Wirtschaft „qualifizierte Einrichtungen" im Sinne der Unterlassungsklagenrichtlinie sein und nach § 8 III Nr. 3 UWG klagen?, WRP 2010, 186; Max, Das Gesetz zur Stärkung des fairen Wettbewerbs und seine Auswirkungen auf die Verbraucherverbände, VuR 2021, 129; Mees, Verbandsklagebefugnis in Fällen des ergänzenden wettbewerbsrechtlichen Leistungsschutzes, WRP 1999, 62; Möller, Bekämpfung des Abmahnmissbrauchs – sinnvolle Maßnahmen oder blinder Aktionismus, ZRP 2018, 200; Möller, Das Gesetz zur Stärkung des fairen Wettbewerbs, NJW 2021, 1; Motejl/Rosenow, Entstehungsgeschichte, Zweck und wesentlicher Inhalt des Gesetzes zur Stärkung des fairen Wettbewerbs, WRP 2021, 699; Nacken, Anmerkungen zu den Änderungen des UWG, WRP 1994, 791; Münker, Abmahnmissbrauch wirksam bekämpfen – einfache und klare Lösungen erforderlich. Eine kritische Auseinandersetzung mit dem Referentenentwurf für ein Gesetz zur Stärkung des fairen Wettbewerbs, WRP 2018, 1410; Podszun, Institution im Wandel: Die 9. GWB-Novelle und das Bundeskartellamt – Verbraucherrechtliche Befugnisse, Öffentlichkeitsarbeit, Kooperationspflichten, WuW 2017, 266; Podszun, Verbraucherrechtsdurchsetzung im Mix aus öffentlichem Recht und Zivilrecht: Die reformierte CPC-Verordnung, FS Harte-Bavendamm, 2020, 417; Podszun/Busch/Henning-Bodewig, Die Durchsetzung des Vebraucherrechts: Das BKartA als UWG-Behörde? Ergebnisse des Professorengutachtens für das Bundesministerium für Wirtschaft und Energie, GRUR 2018, 1004; Rätze, Gesetz zur Stärkung des (un)fairen Wettbewerbs, WRP 2020, 1519; Rehbinder, Rechtliche Grenzen für die Beendigung umweltrechtlicher Verbandsklagen gegen Entgelt, NuR 2015, 733; Reich, Klageberechtigung einer Handwerksinnung bei Wettbewerbsverstößen, LKV 2016, 357; Ring, Wesentliche Änderungen des UWG infolge des Anti-Abmahngesetzes, NJ 2021, 64; Sack, Neuere Entwicklungen der Individualklagebefugnis im Wettbewerbsrecht, GRUR 2011, 953; Sack, Die Verbandsklage im internationalen Lauterkeitsrecht, WRP 2017, 1298; Sack, Die Klagebefugnis des „unmittelbar Verletzten" im UWG, WRP 2020, 675; Schaffert, Der durch § 4 Nr. 11 UWG bewirkte Schutz der Mitbewerber, FS Ullmann, 2006, 845; Scherer, Abwehransprüche von Verbrauchern und sonstigen Markttbeteiligten gegen unzulässige geschäftliche Handlungen, GRUR 2019, 361; Spätgens, Gedanken zur Klageberechtigung und zum Herstellerbegriff beim ergänzenden wettbewerbsrechtlichen Leistungsschutz, FS Erdmann, 2002, 727; Spindler, Verbandsklagen und Datenschutz – das neue Verbandsklagerecht, ZD 2016, 114; Tsantinis, Aktivlegitimation und Prozessführungsbefugnis von Individuen und Organisationen im UWG-Prozessrecht, 1995; Ulrich, Die Mehrfachverfolgung von Wettbewerbsverstößen durch einem Konzernverbund angehörige, rechtlich selbständige Unternehmen, die auf einem regionalen Markt tätig sind, WRP 1998, 826; v. Walter, Datenschutz-Durchsetzung durch Mitbewerber, Zugleich Besprechung von BGH, 12.1.2023 – I ZR 223/19 – Arzneimittelbestelldaten, WRP 2023, 271; Weiß, Die Verbandsklagebefugnis nach neuem Recht, WRP 1995, 155; Welzel, Anforderungen an die Struktur von „Abmahnvereinen" seit der UWG-Novelle 1994 – Entgegnung auf Derleder/Zänker, GRUR 2003, 762; Wolf, Behördliche Durchsetzung des Lauterkeitsrechts zur Optimierung des Wettbewerbsschutzes, WRP 2019, 283; Würtenberger/Freischem, Stellungnahme der GRUR zum Referentenentwurf eines Gesetzes zur Stärkung des fairen Wettbewerbs, GRUR 2019, 59; Wüstenberg, Die wettbewerbsrechtliche oder verbraucherrechtliche Abmahnung durch Klageverbände und die Kostentragung, ZStV 2016, 65.

A. Allgemeines

I. Durchsetzung des Lauterkeitsrechts mittels zivilrechtlicher Ansprüche

Die Durchsetzung des Lauterkeitsrechts ist – von den Straf- und Ordnungswidrigkeitstatbeständen der §§ 16–20 abgesehen – **grds.** privater Initiative überlassen und bewusst nicht – wie etwa in einigen anderen Mitgliedstaaten – einer Behörde übertragen (vgl. Begr. RegE UWG zu § 8, BT-Drs. 15/1487, 22). Das Instrument dazu ist der gerichtlich durchsetzbare **zivilrechtliche Anspruch** gegen den Zuwiderhandelnden (§ 194 BGB). Dieses Sanktionssystem bringt zwar Nachteile (Fehlen von hoheitlichen Ermittlungsbefugnissen zur Sachverhaltsaufklärung; Missbräuche bei der Geltendmachung von Ansprüchen) mit sich, hat sich aber gleichwohl bewährt. – Eine Ausnahme sieht das **EU-Verbraucherschutzdurchführungsgesetz (EU-VSchDG)** v. 25.6.2020 (BGBl. 2020 I 1474) vor, das der Durchführung der VO (EU) 2017/2394 über die Zusammenarbeit zwischen den für die Durchsetzung der Verbraucherschutzgesetze zuständigen nationalen Behörden und zur Aufhebung der VO (EG) 2006/2004 (Consumer Protection VO) dient (→ Einl. Rn. 3.67 ff.). Danach sind bestimmte Behörden, hauptsächlich das Bundesamt für Justiz, für die Verfolgung innergemeinschaftlicher Verstöße gegen Gesetze zum Schutz der Verbraucherinteressen, zu denen auch das UWG gehört, zuständig. Sie erlassen verwaltungsrechtliche Entscheidungen (§ 6 EU-VSchDG). Über Beschwerden gegen solche Entscheidungen entscheiden jedoch die ordentlichen Gerichte (§ 13 IV EU-VSchDG). Zu Einzelheiten → § 12 Rn. 6.1 ff. – Im Zuge der 9. GWB-Novelle hat der Gesetzgeber zudem dem **Bundeskartellamt** in § 32e V GWB die Kompetenz zugewiesen, bei begründetem Verdacht auf erhebliche, dauerhafte oder wiederholte **Verstöße gegen verbraucherrechtliche Vorschriften,** die nach ihrer Art oder ihrem Umfang die Interessen einer Vielzahl von Verbraucherinnen und Verbrauchern beeinträchtigen, **Sektoruntersuchungen** durchzuführen. Nach § 32e VI GWB ist vier Monate nach Veröffentlichung eines Abschlussberichts des BKartA die Geltendmachung von **Abmahnkostenersatz** nach § 13 III ausgeschlossen, um den betroffenen Unternehmen Gelegenheit zu geben, beanstandete Praktiken abzustellen. Ferner darf sich das BKartA seither gem. § 90 VI GWB als **amicus curiae** an **verbraucherrechtlichen Gerichtsverfahren** beteiligen (näher zu diesen Regelungen Alexander NZKart 2017, 391).

II. Gläubigermehrheit und Anspruchsmehrheit

1. Gläubigermehrheit

In § 8 III ist geregelt, wer **Gläubiger** der in § 8 I genannten Unterlassungs- und Beseitigungsansprüche **(= Abwehransprüche)** ist. Dazu gehören nicht nur die vom Wettbewerbsverstoß betroffenen **Mitbewerber** (§ 8 III Nr. 1), sondern auch **Wirtschaftsverbände**

3.1

3.2

(§ 8 III Nr. 2), „qualifizierte Verbraucherverbände" und „qualifizierte Einrichtungen aus anderen Mitgliedstaaten der Europäischen Union" (§ 8 III Nr. 3), und **Industrie- und Handelskammern** sowie **Handwerkskammern** (§ 8 III Nr. 4). Durch das Gesetz zur Stärkung des fairen Wettbewerbs sind – neben Verschärfungen der Anforderungen an die Klagebefugnis von Mitbewerbern (→ Rn. 3.26) und Wirtschaftsverbänden (→ Rn. 3.30) – die **Gewerkschaften** in den Kreis der nach § 8 III Nr. 4 Anspruchsberechtigten aufgenommen worden (→ Rn. 3.65). § 8 III nF ist nach Art. 9 II Nr. 1 G zur Stärkung des fairen Wettbewerbs (BGBl. 2020 I 2568) ein Jahr nach Gesetzesverkündung, also am 1.12.2021 in Kraft getreten. § 8 III Nr. 3 hat seine aktuelle Fassung mWv 13.10.2023 durch Art. 13 Nr. 2 lit. a Verbandsklagenrichtlinienumsetzungsgesetz (VRUG) v. 8.10.2023 (BGBl. 2023 I Nr. 272) erhalten.

3.2a Anders als im allgemeinen Deliktsrecht und im Immaterialgüterrecht, bei denen nur der in seinen Rechten Verletzte anspruchsberechtigt ist, können also im Lauterkeitsrecht **mehrere Gläubiger** berechtigt sein, Abwehransprüche geltend zu machen. Das ist zur Verwirklichung der Schutzzwecke des UWG (§ 1 I) auch sinnvoll. Die Bekämpfung von Wettbewerbsverstößen liegt nämlich nicht nur im Interesse der davon unmittelbar betroffenen Unternehmen, sondern idR auch im Interesse der Verbraucher und der übrigen Marktteilnehmer und letztlich im Interesse der Allgemeinheit an einem unverfälschten Wettbewerb. Zugleich lassen sich auf diese Weise Wettbewerbsverstöße rasch und wirksam bekämpfen.

2. Anspruchsmehrheit

3.3 § 8 III ist nicht so zu verstehen, dass mehrere Personen ein und denselben Anspruch aus § 8 I in einer Art gesetzlicher Prozessstandschaft geltend machen können (so aber Marotzke ZZP 98 (1985), 160, 188). Vielmehr hat jeder der in § 8 III genannten Gläubiger einen **eigenen** Anspruch (ganz hM; vgl. Teplitzky Wettbewerbsrechtliche Ansprüche/Büch Kap. 13 Rn. 14). Es besteht also nicht nur Gläubigermehrheit, sondern auch **Anspruchsmehrheit.** Grds. gelten für diese Ansprüche, weil sie inhaltlich auf dasselbe Ziel gerichtet sind, die Regeln über die **Gesamtgläubigerschaft** (§§ 428 ff. BGB; vgl. auch § 10 III zum Gewinnherausgabeanspruch). Allerdings sind diese Regelungen auf die Geldschuld zugeschnitten. Es ist also jeweils zu prüfen, ob sie auch auf den Unterlassungs- und den Beseitigungsanspruch iSd § 8 I passen. **Einwendungen** und **Einreden,** die nur in der Person eines einzelnen Anspruchsberechtigten begründet sind, wie zB Verzicht, Verwirkung, Verjährung, lassen die Ansprüche der übrigen Gläubiger unberührt (vgl. § 429 III BGB, § 425 BGB; BGH GRUR 1960, 379 (381) – Zentrale). Davon zu unterscheiden sind Einwendungen, die den Anspruch generell beseitigen. Dazu gehört der Wegfall der Wiederholungsgefahr, insbes. infolge Abgabe einer strafbewehrten Unterlassungserklärung (sog Unteilbarkeit der Wiederholungsgefahr). Wenn man so will, handelt es sich insoweit um einen Fall der § 429 III BGB, § 422 I BGB. **Prozessrechtlich** entspricht der Anspruchsmehrheit die **Mehrheit von Streitgegenständen.** Die Ansprüche der Einzelnen (uU unbestimmt vielen) Gläubiger sind folglich auch prozessual voneinander unabhängig. Sie können grds. nebeneinander im Wege der Abmahnung und Klage (→ Rn. 3.25) geltend gemacht werden (Mehrfachabmahnung; Mehrfachklage), sofern dem nicht der Einwand des Rechtsmissbrauchs (§ 8c) entgegensteht.

III. Abschließende Regelung der Anspruchsberechtigung

3.4 § 8 III stellt eine abschließende Regelung dar (ganz hM; aA Sack GRUR 2011, 953 (959)). **Nicht anspruchsberechtigt** sind die von einem Wettbewerbsverstoß im Vertikalverhältnis betroffenen **Verbraucher** (§ 2 II) und **sonstigen Marktteilnehmer** (§ 2 I Nr. 3). Dies war schon im früheren Recht anerkannt (vgl. Köhler/Piper/Köhler Vor § 13 aF Rn. 84 mwN) und wurde in der Begr. zum RegE UWG 2004 ausdrücklich noch einmal bekräftigt (vgl. Begr. RegE UWG 2004 zu § 8, BT-Drs. 15/1487, 22). Daran ändert auch die Erwähnung der Verbraucher in der Schutzzweckbestimmung des § 1 I 1 nichts. Denn diese Bestimmung sagt nichts darüber aus, **wie** der **lauterkeitsrechtliche** Verbraucherschutz zu gewähren ist. Eine Ausnahme von diesem Grundsatz stellt der durch das Gesetz zur Stärkung des Verbraucherschutzes im Wettbewerbs- und Gewerberecht v. 10.8.2021 in Umsetzung von Art. 11a I 1 der Änderungs-RL (EU) 2019/2161 mit Wirkung seit dem 28.5.2022 eingeführte **Schadensersatzanspruch für Verbraucher** gem. § 9 II nF dar, die durch eine nach § 3 unzulässige, schuldhaft begangene geschäftliche Handlung geschädigt werden (→ § 9 Rn. 2.1 ff.). Im Übrigen wird der **Individualschutz** von Verbrauchern und sonstigen Marktteilnehmern durch das **Bürgerliche**

Recht ausreichend sichergestellt (→ § 1 Rn. 39; BGH GRUR 2009, 980 Rn. 10 ff. – E-Mail-Werbung II; Köhler GRUR 2003, 265 (267); Weiler WRP 2003, 423; Engels/Salomon WRP 2004, 32 (33); weitergehend Scherer GRUR 2019, 361 (364 ff.)). Es fehlt daher bereits an einer materiellrechtlichen Schutzlücke. Das UWG gewährleistet, insofern über das Bürgerliche Recht hinausgehend, zusätzlich einen **Kollektivschutz** der Verbraucher (und sonstigen Marktteilnehmer) durch die Zuerkennung der Anspruchsberechtigung auch von Wirtschafts- und Verbraucherverbänden (§ 8 III Nr. 2–4). Das gleiche Regelungsmodell (Verstärkung des bürgerlichrechtlichen Individualschutzes durch einen sondergesetzlichen Kollektivschutz) liegt auch dem UKlaG zu Grunde. Verbraucher, die sich durch (angebliche) Wettbewerbsverstöße betroffen fühlen, können sich daher, ohne das Risiko einer privaten Klage eingehen zu müssen, an die in § 8 III und in § 3 UKlaG genannten Anspruchsberechtigten wenden und die Verfolgung des Wettbewerbsverstoßes anregen. Für die Entscheidung des Gesetzgebers, dem einzelnen Verbraucher wie im bisherigen Lauterkeitsrecht keinen individuellen Abwehranspruch zuzugestehen, war auch die Erwägung maßgeblich, dass ein solcher Anspruch auf eine Popularklage hinausliefe. Unternehmen müssten mit einer Vielzahl von Abmahnungen und Klagen von Verbrauchern wegen eines (angeblichen) Verstoßes gegen das UWG rechnen. Die damit verbundenen Belastungen, insbes. Abmahn- und Prozesskosten, ließen sich nur durch eine Absenkung des Schutzniveaus und Verringerung des Prozessrisikos für die Unternehmen vermeiden. Dies wiederum wäre nicht im Sinne eines wirksamen Verbraucherschutzes (vgl. Begr. RegE UWG 2004 zu § 8, BT-Drs. 15/1487, 22). Würde man aber – wie im Bürgerlichen Recht (vgl. KG K&R 2003, 291; LG Berlin K&R 2004, 90 (91); ferner BGH BB 2004, 964 – E-Mail-Werbung I) – dem Verbraucher einen Anspruch nur auf Unterlassung der geschäftlichen Handlung ihm gegenüber und nicht gegenüber jedermann gewähren, so wäre damit unter wettbewerblichen Gesichtspunkten nichts gewonnen. Denn der Unternehmer könnte sich ihm gegenüber unterwerfen und im Übrigen seine Werbung ungehindert fortsetzen. Bei einer allgemein gehaltenen irreführenden Werbung (zB in Zeitungen, im Fernsehen) wäre ein Individualanspruch des Verbrauchers auf Unterlassung ohnehin sinnlos. Denn mit der Geltendmachung des Anspruchs (und der darin enthaltenen Behauptung, er könne irregeführt werden) würde er gerade deutlich machen, dass er selbst nicht zum Kreis der Getäuschten gehört oder künftig gehören würde. – Eine wettbewerbsrechtliche **Schutzlücke** besteht bei Wettbewerbsverstößen im **Vertikalverhältnis** gegenüber sonstigen Marktteilnehmern, insbes. **Unternehmern.** Denn deren Interessen können weder von Wirtschaftsverbänden iSv § 8 III Nr. 2, noch von Verbraucherverbänden iSv § 8 III Nr. 3 wahrgenommen werden (vgl. Köhler WRP 2007, 602 (603); krit. Göckler WRP 2016, 434 (437); zur entspr. Problematik im Kartellrecht LG Köln GRUR-RR 2010, 125; vgl. auch die differenzierte Regelung in § 3 I 1 Nr. 2 UKlaG). – Zur vergleichbaren Problematik beim Schadensersatzanspruch → § 9 Rn. 1.10.

IV. Sachliche Schranken der Anspruchsberechtigung

1. Allgemeines

3.5 Dem **Wortlaut** nach besteht die Anspruchsberechtigung der in § 8 III genannten Mitbewerber und Verbände für alle Fälle einer **Zuwiderhandlung gegen § 3 oder § 7.** Das gilt jedoch nicht uneingeschränkt.

3.5a Zum einen dann nicht, wenn die Zuwiderhandlung **ausschließlich Interessen eines bestimmten Mitbewerbers** berührt (vgl. BGH GRUR 1968, 95 – Büchereinachlass; GRUR 2007, 978 Rn. 26 – Rechtsberatung durch Haftpflichtversicherer; GRUR 2017, 92 Rn. 31 – Fremdcoupon-Einlösung; Bornkamm GRUR 1996, 527 (529); BGH GRUR 2021, 497 Rn. 43 – Zweitmarkt für Lebensversicherungen I). Denn in derartigen Fällen muss ein Vorgehen gegen den Verletzer dem betroffenen („unmittelbar verletzten“) Mitbewerber überlassen bleiben. Er mag Gründe haben, dies nicht zu tun. Das Einschreiten anderer Mitbewerber und der in § 8 III Nr. 2–4 genannten Verbände, qualifizierten Einrichtungen und Kammern ist nur gerechtfertigt, wenn die Zuwiderhandlung **zugleich Interessen anderer Marktteilnehmer,** insbes. der Verbraucher (§ 1 I 1), oder das **Interesse der Allgemeinheit** an einem unverfälschten Wettbewerb (§ 1 I 2) berührt (ebenso BGH WRP 2009, 432 Rn. 22 – Küchentiefstpreis-Garantie; GRUR 2011, 543 Rn. 8 – Änderung der Voreinstellung III).

3.5b Es entspricht der ganz hM, dass Mitbewerber und Verbände auch Verstöße gegen § 7 II Nr. 2–4 aF = § 7 II Nr. 1–3 und § 7 III verfolgen können (zuletzt BGH WRP 2013, 1461 Rn. 10–17 – Telefonwerbung für DSL-Produkte; GRUR 2016, 946 Rn. 22 – Freunde finden;

Schaffert FS Köhler, 2014, 585 (590)). Insbesondere Köhler hat gegen diese Auffassung Bedenken geäußert. Die genannten Tatbestände dienten der Umsetzung nicht der Nr. 26 S. 1 Anh. I UGP-RL, sondern des Art. 13 I, III, IV Datenschutz-RL für elektronische Kommunikation 2002/58/EG, mithin nicht dem Schutz der Verbraucher (und sonstigen Marktteilnehmer), sondern dem Schutz der Privatsphäre natürlicher Personen und entsprechender Interessen juristischer Personen (Art. 13 V 2 Datenschutz-RL). In Art. 13 VI Datenschutz-RL und Art. 15, Art. 15a II Datenschutz-RL seien die Rechtsbehelfe gegen Zuwiderhandlungen nach Art. 13 Datenschutz-RL abschließend zugunsten der betroffenen natürlichen und juristischen Personen sowie nationaler Behörden und ggf. anderer nationaler Stellen geregelt (vgl. Köhler GRUR 2012, 1073 (1080 f.); Köhler WRP 2012, 1329; Köhler WRP 2013, 567; Köhler WRP 2017, 1025 (1030 ff.); → § 7 Rn. 128; Zech WRP 2013, 1434 Rn. 18). Für die durch Art. 94 I DS-GVO mWv 25.5.2018 aufgehobene **RL 95/46/EG** zum Schutz natürlicher Personen bei der Verarbeitung personenbezogener Daten und zum freien Datenverkehr (ABl. EG 1995 L 281, 31) hat der EUGH entschieden, dass die darin geregelten Rechtsbehelfe **einer nationalen Regelung über ein Klagerecht eines Verbraucherverbands nicht entgegenstehen** (EuGH GRUR 2019, 977 Rn. 43–63 – Fashion ID/Verbraucherzentrale NRW). Der EuGH hat betont, dass die Mitgliedstaaten nach Art. 24 Datenschutz-RL geeignete Maßnahmen zu ergreifen hätten, um die volle Anwendung der Bestimmungen der RL sicherzustellen, ohne solche Maßnahmen zu definieren; er führt weiter aus, dass ein **Verbandsklagerecht** in diesem Sinne geeignet sei (EuGH GRUR 2019, 977 Rn. 51, 59 – Fashion ID/Verbraucherzentrale NRW). Diese Erwägungen dürften in gleicher Weise auch für die **RL 2002/58/EG** gelten, so dass die unionsrechtlichen Bedenken gegen die von der hM angenommene Anspruchsberechtigung der Mitbewerber und Verbände ausgeräumt sein sollten (aA Köhler WRP 2019, 1279 ff.). Jedenfalls steht es Mitbewerbern und Verbänden frei, in Vertretung oder Prozessstandschaft für die betroffenen Verbraucher oder sonstigen Marktteilnehmer vorzugehen. – Auf die Frage, ob die in **Art. 80 und 84 DS-GVO** vorgesehenen Durchsetzungsregelungen der lauterkeitsrechtlichen Klagebefugnis von Mitbewerbern und Verbänden für die Geltendmachung von Datenschutzverstößen entgegenstehen (Vorlage des BGH GRUR 2020, 896 – App-Zentrum I) hat der EuGH Art. 80 Abs. 2 DS-GVO dahingehend ausgelegt, dass er der im nationalen Recht vorgesehenen Klagebefugnis eines Verbraucherverbands, der ohne entsprechenden Auftrag und unabhängig von der Verletzung konkreter Rechte betroffener Personen Klage erhebt, nicht entgegensteht, sofern die betreffende Datenverarbeitung die Rechte identifizierter oder identifizierbarer natürlicher Personen aus dieser Verordnung beeinträchtigen kann (EuGH GRUR 2022, 920 Rn. 69, 83 – Meta Platforms Ireland Limited/Bundesverband der Verbraucherzentralen mAnm Hense ZD 2022, 386 und Ohly GRUR 2022, 924). Der EuGH ist also der Prämisse des BGH, aus Art. 80 Abs. 2 DS-GVO könne eine solche Klagebefugnis nicht hergeleitet werden (BGH GRUR 2020, 896 Rn. 37 – App-Zentrum I), nicht gefolgt. Damit ist zum einen die Folgefrage aufgeworfen, ob die Verfolgung datenschutzrechtlicher Informationspflichtverletzungen über § 3a UWG oder (bei datenschutzwidrigen AGB) das UKlaG bereits im Vorfeld der eigentlichen Datenverarbeitung unter dem in Art. 80 Abs. 2 DS-GVO vorgesehene Tatbestandsmerkmal „infolge einer Verarbeitung" subsumiert werden kann. Diese Frage hat der BGH dem EuGH erneut vorgelegt (GRUR 2023, 193 – App-Zentrum II). Zum anderen ist die Frage nach dem Verhältnis der Durchsetzungsregelungen der DS-GVO zur lauterkeitsrechtlichen Anspruchsberechtigung von Mitbewerbern bei Datenschutzverstößen noch nicht beantwortet, die inzwischen ebenfalls Gegenstand einer weiteren EuGH-Vorlage des BGH ist (BGH GRUR 2023, 264 Rn. 9 f. – Arzneimittelbestelldaten). Die effektive Durchsetzung marktverhaltensbezogener Datenschutzregelungen der DS-GVO dürfte eine solche Anspruchsberechtigung erfordern. Der deutsche Gesetzgeber hat durch die Regelung in § 13 IV Nr. 2 zu erkennen gegeben, dass er von einer Anspruchsberechtigung der Mitbewerber nach § 8 III Nr. 1 ausgeht.

2. Beispiele

3.6   In den Fällen des **Nachahmungsschutzes** nach § 4 Nr. 3 ist grds. nur der betroffene Originalhersteller anspruchsberechtigt. In den Fällen des § 4 Nr. 3 lit. b und c ergibt sich dies daraus, dass nur seine Interessen beeinträchtigt sind (vgl. BGH WRP 2009, 432 Rn. 23 – Küchentiefstpreis-Garantie). Was den Schutz der Verbraucher (und sonstigen Marktteilnehmer) vor Verwechslungsgefahren (§ 4 Nr. 3 lit. a) betrifft, ist zu beachten, dass insoweit eine abschließende (und weitergehende) Regelung durch die § 3 III Anh. Nr. 13, § 5 II Nr. 1, II und § 6 II

Nr. 3 vorliegt (vgl. Köhler GRUR 2009, 445 (450, 451)). (Zur früheren Rechtslage vgl. BGH GRUR 1988, 620 (621) – Vespa-Roller; GRUR 1991, 223 (224) – Finnischer Schmuck; GRUR 1994, 630 (634) – Cartier-Armreif; Mees WRP 1999, 62; Spätgens FS Erdmann, 2002, 727). In den Fällen der **Herabsetzung** (§ 4 Nr. 1) oder **Anschwärzung** (§ 4 Nr. 2) von Mitbewerbern ist grds. nur der angegriffene Mitbewerber anspruchsberechtigt. Allerdings kann die betreffende Äußerung gleichzeitig den Tatbestand des § 4a („aggressive geschäftliche Handlungen") oder der §§ 5, 5a erfüllen. Darauf gestützt können dann auch die sonstigen Anspruchsberechtigten gegen die Äußerung vorgehen. – In den Fällen der **gezielten Behinderung** (§ 4 Nr. 4) kommt es ebenfalls darauf an, ob außer den Interessen des behinderten Unternehmens noch die Interessen sonstiger Marktteilnehmer betroffen sind (→ § 4 Rn. 4.208; BGH WRP 2009, 432 Rn. 22 – Küchentiefstpreis-Garantie; GRUR 2011, 543 Rn. 8 – Änderung der Voreinstellung III; GRUR 2017, 92 Rn. 31 – Fremdcoupon-Einlösung). Das ist zB der Fall, wenn die Werbung eines Unternehmens gezielt ausgeschaltet wird (→ § 4 Rn. 4.71), etwa Werbeplakate eines Mitbewerbers abgerissen oder überklebt werden. Denn hier wird das Informationsinteresse der Verbraucher am Angebot des Mitbewerbers beeinträchtigt. – In den Fällen des **Rechtsbruchs** (§ 3a) kommt es darauf an, welchen Schutzzweck die betreffende Norm verfolgt. – In den Fällen der **vergleichenden Werbung** ist davon auszugehen, dass die nach § 6 II Nr. 1–6 und § 5 III, IV unlauteren Werbemaßnahmen den Wettbewerb verzerren, die Mitbewerber schädigen und die Entscheidung der Verbraucher negativ beeinflussen können (EuGH GRUR 2009, 756 Rn. 68 – L'Oréal/Bellure; offengelassen in BGH GRUR 2008, 628 Rn. 12 – Imitationswerbung). Daher sind insoweit **alle** in § 8 III genannten Mitbewerber und Verbände anspruchsberechtigt (→ § 6 Rn. 194).

V. Zeitliche Anforderungen an die Anspruchsberechtigung

Die tatsächlichen Voraussetzungen der Anspruchsberechtigung müssen schon im Zeitpunkt **3.7** der Begründung der Erstbegehungsgefahr oder der Zuwiderhandlung (OLG Hamm GRUR 1991, 692 (693)) und noch im Zeitpunkt der letzten mündlichen Verhandlung in der Tatsacheninstanz (BGH GRUR 1998, 170 – Händlervereinigung) vorliegen. Die Maßgeblichkeit dieses Zeitpunkts auch für das Revisionsverfahren ergibt sich daraus, dass für die rechtliche Beurteilung im Revisionsverfahren regelmäßig das dem Berufungsurteil zugrundeliegende Parteivorbringen maßgeblich ist (BGH GRUR 2023, 1116 Rn. 28 – Aminosäurekapseln; siehe dort auch Rn. 30–34 zur Ausnahmesituation, dass neuer Vortrag des Revisionsklägers im Revisionsverfahren aufgrund Säumnis des Revisionsbeklagten gem. § 331 ZPO als unstreitig anzusehen ist). **Beispiele:** Der klagende Mitbewerber war zurzeit der Zuwiderhandlung noch nicht oder ist im Zeitpunkt der letzten mündlichen Verhandlung nicht mehr auf dem Markt tätig (→ Rn. 3.29). Der klagende Verband iSd § 8 III Nr. 2 war im Zeitpunkt der Zuwiderhandlung noch nicht oder im Zeitpunkt der letzten mündlichen Verhandlung nicht mehr in die vom Bundesamt für Justiz geführte Liste der qualifizierten Wirtschaftsverbände gem. § 8b eingetragen oder seine Eintragung ruhte zu diesen Zeitpunkten (§ 8 IV). Erblickt man mit der hM (→ Rn. 3.10; BGH GRUR 2005, 689 (690) – Sammelmitgliedschaft III mwN; WRP 2006, 747 Rn. 15 – Blutdruckmessungen; GRUR 2022, 490 Rn. 20 – Influencer III; GRUR 2022, 930 Rn. 12 – Knuspermüsli II) in § 8 III Nr. 2 und 3 auch eine Regelung der **Prozessführungsbefugnis,** so müssen die dort genannten Voraussetzungen auch im Revisionsverfahren vorliegen. – Da es für die durch das Gesetz zur Stärkung des fairen Wettbewerbs vom 26.11.2020 (BGBl. 2020 I 2568) mit Wirkung vom 1.12.2021 neugefasste Anspruchsberechtigung der Mitbewerber (§ 8 III Nr. 1) an einer Übergangsregelung fehlt, ist für die Zeit vor dem 1.12.2021 auf die Vorgängerregelung, ab diesem Zeitpunkt auf die Neufassung abzustellen (BGH GRUR 2022, 729 Rn. 10, 26 – Zweitmarkt für Lebensversicherungen II). Fehlt es aufgrund einer solchen Rechtsänderung an tatsächlichen Feststellungen, führt dies in der Revisionsinstanz zur Zurückverweisung an das Berufungsgericht (BGH GRUR 2022, 729 Rn. 10, 26 – Zweitmarkt für Lebensversicherungen II). – Eine Übergangsregelung für die in § 8 III Nr. 2 geregelte Klagebefugnis der Wirtschaftsverbände enthält → § 15a I (dazu BGH GRUR 2022, 1163 Rn. 15 – Grundpreisangabe im Internet).

VI. Anspruchsberechtigung und Klagebefugnis

1. Fragestellung

3.8   § 8 III regelt, wem die Ansprüche aus § 8 I „zustehen", wer also anspruchsberechtigt ist. Von der Frage der **Anspruchsberechtigung (= Sachbefugnis = Aktivlegitimation)** ist allerdings die Frage nach der **Prozessführungsbefugnis (= Klagebefugnis)** zu unterscheiden. Grds. gilt, dass sich die Prozessführungsbefugnis bereits aus der behaupteten Inhaberschaft des geltend gemachten Rechts ergibt und daher nur dann gesondert zu prüfen ist, wenn ein fremdes Recht im eigenen Namen geltend gemacht wird. Da es im Falle des § 8 III um die Geltendmachung eigener Ansprüche geht, fallen an sich Sachbefugnis und Prozessführungsbefugnis zusammen. Daher ist in der **Gesetzesbegründung** sowohl von Aktivlegitimation als auch von Klagebefugnis die Rede (vgl. Begr. RegE UWG 2004 zu § 8 III, BT-Drs. 15/1487, 22 f.). Die eigentliche Frage ist aber, ob die Prozessführungsbefugnis der nach § 8 III anspruchsberechtigten Personen und Verbände gesondert im Rahmen der Zulässigkeit der Klage zu prüfen ist. Dabei ist zu unterscheiden:

2. Prozessführungsbefugnis der Mitbewerber

3.8a   Für Mitbewerber iSd § 8 III Nr. 1 ergibt sich die Prozessführungsbefugnis aus den allgemeinen Vorschriften (§ 51 ZPO; vgl. Teplitzky Wettbewerbsrechtliche Ansprüche/Büch Kap. 13 Rn. 13). Die Mitbewerbereigenschaft stellt daher keine Voraussetzung der Zulässigkeit, sondern der Begründetheit der Klage dar (BGH GRUR 2020, 303 Rn. 14 – Pflichten des Batterieherstellers).

3. Prozessführungsbefugnis der Verbände

3.9   **a) Lehre von der „Doppelnatur".** Für die Wirtschafts- und Verbraucherverbände iSd § 8 III Nr. 2 und 3 gilt nach ganz hM die **Lehre von der Doppelnatur** (vgl. BGH GRUR 2006, 517 Rn. 15 – Blutdruckmessungen; GRUR 2007, 610 Rn. 14 – Sammelmitgliedschaft V; GRUR 2007, 809 Rn. 12 – Krankenhauswerbung; GRUR 2012, 411 Rn. 12 – Glücksspielverband; GRUR 2015, 1240 Rn. 13 – Der Zauber des Nordens; FBO/Büscher Rn. 245 f.; Teplitzky Wettbewerbsrechtliche Ansprüche/Büch Kap. 13 Rn. 25 f.). Die in diesen Vorschriften aufgestellten Voraussetzungen der Anspruchsberechtigung werden zugleich als Prozessvoraussetzungen, nämlich der Klagebefugnis (Prozessführungsbefugnis), qualifiziert. Das hat wegen der grds. vorrangig zu prüfenden Frage der Zulässigkeit der Klage mehrere prozessuale Folgen: Die Voraussetzungen sind von Amts wegen in jeder Lage des Verfahrens, auch noch in der **Revisionsinstanz,** zu prüfen (stRspr; BGH GRUR 2007, 610 Rn. 14 – Sammelmitgliedschaft V; GRUR 2007, 809 Rn. 12 – Krankenhauswerbung; GRUR 2015, 1240 Rn. 13 – Der Zauber des Nordens; GRUR 2018, 1166 Rn. 12 – Prozessfinanzierer I; WRP 2019, 1009 Rn. 10 – Prozessfinanzierer II; GRUR 2019, 966 Rn. 17 – Umwelthilfe; GRUR 2022, 490 Rn. 20 – Influencer III; GRUR 2022, 930 Rn. 12 – Knuspermüsli II). Das Revisionsgericht hat in Abweichung von § 559 I ZPO selbstständig festzustellen, ob die Voraussetzungen der Klagebefugnis erfüllt sind, und ist daher an die tatsächlichen Feststellungen des Berufungsgerichts nicht gebunden; es kann sich hierbei des Freibeweises bedienen (BGH GRUR 2012, 411 Rn. 12 – Glücksspielverband; GRUR 2019, 966 Rn. 12 – Umwelthilfe; GRUR 2022, 930 Rn. 12 – Knuspermüsli II). Jedoch müssen die Tatsachen, aus denen sich die Prozessführungsbefugnis ergibt, spätestens im Zeitpunkt der letzten mündlichen Verhandlung in der Tatsacheninstanz vorgelegen haben (BGH GRUR 2007, 610 Rn. 14 – Sammelmitgliedschaft V). Für die Feststellung der Voraussetzungen gelten die Grundsätze des Freibeweises (vgl. BGH GRUR 2001, 846 (847) – Metro V). Bei Fehlen einer dieser Voraussetzungen ist die Klage als unzulässig und nicht als unbegründet abzuweisen (vgl. BGH GRUR 1996, 217 – Anonymisierte Mitgliederliste).

3.10   **b) Stellungnahme. aa) Allgemeines.** Der **Gesetzeswortlaut** (§ 8 III: „Die Ansprüche aus Abs. 1 stehen zu: …") spricht an sich für eine ausschließlich materiellrechtliche Betrachtung (Greger NJW 2000, 2457 (2462); E. Schmidt NJW 2002, 25 (28); Fritzsche, Unterlassungsanspruch und Unterlassungsklage, 2000, S. 599 ff.; Goldbeck, Der „umgekehrte" Wettbewerbsprozess, 2008, S. 67). Gegen die Lehre von der Doppelnatur spricht weiter der Grundsatz des **allgemeinen Verfahrensrechts,** dass sich die Prozessführungsbefugnis bereits aus der behaupteten Inhaberschaft des geltend gemachten Rechts ergibt (Zöller/Vollkommer ZPO Vor § 50 Rn. 18; Thomas/Putzo/Hüßtege ZPO § 51 Rn. 21). Fallen Prozessführungs- und Sachbefugnis in einer Person zusammen und steht dem Kläger das geltend gemachte Recht nicht oder nicht gegen den Beklagten zu, so ist daher nach allg. Verfahrensrecht die Klage als unbegründet abzuweisen (Thomas/Putzo/Hüßtege ZPO § 51 Rn. 21). Die Prozessführungsbefugnis ist nur dann gesondert festzustellen, wenn ein fremdes Recht im eigenen Namen geltend gemacht wird (Prozessstandschaft). Dies ist aber bei der Verbandsklage nicht der Fall, da die Verbände gerade einen eigenen Anspruch geltend machen. – Allerdings ist diese Erwägung für das **Wettbewerbs-verfahrensrecht** nicht zwingend. Für eine **Doppelrelevanz** der in § 8 II Nr. 2 und 3 auf-gestellten Voraussetzungen spricht vielmehr, dass den Verbänden – anders als den verletzten Mitbewerbern – die Ansprüche aus § 8 I nicht zur Wahrung eigener Interessen, sondern zur Wahrung der Interessen Dritter und der Allgemeinheit (§ 1 I 2) eingeräumt sind. In der Sache kommt dies der Einräumung einer Prozessstandschaft nahe. Zudem ist ein Bedürfnis, die Voraus-setzungen des § 8 III Nr. 2 und 3 noch in der Revisionsinstanz prüfen und ggf. verneinen zu können, nicht zu verkennen. Daher ist der Lehre von der Doppelnatur **zuzustimmen** (anders noch 29. Aufl.). Zu weit ginge es freilich, die Voraussetzungen des § 8 II Nr. 2 und 3 als Anforderungen an die Rechts- und Parteifähigkeit zu begreifen (so aber Häsemeyer FS Spellen-berg, 2010, 99).

bb) Rechtsnatur des § 8 III Nr. 2. Prozessvoraussetzung ist nach § 51 I ZPO zunächst, dass **3.11** der klagende Verband rechtsfähig ist (vgl. § 8 III Nr. 2). Darüber hinaus sind auch die weiteren in § 8 III Nr. 2 aufgestellten Anforderungen auch als Voraussetzungen der Klagebefugnis (Pro-zessführungsbefugnis) des Verbands zu begreifen. Dazu zählt das Erfordernis der Eintragung in die vom Bundesamt für Justiz geführte Liste der qualifizierten Wirtschaftsverbände nach § 8b. Das Vorliegen dieser Voraussetzungen ist auch noch in der Revisionsinstanz **von Amts wegen** zu prüfen (BGH GRUR 2017, 1265 Rn. 10 – Preisportal). Hat das Gericht begründete Zweifel daran, dass der Wirtschaftsverband die Eintragungsvoraussetzungen erfüllt, kann es die Verhand-lung aussetzen und das Bundesamt für Justiz zur Überprüfung auffordern (§ 8b III iVm § 4a II UKlaG). Hebt das Bundesamt für Justiz die Eintragung auf, entfällt die Prozessführungsbefugnis des Verbands für die Zukunft (§ 4c I UKlaG). Ordnet das Bundesamt für Justiz das Ruhen der Eintragung an (§ 4c II UKlaG), kann der Wirtschaftsverband ebenfalls für die Dauer des Ruhens keine Ansprüche geltend machen (§ 8 IV). Problematisch ist lediglich das Tatbestandsmerkmal „und soweit die Zuwiderhandlung die Interessen ihrer Mitglieder berührt". Das Vorliegen einer Zuwiderhandlung wäre dann nämlich Voraussetzung der Prozessführungsbefugnis und es müsste somit die eigentliche materiellrechtliche Prüfung des Wettbewerbsverstoßes bereits im Rahmen der Zulässigkeitsprüfung erfolgen. Das Problem lässt sich indessen in der Weise lösen, dass bei der Zulässigkeitsprüfung lediglich zu fragen ist, ob die behauptete Zuwiderhandlung die Interessen der Mitglieder berühren würde. Ist dies zu verneinen, so ist die Klage bereits aus diesem Grund unzulässig.

cc) Rechtsnatur des § 8 III Nr. 3. Auch die in § 8 III Nr. 3 für Verbraucherverbände und **3.12** „qualifizierte Einrichtungen" aufgestellte Voraussetzung der Eintragung in eine Liste des Bun-desamts für Justiz oder ein Verzeichnis der Kommission ist als besondere Regelung der Kla-gebefugnis (Prozessführungsbefugnis) und damit als von Amts wegen zu prüfende **Prozess-voraussetzung** zu verstehen. Dem entspricht es, dass das Gericht, wenn sich in einem Rechts-streit begründete Zweifel an dem Vorliegen der Voraussetzungen des § 4 II UKlaG bei einer eingetragenen Einrichtung ergeben, nach § 8b III iVm § 4a II UKlaG das Bundesamt für Justiz zur Überprüfung der Eintragung auffordern und die Verhandlung bis zu dessen Entscheidung aussetzen kann (und ggf. muss; → Rn. 3.61). Hebt das Bundesamt für Justiz die Eintragung auf, so entfällt damit ex nunc (§ 4 II 4 UKlaG) die Anspruchsberechtigung und damit auch die Prozessführungsbefugnis des Verbands. Ordnet das Bundesamt für Justiz das Ruhen der Ein-tragung an (§ 4c II UKlaG), kann der Verband für die Dauer des Ruhens gem. § 8 IV ebenfalls keine Ansprüche geltend machen.

VII. Anwendungsbereich

1. Erfasste Ansprüche

a) Unterlassungs- und Beseitigungsanspruch. § 8 III gilt für den Unterlassungs- und **3.13** Beseitigungsanspruch iSd § 8 I (vgl. BGH GRUR 2018, 423 Rn. 42, 46 – Klauselersetzung). Diese Ansprüche sind nicht auf den räumlichen Tätigkeitsbereich des Verletzten beschränkt, sondern erstrecken sich auf das gesamte Bundesgebiet und sind auch bundesweit durchsetzbar (vgl. BGH WRP 1999, 421 (422) – Vorratslücken; aA Ulrich WRP 1998, 826 (827)). Dies rechtfertigt sich daraus, dass die Ansprüche auch im Interesse der übrigen Marktteilnehmer und der Allgemeinheit gewährt sind.

3.14 **b) Auskunftsanspruch.** Die Anspruchsberechtigung beim Beseitigungsanspruch erstreckt sich kraft Sachzusammenhangs auch auf den Auskunftsanspruch (vgl. BGH GRUR 1972, 552 (560) – Teerspritzmaschinen; → § 9 Rn. 4.4).

3.15 **c) Aufwendungsersatzanspruch (§ 13 III).** Die Anspruchsberechtigung für den Unterlassungsanspruch schließt die Abmahnberechtigung und damit die Berechtigung ein, den Anspruch auf Aufwendungsersatz nach § 13 III geltend zu machen. Fehlt dem Abmahner die Anspruchsberechtigung, kann er daher auch keinen Ersatz der Abmahnkosten nach § 13 III verlangen (vgl. BGH GRUR 2017, 926 Rn. 8 f. – Anwaltsabmahnung II).

2. Ausgeschlossene Ansprüche

3.16 § 8 III gilt nicht für den **Schadensersatzanspruch,** der in § 9 geregelt ist; ferner nicht für **außerwettbewerbsrechtliche Ansprüche** (zu § 13 II UWG 1909 vgl. BGHZ 41, 314 (318) – Lavamat I; BGH WRP 1997, 731 (735) – Euromint), insbes. Unterlassungs-, Schadensersatz- und Bereicherungsansprüche aus Bürgerlichem Recht und Handelsrecht (vgl. BGH GRUR 1980, 309 – Straßen- und Autolobby). Diese Ansprüche hat nur der jeweils Verletzte selbst, ein Verband also nur, soweit er in eigenen Interessen oder Rechten verletzt ist.

VIII. Abtretung, Prozessstandschaft und gesetzlicher Forderungsübergang

1. Abtretung

3.17 Das UWG regelt – anders als das UKlaG – die Abtretung nicht. Eine analoge Anwendung des § 3 I 2 UKlaG ist zwar denkbar. Da aber der Gesetzgeber keine vergleichbare Regelung in das UWG aufgenommen hat und dafür auch keine sachliche Notwendigkeit besteht, ist eine Analogie abzulehnen. Vielmehr ist die Frage nach dem Zweck der Regelung in § 8 III zu entscheiden. Dabei ist zwischen der **Mitbewerberklage** (§ 8 III Nr. 1) und der **Verbandsklage** (§ 8 III Nr. 2–4) zu unterscheiden. – Ist die Abtretung unwirksam, so ist eine Umdeutung in eine gewillkürte Prozessstandschaft zwar möglich, aber nur wenn deren Voraussetzungen (→ Rn. 3.22) erfüllt sind (BGH GRUR 2007, 978 Rn. 34 – Rechtsberatung durch Haftpflichtversicherer).

3.18 **a) Abtretung durch den Mitbewerber.** Die Regelung des § 8 III Nr. 1 hat den Zweck, nur ganz bestimmten Unternehmen, nämlich den vom Wettbewerbsverstoß betroffenen Mitbewerbern (→ Rn. 3.27), den Abwehranspruch zu gewähren. Daher ist jedenfalls eine Abtretung an **beliebige Dritte** (Private, Unternehmen, Verbände) ausgeschlossen. Andernfalls würde der geschlossene Kreis der Anspruchsberechtigten gesprengt (BGH GRUR 1983, 379 (381) – Geldmafiosi; GRUR 1993, 151 (152) – Universitätsemblem; WRP 2007, 1334 Rn. 33 – Rechtsberatung durch Haftpflichtversicherer; GRUR 2019, 970 Rn. 19 – Erfolgshonorar für Versicherungsberater). Es handelt sich sonach um **höchstpersönliche** Ansprüche, bei denen nach § 399 Alt. 1 BGB die Abtretung ausgeschlossen ist (vgl. OLG Hamburg NJW 1963, 2128; Grüneberg/Grüneberg BGB § 399 Rn. 4, 6).

3.19 Aber auch eine Abtretung an **Mitbewerber** oder **Verbände** iSd § 8 III ist nach § 399 Alt. 1 BGB ausgeschlossen (BGH GRUR 2007, 978 Rn. 33 – Rechtsberatung durch Haftpflichtversicherer). Denn diese haben bereits einen eigenen Anspruch und es käme zu einer unnötigen Vervielfachung der Ansprüche (und damit der Streitgegenstände!). Ein sachliches Bedürfnis für eine Abtretung wäre nur denkbar, wenn der Abtretende kein eigenes Interesse an der Durchsetzung des Anspruchs hat, der Abtretungsempfänger seinen eigenen Anspruch aber – etwa auf Grund von **Verjährung** (§ 11) – nicht mehr durchsetzen kann. Damit würde aber die Funktion der Verjährungsfristen geschwächt. Es wäre für den klagewilligen Mitbewerber oder Verband ein Leichtes, sich einen neuen, unverjährten Anspruch zu „besorgen" und dadurch das Verjährungshindernis zu umgehen. Wollte man eine Abtretung zulassen, müsste daher die Verjährungseinrede auch gegen den abgetretenen Anspruch möglich sein.

Eine Ausnahme ist jedoch für den Fall der **Unternehmensnachfolge** zu machen. Denn hier **3.20**
kommt es nicht zu einer Abspaltung des Anspruchs von der Mitbewerberstellung; vielmehr tritt
der Erwerber voll in die Mitbewerberstellung des Veräußerers ein. Veräußert der Gläubiger sein
Unternehmen, wird im Zweifel auch der Abwehranspruch als Bestandteil des Betriebsvermögens
mit übertragen (vgl. OLG Hamburg Magazindienst 2011, 23). Denn der Veräußerer würde den
Anspruch ohnehin verlieren, weil die Anspruchsberechtigung an das Unternehmen gebunden ist.
Entsprechendes gilt im Falle der **Ausgliederung** eines Unternehmensteils, wenn das überneh-
mende Unternehmen vollen Umfangs die Stellung des übertragenden Unternehmens im Wettbewerb eingenommen hat (BGH GRUR 2019, 970 Rn. 19 f. – Erfolgshonorar für Versicherungsberater).

b) Abtretung durch Verbände. Eine Abtretung des Anspruchs an Personen, die nicht zu **3.21**
den Anspruchsberechtigten iSd § 8 III gehören, ist von vornherein nach § 399 Alt. 1 BGB
ausgeschlossen. Andernfalls würde der geschlossene Kreis der Anspruchsberechtigten gesprengt.
Auch bestünde die Gefahr einer Kommerzialisierung der Anspruchsberechtigung durch Verkauf
von Ansprüchen. Aber auch eine Abtretung an Mitbewerber und Verbände, die ihrerseits nach
§ 8 III anspruchsberechtigt sind, ist ausgeschlossen (iErg auch BGH GRUR 2007, 978 Rn. 33 –
Rechtsberatung durch Haftpflichtversicherer). Es gelten insoweit die gleichen Erwägungen wie
zur Abtretung durch den Mitbewerber (→ Rn. 3.19). Sinn ergäbe die Abtretung an Mitbewerber
und Verbände nur im Hinblick auf rechtskräftig festgestellte Ansprüche (§ 325 ZPO), weil sich
dann der Abtretungsempfänger einen eigenen Prozess sparen könnte. Allerdings müsste er im
Streitfall dann immer noch nachweisen, dass im Zeitpunkt der Abtretung nicht nur der Abtretende sondern auch er selbst zum Kreis der Anspruchsberechtigten gehört. Da eine Abtretung
mit der Eigenverantwortung der Anspruchsberechtigten nur schwer in Einklang zu bringen ist,
bedürfte es einer ausdrücklichen gesetzlichen Regelung. Eine Analogie zu dem – rechtspolitisch
bedenklichen – § 3 I 2 UKlaG kommt jedenfalls nicht in Betracht (→ Rn. 3.17).

2. Prozessstandschaft

a) Prozessstandschaft für Mitbewerber. Es handelt sich um eine Prozessvoraussetzung, die **3.22**
in jeder Lage des Verfahrens von Amts wegen zu prüfen ist (BGH GRUR 2005, 166 (171) –
Puppenausstattungen).

Grds. ist es zulässig, den Anspruch eines Mitbewerbers in gewillkürter Prozessstandschaft **3.22a**
geltend zu machen. Voraussetzung dafür sind eine Ermächtigung und ein eigenes schutzwürdiges
Interesse des Ermächtigten an der Rechtsverfolgung auf Grund der bes. Beziehungen zum
Rechtsinhaber. Dabei sind auch wirtschaftliche Interessen zu berücksichtigen (BGH GRUR
1993, 151 (152) – Universitätsemblem; BGHZ 144, 165 (178) = GRUR 2000, 1089 (1093) –
Missbräuchliche Mehrfachverfolgung; BGH GRUR 2006, 329 Rn. 21 – Gewinnfahrzeug mit
Fremdemblem; GRUR 2007, 978 Rn. 34 – Rechtsberatung durch Haftpflichtversicherer;
GRUR 2009, 181 Rn. 18 – Kinderwärmekissen; GRUR 2017, 397 Rn. 30 – World of Warcraft
II; Gloy/Loschelder/Danckwerts WettbR-HdB/Fritzsche § 79 Rn. 228). Das erforderliche eigene Interesse kann sich insbes. aus einer gesellschaftsrechtlichen Verbindung ergeben (BGH
GRUR 2006, 329 Rn. 21 – Gewinnfahrzeug mit Fremdemblem). Bei einer Beteiligung reicht
es aus, wenn der Anteilsinhaber in einem Maße an der Gesellschaft beteiligt ist, dass sich seine
wirtschaftlichen Interessen im Wesentlichen mit denen der Gesellschaft decken. Das ist insbes.
bei einer Holdinggesellschaft der Fall (BGH GRUR 1995, 54 (57) – Nicoline; GRUR 2000,
1089 (1093) – Missbräuchliche Mehrfachverfolgung). Bei Fällen mit **Auslandsberührung** ist zu
beachten, dass sich die Zulässigkeit der gewillkürten Prozessstandschaft grds. nach deutschem
Prozessrecht als der lex fori bestimmt und dass auch die Wirksamkeit der gewillkürten Prozessstandschaft sich nach deutschem Recht richtet (BGHZ 125, 196 (199); BGH GRUR 2005, 168
(171) – Puppenausstattungen). – **Verbände** und **Kammern** iSd § 8 III Nr. 2–4 können nicht
in Prozessstandschaft für einen Mitbewerber klagen. Denn ihnen ist ein eigener Anspruch eingeräumt. Sie haben daher kein schutzwürdiges Interesse, daneben fremde Ansprüche im eigenen
Namen geltend zu machen. Bei den Wirtschaftsverbänden würde sonst auch die Beschränkung
der Anspruchsberechtigung auf die kollektive Wahrnehmung von Mitgliederinteressen unterlaufen (vgl. BGH GRUR 1998, 417 (418) – Verbandsklage in Prozessstandschaft; Ulrich WRP
1995, 441).

b) Prozessstandschaft für Verbände. Dritte können den Anspruch eines Verbandes nicht **3.23**
in Prozessstandschaft geltend machen. Ein schutzwürdiges Interesse (etwa eines Verbandsmit-

glieds), den Prozess im eigenen Namen für den Verband zu führen, ist nicht anzuerkennen. Insbes. reicht es nicht aus, dass der Verband das Prozesskostenrisiko nicht übernehmen will, kann doch der Dritte insoweit eine Prozesskostendeckungszusage geben. Auch ein anderer Verband kann, wie dargelegt (→ Rn. 3.22), nicht in Prozessstandschaft für einen Verband klagen.

3. Gesetzlicher Forderungsübergang

3.24   Im Falle einer Gesamtrechtsnachfolge (Erbfall, Verschmelzung) geht der Abwehranspruch kraft Gesetzes auf den Rechtsnachfolger über. Jedoch müssen in seiner Person noch die Voraussetzungen für die Geltendmachung des Anspruchs erfüllt sein (BGH GRUR 1999, 1100 – Generika-Werbung), wie zB die Eigenschaft als Unternehmer (BGH GRUR 1995, 817 (818) – Legehennenhaltung); OLG Hamburg MD 2011, 23). Dies gilt nicht, wenn die Verletzungshandlung gegen den früheren Gläubiger persönlich gerichtet war (OLG Koblenz GRUR 1988, 43 (46)), weil in diesem Fall die Wiederholungsgefahr entfällt.

IX. Mehrfachverfolgung

3.25   Die Einräumung der Anspruchsberechtigung an Mitbewerber und Verbände begründet für den Verletzer die Gefahr der Mehrfachverfolgung ein und desselben Verstoßes. Da es sich um unterschiedliche Parteien und damit Streitgegenstände handelt, kann der Verletzer einem weiteren Kläger weder die Einrede des fehlenden Rechtsschutzbedürfnisses, noch die der Rechtshängigkeit, noch die der Rechtskraft entgegenhalten (BGH GRUR 1960, 379 (380) – Zentrale; GRUR 1994, 307 (308) – Mozzarella I; OLG Hamburg WRP 1996, 31 (34); Köhler WRP 1992, 359 (361 f.)). Eine weitere Klage ist jedoch **unzulässig,** wenn sie rechtsmissbräuchlich erhoben wird (→ § 8c Rn. 4) sowie **unbegründet,** wenn der Anspruch durch Wegfall der Wiederholungsgefahr untergegangen ist. Dies ist regelmäßig, aber nicht ausnahmslos, der Fall, wenn der Verletzer gegenüber (irgend-)einem Anspruchsberechtigten eine strafbewehrte Unterlassungserklärung abgegeben hat oder er rechtskräftig zur Unterlassung verurteilt worden ist (→ Rn. 1.46 ff.). – Kommt es im Einzelfall zu **divergierenden** rechtskräftigen Entscheidungen (zB auf Grund von Klagen an unterschiedlichen Gerichtsständen), kann sich der Verletzer nach einer Auffassung (Hasselbach GRUR 1997, 40) uU mit der Vollstreckungsgegenklage (§ 767 ZPO analog), dem Wiederaufnahmeverfahren nach § 580 Nr. 6, 7a ZPO analog oder – im Vollstreckungsverfahren – mit der Arglisteinrede zur Wehr setzen. Eine angemessene Problemlösung erscheint nur durch Zurückdrängung der Mehrfachklage möglich.

B. Anspruchsberechtigung der Mitbewerber (§ 8 III Nr. 1 in der ab dem 1.12.2021 geltenden Fassung)

I. Entstehungsgeschichte

3.26   Die Regelung in § 8 III Nr. 1 geht zurück auf den Vorschlag von Köhler/Bornkamm/Henning-Bodewig (WRP 2002, 1317 (1321), dort § 8 II Nr. 1). Während im früheren Recht zwischen der Anspruchsberechtigung des „unmittelbar Verletzten" und der Anspruchsberechtigung des Mitbewerbers nach § 13 II Nr. 1 UWG 1909 unterschieden wurde, kennt § 8 III Nr. 1 nur noch die Anspruchsberechtigung des Mitbewerbers. In der Sache läuft dies darauf hinaus, dass nur noch der unmittelbar verletzte Mitbewerber anspruchsberechtigt ist. Die Einschränkung in § 13 II Nr. 1 UWG 1909, wonach die Anspruchsberechtigung nur für solche Wettbewerbsverstöße bestand, die geeignet waren, den Wettbewerb auf dem relevanten Markt wesentlich zu beeinträchtigen, war zunächst in der Bagatell- bzw. Relevanzklausel des § 3 I UWG 2008 aufgegangen. Im Zuge der UWG-Novelle 2015 ist das Relevanzkriterium jeweils in die Unlauterkeitstatbestände von § 3 II, §§ 4a, 5 und 5a übernommen worden (→ § 3 Rn. 2.20). Durch das G zur Stärkung des fairen Wettbewerbs (BGBl. 2020 I 2020) ist die Anspruchsberechtigung der Mitbewerber durch die Einfügung der weiteren Voraussetzung mWv 1.12.2021 verschärft worden, dass der Mitbewerber Waren oder Dienstleistungen **in nicht unerheblichem Maße** und **nicht nur gelegentlich** vertreibt oder nachfragt (→ Rn. 3.29a).

II. Mitbewerber

1. Begriff

Mitbewerber ist nach der Legaldefinition des § 2 I Nr. 4 jeder Unternehmer, der mit einem **3.27**
oder mehreren Unternehmern als Anbieter oder Nachfrager von Waren oder Dienstleistungen in
einem **konkreten** Wettbewerbsverhältnis steht. Ein solches konkretes Wettbewerbsverhältnis
liegt zum einen vor, wenn beide Parteien **gleichartige Waren oder Dienstleistungen innerhalb desselben Endverbraucherkreises abzusetzen versuchen** und daher das Wettbewerbsverhalten des einen den anderen **behindern oder stören** kann **(enger Mitbewerberbegriff).**
Ein konkretes Wettbewerbsverhältnis liegt aber auch dann vor, wenn zwischen den Vorteilen,
die eine Partei durch eine Maßnahme für ihr Unternehmen oder das Dritter zu erreichen sucht,
und den Nachteilen, die die andere Partei dadurch erleidet, eine **Wechselwirkung** in dem Sinne
besteht, dass der **eigene Wettbewerb gefördert und der fremde Wettbewerb beeinträchtigt werden** kann und die von den Parteien angebotenen Waren oder Dienstleistungen einen
wettbewerblichen Bezug zueinander aufweisen **(weiter Mitbewerberbegriff;** zum Vorstehenden → § 2 Rn. 96 ff.; BGH GRUR 2007, 1079 Rn. 18 – Bundesdruckerei; WRP 2014,
1307 Rn. 24 ff., 33 ff. – nickelfrei; GRUR 2016, 828 Rn. 20 ff. – Kundenbewertung im
Internet; GRUR 2017, 918 Rn. 16 – Wettbewerbsbezug; GRUR 2021, 497 Rn. 15 – Zweitmarkt für Lebensversicherungen I).

Der Begriff des Mitwerbers in § 8 III Nr. 1 ist **einheitlich auszulegen.** Insbesondere ist grds. **3.27a**
nicht danach zu differenzieren, ob sich der Unternehmer auf **mitbewerberschützende Normen** (zB § 4, § 5 II, § 6) oder **verbraucherschützende Normen** (zB § 3 II, § 3 III, § 4a, § 5,
§ 5a) beruft (BGH GRUR 2021, 497 Rn. 32 – Zweitmarkt für Lebensversicherungen I; **aA**
OLG Nürnberg GRUR 2020, 198 (Vorinstanz); Köhler GRUR 2019, 123 f.; Köhler GRUR
2021, 426 (428 ff.); → § 2 Rn. 4.33 ff.). Daher ist auch ein Mitbewerber, der (nur) die Voraussetzungen des **weiten Mitbewerberbegriffs** (→ Rn. 3.27) erfüllt, umfassend zur umfassenden
Verfolgung lauterkeitsrechtlicher **Verstöße (auch) gegen verbraucherschützende Normen**
berechtigt. Diese Sichtweise trägt dem Umstand Rechnung, dass **Verbraucherschutz mittelbar auch dem Schutz der Mitbewerber** dient (vgl. ErwGr. 6 S. 1 der UGP-RL) und dass
zahlreiche geschäftliche Handlungen sowohl Verbraucher- und Mitbewerberinteressen berühren
und daher der **Doppelkontrolle** am Maßstab verbraucher- und mitbewerberschützender Vorschriften bedürfen (BGH GRUR 2021, 497 Rn. 35 – Zweitmarkt für Lebensversicherungen I).
Eine **Ausnahme** gilt nur insoweit, als die **richtlinienkonforme Auslegung** von Tatbeständen
des UWG eine Orientierung an der auf den **Substitutionswettbewerb** abstellenden Definition
des Mitbewerberbegriffs durch den **EuGH** (GRUR 2007, 511 Rn. 28, 30 – De Landtsheer
Emmanuel) erfordert, der der **enge Mitbewerberbegriff** (→ Rn. 3.27) entspricht. Dies betrifft
zum einen den der Umsetzung von Art. 2 lit. c Werbe-RL und Art. 4 lit. d, f und h Werbe-RL
dienenden **§ 6 I und II Nr. 3–5** (BGH GRUR 2002, 828 (829 Rn. 23) – Lottoschein; GRUR
2010, 161 Rn. 12 – Gib mal Zeitung; GRUR 2021, 497 Rn. 41 – Zweitmarkt für Lebensversicherungen I), zum anderen den auf Art. 6 II lit. a UGP-RL beruhenden **§ 5 II** (offengelassen in BGH GRUR 2021, 497 Rn. 41 – Zweitmarkt für Lebensversicherungen I; Büscher/Wille
§ 2 I Nr. 3 Rn. 4). – Im Übrigen gilt auch hier die allgemeine **teleologische Einschränkung,**
dass die Geltendmachung der mitbewerberschützenden Tatbestände des § 4 nur dem in seinem
individuellen Schutzinteresse betroffenen Mitbewerber (sowohl nach engem als auch
weitem Mitbewerberbegriff) offensteht (BGH GRUR 2021, 497 Rn. 43 – Zweitmarkt für
Lebensversicherungen I; → Rn. 3.5a).

Geht der Unternehmer gegen einen **Dritten** vor, der durch seine geschäftliche Handlung ein **3.27b**
fremdes Unternehmen fördert, so muss das konkrete Wettbewerbsverhältnis zu dem geförderten
Unternehmen bestehen (→ § 2 Rn. 4.16; BGH WRP 2014, 552 Rn. 192 – Werbung für
Fremdprodukte); geht umgekehrt das fördernde Unternehmen gegen einen Mitbewerber des
von ihm geförderten Unternehmens vor, ist es dazu nicht nach § 8 III Nr. 1 legitimiert (BGH
WRP 2014, 552 Rn. 20 – Werbung für Fremdprodukte). Im Unterschied zum früheren Recht
reicht ein sog abstraktes Wettbewerbsverhältnis zum Verletzer für die Anspruchsberechtigung
nicht aus. Der Begriff des **Unternehmers** ist weit auszulegen (→ § 2 Rn. 8.3 ff.). Geboten ist
eine wirtschaftliche Betrachtungsweise, die auf die tatsächliche Stellung im Wettbewerb abhebt
(BGH GRUR 1976, 370 (371) – Lohnsteuerhilfeverein). Erforderlich ist eine auf Dauer angelegte, selbstständige wirtschaftliche Betätigung, die darauf gerichtet ist, Waren oder Dienstleistungen

gegen Entgelt zu vertreiben (→ § 2 Rn. 2.23 ff.; BGH GRUR 1995, 697 (699) – FUNNY PAPER; BAG GRUR 2006, 244 (245)). Daher können auch **Idealvereine** (BGH GRUR 1976, 370 (371) – Lohnsteuerhilfeverein; OLG Köln WRP 1985, 660) und **Freiberufler** (BGH GRUR 1981, 529 – Rechtsberatungsanschein; GRUR 1993, 675 (676) – Kooperationspartner; OLG Frankfurt GRUR 1962, 323: Zauberkünstler) anspruchsberechtigt sein. Unerheblich sind ferner Rechtsform oder Gewinnerzielungsabsicht (aA BGH GRUR 1995, 697 (699) – FUNNY PAPER: „gewinnbringend"). Eine **Einschränkung** der Anspruchsberechtigung des Mitbewerbers folgt aus dem in § 8 Abs. 3 Nr. 1 vorgesehenen Erfordernis, Waren oder Dienstleistungen in nicht unerheblichem Maße und nicht nur gelegentlich zu vertreiben oder nachzufragen (→ Rn. 3.29a). Eine Person, die lediglich **Produkte nachfragt,** kann allerdings nicht Unternehmer sein (vgl. Köhler WRP 2019, 1550 (1555)). Wird das Unternehmen von einer **Gesellschaft** betrieben, ist Unternehmer nur die Gesellschaft, nicht der oder die einzelnen Gesellschafter (OLG Stuttgart WRP 1996, 63 (64) zur GmbH; OLG Hamburg GRUR-RR 2005, 167 zur GmbH & Co. KG; Teplitzky Wettbewerbsrechtliche Ansprüche/Büch Kap. 13 Rn. 4a zur Handelsgesellschaft). Ob es sich um eine **Kapital-** oder **Personengesellschaft** (OHG, KG, BGB-Gesellschaft usw) handelt, spielt keine Rolle. Der einzelne Gesellschafter oder Geschäftsführer ist nicht Unternehmer (OLG Köln GRUR-RR 2011, 370; OLG Hamm GRUR-RR 2014, 259). Er kann daher im eigenen Namen Ansprüche aus § 8 III Nr. 1 nur geltend machen, wenn die Voraussetzungen der Prozessstandschaft gegeben sind (→ Rn. 3.22). Die Vornahme ausschließlich **konzerninterner Geschäfte** steht der Unternehmereigenschaft nicht entgegen (BGH GRUR 2016, 828 Rn. 18 – Kundenbewertung im Internet). Unternehmer ist nicht, wer an einem fremden Unternehmen lediglich **finanziell** beteiligt ist (zB als stiller Gesellschafter) oder daran ein sonstiges **mittelbares Interesse** (zB als Lizenzgeber, Verpächter, Kreditgeber) hat (BGH GRUR 1995, 697 – FUNNY PAPER; OLG Hamburg GRUR-RR 2005, 167; aA Ahrens Wettbewerbsprozess-HdB/Jestaedt Kap. 18 Rn. 14). Auch hier kommt allenfalls eine Klage in Prozessstandschaft in Betracht (→ Rn. 3.22). – Unerheblich ist für die Geltendmachung des Unterlassungsanspruchs, ob der Mitbewerber sein Unternehmen in **rechtlich zulässiger Weise** (zB mit der erforderlichen öffentlich-rechtlichen Genehmigung) betreibt (→ § 2 Rn. 27; BGH GRUR 2005, 519 (520) – Vitamin-Zell-Komplex; offengelassen noch in BGH GRUR 2005, 176 – Nur bei Lotto). Denn diese Frage, die die Zulässigkeit des Marktzutritts betrifft, ist für die Mitbewerbereigenschaft ohne Bedeutung. Anders verhält es sich, wenn die betreffende unternehmerische Tätigkeit schlechthin verboten ist (zB Rauschgifthandel), doch werden solche „Unternehmer" ohnehin nicht die Gerichte anrufen.

2. Sachliche Grenzen der Anspruchsberechtigung

3.28 Nicht jeder Mitbewerber ist ohne weiteres auch anspruchsberechtigt. Der Verstoß muss vielmehr auch seine **Interessen** berühren, wie sich mittelbar aus § 8 III Nr. 2 („Interessen ihrer Mitglieder") ergibt. Das ist nicht der Fall, wenn sich der Wettbewerbsverstoß **ausschließlich** gegen die Interessen eines bestimmten anderen Mitbewerbers richtet. Dann muss es diesem überlassen bleiben, ob er die Beeinträchtigung seiner Interessen hinnimmt oder nicht (zu Einzelheiten → Rn. 3.5 ff.; BGH GRUR 2005, 519 (520) – Vitamin-Zell-Komplex; GRUR 2007, 978 Rn. 26 – Rechtsberatung durch Haftpflichtversicherer; WRP 2009, 432 Rn. 22 – Küchentiefstpreis-Garantie; GRUR 2017, 92 Rn. 31 – Fremdcoupon-Einlösung). Dagegen wird die Anspruchsberechtigung eines Mitbewerbers nach § 8 III Nr. 1 nicht dadurch ausgeschlossen, dass der einschlägige Unlauterkeitstatbestand, wie etwa § 4a, nur geschäftliche Handlungen gegenüber Verbrauchern oder sonstigen Marktteilnehmern zum Gegenstand hat (vgl. Schaffert FS Ullmann, 2006, 845 (846)). – Gegen unzulässige geschäftliche Handlungen **bei Abschluss** und **Durchführung** eines **Vertrags,** die nicht zugleich der Absatzförderung dienen (wie zB die unlautere Abwehr von Verbraucherrechten oder Erzwingung von Zahlungen), können Mitbewerber dann vorgehen, wenn die Handlungen ihre Absatzinteressen beeinträchtigen können (Köhler WRP 2009, 898 (911 f.)). Das ist insbes. dann zu bejahen, wenn ein möglicher Neubedarf nach einer Ware oder Dienstleistung unterdrückt wird. So etwa, wenn der Kunde daran gehindert wird, wegen eines Mangels vom Vertrag zurückzutreten. Dagegen reicht es nicht aus, dass sich der Verletzer durch seine Handlung einen Kostenvorteil verschaffen kann, der ihm im Wettbewerb zugutekommen könnte. Die Absatzinteressen von Mitbewerbern sind stets dann beeinträchtigt, wenn der Handelnde behauptet, die Mitbewerber würden genauso vorgehen. Denn dies könnte die Kunden davon abhalten, später Verträge mit Mitbewerbern zu schließen.

3. Zeitliche Grenzen der Anspruchsberechtigung

Der Mitbewerber muss seine unternehmerische Tätigkeit im Zeitpunkt der Verletzungshand- **3.29** lung bereits aufgenommen haben (BGH GRUR 2016, 1187 Rn. 16 – Stirnlampen; aA OLG Frankfurt WRP 2014, 1229 Rn. 14: Aufnahme im Zeitpunkt der letzten mündlichen Verhandlung genügt). Er darf sie im Zeitpunkt der letzten mündlichen Verhandlung noch nicht beendet haben (BGH GRUR 1995, 697 (699) – FUNNY PAPER; GRUR 2016, 1187 Rn. 16 – Stirnlampen; GRUR 2023, 1116 Rn. 28 – Aminosäurekapseln; → Rn. 3.7). Maßstab hierfür ist, ob der Betreffende schon oder noch als Wettbewerber auf dem Markt anzusehen ist. Die Anerkennung eines nur **potentiellen Wettbewerbsverhältnisses** hat der BGH abgelehnt, um der Gefahr der uferlosen Ausweitung der Anspruchsberechtigung des Mitbewerbers vorzubeugen (BGH GRUR 2020, 303 Rn. 42 – Pflichten des Batterieherstellers; aA OLG Hamburg GRUR-RR 2012, 21 (23)). Konkrete Vorbereitungshandlungen zur Aufnahme des Geschäftsbetriebs, etwa Anmietung eines Geschäftslokals, Einkauf von Waren, gewerbepolizeiliche Anmeldung (→ § 2 Rn. 2.32; OLG Brandenburg GRUR-RR 2006, 167 (168); aA BGH GRUR 1995, 697 (699) – FUNNY PAPER) können daher genügen (aA KG WRP 1981, 461; vgl. noch OLG Hamburg WRP 1982, 533). Nicht ausreichend ist allerdings die bloße Anmeldung und Eintragung einer Marke, soweit es um den Vertrieb von Waren oder Dienstleistungen unter einer Marke geht (vgl. BGH GRUR 1995, 697 (699) – FUNNY PAPER). Ist die Geschäftstätigkeit endgültig und nicht nur vorübergehend eingestellt, so besteht mangels Wettbewerbsverhältnisses auch keine Anspruchsberechtigung mehr (vgl. BGH GRUR 1995, 697 (699) – FUNNY PAPER; GRUR 2016, 1187 Rn. 18 – Stirnlampen). – Zur mit der Rechtsänderung seit dem 1.12.2021 verbundenen intertemporalen Frage → Rn. 3.7 aE.

4. Weitere Anforderungen an die Mitbewerberstellung

Durch das Gesetz zur Stärkung des fairen Wettbewerbs ist die Anspruchsberechtigung der **3.29a** Mitbewerber mit Wirkung ab dem 1.12.2021 durch die Einfügung der Voraussetzung verschärft worden, dass der Mitbewerber Waren oder Dienstleistungen **in nicht unerheblichem Maße und nicht nur gelegentlich** vertreibt oder nachfragt. Nach der Gesetzesbegründung soll hiermit der Anspruchsverfolgung von Unternehmen entgegengewirkt werden, deren geschäftliche Tätigkeit ihrem Umfang nach die Zubilligung der Anspruchsberechtigung nicht rechtfertigt, etwa weil die Unternehmen nur einige wenige Waren zu überteuerten Preisen auf einem Portal anbieten, kurz nach Anmeldung des Gewerbes bereits eine hohe Zahl von Abmahnungen ausgesprochen haben oder sich im Insolvenzverfahren befinden (vgl. BT-Drs. 19/12084, 26). Der Sache nach wird die Mitbewerbereigenschaft so mit Kriterien angereichert, die weit überwiegend ihren inhaltlichen Sitz im Bereich des Rechtsmissbrauchs (§ 8c) haben und dort schon bisher angemessen berücksichtigt werden konnten (vgl. Hohlweck WRP 2020, 266 (267)). Die aus der Unbestimmtheit der Gesetzesformulierung folgende Rechtsunsicherheit hat der Gesetzgeber ungeachtet vielstimmiger Kritik (vgl. nur Aßhoff CR 2018, 720 (724); Eickemeier/Brodersen BB 2019, 1859; Fritzsche WRP 2018, 1277 (1278); Lettl WM 2019, 289; Würtenberger/Freischem GRUR 2019, 59 (63)) offenkundig in Kauf genommen.

Bei der Prüfung, ob ein Unternehmer Produkte in **nicht unerheblichem Maße** vertreibt **3.29b** oder nachfragt, wird auf die **Umstände des Einzelfalls** abzustellen sein, insbesondere auf das Ausmaß der Geschäftstätigkeit, die Art der jeweiligen Produkte und die Gegebenheiten des betroffenen Marktsegments. Dabei dürfen an Umfang und Dauer der Geschäftstätigkeit mit Blick auf die Effektivität der Durchsetzung des Lauterkeitsrechts **nicht zu hohe Anforderungen** gestellt werden (BGH GRUR 2022, 729 Rn. 14 – Zweitmarkt für Lebensversicherungen II; vgl. auch BT-Drs. 19/12084, 26). Soweit es in der Begründung des Gesetzentwurfs weiter heißt, dass Wettbewerber, die ihre Geschäftstätigkeit gerade erst aufgenommen haben, nur im Ausnahmefall klagebefugt sein sollten, zB wenn die Weiterführung der Geschäftstätigkeit oder ihre Ausweitung unzweifelhaft sei (BT-Drs. 19/12084, 26), darf bei der anzustellenden Prognose kein engherziger Maßstab angelegt werden, weil andernfalls die wettbewerbsrechtliche Position von neu auf den Markt tretenden Unternehmen, insbesondere innovativen Kleinunternehmen („Start-ups") unangemessen beeinträchtigt würde (vgl. Köhler WRP 2019, 1550 (1554 f.)). Es bleibt auch dabei, dass im Falle einer Vielzahl von Verstößen verschiedener Mitbewerber grds. – unter Wahrung der Grenzen des Rechtsmissbrauchs (→ § 8c Rn. 12 ff.) – auch gegen alle Verletzer vorgegangen werden darf. Das in der Gesetzesbegründung genannte Verhältnis zwischen der Anzahl der ausgesprochenen Abmahnungen und dem Umfang der geschäftlichen Tätigkeit (vgl. BT-Drs. 19/12084, 26) ist bei der Beurteilung der Erheblichkeit der Geschäftstätigkeit nur einer von vielen, im Rahmen der Gesamtwürdigung zu berücksichtigenden Umständen. Auch mit Blick auf die in der Begründung des Gesetzentwurfs getroffene Aussage, nach Eröffnung des Insolvenzverfahrens werde ein Unternehmen nur im Ausnahmefall klagebefugt sein (BT-Drs. 19/12084, 26), wird im jeweiligen Einzelfall zu prüfen sein, ob eine realistische Perspektive der Fortführung des Unternehmens besteht. Dem Merkmal des **nicht nur gelegentlichen** Vertreibens oder Nachfragens von Produkten kommt demgegenüber kaum eine einschränkende Wirkung zu. Im Falle einer Person, die auf einem einzigen Markt nur gelegentlich Produkte vertreibt, wird regelmäßig schon **die Unternehmereigenschaft fehlen,** weil darin eine „auf eine gewisse Dauer angelegte, selbständige wirtschaftliche, auf den entgeltlichen Vertrieb gerichtete Betätigung" (→ Rn. 3.27) kaum gesehen werden kann. Dem Merkmal des gelegentlichen Vertreibens oder Nachfragens unterfällt damit allein der Fall, dass ein Unternehmer auf einem **anderen Markt** nur gelegentlich tätig wird (vgl. Köhler WRP 2019, 1550).

3.29c   Das im Referentenentwurf eines Gesetzes zur Stärkung des fairen Wettbewerbs (abrufbar unter https://www.bmjv.de/SharedDocs/Gesetzgebungsverfahren/Dokumente/RefE_fairerWettbewerb.html) in § 8 Abs. 3 Nr. 1 noch vorgesehene Kriterium des Vertriebs **„ähnlicher"** Waren oder Dienstleistungen ist nicht in das Gesetz übernommen worden. Insofern gilt unverändert, dass für den Bereich des **Substitutionswettbewerbs** neben dem Vertrieb identischer Produkte auch der Vertrieb **gleichartiger Produkte** die Anspruchsberechtigung des Mitbewerbers begründet (→ § 2 Rn. 108). Der Bereich des **Behinderungswettbewerbs** wird von der Formulierung des „nicht unerheblichen und nicht nur gelegentlichen Vertreibens oder Nachfragens" von Produkten ebenfalls erfasst. Damit bleibt es auch bei der Berechtigung von Unternehmen, lauterkeitsrechtliche Ansprüche gegen Mitbewerber zu verfolgen, deren Produkte zwar nicht identisch oder gleichartig sind, sofern ein hinreichender **Wettbewerbsbezug** zwischen den Produkten besteht (vgl. BGH WRP 2017, 1085 Rn. 19 – Wettbewerbsbezug; → § 2 Rn. 109a f.). Der Absicht des Gesetzgebers entsprechend, wird man bei der Beurteilung der Erheblichkeit und Frequenz der Geschäftstätigkeit nicht auf den Gesamtumfang der unternehmerischen Tätigkeit abzustellen haben, sondern auf den Vertrieb und die Nachfrage gerade **derjenigen Waren oder Dienstleistungen,** die das Wettbewerbsverhältnis zum Anspruchsgegner begründen. Weil das Vertreiben oder Nachfragen von Produkten erforderlich ist, reicht ihr **bloßes Anbieten** nicht aus (vgl. BT-Drs. 19/12084, 26). Zu bedenken ist allerdings auch hier, dass eine Person, die lediglich **Produkte nachfragt,** nicht Unternehmer sein kann (vgl. Köhler WRP 2019, 1550 (1555)).

3.29d   **Prozessual** liegt die **Darlegungs- und Beweislast** für die Umstände, die die Anspruchsberechtigung des Mitbewerbers begründen, bei demjenigen, der den Anspruch geltend macht. Nach der Vorstellung des Gesetzgebers soll die Erheblichkeit der Geschäftstätigkeit durch die Angabe von Größenkategorien der Verkaufszahlen belegt werden können; die Angabe konkreter Umsatzzahlen oder die Vorlage einer Bescheinigung eines Steuerberaters sei nicht erforderlich (BT-Drs. 19/12084, 26). Indes werden auch hier die Gerichte im Einzelfall das für die Überzeugungsbildung nach § 286 ZPO erforderliche Maß an Vortrag und – im Bestreitensfall – an Nachweisen zu bestimmen haben. Die Beibringung von Tatsachen, die eine hinreichend umfangreiche Geschäftstätigkeit zumindest indizieren (Angebotsunterlagen, Werbemittel etc.), sollte ggf. nicht allzu schwierig sein, so dass berechtigte Interessen – etwa dasjenige an der Wahrung der Vertraulichkeit betrieblicher Interna – gewahrt werden kann. Für das **vorprozessuale Vorgehen** ist zu beachten, dass nach der Neufassung des § 13 II Nr. 2 in der Abmahnung die **Voraussetzungen der Anspruchsberechtigung** nach § 8 III klar und verständlich **anzugeben** sind (→ § 13 Rn. 14).

C. Qualifizierte Wirtschaftsverbände (§ 8 III Nr. 2 in der ab dem 1.12.2021 geltenden Fassung)

I. Funktion und Grenzen der Klagebefugnis und Anspruchsberechtigung

3.30   Den Verbänden zur Förderung gewerblicher oder selbstständiger beruflicher Interessen ist die Klagebefugnis und Anspruchsberechtigung (→ Rn. 3.8 ff.) verliehen, weil die Bekämpfung unlauterer geschäftlicher Handlungen auch im Interesse der Allgemeinheit an einem unverfälschten Wettbewerb (§ 1 S. 2) liegt (vgl. BGH GRUR 1990, 282 (284) – Wettbewerbsverein IV; GRUR 1994, 304 (305) – Zigarettenwerbung in Jugendzeitschriften). Sie ist also nicht etwa deshalb ausgeschlossen, weil die Wettbewerbswidrigkeit auf einem Verstoß gegen Verbraucherschutzgesetze (BGH GRUR 1994, 304 (305) – Zigarettenwerbung in Jugendzeitschriften) oder gegen bilaterale Abkommen (BGH GRUR 1994, 307 (308) – Mozzarella I) beruht. Ihre Legitimation erhält die Klagebefugnis und Anspruchsberechtigung der Verbände aber auch aus ihrer Funktion der **kollektiven Wahrnehmung von Mitgliederinteressen** (BGH GRUR 1995, 604 (605) – Vergoldete Visitenkarten; GRUR 1997, 933 (934) – EP; OLG Düsseldorf GRUR 2003, 131; aA Lindacher FS Lüke, 1997, 377 (380)). Diese Funktion kann ein Verband nur erfüllen, wenn ihm tatsächlich eine ausreichende Zahl von Mitgliedern angehört, deren Interessen von der Zuwiderhandlung berührt sind und die aus diesem Grund als Mitbewerber anspruchsberechtigt sind. Allerdings weist § 8 III Nr. 2 insoweit eine **Schutzlücke** auf, als Wettbewerbsverstöße im Vertikalverhältnis zu Unternehmern nicht verfolgt werden können, da diese weder Mitbewerber sind noch ihre Verbände klagebefugt und anspruchsberechtigt sind (vgl. Köhler WRP 2007, 602; Göckler WRP 2016, 434 (436); zu § 33 II GWB vgl. LG Köln GRUR-RR 2010, 124).

II. Eintragung in die Liste qualifizierter Wirtschaftsverbände nach § 8b

1. Allgemeines

Die Prüfung der Anspruchsberechtigung von Wirtschaftsverbänden oblag bisher ausschließlich **3.31** den mit Verstößen gegen das UWG befassten Gerichten. Der Gesetzgeber des UWG 2004 hatte sich bewusst gegen das für Verbraucherverbände praktizierte Eintragungssystem entschieden (Begr. RegE UWG 2004 zu § 8 III Nr. 2, BT-Drs. 15/1487, 22). Mit der Begründung, einige Verbände missbrauchten ihre Anspruchsbefugnis und – wenig überzeugend –, die Voraussetzungen der Anspruchsberechtigung von Wirtschaftsverbänden könnten „nicht wirksam bei einem Gericht kontrolliert werden" (vgl. Gesetzesbegründung, BT-Drs. 19/12084, 27), hat der Gesetzgeber mit dem **Gesetz zur Stärkung des fairen Wettbewerbs** die Klagebefugnis der Wirtschaftsverbände nunmehr von der Voraussetzung abhängig gemacht, dass sie in die nach § 8b nF vom Bundesamt für Justiz zu führende **Liste qualifizierter Wirtschaftsverbände eingetragen** sein müssen. Die Voraussetzungen der vom Bundesamt für Justiz zu bewilligenden Eintragung sind nach dem Vorbild der qualifizierten Einrichtungen nach § 4 UKlaG modelliert. Die Zielsetzung des Gesetzgebers, **missbräuchlicher Anspruchsverfolgung entgegenzuwirken,** kommt insbesondere darin zum Ausdruck, dass ein Wirtschaftsverband nur eintragungsfähig ist, wenn er seine Ansprüche nicht vorwiegend geltend macht, um für sich Einnahmen aus Abmahnungen oder Vertragsstrafen zu erzielen (§ 8b II Nr. 3 lit. b), und wenn er seinen Mitgliedern keine Zuwendungen und Beschäftigten keine unangemessen hohen Vergütungen gewährt (§ 8b II Nr. 4). Das Eintragungsverfahren richtet sich nach den §§ 4 ff. UKlaG, auf die § 8 III verweist. Soweit die Anspruchsberechtigung **öffentlich-rechtlicher Kammern** bisher in § 8 III Nr. 2 aF geregelt war, ist sie nunmehr § 8 III Nr. 4 nF zugeordnet (→ Rn. 3.65 ff.). Das Bundesamt für Justiz veröffentlicht die jeweils aktuelle Fassung der Liste gem. § 8b I auf seiner Internetseite (Liste Stand 16.6.2023: https://www.bundesjustizamt.de/SharedDocs/ Downloads/DE/Verbraucherschutz/Liste_qualifizierter_Wirtschaftsverbaende_UWG.pdf? __blob=publicationFile&v=9). Die mit UWG-Verstößen befassten Gerichte – einschließlich des Revisionsgerichts (vgl. BGH WRP 2019, 1009 Rn. 10 – Prozessfinanzierer II; GRUR 2019, 966 Rn. 17 – Umwelthilfe) – haben also mit Blick auf die Anspruchsberechtigung der Wirtschaftsverbände neben der Frage, ob dem jeweiligen Verband eine **erhebliche Zahl von Mitbewerbern** des Anspruchsgegners angehört (→ Rn. 3.36 ff.) und ob die Zuwiderhandlung die **Interessen der Verbandsmitglieder** berührt (→ Rn. 3.50), nurmehr noch zu prüfen, ob die Listeneintragung besteht. Nach Art. 9 II Nr. 1 des Gesetzes zur Stärkung des fairen Wettbewerbs tritt § 8 III nF, also auch die Regelung zur Anspruchsberechtigung qualifizierter Wirtschaftsverbände, ein Jahr nach Gesetzesverkündung in Kraft. Gemäß der **Überleitungsvorschrift** in § 15a I ist § 8 III Nr. 2 nicht auf Verfahren anzuwenden, die am **1.9.2021 bereits rechtshängig** sind (zum bisherigen Rechtszustand → Rn. 3.69 ff.).

2. Das Eintragungserfordernis

Die Eintragung in die Liste qualifizierter Wirtschaftsverbände gem. § 8b ist für die Anspruchs- **3.32** berechtigung **konstitutiv.** Über die Eintragung wird durch schriftlichen, dem Antragsteller zuzustellenden Bescheid entschieden, auf dessen Grundlage die Listeneintragung erfolgt (§ 8b III iVm § 4 III UKlaG). Sind die Eintragungsvoraussetzungen erfüllt, besteht ein Rechtsanspruch auf Eintragung. Für das Verfahren gilt das Verwaltungsverfahrensgesetz des Bundes. Auf Antrag erteilt das Bundesamt für Justiz dem Wirtschaftsverband eine **Bescheinigung** über die Eintragung (§ 8b III iVm § 4 IV UKlaG), durch deren Vorlage bei Abmahnung des Anspruchsgegners (vgl. § 13 II Nr. 2) und bei Gericht die Listeneintragung nachgewiesen wird. Fehlt die Listeneintragung oder wird sie nachträglich – mit Wirkung ex nunc – aufgehoben (§ 8b III iVm § 4c I UKlaG), ist die Anspruchsberechtigung nicht gegeben. – **Ruht die Eintragung** für längstens drei Monate, weil mit ihrer Rücknahme oder ihrem Widerruf zu rechnen ist (§ 8b III iVm § 4c II UKlaG), so besteht gem. § 8 IV ebenfalls keine Anspruchsberechtigung. – Die Eintragung ist auch konstitutive Voraussetzung für die Beantragung von **Ordnungsmitteln** gem. § 890 I S. 1 ZPO (OLG Hamm WRP 2023, 853).

3. Die Eintragungsvoraussetzungen (§ 8b II)

3.33   Die Voraussetzungen der Eintragung in die Liste qualifizierter Wirtschaftsverbände – Anforderungen an Satzung, Tätigkeit, Mitgliedschaft und Ausstattung – werden im Zusammenhang bei → § 8b kommentiert.

4. Aufhebung der Eintragung

3.34   Die Eintragung ist mit Wirkung für die Zukunft aufzuheben, wenn der Verband dies beantragt oder wenn die Eintragungsvoraussetzungen von Anfang an nicht vorlagen oder nachträglich weggefallen sind (§ 8b III iVm § 4c I UKlaG). Die Aufhebung führt zum Verlust der Anspruchsberechtigung. Die Aufhebung ist ein **Verwaltungsakt,** für das Aufhebungsverfahren gelten grds. die Regelungen des VwVfG (OVG Münster GRUR 2004, 347 (348); WM 2018, 1309). Die Behörde ermittelt daher den Sachverhalt von Amts wegen.

5. Keine gerichtliche Überprüfung der Eintragungsvoraussetzungen

3.35   Darüber, ob die sachlichen Voraussetzungen für die Eintragung (noch) vorliegen, entscheidet nicht das Gericht der Unterlassungsklage. Bestehen insoweit begründete Zweifel, so kann (und muss ggf.) das Gericht das Bundesamt für Justiz zur Überprüfung auffordern und die Verhandlung bis zu dessen Entscheidung aussetzen (§ 8b III iVm § 4a II UKlaG). Nach der Verbraucherverbände betreffenden Rechtsprechung des BGH ist bei der Prüfung, ob „begründete Zweifel" bestehen, im Interesse der effektiven Durchsetzung verbraucherschützenden Rechts ein **strenger Maßstab** anzulegen (BGH GRUR 2010, 852 Rn. 11 – Gallardo Spyder; GRUR 2019, 966 Rn. 21 ff. – Umwelthilfe). Auf Wirtschaftsverbände iSv § 8 III Nr. 2 ist dieses Argument allenfalls dann übertragbar, wenn die Rechtsdurchsetzung im Einzelfall (auch) übergeordnete Interesse betrifft.

III. Mitbewerber als Mitgliedsunternehmen

1. Allgemeines

3.36   Auch nach der neuen Fassung des § 8 III Nr. 2 sind Verbände nur dann anspruchsberechtigt, soweit ihnen eine erhebliche Zahl von Unternehmern angehört, **„die Waren oder Dienstleistungen gleicher oder verwandter Art auf demselben Markt vertreiben".** Hierbei handelt es sich um eine Voraussetzung der Anspruchsberechtigung, die im **konkreten Einzelfall** gegeben sein muss und deren Vorliegen daher nicht Gegenstand der Prüfung der Eintragungsvoraussetzungen durch das Bundesamt für Justiz gem. § 8b sein kann. Gemeint sind solche Unternehmen, die dem Verletzer (oder dem von ihm geförderten Unternehmen; BGH WRP 1997, 843 (845) – Emil-Grünbär-Klub; GRUR 2021, 1400 Rn. 16 – Influencer I) auf **demselben sachlich und räumlich relevanten Markt** als Wettbewerber begegnen, also um Kunden konkurrieren können (BGH GRUR 2000, 1084 (1085) – Unternehmenskennzeichnung mwN; vgl. auch BGH GRUR 2017, 926 Rn. 9 – Anwaltsabmahnung II; Gloy/Loschelder/Danckwerts WettbR-HdB/Fritzsche § 79 Rn. 185 ff.). Maßgebend ist allerdings nicht – wie im Kartellrecht – das zur Feststellung von Marktanteilen entwickelte Bedarfsmarktkonzept. Vielmehr kommt es im Lauterkeitsrecht nach der Rspr. darauf an, ob sich die betreffenden Waren oder Dienstleistungen ihrer Art nach so gleichen oder nahe stehen, dass der Absatz des einen Unternehmers durch irgendein wettbewerbswidriges Handeln des anderen beeinträchtigt werden kann (vgl. BGH GRUR 2015, 1240 Rn. 15 – Der Zauber des Nordens). Es reicht aus, dass die Mitgliedsunternehmen eine zumindest nicht gänzlich unbedeutende Beeinträchtigung durch die Wettbewerbsmaßnahme mit einer gewissen, wenn auch nur geringen Wahrscheinlichkeit zu befürchten haben (BGH GRUR 2000, 438 (440) – Gesetzeswiederholende Unterlassungsanträge; GRUR 2000, 1084 (1085) – Unternehmenskennzeichnung; GRUR 2006, 778 Rn. 19 – Sammelmitgliedschaft IV; GRUR 2007, 610 Rn. 17 – Sammelmitgliedschaft V; GRUR 2007, 809 Rn. 14 – Krankenhauswerbung; GRUR 2023, 585 Rn. 25 – Mitgliederstruktur). Es muss also ein **Wettbewerbsverhältnis** zwischen den Mitgliedsunternehmen und dem Verletzer bestehen. Die frühere Rspr. verwendete dafür verschiedentlich die Bezeichnung **abstraktes Wettbewerbsverhältnis** (vgl. BGH GRUR 2000, 438 (440) – Gesetzeswiederholende Unterlassungsanträge; GRUR 2006, 778 Rn. 19 – Sammelmitgliedschaft IV; ebenso FBO/Büscher Rn. 254). Die neuere Rspr. hat sich von diesem Begriff zu Recht gelöst (BGH GRUR 2007, 809 Rn. 13–15 – Krankenhauswerbung; OLG Koblenz GRUR-RR 2010, 16). Denn entweder sind die Parteien auf demselben sachlich und räumlich relevanten Markt tätig: Dann sind sie zugleich Mitbewerber iSd § 2 I Nr. 4. Oder sie sind es nicht: Dann kommen sie auch nicht als Mitgliedsunternehmen iSd § 8 III Nr. 2 in Betracht (ebenso Gloy/Loschelder/Danckwerts WettbR-HdB/Fritzsche § 79 Rn. 186; Ohly/Sosnitza/Ohly Rn. 99, 108). – Ein Wettbewerbsverhältnis wird idR durch die Zugehörigkeit zur selben **Branche** (zB Unterhaltungselektronik) oder zumindest zu angrenzenden Branchen begründet (OLG Stuttgart GRUR-RR 2009, 343 (344)). Wird die Werbung für ein konkretes Produkt beanstandet, ist daher grds. nicht das Gesamtsortiment maßgeblich. Vielmehr ist grds. auf den Branchenbereich abzustellen, dem die beanstandete Wettbewerbsmaßnahme zuzurechnen ist (BGH GRUR 2006, 778 Rn. 19 – Sammelmitgliedschaft IV; GRUR 2007, 610 Rn. 17 – Sammelmitgliedschaft V; GRUR 2007, 809 Rn. 14 – Krankenhauswerbung). Dagegen ist nicht erforderlich, dass der Mitbewerber gerade bei den Waren oder Dienstleistungen, die mit den beanstandeten Wettbewerbsmaßnahmen beworben worden sind, mit den Mitgliedsunternehmen im Wettbewerb steht (BGH GRUR 2007, 809 Rn. 14 – Krankenhauswerbung).

2. Waren oder Dienstleistungen

Zu diesen Begriffen → § 2 Rn. 2.42.   **3.37**

3. Vertreiben

Damit ist der Absatz von Waren oder Dienstleistungen auf dem **Markt** gemeint. Eine   **3.38** konzerninterne Belieferung reicht nicht aus (BGH GRUR 1969, 479 (480) – Colle de Cologne), außer das Konzernunternehmen steht bei der Belieferung mit anderen Lieferanten im Wettbewerb (vgl. BGH GRUR 1958, 544 – Colonia; GRUR 2016, 828 Rn. 22 f. – Kundenbewertung im Internet). Der Vertrieb von Waren oder Dienstleistungen gleicher oder verwandter Art braucht nicht den ausschließlichen Gegenstand der Geschäftstätigkeit der Mitglieder zu bilden, darf andererseits aber nicht von völlig untergeordneter Bedeutung sein (BGH GRUR 1998, 417 (418) – Verbandsklage in Prozessstandschaft). Das Gesetz erfasst nicht den Fall der Nachfrage nach Waren und Dienstleistungen (BGH GRUR 1958, 544 – Colonia). Das ist rechtspolitisch verfehlt, weil Zuwiderhandlungen nicht nur im Absatz-, sondern auch im **Nachfragewettbewerb** möglich sind und Unternehmen davon betroffen sein können, die mit dem Verletzer in keinem Absatzwettbewerbsverhältnis stehen. Eine Analogie ist geboten, weil die zentralen Begriffe der geschäftlichen Handlung (§ 2 I Nr. 2), der Marktteilnehmer (§ 2 I Nr. 3) und des Mitbewerbers (§ 2 I Nr. 4) sich ausdrücklich auch auf die Nachfrage erstrecken (ebenso Gloy/Loschelder/Danckwerts WettbR-HdB/Fritzsche § 79 Rn. 187; Ohly/Sosnitza/Ohly Rn. 101; aA Harte-Bavendamm/Henning-Bodewig/Goldmann Rn. 385).

4. Tätigkeit auf demselben sachlich relevanten Markt

a) Begriff. Die auf demselben Markt vertriebenen Waren oder Dienstleistungen müssen   **3.39** „gleicher oder verwandter Art" sein. Damit wird der sachlich relevante Markt umschrieben (ganz hM; Harte-Bavendamm/Henning-Bodewig/Goldmann Rn. 388). Die Begriffe sind weit auszulegen (BGH GRUR 1997, 479 (480) – Münzangebot; GRUR 1998, 489 (490) – Unbestimmter Unterlassungsantrag III; GRUR 2000, 438 (440, 391) – Gesetzeswiederholende Unterlassungsanträge; GRUR 2001, 260 – Vielfachabmahner; GRUR 2007, 610 Rn. 17 – Sammelmitgliedschaft V; WRP 2007, 1088 Rn. 14 – Krankenhauswerbung; OLG München WRP 2009, 1014 (1015)). Für die lauterkeitsrechtliche Marktabgrenzung ist, weiter gehend als im Kartellrecht, nicht ausschließlich der Verwendungszweck des Abnehmers (Bedarfsmarktkonzept) maßgebend. Vielmehr müssen die beiderseitigen Waren (Leistungen) sich ihrer Art nach so gleichen oder nahe stehen, dass der Absatz des einen Unternehmers durch (irgendein) wettbewerbswidriges Handeln des anderen Unternehmers beeinträchtigt werden kann (BGH GRUR 1998, 489 (490) – Unbestimmter Unterlassungsantrag III; GRUR 2000, 438 (440) – Gesetzeswiederholende Unterlassungsanträge; GRUR 2001, 260 – Vielfachabmahner). Dazu kann nach der Rspr. (BGH GRUR 2007, 610 Rn. 17 – Sammelmitgliedschaft V; WRP 2007, 1088 Rn. 14 – Krankenhauswerbung; GRUR 2023, 585 Rn. 25 – Mitgliederstruktur; wN → Rn. 3.36) eine nicht gänzlich unbedeutende potenzielle Beeinträchtigung mit einer gewissen, wenn auch nur geringen Wahrscheinlichkeit ausreichen. Das kann auch dann der Fall sein, wenn die konkrete Werbemaßnahme (Sonderverkauf) auf ganz bestimmte Waren beschränkt ist (aA OLG Frankfurt WRP 1999, 347 (348)).

3.40   **b) Einzelfragen.** Bei der Marktabgrenzung ist von der **Geschäftstätigkeit des werbenden Unternehmens** auszugehen (BGH GRUR 1998, 489 (491) – Unbestimmter Unterlassungsantrag III; WRP 2000, 517 (518) – Orient-Teppichmuster; GRUR 2001, 260 (261) – Vielfachabmahner; GRUR 2004, 251 (252) – Hamburger Auktionatoren; GRUR 2006, 778 Rn. 19 – Sammelmitgliedschaft IV). Dabei kommt es darauf an, auf welche Waren oder Dienstleistungen und dementsprechend auf welchen Branchenbereich sich die beanstandete **Wettbewerbsmaßnahme** bezieht (BGH GRUR 2006, 778 Rn. 19 – Sammelmitgliedschaft IV). Bei einem Unternehmen mit einem Gesamtsortiment unterschiedlicher Waren ist dementsprechend nur auf den Branchenbereich abzustellen, dem die beanstandete Wettbewerbsmaßnahme zuzurechnen ist (BGH GRUR 2006, 778 Rn. 19 – Sammelmitgliedschaft IV; GRUR 2007, 610 Rn. 17 – Sammelmitgliedschaft V). Die Zugehörigkeit zu derselben oder einer verwandten **Branche** ist zwar ein ausreichendes (BGH GRUR 2006, 778 Rn. 19 – Sammelmitgliedschaft IV; GRUR 2007, 610 Rn. 17 – Sammelmitgliedschaft V; ZUM 2022, 292 Rn. 22), aber kein notwendiges Kriterium (BGH GRUR 1972, 553 – Statt Blumen ONKO-Kaffee; GRUR 2001, 260 (261) – Vielfachabmahner). Vielmehr kann der erforderliche Bezug auch durch die konkrete Wettbewerbsmaßnahme hergestellt werden (BGH GRUR 1972, 553 – Statt Blumen ONKO-Kaffee). Bei Immobilienangeboten sind daher alle Anbieter (Makler, Bauträger, Bauunternehmer usw) einzubeziehen (BGH GRUR 1997, 934 (935) – 50 % Sonder-AfA; GRUR 2001, 260 (261) – Vielfachabmahner). Auch müssen die Beteiligten nicht ein und denselben Kundenkreis (BGH GRUR 1989, 673 – Zahnpasta; GRUR 1993, 563 (564) – Neu nach Umbau) oder dasselbe Sortiment haben. Ein Wettbewerbsverhältnis kann auch zwischen dem Vertrieb von Waren und von Dienstleistungen (zB Vertrieb von Arzneimitteln vs. Heilbehandlung in Sanatorien; Vertrieb von Haarpflegeprodukten vs. Erbringung von Friseurdienstleistungen unter Verwendung solcher Produkte) bestehen (BGH GRUR 2000, 438 (440, 391) – Gesetzeswiederholende Unterlassungsanträge; WRP 1998, 312 (313) – Lebertran I; ZUM 2022, 292 Rn. 22). – Die Beteiligten müssen im Übrigen nicht derselben **Wirtschafts-** oder **Handelsstufe** angehören (BGH GRUR 1996, 804 (805) – Preisrätselgewinnauslobung III; GRUR 1998, 489 (490) – Unbestimmter Unterlassungsantrag III; GRUR 1997, 541 (542) – Produkt-Interview; OLG München WRP 2001, 300 (301); OLG Köln BeckRS 2017, 148371). Weiter genügt es, dass **potenzieller** (oder künftiger) **Wettbewerb** (zB hins. einer Sortimentserweiterung) behindert wird (BGHZ 13, 244 (249) – Cupresa-Kunstseide; BGH GRUR 1997, 681 (682) – Produktwerbung). Ausreichend ist ferner, dass die Behinderung sich aus der irrigen Annahme des Verkehrs von der Substituierbarkeit der angebotenen Güter ergeben kann (BGH GRUR 1981, 529 (530) – Rechtsberatungsanschein). – Unerheblich für die sachliche Marktabgrenzung ist die **Vertriebsform** (zB Direktvertrieb; Versandhandel; Auktionen; vgl. BGH GRUR 2004, 251 (252) – Hamburger Auktionatoren) oder **Vertriebsmethode** (zB Benutzung des Begriffs „Marktforschung"). Selbst wenn Verletzer und Mitgliedsunternehmen des Verbandes die gleiche Vertriebsform benutzen, besteht daher keine Anspruchsberechtigung des Verbandes, wenn nicht die vertriebenen Waren „gleich oder verwandt" sind (BGH GRUR 1997, 478 – Haustürgeschäft II; OLG Karlsruhe NJWE-WettbR 1997, 42 (43); aA OLG Dresden GRUR 1995, 444).

3.41   **c) Beispiele. Waren „verwandter Art"** sind zB in Bezug auf **Orientteppiche:** Teppichböden und sonstige Fußbodenbeläge sowie in gewissem Umfang auch Heimtextilien (BGH WRP 1996, 1102 (1103) – Großimporteur; GRUR 1998, 417 (418) – Verbandsklage in Prozessstandschaft; GRUR 2000, 619 (620) – Orient-Teppichmuster); in Bezug auf **Schlafunterlagen:** Matratzen und (in Berlin!) Teppiche (KG WRP 2001, 48 (50)); in Bezug auf **Mahlzeiten** von Gastronomiebetrieben: Fertiggerichte von Einzelhändlern (KG NJWE-WettbR 1997, 209); in Bezug auf **Neuwagen:** Gebrauchtwagen (OLG Stuttgart WRP 1997, 873 (876)); in Bezug auf **Münzen** und **Medaillen:** Silberwaren und Schmuck (BGH GRUR 1997, 479 (480) – Münzangebot); in Bezug auf einzelne **Arzneimittel** usw: nicht nur die unmittelbar damit konkurrierenden, sondern (wegen der Produktionsflexibilität der Hersteller) sämtliche Arzneimittel (BGH WRP 1998, 177 (179) – Fachliche Empfehlung III), darüber hinaus ggf. auch Medizinprodukte (BGH WRP 1998, 181 (183) – Warentest für Arzneimittel; WRP 1998, 312 (313) – Lebertran I), Kosmetika (BGH GRUR 1997, 681 (682) – Produktwerbung) und Nahrungsergänzungsmittel; in Bezug auf **Nahrungsergänzungsmittel** (Vitaminpräparate): Lebensmittel, Naturheilmittel, diätetische Mittel, Arzneimittel (BGH GRUR 1997, 541 (542) – Produkt-Interview). – **Dienstleistungen „verwandter Art"** sind zB Glücksspielangebote innerhalb und außerhalb von Spielbanken, wie zB Roulette, Glücksspielautomaten, Lotto (OLG München WRP 2009, 1014 (1015)), die Veranstaltung und die Vermittlung von Kreuzfahrten (BGH GRUR 2015, 1240 Rn. 15 – Der Zauber des Nordens).

5. Tätigkeit auf demselben räumlich relevanten Markt

a) Begriff. Der räumlich relevante Markt kann örtlich oder regional begrenzt sein, aber auch   3.42
– etwa bei bundesweiter Werbung – das ganze Bundesgebiet erfassen (BGH GRUR 1996, 804 (805) – Preisrätselgewinnauslobung III; GRUR 1997, 479 (480) – Münzangebot; GRUR 1998, 170 – Händlervereinigung; GRUR 2000, 438 (440) – Gesetzeswiederholende Unterlassungsanträge; Gloy WRP 1999, 34 (36)). Es genügt also nicht, dass überhaupt Waren oder Dienstleistungen gleicher oder verwandter Art vertrieben werden. Vielmehr müssen sich die Beteiligten als Mitbewerber gegenüberstehen (BGH GRUR 1997, 145 (146) – Preisrätselgewinnauslobung IV; WRP 1998, 177 (179) – Fachliche Empfehlung III). Bei der Abgrenzung des räumlich maßgeblichen Markts ist von der **Geschäftstätigkeit des werbenden Unternehmens** auszugehen (BGH GRUR 2001, 260 (261) – Vielfachabmahner; GRUR 2004, 251 (252) – Hamburger Auktionatoren; GRUR 2009, 692 Rn. 8 – Sammelmitgliedschaft VI) und zu fragen, ob die Werbemaßnahme sich zumindest auch auf den potenziellen Kundenkreis der Mitgliedsunternehmen auswirken kann (vgl. OLG Frankfurt WRP 1995, 333; OLG Karlsruhe WRP 1995, 413; OLG Köln GRUR 1997, 316 (317)). Dabei genügt es, dass eine gewisse – sei es auch nur geringe – Wahrscheinlichkeit einer nicht gänzlich unbedeutenden potenziellen Beeinträchtigung besteht (BGH GRUR 2000, 438 (440) – Gesetzeswiederholende Unterlassungsanträge; OLG Köln GRUR-RR 2013, 116). Ob dies der Fall ist, beurteilt sich nach den Umständen des Einzelfalls (vgl. OLG Celle WRP 2012, 1427). Hierbei sind insbes. die **Marktstellung** des werbenden Unternehmens, die **Attraktivität seines Angebots,** die **Reichweite seiner Werbung** (BGH GRUR 1997, 379 (380) – Münzangebot; GRUR 1998, 170 – Händlervereinigung; GRUR 2001, 260 (261) – Vielfachabmahner) sowie die **Vertriebsart** (Versandhandel oder Ladengeschäft) zu berücksichtigen. Letztlich kommt es darauf an, ob trotz der räumlichen Entfernung des Kunden zum Anbieter noch ein Vertragsschluss möglich erscheint. Unerheblich ist, dass es sich bei der beanstandeten geschäftlichen Handlung um eine Gemeinschaftsaktion mit anderen Unternehmen handelt, die außerhalb des räumlich relevanten Marktes tätig sind (BGH GRUR 2009, 692 Rn. 9 – Sammelmitgliedschaft VI).

b) Beispiele. Beim Vertrieb einer Ware im Wege des **Versandhandels** kommt es maßgeblich   3.43
auf das **Werbemedium** an. Bei einer Werbung im **Internet** ist idR ein bundesweiter Markt anzunehmen (vgl. aber OLG Celle WRP 2012, 1427 Rn. 9 ff.). Bei einer Werbung in einer Zeitung ist der räumlich relevante Markt auf das Verbreitungsgebiet der Zeitung beschränkt (OLG Karlsruhe NJOZ 2003, 485). – Beim **stationären Vertrieb** einer Ware oder Dienstleistung stellt zwar das Verbreitungsgebiet des Werbemediums (Zeitung, Lokalfernsehen, Plakate, Handzettel) die äußerste Grenze des räumlichen Markts dar. Jedoch kann der Markt enger begrenzt sein (OLG München WRP 1995, 1057 (1059); OLG Celle GRUR 1998, 77 (78); Gloy WRP 1999, 34 (36)). Maßgebend ist insoweit, welche Entfernungen ein **durchschnittlicher Kunde** zurückzulegen bereit ist, um die beworbene Ware zu erwerben oder Dienstleistung in Anspruch zu nehmen. Hierbei kommt es vornehmlich auf die Art und den Preis des Produkts, die Attraktivität des Angebots, die Wettbewerbsverhältnisse und den Abnehmerkreis an. Bei **Kraftfahrzeugen** ist der räumliche Markt nicht auf den Ort der Niederlassung des Anbieters begrenzt, vielmehr sind zumindest auch die umliegenden Gemeinden noch erfasst (BGH GRUR 1998, 170 – Händlervereinigung); bei seltenen oder sehr teuren Modellen („Oldtimer"; Luxusfahrzeuge) kann der räumliche Markt auch sehr viel größer sein (OLG Stuttgart GRUR-RR 2001, 343 (344)). Bei einer Werbung für **Immobilien** kann auch die Reichweite einer überregionalen Zeitung den räumlichen Markt darstellen. So kann die Werbung eines Münchner Immobilienmaklers in einer überregionalen Zeitung für Immobilien in

München auch die Absatzmöglichkeiten eines Berliner Immobilienmakler im Hinblick auf die von ihm angebotenen Berliner Immobilien beeinträchtigen (vgl. BGH GRUR 2001, 258 (259) – Immobilienpreisangaben). – Beim Wettbewerb um **Anzeigenkunden** ist zu berücksichtigen, dass sich die Verbreitungsgebiete von Zeitungen nicht exakt abgrenzen lassen und es Überschneidungsgebiete gibt, insbes. beim Wettbewerb um Anzeigenkunden (BGH GRUR 1998, 489 (491) – Unbestimmter Unterlassungsantrag III).

6. Erhebliche Zahl

3.44   **a) Begriff und Funktion.** Des Weiteren muss es sich um eine **erhebliche** Zahl von betroffenen Mitgliedsunternehmen handeln, die auf dem betreffenden sachlich und räumlich maßgebenden Markt tätig sind. Von dieser Einschränkung der Anspruchsberechtigung versprach sich man eine Austrocknung von „Wettbewerbsvereinen", die vornehmlich aus Gebühreninteresse gegen Wettbewerbsverstöße vorgehen. Das ist zwar weitgehend erreicht worden, freilich um den Preis eines erheblichen Prüfungsaufwands, der bisweilen zu einer „Erbsenzählerei" nötigt (vgl. etwa BGH GRUR 1997, 934 (936) – 50 % Sonder-AfA; GRUR 2015, 1140 Rn. 13 ff. – Bohnengewächsextrakt). Welche Anzahl von Gewerbetreibenden „erheblich" ist, lässt sich nicht von vornherein und generell bestimmen (BGH GRUR 1998, 489 (491) – Unbestimmter Unterlassungsantrag III). Es handelt sich dabei streng genommen nicht um eine Tatfrage (so aber BGH GRUR 1998, 489 (491) – Unbestimmter Unterlassungsantrag III), sondern um eine Frage der rechtlichen Wertung.

3.45   **b) Einzelfragen.** Jedenfalls ist **keine Mindestanzahl** erforderlich (BGH GRUR 1998, 489 (491) – Unbestimmter Unterlassungsantrag III; Amtl. Begr. WPR 1994, 369 (378)), zumal auf vielen Märkten nur wenige Unternehmen tätig sind (vgl. OLG Nürnberg WRP 1995, 338 (343)). Nicht einmal die Mehrheit der Mitbewerber muss dem Verband angehören (BGH GRUR 1998, 489 (491) – Unbestimmter Unterlassungsantrag III; KG WRP 2012, 102 Rn. 27). Es müssen lediglich Unternehmen aus dem Kreis der Mitbewerber auf dem relevanten Markt (BGH GRUR 1998, 170 – Händlervereinigung) nach Anzahl und/oder Größe, Marktbedeutung oder wirtschaftlichem Gewicht in der Weise **repräsentativ** vertreten sein, dass ein missbräuchliches Vorgehen des Verbandes ausgeschlossen werden kann (stRspr; vgl. BGH GRUR 2007, 610 Rn. 18 – Sammelmitgliedschaft V; GRUR 2007, 809 Rn. 15 – Krankenhauswerbung; GRUR 2023, 585 Rn. 26 – Mitgliederstruktur; OLG Nürnberg WRP 2014, 239 Rn. 30; OLG Frankfurt WRP 2019, 908). Eine reine Quoten- oder Prozentbeurteilung würde dem nicht gerecht (Welzel GRUR 2003, 762 (763)). Vielmehr ist in Zweifelsfällen darauf abzustellen, ob die Zahl und wirtschaftliche Bedeutung der branchenzugehörigen Verbandsmitglieder den Schluss darauf zulässt, dass nicht lediglich Individualinteressen Einzelner, sondern objektiv gemeinsame („kollektive") gewerbliche Interessen der Wettbewerber wahrgenommen werden. Dies kann auch bei einer geringen Zahl entsprechend tätiger Mitglieder anzunehmen sein (BGH GRUR 2007, 610 Rn. 18 – Sammelmitgliedschaft V; OLG Köln GRUR-RR 2018, 292). Daher ist nicht erforderlich, dass die Verbandsmitglieder nach ihrer Zahl und ihrem wirtschaftlichen Gewicht im Verhältnis zu allen anderen auf dem Markt tätigen Unternehmen repräsentativ sind (BGH GRUR 2007, 809 Rn. 10 – Krankenhauswerbung; GRUR 2009, 692 Rn. 12 – Sammelmitgliedschaft VI; OLG Frankfurt GRUR-RR 2010, 301 (302)). Dementsprechend braucht der Kläger im Prozess nicht zur Bedeutung und zum Umsatz seiner (unmittelbaren und mittelbaren) Mitglieder vorzutragen; vielmehr reicht es aus, wenn sich im Wege des Freibeweises feststellen lässt, dass es dem Verband nach der Struktur der Mitglieder um die ernsthafte kollektive Wahrnehmung der Mitgliederinteressen geht (BGH GRUR 2009, 692 Rn. 12 – Sammelmitgliedschaft VI; GRUR 2015, 1140 Rn. 13 ff. – Bohnengewächsextrakt; vgl. auch BGH GRUR 2015, 1240 Rn. 15 – Der Zauber des Nordens; KG WRP 2012, 102 Rn. 27). Im Einzelfall, nämlich bei engen Oligopolen, kann die Mitgliedschaft sogar nur eines Unternehmens ausreichen (OLG Nürnberg WRP 1995, 338 (339): Zeitungen; OLG Stuttgart NJWE-WettbR 1999, 30 (31) – Automobilclubs; iErg auch GRUR WRP 2009, 692 Rn. 12 – Sammelmitgliedschaft VI). Auf die Frage, über welche **mitgliedschaftlichen Rechte** die Mitglieder verfügen, kommt es grds. nicht an; anders nur, wenn Anhaltspunkte dafür bestehen, dass die Mitgliedschaft der Organisation dazu dienen sollte, künstlich die Voraussetzungen für die Verbandsklagebefugnis zu schaffen (BGH GRUR 2023, 585 Rn. 32 – Mitgliederstruktur). Wirkt sich der Wettbewerbsverstoß nur auf einem **räumlich begrenzten Markt** aus, muss dem Verband eine für diesen Markt repräsentative Zahl von Mitgliedern angehören. Bei Spitzenverbänden oder Fachverbänden wird die erforderliche Zahl auf Grund der Homogenität der Mitglieder regelmäßig gegeben sein (BGH

GRUR 1997, 479 (480) – Münzangebot; GRUR 1998, 417 (418) – Verbandsklage in Prozess-standschaft; Begr. RegE UWGÄndG WRP 1994, 369 (378)). – Zur Anspruchsberechtigung **potenzieller** Mitbewerber → Rn. 3.29.

c) Beispiele. Zwei Autohändler im Ruhrgebiet nicht ausreichend (BGH GRUR 1998, 170 – **3.46** Händlervereinigung); drei Gebrauchtwagenhändler auf dem Markt in Hamburg nicht ausreichend (BGH GRUR 2004, 251 (252) – Hamburger Auktionatoren); zwei Lebensmittel-Filialisten mit über 240 Geschäften in Berlin ausreichend (BGH GRUR 1997, 476 – Geburtstagswerbung II); 10 % der auf dem räumlichen Markt tätigen Autohändler nicht ausreichend (OLG Karlsruhe NJOZ 2003, 485; bedenklich); fünf Apotheken, 109 Unternehmen der Heilmittelbranche und 46 Unternehmen der Branche Heilwesen/Dienstleistungen ausreichend (KG GRUR-RR 2022, 104 Ls. = GRUR-RS 2021, 29704).

7. Mittelbare Verbandszugehörigkeit

Die Mitbewerber müssen auch nach der Neufassung des § 8 III Nr. 2 dem Verband nicht **3.47** unmittelbar angehören (vgl. BT-Drs. 19/12084, 28). Auch eine mittelbare Zugehörigkeit zum Verband, etwa durch Mitgliedschaft in verbandsangehörigen Spitzenverbänden oder Fachverbänden, kann genügen (BGH WRP 1996, 1102 (1103) – Großimporteur; WRP 2005, 742 (743) – Sammelmitgliedschaft II; GRUR 2006, 873 Rn. 15 – Brillenwerbung; GRUR 2017, 1265 Rn. 11 – Preisportal; GRUR 2023, 585 Rn. 27 – Mitgliederstruktur; OLG Düsseldorf WRP 2009, 653 (655); OLG Köln BeckRS 2017, 148371; OLG München Magazindienst 2019, 486). Eine (wegen eines Beitrittsmangels nur) **faktische** Mitgliedschaft des vermittelnden Verbands im Wettbewerbsverband genügt (BGH GRUR 2006, 873 Rn. 17 – Brillenwerbung; KG WRP 2012, 993 Rn. 37). Stets anspruchsberechtigt ist ein Verband, wenn ihm **Industrie- und Handelskammern** (zB Wettbewerbszentrale, BGH GRUR 1997, 758 (759) – Selbst ernannter Sachverständiger; Schutzverband gegen Wirtschaftskriminalität, BGH GRUR 1995, 358 (359) – Folgeverträge II) oder **Handwerkskammern** angehören, zumal diese ihrerseits nach § 8 III Nr. 4 anspruchsberechtigt sind (vgl. BGH GRUR 1995, 122 – Laienwerbung für Augenoptiker; GRUR 1997, 933 (934) – EP; KG WRP 2012, 993 Rn. 14). Auch braucht der die Mitgliedschaft vermittelnde Verband selbst nicht anspruchsberechtigt zu sein (BGH GRUR 1999, 1116 (1118) – Wir dürfen nicht feiern; GRUR 2003, 454 (455) – Sammelmitgliedschaft I; WRP 2005, 1007 (1008) – Sammelmitgliedschaft III; GRUR 2006, 873 Rn. 17 – Brillenwerbung; OLG Düsseldorf WRP 2016, 617). Voraussetzung ist dann aber, dass der die Mitgliedschaft vermittelnde Verband seinerseits den Zweck verfolgt, gewerbliche oder selbstständige berufliche Interessen seiner Mitglieder zu fördern, und den anderen Verband zur Wahrnehmung dieser Interessen beauftragt (sog **Kompetenzübertragung;** BGH GRUR 1999, 1116 (1118) – Wir dürfen nicht feiern; GRUR 2003, 454 (455) – Sammelmitgliedschaft I; GRUR 2005, 689 (690) Rn. 24 – Sammelmitgliedschaft III; GRUR 2007, 610 Rn. 21 – Sammelmitgliedschaft V; KG WRP 2012, 993 Rn. 21 ff.; OLG Düsseldorf WRP 2016, 617). Ein solcher Auftrag zur Wahrnehmung gewerblicher oder selbstständiger beruflicher Interessen durch Geltendmachung von wettbewerbsrechtlichen Ansprüchen setzt keine ausdrückliche Ermächtigung durch die Mitglieder voraus (BGH GRUR 2003, 454 (455) – Sammelmitgliedschaft I; GRUR 2007, 610 Rn. 21 – Sammelmitgliedschaft V). Vielmehr kann sich eine solche Kompetenzübertragung auch im Wege der Auslegung der Satzung ergeben. Es kann daher ausreichen, dass der Verband den Zweck verfolgt, die Leistungsfähigkeit der beteiligten mittelständischen Facheinzelhändler insbes. gegenüber Großbetrieben und Großvertriebsformen zu stärken (BGH GRUR 2007, 610 Rn. 2 – Sammelmitgliedschaft V). Denn diese Stärkung kann auch durch ein Vorgehen gegenüber wettbewerbswidrigen Verhaltensweisen von derartigen Mitbewerbern erfolgen (BGH GRUR 2003, 454 (455) – Sammelmitgliedschaft I; GRUR 2005, 522 (523) – Sammelmitgliedschaft II; GRUR 2005, 689 (690) – Sammelmitgliedschaft III). Nicht ausreichend ist es hingegen, wenn sich ein Verband (zB Einkaufsgenossenschaft) auf den Einkauf und die Durchführung von Werbeaktionen beschränkt (BGH GRUR 2003, 454 (455) – Sammelmitgliedschaft I; OLG Frankfurt WRP 1999, 347 (349)). Es reicht auch nicht aus, dass sich der Mitgliedsverband an den klagenden Verband mit der Bitte um Hilfeleistung gewandt hat, weil dies nicht den Schluss zulässt, dass der Mitgliedsverband seinen Mitgliedern gegenüber dazu berechtigt war (BGH GRUR 2003, 454 (455) – Sammelmitgliedschaft I). Es genügt auch nicht, dass der Verband lediglich die wettbewerbsrechtliche Beratung seiner Mitglieder bezweckt (OLG Celle GRUR 1998, 77 (78)). Die Kompetenzübertragung muss **ernsthaft** gewollt sein. Das ist nicht der Fall, wenn lediglich künstlich die Voraussetzungen für die Anspruchsberechtigung eines

Verbands geschaffen werden sollen (BGH GRUR 2003, 454 (455) – Sammelmitgliedschaft I; GRUR 2006, 873 Rn. 20 – Brillenwerbung; GRUR 2007, 610 Rn. 21 – Sammelmitgliedschaft V; GRUR 2023, 585 Rn. 32 – Mitgliederstruktur; OLG Frankfurt WRP 1999, 347 (349)), etwa Verbände sich zu diesem Zweck wechselseitig als Mitglieder aufnehmen (Teplitzky Wettbewerbsrechtliche Ansprüche/Büch Kap. 13 Rn. 30e). Die Frage, ob die die Mitgliedschaft vermittelnde Organisation bei dem klagenden Verband **stimmberechtigt** ist, spielt nur in dem Ausnahmefall eine Rolle, dass Anhaltspunkte dafür bestehen, dass die Mitgliedschaft der Organisation dazu dienen sollte, künstlich die Voraussetzungen für die Verbandsklagebefugnis zu schaffen (BGH GRUR 2007, 610 Rn. 21 – Sammelmitgliedschaft V; GRUR 2023, 585 Rn. 32 – Mitgliederstruktur). – Eine mittelbare Mitgliedschaft kann sich auch daraus ergeben, dass Unternehmen ein anderes Unternehmen, das Verbandsmitglied ist, mit der Wahrnehmung ihrer Interessen unmittelbar oder mittelbar betraut haben. Dazu ist ihr Einverständnis erforderlich, das sich allerdings auch aus der Natur eines Vertragsverhältnisses (zB Absatzmittlervertrag) ergeben kann (BGH WRP 2005, 742 (743 f.) – Sammelmitgliedschaft II für das Verhältnis des Herstellers zu seinen Vertragshändlern). Ist eine Konzernmuttergesellschaft Mitglied des Verbandes, so sind die Tochtergesellschaften nicht ohne weiteres als mittelbare Mitglieder anzusehen. Insbes. spricht keine Vermutung dafür, dass die Tochtergesellschaften mit einer Wahrnehmung ihrer Interessen durch die Muttergesellschaft einverstanden sind (OLG Celle GRUR 2006, 521). Vielmehr kommt es auf die Umstände des Einzelfalls an. Indiz für eine Kompetenzübertragung kann es sein, wenn die Muttergesellschaft die geschäftlichen Aktivitäten der Tochtergesellschaften einheitlich steuert. – Zu den die Mitgliedschaft vermittelnden Verbänden kann auch ein Landesinnungsverband von Handwerkern gehören, wie sich aus den §§ 82 I, 54 IV HandwO ergibt (BGH GRUR 2007, 610 Rn. 25 – Sammelmitgliedschaft V).

8. Verbandsangehörigkeit von Verbrauchern

3.48   Die Mitglieder des Verbandes und des Vorstandes brauchen nicht ausschließlich Unternehmer zu sein (BGH GRUR 1974, 729 (730) – Sweepstake; str.), es genügt, dass dies im Wesentlichen der Fall ist (BGH GRUR 1985, 58 (59) – Mischverband II). Unschädlich ist daher die Mitgliedschaft von Verbrauchern, sofern nur die Gefahr von Interessenkollisionen und die Beeinträchtigung der Funktionsfähigkeit des Verbandes ausgeschlossen sind (BGH GRUR 1983, 129 (130) – Mischverband I; GRUR 2021, 1534 Rn. 28 f. – Rundfunkhaftung I; KG GRUR 1991, 618 (619)).

IV. Zeitliche Grenzen der Anspruchsberechtigung

3.49   Die Anspruchsberechtigung muss bereits im Zeitpunkt der Verletzungshandlung und noch im Zeitpunkt der letzten mündlichen Verhandlung (BGH GRUR 1998, 170 – Händlervereinigung; → Rn. 3.7; GRUR 2012, 411 Rn. 12 – Glücksspielverband) vorgelegen haben. Mit der Löschung der Eintragung in die Liste qualifizierter Wirtschaftsverbände verliert ein Verein bspw. auch seine Anspruchsberechtigung. Gleiches gilt, wenn die Listeneintragung gem. § 8b III iVm § 4c II UKlaG ruht (vgl. § 8 IV). – Die Anspruchsberechtigung kann auch ausländischen Verbänden zustehen (BGH GRUR 1969, 611 – Champagner-Weizenbier), sofern sie nur die Voraussetzungen des § 8 III Nr. 2 erfüllen. Davon zu unterscheiden ist die (nach IPR bzw. nach der Brüssel-Ia-VO zu beantwortende) Frage, ob ein ausländischer Verband seine Klage auch auf ausländisches Wettbewerbsrecht stützen kann (dazu BGH GRUR 1998, 419 (420) = LM § 13 Nr. 91 mAnm Köhler – Gewinnspiel im Ausland; Lindacher FS Lüke, 1997, 377 (387); Sack WRP 2017, 1298 (1299 ff.)).

V. Sachliche Grenzen der Anspruchsberechtigung

3.50   Die Anspruchsberechtigung der Verbände iSd § 8 III Nr. 2 setzt auch nach der Neufassung weiter voraus, dass **„die Zuwiderhandlung die Interessen ihrer Mitglieder berührt"**. Die Interessen sind dann berührt, wenn die Mitglieder auf Grund der Zuwiderhandlung einen eigenen Anspruch aus § 8 III Nr. 1 haben (offengelassen in BGH GRUR 1990, 1038 (1039) – Haustürgeschäft I; GRUR 2017, 926 Rn. 18 – Anwaltsabmahnung II; wie hier Ohly/Sosnitza/ Ohly Rn. 100). Das setzt folgerichtig voraus, dass die Beeinträchtigung der Interessen „spürbar" iSd § 3 II iVm § 2 I Nr. 11 ist. Darauf, ob dieser Anspruch im Einzelfall (zB wegen Verjährung) undurchsetzbar ist, kommt es nicht an (ebenso OLG Bamberg GRUR 2007, 167). Es müssen selbstverständlich nicht die Interessen aller Mitglieder betroffen sein, wohl aber die Interessen

solcher Mitglieder, die auf demselben sachlich und räumlich relevanten Markt wie der Zuwiderhandelnde tätig sind. Bei Verstößen gegen mitbewerberschützende Bestimmungen (§ 4
Nr. 1–4), ist allerdings zu berücksichtigen, dass es grds. dem betroffenen Mitbewerber überlassen
bleiben muss, ob er dagegen vorgeht (→ Rn. 3.28). Werden durch den Verstoß allerdings
kollektive Mitbewerberinteressen beeinträchtigt, wie etwa bei herabsetzenden Äußerungen
gegenüber einer ganzen Branche, kann der Verband im Interesse der Allgemeinheit an einem
unverfälschten Wettbewerb (§ 1 I 2) gegen den Verstoß vorgehen (vgl. BGH GRUR 1990,
1038 (1039) – Haustürgeschäft I; GRUR 2017, 926 Rn. 18 – Anwaltsabmahnung II).

D. Qualifizierte Einrichtungen zum Schutz von Verbraucherinteressen (§ 8 III Nr. 3 in der ab dem 1.12.2021 geltenden Fassung)

I. Entstehungsgeschichte und Normzweck

Bei der Regelung geht es in der Sache um die Anspruchsberechtigung der **Verbraucher-**   **3.51**
verbände. Ursprünglich waren anspruchsberechtigt alle „rechtsfähigen Verbände, zu deren
satzungsgemäßen Aufgaben es gehört, die Interessen der Verbraucher durch Aufklärung und
Beratung wahrzunehmen". Die Neufassung des § 13 II Nr. 3 UWG 1909 erfolgte durch Art. 4
G v. 27.6.2000 (BGBl. 2000 I 897) in Umsetzung der Unterlassungsklagen-RL v. 19.5.1998
(ABl. EG 1998 L 166, 51), an deren Stelle seit dem 29.12.2009 die kodifizierte Fassung der
Unterlassungsklagen-RL v. 23.4.2009 (ABl. EG 2009 L 110, 30) getreten war. Infolgedessen
war mit dem G zur Verbesserung der zivilrechtlichen Durchsetzung von verbraucherschützenden
Vorschriften des Datenschutzrechts v. 17.2.2016 (BGBl. 2016 I 233) und sodann durch das G
zur Stärkung des fairen Wettbewerbs die in § 8 III Nr. 3 enthaltene Verweisung auf die RL
2009/22/EG aktualisiert worden. Mit Wirkung vom 25.6.2023 ist die RL 2009/22/EG aufge-
hoben und durch die Verbandsklagen-RL v. 25.11.2020 (ABl. 2020 L 409, 1) ersetzt worden.
Nach ErwGr. 8 Verbandsklagen-RL soll die Richtlinie durch die Schaffung der Möglichkeit zur
Erhebung von Verbandsklagen durch qualifizierte Einrichtungen kollektive Verbraucherinteressen schützen (zur RL 2009/22/EG vgl. BGH GRUR 2018, 1166 Rn. 16 – Prozessfinanzierer
I). Die Verbandsklagen-RL knüpft in Art. 4 I Verbandsklagen-RL an grenzüberschreitende
Verstöße innerhalb der Union an und will sicherstellen, dass „qualifizierte Einrichtungen" zum
Schutze von Verbraucherinteressen auch in dem Mitgliedstaat eine Unterlassungsklage erheben
können, in dessen Hoheitsgebiet der Verstoß seinen Ursprung hat. Zur Bekämpfung von Wettbewerbsverstößen sind demnach nicht nur deutsche Verbraucherschutzorganisationen berufen,
sondern unter bestimmten Voraussetzungen auch entspr. Einrichtungen in anderen Mitgliedstaaten. Um Klarheit über die Befugnisse einer Einrichtung zu haben, verpflichtet Art. 5 I
Verbandsklagen-RL die einzelnen Mitgliedstaaten, der Kommission mitzuteilen, welche Einrichtungen klagebefugt bzw. anspruchsberechtigt sind. Die Kommission erstellt auf dieser Grundlage ein Verzeichnis der in den jeweiligen Mitgliedstaaten bestehenden „qualifizierten Einrichtungen". § 8 III Nr. 3 hat seine aktuelle Fassung mWv 13.10.2023 durch Art. 13 Nr. 2 lit. a
Verbandsklagerichtlinienumsetzungsgesetz (→ Rn. 3.2) erhalten. – Anders als noch § 13 II
Nr. 3 S. 2 UWG 1909 setzt § 8 III Nr. 3 nicht voraus, dass durch die Zuwiderhandlung
„wesentliche Belange der Verbraucher berührt werden". Dieses Erfordernis (dazu BGH GRUR
2004, 435 (436) – FrühlingsgeFlüge) ist entbehrlich, da Verbraucherverbände ohnehin nur zum
Schutze von Verbraucherinteressen tätig werden, also nur Verstöße gegen solche Vorschriften
aufgreifen dürfen, die dem Verbraucherschutz dienen. Insoweit sind sowohl die Anspruchsberechtigung als auch die Klagebefugnis eingeschränkt. Werden durch einen Wettbewerbsverstoß
Verbraucherinteressen nicht beeinträchtigt, besteht allerdings von vornherein kein Interesse an
einer Klage (Begr. RegE UWG 2004 zu § 8 III Nr. 3, BT-Drs. 15/1487, 23), zumal auch die
Klageerhebung nicht vom Satzungszweck gedeckt wäre. Missbräuche lassen sich mit Hilfe des
§ 8c bekämpfen (vgl. Begr. RegE UWG 2004 zu § 8 III Nr. 3, BT-Drs. 15/1487, 23; Teplitzky
Wettbewerbsrechtliche Ansprüche/Büch Kap. 13 Rn. 60).

II. Klagebefugnis und Anspruchsberechtigung der deutschen „qualifizierten Verbraucherverbände"

1. Allgemeines

3.52   Klagebefugt und anspruchsberechtigt nach § 8 III Nr. 3 (und zugleich nach § 3 I Nr. 1 UKlaG, soweit es um Verstöße gegen das UKlaG geht) sind zunächst einmal die deutschen „qualifizierten Verbraucherverbände", „die in der Liste nach § 4 des Unterlassungsklagengesetzes eingetragen sind".". Die jeweils aktuelle **Liste qualifizierter Einrichtungen** ist im Internet auf den Seiten des Bundesamtes für Justiz unter folgendem Link abrufbar (Stand 3.7.2023): https://www.bundesjustizamt.de/SharedDocs/Downloads/DE/Verbraucherschutz/Liste_qualifizierter_Einrichtungen.pdf?__blob=publicationFile&v=9.

3.52a   Ob die Voraussetzungen des § 8 III Nr. 3 erfüllt sind, ist auch noch vom Revisionsgericht ohne Bindung an die vom Berufungsgericht getroffenen tatsächlichen Feststellungen zu prüfen (BGH WRP 2012, 467 Rn. 10 – Überregionale Klagebefugnis; GRUR 2018, 1166 Rn. 12 – Prozessfinanzierer I; WRP 2019, 1009 Rn. 10– Prozessfinanzierer II; GRUR 2019, 966 Rn. 17 – Umwelthilfe; GRUR 2022, 930 Rn. 12 – Knuspermüsli II).

2. Das Eintragungserfordernis

3.53   Die Anspruchsberechtigung setzt die Eintragung in die beim Bundesamt für Justiz geführte Liste qualifizierter Einrichtungen voraus (vgl. BGH GRUR 2019, 966 Rn. 20 – Umwelthilfe). Der Nachweis der Eintragung erfolgt durch Vorlage einer vom Bundesverwaltungsamt auf Antrag erteilten Bescheinigung (§ 4 IV UKlaG). Fehlt die Eintragung oder wird sie nachträglich aufgehoben (§ 4c I UKlaG), ist daher die Anspruchsberechtigung nicht gegeben. Ruht die Eintragung für längstens drei Monate auf Anordnung des Bundesamts für Justiz, weil aufgrund tatsächlicher Anhaltspunkte damit zu rechnen ist, dass die Eintragung zurückzunehmen oder zu widerrufen ist (§ 4c II UKlaG), besteht für diese Zeit gem. § 8 IV ebenfalls keine Anspruchsberechtigung (vgl. auch § 3 II UKlaG). Die Eintragung erfolgt auf Antrag der Einrichtung (§ 4 II 1 UKlaG) durch Verwaltungsakt; der Bescheid ist dem Antragsteller zuzustellen (§ 4 III 1 UKlaG). Sind die Eintragungsvoraussetzungen erfüllt, besteht ein Rechtsanspruch auf Eintragung. Für das Verfahren gilt das Verwaltungsverfahrensgesetz des Bundes. Das Gesetz zur Stärkung des fairen Wettbewerbs sah bezüglich der Eintragung qualifizierter Verbände als Übergangsregelung lediglich die Neufassung des § 17 UKlaG vor. Danach hat das Bundesamt für Justiz die Eintragung bei qualifizierten Einrichtungen, die vor dem Inkrafttreten des Gesetzes eingetragen wurden und zu diesem Zeitpunkt länger als zwei Jahre eingetragen sind, die Eintragung bis zum 31.12.2021 zu überprüfen. Daraus folgt, dass die bei Inkrafttreten des Gesetzes bereits bestehende Eintragung einer qualifizierten Einrichtung weiter gilt, bis das Bundesamt für Justiz im Zuge ihrer Überprüfung eine anderweitige Entscheidung getroffen hat.

3. Die Eintragungsvoraussetzungen (§ 4 II 1 UKlaG)

3.54   **a) Rechtsfähiger Verein.** In die Liste kann nach dem durch das Gesetz zur Stärkung des fairen Wettbewerbs geänderten Wortlaut des § 4 II 1 UKlaG nur ein rechtsfähiger Verein, mithin der in das Vereinsregister eingetragene Idealverein (§ 21 BGB) eingetragen werden. Andere Organisationsformen, wie etwa die Stiftung, sind von vornherein nicht eintragungsfähig.

3.55   **b) Satzungszweck.** Zu den satzungsmäßigen Aufgaben des Vereins muss es gehören, die Interessen der Verbraucher durch nicht gewerbsmäßige Aufklärung und Beratung wahrzunehmen (§ 4 II 1 UKlaG). Die Zielsetzung muss in der **Satzung** verankert sein, also sich zumindest aus ihr hinreichend deutlich ergeben (BGH GRUR 1983, 130 (133) – Lohnsteuerhilfe-Bundesverband). Die Zielsetzung muss ferner auf die Wahrnehmung von kollektiven **Verbraucherinteressen** gerichtet sein. Dazu reicht es nicht aus, dass der Verband nur die Interessen seiner Mitglieder, mögen sie auch Verbraucher sein, wahrnehmen will (BGH GRUR 1973, 78 (79) – Verbraucherverband). Der Begriff der Verbraucherinteressen ist **marktbezogen** auszulegen, nämlich als Interesse der Verbraucher an Marktübersicht und Produktkenntnis, um eine bessere Auswahl treffen zu können und um vor Übervorteilung und Irreführung bewahrt zu werden (BGH GRUR 1983, 775 (776) – Ärztlicher Arbeitskreis). Eine bloße gesundheitspolitische Zielsetzung genügt daher nicht (BGH GRUR 1983, 775 (776) – Ärztlicher Arbeitskreis). Andererseits kann sich der Verband mit der Wahrnehmung partieller marktbezogener Verbrau-

cherinteressen begnügen (zB auf bestimmte Verbrauchergruppen, wie Mieter, Hausfrauen, Autofahrer, oder auf bestimmte Produktgruppen, wie Lebensmittel, oder auf bestimmte Gebiete beschränken); dann ist aber auch die Prozessführungsbefugnis entsprechend beschränkt. Dass der Verband dagegen über die Wahrnehmung marktbezogener Verbraucherinteressen hinaus auch noch andere Ziele (zB im politischen Raum) verfolgt, ist unschädlich. Es darf sich jedoch nicht um einen sog **Mischverband** handeln, der satzungsgemäß oder tatsächlich gleichrangig Verbraucherinteressen und gewerbliche Interessen vertritt (vgl. zum früheren Recht BGH GRUR 1983, 129 (130) – Mischverband I; GRUR 1985, 58 (59) – Mischverband II; GRUR 1988, 832 (833) – Benzinwerbung; GRUR 2019, 966 Rn. 24 – Umwelthilfe; zu § 8 III Nr. 2 BGH GRUR 2021, 1534 Rn. 27–29 – Rundfunkhaftung I), weil insoweit die Gefahr einer Interessenkollision besteht. Ein solcher Verband ist nicht eintragungsfähig. Ein Verbraucherverband wird aber noch nicht dadurch zum Mischverband, dass er – wie zB der ADAC – Beteiligungsgesellschaften mit unternehmerischer Zielsetzung gründet und hält, sofern er sich nicht selbst unternehmerisch betätigt (BGH GRUR 1988, 832 (833) – Benzinwerbung). – Der Satzungszweck muss dahin gehen, die Verbraucherinteressen **„durch Aufklärung und Beratung"** (kumulativ!) wahrzunehmen. Die bloße Bekämpfung unlauteren Wettbewerbs reicht daher als Verbandsziel nicht aus. Auch **Antidiskriminierungsverbände** iSd § 23 I AGG (Allgemeines Gleichbehandlungsgesetz) sind nur dann eintragungsfähig, wenn sie aktiv die Aufklärung und Beratung der von ihnen vertretenen Personenkreise im Hinblick auf den Verbraucherschutz betreiben (vgl. BT-Drs. 16/1780 v. 8.6.2006, 49 zu § 24 III) und es sich dabei nicht um eine völlig untergeordnete Nebenaufgabe handelt.

c) Satzungsmäßige Tätigkeit. Mit dem Gesetz zur Stärkung des fairen Wettbewerbs sind **3.56** die an die Tätigkeit des Vereins anknüpfenden Voraussetzungen der Eintragung nach § 4 II UKlaG im Wesentlichen den Voraussetzungen angeglichen worden, die nunmehr auch für Wirtschaftsverbände nach § 8b gelten. Damit ist auch für den Bereich der Verbraucherverbände bezweckt, der **missbräuchlichen Geltendmachung von Ansprüchen** entgegenzuwirken (vgl. BT-Drs. 19/12084, 37). Nach der Neuregelung muss der Verein zum Zeitpunkt der Antragstellung seit mindestens einem Jahr im Vereinsregister eingetragen sein und ein Jahr seine satzungsmäßigen Aufgaben wahrgenommen haben (§ 4 II Nr. 2 UKlaG). Aufgrund seiner bisherigen Tätigkeit sowie seiner personellen, sachlichen und finanziellen Ausstattung muss gesichert erscheinen, dass der Verein seine satzungsmäßigen Aufgaben auch künftig dauerhaft wirksam und sachgerecht erfüllen wird (§ 4 II Nr. 1 lit. a UKlaG) und er seine Ansprüche nicht vorwiegend geltend machen wird, um für sich Einnahmen aus Abmahnungen oder Vertragsstrafen zu erzielen (§ 4 II Nr. 1 lit. b UKlaG). Ebenso wie für Wirtschaftsverbände (→ § 8b Rn. 9) bedeutet dies eine **Verschärfung,** weil erstmals die Einnahmenseite der Verbraucherverbände vom Gesetzgeber in den Blick genommen wird. Danach ist zu verlangen, dass der Verbraucherverband sich **nicht überwiegend** durch Abmahnpauschalen und Vertragsstrafen finanziert, die aus der Verfolgung lauterkeitsrechtlicher Ansprüche resultieren (vgl. BT-Drs. 19/ 12084, 37 und 28, dort zu den Wirtschaftsverbänden). Die Verbrauchervereine müssen also über hinreichende andere Finanzierungsquellen zur Deckung ihrer Kosten verfügen. Die Kontrolle der finanziellen Situation der Vereine wird durch die ihnen jährlich obliegenden Berichtspflichten (§ 4b UKlaG) gewährleistet.

Als sachliche Ausstattung ist wohl eine eigene Geschäftsstelle nicht zwingend erforderlich (aA **3.56a** OLG Frankfurt GRUR 1974, 228), sofern nur insgesamt ausreichende Organisationsstrukturen vorliegen (zB feste Mitarbeiter). Zur personellen Ausstattung gehört es, dass Vereins- oder Vorstandsmitglieder oder angestellte Mitarbeiter über ausreichende Fachkenntnisse verfügen. – Der Verband muss die Interessen der **Verbraucher** wahrnehmen. Fördert er gleichzeitig offen oder verdeckt damit kollidierende gewerbliche Interessen (Spendenproblematik!), ist er als nicht eintragungsfähiger Mischverband anzusehen (vgl. BGH GRUR 2019, 966 Rn. 24 – Umwelthilfe). Die Verbraucherinteressen müssen tatsächlich durch **Aufklärung** und **Beratung** wahrgenommen werden (zB durch Herausgabe von Schriften, Abhaltung von Versammlungen und Sprechstunden, Veranstaltung und Veröffentlichung von Warentests, Leserbriefe). Die bloße Bekämpfung unlauteren Wettbewerbs durch Abmahnungen genügt nicht (OVG Münster GRUR 2004, 347 (348)). Vielmehr muss die Tätigkeit maßgeblich (auch) darauf gerichtet sein, die Verbraucher über die Marktlage, die Qualität und Preiswürdigkeit der verschiedenen im Wettbewerb angebotenen Güter zu unterrichten und ihnen die Auswahl unter ihnen zu erleichtern (vgl. zum früheren Recht BGH GRUR 1983, 775 (776) – Ärztlicher Arbeitskreis; GRUR 1992, 450 (451) – Beitragsrechnung). Sieht die Satzung Maßnahmen zur Förderung des Verbraucherschutzes vor, so zählt hierzu – selbst wenn nicht ausdrücklich erwähnt – auch die **außergerichtliche und gerichtliche Durchsetzung** von Ansprüchen wegen Verstößen gegen verbraucherrechtliche Vorschriften (BGH GRUR 2019, 966 Rn. 29 – Umwelthilfe).

3.57   **d) Zuwendungsverbot.** Nach der Neufassung des § 4 II Nr. 4 UKlaG durch das Gesetz zur Stärkung des fairen Wettbewerbs hängt die Eintragungsfähigkeit des Verbrauchervereins – ebenso wie diejenige der Wirtschaftsverbände (→ § 8b Rn. 11) – davon ab, dass den Mitgliedern keine Zuwendungen aus dem Vereinsvermögen gewährt werden und Personen, die für den Verein tätig sind, nicht durch unangemessen hohe Vergütungen oder andere Zuwendungen begünstigt werden. Hiermit unterstreicht der Gesetzgeber nochmals, dass die Verfolgung lauterkeitsrechtlicher Ansprüche nicht in unangemessener Weise als Einkommensquelle dienen darf (vgl. BT-Drs. 19/12084, 37). Dieser Gesichtspunkt ist bisher bereits im Rahmen der Prüfung des Rechtsmissbrauchs zur Geltung gekommen (vgl. BGH GRUR 2019, 966 Rn. 46 – Umwelthilfe).

3.58   **e) Mitglieder.** Der Verband braucht keine natürlichen Personen als Mitglieder zu haben. Es genügt, wenn ihm mindestens drei Verbände angehören, die in dem satzungsmäßigen Aufgabenbereich des Vereins tätig sind (zB Verbraucherzentrale Bundesverband eV = vzbv). Ist dies nicht der Fall, muss der Verband aber mindestens 75 natürliche Personen als Mitglieder haben (§ 4 II 1 Nr. 1 UKlaG). Verbandsmitglieder müssen nicht ausschließlich Verbraucher oder (bei einem Spitzenverband) Verbraucherverbände sein. Jedoch muss auch durch die Mitgliederstruktur sichergestellt sein, dass der Verband vorrangig Verbraucherinteressen vertritt und eine Kollision mit gewerblichen Interessen ausgeschlossen ist (BGH GRUR 1983, 129 (130) – Mischverband I; GRUR 1985, 58 (59) – Mischverband II; GRUR 1988, 832 (833) – Benzinwerbung; zu § 8 III Nr. 2 BGH GRUR 2021, 1534 Rn. 27–29 – Rundfunkhaftung I). Damit unvereinbar wäre es, wenn einzelne gewerbliche Mitglieder etwa auf Grund hoher Mitgliedsbeiträge oder Spenden maßgeblichen Einfluss auf den Verband nehmen können.

3.59   **f) Vermutung.** Von den Verbraucherzentralen und anderen mit öffentlichen Mitteln geförderten Verbraucherverbänden wird unwiderleglich vermutet, dass sie die Eintragungsvoraussetzungen erfüllen (§ 4 II 2 UKlaG).

4. Aufhebung der Eintragung

3.60   Die Eintragung ist mit Wirkung für die Zukunft aufzuheben, wenn der Verband dies beantragt oder wenn die Eintragungsvoraussetzungen von Anfang an nicht vorlagen oder nachträglich weggefallen sind (§ 4c I UKlaG). Die Aufhebung führt zum Verlust der Anspruchsberechtigung. Die Aufhebung ist ein **Verwaltungsakt,** für das Aufhebungsverfahren gelten grds. die Regelungen des VwVfG (OVG Münster GRUR 2004, 347 (348); WM 2018, 1309). Die Behörde ermittelt daher den Sachverhalt von Amts wegen.

5. Keine gerichtliche Überprüfung der Eintragungsvoraussetzungen

3.61   Darüber, ob die sachlichen Voraussetzungen für die Eintragung (noch) vorliegen, entscheidet nicht das Gericht der Unterlassungsklage. Bestehen insoweit begründete Zweifel, so kann (und muss ggf.) das Gericht das Bundesamt für Justiz zur Überprüfung auffordern und die Verhandlung bis zu dessen Entscheidung aussetzen (§ 4a II UKlaG). Bei der Prüfung, ob „begründete Zweifel" bestehen, ist im Interesse der effektiven Durchsetzung verbraucherschützenden Rechts ein **strenger Maßstab** anzulegen (BGH GRUR 2010, 852 Rn. 11 – Gallardo Spyder; GRUR 2019, 966 Rn. 21 ff. – Umwelthilfe).

6. Satzungszweck als Grenze der Klagebefugnis

3.62   Die Klagebefugnis setzt weiter voraus, dass die Klage im **konkreten Einzelfall** vom Satzungszweck gedeckt ist (BGH WRP 2012, 467 Rn. 11–14 – Überregionale Klagebefugnis; GRUR 2018, 1166 Rn. 20 – Prozessfinanzierer I; WRP 2019, 1009 Rn. 15 – Prozessfinanzierer II; GRUR 2019, 966 Rn. 28 – Umwelthilfe). Ob und welche sachlichen oder räumlichen Beschränkungen daraus folgen, ist durch objektive Auslegung der Satzung zu ermitteln (BGH WRP 2012, 467 Rn. 16 ff. – Überregionale Klagebefugnis). Bei den Verbraucherzentralen der Bundesländer ist davon auszugehen, dass sie befugt sind, auch Wettbewerbsverstöße außerhalb des betreffenden Bundeslandes zu verfolgen (BGH WRP 2012, 467 Rn. 18–24 – Überregionale Klagebefugnis). Denn andernfalls wäre ein effektiver Schutz der Verbraucherinteressen nicht möglich.

III. Klagebefugnis und Anspruchsberechtigung der ausländischen „qualifizierten Einrichtungen"

Qualifizierte Einrichtungen eines anderen Mitgliedstaates sind in Deutschland nach § 8 III **3.63** Nr. 3 dann klagebefugt und anspruchsberechtigt, wenn sie „in dem Verzeichnis der Europäischen Kommission nach Artikel 5 Absatz 1 Satz 4 RL (EU) 2020/1828 (…) eingetragen sind". Das zur Vorgänger-RL erlassene Verzeichnis ist abrufbar unter https://eur-lex.europa.eu/legal-content/DE/TXT/PDF/?uri=CELEX:52019XC0715(01)&qid=1689515676204.

Das deutsche Gericht muss den Nachweis der Eintragung in das von der Kommission erstellte **3.64** Verzeichnis als Nachweis der Berechtigung zur klageweisen Geltendmachung der in § 8 I aufgeführten Unterlassungsansprüche akzeptieren (Art. 6 III Verbandsklagen-RL), kann also nicht seinerseits überprüfen, ob die Voraussetzungen der Eintragung erfüllt sind. „Qualifizierte Einrichtung" iSd Art. 4 Verbandsklagen-RL kann dabei auch eine „öffentliche Stelle" sein, die für den Schutz der Kollektivinteressen der Verbraucher zuständig ist (zB Ombudsmann; Behörde). Aus einer richtlinienkonformen Auslegung des § 8 II Nr. 3 ergibt sich jedoch, dass das deutsche Gericht prüfen kann, ob der Zweck der ausländischen qualifizierten Einrichtung deren Klageerhebung im konkreten Fall rechtfertigt (Art. 6 III Verbandsklagen-RL). Ist dieser Zweck bspw. auf eine Verfolgung im Herkunftsland beschränkt, ist daher eine Klageerhebung nicht gerechtfertigt. Dies lässt sich über den Missbrauchseinwand nach § 8c berücksichtigen (vgl. Mankowski WRP 2010, 186 (189 f.)). Dagegen rechtfertigt Art. 6 III Verbandsklagen-RL nicht eine Prüfung durch das Gericht, ob die Eintragung in das Verzeichnis zu Recht erfolgt ist oder nicht (vgl. Harte-Bavendamm/Henning-Bodewig/Goldmann Rn. 346). Das gilt auch für den Fall, dass ein Wirtschaftsverband zu Unrecht in das Verzeichnis eingetragen worden ist, weil er nicht primär verbraucherschützende Zwecke verfolgt (aA Mankowski WRP 2010, 186 (190)).

E. Körperschaften öffentlichen Rechts und Gewerkschaften (§ 8 III Nr. 4 in der ab dem 1.12.2021 geltenden Fassung)

Im Zuge der Umgestaltung der Anspruchsberechtigung der Wirtschaftsverbände nach § 8 III **3.65** Nr. 2 durch das Gesetz zur Stärkung des fairen Wettbewerbs ist mit Wirkung ab dem 1.12.2021 die Anspruchsberechtigung der öffentlich-rechtlichen Verbände zur Förderung gewerblicher oder selbständiger Interessen in die neugefasste Vorschrift des § 8 III Nr. 4 („andere berufsständische Körperschaften des öffentlichen Rechts") verlagert worden. Nach der Neufassung dieser Vorschrift sind mithin nicht nur – wie bisher – öffentlich-rechtlich verfasste **Industrie- und Handelskammern und Handwerkskammern,** sondern auch die **Handwerksinnungen** (§ 53 HwO; BGH GRUR 1996, 70 (71) – Sozialversicherungsfreigrenze) und die **Kammern der freien Berufe** (BVerfGE 111, 366 = NJW 2004, 3765 (3766)) anspruchsberechtigt. Im Gesetzestext wurde ferner der Begriff „Handwerkskammern" durch die Definition „nach der Handwerksordnung errichtete Körperschaften des öffentlichen Rechts" ersetzt, um auch die **Kreishandwerkerschaften** zu erfassen (BT-Drs. 19/12084, 27). Die öffentlich-rechtlichen Körperschaften sind „im Rahmen der Erfüllung ihrer Aufgaben" anspruchsberechtigt. Die in die Vorschrift ebenfalls aufgenommenen (zivilrechtlich verfassten) **Gewerkschaften** sind – entgegen den Ausführungen in der Gesetzesbegründung (BT-Drs. 19/12084, 27) – bisher keineswegs nach § 8 III Nr. 2 anspruchsberechtigt gewesen. Eine Anspruchsberechtigung der Gewerkschaften ist bisher lediglich nach § 3 I Nr. 2 UKlaG in einem Fall anerkannt worden, in dem gegen die Verwendung unzulässiger AGB durch einen Verlag gegenüber Journalisten vorgegangen wurde (BGH GRUR 2012, 1031 Rn. 1, 11 – Honorarbedingungen Freie Journalisten). Ein Interesse der Gewerkschaften, Wettbewerbsverstöße iSv §§ 3 und 7 von Unternehmen zu bekämpfen, ist auch nicht erkennbar. Ihr Interesse, freiberuflich tätige Mitglieder im (Vertikal-)Verhältnis zu deren Auftraggebern in vergleichbarer Weise wie Arbeitnehmer im Verhältnis zu Arbeitgebern zu schützen, ist dem Tätigkeitsfeld der in § 8 III Nr. 4 genannten öffentlich-rechtlichen Körperschaften, das das Horizontalverhältnis von Wettbewerbern betrifft, nicht vergleichbar (vgl. Köhler WRP 2019, 1550 (1553)). Nach der Neufassung der Vorschrift setzt die Anspruchsberechtigung der Gewerkschaften voraus, dass sie „im Rahmen der Erfüllung ihrer Aufgaben bei der Vertretung selbständiger beruflicher Interessen tätig werden".

Eine ungeschriebene Einschränkung der Anspruchsberechtigung von **Industrie- und Han-** **3.66** **delskammern sowie Handwerkskammern** ergibt sich aus der Verfassung dieser Einrichtungen: Handwerkskammern sind nur anspruchsberechtigt, soweit es um Wettbewerbsverstöße von Handwerkern geht; Industrie- und Handelskammern sind nur anspruchsberechtigt, soweit es um Wettbewerbsverstöße von Unternehmen aus dem Bereich Industrie und Handel geht. Die Vorschrift hatte bislang aber keinerlei praktische Bedeutung (vgl. aber KG WRP 2012, 993 Rn. 54, 55). – Zu den von der Vorschrift erfassten Kammern der freien Berufe gehören Kammern der **Rechtsanwälte** (BGH GRUR 2012, 215 Rn. 11 – Zertifizierter Testamentsvollstrecker; GRUR 2015, 286 – Spezialist für Familienrecht; OLG Karlsruhe GRUR-RR 2013, 171), **Ärzte** (BGH GRUR 1999, 1009 – Notfalldienst für Privatpatienten), **Zahnärzte** (BGH GRUR 2001, 181 (182) – dentalästhetika), **Steuerberater** (BVerfG NJW 2004, 3765; BGH GRUR 2001, 348 – Beratungsstelle im Nahbereich; GRUR 2015, 1102 Rn. 11 – Mobiler Buchhaltungsservice), **Architekten, Ingenieure** usw. Die Anspruchsberechtigung (und damit Klagebefugnis) ist mit der öffentlichrechtlichen Aufgabenstellung der Kammern (Überwachung der Berufspflichten der Mitglieder und Wahrung der Gesamtinteressen der zusammengeschlossenen Berufsangehörigen) vereinbar. Dass die Kammern auch berufsrechtliche Maßnahmen gegen ihre Mitglieder ergreifen können, schließt ein wettbewerbsrechtliches Vorgehen nicht aus, zumal damit ein vergleichsweise einfaches und schnelles Vorgehen zur Unterbindung berufswidrigen Verhaltens möglich ist (BGH GRUR 2006, 598 Rn. 14 – Zahnarztbriefbogen). Im Hinblick auf das Grundrecht der Mitglieder aus Art. 12 I 2 GG ist Voraussetzung für ein wettbewerbsrechtliches **Vorgehen gegen Mitglieder** zwar, dass **(1)** die in dem jeweiligen Kammergesetz vorgesehenen berufsrechtlichen Eingriffsmöglichkeiten (zB Rüge; berufsgerichtliches Verfahren) keine abschließende Regelung darstellen, **(2)** der Wettbewerbsverstoß aus der Verletzung berufsrechtlicher Pflichten folgt und **(3)** der Grundsatz der Verhältnismäßigkeit (Aufsichtsmaßnahmen möglicherweise ein milderes, aber gleich geeignetes Mittel) beachtet wird (BVerfGE 111, 366 = NJW 2004, 3765 (3766 f.)). Diese Voraussetzungen sind aber praktisch immer erfüllt. Denn die Kammergesetze enthalten keine abschließende Regelung, der Wettbewerbsverstoß stellt stets auch einen Verstoß gegen Berufsrecht dar und der Grundsatz der Verhältnismäßigkeit ist bei einem Vorgehen gegen einen Wettbewerbsverstoß gewahrt, da eine Beeinträchtigung der Mitbewerber und Verbraucher droht und Bagatellfälle nach § 3 ohnehin nicht verfolgt werden können (OLG Karlsruhe GRUR-RR 2013, 171). Allenfalls bei Vorliegen bes. Umstände kann ein Vorgehen unverhältnismäßig sein (BGH GRUR 2006, 598 Rn. 15 – Zahnarztbriefbogen). – Die Kammern können darüber hinaus gegen Wettbewerbsverstöße von Außenstehenden vorgehen (BVerfGE 111, 366 = NJW 2004, 3765 (3766 f.)), soweit dadurch der (Dienstleistungs-)Wettbewerb von Mitgliedern berührt ist (BGH GRUR 2006, 598 Rn. 12 – Zahnarztbriefbogen). Ob die Außenstehenden dem betreffenden Berufsstand angehören oder nicht, ist unerheblich (BGH GRUR 1998, 835 (836) – Zweigstellenverbot; GRUR 1997, 313 (314) – Architektenwettbewerb). – Zur Grundrechtsfähigkeit einer Handwerksinnung (Berufsverband in öffentlich-rechtlicher Organisationsform) s. BGH GRUR 2018, 622 Rn. 24 – Verkürzter Versorgungsweg II.

F. Beweislast

3.67   Die Voraussetzungen des § 8 III Nr. 2 und 3 sind nach ganz hM (auch) als Voraussetzungen der **Prozessführungsbefugnis** des Verbandes anzusehen und dementsprechend von Amts wegen und auch noch in der Revisionsinstanz im **Freibeweisverfahren** (BGH WRP 1998, 177 (179) – Fachliche Empfehlung III; GRUR-RR 2012, 232 Rn. 15 – Minderjährigenschutz; GRUR 2018, 1166 Rn. 12 – Prozessfinanzierer I; WRP 2019, 1009 Rn. 10 – Prozessfinanzierer II; GRUR 2019, 966 Rn. 17 – Umwelthilfe; GRUR 2022, 490 Rn. 20 – Influencer III; GRUR 2020, 896 Rn. 32 – App-Zentrum; GRUR 2022, 930 Rn. 12 – Knuspermüsli II; KG WRP 2012, 993 Rn. 12) zu prüfen (→ Rn. 3.9). Das Gericht kann also die Beweise in der ihm geeignet erscheinenden Art aufnehmen (vgl. § 284 S. 2 ZPO).

3.68   Aufgrund der Einführung des Eintragungserfordernisses auch für Wirtschaftsverbände, in deren Folge die Prüfung der Eintragungsvoraussetzungen allein dem Bundesamt für Justiz obliegt, ist die Darlegungs- und Beweislast des Klägers für die Tatsachen, aus denen sich seine Anspruchsberechtigung und seine Prozessführungsbefugnis ergeben, allerdings – gegenüber dem früheren Rechtszustand – gemildert. Über die Vorlage der Eintragungsbescheinigung (§ 8b III iVm § 4 IV UKlaG) hinaus ist im Falle des Wirtschaftsverbands gem. § 8 III Nr. 2 lediglich noch darzulegen und zu beweisen, dass ihm eine erhebliche Zahl von Mitbewerbern angehört und dass die Zuwiderhandlung die Interessen seiner Mitglieder berührt. Um im Streitfall den **Nachweis** der Mitgliedschaft einer **erheblichen** Anzahl von Mitgliedsunternehmen iSv § 8 III Nr. 2 zu führen, muss der Verband die Namen, Branchen, Umsätze und örtlichen Tätigkeitsbereiche seiner Mitglieder insoweit bekannt geben, als dies zur Überprüfung der (Klagebefugnis und) Anspruchsberechtigung durch das Gericht und den Beklagten erforderlich ist (BGH GRUR 1996, 217 (218) – Anonymisierte Mitgliederliste; GRUR 1997, 934 (936) – 50 % Sonder-AfA; WRP 1998, 177 (179) – Fachliche Empfehlung III; OLG Düsseldorf GRUR-RR 2003, 131 (133); LG Rostock GRURPrax 2019, 98; LG Karlsruhe WRP 2019, 805). Geringfügige Fehler sind unschädlich (OLG Naumburg WRP 1997, 228 (230); dazu krit. Derleder/Zänker GRUR 2002, 490). Wichtig ist, dass die Voraussetzungen auch noch in der letzten mündlichen Verhandlung vorliegen, die entspr. Daten also **aktuell** sein müssen. Mitglieder sind aber nicht schon deshalb unberücksichtigt zu lassen, weil sie ihren Beitrag nicht bezahlt haben (so aber Derleder/ Zänker GRUR 2002, 490 (493)), denn dadurch wird die Mitgliedschaft nicht beendet.– Was die **Prüfungsreihenfolge** angeht, kann aus Gründen der Prozessökonomie offen bleiben, ob die Klagebefugnis oder Anspruchsberechtigung zu Recht besteht, wenn bereits eine Rechtsprüfung ergibt, dass der Anspruch nicht besteht und damit die Klage unbegründet ist (BGH GRUR 1999, 1119 (1120) – RUMMS!; GRUR 2021, 1414 Rn. 17 – Influencer II; WRP 1999, 421 (422) – Vorratslücken zur vergleichbaren Problematik des Rechtsmissbrauchs; Teplitzky WRP 1997, 691 (695)). Dasselbe gilt, wenn die Beweiserhebung über die Begründetheit des Anspruchs leichter und rascher möglich ist.

G. Anspruchsberechtigung nach § 8 III Nr. 2 in der bis zum 30.11.2021 geltenden Fassung

Nach Art. 9 II Nr. 1 des G zur Stärkung des fairen Wettbewerbs sind die Änderungen in **3.69** § 8 III am 1.12.2021 in Kraft getreten. Nach § 15a I ist § 8 III Nr. 2 nF **nicht anzuwenden** auf Verfahren, die am 1.9.2021 bereits rechtshängig sind (s. dazu auch → § 15a Rn. 1 ff.). Im Folgenden wird daher der danach weiter anwendbare bisherige Rechtszustand der Anspruchsberechtigung der **Verbände zur Förderung gewerblicher Interessen** nach § 8 III Nr. 2 aF kommentiert.

I. Funktion und Grenzen der Klagebefugnis und Anspruchsberechtigung nach § 8 III Nr. 2 aF

Dazu → Rn. 3.30.   **3.70**

II. Rechtsfähigkeit des Verbands

Es muss sich um einen **Verband** handeln, dh die Organisation muss körperschaftliche Struktur **3.71** haben. Dies ist bei der rechtsfähigen Personengesellschaft (§ 14 II BGB) nicht der Fall. Der Verband muss **rechtsfähig** sein, also die Fähigkeit besitzen, Rechte zu erwerben und Verbindlichkeiten einzugehen. Anders als in § 8 III Nr. 3 ist nicht erforderlich, dass der Verband auch in eine bestimmte Liste eingetragen ist. Der Gesetzgeber hat bewusst nicht das „bei den Verbraucherverbänden praktizierte Listensystem übernommen" (Begr. RegE UWG 2004 zu § 8 III Nr. 2, BT-Drs. 15/1487, 22). **Rechtsfähige Verbände** in diesem Sinne sind:

1. Juristische Personen des Privatrechts

Dazu gehören insbes. der rechtsfähige Verein (§§ 21–23 BGB), die Stiftung (§ 81 BGB), die **3.72** AG, die GmbH und die Genossenschaft), nicht dagegen der nichtrechtsfähige Verein (§ 54 BGB), weil ihm die Rechtsfähigkeit fehlt.

2. Juristische Personen des öffentlichen Rechts

Dazu gehören insbes. die **Handwerksinnungen** (§ 53 HwO; BGH GRUR 1996, 70 (71) – **3.73** Sozialversicherungsfreigrenze), vor allem aber auch die **Kammern der freien Berufe** (BVerfGE 111, 366 = NJW 2004, 3765 (3766)), wie die Kammern der **Rechtsanwälte** (BGH GRUR 2012, 215 Rn. 11 – Zertifizierter Testamentsvollstrecker; GRUR 2015, 286 – Spezialist für Familienrecht; OLG Karlsruhe GRUR-RR 2013, 171), **Ärzte** (BGH GRUR 1999, 1009 – Notfalldienst für Privatpatienten), **Zahnärzte** (BGH GRUR 2001, 181 (182) – dentalästhetika),

Steuerberater (BVerfG NJW 2004, 3765; BGH GRUR 2001, 348 – Beratungsstelle im Nahbereich; GRUR 2015, 1102 Rn. 11 – Mobiler Buchhaltungsservice), **Architekten, Ingenieure** usw. Diese Kammern sind „Verbände zur Förderung selbstständiger beruflicher Interessen" iSd § 8 III Nr. 2, weil sie die beruflichen Belange ihrer Mitglieder zu wahren und zu fördern haben (BGH GRUR 2006, 598 Rn. 12 – Zahnarztbriefbogen; zu § 13 II Nr. 2 aF vgl. BGH GRUR 1998, 835 (836) – Zweigstellenverbot; WRP 1999, 824 (825) – Steuerberaterwerbung auf Fachmessen; GRUR 2002, 77 (78) – Rechenzentrum; GRUR 2002, 717 (718) – Vertretung der Anwalts-GmbH). Die Anspruchsberechtigung (und damit Klagebefugnis) ist mit der öffentlich-rechtlichen Aufgabenstellung der Kammern (Überwachung der Berufspflichten der Mitglieder und Wahrung der Gesamtinteressen der zusammengeschlossenen Berufsangehörigen) vereinbar. Dass die Kammern auch berufsrechtliche Maßnahmen gegen ihre Mitglieder ergreifen können, schließt ein wettbewerbsrechtliches Vorgehen nicht aus, zumal damit ein vergleichsweise einfaches und schnelles Vorgehen zur Unterbindung berufswidrigen Verhaltens möglich ist (BGH GRUR 2006, 598 Rn. 14 – Zahnarztbriefbogen). Im Hinblick auf das Grundrecht der Mitglieder aus Art. 12 I 2 GG ist Voraussetzung für ein wettbewerbsrechtliches **Vorgehen gegen Mitglieder** zwar, dass **(1)** die in dem jeweiligen Kammergesetz vorgesehenen berufsrechtlichen Eingriffsmöglichkeiten (zB Rüge; berufsgerichtliches Verfahren) keine abschließende Regelung darstellen, **(2)** der Wettbewerbsverstoß aus der Verletzung berufsrechtlicher Pflichten folgt und **(3)** der Grundsatz der Verhältnismäßigkeit (Aufsichtsmaßnahmen möglicherweise ein milderes, aber gleich geeignetes Mittel) beachtet wird (BVerfGE 111, 366 = NJW 2004, 3765 (3766 f.)). Diese Voraussetzungen sind aber praktisch immer erfüllt. Denn die Kammergesetze enthalten keine abschließende Regelung, der Wettbewerbsverstoß stellt stets auch einen Verstoß gegen Berufsrecht dar und der Grundsatz der Verhältnismäßigkeit ist bei einem Vorgehen gegen einen Wettbewerbsverstoß gewahrt, da eine Beeinträchtigung der Mitbewerber und Verbraucher droht und Bagatellfälle nach § 3 ohnehin nicht verfolgt werden können (OLG Karlsruhe GRUR-RR 2013, 171). Allenfalls bei Vorliegen bes. Umstände könnte ein Vorgehen unverhältnismäßig sein (BGH GRUR 2006, 598 Rn. 15 – Zahnarztbriefbogen). – Die Kammern können darüber hinaus gegen Wettbewerbsverstöße von Außenstehenden vorgehen (BVerfGE 111, 366 = NJW 2004, 3765 (3766 f.)), soweit dadurch der (Dienstleistungs-)Wettbewerb von Mitgliedern berührt ist (BGH GRUR 2006, 598 Rn. 12 – Zahnarztbriefbogen). Ob die Außenstehenden dem betreffenden Berufsstand angehören oder nicht, ist unerheblich (BGH GRUR 1998, 835 (836) – Zweigstellenverbot; GRUR 1997, 313 (314) – Architektenwettbewerb). – Zur Grundrechtsfähigkeit einer Handwerksinnung (Berufsverband in öffentlich-rechtlicher Organisationsform) s. BGH GRUR 2018, 622 Rn. 24 – Verkürzter Versorgungsweg II.

III. Verbandszweck

3.74   Es muss sich um einen Verband **zur Förderung gewerblicher oder selbstständiger beruflicher Interessen** handeln. Dies ist anhand der Zielsetzung, dh der **Satzung** und der **tatsächlichen Betätigung** des Verbands zu ermitteln (BGH WRP 2005, 1007 (1008) – Sammelmitgliedschaft III; GRUR 2017, 926 Rn. 19 – Anwaltsabmahnung II; GRUR 2017, 1265 Rn. 12 f. – Preisportal). Aus der Satzung muss sich ausdrücklich oder durch Auslegung (BGH GRUR 1965, 485 (486) – Versehrten-Betrieb) ergeben, dass und in welcher Art und in welchem Umfang der Verband unternehmerische Interessen fördert. Die Bekämpfung unlauteren Wettbewerbs ist als satzungsmäßige Zielsetzung (bei einem sog **Wettbewerbsverein**) ausreichend (BGH GRUR 1990, 282 (284) – Wettbewerbsverein IV), aber (bei einem sog **Fachverband**) nicht erforderlich (offengelassen in BGH GRUR 1990, 1038 (1039) – Haustürgeschäft I; vgl. auch BGH GRUR 2017, 926 Rn. 19 – Anwaltsabmahnung II). Nicht erforderlich ist auch, dass die Mitglieder den Verband ausdrücklich zur Verfolgung von Wettbewerbsverstößen ermächtigt haben (BGH GRUR 2005, 689 (690) – Sammelmitgliedschaft III). Bei **fehlender Satzungsregelung** muss sich jedoch ein solcher Verband tatsächlich nachhaltig um die Verfolgung von Wettbewerbsverstößen bemühen, mag dies auch insgesamt nur eine untergeordnete Bedeutung haben (BGH GRUR 2000, 1093 (1095) – Fachverband; KG GRUR-RR 2013, 335 (337)). Die Verfolgung von Wettbewerbsverstößen muss der Förderung gewerblicher oder selbstständiger beruflicher Interessen dienen. Sie darf daher nicht lediglich **Vorwand** sein, um sich selbst, Mitarbeitern oder Anwälten Einnahmen zu verschaffen. Indizien dafür können sein, dass ein Verband überhöhte Abmahnpauschalen fordert, in Abmahnschreiben systematisch einen Verzicht auf die Einrede des Fortsetzungszusammenhangs verlangt und erwirkte Verfügungstitel ständig durch strafbewehrte Unterlassungserklärungen zu ersetzen trachtet (BGH GRUR 1990,

282 (284) – Wettbewerbsverein IV; WRP 1993, 240 (243) – Fortsetzungszusammenhang; GRUR 1993, 761 (762) – Makler-Privatangebot). Verfolgt der Verband in Wahrheit ausschließlich oder überwiegend Gebühreninteressen, kommt sogar die Entziehung der Rechtsfähigkeit nach § 43 II BGB in Betracht (BGH GRUR 1978, 182 – Kinder-Freifahrt). Missbräuche im Einzelfall schließen zwar nicht generell die Anspruchsberechtigung des Verbands aus, sind jedoch nach § 8 IV (→ Rn. 4.10 ff.) zu beurteilen. – Ist die Anspruchsberechtigung gegeben, so spielt es keine Rolle, ob der Verband auf Grund eigener Initiative oder auf Anregung Dritter tätig wird (BGH GRUR 1997, 761 (763) – Politikerschelte). Unschädlich ist es auch, dass sich der Verband eine **Prozesskostendeckungszusage** geben lässt (aber → Rn. 4.22).

IV. Mitgliedsunternehmen

1. Erhebliche Zahl von Unternehmen, die Waren oder Dienstleistungen gleicher oder verwandter Art auf demselben Markt vertreiben

Dazu → Rn. 3.36–3.46.   **3.75**

2. Mittelbare Verbandszugehörigkeit

Dazu → Rn. 3.47.   **3.76**

3. Verbandsangehörigkeit von Verbrauchern

Die Mitglieder des Verbandes und des Vorstandes brauchen nicht ausschließlich Unternehmer **3.77** zu sein (BGH GRUR 1974, 729 (730) – Sweepstake; str.), es genügt, dass dies im Wesentlichen der Fall ist (BGH GRUR 1985, 58 (59) – Mischverband II). Unschädlich ist daher die Mitgliedschaft von Verbrauchern, sofern nur die Gefahr von Interessenkollisionen und die Beeinträchtigung der Funktionsfähigkeit des Verbandes ausgeschlossen sind (BGH GRUR 1983, 129 (130) – Mischverband I; KG GRUR 1991, 618 (619)).

V. Fähigkeit zur Wahrnehmung der satzungsmäßigen Aufgaben

1. Allgemeines

Infolge der Änderung durch das G zur Verbesserung der zivilrechtlichen Durchsetzung von **3.78** verbraucherschützenden Vorschriften des Datenschutzrechts v. 17.2.2016 (BGBl. 2016 I 233 (234)) heißt es in § 8 III Nr. 2 nicht mehr „**soweit** sie insbesondere (…)", sondern „**wenn** sie insbesondere nach ihrer personellen, sachlichen und finanziellen Ausstattung imstande sind, ihre satzungsgemäßen Aufgaben (…) tatsächlich wahrzunehmen (…)". Die Vorschrift ist nunmehr gleichlautend mit § 3 I 1 Nr. 2 UKlaG formuliert; eine sachliche Änderung ist hiermit nicht verbunden (vgl. Entwurf eines Gesetzes zur Verbesserung der zivilrechtlichen Durchsetzung von verbraucherschützenden Vorschriften des Datenschutzrechts, BT-Drs. 18/4631, 26). Der Verband muss in der Lage sein, seine satzungsgemäßen Aufgaben der Verfolgung gewerblicher oder selbstständiger beruflicher Interessen **tatsächlich** wahrzunehmen. Der Satzungszweck darf also nicht bloß auf dem Papier stehen. Welche Tätigkeiten der Verband iE entfalten muss, wird durch den jeweiligen Satzungszweck bestimmt. Besteht der Satzungszweck in der Bekämpfung unlauteren Wettbewerbs, reicht eine reine Abmahn- und Klagetätigkeit nicht aus. Vielmehr müssen weitere Aktivitäten hinzukommen (Beobachtung des Wettbewerbsgeschehens; Durchführung von Testkäufen; Aufklärung der Mitglieder und der Allgemeinheit usw; vgl. BGH GRUR 1990, 282 (284) – Wettbewerbsverein IV). Ob ein Verband den Satzungszweck verfolgen kann, ist nach dem Gesetz insbes. nach seiner **personellen, sachlichen** und **finanziellen Ausstattung** zu beurteilen (dazu BGH GRUR 1998, 489 (491) – Unbestimmter Unterlassungsantrag III).

2. Personelle Ausstattung

Zur personellen Ausstattung gehört idR eine entspr. fachliche (dh wettbewerbsrechtliche) **3.79** Qualifikation der Mitglieder, des Vorstands oder der Mitarbeiter des Verbands, die aber auch durch Berufserfahrung eines Laien erworben worden sein kann (BGH GRUR 2000, 1093 (1095) – Fachverband; KG WRP 1999, 1302 (1305); OLG München NJWE-WettbR 1999, 66: Anstellung eines Referendars nicht ausreichend; aA OLG Köln GRUR 1999, 93). Ein Verband, der sich (auch) die Bekämpfung unlauteren Wettbewerbs zur Aufgabe gemacht hat, muss dementsprechend in der Lage sein, das Wettbewerbsgeschehen zu beobachten und zu bewerten, damit er mindestens typische Wettbewerbsverstöße, deren rechtliche Bewertung keine bes. Schwierigkeiten aufweist, auch ohne anwaltlichen Rat erkennen kann (BGH GRUR 1984, 691 (692) – Anwaltsabmahnung I; GRUR 1986, 676 (677) – Bekleidungswerk; GRUR 1991, 684 f. – Verbandsausstattung I; GRUR 1999, 1116 (1118) – Wir dürfen nicht feiern; GRUR 2000, 1093 (1094) – Fachverband; GRUR 2017, 926 Rn. 22 – Anwaltsabmahnung II; GRUR 2022, 391 Rn. 72 – Gewinnspielwerbung II). Eine eigene Geschäftsstelle und Geschäftsführung sind idR unerlässlich (BGH WRP 1994, 737 (739) – Verbandsausstattung II), ausnahmsweise dürfen auch Dritte mit der Wahrnehmung der Aufgaben betraut sein (BGH GRUR 1986, 320 (321) – Anwaltsverein; GRUR 1986, 676 (677) – Bekleidungswerk). Bei einem Fachverband genügt es, wenn er von Mitgliedern über Wettbewerbsverstöße informiert wird und er sodann ggf. einen Anwalt mit der weiteren Prüfung und Verfolgung beauftragt (BGH GRUR 2000, 1093 (1094) – Fachverband mwN; zur Abmahnkostenerstattung vgl. aber BGH GRUR 2017, 926 Rn. 12, 22 – Anwaltsabmahnung II). Erst recht ist die Einschaltung eines Anwalts zulässig, wenn es um die Klärung schwieriger Rechtsfragen geht (OLG Koblenz GRUR-RR 2010, 16 (17)). Doch geht es nicht an, dass lediglich Anwälte betraut werden, die praktisch in eigener Regie arbeiten (BGH GRUR 1991, 684 – Verbandsausstattung I; GRUR 1994, 831 – Verbandsausstattung II).

3. Sachliche Ausstattung

3.80   Zur sachlichen Ausstattung gehört es, dass der Verband über die entspr. Sachmittel (etwa Büroräume und -maschinen, Kommunikationsmittel wie Telefon, Fax, E-Mail) verfügt, um den Satzungszweck tatsächlich wahrnehmen zu können (KG WRP 1999, 1302 (1306)).

4. Finanzielle Ausstattung

3.81   Zur finanziellen Ausstattung gehört es, dass der Verband insbes. in der Lage ist, seine **Fixkosten** aus der Existenz, Grundausstattung und Grundbetätigung (BGH GRUR 1990, 282 (285) – Wettbewerbsverein IV) und etwaige **gegnerische Kostenerstattungsansprüche** abzudecken. Der Verband muss grds. in der Lage sein, Prozesskosten in Verfahren bis hin zur Revisionsinstanz ohne Streitwertherabsetzung zu tragen (vgl. BGH GRUR 1994, 385 – Streitwertherabsetzung). Dabei ist auf die Kostendeckung nicht bloß im zu entscheidenden Verfahren, sondern in anderen gleichzeitig betriebenen Verfahren abzustellen. Allerdings ist nicht das theoretische Gesamtkostenrisiko aller laufenden Verfahren maßgebend. Denn dies würde die Funktionsfähigkeit gerade kleinerer, aber für die Aufrechterhaltung lauteren Wettbewerbs wichtiger Verbände beeinträchtigen (BGH GRUR 2012, 411 Rn. 14 – Glücksspielverband). Vielmehr ist von einem bei zurückhaltender Betrachtung realistischen Kostenrisiko unter Berücksichtigung der Vorgehensweise des Verbands (zB Vorgehen nur gegen evidente Verstöße) auszugehen. Legt daher ein Verband eine die Kosten des Streitfalls vielfach übersteigende liquide Finanzausstattung dar und ist nicht bekannt geworden, dass er in der Vergangenheit seinen Zahlungspflichten für Prozesskosten nicht nachgekommen ist, ist von einer unzureichenden finanziellen Ausstattung daher nur auszugehen, wenn dieses Kostenrisiko die dafür verfügbaren Mittel spürbar übersteigt (BGH GRUR 2012, 411 Rn. 14 – Glücksspielverband; KG WRP 2012, 993 Rn. 45). – Die Finanzierung braucht nicht ausschließlich durch Mitgliedsbeiträge und Spenden gesichert zu sein. Vielmehr ist es grds. zulässig, die Verfolgung von Wettbewerbsverstößen in erheblichem Umfang anders als durch kostendeckende Mitgliedsbeiträge zu finanzieren, etwa durch Abmahngebühren, Vertragsstrafen oder Prozesskostendeckungszusagen (BGH GRUR 2005, 689 (690) – Sammelmitgliedschaft III). Daher sind auch Einnahmen aus Vertragsstrafen zu berücksichtigen, sofern sie in einer Höhe und Regelmäßigkeit fließen, dass eine hinreichend sichere Teilbilanzierung möglich ist (ebenso KG WRP 2012, 993 Rn. 48). Entsprechendes gilt für Einnahmen aus **Abmahngebühren,** soweit sie die Abmahntätigkeit abdecken und andere Aufgaben dahinter nicht völlig zurücktreten (BGH GRUR 1999, 1116 (1118) – Wir dürfen nicht feiern). Jedoch dürfen die Abmahnpauschalen nicht deutlich überhöht sein oder in einem krassen Missverhältnis zu den sonstigen Einnahmen stehen (BGH GRUR 1991, 684 (685) – Verbandsausstattung; GRUR 1998, 489 (490) – Unbestimmter Unterlassungsantrag III; vgl. auch OLG Nürnberg WRP 1995, 338 (341)). Ein krasses Missverhältnis wurde verneint bei einem Anteil der Einnahmen aus Abmahnungen in Höhe von 47 % der Gesamteinnahmen (BGH GRUR 1998, 489 (490 f.) – Unbestimmter Unterlassungsantrag III). Geht es um die Deckung von Prozesskostenrisiken, sind auch etwaige Kostenübernahmezusagen oder Bürgschaften Dritter zu berücksichtigen.

VI. Erforderlichkeit tatsächlicher Zweckverfolgung

Der Verband muss imstande sein, seine satzungsmäßigen Aufgaben der Verfolgung gewerb- **3.82** licher oder selbstständiger beruflicher Interessen wahrzunehmen. An sich ist es daher – entgegen der früheren Rspr. (vgl. etwa BGH GRUR 1990, 282 (284) – Wettbewerbsverein IV) – nicht erforderlich, dass der Verband seinen Satzungszweck auch tatsächlich verfolgt. Das ist insbes. bei neu gegründeten Verbänden von Bedeutung (vgl. bereits BGH GRUR 1973, 78 (79) – Verbraucherverband). Wenn allerdings ein Verband keine angemessene Tätigkeit zur Verwirklichung seines Satzungszwecks entwickelt, etwa sich auf eine bloße Abmahntätigkeit beschränkt, dürfte dies ein gewichtiges Indiz dafür sein, dass er dazu auch nicht in der Lage ist. Bei einem ordnungsgemäß errichteten und aktiv tätigen Verband spricht eine widerlegliche (BGH GRUR 1986, 320 (321) – Wettbewerbsverein I) tatsächliche Vermutung für die tatsächliche Zweckverfolgung (BGH GRUR 2000, 1093 (1095) – Fachverband; WRP 2000, 1397 (1398) – Impfstoffversand an Ärzte; OLG Stuttgart NJW-RR 2009, 913 (914); OLG Koblenz GRUR-RR 2010, 16 (17); Ahrens Wettbewerbsprozess-HdB/Jestaedt, 8. Aufl. 2017, Kap. 19 Rn. 20).

VII. Zeitliche Grenzen der Anspruchsberechtigung

Die Rechtsfähigkeit des Verbandes muss bereits im Zeitpunkt der Verletzungshandlung und **3.83** noch im Zeitpunkt der letzten mündlichen Verhandlung (BGH GRUR 1998, 170 – Händlervereinigung; → Rn. 3.7; GRUR 2012, 411 Rn. 12 – Glücksspielverband) vorgelegen haben. Mit Eröffnung des Insolvenzverfahrens (§ 42 BGB) verliert ein Verein bspw. auch seine Anspruchsberechtigung. – Die Anspruchsberechtigung kann auch ausländischen Verbänden zustehen (BGH GRUR 1969, 611 – Champagner-Weizenbier), sofern sie nur die Voraussetzungen des § 8 III Nr. 2 erfüllen. Davon zu unterscheiden ist die (nach IPR bzw. nach der Brüssel-Ia-VO zu beantwortende) Frage, ob ein ausländischer Verband seine Klage auch auf ausländisches Wettbewerbsrecht stützen kann (dazu BGH GRUR 1998, 419 (420) – Gewinnspiel im Ausland = LM § 13 Nr. 91 mAnm Köhler; Lindacher FS Lüke, 1997, 377 (387); Sack WRP 2017, 1298 (1299 ff.)).

VIII. Sachliche Grenzen der Anspruchsberechtigung

Dazu → Rn. 3.50.   **3.84**

IX. Beweislast

Die Voraussetzungen des § 8 III Nr. 2 sind nach ganz hM (auch) als Voraussetzungen der **3.85** **Prozessführungsbefugnis** des Verbandes anzusehen und dementsprechend von Amts wegen und auch noch in der Revisionsinstanz im **Freibeweisverfahren** (BGH WRP 1998, 177 (179) – Fachliche Empfehlung III; GRUR-RR 2012, 232 Rn. 15 – Minderjährigenschutz; GRUR 2018, 1166 Rn. 12 – Prozessfinanzierer I; WRP 2019, 1009 Rn. 10 – Prozessfinanzierer II; GRUR 2019, 966 Rn. 17 – Umwelthilfe; KG WRP 2012, 993 Rn. 12) zu prüfen (→ Rn. 3.9).

Den **Kläger** trifft die **Darlegungs-** und **Beweislast** für die Tatsachen, aus denen sich seine **3.86** Anspruchsberechtigung und seine Prozessführungsbefugnis ergeben. Nicht zu prüfen ist allerdings, ob ein Verband die Rechtsfähigkeit zu Recht erlangt hat. Denn die Zuerkennung der Rechtsfähigkeit ist konstitutiv (BGH GRUR 1983, 130 (131) – Lohnsteuerhilfe-Bundesverband; für „qualifizierte Einrichtungen" ergibt sich dies aus § 4 IV UKlaG). Um im Streitfall den **Nachweis der Mitgliedschaft** einer **erheblichen** Anzahl von Mitgliedsunternehmen iSv § 8 III Nr. 2 zu führen, muss der Verband die Namen, Branchen, Umsätze und örtlichen Tätigkeitsbereiche seiner Mitglieder insoweit bekannt geben, als dies zur Überprüfung der (Klagebefugnis und) Anspruchsberechtigung durch das Gericht und den Beklagten erforderlich ist (BGH GRUR 1996, 217 (218) – Anonymisierte Mitgliederliste; GRUR 1997, 934 (936) – 50 % Sonder-AfA; WRP 1998, 177 (179) – Fachliche Empfehlung III; OLG Düsseldorf GRUR-RR 2003, 131 (133); LG Rostock GRURPrax 2019, 98; LG Karlsruhe WRP 2019, 805). Geringfügige Fehler sind unschädlich (OLG Naumburg WRP 1997, 228 (230); dazu krit. Derleder/Zänker GRUR 2002, 490). Wichtig ist, dass die Voraussetzungen auch noch in der letzten mündlichen Verhandlung vorliegen, die entspr. Daten also **aktuell** sein müssen. Mitglieder sind aber nicht schon deshalb unberücksichtigt zu lassen, weil sie ihren Beitrag nicht bezahlt haben (so aber Derleder/Zänker GRUR 2002, 490 (493)), denn dadurch wird die Mitgliedschaft nicht beendet. – Der **Nachweis der erforderlichen personellen, sachlichen und finanziellen Ausstattung** und der Fähigkeit zur tatsächlichen Zweckverfolgung dürfte seriösen Verbänden nicht schwer fallen. Ist ein Verband jahrelang als klagebefugt anerkannt, so ist zu vermuten, dass diese Voraussetzungen weiterhin vorliegen (KG WRP 2012, 993 Rn. 44; OLG Celle Magazindienst 2018, 206; OLG München WRP 2019, 242; MD 2019, 486). Ein bloßes Bestreiten durch den Beklagten genügt also nicht (BGH GRUR 2000, 1093 (1095) – Fachverband; OLG Stuttgart GRUR-RR 2009, 343 (344)). Jedoch ist diese Vermutung widerleglich, etwa wenn der Verband in der Vergangenheit die Prozesskosten nicht begleichen konnte. – Was die **Prüfungsreihenfolge** angeht, kann aus Gründen der Prozessökonomie offen bleiben, ob die Klagebefugnis oder Anspruchsberechtigung zu Recht besteht, wenn bereits eine Rechtsprüfung ergibt, dass der Anspruch nicht besteht und damit die Klage unbegründet ist (BGH GRUR 1999, 1119 (1120) – RUMMS!; GRUR 2021, 1414 Rn. 17 – Influencer II; WRP 1999, 421 (422) – Vorratslücken zur vergleichbaren Problematik des Rechtsmissbrauchs; Teplitzky WRP 1997, 691 (695)). Dasselbe gilt, wenn die Beweiserhebung über die Begründetheit des Anspruchs leichter und rascher möglich ist.

4. Abschnitt. Auskunftsanspruch und Veröffentlichungspflichten (§ 8 V)

Übersicht

A. Allgemeines

4.1   Mit einer etwas komplizierten Verweisung auf den (2009, 2016 und 2023 neugefassten) § 13 UKlaG gewährt § 8 V 1 einen **Auskunftsanspruch** bestimmter Organisationen gegen bestimmte Diensteerbringer zur leichteren Durchsetzung von Unterlassungsansprüchen iSd § 8 I. Mit der im Jahr 2016 erfolgten Änderung (BGBl. 2016 I 233) ist klargestellt worden, dass der Auskunftsanspruch nicht nur für den **Unterlassungsanspruch,** sondern auch für den **Beseitigungsanspruch** gilt, nicht jedoch für sonstige Ansprüche, insbes. Schadensersatzansprüche (vgl. Entwurf eines G zur Verbesserung der zivilrechtlichen Durchsetzung von verbraucherschützenden Vorschriften des Datenschutzrechts, BT-Drs. 18/4631, 26). Ihre aktuelle Fassung hat die Vorschrift mWv 13.10.2023 durch Art. 13 Nr. 2 lit. a VRUG (→ Rn. 3.2) erhalten. Die Regelung des § 8 V ist an die Stelle des früheren § 13 VII aF getreten. Die Änderungen in S. 1 sollen die Vorschrift verständlicher machen, der jetzige S. 3 (zuvor: S. 2) soll klarstellen, dass Wettbewerbsverstöße nicht über das UKlaG geltend gemacht werden können (Begr. RegE UWG, BT-Drs. 15/1487, 23). Dementsprechend gilt für Klagen, die sich nur auf UWG-Verstöße stützen, nicht die Zuständigkeitsregelung des § 6 UKlaG, sondern die des § 14. Eine Ausnahme gilt für den Fall des § 2a UKlaG. Die nach § 2a UKlaG anspruchsberechtigten Verbände sind demnach befugt, Verstöße gegen Verbraucherschutzgesetze innerhalb der EU zu verfolgen, auch wenn sie sich im Einzelfall als UWG-Verstöße darstellen (zur Vorgängerregelung des § 4e UKlaG aF vgl. BT-Drs. 16/2930, 26 f.).– Zum **allgemeinen Auskunftsanspruch** → § 9 Rn. 4.1 ff.

4.1a   Mit dem durch das VRUG (→ Rn. 4.1) neu eingefügten S. 2 des § 8 V werden die in den §§ 5a und 6a UKlaG geregelten **Veröffentlichungspflichten** auf den Fall erweitert, dass Ansprüche nach § 8 I gerichtlich geltend gemacht werden. Nach § 5a UKlaG haben die anspruchsberechtigten **qualifizierten Verbraucherverbände und Einrichtungen** auf ihrer Internetseite spätestens mit der Einreichung des Antrags auf Erlass einer einstweiligen Verfügung oder mit der Einreichung einer Klage beim Gericht über den jeweils aktuellen Stand des Verfahrens zu berichten und die in § 5a I UKlaG vorgesehenen Angaben (zB Name und

Anschrift der in Anspruch genommenen Partei, behauptete Zuwiderhandlung, Aktenzeichen des Gerichts). § 6a UKlaG sieht vor, dass das **Gericht** Einzelheiten von Verbandsklagen, die auf die Durchsetzung von Unterlassungsansprüchen gerichtet sind, im Verbandsklageregister bekanntgibt.

B. Auskunftsberechtigte

Auskunftsberechtigt sind nach § 8 V S. 1 iVm § 13 I UKlaG nur die in § 3 I 1 UKlaG   **4.2** genannten Stellen, also **qualifizierte Verbraucherverbände und Einrichtungen** (§ 3 I Nr. 1 UKlaG), qualifizierte Wirtschaftsverbände (§ 3 I Nr. 2 UKlaG) und **Industrie- und Handelskammern,** nach der **Handwerksordnung errichtete Körperschaften des öffentlichen Rechts, andere berufsständische Körperschaften des öffentlichen Rechts sowie Gewerkschaften** (§ 3 I Nr. 3 UKlaG). Nicht anspruchsberechtigt sind hingegen Mitbewerber iSd § 8 III Nr. 1 sowie sonstige Verbände und Kammern. Diese Einschränkung des Kreises der Auskunftsberechtigten erklärt sich aus dem Bestreben, etwaigen Missbräuchen und einer übermäßigen Belastung der auskunftspflichtigen Stellen vorzubeugen. Der Anspruch ist aus diesem Grunde auch nicht abtretbar. – Zum Auskunftsanspruch individuell Betroffener vgl. § 13a UKlaG. Dieser Anspruch wird nicht schon durch das gleichzeitige Bestehen eines Auskunftsanspruchs der Verbände ausgeschlossen. Der missverständlich gefasste frühere § 13a S. 2 UKlaG (dazu BGH WRP 2008, 355 Rn. 9–12 – SMS-Werbung) wurde 2009 aufgehoben.

C. Auskunftsverpflichtete

Zur Auskunft verpflichtet ist nach § 13 I UKlaG, „wer geschäftsmäßig Post-, Telekommuni-   **4.3** kations- oder Telemediendienste erbringt oder an der Erbringung solcher Dienste mitwirkt".

D. Inhalt, Voraussetzungen und Umfang der Auskunftserteilung

Die Anspruchsberechtigten können von den Anspruchsverpflichteten verlangen, dass ihnen   **4.4** **Namen** und **zustellungsfähige Anschrift** eines am Post-, Telekommunikations- oder Telemediendiensteverkehr Beteiligten mitgeteilt wird, sofern sie **schriftlich versichern,** dass sie die Angaben (a) zur Durchsetzung eines Unterlassungsanspruchs iSd § 8 I benötigen und (b) nicht anderweitig beschaffen können. Außerdem besteht der Anspruch nur, soweit die Auskunft ausschließlich anhand der bei dem Auskunftspflichtigen vorhandenen Bestandsdaten mitgeteilt werden kann (§ 13 II 1 UKlaG). Jedoch darf die Auskunft nicht deshalb verweigert werden, weil der Beteiligte, dessen Angaben mitgeteilt werden sollen, in die Übermittlung nicht einwilligt (§ 13 II 2 UKlaG). Zur Wahrung der Schriftform vgl. §§ 126, 126a BGB. Nach dem Gesetzeswortlaut genügt an sich die bloße Behauptung eines Unterlassungsanspruchs. Zum Schutz der betroffenen Beteiligten, die sich gegen die Weitergabe ihrer Daten nicht wehren können, ist jedoch zu verlangen, dass der Unterlassungsanspruch in gleicher Weise präzisiert wird wie bei einer Abmahnung.

E. Kosten der Auskunft

Nach § 13 III 1 UKlaG kann der Auskunftspflichtige vom Anspruchsberechtigten einen an-   **4.5** gemessenen Ausgleich für die Erteilung der Auskunft verlangen. Zu ersetzen sind die tatsächlich entstandenen (ggf. pauschalierten) Kosten. Der Beteiligte hat nach § 13 III 2 UKlaG dem Anspruchsberechtigten den gezahlten Ausgleich zu erstatten, wenn der gegen ihn gerichtete Unterlassungsanspruch begründet ist. Von der Begründetheit des Unterlassungsanspruchs ist nur bei Anerkenntnis oder rechtskräftiger Verurteilung zur Unterlassung auszugehen. Dem steht der Fall gleich, dass eine einstweilige Verfügung durch Abschlusserklärung unangreifbar geworden ist. Dagegen genügt nicht die Abgabe einer strafbewehrten Unterlassungserklärung. Weigert sich daher der Beteiligte trotz Unterwerfung, den Ausgleich zu erstatten, ist im Prozess das Bestehen des Unterlassungsanspruchs zu prüfen.

F. Durchsetzung des Auskunftsanspruchs

4.6   Der Anspruch gegen den Diensteerbringer ist mit der Leistungsklage durchsetzbar. Wird die Auskunft zur Durchsetzung eines Unterlassungsanspruchs im Wege der einstweiligen Verfügung benötigt, muss auch der Auskunftsanspruch im Wege der einstweiligen Verfügung durchsetzbar sein, da er sonst wertlos wäre.

Anspruchsberechtigte bei einem Verstoß gegen die Verordnung (EU) 2019/1150

8a Anspruchsberechtigt nach § 8 Absatz 1 sind bei einem Verstoß gegen die Verordnung (EU) 2019/1150 des Europäischen Parlaments und des Rates vom 20. Juni 2019 zur Förderung von Fairness und Transparenz für gewerbliche Nutzer von Online-Vermittlungsdiensten (ABl. L 186 vom 11.7.2019, S. 57) abweichend von § 8 Absatz 3 die Verbände, Organisationen und öffentlichen Stellen, die die Voraussetzungen des Artikels 14 Absatz 3 und 4 der Verordnung (EU) 2019/1150 erfüllen.

Übersicht

Schrifttum: Alexander, Anwendungsbereich, Regelungstechnik und einzelne Transparenzvorgaben der P2B-Verordnung, WRP 2020, 945; Alexander, Kollektive und individuelle Rechtsdurchsetzung bei Zuwiderhandlungen gegen die VO (EU) 2019/1150, WRP 2021, 1375; Alexander, Transparenz in der Plattformwirtschaft, Die Regelungsansätze der P2B-VO und des UWG, GRUR 2023, 14; Busch, Mehr Fairness und Transparenz in der Plattformökonomie, GRUR 2019, 788; Busche/Fischer, Lauterkeitsrechtliche Haftung von Internetportalen, GRUR 2023, 23; Eickemeier/Brodersen, Die neue P2B-Verordnung für die Stärkung der Rechte gewerblicher Nutzer von Online-Vermittlungsdiensten und Suchmaschinen, K&R 2020, 397; Kohser/Jahn, Die P2B-Verordnung – Neue Pflichten für Plattformbetreiber und Suchmaschinenanbieter, GRUR-Prax 2020, 273; Naumann/Rodenhausen, Die P2B-Verordnung aus Unternehmenssicht: Herausforderungen für europäische Plattformen am Beispiel einer Hybrid-Online-Plattform, ZEuP 2020, 768; Schneider/Kremer, Keine Macht den Plattformen? Zur neuen P2B-Verordnung, WRP 2020, Editorial Heft 8; Schneider/Kremer, Ein zweiter, kritischer Blick auf die P2B-Verordnung: Nachhaltige Veränderung des Plattformökosystems?, WRP 2020, 1128; Tribess, P2B-Verordnung zur Förderungvon Fairnesse und Transparenz von Online-Diensten, GWR 2020, 233; Voigt/Reuter, Platform-to-Business-Verordnung. Neue Anforderungen für Anbieter von Online-Vermittlungsdiensten und Online-Suchmaschinen ab Juli 2020, MMR 2019, 783; Graf v. Westphalen, Verbraucherschutz im Rahmen der Plattform-VO 2019/1150 – Einige Gedanken zur Erweiterung des Rechtsschutzes, ZIP 2023, 124.

A. Entstehungsgeschichte und Überblick

1   Die Vorschrift wurde durch das G zur Änderung des Telemediengesetzes und weiterer Gesetze v. 19.11.2020 (BGBl. 2020 I 2456), in Kraft am 27.11.2020, in das UWG eingefügt. Sie bezieht sich auf Verstöße gegen die VO (EU) 2019/1150 (P2B-VO) v. 20.6.2019, in Kraft seit 12.7.2020. Diese Verordnung dient im Wesentlichen der Transparenz der Rechtsbeziehungen in der Online-Plattformwirtschaft, um das Vertrauen der gewerblichen Nutzer von Online-Vermittlungsdiensten und Online-Suchmaschinen zu stärken und für Fairness zu sorgen. Transparenzvorgaben gelten vor allem für die Bereiche Geschäftsbedingungen, Ungleichbehandlung und Ranking. Sie werden begleitet von Regeln, wie der Untersagung der kurzfristigen Einschränkung oder Beendigung der Zusammenarbeit und der Möglichkeiten der Streitbeilegung und Rechtsdurchsetzung. Dazu gehören neben einem internen Beschwerdemanagement und der Mediation auch Verbandsklagen iSd § 8a. (Zur Kommentierung → P2B-VO Art. 1 Rn. 1 ff.).

B. Verknüpfung der P2B-VO mit dem UWG

I. Allgemeines

Durch § 8a wird eine Verknüpfung zwischen den Regelungen der P2B-VO und dem UWG **2** hergestellt. Die Einfügung dieser Vorschrift in das UWG mit der Folge der Anwendbarkeit der darin enthaltenen Verfahrensvorschriften (Art. 15 P2B-VO) rechtfertigt sich daraus, dass Verstöße den Charakter unlauterer Handlungen haben (vgl. ErwGr. 18 P2B-VO: „zur Vermeidung unlauteren Verhaltens zum Nachteil gewerblicher Nutzer").

II. Verhältnis des § 8a zu § 8 Abs. 1 und Abs. 5

Die Vorschrift erweitert den Anwendungsbereich des § 8 Abs. 1, also die Ansprüche auf **3** **Beseitigung** und **Unterlassung,** auf Verstöße gegen die Verhaltensregelungen der P2B-VO durch Anbieter von **Online-Vermittlungsdiensten** iSd Art. 2 Nr. 2 und 3 P2B-VO und von **Online-Suchmaschinen** iSd Art. 2 Nr. 5 und 6 P2B-VO. Das entspricht den Vorgaben des Art. 14 I P2B-VO (→ P2B-VO Art. 14 Rn. 12, 13) Da § 8 I an Verstöße gegen § 3 und § 7 anknüpft, stellt sich die in § 8a nicht unmittelbar beantwortete Frage, wie sich Verstöße gegen die P2B-VO in die Systematik der § 3 und § 7 einordnen lassen. In Betracht kommt letztlich nur der **Rechtsbruchtatbestand** des § 3a (→ § 3a Rn. 1.293a). Denn die Bestimmungen der P2B-VO stellen Vorschriften dar, die das Marktverhalten von Unternehmern im Interesse sonstiger Marktteilnehmer bzw. Mitbewerber (Art. 6, 7 P2B-VO) regeln (BT-Drs. 19/20664, 8; → P2B-VO Art. 14 Rn. 14, 15 mwN). Das Spürbarkeitserfordernis in § 3a ist Ausdruck des Verhältnismäßigkeitsgrundsatzes (Art. 15 II 2 P2B-VO) und daher mit der P2B-VO vereinbar. – Der in § 8 V durch Verweisung auf § 13 UKlaG geregelte spezielle **Auskunftsanspruch** ist auf die Normadressaten der P2B-VO nicht anwendbar. Ein solcher Anspruch lässt sich mangels einer entsprechenden gesetzlichen Regelung auch nicht aus allgemeinen Effizienzerwägungen herleiten (so aber Harte-Bavendamm/Henning-Bodewig/Goldmann Rn. 6).

III. Verhältnis des § 8a zu § 8 Abs. 3

Nach § 8a sind abweichend von **§ 8 III** nicht die darin genannten Anspruchsberechtigten, **4** sondern ausschließlich **Verbände** und **Organisationen,** die die Voraussetzungen des Art. 14 III und IV P2B-VO erfüllen, anspruchs- und klageberechtigt. (Zu Einzelheiten → P2B-VO Art. 14 Rn. 1 ff.). Es sind also auch Mitbewerber (§ 8 III Nr. 1) und qualifizierte Einrichtungen (§ 8 III Nr. 3) von der Geltendmachung von Ansprüchen aus Verstößen gegen die P2B-VO ausgeschlossen. Daran ändert es nichts, dass Verstöße mittelbar auch Verbrauchern schaden können (ErwGr. 2 und 4 P2B-VO).

C. Regelungslücke in § 8a hinsichtlich der Individualansprüche von gewerblichen Nutzern und Nutzern mit Unternehmenswebsite

I. Die Regelung in Art. 14 IX P2B-VO

Die von einem Verstoß individuell betroffenen **gewerblichen Nutzer** iSd Art. 2 Nr. 1 P2B- **5** VO und **Nutzer mit Unternehmenswebsite** iSd Art. 2 Nr. 7 P2B-VO können nach Art. 14 IX P2B-VO unabhängig von der Klageberechtigung von Organisationen und Verbänden Unterlassungsklage gegen die Anbieter von Online-Vermittlungsdiensten und Online-Suchmaschinen erheben. Ihnen wird insoweit durch die P2B-VO eine individuelle Klageberechtigung „vor den zuständigen nationalen Gerichten und entsprechend dem Recht des Mitgliedstaats" zuerkannt.

II. Fehlende Regelung im deutschen Recht

6   Der Gesetzgeber hat bisher keine entsprechende Regelung getroffen. Er hätte sie zweckmäßigerweise in den § 8a einfügen können, um den Gleichlauf der Rechtsfolgen (§§ 8–11) und Verfahrensvorschriften (§§ 12–15a) sicherzustellen. Mangels einer solchen ausdrücklichen Regelung müsste eine Unterlassungsklage wohl auf **§ 823 II BGB iVm § 1004 I BGB** analog gestützt werden (P2B-VO als Schutzgesetz zugunsten der gewerblichen Nutzer und Nutzer mit Unternehmenswebsite). Daneben kommt, soweit ein Nutzungsvertrag zwischen den Beteiligten besteht, ein **vertraglicher Unterlassungsanspruch,** gestützt auf die § 241 II BGB, § 280 I BGB. In Betracht (vgl. Grüneberg/Grüneberg, 81. Aufl. 2022, BGB § 280 Rn. 3).

D. Anwendbarkeit sonstiger Normen

7   Die Anwendung sonstiger Vorschriften, etwa des UWG, des UKlaG und des GWB, und ihrer Durchsetzungsmechanismen auf bestimmte Handlungen wird durch die P2B-VO nicht ausgeschlossen, „soweit die relevanten Aspekte nicht durch die Bestimmungen dieser Verordnung geregelt werden" (ErwGr. 8 P2B-VO). So dürfte bspw. die materielle Inhaltskontrolle von AGB-Änderungsklauseln iSd Art. 3 II P2B-VO nach den allgemeinen Vorschriften, etwa nach § 1 UKlaG, möglich sein (vgl. Alexander WRP 2020, 945 Rn. 32; Busch GRUR 2019, 788 (790)). Das Gleiche dürfte für die Anwendung der § 4 Nr. 4, § 4a (Alexander WRP 2020, 945 Rn. 32) und der §§ 19, 20 GWB (LG München I BeckRS 2021, 10613 Rn. 75) gelten.

Liste der qualifizierten Wirtschaftsverbände

8b (1) **Das Bundesamt für Justiz führt eine Liste der qualifizierten Wirtschaftsverbände und veröffentlicht sie in der jeweils aktuellen Fassung auf seiner Internetseite.**

(2) **Ein rechtsfähiger Verband, zu dessen satzungsmäßigen Aufgaben es gehört, gewerbliche oder selbstständige berufliche Interessen zu verfolgen und zu fördern sowie zu Fragen des lauteren Wettbewerbs zu beraten und zu informieren, wird auf seinen Antrag in die Liste eingetragen, wenn**

1. **er mindestens 75 Unternehmer als Mitglieder hat,**
2. **er zum Zeitpunkt der Antragstellung seit mindestens einem Jahr seine satzungsmäßigen Aufgaben wahrgenommen hat,**
3. **auf Grund seiner bisherigen Tätigkeit sowie seiner personellen, sachlichen und finanziellen Ausstattung gesichert erscheint, dass er**
   a) **seine satzungsmäßigen Aufgaben auch künftig dauerhaft wirksam und sachgerecht erfüllen wird und**
   b) **seine Ansprüche nicht vorwiegend geltend machen wird, um für sich Einnahmen aus Abmahnungen oder Vertragsstrafen zu erzielen,**
4. **seinen Mitgliedern keine Zuwendungen aus dem Verbandsvermögen gewährt werden und Personen, die für den Verband tätig sind, nicht durch unangemessen hohe Vergütungen oder andere Zuwendungen begünstigt werden.**

(3) **¹Die Vorschriften für qualifizierte Verbraucherverbände in § 4 Absatz 3 und 4 und in den §§ 4a bis 4c und 4f des Unterlassungsklagengesetzes sind auf die qualifizierten Wirtschaftsverbände entsprechend anzuwenden. ²Ergänzend zu den Berichtspflichten der qualifizierten Wirtschaftsverbände nach § 4b Absatz 1 Satz 1 Nummer 1 des Unterlassungsklagengesetzes sind auch die Anzahl der gestellten Anträge auf Erlass von einstweiligen Verfügungen und die Anzahl der erhobenen Klagen zur Durchsetzung der in dieser Vorschrift genannten Ansprüche anzugeben.**

Übersicht

Schrifttum: S. Ahrens, Der Entwurf eines Gesetzes zur Stärkung des fairen Wettbewerbs, IPRB 2019, 153 u. 178; Aßhoff, Mysterium Abmahnwelle – Der Referentenentwurf zum Schutz vor rechtsmissbräuchlicher Abmahnung und seine Wirksamkeit in der Praxis, CR 2018, 720; Eickemeier/Brodersen, Der Entwurf eines Gesetzes zur Stärkung des fairen Wettbewerbs, BB 2019, 1859; Fritzsche, Anmerkungen zum Referentenentwurf für ein Gesetz zur Stärkung des fairen Wettbewerbs, WRP 2018, 1277; Hohlweck, Das Gesetz zur Stärkung des fairen Wettbewerbs – Heilmittel oder Placebo?, WRP 2020, 266; Hohlweck, Das Gesetz zur Stärkung des fairen Wettbewerbs 2020 – Auswirkungen der Neuregelungen in der ersten und zweiten Instanz, WRP 2021, 719; Kefferpütz, Referentenentwurf zum UWG erschwert Abmahnungen – nicht nur bei Rechtsmissbrauch, GRUR-Prax 2018, 541; Köhler, Stellungnahme zum Entwurf eines Gesetzes zur Stärkung des fairen Wettbewerbs, WRP 2019, 1550; Lettl, Der Entwurf eines Gesetzes zur Stärkung des fairen Wettbewerbs, WM 2019, 289; Möller, Bekämpfung des Abmahnmissbrauchs – sinnvolle Maßnahmen oder blinder Aktionismus, ZRP 2018, 200; Motejl/Rosenow, Entstehungsgeschichte, Zweck und wesentlicher Inhalt des Gesetzes zur Stärkung des fairen Wettbewerbs, WRP 2021, 699; Münker, Abmahnmissbrauch wirksam bekämpfen – einfache und klare Lösungen erforderlich. Eine kritische Auseinandersetzung mit dem Referentenentwurf für ein Gesetz zur Stärkung des fairen Wettbewerbs, WRP 2018, 1410; Würtenberger/Freischem, Stellungnahme der GRUR zum Referentenentwurf eines Gesetzes zur Stärkung des fairen Wettbewerbs, GRUR 2019, 59.

A. Allgemeines

Mit der durch das G zur Stärkung des fairen Wettbewerbs (BGBl. 2020 I 2568) eingeführten **1** Regelung gem. § 8 III Nr. 2, dass die Anspruchsberechtigung der Wirtschaftsverbände die Eintragung in die Liste qualifizierter Wirtschaftsverbände nach § 8b nF voraussetzt, erlangt das mit dem Eintragungsverfahren befasste Bundesamt für Justiz eine für die Verfolgung lauterkeitsrechtlicher Verstöße durch Wirtschaftsverbände zentrale Bedeutung. Das Bundesamt führt gem. § 8b I die Liste der qualifizierten Wirtschaftsverbände und veröffentlich sie auf seiner Internetseite (https://www.bundesjustizamt.de/SharedDocs/Downloads/DE/Verbraucherschutz/Liste_qualifizierter_Wirtschaftsverbaende_UWG.pdf?__blob=publicationFile&v=9). Es entscheidet über die Eintragung durch schriftlichen, dem Antragsteller zuzustellenden Bescheid, auf dessen Grundlage die Listeneintragung erfolgt (§ 8b III iVm § 4 III UKlaG). Sind die Eintragungsvoraussetzungen erfüllt, besteht ein Rechtsanspruch auf Eintragung. Das Bundesamt erteilt eine Bescheinigung über die Eintragung, mit deren Hilfe der Wirtschaftsverband seine Anspruchsberechtigung nachweisen kann (§ 8b III iVm § 4 IV UKlaG). Dem Bundesamt obliegt die von Amts wegen turnusmäßig – zunächst zwei Jahre nach Ersteintragung, dann alle fünf Jahre – oder fristenunabhängig bei begründeten Zweifeln vorzunehmende Prüfung, ob ein Wirtschaftsverband die Eintragungsvoraussetzungen erfüllt (§ 8b III iVm § 4a I und II UKlaG). Dabei kann es sich auf die von den qualifizierten Wirtschaftsverbänden jährlich vorzunehmenden Berichte über deren Verfolgungstätigkeit stützen (§ 8b III iVm § 4b I UKlaG). Über die in § 4b I UKlaG genannten Gesichtspunkte hinaus haben qualifizierte Wirtschaftsverbände nach § 8b III S. 2 idF d. VRUG v. 8.10.2023 (BGBl. 2023 I Nr. 272) auch die Anzahl der gestellten Anträge auf Erlass von einstweiligen Verfügungen und die Anzahl der erhobenen Klagen zur Durchsetzung der in dieser Vorschrift genannten Ansprüche anzugeben. Dem Bundesamt sind bei Verletzung der Mitwirkungspflichten Zwangsmittel gegen die Wirtschaftsverbände und deren Vorstandsmitglieder eröffnet (§ 8b III iVm § 4a III und § 4b II UKlaG). Die **Verletzung der Berichtspflichten** nach § 8 III iVm § 4b I UKlaG, dh die unterbliebene, nicht richtige, nicht vollständige oder nicht rechtzeitige Erstattung des Berichts, ist gem. § 20 I Nr. 3 **bußgeldbewehrt.** Gleiches gilt gem. § 20 I Nr. 3 iVm § 20 QEWV für die Zuwiderhandlung gegen eine vollziehbare Auskunftsanordnung des Bundesamts für Justiz im Verfahren der Überprüfung der Eintragung. Das Bundesamt hebt die Listeneintragung mit Wirkung für die Zukunft auf, wenn der Wirtschaftsverband dies beantragt oder die Eintragungsvoraussetzungen nicht vorlagen oder weggefallen sind (§ 8b III iVm § 4c I UKlaG). Ist aufgrund tatsächlicher Anhaltspunkte damit zu rechnen, dass die Listeneintragung zurückzunehmen oder zu widerrufen ist, soll das Bundesamt das Ruhen der Eintragung gem. § 8b III iVm § 4c II UKlaG für längstens drei Monate mit der Folge anordnen, dass die Anspruchsberechtigung in dieser Zeit entfällt (§ 8 IV). Widerspruch und Anfechtungsklage gegen Entscheidungen über die Aufhebung oder die Anordnung des Ruhens haben keine aufschiebende Wirkung (§ 8b III iVm § 4c III UKlaG). Die näheren Einzelheiten des Eintragungs- und Überprüfungsverfahrens sind in der nach § 8b III iVm § 4d UKlaG erlassenen, seit dem 26.6.2021 in Kraft befindlichen **Verordnung zu qualifizierten Einrichtungen und qualifizierten Wirtschaftsverbänden** v. 7.6.2021 (QEWV, BGBl. 2021 I 1832, berichtigt durch VO des BMJV v. 28.10.2021, BGBl. 2021 I 4832) geregelt. In die Liste des Bundesjustizamts sind nach dem Stand vom 16.6.2023 **36 Verbände** eingetragen, darunter der Börsenverein des Deutschen Buchhandels e.V., der Verband Sozialer Wettbewerb e.V., der Verein gegen Unwesen in Handel und Gewerbe Köln e. V. und die Zentrale zur Bekämpfung unlauteren Wettbewerbs Frankfurt am Main.

B. Die Eintragungsvoraussetzungen (§ 8b II)

I. Rechtsfähiger Verband

2   In die Liste kann nur ein rechtsfähiger Verband eingetragen werden, also eine Organisation mit körperschaftlicher Struktur, die die Fähigkeit besitzt, Rechte zu erwerben und Verbindlichkeiten einzugehen. Praktisch kommt dafür nur der in das Vereinsregister **eingetragene Idealverein** (§ 21 BGB) in Betracht. Andere Organisationsformen, wie etwa die Stiftung, sind nicht eintragungsfähig. Die im ursprünglichen RegE ausdrücklich vorgesehene Beschränkung auf den eingetragenen Verein, mit dem eine gewisse Kontinuität und Ernsthaftigkeit bei der Verfolgung ideeller Zwecke gesichert werden sollte (vgl. BT-Drs. 19/12084, 28), ist allein deshalb nicht ins Gesetz übernommen worden, um nicht die Niederlassungsfreiheit (Art. 49 AEUV) von Wirtschaftsverbänden aus anderen Unionsländern zu beeinträchtigen (vgl. BT-Drs. 19/22238, 17).

II. Satzungszweck

3   § 8b II schreibt vor, dass es zu den satzungsmäßigen Aufgaben des Verbands gehören muss, gewerbliche oder selbständige berufliche Interessen zu verfolgen und zu fördern sowie zu Fragen des lauteren Wettbewerbs zu beraten und zu informieren. Die Kumulation der genannten Ziele – Interessenverfolgung/-förderung **und** Beratung/Information – ist vom Gesetzgeber ausdrücklich beabsichtigt (vgl. BT-Drs. 19/12084, 28). Der Satzungszweck ist im Eintragungsantrag anzugeben (§ 10 I Nr. 3 QEWV). Er wird gem. § 8b III iVm § 4 III UKlaG in die Liste der qualifizierten Wirtschaftsverbände eingetragen; seine **Änderung oder Wegfall** ist nach § 16 I QEWV dem Bundesamt für Justiz unverzüglich mitzuteilen. Die Zielsetzung muss **in der Satzung verankert** sein, sich also zumindest hinreichend deutlich aus ihr ergeben (vgl. BGH GRUR 1983, 130 (133) – Lohnsteuerhilfe-Bundesverband; GRUR 2017, 926 Rn. 19 – Anwaltsabmahnung II). Die Bekämpfung unlauteren Wettbewerbs dient als satzungsmäßige Zielsetzung der **Verfolgung und Förderung gewerblicher Interessen** (vgl. BGH GRUR 1990, 282 (284) – Wettbewerbsverein IV). Nicht erforderlich ist, dass die Mitglieder den Verband ausdrücklich zur Verfolgung von Wettbewerbsverstößen ermächtigt haben (BGH GRUR 2005, 689 (690) – Sammelmitgliedschaft III). Im Unterschied zur früheren Rechtslage (vgl. BGH GRUR 2000, 1093 (1095) – Fachverband; → 38. Aufl. 2020, § 8 Rn. 3.34) reicht es angesichts des klaren Wortlauts des § 8b II („zu dessen satzungsmäßigen Aufgaben es gehört") allerdings nicht aus, dass sich eine entsprechende Zielsetzung lediglich aus der tatsächlichen Betätigung des Verbands ergibt. Die **Beratung und Information** zu Fragen des lauteren Wettbewerbs muss satzungsgemäß im Einzelfall erfolgen; allgemeine Informationen – etwa durch Veröffentlichungen über das Internet – reichen nicht aus. Unschädlich ist es allerdings, wenn die Beratung und Information nach der Satzung nur gegenüber Mitgliedern erfolgt (vgl. BT-Drs. 19/12084, 28).

III. Satzungsmäßige Tätigkeit

Nach § 8b II Nr. 2 muss der Verband seit mindestens einem Jahr seine satzungsmäßigen **4**
Aufgaben wahrgenommen haben. Nach § 8b II Nr. 3 muss aufgrund der bisherigen Tätigkeit
sowie der personellen, sachlichen und finanziellen Ausstattung des Verbands gesichert erscheinen, dass er seine satzungsmäßigen Aufgaben auch künftig dauerhaft wirksam und sachgerecht
erfüllen wird (Buchst. a) und dass er seine Ansprüche nicht vorwiegend geltend machen wird,
um für sich Einnahmen aus Abmahnungen oder Vertragsstrafen zu erzielen (Buchst. b). Ist die
bisherige Tätigkeit positiv zu beurteilen, wird regelmäßig auch die hier anzustellende Prognose
zugunsten des Verbands ausgehen (vgl. BT-Drs. 19/12084, 28).

1. Einjährige Aktivität

Mit dem Erfordernis der einjährigen satzungsgemäßen Tätigkeit soll sichergestellt werden, dass **5**
ein Verband die mit der Eintragung verbundene Anspruchsberechtigung erst erlangen kann,
nachdem er durch eine hinreichend lange Aktivität die Ernsthaftigkeit seines – von der Anspruchsverfolgung verschiedenen – Daseinszwecks bewiesen hat. In der Tat dürfte hierdurch die
Gründung von „Abmahnvereinen", die über keinen anderen Zweck und keine andere Finanzie-
rungsmöglichkeit als die Verfolgung von UWG-Verstößen verfügen, wirksam unterbunden
werden (vgl. BT-Drs. 19/12084, 28). Über die in den letzten zwölf Monaten vor Stellung des
Eintragungsantrags entfaltete Tätigkeit hat der Verband bei Antragstellung einen **Bericht**
und ggf. auch Nachweise einzureichen (§ 13 I und II QEWV). Hat der Verband bereits
Ansprüche nach UWG oder UKlaG durch Abmahnungen oder gerichtlich geltend gemacht,
können auch Angaben über ausgesprochene Abmahnungen, beigetriebenen Aufwendungsersatz,
vereinbarte und vereinnahmte Vertragsstrafen sowie die verfahrensbezogenen Ausgaben verlangt
werden (§ 13 III QEWV).

2. Personelle, sachliche und finanzielle Ausstattung

Die in der bisherigen Rechtsprechung entwickelten Grundsätze zur hinreichenden personel- **6**
len, sachlichen und finanziellen Ausstattung von Wirtschaftsverbänden können – mit gewissen
Modifikationen hinsichtlich der Finanzen – auch zukünftig Berücksichtigung finden. Danach
gilt:

a) Personelle Ausstattung. Zur personellen Ausstattung, die der Verband gem. § 14 I Nr. 2 **7**
und II Nr. 1 QEWV nach Anzahl und beruflicher Qualifikation der für ihn tätigen Personen im
Eintragungsantrag anzugeben hat, gehört idR eine entspr. fachliche (dh wettbewerbsrechtliche)
Qualifikation der Mitglieder, des Vorstands oder der Mitarbeiter des Verbands, die aber auch
durch Berufserfahrung eines Laien erworben worden sein kann (BGH GRUR 2000, 1093 (1095)
– Fachverband; KG WRP 1999, 1302 (1305); OLG München NJWE-WettbR 1999, 66:
Anstellung eines Referendars nicht ausreichend; aA OLG Köln GRUR 1999, 93). Ein Verband,
der sich (auch) die Bekämpfung unlauteren Wettbewerbs zur Aufgabe gemacht hat, muss dementsprechend in der Lage sein, das Wettbewerbsgeschehen zu beobachten und zu bewerten,
damit er mindestens typische Wettbewerbsverstöße, deren rechtliche Bewertung keine bes.
Schwierigkeiten aufweist, auch ohne anwaltlichen Rat erkennen kann (BGH GRUR 1984, 691
(692) – Anwaltsabmahnung I; GRUR 1986, 676 (677) – Bekleidungswerk; GRUR 1991, 684 f.
– Verbandsausstattung I; GRUR 1999, 1116 (1118) – Wir dürfen nicht feiern; GRUR 2000,
1093 (1094) – Fachverband; GRUR 2017, 926 Rn. 22 – Anwaltsabmahnung II; GRUR 2022,
391 Rn. 72 – Gewinnspielwerbung II). Eine eigene Geschäftsstelle und Geschäftsführung sind
idR unerlässlich (BGH WRP 1994, 737 (739) – Verbandsausstattung II), ausnahmsweise dürfen
auch Dritte mit der Wahrnehmung der Aufgaben betraut sein (BGH GRUR 1986, 320 (321) –
Anwaltsverein; GRUR 1986, 676 (677) – Bekleidungswerk). Bei einem Fachverband genügt es,
wenn er von Mitgliedern über Wettbewerbsverstöße informiert wird und er sodann ggf. einen
Anwalt mit der weiteren Prüfung und Verfolgung beauftragt (BGH GRUR 2000, 1093 (1094) –
Fachverband mwN; zur Abmahnkostenerstattung vgl. aber BGH GRUR 2017, 926 Rn. 12, 22
– Anwaltsabmahnung II). Erst recht ist die Einschaltung eines Anwalts zulässig, wenn es um die
Klärung schwieriger Rechtsfragen geht (OLG Koblenz GRUR-RR 2010, 16 (17)). Doch geht
es nicht an, dass lediglich Anwälte betraut werden, die praktisch in eigener Regie arbeiten (BGH
GRUR 1991, 684 – Verbandsausstattung I; GRUR 1994, 831 – Verbandsausstattung II).

8   **b) Sachliche Ausstattung.** Zur sachlichen Ausstattung gehört es, dass der Verband über die entspr. Sachmittel (etwa Büroräume und -maschinen, Kommunikationsmittel wie Telefon, Fax, E-Mail) verfügt, um den Satzungszweck tatsächlich wahrnehmen zu können (KG WRP 1999, 1302 (1306)). Hinsichtlich der sachlichen Ausstattung beschränkt sich die Mitteilungspflicht im Eintragungsantrag auf die Angabe von Ort und Zeit der Beratungstätigkeit (§ 14 I Nr. 1 QEWV).

9   **c) Finanzielle Ausstattung.** Bei dem Thema der finanziellen Ausstattung kommt in besonderer Weise die Zielsetzung des Gesetzgebers zum Tragen, der missbräuchlichen Anspruchsverfolgung durch Wirtschaftsverbände entgegenzuwirken. Einerseits steht nicht in Frage, dass die finanzielle Ausstattung ausreichend sein muss, um die Aufgaben des Verbands zu finanzieren, zu denen es auch gehört, lauterkeitsrechtliche Gerichtsverfahren über mehrere Instanzen zu führen (BT-Drs. 19/12084, 28). Andererseits formuliert das Gesetz in § 8b II Nr. 3 Buchst. b erstmals ausdrücklich eine **Restriktion für die Einnahmenseite** des Verbands: Es muss gesichert erscheinen, dass der Verband seine Ansprüche nicht vorwiegend geltend machen wird, um für sich Einnahmen aus Abmahnungen oder Vertragsstrafen zu erzielen. Daraus lässt sich ableiten, dass die Finanzierung des Verbands **nicht vorwiegend** auf der Verfolgung von lauterkeitsrechtlichen Verstößen beruhen darf, ohne dass es in diesem Zusammenhang maßgeblich darauf ankommen kann, ob es sich um Einkünfte aus Abmahnpauschalen oder Vertragsstrafen handelt. Besondere Bedeutung für die finanzielle Ausstattung des Verbands kommt damit den Mitgliedsbeiträgen zu, die den Verband in die Lage versetzen müssen, satzungsgemäß tätig zu werden (vgl. BT-Drs. 19/12084, 28). Dies stellt gegenüber der bisherigen Rechtslage durchaus eine gewisse **Verschärfung** dar, weil die Rechtsprechung insoweit bisher weichere Kriterien zugrundelegend hat: So war anerkannt, dass regelmäßig fließende Einnahmen aus Abmahnpauschalen und Vertragsstrafen zur Deckung der Fixkosten herangezogen werden durften (vgl. BGH GRUR 1999, 1116 (1118) – Wir dürfen nicht feiern; GRUR 2005, 689 (690) – Sammelmitgliedschaft III; KG WRP 2012, 993 Rn. 48), soweit kein krasses Missverhältnis zu den sonstigen Einnahmen bestand (vgl. BGH GRUR 1991, 684 (685) – Verbandsausstattung; GRUR 1998, 489 (490) – Unbestimmter Unterlassungsantrag III; im Einzelnen dazu → 38. Aufl. 2020, § 8 Rn. 3.48). **Zukünftig** wird hingegen bei der Prüfung durch das Bundesamt für Justiz zu verlangen sein, dass sich der Verband **überwiegend aus anderweitigen Quellen** als Abmahnpauschalen und Vertragsstrafen, die aus der Verfolgung von lauterkeitsrechtlichen Verstößen resultieren, finanziert. Hierbei wird den jährlichen Berichtspflichten, die den Verbänden nach § 8b III iVm § 4b UKlaG obliegen, besondere Bedeutung zukommen (→ Rn. 10a).

10   Soweit es um die Frage geht, ob ein Verband zur **Deckung des aus Gerichtsverfahren resultierenden Kostenrisikos** in der Lage ist, wird in Anwendung der bisher geltenden Grundsätze weiterhin auf die Kostendeckung nicht bloß im zu entscheidenden Verfahren, sondern in anderen gleichzeitig betriebenen Verfahren abzustellen sein. Dabei ist nicht das theoretische Gesamtkostenrisiko aller laufenden Verfahren maßgebend. Denn dies würde die Funktionsfähigkeit gerade kleinerer, aber für die Aufrechterhaltung lauteren Wettbewerbs wichtiger Verbände beeinträchtigen (BGH GRUR 2012, 411 Rn. 14 – Glücksspielverband). Vielmehr ist von einem bei zurückhaltender Betrachtung realistischen Kostenrisiko unter Berücksichtigung der Vorgehensweise des Verbands (zB Vorgehen nur gegen evidente Verstöße) auszugehen. Legt daher ein Verband eine die Kosten des Streitfalls vielfach übersteigende liquide Finanzausstattung dar und ist nicht bekannt geworden, dass er in der Vergangenheit seinen Zahlungspflicht für Prozesskosten nicht nachgekommen ist, ist von einer unzureichenden finanziellen Ausstattung daher nur auszugehen, wenn dieses Kostenrisiko die dafür verfügbaren Mittel spürbar übersteigt (BGH GRUR 2012, 411 Rn. 14 – Glücksspielverband; KG WRP 2012, 993 Rn. 45).

10a   Im Rahmen des Eintragungsantrags hat der Verband über seine finanzielle Ausstattung **detaillierte Angaben** zu machen. Hierzu zählen die **Höhe der Einnahmen** aus Mitgliedsbeiträgen, Zuwendungen des Staates oder Dritter und der Verbandstätigkeit ebenso wie die **Höhe der Ausgaben** für Informations- und Beratungstätigkeit zur Förderung des lauteren Wettbewerbs, für die Förderung der Mitgliederinteressen und für Abmahnungen und Gerichtsverfahren (§ 15 I QEWV). Zu den Ausgaben für die Verbandstätigkeit zählen etwa Personal- und Raumkosten sowie der auf die jeweilige Tätigkeit entfallende Anteil an allgemeinen Verwaltungskosten des Verbands (vgl. Begr. RefE der QEWV (→ Rn. 1) S. 50). Die Spezifizierung der Zuwendungsgeber kann verlangt werden (§ 15 II 1 QEWV). Im Rahmen der jährlichen Berichtspflichten ist gem. § 4b I Nr. 3 UKlaG iVm § 22 IV QEWV die **Gesamthöhe** der entstandenen Ansprüche auf **Aufwendungsersatz für Abmahnungen,** auf **Kostenerstattung** im gerichtlichen Verfahren und auf **verwirkte Vertragsstrafen** anzugeben.

IV. Zuwendungsverbot

§ 8b II Nr. 4 schreibt vor, dass der Verband seinen Mitgliedern keine Zuwendungen und **11** Beschäftigten keine unangemessen hohen Vergütungen gewähren darf (§ 8b II Nr. 4). In diesen Bestimmungen kommt die Absicht des Gesetzgebers, missbräuchlicher, in erster Linie auf Einkommenserzielung gerichteter Anspruchsverfolgung entgegenzuwirken, besonders deutlich zum Ausdruck. Schon nach bisheriger Rechtslage durfte die Förderung gewerblicher oder selbstständiger beruflicher Interessen nicht lediglich **Vorwand** sein, um sich selbst, Mitarbeitern oder Anwälten Einnahmen zu verschaffen t (vgl. BGH GRUR 1990, 282 (284) – Wettbewerbsverein IV; WRP 1993, 240 (243) – Fortsetzungszusammenhang; GRUR 1993, 761 (762) – Makler-Privatangebot). Überhöhte Personalkosten eines Verbands konnten schon bisher als Indiz für rechtsmissbräuchliches Vorgehen angesehen werden (vgl. BGH GRUR 2019, 966 Rn. 46 – Umwelthilfe). Verfolgte der Verband in Wahrheit ausschließlich oder überwiegend Gebühreninteressen, kam auch schon bisher sogar die Entziehung der Rechtsfähigkeit nach § 43 II BGB in Betracht (BGH GRUR 1978, 182 – Kinder-Freifahrt). Das nunmehr geregelte ausdrückliche Verbot von Zuwendungen an Mitglieder und unangemessen hohen Vergütungen für Beschäftigte stellt gleichwohl eine **deutliche Verschärfung** der Ansprüche an das finanzielle Gebaren von Wirtschaftsverbänden dar. Das Bundesamt für Justiz wird durch diese Bestimmung vor die schwierige Aufgabe gestellt, im Einzelfall die Angemessenheit von Gehältern etwa von Geschäftsführern oder angestellten Rechtsanwälten zu beurteilen. Hier dürfte es angebracht sein, Augenmaß und Zurückhaltung walten zu lassen. Das Vergütungsniveau hängt von vielerlei Umständen und Eigenarten der betroffenen Branche, Art und Umfang der Tätigkeit und nicht zuletzt der – wünschenswert hohen – Qualifikation der Mitarbeiter ab.

Die **Überprüfung des Zuwendungsverbots** durch das Bundesamt für Justiz erfolgt anhand **11a** der vom Verband nach der QEWV zu machenden Angaben. Nach § 11 III QEWV hat der Verband im Rahmen seines Antrags auf Eintragung in die Liste nach § 8b die Gesamthöhe und auf Verlangen des Bundesamts für Justiz auch Höhe, Empfänger und Rechtsgrund einzelner **Zuwendungen** anzugeben, die seine **Mitgliedsunternehmen** innerhalb eines Jahres vor Antragstellung – ggf. sogar in anderen Jahren (§ 11 III 3 QEWV) – aufgrund ihrer Mitgliedschaft oder aufgrund von Rechtsgeschäften mit dem Verband erhalten haben. Die sich aus der Mitgliedschaft ergebenden Vorteils-, Wert-, Genuss- und Bezugsrechte, die aus dem Recht des Mitglieds zur **allgemeinen Teilhabe am Verbandsleben** fließen und **allen Mitgliedern** in gleichem Umfang gewährt werden, stellen regelmäßig **keine Zuwendungen** an die Mitglieder iSv § 8b II Nr. 4 dar (vgl. Begründung des RefE QEWV, S. 43; abrufbar unter ww.bmjv.de/ SharedDocs/Gesetzgebungsverfahren/Dokumente/RefE_Wirtschaftsverbaende.pdf). Im Eintragungsantrag sind gem. § 12 II und III QEWV ferner im Jahr vor Antragstellung (ggf. auch in Jahren davor, § 12 IV iVm § 11 III 3 QEWV) geflossene **Vergütungen** oder **Aufwendungspauschalen** für **Organmitglieder** des Verbands anzugeben. Gem. § 14 I Nr. 3 und II QEWV sind auch die im Jahr vor Antragstellung (ggf. auch in Jahren davor, § 12 IV iVm § 11 III 3 QEWV) an **für den Verband tätige Personen gezahlten Vergütungen oder Aufwendungspauschalen** im Eintragungsantrag anzugeben. Die jährlichen Berichtspflichten nach § 18 QEWV erstrecken sich hingegen nicht auf Angaben zu Zuwendungen an Mitglieder oder für den Verband tätige Personen. Allerdings ist der Verband nach § 16 I Nr. 2 QEWV verpflichtet, dem Bundesamt für Justiz unverzüglich mitzuteilen, dass eine der Eintragungsvoraussetzungen nach § 8b II – also auch die Übereinstimmung mit § 8b II Nr. 4 – **weggefallen** ist. Zudem leitet das Bundesamt für Justiz nach § 17 I QEWV ein **Überprüfungsverfahren** ein, wenn **Zweifel am Bestehen** der Eintragungsvoraussetzungen vorliegen (§ 8b III iVm § 4a I Nr. 2 UKlaG) oder ein **Gericht** bei begründeten Zweifeln das Bundesamt für Justiz **zur Überprüfung auffordert** (§ 8b III iVm § 4a II UKlaG).

V. Mitgliedschaft

Nach § 8b II Nr. 1 muss der Wirtschaftsverband für die Eintragung in die Liste mindestens 75 **12** Unternehmer als Mitglieder aufweisen. Diese mindestens 75 Mitglieder hat der Verband im Eintragungsantrag anzugeben (§ 11 I QEWV). Das Bundesamt für Justiz kann den Nachweis der Mitgliedschaft durch Vorlage der Beitrittserklärungen oder –bestätigungen der Mitglieder verlangen (§ 11 II QEWV). Der Gesetzgeber hat diese starre – der Regelung für Verbraucherverbände (§ 4 II Nr. 1 UKlaG) entlehnte – zahlenmäßige Fixierung für erforderlich gehalten, um durch eine gewisse Größe eine verantwortliche Aufgabenwahrnehmung zu fördern (vgl. BT-Drs. 19/12084, 28). Dem Problem, dass auf einigen, insbesondere neuen Produktmärkten womöglich sehr viel weniger Akteure anzutreffen sind, muss durch die Bildung markt- oder branchenübergreifender Verbände begegnet werden. Sind diese in die Liste eingetragen, hängt ihre Anspruchsbefugnis im Einzelfall dann gem. § 8 III Nr. 2 nicht mehr von der Mitgliedschaft einer absoluten Zahl von Mitbewerbern ab, sondern es genügt – relativ – die Mitgliedschaft einer nach den Marktverhältnissen erheblichen Zahl, die womöglich deutlich unter 75 liegen kann. Bei der Berechnung der Mitgliederzahl gelten die Grundsätze der über Verbände vermittelten Mitgliedschaft fort (vgl. BT-Drs. 19/12084, 28). Die Mitbewerber müssen also dem Verband nicht unmittelbar angehören, vielmehr kann auch eine mittelbare Zugehörigkeit zum Verband, etwa durch Mitgliedschaft in verbandsangehörigen Spitzenverbänden oder Fachverbänden, genügen (BGH WRP 1996, 1102 (1103) – Großimporteur; WRP 2005, 742 (743) – Sammelmitgliedschaft II; GRUR 2006, 873 Rn. 15 – Brillenwerbung; GRUR 2017, 1265 Rn. 11 – Preisportal; OLG Düsseldorf WRP 2009, 653 (655); OLG Köln BeckRS 2017, 148371; OLG München MD 2019, 486). **Zu weiteren Einzelheiten** der mittelbaren Verbandsmitgliedschaft → § 8 Rn. 3.47.

Verbot der missbräuchlichen Geltendmachung von Ansprüchen; Haftung

8c (1) **Die Geltendmachung der Ansprüche aus § 8 Absatz 1 ist unzulässig, wenn sie unter Berücksichtigung der gesamten Umstände missbräuchlich ist.**

(2) **Eine missbräuchliche Geltendmachung ist im Zweifel anzunehmen, wenn**

1. **die Geltendmachung der Ansprüche vorwiegend dazu dient, gegen den Zuwiderhandelnden einen Anspruch auf Ersatz von Aufwendungen oder von Kosten der Rechtsverfolgung oder die Zahlung einer Vertragsstrafe entstehen zu lassen,**
2. **ein Mitbewerber eine erhebliche Anzahl von Verstößen gegen die gleiche Rechtsvorschrift durch Abmahnungen geltend macht, wenn die Anzahl der geltend gemachten Verstöße außer Verhältnis zum Umfang der eigenen Geschäftstätigkeit steht oder wenn anzunehmen ist, dass der Mitbewerber das wirtschaftliche Risiko seines außergerichtlichen oder gerichtlichen Vorgehens nicht selbst trägt,**
3. **ein Mitbewerber den Gegenstandswert für eine Abmahnung unangemessen hoch ansetzt,**
4. **offensichtlich überhöhte Vertragsstrafen vereinbart oder gefordert werden,**
5. **eine vorgeschlagene Unterlassungsverpflichtung offensichtlich über die abgemahnte Rechtsverletzung hinausgeht,**
6. **mehrere Zuwiderhandlungen, die zusammen hätten abgemahnt werden können, einzeln abgemahnt werden oder**
7. **wegen einer Zuwiderhandlung, für die mehrere Zuwiderhandelnde verantwortlich sind, die Ansprüche gegen die Zuwiderhandelnden ohne sachlichen Grund nicht zusammen geltend gemacht werden.**

(3) ¹**Im Fall der missbräuchlichen Geltendmachung von Ansprüchen kann der Anspruchsgegner vom Anspruchsteller Ersatz der für seine Rechtsverteidigung erforderlichen Aufwendungen fordern.** ²**Weitergehende Ersatzansprüche bleiben unberührt.**

Übersicht

Schrifttum: S. Ahrens, Der Entwurf eines Gesetzes zur Stärkung des fairen Wettbewerbs, IPRB 2019, 153 u. 178; Aßhoff, Mysterium Abmahnwelle – Der Referentenentwurf zum Schutz vor rechtsmissbräuchlicher Abmahnung und seine Wirksamkeit in der Praxis, CR 2018, 720; Bauer, Strafrechtliche Aspekte bei rechtsmissbräuchlichen (Massen-)Abmahnungen, 2019; Buchmann, Neuere Entwicklungen im Recht der lauterkeitsrechtlichen Abmahnung, WRP 2012, 1345; Buchmann/Panfili, Die praktischen Folgen des neuen UWG auf Wettbewerber im Online-Handel, K&R 2021, 20; Buchmann/Panfili, § 8c UWG als Indiz-Tatbestand für umfangreiche gerichtliche Auskunftsverlangen, WRP 2021, 1515; Buchmann/Stillner, Wer missbraucht das UWG? – Das neue UWG im (un)fairen Wettbewerb mit private enforcement, Politik und Populismus, WRP 2021, 1392; Conrad, Der Rechtsmissbrauchseinwand des § 8 Abs. 4 UWG, IPRB 2015, 16; Dienstbühl, Die (versuchte) Titelerschleichung im Verfügungsverfahren und ihre Konsequenzen, WRP 2021, 444; Eickemeier/Brodersen, Der Entwurf eines Gesetzes zur Stärkung des fairen Wettbewerbs, BB 2019, 1859; Fritzsche, Anmerkungen zum Referentenentwurf für ein Gesetz zur Stärkung des fairen Wettbewerbs, WRP 2018, 1277; Fischer, Gesonderte Abmahnung einzelner AGB-Klauseln durch denselben Mitbewerber – eine neue Herausforderung für § 8 Abs. 4 UWG?, WRP 2013, 748; Föhlisch, Das Gesetz zur Stärkung des fairen Wettbewerbs – weder Fluch noch Segen, Die wichtigsten Änderungen und ihre praktischen Auswirkungen im Überblick, CR 2020, 796; Fritzsche, Anmerkungen zum Referentenentwurf für ein Gesetz zur Stärkung des fairen Wettbewerbs, WRP 2018, 1277; Fritzsche, Endlich: Das Gesetz zur Stärkung des fairen Wettbewerbs, WRP 2020, 1367; Guggenberger/Radtke, Die Missbräuchlichkeitskontrolle von Unterlassungsansprüchen – Rechtsdurchsetzung unerwünscht?, JZ 2022, 338; Hantke, Zur Beurteilung der Mehrfachverfolgung eines Wettbewerbsverstoßes als rechtsmissbräuchlich, FS Erdmann, 2002, 831; Hohlweck, Das Gesetz zur Stärkung des fairen Wettbewerbs – Heilmittel oder Placebo?, WRP 2020, 266; Hohlweck, Das Gesetz zur Stärkung des fairen Wettbewerbs 2020 – Auswirkungen der Neuregelungen in der ersten und zweiten Instanz, WRP 2021, 719; Hoof, Missbrauch des Rechtsmissbrauchs zu Lasten des Verbraucherschutzes? Eine Analyse der Urteile „Prozessfinanzierer I und II" des BGH vom 13.9.2018 und 9.5.2019, VuR 2021, 163; Isele, Der Rechtsmissbrauch im Wettbewerbsrecht, Kölner Schrift zum Wettbewerbsrecht 2014, 25; Jackowski, Der Missbrauchseinwand nach § 8 Abs. 4 UWG gegenüber einer Abmahnung, WRP 2010, 38; Kefferpütz, Referentenentwurf zum UWG erschwert Abmahnungen – nicht nur bei Rechtsmissbrauch, GRUR-Prax 2018, 541; Kieser/Kleinemenke, Rechtsmissbrauch bei Abmahnungen – insbesondere gegenüber Apotheken, A&R 2015, 112; Knippenkötter, Indizien für rechtsmissbräuchliches Verhalten des Abmahnenden, GRUR-Prax 2011, 483; Kochendörfer, Die Neufassung des Rechtsmissbrauchs – Was ändert sich?, WRP 2020, 1513; Köhler, Rechtsnatur und Rechtsfolgen der missbräuchlichen Geltendmachung von Unterlassungsansprüchen (§ 8 Abs. 4 UWG), FS Schricker, 2005, 725; Köhler, Gewerblich finanzierte Gewinnabschöpfungsprozesse: Ende eines Geschäftsmodells – Zugleich Besprechung von BGH, 13.9.2018 – ZR 26/17 – Prozessfinanzierer, WRP 2019, 139; Köhler, Stellungnahme zum Entwurf eines Gesetzes zur Stärkung des fairen Wettbewerbs, WRP 2019, 1550; Krbetschek/Schlingloff, Bekämpfung von Rechtsmissbrauch durch Streitwertbegrenzung?, WRP 2014, 1; Lampmann, Rechtsmissbrauch im UWG: Von der konkreten Einzelfallprüfung zum pauschalen Charaktertest?, WRP 2023, 147; Lettl, Der Entwurf eines Gesetzes zur Stärkung des fairen Wettbewerbs, WM 2019, 289; Mayer, Die Folgen rechtsmissbräuchlicher Abmahnungen, WRP 2011, 534; Max, Zum Verhältnis der Verbandsklagevoraussetzungen und der Rechtsmissbrauchstatbestände anhand der BGH-Entscheidung I ZR 149/18, ZJS 2021, 220; Michel, Die Neuerungen des GSFW zum Abmahnmissbrauch – Heilung, Wiederholungsgefahr, Vertragsstrafe, WRP 2021, 704; Möller, Bekämpfung des Abmahnmissbrauchs – sinnvolle Maßnahmen oder blinder Aktionismus?, ZRP 2018, 200; Möller, Das Gesetz zur Stärkung des fairen Wettbewerbs, NJW 2021, 1; Motejl/Rosenow, Entstehungsgeschichte, Zweck und wesentlicher Inhalt des Gesetzes zur Stärkung des fairen Wettbewerbs, WRP 2021, 699; Münker, Abmahnmissbrauch wirksam bekämpfen – einfache und klare Lösungen erforderlich. Eine kritische Auseinandersetzung mit dem Referentenentwurf für ein Gesetz zur Stärkung des fairen Wettbewerbs, WRP 2018, 1410; Omsels/Zott, Ausgewählte Probleme im neuen UWG, WRP 2021, 278; Pokrant, Die missbräuchliche Anspruchsverfolgung im Sinne von § 8 Abs. 4 UWG, FS Bornkamm, 2014, 1053; Rätze, Gesetz zur Stärkung des (un)fairen Wettbewerbs, WRP 2020, 1519; Rath/Hausen, Ich bin doch nicht blöd? Rechtsmissbräuchliche gerichtliche Mehrfachverfolgung wettbewerbsrechtlicher Unterlassungsansprüche, WRP 2007, 133; Rehart, Aufgespaltene Rechtsverfolgung – auch im UKlaG rechtsmissbräuchlich?, MMR 2014, 506; Ring, Wesentliche Änderungen des UWG infolge des Anti-Abmahngesetzes, NJ 2021, 64; Russlies, Die Abmahnung im gewerblichen Rechtsschutz – Grundlagen, Anforderungen und Rechtsfolgen, 2021; Scherer, Gewerbliche Prozessfinanzierung, VuR 2020, 83; Schinnenburg, Zivilrechtliche Abmahnungen der Ärztekammern gegen ihre eigenen Mitglieder, GesR 2007, 568; Schulte-Franzheim, Missbrauch durch Mehrfachverfolgung von Wettbewerbsverstößen, WRP 2001, 745; Stickelbrock, Mehrfachverfolgung von Wettbewerbsverstößen durch konzernmäßig verbundene Unternehmen, WRP 2001, 648; Teplitzky, Zu Formen rechtsmissbräuchlichen Gläubigerverhaltens gemäß § 8 Abs. 4 UWG, FS 100 Jahre Wettbewerbszentrale, 2012, 177; Ulrici, Die Eindämmung von Abmahnmissbrauch und das Recht der Vertragsstrafe, WRP 2019, 1117; Verweyen/Schumacher, Der „Novembermann" im neuen Wettbewerbsrecht, WRP 2022, 30; Wagner/Kefferpütz, Das Wettbewerbsrecht im Generalverdacht des Rechtsmissbrauchs, WRP 2021, 151; Würtenberger/Freischem, Stellungnahme der GRUR zum Referentenentwurf eines Gesetzes zur Stärkung des fairen Wettbewerbs, GRUR 2019, 59.

A. Allgemeines

I. Entstehungsgeschichte und Zweck der Regelung

1. Entstehungsgeschichte

1   Die Rspr. zur Erstattung der Abmahnkosten (erstmals BGHZ 52, 393 – Fotowettbewerb) schuf für unseriöse Gewerbetreibende und „Abmahnvereine" Anreize, sich mittels der Verfolgung von Wettbewerbsverstößen eine Einnahmequelle zu erschließen (vgl. Albrecht WRP 1983, 540 mwN). Die Gerichte traten solchen Missständen entgegen, indem sie die Anspruchsberechtigung (Klagebefugnis) nach § 13 II aF (BGH GRUR 1986, 320 (321) – Wettbewerbsverein I; vgl. auch BGH GRUR 1998, 489 (491) – Unbestimmter Unterlassungsantrag III) oder die Erforderlichkeit von Abmahnkosten verneinten (BGH GRUR 1984, 691 (692) – Anwaltsabmahnung). Eine gesetzliche Regelung erfolgte 1986 mit Einführung des § 13 V aF. Bezweckt wurde damit, „die in der Rspr. vermehrt festzustellende Tendenz zu fördern, Missbräuchen bei der Geltendmachung von Unterlassungsansprüchen durch Verbände und Mitbewerber dadurch zu begegnen, dass die Klagebefugnis und damit auch die Abmahnbefugnis in bestimmten Fällen verneint wird" (BT-Drs. 10/5771 v. 25.6.1986, 22). Das UWG 2004 übernahm diese Regelung weitgehend unverändert in § 8 IV 1. Allerdings bezog sich § 8 IV 1 aF dem Wortlaut nach nicht nur auf den Unterlassungsanspruch, sondern auch auf den Beseitigungsanspruch. Eine dem § 8 IV 1 aF entspr. Regelung enthält § 2 III UKlaG. Durch das **G gegen unseriöse Geschäftspraktiken** v. 8.10.2013 (BGBl. 2013 I 3714) wurden die ergänzenden Vorschriften des § 8 IV 2 und 3 aF (Gegenansprüche des missbräuchlich Abgemahnten) eingeführt. Mit dem G zur Verbesserung der zivilrechtlichen Durchsetzung von verbraucherschützenden Vorschriften des Datenschutzrechts v. 17.2.2016 (BGBl. 2016 I 233 (234)) ist eine § 8 IV aF entsprechende Regelung auch für das UKlaG eingeführt worden (dazu § 2b UKlaG). Das **G zur Stärkung des fairen Wettbewerbs** (BGBl. 2020 I 2568) hat das Verbot der missbräuchlichen Geltendmachung von Ansprüchen – das Kernanliegen des Gesetzgebers (vgl. BT-Drs. 19/12084, 19) – in eine eigenständige Norm, den neuen **§ 8c,** überführt. Der Struktur der Norm nach wird zunächst in § 8c I ein **abstraktes Verbot** des Rechtsmissbrauchs ausgesprochen. In § 8c II werden sodann im Wege einer Zweifelsregelung **typische, für einen Rechtsmissbrauch sprechende** tatsächliche und rechtliche **Umstände** benannt. Diese Umstände können rechtsmissbräuchliches Handeln indizieren, sofern nicht die Gesamtwürdigung aller Umstände den Vorwurf des Rechtsmissbrauchs entkräftet (→ Rn. 12, 42). § 8c III nF ordnet (wie bisher § 8 IV 2) an, dass der Anspruchsgegner im Falle der rechtsmissbräuchlichen Geltendmachung von

Ansprüchen vom Anspruchsteller Ersatz der für seine Rechtsverteidigung erforderlichen Aufwendungen verlangen kann.

2. Normzweck

§ 8c I und II schützt die von einer Abmahnung oder Klage Betroffenen und mittelbar auch **2** die Gerichte vor missbräuchlicher Inanspruchnahme (vgl. BGH GRUR 1999, 509 (510) – Vorratslücken). Dieser Schutz ist umso notwendiger, als ein Wettbewerbsverstoß eine Vielzahl von Unterlassungsansprüchen unterschiedlicher Personen und Verbände (§ 8 III) auslösen kann. Das erleichtert zwar im Interesse der Allgemeinheit die effektive Rechtsverfolgung. Andererseits kann die Vielzahl der Anspruchsberechtigten den Anspruchsgegner in erheblichem Maße belasten, insbes. durch Mehrfachabmahnung und Mehrfachklage. Gerade durch extensive Mehrfachabmahnungen und Mehrfachklagen kann das in Deutschland bewährte System der Rechtsdurchsetzung durch Mitbewerber und Verbände anstelle durch Verwaltungsbehörden in Misskredit und Gefahr geraten (BGH GRUR 2002, 357 (358) – Missbräuchliche Mehrfachabmahnung; FBO/Büscher § 8 Rn. 281). So muss der Schuldner bei gleichzeitiger Mehrfachabmahnung jedem Abmahner die erforderlichen Aufwendungen ersetzen (§ 13 III). Daher kommt dem § 8c auch die Funktion eines **Korrektivs** gegenüber dieser weit gefassten Anspruchsberechtigung zu (BGH GRUR 2000, 1089 – Missbräuchliche Mehrfachverfolgung; GRUR 2001, 260 (261) – Vielfachabmahner; WRP 2012, 930 Rn. 14 – Bauheizgerät). Das Interesse der Allgemeinheit an der wirksamen Verfolgung von Wettbewerbsverstößen wird dadurch nicht wesentlich beeinträchtigt. Denn der Unterlassungsanspruch kann immer noch von anderen Anspruchsberechtigten geltend gemacht werden (BGH GRUR 2013, 176 Rn. 17 – Ferienluxuswohnung).

II. Rechtsnatur und Rechtsfolgen

1. Missbrauchseinwand gegenüber Klage

Die Rechtsnatur des Missbrauchseinwands ist umstritten (vgl. Teplitzky Wettbewerbsrecht- **3** liche Ansprüche/Büch Kap. 13 Rn. 44 ff.). Bei missbräuchlicher gerichtlicher Geltendmachung des Unterlassungsanspruchs ist nach ganz hM **Fehlen der Klage-** oder **Prozessführungsbefugnis** anzunehmen. Klage und Verfügungsantrag sind danach als **unzulässig** abzuweisen (vgl. BGH GRUR 2002, 357 (359) – Missbräuchliche Mehrfachabmahnung; GRUR 2006, 243 Rn. 22 – MEGA SALE; GRUR 2013, 176 Rn. 16 – Ferienluxuswohnung; FBO/Büscher § 8 Rn. 283, 298; Teplitzky Wettbewerbsrechtliche Ansprüche/Büch Kap. 13 Rn. 50). Doch kann das Gericht aus Gründen der Prozessökonomie von der Prüfung des Missbrauchs absehen, wenn bereits eine Rechtsprüfung ergibt, dass die Klage unbegründet ist (BGH GRUR 1999, 509 (510) – Vorratslücken).

Nach einer teilweise im Schrifttum vertretenen Ansicht ist der Missbrauch iSd § 8 IV 1 aF = **4** § 8c als speziell geregelter Fall der **unzulässigen Rechtsausübung** zu begreifen (vgl. zu § 8 IV aF Köhler FS Schricker, 2005, 725 (726 ff.); Rath/Hausen WRP 2007, 133 (134) Fn. 16; früher schon v. Ungern-Sternberg FS Klaka, 1987, 95 ff.). Er führt zu einer immanenten Inhaltsbegrenzung des Anspruchs und begründet daher eine materiellrechtliche Einwendung, wie dies auch bei vergleichbaren Gestaltungen der Geltendmachung eines Rechts aus sachfremden Zwecken im Bürgerlichen Recht (vgl. Grüneberg/Grüneberg BGB § 242 Rn. 50) und im Aktienrecht (vgl. BGH WM 1992, 1041 (1042)) angenommen wird. Diese Einwendung ist nicht auf den konkreten Fall der Geltendmachung begrenzt. Vielmehr ist es geboten, eine **rechtsvernichtende Einwendung** anzunehmen, um Schuldner und Gerichte wirksam und nachhaltig vor Missbräuchen zu schützen. Der Missbrauch führt daher zum **Erlöschen** des Anspruchs (aA Teplitzky Wettbewerbsrechtliche Ansprüche/Büch Kap. 13 Rn. 50). Dies schließt aber nicht aus, in Fällen des Missbrauchs iSd § 8 IV 1 aF = § 8c bereits die Prozessführungsbefugnis zu verneinen. – Eine **missbräuchlich erhobene Klage** ist sonach bereits als **unzulässig** abzuweisen (anders noch → 29. Aufl. 2011, § 8 Rn. 4.4).

2. Missbrauchseinwand gegenüber Abmahnung

Die missbräuchliche Geltendmachung des Unterlassungsanspruchs durch Abmahnung führt **5** ebenfalls zum Erlöschen des Anspruchs (vgl. BGH WRP 2012, 930 Rn. 13 – Bauheizgerät; GRUR 2016, 961 Rn. 18 – Herstellerpreisempfehlung bei Amazon; GRUR 2019, 199 Rn. 20 – Abmahnaktion II).

3. Rechtsfolgen des Missbrauchs

6   Die missbräuchliche Abmahnung ist nicht berechtigt iSd § 13 III (BGH WRP 2012, 930 Rn. 13 – Bauheizgerät; GRUR 2019, 199 Rn. 40 – Abmahnaktion II). Es kann daher kein **Aufwendungsersatz** verlangt werden (BGH GRUR 2013, 307 Rn. 11 – Unbedenkliche Mehrfachabmahnung). Hat der Abgemahnte in Unkenntnis des Missbrauchs Aufwendungsersatz geleistet, kann er den Betrag nach § 812 I 1 BGB, ggf. auch nach § 826 BGB (AG Schleiden GRUR-RR 2009, 156) **zurückfordern.** – Weiter scheiden Schadensersatzansprüche des Abmahners wegen Verletzung von Antwort- oder Auskunftspflichten aus dem sog **Abmahnverhältnis** (→ § 13 Rn. 77 f.) aus, weil der zu Grunde liegende Anspruch infolge des Missbrauchs erloschen ist. – Ist es auf Grund der missbräuchlichen Abmahnung zum Abschluss eines **Unterwerfungsvertrages** gekommen, kann der Abgemahnte den Vertrag aus wichtigem Grund **kündigen** (§ 314 BGB; BGH GRUR 2019, 638 Rn. 12 ff. – Kündigung der Unterlassungsvereinbarung; OLG Hamm GRUR-RR 2011, 196 (199); KG WRP 2017, 462); ggf. kann ein Anspruch aus den § 311 II BGB, § 280 I BGB, § 249 I BGB auf Aufhebung des Vertrags bestehen. Macht der Abmahner eine vor Kündigung verwirkte Vertragsstrafe geltend, steht dem der Einwand des Rechtsmissbrauchs aus § 242 BGB entgegen (BGH GRUR 2019, 638 Rn. 32 ff. – Kündigung der Unterlassungsvereinbarung; KG GRUR-RR 2017, 114; zuvor offengelassen in BGH WRP 2012, 930 Rn. 38 – Bauheizgerät; WRP 2012, 1086 Rn. 22 – Missbräuchliche Vertragsstrafe). – Nach **§ 8c III 1** kann in den Fällen der missbräuchlichen Geltendmachung von Ansprüchen **„der Anspruchsgegner Ersatz der für seine Rechtsverteidigung erforderlichen Aufwendungen verlangen".** Das betrifft insbes. die Anwaltskosten für die Verteidigung gegenüber einer missbräuchlichen Abmahnung (vgl. KG WRP 2017, 462). Die Erforderlichkeit bestimmt sich wie bei § 13 III. Zweck der Regelung ist es, mehr Waffengleichheit zwischen Abmahner und Abgemahntem herzustellen und für den Abmahner ein Kostenrisiko zu schaffen, so dass das wirtschaftliche Interesse an missbräuchlichen Abmahnungen erheblich sinkt. – Nach **§ 8c III 2** bleiben **„weiter gehende Ersatzansprüche unberührt".** Damit sind Schadensersatzansprüche aus den §§ 823 ff. BGB, aus § 678 BGB und aus den § 3 I, § 4 Nr. 4 iVm § 9 gemeint, deren Voraussetzungen aber häufig nicht vorliegen werden und deren Durchsetzung daher mit Risiken behaftet ist. (Zum vergleichbaren Problem bei der unberechtigten Abmahnung → § 13 Rn. 86 ff.).

7   Die wegen Missbrauchs unzulässige Geltendmachung des Anspruchs durch Abmahnung führt dazu, dass auch eine **nachfolgende Klage** und ein nachfolgender Verfügungsantrag **unzulässig** sind (vgl. BGHZ 149, 371 (379) = GRUR 2002, 357 (359) – Missbräuchliche Mehrfachabmahnung; BGH GRUR 2002, 715 (717) – Scanner-Werbung; WRP 2012, 930 Rn. 47 – Bauheizgerät; GRUR 2013, 176 Rn. 16 – Ferienluxuswohnung; GRUR 2016, 961 Rn. 18 – Herstellerpreisempfehlung bei Amazon; GRUR 2019, 199 Rn. 20 – Abmahnaktion II; GRUR 2023, 1116 Rn. 14 – Aminosäurekapseln; **aA** Harte-Bavendamm/Henning-Bodewig/Goldmann Rn. 231). Entsprechend gilt: Ist der Verfügungsantrag rechtsmissbräuchlich, kann der Gläubiger den Anspruch auch im **Hauptsacheverfahren** nicht mehr in zulässiger Weise geltend machen (vgl. Büscher/Hohlweck Rn. 53; Hess jurisPR-WettbR 12/2017 Anm. 3). Es ist also im nachfolgenden Verfahren nicht mehr zu prüfen, ob die Klage ihrerseits ebenfalls missbräuchlich erhoben wurde. Die wegen sachwidriger Mehrfachverfolgung rechtsmissbräuchliche Klage führt aber nicht ohne weiteres zum Erlöschen des Kostenerstattungsanspruchs für die vorangegangene, nicht rechtsmissbräuchliche Abmahnung (BGH GRUR 2022, 658 Rn. 12 f. – Selbständiger Erstattungsanspruch). – Eine Abmahnung ist auch nicht schon deshalb missbräuchlich, weil sie sich ausdrücklich auf eine frühere missbräuchliche Abmahnung wegen eines gleichartigen Wettbewerbsverstoßes bezieht (BGH WRP 2012, 930 Rn. 36 ff. – Bauheizgerät).

8   Eine iSd § 8c I rechtsmissbräuchliche Vorgehensweise kann auch **strafrechtlich** relevant sein: Die mit der Versendung einer Abmahnung konkludent erfolgende Erklärung des Rechtsanwalts, dass die Abmahnung eine valide, insbesondere nicht rechtsmissbräuchliche lauterkeitsrechtliche Inanspruchnahme darstelle, obwohl das Vorgehen nach der Vereinbarung zwischen Rechtsanwalt und Mandant ausschließlich darauf ausgerichtet war, Einnahmen aus Rechtsanwaltsgebühren zu generieren, ohne weitergehende wettbewerbsrechtliche Ziele zu verfolgen, stellt eine Täuschung iSd § 263 StGB dar (BGH (1. StrS) GRUR 2017, 1046 Rn. 11).

III. Anwendungsbereich

Der Anwendungsbereich des § 8c I ist auf **gesetzliche Unterlassungs-** und **Beseitigungs-** 9
ansprüche aus dem UWG beschränkt. Auf **vertragliche** Ansprüche ist die Vorschrift nicht,
auch nicht analog anwendbar (BGH WRP 2012, 1086 Rn. 20 – Missbräuchliche Vertragsstrafe;
GRUR 2018, 1166 Rn. 35 – Prozessfinanzierer I; WRP 2019, 1009 Rn. 20 – Prozessfinanzierer
II; vgl. auch BGH GRUR 2019, 638 Rn. 17 f. – Kündigung der Unterlassungsvereinbarung).
Denn die Korrektivfunktion des § 8c I (→ Rn. 2) kommt insoweit nicht zum Tragen. Ebenso
wenig ist § 8c I auf den **Aufwendungsersatzanspruch** nach § 13 III anwendbar (BGH
GRUR 2007, 164 Rn. 11 – Telefax-Werbung II; OLG Hamm GRUR 2012, 543 (544)); eine
rechtsmissbräuchliche Abmahnung ist allerdings nicht „berechtigt" iSd § 13 III (→ Rn. 6). Auch
eine analoge Anwendung auf den allgemeinen **deliktsrechtlichen** Unterlassungsanspruch aus
§ 1004 BGB scheidet aus (OLG Frankfurt GRUR-RR 2008, 96 und WRP 2015, 1004). –
Vielmehr ist nach dem allg. Grundsatz von **Treu und Glauben (§ 242 BGB)** zu beurteilen, ob
die Geltendmachung solcher Ansprüche rechtsmissbräuchlich ist (BGH WRP 2012, 1086
Rn. 21 – Missbräuchliche Vertragsstrafe; GRUR 2019, 638 Rn. 17 f., 32 ff. – Kündigung der
Unterlassungsvereinbarung; auch → Rn. 6). Dieser Einwand ist ebenfalls von Amts wegen zu
beachten. Dabei können zwar auch Umstände, die im Rahmen des § 8c I einen Rechtsmissbrauch begründen, herangezogen werden, wie zB bei Vertragsstrafeansprüchen die rechtswidrige
Mehrfachverfolgung, die Forderung unverhältnismäßig hoher Vertragsstrafen, die Annahme
unverhältnismäßig hoher Streitwerte und die unterlassene Geltendmachung abgemahnter Wettbewerbsverstöße (BGH WRP 2012, 1086 Rn. 21 – Missbräuchliche Vertragsstrafe; GRUR
2018, 1166 Rn. 40 – Prozessfinanzierer I; GRUR 2019, 638 Rn. 17 f., 32 ff. – Kündigung der
Unterlassungsvereinbarung). Dies gilt allerdings nur, soweit diese Umstände für die Abgabe der
Unterwerfungserklärung ursächlich waren oder mit ihr jedenfalls zusammenhängen (BGH WRP
2012, 1086 Rn. 22 – Missbräuchliche Vertragsstrafe). Im Übrigen sind, weil und soweit die
Besonderheiten des wettbewerbsrechtlichen Rechtsschutzes nicht vorliegen, höhere Anforderungen an einen Rechtsmissbrauch iSd § 242 BGB zu stellen (OLG Frankfurt GRUR-RR
2008, 96). Insbes. reicht es für einen Missbrauch nicht aus, wenn der Verletzte während des
Verfügungsverfahrens Hauptsacheklage erhebt (OLG Frankfurt GRUR-RR 2008, 96).

IV. Abgrenzung

Die Abgrenzung zwischen dem **generellen** Fehlen der Prozessführungsbefugnis (bzw. An- 10
spruchsberechtigung) nach § 8 III und dem **konkreten** Fehlen der Prozessführungsbefugnis
(bzw. Anspruchsberechtigung) wegen Missbrauchs nach § 8c I ist fließend, wie sich auch daran
zeigt, dass die Rspr. den Gedanken des Rechtsmissbrauchs in der Vergangenheit bereits bei der
Prüfung der Klagebefugnis (bzw. Anspruchsberechtigung) nach § 8 III Nr. 2 aF herangezogen
hat (vgl. BGH GRUR 1988, 918 – Wettbewerbsverein III; GRUR 1990, 282 (285) – Wettbewerbsverein IV; WRP 1993, 240 (243) – Fortsetzungszusammenhang). Sie hat danach zu
erfolgen, ob die formal bestehende Rechtsposition allgemein oder nur im konkreten Fall missbräuchlich ausgenutzt wird (BGH GRUR 2019, 966 Rn. 37 – Umwelthilfe). Im Falle eines
qualifizierten Wirtschaftsverbands iSv § 8 III Nr. 2 sowie eines Verbraucherschutzverbandes iSv
§ 8 III Nr. 3 können dabei Umstände, die bereits im Rahmen des Eintragungsverfahrens nach
§ 8b iVm § 4 UKlaG vom Bundesamt für Justiz geprüft worden sind, berücksichtigt werden,
sofern sie einen Anhaltspunkt für rechtsmissbräuchliches Handeln im Einzelfall bieten (BGH
GRUR 2019, 966 Rn. 39 – Umwelthilfe). Für die konkrete Entscheidung spielt die Abgrenzung
freilich keine Rolle: In beiden Fällen ist die Klage abzuweisen.

B. Missbrauch

I. Begriff

Der Missbrauch iSv § 8c I bezieht sich nur auf die **Geltendmachung** des Unterlassungs- 11
anspruchs, dh auf die Begleitumstände des vorprozessualen oder prozessualen Vorgehens, nicht
aber auf sonstige Umstände, die der Durchsetzung des Anspruchs entgegenstehen und aus diesem
Grunde die Einwendung des Rechtsmissbrauchs begründen können, wie zB die Verwirkung
(ebenso OLG Hamm GRUR-RR 2005, 141 (142); Teplitzky Wettbewerbsrechtliche Ansprü-

che/Büch Kap. 13 Rn. 46 f.). Ein **Missbrauch** liegt vor, wenn der Anspruchsberechtigte mit der Geltendmachung des Anspruchs **überwiegend sachfremde, für sich gesehen nicht schutzwürdige Interessen und Ziele verfolgt und diese als die eigentliche Triebfeder und das beherrschende Motiv der Verfahrenseinleitung erscheinen** (BGH GRUR 2000, 1089 (1090) – Missbräuchliche Mehrfachverfolgungen; WRP 2010, 640 Rn. 19 – Klassenlotterie; GRUR 2001, 260 (261) – Vielfachabmahner; GRUR 2009, 1180 Rn. 20 - 0,00 Grundgebühr; GRUR 2012, 286 Rn. 13 – Falsche Suchrubrik; vgl. GRUR 2018, 1166 Rn. 40 – Prozessfinanzierer I; GRUR 2019, 199 Rn. 21 – Abmahnaktion II; GRUR 2019, 966, Rn. 33 – Umwelthilfe). Ein Fehlen oder vollständiges Zurücktreten legitimer wettbewerbsrechtlicher Ziele ist indessen nicht erforderlich (BGH GRUR 2001, 82 – Neu in Bielefeld I; KG WRP 2012, 1140 Rn. 5; Teplitzky Wettbewerbsrechtliche Ansprüche/Büch Kap. 13 Rn. 56; FBO/ Büscher § 8 Rn. 284 f.). Ausreichend ist, dass die sachfremden Ziele **überwiegen** (BGH GRUR 2006, 243 Rn. 16 – MEGA SALE; GRUR 2012, 286 Rn. 13 – Falsche Suchrubrik; GRUR 2019, 199 Rn. 21 – Abmahnaktion II; GRUR 2021, 752 Rn. 38 – Berechtigte Gegenabmahnung). Ein Indiz für einen Missbrauch ist es, wenn dem Anspruchsberechtigten **schonendere Möglichkeiten** der Anspruchsdurchsetzung zu Gebote stehen (Grundsatz der **Verhältnismäßigkeit**), er sie aber nicht nutzt (ebenso KG WRP 2008, 511 (512)).

II. Konkretisierung

12   Zur Konkretisierung des in § 8c I angeordneten **abstrakten Verbots** des Rechtsmissbrauchs führt § 8c II im Wege einer Zweifelsregelung **typische, für einen Rechtsmissbrauch sprechende** tatsächliche und rechtliche **Umstände** an. Nach der Begründung des RegE sollte, wenn diese Umstände vorliegen, rechtsmissbräuchliches Handeln widerleglich vermutet werden (vgl. BT-Drs. 19/12084, 29). **So einfach liegen die Dinge allerdings aus zwei Gründen nicht:** Zum einen erfordert schon die Feststellung einzelner der in der gesetzlichen Zweifelsregelung benannten Umstände ihrerseits eine Gesamtwürdigung aller Umstände (so etwa § 8c II Nr. 1–5). Zum anderen ist auch für die Prüfung, ob der Vorwurf des Rechtsmissbrauchs entkräftet wird, eine Gesamtwürdigung aller Umstände einschließlich solcher, die der Anspruchssteller zur Widerlegung der Vermutung geltend macht, erforderlich. Es ist zu begrüßen, dass dies im Gesetzgebungsverfahren erkannt und klargestellt worden ist, dass es sich hier nicht um eine Vermutung iSv § 292 ZPO handelt, sondern lediglich die Anordnung einer Indizwirkung (vgl. BT-Drs. 19/22238, 17). Die Regelungstechnik der Neufassung bringt damit in der Sache nichts wesentlich Neues: Schon bisher war es Sache des Anspruchsstellers, für einen Rechtsmissbrauch sprechende Indizien zu entkräften (vgl. BGH GRUR 2006, 243 Rn. 21 – MEGA SALE; Hohlweck WRP 2020, 266, 269; → Rn. 42). **Festzuhalten bleibt:** Auch die Zweifelsregelung **entbindet das Gericht nicht von der** für die Feststellung des Rechtsmissbrauchs erforderlichen **Gesamtwürdigung aller Einzelfallumstände** (vgl. § 8c I). Erforderlich ist jedenfalls eine sorgfältige Prüfung und Abwägung (BGH GRUR 2012, 730 Rn. 13 – Bauheizgerät; GRUR 2016, 961 Rn. 15 – Herstellerpreisempfehlung bei Amazon). Hierbei können zu berücksichtigen sein: Art und Umfang des Wettbewerbsverstoßes und Verhalten des Verletzers nach dem Verstoß (BGH GRUR 2012, 730 Rn. 15 – Bauheizgerät), das Verhalten des Anspruchsberechtigten bei der Verfolgung dieses und anderer Verstöße (zu weitgehend aber OLG München WRP 2017, 1523: Rechtsmissbrauch durch Verschweigen der Antwort auf die Abmahnung im Prozess; → Rn. 39a), das Verhalten sonstiger Anspruchsberechtigter (BGH GRUR 2000, 1089 (1091) – Missbräuchliche Mehrfachverfolgung). Der Berücksichtigung sämtlicher, auch im Verfahrensverlauf auftretender Umstände steht nicht entgegen, dass die vorgerichtliche Abmahnung nicht rechtsmissbräuchlich war (BGH GRUR 2016, 961 Rn. 18 – Herstellerpreisempfehlung bei Amazon). Im Rahmen der gebotenen Interessenabwägung ist auch zu fragen, ob **Interessen der Allgemeinheit** eine Rechtsverfolgung rechtfertigen. Denn der Regelung kommt nicht nur die Aufgabe einer Bekämpfung von Missbräuchen bei Wettbewerbsverbänden, sondern auch die Funktion eines Korrektivs gegenüber der Möglichkeit einer Inanspruchnahme durch eine Vielzahl von Anspruchsberechtigten zu. Dies gilt auch bei der Geltendmachung eines Anspruchs durch Mitbewerber iSd § 8 III Nr. 1.

13   Maßgebend sind die Motive und Zwecke der Geltendmachung des Anspruchs, die sich aber idR nur aus äußeren Umständen erschließen lassen. Dazu gehören: Einnahmeerzielungs- und Kostenbelastungsinteresse (→ Rn. 14 ff.), unverhältnismäßige Abmahntätigkeit (→ Rn. 18), Überhöhung des Gegenstandswerts (→ Rn. 19), Forderung überhöhter Vertragsstrafen (→ Rn. 20), überschie-

ßende Unterlassungsverlangen (→ Rn. 21), Mehrfachabmahnung (→ Rn. 23), Aufspaltung der Rechtsverfolgung (→ Rn. 26) sowie weitere Umstände (→ Rn. 36).

1. Einnahmeerzielungs- und Kostenbelastungsinteresse

Nach § 8c II Nr. 1 ist eine rechtsmissbräuchliche Geltendmachung im Zweifel anzunehmen, **14** wenn die Geltendmachung der Ansprüche vorwiegend dazu dient, gegen den Zuwiderhandelnden einen Anspruch auf Ersatz von Aufwendungen oder von Kosten der Rechtsverfolgung oder die Zahlung einer Vertragsstrafe entstehen zu lassen. Diese Regelung entspricht wesentlich dem bisherigen § 8 IV 1, der allerdings die Vertragsstrafe nicht erwähnte. Der Gesichtspunkt des rechtsmissbräuchlichen Einnahmeerzielungs- und Kostenbelastungsinteresses ist in der Rechtsprechung seit langem anerkannt. Die hierzu ergangene Kasuistik ist auch zukünftig aussagekräftig.

Von einem unangemessenen **Einnahmeerzielungsinteresse** ist auszugehen, wenn der An- **15** spruchsberechtigte kein nennenswertes wirtschaftliches oder wettbewerbspolitisches Interesse an der Rechtsverfolgung haben kann. Maßgebend ist dabei **die Sichtweise eines wirtschaftlich denkenden Unternehmers** (BGH GRUR 2001, 260 (261) – Vielfachabmahner; GRUR 2019, 199 Rn. 21 – Abmahnaktion II; OLG Nürnberg WRP 2014, 235 Rn. 6). Es kommt also auf die äußeren Umstände, nicht auf die subjektive Zielsetzung des Anspruchsberechtigten an. Es ist eine **Gesamtwürdigung** unter Berücksichtigung aller Umstände des Einzelfalls (→ Rn. 12; Gloy/Loschelder/Danckwerts WettbR-HdB/Fritzsche § 79 Rn. 243a), einschließlich des Prozessverhaltens (vgl. AG Schleiden GRUR-RR 2009, 156), vorzunehmen. Dabei sind nach der Abmahnung auftretende Umstände auch dann einzubeziehen, wenn ein rechtsmissbräuchliches Verhalten im Zeitpunkt der Abmahnung nicht festzustellen ist (BGH GRUR 2016, 961 Rn. 18 – Herstellerpreisempfehlung bei Amazon). Ein Missbrauch ist dann anzunehmen, wenn die Abmahntätigkeit sich verselbstständigt, dh **in keinem vernünftigen Verhältnis zur gewerblichen Tätigkeit des Abmahnenden** steht und bei objektiver Betrachtung an der Verfolgung bestimmter Wettbewerbsverstöße kein nennenswertes wirtschaftliches Interesse außer dem Gebührenerzielungsinteresse bestehen kann (BGH GRUR 2012, 286 Rn. 13 – Falsche Suchrubrik; GRUR 2019, 199 Rn. 21 – Abmahnaktion II; OLG Hamm WRP 2011, 501 (505); 2016, 100; OLG Nürnberg WRP 2014, 235 Rn. 6; KG WRP 2011, 1319; OLG Zweibrücken GRUR 1997, 77 (78); OLG Frankfurt GRUR-RR 2007, 56 (57)). Dies gilt insbes. für **geringfügige** und/oder **leicht zu ermittelnde Verstöße,** die sich bspw. mittels systematischen Durchforstens im Internet aufgreifen lassen. – Ein Missbrauch liegt insbes. dann nahe, wenn ein Anwalt ein (grds. erlaubtes) Nebengewerbe betreibt und dies zum Anlass einer eigenen umfangreichen Abmahntätigkeit nimmt (KG GRUR-RR 2004, 335) oder wenn der Mitbewerber, obwohl er finanzschwach ist, Abmahnungen in großer Zahl ausspricht (OLG Hamm MMR 2009, 865 (866); OLG Jena GRUR-RR 2011, 327 (328); KG WRP 2011, 1319; OLG Köln WRP 2013, 1390 Rn. 14; OLG Nürnberg WRP 2014, 235 Rn. 12). – Inhaltlich besteht hier **eine Nähe zur Fallgruppe des § 8c II Nr. 2** (→ Rn. 18).

Ferner ist es ein Indiz für ein unangemessenes Einnahmeerzielungsinteresse, wenn der **beauf- 16 tragte Anwalt** das Abmahngeschäft „**in eigener Regie**" betreibt, insbes. selbst Wettbewerbsverstöße erst ermittelt (vgl. BGH GRUR 2012, 286 Rn. 16 – Falsche Suchrubrik; OLG Köln GRUR 1993, 571; LG Bielefeld BeckRS 2012, 19348 betr. Rechtsanwalt mit Blankovollmacht; s. aber OLG Düsseldorf GRUR-RR 2015, 114; OLG Nürnberg GRUR-RR 2019, 170; OLG Hamm MD 2023, 52: Rechtsmissbrauch jeweils verneint) oder den Auftraggeber vom Kostenrisiko ganz oder teilweise **freistellt** (OLG Frankfurt GRUR-RR 2007, 56 (57); WRP 2015, 598; OLG Jena GRUR-RR 2011, 327 (328); OLG Köln GRUR-RR 2013, 341 (342); KG MMR 2018, 394). Das Gleiche gilt, wenn im Zusammenwirken von Anwalt und **Prozessfinanzierer** dem Mandanten eine kostenfreie Verfolgung von Unterlassungsansprüchen angeboten wird, der Kläger jedenfalls aus späteren Vertragsstrafen Gewinn erzielen soll, der Prozessfinanzierer und der von ihm vermittelte Anwalt eng und fortlaufend zusammenarbeiten und der Kläger die maßgeblichen Umstände kennt (KG WRP 2010, 1177; vgl. zur Geltendmachung von Ansprüchen nach § 10 BGH GRUR 2018, 1166 Rn. 38 ff. – Prozessfinanzierer I; WRP 2019, 1009 Rn. 25 ff. – Prozessfinanzierer II). – Eine **Vielzahl von Klagen** (oder Verfügungsanträgen) gegen Mitbewerber, die sich auf Umstände des Einzelfalls stützen und nicht auf unproblematische Fälle beschränkt sind, ist **kein Indiz** für ein Gebührenerzielungsinteresse (BGH WRP 2005, 598 (600) – Telekanzlei; OLG Köln ZVertriebsR 2015, 261). Verhalten sich viele Mitbewerber wettbewerbswidrig, so muss es dem betroffenen Unternehmen auch möglich sein, gegen sie alle vorzugehen (BGH GRUR 2023, 1116 Rn. 17 – Aminosäurekapseln; OLG München GRUR-RR 2007, 55; OLG Frankfurt GRUR-RR 2007, 56 (57); WRP 2021, 1088; OLG Köln WRP 2022, 1166). Dies gilt entsprechend für ein zahlenmäßig umfangreiches Vorgehen eines Verbraucherschutzverbands (BGH GRUR 2019, 966 Rn. 44 – Umwelthilfe).

17   Für ein unangemessenes **Kostenbelastungsinteresse** spricht es, wenn es dem Anspruchs-berechtigten zwar nicht ausschließlich, aber doch überwiegend darum geht, den Verletzer mit möglichst hohen Prozesskosten und Risiken zu belasten und seine personellen und finanziellen Kräfte zu binden (BGH GRUR 2001, 78 (79) – Falsche Herstellerpreisempfehlung; GRUR 2001, 82 (83) – Neu in Bielefeld I; GRUR 2012, 286 Rn. 13 – Falsche Suchrubrik; GRUR 2019, 199 Rn. 21 – Abmahnaktion II; OLG Hamm GRUR-RR 2011, 329 (330)). Ein Indiz ist es, wenn ein **schonenderes Vorgehen im Einzelfall möglich und zumutbar** ist. Unerheb-lich ist es, ob die zusätzliche Kostenbelastung den Verletzer im Wettbewerb behindert. Andern-falls würde allein die Größe und Finanzkraft des Schuldners den Gläubiger von dem Miss-brauchsvorwurf entlasten (BGH GRUR 2006, 243 Rn. 19 – MEGA SALE). Die Neufassung des § 8c berücksichtigt einzelne Fallkonstellationen der unangemessenen Erhöhung des mit der Rechtsverfolgung verbundenen Kostenaufwands unter den Gesichtspunkten der **Mehrfach-abmahnung** (§ 8c II Nr. 6; → Rn. 23) und der **Aufspaltung der Rechtsverfolgung** (§ 8c II Nr. 7; → Rn. 26).

2. Unverhältnismäßige Abmahntätigkeit

18   Nach § 8c II Nr. 2 ist eine rechtsmissbräuchliche Geltendmachung im Zweifel anzunehmen, wenn ein Mitbewerber eine erhebliche Anzahl von Verstößen gegen die gleiche Rechtsvorschrift durch Abmahnungen geltend macht, wenn die Anzahl der geltend gemachten Verstöße außer Verhältnis zum Umfang der eigenen Geschäftstätigkeit steht oder wenn anzunehmen ist, dass der Mitbewerber das wirtschaftliche Risiko seines außergerichtlichen oder gerichtlichen Vorgehens nicht selbst trägt. Hinter diesem Regelbeispiel steht ebenfalls das Motiv des Einnahmeerzielungs-interesses (§ 8c II Nr. 1; (→ Rn. 14 ff.), weil die Vornahme gleichartiger Abmahnungen auf-grund der Automatisierung finanziell attraktiv sein kann (vgl. BT-Drs. 19/12084, 29). Zu bedenken ist allerdings, dass eine umfangreiche Abmahntätigkeit als solche **noch kein hinrei-chendes Indiz** für Rechtmissbrauch darstellt (vgl. OLG Frankfurt WRP 2016, 632; OLG Hamm WRP 2011, 501 (505); s. auch BGH GRUR 2010, 1117 Rn. 12 – Gewährleistungs-ausschluss im Internet). Verhalten sich viele Mitbewerber wettbewerbswidrig, so muss es dem betroffenen Unternehmen auch möglich sein, gegen sie alle vorzugehen (vgl. OLG München GRUR-RR 2007, 55; OLG Frankfurt GRUR-RR 2007, 56 (57)). Kritisch wird eine solche Abmahntätigkeit erst durch das **Hinzutreten weiterer verdächtiger Indizien**. So etwa dann, wie in § 8c II Nr. 2 genannt, wenn die Abmahntätigkeit außer Verhältnis zum Umfang der eigenen Geschäftstätigkeit steht, weil dann anzunehmen sein kann, dass – abgesehen vom Ein-nahmeerzielungsinteresse – kein wirtschaftlich vernünftiger Grund zugrundeliegt (→ Rn. 15); ferner dann, wenn naheliegt, dass der Abmahnende das wirtschaftlichen Risiko der Anspruchs-verfolgung nicht selbst trägt, etwa weil der Rechtsanwalt des Abmahnenden „in eigener Regie“ Verstöße ermittelt und den Mandanten vom Kostenrisiko freistellt oder weil ein Prozessfinanzie-rer eingeschaltet ist (→ Rn. 16). In diesem Zusammenhang kann auch Bedeutung erlangen, dass der Abmahnende über den Umfang seiner Geschäftstätigkeit zu täuschen versucht (OLG Düssel-dorf BeckRS 2016, 06362). Unterhält der Abmahnende weder Ladengeschäft noch Online-Shop und weist zudem in einer Annonce darauf hin, dass er der Kleinunternehmerregelung des § 19 Abs. 1 UStG unterfalle und deshalb keine Rechnungen mit Mehrwertsteuerausweis ausstellen dürfe, spricht auch dies für einen Rechtsmissbrauch (OLG Düsseldorf GRUR-RR 2015, 306). – Kritisch ist es zu sehen, wenn ein Gewerbetreibender sich **nur an erfolgreiche Verfahren anhängt** (Scholz WRP 1987, 437) oder trotz umfangreicher Abmahntätigkeit nicht oder nur vereinzelt den Anspruch **gerichtlich durchzusetzen** versucht (BGH GRUR 1999, 1116 (1118) – Wir dürfen nicht feiern; GRUR 2021, 752 Rn. 45 – Berechtigte Gegenabmahnung; OLG Nürnberg WRP 2014, 235 Rn. 21). Das schließt es aber nicht aus, dass im Einzelfall auch schon bei wenigen oder nur einer einzigen Abmahnung ein Missbrauch vorliegen kann (BGH GRUR 2012, 730 Rn. 33 – Bauheizgerät). – Kritisch ist es auch zu sehen, wenn der Gläubiger **gegen den Hersteller eine einstweilige Verfügung** wegen irreführender Produktkennzeichnung erlangt, aus dieser jedoch nicht vollstreckt, sondern sogleich eine **große Zahl von Abnehmern abmahnt** (OLG Köln WRP 2018, 867). Im Einzelfall kann auch ein Abwarten bis zum Ausgang des Verfügungsverfahrens gegen den Hersteller angebracht sein (vgl. BGH GRUR 2019, 199 Rn. 30 – Abmahnaktion II).

3. Überhöhung des Gegenstandswerts

Nach § 8c II Nr. 3 ist eine rechtsmissbräuchliche Geltendmachung im Zweifel anzunehmen, **19** wenn ein Mitbewerber den Gegenstandswert für eine Abmahnung unangemessen hoch ansetzt. In der Rechtsprechung ist schon bisher anerkannt, dass Angabe eines überhöhten Gegenstandswerts ein Indiz für rechtsmissbräuchliches Handeln sein kann (vgl. KG WRP 2012, 1140 Rn. 6; OLG Frankfurt WRP 2016, 368; OLG Hamburg WRP 2020, 499). Auch insoweit ist allerdings eine Gesamtwürdigung der Einzelfallumstände erforderlich (→ Rn. 12). Hierbei ist zu berücksichtigen, dass für die Bestimmung des Gegenstandswerts keine festen Maßstäbe, sondern allenfalls Näherungswerte bestehen. Ist die Höhe des angenommenen Gegenstandswerts nachvollziehbar begründet und noch im vertretbaren Bereich, spricht dies gegen rechtsmissbräuchliches Vorgehen (vgl. OLG Celle WRP 2021, 1328; OLG Frankfurt WRP 2022, 881). Die Forderung einer überhöhten Abmahngebühr im Einzelfall ist für sich allein noch kein hinreichendes Indiz für einen Missbrauch (BGH GRUR 2013, 176 Rn. 25 – Ferienluxuswohnung; GRUR 2019, 966 Rn. 47 – Umwelthilfe). Anders kann es liegen, wenn der Gewerbetreibende systematisch **überhöhte Abmahngebühren** oder **Vertragsstrafen** fordert (BGH GRUR 2012, 286 Rn. 13 – Falsche Suchrubrik; GRUR 2012, 730 Rn. 21 ff. – Bauheizgerät; GRUR 2016, 961 Rn. 15 – Herstellerpreisempfehlung bei Amazon; Krbetschek/Schlingloff WRP 2014, 1 Rn. 11 ff.). Vorsicht ist geboten bei der Berechnung der Abmahngebühren im Falle einer Mehrzahl gleichlautender Abmahnungen gegenüber unterschiedlichen Adressaten: hier kann es sich um **dieselbe Angelegenheit iSd § 15 II RVG** mit der Folge handeln, dass nur eine Geschäftsgebühr (nach dem addierten Gesamtstreitwert aller Abmahnungen) anfällt, die von den Adressaten anteilig zu tragen ist (vgl. BGH GRUR 2019, 1044 Rn. 22 – Der Novembermann; → § 13 Rn. 120a f.); die danach unberechtigte Forderung einer vollen Geschäftsgebühr von einem Adressaten kann ein Indiz für Rechtsmissbrauch sein (vgl. BGH GRUR 2023, 1116 Rn. 24 – Aminosäurekapseln, Rechtsmissbrauch verneint; OLG Frankfurt GRUR-RR 2021, 503: Rechtsmissbrauch verneint, mAnm Verweyen/Schumacher WRP 2022, 30). Nicht um Überhöhung, aber eine ebenfalls rechtsmissbrauchsverdächtige unberechtigte Abmahnkostenforderung handelt es sich, wenn **nach § 13 IV nicht geschuldete Abmahngebühren** gefordert werden (LG Dortmund MMR 2021, 656; → § 13 Rn. 105a ff.). – Vorgaben für die Bestimmung des **gerichtlichen Streitwerts** können § 8c II Nr. 3 nicht entnommen werden (OLG Frankfurt WRP 2022, 234).

4. Überhöhte Vertragsstrafen

Nach § 8c II Nr. 4 ist eine rechtsmissbräuchliche Geltendmachung im Zweifel anzunehmen, **20** wenn offensichtlich überhöhte Vertragsstrafen vereinbart oder gefordert werden. Dieses Regelbeispiel bezieht sich sowohl auf den Fall des Abschlusses einer Unterlassungsvereinbarung, die mit einer betragsmäßig fixierten Vertragsstrafe bewehrt ist, als auch auf den Fall der Forderung einer Vertragsstrafe nach einem Verstoß gegen eine nach „neuem Hamburger Brauch" abgeschlossene Vertragsstrafenvereinbarung, mit der dem Gläubiger das Recht zur Bestimmung der angemessenen Höhe der Vertragsstrafe eingeräumt worden ist (vgl. BT-Drs. 19/12084, 30). Das Kriterium der **„offensichtlichen"** Überhöhung, das im Gesetzgebungsverfahren an die Stelle der im RegE zunächst vorgesehenen „erheblichen" Überhöhung (BT-Drs. 19/12084, 30) getreten ist, soll dem Umstand Rechnung tragen, dass die Bestimmung einer Vertragsstrafe mit vielen Unsicherheiten belegt ist, die nicht zuletzt in den Voraussetzungen zum Ausdruck kommen, die der Gesetzgeber in § 13a I nF niedergelegt hat. In der Gesetzesbegründung heißt es nunmehr, nur „eindeutige und ohne Weiteres erkennbare Fälle" sollten erfasst werden, nicht aber Fälle, in denen dem Abmahnenden bloße Flüchtigkeitsfehler unterlaufen seien oder die Forderung aus anfänglicher Sicht noch im üblichen Rahmen hielt (vgl. BT-Drs. 19/22238, 17). Ist nach § 13a I nF bei der Bestimmung einer angemessenen Vertragsstrafe auf Art, Ausmaß und Folgen der Zuwiderhandlung, ihre Schuldhaftigkeit, die Größe, Marktstärke und Wettbewerbsfähigkeit des Abgemahnten sowie sein wirtschaftliches Interesse Rücksicht zu nehmen, so liegt auf der Hand, dass die Höhe eines Vertragsstrafeverlangens einen Rechtsmissbrauch nur dann indizieren kann, wenn sie **außerhalb des vertretbaren Bereichs** angesiedelt ist. In der Rechtsprechung ist schon bisher anerkannt, dass jedenfalls die Forderung systematisch **überhöhter Abmahngebühren** oder **Vertragsstrafen** ein Indiz für einen Missbrauch sein kann (BGH GRUR 2012, 286 Rn. 13 – Falsche Suchrubrik; GRUR 2012, 730 Rn. 21 ff. – Bauheizgerät;

GRUR 2016, 961 Rn. 15 – Herstellerpreisempfehlung bei Amazon; Krbetschek/Schlingloff WRP 2014, 1 Rn. 11 ff.). Rechtsmissbrauchsverdächtig ist auch die Forderung einer **durch § 13a II untersagten Vertragsstrafenverpflichtung** (LG Dortmund MMR 2021, 656; → § 13a Rn. 18 ff.).

5. „Überschießendes" Unterlassungsverlangen

21 Nach § 8c II Nr. 5 ist eine rechtsmissbräuchliche Geltendmachung im Zweifel anzunehmen, wenn eine vorgeschlagene Unterlassungsverpflichtung offensichtlich über die abgemahnte Rechtsverletzung hinausgeht. Auch dieses Indiz ist in der Rechtsprechung bereits bei der Prüfung des Rechtsmissbrauchs herangezogen worden, weil ein Gläubiger, der eine über das notwendige Maß hinausgehende Unterwerfung initiiert, die Gefahr eines Verstoßes und damit die Aussicht auf eine Vertragsstrafe vergrößert (vgl. BGH GRUR 2012, 730 Rn. 26 ff. – Bauheizgerät). Allerdings ist hier – ähnlich wie bei der Frage eines überhöhten Vertragsstrafeverlangens (→ Rn. 20) – zu berücksichtigen, dass die für die Beseitigung der Wiederholungsgefahr erforderliche Bestimmung der richtigen Reichweite einer Unterlassungsverpflichtung im Einzelfall durchaus schwierig sein kann, weil etwa bestimmte Verallgemeinerungen vom Anspruch umfasst werden (→ § 12 Rn. 1.44). Im RegE war daher zunächst vorgeschlagen worden, nur „erheblich" zu weit gehende Unterlassungsverlangen zu berücksichtigen (vgl. BT-Drs. 19/12084, 30). Mit der Begründung, es sollten nur „eindeutige und ohne Weiteres erkennbare Fälle" der Zuvielforderung erfasst werden, ist im Gesetz nunmehr von **„offensichtlicher"** Überschreitung der abgemahnten Rechtsverletzung die Rede (vgl. BT-Drs. 19/22238, 17). Auch hier gilt daher, dass nur ein **in unvertretbarer Weise** zu weit gefasstes Unterwerfungsverlangen im Zusammenwirken mit anderen Indizien, etwa einem überhöhten Vertragsstrafeverlangen, den Vorwurf des Rechtsmissbrauchs begründen kann. Dies gilt unbeschadet des Umstands, dass es nicht Sache des Abmahnenden, sondern des Abgemahnten ist, die zur Beseitigung der Wiederholungsgefahr erforderliche Erklärung abzugeben (→ § 13 Rn. 19).

22 „Überschießend" ist auch das in einer vom Gläubiger vorformulierten Unterlassungserklärung enthaltene Verlangen einer **verschuldensunabhängigen Vertragsstrafe,** weil nach der Konzeption des Bürgerlichen Rechts im Normalfall nur ein verschuldeter Verstoß gegen eine Vertragsstrafenvereinbarung eine Zahlungspflicht auslöst (vgl. § 339 BGB). Ein solches Verlangen führt nicht nur zu einer Haftungsverschärfung, sondern begründet zugleich eine Haftungsfalle und kann daher ein Indiz für Rechtsmissbrauch sein (BGH GRUR 2012, 730 Rn. 16 ff. – Bauheizgerät). Dagegen reicht es für sich allein nicht aus, wenn der Abmahnende einen **Verzicht auf die Einrede des Fortsetzungszusammenhangs** fordert (BGH GRUR 2012, 286 Rn. 13 – Falsche Suchrubrik; aA wohl BGHZ 121, 13 (19 f.) – Fortsetzungszusammenhang).

6. Mehrfachabmahnung

23 Nach § 8c II Nr. 6 ist eine rechtsmissbräuchliche Geltendmachung im Zweifel anzunehmen, wenn mehrere Zuwiderhandlungen, die zusammen hätten abgemahnt werden können, einzeln abgemahnt werden. Der Gesetzgeber benennt hier beispielhaft nur eine der verschiedenen Konstellationen, die unter dem Schlagwort „Mehrfachabmahnung" zusammengefasst werden können.

24 **a) Vorgehen eines Anspruchstellers.** Es liegt auf der Hand, dass mehrere Verstöße desselben Anspruchsgegners, sofern sie in hinreichend engem zeitlichen Zusammenhang erfolgt sind, auch zusammen abgemahnt werden müssen, sofern kein sachlicher Grund für die mehrfache Abmahnung besteht. Dies gilt auch dann, wenn der Kläger von dem weiteren Verstoß erst später Kenntnis erlangt, diesen aber ohne weiteres, etwa in einer erweiterten Abmahnung, hätte mitverfolgen können (KG WRP 2010, 1273 (1274)). Geht es dem Gläubiger vornehmlich darum, den Schuldner durch planmäßiges sukzessives Vorgehen mit Kosten zu belasten, handelt er rechtsmissbräuchlich. Andererseits ist aus dem Umstand, dass zwischen den Abmahnungen eine gewisse Zeitspanne liegt, nicht unbedingt zu schließen, dass bereits die erste Abmahnung rechtsmissbräuchlich erfolgte (BGH GRUR 2013, 307 Rn. 11 – Unbedenkliche Mehrfachabmahnung).

25 **b) Vorgehen mehrerer Anspruchsteller.** Gehen **mehrere Unterlassungsgläubiger** mit Abmahnungen gegen den Verletzer vor, ist zu unterscheiden. Zulässig ist eine **gemeinsame Abmahnung,** weil sich dadurch die Kosten nur unwesentlich erhöhen (BGH GRUR 2002, 357 (359) – Missbräuchliche Mehrfachabmahnung). Unzulässig ist eine Mehrfachabmahnung aber dann, wenn dafür keine vernünftigen Sachgründe erkennbar sind, wenn also nach Lage der Dinge eine einzige Abmahnung ausgereicht hätte, um die Interessen der anderen anspruchsberechtigten Abmahner zu wahren. Dies ist zB der Fall, wenn mehrere durch denselben Anwalt vertretene Konzernunternehmen ein und denselben Wettbewerbsverstoß in jeweils getrennten Anwaltsschreiben abmahnen. Denn sie können ihr Vorgehen in der Weise koordinieren, dass die Abmahnung entweder nur von einem Konzernunternehmen oder gemeinsam ausgesprochen wird (BGH GRUR 2002, 357 (359) – Missbräuchliche Mehrfachabmahnung). Sind Mehrfachabmahnungen rechtsmissbräuchlich, so sind sie alle unwirksam (KG NJWE-WettbR 1998, 160 (161)). Eine zeitgleiche Abmahnung durch zwei von demselben Anwalt vertretene Konzernunternehmen ist nicht missbräuchlich, wenn beide Unternehmen namentlich angegriffen werden und der Konzernverband nicht ohne weiteres erkennbar ist (OLG Hamburg GRUR-RR 2003, 53).

7. Aufspaltung der Rechtsverfolgung

Nach § 8c II Nr. 7 ist eine rechtsmissbräuchliche Geltendmachung im Zweifel anzunehmen, **26** wenn wegen einer Zuwiderhandlung, für die mehrere Zuwiderhandelnde verantwortlich sind, die Ansprüche gegen die Zuwiderhandelnden ohne sachlichen Grund nicht zusammen geltend gemacht werden. Hiermit greift der Gesetzgeber eine von mehreren Konstellationen der Verfahrensaufspaltung heraus, die sämtlich rechtsmissbräuchlich sein können, sofern es an einem sachlichen Grund für die getrennte Rechtsverfolgung fehlt.

a) Vorgehen gegenüber mehreren Zuwiderhandelnden. Es stellt einen Anhaltspunkt für **27** Rechtsmissbrauch dar, wenn ein Anspruchsberechtigter bei einem **einheitlichen Wettbewerbsverstoß** – etwa einer gemeinsamen Werbeanzeiger mehrerer Unternehmen – mit mehrfachen Klagen, Verfügungsanträgen oder Abmahnungen vorgeht und dadurch die Kostenlast erheblich erhöht, obwohl ein einheitliches Vorgehen für ihn mit keinerlei Nachteilen verbunden wäre (BGHZ 144, 165 (170 f.) = GRUR 2000, 1091 (1093) – Missbräuchliche Mehrfachverfolgung; BGH GRUR 2006, 243 Rn. 16 – MEGA SALE).

b) Vorgehen gegenüber einem Zuwiderhandelnden. Dieser Grundsatz gilt auch dann, **28** wenn es um die getrennte Verfolgung kerngleicher Verletzungshandlungen **gegenüber einem Anspruchsgegner** geht (BGH GRUR 2010, 454 Rn. 19 – Klassenlotterie; GRUR 2013, 307 Rn. 19 – Unbedenkliche Mehrfachabmahnung). Ist es also dem Anspruchsberechtigten **möglich** und **zumutbar,** mehrere (zB in einer Werbeaktion enthaltene) **kerngleiche Wettbewerbsverstöße** mit einem Klageantrag (oder einem Verfügungsantrag oder einer Abmahnung) geltend zu machen, so kann es einen Missbrauch darstellen, wenn er **ohne sachlichen Grund** eine Aufspaltung vornimmt und mehrere Abmahnungen ausspricht oder Klagen neben- oder nacheinander erhebt (BGH GRUR 2009, 1180 Rn. 20 - 0,00 Grundgebühr; OLG Hamm WRP 2011, 501 (504); OLG Düsseldorf GRUR-RR 2014, 164 (165) und MarkenR 2016, 179 Ls.; Teplitzky Wettbewerbsrechtliche Ansprüche/Büch Kap. 13 Rn. 58; zum Fall einer „versehentlichen" Verfahrensspaltung OLG Frankfurt WRP 2018, 736).

Ein **sachlicher Grund** liegt vor, wenn das mehrfache Vorgehen unter den gegebenen **29** Umständen der **prozessual sicherste Weg** ist, um das Rechtsschutzbegehren durchzusetzen (BGH GRUR 2013, 307 Rn. 20 – Unbedenkliche Mehrfachabmahnung; GRUR 2019, 631 Rn. 62 – Das beste Netz; OLG Düsseldorf BeckRS 2015, 03182). Das ist anzunehmen, wenn eine inhaltlich übereinstimmende Werbung in unterschiedlichen Medien oder mittels unterschiedlicher Maßnahmen erfolgt und der Kläger jeweils die konkrete Verletzungsform angreift (und somit unterschiedliche Streitgegenstände vorliegen), sofern die rechtliche Beurteilung oder die Beweisbarkeit des jeweiligen Wettbewerbsverstoßes unterschiedlich sein kann (BGH GRUR 2009, 1180 Rn. 20 - 0,00 Grundgebühr; GRUR 2010, 454 Rn. 21 – Klassenlotterie; GRUR 2019, 631 Rn. 62 – Das beste Netz; LG/OLG Frankfurt WRP 2010, 158 (160); so für das getrennte Vorgehen gegen Unternehmensinhaber und seinen Beauftragten iSv § 8 II OLG Köln WRP 2023, 233 Rn. 31). Dies gilt insbes. bei Wettbewerbsverstößen, die zwar Gemeinsamkeiten, aber auch Unterschiede aufweisen, etwa im Hinblick auf Art, Zeit, Ort und Gegenstand der Werbung. Beispiele sind die „zweigliedrigen" Irreführungstatbestände (einheitliche Werbung; unterschiedliche sachliche Gegebenheiten): Handzettelwerbung einerseits und Plakatwerbung andererseits (BGH GRUR 2009, 1180 Rn. 18 - 0,00 Grundgebühr); Werbung in einem Spielplan und einem Internetauftritt einerseits und im Rahmen von Telefon- und Postmarketingmaßnahmen andererseits (BGH GRUR 2010, 454 Rn. 21 – Klassenlotterie); Werbung einmal mit unzureichender und einmal mit fehlender Versandkostenangabe (BGH GRUR 2013, 307 Rn. 21 ff. – Unbedenkliche Mehrfachabmahnung). Ein getrenntes Vorgehen ist ferner gerechtfertigt, wenn der Kläger hinsichtlich eines von mehreren Ansprüchen mit der Erhebung der ggf. über drei Instanzen zu prüfenden Rechtswegrüge (§ 17a III und IV GVG) und folglich mit einer erheblichen **Verzögerung** der Durchsetzung hiervon nicht betroffener Ansprüche rechnen muss (BGH PharmR 2014, 257). Gleiches gilt, wenn das Risiko der Verzögerung eines bereits eingeleiteten Klageverfahrens durch eine nachträgliche Klageerweiterung besteht (KG MD 2015, 1242). Das Fehlen eines einheitlichen Gerichtsstandes der Beklagten stellt ebenfalls einen sachlichen Grund für deren getrennte Inanspruchnahme dar (OLG Brandenburg GRUR 2015, 80), zumal wenn einer der beiden Beklagten im Ausland sitzt (KG GRUR 2023, 508). Es ist nicht rechtsmissbräuchlich, wenn der Gläubiger keinen Antrag auf Gerichtsstandsbestimmung (§ 36 I Nr. 3 ZPO) stellt (OLG Brandenburg GRUR 2015, 80; OLG Köln WRP 2022, 1166 Rn. 27).

30   Für ein **zeitlich versetztes Vorgehen** kann ebenfalls ein sachlicher Grund bestehen, etwa wenn aufgrund sukzessiver, auf wettbewerbsrechtliche Beanstandungen zurückzuführender Veränderungen der Werbemaßnahmen durch den Mitbewerber die **Zusammenfassung des Angriffs** auf sämtliche Verletzungsformen in einem Verfahren der einstweiligen Verfügung wegen seiner Eilbedürftigkeit **nicht möglich ist** (BGH GRUR 2019, 631 Rn. 64 – Das beste Netz). – Der Einwand des Rechtsmissbrauchs ist für jeden mit Klage (oder Verfügungsantrag oder Abmahnung) geltend gemachten Anspruch selbstständig zu prüfen. Das kann, insbes. bei mehr oder weniger **gleichzeitig erhobenen** Klagen wegen eines einheitlichen Wettbewerbsverstoßes, dazu führen, dass **alle Klagen unzulässig** sind (ebenso KG WRP 2010, 1273 (1274)). Liegt zwischen der Erhebung der Klagen eine gewisse Zeitspanne, so ist aus der Erhebung der späteren Klage allerdings nicht unbedingt zu schließen, dass auch bereits die frühere Klage als unzulässig anzusehen ist (vgl. BGH GRUR 2000, 1089 (1093) – Missbräuchliche Mehrfachverfolgung).

31   **c) Vorgehen mehrerer Anspruchsberechtigter.** Eine Klage ist nicht schon deshalb missbräuchlich, weil vorher oder gleichzeitig ein anderer Anspruchsberechtigter Klage bei dem gleichen oder einem anderen zuständigen Gericht erhoben hat. Daran ändert es auch nichts, wenn dieselben oder geschäftlich verbundene Anwälte eingeschaltet wurden (OLG Hamburg NJW-RR 1997, 1269; OLG Hamm GRUR 1999, 361 (362)) oder wenn die Klagen von einem Verband und daneben von einem Unternehmer, der gleichzeitig ein (nicht allein entscheidungsbefugtes) Vorstandsmitglied des Verbands ist, erhoben werden (OLG Hamburg NJWE-WettbR 1996, 73 (75)).

32   Die Mehrfachverfolgung ist jedoch missbräuchlich, wenn sie auf einem **abgestimmten** oder **zentral koordinierten Verhalten** der Unterlassungsgläubiger beruht, für sie kein vernünftiger Grund vorliegt und die Vervielfachung der Belastung und das Kostenrisiko beim Anspruchsgegner unangemessen ist (BGHZ 144, 165 = GRUR 2000, 1089 (1091) – Missbräuchliche Mehrfachverfolgung; OLG Frankfurt a. M. WRP 2016, 368; OLG Hamm GRUR-RR 2011, 329 (330)), weil ein schonenderes Vorgehen im Einzelfall möglich und zumutbar ist. Rechtsmissbräuchlich ist danach die Teilnahme an einer „**Kampagne**" zur massenhaften Verfolgung von Verstößen eines Wettbewerbers mit dem Ziel, ihn in einer anderweitigen gerichtlichen Auseinandersetzung zum Einlenken zu bewegen (OLG Köln WRP 2015, 1385). Handelt es sich bei den Mehrfachklägern um unter einheitlicher Leitung stehende **Konzernunternehmen** oder sind sie in sonstiger Weise geschäftlich oder organisatorisch verbunden und werden Informationen über Wettbewerbsverstöße zentral gesammelt, so ist den Umständen nach davon auszugehen, dass den Mehrfachklagen gegen einen Mitbewerber oder gegen mehrere Verantwortliche eine interne Abstimmung oder Anweisung zugrunde liegt, zumindest aber die Kläger die Mehrfachverfolgung kennen, billigen und fördern wollen (vgl. BGHZ 144, 165 = GRUR 2000, 1089 (1091 f.) – Missbräuchliche Mehrfachverfolgung; BGH GRUR 2001, 78 (79) – Falsche Herstellerpreisempfehlung; GRUR 2001, 82 (83) – Neu in Bielefeld I). Typisch dafür ist der Fall, dass ein Rechtsanwalt nicht nur zufällig mehrere Konzernunternehmen vertritt, sondern nach entspr. Weisung der Konzernmutter auf der Grundlage der bei ihm zusammenfließenden Informationen auch die zentrale Koordinierung der Rechtsverfolgungsmaßnahmen übernimmt (BGH GRUR 2002, 715 (717) – Scanner-Werbung). – Das Gleiche gilt, wenn ein Anwalt im Auftrag mehrerer zuvor abgemahnter Mitbewerber den Abmahner wegen ein und desselben Wettbewerbsverstoßes abmahnt und er diese Mehrfachabmahnung koordiniert hat; allein der Charakter einer „Retourkutsche" – also der Gegenschlag eines zuvor Abgemahnten – begründet die Annahme des Rechtsmissbrauchs aber nicht. Die Kenntnis des Anwalts von der mehrfachen Abmahnung und den besonderen Umständen müssen sich die Mitbewerber nach § 166 BGB analog zurechnen

lassen (OLG Hamm GRUR-RR 2011, 329 (331)). – Die solchermaßen koordinierte Mehrfachverfolgung ist missbräuchlich, wenn und soweit Möglichkeiten bestehen, eine den Gegner
weniger belastende Verfahrenskonzentration zu wählen und das Vorgehen **schonender** zu
gestalten. Zu den Möglichkeiten des schonenderen Vorgehens gehören insbes. die Klage in
Streitgenossenschaft oder gegen mehrere Verantwortliche als **Streitgenossen** oder die Klage
nur einer Partei, entweder eines Mitbewerbers oder eines Konzernunternehmens oder eines
Verbands oder der dazu ermächtigten Muttergesellschaft. Wenn jedes Konzernunternehmen
einen eigenen Titel erwirken möchte, sind sie gehalten, gemeinsam am Sitz des Beklagten zu
klagen (BGH GRUR 2002, 713 (714) – Zeitlich versetzte Mehrfachverfolgung; krit. Harte-
Bavendamm/Henning-Bodewig/Goldmann Rn. 80 f.; aber → Rn. 29). Erscheint nach Lage des
Falles ein **schonenderes Vorgehen** möglich, so ist es Sache der Kläger, vernünftige sachliche
Gründe für die Mehrfachklage (zB fehlende Abstimmung; unterschiedliche Anträge; OLG
Düsseldorf WRP 1999, 865 (866)) darzulegen (BGH GRUR 2002, 357 (359) – Missbräuchliche
Mehrfachabmahnung; GRUR 2008, 915 Rn. 11 – 40 Jahre Garantie; OLG Hamm GRUR-
RR 2011, 329 (332)).

Ein Missbrauch kann auch darin liegen, dass mehrere nahezu identische Abmahnungen aus- **33**
gesprochen oder Unterlassungsanträge gestellt werden, wenn sie sich auf kerngleiche Verletzungshandlungen beziehen und ohne inhaltliche Erweiterung des begehrten Verbotsumfangs zu
einer Vervielfachung des Streitwerts führen (→ Rn. 23 ff.; BGH GRUR 2013, 307 Rn. 19 –
Unbedenkliche Mehrfachabmahnung). Etwas anderes gilt, wenn dafür ein sachlicher, vernünftiger Grund, etwa Vorliegen einer unterschiedlichen Beweissituation besteht (→ Rn. 29; BGH
GRUR 2002, 713 (714) – Zeitlich versetzte Mehrfachverfolgung; GRUR 2004, 70 (71) –
Preisbrecher; GRUR 2009, 1180 Rn. 20 - 0,00 Grundgebühr). Dazu gehören die Fälle, die sich
durch einen zweigliedrigen Sachverhalt (zB überregionale Anzeigenwerbung; unterschiedliche
Vorratsmengen in einzelnen Filialen) auszeichnen. Denn hier lassen sich Wettbewerbsverstöße
nicht einheitlich feststellen und einzelne Konzernunternehmen haben daher ein legitimes Interesse, den Wettbewerber am jeweiligen Ort seiner Filialen in Anspruch zu nehmen (BGHZ 144,
165 (170) = GRUR 2000, 1089 – Missbräuchliche Mehrfachverfolgung; BGH GRUR 2004, 70
(71) – Preisbrecher; OLG Nürnberg GRUR-RR 2005, 169). Ein sachlicher Grund liegt aber
nicht in einer räumlich beschränkten Betroffenheit der einzelnen Gesellschaften, weil der
Unterlassungsanspruch bundesweit durchsetzbar ist (BGH GRUR 1999, 509 (510) – Vorratslücken). Ein sachlicher Grund für die Mehrfachverfolgung kann auch darin liegen, dass die zum
selben Konzern gehörenden Kläger in ihrer Stellung als Mitbewerber unterschiedlich betroffen
sind und daher aus ihrer Sicht ein unterschiedlicher Verlauf der Verfahren nicht auszuschließen
ist (BGH GRUR 2008, 915 Rn. 12 – 40 Jahre Garantie).

Nehmen mehrere vom selben Rechtsanwalt vertretene **Konzernunternehmen** einen Mit- **34**
bewerber wegen desselben Wettbewerbsverstoßes **zeitlich versetzt** beim selben Gericht in
Anspruch, so ist zwar nicht die erste, wohl aber die zweite Klage missbräuchlich, wenn sich der
Kläger des zweiten Verfahrens dem ersten Verfahren noch ohne weiteres im Wege der Klageerweiterung anschließen kann. Dies ist in einem frühen Verfahrensstadium, in dem der Gegner
gerade erst seine Verteidigungsbereitschaft angezeigt hat, der Fall (BGH GRUR 2002, 713 (714)
– Zeitlich versetzte Mehrfachverfolgung). – Sind die Mehrfachklagen rechtsmissbräuchlich erhoben, so können die Kläger der Abweisung aller Klagen nicht dadurch entgehen, dass sie sich
nachträglich auf eine Klage beschränken. Andernfalls ließe sich ein effektiver Schutz vor missbräuchlicher Geltendmachung des Unterlassungsanspruchs nicht verwirklichen. – Hat ein Anspruchsberechtigter bereits einen Titel oder eine strafbewehrte Unterlassungserklärung erlangt,
so kann (und wird idR) die Wiederholungsgefahr und damit der Unterlassungsanspruch der
übrigen Anspruchsberechtigten entfallen sein. Unabhängig davon kann aber bereits die Geltendmachung des Unterlassungsanspruchs missbräuchlich und die Klage damit unzulässig (bzw. nach
hier vertretener Auffassung: unbegründet) sein, so dass sich eine Prüfung des Anspruchs erübrigt.

d) Gleichzeitiges Verfügungs- und Hauptsacheverfahren. Leitet ein Anspruchsberech- **35**
tigter neben dem Verfügungs- auch ein Hauptsacheverfahren ein, ohne dass dafür eine sachliche
Notwendigkeit besteht und ohne abzuwarten, ob eine inhaltsgleiche Verfügung ergeht und als
endgültige Regelung anerkannt wird, ist die Erhebung der Hauptsacheklage missbräuchlich
(BGH GRUR 2000, 1091 (1093) – Missbräuchliche Mehrfachverfolgung; GRUR 2001, 82 –
Neu in Bielefeld I; GRUR 2001, 78 (79) – Falsche Herstellerpreisempfehlung; GRUR 2002,
715 (716) – Scanner-Werbung; OLG Nürnberg GRUR-RR 2004, 336; Harte-Bavendamm/
Henning-Bodewig/Goldmann Rn. 67). Kein Missbrauch liegt jedoch vor, wenn der Gläubiger

nach Erlass der einstweiligen Verfügung Hauptsacheklage auf Unterlassung, Schadensersatz und Auskunfterteilung erhebt, weil der Schuldner Widerspruch eingelegt und in der ihm gesetzten angemessenen Frist nicht die geforderte Abschlusserklärung abgegeben hat (OLG Köln GRUR-RR 2009, 183; OLG Koblenz MD 2017, 622). Es ist ihm in diesem Fall nicht zuzumuten, den rechtskräftigen Abschluss des Verfügungsverfahrens und eine Entscheidung des Schuldners, die Regelung doch noch als endgültige anzuerkennen, abzuwarten (aA OLG Nürnberg GRUR-RR 2004, 336).

8. Sonstige sachfremde Erwägungen

36 Im Rahmen der bei der Prüfung des Rechtsmissbrauchs vorzunehmenden Gesamtwürdigung können auch **weitere Umstände,** die im Gesetz nicht benannt sind, Bedeutung erlangen. Hierzu zählen:

37 **a) Mitbewerberbehinderung.** Missbräuchlich ist die Geltendmachung des Unterlassungsanspruchs, wenn sie von der Absicht getragen ist, den Verletzer im Wettbewerb zu behindern oder zu schädigen (KG GRUR-RR 2010, 22 (23); OLG Saarbrücken GRUR-RR 2011, 20). Das kann der Fall sein, wenn der Anspruchsberechtigte die ihm eröffneten Verbotsmöglichkeiten nicht voll ausschöpft, sondern ohne sachlichen Grund sukzessive gegen den Verletzer vorgeht (vgl. OLG Hamburg GRUR 1984, 826; aber auch GRUR 1989, 133). So, wenn er bei mehrfachen Wettbewerbsverstößen in einem Werbeschreiben diese nacheinander angreift und den Verletzer dadurch zu mehrfacher Abänderung zwingt (OLG Hamburg WRP 1996, 579; OLG München NJW-WettbR 1998, 211 (212)). – Versucht ein Verband durch unzutreffende Belehrungen, unberechtigte Abmahnungen oder Androhung von Prozessen planvoll Druck auf Unternehmer auszuüben, um sie zu einem Verhalten zu veranlassen, das nach dem GWB nicht zum Gegenstand einer vertraglichen Bindung gemacht werden darf, ist es Sache der Kartellbehörden, dagegen vorzugehen (§ 21 II GWB, §§ 32, 81 I Nr. 1 GWB). Dagegen ist die Einzelklage eines Verbands nicht deshalb missbräuchlich, weil er damit seinem Ziel nicht näher kommen könnte (BGH GRUR 1987, 304 (305 f.) – Aktion Rabattverstoß). – Erst recht nicht missbräuchlich ist es, wenn ein Verband gegen Missbräuche von staatlichen Monopolunternehmen vorgeht, mag er auch das rechtspolitische Ziel einer Beseitigung des Monopols verfolgen (KG GRUR-RR 2010, 22 (23 f.)).

38 **b) Selektives Vorgehen.** Grds. nicht missbräuchlich ist es, wenn der anspruchsberechtigte Mitbewerber oder Verband nur gegen einen oder einzelne von mehreren Verletzern vorgeht. Denn es steht dem Verletzer frei, seinerseits gegen die anderen Verletzer vorzugehen (BGH WRP 1999, 424 (426) – Bonusmeilen; GRUR 2001, 178 – Impfstoffversand an Ärzte; GRUR 2012, 411 Rn. 19 – Glücksspielverband; GRUR 2017, 1281 Rn. 15 – Großhandelszuschläge). Dies gilt auch dann, wenn ein Verband, der eine Rechtsfrage höchstrichterlich klären lassen will, zunächst gegen einen Dritten und nicht auch gegen ein eigenes Mitglied vorgeht (BGH GRUR 1997, 537 (538) – Lifting-Creme; GRUR 1997, 681 (683) – Produktwerbung; GRUR 1999, 515 (516) – Bonusmeilen; WRP 2000, 502 (504) – Johanniskraut-Präparat; WRP 2004, 1024 (1027) – Sportlernahrung II). – Allerdings kann es im **Einzelfall** missbräuchlich sein, wenn ein **Verband** iSd § 8 III Nr. 2 grds. nur gegen Außenstehende und nicht gegen eigene Mitglieder vorgeht, vielmehr deren Wettbewerbsverstöße **planmäßig duldet** (vgl. BGH GRUR 1997, 681 (683) – Produktwerbung; GRUR 2012, 411 Rn. 22 – Glücksspielverband; GRUR 2020, 294 Rn. 58 – Culatello di Parma; FBO/Büscher § 8 Rn. 292 Teplitzky Wettbewerbsrechtliche Ansprüche/Büch Kap. 13 Rn. 59). Denn die Klagebefugnis der Verbände liegt nicht nur im Interesse der betroffenen Mitglieder, sondern auch im öffentlichen Interesse. Andererseits gibt es keine Obliegenheit eines Verbands, auch gegen eigene Mitglieder vorzugehen, auf die sich der außenstehende Dritte berufen könnte. Daher ist auch in solchen Fällen zu fragen, ob der Verband **überwiegend sachfremde,** für sich gesehen nicht schutzwürdige Interessen und Ziele verfolgt und diese als die eigentliche Triebfeder und das beherrschende Motiv der Verfahrenseinleitung erscheinen (ebenso OLG Hamburg GRUR-RR 2012, 21 (24)). Dabei sind, wie es § 8c I verlangt, die Gesamtumstände zu berücksichtigen. So ist bspw. ein Missbrauch anzunehmen, wenn ein Verband mit seinem ausschließlichen Vorgehen gegen Nichtmitglieder bezweckt, neue Mitglieder zu werben, die dann Schutz vor Verfolgung durch den Verband genießen (BGH GRUR 2012, 411 Rn. 22 – Glücksspielverband mAnm Ohly; OLG Schleswig Magazindienst 2019, 307: Rechtsmissbrauch verneint). Dagegen ist ein Missbrauch zu verneinen, wenn eine dauerhafte Beschränkung der Verfolgung von Wettbewerbsverstößen auf Nichtmit-

glieder schon aus seinem – rechtlich unbedenklichen – Verbandszweck folgt. Das ist anzunehmen, wenn der Verband nur Unternehmen aufnimmt, die am Markt gleichgerichtete Interessen verfolgen, und der Verbandszweck darauf gerichtet ist, diese Unternehmen vor unlauterem Wettbewerb anderer Unternehmen mit anderer Zielsetzung zu schützen (BGH GRUR 2012, 411 Rn. 24 – Glücksspielverband; vgl. auch OLG Koblenz GRUR-RR 2010, 16 (17); OLG Frankfurt BeckRS 2010, 21956 S. 10; OLG Stuttgart WRP 2022, 110). **Beispiele:** Verband privater Glücksspielanbieter vs. staatlicher Glücksspielanbieter; Verband mittelständischer Unternehmen vs. Großunternehmen; Verband forschender Pharmahersteller vs. Generikahersteller. In diesem Fall bleibt es Sache des in Anspruch genommenen Unternehmers (oder eines von ihm eingeschalteten Verbands), gegen wettbewerbswidrig handelnde Verbandsmitglieder vorzugehen. – Ebenso wenig ist es missbräuchlich, wenn der Verletzte nur gegen Händler und nicht auch gegen Hersteller vorgeht (offengelassen von OLG Köln NJWE-WettbR 1999, 252 (253); aA MüKoUWG/Fritzsche Rn. 66).

c) Fremdbestimmung. Missbrauch kann im Einzelfall vorliegen, wenn der Anspruchs- **39** berechtigte nicht mehr im eigenen oder im Verbandsinteresse, sondern als „Werkzeug" oder „Handlanger" eines Dritten tätig wird (BGH GRUR 2001, 178 – Impfstoffversand an Ärzte; Harte-Bavendamm/Henning-Bodewig/Goldmann Rn. 113). Das ist nicht schon dann der Fall, wenn ein Verband auf Anregung und Prozesskostenzusage eines Dritten hin tätig wird (BGH GRUR 2001, 178 – Impfstoffversand an Ärzte); wohl aber dann, wenn der Dritte seine eigene Anspruchsberechtigung verloren hat, die Kosten des Verfahrens übernimmt und den Gang des Verfahrens steuert (vgl. BGH GRUR 1960, 379 (381) – Zentrale; Teplitzky Wettbewerbsrechtliche Ansprüche/Büch Kap. 13 Rn. 41 f. Lindacher WRP 2017, 1168 f.). Nicht ohne weiteres missbräuchlich ist es dagegen, wenn der eigentlich Interessierte einen Verband einschaltet, um die Prozesskosten über § 12 III zu senken (Lindacher WRP 2017, 1168 (1169); aA Teplitzky Wettbewerbsrechtliche Ansprüche/Büch Kap. 13 Rn. 60). – Zur Frage, ob ein Anwalt, der Erstattung von Kosten einer missbräuchlichen Abmahnung verlangt, obwohl er gegenüber dem Auftraggeber auf Kostenerstattung verzichtet hat, einen **Betrug** begeht, vgl. OLG Köln WRP 2013, 1390 mAnm Buchmann.

d) Unterbliebene Offenlegung der Antwort auf die Abmahnung im Eilverfahren. Bei **39a** der Gesamtwürdigung aller Umstände kann auch das Verhalten des Anspruchstellers bei der Verfolgung des Anspruchs Bedeutung erlangen (→ Rn. 12). Insofern kann zu berücksichtigen sein, dass der Antragsteller im auf den Erlass einer einstweiligen Verfügung gerichteten Verfahren die **Antwort des Antragsgegners** auf eine vorgerichtliche Abmahnung **nicht offenlegt** und auf diese Weise dessen Anspruch auf Gewährung rechtlichen Gehörs (Art. 103 I GG) im Eilverfahren vereitelt (zur diesbezüglichen Bedeutung der Abmahnung → § 13 Rn. 5a ff.). Mit Blick auf die einschneidende Rechtsfolge des erfolgreichen Rechtsmissbrauchseinwands – dem Gläubiger wird die Geltendmachung des Anspruchs nicht nur im Eilverfahren, sondern auch in der Hauptsache als unzulässig verwehrt (→ Rn. 7) – ist hier eine schematische Annahme des Rechtsmissbrauchs aber unangemessen und vielmehr eine gewisse Zurückhaltung angebracht (vgl. Büscher/Hohlweck Rn. 53; Hess jurisPR-WettbR 12/2017 Anm. 3). Es ist zu berücksichtigen, dass der idR vorliegende Verstoß gegen die prozessuale Wahrheitspflicht gem. § 138 I ZPO durchaus unterschiedliche Intensität haben kann: Es wird im Einzelfall schwerer wiegen, wenn ausdrücklich darüber gelogen wird, dass eine Antwort auf die Abmahnung erfolgt ist (so die Konstellation in BVerfG WRP 2021, 461 Rn. 14), als wenn vorgetragen wird, der Gegner habe sich auf die Abmahnung nicht unterworfen, ohne zu erwähnen, dass in der Antwort auf die Abmahnung umfangreich erwidert wurde (zu weitgehend daher OLG München WRP 2017, 1523) oder (lediglich) ein telefonischer Kontakt mit der Gegenseite verschwiegen wird (OLG Frankfurt WRP 2019, 643; OLG Nürnberg WRP 2021, 944). Mit der Möglichkeit, in geeigneten Fällen die Dringlichkeit iSd § 12 I zu verneinen, steht im Eilverfahren ein milderes Mittel zur Verfügung (vgl. Büscher/Hohlweck Rn. 53; Hess jurisPR-WettbR 12/2017 Anm. 3; → § 12 Rn. 2.16a).

e) Sonstiges. Ein Anspruch wird auch dann missbräuchlich geltend gemacht, wenn der **40** Anspruchsberechtigte zuvor vergeblich versucht hat, sich die Anspruchsberechtigung „abkau-fen" zu lassen (OLG Hamm GRUR-RR 2005, 141 (142); OLG München GRUR-RR 2012, 169 (171) – auch zur Sittenwidrigkeit des Abkaufens eines titulierten Anspruchs; zur Abgrenzung von als solchen „unverdächtigen" Vergleichsbemühungen OLG Frankfurt GRUR-RR 2018, 352 u. OLG Hamm BeckRS 2018, 26872). – Ein Missbrauch soll ferner vorliegen, wenn ein

Verband jugendliche Testkäufer zum Nachweis eines Verstoßes gegen § 9 I JuSchG eingesetzt hat, ohne zuvor deren Erziehungsberechtigte eingeschaltet zu haben (OLG Brandenburg WRP 2013, 105 Rn. 22; zw.). – Die Ausnutzung eines „Rechtsprechungsgefälles" bei der **Wahl des Gerichtsstands** (§ 14 II) ist noch kein Missbrauch (KG WRP 2008, 511 (512); OLG Hamm GRUR-RR 2012, 279 (280); 2012, 293 (294); vgl. auch (zur Kostenerstattung nach § 91 II 1 ZPO) BGH GRUR 2014, 607 – Klageerhebung an einem dritten Ort). Allerdings kann es im Einzelfall missbräuchlich sein, wenn ein Massenabmahner bei ausbleibender Unterwerfung das Gericht nach § 14 II 2 grds. so auswählt, dass dieses vom Sitz des Gegners weit entfernt liegt (KG WRP 2008, 511). – Die Rücknahme eines Verfügungsantrags und seine erneute Anbringung bei einem anderen Gericht kann sich als missbräuchlich darstellen (verneinend allerdings OLG Hamburg GRUR 2022, 675; krit. dazu Danckwerts jurisPR-WettbR 3/2022 Anm. 4; → § 12 Rn. 2.16a). – Besitzt der Verletzte bereits einen **Vollstreckungstitel**, um die Zuwiderhandlung zu ahnden, ist schon das Rechtsschutzinteresse an einer erneuten Klage zu verneinen (KG WRP 1998, 1189 (1190)), sofern nicht bes. Umstände vorliegen. – Kein Missbrauch liegt in der Erhebung der Hauptsacheklage ohne vorherige Einleitung eines Verfügungsverfahrens, selbst wenn der Verletzer eine Urteilsverfügung durch Abschlussschreiben anerkennen will (KG GRUR 1996, 144). Der Verletzer hat es in der Hand, den Kläger durch Unterwerfung klaglos zu stellen. – Eine Abmahnung ist missbräuchlich, wenn zugleich dafür Kostenerstattung gefordert, aber verschwiegen wird, dass vorher oder gleichzeitig ein Verfügungsverfahren eingeleitet wurde (KG WRP 2012, 368 Ls.). – **Missbrauch verneint:** Kammern von Freiberuflern gehen ohne vorheriges berufsrechtliches Einschreiten gegen Mitglieder mit einer wettbewerbsrechtlichen Abmahnung vor, ohne dass besondere Umstände vorliegen (→ § 8 Rn. 3.66; BGH GRUR 2006, 598 Rn. 15 – Zahnarztbriefbogen); Abmahnung erfolgt als Reaktion auf eine vorherige Abmahnung eines Mitbewerbers **("Retourkutsche")** (BGH WRP 2021, 746 Rn. 44 – Berechtigte Gegenabmahnung; OLG Frankfurt MMR 2009, 564; OLG Köln WRP 2015, 1385; 2021, 377; OLG München WRP 2014, 591 Rn. 26; jurisPK-UWG/Seichter Rn. 229); auch dann kein Missbrauch, wenn im Anschluss an die Retourkutsche ein **sachgerechter Vergleich** vorgeschlagen wird (BGH WRP 2021, 746 Rn. 45 – Berechtigte Gegenabmahnung; vgl. auch OLG München WRP 2014, 591 Rn. 29 für den Vorschlag, „gegenseitig auf die Abgabe von strafbewehrten Unterlassungserklärungen zu verzichten"); Verband geht im Einzelfall Prozessrisiken ein, die den Umfang seines Mitgliedsbeitragsaufkommens übersteigen (OLG Jena GRUR-RR 2012, 78 Ls.); Verband nimmt Mitglieder einer Gemeinschaftswerbung jeweils getrennt auf Unterlassung und Ersatz der Abmahnkosten in Anspruch (OLG Brandenburg WRP 2014, 1219 Rn. 29 ff.). Ein **verdecktes Vorgehen** des Abmahnenden bei der Ermittlung des Wettbewerbsverstoßes begründet – ebenso wenig wie ein Testkauf – allein nicht den Vorwurf des Rechtsmissbrauchs (OLG Nürnberg Schaden-Praxis 2015, 355; anders für den Fall, dass keine Anhaltspunkte für einen Wettbewerbsverstoß vorliegen und der Wettbewerber lediglich „hereingelegt" werden soll, OLG Düsseldorf GRUR-RR 2016, 354).

C. Adressatenkreis

41   Das Missbrauchsverbot wendet sich gegen **alle Anspruchsberechtigten** iSd § 8 III (vgl. BGH GRUR 2000, 1089 (1090) – Missbräuchliche Mehrfachverfolgung; GRUR 2001, 82 – Neu in Bielefeld I; GRUR 2001, 260 (261) – Vielfachabmahner). Beim **Mitbewerber** iSd § 8 III Nr. 1 wird zwar typischerweise ein berechtigtes Interesse an der Rechtsverfolgung gegeben sein. Jedoch kann auch hier ein Missbrauch – etwa wegen vorwiegenden Gebühreninteresses – vorliegen (→ Rn. 14 ff.; KG GRUR-RR 2004, 335). Es hat auch insoweit eine „Berücksichtigung der gesamten Umstände" (§ 8c I) stattzufinden. Dementsprechend sind nicht generell strengere Anforderungen an einen Missbrauch zu stellen (ebenso Harte-Bavendamm/Henning-Bodewig/Goldmann Rn. 22; aA OLG Hamburg WRP 1995, 240 (241)).

D. Beweislast

42   Im Rahmen der gerichtlichen Geltendmachung des Unterlassungsanspruchs ist das Vorliegen eines Missbrauchs nach hM, da eine Prozessvoraussetzung betreffend (→ Rn. 3), von Amts wegen auch noch in der Revisionsinstanz (BGH GRUR 2002, 715 (716) – Scanner-Werbung; GRUR 2019, 199 Rn. 20 – Abmahnaktion II) im Wege des **Freibeweises** zu prüfen (OLG

München WRP 1992, 270 (273); OLG Jena GRUR-RR 2011, 327). Ein **non-liquet** geht zu Lasten des Beklagten, da grds. von der Zulässigkeit der Geltendmachung des Anspruchs auszugehen ist (KG WRP 2008, 511; KG GRUR-RR 2010, 22 (23); Teplitzky Wettbewerbsrechtliche Ansprüche/Büch Kap. 13 Rn. 54; Schulte-Franzheim WRP 2001, 745 (750); aA OLG Köln WRP 1999, 357 (361)). Grds. ist es daher Sache des Beklagten, Tatsachen für das Vorliegen eines Missbrauchs darzulegen und dafür Beweis anzubieten (OLG Hamm MD 2007, 381 (382); OLG Jena GRUR-RR 2011, 327; OLG Nürnberg GRUR-RR 2019, 170; Hantke FS Erdmann, 2002, 831 (842)). Es geht daher zu weit, vom Anspruchsteller schon in der Antrags- oder Klageschrift Vortrag dazu zu verlangen, ob mehrere gleichlautende oder vergleichbare Abmahnungen im engen zeitlichen Zusammenhang getätigt worden sind (so aber LG Osnabrück WRP 2021, 1368: Annahme des Rechtsmissbrauchs bestätigt durch OLG Oldenburg WRP 2021, 1623; zur Frage der Geltendmachung von Abmahngebühren bei derselben Angelegenheit iSv § 15 II RVG s. aber → Rn. 19); insoweit kommt allenfalls die Annahme einer sekundären Darlegungslast in Betracht (→ Rn. 42 aE). Diese Verteilung der Darlegungs- und Beweislast gilt auch für das Vorgehen eines Verbandes, zumal für ihn die Vermutung spricht, dass er seinen satzungsmäßigen Zwecken nachgeht (BGH GRUR 2001, 178 – Impfstoffversand an Ärzte). Ist allerdings durch entspr. Tatsachenvortrag (zB dass die Mehrfachverfolgung durch konzernmäßig verbundene Unternehmen erfolgt) die für die Prozessführungsbefugnis (bzw. Anspruchsberechtigung) sprechende Vermutung erschüttert, so muss der Kläger substanziiert die Gründe darlegen, die gegen einen Missbrauch sprechen (BGH GRUR 2001, 178 – Impfstoffversand an Ärzte; GRUR 2006, 243 Rn. 21 – MEGA SALE; KG WRP 2008, 511; OLG Jena GRUR-RR 2011, 327; Teplitzky Wettbewerbsrechtliche Ansprüche/Büch Kap. 13 Rn. 54). **An dieser Rechtslage hat auch die in § 8c II enthaltene Zweifelsregelung nichts geändert** (→ Rn. 12). Das Gleiche gilt, wenn der Kläger bereits in der Vergangenheit missbräuchlich gegen bestimmte Wettbewerbsverstöße vorgegangen ist und die äußeren Umstände der jetzigen Rechtsverfolgung im Wesentlichen damit übereinstimmen. Es ist dann Sache des Klägers, gewichtige Veränderungen in den maßgeblichen Umständen darzulegen, die die Gewähr für eine redliche Rechtsverfolgung bieten (KG GRUR-RR 2004, 335; OLG Hamburg WRP 2017, 485). Maßgeblicher Zeitpunkt ist der Schluss der mündlichen Verhandlung bzw. die Abgabe übereinstimmender Erledigterklärungen (OLG Düsseldorf OLGR 1998, 328). – Geht der Rechtsstreit um die Rechtsfolgen einer Abmahnung, zB um Aufwendungsersatz, ist ohnehin das Vorliegen eines Missbrauchs (und damit der Unwirksamkeit der Abmahnung) nach allgemeinen Beweislastregeln zu beurteilen. Der Anspruchsgegner muss also grds. den Missbrauch beweisen, wobei freilich der Anspruchsteller zur Klärung solcher Tatsachen beitragen muss, die in seiner Sphäre liegen und dem Anspruchsgegner nicht bekannt sind (OLG Karlsruhe GRUR-RR 2017, 506).

Schadensersatz

9 (1) **Wer vorsätzlich oder fahrlässig eine nach § 3 oder § 7 unzulässige geschäftliche Handlung vornimmt, ist den Mitbewerbern zum Ersatz des daraus entstehenden Schadens verpflichtet.**

(2) ¹**Wer vorsätzlich oder fahrlässig eine nach § 3 unzulässige geschäftliche Handlung vornimmt und hierdurch Verbraucher zu einer geschäftlichen Entscheidung veranlasst, die sie andernfalls nicht getroffen hätten, ist ihnen zum Ersatz des daraus entstehenden Schadens verpflichtet.** ²**Dies gilt nicht für unlautere geschäftliche Handlungen nach den §§ 3a, 4 und 6 sowie nach Nummer 32 des Anhangs.**

(3) **Gegen verantwortliche Personen von periodischen Druckschriften kann der Anspruch auf Schadensersatz nach den Absätzen 1 und 2 nur bei einer vorsätzlichen Zuwiderhandlung geltend gemacht werden.**

---

* Detailübersichten finden sich zu Beginn der Abschnitte.

5. Abschnitt. Ansprüche auf Auskunft, Rechnungslegung und Besichtigung

Schrifttum: Ackermann, Zur Relevanz des Rechtsirrtums für kartellrechtliche und lauterkeitsrechtliche Schadensersatzansprüche, FS Köhler, 2014, 1; Alexander, Schadensersatz und Abschöpfung im Lauterkeits- und Kartellrecht, 2010; Alexander, Überblick und Anmerkungen zum Referentenentwurf eines Gesetzes zur Stärkung des Verbraucherschutzes im Wettbewerbs- und Gewerberecht, WRP 2021, 136; Alexander, Verhältnis des UWG nF zu spezialgesetzlichen Regelungen und individueller Schadensersatz für Verbraucher, GRUR 2021, 1445; Beuthien/Wasmann, Zur Herausgabe des Verletzergewinns bei Verstößen gegen das Markengesetz – Zugleich Kritik an der sogenannten dreifachen Schadensberechnung, GRUR 1997, 255; Bodewig/Wandtke, Doppelte Lizenzgebühr als Berechnungsmethode im Lichte der Durchsetzungsrichtlinie, GRUR 2008, 220; Bornkamm, Das Wettbewerbsverhältnis und die Sachbefugnis des Mitbewerbers, GRUR 1996, 527; Büscher, Neue Unlauterkeitstatbestände und Sanktionen im Gesetz zur Stärkung des Verbraucherschutzes im Wettbewerbs- und Gewerberecht (Teil 2), WRP 2022, 132; Dilly, „Nicola" siegt über „Gaby" – zum Umfang des akzessorischen Auskunftsanspruchs nach § 242 BGB, WRP 2007, 1313; Dreier, Kompensation und Prävention, 2002; Fritze, Schadensersatz für rechtswidrige Anbringung einer Marke im Inland und anschließenden Export durch fiktive Lizenzgebühr?, FS Erdmann, 2002, 291; Glöckner, Ausgestaltung der Individualansprüche von Verbrauchern bei Lauterkeitsverstößen, GRUR 2021, 919; Goldmann, Die Berechnung des Schadensersatzanspruchs vor und nach Umsetzung der Durchsetzungsrichtlinie, WRP 2011, 950; Götz, Schaden und Bereicherung in der Verletzerkette, GRUR 2001, 295; Grüger, „Catwalk" – Synonym für eine höhere Schadensliquidation, GRUR 2006, 536; Haedicke, Die Gewinnhaftung des Patentverletzers, GRUR 2005, 529; Hagenmaier, Lauterkeitsrechtlicher Schutz des Verbrauchers nach Vertragsschluss, 2019; Heil/Roos, Zur dreifachen Schadensberechnung bei Übernahme sonderrechtlich nicht geschützter Leistungen, GRUR 1994, 26; Heinze/Engel, Der neue Schadensersatzanspruch für Verbraucher bei UWG-Verstößen, NJW 2021, 2609; Hofmann, Gewinnherausgabe bei Vertragsverletzungen, AcP 213 (2013) 469; Kessel, Paradigmenwechsel im UWG – Individualschutz für Verbraucher, VuR 2021, 121; Kicker, Problematik des Beschäftigungsverbots als Nachlese zum „López-Szenario", FS Piper, 1996, 273; Kleinheyer, Schadensersatz im Immaterialgüterrecht: Die Bestimmung des Verletzergewinns, 2017; Köhler, Der Schadensersatzanspruch im Wettbewerbsrecht, NJW 1992, 1477; Köhler, Zur Abwerbung von Mitarbeitern, FS Buchner, 2009, 452; Köhler, Der Schutz von Kollektivinteressen und Individualinteressen im UWG, FS Büscher, 2019, 333; Köhler, Zur Begrenzung wettbewerbsrechtlicher Schadensersatzansprüche durch den Schutzzweck der Norm, FS Harte-Bavendamm, 2020, 355; Köhler, Der Schadensersatzanspruch der Verbraucher im künftigen UWG, WRP 2021, 129; Köhler, Der Schadensersatzanspruch für Verbraucher im UWG und seine Realisierung, GRUR 2022, 435; Körner, Schadensausgleich bei Verletzung gewerblicher

Schutzrechte und bei ergänzendem Leistungsschutz, FS Steindorff, 1990, 877; Kreitz, Erweiterte Haftungs-risiken für Datenschutzverstöße durch den Individualanspruch des Verbrauchers gem. § 9 Abs. 2 UWG, WRP 2023, 156; Loschelder, Rechtsfortbildung der Schadensberechnungsmethode „Herausgabe des Verletzergewinns“, NJW 2007, 1503; Maaßen, UWG-Ansprüche für Verbraucher – zu § 9 II UWG-E, GRUR-Prax 2021, 7; Meier-Beck, Herausgabe des Verletzergewinns – Strafschadensersatz nach deutschem Recht?, GRUR 2005, 617; Meier-Beck, Schadenskompensation bei der Verletzung gewerblicher Schutzrechte im Lichte der Durchsetzungsrichtlinie, FS Loschelder, 2010, 221; Meier-Beck, Schadenskompensation bei der Verletzung gewerblicher Schutzrechte nach dem Durchsetzungsgesetz, WRP 2012, 503; Melullis, Zur Schadensberechnung im Wege der Lizenzanalogie bei zusammengesetzten Vorrichtungen, FS Traub, 1994, 287; Messer, Der Anspruch auf Geldersatz bei Kreditgefährdung, § 824 BGB und Anschwärzung, § 14 UWG, FS Steffen, 1995, 347; Ohly, Schadensersatzansprüche wegen Rufschädigung und Verwässerung im Marken- und Lauterkeitsrecht, GRUR 2007, 926; Ohly, Die ab dem 28.5.2022 geltenden Änderungen des UWG im Überblick, GRUR 2022, 763; Peifer, Die dreifache Schadensberechnung im Lichte zivilrechtlicher Dogmatik, WRP 2008, 48; Peifer, Der Schadensersatzanspruch der Verbraucher, seine Grenzen und seine Durchsetzung, WRP 2022, 794; Podszun/Deuschle, Schadensersatz bei Verstoß gegen eine Marktverhaltensregelung, WRP 2019, 1102; Pross, Verletzergewinn und Gemeinkosten, FS Tilmann, 2003, 881; Rauer/Shchavelev, Der neue Verbraucherschadensersatz, GRUR-Prax 2022, 35; Rinnert/Tilmann, Schadensberechnung ohne Gemeinkosten, FS Helm, 2002, 337; Rojahn, Praktische Probleme bei der Abwicklung der Rechtsfolgen einer Patentverletzung, GRUR 2005, 623; Rosenow/Staiger, Entstehungsgeschichte, Zweck und wesentlicher Inhalt des Gesetzes zur Stärkung des Verbraucherschutzes im Wettbewerbs- und Gewerberecht, GRUR 2022, 773; Rössel/Kruse, Schadensersatzhaftung bei Verletzung von Filterpflichten – Verkehrssicherungspflichten der Telemediendienstanbieter, CR 2008, 35; Runkel, Der Abzug von Kosten nach der „Gemeinkostenanteil“-Entscheidung des BGH, WRP 2005, 968; Schaffert, Die Ansprüche auf Drittauskunft und Schadensersatz im Fall der Beeinträchtigung schutzwürdiger Kontrollnummernsysteme durch Entfernen oder Unkenntlichmachen der Kontrollnummern, FS Erdmann, 2002, 719; Schaffert, Der durch § 4 Nr. 11 UWG bewirkte Schutz der Mitbewerber, FS Ullmann, 2006, 845; Schaub, Schadensersatz und Gewinnabschöpfung im Lauterkeits- und Immaterialgüterrecht, GRUR 2005, 918; Scherer, Verbraucherschadensersatz durch § 9 Abs. 2 UWG-RegE als Umsetzung von Art. 3 Nr. 5 Omnibus-RL – eine Revolution im Lauterkeitsrecht, WRP 2021, 561; Scherer, Zahnloser Tiger oder schlagkräftiges Rechtsinstitut – Anspruchskonkurrenzen des Verbraucherschadensersatzes gemäß § 9 II UWG, GRUR 2022, 187; Schmidt-Kessel, Paradigmenwechsel im UWG – Individualschutz für Verbraucher, VuR 2021, 121; Schramm, Der Marktverwirrungsschaden, GRUR 1974, 617; Stieper, Dreifache Schadensberechnung nach der Durchsetzungsrichtlinie 2004/48/EG im Immaterialgüter- und im Wettbewerbsrecht, WRP 2010, 624; Teplitzky, Grenzen des Verbots der Verquickung unterschiedlicher Schadensberechnungsmethoden, FS Traub, 1994, 401; Teplitzky, Die jüngste Rechtsprechung des BGH zum wettbewerbsrechtlichen Anspruchs- und Verfahrensrecht, GRUR 2003, 272; Tetzner, Der Verletzerzuschlag bei der Lizenzanalogie, GRUR 2009, 6; Tilmann, Gewinnherausgabe im gewerblichen Rechtsschutz und Urheberrecht, GRUR 2003, 647; v. Ungern-Sternberg, Die Rechtsprechung des Bundesgerichtshofs zum Urheberrecht und zu den verwandten Schutzrechten in den Jahren 2006 und 2007, Teil II, GRUR 2008, 291; v. Ungern-Sternberg, Einwirkung der Durchsetzungsrichtlinie auf das deutsche Schadensersatzrecht, GRUR 2009, 460; v. Ungern-Sternberg, Schadensersatz in Höhe des Verletzergewinns nach Umsetzung der Durchsetzungsrichtlinie, FS Loewenheim, 2009, 351; Voit, Sammelklagen und ihre Finanzierung, 2021; Wedemeyer, Beschäftigungsverbote trotz Beschäftigungspflicht?, FS Traub, 1994, 437; Zahn, Die Herausgabe des Verletzergewinns, 2005.

Vorbemerkung

§ 9 wurde durch das Gesetz zur Stärkung des Verbraucherschutzes im Wettbewerbs- und   **0.1** Gewerberecht mWv 28.5.2022 neugefasst. § 9 I entspricht dem Wortlaut des bisherigen § 9 S. 1. Der neu eingefügte § 9 II dient der Umsetzung des Art. 11a UGP-RL, geändert durch die RL (EU) 2019/2161 v. 27.11.2019. § 9 III entspricht dem Inhalt des bisherigen § 9 S. 2 und bezieht lediglich den Schadensersatzanspruch nach § 9 II ein.

1. Abschnitt. Der Schadensersatzanspruch der Mitbewerber (§ 9 I)

Übersicht

A. Allgemeines

I. Entstehungsgeschichte

Im früheren Recht war der wettbewerbsrechtliche Schadensersatzanspruch unübersichtlich **1.1** geregelt. So sah § 1 aF zwar einen Schadensersatzanspruch vor, erwähnte aber nicht das Verschuldenserfordernis. Weitere Anspruchsgrundlagen waren § 13 VI iVm §§ 3, 6–6c, 7, 8 aF sowie die §§ 14 und 19 aF. Die jetzige, durch die UWG-Novelle 2008 neugefasste Regelung in § 9 S. 1 schaffte einen einheitlichen Schadensersatzanspruch für schuldhafte Zuwiderhandlungen gegen § 3 oder § 7. Eine Änderung der Rechtslage war damit nicht verbunden (vgl. Begr. RegE UWG 2004 zu § 9, BT-Drs. 15/1487, 23). Für Schadensersatzansprüche wegen Verstoßes gegen die Strafbestimmungen des § 16 gilt § 823 II BGB.

II. Eigenart des wettbewerbsrechtlichen Schadensersatzanspruchs und Konkurrenzen

Da es sich beim Wettbewerbsrecht um ein **Sonderdeliktsrecht** handelt, sind auf den wett- **1.2** bewerbsrechtlichen Schadensersatzanspruch ergänzend die Vorschriften des allgemeinen Deliktsrechts anwendbar, soweit das Wettbewerbsrecht keine speziellen Regelungen (zB hins. der Verjährung, § 11) vorsieht. Dies gilt insbes. für die §§ 827–829 BGB, aber auch die §§ 830, 831, 840 sowie die §§ 852, 853 BGB. Der wettbewerbsrechtliche Schadensersatzanspruch ist **abtretbar** (§ 398 BGB). Auch ein **Verzicht** (**Erlassvertrag** iSv § 397 BGB) ist zulässig. Eine entspr. Vereinbarung erfasst iZw dann auch einen etwaigen Auskunftsanspruch (OLG Stuttgart WRP 1997, 1219 (1222)), dagegen iZw nicht den auf die Zukunft gerichteten Unterlassungsanspruch. Umgekehrt ist in der bloßen Annahme einer Unterwerfungserklärung noch kein konkludenter Verzicht auf einen wettbewerbsrechtlichen Schadensersatzanspruch zu erblicken. Ebenso wenig ist aber mit der Unterwerfung das **Anerkenntnis** (§ 212 I Nr. 1 BGB) eines wettbewerbsrechtlichen Schadensersatzanspruchs verbunden. – Mit dem wettbewerbsrechtlichen Schadensersatzanspruch können andere **gesetzliche** Schadensersatzansprüche, insbes. aus dem Bereich des Kartellrechts, des Immaterialgüterrechts und des Bürgerlichen Rechts, konkurrieren, sofern nicht die eine oder andere Regelung als lex specialis anzusehen ist. Uneingeschränkt neben dem wettbewerbsrechtlichen Schadensersatzanspruch stehen **vertragliche** und **quasivertragliche** Schadensersatzansprüche. Sie können sich aus der schuldhaften Verletzung eines vertraglichen Unterlassungsversprechens (§§ 280 ff. BGB) oder des sog Abmahnverhältnisses (→ § 13 Rn. 1.76 ff.) ergeben. Für das Verhältnis von Vertragsstrafenanspruch und wettbewerbsrechtlichem Schadensersatzanspruch gilt § 340 II BGB (dazu Köhler GRUR 1994, 260).

B. Schuldner und Gläubiger

I. Schuldner

1. Haftung des Verletzers

Schuldner des Schadensersatzanspruchs ist nach § 9 I jeder, der vorsätzlich oder fahrlässig eine **1.3** nach § 3 oder § 7 unzulässige geschäftliche Handlung vornimmt, sofern daraus einem „Mitbewerber" (§ 2 I Nr. 4) ein Schaden entstanden ist. Aus der Erwähnung des Mitbewerbers in § 9 I folgt nicht, dass nur ein Unternehmer, der zu dem Geschädigten in einem konkreten Wettbewerbsverhältnis steht, als Schuldner in Betracht kommt. Vielmehr kann dies auch jemand sein, der lediglich den Wettbewerb eines fremden Unternehmers gefördert hat, der zum geschädigten Unternehmer in einem konkreten Wettbewerbsverhältnis steht. Entscheidend ist nur, dass die unlautere geschäftliche Handlung gegen ein Unternehmen in seiner Eigenschaft als Mitbewerber (Horizontalverhältnis) und nicht als (potentieller) Marktpartner (Vertikalverhältnis) gerichtet war. Daher kann zB auch ein Privater oder die öffentliche Hand einem Schadensersatzanspruch aus § 9 I ausgesetzt sein. Schuldner ist jedoch nur, wer den Tatbestand des § 3 oder des § 7 als **Täter, Mittäter** (§ 830 I 1 BGB) oder **Teilnehmer** (**Anstifter, Gehilfe**; § 830 II BGB) verwirklicht hat (vgl. BGH GRUR 2002, 618 (619) – Meißner Dekor I; Köhler WRP 1997, 897 (899 f.)). Täter ist auch der **mittelbare Täter**, also derjenige, der die Tat durch einen anderen begehen lässt (vgl. § 25 I StGB). Da zur Tatbestandsverwirklichung eine geschäftliche Handlung iSd § 2 I Nr. 2 erforderlich ist, haften solche Personen nicht, die weisungsgebunden und ohne persönlichen Entscheidungsspielraum handeln (zB Plakatkleber; Zeitungsausfahrer). Insoweit haftet nur der Weisungsgeber als (mittelbarer) Täter (→ § 8 Rn. 2.11 ff.; OLG Nürnberg WRP 1981, 166 (167); MüKoUWG/Fritzsche Rn. 54; str.). Die persönlich haftenden Gesellschafter einer Personengesellschaft (GbR, OHG, KG) haften auch ohne eigenen Tatbeitrag nach § 128 HGB (ggf. analog) für eine Schadensersatzverbindlichkeit der Gesellschaft mit ihrem Privatvermögen und daneben auf Auskunft (OLG Frankfurt WRP 2014, 1484 Rn. 21, 22).

2. Haftung des Störers?

1.4   Die von der Rspr. zunächst in Anlehnung an die §§ 862, 1004 BGB entwickelte, aber mittlerweile aufgegebene „Störerhaftung" (BGH GRUR 2011, 152 Rn. 48 – Kinderhochstühle im Internet; → § 8 Rn. 2.2c ff.) bezog sich von vornherein nur auf Abwehransprüche (Unterlassung und Beseitigung). Gegenüber dem (angeblichen) Störer kamen daher keine Schadensersatzansprüche in Betracht (BGH WRP 2000, 1263 (1266) – Neu in Bielefeld I; GRUR 2002, 618 (619) – Meißner Dekor I). Allerdings ist stets zu prüfen, ob in den Fällen, in denen früher eine Störerhaftung bejaht wurde, nicht eine Täterhaftung in Betracht kommt (→ § 8 Rn. 2.3c, 2.4 ff.).

3. Haftung für Dritte

1.5   **a) Überblick.** Da das Lauterkeitsrecht ein Sonderdeliktsrecht darstellt, gelten für die Haftung für Dritte die §§ 31, 831 BGB. Die Haftungsnorm des § 8 II gilt nur für den Abwehr-, nicht für den Schadensersatzanspruch (→ § 8 Rn. 2.36; BGH GRUR 2006, 426 Rn. 24 – Direktanspräche am Arbeitsplatz II; GRUR 2010, 936 Rn. 22 – Espressomaschine; aA Alexander, Schadensersatz und Abschöpfung im Lauterkeits- und Kartellrecht, 2010, 665 ff.). In den Fällen des Handelns von Mitarbeitern oder Beauftragten ist aber stets auch zu prüfen, ob nicht der Unternehmensinhaber selbst den Tatbestand der Anspruchsnorm verwirklicht hat (BGH GRUR 2010, 936 Rn. 22 – Espressomaschine) oder ob § 831 BGB eingreift. Die Zurechnungsnorm des § 278 BGB ist nur innerhalb bestehender gesetzlicher oder vertraglicher Schuldverhältnisse anwendbar (BGH GRUR 1990, 381 – Antwortpflicht des Abgemahnten). Das Wettbewerbsverhältnis selbst stellt kein Schuldverhältnis dar.

1.6   **b) Haftung für Organe (§ 31 BGB).** Die Haftung gilt nicht nur für juristische Personen, sondern auch für rechtsfähige Personengesellschaften (§ 14 II BGB) einschließlich der BGB-(Außen-)Gesellschaft (BGH NJW 2003, 1446). Die Regelung setzt den schuldhaften, zum Schadensersatz verpflichtenden Wettbewerbsverstoß eines verfassungsmäßigen Vertreters („Organs") voraus, und rechnet der Organisation die Handlung als eigene zu. Für die Organeigenschaft ist nicht erforderlich, dass die Person gesetzlicher Vertreter (zB GmbH-Geschäftsführer; persönlich haftender OHG-Gesellschafter) ist. Vielmehr genügt es, wenn einer Person durch die allgemeine Betriebsregelung und Handhabung bedeutsame wesensmäßige Funktionen der juristischen Person zur selbstständigen, eigenverantwortlichen Erfüllung zugewiesen sind und sie die juristische Person insoweit repräsentiert (sog **Repräsentantenhaftung**; vgl. BGH NJW 1998, 1854 (1856)). Wurde für solche Funktionen kein Organ bestellt, so haftet die juristische Person unter dem Gesichtspunkt des **Organisationsmangels.** Die Rspr. tendiert mit Recht dazu, den Begriff des Organs weit auszulegen, um die Haftung aus § 831 BGB zurückzudrängen. Als Organe sind zB anzusehen die Leiter einer unselbstständigen Filiale, einer Rechtsabteilung oder einer Anzeigenabteilung einer Zeitschrift (vgl. Grüneberg/Ellenberger BGB § 31 Rn. 9).

1.7   **c) Haftung für Verrichtungsgehilfen (§ 831 BGB).** Nach § 831 BGB haftet der „Geschäftsherr" für rechtswidrige Handlungen seiner „Verrichtungsgehilfen", jedoch – im Unterschied zu § 31 BGB – mit der Möglichkeit des Entlastungsbeweises. Diese Haftung besteht auch im Anwendungsbereich des § 8 II (BGH WRP 2012, 1517 Rn. 43 – Das GROSSE RÄTSELHEFT). Verrichtungsgehilfe iSd § 831 I BGB ist allerdings nur, wer **weisungsabhängig** ist. Dabei genügt es, dass der Geschäftsherr die übertragene Tätigkeit jederzeit beschränken oder entziehen oder nach Zeit und Umfang bestimmen kann (BGH WRP 2012, 1517 Rn. 44 – DAS

GROSSE RÄTSELHEFT). Das ist zB bezüglich eines Testessers anzunehmen (BGH GRUR 1998, 167 (169) – Restaurantführer). Verrichtungsgehilfe kann, je nach den tatsächlichen Verhältnissen, auch ein **rechtlich selbständiges Unternehmen** sein, so etwa beim Vorliegen eines Beherrschungs- und Gewinnabführungsvertrags (BGH WRP 2012, 1517 Rn. 45 – DAS GROSSE RÄTSELHEFT). Je schwerwiegender die Auswirkungen der übertragenen Tätigkeit (zB Restaurantkritik) sein können, desto strengere Anforderungen sind an den **Entlastungsbeweis** zu stellen (BGH GRUR 1998, 167 (169) – Restaurantführer). Ggf. muss der Geschäftsherr bes. gefährliche Beiträge selbst überprüfen oder dem Beauftragten eine Organstellung iSv §§ 30, 31 BGB verschaffen, andernfalls haftet er unter dem Gesichtspunkt des **Organisationsmangels** ohne die Möglichkeit der Entlastung (BGH GRUR 1980, 1099 (1104) – Das Medizinsyndikat II; GRUR 1998, 168 (169) – Restaurantführer; MüKoUWG/Fritzsche Rn. 62). Trifft den Geschäftsherrn als Träger öffentlicher Gewalt eine Auskunftspflicht, muss er seine Mitarbeiter so instruieren, dass sie richtige und vollständige Auskünfte erteilen können. Andernfalls haftet er ebenfalls unter dem Gesichtspunkt des Organisationsmangels (BGH WRP 2009, 1369 Rn. 22 – Auskunft der IHK). Erkennt der Geschäftsherr, dass ein Verrichtungsgehilfe einen Wettbewerbsverstoß begangen hat und unterbindet er ihn nicht, so haftet er für dieses pflichtwidrige Unterlassen auf jeden Fall persönlich.

II. Gläubiger

Während das UWG 1909 nicht ausdrücklich bestimmte, wer Gläubiger eines wettbewerbs- **1.8** rechtlichen Schadensersatzanspruchs sein kann (dazu Bornkamm GRUR 1996, 527) legte das UWG 2004 in § 9 S. 1 aF fest, dass **Mitbewerber** (§ 2 I Nr. 3 aF) ersatzberechtigt sind.

1. Mitbewerber

Mitbewerber sind nach der Legaldefinition in § 2 I Nr. 4 nur Unternehmer, die mit einem **1.9** oder mehreren Unternehmern als Anbieter oder Nachfrager von Waren in einem konkreten Wettbewerbsverhältnis stehen. Das UWG gibt also einen **Individualschutz** nur **im Horizontalverhältnis.** Da § 9 I an einen Verstoß gegen § 3 oder § 7 anknüpft, steht im Grundsatz fest, dass Mitbewerber in den persönlichen Schutzbereich dieser Normen fallen. Ob und welche Mitbewerber aber im Einzelnen geschützt sind, ist durch Auslegung unter Berücksichtigung des Schutzzwecks der von § 3 und § 7 erfassten einzelnen Verhaltensnormen zu ermitteln. Zu Einzelheiten → Rn. 1.15 ff.

2. Verbraucher und sonstige Marktteilnehmer?

Die unter dem bisherigen UWG diskutierte Frage, ob neben den Mitbewerbern auch Ver- **1.10** brauchern und sonstigen Marktteilnehmern ein Schadensersatzanspruch zustehen sollte (→ 39. Aufl. 2020, Rn. 1.10), hat sich durch die Einführung des § 9 II 1 erledigt. Ein Schadensersatzanspruch der sonstigen Marktteilnehmer ist darin nicht vorgesehen. Der Gesetzgeber wollte lediglich den Vorgaben nach Art. 11a UGP-RL nachkommen, wie sich auch aus § 9 II 2 ergibt. Daher ist auch eine analoge Anwendung ausgeschlossen. Ein Schadensersatzanspruch der sonstigen Marktteilnehmer lässt sich auch nicht auf dem Umweg über die Anwendung des § 823 II BGB auf die sie schützenden Vorschriften des UWG (§ 3 I, §§ 4a, 5, 5a) begründen.

3. Verbände

Die in § 8 III Nr. 2–4 genannten Verbände können zwar einen Unterlassungsanspruch haben, **1.11** aber mangels Mitbewerbereigenschaft keinen wettbewerbsrechtlichen Schadensersatzanspruch nach § 9. Ein Ersatzanspruch kann ihnen nur aus außerwettbewerbsrechtlichen Normen zustehen (zB aus der Verletzung von Aufklärungspflichten im Rahmen eines Abmahn- oder Vertragsverhältnisses; vgl. BGH GRUR 1988, 716 (717) – Aufklärungspflicht gegenüber Verbänden). Die Kosten der Verfolgung von Wettbewerbsverstößen, insbes. Abmahnkosten, sind zwar nach § 13 III, aber nicht als Schaden erstattungsfähig.

C. Voraussetzungen und Grenzen der Schadenszurechnung

I. Verletzungshandlung

1.12   Voraussetzung für eine Schadenszurechnung ist eine Verletzungshandlung, die für den Schaden ursächlich ist. Im Hinblick insbes. auf die Verjährung ist zwischen **einmaligen** (uU Dauer-) und **wiederholten** Handlungen zu unterscheiden (→ § 11 Rn. 1.20 ff.). So ist ein unzulässiger Antrag auf Firmeneintragung eine einmalige Handlung mit Dauerwirkung, die Verwendung der Firma im Geschäftsverkehr dagegen eine wiederholte Handlung (BGH GRUR 1984, 820 (822) – Intermarkt II). Beim Unterlassen beginnt die Verjährungsfrist für jeden infolge der Nichtbeseitigung entstehenden Schaden gesondert (BGHZ 71, 86 (94) – Fahrradgepäckträger II).

II. Kausalität und Schutzzweck der Norm

1.13   Wie im Bürgerlichen Recht wird auch im Lauterkeitsrecht ebenso wie im Gewerblichen Rechtsschutz und im Urheberrecht die Schadenszurechnung anhand der Kausalität durch die Adäquanztheorie und die Lehre vom Schutzzweck der Norm eingeschränkt (BGH WRP 2000, 101 (103) – Planungsmappe; GRUR 2016, 526 Rn. 31 – Irreführende Lieferantenangabe; WRP 2016, 866 Rn. 15 – Lebens-Kost). Es werden also nur solche Schäden ersetzt, die adäquat kausal herbeigeführt wurden, und aus dem Bereich der Gefahren stammen, zu deren Abwendung die verletzte Norm geschaffen wurde und somit in deren Schutzbereich liegen.

1. Adäquate Kausalität

1.14   Die Adäquanztheorie besagt, dass nur solche Tatsachen als Schadensursachen zu berücksichtigen sind, die adäquat sind, dh im Allgemeinen und nicht nur unter bes. eigenartigen, ganz unwahrscheinlichen und nach regelmäßigem Verlauf der Dinge außer Acht zu lassenden Umständen zur Herbeiführung des konkreten Erfolges geeignet sind (BGH NJW 1998, 138 (140) mwN). Als adäquat verursacht ist auch eine schadensbegründende Handlung des Verletzten anzusehen, wenn sie durch ein rechtswidriges Verhalten eines anderen herausgefordert worden ist und eine nicht ungewöhnliche Reaktion auf dieses Verhalten darstellt. Bei Aufwendungen, etwa zur Rechtsverfolgung, kommt eine Ersatzpflicht in Betracht, wenn ein wirtschaftlich denkender Geschädigter sie für notwendig erachten durfte, um einen konkret drohenden Schadenseintritt zu verhindern (BGH GRUR 2007, 631 Rn. 23, 24 – Abmahnaktion). – Adäquanz ist zwar zu verneinen, wenn dem Verletzten Kosten durch versehentliche Inanspruchnahme eines Dritten entstehen, selbst wenn der Verletzer die Verwechslungsmöglichkeit verursacht hat (BGH GRUR 1988, 313 (314) – Auto F GmbH). Etwas anderes gilt aber dann, wenn die Herbeiführung der Gefahr der falschen Inanspruchnahme selbst einen schuldhaft herbeigeführten eigenständigen Wettbewerbsverstoß darstellt (BGH GRUR 1988, 313 (314) – Auto F GmbH; GRUR 2007, 631 Rn. 24 – Abmahnaktion).

2. Schutzzweck der Norm

1.15   **a) Allgemeines.** Die Lehre vom „Schutzzweck der Norm" besagt zweierlei. Erstens muss der konkret Geschädigte vom persönlichen Schutzbereich der Norm erfasst sein, er muss also zum Kreis der Personen gehören, deren Schutz das Gesetz bezweckt. Zweitens muss der entstandene Schaden in den sachlichen Schutzbereich der Norm fallen, dh zu den Schäden gehören, vor denen die Norm schützen soll (vgl. Grüneberg/Sprau BGB § 823 Rn. 59; BGH NJW 2015, 1174 Rn. 10; GRUR 2016, 526 Rn. 31 – Irreführende Lieferantenangabe; WRP 2016, 866 Rn. 15 – Lebens-Kost). Bezogen auf § 9 I gehören daher **Mitbewerber** kraft gesetzlicher Anordnung grds. zum Kreis der Personen, die vor einem Verstoß gegen die § 3 und § 7 geschützt werden sollen. Da diese Bestimmungen allerdings nur bestimmte Verhaltensnormen zusammenfassen, ist weiter zu fragen, ob auch die einzelne Verhaltensnorm zumindest auch dem Schutz aller oder doch einzelner Mitbewerber dienen. Dies ist durch **Auslegung** unter umfassender Würdigung des gesamten Regelungszusammenhangs der jeweiligen Norm zu ermitteln (vgl. BGH NJW 2012, 1800 Rn. 21).

1.15a   **b) Normen zum Schutz der Mitbewerber.** Die Normen des **§ 4 Nr. 1–4** erfassen nur Schäden der jeweils **konkret betroffenen Mitbewerber,** nicht aber die Schäden sonstiger

Mitbewerber (vgl. Köhler GRUR 2019, 123). Im Fall des § 4 Nr. 3 sind dies nur der Hersteller des nachgeahmten Originals und der ausschließlich Vertriebsberechtigte (BGH GRUR 2016, 730 Rn. 21 ff. – Herrnhuter Stern). Welche Schäden im Einzelnen vom Normzweck erfasst werden, ist ebenfalls durch Auslegung zu ermitteln. Bei § 4 Nr. 4 etwa kommt es darauf an, worin die Wettbewerbswidrigkeit des Verhaltens liegt. Beispiel: Der Vertrieb von decodierten Waren ist wettbewerbswidrig, wenn das Kontrollnummernsystem des Herstellers zulässig und schutzwürdig ist. Das ist es ua dann, wenn das zu Grunde liegende selektive Vertriebssystem kartellrechtlich zulässig und schutzwürdig ist (→ § 4 Rn. 4.65; BGHZ 148, 26 = GRUR 2001, 841 (845) – Entfernung der Herstellungsnummer II). Der Vertrieb der decodierten Ware bewirkt zwar möglicherweise eine Gefährdung des Kontrollnummernsystems und rechtfertigt insoweit ein Vertriebsverbot. Ein ersatzfähiger Schaden beim Hersteller tritt aber nur dann ein, wenn infolge der Decodierung zB Mehrkosten bei der Ermittlung des vertragsbrüchigen Händlers oder beim Rückruf mangelhafter Ware entstanden sind. Dagegen können die Kosten für das Anbringen der Kontrollnummern nicht ersetzt verlangt werden, da es sich um allgemeine und ohne Bezug auf den konkreten Verletzungsfall getroffene Aufwendungen handelt (BGHZ 148, 26 = GRUR 2001, 841 (845) – Entfernung der Herstellungsnummer II; Schaffert FS Erdmann, 2002, 719 (726)).

Die Normen des **§ 6 II** erfassen ebenfalls nur Schäden der von der vergleichenden Werbung **1.15b** erfassten, nämlich durch sie erkennbar gemachten Mitbewerber.

Bestimmte **Marktverhaltensregelungen** iSd § 3a dienen neben anderen Zwecken zugleich **1.15c** dem Schutz der Mitbewerber. Dazu gehören bspw. die Ladenschlussgesetze des Bundes und der Länder sowie die Gesetze zum Schutz der Sonn- und Feiertagsruhe.

c) Normen zum Schutz der Verbraucher und sonstigen Marktteilnehmer. Nach Auf- **1.15d** fassung des BGH werden von § 9 auch alle dem Schutz der Verbraucher und sonstigen Marktteilnehmer dienenden Vorschriften erfasst, weil diese Vorschrift ebenso wie § 8 III Nr. 1 nicht danach unterscheide, ob der Verstoß nur die Interessen der Mitbewerber, deren Interessen und zugleich die Interessen der Verbraucher oder nur die Interessen der Verbraucher schütze (BGH WRP 2010, 869 Rn. 25 – Golly Telly mwN; krit. Podszun/Deuschle WRP 2019, 1102). Dem ist iErg zuzustimmen (Köhler FS Harte-Bavendamm, 2020, 355). Maßgebend sollte aber sein, dass die betreffende Norm zumindest **mittelbar** auch die Interessen der rechtmäßig handelnden Mitbewerber schützt.

Für die verbraucherschützenden Normen der **§ 3 II, §§ 4a, 5, 5a II** und des **Anh. § 3 III,** die **1.15e** der Umsetzung der UGP-RL dienen, ergibt sich dies schon in richtlinienkonformer Auslegung unter Berücksichtigung der Erwägungsgründe 6 S. 1 und 8 S. 2. – Um Wertungswidersprüche zu vermeiden, muss dies aber auch für alle verbraucherschützenden **Marktverhaltensregelungen** des § 3a gelten, soweit diese den Verbraucher vor einer unsachlichen Beeinflussung seiner geschäftlichen Entscheidung schützen sollen, weil der Verbraucher ggf. eine (Kauf-)Entscheidung zugunsten eines Mitbewerbers getroffen hätte. Daher können auch die Mitbewerber des Verletzers grds. nach § 9 I vom Verletzer Schadenersatz wegen entgangenen Gewinns (§ 252 BGB) verlangen (Köhler FS Harte-Bavendamm, 2020, 355 (361 ff.); krit. insoweit Podszun/ Deuschle WRP 2019, 1102 Rn. 71 ff.). Dafür spricht, dass dadurch auch das Allgemeininteresse an einem unverfälschten Wettbewerb (§ 1 I 2) geschützt wird. Zugleich kommt dem Schadensersatzanspruch eine Präventionsfunktion zu, verringert er doch den Anreiz für den Verletzer, einen Verstoß so lange wie möglich fortzusetzen. Dass die Schadensberechnung trotz § 287 ZPO große Schwierigkeiten bereitet, und ggf. nur eine Schadensersatzfeststellungsklage mit Aussicht auf Erfolg erhoben werden kann, ändert daran nichts. Da die Haftung des Verletzers vorsätzliches oder fahrlässiges Verhalten voraussetzt (→ Rn. 1.17), ist sie ihm auch zumutbar.

§ 9 I erfasst nach seinem Wortlaut auch Verstöße gegen **§ 7,** obwohl die einzelnen Normen **1.15f** dieser Bestimmung nicht dem Schutz der Entscheidungsfreiheit des Verbrauchers oder sonstigen Marktteilnehmers dienen (vgl. BGH WRP 2016, 866 Rn. 15 – Lebens-Kost). Soll die gesetzliche Regelung nicht völlig sinnlos sein, ist davon auszugehen, dass die von § 7 erfassten Verhaltensnormen mittelbar auch dem Schutz der Mitbewerber dienen sollen. Dies lässt sich damit rechtfertigen, dass § 7 ebenso wie § 3 eine geschäftliche Handlung voraussetzt, diese aber gerade auf die Beeinflussung der geschäftlichen Entscheidung des Verbrauchers zugunsten eines Unternehmers gerichtet ist (→ § 2 Rn. 2.51). Bewirkt daher eine unzumutbare Belästigung, wie bspw. eine Telefonwerbung ohne die erforderliche Einwilligung (§ 7 II Nr. 1), dass ein Verbraucher einen Kaufvertrag abschließt, so kann ein Mitbewerber, der beweist, dass der Verbraucher ohne diese Belästigung einen vergleichbaren Vertrag mit ihm abgeschlossen hätte, Schadensersatz nach § 252 BGB verlangen.

1.15g   **d) Einwand des rechtmäßigen Alternativverhaltens.** Nach dem Schutzzweck der Norm ist außerdem über die Zulässigkeit des Einwands des **rechtmäßigen Alternativverhaltens,** dh des Schadenseintritts auch bei rechtmäßigem Verhalten (BGH NJW 1986, 576 (579) mwN), zu entscheiden. Die Beweislast dafür trägt der Verletzer (BGHZ 78, 209 (214)). Regelmäßig wird der Einwand nicht durchgreifen (BGH GRUR 1964, 392 (396) – Weizenkeimöl). – Haben die Beteiligten im Wesentlichen gleichzeitig, in gleicher Art und Weise und in gleichem Umfang wettbewerbswidrig gehandelt, hat grds. keiner gegen den anderen einen Schadensersatzanspruch (BGH GRUR 1970, 563 – Beiderseitiger Rabattverstoß; GRUR 1971, 582 (584) – Kopplung im Kaffeehandel), weil es an einem ersatzfähigen Schaden fehlt.

III. Tatbestandsmäßigkeit und Rechtswidrigkeit

1.16   Erfüllt ein Handeln den Tatbestand einer Zuwiderhandlung gegen § 3 oder § 7, so ist dadurch auch die Rechtswidrigkeit gegeben (vgl. BGH NJW 1993, 1580 zu § 823 II BGB). Anders verhält es sich im Bürgerlichen Recht bei den sog Rahmenrechten (allgemeines Persönlichkeitsrecht; Recht am Unternehmen), bei denen eine Interessenabwägung erforderlich ist. Bei der Schädigung durch sachlich ungerechtfertigte Verfahrenseinleitung – sofern sie überhaupt einen Wettbewerbsverstoß darstellt – gilt, dass ein subjektiv redliches Verhalten die Vermutung der Rechtmäßigkeit begründet (BGHZ 74, 9 (13); 95, 10 (19 f.)).

IV. Verschulden

1.17   Nach § 9 I muss die Zuwiderhandlung **vorsätzlich** oder **fahrlässig,** also schuldhaft, erfolgt sein. Das war auch im früheren Recht so, obwohl zB in § 1 aF nicht erwähnt (vgl. BGH GRUR 1990, 1012 (1014) – Presehaftung). Es muss also über die Verwirklichung des Tatbestands des § 3 oder des § 7 hinaus noch das Verschulden als Ausdruck subjektiver Vorwerfbarkeit hinzukommen. **Vorsatz** bedeutet dabei Wissen und Wollen des rechtswidrigen Erfolgs, wobei bedingter Vorsatz im Sinn eines „Fürmöglichhaltens" und „Inkaufnehmens" ausreicht (BGH NJW 2010, 596 Rn. 41). Er setzt das Bewusstsein der Rechtswidrigkeit der Handlung (stRspr; BGHZ 177, 150 = GRUR 2008, 810 Rn. 15 – Kommunalversicherer; BGHZ 180, 134 = GRUR 2009, 597 – Halzband; BGH NJW 2017, 2463 Rn. 16) und bei § 3 und § 7 demnach das **Bewusstsein der Unlauterkeit** voraus (Begr. RegE UWG zu § 9, BT-Drs. 15/1487, 23; krit. Alexander, Schadensersatz und Abschöpfung im Lauterkeits- und Kartellrecht, 2010, S. 631). Die bloße Kenntnis der Tatsachen, aus denen sich die Unlauterkeit ergibt, reicht daher nicht aus. Auf eine genaue Rechtskenntnis kann es dabei aber nicht ankommen; es genügt eine **„Parallelwertung in der Laiensphäre",** wenn sich also dem Handelnden auf Grund der Kenntnis der Tatsachen die Rechtswidrigkeit (Unlauterkeit) seines Tuns geradezu aufdrängt (BGHZ 160, 151 (156)) oder er sich auf Grund der ihm bekannten Tatsachen nicht dieser Einsicht entziehen kann (OLG Stuttgart GRUR 2007, 435; OLG Hamm GRUR-RR 2008, 435 (437)). **Fahrlässigkeit** bedeutet Außerachtlassung der im Verkehr erforderlichen Sorgfalt (§ 276 II BGB). Sie ist nach objektiven Maßstäben zu beurteilen. Eingerissene Unsitten entschuldigen nicht (BGH GRUR 1965, 495 (496) – Wie uns die anderen sehen). Besondere Fähigkeiten oder Kenntnisse können eine höhere Sorgfaltspflicht begründen (BGHZ 62, 29 (37) – Maschenfester Strumpf). Praktisch bedeutsam ist die Behandlung des **Rechtsirrtums** (→ Rn. 1.19). Kennt der Täter die Tatsachen, die die Unlauterkeit begründen, oder entzieht er sich bewusst dieser Kenntnis, ist im Allgemeinen Verschulden anzunehmen (BGH GRUR 1960, 144 (146) – Bambi; GRUR 1960, 200 (202) – Abitz II). Hält der Täter sein Handeln für erlaubt, ist zwar Vorsatz ausgeschlossen, jedoch kommt Fahrlässigkeit in Betracht. Die Unterscheidung zwischen Vorsatz und Fahrlässigkeit kann ua bei der Prüfung der Presehaftung nach § 9 III, der Gewinnabschöpfung nach § 10 und des Mitverschuldens sowie – außerhalb des Schadensersatzrechts – bei der Verwirkung bedeutsam werden.

V. Einzelfragen zum Verschulden

1.18   Im Lauterkeitsrecht ist an die Sorgfaltspflicht grds. ein strenger Maßstab anzulegen (BGH GRUR 2002, 248 (252) – Spiegel-CD-ROM – insoweit nicht in BGHZ 148, 221; BGH GRUR 2002, 622 (626) – shell.de; GRUR 2002, 706 (708) – vossius.de). Schuldhaft handelt, wer sich erkennbar in einem Grenzbereich des rechtlich Zulässigen bewegt und deshalb mit einer von seiner Einschätzung abweichenden Beurteilung der Zulässigkeit seines Verhaltens rechnen muss (vgl. BGH WRP 2010, 927 Rn. 32 – Restwertbörse; WRP 2017, 792 Rn. 73 – Boden-dübel). Im Einzelnen:

1. Verschulden bei der rechtlichen Beurteilung

Ein **Rechtsirrtum** schließt nur dann ein Verschulden aus, wenn der Irrende bei Anwendung **1.19** der im Verkehr erforderlichen Sorgfalt mit einer anderen Beurteilung der Gerichte nicht zu rechnen brauchte (BGHZ 141, 329 (345) = GRUR 1999, 923 – Tele-Info-CD). Dabei ist ein strenger Maßstab anzulegen. Der Verletzer soll das Risiko einer zweifelhaften Rechtslage nicht dem Verletzten zuschieben können (BGH WRP 1990, 263 – Neugeborenentransporte; GRUR 1999, 923 (928) – Tele-Info-CD). Von einem Unternehmer ist zu verlangen, dass er sich Kenntnis von den für seinen Tätigkeitsbereich einschlägigen Bestimmungen verschafft. In Zwei-felsfällen muss er mit zumutbaren Anstrengungen bes. sachkundigen Rechtsrat einholen (BGH GRUR 2002, 269 (270) – Sportwetten-Genehmigung). Die **Nichteinholung einer Rechts-auskunft** bei wettbewerbsrechtlich erfahrenen Rechtskundigen begründet daher regelmäßig den Schuldvorwurf (BGH GRUR 1960, 186 (189) – Arctos; Teplitzky Wettbewerbsrechtliche Ansprüche/Schaub Kap. 30 Rn. 15). Aber auch eine günstige Rechtsauskunft exkulpiert nicht, wenn die Auskunft die Rechtslage als zweifelhaft erkennen lässt (BGH GRUR 1981, 286 (288) – Goldene Karte I) oder Anlass bestand, an der Objektivität, Qualität oder Sorgfalt des Rechts-beraters zu zweifeln (BGHZ 62, 29 (40) – Maschenfester Strumpf; vgl. weiter Schultz-Süchting GRUR 1974, 432). Auch muss der Verletzer entspr. seinen Kenntnissen und Fähigkeiten selbst noch eine gewissenhafte Prüfung anstellen (BGH GRUR 1965, 198 (202) – Küchenmaschine). Er handelt daher **fahrlässig,** wenn er sich **erkennbar in einem Grenzbereich des rechtlich Zulässigen** bewegt, in dem er eine von der eigenen Einschätzung abweichende Beurteilung der Zulässigkeit seines Verhaltens in Betracht ziehen muss (BGH GRUR 1999, 923 (928) – Tele-Info-CD; GRUR 1999, 1011 (1014) – Werbebeilage; GRUR 2010, 123 Rn. 42 – Scannertarif; GRUR 2010, 623 Rn. 55 – Restwertbörse). Das ist der Fall, wenn er bei erkennbar unklarer oder zweifelhafter, dh durch die höchstrichterliche Rspr. (einschließlich der des BPatG) noch nicht geklärter Rechtslage die ihm günstigere Beurteilung aufgreift (BGH GRUR 1999, 492 (495) – Altberliner; GRUR 2002, 248 (252) – SPIEGEL-CD-ROM). Erst recht gilt dies, wenn sich aus der bisherigen höchstrichterlichen Rspr. Anhaltspunkte für die Bedenklichkeit seines Handelns ergeben (BGH GRUR 1971, 223 (225) – Clix-Mann; GRUR 1981, 286 (288) – Goldene Karte I). Fahrlässigkeit ist dagegen zu verneinen, wenn die höchstrichterliche Rspr. ein bestimmtes Verhalten für erlaubt erklärt hat, mag auch diese Rechtsauffassung mittlerweile umstritten sein (BGH GRUR 1961, 97 (99) – Sportheim). – Fehlt es an einer höchstrichterli-chen Rspr., haben aber die zuständigen Gerichte und Behörden das konkrete Verhalten rechts-kräftig ausdrücklich als zulässig bewertet, ist Fahrlässigkeit zu verneinen (BGH GRUR 2002, 269 (270) – Sportwetten-Genehmigung; allerdings lag in diesem Fall eine zwar rechtswidrige, aber noch nicht aufgehobene Genehmigung und daher keine Zuwiderhandlung vor). Es wäre eine Überspannung der Sorgfaltspflichten, wollte man von einem Unternehmen verlangen, sich gleichwohl vorsichtshalber nach der strengsten Gesetzesauslegung und Einzelfallbeurteilung zu richten (BGH GRUR 2002, 269 (270) – Sportwetten-Genehmigung). Insoweit besteht Ver-trauensschutz (vgl. BGH GRUR 1988, 382 (383) – Schelmenmarkt) für die Vergangenheit. Fahrlässigkeit ist auch dann zu verneinen, wenn es sich um eine rechtlich schwierige Frage handelt, zu der die Rspr. noch keine festen Grundsätze entwickelt hat, der Handelnde sich aber für seine Auffassung auf namhafte Vertreter im Schrifttum und/oder auf eine Reihe von Gerichtsentscheidungen berufen kann (BGH GRUR 1996, 271 (275) – Gefärbte Jeans; Teplitz-ky Wettbewerbsrechtliche Ansprüche/Schaub Kap. 30 Rn. 16). Allerdings reicht es noch nicht aus, wenn für die Auffassung des Unternehmers eine einzelne, in einem anderen Verfahren ergangene instanzgerichtliche Entscheidung streitet (BGH GRUR 1993, 556 (559) – TRIAN-GLE). Das gilt insbes. dann, wenn es sich um eine umstrittene Rechtsfrage handelt oder die Entscheidung nur vorläufig bzw. summarisch ergangen ist oder nur ein obiter dictum darstellt (BGH GRUR 1963, 197 (202) – Zahnprothesen-Pflegemittel; GRUR 1981, 286 (288) – Goldene Karte I). – Besonders streng sind die Sorgfaltsmaßstäbe, wenn es um **Werbemaß-nahmen** geht (BGH GRUR 1981, 286 (288) – Goldene Karte I), weil der Unternehmer nicht gezwungen ist, sich bei der Werbung auf rechtlich zweifelhaftes Gebiet zu begeben (OLG Hamburg GRUR-RR 2021, 126 Rn. 53). Fahrlässig handelt bereits, wer sich erkennbar in einem Grenzbereich des rechtlich Zulässigen bewegt, in dem er eine von der eigenen Einschät-zung abweichende Beurteilung der rechtlichen Zulässigkeit des fraglichen Verhaltens in Betracht ziehen muss (stRspr; vgl. BGHZ 130, 205 (220) – Feuer, Eis & Dynamit I; BGHZ 131, 308 (318) – Gefärbte Jeans; BGH GRUR 1999, 1011 (1014) – Werbebeilage mwN; GRUR 2002, 248 (252) – SPIEGEL-CD-ROM; BGH GRUR 2010, 738 Rn. 40 – Peek & Cloppenburg). Bei der **unberechtigten Schutzrechtsverwarnung** (→ § 4 Rn. 4.169 ff.) ist – falls man darin einen Verstoß gegen § 4 Nr. 4 erblickt (→ § 4 Rn. 4.176a) – dagegen eine mildere Beurteilung angezeigt, um den (vermeintlichen) Schutzrechtsinhaber nicht mit unübersehbaren Risiken zu belasten (vgl. BGH GRUR 1987, 520 (522) – Chanel Nr. 5 (I); GRUR 1995, 424 (425) – Abnehmerverwarnung; GRUR 1997, 896 (897) – Mecki-Igel III; GRUR 2006, 432 Rn. 26 – Verwarnung aus Kennzeichenrecht II). Zum Mitverschulden → Rn. 1.22. – Beim Wettbewerbs-verstoß durch **Rechtsbruch** (§ 3a) muss sich das Verschulden auf den Gesetzesverstoß beziehen. Der Handelnde muss also wissen, dass er gegen das Gesetz verstößt, oder darüber fahrlässig in Unkenntnis sein. Fahrlässigkeit ist dann anzunehmen, wenn er es unterlässt, sich über die geltenden Bestimmungen zu unterrichten und in Zweifelsfällen Rechtsrat einzuholen (vgl. BGH GRUR 1988, 699 (700) – qm-Preisangaben II; GRUR 2002, 269 (270) – Sportwetten-Geneh-migung).

2. Verschulden bei der Durchführung von Werbemaßnahmen

1.20   Der Werbende muss alles in seiner Macht Stehende tun, damit es bei der Durchführung von Werbemaßnahmen zu keinen Wettbewerbsverstößen kommt. Wer zB eine Werbebeilage dru-cken lässt, muss sich vergewissern, dass die beworbenen Produkte auch tatsächlich lieferbar sind. Verlässt er sich lediglich auf eine Zusage des Lieferanten, handelt er auf eigenes Risiko und muss dafür sorgen, dass ggf. noch eine Korrektur erfolgen kann (BGH GRUR 1999, 1011 (1014) – Werbebeilage). Wer eine Werbeanzeige drucken lässt, ohne sich vorher einen vollständigen Korrekturabzug vorlegen zu lassen, handelt schuldhaft (OLG Frankfurt GRUR 2007, 612).

3. Nachfolgendes Verschulden

1.21   Wird ein anfänglich unverschuldeter Wettbewerbsverstoß fortgesetzt, obwohl der Verletzer nunmehr weiß oder wissen müsste, dass das Handeln wettbewerbswidrig ist, so kommt von diesem Zeitpunkt an ein Schadensersatzanspruch in Betracht. Hauptfall ist die Herbeiführung der „Bösgläubigkeit" durch eine Abmahnung. Bei schwierigeren Tat- und Rechtsfragen ist freilich dem Abgemahnten noch eine angemessene Prüfungsfrist ab Zugang der Abmahnung zuzubilligen (BGH GRUR 1973, 375 (376) – Miss Petite; GRUR 1974, 735 (737) – Pharma-medan; Teplitzky Wettbewerbsrechtliche Ansprüche/Schaub Kap. 30 Rn. 22 f.).

VI. Mitverschulden (§ 254 BGB)

1.22   Die Ersatzpflicht kann durch ein Mitverschulden des Verletzten oder seiner Hilfsperson (§ 254 II 2 BGB) ausgeschlossen oder doch gemindert sein. Dabei ist zunächst das Ausmaß der Verursachung und danach der Grad des Verschuldens zu berücksichtigen. Hat der Verletzer vorsätzlich gehandelt, bleibt allerdings Fahrlässigkeit des Verletzten grds. außer Betracht (BGHZ 98, 148 (158)). Ein mitwirkendes Verschulden kommt ua in Betracht (vgl. GK/Köhler UWG 1909 Vor § 13 Rn. B 291 ff.; Teplitzky Wettbewerbsrechtliche Ansprüche/Schaub Kap. 30 Rn. 25 ff.): **(1)** wenn der Verletzte durch eigenes wettbewerbswidriges oder provozierendes Verhalten erst den Entschluss des Verletzers herbeigeführt hat (BGH GRUR 1964, 392 (396) – Weizenkeimöl; GRUR 1994, 447 (449) – Sistierung von Aufträgen), was insbes. bei (unbe-rechtigten) Abwehrmaßnahmen möglich ist; **(2)** wenn nach einer **unberechtigten Schutz-rechtsverwarnung** (→ § 4 Rn. 4.169 ff.) – soweit man sie überhaupt als rechtswidrig ansieht – der Verwarnte voreilig die Produktion oder den Vertrieb einstellt, obwohl er die fehlende Berechtigung der Verwarnung hätte erkennen können (BGH GRUR 1963, 255 (259) – Kinder-nähmaschinen; WRP 1965, 97 (101) – Kaugummikugeln; GRUR 1997, 741 (743) – Chi-naherde; GRUR 2020, 322 Rn. 39 – Chickenwings) oder wenn er die Verwarnung weiterhin befolgt, obwohl ihm neue Umstände bekannt geworden sind (BGH GRUR 1978, 492 (494) – Fahrradgepäckträger II); der Verwarner kann allerdings ein Mitverschulden des Abnehmers nicht dem Hersteller entgegensetzen (BGH GRUR 1979, 332 (337) – Brombeerleuchte); **(3)** wenn der Verletzte es unterlässt, den Verletzer (zB durch Abmahnung) auf die (mögliche) Wett-bewerbswidrigkeit seines Tuns oder auf den Eintritt oder die Höhe eines Schadens hinzuweisen;

(4) wenn der Verletzte mögliche und zumutbare Aufklärungsmaßnahmen (zB Rundschreiben; presserechtliche Gegendarstellung) gegenüber Dritten (zB den Adressaten herabsetzender oder irreführender Werbung) unterlässt (BGH GRUR 1979, 421 (423) – Exdirektor); dabei können jedoch kostspielige **Maßnahmen** nicht erwartet werden, wenn die Rechtslage oder die Kostenerstattung durch den Verletzer nicht geklärt ist (Teplitzky Wettbewerbsrechtliche Ansprüche/Schaub Kap. 30 Rn. 31); **(5)** wenn der Verletzte bei wettbewerbswidriger Verleitung von Kunden zum Vertragsbruch nichts unternimmt, um die Kunden zur Vertragserfüllung anzuhalten (BGH GRUR 1994, 446 (449) – Sistierung von Aufträgen).

D. Überblick über Inhalt und Umfang des Schadensersatzes

Für Inhalt und Umfang des wettbewerbsrechtlichen Schadensersatzanspruchs gelten grds. die **1.23** §§ 249–254 BGB (Begr. RegE UWG zu § 9, BT-Drs. 15/1487, 23). Die Eigenart und Unterschiedlichkeit der Wettbewerbsverstöße bringen jedoch einige Besonderheiten mit sich. Das Hauptproblem ist, dass Wettbewerbsverstöße sich zwar idR auf die Geschäftschancen der Mitbewerber nachteilig auswirken, angesichts der Komplexität des Wirtschaftsgeschehens das Ausmaß des Schadens sich aber kaum feststellen lässt. In der Praxis spielt daher der wettbewerbsrechtliche Schadensersatzanspruch, soweit er auf Ersatz des entgangenen Gewinns (§ 252 BGB) gerichtet ist, nur eine geringe Rolle. Zumeist geht es lediglich um die Feststellung einer Schadensersatzpflicht, für die die Darlegung einer – nicht einmal hohen – Wahrscheinlichkeit eines Schadenseintritts ausreichend ist (vgl. etwa BGHZ 130, 205 (220 ff.) – Feuer, Eis & Dynamit I mwN; BGH GRUR 2001, 78 (79) – Falsche Herstellerpreisempfehlung; zu Einzelheiten → § 12 Rn. 2.55). Bei der Feststellung eines Gewinnentgangs sollten **§ 287 ZPO** und **§ 252 S. 2 BGB** nicht zu kleinlich angewendet werden (Teplitzky Wettbewerbsrechtliche Ansprüche/Schaub Kap. 33 Rn. 3). Für bes. Verletzungstatbestände wurde die dreifache Schadensberechnung entwickelt (→ Rn. 1.36 ff.). Der Ersatz **immaterieller** Schäden bedarf nach § 253 I BGB einer (noch ausstehenden) gesetzlichen Regelung.

E. Naturalherstellung

I. Allgemeines

Nach § 249 I BGB kann der Verletzte vom Verletzer grds. Herstellung des Zustands verlangen, der bestehen würde, wenn der zum Ersatz verpflichtende Umstand nicht eingetreten wäre (sog Naturalherstellung). In bestimmten Fällen kann der Verletzte stattdessen auch den dazu erforderlichen Geldbetrag verlangen (§ 249 II 1 BGB). In beiden Fällen kommt es nicht darauf an, ob die Beeinträchtigung materieller oder immaterieller Natur ist. **1.24**

II. Herstellung durch tatsächliche Maßnahmen

Vielfach überschneidet sich diese Art des Schadensersatzes mit dem verschuldensunabhängigen **1.25** Beseitigungsanspruch aus § 8 I 1 (zB Abhängen von Plakaten mit wettbewerbswidriger Werbung; Widerruf geschäftsschädigender Tatsachenbehauptungen) und dem Herausgabeanspruch (§ 985 BGB) und hat insoweit keine eigenständige Bedeutung. Anders liegt es zB in den Fällen der Vernichtung oder Beschädigung von fremden Werbematerialien, Gerätschaften, Dokumenten, Daten usw. Im Rahmen des Möglichen und Zumutbaren (§ 251 II BGB) kann der Verletzte hier Rekonstruktion verlangen.

III. Herstellung durch Unterlassen

Insbes. bei der wettbewerbswidrigen Kunden- oder Mitarbeiterabwerbung und bei der rechts- **1.26** widrigen Nutzung fremder Ressourcen kommt Naturalherstellung in Gestalt des zeitweiligen Unterlassens der **Belieferung,** des **Bezugs,** der **Herstellung,** des **Vertriebs** oder der **Beschäftigung** (→ § 4 Rn. 4.113) in Betracht. Es können also nach der wohl noch hM entspr. Verbote oder Unterlassungsgebote ausgesprochen werden (BGH GRUR 1971, 358 (359) – Textilspitzen; GRUR 1976, 306 (307) – Baumaschinen; OLG Oldenburg WRP 1996, 612 (615 f.); OLG Jena WRP 1997, 363 (365); Piper GRUR 1990, 643 (649 f.); Wedemeyer FS Traub, 1994, 437; Teplitzky Wettbewerbsrechtliche Ansprüche/Schaub Kap. 33 Rn. 13). Umfang und Dauer des

Verbots bestimmen sich nach den Umständen des Einzelfalls unter Berücksichtigung des Zwecks der Naturalrestitution (Piper GRUR 1990, 643 (649)) und des Grundsatzes der Verhältnismäßigkeit (Köhler GRUR 1996, 82 (83)). Es kommt darauf an, ob eine Herstellung durch Störungsbeseitigung (noch) möglich und (noch) erforderlich ist. Bei der **Mitarbeiterabwerbung** ist dies ausgeschlossen, wenn die Rückkehr zum alten Arbeitgeber bezweckt wird, aber nicht sicher ist, dass die Abgeworbenen zu ihrem früheren Arbeitgeber zurückkehren (OLG Jena WRP 1997, 363 (365)). Hat der abgeworbene Mitarbeiter Geschäftsgeheimnisse seines früheren Arbeitgebers verraten, ist ein Beschäftigungsverbot als Maßnahme der Naturalrestitution zwecklos (Kicker FS Piper, 1996, 273 (277)). – Bei der **Kundenabwerbung** kommt ein Belieferungsverbot für den Zeitraum von zwei Jahren in Betracht (BGH GRUR 1970, 182 (184) – Bierfahrer). Der Fristbeginn kann dabei an den Zeitpunkt der vorläufigen Vollstreckbarkeit (riskant!) oder der Rechtskraft anknüpfen (BGH GRUR 1970, 182 (184) – Bierfahrer). – Bei der Verletzung von **Geschäftsgeheimnissen** kam nach früherem Recht (§ 17 aF) ein Anspruch auf Unterlassung der Produktherstellung unter Benutzung des unbefugt erlangten oder verwerteten Geheimnisses in Betracht (BGH WRP 2018, 424 Rn. 42 – Knochenzement I); seit dem 25.4.2019 gilt insoweit das **GeschGehG.** – Vielfach können entspr. Maßnahmen bereits mit dem (verschuldensunabhängigen) Beseitigungsanspruch begehrt werden (Teplitzky Wettbewerbsrechtliche Ansprüche/Schaub Kap. 33 Rn. 12). – Soweit derartige Verbote aber massiv in das Wettbewerbsgeschehen und die Interessen Dritter (Arbeitnehmer, Kunden) eingreifen, sollten sie – wenn überhaupt (abl. Alexander, Schadensersatz und Abschöpfung im Lauterkeits- und Kartellrecht, 2010, S. 236 ff.; MüKoUWG/Fritzsche Rn. 71; zweifelnd nunmehr auch BGH WRP 2018, 424 Rn. 41 – Knochenzement I) – nur mit größter Zurückhaltung ausgesprochen und stattdessen idR Geldersatz gewährt werden (OLG Jena WRP 1997, 363 (365); OLG Frankfurt GRUR-RR 2018, 477 Rn. 12 ff.; Köhler GRUR 1996, 82 (84); Köhler FS Buchner, 2009, 452 (459 f.)). Ist Naturalherstellung nicht (mehr) möglich, zB wegen zwischenzeitlicher Änderung der tatsächlichen Verhältnisse, kann ohnehin nur Geldersatz verlangt werden (BGH GRUR 1976, 306 (307) – Baumaschinen).

IV. Herstellung durch Vertragsschluss

1.27 Besteht der Wettbewerbsverstoß in der Verweigerung eines Vertragsschlusses, kann nach § 249 I BGB auch der Abschluss eines entspr. Vertrages zu üblichen bzw. angemessenen Bedingungen verlangt werden (**Kontrahierungszwang;** vgl. Teplitzky Wettbewerbsrechtliche Ansprüche/Schaub Kap. 33 Rn. 14). Zumeist handelt es sich dabei jedoch um kartellrechtliche Sachverhalte.

V. Herstellung durch Verletzten

1.28 Nach § 249 II 1 BGB kann der Gläubiger in den Fällen der Verletzung einer Person oder der Beschädigung einer Sache statt der Herstellung den dazu erforderlichen Geldbetrag verlangen. Er ist dabei nicht verpflichtet, die Herstellung tatsächlich durchzuführen (hM; BGH NJW 1997, 520), wie sich auch aus § 249 II 2 BGB ergibt. Die Vorschrift ist im Lauterkeitsrecht selten unmittelbar anwendbar. Jedoch ist sie analog auf die Fälle anzuwenden, in denen es dem Verletzten nicht zumutbar ist, die Naturalherstellung dem Verletzer zu überlassen (zB bei der Beseitigung einer Marktverwirrung durch berichtigende Anzeigen; → Rn. 1.32).

F. Einzelne Vermögensschäden

I. Kosten der Rechtsverfolgung

1.29 Grds. nicht ersatzfähig ist der eigene Zeit- und Arbeitsaufwand des Verletzten zur Schadensabwicklung, da dies zum allgemeinen Lebensrisiko gehört und nicht in den Schutzbereich der Norm fällt (dazu BGH NJW 1977, 35; BGHZ 127, 348 (352)). Ersatzfähig sind daher nur Zahlungen an Dritte, soweit sie tatsächlich entstanden sind und erforderlich waren. In Betracht kommen: **(1) Anwaltskosten** für eine vorprozessuale berechtigte **Abmahnung** (BGH GRUR 1982, 489 – Korrekturflüssigkeit; GRUR 1990, 1012 (1014 f.) – Pressehaftung I; WRP 2010, 384 Rn. 51 – BTK; krit. Ahrens Wettbewerbsprozess-HdB/Scharen Kap. 11 Rn. 13). Daneben kann ein Anspruch aus § 13 III bestehen. Erforderlich ist die Abmahnung aber nur, soweit sie einen weiteren Schaden verhindern oder mindern kann, wie etwa bei **Dauerhandlungen** (BGH

GRUR 2007, 631 Rn. 21 – Abmahnaktion; Köhler FS Erdmann, 2002, 845 (846); aA Teplitzky Wettbewerbsrechtliche Ansprüche/Bacher Kap. 41 Rn. 82; GK/Feddersen § 12 Rn. B 85; offengelassen in BGH GRUR 2007, 631 Rn. 2 – Abmahnaktion und BGH GRUR 2018, 914 Rn. 27 – Riptide). In diesem Fall erfüllt der Mitbewerber mit der Abmahnung seine Obliegenheit nach § 254 II 1 BGB und nur aus diesem Grund sind die Abmahnkosten als Schaden zu begreifen (BGH NJW 1993, 2685 (2687)). Ist dagegen die Verletzungshandlung bereits abgeschlossen, kann die darauf bezogene Abmahnung den aus dieser Handlung entstandenen Schaden nicht mehr verhindern oder mindern. Die Abmahnung könnte allenfalls künftige kerngleiche Verletzungen und daraus resultierende Schäden verhindern. Indessen wären die Abmahnkosten nur dann als ersatzfähiger Schaden zu begreifen, wenn die Abmahnung erforderlich wäre, um einen **konkret** drohenden Schadenseintritt zu verhüten (vgl. BGH NJW 1993, 3331 (3332)). Das ist jedenfalls dann nicht der Fall, wenn die Wiederholungsgefahr auf Grund der Unterwerfung gegenüber einem Dritten weggefallen ist, mag dies dem abmahnenden Mitbewerber auch unbekannt sein. Entsprechendes gilt für eine auf einen vorbeugenden Unterlassungsanspruch gestützte Abmahnung. – Ausnahmsweise sind die Kosten der Abmahnung eines Dritten dann ein ersatzfähiger Schaden, wenn sie mit Blick auf den wahren Verletzer ein für die Rechtsverfolgung erforderliches und zweckmäßiges Mittel der **Sachverhaltsaufklärung** ist (BGH GRUR 2018, 914 Rn. 19 ff. – Riptide; → § 13 Rn. 108b). – Die Einschaltung eines Anwalts ist grds. auch bei **Unternehmen mit einer eigenen Rechtsabteilung** als erforderlich anzusehen (→ § 13 Rn. 116; BGH GRUR 2008, 928 Rn. 14 – Abmahnkostenersatz; aA noch BGH (VI. Senat) GRUR 2007, 620 Rn. 11 – Immobilienwertgutachten; GRUR 2004, 789 (790) – Selbstauftrag). Denn es gehört – anders als bei den Verbänden iSd § 8 III Nr. 2 und 3 – nicht zu den originären Aufgaben eines Unternehmens, Wettbewerbsverstöße Dritter zu verfolgen und dafür eigene Ressourcen einzusetzen. Handelt es sich bei dem vom Wettbewerbsverstoß betroffenen Mitbewerber um einen **Anwalt,** ist zu unterscheiden: Er kann zwar die Kosten eines von ihm eingeschalteten Anwalts ersetzt verlangen, weil auch ihm nicht zuzumuten ist, eigene Ressourcen zur Bekämpfung des Wettbewerbsverstoßes einzusetzen (aA für einfach gelagerte Fälle BGH GRUR 2004, 789 (790) – Selbstauftrag; (VI. ZS) GRUR 2007, 620 Rn. 11 – Immobilienwertgutachten). Dagegen kann er nicht die Gebühren aus einem sich selbst erteilten Mandat ersetzt verlangen. Denn dabei handelt es sich um keine Ausgaben, die sein Vermögen mindern, sondern um die Erzielung von Einnahmen (iErg ebenso, wenngleich mit anderer Begründung BGH GRUR 2004, 789 (790) – Selbstauftrag; GRUR 2007, 620 Rn. 11 – Immobilienwertgutachten). **(2) Anwaltskosten** für Bemühungen um **Auskunftserteilung,** Anerkennung einer **Schadensersatzpflicht** und **Schadensersatzleistung** (vgl. Leisse/Traub GRUR 1980, 1 (6); GK/Köhler UWG 1909 Vor § 13 Rn. B 311). **(3) Kosten** für **Testkäufe** (BGH WRP 2017, 1337 Rn. 64 – Bretaris Genuair), **Detektive,** soweit konkreter Verdacht vorliegt (OLG München WRP 2012, 579 Rn. 69), **Sachverständige** (BGH NJW-RR 1989, 956; OLG München GRUR 1987, 322) und (in Ausnahmefällen) **Rechtsgutachter** (vgl. OLG Frankfurt GRUR 1987, 322; Leisse/Traub GRUR 1980, 1 (6)).

II. Marktverwirrung und Marktverwirrungsschaden

1. Begriffe

Es ist zwischen der Marktverwirrung und dem Marktverwirrungsschaden zu unterscheiden **1.30** (BGHZ 148, 26 = GRUR 2001, 841 (845) – Entfernung der Herstellungsnummer II; OLG Frankfurt GRUR-RR 2003, 204 (205); krit. Alexander, Schadensersatz und Abschöpfung im Lauterkeits- und Kartellrecht, 2010, 277 ff.). Die **Marktverwirrung** ist ein durch eine wettbewerbswidrige Maßnahme herbeigeführter Zustand, der objektiv geeignet ist, die geschäftlichen Entschlüsse von Marktpartnern, insbes. Verbrauchern, zu Gunsten des Verletzers und zu Ungunsten seiner Mitbewerber zu beeinflussen (vgl. GK/Köhler Vor § 13 aF Rn. B 313). Das ist insbes. dann der Fall, wenn die Maßnahme zu (noch fortbestehenden) Fehlvorstellungen von Marktpartnern über ein Unternehmen, ein Kennzeichen oder ein Produkt geführt hat (vgl. BGH WRP 2000, 101 (103) – Planungsmappe). Der nach den §§ 251 ff. BGB zu ersetzende **Marktverwirrungsschaden** ist der durch die Marktverwirrung eingetretene tatsächliche Vermögensschaden bei einem Unternehmen in Gestalt der Beeinträchtigung der Wertschätzung des Unternehmens, seiner Kennzeichen oder seiner Produkte (BGH GRUR 1987, 364 (365) – Vier-Streifen-Schuh; GRUR 1991, 921 (923) – Sahnesiphon; BGHZ 148, 26 = GRUR 2001, 841 (845) – Entfernung der Herstellungsnummer II). Er kann sich ua in einem Verlust von

Kunden oder einem Umsatzrückgang äußern. Nicht darunter fällt der Aufwand zur Beseitigung der Marktverwirrung, der allenfalls als **Schadensersatz** erstattet verlangt werden kann (→ Rn. 1.32). Allerdings besteht über diese Begriffe und ihr Verhältnis zueinander noch keine endgültige Klarheit (vgl. Leisse GRUR 1988, 88; Schramm GRUR 1974, 617; Teplitzky Wettbewerbsrechtliche Ansprüche/Schaub Kap. 34 Rn. 7 Fn. 24; für eine Aufgabe des Begriffs des Marktverwirrungsschadens, soweit es den Ruf oder die Kennzeichnungskraft betrifft, Ohly GRUR 2007, 926 (931)).

2. Anspruch auf Beseitigung der Marktverwirrung

1.31   Die Marktverwirrung stellt zunächst einen Störungszustand dar, dem mit Abwehransprüchen (BGH GRUR 1991, 921 (923) – Sahnesiphon; GRUR 2001, 841 (845) – Entfernung der Herstellungsnummer II; Teplitzky Wettbewerbsrechtliche Ansprüche/Schaub Kap. 34 Rn. 10; MüKoUWG/Fritzsche Rn. 78) zu begegnen ist. Der Beseitigungsanspruch ist insoweit auf eine Marktentwirrung durch entspr. Aufklärungsmaßnahmen gerichtet. Dieser Anspruch steht nicht nur den betroffenen Mitbewerbern, sondern grds. allen in § 8 III genannten Verbänden zu. Ein derartiges Begehren kann aber auch Inhalt eines Anspruchs auf Naturalherstellung iSd § 249 I BGB sein, wenn und soweit die Marktverwirrung zu einer Beeinträchtigung der Geschäftschancen eines konkreten Mitbewerbers führt. Der Anspruch entfällt, wenn eine Marktentwirrung nicht mehr möglich ist, weil durch Zeitablauf entweder die Marktverwirrung sich aufgelöst hat oder ein konkreter Bezug zur Verletzungshandlung nicht mehr herstellbar ist. So etwa, wenn eine irreführende oder sonst unzulässige vergleichende Werbung in einem Katalog enthalten war, der mittlerweile von einem anderen abgelöst wurde.

3. Anspruch auf Ersatz von Marktentwirrungskosten

1.32   Vom Anspruch auf Durchführung der Marktentwirrung zu trennen ist die Frage, ob ein Mitbewerber die Marktentwirrung (zB durch Gegenanzeigen) in Analogie zu § 249 II 1 BGB selbst vornehmen darf und die dafür erforderlichen Kosten ersetzt verlangen kann. Würde man dies jedem Mitbewerber zubilligen, könnte dies zu einer übermäßigen und sachlich nicht notwendigen Belastung des Verletzers führen. Insoweit ist daher eine Beschränkung auf die Fälle vorzunehmen, in denen sich die Wettbewerbsmaßnahme unmittelbar gegen einen ganz bestimmten Mitbewerber richtet. So etwa, wenn es (zB durch unerlaubte Nachahmung) zu konkreten Verwechslungen zwischen dem Unternehmen, der Marke oder den Produkten des Verletzers mit denen des Verletzten gekommen ist. Ferner bei unzulässiger vergleichender Werbung, die einen Mitbewerber oder sein Produkt herabsetzt, oder bei der Täuschung von Kunden über den wahren Vertragspartner oder Gläubiger (BGH NJW-RR 2002, 191 (192)). Stets bedarf es aber eines entspr. Tatsachenvortrags. Nur solche Mitbewerber also, gegen die sich die wettbewerbswidrige Maßnahme unmittelbar richtet, sind berechtigt, in Analogie zu § 249 II 1 BGB vom Verletzer Ersatz der für eine Naturalherstellung erforderlichen Kosten (**Marktentwirrungskosten**) zu verlangen. Dazu gehören zB ein vermehrter Werbeaufwand und die Kosten einer berichtigenden Werbung, einer Aufklärung der Kunden oder einer Rückrufaktion beim Vertrieb von Waren, deren Kontrollnummer unzulässig beseitigt worden war (BGH WM 2001, 2315 (2316); GRUR 2001, 841 (845) – Entfernung der Herstellungsnummer II; Schaffert FS Erdmann, 2000, 719 (726)), soweit sie (zB zur Wiederherstellung des guten Rufs der Ware oder des Unternehmens oder zur Klärung der Echtheit einer Ware) aus der Sicht eines verständigen Unternehmers erforderlich waren (dazu BGH GRUR 1978, 187 (189) – Alkoholtest). Ist im Einzelfall ein Produkt völlig ruiniert worden (zB durch massenhafte Billignachahmung eines Luxusartikels), kann ggf. Ersatz der Kosten für die Entwicklung eines gleichwertigen Produkts verlangt werden. – An die Erforderlichkeit sind allerdings strenge Anforderungen zu stellen, um zu verhindern, dass es zu verkappten Strafmaßnahmen gegen den Verletzer kommt. Die Kosten für berichtigende „Gegenanzeigen" als Maßnahmen der Schadensbeseitigung oder Schadensminderung (BGH GRUR 1990, 1012 (1015) – Pressehaftung) sind daher nur ausnahmsweise erstattungsfähig, dh die objektive Eignung und die Erforderlichkeit (Möglichkeit der presserechtlichen Gegendarstellung? Angemessenes Verhältnis zwischen Schwere des Verstoßes bzw. Schadens und Anzeigenkosten? Schutzwürdige Belange des Verletzers?) sind bes. sorgfältig zu prüfen (vgl. BGH GRUR 1978, 187 – Alkoholtest; GRUR 1979, 804 (805) – Falschmeldung; GRUR 1986, 330 (332) – Warentest III; GRUR 1990, 1012 (1015) – Pressehaftung). Der Zweck der Richtigstellung erfordert auch, dass jedenfalls der orientierte Leser die Zusammenhänge zwischen „Falschmeldung" und „Berichtigung" erkennt (BGH GRUR 1979, 804

(806) – Falschmeldung). Andernfalls fehlt es an der Eignung zur Berichtigung. Auch eine aufklärende Werbemaßnahme muss grds. einen erkennbaren Bezug zur Verletzungshandlung aufweisen. Darauf ist nur ausnahmsweise zu verzichten, wenn nämlich eine Richtigstellung schädigender Äußerungen durch rationale Argumentation unmöglich ist (BGH GRUR 1982, 489 (490) – Korrekturflüssigkeit). – Selbst wenn der Aufwand zur Beseitigung der Marktverwirrung erforderlich ist, kann der Verletzer den Anspruch aus § 249 II 1 BGB durch eine Geldentschädigung hins. des Marktverwirrungsschadens (Ansehensminderung usw) abwenden, wenn die Marktentwirrung nur mit unverhältnismäßigen Kosten möglich wäre (§ 251 II BGB). – Grds. **nicht ersatzfähig** sind **vorbeugende** Maßnahmen vor dem Verletzungsfall zum Schutze vor einer Marktverwirrung, da sie unabhängig von dem einzelnen Schadensfall entstehen und durch diesen nicht veranlasst sind. Dazu gehören zB die Kosten für ein Qualitätssicherungssystem, soweit sie allgemeine und ohne Bezug auf einen konkreten Schadensfall, im Eigeninteresse vorgenommene Vorkehrungen zur Schadensminderung darstellen (BGH GRUR 2001, 841 (845) – Entfernung der Herstellungsnummer II; Schaffert FS Erdmann, 2000, 719 (726)). – Der Anspruch ist ausgeschlossen, wenn eine Marktentwirrung infolge Zeitablaufs nicht mehr möglich ist. In diesem Fall kommt nur die Geldentschädigung für den Marktverwirrungsschaden nach § 251 I BGB in Betracht.

4. Ersatz von fiktiven Marktentwirrungskosten

Von den tatsächlichen Marktentwirrungskosten zu unterscheiden sind wiederum die „fiktiven Marktentwirrungskosten". An sich läge es nahe, die Analogie zu § 249 II 1 BGB auch auf den Ersatz der erforderlichen, aber vom Verletzer nicht aufgewandten Kosten zu erstrecken. Denn im Grundsatz ist der Geschädigte bei einem Vorgehen nach § 249 II 1 BGB frei, ob er den Betrag für die Naturalherstellung verwendet oder nicht, wie sich aus § 249 II 2 ergibt (sog Dispositionsfreiheit). Da hier aber nicht die unmittelbare, sondern nur die analoge Anwendung dieser Vorschrift auf wettbewerbsrechtliche Sachverhalte in Frage steht, müssen auch deren Besonderheiten berücksichtigt werden. Im Hinblick auf die Gefahr, dass damit in verkappter Form Ersatz für – nicht nachgewiesenen – Gewinnentgang begehrt wird, wird man daher einen Ersatz der fiktiven Marktentwirrungskosten ablehnen müssen (so iErg auch BGH GRUR 1982, 489 (491) – Korrekturflüssigkeit; Ohly GRUR 2007, 926 (931); aA Leisse GRUR 1988, 88). **1.33**

5. Ersatz von verbleibenden Marktverwirrungsschäden

Soweit die Naturalherstellung durch Marktentwirrung nicht möglich oder zur Entschädigung des Verletzten nicht genügend ist, hat der Verletzer den Verletzten nach § 251 I BGB in Geld zu entschädigen. Es sind dies die seltenen Fälle, in denen – ggf. trotz Marktentwirrung – beim Verletzten eine Minderung seiner Rechte oder seines Ansehens und damit ein **Vermögensschaden** verbleibt (vergleichbar dem „merkantilen Minderwert" bei technisch einwandfrei reparierten Autos). Anhaltspunkte für die Schadensschätzung nach § 287 ZPO sind Art, Inhalt, Zeitpunkt, Dauer sowie Intensität der Verletzungshandlung (idR Werbung), nicht dagegen die **Kosten** der Werbung (BGH GRUR 1987, 364 (365) – Vier-Streifen-Schuh). Die bloße Abbildung eines Plagiats in einem Katalog mit vielen vergleichbaren Artikeln wird idR keinen Marktverwirrungsschaden verursachen (OLG Frankfurt GRUR-RR 2003, 204 (205)). Der Marktverwirrungsschaden ist nicht gleichbedeutend mit dem entgangenen Gewinn. Bei einer Minderung des Ansehens des nachgeahmten Produkts kann die Entschädigung daher neben dem entgangenen Gewinn (bzw. der fiktiven Lizenzgebühr bzw. dem Verletzergewinn) verlangt werden (BGH GRUR 1982, 489 (490) – Korrekturflüssigkeit; BGHZ 44, 372 (382) – Messmer-Tee II). Dagegen kann der Verletzte, der eine konkrete Vermögenseinbuße nicht darlegen kann, nicht stattdessen Schadensersatz im Wege der Lizenzanalogie verlangen (BGH GRUR 1987, 364 (365) – Vier-Streifen-Schuh; GRUR 1990, 1008 – Lizenzanalogie; OLG Frankfurt GRUR-RR 2003, 204 (205)). Wohl aber kann der Marktverwirrungsschaden bei der Bemessung der angemessenen Lizenzgebühr einbezogen werden, wenn ein solcher Schaden nahe liegt, da dies vernünftige Lizenzvertragsparteien in ihren Überlegungen berücksichtigen würden (BGH GRUR 2010, 239 Rn. 29 – BTK). **1.34**

III. Entgangener Gewinn

Der entgangene Gewinn ist nach § 252 S. 2 BGB neben dem positiven Schaden zu ersetzen, soweit er **rechtmäßig** erzielbar war (BGH GRUR 1995, 424 (426) – Abnehmerverwarnung; **1.35**

GRUR 2005, 519 (520) – Vitamin-Zell-Komplex). Zum entgangenen Gewinn gehört auch die entgangene Erzielung eines Kostendeckungsbeitrags (Tilmann GRUR 2003, 647 (652); Rinnert/Küppers/Tilmann FS Helm, 2002, 337 (353)). Bei bestimmten Wettbewerbsverstößen – wie zB einem (erfolgreichen) Boykottaufruf – lässt sich der Nachweis des Gewinnentgangs relativ leicht führen. In aller Regel fällt dieser Nachweis im Wettbewerbsrecht wegen der Vielzahl von Faktoren, die das Marktgeschehen beherrschen, aber sehr schwer. Für den Nachweis des Gewinnentgangs nach § 252 S. 2 BGB, § 287 ZPO gilt zwar nach der Lebenserfahrung, dass unlauterer Wettbewerb die Mitbewerber schädigt (BGH GRUR 1993, 55 (57) – Tchibo/Rolex II; WRP 2016, 1142 Rn. 21 – Deltamethrin II) und dem Verletzten durch die Verletzung eigene Geschäfte und damit Gewinnmöglichkeiten entgangen sind (BGH GRUR 1993, 757 (758 f.) – Kollektion „Holiday“; GRUR 1995, 349 (351) – Objektive Schadensberechnung). Das rechtfertigt eine Schadensersatzfeststellungsklage, ersetzt aber nicht den Nachweis der Höhe des entgangenen Gewinns. Zumeist wird ein solcher Nachweis nur bei **„mitbewerberbezogenen"** Wettbewerbsverstößen, also solchen Verstößen, die sich gezielt oder unmittelbar gegen einen Mitbewerber richten (zB wettbewerbswidrige Herabsetzung; gezielte Behinderung; unzulässige vergleichende Werbung), in Betracht kommen. **Beispiel:** Führt die Herabsetzung eines Verlegers dazu, dass Kunden bestehende Anzeigenverträge kündigen, so kann dieser grds. den daraus entgehenden Gewinn ersetzt verlangen. Jedoch muss er sich im Wege der Vorteilsausgleichung die Einnahmen anrechnen lassen, die er durch anderweitige Vergabe des Anzeigenraums erzielt (OLG Frankfurt WRP 2013, 1673 [Ls.]). Schwieriger liegt es bei lediglich **„marktbezogenen"** Wettbewerbsverstößen (zB irreführende Werbung mit Preissenkungen). Auch in den Fällen der „mitbewerberbezogenen" Wettbewerbsverstöße gibt es aber keinen Erfahrungssatz dahin, dass der entgangene Gewinn dem Verletzergewinn entspricht oder der Umsatz des Verletzers dem Verletzten zugutegekommen wäre (BGH GRUR 1993, 757 (758 f.) – Kollektion „Holiday"; NJW 2008, 2716 Rn. 20 – Schmiermittel). Die Umsatzentwicklung beim Verletzer kann allenfalls Anhaltspunkt, nicht aber alleinige Berechnungsgrundlage sein (BGH GRUR 1982, 489 (490) – Korrekturflüssigkeit; GRUR 2008, 933 Rn. 20 – Schmiermittel). Der Verletzte braucht zwar auf Grund der Erleichterungen nach § 252 S. 2 BGB (Wahrscheinlichkeitsfeststellung) und § 287 ZPO (Beweiswürdigung) den entgangenen Gewinn nicht genau zu belegen. Vielmehr ist ein Gewinnentgang grundsätzlich bereits dann zu bejahen, wenn es nach den gewöhnlichen Umständen des Falles wahrscheinlicher ist, dass der Gewinn ohne das haftungsbegründende Ereignis erzielt worden wäre, als dass er ausgeblieben wäre. Er muss jedoch dem Gericht Tatsachen vortragen, die ihm eine wenigstens grobe Schätzung des Gewinnentgangs ermöglichen (BGHZ 77, 16 (19) – Tolbutamid – auch zum Mehrproduktunternehmen; BGH GRUR 1993, 757 (758 f.) – Kollektion „Holiday"; WRP 2016, 1142 Rn. 21 – Deltamethrin II; OLG Hamburg GRUR-RR 2020, 18 Rn. 81), zB die Umsatzentwicklung nach Verletzung beim Verletzten und beim Verletzer. Er braucht nicht darzulegen, ob und welche Kunden zum Verletzer gewechselt sind (BGH GRUR 1990, 687 (689) – Anzeigenpreis II). Eine Umsatzeinbuße ist Anhaltspunkt, aber nicht Voraussetzung eines Ersatzanspruchs, weil es auf die allgemeinen und bes. Marktverhältnisse ankommt. Ein Gewinnentgang kann auch darin bestehen, dass der Verletzte seine Preise herabsetzen musste, um gegenüber dem Verletzer wettbewerbsfähig zu bleiben. An die Darlegung und den Beweis der Mindestvoraussetzungen für eine Schätzung sind keine allzu hohen Anforderungen zu stellen (BGH GRUR 2008, 993 Rn. 19 – Schmiermittel; WRP 2016, 1142 Rn. 26 – Deltamethrin II). Das Gericht muss einen **Mindestschaden** schätzen, wenn ein Schaden (ggf. nach der Lebenserfahrung) feststeht und greifbare Anknüpfungstatsachen für die Schadensschätzung vorliegen (BGH GRUR 2008, 993 Rn. 21 – Schmiermittel; BAG NJW 2012, 2267 Rn. 9; 2013, 331 Rn. 19). Eine völlig abstrakte Berechnung des Schadens, auch in Form der Schätzung eines Mindestschadens, lässt § 287 ZPO dagegen nicht zu. Das Gericht muss das Ergebnis der Schätzung nicht durch Angabe jeder einzelnen dafür maßgeblichen Tatsache begründen. Soweit es aber Tatsachen anführt, müssen diese rechtlich einwandfrei festgestellt sein (BGH GRUR 1982, 489 (490) – Korrekturflüssigkeit). In der Revisionsinstanz ist die Schadensschätzung durch den Tatrichter nur beschränkt überprüfbar, nämlich darauf, ob der Tatrichter Rechtsgrundsätze der Schadensbemessung verkannt, wesentliche Bemessungsfaktoren außer Betracht gelassen oder seiner Schätzung unrichtige Maßstäbe zu Grunde gelegt hat (BGH GRUR 1991, 914 (917) – Kastanienmuster; NJW 2012, 2267 Rn. 9; WRP 2016, 1142 Rn. 24 – Deltamethrin II).

G. Dreifache Schadensberechnung

I. Anwendungsbereich

1. Rechte des geistigen Eigentums; Geschäftsgeheimnisse

Die von der Rspr. entwickelte sog dreifache Schadensberechnung ist, soweit es die **Rechte** **1.36** **des geistigen Eigentums** betrifft, durch das Gesetz zur Verbesserung der Durchsetzung von Rechten des geistigen Eigentums v. 7.7.2008 in Umsetzung der **Durchsetzungs-RL** (RL 2004/48/EG v. 29.4.2004) einheitlich geregelt worden (dazu BGH GRUR 2010, 1091 Rn. 18 – Werbung eines Nachrichtensenders; Dörre/Maaßen GRUR-RR 2008, 217; v. Ungern-Sternberg GRUR 2009, 460; Stieper WRP 2010, 624; Goldmann WRP 2011, 950; Meier-Beck WRP 2012, 503). Danach kann bei der Bemessung des Schadensersatzes auch der Gewinn, den der Verletzer durch die Verletzung des Rechts erzielt hat, berücksichtigt werden. Der Schadensersatzanspruch kann ferner auf der Grundlage des Betrages berechnet werden, den der Verletzer als angemessene Vergütung hätte entrichten müssen, wenn er die Erlaubnis zur Nutzung des Rechts eingeholt hätte. Diese Regelungen gelten für die Verletzung von **(1) Urheberrechten** (§ 97 II 2, 3 UrhG; dazu Schricker/Loewenheim/Wimmers, 6. Aufl. 2020, UrhG § 97 Rn. 259 ff.); **(2) Patentrechten** (§ 139 II 2, 3 PatG; vgl. auch BGH GRUR 1962, 401 (402) – Kreuzbodenventilsäcke III); **(3) Marken** (§ 14 VI 2, 3 MarkenG, § 15 V 2, 3 MarkenG; Ströbele/Hacker/Thiering/Hacker MarkenG § 14 Rn. 670 ff.); **(4) Gebrauchsmusterrechten** (§ 24 II 2, 3 GebrMG; vgl. auch BGHZ 82, 299 – Kunststoffhohlprofil II); **(5) Designrechte** (§ 42 II 2, 3 DesignG; OLG Köln MarkenR 2023, 35 (37); vgl. auch BGH GRUR 2001, 329 (330 f.) – Gemeinkostenanteil); **(6) Sortenschutzrechten** (§ 37 II 2, 3 SortenSchG); **(7) Halbleiterschutzrechten** (§ 9 I 3 HalblSchG). – Inwieweit diese gesetzlichen Regelungen auch auf die Grundsätze zur dreifachen Schadensberechnung im **Bürgerlichen Recht** und **Lauterkeitsrecht** ausstrahlen, ist noch durch die Rspr. zu klären. Im Interesse einer einheitlichen Rechtsanwendung ist dies grds. zu befürworten (Alexander, Schadensersatz und Abschöpfung im Lauterkeits- und Kartellrecht, 2010, S. 269 ff.; Goldmann WRP 2011, 950 (970); Teplitzky Wettbewerbsrechtliche Ansprüche/Schaub Kap. 34 Rn. 20 ff.; krit. Stieper WRP 2010, 624 (628 ff.)). Jedenfalls sind die Mitgliedstaaten nach ErwGr. 13 S. 2 RL 2004/48/EG nicht gehindert, die Bestimmungen dieser Richtlinie „bei Bedarf zu innerstaatlichen Zwecken auf Handlungen auszuweiten, die den unlauteren Wettbewerb einschließlich der Produktpiraterie oder vergleichbare Tätigkeiten betreffen". – Zur dreifachen Schadensersatzberechnung nach § 10 II GeschGehG bei Verletzung von **Geschäftsgeheimnissen** → GeschGehG § 10 Rn. 33–38.

2. Bürgerliches Recht

Für den bürgerlichrechtlichen Schadensersatzanspruch ist die dreifache Schadensberechnung **1.36a** von der Rspr. anerkannt bei der Verletzung von **(1) Persönlichkeitsrechten,** soweit vermögenswerte Bestandteile verletzt werden (BGHZ 26, 349 (352) – Herrenreiter; BGH GRUR 2000, 709 – Marlene Dietrich; GRUR 2000, 715 (717) – Der blaue Engel) sowie von **(2) Namensrechten** (BGHZ 60, 206 (208) – Miss Petite). – Eine Anwendung auf rein **vertragliche Schadensersatzansprüche** ist dagegen ausgeschlossen, da schuldrechtliche Vereinbarungen über ein Immaterialgut keine diesem vergleichbare Rechtsposition begründen (BGH GRUR 2002, 795 (797) – Titelexklusivität).

3. Recht des unlauteren Wettbewerbs

Für den lauterkeitsrechtlichen Schadensersatzanspruch aus § 9 besteht noch keine gesetzliche **1.36b** Regelung der dreifachen Schadensberechnung. Vielmehr gelten insoweit die der Rspr. entwickelten Grundsätze, die ggf. unter dem Einfluss der **Durchsetzungs-RL** zu modifizieren sind (→ Rn. 1.36). Nach der Rspr. ist die dreifache Schadensberechnung anerkannt bei Schadensersatzansprüchen wegen Verletzung der **(1) nach § 3 I, § 4 Nr. 3 und Nr. 4 geschützten Leistungen** (BGH GRUR 1993, 55 (57) – Tchibo/Rolex II; GRUR 1993, 757 (759) – Kollektion „Holiday"; GRUR 2002, 795 (797) – Titelexklusivität; GRUR 2007, 431 Rn. 21 – Steckverbindergehäuse; WRP 2017, 51 Rn. 79 – Segmentstruktur). – Eine Anwendung der Grundsätze der dreifachen Schadensberechnung auf **sonstige Wettbewerbsverstöße** (zB § 3 I iVm § 4 Nr. 1 und 2) kommt dagegen nicht in Betracht. Denn insoweit weist das Lauterkeits-recht dem Mitbewerber keine dem Schutz der Leistung vergleichbare schützenswerte Markt-position zu (aA Ohly GRUR 2007, 926 (927 f.)).

II. Bedeutung

1. Rechtsnatur

1.37   Bei der dreifachen Schadensberechnung handelt es sich nur um verschiedene Bemessungsarten (Liquidationsformen) eines einheitlichen Schadensersatzanspruchs (dazu Meier-Beck WRP 2012, 503), nicht um unterschiedliche Ansprüche mit unterschiedlichen Rechtsgrundlagen (BGH GRUR 1993, 55 (57) – Tchibo/Rolex II; OLG Köln WRP 2014, 206 Rn. 13). Es liegt also kein Wahlschuldverhältnis vor (BGHZ 173, 374 = GRUR 2008, 93 Rn. 7 – Zerkleine-rungsvorrichtung). Im **Prozess** bilden der Lebenssachverhalt und der Anspruch nur **einen** Streitgegenstand, selbst wenn die Berechnungsarten wechseln oder als Haupt- und Hilfsvorbrin-gen geltend gemacht werden.

2. Arten der Schadensberechnung

1.38   Der Verletzte hat die Wahl, seinen Schaden (genauer: den dem Schadensausgleich dienenden Betrag) auf folgende Weise zu berechnen: **(1) Konkreter Schaden** einschließlich des Gewin-nentgangs (§§ 249 ff. BGB); → Rn. 1.24 ff. **(2) Angemessene (fiktive) Lizenzgebühr;** → Rn. 1.41 ff. **(3) Herausgabe des Verletzergewinns;** → Rn. 1.45.

3. Wahlrecht

1.39   Der Verletzte kann zwischen den drei Arten **frei wählen** und grds. **auch noch im Prozess** von einer Berechnungsart auf die andere übergehen (BGH GRUR 2000, 226 (227) – Planungs-mappe; OLG Düsseldorf GRUR-RR 2006, 383; Stjerna GRUR-RR 2006, 353). Es soll ihm möglich sein, auf Änderungen der Sach- und Beweislage einzugehen, die sich oft erst im Laufe eines Verfahrens, insbes. aus dem Vorbringen des Verletzers, ergeben (BGH GRUR 2008, 93 Rn. 8 – Zerkleinerungsvorrichtung). Er kann nicht deshalb auf eine bestimmte Berechnungsart verwiesen werden, weil sie für den Verletzer weniger Aufwand bedeutet (BGH GRUR 1982, 723 (726) – Dampffrisierstab I). Das Wahlrecht des Verletzten erlischt erst durch Erfüllung oder wenn über seinen Schadensersatzanspruch bereits rechtskräftig, jedenfalls für ihn selbst unangreif-bar, nach einer Berechnungsart entschieden worden ist (BGH GRUR 2000, 226 (227) – Planungsmappe; GRUR 2008, 93 Rn. 14 – Zerkleinerungsvorrichtung), dagegen noch nicht durch Erhebung einer Zahlungsklage unter Zugrundelegung einer bestimmten Berechnungsart (BGH GRUR 1993, 55 (57) – Tchibo/Rolex II).

4. Vermengungsverbot

1.39a   Der Verletzte kann nach der bisherigen Rspr. die Berechnungsarten nicht häufen oder mit-einander verquicken. Man spricht insoweit vom **Vermengungsverbot** (BGH GRUR 1993, 757 (758) – Kollektion „Holiday"). Diesem Verbot steht im Bereich der Rechte des geistigen Eigentums die RL 2004/48/EG nicht generell entgegen (dazu BGH WRP 2010, 390 Rn. 12 – Zoladex; Ströbele/Hacker/Thiering/Hacker MarkenG § 14 Rn. 674). Allerdings kann es wohl nur noch für das Verhältnis von Herausgabe des Verletzergewinns und Lizenzanalogie Geltung beanspruchen (→ Rn. 1.36, 1.36b; Goldmann WRP 2011, 950 (965)). Dies sollte auch für den Bereich des Lauterkeitsrechts gelten (vgl. Alexander, Schadensersatz und Abschöpfung im Lau-terkeits- und Kartellrecht, 2010, 269 ff.). Stützt sich der Kläger auf mehrere Berechnungsarten im Eventualverhältnis, so ist auf die hilfsweise gewählte Berechnungsart erst zurückzugreifen, wenn die vorrangig gewählte entweder ausscheidet oder einen niedrigeren Betrag ergibt. Ins-gesamt ist also die ihm günstigste Berechnungsart zu Grunde zu legen (BGH GRUR 1993, 55 (58) – Tchibo/Rolex II). Grds. sollten aber die drei Berechnungsarten zu im Wesentlichen übereinstimmenden Ergebnissen führen (Meier-Beck WRP 2012, 503 (508)). Das **Vermen-gungsverbot** ist nicht tangiert, wenn der Verletzte zusätzlich Ersatz von Schäden verlangt, die durch die dreifache Schadensberechnung nicht abgegolten sind. Das gilt zunächst für den Ersatz von **Rechtsverfolgungskosten** (BGH GRUR 1993, 55 (58) – Tchibo/Rolex II; Teplitzky Wettbewerbsrechtliche Ansprüche/Schaub Kap. 34 Rn. 23; überholt daher BGH GRUR 1977, 539 (543) – Prozessrechner). Das gilt weiter für den Marktverwirrungs- bzw. Diskreditierungsschaden (BGHZ 44, 372 (376) – Messmer-Tee II; BGHZ 60, 168 (173) – Modeneuheit; BGH GRUR 1987, 364 (367) – Vier-Streifen-Schuh), es sei denn, der Verletzte verlangt eine **erhöhte** Lizenzgebühr als Ausgleich für das Risiko einer verbleibenden Rufschädigung (→ Rn. 1.44; BGH GRUR 2006, 143 (146) – Catwalk; Ohly GRUR 2007, 926 (934)). Das Vermengungsverbot steht auch nicht entgegen, wenn der Verletzte unterschiedliche Berechnungsmethoden für unterschiedliche Zeiträume anwendet (OLG Köln WRP 2013, 1236 Rn. 49).

5. Mehrheit von Verletzern (Verletzerkette)

Wird die Verletzung sukzessive begangen (zB Hersteller-Großhändler-Einzelhändler), besteht **1.40** das Wahlrecht gegenüber jedem Verletzer. (Zur Frage, inwieweit sie als Gesamtschuldner haften, vgl. BGH WRP 2009, 1129 Rn. 68 – Tripp-Trapp-Stuhl; GRUR 2002, 618 (619) – Meißner Dekor I; zu Einzelheiten Götz GRUR 2001, 295; Rinnert/Küppers/Tilmann FS Helm, 2002, 337 (353 f.)). Eine gesamtschuldnerische Haftung scheidet jedoch dann aus, wenn von mehreren Verletzern jeder für sich einen (getrennten) Schaden verursacht (BGH WRP 2009, 1129 Rn. 68 – Tripp-Trapp-Stuhl).

III. Funktion und Rechtfertigung

Die Anerkennung der sog. objektiven Schadensberechnung nach Maßgabe der fiktiven **1.41** Lizenzgebühr oder des Verletzergewinns rechtfertigt sich aus dem bes. **Schutzbedürfnis** des Inhabers eines Immaterialgüterrechts (oder einer vergleichbaren Rechtsposition; § 4 Nr. 3 und Nr. 4). Diese Rechte sind in bes. Weise verletzlich und damit schutzbedürftig. Denn im Einzelfall ist kaum feststellbar, welcher Gewinn dem Rechtsinhaber durch den Eingriff in das ihm zugewiesene Recht und die damit verbundene Beeinträchtigung seiner Verwertungschancen entgangen ist (BGH GRUR 2001, 329 (331) – Gemeinkostenanteil). Die objektive Schadensberechnung trägt dem regelmäßig bestehenden Zusammenhang zwischen Gewinnentgang beim Verletzten und Lizenzgebührersparnis oder Gewinn beim Verletzer Rechnung und eignet sich daher für einen billigen und angemessenen Interessenausgleich (vgl. BGHZ 57, 116 (118) – Wandsteckdose II; BGH GRUR 1995, 349 (351) – Objektive Schadensberechnung; WRP 2007, 533 Rn. 21 – Steckverbindergehäuse). Sie dient zugleich der **Sanktionierung** des schädigenden Verhaltens und mittelbar der **Prävention** gegen eine Verletzung der bes. schutzbedürftigen Immaterialgüterrechte (BGH GRUR 2001, 329 (331) – Gemeinkostenanteil; vgl. auch Ohly GRUR 2007, 926 (933)).

IV. Lizenzanalogie

1. Grundlagen und Voraussetzungen

Die Schadensberechnung nach der Lizenzanalogie entspricht dem Bereicherungsausgleich **1.42** (§ 812 I 1 BGB, § 818 II BGB; BGH GRUR 2006, 143 (145) – Catwalk). Sie ermöglicht eine erleichterte Schadensberechnung und ist daher am verbreitetsten. Gesetzliche Regelungen finden sich in § 139 II 3 PatG, § 24 II 3 GebrMG, § 42 II 3 DesignG, § 37 II 3 SortSchG, § 97 II 3 UrhG. Ihr liegt die Überlegung zu Grunde, dass der Verletzer grds. nicht besser, aber auch nicht schlechter stehen soll als ein vertraglicher Lizenznehmer, der eine Lizenzgebühr entrichtet hätte (BGH GRUR 1993, 55 (58) – Tchibo/Rolex II; GRUR 2000, 685 (688) – Formunwirksamer Lizenzvertrag; GRUR 2006, 143 (145) – Catwalk; krit. Tilmann GRUR 2003, 647 (652); Ohly GRUR 2007, 926 (933)). Zum Zwecke der Schadensberechnung wird daher ein Lizenzvertrag fingiert und ermittelt, was vernünftig denkende Parteien für die betreffende Handlung als Lizenzgebühr vereinbart hätten, wenn beide die im Zeitpunkt der Entscheidung geltende Rechtslage gekannt hätten (BGHZ 77, 16 (25 f.) – Tolbutamid; BGH GRUR 2006, 136 Rn. 23 – Pressefotos; GRUR 2009, 407 Rn. 22 – Whistling for a train; GRUR 2009, 660 Rn. 13 – Resellervertrag). Voraussetzung ist lediglich, dass ein Lizenzvertrag über das betreffende Gut rechtlich möglich und eine Überlassung verkehrsüblich ist (BGHZ 60, 206 (211) – Miss Petite; BGH GRUR 2006, 143 (145) – Catwalk). Das Erfordernis der Verkehrsüblichkeit ist weit zu verstehen, um (ggf. neuartige) Verletzungen ausreichend zu sanktionieren. Es genügt, dass das verletzte Gut seiner Art nach überhaupt durch Einräumung von Nutzungsrechten genutzt werden kann und genutzt wird. Auf die Verhältnisse in der betreffenden Branche kommt es nicht an (BGH GRUR 2006, 143 (145) – Catwalk). Daher kann auch das bloße Anbieten eines rechtsverletzenden Gegenstandes in einem **Katalog** eine Schadensersatzpflicht begründen (BGH

GRUR 2006, 143 (145) – Catwalk). Unerheblich ist im Hinblick auf die normative Zielsetzung dieser Berechnungsmethode, ob es bei korrektem Verhalten des Verletzers im konkreten Fall zu einer entspr. Lizenzerteilung gekommen wäre (BGH GRUR 1993, 55 (58) – Tchibo/Rolex II; GRUR 2006, 143 (145) – Catwalk) und ob der Verletzer zur Zahlung einer entspr. Vergütung bereit gewesen wäre (BGH GRUR 2006, 136 Rn. 23 – Pressefotos; WRP 2010, 384 Rn. 36 – BTK). Es kommt lediglich darauf an, dass der Verletzte die Nutzung nicht ohne Entgelt gestattet haben würde. Der Eintritt eines Schadens in Höhe der nicht geleisteten Vergütung wird dann indiziert (BGH GRUR 1995, 349 (351) – Objektive Schadensberechnung; GRUR 2006, 143 (145) – Catwalk). Leistet der Verletzer Schadensersatz, so führt dies aber nicht zum Abschluss eines Lizenzvertrages und damit auch nicht zur Einräumung eines Nutzungsrechts (BGH WRP 2002, 214 (218) – SPIEGEL-CD-ROM). Der Verletzte kann also weitere Verletzungshandlungen unterbinden.

2. Berechnung

1.43   Bei der Ermittlung der **Gebührenhöhe** ist auf den **objektiven Wert der Benutzungsberechtigung** abzustellen, der in der **angemessenen** und **üblichen Lizenzgebühr** besteht (BGH GRUR 2006, 136 Rn. 23 – Pressefotos; GRUR 2009, 660 Rn. 13 – Resellervertrag; WRP 2010, 927 Rn. 33 – Restwertbörse). Dabei ist von der Sachlage bei Schluss der mündlichen Verhandlung auszugehen (BGHZ 119, 20 (27) = GRUR 1993, 55 (58) – Tchibo/Rolex II). Es ist sodann (ex-post-Betrachtung) darauf abzustellen, was vernünftig denkende Parteien bei Kenntnis dieser Sachlage und gegebenem Vereinbarungszwang im Zeitpunkt des Abschlusses des fiktiven Lizenzvertrags vereinbart hätten, wenn sie die künftige Entwicklung und namentlich die Dauer und das Ausmaß der Nutzung vorausgesehen hätten (BGH GRUR 1990, 1008 (1009) – Lizenzanalogie; GRUR 1993, 55 (58) – Tchibo/Rolex II; WRP 2000, 766 (768) – Formunwirksamer Lizenzvertrag). Es ist also die zwischenzeitliche Informations- und Marktentwicklung grds. zu berücksichtigen. Allerdings bedarf die ex-post-Betrachtung der Begrenzung, weil der Verletzer grds. weder besser noch schlechter stehen soll als ein vertraglicher Lizenznehmer. Die für den Zeitpunkt des fiktiven Vertragsschlusses anzustellende Prognose bleibt daher auch dann maßgeblich, wenn sich das Vertragsrisiko anders entwickelt (BGH GRUR 1993, 55 (58) – Tchibo/Rolex II), gleichgültig zu wessen Nachteil. Die Angemessenheit lässt sich idR nur auf Grund einer **wertenden Entscheidung** unter Berücksichtigung aller Umstände des Einzelfalls, insbes. auch der Fixkosten (BGH GRUR 2001, 329 (332) – Gemeinkostenanteil), gem. **§ 287 I ZPO** bestimmen (BGH WRP 2000, 766 (768) – Formunwirksamer Lizenzvertrag; GRUR 2006, 136 Rn. 24 – Pressefotos; GRUR 2006, 143 (145, 146) – Catwalk; dazu Grüger GRUR 2006, 536). Dabei liegt es nahe, **branchenübliche** Vergütungssätze und Tarife als Maßstab heranzuziehen, wenn sich für den betreffenden Zeitraum eine solche Übung herausgebildet hat (BGH GRUR 2006, 136 Rn. 27 – Pressefotos; GRUR 2009, 407 Rn. 29 – Whistling for a train; WRP 2010, 927 Rn. 36 – Restwertbörse; BVerfG NJW 2003, 1655). Allerdings ist dem Risiko der Minderung des Prestigewerts des nachgeahmten Erzeugnisses durch eine angemessene Erhöhung der normalerweise üblichen Lizenz Rechnung zu tragen (BGH GRUR 2006, 143 (146) – Catwalk). Das Gleiche gilt für den Marktverwirrungsschaden, wie er bei Verwendung eines nahezu identischen Unternehmenskennzeichens eintreten kann (BGH WRP 2010, 384 Rn. 29 – BTK). – Zumeist ist von einer **Stücklizenz** unter Zugrundelegung der Nettoverkaufspreise des Verletzers auszugehen (BGH GRUR 1993, 55 (56) – Tchibo/Rolex II; OLG Düsseldorf GRUR-RR 2003, 209 (210); OLG Hamburg GRUR-RR 2009, 136 (139); OLG Köln MarkenR 2023,35 (37)). In der Praxis beträgt der Lizenzbetrag idR zwischen **1 %** **und 5 %** (BGH GRUR 2010, 239 Rn. 25, 26 – BTK; OLG Hamburg GRUR-RR 2009, 136 (139): 1 %; Büscher/Dittmer/Schiwy/Büscher MarkenG § 14 Rn. 650: 2–5 %), bei **Prestigeobjekten** bis zu 20 % (BGH GRUR 1991, 914 (917) – Kastanienmuster: 10 %; GRUR 1993, 55 (58) – Tchibo/Rolex II: 12,5 %; GRUR 2006, 143 (146) – Catwalk: 12,5 % für Fotografien; OLG Köln WRP 2013, 1236 Rn. 50: 6 % für Designertische; OLG Köln MarkenR 2023, 35 (38): 5 % für einfaches Sofa; vgl. auch Ingerl/Rohnke/J. B. Nordemann/Jaworski MarkenG Vor §§ 14–19d Rn. 269; Ströbele/Hacker/Thiering/Hacker MarkenG § 14 Rn. 699, 707). Ist eine **Pauschallizenz** üblich, so ist sie unabhängig davon zu bezahlen, wie lange und wie intensiv die Verletzungshandlung war (BGH GRUR 1990, 353 (355) – Raubkopien; GRUR 1993, 899 (901) – Dia-Duplikate). Die Zahlungspflicht bleibt also auch dann bestehen, wenn infolge Vernichtung der unrechtmäßig hergestellten Werkstücke die Verwertung unmöglich wird (BGH GRUR 1993, 899 (901) – Dia-Duplikate). In Betracht kommt auch eine **Kombination von**

Pauschal- und Stücklizenz. In diesem Fall kann sich die Einmalzahlung auf die Höhe der Stücklizenz auswirken. Außerdem kommt in Betracht, dass die Parteien in einem solchen Fall eine Stücklizenz erst von einer bestimmten Verkaufszahl an vorsehen (BGH GRUR 2006, 143 (146) – Catwalk). Die Höhe der Lizenzgebühr bestimmt sich beim Fehlen eines marktüblichen Satzes nach den Umständen, insbes. nach dem wirtschaftlichen Wert des verletzten Immaterialgüterrechts und nach Art und Intensität der Verletzung (vgl. BGH WRP 2009, 1143 Rn. 39 – CAD-Software; zu Einzelheiten Teplitzky Wettbewerbsrechtliche Ansprüche/Schaub Kap. 34 Rn. 31). Der Wert des verletzten Rechts kann uU durch tolerierte sonstige Verletzungen gemindert sein (BGH GRUR 1993, 55 (58) – Tchibo/Rolex II). Ist das verletzte Schutzrecht (Patent, Gebrauchsmuster) von einem älteren Schutzrecht abhängig, so ist die Lizenzgebühr nicht auf die Benutzung des „überschießenden Teils" beschränkt (BGH GRUR 1992, 597 (598) – Steuereinrichtung). – Im **Revisionsverfahren** ist lediglich zu überprüfen, ob die tatrichterliche Schätzung auf grds. falschen oder offenbar unsachlichen Erwägungen beruht oder ob wesentliche, die Entscheidung bedingende Tatsachen außer Acht gelassen worden sind, insbes. ob schätzungsbegründende Tatsachen, die von den Parteien vorgebracht worden sind oder sich aus der Natur der Sache ergeben, nicht gewürdigt worden sind (BGH GRUR 2006, 136 Rn. 24 – Pressefotos; GRUR 2009, 660 Rn. 14 – Resellervertrag). Soweit es um eine unterbliebene **Beweisaufnahme** geht, kann – da der Umfang einer Beweisaufnahme im Ermessen des Tatrichters steht (§ 287 I 2 ZPO) – das Revisionsgericht nur Ermessensfehler berücksichtigen. Das Ermessen ist dann fehlerhaft ausgeübt, wenn die Schätzung des Tatrichters auf grundsätzlich falschen oder offenbar unsachlichen Erwägungen beruht oder wesentliche, die Entscheidung bedingende Tatsachen außer Acht gelassen worden sind, insbesondere schätzungsbegründende Tatsachen nicht gewürdigt worden sind, die von den Parteien vorgebracht worden sind oder sich aus der Natur der Sache ergeben oder der Tatrichter sich eine Sachkunde zutraut, über die er nicht verfügen kann (BGH GRUR 2006, 136 Rn. 28 – Pressefotos; GRUR 2009, 407 Rn. 23 – Whistling for a train).

3. Zu- und Abschläge

Da eine unerlaubte Nutzung des Immaterialguts sowohl Vorteile als auch Nachteile gegenüber **1.44** einer erlaubten Nutzung haben kann, sind Zu- und Abschläge zur fiktiven Lizenzgebühr denkbar (BGHZ 77, 16 (27) – Tolbutamid; BGHZ 82, 310 (321) – Fersenabstützvorrichtung; BGH WRP 2000, 766 (769 f.) – Formunwirksamer Lizenzvertrag; vgl. weiter Körner GRUR 1983, 611; GK/Köhler Vor § 13 aF Rn. B 339 ff.; Tilmann GRUR 2003, 647 (652)). Zu berücksichtigen ist dabei, inwieweit sich typische Verletzungsvorteile und -nachteile im Einzelfall tatsächlich auswirken. Besteht die Gefahr einer Minderung des Prestigewerts des nachgeahmten Produkts, so ist dem durch eine angemessene Erhöhung der normalerweise üblichen Lizenzgebühr Rechnung zu tragen (BGH GRUR 2006, 143 (146) – Catwalk). Weiter sind **aufgelaufene Zinsen** lizenzerhöhend zu berücksichtigen, weil (und soweit) vernünftige Parteien bei Abschluss eines Lizenzvertrags auch eine Fälligkeits- und Verzinsungsvereinbarung getroffen hätten (BGH GRUR 2010, 239 Rn. 55 – BTK). Eine Minderung der üblichen Lizenzgebühr kommt in Betracht, wenn keine identische Nachahmung vorliegt und die Nachahmung nur neben zahlreichen anderen Produkten angeboten wurde (BGH GRUR 2006, 143 (146) – Catwalk). – Die aus einer Präventionsfunktion des Schadensersatzrechts abgeleitete Forderung nach einem **allgemeinen Verletzerzuschlag** wurde in der Vergangenheit von der Rspr. (BGHZ 77, 16 (26) – Tolbutamid; BGHZ 82, 310 (316 f.) – Fersenabstützvorrichtung; OLG München NJW-RR 2003, 767) abgelehnt. Im Hinblick auf Art. 13 I 2 lit. b RL 2004/48/EG („mindestens") und auf Art. 3 II RL 2004/48/EG („abschreckend") wurde diese Forderung erneut erhoben (Teplitzky Wettbewerbsrechtliche Ansprüche/Schaub Kap. 34 Rn. 30a mwN; Meier-Beck WRP 2012, 503 (507); abl. v. Ungern-Sternberg GRUR 2009, 460 (464); Ströbele/Hacker/Thiering/Thiering MarkenG § 14 Rn. 712). Teilweise wird sogar eine doppelte Lizenzgebühr gefordert (Bodewig/Wandtke GRUR 2008, 220; vgl. auch Meier-Beck FS Loschelder, 2010, 221 (230) und WRP 2012, 503 (507)). Eine derart schematische Lösung verbietet sich jedoch und wird auch nicht von der RL 2004/48/EG gefordert (vgl. Goldmann WRP 2011, 950 (967)). Denn die Anordnung einer Schadensersatzpflicht stellt per se eine abschreckende Maßnahme dar. Sinn und Zweck des Schadensersatzanspruchs ist es auch nicht, dem Geschädigten mehr als einen Schadensausgleich zu verschaffen. Hinzukommt, dass der Verletzte auf die Schadensberechnung nach der Lizenzanalogie nicht beschränkt ist, sondern alternativ den Verletzergewinn herausverlangen kann und dies zusätzlich präventiv wirkt (vgl.

auch Goldmann WRP 2011, 950 (964)). Allenfalls erscheint daher im **Einzelfall** ein allgemeiner Verletzerzuschlag gerechtfertigt (Ströbele/Hacker/Thiering/Thiering MarkenG § 14 Rn. 713), so etwa bei vorsätzlichem Handeln des Verletzers. Besondere Mühen und Kosten des Verletzten bei der Aufdeckung der Verletzung können ohnehin gesondert als Rechtsverfolgungskosten geltend gemacht. – Von der nach der Lizenzanalogie geschuldeten Zahlung sind Ersatzleistungen, die der Verletzer seinen Vertragspartnern wegen deren Inanspruchnahme durch den Verletzten erbringt, nicht abzuziehen (BGH GRUR 2009, 660 Rn. 39 – Resellervertrag).

V. Herausgabe des Verletzergewinns

1. Grundlagen und Voraussetzungen

1.45   Diese Art des Schadensausgleichs wurde in Anlehnung an den Herausgabeanspruch bei der angemaßten Eigengeschäftsführung (§ 687 II 1 BGB, § 681 S. 2 BGB, § 667 BGB) entwickelt und auf fahrlässiges Verletzerhandeln ausgedehnt. Eine unionsrechtliche Grundlage findet die Herausgabe des Verletzergewinns in **Art. 13 I 2 lit. a Durchsetzungsrichtlinie.** Diese Regelung wurde in § 139 II 2 PatG, § 14 VI 2 MarkenG, § 24 II 2 GebrMG, § 42 II 1 DesignG, § 37 II 2 SortSchG, § 97 II 2 UrhG umgesetzt. Die Herausgabe des Verletzergewinns rechtfertigt sich aus der besonderen Schutzwürdigkeit des Verletzten und zielt auf einen billigen Ausgleich des Vermögensnachteils des Verletzten (→ Rn. 1.41; BGH GRUR 2007, 431 Rn. 21 – Steckverbindergehäuse). Denn es wäre unbillig, dem Verletzer einen Gewinn, der auf der unbefugten Nutzung eines Immaterialgüterrechts oder einer wettbewerbsrechtlich geschützten Leistung beruht, zu belassen (BGHZ 145, 366 = GRUR 2001, 329 (331) – Gemeinkostenanteil; BGH GRUR 2007, 431 Rn. 25 – Steckverbindergehäuse; GRUR 2010, 1091 Rn. 26 – Werbung eines Nachrichtensenders). Dazu wird fingiert, dass der Rechtsinhaber ohne die Rechtsverletzung durch die Verwertung seines Rechts oder seiner Leistung in gleicher Weise Gewinn erzielt hätte wie der Verletzer (BGH GRUR 2007, 431 Rn. 21 – Steckverbindergehäuse; WRP 2010, 390 Rn. 18 – Zoladex). Allerdings kann bei bloß fahrlässiger Verletzung der Schadensanspruch **gemindert** werden (vgl. v. Ungern-Sternberg FS Loewenheim, 2009, 351 (358)). Das wird insbesondere bei der Inanspruchnahme von Händlern in Betracht kommen. – § 819 BGB ist auf den Anspruch auf Herausgabe des Verletzergewinns nicht anwendbar (BGH WRP 2010, 390 Rn. 22 – Zoladex).

2. Ermittlung des Verletzergewinns

1.46   Verlangt der Verletzte Herausgabe des Verletzergewinns, muss er im Rahmen des § 287 ZPO nachweisen, dass die Verletzungshandlung mit Wahrscheinlichkeit bei ihm zu einem Schaden und beim Verletzer zu einem Gewinn geführt hat (BGH GRUR 1962, 509 (512) – Dia-Rähmchen II; Körner GRUR 1983, 611). Ein Verletzergewinn lässt jedoch im Regelfall auf einen Schaden des Verletzten auf Grund entgangener Geschäfte schließen (BGH GRUR 1993, 55 (57) – Tchibo/Rolex II; GRUR 1995, 349 (351) – Objektive Schadensberechnung). Das gilt aber nicht, wenn mit dem Verletzergewinn auch der Gewinn des Verletzten ansteigt (BGH GRUR 1995, 349 (351) – Objektive Schadensberechnung). Dann scheidet diese (und nur diese) Berechnungsmethode aus. Der erzielte Gewinn ist allerdings nicht vollständig, sondern nur insoweit herauszugeben, als er auf der Rechtsverletzung beruht (BGH GRUR 2007, 431 Rn. 37 – Steckverbindergehäuse; WRP 2008, 938 Rn. 7 – „entwendete Datensätze mit Konstruktionszeichnungen"; BGHZ 181, 98 = WRP 2009, 1129 Rn. 41 – Tripp-Trapp-Stuhl; BGH WRP 2010, 390 Rn. 20 – Zoladex).

1.47   Bei der Verletzung von **Kennzeichenrechten, Designrechten, Urheberrechten, Patentrechten** und bei **wettbewerbswidriger Leistungsübernahme** (§ 4 Nr. 3) wird der Verletzergewinn meist nicht ausschließlich, vielfach nicht einmal überwiegend, auf die Verletzungshandlung zurückzuführen sein (BGH GRUR 2006, 419 Rn. 15 – Noblesse; WRP 2008, 938 Rn. 8 – „entwendete Datensätze mit Konstruktionszeichnungen"; OLG Frankfurt GRUR-RR 2003, 274 (277); Teplitzky Wettbewerbsrechtliche Ansprüche/Schaub Kap. 34 Rn. 33; Kleinheyer, Schadensersatz im Immaterialgüterrecht: Die Bestimmung des Verletzergewinns, 2017, S. 64 ff.). (Bei der Verletzung von **Geschäftsgeheimnissen** gilt **§ 10 GeschGehG** (→ GeschGehG § 10 Rn. 33–38). Dies gilt auch für solche Entwicklungen, die zwar nicht vollständig auf den unlauter erlangten Kenntnissen beruhen, bei denen diese aber in einer Weise mitursächlich geworden sind, die wirtschaftlich oder technisch nicht bedeutungslos ist (BGH WRP 2008, 938 Rn. 9 – „entwendete Datensätze mit Konstruktionszeichnungen"). Auch beim Vertrieb von Arzneimit-

...eln, die ohne die Verwendung der Marke des Verletzten nicht verkehrsfähig gewesen wären, ist ...er volle Gewinn herauszugeben (BGH WRP 2010, 390 Rn. 20 – Zoladex).

Der herauszugebende Gewinnanteil ist nach **§ 287 ZPO** zu **schätzen** (BGH GRUR 2006, **1.48** 419 Rn. 16 – Noblesse; GRUR 2007, 431 Rn. 38 – Steckverbindergehäuse), wenn nicht ausnahmsweise jeglicher Anhaltspunkt für eine Schätzung fehlt (BGHZ 181, 98 = WRP 2009, 1129 Rn. 42 – Tripp-Trapp-Stuhl mwN). Die Schätzung liegt im tatrichterlichen Ermessen und ...st daher im Revisionsverfahren nur begrenzt überprüfbar (dazu BGH GRUR 2007, 431 Rn. 38 – Steckverbindergehäuse). Sie hat sich daran zu orientieren, inwieweit die rechtswidrige Hand-...ung (Gestaltung als Imitat) **ursächlich** für Kaufentschlüsse war. Maßgebend ist also, von ...welchen Gesichtspunkten sich ein durchschnittlich informierter, aufmerksamer und verständiger Nachfrager beim Kauf leiten lässt. Das ist nicht iSe adäquaten Kausalität, sondern – vergleichbar ...der Würdigung des Mitverschuldens bei § 254 BGB – wertend zu verstehen (ebenso BGH GRUR 2007, 431 Rn. 37 – Steckverbindergehäuse; OLG Frankfurt GRUR-RR 2003, 274 (278)). Maßgebend sind die **Umstände des Einzelfalls** und zwar auch bei der wettbewerbs-widrigen Leistungsübernahme (BGH GRUR 2007, 431 Rn. 39 – Steckverbindergehäuse: Ge-winnanteilsquote von 40 % bei Steckverbindergehäusen; OLG Hamburg GRUR-RR 2009, 136 (139): Gewinnanteilsquote von 60 % bei Nachahmung des Designs von Damenunterwäsche; OLG Köln WRP 2013, 1236 Rn. 45: Gewinnanteilsquote von 80 % bei Designertischen). Bei ...der wettbewerbswidrigen Leistungsübernahme werden insbes. die Bekanntheit des nachgeahm-...ten Produkts und der Grad der Nachahmung, ggf. auch der günstigere Preis des Nachahmungs-produkts (BGH WRP 2008, 938 Rn. 8 – Entwendete Datensätze mit Konstruktionszeichnun-gen; OLG Köln WRP 2013, 1236 Rn. 44) sowie das Bestreben, sich mehrere Bezugsquellen zu eröffnen, zu berücksichtigen sein. Bei technischen Erzeugnissen kann auch bei identischer Nachahmung neben der Gestaltung auch die technische Funktionalität eine Rolle für die Kauf-entscheidung spielen (BGH GRUR 2007, 431 Rn. 40 – Steckverbindergehäuse). Es ist wenigs-tens ein Mindestschaden zu schätzen, sofern nicht ausnahmsweise auch dafür jeglicher Anhalts-punkt fehlt (BGH GRUR 1993, 55 (59) – Tchibo/Rolex II). Die Einschaltung eines Sach-verständigen ist nur gerechtfertigt, wenn kein unverhältnismäßiger Aufwand zu befürchten ist (BGH GRUR 1993, 757 (760) – Kollektion „Holiday").

Ob der Verletzte denselben Gewinn wie der Verletzer hätte erzielen können, ist unbeachtlich **1.49** (BGH GRUR 2001, 329 (332) – Gemeinkostenanteil; GRUR 2007, 431 Rn. 40 – Steckver-bindergehäuse; WRP 2009, 1129 Rn. 77 – Tripp-Trapp-Stuhl). Daher sind der bes. Einsatz des Verletzers für die Vermarktung (zB Ausnutzung von Geschäftsbeziehungen, Einsatz von Ver-triebskenntnissen und Preispolitik) nicht gewinnmindernd zu berücksichtigen (BGH GRUR 2001, 329 (332) – Gemeinkostenanteil). Unbeachtlich ist auch, dass der Verletzergewinn die angemessene Lizenzgebühr beträchtlich übersteigt (OLG Düsseldorf GRUR 2004, 53; OLG Hamburg GRUR-RR 2009, 136 (139)). Denn es ist gerade auch das Ziel dieser Schadens-berechnung, durch Abschöpfung des Verletzergewinns das schädigende Verhalten zu sanktionie-ren (BGH GRUR 2001, 329 (331) – Gemeinkostenanteil).

3. Abzugsfähigkeit von Kosten

Herauszugeben ist nicht nur ein Nettogewinn, sondern auch ein bloßer **Kostendeckungs-** **1.50** **beitrag.** Es darf also vom Gewinn **kein Gemeinkostenanteil abgezogen** werden, es sei denn, die Gemeinkosten könnten ausnahmsweise den rechtsverletzenden Gegenständen unmittelbar zugerechnet werden (BGH GRUR 2007, 431 Rn. 25 ff. – Steckverbindergehäuse). Denn der Verletzte ist durch die Herausgabe des Verletzergewinns so zu stellen, als hätte er ohne die Rechtsverletzung in gleicher Weise wie der Verletzer einen Gewinn erzielt. In diesem Falle hätte der Verletzte einen Deckungsbeitrag zu seinen eigenen Gemeinkosten erwirtschaften können (BGH GRUR 2001, 329 (331) – Gemeinkostenanteil unter Hinweis auf § 687 II BGB, § 684 S. 1 BGB). Die Frage wird im Schrifttum lebhaft diskutiert (vgl. Teplitzky Wettbewerbsrechtliche Ansprüche/Schaub Kap. 34 Rn. 33; Haedicke GRUR 2005, 529; Meier-Beck GRUR 2005, 617; v. d. Osten GRUR 1998, 284 (286); Rinnert/Küper/Tilmann FS Helm, 2002, 337; Pross FS Tilmann, 2003, 881; Rojahn GRUR 2005, 623; Runkel WRP 2005, 968; Tilmann GRUR 2003, 647). – In der Praxis werden sich die konkret abzugsfähigen Kosten nur schwer ermitteln lassen (dazu Meier-Beck GRUR 2005, 617; Loschelder NJW 2007, 1503 (1504)) und die Einholung von Sachverständigengutachten könnte Prozesse verteuern und in die Länge ziehen (vgl. Runkel WRP 2005, 968 (970 ff.)). Daher ist bei der Unterscheidung von abzugsfähigen und nicht abzugs-fähigen Kosten eine gewisse **Typisierung** geboten, die einerseits dem Gebot der Praktikabilität, andererseits dem Zweck dieser Form des Schadensersatzes Rechnung trägt (BGH GRUR 2007, 431 Rn. 30 – Steckverbindergehäuse). Dabei ist zu unterstellen, dass der Verletzte einen entsprechenden Betrieb unterhält, der dieselben Produktions- und Vertriebsleistungen wie der Betrieb des Verletzers hätte erbringen können (BGH GRUR 2007, 431 Rn. 31 – Steckverbindergehäuse). **Abzugsfähig** sind daher: Kosten für Produktion, Material und Vertrieb; Kosten für Personaleinsatz bei Herstellung und Vertrieb des Produkts; Kosten für Maschinen und Räumlichkeiten (anteilig bezogen auf die Lebensdauer), die nur für die Herstellung und den Vertrieb der Nachahmungen eingesetzt werden (BGH GRUR 2007, 431 Rn. 31 – Steckverbindergehäuse). – **Nicht abzugsfähig** sind dagegen: Kosten, die unabhängig vom Umfang der Produktion und des Vertriebs durch die Unterhaltung des Betriebs entstanden sind. Dazu gehören: allgemeine Marketingkosten; Geschäftsführergehälter; sonstige Lohnkosten, die bei wertender Betrachtung auf den Gesamtbetrieb entfallen (OLG Köln WRP 2013, 1236 Rn. 30); Verwaltungskosten und Kosten für Anlagevermögen, das nicht konkret der Rechtsverletzung zurechenbar ist; ferner Anlauf- und Entwicklungskosten und Kosten für unverkäuflich gewordene Produkte (BGH GRUR 2007, 431 Rn. 32 – Steckverbindergehäuse). – Zur Abzugsfähigkeit von **Schadensersatzleistungen** des haftenden Herstellers an seine Abnehmer wegen deren Inanspruchnahme durch den Rechtsinhaber vgl. BGH WRP 2009, 1129 Rn. 78 f. – Tripp-Trapp-Stuhl.

2. Abschnitt. Der Schadensersatzanspruch der Verbraucher (§ 9 II)

Übersicht

A. Allgemeines

I. Unionsrechtliche Grundlagen

1. Frühere Rechtslage

Die UGP-RL idF v. 11.5.2005 bezweckte zwar die Rechtsangleichung in Bezug auf unlautere **2.1**
Geschäftspraktiken, die die wirtschaftlichen Interessen der Verbraucher unmittelbar schädigen

(ErwGr. 6 S. 1). Sie beschränkte sich aber darauf, unlautere Geschäftspraktiken zu bekämpfen (Art. 11 UGP-RL), und stellte den geschädigten Verbrauchern keine eigenen Rechtsbehelfe zur Verfügung. Unberührt blieben lediglich individuelle Klagen von Personen, die durch eine unlautere Geschäftspraxis geschädigt wurden (ErwGr. 9 S. 1 UGP-RL). Dementsprechend hatte auch das deutsche Lauterkeitsrecht keine unmittelbaren Ansprüche von Verbrauchern (und sonstigen Marktteilnehmern) begründet (vgl. BT-Drs. 15/1487, 22; Rn. 1.10 mwN).

2. Einfügung eines Art. 11a UGP-RL durch Art. 3 Nr. 5 RL (EU) 2019/2161

2.2 Erst der sog. „Diesel-Skandal" gab den Anlass zu einer folgenschweren Änderung der UGP-RL, nämlich der Einfügung eines Art. 11a UGP-RL durch Art. 3 Nr. 5 RL (EU) 2019/2161 v. 27.11.2019 (vgl. dazu Kommissionsentwurf, COM (2018) 185 final v. 11.4.2018, 2 f.; Alexander GRUR 2021, 1445 (1449)). Darin wurde den Verbrauchern ein Rechtsbehelf ua auf Ersatz des ihnen durch unlautere Geschäftspraktiken entstandenen Schadens zuerkannt. Die Bestimmung lautet:

Art. 11a UGP-RL Rechtsschutz

(1) [1]Verbraucher, die durch unlautere Geschäftspraktiken geschädigt wurden, haben Zugang zu angemessenen und wirksamen Rechtsbehelfen, einschließlich Ersatz des dem Verbraucher entstandenen Schadens sowie gegebenenfalls Preisminderung oder Beendigung des Vertrags. [2]Die Mitgliedstaaten können die Voraussetzungen für die Anwendung und die Folgen der Rechtsbehelfe festlegen. [3]Die Mitgliedstaaten können gegebenenfalls die Schwere und Art der unlauteren Geschäftspraktik, den dem Verbraucher entstandenen Schaden sowie weitere relevante Umstände berücksichtigen.

(2) Diese Rechtsbehelfe berühren nicht die Anwendung anderer Rechtsbehelfe, die den Verbrauchern nach dem Unionsrecht oder dem nationalen Recht zur Verfügung stehen.

2.3 Hervorzuheben ist, dass Art. 11a I 1 UGP-RL von einem Zugang der Verbraucher zu „angemessenen" (engl. „proportionate"; frz. „proportionnés") und „wirksamen" (engl. „effective"; frz. „effectifs") Rechtsbehelfen spricht. Den Mitgliedstaaten wird damit aufgegeben, bei der Umsetzung dieser Bestimmung den Erfordernissen der Verhältnismäßigkeit und Effektivität des Verbraucherschutzes Rechnung zu tragen. Im Übrigen räumt Art. 11a UGP-RL den Mitgliedstaaten einen großen Gestaltungsspielraum ein.

2.4 Zur Auslegung des Art. 11a UGP-RL ist ErwGr. 16 RL (EU) 2019/2161 heranzuziehen. Danach sollten die Mitgliedstaaten zur Beseitigung jeglicher Folgen unlauterer Geschäftspraktiken sicherstellen, dass Verbrauchern, die durch solche Geschäftspraktiken geschädigt wurden, Rechtsbehelfe zur Verfügung stehen. Ein klarer Rahmen für individuelle Rechtsbehelfe würde die private Rechtsdurchsetzung erleichtern. Die Verbraucher sollten die Möglichkeit haben, in verhältnismäßiger und wirksamer Form Schadenersatz sowie gegebenenfalls eine Preisminderung zu erhalten oder den Vertrag zu beenden. Den Mitgliedstaaten sollte es freistehen, Rechte im Zusammenhang mit weiteren Rechtsbehelfen, etwa Reparatur oder Ersatzlieferung, für Verbraucher, die durch unlautere Geschäftspraktiken geschädigt wurden, beizubehalten oder einzuführen, um sicherzustellen, dass die Folgen solcher Geschäftspraktiken vollständig beseitigt werden. Den Mitgliedstaaten sollte es freistehen, Voraussetzungen für die Anwendung und die Folgen der Rechtsbehelfe für die Verbraucher festzulegen. Bei der Anwendung der Rechtsbehelfe könnten gegebenenfalls die Schwere und Art der unlauteren Geschäftspraktik, der dem Verbraucher entstandene Schaden sowie weitere relevante Umstände, etwa Fehlverhalten oder Vertragsverstoß seitens des Unternehmers, berücksichtigt werden

II. Umsetzung des Art. 11a UGP-RL in § 9 II; ergänzende Regelungen

2.5 Die Umsetzung des Art. 11a UGP-RL erfolgte im G zur Stärkung des Verbraucherschutzes im Wettbewerbs- und Gewerberecht v. 10.8.2021. Darin wurde das UWG mit Wirkung vom 28.5.2022 geändert. Die Grundregelung findet sich in § 9 II:

(2) Wer vorsätzlich oder fahrlässig eine nach § 3 unzulässige geschäftliche Handlung vornimmt und hierdurch Verbraucher zu einer geschäftlichen Entscheidung veranlasst, die sie andernfalls nicht getroffen hätten, ist ihnen zum Ersatz des daraus entstehenden Schadens verpflichtet. Dies gilt nicht für unlautere geschäftliche Handlungen nach den §§ 3a, 4 und 6 sowie nach Nr. 32 des Anhangs.

Ergänzende Regelungen sind in § 9 III (Pressepriveleg), § 11 I (Verjährung) und § 14 III (örtliche und sachliche Zuständigkeit) enthalten.

III. Grundfragen zur Auslegung des § 9 II

1. Gebot der richtlinienkonformen Auslegung

Die Auslegung und damit auch die Anwendung des § 9 II bereitet nicht unerhebliche **2.6** Schwierigkeiten, gerade auch im Hinblick auf das Gebot der richtlinienkonformen Auslegung. Hinzu kommt, dass Art. 11a UGP-RL und der dazugehörige ErwGr. 16 RL (EU) 2019/2161 in den unterschiedlichen Sprachfassungen ihrerseits nicht so klar und eindeutig gefasst sind, dass keine Auslegungsprobleme zu befürchten wären. Daher stellen sich viele Fragen, die derzeit lebhaft diskutiert werden und ggf. dem EuGH vorgelegt werden müssen (vgl. dazu die Beiträge von Alexander WRP 2021, 136; Alexander GRUR 2021, 1445; Büscher WRP 2022, 132; Glöckner GRUR 2021, 919; Heinze/Engel NJW 2021, 2609; Köhler WRP 2021, 129; Köhler GRUR 2022, 435; Maßen GRUR-Prax 2021, 7; Peifer WRP 2022, 794; Scherer WRP 2021, 561; Scherer GRUR 2022, 787; Schmidt-Kessel VuR 2021, 121).

2. Gestaltungsspielraum der Mitgliedstaaten

§ 9 II ist zwar richtlinienkonform auszulegen. Allerdings ist dabei zu berücksichtigen, dass **2.7** Art. 11a UGP-RL den Mitgliedstaaten einen großen Gestaltungsspielraum einräumt. Es soll ihnen freistehen, die „Voraussetzungen für die Anwendung und die Folgen der Rechtsbehelfe für die Verbraucher festzulegen". Sie „können gegebenenfalls die Schwere und Art der unlauteren Geschäftspraktik, den dem Verbraucher entstandenen Schaden sowie weitere relevante Umstände berücksichtigen". Es ist daher anzunehmen, dass in diesem Zusammenhang viele Fragen zur Auslegung des Art. 13a UGP-RL und zur Vereinbarkeit des § 9 II mit dem Unionsrecht dem EuGH vorgelegt werden. Das gilt insbes. für die Frage, was im Einzelnen unter dem „dem Verbraucher entstandenen Schaden" zu verstehen ist.

B. Anwendungsbereich des § 9 II

I. § 9 II 1 als Konkretisierung des Art. 11a I UGP-RL

Der Tatbestand, an den der Schadensersatzanspruch der Verbraucher anknüpft, ist in Art. 11a I **2.8** UGP-RL nur mit dem Begriff der Schädigung der Verbraucher „durch unlautere Geschäftspraktiken" umschrieben. Weitaus konkreter ist dieser Tatbestand demgegenüber in § 9 II 1 gefasst. Danach setzt der Schadensersatzanspruch der Verbraucher die vorsätzliche oder fahrlässige Vornahme einer nach § 3 unzulässigen geschäftlichen Handlung voraus, durch die Verbraucher zu einer geschäftlichen Entscheidung veranlasst wurden, die sie andernfalls nicht getroffen hätten. Diese Präzisierung entspricht dem Schutzkonzept der UGP-RL und hält sich im Rahmen des Gestaltungsspielraums, den Art. 11a I UGP-RL den Mitgliedstaaten einräumt.

II. Beschränkung des Anwendungsbereich des § 9 II 1 durch § 9 II 2

1. Beschränkung auf Verstöße gegen Vorschriften zur Umsetzung der UGP-RL

Der Gesetzgeber begrenzte den Anwendungsbereich des § 9 II 1 auf Verstöße gegen **§ 3.** **2.9** Anders als in § 9 I sind Verstöße gegen § 7 nicht einbezogen. Das hat seinen Grund darin, dass dieser Tatbestand in der UGP-RL keine Grundlage hat, der Gesetzgeber sich aber eng an die Vorgabe nach Art. 11a I UGP-RL halten und daher den Schadensersatzanspruch auf die Tatbestände beschränken wollte, die der Umsetzung der UGP-RL dienen. Eine Konkretisierung, was unter den nach § 3 unzulässigen geschäftlichen Handlungen zu verstehen ist, erfolgte in § 9 II 2. Danach sind die Tatbestände der **§§ 3a, 4 und 6 sowie der Anh. Nr. 32 zu § 3 III** ausgenommen. Auch diese Regelung hat ihren Grund im Bestreben des Gesetzgebers, sich eng an die Vorgabe nach Art. 11a I UGP-RL zu halten. Der Anwendungsbereich des § 9 II 1 beschränkt sich daher im Umkehrschluss auf die Tatbestände des § 3 I iVm §§ 3 II, 4a, 5, 5a, 5b, 5c und der Anh. Nr. 1–31 zu § 3 III.

2. Sonderproblematik des § 3a

Der Ausschluss des Rechtsbruchtatbestands des § 3a vom Anwendungsbereich des § 9 II 1 **2.10** führt zu einer wertungsmäßig schwer nachvollziehbaren Ungleichbehandlung der jeweils betroffenen Verbraucher. De lege ferenda sollte insoweit eine Nachbesserung erfolgen (vgl. dazu die Verbandsklagen-RL). Soweit es um Marktverhaltensregelungen geht, die ihre Grundlage im Unionsrecht haben, müsste der Unionsgesetzgeber allerdings eine dem Art. 11a UGP-RL vergleichbare Regelung schaffen.

2.11 Immerhin gab die Einführung des § 9 II dem BGH Anlass zu einer Aufgabe seiner bisherigen Rspr., betreffend die Anwendung des § 3a auf die Verletzung von Informationspflichten iSd Art. 7 V UGP-RL bzw. § 5b IV iVm § 5a I (vgl. BGH GRUR 2022, 930 Rn. 23–26 – Knuspermüsli II). Damit wurde jedenfalls der Anwendungsbereich des § 3a maßgeblich eingeschränkt.

III. Beschränkung des § 9 II auf den Schutz der Verbraucher

2.12 Der Schutz des § 9 II ist auf Verbraucher beschränkt. Die unter dem bisherigen UWG diskutierte rechtspolitische Frage, ob neben den Mitbewerbern auch Verbrauchern und sonstigen Marktteilnehmern ein Schadensersatzanspruch zustehen sollte, hat sich durch die Einführung des § 9 II erledigt. Ein Schadensersatzanspruch der sonstigen Marktteilnehmer ist nicht vorgesehen. Der Gesetzgeber wollte lediglich den Vorgaben nach Art. 11a I UGP-RL nachkommen, wie sich aus § 9 II 2 ergibt. Eine analoge Anwendung des § 9 II 1 zum Schutz sonstiger Marktteilnehmer bei Verstößen gegen die §§ 4a, 5 und § 5a und § 5b ist folglich ausgeschlossen. Ein Schadensersatzanspruch der sonstigen Marktteilnehmer lässt sich auch nicht auf dem Umweg über die Anwendung des § 823 II BGB auf die sie schützenden Vorschriften des UWG (§ 3 I, §§ 4a, 5, 5a) begründen, da insoweit das UWG eine abschließende Regelung darstellt. Es bedürfte daher einer entsprechenden Änderung des § 9, um dieses Ziel zu erreichen. Jedenfalls im Kartellrecht ist dies bereits verwirklicht (§§ 33–34 GWB).

IV. Beschränkung auf Schadensersatzansprüche

2.13 Nach Art. 11a I UGP-RL schließt der Zugang zu angemessenen und wirksamen Rechtsbehelfen den Ersatz des dem Verbraucher entstandenen Schadens ein. Der Begriff des **„Rechtsbehelfs"** ist im deutschen Recht im Sinne eines durchsetzbaren Rechts oder Anspruchs zu verstehen. Gemeint ist daher ein Schadensersatzanspruch. Die in Art. 11a I UGP-RL angeführten Rechtsbehelfe „gegebenenfalls auf Preisminderung oder Beendigung des Vertrags" wurden vom Gesetzgeber in § 9 II nicht berücksichtigt. Insoweit ist Art. 11a II UGP-RL maßgebend.

C. Schutzzweck des § 9 II 1

I. Individualschutz der Verbraucher

2.14 § 9 II 1 bezweckt den Individualschutz der Verbraucher, die durch eine unzulässige geschäftliche Handlung nach § 3 geschädigt wurden. Dem geschädigten Verbraucher wird ein individueller Schadensersatzanspruch eingeräumt. Er kann diesen Anspruch persönlich außergerichtlich und gerichtlich geltend machen (vgl. § 14 III). Das schließt die kumulative Geltendmachung solcher Ansprüche mehrerer Verbraucher durch qualifizierte Einrichtungen nach dem **Verbraucherrechtedurchsetzungsgesetz (VDuG)**, das Teil des Verbandsklagenrichtlinienumsetzungsgesetzes (VRUG) v. 8.10.2023 (BGBl. 2023 I Nr. 272) ist, nicht aus.

II. Schutz der wirtschaftlichen Interessen der Verbraucher

2.15 Wie sich aus einer richtlinienkonformen Auslegung anhand des ErwGr. 6 S. 1 und 8 S. 1 UGP-RL ergibt, dient der Schadensersatzanspruch dem Schutz vor einer Schädigung der „wirtschaftlichen Interessen" der Verbraucher (vgl. auch Art. 13 II lit. b UGP-RL: „Maßnahmen des Gewerbetreibenden zur Minderung oder Beseitigung des Schadens, der Verbrauchern entstanden ist."). Er rechtfertigt sich aus der besonderen Schutzbedürftigkeit des durchschnittlichen Verbrauchers, der sich im Vergleich zu einem Unternehmer in einer unterlegenen Position befindet, da er als wirtschaftlich schwächer und rechtlich weniger erfahren als der Unternehmer anzusehen ist (vgl. EuGH WRP 2018, 1311 Rn. 11 – Kamenova). Der Schadensersatzanspruch nach § 9 II 1 ist daher auf den Ersatz materieller bzw. Vermögensschäden beschränkt. – Ein Ersatz **immaterieller** Schäden ist – im Gegensatz etwa zu Art. 82 I DS-GVO – ausgeschlossen (so auch Kreitz WRP 2023, 156; aA Scherer WRP 2021, 561 Rn. 13; Harte-Bavendamm/Henning-Bodewig/Goldmann UWG 2022 Anh. § 9 Rn. 97, 108, jedoch einschr. in Rn. 113).

III. Schutz vor Schäden aufgrund einer geschäftlichen Entscheidung der Verbraucher

Die Verbote unlauterer Geschäftspraktiken der UGP-RL bezwecken den Schutz der freien **2.16** und informierten geschäftlichen Entscheidung des Verbrauchers (vgl. ErwGr. 7 S. 1, 14 S. 1 und 16 S. 1 UGP-RL). Die von ihr erfassten Verbote der Art. 5 II UGP-RL, Art. 6–9 UGP-RL enthalten mit im Einzelnen unterschiedlichen Formulierungen eine sog. Relevanzklausel. Sie findet sich in den entsprechenden Unlauterkeitstatbeständen des UWG wieder. Die geschäftliche Relevanz besteht bei § 3 II darin, dass die Handlung geeignet sein muss, das wirtschaftliche Verhalten des Verbrauchers wesentlich zu beeinflussen, und bei den § 4a I, § 5 I und § 5a I Nr. 2 darin, dass das Verhalten geeignet ist, den Verbraucher zu einer geschäftlichen Entscheidung zu veranlassen, die er andernfalls (sonst, ansonsten) nicht getroffen hätte. Die Tatbestände des Anh. § 3 III enthalten dagegen, ebenso wenig wie die zugrunde liegenden Tatbestände des Anh. I UGP-RL eine Relevanzklausel. Diese Tatbestände beschreiben geschäftliche Handlungen bzw. Geschäftspraktiken, die „unter allen Umständen als unlauter anzusehen sind" (Art. 5 V 1 UGP-RL). Insoweit ist zwar unwiderleglich zu vermuten, dass diese Handlungen objektiv geeignet sind, den Verbraucher zu einer geschäftlichen Entscheidung zu veranlassen, die er andernfalls nicht getroffen hätte (vgl. → Anh. § 3 III Rn. 0.4). Die bloße Eignung der Handlung begründet aber lediglich die objektive Gefahr einer Schädigung des Verbrauchers. Ob der Verbraucher in diesen Fällen auch tatsächlich zu einer geschäftlichen Entscheidung veranlasst wurde, ist eine andere Frage. Geschädigt wird der Verbraucher erst dadurch, dass er tatsächlich eine entsprechende unlauter beeinflusste geschäftliche Entscheidung trifft. Dementsprechend setzt § 9 II 1 nicht nur einen Verstoß gegen § 3 voraus, sondern verlangt – anders als noch der RegE – darüber hinaus, dass „hierdurch Verbraucher zu einer geschäftlichen Entscheidung veranlasst (werden), die sie andernfalls nicht getroffen hätten." (vgl. Köhler WRP 2021, 129 Rn. 11 ff.).

IV. Präventionszweck des Schadensersatzanspruchs

Der Unterlassungsanspruch nach § 8 I wirkt nur für die Zukunft, so dass bereits erfolgte **2.17** Wettbewerbsverstöße, von einem Anspruch der Mitbewerber nach § 9 I abgesehen, keine Sanktionen gegen den Unternehmer auslösen. Erst das Risiko, sich gegenüber Verbrauchern für begangene Verstöße schadensersatzpflichtig zu machen, übt einen Druck auf Unternehmer aus, sich rechtmäßig zu verhalten. Insoweit dient der Schadensersatzanspruch nach § 9 II 1 auch der Vorbeugung von Wettbewerbsverstößen.

D. Der Tatbestand des § 9 II 1

I. Schuldhafter Verstoß gegen § 3

1. Geschäftliche Handlung

a) Tatbestand. Erste Voraussetzung ist eine geschäftliche Handlung iSd § 2 I Nr. 2, also **2.18** jedes darin näher beschriebenen Verhaltens einer Person zugunsten des eigenen oder eines fremden Unternehmens. Die geschäftliche Handlung muss sich an Verbraucher richten oder diese erreichen (arg. § 3 II).

b) Unzulässigkeit der geschäftlichen Handlung nach § 3. Zweite Voraussetzung ist, dass **2.19** die geschäftliche Handlung nach § 3 I unzulässig ist, also einen Tatbestand der § 3 II, § 3 III iVm Anh. Nr. 1–31, § 4a I, § 5 I oder § 5a I verwirklicht.

c) Verschulden. Dritte Voraussetzung ist, dass die geschäftliche Handlung vorsätzlich oder **2.20** fahrlässig vorgenommen wurde (→ Rn. 1.17 ff.) Der Handelnde muss also gewusst haben oder hätte wissen müssen, dass sein Verhalten gegen § 3 I verstößt. Dieses Verschuldenserfordernis ist durch Art. 13a I 2 UGP-RL gedeckt (vgl. ErwGr. 16 RL (EU) 2019/216). Der Unternehmer muss sich nach den §§ 31, 831 BGB das schuldhafte Handeln von Organen oder Mitarbeitern zurechnen lassen. § 8 II ist dagegen nicht, auch nicht analog, anwendbar.

II. Veranlassung des Verbrauchers zu einer geschäftlichen Entscheidung

1. Grundsatz

2.21   Vierte Voraussetzung ist, dass der Verbraucher durch die unlautere geschäftliche Handlung tatsächlich zu einer geschäftlichen Entscheidung iSd § 2 I Nr. 1 veranlasst wurde, die er andernfalls nicht getroffen hätte. Dieses Erfordernis war im RefE noch nicht enthalten (vgl. Köhler WRP 2021, 129 Rn. 10). Es steht aber voll im Einklang mit den Tatbeständen der Art. 5–8 UGP-RL (und damit auch mit Art. 11a I UGP-RL), die neben der möglichen auch die tatsächliche Veranlassung zu einer geschäftlichen Entscheidung erfassen. Ein Kernproblem der Anwendung des § 9 II 1 ist daher die Frage, wie dies im Streitfall festzustellen ist.

2. Unterscheidung zwischen der Eignung zur Veranlassung und der tatsächlichen Veranlassung zu einer geschäftlichen Entscheidung

2.22   Der Verstoß gegen eine verbraucherschützende Norm iSd § 3 II, §§ 4a, 5, 5a iVm § 5b und § 5c und Anh. Nr. 1–31 zu § 3 III, löst zwar Ansprüche der in § 8 III genannten Mitbewerber und Organisationen auf Unterlassung und Beseitigung nach § 8 I aus. Diese Tatbestände setzen aber, mit Ausnahme der Tatbestände der Anh. Nr. 1–31 zu § 3 III nur voraus, dass die betreffende geschäftliche Handlung „geeignet" ist, den Verbraucher zu einer bestimmten geschäftlichen Entscheidung zu veranlassen, die er andernfalls nicht getroffen hätte. Das Vorliegen einer Eignung ist jeweils für die Tatbestände der § 3 II, §§ 4a, 5, 5a, 5b und 5c zu prüfen. Hierzu sei auf die Rspr. und das Schrifttum zu diesen Tatbeständen verwiesen. Bei den genannten Tatbeständen der „Schwarzen Liste" wird diese Eignung unwiderleglich vermutet (→ Anh. § 3 III Rn. 0.4). Ist bereits die Eignung zu verneinen, so wird in aller Regel auch eine tatsächliche Veranlassung nicht in Betracht kommen. Die bloße Eignung ersetzt jedoch nicht die für den Schadensersatzanspruch nach § 9 II 1 erforderliche tatsächliche Veranlassung der Verbraucher zu einer bestimmten geschäftlichen Entscheidung. Das abstrakt-generelle Risiko einer Beeinflussung der geschäftlichen Entscheidung des Verbrauchers muss sich vielmehr im konkreten Fall verwirklichen. Dazu ist dazu eine genauere Prüfung erforderlich.

3. Der „konkrete Fall" als Anknüpfungspunkt

2.23   Bei dieser Prüfung ist auf den konkreten Fall abzustellen. Dies ist zwar nur noch in § 4a I 2 ausdrücklich erwähnt, muss jedoch in richtlinienkonformer Auslegung am Maßstab der Tatbestände der Art. 6, 7 und 8 UGP-RL auch für alle anderen Unlauterkeitstatbestände gelten. Dies gilt selbstverständlich auch, wenn ein Verbraucher einen Schadensersatzanspruch geltend macht.

III. Feststellung der Ursächlichkeit der geschäftlichen Handlung für die geschäftliche Entscheidung des Verbrauchers durch das Gericht

1. Darlegungs- und Beweislast

2.24   **a) Grundsatz.** Grundsätzlich trifft den Verbraucher als Anspruchsteller die Darlegungs- und Beweislast für den Kausalzusammenhang zwischen der unzulässigen geschäftlichen Handlung des Unternehmers und der von ihm getroffenen geschäftlichen Entscheidung. Er muss also darlegen und ggf. im Streitfall beweisen, dass ihn eine bestimmte unzulässige geschäftliche Handlung zu seiner geschäftlichen Entscheidung veranlasst hat.

2.25   **b) Psychische Kausalität.** Die Besonderheit im Falle des § 9 II 1 besteht darin, dass die geschäftliche Entscheidung auf einem Willensentschluss des Verbrauchers beruht. Es geht also um eine sog. psychische Kausalität der geschäftlichen Handlung für die geschäftliche Entscheidung (haftungsbegründende Kausalität). Nach der Rspr. zum deutschen Schadensersatzrecht ist eine psychische Kausalität zu bejahen, wenn die Handlung des Verletzten durch das haftungsbegründende Ereignis herausgefordert oder wesentlich mitbestimmt worden ist und eine nicht ungewöhnliche Reaktion auf dieses darstellt (vgl. die Nachweise bei Grüneberg/Grüneberg BGB Vor § 249 Rn. 41). Diese Rspr. lässt sich zwar nicht unbesehen auf die unionsrechtlich bestimmten Regelungen im UWG übertragen. Sie liefert jedoch Anhaltspunkte für die Lösung des Problems. Das gleiche gilt für die Rspr. zur Kausalität einer Täuschung oder Drohung für die Abgabe einer Willenserklärung iSd § 123 BGB (vgl. die Nachweise bei Grüneberg/Ellenberger

BGB § 123 Rn. 24). Die Schwierigkeit liegt aber einerseits darin, wie der Verbraucher dies darlegen und beweisen soll, und andererseits darin, die Haftung des Unternehmers für ihm nicht zurechenbare geschäftliche Entscheidungen einzelner Verbraucher auszuschließen.

c) Typische Reaktion des Durchschnittsverbrauchers als unionsrechtlicher Beurtei– **2.26** **lungsmaßstab.** Das Unionsrecht stellt dem Richter dafür einen praktikablen und angemessenen Beurteilungsmaßstab zur Verfügung: Maßgeblich ist die „typische Reaktion eines Durchschnittsverbrauchers" auf eine bestimmte unlautere Geschäftspraktik des Unternehmers. Dieser Maßstab ergibt sich aus ErwGr. 18 S. 6 UGP-RL, der sich mit der Beurteilung der Auswirkungen einer unlauteren Geschäftspraktik auf Verbraucher befasst.

aa) Definition des Begriffs des Durchschnittsverbrauchers. In ErwGr. 18 S. 2 UGP-RL **2.27** heißt es: „Dem Verhältnismäßigkeitsprinzip entsprechend und um die wirksame Anwendung der vorgesehenen Schutzmaßnahmen zu ermöglichen, nimmt diese Richtlinie den Durchschnittsverbraucher, der angemessen gut unterrichtet und angemessen aufmerksam und kritisch ist, […] als Maßstab […]". (→ § 1 Rn. 21–38). Die Tatbestände der UGP-RL verwenden – anders als das UWG – durchgehend den Begriff des „Durchschnittsverbrauchers". Eine Konkretisierung erfolgt im Grundtatbestand des unlauteren Verhaltens in Art. 5 II lit. b und III UGP-RL. Die Umsetzung ist in § 3 II und IV erfolgt. Nach § 3 IV 1 ist bei der Beurteilung der Auswirkungen von unlauteren geschäftlichen Handlungen gegenüber Verbrauchern auf den durchschnittlichen Verbraucher, oder wenn sich die geschäftliche Handlung an eine bestimmte Gruppe von Verbrauchern wendet, auf ein durchschnittliches Mitglied dieser Gruppe abzustellen. Bei geschäftlichen Handlungen, die für den Unternehmer vorhersehbar das wirtschaftliche Verhalten nur einer eindeutig identifizierbaren Gruppe von Verbrauchern, die besonders schutzbedürftig sind, beeinflussen, ist nach § 3 IV 2 auf die Sicht eines durchschnittlichen Verbrauchers dieser Gruppe abzustellen. Diese Regelungen finden auf alle Tatbestände unlauterer Handlungen Anwendung. Sie dienen auch dem Schutz des Unternehmers. Ihm ist nicht zuzumuten, bei der Vornahme bestimmter geschäftlicher Handlungen alle nur denkbaren Reaktionen von Verbrauchern zu berücksichtigen.

bb) Typische Reaktion. Aus ErwGr. 18 S. 2 UGP-RL geht hervor, dass es dem Unions- **2.28** gesetzgeber darum geht, „wie der Durchschnittsverbraucher in einem gegebenen Fall typischerweise reagieren würde". Das bedeutet im Umkehrschluss, dass im Rahmen des Art. 11a I UGP-RL eine atypische Reaktion, nämlich eine atypische geschäftliche Entscheidung des Verbrauchers, nicht zu berücksichtigen ist.

d) Anwendung auf § 9 II 1. Dieser normative Maßstab hat in richtlinienkonformer Aus- **2.29** legung auch und gerade für § 9 II 1 zu gelten. Der Richter muss also im Streitfall feststellen, ob die Behauptung des klagenden Verbrauchers, er sei durch eine bestimmte unlautere geschäftliche Handlung zu seiner geschäftlichen Entscheidung, wie zB Kauf einer Ware, veranlasst worden, der typischen Reaktion eines Durchschnittsverbrauchers entspricht. Dabei kann er entweder auf seine Lebenserfahrung zurückgreifen oder eine Verkehrsbefragung veranlassen (vgl. ErwGr. 18 S. 5 und 6 UGP-RL). Steht für den Richter fest, dass die geschäftliche Handlung geeignet war, den Durchschnittsverbraucher zu einer bestimmten geschäftlichen Entscheidung zu veranlassen, spricht eine hohe Wahrscheinlichkeit dafür, dass sie auch für die Entscheidung des klagenden Verbrauchers ursächlich war.

Beispiel: Wirbt ein Kfz-Hersteller für den Kauf eines Kfz mit irreführenden Angaben über eine wesentliche Produkteigenschaft, sollte es genügen, dass der Verbraucher die konkrete Werbemaßnahme (geschäftliche Handlung), ihre Eignung zur Beeinflussung der Kaufentscheidung und den Kauf des Kfz (geschäftliche Entscheidung) darlegt und beweist.

In diesem Fall sprechen die Umstände für eine Ursächlichkeit der Werbung für den Kaufentschluss und einen daraus entstehenden Schaden. Damit hat der Verbraucher seiner Darlegungs- und Beweislast genügt.

Verneint der Richter die Eignung, scheidet ein Schadensersatzanspruch des Verbrauchers **2.29a** grundsätzlich aus. Dadurch wird dem berechtigten Interesse des Unternehmers, nicht für atypische geschäftliche Entscheidungen des klagenden Verbrauchers haften zu müssen, Rechnung getragen.

e) Einzelheiten. Im Einzelnen ist allerdings nach der Art des Vorgehens gegenüber Ver- **2.30** brauchern zu unterscheiden.

2.31   **aa) Gezieltes Handeln gegenüber bestimmten Verbrauchern.** Richtet sich eine unzulässige geschäftliche Handlung gezielt gegen bestimmte Verbraucher und treffen diese im Anschluss daran die vom Unternehmer angestrebte geschäftliche Entscheidung, ist der erforderliche Kausalzusammenhang zwischen der geschäftlichen Handlung und der geschäftlichen Entscheidung als typischer Reaktion eines Durchschnittsverbrauchers ohne Weiteres zu bejahen. Dies gilt nicht nur, aber vor allem für bestimmte aggressive geschäftliche Handlungen iSd § 4a und Anh. § 3 III Nr. 24–27 und 29–31.

Beispiele: (1) Unternehmer veranlasst einen Verbraucher durch „unzulässige Beeinflussung" iSd § 4a I 2 Nr. 3 dazu, eine bestimmte Ware zu kaufen; (2) Verbraucher folgt der Aufforderung zur Bezahlung nicht bestellter, aber gelieferter Waren (Anh. Nr. 29 zu § 3 III); (3) Unternehmer veranlasst einen Verbraucher durch Übermittlung von Werbematerial unter Beifügung einer Zahlungsaufforderung iSd Anh. Nr. 21 zu § 3 III eine beworbene, aber nicht bestellte Ware zu bezahlen.

2.32   **bb) Ansprechen einer unbestimmten Zahl von Verbrauchern.** Anders liegt der Fall, wenn sich eine geschäftliche Handlung, wie zB ein Angebot oder eine Werbung für eine Ware, an eine unbestimmte Zahl von Verbrauchern richtet. Nimmt der Unternehmer in diesem Zusammenhang eine unzulässige geschäftliche Handlung vor, macht er etwa eine irreführende Angabe iSd § 5 II oder verletzt er eine Informationspflicht iSd § 5a I, so steht damit nicht von vornherein fest, dass ein Durchschnittsverbraucher im Hinblick darauf typischerweise zum Kauf dieser Ware veranlasst wurde. Vielmehr ist zu berücksichtigen, ob die unrichtige oder unterbliebene Information objektiv geeignet war, einen Durchschnittsverbraucher zum Kauf dieser Ware zu veranlassen, er also andernfalls den Kauf unterlassen hätte. Hierzu hat die Rspr. zu § 5 I und zu § 5a II aF Grundsätze entwickelt, die weitgehend auch für die Anwendung des § 9 II 1 Geltung beanspruchen.

2.33   Am Beispiel des Vorenthaltens einer wesentlichen Information iSd § 5a I dargelegt: Sofern im konkreten Fall keine besonderen Umstände vorliegen, ist nach der Lebenserfahrung grundsätzlich davon auszugehen, dass das Vorenthalten einer wesentlichen Information, die der Verbraucher nach den Umständen benötigt, um eine informierte Entscheidung zu treffen, geeignet ist, den Verbraucher zu einer geschäftlichen Entscheidung zu veranlassen, die er bei der gebotenen Information nicht getroffen hätte. Das hängt von der Bedeutung dieser Information für den angemessen gut unterrichteten und angemessen aufmerksamen und kritischen bzw. verständigen Durchschnittsverbraucher ab. Im Regelfall wird es die typische Reaktion des Durchschnittsverbrauchers sein, dass er die vom Unternehmer angestrebte geschäftliche Entscheidung tatsächlich trifft. Ist die Bedeutung aber derart geringfügig, dass der Durchschnittsverbraucher sie bei seinen Erwägungen als irrelevant ansieht, so ist sie vom Richter nicht zu berücksichtigen.

Beispiele: Fehlende Angabe der Rechtsform eines werbenden Unternehmens, wenn weder hochwertige noch hochpreisige Wirtschaftsgüter beworben werden (vgl. OLG Bamberg GRUR-RR 2018, 259 Rn. 29). Ganz geringfügige Unterschreitung der auf der Produktverpackung angegebenen Füllmenge.

Diskussionswürdig ist der Fall, dass eine Influencerin in ihrer Selbstdarstellung in sozialen Medien für bestimmte Waren oder Dienstleistungen mittels „tap tags" wirbt, dabei aber den kommerziellen Zweck ihrer Tätigkeit nicht kenntlich macht (§ 5a IV). Hier könnte es sein, dass dies einer durchschnittlichen Followerin völlig gleichgültig ist, weil sich diese unbedingt so kleiden, schminken, reisen usw. will wie ihr „Idol".

2.34   **cc) Bestreiten der Kausalität durch den Unternehmer.** Unabhängig vom typischen Verhalten eines Durchschnittsverbrauchers muss dem Unternehmer im Rahmen der sekundären Darlegungslast die Möglichkeit gewährt werden, im konkreten Fall den Nachweis zu führen, dass seine geschäftliche Handlung den klagenden Verbraucher nicht zu einer bestimmten geschäftlichen Entscheidung veranlasst hat. Das entspricht der bisherigen Rspr. (vgl. BGH GRUR 2017, 922 Rn. 32 – Komplettküchen; GRUR 2021, 979 Rn. 26 – Testsiegel auf Produktabbildung). Das ist etwa dann anzunehmen, wenn der betreffende Verbraucher im Zeitpunkt seiner geschäftlichen Handlung gar keine Kenntnis von der unzulässigen geschäftlichen Handlung hatte (vgl. BGH NJW 2020, 1962 Rn. 37 ff.).

Beispiel: Ein Rentner kauft ein E-Bike, ohne sich für die technischen Einzelheiten zu interessieren. Erst später stellt er aus Anlass einer Reparatur fest, dass die Produktbeschreibung hinsichtlich der maximalen Reichweite des Elektromotors unrichtig ist.

Ferner ist dies anzunehmen, wenn ein Verbraucher zwar wusste, dass bestimmte Angaben des Verkäufers unwahr oder zur Täuschung geeignet waren, er sich aber nachweislich davon bei seiner Kaufentscheidung nicht beeinflussen ließ.

Beispiel wie oben: Der Rentner wusste, dass die Reichweitenangabe in der Produktbeschreibung unrichtig ist. Dies war ihm aber, wie glaubwürdige Zeugen bestätigen, völlig gleichgültig.

In derartigen Fällen werden Verbraucher zumeist ohnehin keinen Schadensersatzanspruch geltend machen.

E. Der „zu ersetzende Schaden"

I. Die Regelung in Art. 11a I UGP-RL

1. Autonome Auslegung

Der Begriff des „zu ersetzenden Schadens" in Art. 11a UGP-RL ist autonom auszulegen. **2.35** Auslegungsfragen sind daher nach Art. 267 AEUV dem EuGH vorzulegen. Der Effektivitätsgrundsatz gebietet grundsätzlich eine weite Auslegung im Sinne eines effektiven Verbraucherschutzes unter Berücksichtigung der Ziele der UGP-RL. Zugleich ist aber auch der Verhältnismäßigkeitsgrundsatz zu berücksichtigen.

2. Verhältnis des Rechtsbehelfs auf Schadensersatz zu den Rechtsbehelfen auf Preisminderung und Beendigung des Vertrags

In Art. 11a I UGP-RL und ErwGr. 16 RL (EU) 2019/2161 werden mehrere Arten von **2.36** angemessenen (bzw. verhältnismäßigen) und wirksamen Rechtsbehelfen unterschieden. Zu ihnen gehören neben dem Rechtsbehelf auf Ersatz des entstandenen Schadens „gegebenenfalls" (engl. „where relevant"; frz. „le cas échéant") auch die Rechtsbehelfe der Preisminderung und der Beendigung des Vertrages. Nach ErwGr. 16 RL (EU) 2019/2161 sollte es Mitgliedstaaten freistehen, Rechte im Zusammenhang mit weiteren Rechtsbehelfen, etwa Reparatur oder Ersatzlieferung, für Verbraucher, die durch unlautere Geschäftspraktiken geschädigt wurden, beizubehalten oder einzuführen, um sicherzustellen, dass die Folgen solcher Geschäftspraktiken vollständig beseitigt werden. Unter Berücksichtigung anderer Sprachfassungen des Art. 11a UGP-RL ist dieser Begriff iSv „soweit relevant", nämlich sofern ein Vertrag zustande gekommen ist, zu verstehen (vgl. Harte-Bavendamm/Henning-Bodewig/Goldmann UWG 2022 Anh. § 9 Rn. 20–25). Eine förmliche Umsetzung dieses Rechtsbehelfs ist (noch) nicht erfolgt. Sie ist aber auch nicht erforderlich, weil sich die damit verfolgten Rechtsschutzziele bereits jetzt mittels des Schadensersatzanspruchs richtlinienkonform verwirklichen lassen. Was den Rechtsbehelf auf „Beendigung des Vertrags" angeht, ist § 249 I BGB dafür die geeignete Vorschrift.

Beispiel: Wohnungseigentümer schließt aufgrund einer unzulässigen Beeinflussung iSd § 4a I 2 Nr. 3 einen übermäßig langfristigen Heizungswartungsvertrag. Er möchte am Vertrag zwar festhalten, die Vertragsdauer auf das marktübliche Maß begrenzen.

Nach deutschem Recht lässt sich dieses Ziel in richtlinienkonformer Auslegung des § 249 I BGB erreichen. Das Verlangen nach Vertragsbeendigung stellt sich als minus gegenüber der Rückgängigmachung des Vertrags dar. Mit dem Recht auf Preisminderung ist nicht ein vertragliches Recht, etwa im Hinblick auf Mängel einer Kaufsache gemeint. Denn dieser Rechtsbehelf fällt in den Anwendungsbereich anderer, auf das Vertragsrecht bezogenen Richtlinien. Vielmehr geht es um einen deliktsrechtlichen Anspruch.

Beispiel: Eine Rentnerin wird bei einer sog. Kaffeefahrt durch eine Belästigung iSd § 4a I 2 Nr. 1 dazu veranlasst, eine Heizdecke zu einem überhöhten Preis zu kaufen. Sie möchte die Heizdecke behalten, aber die Preisdifferenz zum üblichen Marktpreis ersetzt verlangen.

Nach deutschem Schadensersatzrecht lässt sich dieses Ziel in richtlinienkonformer Auslegung des § 251 I BGB erreichen: Die „Herstellung" iSd § 249 I BGB, nämlich Auflösung oder sogar Rückgängigmachung des Vertrags, ist zur Entschädigung des Gläubigers nicht genügend. Daher kann sie Entschädigung in Geld, nämlich in Höhe des Differenzbetrags verlangen (so iErg auch Scherer WRP 2021, 561 Rn. 28; Harte-Bavendamm/Henning-Bodewig/Goldmann UWG 2022 Anh. § 9 Rn. 128).

II. Ursächlichkeit der geschäftlichen Entscheidung für einen Schaden des Verbrauchers

2.37   Die geschäftliche Entscheidung muss ihrerseits adäquat kausal für einen Schaden des Verbrauchers sein (haftungsausfüllende Kausalität). Bei § 9 II 1 geht es um den Ersatz von Schäden, die ihren Grund in einer geschäftlichen Entscheidung des Verbrauchers haben, die der Unternehmer in unlauterer Weise beeinflusst hat. Der Schadensersatzanspruch knüpft daher unmittelbar an die jeweilige geschäftliche Entscheidung des Verbrauchers an. Es geht also letztlich um eine vom Unternehmer verursachte „Selbstschädigung" des Verbrauchers aufgrund seiner geschäftlichen Entscheidung (vergleichbar der für den Tatbestand des § 263 StGB erforderlichen „Vermögensverfügung" des Betroffenen). Von vornherein fallen daher solche Schäden nicht unter § 9 II 1, die der Verbraucher aufgrund einer unzulässigen geschäftlichen Handlung erleidet, ohne dass er eine geschäftliche Entscheidung getroffen hat.

Beispiel: Barbesitzer verprügelt einen Gast, um ihn – erfolglos – zur Bezahlung von nicht bestellten Getränken zu veranlassen (Verstoß gegen § 4a I 2 Nr. 2; uU auch Anh. Nr. 29 zu § 3 III, wenn Getränke konsumiert wurden). Der Gast muss ärztlich behandelt werden und kann seinen Beruf vorübergehend nicht ausüben. Er kann den daraus entstehenden Schaden zwar nach § 823 II BGB iVm § 223 StGB, nicht aber nach § 9 II 1 ersetzt verlangen.

III. Umfang des zu ersetzenden Schadens

1. Die Vorgaben des Art. 11a UGP-RL

2.38   Da § 9 II 1 richtlinienkonform auszulegen ist, kommt es darauf an, welche Vorgaben sich dafür aus Art. 11a UGP-RL und dem ErwGr. 16 RL (EU) 2019/2161 ergeben. Nach einer Auffassung ergibt sich aus Art. 11a UGP-RL, dass der Schadensersatzanspruch sämtliche unmittelbaren und mittelbaren Nachteile ausgleichen müsse („Grundsatz der vollständigen Kompensation"). Dazu würden auch die Kosten der Rechtsverfolgung, der Ersatz von Folgeschäden, der entgangene Gewinn und Mehraufwendungen als Form des positiven Schadens sowie immaterielle Schäden gehören. All diese Positionen seien ersatzfähig, sofern sie adäquat kausal verursacht wurden und im Schutzzweck der verletzten Verhaltensnorm liegen (Harte-Bavendamm/Henning-Bodewig/Goldmann UWG 2022 Anh. § 9 Rn. 93–97).

2.39   Ein derartiger „Grundsatz der vollständigen Kompensation" lässt sich jedoch dem Art. 11a I UGP-RL nicht entnehmen. Der dazugehörige ErwGr. 16 S. 1 RL (EU) 2019/2161 spricht zwar von der „Beseitigung jeglicher Folgen unlauterer Geschäftspraktiken". Damit ist in der Sache aber lediglich gemeint, dass die Verbraucher die Möglichkeit haben sollten, „in verhältnismäßiger und wirksamer Form Schadenersatz sowie gegebenenfalls eine Preisminderung zu erhalten oder den Vertrag zu beenden". Den Mitgliedstaaten soll es darüber hinaus lediglich freistehen, zusätzliche Rechtsbehelfe und Rechte der Verbraucher, die durch unlautere Geschäftspraktiken geschädigt wurden, etwa Reparatur oder Ersatzlieferung, einzuführen oder beizubehalten, um sicherzustellen, dass die Folgen solcher Geschäftspraktiken vollständig beseitigt werden. Es werden damit nur zusätzliche Formen der Folgenbeseitigung angesprochen, die zielgenauer und damit besser dem Interesse des Verbrauchers entsprechen. Dazu sei an das oben genannte Beispiel des Verbrauchers, der aufgrund eines aggressiven Verhaltens des Unternehmers veranlasst wird, eine Ware zu einem überhöhten Preis zu kaufen. Wenn er die Ware behalten will, ist ihm naturgemäß eine Preisminderung lieber als die Rückabwicklung des Kaufvertrags. Im Übrigen ist daran zu erinnern, dass das eigentliche Ziel der UGP-RL der Schutz der wirtschaftlichen Interessen der Verbraucher ist. Ihre geschäftlichen Entscheidungen, wie sie in Art. 2 lit. k UGP-RL bzw. in § 2 I Nr. 1 aufgelistet sind, beziehen sich ausschließlich auf solche Interessen. Sie stellen vermögensrelevante Dispositionen dar. Werden diese Dispositionen aufgrund einer unlauteren Einflussnahme des Unternehmers getroffen, so handelt es sich um fehlgeleitete Dispositionen, die sich für den Verbraucher als wirtschaftlich nachteilig erweisen („Selbstschädigungen"). Es ist der der geschäftlichen Entscheidung immanente wirtschaftliche Nachteil, der den Schaden bezeichnet, der nach Sinn und Zweck des Art. 11a I UGP-RL zu ersetzen ist.

2. Kein Ersatz von mittelbaren oder Folgeschäden

Aus dem Gesagten folgt zugleich, dass sich der Schadensersatzanspruch nach § 9 II 1 nicht auf **2.40** mittelbare oder Folgeschäden erstreckt (ebenso Peifer WRP 2022, 794 Rn. 24; aA Ohly GRUR 2022, 763 (771)). Dies führt auch nicht zu unbilligen Ergebnissen, weil der Verbraucher insoweit ausreichend durch die ihm gleichzeitig nach Unionsrecht oder Bürgerlichem Recht zustehenden Rechte und Ansprüche geschützt ist (vgl. Art. 11a II UGP-RL). Der Schadensersatzanspruch nach § 9 II 1 dient vornehmlich dazu, Schutzlücken im geltenden Recht zu schließen (vgl. RegE, BT-Drs. 19/27873, 20).

Beispiel: (nach Harte-Bavendamm/Henning-Bodewig/Goldmann UWG 2022 Anh. § 9 Rn. 129). Ein Klempner veranlasst durch eine unrichtige Angabe über seine fachliche Qualifikation einen Hauseigentümer dazu, ihn mit der Reparatur einer schadhaften Wasserleitung zu beauftragen. Durch eine völlig unsachgemäße Reparaturmaßnahme wird der Keller unter Wasser gesetzt, wodurch die darin aufbewahrten Sachen unbrauchbar werden. Dem Hauseigentümer entgeht darüber hinaus ein Gewinn aus dem schon vereinbarten Verkauf von antiken Büchern, die durch den Wasserschaden wertlos geworden sind.

Diesen Mangelfolgeschaden kann der Hauseigentümer nach den § 634 Nr. 4 BGB, § 280 I BGB als Schadensersatz neben der Leistung ersetzt verlangen (stRspr; vgl. BGH NJW 2019, 1867 Rn. 17 ff. mwN). Der Anspruch verjährt auch nicht in der kurzen Frist nach § 11 I. Darüber hinaus kann der Hauseigentümer den ihm entgangenen Gewinn aus der Weiterveräußerung nach § 252 BGB ersetzt verlangen (vgl. Grüneberg/Retzlaff BGB § 634 Rn. 16). Der Schadensersatzanspruch nach § 9 II 1 bezweckt auch nur, den Verbraucher so zu stellen, wie er stünde, wenn er die betreffende geschäftliche Entscheidung nicht getroffen hätte. Daher kann der Verbraucher nicht verlangen, so gestellt zu werden, wie er stünde, wenn er anstelle der erfolgten geschäftlichen Entscheidung eine andere geschäftliche Entscheidung getroffen hätte (ebenso Peifer WRP 2022, 794 Rn. 27; aA Scherer WRP 2021, 561 Rn. 24). Denn ob, wann und welche geschäftliche Entscheidung der einzelne Verbraucher tatsächlich „andernfalls" getroffen hätten, ist für den Unternehmer nicht vorhersehbar und ihm auch nicht zurechenbar. Nach der Rspr. (vgl. BGH NJW 2001, 512; 2017, 1600; Grüneberg/Grüneberg BGB Vor § 249 Rn. 41) ist im Falle der psychischen Kausalität eine Ersatzpflicht nur zu bejahen, wenn die Handlung des Verletzten durch das haftungsbegründende Ereignis herausgefordert oder wesentlich mitbestimmt worden ist und nicht eine ungewöhnliche Reaktion auf dieses darstellt. Daher kann auch nicht von einer „typischen Reaktion des Durchschnittsverbrauchers" die Rede sein.

Beispiel: Verbraucher wurde zum Kauf eines Baugrundstücks zum Preis von 500.000 EUR aufgrund einer irreführenden Angabe über die Bebauungsgrenzen veranlasst. Er kann in diesem Fall Rückgängigmachung des Kaufvertrags und Ersatz der Notargebühren etc verlangen.

Dagegen kann der Verbraucher nicht mit der (beweisbaren; Harte-Bavendamm/Henning- **2.41** Bodewig/Goldmann UWG 2022 Anh. § 9 Rn. 143 aE) Behauptung, er hätte sonst ein anderes ihm angebotenes Baugrundstück gekauft, das jetzt nur noch zu einem höheren Preis zu haben sei, Ersatz der Mehrkosten verlangen. Derartige Schäden kann der Verbraucher allenfalls nach § 826 BGB oder nach § 823 II BGB iVm § 263 StGB ersetzt verlangen. Umgekehrt kann der Unternehmer auch nicht geltend machen, der Verbraucher hätte andernfalls eine für ihn noch ungünstigere geschäftliche Entscheidung getroffen, wie im Grimm'schen Märchen vom „Hans im Glück" eindrücklich geschildert. Etwas anderes gilt für den Fall, dass der Unternehmer den Verbraucher nicht nur durch eine unlautere Beeinflussung zu der für ihn günstigen geschäftlichen Entscheidung, sondern darüber hinaus ihn durch eine weitere unlautere Beeinflussung dazu veranlasst hat, eine bestimmte andere geschäftliche Entscheidung nicht zu treffen. Denn eine geschäftliche Entscheidung des Verbrauchers kann auch darin bestehen, dass er es unterlässt, eine bestimmte Entscheidung zu treffen.

Beispiel: Hätte im obigen Fall der Verbraucher den Unternehmer von der anderweitigen Kaufmöglichkeit informiert und hätte ihn der Unternehmer von diesem Kauf durch eine unlautere Beeinflussung, etwa durch eine unwahre Angabe über die Bodenbeschaffenheit des Grundstücks, abgehalten, so kann er verlangen, so gestellt zu werden, wie er stünde, wenn er das andere Angebot angenommen hätte.

F. Arten des Schadens und Inhalt des Schadensersatzanspruchs

2.42   Anhand der jeweils getroffenen geschäftlichen Entscheidung ist der jeweilige konkrete Schaden und der Inhalt des Schadensersatzanspruchs nach den §§ 249 ff. BGB ermitteln. Anzuknüpfen ist daher an die Definition der geschäftlichen Entscheidung in § 2 I Nr. 1.

I. Vertragsschluss mit dem Unternehmer

2.43   Besteht die geschäftliche Entscheidung im Abschluss eines schuldrechtlichen Vertrages mit dem Unternehmer, besteht der Schaden des Verbrauchers in der Bindung an den Vertrag. Dies gilt grundsätzlich unabhängig davon, ob Leistung und Gegenleistung objektiv gleichwertig sind, weil § 9 II 1 – ebenso wie § 826 BGB – dem Schutz freien und informierten geschäftlichen Entscheidung des Verbrauchers dient und der Schadensersatzanspruch insoweit auch der Befreiung von einer „ungewollten Verpflichtung" bezweckt (vgl. BGH NJW 2020, 1962 Rn. 44–47). (Die sog. Differenzhypothese gilt insoweit nicht.) Der Verbraucher kann daher nach § 249 I BGB verlangen, so gestellt zu werden, als habe er den Vertrag nicht geschlossen (BGH NJW 2020, 1962 Rn. 55). Er kann also nicht nur die **Rückgängigmachung** des Vertrags, sondern auch die **Rückabwicklung** des Vertrags verlangen (aA Alexander WRP 2021, 136 Rn. 68 ff.). Dementsprechend kann der Verbraucher nicht nur die weitere Erfüllung des Vertrags verweigern, sondern auch eine bereits erbrachte Leistung (zB Kaufpreis) Zug um Zug gegen Rückgabe der Kaufsache zurückfordern (BGH NJW 2020, 1962 Rn. 58). Hat der Unternehmer vorgeleistet, kann er diese Leistung nach § 812 I 2 Alt. 1 BGB zurückfordern oder Wertersatz nach § 818 II BGB fordern. Jedoch kann sich der Verbraucher ggf. auf § 818 III BGB (Köhler WRP 2021, 129 Rn. 32) bzw. auf § 346 II, III 1 Nr. 3 BGB analog (Scherer WRP 2021, 561 Rn. 22) berufen. – Alternativ kann der Verbraucher statt einer Rückgängigmachung des Vertrags als „kleinen Schadensersatz" auch eine **Minderung des Kaufpreises** verlangen (→ Rn. 2.36; Köhler GRUR 2022, 435 (441); Peifer WRP 2022, 794 Rn. 28; Scherer WRP 2021, 561 Rn. 28; Harte-Bavendamm/Henning-Bodewig/Goldmann UWG 2022 Anh. § 9 Rn. 128).

II. Vertragsschluss mit einem Dritten

2.44   Hat der Unternehmer (zB Hersteller) den Verbraucher (zB durch eine schuldhaft irreführende Werbung) zum Vertragsschluss mit einem Dritten (zB Vertragshändler) veranlasst, besteht der Schaden ebenfalls in der Bindung an diesen Vertrag. Da aber der Unternehmer nicht sein Vertragspartner ist, kann er von diesem nicht die Rückgängigmachung des Vertrags verlangen. Vielmehr geht der Schadensersatzanspruch des Verbrauchers nach § 249 I BGB dahin, dass der Unternehmer ihn wirtschaftlich so stellt, wie er ohne den Vertragsschluss stehen würde (BGH NJW-RR 2015, 275). Am Beispiel des Kaufvertrags: Der Verbraucher kann Erstattung des an den Vertragshändler gezahlten Kaufpreises Zug um Zug gegen Rückgabe der gekauften Sache an den Hersteller verlangen.

III. Unterlassen eines Vertragsschlusses

2.45   Wird der Verbraucher unter Verstoß gegen § 3 veranlasst, einen bestimmten Vertrag (zB mit einem Dritten) nicht zu schließen, kann er nach § 249 I BGB verlangen, so gestellt zu werden, wie er stünde, wenn er diesen Vertrag geschlossen hätte. Insoweit gilt auch die Differenzmethode zur Berechnung des Schadens.

IV. Leistung einer Zahlung

2.46   Bei einer vollständigen oder teilweisen Zahlung auf eine **nicht bestehende Schuld** besteht der Schaden in der Vermögensminderung.

Beispiel: Verbraucher bezahlt nach Aufforderung eine von ihm nicht bestellte, aber an ihn gelieferte Ware (Anh. Nr. 29 zu § 3 III). Er kann in diesem Fall den gezahlten Betrag nach den § 9 II 1, § 249 I BGB (und daneben nach § 812 I 1 BGB iVm § 241a I BGB) zurückfordern.

Eine andere Frage ist es, ob der Verbraucher, der sich gegen eine unberechtigte Zahlungsaufforderung des Unternehmers wehrt, nach § 9 II 1 Ersatz seiner außergerichtlichen Rechtsverteidigungskosten verlangen kann (dafür RegE, BT-Drs. 19/27873, 37). Dagegen spricht indessen, dass der Verbraucher die von ihm geforderte geschäftliche Entscheidung (Zahlung) gerade nicht getroffen hat. Insoweit kommen daher nur bürgerlichrechtliche Ersatzansprüche (zB § 683 BGB; §§ 311, 280 BGB; § 826 BGB) in Betracht.

Erfolgt eine Zahlung auf eine **bestehende** einredefreie Schuld, ist der Verbraucher dazu aber **2.47** durch eine aggressive geschäftliche Handlung (§ 4a I), etwa durch Nötigung (§ 4a I 2 Nr. 2), veranlasst worden, kann er die Zahlung ebenfalls zurückfordern. Der Unternehmer kann dagegen nicht den Einwand des treuwidrigen Verhaltens (§ 242 BGB: „dolo agit, qui petit quod statim redditurus est") erheben (aA Harte-Bavendamm/Henning-Bodewig/Goldmann UWG 2022 Anh. § 9 Rn. 148; Scherer WRP 2021, 561 Rn. 33). Denn damit würde im Ergebnis die eigenmächtige Durchsetzung eines Anspruchs durch private Gewalt außerhalb des dafür vorgesehenen Gerichts- und Vollstreckungsverfahrens ermöglicht (vgl. Grüneberg/Ellenberger BGB § 229 Rn. 1). Der Unternehmer muss daher seinen Zahlungsanspruch wie jeder andere Gläubiger durch Inanspruchnahme der Gerichte durchsetzen.

V. Nichtausübung eines vertraglichen Rechts

Veranlasst der Unternehmer den Verbraucher, ein vertragliches Recht, das den Vertrag ex **2.48** tunc oder ex nunc beseitigt (zB Anfechtung, Kündigung, Rücktritt, Widerruf), nicht auszuüben, so besteht der Schaden des Verbrauchers im Fortbestand der Vertragsbeziehung. Er ist daher nach § 249 I BGB wirtschaftlich so zu stellen, wie er ohne die unlautere Beeinflussung seiner geschäftlichen Entscheidung stehen würde.

Beispiel: Ein Versicherungsunternehmen gibt einem Kunden, der seine Hausratsversicherung kündigen möchte, eine irreführende Auskunft über die Kündigungsfrist. Dieser unterlässt deshalb die rechtzeitige Kündigung. Wäre er korrekt informiert worden und hätte er fristgerecht gekündigt, so kann er nachträglich noch kündigen und nach den § 249 I BGB, § 251 I BGB die zwischenzeitlich gezahlten Beiträge erstattet verlangen.

Bei Nichtausübung eines vertraglichen Rechts, das das Äquivalenz- oder Erfüllungsinteresse des Verbrauchers schützt (zB Recht auf Minderung, Nacherfüllung oder Schadensersatz nach § 437 BGB), ist der Verbraucher nach den § 249 I BGB, § 251 I BGB so zu stellen, wie er stünde, wenn er diese Rechte noch geltend machen könnte. Das läuft darauf hinaus, dass der Unternehmer dem Verbraucher nicht die Verjährung solcher ihm nach dem BGB zustehenden Ansprüche entgegenhalten kann.

VI. Unmittelbar mit einer geschäftlichen Entscheidung zusammenhängende Entscheidungen

Nach stRspr sind als geschäftliche Entscheidungen auch solche Entscheidungen anzusehen, die **2.49** mit den in Art. 2 lit. k UGP-RL bzw. § 2 I Nr. 1 aufgeführten geschäftlichen Entscheidungen unmittelbar zusammenhängen (vgl. EuGH GRUR 2014, 196 Rn. 38 – Trento Sviluppo; BGH GRUR 2019, 746 Rn. 29 – Energieeffizienzklasse III). Dazu gehört ua das Betreten eines Geschäfts, wenn es gerade durch die irreführende Werbung für das Vorhandensein einer Ware veranlasst wird (vgl. Anh. § 3 III Nr. 5). Daraus folgt, dass ein Verbraucher seine vergeblich aufgewandten Kosten für das Aufsuchen des Geschäfts grds. als Schaden iSd § 9 II 1 ersetzt verlangen kann (vgl. BT-Drs. 19/27873, 37; Köhler WRP 2021, 129 Rn. 29; Scherer WRP 2021, 561 Rn. 17, 18). Das Problem dabei ist allerdings, ob und wie ein Verbraucher im Einzelfall darlegen und beweisen kann, dass er ohne die irreführende Werbung das Geschäft nicht aufgesucht hätte und dass er dementsprechend unnötige Aufwendungen in bestimmter Höhe hatte. Will der Unternehmer im konkreten Fall einwenden, dass der Verbraucher die irreführende Werbung gar nicht kannte oder dass er das Geschäft ohnehin aufgesucht hätte und er daher nicht aus diesem Grund zum Aufsuchen des Geschäfts veranlasst sei, so trägt er dafür die sekundäre Darlegungslast. Bei ins Gewicht fallenden Aufwendungen (zB Benutzung eines Taxis und längere Anfahrt), wäre jedoch zu fragen, ob sie angemessen waren (§ 254 BGB). In der Regel wird es sich jedoch um geringfügige Beträge handeln, die den Aufwand für eine Durchsetzung eines Schadensersatzanspruchs nicht lohnen. Auch muss ein Verbraucher immer damit rechnen, dass er eine angebotene Ware nicht erwerben kann, weil sie nicht oder nicht mehr vorrätig ist, so dass ein derartiger Schaden grds. dem allgemeinen Lebensrisiko zuzurechnen ist. Ein Aufwendungsersatz sollte daher nur in Betracht kommen, wenn der Unternehmer gezielt einen Verbraucher aufgefordert hat, sein Geschäft aufzusuchen, zB um ihm dann eine andere als die beworbene Ware anzubieten (vgl. Anh. Nr. 6 zu § 3 III: „bait-and-switch"-Technik).

G. Rechtsnatur des Schadensersatzanspruchs nach § 9 II 1

2.50   Das UWG stellt ein Sonderdeliktsrecht dar. Der Schadensersatzanspruch nach § 9 II 1 ist daher ein **deliktischer** Anspruch (krit. Glöckner GRUR 2021, 919 (927 ff.), der de lege ferenda eine Anknüpfung an die § 311 II BGB, § 241 II BGB, § 280 I BGB vorschlägt). Für ihn gelten grds. die allgemeinen Vorschriften des Deliktsrechts der §§ 830, 831, 840 BGB sowie § 852 BGB (Herausgabeanspruch nach Eintritt der Verjährung). Für die Verjährungsfrist gilt jedoch die Sonderregelung des § 11 I (Verjährung in einem Jahr). Ihrer Struktur nach entspricht die Regelung in § 9 II 1 dem Tatbestand des § 823 II BGB (Schutzgesetzverletzung).

H. Verhältnis zu sonstigen Rechten und Ansprüchen des Verbrauchers

I. Grundsatz

2.51   Das Verhältnis des § 9 II 1 zu sonstigen Rechten und Ansprüchen des Verbrauchers ist nach vier Grundsätzen zu beurteilen.

1. Keine Einschränkung sonstiger Rechte und Ansprüche durch § 9 II 1

2.52   Der Schadensersatzanspruch der Verbraucher lässt solche unionsrechtlichen und bürgerlich-rechtlichen Rechte und Ansprüche der Verbraucher unberührt, deren Voraussetzungen bei Verstößen gegen verbraucherschützende Vorschriften iSd § 9 II 1 gleichfalls erfüllt sind. Dieser Grundsatz ist in Art. 11a II UGP-RL geregelt. Er wurde zwar vom deutschen Gesetzgeber nicht umgesetzt, ergibt sich aber aus einer richtlinienkonformen Auslegung des § 9 II 1 unter Berücksichtigung des Art. 11a II UGP-RL und des ErwGr. 16 RL (EU) 2019/2161.

2. Schließung von bürgerlichrechtlichen Schutzlücken durch § 9 II 1

2.53   Zwar konnten schon bisher Verbraucher als Opfer unzulässiger geschäftlicher Handlungen bestimmte Rechte und Ansprüche nach dem Bürgerlichen Recht geltend machen. Jedoch ist dieser Schutz nicht in dem Sinn umfassend, dass er den Anforderungen des Art. 11a I UGP-RL entspräche. Daher trägt § 9 II 1 auch dazu bei, bestehende Schutzlücken im Bürgerlichen Recht (RegE, BT-Drs. 19/27873, 38 f.), sowohl im vertraglichen als auch im außervertraglichen Bereich, zu schließen. Damit wird zugleich ein hohes Verbraucherschutzniveau gewährleistet.

Beispiel: Kfz-Hersteller veranlasst Verbraucher durch irreführende Werbung über Produkteigenschaften zum Kauf eines PKW bei einem Vertragshändler (vgl. § 434 I 3 BGB). Nach dem Bürgerlichen Recht haftet der Hersteller nur nach § 826 BGB, also bei vorsätzlichem sittenwidrigem Handeln (BGH NJW 2020, 1962). Nach § 9 II 1 haftet der Hersteller dagegen bereits bei fahrlässiger Irreführung.

3. Kein Vorrang bürgerlichrechtlicher Rechte und Ansprüche vor § 9 II 1

2.54   Eine besondere Situation ergibt sich, wenn dem Verbraucher zugleich Gewährleistungsansprüche, etwa nach den §§ 437 ff. BGB oder den §§ 634 ff. BGB, zustehen. Denn nach diesen Vorschriften kann der Verbraucher grundsätzlich nur nach erfolgloser Fristsetzung zur Nacherfüllung gem. § 323 BGB vom Vertrag zurücktreten. Hierzu wird die Auffassung vertreten, die Anwendung des § 9 II 1 könne nicht zum faktischen Ausschluss des Nacherfüllungsrechts des Unternehmers führen (Alexander WRP 2021, 136 Rn. 57 ff.; Büscher WRP 2022, 132 Rn. 15; Glöckner WRP 2022, 383 (388 ff.); Heinze/Engel NJW 2021, 2609 (2612 f.); Ohly GRUR 2022, 763 (769); Scherer GRUR 2022, 787 (792 ff.)). Insoweit hätten die bürgerlichrechtlichen Gewährleistungsvorschriften Vorrang vor dem Schadensersatzanspruch nach § 9 II 1. Allerdings wird dabei nicht hinreichend berücksichtigt, dass der deliktsrechtlich zu qualifizierende Anspruch nach § 9 II 1 das Interesse an einer freien und informierten geschäftlichen Entscheidung des Verbrauchers schützt. Er steht daher dem Anspruch nach § 826 BGB nahe, dehnt den Schutz des Verbrauchers aber auf fahrlässig begangene Wettbewerbsverstöße aus. Dass Art. 11a I UGP-RL es den Mitgliedstaaten freistellt, den Verbrauchern noch weitere Rechtsbehelfe, etwa auf

Minderung und Beendigung des Vertrags, einzuräumen, steht dem nicht entgegen. Vor allem aber spricht Art. 11a II UGP-RL für ein Nebeneinander des Anspruchs nach § 9 II 1 und etwaiger sonstiger Ansprüche des Verbrauchers. Es liegt auch kein Fall einer Kollision iSd Art. 3 IV UGP-RL vor, da die UGP-RL das Vertragsrecht unberührt lässt (Art. 3 II UGP-RL).

Die Regelung in § 437 Nr. 2 BGB iVm den §§ 440, 323 und 326 V BGB über den Rücktritt **2.55** wird dadurch nicht ausgehöhlt (so aber Büscher WRP 2022, 132 Rn. 34). Bestätigt wird dies weiter durch einen Vergleich mit dem Anfechtungsrecht des Käufers nach § 123 BGB im Fall der arglistigen Täuschung oder widerrechtlichen Drohung. Beide Tatbestände dienen dem Schutz der rechtsgeschäftlichen Entschließungsfreiheit (vgl. BGHZ 51, 141 (147); Grüneberg/ Ellenberger BGB § 123 Rn. 1). § 9 II 1 dehnt diesen Schutz auf fahrlässig begangene irreführende und aggressive geschäftliche Handlungen aus, gewährt aber über ein bloßes Anfechtungsrecht hinaus einen Schadensersatzanspruch. Funktional entspricht der auf Rückgängigmachung des Vertrags gerichtete Schadensersatzanspruch des Verbrauchers dem aus einer Anfechtung des Vertrags folgenden Anspruch des Verbrauchers nach Rückabwicklung des Vertrags nach den §§ 812 ff. BGB. Das Schutzbedürfnis des Verbrauchers, sich bei einer unlauteren Beeinflussung seiner Kaufentscheidung vom Vertrag lösen zu können, wiegt insgesamt stärker als das Interesse des Unternehmers an einer Nacherfüllung. Es ist mit einem Wort der besondere Unrechtsgehalt der unlauteren geschäftlichen Handlung, der einen Vorrang von Gewährungsregelungen des Bürgerlichen Rechts ausschließt. Es sollte daher bei einem Wahlrecht des Verbrauchers verbleiben.

4. Freie Wahl des Verbrauchers zwischen dem Anspruch nach § 9 II 1 und bürgerlichrechtlichen Rechten und Ansprüchen

Der Verbraucher kann sonach zwischen dem Schadensersatzanspruch nach § 9 II 1 und **2.56** etwaigen Rechten und Ansprüchen nach dem Bürgerlichen Recht grundsätzlich frei wählen (vgl. RegE, BT-Drs. 19/27873, 38; Peifer WRP 2022, 794 Rn. 36). Er kann sie darüber hinaus alternativ geltend machen, wie zB bei der prozessualen Geltendmachung eines vertraglichen Rechts oder Anspruchs, zB aus Mängelgewährleistung, und eines Schadensersatzanspruchs nach § 9 II 1. Da es sich um unterschiedliche Streitgegenstände handelt, ist eine Geltendmachung mittels Haupt- und Hilfsantrag geboten. – Er kann sie ggf. auch kumulativ geltend machen, wenn sie sich im Rechtsschutzziel nicht widersprechen, wie zB dem Anspruch nach § 9 II 1 und dem nach § 826 BGB, um die Vorteile einer längeren Verjährungsfrist (§§ 195, 199 BGB) in Anspruch nehmen zu können. Jedoch darf der Schadensersatzanspruch nach § 9 II 1 nicht zu einer Bereicherung des Verbrauchers führen. Insoweit gilt das schadensersatzrechtliche Bereicherungsverbot (BGH NJW 2020, 1962 Rn. 65; Peifer WRP 2022, 794 Rn. 33 f.). Ggf. kommt auch der Einwand des Mitverschuldens (§ 254 BGB) in Betracht.

II. Überblick über bürgerlichrechtliche Rechte und Ansprüche des Verbrauchers

Dass dem Verbraucher neben dem Schadensersatzanspruch nach § 9 II 1 ggf. auch bürgerlich-**2.57** rechtliche Rechte und Ansprüche zustehen, ist für ihn naturgemäß von Vorteil.

1. Vertragsbezogene Rechte und Ansprüche

Das gilt zum einen für vertragsbezogene Rechte und Ansprüche des Verbrauchers. Ihm kann **2.58** beispielsweise ein Anfechtungsrecht nach den §§ 119, 123 BGB, ein Widerrufsrecht nach den §§ 355 ff. BGB, ein Rücktritts- oder Minderungsrecht nach § 437 Nr. 2 BGB oder ein Kündigungsrecht nach § 314 BGB zustehen. Er kann vertragliche Ansprüche, wie etwa Gewährleistungsrechte auf Nacherfüllung, Mängelbeseitigung und Schadensersatz nach § 437 ff. BGB und auf Ersatz von Mangelfolgeschäden nach § 280 I BGB uneingeschränkt geltend machen. Diese Ansprüche können für den Verbraucher ohnehin günstigere Folgen (zB hinsichtlich der Verjährungsfristen nach den §§ 438, 634a BGB) haben. – Hinzukommen etwaige Schadensersatzansprüche aus (vor)vertraglichen Pflichtverletzungen nach den § 311 II Nr. 1 BGB, § 241 II BGB, § 280 I BGB (vgl. Grüneberg/Grüneberg BGB § 311 Rn. 13 ff., 54 ff.). Insoweit ist der Schaden grundsätzlich nach der Differenzmethode zu berechnen. Dazu ist ein rechnerischer Vergleich zwischen dem im Zeitpunkt der Schadensberechnung vorhandenen Vermögen des Geschädigten und dem Vermögen, das er bei ordnungsgemäßer Erfüllung des Vertrags gehabt hätte, vorzunehmen (BGH NJW 2019, 1596 Rn. 76, 86).

2. Gesetzliche Ansprüche

2.59   Ferner können dem Verbraucher Bereicherungsansprüche nach § 812 BGB (zB nach Anfechtung) zustehen. Vor allem aber kommen auch deliktsrechtliche Ansprüche, insbes. nach § 823 II BGB iVm §§ 253, 263 StGB oder nach § 826 BGB, in Betracht. Diese setzen zwar Vorsatz des Täters voraus, während nach § 9 II 1 bereits fahrlässiges Handeln genügt. Allerdings sind sie für den Verbraucher insofern von Vorteil, als für sie längere Verjährungsfristen gelten (§§ 195, 199 BGB). Außerdem kann der Verbraucher auf diese Weise Ersatz des Schadens verlangen, den er erleidet, weil er andernfalls (nachweislich) eine andere für ihn günstigere geschäftliche Entscheidung (zB Kauf eines mangelfreien oder preiswerteren Produkts bei einem anderen Unternehmer) getroffen hätte. Er ist insoweit nicht auf einen Anspruch nach § 9 II 1 angewiesen (aA Scherer WRP 2021, 561 Rn. 25).

I. Unterlassungs- und Beseitigungsansprüche der Verbraucher

I. Grundsatz: Keine Ansprüche nach UWG

2.60   § 9 II 1 regelt in Übereinstimmung mit Art. 11a I UGP-RL nur einen Schadensersatzanspruch des Verbrauchers. Das UWG unterscheidet auch ausdrücklich zwischen verschuldensunabhängigen Unterlassungs- und Beseitigungsansprüchen einerseits (§ 8 I) und verschuldensabhängigen Schadensersatzansprüchen (§ 9) andererseits. Daher steht dem einzelnen Verbraucher grundsätzlich kein verschuldensunabhängiger Unterlassungs- und Beseitigungsanspruch zu (Ohly GRUR 2022, 763 (769)). Dem Verbraucher steht es jedoch frei, sich zB an eine qualifizierte Einrichtung nach § 8 III Nr. 3 zu wenden. Vor allem aber kommt ein kollektiver Schutz durch eine Verbandsklage nach Maßgabe des Art. 8 Verbandklagen-RL in Betracht.

II. Bürgerlichrechtliche Ansprüche

2.61   Nicht ausgeschlossen sind hingegen bürgerlichrechtliche Unterlassungs- und Beseitigungsansprüche des Verbrauchers nach § 823 I BGB (Körper, Gesundheit, Freiheit, Allgemeines Persönlichkeitsrecht) oder § 823 II BGB, § 240 StGB iVm § 1004 I BGB analog.

Beispiele: Androhung körperlicher Gewalt, um einen Verbraucher zur Bezahlung einer von ihm bestrittenen Geldforderung zu veranlassen; hartnäckiges und unerwünschtes Ansprechen eines Verbrauchers mittels Telefon.

J. Rechtsdurchsetzung

I. Schwierigkeiten der individuellen Rechtsdurchsetzung

2.62   Mit der Einführung individueller Schadensersatzansprüche von Verbrauchern im UWG ist es nicht getan. Die eigentlichen Probleme stellen sich bei der Ermittlung und der Durchsetzung solcher Ansprüche. Um festzustellen, dass ihm ein Schadensersatzanspruch nach § 9 II 1 zusteht, benötigt der Verbraucher zahlreiche Informationen über die Tatbestandsvoraussetzungen, einschließlich des Verschuldens des Unternehmers, und den ihm zu ersetzenden Schadens. Ohne fremde Hilfe wird ihm dies idR nicht möglich sein. An einer gerichtlichen Durchsetzung des Anspruchs wird der durchschnittliche Verbraucher bei geringfügigen Schäden angesichts des damit verbundenen Zeit- und Kostenaufwands und des Prozessrisikos schwerlich interessiert sein („rationales Desinteresse"). Das gilt letztlich auch für die Anrufung einer Schlichtungsstelle (zB nach § 15). Vorstellbar sind allenfalls Pilotverfahren zur Klärung der Rechtslage. – Rechtsverfolgungkosten des Verbrauchers, insbes. durch Einschaltung eines Anwalts, sind dann erstattungsfähig, wenn sie erforderlich und zweckmäßig sind (Maaßen GRUR-Prax 2021, 7 (9)). Das ist allenfalls dann anzunehmen, wenn es um schwerwiegende, insbes. vorsätzliche Wettbewerbsverstöße geht (BeckOK UWG/Eichelberger Rn. 166). Zur Frage der Vergütung des Zeitaufwands des Verbrauchers zur Vorbereitung der Geltendmachung eines Schadensersatzanspruchs de lege ferenda vgl. Peifer WRP 2022, 794 Rn. 31.

II. Rechtsdurchsetzung durch Sammelklage

Um die Schwierigkeiten der individuellen Rechtsdurchsetzung zu vermeiden, kommt ggf. **2.63** eine Sammelklage, gestützt auf die Abtretung von Ansprüchen mehrerer Verbraucher, in Betracht (dazu Voit, Sammelklagen und ihre Finanzierung, 2021, S. 228–245).

III. Rechtsdurchsetzung durch Abhilfeklage

1. Unionsrechtliche Grundlage

Im Anh. I Nr. 14 Verbandklagen-RL ist die UGP-RL aufgeführt. Daher kann der Ver- **2.64** braucherschadensersatz künftig auch kollektiv durchgesetzt werden. Nach Art. 9 I Verbandklagen-RL kann das von einer qualifizierten Einrichtung angerufene Gericht eine sog. Abhilfeentscheidung treffen. Dadurch wird der Unternehmer verpflichtet, „den betroffenen Verbrauchern, je nach Fall und soweit dies im Unionsrecht oder im nationalen Recht vorgesehen ist, Abhilfe in Form von Schadensersatz, Reparatur, Ersatzleistung, Preisminderung, Vertragsauflösung oder Erstattung des gezahlten Preises zu leisten". Lassen sich geschädigte Verbraucher in einer Verbandsklage repräsentieren, können sie nicht daneben noch eine Individualklage erheben (Art. 9 IV Verbandklagen-RL). Sie haben aber einen Anspruch darauf, dass ihnen die in der Abhilfeentscheidung vorgesehene Abhilfe zugutekommt, ohne eine gesonderte Klage erheben zu müssen (Art. 9 VI Verbandklagen-RL). Diese Richtlinie war nach Art. 24 Verbandklagen-RL bis zum 25.12.2022 umzusetzen und die entsprechenden nationalen Vorschriften wären ab dem 25.6.2023 anzuwenden gewesen. Zu Einzelheiten vgl. Peifer WRP 2022, 794 Rn. 42 ff.).

2. Regelung der Abhilfeklage in den §§ 14–38 VDuG

Die Umsetzung der Vorgaben der Verbandklagen-RL zur Abhilfeklage erfolgte in den **2.64a** §§ 14–38 VDuG v. 8.10.2023 (BGBl. 2023 I Nr. 272). Die darin geregelte Abhilfeklage eröffnet Verbraucherschutzverbänden die Möglichkeit, gleichartige Ansprüche auf Leistung, insbes. auf Zahlung eines kollektiven Gesamtbetrags, gerichtlich geltend zu machen. Damit sollen Individualklagen weitgehend entbehrlich werden. Zu Einzelheiten vgl. die gesonderte Darstellung von Scherer in diesem Kommentar.

K. Verjährung; örtliche und sachliche Zuständigkeit; IPR

Nach § 11 I verjähren Ansprüche nach § 9 II 1 in einem Jahr. Die örtliche und sachliche **2.65** Zuständigkeit für Ansprüche nach § 9 II 1 ist in § 14 IV nach den allgemeinen Vorschriften der §§ 12 ff. und § 23 Nr. 1 GVG geregelt (dazu krit. Büscher WRP 2022, 132 Rn. 8). – Ansprüche nach § 9 II 1 unterliegen dem Art. 6 I Rom II-VO (Heinze/Engel NJW 2021, 2609 Rn. 3; Rauer/Shchavelev GRUR-Prax 2022, 35 (37)).

L. Verhältnis zum Schadensersatzanspruch der Mitbewerber

Der Anspruch nach § 9 II 1 besteht grundsätzlich neben dem Anspruch der betroffenen Mit- **2.66** bewerber nach § 9 I. Zu einer Kollision mit Schadensersatzansprüchen der Mitbewerber bei Verstößen gegen die §§ 3a, 4, 6 und 7 kommt es von vornherein nicht, weil insoweit nach § 9 II 2 ein Schadensersatzanspruch der Verbraucher ohnehin ausgeschlossen ist. Ob und inwieweit sich die Geltendmachung von Schadensersatzansprüchen der Verbraucher gegen einen Unternehmer auf Schadensersatzansprüche der Mitbewerber auswirkt, hängt von den Umständen des Einzelfalls ab.

3. Abschnitt. Die Verantwortlichkeit der Presse

Übersicht

Schrifttum: Ahrens, Beteiligung der Presse an Wettbewerbsverstößen von Anzeigenkunden, FS Traub, 1994, 11; Beater, Medienrecht, 2007; R. Damm, Der Gegendarstellungsanspruch in der Entwicklung der neueren Rechtsprechung, FS Löffler, 1980, 25; Damm/Kuner, Widerruf, Unterlassung und Schadensersatz in Presse und Rundfunk, NJW-Schriftenreihe, 1991; Damm/Rehbock, Widerruf, Unterlassung und Schadensersatz in Presse und Rundfunk, 3. Aufl. 2008; Fuchs, Die wettbewerbsrechtliche Beurteilung redaktioneller Werbung in Presseerzeugnissen unter besonderer Berücksichtigung der Kopplung von entgeltlicher Anzeige und redaktioneller Berichterstattung, GRUR 1988, 736; Henning-Bodewig, Das „Presseprivileg" in § 13 Abs. 2 Nr. 1 UWG, GRUR 1985, 258; Lettl, Allgemeines Persönlichkeitsrecht und Medienberichterstattung, WRP 2005, 1045; Lindacher, Zur wettbewerbsrechtlichen Unterlassungshaftung der Presse im Anzeigengeschäft, WRP 1987, 585; Löffler, Presserecht, 7. Aufl. 2023; Messer, Wettbewerbsrechtliche Beurteilung von Presseäußerungen, FS v Gamm, 1990, 95; Piper, Zur wettbewerbsrechtlichen Beurteilung von Werbeanzeigen, FS Vieregge, 1995, 715; Prinz, Nochmals: „Gegendarstellung auf dem Titelblatt einer Zeitschrift", NJW 1993, 3039; Prinz/Peters, Medienrecht, 1999; Schmidt/Seitz, Aktuelle Probleme des Gegendarstellungsrechts, NJW 1991, 1009; P. Scholz, Der Gegendarstellungsanspruch in der Presse, Jura 1986, 19; Seitz/Schmidt/Schoener, Der Gegendarstellungsanspruch in Presse, Film, Funk und Fernsehen, 5. Aufl. 2017; Wenzel, Recht der Wort- und Bildberichterstattung, 6. Aufl. 2018; Wronka, Gegendarstellung und Gegenäußerung, WRP 1974, 527.

A. Überblick

3.1   In diesem Abschnitt geht es nicht so sehr um die wettbewerbliche Betätigung der Presse im Rahmen der Werbung für Unternehmen (redaktionelle Werbung; vgl. § 5a IV), sondern um die kritische Berichterstattung über Unternehmen. Sie kann über die Beeinträchtigung des Persönlichkeitsrechts hinaus auch das Wettbewerbsgeschehen stark beeinflussen und soll daher hier behandelt werden. Werden bei einer kritischen Berichterstattung die Grenzen der Pressefreiheit (Art. 5 I 2 GG) überschritten, kann sich daraus eine **straf-** und eine **zivilrechtliche** Verantwortung ergeben. Soweit der verantwortliche Redakteur und der Verleger nicht schon nach den allgemeinen Strafgesetzen als Täter oder Teilnehmer strafbar sind, können sie wegen vorsätzlicher oder fahrlässiger Verletzung der **beruflichen Sorgfaltspflicht** nach den einschlägigen Vorschriften der Landespressegesetze (Übersicht bei Löffler, Presserecht, 7. Aufl. 2023) bestraft werden. Die **zivilrechtliche Verantwortung** richtet sich nach allgemeinen Grundsätzen. Bei wettbewerbs- oder rechtswidrigen Pressemitteilungen im redaktionellen oder im Anzeigenteil stehen dem Verletzten die negatorischen bzw. quasinegatorischen Ansprüche auf **Unterlassung, Beseitigung** bzw. **Widerruf** zu (§§ 3, 8 I UWG; §§ 1004, 823, 824 BGB). Insoweit besteht kein Presseprivileg (vgl. MüKoUWG/Fritzsche Rn. 121). Objektive Rechtswidrigkeit genügt. Dagegen setzt ein **Schadensersatzanspruch** grds. Verschulden voraus (§ 9 I und II; § 276 BGB). Jedoch haften **"verantwortliche Personen von periodischen Druckschriften"** nur für **vorsätzliche** Zuwiderhandlungen gegen § 3 bzw. § 7 (§ 9 III; → Rn. 3.11 ff.). Ferner kann der Verletzer zum Abdruck einer **Gegendarstellung** nach Presserecht verpflichtet sein (→ Rn. 3.5 ff.). Der in einem Unterlassungsprozess obsiegenden Partei kann gem. § 12 III die Befugnis zur **Bekanntmachung** des Urteils zugesprochen werden.

B. Abwehransprüche

I. Kreis der Verantwortlichen

Neben dem Urheber einer Äußerung ist jeder an der Weitergabe und Verbreitung Beteiligte **3.2** nach den §§ 3, 7 iVm § 8 I verantwortlich, soweit sein Verhalten eine **geschäftliche Handlung** iSv § 2 I Nr. 2 darstellt (BGH WRP 2015, 1098 Rn. 29 – TIP der Woche). Dazu gehört jedenfalls der **Verleger** als der Unternehmer, der eine Druckschrift auf eigene Rechnung zur Vervielfältigung und Verbreitung in Verlag nimmt (vgl. Schricker VerlG § 1 Rn. 30) und damit zur Förderung des eigenen Absatzes handelt. Er haftet nicht nur für eigenes Handeln, sondern auch für das Handeln seiner **Mitarbeiter** und **Beauftragten** (§ 8 II). Gestattet er den Vertrieb einer Beilage mit wettbewerbswidrigem Inhalt zusammen mit dem Druckwerk, ist er dafür auch dann verantwortlich, wenn die Beilage nicht von ihm gedruckt und für sie ein von ihm völlig unabhängiger Redakteur bestellt worden ist (BGHZ 14, 163 (173 ff.) – Constanze II). Entscheidend ist seine tatsächliche Mitwirkung an der Verbreitung des Beitrags. Auch wenn eine Zeitung **Äußerungen Dritter** wiedergibt und von ihrem Inhalt abrückt, leistet der Verleger als "Herr der Zeitung" einen entscheidenden Tatbeitrag zur Verbreitung der Äußerung (BGH GRUR 1986, 683 – Ostkontakte). Verantwortlich ist weiter der **verantwortliche Redakteur** iSd Presserechts (BGHZ 39, 124 (129); BGH GRUR 1975, 208 – Deutschland-Stiftung). Verantwortlich ist auch der **Drucker,** also der Unternehmer, der eigenverantwortlich den Druck besorgt. Verantwortlich ist schließlich auch der **Verbreiter,** also jeder Unternehmer, der es übernimmt, die Druckschrift öffentlich zugänglich zu machen.

II. Haftungsvoraussetzungen

Die Haftung eines Verlegers kann sich bereits daraus ergeben, dass er es versäumt hat, einen **3.3** verfassungsmäßigen Vertreter (§§ 30, 31 BGB) mit der Überwachung des Redaktionsbetriebs und der Überprüfung kritischer Berichte zu beauftragen, die möglicherweise die Ehre und den geschützten privaten Bereich Dritter beeinträchtigen (BGHZ 24, 200 (213) – Spätheimkehrer; BGHZ 39, 124). Einen bes. gefährlichen Beitrag, mit dem ehr- oder persönlichkeitsrechtliche Beeinträchtigungen verbunden sind, müssen Verleger und Herausgeber grds. entweder selbst überprüfen oder einem damit beauftragten Dritten die Stellung eines **Organs** (§§ 30, 31 BGB) verschaffen, so dass sie für sein Verschulden ohne Entlastungsmöglichkeit einzustehen haben (BGH GRUR 1980, 1099 (1104) – Das Medizinsyndikat II; GRUR 1997, 167 – Restaurantführer). Der verantwortliche Redakteur haftet für eine Persönlichkeitsrechtsverletzung bei unterlassener Inhaltskontrolle auch dann, wenn er keine Kenntnis von dem Presseartikel hatte (BGH NJW 1977, 626). – Verantwortlich gegenüber Dritten sind der Verleger und der verantwortliche Redakteur nicht nur für den **redaktionellen,** sondern auch für den **Anzeigenteil** (BGH WRP 2015, 1098 Rn. 31 – TIP der Woche).). Sie haben, wenn auch nicht selbst, so doch durch entspr. Anweisungen, sicherzustellen, dass nicht gesetzwidrige Anzeigen erscheinen und nicht durch unwahre Veröffentlichungen Rechtsgüter Dritter verletzt werden. Im Hinblick auf die **Besonderheiten des Anzeigengeschäfts** kann allerdings ein Presseunternehmen bzw. der verantwortliche Redakteur nur eingeschränkt für wettbewerbswidrige Anzeigen verantwortlich gemacht werden. Um die tägliche Arbeit nicht über Gebühr zu erschweren und die Verantwortlichen nicht zu überfordern, bestehen bei Anzeigen keine umfassenden Prüfungspflichten. Vielmehr besteht im Hinblick auf die Gewährleistung der Pressefreiheit gem. Art. 5 I 2 GG und

Art. 11 II GR-Charta eine Haftung für die Veröffentlichung einer Anzeige nur dann, wenn diese **grobe und eindeutige, unschwer erkennbare Wettbewerbsverstöße** enthält (stRspr; vgl. BGH GRUR 1990, 1012 (1014) – Pressehaftung I; GRUR 1992, 618 – Pressehaftung II; GRUR 2001, 529 (531) – Herz-Kreislauf-Studie; BGHZ 149, 247 = GRUR 2002, 360 (366) – H. I. V. POSITIVE II; GRUR 2006, 429 Rn. 13, 15 – Schlank-Kapseln; GRUR 2006, 957 Rn. 14 – Stadt Geldern; WRP 2015, 1098 Rn. 31 – TIP der Woche). Der Umfang der Prüfungspflicht hängt auch davon ab, ob die Anzeige dem Massengeschäft zuzuordnen ist oder den Rahmen herkömmlicher Werbung überschreitet (BGH GRUR 2002, 360 (366) – H. I. V. POSITIVE II). Ferner kommt es darauf an, ob es sich um einen typischen, immer wiederkehrenden Wettbewerbsverstoß handelt oder ob der Fall eine schwierige rechtliche Beurteilung erfordert (vgl. OLG Frankfurt NJW 2005, 157 (158)). Ein Zeitungsverlag oder seine Angestellten haften daher nicht wegen Veröffentlichung von Kundenkleinanzeigen, wenn die Wettbewerbswidrigkeit des Anzeigeninhalts nicht offenkundig ist, insbes. nicht gegen ein eindeutiges gesetzliches Verbot verstößt (OLG Hamm GRUR 1984, 538). – Auf die subjektive Rechtsauffassung des Anzeigenredakteurs kommt es dann nicht an, wenn es sich um eine außergewöhnliche Anzeige handelt und er den Umständen nach damit rechnen muss, dass sie wettbewerbswidrig ist. – Anforderungen an rechtliche Detailkenntnisse, etwa hins. der Auslegung und Anwendung von Nebengesetzen, oder den Stand der (zB ernährungswissenschaftlichen) Forschung, sind nicht zu stellen (BGH GRUR 2002, 360 (366) – H. I. V. POSITIVE II; GRUR 2006, 429 Rn. 16 – Schlank-Kapseln). Auf die beschränkte Verantwortlichkeit für den Anzeigentext können sich der Verleger und der Anzeigenredakteur aber dann nicht berufen, wenn sie zB auf Grund von Vorprozessen die Wettbewerbswidrigkeit einer bestimmten Anzeige kennen oder kennen müssen (KG NJW-RR 1989, 620). Beharren sie trotz ausführlicher Rechtsbelehrung auf ihrer Ansicht, der Anzeigentext sei nicht wettbewerbswidrig, begründen sie die Erstbegehungsgefahr, auch künftig wettbewerbswidrige Anzeigen zu veröffentlichen (OLG Frankfurt WRP 1985, 81). – Die Beschränkung der Prüfungspflicht auf grobe, der Anzeige unschwer zu entnehmende Verstöße gegen das UWG oder andere Gesetze gilt auch dann, wenn der Anzeigenkunde seinen **Sitz im Ausland** hat (BGH GRUR 1993, 53 – Ausländischer Inserent; GRUR 1994, 841 – Suchwort). – Der Schutz der Pressefreiheit gilt grds. nicht nur für Presseerzeugnisse im herkömmlichen Sinn, sondern auch für **Kundenzeitschriften** und für **Anzeigenblätter**, die hauptsächlich Werbeanzeigen und zu einem geringeren Anteil redaktionelle Beiträge enthalten (BGH WRP 2015, 1098 Rn. 34 mwN – TIP der Woche). Allerdings ist der Schutzumfang der Pressefreiheit umso geringer, je weniger ein Presseerzeugnis der Befriedigung eines Informationsbedürfnisses von öffentlichem Interesse oder der Einwirkung auf die öffentliche Meinung dient und je mehr es eigennützige wirtschaftliche Interessen verfolgt. Das ist bspw. anzunehmen, wenn es keinen nennenswerten meinungsbildenden Bezug hat, sondern nahezu ausschließlich Werbung enthält (BGH WRP 2015, 1098 Rn. 37, 38 – TIP der Woche).

III. Anspruchsinhalt

3.4   Besteht die rechtswidrige Äußerung in einer unrichtigen Tatsachenbehauptung, so kann je nach den Umständen des Einzelfalls und der Abwägung der konkurrierenden Rechtsgüter Berichtigung in Form des **Widerrufs** (BGHZ 128, 1 (6)), der **Richtigstellung** (BGHZ 31, 308 (318 f.); BGH NJW 1982, 2246 (2248)) oder des **Abrückens** von Behauptungen (BGHZ 66, 182 (189 ff.)) verlangt werden (vgl. BVerfG NJW 1998, 1381 (1383)). Dadurch wird die Pressefreiheit nicht über Gebühr beschränkt (BVerfG NJW 1998, 1381 (1383)).

C. Gegendarstellungsanspruch

I. Funktion und Rechtsgrundlagen

3.5   Der Gegendarstellungsanspruch dient dem Schutz der Selbstbestimmung des Einzelnen über die Darstellung der eigenen Person, die von der verfassungsrechtlichen Gewährleistung des allgemeinen Persönlichkeitsrechts umfasst wird (OLG München NJW-RR 1998, 26). Die **Landespressegesetze** enthalten für den Betroffenen einen vor den Zivilgerichten klagbaren Anspruch auf Abdruck einer Gegendarstellung: § 10 für Bayern, Hessen, Berlin, Mecklenburg-Vorpommern, Sachsen, Sachsen-Anhalt; § 11 für Baden-Württemberg, Bremen, Hamburg,

Niedersachsen, Nordrhein-Westfalen, Rheinland-Pfalz, Saarland, Schleswig-Holstein, Thüringen; § 12 für Brandenburg. Diese Regelungen stellen allgemeine Gesetze iSd Art. 5 II GG dar und sind mit dem Grundgesetz vereinbar (BVerfGE 97, 125 (145 ff.) = NJW 1998, 1381; BVerfG NJW 2002, 356 (357) – Gysi I). Der verantwortliche Redakteur und der Verleger eines **periodischen Druckwerks** sind danach verpflichtet, eine **Gegendarstellung** der Person oder Stelle zum Abdruck zu bringen, die durch eine in dem Druckwerk aufgestellte Tatsachenbehauptung betroffen ist. Der Gegendarstellungsanspruch dient dem Schutz des **Persönlichkeitsrechts** (BVerfG NJW 1998, 1381 (1383); 2002, 356 (357) – Gysi I; BGH GRUR 1963, 83 – Staatskarossen), setzt aber das Vorliegen einer Ehrverletzung nicht voraus (BVerfG NJW 1998, 1381 (1383)). Anspruchsberechtigt ist nur ein **individuell** Betroffener (OLG Hamburg AfP 1977, 46). Das ist der Chefredakteur einer Tageszeitung auch bei Tatsachenbehauptungen, die nicht gegen ihn selbst, sondern seine Zeitung gerichtet sind, da er Ausgestaltung und Stil der Zeitung bestimmt (OLG München AfP 1977, 47). Überwiegend wird in den LPG bestimmt, dass das Abdruckverlangen dem verantwortlichen Redakteur oder Verleger unverzüglich, spätestens innerhalb von **drei Monaten,** zugeht. Es erfordert **Schriftform** und muss daher vom Betroffenen oder seinem gesetzlichen Vertreter eigenhändig unterzeichnet sein (OLG Hamburg AfP 1971, 37 für § 11 HbGPrG). – Zum **Gegendarstellungsanspruch bei journalistisch-redaktionell gestalteten Angeboten von Telemedien** vgl. § 56 RStV. – Bei sonstigen Darstellungen im **Internet** besteht kein Gegendarstellungsanspruch, da es sich dabei weder um Rundfunk noch um Presse handelt (Lettl WRP 2005, 1045 (1081)).

II. Verhältnis zu den Abwehransprüchen

Der Gegendarstellungsanspruch besteht unabhängig davon, ob daneben auch Abwehransprü- **3.6**
che auf Unterlassung, Berichtigung oder Widerruf von Äußerungen gegeben und durchsetzbar sind (BVerfG NJW 1998, 1381 (1382)). Denn zum einen führen diese Rechtsbehelfe zu keinem Entgegnungsrecht in dem Medium, das über ihn berichtet hat. Zum anderen lässt sich der Anspruch auf Berichtigung idR nicht zeitnah verwirklichen, weil er im Unterschied zum Gegendarstellungsanspruch die Feststellung der Unwahrheit der Erstmitteilung voraussetzt (BVerfG NJW 1998, 1381 (1382)). Umgekehrt kann jedoch bei der Prüfung der Erforderlichkeit und Zumutbarkeit einer Berichtigung auch die Möglichkeit der Gegendarstellung berücksichtigt werden.

III. Inhalt, Umfang und Grenzen

Der Anspruch auf Gegendarstellung beschränkt sich auf Tatsachenbehauptungen und erfasst **3.7**
nicht Werturteile (zu denen auch Schlussfolgerungen gehören; OLG Karlsruhe NJW-RR 2003, 109 (110)). Er wird weiter nach Gegenstand und Umfang durch die Erstmitteilung begrenzt. Der Betroffene kann also nur den in der Erstmitteilung wiedergegebenen Tatsachenbehauptungen widersprechen und muss dabei einen angemessenen Rahmen wahren, der regelmäßig durch den Umfang des beanstandeten Texts bestimmt wird (BVerfG NJW 1998, 1381 (1383)). Das presserechtliche Gegendarstellungsrecht setzt weder den Nachweis der Unwahrheit der Erstmitteilung noch den der Wahrheit der Gegendarstellung voraus. Kein Anspruch auf Gegendarstellung besteht allerdings, wenn diese offensichtlich unwahr oder irreführend ist (BVerfG NJW 2002, 356 (357) – Gysi I; OLG Hamburg AfP 1973, 387; 1974, 573). Es ist der Presse nicht zuzumuten, eine Gegendarstellung zu veröffentlichen, deren Inhalt das in einer vorveröffentlichten Darstellung gefällte Sachurteil rechtfertigt (OLG Köln AfP 1972, 231). – Die Wahrheits-unabhängigkeit der Gegendarstellung resultiert aus dem – aus der staatlichen Schutzpflicht für das Persönlichkeitsrecht folgenden – Gebot der Sicherstellung gleicher publizistischer Wirkung. Der Anspruch ist dementsprechend nicht gegeben, wenn sich die Tatsachenbehauptungen nicht nennenswert auf das Persönlichkeitsrecht des Betroffenen auswirken können (BVerfG NJW 1998, 1381 (1383)). Der Anspruch ist ferner dann nicht gegeben, wenn die Gegendarstellung in einzelnen Teilen nicht den Anforderungen entspricht (Grundsatz des „ganz oder gar nicht"; OLG Stuttgart NJW-RR 2003, 109 (110)). Das Gericht kann auch nicht ohne entspr. Ermächtigung durch den Anspruchsteller die Gegendarstellung um die nicht gegendarstellungsfähigen Teile kürzen, weil es sich bei der Gegendarstellung um eine persönliche (und somit grds. unteilbare) Erklärung des Betroffenen handelt (OLG Stuttgart NJW-RR 2003, 109 (110)).

IV. Abdruck

3.8 Die Gegendarstellung muss unverzüglich, dh in der nach Eingang der Einsendung nächsten für den Druck nicht abgeschlossenen Nummer im gleichen Teil der Druckschrift und mit gleicher Schrift wie der beanstandete Text ohne Einschaltungen und Weglassungen abgedruckt werden (vgl. zB Art. 10 II 1 BayPrG). Zeitschriften haben Gegendarstellungen nicht versteckt, sondern an derselben Stelle („in demselben Teil") wie die Erstmitteilung zu veröffentlichen. Fehlt die entspr. Rubrik in der für den Abdruck bestimmten Ausgabe, so muss sie eigens für die Gegendarstellung eingerichtet werden (OLG Hamburg AfP 1973, 388). Ist die Erstmitteilung auf der **Titelseite** erfolgt, so kann grds. Abdruck der Gegendarstellung ebenfalls auf der Titelseite verlangt werden. Jedoch darf dadurch die Möglichkeit der Identifizierung des Blatts nicht gefährdet werden und es ist darauf zu achten, dass davon kein übermäßig abschreckender Effekt auf die Pressefreiheit ausgeht (BVerfG NJW 1998, 1381 (1384)). Zu der Gegendarstellung darf vor- oder nachgeschaltet, jedoch deutlich von ihr getrennt, eine **redaktionelle Anmerkung** gebracht werden, die sich aber auf **Tatsachen** beschränken muss (§ 11 III BayPrG). Der Abdruck der Gegendarstellung ist kostenfrei (vgl. zB Art. 10 II 4 BayPrG).

V. Gerichtliche Durchsetzung

3.9 Die gerichtliche Durchsetzung erfolgt im **ordentlichen Rechtsweg** (vgl. zB Art. 10 III BayPrG). Der Gegendarstellungsanspruch besitzt keinen vermögensrechtlichen Charakter (BVerfG NJW 1983, 1179; BGH GRUR 1963, 638 – Geisterregen; GRUR 1976, 651 – Der Fall Bittenbinder; OLG Frankfurt NJW 1960, 2059; MüKoBGB/Rixecker BGB Anh. § 12 Rn. 252). Sachlich zuständig ist daher das Landgericht ohne Rücksicht auf den Streitwert (§ 23 Nr. 1 GVG, § 71 GVG). Der Erlass einer **einstweiligen Verfügung** ist ohne Glaubhaftmachung einer Gefährdung des Anspruchs zulässig. Die Entscheidung über die Gegendarstellung ist nur im Rahmen des § 11 IV LPG zulässig. Verleger und Redakteur können daher nicht mit einer negativen Feststellungsklage eine Entscheidung des Gerichts im ordentlichen Verfahren darüber erreichen, ob sie zum Abdruck einer ihnen vorgelegten Gegendarstellung verpflichtet sind (BGH GRUR 1968, 214 – Südkurier). Das Gericht darf ohne Ermächtigung des Antragstellers den Text der Gegendarstellung nicht kürzen (OLG Stuttgart NJW-RR 2003, 109 (110)).

D. Selbsthilfe durch Anzeigenaktion

3.10 Der in seinem Persönlichkeitsrecht Verletzte, dem der presserechtliche Anspruch auf Gegendarstellung zusteht (→ Rn. 2.5 ff.), kann den ihm durch die Berichterstattung eines Massenmediums (Presse, Rundfunk, Fernsehen) zugefügten Schaden ersetzt verlangen. Ihn trifft aber die Obliegenheit (§ 254 II BGB), den Schaden abzuwenden oder zu mindern. Es handelt sich um eine Einwendung. Der Obliegenheit entspricht die Pflicht des Schädigers, dem Geschädigten den **Aufwand** für seine Maßnahmen zur Schadensminderung oder -abwendung **zu ersetzen** (BGHZ 32, 280 (285)). Diesem Zweck dient in erster Linie der presserechtliche Anspruch auf **Gegendarstellung.** Der Geschädigte kann nicht ohne weiteres auch die Aufwendungen für eine Anzeigenaktion erstattet verlangen, mit der er in der Presse eine **berichtigende** Darstellung anstelle oder neben der Gegendarstellung hat veröffentlichen lassen (BGHZ 66, 182 (192 ff.) – Der Fall Bittenbinder). Das folgt aus der gesetzlichen Wertung, die dem Recht auf Gegendarstellung gegenüber der verfassungsrechtlichen Gewährleistung der Pressefreiheit zukommt (Art. 5 GG). Nur in **Ausnahmefällen** kann es auf Grund einer Interessenabwägung gerechtfertigt sein, das Presseorgan mit den erheblich höheren Kosten einer **Anzeigenaktion** zu belasten, so zB, wenn ein ungewöhnlich hoher Schaden droht, dem durch eine Gegendarstellung nicht ausreichend begegnet werden kann, wenn das Verfahren der Gegendarstellung sich hinzieht oder wenn ihre Wirkungen durch Zusätze des Verletzers abgeschwächt werden (BGHZ 66, 182 (194) – Der Fall Bittenbinder für eine Verletzung des Persönlichkeitsrechts; BGH GRUR 1986, 330 (332) – Warentest III; GRUR 1990, 1012 (1014) – Pressehaftung I für die Kosten einer **Gegenanzeige,** die durch vorangegangene Zeitungsanzeigen herabsetzenden und geschäftsschädigenden Inhalts (Verkauf gefälschter Jeans-Hosen) veranlasst war). Bei der Prüfung der **Erforderlichkeit** ist darauf zu achten, dass die **Kosten** derartiger Anzeigen in einem angemessenen Verhältnis zur Größe und Schwere des drohenden Schadens stehen. Sie müssen dem Maßstab wirtschaftlicher Vernunft genügen. Auch muss verhindert werden, dass der Geschädigte seinen Schaden erst dadurch konkretisiert und uU vergrößert, dass er teure Anzeigen in Auftrag gibt (BGH GRUR 1990, 1012 (1014) – Pressehaftung I; Assmann/Kübler ZHR 142 (1978), 413 (430)). **Anzeigenkosten** sind daher nur in schwer wiegenden **Ausnahmefällen** zu ersetzen, in denen berichtigende Anzeigen dringend geboten sind, um einen unmittelbar bevorstehenden und sich in seinen Ausmaßen bereits klar abzeichnenden schweren Schaden abzuwenden (BGH GRUR 1986, 330 (332) – Warentest III; GRUR 1990, 1012 (1014) – Pressehaftung I). Auch ein **Warenhersteller,** der wegen eines Presseangriffs auf sein Produkt nach § 824 BGB ersatzberechtigt ist, kann zur Schadensminderung uU eine Richtigstellung als Werbeanzeige im Anzeigenteil der verantwortlichen Zeitung auf deren Kosten veröffentlichen (BGH GRUR 1978, 187 – Alkoholtest). Aufwendungen für eine **zusätzliche Werbung,** die nicht der sachlichen Richtigstellung dient, kann der Geschädigte nur in bes. Fällen vom Schädiger erstattet verlangen, zB zum Ausgleich von Rufschäden (BGH GRUR 1978, 187 – Alkoholtest). Die Kosten für die Richtigstellung in einer Werbeanzeige sind nur erstattungsfähig, wenn der Inhalt der Anzeige deutlich auf die **Falschmeldung** bezogen ist, da sonst der Zweck einer Richtigstellung nicht erreicht wird (BGH GRUR 1979, 804 (806) – Falschmeldung).

E. Schadensersatzanspruch gegen die Presse (§ 9 III)

I. Rechtsentwicklung

Unter dem **UWG 1909** war das „Pressprivileg" (Begrenzung der Schadensersatzhaftung   **3.11** auf Vorsatztaten) nur für den Fall der irreführenden Werbung nach § 3 UWG 1909 vorgesehen (§ 13 VI Nr. 1 S. 2 UWG 1909). Schon damals wurde aber eine Erstreckung auf sonstige Wettbewerbsverstöße gefordert. Durch das **UWG 2008** wurde das Pressprivileg gegenüber Schadensersatzansprüchen von Mitbewerbern, die auf Verstöße gegen § 3 und § 7 gestützt waren, erweitert. Durch das **G zur Stärkung des Verbraucherschutzes im Wettbewerbs- und Gewerberecht** wurde darüber hinaus den Verbrauchern ein Schadensersatzanspruch nach § 9 II 1 gewährt, der sich auch gegen „verantwortliche Personen von periodischen Druckschriften" richtet, für die sich das Pressprivileg folgerichtig auf Verstöße gegen § 3, mit Ausnahme der §§ 3a, 4,6 und Anh. Nr. 32 zu § 3 III erstreckt. – Für die Anbieter von **Telemedien** gelten, was die Haftung für „fremde Inhalte" angeht, die Regelungen der §§ 8–10 TMG (→ § 8 Rn. 2.25 ff.).

II. Zweck des Pressprivilegs

Die wettbewerbsrechtliche Verantwortlichkeit der Presse erstreckt sich auch auf **fremdver-**   **3.12** **fasste** Inhalte (insbes. **Anzeigen**). Allerdings besteht insoweit nur eine auf grobe, unschwer zu erkennende Verstöße begrenzte Prüfungspflicht (→ Rn. 3.3). Würde man eine Schadensersatzhaftung auch auf die Fälle fahrlässiger Unkenntnis vom Wettbewerbsverstoß erstrecken, so hätte dies eine zeitlich und personell unzumutbare Belastung für die Abwicklung des regelmäßig existenznotwendigen Anzeigengeschäfts zur Folge. Deshalb und im Interesse der Pressefreiheit (Art. 5 I 2 GG) wird ein Haftungsprivileg gewährt.

III. Anwendungsbereich

1. Privilegierte Medien

Das Privileg des § 9 III gilt dem Wortlaut nach nur für **periodische Druckschriften.** Es sind   **3.13** dies Zeitungen, Zeitschriften und sonstige auf wiederkehrendes, nicht notwendig regelmäßiges Erscheinen angelegte Druckwerke (vgl. auch Begr. RegE UWG 2004 zu § 9, BT-Drs. 15/1487). Allerdings darf der Zeitraum zwischen den einzelnen Erscheinungsterminen nicht sechs Monate überschreiten (vgl. zB Art. 6 II BayPrG; § 7 IV LPresseG NRW). Davon zu unterscheiden sind die in längeren Zwischenräumen („Jahrbücher") oder nur einmal erscheinenden Publikationen, (zB Jubiläumsbroschüren mit Werbeteil. Der Grund für die Privilegierung nur der periodischen Druckschriften ist, dass nur bei ihnen typischerweise ein zeitlicher Druck bei Prüfung der Anzeigen besteht. – Auf **sonstige Medien (Rundfunk),** die periodisch Informationen übermitteln, ist § 9 S. 2 entspr. anwendbar, soweit sie den Schutz des Art. 5 I 2 GG genießen.

2. Privilegierte Personen

3.14   Das Privileg gilt für alle **„verantwortlichen Personen"**, also für alle Personen, die eine wettbewerbsrechtliche Verantwortung nach § 3 oder § 7 treffen kann. Von einer Aufzählung wie im früheren Recht (§ 13 VI Nr. 1 S. 2 UWG 1909) hat der Gesetzgeber abgesehen. Es sind dies aber wie bisher der Redakteur, der Verleger, der Herausgeber, der Drucker und der Verbreiter der Druckschrift.

IV. Grenzen

3.15   Auf das Privileg kann sich nach seinem Sinn und Zweck (→ Rn. 3.12) nicht berufen, wer selbst aktiv den Inhalt einer Anzeige (mit)gestaltet (Begr. RegE UWG zu § 9, BT-Drs. 15/1487). Davon zu unterscheiden ist die bloße Mitwirkung bei ihrer äußeren Gestaltung oder die Beanstandung des Inhalts. Nicht privilegiert ist ferner, wer unter Missachtung der presserechtlich vorgeschriebenen Trennung von Anzeigen und redaktionellem Text an der Verschleierung des werbenden Charakters einer Anzeige mitwirkt **(„redaktionelle Werbung")** und damit unlauter iSd § 5a IV handelt.

V. Begrenzung des Schadensersatzanspruchs nach § 9 I und II auf vorsätzliche Zuwiderhandlungen

3.16   Das „Pressepriveleg" des § 9 III begrenzt den Schadensersatzanspruch nach § 9 I und II auf vorsätzliche Zuwiderhandlungen. Allerdings muss sich die Zuwiderhandlung auf die unterbliebene Kontrolle des **fremden** Textes auf seinen wettbewerbswidrigen Inhalt beziehen. Der fremde Inhalt kann zB eine Irreführung (§ 5), eine Herabsetzung (§ 4 Nr. 1), eine Kreditschädigung (§ 4 Nr. 2), einen Rechtsbruch (§ 3a) oder eine unzulässige vergleichende Werbung (§ 6) enthalten.

1. Schadensersatzansprüche der Mitbewerber

3.17   Das „Pressepriveleg" des § 9 III begrenzt den Schadensersatzanspruch der Mitbewerber nach § 9 I auf alle **vorsätzlichen** Zuwiderhandlungen gegen die § 3 oder § 7. Allerdings dürfte es kaum Fälle geben, in denen eine Presseveröffentlichung eine unzumutbare Belästigung iSd § 7 eines Mitbewerbers darstellen könnte. In Betracht kommen am ehesten Verstöße gegen § 3 I in Gestalt der Herabsetzung (§ 4 Nr. 1), der Kreditschädigung (§ 4 Nr. 2), des Rechtsbruch (§ 3a), der Irreführung (§ 5), der Irreführung durch Unterlassen (§ 5a), und der unzulässigen vergleichenden Werbung (§ 6).

2. Schadensersatzansprüche der Verbraucher

3.18   Das Vorsatzerfordernis gilt nach § 9 III auch für Schadensersatzansprüche der Verbraucher nach § 9 II 1, die sich aus Zuwiderhandlungen gegen § 3, wenngleich mit den Einschränkungen nach § 9 II 2 ergeben. Allerdings besteht eine Haftung der Presseverantwortlichen nach § 9 II 1 nur dann, wenn ihrerseits eine geschäftliche Handlung vorliegt und der Verbraucher dadurch zu einer geschäftlichen Entscheidung veranlasst wurde, die er andernfalls nicht getroffen hätte (→ Rn. 3.15). Im Hinblick auf die große Publikumsreichweite von Veröffentlichungen (Anzeigen, redaktionelle Werbung) in der Presse besteht für die Verantwortlichen ein beträchtliches Haftungsrisiko. – Das Pressepriveleg gilt nicht für den Unternehmer, der eine Anzeige mit wettbewerbswidrigem Inhalt schaltet. Dieser haftet den Verbrauchern unmittelbar nach § 9 II 1.

VI. Beweislast

3.19   Wer sich auf das Pressepriveleg beruft, muss seine Voraussetzungen darlegen und im Streitfall beweisen. Die Anspruchsvoraussetzungen, einschließlich Vorsatz, hat hingegen der Anspruchsteller zu beweisen.

4. Abschnitt. Der Bereicherungsanspruch

Übersicht

Schrifttum: Brandner, Die Herausgabe von Verletzervorteilen im Patentrecht und im Recht gegen den unlauteren Wettbewerb, GRUR 1980, 359; Bruchhausen, Bereicherungsausgleich bei schuldloser Patentverletzung, FS Wilde, 1970, 23; Büsching, Der Anwendungsbereich der Eingriffskondiktion im Wettbewerbsrecht, 1992; Delahaye, Die Bereicherungshaftung bei Schutzrechtsverletzungen, GRUR 1985, 856; Dreier, Kompensation und Prävention, 2002; Enzinger, Die Eingriffskondiktion als Rechtsbehelf im gewerblichen Rechtsschutz, GRUR-Int. 1997, 96; Falk, Zu Art und Umfang des Bereicherungsanspruchs bei Verletzung eines fremden Patents, GRUR 1983, 488; Fournier, Bereicherungsausgleich bei Verstößen gegen das UWG, 1999; Haines, Bereicherungsansprüche bei Warenzeichenverletzungen und unlauterem Wettbewerb, 1970; Jestaedt, Bereicherungsausgleich bei unwirksamen Lizenzverträgen, WRP 2000, 899; Joerges, Bereicherungsrecht als Wirtschaftsrecht, 1977; Kaiser, Die Eingriffskondiktion bei Immaterialgüterrechten, insbesondere Warenzeichenrechten, GRUR 1988, 501; Köhler, Der Schadensersatz-, Bereicherungs- und Auskunftsanspruch im Wettbewerbsrecht, NJW 1992, 1477; Köhler, Zur Bereicherungshaftung bei Wettbewerbsverstößen, 2. FS Lorenz, 2001, 167; Loewenheim, Bereicherungsansprüche im Wettbewerbsrecht, WRP 1997, 913; Sack, Die Lizenzanalogie im System des Immaterialgüterrechts, FS Hubmann, 1985, 373; Ullmann, Die Verschuldenshaftung und die Bereicherungshaftung des Verletzers im gewerblichen Rechtsschutz und Urheberrecht, GRUR 1978, 615.

A. Voraussetzungen

I. Allgemeines

Die Eingriffskondiktion (§ 812 I 1 Alt. 2 BGB) setzt voraus, dass jemand in sonstiger Weise, **4.1** dh ohne Leistung, auf Kosten eines anderen etwas ohne rechtlichen Grund erlangt hat. Auf ein Verschulden des Verletzers oder einen Schaden des Verletzten kommt es nicht an (BGHZ 81, 75 (81) – Carrera). Unerheblich ist auch, ob sich der Erwerb auf Grund gesetzlicher Vorschriften oder durch (rechtmäßiges) Handeln Dritter, auch staatlicher Hoheitsträger, vollzogen hat (BGHZ 107, 117 (118) – Forschungskosten).

II. Erwerb auf Kosten eines anderen

Ein Erwerb „auf Kosten" eines anderen ist nach der Lehre vom **Zuweisungsgehalt** gegeben, **4.2** wenn die vom Verletzer in Anspruch genommene Nutzungsmöglichkeit an einem (Immaterial-)Gut von der Rechtsordnung einem anderen ausschließlich zugewiesen ist (BGHZ 107, 117 (118) – Forschungskosten). Die geschäftliche Handlung muss aber eine **Nutzung** und nicht bloß eine Beeinträchtigung eines fremden geschützten Guts darstellen (Köhler 2. FS Lorenz, 2001, 167 (174 ff.)). Die Erzielung von Vorteilen durch eine bloße Behinderung von Mitbewerbern, etwa durch wettbewerbswidrige Abwerbung von Mitarbeitern oder Kunden oder durch „Rufausbeutung" ohne Imagetransfer, reicht daher nicht aus, um eine Eingriffskondiktion zu rechtfertigen. – Ob und inwieweit ein Recht oder eine Leistungsposition Zuweisungsgehalt besitzt, ist durch eine Interessenbewertung zu entscheiden. Voraussetzung ist erstens, dass der Betroffene die Verletzungshandlung verbieten darf, dh ein Unterlassungsanspruch besteht, und zweitens, dass der Betroffene einem anderen die Nutzung des Guts gegen Entgelt gestatten darf (BGHZ 107, 117 (118) – Forschungskosten; Ahrens Wettbewerbsprozess-HdB/Bacher Kap. 72 Rn. 6; GK/ Köhler UWG 1909 Vor § 13 Rn. B 369). Dagegen reicht es nicht aus, dass die verletzte Norm eine **Individualbegünstigung** (mit)bezweckt (aA Dreier, Kompensation und Prävention,

2002, 401). Die Eingriffskondiktion ist anerkannt bei Eingriffen in **(1) Urheber-** und **Geschmacksmusterrechte** (BGH GRUR 1963, 640 (642) – Plastikkorb; BGHZ 56, 317 (320) – Gasparone II; BGH WRP 2010, 927 Rn. 33 – Restwertbörse); **(2) Patent-** und **Gebrauchsmusterrechte** (BGHZ 68, 90 – Kunststoffhohlprofil I; BGHZ 82, 299 = GRUR 1977, 250 – Kunststoffhohlprofil II; BGH GRUR 1992, 599 (600) – Teleskopzylinder); **(3) Marken** (BGHZ 99, 244 (246 f.) – Chanel Nr. 5 (I)); **(4) Namens-** und **Firmenrechte** (BGHZ 81, 75 (78) – Carrera; BGHZ 91, 117 (120) – Mordoro); **(5) Allgemeine Persönlichkeitsrechte,** sofern eine Nutzungsgestattung rechtlich zulässig und marktüblich ist (BGHZ 81, 75 (82) – Carrera). – Noch nicht abschließend geklärt ist die Zulässigkeit der Eingriffskondiktion bei Eingriffen in bloß **wettbewerbsrechtlich geschützte Positionen** (vgl. BGH GRUR 1960, 554 (557) – Handstrickverfahren; aber auch BGHZ 107, 117 (120) – Forschungskosten; BGH WRP 1993, 91 (94) – Kastanienmuster; Larenz/Canaris SchuldR II/2 § 69 I 2 f.). Sie ist zu bejahen, soweit solchen Positionen **Zuweisungsgehalt** (Verbietungsrecht plus Verwertungsrecht) zukommt, wie zB den nach § 4 Nr. 3 geschützten Leistungsergebnissen, vorausgesetzt, dass eine Nutzung und nicht lediglich eine Beeinträchtigung der Position vorliegt. Generell lässt sich sagen: Soweit die dreifache Schadensberechnung möglich ist, ist es auch die Eingriffskondiktion (GK/Köhler Vor § 13 aF Rn. B 370; ebenso Teplitzky Wettbewerbsrechtliche Ansprüche/Schaub Kap. 40 Rn. 7). – Bei Eingriffen in das **Recht am Unternehmen** scheidet nach hM (BGHZ 71, 86 (98) – Fahrradgepäckträger II; BGHZ 107, 117 (121) – Forschungskosten) die Eingriffskondiktion mangels Zuweisungsgehaltes aus, soweit es um Fälle der Behinderung (zB unberechtigte Schutzrechtsverwarnung; Boykott) oder der bloßen Abwerbung von Kunden oder Mitarbeitern geht (GK/Köhler UWG 1909 Vor § 13 Rn. B 364; Köhler 2. FS Lorenz, 2001, 167 (170 ff.)).

III. Erwerb ohne rechtlichen Grund

4.3   Der Erwerb ist rechtsgrundlos, wenn ihm keine Gestattung des Verletzten und kein sonstiger Rechtfertigungsgrund zu Grunde liegt.

B. Inhalt und Umfang des Anspruchs

I. Das Erlangte

4.4   Nach hM (BGHZ 82, 299 (306) – Kunststoffhohlprofil II; BGHZ 99, 244 (248) – Chanel Nr. 5 (I); GK/Köhler UWG 1909 Vor § 13 Rn. B 377 ff.; Ahrens Wettbewerbsprozess-HdB/ Bacher Kap. 72 Rn. 10) ist nur der tatsächliche Gebrauch des Guts als erlangt anzusehen, **nicht** dagegen die Ersparnis von Aufwendungen (so aber die Rspr. bei Verletzung von Persönlichkeitsrechten; BGHZ 81, 75 (82) – Carrera; BGH GRUR 1979, 732 (734) – Fußballtor) oder die Marktchance (so aber Kraßer GRUR-Int. 1980, 259) oder die Nutzungsmöglichkeit als solche oder der Verletzergewinn (so aber Leisse/Traub GRUR 1980, 1 (4); Bruchhausen FS Wilde, 1970, 23). Da der tatsächliche Gebrauch nicht herausgegeben werden kann, greift § 818 II BGB ein (BGHZ 82, 299 (306) – Kunststoffhohlprofil II; BGH WRP 2000, 766 (767) – Formunwirksamer Lizenzvertrag). Der Verletzergewinn kann nur als Schadensersatz (→ Rn. 1.45) oder nach § 687 II BGB herausverlangt werden.

II. Die Wertersatzpflicht (§ 818 II BGB)

4.5   Der Wert ist **objektiv** zu bestimmen. Er bestimmt sich nach der für die Nutzung **üblichen** oder **angemessenen Lizenzgebühr** (BGHZ 81, 75 (82) – Carrera; BGHZ 99, 244 (248) – Chanel Nr. 5 (I); BGH WRP 2010, 927 Rn. 33 – Restwertbörse; Ahrens Wettbewerbsprozess-HdB/Bacher Kap. 72 Rn. 11), zuzüglich ersparter Zinsen (BGH GRUR 1982, 286 (289) – Fersenabstützvorrichtung). – Für die Berechnung gelten die bei der dreifachen Schadensberechnung dargestellten Grundsätze (→ Rn. 1.41 ff.) entspr. (BGHZ 82, 299 = GRUR 1977, 250 – Kunststoffhohlprofil II; BGH GRUR 1992, 599 (600) – Teleskopzylinder; WRP 2000, 766 (767) – Formunwirksamer Lizenzvertrag).

III. Der Wegfall der Bereicherung (§ 818 III BGB)

4.6   Die Zulässigkeit dieses Einwands ist sehr umstritten (vgl. Ullmann GRUR 1978, 615 (620 f.)). Richtigerweise kann sich der **gutgläubige, unverklagte** (iSv § 818 IV BGB, § 819 I BGB)

Verletzer grds. auf Wegfall bzw. Nichteintritt der Bereicherung berufen. So, wenn er darlegt, dass er die Lizenz billiger als üblich erlangt hätte, wenn er darum nachgesucht hätte; ferner, dass er keinen die Lizenzgebühr abdeckenden Gewinn erzielt hat, wobei jedoch auch Kostendeckungsbeiträge als Gewinn anzusehen sind (vgl. GK/Köhler UWG 1909 Vor § 13 Rn. B 383), oder dass er den Gewinn nachträglich verloren hat, ohne sich etwas zu ersparen.

C. Sonstiges

Der Bereicherungsanspruch steht selbstständig neben dem Schadensersatzanspruch (BGHZ 68,   **4.7** 90 ff. – Kunststoffhohlprofil I; BGHZ 71, 86 (98 ff.) – Fahrradgepäckträger II – auch zu § 852 III BGB aF = § 852 BGB) und verjährt in drei Jahren (§§ 195, 199 BGB; vgl. BGHZ 56, 317 (319) – Gasparone II zum früheren Recht). Neben dem Bereicherungsanspruch ist bei **vorsätzlichem** Handeln des Verletzers auch ein Anspruch aus angemaßter Eigengeschäftsführung (§ 687 II BGB, § 681 S. 2 BGB, § 667 BGB) auf Herausgabe des Verletzergewinns möglich. Gegenüber dem Bereicherungsanspruch kann wie gegenüber einem Schadensersatzanspruch der Einwand des **Mitverschuldens** erhoben werden (§§ 254, 242 BGB; BGHZ 57, 135 (152)).

5. Abschnitt. Ansprüche auf Auskunft, Rechnungslegung und Besichtigung

Übersicht

Schrifttum: Abel, Der Gegenstand des Auskunftsanspruches im deutschen gewerblichen Rechtsschutz und Urheberrecht, FS Pagenberg, 2006, 221; Amschewitz, Selbständiger und akzessorischer Auskunftsanspruch nach Umsetzung der Durchsetzungsrichtlinie, WRP 2011, 301; Asendorf, Auskunftsansprüche nach dem Produktpirateriegesetz und ihre analoge Anwendung auf Wettbewerbsverstöße, FS Traub, 1994, 21; Beyerlein, Gaby./. Nicola – Keine zeitliche Begrenzung von Schadensersatz- und Auskunftsanspruch durch die vom Gläubiger nachgewiesene erste Verletzungshandlung, WRP 2007, 1310; Brandi-Dohrn, Wer hat die eidesstattliche Versicherung auf die Richtigkeit einer Auskunft zu leisten?, GRUR 1999, 131; Eichmann, Die Durchsetzung des Anspruchs auf Drittauskunft, GRUR 1990, 575; v. Gamm, Zur sog. Drittauskunft bei Wettbewerbsverletzungen, FS Vieregge, 1995, 261; Knieper, Mit Belegen gegen Produktpiraten, WRP 1999, 1116; v. Olenhusen/Crone, Der Anspruch auf Auskunft gegenüber Internet-Providern bei Rechtsverletzungen nach Urheber- bzw. Wettbewerbsrecht, WRP 2002, 164; Oppermann, Der Auskunftsanspruch im gewerblichen Rechtsschutz und Urheberrecht, 1997; Osterloh-Konrad, Der allgemeine vorbereitende Informationsanspruch, 2007; Schaffert, Die Ansprüche auf Drittauskunft und Schadensersatz im Fall der Beeinträchtigung schutzwürdiger Kontrollnummernsysteme durch Entfernen oder Unkenntlichmachen der Kontrollnummern, FS Erdmann, 2002, 719; Steinbeck, „Windsor Estate" – Eine Anmerkung, GRUR 2008, 110; Stjerna, Pflicht des Schuldners zur Vorlage von Belegen im Rahmen der Auskunft und Rechnungslegung, GRUR 2011, 789; Teplitzky, Neue Entwicklungen beim wettbewerbs- und markenrechtlichen Auskunftsanspruch, FS Tilmann, 2003, 913; Ulrich, Die Geltendmachung von Ansprüchen auf Erteilung einer Auskunft im Verfahren der einstweiligen Verfügung, WRP 1997, 135.

A. Funktion, Arten und Rechtsgrundlage des Auskunftsanspruchs

I. Allgemeines

5.1   Um einen bestehenden Anspruch gerichtlich durchsetzen zu können, muss er nach Inhalt und Umfang substanziiert dargelegt und ggf. bewiesen werden. Das setzt ein Wissen voraus, das vielfach nur der Verletzer, nicht aber der Verletzte besitzt. Dann stellt sich die Frage, ob ihm der Verletzer die notwendigen Informationen geben muss. Dafür spricht, dass andernfalls das materielle Recht nicht durchsetzbar ist; dagegen, dass der Verletzer gezwungen wird, gegen seine Interessen zu handeln. Dieser Konflikt ist letztlich durch Interessenabwägung zu bewältigen. Das rechtstechnische Mittel zur Durchsetzung der Informationsinteressen des Verletzten ist der Auskunftsanspruch einschließlich des Rechnungslegungsanspruchs. Er soll dazu dienen, einen anderen, den sog. **Hauptanspruch,** durchzusetzen. Üblicherweise wird dabei unterschieden zwischen dem **selbstständigen** und dem **unselbstständigen** (akzessorischen) Auskunftsanspruch

(vgl. Teplitzky Wettbewerbsrechtliche Ansprüche/Löffler Kap. 38 Rn. 5 ff. und 33 ff.), je nachdem, ob Schuldner des durchzusetzenden Hauptanspruchs ein Dritter oder der Auskunftspflichtige selbst ist. Die Unterscheidung hat im Wesentlichen nur noch rechtsdogmatische Bedeutung,
seit die Rspr. die Rechtsgrundlage beider Ansprüche einheitlich in dem durch einen Wettbewerbsverstoß begründeten Rechtsverhältnis iVm dem Grundsatz von Treu und Glauben
(§ 242 BGB) erblickt (vgl. BGH GRUR 2001, 841 (842) – Entfernung der Herstellungsnummer
II; GRUR 2010, 343 Rn. 35, 37 – Oracle).

II. Selbstständiger Auskunftsanspruch (auf Drittauskunft)

1. Inhalt und Rechtsnatur

   Der selbstständige Auskunftsanspruch ist darauf gerichtet, einen (Haupt-)Anspruch gegen   **5.2**
einen Dritten durchzusetzen. Man spricht insoweit (sprachlich etwas missglückt, wie häufig im
„Gewerblichen Rechtsschutz") vom Anspruch auf **Drittauskunft.** Gemeint ist der Anspruch
auf Auskunft über Namen und Adressen Dritter, um einen gegen sie bestehenden (Haupt-)
Anspruch, sei es auf Unterlassung, Beseitigung, Schadensersatz oder Auskunft, rechtlich oder
tatsächlich durchsetzen zu können (BGHZ 148, 26 = GRUR 2001, 841 (842) – Entfernung der
Herstellungsnummer II). Solange ein Hauptanspruch gegen den Dritten nicht feststeht, kann
auch keine Drittauskunft verlangt werden (BGH GRUR 1987, 647 (648) – Briefentwürfe). Der
Auskunftsanspruch kann sich aus einem deliktischen (zB § 9) oder vertraglichen Schadensersatz-
oder Beseitigungsanspruch iVm dem Grundsatz von Treu und Glauben (§ 242 BGB) ergeben
(BGH GRUR 1976, 367 (368) – Ausschreibungsunterlagen; GK/Köhler Vor § 13 aF Rn.
B 400). Er setzt, wenn er aus dem Beseitigungsanspruch abgeleitet wird, kein Verschulden des
Verletzers voraus (v. Gamm FS Vieregge, 1995, 261 (262); Jacobs GRUR 1994, 634; Teplitzky
Wettbewerbsrechtliche Ansprüche/Löffler Kap. 38 Rn. 35; missverständlich BGHZ 125, 322
(330) – Cartier-Armreif). Ein selbstständiger Auskunftsanspruch kommt insbes. in Betracht in
den Fällen **(1)** des **wettbewerbsrechtlichen Leistungsschutzes** nach § 3 I, § 4 Nr. 3 (BGHZ
125, 322 (330) = GRUR 1994, 630 (633) – Cartier-Armreif; BGH GRUR 1994, 635 (636) –
Pulloverbeschriftung; GRUR 1996, 78 (79) – Umgehungsprogramm); dies gilt allerdings nicht
hinsichtlich des Namens und der Anschrift des Herstellers der Nachahmung und der Menge der
hergestellten Waren, weil nicht die Unterlassung der Herstellung der Nachahmung verlangt
werden kann (BGH WRP 2016, 966 Rn. 75 – Herrnhuter Stern; WRP 2017, 792 Rn. 74 –
Bodendübel); **(2)** der **Rufausbeutung** oder **-beeinträchtigung** nach §§ 3, 6 II Nr. 4 und 6
(BGH GRUR 2010, 343 Rn. 35, 37 – Oracle), **(3)** des **Vertriebs decodierter Ware** durch
Außenseiter eines legalen Vertriebssystems (BGHZ 148, 26 (30 f.) = GRUR 2001, 841 (842) –
Entfernung der Herstellungsnummer II; OLG Frankfurt GRUR 2001, 532 (534); OLG Köln
WRP 1997, 597 (603)), **(4)** der **Verbreitung geschäftsschädigender Äußerungen** Dritter
(BGH GRUR 1995, 427 (429) – Schwarze Liste) sowie **(5)** des Wettbewerbsverstoßes durch
dem Verletzten nicht bekannte **Mitarbeiter und Beauftragte** eines Unternehmers (§ 8 II). –
Um einen besonderen Fall der Drittauskunft handelt es sich **(6)** bei § 8 V, weil der darin
geregelte, auf Mitteilung von Namen und Anschrift eines mutmaßlichen Verletzers gerichtete
Auskunftsanspruch sich gegen eine Stelle richtet, die am Wettbewerbsverstoß nicht beteiligt ist,
sondern lediglich das Medium dafür bereitgestellt hat (näher → § 8 Rn. 5.1 ff.).

2. Spezielle gesetzliche Regelungen

   Im Bereich des gewerblichen Rechtsschutzes und des Urheberrechts ist der selbstständige   **5.3**
Auskunftsanspruch teilweise speziell geregelt (vgl. § 19 MarkenG und dazu BGH GRUR 2002,
709 (712) – Entfernung der Herstellungsnummer III; § 101 UrhG; § 46 DesignG; § 140b PatG;
§ 24b GebrMG; § 37b SortenSchG). Diese Vorschriften sind mangels Regelungslücke zwar auf
die Verletzungen wettbewerbsrechtlich geschützter Leistungspositionen nicht analog anzuwenden (BGHZ 125, 322 (329) – Cartier-Armreif; aA noch OLG Frankfurt WRP 1992, 797 (799)).
Andererseits enthalten diese Vorschriften aber auch keine abschließende Regelung etwa hins. der
Drittauskunft (BGH GRUR 1995, 427 (429) – Schwarze Liste; BGHZ 125, 322 (330) – Cartier-
Armreif). Vielmehr hat der Gesetzgeber es ausdrücklich der Rspr. überlassen, entspr. der technischen und wirtschaftlichen Entwicklung den Schutz des Betroffenen zu verbessern (BGHZ
125, 322 (331) – Cartier-Armreif). Gleichwohl ist zu beachten, dass ein Wettbewerbsverstoß
nicht notwendig dieselben Auskunftsansprüche nach sich zieht wie zB eine Markenverletzung
(BGH GRUR 2002, 709 (711) – Entfernung der Herstellungsnummer III). – Bei Verletzung

von **Geschäftsgeheimnissen** besteht ein Auskunftsanspruch des Geheimnisinhabers gegen den Verletzer nach den §§ 8, 9 GeschGehG.

III. Unselbstständiger Auskunftsanspruch

5.4   Der unselbstständige („akzessorische") Auskunftsanspruch dient der Vorbereitung und Durchsetzung eines Hauptanspruchs gegen den Auskunftspflichtigen selbst. Als Hauptansprüche kommen **Schadensersatz-, Bereicherungs-, Gewinnabschöpfungs-, Geschäftsführungs-** und **Beseitigungsansprüche** in Betracht (BGH GRUR 1976, 367 (368) – Ausschreibungsunterlagen; BGHZ 125, 322 (329) = GRUR 1994, 630 (632) – Cartier-Armreif; BGH GRUR 1996, 271 (275) – Gefärbte Jeans); in Ausnahmefällen auch Unterlassungsansprüche (zB bei Ungewissheit über deren sachliche und zeitliche Reichweite). Voraussetzung für das Bestehen eines derartigen Auskunftsanspruchs ist aber das Bestehen eines Hauptanspruchs. Ist er (noch) nicht entstanden, besteht auch (noch) kein Auskunftsanspruch. Besteht noch kein Schadensersatzanspruch, weil die Verletzung noch nicht erfolgt ist, sondern lediglich droht, und aus diesem Grund die Wahrscheinlichkeit eines Schadenseintritts nicht gegeben ist, so kann auch kein Auskunftsanspruch bestehen (BGH GRUR 2001, 849 (851) – Remailing-Angebot). Ist dagegen eine Verletzung erfolgt, so ist in Wettbewerbssachen in aller Regel ein Schadenseintritt wahrscheinlich und damit ein Schadensersatzanspruch dem Grunde nach gegeben.

IV. Rechtsgrundlage des wettbewerbsrechtlichen Auskunftsanspruchs

5.5   Das deutsche Recht kennt keine allgemeine Auskunftpflicht (BGH GRUR 1978, 54 (55) – Preisauskunft; RGZ 102, 236). Ein Auskunftsanspruch kann sich daher nur aus einem bestehenden vertraglichen oder gesetzlichen Rechtsverhältnis zwischen dem Anspruchsberechtigten und dem Anspruchsverpflichteten ergeben. Rechtsgrundlage des wettbewerbsrechtlichen Auskunftsanspruchs, einschließlich des Rechnungslegungsanspruchs, ist das durch den Wettbewerbsverstoß begründete **gesetzliche Schuldverhältnis** iVm dem Grundsatz von **Treu und Glauben** gem. **§ 242 BGB** (BGHZ 125, 322 (329) = GRUR 1994, 630 (632) – Cartier-Armreif; BGH GRUR 1994, 635 (636) – Pulloverbeschriftung; GRUR 1995, 427 (429) – Schwarze Liste; GRUR 2001, 841 (842) – Entfernung der Herstellungsnummer II; GRUR 2008, 360 Rn. 17 – EURO und Schwarzgeld). Dies gilt sowohl für den unselbstständigen wie für den selbstständigen Auskunftsanspruch. Es ist daher nicht (mehr) erforderlich, die Auskunftpflicht als Teil der Schadensersatzpflicht gem. § 249 BGB zu begreifen (so noch BGH GRUR 1972, 558 (560) – Teerspritzmaschinen; GRUR 1974, 351 (352) – Frisiersalon; GRUR 1976, 367 (368) – Ausschreibungsunterlagen). Vielmehr gilt mittlerweile **gewohnheitsrechtlich** der Satz: „**Nach Treu und Glauben besteht eine Auskunftpflicht, wenn die zwischen den Parteien bestehenden Rechtsbeziehungen es mit sich bringen, dass der Berechtigte in entschuldbarer Weise über Bestehen und Umfang seines Rechts im Ungewissen ist, er sich die zur Vorbereitung und Durchsetzung seines Anspruchs notwendigen Auskünfte nicht auf zumutbare Weise selbst beschaffen kann und der Verpflichtete sie unschwer, dh ohne unbillig belastet zu sein, zu geben vermag**" (vgl. BGHZ 95, 274 (279) – GEMA-Vermutung I; BGHZ 125, 322 (329) = GRUR 1994, 630 (632) – Cartier-Armreif; BGH GRUR 1987, 647 – Briefentwürfe; WRP 1999, 534 (540) – Preisbindung durch Franchisegeber; GRUR 2001, 841 (842) – Entfernung der Herstellungsnummer II; NJW 2007, 1806 Rn. 13 – Meistbegünstigungsvereinbarung; GRUR 2010, 623 Rn. 43 – Restwertbörse).

V. Rechnungslegungsanspruch

1. Verhältnis zum Auskunftsanspruch

5.6   Rechnungslegung ist eine gesteigerte Form der Auskunft (zum Inhalt → Rn. 4.31), so dass für sie die gleichen Grundsätze wie für den Auskunftsanspruch gelten. Aus einer Auskunftpflicht folgt aber nicht ohne weiteres eine Rechnungslegungspflicht.

2. Rechtsgrundlagen

5.7   **a) Bürgerliches Recht.** Eine Rechnungslegungspflicht sehen zB die §§ 666, 675 BGB bei Auftrag und Geschäftsbesorgung und die § 687 II BGB, §§ 681, 666 BGB bei berechtigter und wissentlich unberechtigter Geschäftsführung ohne Auftrag vor. Sie kann sich nach der Rspr. aber auch aus § 242 BGB ergeben.

b) Gewerblicher Rechtsschutz und Urheberrecht. Die Rspr. (erstmals RGZ 46, 14) hatte 5.7a
eine Rechnungslegungspflicht bei schuldhafter Verletzung eines Patents, Gebrauchsmusters oder
Urheberrechts anerkannt, da der Verletzte im Wege des Schadenersatzes analog § 687 II BGB,
§§ 681, 667 BGB auch die Herausgabe des vom Verletzer erzielten Gewinns verlangen könne.
Mit einiger Verzögerung wurde diese Rspr. auch auf Warenzeichenverletzungen (BGHZ 34,
320 – Vitalsulfal; BGHZ 44, 372 (374) – Messmer-Tee II; aA RGZ 58, 323; 108, 5; RG GRUR
1939, 97 (99); RGZ 141, 145) und auf Namens- und Firmenverletzungen (BGH GRUR 1973,
375 (378) – Miss Petite) ausgedehnt. Der Gesetzgeber übernahm diese Ergebnisse weitgehend im
G zur Bekämpfung der Produktpiraterie v. 7.3.1990.

c) Lauterkeitsrecht. Bei **Wettbewerbsverstößen** besteht idR nur ein Auskunftsanspruch, 5.7b
aber **kein Rechnungslegungsanspruch** (BGH GRUR 1969, 292 (294) – Buntstreifensatin II;
GRUR 1978, 52 – Fernschreibverzeichnisse; OLG Hamm GRUR-RR 2017, 328 Rn. 33).
Denn idR kann der Verletzte nur Ersatz des konkreten Schadens verlangen und diese Schadens-
berechnung erfordert keine Rechnungslegung (OLG Köln GRUR-RR 2021, 176 Rn. 59).
Wohl dagegen kommt eine Rechnungslegung in den Fällen der objektiven Schadensberechnung
(Herausgabe des Verletzergewinns; Zahlung einer Lizenzgebühr) in Betracht (vgl. Teplitzky
Wettbewerbsrechtliche Ansprüche/Löffler Kap. 39 Rn. 9), vorausgesetzt, dass dieser Schaden
bezifferbar ist. Dies wird derzeit nur in zwei Fällen anerkannt. Zum einen bei Schadensersatz-
ansprüchen aus wettbewerbswidriger (identischer) Leistungsübernahme (vgl. BGH GRUR 1972,
189 – Wandsteckdose II; GRUR 1973, 478 (480) – Modeneuheit; GRUR 1981, 517 (520) –
Rollhocker; GRUR 1986, 673 (676) – Beschlagprogramm). Zum anderen bei der gezielten
Mitbewerberbehinderung nach § 4 Nr. 4 durch Produktnachahmung (BGH WRP 2017, 51
Rn. 79 – Segmentstruktur). Hinzu kommen gleichlaufende Ansprüche aus Bereicherungsrecht
(Lizenzanalogie, § 818 II BGB) und angemaßter Eigengeschäftsführung (Gewinnherausgabe;
§ 687 II 1 BGB, § 681 S. 2 BGB, §§ 666, 667 BGB).

B. Voraussetzungen des Auskunftsanspruchs

I. Bestehen einer Rechtsbeziehung zwischen den Parteien

Es muss zwischen den Parteien ein vertraglicher oder gesetzlicher Anspruch auf eine Leistung, 5.8
zumindest dem Grunde nach, bestehen (BGHZ 95, 274 (279) – GEMA-Vermutung I). Beim
vorbeugenden Unterlassungsanspruch besteht allerdings keine Auskunftspflicht hins. künftiger
Rechtsverletzungen (BGH GRUR 1962, 91 – Jenaer Glas). Das durch einen Wettbewerbsverstoß begründete und durch eine Abmahnung zu einer wettbewerbsrechtlichen Sonderbeziehung
eigener Art konkretisierte gesetzliche Schuldverhältnis kann Mitteilungs- und Aufklärungspflichten für den Schuldner, unter besonderen Voraussetzungen auch für den Gläubiger, mit sich
bringen (dazu BGH GRUR 2008, 360 Rn. 19 – EURO und Schwarzgeld; → § 13 Rn. 76–82).
Jedoch hat der Schuldner, der klären lassen möchte, ob ein beabsichtigtes abgewandeltes Verhalten von dem titulierten Unterlassungsgebot erfasst wird, keinen Anspruch gegen den Gläubiger auf Mitteilung, ob dieser wegen eines entsprechenden Verhaltens einen Ordnungsmittelantrag stellen möchte (BGH GRUR 2008, 360 Rn. 19–27 – EURO und Schwarzgeld).

II. Unmöglichkeit oder Unzumutbarkeit der eigenen
Informationsbeschaffung

Keine Auskunftspflicht besteht, wenn die Auskunft unmöglich (geworden) ist (§ 275 BGB). 5.9
Dafür ist allerdings der Schuldner beweispflichtig (OLG Frankfurt WRP 2014, 1484 Rn. 24).
Grds. muss der Gläubiger alle ihm zu Gebote stehenden Informationsmöglichkeiten ausschöpfen,
es sei denn, der Aufwand hierfür wäre unverhältnismäßig hoch oder die Information könnte nur
mit gesetzeswidrigen oder unlauteren Mitteln erlangt werden oder vom Informanten wäre mit
Sicherheit keine (zutr.) Auskunft zu erwarten (GK/Köhler UWG 1909 § 13 Rn. B 405; OLG
Stuttgart WRP 2021, 242 Rn. 186).

III. Unverschuldete Ungewissheit des Gläubigers

5.10   Verschulden ist gegeben, wenn der Gläubiger früher gegebene Informationsmöglichkeiten nicht genutzt (BGH NJW 1980, 2463 (2464)) oder vorhandene Informationen vorwerfbar nicht gesichert hat.

C. Umfang und Grenzen des Auskunftsanspruchs

I. Umfang

5.11   Das Auskunftsverlangen darf nicht dazu dienen, erst die anspruchsbegründenden Tatsachen zu ermitteln. Dies liefe auf eine unzulässige Ausforschung unter Vernachlässigung allgemein anerkannter Beweislastregelungen hinaus (BGHZ 148, 26 = GRUR 2001, 841 (844) – Entfernung der Herstellungsnummer II; BGHZ 166, 253 = GRUR 2006, 421 Rn. 41 – Markenparfümverkäufe; BGHZ 173, 269 = GRUR 2007, 877 Rn. 24 f.; BGH GRUR 2010, 623 Rn. 54 – Restwertbörse). Grds. erstreckt sich der Auskunftsanspruch daher in sachlicher Hinsicht nur auf **Art, Zeitpunkt und Umfang des konkreten Verletzungsfalls, also der konkreten Verletzungshandlung** einschließlich **im Kern gleichartiger Handlungen** (BGHZ 166, 233 = GRUR 2006, 696 Rn. 34 – Parfümtestkäufe) und nicht auf alle möglichen weiteren oder auch nur ähnlichen Verletzungshandlungen (BGH GRUR 1992, 117 (120) – IEC-Publikation; GRUR 2000, 907 (910) – Filialleiterfehler; GRUR 2001, 841 (844) – Entfernung der Herstellungsnummer II unter Hinweis auf entspr. Regelungen im G zur Bekämpfung der Produktpiraterie v. 7.3.1990, zB § 19 I MarkenG; BGH GRUR 2003, 446 (447) – Preisempfehlung für Sondermodelle; GRUR 2004, 696 (699) – Direktansprache am Arbeitsplatz I; GRUR 2006, 426 Rn. 24 – Direktansprache am Arbeitsplatz II; OLG Stuttgart WRP 2021, 242 Rn. 188; Teplitzky Wettbewerbsrechtliche Ansprüche/Löffler Kap. 38 Rn. 7). Danach kommt es entscheidend darauf an, ob und welche Akte noch als Teil der konkreten Verletzungshandlung, einschließlich im Kern gleichartiger Handlungen, oder bereits als selbstständige sonstige Verletzungshandlungen anzusehen sind. **Beispiele:** Wurde in einer Filiale irreführend geworben, so besteht kein Anspruch darauf, zu erfahren, ob eine vergleichbare Werbung in anderen Filialen, ggf. auch zu anderen Zeiten und unter anderen Umständen, stattgefunden hat (BGH GRUR 2000, 907 (910) – Filialleiterfehler). – Ebenso wenig ist ein Händler, der in einer Zeitung geworben hat, darüber auskunftspflichtig, ob er auch noch in anderen als Printmedien geworben hat (BGH WRP 2000, 1266 (1269) – Neu in Bielefeld II). – Ebenso wenig ist ein Händler, der eine unzulässige E-Mail-Werbung verschickt hat, verpflichtet, Auskunft darüber zu geben, an welche anderen Abnehmer er die gleiche Werbung verschickt hat (OLG Dresden WRP 2017, 994 Rn. 29). – Hat ein Händler wettbewerbswidrig decodierte Waren vertrieben, schuldet er nicht nur Auskunft über bestimmte festgestellte Lieferungen, sondern über alle in einem bestimmten Zeitraum erfolgten Lieferungen (BGHZ 164, 233 = GRUR 2006, 696 Rn. 38 – Parfümtestkäufe in Abweichung von BGH GRUR 2001, 841 (844) – Entfernung der Herstellungsnummer II). – Bei einer wettbewerbswidrigen Geschenkaktion erstreckt sich die Auskunftspflicht auch auf die Zahl der ausgehändigten Geschenke, da jeder Geschenkakt noch Teil der Verletzungshandlung ist (BGH GRUR 1981, 286 (288) – Goldene Karte I). – Unschädlich ist es, wenn die konkrete Verletzungshandlung im Klageantrag verallgemeinert umschrieben wurde, sofern die Auslegung ergibt, dass sich das Auskunftsverlangen nur auf die konkrete Verletzungshandlung bezieht (BGH GRUR 1996, 502 (507) – Energiekosten-Preisvergleich; GRUR 2000, 907 (910) – Filialleiterfehler). Ein Auskunftsanspruch in Bezug auf weitere, nicht kerngleiche Verletzungshandlungen besteht aber, wenn zwischen dem Verletzten und dem Verletzer eine **vertragliche Beziehung** bestanden hat und dem kein anerkennenswertes Interesse des Verletzers entgegensteht (BGH WRP 2010, 927 Rn. 51 – Restwertbörse). – Die Auskunftspflicht beschränkt sich **zeitlich** nicht auf den Zeitraum von dem Zeitpunkt an, für den der Kläger eine konkrete Verletzungshandlung erstmals schlüssig vorgetragen hat (BGHZ 173, 269 = GRUR 2007, 877 Rn. 24 – Windsor Estate; BGH GRUR 2010, 623 Rn. 54 – Restwertbörse; Steinbeck GRUR 2008, 110; anders noch BGH GRUR 1988, 307 (308) – Gaby; GRUR 2003, 892 (893) – Alt Luxemburg). Damit wird dem Interesse des Gläubigers an einer effektiven Rechtsdurchsetzung Rechnung getragen und zugleich der Gleichlauf zu den sondergesetzlichen Ansprüchen auf Drittauskunft (zB § 19 MarkenG), die ebenfalls keine zeitliche Begrenzung kennen, hergestellt (BGHZ 173, 269 = GRUR 2007, 877 Rn. 25 – Windsor Estate). Dient der Auskunftsanspruch der Berechnung des Schadensersatzes, setzt er voraus, dass die noch nicht konkret festgestellten Verletzungshandlungen nicht anders als schuldhaft begangen sein können (BGH GRUR 2010, 623 Rn. 55 – Restwertbörse) – Zeitlich unbegrenzte Auskunft ist gem. § 242 BGB auch beim Bestehen vertraglicher Beziehungen, insbes. bei Verletzung eines **Unterlassungsvertrags,** geschuldet (BGH GRUR 1992, 61 (64) – Preisvergleichsliste; OLG Köln WRP 1998, 808 (809)). – Zum **Besichtigungsanspruch** aus § 809 BGB → Rn. 4.43 ff. – Zur **Urkundenvorlegung** auf Grund gerichtlicher Anordnung vgl. § 142 ZPO.

II. Grenzen

Eine Auskunftspflicht besteht nicht, wenn der Auskunftspflichtige zur Auskunft nicht befugt   **5.12**
ist (BGH NJW 1979, 2351 (2353)). Dazu reicht eine bloße vertragliche Verpflichtung gegenüber einem Dritten jedoch nicht aus, sofern beim Dritten kein schutzwürdiges Interesse vorliegt. Bestehen und Umfang des Auskunfts- bzw. Rechnungslegungsanspruchs werden im Übrigen durch den Grundsatz der **Verhältnismäßigkeit** (Geeignetheit, Erforderlichkeit und Zumutbarkeit) begrenzt (BGH GRUR 1965, 313 (314) – Umsatzauskunft; GRUR 1995, 427 (429) – Schwarze Liste; GRUR 2001, 841 (843) – Entfernung der Herstellungsnummer II; Köhler GRUR 1996, 82; Teplitzky FS Tilmann, 2003, 913 (915)).

1. Geeignetheit und Erforderlichkeit der Auskunft

a) Allgemeines. Ob und inwieweit Auskunft (bzw. Rechnungslegung) geschuldet ist, be-   **5.13**
stimmt sich danach, ob die entspr. Informationen zur Vorbereitung und Durchsetzung des Hauptanspruchs geeignet und erforderlich sind. Weitergehende Daten ohne zusätzlichen Erkenntniswert brauchen daher nicht mitgeteilt zu werden (OLG Frankfurt WRP 2014, 1484 Rn. 23). Hat zB überhaupt kein Umsatz mit der Marke des Verletzten stattgefunden, so kann auch keine Auskunft über die Kosten der Werbung für eine Schätzung des Marktverwirrungsschadens in Betracht kommen (BGH GRUR 1987, 364 (365) – Vier-Streifen-Schuh; GRUR 1991, 921 (924) – Sahnesiphon). Dies gilt auch dann, wenn die erteilte Auskunft widersprüchlich oder fehlerhaft ist (BGH WRP 1999, 534 (542) – Preisbindung durch Franchisegeber). Die Erforderlichkeit der Auskunft ist darüber hinaus zu verneinen, wenn der Gläubiger seinen (ggf. zu schätzenden Mindest-)Schaden auch bei Erteilung der gewünschten Auskunft nicht konkretisieren könnte (Köhler GRUR 1996, 82 (88); ebenso Teplitzky Wettbewerbsrechtliche Ansprüche/Löffler Kap. 38 Rn. 11). Das wird häufig bei markt- und nicht mitbewerberbezogenen Wettbewerbsverstößen der Fall sein (vgl. OLG Schleswig NJWE-WettbR 1998, 91 (93)). Der Gläubiger muss jedenfalls darlegen, inwieweit er mit Hilfe der verlangten Auskunft seinen Schaden berechnen will. Mindestens ist in solchen Fällen in die Verurteilung zur Auskunft ein **Wirtschaftsprüfervorbehalt** (→ Rn. 4.19) aufzunehmen mit der Maßgabe, dass der Verletzte dem Wirtschaftsprüfer seine Schadensberechnungsgrundlagen unterbreiten und ihn auffordern muss, die zur Schadensbezifferung noch fehlenden Daten mitzuteilen (Köhler GRUR 1996, 82 (89)). Kommt allenfalls ein sehr beschränkter Schadensersatz in Betracht, kann eine Auskunftspflicht wegen Unverhältnismäßigkeit entfallen (BGH GRUR 1991, 921 (924) – Sahnesiphon). Bei Wettbewerbsverstößen, die nur einen Anspruch auf Ersatz des **konkreten** Schadens auslösen, insbes. in den Fällen des § 3 I iVm § 5, besteht sonach allenfalls ein Auskunfts-, aber kein Rechnungslegungsanspruch (BGH GRUR 1969, 294 – Buntstreifensatin II; GRUR 1978, 52 (53) – Fernschreibverzeichnisse). Hat der Verletzte die Möglichkeit der **dreifachen Schadensberechnung** (→ Rn. 1.36 ff.), so braucht er seine Wahl nicht sofort zu treffen. Er kann vielmehr alle Angaben verlangen, die notwendig sind, um seinen Schaden nach jeder Berechnungsart zu berechnen und darüber hinaus die Richtigkeit der Berechnung nachzuprüfen (BGH GRUR 1977, 491 (494) – ALLSTAR; GRUR 1980, 227 (232) – Monumenta Germaniae Historica). Kann der Verletzte (ausnahmsweise) nicht die Herausgabe des Verletzergewinns fordern, so kann er nur Auskunft über die Fakten verlangen, die die Berechnung der angemessenen fiktiven Lizenzgebühr ermöglichen (BGH WRP 1995, 393 (397) – Objektive Schadensberechnung). Nach der Erforderlichkeit bestimmt sich auch, ob bloß eine Grundauskunft (BGHZ 95, 274 (280) – GEMA-Vermutung I) oder eine vollständige Auskunft oder sogar Rechnungslegung verlangt werden kann. Im Einzelfall kann eine vorläufige Auskunft geschuldet sein (LG Stuttgart NJW 1968, 2337).

5.14   **b) Mitteilung von Kontrolltatsachen.** Sowohl der Auskunfts- als auch der Rechnungslegungsanspruch erstrecken sich auf die sog Kontrolltatsachen, welche die Überprüfung de Verlässlichkeit der Angaben hins. Vollständigkeit und Richtigkeit und damit ein Vorgehen de Verletzten nach § 259 II BGB, § 260 II BGB ermöglichen (BGH GRUR 1978, 52 (53) – Fernschreibverzeichnisse; GRUR 1980, 227 (233) – Monumenta Germaniae Historica; OLG Frankfurt WRP 1992, 797 (799); teilweise abweichend Tilmann GRUR 1987, 251 (253 f.)) Hierfür kommen insbes. die Namen und Anschriften von Abnehmern in Betracht. **Belege** (zI Auftragsbestätigung, Rechnung, Lieferschein) brauchen, anders als bei der Rechnungslegung (→ Rn. 4.31), grds. nicht vorgelegt zu werden (BGH LM BGB § 810 Nr. 5). Allerdings kann sich der Auskunftsanspruch im Einzelfall auf die **Vorlage von Belegen** erstrecken, wenn de Gläubiger darauf angewiesen und dem Schuldner dies zumutbar ist (BGH GRUR 2001, 841 (845) – Entfernung der Herstellungsnummer II; GRUR 2002, 709 (712) – Entfernung de Herstellungsnummer III; GRUR 2003, 433 (434) – Cartier-Ring, zu § 19 MarkenG; Teplitzky Wettbewerbsrechtliche Ansprüche/Löffler Kap. 38 Rn. 27; Knieper WRP 1999, 1116). Für den Anspruch auf **Drittauskunft** ist dies im Allgemeinen zu bejahen (BGH GRUR 2002, 709 (712 – Entfernung der Herstellungsnummer III; GRUR 2003, 433 (434) – Cartier-Ring, zu § 19 MarkenG). Das sonst einer Vorlage von Belegen entgegenstehende Geheimhaltungsinteresse muss im Interesse einer wirksamen Bekämpfung von Wettbewerbsverstößen zurückstehen. Im Übrigen kann die Vorlage von Belegen Zweifel an der Verlässlichkeit der Auskunft ausräumen und damit eine eidesstattliche Versicherung gem. § 259 II BGB entbehrlich machen (BGH GRUR 2002, 709 (712) – Entfernung der Herstellungsnummer III). Soweit die Belege Daten enthalten, an denen ein Geheimhaltungsinteresse besteht, die aber nicht offenbarungspflichtig sind, kann dem durch Vorlage ggf. beglaubigter Kopien, bei denen die betreffenden Daten abgedeckt oder geschwärzt sind, Rechnung getragen werden (BGH GRUR 2002, 709 (712) – Entfernung der Herstellungsnummer III).

2. Zumutbarkeit der Auskunfterteilung

5.15   Der Schuldner muss die Auskunft unschwer erteilen können, er darf also nicht unbillig belastet werden. Die Auskunfterteilung muss ihm maW zumutbar sein. Dies ist durch eine Interessenabwägung unter Wahrung des Grundsatzes der Verhältnismäßigkeit und unter Berücksichtigung der Umstände des Einzelfalls, auch der Art und Schwere der Verletzung, zu ermitteln (BGHZ 125, 322 (331) = GRUR 1994, 630 (633) – Cartier-Armreif; BGH GRUR 1995, 427 (429) = WRP 1995, 493 (495) – Schwarze Liste; GRUR 2001, 841 (843) – Entfernung der Herstellungsnummer II; NJW 2007, 1806 Rn. 18 – Meistbegünstigungsvereinbarung; OLG Hamm GRUR-RR 2010, 295). Dabei sind auch grundrechtliche Wertungen (zB Art. 5 GG bei Presseunternehmen; BGH GRUR 1987, 647 (648) – Briefentwürfe) einzubeziehen. Bei vielen gesetzlich normierten Auskunftspflichten ist die „Unverhältnismäßigkeit" als Grenze angegeben (vgl. § 19 MarkenG; § 101 IV UrhG; § 24b IV GebrMG; § 140b IV PatG; § 46 IV DesignG). Im Wettbewerbsrecht sind für die Prüfung der Zumutbarkeit von Bedeutung:

5.16   **a) Art und Schwere der Verletzung.** Je stärker die Verletzung in die Rechtsposition des Verletzten eingreift, desto eher ist die Auskunfterteilung zumutbar (BGH GRUR 1976, 367 (369) – Ausschreibungsunterlagen; GRUR 1978, 52 (53) – Fernschreibverzeichnisse; GRUR 2001, 841 (843) – Entfernung der Herstellungsnummer II).

5.17   **b) Arbeitsaufwand des Auskunftspflichtigen.** Die Auskunfterteilung darf in Bezug auf das Interesse des Verletzten an der Erfüllung des Hauptanspruchs keinen unverhältnismäßigen Zeit- und Arbeitsaufwand mit sich bringen (vgl. BGHZ 70, 86 (91)). Dies wiederum hängt vom Ausmaß der (festgestellten oder doch sehr wahrscheinlichen) Verletzung (BGHZ 95, 274 (281) – GEMA-Vermutung I) und ggf. von der Schwere des Verschuldens sowie vom sonstigen Verhalten des Schuldners (zB widersprüchliche Angaben bei der Erstauskunft (BGH GRUR 1982, 723 (726) – Dampffrisierstab I) ab. Die Wahlmöglichkeit bei der dreifachen Schadensberechnung wird nicht dadurch eingeschränkt, dass die Auskunft für eine bestimmte Berechnung für den Gläubiger weniger aufwändig ist (BGH GRUR 1982, 723 (726) – Dampffrisierstab I). Kann der Verletzer (zB zur Höhe der Kosten) keine exakten Angaben machen, sondern nur eine Schätzung vornehmen, hat er hierfür ggf. einen Wirtschaftsprüfer heranzuziehen, der dem Verletzten das Ergebnis seiner Feststellungen mitzuteilen hat (BGH GRUR 1982, 723 (727) – Dampffrisierstab I).

c) Geheimhaltungsinteresse des Verletzers und Aufklärungsinteresse des Verletzten. 5.18
Die Zumutbarkeit hängt wesentlich davon ab, ob das Geheimhaltungsinteresse des Verletzers oder das Aufklärungsinteresse des Verletzten überwiegt. Ein schutzwürdiges Geheimhaltungsinteresse des Verletzers kann sich insbes. aus Wettbewerbsgründen ergeben, etwa weil die Parteien Wettbewerber sind und der Verletzte die mitgeteilten Daten im Wettbewerb zum Nachteil des Verletzers verwenden kann. Ist er allerdings ohnehin, etwa vertraglich, zur Offenbarung verpflichtet, kann er auch kein schützenswertes Geheimhaltungsinteresse geltend machen BGH NJW 2007, 1806 Rn. 18 – Meistbegünstigungsvereinbarung). Zu den schutzwürdigen Aufklärungsinteressen des Verletzten kann auch das Interesse gehören, ein legales Vertriebsbindungssystem zu überwachen (BGH GRUR 2001, 841 (843) – Entfernung der Herstellungsnummer II). Bei der Abwägung sind aber auch übergeordnete **Interessen der Allgemeinheit,** zB daran, dass Verstöße mit Auswirkungen auf die Volksgesundheit unterbunden werden, zu berücksichtigen (BGH GRUR 2001, 841 (843) – Entfernung der Herstellungsnummer II). Für die Abwägung gilt: Grds. hat es sich der Verletzer selbst zuzuschreiben, wenn er Daten aus einem Bereich offenlegen muss (BGH GRUR 1996, 78 (79) – Umgehungsprogramm). Das aus Wettbewerbsgründen an sich berechtigte Interesse des Verletzers an der Geheimhaltung einer Bezugsquelle oder eines Vertriebswegs (zB beim Vertrieb von Waren mit unzulässig entfernter Kontrollnummer oder von nachgeahmten Waren) oder an seiner Kalkulation hat daher grds. gegenüber dem Interesse des verletzten Herstellers zurückzutreten, wenn dieser auf die Angaben angewiesen ist, um seinen Schaden zu berechnen (BGH GRUR 2006, 419 Rn. 17 – Noblesse). Darauf, ob die Rechtsposition des Berechtigten empfindlich beeinträchtigt würde, wenn die Verletzung nicht unterbunden wird, kommt es nicht an (BGH GRUR 2001, 841 (843) – Entfernung der Herstellungsnummer II in Klarstellung zu BGHZ 125, 322 (331) – Cartier-Armreif). Bei wettbewerblich sensiblen (zB Kunden-)Daten hat das Geheimhaltungsinteresse des Verletzers allerdings Vorrang, wenn die Nachteile der Auskunft für den Verletzer außer Verhältnis zum Wert der Auskunft für den Verletzten stehen (BGH GRUR 1965, 313 (314) – Umsatzauskunft; GRUR 1973, 375 (378) – Miss Petite; GRUR 1991, 921 (924) – Sahnesiphon; GRUR 1994, 635 (636) – Pulloverbeschriftung mAnm Ahrens; GRUR 2006, 419 Rn. 14 – Noblesse). Kommt nur eine grobe Schätzung des Verletzergewinns in Betracht, ist außerdem dem Verletzer meist eine Offenbarung seiner Geschäftsinterna nicht zuzumuten, da die Schätzung auch auf der Grundlage der Umsätze und ggf. grob ermittelter Gewinne erfolgen kann. Der Verletzer kann in diesem Fall zwar einwenden, er habe keinen oder einen niedrigeren Gewinn erzielt, muss aber dann die Einzelheiten seiner Kalkulation offenlegen (BGH GRUR 2006, 419 Rn. 18 – Noblesse).

d) Wirtschaftsprüfervorbehalt. Ist die Angabe bestimmter Daten lediglich erforderlich, um 5.19
die Richtigkeit und Vollständigkeit einer (zB Umsatz-)Auskunft überprüfen zu können, kann das Gericht einen sog **Wirtschaftsprüfervorbehalt** in das Urteil aufnehmen (stRspr, BGH GRUR 1957, 336 – Rechnungslegung; GRUR 1978, 52 (53) – Fernschreibverzeichnisse; GRUR 1980, 227 (232) – Monumenta Germaniae Historica; GRUR 1981, 535 – Wirtschaftsprüfervorbehalt). – **Beispiel** für einen Urteilsausspruch: „Der Beklagte kann diese Angaben einem vom Kläger zu bezeichnenden, zur Verschwiegenheit verpflichteten vereidigten Wirtschaftsprüfer mitteilen, sofern er die Kosten seiner Einschaltung trägt und ihn gleichzeitig ermächtigt und verpflichtet, dem Kläger auf Antrag mitzuteilen, ob in der Rechnungslegung ein oder mehrere bestimmte Abnehmer enthalten sind" (vgl. BGH WRP 1999, 1031 (1032) – Rollstuhlnachbau).

aa) Förmliche und sachliche Voraussetzungen. Die Aufnahme eines Wirtschaftsprüfer- 5.20
vorbehalts in das Urteil kann von Amts wegen, also auch ohne entspr. Antrag des Klägers oder des Beklagten, erfolgen (BGH GRUR 1978, 52 (53) – Fernschreibverzeichnisse). Erfolgt die Anordnung ohne Antrag des Klägers, stellt dies keine Teilabweisung der Auskunftsklage dar, sondern eine nach § 242 BGB gebotene Modifizierung (BGH GRUR 1978, 52 (53) – Fernschreibverzeichnisse) ohne Kostenfolge. Will der Verletzer einen Wirtschaftsprüfervorbehalt in das Urteil aufgenommen haben, muss er allerdings die dafür sprechenden Umstände (zB Gefahr der unlauteren Nutzung der erlangten Informationen im Wettbewerb) darlegen und beweisen (BGH GRUR 1981, 535 – Wirtschaftsprüfervorbehalt). Das ist in seinem eigenen Interesse, weil sich ein Versäumnis eines Antrags nach § 712 ZPO durch einen Antrag nach § 719 II ZPO nicht mehr beheben lässt (BGH NJWE-WettbR 1997, 230 (231); 1999, 238 (239)). Sachlich setzt der Wirtschaftsprüfervorbehalt eine Abwägung der beiderseitigen Interessen voraus (BGH GRUR 1981, 535 – Wirtschaftsprüfervorbehalt; NJWE-WettbR 1999, 238 (239)). Dabei ist zu

berücksichtigen, dass durch einen solchen Vorbehalt die Prozessführung des Gläubigers er schwert wird, weil er die Entscheidung über sein weiteres prozessuales Vorgehen nicht mehr au eine umfassende eigene Kenntnis des Sachverhalts stützen kann, sondern teilweise auf ihm nu von Dritten zugänglich gemachte Informationen angewiesen ist (BGH NJWE-WettbR 1999 238 (239)). Hinzu kommt, dass er die Informationen des Auskunftspflichtigen nicht selbst über prüfen kann, sondern dies einem Dritten überlassen muss, dem eine vergleichbare Kenntnis alle maßgeblichen Tatsachen fehlt (BGHZ 140, 342 = GRUR 1999, 1025 (1031) – Preisbindun durch Franchisegeber). Ein Wirtschaftsprüfervorbehalt kommt daher dann in Betracht, wen dem Auskunftsanspruch **deutlich höhergewichtige Belange** des Auskunftspflichtigen gegen überstehen (BGH NJWE-WettbR 1999, 238 (239); GRUR 1999, 1025 (1031) – Preisbindun durch Franchisegeber; Teplitzky Wettbewerbsrechtliche Ansprüche/Löffler Kap. 38 Rn. 28) Das kann bei einzelnen Auskunftstatsachen unterschiedlich zu beurteilen sein (MüKoUWG Fritzsche Rn. 169). Ein Vorrang des Geheimhaltungsinteresses liegt zB nicht vor, wenn di Parteien in einem Vertragsverhältnis stehen und der Auskunftspflichtige es versäumt hat, dari für eine Sicherstellung der Geheimhaltung der Informationen zu sorgen (BGH GRUR 1999 1025 (1031) – Preisbindung durch Franchisegeber). Ein Vorbehalt kommt nicht in Betrach wenn lediglich Auskunft über die Anzahl zB der versandten Kataloge geschuldet ist (BGH GRUR 1992, 117 (120) – IEC-Publikation); ferner dann nicht, wenn eine bes. grobe Ver letzungshandlung, etwa ein grober Vertrauensbruch innerhalb einer Vertragsbeziehung, zu Grunde liegt (BGH GRUR 1958, 346 (349) – Spitzenmuster). – Im Bereich der **selbstständi gen Drittauskunftsansprüche** nach dem G zur Bekämpfung der Produktpiraterie v. 7.3.1990 kommt – von Ausnahmefällen abgesehen – ein Wirtschaftsprüfervorbehalt nicht in Betrach (BGHZ 128, 220 (228) = GRUR 1995, 338 (342) – Kleiderbügel zu § 140b PatG 1981; BGH GRUR 2002, 709 (713) – Entfernung der Herstellungsnummer III zu § 19 MarkenG). Wir Auskunft mit einem Wirtschaftsprüfervorbehalt beantragt, soll dies daher dahin zu verstehen sei dass kein selbstständiger Auskunftsanspruch geltend gemacht wird. Besteht zwar kein unselbst ständiger, kommt aber ein selbstständiger Auskunftsanspruch in Betracht, so muss das Gerich gleichwohl den Antrag insgesamt abweisen (§ 308 ZPO), weil es ihm verwehrt ist, einen nich lediglich hilfsweise beantragten Vorbehalt wegzulassen (BGH GRUR 2002, 709 (713) – Ent fernung der Herstellungsnummer III). Das ist bedenklich, weil der Wirtschaftsprüfervorbehalt an sich keine Einschränkung, sondern lediglich eine Modifizierung des Auskunftsanspruchs darstell (vgl. Teplitzky GRUR 2003, 272 (277) und Teplitzky FS Tilmann, 2003, 913 (917); ferne Teplitzky Wettbewerbsrechtliche Ansprüche/Löffler Kap. 38 Rn. 31).

5.21   **bb) Auswahl und Bezahlung des Wirtschaftsprüfers.** Die Auswahl des Wirtschaftsprüfer ist dem Verletzten vorbehalten (BGH GRUR 1962, 354 – Furniergitter; GRUR 1980, 227 (233) – Monumenta Germaniae Historica: § 87c IV HGB analog). Hat der Verletzer jedoc begründete Zweifel an der Neutralität des ausgewählten Wirtschaftsprüfers, etwa weil diese ständig mit dem Verletzten zusammenarbeitet, so kann er gerichtliche Überprüfung der Auswah und ggf. Bestellung durch das Gericht gem. § 315 III BGB analog beantragen (GK/Köhle UWG 1909 Vor § 13 Rn. B 413). Der Konflikt lässt sich von vornherein vermeiden, wenn da Gericht das Bestimmungsrecht von vornherein auf einen neutralen, dh nicht in ständiger Ge schäftsbeziehung mit dem Verletzten stehenden Wirtschaftsprüfer beschränkt (Teplitzky Wett bewerbsrechtliche Ansprüche/Löffler Kap. 38 Rn. 29). Die Kosten für die Einschaltung de Wirtschaftsprüfers hat der Verletzer zu tragen, da sie in seinem Interesse erfolgt (BGH GRUR 1957, 336 – Rechnungslegung).

5.22   **cc) Durchführung des Wirtschaftsprüfervorbehalts.** Der Verletzer muss die betreffenden Daten dem Wirtschaftsprüfer (oder einer sonst zur Berufsverschwiegenheit verpflichteten Person mitteilen. Er muss ihn ferner ermächtigen und verpflichten, gezielte Fragen des Verletzten zu beantworten, um diesem eine stichprobenartige Überprüfung der Angaben des Verletzers zu ermöglichen, so zB, ob ein ganz bestimmter Kunde beliefert wurde (BGH GRUR 1978, 52 (53) – Fernschreibverzeichnisse). Erweisen sich dann die Angaben als unrichtig, hat der Verletzte einen Anspruch auf umfassende Offenlegung ihm gegenüber.

5.23   **e) Selbstbezichtigung durch den Verletzer.** Die Auskunfterteilung ist nicht von vorn herein deshalb unzumutbar, weil sich der Auskunftspflichtige einer **Straftat** oder **Ordnungs widrigkeit** bezichtigen müsste (BGHZ 41, 318 (326 f.)), da insoweit ggf. ein **strafrechtliches Verwertungsverbot** anzuerkennen ist (ebenso Schaffert FS Erdmann, 2002, 719 (722 f.); OLG Stuttgart WRP 2016, 767 Rn. 58 ff.; vergleichbare Regelungen wurden durch das G zur

Bekämpfung der Produktpiraterie v. 7.3.1990 im gewerblichen Rechtsschutz und Urheberrecht geschaffen; vgl. § 19 IV MarkenG; § 101a UrhG). Doch ist das Interesse des Verletzers, sich nicht selbst zu belasten, im Rahmen der **Verhältnismäßigkeit** zu berücksichtigen (Ahrens Wettbewerbsprozess-HdB/Bacher Kap. 72 Rn. 24; Teplitzky Wettbewerbsrechtliche Ansprüche/Löffler Kap. 38 Rn. 22). Würde die Auskunft dazu führen, dass auch ein **Vertragsstrafeanspruch** oder ein **Ordnungsmittel** nach § 890 ZPO geltend gemacht werden kann, soll nach einer Auffassung Auskunft nur bei Verzicht des Verletzten auf diese Rechte geschuldet sein, weil es insoweit kein zivilprozessuales Verwertungsverbot gebe (v. Ungern-Sternberg WRP 1984, 55; aA Eichmann GRUR 1990, 575 (579)). Dem ist jedenfalls für die Vertragsstrafe nicht zu folgen, da sie keinen eigentlichen Strafcharakter hat und überdies auf den Schadensersatzanspruch anzurechnen ist (§ 340 II BGB). Im Übrigen ist zu bedenken, dass bereits die Verletzung als solche die Vertragsstrafe bzw. das Ordnungsmittel auslöst, ihr Nachweis aber regelmäßig Voraussetzung für einen Auskunftsanspruch ist (GK/Köhler UWG 1909 Vor § 13 Rn. B 414).

f) Drittbezichtigung durch den Verletzer. Die Drittauskunft kann bedeuten, dass der **5.24** Auskunftspflichtige einen **Dritten** einer **Straftat** (§§ 143, 144 MarkenG; § 16) oder **Ordnungswidrigkeit** bezichtigen oder zumindest dem Risiko einer Strafverfolgung aussetzen müsste. Dies ist ihm nicht von vornherein unzumutbar (BGHZ 125, 322 (331) – Cartier-Armreif; Tilmann GRUR 1987, 251 (260)). Da ein derartiges Verhalten jedoch weithin als anstößig angesehen wird (BGH GRUR 1976, 367 (368 f.) – Ausschreibungsunterlagen mit krit. Anm. Fritze) und den Auskunftspflichtigen in große Schwierigkeiten (Gewissenskonflikte; Gefahr von Racheakten) bringen kann, ist dem bei der Interessenabwägung zu beachtenden Grundsatz der **Verhältnismäßigkeit** (BGHZ 125, 322 (331) – Cartier-Armreif; Köhler GRUR 1996, 82 (89)) bes. Bedeutung beizumessen. Das muss nicht bedeuten, dass eine Drittbezichtigung nur in bes. Ausnahmefällen verlangt werden kann (so aber BGH GRUR 1976, 367 (369) – Ausschreibungsunterlagen). Vielmehr ist auf die Umstände des Einzelfalls abzustellen und eine Interessenabwägung vorzunehmen (Teplitzky Wettbewerbsrechtliche Ansprüche/Löffler Kap. 38 Rn. 26). Dabei kann eine Rolle spielen, wie schwerwiegend die Verletzung ist, ferner, ob der Verletzte seinen Schaden vollständig vom Verletzer ersetzt bekommen kann (so im Falle BGH GRUR 1976, 367 (369) – Ausschreibungsunterlagen), ob vom Dritten weitere Rechtsverletzungen ausgehen können, ob dem Dritten wirklich eine Strafverfolgung droht (zB nicht, wenn er sich im Ausland aufhält) und in welchen Beziehungen der Verletzer zum Dritten steht (vgl. Köhler GRUR 1996, 82 (89)). Auch sollte der Gedanke der Generalprävention von Wirtschaftsstraftaten nicht unberücksichtigt bleiben. Die Problematik erledigt sich dann, wenn man auch zu Gunsten des Dritten ein strafrechtliches Verwertungsverbot anerkennt (GK/Köhler UWG 1909 Vor § 13 Rn. B 438).

D. Einzelheiten

I. Störungsbeseitigung

Zur Vorbereitung eines Beseitigungsanspruchs kann ein Auskunftsanspruch bestehen, wenn **5.25** andernfalls die zu einer Beseitigung der fortwirkenden Störung erforderlichen Maßnahmen praktisch nicht verwirklicht werden können (BGH GRUR 1972, 558 (560) – Teerspritzmaschinen). Ist zB im Falle einer ehrverletzenden (§ 4 Nr. 1) oder unwahren kreditschädigenden (§ 4 Nr. 2) Äußerung davon auszugehen, dass sie mehreren Personen gegenüber erfolgt ist, kann Nennung dieser Personen verlangt werden, um durch deren Aufklärung den fortdauernden Störungszustand zu beenden (RGZ 162, 192; BGH GRUR 1962, 382 – Konstruktionsbüro). Besondere Bedeutung hat in diesem Zusammenhang der Anspruch auf **Drittauskunft.** Vgl. zunächst → Rn. 4.2. Art und Umfang der Auskunftspflicht hins. der Drittauskunft bestimmen sich ebenfalls nach den Grundsätzen von Treu und Glauben (BGHZ 125, 322 (331) – Cartier-Armreif; BGHZ 148, 26 (30 f.) = GRUR 2001, 841 (842) – Entfernung der Herstellungsnummer II). Der Anspruch auf Drittauskunft dient (auch) der Verhinderung von künftigen Wettbewerbsverstößen Dritter und erlischt daher nicht durch eine strafbewehrte Unterlassungserklärung des auskunftspflichtigen Verletzers (BGHZ 148, 26 (30 f.) – Entfernung der Herstellungsnummer II). – Auskunft über die Bezugsquelle wird auch dann geschuldet, wenn die Störung zwar beendet ist, es aber um die Vermeidung künftiger vergleichbarer Beeinträchtigungen geht (BGHZ 125, 322 (330) – Cartier-Armreif; BGHZ 148, 26 (30 f.) – Entfernung der Herstellungsnummer II). Die Nennung der Bezugsquelle soll es dem Berechtigten ermöglichen, die Quelle zu verstopfen, aus der die Rechtsverletzung fließt und jederzeit neu fließen kann (BGHZ 148, 26 (30 f.) – Entfernung der Herstellungsnummer II). Kann der zur Auskunft Verpflichtete den Lieferanten anhand seiner Unterlagen nicht mit ausreichender Sicherheit benennen, so kann im Einzelfall die Pflicht bestehen, diese Zweifel durch Nachfrage bei den in Betracht kommenden Lieferanten aufzuklären (BGH GRUR 2003, 433 (434) – Cartier-Ring [zu § 19 MarkenG]; OLG Köln GRUR 1999, 337 (339)). Er braucht allerdings nicht Nachforschungen bei seinen Lieferanten vorzunehmen, um unbekannte Vorlieferanten und den Hersteller erst zu ermitteln (BGHZ 125, 322 (326) = GRUR 1994, 630 – Cartier-Armreif; BGH GRUR 2003, 433 (434) – Cartier-Ring). – Die Drittauskunft kann unabhängig davon begehrt werden, ob ein rechtliches Vorgehen gegen den Dritten (zB im Ausland) möglich ist. Denn die Auskunftsverpflichtung dient auch dazu, es dem Verletzten zu ermöglichen, den Markt zu beobachten und ggf. die Störung durch wirtschaftliche Mittel, etwa Kündigung des Vertrages mit dem vertragsbrüchigen Händler, zu unterbinden (BGHZ 125, 322 (333) – Cartier-Armreif). Zum (verschuldensunabhängigen) Anspruch auf Drittauskunft bei der Verletzung von **Rechten des geistigen Eigentums** vgl. insbes. § 19 I–III MarkenG, § 101 I–III UrhG, § 140b I–III PatG, § 24b I–III GebrMG, § 46 I–III DesignG, § 37 I–III SortSchG. – Zur Problematik der Selbst- und Drittbezichtigung → Rn. 4.23 f.

II. Ermittlung des konkreten Schadens

5.26   Besteht ein Schadensersatzanspruch dem Grunde nach, so kann der Verletzte, um den Schaden beziffern oder schätzen zu können, insbes. Auskunft über Art, Zeitpunkt oder Dauer sowie Umfang und Intensität des Wettbewerbsverstoßes verlangen (BGH GRUR 1981, 286 (288) – Goldene Karte I; GRUR 1987, 364 (365) – Vier-Streifen-Schuh). Dies gilt zB auch für Auflagenhöhe, Verbreitungsgebiet und angesprochene Verkehrskreise bei wettbewerbswidrigen Veröffentlichungen (BGH GRUR 1987, 647 (648) – Briefentwürfe), für Hörerreichweiten und Sendedaten bei Funkwerbung; für Liefermengen, Lieferzeiten und Lieferorte bei wettbewerbswidrigem Warenvertrieb (BGH GRUR 1978, 52 (53) – Fernschreibverzeichnisse; GRUR 1981, 286 (288) – Goldene Karte I). – Im Regelfall brauchen Umsatzzahlen, Verkaufspreise und Gestehungskosten, Adressen von Geschäftspartnern und Kosten der Werbung nicht angegeben zu werden (BGH GRUR 1987, 364 (365) – Vier-Streifen-Schuh; GRUR 1987, 647 (648) – Briefentwürfe; GRUR 1991, 153 (155) – Pizza & Pasta; WRP 2000, 1266 (1269) – Neu in Bielefeld II; WRP 2013, 1465 Rn. 87 – Hard Rock Cafe; OLG Köln GRUR-RR 2015, 215 Rn. 19). **Ausnahmen** sind freilich bei Vorliegen bes. Umstände möglich. So, wenn die Schadensschätzung davon abhängt, ob und inwieweit das Verletzererzeugnis oder die Verletzungshandlung (OLG Hamburg WRP 2006, 128 Ls. zur Umsatzauskunft) geeignet war, den Absatz des Erzeugnisses des Verletzten zu beeinträchtigen. Daher sind ggf. auch die Kosten der Werbung anzugeben, wenn deren Kenntnis zur Beurteilung des Umfangs der Werbung erforderlich ist (BGH GRUR 2007, 877 Rn. 36 – Windsor Estate). Ggf. ist ein Wirtschaftsprüfervorbehalt (→ Rn. 5.19 ff.) anzuordnen (BGH GRUR 1965, 313 (314) – Umsatzauskunft; GRUR 1978, 52 (53) – Fernschreibverzeichnisse; GRUR 1982, 489 (490) – Korrekturflüssigkeit; GRUR 1987, 364 (365) – Vier-Streifen-Schuh). Ferner, wenn die Angaben zur Kontrolle der sonstigen Informationen sinnvoll und nützlich sind (BGH WRP 2000, 1266 (1269) – Neu in Bielefeld II). Ggf. sind zur Bemessung eines Marktverwirrungsschadens Angaben über Zeitpunkt, Gelegenheit bzw. Anlass des Verkaufs und Adressatenkreis (zB Fachkreise) zu machen (OLG Köln GRUR-RR 2015, 215 Rn. 21). – Hat ein Anwalt eine **Internet-Domain** unter Verletzung des Kennzeichenrechts eines Mitbewerbers verwendet, so kann zwar von ihm Auskunft darüber verlangt werden, seit wann und in welchem Umfang der Domain-Name benutzt wurde. Dagegen braucht er im Hinblick auf die anwaltliche Verschwiegenheitspflicht nicht mitzuteilen, in welchem Umfang über die Internet-Seite Kontakte zu späteren Mandanten entstanden und welche Honorareinnahmen hierdurch erzielt wurden (BGH GRUR 2002, 706 (708) – vossius.de). – Hat der Schuldner einen Dritten (zB Werbeagentur) für seine Werbung eingeschaltet, so ist es ihm zumutbar, die zur Erteilung der Auskunft erforderlichen Informationen beim Dritten einzuholen (LG Köln GRUR-RR 2009, 154 (155)).

III. Ermittlung der fiktiven Lizenzgebühr

5.27   Kann nach den Grundsätzen der dreifachen Schadensberechnung oder nach Bereicherungsrecht Zahlung der fiktiven Lizenzgebühr begehrt werden, ist **Rechnungslegung** über die

Umsätze (vgl. BGH GRUR 1982, 420 (423) – BBC/DDC; GRUR 1995, 349 (352) – Objektive Schadensberechnung), aufgegliedert in Zeiträume (wegen der aufgelaufenen Zinsen), zu erteilen. Sonstige Daten (zB genaue Lieferdaten; Abnehmer) sind (ggf. unter Wirtschaftsprüfervorbehalt) nur mitzuteilen, soweit dies zur Kontrolle der Angaben erforderlich ist.

IV. Ermittlung des Verletzergewinns

Kann nach den Grundsätzen der objektiven Schadensberechnung oder nach § 687 II BGB, **5.28** § 681 S. 2 BGB, § 667 BGB Herausgabe des Verletzergewinns begehrt werden, ist **Rechnungslegung** geschuldet (BGH GRUR 1995, 349 (352) – Objektive Schadensberechnung). Bei den **Einnahmen** sind anzugeben: Liefermengen, Lieferpreise, Lieferzeiten und ggf. Lieferorte und Abnehmer; nicht dagegen: Angebote, Angebotspreise und -empfänger (BGH GRUR 1980, 227 (233) – Monumenta Germaniae Historica). Bei den **Ausgaben** sind anzugeben: Einstandspreise, Fertigungs- und Lohnkosten, ggf. auch Vertriebskosten (vgl. aber BGH GRUR 1980, 227 (233) – Monumenta Germaniae Historica) und Gemeinkostenanteile. – Kann (wie zB bei Kennzeichenverletzungen und nicht identischer Nachahmung) nur ein zu schätzender anteiliger Gewinn herausverlangt werden (BGH GRUR 1993, 55 (59) – Tchibo/Rolex II), soll nur die Mitteilung der zeitlich aufgegliederten Verletzerumsätze sowie ggf. der Art und des Umfangs der Werbemaßnahmen geschuldet sein (BGH GRUR 1982, 420 (423) – BBC/DDC; GRUR 1995, 50 (54) – Indorektal/Indohexal), nicht dagegen der Lieferdaten und -preise sowie der Abnehmer. Doch müssten wohl auch gewisse Angaben über die Gestehungskosten mitgeteilt werden, um eine Schätzung zu ermöglichen (vgl. GK/Köhler UWG 1909 Vor § 13 Rn. B 425).

E. Erfüllung und Durchsetzung des Auskunftsanspruchs

I. Erfüllung

Der Auskunftsanspruch erlischt durch Erfüllung gem. § 362 I BGB (BGH GRUR 2001, 841 **5.29** (844) – Entfernung der Herstellungsnummer II). Im Einzelnen ist dabei zu unterscheiden, **wer** den Anspruch zu erfüllen hat, **wie** er zu erfüllen ist und **wann** vollständig erfüllt ist.

1. Wer hat zu erfüllen?

Die Auskunftspflicht ist durch den Auskunftspflichtigen **persönlich** (BGH GRUR 1961, 288 **5.30** (291) – Zahnbürsten), bei **Gesellschaften** durch das vertretungsberechtigte Organ, zu erfüllen und kann nicht auf Hilfspersonen abgewälzt werden (Grüneberg/Grüneberg BGB § 259 Rn. 12; krit. Brandi-Dohrn GRUR 1999, 131). Zulässig ist es allerdings Hilfspersonen heranzuziehen, insbes. wenn andernfalls der Auskunftspflichtige zu einer sachgerechten Auskunftserteilung nicht in der Lage ist, oder Hilfspersonen als Boten einzusetzen (BGH NJW 2008, 917 Rn. 15). – Ein gegen den **Geschäftsführer** einer Gesellschaft bestehender Auskunftsanspruch erlischt nicht mit seinem Ausscheiden. Die begehrte Auskunft ist auch nicht auf sein präsentes Wissen beschränkt, vielmehr muss er sich – soweit erforderlich – um Aufklärung bei der Gesellschaft bemühen (BGH GRUR 2013, 638 Rn. 69 – Völkl). – Sind **mehrere Personen** auskunftspflichtig, schuldet jeder nur für sich Auskunft. Dies gilt auch dann, wenn für den Hauptanspruch eine gesamtschuldnerische Haftung (zB nach §§ 830, 840 BGB) besteht (BGH GRUR 1981, 592 (595) – Championne du Monde). Es muss jeder Gesamtschuldner so viele Informationen geben, wie nötig sind, um die Gesamtschuld ermitteln zu können (Schulz FS Klaka, 1987, 43 Fn. 54).

2. Wie ist zu erfüllen?

Der Auskunftsanspruch ist auf die Mitteilung von Tatsachen in Beantwortung einer Frage **5.31** gerichtet. Es handelt sich um eine Wissenserklärung (BGH GRUR 1994, 630 (632) – Cartier-Armreif), die grds. **schriftlich** abgegeben werden muss, wobei jedoch die Schriftform des § 126 BGB nicht erfüllt sein muss (BGH NJW 2008, 917 Rn. 12 ff.). Fremdsprachige Auskünfte (zB in Chinesisch) genügen grds. nicht zur Erfüllung der Auskunftspflicht; ausgenommen ist Englisch, wenn der Gläubiger international tätig ist und Englisch die übliche Arbeitssprache ist (OLG Frankfurt GRUR-RR 2018, 222). Die Auskunft beschränkt sich nicht auf die Mitteilung von **präsentem** Wissen. Der Auskunftspflichtige kann sich also nicht damit verteidigen, er habe an den Vorgang keine Erinnerung mehr oder er sei dafür nicht zuständig gewesen. Vielmehr muss

er alle ihm zur Verfügung stehenden und mit zumutbarem Aufwand erschließbaren Erkennt-
nisquellen (zB Einsichtnahme in Geschäftsunterlagen) ausschöpfen. Verfügt ein **Dritter** (zB
Mitarbeiter, **Konzerngesellschaft,** Kunde, Lieferant) über die zur Erteilung der Auskunft
erforderlichen Kenntnisse, so muss der Schuldner alles ihm Zumutbare tun, um sich von ihm die
Kenntnisse zu verschaffen (**Informationsbeschaffungspflicht; Nachforschungspflicht**).
Notfalls muss er den Rechtsweg beschreiten (BGHZ 128, 220 (227) = GRUR 1995, 338 –
Kleiderbügel; BGH GRUR 2003, 433 (434) – Cartier-Ring; WRP 2006, 749 Rn. 40 –
Parfümtestkäufe; WRP 2009, 996 Rn. 21 – Auskunft über Tintenpatronen; GRUR 2013, 638
Rn. 69 – Völkl; OLG Düsseldorf GRUR-RR 2013, 273 (275)). Ggf. ist ihm auch zuzumuten
Daten zu rekonstruieren (zB wenn er sie auf der Festplatte gelöscht hat). Auch die Heranziehung
von Sachverständigen kann geboten sein (BGH GRUR 1982, 723 (726) – Dampffrisierstab I;
GRUR 1995, 338 (341) – Kleiderbügel). – Nicht zumutbar ist es dagegen, unbekannte Umstände zu ermitteln (OLG Düsseldorf GRUR-RR 2012, 406 (409)) oder bei Dritten Ermittlungen vorzunehmen (BGH WRP 2006, 749 Rn. 40 – Parfümtestkäufe), etwa den Aufenthaltsort eines Dritten, der Informationen erteilen kann (zB früherer Geschäftsinhaber), mit Hilfe eines
Detektivs zu ermitteln (OLG Köln GRUR-RR 2006, 31 (32)). – Die **Rechnungslegung**
umfasst über die bloße Auskunft hinaus die weitergehende, genauere Information durch Vorlage
einer „die geordnete Zusammenstellung der Einnahmen oder der Ausgaben enthaltenden Rechnung" und von Belegen, soweit solche erteilt zu werden pflegen (§ 259 I BGB; dazu Stjerna
GRUR 2011, 789). Geordnet heißt so viel wie übersichtlich, aus sich heraus verständlich und
der Nachprüfung zugänglich (BGH NJW 1982, 573). Wer zur Rechnungslegung über Geschäfte
über die Verwendung eines bestimmten Produkts verpflichtet ist, muss eine Aufstellung der
betreffenden Ein- und Verkaufsgeschäfte, aus der sich der jeweilige Kaufpreis ergibt, und die
dazugehörigen Rechnungen und Lieferscheine vorlegen (OLG Frankfurt GRUR-RR 2018,
272).

3. Wann ist erfüllt?

5.32   Der Auskunftsanspruch ist erfüllt, wenn die Auskunft richtig und vollständig erteilt worden ist.
Erfüllung kann auch durch eine **negative Erklärung** eintreten (sog **Nullauskunft**; BGH
GRUR 1958, 149 (150) – Bleicherde; BGHZ 148, 26 (36) = GRUR 2001, 841 (844) –
Entfernung der Herstellungsnummer II; BGH GRUR 2003, 433 (434) – Cartier-Ring; OLG
Düsseldorf GRUR-RR 2013, 273 (274)). Erklärungen, die im Prozess nicht zum Zwecke der
Auskunfterteilung, sondern unter anderen rechtlichen Gesichtspunkten abgegeben worden sind,
stellen noch keine Erfüllung dar (BGH WRP 1999, 544 (546) – Datenbankabgleich; OLG
Stuttgart WRP 2000, 318 (322)). Geht aber der Berechtigte der ihm erteilten Information ohne
Verschulden verlustig (zB durch Abhandenkommen oder Brand), ist ihm aber nach Treu und
Glauben ein Anspruch auf erneute Mitteilung gegen Ersatz der damit verbundenen Kosten
zuzubilligen, zumal der Auskunftspflichtige dadurch nicht übermäßig belastet wird (GK/Köhler
Vor § 13 aF Rn. B 427). Erkennt der Auskunftspflichtige nachträglich, dass die erteilte Auskunft
unrichtig oder unvollständig ist, so ist ihm eine Berichtigung nicht verwehrt. Maßgebend ist
dann die neuere Auskunft (BGH GRUR 1982, 723 (724) – Dampffrisierstab I). – Vielfach wird
die Auskunft den Anspruchsberechtigten nicht befriedigen, weil er annimmt, der Auskunftspflichtige sage nicht die (volle) Wahrheit. Erfüllung iSv § 362 BGB tritt in der Tat nicht ein,
wenn die Erklärung **nicht ernst gemeint, unvollständig oder von vornherein unglaubhaft**
ist (BGH GRUR 2001, 841 (844) – Entfernung der Herstellungsnummer II; OLG Köln
GRUR-RR 2006, 31; OLG Düsseldorf GRUR-RR 2012, 406 (407); OLG Köln GRUR-RR
2015, 215 Rn. 23); insoweit ist die Erklärung als nicht abgegeben anzusehen. Dies beurteilt sich
aber nicht nach der Einschätzung durch den Auskunftsberechtigten, sondern nach objektiven
Umständen unter Berücksichtigung der Lebenserfahrung. Ein bloßer Verdacht, der Auskunftspflichtige unterdrücke bewusst oder unbewusst sein Erinnerungsvermögen, oder die Behauptung, die Auskunft sei falsch, reichen allerdings nicht aus, um eine Erklärung von vornherein als
unglaubhaft anzusehen (BGHZ 125, 322 (326) = GRUR 1994, 630 (632) – Cartier-Armreif;
BGH GRUR 2001, 841 (844) – Entfernung der Herstellungsnummer II; OLG Hamburg
GRUR-RR 2001, 197). Ist der Anspruch nach dem Gesagten nicht erfüllt, kann die Auskunft
nach § 888 ZPO erzwungen werden. – Allerdings ist auch im Vollstreckungsverfahren der
Einwand der Unmöglichkeit zu beachten, selbst dann, wenn sie zu dem Zweck herbeigeführt
wurde, den Auskunfts- oder Rechnungslegungsanspruch zu vereiteln (BGH GRUR 2009, 794
Rn. 20 – Auskunft über Tintenpatronen). In diesem Fall verbleibt dem Gläubiger aber die

Möglichkeit, auf eidesstattliche Versicherung der Richtigkeit der Behauptung des Schuldners zu klagen (OLG Düsseldorf GRUR-RR 2013, 273 (275)).

4. Anspruch auf Ergänzung

Ist die Auskunft unvollständig, entweder von vornherein oder weil neue Tatsachen bekannt **5.33** werden oder die zu Grunde gelegten Tatsachen sich als unrichtig erweisen oder weil der Gläubiger auf eine andere Schadensberechnungsmethode übergeht, kann Ergänzung verlangt und mit den Zwangsmitteln des § 888 ZPO durchgesetzt werden (BGH GRUR 1974, 53 (54) – Nebelscheinwerfer; BGHZ 92, 62 (69) – Dampffrisierstab II; BGH 125, 322 (327) = GRUR 1994, 630 (632) – Cartier-Armreif; OLG Zweibrücken WRP 1997, 611 (614); OLG München NJWE-WettbR 1996, 134). Unvollständigkeit ist auch gegeben, wenn bei unterschiedlichen Rechnungslegungen Klarheit über den Grund der Abweichung geschaffen werden soll (BGH GRUR 1982, 723 (726) – Dampffrisierstab I). Ferner dann, wenn die Auskunft nicht aus sich heraus verständlich ist, etwa weil der Berechtigte sich selbst die einzelnen Vorgänge zusammenstellen müsste oder geschuldete Belege fehlen (RGZ 100, 150 (153)). – Nicht dagegen kann Überprüfung der Richtigkeit und Vervollständigung durch einen Wirtschaftsprüfer verlangt werden, da insoweit die § 259 II BGB, § 260 II BGB eine abschließende Regelung darstellen. Eine abweichende Vereinbarung ist aber möglich (BGHZ 92, 62 (69) – Dampffrisierstab II). – Ist bereits Rechnung gelegt, so kann insoweit keine Auskunft mehr verlangt werden. Dagegen kann umgekehrt nach Auskunfterteilung (zB zwecks Berechnung der fiktiven Lizenzgebühr) noch Rechnungslegung verlangt werden (BGH GRUR 1985, 472 – Thermotransformator).

5. Kosten

Die Kosten der Auskunft hat der Auskunftspflichtige zu tragen, weil er Schuldner dieser **5.34** Leistung ist (BGHZ 84, 31 (33)).

II. Durchsetzung

Die Durchsetzung des Auskunftsanspruchs erfolgt durch **Leistungsklage** und Vollstreckung **5.35** nach § 888 ZPO (bzw. § 887 ZPO). Die Möglichkeit der **einstweiligen Verfügung** bei **wettbewerbsrechtlichen** Auskunftsansprüchen ist grds. ausgeschlossen, weil damit die Hauptsacheentscheidung vorweggenommen wird und nur in **Ausnahmefällen**, nämlich wenn es um die Existenz des Gläubigers geht, anzuerkennen (→ § 12 Rn. 3.10; OLG Hamburg GRUR-RR 2007, 29; wohl auch FBO/Büscher § 12 Rn. 95 mwN). Bei den **Rechten des geistigen Eigentums** besteht kraft gesetzlicher Regelung in Fällen offensichtlicher Rechtsverletzung die Möglichkeit, den Auskunftsanspruch im Wege der einstweiligen Verfügung durchzusetzen (vgl. § 19 VII MarkenG, § 101 VII UrhG, § 140b VII PatG, § 24b VII GebrMG, § 46 VII DesignG). Eine analoge Anwendung dieser Vorschriften auf Fälle des **ergänzenden wettbewerbsrechtlichen Leistungsschutzes** (§ 4 Nr. 3) ist allerdings nicht möglich (→ § 12 Rn. 3.10; OLG Hamburg WRP 2007, 1253; FBO/Büscher § 12 Rn. 95).

III. Anspruch auf Abgabe einer eidesstattlichen Versicherung

Im Übrigen bleibt dem Verletzten zur Sicherstellung der Richtigkeit und Vollständigkeit der **5.36** Auskunft oder Rechnungslegung nur das Verlangen auf Abgabe einer entspr. Versicherung an Eides Statt. Es handelt sich um eine materiellrechtliche Pflicht, die über den Gesetzeswortlaut (§ 260 II BGB) hinaus generell bei Auskunftsansprüchen besteht. Diese Verpflichtung ist ebenfalls höchstpersönlicher Natur, kann also nur vom Auskunftspflichtigen selbst (BGHZ 104, 369 (371)) oder seinem gesetzlichen Vertreter, nicht durch Hilfspersonen (KG NJW 1972, 2093) erfüllt werden (vgl. §§ 889, 478 ZPO).

1. Voraussetzungen

Der Anspruch setzt voraus, dass Auskunft erteilt oder Rechnung gelegt wurde, aber Grund zur **5.37** Annahme besteht, dass die Angaben nicht mit der erforderlichen Sorgfalt gemacht wurden (§ 259 II BGB, § 260 II BGB). Dazu ist eine Wahrscheinlichkeitsprognose erforderlich (Lüke JuS 1986, 2 (7)). Der Berechtigte muss eine Verletzung der Sorgfaltspflicht des Auskunftspflichtigen beweisen, sofern sie sich nicht ohne weiteres ergibt. Ob eine Verletzung der Sorgfaltspflicht vorliegt, ist Frage des Einzelfalls. Zu berücksichtigen sind die persönlichen Verhältnisse (Bildung,

Geschäftserfahrung usw) des Auskunftspflichtigen sowie sein Gesamtverhalten. Mangelnde Sorgfalt ist insbes. anzunehmen, wenn die Auskunft mehrfach berichtigt oder ergänzt wurde oder ihre Unvollständigkeit erwiesen ist oder widersprüchliche Einlassungen vorliegen oder die Lebenserfahrung oder objektive Umstände Zweifel an der Glaubhaftigkeit der Auskunft hervorrufen (BGH GRUR 1960, 247 (248) – Krankenwagen I; BGHZ 125, 322 (327) = GRUR 1994, 630 (633) – Cartier-Armreif; BGH WRP 1999, 534 (542) – Preisbindung durch Franchisegeber; GRUR 2001, 841 (845) – Entfernung der Herstellungsnummer II; LG Düsseldorf GRUR-RR 2009, 195 (196)). Ein begründeter Verdacht liegt aber nicht schon dann vor, wenn die Auskunft ursprünglich verweigert worden oder es schon früher zu Verstößen gekommen war (BGH NJW 1966, 1117 (1120)). Ein an sich gegebener Verdacht kann ausgeräumt werden, wenn der Auskunftspflichtige in unverschuldeter Unkenntnis oder unverschuldetem Irrtum gehandelt hat. Insoweit kommt nur ein Anspruch auf ergänzende Auskunft in Betracht (BGH NJW 1984, 484 (485)).

2. Umfang

5.38   Der Umfang der Versicherung ergibt sich zunächst aus den § 259 II BGB, § 260 II BGB. Doch ist diese Regelung nicht abschließend, wie sich aus § 261 II BGB ergibt. Bei einer Rechnungslegung über einen herauszugebenden Verletzergewinn ist daher die eidesstattliche Versicherung auch auf die Kosten und die dazu ggf. vorgenommenen Schätzungen des Schuldners zu erstrecken (BGHZ 92, 62 (67 ff.) = GRUR 1984, 728 – Dampffrisierstab II).

3. Grenzen

5.39   Der Anspruch auf Abgabe einer eidesstattlichen Versicherung dient nicht Ausforschungszwecken und auch nicht dem Nachweis der Unrichtigkeit der Auskunft oder Rechnung; er bezieht sich auch nicht auf die Vollständigkeit der Belege (RG MuW 1929, 528). In „Angelegenheiten von geringer Bedeutung" besteht keine Pflicht zur Abgabe einer eidesstattlichen Versicherung (§ 259 III BGB; dazu BGHZ 89, 137 (141)). Dies gilt auch dann, wenn der beanstandete Mangel geringfügig ist. Der Anspruch ist nicht dadurch ausgeschlossen, dass der Auskunftspflichtige sich einer Straftat bezichtigen müsste (BGHZ 41, 318 (322 f.)), weil insoweit ein strafrechtliches Verwertungsverbot anzuerkennen ist.

4. Bedeutung

5.40   Praktische Bedeutung hat die eidesstattliche Versicherung zunächst einmal in den Fällen der Rechnungslegungspflicht zur Bemessung eines Schadensersatz- oder Bereicherungsanspruchs. Besondere Bedeutung kommt aber der eidesstattlichen Versicherung in den Fällen der Drittauskunft zur Durchsetzung eines Unterlassungs- oder Schadensersatzanspruchs gegen den Dritten zu (BGHZ 125, 322 (327) = GRUR 1994, 630 (633) – Cartier-Armreif; BGH GRUR 2001, 841 (845) – Entfernung der Herstellungsnummer II). Denn die Richtigkeit und Vollständigkeit der Drittauskunft hängt im Wesentlichen von der Auskunftsbereitschaft des Verpflichteten ab und kann nicht ohne weiteres widerlegt werden.

5. Verfahren

5.41   Der Auskunftspflichtige kann die eidesstattliche Versicherung freiwillig abgeben. **Zuständig** zur Entgegennahme ist das Amtsgericht (§ 261 I BGB iVm § 410 Nr. 1 FamFG, § 411 FamFG, § 413 FamFG). Weigert sich der Auskunftspflichtige, dem Verlangen nachzukommen, muss der Auskunftsberechtigte Klage erheben, die allerdings aus Gründen der Prozessökonomie im Wege der **Stufenklage** mit der Klage auf Auskunft verbunden werden kann (BGH WRP 2000, 101 (103) – Planungsmappe; WRP 2010, 927 Rn. 59 – Restwertbörse). Dem steht nicht entgegen, dass über den Antrag erst nach Erteilung der Auskunft entschieden werden kann. Zuständig zur Entgegennahme ist in diesem Falle das Amtsgericht als Vollstreckungsgericht (§ 889 ZPO). Die **Kosten** der Abnahme der eidesstattlichen Versicherung trägt in beiden Fällen der Auskunftsberechtigte (§ 261 III BGB; BGH NJW 2000, 2113).

F. Einwendungen und Einreden

Das **Erlöschen** des Hauptsacheanspruchs (zB durch Erfüllung, Aufrechnung oder Verzicht; **5.42** Verwirkung) bringt auch den Auskunftsanspruch zum Erlöschen (BGHZ 85, 16 (29)). Der Auskunftsanspruch kann aber auch selbstständig **verwirkt** werden (BGHZ 39, 87 (92)). – Für die **Verjährung** gilt: Der Auskunftsanspruch verjährt nicht in derselben Frist wie der Hauptanspruch (so noch BGH GRUR 1972, 558 (560) – Teerspritzmaschinen; GRUR 1974, 99 (101) – Brünova), da es sich um einen eigenständigen Anspruch handelt (BGH GRUR 2012, 1248 Rn. 22 – Fluch der Karibik; FBO/Büscher § 11 Rn. 17; Teplitzky Wettbewerbsrechtliche Ansprüche/Löffler Kap. 38 Rn. 37). Dem steht auch nicht die Akzessorietät entgegen. Denn der Gläubiger kann zB auch noch mit einem verjährten Hauptanspruch aufrechnen (§ 215 BGB) und ist insoweit auf die Auskunfterteilung angewiesen. Für den Auskunftsanspruch gilt vielmehr die Regelverjährungsfrist der §§ 195, 199 BGB (BGHZ 33, 373 (379); 108, 393 (399); BGH GRUR 1988, 533 (536) – Vorentwurf II; Harte-Bavendamm/Henning-Bodewig/Bergmann Vor § 8 Rn. 27; → § 11 Rn. 1.17). Ist allerdings der Hauptanspruch (zB nach § 11) verjährt, so fehlt dem Gläubiger idR ein berechtigtes Informationsinteresse (Ausnahme: Möglichkeit der Aufrechnung, § 390 S. 2 BGB), so dass eine Auskunftsklage unbegründet ist (BGH NJW 1985, 384 (385); 1990, 180 (181)). Ist beim selbstständigen Auskunftsanspruch der Hauptanspruch gegen den Dritten verjährt, hat dies solange keinen Einfluss auf den Auskunftsanspruch, als sich der Dritte nicht auf Verjährung beruft.

G. Der Anspruch auf Besichtigung (§ 809 BGB)

Schrifttum: Bork, Effiziente Beweissicherung für den Urheberrechtsverletzungsprozess – dargestellt am Beispiel raubkopierter Computerprogramme, NJW 1997, 1665; Müller-Stoy, Durchsetzung des Besichtigungsanspruchs, GRUR-RR 2009, 161; Rauschhofer, Quellcodebesichtigung im Eilverfahren – Softwarebesichtigung nach § 809 BGB, GRUR-RR 2006, 249; Tilman/Schreibauer, Beweissicherung vor und im Patentverletzungsprozess, FS Erdmann, 2002, 901; Tilman/Schreibauer, Die neueste BGH-Rechtsprechung zum Besichtigungsanspruch nach § 809 BGB, GRUR 2002, 1015.

I. Allgemeines

Nach **§ 809 BGB** besteht unter bestimmten Voraussetzungen gegen den Besitzer einer Sache **5.43** ein Anspruch auf Besichtigung der Sache. Darüber hinaus ist ein Besichtigungsanspruch **spezielgesetzlich** vorgesehen in § 19a I MarkenG, § 101a I UrhG, § 140c I PatG, § 24c I GebrMG, § 46a I DesignG, § 37c I SortSchG. Dieser Anspruch dient ähnlich wie der Auskunftsanspruch der Vorbereitung der Rechtsdurchsetzung (BGHZ 150, 377 (385) = GRUR 2002, 1046 (1047) – Faxkarte). Er kann im **Lauterkeitsrecht** Bedeutung erlangen, wenn eine Sache möglicherweise unter Verletzung von Geschäfts- oder Betriebsgeheimnissen hergestellt wurde und dem Verletzten aus diesem Grunde ein Anspruch aus den §§ 8, 9 wegen Zuwiderhandlung gegen die §§ 3, 4 Nr. 3 lit. c zustehen kann (vgl. OLG Hamm GRUR-RR 2013, 306 (307 f.)).

II. Voraussetzungen

1. (Möglicher) Anspruch gegen den Besitzer

Erste Voraussetzung ist, dass der Anspruchsteller gegen den Besitzer einer Sache einen An- **5.44** spruch in Ansehung der Sache hat oder sich Gewissheit verschaffen will, ob ihm ein solcher Anspruch zusteht. Dafür genügt es, wenn das Bestehen des Anspruchs in irgendeiner Weise von der Existenz oder Beschaffenheit der Sache abhängt (BGHZ 150, 377 (384) – Faxkarte). Es muss jedoch eine **gewisse Wahrscheinlichkeit** für das Bestehen eines solchen Anspruchs gegeben sein (vgl. BGHZ 93, 191 (205) – Druckbalken zum Patentrecht; BGHZ 150, 377 (386) – Faxkarte; BGH WRP 2013, 808 Rn. 20 – UniBasic-IDOS, jeweils zum Urheberrecht; OLG Hamm GRUR-RR 2013, 306 (308) zum Lauterkeitsrecht), dh es muss ein durch bestimmte Anhaltspunkte begründeter Verdacht einer Rechtsverletzung vorliegen. Ausreichend dafür kann es sein, dass ein Produkt des Schuldners Ähnlichkeiten im Aussehen oder in der Funktion mit dem Produkt des Gläubigers hat und ein ehemaliger Mitarbeiter des Gläubigers nunmehr beim Schuldner beschäftigt ist. – Dagegen lässt sich aus § 809 BGB kein Nachforschungs- und Durchsuchungsanspruch ableiten, im Geschäftsbereich des Schuldners allgemeine Besichtigungs- und

Kontrollrechte auszuüben. Denn dies liefe auf ein Ausforschungsrecht hinaus, das § 809 BGB gerade nicht gewährt (BGH GRUR 2004, 420 (421) – Kontrollbesuch).

2. Interesse an der Besichtigung

5.45   Die Besichtigung der Sache muss im Hinblick auf die Durchsetzung etwaiger Ansprüche für den Gläubiger von **Interesse** sein. Das ist dann der Fall, wenn er auf die Besichtigung angewiesen ist, um eine unterstellte Rechtsverletzung nachweisen zu können. Das Interesse fehlt, wenn der Hauptanspruch nicht mehr durchsetzbar (zB verjährt) ist oder der Gläubiger auf andere Weise die erforderliche Kenntnis leichter erlangen kann (etwa durch Kauf der Sache und eigene Untersuchung). Dem Interesse des Gläubigers kann ein Interesse des Schuldners gegenüber stehen, dass der Besichtigungsanspruch nicht zu einer Ausspähung insbes. auch solcher Informationen missbraucht wird, die der Schuldner aus schutzwürdigen Gründen geheim halten möchte, und der Gläubiger sich über sein berechtigtes Anliegen hinaus wertvolle Kenntnisse verschafft (BGHZ 150, 377 (386) – Faxkarte). Diesem Interessenwiderstreit lässt sich aber zumeist dadurch Rechnung tragen, dass ein neutraler, zur Verschwiegenheit verpflichteter Sachverständiger die Besichtigung vornimmt (BGHZ 150, 377 (387) – Faxkarte).

III. Rechtsfolgen

5.46   Der Gläubiger kann verlangen, dass der Besitzer ihm die Sache zur Besichtigung vorlegt oder die Besichtigung gestattet. Zur Besichtigung gehört nicht nur die sinnliche Wahrnehmung der Sache, sondern auch die nähere Untersuchung, ggf. durch Inbetriebnahme, Ausbau oder Zerlegung (BGHZ 150, 377 (388) – Faxkarte; Stürner/Stadler JZ 1985, 1101; aA noch BGHZ 93, 191 (209)). Allerdings darf das Interesse des Schuldners an der Unversehrtheit der Sache nicht unberücksichtigt bleiben. Steht fest, dass die Sache dauerhaft beschädigt würde, braucht dies der Schuldner nicht hinzunehmen. Die bloße Gefahr einer Beeinträchtigung reicht dagegen nicht aus, zumal der Schuldner die Vorlage nach § 811 II 2 BGB von einer Sicherheitsleistung abhängig machen und bei Beschädigung Ersatz verlangen kann (BGHZ 150, 377 (389) – Faxkarte).

Gewinnabschöpfung

10 (1) ¹**Wer vorsätzlich oder grob fahrlässig eine nach § 3 oder § 7 unzulässige geschäftliche Handlung vornimmt und hierdurch zu Lasten einer Vielzahl von Abnehmern einen Gewinn erzielt, kann von den gemäß § 8 Absatz 3 Nummer 2 bis 4 zur Geltendmachung eines Unterlassungsanspruchs Berechtigten auf Herausgabe dieses Gewinns an den Bundeshaushalt in Anspruch genommen werden. ²Ist zwischen den Parteien streitig, ob durch die unzulässige geschäftliche Handlung zu Lasten einer Vielzahl von Abnehmern ein Gewinn erzielt wurde oder wie hoch der erzielte Gewinn ist, so entscheidet hierüber das Gericht unter Würdigung aller Umstände nach freier Überzeugung.**

(2) ¹**Auf den Gewinn sind die Leistungen anzurechnen, die der Schuldner auf Grund der Zuwiderhandlung an Dritte oder an den Staat erbracht hat. ²Soweit der Schuldner solche Leistungen erst nach Erfüllung des Anspruchs nach Absatz 1 erbracht hat, erstattet das Bundesamt für Justiz dem Schuldner den abgeführten Gewinn in Höhe der nachgewiesenen Zahlungen zurück.**

(3) **Beanspruchen mehrere Gläubiger den Gewinn, so gelten die §§ 428 bis 430 des Bürgerlichen Gesetzbuchs entsprechend.**

(4) **Die Gläubiger haben dem Bundesamt für Justiz über die Geltendmachung von Ansprüchen nach Absatz 1 Auskunft zu erteilen.**

(5) ¹**Haben die Gläubiger einen Anspruch gegen den Schuldner auf Ersatz der für die Geltendmachung des Anspruchs erforderlichen Aufwendungen und können sie vom Schuldner keinen Ausgleich erlangen, so können sie die Erstattung dieser Aufwendungen vom Bundesamt für Justiz verlangen. ²Der Anspruch nach Satz 1 ist auf die Höhe des an den Bundeshaushalt abgeführten Gewinns beschränkt.**

(6) ¹**Die Gläubiger können vom Bundesamt für Justiz Ersatz der Aufwendungen verlangen, die für eine Finanzierung des gerichtlichen Verfahrens durch einen gewerblichen Prozessfinanzierer entstanden sind, wenn das Bundesamt für Justiz vor Ein-**

leitung des gerichtlichen Verfahrens die Inanspruchnahme dieser Finanzierung bewilligt hat. ²Das Bundesamt für Justiz bewilligt die Inanspruchnahme der Finanzierung, wenn die beabsichtigte Rechtsverfolgung unter Berücksichtigung der gesamten Umstände nicht missbräuchlich ist und die Aufwendungen für den Prozessfinanzierer üblich und angemessen sind.

Übersicht

Schrifttum: Ahrens, Kollektivschadensersatz wegen Wettbewerbsbeschränkungen oder unlauteren Wettbewerbs? – Über Mythen und Problemignoranz, WRP 2015, 1040; Alexander, Marktsteuerung durch Abschöpfungsansprüche, JZ 2006, 890; Alexander, Gemeinschaftsrechtliche Perspektiven der kollektiven Rechtsdurchsetzung, WRP 2009, 683; Alexander, Schadensersatz und Abschöpfung im Lauterkeits- und Kartellrecht, 2010; Alexander, Nutzen und Zukunft der Gewinnabschöpfung in der Diskussion, WRP 2012, 1190; Beuchler, Das „Schreckgespenst" § 10 UWG: mehr Gespenst als Schrecken, WRP 2006, 1288; Emmerich, Überlegungen zur Gewinnabschöpfung, FS Fezer, 2016, 1027; Engels/Salomon, Vom Lauterkeitsrecht zum Verbraucherschutz: UWG-Reform 2003, WRP 2004, 32; Fezer, Zweckgebundene Verwendung von Unrechtserlösen zur Finanzierung der Verbraucherarbeit, 2012; Fezer, Unrechtserlösabschöpfung – Ein originärer Anspruch sui generis im zivilrechtlichen Haftungssystem, FS Bornkamm, 2014, 335; Gärtner, Der Gewinnabschöpfungsanspruch nach § 10 UWG, 2006; Gärtner, Der Gewinnabschöpfungsanspruch gemäß § 10 UWG, GRUR-Int. 2008, 817; Gsell/Rübbeck, Beseitigung als Folgenbeseitigung, ZfPW 2018, 409; Harnos, Drittfinanzierte Gewinnabschöpfungsklagen, GRUR 2020, 1034; Henning-Bodewig, Die Gewinnabschöpfung nach § 10 UWG – ein Flop?, GRUR 2015, 731; Herzberg, Die Gewinnabschöpfung nach § 10 UWG, 2013; Köhler, UWG-Reform und Verbraucherschutz, GRUR 2003, 265; Köhler, Hoheitliche und private Rechtsdurchsetzung am Beispiel der Vorteilsabschöpfung im Kartellrecht, FS R. Schmidt, 2006, 509; Köhler, Behördliche Durchsetzung des Lauterkeitsrechts – eine Aufgabe für das Bundeskartellamt?, WRP 2018, 519; Köhler, Gewerblich finanzierte Gewinnabschöpfungsprozesse: Ende eines Geschäftsmodells, WRP 2019, 139; Köhler, Die Legalisierung gewerblich finanzierter Gewinnabschöpfungsklagen – Ein Fall für den EuGH?, WRP 2023, Heft 11 – Editorial; Lindacher, Prozessführung durch Verbände unter Kostendeckungszusage, WRP 2017, 1168; Loschelder, Zur Zulässigkeit einer Prozessfinanzierung bei Durchsetzung von Gewinnabschöpfungsansprüchen gem. § 10 UWG, FS Büscher, 2018, 513; Micklitz/Stadler, Unrechtsgewinnabschöpfung, 2001; Mönch, Der Gewinnabschöpfungsanspruch nach § 10 UWG, ZIP 2004, 2032; Neuberger, Der wettbewerbsrechtliche Gewinnabschöpfungsanspruch im europäischen Rechtsvergleich, 2006; Oppermann/Müller, Wie verbraucherfreundlich muss das neue UWG sein?, GRUR 2005, 280; Pokrant, Zum Verhältnis von Gewinnabschöpfung gemäß § 10 und Schadensersatz nach § 9 UWG, FS Ullmann, 2006, 813; van Raay, Gewinnabschöpfung gemäß § 10 UWG: „Erste Schritte", VuR 2007, 47; van Raay, Gewinnabschöpfung als Präventionsinstrument im Lauterkeitsrecht, 2012; Sack, Der Gewinnabschöpfungsanspruch von Verbänden in der geplanten UWG-Novelle, WRP 2003, 549; Schaub, Schadensersatz und Gewinnabschöpfung im Lauterkeits- und Immaterialgüterrecht, GRUR 2005, 918; Scherer, Gewerbliche Prozessfinanzierung, VuR 2020, 83; Schmauß, Der Gewinnabschöpfungsanspruch von Verbänden in der Neufassung des § 10 des Gesetzes gegen den unlauteren Wettbewerb (UWG), 2007; Sieme, Die Auslegung des Begriffs „zu Lasten" in § 10 UWG und § 34a GWB, WRP 2009, 914; Sieme, Gewinnabschöpfungsanspruch nach § 10 UWG und die Vorteilsabschöpfung gem. §§ 34, 34a GWB, 2009; Stadler, Der Gewinnabschöpfungsanspruch: eine Variante des private enforcement?, in: Augenhofer, Die Europäisierung des Kartell- und Lauterkeitsrechts, 2009, 117; Stadler/Micklitz, Der Reformvorschlag der UWG-Novelle für eine Verbandsklage auf Gewinnabschöpfung, WRP 2003, 559; Wimmer-Leonhardt, UWG-Reform und Gewinnabschöpfungsanspruch oder „Die Wiederkehr der Drachen", GRUR 2004, 12; Zimmer/Höft, „Private Enforcement" im öffentlichen Interesse, ZGR 2009, 662.

A. Allgemeines

I. Entstehungsgeschichte und rechtspolitische Bewertung

1. Entstehungsgeschichte

1   **a) Die Regelung im UWG 2004.** Die Einführung eines Gewinnabschöpfungsanspruchs der Verbände stellte ein Novum im Wettbewerbsrecht dar, für das es auch im Ausland kaum Vorbilder gab. So hatte die viel zitierte „Marktstörungsabgabe" nach dem schwedischen Marktvertriebsgesetz (SFS 1995: 450; GRUR-Int. 1997, 37) mit dem deutschen Gewinnabschöpfungsanspruch nur entfernt Ähnlichkeit. Das Gleiche galt für die Verbandsklage auf Schadensersatz nach Art. 10 § 9 griech. VerbraucherschutzG 2251/1994 (dazu Microulea FS Georgiades, 2005, 281; Neuberger, Der wettbewerbsrechtliche Gewinnabschöpfungsanspruch im europäischen Rechtsvergleich, 2006, 142 ff.). Im Entwurf Köhler/Bornkamm/Henning-Bodewig (WRP 2002, 1317) war ein derartiger Anspruch (§ 9 II UWG-E) auf bestimmte Täuschungshandlungen gegenüber Verbrauchern beschränkt; außerdem sollte der abgeschöpfte Gewinn den anspruchsberechtigten Verbraucherverbänden verbleiben, allerdings mit der Maßgabe, dass er nur für satzungsmäßige Zwecke verwendet werden dürfe. Der **Referentenentwurf** erweiterte die Gewinnabschöpfung auf alle vorsätzlich und grob fahrlässig begangenen Wettbewerbsverstöße zum Nachteil von Abnehmern, sah aber gleichzeitig die Abführung des Gewinns an den Bundeshaushalt vor. Der **RegE** schränkte dann den Anwendungsbereich auf vorsätzlich begangene Wettbewerbsverstöße ein. Zur Begründung wurde ausgeführt: „Eine Verpflichtung zur Zahlung des Gewinns bei einer fahrlässigen Zuwiderhandlung wäre nicht gerechtfertigt". Ein fahrlässiges Handeln ist idR schon dann gegeben, wenn der Handelnde bei Anwendung der erforderlichen Sorgfalt die Unlauterkeit seines Verhaltens hätte erkennen können, der Irrtum somit vermeidbar war. Wer in Kenntnis des Sachverhalts wettbewerbswidrig handelt, der handelt grds. auch schuldhaft. Fahrlässig handelt insbes. auch, wer sich in einem Grenzbereich wettbewerbsrechtlicher Zulässigkeit bzw. Unzulässigkeit bewegt und deshalb mit einer abweichenden Beurteilung seines zumindest bedenklichen Verhaltens rechnen muss (vgl. BGH GRUR 1999, 1011 (1014) – Werbebeilage). Würde man den Gewinnabschöpfungsanspruch auch in diesen Fällen zuerkennen, so müsste jeder Unternehmer, der sich in diesem Grenzbereich bewegt,

damit rechnen, den Gewinn zu verlieren. Der Unternehmer wäre häufig einem nicht unerheblichen Prozessrisiko ausgesetzt. Ein solches Prozessrisiko ist in den Fällen, in denen ein Mitbewerber durch das wettbewerbswidrige Verhalten einen echten Schaden erleidet, gerechtfertigt. Dies gilt indes nicht bei einem Gewinnabschöpfungsanspruch. Im Gegensatz zum Schadensersatzanspruch dient der Gewinnabschöpfungsanspruch nicht dem individuellen Schadensausgleich. Der Abnehmer, der durch das wettbewerbswidrige Verhalten Nachteile erlitten hat, erhält den Anspruch gerade nicht. Vielmehr sollen die Fälle erfasst werden, in denen die Geschädigten den Anspruch nicht geltend machen. Der Anspruch dient demnach weniger dem Interessenausgleich, sondern vielmehr einer wirksamen Abschreckung. Um mit Blick auf das erwähnte Prozessrisiko unangemessene Belastungen für die Wirtschaft zu vermeiden, erschien es gerechtfertigt, dass in den Fällen der fahrlässigen Zuwiderhandlung der Abschreckungsgedanke zurücktritt (vgl. Begr. RegE UWG 2004 zu § 10 I, BT-Drs. 15/1487, 23, 24). Der **Bundestag** änderte den RegE in einigen Punkten. So wurde in § 10 I RegE der Begriff „auf Kosten" durch den Begriff „zu Lasten" ersetzt. Damit sollte klargestellt werden, dass der Gewinnabschöpfungsanspruch nicht die Ermittlung von einzelfallbezogenen Nachteilen voraussetzt. Vielmehr sei es erforderlich, aber auch ausreichend, dass durch die Zuwiderhandlung bei einer Vielzahl von Abnehmern eine wirtschaftliche Schlechterstellung eingetreten sei. Des Weiteren wurde die Gewinnabführung in der Weise vereinfacht, dass der Schuldner den Gewinn unmittelbar an den Bundeshaushalt abzuführen hat. Damit wurden die Zahlungs- und etwaige Rückzahlungswege abgekürzt. Schließlich wurde als zuständige Stelle des Bundes das Bundesverwaltungsamt (seit 2006: **Bundesamt für Justiz**) bestimmt, da dieses Amt bereits die Liste der qualifizierten Einrichtungen nach § 4 UKlaG führt und zu erwarten ist, dass gerade diese Einrichtungen den Gewinnherausgabeanspruch geltend machen.

b) Die Regelung im UWG 2023. Weitreichende Änderungen des § 10 UWG erfolgten **2** durch Art. 13 Nr. 4 Verbandsklagerichtlinienumsetzungsgesetz (VRUG) v. 8.10.2023 (BGBl. 2023 I Nr. 272): (1) Das bisherige Erfordernis eines vorsätzlichen Rechtsverstoßes in § 10 I wurde gelockert. Es genügt auch grobe Fahrlässigkeit. In einem neuen § 10 I 2 wurde zur Klarstellung eine Beweiserleichterung eingeführt. (2) In § 10 II und IV wurde als zuständige Stelle des Bundes das Bundesamt für Justiz benannt. (3) Die bisherigen S. 2 und 3 des § 10 IV gingen in § 10 V auf. (4) Die Neuregelung in § 10 VI ermöglicht ausdrücklich den Einsatz von Prozessfinanzierern. Voraussetzung dafür ist eine Bewilligung durch das Bundesamt für Justiz. Im RegE (BT-Drs. 20/6520, 126) wurden diese Änderungen damit begründet, sie würden der „Flankierung der neu geschaffenen Regelungen über Abhilfeklagen" dienen. Die ausdrückliche Ermöglichung des Einsatzes von Prozessfinanzierern sollte Kostenrisiken für die klagenden Verbände reduzieren und die Rechtsdurchsetzung verbessern.

2. Rechtspolitische Bewertung

a) Die Regelung im UWG 2004. Die Regelung des § 10 zählte zu den umstrittensten **3** Neuerungen der UWG-Novelle 2004. So hatte der Bundesrat in seiner Stellungnahme (BT-Drs. 15/1487, 34) die Regelung als „unausgereift" und „nicht praktikabel" bezeichnet. Kritiker aus verschiedenen Lagern lehnten die Regelung entweder als rechtsstaatlich bedenklich oder als unzureichend ab (vgl. Micklitz/Stadler, Unrechtsgewinnabschöpfung, 2001; Sack WRP 2003, 549; Stadler/Micklitz WRP 2003, 559; Mönch ZIP 2004, 2032; Schaub GRUR 2005, 918; Wimmer-Leonhardt GRUR 2004, 12). – Den Kritikern der Vorschrift war zuzugeben, dass anfänglich ungewiss war, inwieweit ein Gewinnherausgabeanspruch tatsächlich und mit Erfolg geltend gemacht werden wird (vgl. Köhler GRUR 2003, 265). Insbes. das Vorsatzerfordernis stellte ein hohe Hürde auf (vgl. LG Bonn GRUR-RR 2006, 111; Beuchler WRP 2006, 1288; MüKoUWG/Fritzsche § 9 Rn. 4). Jedoch mehrten sich Fälle, in denen solche Verfahren erfolgreich (auch durch Vergleich) beendet wurden; vgl. OLG Stuttgart WRP 2007, 350). Auch konnte bereits die Existenz der Vorschrift abschreckende Wirkung gegenüber Vorsatztätern auslösen. Die Einführung einer Parallelregelung im Kartellrecht (§ 34a GWB) bestätigte dies (vgl. dazu Langen/Bunte/Bornkamm/Tolkmitt GWB § 34a Rn. 1). Andererseits sollte die Anwendung der Vorschrift nicht durch extensive Auslegung ihrer Tatbestandsmerkmale zu unverhältnismäßigen Sanktionen führen. De lege ferenda wurde erwogen, den abgeschöpften Gewinn den Anspruchsberechtigten zur zweckgebundenen Verwendung zu überlassen (vgl. Alexander WRP 2012, 1190 (1195); Henning-Bodewig GRUR 2015, 731 (739)). Besser wäre es jedoch, dem BKartA zusätzlich die Befugnis einzuräumen, den Gewinnabschöpfungsanspruch nach § 10 geltend zu machen (dazu Köhler WRP 2018, 519 Rn. 33–36).

4   **b) Die Regelung im UWG 2023.** Die Neufassung des § 10 ist kritisch zu sehen. Sie ermöglicht zweifellos eine Verbesserung der Durchsetzung eines Gewinnabschöpfungsanspruchs und damit zugleich eine Reduzierung der Kostenrisiken des klagenden Verbands. Begrüßenswert sind insoweit die Änderungen des § 10 I. Die neue Regelung über die Zulässigkeit einer Prozessfinanzierung in § 10 VI dient demselben Zweck. Damit wird die Rspr. des BGH zur Missbräuchlichkeit einer Prozessfinanzierung (BGH WRP 2018, 1452 – Prozessfinanzierer I; WRP 2019, 1009 – Prozessfinanzierer II) kassiert. – Allerdings ist zweifelhaft, ob diese Neuregelung geeignet und erforderlich ist, die Regelungen über die Abhilfeklage zu „flankieren", wie es in der Begründung des neu gefassten § 10 im RegE (BT-Drs. 20/6520, 125 v. 24.4.2023) heißt. Es geht vielmehr um die grundsätzliche Frage, ob nicht der Gewinnabschöpfungsanspruch auf Grund der Einführung des Schadensersatzanspruchs der Verbraucher (§ 9 II 1) und der Abhilfeklage (§§ 14ff. VDuG) seine innere Rechtfertigung, gewissermaßen seine ratio legis verloren hat. Diese bestand nämlich gerade darin, der damaligen Rechtslage Rechnung zu tragen, dass zwar Mitbewerber (§ 9 I), nicht aber Abnehmer einen wettbewerbsrechtlichen Schadensersatzanspruch geltend machen konnten, und daher eine Rechtsschutzlücke bestand. Der Gewinnabschöpfungsanspruch sollte und konnte daher nicht dem Interessenausgleich zwischen Rechtsverletzer und Abnehmer, sondern nur einer wirksamen Abschreckung dienen.

4a   Die Neuregelung in § 10 VI führt indessen dazu, dass der Schuldner nicht nur den Schaden der Verbraucher nach § 9 II 1 und nach den §§ 14ff. VDuG vollständig ersetzen muss, sondern darüber hinaus auch auf Herausgabe des Gewinns an den Bundeshaushalt, also doppelt in Anspruch genommen werden kann. Das Nebeneinander von Gewinnabschöpfungsklagen, Verbraucherschadensersatzklagen und Abhilfeklagen vor unterschiedlichen Gerichten kann zu widerstreitenden Entscheidungen, Mehrbelastungen der Justiz und zu Mehrbelastungen des Schuldners mit Verfahrenskosten führen. Er kann zwar diese Zahlungen an Verbraucher nach § 10 II gegenüber dem Bundesamt für Justiz gewinnmindernd geltend machen. Dies gilt aber nicht für den Gewinnanteil des Prozessfinanzierers, da dieser vorweg an diesen ausbezahlt wird, den „abgeführten Gewinn" also von vornherein mindert. Dem Schuldner fallen also nicht nur die Verfahrenskosten der Gewinnabschöpfungsklage, sondern zusätzlich auch der Gewinnanteil des Prozessfinanzierers zur Last. Die Verbraucher haben davon aber keinen Nutzen, sondern werden ihrerseits mit den Kosten der Finanzierung der Abhilfeklage oder ihrer Schadensersatzklagen belastet. Gewinner sind letztlich nur die Prozessfinanzierer. Da weder die UGP-RL 2005/29/EG noch die Verbandsklagen-RL (EU) 2020/1828 einen Gewinnabschöpfungsanspruch kennen, sollte dem EuGH die Frage vorgelegt werden, ob § 10 nF gegen Art. 13 I UGP-RL 2005/29/EG wegen Verstoßes gegen den Grundsatz der Verhältnismäßigkeit verstößt.

5   Überdies stellt sich die Frage, ob der Gewinnabschöpfungsanspruch mit dem **Unionsrecht,** nämlich mit Art. 11a I UGP-RL, umgesetzt in § 9 II 1, und mit der Verbandsklagen-RL, umgesetzt im VDuG, vereinbar ist. Daran bestehen Zweifel. So hat die Kommission im Grünbuch über kollektive Rechtsdurchsetzungsverfahren für Verbraucher v. 27.11.2008 (KOM(2008) 794 endg., Nr. 45) die Einführung einer Gewinnabschöpfung zwar erwogen, aber nicht weiterverfolgt. Diese Frage wäre daher ggf. durch eine Vorlage an den EuGH zu klären. Denn § 10 wurde 2004, zu einer Zeit also in das UWG eingefügt, als es noch keinen Schadensersatzanspruch des Verbrauchers und noch keine Abhilfeklage gab.

6   Nach der Regelung im UWG 2023 steht sogar zu befürchten, dass der Gewinnabschöpfungsanspruch zu einer Schmälerung des Verbraucherschutzes und zugleich zu einer übermäßigen Belastung der betroffenen Unternehmen und der Gerichte führt. Zum einen ist zu bedenken, dass nach § 10 II 2 der Rechtsverletzer, der Zahlungen (auch) an geschädigte Verbraucher geleistet hat, vom Bundesamt für Justiz die Rückerstattung des abgeführten Gewinns in Höhe der nachgewiesenen Zahlungen verlangen kann. Dies gilt jedoch nur, soweit der abgeführte Gewinn dazu ausreicht. Insoweit ist zu bedenken, dass vom erzielten Gewinn der Anteil eines Prozessfinanzierers abzuziehen ist. Es könnte daher sein, dass es zu einer ungerechtfertigten Mehrbelastung des Unternehmers kommt. Zum anderen ist zu bedenken, dass der Unternehmer einer Vielzahl gleichzeitiger Klagen mit entsprechenden Kostenrisiken ausgesetzt sein kann und dementsprechend die Gerichte zusätzlich belastet werden. Denn die Instrumente der Gewinnabschöpfungsklage, der Individualklage der Verbraucher und der Abhilfeklage der Verbände können nach derzeitiger Rechtslage nebeneinander eingesetzt werden. Hinzukommt, dass nach § 10 III mehrere Verbände gleichzeitig klagen können, vor allem aber, dass durch die Regelung in § 10 VI ein hoher Anreiz für Gewinnabschöpfungsklagen geschaffen wird, obwohl bereits für die Abhilfeklage eine Prozessfinanzierung vorgesehen ist (§ 4 II, III VDuG). Es kann daher iErg zu einer Verdoppelung der Kosten für eine Prozessfinanzierung kommen. Ein ungeregeltes

Nebeneinander solcher Klagen könnte gegen den unionsrechtlichen **Grundsatz der Verhältnismäßigkeit** (Art. 5 I 2, IV EUV; Art. 52 I 2 GRCh; Art. 18, 19 I UAbs. 2 Verbandsklagen-
RL) verstoßen.

Dies spricht – jedenfalls de lege ferenda – dafür, dass der Gewinnabschöpfungsanspruch, sofern   **7**
er unionsrechtlich zulässig ist, nur **subsidiär** geltend gemacht werden kann, nämlich nur
hinsichtlich eines Unrechtsgewinns, dem entweder kein entsprechender Verbraucherschaden
gegenübersteht oder der so geringfügig ist, dass er voraussichtlich weder von Verbrauchern
unmittelbar, noch im Rahmen einer Abhilfeklage geltend gemacht wird. Handelt es sich bei den
Abnehmern nicht um Verbraucher, sondern um sonstige Marktteilnehmer, so bleibt es dagegen
bei der Anwendung des § 10.

II. Normzweck

Der Gewinnabschöpfungsanspruch nach § 10 erweitert die zivilrechtlichen Sanktionen gegen   **8**
schwerwiegende Wettbewerbsverstöße und dient damit der Schließung einer **Rechtsschutzlücke.** Das frühere Wettbewerbsrecht hatte Durchsetzungsdefizite insbes. bei den sog. **Streuschäden,** nämlich der Schädigung einer Vielzahl von Abnehmern bei gleichzeitiger geringer
Schadenshöhe im Einzelnen (Harte-Bavendamm/Henning-Bodewig/Goldmann Rn. 18). Dazu
gehören die Einziehung geringer Beträge ohne Rechtsgrund (zB beim „Adressbuchschwindel"),
der Vertragsschluss auf Grund irreführender Werbung, der Verkauf von gefälschten Produkten
oder von Mogelpackungen, die Täuschung über die Gebührenhöhe bei Telekommunikations-
mehrwertdiensten, die Täuschung über Verdienstmöglichkeiten oder Gewinnchancen usw (vgl.
Begr. RegE UWG, BT-Drs. 15/1487, 23; Micklitz/Stadler, Unrechtsgewinnabschöpfung,
2003, S. 80 ff.). Ein Rechtsdurchsetzungsdefizit ergibt sich in derartigen Fällen daraus, dass die
Betroffenen in aller Regel von einer Durchsetzung der ihnen zustehenden Rechte und Ansprüche absehen, sei es, weil sie sich der rechtswidrigen Übervorteilung gar nicht bewusst sind oder
ihre Rechte nicht kennen, sei es, weil sie die Kosten und Mühen einer Rechtsverfolgung in
Anbetracht der geringen Beträge scheuen. Da auch Mitbewerber in solchen Fällen entweder
keinen Schaden haben oder einen Schadensersatzanspruch nicht durchsetzen können, ein Unterlassungsanspruch zudem nur für die Zukunft Abhilfe schafft, kann der Zuwiderhandelnde den
rechtswidrig erzielten Gewinn behalten. Dem will die Regelung des § 10 abhelfen. Sie dient
nicht dem Interessenausgleich zwischen dem Zuwiderhandelnden und den Betroffenen, sondern
der zivilrechtlichen **Prävention** von schwerwiegenden Wettbewerbsverstößen, die bes. gefährlich sind, weil sie vorsätzlich oder grob fahrlässig begangen wurden und sich gegen eine Vielzahl
von Abnehmern richten (vgl. Begr. RegE UWG 2004 zu § 10 I, BT-Drs. 15/1487, 24). Muss
ein Unternehmer damit rechnen, dass er den rechtswidrig erzielten Gewinn nicht behalten darf
und gegen ihn Individualklagen von Verbrauchern oder eine Abhilfeklage erhoben werden, wird
ihn dies eher von derartigen Wettbewerbsverstößen abschrecken. Die Vorschrift hat insoweit
generalpräventiven Charakter. Sie hat Bedeutung auch und gerade für die Fälle, in denen der
Verletzer noch keine strafbewehrte Unterlassungsverpflichtung eingegangen ist und demgemäß
bei Zuwiderhandlungen keine Vertragsstrafe (§§ 339 ff. BGB) zu befürchten hat. Ebenso wie die
Vertragsstrafe stellt auch § 10 **keine verkappte Strafvorschrift** dar (ebenso OLG Düsseldorf
GRUR-RR 2017, 331 Rn. 61; Lettl UWG Rn. 672; Oppermann/Müller GRUR 2005, 280
(283); aA Sack WRP 2003, 549 (552); Engels/Salomon WRP 2004, 32 (42); Wimmer-Leonhardt GRUR 2004, 12 (16 ff.)). Denn es soll lediglich ein zu Unrecht erzielter Gewinn abgeschöpft, nicht aber eine darüber hinausgehende Strafe verhängt werden. Die Vorschrift erschöpft
sich in der wirtschaftlichen Neutralisierung von schwerwiegenden Wettbewerbsverstößen (und
bleibt insoweit sogar hinter einer Vertragsstrafe zurück); eine Strafe würde eine weitergehende
Sanktion erfordern. Dass Verbände mit der Durchsetzung der Gewinnabschöpfung betraut sind,
verletzt daher auch nicht das Strafmonopol des Staates (so aber Sack WRP 2003, 549 (552)).
Verfassungsrechtliche Bedenken gegen die Vorschrift bestehen daher nicht (OLG Stuttgart
WRP 2007, 350 (352)). Im Übrigen ist es gerade ein Wesensmerkmal des deutschen Wettbewerbsrechts, dass Verbände das öffentliche Interesse an einem lauteren und funktionsfähigen
Wettbewerb wahrnehmen. Im **Kartellrecht** findet sich eine an den § 10 angelehnte Regelung
in **§ 34a GWB** (Vorteilsabschöpfung durch Verbände). Seit der 8. GWB-Novelle gehören zu
den anspruchsberechtigten Verbänden auch die Verbraucherverbände (§ 34a GWB iVm § 33 II
GWB). Daneben gibt es die Vorteilsabschöpfung durch die Kartellbehörde (§ 34 GWB).

III. Funktion und Rechtsnatur des Gewinnherausgabeanspruchs

1. Funktion

9   Der Gewinnherausgabeanspruch nach § 10 hat die Funktion, ein **Marktversagen** („Unlauterer Wettbewerb lohnt sich immer") zu korrigieren (eingehend Alexander JZ 2006, 890 (893 f.))
Werden Abnehmer durch vorsätzlich oder grob fahrlässig begangene Wettbewerbsverstöße übervorteilt, können sie im Allgemeinen nach den bürgerlichrechtlichen Vorschriften über die
Vertrags- und Delikthaftung oder nach § 9 II 1 einen Ausgleich ihrer Schäden verlangen
Vielfach bemerken aber Abnehmer gar nicht, dass sie übervorteilt worden sind. Und selbst wenn
sie es bemerken, scheuen sie – insbes. bei kleinen Alltagsgeschäften – die Kosten und Mühen
einer Durchsetzung ihrer Ansprüche. Dem Verletzer verbleibt daher der auf unlautere Weise
erzielte Gewinn. Daran ändert es auch nichts, dass Verbände und Mitbewerber gegen das
Verhalten zB mittels einer Untersagungsverfügung einschreiten können. Denn Unterlassungsansprüche wirken nur für die Zukunft. Schadensersatzansprüche von Mitbewerbern sind zwar
möglich, zielen aber gerade nicht auf den Ausgleich der von den Abnehmern erlittenen Vermögensnachteile. Es liegt daher ein Marktversagen vor. Dieses Marktversagen lässt sich auch
nicht durch Sammelklagen („class actions") korrigieren, weil es in aller Regel nicht möglich ist
alle übervorteilten Abnehmer zu ermitteln und zu organisieren (vgl. Stadler/Micklitz WRP
2003, 559 (562)). Nicht weiterführend sind daher Vorschläge, das UWG als Schutzgesetz iSd
§ 823 II BGB zu Gunsten der Verbraucher anzuerkennen (so zB Wimmer-Leonhardt GRUR
2004, 12 (20)). Die Lenkungsfunktion des Haftungsrechts greift nicht ein. Effektive Abhilfe kann
daher allein ein Rechtsinstrument schaffen, das die Abschöpfung des unlauter erzielten Gewinns
ohne Rücksicht darauf ermöglicht, welche Abnehmer im Einzelnen übervorteilt worden sind.
Wem der abgeschöpfte Gewinn letztlich zufließt, ist demgegenüber von sekundärer Bedeutung.
Würde man den anspruchsberechtigten Verbänden den abgeschöpften Gewinn belassen, bestünde die Gefahr einer missbräuchlichen Geltendmachung des Anspruchs zum Zweck der bloßen
Einnahmenerzielung. Daher ordnet § 10 I die Abführung des abgeschöpften Gewinns an den
Bundeshaushalt an. Andere Modelle (zB Abführung an eine Stiftung) wurden im Gesetzgebungs-
verfahren zu § 10 aF erwogen, aber verworfen (vgl. Begr. RegE UWG 2004 zu § 10 IV, BT-
Drs. 15/1487, 25).

2. Rechtsnatur

10   Der Gewinnherausgabeanspruch nach § 10 lässt sich mit den herkömmlichen Anspruchskategorien des Privatrechts nicht erfassen. Er ist seiner Rechtsnatur nach weder ein Schadensersatzanspruch noch ein Bereicherungsanspruch, sondern ein **Anspruch eigener Art** („sui
generis"; ebenso Pokrant FS Ullmann, 2006, 813 (817); Harte-Bavendamm/Henning-Bodewig/
Goldmann Rn. 22). Er entspricht im Tatbestand zwar einem Schadensersatzanspruch, weil er
eine vorsätzliche Zuwiderhandlung gegen § 3, also eine unerlaubte Handlung, voraussetzt.
Allerdings unterscheidet sich der Anspruch in der Rechtsfolge von einem Schadensersatzanspruch, weil er nicht auf den Ausgleich eines erlittenen Schadens gerichtet ist. Umgekehrt
entspricht der Gewinnherausgabeanspruch zwar in der Rechtsfolge einem Bereicherungsanspruch, weil er auf die Herausgabe von „etwas Erlangtem" (vgl. § 812 I 1 BGB) gerichtet ist,
nicht aber im Tatbestand, weil er verschuldensabhängig ist. Im Übrigen ist das Erlangte nicht an
den abzuführen, auf dessen Kosten es erlangt wurde. Am ehesten ist der Gewinnherausgabeanspruch noch mit dem Herausgabeanspruch aus § 852 BGB vergleichbar, der ebenfalls im
Tatbestand eine unerlaubte Handlung voraussetzt, in der Rechtsfolge aber auf Herausgabe des
auf Kosten des Verletzten Erlangten gerichtet ist. Allerdings besteht auch hier der Unterschied,
dass das „zu Lasten" der verletzten Abnehmer Erlangte nicht an diese, sondern an einen Dritten
(Bundeshaushalt) herauszugeben ist.

B. Tatbestand

I. Vorsätzliche oder grob fahrlässige Zuwiderhandlung gegen § 3 oder § 7

11   Erste Voraussetzung des Gewinnherausgabeanspruchs ist eine Zuwiderhandlung gegen § 3
oder § 7. Es muss also eine **geschäftliche Handlung** iSd § 2 I Nr. 2 zugrunde liegen. Daher

verden auch Handlungen erfasst, die mit dem Abschluss oder der Durchführung von Verträgen objektiv zusammenhängen. Dazu gehört bspw. die systematische Weigerung, Mängelansprüche von Verbrauchern zu erfüllen (vgl. den Fall BGH WRP 1987, 379 (381) = (gekürzt) GRUR 1987, 180 – Ausschank unter Eichstrich II). Die Zuwiderhandlung muss **vorsätzlich** oder **grob fahrlässig** erfolgt sein. (Dem steht eine vorsätzliche Zuwiderhandlung gegen eine kartellrechtliche Vorschrift nicht gleich, weil insoweit die Regelung des § 34a GWB eingreift und GWB-Verstöße nicht über § 3a als UWG-Verstöße sanktioniert werden können; BGH GRUR 2006, 773 Rn. 14 ff. – Probeabonnement.)

Vorsatz liegt vor, wenn der Täter weiß, dass er den Tatbestand des § 3 oder § 7 verwirklicht **12** und dies auch will („Wissen und Wollen des rechtswidrigen Erfolgs"). Es genügt auch, dass er die Verwirklichung für möglich hält und billigend in Kauf nimmt (bedingter Vorsatz; vgl. BGHZ 133, 246 (250); OLG Frankfurt GRUR-RR 2009, 265 (268)). Dagegen muss sich der Vorsatz nicht auf die weiteren Tatbestandsmerkmale des § 10 (Gewinnerzielung zu Lasten einer Vielzahl von Abnehmern) beziehen. Vorsatz ist iSd Zivilrechts zu verstehen, umfasst also das **Bewusstsein der Rechtswidrigkeit** (BGHZ 118, 201 (208); OLG Frankfurt GRUR-RR 2010, 482 (483); aA Alexander, Schadensersatz und Abschöpfung im Lauterkeits- und Kartellrecht, 2010, S. 624 ff.). Auf eine genaue Rechtskenntnis kann es dabei aber nicht ankommen; es genügt eine **„Parallelwertung in der Laiensphäre",** wenn sich also dem Handelnden auf Grund der Kenntnis der Tatsachen die Rechtswidrigkeit (Unlauterkeit) seines Tuns geradezu aufdrängt (BGHZ 133, 246 (250); 160, 151 (156); Harte-Bavendamm/Henning-Bodewig/Goldmann Rn. 67) oder er sich auf Grund der ihm bekannten Tatsachen nicht dieser Einsicht entziehen kann (OLG Stuttgart GRUR 2007, 435; OLG Hamm GRUR-RR 2008, 435 (437)). Vorsätzliche Begehung ist aber regelmäßig anzunehmen, wenn der Täter sein Handeln nach einer **Abmahnung** fortsetzt (OLG Frankfurt GRUR-RR 2010, 482; OLG Schleswig MMR 2013, 579 (584); OLG Köln GRUR-RR 2018, 431 Rn. 27).

Dem Vorsatz steht **grobe Fahrlässigkeit** gleich. Damit erledigen sich die Abgrenzungs- **13** schwierigkeiten zwischen Vorsatz und grober Fahrlässigkeit im früheren Recht. Grobe Fahrlässigkeit setzt einen objektiv schweren und subjektiv nicht entschuldbaren Verstoß gegen die Anforderungen der im Verkehr erforderlichen Sorgfalt voraus. Sorgfaltsmaßstab ist insoweit die **unternehmerische Sorgfalt** iSd § 2 I Nr. 9. Diese Sorgfalt muss in ungewöhnlich hohem Maße verletzt worden sein und es muss dasjenige unbeachtet geblieben sein, was im gegebenen Fall jedem hätte einleuchten müssen (BGH NJW 2022, 1443 Rn. 15). – Juristische Personen und ihnen gleichgestellte rechtsfähige Personengesellschaften müssen sich vorsätzliches Handeln ihrer Organe nach § 31 BGB (analog) zurechnen lassen; dagegen muss ein Unternehmer nicht für das vorsätzliche Handeln seiner Mitarbeiter oder Beauftragten einstehen (§ 8 II gilt insoweit nicht, auch nicht analog).

II. Erzielung eines Gewinns zu Lasten einer Vielzahl von Abnehmern

1. Gewinn

Ein **Gewinn** liegt vor, wenn sich die Vermögenslage des Unternehmens durch die Zuwider- **14** handlung verbessert hat. Bei einer unwirksamen Preiserhöhung besteht daher der Gewinn in der Differenz zwischen dem vorherigen Preis und dem vom Kunden auf Grund der unwirksamen Preiserhöhung gezahlten Preis (OLG Düsseldorf GRUR-RR 2022, 229 Rn. 46). Der Gewinn errechnet sich im Grundsatz aus den Umsatzerlösen abzüglich der Kosten. Zu den abzugsfähigen Kosten gehören die Kosten für die Anschaffung oder Herstellung der Waren oder Dienstleistungen und die darauf entfallenden Betriebskosten. Gemeinkosten und sonstige betriebliche Aufwendungen, die auch ohne das wettbewerbswidrige Verhalten angefallen wären, sind nicht abzugsfähig (Begr. RegE UWG 2004 zu § 10 I, BT-Drs. 15/1487, 24; Schaub GRUR 2005, 918 (923); OLG Köln GRUR-RR 2018, 431 Rn. 21; LG München I GRUR-RR 2015, 255; LG Kiel GRUR-RS 2021, 23100 Rn. 15). Allerdings ist ein Gewinn auch dann anzunehmen, wenn zwar kein Stückgewinn, aber ein Kostendeckungsbeitrag erzielt wurde (BGH GRUR 2001, 329 – Gemeinkostenanteil; LG München I GRUR-RR 2015, 255; OLG Köln GRUR-RR 2018, 431 Rn. 21; vgl. auch → § 9 Rn. 1.45a); ferner dann, wenn überhöhte Kostenpauschalen berechnet werden (OLG Köln GRUR-RR 2018, 431 Rn. 22). Ist die Höhe des Gewinns streitig, so ist er nach § 287 ZPO zu schätzen (Begr. RegE UWG 2004 zu § 10 I; BT-Drs. 15/1487, 24). Der Gewinn muss konkret erzielt worden sein. Der bloße Zuwachs von Kunden reicht dafür nicht aus (LG München I GRUR-RR 2015, 255 (256)). Der Gewinn umfasst auch die aus den Umsatzerlösen abzüglich etwaiger Kosten gezogenen Nutzungen insbes. die dadurch ersparten Zinsaufwendungen für laufende Kredite (OLG Düsseldorf GRUR-RS 2022, 26575 Rn. 113 mAnm Nadi GRUR-Prax 2023, 319).

15   Der Gewinn muss gerade auf dem vorsätzlichen oder grob fahrlässigen Wettbewerbsverstoß beruhen **(Kausalität)**. Es kommt also nicht darauf an, welchen Gewinn der Unternehmer bei einer Wettbewerbsaktion erzielt hat, sondern darauf, in welchem Umfang der Gewinn gerade auf dem vorsätzlichen oder grob fahrlässigen Wettbewerbsverstoß beruht (wie hier LG München I GRUR-RR 2015, 255; OLG Schleswig GRUR 2018, 1071 Rn. 23; jurisPK-UWG/Koch Rn. 24; Alexander, Schadensersatz und Abschöpfung im Lauterkeits- und Kartellrecht, 2010, 554 f.; aA Harte-Bavendamm/Henning-Bodewig/Goldmann Rn. 129 ff.; krit. auch Emmerich FS Fezer, 2016, 1027 (1032)). (Zur vergleichbaren Fragestellung bei der Herausgabe des Verletzergewinns im Rahmen der dreifachen Schadensberechnung → § 9 Rn. 1.44.) Das kann zu großen Schwierigkeiten führen, wenn etwa bei einer umfangreichen Werbung einzelne Aussagen unwahr sind (vgl. Sack WRP 2003, 549 (554)). Hier muss der entspr. Gewinnanteil anhand der Umstände des Einzelfalls **geschätzt** werden.

16   Nicht abzugsfähig sind die **Rechtsverteidigungskosten,** also Kosten, die der Verletzer aufwendet, um einen Anspruch aus § 10 abzuwehren. Denn diese Kosten schmälern nicht den erlangten Gewinn, sondern ganz allgemein das Vermögen des Verletzers. Im Übrigen hätte sonst der Zuwiderhandelnde einen Anreiz, sich auf kostenträchtige Prozesse einzulassen (Begr. RegE UWG zu § 10 II, BT-Drs. 15/1487, 24). Nicht abzugsfähig sind aus den gleichen Gründen auch die Kosten für die Einstellung oder Beseitigung einer unzulässigen Werbeaktion sowie die Kosten aus einer Abmahnung oder einstweiligen Verfügung (aA Sack WRP 2003, 549 (554)). – Der Zuwiderhandelnde kann sich auch nicht auf **Wegfall der Bereicherung** iSv § 818 III BGB berufen, da der Gewinnabschöpfungsanspruch kein Bereicherungsanspruch iSd §§ 812 ff. BGB ist und abgesehen davon die Berufung auf § 818 III BGB schon wegen Bösgläubigkeit des Zuwiderhandelnden (§ 819 I BGB, § 818 IV BGB) ausscheiden würde.

2. Zu Lasten einer Vielzahl von Abnehmern

17   **a) Abgrenzung zur Gewinnerzielung zu Lasten von Mitbewerbern und Anbietern.** Herauszugeben ist nur der Gewinn, der zu Lasten einer Vielzahl von Abnehmern erzielt worden ist (§ 10 I). Zu unterscheiden ist davon ein Gewinn, der zu Lasten von **Mitbewerbern** (§ 2 I Nr. 4) erzielt worden ist. Denn es ist möglich, dass ein vorsätzlicher Wettbewerbsverstoß Mehrumsätze – und damit Gewinne – auf Kosten der Mitbewerber ermöglicht, ohne dass es zu einer Benachteiligung der Abnehmer kommt. **Beispiel:** Die Kaufleute A und B vertreiben die gleichen Waren zum gleichen Preis. A betreibt eine herabsetzende vergleichende Werbung und steigert damit seine Umsätze auf Kosten des B. – Der verletzte Mitbewerber kann seinen Schaden (zB entgangenen Gewinn) nach § 9 I ersetzt verlangen. Dagegen ist ein Schaden oder sonstiger Nachteil der Abnehmer nicht ersichtlich. Da § 10 – anders als § 34a I GWB – nur von Abnehmern spricht, werden Gewinne, die zu Lasten von **Anbietern** (Lieferanten) erzielt werden, nicht erfasst.

18   **b) Gewinnerzielung zu Lasten von Abnehmern.** Die Zuwiderhandlung gegen § 3 oder § 7 muss **ursächlich** für den erzielten **Gewinn** sein, wie sich schon aus dem Wortlaut des § 10 („und hierdurch") ergibt (hL; vgl. die Nachw. in OLG Schleswig GRUR 2018, 1071 Rn. 23) Daher geht es nicht an, den gesamten im Zuge einer geschäftlichen Handlung mit unlauteren Bestandteilen erzielten Gewinn abzuschöpfen (so aber Harte-Bavendamm/Henning-Bodewig/Goldmann Rn. 137; MüKoUWG/Micklitz Rn. 125). Relevant ist vielmehr, wie bei der Berechnung des Verletzergewinns im Rahmen der dreifachen Schadensberechnung (dazu → § 9 Rn. 1.45), nur der auf die Zuwiderhandlung entfallende Gewinnanteil, also der „Mehrerlös" (zur Beweislast → Rn. 27).

19   Lebhaft umstritten ist, wie das Tatbestandsmerkmal **„zu Lasten"** von Abnehmern zu verstehen ist (zum Streitstand vgl. OLG Frankfurt GRUR-RR 2009, 265 (268) und 2010, 482 (483)); Büscher/Hohlweck Rn. 14–16; MüKoUWG/Micklitz Rn. 102 ff. mwN; Sieme WRP 2009, 914; van Raay, Gewinnabschöpfung als Präventionsinstrument im Lauterkeitsrecht, 2012, S. 375 ff.). **Zu Lasten von Abnehmern** ist ein Gewinn nur dann erzielt, wenn dem Gewinn **unmittelbar** ein **Vermögensnachteil** der Abnehmer gegenübersteht (offengelassen in OLG Düsseldorf GRUR-RR 2022, 229 Rn. 46). Das Unmittelbarkeitserfordernis bedeutet, dass nur die Abnehmer in Betracht kommen, die **unmittelbare Vertragspartner** des Verletzers sind (wie hier BGH GRUR 2008, 818 Rn. 135 – Strafbare Werbung im Versandhandel; Ohly/

Sosnitza/Ohly Rn. 10; Pokrant FS Ullmann, 2006, 813 (816); **aA** Harte-Bavendamm/Henning-Bodewig/Goldmann Rn. 51, 53; FBO/von Braunmühl Rn. 208; Alexander, Schadensersatz und Abschöpfung im Lauterkeits- und Kartellrecht, 2010, S. 520 ff. sowie zu **§ 34a GWB** Langen/Bunte/Bornkamm/Tolkmitt GWB § 34a Rn. 13, 14). Darauf, ob der Vertrag wirksam zustande gekommen ist, kommt es allerdings nicht an, so dass auch die Fälle des nur vorgespiegelten Vertragsschlusses (zB Adressbuchschwindel) erfasst werden. Das Erfordernis des Vermögensnachteils bedeutet, dass die Beeinträchtigung sonstiger Interessen (zB das Interesse, vor Belästigung bewahrt zu bleiben; § 7) nicht ausreicht. Nicht von § 10 erfasst werden daher etwa die Fälle, dass auf Grund einer unlauteren Telefonwerbung Verträge abgeschlossen werden, aus denen der Verletzer einen Gewinn erzielt, aber die Ware ihren Preis wert ist (aA Alexander WRP 2004, 407 (418); Alexander JZ 2006, 890 (895); FBO/von Braunmühl Rn. 205; Harte-Bavendamm/Henning-Bodewig/Goldmann Rn. 89), es sei denn, die Ware ist für den Kunden gar nicht brauchbar oder er will sie nicht behalten. – Die Formulierung „zu Lasten" (anstelle „auf Kosten", wie noch im RegE) stellt lediglich klar, dass der Gewinnabschöpfungsanspruch nicht die Ermittlung von einzelfallbezogenen Nachteilen voraussetzt. Vielmehr ist es erforderlich, aber auch ausreichend, dass durch die Zuwiderhandlung bei einer Vielzahl von Abnehmern eine wirtschaftliche Schlechterstellung eingetreten ist. Nach der Gesetzesbegründung ist dies bspw. der Fall beim Einziehen geringer Beträge ohne Rechtsgrund, bei Vertragsschlüssen auf Grund irreführender Werbung, beim Absatz von Produktfälschungen oder Mogelpackungen (BT-Drs. 15/4487, 23).

Eine **wirtschaftliche Schlechterstellung** der Abnehmer kann bereits durch den Abschluss   **20** des Vertrages als solchen eintreten (OLG Stuttgart GRUR 2007, 435 (437, 353)). Dies setzt jedoch voraus, dass die erworbene Ware oder Dienstleistung für die Abnehmer entweder nicht voll brauchbar (vgl. BGHZ 162, 306 (310)) oder ihren Preis nicht wert ist (vgl. Begr. RegE UWG 2004 zu § 10 I, BT-Drs. 15/1487, 24; OLG Frankfurt GRUR-RR 2009, 265 (268); LG München I GRUR-RR 2015, 255 (257); Köhler GRUR 2003, 265 (266); jurisPK-UWG/Koch Rn. 44; aA MüKoUWG/Micklitz Rn. 110 ff.). Allerdings ist nicht erforderlich, dass für jeden einzelnen Abnehmer ermittelt wird, welchen Nachteil er erlitten hat. Es genügt, dass bei einer Vielzahl von Abnehmern eine wirtschaftliche Schlechterstellung eingetreten ist (Ohly/Sosnitza/Ohly Rn. 9). **Beispiele: (1)** Wegen nachlassender Umsätze bei Socken wirbt ein Kaufmann mit einer irreführenden Preisherabsetzung (§ 5 IV), behält aber den ursprünglichen, angemessenen und üblichen Verkaufspreis bei. Wenn Verbraucher sich wegen der irreführenden Werbung zum Kauf entschließen (und dafür Wegekosten haben), so hat der Kaufmann zwar einen Gewinn erzielt, aber nicht zu Lasten der Verbraucher. Denn der Stückgewinn war nicht höher als beim Verkauf ohne die irreführende Werbung. **(2)** Nicht anders verhält es sich, wenn ein Kaufmann für eine nicht ausreichend vorrätige Ware wirbt (vgl. Nr. 5 Anh. § 3 III) und der angelockte Kunde dann eine andere Ware zu einem angemessenen Preis erwirbt, wegen der er sich sonst nicht auf den Weg gemacht hätte. Auch hier hat der Kaufmann einen Gewinn erzielt, aber eben nicht zu Lasten der Verbraucher (aA FBO/von Braunmühl Rn. 197). **(3)** Führt eine vorsätzlich irreführende Angabe über einen Mitbewerber (zB dass er wegen Betruges vorbestraft sei) zwar zu einem Vertragsschluss, ist der Vertrag aber für den Abnehmer nicht wirtschaftlich nachteilig, so mag dem Abnehmer zwar ein Anfechtungsrecht nach § 123 I BGB zustehen. Dies begründet aber noch keinen Gewinn „zu Lasten" der Abnehmer.

„Zu Lasten" der Abnehmer ist der Gewinn grds. nur dann erzielt, wenn den Abnehmern auf   **21** Grund des Geschäfts, das für den Verletzer einen Gewinn abwirft, an sich **bürgerlichrechtliche Rechte oder Ansprüche zur Sicherung ihrer Vermögensinteressen gegen den Verletzer** zustehen (wie hier Pokrant FS Ullmann, 2006, 813 (815); aA Ohly/Sosnitza/Ohly Rn. 9), wie insbes. Mängelrechte nach §§ 434 ff. BGB; ferner Anfechtungsrechte (OLG Frankfurt GRUR-RR 2009, 265 (268)); Widerrufsrechte; Ansprüche aus culpa in contrahendo nach §§ 311 II, 280 I BGB oder unerlaubter Handlung nach §§ 823 ff. BGB. Eine Beschränkung auf die Fälle, in denen dem Abnehmer ein Schadensersatzanspruch zusteht (dafür Sieme WRP 2009, 914 (919)), würde den Anwendungsbereich des § 10 unangemessen einschränken. Umgekehrt würde der Anwendungsbereich des § 10 unangemessen ausgeweitet, wollte man nicht einmal einen Vermögensnachteil fordern (so aber Alexander, Schadensersatz und Abschöpfung im Lauterkeits- und Kartellrecht, 2010, S. 540 ff.; wohl auch OLG Düsseldorf GRUR-RS 2022, 26575). Denn Sinn und Zweck des § 10 ist es, das Marktversagen zu korrigieren, das darin besteht, dass Abnehmer zwar entspr. Rechte und Ansprüche gegen den Verletzer haben, aber nicht geltend machen (vgl. Begr. RegE UWG 2004 zu § 10 I, BT-Drs. 15/1487, 24: „Vielmehr sollen die Fälle erfasst werden, in denen die Geschädigten den Anspruch nicht geltend machen"; Büscher/

Hohlweck Rn. 16). Das Gleiche gilt, wenn diese Rechte oder Ansprüche erloschen oder verjährt sind (OLG Frankfurt GRUR 2010, 482 (484)). – Eine nur mittelbare Benachteiligung der Abnehmer, wie etwa bei Kartellverstößen auf einer vorgelagerten Marktstufe, reicht dementsprechend nicht aus (aA MüKoUWG/Micklitz Rn. 121; dazu → Rn. 8). – **Herauszugeben ist also der Gewinn, der dem Verletzer verbleibt, weil und soweit seine Abnehmer die ihnen zustehenden Rechte und Ansprüche zur Sicherung ihrer Vermögensinteressen nicht geltend machen oder nicht mehr geltend machen können.** Bei den Fällen der vorsätzlichen Schlecht- oder Minderlieferung ist in **typisierender Betrachtungsweise** darauf abzustellen, welchen Minderwert die gelieferte Ware hat, dh welchen Minderungsbetrag die Abnehmer geltend machen könnten. Denn § 10 geht von der Situation aus, dass die Abnehmer keine Ansprüche geltend machen und sonach die Ware oder Dienstleistung behalten. Daher stellt sich für die Gewinnberechnung wirtschaftlich die Lage wie bei der Minderung dar. **Beispiele: (1)** Verkauf einer Mogelpackung für 5 EUR; Gewinn 2 EUR. Der Abnehmer hätte Anspruch auf Kaufpreisminderung in Höhe von 1 EUR. Gewinnausgabe daher 1 EUR pro Stück. – Ist die verkaufte Sache völlig wertlos, beläuft sich der Minderungsbetrag auf 100%, so dass der gesamte Kaufpreis abzüglich der Unkosten als Gewinn herauszugeben ist. – **(2)** Bei den Fällen der Täuschung über die Gebührenhöhe (zB 0190er-Nummern) kann dagegen der gesamte Gewinn abzüglich der Unkosten herausverlangt werden.

22 **c) Abnehmer.** Unter den Begriff des Abnehmers fallen nicht nur Verbraucher, sondern auch sonstige Marktteilnehmer (wie zB Unternehmer; Vereine; öffentliche Hand). Abnehmer sind allerdings nur die **unmittelbaren Vertragspartner** des Verletzers (ebenso Ohly/Sosnitza/Ohly Rn. 10; aA MüKoUWG/Micklitz Rn. 121). Im Falle einer Lieferkette kann der Anspruch aus § 10 also nur in Bezug auf das jeweilige Vertragsverhältnis (Hersteller/Händler; Händler/Verbraucher) geltend gemacht werden (ebenso BGH WRP 2008, 1071 Rn. 135). **Beispiel:** Weiß der Händler nicht, dass der Hersteller vorsätzlich eine Mogelpackung liefert und handelt er auch nicht grob fahrlässig, so scheidet ein Anspruch gegen den Händler aus, weil dieser gegenüber seinen Kunden keinen vorsätzlichen oder grob fahrlässigen Wettbewerbsverstoß begeht. Möglicher Anspruchsverpflichteter ist allein der Hersteller; dessen Abnehmer sind aber nur die von ihm getäuschten Händler. Also beschränkt sich der Anspruch aus § 10 auf den Gewinn, den der Hersteller auf Kosten der Händler erzielt hat. Maßgebend sind insoweit die Ausgleichsansprüche (zB Minderungsansprüche) des Händlers gegen den Hersteller.

23 **d) Vielzahl von Abnehmern.** Vom Wettbewerbsverstoß muss eine **Vielzahl** von Abnehmern betroffen sein. Wann eine Vielzahl vorliegt, lässt sich nicht generell sagen. Maßgebend sind die Umstände des Einzelfalls. Auf eine Vielzahl von betroffenen Anbietern ist jedenfalls dann zu schließen, wenn der Verstoß seiner Art nach Breitenwirkung besitzt (vgl. OLG Frankfurt GRUR-RR 2009, 265 (267 f.): monatelanger Verstoß im Internet mit einem hohen Irreführungspotenzial). Auch kann die Schwere und Dauer eines Verstoßes zu berücksichtigen sein. Andererseits ist keine unbestimmte Vielzahl erforderlich. Es muss sich lediglich um einen „größeren Personenkreis" handeln (Begr. RegE UWG 2004 zu § 10 I, BT-Drs. 15/1487, 24). Die untere Grenze dürfte – wie im AGB-Recht (vgl. § 305 I 1 BGB: „Vielzahl von Verträgen") – bei drei Abnehmern liegen (vgl. BGH NJW 2002, 138 (139); FBO/von Braunmühl Rn. 210; Alexander, Schadensersatz und Abschöpfung im Lauterkeits- und Kartellrecht, 2010, S. 526 f.; enger Micklitz/Stadler, Unrechtsgewinnabschöpfung: 15–30 Personen; Harte-Bavendamm/Henning-Bodewig/Goldmann Rn. 104: 50 Personen). Ausgeschlossen sind daher solche Wettbewerbsverstöße, die gegenüber einem einzelnen Abnehmer begangen wurden (zB Irreführung anlässlich eines einzelnen Verkaufsgesprächs; Begr. RegE UWG 2004 zu § 10 I, BT-Drs. 15/1487, 24).

3. Auf den Gewinn anrechenbare Leistungen

24 Nach § 10 II 1 sind auf den Gewinn die Leistungen anzurechnen, die der Schuldner auf Grund der Zuwiderhandlung an **Dritte** oder an den **Staat** erbracht hat. Das folgt zwingend aus Rechtsnatur und Schutzzweck des § 10. Denn diese Vorschrift will nur verhindern, dass dem Zuwiderhandelnden ein Gewinn aus dem Wettbewerbsverstoß verbleibt. Wird dieser Gewinn durch Leistungen an Dritte oder an den Staat aufgezehrt, gibt es nichts mehr abzuschöpfen. Der Gewinnabschöpfungsanspruch ist daher subsidiär gegenüber individuellen Ansprüchen Dritter. Zu diesen Ansprüchen gehören nicht nur Schadensersatzansprüche, sondern alle geldwerten Ansprüche Dritter. Im Einzelnen kommen in Betracht: **(1)** Wettbewerbsrechtliche **Schadensersatzansprüche** von Mitbewerbern (§ 9 I) und Verbrauchern (§ 9 II); **(2) Vertragsstrafe-**

ansprüche von Mitbewerbern oder Verbänden (Köhler GRUR 2003, 265 (266); aA Mönch ZIP 2004, 2032 (2033); **(3) Nacherfüllungs-, Rückgewähr-, Minderungs-, Schadens-ersatz-** und **Bereicherungsansprüche** von Abnehmern (zB aus der Geltendmachung von Mängel-, Anfechtungs- oder Widerrufsrechten), sofern ihnen ein Wettbewerbsverstoß iSd § 10 I, wie zB irreführende Werbung, zugrundeliegt. – Anzurechnen sind nur tatsächlich erbrachte Leistungen, einschließlich etwaiger Erfüllungssurrogate (wie zB Aufrechnung). Der Zuwider-handelnde kann sich also nicht darauf berufen, dass er mit der Geltendmachung solcher An-sprüche rechnen muss oder sogar bereits auf Zahlung verklagt ist. Anzurechnen sind außerdem nur solche Leistungen, die auf Grund bestehender Ansprüche Dritter erbracht wurden. Der Verletzer muss also darlegen und ggf. beweisen, dass derartige Ansprüche Dritter nach Grund und Höhe tatsächlich bestanden haben. Nicht anrechenbar sind dagegen die Kosten der Rechts-verteidigung gegenüber dem Gläubiger des Gewinnabschöpfungsanspruchs (vgl. Begr. RegE UWG, BT-Drs. 15/1487 zu § 10 II; Mönch ZIP 2004, 2032 (2034)).

Anrechenbar sind ferner Leistungen an den **Staat** (krit. Mönch ZIP 2004, 2032 (2033)). Dazu **25** gehören insbes. **Ordnungsgelder** aus einer Unterlassungsvollstreckung, **Geldstrafen, Buß-gelder** (vgl. § 81 II GWB), **Mehrerlösabschöpfung** (§ 34 GWB). Auch eine **Verfallanord-nung** nach den §§ 73 ff. StGB kommt in Betracht (BGH WRP 2008, 1071 Rn. 135). Damit wird der Gefahr einer doppelten Inanspruchnahme sowohl im Zivil- als auch im Strafverfahren vorgebeugt. Einer analogen Anwendung des § 73 I 2 StGB bedarf es insoweit nicht (BGH WRP 2008, 1071 Rn. 135; aA Alexander WRP 2004, 407 (419); Wimmer-Leonhardt GRUR 2004, 12 (20)). Nicht anrechenbar sind dagegen die Gerichtskosten, die dem Schuldner aus einem Prozess wegen Gewinnabschöpfung entstanden sind (vgl. Begr. RegE UWG zu § 10 II, BT-Drs. 15/1487). Hat der Zuwiderhandelnde nach dem Schluss der mündlichen Verhandlung Zahlungen an Dritte oder den Staat geleistet, so kann er lediglich nachträgliche Rückerstattung des Gewinns nach § 10 II 2 verlangen. Er kann dies auch im Wege der **Vollstreckungsabwehr-klage** nach § 767 ZPO geltend machen (vgl. Begr. RegE UWG zu § 10 II, BT-Drs. 15/1487, 24).

Die **Beweislast** für erbrachte Leistungen an Dritte trifft den Zuwiderhandelnden. Dies gilt **26** nicht nur für nachträglich (vgl. § 10 II 2: „nachgewiesene"), sondern auch für vorher erbrachte Leistungen.

4. Beweislast des klagenden Verbands

Grundsätzlich hat der klagende Verband die Voraussetzungen des Gewinnherausgabeanspruchs **27** darzulegen und im Streitfall zu beweisen. Was die Höhe des erzielten Gewinns angeht, steht ihm allerdings ein Auskunfts- und Rechnungslegungsanspruch zu (→ Rn. 28). Problematisch kann der Nachweis der Kausalität zwischen dem Wettbewerbsverstoß und der Gewinnerzielung zu Lasten der Abnehmer sein. Denn vielfach wird sich nicht zuverlässig feststellen lassen, ob und inwieweit Abnehmer gerade durch eine bestimmte rechtswidrige Werbeaktion zu einem Ver-tragsschluss veranlasst wurden. Dem trägt die Regelung in § 10 I 2 Rechnung, die sich an die §§ 286, 287 ZPO anlehnt. Danach gilt: „Ist zwischen den Parteien streitig, ob durch die unzulässige geschäftliche Handlung zu Lasten einer Vielzahl von Abnehmern ein Gewinn erzielt wurde oder wie hoch der erzielte Gewinn ist, so entscheidet hierüber das Gericht unter Würdigung aller Umstände nach freier Überzeugung." Der Sache nach galt dies aber auch schon unter Geltung des UWG 2004 (Begr RegE UWG 2004, BT-Drs. 15/1487, 24).

C. Rechtsfolgen

I. Anspruch auf Gewinnherausgabe

1. Inhalt und Durchsetzung des Anspruchs

Der Anspruch aus § 10 I geht auf Herausgabe des (verbliebenen) Gewinns an den Bundes- **28** haushalt. In der Regel wird der Anspruchsberechtigte diesen Anspruch nicht beziffern können, da er die Betriebsinterna des Zuwiderhandelnden nicht kennt. Ihm steht aber nach allgemeinen Grundsätzen ein **Auskunfts-** und **Rechnungslegungsanspruch** zu (→ § 9 Rn. 4.4 ff.; OLG Schleswig MMR 2013, 579 (584)). Der Anspruchsberechtigte kann daher im Wege der **Stufen-klage** (§ 254 ZPO) auf Auskunft oder Rechnungslegung und Leistung klagen (OLG Stuttgart WRP 2007, 350 (352)). Der Auskunftsanspruch bezieht sich auf die konkreten Verletzungshandlungen sowie auf die zur Berechnung des abzuführenden Gewinns maßgeblichen Tatsachen (OLG Stuttgart WRP 2007, 350 (352)). – Ein **Wirtschaftsprüfervorbehalt** (→ § 9 Rn. 4.19 ff.) kommt insoweit in Betracht, als es um die Vorlage von Belegen gem. § 259 I BGB geht, die – wie zB Lieferantenrechnungen – zu den Geschäftsgeheimnissen gehören (vgl. BGHZ 126, 109 (116)). Dadurch lässt sich verhindern, dass Mitbewerber Verbände vorschieben, um Einblick in die Betriebsinterna des Zuwiderhandelnden zu erlangen (vgl. BT-Drs. 15/1487, 43; krit. Bornkamm FS Ullmann, 2006, 893 (900)). – Die **Verjährung** des Anspruchs aus § 10 I ist in § 11 IV geregelt (→ § 11 Rn. 1.36 mwN). Nach verbreiteter Auffassung ist die Vorschrift jedoch dahin auszulegen, dass die §§ 195, 199 BGB gelten (zB MüKoUWG/Fritzsche § 11 Rn. 39–41; Büscher/Hohlweck § 11 Rn. 6; BeckOK UWG/Eichelberger § 11 Rn. 100).

2. Anspruchsverpflichtung

29   Der Anspruch aus § 10 I richtet sich gegen denjenigen, der vorsätzlich oder grob fahrlässig dem § 3 oder § 7 zuwidergehandelt und hierdurch zu Lasten einer Vielzahl von Abnehmern einen Gewinn erzielt hat. Personen, die als gesetzliche Vertreter oder Mitarbeiter eines Unternehmens gehandelt und für dieses Unternehmen einen Gewinn erzielt haben, scheiden sonach als Anspruchsverpflichtete aus. Allerdings muss das Unternehmen für das Verhalten dieser Personen nach den §§ 31, 831 BGB analog einstehen. (Eine unmittelbare Anwendung der §§ 31, 831 BGB scheidet aus, da diese Bestimmungen nur für Schadensersatzansprüche gelten. Jedoch ist wegen der Nähe des Gewinnherausgabeanspruchs zum Schadensersatzanspruch eine analoge Anwendung gerechtfertigt.) Problematisch ist der Fall, dass Täter und Gewinnempfänger verschiedene Personen sind und eine Zurechnung nach §§ 31, 831 BGB analog ausscheidet, so etwa, wenn ein Handelsvertreter die vorsätzliche oder grob fahrlässige Zuwiderhandlung begeht, der daraus sich ergebende Gewinn aber dem Geschäftsherrn zufließt. – In diesem Fall haftet nach dem Zweck der Vorschrift der Unternehmer als Geschäftsherr nur, wenn er entweder Teilnehmer (Anstifter, Gehilfe) iSd § 830 II BGB war oder zumindest die vorsätzliche Zuwiderhandlung kannte. – Entsprechendes gilt für das Verhältnis Hersteller zu Händler: Geht eine vorsätzliche Zuwiderhandlung vom Hersteller aus (zB Mogelpackung, Produktfälschung), so haftet der Händler nach § 10 I nur, wenn er entweder selbst ebenfalls einen vorsätzlichen Wettbewerbsverstoß begangen hat oder zumindest Teilnehmer am Wettbewerbsverstoß des Herstellers war. Dass der Händler nach dem Bürgerlichen Recht (§ 434 I 3 BGB) weitergehend für Werbeangaben des Herstellers haftet, bleibt außer Betracht. – Haben mehrere Verletzer gemeinsam gehandelt, haftet gleichwohl jeder nur auf Herausgabe des gerade von ihm erzielten Gewinns.

3. Anspruchsberechtigung

30   Nach § 10 I dürfen nur die „gemäß § 8 Abs. 3 Nr. 2–4 zur Geltendmachung eines Unterlassungsanspruchs Berechtigten" den Anspruch auf Gewinnherausgabe geltend machen. Ausgeschlossen sind daher die vom Wettbewerbsverstoß betroffenen Mitbewerber iSd § 8 III Nr. 1. Eine **Abtretung** des Gewinnherausgabeanspruchs an Dritte oder eine **Ermächtigung** zur Geltendmachung ist ausgeschlossen, weil sonst die Beschränkung der Anspruchsberechtigung auf ganz bestimmte Verbände ausgehöhlt würde. Es gelten insoweit die gleichen Grundsätze wie zur Abtretung des Unterlassungsanspruchs (→ § 8 Rn. 3.17 ff.). Auch der Bund, obwohl Empfänger des herauszugebenden Gewinns, ist nicht zur Geltendmachung des Anspruchs berechtigt.

4. Mehrheit von Gläubigern

31   Zwar kann eine Vielzahl von Verbänden und Organisationen iSd § 8 III Nr. 2–4 anspruchsberechtigt sein, in der Praxis wird aber der Fall einer mehrfachen Geltendmachung selten vorkommen. Denn der Gewinn ist vom Schuldner unmittelbar an den Bundeshaushalt abzuführen und es besteht daher kein finanzielles Eigeninteresse. Die in Betracht kommenden Verbände werden sich daher nach Möglichkeit abstimmen, wer den Anspruch außergerichtlich und gerichtlich geltend macht (vgl. Begr. RegE UWG 2004 zu § 10 III, BT-Drs. 15/1487, 24). Eine derartige Abstimmung kann aber aus unterschiedlichen Gründen ausbleiben (mangelnder Informationsaustausch zwischen den Gläubigern, Misstrauen gegenüber der sorgfältigen Prozessführung durch einen anderen Verband, Profilierungsstreben usw). Auch ist zu berücksichtigen, dass die Möglichkeit der Einschaltung eines Prozessfinanzierers einen Anreiz für weitere Gewinnabschöpfungsklagen darstellt. Dann stellt sich die Frage, wie bei mehrfacher Geltendmachung des Gewinnabschöpfungsanspruchs zu verfahren ist.

Dabei sind die **prozessrechtliche** und die **materiellrechtliche** Ebene zu trennen. Was die **32** prozessrechtliche Ebene angeht, handelt es sich um jeweils verschiedene Streitgegenstände, weil den Gläubigern jeweils ein eigenständiger Anspruch zusteht. Der Schuldner kann daher gegenüber einer weiteren Klage nicht den Einwand der Rechtshängigkeit erheben. Denkbar ist es dementsprechend auch, dass über die jeweiligen Klagen unterschiedlich entschieden wird. Mehrere Gläubiger können (und sollten) jedoch gemeinschaftlich klagen und sind dann Streitgenossen iSd §§ 59 und 61, 63 ZPO. Eine entsprechende Regelung enthält § 7 VDuG. Auch kann das Gericht mehrere anhängige Prozesse nach § 147 ZPO zum Zwecke der gleichzeitigen Verhandlung und Entscheidung verbinden. Dagegen kann ein Verband, der einen Titel erstritten hat, nicht einen anderen Verband ermächtigen, aus diesem Titel zu vollstrecken (vgl. BGHZ 120, 387; Petersen ZZP 114, 2001, 485 (486)).

Was die materiellrechtliche Ebene angeht, sieht § 10 III für den Fall, dass mehrere Gläubiger – **33** sei es gleichzeitig, sei es nacheinander – den Gewinnabschöpfungsanspruch geltend machen, die **entspr. Anwendung der Vorschriften über die Gläubigermehrheit (§§ 428–430 BGB)** vor. Im Einzelnen bedeutet dies: Die anspruchsberechtigten Verbände können als Gesamtgläubiger den Anspruch selbstständig geltend machen und einklagen, der Schuldner braucht aber das Leistung nur einmal zu bewirken. (Da der Gewinn unmittelbar an den Bundeshaushalt abzuführen ist, entfällt für den Schuldner die Befugnis aus § 428 S. 1 BGB, nach seinem Belieben an jeden der Gläubiger zu leisten.) Dies gilt auch dann, wenn einer der Gläubiger bereits Klage auf die Leistung erhoben hat (§ 428 S. 2 BGB). Bei der entspr. Anwendung des § 429 BGB sind die Besonderheiten des Gewinnabschöpfungsanspruchs aus § 10 zu berücksichtigen: Es geht nicht um die Befriedigung eigener finanzieller Interessen der Verbände, sondern um eine wirksame Abschreckung. Daher ist eine entspr. Anwendung des § 429 II BGB ausgeschlossen. Auch die entspr. Anwendung des § 429 III BGB, der auf die §§ 422, 423 und 425 BGB verweist, ist aus diesem Grund nur begrenzt möglich. Nicht anwendbar sind die § 422 I 2 BGB, § 423 BGB. Die Verweisung auf § 430 BGB (Ausgleichungspflicht der Gesamtgläubiger im Verhältnis zueinander) ist an sich bedeutungslos, weil der Gewinn unmittelbar dem Bundeshaushalt zufließt, es also bei den Gläubigern nichts zu verteilen gibt. Wohl aber kann die Vorschrift entspr. herangezogen werden, wenn es um den Anspruch auf Aufwendungsersatz gegen den Bundeshaushalt geht. Da dafür nur der abgeschöpfte Gewinn zur Verfügung steht (§ 10 IV 3), bedeutet die entspr. Anwendung des § 430 BGB, dass die zuständige Stelle des Bundes die Gläubiger zu gleichen Anteilen befriedigen muss, wenn der Gewinn nicht zur Befriedigung der Ansprüche aller Gläubiger ausreicht.

5. Einwand des Rechtsmissbrauchs

Da der Anspruch aus § 10 nicht der Befriedigung eigener finanzieller Interessen anspruchs- **34** berechtigter Verbände dient, der jeweilige Verband vielmehr nur treuhänderisch den Anspruch geltend macht, ist stets im Einzelfall zu prüfen, ob die Gewinnabschöpfungsklage missbräuchlich iSd **§ 242 BGB** erhoben wird und damit unzulässig ist (BGH WRP 2018, 1452 Rn. 33 ff. – Prozessfinanzierer I; WRP 2019, 1009 Rn. 21 – Prozessfinanzierer II; aA Loschelder FS Büscher, 2018, 513). Dabei sind auch die Wertungen des § 8 IV 1 und des § 2b S. 1 UKlaG zu berücksichtigen. Ein Missbrauch liegt demnach ua vor, wenn es dem Verband in erster Linie darum geht, gegen den Verletzer einen Anspruch auf Ersatz von Aufwendungen oder Kosten der Rechtsverfolgung entstehen zu lassen. Ein Missbrauch liegt aber nicht ohne weiteres schon dann vor, wenn der Anspruch erst dann geltend gemacht wird, wenn bereits ein anderer Verband Klage auf Gewinnherausgabe erhoben hat. Möglicherweise führt nämlich der Verband den Prozess – absichtlich oder nicht – nachlässig und es kommt daher nicht zur (vollständigen) Gewinnabschöpfung. Selbst das Vorliegen eines rechtskräftigen Urteils bedeutet nicht zwingend, dass die Geltendmachung des Anspruchs durch einen anderen Verband rechtsmissbräuchlich ist. Es ist nämlich denkbar, dass der Schuldner nicht freiwillig bezahlt und der Verband aus dem Urteil nicht vollstreckt. Allerdings sind solche Fallgestaltungen nur ausnahmsweise anzutreffen. Daher ist von einem Verband, der nachträglich den Anspruch gerichtlich oder außergerichtlich geltend macht – und damit die Kosten für den Schuldner in die Höhe treibt –, zu verlangen, dass er die Gründe für sein Vorgehen nachvollziehbar darlegt. Tut er dies nicht, so ist von einem Rechtsmissbrauch iSd § 242 BGB auszugehen.

6. Einschaltung von Prozessfinanzierern

35   **a) Rechtslage unter Geltung des UWG 2004.** Ein Missbrauch iSd § 242 BGB lag nach der Rspr. dann vor, wenn der Verband aus **sachfremden Motiven der Einnahmenerzielung** handelte. Das war dann anzunehmen, wenn die Klage von einem gewerblichen **Prozessfinanzierer** finanziert wurde, dem eine Vergütung in Form eines Anteils am abgeschöpften Gewinn zugesagt worden war (BGH WRP 2018, 1452 Rn. 33 ff. – Prozessfinanzierer I; WRP 2019, 1009 Rn. 23 – Prozessfinanzierer II; Köhler WRP 2019, 139; aA Harnos GRUR 2020, 1034). In der Praxis erfolgte dies unter Einschaltung des Bundesamts für Justiz, das dem Prozessfinanzierer mittelbar die Zusage erteilte, ihm im Erfolgsfall aus dem abgeführten Gewinn nicht nur die aufgewandten Kosten zu erstatten, sondern auch einen prozentualen Anteil am Gewinn zu gewähren (vgl. Erlass des BMJ v. 1.12.2006). Die Erklärung des Bundesamts für Justiz, man werde hinsichtlich der Kostenerstattung und Erlösbeteiligung nicht den Einwand erheben, es handle sich dabei um nicht erforderliche Aufwendungen iSd § 10 IV 2, stellte keinen Verwaltungsakt dar, weil das Bundesamt für Justiz insoweit fiskalisch handelte (aA Loschelder FS Büscher, 2018, 513). Vielmehr handelte es sich bei diesem zivilrechtlichen Einwendungsverzicht um ein Scheingeschäft iSd § 117 I BGB, weil es verdecken soll, dass das Bundesamt dem Prozessfinanzierer eine rechtsgeschäftliche Zusage für die Beteiligung am Gewinn („Erlös") geben will, der sich ohne eine verbindliche Zusage auf die Prozessfinanzierung nicht einlassen würde. Das verdeckte Geschäft (§ 117 II BGB) war aber nach § 134 BGB nichtig, weil es auf eine Umgehung des § 10 IV 2 hinauslief (Köhler WRP 2019, 139 Rn. 13 ff.). Dem Bundesamt für Justiz war es im Übrigen verwehrt, die Führung solcher Prozesse zu fördern, weil es sich als staatliche Stelle objektiv und neutral verhalten musste und lediglich als Zahlstelle fungieren sollte (BGH WRP 2019, 1009 Rn. 30 – Prozessfinanzierer II). Der Verband seinerseits war in seinen Entscheidungen (zB Vergleich) von der Zustimmung des Prozessfinanzierers abhängig. Die Einschaltung eines Prozessfinanzierers war auch nicht deshalb geboten, weil andernfalls Verbände wegen der hohen Prozesskosten nicht bereit sein würden, Gewinnabschöpfungsprozesse zu führen (aA OLG Düsseldorf GRUR-RR 2017, 331 Rn. 37 ff.). Denn diese konnten nach § 12 IV, V eine Streitwertbegünstigung beantragen (BGH WRP 2018, 1452 Rn. 46 ff. – Prozessfinanzierer I). Letztlich war ein Missbrauch deshalb anzunehmen, weil der Verband vom Prozessfinanzierer (und vom Bundesamt für Justiz) als Instrument zur Erzielung von Einnahmen benutzt wurde (BGH WRP 2019, 1009 Rn. 27 – Prozessfinanzierer II; Köhler WRP 2019, 139 Rn. 12), dies aber zu einer Gesetzesumgehung führte und auf diese Weise ein Teil der an den Bundeshaushalt abzuführenden Erlöse auf ein privates Unternehmen umgeleitet wurde (Büscher/Hohlweck Rn. 28). Erschwerend kam hinzu, dass der vom Verband beauftragte Anwalt bei Einschaltung eines Prozessfinanzierers eine zusätzliche Gebühr erhielt und auch dies einen finanziellen Anreiz darstellte (BGH WRP 2019, 1009 Rn. 28 – Prozessfinanzierer II). – Eine zunächst rechtsmissbräuchlich erhobene, unzulässige Gewinnabschöpfungsklage steht aber einer neuen selbstfinanzierten Klage nicht entgegen (OLG Düsseldorf GRUR-RS 2022, 26575 Rn. 57 ff.).

36   **b) Rechtslage unter Geltung des UWG 2023. aa) Die Regelung in § 10 VI.** Im UWG 2023 wurde die bisher von der Rspr. als missbräuchlich angesehene Einschaltung eines gewerblichen Prozessfinanzierers legalisiert. Nach § 10 VI gilt nunmehr: „Die Gläubiger können vom Bundesamt für Justiz Ersatz der Aufwendungen verlangen, die für eine Finanzierung des gerichtlichen Verfahrens durch einen gewerblichen Prozessfinanzierer entstanden sind, wenn das Bundesamt für Justiz vor Einleitung des gerichtlichen Verfahrens die Inanspruchnahme dieser Finanzierung bewilligt hat. Das Bundesamt für Justiz bewilligt die Inanspruchnahme der Finanzierung, wenn die beabsichtigte Rechtsverfolgung unter Berücksichtigung der gesamten Umstände nicht missbräuchlich ist und die Aufwendungen für den Prozessfinanzierer üblich und angemessen sind." Diese Regelung erklärt sich daraus, dass auf Grund der Missbrauchs-Rspr. des BGH (→ Rn. 35) kaum noch Gewinnabschöpfungsklagen erhoben wurden, weil die anspruchsberechtigten Verbände die Kostenrisiken nicht übernehmen konnten oder wollten.

37   **bb) Die Regelung in § 10 VI 1.** Die Regelung in § 10 VI 1 ist nicht leicht zu verstehen. Sie handelt von der Inanspruchnahme einer Finanzierung des gerichtlichen Verfahrens durch einen gewerblichen Prozessfinanzierer. Darunter ist der Abschluss eines **Prozessfinanzierungsvertrags** zwischen einem „Gläubiger" (Berechtigten iSd § 10 I) und einem Prozessfinanzierer zu verstehen. In einem solchen Vertrag verpflichtet sich der Prozessfinanzierer, alle oder doch bestimmte Verfahrenskosten im Fall eines Unterliegens im Prozess zu ersetzen, während der „Gläubiger" sich verpflichtet, ihm einen Teil des „Erlöses" bei einem Obsiegen zu gewähren.

Demnach bestehen die **„Aufwendungen"** eines „Gläubigers" in der Übernahme der Verpflichtung gegenüber dem Prozessfinanzierer, ihm eine Vergütung in Gestalt eines Teils des „Erlöses" aus einer erfolgreichen Klage zu gewähren. Der Prozessfinanzierer erlangt dadurch einen Vergütungsanspruch in dieser Höhe. Da aber der Gewinn („Erlös") nach § 10 I nicht an den Gläubiger, sondern an den Bundeshaushalt herauszugeben ist, ist eine solche Verpflichtung zu Lasten des Bundeshaushalts an sich unzulässig. Sie wird aber dadurch zulässig, dass das Bundesamt für Justiz noch vor Einleitung des gerichtlichen Verfahrens die „Inanspruchnahme dieser Finanzierung" bewilligt, den Prozessführungsvertrag also genehmigt hat. Dabei handelt es sich um einen begünstigenden Verwaltungsakt dieser Behörde.

cc) Die Regelung in § 10 VI 2. Die in § 10 VI 2 gewählte Formulierung **„Das Bundes-** **38** **amt für Justiz bewilligt"** ist dahin zu verstehen, dass diese Behörde verpflichtet ist, den Prozessfinanzierungsvertrag zu genehmigen, wenn bestimmte Voraussetzungen erfüllt sind. Sie hat also in dieser Frage keinen Ermessens-, sondern lediglich einen Beurteilungsspielraum. Die erste Voraussetzung besteht darin, dass **„die beabsichtigte Rechtsverfolgung unter Berück-** **sichtigung der gesamten Umstände nicht missbräuchlich ist".** Von einem Missbrauch ist bspw. dann auszugehen, wenn es dem „Gläubiger" auch darum geht, sich oder dem von ihm eingeschalteten Anwalt Vorteile in Gestalt von zusätzlichen Vergütungen zu verschaffen oder wenn er die Prozessführung faktisch dem Prozessfinanzierer überlässt oder ihm Mitwirkungsrechte bei der Prozessführung einräumt. Ein Missbrauch liegt ferner dann vor, wenn die Voraussetzungen für eine Unzulässigkeit einer Verbandsklage nach § 4 II VDuG gegeben sind.

Die zweite Voraussetzung besteht darin, dass **„die Aufwendungen für den Prozessfinan-** **39** **zierer üblich und angemessen sind".** Darunter ist der Vergütungsanspruch des Prozessfinanzierers zu verstehen. Soweit ersichtlich, sind in dieser Branche Vergütungen in Höhe von 25–50% des Erlöses üblich. Im Hinblick auf die Besonderheiten der Gewinnabschöpfung, insbes. auch der Regelung in § 10 II 2, ist davon auszugehen, dass eine Vergütung nur dann angemessen ist, wenn sie sich am unteren Rand des „Üblichen" bewegt.

Schwierigkeiten können sich ergeben, wenn mehrere „Gläubiger" die Bewilligung einer Pro- **40** zessfinanzierung begehren, was an sich nach der Formulierung „Die Gläubiger" in § 10 VI zulässig ist. Hier dürfte es sinnvoll sein, wenn sich die interessierten Gläubiger zu einer gemeinsamen Klage entschließen und die beteiligten Prozessfinanzierer sich dahin absprechen, dass sie insgesamt nur den Teil des Erlöses beanspruchen, der bei der Einschaltung eines einzigen Prozessfinanzierers üblich und angemessen ist.

II. Gegenanspruch auf Rückerstattung

Hat der Zuwiderhandelnde erst nach Abführung des Gewinns an den Bundeshaushalt anre- **41** chenbare Leistungen an Dritte oder den Staat erbracht, so kann er nach § 10 II 2 von der zuständigen Stelle des Bundes in Höhe der nachgewiesenen Zahlungen Rückerstattung des abgeführten Gewinns verlangen (auch → Rn. 13 aE).

III. Gewinnabführung an den Bundeshaushalt

1. Überblick

Die Besonderheit des Gewinnabschöpfungsanspruchs besteht darin, dass der Gewinn unmittel- **42** bar an den Bundeshaushalt abzuführen ist. Der Anspruch ist also, ähnlich wie beim unechten Vertrag zu Gunsten Dritter, auf Leistung an einen Dritten gerichtet. Damit soll einer missbräuchlichen Geltendmachung des Anspruchs vorgebeugt, nicht aber, wie Kritiker meinten (vgl. Sack WRP 2003, 549 (558); Stadler/Micklitz WRP 2003, 559 (562)), der Bundeshaushalt saniert werden. Allerdings führt diese Konstruktion zu einigen Folgeproblemen, die im Gesetz nicht vollständig gelöst sind.

2. Auskunftsanspruch des Bundesamts für Justiz

Nach § 10 IV haben die Gläubiger dem Bundesamt für Justiz über die Geltendmachung von **43** Ansprüchen nach § 10 I **Auskunft** zu erteilen. Zweck der Regelung ist es insbes., der zuständigen Stelle Klarheit zu verschaffen, wer im Einzelnen mit welchem Ziel Ansprüche aus § 10 geltend macht. Denn aus dem abgeführten Gewinn sind ggf. Aufwendungsersatzansprüche der Gläubiger zu befriedigen (vgl. § 10 IV 2 und 3). Außerdem können auf diese Weise ggf. unnötige Prozesse vermieden werden. Die Pflicht zur Auskunft erstreckt sich sowohl auf die außergerichtliche wie auf die gerichtliche Geltendmachung des Anspruchs. – Für den Anspruch gilt ebenfalls die Verjährungsfrist des § 11 V.

3. Erstattung von Aufwendungen durch die zuständige Stelle des Bundes

44 **a) Grundsatz.** Nach § 10 IV 2 können die Gläubiger von der zuständigen Stelle des Bundes Erstattung der für die Geltendmachung des Anspruchs erforderlichen Aufwendungen verlangen, soweit sie vom Schuldner keinen Ausgleich erlangen können. Der Erstattungsanspruch ist nach § 10 IV 3 auf die Höhe des abgeführten Gewinns beschränkt. Zu den erstattungsfähigen Aufwendungen gehören einmal die Aufwendungen, die an sich der Schuldner nach § 91 ZPO erstatten müsste, aber – aus welchen Gründen auch immer – nicht erstattet. Dafür reicht es aus, dass der Schuldner nach Fristsetzung nicht bezahlt. Vom Gläubiger ist nicht zu verlangen, dass er die Zwangsvollstreckung betreibt und ggf. neue finanzielle Risiken eingeht. Erstattung kann der Gläubiger nicht für Aufwendungen verlangen, die ihm der Schuldner nicht zu erstatten hat (zB Prozesskosten bei Teilunterliegen), da sie nicht erforderlich sind (Büscher/Hohlweck Rn. 27). Vorprozessuale Aufwendungen, die nicht von § 91 ZPO erfasst werden, können ebenfalls erstattet verlangt werden, soweit sie für die Rechtsverfolgung erforderlich waren und vom Schuldner nicht erstattet worden sind. Die Aufwendungen müssen für die Geltendmachung des Anspruchs **erforderlich** gewesen sein. Das sind sie nicht, wenn die Geltendmachung des Anspruchs gegenüber dem Schuldner rechtsmissbräuchlich war.

45 **b) Aufwendungsersatz bei Mehrfachgeltendmachung des Gewinnherausgabe-anspruchs.** Haben mehrere Gläubiger den Anspruch geltend gemacht und bekommen sie ihre Aufwendungen vom Schuldner nicht ersetzt, reicht andererseits der an den Bundeshaushalt abgeführte Gewinn nicht aus, um alle Aufwendungsersatzansprüche zu befriedigen, so sind sie in entspr. Anwendung des § 430 BGB zu gleichen Anteilen zu befriedigen (→ Rn. 33).

Verjährung

11 (1) **Die Ansprüche aus den §§ 8, 9 Absatz 1 und § 13 Absatz 3 verjähren in sechs Monaten und der Anspruch aus § 9 Absatz 2 Satz 1 verjährt in einem Jahr.**

(2) **Die Verjährungsfrist beginnt, wenn**

1. **der Anspruch entstanden ist und**
2. **der Gläubiger von den den Anspruch begründenden Umständen und der Person des Schuldners Kenntnis erlangt oder ohne grobe Fahrlässigkeit erlangen müsste.**

(3) **Schadensersatzansprüche verjähren ohne Rücksicht auf die Kenntnis oder grob fahrlässige Unkenntnis in zehn Jahren von ihrer Entstehung, spätestens in 30 Jahren von der den Schaden auslösenden Handlung an.**

(4) **Andere Ansprüche verjähren ohne Rücksicht auf die Kenntnis oder grob fahrlässige Unkenntnis in drei Jahren von der Entstehung an.**

Gesamtübersicht*

---

* Detailübersichten finden sich zu Beginn der Abschnitte.

1. Abschnitt. Verjährung

Übersicht

Schrifttum: Friedrich, Verjährungshemmung durch Güteverfahren, NJW 2003, 1781; Fritzsche, Zum Verjährungsbeginn bei Unterlassungsansprüchen, FS Rolland, 1999, 115; Fritzsche, Unterlassungsanspruch und Unterlassungsklage, 2000; Goldmann, Zur Verwirkung nach § 242 BGB beim Schutz geschäftlicher Bezeichnungen und im Lauterkeitsrecht, GRUR 2017, 657; Jänich, Stammrechtsverjährung im UWG?, FS Harte-Bavendamm, 2020, 331; Kähler, Verjährungshemmung nur bei Klage des Berechtigten?, NJW 2006, 1769; Köhler, Zur Verjährung des vertraglichen Unterlassungs- und Schadensersatzanspruchs, GRUR 1996, 231; Köhler, Zur Geltendmachung und Verjährung von Unterlassungsansprüchen, JZ 2005, 489; König, Verfolgungsverjährung im Ordnungsmittelverfahren und Rückzahlung von Ordnungsgeld durch die Landeskasse, WRP 2002, 404; Mansel, Die Neuregelung des Verjährungsrechts, NJW 2002, 89; Maurer, Verjährungshemmung durch vorläufigen Rechtsschutz, GRUR 2003, 208; Messer, Neue Rechtsfragen zur Verjährung des wettbewerblichen Unterlassungs- und Schadensersatzanspruchs, FS Helm, 2002, 111; Neu, Die Verjährung der gesetzlichen Unterlassungs-, Beseitigungs- und Schadensersatzansprüche des Wettbewerbs- und Warenzeichenrechts, GRUR 1985, 345; Ott, Die Hemmung der Verjährung wettbewerbsrechtlicher Unterlassungsansprüche, WRP 2018, 539; Peters, Die Einrede der Verjährung als ein den Rechtsstreit in der Hauptsache erledigendes Ereignis, NJW 2001, 2289; Pietzcker, Feststellungsprozess und Anspruchsverjährung, GRUR 1998, 293; Rieble, Verjährung „verhaltener Ansprüche" – am Beispiel der Vertragsstrafe, NJW 2004, 2270; Rohlfing, Verjährungsfristbeginn im Wettbewerbsrecht bei grob fahrlässiger Unkenntnis, GRUR 2006, 735; Sack, Das Verhältnis des UWG zum allgemeinen Deliktsrecht, FS Ullmann, 2006, 825; Schabenberger, Zur Hemmung nach § 204 Abs. 1 Nr. 9 BGB in wettbewerbsrechtlichen Auseinandersetzungen, WRP 2002, 293; Schulz, Die neuen Verjährungsvorschriften im UWG, WRP 2005, 274; Spindler/Seidel, Die zivilrechtlichen Konsequenzen von Big Data für Wissenszurechnung und Aufklärungspflichten, NJW 2018, 2153; Toussaint, Die Verjährung „anderer Ansprüche im Wettbewerbsrecht" – Zur Auslegung von § 11 Abs. 4 UWG, FS Büscher, 2018, 393; Traub, Hemmung oder Unterbrechung der Verjährung durch eine wettbewerbsrechtliche Schlichtung, FS Vieregge, 1995, 869; Ungewitter, Zur Verjährung des Aufwendungsanspruchs bei Abmahnungen, GRUR 2012, 697.

A. Entstehungsgeschichte

Die Vorschrift ist an die Stelle des § 21 UWG 1909 getreten. Die kurze Verjährungsfrist für **1.1** Wettbewerbsverstöße wurde beibehalten, jedoch wurde im Übrigen eine weitgehende Anpassung an die allgemeinen Verjährungsregelungen des BGB (§ 199 BGB) vorgenommen. § 11 I wurde durch das G zur Stärkung des Verbraucherschutzes im Wettbewerbs- und Gewerberecht v. 10.8.2021 (BGBl. 2021 I 3504), in Kraft am 28.5.2022, geändert, um den Besonderheiten des Verbraucherschadensersatzanspruchs nach § 9 II Rechnung zu tragen.

B. Dogmatische Einordnung und Normzweck

Wettbewerbsverstöße sind unerlaubte Handlungen (BGH GRUR 1995, 678 (681) – Kurze **1.2** Verjährungsfrist; WRP 2002, 532 (533) – Meißner Dekor I). Die Verjährungsregelungen des § 11 sind aber in ihrem Anwendungsbereich **leges speciales** zu den für unerlaubte Handlungen geltenden §§ 195, 199 BGB (vgl. BGH GRUR 1999, 751 (754) – Güllepumpen; → Rn. 1.7 ff.). Ergänzend anwendbar bleibt jedoch § 852 BGB (Herausgabeanspruch nach Verjährungseintritt). **Zweck** der Verjährung allgemein ist der Schutz des Schuldners und die Wahrung des Rechtsfriedens und der Rechtssicherheit (BGHZ 128, 74 (82 f.); Grüneberg/Ellenberger BGB Überbl. v. § 194 Rn. 7 ff.). Zweck der **kurzen** Verjährung im Besonderen ist die rasche Abwicklung von Wettbewerbsstreitigkeiten wegen der Schwierigkeiten der Tatsachenfeststellung und die Befreiung des Verpflichteten von einer unübersehbaren Vielzahl von Anspruchsberechtigten (vgl. BGH GRUR 1984, 820 (823) – Intermarkt II). Mitbewerber oder Organisationen nach § 8 III, die einen wettbewerbsrechtlichen Anspruch aus den §§ 8, 9 oder § 13 III zu haben glauben, sollten ihn daher bald geltend machen, um nicht die Einrede der Verjährung zu riskieren.

C. Anwendungsbereich des § 11

I. UWG-Ansprüche

Die Verjährungsregelung des § 11 I bezieht sich auf die in den § 8 I, § 9 I und II sowie in **1.3** § 13 III genannten **Unterlassungs-, Beseitigungs-, Schadensersatz-** und **Aufwendungsersatzansprüche.** Miterfasst ist der **Widerrufsanspruch** als Unterfall des Beseitigungsanspruchs (BGH GRUR 1974, 99 (100) – Brünova, zu § 21 UWG 1909). Ob auch der **vorbeugende** Unterlassungsanspruch (§ 8 I 2) der Verjährung unterliegt, ist str. Nach der früher hM (BGH GRUR 1979, 121 (122) – Verjährungsunterbrechung; OLG Stuttgart NJWE-WettbR 1996, 31

(32)) sollte dies nicht der Fall sein. Dem ist aber nicht zu folgen (wie hier Büscher/Hohlweck Rn. 5; MüKoUWG/Fritzsche Rn. 112; Harte-Bavendamm/Henning-Bodewig/Schulz Rn. 13; Teplitzky Wettbewerbsrechtliche Ansprüche/Bacher Kap. 16 Rn. 5). Für die Verjährung kann es keinen Unterschied machen, ob die Verletzung tatsächlich erfolgt oder nur angekündigt wird. Auch trifft der Zweck der Verjährung (→ Rn. 1.2) genauso auf den vorbeugenden Unterlassungsanspruch zu. Die Verjährung beginnt mit Entstehung des Anspruchs, nämlich der Begründung der Erstbegehungsgefahr durch eine bestimmte Handlung (vgl. OLG Stuttgart WRP 1993, 351 (353)), wie etwa einer Berühmung oder Vorbereitungshandlung. Allerdings wird vielfach die die Erstbegehungsgefahr begründende Handlung eine Dauerhandlung (zB Aufbewahrung von Produktnachahmungen mit der Absicht des Verkaufs) sein, so dass der vorbeugende Unterlassungsanspruch ständig neu entsteht und daher Verjährung nicht in Betracht kommt. Ob dies der Fall ist, hängt von den Umständen ab.

1.3a Für den Schadensersatzanspruch der **Verbraucher** nach § 9 II gilt gem. § 11 I eine einjährige Verjährungsfrist. Dies rechtfertigt sich daraus, dass der durchschnittliche Verbraucher anders als ein Unternehmer mehr Zeit benötigt, um sich Klarheit über das Bestehen und die Höhe eines Schadensersatzanspruchs zu verschaffen und sich ggf. an eine qualifizierte Einrichtung zu wenden, die gleichartige Ansprüche gebündelt geltend macht.

1.3b Ausgenommen von der kurzen Verjährungsfrist des § 11 I ist der **Gewinnabschöpfungsanspruch** nach **§ 10.** Für ihn gilt die Sonderregelung für „andere Ansprüche" aus dem UWG in § 11 IV (str., → Rn. 1.36).

II. Konkurrierende Unterlassungs-, Beseitigungs- und Schadensersatzansprüche

1. Allgemeines

1.4 Ansprüche, die mit UWG-Ansprüchen konkurrieren, verjähren grds. selbstständig in der für sie geltenden Frist (BGH GRUR 1984, 820 (822) – Intermarkt II mwN). Die Frage einer entspr. Anwendung des § 11 stellt sich nur für Ansprüche, die an sich den §§ 195, 199 BGB unterliegen (vgl. insbes. §§ 823, 824 und 826 BGB; § 33 III PatG; § 141 PatG; § 20 MarkenG; § 24f GebrMG; § 102 UrhG; § 49 DesignG). Entscheidend ist hierbei, ob die UWG-Regelung hins. der Verjährung und ihrer ratio legis als erschöpfend und daher abschließend anzusehen ist (BGH GRUR 1984, 820 (823) – Intermarkt II) oder jedenfalls der Schwerpunkt des Unrechtsgehalts auf dem Wettbewerbsverstoß liegt (→ Rn. 1.9).

2. Ansprüche aus MarkenG

1.5 Es gilt **§ 20 MarkenG** iVm §§ 195, 199, 852 BGB. Allerdings stellt sich das Konkurrenzproblem nur, soweit UWG-Ansprüche neben markenrechtlichen Ansprüchen in Betracht kommen. In der Vergangenheit wurde das Markenrecht in seinem Anwendungsbereich als abschließende Regelung angesehen, die keinen Raum für eine **gleichzeitige** Anwendung des UWG zuließ (vgl. BGHZ 138, 349 (351) – MAC Dog; BGH WRP 2000, 529 (532) – ARD-1). Diese Vorrangthese ist aber mit Art. 6 II lit. a UGP-Richtlinie unvereinbar. Daher sind jedenfalls UWG-Ansprüche wegen Irreführung der Verbraucher über die betriebliche Herkunft eines Produkts neben dem MarkenG anwendbar (vgl. → 4 Rn. 3.9; Köhler GRUR 2007, 548 (553)).

3. Ansprüche aus GWB

1.6 Es gelten die Spezialregelungen in **§ 33h GWB.** Dies gilt auch dann, wenn der GWB-Anspruch auf denselben Wertungen beruht wie der UWG-Anspruch (wie zB bei den § 20 III GWB, § 21 I GWB möglich). – Davon zu trennen ist die Frage, ob GWB-Verstöße zugleich nach den §§ 3 I, 3a geahndet werden können (→ § 3 Rn. 1.37).

4. Ansprüche aus Namens- oder Firmenrechtsverletzung

1.7 Es gelten § 12 BGB iVm § 195 BGB; § 823 I BGB iVm §§ 195, 199 BGB (BGH GRUR 1984, 820 (822 f.) – Intermarkt II); § 37 II HGB iVm § 195 BGB, da die ratio legis des § 11 insoweit nicht zutrifft.

5. Ansprüche aus Eingriff in Gewerbebetrieb (§ 823 I BGB)

Soweit solche Ansprüche nicht schon wegen ihres subsidiären Charakters gegenüber wett- **1.8** bewerbsrechtlichen Ansprüchen ausgeschlossen sind, gilt für sie § 11 analog (BGHZ 36, 252 (257) – Gründerbildnis; BGH GRUR 1974, 99 (100) – Brünova; GRUR 1981, 517 (520) – Rollhocker; OLG Köln GRUR-RR 2001, 110), weil der UWG-Verstoß typischerweise gleichzeitig einen Eingriff in den Gewerbebetrieb darstellt und § 11 sonst leer liefe. Unerheblich ist insoweit, ob und auf welche Rechtsnormen der Kläger seinen Antrag stützt. Etwas anderes gilt im Hinblick auf die Entscheidung des Großen Zivilsenats des BGH (BGHZ 164, 1) für Ansprüche aus § 823 I BGB wegen **unberechtigter Schutzrechtsverwarnung** (→ § 4 Rn. 4.180).

6. Ansprüche aus Schutzgesetzverletzung (§ 823 II BGB)

Die §§ 3, 7 stellen keine Schutzgesetze iSd § 823 II BGB dar (vgl. Begr. RegE UWG 2004 zu **1.9** § 8, BT-Drs. 15/1487, 22; zum früheren Recht vgl. BGHZ 36, 252 = GRUR 1962, 310 (314) – Gründerbildnis; BGH GRUR 1974, 99 (100) – Brünova). Dagegen stellen die beiden Strafbestimmungen des § 16 Schutzgesetze dar, da insoweit die zivilrechtlichen Rechtsfolgen nicht erschöpfend geregelt sind (vgl. BGH GRUR 2008, 818 Rn. 87 – Strafbare Werbung im Versandhandel; → § 16 Rn. 29). Es gelten dementsprechend die §§ 195, 199 BGB. Soweit das verletzte Gesetz sowohl ein Schutzgesetz iSd § 823 II BGB, als auch eine Marktverhaltensregelung iSd § 3a darstellt, kommt es auf den Schwerpunkt des Unrechtsgehalts an: Liegt er auf dem Wettbewerbsverstoß, gilt § 11 analog; ansonsten gelten die §§ 195, 199 BGB (ebenso BGHZ 188, 326 = GRUR 2011, 444 Rn. 57 – Flughafen Frankfurt-Hahn). Letzteres ist bspw. beim beihilferechtlichen Durchführungsverbot nach Art. 108 III 3 AEUV anzunehmen (BGH GRUR 2011, 444 Rn. 49, 58 – Flughafen Frankfurt-Hahn).

7. Ansprüche aus § 824 BGB

Es gelten insoweit die §§ 195, 199 BGB, da es sich um eine selbstständige tatbestandliche **1.10** Regelung handelt (BGHZ 36, 252 (256) – Gründerbildnis). Diese Ansprüche können neben solchen aus §§ 8, 9 iVm §§ 3, 4 Nr. 2 bestehen (aA Sack FS Ullmann, 2006, 825 (838)).

8. Ansprüche aus § 826 BGB

Es gelten insoweit die §§ 195, 199 BGB, da es sich um eine selbstständige tatbestandliche **1.11** Regelung handelt und der Verletzer, der zugleich einen Wettbewerbsverstoß begangen hat, nicht begünstigt werden soll (BGH GRUR 1964, 218 (220) – Düngekalkhandel; GRUR 1977, 539 (543) – Prozessrechner; MüKoBGB/Wagner BGB § 826 Rn. 40; aA Sack FS Ullmann, 2006, 825 (839)).

9. Anspruch aus § 852 S. 1 BGB

Für den Herausgabeanspruch nach Eintritt der Verjährung des Schadensersatzanspruchs aus **1.12** unerlaubter Handlung nach § 852 S. 1 BGB gilt die Verjährungsfrist gem. § 852 S. 2 BGB

III. Sonstige Ansprüche

1. Bereicherungsansprüche

Es gelten die §§ 195, 199 BGB, auch soweit ihnen nur ein UWG-Verstoß (zB aus §§ 3, 4 **1.13** Nr. 3 beim ergänzenden Leistungsschutz) zugrunde liegt (ganz hM; vgl. BeckOK UWG/Eichelberger Rn. 48).

2. Ansprüche aus Geschäftsanmaßung (§ 687 II BGB)

Es gelten die §§ 195, 199 BGB, auch soweit sie nur auf einen UWG-Verstoß gestützt werden. **1.14**

3. Vertragliche und quasivertragliche Ansprüche

In der Praxis stehen Ansprüche aus der Verletzung eines strafbewehrten Unterlassungsverspre- **1.15** chens im Vordergrund. Dabei ist zu unterscheiden: **(1) Vertraglicher Unterlassungsanspruch.** Die strafbewehrte Unterlassungsvereinbarung begründet ein Dauerschuldverhältnis, gerichtet auf ein dauerndes Unterlassen als Leistung iSd § 241 I 2 BGB. Der „allgemeine" Unterlassungsanspruch als „Stammrecht" unterliegt nicht der Verjährung (ebenso Ahrens Wettbewerbsprozess-HdB/Bornkamm Kap. 33 Rn. 27; Fritzsche, Unterlassungsanspruch und Unterlassungsklage, 2000, S. 477 f.; Jänich FS Harte-Bavendamm, 2020, 331 (335 ff.)). Wird dieser Unterlassungsanspruch durch Zuwiderhandlung verletzt und besteht Wiederholungsgefahr, so entspringt daraus ein „konkreter" Verletzungsunterlassungsanspruch (Köhler JZ 2005, 489 (492 ff.); iErg auch BGHZ 130, 288 (294) = GRUR 1995, 678 – Kurze Verjährungsfrist). Entsprechendes gilt, wenn lediglich Erstbegehungsgefahr einer Zuwiderhandlung besteht, für den daraus entspringenden vorbeugenden Unterlassungsanspruch. Beide Ansprüche, der (konkrete) Verletzungsunterlassungsanspruch und der (konkrete) vorbeugende Unterlassungsanspruch, sind klagbar, ohne dass es eines Rückgriffs auf § 259 ZPO bedürfte (Köhler JZ 2005, 489 (494)). Sie unterliegen an sich der Verjährungsfrist der §§ 195, 199 BGB. Jedoch ist **§ 11 analog** anzuwenden, soweit damit ein gesetzlicher Unterlassungsanspruch aus § 8 konkurriert (BGHZ 130, 288 (294) = GRUR 1995, 678 – Kurze Verjährungsfrist). **(2) Vertraglicher Beseitigungs- und Schadensersatzanspruch.** Der Anspruch auf Beseitigung oder auf Schadensersatz wegen Verletzung des Unterlassungsvertrags (§§ 280 ff. BGB) verjährt nach § 11 analog (BGHZ 130, 288 (294) = GRUR 1995, 678 – Kurze Verjährungsfrist; Fritzsche, Unterlassungsanspruch und Unterlassungsklage, 2000, 487), wenn damit (wie idR) ein Anspruch aus § 8 oder § 9 konkurriert. Denn angesichts der weit gehenden Übereinstimmung der konkurrierenden Ansprüche nach Inhalt und Zielsetzung, der Funktion der Unterwerfungsvereinbarung und der gleich gelagerten Interessen der Parteien, ist nach Sinn und Zweck der Verjährungsregelung des § 11 eine Analogie gerechtfertigt. Ob dies auch dann gelten kann, wenn im Einzelfall kein gesetzlicher Anspruch konkurriert, ist zweifelhaft, aber wohl zu bejahen (vgl. Köhler GRUR 1996, 231 (233); Teplitzky Wettbewerbsrechtliche Ansprüche/Bacher Kap. 16 Rn. 21). Um freilich etwaige Streitigkeiten zu vermeiden, empfiehlt es sich aber, in der Unterwerfungsvereinbarung eine Regelung über die Verjährung (§ 202 BGB) zu treffen, etwa über die entspr. Anwendung des § 11. Allerdings ist insoweit die Einschränkung für Vorsatztaten durch § 202 I BGB zu beachten. **(3) Anspruch auf Vertragsstrafe.** Der Anspruch auf Vertragsstrafe verjährt nicht nach § 11 analog. Denn dieser Anspruch hat keine Parallele bei den gesetzlichen Ansprüchen, enthält vielmehr ein „Mehr" an Sanktion und diese Sanktion darf auch nicht durch eine Absenkung der Verjährungsfrist unter die zweijährige Frist der Ordnungsmittelvollstreckung ausgehöhlt werden. Es gelten daher die §§ 195, 199 BGB (BGH WRP 2023, 71 Rn. 17 – Vertragsstrafenverjährung; Ahrens Wettbewerbsprozess-HdB/Bornkamm § 33 Rn. 29; Teplitzky Wettbewerbsrechtliche Ansprüche/Bacher Kap. 16 Rn. 21; zum früheren Recht vgl. BGH GRUR 1992, 61 (62) – Preisvergleichsliste; BGHZ 130, 288 (295) = GRUR 1995, 678 – Kurze Verjährungsfrist). Dagegen lässt sich auch nicht die funktionale Nähe der Vertragsstrafe zum Schadensersatz einwenden (vgl. § 340 II BGB). Denn die Vertragsstrafe hat im Wettbewerbsrecht primär die Funktion, den Schuldner von weiteren Verstößen abzuhalten, und mit Ausnahme des verletzten Mitbewerbers haben die Gläubiger des gesetzlichen Unterlassungsanspruchs gar keinen Schadensersatzanspruch (vgl. § 9). Bei einem Anspruch auf Zahlung einer Vertragsstrafe nach „Hamburger Brauch" beginnt die regelmäßige Verjährungsfrist nicht, bevor der Gläubiger die Höhe der vom Schuldner verwirkten Vertragsstrafe festgelegt hat und der Vertragsstrafeanspruch damit fällig geworden ist (BGH WRP 2023, 71 Rn. 20, 21, 27 – Vertragsstrafenverjährung).

4. Ersatzansprüche aus Abmahnverhältnis und Abschlussverfahren

1.16 Für Ansprüche aus dem sog **Abmahnverhältnis** als einem Rechtsverhältnis iSd § 311 II Nr. 3 BGB gilt § 11 I analog (BGHZ 115, 210 = GRUR 1992, 176 (177) – Abmahnkostenverjährung zu § 21 UWG 1909), soweit ein UWG-Anspruch zu Grunde liegt (Teplitzky Wettbewerbsrechtliche Ansprüche/Bacher Kap. 16 Rn. 22). Das Gleiche gilt für die Kosten eines Abmahnschreibens (Teplitzky Wettbewerbsrechtliche Ansprüche/Bacher Kap. 16 Rn. 22a). Desgleichen ist § 11 I analog anwendbar auf den Erstattungsanspruch für die Kosten eines **Abschlussschreibens** aus GoA bzw. § 13 III analog.

5. (Unselbstständige) Auskunfts- und Rechnungslegungsansprüche

1.17 Da es sich um bloße Hilfsansprüche handelt, soll nach früherer Auffassung die Verjährungsfrist des Hauptanspruchs maßgebend sein (BGH GRUR 1972, 558 (560) – Teerspritzmaschinen). Richtigerweise ist jedoch von einer selbstständigen Verjährung nach §§ 195, 199 I, IV BGB auszugehen, zumal diese Ansprüche einen selbständigen Streitgegenstand darstellen (vgl. BGH GRUR 1988, 533 (536) – Vorentwurf II; NJW 1990, 180 (181); GRUR 2012, 1248 Rn. 22 – Fluch der Karibik; Teplitzky Wettbewerbsrechtliche Ansprüche/Büch Kap. 38 Rn. 37; Harte-Bavendamm/Henning-Bodewig/Schulz Rn. 25; BeckOK UWG/Eichelberger Rn. 45). Allerdings beginnt die Verjährungsfrist des Hilfsanspruchs nicht vor dem Entstehen des Hauptanspruchs zu laufen. Das ist von Bedeutung für den Schadensersatzanspruch bei fortgesetzten oder Dauerhandlungen, weil bei diesen der Schadensersatzanspruch stets neu entsteht. – Ist der Hauptanspruch verjährt, so fehlt aber dem Gläubiger idR ein berechtigtes Informationsinteresse und seine Auskunftsklage ist unbegründet (BGH NJW 1990, 180 (181)). Jedoch kann im Einzelfall ein berechtigtes Interesse bestehen, so zB wenn der Gläubiger mit einem verjährten Schadensersatzanspruch aufrechnen möchte (§ 215 BGB). – Beim **selbständigen** Auskunftsanspruch wegen eines UWG-Verstoßes richtet sich die Verjährung nach § 195 BGB (Teplitzky Wettbewerbsrechtliche Ansprüche/Büch Kap. 38 Rn. 38).

6. Besichtigungsansprüche (§§ 809, 810 BGB)

Für Besichtigungsansprüche nach den §§ 809, 810 BGB gilt das zu den Auskunftsansprüchen   **1.17a** Gesagte (→ Rn. 1.17) entsprechend.

D. Verjährungsfristen und Verjährungsbeginn

I. Überblick

Die Verjährungsfrist für wettbewerbsrechtliche Ansprüche ist in § 11 sehr differenziert ge-   **1.18** regelt. Der Beginn der Verjährung setzt stets voraus, dass der Anspruch entstanden ist (→ Rn. 1.19).

(1) **Ansprüche nach den §§ 8, 9 und 13 III** verjähren grds. in einer Frist von **sechs Monaten** (§ 11 I). Ihr Beginn setzt neben der Entstehung des Anspruchs voraus, dass der Gläubiger von den den Anspruch begründenden Umständen und der Person des Schuldners Kenntnis erlangt oder ohne grobe Fahrlässigkeit erlangen müsste (→ Rn. 1.24 ff.). Liegen Kenntnis oder grob fahrlässige Unkenntnis nicht vor, so greift § 11 III und IV als Auffangregelung ein.

(2) **Schadensersatzansprüche** verjähren ohne Rücksicht auf die Kenntnis oder grob fahrlässige Unkenntnis in **zehn** Jahren von ihrer Entstehung, spätestens in **dreißig** Jahren von der den Schaden auslösenden Handlung (§ 11 III) an.

(3) **Andere Ansprüche** verjähren in **drei Jahren** von der Entstehung an (§ 11 IV). Anders als in § 199 I BGB ist der Verjährungsbeginn im Wettbewerbsrecht nicht auf den Schluss des Jahres hinausgeschoben, in dem der Anspruch entstanden ist. Mit „anderen" Ansprüchen sind die in § 11 I erwähnten Ansprüche nach den § 8 und § 13 III gemeint, soweit für sie nicht die kurze Verjährungsfrist eingreift, dh der Gläubiger die anspruchsbegründenden Umstände weder kennt noch grob fahrlässig nicht kennt.

(4) **Titulierte Ansprüche** verjähren nach den § 197 I Nr. 3 BGB, § 201 S. 1 BGB in 30 Jahren, beginnend mit der Rechtskraft der Entscheidung, und zwar auch dann, wenn es sich nur um ein Feststellungsurteil handelt (OLG Köln WRP 2013, 1236 Rn. 21). Das wirft Schwierigkeiten beim **titulierten Unterlassungsanspruch** auf. Nach der Rspr. zum früheren Recht soll die Verjährung in diesem Falle erst mit der Zuwiderhandlung beginnen. Denn solange der Schuldner nicht zuwiderhandle, sei eine Vollstreckung ausgeschlossen. Dementsprechend könne der Gläubiger auch bei Verstößen, die erst nach Ablauf von 30 Jahren erfolgen, die Zwangsvollstreckung betreiben (BGHZ 59, 72 (74) – Kaffeewerbung). Nach der Gegenmeinung (GK/Messer, 1. Aufl. 1991, § 21 aF Rn. 63, 64; Fritzsche, Unterlassungsanspruch und Unterlassungsklage, 2000, 492 ff.) soll der Anspruch dagegen nach 30 Jahren seit Titulierung verjähren. – Gegen diese Auffassung spricht jedoch die Regelung in den § 201 S. 2 BGB, § 199 V BGB. Danach beginnt die Verjährung titulierter Unterlassungsansprüche erst mit der Zuwiderhandlung (dazu Ahrens Wettbewerbsprozess-HdB/ Bornkamm Kap. 33 Rn. 14f unter Hinweis auf BT-Drs. 14/6040, 109). Das bedeutet allerdings nicht, dass der titulierte Unterlassungsanspruch als solcher verjähren würde, wenn der Gläubiger einen Verstoß dreißig Jahre lang unbeachtet lässt. Denn der Unterlassungsanspruch stellt ein **Dauerschuldverhältnis** dar, gegen das immer wieder verstoßen werden kann. Die Vollstreckung wegen eines Verstoßes bewirkt keine Dauerbefriedigung des An-

spruchs. Es verhält sich insoweit nicht anders als bei einem vertraglichen Unterlassungsanspruch mit unbestimmter Dauer (zB Wettbewerbsverbot eines OHG-Gesellschafters; Unterwerfungsvertrag), der als solcher ebenfalls keiner Verjährung unterliegt. Der dreißigjährigen Verjährung unterliegt daher nicht der titulierte Unterlassungsanspruch, sondern (in restriktiver Auslegung des § 197 I Nr. 3 BGB) nur der „Anspruch auf Vollstreckung" hins. des einzelnen Verstoßes. Man kann dies auch so formulieren, dass mit jeder Zuwiderhandlung eine neue dreißigjährige Verjährungsfrist beginnt (Köhler JZ 2005, 489 (494 ff.)). – Dabei ist aber zusätzlich zu beachten, dass gem. Art. 9 I EGStGB die Festsetzung eines Ordnungsmittels nach § 890 ZPO ausgeschlossen ist, wenn seit Beendigung der Handlung mehr als **zwei Jahre** vergangen sind (Köhler GRUR 1996, 231 (233); JZ 2005, 489 (495)). Diese sog **Verfolgungsverjährung,** dh die Verjährung des Anspruchs des Gläubigers, auf Grund des Vollstreckungstitels einen Vollstreckungsantrag nach § 890 ZPO zu stellen, tritt nicht ein, wenn innerhalb der Zweijahresfrist ein Ordnungsmittel festgesetzt worden ist. Dies gilt auch dann, wenn die Festsetzung innerhalb der Zweijahresfrist nicht rechtskräftig wird (BGH GRUR 2005, 269 (270) – Verfolgungsverjährung; aA OLG Düsseldorf WRP 2002, 464 (465 f.); Ahrens Wettbewerbsprozess-HdB/Bornkamm Kap. 33 Rn. 16). Verjährung kann daher auch im weiteren Verlauf des Vollstreckungsverfahrens nicht mehr eintreten. Zu begründen ist dies damit, dass der Ordnungsmittelbeschluss bereits mit seinem Wirksamwerden bzw. seiner Zustellung wirksam wird (§ 794 I Nr. 3 ZPO, §§ 793, 570 ZPO). Auch hätte es der Schuldner sonst in der Hand, den rechtskräftigen Verfahrensabschluss bis zum Eintritt der Verjährung hinauszuzögern. Den berechtigten Interessen des Schuldners ist dadurch Rechnung getragen, dass in einem etwaigen Rechtsmittelverfahren die Voraussetzungen für einen Ordnungsmittelbeschluss vorlagen.

II. Entstehung des Anspruchs

1. Grundsatz

1.19   Entstanden ist ein Anspruch, sobald er erstmals geltend gemacht und notfalls im Wege der Klage durchgesetzt werden kann (BGHZ 55, 340 (341); 79, 176 (177 f.)). Beim **Unterlassungs-** und **Beseitigungsanspruch** (§ 8 I 1) entsteht der Anspruch mit der **Zuwiderhandlung,** also mit der Verwirklichung des Tatbestands des § 3 oder des § 7. Beim **vorbeugenden Unterlassungsanspruch** (§ 8 I 2) entsteht der Anspruch mit Begründung der Erstbegehungsgefahr (→ Rn. 1.3). Beim **Schadensersatzanspruch** (§ 9) muss noch der Eintritt eines Schadens hinzukommen, beim **Gewinnherausgabeanspruch** (§ 10) die Erzielung eines Gewinns. Unter der Zuwiderhandlung ist nicht der Beginn, sondern der Abschluss der tatbestandsmäßigen Handlung zu verstehen (BGH GRUR 1974, 99 (100) – Brünova), zB bei einer wettbewerbswidrigen Zeitungsanzeige also nicht die Auftragserteilung, sondern das Erscheinen der Anzeige, bei der Übersendung eines Rundschreibens nicht die Absendung, sondern der Zugang (vgl. BGH GRUR 2004, 517 (519) – E-Mail-Werbung). Beim **Aufwendungsersatzanspruch** nach § 13 III entsteht der Anspruch nicht gleichzeitig mit der Entstehung des Unterlassungsanspruchs (so aber Ungewitter GRUR 2012, 697), sondern erst mit der Versendung der Abmahnung (KG AfP 2010, 271; Harte-Bavendamm/Henning-Bodewig/Schulz Rn. 64). Denn die Abmahnung ist Voraussetzung für die Entstehung des Anspruchs. Dagegen ist für den Beginn der Verjährung nicht erforderlich, dass bereits Aufwendungen entstanden sind.

2. Einzelhandlung

1.20   Bei einer Einzelhandlung ist deren Abschluss auch dann maßgebend, wenn der Eingriff noch Fortwirkungen zeitigt (BGH GRUR 1974, 99 (100) – Brünova; GRUR 1990, 221 (223) – Forschungskosten; Rogge GRUR 1963, 345 (348 f.)). So etwa, wenn eine geschäftsschädigende Äußerung später noch Kaufabschlüsse beeinflusst oder wenn Leser eine Zeitschriftenwerbung (wie zB bei Lesezirkeln) teilweise erst Wochen nach ihrem Erscheinen zur Kenntnis nehmen (KG MD VSW 1987, 586 (588)).

3. Dauerhandlung

1.21   Darunter ist eine Verletzungshandlung zu verstehen, von der eine fortwährende, vom Verletzer pflichtwidrig aufrecht erhaltene Störung ausgeht. **Beispiele:** Anbringung eines Reklameschilds an einer Fassade; Führung einer Firma (BGH GRUR 2003, 448 – Gemeinnützige

Wohnungsgesellschaft); Eintragung einer Firmenbezeichnung im Handelsregister oder in einem Adressbuch (OLG Stuttgart NJWE-WettbR 1999, 200 (202); Auftritt im Internet (OLG Hamburg GRUR-RR 2021, 126 Rn. 50). Der Verjährungsbeginn ist umstritten (vgl. Messer FS Helm, 2002, 111 (119 ff.)). Es ist zu **unterscheiden:**

(1) Die Verjährung von **Unterlassungs-** und **Beseitigungsansprüchen** auf Grund einer Dauerhandlung kann nicht beginnen, solange der Eingriff noch fortdauert (BGH GRUR 2003, 448 (450) – Gemeinnützige Wohnungsgesellschaft; OLG Düsseldorf GRUR-RR 2011, 10 (12); OLG München WRP 2012, 579 Rn. 60), zumal diese Ansprüche fortlaufend neu entstehen (vgl. MüKoUWG/Fritzsche Rn. 104). Sie beginnt erst mit Beendigung der Dauerhandlung. Es kann jedoch Verwirkung eintreten. Zum Beginn der Verjährung des Beseitigungsanspruchs bei abgeschlossenen Handlungen → Rn. 1.23.

(2) Beim **Schadensersatzanspruch** ist es anders, weil die Fortdauer der Handlung fortlaufend neue Schäden und damit neue Ersatzansprüche erzeugt (zutr. BGHZ 71, 86 (94) – Fahrradgepäckträger II; BGH GRUR 1984, 820 (822) – Intermarkt II; GRUR 1999, 751 (754) – Güllepumpen). Diese Ansprüche sind vergangenheitsbezogen und haben jeder für sich ihre wirtschaftliche Bedeutung. Daher ist es gerechtfertigt, für den Beginn der Verjährungsfrist an den Zeitpunkt der einzelnen Handlung anzuknüpfen, die Dauerhandlung also zeitlich in Teilakte (dh in Tage) aufzuspalten, für die dann jeweils eine gesonderte Verjährungsfrist läuft (BGHZ 71, 86 (94) – Fahrradgepäckträger II; BGH GRUR 1999, 751 (754) – Güllepumpen; GRUR 2015, 780 Rn. 23 – Motorradteile; Teplitzky Wettbewerbsrechtliche Ansprüche/Schaub Kap. 32 Rn. 5; Ahrens Wettbewerbsprozess-HdB/Bornkamm Kap. 33 Rn. 9; aA Messer FS Helm, 2002, 111 (120)). Diese Auffassung entspricht auch der Interessenlage, weil sie den Verletzten davon abhält, den Schaden anwachsen zu lassen. (Der Verwirkungseinwand bietet keinen gleichwertigen Schutz). Auch werden Widersprüche zur Behandlung der „fortgesetzten" Handlung, bei der die Rspr. ohnehin auf die einzelnen Teilakte abstellt (→ Rn. 1.22), vermieden. Die Rspr. ist freilich nicht ganz eindeutig (vgl. die obiter dicta zur Dauerhandlung in BGH GRUR 1984, 820 (822) – Intermarkt II; GRUR 1992, 61 (63) – Preisvergleichsliste; dazu, dass jedenfalls eine Unterwerfung eine Unterbrechung einer Dauerhandlung herbeiführt, vgl. BGH GRUR 1992, 61 (63) – Preisvergleichsliste).

4. Fortgesetzte (wiederholte) Handlung

    Darunter ist die auf einem einheitlichen Willen beruhende Vornahme gleichartiger Handlungen zu verstehen. **Beispiel:** Wiederholte Erteilung eines Anzeigenauftrags für ein und dieselbe Werbung. – Für alle Ansprüche gilt, dass für jeden Teilakt eine gesonderte Verjährung läuft, auch wenn die einzelnen Akte von einem einheitlichen Verletzerwillen getragen sind (BGH GRUR 1974, 99 (100) – Brünova; GRUR 1984, 820 (822) – Intermarkt II; GRUR 1992, 61 (63) – Preisvergleichsliste; GRUR 1999, 751 (754) – Güllepumpen; LG Amberg WRP 2010, 162 (163); LG Baden-Baden WRP 2012, 612 Rn. 14; Teplitzky Wettbewerbsrechtliche Ansprüche/Schaub Kap. 32 Rn. 6). Zu beachten ist, dass die Lehre von der Zusammenfassung mehrerer Akte zu einer „rechtlichen Einheit" (BGH GRUR 2001, 758 (759 f.) – Trainingsvertrag), welche die frühere Lehre vom Fortsetzungszusammenhang abgelöst hat, nur für die Verwirkung von Vertragsstrafeansprüchen gilt. **Beispiele:** Sukzessive Erteilung von Anzeigenaufträgen (vgl. BGH WRP 1993, 240 – Fortsetzungszusammenhang); Vertrieb von nachgeahmten Erzeugnissen (BGH GRUR 1999, 751 – Güllepumpen).   **1.22**

5. Abgrenzungsfragen

    Die Abgrenzung von abgeschlossener, aber fortwirkender Einzelhandlung und Dauerhandlung ist schwierig (vgl. Rogge GRUR 1963, 345 (348); Neu GRUR 1985, 335 (341 f.)). Bei einer Presseerklärung oder Zeitungsannonce liegt eine (mit dem Erscheinen) abgeschlossene Einzelhandlung vor. Zu einer Dauerhandlung wird eine Presseerklärung nicht allein deshalb, weil Dritte diese übernehmen und auf ihrer Internetseite abrufbar halten (OLG Frankfurt WRP 2019, 350 Rn. 17). Beim Versand von Rundschreiben (BGH GRUR 1974, 99 (100) – Brünova), Katalogen, Preislisten usw ist auf den Zugang beim – jeweiligen – Empfänger, nicht auf die Gültigkeitsdauer abzustellen. – Die Abgrenzung von Dauerhandlung und fortgesetzter Handlung hängt davon ab, ob der Verletzer jeweils neu aktiv tätig wird oder nicht (**Beispiel:** Dauerauftrag für eine Anzeige ist Dauerhandlung; sukzessive Auftragserteilung auf Grund Gesamtvorsatzes ist fortgesetzte Handlung; Firmeneintragung ist Dauerhandlung, Gebrauchmachen von dieser   **1.23**

Kennzeichnung im Geschäftsverkehr ist fortgesetzte Handlung). Die Abgrenzung ist nur dann entbehrlich, wenn man beide Handlungsformen gleich behandelt (vgl. Messer FS Helm, 2002, 111 (121 f.)).

III. Kenntnis oder grob fahrlässige Unkenntnis von der Handlung und von der Person des Verpflichteten

1.24   Die Kenntnis des Verletzten von der (abgeschlossenen oder drohenden) Verletzungshandlung und von der Person des Verletzers oder die grob fahrlässige Unkenntnis (→ Rn. 1.28) ist nach § 11 II zusätzliche Voraussetzung für den Beginn der sechsmonatigen Verjährungsfrist. Denn nur dann ist dem Gläubiger die rasche gerichtliche Geltendmachung des Anspruchs möglich und zumutbar.

1. Begriff der Kenntnis

1.25   Erforderlich ist **positive Kenntnis** der betreffenden Tatsachen. Nach der Rspr. zu § 21 UWG 1909 (BGH NJW 1985, 2022 (2023); WRP 1998, 164 (169) – Modenschau im Salvator-Keller; NJW 2000, 953; 2001, 1721 (1722)) steht es nach dem Rechtsgedanken des § 162 BGB der Kenntnis gleich, wenn der Verletzte sich der sich ihm aufdrängenden Kenntnis bewusst verschließt („bewusstes Wegschauen"). Diese Rspr. ist zwar durch die Neuregelung, die grob fahrlässige Unkenntnis der Kenntnis gleichstellt, bedeutungslos geworden. Sie bestätigt aber die Richtigkeit und Notwendigkeit der Neuregelung.

2. Umfang der Kenntnis

1.26   Die Kenntnis braucht sich nur auf die den Anspruch begründenden **Tatsachen** zu beziehen (§ 11 II Nr. 2). Dass der Verletzte die Tatsachen auch rechtlich zutr. gewürdigt hat, ist für den Beginn der Verjährung nicht erforderlich (BGH NJW 1999, 2041 (2042)), da er sich rechtlich beraten lassen kann. Ist allerdings die Rechtslage so unübersichtlich oder zweifelhaft, dass selbst ein rechtskundiger Dritter sie nicht einzuschätzen vermag, kann der Verjährungsbeginn bis zu ihrer Klärung ausgeschlossen sein, weil es an der Zumutbarkeit der Klageerhebung als übergreifender Voraussetzung für den Verjährungsbeginn fehlt (BGH NJW 1999, 2041 (2042); BGHZ 179, 260 Rn. 47; BGH NJW 2011, 2570 Rn. 23). Der Verletzte braucht keine lückenlose Kenntnis von den den Anspruch begründenden Umständen zu haben. Vielmehr genügt es, wenn er die wesentlichen Umstände der Verletzungshandlung bzw. der Erstbegehungsgefahr kennt. Die relevanten Tatsachen müssen ihm aber so vollständig und sicher bekannt sein, dass sie einen einigermaßen aussichtsreichen, wenn auch nicht risikolosen Erfolg einer Klage oder eines Verfügungsantrags versprechen (BGH GRUR 1988, 832 (834) – Benzinwerbung), ihm daher bei verständiger Würdigung eine (zB Feststellungs-)Klage zuzumuten ist (BGHZ 122, 317 (325); BGH NJW 1990, 2808; 1999, 2041 (2042); 2000, 1499). Bloße Vermutungen oder unklare Vorstellungen reichen dazu nicht aus. – Sind für die Kenntnis des Handlung innere Tatumstände beim Verletzer maßgeblich (zB Zweck und Beweggrund einer Handlung), kommt es auf die Kenntnis der äußeren Umstände an, aus denen auf die inneren Tatsachen zu schließen ist (BGH GRUR 1964, 218 (220) – Düngekalkhandel). Bei einem auf die §§ 3 I, 4 Nr. 2 Hs. 1 gestützten Anspruch gehört auch die Wahrheit oder Unwahrheit der behaupteten Tatsache zu den anspruchsbegründenden Tatsachen (BGH GRUR 2009, 1186 Rn. 21 – Mecklenburger Obstbrände). Denn dem Gläubiger ist erst dann eine Klageerhebung zumutbar, wenn ihm die für die Beurteilung der Wahrheit oder Unwahrheit der Tatsache maßgeblichen Umstände so vollständig und sicher bekannt sind, dass sie auch unter Berücksichtigung der Beweislastverteilung in § 4 Nr. 2 Hs. 1 einen einigermaßen sicheren Klageerfolg versprechen (BGH GRUR 2009, 1186 Rn. 23 – Mecklenburger Obstbrände).

1.26a   Für die nach § 11 II Nr. 2 weiter erforderliche Kenntnis von der **Person** des Verletzers ist die Kenntnis seines Namens und seiner Anschrift erforderlich, aber auch ausreichend (BGH NJW 2001, 1721). Im Falle der Haftung des Geschäftsinhabers für Mitarbeiter und Beauftragte (§ 8 II) ist nicht erforderlich, dass der Verletzte auch die Person des Mitarbeiters oder Beauftragten kennt (vgl. BGH NJW 1999, 423 (424) zu § 831 BGB); ebenso wenig im Falle der Haftung nach § 31 BGB (analog) für gesetzliche Vertreter die Person des Vertreters. – Sind mehrere für eine Verletzung verantwortlich, ist die Kenntniserlangung von Handlung und Person hins. eines jeden Verpflichteten gesondert zu prüfen (Teplitzky Wettbewerbsrechtliche Ansprüche/Bacher Kap. 16 Rn. 11). Daher können bei unterschiedlichen Zeitpunkten der Kenntniserlangung auch die Verjährungsfristen unterschiedlich zu laufen beginnen. Stets ist aber bei fehlender Kenntnis zu prüfen, ob nicht grob fahrlässige Unkenntnis vorliegt.

3. Wissenszurechnung

Der Anspruchsteller muss sich im Falle der **gesetzlichen Vertretung** nach § 166 BGB grds. **1.27** das Wissen seines gesetzlichen Vertreters zurechnen lassen. **Gesetzliche Vertreter** (AG-Vorstände; GmbH-Geschäftsführer) sind in aller Regel zugleich Wissensvertreter, so dass sich das Unternehmen ihre Kenntnis (bei Gesamtvertretung genügt die Kenntnis eines Vertreters) stets zurechnen lassen muss. Dies gilt aber nur dann, wenn nach der Struktur und Organisation des Unternehmens vom gesetzlichen Vertreter die Verwertung des erlangten Wissens (iSd Einleitung von gerichtlichen Schritten oder der Weitergabe des Wissens an die im Unternehmen zuständige Person) erwartet werden kann. Bei Großunternehmen ist dies nicht notwendig der Fall (vgl. OLG Köln WRP 1999, 222). – Auf die Kenntnis eines **rechtsgeschäftlichen Vertreters** (zB Prokuristen, Handlungsbevollmächtigten, Handelsvertretern, Rechtsanwälten usw) kommt es bei § 11 grds. nicht an (BGH NJW 2014, 1294 Rn. 15; WRP 2016, 958 Rn. 61 – Freunde finden). Jedoch ist es dem Anspruchsteller nach Treu und Glauben verwehrt, sich auf eigene Unkenntnis zu berufen, wenn er sich eines **Wissensvertreters** bedient, den er mit der Erledigung bestimmter Aufgaben, insbes. mit der Betreuung und Verfolgung des in Frage stehenden Anspruchs in eigener Verantwortung betraut hat. Insoweit ist **§ 166 BGB analog** anzuwenden (vgl. BGHZ 117, 104 (106 ff.); 130, 30 (35 ff.); 133, 129 (139); 134, 343 (347 ff.); BGH NJW 2001, 885 (886); WRP 2016, 958 Rn. 61 – Freunde finden; Grüneberg/Ellenberger BGB § 166 Rn. 6 f.). Innerhalb eines **Unternehmens** (oder **Verbands**) kann daher nicht die zufällige Kenntnis irgendeines Beschäftigten maßgebend sein, sondern nur die Kenntnis solcher Personen, die nach der betrieblichen Organisation für die Aufnahme und ggf. Weiterleitung wettbewerbsrechtlich relevanter Informationen zwecks Verfolgung von Wettbewerbsverstößen zuständig sind oder von denen dies auf Grund ihrer Stellung im Unternehmen typischerweise erwartet werden kann (BGH NJW 1994, 1150 (1151); 2000, 1411; OLG Frankfurt WRP 2019, 99 Rn. 19). Ist bei einem Konzern mit mehreren rechtlich selbstständigen Tochtergesellschaften die Ahndung von Wettbewerbsverstößen der Muttergesellschaft übertragen, so kommt es folgerichtig auf die Kenntnis der bei der jeweiligen Tochtergesellschaft für die Weiterleitung der Information zuständigen Person an. Der Verletzte muss sich demnach stets die Kenntnis von „Wissensvertretern" zurechnen lassen, und zwar unabhängig davon, ob sie zugleich gesetzliche oder rechtsgeschäftlicher Vertreter des Unternehmens sind. Man wird allerdings zwischen „dienstlichem" und „privatem" Wissen unterscheiden müssen. Die Zurechnung privaten Wissens ist nur dann gerechtfertigt, wenn der Geschäftsherr aus Gründen des Verkehrsschutzes ausnahmsweise zur Organisation eines Informationsaustausches verpflichtet ist, der auch privat erlangtes Wissen umfasst (BGH WRP 2016, 958 Rn. 61 – Freunde finden). Erfährt also zB ein Außendienstmitarbeiter von dem Wettbewerbsverstoß eines Konkurrenten und teilt er dies dem Unternehmer nicht mit, so kommt es darauf an, ob es zu seinem Aufgabenkreis gehört, derartige Informationen weiterzuleiten oder nicht. – Umgekehrt braucht aber ein „Wissensvertreter" keine Vertretungsmacht im Unternehmen zu haben. **Beispiele:** Testkäufer (OLG Stuttgart WRP 1985, 242); zuständiger Sachbearbeiter (BGH NJW 2013, 448 Rn. 19; Teplitzky Wettbewerbsrechtliche Ansprüche/Bacher Kap. 16 Rn. 8a); Lizenznehmer, der vom Lizenzgeber mit der Geltendmachung aus dem lizenzierten Schutzrecht beauftragt wurde (BGH GRUR 1998, 133 – Kunststoffaufbereitung). – Die Kenntnis sonstiger Dritter (zB Informanten) braucht sich der Verletzte nicht zuzurechnen lassen (KG WRP 1992, 564 (566); OLG Bamberg GRUR 2007, 167). – Ein **Verband** iSd § 8 III Nr. 2 oder 3 braucht sich nicht die privat erlangte Kenntnis von **Mitarbeitern** zurechnen lassen, weil er auch im Zusammenhang mit der Verfolgung von Wettbewerbsverstößen nicht verpflichtet ist, diese zur Dokumentation und Weitergabe solchen Wissens anzuhalten (BGH WRP 2016, 958 Rn. 62 – Freunde finden). Erst recht gilt dies für die Zurechnung des privaten Wissens von **Mitgliedern** (OLG Karlsruhe GRUR-RR 2007, 51 (53)). – Beauftragt eine **Behörde** nach § 7 I VSchDG einen Dritten, nach § 4a UKlaG gegen einen innergemeinschaftlichen Verstoß vorzugehen, muss sich der Dritte nach dem Rechtsgedanken des § 166 II BGB deren Kenntnis zurechnen lassen (BGH WRP 2011, 858 Rn. 39 – BIO TABAK).

4. Grob fahrlässige Unkenntnis von der Handlung und von der Person des Verpflichteten

1.28   Anders als im alten Recht (§ 21 UWG 1909) steht nunmehr – im Einklang mit der Regelung im BGB (§ 199 I Nr. 2 BGB) – die grob fahrlässige Unkenntnis der Kenntnis gleich (dazu Rohlfing GRUR 2006, 735). Grobe Fahrlässigkeit ist dann anzunehmen, wenn die Unkenntnis auf einer bes. schweren Verletzung der im Verkehr erforderlichen Sorgfalt beruht. Das ist ohne weiteres anzunehmen, wenn der Gläubiger die Augen vor einer sich geradezu aufdrängenden Kenntnis verschließt, wenn er eine auf der Hand liegende Erkenntnismöglichkeit nicht nutzt oder wenn er sich die erforderliche Kenntnis ohne nennenswerte Kosten und Mühen in zumutbarer Weise beschaffen kann. (Es sind dies Fallgestaltungen, die in der früheren Rspr. (auch zu § 852 BGB aF) dem Vorsatz zugeordnet wurden; → Rn. 1.25.) Grobe Fahrlässigkeit liegt daher schon dann vor, wenn der Schuldner bei dem Verdacht eines Verstoßes die **üblichen Erkenntnis- und Informationsquellen** nicht nutzt, mag dazu auch ein gewisser Zeit- und Kostenaufwand erforderlich sein (zB Recherchen bei Behörden, Verbänden, die uU eine ausführliche schriftliche Anfrage oder längere Telefonate erfordern; vgl. BGHZ 133, 192 (199)). Dagegen ist es dem Gläubiger nicht zuzumuten, unübliche und kostenträchtige Ermittlungen (zB Einschaltung eines Detektivs; aufwändige Umfragen bei einer Vielzahl von potenziell Betroffenen) durchzuführen. Auch besteht für den Gläubiger keine allgemeine Marktbeobachtungspflicht im Hinblick auf Wettbewerbsverstöße.

IV. Besonderheiten beim Schadensersatzanspruch

1. Schadensentstehung als zusätzliche Verjährungsvoraussetzung

1.29   Bei Schadensersatzansprüchen beginnt die sechsmonatige Verjährungsfrist nicht vor dem Zeitpunkt zu laufen, in dem ein Schaden entstanden ist (§ 11 II). Es genügt, dass überhaupt ein Schaden entstanden ist, die Schadensentwicklung braucht noch nicht abgeschlossen zu sein. Entsteht bereits im Zeitpunkt der Begehung ein Teil des Schadens in irgendeiner Form, beginnt damit die Verjährungsfrist zu laufen, mag auch der weitere Schaden erst später eintreten (BGH GRUR 1995, 608 (609) – Beschädigte Verpackung II). Beim Marktverwirrungsschaden genügt es, dass bereits eine Marktverwirrung (zB auf Grund einer Vertriebshandlung) eingetreten ist, weil insoweit nicht nur ein Beseitigungsanspruch (so BGH GRUR 2001, 841 (845) – Entfernung der Herstellungsnummer II), sondern auch ein Anspruch auf Naturalherstellung (§ 249 I BGB) gegeben ist, sonach ein Schaden im Rechtssinne nicht verneint werden kann.

2. Kenntnis oder grob fahrlässige Unkenntnis von der Schadensentstehung

1.30   Für den Beginn der sechsmonatigen Verjährungsfrist ist zusätzlich die Kenntnis oder grob fahrlässige Unkenntnis des Verletzten von der **Schadensentstehung** (Teplitzky Wettbewerbsrechtliche Ansprüche/Schaub Kap. 32 Rn. 3) und vom **Verschulden** des Verletzers (BGH NJW 1973, 316) erforderlich, da er sonst keinen Anlass zur Geltendmachung des Anspruchs hat.

3. Grundsatz der Schadenseinheit

1.31   Der gesamte aus einer Verletzungshandlung resultierende Schaden ist als Einheit anzusehen (vgl. nur BGH GRUR 1984, 820 (822) – Intermarkt II; GRUR 1995, 608 (609) – Beschädigte Verpackung II). Für den Beginn der sechsmonatigen Verjährung reicht daher die Kenntnis des Verletzten aus, dass er irgendeinen Schaden erlitten hat, mag er auch über Umfang und Höhe des Schadens im Ungewissen sein (BGH GRUR 1984, 820 (822) – Intermarkt II; BGHZ 107, 117 (122) = GRUR 1990, 221 – Forschungskosten). Es genügt nämlich, dass der Verletzte auf Grund der ihm bekannten Tatsachen eine Schadensersatzklage, und sei es auch nur eine Feststellungsklage, mit einigermaßen sicherer Aussicht auf Erfolg erheben könnte (BGHZ 48, 181 (183); BGH GRUR 1974, 99 (100) – Brünova; BGHZ 102, 246 (248); BGH NJW 1990, 2808 (2809)).

4. Unvorhersehbare Schadensfolgen

1.32   Die mit der allgemeinen Kenntnis vom Eintritt eines Schadens fingierte Kenntnis vom Gesamtschaden bezieht sich aber nicht auf die im Zeitpunkt der Kenntniserlangung nicht vorhersehbaren Schadensfolgen. Für sie läuft eine gesonderte Verjährung, die mit der Kenntnis oder grob fahrlässiger Unkenntnis dieser Schäden und ihrer Verursachung durch die Verletzungshandlung beginnt (vgl. BGH NJW 1973, 702BGH GRUR 1974, 99 (100) – Brünova).

5. Dauerhandlung und fortgesetzte Handlung

Vgl. → Rn. 1.21 ff.   **1.33**

6. Haftung nach Verjährungseintritt (§ 852 BGB)

Auch nach Verjährung des Schadensersatzanspruchs ist der Schuldner, der etwas auf Kosten **1.33a** des Verletzten erlangt hat (zB Gewinn), gem. § 852 S. 1 BGB diesem zur **Herausgabe nach Bereicherungsrecht** verpflichtet. Für die Verjährung dieses verbleibenden Anspruchs gilt eine **zehnjährige Verjährungsfrist** (§ 852 S. 2 BGB). Diese Vorschriften gelten auch für § 9 UWG (vgl. BGH GRUR 1999, 751 (754) – Güllepumpen zu § 852 III BGB aF). Im Fall der Schadensberechnung nach dem Verletzergewinn bleibt sonach faktisch der Schadensersatzanspruch in vollem Umfang erhalten.

V. Besonderheiten beim Beseitigungsanspruch

Liegt dem Beseitigungsanspruch keine Dauerhandlung (→ Rn. 1.21), sondern ein abgeschlos- **1.34** sener Eingriff (zB Versendung eines Schreibens), der eine fortwirkende Störung zur Folge hat, zugrunde, ist für den Verjährungsbeginn der Eintritt (irgend-)einer Beeinträchtigung erforderlich (vgl. Neu GRUR 1985, 335 (342, 343)). Die sechsmonatige Verjährungsfrist beginnt aber erst ab Kenntnis oder grob fahrlässiger Unkenntnis von der Beeinträchtigung und Vorhersehbarkeit ihrer Fortdauer (BGH GRUR 1974, 99 (100) – Brünova). Maßgebend ist, ob der Verletzte mit einigermaßen sicherer Aussicht auf Erfolg Beseitigungsklage bzw. Feststellungsklage bei voraussehbarer Fortdauer der Beeinträchtigung erheben konnte. Eine gesonderte Verjährung läuft jedoch für unvorhersehbare Auswirkungen, und zwar von der Kenntnis oder grob fahrlässigen Unkenntnis des Verletzten von ihrem Eintritt und vom Ursachenzusammenhang an (BGH GRUR 1974, 99 (100) – Brünova).

E. Eintritt der Verjährung ohne Rücksicht auf Kenntnis und grob fahrlässige Unkenntnis

I. Schadensersatzansprüche

Schadensersatzansprüche verjähren nach § 11 III ohne Rücksicht auf die Kenntnis oder grob **1.35** fahrlässige Unkenntnis in zehn Jahren von ihrer Entstehung, spätestens in 30 Jahren von der den Schaden auslösenden Handlung an. Die Vorschrift entspricht weitgehend dem § 199 III BGB. Zur Entstehung des Schadensersatzanspruchs → Rn. 1.29. Die den Schaden auslösende Handlung ist die Zuwiderhandlung gegen § 3.

II. Andere Ansprüche

Nach § 11 IV verjähren „andere Ansprüche ohne Rücksicht auf die Kenntnis oder grob **1.36** fahrlässige Unkenntnis in drei Jahren von der Entstehung an". Gemeint sind damit zunächst alle in § 11 I aufgeführten Ansprüche mit Ausnahme des Schadensersatzanspruchs, also insbes. der **Unterlassungs-** und **Beseitigungsanspruch** (→ Rn. 1.18). Bei Verbreitung einer Presseerklärung beginnt die Verjährung grds. mit der Verbreitungshandlung, selbst wenn Dritte diese Erklärung übernommen haben und auf ihrer Internetseite abrufbar halten (OLG Frankfurt GRUR-RR 2019, 318 Rn. 11). Mit „anderen Ansprüchen" sind aber auch der **Gewinnabschöpfungsanspruch** nach **§ 10 I** (FBO/Büscher Rn. 11; Ohly/Sosnitza/Sosnitza Rn. 32; **aA** Harte-Bavendamm/Henning-Bodewig/Schulz Rn. 21 f.; Büscher/Hohlweck Rn. 6; MüKoUWG/Fritzsche Rn. 39 ff.; BeckOK UWG/Eichelberger Rn. 23: §§ 195, 199 BGB) und die damit zusammenhängenden Ansprüche (vgl. § 10 II 2, IV) gemeint. Die dreijährige Verjährungsfrist für diesen Anspruch beginnt mit seiner Entstehung, d h wenn irgendein **Gewinn** erzielt wurde. Die Gewinnerzielung braucht nicht abgeschlossen zu sein. Handelt es sich allerdings um eine noch nicht abgeschlossene Aktion (zB längerfristige oder zeitlich nicht begrenzte Verkaufsmaßnahme), liegt also eine Dauerhandlung vor, so ist – wie beim Schadensersatzanspruch (→ Rn. 1.32) – die Dauerhandlung zeitlich in Teilakte (dh in Tage) aufzuspalten, für die dann jeweils eine gesonderte Verjährungsfrist läuft. Diese Auffassung entspricht auch der Interessenlage, weil sie den Gläubiger davon abhält, den Gewinn weiter anwachsen zu lassen.

F. Neubeginn der Verjährung

1.37   Der in § 212 BGB geregelte Neubeginn der Verjährung (früher: Unterbrechung der Verjährung) hat auch für wettbewerbsrechtliche Ansprüche Bedeutung.

I. Anerkenntnis (§ 212 I Nr. 1 BGB)

1.38   Das Anerkenntnis ist ein rein tatsächliches Verhalten des Schuldners gegenüber dem Gläubiger, aus dem sich das Bewusstsein vom Bestehen des Anspruchs unzweideutig ergibt und angesichts dessen der Gläubiger darauf vertrauen darf, dass sich der Schuldner nicht nach Ablauf der Verjährungsfrist alsbald auf Verjährung berufen wird (BGH GRUR 1981, 447 (448) – Abschlussschreiben). Bloßes Nichtzuwiderhandeln genügt nicht (OLG Hamm WRP 1977, 345 (346)). Es muss sich auf den ganzen Anspruch erstrecken. Beim Unterlassungsanspruch genügt daher die Anerkennung der Verletzungshandlung nicht, wenn gleichzeitig die Wiederholungsgefahr bestritten wird (OLG Koblenz GRUR 1985, 388). Ob die Zahlung der Abmahnpauschale oder der Kosten des Verfügungsverfahrens auf Grund Kostenfestsetzungsbeschlusses (dazu BGH GRUR 1981, 447 (448) – Abschlussschreiben) ein Anerkenntnis enthält, ist durch Auslegung zu ermitteln. Die Abgabe einer **strafbewehrten Unterlassungserklärung** führt idR zum Untergang des Unterlassungsanspruchs, so dass für eine Verjährung kein Raum mehr ist (OLG Stuttgart NJWE-WettbR 1996, 83). Es ist Sache des Gläubigers, die Erklärung anzunehmen und dadurch eine vertragliche Verpflichtung des Schuldners zu begründen. Führt die Unterwerfungserklärung, etwa weil nicht mit einer ausreichenden Vertragsstrafe bewehrt, nicht zum Wegfall des Unterlassungsanspruchs, so stellt sie allerdings idR ein Anerkenntnis iSd § 212 I Nr. 1 BGB dar (Fritzsche, Unterlassungsanspruch und Unterlassungsklage, 2000, 501). – Keinesfalls ist einer Unterwerfung jedoch ein Anerkenntnis von Schadensersatzansprüchen zu entnehmen (BGH GRUR 1992, 61 (63) – Preisvergleichsliste).

II. Vollstreckungshandlung (§ 212 I Nr. 2 BGB)

1.39   Die gerichtliche Vollstreckungshandlung muss vorgenommen oder beantragt werden. Dazu gehören: Antrag auf Festsetzung eines Ordnungsgeldes; nachträgliche Anordnung von Ordnungsmitteln durch Beschluss gem. § 890 II ZPO (BGH GRUR 1979, 121 (122) – Verjährungsunterbrechung).

G. Hemmung der Verjährung

I. Wichtige Tatbestände der Hemmung

1. Klageerhebung (§ 204 I Nr. 1 BGB)

1.40   Die Klage wird durch **Zustellung** der Klageschrift erhoben (§ 253 ZPO). Die Zustellung wirkt auf den Zeitpunkt der Klageeinreichung zurück, sofern sie **demnächst** erfolgt (§ 167 ZPO; dazu Grüneberg/Ellenberger BGB § 204 Rn. 7). Die Zustellung muss dazu innerhalb einer den Umständen des Einzelfalls entsprechenden angemessenen Frist stattfinden, der Kläger muss alles Erforderliche und Zumutbare getan haben, um eine zügige Zustellung zu gewährleisten und entgegenstehende schutzwürdige Belange des Beklagten dürfen nicht gegeben sein (OLG Düsseldorf WRP 2015, 899 Rn. 15 ff.: Zustellung auch nach zwölf Monate ggf. „demnächst"). – Die Klage muss **wirksam** erhoben worden sein, insbes. also dem Bestimmtheitserfordernis entsprechen. Bei zunächst **unbestimmtem** Klageantrag tritt Hemmung gleichwohl ein, wenn er durch Hilfsanträge, die den Gegenstand des Verbots einschränken, ohne den zugrunde liegenden Sachverhalt zu ändern, konkretisiert wird (BGH GRUR 1998, 481 (483) – Auto '94; dazu Teplitzky GRUR 1999, 1050 (1051)). Ist ein Unterlassungsantrag auf die konkrete Verletzungsform bezogen, tritt Hemmung hinsichtlich aller damit einhergehenden Unterlassungsansprüche ein (Ott WRP 2018, 539 Rn. 25 ff.). – Die Klage muss ferner vom wahren materiell Berechtigten gegen den wahren Schuldner erhoben worden sein. Die Klage eines Nichtberechtigten hemmt daher die Verjährung nicht (BGH WRP 2017, 79 Rn. 79 –

Every time we touch). Maßgebend ist der Zeitpunkt der Klagezustellung, ein späterer Rechtserwerb reicht daher nicht aus (aA Köhler NJW 2006, 1769). Hat der wahre Schuldner den Berechtigten durch falsche Informationen zu einer Klage gegen den falschen Schuldner veranlasst, muss er sich nach § 242 BGB (Verbot des widersprüchlichen Verhaltens) so behandeln lassen, als wäre Hemmung eingetreten. Dagegen steht die **Unzulässigkeit** der Klage (zB wegen Fehlens der Prozessfähigkeit, wegen Fehlens des Feststellungsinteresses, wegen sachlicher oder örtlicher Unzuständigkeit des Gerichts) der Hemmung nicht entgegen (BGH NJW 2014, 920 Rn. 21; Teplitzky Wettbewerbsrechtliche Ansprüche/Bacher Kap. 16 Rn. 37). Auch die unsubstantiierte oder unschlüssige Klage bewirkt die Hemmung. Bei der **Stufenklage** tritt Hemmung der Verjährung des zunächst noch unbestimmten Leistungsantrags nur in der Höhe ein, in der dieser Anspruch nach Erfüllung der seiner Vorbereitung dienenden Hilfsansprüche beziffert wird (BGH NJW 1992, 2563). Zum **Ende der Hemmung** vgl. § 204 II BGB.

2. Einreichung bzw. Zustellung des Antrags auf Erlass einer einstweiligen Verfügung (§ 204 I Nr. 9 BGB)

Hemmung tritt mit Zustellung des Antrags auf Erlass einer einstweiligen Verfügung ein **1.41** (§ 209 I Nr. 9 BGB). Sie wirkt nach § 167 ZPO auf den Zeitpunkt des Eingangs des Antrags zurück, wenn die Zustellung demnächst erfolgt. Darauf, ob der Antrag unzulässig oder unbegründet ist, kommt es nicht an. Wird der Antrag nicht zugestellt, so tritt Hemmung mit Einreichung des Antrags ein, wenn die eV innerhalb eines Monats seit Verkündung oder Zustellung an den Gläubiger dem Schuldner zugestellt wird. Dagegen tritt keine Hemmung ein, wenn das Gericht, ohne den Antrag dem Gegner zugestellt zu haben, den Antrag zurückweist (dazu Maurer GRUR 2003, 208 (210)). Die Hemmung **endet** gem. § 204 II 1 BGB, wie im Falle der Klageerhebung, sechs Monate nach der rechtskräftigen Entscheidung oder anderweitigen Beendigung des eingeleiteten Verfahrens (dazu Maurer GRUR 2003, 208 (210 f.); Schabenberger WRP 2002, 293; Ahrens Wettbewerbsprozess-HdB/Bornkamm Kap. 33 Rn. 39 ff.). Für das Verfügungsverfahren bedeutet dies: Eine rechtskräftige Entscheidung ist möglich bei Entscheidung durch Urteil oder Zurückweisung des Verfügungsantrags durch Beschluss. Da gegen eine Beschlussverfügung unbefristet Widerspruch erhoben werden kann, ist insoweit eine formelle Rechtskraft nicht möglich. Als anderweitige Beendigung des Verfahrens ist insoweit die Zustellung der Beschlussverfügung an den Gläubiger anzusehen (Schabenberger WRP 2002, 293 (299)). Legt der Schuldner noch vor Eintritt der Verjährung Widerspruch ein, beginnt die Hemmung nach § 204 II 3 BGB erneut. – Gibt der Schuldner keine ausreichende Abschlusserklärung (→ § 12 Rn. 3.73 ff.) ab, so muss der Gläubiger seinen Anspruch im Hauptsacheverfahren weiter geltend machen, um nicht Verjährung zu riskieren (dazu Baronikians WRP 2001, 121). Die Hemmung betrifft nur die mit dem Antrag geltend gemachten Ansprüche (also idR nur den Unterlassungsanspruch, nicht weiter gehende Schadensersatz- und Auskunftsansprüche). – Die Reichweite der Hemmung durch den Verfügungsantrag beurteilt sich nach dem Streitgegenstand des Verfügungsverfahrens. Dafür ist wiederum die konkrete Verletzungsform maßgebend, wenn mit der Klage ein entsprechendes Unterlassungsbegehren verfolgt wird (BGH WRP 2017, 459 Rn. 34, 35 – MeinPaket.de). Ist allerdings der Verfügungsantrag inhaltlich zu unbestimmt, tritt keine Hemmung ein (OLG Frankfurt GRUR-RS 2016, 15323).

3. Anrufung der Einigungsstelle (§ 15 VIII 1)

Dazu → § 15 Rn. 34.   **1.42**

4. Veranlassung der Bekanntgabe des erstmaligen Antrags auf Prozesskostenhilfe (§ 204 I Nr. 14 BGB)

Hemmung tritt auch dann ein, wenn der Antrag am letzten Tag der Verjährungsfrist gestellt **1.43** wird (BGHZ 70, 235 (237)).

5. Schweben von Verhandlungen (§ 203 BGB)

Die Verjährung ist nach § 203 S. 1 BGB **gehemmt**, bis der eine oder andere Teil die **1.44** Fortsetzung der Verhandlungen über den Anspruch oder die den Anspruch begründenden Umstände verweigert. Zweck der Vorschrift ist es, Verhandlungen, die bei erfolgreichem Abschluss Rechtsstreitigkeiten vermeiden helfen, von dem zeitlichen Druck einer ablaufenden Verjährungsfrist zu befreien. Der Gläubiger soll nicht gezwungen werden, den Anspruch, über den verhandelt wird, vorsichtshalber durch Klageerhebung oder in anderer die Verjährung hemmender Weise geltend zu machen (BGH NJW 2008, 576 Rn. 19; GRUR 2009, 1186 Rn. 27 – Mecklenburger Obstbrände). Wichtigster Anwendungsfall im Wettbewerbsrecht sind die Verhandlungen über die Abgabe einer strafbewehrten Unterlassungserklärung. Die bloße Abmahnung reicht nicht aus, um Verhandlungen anzunehmen, da es sich um eine einseitige Maßnahme handelt. Der Begriff der **Verhandlungen** ist andererseits weit auszulegen und erfasst jeden Meinungsaustausch über den Anspruch und seine tatsächlichen Grundlagen zwischen dem Gläubiger und dem Schuldner, wenn nicht sofort und eindeutig der Anspruch abgelehnt wird (BGH GRUR 2009, 1186 Rn. 27 – Mecklenburger Obstbrände). Verhandlungen schweben also schon dann, wenn der Schuldner Erklärungen abgibt, die den Gläubiger zur Annahme berechtigen, der Schuldner lasse sich jedenfalls auf Erörterungen über die Berechtigung des Anspruchs ein. Nicht erforderlich ist, dass der Schuldner dabei eine Vergleichsbereitschaft oder eine Bereitschaft zu einem sonstigen Entgegenkommen erkennen lässt (BGH NJW 2007, 587 Rn. 10 mwN; GRUR 2009, 1186 Rn. 27 – Mecklenburger Obstbrände). Ein Schweben von Verhandlungen ist zB bereits dann anzunehmen, wenn der Schuldner gegenüber dem Gläubiger erklärt, er werde den Vorwurf eines Wettbewerbsverstoßes überprüfen (lassen) oder er werde sich auf eine Erörterung der tatsächlichen Grundlagen eines behaupteten Anspruchs einlassen (BGH GRUR 2009, 1186 Rn. 29 – Mecklenburger Obstbrände). Dazu gehört auch bereits die Bitte um Fristverlängerung, sofern eine Erklärung zur Abmahnung in Aussicht gestellt wird (FBO/Büscher Rn. 56). Der Gegenstand der Verhandlungen ist durch Auslegung zu ermitteln, wobei von dem Lebenssachverhalt auszugehen ist, aus dem der Gläubiger Ansprüche herleitet. Beschränkt sich der Gläubiger nicht auf einen bestimmten (zB Unterlassungs-)Anspruch, erstrecken sich die Verhandlungen im Zweifel auf alle in Betracht kommenden Ansprüche. Wird nur über einen abgrenzbaren Teil eines Anspruchs verhandelt, hemmt dies die Verjährung der anderen Anspruchsteile nicht (vgl. BGH NJW 1998, 1142). Nach § 203 S. 2 BGB **endet** die **Hemmung,** sobald die eine oder andere Teil die **Fortsetzung der Verhandlungen verweigert.** Das setzt grds. ein klares und eindeutiges Verhalten einer Partei voraus (BGH NJW 1998, 2819; GRUR 2009, 1186 Rn. 30 – Mecklenburger Obstbrände; OLG Frankfurt WRP 2018, 1356 Rn. 26). Lässt der Gläubiger die Verhandlungen einschlafen, sind sie zu dem Zeitpunkt als abgebrochen anzusehen, in dem der nächste Schritt zu erwarten gewesen wäre (BGH NJW 1986, 1337). Die Verjährung tritt frühestens drei Monate nach dem Ende der Hemmung ein (§ 203 S. 2 BGB). Neben § 203 BGB sind zwar die Grundsätze über die unzulässige Rechtsausübung (→ Rn. 1.52) anwendbar (BGHZ 93, 64 (69)), doch kommt ihnen kaum noch praktische Bedeutung zu.

II. Nicht zur Hemmung führende Tatbestände

1.45   Durch Abmahnung oder Verteidigung gegenüber einer negativen Feststellungsklage tritt noch keine Hemmung ein, (BGH WRP 1994, 810 (812) – Parallelverfahren II; NJW 2012, 3633 Rn. 24 ff.), zumal der Gläubiger Widerklage erheben kann (Teplitzky Wettbewerbsrechtliche Ansprüche/Bacher Kap. 16 Rn. 39).

III. Umfang der Hemmung

1.46   Die Hemmung durch Klageerhebung beschränkt sich auf deren (ursprünglichen) **Streitgegenstand** (Antrag und Lebenssachverhalt) unter Berücksichtigung aller in Betracht kommenden Anspruchsgrundlagen (BGH GRUR 1990, 221 (223) – Forschungskosten; GRUR 1995, 608 (609) – Beschädigte Verpackung II; NJW 1999, 2110 (2111); 2017, 2673 Rn. 20). Die Klage auf Unterlassung hemmt daher nicht die Verjährung eines aus derselben Verletzungshandlung resultierenden Beseitigungs-, Widerrufs- oder Schadensersatzanspruchs (BGH GRUR 1974, 99 (101) – Brünova; GRUR 1984, 820 (822) – Intermarkt II). Die Klage auf Auskunft oder Rechnungslegung hemmt nicht die Verjährung des Hauptanspruchs (OLG Stuttgart WRP 1997, 605 (610)). Die Klage auf Bereicherungsausgleich hemmt nicht die Verjährung des Schadensersatzanspruchs (BGH GRUR 1990, 221 (223) – Forschungskosten). **§ 213 BGB** auf diese Fälle nicht anwendbar. Ist die Unterlassungsklage auf eine **konkrete Verletzungsform** gerichtet, tritt sie nur für solche Beanstandungen ein, die in der Klageschrift (bzw. Antragsschrift) genannt sind (OLG Frankfurt WRP 2017, 102 Rn. 24: Grundsatz der Dispositionsfreiheit). Sie hemmt auch die Verjährung hins. der „kerngleichen" Verletzungsformen, auf die sich die Rechtskraft des Urteils erstrecken würde (Teplitzky Wettbewerbsrechtliche Ansprüche/Bacher

Kap. 16 Rn. 38a). Dies gilt aber nur, soweit eine entspr. Verletzungshandlung begangen wurde. Denn bei nicht begangenen Handlungen läuft keine Verjährungsfrist. § 213 BGB ist auch dann anwendbar, wenn der Kläger eine konkrete Werbung zunächst mit einem eng zu verstehenden Hauptantrag angreift und später einen weniger eng gefassten Hilfsantrag stellt, um den Bedenken des Gerichts hinsichtlich der Auslegung des Hauptantrags Rechnung zu tragen. Denn die Ansprüche sind gegen den gleichen Schuldner und auf das gleiche wirtschaftliche Interesse gerichtet (OLG Köln GRUR 2015, 75 Rn. 35).

H. Wirkung der Verjährung

I. Allgemeines

Nach Ablauf der Verjährungsfrist kann der Schuldner die Leistung verweigern (§ 214 I BGB), **1.47** dh er kann die Einrede der Verjährung erheben. Hat der Verletzer in Unkenntnis von der Verjährung des gesetzlichen Unterlassungsanspruchs eine strafbewehrte Unterlassungserklärung abgegeben, so kann er sie aber nicht kondizieren (§ 214 II 2 BGB).

II. Besonderheiten beim Unterlassungsanspruch

Die Verjährung berechtigt den Verletzer nicht zu weiteren Verletzungshandlungen. Diese **1.48** begründen vielmehr neue Unterlassungsansprüche mit eigener Verjährungsfrist (Teplitzky Wettbewerbsrechtliche Ansprüche/Bacher Kap. 16 Rn. 26). Die Verjährung bedeutet nur, dass der Anspruchsberechtigte diesen Anspruch nicht mehr im Wege der Klage und/oder Zwangsvollstreckung durchsetzen kann. – Die einem verjährten Unterlassungsanspruch zugrunde liegende Verletzungshandlung kann für sich allein keine Erstbegehungsgefahr und damit keinen vorbeugenden Unterlassungsanspruch begründen, da andernfalls § 11 leer liefe (BGH GRUR 1987, 125 – Berühmung; GRUR 1988, 313 – Auto F. GmbH; GRUR 1994, 57 (58) – Geld-zurück-Garantie; Teplitzky Wettbewerbsrechtliche Ansprüche/Bacher Kap. 16 Rn. 31; Fritzsche, Unterlassungsanspruch und Unterlassungsklage, 2000, 499). – Die bloße Geltendmachung der Verjährungseinrede durch den Verletzer stellt keine Berühmung dar und begründet daher keine Erstbegehungsgefahr für künftige Verstöße.

III. Besonderheiten beim Schadensersatzanspruch

Nach § 852 S. 1 BGB (= § 852 III BGB aF) ist der Verletzer auch nach Verjährungseintritt **1.49** verpflichtet, das durch die unerlaubte Handlung Erlangte nach den Vorschriften über die Herausgabe einer ungerechtfertigten Bereicherung herauszugeben (dazu BGHZ 71, 86 (98 ff.) = GRUR 1978, 492 – Fahrradgepäckträger II; BGH GRUR 1995, 678 (681) – Kurze Verjährungsfrist; GRUR 1999, 751 (754) – Güllepumpen). Dabei handelt es sich um keine Rechtsgrund-, sondern um eine Rechtsfolgenverweisung (§§ 818 ff. BGB; BGHZ 71, 86 (99) – Fahrradgepäckträger II). Herauszugeben sind zB zu Unrecht erlangte Lizenzgebühren. Für die Verjährung dieses Anspruchs, der kein Bereicherungs-, sondern ein Deliktsanspruch ist (BGH GRUR 1999, 751 (754) – Güllepumpen), gilt die Sonderregelung des § 852 S. 2 BGB.

IV. Vereinbarungen über die Verjährung (§ 202 BGB)

Die Verjährungsfrist kann nach § 202 II BGB durch formloses Rechtsgeschäft verkürzt oder **1.50** verlängert werden, Letzteres jedoch nicht über eine Frist von 30 Jahren ab dem gesetzlichen Verjährungsbeginn hinaus. Diese Möglichkeit macht den Rückgriff auf ein pactum de non petendo weitgehend entbehrlich. Eine Verkürzung der Verjährungsfrist kann bei Haftung wegen Vorsatzes nicht im Voraus vereinbart werden (§ 202 I BGB).

V. Verzicht auf die Verjährungseinrede

Der Verzicht auf die Einrede der Verjährung kann formlos, durch einseitige Erklärung und **1.51** schon vor deren Eintritt erfolgen (BGH WRP 2021, 761 Rn. 19 – Verjährungsverzicht). Er kann auch zeitlich befristet sein (BGH NJW 1986, 1861). Ein ohne zeitliche Befristung ausgesprochener Verzicht ist idR dahin zu verstehen, dass er auf die 30-jährige Höchstfrist des

§ 202 II BGB begrenzt ist (BGH ZIP 2007, 2206 Rn. 16; Grüneberg/Ellenberger BGB § 202 Rn. 7).

VI. Unzulässige Rechtsausübung

1.52 Die Berufung auf Verjährung kann im Einzelfall rechtsmissbräuchlich sein. Voraussetzung ist ein – möglicherweise unbeabsichtigtes – Verhalten des Schuldners, aus dem der Gläubiger schließen darf, jener werde den Anspruch jedenfalls nur mit sachlichen Einwendungen bekämpfen, und das ihn veranlasst, von der Klage zwecks Hemmung der Verjährung abzusehen (vgl. BGHZ 71, 84 (96) – Fahrradgepäckträger II). Das ist aber noch nicht der Fall, wenn der Verfügungsschuldner auf ein Abschlussschreiben nicht reagiert und den Antrag aus § 926 ZPO erst nach Ablauf der Verjährungsfrist stellt (BGH GRUR 1981, 447 (448) – Abschlussschreiben). Fallen die Umstände weg, welche den Einwand der unzulässigen Rechtsausübung begründen, muss der Gläubiger in angemessener, idR kurz bemessener Zeit Klage erheben, um die Verjährung zu hemmen (BGHZ 93, 64 (66)). Führen Schuldner und Gläubiger Verhandlungen über Grund oder Höhe des Anspruchs, ist die Verjährung bereits nach § 203 BGB gehemmt.

VII. Prozessuales

1.53 Die Geltendmachung der Verjährungseinrede im Prozess führt zur Erledigung der Hauptsache iSv § 91a ZPO (OLG Karlsruhe GRUR 1985, 454; OLG München WRP 1987, 267; Teplitzky Wettbewerbsrechtliche Ansprüche/Schwippert Kap. 46 Rn. 37; Ahrens Wettbewerbsprozess-HdB/Singer Kap. 56 Rn. 8–12; Peters NJW 2001, 2289 (2290); aA OLG Schleswig NJW-RR 1986, 38; Zöller/Vollkommer ZPO § 91a Rn. 58). Denn erst die Erhebung der Einrede macht die vorher begründete Klage unbegründet.

I. Beweislast

1.54 Der **Anspruchsgegner** hat die tatsächlichen Voraussetzungen der Verjährung zu beweisen, insbes. bei der sechsmonatigen Frist die Kenntniserlangung oder grob fahrlässige Unkenntnis iSv § 11 I und II. Ihm darf indessen nichts Unmögliches angesonnen werden. Der **Anspruchsberechtigte** hat aber, soweit es um Umstände aus seiner Sphäre geht, an der Sachaufklärung mitzuwirken. Er muss also ggf. darlegen, was er zur Ermittlung der Voraussetzungen seines Anspruchs und der Person des Verpflichteten getan hat (vgl. BGHZ 91, 243 (260); Grüneberg/Ellenberger BGB § 199 Rn. 50). Der **Anspruchsberechtigte** hat seinerseits die tatsächlichen Voraussetzungen für die Hemmung oder den Neubeginn der Verjährung, den Verzicht auf die Verjährungseinrede und die unzulässige Rechtsausübung zu beweisen (vgl. Baumgärtel/Laumen/Prütting Beweislast-HdB/Ulrich § 21 aF Rn. 3 ff.).

2. Abschnitt. Wettbewerbsrechtliche Einwendungen

Übersicht

Schrifttum: Goldmann, Zur Verwirkung nach § 242 BGB beim Schutz geschäftlicher Bezeichnungen und im Lauterkeitsrecht, GRUR 2017, 657; Klaka, Zur Verwirkung im gewerblichen Rechtsschutz, GRUR 1970, 265; Krüger, Zur Verwirkung von Unterlassungsansprüchen aus Unternehmenskennzeichen, WRP 2016, 1214; Mes, Testkauf zur Vorbereitung des Prozesses im gewerblichen Rechtsschutz und Wettbewerbsrecht, GRUR 2013, 767; Neu, Die neuere Rechtsprechung zur Verwirkung im Wettbewerbs- und Warenzeichenrecht, 1984; Palzer/Preisendanz, Neues zur Verwirkung im Kennzeichenrecht, EuZW 2012, 134; Schütz, Zur Verwirkung von Unterlassungsansprüchen aus § 3 UWG, GRUR 1982, 526; Walter, Das Institut der wettbewerblichen Abwehr, 1986.

A. Allgemeines

Einwendungen sind Tatbestände, die einen Anspruch am Entstehen hindern (rechtshindern- **2.1** de), ihn beschränken (rechtsbeschränkende) oder zum Erlöschen bringen (rechtsvernichtende). Im Prozess sind Einwendungen von Amts wegen zu berücksichtigen. Einwendungsbegründende Tatsachen hat im Streitfall allerdings die Partei zu beweisen, die sich darauf beruft. Gegenüber den allgemeinen bürgerlichrechtlichen Grundsätzen sind im Wettbewerbsrecht einige Besonderheiten (insbes. bei Abwehr und Verwirkung) zu beachten.

B. Tatbestands- und rechtswidrigkeitsausschließende Einwendungen

I. Einwilligung

Die Einwilligung des Verletzten schließt die Rechtswidrigkeit aus, sofern die Verletzungs- **2.2** handlung nicht – wie idR bei Wettbewerbsverstößen – gleichzeitig die Interessen Dritter oder der Allgemeinheit berührt. Soweit der Einwilligung kein Vertrag (zB Lizenzvertrag) zu Grunde liegt, stellt sie eine geschäftsähnliche Handlung dar. Es sind dann jedoch die §§ 104 ff. BGB weitgehend entspr. anwendbar. Eine durch Täuschung oder Zwang herbeigeführte Einwilligung ist allerdings nicht bloß anfechtbar, sondern von vornherein unwirksam. Dauer, Umfang und Widerruflichkeit der Einwilligung sind durch Auslegung zu ermitteln.

II. Üblichkeit

2.3   Ein unlauteres Verhalten wird nicht dadurch zulässig, dass es in der Branche üblich ist (BGH GRUR 1982, 242 (244) – Anforderungsscheck für Barauszahlung; GRUR 2001, 256 (257) – Gebührenvereinbarung; LG Berlin GRUR-RR 2005, 325 (328)). Allenfalls wenn Zweifel an der Unlauterkeit eines Verhaltens bestehen, kann die Handels-, Branchen- oder Ortsüblichkeit ein Indiz für die Zulässigkeit sein. Dabei kommt es jedoch nicht nur auf die Auffassung der beteiligten Unternehmen, sondern auch auf die des durchschnittlich informierten, aufmerksamen und verständigen Verbrauchers an (vgl. auch BGH GRUR 1955, 541 (542) – Bestattungs-werbung; GRUR 1961, 588 (592) – Einpfennig-Süßwaren). Letztere muss im Zweifel den Ausschlag geben. – Die Unüblichkeit eines Verhaltens stellt umgekehrt noch kein Indiz für seine Wettbewerbswidrigkeit dar; sie kann vielmehr Ausdruck innovativen Wettbewerbs sein (BGH GRUR 1973, 658 (659) – Probierpreis).

III. Abwehr

1. Begriff

2.4   Abwehr ist ein Wettbewerbsverhalten, das der Verteidigung gegenüber dem wettbewerbswid-rigen Angriff eines Mitbewerbers dient. Liegen die Voraussetzungen zulässiger Abwehr vor, nimmt dies dem Verhalten den Makel der Unlauterkeit. Es erfüllt dann von vornherein nicht den Tatbestand des § 3 und ist nicht lediglich (wie die Notwehr, § 227 BGB) gerechtfertigt (BGH GRUR 1971, 259 (260) – W. A. Z.). Diese Grundsätze gelten auch für das Kartellrecht (vgl. BGH GRUR 2003, 363 (365 f.) – Wal★Mart zum Angebot unter Einstandspreis).

2. Voraussetzungen

2.5   **a) Abwehrlage.** Es muss ein objektiv rechtswidriger Angriff vorliegen (BGH WRP 1989, 572 (576) – Bioäquivalenz-Werbung), Verschulden ist nicht erforderlich (BGH GRUR 1967, 308 (311) – Backhilfsmittel). Die Rechtswidrigkeit kann sich auch aus anderen als UWG-Normen ergeben. Der Angriff braucht sich auch nicht gezielt gegen den Abwehrenden zu richten. Es genügt, dass er ihn beeinträchtigt (BGH GRUR 1979, 157 (159) – Kindergarten-Malwettbewerb). Der Angriff muss gegenwärtig sein. Dies umfasst die Zeitspanne zwischen dem unmittelbaren Bevorstehen des Angriffs bis zum Ende seiner Wirkungen (GK/Köhler UWG 1909 Vor § 13 Rn. B 446).

2.6   **b) Abwehrzweck.** Der Abwehrende muss subjektiv den Zweck verfolgen, den Angriff ab-zuwehren. Dass er dabei noch andere Wettbewerbszwecke verfolgt, ist unschädlich (BGH GRUR 1971, 259 (261) – W. A. Z.), sofern die Abwehr nicht bloß Vorwand oder Anlass für eigene Angriffe ist (BGH GRUR 1961, 288 (289) – Zahnbürsten). Die Abwehr darf aber nicht über die Verteidigung hinausgehende werbliche Elemente enthalten (BGH WRP 1999, 643 (649) – Hormonpräparate).

2.7   **c) Abwehrnotwendigkeit.** Die Abwehrhandlung muss ein **taugliches** und **adäquates** Ab-wehrmittel sein (BGH GRUR 1971, 259 (260) – W. A. Z.). Das setzt einen sachlichen Zu-sammenhang zwischen Abwehr und Angriff voraus (BGH GRUR 1957, 23 (24) – Bünder Glas; GRUR 1960, 193 (196) – Frachtenrückvergütung). Täuschungshandlungen sind grds. kein taugliches Mittel (BGH GRUR 1988, 916 (918) – PKW-Schleichbezug; ebenso wenig unsub-stanziierte, „ins Blaue hinein" aufgestellte kritische Äußerungen (vgl. aber OLG Hamburg GRUR-RR 2003, 53 (54)). Die Abwehr muss ferner **erforderlich** sein. Dies ist nicht der Fall, wenn dem Angriff bereits durch Inanspruchnahme gerichtlicher Hilfe ausreichend begegnet werden kann (BGH GRUR 1990, 371 (373) – Preiskampf; GRUR 1990, 685 (686) – Anzeigen-preis I). Auf gerichtliche Hilfe braucht sich der Abwehrende jedoch nicht verweisen zu lassen, wenn sie zu spät käme oder zu befürchten ist, dass der Angreifer sich nicht an ein gerichtliches Verbot halten wird oder einer bereits eingetretenen und noch fortdauernden Schädigung nicht hinreichend begegnet werden kann (BGH GRUR 1971, 259 (260) – W. A. Z.; GRUR 1989,

516 (518) – Vermögensberater). Das Gleiche gilt, wenn sich der Angreifer nicht an ein gerichtliches Verbot hält, sondern hartnäckig sein Verhalten fortsetzt (OLG Jena GRUR-RR 2006,
134 (136)). Ferner, wenn eine wettbewerbswidrige Werbung bereits an einen unbestimmten
Empfängerkreis gelangt ist (BGH WRP 1999, 643 (649) – Hormonpräparate). Abwehr ist
unstatthaft, wenn die gerichtliche Durchsetzung des Anspruchs (zB wegen Verjährung oder
rechtskräftiger Abweisung) ausgeschlossen ist. – Zur Erforderlichkeit gehört, dass der Abwehrende das **schonendste** von mehreren gleich tauglichen Mitteln wählt (BGH GRUR 1979, 157
(159) – Kindergarten-Malwettbewerb). Doch darf die Abwehr umso energischer sein, je schwerwiegender der Angriff nach Richtung, Tragweite und Schärfe ist (BGH GRUR 1968, 382 (394)
– Favorit II). Spricht die Abwehräußerung einen größeren Adressatenkreis an als die Angriffs-
äußerung, so ist dies unschädlich, wenn deren Weiterverbreitung nahe liegt oder sogar bezweckt
ist (BGH GRUR 1967, 308 (312) – Backhilfsmittel).

d) Abwehrberechtigung. Abwehrberechtigt sind grds. nur der Angegriffene und seine Hilfs-   **2.8**
personen. Die Klagebefugnis nach § 8 III schließt nicht die Abwehrbefugnis ein. Dritte können
zur Abwehr ausnahmsweise dann berechtigt sein, wenn sie vom Verletzten ermächtigt sind oder
in berechtigter Geschäftsführung ohne Auftrag handeln. Richtet sich der Angriff gegen die
Interessen der Mitglieder eines Verbandes, der mit der Wahrnehmung dieser Interessen betraut
ist, so ist auch der Verband abwehrberechtigt; ggf. kommt Handeln in Wahrnehmung berechtigter Interessen in Frage (BGH GRUR 1962, 45 (48) – Betonzusatzmittel; GRUR 1967, 308
(310) – Backhilfsmittel).

3. Grenzen

Abwehr ist unzulässig, soweit sie in die schutzwürdigen Belange Dritter oder der Allgemein-   **2.9**
heit eingreift (BGH GRUR 1983, 335 – Trainingsgerät; BGHZ 111, 188 (191) = GRUR 1990,
685 (686) – Anzeigenpreis I; BGH GRUR 2008, 530 Rn. 22 – Nachlass bei der Selbstbeteiligung). Das gilt insbes. für sonstige Mitbewerber als unbeteiligte Dritte (BGHZ 111, 188 (191)
= GRUR 1990, 685 (686) – Anzeigenpreis I; relativierend BGH GRUR 1961, 237 (241) –
TOK-Band; GRUR 2003, 363 (366) – Wal★Mart), für das Interesse der Allgemeinheit, vor
Irreführung bewahrt zu bleiben (BGH GRUR 1983, 335 (336) – Trainingsgerät; relativierend
BGH WRP 1999, 643 (648 f.) – Hormonpräparate) und für das Sicherheits- und Kundendienst-
interesse von Verbrauchern (BGH GRUR 1978, 364 (367) – Golfrasenmäher; GRUR 1984,
461 (463) – Kundenboykott). Bei unzulässiger Beeinträchtigung von Interessen Dritter sind diese
zur Abwehr berechtigt, dagegen darf der Angreifer seinerseits nicht Gegenabwehr üben (BGH
GRUR 1967, 308 (310) – Backhilfsmittel), es sei denn, dass Interessen der Allgemeinheit berührt
sind. – Die Abwehr darf sich nur gegen den Angreifer, nicht gegen einen von diesem Begünstigten richten (BGH GRUR 1990, 685 (686) – Anzeigenpreis I; WRP 1999, 643 (648 f.) –
Hormonpräparate). Greift die Abwehrmaßnahme in Interessen der Allgemeinheit ein, kann sie
jedoch unter dem Gesichtspunkt der Wahrnehmung berechtigter Interessen (→ Rn. 2.12) zulässig sein (BGH WRP 1999, 643 (648 f.) – Hormonpräparate).

4. Rechtsfolgen

Zulässige Abwehr ist nicht wettbewerbswidrig, berechtigt daher nicht zur Gegenabwehr und   **2.10**
löst auch keine Unterlassungs- und Schadensersatzansprüche aus. Die Kosten der Abwehr sind
ggf. als Folgenbeseitigungs- oder Schadensabwehrmaßnahme ersatzfähig. Greift die Abwehr in
bürgerlichrechtlich geschützte Rechtspositionen (zB Eigentum, Besitz) ein, müssen zugleich
Rechtfertigungsgründe nach bürgerlichem Recht, etwa aus §§ 227, 228, 904 BGB, vorliegen
(BGH GRUR 1967, 138 (140) – Streckenwerbung). – **Unzulässige** Abwehr ist wettbewerbswidrig und kann zur Gegenabwehr berechtigen. Jedenfalls besteht bei Verschulden des Abwehrenden ein Schadensersatzanspruch (zum Einwand des Mitverschuldens des Angreifers vgl. BGH
GRUR 1983, 335 (336) – Trainingsgerät). Ob auch **ohne Verschulden** (zB schuldlosem Irrtum
über Abwehrlage) Ersatz zu leisten ist, ist umstritten (verneinend Baumbach/Hefermehl,
22. Aufl. 2001, Einl. Rn. 365), aber in Analogie zu § 231 BGB zu bejahen.

5. Beispiele

Beispiele für Abwehrmaßnahmen sind der **Boykottaufruf** (BGH GRUR 1959, 244 (247) –   **2.11**
Versandbuchhandlung), der **Nachbau** von Waren (OLG Frankfurt GRUR 1973, 83), die
Warnung in Zeitschriften (BGH GRUR 1971, 259 – W. A. Z.; GRUR 1989, 516 – Ver-

mögensberater), die **Rückwerbung** abgeworbener Mitarbeiter (BGH GRUR 1967, 428 (429) – Anwaltsberatung I) und die **kritische Auseinandersetzung** mit dem Angreifer. – Der Abwehrvergleich ist dagegen nur zulässig, wenn er die Voraussetzungen des § 6 erfüllt, da diese Regelung abschließend ist (→ § 6 Rn. 13).

IV. Wahrnehmung berechtigter Interessen

2.12   Aus § 193 StGB und Art. 5 I GG hat die Rspr. den übergeordneten Rechtsgedanken entwickelt, dass die Wahrnehmung berechtigter Interessen einem Verhalten die an sich gegebene Wettbewerbswidrigkeit nehmen kann (BGH GRUR 1970, 465 (466) – Prämixe; GRUR 1971, 259 (260) – W. A. Z.; WRP 1999, 643 (648) – Hormonpräparate). Bei der Anschwärzung ist die Regelung in § 4 Nr. 2 zu beachten. Äußerungen, die möglicherweise wettbewerbswidrig (→ § 4 Rn. 2.13 ff.) sind, können durch die Wahrnehmung berechtigter (Eigen-, Dritt- oder Allgemein-)Interessen gerechtfertigt sein, solange sie das hierzu sachlich gebotene Maß nicht überschreiten. Die Äußerung muss objektiv nach Inhalt, Form und Begleitumständen das gebotene und notwendige Mittel zur Erreichung des rechtlich gebilligten Zwecks bilden (BGH GRUR 1970, 465 (466) – Prämixe). Dazu kann die Aufforderung zur streng vertraulichen Behandlung der Mitteilung gehören. Nie besteht ein berechtigtes Interesse an der Aufstellung von Behauptungen, wenn dem Äußernden bekannt ist, dass sie unwahr oder nicht erweislich wahr sind (BGH GRUR 1962, 34 (35) – Torsana).

C. Verwirkung

I. Begriff, Rechtsnatur und Anwendungsbereich

1. Allgemeines

2.13   Die Verwirkung ist ein Unterfall der unzulässigen Rechtsausübung (§ 242 BGB; BGH WRP 2006, 114 Rn. 10) wegen widersprüchlichen Verhaltens (BGH WRP 2012, 1104 Rn. 22 – Honda-Grauimport). Sie begründet eine rechtshemmende Einwendung, die im Prozess von Amts wegen zu berücksichtigen ist (BGH GRUR 1966, 623 (625) – Kupferberg). Sie ist zu unterscheiden vom **Verzicht,** der einen Erlassvertrag (§ 397 BGB) voraussetzt, und von der **Verjährung,** die lediglich eine Einrede begründet. Als Grundsatz gilt: Ein Recht ist verwirkt, wenn sich ein Schuldner wegen der Untätigkeit seines Gläubigers über einen gewissen Zeitraum hin (Zeitmoment) bei objektiver Beurteilung darauf einrichten durfte und auch eingerichtet hat, dieser werde sein Recht nicht mehr geltend machen (Umstandsmoment), und deswegen die verspätete Geltendmachung gegen Treu und Glauben verstößt (BGH GRUR 2001, 323 (324) – Temperaturwächter; WRP 2006, 114 Rn. 10). Die Verwirkung ist aber für jeden geltend gemachten Anspruch gesondert zu prüfen, da sich die tatbestandlichen Voraussetzungen unterscheiden.

2. Unterlassungsanspruch

2.14   Beim lauterkeitsrechtlichen Unterlassungsanspruch spielt der Verwirkungseinwand vor allem dann eine Rolle, wenn Individualinteressen verletzt wurden (vgl. Fritzsche, Unterlassungsanspruch und Unterlassungsklage, 2000, 526); so insbes. in den Fällen des **§ 4 Nr. 3** (OLG Hamburg WRP 2015, 137 Rn. 119). Doch kommt der Verwirkungseinwand auch sonst in Betracht (vgl. BGH GRUR 1988, 764 (767) – Krankenkassen-Fragebogen). So bspw. bei der Irreführung über die betriebliche Herkunft gem. **§ 5 II Nr. 1,** um einen Wertungswiderspruch zum Markenrecht zu vermeiden (BGH WRP 2013, 1465 Rn. 64 – Hard Rock Cafe). – Die Verwirkung des Unterlassungsanspruchs setzt voraus, dass der Berechtigte über einen längeren Zeitraum untätig geblieben ist, obwohl er den Verstoß kannte oder ihn bei der gebotenen Wahrung seiner Interessen erkennen musste, so dass der Verpflichtete mit der Duldung seines Verhaltens durch etwaige Berechtigte rechnen durfte und sich daraufhin einen wertvollen **Besitzstand** schuf (BGH GRUR 1993, 151 (153) – Universitätsemblem; GRUR 1998, 1034 (1037) – Makalu; GRUR 2001, 323 (325) – Temperaturwächter). Die Dauer der vermeidbaren Untätigkeit beurteilt sich nach den Umständen des Einzelfalls. IdR sind dafür mehrere Jahre erforderlich, da dem Verletzten auch zur Beobachtung und Bewertung des Verletzerhandelns angemessene Zeit zuzubilligen ist (OLG Nürnberg GRUR-RR 2019, 131 Rn. 76). Infolge des

Zeitablaufs muss ein Zustand geschaffen worden sein, der für den Benutzer einen beachtlichen Wert hat, der ihm nach Treu und Glauben erhalten bleiben muss und den ihm auch der Verletzte nicht streitig machen kann, wenn er durch sein Verhalten diesen Zustand erst ermöglicht hat (BGH GRUR 1988, 776 (778) – PPC; GRUR 1990, 1042 (1046) – Datacolor; GRUR 1993, 913 (914) – KOWOG; WRP 2016, 869 Rn. 50 – ConText). – Die Verwirkung kommt praktisch nur bei **Dauerhandlungen** (zB Nutzung einer Bezeichnung als Name eines Unternehmens oder einer Internet-Domain) in Betracht, da bei **wiederholten gleichartigen Verletzungen** jeweils ein **neuer** Unterlassungsanspruch entsteht und damit auch die für das Zeitmoment der Verwirkung erforderliche Frist jeweils neu zu laufen beginnt (vgl. BGH WRP 2006, 114 Rn. 11 zum Nachbarrecht; WRP 2012, 1104 Rn. 22 – Honda-Grauimport, zum Markenrecht; WRP 2014, 1465 Rn. 21, 27, 81 – Hard Rock Cafe, zum Marken- und Lauterkeitsrecht; WRP 2016, 869 Rn. 50 – ConText, zum Unternehmenskennzeichen; Teplitzky Wettbewerbsrechtliche Ansprüche/Bacher Kap. 17 Rn. 3b f.; aA Goldmann GRUR 2017, 657 (660 f.)). Dass im Einzelfall bei sich rasch wiederholenden gleichartigen Verletzungshandlungen der Unterschied zur Dauerhandlung marginal wird, ist hinzunehmen, da der Verletzer insoweit durch die kurze Verjährungsfrist des § 11 geschützt ist.

3. Schadensersatzanspruch

2.15 Das Besitzstandserfordernis entfällt beim Schadensersatzanspruch (BGH GRUR 2004, 783 (785) – NEURO-FIBOLEX/NEURO-FIBRALEX; auch → Rn. 2.24). Bei ihm genügt es, wenn der Schuldner auf Grund eines hinreichend langen Duldungsverhaltens des Rechtsinhabers darauf vertrauen durfte, dieser werde nicht mehr mit Schadensersatzansprüchen wegen der beanstandeten Handlungen an den Schuldner herantreten, die dieser auf Grund des geweckten Duldungsanscheins vorgenommen hat (BGH GRUR 2008, 1104 Rn. 36 – Haus & Grund II). Der Schuldner musste sich also bei seinen wirtschaftlichen Dispositionen darauf eingerichtet haben und einrichten dürfen, keine Zahlung an den Gläubiger (mehr) leisten zu müssen (BGH GRUR 2001, 323 (325) – Temperaturwächter). Andererseits können dann im Einzelfall höhere Anforderungen an die Schutzwürdigkeit des Vertrauens des Schuldners zu stellen sein.

4. Bereicherungsanspruch

2.16 Beim Bereicherungsanspruch (Lizenzanalogie) gilt das Besitzstandserfordernis ebenfalls nicht. Die Verwirkung dieses Anspruchs wird nach der Rspr. (BGH GRUR 2001, 323 (325) – Temperaturwächter) auch nicht dadurch ausgeschlossen, dass der Schuldner durch § 818 III BGB geschützt ist, da ein Wegfall der Ersparnis selten in Betracht komme (zw.).

5. Markenrecht

2.17 Der Hauptanwendungsbereich des Verwirkungseinwands ist das Markenrecht. Es regelt die Verwirkung in § 21 I–III MarkenG. Doch bleibt nach § 21 IV MarkenG davon die „Anwendung allgemeiner Grundsätze über die Verwirkung von Ansprüchen" unberührt. Nach früher hM (BGH GRUR 2008, 1104 Rn. 33 – Haus & Grund II) sollen daher beide Regelungsmodelle nebeneinander anwendbar sein. Diese Auffassung ist, jedenfalls was den § 21 I MarkenG betrifft, mit Art. 9 Markenrichtlinie nicht vereinbar (vgl. EuGH WRP 2011, 1159 Rn. 33 – Budweiser; Hacker WRP 2012, 266 (267); Koch GRUR 2012, 1092 (1094 f.); Palzer/Preisendanz EuZW 2012, 134 (138)). Daher sollte der Anwendungsbereich des § 21 IV MarkenG auf ungeschützte Marken beschränkt werden. Jedenfalls für die Durchsetzung von Ansprüchen aus einem Unternehmenskennzeichen bleibt § 21 IV MarkenG iVm § 242 BGB anwendbar (BGH WRP 2016, 869 Rn. 46 ff. – ConText; Goldmann GRUR 2017, 657 (659); krit. Krüger WRP 2016, 1214 (1216)).

II. Voraussetzungen

1. Gesamtwürdigung

2.18 Die einzelnen Voraussetzungen stehen in enger (Wechselwirkungs-) Beziehung zueinander, so dass eine Gesamtwürdigung vorzunehmen ist (BGH GRUR 1993, 913 (915) – KOWOG; GRUR 2001, 323 (327) – Temperaturwächter). Je länger der Gläubiger zuwartet, obwohl eine Geltendmachung des Anspruchs zu erwarten wäre, desto schutzwürdiger wird das Vertrauen des Schuldners (BGH GRUR 2001, 323 (327) – Temperaturwächter). Auch sind zB an den Besitzstand umso geringere Anforderungen zu stellen, je schutzwürdiger das Vertrauen des Verletzer in seine Berechtigung ist (BGH GRUR 1992, 45 (48) – Cranpool; GRUR 1993, 151 (154) – Universitätsemblem; WRP 2016, 869 Rn. 50 – ConText).

2. Vermeidbares längeres Untätigbleiben des Verletzten

2.19   Vermeidbar ist das Untätigbleiben, wenn ein Einschreiten möglich und zumutbar war. Auße Betracht bleibt die Zeitspanne, in der objektiv rechtliche oder tatsächliche Umstände die Rechts verfolgung hinderten (BGH GRUR 1969, 615 (616) – Champi-Krone), wozu aber eng geschäftliche Beziehungen zwischen den Parteien nicht ausreichen (BGH GRUR 1970, 30: (310) – Duraflex). Zumutbar ist ein Einschreiten, wenn der Verletzte die Verletzung kannte ode bei der gebotenen Wahrung seiner Interessen erkennen musste (BGH GRUR 1985, 72 (73) – Consilia; GRUR 1988, 776 (778) – PPC; GRUR 1989, 449 (452) – Maritim; BGH WRP 2016 869 Rn. 50 – ConText). Zur gebotenen Interessenwahrung gehört die Beobachtung de Marktes oder „Umfelds" in allen Bereichen, in denen man sein (zB Kennzeichen-)Recht durch setzen möchte (BGH GRUR 1989, 449 (452) – Maritim; GRUR 1993, 151 (153) – Uni versitätsemblem; GRUR 1993, 913 (915) – KOWOG), nicht dagegen ein völlig anderer Markt auf dem der Verletzer noch dazu eine untergeordnete Rolle spielt (vgl. BGH WRP 1998, 118 (1184) – MAC Dog zum Verhältnis von Fastfood- und Tierfuttermarkt). Die Dauer der ver meidbaren Untätigkeit bestimmt sich nach den Umständen des Einzelfalls. In der Regel sind **mehrere Jahre** erforderlich, zumal dem Verletzten auch zur Beobachtung und Bewertung de Verletzerhandelns angemessene Zeit zuzubilligen ist (BGH WRP 1990, 613 (618) – AjS Schriftenreihe; GRUR 1998, 1034 (1037) – Makalu: knapp 2 Jahre nicht ausreichend; K(WRP 1999, 339 (341); OLG Nürnberg GRUR-RR 2019, 131 Rn. 76). Erweckt der Verletzt durch sein konkretes Verhalten einen erkennbar relevanten Duldungsanschein, muss er grds rasche und deutliche Maßnahmen zu dessen Zerstreuung ergreifen (BGH GRUR 1989, 44! (452) – Maritim). Im Übrigen spielt eine Rolle, ob der Verletzer anfangs gutgläubig (dann kürzere Frist) oder bösgläubig (dann längere Frist) war (BGH GRUR 1993, 913 (915) – KOWOG; WRP 2013, 1465 Rn. 27 – Hard Rock Cafe). – Wiederholte gleichartige, jeweil abgeschlossene Verletzungshandlungen lösen jeweils einen neuen Unterlassungsanspruch aus. Im Rahmen der Verwirkung ist daher für das Zeitmoment auf die letzte Verletzungshandlung abzustellen (BGH WRP 2013, 1465 Rn. 79, 81 – Hard Rock Cafe). – Bei **Dauerhandlungen** wie etwa der Nutzung einer Bezeichnung als Name eines Unternehmens oder einer Internet- Domain, ist hingegen auf den Beginn der erstmaligen Benutzung abzustellen (BGH WRP 2016 869 Rn. 50 – ConText).

3. Berechtigtes Vertrauen auf die Duldung des Verhaltens (Duldungsanschein)

2.20   Der Verletzer muss bei objektiver Würdigung der Sachlage Anlass zur Annahme haben, ein Verletzung liege nicht vor oder werde jedenfalls geduldet (BGH GRUR 1966, 623 (626) – Kupferberg). Dabei spielt auch die Dauer der Untätigkeit eine Rolle (BGH GRUR 1993, 15 (153) – Universitätsemblem). Dieses Vertrauen ist am ehesten berechtigt, wenn der Verletzt durch **positives Tun** den Eindruck erweckt, er werde gegen die Verletzungshandlung nich vorgehen und der Verletzer in gutem Glauben an seine Berechtigung handelt (BGH GRUR 1992, 45 (47) – Cranpool; KG WRP 1999, 339 (341)). Ferner dann, wenn eine **schuldlos** Verletzung vorliegt. Solche Fälle sind indessen bei Zeichenverletzungen selten: Wer ein Zeiche in Benutzung nimmt, muss sich mit der gebotenen Sorgfalt vergewissern, dass er kein fremde Zeichen verletzt (BGH GRUR 1960, 183 (186) – Kosaken-Kaffee; GRUR 1960, 186 (189) – arctos; GRUR 1975, 434 (437) – BOUCHET; GRUR 1981, 60 (62) – Sitex; GRUR 1993, 91. (914) – KOWOG). Die Kenntnis berühmter Marken wird vorausgesetzt (BGH GRUR 1966 623 (626) – Kupferberg). Doch kommt es bei Kenntnis des fremden Zeichens immer noch darauf an, ob der Verletzer weiß oder wissen müsste, dass er in den Schutzbereich diese Zeichens eingreift (BGH GRUR 1963, 478 (481) – Bleiarbeiter; GRUR 1966, 427 (431) – Prince Albert).

2.21   Verwirkung kommt jedoch auch bei **schuldhafter** Verletzung in Betracht (BGH GRUR 1989, 449 (453) – Maritim; GRUR 1993, 913 (914) – KOWOG; GRUR 2001, 323 (326) – Temperaturwächter). Denn der Verwirkungseinwand setzt weder anfängliche noch später einge tretene Gutgläubigkeit voraus (BGH GRUR 1989, 449 (453) – Maritim). Es gilt lediglich allgemein, dass die Anforderungen an die Verwirkung umso strenger sind, je weniger de Verletzer redlich gehandelt hat, dh je weniger sein Eingriff entschuldbar oder verständlich erscheint (BGH GRUR 1963, 478 (481) – Bleiarbeiter; GRUR 1981, 60 (62) – Sitex). Bei wettbewerbswidriger Werbung ist ein bes. strenger Sorgfaltsmaßstab anzulegen (→ § 9 Rn. 1.18 ff.; KG WRP 1999, 339 (341)). Bei bewusster Bezugnahme auf bekannte Marken scheidet der Verwirkungseinwand von vornherein aus (BGH WRP 1998, 1181 (1184) – MAC Dog). Im Übrigen kann der Zeitablauf allein anfängliche Bösgläubigkeit bei der Zeichenbenutzung nicht ausgleichen. Vielmehr muss der Verletzer auf Grund seines Auftretens in der Öffentlichkeit damit rechnen können, dass der Verletzte davon Kenntnis erlangt (BGH GRUR 1981, 60 (62) – Sitex). Ein berechtigtes Vertrauen des Verletzers liegt daher nicht vor, wenn er weiß oder doch wissen müsste, dass der Verletzte den Eingriff oder das Entstehen eines Anspruchs daraus (noch) nicht bemerkt hat und deshalb nicht gegen ihn vorgeht (BGHZ 1, 31 (34) – Störche: Werbung nur im Ausland; BGH GRUR 1963, 430 (433) – Erdener Treppchen: versteckte Zeichenbenutzung; GRUR 1966, 623 (626) – Kupferberg: Unterlassen der Eintragung und Verwendung nur in begrenztem Kundenkreis; GRUR 1975, 434 (437) – BOUCHET: Vertrieb über nur eine Ladenkette unter Verzicht auf übliche Werbung; WRP 1998, 1181 (1184) – MAC Dog: Vertrieb auf einem völlig anderen Markt; GRUR 2000, 144 (145 f.) – Comic-Übersetzungen II: Branchen- und Rechtsunkundigkeit des Verletzten; WRP 2003, 747 (750) – Klosterbrauerei: Unkenntnis des Verletzten von Unrichtigkeit einer Bezeichnung).

Bei der Prüfung der erforderlichen Zeitspanne spielt eine Rolle, ob aus der Sicht des Verletzers **2.22** der Verletzte eine **bes. Veranlassung zum alsbaldigen Vorgehen** hatte (vgl. auch BGH GRUR 2003, 237 (239) – Ozon zum Erfindervergütungsanspruch). Das ist nicht schon dann zu bejahen, wenn der Verletzer mit einer groß angelegten Werbeaktion an die Öffentlichkeit tritt (BGH GRUR 1967, 490 (495) – Pudelzeichen); wohl aber in folgenden Fällen: Wenn der Verletzer beim Verletzten anfragt, ob Bedenken bestünden (KG WRP 1999, 339 (341)); wenn der Verletzer den Vorwurf einer Verletzung bestreitet (BGHZ 26, 52 (66) – Sherlock Holmes); wenn der Verletzte eine Unterlassungsklage nur androht, aber nicht einreicht (BGH WM 1976, 620 (621) – Globetrotter); wenn lediglich die Tochtergesellschaft des Verletzten gegen einen vergleichbaren Sachverhalt vorgeht (BGH GRUR 1989, 449 (452) – Maritim); wenn der Verletzte gegen eine Zeicheneintragung keinen Widerspruch einlegt (BGH GRUR 1966, 427 (431) – Prince Albert) oder zwar Widerspruch einlegt, nach dessen Zurückweisung aber nicht klagt, sondern sich lediglich „alle Rechte vorbehält" (BGH GRUR 1963, 478 (481) – Bleiarbeiter); wenn der Verletzte in engen Geschäftsbeziehungen zum Verletzer steht (BGH GRUR 1970, 308 (310) – Duraflex; GRUR 1988, 776 (778) – PPC; GRUR 2000, 605 (607) – comtes/ComTel); wenn der Verletzte in vergleichbaren Fällen gegen Dritte nicht eingeschritten ist (BGH GRUR 1970, 315 (319) – Napoleon III) oder umgekehrt nur gegen Dritte vorgegangen ist, es sei denn, dass es sich um einen Musterprozess handelt (BGH GRUR 1969, 615 (617) – Champi-Krone). – Führt eine gemeinsame Tätigkeit zum Aufbau eines gemeinsamen Besitzstands, so darf ein Beteiligter daraus nicht die Erwartung ableiten, eine Fortsetzung des Verhaltens werde auch nach Beendigung des Verhaltens geduldet (Teplitzky Wettbewerbsrechtliche Ansprüche/Bacher Kap. 17 Rn. 7; BGH GRUR 1985, 389 (390) – Familienname).

Außergerichtliche Maßnahmen des Verletzten (Abmahnung; Widerspruch gegen Zeichen- **2.23** anmeldung) zerstören einen bis dahin angewachsenen Duldungsanschein (BGH GRUR 1988, 776 (778) – PPC), schließen aber bei nachfolgendem Untätigbleiben Verwirkung nicht aus. Bei der Bemessung der erforderlichen Zeitspanne ist dann freilich auch das vorhergehende Untätigbleiben zu berücksichtigen (BGH GRUR 1963, 478 (480) – Bleiarbeiter). Nicht ausgeschlossen ist Verwirkung auch dann, wenn bereits **Klage** erhoben war, der Prozess aber nicht weiterbetrieben wurde (BGHZ 26, 52 (67) – Sherlock Holmes; BGH GRUR 1977, 503 (506) – Datenzentrale) oder wenn bereits ein rechtskräftiges Urteil vorliegt (BGHZ 5, 189 – Zwilling). Doch kommt dies nur in extremen Ausnahmefällen in Betracht.

4. Aufbau eines wertvollen Besitzstandes

a) Geltungsbereich. Das Besitzstandserfordernis gilt nach der Rspr. nur für den marken- und **2.24** wettbewerbsrechtlichen Unterlassungsanspruch, nicht aber für den Schadensersatzanspruch (BGH GRUR 1988, 776 (778) – PPC; GRUR 2001, 323 (325) – Temperaturwächter), für den Bereicherungsanspruch (BGH GRUR 2001, 323 (325) – Temperaturwächter) und für den markenrechtlichen Löschungsanspruch (BGH GRUR 1970, 315 (319) – Napoleon III, auch zum Verhältnis zum Unterlassungsanspruch). Der Besitzstand muss im Vertrauen auf die Duldung der Verletzung aufgebaut worden sein und bis zum Zeitpunkt der letzten mündlichen Verhandlung fortbestanden haben.

2.25 **b) Wertvoller Besitzstand.** Der **Besitzstand** iSe sachlich-wirtschaftlichen Basis (betriebliche Einrichtungen, Vermögenswerte, Vorkehrungen, Investitionen) für die künftige wirtschaftliche Betätigung (BGH GRUR 2001, 323 (325) – Temperaturwächter) kann sich aus der Benutzung von **Kennzeichen, Werbeaussagen** und **-bildern** (BGH GRUR 1983, 32 (34) – Stangenglas I; GRUR 1985, 140 (141) – Größtes Teppichhaus der Welt, BGH WRP 2003, 747 (750) – Klosterbrauerei) sowie aus **Nachahmungen** fremder Leistungen ergeben. **Wertvoll** ist ein Besitzstand, wenn er, bezogen auf die Betriebsgröße des Verletzers, nicht des Verletzten (BGH GRUR 1993, 151 (154) – Universitätsemblem; GRUR 1993, 913 (915) – KOWOG), aber auch bereits für sich gesehen einen beachtlichen wirtschaftlichen Wert darstellt (BGH GRUR 1988, 776 (778) – PPC; GRUR 1989, 449 (451) – Maritim; GRUR 1990, 1042 (1046) – Datacolor), weil und soweit sich in den Abnehmerkreisen eine **feste und dauerhafte Vorstellung** vom Zeichen usw gebildet hat (BGH GRUR 1975, 69 (71) – Marbon; KG WRP 1999, 339 (341)). Die **Darlegungs-** und **Beweislast** für den wertvollen Besitzstand trägt der Verletzer (BGH GRUR 1988, 776 (778) – PPC). Eine schlüssige Besitzstandsbehauptung kann bereits in der Berufung unter gleichzeitiger Behauptung einer langjährigen Zeichenbenutzung erblickt werden (BGH GRUR 1992, 45 (48) – Cranpool).

2.26 Bei der Prüfung ist in erster Linie, aber nicht ausschließlich, abzustellen auf den **Grad der Bekanntheit,** den das Zeichen durch die Benutzung gewonnen hat, und auf den **Umsatz** (BGH GRUR 1993, 151 (153) – Universitätsemblem; WRP 1998, 978 (982) – Makalu) oder **Gewinn,** den der Benutzer unter dem verwendeten Zeichen erzielt hat, ferner auf Art und Umfang der unter Verwendung des Zeichens betriebenen **Werbung,** die Rückschlüsse auf den Bekanntheitsgrad des Zeichens und den Umfang des erworbenen Besitzstandes zulässt (BGH GRUR 1989, 449 (450) – Maritim; WRP 1990, 613 (619) – AjS-Schriftenreihe; GRUR 1990, 1042 (1046) – Datacolor; WRP 1998, 978 (982) – Makalu). Für den Bekanntheitsgrad ist der jeweilige **Kundenkreis** maßgebend, an den sich der Verletzer mit seiner Ware, ihrer Kennzeichnung und der Werbung hierfür wendet, wobei Bekanntheit bei einem kleineren Kundenkreis oder bei Vorliegen bes. Umstände auch bei nur gewerblichen Abnehmern ausreichen kann (BGH GRUR 1981, 60 (62) – Sitex; GRUR 1989, 449 (450) – Maritim; GRUR 1990, 1042 (1046) – Datacolor). Zu prüfen ist dann jedoch, ob eine Änderung oder Aufgabe des Zeichens überhaupt zu einer nennenswerten Verschlechterung der Wettbewerbsposition führen würde (BGH GRUR 1966, 623 (626) – Kupferberg; GRUR 1981, 60 (63) – Sitex). Für einen ausreichenden Bekanntheitsgrad ist Verkehrsgeltung oder gar Eintragung des Zeichens nicht erforderlich (BGH GRUR 1962, 522 (525) – Ribana). Umsätze sind in Relation zur Betriebsgröße zu bewerten (BGH GRUR 1993, 913 (915) – KOWOG).

2.27 Der **Nachweis** des wertvollen Besitzstandes kann aber auch auf **andere Weise** geführt werden (BGH GRUR 1966, 427 (431) – Prince Albert). So kann eine nach Abmahnung oder Klageerhebung eingetretene und daher an sich nicht mehr zu berücksichtigende Umsatzsteigerung einen Rückschluss auf den zuvor schon erreichten Besitzstand zulassen; auch kann eine im Ausland erworbene Zeichengeltung zu berücksichtigen sein (BGH GRUR 1966, 427 (431) – Prince Albert). Nicht ausreichend ist hingegen eine (selbst mehrjährige) Benutzung des Zeichens lediglich in Preislisten und auf Ausstellungen zur Bezeichnung eines von mehreren Erzeugnissen desselben Herstellers (BGH GRUR 1975, 69 (71) – Marbon).

2.28 **c) Kausalität des Duldungsanscheins.** Ein erworbener Besitzstand ist nur insoweit zu berücksichtigen, als er auf der Verletzungshandlung beruht (BGH GRUR 1988, 776 (778) – PPC) und auf Grund des Duldungsanscheins geschaffen wurde (BGH GRUR 1989, 449 (453) – Maritim).

5. Interessenabwägung

2.29 Der Verwirkungseinwand lässt sich nicht schematisch handhaben, vielmehr sind im Rahmen einer **Gesamtabwägung** der beiderseitigen Interessen auch alle Umstände des Einzelfalls zu berücksichtigen (BGH GRUR 2001, 323 (327) – Temperaturwächter).

2.30 **a) Umstände beim Verletzer.** Je größer Ausmaß und Gewicht des wertvollen Besitzstandes sind, desto eher kann auch ein kürzerer Benutzungszeitraum (sechs Jahre, uU noch weniger) ausreichen (BGH GRUR 1990, 1042 (1046) – Datacolor). Weiter spielt eine Rolle, ob und in welchem Grad der Verletzer schuldhaft handelte und wie intensiv und umfangreich die Verletzung ist. So kann Verwirkung hins. der ursprünglichen Verletzung ausgeschlossen sein, wenn der Verletzer seine Verletzungshandlungen systematisch steigert (BGH GRUR 1958, 143 (147)

– Schwardmann). Zu berücksichtigen ist auch, ob dem Verletzer eher eine Aufgabe seiner Kennzeichnung zuzumuten ist als dem Verletzten (BGH GRUR 1966, 623 (626) – Kupferberg; GRUR 1981, 60 (62) – Sitex). Ist dies der Fall, wird idR bereits ein wertvoller Besitzstand zu verneinen sein (BGH GRUR 1985, 930 (931) – JUS-Steuerberatungsgesellschaft).

b) Umstände beim Verletzten. Bedeutsam ist, in welcher Ausgangslage sich der Verletzte **2.31** befand, insbes., ob er das verletzte Zeichen bereits in Benutzung genommen hatte (BGH GRUR 1957, 228 (231) – Astrawolle; GRUR 1966, 427 (431) – Prince Albert), wie empfindlich der hinzunehmende Rechtsverlust ist (BGH GRUR 1960, 183 (186) – Kosaken-Kaffee) und welche Möglichkeiten des Einschreitens bestanden.

c) Allgemeininteressen. Bei der Abwägung ist auch das Allgemeininteresse am Wettbewerb **2.32** zu berücksichtigen. Dieses Interesse wird tangiert, wenn ein Mitbewerber ohne sachlichen Grund mit der Geltendmachung von Unterlassungsansprüchen zuwartet, um alsdann einen mit Mühen und Kosten erworbenen Besitzstand des Gegners zu vernichten oder ihn sich kostenlos anzueignen. Soweit die Parteien daher Mitbewerber (§ 2 I Nr. 4) sind, sollten die Anforderungen an die Verwirkung möglichst gering gehalten werden (GK/Köhler UWG 1909 Vor § 13 B Rn. 476).

III. Grenzen

1. Grundsatz

Der Verwirkungseinwand kann grds. nicht eingreifen, wenn die Verletzung zugleich das **2.33** **Interesse der Allgemeinheit** beeinträchtigt, weil dieses grds. Vorrang vor dem Individualinteresse des Betroffenen hat (BGH GRUR 1986, 903 (904) – Küchencenter; GRUR 1991, 848 (850) – Rheumalind II; GRUR 1994, 844 (846) – Rotes Kreuz; GRUR 1997, 537 (539) – Lifting-Creme; GRUR 2003, 448 (450) – Gemeinnützige Wohnungsgesellschaft; OLG Düsseldorf GRUR-RR 2011, 10 (12); OLG Nürnberg GRUR-RR 2019, 131 Rn. 77). Dies gilt nicht nur im Verhältnis zu den nach § 8 III Anspruchsberechtigten, sondern auch im Verhältnis zum Verletzten (aA Schütz GRUR 1982, 526 (531)). Nicht der Verwirkung unterliegen daher grds. Ansprüche aus § 3 iVm § 5 (BGH GRUR 1966, 267 (271) – White Horse; GRUR 1990, 604 (606) – Dr. S-Arzneimittel; GRUR 1991, 848 (850) – Rheumalind II; GRUR 2013, 1161 Rn. 64 – Hard Rock Cafe); aus § 3 iVm §§ 3a, 4 Nr. 4, soweit der Anspruch auch (zB wegen Irreführungsgefahr) dem Schutz der Allgemeinheit dient (BGH GRUR 1985, 930 (931) – JUS-Steuerberatungsgesellschaft; GRUR 1981, 596 (599) – Apotheken-Steuerberatungsgesellschaft); aus § 37 II HGB (v. Gamm FS Stimpel, 1985, 1007 (1013); aA RGZ 167, 184 (190); offen gelassen in BGH GRUR 1993, 576 (578) – Datatel).

2. Ausnahmen

Zu prüfen ist jedoch stets, ob infolge einer langen und unangefochtenen Benutzung einer an **2.34** sich irreführenden Bezeichnung entweder die tatbestandlichen Voraussetzungen des § 3 iVm § 5 oder anderer Irreführungstatbestände entfallen sind (BGH GRUR 1957, 285 (287) – Erstes Kulmbacher; GRUR 1966, 445 (450) – Glutamal); ferner, ob das an sich vorrangige Interesse der Allgemeinheit, vor Irreführung bewahrt zu werden, so gering oder so weit geschwunden ist, dass es ausnahmsweise gegenüber bes. Belangen, insbes. einem zwischenzeitlich erworbenen ganz erheblichen Besitzstand, zurückzutreten hat (BGH GRUR 1977, 159 (161) – Ostfriesische Teegesellschaft; GRUR 1979, 415 (416) – Cantil-Flasche; GRUR 1985, 930 (931) – JUS-Steuerberatungsgesellschaft; WRP 2003, 747 (750) – Klosterbrauerei). Insoweit greift der Grundsatz der Verhältnismäßigkeit ein (BGH WRP 2003, 747 (751) – Klosterbrauerei). Im Bereich der **Gesundheitswerbung** wird die Irreführungsgefahr allerdings nur in seltenen Fällen hinter dem Individualinteresse zurückstehen (BGH GRUR 1980, 797 (799) – Topfit Boonekamp; GRUR 1983, 595 (597) – Grippewerbung III; GRUR 1991, 848 (850) – Rheumalind II).

IV. Rechtsfolgen

1. Rechtshemmende Einwendung

Die Verwirkung gibt dem Verletzer lediglich eine rechtshemmende Einwendung gegen den **2.35** geltend gemachten Anspruch. Werden mehrere Ansprüche erhoben, so ist die Verwirkung für jeden Anspruch gesondert zu prüfen (BGH GRUR 1970, 315 (319) – Napoleon III), zumal die Voraussetzungen jeweils unterschiedlich sein können (→ Rn. 2.13 ff.). So kann im Einzelfall der Unterlassungs-, aber nicht zugleich der Löschungsanspruch verwirkt sein (BGH GRUR 1999, 1017 (1019)) oder umgekehrt (BGH GRUR 1970, 315 (319) – Napoleon III). Die Verwirkung gibt dem Verletzer kein Recht, den erlangten Besitzstand nach dem Einschreiten des Verletzten noch weiter räumlich oder sachlich auszudehnen oder zu sichern, etwa: durch Marken- oder Firmeneintragung (BGH GRUR 1969, 694 (697) – Brillant; GRUR 1992, 45 (47) – Cranpool; GRUR 1993, 576 (578) – Datatel); durch Erweiterung vom bloßen marken- zum firmenmäßigen Gebrauch (BGH GRUR 1981, 66 (68) – MAN/G-man) oder umgekehrt; durch Vertriebserweiterung von Großpackungen an gewerbliche Abnehmer auf Kleinpackungen an Endverbraucher (BGH GRUR 1969, 1017 (1019) – Brillant); durch Erweiterung des Absatzgebiets (BGH GRUR 1955, 406 (408) – Wickelsterne). Geringfügige Erweiterungen des bisherigen Gebrauchs sind jedoch hinzunehmen (BGH GRUR 1963, 478 (481 f.) – Bleiarbeiter, weiter gehend Krieger GRUR 1970, 319 (320)). Die Verwirkung berechtigt den Verletzer nicht, gegen die weitere Benutzung des Zeichens durch den Verletzten vorzugehen, sofern dieser nicht seinerseits gegen § 3 verstößt. Die Verwirkung nimmt dem Verletzten auch nicht die Befugnis, gegen neuerliche Verletzungen Dritter vorzugehen (Klaka GRUR 1981, 68 (69)).

2. Einwendungsberechtigung

2.36   Nur der Verletzer, in dessen Person die Voraussetzungen der Verwirkung vorliegen, sowie die für die Verletzung mithaftenden Dritten sind einwendungsberechtigt. Die Rechtsposition aus der (unvollendeten oder vollendeten) Verwirkung stellt kein übertragbares Recht dar (Klaka GRUR 1981, 68 (69)). Anders verhält es sich jedoch, wenn der Dritte lediglich **Rechtsnachfolger** des Verletzers ist oder ein vergleichbarer Sachverhalt vorliegt (BGH GRUR 1981, 60 (63) – Sitex: Rechtsformumwandlung; GRUR 1969, 694 (697) – Brillant: Betriebspacht).

D. Rechtsmissbrauch

I. Allgemeines

2.37   Die Verwirkung stellt nur einen Unterfall des Rechtsmissbrauchs dar. Daneben können noch andere Fallgestaltungen treten. Für sie gilt generell, dass der Einwand unbeachtlich ist, sofern der Wettbewerbsverstoß zugleich die Interessen Dritter oder der Allgemeinheit berührt (BGH GRUR 1984, 457 (460) – Deutsche Heilpraktikerschaft; WRP 2012, 456 Rn. 34 – Delan; OLG Düsseldorf GRUR-RR 2011, 474 (475)). Eine Spezialregelung des Rechtsmissbrauchs enthält § 8c.

II. Unclean hands-Einwand

Schrifttum: Friehe, „unclean hands" und lauterer Wettbewerb, WRP 1987, 439; Prölss, Der Einwand der „unclean hands" im Bürgerlichen Recht sowie im Wettbewerbs- und Warenzeichenrecht, ZHR 132 (1969) 35; Traub, Der Einwand der „unclean hands" gegenüber Folgenbeseitigungsansprüchen, FS v. Gamm, 1990, 313.

1. Begriff und Abgrenzung

2.38   Der Einwand besagt, dass der Gläubiger seinerseits in gleicher oder vergleichbarer Weise wettbewerbswidrig gehandelt habe. Nicht erfasst sind daher die Fälle, in denen ungleichartige Wettbewerbsverstöße vorliegen oder der Gläubiger nur gegen einen von mehreren Verletzern vorgeht.

2. Zulässigkeit

2.39   Die Rspr. lässt den Einwand von vornherein nicht zu, wenn durch den Verstoß zugleich die **Interessen Dritter** oder der **Allgemeinheit** berührt werden (BGH GRUR 1977, 494 (497) – DERMATEX; OLG Frankfurt GRUR-RR 2008, 410; OLG Oldenburg GRUR-RR 2009, 67 (69); OLG Düsseldorf GRUR-RR 2015, 217 Rn. 36; OLG Celle WRP 2015, 1238 Rn. 17; OLG Hamburg GRUR-RR 2018, 479 Rn. 62; OLG Düsseldorf GRUR-RR 2019, 301 Rn. 56) und im Übrigen nur dann, wenn der Kläger sich bei wechselseitiger Abhängigkeit der beiderseitigen Wettbewerbsverstöße zu seinem eigenen Verhalten in Widerspruch setzen würde (BGH GRUR 1957, 23 (24) – Bünder Glas; GRUR 1971, 582 (584) – Kopplung im Kaffeehandel; OLG Karlsruhe GRUR-RR 2008, 350). Wechselseitige Abhängigkeit soll vorliegen, wenn die Verstöße im Wesentlichen gleichzeitig erfolgen und gleichartig sind (v. Gamm § 1 aF Rn. 325). Das Schrifttum plädierte zT für eine weitergehende Zulässigkeit des Einwands (vgl. Prölss ZHR 132 (1969), 35 (73, 85); Friehe WRP 1987, 439 (442); Willemer WRP 1976, 16 (22)). – Richtigerweise wird man den Einwand im Unterlassungsprozess überhaupt nicht zulassen dürfen, weil wirklich schutzwürdige Interessen des Verletzten bereits durch Abwehr (→ Rn. 2.4 ff.) gewahrt werden können und im Übrigen die Möglichkeit zur **Widerklage** besteht (GK-UWG/Köhler, 1. Aufl. 1991, UWG 1909 Vor § 13 Rn. B 488; Harte-Bavendamm/Henning-Bodewig/Goldmann Vor § 8 Rn. 211; OLG Celle WRP 2015, 1238 Rn. 17).

3. Berücksichtigung beim Schadensersatzanspruch

Ein Ersatzanspruch gegen einen Mitbewerber nach § 9 I ist regelmäßig ausgeschlossen, wenn **2.40** beide Parteien im Wesentlichen gleichzeitig, in gleicher Art und Weise und in gleichem Umfang wettbewerbswidrig gehandelt haben (BGH GRUR 1970, 563 – Beiderseitiger Rabattverstoß; GRUR 1971, 582 (584) – Kopplung im Kaffeehandel). Insoweit handelt es sich jedoch nicht um den „unclean-hands“-Einwand, sondern um eine Art Schadenskompensation. Soweit sich die Verstöße nicht „decken“, ist daher der überschießende Schaden zu ersetzen.

III. Provozierter Wettbewerbsverstoß

Wer auf unlautere Weise einen fremden Wettbewerbsverstoß veranlasst („provoziert“), handelt **2.41** rechtsmissbräuchlich iSv § 242 BGB, wenn er Unterlassung begehrt (BGH WRP 2012, 456 Rn. 34 – Delan; OLG Hamm GRUR-RR 2019, 180 Rn. 32 ff.). Unlauteres oder sonst gesetzwidriges Handeln liegt jedoch nicht schon bei einem normalen **Testkauf** (und ähnlichen Testmaßnahmen; vgl. OLG Karlsruhe GRUR 1994, 130) durch einen Mitbewerber oder einen von ihm Beauftragten vor (BGH GRUR 1987, 304 (305) – Aktion Rabattverstoß; GRUR 1999, 1017 (1019) – Kontrollnummernbeseitigung; GRUR 2012, 411 – Glücksspielverband). Denn Testkäufe sind ein weithin unentbehrliches Mittel zur Überprüfung des Wettbewerbsverhaltens von Mitbewerbern und für ihren Erfolg ist es unvermeidlich, den Zweck zu verheimlichen (BGH GRUR 1999, 1017 (1019) – Kontrollnummernbeseitigung). Rechtmäßig sind Testkäufe auch dann noch, wenn damit unzutr. Belehrungen oder unberechtigte Abmahnungen einhergehen (BGH GRUR 1987, 304 (305) – Aktion Rabattverstoß). **Unzulässig** ist ein Testkauf jedoch dann, wenn für einen begangenen oder drohenden Wettbewerbsverstoß keine Anhaltspunkte vorliegen und er nur dazu dient, einen Mitbewerber „hereinzulegen“ (BGH GRUR 1999, 1017 (1019) – Kontrollnummernbeseitigung; WRP 2017, 1328 Rn. 33 – Testkauf im Internet; KG GRUR-RR 2019, 119 Rn. 64). Die Provokation muss allerdings **ursächlich** für den Wettbewerbsverstoß sein; dies ist nicht der Fall, wenn der Verletzer den Verstoß auch sonst begangen hätte (BGH GRUR 1985, 447 (450) – Provisionsweitergabe durch Lebensversicherungsmakler; OLG Frankfurt WRP 2014, 1480 Rn. 20). Bei Unzulässigkeit des Testkaufs kann weder Unterlassung noch Schadensersatz noch eine Vertragsstrafe verlangt werden. Das Unterlassungsbegehren ist auch dann missbräuchlich, wenn der provozierte Verstoß zugleich die Interessen Dritter oder der Allgemeinheit verletzt. Dagegen sind in diesem Falle Ansprüche Dritter nicht ausgeschlossen; sie können sich sogar gegen den Provokateur unter dem Gesichtspunkt der Haftung für Anstiftung richten.

IV. Wechsel der Rechtsauffassung

Der Wechsel der Rechtsauffassung stellt grds. keinen Rechtsmissbrauch dar (BGH GRUR **2.42** 1957, 499 (503) – Wipp), es sei denn, dass (zB bei Abänderung eines Zeichens entspr. der Rechtsauffassung des Klägers) beim Gegner ein Vertrauenstatbestand geschaffen wurde und dieser sich darauf eingerichtet hat.

V. Unredlicher Rechtserwerb

Die Erwirkung einer Zeicheneintragung kann wettbewerbswidrig iSd § 3 iVm § 4 Nr. 4 und **2.43** des § 826 BGB sein (und damit ggf. nicht nur eine Einwendung, sondern zugleich einen Löschungs- bzw. Unterlassungsanspruch begründen). In den Fällen der Vorbenutzung kann dies der Fall sein, wenn über die Vorbenutzung durch den Gegner hinaus bes. Umstände vorliegen. So zB, wenn der Zeicheninhaber in Kenntnis eines schutzwürdigen Besitzstandes des Vorbenutzers ohne zureichenden sachlichen Grund für gleiche oder gleichartige Waren die gleiche oder eine verwechslungsfähige Bezeichnung eintragen lässt, um den Besitzstand des Vorbenutzers zu stören oder für diesen den Gebrauch der Bezeichnung zu sperren (BGH GRUR 1967, 490 (492) – Pudelzeichen; GRUR 1967, 298 (301) – Modess; GRUR 1980, 110 (112) – Torch; GRUR 1986, 74 (76) – Shamrock III; → § 4 Rn. 4.84 mwN). Bloße Kenntnis von der Vorbenutzung reicht demnach nicht aus (BGH GRUR 1980, 110 (111) – Torch). Ob ein schutzwürdiger Besitzstand beim Vorbenutzer vorliegt, beurteilt sich nach den für die Verwirkung geltenden Grundsätzen (→ Rn. 2.24 ff.; BGH GRUR 1984, 210 (211) – AROSTAR). Ist ein ausländisches Zeichen im Inland noch wenig benutzt, wird Weltgeltung zu fordern sein (BGH GRUR 1967, 298 (301) – Modess). Ein sachlicher Grund für die Eintragung liegt vor, wenn die Wahrung bestehender Rechte gegenüber Angriffen bezweckt wird (BGH GRUR 1984, 210 (211) – AROSTAR), nicht dagegen, wenn die Eintragung nur zum Ausbau und zur Abrundung des eigenen Besitzstandes erfolgt (BGH GRUR 1986, 74 (77) – Shamrock III). Das Fehlen eines schutzwürdigen Besitzstandes ist dann unerheblich, wenn die Eintragung allein zu dem Zweck erfolgt, Mitbewerber vom Vertrieb einer Ware auszuschließen und sich eine Alleinstellung zu verschaffen (BGH GRUR 1980, 110 (111) – Torch). – Ob dem Vorbenutzer nur die Einwendung des Rechtsmissbrauchs zusteht oder ob er darüber hinaus einen Löschungsanspruch hat, beurteilt sich nach den Umständen des Einzelfalls, insbes. danach, ob bereits die Anmeldung des vorbenutzten Zeichens oder nur die Geltendmachung der Rechte aus der Anmeldung wettbewerbswidrig ist (BGH GRUR 1984, 210 (211) – AROSTAR; GRUR 1986, 74 (77) – Shamrock III). – Selbst beim Fehlen einer Vorbenutzung kann die Zeichenanmeldung unlauter bzw. rechtsmissbräuchlich sein, wenn sie lediglich zu **Spekulationszwecken** erfolgt (dazu näher BGH GRUR 2001, 242 (244) – Classe E; → § 4 Rn. 4.86).

Kapitel 3. Verfahrensvorschriften

Einstweiliger Rechtsschutz; Veröffentlichungsbefugnis; Streitwertminderung

12 (1) Zur Sicherung der in diesem Gesetz bezeichneten Ansprüche auf Unterlassung können einstweilige Verfügungen auch ohne die Darlegung und Glaubhaftmachung der in den §§ 935 und 940 der Zivilprozessordnung bezeichneten Voraussetzungen erlassen werden.

(2) [1]Ist auf Grund dieses Gesetzes Klage auf Unterlassung erhoben worden, so kann das Gericht der obsiegenden Partei die Befugnis zusprechen, das Urteil auf Kosten der unterliegenden Partei öffentlich bekannt zu machen, wenn sie ein berechtigtes Interesse dartut. [2]Art und Umfang der Bekanntmachung werden im Urteil bestimmt. [3]Die Befugnis erlischt, wenn von ihr nicht innerhalb von drei Monaten nach Eintritt der Rechtskraft Gebrauch gemacht worden ist. [4]Der Ausspruch nach Satz 1 ist nicht vorläufig vollstreckbar.

(3) [1]Macht eine Partei in Rechtsstreitigkeiten, in denen durch Klage ein Anspruch aus einem der in diesem Gesetz geregelten Rechtsverhältnisse geltend gemacht wird, glaubhaft, dass die Belastung mit den Prozesskosten nach dem vollen Streitwert ihre wirtschaftliche Lage erheblich gefährden würde, so kann das Gericht auf ihren Antrag anordnen, dass die Verpflichtung dieser Partei zur Zahlung von Gerichtskosten sich nach einem ihrer Wirtschaftslage angepassten Teil des Streitwerts bemisst. [2]Die Anordnung hat zur Folge, dass

1. die begünstigte Partei die Gebühren ihres Rechtsanwalts ebenfalls nur nach diesem Teil des Streitwerts zu entrichten hat,
2. die begünstigte Partei, soweit ihr Kosten des Rechtsstreits auferlegt werden oder soweit sie diese übernimmt, die von dem Gegner entrichteten Gerichtsgebühren und die Gebühren seines Rechtsanwalts nur nach dem Teil des Streitwerts zu erstatten hat und
3. der Rechtsanwalt der begünstigten Partei, soweit die außergerichtlichen Kosten dem Gegner auferlegt oder von ihm übernommen werden, seine Gebühren von dem Gegner nach dem für diesen geltenden Streitwert beitreiben kann.

(4) [1]Der Antrag nach Absatz 3 kann vor der Geschäftsstelle des Gerichts zur Niederschrift erklärt werden. [2]Er ist vor der Verhandlung zur Hauptsache anzubringen. [3]Danach ist er nur zulässig, wenn der angenommene oder festgesetzte Streitwert später durch das Gericht heraufgesetzt wird. [4]Vor der Entscheidung über den Antrag ist der Gegner zu hören.

Gesamtübersicht[*]

[*] Detailübersichten finden sich zu Beginn der Abschnitte.

2. Abschnitt. Einstweilige Verfügung

Vorbemerkung

0.1   Durch das Gesetz zur Stärkung des fairen Wettbewerbs v. 26.11.2020 (BGBl. 2020 I 2568) wurde der bisherige § 12 I in den § 13 I verschoben. Die bisherigen Abs. 2–5 wurden ohne inhaltliche Änderungen in die Abs. 1–4 umbenannt.

1. Abschnitt. Erkenntnisverfahren

Übersicht

A. Rechtsweg

Schrifttum: Becker/Schweitzer, Schutz der Versicherten vor unlauterem Kassenwettbewerb, NJW 2014, 269; Bosten, Wettbewerb ohne Wettbewerbsrecht, WRP 1999, 9; Bumiller, Zur Zuständigkeit der Sozialgerichte für kartellrechtliche Streitigkeiten, GRUR 2000, 484; Kessler, Die gesetzliche Krankenversicherung als Ausnahmebereich im deutschen und europäischen Wettbewerbsrecht im Lichte der neueren Rechtsprechung, WRP 2006, 1283; Kessler, Die gesetzliche Krankenversicherung im Spiegel des normativen Wettbewerbsordnung – Weiterungen und Restriktionen, WRP 2007, 1030; Köhler, Mitgliederwerbung der Krankenkassen, NZS 1998, 153; Köhler, Neue Wettbewerbsgrundsätze der Aufsichtsbehörden der gesetzlichen Krankenversicherung, WRP 1998, 959; Kolb, Vollstreckungsfragen im Hinblick auf die strafbewehrte Unterlassungserklärung im Prozessvergleich, WRP 2014, 522; Mühlhausen, Der Meinungsstand zur Anwendbarkeit des UWG auf wettbewerbsrelevantes Verhalten von Krankenkassen, insbesondere bei der Mitgliederwerbung, NZS 1999, 120; Oehler, Gesundheitswesen ohne Wettbewerb – Zum Verlust einer rechtlichen Ordnungsidee, FS Priester, 2007, 557; Pagenkopf, Einige Betrachtungen zu den Grenzen für privatwirtschaftliche Betätigung der Gemeinden – Grenzen für die Grenzzieher?, GewA 2000, 179; Schliesky, Öffentliches Wettbewerbsrecht, 1997; Tetzlaff, Wettbewerb von Sozialversicherungsträgern – Rechtswegfrage, WuW 1990, 1009.

I. Abgrenzung

1. Rechtsweg

1.1   Der Rechtsweg zu den **ordentlichen Gerichten** ist eröffnet, wenn eine wettbewerbsrechtliche und somit eine **bürgerlich-rechtliche Streitigkeit** iSd § 13 GVG vorliegt und **keine spezielle Rechtswegzuweisung** erfolgt ist (zB zu den **Sozialgerichten** gem. § 51 SGG (vgl. BGH WRP 1997, 1199 (1200) – Hilfsmittellieferungsvertrag; WRP 2000, 636 – Hörgeräteakustik; BSG NJW-RR 2002, 1691 (1692); LSG Nordrhein-Westfalen NZS 2021, 454; OLG Zweibrücken NJW 1999, 875). Durch § 17a I GVG (Bindungswirkung) und § 17 II 1 GVG ist die Abgrenzungsproblematik für die Praxis entschärft (vgl. BGH WRP 2020, 851 Rn. 22, 23 – WarnWetter-App). Die **UGP-RL** nimmt auf den Rechtsweg und die Zuständigkeit der Gerichte keinen Einfluss (Art. 3 VII UGP-RL; OLG Celle WRP 2009, 867 (868)).

2. Die Abgrenzung zur öffentlich-rechtlichen Streitigkeit

1.2   **a) Allgemeines.** Die Abgrenzung zur öffentlich-rechtlichen Streitigkeit iSd § 40 VwGO wird erforderlich, wenn an der Streitigkeit ein oder mehrere Träger hoheitlicher Gewalt beteiligt sind. Hierzu wurden verschiedene Theorien entwickelt (Subordinations-, Interessen-, Zuordnungstheorie; dazu Leisner JZ 2006, 869). Die Rspr. stellt, wenn eine ausdrückliche Rechtswegzuweisung des Gesetzgebers (zB § 51 SGG) fehlt, auf die **Natur des Rechtsverhältnisses** ab, aus dem der **Klageanspruch** abgeleitet wird (GmS-OGB BGHZ 97, 312 (313 f.) – Orthopädische Hilfsmittel; GmS-OGB BGHZ 102, 280 (283) – Rollstühle; BGHZ 108, 284 (286) – AOK-Mitgliederwerbung; WRP 1998, 624 (625) – Maßnahmen der Mitgliederwerbung; WRP 1998, 55 (56) – Diplom-Wirtschaftsjurist/in (FH); BVerwGE 96, 71 (73); OLG Köln GRUR-RR 2018, 461 Rn. 92). Maßgeblich ist die wahre Natur des Anspruchs, wie er sich nach dem Sachvortrag des Klägers darstellt (GmS-OGB BGHZ 102, 280 (286) – Rollstühle; aA offenbar BGH WRP 2006, 747 Rn. 16 – Blutdruckmessungen). Daher reicht es für die Annahme einer bürgerlichrechtlichen Streitigkeit weder aus, dass sich der Kläger auf eine zivilrechtliche Anspruchsgrundlage beruft, noch ist es erforderlich, dass er das Bestehen eines solchen Anspruchs schlüssig dartut. Vielmehr kommt es darauf an, ob der Parteivortrag – seine Richtigkeit unterstellt – Rechtsbeziehungen oder Rechtsfolgen ergibt, die dem Bürgerlichen Recht zugeordnet sind (GmS-OGB BGHZ 102, 280 (286) – Rollstühle). Bei der Qualifikation des Rechtsverhältnisses als öffentlich-rechtlich oder als bürgerlich-rechtlich kommt es regelmäßig darauf an, ob die an der Streitigkeit Beteiligten zueinander in einem Verhältnis der Über- und Unterordnung stehen und ob sich der Träger hoheitlicher Gewalt der bes., ihm zugeordneten Rechtssätze des öffentlichen Rechts bedient oder ob er sich den für jedermann geltenden zivilrechtlichen Regelungen unterstellt (GmS-OGB BGHZ 102, 280 (283) – Rollstühle; BGH NJW 1988, 2297; OLG Hamm GRUR-RR 2020, 81 Rn. 13).

b) Sozialrechtliche Streitigkeiten. In der Praxis spielen vor allem die rechtliche Regelung 1.3
der Tätigkeit von gesetzlichen Krankenkassen und damit der Rechtsweg zu den **Sozialge-**
richten eine Rolle. Die einschlägigen Vorschriften in der derzeit geltenden Fassung lauten:

SGG § 51 [Zulässigkeit des Rechtsweges; Generalklausel]

1) Die Gerichte der Sozialgerichtsbarkeit entscheiden über öffentlich-rechtliche Streitigkeiten ...

...;

2. in Angelegenheiten der gesetzlichen Krankenversicherung, der sozialen Pflegeversicherung und der
privaten Pflegeversicherung (Elftes Buch Sozialgesetzbuch), auch soweit durch diese Angelegenheiten Dritte betroffen werden; ...

2) ¹Die Gerichte der Sozialgerichtsbarkeit entscheiden auch über privatrechtliche Streitigkeiten in Angelegenheiten ... der gesetzlichen Krankenversicherung, auch soweit durch diese Angelegenheiten
Dritte betroffen werden. ²Satz 1 gilt für die soziale Pflegeversicherung und die private Pflegeversicherung (Elftes Buch Sozialgesetzbuch) entsprechend.

3) Von der Zuständigkeit der Gerichte der Sozialgerichtsbarkeit nach den Absätzen 1 und 2 ausgenommen sind Streitigkeiten in Verfahren nach dem Gesetz gegen Wettbewerbsbeschränkungen, die Rechtsbeziehungen nach § 69 des Fünften Buches Sozialgesetzbuch betreffen.

Für die Eröffnung des Rechtswegs zu den Sozialgerichten kommt es dementsprechend nur
darauf an, ob es sich um eine Streitigkeit in einer „Angelegenheit der gesetzlichen Krankenversicherung" handelt. Dagegen spielt es nach der ausdrücklichen gesetzlichen Regelung keine
Rolle, ob die Streitigkeit öffentlich-rechtlicher oder privatrechtlicher Natur ist (BGH GRUR
2004, 444 (445) – Arzneimittelsubstitution; GRUR 2007, 535 Rn. 10 – Gesamtzufriedenheit;
GRUR 2009, 700 Rn. 12 – Integrierte Versorgung; GRUR 2012, 94 Rn. 7 – Radiologisch-
diagnostische Untersuchungen). Letztere Frage spielt nur eine Rolle, wenn es darum geht, ob
die Streitigkeit von den Sozialgerichten nach öffentlichem Recht (Sozialrecht) oder nach dem
Privatrecht (Bürgerliches Recht; Lauterkeitsrecht; Kartellrecht) zu entscheiden ist. Wann allerdings eine **„Angelegenheit der gesetzlichen Krankenversicherung, ... auch soweit durch**
diese Angelegenheiten Dritte betroffen werden" vorliegt, ist noch nicht abschließend
geklärt. Es besteht allerdings kein sachlicher Grund, diese Regelung extensiv auszulegen (Ahrens
Wettbewerbsprozess-HdB/Bornkamm Kap. 14 Rn. 41). Man wird sie vielmehr auf die Fälle
beschränken müssen, in denen es um die Wahrnehmung der gesetzlich zugewiesenen sozialrechtlichen Aufgaben geht (BGH GRUR 2007, 535 Rn. 13 – Gesamtzufriedenheit). Der Rechtsstreit
muss also Maßnahmen betreffen, die unmittelbar der Erfüllung der den Krankenkassen nach dem
SGB V obliegenden öffentlich-rechtlichen Aufgaben dienen (BGH GRUR 2008, 447 Rn. 14 –
Treuebonus; GRUR 2012, 94 Rn. 9 – Radiologisch-diagnostische Untersuchungen). Als Maßnahme in diesem Sinne sind auch Handlungen der Leistungserbringer anzusehen, die in einem
unmittelbaren Zusammenhang mit der Erfüllung der gesetzgeberischen Ziele auf Grund des
öffentlich-rechtlichen Versorgungsauftrags stehen (BGH GRUR 2012, 94 Rn. 10 – Radiologisch-diagnostische Untersuchungen). Dazu gehört auch der Fall, dass eine der Parteien zwar
nicht als Leistungsträger oder Leistungserbringer, wohl aber gleichsam als Repräsentant von
Leistungserbringern von einem Unternehmen in Anspruch genommen wird (BGH GRUR
2004, 444 (445) – Arzneimittelsubstitution; GRUR 2012, 94 Rn. 11 – Radiologisch-diagnostische Untersuchungen). Dazu gehören weiter die Fälle, in denen schon früher der Rechtsweg zu
den **Sozialgerichten** bejaht worden war, weil das Schwergewicht des Rechtsstreits in einem
Aufgabenbereich anzusiedeln war, dessen Erfüllung den Kassenärztlichen Vereinigungen und
Krankenkassen unmittelbar auf Grund der Bestimmungen des SGB V oblag (BGH WRP 1997,
1199 (1200) – Hilfsmittellieferungsvertrag; GRUR 2000, 251 (252 f.) – Arzneimittelversorgung;
GRUR 2001, 87 (88) – Sondenernährung; GRUR 2003, 549 – Arzneimittelversandhandel).
Denn insoweit wollte der Gesetzgeber keine Änderung herbeiführen (BGH GRUR 2004, 444
(445) – Arzneimittelsubstitution). **Beispiele:** Klage eines Pharmaunternehmens gegen eine
Kassenärztliche Vereinigung und eine AOK auf Unterlassung der Verbreitung einer „Gemeinsamen Erklärung zur Arzneimittelversorgung" gegenüber Kassenärzten, bestimmte Arzneimittel
nicht mehr zu verschreiben (BGH GRUR 2000, 251 (252 f.) – Arzneimittelversorgung); Klage
eines Unternehmens gegen eine Betriebskrankenkasse, mit der ihr die Ausübung der sozialrechtlichen Sachleistungsbefugnis verboten werden sollte (BGH GRUR 2001, 87 (88) – Sondenernährung); Klage der Wettbewerbszentrale gegen eine Ersatzkasse auf Unterlassung von Hinweisen zum Bezug von Arzneimitteln von Internet-Apotheken (BGH GRUR 2003, 549 –
Arzneimittelversandhandel); Klage der Wettbewerbszentrale gegen einen Krankenhausbetreiber
auf Unterlassung bestimmter ambulanter Untersuchungen wegen Verstoßes gegen § 116b

SGB V (BGH GRUR 2012, 94 Rn. 7 – Radiologisch-diagnostische Untersuchungen); Klage
einer Körperschaft gegen eine GmbH betreffend die Frage, ob eine nach § 140c SGB V
zwischen den Krankenkassen und ihren Vertragspartnern im Rahmen der integrierten Versorgung vereinbarte Vergütung mit berufsrechtlichen Vorschriften der Ärzte vereinbar ist (BGH
WRP 2009, 846 Rn. 13 – Integrierte Versorgung). – Eine Klage der Wettbewerbszentrale gegen
eine Krankenkasse wegen Vereinbarung einer Gutscheinaktion mit einer Apotheke hat der BGH
allerdings nicht als unzulässig, sondern als unbegründet abgewiesen (BGH WRP 2006, 747
Rn. 20 – Blutdruckmessungen). – **Nicht** um eine Angelegenheit der gesetzlichen Krankenversicherung iSv § 51 I Nr. 2, II 1 SGG handelt es sich, wenn der geltend gemachte Anspruch
ausschließlich auf Normen gestützt wird, deren Beachtung auch jedem privaten Mitbewerber
obliegt (BGH GRUR 2007, 535 Rn. 13 – Gesamtzufriedenheit; GRUR 2008, 447 Rn. 14 –
Treuebonus; WRP 2009, 846 Rn. 13 – Integrierte Versorgung; GRUR 2012, 94 Rn. 9 –
Radiologisch-diagnostische Untersuchungen; OLG Celle WRP 2010, 1548). Dazu gehören
insbes. die **„Jedermanns-Rechtsbeziehungen"** von Krankenkassen zu Dritten, etwa der Kauf
von Computern. – Was die **Mitgliederwerbung** einer gesetzlichen Krankenkasse angeht, ist zu
unterscheiden, ob private Mitbewerber bzw. Verbände oder ob gesetzliche Krankenkassen
klagen. Im ersteren Fall sind die **ordentlichen Gerichte** zuständig (zur Klage einer privaten
Krankenversicherung vgl. BGHZ 66, 229 – Studentenversicherung; zur Klage eines Verbraucherverbands vgl. BGH GRUR 1999, 88 (89) – Ersatzkassen-Telefonwerbung; zur Klage eines
Wettbewerbsverbands vgl. BGH GRUR 2007, 535 Rn. 12 – Gesamtzufriedenheit mwN auch
zur Gegenansicht; OLG Celle WRP 2009, 867 und GRUR-RR 2011, 111; LG München I
WRP 2009, 1156 (1157)). Im letzteren Fall sind dagegen die **Sozialgerichte** nach § 51 I SGG
zuständig (dazu BGH GRUR 1998, 744 (745) – Mitgliederwerbung; GRUR 2007, 535 Rn. 14
– Gesamtzufriedenheit). Der Rechtsweg zu den Sozialgerichten ist auch nicht bei Maßnahmen
der **Öffentlichkeitsarbeit** von Krankenkassen eröffnet. So zB, wenn sich eine Krankenkasse in
einer Presseerklärung gegen ein Verhalten einer Kassenärztlichen Vereinigung wendet und diese
dagegen eine auf Privatrecht (§§ 823 I, 824, 1004 BGB) gestützte Unterlassungsklage erhebt
(BGH NJW 2003, 1192 (1193); FBO/Büscher Rn. 231). Eine Angelegenheit der gesetzlichen
Krankenversicherung liegt auch dann nicht vor, wenn ein Apotheker Sonderzahlungen an privat
und gesetzlich Versicherte bei Einlösung von Rezepten gewährt (BGH WRP 2008, 675
Rn. 12 ff. – Treuebonus) oder wenn eine Krankenkasse private Zusatzversicherungen vermittelt
(LG Braunschweig GRUR-RR 2008, 181 Ls.).

1.3a   Das von den Sozialgerichten anzuwendende **materielle Recht** ist im **SGB V** geregelt.
Danach sind die Rechtsbeziehungen der Krankenkassen untereinander in § 4 III SGB V, §§ 4a f.
SGB V und zu dem Versicherten in §§ 2 f. SGB V, zu den Leistungserbringern in den
§§ 69–140h SGB V **abschließend** geregelt, und zwar auch, „soweit durch diese Rechtsbeziehungen Rechte Dritter betroffen sind" (§ 69 I SGB V). In § 69 II SGB V ist allerdings die
entsprechende Anwendung der §§ 19–21 GWB angeordnet, soweit es nicht um Verträge geht,
zu deren Abschluss eine gesetzliche Verpflichtung besteht (dazu Kessler WRP 2007, 1030).
Damit ist bezweckt, die Tätigkeiten der Krankenkassen, die im Zusammenhang mit der Erfüllung ihres öffentlich-rechtlichen Versorgungsauftrags stehen, dem Privatrecht und insbes. dem
Wettbewerbs- und Kartellrecht vollständig zu entziehen (BGH GRUR 2004, 247 (249) –
Krankenkassenzulassung; GRUR 2006, 517 Rn. 22 – Blutdruckmessungen; BGHZ 175, 333
Rn. 18 – Kreiskrankenhaus Bad Neustadt; BSGE 87, 95 (99); 89, 24 (33); Ahrens Wettbewerbs-
prozess-HdB/Bornkamm Kap. 14 Rn. 37; Keßler WRP 2006, 1283 (1284 ff.)). Die Rechtswegzuweisung an die Sozialgerichte gem. § 51 I Nr. 2 SGG bleibt davon unberührt. Hat daher
zB das Landgericht seine fehlende Zuständigkeit nicht erkannt und in der Hauptsache entschieden, so ist das Rechtsmittelgericht nach § 17a V GVG zwar zuständig, muss aber den
Rechtsstreit nach Sozialrecht, soweit § 69 SGB V einschlägig ist, entscheiden. Die frühere Rspr.
(vgl. BGH WRP 2000, 759 (762) – Zahnersatz aus Manila; GRUR 2000, 636 – Hörgeräteakustik; GRUR 2003, 979 (980) – Wiederverwendbare Hilfsmittel) ist daher überholt. Die
materiellrechtliche Problematik beschränkt sich auf die Frage, wie weit die sozialrechtliche
Regelung in **§ 69 SGB V** reicht (dazu BGH GRUR 2017, 641 Rn. 11 – Zuzahlungsverzicht
bei Hilfsmitteln; GRUR 2006, 517 – Blutdruckmessungen; OLG Hamm GRUR-RR 2019,
532 Rn. 21). Die Vorschrift bezieht sich auch auf die Beziehungen der **Leistungserbringer
untereinander,** soweit es um Handlungen in Erfüllung des öffentlich-rechtlichen Versorgungsauftrags nach dem SGB V geht, mit der Folge, dass die Geltendmachung von Unterlassungs- und
Schadensersatzansprüchen in unmittelbarer Anwendung von Vorschriften des UWG oder des
BGB ausgeschlossen ist. Eine Ausnahme kommt lediglich dann in Betracht, wenn dies im

Einzelfall erforderlich wäre, um verfassungsrechtlich nicht hinnehmbare Rechtsschutzdefizite zu vermeiden (BSG MedR 2018, 187 Rn. 23 ff.). – Von § 69 SGB V nicht erfasst ist zB die – nach § 194 Ia SGB V erlaubte – Vermittlung von privaten Zusatzversicherungen bei einem privaten Krankenversicherer (OLG Braunschweig GRUR-RR 2009, 182). Insoweit finden die Vorschriften des Kartell- und Wettbewerbsrechts Anwendung (vgl. BT-Drs. 15/1525, 138). – Soweit Krankenkassen ein Handlungsspielraum für einen Preis- und Qualitätswettbewerb eingeräumt ist und sie diesen Spielraum für die **Mitgliederwerbung** nutzen, werden sie als Unternehmer gegenüber Verbrauchern tätig. Ihr Handeln fällt daher in den Anwendungsbereich der **UGP-RL** (vgl. → § 2 Rn. 2.26; EuGH WRP 2013, 1454 Rn. 24 ff. – BKK Mobil Oil; BGH WRP 2014, 1304 – Betriebskrankenkasse II). Daher ist **§ 4a VII S. 1 SGB V,** der Krankenkassen einen (sozialrechtlichen) Anspruch auf Unterlassung unzulässiger Maßnahmen einräumt, die geeignet sind, ihre Interessen im Wettbewerb zu beeinträchtigen, – sofern möglich –, am Maßstab der **UGP-RL** und folgerichtig am Maßstab des UWG, soweit es der Umsetzung der UGP-RL dient, auszulegen (vgl. dazu Becker/Schweitzer NJW 2014, 269 (272)). Unabhängig davon muss auch den Wirtschafts- und Verbraucherverbänden iSd § 8 III Nr. 2 und 3 die Befugnis zustehen, gegen unlautere Mitgliederwerbung gegenüber Verbrauchern aus dem UWG vorzugehen. Nach § 4a II SGB V sind unlautere geschäftliche Handlungen der Krankenkassen unzulässig. § 4a VII S. 2–8 SGB V sieht neben einer Abmahnobliegenheit (wie § 13 I) und einem Anspruch auf Abmahnkostenersatz (ähnlich § 13 III) eine Regelung zur Dringlichkeit von einstweiligen Verfügungen (wie § 12 I) und eine Veröffentlichungsbefugnis (wie § 12 II) vor.

c) Die Abgrenzung zur arbeitsgerichtlichen Streitigkeit. Die **Arbeitsgerichte** sind für **1.4** wettbewerbsrechtliche Streitigkeiten zwischen Arbeitgebern und (auch ausgeschiedenen) Arbeitnehmern nach Maßgabe des § 2 I Nr. 3 lit. c, d, Nr. 4 lit. a, III ArbGG zuständig. Im Vordergrund steht § 2 I Nr. 3 lit. d ArbGG. Danach sind die Arbeitsgerichte für Rechtsstreitigkeiten zwischen Arbeitnehmern und Arbeitgebern „aus unerlaubten Handlungen", soweit diese „mit dem Arbeitsverhältnis im Zusammenhang stehen", **ausschließlich zuständig.** Da Verstöße gegen das UWG (§§ 3, 7, 16 ff.) unerlaubte Handlungen darstellen, ist also bei Bestehen eines Zusammenhangs mit dem Arbeitsverhältnis der **Rechtsweg** zu den Arbeitsgerichten eröffnet. Da es sich um eine Frage des Rechtswegs, nicht der sachlichen Zuständigkeit handelt, gelten für die Verweisung von Rechtsstreitigkeiten die § 17a II GVG, § 48 I ArbGG, nicht § 281 ZPO. – Als „unerlaubte Handlung" iSd § 2 I Nr. 3 lit. d ArbGG ist jeder Wettbewerbsverstoß, auch der erst drohende, anzusehen. Ob ein Wettbewerbsverstoß mit einem Arbeitsverhältnis in **Zusammenhang** steht, beurteilt sich nach objektiven Maßstäben (OLG Düsseldorf GRUR-RR 2003, 63; Fischer DB 1998, 1182). Erforderlich ist nur, dass die unerlaubte Handlung in einer inneren Beziehung zu dem Arbeitsverhältnis steht, sie also in der bes. Eigenart des Arbeitsverhältnisses und den ihm eigentümlichen Reibungs- und Berührungspunkten wurzelt (BGH LM ArbGG § 2 Nr. 3). Ein Zusammenhang mit dem Arbeitsverhältnis ist immer dann anzunehmen, wenn der Verstoß zugleich eine Verletzung des Arbeitsvertrages (einschließlich nachwirkender Treuepflichten) darstellt. Es wird nicht vorausgesetzt, dass das Arbeitsverhältnis bereits begonnen hat und noch fortbesteht. Die zwischenzeitliche Beendigung des Arbeitsverhältnisses ist daher unerheblich (OLG Düsseldorf GRUR-RR 2003, 63; OLG Brandenburg GRUR-RR 2009, 37 (38) Ls.; OLG Frankfurt GRUR-RR 2011, 116 Ls.; Ahrens Wettbewerbsprozess-HdB/Bornkamm Kap. 14 Rn. 18; aA Asendorf GRUR 1990, 229 (231)). **Beispiele:** Anschwärzende und herabsetzende Äußerungen (§ 4 Nr. 1, 2) eines Arbeitnehmers gegenüber Kollegen zwecks Abwerbung (OLG Düsseldorf GRUR-RR 2003, 63); Geheimnisverrat (§ 1 III Nr. 4 GeschGehG). – Maßgebend ist allerdings der dem Gericht vorgetragene Lebenssachverhalt. Stützt der Kläger seine Klage auf einen Sachverhalt, der keinen Bezug zum (früheren) Arbeitsverhältnis hat, ist auch nicht die Zuständigkeit der Arbeitsgerichte gegeben (OLG Nürnberg WRP 2008, 1475 (1476)). – Für die Verletzung nachvertraglicher Pflichten, die zugleich Wettbewerbsverstöße darstellen, gilt § 2 I Nr. 3 lit. c ArbGG iVm § 17 II 1 GVG; für die Herausgabe von Schmiergeldern gem. §§ 687 II, 667 BGB gilt § 2 I Nr. 4 lit. a ArbGG. – Dass Arbeitsgerichte trotz ggf. mangelnder wettbewerbsrechtlicher Erfahrungen auch über wettbewerbsrechtliche Ansprüche zu entscheiden haben (§ 17 II GVG), ist hinzunehmen. In der Praxis wird die **ausschließliche** Zuständigkeit der Arbeitsgerichte häufig nicht beachtet. Soweit das Landgericht in der Hauptsache entscheidet, ist das Rechtsmittelgericht aber daran gebunden (§ 17a V GVG). Etwas anderes gilt, wenn das Landgericht nicht vorab über eine Rüge der Zulässigkeit des Rechtswegs durch Beschluss entschieden hat (§ 17a III 2 GVG; OLG Brandenburg GRUR-RR 2009, 37 (38) Ls.). Zu vergleichbaren Sachverhalten finden sich daher Entscheidungen sowohl des BGH als auch des BAG (vgl. BGH GRUR 1964, 215 – Milchfahrer; BAG ZIP 1988, 733 (736)). – Die Arbeitsgerichte sind nach **§ 2 III ArbGG** auch für sog **Zusammenhangsklagen** zuständig, nämlich solche Klagen, für die an sich die ordentlichen Gerichte zuständig sind, die aber mit einem vor die Arbeitsgerichte gehörenden Anspruch „in rechtlichem oder unmittelbar wirtschaftlichem Zusammenhang" stehen. Allerdings darf für die Geltendmachung des Anspruchs „nicht die ausschließliche Zuständigkeit eines anderen Gerichts gegeben sein". Dazu gehören ua die Zuständigkeiten nach § 29a I ZPO, § 143 I PatG, § 39 I ArbnErfG und § 14 I UWG (BAG GRUR-RR 2010, 447 (448)). **Beispiel:** Will ein Unternehmer gegen einen ausgeschiedenen Beschäftigten wegen Geheimnisverrats (§ 4 GeschGehG) und gegen den neuen Arbeitgeber wegen unlauterer Nutzung des Geheimnisses klagen, scheidet eine Zusammenhangsklage aus. Für die Klage gegen den neuen Arbeitgeber ist nach § 14 I ausschließlich das LG zuständig.

II. Wettbewerbsbeziehungen der öffentlichen Hand

1. Klagen der öffentlichen Hand

1.5   Der ordentliche Rechtsweg ist stets gegeben, wenn sich die öffentliche Hand als Teilnehmer am Wirtschaftsleben gegen das Wettbewerbsverhalten privater Mitbewerber wendet (BGHZ 37, 1 (16) = GRUR 1962, 470 – AKI; BGHZ 68, 132 = GRUR 1977, 543 – Der 7. Sinn; BGHZ 83, 53 = GRUR 1982, 431 – POINT; BGH GRUR 1993, 692 – Guldenburg). Das Gleiche gilt für öffentlich-rechtliche Verbände, denen nach § 8 III Nr. 4 die Klagebefugnis zusteht (zu § 8 III Nr. 2 aF BGH GRUR 1991, 540 – Gebührenausschreibung). Diese können wettbewerbsrechtliche Ansprüche auch dann geltend machen, wenn ihnen gleichzeitig ein öffentlich-rechtliches Vorgehen möglich wäre (BGH WRP 1999, 824 (825) – Steuerberaterwerbung auf Fachmessen; GRUR 2006, 598 Rn. 14f – Zahnarztbriefbogen). Eine Ausnahme gilt nur dann, wenn das Wettbewerbsverhältnis öffentlich-rechtlich geregelt ist (BGHZ 130, 13 = NJW 1995, 2295 (2296) – Remailing I; → § 3a Rn. 2.9).

2. Klagen gegen die öffentliche Hand

1.6   Problematisch ist nur der umgekehrte Fall der Klage **Privater** gegen die öffentliche Hand. Tritt ein Träger hoheitlicher Gewalt mit seinem Verhalten in Wettbewerb zu Privaten oder einem anderen Träger öffentlicher Gewalt, so ist dieses Wettbewerbsverhältnis idR von der Gleichordnung der Wettbewerber untereinander bestimmt. Streitigkeiten hieraus sind grds., also sofern das Wettbewerbsverhältnis nicht durch **Normen des öffentlichen Rechts** geregelt ist (wie zB durch Normen des **Sozialrechts;** vgl. § 69 SGB V; → Rn. 1.3), bürgerlich-rechtlicher Natur. Dies gilt auch dann, wenn sich das Handeln des Trägers hoheitlicher Gewalt als eine Erfüllung öffentlicher Aufgaben darstellt (BVerwGE 17, 306; 39, 329 (337)). Allerdings kann von einem Gleichordnungsverhältnis nicht ohne weiteres auf eine bürgerlichrechtliche Streitigkeit geschlossen werden (BGH GRUR 1993, 407 (408) – Selbstzahler). Die **Wettbewerbsbeziehungen** der öffentlichen Hand sind unabhängig von ihren **Leistungsbeziehungen** zu beurteilen. Es ist deshalb unerheblich, dass die öffentliche Hand im Verhältnis zu ihren Mitgliedern, Benutzern oder Abnehmern in einem öffentlich-rechtlich gestalteten Leistungsverhältnis steht. Die dazu ergangene Rspr. ist allerdings überholt, soweit sie die sozialrechtlichen Leistungsbeziehungen der Krankenkassen zu ihren Mitgliedern betrifft, da durch § 69 I S. 4 SGB V auch das Rechtsverhältnis zu Dritten, also Wettbewerbern, abschließend dem Sozialrecht zugewiesen ist (vgl. → Rn. 1.3; überholt daher BGHZ GS 66, 229 = GRUR 1976, 658 (659) – Studenten-Versicherung; BGHZ 67, 81 (84) = GRUR 1971, 51 – Auto-Analyzer; BGH GRUR 1982, 433 (434) – Kinderbeiträge; BGHZ 82, 375 (382) = GRUR 1982, 425 (427) – Brillen-Selbstabgabestellen; BGH GRUR 1993, 917 (919) – Abrechnungs-Software für Zahnärzte). – Dass die ordentlichen Gerichte durch die Untersagung eines wettbewerblichen Handelns **mittelbar** in den hoheitlichen Tätigkeitsbereich der öffentlichen Hand eingreifen, ist hinzunehmen (BGHZ 82, 375 (382) = GRUR 1982, 425 (427) – Brillen-Selbstabgabestellen; Piper GRUR 1986, 574 (577)).

III. Beispiele

1. Bejahung des ordentlichen Rechtswegs

Klagen Privater gegen **Krankenkassen** wegen unlauterer Mitgliederwerbung (BGH WRP **1.7** 1998, 624 – Maßnahmen der Mitgliederwerbung; WRP 1998, 1076 (1077) – Verbraucherschutzverband gegen Ersatzkasse; OLG München WRP 2003, 1145 (1146)); gegen **kassenärztliche Vereinigungen** wegen unentgeltlicher Software-Abgabe an Mitglieder (BGH GRUR 1993, 917 (919) – Abrechnungs-Software für Zahnärzte); gegen **Gemeinden** wegen des Betriebs von Bestattungsunternehmen (BGH GRUR 1987, 116 – Kommunaler Bestattungswirtschaftsbetrieb I; GRUR 2018, 196 – Eigenbetrieb Friedhöfe), der Vergabe von Krankentransporten (BGH GRUR 1987, 829 – Krankentransporte), der Werbung (BGH GRUR 1973, 530 – Crailsheimer Stadtblatt I) oder redaktionellen Berichterstattung in Amtsblättern (BGH GRUR 2019, 189 – Crailsheimer Stadtblatt II) oder in einem Internetportal (BGH GRUR 2022, 1336 – dortmund.de), der Vergabe von Subventionen (OLG Stuttgart WRP 1980, 101; OLG Frankfurt WRP 1997, 592 (593)), der Honoraranfrage bei Ingenieuren (BGH GRUR 1991, 769 – Honoraranfrage); gegen **Landkreise** wegen des Verkaufs von Kfz-Schildern (BGH GRUR 1974, 733 – Schilderverkauf); gegen (Ärzte-, Apotheker-)**Kammern** wegen diskriminierender oder begünstigender Rundschreiben (BGHZ 67, 81 = GRUR 1977, 51 – Auto-Analyzer; BGH GRUR 1986, 905 – Innungskrankenkassenwesen) oder Werbeverbote (BGH GRUR 1987, 178 – Guten Tag-Apotheke II); gegen **kirchliche Stellen** betreffend irreführende Werbung (BGH GRUR 1981, 823 – Ecclesia-Versicherungsdienst); gegen **öffentlich-rechtliche Rundfunkanstalten** wegen Werbeverstößen (BGH GRUR 1990, 611 – Werbung im Programm; GRUR 1992, 518 – Ereignis-Sponsorwerbung) oder fehlender Frequenzzuweisung (OLG Dresden NJW-RR 1998, 558). – Rechtsstreit zwischen **Apothekern** über die Zulässigkeit von Sonderzahlungen an privat und gesetzlich Versicherte bei Einlösung von Rezepten (BGH GRUR 2008, 447 Rn. 12 ff. – Treuebonus; OLG München GRUR-RR 2010, 53).

2. Verneinung des ordentlichen Rechtswegs

Streitigkeiten zwischen gesetzlichen Krankenkassen wegen Mitgliederwerbung (BGH WRP **1.8** 1998, 624 (625 f.) – Maßnahmen der Mitgliederwerbung); dazu nunmehr § 4a VII 1 SGB V: sozialrechtlicher Unterlassungsanspruch; zwischen Kassenarzt und Kassenärztlicher Vereinigung wegen Weitergabe von Abrechnungsunterlagen an Mitbewerber (BGH GRUR 1999, 439 (440) – Abrechnungsprüfung); zwischen Anwalt und Fachhochschule wegen Verleihung akademischer Grade (BGH GRUR 1998, 174 – Fachhochschuljurist).

IV. Rechtswegprüfung

Das angerufene Gericht prüft den Rechtsweg von Amts wegen. Zur Entscheidung darüber **1.9** und zu ihren Auswirkungen vgl. §§ 17, 17a, 17b GVG. Die Vorschrift des § 17a V GVG ist nicht anwendbar, wenn das erstinstanzliche Gericht entgegen § 17a III 2 GVG über die Zulässigkeit des Rechtswegs nicht vorab durch Beschluss, sondern erst im Urteil entschieden hat (BGH GRUR 1993, 420 (421) – Rechtswegprüfung I; OLG Brandenburg GRUR-RR 2009, 37). Mit der rechtskräftigen Feststellung ihrer Zuständigkeit haben die Zivilgerichte nach § 17 II GVG den Rechtsstreit unter allen in Betracht kommenden rechtlichen Gesichtspunkten zu prüfen, soweit es sich um einen einheitlichen prozessualen Anspruch handelt (BGH GRUR 2003, 979 (981) – Wiederverwendbare Hilfsmittel; GRUR 2020, 755 Rn. 22 f. – WarnWetter-App). Werden in einer Klage mehrere prozessuale Ansprüche geltend gemacht, die verschiedenen Rechtswegen zugehören, ist eine Prozesstrennung nach § 145 ZPO vorzunehmen (BGH GRUR 1998, 506 – Rechtsweg).

V. Ausschluss des ordentlichen Rechtswegs

Wirksame Schiedsgerichtsvereinbarungen (§ 1025 ZPO) schließen den ordentlichen Rechts- **1.10** weg aus. Die Klage ist daher als unzulässig abzuweisen, wenn sich der Beklagte auf den Schiedsvertrag beruft (§ 1032 I ZPO). Der Rechtsweg bleibt aber für das Verfügungsverfahren (§ 1033 ZPO) sowie für das Vollstreckungsverfahren (§§ 1060 ff. ZPO) und das Aufhebungsverfahren (§ 1059 ZPO) eröffnet.

B. Zuständigkeit

I. Internationale Zuständigkeit

1.11 Vgl. → Einl. Rn. 5.28 ff.

II. Sachliche Zuständigkeit

1.12 Vgl. § 14 I.

III. Örtliche Zuständigkeit

1.13 Vgl. § 14 II.

IV. Funktionelle Zuständigkeit

1.14 Vgl. → § 14 Rn. 4 f.

C. Rechtsschutzbedürfnis

I. Unterlassungsklage

1. Allgemeines

1.15 Das auch noch in der Revisionsinstanz zu prüfende (BGH GRUR 2020, 886 Rn. 19 – Preisänderungsregelung) Erfordernis des **Rechtsschutzbedürfnisses** soll verhindern, dass Rechtsstreitigkeiten in das Stadium der Begründetheitsprüfung gelangen, die ersichtlich des Rechtsschutzes durch eine solche Prüfung nicht bedürfen. Bei wettbewerbsrechtlichen Unterlassungsklagen ergibt sich das Rechtsschutzbedürfnis regelmäßig aus der Nichterfüllung des behaupteten materiellrechtlichen Anspruchs, dessen Bestehen insoweit zu unterstellen ist (BGH WRP 2016, 1494 Rn. 12 – Notarielle Unterlassungserklärung; WRP 2019, 1013 Rn. 30 – Cordoba II). – Das Rechtsschutzbedürfnis fehlt nach der Rspr. nur dann, wenn der Kläger oder Antragsteller unter keinen Umständen mit seinem prozessualen Begehren irgendeinen schutzwürdigen Vorteil erlangen kann und das Begehren daher „objektiv schlechthin sinnlos" ist (BGH GRUR 2020, 1017 Rn. 20 – Preisänderungsregelung; GRUR 2021, 470 Rn. 11 – YouTube-Drittauskunft II; NJW-RR 2023, 66). Hat der Gläubiger daher bspw. mehrere gleichwertige Wege zur Durchsetzung seines Begehrens, so muss er den prozessual einfacheren und billigeren wählen (BGH GRUR 1980, 241 (242) – Rechtsschutzbedürfnis; GRUR 1993, 556 (558) – TRIANGLE). – Allerdings haben Rechtsuchende grds. einen Anspruch darauf, dass die Gerichte ihr Anliegen sachlich prüfen und darüber entscheiden. Das Rechtsschutzbedürfnis kann daher nicht verneint werden, wenn sich die Schutzwürdigkeit der Position des Klägers erst aufgrund näherer Prüfung beurteilen lässt; m. a. W. das Gericht darf das Rechtsschutzbedürfnis grds. nicht mit materiellrechtlichen Erwägungen verneinen (BGH GRUR 1993, 576 (577) – Datatel), etwa unter Hinweis auf eine erfolgte Unterwerfung (OLG Köln WRP 1996, 333 (336)) oder eigenes wettbewerbswidriges Handeln des Klägers (BGHZ 162, 246 (250) = GRUR 2005, 519 – Vitamin-Zell-Komplex). Letztlich kann daher dem Rechtsuchenden der Zugang zu einer sachlichen Prüfung nur unter **ganz besonderen Umständen** verwehrt werden (BGH GRUR 2017, 1236 Rn. 37 – Sicherung der Drittauskunft; GRUR 2021, 470 Rn. 11 – YouTube-Drittauskunft II).

1.16 **Das Rechtsschutzbedürfnis fehlt:** bei der Geltendmachung eines **vertraglichen** Unterlassungsanspruchs, wenn ein Verstoß gegen die Unterlassungspflicht weder erfolgt ist noch droht (BGH GRUR 1999, 522 (524) – Datenbankabgleich); bei Vorliegen eines **vollstreckbaren Hauptsachetitels** (Urteil, Vergleich) oder eines diesem auf Grund einer Abschlusserklärung gleichwertigen Verfügungstitels (→ Rn. 2.77; BGHZ 181, 373 = GRUR 2009, 1096 Rn. 14 – Mescher weis; BGH GRUR 2010, 855 – Folienrollos; WRP 2022, 977 Rn. 24 – Grundpreisangabe im Internet) oder einer notariell beurkundeten Unterwerfungserklärung (§ 794 I Nr. 5 ZPO), es sei denn, der Schuldner hat dem Gläubiger nach § 926 I ZPO eine Frist zur Erhebung der Hauptsacheklage setzen lassen (OLG Köln GRUR-RR 2015, 405) oder die erneute gerichtliche Inanspruchnahme geht ihrem Gegenstand nach über den Verfügungstitel hinaus (BGH

WRP 2022, 977 Rn. 26 – Grundpreisangabe im Internet). – **Das Rechtsschutzbedürfnis entfällt:** bei einer auf Unterlassen der Behauptung unlauteren Handelns gerichteten Klage, wenn der Beklagte seinerseits Klage auf Unterlassen der betreffenden Handlung erhebt (OLG Nürnberg GRUR-RR 2007, 45 (46)).

Das Rechtsschutzbedürfnis besteht: (1) trotz Möglichkeit eines berufsgerichtlichen oder   **1.17** Strafverfahrens (BGHZ 79, 390 = GRUR 1981, 596 (597) – Apotheken-Steuerberatungsgesellschaft; BGH GRUR 1957, 558 – BY-Express); **(2)** idR trotz Möglichkeit, Anhängigkeit oder Durchführung einer Vertragsstrafenklage, weil sie einem anderen Zweck dient (BGH GRUR 1980, 241 (242) – Rechtsschutzbedürfnis); **(3)** trotz (Antrags auf) Erlass einer einstweiligen Verfügung (BGH GRUR 1973, 384 – Goldene Armbänder; OLG Dresden WRP 1996, 432 (433); OLG Köln NJWE-WettbR 1999, 92), weil diese nur vorläufigen Rechtsschutz gewährt; dies gilt auch dann, wenn der Antragsgegner auf das Recht, die Hauptsacheklage zu erzwingen (§ 926 ZPO), verzichtet hat, weil er noch andere Einwendungen gegen die einstweilige Verfügung (§ 927 ZPO) vorbringen kann (BGH GRUR 1989, 115 – Mietwagen-Mitfahrt); **(4)** idR trotz Klage oder Titel eines anderen Gläubigers (Mehrfachklage; GRUR 1960, 379 (381) – Zentrale; KG WRP 1993, 22 (23); Köhler WRP 1992, 359), weil es sich um einen anderen Streitgegenstand handelt und der Gläubiger keinen Einfluss auf die Prozessführung und Vollstreckung des anderen hat; **(5)** bei Vorgehen gegen einen „untergeordneten" Störer, selbst wenn ein Vorgehen gegen den „Hauptstörer" möglich oder bereits erfolgt ist (BGH GRUR 1976, 256 (257) – Rechenscheibe; vgl. auch BGH GRUR 1977, 114 (115) – VUS); **(6)** trotz eigenen wettbewerbswidrigen Verhaltens des Gläubigers, da dieses allenfalls eine materiellrechtliche Einwendung begründen kann (→ § 11 Rn. 2.38 ff.); **(7)** trotz Verzichts des Schuldners auf die Verjährungseinrede (OLG Hamm WRP 1992, 655). Das gilt jedenfalls für die Unterlassungsklage, weil und solange der Gläubiger keinen Unterlassungstitel hat; **(8)** trotz vorher erhobener gegnerischer (negativer) Feststellungsklage (BGH WRP 1994, 816 (817) – Preisrätselgewinnauslobung II; vgl. auch → Rn. 1.20); **(9)** trotz eines bestehenden Unterlassungstitels wegen einer ähnlichen Verletzungshandlung, wenn ein erfolgreiches Vorgehen gegen die nunmehr beanstandete Verletzungshandlung im Vollstreckungsverfahren ungewiss ist und eine Anspruchsverjährung droht (BGH WRP 2011, 873 Rn. 20 – Leistungspakete im Preisvergleich; OLG Frankfurt GRUR-RR 2020, 167 Rn. 15); ferner dann, wenn der Schuldner in Verkennung des Verbotsumfangs eine Zuwiderhandlung abstreitet oder der Gläubiger dies zumindest befürchten muss (OLG Frankfurt GRUR-RR 2014, 277 Ls.); **(10)** trotz eines in Teilbereichen des Unterlassungsanspruchs bestehenden Unterlassungstitels (OLG Frankfurt WRP 2014, 1103 Rn. 42); **(11)** trotz Zugangs einer notariellen Unterlassungserklärung (BGH WRP 2016, 1494 Rn. 16 ff. – Notarielle Unterlassungserklärung); **(12)** bei Streit darüber, ob ein Unterlassungsantrag, der eine „und/oder"-Verknüpfung enthält, Erfolg haben kann (BGH WRP 2019, 1013 Rn. 32 – Cordoba II). – Zur Einordnung des **Missbrauchstatbestands** des § 8c vgl. → § 8c Rn. 3. – Zum Verfahren vor den **Einigungsstellen** vgl. § 15.

2. Klagen gegen privilegierte Äußerungen

Das Rechtsschutzbedürfnis ist zu **verneinen,** wenn die Klage auf Unterlassung oder Beseiti-   **1.17a** gung von Äußerungen gerichtet ist, die der Rechtsverfolgung oder Rechtsverteidigung in einem **gerichtlichen** oder **behördlichen Verfahren** oder im Vorfeld einer gerichtlichen Auseinandersetzung dienen. Denn der Ablauf und das Ergebnis eines rechtsstaatlich geregelten Verfahrens soll nicht dadurch beeinflusst werden, dass ein Verfahrensbeteiligter in seiner Äußerungsfreiheit beeinträchtigt wird. Wahrheit und Erheblichkeit der Äußerung sollen allein in dem seiner eigenen Ordnung unterliegenden Ausgangsverfahren geklärt werden (BGH GRUR 2010, 253 Rn. 14 – Fischdosendeckel; GRUR 2013, 305 Rn. 14 – Honorarkürzung; GRUR 2013, 647 Rn. 12 – Rechtsmissbräuchlicher Zuschlagsbeschluss; GRUR 2020, 886 Rn. 21 – Preisänderungsregelung; OLG Frankfurt GRUR-RR 2020, 370 Rn. 13 ff.; OLG Köln GRUR 2019, 306 Rn. 32 ff.; → § 4 Rn. 2.25; → § 8 Rn. 1.147–1.152). Bei **außergerichtlichen Äußerungen,** die lediglich mit einem gerichtlichen Verfahren in Zusammenhang stehen, fehlt für eine Unterlassungsklage allerdings das Rechtsschutzbedürfnis nicht, wenn mit ihr nicht die Rechtsverfolgung oder -verteidigung an sich, sondern lediglich Ausführungen zu ihrer Begründung angegriffen werden (BGH GRUR 2020, 886 Rn. 22 f. – Preisänderungsregelung; → § 5 Rn. 1.17). Die vorstehenden Grundsätze gelten auch bei Äußerungen in einem rechtsstaatlich geregelten Verfahren, durch die Rechte verfahrensunbeteiligter Dritter betroffen werden, wenn die Äußerungen in einem engen Bezug zum Verfahren stehen. Kann sich allerdings der Dritte in diesem Verfahren nicht gegen die Äußerungen wehren, ist bei der **Abwägung** der widerstreitenden Interessen allerdings bes. sorgfältig zu prüfen, ob der Dritte die Äußerungen hinnehmen muss (BGH GRUR 2010, 253 Rn. 15 – Fischdosendeckel; GRUR 2013, 305 Rn. 15 – Honorarkürzung; GRUR 2013, 647 Rn. 13 – Rechtsmissbräuchlicher Zuschlagsbeschluss; OLG Düsseldorf GRUR 2014, 1219 (1220)). Eine **gesonderte Klage Dritter** kann insbes. dann **zulässig** sein, wenn die Äußerungen keinen erkennbaren Bezug zum Ausgangsverfahren aufweisen, wenn sie offensichtlich falsch sind oder wenn sie sich als unzulässige Schmähung darstellen (BGH GRUR 2013, 305 Rn. 16 – Honorarkürzung; OLG Düsseldorf GRUR 2014, 1219 (1220)).

II. Feststellungsklage

1. Schadensersatzfeststellung

1.18   Das **Feststellungsinteresse** (§ 256 I ZPO) als spezielle Ausprägung des Rechtsschutzbedürfnisses (BGH GRUR 2002, 795 (796) – Titelexklusivität) fehlt idR, wenn der Kläger eine entspr. Leistungsklage erheben kann. Dazu reicht es **grds.** aus, wenn der Kläger eine Stufenklage erheben kann, es sei denn, die Schadensentwicklung ist im Zeitpunkt der Klageerhebung noch nicht abgeschlossen (BGH GRUR 1992, 559 – Mikrofilmanlage; GRUR 2001, 1177 f. – Feststellungsinteresse II; WRP 2018, 950 Rn. 54 – Ballerinaschuh). Auf die Wahrscheinlichkeit einer Schadensentstehung kommt es insoweit nicht an; sie ist erst bei der Begründetheit zu prüfen (BGH GRUR 1992, 559 – Mikrofilmanlage; WRP 2018, 950 Rn. 54 – Ballerinaschuh). – Von diesem Grundsatz ist aber beim wettbewerbsrechtlichen Schadensersatzanspruch eine Ausnahme zu machen. Hier entfällt das Feststellungsinteresse im Regelfall nicht schon dadurch, dass der Kläger im Wege der Stufenklage (§ 254 ZPO) auf Leistung klagen könnte (stRspr; vgl. BGH GRUR 1960, 193 (196) – Frachtenrückvergütung; GRUR 2001, 1177 (1178) – Feststellungsinteresse II mwN; GRUR 2003, 960 – Feststellungsinteresse III; GRUR 2008, 258 Rn. 60 – INTERCONNECT/Inter-Connect; FBO/Büscher Rn. 267). Denn selbst nach erteilter Auskunft kann die Begründung des Schadensersatzanspruchs Schwierigkeiten bereiten und einer eingehenden sachlichen Prüfung – auch hins. der Berechnungsmethode – bedürfen (BGH GRUR 2001, 1177 (1178) – Feststellungsinteresse II). Auch kann Streit über die Vollständigkeit der erteilten Auskunft entstehen. Ferner müsste der Kläger nach erteilter Auskunft den Prozess weiterbetreiben, um nicht ein Weiterlaufen der Verjährung (§ 204 II 2 BGB) zu riskieren (BGH WRP 2003, 1238 (1239) – Feststellungsinteresse III; vgl. auch BGH WRP 2018, 941 – Grauzementkartell II). Hat allerdings der Kläger die zur Konkretisierung seines Schadensanspruchs geforderte Auskunft bereits vor längerer Zeit erhalten, ist das Feststellungsinteresse zu verneinen, weil er dann ausreichend Zeit hatte, Leistungsklage zu erheben (OLG Schleswig NJWE-WettbR 1998, 91 (93)). Weiter kann das Feststellungsinteresse nicht mit der Begründung verneint werden, dass bei Begründetheit des Vorbringens das Wahlrecht bei der dreifachen Schadensberechnung sinnvollerweise erst nach Erfüllung des Auskunftsanspruchs ausgeübt werden kann (BGH GRUR 2002, 795 (796) – Titelexklusivität). – Das allgemeine Rechtsschutzbedürfnis fehlt, wenn der Kläger wegen desselben Verstoßes auf Leistung, zB auf Zahlung einer Vertragsstrafe, klagen kann (BGH GRUR 1993, 926 – Apothekenzeitschriften; GRUR 2022, 1158 Rn. 13 – Dr. Stefan Frank). Es kann fehlen, wenn der Beklagte die Haftung anerkannt und auf die Einrede der Verjährung verzichtet hat (OLG Köln BeckRS 2015, 3475 Rn. 30).

1.19   Es muss weiter ein Interesse an „alsbaldiger" Feststellung vorliegen, das aber in Wettbewerbssachen wegen drohender Verjährung (§ 11) regelmäßig gegeben ist. Die Feststellungsklage hemmt die Verjährung (§ 204 I Nr. 1 BGB). Wird der Schaden während des Prozesses bezifferbar, so braucht der Kläger grds. nicht auf die Leistungsklage überzugehen (BGH WRP 2018, 950 Rn. 54 – Ballerinaschuh; GRUR 2021, 714 Rn. 15 – Saints Row; GRUR 2022, 899 Rn. 14 – Porsche 911). Etwas anderes kann für das erstinstanzliche Verfahren gelten, wenn der Beklagte den Übergang anregt und auch keine Verzögerung eintritt (BGH LM ZPO § 256 Nr. 5; FBO/Büscher Rn. 269; Teplitzky Wettbewerbsrechtliche Ansprüche/Schwippert Kap. 52 Rn. 18).

2. Negative Feststellungsklage

Schrifttum: Hoene, Negative Feststellungsklage – Rechtsmissbrauch oder Verfahrenstaktik?, WRP 2008, 44; Keller, Negative Feststellungsklage, gegenläufige Leistungsklage und Verzicht auf deren Rücknahme, WRP 2000, 908; Lindacher, Der „Gegenschlag" des Abgemahnten, FS v Gamm, 1990, 83; Schotthöfer,

Rechtliche Probleme im Verhältnis zwischen Feststellungsklage und Unterlassungsklage im Wettbewerbsrecht, WRP 1986, 14; Stillner/Herwig, Die negative Feststellungsklage als Reaktion auf eine zu weitgehende Abmahnung, WRP 2022, 1361 (Teil 1), WRP 2022, 1478 (Teil 2); Teplitzky, Zum Verhältnis von Feststellungs- und Leistungsklage im Bereich des gewerblichen Rechtsschutzes und des Wettbewerbsrechts, FS Lindacher, 2007, 185; Zapfe, Fortsetzung der BGH-Rechtsprechung Parallelverfahren I und II – Negative Feststellungsklage, gegenläufige Leistungsklage und Verzicht auf deren einseitige Rücknahme, WRP 2011, 1122.

Auch die Klage auf Feststellung des Nichtbestehens eines Unterlassungsanspruchs **(negative**   **1.20** **Feststellungsklage)** setzt ein **Feststellungsinteresse** voraus. Darunter ist das Interesse an der alsbaldigen Feststellung des Bestehens oder Nichtbestehens eines Rechtsverhältnisses zu verstehen. Dies ist anzunehmen, wenn dem Recht oder der Rechtsposition des Klägers eine gegenwärtige Gefahr oder Ungewissheit droht und das erstrebte Urteil geeignet ist, diese Gefahr zu beseitigen. Bei einer negativen Feststellungsklage kann eine solche Gefährdung darin liegen, dass sich der Beklagte eines Anspruchs gegen den Kläger berühmt (BGH WRP 2020, 851 Rn. 96 – WarnWetter-App mwN). Das kann durch eine Abmahnung, aber auch durch eine sonstige Rechtsberühmung, die die wirtschaftlichen und rechtlichen Interessen des Klägers berührt, geschehen, etwa wenn der Beklagte auf andere Weise geltend macht, aus einem bestehenden Rechtsverhältnis könne sich unter bestimmten, noch ungeklärten Voraussetzungen ein Anspruch gegen den Kläger ergeben (BGH GRUR 2017, 894 Rn. 13 – Verhandlungspflicht). Jedoch dürfen an der Ernsthaftigkeit dieser Berühmung keine Zweifel bestehen (BGH GRUR 2012, 1273 Rn. 12 – Stadtwerke Wolfsburg; GRUR-RR 2013, 228 Rn. 18 – Trägermaterial für Kartenformulare; OLG Köln GRUR-RR 2015, 7 (8)). Auch liegt ein Feststellungsinteresse dann (noch) nicht vor, wenn der (angeblich) Verletzte zwar rechtliche Schritte angedroht, aber noch keine Abmahnung ausgesprochen hat (BGH GRUR 1995, 697 (699) – FUNNY PAPER; GRUR 2001, 1036 (1037) – Kauf auf Probe; krit. Teplitzky GRUR 2003, 272 (280)). Ferner darf es sich dabei nicht bloß um die Klärung hypothetischer Rechtsfragen oder eines künftigen hypothetischen Rechtsverhältnisses handeln (BGH WRP 2020, 851 Rn. 97 – WarnWetter-App mwN; FBO/Büscher Rn. 264). – Ein Feststellungsinteresse besteht auch dann, wenn der Schuldner zur Unterlassung eines bestimmten Verhaltens verurteilt worden ist und zwischen ihm und dem Gläubiger Streit besteht, ob ein beabsichtigtes abgewandeltes Verhalten gegen das titulierte Unterlassungsgebot verstößt. Dieses Feststellungsinteresse entfällt auch nicht dadurch, dass der Gläubiger wegen eines entsprechenden Verhaltens des Schuldners einen Ordnungsmittelantrag stellt (BGH GRUR 2008, 360 Rn. 22–26 – EURO und Schwarzgeld). – Hat der Unterwerfungsschuldner den Gläubiger vergeblich aufgefordert, sich darüber zu erklären, ob eine geplante Maßnahme gegen die Unterlassungspflicht verstößt, so ist das Feststellungsinteresse, dass kein solcher Verstoß vorliegt, zu bejahen (OLG Stuttgart WRP 1988, 676).

Kommt es zu einer Abmahnung und erhebt der Abgemahnte negative Feststellungsklage, so ist   **1.20a** das Feststellungsinteresse auch dann zu bejahen, wenn er möglicherweise auch **Leistungsklage,** gerichtet auf die Unterlassung weiterer Abmahnungen, erheben könnte. Denn eine solche Leistungsklage würde voraussetzen, dass die (unberechtigte) Abmahnung einen Wettbewerbsverstoß darstellt (→ § 4 Rn. 4.166 ff.). Dies aber trifft nur ausnahmsweise zu, so dass die Leistungsklage wegen des zusätzlichen Risikos nicht zumutbar erscheint (BGH GRUR 1985, 571 (573) – Feststellungsinteresse I; OLG Köln GRUR-RR 2015, 7 (8)). Jedoch entfällt das Rechtsschutzbedürfnis für die Klage, wenn der Abmahner seinerseits, sei es als Widerklage, sei es vor einem anderen nach § 14 zuständigen Gericht, Unterlassungsklage erhebt und diese nicht mehr einseitig zurückgenommen werden kann (BGHZ 99, 340 (341) – Parallelverfahren I; BGH GRUR 1994, 846 (848) – Parallelverfahren II; GRUR 2006, 217 Rn. 12 – Detektionseinrichtung I; GRUR-RR 2010, 496 Ls.; Ahrens Wettbewerbsprozess-HdB/Bornkamm Kap. 32 Rn. 11; Keller WRP 2000, 908 (911)). Damit werden auch parallele Verfahren und widerstreitende Entscheidungen zum gleichen Streitgegenstand vermieden (BGH GRUR 2006, 217 Rn. 12 – Detektionseinrichtung I). Die einseitige Klagerücknahme ist dann nicht mehr möglich, wenn zur Hauptsache mündlich verhandelt worden ist (§ 269 I ZPO) oder wenn der Kläger darauf **verzichtet** hat (BGH GRUR-RR 2010, 496; Zapfe WRP 2011, 1122). Der Feststellungskläger muss dann, soll seine Feststellungsklage nicht als unzulässig abgewiesen werden, die Hauptsache für erledigt erklären. Dies gilt aber aus Gründen der Prozessökonomie dann nicht, wenn die Feststellungsklage in diesem Zeitpunkt bereits (im Wesentlichen) entscheidungsreif war (BGH GRUR 1987, 402 (403) – Parallelverfahren I; OLG Düsseldorf GRUR 1993, 159), es sei denn, dass gleichzeitig auch die Leistungsklage entscheidungsreif ist (BGH GRUR 2006, 217 Rn. 12 – Detektionseinrichtung I). Das Rechtsschutzbedürfnis bleibt auch dann gegeben, wenn die Leistungsklage sich als unzulässig erweist oder nicht alsbald zur sachlichen Entscheidung ansteht (BGHZ 134, 201 (209); BGH GRUR-RR 2010, 496). Unzulässig ist die Leistungsklage auch dann, wenn sie an einem anderen zuständigen Gericht erhoben wird und der Kläger mit der Klageerhebung unnötig zugewartet hat, es sei denn, er stellt Verweisungsantrag an das Gericht der Feststellungsklage (Teplitzky FS Lindacher, 2007, 185; anders für den Antrag auf eV Hoene WRP 2008, 44 (47)). – Hat der Verletzer eine durch Klärung der Rechtslage auflösend bedingte Unterwerfungserklärung abgegeben und ist dadurch die Wiederholungsgefahr weggefallen, so kann er den Eintritt der auflösenden Bedingung nicht mittels einer Klage auf Feststellung des Nichtbestehens des gesetzlichen Unterlassungsanspruchs erreichen (BGH GRUR 1993, 677 (679) – Bedingte Unterwerfung; dazu Köhler Anm. zu BGH LM UWG 1909 § 1 Nr. 626).

3. Feststellung des ursprünglichen Bestehens eines Verfügungsanspruchs

1.21   Ist ein Verfügungsanspruch durch Unterwerfung nachträglich weggefallen, so besteht für eine Klage auf Feststellung des ursprünglichen Bestehens des Verfügungsanspruchs idR kein Feststellungsinteresse (FBO/Büscher Rn. 140; Teplitzky Wettbewerbsrechtliche Ansprüche/Schwippert Kap. 52 Rn. 25; aA OLG Hamm WRP 1980, 87 (88); OLG Nürnberg WRP 1980, 443).

4. Feststellung des Nichtbestehens eines Verfügungspruchs

1.22   Umgekehrt kann der Antragsgegner des Verfügungsverfahrens negative Feststellungsklage erheben (hM; BGH GRUR 1985, 571 (572) – Feststellungsinteresse I; Teplitzky /Schwippert Kap. 52 Rn. 28). Dies gilt aber nicht, wenn die Verfügung nur kostenrechtliche Wirkungen zeitigt, etwa weil das Verfügungsgebot wegen Nichtwiederholbarkeit der Handlung gegenstandslos geworden ist (wegen vorrangiger Möglichkeit des Kostenwiderspruchs; BGH GRUR 1985, 571 (572) – Feststellungsinteresse I). Feststellungsklage ist allenfalls hins. ähnlicher Handlungen zulässig, wenn sich der Antragsteller insoweit eines Unterlassungsanspruchs berühmt (BGH GRUR 1985, 571 (572) – Feststellungsinteresse I).

D. Klage

Schrifttum: Bergmann, Zur alternativen und kumulativen Begründung des Unterlassungsantrags im Wettbewerbsrecht, GRUR 2009, 224; Berneke, Der enge Streitgegenstand von Unterlassungsklagen des gewerblichen Rechtsschutzes und des Urheberrechts in der Praxis, WRP 2007, 579; Büscher, Klagehäufung im Gewerblichen Rechtsschutz – alternativ, kumulativ, eventuell?, GRUR 2012, 16; Gottwald, Die Rückkehr zum klassischen Streitgegenstandsbegriff – dank „Biomineralwasser", FS Köhler, 2014, 173; Götz, Die Neuvermessung des Lebenssachverhalts, GRUR 2008, 401; Heil, Anmerkung GRUR 2012, 187; Hofmann, Der Unterlassungsanspruch als Rechtsbehelf, 2017; Kamlah/Ulmar, Neues zum Streitgegenstand der Unterlassungsklage und seine Auswirkung auf Folgeprozesse, WRP 2006, 967; Kodde, Vier Jahre nach „TÜV" – Die Entwicklung des Streitgegenstands im Wettbewerbs- und Markenverletzungsprozess unter besonderer Berücksichtigung seines Streitwerts, GRUR 2015, 38; Könen, Der neue/alte Streitgegenstandsbegriff bei Unterlassungsklagen nach dem UWG – Ein Ansatz zu dessen kohärenter Konkretisierung, WRP 2019, 565; Krüger, Folgeprobleme zu BGH-TÜV I, WRP 2011, 1504; Krüger, Zum Streitgegenstandsbegriff, WRP 2013, 140; Lehment, Zur Bedeutung der Kerntheorie für den Streitgegenstand; v. Linstow/Büttner, Nach Markenparfümverkäufen sind Reinigungsarbeiten erforderlich, WRP 2007, 169; Schmidt, Streitgegenstand und Kernbereich der konkreten Verletzungsform im lauterkeitsrechtlichen Verfügungsverfahren, GRUR-Prax 2012, 179; M. Schmidt, „und/oder"? Kein großer Fang mit „Schleppnetz-Anträgen", GRUR-Prax 2014, 71; Schwippert, Alternative Begründung des Unterlassungsanspruches mit Unterschiedlichen Streitgegenständen, FS Loschelder, 2010, 345; Schwippert, Nach TÜV und Branchenbuch Berg, WRP 2013, 135; Stieper, Klagehäufung im Gewerblichen Rechtsschutz – alternativ, kumulativ, eventuell?, GRUR 2012, 5; Stieper, Konkrete Verletzungsform reloaded – Die Rückkehr zum prozessualen Streitgegenstandsbegriff, WRP 2013, 561; Teplitzky, Der Streitgegenstand in der neuesten Rechtsprechung des I. Zivilsenats des BGH, WRP 2007, 1; Teplitzky, „Markenparfümverkäufe" und Streitgegenstand, WRP 2007, 397; Teplitzky, Zum Streitgegenstand der wettbewerbsrechtlichen Unterlassungsklage, WRP 2010, 181; Teplitzky, Wie weit führt der „erste Schritt"? – Anmerkungen zur Streitgegenstandserweiterung im BGH-Urteil „Branchenbuch Berg", WRP 2012, 261; v. Ungern-Sternberg, Grundfragen des Streitgegenstands bei wettbewerbsrechtlichen Unterlassungsklagen (Teil 1), GRUR 2009, 901; (Teil 2), GRUR 2009, 1009; v. Ungern-Sternberg, Grundfragen des Klageantrags bei urheber- und wettbewerbsrechtlichen Unterlassungsklagen – Teil I, GRUR 2011, 375, und Teil II, GRUR 2011, 486.

I. Streitgegenstand

1. Allgemeines

a) Begriff und Bedeutung. Als **Streitgegenstand** oder prozessualer Anspruch wird das **1.23**
Rechtsschutzbegehren des Klägers an das Gericht bezeichnet. Der in § 253 III ZPO erwähnte,
aber nicht definierte Begriff ist von zentraler Bedeutung insbes. für die **Bestimmtheit** der Klage
(→ Rn. 1.35 ff.), die **Rechtshängigkeit,** die **Rechtskraft** (→ Rn. 1.113), die **Klagehäufung**
(→ Rn. 1.24 f.) und die **Klageänderung** (→ Rn. 1.26 ff.). Er soll den Sinn und Zweck dieser
Rechtsinstitute verwirklichen. Da diese Ziele dieser Rechtsinstitute teilweise gegenläufig sind,
andererseits aber ein **einheitlicher** Begriff des Streitgegenstands gelten soll, besteht die Aufgabe
darin, diese Ziele miteinander in Einklang zu bringen. Dabei ist auch den Anforderungen der
Praktikabilität Rechnung zu tragen (vgl. zuletzt BGHZ 194, 314 Rn. 21 – Biomineralwasser
im Anschluss an Büscher GRUR 2012, 16 (24)).

b) Klageantrag und Klagegrund als Elemente des Streitgegenstands. Der Streitgegen- **1.23a**
stand wird nicht durch den materiellrechtlichen Anspruch, sondern durch den **Klageantrag** und
den **Klagegrund,** also den zu seiner Begründung vorgetragenen **Lebenssachverhalt,** bestimmt
(vgl. § 253 II Nr. 2 ZPO). Im Klageantrag konkretisiert sich die vom Kläger begehrte Rechtsfolge, wie sie aus dem dazu vorgetragenen Lebenssachverhalt hergeleitet wird (stRspr; vgl. BGH
GRUR 2011, 521 Rn. 3 – TÜV I; GRUR 2012, 184 Rn. 13 – Branchenbuch Berg; BGHZ
194, 314 Rn. 18 – Biomineralwasser; WRP 2014, 424 Rn. 14 – wetteronline.de; WRP 2014,
839 Rn. 21 – Flugvermittlung im Internet; GRUR 2018, 203 Rn. 15 – Betriebspsychologe).
Der Klagegrund wird durch den gesamten historischen Lebensvorgang bestimmt, auf den sich
das Rechtsschutzbegehren des Klägers bezieht (BGH WRP 2019, 1025 Rn. 28 – Bring mich
nach Hause).

c) Die Bestimmung des maßgeblichen Lebenssachverhalts im Lauterkeitsrecht. Die **1.23b**
eigentliche Schwierigkeit im **Lauterkeitsrecht** besteht darin, den **maßgeblichen Lebenssachverhalt** zu bestimmen. Denn je nach Sichtweise kann ein tatsächlicher Vorgang einen oder
mehrere „Lebenssachverhalte" darstellen. Trotz einheitlichen Antrags liegen in letzterem Fall
mehrere Streitgegenstände vor. Die **neuere Rspr.** lässt sich von folgender Überlegung leiten:
Zum maßgeblichen Lebenssachverhalt gehören alle Tatsachen, die bei einer vom Standpunkt der
Parteien ausgehenden **natürlichen Betrachtungsweise** zu dem durch den Vortrag des Klägers
zur Entscheidung gestellten Tatsachenkomplex gehören. Dies ist dann der Fall, wenn der
Tatsachenstoff sich **nicht sinnvoll** auf verschiedene eigenständige, den Sachverhalt in seinem
Kerngehalt verändernde Geschehensabläufe aufteilen lässt, selbst wenn diese einer eigenständigen
rechtlichen Beurteilung zugänglich sind. In diesem Fall kommt es weder darauf an, ob einzelne
Tatsachen dieses Lebenssachverhalts vorgetragen worden sind oder nicht, noch darauf, ob die
Parteien die nicht vorgetragenen Tatsachen kannten und hätten vortragen können. Eine **Mehrheit** von Streitgegenständen liegt dagegen vor, wenn die materiellrechtliche Regelung die
zusammentreffenden Ansprüche durch eine Verselbständigung der einzelnen Lebensvorgänge
erkennbar unterschiedlich ausgestaltet (stRspr seit BGHZ 194, 314 Rn. 19 – Biomineralwasser
mwN; BGH WRP 2020, 851 Rn. 26 – WarnWetter-App). – Diese Abgrenzung lässt sich
allerdings nicht so präzise handhaben, dass sich daraus eindeutige Schlussfolgerungen ziehen
ließen. Die Rspr. ist daher gehalten, im Interesse der Rechtssicherheit und Praktikabilität gewisse
Grundsätze aufzustellen, wann in bestimmten Fallkonstellationen von einem oder mehreren
Lebenssachverhalten und damit Streitgegenständen auszugehen ist (vgl. → Rn. 1.23k, 2.23l). –
Will der Kläger mit ein und demselben Unterlassungsantrag mehrere Streitgegenstände in das
Verfahren einführen (vgl. BGH GRUR 2002, 287 (288) – Widerruf der Erledigungserklärung),
muss er dies zum Schutz des Beklagten zweifelsfrei deutlich machen (BGH GRUR 2003, 716
(717) – Reinigungsarbeiten). Denn für den Beklagten muss erkennbar sein, welche prozessualen
Ansprüche gegen ihn erhoben werden, um seine Rechtsverteidigung danach ausrichten zu
können. Zur Verdeutlichung gehört eine nähere Substantiierung (BGH WRP 2003, 1107
(1110) – Sanfte Schönheitschirurgie). In Zweifelsfällen hat zwar das Gericht nach **§ 139 I ZPO**
auf eine Klarstellung hinzuwirken, über welche Streitgegenstände der Kläger eine Entscheidung
herbeiführen will und wie ggf. der Antrag umzuformulieren ist. Unterlässt es dies, kann unter
dem Gesichtspunkt des Anspruchs auf ein faires Verfahren eine Zurückverweisung geboten sein
(BGH WRP 2002, 94 (96) – Widerruf der Erledigungserklärung). Eine **Hinweispflicht** besteht

jedoch nur dann, wenn das Vorbringen des Klägers Anhaltspunkte dafür bietet, dass er einen weiteren Streitgegenstand zur Entscheidung stellen wollte (BGH GRUR 2003, 436 (439) – Feldenkrais; GRUR 2003, 798 (800) – Sanfte Schönheitschirurgie; WRP 2014, 1184 Rn. 20 – Original Bach-Blüten).

2. Vom engen zum weiten Streitgegenstandsbegriff in Wettbewerbssachen

1.23c **a) Frühere Rechtsprechung.** Bei der Bestimmung des Streitgegenstands der **wettbewerbsrechtlichen Unterlassungsklage** ging der BGH früher von einem **„feingliedrigen"** (kleinteiligen) Streitgegenstandsbegriff aus (BGH GRUR 2001, 181 (182) – dentalästhetika I; GRUR 2007, 161 Rn. 9 – dentalästhetika II). – Wurde etwa eine Klage auf das Irreführungsverbot gestützt, setzte sich der maßgebliche Lebenssachverhalt aus der beanstandeten Werbemaßnahme (zB Anzeige) und der behaupteten Fehlvorstellung zusammen. Bei einer Anzeige, die mehrere Werbeangaben enthielt, kam es also darauf an, welche von diesen als irreführend unter Behauptung einer bestimmten Fehlvorstellung beanstandet wurde. Der Streitgegenstand wurde also durch die Behauptung einer bestimmten Fehlvorstellung weiter eingegrenzt. Das Gericht durfte im Hinblick auf § 308 ZPO ein Verbot nicht auf Angaben stützen, die der Kläger gar nicht als irreführend angegriffen hatte (BGH GRUR 2001, 181 (182) – dentalästhetika I; GRUR 2003, 798 (800) – Sanfte Schönheitschirurgie; GRUR 2007, 161 Rn. 9 – dentalästhetika II).

1.23d **b) Heutige Rechtsprechung.** Eine Abkehr von dieser Rspr. wurde erforderlich, nachdem der BGH die (früher nicht beanstandete) **alternative** Klagehäufung wegen Verstoßes gegen den Bestimmtheitsgrundsatz für unzulässig erklärt hatte (BGH GRUR 2011, 521 Rn. 8 – TÜV I; GRUR 2012, 621 Rn. 31 – OSCAR). Der BGH bekannte sich folgerichtig zu einem weiter gefassten Begriff des Streitgegenstands (grdl. BGHZ 194, 314 Rn. 20–25 – **Biomineralwasser;** seither stRspr, vgl. BGH WRP 2020, 851 Rn. 26 ff. – WarnWetter-App mwN). Wie im Einzelnen der Streitgegenstand zu bestimmen ist, ist von der Rspr. unter Berücksichtigung der Grundsätze der Rechtssicherheit und Praktikabilität zu klären (vgl. BGHZ 194, 314 Rn. 24 – Biomineralwasser).

3. Die „konkrete Verletzungsform" als einheitlicher Streitgegenstand

1.23e **a) Grundsatz.** Die wichtigste Änderung in der neueren Rspr. besteht im Abstellen auf die konkrete Verletzungsform: Richtet sich die Klage gegen die sog **konkrete Verletzungsform**, also das konkret umschriebene (beanstandete) Verhalten, so ist darin der Lebenssachverhalt zu sehen, der den Streitgegenstand bestimmt (BGHZ 194, 314 Rn. 24 – Biomineralwasser). Dass der vorgetragene Lebenssachverhalt die Voraussetzungen nicht nur einer, sondern mehrerer Verbotsnormen erfüllt, ist unerheblich. Vielmehr umfasst der Streitgegenstand in diesem Fall **alle Rechtsverletzungen,** die durch die konkrete Verletzungsform verwirklicht wurden (BGH GRUR 2012, 184 Rn. 15 – Branchenbuch Berg; BGHZ 194, 314 Rn. 24 – Biomineralwasser; BGH GRUR 2018, 203 Rn. 18 – Betriebspsychologe; OLG Köln GRUR-RR 2013, 24; OLG Düsseldorf WRP 2019, 899 Rn. 19).

1.23f Dies gilt unabhängig davon, ob der Kläger sich auf bestimmte Rechtsverletzungen gestützt hat. Denn er überlässt es in diesem Fall dem Gericht, auf welche rechtlichen Gesichtspunkte es das beantragte Unterlassungsgebot stützt (**„iura novit curia";** BGHZ 194, 314 Rn. 24 – Biomineralwasser; BGH GRUR 2020, 1226 Rn. 24 – LTE-Geschwindigkeit; GRUR 2021, 1400 Rn. 21 – Influencer I). Das Gericht kann daher ein Verbot auch auf Anspruchsgrundlagen stützen, die der Kläger gar nicht vorgetragen hat (OLG Köln WRP 2013, 95). Soweit der Kläger sein Begehren auf mehrere Anspruchsgrundlagen stützt, begründet dies nicht eine Mehrheit von Streitgegenständen. Auch ist das Gericht nicht gehalten, alle vom Kläger angeführten Verbotstatbestände und noch dazu in der von ihm angegebenen Reihenfolge zu prüfen. Das Gericht hat insoweit ein Wahlrecht. Das gilt auch für das Berufungsgericht, unabhängig davon, wie das Landgericht das Verbot begründet hat (OLG Frankfurt WRP 2015, 755 (756)). Hält das Gericht eine Anspruchsgrundlage für gegeben, kann es sich daher damit begnügen, das Verbot darauf zu stützen (OLG Stuttgart GRUR-RS 2013, 00436). Die Klage ist nur dann abzuweisen, wenn die konkrete Verletzungsform unter keinem rechtlichen Gesichtspunkt, für den der Kläger die tatsächlichen Grundlagen vorgetragen hat, untersagt werden kann (vgl. BGH GRUR 2020, 1226 Rn. 24 – LTE-Geschwindigkeit; OLG Hamburg WRP 2012, 1594 Rn. 30–32; KG WRP 2023, 606 Rn. 11–13). Im Hinblick auf die Dispositionsmaxime darf das Gericht aber ein Verbot nur auf solche Beanstandungen stützen, die der Kläger vorgetragen hat (BGH GRUR 2018, 431

Rn. 16 – Tiegelgröße; OLG Frankfurt WRP 2014, 1482; OLG Hamm WRP 2023, 617 Rn. 5 f.).

b) Folgen aus dem Verbot der konkreten Verletzungsform. Erwächst das ausgesprochene Verbot der konkreten Verletzungsform in **Rechtskraft,** kann eine neuerliche Klage wegen derselben konkreten Verletzungsform nicht auf einen rechtlichen Gesichtspunkt gestützt werden, den das Gericht nicht geprüft hat. – Wird mit einer weiteren Klage das Verbot einer **anderen** konkreten Verletzungsform beantragt, liegen zwar an sich unterschiedliche Streitgegenstände vor, so dass der Einwand der Rechtshängigkeit bzw. Rechtskraft nicht eingreift (BGH GRUR 2009, 1180 Rn. 16 – 0,00 – Grundgebühr). Ist jedoch die angegriffene Verletzungsform **kerngleich** mit der bereits verbotenen, so fehlt der weiteren Klage das **Rechtsschutzbedürfnis** (s. aber → Rn. 1.17, → Rn. 2.5). – Zur engen Auslegung eines auf die konkrete Verletzungsform beschränkten Verbots vgl. BGH WRP 2010, 640 Rn. 12 – Klassenlotterie;.   **1.23g**

c) Folgen aus einer Klageabweisung. Wird eine auf die konkrete Verletzungsform gestützte Klage rechtskräftig abgewiesen, so kann der Kläger dieselbe konkrete Verletzungsform nicht mit der Begründung angreifen, das Gericht habe eine bestimmte rechtliche Verbotsgrundlage nicht geprüft (vgl. Teplitzky WRP 2012, 261 (263) mwN in Fn. 48).   **1.23h**

d) Tatsachenvortrag zur konkreten Verletzungsform. Unter der „konkreten Verletzungsform" versteht der BGH das „konkret umschriebene Verhalten, das gerade auch bei einer vom Standpunkt der Parteien ausgehenden natürlichen Betrachtungsweise den Tatsachenkomplex und damit die Beanstandungen umschreibt, zu der die konkrete Verletzungsform Anlass geben kann" (BGHZ 194, 314 Rn. 24 – Biomineralwasser). Prüfstein dafür ist, dass sich der Tatsachenstoff nicht sinnvoll auf verschiedene eigenständige, den Sachverhalt in seinem Kerngehalt verändernde Geschehensabläufe aufteilen lässt, selbst wenn diese einer eigenständigen rechtlichen Bewertung zugänglich sind (→ Rn. 1.23b; BGHZ 194, 314 Rn. 19 – Biomineralwasser). Liegt in diesem Sinne ein einheitlicher Streitgegenstand vor, so ist es unerheblich, ob sich der Kläger auf bestimmte Rechtsverletzungen gestützt und den dazu gehörenden Tatsachenvortrag gehalten hat (BGHZ 194, 314 Ls. a – Biomineralwasser). – Dies bedeutet allerdings nicht, dass damit der Kläger risikolos auf einen entsprechenden schlüssigen Tatsachenvortrag zu den einzelnen Verbotsgrundlagen verzichten könnte (vgl. BGHZ 194, 314 Rn. 22 – Biomineralwasser). Möchte der Kläger bspw. den Vertrieb eines bestimmten Produkts verbieten lassen, weil er es für eine unzulässige Nachahmung hält, so muss er in der **Klagebegründung** nicht nur angeben, weshalb er in dem Produkt eine Nachahmung sieht, sondern er muss auch zu den Voraussetzungen des § 4 Nr. 3 lit. a oder b vortragen, weil der Richter nur auf Grund von vorgetragenen Tatsachen ein Verbot aussprechen darf (vgl. OLG Frankfurt GRUR-RR 2013, 302). Trägt er bspw. nicht ausreichend zum Tatbestand des § 4 Nr. 3 lit. b vor, so kann das Gericht eine Verurteilung auch nicht auf diese Rechtsgrundlage stützen. Entsprechendes gilt in dem Fall, dass ein Antrag auf das Verbot einer konkreten Verletzungsform wegen Irreführung gestellt wird, dafür aber verschiedene Irreführungsaspekte in Betracht kommen. In diesem Fall muss der Kläger substantiiert diejenigen Irreführungsaspekte darlegen und zu den nach § 5 I dafür maßgeblichen Tatbestandsvoraussetzungen konkret vortragen, auf die er seinen Klageangriff stützen will (BGH WRP 2018, 413 Rn. 16 – Tiegelgröße). Andernfalls wäre nämlich der Beklagte neuen Angriffen des Klägers schutzlos gestellt oder würde dazu gezwungen, sich aus gegen eine Vielzahl von lediglich möglichen, vom Kläger aber nicht konkret geltend gemachten Irreführungsaspekten zu verteidigen. – Der „weite" Streitgegenstandsbegriff ermöglicht es lediglich dem Gericht, selbst zu bestimmen, ob und auf welcher Grundlage es ein Unterlassungsgebot ausspricht.   **1.23i**

4. Alternative: Gesondertes Vorgehen gegen einzelne Rechtsverletzungen

Will der Kläger ein konkretes Verhalten unter verschiedenen Aspekten rechtlich jeweils gesondert angreifen, kann er diese im Wege der **kumulativen** oder **eventuellen** Klagehäufung (→ Rn. 1.23m) zu getrennten Klagezielen machen (BGHZ 194, 314 Rn. 25 – Biomineralwasser; BGH WRP 2020, 851 Rn. 27 – WarnWetter-App; GRUR 2020, 1311 Rn. 28 mwN – Vorwerk). Dazu muss er die einzelnen Beanstandungen in verschiedenen Klageanträgen umschreiben, wobei er zur Verdeutlichung jeweils auf die konkrete Verletzungsform Bezug nehmen kann (etwa mit der Formulierung „wie geschehen in …"). Das Gericht muss daher die jeweiligen Beanstandungen gesondert prüfen und darüber entscheiden. Dementsprechend hat der Kläger einen Teil der Kosten zu tragen, wenn er nicht mit allen Anträgen erfolgreich ist (BGHZ 194,   **1.23j**

314 Rn. 25 – Biomineralwasser). Die Kosten sind nach dem Umfang des Obsiegens oder Unterliegens unter Berücksichtigung der Streitwerte der jeweiligen Anträge zu verteilen. Hat der Kläger erst mit einem **Hilfsantrag** Erfolg, so ist die Klage teilweise abzuweisen. – Allerdings unterliegt die Frage, ob dem Rechtsstreit ein oder mehrere Streitgegenstände zugrundeliegen, nicht der Dispositionsbefugnis der Parteien. Wird daher ein **einheitlicher Streitgegenstand** geltend gemacht, darf das Gericht nicht durch Teilurteil über eine von mehreren konkurrierenden Anspruchsgrundlagen entscheiden, auch wenn diese verschiedenen Rechtsgebieten entstammen, über die grundsätzlich in unterschiedlichen Rechtswegen zu entscheiden ist. Vielmehr hat das nach § 17 II GVG zuständige Gericht auch über solche Normen zu befinden, die für sich allein die Zuständigkeit einer anderen Gerichtsbarkeit begründen würden (BGH WRP 2020, 851 Rn. 21 ff., 30 – WarnWetter-App). – Zur Problematik bei „und/oder"-Anträgen innerhalb einer „konkreten Verletzungsform" vgl. BGH GRUR 2013, 1229 Rn. 63 f. – Kinderhochstühle im Internet II; GRUR 2022, 1347 Rn. 64 f. – 7 × mehr; Kodde GRUR 2015, 38 (40, 41); M. Schmidt GRUR-Prax 2014, 71; zudem → Rn. 1.43. – Zur Streitwertbemessung vgl. Büscher GRUR 2012, 16 (22 f.); Kodde GRUR 2015, 38 (41 ff.).

5. Beispiele für einheitlichen Streitgegenstand

1.23k   Die Entscheidung, ob ein oder mehrere Lebenssachverhalte und damit Streitgegenstände vorliegen, lässt sich nicht logisch-deduktiv, sondern nur wertend treffen. Von einem **einzigen** oder **einheitlichen Streitgegenstand** ist auszugehen, wenn bei natürlicher Betrachtung von einem Lebenssachverhalt auszugehen ist, auf den nur unterschiedliche Anspruchsnormen Anwendung finden (BGH GRUR 2013, 397 Rn. 13 – Peek&Cloppenburg III). Einander ausschließende Lebenssachverhalte bilden hingegen eigenständige Streitgegenstände (BGH GRUR 2020, 550 Rn. 13–15 – Sofort-Bonus II). Um einen einheitlichen Streitgegenstand handelt es sich bspw., wenn der Kläger beantragt, die Verwendung einer bestimmten **Bezeichnung** ganz **allgemein**, also losgelöst vom konkreten wettbewerblichen Umfeld, zu verbieten (BGH GRUR 2013, 401 Rn. 26, 27 – Biomineralwasser). – Das Gleiche gilt, wenn der Kläger ein bestimmtes **Verhalten** schlechthin verbieten lassen will. Fehlen bspw. in einer Anzeige der Gesamtpreis (§ 5a I, § 5b I Nr. 3) und die wesentlichen Eigenschaften des Produkts (§ 5a I, § 5b I Nr. 1), ist insoweit von einem einheitlichen Streitgegenstand auszugehen. Meist wird allerdings die Wettbewerbswidrigkeit eines Verhaltens von den konkreten Umständen abhängen. Hier kann es Schwierigkeiten bereiten, die konkrete Verletzungsform herauszuarbeiten. Als **Grundsatz** kann gelten, dass jedenfalls die konkrete Verletzungsform **alle** Verbotsgrundlagen abdecken soll, die sich auf die darin enthaltene **Grundform** unlauteren Verhaltens beziehen (zB Irreführung; gezielte Behinderung; aggressive Beeinflussung), mögen sie auch im Einzelnen unterschiedliche Tatbestandsvoraussetzungen aufweisen. Einen einheitlichen Streitgegenstand bilden bspw.: Der gesetzliche Unterlassungsanspruch aus UWG und der vertragliche Unterlassungsanspruch aus einer entsprechenden Unterlassungsvereinbarung (BGH GRUR 2003, 889 – Internet-Reservierungsvereinbarung; GRUR 2013, 397 Rn. 13 – Peek&Cloppenburg III); Ansprüche aus § 4 Nr. 3 lit. a und aus § 4 Nr. 3 lit. b (BGH WRP 2013, 1189 Rn. 10 – Regalsystem); Ansprüche aus § 5 I und § 5a I (BGH WRP 2017, 303 Rn. 12 – Entertain; WRP 2020, 1426 Rn. 28 – LTE Geschwindigkeit); Anspruch auf Verletzergewinn und auf Lizenznutzung (BGH NJW 2017, 2673 Rn. 23; lauterkeitsrechtliche und **kartellrechtliche** Ansprüche (OLG Hamm BeckRS 2015, 256 Rn. 6); wettbewerbsrechtliche und **öffentlich-rechtliche** Unterlassungsansprüche (BGH WRP 2020, 851 Rn. 33 – WarnWetter-App). – Allerdings zwingt dies letztlich den Kläger dazu, zu allen möglichen Verbotsgrundlagen Tatsachen vorzutragen, um es dem Gericht zu ermöglichen, eine entsprechende Prüfung vorzunehmen und insoweit nicht präkludiert zu werden. Hat aber das erstinstanzliche Gericht die Verurteilung nur auf eine von mehreren Verbotsgrundlagen, die mit einem einheitlichen, auf eine konkrete Verletzungsform bezogenem Antrag geltend gemacht worden sind, gestützt, so fällt auch der erstinstanzlich nicht berücksichtigte Verbotsaspekt in der Berufungsinstanz an (BGH WRP 2017, 302 Rn. 12 – Entertain).

6. Beispiele für Mehrheit von Streitgegenständen

1.23l   Von einer Mehrheit von Streitgegenständen ist auszugehen, wenn auf Grund der unterschiedlichen materiell-rechtlichen Regelung die zusammentreffenden Ansprüche durch eine Verselbständigung der einzelnen Lebensvorgänge erkennbar unterschiedlich ausgestaltet sind. (BGH WRP 2018, 413 Rn. 12 – Tiegelgröße). Demnach bildet jedes **Schutzrecht** einen eigenen

Streitgegenstand (BGH GRUR 2012, 630 Rn. 14 – CONVERSE II; GRUR 2013, 397 Rn. 13 – Peek & Cloppenburg III). Stützt der Kläger seinen einheitlichen Unterlassungsantrag auf ein **Schutzrecht** und auf einen **Wettbewerbsverstoß** (zB Verstoß gegen § 4 Nr. 3 oder § 4 Nr. 4), so begründet dies zwei Streitgegenstände (vgl. BGHZ 180, 77 Rn. 18 = WRP 2009, 956 – UHU; BGH GRUR 2013, 285 Rn. 20 – Kinderwagen II; WRP 2014, 424 Rn. 14 – wetter-online.de; WRP 2014, 839 Rn. 21 – Flugvermittlung im Internet; GRUR 2018, 203 Rn. 17 – Betriebspsychologe; WRP 2018, 413 Rn. 12 – Tiegelgröße). Das Gleiche gilt für namensrechtliche Ansprüche und lauterkeitsrechtliche und deliktsrechtliche Ansprüche (BGH WRP 2017, 1085 Rn. 13 – Wettbewerbsbezug). Drei Streitgegenstände liegen vor, wenn der Kläger seinen Antrag auf Schutzrechtsverletzung, Verstoß gegen § 5 UWG und auf Verstoß gegen eine vertragliche Abgrenzungsvereinbarung stützt (BGH GRUR 2013, 397 Rn. 14 – Peek & Cloppenburg III; vgl. auch BGH WRP 2018, 1329 Rn. 23 – Hohlfasermembranspinnanlage II). – Bei einem **Unterlassungsantrag** ist zu unterscheiden. Kommt sowohl ein Verletzungsunterlassungsanspruch (§ 8 I 1) als auch ein vorbeugender Unterlassungsanspruch (§ 8 I 2) in Betracht, so gelten für die Frage, ob es sich um einen oder zwei Streitgegenstände handelt, die allg. Regeln (BGH WRP 2016, 1351 Rn. 20 – Stirnlampen; GRUR 2016, 83 Rn. 41 – Amplidect/ampliteq). Unterschiedliche Klagegründe liegen daher vor, sofern unterschiedliche Lebenssachverhalte betroffen sind, zwischen denen kein zeitlicher und sachlicher Zusammenhang besteht (BGH WRP 2018, 413 Rn. 12 – Tiegelgröße; WRP 2019, 1025 Rn. 28 – Bring mich nach Hause). Wird ein Unterlassungsantrag zunächst auf eine (vorprozessuale) Verletzungshandlung und später (wegen Erklärung im Prozess) auf **Erstbegehungsgefahr** (BGH GRUR 2006, 429 Rn. 22 – Schlankkapseln; MMR 2010, 547 Rn. 16 – Internet-Sportwetten vor 2008) oder umgekehrt zuerst auf Erstbegehungsgefahr und später auch noch auf **Wiederholungsgefahr** aufgrund einer Verletzungshandlung gestützt (vgl. BGH GRUR 2006, 421 Rn. 25 – Markenparfümverkäufe; WRP 2014, 1184 Rn. 20 – Original Bach-Blüten; FBO/Büscher Rn. 280), liegen zwei Streitgegenstände vor. Stützt der Kläger einen einheitlichen Unterlassungsantrag auf eine (angebliche) Verletzungshandlung, so liegt ein einheitlicher Lebenssachverhalt vor, so dass das Gericht prüfen muss, ob die Voraussetzungen einer Erstbegehungsgefahr gegeben sind (BGH WRP 2016, 1351 Rn. 20, 21 – Stirnlampen). Um einen einheitlichen Lebenssachverhalt handelt es sich auch, wenn ein einheitlicher Unterlassungsantrag sowohl auf ein als Verletzungshandlung beanstandetes Verhalten als auch auf eine hiermit zeitlich und sachlich in Zusammenhang stehende Rechtsberühmung gestützt wird (vgl. BGH GRUR 2016, 83 Rn. 41 – Amplidect/ampliteq; WRP 2019, 1025 Rn. 30 – Bring mich nach Hause). Einander ausschließende Lebenssachverhalte bilden hingegen eigenständige Streitgegenstände (BGH GRUR 2020, 550 Rn. 13–15 – Sofort-Bonus II). – Werden in einem neuen Verfahren neue Verletzungshandlungen vorgetragen, liegt darin keine Änderung des Streitgegenstands (so aber BGH GRUR 2006, 421 Rn. 26 – Markenparfümverkäufe), weil ein Verbot sich nicht auf die konkrete Verletzungshandlung, sondern auf die konkrete Verletzungsform bezieht (vgl. Teplitzky Wettbewerbsrechtliche Ansprüche/Schwippert Kap. 46 Rn. 2e–2h; Teplitzky WRP 2010, 181; v. Ungern-Sternberg GRUR 2009, 1009 (1018); OLG Celle GRUR-Prax 2013, 167). – Macht der Kläger einen Anspruch aus eigenem Recht und zugleich in gewillkürter **Prozessstandschaft** einen fremden Anspruch geltend, handelt es sich auch bei einem einheitlichen Klageziel um unterschiedliche Streitgegenstände (BGH WRP 2017, 434 Rn. 27 – World of Warcraft II).

7. Alternative, kumulative und eventuelle Klagehäufung

Der Kläger darf nach der neueren Rspr. nicht ein einheitliches Klagebegehren stellen, das aus **1.23m** mehreren prozessualen Ansprüchen (Streitgegenständen) hergeleitet wird, und es dem Gericht überlassen, auf welchen Streitgegenstand es die Verurteilung stützt. Eine solche sog **alternative Klagehäufung** verstößt gegen das Gebot des § 253 II Nr. 2 ZPO, den Klagegrund bestimmt zu bezeichnen, und gegen den Grundsatz der „Waffengleichheit" der Parteien im Prozess (BGH GRUR 2011, 521 Rn. 4 ff. – TÜV I mwN; WRP 2017, 434 Rn. 28 – World of Warcraft II; dazu Teplitzky Wettbewerbsrechtliche Ansprüche/Schwippert Kap. 46 Rn. 1a, 4, 5; krit. v. Ungern-Sternberg GRUR 2011, 486 (492)). Zulässig sind nur die **kumulative** und die **eventuelle** Klagehäufung (→ Rn. 1.23j). Hat der Kläger in den Tatsacheninstanzen mehrere prozessuale Ansprüche alternativ verfolgt, so kann er in der Revisionsinstanz zwar nicht mehr zu einer kumulativen Klagehäufung übergehen, da dies eine unzulässige Klageänderung wäre, wohl aber zu einer eventuellen Klagehäufung (BGH GRUR 2011, 1043 Rn. 32 – TÜV II; WRP 2012, 1392 Rn. 21, 22 – Pelikan; WRP 2017, 434 Rn. 28 – World of Warcraft II). Der Kläger muss vielmehr in diesem Fall angeben, in welcher Reihenfolge er sein Klagebegehren auf die verschiedenen Streitgegenstände stützt. Er ist in der Bestimmung der Reihenfolge grds. frei. Nimmt er die Bestimmung allerdings erst in der Revisionsinstanz vor, so ist er nach Treu und Glauben gehalten, zunächst die vom Berufungsgericht behandelten Streitgegenstände zur Entscheidung des Revisionsgerichts zu stellen (BGH GRUR 2011, 521 Rn. 13 – TÜV I). Die nicht verbeschiedenen Streitgegenstände kann der Kläger in einem weiteren Prozess aufgreifen (BGH GRUR 2011, 521 Rn. 12 – TÜV I). – Das Verbot der alternativen Klagehäufung dürfte vor allem im Lauterkeitsrecht den Kläger vor große Anforderungen stellen. Um nicht die Geltung des Grundsatzes „iura novit curia" in Frage zu stellen, wird daher der richterlichen Hinweispflicht nach § 139 ZPO große Bedeutung zukommen. Das Berufungsgericht muss nach § 139 I 2, II und III ZPO auf die Angabe einer Reihenfolge hinwirken (BGH WRP 2012, 1392 Rn. 23 – Pelikan). Entsprechende Hinweise sind in das Protokoll aufzunehmen. Die Klarstellung kann auch noch in der Revisionsinstanz erfolgen (BGH GRUR 2012, 631 Rn. 31 – OSCAR).

8. Sonstiges

1.23n   Ist zweifelhaft, ob **deutsches** oder **ausländisches Lauterkeitsrecht** anwendbar ist, so muss das Gericht dies von Amts wegen ermitteln (§ 293 ZPO; BGH GRUR 2010, 847 Rn. 22 – Ausschreibung in Bulgarien). Die Parteien trifft grds. keine (prozessuale) Beweisführungslast. Der Kläger muss daher den Streitgegenstand nicht im Hinblick auf das anwendbare Recht präzisieren. Allerdings kann der Umfang der Ermittlungspflicht durch den Vortrag beeinflusst werden.

1.23o   Das Gericht darf nach **§ 308 I ZPO** einer Partei nicht etwas zusprechen, was sie nicht beantragt hat. Ein Verstoß gegen § 308 I ZPO liegt ua vor, wenn das Gericht seinem Urteilsausspruch über einen Unterlassungsantrag einen anderen Klagegrund zu Grunde legt als denjenigen, mit dem der Kläger seinen Antrag begründet hat (BGH GRUR 2003, 716 (717) – Reinigungsarbeiten). Das Gericht muss sich innerhalb des mit der Klage anhängig gemachten Streitgegenstands halten (BGH GRUR 2018, 203 Rn. 15 – Betriebspsychologe mwN; WRP 2018, 424 Rn. 44 – Knochenzement I). Das gilt auch dann, wenn das Gericht dahin erkennt, dass der geltend gemachte Anspruch nur unter bestimmten, nicht zum Inhalt des Antrags erhobenen Voraussetzungen bestehe und im Übrigen nicht bestehe (BGH GRUR 2006, 960 Rn. 16 – Anschriftenliste). – Ein Verstoß wird auch nicht dadurch geheilt, dass der Kläger die Zurückweisung der Revision beantragt und sich dadurch die Auffassung des Berufungsgerichts zu eigen macht. Denn insoweit handelt es sich um eine Klageerweiterung, die im Revisionsverfahren grds. nicht zulässig ist (BGH GRUR 2003, 716 (717) – Reinigungsarbeiten). Entscheidet ein Gericht über mehr als den Streitgegenstand, so ist dieser Verstoß in der Revisionsinstanz von Amts wegen zu beachten (BGH GRUR 2002, 153 (155) – Kinderhörspiele). Wird das Urteil jedoch nicht angegriffen, erwächst die Entscheidung in Rechtskraft (BGH GRUR 2002, 915 (916 f.) – Wettbewerbsverbot in Realteilungsvertrag).

II. Klagehäufung

1. Objektive Klagehäufung

1.24   Die Geltendmachung mehrerer prozessualer Ansprüche gegen einen Beklagten ist unter den Voraussetzungen des § 260 ZPO zulässig. Es können zB **mehrere Unterlassungsansprüche** nebeneinander geltend gemacht werden, sei es, weil mehrere Verletzungshandlungen vorliegen, sei es, weil eine Verletzungshandlung mehrere konkrete Verletzungsformen aufweist. Die Frage, ob nur ein oder mehrere Streitgegenstände vorliegen, kann im Einzelfall zweifelhaft sein (→ Rn. 1.23a). Neben Unterlassungsansprüchen können auch **sonstige Ansprüche** geltend gemacht werden, etwa auf Beseitigung, Schadensersatz, Auskunft oder Rechnungslegung, Zahlung einer Vertragsstrafe, Aufwendungsersatz. Zu **Haupt-** und **Hilfsantrag** vgl. → Rn. 1.47 f. – Der Kläger ist an sich nicht gezwungen, mehrere Ansprüche in einem Verfahren geltend zu machen. Doch kann im Einzelfall Missbrauch der Klagebefugnis (§ 8c) vorliegen, wenn die Erhebung mehrerer Klagen nur dazu dient, dem Beklagten hohe Kosten aufzubürden.

2. Subjektive Klagehäufung

Schrifttum: Köhler, Grenzen der Mehrfachklage und Mehrfachvollstreckung im Wettbewerbsrecht, WRP 1992, 359.

Die subjektive Klagehäufung ist unter den Voraussetzungen der §§ 59, 60 ZPO möglich. Auf **1.25** der Klägerseite kann im Einzelfall die Klageerhebung missbräuchlich (§ 8c) sein (vgl. → § 8c Rn. 3 ff.). Auch ist uU die Beauftragung mehrerer Prozessbevollmächtigter nicht notwendig iSd § 91 I 1 ZPO. Auf der Beklagtenseite kommt Parteienhäufung vielfach deshalb in Betracht, weil mehrere Personen zugleich für einen Wettbewerbsverstoß verantwortlich sein können (zB Unternehmer und Beauftragter iSv § 8 II).

III. Klageänderung

Schrifttum: Borck, Von Nutzen und Nachteil der Klageänderung für den Wettbewerbsprozess, WRP 1979, 431; Brückmann, Klageänderung und „Umformulierung" von Unterlassungsanträgen im Wettbewerbsprozess, WRP 1983, 656.

1. Zulässigkeit

§ 263 ZPO; in der Berufungsinstanz ist § 533 ZPO (BGH GRUR 2022, 1812 Rn. 62 – **1.26** DNS-Sperre), in der Revisionsinstanz ist § 559 ZPO zu beachten (BGHZ 26, 31 (38) und BGH GRUR 1991, 680 – Porzellanmanufaktur, zu § 561 ZPO aF). Die Entscheidung, dass eine Klageänderung nicht vorliege oder zuzulassen sei, ist **nicht anfechtbar** (§ 268 ZPO; BGH GRUR 2021, 746 Rn. 14 – Dr. Z).

a) Einwilligung. Vgl. § 267 ZPO. Erfolgt die Klageänderung gem. § 261 II ZPO durch **1.27** Zustellung eines Schriftsatzes an den Beklagten (auch gem. § 195 ZPO durch Zustellung von Anwalt zu Anwalt), so kann dieser seine Einwilligung auch schon vor der mündlichen Verhandlung schriftsätzlich abgeben (BGH WRP 1992, 757 (759) – Btx-Werbung II).

b) Sachdienlichkeit. Sie bestimmt sich maßgeblich nach der Prozesswirtschaftlichkeit (BGH **1.28** GRUR 1964, 154 (156) – Trockenrasierer II; Teplitzky Wettbewerbsrechtliche Ansprüche/ Schwippert Kap. 46 Rn. 24). Ihre Beurteilung ist im Wesentlichen eine Ermessensentscheidung des Tatrichters (BGH GRUR 1991, 852 (856) – Aquavit) und daher in der Revisionsinstanz nur begrenzt überprüfbar (BGH GRUR 1964, 154 (156) – Trockenrasierer II). Es kommt in erster Linie darauf an, ob und inwieweit die Zulassung der Klageänderung der Ausräumung des sachlichen Streitstoffs im Rahmen des anhängigen Rechtsstreits dient und einem andernfalls zu gewärtigenden weiteren Rechtsstreit vorbeugt (BGH GRUR 1964, 154 (156) – Trockenrasierer II). Das Erfordernis neuer Beweiserhebungen und ggf. der Verlust einer Instanz sind grds. hinzunehmen (aA Teplitzky Wettbewerbsrechtliche Ansprüche/Schwippert Kap. 46 Rn. 26). Sachdienlichkeit ist aber zu verneinen, wenn der ursprüngliche Antrag entscheidungsreif ist, der spätere Antrag dagegen neue Beweiserhebungen erfordert (BGH GRUR 1964, 154 (156) – Trockenrasierer II).

2. Vorliegen

Eine **Klageänderung** liegt vor, wenn der Streitgegenstand, der sich aus Klageantrag und **1.29** Klagegrund (vorgetragener Lebenssachverhalt) zusammensetzt, geändert wird (stRspr; BGH GRUR 1997, 141 – Kompetenter Fachhändler; BGHZ 154, 342 (348 f.) = GRUR 2003, 716 – Reinigungsarbeiten; BGH GRUR 2007, 172 Rn. 11 – Lesezirkel II). Sie kommt also in Betracht sowohl bei inhaltlicher Umstellung des Klageantrags als auch bei Veränderung des Klagegrundes. Eine Veränderung des Klagegrundes liegt vor, wenn seine Identität nicht mehr gegeben ist, durch den Vortrag neuer Tatsachen also der **Kern** des in der Klage angeführten Lebenssachverhaltes verändert wird. Allerdings muss es sich um **wesentliche Abweichungen** handeln (BGH GRUR 1997, 141 – Kompetenter Fachhändler; OLG Düsseldorf GRUR-RR 2014, 273 (276)). Dazu gehört aber nicht der Vortrag weiterer Verletzungshandlungen, weil es sich dabei um dieselbe konkrete Verletzungsform handelt (aA BGH GRUR 2006, 421 Rn. 26 – Markenparfümverkäufe; krit. dazu Teplitzky Wettbewerbsrechtliche Ansprüche/Schwippert Kap. 46 Rn. 17). Bloße weitere Erläuterungen, ergänzende oder berichtigende tatsächliche Angaben (§ 264 Nr. 1 ZPO) stellen daher keine Klageänderung iSd § 263 ZPO dar, wenn der **Kern** des in der Klage angeführten Sachverhalts unverändert bleibt (BGH GRUR 2007, 172 Rn. 11 – Lesezirkel II; GRUR 2007, 605 Rn. 25 – Umsatzzuwachs; GRUR 2008, 186 Rn. 15 – Telefonaktion). Eine abweichende Beurteilung ist auch nicht durch die **Kerntheorie** (→ § 8 Rn. 1.46 f., 1.64) geboten, weil diese sich nur auf die begehrte Rechtsfolge und nicht auf den Klagegrund bezieht (BGH GRUR 2006, 421 Rn. 27 – Markenparfümverkäufe). Bei Änderungen lediglich des Antrags ist zunächst zu prüfen, ob nicht lediglich eine Neufassung des Antrag im Wege der Klarstellung (zB durch den Zusatz „insbesondere ...") vorliegt (BGH GRUR 1993 556 (557) – TRIANGLE). Eine Anschlussberufung, die inhaltlich eine bloße Antragsneufassung zum Gegenstand hat, ist an sich unzulässig, kann jedoch in eine zulässige Antragsneufassung umgedeutet werden (BGH GRUR 1991, 772 (773) – Anzeigenrubrik I). Liegt eine Antrags änderung vor, ist weiter zu prüfen, ob nicht § 264 Nr. 2 oder 3 ZPO eingreift. Unter § 26. **Nr. 2 ZPO** fallen: der Übergang von der Auskunfts- oder Rechnungslegungsklage zur Zah lungs- oder Feststellungsklage (BGH NJW 1979, 925; Teplitzky Wettbewerbsrechtliche Anspr che/Schwippert Kap. 46 Rn. 23) und umgekehrt; der Übergang von der Feststellungs- zu Leistungsklage und umgekehrt (BGH NJW 1985, 1784; auch: einseitige Erledigungserklärung BGH GRUR 2022, 658 Rn. 7 – Selbständiger Erstattungsanspruch); der Übergang von de Unterlassungs- zur Beseitigungsklage und umgekehrt (einschr. Teplitzky Wettbewerbsrechtliche Ansprüche/Schwippert Kap. 46 Rn. 23: Einzelfall); der zusätzliche Antrag auf Urteilsveröffent lichung (BGH GRUR 1961, 538 (541) – Feldstecher).

IV. Klagerücknahme

1.30 Sie ist unter den Voraussetzungen des § 269 ZPO zulässig. Ob Einschränkungen des Kla geantrags als bloße Klarstellungen oder als teilweise Klagerücknahme anzusehen sind, kann im Einzelfall zweifelhaft sein. Ist der Klage ein Verfügungsverfahren vorausgegangen und Fristset zung zur Hauptsacheklage erfolgt, so kann eine Klagerücknahme zur Aufhebung der einst weiligen Verfügung nach § 926 II ZPO und ggf. zur Schadensersatzpflicht nach § 945 ZPC führen.

V. Erledigung der Hauptsache

Schrifttum: Ulrich, Die Erledigung der Hauptsache im Wettbewerbsprozess, GRUR 1982, 14; Ulrich, Die Erledigung der einstweiligen Verfügungsverfahren durch nachlässige Prozessführung, WRP 1990, 651.

1. Übereinstimmende Erledigungserklärung

1.31 § 91a ZPO. Sie kann bereits zwischen Anhängigkeit und Rechtshängigkeit der Klage (BGHZ 83, 12 (13)) und noch in der Revisionsinstanz, auch während des Verfahrens über eine Nicht zulassungsbeschwerde (BGH WRP 2005, 126 – Erledigung der Hauptsache in der Rechtsmittel instanz) erfolgen. Das Gericht prüft nicht, ob Erledigung wirklich eingetreten ist. Uneinge schränkte übereinstimmende Erledigungserklärungen beenden zwingend die **Rechtshängigkeit** des Rechtsstreits in der Hauptsache (BGH WRP 2004, 235 – Euro-Einführungsrabatt). Bereits ergangene, noch nicht rechtskräftige Entscheidungen werden nach § 269 III 1 ZPO analog wirkungslos, ohne dass es einer ausdrücklichen Aufhebung bedarf. Jedoch kann dies auf ent sprechenden Antrag nach § 269 IV ZPO analog ausgesprochen werden, wofür auch ein Rechts schutzbedürfnis besteht, weil die Zwangsvollstreckung aus den vorinstanzlichen Entscheidungen nach § 775 Nr. 1 ZPO analog nur eingestellt werden kann, wenn durch Vorlage eines Beschlus ses nach § 269 IV ZPO analog die Wirkungslosigkeit der bereits ergangenen Urteile nachgewie sen wird (BGH BeckRS 2015, 10416). – Die Parteien können jedoch die Erledigungserklärung auf die **Zukunft** beschränken (BGHZ 156, 335 Rn. 34 – Euro-Einführungsrabatt). Ist zwi schenzeitlich bereits ein Vollstreckungstitel erwirkt worden und stellen die Parteien keine weitergehenden Anträge zum Unterlassungsantrag in der Vergangenheit (Feststellungsantrag des Klägers bzw. Feststellungswiderklage des Beklagten), so bleibt der Vollstreckungstitel für die Vergangenheit bestehen und es ergeht nur eine Kostenentscheidung nach § 91a ZPO. Dabei kommt es nicht darauf an, ob die vom Kläger abgegebene Erledigungserklärung, der sich der Beklagte angeschlossen hatte, nur für die Zukunft oder auch für die Vergangenheit wirkte (BGH WRP 2016, 477 Rn. 25 – Erledigungserklärung nach Gesetzesänderung).

2. Einseitige Erledigungserklärung des Klägers

1.32 Sie stellt eine (nach § 264 Nr. 2 ZPO privilegierte) Klageänderung in eine Klage auf Fest stellung der Erledigung der Hauptsache dar und kann daher nur vom Kläger beantragt werden (BGH WRP 1994, 763 (764) – Greifbare Gesetzwidrigkeit II; GRUR 2022, 658 Rn. 7 – Selbständiger Erstattungsanspruch). Zulässig ist sie in jedem Verfahrensstadium, auch noch in der Revisionsinstanz (BGHZ 106, 359 (368); BGH GRUR 2002, 287 f. – Widerruf der Erledigungserklärung; WRP 2003, 1217 (1220) – Buchpreis-Kopplungsangebot; GRUR 2004, 349 – Einkaufsgutschein II). Sie kann auf den Zeitraum nach Eintritt des erledigenden Ereignisses **beschränkt** werden. Ob dies geschehen ist, ist durch Auslegung zu ermitteln, wobei es nicht nur auf den Wortlaut ankommt, sondern auch auf die Begleitumstände und die rechtverstandene Interessenlage (BGH WRP 2016, 477 Rn. 13, 15 – Erledigungserklärung nach Gesetzesänderung). IdR ist schon bei nur gestellten Ordnungsmittelanträgen davon auszugehen, dass die Erledigungserklärung nur für die Zukunft gelten und daher einem bereits erwirkten Unterlassungstitel als Grundlage für die Vollstreckung wegen zurückliegender Zuwiderhandlungen nicht in Frage stellen soll (BGH WRP 2016, 477 Rn. 20 – Erledigungserklärung nach Gesetzesänderung). – Die einseitige Erledigung kann **nicht hilfsweise** erklärt werden (BGHZ 106, 359 (368 ff.); BGH GRUR 2006, 879 Rn. 20 – Flüssiggastank; Teplitzky Wettbewerbsrechtliche Ansprüche/Schwippert Kap. 46 Rn. 42; str.), weil dies mit dem auf Verurteilung gerichteten Hauptantrag nicht zu vereinbaren ist. Ob neben dem auf Verurteilung gerichteten Hauptantrag hilfsweise für den Fall der Bejahung eines erledigenden Ereignisses durch das Gericht die Feststellung begehrt werden kann, dass die Unterlassungsklage bis zum Eintritt des erledigenden Ereignisses zulässig und begründet war, ist zw. (vgl. BGH GRUR 1998, 1045 (1046) – Brennwertkessel), aber abzulehnen, da dafür das erforderliche Feststellungsinteresse fehlt (BGH GRUR 2006, 879 Rn. 20 – Flüssiggastank; Ahrens Wettbewerbsprozess-HdB/Bornkamm Kap. 32 Rn. 35; Teplitzky FS Erdmann, 2002, 889 (894 ff.)). Wohl aber kann umgekehrt der ursprüngliche Klageantrag ganz oder teilweise hilfsweise aufrechterhalten werden (BGH WRP 1989, 572 (574) – Bioäquivalenz-Werbung mwN; GRUR 2021, 1519 Rn. 55 – Uli-Stein-Cartoon). Die Hauptsache erledigt sich, wenn **nach** Zustellung der Klage (Eintritt der Rechtshängigkeit) Tatsachen eintreten, die eine in diesem Zeitpunkt zulässige und begründete Klage unzulässig oder unbegründet werden lassen (BGH GRUR 1990, 530 (531) – Unterwerfung durch Fernschreiben; GRUR 2004, 349 – Einkaufsgutschein II; GRUR 2022, 658 Rn. 9 – Selbständiger Erstattungsanspruch). Eine Erledigung der Hauptsache vor Eintritt der Rechtshängigkeit ist mangels eines Prozessrechtsverhältnisses nicht möglich (BGH GRUR 1990, 381 (382) – Antwortpflicht des Abgemahnten). Ist der Anlass zur Einreichung der Klage vor Rechtshängigkeit weggefallen und wird die Klage daraufhin unverzüglich zurückgenommen, so bestimmt sich die Kostentragungspflicht nach billigem Ermessen (§ 269 III 3 ZPO; dazu BGH BB 2004, 688). Unerheblich ist, in wessen Verantwortungsbereich das erledigende Ereignis fällt (BGH GRUR 1993, 769 (771) – Radio Stuttgart; Ahrens Wettbewerbsprozess-HdB/Bornkamm Kap. 32 Rn. 14; Teplitzky Wettbewerbsrechtliche Ansprüche/Schwippert Kap. 46 Rn. 38a; str.). Dies kann nur bei der Kostenentscheidung berücksichtigt werden. Nimmt der Kläger nach Erledigung der Hauptsache eine wirksame Klageänderung vor und stellt er danach einen Erledigungsantrag, so ist dieser unbegründet, weil es an einem auch den neuen Streitgegenstand (nachträglich) erledigenden Ereignis fehlt (BGH GRUR 1992, 474 (475) – Btx-Werbung II). – Die Erledigungserklärung des Klägers ist frei **widerrufbar,** solange ihr der Gegner nicht zugestimmt und das Gericht noch keine Entscheidung über die Erledigung der Hauptsache getroffen hat (BGH GRUR 2002, 287 f. – Widerruf der Erledigungserklärung). – Fehlt ein nachträgliches erledigendes Ereignis, so ist bei einer einseitigen Erledigungserklärung die Klage selbst dann abzuweisen, wenn sie ursprünglich zulässig und begründet gewesen wäre (KG GRUR-RR 2005, 170 (175)).

3. Beispiele

Beispiele für erledigende Ereignisse: **(1) Wegfall des Rechtsschutzinteresses** (→ Rn. 1.20). **1.33** **(2) Wegfall der Anspruchsberechtigung** (bzw. **Klagebefugnis**) nach § 8 III, etwa durch Änderungen der Verbandsstruktur oder -tätigkeit oder durch Geschäftsaufgabe oder Tod des Klägers (BGH GRUR 1977, 114 – VUS; Teplitzky Wettbewerbsrechtliche Ansprüche/Schwippert Kap. 46 Rn. 38). **(3) Erfüllung des klägerischen Anspruchs,** es sei denn es wird nur zur Abwendung der Zwangsvollstreckung oder unter Vorbehalt geleistet (BGH GRUR 2022, 658 Rn. 17 bis 19 – Selbständiger Erstattungsanspruch). **(4) Wegfall der Wiederholungsgefahr** beim Unterlassungsanspruch (BGH GRUR 1977, 117 – VUS), insbes. auf Grund einer **Unterwerfungserklärung** (BGH GRUR 2023, 742 – Unterwerfung durch PDF – im Streitfall verneint; Ahrens Wettbewerbsprozess-HdB/Bornkamm Kap. 32 Rn. 5 ff.) oder einer **Abschlusserklärung** in einem anderen Rechtsstreit (BGH GRUR 1990, 530 (531) – Unterwerfung durch Fernschreiben; GRUR 1991, 76 (77) – Abschlusserklärung) oder eines in einem anderen Verfahren ergangenen rechtskräftigen **Unterlassungsurteils,** sofern sich der Schuldner darauf beruft (BGH GRUR 2003, 450 (452) – Begrenzte Preissenkung). **(5) Zeitablauf** bei befristeten Schutzrechten (zB Patent, Gebrauchsmuster, BGH GRUR 1983, 560 – Brückenlege-panzer II; GRUR 2022, 1061 Rn. 10 – Front kit II) oder Modeneuheiten (BGHZ 60, 168 = GRUR 1973, 478 – Modeneuheit). **(6) Gesetzesänderungen,** wie zB die Aufhebung von RabattG und ZugabeVO (BGH GRUR 2004, 350 – Pyrex) und die Änderung des § 78 I 4 AMG (BGH WRP 2016, 477 Rn. 17 – Erledigungserklärung nach Gesetzesänderung), nicht aber die Nichtigerklärung eines Gesetzes durch das BVerfG, da diese die Klage rückwirkend unbegründet werden lässt (BGH NJW 1965, 296; KG GRUR-RR 2005, 170 (174)). Auch eine Änderung der Rspr. stellt kein erledigendes Ereignis dar (BGH GRUR 2004, 349 – Einkaufs-gutschein II; KG GRUR-RR 2005, 170 (174); Ahrens Wettbewerbsprozess-HdB/Bornkamm Kap. 32 Rn. 17). **(7) Erhebung der Verjährungseinrede** (→ § 11 Rn. 1.53).

4. Kostenentscheidung

1.34   Bei **einseitiger** Erledigterklärung: §§ 91, 92 ZPO. Bei **übereinstimmender** Erledigterklä-rung: § 91a ZPO. Das Gericht hat insoweit summarisch zu prüfen, wie der Rechtsstreit voraus-sichtlich ausgegangen wäre (BGH GRUR 2008, 357 Rn. 17 – Planungsfreigabe; Teplitzky Wettbewerbsrechtliche Ansprüche/Schwippert Kap. 46 Rn. 46; zur Erledigung in der Rechts-mittelinstanz GRUR 2018, 335 – Aquaflam). Präsente und sofort verwertbare Beweismittel (zB Urkunden) sind zu berücksichtigen (hL; zB Teplitzky Wettbewerbsrechtliche Ansprüche/Schwippert Kap. 46 Rn. 47), auch dann, wenn sie neu in den Rechtsstreit eingeführt werden (str.). Im Übrigen ist eine Beweiserhebung zwar nicht ausgeschlossen, aber – von Ausnahme-fällen abgesehen – auch nicht erforderlich (BGHZ 21, 298 (300); vgl. BGH GRUR 2005, 41 – Staubsaugersaugrohr; Ahrens Wettbewerbsprozess-HdB/Bornkamm Kap. 32 Rn. 2). Das Ge-richt kann also davon absehen, präsente Zeugen zu vernehmen, und muss dies auch tun, wenn sonst die Waffengleichheit verletzt würde. – Eine Unterwerfung führt nicht – wie ein An-erkenntnis – zu einer automatischen Kostenbelastung des Beklagten; vielmehr ist das Bestehen des Unterlassungsanspruchs zu prüfen (unstr., zB OLG Köln GRUR 1989, 705; OLG Koblenz WRP 2020, 775). – Ist der Prozessausgang offen, so entspricht es regelmäßig der Billigkeit, die Kosten gegeneinander aufzuheben (OLG Köln GRUR 1989, 705; Teplitzky Wettbewerbsrecht-liche Ansprüche/Schwippert Kap. 46 Rn. 47 mwN). Zu einem Sonderfall einer Billigkeitsent-scheidung iSd § 91a ZPO s. OLG Frankfurt GRUR-RR 2016, 264. – § 93 ZPO ist im Rahmen des § 91a ZPO ebenfalls anzuwenden, und zwar auch „reziprok" auf den Beklagten, zB wenn dieser dem Kläger vor Klageeinreichung verschwiegen hat, dass er sich einem Dritten unterworfen hatte und dadurch die Wiederholungsgefahr weggefallen war. Gegen die Kosten-entscheidung nach § 91a ZPO ist nach § 91a II ZPO die sofortige Beschwerde und nach § 574 I Nr. 2 ZPO auch die **Rechtsbeschwerde** zulässig (BGH NJW 2007, 1591; Ahrens Wett-bewerbsprozess-HdB/Büttner Kap. 41 Rn. 5; aA noch BGH GRUR 2003, 724 – Rechts-beschwerde II). Mit der Revision kann neben der Anfechtung der Hauptsacheentscheidung eine gemischte Kostenentscheidung hinsichtlich ihres auf § 91a ZPO beruhenden Teils allein mit der Begründung angefochten werden, dass das Berufungsgericht die Voraussetzungen dieser Bestim-mung verkannt habe (also keine materiell-rechtliche Nachprüfung etwa des Unterlassungs-anspruchs, BGH GRUR 2021, 752 Rn. 63 f. – Berechtigte Gegenabmahnung). Im Verfahren der einstweiligen Verfügung ist die Rechtsbeschwerde allerdings im Hinblick auf § 542 II 1 ZPO unzulässig (BGH GRUR 2003, 724 – Rechtsbeschwerde II). Die Kostenentscheidung ist auch dann nicht revisibel, wenn sie in Form eines Urteils ergangen ist (BGH GRUR 1986, 812 (813) – Gastrokritiker).

5. Ordnungsmittelfestsetzung

1.34a   Bei **übereinstimmender** Erledigterklärung entfällt ein im Verfahren erlassener, noch nicht rechtskräftiger Unterlassungstitel. Eine Vollstreckung ist auch dann nicht mehr möglich, wenn die Zuwiderhandlung vor dem Zeitpunkt der Erledigung erfolgt ist (BGHZ 156, 335 (342 ff.) = WRP 2004, 235 – Euro-Einführungsrabatt). Möglich ist allerdings die Erledigterklärung für die Zukunft, die den Bestand des Titels und darauf beruhender Ordnungsmittel wegen bereits erfolgter Verstöße unberührt lässt (BGHZ 156, 335 Rn. 34 – Euro-Einführungsrabatt; GRUR 2022, 1379 Rn. 35). Bei **einseitiger** Erledigterklärung bleibt eine Ordnungsmittelfestsetzung wirksam, wenn sie vor Eintritt des erledigenden Ereignisses beantragt, aber erst nach der Erledigterklärung, wenngleich noch vor der gerichtlichen Feststellung der Erledigung erfolgt ist (BGH WRP 2012, 829 mit Anm. Teplitzky).

E. Unterlassungsklage

I. Bestimmtheit des Unterlassungsantrags

Schrifttum: Bergmann, Zur alternativen und kumulativen Begründung des Unterlassungsantrags im Wettbewerbsrecht, GRUR 2009, 224; Borck, Das Prokrustesbett „Konkrete Verletzungsform", GRUR 1996, 522; Borck, Der Weg zum „richtigen" Unterlassungsantrag, WRP 2000, 824; Brandner/Bergmann, Zur Zulässigkeit „gesetzeswiederholender" Unterlassungsanträge, WRP 2000, 842; Fritzsche, Unterlassungsanspruch und Unterlassungsklage, 2000; Kurtze, Der „insbesondere"-Zusatz bei Unterlassungsanträgen im Wettbewerbsrecht, FS Nirk, 1992, 571; Oppermann, Unterlassungsanspruch und materielle Gerechtigkeit im Wettbewerbsprozess, 1993.

1. Allgemeines

Ein **bestimmter Klageantrag** (§ 253 II Nr. 2 ZPO) ist erforderlich, um den Streitgegen- **1.35** stand (→ Rn. 1.23) und den Umfang der Prüfungs- und Entscheidungsbefugnis des Gerichts (§ 308 I ZPO) festzulegen, sowie die Tragweite des begehrten Verbots zu erkennen und die Grenzen der Rechtshängigkeit und der Rechtskraft festzulegen (BGH GRUR 2011, 521 Rn. 9 – TÜV I). Der Verbotsantrag darf daher nicht derart undeutlich gefasst sein, dass sich der Gegner nicht erschöpfend verteidigen kann und die Entscheidung darüber, was dem Beklagten verboten ist, im Ergebnis dem Vollstreckungsgericht überlassen wäre (stRspr, BGH GRUR 2015, 1237 Rn. 13 – Erfolgsprämie für die Kundengewinnung; WRP 2017, 426 Rn. 18 – ARD-Buffet; WRP 2018, 328 Rn. 12 – Festzins Plus; GRUR 2019, 627 Rn. 15 – Deutschland-Kombi; WRP 2019, 1013 Rn. 23 – Cordoba II; GRUR 2022, 1812 Rn. 13 – DNS-Sperre). Auch muss der Schuldner, der den Titel freiwillig befolgen möchte, hinreichend genau wissen, was ihm verboten ist. Auf die Formulierung des Verbotsantrags ist daher größte Sorgfalt zu verwenden, um nicht ggf. eine Klageabweisung oder Zurückweisung noch in der Revisionsinstanz zu riskieren. Erweist sich ein Klageantrag als zu unbestimmt, so ist dies nämlich auch noch im Revisionsverfahren von Amts wegen zu berücksichtigen (BGH WRP 2016, 869 Rn. 11 – ConText; GRUR 2022, 1812 Rn. 13 – DNS-Sperre). Grundsätzlich ist die Klage dann als unzulässig abzuweisen, und zwar auch dann, wenn nur der Beklagte Revision eingelegt hat. Wurde jedoch in der Vorinstanz **§ 139 I ZPO** verletzt, so kommt unter dem Gesichtspunkt des **Vertrauensschutzes** und des Anspruchs der Parteien auf ein **faires Verfahren** eine Zurückverweisung in Betracht, um dem Kläger eine Neufassung seines Antrags zu ermöglichen (BGH WRP 2007, 775 Rn. 18 – Telefonwerbung für „Individualverträge"; BGH GRUR 2011, 539 Rn. 18 – Rechtsberatung durch Lebensmittelchemiker; GRUR 2016, 88 Rn. 17 – Deltamethrin I; WRP 2017, 426 Rn. 23 – ARD-Buffet; GRUR 2021, 746 Rn. 54 – Dr. Z; GRUR 2022, 1447 Rn. 21 – Servicepauschale). Dies gilt auch dann, wenn der Beklagte in den Vorinstanzen die mangelnde Bestimmtheit des Antrags gerügt hat. Auch bei einer im Berufungsverfahren noch ungeklärten Rechtslage kann es die prozessuale Fairness gebieten, es durch Zurückverweisung dem Kläger zu ermöglichen, sich durch sachdienliche Antragstellung auf die wahre Rechtslage einzustellen (stRspr; vgl. BGH GRUR 2015, 1201 Rn. 45 – Sparkassen-Rot/Santander-Rot; GRUR 2005, 443 (445) – Ansprechen in der Öffentlichkeit II; GRUR 2006, 426 Rn. 22 – Direktansprache am Arbeitsplatz II; WRP 2016, 869 Rn. 15 – ConText). Der **richterlichen Hinwirkungspflicht** (§ 139 I ZPO) und **Hinweispflicht** (§ 139 II–V ZPO) kommt insoweit bes. Bedeutung zu (BGH GRUR 1996, 796 (797) – Setpreis; Kehl WRP 2000, 904). Doch ist aus der Hinwirkungspflicht nicht abzuleiten, dass der Kläger es dem Gericht überlassen könnte, einem zu unbestimmt gefassten und damit unzulässigen Klageantrag einen zulässigen Wortlaut und Inhalt zu geben (BGH GRUR 1991, 254 (257) – Unbestimmter Unterlassungsantrag I; WRP 1998, 42 (47) – Unbestimmter Unterlassungsantrag III). Die Hinwirkungspflicht gebietet es auch nicht, den Kläger zu einem Antrag zu veranlassen, der auf einem anderen als dem bisher vorgetragenen Sachverhalt beruht und mit dem ein neuer Streitgegenstand eingeführt würde (BGH WRP 2001, 1073 (1076) – Gewinn-Zertifikat; GRUR 2003, 798 (800) – Sanfte Schönheitschirurgie). Vielmehr ist es grds. Sache des Klägers, den Antrag bestimmt zu fassen und das erstrebte Klageziel zu formulieren (BGH GRUR 2002, 86 (89) – Laubhefter). Treten jedoch **neue rechtliche Gesichtspunkte** auf, ist es dem Kläger zu ermöglichen, seinen Antrag anzupassen (BGH GRUR 1999, 1017 (1019) – Kontrollnummernbeseitigung). Desgleichen muss das Gericht, wenn der Beklagte die mangelnde Bestimmtheit des Klageantrags nicht oder nur am Rande beanstandet, dem Kläger vor Abweisung des Antrags als zu unbestimmt Gelegenheit geben, seinen Antrag zu überprüfen und eventuell neu zu steller und hierzu sachdienlich vorzutragen (BGH GRUR 2002, 86 (89) – Laubhefter). Eine Zurückverweisung scheidet jedoch aus, wenn feststeht, dass dem Kläger keine seinem Begehren entspr materiellrechtlichen Ansprüche zustehen (BGH GRUR 2003, 958 (960) – Paperboy). – Die Unbestimmtheit des Klageantrags kann unterschiedliche Gründe haben. Sie kann sich zB darau ergeben, dass die Zielrichtung des Antrags, die er nach seinem Wortlaut hat, in Widerspruch zu seiner Begründung steht (BGH GRUR 1996, 57 (60) – Spielzeugautos; GRUR 2003, 958 (960) – Paperboy). Im Lauterkeitsrecht steht die Unbestimmtheit auf Grund der Verwendung unbestimmter Begriffe (→ Rn. 1.36 ff.) im Vordergrund.

2. Verwendung unbestimmter Begriffe

1.36   **a) Problematik.** Die Bestimmtheit eines Unterlassungsantrags ist idR unproblematisch, wenn der Kläger lediglich ein Verbot der Handlung, so wie sie begangen wurde, begehrt, also eine Bezugnahme auf die **konkrete Verletzungshandlung** erfolgt oder die **konkret angegriffene Verletzungsform** Gegenstand des Antrags ist und der Klageantrag zumindest unter Heranziehung des **Klagevortrags** unzweideutig erkennen lässt, in welchen Merkmalen des angegriffenen Verhaltens die Grundlage und der Anknüpfungspunkt für den Wettbewerbsverstoß und damit das Unterlassungsgebot liegen soll (BGH GRUR 2019, 627 Rn. 15 – Deutschland-Kombi mwN). Zur Umschreibung des zu unterlassenden Verhaltens ist aber vielfach die Verwendung mehr oder weniger unbestimmter oder mehrdeutiger Begriffe und damit in gewissem Umfang die Vornahme von Wertungen durch das Vollstreckungsgericht bei der Prüfung eines Verstoßes nicht zu vermeiden. Eine auslegungsbedürftige Antragsformulierung kann daher hinzunehmen sein, wenn eine weitergehende Konkretisierung nicht möglich und die gewählte Formulierung zur Gewährung eines **effektiven Rechtsschutzes** erforderlich ist (BGH GRUR 2002, 86 (88) – Laubhefter; GRUR 2002, 1088 (1089) – Zugabenbündel; GRUR 2004, 696 (699) – Direktansprache am Arbeitsplatz I; GRUR 2017, 422 Rn. 18 – ARD-Buffet; GRUR 2019, 627 Rn. 15 – Deutschland-Kombi; Teplitzky Wettbewerbsrechtliche Ansprüche/Schwippert Kap. 51 Rn. 8a). Letztlich kann es nur darum gehen, welches Maß an Unbestimmtheit unter Berücksichtigung der Zwecke des Bestimmtheitserfordernisses noch hinnehmbar ist. Die Problematik stellt sich insbes. dann, wenn – zulässigerweise (→ Rn. 1.44) – der Antrag verallgemeinernd gefasst wird, um das Charakteristische der konkreten Verletzungsform herauszuarbeiten. Dabei ist aber streng zwischen der Bestimmtheit und der Begründetheit des Antrags zu unterscheiden: Ein Antrag kann hinreichend bestimmt sein, aber inhaltlich zu weit gehen oder die konkrete Verletzungsform verfehlen und damit (teilweise) unbegründet sein (BGH GRUR 1984, 469 (476) – Das unmögliche Möbelhaus; GRUR 1987, 52 (53) – Tomatenmark; GRUR 1990, 450 (452) – St. Petersquelle; GRUR 1991, 254 (257) – Unbestimmter Klageantrag I; GRUR 1992, 625 (627) – Therapeutische Äquivalenz; WRP 1992, 706 (707) – Haftungsbeschränkung bei Anwälten; GRUR 2000, 907 (908) – Filialleiterfehler; GRUR 2001, 255 – Augenarztanschreiben; Teplitzky Wettbewerbsrechtliche Ansprüche/Schwippert Kap. 51 Rn. 11). – Ein auf **Erstbegehungsgefahr** gestützter Unterlassungsantrag, für den es (mangels Tatausführung) an einer konkreten Verletzungsform fehlt, ist hinreichend bestimmt, wenn er im Rahmen des dem Kläger Möglichen eindeutig und vollstreckbar formuliert ist (BGH (VI. ZS) GRUR 2021, 884 Rn. 15).

1.37   **b) Einzelfallwürdigung.** Die Frage, welche Formulierungen noch zulässig sind, kann nicht abstrakt-generell, sondern nur anhand des jeweiligen Sach- und Sinnzusammenhangs unter Berücksichtigung der Umstände des Einzelfalls entschieden werden (vgl. BGH GRUR 1977, 114 (115) – VUS; GRUR 1995, 744 (749) – Feuer, Eis & Dynamit I; GRUR 2002, 1088 (1089) – Zugabenbündel; GRUR 2004, 696 (699) – Direktansprache am Arbeitsplatz I). Der **Auslegung** des Klageantrags kommt daher eine große Bedeutung zu. Hierzu können die **konkrete Verletzungshandlung** bzw. Verletzungsform und die **Klagebegründung** sowie dazu gegebene Erläuterungen im Übrigen herangezogen werden (BGH WRP 2001, 1182 (1183) – Jubiläumsschnäppchen; GRUR 2008, 702 Rn. 37 – Internet-Versteigerung III; GRUR 2011, 152 Rn. 25 – Kinderhochstühle im Internet; WRP 2012, 461 Rn. 11 – Kreditkontrolle; GRUR 2017, 266 Rn. 32 – World of Warcraft I; WRP 2017, 1081 – Komplettküchen; GRUR 2019, 627 Rn. 15 – Deutschland-Kombi; OLG München WRP 2019, 791 Rn. 27, 28). Beispiele aus der Rspr. dürfen folglich nicht unbesehen auf andere Fälle übertragen werden. Vielmehr kann in einem Fall eine bestimmte Formulierung (zB „unübersehbar") hinreichend bestimmt (BGH GRUR 1992, 406 – Beschädigte Verpackung I; GRUR 1999, 1017 – Kontrollnummernbeseitigung), in einem anderen jedoch zu unbestimmt sein (BGH GRUR 1991, 254 (257) – Unbestimmter Unterlassungsantrag I; NJWE-WettbR 1998, 169 (170); GRUR 2005, 692 (693 f.) – „statt"-Preis). Von Bedeutung ist auch, ob der unbestimmte Begriff durch Beispielsfälle oder Bezugnahme auf konkrete Verletzungshandlungen („sofern dies geschieht wie …") konkretisiert wird (vgl. BGH WRP 1998, 164 (168) – Modenschau im Salvatorkeller; GRUR 1998, 481 (482) – Auto '94; GRUR 2000, 619 (621) – Orient-Teppichmuster; WRP 2011, 742 Rn. 13 – Rechtsberatung durch Lebensmittelchemiker; WRP 2018, 328 Rn. 12 – Festzins Plus). Entscheidend ist dabei, ob mit der Formulierung lediglich im Kern gleiche Handlungen oder auch ähnliche Handlungen erfasst werden sollen. Im ersteren Fall handelt es sich um einen zulässigen Hinweis darauf, dass dem gerichtlichen Verbot grds. nicht nur identische, sondern auch kerngleiche Handlungen unterfallen; im letzteren Fall ist der Antrag regelmäßig nicht hinreichend bestimmt (BGH GRUR 2002, 177 (178) – Jubiläumsschnäppchen). – Als **im Einzelfall hinreichend bestimmt** wurden zB angesehen: „im geschäftlichen Verkehr" (BGH GRUR 1962, 310 (313) – Gründerbildnis); „markenmäßig" (BGH GRUR 1991, 138 – Flacon); „schlussverkaufsfähig" (BGH GRUR 1987, 171 – Schlussverkaufswerbung I); „wörtlich oder sinngemäß" (BGH GRUR 1977, 114 (115) – VUS; OLG Frankfurt GRUR-RR 2015, 302); „wenn dies wie in der Anzeige in … vom … geschieht" (BGH GRUR 1991, 254 (257) – Unbestimmter Unterlassungsantrag I); „mit Aussagen wie …" (BGH GRUR 2002, 177 (178) – Jubiläumsschnäppchen); „Freizeitveranstaltung" (BGH GRUR 1992, 561 (562) – Unbestimmter Unterlassungsantrag II); „ohne bes Berechnung" (OLG Hamburg WRP 1974, 163 (165)); „gegen Entgelt" (BGH GRUR 1995, 744 (749) – Feuer, Eis & Dynamit I); „Sportartikel" (BGH GRUR 1984, 593 (594) – adidas-Sportartikel); „Anwendungsweise", „Wirkungen", „Anwendungsgebiete" (BGH GRUR 1992, 463 (464) – Anzeigenplatzierung); „gestatten" (BGH GRUR 1993, 556 (557) – TRIANGLE); „unmissverständlich", „unüberhörbar", „unübersehbar", „deutlich hervorgehoben", „blickfangmäßig" (BGH GRUR 1992, 406 – Beschädigte Verpackung I; GRUR 1996, 421 – Effektivzins; GRUR 1999, 1017 – Kontrollnummernbeseitigung; GRUR 2000, 619 (620) – Orient-Teppichmuster); „Geräte der Unterhaltungselektronik" (BGH GRUR 1996, 796 (797) – Setpreis); „Artikel der Unterhaltungselektronik" (BGH GRUR 2002, 1095 – Telefonische Vorratsanfrage); „günstige" Berichterstattung, sofern auf bestimmte Fälle bezogen (BGH WRP 1998, 164 (168) – Modenschau im Salvatorkeller); „Orient-Teppich-Muster" (BGH GRUR 2000, 619 (621) – Orient-Teppichmuster; Telefongespräch, das „über eine erste Kontaktaufnahme hinausgeht" (BGH GRUR 2004, 696 (699) – Direktansprache am Arbeitsplatz I); gezieltes und individuelles Ansprechen von Passanten in der Öffentlichkeit, „sofern der Werbende nicht eindeutig als solcher erkennbar ist" (BGH GRUR 2005, 443 (445) – Ansprechen in der Öffentlichkeit II); „Sperre" (BGH GRUR 2005, 609 (610) – Sparberaterin II); „Jugendzeitschrift" (BGH GRUR 2006, 776 Rn. 16 – Werbung für Klingeltöne); „in unmittelbarem Zusammenhang", wenn damit die unmittelbare räumliche Nähe zwischen Preisangabe und Umsatzsteuerhinweis bezeichnet wird (BGH GRUR 2008, 532 Rn. 17 – Umsatzsteuerhinweis); „solange der Vorrat reicht" (BGH WRP 2010, 237 Rn. 7 – Solange der Vorrat reicht); „hinreichende Gründe" (BGH GRUR 2011, 345 Rn. 18 – Hörgeräteversorgung II); „nahe Verwandte" (BGH GRUR 2011, 345 Rn. 72 – Hörgeräteversorgung II); „Minderjähriger", „Betreiber von Lottoannahmestellen", „ermöglichen und/oder … ermöglichen lassen" (BGH WRP 2012, 453 Rn. 27 – Glücksspielverband); „unterhalb des marktgerechten Preises" (BGH GRUR 2019, 627 Rn. 18 ff. – Deutschland-Kombi).

c) **Unstreitige Bedeutung.** Auslegungsbedürftige Begriffe, insbes. Allgemeinbegriffe der **1.38** Rechts- oder Alltagssprache, wie zB „im geschäftlichen Verkehr", „werben", „anbieten", „Wettbewerb" oder „markenmäßig", „gegenüber Gewerbetreibenden", dürfen und sollen im Interesse einer sachgerechten Verurteilung verwendet werden, wenn im konkreten Fall über die Bedeutung des Begriffs kein Streit besteht und objektive Maßstäbe zur Abgrenzung zur Verfügung stehen (BGH WRP 2011, 742 Rn. 13 – Rechtsberatung durch Lebensmittelchemiker; GRUR 2011, 444 Rn. 12 – Flughafen Frankfurt-Hahn; GRUR 2011, 433 Rn. 14 – Verbotsantrag bei Telefonwerbung; WRP 2018, 426 Rn. 26 – Resistograph; GRUR 2021, 1425 Rn. 12 – Vertragsdokumentengenerator; OLG Brandenburg GRUR-RR 2018, 466 Rn. 34). Dass im Einzelfall bei Beachtung und Durchsetzung eines Verbots in Sonderfällen doch eine nähere Prüfung erforderlich sein kann, ist hinzunehmen (BGH GRUR 2000, 438 (440) – Gesetzeswiederholende Unterlassungsanträge).

d) **Grenzen der Bestimmtheit.** Die Grenze zur Unbestimmtheit ist überschritten bei **Streit** **1.39** **der Parteien** über die Bedeutung des Begriffs im konkreten Fall und bei **Fehlen objektiver**

Kriterien zur Abgrenzung zulässigen und unzulässigen Verhaltens (BGHZ 172, 119 Rn. 50 –
Internet-Versteigerung II; BGH WRP 2011, 742 Rn. 13 – Rechtsberatung durch Lebensmittelchemiker; WRP 2012, 461 Rn. 11 – Kreditkontrolle; GRUR 2018, 417 Rn. 26 – Resistograph). Hier muss der Kläger den Begriff hinreichend konkret umschreiben und ggf. mit Beispielen unterlegen (BGH GRUR 2021, 1425 Rn. 12 f. – Vertragsdokumentengenerator). Das
kann durch Bezugnahme auf die konkrete Verletzungsform geschehen. Allerdings ist stets zu
prüfen, ob dem Kläger (ggf. im Rahmen der Zurückverweisung) Gelegenheit zu geben ist,
seinen Antrag noch zu präzisieren (BGH WRP 2018, 328 Rn. 14 – Festzins Plus). Als **idR zu
unbestimmt** wurden zB angesehen: Anzeigen „ähnlich wie" (BGH GRUR 1991, 254 (256) –
Unbestimmter Unterlassungsantrag I; WRP 2001, 1182 (1183) – Jubiläumsschnäppchen); „mit
Anzeigen der nachfolgend eingeblendeten Art" (BGH WRP 2001, 400 (401 f.) – TCM-Zentrum); „zum Verwechseln ähnlich" (BGH WRP 1994, 822 (824) – Rotes Kreuz); „zu Verwechslungen geeignet" (BGH GRUR 2002, 86 (88) – Laubhefter); „Eindruck erwecken" (BGH
GRUR 1962, 310 (313) – Gründerbildnis); „eindeutig", „angemessen", „unmissverständlich",
„deutlich", „leicht erkennbar", „unübersehbar", „unüberhörbar" (BGH WRP 1999, 1035
(1036) – Kontrollnummernbeseitigung; GRUR 2000, 619 (620) – Orient-Teppichmuster;
GRUR 2005, 692 (693) – „statt"-Preis; WRP 2018, 328 Rn. 12 – Festzins Plus); „Bestellungen,
auf die wie in den mit der Klage beanstandeten Fällen deutsches Recht anwendbar ist" (BGH
GRUR 1992, 561 (562) – Unbestimmter Klageantrag II); „... mit ... verwechslungsfähig"
(BGH GRUR 1963, 430 (431) – Erdener Treppchen; GRUR 1979, 859 (860) – Hausverbot II);
Benutzung „in sonstiger Weise" (BGH GRUR 1977, 260 – Friedrich Karl Sprudel; GRUR
1981, 60 (64) – Sitex); Abwerbung durch „planmäßige Handlungen" (OLG München WRP
1971, 534; OLG Köln GRUR 1990, 536); Abgabe „anderer Reklamegegenstände von mehr als
geringem Wert" (OLG Frankfurt WRP 1979, 67 (68)); „sofern angemessener preislicher Abstand
nach oben" (BGH GRUR 1992, 310 (311) – Taschenbuch-Lizenz); „Vorteil durch Preisunterbietung" (BGH GRUR 1993, 980 (981) – Tariflohnunterschreitung); „gleichkommt" (BGH
GRUR 1992, 191 (194) – Amtsanzeiger); „den privaten Rahmen übersteigende Zusammenkunft" (BGH GRUR 1991, 917 (919) – Anwaltswerbung); „Beiträge, die inhaltlich Werbung
sind" (BGH GRUR 1993, 565 (566) – Faltenglätter); „Werbeschreiben zu versenden" (KG
WRP 2018, 350 Rn. 4); „Vorteil durch Preisunterbietung" (BGH GRUR 1993, 980 (981) –
Tariflohnunterschreitung); „regelmäßig gefordert und ... auch regelmäßig bezahlt" (BGH
GRUR 1996, 796 (797) – Setpreis); „marktübliche Preise" (BGHZ 144, 255 (263) = GRUR
2000, 1076 (1077 f.) – Abgasemissionen); „überwiegend pauschale Anpreisung des Firmenange-
bots" (BGH WRP 1998, 42 (46) – Unbestimmter Unterlassungsantrag III); „Jubiläumsveranstal-
tung" (KG NJWE-WettbR 1998, 160); „günstig" (BGH WRP 1998, 164 (168) – Modenschau
im Salvatorkeller); „mit von vornherein festgelegten transparenten, objektiven und strengen ...
Kriterien" (BGH WRP 1999, 105 (109) – Schilderpräger im Landratsamt); „Preise herabsetzend
und/oder ironisch vergleichend gegenübergestellt werden" (BGH GRUR 2002, 72 (73) – Preisgegenüberstellung im Schaufenster); „ohne honorarrechtlich anerkannten Grund" (BGH
GRUR 2005, 171 (172) – Ausschreibung von Ingenieurleistungen); „im geschäftlichen Verkehr"
(BGH GRUR 2008, 702 Rn. 35 – Internet-Versteigerung III); „von Maßnahmen gleicher
Zweckbestimmung oder Wirkung abzusehen" (BGHZ 180, 323 Rn. 52 – Gaslieferverträge);
„Rechtsrat" (BGH WRP 2011, 742 Rn. 13 – Rechtsberatung durch Lebensmittelchemiker);
„rechtliche Beratung" (BGH WRP 2012, 461 Rn. 11 – Kreditkontrolle) „staatliche Beihilfen"
(BGH GRUR 2011, 444 Rn. 12 – Flughafen Frankfurt-Hahn); „Verweisung" (BGH GRUR
2011, 345 Rn. 19–21 – Hörgeräteversorgung II); „deutlich und unübersehbar" (OLG Naumburg WRP 2010, 1567); „in deutlich lesbarer Druckgröße wiederzugeben" (KG GRUR-RR
2011, 278 (279)); „angemessene Gegenleistung" (BGH GRUR-RR 2012, 157 Rn. 12 –
Flughafen Berlin-Schönefeld); „gängige und zumutbare Zahlungsmöglichkeit" (BGH GRUR
2022, 1447 Rn. 14 ff. – Servicepauschale).

3. Gesetzeswiederholung

1.40   **a) Grundsatz.** Die Wiederholung des Wortlauts eines gesetzlichen Verbotstatbestands genügt
grds. nicht für die Bestimmtheit des Unterlassungsantrags und der darauf beruhenden Verurteilung (stRspr; BGH GRUR 2010, 749 Rn. 21 – Erinnerungswerbung im Internet; GRUR 2011,
936 Rn. 17 – Double-opt-in-Verfahren; GRUR 2012, 842 Rn. 12 – Neue Personenkraftwagen
I; GRUR 2015, 1237 Rn. 13 – Erfolgsprämie für die Kundengewinnung; WRP 2017, 426
Rn. 18 – ARD-Buffet; GRUR 2019, 627 Rn. 16, 18 – Deutschland-Kombi; WRP 2019, 1013

Rn. 23 – Cordoba II). Denn das Gesetz stellt nur eine abstrakte Regelung auf und kann daher eine unübersehbare Vielzahl von Fällen erfassen. Ein entspr. Unterlassungstitel wäre, da seine Reichweite erst durch Auslegung ermittelt werden müsste, keine geeignete Vollstreckungsgrundlage (BGH GRUR 2000, 438 (440) – Gesetzeswiederholende Unterlassungsanträge; Ahrens Wettbewerbsprozess-HdB/Bacher Kap. 21 Rn. 9). **Beispiele:** Als unzulässig, weil so unbestimmt, wurde angesehen: Der Antrag auf ein Verbot, „in Nachlassangelegenheiten rechtsberatend und rechtsbesorgend tätig zu werden" (BGH GRUR 2003, 886 (887) – Erbenermittler); ebenso der Antrag auf ein Verbot, „außergerichtliche Rechtsdienstleistungen in Form der Vertretung Dritter in Widerspruchsverfahren zu erbringen" (BGH GRUR 2021, 758 Rn. 15 ff. – Rechtsberatung durch Architektin). – Der Antrag auf ein Verbot, Telefonwerbung zu betreiben, ohne dass „zumindest Umstände vorliegen, auf Grund derer das Einverständnis mit einer solchen Kontaktaufnahme vermutet werden kann" (BGH GRUR 2007, 607 Rn. 17 – Telefonwerbung für „Individualverträge". – Der Antrag auf ein Verbot, „Artikel des Sortiments ohne den eindeutig zuzuordnenden und leicht erkennbaren Hinweis darauf zu bewerben, ob und ggf. in welcher Höhe zusätzlich Liefer- und Versandkosten anfallen und ob die Preise einschließlich der Umsatzsteuer und sonstiger Preisbestandteile gelten" (BGH GRUR 2008, 84 Rn. 14 – Versandkosten).

b) Ausnahmen. Von diesem Grundsatz macht die Rspr. jedoch eine Reihe von **Ausnahmen** **1.40a** (vgl. BGH GRUR 2011, 936 Rn. 18 – Double-opt-in-Verfahren; GRUR 2015, 1237 Rn. 13 – Erfolgsprämie für die Kundengewinnung; WRP 2017, 426 Rn. 18 – ARD-Buffet; GRUR 2019, 627 Rn. 16 – Deutschland-Kombi; WRP 2019, 1013 Rn. 23 – Cordoba II; GRUR 2022, 1447 Rn. 12 – Servicepauschale):

(1) **Das Gesetz ist hinreichend eindeutig und konkret gefasst.** So etwa bei Verstößen gegen Straftatbestände (OLG Nürnberg WRP 2008, 1471 (1473)), gegen § 49 IV 3 PBefG (BGH GRUR 1989, 835 – Rückkehrpflicht III), gegen § 4 I HWG (BGH GRUR 2010, 749 Rn. 23 – Erinnerungswerbung im Internet) oder gegen § 7 II Nr. 2 Fall 1 aF = § 7 II Nr. 1 Fall 1 (OLG Hamm MMR 2007, 54; LG Stuttgart WRP 2005, 1041; offengelassen in BGH GRUR 2011, 936 Rn. 18 – Double-opt-in-Verfahren). Dies gilt aber nicht, wenn gerade streitig ist, welche von mehreren Verhaltensweisen dem gesetzlichen Verbotstatbestand unterfällt (BGH WRP 2019, 1013 Rn. 23 – Cordoba II).

(2) **Der Anwendungsbereich einer Norm ist durch eine gefestigte Auslegung geklärt und eine weitere Konkretisierung im Rahmen des Unterlassungsantrags ist nicht möglich** (BGH GRUR 2009, 977 Rn. 22, 27 – Brillenversorgung I; GRUR 2011, 345 Rn. 18–21 – Hörgeräteversorgung II). Insoweit ist dann zu prüfen, ob der Antrag, da zu weit gehend, nicht völlig oder teilweise unbegründet ist (BGH GRUR 2003, 886 (887) – Erbenermittler).

(3) **Der Kläger macht hinreichend deutlich, dass er nicht ein Verbot im Umfang des Gesetzeswortlauts beansprucht, sondern sich mit seinem Unterlassungsbegehren an der konkreten Verletzungshandlung orientiert** (BGH GRUR 2003, 886 (887) – Erbenermittler; GRUR 2012, 842 Rn. 12 – Neue Personenkraftwagen; WRP 2016, 958 Rn. 19 – Freunde finden; WRP 2019, 1013 Rn. 23 – Cordoba II).

Allerdings setzt die Bestimmtheit in allen drei Fällen grds. voraus, dass zwischen den Parteien kein Streit darüber besteht, dass das beanstandete Verhalten das fragliche Tatbestandsmerkmal erfüllt, dh dass nicht die tatsächliche Gestaltung des angegriffenen Verhaltens, sondern nur dessen rechtliche Qualifizierung zwischen den Parteien streitig ist (BGH GRUR 2012, 945 Rn. 16 – Tribenuronmethyl; GRUR 2015, 1237 Rn. 13 – Erfolgsprämie für die Kundengewinnung; WRP 2017, 542 Rn. 12 – Konsumgetreide; GRUR 2019, 627 Rn. 16 – Deutschland-Kombi; WRP 2019, 1013 Rn. 23 – Cordoba II).

c) Auslegung des Klageantrags. Die bloße Wiedergabe des gesetzlichen Verbotstatbestands **1.40b** im Klageantrag ist auch dann unschädlich, wenn sich durch Auslegung anhand des Sachvortrags das Begehrte eindeutig ergibt und die Parteien nicht über die tatsächliche Fallgestaltung, sondern nur über dessen rechtliche Einordnung streiten (BGH GRUR 2015, 1237 Rn. 13 – Erfolgsprämie für die Kundengewinnung; WRP 2019, 1013 Rn. 23 – Cordoba II). Die wörtliche Wiedergabe einzelner Vorschriften, die lediglich der Erläuterung des Klageantrags dient, stellt lediglich eine unschädliche Überbestimmung dar (BGH GRUR 2015, 1019 Rn. 12 – Mobiler Buchhaltungsservice).

1.40c   **d) Gewährleistung effektiven Rechtsschutzes.** Eine auslegungsbedürftige Antragsformu–
lierung kann im Übrigen dann hinzunehmen sein, wenn eine weitergehende Konkretisierun
nicht möglich und die gewählte Antragsformulierung zur Gewährung **effektiven Rechtsschut
zes** im Hinblick auf eine bestimmte geschäftliche Handlung erforderlich ist (→ Rn. 1.36; BGF
GRUR 2011, 433 Rn. 10 – Verbotsantrag bei Telefonwerbung; GRUR 2012, 945 Rn. 16 –
Tribenuronmethyl; GRUR 2014, 791 Rn. 28 – Teil-Berufsausübungsgemeinschaft; GRUF
2015, 1237 Rn. 13 – Erfolgsprämie für die Kundengewinnung; WRP 2017, 426 Rn. 18 –
ARD-Buffet; GRUR 2019, 627 Rn. 16 – Deutschland-Kombi). Das gilt aber dann nicht, wen
der Kläger sich bei der Formulierung des Klageantrags an der **konkreten Verletzungsforn**
orientieren kann (BGH WRP 2012, 461 Rn. 15 – Kreditkontrolle).

1.40d   **e) Einzelfragen.** Im Einzelfall kann bereits eine **Modifizierung** des gesetzlichen Verbots
tatbestands genügen, um die Bestimmtheit des Antrags zu gewährleisten. So bspw. die Ersetzun
des Begriffs der „Einwilligung" in § 7 II Nr. 2 aF = § 7 II Nr. 1 durch den Begriff des „Ein
verständnisses" (BGH GRUR 2011, 433 Rn. 14 – Verbotsantrag bei Telefonwerbung). – Ist de
Antrag verallgemeinernd gefasst, sieht das gesetzliche Verbot aber **Ausnahmen** vor, genügt e
nicht, auf die gesetzliche Regelung zu verweisen, wenn deren Tatbestandsmerkmale nicht völli
eindeutig oder durch eine gefestigte Auslegung geklärt sind. Vielmehr müssen die Umstände, di
nach Auffassung des Klägers für die Erfüllung des Ausnahmetatbestands sprechen, so genat
umschrieben werden, dass im Vollstreckungsverfahren erkennbar ist, welche konkreten Hand
lungen von dem Verbot ausgenommen sind (BGH GRUR 2010, 749 Rn. 26 – Erinnerungs
werbung im Internet; GRUR 2012, 945 Rn. 25 – Tribenuronmethyl). Ist dies dem Kläger nic
möglich, so muss er den Antrag auf die konkrete Verletzungsform beschränken (→ Rn. 1.45
BGH GRUR 2010, 749 Rn. 32 – Erinnerungswerbung im Internet; WRP 2011, 742 Rn. 17 –
Rechtsberatung durch Lebensmittelchemiker).

4. Unzulänglichkeit verbaler Beschreibung

1.41   Vielfach, insbes. in den Fällen unzulässiger Nachahmung (§ 4 Nr. 3), lässt sich die zu unterlas
sende Handlung verbal nicht hinreichend genau beschreiben. Um die notwendige Bestimmthei
zu erreichen, ist es dann gerechtfertigt, eine anderweit sinnlich wahrnehmbare, insbes. fotogra
fische oder zeichnerische Darstellung in den Antrag aufzunehmen (Beispiele: BGH GRUR
1981, 517 – Rollhocker; GRUR 1986, 673 – Beschlagprogramm; GRUR 1988, 690 – Kristall
figuren; GRUR 2002, 86 (88) – Laubhefter). Bei umfangreichen Unterlagen kann die Beifügung
in eine Anlage und eine Bezugnahme hierauf im Antrag geboten sein (s. auch → Rn. 1.106)
Zur Bestimmtheit bei **Computerprogrammen** vgl. BGHZ 112, 264 = GRUR 1991, 449
(450) – Betriebssystem; Schulze CR 1989, 799 (800).

5. Geheimhaltungsinteresse

1.42   An die Bestimmtheit (bzw. Konkretisierung) des Unterlassungsantrags sind dann geringere
Anforderungen zu stellen, wenn im Antrag und damit im Titel Umstände (zB Betriebsgeheim
nisse) offenbart werden müssten, an denen ein schutzwürdiges Geheimhaltungsinteresse besteht
und andernfalls ein effektiver Rechtsschutz nicht gewährleistet wäre (BGH WRP 2012, 456
Rn. 27 – Delan). Doch muss die Vollstreckbarkeit gewährleistet sein (BGH GRUR 1961, 40
(42) – Wurftaubenpresse).

II. Konkretisierungsgebot

Schrifttum: Bergmann, Zur alternativen und kumulativen Begründung des Unterlassungsantrags im Wettbewerbsrecht, GRUR 2009, 224; Teplitzky, Unterwerfung und konkrete Verletzungsform, WRP 1990, 26;
Teplitzky, Zum Streitgegenstand der wettbewerbsrechtlichen Unterlassungsklage, WRP 2011, 181; v. Ungern-Sternberg, Grundfragen des Streitgegenstands bei wettbewerbsrechtlichen Unterlassungsklagen (Teil 2),
GRUR 2009, 1009.

1. Anknüpfung an die konkrete Verletzungsform

1.43   Der Unterlassungsanspruch setzt eine „konkrete Verletzungshandlung" voraus, für die Wie-
derholungs- oder Erstbegehungsgefahr (§ 8 I) besteht. Die Merkmale dieser Handlung, die ihre
Wettbewerbswidrigkeit begründen, bilden die „konkrete Verletzungsform". Auf sie kommt es
bei der Umschreibung des künftig zu unterlassenden Verhaltens an (vgl. BGH GRUR 1984, 593

(594) – adidas-Sportartikel). Dementsprechend muss der Klageantrag, sofern er sich nicht in zulässiger Weise auf ein Verbot der Handlung, so wie sie begangen worden ist, beschränkt (BGH GRUR 2001, 453 (454) – TCM-Zentrum), grds. auf die „konkrete Verletzungsform" abstellen (Konkretisierungsgebot). Das ist aber keine Frage der Zulässigkeit, sondern der **Begründetheit** der Klage. Der Antrag muss sich möglichst genau an die konkrete Verletzungsform anpassen und deren Inhalt und die Umstände, unter denen ein Verhalten untersagt werden soll, so deutlich umschreiben, dass sie in ihrer konkreten Gestaltung zweifelsfrei erkennbar sind (BGH GRUR 1977, 114 (115) – VUS). Eine unmittelbare Bezugnahme auf die konkrete Verletzungsform liegt auch dann vor, wenn der Klageantrag die Handlung abstrakt beschreibt, sie aber – anders als bei Antragsfassungen, die die konkrete Verletzungsform nur als Beispiel heranziehen (→ Rn. 1.46) – mit einem **„wie"-Zusatz** („wie geschehen ..."; „wenn dies geschieht wie ...") konkretisiert (BGH WRP 2011, 873 Rn. 17 – Leistungspakete im Preisvergleich). Die abstrakte Kennzeichnung hat dabei die Funktion, den Kreis der Varianten näher zu bestimmen, die als „kerngleiche" Handlungen von dem Verbot erfasst sein sollen (BGH GRUR 2006, 164 Rn. 14 – Aktivierungskosten II; GRUR 2010, 749 Rn. 36 – Erinnerungswerbung im Internet). Begründet ein anderer als der in die abstrakte Umschreibung aufgenommene Gesichtspunkt die Wettbewerbswidrigkeit der beanstandeten Handlung, so kann das beantragte Verbot ausgesprochen werden, sofern nur ein entsprechender Lebenssachverhalt vorgetragen und festgestellt wurde (BGH WRP 2011, 873 Rn. 18, 19 – Leistungspakete im Preisvergleich). – Zu beachten ist, dass im Einzelfall eine konkrete Verletzungshandlung (zB Versenden eines Prospekts mit mehreren irreführenden Werbeangaben) mehrere konkrete Verletzungsformen, sei es nebeneinander, sei es ineinander verwoben, enthalten kann (v. Ungern-Sternberg GRUR 2009, 1009 (1012)). Sollen sie nebeneinander angegriffen werden, ist die Verbindung im Antrag zweckmäßigerweise nicht mit „und/oder", sondern nur mit „oder" vorzunehmen, um ggf. eine Teilabweisung zu vermeiden (vgl. BGH GRUR 2022, 1347 Rn. 65 - 7 x mehr; Ahrens Wettbewerbsprozess-HdB/Bacher Kap. 21 Rn. 20). Bei der Verwendung verwechslungsfähiger Firmenbestandteile kann nicht die Verwendung dieser Bestandteile schlechthin untersagt werden, sondern nur die Verwendung in einer Form, die Verwechslungen ermöglicht, also im angegriffenen Firmennamen in seiner vollständigen Gestalt (BGH GRUR 1981, 61 (64) – Sitex; GRUR 2013, 833 Rn. 27 – Culinaria/Villa Culinaria; Teplitzky Wettbewerbsrechtliche Ansprüche/Schwippert Kap. 51 Rn. 20). Richtet sich die Klage gegen **mehrere** Verletzer mit unterschiedlichen, voneinander abgrenzbaren Tatbeiträgen, so ist dem bei der Formulierung der Antrags- und Verbotsfassung Rechnung zu tragen (BGH GRUR 1977, 114 (115) – VUS; KG GRUR 1994, 667 (668)).

2. Zulässigkeit von Verallgemeinerungen

Die von einer konkreten Verletzungshandlung ausgehende Wiederholungsgefahr besteht nicht **1.44** nur für die identische Verletzungsform, sondern auch für alle **„im Kern gleichartigen Verletzungshandlungen"** (stRspr; vgl. BGH GRUR 2010, 749 Rn. 42 – Erinnerungswerbung im Internet). (**Beispiel** nach BGH GRUR 1984, 593 (594) – adidas-Sportartikel: Konkrete Verletzungshandlung war die Werbung für einzelne adidas-Sportartikel; Wiederholungsgefahr bestand aber hins. der Werbung für adidas-Sportartikel generell). In diesem Umfang gilt auch ein gerichtliches Verbot, auch wenn es auf die konkrete Verletzungsform beschränkt ist (BGH GRUR 2010, 749 Rn. 42, 45 – Erinnerungswerbung im Internet). Allerdings kann sich der Antrag auch auf im Kern gleichartige Verletzungshandlungen beziehen. Dementsprechend sind bei der Formulierung des Antrags gewisse **Verallgemeinerungen** zulässig, sofern darin das **Charakteristische** (der „Kern") der konkreten Verletzungsform aus der begangenen Verletzungshandlung zum Ausdruck kommt (stRspr; BGH GRUR 2008, 702 Rn. 55 – Internetversteigerung III; GRUR 2010, 253 Rn. 30 – Fischdosendeckel; GRUR 2010, 454 Rn. 12 – Klassenlotterie; GRUR 2011, 433 Rn. 26 – Verbotsantrag bei Telefonwerbung). Verfehlt oder überschreitet die Verallgemeinerung das charakteristische Element, so ist die Klage (teilweise) unbegründet (BGH GRUR 1992, 625 (627) – Therapeutische Äquivalenz; WRP 2005, 1009 (1011) – „statt"-Preis; GRUR 2022, 399 Rn. 11–14 – Werbung für Fernbehandlung). Um dies zu vermeiden, muss der Kläger die Umstände, unter denen die Verhaltensweise ausnahmsweise erlaubt ist, so genau umschreiben, dass im Vollstreckungsverfahren erkennbar ist, welche konkreten Handlungen von dem Verbot ausgenommen werden (BGH WRP 2013, 496 Rn. 21 – Steuerbüro). – **Beispiele:** Erweiterung des Antrags auf adidas-Sportartikel zulässig, nicht dagegen auf Sportartikel schlechthin, wenn das Charakteristische des Verstoßes gerade in der Bewerbung von adidas-Sportartikeln liegt (BGH GRUR 1984, 593 (594) – adidas-Sportartikel).

– Unterlassungsantrag gegen irreführende Preiswerbung darf auf „Geräte der Telekommunikation" erweitert werden, wenn Mobiltelefone und ein Funkempfänger unzulässig beworben worden waren (BGH GRUR 2000, 907 (909) – Filialleiterfehler). – Die Werbung mit einer unzutreffenden Leistungsangabe bei einem Mikrowellen-Gerät rechtfertigt ein auf „Haushaltsgeräte" verallgemeinertes Unterlassungsgebot (OLG Stuttgart GRUR-RR 2005, 93). – Die Grenzziehung ist naturgemäß schwierig (vgl. BGH GRUR 1981, 277 (278) – Biene Maja; GRUR 1990, 450 (452) – St. Petersquelle; WRP 1992, 706 (707) – Haftungsbeschränkung bei Anwälten). – Vielfach, aber nicht immer, kann ein **„insbes"**-Zusatz oder **„wie beispielhaft"**-Zusatz (→ Rn. 1.46) helfen (BGH GRUR 2008, 702 Rn. 26 – Internetversteigerung III), weil und soweit dies dazu dient, das Charakteristische des Verbots zum Ausdruck zu bringen. – Ist der Antrag zu weit gefasst, kann ihm häufig im Wege der Auslegung als **minus** entnommen werden, dass jedenfalls die konkrete Wettbewerbsmaßnahme verboten werden soll (BGH GRUR 2004, 605 (607) – Dauertiefpreise; GRUR 2008, 702 Rn. 32 – Internetversteigerung III; WRP 2011, 742 Rn. 18 – Rechtsberatung durch Lebensmittelchemiker; GRUR 2011, 444 Rn. 13 – Flughafen Frankfurt-Hahn; GRUR 2011, 82 Rn. 37 – Preiswerbung ohne Umsatzsteuer; WRP 2012, 461 Rn. 16 – Kreditkontrolle; BGHZ 234, 56 Rn. 29 – YouTube II). Voraussetzung ist aber, dass ohne weiteres feststellbar ist, welche konkrete Verletzungsform auf jeden Fall erfasst sein soll. Selbst wenn dies aber möglich ist, scheidet eine Abspaltung als „minus" aus, wenn der Kläger ausdrücklich an seinem Antrag festhält und jede Einschränkung ablehnt. Denn grds. ist es nicht Sache des Gerichts, einen zu weit gefassten Antrag so umzuformulieren, dass er Erfolg hat oder haben könnte (BGH GRUR 1998, 489 (492) – Unbestimmter Unterlassungsantrag III; GRUR 2002, 187 (188) – Lieferstörung).

3. Einbeziehung erlaubter Verhaltensweisen in den Unterlassungsantrag

1.44a   Ein Unterlassungsantrag ist zu **weit gefasst** und damit **unbegründet,** wenn er auch Handlungen einbezieht, die **nicht wettbewerbswidrig** sind (BGH GRUR 2010, 749 Rn. 26 – Erinnerungswerbung im Internet; GRUR 2012, 945 Rn. 25 – Tribenuronmethyl; GRUR 2012, 1062 Rn. 38 – Elektronischer Programmführer; GRUR 2013, 1161 Rn. 53 ff. – Hard Rock Café; WRP 2014, 424 Rn. 47 – wetteronline.de; GRUR 2021, 746 Rn. 50 – Dr. Z; GRUR 2021, 1395 Rn. 13 – Hohenloher Landschwein; GRUR 2022, 399 Rn. 11–14 – Werbung für Fernbehandlung; GRUR 2022, 1812 Rn. 16 – DNS-Sperre). Eine Beschränkung auf die wettbewerbswidrigen Verhaltensweisen ist nicht möglich, wenn sie vom Verletzer nicht als charakteristisch für die Verletzungshandlung angesehen werden. Sie werden vom allgemein gefassten Unterlassungsantrag nicht, auch nicht als minus, erfasst (BGH GRUR 2002, 287 (288) – Widerruf der Erledigungserklärung; GRUR 2003, 890 (891) – Buchclub-Kopplungsangebot; vgl. auch BGH GRUR 2003, 958 (960) – Paperboy). **Beispiel:** Kläger beantragt generelles Verbot der Ankündigung und Abgabe kostenloser Bücher an neue Mitglieder eines Buchclubs. Die Ankündigung könnte zwar unter dem Gesichtspunkt wettbewerbswidrig sein, dass die Kunden nicht klar und deutlich auf die Folgekosten hingewiesen werden. Da dies aber nicht als Charakteristikum der Verletzungshandlung herausgearbeitet wird, erfasst der Antrag einen etwaigen Verstoß nicht, auch nicht als minus (BGH GRUR 2003, 890 (891) – Buchclub-Kopplungsangebot). – Wird jedoch der zu weit gehende (und daher ganz oder teilweise unbegründete) Antrag vom Beklagten nicht oder nur am Rande gerügt, muss das Gericht dem Kläger nach **§ 139 ZPO** Gelegenheit geben, die Reichweite seines Antrags zu prüfen und ggf. ihn neu zu fassen und dazu sachdienlich vorzutragen. Wurde von der Vorinstanz § 139 ZPO verletzt, so ist unter dem Gesichtspunkt des Vertrauensschutzes und des Anspruchs der Parteien auf ein faires Verfahren anstelle einer Abweisung der Klage eine Zurückverweisung geboten, um dem Kläger eine Neufassung seines Antrags und entspr. sachdienlichen Vortrag zu ermöglichen (BGH WRP 2012, 461 Rn. 16 – Kreditkontrolle; GRUR 2013, 409 Rn. 23 – Steuerbüro; WRP 2014, 424 Rn. 49 – wetteronline.de).

III. Zusätze

1. Einschränkende Zusätze

1.45   Der Kläger kann sich grds. damit begnügen, Unterlassung der Verletzungshandlung in der **konkret begangenen Form** zu beantragen und braucht keine einschränkenden Zusätze (zB „es sei denn, …"; „sofern nicht …") anzuführen. Es ist Sache des Beklagten, Wege zu finden, die aus dem Verbot herausführen (stRspr; BGH WRP 1999, 1035 (1036) – Kontrollnummernbeseitigung; WRP 2011, 742 Rn. 15 – Rechtsberatung durch Lebensmittelchemiker; GRUR 2011, 82 Rn. 35 – Preiswerbung ohne Umsatzsteuer). Der Kläger kann durch Unbestimmtheit des Zusatzes sogar seinen Antrag unzulässig machen (BGH GRUR 1975, 75 (76) – Wirtschaftsanzeigen-public relations; GRUR 1978, 649 (650) – Elbe-Markt; GRUR 1978, 652 – mini-Preis). Doch ist insoweit großzügig zu verfahren (BGH WRP 1999, 1035 (1036) – Kontrollnummernbeseitigung: Begriffe wie „unmissverständlich, unüberhörbar, unübersehbar" genügen idR dem Bestimmtheitserfordernis). – Stützt sich das Unterlassungsbegehren darauf, dass die beanstandeten Äußerungen vom Verkehr in bestimmter Weise verstanden werden, braucht der Antrag nur die zu untersagende Äußerung zu umfassen. Aus dem Antrag muss sich nicht ergeben, dass das Verbot unter der Voraussetzung eines bestimmten Verkehrsverständnisses ausgesprochen werden soll (BGH GRUR 2008, 725 Rn. 13 – Duftvergleich mit Markenparfüm). – Ist der Unterlassungsantrag über die konkrete Verletzungsform hinaus **verallgemeinernd** gefasst, müssen jedoch etwaige Einschränkungen auf Grund von gesetzlichen Ausnahmetatbeständen im Urteilstenor aufgenommen werden, um von dem weit gefassten Verbot erlaubte Verhaltensweisen auszunehmen. Auf Grund des Bestimmtheitsgebots müssen dann die Umstände, die für die Erfüllung des Ausnahmetatbestands sprechen, so genau umschrieben werden, dass im Vollstreckungsverfahren erkennbar ist, welche konkreten Handlungen von dem Verbot ausgenommen sind (BGH GRUR 2010, 749 Rn. 25 f. – Erinnerungswerbung im Internet; WRP 2011, 742 Rn. 15 – Rechtsberatung durch Lebensmittelchemiker). Es genügt daher nicht, auf die gesetzlichen Regelungen zu verweisen, sofern deren Tatbestandsmerkmale nicht völlig eindeutig oder durch eine gefestigte Auslegung geklärt sind (BGH WRP 2011, 742 Rn. 16 – Rechtsberatung durch Lebensmittelchemiker). Etwas anderes gilt nur dann, wenn eine weitere Konkretisierung nicht möglich ist und die Antragsformulierung zur Gewährung effektiven Rechtsschutzes erforderlich erscheint. Da allerdings der Kläger sich im Klageantrag an der konkreten Verletzungsform orientieren kann, kommt dies nicht in Betracht (BGH WRP 2011, 742 Rn. 17 – Rechtsberatung durch Lebensmittelchemiker).

2. Insbesondere-Zusätze

Unbedenklich sind **„insbesondere"-Zusätze,** mit denen der Kläger einen Unterlassungs-   **1.46** antrag einleitet. Es handelt sich dabei um **keinen eigenen Streitgegenstand** (BGH WRP 2016, 869 Rn. 13 – ConText). Die nachträgliche Einführung oder Veränderung eines solchen Zusatzes stellt daher weder eine Klageänderung noch eine Klageerweiterung noch eine (teilweise) Klagerücknahme dar (BGH GRUR 1991, 772 (773) – Anzeigenrubrik I). Doch vermag ein solcher Zusatz einen zu unbestimmten Klageantrag nicht zu retten (BGH GRUR 1993, 565 (566) – Faltenglätter); auch gilt für ihn selbst der Bestimmtheitsgrundsatz (stRspr; BGH GRUR 2012, 945 Rn. 25 – Tribenuronmethyl; WRP 2016, 869 Rn. 13 – ConText; GRUR 2020, 405 Rn. 15 – ÖKOTEST II). In dem Zusatz ist weder eine Einschränkung noch eine Erweiterung des Antrags, sondern eine **Auslegungshilfe** zu erblicken (BGH GRUR 2012, 945 Rn. 22 – Tribenuronmethyl; WRP 2018, 466 Rn. 28 – Resistograph). Er kann **zwei Funktionen** haben. Zum einen kann er das in erster Linie beantragte abstrakte Verbot erläutern, indem er am Beispiel der konkreten Verletzungsform das Charakteristische der Verletzung erläutert und verdeutlicht, was unter der im abstrakten Antragsteil genannten Verletzungsform zu verstehen ist (BGH GRUR 2008, 702 Rn. 26 – Internetversteigerung III; WRP 2019, 68 Rn. 21 – Jogginghose; FBO/Büscher Rn. 301; von Ungern-Sternberg GRUR 2011, 486 (488 ff.)). Er kann zum anderen auf diese Weise verdeutlichen, dass Gegenstand seines Begehrens nicht allein ein umfassendes, abstrakt formuliertes Verbot ist, sondern dass er, falls er damit nicht durchdringt, jedenfalls die Unterlassung des konkret beanstandeten Verhaltens (BGH WRP 2016, 869 Rn. 13 – ConText; WRP 2019, 68 Rn. 21 – Jogginghose; GRUR 2020, 405 Rn. 15 – ÖKOTEST II) und ggf. kerngleicher Handlungen begehrt (BGH WRP 1998, 42 (46) – Unbestimmter Unterlassungsantrag III; GRUR 2002, 86 (88) – Laubhefter). In der Sache hat der Zusatz dann die Funktion eines **unechten** oder **Quasi-Hilfsantrags** (→ Rn. 1.47; BGH GRUR 2012, 945 Rn. 22 – Tribenuronmethyl). Stellt der Zusatz kein minus, sondern ein aliud gegenüber dem Antrag dar, kann der Antrag insgesamt, weil in sich widersprüchlich, zu unbestimmt sein (BGH WRP 2016, 869 Rn. 13 – ConText; GRUR 2020, 405 Rn. 15 – ÖKOTEST II; FBO/Büscher Rn. 302; Teplitzky Wettbewerbsrechtliche Ansprüche/Schwippert Kap. 51 Rn. 40). Bei Zweifeln empfiehlt sich ein echter Hilfsantrag (→ Rn. 1.47 f.), der die konkrete Verletzungsform zum Gegenstand hat.

IV. Hilfsantrag

1. Unechter Hilfsantrag

1.47   Die Grenzen einer noch zulässigen Verallgemeinerung des Verbotsantrags können häufig zweifelhaft sein. Das mag den Kläger veranlassen, mehrere, ggf. stufenweise enger gefasste Anträge bis hin zur konkreten Verletzungsform zu stellen. Hierbei handelt es sich um keine echten Hilfsanträge, weil und soweit sie sich als bloße Konkretisierungen des („Haupt"-)Antrags darstellen (Teplitzky Wettbewerbsrechtliche Ansprüche/Schwippert Kap. 51 Rn. 30) und keinen anderen Streitgegenstand bilden (dazu v. Ungern-Sternberg GRUR 2011, 486 (489 f.)). Gleichwohl kann ein solches Vorgehen ratsam sein: Der Kläger vermeidet damit, dass im Falle einer zu weitgehenden Antragstellung die Klage insgesamt abgewiesen wird.

2. Echter Hilfsantrag

1.48   Er setzt einen anderen Streitgegenstand (→ Rn. 1.23) voraus und steht in einem „aliud"-Verhältnis zum Hauptantrag, während der „unechte" Hilfsantrag als „minus" im Hauptantrag enthalten ist. Die Abgrenzung kann in der Praxis Schwierigkeiten bereiten (dazu Teplitzky Wettbewerbsrechtliche Ansprüche/Schwippert Kap. 51 Rn. 30, 35; v. Ungern-Sternberg GRUR 2011, 486 (489 f.)). Über den Hilfsantrag ist nur zu entscheiden, wenn der Hauptantrag abgewiesen wird. Gibt das Gericht daher dem Hauptantrag statt, so kommt eine Verurteilung nach dem (uU weiter gehenden; vgl. BGH GRUR 1991, 929 (930) – Fachliche Empfehlung II) Hilfsantrag nicht in Betracht. Ein Hilfsantrag kann auch darin zu sehen sein, dass der Kläger seinen Unterlassungsanspruch vorrangig auf eine bestimmte Norm und nur hilfsweise auf eine andere Norm stützt, sofern unterschiedliche Streitgegenstände vorliegen (dazu BGH GRUR 1991, 929 (930) – Fachliche Empfehlung II; GRUR 1992, 552 (554) – Stundung ohne Aufpreis). – Ein Hilfsantrag, der auf eine Klageerweiterung hinausläuft, ist in der Revisionsinstanz unzulässig (BGH WRP 2003, 1217 (1220) – Buchpreis-Kopplungsangebot). In der Revisionsinstanz kann auch nicht zulässigerweise der Hilfsantrag gestellt werden, dass sich der Rechtsstreit in der Hauptsache erledigt hat, weil dem Hauptbegehren wegen eines zwischenzeitlich eingetretenen erledigenden Ereignisses (zB Änderung der Gesetzeslage) nicht entsprochen werden kann. Denn insoweit besteht kein Interesse des Klägers daran, dass sein Unterlassungsbegehren bis zum Eintritt des Ereignisses begründet war (BGH WRP 2006, 1027 Rn. 20 – Flüssiggastank; aA noch GRUR 1998, 1045 (1046) – Brennwertkessel; WRP 2003, 1217 (1220) – Buchpreis-Kopplungsangebot). – Zur Anfallwirkung bei Haupt- und Hilfsantrag in der Rechtsmittelinstanz vgl. BGH GRUR 2021, 1519 Rn. 18 und 21 – Uli-Stein-Cartoon.

V. Ordnungsmittelantrag

1.49   Zweckmäßigerweise wird mit dem Unterlassungsantrag zugleich der Ordnungsmittelantrag nach § 890 II ZPO verbunden („... unter Androhung der gesetzlichen Ordnungsmittel ..."). Soll der Unterlassungstitel im Ausland – mit Ausnahme der Staaten, die der Brüssel-Ia-VO (→ Einl. Rn. 5.51 ff.) unterliegen – zugestellt werden, darf allerdings darin keine Ordnungsmittelandrohung vorgesehen sein. Die Praxis behilft sich mit entspr. Schwärzung im Titel.

VI. Antragsformulierung

1.50   Mögliche Beispiele: **(1) irreführende Werbung:** „... unter Androhung der gesetzlichen Ordnungsmittel zu verurteilen, es zu unterlassen, zur Förderung des Wettbewerbs in Presseerzeugnissen unter der Rubrik „Stellenangebote" für Fortbildungen zum Berufskraftfahrer und Kraftverkehrsmeister zu werben, insbes. wenn dies wie in der in der Anlage angeführten Anzeige geschieht" (vgl. BGH GRUR 1991, 772 (773) – Anzeigenrubrik I); „... unter Androhung der gesetzlichen Ordnungsmittel zu untersagen, im Rahmen der selbstständigen beruflichen Tätigkeit die Bezeichnung „Professor" oder abgekürzt „Prof." zu führen" (vgl. BGH GRUR 1989, 445 – Professorenbezeichnung in der Arztwerbung I). **(2) rufschädigende Äußerung:** „... unter Androhung der gesetzlichen Ordnungsmittel zu untersagen, über die Klägerin und ihre Vertriebsorganisation folgende Behauptungen aufzustellen und zu verbreiten: a) Die Abwanderung der Fachhändler aus dem Canon-C.-Vertrieb ist in vollem Gang b) ...".

F. Sonstige Klagen

I. Beseitigungsklage

1. Verhältnis zur Unterlassungsklage

Vielfach kann eine Unterlassungspflicht nur durch positives Tun erfüllt werden (zB Beseiti- **1.51**
gung einer Werbetafel). Dann kann sich der Kläger damit begnügen, auf Unterlassung zu klagen
und nach § 890 ZPO zu vollstrecken. Er kann aber auch stattdessen oder daneben auf Beseitigung klagen und nach §§ 887, 888, ggf. § 894 ZPO vollstrecken, weil ein Tun des Schuldners
dadurch uU direkter und zweckmäßiger durchsetzbar ist. Dementsprechend ist bei einem
drohenden Störungszustand neben einer vorbeugenden Unterlassungsklage auch eine **vorbeugende Beseitigungsklage** (zur Verhütung einer Störung) möglich (BGH GRUR 1993, 556
(558) – TRIANGLE; aA → § 8 Rn. 1.110). Der Streitgegenstand beider Klagen ist nicht
identisch. Eine (ggf. zusätzliche) Beseitigungsklage ist notwendig, wenn der Kläger ein weiter
gehendes Begehren verfolgt, um die noch andauernden Folgen einer Störung zu beseitigen. Am
Beispiel der rufschädigenden Äußerung: Widerruf oder Urteilsveröffentlichung kann nur mit
der Beseitigungsklage erreicht werden (vgl. BGH GRUR 1987, 189 (190) – Veröffentlichungsbefugnis beim Ehrenschutz; GRUR 1992, 527 (529) – Plagiatsvorwurf II).

2. Bestimmtheitsgebot

(Vgl. dazu auch → § 8 Rn. 1.113 ff.) Das Bestimmtheitsgebot (§ 253 II Nr. 2 ZPO) gilt auch **1.52**
für den Beseitigungsantrag. Sonst würde der Streit über die richtige und ausreichende Beseitigung in das Vollstreckungsverfahren verlagert. Andererseits soll dem Beklagten nicht eine Maßnahme aufgezwungen werden, wenn ihm andere Möglichkeiten zu Gebote stehen. Daraus folgt:
Gibt es erkennbar nur eine Möglichkeit der Störungsbeseitigung, so darf und muss der Kläger sie
im Antrag bezeichnen (BGH GRUR 1964, 82 (87) – Lesering). Sind mehrere gleichwertige
Beseitigungsmöglichkeiten gegeben, ist ein Alternativantrag „nach Wahl des Beklagten" zu
stellen (FBO/Büscher § 8 Rn. 41; Teplitzky Wettbewerbsrechtliche Ansprüche/Kessen Kap. 24
Rn. 8), nicht aber ein Haupt- und Hilfsantrag, weil dadurch die Wahlmöglichkeit des Schuldners
beeinträchtigt würde. Am **Beispiel** eines Prospekts mit einer wettbewerbswidrigen Aussage:
Schwärzung der Textstelle oder Vernichtung des Prospekts (vgl. BGH GRUR 1954, 337 (338) –
Radschutz). Lässt sich im Erkenntnisverfahren nicht abschließend feststellen, welche Maßnahmen der Beseitigung in Betracht kommen, ist es im Interesse des Schuldners erforderlich, aber
auch ausreichend, den Antrag auf Beseitigung der näher bezeichneten Störung zu stellen. Es
bleibt dann Sache des Schuldners, wie er dem Gebot nachkommt. Im Vollstreckungsverfahren
kommt es darauf an, ob die Beseitigung eine vertretbare oder eine unvertretbare Handlung
erfordert (§§ 887, 888 ZPO). Ist die Handlung vertretbar, so muss das Vollstreckungsgericht
nach Anhörung des Schuldners (§ 891 S. 2 ZPO) den Gläubiger zur Ersatzvornahme ermächtigen. Bestehen mehrere Möglichkeiten der Ersatzvornahme, ist die den Schuldner am wenigsten
belastende zu wählen (Grds. der Verhältnismäßigkeit). – Im Unterschied dazu ist bei der
Unterlassungsklage nicht anzugeben, durch welches positive Tun der Anspruch zu erfüllen ist
(BGH GRUR 1993, 556 (557) – TRIANGLE).

3. Konkretisierungsgebot

Auch bei der Beseitigungsklage muss der Kläger sein Begehren inhaltlich konkretisieren. Er **1.53**
muss also die zu beseitigende Störung (und ggf. die dafür erforderliche Maßnahme, → § 8
Rn. 1.119) so genau wie möglich bezeichnen. Die „Kerntheorie" (→ § 8 Rn. 1.46 f., 1.64) gilt
insoweit nicht. Der Antrag und die Verurteilung dürfen nicht weiter gehen, als zur Beseitigung
der Beeinträchtigung erforderlich ist (BGH GRUR 1966, 35 (38) – multikord; GRUR 1981, 60
(64) – Sitex). Beim Antrag auf Widerruf ist genau anzugeben, welche Behauptungen widerrufen
werden sollen. Enthält also ein Text neben unrichtigen auch richtige Tatsachenbehauptungen
sowie Werturteile, muss sich der Widerrufsantrag auf die unrichtigen Behauptungen beschränken
(BGH GRUR 1992, 527 (529) – Plagiatsvorwurf II). Bei wettbewerbswidrigen Firmenbestandteilen kann nur Löschung dieses Bestandteils, nicht der vollen Firmenbezeichnung verlangt
werden (BGH GRUR 1974, 162 (164) – etirex; GRUR 1981, 60 (64) – Sitex).

4. Antragsformulierung

1.54   Beispiele möglicher Anträge sind: **(1) Körperliche Störungsbeseitigung:** „... binnen eine
angemessenen, vom Gericht festzusetzenden Frist das an der Fassade des Geschäftshauses in ..
aufgemalte Muster, bestehend aus zwei fortlaufenden Reihen von stilisierten Blüten auf roten
Grund, zu beseitigen" (BGH GRUR 1977, 614 (615) – Gebäudefassade). **(2) Widerruf:** „...
die Behauptung, der Entwurf des Klägers sei eine Kopie des Beklagten, gegenüber den jeweilige
Adressaten schriftlich zu widerrufen" (vgl. BGH GRUR 1992, 527 (528) – Plagiatsvorwurf II)
(3) Urteilsbekanntmachung: „... dem Kläger die Befugnis einzuräumen, den verfügenden
Teil des Urteils drei Monate nach Rechtskraft in der X-Zeitschrift auf Kosten des Beklagten zu
veröffentlichen" (BGH GRUR 1992, 527 (528) – Plagiatsvorwurf II). **(4) Löschung:** „... das
im Handelsregister des Amtsgerichts Hof unter der Nr ... eingetragene Wort" ... „löschen zu
lassen." (BGH GRUR 1981, 60 – Sitex) oder – praktikabler – „... in die Löschung ... einzuwilligen."

II. Schadensersatz(feststellungs)klage

Schrifttum: Teplitzky, Die Durchsetzung des Schadensersatzanspruchs im Wettbewerbsrecht, GRUR
1987, 215.

1. Feststellungsklage

1.55   Zum Feststellungsinteresse → Rn. 1.18. Zur Begründetheit genügt nicht eine entfernt liegende, also nur theoretische Möglichkeit des Schadenseintritts (BGH GRUR 1995, 744 (749) –
Feuer, Eis & Dynamit I; GRUR 2001, 849 (850) – Remailing-Angebot). Andererseits ist ein
tatsächlicher Schadenseintritt nicht erforderlich. Vielmehr braucht nur eine gewisse (nicht einma
hohe) **Wahrscheinlichkeit** eines Schadens vorzuliegen (BGH WRP 1999, 530 (534) – Cefallo-
ne; WRP 2000, 1258 (1263) – Filialleiterfehler). Es genügt nach der Rspr. sogar, dass nach der
Lebenserfahrung der Eintritt eines Schadens zumindest denkbar und möglich ist, wobei ein
großzügiger Maßstab anzulegen ist (BGH GRUR 2001, 849 (850) – Remailing-Angebot;
GRUR 2012, 193 Rn. 82 – Sportwetten im Internet II). Dies ist bei Wettbewerbsverstößen grds.
zu bejahen, nicht aber bei bloß drohenden Verstößen (BGH GRUR 2001, 849 (850) –
Remailing-Angebot). In der Regel bedarf es daher keiner detaillierten Darlegungen (BGH
GRUR 1974, 735 (736) – Pharmamedan; GRUR 1975, 434 (438) – BOUCHET; GRUR
1992, 61 (63) – Preisvergleichsliste; GRUR 1993, 926 (927) – Apothekenzeitschrift; GRUR
2001, 84 – Neu in Bielefeld II: unzulässige Sonderveranstaltung). Liegt aber nach der allgemeinen Lebenserfahrung ein Schaden fern, wie etwa bei einer geringfügigen Irreführung oder bei
einer unberechtigten Abmahnung, muss der Kläger näher darlegen, aus welchen bes. Umständen
(zB Überschneidung der Kundenkreise und übliche Auswirkungen von Werbeaktionen auf
Umsätze) sich gleichwohl ein Schaden ergeben könnte (BGH GRUR 1995, 744 (749) – Feuer,
Eis & Dynamit I; GRUR 1999, 1017 (1019) – Kontrollnummernbeseitigung; GRUR 2001, 78
(79) – Falsche Herstellerpreisempfehlung; GRUR 2010, 1133 – Bonuspunkte).

2. Leistungsklage

1.56   **a) Bezifferte Leistungsklage.** Sie ist in Wettbewerbssachen selten, weil sich ein Schaden
kaum ganz exakt berechnen lässt, und kommt allenfalls in den Fällen der objektiven Schadensberechnung vor (vgl. BGH GRUR 1993, 55 (56) – Tchibo/Rolex II).

1.57   **b) Unbezifferte Leistungsklage.** Sie kann im Hinblick auf die Rspr. zur Verpflichtung des
Gerichts, unter bestimmten Voraussetzungen einen Mindestschaden zu schätzen (BGH GRUR
1993, 55 (56) – Tchibo/Rolex II), an Bedeutung gewinnen. Durch Auslegung ist jedoch zu
ermitteln, ob der Kläger nicht in Wahrheit einen Feststellungsantrag stellt (BGH GRUR 1990,
1012 (1014) – Pressehaftung I). Nach der Rspr. ist eine unbezifferte Leistungsklage zulässig,
wenn die Größenordnung des verlangten Betrages (BGH NJW 1982, 340) oder ein Mindestbetrag (BGH GRUR 1977, 539 (542) – Prozessrechner; Leisse/Traub GRUR 1980, 1 (12 f.))
angegeben ist. In der Klagebegründung müssen aber die tatsächlichen Feststellungs- und Schät-
zungsgrundlagen so genau wie möglich angegeben werden (BGH NJW 1988, 1202; aA Lepke
BB 1990, 276). Weicht der dem Kläger zugesprochene Betrag wesentlich von dem Mindestbetrag ab, so ist eine Teilabweisung und eine entspr. Kostenteilung erforderlich, soweit das
Gericht nicht von der Möglichkeit des § 92 II ZPO Gebrauch macht (BGH GRUR 1977, 539

42) – Prozessrechner). – Von einer Bezifferung kann bei einer Stufenklage gänzlich abgesehen werden.

c) Schadensschätzung (§ 287 I ZPO). Dazu → § 9 Rn. 1.35; eingehend Teplitzky Wett- 1.58
ewerbsrechtliche Ansprüche/Schwippert Kap. 52 Rn. 33 ff.

. Antragsformulierung

) unbezifferte Leistungsklage 1.59
) Stufenklage

> „... an den Kläger einen in das Schätzungsermessen des Gerichts gemäß § 287 I ZPO gestellten Betrag, mindestens aber ... Euro zu zahlen".

) Feststellungsklage

> „... an den Kläger den sich aus der Auskunft (Rechnungslegung) ergebenden Betrag zu zahlen".
> „... festzustellen, dass der Beklagte dem Kläger den bereits entstandenen und künftig noch entstehenden Schaden aus der ... (genau beschriebenen Verletzungshandlung) ... zu ersetzen hat".

. Verhältnis der Schadensersatzklage zur Unterlassungsklage

Schadensersatzanspruch und Unterlassungsanspruch betreffen unterschiedliche Sachverhalte 1.59a
nd präjudizieren sich daher nicht gegenseitig (BGH WRP 2017, 1094 Rn. 22 – Teststreifen
ur Blutzuckerkontrolle II)

III. Auskunfts- und Rechnungslegungsklage

. Verbindung mit anderen Klagen

Die Auskunfts- bzw. Rechnungslegungsklage kann selbstständig erhoben werden (vgl. BGH 1.60
RUR 1974, 351 (352) – Frisiersalon). In der Regel wird sie aber mit einer anderen Klage
erbunden, etwa auf Beseitigung oder Schadensersatzfeststellung oder (im Wege der Stufenklage,
254 ZPO) auf Schadensersatzleistung.

. Bestimmtheits- und Konkretisierungsgebot

Der Auskunftsantrag muss unter Bezugnahme auf die konkrete Verletzungshandlung Gegen- 1.61
and, Zeitraum sowie Art und Umfang der Auskunft bezeichnen. Der Rechnungslegungsantrag
uss angeben, für welchen Zeitraum und worüber Rechnung gelegt werden soll, etwa über
tückmengen und -preise, Lieferdaten, Einkaufspreise, Kalkulationsgrundlagen, und wofür Bele-
e vorzulegen sind.

. Erledigung der Hauptsache

Erteilt der Beklagte während des Rechtsstreits die gewünschte Auskunft, so ist der Kläger 1.62
ehalten, die Hauptsache für erledigt zu erklären.

. Ergänzungs- und Offenbarungsanspruch

Vgl. zunächst → § 9 Rn. 4.33 und 4.36 ff. Sind die Angaben nach Auffassung des Verletzten 1.63
nrichtig oder unvollständig, so kann er nicht Überprüfung durch einen Wirtschaftsprüfer
erlangen (BGH GRUR 1984, 728 (729 f.) – Dampffrisierstab II). Doch kann er bei **Unvoll-
tändigkeit** eine **Ergänzung** der Auskunft oder Rechnungslegung verlangen (BGH GRUR
984, 728 (729 f.) – Dampffrisierstab II). Dasselbe gilt, wenn der Verletzer seine Angaben
orrigiert, ohne den Grund der Abweichung deutlich zu machen (BGH GRUR 1982, 723
725 f.) – Dampffrisierstab I). Die Versicherung der Richtigkeit der Angaben zu Protokoll **an
ides statt** kann der Verletzte dagegen nur verlangen, wenn Grund zur Annahme mangelnder
orgfalt besteht (§ 259 II BGB, § 260 II BGB). Aus diesem Grund ist ein Anspruch auf
rgänzende Auskunft auch dann zu gewähren, wenn die **Unrichtigkeit** der Auskunft (Rech-
ungslegung) auf unverschuldeter Unkenntnis oder entschuldbarem Rechtsirrtum beruht
3GHZ 89, 137 (140)).

5. Antragsformulierung

1.64 Beispiele möglicher Anträge sind: **(1) Irreführende Werbung:** „... dem Kläger Auskunft z erteilen, mit welchem Medium, wann, bei welcher Gelegenheit und wie oft er die in Nr. bezeichnete Werbebehauptung aufgestellt hat" (vgl. BGH GRUR 1961, 288 (289) – Zahnbürs ten). **(2) Schadensersatz wegen Produktnachahmung:** „... dem Kläger darüber Rechnun zu legen, in welchem Umfang die Beklagte die ... Handlungen begangen hat, und zwar unte Angabe der Liefermenge, Lieferzeiten, Lieferpreise und der Namen und Anschriften der Ange botsempfänger, einschließlich der Gestehungskosten und einschließlich sämtlicher Kostenfak toren und des erzielten Gewinns, ferner unter Angabe der Art und des Umfangs der betriebene Werbung, aufgeschlüsselt nach Kalendervierteljahren, Bundesländern und Werbeträgern ... (BGH WRP 1999, 1031 (1032) – Rollstuhlnachbau). **(3) Wirtschaftsprüfervorbehalt:** „... Die Beklagte kann diese Angaben einem vom Kläger zu bezeichnenden, zur Verschwiegenhe verpflichteten vereidigten Wirtschaftsprüfer mitteilen, sofern sie die Kosten seiner Einschaltun trägt und ihn zugleich ermächtigt und verpflichtet, dem Kläger auf Antrag mitzuteilen, ob in de Rechnungslegung ein oder mehrere bestimmte Abnehmer enthalten sind." (vgl. BGH GRUI 1978, 52 (53) – Fernschreibverzeichnisse; WRP 1999, 1031 (1032) – Rollstuhlnachbau).

G. Beweis

Schrifttum: H.J. Ahrens Wettbewerbsverfahrensrecht, 1983; Baumgärtel/Laumen/Prütting, Handbuc der Beweislast im Privatrecht, 5. Aufl. 2023, Bd. 3, UWG; Beutel, Möglichkeiten und Grenzen vo Erfahrungssätzen, WRP 2017, 513; Bornkamm, Die Feststellung der Verkehrsauffassung im Wettbewerbs prozess, WRP 2000, 830; Kemper, Beweisprobleme im Wettbewerbsrecht, 1992; Kur, Beweislast un Beweisführung im Wettbewerbsprozess, 1981.

I. Beweisbedürftigkeit

1.65 Gegenstand des Beweises sind nur die entscheidungserheblichen und beweisbedürftigen Tatsa chen. Nicht beweisbedürftig sind **nicht bestrittene** (§ 138 III ZPO), **zugestandene** (§ 28 ZPO) und **offenkundige** (§ 291 ZPO) Tatsachen. Offenkundig sind die allgemeinkundige und die gerichtskundigen, dh vom Gericht amtlich wahrgenommenen Tatsachen. Das Gerich darf aber eine Tatsache, die es als allgemein- oder gerichtskundig ansieht, dann nicht zu Grunde legen, wenn eine Partei für die Unrichtigkeit Beweis antritt (BGH GRUR 1990, 607 (608) - Meister-Kaffee; dazu klarstellend und abgrenzend BGH GRUR 1992, 406 (407) – Beschädigte Verpackung; GRUR 1993, 677 (678) – Bedingte Unterwerfung). Die Parteien müssen Gelegen heit haben, sich zu den Tatsachen und deren Offenkundigkeit zu äußern (arg. rechtliches Gehör BVerfGE 10, 183 f.; 48, 208 f.). Die **Verkehrsauffassung** stellt allerdings keine offenkundige Tatsache iSd § 291 ZPO dar, da sie auf Erfahrungswissen beruht (BGH GRUR 2004, 244 (245) – Marktführerschaft unter Aufgabe von BGH GRUR 1990, 607 – Meister-Kaffee; GRUR 2010, 1125 Rn. 50 – Femur-Teil). Unter bestimmten Voraussetzungen kann das Gericht die **Ver kehrsauffassung** auch ohne Beweiserhebung feststellen (→ Rn. 1.71).

II. Beweismittel

1.66 Beweismittel sind: **(1) Augenschein** (§ 371 ZPO; zB auch Screenshot auf Papier, OLG Jena GRUR-RR 2019, 238); **(2) Zeugen** (§ 373 ZPO); **(3) Sachverständige** (§ 402 ZPO); **(4) Urkunden** (§ 415 ZPO); **(5) Parteivernehmung** (§ 445 ZPO); **(6) Amtliche Auskünfte** (§ 273 II Nr. 2 ZPO, § 358a Nr. 2 ZPO). Allerdings kann das Gericht mit Einverständnis der Parteien die Beweise in der ihm geeignet erscheinenden Art aufnehmen (§ 284 S. 2 ZPO). – Meinungsforschungsgutachten sind eine Form des Sachverständigenbeweises (Teplitzky Wett bewerbsrechtliche Ansprüche/Schwippert Kap. 47 Rn. 16). – Ausgedruckte Screenshots sind Augenscheinobjekte in Gestalt eines Augenscheinsurrogats, dessen Beweiskraft sich nach § 286 ZPO bemisst (OLG Jena WRP 2019, 255 Rn. 11).

III. Beweiserhebung und Beweiswürdigung

1. Allgemeines

1.67 Ist eine Tatsache beweisbedürftig und daher eine Beweiserhebung erforderlich, so muss grds. die beweisbelastete Partei einen **Beweisantrag** (= Beweisantritt) stellen. Unzulässig ist ein bloßer Beweisermittlungsantrag (Ausforschungsbeweis), der darauf abzielt, durch die angestrebte Beweiserhebung die Grundlage für neue Tatsachenbehauptungen zu gewinnen (BGH NJW 1986, 246 (247)). Unschädlich und oft nicht zu umgehen ist es freilich, dass eine Partei Tatsachen behauptet, über die sie keine genaue Kenntnis haben kann, die sie aber nach Sachlage für wahrscheinlich oder möglich hält (BGH NJW 1986, 246 (247)). Der Antrag auf Einholung einer Verkehrsbefragung ist dementsprechend kein bloßer Beweisermittlungsantrag. **Von Amts wegen** kann nach pflichtgemäßem Ermessen die Einnahme eines Augenscheins und die Begutachtung durch Sachverständige angeordnet werden (§ 144 ZPO; dazu OLG Frankfurt WRP 2007, 1372 (1376)); ebenso die Parteivernehmung (§ 448 ZPO) und die Vorlage bestimmter Urkunden (§§ 142, 143, 273 II Nr. 1, 2 ZPO). Die **Anordnung der Beweisaufnahme** erfolgt durch formlosen Beschluss, wenn der Beweis sofort erhoben werden kann, sonst oder im Fall der Parteivernehmung (§ 450 I 1 ZPO) durch förmlichen Beweisbeschluss (§ 358 ZPO). Ob eine Tatsachenbehauptung wahr oder unwahr ist, hat das Gericht in **freier Beweiswürdigung** (§ 286 I 1 ZPO) zu entscheiden. Nach § 286 I 2 ZPO sind die für die richterliche Überzeugung leitenden Gründe anzugeben. Dies erfordert eine Auseinandersetzung mit dem gegenteiligen Vortrag der Partei, die die Beweiserhebung beantragt hat (BGH GRUR 1991, 215 – Emilio Adani I). Hat eine Partei im Laufe des Prozesses oder im Hinblick auf in einem Vorprozess gehaltenen Vortrag ihr Vorbringen geändert, insbes. präzisiert, ergänzt oder **berichtigt,** so ist dies im Rahmen der Beweiswürdigung zu berücksichtigen (BGH WRP 2016, 869 Rn. 41, 42 – ConText).

2. Einzelfragen

a) Ablehnung der Beweisaufnahme. Die Ablehnung eines Beweises für eine beweiserhebliche Tatsache ist nur dann zulässig, wenn ihre Erheblichkeit mangels Substanziierung nicht beurteilt werden kann oder wenn sie erkennbar aus der Luft gegriffen ist (BGH GRUR 1992, 559 (560) – Mikrofilmanlage).   **1.68**

b) Erneute Beweisaufnahme. Das Berufungsgericht ist an die Tatsachenfeststellungen des Urteils der 1. Instanz nur dann nicht gebunden, wenn konkrete Anhaltspunkte für fehler- oder lückenhafte Feststellungen bestehen, dadurch sich Zweifel an der Richtigkeit und Vollständigkeit der Tatsachenfeststellung ergeben und auf Grund dieser Zweifel die Notwendigkeit neuer Feststellungen durch eine wiederholte oder ergänzende Beweisaufnahme besteht (§ 529 I Nr. 1 ZPO; dazu BVerfG NJW 2003, 2524; Greger NJW 2003, 2882). Eine erneute Zeugenvernehmung ist geboten, wenn das Berufungsgericht einer protokollierten Aussage eine vom Wortsinn abweichende Auslegung geben will oder wenn es die Aussage anders verstehen will als die Vorinstanz (BGH GRUR 1991, 401 (402) – Erneute Vernehmung; TranspR 2018, 312 Rn. 9); ferner, wenn das Berufungsgericht im Gegensatz zur Vorinstanz die Aussage eines Zeugen als glaubhaft ansehen will (BGH GRUR 1992, 61 (63) – Preisvergleichsliste; TranspR 2018, 312 Rn. 9).   **1.69**

c) Verwertung von Beweismitteln. Die Verwertung heimlicher Tonbandaufnahmen ist grds. nicht zulässig (§ 201 StGB), ausnahmsweise aber dann, wenn ein wesentlich höherwertiges Interesse auf dem Spiel steht und dieses Interesse nicht auf andere Weise zu schützen ist (BGH NJW 1982, 277 (278)). Entsprechendes gilt für die Vernehmung eines Zeugen, der von einer Partei beauftragt war, heimlich ein Gespräch zu belauschen (BGH NJW 1991, 1180). Die Verwertung der Aussage eines Zeugen, der ein Telefongespräch über eine Mithöreinrichtung mitgehört hat, ist nur dann zulässig, wenn der Gesprächspartner in das Mithören eingewilligt hat. Dazu reicht es nicht aus, dass mit der Existenz solcher Einrichtungen gerechnet werden muss (BVerfG NJW 2002, 3619 (3623)). Die Verwertung von Beweismitteln, die im Rahmen von **Testkäufen** oder **Testbeobachtungen** gewonnen wurden, ist nicht schon deshalb ausgeschlossen, weil diese Maßnahmen im Einzelfall selbst wettbewerbswidrig waren (vgl. nur BGH GRUR 1991, 843 – Testfotos mwN). – **Sachverständigengutachten** sind sorgfältig und kritisch zu würdigen. Das setzt voraus, dass der Gutachter die wesentlichen tatsächlichen Grundlagen seines Gutachtens offen legt. Andernfalls ist das Gutachten unverwertbar, zumal auch das rechtliche Gehör (Art. 103 I GG) der Gegenpartei betroffen ist (BGH GRUR 1992, 191 (194) – Amtsanzeiger). Dies gilt auch dann, wenn es sich um Geschäftsgeheimnisse einer Partei handelt (BGH GRUR 1992, 191 (194) – Amtsanzeiger).   **1.70**

d) Beweisvereitelung. Eine **Beweisvereitelung** liegt vor, wenn eine Partei dem beweisbelasteten Gegner die Beweisführung schuldhaft unmöglich macht oder erschwert, indem sie   **1.70a**

vorhandene Beweismittel vernichtet, vorenthält oder ihre Benutzung erschwert (BGH GRU…
2022, 899 Rn. 80 f. – Porsche 911). Deshalb ist eine Beweisvereitelung nicht anzunehmen
wenn es der beweisbelasteten Partei möglich gewesen wäre, den Beweis – etwa im Wege eine
selbständigen Beweisverfahrens (§§ 485 ff. ZPO) zu sichern (BGH WRP 2016, 35 Rn. 44 –
Deltamethrin I). Liegen die Voraussetzungen einer Beweisvereitelung vor, führt dies nicht dazu
dass eine Beweiserhebung gänzlich unterbleiben kann und der Vortrag der beweispflichtigen
Partei als bewiesen anzusehen ist. Vielmehr sind dann zunächst die von der beweispflichtigen
Partei angebotenen Beweise zu erheben. Stehen solche Beweise nicht zur Verfügung oder bleib
die beweisbelastete Partei nach dem Ergebnis der Beweisaufnahme beweisfällig, können zuguns
ten der beweisbelasteten Partei Beweiserleichterungen in Betracht kommen, die bis zur Umkeh
der Beweislast gehen können (BGH WRP 2016, 35 Rn. 48 – Deltamethrin I).

IV. Tatsachenfeststellung ohne Beweiserhebung

1. Allgemeines

1.71   Das Bestehen einer bestimmten **Verkehrsauffassung,** insbes. über den Sinn einer bestimmten
Werbebehauptung oder die Relevanz einer Fehlvorstellung für die Kaufentscheidung, ist sehr
häufig für die Beurteilung einer Wettbewerbsmaßnahme als unlauter relevant. Bei der Ermittlung
des Verkehrsverständnisses ist auf die Anschauungen des **angemessen gut unterrichteten und
angemessen aufmerksamen und kritischen Durchschnittsverbrauchers** bzw. **-marktteil-
nehmers** abzustellen (vgl. Erwägungsgrund 18 S. 2 UGP-RL; § 3 IV 1; BGH WRP 2012, 75
Rn. 14 – Zertifizierter Testamentsvollstrecker; WRP 2014, 1184 Rn. 33 – Original Bach-
Blüten). Die Rspr. erblickt darin – trotz des in ihr enthaltenen normativen Elements – eine
Tatsache, die dem Beweis zugänglich ist, aber auch auf Grund eigener Sachkunde und Lebens-
erfahrung des Richters festgestellt werden kann (vgl. BGH GRUR 2002, 182 (184) – Das Beste
jeden Morgen; GRUR 2002, 550 (552) – Elternbriefe). Dementsprechend ist die Ermittlung des
Verkehrsverständnisses **keine Tatsachenfeststellung,** sondern Anwendung eines **speziellen
Erfahrungswissens** (BGH GRUR 2007, 1079 Rn. 36 – Bundesdruckerei; GRUR 2010, 1125
Rn. 50 – Femur-Teil; GRUR 2022, 844 Rn. 19 – Kinderzahnarztpraxis). Der Tatrichter muss
in eigener Verantwortung entscheiden, ob er die Verkehrsauffassung kraft eigener richterlicher
Sachkunde und Lebenserfahrung feststellen oder eine Beweisaufnahme durchführen will (zur
Revisibilität → Rn. 1.74). – Er kann die Verkehrsauffassung im Allgemeinen dann auf Grund
eigener Sachkunde und Lebenserfahrung und damit auf Grund eigenen Erfahrungswissens feststellen, wenn er selbst von der fraglichen Werbung angesprochen wird (stRspr; BGH WRP
2012, 75 Rn. 16 – Zertifizierter Testamentsvollstrecker; GRUR 2013, 401 Rn. 32 – Biomineralwasser; WRP 2014, 1184 Rn. 33 – Original Bach-Blüten). Das wird namentlich – aber
nicht nur – beim Angebot von Gegenständen des allgemeinen Bedarfs zu bejahen sein (BGH
GRUR 1996, 800 (801) – EDV-Geräte; GRUR 2000, 239 (240) – Last-Minute-Reise). Aber
auch wenn der Richter nicht zu den angesprochenen Verkehrskreisen gehört, kann er die
Sichtweise der angesprochenen Fachkreise aufgrund eigenen Erfahrungswissens beurteilen, wenn
dafür keine besonderen Kenntnisse oder Erfahrungen erforderlich sind (BGH GRUR 2013,
1052 Rn. 29 – Einkaufswagen III; WRP 2017, 792 Rn. 58 – Bodendübel). Bei speziellen
Sachverhalten wird dies idR dagegen zu verneinen sein (BGH GRUR 1999, 594 (597) –
Holsteiner Pferd; GRUR 2010, 1125 Rn. 50 – Femur-Teil: Erfahrungswissen im Bereich der
Endoprothetik; WRP 2017, 792 Rn. 70 – Bodendübel: technische Sachkunde). In diesem Fall
muss der Tatrichter seine hinreichende Sachkunde hinreichend darlegen, wenn er von der
Einholung eines Sachverständigengutachtens absehen will. – Geht es um das Verständnis eines in
der Werbung verwendeten Begriffs, ist idR zusätzlich erforderlich, dass das Verständnis in einem
bestimmten Sinne einfach und naheliegend ist und keine Gründe vorliegen, die Zweifel an dem
vom Richter angenommenen Verkehrsverständnis wecken können (vgl. BGH GRUR 2000,
239 (240) – Last-Minute-Reise; GRUR 2001, 73 (75) – Stich den Buben). Dagegen kann die
Einholung eines Sachverständigengutachtens (→ Rn. 1.76) oder einer amtlichen Auskunft
(→ Rn. 1.75) dann geboten sein, wenn keiner der erkennenden Richter von der Werbung
angesprochen wird. Allerdings kann ein Gericht grds. auch dann das erforderliche Erfahrungswissen haben, wenn die entscheidenden Richter nicht zu den angesprochenen Verkehrskreisen
gehören (BGH GRUR 2007, 1079 Rn. 36 – Bundesdruckerei; GRUR 2014, 682 Rn. 29 –
Nordjob-Messe). So kann zB die Irreführung über den Preis eines Konsumartikels vom Richter
auch dann beurteilt werden, wenn er ihn nicht kauft. Auch können Richter auf Grund ihrer bes…

Erfahrung in Wettbewerbssachen die erforderliche Sachkunde besitzen, um eigenständig zu beurteilen, wie bestimmte **Fachkreise** (BGH GRUR 2004, 244 (245) – Marktführerschaft; WRP 2004, 1024 (1027) – Sportlernahrung II; GRUR 2021, 513 Rn. 14 – Sinupret; GRUR-RS 2020, 17323; Bornkamm WRP 2000, 830 (833) mwN) oder **Kinder** (BGH WRP 2014, 1447 Rn. 20 – Runes of Magic II) eine Aussage verstehen. Der Richter kann, da es nur auf das Verständnis des angemessen gut unterrichteten und angemessen aufmerksamen und kritischen Durchschnittsverbrauchers ankommt, eine bestimmte Verkehrsauffassung bejahen, auch wenn eine abweichende Verkehrsauffassung unter Beweis gestellt ist (BGH GRUR 1993, 677 (678) – Bedingte Unterwerfung; GRUR 2004, 244 (245) – Marktführerschaft). Eine Beweiserhebung kann allerdings dann geboten sein, wenn Umstände vorliegen, die eine bestimmte Auffassung als bedenklich erscheinen lassen (BGH GRUR 2002, 550 (552) – Elternbriefe; GRUR 2004, 244 (245) – Marktführerschaft). – Das vom Richter auf Grund eigener Sachkunde und Lebenserfahrung ermittelte Verkehrsverständnis ist keine offenkundige Tatsache iSd § 291 ZPO (BGH GRUR 2004, 244 (245) – Marktführerschaft). Denn der Richter hat oder erlangt die Kenntnis nicht in seiner amtlichen Eigenschaft, sondern auf Grund eigener Sachkunde und Lebenserfahrung als Erfahrungswissen. – Diese Grundsätze stehen in Einklang mit der **UGP-RL.** Nach **Erwägungsgrund 18 S. 6 UGP-RL** müssen sich die nationalen Gerichte „bei der Frage, wie der Durchschnittsverbraucher in einem gegebenen Fall typischerweise reagieren würde, auf ihre eigene Urteilsfähigkeit unter Berücksichtigung der Rechtsprechung des Gerichtshofs verlassen". Nach dieser Rechtsprechung ist der Richter lediglich berechtigt, wenn er sich kein sicheres Urteil zutraut, eine **Verkehrsbefragung** durchzuführen (vgl. EuGH Slg. 1998, I-4657 Rn. 32 = GRUR-Int. 1998, 795 – Gut Springenheide; dazu eingehend Lettl S. 109 ff. mwN; vgl. weiter → § 1 Rn. 38; → § 5 Rn. 3.1 ff.), aber es besteht dazu keine Verpflichtung. Dies gilt auch in den Fällen, in denen sich eine Geschäftspraktik speziell an einer besondere Verbrauchergruppe richtet (vgl. EuGH GRUR 2012, 1269 Rn. 53 – Purely Creative).

2. Bejahung der Irreführungsgefahr

Nach der **früheren Rspr.** kam eine Feststellung auf Grund eigener Sachkunde und Lebens-　**1.72** erfahrung vornehmlich bei der Bejahung einer Irreführungsgefahr in Betracht, weil insoweit die Vorstellung eines nicht ganz unerheblichen Teils des Verkehrs ausreichte (BGH GRUR 1992, 450 (452) – Beitragsrechnung; GRUR 1992, 406 (407) – Beschädigte Verpackung). Grundsätzlich musste aber das Gericht dem angesprochenen Personenkreis angehören (BGH GRUR 1999, 594 (597) – Holsteiner Pferd). Ausnahmsweise brauchte dies nicht der Fall zu sein, wenn einer Wettbewerbsmaßnahme eine bes. hohe Irreführungsgefahr zu eigen und davon auszugehen war, dass nur ein Teil des angesprochenen Verkehrskreises über bes., ihm eigene Erfahrungen verfügt (BGH GRUR 1992, 450 (452) – Beitragsrechnung). Nach der **heutigen Rechtsprechung** ist bei der Ermittlung des Verkehrsverständnisses auf den angemessen gut unterrichteten und angemessen aufmerksamen und kritischen Durchschnittsverbrauchers oder durchschnittlichen sonstigen Marktteilnehmer abzustellen (→ Rn. 1.71). Damit unvereinbar ist die Annahme eines gespaltenen Verkehrsverständnisses (BGH WRP 2014, 1184 Rn. 33 – Original Bach-Blüten). Daher kommt es nicht (mehr) auf die Vorstellungen eines nicht unerheblichen Teils der Verkehrskreise an. Eine Ausnahme gilt nur dann, wenn sich die Wettbewerbsmaßnahme allein oder zumindest auch an eine eindeutig identifizierbare Gruppe von Verbrauchern richtet, die besonders schutzbedürftig ist, und sie voraussichtlich und vorhersehbar allein das geschäftliche Verhalten dieser Gruppe wesentlich beeinflusst (Art. 5 III 1 UGP-RL; BGH WRP 2014, 1184 Rn. 33 – Original Bach-Blüten).

3. Verneinung der Irreführungsgefahr

Nach der **früheren Rechtsprechung** war eine auf eigener Sachkunde beruhende Vernei-　**1.73** nung einer Irreführungsgefahr zwar nicht ausgeschlossen (BGH GRUR 1992, 707 (709) – Erdgassteuer), aber nur selten möglich. Dem lag die Erwägung zugrunde, dass eine Werbemaßnahme vielfach einen weitgestreuten und vielschichtigen Personenkreis anspricht, dem Gericht aber regelmäßig die Sachkunde fehlt, für nahezu die Gesamtheit der umworbenen Verkehrskreise eine Irreführung auszuschließen (BGH GRUR 1963, 270 (273) – Bärenfang; GRUR 1967, 600 (603) – Rhenodur I). Da nach der **neueren Rechtsprechung** bei der Ermittlung des Verkehrsverständnisses auf einen angemessen gut unterrichteten und angemessen aufmerksamen und kritischen Durchschnittsverbrauchers bzw. durchschnittlichen sonstigen Marktteilnehmer abzustellen ist (→ Rn. 1.71) und es folglich auf abweichende Anschauungen einer Minderheit nicht ankommt, macht es grds. keinen Unterschied, ob der Tatrichter seine Sachkunde un▪ Lebenserfahrung zur Bejahung oder Verneinung einer Irreführungsgefahr einsetzen möcht (BGH GRUR 2004, 244 (245) – Marktführerschaft; Bornkamm WRP 2000, 830 (832 f.)).

4. Revisibilität

1.74   Vgl. zunächst → § 5 Rn. 1.236. Die Beurteilung, ob eine bestimmte Tatsache kraft eigene richterlicher Sachkunde feststellbar ist oder es einer Beweisaufnahme bedarf, ist tatrichterliche Natur. Die Entscheidung liegt im pflichtgemäßen Ermessen des Gerichts (BGH GRUR 2013 401 Rn. 43 – Biomineralwasser). Sie ist daher in der Revisionsinstanz nur darauf nachprüfbar ob der Tatsachenstoff fehlerfrei ausgeschöpft und die Beurteilung frei von Widersprüchen mi▪ Denk- und Erfahrungssätzen vorgenommen worden ist (BGH GRUR 1990, 1053 (1054) – Versäumte Meinungsumfrage; GRUR 2002, 550 (552) – Elternbriefe; GRUR 2021, 131▪ Rn. 17 – Kieferorthopädie; Bornkamm WRP 2000, 830 (833)). Dazu gehört auch die Lebens-erfahrung. Das Revisionsgericht kann die Feststellung des Verkehrsverständnisses durch di▪ Tatsacheninstanz daher darauf überprüfen, ob sie mit der Lebenserfahrung vereinbar ist (BGH GRUR 2012, 942 Rn. 12, 18 – Neurologisch/Vaskuläres Zentrum; GRUR 2013, 644 Rn. 2▪ – Preisrätselgewinnauslobung V). Das gilt auch für den Fall, dass es seinerseits die Verkehrs-auffassung auf Grund eigenes Erfahrungswissens auf der Grundlage des unstreitigen oder fest-gestellten Sachverhalts beurteilt, ohne dass insoweit Feststellungen des Berufungsgerichts durch das Revisionsgericht ersetzt werden (BGH GRUR 2014, 686 Rn. 34 – Goldbärenbarren). – Ein Verfahrensfehler nach § 286 ZPO, der im Revisionsverfahren uneingeschränkt gerügt werde▪ kann, liegt vor, wenn die Tatsacheninstanz das Verkehrsverständnis ohne Inanspruchnahme sachverständiger Hilfe beurteilt, obwohl es selbst nicht hinreichend sachkundig ist (vgl. BGH WRP 2017, 792 Rn. 70 – Bodendübel; Bornkamm WRP 2000, 830 (833)); ferner dann, wenn es eine mögliche, aber nicht selbstverständliche eigene Sachkunde nicht darlegt (BGH NJW 2000, 1946 (1947); GRUR 2004, 244 (245) – Marktführerschaft; WRP 2017, 792 Rn. 70 – Bodendübel). Amüsantes Beispiel für die Überschätzung der eigenen Sachkunde durch einen Kölner (Biertrinker-)Senat: BGH GRUR 1983, 32 – Stangenglas I.

V. Feststellung der Verkehrsauffassung durch Auskünfte

1.75   In der Praxis geht es zumeist um die Einholung von **amtlichen** Auskünften bei Kammern (zB IHK, Handwerkskammer, Ärztekammer) und Verbänden (zB DIHT), etwa wenn es darum geht, wie Fachkreise eine bestimmte Werbebehauptung verstehen (vgl. BGH GRUR 1997, 669 (670) – Euromint: Einführung in den Prozess als Auskunft gem. § 377 III ZPO; GRUR 2000, 239 (240 f.) – Last-Minute-Reise). Die Einholung **privater** Auskünfte (zB von Verbraucherverbän-den; Berufsverbänden) ist ebenfalls möglich (§ 358a S. 2 Nr. 3 ZPO iVm § 377 III ZPO). Die Qualität derartiger Auskünfte hängt auch davon ab, wie genau die Vorgaben durch das Gericht sind (vgl. → § 5 Rn. 3.17; GK-UWG/Ebersohl Vor §§ 12–15a A Rn. 545; Teplitzky Wett-bewerbsrechtliche Ansprüche/Schwippert Kap. 47 Rn. 15).

VI. Feststellung der Verkehrsauffassung durch Meinungsforschungsgutachten

Schrifttum: Böhm, Die Beweiswürdigung demoskopischer Gutachten im Rahmen von § 3 UWG, GRUR 1986, 290; Büttner, Die Irreführungsquote im Wandel, GRUR 1996, 533; Eichmann, Gegenwart und Zukunft der Rechtsdemoskopie, GRUR 1999, 939; Eichmann, Rechtsdemoskopische Gutachten, in Münchener Anwaltshandbuch, Gewerblicher Rechtsschutz, 2001, 205; Hornung/Hofmann, Die Zulässigkeit der Markt- und Meinungsforschung nach Datenschutz- und Wettbewerbsrecht (Teil 1), WRP 2014, 776 und (Teil 2) WRP 2014, 910; Klette, Zur sogenannten Additionsmethode bei Mehrfach-Irreführung, GRUR 1983, 414; Knaak, Demoskopische Umfragen in der Praxis des Wettbewerbs- und Warenzeichenrechts, 1986; T. Müller, Demoskopie und Verkehrsauffassung im Wettbewerbsrecht, insbesondere im Rahmen des § 3 UWG, WRP 1989, 783; Niedermann, Empirische Erkenntnisse zur Verkehrsbefragung, GRUR 2006, 367; Niedermann, Demoskopie im Lauterkeitsrecht, in FBO, S. 18 und S. 1965; Noelle-Neumann, Über offene Fragen, Suggestivfragen und andere Probleme demoskopischer Erhebungen für die Rechtspraxis, GRUR 1968, 133; Ohde, Handbuch Wettbewerbsrecht 1986, § 18; Pflüger, Aktuelle demoskopische Entwicklungen im Marken- und Wettbewerbsrecht, GRUR 2014, 423; Pflüger, Rechtsdemoskopische Gutachten-Fallstricke bei der Verkehrsbefragung, GRUR 2017, 992; Spätgens, Voraussetzungen, Möglichkeiten und Grenzen demoskopischer Umfragen, FS Traub, 1994, 375; Teplitzky, Zu Anforderungen an Meinungsforschungsgut-achten, WRP 1990, 145; Tilmann/Ohde, Die Mindestirreführungsquote im Wettbewerbsrecht und im Gesundheitsrecht, GRUR 1989, 229 und GRUR 1989, 301; Ullmann, Der Verbraucher – ein Hermaphro-dit, GRUR 1991, 789.

1. Zulässigkeit und Problematik

Die Feststellung der Verkehrsauffassung, insbes. im Zusammenhang mit der Feststellung einer **1.76**
Irreführung iSd § 5 oder iSd § 4 Nr. 3 lit. a, einer Rufausbeutung iSd § 4 Nr. 3 lit. b und des
§ 6 II Nr. 4 mittels eines Sachverständigengutachtens auf der Grundlage einer Meinungsumfrage
ist auch durch das Unionsrecht nicht generell ausgeschlossen. Nach Erwägungsgrund 18 S. 6
UGP-RL müssen sich die Gerichte allerdings „auf ihre eigene Urteilsfähigkeit unter Berück-
sichtigung der Rechtsprechung des Gerichtshofs verlassen". Nach dieser Rspr. (EuGH Slg. 1998,
I-4657 Rn. 35 = WRP 1998, 848 (851) – Gut Springenheide; EuGH WRP 2000, 289 (292) –
Lifting Creme; eingehend → § 5 Rn. 1.222 ff.) muss das nationale Gericht daher „besondere
Schwierigkeiten" bei der Beurteilung der Irreführung haben, um zum Beweismittel des Sach-
verständigengutachtens zu greifen (EuGH Slg. 1998, I-4657 Rn. 35 – Gut Springenheide). Ein
Sachverständigengutachten darf also nicht ohne wirkliche Notwendigkeit eingeholt werden.
Hinzu kommt, dass diese Art von Beweiserhebung (Sachverständigenbeweis) ein ungewöhnlich
aufwändiges Verfahren ist, das regelmäßig hohe Kosten verursacht (etwa von 15.000 EUR
aufwärts; Teplitzky Wettbewerbsrechtliche Ansprüche/Schwippert Kap. 47 Rn. 16; Ahrens
Wettbewerbsprozess-HdB/Schmidt Kap. 27 Rn. 44), längere Zeit in Anspruch nimmt und
außerdem wegen der Schwierigkeit richtiger Fragestellungen in besonderem Maße der Gefahr
des Misslingens ausgesetzt ist (BGH GRUR 1996, 910 (913) – Der meistgekaufte Europas;
GRUR 2000, 239 (240) – Last-Minute-Reise; GRUR 2007, 1079 Rn. 31 – Bundesdruckerei;
GRUR 2016, 1167 Rn. 35 ff. – Sparkassen-Rot; Pflüger GRUR 2017, 992). Bisweilen erweist
sich die Einholung eines solchen Gutachtens als (teilweise) überflüssig (vgl. die Fälle BGH
GRUR 1975, 441 – Passion; GRUR 1992, 48 (52) – frei öl; GRUR 1992, 66 (67) – Königl.-
Bayerische Weisse). Daher sollte dieses Beweismittel nur dann zum Einsatz kommen, wenn die
eigene Sachkunde des Gerichts nicht ausreicht, insbes. Umstände vorliegen, die eine bestimmte
Auffassung als bedenklich erscheinen lassen (BGH GRUR 2002, 550 (552) – Elternbriefe) und
andere Beweismittel nicht vorhanden sind oder ausreichen. Eines Beweisantrages bedarf es dazu
nicht (§ 144 I 1 ZPO; BGH GRUR 2004, 244 (245) – Marktführerschaft). Die Unterlassung
eines Beweisantrags in erster Instanz, ohne dass ein entspr. Hinweis nach § 139 I ZPO erfolgt
war, führt nicht zur Präklusion nach § 531 II 1 ZPO (BGH GRUR 1990, 1053 (1054) –
Versäumte Meinungsumfrage zu § 528 II ZPO aF). Die Einholung eines Gutachtens **von Amts
wegen** (§ 144 ZPO) kann nur ultima ratio sein (Ullmann GRUR 1991, 789 (795)). Am ehesten
kommt eine Verkehrsbefragung noch im Markenrecht in Betracht (dazu BGH GRUR 2016,
1167 – Sparkassen-Rot; GRUR 2015, 1012 – Nivea-Blau).

2. Auswahl des Sachverständigen

Sie ist tunlichst in Abstimmung mit den Parteien vorzunehmen (§ 404 III ZPO; Ullmann **1.77**
GRUR 1991, 789 (795)). Häufig in Anspruch genommene Meinungsforschungsinstitute sind:
Kantar GmbH (früher Emnid)/Bielefeld; GfK SE/Nürnberg; Ipsos S. A.; IfD/Allensbach; Infra-
test Dimap/Berlin.

3. Erarbeitung der Fragestellung

Die Brauchbarkeit und damit Verwertbarkeit eines Meinungsforschungsgutachtens hängt maß- **1.78**
geblich von der richtigen Fragestellung ab (dazu Eichmann GRUR 1999, 939 (941)). Sie ist in
Zusammenarbeit mit dem Sachverständigen und den Parteien zu formulieren. Die beweisbelastete Partei hat die Tatsachen vorzutragen, die erforderlich sind, um die Beweisfrage zu beantworten
und entspr. Fragestellungen zu ermöglichen (dazu BGH GRUR 1993, 488 (490) – Verschenk-
texte II). Zweckmäßigerweise ist wie folgt zu verfahren (Teplitzky Wettbewerbsrechtliche An-
sprüche/Schwippert Kap. 47 Rn. 20): Der Richter teilt das Beweisthema dem Sachverständigen
mit und fordert ihn auf, einen konkreten Befragungsvorschlag (Fragenkatalog und Methode)
vorzulegen. Dieser Vorschlag ist den Parteien zur Stellungnahme zuzuleiten. Die endgültige
Festlegung der Fragestellung sollte zweckmäßigerweise in einem Erörterungstermin (§ 404a
ZPO) erfolgen. Letztlich trägt aber der Richter die Verantwortung für die Richtigkeit. Für die
korrekte Fragestellung hat die Rspr. einige Grundsätze entwickelt:
(1) Die Fragestellung muss auf die Ermittlung einer vorhandenen Meinung zielen und darf **1.79**
nicht (durch Suggestivfragen) eine Meinung erst erzeugen (BGH GRUR 1989, 440 (442) –
Dresdner Stollen I; GRUR 1990, 461 (462) – Dresdner Stollen II; GRUR 2016, 1167 Rn. 43 –

Sparkassen-Rot). Auch darf die Frage keine Aufforderung zum Raten darstellen (BGH GRUR 1989, 440 (442) – Dresdner Stollen I).

1.80 (2) Der Befragung sollen daher grds. „offene", also allgemeine, nicht in eine bestimmte Richtung zielende Fragen vorangehen (BGH GRUR 1989, 440 (442) – Dresdner Stollen I; GRUR 1990, 461 (462) – Dresdner Stollen II; Tilmann GRUR 1986, 593; Eichmann GRUR 1999, 939 (941)). Es sind dies Fragen, für deren Beantwortung nicht von vornherein irgendwelche Alternativen angeboten werden (Beispiel: „Woran denken Sie, wenn …"). Allerdings ist der unmittelbare Erkenntniswert von Antworten auf eine offene Fragestellung von Haus aus begrenzt, soweit es um die Ermittlung einer sehr konkreten Vorstellungsmöglichkeit geht (BGH GRUR 1991, 680 (681) – Porzellanmanufaktur; GRUR 1992, 66 (68) – Königl.-Bayerische Weisse; GRUR 1993, 920 (922) – Emilio Adani II). Dies gilt bes. dann, wenn nur allgemein danach gefragt wird, was unter einer bestimmten Angabe verstanden wird, und wenn es bei dieser Angabe um einen Begriff geht, der zwar in eine bestimmte allgemeine Richtung weist, bei dem eine nähere Konkretisierung des exakten Gehalts aber jedenfalls bei einem nicht geringen Teil der Befragten auf Schwierigkeiten sowohl bei der spontan zu treffenden Erkenntnis als auch bei der Artikulation der eigenen Vorstellung stoßen kann (BGH GRUR 1992, 66 (68) – Königl.-Bayerische Weisse und Emilio Adani II). Immerhin können die Antworten auf eine offene Frage bei der Gewichtung der gewonnenen Ergebnisse eine Rolle spielen (dazu BGH GRUR 1989, 440 (442) – Dresdner Stollen I).

1.81 (3) Um die Bevorzugung der Partei zu vermeiden, die eine bestimmte Antwort nicht wünscht, können daher nachfassende offene, aber auch (durch Antwortvorgaben) „gestützte" („geschlossene", „geführte") Fragen geboten sein (BGH GRUR 1991, 680 (681) – Porzellanmanufaktur; GRUR 1992, 66 (68) – Königl.-Bayerische Weisse; Eichmann GRUR 1999, 939 (942)).

1.82 (4) Bei „gestützten" Fragen ist darauf zu achten, dass nicht nur einzelne, sondern alle (zB auf Grund des Wortsinns der Angabe oder der allgemeinen Lebenserfahrung) nahe liegenden Antwortmöglichkeiten berücksichtigt sind (BGH GRUR 1992, 66 (69) – Königl.-Bayerische Weisse; GRUR 1992, 70 (71) – 40 % weniger Fett; GRUR 1993, 920 (922) – Emilio Adani II). Denn sonst sieht sich der Befragte erfahrungsgemäß leicht veranlasst, auf eine ihm ähnlich oder vertretbar erscheinende vorformulierte Antwort auszuweichen, obwohl er eigentlich eine andere Vorstellung hat (BGH GRUR 1993, 920 (922) – Emilio Adani II). Daran ändert auch nichts, dass dem Befragten die (vorgegebene) Antwort, die Bezeichnung habe nach seiner Meinung einen anderen Sinn, offen gehalten wird. Denn dann hat er mit nachfassenden Fragen zu einer eigenen Formulierung des seiner Ansicht nach gegebenen Bedeutungsgehalts zu rechnen. Da ihm dies erfahrungsgemäß lästig erscheint, wird er lieber auf eine ihm nahe liegende vorformulierte Antwort ausweichen (BGH GRUR 1993, 920 (922) – Emilio Adani II). Dadurch kann aber das Ergebnis verfälscht werden.

1.83 (5) Falls erforderlich, sind Splitbefragungen durchzuführen (vgl. BGH GRUR 1968, 581 (584) – Blunazit; GRUR 1987, 535 (537) – Wodka „Woronoff"; OLG Köln WRP 1973, 656; Niedermann/Nölle FS Tilmann, 2003, 857).

1.84 (6) Die Fragestellung darf nicht missverständlich sein oder in die Irre führen. Das ist etwa der Fall, wenn es um die Erfassung einer relativ geringen Abweichung der Vorstellung von den tatsächlichen Gegebenheiten geht, die Fragestellung aber die Annahme des Befragten nahe legt oder erlaubt, er werde nach der Bedeutung einer erheblich weitergehenden Abweichung der Vorstellung von Verhältnissen gefragt, die im konkreten Fall nicht gegeben sind (BGH GRUR 1991, 852 (855) – Aquavit).

1.85 (7) Geht es um die wettbewerbliche Relevanz einer irreführenden Angabe, sind nur die Verkehrskreise zu befragen, die einer unzutr. Vorstellung erlegen sind oder bei der geschlossenen Fragestellung keine Antwort gegeben haben (BGH GRUR 1991, 852 (855) – Aquavit; GRUR 1993, 920 (922) – Emili Adani II).

4. Anforderungen an das Gutachten

1.86 Das Gutachten darf sich nicht auf eine bloße Zusammenstellung der Umfrageergebnisse, also Tabellen und Statistiken, beschränken, sondern muss sie – soweit erforderlich – auch sachverständig (hins. Methodik und Fehlerpotenzials) interpretieren und gewichten (BGH GRUR 1989, 440 (442) – Dresdner Stollen I; GRUR 1990, 461 (462) – Dresdner Stollen II; eingehend Teplitzky WRP 1990, 145 (147)). Das hat entweder in einem „Begleitgutachten" oder (zwecktäßiger) bei der Erörterung der Ergebnisse mit dem Sachverständigen in der mündlichen Verhandlung zu geschehen (Ullmann GRUR 1991, 789 (795)).

. Beweiswürdigung

Die Würdigung eines Meinungsforschungsgutachtens hat nach § 286 ZPO zu erfolgen. Der **1.87** Richter darf also die Ergebnisse nicht „blind" übernehmen, sondern hat sie selbst – ggf. mit Hilfe des Sachverständigen – zu bewerten und zu gewichten. Von der Pflicht, die Ergebnisse selbständig zu würdigen, ob sie der Entscheidung zu Grunde gelegt werden können, entbindet den Richter auch die Zustimmung beider Parteien zur konkreten Fragestellung nicht (BGH GRUR 1987, 171 (172) – Schlussverkaufswerbung I; GRUR 1987, 534 (538) – Wodka „Woronoff"). Antworten auf „gestützte" Fragen sind wegen der möglichen Suggestivwirkung iErg mit bestimmten, nicht unerheblichen Abstrichen zu gewichten (BGH GRUR 1992, 66 (69) – Königl.-Bayerische Weisse; GRUR 1992, 70 (71) – 40 % weniger Fett). Es sind also, wenn es zB um die Irreführungsquote geht, Abzüge von den ermittelten Prozentsätzen zu machen (BGH GRUR 1992, 70 (71) – 40 % weniger Fett). Abzüge können ferner bei Mehrdeutigkeit der gegebenen Antworten veranlasst sein (BGH GRUR 1992, 66 (69) – Königl.-Bayerische Weisse). Bei der erforderlichen umfassenden Würdigung sind auch die Ergebnisse einer im Parteiauftrag durchgeführten Meinungsumfrage – ihre sachgerechte Durchführung vorausgesetzt – einzubeziehen. Falls diese Ergebnisse von der gerichtlich angeordneten Umfrage abweichen, ist die Methodik bei der Umfrage bes. sorgfältig und kritisch zu überprüfen (BGH GRUR 1987, 171 – Schlussverkaufswerbung I; GRUR 1989, 440 (443) – Dresdner Stollen I; GRUR 1990, 461 (462) – Dresdner Stollen II; GRUR 1992, 48 (51) – frei öl; GRUR 1992, 70 (72) – 40 % weniger Fett). Richtigkeitszweifel sind jedenfalls bei gravierenden Abweichungen veranlasst (ähnlich Teplitzky Wettbewerbsrechtliche Ansprüche/Schwippert Kap. 47 Rn. 23). Weiter können abweichende Gerichtsentscheidungen Anlass zu Zweifeln geben (BGH GRUR 1987, 171 – Schlussverkaufswerbung I). Auch sonst darf der Richter der Sachkunde des Gutachters nicht blind vertrauen. Er muss die Fragestellung und die Umfrageergebnisse an der allgemeinen Lebenserfahrung messen (BGH GRUR 1987, 171 (172) – Schlussverkaufswerbung I; GRUR 1990, 461 (462) – Dresdner Stollen II; GRUR 1992, 70 (72) – 40 % weniger Fett; GRUR 1991, 852 (855) – Aquavit).

6. Kosten

Die Kosten des gerichtlich angeordneten Gutachtens fallen nach § 91 ZPO dem Unterlegenen **1.88** zur Last. Die Kosten eines **Privatgutachtens** sind im Regelfall nicht erstattungsfähig. Anderes gilt im Verfügungsverfahren, wenn zur Glaubhaftmachung ein vorprozessual eingeholtes Gutachten erforderlich ist und die Kosten nicht außer Verhältnis zur Bedeutung der Streitsache stehen (KG GRUR 1987, 473 (474)).

VII. Darlegungs- und Beweislast

Schrifttum: Fritze, Die Umkehr der Beweislast, GRUR 1975, 61; Harmsen, § 3 UWG und das Problem der Beweislast, GRUR 1969, 251; Kur, Beweislast und Beweisführung im Wettbewerbsprozess, 1981; Kür, Irreführende Werbung und Umkehr der Beweislast, GRUR 1982, 663; Lindacher, Beweisrisiko und Aufklärungslast der nicht risikobelasteten Partei in Wettbewerbssachen, WRP 2000, 950; Ulrich, Die Beweislast im Verfahren des Arrestes und der einstweiligen Verfügung, GRUR 1985, 201; Ulrich, Beweisführung und Beweislast im Wettbewerbsprozess, WRP 1986, 584.

1. Grundsatz

Der Kläger hat grds. die seinen Anspruch begründenden Tatsachen, der Beklagte die den **1.89** Anspruch hindernden oder vernichtenden Tatsachen darzulegen und im Streitfall zu beweisen (BGH GRUR 2004, 246 (247) – Mondpreise?; GRUR 2023, 421 Rn. 18). Eine **sekundäre Darlegungslast** des Anspruchsgegners kommt jedoch dann in Betracht, wenn dem Behauptenden die nähere Darlegung nicht möglich oder nicht zumutbar ist, während der Bestreitende alle wesentlichen Tatsachen kennt und es ihm zumutbar ist, nähere Angaben zu machen. Genügt der Anspruchsgegner seiner sekundären Darlegungslast, hat der Anspruchsteller die für seine Behauptung sprechenden Umstände darzulegen und zu beweisen. Genügt der Anspruchsgegner seiner sekundären Darlegungslast nicht, gilt die Behauptung des Anspruchstellers dagegen nach § 138 III ZPO als zugestanden (BGH GRUR 2020, 307 Rn. 16 – Sonntagsverkauf von Backwaren).

2. Anscheinsbeweis

1.90   Der Beweis des ersten Anscheins ist eine typisierte Form des Indizienbeweises. Er beruht au
der Anwendung von Erfahrungssätzen, die typische Geschehensabläufe zum Gegenstand habe
(BGH NJW 2019, 661 Rn. 50), in Fällen also, in denen ein bestimmter Tatbestand nach de
Lebenserfahrung auf eine bestimmte Ursache für ein Ereignis oder den Eintritt eines bestimm
ten Erfolgs hinweist (stRspr; vgl. BGH WRP 2017, 448 Rn. 19 – Afterlife mwN). Ein typische
Geschehensablauf ist anzunehmen, wenn der Kausalverlauf so häufig vorkommt, dass die Wahr
scheinlichkeit seines Vorliegens im konkreten Fall sehr groß ist. So ist bei einem Handeln eine
Unternehmers, das äußerlich in seinen gewerblichen Tätigkeitsbereich fällt, widerleglich zu
vermuten, dass er „im geschäftlichen Verkehr" handelt (BGH GRUR 1993, 761 (762) –
Makler-Privatangebot). Bei Wettbewerbsverstößen ist anzunehmen, dass sie beim Betroffene
regelmäßig zu einem Schaden führen (BGH GRUR 1993, 55 (57) – Tchibo/Rolex II). De
Anscheinsbeweis ist entkräftet, wenn der Gegner die ernsthafte Möglichkeit eines anderweitige
Geschehensablaufs beweist (BGH WRP 2017, 448 Rn. 19 – Afterlife; NJW 2019, 661 Rn. 50).

3. Darlegungs- und Beweislast bei Werbeaussagen

1.91   **a) Allgemeines.** Grundsätzlich (Ausnahme: § 5 V) hat der Kläger auch bei Klagen aus § 3
iVm § 5 wegen unlauterer, insbes. irreführender Werbung die Darlegungs- und Beweislast fü
das Vorliegen einer wettbewerbswidrigen Werbung (BGH GRUR 1985, 140 (142) – Größte
Teppichhaus der Welt; GRUR 1991, 848 (849) – Rheumalind II; GRUR 2004, 246 (247) –
Mondpreise?: Werbung mit Herstellerpreisempfehlung). Jedoch hat die Rechtsprechung, gestütz
auf den Grundsatz von Treu und Glauben (Gebot der redlichen Prozessführung), dem Beklagte
eine **prozessuale Erklärungspflicht** für bestimmte, in seinem Verantwortungsbereich liegende
Tatsachen auferlegt, sofern der Kläger über bloße Verdachtsmomente hinaus die für eine Wett
bewerbswidrigkeit sprechenden Tatsachen dargetan und unter Beweis gestellt hat (BGH GRUR
1997, 229 (230) – Beratungskompetenz; WRP 2000, 724 (727) – Space Fidelity Peep-Show;
GRUR 2004, 246 (247) – Mondpreise?). Darin liegt keine eigentliche Umkehr der Beweislast
(vgl. BGH GRUR 1971, 164 (167) – Discount-Geschäft: „unbeschadet der Beweislast"; miss
verständlich BGH GRUR 1978, 54 (55) – Preisauskunft). Vielmehr handelt es sich um eine
sekundäre Darlegungslast für den Beklagten (BGH WRP 2000, 724 (727) – Space Fidelity
Peep-Show; GRUR 1997, 758 (760) – Selbsternannter Sachverständiger; WRP 2009, 967
Rn. 27 – Ohrclips; → § 5 Rn. 3.23 ff.; Teplitzky Wettbewerbsrechtliche Ansprüche/Schwippert
Kap. 47 Rn. 32 ff.). Kommt der Beklagte seiner Erklärungspflicht nicht (hinreichend) nach, kann
das Klagevorbringen nach § 138 III ZPO als zugestanden anzusehen sein (BGH GRUR 1961,
85 (90) – Pfiffikus-Dose; GRUR 1978, 249 (250) – Kreditvermittlung). Auch kann das Gericht
daraus im Wege der freien Beweiswürdigung schließen, dass die angegriffene Werbung unrichtig
oder jedenfalls irreführend ist (BGH GRUR 1970, 461 (463) – Euro-Spirituosen; GRUR 1978,
249 (250) – Kreditvermittlung). Aus der prozessualen Erklärungspflicht ist allerdings kein vor
prozessualer materiellrechtlicher Auskunftsanspruch hins. der Richtigkeit von Werbeaussagen
abzuleiten (BGH GRUR 1978, 54 (55) – Preisauskunft). Bis jetzt wurde nur in einer Fallgruppe
(„Werbung mit fachlich umstrittener Behauptung", BGH GRUR 1991, 848 (849) – Rheuma
lind II) eine echte **Umkehr der Beweislast** anerkannt. Von der Umkehr der Beweislast ist
wiederum die materiellrechtliche Beweislastverteilung zu unterscheiden (dazu Fallgruppe b)
(dd)).

1.92   **b) Fallgruppen. aa) Innerbetriebliche Vorgänge.** Kommt es für die Beurteilung einer
Werbeangabe auf **innerbetriebliche Vorgänge** an, so trifft den Beklagten die Darlegungs- und
Beweispflicht, wenn dem außerhalb des Geschehensablaufs stehenden Kläger eine genaue Kennt
nis der rechtserheblichen Tatsachen fehlt, der Beklagte dagegen die erforderliche Aufklärung
leicht geben kann und ihm dies auch zumutbar ist. Unzumutbarkeit kann bei überwiegendem
Geheimhaltungsinteresse gegeben sein; in diesem Fall kann die Einschaltung eines zur Ver
schwiegenheit verpflichteten Sachverständigen (§ 144 ZPO) in Betracht kommen (vgl. BGH
GRUR 2005, 1059 (1061) – Quersubventionierung von Laborgemeinschaften zum Angebot
unter Selbstkosten; Melullis Rn. 349).

1.93   **Beispiele:** Werbung mit „ostpreußischem Familienrezept", wenn berechtigte Zweifel an Verbindungen zu
Ostpreußen geltend gemacht werden (BGH GRUR 1963, 270 (271) – Bärenfang); Werbung mit Discount-
Preisen, weil nur der Werbende erschöpfend seine Preisgestaltung darlegen kann (BGH GRUR 1971, 164
(167) – Discount-Geschäft); Werbung mit Eigenpreisvergleich, dh früherem und jetzigem Preis (BGH

GRUR 1975, 78 (79) – Preisgegenüberstellung; WRP 2004, 343 (345) – Mondpreise?); unverschuldete Lieferunfähigkeit, wenn beanstandet wird, die beworbene Ware sei nicht (ausreichend) vorrätig (BGH GRUR 1983, 650 (651) – Kamera); Werbung mit „Euro"-Firmenbestandteil, wenn auf niedriges Stammkapital hingewiesen wird und Beklagter keine Umsatzangaben macht (BGH GRUR 1970, 461 (463) – Euro-spirituosen).

bb) Allein- oder Spitzenstellungswerbung. (BGH GRUR 1983, 779 (781) – Schuhmarkt;   **1.94** GRUR 1985, 140 (142) – Größtes Teppichhaus der Welt; GRUR 2010, 352 Rn. 22 – Hier spiegelt sich Erfahrung; GRUR 2015, 186 Rn. 10 – Wir zahlen Höchstpreise). Wer die geschäftlichen Verhältnisse seiner Mitbewerber in der Weise in seine Behauptung einbezieht, dass er für sich eine Allein- oder Spitzenstellung behauptet, muss darlegen und ggf. beweisen (iSd prozessualen Aufklärungspflicht), wie es sich mit den geschäftlichen Verhältnissen dieser Mitbewerber verhält, wenn der Gegner hierzu überhaupt nicht oder nur mit erheblichen Schwierigkeiten in der Lage ist (BGH GRUR 2015, 186 Rn. 10, 11 – Wir zahlen Höchstpreise; zur Abgrenzung OLG Köln WRP 1987, 191). Denn wer eine solche Allein- oder Spitzenstellung behauptet, muss sich vorher über die geschäftlichen Verhältnisse seiner Mitbewerber unterrichten und kann deshalb über diese – jedenfalls bei pflichtgemäßem Handeln – unschwer nähere Angaben machen.

cc) Werbung mit fachlich umstrittener Behauptung. Erwähnt der damit Werbende die   **1.95** Gegenmeinung nicht, so übernimmt er damit die Verantwortung für die Richtigkeit, die er im Streitfall beweisen muss (BGH GRUR 1958, 485 (486) – Odol; GRUR 1965, 368 (373) – Kaffee C; GRUR 1971, 153 (155) – Tampax; GRUR 1991, 848 (849) – Rheumalind II). Trägt der Kläger das Fehlen einer wissenschaftlichen Grundlage einer gesundheitsbezogenen Werbeaussage substanziiert vor, so ist es Aufgabe des Beklagten, die wissenschaftliche Absicherung zu beweisen.

dd) Vergleichende Werbung. Grundsätzlich trägt der Kläger die Darlegungs- und Beweis-   **1.96** last dafür, dass eine vergleichende Werbung iSd § 6 I vorliegt und die Voraussetzungen ihrer Unzulässigkeit, dh mindestens eines der Verbotskriterien, erfüllt sind (→ § 6 Rn. 193; OLG Hamburg GRUR-RR 2002, 362; aA Lindacher WRP 2000, 950 (953 f.): Der Werbende hat Richtigkeit seiner Tatsachenbehauptungen zu beweisen). Jedoch gelten insoweit die Grundsätze über die sekundäre Darlegungslast (→ Rn. 1.89). Diese Rechtslage steht in Übereinstimmung mit Art. 6 lit. a der Richtlinie über irreführende und vergleichende Werbung.

H. Verfahrensunterbrechungen

I. Unterbrechung

Schrifttum: Ackermann/Wenner, Auslandskonkurs und Inlandsprozess: Rechtssicherheit contra Universalität im deutschen internationalen Konkursrecht, IPRax 1990, 209; K. Schmidt, Unterlassungsanspruch, Unterlassungsklage und deliktischer Ersatzanspruch im Konkurs, ZZP 90 (1977), 38.

1. Allgemeines

Nach **§ 240 S. 1 ZPO** wird im Falle der Eröffnung des **Insolvenzverfahrens** über das   **1.97** Vermögen einer Partei das Verfahren unterbrochen, „wenn es die Insolvenzmasse betrifft". Für die Unterbrechung genügt ein mittelbarer Bezug zur Insolvenzmasse. Zu den die Insolvenzmasse betreffenden Ansprüchen gehören insbes. auch wettbewerbsrechtliche Unterlassungsansprüche und Schadensersatzansprüche. Die Wirkung eines im **Ausland** eröffneten Insolvenzverfahrens richtet sich nach § 352 InsO iVm Insolvenz-VO (bei Eröffnung in EU-Mitgliedstaat) oder § 343 InsO (vgl. BGH GRUR 2019, 549 Rn. 11 ff. – Kaffeekapsel) – Im Einzelnen ist zu unterscheiden:

2. Insolvenz des Klägers

Eine Unterbrechung tritt ein, sofern der Kläger **Mitbewerber** iSd § 8 III Nr. 1 ist. Die   **1.98** Insolvenzmasse wird – zumindest mittelbar – auch betroffen, wenn lediglich Ansprüche aus § 8 geltend gemacht werden, da das Bestehen oder Nichtbestehen eines Unterlassungsanspruchs die Wettbewerbsposition und damit den Wert des Unternehmens berührt (vgl. zum Löschungsverfahren gem. § 54 MarkenG BGH GRUR 2019, 549 Rn. 28 ff. – Kaffeekapsel; aA wohl

Teplitzky Wettbewerbsrechtliche Ansprüche/Schwippert Kap. 48 Rn. 6). Auch ist in Rechnung zu stellen, dass während oder nach Abschluss des Prozesses die gesetzliche Unterlassungspflicht vielfach durch Unterwerfung in eine strafbewehrte Unterlassungspflicht umgewandelt wird, die für den Gläubiger einen echten Vermögenswert darstellt. – Eine Unterbrechung tritt nicht ein wenn der Kläger ein **Verband** iSd § 8 III Nr. 2, 3 ist (KG WRP 1990, 83). Denn mit Eintritt der Vermögenslosigkeit verliert der Verband – trotz § 49 II BGB – die Klagebefugnis nach § 8 III Nr. 2, 3 und die Klage wird damit unzulässig.

3. Insolvenz des Beklagten

1.99   Geht der Antrag auf **Unterlassung,** tritt stets Unterbrechung ein, weil die Frage, ob die beanstandete Handlung vorgenommen werden darf, für das Unternehmen des Beklagten von wirtschaftlichem Interesse ist (BGH GRUR 1966, 218 (219) – Dia-Rähmchen III). Unerheblich ist, ob auch von der **Masse,** dh vom Insolvenzverwalter, eine Begehungsgefahr ausgeht. Die Unterbrechung tritt auch dann ein, wenn der Anspruch auch insolvenzfreies (zB Privat-)Vermögen betrifft. Anders liegt es, wenn der Unterlassungsanspruch nur die persönliche Sphäre, nicht aber den Geschäftsbetrieb des Beklagten berührt, wie zB bei ehrenkränkenden Behauptungen (Teplitzky Wettbewerbsrechtliche Ansprüche/Schwippert Kap. 48 Rn. 7). Geht der Antrag auf **Schadensersatz,** erfasst die Unterbrechung **auch** den seiner Durchsetzung dienenden **unselbstständigen Auskunftsanspruch** (BGH GRUR 2010, 343 Rn. 17 – Oracle). **Nicht** erfasst wird dagegen der Anspruch auf **Drittauskunft,** da er im Hinblick auf die Insolvenzmasse des Beklagten vermögensmäßig neutral und der Schutzzweck der Verfahrensunterbrechung (Bedenkzeit für den Insolvenzverwalter) dadurch nicht beeinträchtigt wird (BGH GRUR 2010, 343 Rn. 18 – Oracle). Allerdings ist ein entsprechendes Teilurteil über den Antrag auf Drittauskunft grds. ausgeschlossen, weil über diesen Anspruch nicht losgelöst von der Frage eines Wettbewerbsverstoßes entschieden werden kann (BGH GRUR 2010, 343 Rn. 21 – Oracle). Indessen ist ein Teilurteil gegen einen einfachen Streitgenossen möglich, auch wenn gegen den anderen Streitgenossen eine Verfahrensunterbrechung wegen Insolvenzeröffnung erfolgt ist (BGH GRUR 2010, 343 Rn. 22 – Oracle).

4. Verfahrensaufnahme

1.100   (§ 250 ZPO; §§ 85, 86 InsO). Nach der neueren Rspr. (BGH GRUR 2010, 536 Rn. 26 – Modulgerüst II unter Aufgabe von BGH GRUR 1983, 179 (180) – Stapel-Automat) ist der Unterlassungsprozess wegen eines Wettbewerbsverstoßes als Passivprozess iSv § 86 InsO zu behandeln. Auf die Aufnahme des Rechtsstreites ist § 86 I Nr. 3 InsO analog anzuwenden (BGH GRUR 2010, 536 Rn. 27, 28 – Modulgerüst II).

II. Aussetzung nach § 148 ZPO

1. Allgemeines

1.101   Nach § 148 ZPO kann das Gericht, wenn die Entscheidung des Rechtsstreits ganz oder zum Teil von dem Bestehen oder Nichtbestehen eines Rechtsverhältnisses abhängt (Vorgreiflichkeit), das den Gegenstand eines anderen anhängigen Rechtsstreits bildet oder von einer Verwaltungsbehörde festzustellen ist, anordnen, dass die Verhandlung bis zur Erledigung des anderen Rechtsstreits oder bis zur Entscheidung der Verwaltungsbehörde auszusetzen sei. Dafür reicht es nicht aus, dass ein paralleler Rechtsstreit bereits beim BGH anhängig ist, in dem nach Art eines Musterprozesses über einen gleichen oder gleichgelagerten Fall zu entscheiden ist (BGH NJW 2005, 1947 = WRP 2005, 899 – Aussetzung wegen Parallelverfahren). Etwas anderes kann gelten, wenn in dem anderen Verfahren ein Vorabentscheidungsersuchen zur gleichen Rechtsfrage beim EuGH anhängig ist (BGH WRP 2017, 1094 Rn. 14 – Teststreifen zur Blutzuckerkontrolle II: § 148 ZPO analog). Die Aussetzung liegt im **Ermessen** des Gerichts (dazu BGH GRUR 1993, 556 (559) – TRIANGLE; GRUR 2011, 808 Rn. 11 – Aussetzung eines Schlichtungsverfahrens). Sie ist im Verfahren der Rechtsbeschwerde nicht auf ihre Zweckmäßigkeit, sondern nur daraufhin zu überprüfen, ob die gesetzlichen Grenzen des Ermessens eingehalten sind (BGH NJW-RR 2005, 925 (926)).

2. Lauterkeitsrecht und Kartellrecht

In Wettbewerbsstreitigkeiten kommt eine Aussetzung nach § 148 ZPO iVm § 8b III und **1.102** § 4a II UKlaG in Betracht, wenn zweifelhaft ist, ob ein „qualifizierter Wirtschaftsverband" oder eine „qualifizierte Einrichtung" iSd § 8 III Nr. 2 und 3 die Voraussetzungen der Eintragung erfüllt und deshalb das Gericht das Bundesamt für Justiz zur Überprüfung der Eintragung auffordert. Sind kartellrechtliche Vorfragen zu entscheiden, so gilt im Hinblick auf § 87 I 2 GWB auch dafür § 148 ZPO.

3. Gewerblicher Rechtsschutz und Urheberrecht

In Markenverletzungsprozessen kommt die Aussetzung – nach pflichtgemäßem Ermessen des **1.103** Gerichts – in Betracht, wenn ein Löschungsverfahren (§§ 48 ff. MarkenG) anhängig ist (BGH GRUR 2014, 1101 Rn. 17 – Gelbe Wörterbücher; Teplitzky Wettbewerbsrechtliche Ansprüche/Schwippert Kap. 48 Rn. 21); in Patentverletzungsprozessen, wenn ein Nichtigkeits- oder Einspruchsverfahren anhängig ist (BGHZ 81, 397 – Verbauvorrichtung), während die Anhängigkeit einer Klage auf Erteilung einer Zwangslizenz nicht ausreicht; in urheberrechtlichen Verfahren nach § 36 III UrhG über die Besetzung der Schlichtungsstelle, wenn zwischen den Parteien ein Rechtsstreit über das Vorliegen der Voraussetzungen des Schlichtungsverfahrens anhängig ist (BGH GRUR 2011, 808 Rn. 11 ff. – Aussetzung eines Schlichtungsverfahrens). Zu Gebrauchsmustersachen vgl. § 19 GebrMG.

III. Vorlage an den EuGH

Dazu → Einl. Rn. 3.7 ff.   **1.104**

I. Urteil

I. Prozessurteil

Die Klage ist (durch „Prozessurteil") als unzulässig abzuweisen, wenn eine Prozessvoraussetzung **1.105** fehlt. **Beispiele: (1)** Fehlen der Klagebefugnis gem. § 8 III oder § 8c; **(2)** Fehlen des Rechtsschutzbedürfnisses (BGH GRUR 1987, 568 – Gegenangriff; BGHZ 99, 340 = GRUR 1987, 402 – Parallelverfahren); **(3)** Mangelnde Bestimmtheit des Klageantrags (§ 253 II Nr. 2 ZPO). Dazu → Rn. 1.35 ff., 1.52, 1.61. – Eine Klageabweisung ist auch noch in der Revisionsinstanz möglich (BGH GRUR 1992, 561 (562) – Unbestimmter Unterlassungsantrag II), wenngleich hier idR Zurückverweisung erfolgt (BGH WRP 2016, 869 Rn. 15 – ConText mwN.).

II. Sachurteil

1. Bestimmtheitserfordernis und Auslegung

Die Urteilsformel (§ 313 I Nr. 4 ZPO) muss inhaltlich bestimmt sein. Es gelten die gleichen **1.106** Anforderungen wie an den Klageantrag (→ Rn. 1.35 ff.). Das ist vor allem für ein Unterlassungsgebot von Bedeutung (BGH GRUR 1992, 561 (562) – Unbestimmter Unterlassungsantrag II). Grundsätzlich muss der Urteilsinhalt in einer einheitlichen Urkunde festgelegt sein, es sei denn, dass dies nicht möglich ist (zB wenn es auf nicht abbildbare oder mit Worten nicht beschreibbare Eigenschaften des Gegenstands ankommt). In diesen Fällen kann auf eine Anlage verwiesen werden (BGH WRP 2000, 205 (206 f.) – Musical-Gala zu Video-Mitschnitt; GRUR 2021, 1199 Rn. 14 – Goldhase III zu einem als Verletzung einer Farbmarke beanstandeten Produkt; GRUR 2022, 1336 Rn. 17 – dortmund.de zur Gesamtdarstellung eines Internetauftritts auf einem USB-Stick). Zur Bestimmung von Umfang und Reichweite der Urteilsformel können der Tatbestand und das dort in Bezug genommene Parteivorbringen sowie die Entscheidungsgründe herangezogen werden (stRspr; BGH GRUR 2014, 1211 Rn. 16 – Runes of Magics II; GRUR 2016, 395 Rn. 18 – Smartphone-Werbung; WRP 2016, 1221 Rn. 14 – LGA tested; GRUR 2023, 839 Rn. 9). **Beispiele:** BGH GRUR 1991, 929 (930) – Fachliche Empfehlung II; GRUR 1994, 304 (305) – Zigarettenwerbung in Jugendzeitschriften). – Dagegen sind Umstände, die im Urteil keinen objektiven Ausdruck gefunden haben, wie innere Vorstellungen oder Willensrichtungen des Richters, für die Auslegung unmaßgeblich. Denn das Urteil als Vollstreckungstitel muss aus sich heraus verständlich und bestimmt sein (BGH GRUR 1992, 525 (526) –

Professorenbezeichnung in der Arztwerbung II). Will das Gericht dem Klageantrag stattgeben so ist es nicht an die Formulierung des Klägers gebunden, zumal das eigentliche Klagebegehren oft erst durch Auslegung des Antrags zu ermitteln ist.

2. Bindung an den Antrag

1.107   Das Gericht darf nicht etwas zusprechen, was nicht beantragt ist (§ 308 I 1 ZPO). Das ist insbes. der Fall, wenn es seinem Urteilsausspruch über einen Unterlassungsantrag einen anderen Klagegrund zu Grunde legt als denjenigen, mit dem der Kläger seinen Antrag begründet hat (stRspr seit BGH GRUR 2003, 716 (717) – Reinigungsarbeiten; vgl. BGH WRP 2018, 44 Rn. 44 – Knochenzement I mwN). Es kommt daher maßgeblich darauf an, von welchen tatsächlichen Voraussetzungen das angestrebte Verbot abhängt und welche Tatsachen der Kläger zur Begründung seines Antrags anführt. Der neben dem Klageantrag für die Bestimmung des Streitgegenstands maßgebliche Klagegrund wird durch den gesamten historischen Lebensvorgang bestimmt, auf den sich das Rechtsschutzbegehren des Klägers bezieht (BGHZ 194, 314 Rn. 19 – Biomineralwasser). **Beispiele:** Kläger begehrt Auskunft, an welche Personen Kataloge versandt wurden, Gericht verurteilt zur Auskunfterteilung, an welche Dritte verkauft worden war (BGH GRUR 1992, 117 (120) – IEC-Publikation); Gericht verurteilt zu einem weiter gehenden Widerruf als beantragt (BGH GRUR 1992, 527 (529) – Plagiats-Vorwurf II); Gericht nimmt bei einer auf zwei Anspruchsgrundlagen gestützten Klage zu Unrecht zwei Streitgegenstände an und entscheidet darüber (nach BGH GRUR 1992, 552 (554) – Stundung ohne Aufpreis). Vgl. weiter → Rn. 1.39.

3. Zeitliche Begrenzung

Schrifttum: Harmsen, Zu den Voraussetzungen der Aufbrauchfrist im Patentrecht, GRUR 2021, 222; Körner, Befristete und unbefristete Unterlassungstitel bei Wettbewerbsverstößen, GRUR 1985, 909; Nordemann, Die Aufbrauchfrist im deutschen Wettbewerbs-, Marken- und Urheberrecht, ZGE 2019, 309.

1.108   Das Unterlassungsgebot ist nur dann zeitlich zu begrenzen, wenn sein Ende bereits im Zeitpunkt der letzten mündlichen Verhandlung feststeht (zB begrenzte Schutzdauer von Modeneuheiten; BGHZ 60, 168 = GRUR 1973, 478 – Modeneuheit; OLG Düsseldorf GRUR 1983, 748 (750); Krüger GRUR 1986, 115 (125); v. Ungern-Sternberg GRUR 2011, 486). Lässt sich eine solche Befristung nicht ermitteln und fällt eine materiellrechtliche Voraussetzung des Unterlassungsangebots später weg, ist der Schuldner auf die Vollstreckungsabwehrklage (§ 767 ZPO) angewiesen (OLG Düsseldorf GRUR 1983, 748 (750)).

4. Aufbrauchsfrist

1.109   Das Gericht hat – auch im Eilverfahren – von Amts wegen, also auch ohne Antrag, zu prüfen und zu entscheiden, ob dem Verletzer eine Aufbrauchsfrist einzuräumen ist (OLG Frankfurt GRUR-RR 2020, 167 Rn. 29; zu Einzelheiten → § 8 Rn. 1.96 ff.; Nordemann ZGE 2019, 309). Doch muss dieser ein entspr. Interesse substanziiert vortragen (BGH GRUR 2013, 1254 Rn. 44 – Matratzen Factory Outlet: sechs Monate; GRUR 2022, 930 Rn. 58 ff. – Knuspermüsli II: Aufbrauchsfrist abgelehnt).

5. Ordnungsmittelandrohung

1.110   Sie setzt einen entspr. Antrag voraus. Ist jedoch nur Ordnungsgeldandrohung beantragt, so hat das Gericht von Amts wegen Ersatzordnungshaft anzudrohen (BGH GRUR 1993, 62 (63) – Kilopreise III). Das Gericht muss bei der Androhung Art und Höchstmaß der Ordnungsmittel ausdrücklich nennen, damit sich das Ausmaß des angedrohten hoheitlichen Zwangs ohne weiteres erkennen lässt (BGH GRUR 1995, 744 (749) – Feuer, Eis & Dynamit I; Teplitzky Wettbewerbsrechtliche Ansprüche/Feddersen Kap. 57 Rn. 25). Eine bloße Androhung der „gesetzlichen Ordnungsmittel gemäß § 890 ZPO" reicht nicht aus (aA OLG München WRP 1980, 356). Die Androhung kann entweder im Unterlassungsgebot enthalten sein („… unter Androhung …" oder – veraltet – „… bei Meidung …"). Sie kann aber auch gesondert ausgesprochen werden, etwa: „Für jeden Fall der Zuwiderhandlung wird dem Beklagten die Festsetzung eines Ordnungsgeldes bis zu 250 000,– Euro, ersatzweise Ordnungshaft, oder Ordnungshaft bis zu sechs Monaten angedroht". Die Androhung von Ersatzordnungshaft gegen Organe der verurteilten juristischen Person ist zulässig (BVerfGE 20, 323 (335 f.); Teplitzky

Wettbewerbsrechtliche Ansprüche/Feddersen Kap. 57 Rn. 25b). Hat eine GmbH mehrere Geschäftsführer, so ist die Androhung der Vollziehung „an einem der Geschäftsführer" hinreichend bestimmt (BGH GRUR 1991, 929 (931) – Fachliche Empfehlung II). Eine hinreichende Eingrenzung und Bestimmung erfolgt im Vollstreckungsverfahren. Erst in diesem ist das Organ, an dem die Haft zu vollziehen ist, konkret zu benennen (BGH GRUR 1991, 929 (931) – Fachliche Empfehlung II).

6. Veröffentlichungsbefugnis

Vgl. § 12 II.   **1.111**

7. Auskunft und Rechnungslegung

Vgl. → § 9 Rn. 5.1 ff. In das Urteil ist der Zeitraum aufzunehmen, für den Auskunft oder   **1.112**
Rechnungslegung zu erteilen ist. Zum Wirtschaftsprüfervorbehalt → § 9 Rn. 5.19 ff. Formulierung etwa (vgl. auch → Rn. 1.64): „Der Beklagte wird verurteilt, Auskunft darüber zu erteilen, an welche Dritte er … verkauft hat, wobei ihm gestattet wird, diese Auskunft auf seine Kosten einer zur Berufsverschwiegenheit verpflichteten Person zu erteilen."

III. Rechtskraft

1. Umfang

Maßgebend für den Umfang der Rechtskraft ist der **Streitgegenstand** (§ 322 I ZPO;   **1.113**
→ Rn. 1.23, 2.29; BGH WRP 2011, 873 Rn. 13 – Leistungspakete im Preisvergleich). In Rechtskraft erwächst daher nicht der Verbotsausspruch als solcher, sondern nur in seinem Bezug auf die vom Gericht festgestellte(n) Verletzungshandlung(en) (BGH GRUR 2006, 136 Rn. 19 – Pressefotos; GRUR 2006, 421 Rn. 29 – Markenparfümverkäufe; v. Ungern-Sternberg GRUR 2009, 1009 (1017)). Soweit über den Streitgegenstand rechtskräftig entschieden wurde, ist eine neuerliche Klage unzulässig. Auf die richtige Erfassung des Streitgegenstands ist daher bes. zu achten (vgl. OLG Karlsruhe GRUR 1993, 509 (510)). Die Rechtskraftwirkung erstreckt sich auf Änderungen der Verletzungsform, soweit sie den **Kern** der Verbotsform unberührt lassen (BGH WRP 1994, 822 (825) – Rotes Kreuz). Gleichartigkeit ist bspw. zu verneinen zwischen der Schaltung einer Zeitungsanzeige und der werblichen Ankündigung einer Telefonaktion (BGH GRUR 2008, 186 Rn. 16 – Telefonaktion). Die Reichweite der Bindungswirkung (zB eines **Feststellungsurteils**) ist in erster Linie der Urteilsformel zu entnehmen (BGH GRUR 2008, 933 Rn. 13 – Schmiermittel). Lässt die Urteilsformel, wie insbes. beim klageabweisenden Urteil, den Streitgegenstand und damit den Umfang der Rechtskraft nicht erkennen, sind Tatbestand und Entscheidungsgründe, falls erforderlich auch das Parteivorbringen, heranzuziehen (BGH GRUR 1993, 157 (158) – Dauernd billig; WRP 2005, 1251 (1252) – Glücksbon-Tage; GRUR 2008, 933 Rn. 13 – Schmiermittel). Hatte der Kläger eine konkrete Verletzungshandlung zum Anlass genommen, einen umfassenden oder verallgemeinernden Antrag zu stellen, und ist diese Klage rechtskräftig abgewiesen worden, so steht die Rechtskraft einer neuerlichen Klage auch dann entgegen, wenn der Klageantrag nunmehr eingeschränkt wird (BGH GRUR 1993, 157 (158) – Dauernd billig). Ist eine vorbeugende Unterlassungsklage mangels Erstbegehungsgefahr als unbegründet abgewiesen worden, so steht die Rechtskraft dieser Entscheidung einer auf einen konkreten späteren Verstoß gestützten Unterlassungsklage nicht entgegen (BGH GRUR 1990, 687 (689) – Anzeigenpreis II). Hat der Kläger einen vollstreckbaren Titel erlangt, so fehlt einer auf eine weitere Verletzungshandlung gestützten Unterlassungsklage aber das Rechtsschutzbedürfnis (BGH GRUR 2006, 421 Rn. 32 – Markenparfümverkäufe; v. Ungern-Sternberg GRUR 2009, 1009 (1017)), da der Kläger aus dem Titel dagegen vorgehen kann. Das Rechtsschutzbedürfnis ist allerdings zu bejahen, wenn die neue Klage auf eine der früheren nicht gleiche, sondern nur ähnliche Verletzungshandlung gestützt wird (BGH WRP 2011, 873 Rn. 20 – Leistungspakete im Preisvergleich; → Rn. 1.17). Denn in diesem Fall ist ein erfolgreiches Vorgehen gegen die nunmehr beanstandete Verletzungshandlung im Vollstreckungsverfahren ungewiss und es droht eine Verjährung der neu entstandenen wettbewerbsrechtlichen Ansprüche.

2. Wirkung zwischen den Parteien

1.114   Das rechtskräftige Urteil wirkt nur zwischen den Parteien (§ 325 I ZPO). Der Klage weiterer Gläubiger wegen derselben Verletzungshandlung steht daher nicht die Rechtskraft des Ersturteils entgegen (BGH GRUR 1960, 379 (380) – Zentrale). Die neuerliche Klage kann jedoch im Einzelfall nach § 8c unzulässig oder wegen Wegfalls der Wiederholungsgefahr durch Erlass des (zusprechenden) Ersturteils unbegründet sein (→ § 8 Rn. 1.57 und Köhler WRP 1992, 359 (361 ff.)).

3. Präjudizialität

1.115   Für das **Verhältnis vom gesetzlichen Unterlassungsanspruch zum gesetzlichen** Schadensersatzanspruch gilt, dass vom rechtskräftig positiv oder negativ entschiedenen Schadensersatzprozess **keine Feststellungswirkung** für den Unterlassungsprozess ausgeht und umgekehrt (BGHZ 150, 377 (383) = GRUR 2002, 1046 (1047) – Faxkarte mwN zum Streitstand; BGH NJW 2003, 3058 (3059)). Dies rechtfertigt sich daraus, dass es beim Schadensersatzprozess allein um die Verletzungshandlung geht, während es beim Unterlassungsprozess um die künftige Verletzungshandlung geht. Außerdem ist den unterschiedlichen Interessen und damit Rechtsschutzzielen des Beklagten Rechnung zu tragen: an der Zurückweisung des einen Anspruchs kann ihm mehr gelegen sein als an der Zurückweisung des anderen Anspruchs. Dementsprechend soll er nicht genötigt sein, einen aus seiner Sicht sinnlosen Prozess weiterzuverfolgen (BGHZ 150, 377 (383) = GRUR 2002, 1046 (1047) – Faxkarte; Teplitzky GRUR 2003, 272 (280)). – Die rechtskräftige Feststellung eines **vertraglichen** Unterlassungsanspruchs soll für die Zeit ab Erhebung der Unterlassungsklage auch für einen späteren Schadensersatzprozess bindend sein (BGHZ 42, 340 = GRUR 1965, 327 (329 ff.) – Gliedermaßstäbe; FBO/Büscher Rn. 364; einschränkend Teplitzky Wettbewerbsrechtliche Ansprüche/Schaub Kap. 30 Rn. 2: ab letzter mdl. Verhandlung). Richtigerweise sollten jedoch insoweit keine anderen Grundsätze gelten als bei den gesetzlichen Ansprüchen. – Die Rechtskraft eines dem Prozess um die Abmahnkosten vorausgegangenen **Unterlassungsurteils** erstreckt sich nicht auf die Frage, ob der **Abmahnung ein Unterlassungsanspruch zugrundelag** (BGH GRUR 2012, 949 Rn. 35 ff. – Missbräuchliche Vertragsstrafe). – Ein Urteil auf **Auskunft** oder Rechnungslegung ist nicht bindend für den Schadensersatzprozess (BGH JZ 1970, 226). – Wird die **Feststellungsklage** rechtskräftig abgewiesen (oder eine entspr. negative Feststellungsklage rechtskräftig zugesprochen), so ist eine spätere **Leistungsklage** zwar nicht unzulässig, aber unbegründet. Etwas anderes gilt nur dann, wenn der Entscheidung unmissverständlich zu entnehmen ist, dass das Gericht nicht abschließend über den zu Grunde gelegten Sachverhalt entscheiden, sondern dem Kläger eine erneute Klageerhebung vorbehalten wollte (BGH GRUR 1990, 70 – Rechtskraft der Feststellung). Wird eine negative Feststellungsklage aus sachlichen Gründen abgewiesen, so steht damit im Verhältnis der Parteien positiv fest, dass ein Unterlassungsanspruch gegeben ist. Dies gilt auch dann, wenn die Abweisung auf einer Verkennung der Darlegungs- und Beweislast beruht (BGH NJW 1986, 2508 (2509)).

J. Kosten

I. Kostenentscheidung (§§ 91 ff. ZPO; § 269 III 2, 3 ZPO; § 516 III ZPO)

1. Teilunterliegen (§ 92 ZPO)

1.116   Es liegt ua vor, wenn der Kläger einen nicht auf die konkrete Verletzungsform beschränkten Unterlassungsantrag stellt, das Gericht aber nur die konkrete Verletzungsform verbietet (BGH GRUR 1992, 625 (627) – Therapeutische Äquivalenz).

2. Erledigung der Hauptsache (§ 91a ZPO)

1.117   Vgl. → Rn. 1.31 ff.

3. Sofortiges Anerkenntnis (§ 93 ZPO)

1.118   Im Regelfall gibt der Schuldner keine Veranlassung zur Klage, wenn er nicht zuvor erfolglos abgemahnt und zur Abgabe einer strafbewehrten Unterlassungsverpflichtungserklärung aufgefordert wurde. Wurde der Schuldner erfolglos abgemahnt, gibt er auch dann Anlass zur Klage,

wenn gleichzeitig mit der Klage Antrag auf Erlass einer einstweilen Verfügung gestellt wird
(OLG Köln WRP 1996, 1214 (1216); NJWE-WettbR 1999, 92; aA OLG Hamm WRP 1986,
111 (122); OLG Dresden WRP 1996, 432 (433): nur, wenn zuvor Unterwerfung eindeutig
abgelehnt). Allerdings ist in diesen Fällen stets zu fragen, ob die gesetzte Frist für die Erhebung
der Klage nicht zu kurz war und daher eine angemessene Frist in Lauf setzte. Gibt der Abgemahnte innerhalb dieser Frist (3–4 Wochen) eine Abschlusserklärung ab, so hat er keinen Anlass
zur Klage gegeben (OLG Köln NJWE-WettbR 1999, 92 (93); OLG München NJWE-WettbR
1998, 255). Eine Nachfasspflicht des Abmahners kann bestehen, wenn der Abgemahnte eine
unzureichende Erklärung anbietet, dies aber erkennbar auf Missverständnissen in der Vorkorrespondenz beruht (OLG Hamburg GRUR 1992, 479 Ls.). Ist die Wiederholungsgefahr nicht
entfallen, weil der Gläubiger die Unterwerfungserklärung des Schuldners abgelehnt hat, kommt
im nachfolgenden Prozess ein sofortiges Anerkenntnis des Schuldners iSv § 93 ZPO in Betracht
(BGH GRUR 2023, 255 Rn. 44 – Wegfall der Wiederholungsgefahr III). Ein Verzicht des
Schuldners auf die Verjährungseinrede beseitigt die Klageveranlassung nicht; daher bedarf es auch
keiner entspr. Aufforderung durch den Gläubiger (OLG Hamm GRUR 1992, 563). Bei der
negativen Feststellungsklage wegen unberechtigter Abmahnung ist eine Gegenabmahnung grds.
nicht erforderlich (str.; vgl. → § 13 Rn. 90 ff.). – Dem sofortigen Anerkenntnis steht der
sofortige Klageverzicht gleich (§ 93 ZPO analog; OLG Frankfurt GRUR 1993, 931 Ls.).

4. Obsiegen auf Grund neuen Vorbringens (§ 97 II ZPO)

Die Vorschrift ist auch dann anwendbar, wenn die in erster Instanz mit einem eigenen   **1.119**
Anspruch unterlegene Partei zwar in zweiter Instanz mit einem in Prozessstandschaft geltend
gemachten Anspruch eines Dritten obsiegt, es ihr aber möglich und zumutbar war, die Ermäch-
tigungserklärung bereits in erster Instanz zu beschaffen und vorzulegen (BGH GRUR 1992, 108
(109) – Oxygenol).

II. Erstattungsfähigkeit einzelner Kosten

Erstattungsfähig sind solche Kosten, die „zur zweckentsprechenden Rechtsverfolgung oder   **1.120**
Rechtsverteidigung notwendig waren" (§ 91 I 1 ZPO).

1. Kosten eines Patentanwalts

Spezialregelung in § 143 IV, V PatG, § 27v GebrMG, § 52 II DesignG, § 38 IV SortenSchG,   **1.121**
§ 140 III MarkenG (dazu EuGH GRUR 2022, 853 – NovaText/Ruprecht-Karls-Universität
Heidelberg auf Vorlage des BGH GRUR 2020, 1239 – Kosten des Patentanwalts VI; sodann
BGH GRUR 2023, 446 – Kosten des Patentanwalts VII). In **Wettbewerbssachen** sind die
Kosten nur erstattungsfähig, wenn im **Einzelfall** notwendig waren, insbes. wenn schwierige
rechtliche oder technische Fragen im Bereich gewerblicher Schutzrechte (Patente, Marken usw),
etwa im Falle einer unberechtigten Patentberühmung, eine Rolle spielen (OLG Koblenz WRP
1988, 126; OLG Frankfurt GRUR 1989, 375 Ls.; GRUR 1993, 161) oder wenn der Patentanwalt die Aufgaben eines Verkehrsanwalts übernommen hat (OLG Frankfurt WRP 1980, 337
(338)). Die Kosten sind nicht gleichbedeutend mit den Gebühren, da Patentanwälte ihre Tätigkeit regelmäßig nach Stundensätzen abrechnen.

2. Kosten eines Verkehrsanwalts

Die Kosten sind grds. erstattungsfähig (vgl. Thomas/Putzo/Hüßtege ZPO § 91 Rn. 27). Es   **1.122**
ist ein strenger Maßstab anzulegen. Der Verlust eines halben Arbeitstages reicht nicht aus (OLG
Koblenz WRP 1988, 55; str.). Die Zuziehung eines in Wettbewerbssachen erfahrenen oder mit
der Sache vertrauten Anwalts kann in Einzelfällen, nicht aber bei Verbänden iSd § 8 III Nr. 2, 3
erforderlich sein (dazu BGH NJW-RR 2004, 856).

3. Kosten für Testkäufe

Sie sind grds. erstattungsfähig (BGH WRP 2016, 966 Rn. 75 – Herrnhuter Stern), soweit sie   **1.123**
im Rahmen eines schon vorher gefassten Entschlusses zur Rechtsverfolgung getätigt wurden
(OLG Düsseldorf WRP 1986, 33) und erforderlich und zweckmäßig waren (BGH GRUR WRP
2017, 1337 Rn. 65 – Bretaris Genuair). Der Kläger ist insoweit nicht auf eine gesonderte Klage,
gestützt auf § 13 III oder § 9, angewiesen (vgl. aber OLG Karlsruhe WRP 1988, 381). Es ist

aber auf Wirtschaftlichkeit und Sparsamkeit zu achten (OLG Frankfurt GRUR 1985, 401) Insbes. dürfen keine weniger aufwändigen Beweismöglichkeiten (zB Zeugenbeweis, Testfoto vorhanden sein. Hat die Testkaufsache einen verbleibenden wirtschaftlichen Wert, so darf die Festsetzung der Auslagen nur Zug um Zug gegen Herausgabe erfolgen (KG GRUR 1976, 65 OLG Stuttgart NJW 1986, 978; aA OLG Koblenz WRP 1979, 813). Dies kann aber nicht be Quotelung gelten. Hier kommt eine Herausgabepflicht nur in Betracht, wenn der Beklagte sich bereit erklärt, den Differenzbetrag zu erstatten.

4. Detektivkosten

1.124   Sie sind nur dann erstattungsfähig, wenn sie unbedingt erforderlich waren, also zB die Einschaltung eigener Angestellter nicht ausreicht (OLG Frankfurt WRP 1970, 154).

5. Kosten einer Meinungsumfrage

1.125   Dazu → Rn. 1.88.

6. Kosten privater Rechtsgutachten

1.126   Sie sind grds. nicht erstattungsfähig, ausnahmsweise dann, wenn das Gutachten für den Prozess erstellt wurde und das Gericht die Ergebnisse verwertet hat oder das Gutachten für eine sachgerechte Rechtsverteidigung unerlässlich war (OLG Frankfurt GRUR 1994, 532). Erstattungsfähig können die Kosten eines Gutachtens zum **ausländischen Recht** sein, wenn es maßgebliche Bedeutung für den Rechtsstreit hat (OLG Frankfurt GRUR 1993, 161).

K. Vergleich

1.127   Zur gütlichen Beilegung des Rechtsstreits kommt es vielfach in der Weise, dass der Schuldner sich unterwirft, der Gläubiger dafür auf Auskunft und Schadensersatz verzichtet und/oder eine Aufbrauchsfrist einräumt. Für die rechtliche Regelung bieten sich mehrere Möglichkeiten an:

I. Prozessvergleich

1.128   Der Prozessvergleich beendet den Rechtsstreit unmittelbar. Er ist zugleich Vollstreckungstitel (§ 794 I Nr. 1 ZPO). Die Vollstreckung einer im Vergleich übernommenen Unterlassungspflicht erfolgt nach § 890 I ZPO. Dazu muss eine Ordnungsmittelandrohung des Prozessgerichts erster Instanz (§ 890 II ZPO) erfolgt sein, die allerdings keinen Verstoß gegen die im Prozessvergleich titulierte Unterlassungspflicht voraussetzt (BGH WRP 2014, 861 Rn. 19 – Ordnungsmittelandrohung nach Prozessvergleich). Daher kann nur bei einem in erster Instanz geschlossenen Vergleich ein solcher Beschluss mit der Protokollierung des Vergleichs verbunden werden. Hat der Schuldner, wie praktisch immer, sich strafbewehrt unterworfen, so hat der Gläubiger bei einem späteren Verstoß die Wahl, ob er die Zwangsvollstreckung betreibt oder die Vertragsstrafe geltend macht. Er kann nach zutr. hM auch beide Wege zugleich beschreiten, weil beide Sanktionen unterschiedliche Sachverhalte regeln (BGH WRP 2014, 861 Rn. 11 – Ordnungsmittelandrohung nach Prozessvergleich mwN). Um eine übermäßige Beanspruchung des Schuldners zu vermeiden, ist allerdings die jeweils früher verhängte Sanktion bei der Höhe der jeweils späteren zu berücksichtigen (BGH WRP 2014, 861 Rn. 14 – Ordnungsmittelandrohung nach Prozessvergleich), wobei allerdings bei der Bemessung der Vertragsstrafe das Interesse des Gläubigers an einem Mindestschadensersatz zu berücksichtigen ist. Für den Gläubiger empfiehlt es sich daher, mit dem Bestrafungsantrag zuzuwarten, bis die Vertragsstrafe tituliert ist, um seinen Vertragsstrafenanspruch nicht zu schmälern. Der Schuldner kann der Doppelsanktion entgehen, indem er entweder keine Vertragsstrafe verspricht oder auf einem Verzicht des Gläubigers auf das Antragsrecht aus § 890 II ZPO besteht. Dies setzt jedoch eine entsprechende Parteivereinbarung voraus (BGH GRUR 2012, 957 Rn. 13 – Vergleichsschluss im schriftlichen Verfahren; WRP 2014, 861 Rn. 14 – Ordnungsmittelandrohung nach Prozessvergleich; Kolb WRP 2014, 522).

II. Kostenvergleich

Vielfach erklären die Parteien die Hauptsache für erledigt und schließen, um Kosten zu sparen, **1.129** einen bloßen Kostenvergleich. Denn die anwaltliche Vergleichsgebühr bemisst sich in diesem Fall nur nach der Summe der angefallenen Gerichts- und Anwaltskosten.

III. Außergerichtlicher Vergleich

Er beendet den Rechtsstreit nicht. Dazu bedarf es vielmehr zusätzlicher prozessualer Erklärun- **1.130** gen, etwa übereinstimmender Erledigterklärung oder Klage- oder Berufungsrücknahme. Teilen die Parteien dem Gericht lediglich mit, sie hätten sich außergerichtlich geeinigt, so bleibt der Rechtsstreit an sich anhängig. Es tritt aber infolge Nichtbetreibens ein tatsächlicher Stillstand des Verfahrens ein mit der Folge, dass die Verjährungshemmung endet (§ 204 II 3 BGB).

2. Abschnitt. Einstweilige Verfügung

Übersicht

Schrifttum: Ahrens, Der Schadensersatzanspruch nach § 945 ZPO im Streit der Zivilsenate, FS Piper, 1996, 31; Ahrens, Die Abschlußerklärung, WRP 1997, 907; Ahrens, Die fristgebundene Vollziehung einstweiliger Verfügungen, WRP 1999, 1; Ahrens, Beseitigung kraft Unterlassungstitels: berechtigter Aufstand gegen den BGH?, GRUR 2018, 374; Ahrens, Kosten des nur teilweise berechtigten Abschlussschreibens, WRP 2021, 4; Ahrens Wettbewerbsprozess-HdB/Spätgens, Einstweiliger Rechtsschutz und Vollstreckung in UWG-Sachen, 4. Aufl. 2001; Anders, Die Zustellung einstweiliger Verfügungen nach dem Zustellungsreformgesetz, WRP 2003, 204; Barth, Ersatz von Kosten eines Abschlussschreibens als vertraglicher Schadensersatz, WRP 2023, 901; Berger, Das abbestellte Abschlussschreiben, GRUR 2020, 1165; Berger, Bleibt alles anders?, GRUR 2021, 1131; Berneke/Schüttpelz, Die einstweilige Verfügung in Wettbewerbssachen, 4. Aufl. 2018; Bernreuther, Einstweilige Verfügung und Erledigungserklärung, GRUR 2007, 660; Bernreuther, Der negative Feststellungsantrag im einstweiligen Verfügungsverfahren, WRP 2010, 1191; Bernreuther, Zur rechtlichen Einordnung der Vollziehungshandlung gemäß § 928 ZPO und zum Umfang der Heilung von Zustellungsmängeln gemäß § 189 ZPO, WRP 2019, 1143; Bornkamm, Die unbegründete Unterlassungsverfügung – Wann bedarf die einstweilige Verfügung der Begründung?, FS Köhler, 2014, 47; Bornkamm, Befreit die einstweilige Verfügung von den Fesseln des Arrests!, WRP 2019, 1242; Bornkamm, Das Ende der ex-parte-Verfügung auch im Wettbewerbs- und Immaterialgüterrecht, GRUR 2020, 715; Bornkamm, Abmahnung und rechtliches Gehör im anschließenden Verfügungsverfahren, GRUR 2020, 1163; Danckwerts, Die Entscheidung über den Eilantrag, GRUR 2008, 763; Dienstbühl, Die (versuchte) Titelerschleichung im Verfügungsverfahren und ihre Konsequenzen, WRP 2021, 444; Dissmann, Totgesagte leben länger – wie es mit der Beschlussverfügung weitergehen kann, GRUR 2020, 1152; Doepner, Selbstwiderlegung der Dringlichkeit in wettbewerbsrechtlichen Verfügungsverfahren: wider eine feste Zeitspanne, WRP 2011, 1384; Guhn, Richterliche Hinweise und „forum shopping" im einstweiligen Verfügungsverfahren, WRP 2014, 27; Günther, Die Schubladenverfügung – Stolperfalle Dringlichkeit?, WRP 2006, 407; Heil, Der Antrag auf Verweisung an die Kammer für Handelssachen (§ 98 Abs. 1 GVG) in einer Schutzschrift, WRP 2014, 24; Hess, Aktuelles Verfahrensrecht, WRP 2015, 317, WRP 2016, 921, WRP 2017, 656, WRP 2018, 781; Holzapfel, Zum einstweiligen Rechtsschutz im Wettbewerbs- und Patentrecht, GRUR 2003, 287; Huber, Zivilprozessrecht: Schutzschrift und Schutzschriftenregister, JuS 2018, 1266; Isele, Das Betreiben von Ordnungsmittelverfahren und seine Auswirkung auf die Dringlichkeitsvermutung nach § 12 Abs. 2 UWG, WRP 2017, 1050; Kehl, Von der Marktbeobachtung bis zur Nichtvollziehung – wann ist es dem Anspruchsteller „nicht so eilig"?, FS Loschelder, 2010, 139; Klein, Begründung von Beschlussverfügungen, GRUR 2016, 899; Klute, Strategische Prozessführung im Verfügungsverfahren, GRUR 2003, 34; Koch/Vykydal, Immer wieder dringlich?, WRP 2005, 688; Kochendörfer, Der Nachweis der frühzeitigen Kenntnis vom Wettbewerbsverstoß – Beweiserleichterungen für die Widerlegung der Dringlichkeitsvermutung, WRP 2005, 1459; Lindacher, Einstweiliger Rechtsschutz in Wettbewerbssachen unter dem Geltungsregime von Brüssel I, FS Leipold, 2009, 251; Löffel, Bleibt alles anders? – Prozessuale Waffengleichheit im einstweiligen Verfügungsverfahren: auch und gerade im Wettbewerbsrecht, WRP 2019, 8; Lubberger, Zu Risiken und Nebenwirkungen kontaktieren Sie ihren Anwalt oder Richter, GRUR 2018, 378; Mantz, Das Recht auf Waffengleichheit und die Praxis im Verfahren der einstweiligen Verfügung, NJW 2019, 953; Mantz, Erfahrungen mit dem Recht auf Waffengleichheit im einstweiligen Verfügungsverfahren, WRP 2020, 416; Mantz, Die Dringlichkeit im Eilverfahren in Zeiten der Pandemie, WRP 2020, 533; Mantz, Konkretisierung des Rechts auf prozessuale Waffengleichheit durch das BVerfG, NJW 2020, 2007; Mantz, Die Weiterentwicklung des Rechts auf prozessuale Waffengleichheit – Licht und Schatten, WRP 2020, 1250; Mantz, Das gerichtliche Schweigen bei Zurückweisung im Arrest- und einstweiligen Verfügungsverfahren gemäß § 922 Abs. 3 ZPO, WRP 2022, 154; Meinhardt, Die einstweilige Verfügung im Kennzeichenrecht in der gerichtlichen Praxis, WRP 2017, 1180; Meinhardt, Aktuelles Wettbewerbsverfahrensrecht (Teil 1), WRP 2020, 150 und (Teil 2), WRP 2020, 273; Meinhardt, Aktuelles Wettbewerbsverfahrensrecht 2019 (Teil 1), WRP 2020,

1106 und (Teil 2), WRP 2020, 1257; Meinhardt, Aktuelles Wettbewerbsverfahrensrecht 2020 (Teil 1), WRP 2021, 852; (Teil 2) WRP 2021, 978; Meinhardt, Neues und altes UWG in der Gerichtspraxis – Aktuelle Entscheidungen, WRP 2022, 9; Meinhardt, Aktuelles Wettbewerbsverfahrensrecht 2021 (Teil 1), WRP 2022, 1216 und (Teil 2) WRP 2022, 1344; Mes (Hrsg), Münchener Prozessformularbuch Bd 5, 2000; Möller, Das Bundesverfassungsgericht und das einstweilige Verfügungsverfahren – Vorhang gefallen?, WRP 2020, 982; Oetker, Die Zustellung von Unterlassungsverfügungen innerhalb der Vollziehungsfrist des § 929 II ZPO, GRUR 2003, 119; Ott, Zustellungsfragen bei einer einstweiligen Verfügung, WRP 2016, 1455; Petersenn/Peters, Vereinbarkeit der Rechtsprechung zur prozessualen Waffengleichheit mit der Durchsetzungs-Richtlinie?, GRUR 2021, 553; Rehart, Die Monatsfrist des § 929 Abs. 2 ZPO – Freie Hand für die bewusst späte Vollziehungszustellung?, WRP 2011, 1041; Rehart, Widerklage auf Aufhebung einer einstweiligen Verfügung wirklich zulässig?, WRP 2017, 1307; Retzer, Widerlegung der „Dringlichkeitsvermutung" durch Interessenabwägung?, GRUR 2009, 329; Sakowski, Unterlassen durch Rückruf – „Hot Sox" und „RESCUE-Produkte" und die Folgen, GRUR 2017, 355; Schabenberger, Zur Hemmung nach § 204 Abs. 1 Nr. 9 BGB in wettbewerbsrechtlichen Auseinandersetzungen, WRP 2002, 293; Schacht, Die Prüfung konkreter Unterlassungspflichten im Erkenntnisverfahren, WRP 2017, 1055; Schote/Lührig, Prozessuale Besonderheiten der Einstweiligen Verfügung, WRP 2008, 1281; Schmidhuber/Haberer, Rücknahme und Neueinreichung des Verfügungsantrags – Ein rechtsmissbräuchliches Auslaufmodell?, WRP 2013, 436; Schmidt, Streitgegenstand und Kernbereich der konkreten Verletzungsform im lauterkeitsrechtlichen Verfügungsverfahren, GRUR-Prax 2012, 179; Schulz, Die Rechte des Hinterlegers einer Schutzschrift, WRP 2009, 1472; Schwippert, Fallstricke im Abschlussverfahren, WRP 2020, 1237; Steigüber/Kaneko, Automatischer Verfall der einstweiligen Verfügung in Deutschland nach ihrem Erlass?, WRP 2013, 873; Teplitzky, Zum Umgang mit Präjudizien in der Instanzrechtsprechung, WRP 1998, 935; Teplitzky, Die Vollziehung der einstweiligen Verfügung auf Auskunftserteilung, FS Kreft, 2004, 163; Teplitzky, Aktuelle Probleme der Abmahnung und Unterwerfung sowie des Verfahrens der einstweiligen Verfügung im Wettbewerbs- und Markenrecht, WRP 2005, 654; Teplitzky, Gerichtliche Hinweise im einseitigen Verfahren zur Erwirkung einer einstweiligen Unterlassungsverfügung, GRUR 2008, 34; Teplitzky, Zur Verwirkung des Verfügungsgrunds im Verfahren der einstweiligen Verfügung nach dem UWG und im Markenrecht, FS Loschelder, 2010, 391; Teplitzky, Rücknahme und Neueinreichung des Verfügungsantrags – eine Erwiderung, WRP 2013, 839; Teplitzky, Zu offenen Fragen bei der Dringlichkeitsprüfung im Eilverfahren, WRP 2013, 1414; Teplitzky, Gewohnheitsunrecht? – Anmerkungen zum Einfluss der normativen Kraft des Faktischen auf die einstweilige Unterlassungsverfügung, FS Bornkamm, 2014, 1073; Teplitzky, Zur Problematik der praktischen Umsetzung sogenannter Verfahrensgrundsätze im Zivilprozess, FS Ahrens, 2016, 559; Teplitzky, Unzulässiges forum-„hopping" nach gerichtlichen Hinweisen, WRP 2016, 917; Teplitzky, Verfahrensgrundrechte im Recht der einstweiligen Verfügung, WRP 2016, 1181; Teplitzky, Neuer Rechtsschutz gegen die Verletzung von Verfahrensgrundrechten beim Erlass einstweiliger Verfügungen, WRP 2017, 1163; Traub, Verlust der Eilbedürftigkeit durch prozessuales Verhalten des Antragstellers, GRUR 1996, 707; Traub, Unterbrechung der Verjährung durch Antrag auf Erlaß einer einstweiligen Verfügung, WRP 1997, 903; Traub, Der Anwendungsbereich des § 25 UWG, WRP 2000, 1046; Tyra, BVerfG-Vorgaben im UWG-Eilverfahren: Ausgewählte Aspekte für die rechtsanwaltliche Praxis, WRP 2020, 1525; Ulrich, Die Befolgung und Vollziehung einstweiliger Verfügungen sowie der Schadensersatzanspruch gemäß § 945 ZPO, GRUR 1991, 361; Ulrich, Ersatz des durch die Vollziehung entstandenen Schadens gemäß § 945 ZPO auch ohne Vollziehung, WRP 1999, 82; Vohwinkel, Neuer Vollziehungsbegriff für § 945 ZPO – Auswirkungen auf § 929 II ZPO?, GRUR 2010, 977; Wehlau, Die Schutzschrift, 2011; Wehlau/Kalbfus, Die Versicherung an Eides Statt als Mittel der Glaubhaftmachung, Mitt 2011, 165; Wehlau/Kalbfus, Die Schutzschrift – Funktion, Gestaltung und prozesstaktische Erwägungen, WRP 2012, 395; Weidert/v. Werder, Probleme bei der Zustellung einstweiliger Verfügungen, WRP 2021, 1266; Weisert, Rechtsprobleme der Schubladenverfügung, WRP 2007, 504; Wüstenberg, Die Vollziehung aus Unterlassungsverfügungsurteilen, WRP 2010, 1237; Zindel/Vorländer, Vom Ende der Schubladenverfügung, WRP 2017, 362.

A. Einführung

2.1   § 12 I entspricht weitgehend dem § 25 UWG 1909. Um Wettbewerbsverstöße rasch und wirksam ahnden zu können, erleichtert die Vorschrift den Erlass einer einstweiligen Verfügung (eV). Trotz seines nur vorläufigen Charakters führt das Verfügungsverfahren häufig zur endgültigen Bereinigung der Wettbewerbsstreitigkeiten durch Abgabe entweder einer Unterwerfungserklärung oder einer Abschlusserklärung (→ Rn. 2.74 ff.). Dem Recht der eV kommt daher große praktische Bedeutung zu. Misslich sind freilich die **Divergenzen in der OLG-Rspr.** (vgl. → Rn. 2.15b; Nachweise bei Harte-Bavendamm/Henning-Bodewig/Retzer Anh. § 12 Rn. 689 ff.; Büscher/Schmidt Rn. 32 ff.; Berneke/Schüttpelz, Die einstweilige Verfügung in Wettbewerbssachen, 4. Aufl. 2018, Rn. 157 ff.).

B. Voraussetzungen der einstweiligen Verfügung im Lauterkeitsrecht

I. Zuständigkeit

Örtlich und sachlich zuständig ist das Gericht der Hauptsache (§§ 937, 919 ZPO).   **2.2**

1. Anhängigkeit der Hauptsache

Ist die Hauptsache bereits anhängig, so ist das damit befasste Gericht (in der Berufungsinstanz **2.3** das Berufungsgericht, § 943 I ZPO; dazu OLG Hamm GRUR 1989, 924 (925); in der Revisionsinstanz wieder das erstinstanzliche Gericht) ausschließlich (§ 802 ZPO) zuständig. Der Kläger kann dann die Zuständigkeit eines anderen Gerichts nicht mehr dadurch erreichen, dass er eine (wegen Rechtshängigkeit unzulässige) zweite Hauptsacheklage vor einem anderen Gericht erhebt (OLG Hamburg WRP 1981, 325 (326)). „Hauptsache" ist aber nicht ohne weiteres die **negative Feststellungsklage,** da sonst der Verletzte des Gerichtsstands seiner Wahl beraubt würde (vgl. BGH GRUR 1994, 846 (848) – Parallelverfahren II; GRUR 2011, 828 Rn. 15 – Bananabay II; OLG Köln WRP 2012, 984 Rn. 3). Der Verletzte kann daher zwar, muss aber nicht in diesem Gerichtsstand klagen (Teplitzky Wettbewerbsrechtliche Ansprüche/Feddersen Kap. 54 Rn. 3).

2. Fehlende Anhängigkeit der Hauptsache

Ist die Hauptsache noch nicht anhängig, so ist das (jedes) Gericht zuständig, bei dem die **2.4** Hauptsacheklage erhoben werden könnte. Die Wahl eines bestimmten Gerichts für das Verfügungsverfahren legt allerdings nicht das Hauptsachegericht bindend fest. Die Zuständigkeit des Gerichts für den Verfügungsantrag entfällt auch nicht dadurch, dass nach Einreichung des Antrags bei einem anderen Gericht Hauptsacheklage – und sei es auch in Gestalt einer Widerklage – erhoben wird (arg. § 261 III Nr. 2 ZPO; OLG Karlsruhe WRP 2010, 793 (794)). Dies gilt auch für die Erhebung einer negativen Feststellungsklage durch den Schuldner (OLG Köln WRP 2012, 984).

3. Ausnahmefälle

In Ausnahmefällen ist das AG zuständig (§ 942 ZPO).   **2.4a**

II. Rechtsschutzbedürfnis

Das Rechtsschutzbedürfnis für eine eV fehlt, wenn der Gläubiger sein Begehren auch mittels **2.5** eines in einem vorausgegangenen Verfahren erstrittenen Titels hätte erreichen können (wie zB bei kerngleichen Handlungen), es sei denn, dass der Ausgang eines Vollstreckungsverfahrens ungewiss ist oder eine Verjährung der Ansprüche gegen den Verstoß droht (BGH GRUR 2011, 742 Rn. 20 – Leistungspakete im Preisvergleich). Es fehlt idR, wenn der Antrag auf Untersagung der Zusendung weiterer Abmahnungen (nicht Schutzrechtsverwarnung des Abnehmers) des Antragsgegners an den Antragsteller gerichtet ist (KG WRP 2017, 585 Rn. 6). Es besteht, wenn der Verletzer eine Zuwiderhandlung gegen den Titel bestreitet oder der Titelgläubiger dies befürchten muss (OLG Frankfurt WRP 2014, 101 Rn. 6). – Zum Fehlen des Rechtsschutzbedürfnisses beim **Forum Shopping** → Rn. 2.16a. – Zu Fällen fehlenden Rechtsschutzbedürfnisses wegen Rechtsmissbrauchs (§ 8c) vgl. Meinhardt WRP 2017, 1180 Rn. 35 ff.

III. Verfügungsantrag

Erforderlich ist ein **bestimmter Antrag** (§ 253 II Nr. 2 ZPO); zweckmäßigerweise wird **2.6** damit der Antrag auf Androhung von **Ordnungsmitteln** verbunden, um die Vollziehung zu ermöglichen (→ Rn. 2.61 ff.; OLG Hamm GRUR 1991, 336). Zur **Auslegung** des Antrags kann die Begründung herangezogen werden. **Streitgegenstand** ist nicht der Anspruch, sondern seine vorläufige Befriedigung. Das ist bedeutsam für Rechtshängigkeit (dazu OLG Hamm WRP 1996, 581) und Rechtskraft sowie für Anerkenntnis, Vergleich und Hauptsacheerledigung. Für den Antrag sowie für die Erledigungserklärung nach § 91a ZPO und den Verweisungsantrag nach § 281 ZPO besteht **kein Anwaltszwang** (§§ 936, 920, 78 III ZPO). Die **Rücknahme** des Antrags ist jederzeit, auch noch nach mündlicher Verhandlung ohne Zustimmung des

Gegners möglich (OLG Düsseldorf WRP 1982, 654; OLG Köln GRUR-RR 2008, 445; Beyerlein WRP 2005, 1463 (1466)) und macht eine bereits erlassene eV wirkungslos. Über die Kosten ist nach § 269 III ZPO analog zu entscheiden (OLG Karlsruhe WRP 1986, 352).

IV. Verfügungsanspruch

2.7   Verfügungsanspruch kann grds. nur ein Anspruch sein, der einer vorläufigen Regelung oder Befriedigung zugänglich ist. In Betracht kommen:

1. Unterlassungsanspruch

2.8   Ja (arg. § 12 I).

2. Beseitigungs- und Widerrufsanspruch

2.9   Ja, soweit damit keine endgültigen, nicht wiedergutzumachenden Verhältnisse (zB Firmenlöschung; Vernichtung von Werbematerial) geschaffen werden (Ahrens Wettbewerbsprozess-HdB/Bacher Kap. 58 Rn. 4 ff. mwN). Möglich ist daher ein Antrag: auf Aussetzung einer Empfehlung (OLG Frankfurt GRUR 1989, 74 (75)); auf Beseitigung eines Werbespruchs oder einer irreführenden Angabe auf einem Produkt (OLG Koblenz GRUR 1987, 730 (731)); auf Niederlegung von Mandaten durch nicht zugelassenen Anwalt (OLG Naumburg NJWE-WettbR 1996, 155); auf Belieferung (OLG Karlsruhe GRUR 1980, 811) oder Belieferungsverbot (OLG Düsseldorf WRP 1983, 410); auf befristetes Beschäftigungsverbot (OLG Jena WRP 1997, 363 (365); OLG Oldenburg WRP 1996, 612 (615 f.)); auf Widerruf, wenn er sich auf rein wirtschaftliche Vorgänge bezieht und ohne weiteres rückgängig zu machen ist (OLG Stuttgart WRP 1989, 202 (204)); auf Sequestration bei Markenverletzungen (OLG Hamburg WRP 1997, 106 (112)), aber nicht bei Ansprüchen aus ergänzendem Leistungsschutz (OLG Hamburg WRP 2007, 1253 (1254)). Der für die Beseitigung eines Störungszustands erforderliche Rückruf von Produkten aus der Vertriebskette bedeutet idR eine unzulässige Vorwegnahme der Hauptsache; als milderes, im Wege der einstweiligen Verfügung durchsetzbares Mittel kommt hier die Aufforderung an Abnehmer in Betracht, die Produkte vorläufig nicht weiterzuvertreiben (vgl. BGH GRUR 2018, 292 Rn. 39 – Produkte zur Wundversorgung).

3. Auskunftsanspruch

2.10   Grds. nein, weil damit die Hauptsacheentscheidung vorweggenommen wird (FBO/Büscher Rn. 95; Ahrens Wettbewerbsprozess-HdB/Bacher Kap. 58 Rn. 10; vgl. auch OLG Köln GRUR-RR 2003, 296). Etwas anderes kann gelten, wenn existenzielle Gläubigerinteressen auf dem Spiel stehen (OLG Hamburg GRUR-RR 2007, 29; FBO/Büscher Rn. 95; Götting/Nordemann/Kaiser Rn. 184). Kraft gesetzlicher Regelung auf Grund des Produktpiateriegesetzes (§ 19 VII MarkenG; § 46 VII DesignG; § 101 VII UrhG; § 140b VII PatG; § 24b VII GebrMG; § 37b VII SortenSchG) kann Auskunft auch bei „offensichtlicher Rechtsverletzung" (dazu OLG Hamburg WRP 1997, 106 (112 f.)) verlangt werden. Eine analoge Anwendung dieser Vorschriften auf den ergänzenden Leistungsschutz (§ 4 Nr. 3) ist, wenn überhaupt, nur unter ganz engen Voraussetzungen, möglich (OLG Hamburg WRP 2007, 1253; OLG Frankfurt OLGR 2001, 253; FBO/Büscher Rn. 95; Berneke/Schüttpelz, Die einstweilige Verfügung in Wettbewerbssachen, 4. Aufl. 2018, Rn. 83; Teplitzky Wettbewerbsrechtliche Ansprüche/Feddersen Kap. 54 Rn. 11c).

4. Ausgeschlossene eV

2.11   **Ausgeschlossen** ist eine **eV** bei Ansprüchen auf Abgabe einer Willenserklärung (str.; vgl. die Nachweise bei Ahrens Wettbewerbsprozess-HdB/Bacher Kap. 58 Rn. 9), auf Besichtigung gem. § 809 BGB (OLG Hamm GRUR-RR 2013, 306), auf Feststellung und auf **Schadensersatz in Geld.** Maßnahmen der Naturalherstellung (§ 249 I BGB) zur vorläufigen Störungsbeseitigung können dagegen Gegenstand einer eV sein (vgl. → Rn. 2.9).

V. Verfügungsgrund (§ 935 ZPO)

1. Begriff

Verfügungsgrund ist die objektive **Dringlichkeit** (Eilbedürftigkeit) der Sache für den Antrag-   **2.12** steller (nicht für Dritte oder die Allgemeinheit). Als bes. Form des **Rechtsschutzinteresses** (OLG Hamburg GRUR 2007, 614) und damit als Prozessvoraussetzung ist sie **von Amts wegen** zu prüfen (OLG Stuttgart WRP 1997, 355 (357); OLG Frankfurt GRUR-RR 2002, 44; OLG Köln WRP 2017, 864 Rn. 16). Maßgebender Zeitpunkt ist der Schluss der letzten mündlichen Verhandlung (ggf. in der Rechtsmittelinstanz), ohne eine solche der Zeitpunkt der Entscheidung. Aus Gründen der Prozessökonomie braucht das Gericht die Dringlichkeit nicht zu prüfen, wenn der Antrag ohnehin unbegründet ist (OLG Köln GRUR-RR 2005, 228).

2. Nachweis

Grds. muss der Antragsteller die Dringlichkeit darlegen und glaubhaft machen. Jedoch begrün-   **2.13** det § 12 I in seinem Anwendungsbereich eine widerlegliche tatsächliche **Vermutung** der Dringlichkeit (stRspr; vgl. BGH GRUR 2000, 151 (152) – Späte Urteilsbegründung; KG GRUR-RR 2015, 181 (182); Teplitzky Wettbewerbsrechtliche Ansprüche/Feddersen Kap. 54 Rn. 18; krit. Holzapfel GRUR 2003, 287 (292): stets Interessenabwägung erforderlich). Ist sie widerlegt, obliegt es dem Antragsteller, die Dringlichkeit darzulegen und glaubhaft zu machen. Da der Antragsgegner idR keine Kenntnis von der (möglichen) Kenntniserlangung des Antragstellers hat (sonst → Rn. 2.15), genügt es, dass er Tatsachen vorträgt, die den Schluss auf eine Kenntniserlangung zu einem bestimmten Zeitpunkt zulassen. Alsdann muss der Antragsteller darlegen und glaubhaft machen, wann er tatsächlich Kenntnis erlangt hat (vgl. OLG Stuttgart GRUR-RR 2009, 343 (345)).

3. Anwendungsbereich des § 12 I

Die (früher in § 12 II enthaltene) Regelung gilt unmittelbar nur für Unterlassungsansprüche   **2.14** aus dem **UWG**, unabhängig davon, ob die Entscheidung aus tatsächlichen oder rechtlichen Gründen einfach, klar und schnell erfolgen kann (OLG Celle GRUR-RR 2008, 441 (442)). Auf andere als Unterlassungsansprüche ist § 12 I grds. nicht anwendbar, auch nicht auf den **Beseitigungsanspruch** oder den **Auskunftsanspruch** (Teplitzky Wettbewerbsrechtliche Ansprüche/Feddersen Kap. 54 Rn. 21). – Ob und inwieweit eine analoge Anwendung auf **Unterlassungsansprüche aus anderen Gesetzen** in Betracht kommt, ist umstritten. Die Bandbreite der Auffassungen reicht von uneingeschränkter Analogie bis hin zu ihrer grds. Ablehnung. Kraft ausdrücklicher gesetzlicher Regelung ist die entspr. Anwendung bei Unterlassungsansprüchen aus dem **UKlaG** geboten (§ 5 UKlaG). Im Übrigen kommt es, wie stets bei Prüfung einer Analogie, darauf an, ob eine Regelungslücke vorliegt und ob Normzweck und Interessenlage eine analoge Anwendung gebieten (Teplitzky Wettbewerbsrechtliche Ansprüche/Feddersen Kap. 54 Rn. 19). Im **Markenrecht** ist eine dem § 12 I entsprechende Regelung in § 140 III MarkenG geschaffen worden, so dass sich der Streit um eine analoge Anwendung (zuletzt dazu OLG Nürnberg WRP 2019, 131) erledigt hat. Eine analoge Anwendung scheidet nach hM aus bei Unterlassungsansprüchen aus dem **Urheberrecht** (KG GRUR-RR 2003, 262; OLG Köln GRUR 2000, 417 und WRP 2021, 815 Rn. 8; OLG München WRP 2020, 109 Rn. 4; aA OLG Karlsruhe NJW-RR 1995, 176; offengelassen von OLG Celle GRUR 1998, 50), dem **Patentrecht** (OLG Düsseldorf GRUR 1994, 508; aA OLG Karlsruhe GRUR 1979, 700), dem **Gebrauchsmusterrecht** (OLG Hamm NJW-RR 1993, 366; OLG Düsseldorf GRUR-RR 2009, 142) und dem **Kartellrecht** (KG WuW/E OLG 5099; OLG Stuttgart NJW-RR 1990, 940; LG Düsseldorf WRP 1998, 81 (83)). Ebenso wenig kommt sie in Betracht bei gesetzlichen oder vertraglichen Unterlassungsansprüchen aus dem **Bürgerlichen Recht** (OLG München WRP 2013, 226 Rn. 13) und aus **GeschGehG** (offengelassen in OLG München GRUR-RR 2019, 443 Rn. 13, 14; ebenso OLG Frankfurt WRP 2021, 356 Rn. 9). Soweit Unterlassungsansprüche aus dem UWG mit solchen aus anderen Gesetzen konkurrieren, ist auf diese Ansprüche § 12 I nicht kraft Sachzusammenhangs anwendbar (OLG Stuttgart WRP 1988, 400; Harte-Bavendamm/Henning-Bodewig/Retzer Rn. 102). –

4. Einzelfragen

2.15 **a) Verzögerung der Antragstellung.** Die Vermutung der Dringlichkeit ist widerlegt, wenn der Antragsteller durch sein Verhalten selbst zu erkennen gibt, dass es **„ihm nicht eilig ist"** (stRspr, BGH GRUR 2000, 151 (152) – Späte Urteilsbegründung; OLG Hamburg GRUR-RR 2010, 57; OLG Celle WRP 2014, 477 (478); KG GRUR-RR 2015, 181 (182); OLG Stuttgart WRP 2018, 369 Rn. 41; OLG Hamburg WRP 2019, 917 Rn. 16; OLG Frankfurt GRUR-RR 2020, 362 Rn. 6; OLG Hamm WRP 2021, 1489; OLG Nürnberg WRP 2021, 944). Das ist der Fall, wenn er längere Zeit zuwartet, obwohl er den Wettbewerbsverstoß und die Person des Verantwortlichen kennt oder grobfahrlässig nicht kennt, nämlich sich bewusst der Kenntnis verschlossen hat (OLG Frankfurt WRP 2020, 362 Rn. 6). Da der Antragsgegner idR keine Kenntnis von der (möglichen) Kenntniserlangung des Antragstellers hat, braucht er nur Tatsachen vorzutragen, die den Schluss auf eine Kenntniserlangung zu einem bestimmten Zeitpunkt zulassen. Alsdann muss der Antragsteller darlegen und glaubhaft machen, wann er tatsächlich Kenntnis erlangt hat (OLG Düsseldorf GRUR-RR 2014, 273 (276)).

2.15a **aa) Kenntnis oder grob fahrlässige Unkenntnis vom Wettbewerbsverstoß und vom Verletzer.** Es genügt grds. die Kenntnis der **Tatsachen,** die den Wettbewerbsverstoß begründen, so z. B. Kenntnisnahme von einer Anzeige, von einem Nachahmungsprodukt (OLG Hamburg WRP 2007, 675 (677)). Ob der Verletzte daraus bereits die richtigen wettbewerbsrechtlichen Schlüsse gezogen hat, ist unerheblich (OLG Frankfurt WRP 2016, 902 Rn. 5 und WRP 2023, 217 Rn. 24 f.), es sei denn, dass die Wettbewerbswidrigkeit erst auf Grund weiterer tatsächlicher Nachforschungen (zB Testkauf) erkennbar ist (vgl. OLG Hamm WRP 2012, 985 Rn. 18; OLG Düsseldorf GRUR-RR 2014, 273 (275); OLG Frankfurt WRP 2016, 902 Rn. 6; OLG Köln GRUR-RR 2018, 207 Rn. 56). Allerdings ist es auch dringlichkeitsschädlich, wenn mit der Ermittlungsmaßnahme zulange zugewartet wird (OLG Köln GRUR-RR 2018, 207 Rn. 60: 14 Tage für die Durchführung eines Testkaufs nicht zu lange). – Der positiven Kenntnis steht – auch im Hinblick auf die Neuregelung der Verjährung in § 11 II Nr. 2 – die **grob fahrlässige Unkenntnis** gleich (ebenso OLG Karlsruhe WRP 2010, 793 (794); OLG Köln WRP 2011, 362 (363); OLG München MD 2017, 183 (185); OLG Frankfurt GRUR-RR 2018, 251 Rn. 44; OLG Hamburg WRP 2019, 917 Rn. 16; Ahrens Wettbewerbsprozess-HdB/Singer Kap. 47 Rn. 21; Harte-Bavendamm/Henning-Bodewig/Retzer Rn. 76; Teplitzky Wettbewerbsrechtliche Ansprüche/Feddersen Kap. 54 Rn. 28; **enger:** OLG Köln GRUR-RR 2018, 207 Rn. 56; OLG Frankfurt WRP 2019, 97 Rn. 10; FBO/Büscher Rn. 80 mwN: „Sich der sich aufdrängenden Kenntnis verschließen"). Sie liegt vor, wenn dem Antragsteller nach Lage der Dinge (insbes. auf Grund der Unternehmensgröße und -aktivitäten) der Wettbewerbsverstoß nicht verborgen geblieben sein kann (OLG Oldenburg WRP 1996, 461 (464) zu Fachverband; OLG Hamm WRP 2012, 985 Rn. 22). Dagegen reicht eine bloß **fahrlässige Unkenntnis** nicht aus, da es **keine allgemeine Marktbeobachtungspflicht** (im Sinne einer Obliegenheit) gibt (OLG Hamm WRP 2012, 985 Rn. 23; OLG Köln GRUR-RR 2015, 245 (246); OLG Stuttgart GRUR-RR 2014, 251 (252); OLG Bamberg WRP 2014, 609 Rn. 37; OLG Frankfurt WRP 2019, 99 Rn. 21; 2021, 69 Rn. 53; Teplitzky /Feddersen Kap. 54 Rn. 29; FBO/Büscher Rn. 80). Keine Rolle spielt es, dass der Wettbewerbsverstoß objektiv schon längere Zeit andauert (OLG Hamburg WRP 1999, 683 (684)) oder einem Dritten bekannt ist. Doch kann im Einzelfall dadurch die Vermutung erschüttert sein, so dass der Antragsteller den Zeitpunkt der Kenntniserlangung glaubhaft machen muss (OLG Karlsruhe GRUR 1995, 510 (511)). Eine Kenntnis vom Wettbewerbsverstoß schadet umgekehrt solange nicht, als noch – mangels eines konkreten Wettbewerbsverhältnisses zum Verletzer – kein Unterlassungsanspruch gegeben ist. Dies spielt bei **Newcomern** auf dem Markt eine Rolle (dazu Schulte-Franzheim WRP 1999, 70). Die Kenntnis von **Vorbereitungshandlungen** steht der Kenntnis vom Wettbewerbsverstoß nicht gleich; wohl dagegen die Kenntnis von einem früheren **kerngleichen Verstoß** (OLG Hamburg GRUR-RR 2011, 376; OLG Hamm WRP 2012, 985; OLG Düsseldorf GRUR-RR 2014, 273 (275); OLG Köln GRUR-RR 2018, 367). – Für die Zurechnung der Kenntnis Dritter gelten die allgemeinen Grundsätze über die **Wissenszurechnung** (Einzelheiten bei → § 11 Rn. 1.27; BGH GRUR 2016, 946 Rn. 61 – Freunde finden; Grüneberg/Ellenberger BGB § 166 Rn. 6 f.; Teplitzky Wettbewerbsrechtliche Ansprüche/Feddersen Kap. 54 Rn. 29b). Maßgeblich ist grds. nur das Wissen der Personen, die im Unternehmen oder Verband für die Ermittlung und/oder Geltendmachung von Wettbewerbsrechtsverstößen zuständig sind (OLG Brandenburg WRP 2012, 747 Rn. 25; OLG Frankfurt GRUR-RR 2018, 251 Rn. 29). Das können auch bloße Sachbearbeiter sein, von denen nach ihrer Funktion zu erwarten ist, dass sie

die Wettbewerbsrelevanz des Verhaltens erkennen und an entscheidungsbefugte Personen weiterleiten (OLG Köln GRUR-RR 2010, 493; OLG Frankfurt WRP 2019, 99 Rn. 19; krit.
Büscher/Schmidt Rn. 23). – Das Wissen **außenstehender Dritter** ist nicht nur relevant, wenn
sie ausdrücklich zum Wissensvertreter bestellt wurden (OLG Hamburg GRUR-RR 2006, 374
(376)), sondern auch dann, wenn sie dazu berufen sind, im Rechtsverkehr als Repräsentant des
Geschäftsherrn bestimmte Aufgaben in eigener Verantwortung zu erledigen und dabei die
angefallenen Informationen zur Kenntnis zu nehmen und ggf. weiterzuleiten (BGHZ 117, 104
(106 f.); OLG Frankfurt GRUR-RR 2018, 251 Rn. 37). So zB der mit der Abwehr wettbewerblicher Ansprüche beauftragte **Anwalt,** der im Zuge der Bearbeitung des Mandats von
einem Wettbewerbsverstoß des Abmahnenden Kenntnis erlangt (OLG Frankfurt WRP 2013,
1068 (1069)), aber nicht hinsichtlich des Wissens, das er aufgrund einer früheren Tätigkeit für
einen anderen Mandanten erlangt hat (OLG Hamburg WRP 2017, 1129) oder ein mit der
Wissensweitergabe beauftragtes Unternehmen (OLG Düsseldorf WRP 2015, 1385 Rn. 23) oder
ein **Testkäufer** (OLG Stuttgart WRP 1985, 242). – Die Dringlichkeit für einen Verfügungsantrag gegen einen **GmbH-Geschäftsführer** fehlt, wenn der Antragsteller zuvor nur gegen die
GmbH, nicht aber auch gegen den Geschäftsführer vorgegangen ist, obwohl ihm dies ohne
Weiteres möglich war (OLG Köln WRP 2020, 1225 Rn. 11). – Unbeachtlich ist, ob ein
Allgemeininteresse an der Unterbindung des Wettbewerbsverstoßes besteht (OLG München
WRP 1996, 231 (232); offen gelassen von OLG Hamburg WRP 1999, 683 (684)).

    bb) Dauer des Zuwartens. Die Bemessung des Zeitraums des zulässigen Zuwartens ist sehr   **2.15b**
umstritten. An sich wäre es sachgerecht, stets eine **Einzelfallwürdigung** (unter Berücksichtigung der Art des Verstoßes, der Erforderlichkeit von Ermittlungen, der Reaktion des Gegners
auf eine Abmahnung usw.) vorzunehmen (hierfür OLG Köln GRUR 1993, 567; 1993, 685;
OLG Brandenburg WRP 1998, 97; OLG Hamburg WRP 2007, 675; 2019, 917 Rn. 18; Ahrens
Wettbewerbsprozess-HdB/Singer Kap. 47 Rn. 41). Andererseits hat dann der Antragsteller keine
Orientierung und dies macht den Erfolg der Antragstellung schwer berechenbar. Im Interesse
der Praxis ist daher eine **Regelfrist** zu befürworten, von der nur bei Vorliegen bes. Umstände
nach oben oder nach unten abgewichen werden sollte (dazu Doepner WRP 2011, 1384). Die
Entscheidungen der meisten Oberlandesgerichte sind im Hinblick auf die jeweiligen Umstände
des Einzelfalls (Schwierigkeit der Materie; vorherige Abmahnung; Feiertage; Einigungsverhandlungen usw.) nur bedingt aussagekräftig. Einige OLG wenden dagegen starre Fristen an (vgl. dazu
die Übersicht bei Harte-Bavendamm/Henning-Bodewig/Retzer Anh. § 12 Rn. 917 ff.; Bü-
scher/Schmidt Rn. 32 ff.; jurisPK-UWG/Hess Rn. 99; Berneke/Schüttpelz, Die einstweilige
Verfügung in Wettbewerbssachen, 4. Aufl. 2018, Rn. 157 ff.). Die **Tendenz** der Rspr. geht
jedenfalls dahin, für den Regelfall eine Frist von einem Monat zugrunde zu legen.

– **KG** (WRP 2011, 640; MD 2017, 723 (724)): Zuwarten bis zwei Monate idR nicht zu lang;
   Ausnahmen nur in besonders extremen Fällen
– **OLG Bamberg** (WRP 2014, 609 Rn. 35): ein Monat jedenfalls ausreichend;
– **OLG Brandenburg** (WRP 1998, 97; WRP 2012, 747 Rn. 25): Zuwarten von etwa
   einem Monat nicht dringlichkeitsschädlich; Umstände des Einzelfalls maßgeblich, insbes.
   Grund des Zuwartens;
– **OLG Bremen** (NJW-RR 1991, 44; OLGR 1998, 431): Zuwarten von etwas mehr als
   einem Monat nicht zu lang;
– **OLG Celle** (WRP 2017, 1236 Rn. 22): idR ein Monat;
– **OLG Dresden** (NJWE-WettbR 1999, 130; zum Persönlichkeitsrecht GRUR-RS 2021,
   9610): idR ein Monat;
– **OLG Düsseldorf** (WRP 2020, 88 Rn. 39; 2020, 88 Rn. 40): idR zwei Monate;
– **OLG Frankfurt** (GRUR-RR 2018, 251 Rn. 50; WRP 2020, 362 Rn. 6): idR sechs Wo-
   chen;
– **OLG Hamburg** (WRP 2007, 675; GRUR-RR 2008, 366; MD 2009, 766 juris-Rn. 52: idR
   5 ½ Wochen zwischen Kenntniserlangung und Abmahnung zu lang; WRP 2019, 917 Rn. 19,
   20: ca. 6–8 Wochen.
– **OLG Hamm** (GRUR-RR 2009, 313; WRP 2012, 985 Rn. 19; BeckRS 2016, 13674
   Rn. 3; GRUR 2022, 1083): idR ein Monat;
– **OLG Jena** (GRUR-RR 2014, 294 (296); BeckRS 2016, 10344 Rn. 6): idR ein Monat,
   sofern Routinefall;
– **OLG Karlsruhe** (WRP 2007, 822; GRUR-RR 2020, 386): idR ein Monat;
– **OLG Koblenz** (GRUR 2011, 451): idR ein Monat;

- **OLG Köln** (GRUR-RR 2018, 207 Rn. 57; GRUR-RS 2020, 21759): ein Monat, sofern keine besonderen Umstände;
- **OLG München** (WRP 2019, 798 Rn. 23): ein Monat;
- **OLG Nürnberg** (NJW-RR 2019, 105 Rn. 17): idR ein Monat;
- **OLG Oldenburg** (WRP 1996, 461; Magazindienst 2015, 911 Rn. 26): Zuwarten von mehr als einem Monat idR zu lang;
- **OLG Rostock** (WRP 2017, 235 (236)): in einfachen Fällen ein Monat, sonst zwei bis (ausnahmsweise) drei Monate; strenger WRP 2022, 240
- **OLG Saarbrücken** (GRUR-RR 2017, 80): idR ein Monat;
- **OLG Schleswig** (OLGR 1996, 102; Traub S. 374): zwei Monate nicht zu lange;
- **OLG Stuttgart** (WRP 2018, 369 Rn. 42; WRP 2018, 1552 Rn. 16): idR ein Monat regelmäßig unschädlich; über acht Wochen regelmäßig schädlich.

2.15c   Im **Einzelfall** sollte allerdings trotz des Ablaufs der Regelfrist noch Dringlichkeit bejaht werden, wenn der Antragsteller triftige Gründe, etwa die Notwendigkeit umfangreicher Ermittlungen (OLG Hamburg WRP 2019, 917 Rn. 18), die Einholung eines Meinungsforschungsgutachtens (KG WRP 1992, 568), die Setzung von Unterwerfungsfristen oder die Führung von Vergleichsverhandlungen (OLG Düsseldorf NJWE-WettbR 1999, 15 (16)), für das Zuwarten vorbringt und glaubhaft macht (Teplitzky Wettbewerbsrechtliche Ansprüche/Feddersen Kap. 54 Rn. 36). Wenn der Parallelimporteur eines Arzneimittels, der die Gebrauchsinformation des Pharmaunternehmens übernommen hatte, nach mehr als sechs Monaten nach Erhalt wegen eines fehlenden Hinweises in der Gebrauchsinformation, den er nicht bemerkt hatte, gegen das Pharmaunternehmen vorgeht, kann die Eilbedürftigkeit noch gegeben sein (OLG Hamburg GRUR-RR 2002, 277). Durch zeitliche Verzögerungen in der Phase der Vorbereitung des Marktauftritts des Antragstellers wird die Dringlichkeitsvermutung des § 12 I nicht widerlegt (LG Hamburg MMR 2001, 41 (42)).

2.15d   **cc) Eingeschränktes Vorgehen.** Die Dringlichkeit kann auch hins. solcher Anträge entfallen, die der Antragsteller sofort hätte stellen können, aber erst während des Verfügungsverfahrens stellt (vgl. Berneke/Schüttpelz, Die einstweilige Verfügung in Wettbewerbssachen, 4. Aufl. 2018, Rn. 192; Meinhardt WRP 2017, 1180 Rn. 30) oder die er zunächst fallen gelassen hat, aber dann wieder aufgreift (OLG Koblenz WRP 1997, 478; OLG München WRP 2020, 109 Rn. 11). Das gilt insbes. für die Erweiterung des Antrags (OLG Hamburg WRP 1982, 161) oder für die Stellung eines Hilfsantrags (OLG Düsseldorf WRP 1997, 968). Unschädlich ist dagegen, wenn lediglich der Antrag sachgerechter formuliert wird.

2.16   **b) Verzögerung des Verfahrens.** Die Dringlichkeit kann auch noch während des Verfahrens entfallen, wenn der Antragsteller das Verfahren **verzögert.** Dazu ist eine **Gesamtbetrachtung** des prozessualen und vorprozessualen Verhaltens des Antragstellers geboten (OLG Hamburg GRUR-RR 2020, 220; Büscher/Schmidt Rn. 9; Teplitzky Wettbewerbsrechtliche Ansprüche/Feddersen Kap. 54 Rn. 17). Die Dringlichkeit entfällt dann nicht, wenn für den Antragsteller die von ihm verursachte Verfahrensverzögerung **nicht vorhersehbar** war (OLG Frankfurt WRP 2015, 759 Rn. 4). Grds. ist es auch noch nicht dringlichkeitsschädlich, wenn der Berufungsführer die gesetzlichen Berufungseinlegungs- und -begründungsfristen voll ausschöpft (OLG Stuttgart MD 2010, 876 (882); KG WRP 2010, 129 (136); OLG Bremen GRUR-RR 2011, 466; OLG München WRP 2016, 1404 (1414); OLG Hamburg WRP 2017, 1129 Rn. 43), obwohl diese Fristen mit der Dringlichkeit an sich nichts zu tun haben (Teplitzky WRP 2013, 1414 Rn. 10 ff.). Jedoch kann ausnahmsweise auch trotz Einhaltung der Fristen die Dringlichkeit entfallen (OLG Düsseldorf NJWE-WettbR 1997, 27 (28); Harte-Bavendamm/Henning-Bodewig/Retzer Rn. 93). So bspw., wenn es sich um tatsächlich und rechtlich ganz einfache Sachen handelt oder der Antragsteller den Fortgang des Verfahrens in der Berufungsinstanz nicht genau überwacht (zB hinsichtlich der Nichtwahrnehmung eines Termins; OLG Düsseldorf WRP 2015, 1541 Rn. 7, 8). – Andererseits kann aber auch im Einzelfall **trotz Nichteinhaltung der Fristen** (zB bei gewährter Verlängerung) die Dringlichkeit noch gegeben sein (OLG Karlsruhe WRP 2012, 1579 Rn. 15; OLG Hamburg WRP 2017, 1129 Rn. 43; aA OLG München WRP 2016, 1404 (1414)). So bei Vorliegen bes. Gründe (zB ernsthaften Vergleichsgesprächen; OLG Celle GRUR-RR 2008, 441 (442)) oder bei Begründung der Berufung wenige Tage nach Beginn der gewährten Fristverlängerung (OLG Frankfurt WRP 2013, 385 Rn. 12). – Vom Einzelfall hängt es ab, wie sich eine auf Antrag auf Schriftsatzfrist gewährte Fristverlängerung (OLG Frankfurt WRP 2013, 385 Rn. 12; OLG Hamburg GRUR-

RR 2020, 320), auf Verlängerung der zweimonatigen Berufungsbegründungsfrist (§ 520 II 2 ZPO; OLG Karlsruhe WRP 2005, 1188 (1189)) oder auf Vertagung (oder das Einverständnis damit; OLG Hamm NJWE-WettbR 1996, 164) oder die Ausschöpfung einer verlängerten Berufungsbegründungsfrist (KG GRUR 1999, 1133) oder der Vollziehungsfrist (aA KG WRP 2010, 129 (136): Ausschöpfung nie dringlichkeitsschädlich) oder das Unterlassen einer Begründung der Beschwerde innerhalb der zweiwöchigen Beschwerdefrist (OLG München WRP 1981, 533; OLG Hamm GRUR 1992, 804; 1993, 512; OLG Düsseldorf WRP 1997, 968; 1996, 1172 (1174); KG GRUR-RR 2008, 368; 2017, 128) auswirken. Im Regelfall werden jedoch Fristverlängerungs- oder Terminverlegungsanträge die Dringlichkeitsvermutung widerlegen (OLG Hamm WRP 2021, 938 Rn. 19; 2021, 1489 Rn. 15; OLG Stuttgart WRP 2018, 369 Rn. 43; OLG München WRP 2021, 1622 Rn. 8; aA OLG Hamburg WRP 2019, 1501 Rn. 21). – Das Gericht braucht den Antragsteller bei Verlängerung der Berufungsbegründungsfrist nicht darauf hinzuweisen, dass die Ausschöpfung der verlängerten Frist zum Wegfall der Dringlichkeit führen kann (OLG Düsseldorf GRUR-RR 2003, 31; OLG München WRP 2016, 1404 (1415); aA OLG Hamburg WRP 1996, 27 (28); Götting/Nordemann/Kaiser Rn. 170). Die Dringlichkeitsvermutung entfällt nicht, wenn der Antragsteller eine Beschlussverfügung erwirkt hat und sich lediglich im Widerspruchsverfahren zögerlich verhält (OLG Karlsruhe WRP 1986, 232 (234); aA OLG Düsseldorf GRUR 1992, 189). Sie entfällt dagegen, wenn der Antragsteller vor Erlass der eV ein Versäumnisurteil gegen sich ergehen lässt (OLG Hamm GRUR 2007, 173 (174)). – Die Dringlichkeit entfällt ferner, wenn der Antragsteller lediglich **Anschlussberufung** gegen eine Abweisung seines Antrags einlegt (OLG Frankfurt GRUR-Prax 2012, 197); ferner, wenn der Antragsteller nach erstinstanzlich erfolgreichem Eilverfahren zu Beginn des Berufungsrechtszugs erklärt, er werde bis zum Verfahrensabschluss aus der eV **nicht vollstrecken** (KG GRUR-RR 2015, 181 (183); ferner, wenn der Antragsteller ohne einleuchtenden Grund auf die Vollstreckung verzichtet (Teplitzky Wettbewerbsrechtliche Ansprüche/Feddersen Kap. 54 Rn. 24a), bspw. ein Ordnungsmittelantrag erst mehrere Monate nach der ersten Feststellung eines (angeblichen) Verstoßes gestellt wird (OLG Köln WRP 2017, 1005 Rn. 18; OLG Düsseldorf WRP 2019, 490 Rn. 15; aA OLG Hamburg WRP 2019, 808). – Die Dringlichkeit entfällt nicht, wenn der Verfügungskläger im Ordnungsmittelverfahren anregt, die Entscheidung des Senats zum Erkenntnisverfahren abzuwarten (OLG Düsseldorf GRUR-RR 2014, 273 (276)).

2.16a   Nicht dringlichkeitsschädlich ist die Anrufung eines unzuständigen LG (OLG Düsseldorf BeckRS 2014, 21936 Rn. 14; OLG Hamm BeckRS 2015, 8290 Rn. 4 ff.). Der Antragsteller kann nach § 281 ZPO Verweisung an das zuständige Gericht beantragen. Im Widerspruchsverfahren führt jedoch die Verweisung dazu, dass das verweisende Gericht, das mangels Zuständigkeit die eV nicht hätte erlassen dürfen, die eV aufzuheben hat (Büscher/Schmidt Rn. 169; Teplitzky Wettbewerbsrechtliche Ansprüche/Feddersen Kap. 55 Rn. 20; Berneke/Schüttpelz, Die einstweilige Verfügung in Wettbewerbssachen, 4. Aufl. 2018, Rn. 266; **aA** (Einstellung der Zwangsvollstreckung durch das verweisende Gericht ausreichend) MüKoUWG/Schlingloff Rn. 50; Harte-Bavendamm/Henning-Bodewig/Retzer Rn. 131). Zwar nicht die Dringlichkeit, wohl aber das **Rechtsschutzinteresse** entfällt im Allgemeinen, wenn der Antragsteller bei **mehreren** Gerichten einen Verfügungsantrag stellt und zwar auch dann, wenn der Antrag bei dem zuerst angerufenen Gericht noch vor der Entscheidung des danach angerufenen Gerichts zurückgenommen wird (OLG Hamburg WRP 2010, 790 (792)). Das gilt insbes. dann, wenn er einen vor einem Gericht gestellten Verfügungsantrag ohne triftigen Grund (zB Unzuständigkeit), idR auf richterlichen Hinweis fehlender Erfolgsaussicht oder Terminbestimmung hin, zurücknimmt und einen neuen, auf keinen anderen Sachvortrag gestützten Antrag vor einem anderen Gericht stellt, sog **Forum Shopping** (OLG Frankfurt GRUR 2005, 972; OLG Hamburg GRUR 2007, 614 (615); OLG München WRP 2011, 364 (365); OLG Düsseldorf WRP 2019, 487 Rn. 7 ff.; Teplitzky WRP 2016, 917; Teplitzky Wettbewerbsrechtliche Ansprüche/Feddersen Kap. 54 Rn. 24d; MüKoUWG/Schlingloff Rn. 36; **aA** für den Fall, dass das Erstgericht noch nicht entschieden hat und der Antragsgegner noch nicht angehört worden ist, FBO/Büscher Rn. 87; Beyerlein WRP 2005, 1463 (1466 f.); Schmidhuber/Haberer WRP 2013, 436). Das Gleiche gilt, wenn der Antragsteller seinen Antrag bei einem Gericht deshalb zurücknimmt, weil dieses einen rechtlichen Hinweis auf die Erfolgsaussichten des Antrags verweigert ((OLG Düsseldorf WRP 2019, 487 Rn. 13). Fehlendes Rechtsschutzinteresse ist jedenfalls dann anzunehmen, wenn der Antragsteller erkennbar eine Beteiligung des Gegners an der Entscheidungsfindung vereiteln will und dem Zweitgericht verheimlicht, dass er den Antrag bei einem anderen Gericht bereits erfolglos gestellt hat (KG GRUR-RR 2017, 128). Daher wird gefordert, dass der Antragsteller bei jedem Verfügungsantrag, für den es mehrere Gerichtsstände gibt, glaubhaft machen muss, dass er den Antrag nicht bereits bei einem anderen Gericht gestellt hat (Danckwerts GRUR 2008, 763 (767)). Ähnlich ist die Lage bei der **Verheimlichung der Antwort auf eine vorgerichtliche Abmahnung** im Prozess: hier vereitelt der Antragsteller den Anspruch des Antragsgegners auf Gewährung rechtlichen Gehörs, so dass in Betracht kommt, das Rechtsschutzinteresse für das Eilverfahren zu verneinen (→ § 8c Rn. 39a). – Die Dringlichkeit entfällt nicht, wenn im Laufe des Verfahrens auf Seiten des Antragstellers ein zulässiger Parteiwechsel eintritt (OLG Düsseldorf WRP 1995, 732 (734); KG WRP 1996, 556).

2.16b Die Dringlichkeitsvermutung kann entfallen, wenn der Antragsteller nach Erwirkung einer Beschlussverfügung (**„Schubladenverfügung"**) nicht mit angemessen kurzer Unterwerfungsfrist abmahnt oder die Verfügung nicht unverzüglich, spätestens aber mit ergebnislosem Fristablauf dem Antragsgegner **zustellen** lässt (OLG Düsseldorf WRP 1999, 865 (867); KG WRP 2011, 932; FBO/Büscher Rn. 86; Teplitzky Wettbewerbsrechtliche Ansprüche/Feddersen Kap. 54 Rn. 24a; Rehart WRP 2011, 1041 (1043 ff.); Zindel/Vorländer WRP 2017, 362; großzügiger KG GRUR-RR 2010, 22 (25): Ausschöpfung der Monatsfrist des § 929 II ZPO niemals dringlichkeitsschädlich). Etwas anderes kann gelten, wenn für die Verzögerung ein sachlicher Grund besteht, etwa Vergleichsgespräche eingeleitet und zügig betrieben worden sind (Rehart WRP 2011, 1041 (1046)). – Hat der Antragsteller während des Eilverfahrens eine weitere Beanstandung zur Begründung eines gegen die konkrete Verletzungsform gerichteten Verstoßes nachgeschoben, von der er erst während des Verfahrens Kenntnis erlangt hat, steht dem nicht die fehlende Dringlichkeit entgegen (OLG Frankfurt WRP 2017, 100 Rn. 7).

2.17 **c) Verbände.** Verbände können nicht schon deshalb längere Fristen beanspruchen, weil sie auch im öffentlichen Interesse tätig werden (OLG Frankfurt GRUR 1988, 849) oder erst abwarten wollen, ob sie von Mitgliedern zur Verfolgung aufgefordert oder bevollmächtigt werden (KG WRP 1992, 568 (569)). Bei Verbänden ist auch nicht generell ein großzügigerer Maßstab als bei Unternehmern anzulegen (OLG München GRUR 1980, 329 (330); aA OLG Frankfurt GRUR 1988, 849). Das schließt es aber nicht aus, auf die Umstände des Einzelfalls abzustellen, insbes. auf die Organisationsstruktur und Zielsetzung des Verbands. So kann es einen Unterschied machen, ob es sich um einen neugegründeten oder längere Zeit bestehenden Verband, einen Verbraucherverband oder einen Wettbewerbsverein handelt. Keine Rolle spielt dagegen die Bedeutung des konkret verletzten Allgemeininteresses, etwa das Ausmaß und die Dauer einer Verbraucherirreführung (OLG München WRP 1996, 231 (232) zum Mitbewerber). Wird ein Verband auf Veranlassung Dritter tätig, ist zwar grds. auf die Kenntniserlangung durch den Verband abzustellen (OLG München WRP 1990, 719). Ist jedoch beim Verletzten die Dringlichkeit entfallen und schiebt er deshalb einen Verband vor, so kann dieser sich nicht auf § 12 I berufen (OLG Frankfurt GRUR 1991, 471; OLG Köln GRUR 1993, 698; OLG Karlsruhe GRUR 1993, 697; Teplitzky Wettbewerbsrechtliche Ansprüche/Feddersen Kap. 54 Rn. 35). Doch muss der Antragsgegner dartun, dass kein eigenes Verbandsinteresse vorliegt (OLG Hamburg WRP 1992, 186 (187)).

2.18 **d) Beendeter Verstoß.** Die Dringlichkeitsvermutung kann entfallen, wenn der Verstoß im Zeitpunkt der Antragstellung, spätestens im Zeitpunkt der frühestmöglichen Vollziehung der eV, beendet und seiner Natur nach (zB Weihnachtsverkauf) erst nach längerer Zeit wiederholbar ist (KG WRP 1981, 211; OLG Hamm WRP 1985, 435 (436); aA OLG Naumburg WRP 1997, 885) oder seine Wiederholung nicht zu erwarten ist (OLG Oldenburg WRP 2021, 1623 Rn. 4). Das Gleiche gilt bei Einstellung des Geschäftsbetriebs des Schuldners. Entscheidend ist, ob der Antragsteller in der Zwischenzeit einen mindestens vorläufigen Titel im Hauptsacheverfahren erwirken könnte. Etwas anderes kann aus Gründen der Prozessökonomie gelten, wenn in einer einfach gelagerten Sache das Verfahren bereits vor Beendigung des Verstoßes zulässig eingeleitet war (OLG Stuttgart WRP 1982, 604 (605)).

2.19 **e) Frühere Verstöße; Verstöße Dritter; spätere Verstöße.** Ist der Verletzte gegen einen **früheren Verstoß** nicht vorgegangen, so **fehlt die Dringlichkeit** für einen Antrag zur Untersagung eines neuerlichen (zumindest kerngleichen) Verstoßes (ganz hM; vgl. OLG Köln WRP 2011, 362 (363); OLG Celle WRP 2015, 1113 (1114); OLG München MD 2017 183 (185); Ahrens Wettbewerbsprozess-HdB/Singer Kap. 47 Rn. 38; Teplitzky Wettbewerbsrechtliche Ansprüche/Feddersen Kap. 54 Rn. 24; Berneke/Schüttpelz, Die einstweilige Verfügung in Wettbewerbssachen, 4. Aufl. 2018, Rn. 182; Teplitzky FS Loschelder, 2010, 391 (394 f.)). – Das Gleiche gilt, wenn der Verletzte nicht schon gegen den ihm bekannten, erst **drohenden**

Verstoß vorgegangen ist (OLG Stuttgart GRUR-RR 2009, 447 Ls.; Teplitzky Wettbewerbs-rechtliche Ansprüche/Feddersen Kap. 54 Rn. 37; jurisPK-UWG/Hess Rn. 109 aE; **aA** OLG Hamburg NJWE-WettbR 1998, 202; Harte-Bavendamm/Henning-Bodewig/Retzer Rn. 315). – Die Dringlichkeit kann jedoch **wieder aufleben** (besser: neu entstehen), wenn sich die Umstände wesentlich ändern, zB der Verletzer sein Verhalten intensiviert (OLG Hamburg WRP 2005, 1301 Ls.; OLG Düsseldorf GRUR-RR 2014, 273 (275); OLG München MD 2017 183 (185)) oder das Hauptsacheverfahren ausgesetzt wird (OLG Köln GRUR 1977, 220 (221)) oder zwischenzeitlich eine völlig neue Verletzungssituation vorliegt (OLG Koblenz WRP 1995, 651 (652)). Allerdings sind diese Umstände vom Antragsteller darzulegen und glaubhaft zu machen (OLG Köln WRP 2011, 362 (363)). – Die Dringlichkeitsvermutung wird nicht schon dadurch widerlegt, dass der Antragsteller gegen ihm bekannte **gleichartige Verstöße Dritter** nicht vorgegangen ist, denn es steht ihm frei, ob und gegen welchen Verletzer er vorgeht (OLG Hamburg WRP 2013, 1209 Rn. 16; KG MD 2017, 723, 725; OLG Celle MD 2017, 606; FBO/Büscher Rn. 85; diff. Teplitzky FS Loschelder, 2010, 391 (397); Teplitzky WRP 2013, 1414; Teplitzky /Feddersen Kap. 54 Rn. 24: Antragsteller muss vernünftige Gründe für ein früheres Nichtvorgehen gegen Dritte haben). Dies gilt auch für den Fall, dass der Antragsteller nur gegen den Vertreiber eines Produkts vorgeht, nicht aber gegen dessen Hersteller. – Die Dringlichkeit kann nach Erlass der Verfügung und deren Zustellung entfallen, wenn der Ver-letzte trotz Kenntnis eines danach begangenen Verstoßes längere Zeit mit einem **Ordnungs-mittelantrag** zuwartet (OLG Köln WRP 2017, 1005 Rn. 18, 19: nahezu drei Monate). Dies gilt aber nur für die Durchsetzung der streitgegenständlichen Ansprüche (OLG Frankfurt WRP 2020, 1337 Rn. 12) – Die Dringlichkeit entfällt auch dann, wenn der Antragsteller auf die Einleitung eines Ordnungsmittelantrags ausdrücklich verzichtet (Isele WRP 2017, 1050 Rn. 31).

f) Vorherige Erhebung der Hauptsacheklage. Die Dringlichkeitsvermutung kann entfal-len, wenn der Gläubiger bereits Hauptsacheklage erhoben hat, es sei denn, es liegen neue Umstände vor, die eine alsbaldige Regelung bis zum Abschluss des Hauptsacheverfahrens dringend erforderlich machen. Dazu reicht es nicht aus, dass der Gläubiger nachträglich Informa-tionen erlangt, die ihm ergänzenden Tatsachenvortrag und Beweisantritt ermöglichen (OLG Karlsruhe WRP 2001, 425 (426); Berneke/Schüttpelz, Die einstweilige Verfügung in Wett-bewerbssachen, 4. Aufl. 2018, Rn. 188).   **2.20**

VI. Darlegung und Glaubhaftmachung; Beweisaufnahme

Verfügungsgrund und -anspruch sind, soweit nicht § 12 I eingreift, darzulegen und **glaubhaft**   **2.21** zu machen (§§ 936, 920 II ZPO, § 294 ZPO). Das gilt auch für sonstige Prozessvoraussetzun-gen. Glaubhaftmachung ist eine Beweisführung, die dem Richter einen geringeren Grad von Wahrscheinlichkeit, nämlich eine **überwiegende Wahrscheinlichkeit,** dass die behaupteten Tatsachen zutreffen, vermitteln soll (BGH NJW 2003, 3558; KG WRP 2018, 224 Rn. 6). Ist der Verfügungsanspruch zwar nicht glaubhaft gemacht, aber schlüssig dargelegt, so kann das Gericht den Antrag allerdings idR nicht ohne Anhörung des Gegners zurückweisen, da es der Glaubhaftmachung nur im Fall des Bestreitens entscheidungserheblicher Tatsachen bedarf (KG WRP 2011, 611). Die Darlegung und Glaubhaftmachung der für die **Widerlegung** der Dring-lichkeitsvermutung erforderlichen Umstände obliegt dagegen dem Antragsgegner (OLG Mün-chen WRP 2008, 972 (976); OLG Celle WRP 2017, 1236 Rn. 22). Soweit erforderlich, muss dann das Gericht im Wege einer Interessenabwägung über die Dringlichkeit entscheiden (Retzer GRUR 2009, 329 (333); jurisPK-UWG/Hess Rn. 110). Die Beweislastregeln des Hauptsache-verfahrens gelten allerdings erst, wenn es zum Urteilsverfahren mit einer Anhörung des Gegners kommt (hM; OLG Karlsruhe WRP 1988, 631; Teplitzky Wettbewerbsrechtliche Ansprüche/ Feddersen Kap. 54 Rn. 45). Im Beschlussverfahren muss der Antragsteller daher nahe liegende oder in einer Schutzschrift vorgetragene Anhaltspunkte für Prozesshindernisse und Einrede-tatsachen selbst durch entspr. Glaubhaftmachung entkräften. Dazu gehört auch die Behauptung und Glaubhaftmachung, dass der Verfügungsantrag nur beim angerufenen Gericht anhängig gemacht worden sei (Teplitzky Wettbewerbsrechtliche Ansprüche/Feddersen Kap. 54 Rn. 45). Andererseits darf das Gericht einen Antrag nicht zurückweisen wegen fehlender Glaubhaftma-chung von Tatsachen, für die den Gegner die Darlegungs- und Glaubhaftmachungslast trifft, sondern muss mündliche Verhandlung anberaumen (OLG Stuttgart NJWE-WettbR 1998, 433; Teplitzky Wettbewerbsrechtliche Ansprüche/Feddersen Kap. 54 Rn. 45; jurisPK-UWG/Hess

Rn. 116). Mittel der Glaubhaftmachung sind nach § 294 ZPO alle präsenten Beweismittel, nämlich Augenschein; Urkundenvorlage (dazu OLG Brandenburg WRP 2012, 747: protokollierte Zeugenaussagen), Zeugen, einschließlich der eidesstattlichen bzw. anwaltlichen Versicherung (BGH GRUR 2002, 915 (916) – Wettbewerbsverbot in Realteilungsvertrag; OLG Köln WRP 1999, 222; jurisPK-UWG/Hess Rn. 114; eingehend Wehlau/Kalbfus Mitt. 2011, 165) und der Vorlage (nicht dagegen des Antrags auf Einholung) von Sachverständigengutachten (dazu Krüger WRP 1991, 68) oder amtlichen Auskünften. – Eine Beweisaufnahme, die nicht sofort erfolgen kann, ist nach §§ 936, 920 II ZPO, § 294 II ZPO unstatthaft. Dies gilt auch für das Urteilsverfahren und in beiden Instanzen (OLG Nürnberg v. 6.5.2015 – 3 U 379/15, juris-Rn. 35).

C. Erlass der einstweiligen Verfügung

I. Entscheidung durch Beschluss

1. Stattgebende Entscheidung

2.22   **a) Besondere Dringlichkeit als Voraussetzung.** Ohne mündliche Verhandlung kann das Gericht oder der Vorsitzende (§ 944 ZPO; insbes. bei Kammern für Handelssachen) in **„dringenden Fällen"** (§ 937 II ZPO) dem Antrag (ganz oder teilweise) durch **Beschluss** stattgeben. Im Hinblick auf § 12 I wird im Wettbewerbsrecht eine besondere Dringlichkeit vorausgesetzt (Teplitzky Wettbewerbsrechtliche Ansprüche/Feddersen Kap. 52 Rn. 2). Das setzt voraus, dass entweder bereits die Anberaumung einer mündlichen Verhandlung (Verlust des Überraschungseffekts) oder die Zeitspanne bis dahin den Zweck des Antrags gefährden würden. Das Gericht entscheidet hierüber nach pflichtgemäßem Ermessen („kann"). In der Praxis ist die Beschlussverfügung sogar die Regel.

2.23   **b) Beachtung des Grundsatzes der prozessualen Waffengleichheit. aa) Grundsatz.** In der Vergangenheit unterblieb bei Beschlussverfügungen häufig die Anhörung des Antragsgegners. Stattdessen wurden dem Antragsteller telefonische Hinweise erteilt, die ua der Ergänzung des Tatsachenvortrags oder der Mittel der Glaubhaftmachung oder der Nachbesserung des Antrags dienten (krit. Teplitzky WRP 2016, 1181; Teplitzky WRP 2017, 1163). Ein solches Vorgehen verstößt jedoch, wie das BVerfG in nunmehr st. Rspr. klargestellt hat, gegen den **Grundsatz der prozessualen Waffengleichheit** (vgl. BVerfG WRP 2018, 1443; 2018, 1448 Rn. 14 ff.; 2020, 847 Rn. 14 ff.; 2020, 1177; 2020, 1292; 2020, 1293; GRUR 2021, 517 mAnm Lerach jurisPR–WettbR 11/2020 Anm. 2; WRP 2020, 1925; 2021, 181; 2021, 461; 2021, 743; 2021, 740; 736; 2021, 1152; 2021, 1287; 2022, 593; 2022, 844; 2022, 975; 2022, 2100; 2023, 47 mAnm Lerach WRP 2023, 55; ZUM 2023, 523; GRUR 2023, 1056; BeckRS 2023, 18619; vgl. auch Bornkamm WRP 2019, 1242; Bornkamm GRUR 2020, 715; Mantz WRP 2020, 416; Mantz WRP 2020, 1250; Berger GRUR 2021, 1131; → § 13 Rn. 5a ff.). Dieser Grundsatz hat seine Grundlage in dem grundrechtsgleichen Recht des Gegners auf prozessuale Waffengleichheit aus Art. 3 I GG iVm Art. 20 III GG und dem Recht auf rechtliches Gehör aus Art. 103 I GG. Er sichert die Gleichwertigkeit der prozessualen Stellung der Parteien vor Gericht und gebietet es, in einem gerichtlichen Verfahren der Gegenseite grundsätzlich vor einer Entscheidung Gehör und damit die Gelegenheit zu gewähren, auf eine bevorstehende Entscheidung Einfluss zu nehmen (dazu BVerfG WRP 2020, 1177 Rn. 14; GRUR 2023, 1056 Rn. 26; Mantz WRP 2019, 953; Mantz WRP 2020, 416; v. Walter K&R 2019, 38). Im Zweifel ist dem Antragsgegner auch bei kleinsten Abweichungen des Verfügungsantrags von der Abmahnung rechtliches Gehör zu gewähren (BVerfG WRP 2020, 1179 Rn. 14; 2021, 1287 Rn. 28; 2022, 844 Rn. 25). Ggf. ist daher die Antragsschrift an den Gegner zur kurzfristigen schriftlichen Stellungnahme zuzuleiten (Danckwerts GRUR 2008, 763 (765); Harte-Bavendamm/Henning-Bodewig/Retzer Rn. 153; Teplitzky Wettbewerbsrechtliche Ansprüche/Feddersen Kap. 55 Rn. 3). Nur wenn der Gegner die Möglichkeit hatte, auf das mit dem Antrag geltend gemachte Vorbringen zu antworten, darf eine stattgebende Entscheidung erfolgen. Eine Verweisung auf eine nachträgliche Anhörung ist nur zulässig, wenn sonst der Zweck des Verfügungsverfahrens vereitelt würde. Die dazu vom BVerfG entwickelten Maßstäbe gelten auch für das **Lauterkeitsrecht** (BVerfG WRP 2020, 1179 Rn. 6; 2020, 1293 Rn. 3; 2021, 461; NJW 2021, 2018; OLG München WRP 2019, 1375; Bornkamm WRP 2019, 1242).

bb) Einzelheiten. Ging dem Verfügungsantrag, wie idR, eine **Abmahnung** voraus und **2.23a** deckt sich der Antrag mit der Abmahnung („Kongruenz"), so kann es genügen, dass der Antragsgegner vorprozessual auf die Abmahnung erwidert hat. Voraussetzung dafür ist allerdings, dass (1) der Verfügungsantrag im Anschluss an die Abmahnung unverzüglich nach Ablauf einer angemessenen Frist für die begehrte Unterlassungserklärung bei Gericht eingereicht wird, (2) das abgemahnte Verhalten sowie die Begründung für die begehrte Unterlassung mit dem bei Gericht geltend gemachten Unterlassungsbegehren inhaltlich deckungsgleich (iSd „Kerntheorie" → § 13 Rn. 5d, 5e; BVerfG WRP 2020, 1293 Rn. 21) sind und (3) der Antragsteller ein etwaiges Zurückweisungsschreiben des Antragsgegners zusammen mit seiner Antragsschrift bei Gericht eingereicht hat (BVerfG WRP 2020, 847 Rn. 18). – Demgegenüber ist dem Antragsgegner Gehör zu gewähren, wenn er (1) nicht in der gehörigen Form abgemahnt wurde oder (2) der Antrag vor Gericht in anderer Weise als in der Abmahnung oder mit ergänzendem Vortrag begründet wird (BVerfG WRP 2020, 847 Rn. 19) – Außerdem sind dem Antragsgegner etwaige richterliche Hinweise nach § 139 ZPO an den Antragsteller zeitnah mitzuteilen und vollständig zu dokumentieren, so dass sich nachvollziehbar aus den Akten ergibt, wer wann wem welchen Hinweis gegeben hat (BVerfG WRP 2018, 1448 Rn. 15 ff.; Teplitzky GRUR 2008, 34; Löffel WRP 2019, 8). Eine Frist zur Stellungnahme des Antragsgegners, ggf. fernmündlich (zw.; vgl. Bornkamm GRUR 2020, 715 (724)) oder per E-Mail, kann auch kurz bemessen sein (BVerfG WRP 2020, 1177 Rn. 16). – Das Gericht hat außerdem eine vom Antragsgegner eingereichte **Schutzschrift** (→ Rn. 2.40f) zu berücksichtigen (BVerfG GRUR 2023, 1056 Rn. 36, muss diese aber zuvor dem Antragsteller bekannt geben. Es kommt dann gewissermaßen zu einem Austausch von Antragsschrift und Schutzschrift (Büscher/Schmidt Rn. 185). – Zu sonstigen Auswirkungen auf die Praxis vgl. Büscher/Schmidt Rn. 183.

Allg. zur Pflicht des Gerichts, die **Verfahrensgrundrechte** (rechtliches Gehör; Waffen- und **2.23b** Chancengleichheit; effektiver Rechtsschutz; gesetzlicher, neutraler und objektiver Richter; Willkürverbot) zu beachten, vgl. Teplitzky WRP 2016, 1181; Teplitzky FS Ahrens, 2016, 559. – Zur **Richterablehnung** wegen **Besorgnis der Befangenheit** (§ 42 II ZPO), wenn der Richter in einem Verfügungsverfahren dem Antragsteller konkrete Hinweise gibt, wie der Antrag schlüssig formuliert werden kann und auf diese Weise bewusst auf eine Änderung des Streitgegenstands hinwirkt, ohne den Antragsgegner darüber zu informieren, vgl. OLG Düsseldorf GRUR-RR 2019, 286 Rn. 12.

cc) Durchsetzung der prozessualen Waffengleichheit mittels Verfassungsbeschwerde. **2.23c** Hat das Gericht bei Erlass der eV den Grundsatz der prozessualen Waffengleichheit verletzt, kann der Antragsgegner **Verfassungsbeschwerde** innerhalb der Monatsfrist des § 93 I BVerfGG unmittelbar gegen die eV erheben und nach § 32 I BVerfGG eine einstweilige Anordnung beantragen. Rechtsschutz kann durch Aufhebung oder Außervollzugsetzung der Beschlussverfügung gewährt werden (BVerfG WRP 2020, 847 Rn. 13). Kann diese nicht mehr fachgerichtlich aufgehoben werden, kann noch eine „Fortsetzungsfeststellungsbeschwerde" erhoben werden. Allerdings setzt diese voraus, dass für die Feststellung der Verletzung prozessualer Rechte des Beschwerdeführers ein **hinreichend gewichtiges Feststellungsinteresse** besteht (BVerfG WRP 2017, 1073 Rn. 8 ff.; 2020, 847 Rn. 12). Dafür reicht die bloße Geltendmachung eines Verfahrensirrtums (error in procedendo) nicht aus. Vielmehr muss die **Gefahr der Wiederholung** der angegriffenen Maßnahme bestehen, nämlich eine hinreichend konkrete Gefahr, dass unter im Wesentlichen unveränderten rechtlichen und tatsächlichen Umständen eine gleichartige Entscheidung ergehen würde. Dies setzt wiederum voraus, dass das Gericht die Anforderungen an die prozessuale Waffengleichheit grds. verkennt und seine Praxis hieran unter Missachtung der verfassungsrechtlichen Maßstäbe nicht ausrichtet (BVerfG WRP 2020, 1179 Rn. 9, 10; 2020, 1293 Rn. 15; 2022, 423 mit deutlicher Ermahnung des Instanzgerichts in Rn. 33). – Dauert die Rechtsbeeinträchtigung durch die eV in Gestalt eines weiterhin vollstreckbaren Unterlassungstitels fort, muss der Beschwerdeführer an sich kein besonders gewichtiges Feststellungsinteresse geltend machen (BVerfG WRP 2020, 847 Rn. 13; 2020, 1177 Rn. 12; GRUR 2023, 1056 Rn. 23). Allerdings stellt das BVerG in **lauterkeitsrechtlichen** Entscheidungen (zB BVerfG WRP 2020, 1179 Rn. 19 ff.) verstärkt auf die **Umstände des Einzelfalls** ab. Ein geringfügiger error in procedendo begründe noch kein ausreichendes Feststellungsinteresse. Insbes. müsse ein schwerer Nachteil iSd § 32 BVerfGG dargelegt werden, der durch die Schadensersatzpflicht nach § 945 ZPO nicht aufgefangen werden könnte (BVerfG NJW 2022, 2100 Rn. 15 f.).

c) Sonstiges. Der Beschluss ist nur zu **begründen,** wenn dem Antrag nicht voll stattgegeben **2.23d** wird oder wenn die Verfügung sonst einen kaum vollstreckbaren Inhalt hätte (Bornkamm FS

Köhler, 2014, 47; Büscher/Schmidt Rn. 189 ff.; zur Praxis der Gerichte vgl. Klein GRUR 2016, 899). Er ist dem Antragsteller zuzustellen (§ 329 II 2 ZPO, §§ 936, 929 II ZPO), von diesem im Parteibetrieb dem Gegner (§§ 936, 922 II ZPO).

2. Ablehnende Entscheidung

2.24   Sie kann stets durch Beschluss ergehen (§ 937 II ZPO). Der Beschluss ist dem Antragsteller nach § 329 II und III ZPO, an sich aber nicht dem Gegner (§§ 936, 922 III ZPO), mitzuteilen. Das Mitteilungsverbot ist jedoch mit dem Grundrecht auf prozessuale Waffengleichheit nicht vereinbar, wenn der Zweck der eV bei Wegfall des Überraschungseffekts nicht gefährdet oder vereitelt wird (vgl. BVerfG WRP 2018, 1448 Rn. 24; Bornkamm WRP 2019, 1242; Büscher/ Schmidt Rn. 183aE; Berger GRUR 2021, 1131 (1134)). – Ob das Gericht von einer mündlichen Verhandlung absieht, liegt in seinem pflichtgemäßen Ermessen (→ Rn. 3.23; zu Ermessens- fehlern KG GRUR 1991, 944). Gibt es Anhaltspunkte, dass Mängel des Antrags behebbar sind, so sollte das Gericht entweder mündliche Verhandlung anberaumen oder dem Antragsteller die Möglichkeit geben, die Mängel zu beheben (Danckwerts GRUR 2008, 763 (766 f.), wobei wiederum der Grundsatz der prozessualen Waffengleichheit zu beachten ist). Wegen mangelnder Glaubhaftmachung darf das Gericht einen Antrag idR erst nach mündlicher Verhandlung zu- rückweisen, da Tatsachenbehauptungen nach § 920 II ZPO grds. nur insoweit glaubhaft zu machen sind, als der Gegner sie bestreitet (KG MD 2015, 330 (334); vgl. auch → Rn. 2.21).

II. Entscheidung durch Urteil

1. Terminbestimmung

2.25   Fehlt die (bes.) Dringlichkeit, so hat das Gericht Termin zur mündlichen Verhandlung zu bestimmen. Wird der Termin so spät angesetzt, dass dies einer Rechtsverweigerung gleichkäme, ist dagegen (ausnahmsweise) Beschwerde möglich (OLG Stuttgart WRP 1983, 711; hM). Die Ladungsfrist kann (und sollte) abgekürzt werden (§§ 217, 224 ZPO). Einlassungs- und Schrift- satzfristen gibt es nicht (OLG München WRP 1979, 166).

2. Mündliche Verhandlung

2.26   Die Parteien können bis zum Schluss der mündlichen Verhandlung neue Tatsachen vortragen und glaubhaft machen (OLG Koblenz GRUR 1987, 319). Das Gericht darf aber seiner Ent- scheidung nur solche Tatsachen zu Grunde legen, zu denen sich die Parteien sachgerecht äußern konnten (Art. 103 I GG). Um das rechtliche Gehör zu wahren, ist ggf. sehr kurzfristig zu vertagen (Teplitzky Wettbewerbsrechtliche Ansprüche/Feddersen Kap. 55 Rn. 19; aA Melullis Rn. 103). Grds. ist aber eine Vertagung der mündlichen Verhandlung oder ein Schriftsatznach- lass ausgeschlossen (OLG Hamburg GRUR-RR 2009, 365 (367)). Hält eine Partei Angriffs- oder Verteidigungsmittel schuldhaft bis zuletzt zurück, kann dies rechtsmissbräuchlich sein und daher unberücksichtigt bleiben (OLG Koblenz GRUR 1987, 319; Ahrens Wettbewerbsprozess- HdB/Bähr Kap. 54 Rn. 34; vgl. weiter Schote/Lührig WRP 2008, 1281: Schriftsatznachlass).

3. Verweisung

2.27   Eine Verweisung an das zuständige Gericht (§ 281 ZPO) ist statthaft.

4. Aussetzung

2.28   Eine Aussetzung nach § 148 ZPO oder Art. 267 III AEUV (OLG Hamburg WRP 1981, 589) ist ausgeschlossen, weil mit dem Eilcharakter des Verfahrens unvereinbar. Das Gericht hat die Vorfragen selbst zu beurteilen. Die Anordnung der **Anrufung einer Einigungsstelle** ist nach § 15 X 2 mit Zustimmung des Gegners möglich.

5. Entscheidung

2.29   Die Entscheidung nach mündlicher Verhandlung ergeht durch **Endurteil** (§§ 936, 922 I 1 ZPO), das mit seiner Verkündung wirksam wird und von diesem Zeitpunkt an vom Schuldner zu beachten ist, wenn es eine Ordnungsmittelandrohung enthält (BGHZ 180, 172 = GRUR 2009, 890 – Ordnungsmittelandrohung mAnm Weber = WRP 2009, 999 Rn. 11 mwN – Urteilsverfügung, auch zur Gegenansicht; BGH GRUR 2015, 196 Rn. 22 – Nero). Die Androhung kann zusammen mit der Verbotsverfügung ergehen oder durch nachträglichen Beschluss erfolgen (Vohwinkel GRUR 2010, 977). Das Urteil ist den Parteien nach § 317 I 1 ZPO von Amts wegen zuzustellen. Um aber die Vollziehungsfrist des §§ 936, 929 II ZPO zu wahren, muss der Gläubiger ggf. das Urteil im Parteibetrieb zustellen (Bork WRP 1989, 360 (365)). – Ein nach mündlicher Verhandlung über den Widerspruch (§§ 924, 936 ZPO) ergangenes Urteil, das die Beschlussverfügung bestätigt (§§ 925, 936 ZPO), kann in der Berufungsinstanz nicht mit Erfolg unter Hinweis auf einen Gehörsverstoß anlässlich der Beschlussverfügung angefochten werden, da die angegriffene Entscheidung nicht mehr auf dem ursprünglichen Verstoß beruht (OLG Düsseldorf WRP 2019, 773 Rn. 10), der Gehörsverstoß vielmehr geheilt wurde.

III. Inhalt der Entscheidung

1. Unterlassung

2.30   Spricht das Gericht ein Verbot einer bestimmten Handlung aus, so hat es sich am gestellten Antrag zu orientieren (§ 308 I 1 ZPO). Bestehen daher nach dem Wortlaut des Verbotstenors einer eV bei isolierter Betrachtung Unklarheiten, bedarf es einer objektiven Auslegung anhand der Antragsschrift und der ihr beigefügten Unterlagen (BGH WRP 2016, 331 Rn. 34 – Piadina-Rückruf). Zwar hat es auf Grund des § 938 ZPO bei der Tenorierung eine freiere Stellung, es darf jedoch den Antrag nicht inhaltlich verändern (sehr str.; vgl. Teplitzky Wettbewerbsrechtliche Ansprüche/Feddersen Kap. 54 Rn. 38; Ahrens Wettbewerbsprozess-HdB/Bacher Kap. 58 Rn. 3). Es kann auch ohne Antrag des Gegners **Aufbrauchsfristen** einräumen (OLG Stuttgart WRP 1989, 832; Ulrich GRUR 1991, 26; Berlit WRP 1998, 250 (251); aA OLG Frankfurt GRUR 1989, 456). Das Gericht darf aber **keine Urteilsbekanntmachung** zusprechen (§ 12 II 4).

2. Beseitigung

2.31   Inhalt einer eV kann auch die Sicherung eines Beseitigungsanspruchs sein, sofern sie nicht zu dessen endgültiger Befriedigung führt. In Betracht kommt insbes. in den Fällen eines Vernichtungsanspruchs (zB hins. Werbemittel; vgl. weiter § 18 MarkenG; § 98 UrhG; § 140a PatG) die Anordnung der Herausgabe von Gegenständen an den **Gerichtsvollzieher** zur Vernichtung (OLG Nürnberg WRP 2002, 345 (346); Ströbele/Hacker/Thiering/Thiering MarkenG § 18 Rn. 46) oder, soweit eine Verwaltung erforderlich ist, die **Sequestration** (§ 938 II ZPO).

3. Grundsätzliche Unzulässigkeit einer Leistungsverfügung

2.31a   Ein Titel, der über die bloße Sicherung eines Anspruchs hinausgeht, weil der Gläubiger durch ihn vorläufig oder sogar endgültig befriedigt wird, darf als Leistungsverfügung nur **unter engen Voraussetzungen** ergehen (zu Einzelheiten vgl. BGH GRUR 2018, 292 Rn. 34, 35 – Produkte zur Wundversorgung mwN; → § 8 Rn. 1.82 ff.; → Rn. 5.4b; Ahrens GRUR 2018, 374 (376); Lubberger GRUR 2018, 378). Dies ist insbesondere für die Fälle der **Rückrufpflicht** beim Vertrieb rechtsverletzender Produkte von Bedeutung. Denn eine Verpflichtung zur Unterlassung einer Handlung, durch die ein fortdauernder Störungszustand geschaffen wurde, ist auch dann, wenn sie in einer eV enthalten ist, mangels abweichender Anhaltspunkte dahin auszulegen, dass sie auch die Vornahme möglicher und zumutbarer Handlungen zur Beseitigung des Störungszustands umfasst. Eine grundsätzlich unzulässige Vorwegnahme der Hauptsache liegt jedoch regelmäßig dann nicht vor, wenn der Schuldner die von ihm vertriebenen Waren aufgrund der eV nicht bei seinen Abnehmern zurückzurufen, sondern diese lediglich aufzufordern hat, die erhaltenen Waren vorläufig im Hinblick auf die eV vorläufig nicht weiterzuvertreiben (BGH GRUR 2018, 292 Rn. 38 – Produkte zur Wundversorgung).

4. Androhung von Ordnungsmitteln

2.32   Sie setzt zwar keinen Antrag voraus (OLG Hamburg GRUR-RR 2008, 31 (32); aA Gloy/Loschelder/Danckwerts WettbR-HdB/Spätgens/Held § 112 Rn. 7). Er sollte aber zweckmäßigerweise gestellt werden.

5. Sicherheitsleistung

2.33   Sie kann nach §§ 936, 921 S. 2 ZPO angeordnet werden (OLG München GRUR 1988, 709; OLG Hamm WRP 1989, 116; Borck WRP 1978, 435 (437)).

6. Vorläufige Vollstreckbarkeit

2.34   § 708 Nr. 6 ZPO.

7. Kosten

2.35   §§ 91 ff. ZPO. Teilweises Unterliegen liegt auch vor, wenn das Gericht ohne entspr. Antrag des Gläubigers eine Sicherheitsleistung anordnet oder eine Aufbrauchsfrist gewährt. Hat der Gläubiger eine vorherige gebotene **Abmahnung** unterlassen und erkennt der Schuldner im Urteilsverfahren den Anspruch sofort an, ergeht Anerkenntnisurteil (§ 307 ZPO) mit der Kostenfolge aus § 93 ZPO. Die Kosten sind dem Gläubiger auch dann aufzuerlegen, wenn der Schuldner sofort eine strafbewehrte Unterwerfungserklärung abgibt und die Parteien darauf den Rechtsstreit für erledigt erklären. Nach § 97 II ZPO fallen die Kosten des Rechtsmittelverfahrens dem obsiegenden Schuldner zur Last, wenn er erstmals in 2. Instanz die Umstände darlegt, die zur Verneinung der Dringlichkeit führen, und ihm das bereits in 1. Instanz möglich war (OLG Köln GRUR 1993, 685). Ist der Antrag auf eV mangels Dringlichkeit rechtskräftig abgewiesen worden, kann der Antragsteller seine Rechtsverfolgungskosten nicht nach §§ 280, 286 BGB ersetzt verlangen (OLG Dresden WRP 1998, 322 (324) zu § 286 BGB aF).

IV. Wirkung der eV

1. Vollstreckungstitel

2.36   Die eV ist ein vollstreckungsfähiger Titel, der wie ein Titel im Hauptsacheverfahren durchgesetzt werden kann. Sie ist mit ihrem Erlass und damit zur Zeit der geltend gemachten Zuwiderhandlung unbedingt vollstreckbar, ohne dass es dazu eines besonderen Ausspruchs in der Entscheidung bedürfte (BGH GRUR 2018, 292 Rn. 14 – Produkte zur Wundversorgung). Dem Antrag des Verfügungsbeklagten auf Einstellung der Zwangsvollstreckung aus der eV ist grds. nicht zu entsprechen, weil dies dem Sinn einer Unterlassungsverfügung widerspräche (OLG Nürnberg WRP 2002, 345 (346)). Die Einstellung ist nur ausnahmsweise dann in Betracht zu ziehen, wenn feststeht, dass die eV keinen Bestand haben kann (OLG Nürnberg WRP 2002, 345 (346)).

2. Verjährungshemmung durch Antrag

2.37   Nach § 204 I Nr. 9 Hs. 1 BGB wird durch die Zustellung des Antrags auf Erlass einer eV die Verjährung gehemmt (§ 209 BGB). Dem steht die Einreichung des Antrags gleich, wenn die eV innerhalb von einem Monat seit Verkündung oder Zustellung an den Gläubiger dem Schuldner zugestellt wird (§ 204 I Nr. 9 Hs. 2 BGB). Die Reichweite der Hemmung beurteilt sich nach dem Streitgegenstand des Verfügungsverfahrens (BGH WRP 2016, 459 Rn. 34 – MeinPaket.de I).

3. Befolgungspflicht

2.37a   Der Antragsgegner muss die eV ab dem Zeitpunkt des Wirksamwerdens beachten und er muss daher im Fall der Zuwiderhandlung mit der Verhängung von Ordnungsmitteln rechnen (BGHZ 180, 172 = GRUR 2009, 890 Rn. 11 ff. – Ordnungsmittelandrohung = WRP 2009, 999 – Urteilsverfügung). Eine im Wege des Beschlusses ergangene, mit Ordnungsmittelandrohung nach § 890 Abs. 2 ZPO versehene einstweilige Unterlassungsverfügung wird durch Vollziehung in Form der Zustellung an den Schuldner gemäß § 929 Abs. 2 ZPO als Vollstreckungstitel wirksam (BGH GRUR 2015, 196 Rn. 30 – Nero; GRUR 2017, 318 Rn. 13; 2022, 1379 Rn. 24). Eine Urteilsverfügung, die eine Ordnungsmittelandrohung enthält, wird mit Verkündung des Urteils wirksam, so dass der Schuldner sie bereits ab der Verkündung und nicht erst ab der Vollziehung des Urteils beachten muss (BGH GRUR 2009, 890 Rn. 15 – Ordnungsmittelandrohung = WRP 2009, 999 – Urteilsverfügung; GRUR 2015, 196 Rn. 22 – Nero; GRUR 2022, 1379 Rn. 24). Der Schuldner ist durch den **Schadensersatzanspruch nach § 945 ZPO** geschützt, wenn sich die eV nachträglich als unberechtigt erweist (BGH GRUR 2009, 890

Rn. 16 – Ordnungsmittelandrohung = WRP 2009, 999 – Urteilsverfügung). Der Gläubiger seinerseits kann sich vor dem Risiko der Haftung aus § 945 ZPO auf zweifache Weise schützen: Entweder er beantragt im Erkenntnisverfahren keine Ordnungsmittelandrohung oder er erklärt vor der Verkündung der mit einer Ordnungsmittelandrohung versehenen eV dem Schuldner gegenüber, er werde für einen bestimmten Zeitraum, etwa bis zur Zustellung der Urteilsverfügung, keine Rechte aus dem Vollstreckungstitel herleiten (BGH GRUR 2009, 890 Rn. 16 – Ordnungsmittelandrohung = WRP 2009, 999 – Urteilsverfügung).

D. Rechtsbehelfe des Antragstellers

I. Beschlüsse

Gegen Beschlüsse ist **Beschwerde** (§§ 567 ff. ZPO) zulässig, außer wenn sie lediglich die **2.38** Feststellung der Erledigung der Hauptsache und der Kostenentscheidung bezweckt (OLG Karlsruhe WRP 1998, 429; aA OLG Frankfurt NJW-RR 1992, 493; Ahrens Wettbewerbsprozess-HdB/Scharen Kap. 53 Rn. 77). Es besteht **kein Anwaltszwang** (§ 569 III Nr. 1 ZPO, § 78 III ZPO, §§ 936, 920 III ZPO), solange nicht mündlich verhandelt wird (KG NJW-RR 1992, 576; OLG Karlsruhe GRUR 1993, 697; OLG Celle NJW-RR 2009, 977; Teplitzky Wettbewerbsrechtliche Ansprüche/Feddersen Kap. 54 Rn. 13; **aA** OLG Frankfurt GRUR-RR 2011, 31). Die Anberaumung einer mündlichen Verhandlung hängt, wie in erster Instanz, davon ab, ob (noch) ein bes. dringender Fall vorliegt. – Gegen OLG-Beschlüsse ist im Hinblick auf § 542 II 1 ZPO (begrenzter Instanzenzug) **keine Rechtsbeschwerde** zulässig (BGH GRUR 2003, 548 f. – Rechtsbeschwerde I). Dies gilt trotz § 574 III 2 ZPO auch dann, wenn das OLG die Rechtsbeschwerde zugelassen hat, weil dies kein gesetzlich nicht vorgesehenes Rechtsmittel eröffnen kann (BGH GRUR 2003, 548 f. – Rechtsbeschwerde I).

II. Urteile

Gegen Urteile ist nur **Berufung,** im Hinblick auf § 542 II 1 ZPO aber **nicht Revision** **2.39** zulässig (BGH GRUR 2003, 548 – Rechtsbeschwerde I). Das Berufungsgericht kann nicht zurückverweisen (OLG Karlsruhe GRUR 1978, 116). Hat der Antragsteller seinen Antrag in erster Instanz einseitig für erledigt erklärt und stellt er ihn nach Zurückweisung seines Antrags in der Berufungsinstanz erneut, so ist das Berufungsgericht zur Entscheidung hierüber funktionell nicht zuständig (OLG Köln WRP 1982, 599). Wurde durch Urteil eine Beschlussverfügung aufgehoben, dieses Urteil aber auf Berufung abgeändert, muss dies im Wege des Neuerlasses der eV geschehen (OLG Hamburg WRP 1997, 53 (54)).

E. Rechtsbehelfe des Antragsgegners

I. Schutzschrift

1. Allgemeines

a) Begriff und Funktion. Schutzschriften sind nach § 945a I 2 ZPO **vorbeugende Ver-** **2.40** **teidigungsschriftsätze** gegen erwartete Anträge auf Arrest oder einstweilige Verfügung. Sie sollen verhindern, dass in zu erwartenden Verfügungsverfahren eine Unterlassungsverfügung ohne mündliche Verhandlung ergeht, ohne dass das Gericht die Gesichtspunkte berücksichtigt, die aus der Sicht des Verfassers der Schutzschrift gegen ihren Erlass sprechen (BGH GRUR 2008, 639 Rn. 9 – Kosten eines Abwehrschreibens; allg. dazu Teplitzky Wettbewerbsrechtliche Ansprüche/Feddersen Kap. 55 Rn. 52–58; Harte-Bavendamm/Henning-Bodewig/Retzer Rn. 398 ff.; Ahrens Wettbewerbsprozess-HdB/Büttner Kap. 7 Rn. 1 ff.; Wehlau, Die Schutzschrift, 2011 (mit Muster einer Schutzschrift, S. 107 ff.; Wehlau/Kalbfus WRP 2012, 395). – Von der Schutzschrift zu unterscheiden ist das **Abwehrschreiben,** in dem der Gegner einer Abmahnung entgegentritt. Es soll, anders als die Schutzschrift, nicht ein gerichtliches Verfahren fördern, sondern – ebenso wie die Abmahnung – gerade vermeiden (BGH GRUR 2008, 639 Rn. 9 – Kosten eines Abwehrschreibens). Daher sind die Kosten eines solchen Schreibens auch keine notwendigen Kosten der Rechtsverteidigung iSd § 91 I 1 ZPO (BGH GRUR 2008, 639 Rn. 8 – Kosten eines Abwehrschreibens).

2.40a   **b) Einreichung.** Für die Einreichung einer Schutzschrift bestehen zwei Möglichkeiten. Zum einen in **Papierform** bei dem voraussichtlich damit befassten Gericht (uU also bei mehreren Gerichten, arg. § 14 II). Zum anderen durch die Einreichung in das **elektronischen Schutz-rechtsregister** (www.schutzschriftenregister.de). Einzelheiten sind in der gem. § 945b ZPO erlassenen SRV (Schutzschriftenregisterverordnung v. 24.11.2015, in Kraft seit 1.1.2016) geregelt (dazu Bacher MDR 2015, 1329; Hartmann GRUR-RR 2015, 89; Schlingloff WRP 2016, 301; Schwippert MarkenR 2014, 6; Wehlau/Kalbfus ZRP 2013, 101). Die Landesjustizverwaltung Hessen hat dazu ein zentrales, länderübergreifendes Schutzschriftenregister geschaffen (https: schutzschriftenregister.hessen.de). Anwälte sind nach § 49c BRAO verpflichtet, Schutzschriften elektronisch einzureichen. Nach § 945a II 1 ZPO gilt eine Schutzschrift als bei allen ordentli-chen Gerichten der Länder eingereicht, sobald sie in das Schutzschriftenregister eingestellt ist (dazu § 3 SRV). Ein Gericht muss daher jedenfalls dann, wenn es den Erlass einer eV ohne mündliche Verhandlung und ohne Anhörung des Gegners erwägt, eine (ggf. wiederholte) Such-anfrage beim Schutzschriftenregister nach Maßgabe des § 945a III ZPO vornehmen.

2.40b   **c) Berücksichtigung.** Das Gericht hat eine bei ihm eingereichte Schutzschrift zu beachten (arg. Art. 103 I GG; BVerfG GRUR 2023, 1056 Rn. 36; BGH GRUR 2003, 456 – Kosten der Schutzschrift I; GRUR 2008, 640 Rn. 14 – Kosten der Schutzschrift III). Dies gilt auch in den Fällen besonderer Dringlichkeit (FBO/Büscher Rn. 117). Doch muss es seinerseits dem Antrag-steller Gelegenheit zur Stellungnahme geben, wenn es auf Grund der Schutzschrift den Antrag zurückweisen möchte. Das kann entweder durch Anberaumung einer mündlichen Verhandlung oder Zuleitung der Schutzschrift und Fristsetzung zur Stellungnahme mit nachfolgender Ent-scheidung im schriftlichen Verfahren geschehen (Teplitzky Wettbewerbsrechtliche Ansprüche/Feddersen Kap. 55 Rn. 52). Die Schutzschrift unterliegt keinem Anwaltszwang. Jedoch kann sich darin ein Prozessbevollmächtigter für das zu erwartende Verfügungsverfahren bestellen (Berneke/Schüttpelz, Die einstweilige Verfügung in Wettbewerbssachen, 4. Aufl. 2018, Rn. 293). Die in einer Schutzschrift gestellten Anträge, auch der Antrag auf Verweisung an die KfH (aA insoweit Meinhardt WRP 2017, 1180 Rn. 50), sind nicht zu berücksichtigen (BGH GRUR 2003, 456 – Kosten der Schutzschrift I; OLG Stuttgart WRP 2018, 1248 Rn. 32; Büscher/Schmidt Rn. 129).

2. Kostenerstattung

2.41   Es ist zu unterscheiden: **(1)** Wird der befürchtete Antrag gar nicht gestellt, so kann dem Einreicher allenfalls ein materiellrechtlicher Erstattungsanspruch unter dem Gesichtspunkt der Verteidigung gegen eine unberechtigte Abmahnung zustehen (→ § 4 Rn. 4.166 ff.). **(2)** Wird der Antrag gestellt, aber ohne mündliche Verhandlung zurückgewiesen oder zurückgenommen oder an das zuständige Gericht abgegeben, so sind nach zutr. hM (BGH GRUR 2003, 456 – Kosten der Schutzschrift I mwN; GRUR 2007, 727 Rn. 15 – Kosten der Schutzschrift II; GRUR 2008, 640 Rn. 10 – Kosten einer Schutzschrift III; OLG Rostock GRUR-RR 2011, 230; Teplitzky Wettbewerbsrechtliche Ansprüche/Feddersen Kap. 55 Rn. 56 mwN) die Kosten dem Gegner zu erstatten (§ 91 ZPO), und zwar unabhängig davon, ob die Schutzschrift vor oder nach Eingang des Verfügungsantrags eingegangen ist (OLG Frankfurt WRP 1996, 116; KG WRP 1997, 547). **(3)** Eine Erstattung scheidet aus, wenn die Schutzschrift erst nach Rücknahme (OLG Karlsruhe WRP 1981, 39) oder endgültiger Zurückweisung des Antrags eingeht. Dies gilt auch dann, wenn der Antragsgegner die Antragsrücknahme nicht kannte oder kennen musste, da es nur auf die objektive Erforderlichkeit einer Rechtsverteidigung ankommt (BGH GRUR 2007, 727 Rn. 16, 17 – Kosten der Schutzschrift II mwN). **(4)** Hat der Gläubiger bei mehreren Gerichten eine Schutzschrift eingereicht, kann er eine Kostenerstattung nur hinsichtlich der Schutzschrift verlangen, die bei dem Gericht des späteren Verfügungsverfahrens eingereicht wurde (OLG Hamburg WRP 2014, 100). Darauf, ob das Gericht bei dem der Verfügungsantrag gestellt wurde, die Schutzschrift vor seiner Entscheidung zur Kenntnis genommen hat oder nicht, kommt es nicht an (OLG Hamburg GRUR-RR 2016, 431) **(5)** Gebühren: Hat der Verfahrensbevollmächtigte des Antragsgegners das Geschäft iSv Teil 3 Vorb. 3 II RVG VV bereits vor der Rücknahme des Verfügungsantrags betrieben, etwa durch Entgegennahme des Auftrags sowie erster Informationen, ist dadurch die 0,8-fache Verfahrensgebühr gem. VV 3100, 3101 Nr. 1 RVG angefallen (BGH GRUR 2007, 727 Rn. 18, 19 – Kosten der Schutzschrift II; vgl. auch LG Düsseldorf GRUR-RR 2017, 167). Geht der Verfügungsantrag ein und wird er später wieder zurückgenommen, so kann der Anwalt die 1,3 fache Gebühr nach VV 3100 RVG verlangen (BGH GRUR 2008, 640 Rn. 11 ff. – Kosten der Schutzschrift III).

II. Widerspruch

Gegen eine Beschlussverfügung ist **Widerspruch** möglich (§§ 936, 924 I ZPO), auch zB mit **2.42** dem Ziel der Einräumung einer Aufbrauchsfrist (Ulrich GRUR 1991, 26 (31)). Er ist unbefristet, unterliegt aber dem Verwirkungseinwand: noch nicht bei neun Monaten (KG MD VSW 1988, 547 (550)), uU nach zwei Jahren (KG GRUR 1985, 237). Wird Widerspruch eingelegt (dazu Ahrens Wettbewerbsprozess-HdB/Scharen Kap. 53 Rn. 56), so ist mündlich zu verhandeln (§§ 936, 924 II 2 ZPO) und über die eV durch **Endurteil** zu entscheiden (§ 925 ZPO). Wird die eV aufgehoben, so tritt sie sogleich außer Kraft (OLG Celle GRUR 1989, 541; KG GRUR-RR 2010, 22 (25)). Hebt das Berufungsgericht das Urteil auf, so muss die eV erneut erlassen und nicht bloß bestätigt werden (KG GRUR-RR 2010, 22 (25); OLG Karlsruhe GRUR-RR 2014, 362 (370)). Die eV bedarf dann nach § 922 II ZPO noch der Parteizustellung. Der Widerspruch hemmt die Zwangsvollstreckung nicht (§ 924 III 1 ZPO); eine Einstellung nach §§ 924 III 2, 707 ZPO kommt nur ausnahmsweise in Betracht. Hat das Berufungsgericht eine Beschlussverfügung erlassen, so ist gleichwohl das erstinstanzliche Gericht für die Entscheidung über den Widerspruch **zuständig** (KG WRP 2008, 253 (254); jurisPK-UWG/Hess Rn. 149). Neben dem Widerspruch ist **keine Rechtsbeschwerde** zulässig. Denn was für Urteile gilt (§ 542 II 1 ZPO), muss auch für Beschlüsse gelten (BGH GRUR 2003, 548 (549) – Rechtsbeschwerde I). – Ist die (regelmäßig erforderliche) **Abmahnung unterblieben** und will sich der Gegner sachlich gar nicht zur Wehr setzen, so hat er zwei Möglichkeiten: **(1)** Er kann vor oder gleichzeitig mit dem (Voll-)Widerspruch eine strafbewehrte **Unterwerfungserklärung** abgeben. Wird dann die Hauptsache für erledigt erklärt (dazu Bernreuther GRUR 2007, 660), so sind die Kosten nach §§ 91a, 93 ZPO dem Antragsteller aufzuerlegen (OLG Köln GRUR 1990, 310). **(2)** Die Kostenfolge des § 93 ZPO kann er aber auch durch bloßen **Kostenwiderspruch** (dazu Ahrens Wettbewerbsprozess-HdB/Scharen Kap. 53 Rn. 58 ff.; Teplitzky Wettbewerbsrechtliche Ansprüche/Feddersen Kap. 55 Rn. 9 ff.) erreichen, weil er damit indirekt den Verfügungsanspruch anerkennt. Sein Vortrag, er hätte sich bei vorheriger Abmahnung unterworfen, wird regelmäßig auch als Anerkenntnis des materiellen (Hauptsache-)Anspruchs und damit als Verzicht auf die Rechte aus § 926 ZPO (nicht aus § 927 ZPO!) und auf eine negative Feststellungsklage auszulegen sein (Teplitzky Wettbewerbsrechtliche Ansprüche/Feddersen Kap. 55 Rn. 12 mwN). Über den Kostenwiderspruch ist durch Endurteil (§§ 936, 925 I ZPO) zu entscheiden. Gegen dieses Urteil ist in analoger Anwendung des § 99 II ZPO die sofortige Beschwerde (in der Frist des § 569 I 1 ZPO) statthaft (OLG Koblenz WRP 2017, 1522). – Mit dem Kostenwiderspruch verzichtet der Antragsgegner konkludent auf einen Vollwiderspruch. Er kann daher nicht geltend machen, die eV sei mangels Dringlichkeit unbegründet (OLG Hamburg WRP 1996, 442).

III. Berufung

Ist nach mündlicher Verhandlung durch Endurteil entschieden worden, so ist hiergegen nach **2.43** § 511 ZPO grds. **Berufung** (aber nicht **Revision**; § 542 II 1 ZPO; BGH GRUR 2003, 548 – Rechtsbeschwerde I) möglich. Ob die **Präklusionsvorschriften** der §§ 530, 531 ZPO im Hinblick auf die Besonderheiten des Verfügungsverfahrens nicht anzuwenden sind, ist str. (Anwendbarkeit verneinend: OLG Frankfurt GRUR-RR 2005, 299 (301); OLG Düsseldorf BeckRS 2015, 7641 Rn. 52; Schote/Lührig WRP 2008, 1281 (1285); bejahend: OLG Hamburg GRUR-RR 2005, 315; OLG Köln CR 2005, 624; OLG Celle MD 2017, 606; Ahrens Wettbewerbsprozess-HdB/Bähr Kap. 55 Rn. 5). Jedenfalls sind diese Besonderheiten bei der Prüfung der Nachlässigkeit iSv § 531 II Nr. 3 ZPO zu berücksichtigen (OLG Hamburg GRUR-RR 2003, 135 (136); OLG Köln GRUR-RR 2018, 207 Rn. 80; Teplitzky Wettbewerbsrechtliche Ansprüche/Feddersen Kap. 55 Rn. 36a; Harte-Bavendamm/Henning-Bodewig/Retzer Rn. 286). – Wurde im Urteil (zB bei bloßem Kostenwiderspruch) nur über die Kosten entschieden, ist allerdings nur die sofortige Beschwerde (§ 99 II ZPO analog) zulässig (OLG München GRUR 1990, 482). Mit der Berufung kann der Schuldner auch geltend machen, dass die eV wegen nicht fristgerechter Vollziehung (§ 929 II ZPO) oder Hauptsacheklage (§ 926 ZPO) aufzuheben oder dass Verjährung eingetreten ist. Grds. kommt eine Einstellung der Zwangsvollstreckung (§§ 719, 707 ZPO) nur in den Fällen in Betracht, in denen feststeht, dass die eV keinen Bestand haben wird (OLG Koblenz WRP 1985, 657; OLG Frankfurt WRP 1992, 120). – Wurde eine Beschlussverfügung auf Widerspruch hin aufgehoben und ist die Berufung gegen das aufhebende Urteil erfolgreich, kommt nur der Erlass einer inhaltsgleichen **neuen Unterlassungsverfügung** durch das Berufungsgericht mit Wirkung ex nunc in Betracht (OLG Frankfurt GRUR 2015, 247; KG MD 2018, 488 (493)). Zwischenzeitliche Verstöße können daher nicht nach § 890 ZPO geahndet werden (OLG Frankfurt GRUR-Prax 2012, 247). – Die **Verfassungsbeschwerde** gegen Entscheidungen im Verfügungsverfahren ist nur im Ausnahmefall möglich. Ein solcher Ausnahmefall liegt vor, wenn die gerügte Grundrechtsverletzung die eV selbst betrifft und im Hauptsacheverfahren nicht mehr zureichend ausgeräumt werden könnte (→ Rn. 2.23 ff.); ferner dann, wenn es im konkreten Fall einer weiteren tatsächlichen Klärung nicht mehr bedarf, die im vorläufigen Verfahren und im Hauptsacheverfahren zu entscheidenden Rechtsfragen identisch sind und daher nicht damit zu rechnen ist, dass ein Hauptsacheverfahren die Anrufung des BVerfG entbehrlich machen könnte (BVerfG NJW 2004, 3768).

IV. Antrag auf Fristsetzung zur Klageerhebung (§ 926 I ZPO)

1. Zweck

2.44   Der Schuldner kann den Gläubiger vor die Alternative stellen, entweder eine endgültige Entscheidung im Hauptsacheverfahren herbeizuführen oder die Aufhebung der eV zu riskieren. Die Vorschrift trägt Art. 50 VI TRIPS Rechnung (Ahrens Wettbewerbsprozess-HdB/Ahrens Kap. 63 Rn. 4).

2. Zulässigkeit

2.45   Der Antrag ist frühestens nach Einreichung des Verfügungsantrags zulässig. Der Antrag ist mangels Rechtsschutzbedürfnisses unzulässig, wenn nach dem beiderseitigen Vorbringen die Hauptsacheklage unbegründet wäre (OLG München GRUR 1982, 321). Es genügt also nicht die einseitige Erklärung des Schuldners, der materiellrechtliche Anspruch sei (zB durch Wegfall der Wiederholungsgefahr auf Grund Unterwerfung) untergegangen oder (auf Grund Verjährung) undurchsetzbar. Denn ob dies der Fall ist, kann im Einzelfall durchaus zweifelhaft sein. Daher muss der Gläubiger zusätzlich (zB durch Erledigterklärung oder Verzicht auf die Rechte aus dem Verfügungstitel oder Abschlusserklärung) verfahrensmäßig eindeutig klargestellt haben, dass er den Schuldner nicht aus der eV in Anspruch nehmen werde (OLG Düsseldorf WRP 1988, 247; FBO/Büscher Rn. 140; Teplitzky Wettbewerbsrechtliche Ansprüche/Feddersen Kap. 56 Rn. 8 ff.).

3. Entscheidung

2.46   Sie ergeht ohne mündliche Verhandlung durch Beschluss des Verfügungsgerichts erster Instanz (Rechtspfleger, § 20 Nr. 14 RPflG), gegen den Erinnerung (§ 11 RPflG) möglich ist. Angemessen ist idR eine Frist von drei bis vier Wochen.

V. Antrag auf Aufhebung der eV wegen unterbliebener Hauptsacheklage (§ 926 II ZPO)

2.47   Kommt der Gläubiger einer Anordnung nach § 926 I ZPO nicht nach, kann der Schuldner Antrag auf Aufhebung der eV stellen.

1. Zuständigkeit

2.48   Zuständig ist das Verfügungsgericht bzw. das Berufungsgericht (OLG Koblenz WRP 1995, 416).

2. Zulässigkeit

2.49   Der Antrag ist zulässig, solange die eV (noch) besteht, also auch im laufenden Verfügungsverfahren (OLG Koblenz WRP 1983, 108). Wird trotz unzulässigen Antrags nach § 926 I ZPO (→ Rn. 2.44 ff.) Frist zur Klageerhebung gesetzt, so fehlt einem anschließenden Aufhebungsantrag nach § 926 II ZPO das Rechtsschutzinteresse und es werden auch nicht die Rechtsnachteile des § 945 ZPO ausgelöst (BGH NJW 1974, 503).

3. Begründetheit

Der Antrag ist begründet, wenn der Gläubiger nicht fristgerecht Hauptsacheklage (die den **2.50** Verfügungsantrag zum Gegenstand haben oder doch mitumfassen muss; OLG Koblenz WRP 1983, 108) erhoben hat. Dies hat der Gläubiger glaubhaft zu machen. Die Fristversäumnis wird nach § 231 II ZPO geheilt, wenn bis zum Schluss der mündlichen Verhandlung die Klage tatsächlich zugestellt wird (OLG Frankfurt GRUR 1987, 650).

4. Entscheidung

Sie ergeht nach mündlicher Verhandlung durch Endurteil.　　　　**2.51**

VI. Antrag auf Aufhebung der eV wegen veränderter Umstände (§§ 936, 927 I ZPO)

Das Aufhebungsverfahren dient der Entscheidung über den Fortbestand der eV.　　**2.52**

1. Antrag

Nur der Schuldner kann ihn stellen; es besteht Anwaltszwang (§ 78 ZPO).　　**2.53**

2. Zuständigkeit

Zuständig (§ 927 II ZPO) ist das Gericht der Hauptsache, falls diese anhängig ist. Der **2.54** Aufhebungsantrag kann daher im Wege der Widerklage im Hauptsacheverfahren gestellt werden (BGH WRP 2017, 1094 Rn. 36, 37 – Teststreifen zur Blutzuckerkontrolle II; FBO/Büscher Rn. 146; **aA** Rehart WRP 2017, 1307); im Hinblick auf § 542 II 1 ZPO ist dies aber in der Revisionsinstanz nicht mehr möglich (BGH WRP 2017, 1094 Rn. 38 – Teststreifen zur Blutzuckerkontrolle II). Ist die Hauptsache nicht anhängig, so ist das Verfügungsgericht (erste Instanz; das Berufungsgericht nur, wenn gegen eV Berufung eingelegt ist, nicht aber, wenn es selbst die eV erlassen hat) zuständig.

3. Zulässigkeit

Der Antrag ist zulässig, wenn die eV noch besteht. Hat der Gläubiger auf die Rechte aus der **2.55** eV verzichtet und den Titel herausgegeben, so entfällt jedoch das **Rechtsschutzbedürfnis,** weil eine Vollstreckung ausgeschlossen ist (OLG Karlsruhe NJWE-WettbR 1999, 39 (40)), es sei denn, dass der Schuldner die Rückzahlung von Ordnungsgeldern anstrebt (OLG Celle WRP 1991, 586). Das Rechtsschutzbedürfnis fehlt ferner, solange in gleicher Sache noch ein Widerspruch anhängig ist (OLG Düsseldorf WRP 2015, 71 Rn. 15). Der Antrag ist nicht fristgebunden, unterliegt aber dem Einwand der Verwirkung und des Verzichts (BGH GRUR 1987, 125 (127) – Berühmung). Ein Anerkenntnis im Verfügungsverfahren enthält jedoch noch keinen solchen Verzicht (OLG München WRP 1986, 507).

4. Begründetheit

Der Antrag ist begründet, wenn der Schuldner glaubhaft (§ 920 II ZPO) macht, dass sich die **2.56** Umstände (oder die Beweislage) seit Erlass der eV geändert haben. Das ist zB der Fall **(1)** beim **Verfügungsanspruch,** wenn er durch Abgabe einer Unterwerfungserklärung erloschen oder durch Geltendmachung der Verjährung undurchsetzbar geworden ist; wenn die Klage im Hauptsacheverfahren rechtskräftig abgewiesen (wodurch die Aufhebung der eV nicht entbehrlich wird; BGH GRUR 1987, 125 (126) – Berühmung) oder mit der Aufhebung des klageabweisenden Urteils nicht zu rechnen ist (OLG Köln GRUR 2005, 1070 (1071); OLG Düsseldorf WRP 1987, 252 (253); OLG München WRP 1986, 507; KG AfP 2021, 49); wenn Änderungen der Gesetzgebung oder der höchstrichterlichen Rspr. (BGH GRUR 2009, 1096 Rn. 17 – Mescher weis; OLG Köln GRUR 2005, 1070 (1071); OLG Frankfurt GRUR-RR 2014, 410 (411)) ein Obsiegen in der Hauptsache ausschließen; wenn zwar die den Erlass der eV tragenden Gründe weggefallen sind, aber andere Anspruchsgründe vorliegen, auf die sich der Antragsteller im Verfahren gestützt und dazu entsprechend vorgetragen hat (OLG Frankfurt GRUR-RR 2014, 410 (412)); **(2)** beim **Verfügungsgrund,** wenn der Gläubiger ein rechtskräftiges Urteil in der Hauptsache erstreitet und damit das Bedürfnis für den Fortbestand des vorläufigen Titels entfällt (OLG Karlsruhe GRUR-RR 2014, 362 (369)); vorläufige Vollstreckbarkeit genügt nicht (KG

WRP 1979, 547) bzw. nur ausnahmsweise, nämlich wenn die Abänderung des Urteils unwahrscheinlich ist (OLG Frankfurt GRUR-RR 2014, 410 (412)); **(3)** bei der **Sicherheitsleistung,** wenn der Gläubiger sie nicht erbringt (OLG Frankfurt WRP 1980, 423); **(4)** bei der **Vollziehung,** wenn der Gläubiger die Frist des § 929 II ZPO nicht einhält (OLG Düsseldorf WRP 2015, 764 Rn. 17; OLG Köln GRUR-RR 2018, 268 (270)). Allerdings kann sich der Schuldner nach Treu und Glauben nicht auf die fehlende Vollziehung berufen, wenn er das titulierte Unterlassungsgebot bereits freiwillig endgültig erfüllt hat (OLG Köln GRUR-RR 2018, 268 (270)).

5. Entscheidung

2.57 Sie ergeht durch Endurteil (§ 927 II ZPO). Das Aufhebungsurteil ist für **vorläufig vollstreckbar** zu erklären (§ 708 Nr. 6 ZPO). Die weitere Vollstreckung der eV wird damit unzulässig; die Aufhebung von Vollstreckungsmaßnahmen ist zwar erst nach Rechtskraft zulässig, aber es kommt eine einstweilige Anordnung nach § 924 III ZPO, § 707 ZPO analog in Betracht. Die Aufhebung entfaltet idR **keine Rückwirkung** (OLG Düsseldorf WRP 2015, 764 Rn. 15). Daher bleibt die eV für die Zeit bis zum Eintritt der Rechtskraft wirksam und damit Vollstreckungstitel für Verstöße in dieser Zeit (OLG Düsseldorf WRP 2015, 71 Rn. 10). Dies gilt aber nur, wenn – wie idR – die ursprüngliche Rechtmäßigkeit der eV im Aufhebungsverfahren nicht Prüfungsgegenstand ist (Berneke/Schüttpelz, Die einstweilige Verfügung in Wettbewerbssachen, 4. Aufl. 2018, Rn. 550; OLG Düsseldorf WRP 2015, 764 Rn. 15). Rückwirkung tritt daher ein, wenn die Vollziehungsfrist des § 929 II ZPO nicht eingehalten ist und die eV aus diesem Grund als von Anfang an wirkungslos und unrechtmäßig anzusehen ist (OLG Köln GRUR-RR 2018, 268 (270); Berneke/Schüttpelz, Die einstweilige Verfügung in Wettbewerbssachen, 4. Aufl. 2018, Rn. 479).

6. Kosten

2.58 Es gelten die §§ 91 ff. ZPO. Nach § 93 ZPO treffen den Schuldner die Kosten, wenn er den Gläubiger nicht vorher zum Verzicht auf die Rechte aus dem Titel aufgefordert hat und der Gläubiger im Aufhebungsverfahren den Aufhebungsanspruch sofort anerkennt, auf seine Rechte aus der eV verzichtet und den Titel herausgibt (OLG München GRUR 1985, 161). Die Kostenentscheidung beschränkt sich auf das Aufhebungsverfahren (OLG Frankfurt WRP 1992, 248). Ausnahmsweise sind dem Gläubiger auch die Kosten des Erlass – (und Widerspruchs-)verfahrens aufzuerlegen, wenn die Hauptsacheklage rechtskräftig als von Anfang an unbegründet abgewiesen worden ist (KG WRP 1990, 330 (333)) oder wenn der Gläubiger die Vollziehungsfrist des § 929 II ZPO versäumt hat (OLG Karlsruhe WRP 1996, 120 (121); OLG Köln GRUR-RR 2018, 268 (270)), nicht aber bei Aufhebung der eV auf Grund einer Änderung der höchstrichterlichen Rspr. (KG WRP 1990, 330 (333)). Haben die Parteien den Rechtsstreit in der Hauptsache für erledigt erklärt, etwa weil der Gläubiger auf den Titel verzichtet hat, kann im Aufhebungsverfahren gleichwohl noch die Kostenentscheidung des Anordnungsverfahrens überprüft werden (OLG Karlsruhe NJWE-WettbR 1999, 39 (40)).

7. Rechtsmittel

2.59 Berufung; wurde nur über die Kosten entschieden, ist nur sofortige Beschwerde (§ 99 II ZPO analog) möglich (OLG Hamburg WRP 1979, 141 (142); Gloy/Loschelder/Danckwerts WettbR-HdB/Spätgens/Chang-Herrmann § 108 Rn. 15; aA OLG Hamm GRUR 1990, 714; OLG Karlsruhe GRUR-RS 2022, 10035).

8. Verhältnis zu anderen Rechtsbehelfen

2.60 Ist die eV noch nicht rechtskräftig, so hat der Schuldner zunächst die Wahl, ob er Widerspruch bzw. Berufung einlegt oder Aufhebungsantrag stellt. Jedoch fehlt (oder entfällt) das Rechtsschutzbedürfnis für den Antrag nach § 927 ZPO, wenn Widerspruch oder Berufung eingelegt ist (oder wird), weil veränderte Umstände auch in diesen Verfahren geltend gemacht werden können (OLG Koblenz GRUR 1989, 373). Die bloße Möglichkeit des Widerspruchs nimmt aber dem Aufhebungsantrag nicht das Rechtsschutzbedürfnis (OLG Köln WRP 1987, 567).

F. Die Vollziehung der einstweiligen Verfügung (§§ 936, 928, 929 ZPO)

I. Allgemeines

Von der Anordnung der eV ist ihre Vollziehung zu unterscheiden, die grds. nach den Regeln **2.61** der Zwangsvollstreckung erfolgt (§§ 936, 928 ZPO). Der Gläubiger muss, will er die Bestandskraft der eV erhalten, die Vollziehung binnen **eines Monats** ab Verkündung des Urteils oder Zustellung des Beschlusses an ihn bewirken (§§ 936, 929 II ZPO). Damit soll eine Vollstreckung nach längerer Zeit und unter veränderten Umständen verhindert werden (BGH WRP 1989, 514 (517); BVerfG NJW 1988, 3141). Das Vollziehungserfordernis gilt nicht nur für Beschluss-, sondern auch für Urteilsverfügungen (→ Rn. 2.29). Voraussetzung für die Vollziehung ist eine vorherige Ordnungsmittelandrohung (BGH WRP 1996, 104 (105) – Einstweilige Verfügung ohne Strafandrohung). Ist die Monatsfrist fruchtlos verstrichen, kann der Gläubiger eine neue eV nur beantragen, wenn er den ersten Antrag zurücknimmt oder – falls dies wegen der Rechtskraft der alten eV nicht mehr möglich ist – auf den Titel verzichtet und ihn an den Schuldner herausgibt. Davon zu trennen ist die Frage, ob dann noch Dringlichkeit zu vermuten ist (Ahrens Wettbewerbsprozess-HdB/Büttner Kap. 59 Rn. 58).

II. Form der Vollziehung

1. Allgemeines

Es genügt jede Maßnahme der Zwangsvollstreckung. Bei Anordnung von realen Maßnahmen **2.62** (zB Sequestration; Beseitigung) liegt die Vollziehung in deren Vornahme bzw. der Stellung eines entsprechenden Vollstreckungsantrags (Teplitzky Wettbewerbsrechtliche Ansprüche/Feddersen Kap. 55 Rn. 40). Bei **Unterlassungsverfügungen** setzt die Zwangsvollstreckung (§ 890 ZPO) aber eine schuldhafte Zuwiderhandlung des Schuldners voraus. Damit der Gläubiger bei Wohlverhalten des Schuldners gleichwohl die Monatsfrist des § 929 II ZPO wahren kann, lässt man die **Parteizustellung** an den Schuldner als Vollziehung genügen, ohne dass noch Vollstreckungsmaßnahmen hinzutreten müssen (BGH WRP 1989, 514 (517); OLG Düsseldorf WRP 2015, 764 Rn. 21). Die Verfügung muss allerdings eine **Ordnungsmittelandrohung** enthalten (BGHZ 131, 141 (145) = WRP 1996, 104 – Einstweilige Verfügung ohne Strafandrohung). Die Zustellung erfolgt nach § 192 I ZPO grds. durch den Gerichtsvollzieher, so dass eine Übersendung mittels Brief nicht ausreicht (KG WRP 1995, 325). Nach § 172 I 1 ZPO, § 191 ZPO hat die Zustellung in einem anhängigen Verfahren an den für diesen Rechtszug zuständigen Prozessbevollmächtigten zu erfolgen. Sind beide Parteien durch Anwälte vertreten, so ist auch eine Zustellung von **Anwalt zu Anwalt** möglich (§ 195 ZPO). Die Zustellung an einen Anwalt ist an sich auch durch **Telefax** (§ 195 I ZPO iVm § 174 II 1 ZPO) oder durch elektronisches Dokument (§ 195 I 1 und 5 ZPO iVm § 173 I ZPO) an das **besondere elektronische Anwaltspostfach** (dazu Weidert/v. Werder WRP 2021, 1266 (1269 f.)), möglich. Für die sog. **Wirksamkeitszustellung** einer Beschlussverfügung ist jedoch nach hM die Zustellung einer Ausfertigung oder zumindest einer beglaubigten Abschrift erforderlich (BGH WRP 2019, 767 Rn. 11; OLG Zweibrücken WRP 2016, 280 Rn. 11; OLG München GRUR 2018, 444 Rn. 39). Weigert sich der Anwalt des Gegners, das Empfangsbekenntnis zurückzugeben, so liegt keine vollendete und damit wirksame Vollziehung vor (OLG Karlsruhe WRP 2016, 1299 Rn. 16). Eine solche Weigerung verstößt allerdings gegen die in § 14 BORA nF, der eine hinreichende Rechtsgrundlage in dem mit Wirkung vom 18.5.2017 geänderten § 59b II Nr. 8 BRAO hat (dies war zuvor nicht der Fall: BGH WRP 2016, 196; dazu Kolb WRP 2016, 198; Kurtz WRP 2016, 305), geregelte berufsrechtliche **Pflicht des Rechtsanwalts,** ordnungsgemäße Zustellungen von Gerichten, Behörden und **Rechtsanwälten** entgegenzunehmen und das Empfangsbekenntnis mit dem Datum versehen unverzüglich zu erteilen. Die Zustellung muss die eV vollständig und leserlich wiedergeben (BGHZ 138, 166; OLG Köln GRUR 1995, 284; Ahrens Wettbewerbsprozess-HdB/Büttner Kap. 59 Rn. 33 f.), wobei jedoch kleinere Mängel unschädlich sind (OLG Bamberg GRUR-RR 2014, 331 (332)). – Die **Amtszustellung** von Urteilsverfügungen (§ 317 I 1 ZPO) genügt dagegen für die Vollziehung nicht (BGHZ 120, 73 (79 ff.) = GRUR 1993, 415 (416) – Straßenverengung; OLG Stuttgart GRUR-RR 2009, 194; OLG Jena GRUR-RR 2011, 436). Vielmehr muss auch bei Urteilsverfügungen zusätzlich eine **Parteizustellung** (§§ 191 ff. ZPO) oder eine andere Maßnahme, die den Willen zur zwangsweisen Durchsetzung des Gläubigers bekundet (zB Antrag auf Festsetzung von Ordnungsgeld; OLG Düsseldorf WRP 1993, 327 (329)), erfolgen (BGH WRP 1989, 514 (517); Teplitzky Wettbewerbsrechtliche Ansprüche/Feddersen Kap. 55 Rn. 42). Es reichen jedoch nur solche Maßnahmen aus, die leicht feststellbar und leserlich, insbes. urkundlich belegbar sind, nicht also zB bloß (fern-)mündliche Erklärungen (BGH GRUR 1993, 415 (418) – Straßenverengung) oder Übersendung der **Urteilsverfügung** als Anlage zu einem privatschriftlichen Schreiben (KG WRP 1995, 325); auch nicht die Parteizustellung einer vom Antragstellervertreter oder vom Gerichtsvollzieher beglaubigten einfachen, dh nicht vom Gericht beglaubigten Urteilsabschrift (so noch OLG Düsseldorf WRP 2015, 764 Rn. 22 ff.; GRUR-RR 2019, 240; inzwischen jedoch lässt das OLG Düsseldorf die Parteizustellung einer einfachen Urteilsabschrift ausreichen, OLG Düsseldorf WRP 2021, 782 Rn. 22 ff.) oder die kommentarlose Übermittlung einer einfachen Urteilsabschrift per Fax (KG GRUR-RR 2015, 181 (182)). Eine ohne Begründung versehene Beschlussverfügung, die bereits mit einer Ordnungsmittelandrohung versehen ist, aber auf Anlagen Bezug nimmt, wird nur dann wirksam vollzogen, wenn dem Schuldner neben dem Beschluss auch die Anlagen zugestellt werden, die Aufschluss über Inhalt und Reichweite des Verbots geben (OLG Frankfurt WRP 2020, 770 Rn. 7). Denn Ungewissheit, ob eine fristgerechte Vollziehung stattgefunden hat, ist zu vermeiden. – Für die Vollziehung einer **Beseitigungs-** und **Auskunftsverfügung** soll nach verbreiteter Ansicht ebenfalls die Parteizustellung ausreichen (OLG Frankfurt WRP 1998, 223; Ahrens WRP 1999, 1 (6)). Dem ist aber nicht zu folgen. Vielmehr ist insoweit die Stellung eines Vollstreckungsantrags nach §§ 887 f. ZPO erforderlich (OLG Hamburg WRP 1996, 1047 mit Anm. Ulrich; FBO/Büscher Rn. 156; Teplitzky Wettbewerbsrechtliche Ansprüche/Feddersen Kap. 55 Rn. 40c, 40d). Für unvertretbare Handlungen, wie etwa der Auskunfterteilung, ergibt sich das auch daraus, dass die für die Vollziehung grds. erforderliche Ordnungsmittelandrohung wegen § 888 II ZPO nicht möglich ist. –

2. Parteizustellung an wen?

2.63 Sie hat an sich an den Gegner persönlich zu erfolgen (zur Zustellung im Ausland KG NJWE-WettbR 1999, 161). War der Gegner jedoch im Verfahren vertreten, so muss die Parteizustellung nach § 172 I 1 ZPO an seinen **Prozessbevollmächtigten** erfolgen (OLG München GRUR 2018, 444 Rn. 38; Ott WRP 2016, 1455 Rn. 14). Allerdings muss dieser dabei durch ein Empfangsbekenntnis mitwirken, wozu er nicht verpflichtet ist (BGH WRP 2016, 196 mAnm Kolb; OLG Karlsruhe WRP 2016, 1299 Rn. 16). Jedoch kommt auch die Zustellung durch Gerichtsvollzieher in Betracht (Kurtz WRP 2016, 305 (311); Weidert/v. Werder WRP 2021, 1266 (1268)). Bestellt iSv § 172 I ZPO ist ein Prozessbevollmächtigter, wenn die vertretene Partei dem Gegner vor Absendung der eV die Bevollmächtigung zur hinreichend sicheren Kenntnis gebracht hat (OLG Köln GRUR 2001, 456; zu Einzelheiten vgl. Ott WRP 2016, 1455 Rn. 18–20). Hat sich der Anwalt nur in einer Schutzschrift zum Verfahrensbevollmächtigten bestellt, kommt es darauf an, ob dem Gegner dies rechtzeitig zur Kenntnis gebracht wurde. Der Kenntnis steht es gleich, wenn sich der Gegner vorwerfbar der Kenntnisnahme verschließt; jedoch besteht keine allgemeine Erkundigungspflicht (OLG Düsseldorf GRUR 1984, 79; Harte-Bavendamm/Henning-Bodewig/Retzer Rn. 320). Bestehen Zweifel, so empfiehlt sich die Zustellung sowohl an den Antragsgegner als auch den (möglichen) Prozessbevollmächtigten (Harte-Bavendamm/Henning-Bodewig/Retzer Rn. 320). Ist (noch) kein Prozessbevollmächtigter bestellt, so kann nach § 171 S. 1 ZPO die Zustellung an jeden rechtsgeschäftlich bestellten Vertreter mit gleicher Wirkung wie an den Vertretenen erfolgen. Daher ist auch eine Zustellung an den Anwalt möglich, der den Schuldner lediglich vertritt, ohne prozessbevollmächtigt zu sein oder dies nicht mitteilt (Anders WRP 2003, 204 (205)). Jedoch muss im Zeitpunkt der Zustellung eine wirksame schriftliche Vollmacht bestehen (arg. § 171 S. 2 ZPO) und die Bevollmächtigung muss sich (auch) auf die Entgegennahme von Erklärungen beziehen. Eine solche Bevollmächtigung zur Entgegennahme auch einer eV ist im Zweifel aber nicht schon in der Erteilung einer Vollmacht für das Abmahnverfahren enthalten (OLG Köln GRUR-RR 2005, 143 (144); aA Anders WRP 2003, 204 (205)). – Ergibt sich aus den Gesamtumständen, dass der Antragsgegner die zwecks Vollziehung einer eV erforderliche Zustellung an ihn gezielt vereitelt hat, ist die Berufung auf die Versäumung der Vollziehungsfrist **missbräuchlich** und damit unzulässig (OLG Frankfurt WRP 2016, 637 m. Anm. Ruhl).

3. Heilung von Zustellungsmängeln

a) Beschlussverfügung. Bei Beschlussverfügungen tritt eine Heilung nach § 189 ZPO ein, **2.64** wenn das zuzustellende Dokument dem richtigen Zustellungsempfänger tatsächlich zugegangen, also „in seine Hände" gelangt ist (Anders WRP 2003, 204 (206); Ahrens Wettbewerbsprozess-HdB/Büttner Kap. 59 Rn. 40). Hierfür genügt bereits der Zugang einer Kopie (Fax) oder die Weiterleitung des Schriftstücks per E-Mail (vgl. BGH, GRUR 2020, 776 Rn. 24 ff. – Übermittlung per E-Mail; KG WRP 2011, 612 (613); Cepl/Voß/Matthes ZPO § 189 Rn. 2, 8; **aA** noch → 39. Aufl. 2021, Rn. 2.64; OLG Hamburg MD 2018, 218, 224 ff.; OLG München GRUR 2018, 444 Rn. 42 mwN; zum Ganzen vgl. auch BGH WRP 2019, 767 Rn. 12 ff.; Bernreuther WRP 2019, 1143). Heilbar sind nur Mängel des Zustellungsvorgangs, nicht jedoch die Übermittlung unzureichender Dokumente (wie zB Beschluss ohne Ausfertigungsvermerk; OLG Zweibrücken WRP 2016, 280 Rn. 39). Auch die bloße Kenntniserlangung vom Inhalt der Verfügung (zB durch Einsichtnahme) steht dem Zugang nicht gleich (vgl. Ahrens Wettbewerbsprozess-HdB/Büttner Kap. 59 Rn. 43; Klute GRUR 2005, 924). – Davon zu unterscheiden ist die Frage nach dem Nachweis des Zugangs, der uU auch dadurch geführt werden kann, dass der Prozessbevollmächtigte einen Widerspruchsschriftsatz innerhalb der Widerspruchsfrist anfertigt (LG Dortmund WRP 2003, 1368). – Der tatsächliche Zugang muss innerhalb der Vollziehungsfrist erfolgen.

b) Urteilsverfügung. Bei Urteilsverfügungen ist eine Heilung einer mangelhaften Partei- **2.65** zustellung nach § 189 ZPO unstreitig möglich (Teplitzky Wettbewerbsrechtliche Ansprüche/Feddersen Kap. 55 Rn. 44).

4. Entbehrlichkeit der Vollziehung

Eine Vollziehung ist entbehrlich, wenn sich die Sache durch eine hinreichende Unterwer- **2.65a** fungserklärung erledigt hat, sofern diese Erklärung entweder innerhalb der Vollziehungsfrist abgegeben wird oder der Antragsteller innerhalb der Vollziehungsfrist jedenfalls die in seiner Sphäre notwendigen Schritte unternimmt, dh den Antrag innerhalb dieser Frist stellt (OLG Düsseldorf GRUR-RR 2020, 45 Rn. 25 ff. mwN).

5. Erneute Vollziehung nach Änderung der eV

Wird die eV im Widerspruchs- oder Berufungsverfahren **erweitert** oder inhaltlich **geändert,** **2.66** ist eine erneute Vollziehung binnen Monatsfrist erforderlich (OLG Hamm GRUR 1989, 931; OLG Stuttgart GRUR-RR 2009, 194 (195)). Dies gilt allerdings nicht, wenn die eV nur **unwesentlich** verändert wird. Das ist dann anzunehmen, wenn nur eine Klarstellung, Konkretisierung oder eine Beschränkung des Verbots erfolgt (OLG Hamburg GRUR-RR 2007, 152 (155): ausgrenzbare Verbotseinschränkungen; KG NJWE-WettbR 2000, 197: bloße Änderung der Begründung; OLG Karlsruhe WRP 1997, 57 (59): bloße Konkretisierung eines allgemein gefassten Verbots; OLG Karlsruhe NJWE-WettbR 1999, 39 (40); Ahrens Wettbewerbsprozess-HdB/Büttner Kap. 59 Rn. 24; Oetker GRUR 2003, 119 (123 f.)); OLG Stuttgart GRUR-RR 2009, 194 (195): inhaltliche Einschränkung; OLG Celle NJWE-WettbR 1998, 19: Berichtigung wegen eines offensichtlichen Fehlers; OLG Stuttgart GRUR-RR 2019, 287 Rn. 19: Klarstellung eines ausgesprochenen Verbots). Entscheidend ist letztlich, ob aus Sicht des Schuldners ernstliche Zweifel am Willen des Gläubigers, von der veränderten eV Gebrauch zu machen, bestehen können. Erneute Vollziehung ist auch dann erforderlich, wenn ein Berufungsurteil eine zunächst vom LG erlassene, jedoch auf Widerspruch wieder aufgehobene eV bestätigt (OLG Frankfurt WRP 2002, 334 mwN).

III. Fristbeginn

Die Vollziehungsfrist des § 929 II ZPO beginnt bei der **Beschlussverfügung** mit der Amts- **2.67** zustellung an den Gläubiger, bei der **Urteilsverfügung** mit der Verkündung des Urteils. Wird die Beschlussverfügung im Widerspruchsverfahren ohne Änderung bestätigt, beginnt die Frist nicht von neuem (Teplitzky Wettbewerbsrechtliche Ansprüche/Feddersen Kap. 55 Rn. 37).

IV. Fristversäumung

2.68   Sie macht die eV unheilbar unwirksam (OLG Koblenz GRUR 1980, 1022 (1023)). Dies ist von Amts wegen vom Prozess- und vom Vollstreckungsgericht zu beachten. Die Verfügung ist im Widerspruchs-, Berufungs- oder Aufhebungsverfahren aufzuheben (OLG Koblenz GRUR 1981, 91) und die Kosten sind dem Gläubiger aufzuerlegen (OLG Hamm GRUR 1989, 931; OLG Karlsruhe WRP 1998, 330; OLG Frankfurt WRP 2020, 770 Rn. 5). Der Gläubiger ist gehalten, ggf. einen neuen Antrag in einem neuen Verfahren zu stellen (OLG Frankfurt WRP 1983, 212 (213)). Nimmt der Gläubiger den Antrag wegen nicht rechtzeitiger Zustellung der eV zurück, so kann er auch dann nicht Ersatz der Kosten des Verfügungsverfahrens (im Wege eines materiell-rechtlichen Kostenerstattungsanspruchs, etwa aus § 9) verlangen, wenn er in der Hauptsache obsiegt (BGH GRUR 1995, 169 (170) – Kosten des Verfügungsverfahrens bei Antragsrücknahme).

G. Das Abschlussverfahren (Abschlussschreiben und Abschlusserklärung)

I. Allgemeines

2.69   Die eV enthält nur eine vorläufige Regelung. Um sie ebenso effektiv und dauerhaft werden zu lassen wie einen Hauptsachetitel (BGH GRUR 1991, 76 (77) – Abschlusserklärung), hat die Praxis die sog **Abschlusserklärung** des Schuldners entwickelt, der idR das **Abschlussschreiben** des Gläubigers vorausgeht. Beide zusammen bilden das sog **Abschlussverfahren** (dazu Schwippert WRP 2020, 1237; Ahrens WRP 2021, 4). Es ermöglicht die endgültige Beendigung des Rechtsstreits unter Vermeidung eines (uU kostspieligen und langwierigen) Hauptsacheverfahrens. Anstelle einer Abschlusserklärung kann der Schuldner aber auch eine strafbewehrte **Unterwerfungserklärung** (OLG Karlsruhe NJWE-WettbR 1998, 140; Teplitzky Wettbewerbsrechtliche Ansprüche/Bacher Kap. 43 Rn. 37; aA Ahrens Wettbewerbsprozess-HdB/Ahrens Kap. 60 Rn. 8 ff.) abgeben. Gibt der Schuldner dagegen nur eine **notarielle Unterlassungserklärung** ab, so braucht sich der Gläubiger darauf nicht einzulassen und das Rechtsschutzbedürfnis für die Erhebung der Hauptsacheklage wird dadurch auch nicht beseitigt. Lässt sich der Gläubiger auf die Streitbeilegung mittels notarieller Unterlassungserklärung ein, so ist für den Wegfall der Wiederholungsgefahr die Zustellung des Beschlusses über die Androhung von Ordnungsmitteln gem. § 890 II ZPO beim Schuldner erforderlich (BGH WRP 2016, 1494 Rn. 20 ff., 33 ff. – Notarielle Unterlassungserklärung).

II. Abschlussschreiben

1. Funktion

2.70   Das Abschlussschreiben enthält die Aufforderung zur Abgabe einer Abschlusserklärung. Damit kann der Gläubiger Klarheit gewinnen, ob er noch Hauptsacheklage erheben muss. Zugleich erhält der Schuldner die Möglichkeit, durch fristgerechte Abgabe der Abschlusserklärung den Rechtsstreit endgültig zu beenden. Das Abschlussschreiben ist zwar nicht Voraussetzung für eine Hauptsacheklage, jedoch für den Gläubiger zweckmäßig, um nicht im Hauptsacheverfahren ein Anerkenntnis und die Kostenfolge des **§ 93 ZPO** zu riskieren. Etwas anderes gilt, wenn der Schuldner (zB durch Einlegung von Rechtsmitteln) zu erkennen gibt, dass er die eV nicht als endgültig akzeptiert (OLG Hamm WRP 1991, 496 (497); FBO/Büscher Rn. 174). Doch kann insoweit ein zweites Abschlussschreiben geboten sein, wenn der Schuldner das erste nicht beantwortet, vielmehr Widerspruch gegen die Beschlussverfügung eingelegt hat (OLG Düsseldorf GRUR 1991, 479). Bei unzureichender Abschlusserklärung kann im Einzelfall eine „**Nachfasspflicht**" bestehen (OLG Stuttgart WRP 1996, 152 (153); 2007, 688 (689); OLG Hamburg WRP 1995, 648 (649)).

2. Form und Inhalt

2.71   Das Abschlussschreiben bedarf keiner bestimmten Form, jedoch hat der Gläubiger einen Anspruch auf schriftliche Bestätigung (OLG Hamm GRUR 1993, 1001). Der Schuldner wird (zweckmäßigerweise schriftlich) aufgefordert, innerhalb einer bestimmten Frist eine (zweckmäßigerweise vorformulierte) Abschlusserklärung abzugeben (Formulierungsvorschlag bei Teplitzky

Wettbewerbsrechtliche Ansprüche/Bacher, Kap. 43 Rn. 8). Die **Frist** muss **angemessen** sein. Dabei ist zu unterscheiden: Vor Übersendung des Abschlussschreibens muss der Gläubiger idR eine **Wartefrist** von mindesten zwei Wochen nach Zustellung der eV einhalten, um einen Anspruch auf Kostenerstattung zu begründen (BGH WRP 2017, 1337 Rn. 57 – Bretaris Genuair; GRUR 2023, 897 Rn. 17 – Kosten für Abschlussschreiben III). Um die Kostenfolge des § 93 ZPO im Hauptsacheverfahren zu vermeiden, muss der Gläubiger dem Schuldner außerdem eine **Erklärungsfrist** von idR mindestens zwei Wochen für die Prüfung einräumen, ob er die Abschlusserklärung abgeben will (BGH GRUR 2015, 822 Rn. 23 – Kosten für Abschlussschreiben II). Die Summe aus Warte- und Erklärungsfrist darf daher idR nicht kürzer als die Berufungsfrist (§ 517 ZPO) sein (BGH GRUR 2015, 822 Rn. 18, 21, 23 – Kosten für Abschlussschreiben II; FBO/Büscher Rn. 179; Teplitzky /Bacher Kap. 43 Rn. 23). Je nach den Umständen des Einzelfalls kann aber auch eine kürzere oder längere Frist angemessen sein (BGH GRUR 2015, 822 Rn. 24 – Kosten für Abschlussschreiben II; OLG Hamburg WRP 2014, 483 Rn. 48). An die Stelle einer zu kurzen Frist tritt regelmäßig die angemessene (BGH GRUR 2015, 822 Rn. 25 – Kosten für Abschlussschreiben II; FBO/Büscher Rn. 179), wobei der Kostenerstattungsanspruch des Gläubigers unberührt bleibt. – Eine **Begründung** kann ggf. (im Hinblick auf § 93 ZPO) zweckmäßig sein, ist aber nicht notwendig. Unentbehrlich ist die Androhung der Hauptsacheklage für den Fall der Fristversäumung (Teplitzky Wettbewerbsrechtliche Ansprüche/Bacher Kap. 43 Rn. 24).

3. Zugang

An sich muss das Abschlussschreiben dem Schuldner zugehen und der Gläubiger müsste dies auch beweisen. Jedoch sind, soweit es die Kostenfolge des § 93 ZPO betrifft, die von der Rspr. zum Zugang der Abmahnung entwickelten besonderen Grundsätze der Darlegungs- und Beweislast heranzuziehen (vgl. BGH GRUR 2007, 629 Rn. 13 – Zugang des Abmahnschreibens; FBO/Büscher Rn. 177).   **2.72**

4. Kosten

Die Kosten des Abschlussschreibens sind keine Kosten des Verfügungsverfahrens, wohl aber Vorbereitungskosten des Hauptsacheverfahrens (BGH WRP 2008, 805 Rn. 7 – Abschlussschreiben eines Rechtsanwalts), wenn es zu einem solchen kommt. Kommt es nicht zum Hauptsacheverfahren, weil der Antragsgegner die geforderten Erklärungen abgibt, steht dem Antragsteller ein materiell-rechtlicher Kostenerstattungsanspruch zu (BGH WRP 2008, 805 Rn. 7 – Abschlussschreiben eines Rechtsanwalts). Rechtsgrundlage dafür ist der Anspruch auf **Schadensersatz** wegen der Verletzung (zB nach § 9; FBO/Büscher Rn. 181; OLG Stuttgart WRP 1984, 230 (231); dies offenlassend BGH GRUR 2023, 897 Rn. 29 – Kosten für Abschlussschreiben III) sowie der Anspruch auf **Aufwendungsersatz.** Nach hM ergibt sich letzterer aus den Grundsätzen der **GoA,** also den §§ 677, 683, 670 BGB (BGH GRUR 2010, 1038 Rn. 26 – Kosten für Abschlussschreiben I; GRUR 2015, 822 Rn. 14 – Kosten für Abschlussschreiben II; GRUR 2012, 730 Rn. 45 – Bauheizgerät; GRUR 2023, 897 Rn. 16 – Kosten für Abschlussschreiben III; FBO/Büscher Rn. 181); mangels einer Rechtsschutzlücke bedarf es keiner Analogie zu (jetzt) § 13 III (BGH GRUR 2015, 822 Rn. 14 – Kosten für Abschlussschreiben II; → § 13 Rn. 96). In Betracht kommt weiter ein **Schadensersatzanspruch wegen Verletzung einer Aufklärungspflicht** des im Verfügungsverfahren unterlegenen Schuldners gem. § 280 Abs. 1 BGB, § 241 Abs. 2 BGB, wenn dieser dem Gläubiger mit Ablauf der Wartefrist (→ Rn. 2.73a) nicht mitteilt, dass er sich zur Erhebung eines Widerspruchs (Beschlussverfügung) oder der Einlegung der Berufung (Urteilsverfügung) entschlossen oder sogar schon Widerspruch erhoben oder Berufung eingelegt hat (BGH GRUR 2023, 897 Rn. 26 – Kosten für Abschlussschreiben III), so dass die Kosten für das gleichwohl erfolgte Abschlussschreiben nach GoA nicht (mehr) ersatzfähig sind (→ Rn. 2.73a). Denn der Schuldner muss damit rechnen, dass der Gläubiger unmittelbar nach Ablauf der Wartefrist seinem Rechtsanwalt den Auftrag erteilt, ein Abschlussschreiben zu versenden (BGH GRUR 2023, 897 Rn. 25 – Kosten für Abschlussschreiben III). In dieser Fallgestaltung genügt der Gläubiger seiner **Darlegungslast,** wenn er vorträgt, das Abschlussschreiben nach Ablauf der Wartefrist in Unkenntnis des Widerspruchs der Beklagten versandt zu haben; es ist dann Sache des Schuldners vorzutragen, vorzutragen, er habe seine Aufklärungspflicht erfüllt oder ihre Verletzung gemäß § 280 Abs. 1 S. 2 BGB nicht zu vertreten (BGH GRUR 2023, 897 Rn. 34 – Kosten für Abschlussschreiben III).   **2.73**

2.73a   Zu erstatten sind die Kosten nach den Grundsätzen der GoA nur, wenn das Abschlussschreiben **erforderlich,** also objektiv vorteilhaft und nützlich war und dem wirklichen oder mutmaßlichen Willen des Schuldners entsprach (BGH GRUR 2010, 855 Rn. 26 – Folienrollos; GRUR 2023, 897 Rn. 16 – Kosten für Abschlussschreiben III; OLG Hamburg WRP 2014, 483 Rn. 31). Das ist nicht der Fall, wenn der Schuldner sich bereits vor Absendung des Abschlussschreibens (uU einem Dritten gegenüber) unterworfen hat (ebenso OLG Stuttgart WRP 2007, 688), wenn es zeitlich der Abgabe der Abschlusserklärung nachfolgt (OLG Stuttgart WRP 2007, 688) oder wenn der Schuldner bereits Widerspruch erhoben (Beschlussverfügung) oder Berufung eingelegt (Urteilsverfügung) oder auch nur den Entschluss dazu gefasst hat (BGH GRUR 2023, 897 Rn. 20 – Kosten für Abschlussschreiben III). Auf die Erkennbarkeit des wirklichen Willens des Schuldners für den Gläubiger kommt es im Rahmen der GoA nicht an (BGH GRUR 2023, 897 Rn. 22 – Kosten für Abschlussschreiben III). An der objektiven Nützlichkeit fehlt es auch, wenn der Gläubiger dem Schuldner keine angemessene Zeit eingeräumt hat, von sich aus eine Abschlusserklärung abzugeben. Hierzu ist dem Schuldner vor Übersendung des Abschlussschreibens eine **Wartefrist** zur Prüfung der schriftlichen Urteilsbegründung und daran anknüpfend eine **Erklärungsfrist** zur Prüfung, ob er die Abschlusserklärung abgeben will, einzuräumen (BGH GRUR 2015, 822 Rn. 17 – Kosten für Abschlussschreiben II). Insgesamt muss dafür dem Schuldner mindestens ein der **Berufungsfrist** des § 517 I ZPO entsprechender Zeitraum zur Verfügung stehen. Bei einer durch **Urteil** ergangenen oder nach Widerspruch bestätigten Verfügung ist idR eine **Wartefrist** von mindestens **zwei Wochen,** beginnend mit der Zustellung, ggf. unter Berücksichtigung des § 193 BGB, angemessen (BGH GRUR 2015, 822 Rn. 21 – Kosten für Abschlussschreiben II). Die Erklärungsfrist beträgt im Regelfall ebenfalls mindestens **zwei Wochen** (BGH GRUR 2015, 822 Rn. 23 – Kosten für Abschlussschreiben II; OLG Hamburg WRP 2014, 483 Rn. 37 mwN). Maßgebend sind allerdings die Umstände des Einzelfalls, so dass **ausnahmsweise** auch eine kürzere Frist ausreichend oder eine längere Frist geboten sein kann. Eine längere Frist dann, wenn der Schuldner die Bereitschaft zum Einlenken signalisiert hat und der Abschlusserklärung nur solche Hinderungsgründe entgegenstehen, mit deren alsbaldigen Behebung zuverlässig zu rechnen ist; eine kürzere Frist dann, wenn wegen des Verhaltens des Schuldners mit der Abgabe einer Abschlusserklärung in absehbarer Zeit ohnehin nicht zu rechnen ist (OLG Frankfurt GRUR-RR 2003, 274 (278); OLG Frankfurt GRUR-RR 2003, 294). Der BGH hat in einem Fall (BGH WRP 2008, 805 Rn. 12 – Abschlussschreiben eines Rechtsanwalts) eine Frist von drei Wochen nach Zustellung der eV als ausreichend angesehen. Daraus ist jedoch nicht zu schließen, dass dies stets die angemessene Frist wäre. – Bei einer **Beschlussverfügung** liegen die Dinge insoweit anders, als dem Schuldner idR keine begründete Entscheidung als Beurteilungsgrundlage zur Verfügung steht und der Widerspruch nach den §§ 935, 924 I ZPO unbefristet zulässig ist. Doch darf die angemessene und erforderliche Wartefrist auch hier idR nicht mehr als zwei Wochen ab Zustellung der Beschlussverfügung überschreiten (BGH WRP 2017, 1337 Rn. 56, 57 – BretarisGenuair; anders noch BGH GRUR 2015, 822 Rn. 22 – Kosten für Abschlussschreiben II: idR 3 Wochen). – Hat der Antragsgegner seine Berufung zurückgenommen, ist die Frist von diesem Zeitpunkt an zu berechnen (LG Heilbronn GRUR-RR 2009, 39 (40)). – Eine **zu kurz bemessene** Frist, setzt eine angemessene Frist in Gang; der Kostenerstattungsanspruch des Gläubigers für das Abschlussschreiben bleibt davon unberührt (BGH GRUR 2015, 822 Rn. 25 – Kosten für Abschlussschreiben II).

2.73b   Ob die Einschaltung eines **Anwalts** erforderlich war, ist wie bei der Abmahnung (→ § 13 Rn. 11b) und beim Schadensersatzanspruch (→ § 9 Rn. 1.29) zu beurteilen. Die **Erforderlichkeit** ist idR also bei **Verbänden** zu verneinen (BGH GRUR 2008, 928 Rn. 15 – Abmahnkostenersatz, zu Abmahnkosten; OLG Hamburg WRP 2019, 1498 Rn. 43; aA Ahrens Wettbewerbsprozess-HdB/Ahrens Kap. 60 Rn. 55), bei **Unternehmen** dagegen zu bejahen, und zwar grds. auch dann, wenn sie über eine eigene Rechtsabteilung verfügen (BGH GRUR 2008, 928 Rn. 14 – Abmahnkostenersatz, zu Abmahnkosten; GRUR 2010, 1038 Rn. 23, 24 – Kosten für Abschlussschreiben I; Teplitzky Wettbewerbsrechtliche Ansprüche/Bacher Kap. 43 Rn. 32; jurisPK-UWG/Hess Rn. 142). Für ein anwaltliches Abschlussschreiben fällt im Allg. auf der Grundlage von Nr. 2300 VV RVG eine **1,3-fache Geschäftsgebühr** als Regelgebühr an (BGH GRUR 2015, 822 Rn. 34 – Kosten für Abschlussschreiben II; GRUR 2023, 897 Rn. 38 – Kosten für Abschlussschreiben III). Ist das Abschlussschreiben nur **teilweise berechtigt,** gelten die Grundsätze zur „teilweise berechtigten Abmahnung" (→ § 13 Rn. 122) entsprechend: die Höhe des Ersatzanspruchs ist also nach dem Verhältnis des Gegenstandswerts des berechtigten Teils des Abschlussschreibens zum Gegenstandswert des gesamten Abschlussschreibens zu bestimmen (BGH GRUR 2023, 897 Rn. 36 – Kosten für Abschlussschreiben III). – Der Anspruch ist **auf Zahlung,** nicht lediglich Freistellung gerichtet, weil in der Negierung der Haftung durch den Schuldner eine ernsthafte und endgültige Leistungsverweigerung iSv § 281 Abs. 2 BGB liegt (BGH GRUR 2023, 897 Rn. 39 f. – Kosten für Abschlussschreiben III).

III. Abschlusserklärung

1. Inhalt

Die Abschlusserklärung soll den Gläubiger so stellen, als hätte er statt des vorläufigen einen **2.74** endgültigen Titel. Dazu bedarf es eines Verzichts auf die möglichen Rechtsbehelfe gegen die eV, mithin auf die Rechte aus §§ 924, 926, 927 ZPO (BGH GRUR 2009, 1096 Rn. 15 – Mescher weis), ggf. auf die Berufung. Dies gilt auch im Hinblick auf die Verjährung (§ 209 I Nr. 9, II 1 BGB). Doch soll der Verzicht den Gläubiger auch nicht besser stellen als er bei einem rechtskräftigen Hauptsachetitel stünde (arg. §§ 323, 767 ZPO), was bei einem uneingeschränkten Verzicht auf das Recht aus § 927 ZPO der Fall wäre (dann aber uU Berufung auf Wegfall der Geschäftsgrundlage; dazu Haag WRP 2009, 795 mwN). Die Abschlusserklärung braucht daher solche Einwendungen nicht auszuschließen, die der Schuldner mit der Vollstreckungsabwehrklage nach § 767 ZPO gegen einen rechtskräftigen Hauptsachetitel geltend machen könnte (BGH GRUR 2009, 1096 Rn. 16 – Mescher weis; OLG Hamm WRP 2023, 850). Zu diesen Einwendungen gehören grds. auch Gesetzesänderungen und Änderungen der höchstrichterlichen Rspr., nach denen das untersagte Verhalten nicht mehr verboten ist (BGH GRUR 2009, 1096 Rn. 17 – Mescher weis). Es empfiehlt sich daher, dahin gehend zu formulieren, dass der Schuldner den Verfügungstitel als nach Bestandskraft und Wirkung einem rechtskräftigen Hauptsachetitel gleichwertig anerkennt und demgemäß auf alle Rechte des Vorgehens gegen den Titel oder den zu Grunde liegenden Anspruch verzichtet, soweit auch ein Vorgehen gegen einen rechtskräftigen Hauptsachetitel ausgeschlossen wäre (ebenso OLG Köln WRP 2007, 688 (689); *Teplitzky* Wettbewerbsrechtliche Ansprüche/*Bacher* Kap. 43 Rn. 8). Weiter gehend empfehlen *Ahrens* Wettbewerbsprozess-HdB/*Ahrens* (Kap. 60 Rn. 16 ff.), dass die eV „zur Gleichstellung mit einem rechtskräftigen Hauptsacheurteil als endgültige und zwischen den Parteien materiellrechtlich verbindliche Regelung anerkannt" wird, ferner, dass „auf die Rechtsbehelfe des Widerspruchs (§ 924 ZPO), der Fristsetzung zur Erhebung der Hauptsacheklage (§ 926 ZPO) sowie des Antrags auf Aufhebung wegen veränderter Umstände (§ 927 ZPO) mit Ausnahme künftiger Umstände, die einem rechtskräftigen Hauptsachetitel entgegen gesetzt werden könnten" und auf die negative Feststellungsklage und Inzidentfeststellungsklage in einem Schadensersatzprozess verzichtet wird. – Zur Übernahme der Kosten des Abschlussschreibens braucht sich der Schuldner nicht zu verpflichten. – Die Abschlusserklärung muss, um die Gleichwertigkeit herbeizuführen, unbedingt und vorbehaltlos abgegeben werden (BGH GRUR 1991, 76 (77) – Abschlusserklärung). Ist dies nicht geschehen, so kann sie erst nach Eintritt der aufschiebenden oder Ausfall der auflösenden Bedingung wirksam werden (BGH GRUR 1991, 76 (77) – Abschlusserklärung). Die Abschlusserklärung muss dem Inhalt der eV entsprechen und darf allenfalls auf einzelne in der Entscheidung selbstständig tenorierte Streitgegenstände beschränkt werden, um die angestrebte Gleichstellung des vorläufigen mit dem Hauptsachetitel zu erreichen (BGH GRUR 2005, 692 (694) – „statt"-Preis). – Die Abschlusserklärung ist nach allgemeinen Grundsätzen (Wortlaut und Begleitumstände) **auszulegen** (BGH WRP 1989, 572 (574) – Bioäquivalenz-Werbung; GRUR 2009, 1096 Rn. 26 – Mescher weis), wobei jedoch Zweifel (zB ob auch auf das Recht aus § 927 ZPO verzichtet wurde; OLG Hamm GRUR 1993, 1001) zu Lasten dessen gehen, der sie verfasst hat (KG WRP 1986, 87; OLG Stuttgart WRP 2007, 688 (689)).

2. Form

Nach bisheriger – auch hiesiger – Sichtweise konnte der Gläubiger, um Beweisschwierigkeiten **2.75** enthoben zu sein, schriftliche (§§ 126, 127 BGB) Abgabe der Erklärung fordern (KG GRUR 1991, 258). Danach sollten (fern-)mündliche Erklärung, Fernschreiben, Fax oder E-Mail nicht genügen, um den Gläubiger klaglos zu stellen, und allenfalls vorläufige Wirkung entfalten können, wenn eine nachfolgende schriftliche Erklärung in Aussicht gestellt wird (*Teplitzky* Wettbewerbsrechtliche Ansprüche/*Bacher* Kap. 43 Rn. 14; vgl. auch BGH GRUR 1990, 530 (532) – Unterwerfung durch Fernschreiben). Mit Blick darauf, dass Beweisschwierigkeiten bei Übersendung einer unterschriebenen Erklärung in Form einer PDF-Datei als Anhang einer E-Mail nicht zu erwarten sind (vgl. zur Unterwerfungserklärung BGH, GRUR 2023, 742 Rn. 26

– Unterwerfung durch PDF), sollte jedenfalls diese Art der elektronischen Übermittlung auch im Falle der Abschlusserklärung als genügend angesehen werden.

3. Zugang

2.76   Zugang (§ 130 BGB) ist erforderlich und ggf. vom Schuldner zu beweisen. Da es sich um eine einseitige Erklärung handelt, ist eine Annahme durch den Gläubiger nicht erforderlich. Soweit allerdings auch eine materiellrechtliche Anerkennung des Unterlassungsanspruchs gewollt ist (dazu Ahrens Wettbewerbsprozess-HdB/Ahrens Kap. 60 Rn. 23 ff.), bedarf es hierzu eines **Vertrages** (wobei allerdings idR bereits das Abschlussschreiben das Angebot und die Abschlusserklärung die Annahme darstellt, im Übrigen § 151 BGB eingreifen kann). Ein solcher Vertrag wäre nicht als kausales (so aber Ahrens Wettbewerbsprozess-HdB/Ahrens Kap. 60 Rn. 30), sondern als abstraktes Schuldanerkenntnis iSv § 781 BGB zu begreifen.

4. Wirkungen

2.77   Die Wirkung der Abschlusserklärung reicht so weit wie der Verbotsumfang der Unterlassungsverfügung, die der Schuldner als endgültige Regelung anerkannt hat (BGH GRUR 2010, 855 Rn. 17 – Folienrollos). Dabei ist zu beachten, dass das Verbot eines Unterlassungstitels über die mit der verbotenen Verletzungsform identischen Handlungen hinaus auch im Kern gleichartige Abwandlungen erfasst, in denen das Charakteristische der konkreten Verletzungsform zum Ausdruck kommt (stRspr; BGH GRUR 2010, 855 Rn. 17 – Folienrollos). Der Schuldner verliert in diesem Umfang also die Möglichkeit, gegen den Verfügungstitel vorzugehen. Damit entfällt das **Rechtsschutzbedürfnis** für eine **Unterlassungsklage** (BGH GRUR 2009, 1096 Rn. 14 – Mescher weis; GRUR 2010, 855 Rn. 16 – Folienrollos). Solange der Schuldner keine Abschlusserklärung abgegeben hat, steht umgekehrt der Erlass einer eV der Verfolgung des im Eilverfahren nur vorläufig titulierten Anspruchs im Hauptverfahren grds. nicht entgegen; jedoch kann das parallele Vorgehen rechtsmissbräuchlich iSd § 8 IV sein, wenn der Gläubiger ohne Not das Hauptsacheverfahren einleitet und nicht abwartet, ob die beantragte eV erlassen und vom Gegner als endgültige Regelung akzeptiert wird (BGH WRP 2016, 1494 Rn. 14 – Notarielle Unterlassungserklärung). Sind dem Schuldner durch eine eV unterschiedliche, in einem ersten Schreiben enthaltene Äußerungen untersagt worden und hat der Schuldner eine Abschlusserklärung abgegeben, so besteht für eine Unterlassungsklage, die sich auf kerngleiche Äußerungen in einem zweiten Schreiben bezieht, ebenfalls kein Rechtsschutzbedürfnis. Dies gilt auch dann, wenn mit dieser Klage neben den als kerngleich verbotenen Äußerungen weitere darin enthaltene Äußerungen beanstandet werden, die isolierte Untersagung dieser Äußerungen aber nicht begehrt wird (BGH GRUR 2010, 855 Rn. 23 – Folienrollos). Die Abschlusserklärung lässt auch das Rechtsschutzbedürfnis für eine **negative Feststellungsklage** entfallen. Der Schuldner kann ferner nicht mehr nach **§ 945 ZPO** vorgehen. Die durch die Abschlusserklärung „endgültig" gewordene eV beseitigt ebenso wie die strafbewehrte Unterwerfungserklärung im Regelfall, und zwar auch im Verhältnis zu Dritten, die **Wiederholungsgefahr** (hM; Nachweise → § 8 Rn. 1.51; Teplitzky Wettbewerbsrechtliche Ansprüche/Kessen Kap. 7 Rn. 15). Sind also wegen eines Wettbewerbsverstoßes mehrere eV erwirkt worden, genügt es, wenn der Schuldner **einem** Gläubiger gegenüber eine Abschlusserklärung abgibt (OLG Zweibrücken NJWE-WettbR 1999, 66 (67)).

H. Schadensersatz nach § 945 ZPO

I. Allgemeines

2.78   Wer die Vollstreckung aus einem noch nicht endgültigen Titel wie der eV betreibt, soll auch das Risiko tragen, dass sich sein Vorgehen nachträglich als unberechtigt erweist, weil das Urteil später aufgehoben oder abgeändert wird (BGH WRP 1996, 104 (105) – Einstweilige Verfügung ohne Strafandrohung; GRUR 2015, 196 Rn. 14 – Nero; WRP 2016, 331 Rn. 36, 44 – Piadina-Rückruf). Daher gewährt § 945 ZPO dem Antragsgegner, dem aus der Vollziehung Vermögensnachteile erwachsen, zum Ausgleich unter bestimmten Voraussetzungen einen **(verschuldensunabhängigen) Schadensersatzanspruch.** Auf Grund dieser **Gefährdungshaftung** kann sich die Erwirkung einer eV daher als „Schuss nach hinten" erweisen (Beispiel: BGHZ 122, 172 – Verfügungskosten). Eine erweiterte Auslegung oder gar analoge Anwendung des § 945 ZPO ist nicht möglich (BGHZ 122, 172 – Verfügungskosten; str.). Daher kann aus der Vollstreckung einer eV, die durch eine Abschlusserklärung zu einem endgültigen Titel geworden ist, kein Schadensersatzanspruch aus § 945 ZPO entstehen (OLG Köln GRUR 1970, 204; Berneke/Schüttpelz, Die einstweilige Verfügung in Wettbewerbssachen, 4. Aufl. 2018, Rn. 622, 724).

II. Anspruchsvoraussetzungen

Eine Schadensersatzpflicht des Gläubigers besteht in drei Fällen: **2.79**

1. Von Anfang an ungerechtfertigte eV

(§ 945 Alt. 1 ZPO), dh die eV hätte bei richtiger (ex post-)Beurteilung der Sach- und **2.80** Rechtslage nicht erlassen werden dürfen. Soweit keine gerichtlichen Entscheidungen über die Rechtmäßigkeit der eV ergangen sind, hat das mit dem Schadensersatzanspruch befasste Gericht die Rechtmäßigkeit frei zu prüfen (BGH GRUR 1992, 203 (205) – Roter mit Genever). Die Beweislast für die Rechtmäßigkeit trägt der auf Schadensersatz in Anspruch genommene Antragsteller (BGH GRUR 1992, 203 (205) – Roter mit Genever). Er kann aber neue Tatsachen und Beweismittel vortragen (BGH GRUR 1992, 203 (205) – Roter mit Genever). Eine Sachentscheidung im Hauptsacheverfahren (auch durch Versäumnisurteil!) ist im Umfang ihrer Rechtskraft – freilich nur in Bezug auf den Verfügungsanspruch – für den Schadensersatzprozess bindend (BGH GRUR 1992, 203 (205) – Roter mit Genever; GRUR 1988, 787 (788) – Nichtigkeitsfolgen der Preisangabenverordnung; BGHZ 122, 172 (175) – Verfügungskosten). Hinsichtlich der Bindungswirkung von Entscheidungen im Verfügungsverfahren ist zu unterscheiden: **(1)** Die Beschlussverfügung bindet nicht (BGH GRUR 1992, 203 (205) – Roter mit Genever); **(2)** Die rechtskräftige Bestätigung einer eV bindet nicht, soweit der Verfügungsanspruch bejaht wird (RGZ 106, 289 (292)); ebenso wenig die rechtskräftige Aufhebung einer eV, soweit der Verfügungsanspruch verneint wird (OLG Stuttgart WRP 1992, 518; 520; Teplitzky Wettbewerbsrechtliche Ansprüche/Schwippert Kap. 36 Rn. 16 ff.; BGH GRUR 1998, 1010 (1011) – WINCAD, für ein nicht mit Gründen versehenes Verzichtsurteil; aA BGH NJW 1992, 2297); **(3)** Die Entscheidung über den Verfügungsgrund ist nach hM ebenfalls nicht bindend (vgl. MüKoUWG/Schlingloff Rn. 263), ebenso wenig die Entscheidung über andere, auch im Hauptsacheverfahren überprüfbare Prozessvoraussetzungen (zB Parteifähigkeit). Daher ist – trotz bindend festgestellter fehlender Dringlichkeit – ein Schadensersatzanspruch zu verneinen, wenn der Antragsgegner materiellrechtlich zur Unterlassung verpflichtet war, weil es dann an einem ersatzfähigen Schaden fehlt (BGH GRUR 1992, 203 (206) – Roter mit Genever; BGHZ 126, 368 (374 f.) = GRUR 1994, 849 – Fortsetzungsverbot; BGH GRUR 2011, 803 Rn. 59 – Lernspiele; dazu näher Teplitzky Wettbewerbsrechtliche Ansprüche/Schwippert Kap. 36 Rn. 18).

2. Aufhebung der eV nach § 926 II ZPO

Die Aufhebungsentscheidung ist bindend (**aA** KG BeckRS 2016, 8752 Rn. 34). Doch fehlt es **2.81** an einem ersatzfähigen Schaden, wenn ein materiellrechtlicher (Unterlassungs-)Anspruch bestand (BGH GRUR 1992, 203 (206) – Roter mit Genever). Eine analoge Anwendung des § 945 ZPO auf den Fall, dass der Antragsteller auf die Rechte aus der eV verzichtet, ist nicht möglich (BGH GRUR 1992, 203 (205) – Roter mit Genever); ebenso wenig auf den Fall der Versäumung der Vollziehungsfrist des § 929 II ZPO).

3. Aufhebung der eV nach § 942 III ZPO

Die Aufhebung der eV nach § 942 III ZPO erfolgt nur auf Antrag durch das nach § 942 I **2.82** ZPO in dringenden Fällen für den Erlass der eV zuständige Amtsgericht, also nicht von Amts wegen (Zöller/Vollkommer ZPO § 942 Rn. 5). Mündliche Verhandlung ist freigestellt (§ 942 IV ZPO), die Anhörung des Gläubigers aber stets geboten. Die Entscheidung ergeht durch Beschluss, auch wenn mündliche Verhandlung stattfand (RGZ 147, 132). Die Kosten treffen bei Aufhebung den Gläubiger. Die Aufhebung der eV nach § 942 III ZPO hat die Schadensersatzpflicht nach § 945 ZPO zur Folge.

III. Beginn und Umfang der Schadensersatzpflicht

1. Beginn

2.83 Es ist jeder durch die **Vollziehung** der eV (als Beginn der Vollstreckung; BGH WRP 1996, 104 (105) – Einstweilige Verfügung ohne Strafandrohung) oder durch Sicherheitsleistung adäquat kausal verursachte unmittelbare und mittelbare Schaden (iSd §§ 249 ff. BGB) zu ersetzen (BGH WRP 2016, 331 Rn. 29 – Piadina-Rückruf). Um die Schadensersatzpflicht aus § 945 ZPO auszulösen, ist das bloße Erwirken eines Titels nicht ausreichend. Vielmehr ist ein darüber hinausgehendes Verhalten erforderlich, das zumindest einen gewissen **Vollstreckungsdruck** erzeugt. Dieser setzt voraus, dass der Schuldner das Verbot beachten und im Falle der Zuwiderhandlung mit der Verhängung von Ordnungsmitteln rechnen muss (BGH GRUR 2009, 890 Rn. 16 – Ordnungsmittelandrohung; GRUR 2015, 196 Rn. 17 – Nero; GRUR 2022, 1379 Rn. 24). Dafür genügt bei der **Beschlussverfügung** neben der Androhung des Ordnungsmittels nach § 890 II ZPO deren Zustellung im Parteibetrieb nach § 922 II ZPO (BGHZ 168, 352 Rn. 15; BGH GRUR 2015, 196 Rn. 17 – Nero). Die Zustellung begründet nicht nur die Wirksamkeit der eV, sondern leitet die Zwangsvollstreckung aus dem Titel ein und dokumentiert den Willen des Gläubigers, von dem Titel Gebrauch zu machen. Befolgt der Schuldner das Verbot, ist daher davon auszugehen, dass dies nicht freiwillig erfolgt, sondern der Abwendung von Vollstreckungsmaßnahmen dient. Dagegen genügt die formlose Übermittlung der eV von Partei zu Partei nicht den Anforderungen des § 922 II ZPO an eine Parteizustellung nach §§ 191–195 ZPO nicht. Da die eV vor der förmlichen Zustellung nicht wirksam ist, braucht der Schuldner sie auch nicht zu beachten. Befolgt der Schuldner sie freiwillig, kann er daher nicht Schadensersatz nach § 945 ZPO verlangen (BGH GRUR 2015, 196 Rn. 17 – Nero). – Anders verhält es sich bei der **Urteilsverfügung.** Hier ist eine Vollziehung iSd § 929 II ZPO durch Parteizustellung nicht erforderlich. Es reicht vielmehr aus, dass eine **Urteilsverfügung verbunden mit einer Ordnungsmittelandrohung verkündet** wurde. Denn von diesem Zeitpunkt an muss der Schuldner die Verfügung beachten und im Fall einer Zuwiderhandlung mit der Verhängung von Ordnungsmitteln rechnen. Dieser Vollstreckungsdruck ist als „erster Schritt der Vollziehung" iSd § 945 ZPO zu werten (BGH GRUR 2009, 890 Rn. 16 – Ordnungsmittelandrohung; dazu Vohwinkel GRUR 2010, 977; BGH GRUR 2015, 196 Rn. 22 – Nero; GRUR 2022, 1379 Rn. 24). Ist die Ordnungsmittelandrohung unterblieben, etwa weil der Antragsgegner seinen Sitz im Ausland hatte und deshalb kein Antrag auf Anordnung von Ordnungsmitteln gestellt worden war, tritt Vollstreckungsdruck erst dann ein, wenn nachträglich die Androhung erwirkt und zugestellt wird (BGH WRP 1996, 104 (105) – Einstweilige Verfügung ohne Strafandrohung). Der Gläubiger trägt daher das Risiko einer Schadensersatzpflicht nach § 945 ZPO ab dem Zeitpunkt der Urteilsverkündung, wenn der Schuldner die eV freiwillig befolgt. Davor kann er sich auf zweierlei Weise schützen: Entweder er beantragt keine Ordnungsmittelandrohung oder aber er erklärt vor Verkündung der Urteilsverfügung gegenüber dem Schuldner, er werde für einen bestimmten Zeitraum – etwa bis zur Zustellung der Urteilsverfügung – keine Rechte aus dem Vollstreckungstitel herleiten (BGH GRUR 2009, 890 Rn. 16 – Ordnungsmittelandrohung; dazu krit. Büscher/Schmidt Rn. 398). – Zur Frage, ob die Ersatzpflicht auch für den Zeitraum ab Wegfall der Bestandskraft der eV gem. § 929 II ZPO noch besteht, vgl. Teplitzky GRUR 1993, 418 (420). – An der Ursächlichkeit fehlt es, wenn die unterlassene Handlung bei **objektiver Auslegung** des Verbotstitels anhand der Antragsschrift und der ihr beigefügten Unterlagen nicht verboten war (BGH WRP 2016, 331 Rn. 29 – Piadina-Rückruf), nicht aber, wenn die nach § 926 II ZPO aufgehobene eV objektiv zu weit gefasst war (BGH GRUR 1982, 295 (296) – Fotoartikel I; GRUR 1985, 397 – Fotoartikel II).

2. Umfang

2.83a Für die Bemessung des Schadens nach § 945 ZPO gelten die §§ 249 ff. BGB (BGH GRUR 2015, 196 Rn. 34 – Nero). Es sind grds. alle durch die Vollziehung der eV **adäquat kausal** verursachten unmittelbaren und unmittelbaren Schäden zu ersetzen (BGH WRP 2016, 331 Rn. 29 – Piadina-Rückruf), und zwar einschließlich des entgangenen Gewinns. Ein Schadensersatzanspruch scheidet jedoch aus, wenn dem Anspruchsgegner die betreffende Vermögenseinbuße auch bei rechtskonformem Verhalten entstanden wäre (BGH WRP 2016, 854 Rn. 38 – Hot Sox; WRP 2018, 950 Rn. 62 – Ballerinaschuh), wofür den Anspruchsteller die Beweislast trifft. – Als **Schaden** kommen insbes. in Betracht: **Aufwendungen** (wie zB Kosten für Ersatzwerbung), die erforderlich waren, um Schadensfolgen abzuwenden oder zu mindern (arg. § 254 BGB; vgl. BGHZ 122, 172 (179) – Verfügungskosten). Dabei ist ggf. ein Mindestschaden zu **schätzen** (§ 287 ZPO; BGHZ 122, 172 (179) – Verfügungskosten). – **Gewinnentgang** auf Grund von Produktionseinstellung, Auftrags- oder Absatzrückgang, Rückruf von Produkten (BGH WRP 2016, 854 Rn. 33 ff. – Hot Sox). Auch insoweit gelten die Beweiserleichterungen des § 287 I ZPO, wobei ggf. ein Mindestschaden zu schätzen ist (BGH GRUR 2015, 196 Rn. 34 – Nero). Nicht ersatzfähig ist jedoch ein Gewinn aus rechtswidrigem Verhalten; das ist von Bedeutung, wenn die eV nur aus formalen Gründen aufgehoben wird (→ Rn. 2.80). – **Verfahrenskosten** des Antragstellers sind ein Schaden, soweit der Antragsgegner sie erstattet hat (BGHZ 45, 251 (252)). Seine eigenen Verfahrenskosten kann der Antragsgegner – da keine Folgen der Vollziehung – nicht nach § 945 ZPO (BGHZ 122, 172 (179) – Verfügungskosten; aA Ahrens Wettbewerbsprozess-HdB/Ahrens Kap. 64 Rn. 37), sondern nur auf die Weise erstattet verlangen, dass er die Aufhebung der eV durch Widerspruch oder nach § 927 ZPO betreibt (BGHZ 122, 172 (179) – Verfügungskosten). Denn in der Aufhebungsentscheidung nach § 927 ZPO ist auf Antrag auch über die Verfahrenskosten zu entscheiden. Das Rechtsschutzinteresse für ein Aufhebungsverfahren besteht auch dann noch, wenn der Verfügungsgläubiger zwar auf die Rechte aus dem Verfügungstitel verzichtet und diesen an den Schuldner herausgibt, dessen Kostenerstattungsanspruch aber nicht anerkennt (BGHZ 122, 172 (179) – Verfügungskosten). Bezahlte Ordnungsgelder gem. § 890 ZPO sind nicht zu ersetzen (KG GRUR 1987, 571; Teplitzky Wettbewerbsrechtliche Ansprüche/Schwippert Kap. 36 Rn. 37).

Mitverschulden nach § 254 II BGB (vor oder nach Erlass der eV) ist zu berücksichtigen **2.83b** (BGH NJW 2006, 2557 Rn. 23 ff.; WRP 2016, 331 Rn. 38 – Piadina-Rückruf). Eine Minderung oder ein Ausschluss des Schadensersatzanspruchs kommt in Betracht, wenn ein schuldhaftes Verhalten des Antragsgegners dem Antragsteller Anlass zur Beantragung und Zustellung der eV gegeben hat oder wenn der Antragsgegner nach Zustellung der eV gegen seine Obliegenheit zur Abwendung oder Minderung des Schadens verstoßen hat (BGH WRP 2016, 331 Rn. 38 – Piadina-Rückruf). Grds. liegt ein Mitverschulden nicht schon darin, dass der Anspruchsgegner nach Zugang einer Abmahnung dem Erlass einer eV nicht durch zeitnahes Vorbringen seiner Einwände entgegengewirkt hat, wohl aber darin, dass er sich aufdrängende Verteidigungsmöglichkeiten unterlässt oder liquide Beweismittel (Schriftstücke; eidesstattliche Versicherung) zurückhält, aus denen sich das Fehlen des Verfügungsanspruchs ergibt (BGH WRP 2016, 331 Rn. 46, 47 – Piadina-Rückruf). So bspw., wenn der Antragsgegner es unterlässt, einen offensichtlich Erfolg versprechenden Widerspruch einzulegen (BGH NJW 1990, 2689; 2006, 2557 Rn. 23 ff.; weiter gehend OLG München GRUR 1996, 998 (999); aA Teplitzky Wettbewerbsrechtliche Ansprüche/Schwippert Kap. 36 Rn. 39: unterlassene Anfechtung begründet grds. kein Mitverschulden). Maßgebend sind allerdings stets die Umstände des Einzelfalls, insbes das Verhalten des Antragstellers (BGH WRP 2016, 331 Rn. 48 ff. – Piadina-Rückruf). Ein Mitverschulden liegt grds. nicht deshalb vor, wenn ein Handelsunternehmen einem durch eV ausgesprochenen Vertriebsverbot sofort nachkommt und nicht zuwartet, bis schriftliche Informationen oder eine eidesstattliche Versicherung des Herstellers vorliegen (BGH WRP 2016, 331 Rn. 52, 53 – Piadina-Rückruf).

Verjährung: §§ 195, 199 BGB (BGH NJW 1992, 2297 zu § 852 BGB aF). Die Verjährung **2.83c** beginnt, falls die eV aufgehoben worden ist, spätestens dann zu laufen, wenn der vormalige Antragsgegner im Hauptsacheverfahren ein noch nicht rechtskräftiges Urteil erzielt, das in hohem Maße dafür spricht, dass die eV von Anfang an ungerechtfertigt war (BGH NJW 2003, 2610 (2612); dazu Teplitzky Wettbewerbsrechtliche Ansprüche/Schwippert Kap. 36 Rn. 42).

IV. Negative Feststellungsklage

Berühmt sich der Antragsgegner einer eV eines Schadensersatzanspruchs nach § 945 ZPO, so **2.84** kann der Antragsteller Klage auf Feststellung des Nichtbestehens dieses Anspruchs erheben; dagegen würde einer Klage auf (positive) Feststellung, dass ein Unterlassungsanspruch bestanden habe, das Rechtsschutzinteresse fehlen, da auf diesem Weg der Streit nicht stets erschöpfend geklärt werden könnte (BGH WRP 1994, 733 (735) – Fortsetzungsverbot).

3. Abschnitt. Urteilsveröffentlichung (§ 12 II)

Übersicht

Schrifttum: Burhenne, Der Anspruch auf Veröffentlichung von Gerichtsurteilen im Lichte wettbewerbsrechtlicher Betrachtung, GRUR 1952, 84; Ciresa, Handbuch der Urteilsveröffentlichung, 4. Aufl. 2017 (zum österreichischen Recht); Dönch, Urteilsveröffentlichung bei Kennzeichenverletzung nach § 19c MarkenG: Praktische Hinweise, GRUR-Prax 2014, 174; Flechsig/Hertel/Vahrenhold, Die Veröffentlichung von Unterlassungsurteilen und Unterlassungserklärungen, NJW 1994, 2441; Greuner, Urteilsveröffentlichung vor Rechtskraft, GRUR 1962, 71; Herberger, Online-Urteilsbekanntmachungen im gewerblichen Rechtsschutz und Urheberrecht, GRURPrax 2022, 219; Köhler, Der wettbewerbsrechtliche Beseitigungsanspruch – ein Folgenbeseitigungsanspruch?, WRP 2019, 269; Korn, Urteilsveröffentlichung und Urheberrechtsverletzung, Medien und Recht 2016, 281 (zum österr. Recht); Maaßen, Urteilsveröffentlichung in Kennzeichensachen – Anwendungsbereich und -möglichkeiten des § 19c MarkenG, MarkenR 2008, 417; Schnur, Das Verhältnis von Widerruf einer Behauptung und Bekanntmachung der Gerichtsentscheidung als Mittel zur Rufwiederherstellung, GRUR 1978, 225 und 473; Schricker, Berichtigende Werbung, GRUR-Int. 1975, 191; Seydel, Einzelfragen der Urteilsveröffentlichung, GRUR 1965, 650; Steigüber, Der „neue" Anspruch auf Urteilsbekanntmachung im Immaterialgüterrecht, GRUR 2011, 295; Walchner, Der Beseitigungsanspruch im gewerblichen Rechtsschutz und im Urheberrecht, 1998; Wronka, Veröffentlichungsbefugnis von Urteilen, WRP 1975, 644.

A. Entstehungsgeschichte und vergleichbare Regelungen

3.1 Die Bestimmung des § 12 III aF – durch das Gesetz zur Stärkung des fairen Wettbewerbs (→ Rn. 0.1) aufgerückt in § 12 II – zur Urteilsveröffentlichung ist aus dem Entwurf von Köhler/Bornkamm/Henning-Bodewig (WRP 2002, 1317, dort § 13) übernommen worden und weicht nicht unerheblich von der Vorgängerbestimmung des § 23 II UWG 1909 ab. Die Regelung in § 23 I aF bezog sich auf die Bekanntmachung von Strafurteilen in den Fällen des § 15 (Verleumdung) und erledigte sich mit Wegfall dieser Strafbestimmung. Vergleichbare Regelungen sind in Art. 11 II UAbs. 3 UGP-RL, Art. 5 IV Werbe-RL 2006/114/EG, in § 7 UKlaG, in § 21 GeschGehG sowie in § 103 UrhG, § 19c MarkenG, § 140e PatG, § 47 DesignG und § 24e GebrMG enthalten.

B. Zweck und Anwendungsbereich

I. Zweck

Die Bekanntmachung bezweckt, fortdauernde Beeinträchtigungen auf Grund eines Wett- **3.2**
bewerbsverstoßes zu beseitigen. Sie stellt insoweit eine Maßnahme der Störungsbeseitigung dar.
Dementsprechend müssen deren Voraussetzungen vorliegen. Diese sind im Rahmen des Tatbestandsmerkmals des „berechtigten Interesses" zu prüfen.

II. Anwendungsbereich

Dem Wortlaut nach beschränkt sich die Regelung auf **Unterlassungsklagen** iSd § 8 I. Eine **3.3**
analoge Anwendung auf **Beseitigungs-** oder **Schadensersatzklagen** ist angesichts der Möglichkeit, eine Urteilsveröffentlichung ggf. auf negatorischer oder schadensersatzrechtlicher
Grundlage zu erlangen, **abzulehnen** (Ahrens Wettbewerbsprozess-HdB/Bähr Kap. 39 Rn. 9;
aA noch → 38. Aufl. 2020 Rn. 4.3). Die Anwendung dieser anderweitigen Anspruchsgrundlagen schließt § 12 II nicht aus (vgl. → Rn. 3.17 sowie Teplitzky Wettbewerbsrechtliche An-
sprüche/Kessen Kap. 26 Rn. 22; vgl. auch Steigüber GRUR 2011, 295).

C. Voraussetzungen der Bekanntmachungsbefugnis

I. Unterlassungsklage

Es muss eine Unterlassungsklage erhoben worden sein. Dem stehen die Klagen auf Beseitigung **3.4**
oder Schadensersatz nicht gleich (Harte-Bavendamm/Henning-Bodewig/Retzer/Tolkmitt
Rn. 540). Zum Problem bei der einstweiligen Verfügung vgl. → Rn. 3.9.

II. Auf Grund einer der Vorschriften dieses Gesetzes

Die Klage oder der Antrag müssen (auch) auf das UWG gestützt sein. Bei sonstigen An- **3.5**
spruchsgrundlagen kommt nur der allgemeine beseitigungs- und schadensersatzrechtliche Veröffentlichungsanspruch (→ Rn. 3.17 ff.) in Betracht (BGH GRUR 1987, 189 – Veröffentlichungsbefugnis beim Ehrenschutz).

III. Antrag der obsiegenden Partei

Die Entscheidung setzt einen **Antrag** der „obsiegenden" Partei voraus. Das Verfahren muss **3.6**
mit einem Urteil geendet haben. Gibt der Beklagte im Verfahren eine Unterwerfungserklärung
ab, erledigt sich damit hins. des Unterlassungsbegehrens die Hauptsache; der Kläger kann dann
nicht nach § 12 II, sondern allenfalls bei fortwirkender Störung unter dem Gesichtspunkt des
Beseitigungsanspruchs eine dem Unterlassungsbegehren angepasste Form der Veröffentlichung
fordern (BGH GRUR 1967, 362 (366) – Spezialsalz I). Nur der „obsiegenden" Partei darf die
Bekanntmachungsbefugnis zugesprochen werden. Ein Antrag der in der Hauptsache unterliegenden Partei, die ggf. ein berechtigtes Interesse an der Bekanntmachung haben könnte (zB um sich
gegenüber Vertragspartnern oder Verbrauchern zu salvieren), darf nicht stattgegeben werden.
„Obsiegende Partei" kann, nämlich bei Klageabweisung, auch der Beklagte sein. Bei **teilweisem
Obsiegen** kann die Veröffentlichungsbefugnis einer oder beiden Parteien zuerkannt werden.
Voraussetzung ist allerdings ein entspr. Antrag. Die Bekanntmachungsbefugnis ist in diesem Fall
nicht notwendig auf den „obsiegenden" Teil des Urteils zu beschränken. Denn möglicherweise
ist das Urteil von der Öffentlichkeit nur im Gesamtzusammenhang zu verstehen. Letztlich gibt
auch hier eine Interessenabwägung (→ Rn. 3.7) den Ausschlag. – Wird der Antrag nicht gestellt,
gilt § 308 I ZPO; wird er irrtümlich übergangen, ist Ergänzung nach § 321 ZPO möglich. Im
Übrigen kann sowohl die Ablehnung als auch die Zuerkennung der Bekanntmachungsbefugnis
angefochten werden.

D. Entscheidung über die Bekanntmachungsbefugnis

I. Vorliegen eines berechtigten Interesses

3.7   Voraussetzung für die Zuerkennung der Bekanntmachungsbefugnis ist, dass die obsiegende Partei **„ein berechtigtes Interesse dartut".** Diese Voraussetzung ist seit dem UWG 2004 – im Gegensatz zur davor bestehenden Rechtslage – ausdrücklich im Gesetz vorgeschrieben (§ 12 II 1), da sich aus der Veröffentlichung erhebliche Nachteile für die unterliegende Partei ergeben können (Begr. RegE UWG 2004 zu § 12 III, BT-Drs. 15/1487, 25). Die Darlegung eines „berechtigten Interesses" setzt voraus, dass die obsiegende Partei einen entspr. **Antrag** (→ Rn. 3.6) mit substanziierter **Begründung,** ggf. mit Beweisantrag, gestellt hat. Die unterlegene Partei muss Gelegenheit gehabt haben, sich dazu zu äußern und Gründe darzulegen, die gegen eine Bekanntmachung sprechen. Das Gericht hat bei seiner Entscheidung zu prüfen, ob nach **Abwägung der Interessen** der Parteien und ggf. der Allgemeinheit die Zuerkennung der Bekanntmachungsbefugnis geeignet und erforderlich ist, die fortdauernde Störung zu beseitigen (OLG Köln CR 2011, 680 (682); AfP 2018, 344 (345); OLG Frankfurt GRUR 2014, 296; WRP 2018, 989). Hierzu muss es die Vor- und Nachteile einer Veröffentlichung gegeneinander abwägen (BGH GRUR 1972, 550 (551 f.) – Spezialsalz II; Begr. RegE UWG 2004 zu § 12 III, BT-Drs. 15/1487, 25) und die Befugnis versagen, wenn die Nachteile unverhältnismäßig größer wären als die Vorteile (BGH GRUR 1961, 189 (192) – Rippenstreckmetall). Dabei spielt das Ausmaß der Beeinträchtigung eine Rolle, das wiederum von der Größe und Bedeutung des Unternehmens des Verletzers (BGH GRUR 1956, 558 (563) – Regensburger Karmelitengeist), von Art, Dauer und Schwere der Verletzung, ihrer Beachtung in der Öffentlichkeit und der seither verstrichenen Zeit abhängt (BGH GRUR 1967, 362 (366) – Spezialsalz I), ferner das Interesse der Öffentlichkeit an Aufklärung (BGH GRUR 1972, 550 (552) – Spezialsalz II) und schließlich die Belastung der unterliegenden Partei auf Grund der Kosten und geschäftlichen Auswirkungen der Veröffentlichung (GK-UWG/Feddersen Rn. 21 f.). Maßgebend sind die Verhältnisse im Zeitpunkt der Entscheidung (BGH GRUR 1968, 437 (439) – Westfalen-Blatt III; BGHZ 151, 15 (23) = GRUR 2002, 799 (801) – Stadtbahnfahrzeug, zu § 103 UrhG). Ein überwiegendes berechtigtes Interesse ist idR zu **verneinen,** wenn **(1)** eine Verletzung lediglich droht (BGH GRUR 1957, 231 (237) – Pertussin I; GRUR 1962, 91 (97) – Jenaer Glas) oder eine (beachtliche) Beeinträchtigung nicht mehr vorliegt (OLG Köln AfP 2018, 344 (346) zum PresseR), etwa weil die verletzende Äußerung lange zurückliegt (KG GRUR 1999, 152: 2 Jahre; OLG Frankfurt WRP 2018, 989: vier Jahre, zu § 19c MarkenG) oder eine Irreführung der Öffentlichkeit noch nicht eingetreten ist (BGH GRUR 1961, 538 (541) – Feldstecher) oder **(2)** dem Gegner ein unverhältnismäßiger Nachteil (zB Demütigung; vgl. OLG Hamburg WRP 1994, 122 (124)) entstünde, wobei Art, Dauer und Intensität des Wettbewerbsverstoßes zu berücksichtigen sind oder **(3)** eine Veröffentlichung bereits (zB auch durch den Gegner) erfolgt ist (BGH GRUR 1968, 437 (439) – Westfalen-Blatt III) oder **(4)** im Einzelfall weniger einschneidende, aber gleichermaßen wirksame Beseitigungsmöglichkeiten bestehen, wozu die presserechtliche Gegendarstellung nicht und der Widerruf nur im Einzelfall (zB bei Äußerung gegenüber wenigen Adressaten; BGH GRUR 1954, 337 (342) – Radschutz; GRUR 1962, 315 (318) – Deutsche Miederwoche) gehören. Im Allgemeinen sind aber an den Widerrufsanspruch strengere Anforderungen zu stellen als an die Veröffentlichungsbefugnis (BGH GRUR 1967, 362 (367) – Spezialsalz I; GRUR 1992, 527 (529) – Plagiatsvorwurf II). – Die **Geeignetheit ist zu verneinen,** wenn die Veröffentlichung neue Verwirrung schaffen kann (BGH GRUR 1957, 561 – REI-Chemie; GRUR 1966, 623 (627) – Kupferberg; GK-UWG/Feddersen Rn. 26).

II. Kann-Entscheidung des Gerichts

3.8   Aus dem Wortlaut (**„kann"**) folgt an sich, dass die Entscheidung im **Ermessen** des Gerichts liegt. Das Ermessen ist allerdings pflichtgemäß auszuüben (und somit revisibel; BGH GRUR 1961, 538 (541) – Feldstecher). Das bedeutet, dass das Gericht dem Antrag stattgeben muss, wenn die Voraussetzungen („berechtigtes Interesse") vorliegen. Letztlich wird durch den Begriff „kann" nur ausgedrückt, dass das Gericht einen **Beurteilungsspielraum** bei der Interessenabwägung hins. des „ob" und des „wie" der Bekanntmachung hat.

E. Entscheidung im Urteil

Dazu gehört, anders als vor dem Inkrafttreten des UWG 2004, wie sich aus § 12 II 4 ergibt, **3.9** nicht die einstweilige Verfügung (vgl. FBO/Büscher Rn. 188). Ist die eV durch eine Abschlusserklärung zu einer endgültigen Entscheidung geworden, kann sie Gegenstand eines **materiellrechtlichen** Veröffentlichungsanspruchs sein (Teplitzky Wettbewerbsrechtliche Ansprüche/Kessen Kap. 24 Rn. 26a; Harte-Bavendamm/Henning-Bodewig/Retzer/Tolkmitt Rn. 545). – Der Beschluss nach § 91a ZPO ist nicht erfasst.

F. Inhalt der Anordnung

Der Inhalt ist in § 12 II zwingend festgelegt. Die Anordnung kann nur dahin gehen, das **3.10** **Urteil** auf Kosten der unterliegenden Partei öffentlich bekannt zu machen (§ 12 II 1). Art und Umfang der Bekanntmachung werden im Urteil festgelegt (§ 12 II 2). Der Ausspruch nach § 12 II 1 darf nicht für vorläufig vollstreckbar erklärt werden (§ 12 II 4).

I. Befugnis zur öffentlichen Bekanntmachung

Öffentliche Bekanntmachung bedeutet Bekanntmachung gegenüber einem größeren, indivi- **3.11** duell unbestimmten Personenkreis (Druckschriften, Fernsehen; nicht schon Rundschreiben an begrenzten Personenkreis).

II. Bekanntmachung des Urteils

Gemeint ist damit das ganze Urteil, bestehend aus Urteilskopf, dem „verfügenden Teil" **3.12** (Urteilsformel) einschließlich der Kostenentscheidung, der Ordnungsmittelandrohung und der Veröffentlichungsbefugnis (§ 313 I Nr. 1–4 ZPO), dem Tatbestand und den Entscheidungsgründen (anders noch § 23 II aF: nur „verfügender Teil" des Urteils). Einschränkungen ergeben sich aus § 12 II 2 („Art und Umfang").

III. Art und Umfang der Bekanntmachung

Das Gericht bestimmt nach § 12 II 2 im Urteil „Art und Umfang" der Bekanntmachung (vgl. **3.13** auch BGH K&R 2022, 194). Die **„Art"** der (öffentlichen) Bekanntmachung bezieht sich darauf, in welchem Medium (Zeitschrift; Rundfunk; Tele- oder Mediendienst), in welcher Aufmachung (Größe usw), wo, wie oft oder wie lange die Veröffentlichung erfolgen darf. Maßgebend (und daher schon beim Antrag zu beachten) ist, wie weit das „berechtigte Interesse" der obsiegenden Partei reicht und inwieweit die Art der Bekanntmachung geeignet und erforderlich ist, ihren Zweck zu erfüllen (→ Rn. 3.2) und die Störung zu beseitigen. Ggf. sind dem Berechtigten Alternativen (zB hins. des Mediums) einzuräumen. – Der **„Umfang"** der Bekanntmachung bezieht sich darauf, ob das Urteil zur Gänze oder nur in Teilen bekannt gemacht werden darf. Für die Entscheidung darüber ist maßgebend, wie weit das „berechtigte Interesse" der obsiegenden Partei unter Berücksichtigung der Interessen des Gegners und der Öffentlichkeit reicht. Dementsprechend kann eine Beschränkung der Bekanntmachungsbefugnis auf einen Teil des Urteils oder sogar auf die Urteilsformel geboten sein, wenn dies den Interessen des Berechtigten genügt (BGH GRUR 1992, 527 (529) – Plagiatsvorwurf II). Entscheidet das Urteil noch über andere Ansprüche als den Unterlassungsanspruch, darf dieser Teil nicht mitveröffentlicht werden (Ahrens Wettbewerbsprozess-HdB/Bähr Kap. 39 Rn. 6 ff.).

IV. Auf Kosten der unterliegenden Partei

Im Urteil ist festzulegen, dass das Urteil auf Kosten der unterliegenden Partei bekannt gemacht **3.14** werden darf (GK-UWG/Feddersen Rn. 37). Ein unterbliebener Ausspruch kann berichtigt werden (§ 319 ZPO). Die Kosten der Bekanntmachung (zB des Anzeigenauftrags) sind Zwangsvollstreckungskosten (§ 788 ZPO). Eine Vorschusspflicht ist im Gesetz (anders als zB in § 103 III UrhG) nicht vorgesehen.

V. Keine vorläufige Vollstreckbarkeit

3.15   Nach § 12 II 4 ist der „Ausspruch nach Satz 1" nicht vorläufig vollstreckbar. Denn die Bekanntmachung schafft vollendete Tatsachen. Damit wäre es unvereinbar, wollte man eine vorläufige Vollstreckung zulassen. Dies gilt auch für den materiellrechtlichen Veröffentlichungsanspruch (FBO/Büscher Rn. 202; aA Teplitzky Wettbewerbsrechtliche Ansprüche/Kessen Kap. 26 Rn. 25).

G. Ausübung der Veröffentlichungsbefugnis

3.16   Die Ausübung der Bekanntmachungsbefugnis erfolgt durch die obsiegende Partei (zB durch Anzeigenauftrag) und ist (private) Zwangsvollstreckung. Sie darf daher erst nach Zustellung des rechtskräftigen Urteils erfolgen (§ 750 ZPO). Die Kostenerstattung regelt sich nach § 788 ZPO. Nach § 12 II 3 erlischt die Befugnis kraft Gesetzes, wenn von ihr nicht **innerhalb von drei Monaten nach Eintritt der Rechtskraft** Gebrauch gemacht worden ist. Da diese Beschränkung kraft Gesetzes gilt, muss die Frist – anders als bei § 23 II aF – nicht im Urteil selbst angegeben werden. Ein **„Gebrauchmachen"** setzt voraus, dass der Berechtigte alle erforderlichen Schritte (zB Anzeigenauftrag) getan hat, um eine Bekanntmachung herbeizuführen. Nicht notwendig muss auch die Bekanntmachung innerhalb dieser Frist erfolgt sein. Hält sich der Berechtigte nicht an die durch die Anordnung gezogenen Grenzen (zB Fristüberschreitung; Überschreitung des angeordneten Umfangs), hat er die (Mehr-)Kosten selbst zu tragen, mag ihn daran auch kein Verschulden treffen. Die fehlerhafte Bekanntmachung kann im Einzelfall einen Wettbewerbsverstoß darstellen (zB bei irreführenden Zusätzen oder bei unnötiger Herabsetzung der unterliegenden Partei) und dementsprechend Ansprüche der Gegenpartei auslösen. – Aus der gerichtlich zugesprochenen Bekanntmachungsbefugnis folgt nicht, dass das betreffende Medium (zB Zeitschrift; Rundfunk; Tele- oder Mediendienst) zivilrechtlich verpflichtet ist, einen entspr. Auftrag anzunehmen. Dies ist vielmehr nur dann anzunehmen, wenn die Nichtannahme eine vorsätzliche sittenwidrige Schädigung (§ 826 BGB) oder einen Missbrauch einer marktbeherrschenden Stellung (§ 19 GWB) oder eine Diskriminierung iSd § 20 I oder II GWB darstellt. Darauf hat das Gericht bei der Anordnung der „Art" der Bekanntmachung Rücksicht zu nehmen.

H. Materiellrechtlicher Veröffentlichungsanspruch

I. Allgemeines

3.17   § 12 II ist nur Ausdruck eines allgemeinen Rechtsgedankens, dass die Veröffentlichungsbefugnis ein geeignetes und angemessenes Mittel zur Beseitigung noch andauernder Störungen sein kann. Die Vorschrift steht daher der Anerkennung eines Veröffentlichungsanspruchs auf negatorischer (§ 8 I) oder deliktischer (§ 9 S. 1 iVm § 249 I BGB) Grundlage nicht entgegen (BGH GRUR 1987, 189 f. – Veröffentlichungsbefugnis beim Ehrenschutz; GRUR 1992, 527 (529) – Plagiatsvorwurf II; GRUR 2021, 1207 Rn. 33 – Vorsicht Falle; Teplitzky Wettbewerbsrechtliche Ansprüche/Kessen Kap. 26 Rn. 22). Letztlich geht es also um die Durchsetzung eines (primären) Anspruchs auf Beseitigung einer Störung im Wege der Bekanntmachung eines anderen Akts als eines Urteils. Es sind dies die Fälle, in denen ein Unterlassungsurteil nicht mehr möglich ist, weil der Verletzer vor oder während des Prozesses eine strafbewehrte Unterlassungserklärung abgegeben hat (BGH GRUR 1967, 362 (366) – Spezialsalz I; GRUR 1987, 189 – Veröffentlichungsbefugnis beim Ehrenschutz), aber die eingetretene Störung dadurch nicht beseitigt ist, sondern noch fortwirkt.

II. Voraussetzungen

3.18   Es ist bes. sorgfältig zu prüfen, ob und in welchem Umfang eine Veröffentlichung einer strafbewehrten Unterlassungserklärung geeignet und erforderlich ist, um eine fortdauernde Störung zu beseitigen (→ Rn. 3.7). Das gilt auch für die Art der Veröffentlichung (vgl. Teplitzky Wettbewerbsrechtliche Ansprüche/Kessen Kap. 26 Rn. 34). Die Veröffentlichung darf nicht lediglich dem Zweck dienen, dem Verletzten Genugtuung zu verschaffen (BGH GRUR 1987,

189 (191) – Veröffentlichungsbefugnis beim Ehrenschutz). Sie soll gezielt die Adressaten der verletzenden Äußerung oder Handlung erreichen. Dies gebietet eine der Verletzungshandlung **adäquate** Veröffentlichung (zB Zeitungsanzeige an vergleichbarer Stelle; Rundschreiben; Aushang).

III. Entscheidung über die Veröffentlichung

Sie erfolgt durch Urteil, das zugleich die Art und den Umfang der Veröffentlichung bestimmt **3.19** (§ 12 II 2 analog). Das Gericht kann dem Verletzer die Pflicht zur Veröffentlichung oder zur Duldung der Veröffentlichung durch den Verletzten auferlegen (BGH GRUR 1987, 189 (191) – Veröffentlichungsbefugnis beim Ehrenschutz). Die Kosten der Veröffentlichung fallen dem Verletzer zur Last. Der Anspruch kann nicht im Wege der eV durchgesetzt werden (arg. § 12 II 4).

I. Veröffentlichung ohne gerichtlich zugesprochene Befugnis

Der Verletzte kann grds. ein für ihn günstiges Urteil oder eine ihm gegenüber abgegebene **3.20** strafbewehrte Unterlassungserklärung auch ohne gerichtlich zugesprochene Befugnis veröffentlichen. Allerdings muss dies in einer Weise geschehen, die nicht ihrerseits gegen §§ 3, 4 Nr. 1 verstößt (BGH GRUR 2021, 1207 Rn. 33 – Vorsicht Falle; OLG Hamm MMR 2008, 750; → § 4 Rn. 1.16 aE). Ein Kostenerstattungsanspruch kann sich aus §§ 683, 670 BGB, §§ 812 ff., § 250 BGB analog sowie beim Schadensersatzanspruch aus § 249 II BGB bzw. § 250 BGB oder aus dem Gesichtspunkt des Folgeschadens ergeben (vgl. BGH GRUR 1979, 804 (805) – Falschmeldung). Zu ersetzen sind nur die **erforderlichen** Kosten, also die Kosten, die ein vernünftiger, wirtschaftlich denkender Verletzter aufwenden würde (BGH GRUR 1979, 804 (805) – Falschmeldung).

4. Abschnitt. Streitwert

Übersicht

Schrifttum: Bölling, Zum Streitwert von mit einer Mehrzahl von Schutzrechten begründeten Unterlassungsklagen, WRP 2014, 158; Bohlen, Der Streitwert im Rahmen der urheberrechtlichen Abmahnung, NJW 2017, 777; Büscher, Klagehäufung im gewerblichen Rechtsschutz – alternativ, kumulativ, eventuell?, GRUR 2012, 16; Gruber, Streitwertbegünstigung – Die Beschwerdeberechtigung der einzelnen Prozessbeteiligten, MDR 2016, 310; Gruber, Ist die Streitwertbegünstigung mit dem Verfassungs- und dem Unionsrecht zu vereinbaren? GRUR 2018, 585; Gruber, Streitwertbegünstigung bei vermögenslosen oder überschuldeten Antragstellern, DZWIR 2020, 12; Kodde, Vier Jahre nach „TÜV" – Die Entwicklung des Streitgegenstands im Wettbewerbs- und Markenverletzungsprozess unter besonderer Berücksichtigung seines Streitwerts, GRUR 2015, 38; Krbetschek/Schlingloff, Bekämpfung von Rechtsmissbrauch durch Streitwertbegrenzung?, WRP 2014, 1; Mayer, Die Streitwertminderung nach § 12 Abs. 4 UWG, WRP 2010, 1126; Rehart, Ende des Regelstreitwerts im Wettbewerbsrecht? Anm. zu BGH, Beschluss vom 22.1.2015 – I ZR 95/14, GRUR-Prax 2015, 122; Stieper, Klagehäufung im gewerblichen Rechtsschutz – alternativ, kumulativ, eventuell?, GRUR 2012, 5; Traub, Erhöhungsgebühr oder Streitwertaddition bei Unterlassungsklagen gegen das Unternehmen und seine Organe?, WRP 1999, 79; Ulrich, Der Streitwert in Wettbewerbssachen, GRUR 1984, 177; Ulrich, Die UWG-Novelle 1994 und der Streitwert in Wettbewerbssachen WRP 1995, 362.

A. Entstehungsgeschichte

4.1   Durch das **G gegen unseriöse Geschäftspraktiken** v. 8.10.2013 (BGBl. 2013 I 3714) wurde die frühere Regelung zur **Streitwertherabsetzung** in § 12 IV aF abgeschafft und durch die Neuregelung zur **Streitwertbegünstigung** in § 12 IV und V – durch das Gesetz zur Stärkung des fairen Wettbewerbs (→ Rn. 0.1) aufgerückt in § 12 III und IV – ersetzt. Sie entspricht den Regelungen in den Gesetzen des gewerblichen Rechtsschutzes (vgl. § 144 PatG, § 142 MarkenG, § 26 GebrMG, § 54 DesignG). Auf die dort gewonnenen Erkenntnisse lässt sich zurückgreifen.

B. Grundlagen

I. Arten des Streitwerts

4.2   Beim Streitwert sind verschiedene Arten zu unterscheiden: **(1)** Der **Zuständigkeitsstreitwert** als der für die sachliche Zuständigkeit des Gerichts (§ 23 Nr. 1 GVG, § 71 I GVG) maßgebliche Wert des Streitgegenstandes. **(2)** Der **Rechtsmittelstreitwert** als der für die Zulässigkeit eines Rechtsmittels erforderliche Wert des „Beschwerdegegenstandes" (§ 511 II ZPO, § 567 II ZPO. **(3)** Der **Gebührenstreitwert,** der der Berechnung der Gebühren des Gerichts (§§ 39 ff., 51 GKG) und des Anwalts (§ 23 I RVG) dient. Nur auf ihn bezieht sich § 12 IV und V.

II. Bemessung des Streitwerts in Wettbewerbssachen

4.3   Da bezifferte Klagen in Wettbewerbsstreitigkeiten, von Vertragsstrafe- und Aufwendungsersatzansprüchen abgesehen, kaum vorkommen, ist an sich für die Bemessung des Streitwerts **§ 3 ZPO** („freies Ermessen") maßgebend. Für den **Gebührenstreitwert** geht freilich **§ 51 II–V**

GKG und damit auch **§ 12 III** als **Sonderregelung** vor. Diese 2013 neu eingeführte Wertregelung ist nach **§ 23 I RVG** auch für die Berechnung der **Anwaltsgebühren** maßgebend.

1. Allgemeines

Maßgeblicher **Zeitpunkt** für die Wertberechnung ist die Einreichung der Klage- oder **4.3a** Antragsschrift (§ 4 I ZPO; § 40 GKG). An **Parteiangaben** ist das Gericht nicht gebunden. Ihnen kommt zwar **„indizielle Bedeutung"** zu (BGH GRUR 1986, 93 (94) – Berufungssumme; OLG München WRP 2008, 972 (976); OLG Celle WRP 2023, 611 Rn. 11). Das Gericht darf aber die Angaben nicht unbesehen übernehmen, sondern hat sie anhand der objektiven Gegebenheiten und unter Heranziehung seiner Erfahrung und üblicher Wertfestsetzungen in gleichartigen oder ähnlichen Fällen in vollem Umfang selbstständig nachzuprüfen (KG WRP 2010, 789; OLG Dresden Magazindienst 2017, 163; OLG Köln BeckRS 2018, 28795), und zwar nicht etwa nur auf ihre „Unvertretbarkeit" (BGH GRUR 1977, 748 (749) – Kaffee-Verlosung II). Unbestimmte Vermutungen reichen nicht aus (BGH GRUR 1992, 562 (563) – Handelsvertreter-Provision). Für die Bemessung des Streitwerts kann das Gericht eine **Beweisaufnahme** anordnen (§ 3 Hs. 2 ZPO). Verweigern die Parteien ihre Mitwirkung an einer sachgerechten Streitwertschätzung, kann das Gericht den Streitwert so hoch schätzen, dass die Parteien sich veranlasst sehen, ihrer Mitwirkungspflicht wahrheitsgemäß nachzukommen (OLG Düsseldorf WRP 2011, 1322). Beantragt eine Partei eine neuerliche Schätzung, ist Zurückhaltung geboten, da sachfremde Motive vorliegen können. **Regelstreitwerte,** die unabhängig von den Umständen des Einzelfalls gelten, sind zwar früher von einigen Gerichten praktiziert worden. Sie sind aber unvereinbar mit dem Ermessensgrundsatz des § 3 ZPO und des § 51 II GKG (BGH WRP 2015, 454; GRUR 2017, 212 Rn. 8; Teplitzky Wettbewerbsrechtliche Ansprüche/Feddersen Kap. 49 Rn. 17; Ahrens Wettbewerbsprozess-HdB/Büttner Kap. 42 Rn. 50).

2. Klägerinteresse als Ausgangspunkt (§ 51 II GKG)

Das Gericht hat nach § 51 II GKG den Streitwert in Verfahren über Ansprüche aus dem **4.3b** UWG und dem GeschGehG, soweit nichts anderes bestimmt ist, „nach der sich aus dem Antrag des Klägers für ihn ergebenden Bedeutung der Sache nach Ermessen zu bestimmen". Die Bedeutung der Sache entspricht dem Klägerinteresse an der jeweiligen angestrebten Entscheidung. Sie ist **objektiv,** nicht subjektiv zu verstehen. Bei der Festsetzung des Streitwerts sollen also keine Umstände einfließen, die über das konkrete Klagebegehren hinausgehen (zB Erzielung von Gebühreneinnahmen; Belastung des Gegners mit Kosten; vgl. § 8c II Nr. 1).

3. Beklagteninteresse als Korrektiv (§ 51 III 1 GKG)

Das Beklagteninteresse ist jedoch nach **§ 51 III 1 GKG als Korrektiv** heranzuziehen: Ist die **4.3c** Bedeutung der Sache für den Beklagten **erheblich geringer** zu bewerten als der nach § 51 II GKG ermittelte Streitwert, ist dieser angemessen zu mindern (zB im Falle eines Kleinunternehmers mit nur geringem Umsatz, vgl. OLG Zweibrücken NJW-RR 2014, 1535). Damit wird der unterschiedlichen Interessenlage beider Parteien Rechnung getragen. Die Bedeutung der Sache für den Beklagten lässt nämlich einen Rückschluss auf die Verletzungsintensität und die Gefährdung des Klägers zu. Im Rahmen der Ermessensausübung hat das Gericht aus den unterschiedlichen Bewertungen den konkreten Streitwert zu ermitteln.

4. Der 1.000-Euro-Streitwert als Auffangwert (§ 51 III 2 GKG)

Speziell für den **Unterlassungs-** und **Beseitigungsanspruch** sieht § 53 III 2 GKG einen **4.3d** Auffangstreitwert vor: Bietet der Sach- und Streitstand für die Bestimmung des Streitwerts keine genügenden Anhaltspunkte, ist insoweit ein Streitwert von **1.000 EUR** anzunehmen, auch wenn diese Ansprüche nebeneinander geltend gemacht werden. Es handelt sich um eine **starre** Größe, von der das Gericht nicht nach oben oder unten abweichen darf. Nach den Gesetzesmaterialien (BT-Drs. 17/13057, 36) soll diese Regelung insbes. in den Fällen zur Anwendung kommen, in denen ein Verstoß gegen Marktverhaltensregelungen iSd § 3a außerhalb des UWG vorliegt, die Verzerrung des Wettbewerbs aber eher unwahrscheinlich ist, da sich ein vernünftiger Verbraucher oder sonstiger Marktteilnehmer durch den Verstoß in seiner Entscheidung über den Kauf einer Ware oder die Inanspruchnahme einer Dienstleistung nicht beeinflussen lassen wird. Diese Begründung greift allerdings zu kurz, weil in solchen Fällen das Spürbarkeitskriterium des § 3a nicht erfüllt ist. Richtigerweise sollte es darauf ankommen, ob es sich vom Unrechtsgehalt der Handlung her um einen **geringfügigen** Wettbewerbsverstoß durch einen **Kleinunternehmer** (zB geringfügige Verletzung von Informationspflichten iSd § 5a oder iSd PAngV) handelt (OLG Stuttgart MD 2014, 278; OLG Celle MDR 2014, 982; MD 2015, 720; OLG Zweibrücken NJW-RR 2014, 1535; OLG Dresden MD 2015, 110, 111). Soweit im Wege der objektiven Klagehäufung mehrere Unterlassungs- oder Beseitigungsansprüche geltend gemacht werden, die jeweils § 51 III 2 GKG unterfallen, ist gem. § 39 I GKG aus den Einzelstreitwerten ein Gesamtstreitwert zu bilden (OLG Stuttgart WRP 2016, 766).

4.3e Durch das Gesetz zur Stärkung des fairen Wettbewerbs (→ Rn. 0.1) ist § 51 III GKG ein S. 3 angefügt worden, der die Anwendung des Auffangstreitwerts von 1.000 EUR weiter ausdehnt. Danach ist der Wert von 1.000 EUR auch anzunehmen, wenn die dem Rechtsstreit zugrunde liegende Zuwiderhandlung angesichts ihrer Art, ihres Ausmaßes und ihrer Folgen die **Interessen von Verbrauchern, Mitbewerbern oder sonstigen Marktteilnehmern in nur unerheblichem Maße beeinträchtigt.** Der der Vorschrift weiter angefügte S. 4 stellt (wie zuvor § 51 III 2 GKG aF) klar, dass der Auffangwert auch gilt, wenn Beseitigungs- und Unterlassungsanspruch nebeneinander geltend gemacht werden. Nach der Gesetzesbegründung soll ein Fall des § 51 III 3 GKG vorliegen, „wenn die Abgemahnten nur in geringem Maße wirtschaftlich tätig sind und damit nicht in nennenswertem Wettbewerb zu Mitbewerbern stehen bzw. nicht viele Verbraucher durch einen Verstoß beeinträchtigt werden, oder wenn die Rechtsposition der Verbraucher durch den Verstoß nicht verschlechtert wird oder der Verstoß die Verbraucher nicht dazu bewegen wird, das Angebot des Zuwiderhandelnden zu bevorzugen" (BT-Drs. 19/12084, 40). Sowohl die Neuregelung als auch ihre Begründung sind unglücklich, weil damit eine kostenrechtliche Bagatellregelung ausgeweitet wird, die mit den Begriffen des Lauterkeitsrecht nur schwer vereinbar ist: fehlt es an „nennenswertem Wettbewerb", steht die Mitbewerbereigenschaft (§ 2 I Nr. 3) in Frage; verschlechtert der Verstoß nicht die Rechtsposition der Verbraucher oder ist er nicht geeignet, die Verbraucher dazu zu veranlassen, auf das Angebot des Zuwiderhandelnden einzugehen, dürfte es an der Spürbarkeit fehlen (§ 3 II iVm § 2 I Nr. 11).

III. Festsetzung des Gebührenstreitwerts

4.4 Die Festsetzung des Gebührenstreitwerts erfolgt auf Antrag oder von Amts wegen durch **Beschluss** (§ 63 I 1 GKG) des Gerichts, bei dem das Verfahren sich befindet. Dazu muss das Gericht die Parteien anhören und kann ggf. Beweis erheben (§ 3 Hs. 2 ZPO). Vertrauliche (zB Umsatz-)Angaben darf es nicht berücksichtigen, wenn der Gegner widerspricht (arg. Art. 103 GG). Eine Abänderung von Amts wegen ist zulässig, ist aber nicht schon bei Änderung der Parteiangaben auf Grund eines sich abzeichnenden Obsiegens oder Unterliegens veranlasst (BGH GRUR 1992, 562 (563) – Handelsvertreter-Provision; OLG Hamburg WRP 1976, 254). Der Beschluss ist, soweit er der Beschwerde unterliegt, spätestens in der Abhilfeentscheidung (§ 572 I ZPO) zu begründen (vgl. OLG Stuttgart BeschlBeckRS 2015, 18166). Zur Mitteilung bzw. Zustellung: § 329 ZPO. Gegen den Beschluss ist **Beschwerde** möglich, wenn der Wert des Beschwerdegegenstands 200 EUR übersteigt (§ 68 I 1 GKG). Die Beschwerde ist unzulässig, wenn die Parteien darauf verzichtet haben. Das ist bei Festsetzung des Streitwerts im Einverständnis beider Parteien anzunehmen (OLG Köln GRUR 1988, 724). Eine Beschwerde zum BGH ist nicht statthaft (§ 68 I 6 GKG iVm § 66 III 3 GKG)

C. Streitwert bei einzelnen Klagearten

I. Unterlassungs- und Beseitigungsklage

4.5 Nach **§ 51 II GKG** ist in Verfahren über Ansprüche nach dem UWG der Streitwert grds. nach der sich aus dem Antrag des Klägers für ihn ergebenden Bedeutung der Sache nach **Ermessen** zu bestimmen. Beim Unterlassungs- und Beseitigungsanspruch ist also das **Interesse des Klägers** an der Verhinderung künftiger Verletzungshandlungen, das sich nach der Art seiner Klagebefugnis bestimmt, maßgebend. Der Umfang des Interesses hängt maßgeblich von der Art des Verstoßes, insbes. von seiner **Gefährlichkeit** und Schädlichkeit der zu verbietenden Handlung, dh der Wahrscheinlichkeit und dem Ausmaß einer künftigen Beeinträchtigung dieses Interesses ab (BGH WRP 2013, 491 Rn. 56 – Solarinitiative; GRUR 2017, 212 Rn. 8; Teplitzky Wettbewerbsrechtliche Ansprüche/Feddersen Kap. 49 Rn. 13). Eine **Einschränkung**

dieses Grundsatzes ergibt sich jedoch aus **§ 51 III GKG**. Ist die Bedeutung der Sache für den Beklagten **erheblich geringer** zu bewerten als der nach § 51 II GKG ermittelte Streitwert, ist dieser **angemessen zu mindern** (§ 51 III 1 GKG). Ob eine solche erheblich geringere Bedeutung vorliegt, ist anhand der Umstände des konkreten Falls zu beurteilen. Dabei kann insbes. eine Rolle spielen, dass es sich bei dem Beklagten um ein vergleichsweise kleines Unternehmen handelt und er aus dem Verstoß und seiner Wiederholung kaum nennenswerte finanzielle und wettbewerbliche Vorteile ziehen kann (vgl. OLG Zweibrücken NJW-RR 2014, 1535). Beim Beseitigungsanspruch ist das Beseitigungsinteresse des Klägers idR geringer als das Unterlassungsinteresse (Teplitzky Wettbewerbsrechtliche Ansprüche/Feddersen Kap. 49 Rn. 31). – Da es immer auf die Umstände des Einzelfalls ankommt, sind „Regelstreitwerte" nicht anzuerkennen (→ Rn. 4.3a). Das schließt es nicht aus, auf Entscheidungen in vergleichbaren Sachverhalten zurückzugreifen. Streitwerte unter 5.000 EUR kommen allerdings bislang in der Praxis nicht vor. – Jedoch sieht **§ 53 III 2 GKG** seit 2013 zwingend einen Streitwert von nur **1.000 EUR** vor, wenn der Sach- und Streitstand für die Bestimmung des Streitwerts keine genügenden Anhaltspunkte bietet oder wenn die dem Rechtsstreit zugrunde liegende Zuwiderhandlung angesichts ihrer Art, ihres Ausmaßes und ihrer Folge die Interessen von Verbrauchern, Mitbewerbern oder sonstigen Marktteilnehmern in nur unerheblichem Maße beeinträchtigt (→ Rn. 4.3d f.). Das Ziel dieser Regelung ist es offenkundig, die massenhafte Abmahnung geringfügiger Wettbewerbsverstöße durch darauf spezialisierte Anwälte wirtschaftlich uninteressant zu machen, unabhängig davon, ob die konkrete Abmahnung missbräuchlich iSd § 8c I ist.

1. Klage des Mitbewerbers (§ 8 III Nr. 1)

Hier ist Bewertungsmaßstab allein das Eigeninteresse des Klägers, nicht das Interesse Dritter **4.6** oder der Allgemeinheit (BGH GRUR 1977, 748 (749) – Kaffee-Verlosung II). Die Gefährlichkeit („Angriffsfaktor") der zu unterbindenden Handlung für den Wettbewerber ist anhand des drohenden Schadens (Umsatzeinbußen, Marktverwirrungs- und Rufschaden) zu bestimmen und hängt von den Umständen ab (dazu BGH AfP 2011, 261; OLG Celle WRP 2012, 1427 Rn. 23; OLG Frankfurt GRUR-RR 2016, 211; 2021, 549; OLG Köln GRUR-RR 2013, 341 (342)). Zu berücksichtigen sind insbes.: **(1)** Unternehmensverhältnisse beim Verletzer und beim Verletzten: Umsätze, Größe, Wirtschaftskraft und Marktstellung der Unternehmen unter Berücksichtigung ihrer künftigen Entwicklung („Aufstiegs- oder Abstiegsunternehmen"). **(2)** Intensität des Wettbewerbs zum Verletzten in räumlicher, sachlicher und zeitlicher Hinsicht. **(3)** Ausmaß, Intensität, Häufigkeit und Auswirkungen möglicher künftiger Verletzungshandlungen. Sie wird indiziert durch die Schädlichkeit des bereits begangenen Verletzungs- bzw. Vorbereitungshandlung(en), die auch von den Umsätzen und Werbeaufwendungen des Verletzers abhängt (vgl. BGH GRUR 1998, 958 – Verbandsinteresse). **(4)** Intensität der Wiederholungsgefahr. Sie beurteilt sich nach dem Verschuldensgrad (BGH GRUR 1990, 1052 (1053) – Streitwertbemessung; KG WRP 2010, 789) bei der Verletzungshandlung und dem nachherigen Verhalten, ferner danach, ob bereits von Dritten Unterlassungstitel oder Unterwerfungserklärungen erwirkt wurden (soweit dadurch nicht schon die Wiederholungsgefahr weggefallen ist). Bei der Erstbegehungsgefahr kommt es insbes. auf die zu Tage tretende Einstellung an. **(5)** Nachahmungsgefahr. Sie hängt ua von der Auffälligkeit der Verletzungshandlung ab.

2. Klagen der in § 8 III Nr. 2–4 genannten Verbände

Hier ist zu unterscheiden, welche Interessen der klagende Verband konkret wahrnimmt. **4.7**

a) Qualifizierte Wirtschaftsverbände (§ 8 III Nr. 2). Da ihr Zweck darin besteht, die **4.8** Interessen ihrer gewerblichen oder selbstständigen beruflich tätigen Mitglieder zu fördern, und die Zuwiderhandlung die Interessen ihrer auf demselben Markt wie der Verletzer tätigen Mitglieder berühren muss, ist bei der Streitwertbemessung nicht das Allgemeininteresse maßgebend (so aber noch OLG Stuttgart WRP 1998, 229). Es sind aber auch nicht die Interessen der betroffenen Verbandsmitglieder zu addieren. Vielmehr ist das Interesse des Verbandes im Regelfall ebenso zu bewerten wie das eines gewichtigen Mitbewerbers (BGH GRUR 1998, 958 – Verbandsinteresse; OLG Celle WRP 2016, 738; OLG Köln BeckRS 2018, 28795; OLG München WRP 2008, 972 (976); LG Bonn WRP 2005, 640 (642)). Nimmt der Verband lediglich das Interesse eines bestimmten Mitbewerbers wahr, wofür die Kostendeckungszusage ein Indiz ist, kann dieses Interesse zu Grunde gelegt werden (insoweit zutr. OLG Stuttgart WRP 1998, 229).

4.9   **b) „Qualifizierte Einrichtungen" (Verbraucherverbände) (§ 8 III Nr. 3).** Bei ihnen ist das satzungsmäßig wahrgenommene Interesse der Verbraucher maßgebend (BGH GRUR-RR 2013, 528 Rn. 2; GRUR 2017, 212 Rn. 9). Es kommt also auf die gerade den Verbrauchern drohenden Nachteile an. Dieses Interesse kann uU erheblich höher liegen als das Interesse des Mitbewerbers, wie etwa bei Gesundheitsgefährdung oder unzulässiger Belästigung der Verbraucher (KG WRP 2010, 789; OLG Frankfurt K&R 2011, 806; OLG Karlsruhe MDR 2016, 1116). – Zur Streitwertbemessung bei Verbandsklagen gegen unzulässige AGB → UKlaG § 1 Rn. 20.

4.10   **c) Öffentlich-rechtliche Körperschaften und Gewerkschaften (§ 8 III Nr. 4).** Bei den Industrie- und Handelskammern, Handwerkskammern und anderen berufsständischen Körperschaften des öffentlichen Rechts (insbes. den Kammern der freien Berufe) ist auf die Interessen der von ihnen repräsentierten und von der Zuwiderhandlung betroffenen Unternehmen abzustellen. Zu Grunde zu legen ist das Interesse eines gewichtigen Mitbewerbers. Bei den Gewerkschaften kommt es auf das wirtschaftliche Interesse der betroffenen Mitglieder an.

3. Mehrheit von Klägern oder Beklagten

4.11   **a) Mehrheit von Klägern.** Bei Klagen mehrerer ist von dem Beteiligten mit dem höchsten Interesse auszugehen und ein Zuschlag in der Höhe vorzunehmen, der dem Interesse der übrigen Kläger entspricht, den titulierten Anspruch ggf. selbstständig geltend machen zu können (OLG Stuttgart WRP 1988, 632).

4.11a   **b) Mehrheit von Beklagten.** Im Grundsatz sind die Streitwerte der gegenüber mehreren Beklagten geltend gemachten Ansprüche zu addieren (vgl. § 5 ZPO). Wegen eines Wettbewerbsverstoßes gemeinsam auf Unterlassung in Anspruch genommene Beklagte sind nicht Gesamtschuldner, sondern schulden jeder für sich Unterlassung (BGH GRUR-RR 2008, 460 Rn. 8, 11; → § 8 Rn. 30). Im häufigen Fall der gemeinsamen Inanspruchnahme von **juristischen Personen und ihren gesetzlichen Vertretern** aufgrund ein- und derselben Verletzungshandlung ist allerdings für die gegenüber dem Organ verfolgten Ansprüche regelmäßig ein geringerer Streitwert festzusetzen, sofern es an Anhaltspunkten dafür fehlt, dass der Verletzungshandlung des Organs sowie der Gefahr zukünftiger Rechtsverstöße durch das Organ ein besonderes Gewicht zukommt (OLG Hamburg WRP 2013, 1674; 2018, 859). Der Grund hierfür liegt darin, dass mit einer solchen Klage in erster Linie das Ziel verfolgt wird, das unzulässige Handeln der juristischen Person (durch wen auch immer) zu unterbinden; die Klage gegen das Organ zielt hingegen auf unabhängig von der juristischen Person erfolgende Verstöße des Organs (vgl. BGH GRUR-RR 2008, 460 Rn. 11; GRUR 2012, 541 Rn. 9 – Titelschuldner im Zwangsvollstreckungsverfahren; OLG Hamburg WRP 2013, 1674). – Die vorstehenden Grundsätze gelten entsprechend für die gemeinsame Klage gegen eine **Gesellschaft bürgerlichen Rechts und ihre Gesellschafter** (OLG Düsseldorf GRUR-RS 2018, 23621).

II. Verfügungsverfahren

4.12   In der Vergangenheit war die Bemessung des Streitwerts im Verfahren des einstweiligen Rechtsschutzes sehr str. (vgl. Teplitzky Wettbewerbsrechtliche Ansprüche/Teplitzky, 10. Aufl. 2011, Kap. 49 Rn. 25 ff.; Goldmann WRP 2001, 240). Nunmehr ist in **§ 51 IV GKG** eine gesetzliche Regelung getroffen: Der sich aus § 51 II und III GKG ergebende Wert ist **„in der Regel unter Berücksichtigung der geringeren Bedeutung gegenüber der Hauptsache zu ermäßigen"**. Es sollen also im Vergleich zum Hauptsacheverfahren grds. niedrigere Werte festgelegt werden. In begründeten Einzelfällen soll aber auch eine Annäherung an den Wert der Hauptsache möglich sein (vgl. BT-Drs. 17/13057, 36). Dieser Grundsatz entspricht der früher hM (zB KG WRP 2005, 368; OLG Oldenburg WRP 1991, 602 (604); Ahrens Wettbewerbsprozess-HdB/Schmukle, 6. Aufl. 2009, Kap. 54 Rn. 36; Teplitzky Wettbewerbsrechtliche Ansprüche/Teplitzky, 10. Aufl. 2011, Kap. 49 Rn. 29; → 32. Aufl. 2014, Rn. 5.12). Er rechtfertigt sich daraus, dass das Verfügungsverfahren nur auf die **vorläufige Sicherung,** nicht aber auf eine Verwirklichung des Anspruchs gerichtet ist. Im Interesse der Praktikabilität und Rechtssicherheit sollte im Regelfall ein bestimmtes Wertverhältnis zu Grunde gelegt werden (KG WRP 2005, 368 (369)), ohne dass dadurch eine Einzelfallprüfung ausgeschlossen würde. Angemessen erscheint im Regelfall ein Abzug von einem **Drittel** vom Streitwert des Hauptsacheverfahrens (vgl. OLG Celle WRP 2016, 738; OLG Frankfurt WRP 2016, 368; KG WRP 2005, 368 (369);

OLG Rostock GRUR-RR 2009, 39; anders – Abzug von 20 % – OLG Hamburg WRP 2018, 495; Abzug von 1/4: OLG Stuttgart WRP 2016, 766; Abzug von 2/5: OLG Zweibrücken NJW-RR 2014, 1535 bzw. Abzug von 3/10: OLG Dresden MD 2015, 111 bzw. hälftiger Abschlag: OLG Dresden Magazindienst 2017, 163). Im **Einzelfall,** nämlich soweit das Verfügungsverfahren tatsächlich zu einer endgültigen Erledigung des Streits führt oder mit hoher Wahrscheinlichkeit führen wird, kann allerdings annähernd der gleiche Streitwert wie im Hauptsacheverfahren gelten (OLG Karlsruhe MDR 2016, 1116; OLG Düsseldorf GRUR-RS 2018, 23621; OLG Hamburg WRP 2018, 495).

III. Schadensersatzfeststellungsklage

Maßgebend ist das Interesse des Klägers an der die Verjährung unterbrechenden Feststellung, **4.13** dass ihm ein Schaden entstanden ist oder entstehen kann (BGH GRUR 1986, 93 (94) – Berufungssumme). Dabei ist auf Art, Umfang und erkennbare Auswirkungen der Verletzungshandlung im Hinblick auf die gegenwärtigen und künftigen Verhältnisse beim Verletzten abzustellen. Bei künftigen Schäden ist nicht nur die mögliche Schadenshöhe, sondern auch der Grad der Wahrscheinlichkeit eines Schadenseintritts zu berücksichtigen. Vielfach wird ein Bruchteil, idR zwischen 1/4 und 1/5, bisweilen auch zwischen 1/2 und 1/10, des Streitwerts der Unterlassungsklage zu Grunde gelegt, wobei aber bes. Umstände des Einzelfalls immer zu berücksichtigen sind (vgl. Teplitzky Wettbewerbsrechtliche Ansprüche/Feddersen Kap. 49 Rn. 32, 33; Harte-Bavendamm/Henning-Bodewig/Retzer/Tolkmitt Rn. 660). Zum Übergang von der Feststellungsklage zur bezifferten Leistungsklage vgl. BGH GRUR 1986, 93 (94) – Berufungssumme.

IV. Auskunfts- und Rechnungslegungsklage

Soweit diese Ansprüche als Hilfsansprüche zum Schadensersatzanspruch geltend gemacht **4.14** werden, wird dafür idR ein Bruchteil des Streitwerts der Feststellungsklage (idR zwischen 1/10 bis 1/2) zu Grunde gelegt (vgl. Harte-Bavendamm/Henning-Bodewig/Retzer/Tolkmitt Rn. 663); doch sind auch hier bes. Umstände des Einzelfalls zu berücksichtigen (Teplitzky Wettbewerbsrechtliche Ansprüche/Feddersen Kap. 49 Rn. 37; Ahrens Wettbewerbsprozess-HdB/Büttner Kap. 42 Rn. 60). Die Rechnungslegung dürfte idR höher zu bewerten sein als die bloße Auskunft. Beim selbstständigen Auskunftsanspruch ist das Interesse am Wert der Mitteilung maßgebend.

V. Vollstreckungsverfahren

Maßgebend ist das Interesse des Gläubigers an der Vollstreckung, das sich am Streitwert des **4.15** Erkenntnisverfahrens orientieren kann. Die Oberlandesgerichte gehen von Bruchteilen zwischen 1/3 bis 1/5 aus (vgl. OLG Stuttgart WRP 1982, 432 (433); OLG Karlsruhe WRP 1992, 198) und befürworten teilweise sogar Regelstreitwerte (OLG Hamburg WRP 1982, 592: 1/5). Doch sind die Umstände des Einzelfalls, insbes. die Schwere des Verstoßes, der Verschuldensgrad und die Wiederholungsgefahr, zu berücksichtigen. Zu Einzelheiten vgl. Harte-Bavendamm/Henning-Bodewig/Retzer/Tolkmitt Rn. 672 ff.

VI. Erledigung der Hauptsache

Bei **übereinstimmender** Erledigterklärung entspricht der Streitwert der Höhe der Kosten. **4.16** Bei **einseitiger** Erledigterklärung ist nach der Rspr. des BGH (GRUR 1990, 530 (531) – Unterwerfung durch Fernschreiben) der Streitwert nicht identisch mit dem ursprünglichen Streitwert (so aber zB OLG München MDR 1989, 73). Vielmehr ist das Interesse an der Feststellung der Erledigung maßgeblich und nach § 3 ZPO zu schätzen. Dabei ist regelmäßig, sofern nicht bes. Umstände vorliegen, das Kosteninteresse zu Grunde zu legen (Teplitzky Wettbewerbsrechtliche Ansprüche/Feddersen Kap. 49 Rn. 46; Harte-Bavendamm/Henning-Bodewig/Retzer/Tolkmitt Rn. 675). Nach aA (zB OLG München MDR 1995, 642) ist das Interesse des Klägers an der Feststellung, dass die Klage ursprünglich begründet war, maßgebend und vom ursprünglichen Streitwert ein Abschlag von 50 % vorzunehmen.

D. Streitwertbegünstigung (§ 12 III und IV)

I. Zweck

4.17   Wettbewerbssachen haben zumeist einen **hohen Streitwert.** Die daraus folgenden Prozess-kostenrisiken können die **wirtschaftlich schwächere Partei** derart belasten, dass ihre wirt-schaftliche Lage gefährdet wird und ihre Bereitschaft zur Rechtsdurchsetzung oder -verteidigung deutlich sinkt. Aus diesem Grund ist es bereits nach § 51 III GKG wertmindernd zu berück-sichtigen, wenn die Sache für den Beklagten geringere Bedeutung hat als für den Kläger. Im Hinblick darauf wurde die Regelung für eine allgemeine Streitwertherabsetzung in § 12 IV aF abgeschafft. Allerdings kann auch unter Berücksichtigung der beiderseitigen Interessen im Einzelfall ein Streitwert bzw. Gegenstandswert vergleichsweise hoch ausfallen. Dem will die Regelung über die **einseitige Streitwertbegünstigung der wirtschaftlich schwächeren Partei,** früher in § 12 IV und V, durch das Gesetz zur Stärkung des fairen Wettbewerbs (→ Rn. 0.1) aufgerückt in **§ 12 III und IV,** jeweils iVm **§ 51 V GKG** Rechnung tragen (vgl. BGH GRUR 2019, 850 Rn. 36 – Prozessfinanzierer II). Es handelt sich um eine Härteregelung, die weder verfassungsrechtlich (BVerfG NJW-RR 1991, 1134 zu § 23b UWG aF) noch unions-rechtlich (vgl. Gruber GRUR 2018, 585 (588)) Bedenken unterliegt und sich auch in anderen Gesetzen findet (→ Rn. 5.1). Das Gericht hat im Wege der Schätzung zunächst den **„vollen"** **Streitwert** nach **§ 3 ZPO** iVm **§ 51 II–III GKG** zu bestimmen. Es kann danach für eine wirtschaftlich schwache Partei auf deren Antrag hin eine Streitwertbegünstigung anordnen. Die Begünstigung betrifft nur den **Gebührenstreitwert.**

II. Anwendungsbereich

1. Ansprüche aus einem im UWG geregelten Rechtsverhältnis

4.18   Es muss ein **„Anspruch aus einem der in diesem Gesetz geregelten Rechtsverhält-nisse"** geltend gemacht werden. Dazu gehören nicht nur die Ansprüche aus den § 8 I, § 9, § 10 I, sondern auch der Anspruch auf Aufwendungsersatz nach § 13 III; **nicht** dagegen die An-sprüche aus einer strafbewehrten Unterlassungsverpflichtung, mag diese auch in § 13 I erwähnt sein (zum vergleichbaren Problem bei der sachlichen Zuständigkeit → § 14 Rn. 2 f.). Unschäd-lich ist es, wenn der Anspruch zusätzlich auf andere Rechtsgrundlagen gestützt wird oder ihm daraus stattgegeben wird (vgl. zum früheren Recht OLG Köln GRUR 1995, 446).

2. Verfahrensarten

4.19   § 12 III gilt für das **Klageverfahren** (einschließlich der negativen Feststellungsklage; KG GRUR 1988, 148) sowie das **Verfügungsverfahren** (arg. § 51 IV GKG; OLG Köln NJWE-WettbR 2000, 247) und zwar für alle Instanzen, **nicht** dagegen für das **Vollstreckungsver-fahren.** Mittelbar ist § 12 III auch bei der Berechnung der Kosten von Abmahnungen und Abschlussschreiben zu berücksichtigen.

III. Voraussetzungen und Umfang der Streitwertbegünstigung

4.20   Das Gericht kann die **Streitwertbegünstigung einer Partei** anordnen, wenn die Belastung mit den Prozesskosten (für die betreffende Instanz) nach dem vollen Streitwert ihre **wirtschaft-liche Lage erheblich gefährden** würde. Der Antrag kann jeweils nur von **einer** wirtschaftlich schwachen Partei gestellt werden (vgl. BT-Drs. 17/13057, 31). Theoretisch ist es zwar möglich, dass diese Gefahr beiden Parteien droht. Dieser Konstellation ist dann aber bereits bei der Streitwertbemessung Rechnung zu tragen. – Die Gewährung von **Prozesskostenhilfe** (§ 114 ZPO) ist unabhängig von der Streitwertbegünstigung möglich (vgl. BGH GRUR 1953, 123).

1. Erhebliche Gefährdung der wirtschaftlichen Lage

4.21   Anders als § 12 IV aF stellt § 12 III nicht auf die Untragbarkeit der Kostenbelastung nach dem vollen Streitwert, sondern auf die **erhebliche Gefährdung der wirtschaftlichen Lage** einer Partei ab. Davon ist nicht schon dann auszugehen, wenn die Partei sich in finanziellen Schwierig-keiten befindet, sofern ihr eine **Kreditaufnahme** möglich und zumutbar ist oder ein Dritter eine Prozesskostenübernahme zugesagt hat (aA Lindacher WRP 2017, 1068 (1069)). Vielmehr ist erforderlich, dass der Partei die **Insolvenz** drohen würde (vgl. OLG Stuttgart WRP 2016, 766). Eine Streitwertbegünstigung scheidet folgerichtig aus, wenn die betreffende Partei bereits endgültig vermögenslos ist (vgl. BGH GRUR 1953, 284 zum PatG). Die Partei muss die Gefährdung ihrer wirtschaftlichen Lage **glaubhaft** (§ 294 ZPO) machen. Dazu muss sie ihre Vermögens- und Einkommensverhältnisse offenlegen (zB durch Vorlage der Einkommens- oder Körperschaftssteuerbescheide der letzten Jahre), sofern sie dem Gericht nicht schon bekannt sind (BGH GRUR 1990, 1052 (1053) – Streitwertbemessung). Ggf. ist auch eine eidesstattliche Versicherung zur derzeitigen Vermögenslage erforderlich.

2. Ermessensentscheidung

Die Anordnung der Streitwertbegünstigung liegt im pflichtgemäßen **Ermessen** des Gerichts **4.22** („**kann**"). Die Entscheidung hat – anders als die Gewährung von Prozesskostenhilfe (§ 114 ZPO) – ohne Rücksicht auf die Frage des Obsiegens der wirtschaftlich schwachen Partei zu erfolgen (vgl. BGH GRUR 1990, 1052 (1053) – Streitwertbemessung). Dabei ist – wie schon bei der Anwendung des § 23 aF – zu berücksichtigen, dass zwar § 12 III der wirtschaftlich gefährdeten Partei die gebotene Rechtsverfolgung oder -verteidigung ermöglichen, nicht aber leichtfertiges Prozessieren erleichtern soll (OLG Koblenz GRUR 1988, 474 (475)). Daher kann auch ihr vorprozessuales und prozessuales Verhalten gewürdigt werden. So kann es eine Rolle spielen, wenn die Partei bei eindeutiger Rechtslage auf eine Abmahnung nicht reagiert und damit den Prozess auslöst (vgl. OLG Frankfurt GRUR-RR 2005, 296) oder wenn sich schon aus der Vorkorrespondenz ergibt, dass der Beklagte nicht passiv legitimiert ist (KG GRUR 1983, 673). Auch bei einer wirtschaftlich gefährdeten Partei soll noch das Kostenbewusstsein wachgehalten werden. Ihr soll ein gewisses Kostenrisiko in angemessenem Verhältnis zum normalen Risiko, zum erhöhten Risiko der anderen Partei und zu ihren Vermögensverhältnissen verbleiben. Je niedriger der volle Streitwert liegt, desto weniger wird eine Streitwertbegünstigung veranlasst sein. Bei Streitwerten bis zu 10.000 EUR wird sie praktisch ausscheiden (vgl. OLG Stuttgart WRP 2016, 766). Allerdings ist eine schematische Anwendung des § 12 III nicht angebracht (vgl. BGH GRUR 1994, 385 – Streitwertherabsetzung I). Ein Antrag nach § 12 III, dem sachfremde Erwägungen zugrunde liegen, kann keinen Erfolg haben (OLG Stuttgart ZIP 2016, 927; bestätigt durch BGH VersR 2017, 507 Rn. 22 f.). – Anders als bei § 12 IV aF kommt es nicht darauf an, ob die Sache nach Art und Umfang einfach gelagert ist.

3. Partei

§ 12 III unterscheidet nicht danach, wer Partei ist. Die Vorschrift gilt daher sowohl für den **4.23** Kläger als auch den Beklagten. Geht es um die **Streitwertbegünstigung für den Kläger,** so ist bei Unterlassungs- oder Beseitigungsklagen der nach § 8 III klagebefugten Personen und Verbände zu unterscheiden: **(1) Mitbewerber** iSd § 8 III Nr. 1 als Kläger: Hier ist zunächst zu fragen, ob es sich um eine natürliche oder juristische Person handelt. Bei wirtschaftlich schwachen juristischen Personen ist im Rahmen der Ermessensentscheidung (→ Rn. 4.22) zu berücksichtigen, ob es den dahinter stehenden natürlichen Personen (Gesellschaftern, Aktionären) zuzumuten ist, den Prozess zu finanzieren. **(2) Wirtschaftsverbände** iSd § 8 III Nr. 2 als Kläger: Hier ist zu berücksichtigen, dass sie von Haus aus über eine angemessene finanzielle Ausstattung verfügen müssen, um überhaupt klagebefugt zu sein (vgl. § 8b II Nr. 3). Sie müssen sich über ihre Mitglieder ausreichend finanzieren, um auch höhere Streitwerte ohne Streitwertbegünstigung „durchstehen" zu können (vgl. BGH GRUR 1998, 958 – Verbandsinteresse). Nur bei sehr hohen Streitwerten ist daher auch bei Wirtschaftsverbänden eine Streitwertbegünstigung angebracht, zumal sonst ihre auch im öffentlichen Interesse liegende Tätigkeit gerade bei wirtschaftlich bedeutenderen Streitigkeiten schwerwiegend behindert würde (vgl. BGH GRUR 1994, 385 – Streitwertherabsetzung I; GRUR 1994, 385 – Verbandsinteresse; WRP 2011, 752 Rn. 5 – Streitwertherabsetzung II). **(3) Verbraucherverbände** iSd § 8 III Nr. 3 als Kläger: Hier wird der Streitwert von den betroffenen Interessen der Verbraucher bestimmt. Da die finanzielle Ausstattung dieser – ausschließlich im öffentlichen Interesse – tätigen Verbände idR gering ist, gelten für sie weniger strenge Maßstäbe der Streitwertbegünstigung als bei Wirtschaftsverbänden. Um ihre Funktionsfähigkeit zu erhalten, kommt daher bei ihnen häufiger und in stärkerem Maße eine Streitwertbegünstigung in Betracht als bei Wirtschaftsverbänden (vgl. BGH WRP 2011, 752 Rn. 6 – Streitwertherabsetzung II: Herabsetzung von 120.000 auf 25.000 EUR; GRUR 2017, 288 Rn. 7; OLG Nürnberg BeckRS 2018, 2430). Bei der Festsetzung des Streitwerts und der Streitwertbegünstigung ist die jeweilige finanzielle Situation des

Verbraucherverbands, insbes. der ihm bewilligte Etat für Prozesskosten, zu berücksichtigen (BGH WRP 2011, 752 Rn. 8, 9 – Streitwertherabsetzung II; OLG Frankfurt BeckRS 2017, 144538).

4.24 Geht es um die **Streitwertbegünstigung für den Beklagten,** so ist zu unterscheiden, ob der Beklagte Unternehmensinhaber oder Dritter (insbes. Organ, Mitarbeiter oder Beauftragter) ist. Im letzteren Fall wird idR eine Streitwertbegünstigung in Betracht kommen. Ist der Beklagte Unternehmensinhaber, kommt es auf seine konkrete wirtschaftliche Situation an. Eine Streitwertbegünstigung kommt insbes. dann in Betracht, wenn es sich um einen **Kleinunternehmer** handelt, der einen Wettbewerbsverstoß aus Unkenntnis der einschlägigen Vorschriften begangen hat.

4. Umfang

4.25 Nach § 12 III 1 hat das Gericht, wenn es dem Antrag stattgibt, einen an die **Wirtschaftslage des Antragstellers angepassten** (Teil-)Streitwert festzusetzen. Abzustellen ist dabei auf die (voraussichtliche) Belastung mit den Gerichtskosten (und Anwaltsgebühren) nach dem vollen Streitwert. „Anpassen" bedeutet dabei eine Herabsetzung des Streitwerts auf einen Betrag, bei dem das Kostenrisiko unter Würdigung der gesamten Umstände (→ Rn. 4.22) noch zumutbar ist.

IV. Verfahren, Entscheidung und Rechtsmittel
1. Antrag

4.26 Die Streitwertbegünstigung setzt einen Antrag voraus (§ 12 III 1). Er kann durch die Partei schriftsätzlich oder nach § 12 IV 1 vor der Geschäftsstelle des Gerichts zur Niederschrift erklärt werden, unterliegt daher nicht dem Anwaltszwang (§ 78 III ZPO). Nach § 12 IV 2 ist der Antrag „vor der Verhandlung zur Hauptsache", also vor Stellung der Anträge (§ 137 I ZPO), zu stellen. Danach ist er nur zulässig, wenn der angenommene oder festgesetzte Streitwert später vom Gericht heraufgesetzt wird (§ 12 IV 3) oder wenn sich die wirtschaftliche Lage erst nach Stellung der Anträge verschlechtert hat. Der Antrag ist für jede Instanz gesondert zu stellen (OLG Karlsruhe GRUR 1962, 586), zumal sich die Voraussetzungen im und durch den Prozessverlauf ändern können. Die Entscheidung über die Streitwertbegünstigung kann also von Instanz zu Instanz unterschiedlich ausfallen. – Im Verfügungsverfahren kann der Antrag bis zur Verhandlung über den Widerspruch oder – bei Abschluss ohne mündliche Verhandlung – innerhalb angemessener Frist nach Streitwertfestsetzung gestellt werden (OLG Koblenz GRUR 1996, 139 (140)).

2. Entscheidung

4.27 Vor der Entscheidung ist der **Gegner zu hören** (§ 12 IV 4), wobei die Einschränkungen des § 117 II 2 ZPO zu berücksichtigen sind (Ströbele/Hacker/Thiering/Thiering, 13. Aufl. 2021, MarkenG § 142 Rn. 29). Die Entscheidung ergeht durch **Beschluss.** Die Anordnung der Streitwertbegünstigung erfolgt in der Weise, dass „die Verpflichtung dieser Partei zur Zahlung von Gerichtskosten sich nach einem ihrer Wirtschaftslage angepassten Teil des Streitwerts bemisst" (§ 12 III). Es wird also ein **Teilstreitwert** festgesetzt. Unter „Gerichtskosten" sind nur die streitwertabhängigen Gerichtsgebühren zu verstehen, nicht dagegen etwa Auslagen wie etwa Zahlungen an Sachverständige und Zeugen (OLG München GRUR 1960, 79 zum PatG). – Das Gericht kann seinen stattgebenden Beschluss auf Antrag der Gegenpartei oder eines Anwalts **abändern** oder **aufheben,** wenn sich die wirtschaftlichen Verhältnisse der begünstigten Partei maßgeblich **verbessern.** Verschlechtert sich die wirtschaftliche Lage einer Partei erst während einer Instanz im maßgeblichen Umfang, kann diese ggf. einen neuen Antrag stellen (Ingerl/Rohnke/Nordemann/Bröcker MarkenG § 142 Rn. 37).

3. Rechtsmittel

4.28 Gegen den Beschluss des Landgerichts ist die **Streitwertbeschwerde** nach § 68 GKG gegeben, nicht dagegen gegen den Beschluss des OLG (§ 68 I 5 GKG iVm § 66 III 3 GKG; BGH GRUR-RS 2021, 14956). **Beschwerdeberechtigt** sind die Parteien; ferner aus eigenem Recht deren Anwälte, und zwar sowohl der Anwalt der begünstigten Partei (OLG München NJW 1959, 52) als auch der gegnerische Anwalt (OLG Koblenz GRUR-RR 1996, 139). Denn Letzterer kann zwar von seiner Partei die Gebühren aus dem vollen Streitwert, aber, wenn die begünstigte Partei verliert, von dieser nur Gebühren nach dem Teilstreitwert fordern (§ 12 III 2 Nr. 2).

V. Rechtsfolgen

1. Begünstigte Partei unterliegt vollständig

Unterliegt die begünstigte Partei vollständig, so muss sie die Gerichtskosten (§ 12 III 1) – auch **4.29** soweit sie vom Gegner verauslagt wurden – (§ 12 III 2 Nr. 2), die Kosten ihres Anwalts (§ 12 III 2 Nr. 1) und die Kosten des gegnerischen Anwalts (§ 12 III 2 Nr. 2) nur nach dem **Teilstreitwert** bezahlen. Der Anwalt des Gegners kann aber seinen Gebührenanspruch gegen diesen nach dem vollen Streitwert berechnen.

2. Begünstigte Partei obsiegt vollständig

Obsiegt die begünstigte Partei vollständig, kann ihr Anwalt zwar seine Gebühren vom Gegner **4.30** nach dem für diesen geltenden Streitwert beitreiben (§ 12 III 2 Nr. 3), er trägt aber das Risiko von dessen Zahlungsunfähigkeit. Die Haftung der begünstigten Partei für die Gerichtskosten nach § 22 GKG berechnet sich ebenfalls nur nach dem Teilstreitwert.

3. Begünstigte Partei unterliegt teilweise

Unterliegt die begünstigte Partei teilweise und kommt es zu einer Kostenaufteilung (§ 92 **4.31** ZPO), so ist der Kostenausgleich nach dem Teilstreitwert zu berechnen. Jedoch kann der Anwalt der begünstigten Partei seinen Kostenerstattungsanspruch nach dem vollen Streitwert berechnen (§ 12 III 2 Nr. 3) und einen entsprechenden Kostenfestsetzungsantrag im eigenen Namen stellen. Der Gegner kann seinen anteiligen Erstattungsanspruch nur nach dem Teilstreitwert berechnen.

5. Abschnitt. Zwangsvollstreckung

Übersicht

Schrifttum: Ahrens, Der Wettbewerbsprozeß, 9. Aufl. 2021; Ahrens Wettbewerbsprozess-HdB/Spätgens, Einstweiliger Rechtsschutz und Vollstreckung in UWG-Sachen, 4. Aufl. 2001; Ahrens, Beseitigung kraft Unterlassungstitel: berechtigter Aufstand gegen den BGH? Zugleich Besprechung von BGH „Produkte zur Wundversorgung", GRUR 2018, 374; Ausschuss für Wettbewerbs- und Markenrecht der GRUR, „Zwischenruf" des Ausschusses für Wettbewerbs- und Markenrecht der GRUR zum Verhältnis von Unterlassung und Beseitigung im gewerblichen Rechtsschutz und insbesondere im Wettbewerbsrecht, GRUR 2017, 885; Borck, Ein letztes Mal noch: Zur Unterlassungsvollstreckung, WRP 1996, 656; v. Czettritz, Anmerkung zu einer Entscheidung des BGH, Beschluss vom 11.10.2017 (1 ZB 96/16) – Zum Umfang der Beseitigungsverpflichtung in einer einstweiligen Verfügung, PharmR 2018, 140; v Czettritz/Thewes, Rückrufverpflichtung in einstweiligen Verfügungsverfahren? PharmR 2017, 92; v.d. Groeben, Zuwiderhandlungen gegen die einstweilige Verfügung zwischen Verkündung und Vollziehung des Unterlassungsurteils, GRUR 1999, 674; A. Dissmann, Unterlassungsanspruch und Beseitigungsanspruch – Schnittmenge, Teilmenge oder doch gar zwei verschiedene Dinge? Eine kritische Auseinandersetzung mit den BGH-Entscheidungen Hot Sox und RESCUE TROPFEN, MarkenR 2017, 293; R. Dissmann, Unterlassung und Rückruf – die europäische Perspektive, GRUR 2017, 986; Feddersen, Unterlassen durch Beseitigen: Beseitigungshandlungen als Bestandteil des Unterlassungsanspruchs, FS W. Büscher, 2018, 471; Goldmann, Anmerkung zum Urteil des BGH vom 19.11.2015 (I ZR 109/14) – Zur Verpflichtung zum Rückruf wettbewerbsrechtlich zu beanstandender Produkte und dem nach § 945 ZPO ersatzfähigen Schaden, GRUR 2016, 724; Hall, Die Vollstreckung von deutschen Ordnungsgeldbeschlüssen in einem anderen EU-Mitgliedstaat, FS Bornkamm, 2014, 1045; Hermanns, Der Unterlassungsanspruch als verkappter Rückrufanspruch? Eine dogmatische Untersuchung der Ausdehnung tenorierter Unterlassungspflichten auf eine generelle Rückrufpflicht, GRUR 2017, 977; Hofmann, Beseitigungspflichten des lauterkeitsrechtlichen Unterlassungsschuldners, NJW 2018, 2157; Hofmann, Ordnungsmittel bei Mehrfachverstößen gegen Unterlassungstitel, NJW 2019, 2126; Husemann, Die aus einem Unterlassungsvertrag resultierenden Handlungspflichten, WRP 2017, 270; Lubberger, Zu Risiken und Nebenwirkungen kontaktieren Sie Ihren Anwalt oder Richter, Besprechung von BGH „Produkte zur Wundversorgung, GRUR 2018, 378; Meinhardt, Der Drops ist gelutscht – und jetzt? Überlegungen zum Umgang mit der jüngeren BGH-Rechtsprechung zu Beseitigungspflichten des Unterlassungsschuldners in der Praxis, WRP 2018, 527; Melullis, Handbuch des Wettbewerbsprozesses, 3. Aufl. 2000; Petersenn/Graber, Rückrufpflicht des Unterlassungsschuldners: Neue Rahmenbedingungen nach BGH-Urteil, GRUR-Prax 2018, 139; Rheineck, Rückrufpflichten des Unterlassungsschuldners?, WRP 1992, 753; Ruess, Vollstreckung aus Unterlassungstiteln – das Ende einer endlosen Diskussion, NJW 2004, 485; Sakowski, Schuldnerfalle Suchmaschinen-Cache, NJW 2016, 3623; Sakowski, Unterlassen durch Rückruf – „Hot Sox" und „RESCUE-Produkte" und die Folgen, GRUR 2017, 355; Schacht, Die Prüfung konkreter Unterlassungspflichten im Erkenntnisverfahren, WRP 2017, 1055; Schmidt, „und/oder"? Kein großer Fang mit „Schleppnetz-Anträgen", GRUR-Prax 2014, 71; Schmitt-Gaedke/Schmidt, Vollstreckung des Unterlassungstitels: Was hat der Schuldner zu unterlassen, was muss er tun? GRUR-Prax 2017, 343; Schmitt-Gaedke/Schmidt, Vollstreckung des Unterlassungsanspruchs: Die verfassungsrechtliche Dimension, GRUR-Prax 2018, 161; Sosnitza, Vom Fortsetzungszusammenhang zur natürlichen und rechtlichen Handlungseinheit – Vertragsstrafe und Ordnungsgeld, FS Lindacher, 2007, 161; Teplitzky, Wettbewerbsrechtliche Ansprüche und Verfahren, 11. Aufl. 2016, Kap. 57, 58; Voit, Zur Frage der Rückrufverpflichtung auf der Grundlage eines Unterlassungsanspruchs nach der Rescue-Tropfen-Entscheidung des Bundesgerichtshofs vom 29.9.2016, PharmR 2018, 1; Würtenberger/Freischem, Stellungnahme der GRUR in dem Verfassungsbeschwerde-Verfahren 1 BvR 396/18 betreffend den Beschluss des BGH vom 11.10.2018 – I ZB 96/16 – Produkte zur Wundversorgung, GRUR 2019, 1278.

A. Unterlassungstitel

I. Grundsatz

5.1 Die Vollstreckung aus Unterlassungstiteln (→ Rn. 5.2) erfolgt nur nach § 890 ZPO (str.). Sie setzt voraus: **(1)** vollstreckbarer Unterlassungstitel; **(2)** Ordnungsmittelandrohung durch Gericht; **(3)** Zustellung des Titels und der Androhung an den Schuldner; **(4)** schuldhafte Zuwiderhandlung durch den Schuldner.

II. Vollstreckbare Unterlassungstitel

5.2 Zu den vollstreckbaren Unterlassungstiteln gehören insbes.: **(1)** rechtskräftige oder vorläufig vollstreckbare Unterlassungsurteile im Klageverfahren; **(2)** einstweilige Verfügungen; **(3)** Prozessvergleiche (§ 794 I Nr. 1 ZPO); **(4)** Vergleiche vor Einigungsstellen (§ 15 VII 2); **(5)** notarielle Unterwerfungserklärungen (§ 794 I Nr. 5 ZPO); **(6)** vollstreckbare Anwaltsvergleiche (§§ 796a–796c ZPO). – Eine vollstreckbare Ausfertigung (§ 724 ZPO) ist bei der einstweiligen Verfügung nicht erforderlich (§§ 936, 929 I ZPO). Ist das Urteil nur gegen Sicherheitsleistung vorläufig vollstreckbar, so fehlt die Vollstreckbarkeit so lange, bis die Sicherheit geleistet ist;

vorherige Verstöße können nicht geahndet werden (OLG München GRUR 1990, 638; Krieger GRUR 1993, 598).

III. Androhung von Ordnungsmitteln

Sie erfolgt nur auf Antrag des Gläubigers (BGH GRUR 2018, 973 Rn. 7 ff. – Ordnungs- **5.3** mittelandrohung durch Schuldner), und zwar entweder – wie idR – zusammen mit dem Unterlassungsausspruch oder (zB bei Prozessvergleichen oder notariellen Unterwerfungserklärungen) in einem nachfolgenden Beschluss (§ 890 II ZPO). Der Gläubiger kann im Fall eines Prozessvergleichs den Antrag auch dann stellen, wenn der Schuldner im Vergleich eine Vertragsstrafe versprochen hat (BGH WRP 2014, 861 Rn. 19 – Ordnungsmittelandrohung nach Prozessvergleich). In den Prozessvergleich selbst kann die Androhung nicht wirksam aufgenommen werden, auch wenn das Gericht das Zustandekommen und den Inhalt des Vergleichs nach § 278 VI 2 ZPO feststellt (BGH GRUR 2012, 957 Rn. 7 ff. – Vergleichsschluss im schriftlichen Verfahren). Nur im Falle der Androhung durch Beschluss ist die Androhung eine Maßnahme der Zwangsvollstreckung und unterliegt der sofortigen Beschwerde (BGH GRUR 1991, 929 (931) – Fachliche Empfehlung II). Zwar muss nicht der Antrag, wohl aber die Androhung durch das Gericht Art und Höchstmaß (§ 890 I 2 ZPO) des für jeden Einzelfall angedrohten Ordnungsmittels konkret benennen (BGH GRUR 1995, 744 (749) – Feuer, Eis & Dynamit I; GRUR 2004, 264 (265) – Euro-Einführungsrabatt). Unschädlich ist es, wenn entgegen § 890 ZPO Ordnungsgeld und Ordnungshaft nicht alternativ, sondern kumulativ angedroht werden, weil dadurch kein Schutzinteresse des Schuldners berührt wird (BGH GRUR 2004, 264 (265) – Euro-Einführungsrabatt). Hat der Gläubiger nur Ordnungsgeld beantragt, so hat das Gericht von Amts wegen Ersatzordnungshaft anzuordnen (BGH GRUR 1993, 62 (63) – Kilopreise III). Die Androhung setzt nicht voraus, dass Zuwiderhandlungen begangen worden oder zu befürchten sind (OLG Saarbrücken WRP 1979, 235).

IV. Zuwiderhandlung

1. Objektiver Tatbestand

Der Schuldner muss dem Verbot zuwidergehandelt haben. Er muss also durch positives Tun **5.4** oder pflichtwidriges Unterlassen den Tatbestand des Verbots verwirklicht haben. Ob das Handeln eine Zuwiderhandlung darstellt, bestimmt sich nach der durch **Auslegung** zu ermittelnden Reichweite des Unterlassungstitels (ausf. Ahrens Wettbewerbsprozess-HdB/Ahrens Kap. 67 Rn. 1 ff.). Zur Auslegung der Urteilsformel können auch Tatbestand und Entscheidungsgründe (uU auch der höheren Instanz; BGH GRUR 1986, 325 (329) – Peters), erforderlichenfalls auch die Klage- oder Antragsbegründung herangezogen werden (BVerfG GRUR 2022, 1089 Rn. 19; BGH GRUR 2008, 702 Rn. 37 – Internet-Versteigerung III; GRUR 2010, 855 Rn. 17 – Folienrollos; GRUR 2017, 208 Rn. 22; 2023, 839 Rn. 9). Bei einem Anerkenntnisurteil ist mangels Begründung des Urteils ohnehin die der Klage heranzuziehen (OLG Stuttgart WRP 2005, 1191 (1192)). Nimmt das Urteil auf Zeichnungen usw Bezug, müssen diese körperlich mit dem Urteil verbunden sein, damit sie bei der Vollstreckung berücksichtigt werden können (BGH GRUR 1985, 1041 (1049) – Inkasso-Programm; zur ausnahmsweise zulässigen Bezugnahme auf nicht körperlich mit dem Titel verbundene Anlagen → Rn. 1.106). Entsprechendes gilt für solche einstweilige Verfügungen, deren Sinngehalt nur aus der Antragsschrift deutlich wird (BGH GRUR 2016, 406 Rn. 43 – Piadina-Rückruf). Der Verbotsumfang ist nicht auf die im Urteil beschriebene sog konkrete Verletzungsform begrenzt, es sei denn, dass das Verbot eng auf die konkrete Verletzungshandlung beschränkt ist (BGH GRUR 2010, 454 Rn. 12 – Klassenlotterie; KG WRP 2019, 635). Sofern der Titel das **Charakteristische** oder den **„Kern"** der Verletzungsform zweifelsfrei zum Ausdruck bringt, werden nicht nur die mit der verbotenen konkreten Verletzungsform identischen, sondern auch abgewandelte, aber im Kern gleichartige (aber nicht bloß ähnliche) Handlungsformen erfasst (BGH GRUR 2010, 253 Rn. 30 – Fischdosendeckel; GRUR 2010, 855 Rn. 17 – Folienrollos; GRUR 2023, 839 Rn. 10; OLG Frankfurt WRP 2018, 1108; krit. Lindacher FS Rüßmann, 2012, 567 (570)). Die Zuordnung einer Handlung zum Kernbereich des Verbots kommt allerdings nicht in Betracht, wenn sie **nicht Gegenstand der Prüfung** im Erkenntnisverfahren gewesen ist (BGH GRUR 2013, 1071 Rn. 14, 18 – Umsatzangaben; GRUR 2023, 839 Rn. 11; OLG Frankfurt WRP 2018, 243; 2017, 1241; OLG Hamm GRUR-RR 2017, 359; OLG Köln Magazindienst 2017, 1205; OLG München MD 2011, 642; zum Urheberrecht BGH GRUR 2013, 1235 Rn. 18 – Restwertbörse

II; BGH GRUR 2014, 706 Rn. 12 f. – Reichweite des Unterlassungsgebots), ebenso dann nicht, wenn sie zwar Gegenstand des Erkenntnisverfahrens war, das Gericht in den Gründen seiner Entscheidung jedoch **ausdrücklich offengelassen** hat, ob die Voraussetzungen eines (weiteren) Wettbewerbsverstoßes erfüllt sind (BGH GRUR 2023, 839 Rn. 11). Die Zugehörigkeit zum Verbotsbereich ist insbes. dann anzunehmen, wenn neben der in Bezug genommenen konkreten Verletzungshandlung zur Beschreibung abstrakt formulierte Merkmale verwendet werden. Sie haben dann die Funktion, den Kreis der Varianten näher zu bestimmen, die von dem Verbot als kerngleiche Handlungen erfasst sein sollen (BGH GRUR 2010, 855 Rn. 17 – Folienrollos). – Diese sog **Kerntheorie** ist verfassungsrechtlich unbedenklich (BVerfG GRUR 2007, 618 Rn. 20 – Organisationsverschulden; GRUR 2022, 1089 Rn. 22). Eine weiter gehende Titel-auslegung ist dagegen schon auf Grund des strafähnlichen Charakters der Ordnungsmittel des § 890 ZPO unstatthaft (BGH WRP 1989, 572 (574) – Bioäquivalenz-Werbung). Zweifel gehen zu Lasten des Titelinhabers, da er durch entspr. Antragsformulierung die notwendige Verall-gemeinerung des Verbots herbeiführen kann und das Vollstreckungsverfahren nicht mit Unge-wissheiten belastet werden soll, die besser im Erkenntnisverfahren geklärt werden. Unklarheiten des Titels können auch in einem neuen Hauptsacheprozess ausgeräumt werden, ohne dass die Möglichkeit der Vollstreckung aus diesem Titel entfiele (BGH GRUR 1952, 577 (579) – Zwilling). Die übliche „Und/oder"-Verknüpfung im Klageantrag kann dazu führen, dass das Verbot die hierdurch verbundenen Elemente auch isoliert erfasst (OLG Frankfurt GRUR-RR 2018, 387; vgl. auch Schmidt GRUR-Prax 2014, 71 ff.). – Die im Recht der Vertragsstrafe bedeutsame Frage, ob und inwieweit mehrere Einzelakte zu einer einzigen Zuwiderhandlung zusammengefasst werden können (→ § 13a Rn. 24 ff.), stellt sich bei der Ordnungsgeldfestset-zung nicht in gleicher Schärfe, weil das Gericht in der Festsetzung der Gesamtsanktion einen Ermessensspielraum hat, der eine angemessene Würdigung der Einzelakte ermöglicht. Daher können mehrere – auch fahrlässige – Verhaltensweisen zu einer **natürlichen Handlungseinheit** zusammengefasst werden, wenn sie auf Grund ihres räumlich-zeitlichen Zusammenhangs so eng miteinander verbunden sind, dass sie bei natürlicher Betrachtungsweise als ein einheitliches, zusammengehörendes Tun erscheinen (BGHZ 146, 318 (326) = GRUR 2001, 758 – Trainings-vertrag; BGH GRUR 2021, 767 Rn. 21; 2022, 1379 Rn. 33). Auf die früher verwendete Rechtsfigur des **Fortsetzungszusammenhangs** ist daher nicht mehr zurückzugreifen (vgl. BGH GRUR 2009, 427 Rn. 14 – Mehrfachverstoß gegen Unterlassungstitel; Teplitzky Wett-bewerbsrechtliche Ansprüche/Feddersen Kap. 57 Rn. 35; Sosnitza FS Lindacher, 2007, 161 (171)).

5.4a   Hat der Schuldner durch die nach dem Titel zu unterlassende Handlung einen **Störungs-zustand** verursacht, umfasst die Unterlassungspflicht auch die Vornahme möglicher und zumutbarer **Handlungen zur Beseitigung des Störungszustands** (BGH GRUR 2015, 258 Rn. 70 – CT-Paradies, zur vertraglichen Unterlassungspflicht; GRUR 2016, 720 Rn. 34 – Hot Sox; GRUR 2017, 208 Rn. 24; GRUR 2017, 823 Rn. 32 – Luftentfeuchter; GRUR 2018, 292 Rn. 17 ff. – die hiergegen gerichtete Verfassungsbeschwerde wurde nicht zur Entscheidung angenommen, BVerfG Beschluss v. 28.3.2022 – 1 BvR 396/18). In diesen Fällen erfordert die Einhaltung des Unterlassungsgebots die Vornahme der Beseitigungshandlung. Dazu zählt auch die **Einwirkung auf Dritte,** deren Handeln dem Schuldner wirtschaftlich zugutekommt und bei denen er mit (weiteren) Verstößen ernstlich rechnen muss (BGH GRUR 2014, 595 Rn. 26 – Vertragsstrafenklausel; GRUR 2015, 258 Rn. 70 – CT-Paradies; GRUR 2017, 208 Rn. 30; GRUR 2017, 823 Rn. 29 – Luftentfeuchter; GRUR 2018, 1183 Rn. 11). Auch eine **rein tatsächliche Einwirkungsmöglichkeit** muss genutzt werden (BGH GRUR 2017, 823 Rn. 29 – Luftentfeuchter; GRUR 2018, 292 Rn. 25). Hat der Schuldner nicht bereits im Erkennt-nisverfahren geltend gemacht, dass ihm die Vornahme von Beseitigungshandlungen **unmöglich oder unzumutbar** ist, erfolgt die entsprechende Prüfung im Vollstreckungsverfahren (BGH GRUR 2017, 208 Rn. 29). – **Beispiele:** Das Verbot einer rechtsverletzenden Angabe kann dazu verpflichten, auf die Beseitigung von Einträgen in Suchmaschinen oder Branchenverzeichnissen im Internet hinzuwirken (BGH GRUR 2014, 595 Rn. 29 – Vertragsstrafenklausel; (VI. ZS.) GRUR 2016, 104 Rn. 40; GRUR 2018, 1183 Rn. 13). Ist dem Schuldner der Vertrieb eines Produkts oder eine bestimmte Produktaufmachung oder -ausführung untersagt worden, hat er danach grundsätzlich durch einen Rückruf des Produkts dafür sorgen, dass bereits ausgelieferte Produkte von seinen Abnehmern nicht weiter vertrieben werden (BGH GRUR 2016, 406 Rn. 12, 28 und 52 – Piadina-Rückruf; GRUR 2017, 208 Rn. 30; 2017, 823 Rn. 32 – Luft-entfeuchter; OLG Hamburg GRUR-RR 2017, 464; OLG Zweibrücken GRUR 2000, 921; OLG Köln GRUR-RR 2008, 365; aA OLG Düsseldorf GRUR 2018, 855; 2019, 552). Ein

Autor, der (persönlichkeits-)rechtsverletzende Angaben in einem Buch zu unterlassen hat, ist hinsichtlich bereits an den Buchhandel ausgelieferter Exemplare zur Einwirkung mit dem Ziel der Störungsbeseitigung verpflichtet (VI. ZS: BGHZ 206, 347 Rn. 31 f. = NJW 2016, 789). Muss ein Lieferant damit rechnen, dass seine Abnehmer eine von ihm ausgehende unlautere Werbung fortsetzen, so muss er ggf. die Belieferung der Abnehmer von der Abgabe einer entspr. strafbewehrten Unterlassungserklärung und einer entspr. Bindung weiterer Zwischenhändler abhängig machen (KG WRP 1998, 627 (628)). Ein Handelsunternehmen muss dafür sorgen, dass verbotene wettbewerbswidrige Prospekte nicht in Filialen ausliegen (OLG Düsseldorf WRP 1993, 126). Der Schuldner muss verhindern, dass die von ihm beauftragte Werbeagentur eine verbotene Werbung fortsetzt (OLG Hamburg Magazindienst 2010, 312; OLG Köln Magazin-dienst 2001, 190 f.). – Ist dem Schuldner eine bestimmte Gestaltung seiner Homepage untersagt worden, so muss er nach Änderung der Homepage auch die entspr. Arbeitsschritte des Providers und deren Ergebnisse kontrollieren, um sicherzustellen, dass nur noch die Neufassung abrufbar ist (OLG Köln GRUR-RR 2001, 24). – Ist dem Schuldner eine Werbung verboten worden, so muss er die Rückgabe oder Vernichtung ausgegebenen Werbematerials veranlassen (OLG Hamburg GRUR 1989, 150). – Über die eigentliche Beseitigung einer irreführenden Angabe aus einer Produktbeschreibung hinaus muss der Schuldner Werbeadressaten über das ergangene Verbot informieren, wenn davon auszugehen ist, dass die irreführende Angabe andernfalls im Gedächtnis Dritter fortlebt (OLG Frankfurt GRUR 2018, 1085). – Muss ein Veranstalter damit rechnen, dass sein Mitveranstalter denselben Wettbewerbsverstoß begeht, so muss er sich eine effektive Kontrollmöglichkeit vertraglich vorbehalten (OLG Oldenburg WRP 2007, 361 (362). – Zur Pflicht zur Einwirkung auf Werbepartner KG GRUR 2022, 1541. – Weitere Beispiele → Rn. 5.7.

Die Rechtsprechung zu Beseitigungspflichten als Bestandteil der Unterlassungspflicht hat in **5.4b** der Literatur einige Kritik erfahren (vgl. → § 8 Rn. 1.82 ff.; Ausschuss für Wettbewerbs- und Markenrecht der GRUR GRUR 2017, 885; v. Czettritz/Thewes PharmR 2017, 92 (94); v. Czettritz PharmR 2018, 140; A. Dissmann MarkenR 2017, 293; Hermanns GRUR 2017, 977; Lubberger GRUR 2018, 378; Schmitt-Gaedke/Schmidt GRUR-Prax 2018, 161; Voit PharmR 2018, 1) **Der BGH hält daran jedoch zu Recht fest.** Die zur Umsetzung des Art. 10 Abs. 1 S. 2 lit. a und b RL 2004/48/EG (Durchsetzungs-RL) geschaffenen **spezialgesetzlichen Rückrufansprüche** stehen der Annahme entsprechender Handlungspflichten im nationalen Recht nicht entgegen (BGH GRUR 2018, 292 Rn. 29; Ahrens GRUR 2018, 374 (376); Feddersen FS Büscher, 2018, 471 (476 f.); aA Ausschuss für Marken- und Wettbewerbsrecht der GRUR, GRUR 2017, 885 f.). Dem **vollstreckungsrechtlichen Bestimmtheitsgebot** ist genügt, weil es sich um für den Schuldner vorhersehbare, aus der von ihm selbst vorgenommenen Verletzungshandlung abgeleitete Pflichten zur Störungsbeseitigung handelt (vgl. BVerfG GRUR 2022, 1089 Rn. 23 f.; BGH GRUR 2018, 292 Rn. 24; Ahrens GRUR 2018, 374 (376); aA A. Dissmann MarkenR 2017, 293 (296); Gaedke/Schmidt GRUR-Prax 2018, 161 (162 f.); Hermanns GRUR 2017, 977 (982 f.); Voit PharmR 2018, 1 (5)). Die Gestattung des Einwands der Unzumutbarkeit von Beseitigungshandlungen im Vollstreckungsverfahren sichert die **Einhaltung des Verhältnismäßigkeitsgrundsatzes** auch in den Fällen, in denen im Erkenntnisverfahren dieser Einwand nicht erhoben worden ist (BGH GRUR 2017, 208 Rn. 29; 2018, 292 Rn. 21; krit. Bornkamm → Rn. 1.83 f.; Hermanns GRUR 2017, 977 (980)). Dem Verbot der **Vorwegnahme der Hauptsache** im Eilverfahren kann ggf. durch Beschränkung auf reversible Maßnahmen Rechnung getragen werden (BGH GRUR 2018, 292 Rn. 34 ff.; Ahrens GRUR 2018, 374 (376 f.); aA Ausschuss für Wettbewerbs- und Markenrecht der GRUR GRUR 2017, 885 (887); v. Czettritz/Thewes PharmR 2017, 92 (94); v. Czettritz PharmR 2018, 140; A. Dissmann MarkenR 2017, 293 (296); Hermanns GRUR 2017, 977 (984)).

2. Verschulden

Die Zuwiderhandlung muss schuldhaft begangen sein (BGH GRUR 1987, 648 (649) – **5.5** Anwaltseilbrief). Das Verschuldenserfordernis zählt – neben dem Verhältnismäßigkeitsgrundsatz – zu den grundlegenden strafrechtlichen Prinzipien, denen die Verhängung eines Ordnungsmittels wegen seiner strafähnlichen Wirkung genügen muss (BGH GRUR 2017, 318 Rn. 19; 2022, 1379 Rn. 16).

a) Persönliches Verschulden. Der Schuldner selbst muss schuldhaft gehandelt haben **5.6** (BVerfGE 84, 82). Ein Verschulden von Hilfspersonen reicht nicht aus. Die §§ 278, 831 BGB und § 8 II sind daher nicht anwendbar (vgl. BGH GRUR 2014, 909 Rn. 11 – Ordnungsmittelandrohung nach Prozessvergleich). Eine **juristische Person** muss sich jedoch das Verschulden ihrer (uU wechselnden) Organe nach **§ 31 BGB** und ein etwaiges Organisationsverschulden zurechnen lassen (BVerfG GRUR 2007, 618 Rn. 11 – Organisationsverschulden; BGH GRUR 1991, 929 (931) – Fachliche Empfehlung II; OLG Zweibrücken GRUR 1988, 485 (486); OLG Nürnberg WRP 1999, 1184 (1185); OLG Frankfurt GRUR-RR 2016, 48; WRP 2018, 1108). Ist das Organ zugleich für eine andere juristische Person tätig und begeht es in dieser Eigenschaft einen Wettbewerbsverstoß, so reicht dies allerdings noch nicht aus, um ihn der verurteilten juristischen Person zuzurechnen (OLG Celle WRP 2013, 388 Rn. 7). – Ist **nur die juristische Person** zur Unterlassung verurteilt, so ist bei einer schuldhaften Zuwiderhandlung das Ordnungsgeld gegen die juristische Person und die ersatzweise bestimmte Ordnungshaft gegen das Organmitglied festzusetzen, das schuldhaft gegen das Verbot verstoßen hat (BGH GRUR 2012, 541 Rn. 7 – Titelschuldner im Zwangsvollstreckungsverfahren). Denn Ordnungsmittel gegen Organe können nur festgesetzt werden, wenn sie selbst zur Unterlassung verurteilt sind. Ist **neben der juristischen Person** auch ein Organ zur Unterlassung verurteilt und handelt dieses Organ im Rahmen der geschäftlichen Tätigkeit für die juristische Person dem Verbot zuwider, darf allerdings nur gegen die juristische Person ein Ordnungsgeld festgesetzt werden (BGH GRUR 2012, 541 Rn. 6–8 – Titelschuldner im Zwangsvollstreckungsverfahren). Dies macht aber die gesonderte Verurteilung eines Organs neben der juristischen Person nicht überflüssig. Die Festsetzung eines Ordnungsmittels gegen das Organ bleibt nämlich möglich, wenn das Handeln des Organs der juristischen Person nicht mehr nach § 31 BGB zurechenbar ist, etwa weil es die Zuwiderhandlung für einen eigenen Geschäftsbetrieb oder eine fremde juristische Person schuldhaft begangen hat (BGH GRUR 2012, 541 Rn. 9 – Titelschuldner im Zwangsvollstreckungsverfahren). Die gleichen Grundsätze sollten auch für den Fall gelten, dass – wie bei der GmbH & Co. KG – das Organ selbst eine juristische Person ist (Jestaedt GRUR 2012, 542 (543)). Denn mit der Funktion des Ordnungsmittels (→ Rn. 5.12) ist es nicht vereinbar, dass auf Grund der von einer natürlichen Person begangenen Zuwiderhandlung ein und dasselbe Ordnungsmittel gegen mehrere Personen festgesetzt wird. – Im Falle der Haftung des Unternehmers für das Handeln seiner **Mitarbeiter** und **Beauftragten** nach **§ 8 II** verbleibt es mangels einer Verschuldenszurechnung wie bei § 31 BGB allerdings bei der Möglichkeit, sowohl gegen das Unternehmen als auch den Mitarbeiter oder Beauftragten Ordnungsmittel festzusetzen (Jestaedt GRUR 2012, 542 (543)). – Ist Titelschuldner eine **GmbH,** so kann ein Ordnungsgeld nicht wegen einer Zuwiderhandlung durch eine (zu diesem Zweck gegründete) Nachfolgegesellschaft festgesetzt werden (OLG Frankfurt GRUR 1994, 668); wohl aber muss sich die GmbH das Handeln einer 100-%igen Tochtergesellschaft mit demselben Geschäftsführer zurechnen lassen, da sie deren Handeln rechtlich und tatsächlich steuern kann (OLG Celle WRP 2013, 388 Rn. 7, 8). – Ist auf Seiten des Schuldners eine **Rechtsnachfolge** (zB auf Grund Erbfall oder Verschmelzung) erfolgt, kann gegen Rechtsnachfolger nicht wegen einer Zuwiderhandlung des Rechtsvorgängers vollstreckt werden (OLG Köln GRUR-RR 2009, 192 (193)), weil es am persönlichen Verschulden fehlt.

5.7   **b) Verschuldensmaßstab.** Der Schuldner hat für Vorsatz und Fahrlässigkeit einzustehen. Auf einen vermeidbaren Verbotsirrtum kann sich der Schuldner nicht berufen (Ahrens Wettbewerbsprozess-HdB/Büttner Kap. 66 Rn. 76; vgl. auch OLG Naumburg GRUR 2005, 1071 zum Irrtum über Vollziehbarkeit einer eV). Entscheidend ist – wie beim Schadensersatzanspruch –, ob er bei gebotener Sorgfalt mit einer für ihn ungünstigen Beurteilung der Rechtslage durch das Gericht rechnen musste (vgl. Teplitzky Wettbewerbsrechtliche Ansprüche/Feddersen Kap. 57 Rn. 27 mwN). Fahrlässigkeit ist daher zu bejahen, wenn der Schuldner eine Zuwiderhandlung im Glauben begeht, das Unterlassungsgebot auf Grund einer eV sei noch nicht mit Wirksamwerden der eV zu beachten (BGHZ 180, 72 = GRUR 2009, 890 Rn. 18 = WRP 2009, 999 – Urteilsverfügung). Der Schuldner muss nicht nur alles unterlassen, was zu einer Verletzung führen kann, sondern auch alles tun, was im konkreten Fall erforderlich und zumutbar ist, um künftige Verletzungen zu verhindern (BGHZ 120, 73 (77 f.) = GRUR 1993, 415 – Straßenverengung; KG GRUR 1989, 707; KG WRP 1998, 627 (628); OLG Zweibrücken WRP 1989, 63 (64); OLG Frankfurt WRP 1992, 185; 1992, 800; GRUR-RR 2016, 48; OLG München GRUR 1993, 510; Ahrens Wettbewerbsprozess-HdB/Büttner Kap. 66 Rn. 71). Dazu gehört auch die **Einwirkung auf Dritte,** soweit deren Handeln dem Schuldner wirtschaftlich zugutekommt und bei denen er mit (weiteren) Verstößen ernstlich rechnen muss (zB Mitarbeiter; Mitveranstalter; Werbeagenturen; → Rn. 5.4a). Der Schuldner kann sich nicht darauf berufen, dass der Wettbewerbsverstoß ohne sein Zutun erfolgt sei. Zur Unterbindung von

Wettbewerbsverstößen durch Mitarbeiter und Beauftragte kann es gehören, auf sie durch Belehrungen und Anordnungen entspr. einzuwirken und deren Beachtung genau zu überwachen (KG WRP 2019, 1483; OLG Frankfurt WRP 2018, 245; 2018, 1108; OLG Zweibrücken GRUR 2000, 921; OLG Köln GRUR-RR 2001, 24). Die Belehrung hat grds. schriftlich zu erfolgen und muss auf die Nachteile aus einem Verstoß, sowohl hins. des Dienstverhältnisses (Kündigung) als auch der Zwangsvollstreckung, hinweisen (OLG Hamburg NJW-RR 1993, 1392; OLG Nürnberg WRP 1999, 1184 (1185)). Es reicht also nicht aus, Mitarbeiter oder Beauftragte (wie zB eine Werbeagentur) lediglich über den Inhalt des Titels zu informieren und sie zu einem entspr. Verhalten aufzufordern (OLG Nürnberg WRP 1999, 1184 (1185); LG Dresden WRP 1999, 250 Ls.; LG Bayreuth WRP 1999, 887). Vielmehr muss die Einhaltung der Anordnungen auch überwacht werden. Ggf. müssen angedrohte Sanktionen auch verhängt werden, um die Durchsetzung von Anordnungen sicherzustellen (LG Frankfurt WRP 2008, 691 (692)). Dafür trägt der Schuldner die Darlegungs- und Beweislast (LG Frankfurt WRP 2008, 691 (692)). Im Vollstreckungsverfahren ist zu prüfen, ob die Vornahme entsprechender Beseitigungshandlungen dem Schuldner **möglich und zumutbar** ist (BGH GRUR 2017, 208 Rn. 29; → Rn. 5.4a).

3. Beweislast

Die Zuwiderhandlung und das Verschulden sind vom Gläubiger nicht nur glaubhaft zu **5.8** machen, sondern zu beweisen (OLG Frankfurt K&R 2013, 750; OLG Nürnberg WRP 1999, 1184 (1185); Teplitzky Wettbewerbsrechtliche Ansprüche/Feddersen Kap. 57, 28; aA OLG Zweibrücken GRUR 1986, 839; WRP 1989, 63 (64)), wobei allerdings Beweislasterleichterungen (BGH GRUR 1963, 270 (271) – Bärenfang; OLG Frankfurt GRUR 1999, 371) bis hin zum Anscheinsbeweis (BVerfG WRP 1991, 611; OLG Dresden BeckRS 2018, 3664; Fischötter/ Wrage-Molkenthin FS Gaedertz, 1992, 181; Gloy/Loschelder/Danckwerts WettbR-HdB/Spätgens/Held § 112 Rn. 21) zulässig sind. Daher hat der Schuldner zB darzulegen, welche internen Maßnahmen (wann, wie, was) er unternommen hat, um die Missachtung des Titels durch seine Mitarbeiter zu verhindern (OLG Düsseldorf WRP 1993, 326; OLG Nürnberg WRP 1999, 1184 (1185); OLG Frankfurt GRUR-RR 2018, 387 und WRP 2018, 1108). – Ist der Schuldner nach § 3 iVm § 5 einschränkungslos verurteilt worden, muss er im Vollstreckungsverfahren nachweisen, dass ein von ihm gewählter Zusatz die Irreführung beseitigt (vgl. BGH GRUR 1992, 525 (526) – Professorenbezeichnung in der Arztwerbung II). –

V. Festsetzungsverfahren

1. Antrag

Die Festsetzung eines Ordnungsmittels („Verurteilung" iSd § 890 ZPO) setzt einen Antrag **5.9** des Gläubigers voraus (§ 890 I 1 ZPO). Der Schuldner hat keine Antragsbefugnis (BGH GRUR 2018, 973 Rn. 7 – Ordnungsmittelandrohung durch Schuldner). Der Antrag kann selbst dann gestellt werden, wenn der Gläubiger auch eine Vertragsstrafe geltend machen kann oder macht (BGH GRUR 2014, 909 Rn. 11 – Ordnungsmittelandrohung nach Prozessvergleich; OLG Karlsruhe WRP 1996, 445 (447)). Beim LG besteht Anwaltszwang, auch wenn aus einer Beschlussverfügung vollstreckt werden soll (str.). Der Antrag muss begründet, aber nicht bestimmt sein. Er kann bis zur Rechtskraft des Festsetzungsbeschlusses zurückgenommen werden; dieser ist dann nach § 269 III 1 ZPO analog für wirkungslos zu erklären (OLG Düsseldorf WRP 1988, 374). Gegenstand des Verfahrens ist nur die Zuwiderhandlung, auf die sich der Antrag bezieht. Später erfolgte oder bekannt gewordene Zuwiderhandlungen müssen durch einen neuen Antrag (ggf. in der Berufungsinstanz; OLG Stuttgart WRP 1990, 134) in das Verfahren einbezogen werden. Sind sowohl eine juristische Person als auch ihr Organ aus einem Vollstreckungstitel zur Unterlassung verpflichtet und handelt das Organ im Rahmen der Tätigkeit für die juristische Person dem Verbot zuwider, ist nur gegen die juristische Person ein Ordnungsgeld festzusetzen (BGH GRUR 2012, 541 Rn. 6 ff. – Titelschuldner im Zwangsvollstreckungsverfahren mAnm Jestaedt). Diese Grundsätze gelten aber nicht bei einem Titel, der sich sowohl gegen ein Unternehmen (§ 8 II) als auch gegen einen Mitarbeiter richtet, da insoweit eine Verschuldenszurechnung wie bei § 31 BGB ausscheidet. Insoweit bleibt die Verhängung eines Ordnungsgelds gegen den Mitarbeiter möglich.

2. Zuständigkeit

5.10   Zuständig ist ausschließlich (§ 802 ZPO) das Prozessgericht erster Instanz (§ 890 I 1 ZPO).

3. Entscheidung

5.11   Die Entscheidung kann ohne mündliche Verhandlung ergehen, jedoch ist dem Schuldner rechtliches Gehör zu gewähren (§ 891 ZPO). § 138 III ZPO ist anwendbar (OLG Düsseldorf NJW-RR 1991, 1088; aA Zöller/Stöber ZPO § 891 Rn. 1); grds. nicht dagegen § 296 ZPO (OLG Stuttgart WRP 1982, 53). Die Festsetzung des Ordnungsmittels erfolgt durch Beschluss, der zu begründen (Zuwiderhandlung; Zumessungserwägungen) und zuzustellen (§ 329 III ZPO) ist.

4. Bemessungsgrundsätze

5.12   Bei der Wahl und Bemessung der Ordnungsmittel steht dem Tatrichter ein Ermessen zu (BGH WRP 2004, 235 (239) – Euro-Einführungsrabatt). Die Bemessung hat sich am Zweck des Ordnungsmittels, nämlich künftigen Zuwiderhandlungen vorzubeugen und begangene Zuwiderhandlungen strafähnlich zu sanktionieren, zu orientieren (BGHZ 146, 318 (323) – Trainingsvertrag; BGH GRUR 2004, 264 (267) – Euro-Einführungsrabatt; GRUR 2012, 541 Rn. 9 – Titelschuldner im Zwangsvollstreckungsverfahren). Der für die Verhängung von Ordnungsmitteln wegen ihres strafähnlichen Charakters geltende Grundsatz der **Verhältnismäßigkeit** gebietet es, anderweitige Sanktionen des gleichen Verstoßes (Ordnungsmittel aus Paralleltiteln; bezahlte oder eingeklagte Vertragsstrafen) bei der Festsetzung oder Beitreibung zu berücksichtigen (BGH WRP 1998, 507 (509) – Behinderung der Jagdausübung; WRP 2014, 861 Rn. 14 – Ordnungsmittelandrohung nach Prozessvergleich; GRUR 2022, 1379 Rn. 16; Köhler WRP 1992, 359 (364); Hofmann NJW 2019, 2126 (2130)). – Anstelle des nur für die Verhängung von Kriminalstrafe geltenden Doppelbestrafungsverbots gem. Art. 103 Abs. 2 GG gilt für die Verhängung von Ordnungsmitteln das aus dem Rechtsstaatsprinzip (Art. 20 Abs. 3 GG) abzuleitende **außerstrafrechtliche Doppelahndungsverbot**. Dieses ist durch die wiederholte Festsetzung eines Ordnungsmittels verletzt, wenn die Festsetzung als evident ungerecht anzusehen ist, weil der Gegenstand einer späteren Festsetzung mit dem einer früheren nach Anlass, Ziel und Zweck der beanstandeten Maßnahme in allen Einzelheiten identisch ist (BGH GRUR 2022, 1379 Rn. 16). Es ist danach zulässig, gegen einen Unterlassungsschuldner zwei Ordnungsmittel zu verhängen, wenn er gegen das per einstweiliger Verfügung erlassene Verbot einer Produktkennzeichnung verstoßen hat, indem er seine Abnehmer nicht zur vorläufigen Einstellung des Vertriebs des rechtsverletzend gekennzeichneten Produkts aufgefordert hat, und auch nach Zustellung eines gleichlautenden Hauptsachetitels untätig geblieben ist (BGH GRUR 2022, 1379 Rn. 21, 28). – Ordnungshaft darf das Gericht nur anordnen, wenn ein Ordnungsgeld als Sanktion nicht ausreicht.

5.12a   Die **Höhe des Ordnungsmittels** bemisst sich nicht nach Bruchteilen des Unterlassungsstreitwerts (BGH GRUR 1994, 146 (147) – Vertragsstrafebemessung; Teplitzky Wettbewerbsrechtliche Ansprüche/Feddersen Kap. 57 Rn. 34; str.), sondern nach Art, Umfang und Dauer des Verstoßes sowie nach dem Verschuldensgrad, dem Vorteil für den Verletzer (zB Umsatzsteigerung) und der Gefährlichkeit für den Verletzten (BGH GRUR 1994, 146 (147) – Vertragsstrafebemessung; GRUR 2004, 264 (268) – Euro-Einführungsrabatt; GRUR 2017, 318 Rn. 17; OLG Hamm WRP 2000, 413 (417); OLG Stuttgart WRP 2005, 1191 (1192)). Mindestens ist der Gewinn aus der Verletzung abzuschöpfen (OLG Köln WRP 1987, 569; offengelassen in BGH GRUR 2004, 264 (268) – Euro-Einführungsrabatt), sofern ihn der Verletzte nicht für sich beanspruchen kann (Köhler WRP 1993, 666 (674)). Denn eine Titelverletzung soll sich für den Verletzer nicht lohnen (BGH GRUR 1994, 146 (147) – Vertragsstrafebemessung; GRUR 2004, 264 (268) – Euro-Einführungsrabatt). Auch sind die wirtschaftlichen Verhältnisse des Verletzers zu berücksichtigen (BGH GRUR 2017, 318 Rn. 19; OLG München WRP 1978, 72). Um sicherzustellen, dass das Ordnungsgeld in einem gerechten Verhältnis zur Schwere der Zuwiderhandlung und dem Verschulden des Zuwiderhandelnden steht, können die strafrechtlichen Regeln über die **Verhängung der Geldstrafe in Tagessätzen** (§ 40 StGB) entsprechend angewendet werden (BGH GRUR 2017, 318 Rn. 19; OLG Frankfurt ZD 2018, 288; OLG Köln GRUR-RR 2018, 219). Ein erneuter Verstoß nach erfolgter Festsetzung rechtfertigt eine erneute, einschneidendere Festsetzung. Ersatzordnungshaft (§ 890 I 1 ZPO) kann auch gegen juristische Personen und Personengesellschaften (OHG, KG) angedroht und festgesetzt werden,

allerdings nur mit der Maßgabe, dass sie an deren Organen zu vollziehen ist (BGH GRUR 1991, 929 (931) – Fachliche Empfehlung II; vgl. dazu auch BVerfG NJW-RR 2017, 957). Die Festsetzung setzt Verschulden des betreffenden Organs voraus (BGH GRUR 1991, 929 (931) – Fachliche Empfehlung II). – Bei mehreren rechtlich selbstständigen Zuwiderhandlungen sind die Einzelsanktionen zu addieren und nicht etwa ein Gesamtordnungsgeld nach §§ 53 ff. StGB analog festzusetzen (OLG Köln GRUR-RR 2007, 31 (32); Hofmann NJW 2019, 2126 (2129 f.); aA Harte-Bavendamm/Henning-Bodewig/Brüning Vor § 12 Rn. 322). Die analoge Anwendung der §§ 53 ff. StGB wäre im Hinblick darauf, dass Ordnungsmittel nicht nur strafähnlichen Charakter haben, sondern als zivilrechtliche Beugemaßnahme zugleich präventiv der Verhinderung künftiger Zuwiderhandlungen dienen (vgl. BGH GRUR 2022, 1379 Rn. 35), nicht interessengerecht (vgl. Schuschke WRP 2000, 1008 (1013)).

5. Rechtsmittel

5.13 Statthaft ist die sofortige Beschwerde (§ 793 ZPO), die aufschiebende Wirkung hat (BGH GRUR 2012, 427 Rn. 8 – Aufschiebende Wirkung I; GRUR-RR 2012, 496 – Aufschiebende Wirkung II). Es besteht Anwaltszwang (OLG Koblenz WRP 1985, 292). Der Gläubiger ist beschwert, wenn er sein Rechtsschutzziel nicht vollständig erreicht hat, also zB dann, wenn das von ihm beantragte Ordnungsgeld unterschritten wird (BGH GRUR 2015, 511 Rn. 11 ff.), aber auch dann, wenn das Gericht nicht sämtliche von mehreren, als Verstoß beanstandeten Verhaltensweisen für titelverletzend hält (OLG Frankfurt GRUR-RR 2018, 223).

VI. Titelfortfall

Schrifttum: Borck, Der Streit um den Titelfortfall und immer noch kein Ende, WRP 1994, 656; Melullis, Zur Unterlassungsvollstreckung aus erledigten Titeln, GRUR 1993, 241; Ruess, Vollstreckung aus Unterlassungstiteln bei Erledigung des Verfahrens – das Ende einer endlosen Diskussion, NJW 2004, 485.

1. Ausgangspunkt

5.14 Ausgangspunkt ist, dass mit dem Wegfall des Titels der (vorrangige) Beugezweck des Ordnungsmittels nicht mehr erreicht werden kann (sehr str.; vgl. Melullis GRUR 1993, 241).

2. Titelfortfall vor Zuwiderhandlung

5.15 Ordnungsmittel dürfen nicht mehr festgesetzt werden.

3. Titelfortfall nach Zuwiderhandlung

5.16 Bei einem rückwirkenden Titelfortfall (zB auf Grund Klagerücknahme, § 269 ZPO; Aufhebung einer einstweiligen Verfügung nach § 926 II ZPO) ist jede weitere Vollstreckung unzulässig (OLG Frankfurt NJW-RR 2011, 1290; OLG Köln WRP 1982, 429). Fällt der Titel ex nunc weg (zB bei Aufhebung nach § 927 ZPO; Prozessvergleich; übereinstimmende und uneingeschränkte Erledigterklärung; Ablauf der Verbotsfrist), so ist ebenfalls jede weitere Vollstreckung unzulässig (arg. § 775 Nr. 1 ZPO, § 776 ZPO; BGH GRUR 2004, 264 – Euro-Einführungsrabatt; Teplitzky Wettbewerbsrechtliche Ansprüche/Feddersen Kap. 57 Rn. 38; Ulrich WRP 1992, 147; OLG Düsseldorf GRUR 1992, 478; aA OLG Karlsruhe WRP 1992, 405; OLG Frankfurt WRP 1992, 717). Der Titel kann danach auch dann nicht mehr eine Grundlage für Vollstreckungsmaßnahmen sein, wenn die Zuwiderhandlung gegen das ausgesprochene Unterlassungsgebot zuvor begangen worden ist (BGH GRUR 2004, 264 (266) – Euro-Einführungsrabatt mwN auch zur Gegenansicht). Für den Gläubiger empfiehlt es sich daher, die Erledigterklärung auf die Zeit nach dem erledigenden Ereignis zu beschränken, wenn er wegen Zuwiderhandlungen vor dem erledigenden Ereignis vollstrecken möchte (BGH GRUR 2004, 264 (267) – Euro-Einführungsrabatt). Dies gilt auch für einen im Verfügungsverfahren erlassenen Unterlassungstitel. Ob die Parteien die Erledigung nur für die Zukunft erklärt haben, ist durch Auslegung unter Berücksichtigung der Interessenlage festzustellen. Im Zweifel ist dies aber anzunehmen (BGH GRUR 2004, 264 (267) – Euro-Einführungsrabatt). Für die Praxis empfiehlt sich eine ausdrückliche Erklärung. Haben die Parteien den Rechtsstreit für die Zukunft übereinstimmend für erledigt erklärt und stellen sie keine weitergehenden Anträge zum Unterlassungsantrag für die Vergangenheit, bleibt der Vollstreckungstitel für die Vergangenheit bestehen und es hat nur eine Kostenentscheidung nach § 91a ZPO zu ergehen (BGH GRUR 2016, 421

Rn. 25 – Erledigungserklärung nach Gesetzesänderung). – Das vorstehend Gesagte gilt auch für einen Verzicht auf den Titel (OLG Hamm WRP 1992, 338).

4. Titelfortfall nach Ordnungsmittelfestsetzung

5.17   Bei einem Titelwegfall ex tunc ist der Beschluss nach § 775 Nr. 1 ZPO, § 776 ZPO aufzuheben. Dies gilt auch dann, wenn der Ordnungsgeldbeschluss rechtskräftig geworden ist (OLG Köln GRUR 1992, 476 (477)). Auch wenn das Ordnungsgeld bereits bezahlt worden ist, ist eine Aufhebung noch möglich (OLG Hamm WRP 1990, 423; OLG Köln GRUR 1992, 476 (477)). Der Schuldner kann dann nach hM Rückzahlung von der Staatskasse verlangen. Ein ex nunc wirkender Titelfortfall infolge übereinstimmender Erledigungserklärung nur für die Zukunft berührt die Vollstreckung für zuvor begangene Verstöße nicht (BGH GRUR 2004, 264 (267) – Euro-Einführungsrabatt; GRUR 2016, 421 Rn. 25 – Erledigungserklärung nach Gesetzesänderung; → Rn. 5.16). Gleiches gilt, wenn nach Erhebung der Verjährungseinrede das Verfügungsverfahren (uneingeschränkt) einseitig für erledigt erklärt und sodann im Urteil die Feststellung der Erledigung ausgesprochen wird. Ein Ordnungsmittelbeschluss, der wegen eines in unverjährter Zeit begangenen Verstoßes erlassen und vollstreckt worden ist, unterliegt dann nicht der Aufhebung nach § 775 Nr. 1 ZPO, § 776 ZPO (BGH WRP 2012, 829).

VII. Einstweilige Einstellung der Zwangsvollstreckung nach §§ 719, 707 ZPO

5.18   Der Antrag kann auch noch in der Revisionsinstanz (§ 719 II ZPO) gestellt werden. Er jedoch abzulehnen, wenn der Schuldner in der Berufungsinstanz einen Vollstreckungsschutzantrag nach § 712 ZPO hätte stellen können (BGH GRUR 1992, 65 – Fehlender Vollstreckungsschutzantrag); ferner, wenn er den Antrag zwar gestellt, aber nicht substanziiert begründet hat, obwohl ihm dies damals schon möglich war (BGH GRUR 1991, 159 – Zwangsvollstreckungseinstellung; GRUR 1991, 943 – Einstellungsbegründung). – Im Falle eines Auskunftstitels steht ein Geheimhaltungsinteresse des Auskunftsschuldners der Vollstreckung grds. nicht entgegen, wenn im Titel die Gestattung enthalten ist, die Auskunft und Rechnungslegung gegenüber einer vom Auskunftsgläubiger auszuwählenden zur Berufsverschwiegenheit verpflichteten Person zu erbringen (BGH K&R 2014, 735 Rn. 10). – Bei einstweiligen Verfügungen ist die einstweilige Einstellung der Zwangsvollstreckung nach § 719 ZPO bzw. §§ 936, 924 III ZPO nur in Ausnahmefällen zuzulassen (OLG Koblenz WRP 1990, 366), insbes. dann, wenn der Titel (höchstwahrscheinlich) keinen Bestand haben wird (Klette GRUR 1982, 471).

VIII. Kosten

5.19   Die Kosten der Durchführung der Zwangsvollstreckung regeln sich nach § 788 ZPO (BGH GRUR 2020, 1346; OLG Köln WRP 1987, 569 (570); aA OLG Koblenz GRUR 1984, 838: §§ 91 ff. ZPO); Unbilligkeiten ist durch strenge Prüfung der Notwendigkeit und ggf. durch analoge Anwendung der §§ 91a, 269 III ZPO zu begegnen. Für die Kosten des Festsetzungsverfahrens gelten nach § 891 S. 3 ZPO die §§ 91 ff. ZPO. Wird auf einen unbezifferten Antrag des Gläubigers ein Ordnungsgeld festgesetzt, hat der Schuldner die Kosten gem. § 91 I 1 ZPO zu tragen. Hat der Gläubiger ein Ordnungsgeld in bestimmter Höhe oder Mindesthöhe beantragt und wird ein niedrigeres Ordnungsgeld festgesetzt, so sind die Kosten wegen Teilunterliegens des Gläubigers gem. § 92 I 1 ZPO zu quoteln (BGH GRUR 2015, 511 – Kostenquote bei beziffertem Ordnungsmittelantrag). – Zu den Kosten der Vollstreckung eines Besichtigungsanspruchs unter Hinzuziehung des Gerichtsvollziehers, eines Sachverständigen und Parteivertretern BGH GRUR 2020, 1346.

IX. Verjährung

5.20   Für die Vollstreckungsverjährung gilt nicht § 11, sondern die Spezialregelung in Art. 9 EGStGB (BGH NJW-RR 2019, 822 Rn. 11; GRUR 2021, 767 Rn. 58). Zwei Jahre nach Beendigung der Zuwiderhandlung dürfen Ordnungsmittel nicht mehr festgesetzt werden (Art. 9 I EGStGB, „Verfolgungsverjährung"); zwei Jahre nach Beginn der Vollstreckbarkeit eines Festsetzungsbeschlusses (§ 794 I Nr. 3 ZPO), dh nach Verkündung und Zustellung des Ordnungsmittelbeschlusses, ist die Vollstreckung eines Ordnungsmittels ausgeschlossen (Art. 9 II EGStGB, „Vollstreckungsverjährung"). Ein Neubeginn oder eine Hemmung der Verjährung ist ausgeschlossen (Teplitzky Wettbewerbsrechtliche Ansprüche/Feddersen Kap. 57 Rn. 62). Die

Verfolgungsverjährung nach Art. 9 I EGStGB kann, jedenfalls im Anwendungsbereich des § 890 ZPO, nicht mehr eintreten, wenn innerhalb der Zweijahresfrist ein Ordnungsmittel festgesetzt wird, auch wenn die Entscheidung nicht rechtskräftig ist (BGH GRUR 2005, 268 (269) – Verfolgungsverjährung; GRUR 2021, 767 Rn. 59; vgl. näher → § 11 Rn. 1.18 aE). Ist der Schuldner aus einem Unterlassungstitel zu einem positivem Tun verpflichtet (zB zu organisatorischen Maßnahmen), unterbleibt dies aber, so liegt ein Dauerverstoß vor und die Verjährungsfrist beginnt nicht zu laufen (OLG Hamburg WRP 2010, 421; aA KG MMR 2012, 106). Das Ruhen der Vollstreckungsverjährung ist in Art. 9 II 4 EGStGB abschließend geregelt (Vollstreckung kann nach dem Gesetz nicht begonnen oder fortgesetzt werden, Nr. 1; Vollstreckung ist ausgesetzt, Nr. 2; Zahlungserleichterung ist bewilligt, Nr. 3). Nicht ausdrücklich im Gesetz geregelte Ruhensgründe – etwa infolge unmittelbarer Anwendung des Freiheitsgrundrechts gem. Art. 2 II 1 GG – sind, weil der Rechtssicherheit im Vollstreckungsrecht besondere Bedeutung zukommt, nicht anzuerkennen; eine grundrechtlich gebotene Aussetzung setzt einen förmlichen Antrag des Schuldners nach Art. 9 II 4 Nr. 2 EGStGB voraus (BGH NJW-RR 2019, 822 Rn. 15; vgl. auch BGH WM 2013, 711: kein Ruhen der Verjährung im Inland während Vollstreckbarerklärungsverfahren für Auslandsvollstreckung). Die Einlegung der Beschwerde gegen die Ordnungsmittelfestsetzung, welche aufschiebende Wirkung hat (BGH GRUR 2012, 427 Rn. 10 – Aufschiebende Wirkung; GRUR-RR 2012, 496 Rn. 6), führt zum Ruhen der Vollstreckungsverjährung nach Art. 9 II 4 Nr. 1 EGStGB (BGH NJW-RR 2019, 822 Rn. 12).

X. Insolvenz des Schuldners

Während der Dauer des Insolvenzverfahrens über das Vermögen des Schuldners ist die Voll- **5.20a** streckung eines festgesetzten Ordnungsgelds – nach § 39 I Nr. 3 InsO nur nachrangig zu befriedigende Insolvenzforderung – nach § 89 I InsO unzulässig. Hingegen steht die Eröffnung des Insolvenzverfahrens der Vollstreckung einer ersatzweise angeordneten Ordnungshaft nicht entgegen (BGH NJW-RR 2019, 822 Rn. 9).

B. Sonstige Titel

I. Vertretbare Handlungen (§ 887 ZPO)

Dazu gehört ua die Entfernung oder Vernichtung von Gegenständen (zB gem. § 18 Mar- **5.21** kenG). Die Vollstreckung setzt nur objektive Nichterfüllung des Schuldners voraus. Kann die Handlung (zB Beseitigung eines Werbeschildes) nur mit Zustimmung eines Dritten (zB des Hauseigentümers) erfolgen, so muss dessen Zustimmung vorliegen; die bloße Verpflichtung hierzu reicht nicht aus (Teplitzky Wettbewerbsrechtliche Ansprüche/Kessen Kap. 58 Rn. 15; aA OLG Koblenz WRP 1982, 427). Zweckmäßigerweise ist daher der Dritte – etwa als Teilnehmer (§ 830 II BGB) – ebenfalls gerichtlich in Anspruch zu nehmen (Teplitzky Wettbewerbsrechtliche Ansprüche/Kessen Kap. 58 Rn. 16).

II. Unvertretbare Handlungen (§ 888 ZPO)

Dazu gehören ua Auskunft und Rechnungslegung (BGH GRUR 2009, 794 Rn. 20 – Aus- **5.22** kunft über Tintenpatronen). Bei der Auslegung eines Auskunftstitels kommt dem Grundsatz der Verhältnismäßigkeit besondere Bedeutung zu (BGH GRUR 2015, 1248 Rn. 19 zum Markenrecht). Ob der **Widerruf** nach § 888 ZPO oder nach § 894 ZPO zu vollstrecken ist, ist umstritten (→ § 8 Rn. 1.109). Die Zwangsmittel (Zwangsgeld, Zwangshaft) sind reine Beugemittel und können daher jederzeit durch Vornahme der geschuldeten Handlung abgewendet werden. Sie sind unzulässig, wenn der Schuldner zur Vornahme der Handlung außerstande ist, selbst wenn er sein Unvermögen schuldhaft herbeigeführt hat (BGH GRUR 2009, 794 Rn. 20 – Auskunft über Tintenpatronen, zum Sonderfall des prozessunfähigen natürlichen Person BGH NJW 2022, 393). Der Zulässigkeit steht jedoch nicht entgegen, dass der Schuldner unbekannten Aufenthalts ist (BGH NJW 2013, 2906 Rn. 12 – Zwangsmittelfestsetzung). Hängt die Vornahme einer Handlung (zB Auskunfterteilung) von der Mitwirkung eines Dritten (zB eines anderen Konzernunternehmens) ab, muss der Schuldner alles ihm Zumutbare tun, um den Dritten zu einer Mitwirkung (zB Mitteilung von Tatsachen) zu veranlassen, ggf. also auch gegen den Dritten Klage zu erheben (BGH GRUR 2009, 794 Rn. 21 – Auskunft über Tintenpatronen). Die dem Schuldner eingeräumte Befugnis, die Beitreibung eines festgesetzten Zwangsmittels durch die Vornahme oder den Nachweis einer Handlung abzuwenden, stellt keine nach § 888 II ZPO unzulässige Androhung von Zwangsmitteln dar (BGH GRUR 2009, 794 Rn. 29 – Auskunft über Tintenpatronen). Nach Rechtskraft des Beschlusses nach § 888 I ZPO muss der Einwand der Erfüllung oder der Unmöglichkeit durch Klage nach § 767 ZPO geltend gemacht werden. Die Anhängigkeit eines Zwangsmittelverfahrens, in dem der Schuldner den Erfüllungseinwand erhoben hat, steht der Erhebung einer auf diesen Einwand gestützten Klage nach § 767 ZPO wegen des weitergehenden Rechtsschutzziels nicht entgegen (BGH NJW-RR 2023, 66 Rn. 17 ff.). – Die Anhängigkeit eines Verfahrens zur Vollstreckung einer titulierten Auskunftsverpflichtung beseitigt nicht das Rechtsschutzbedürfnis für die Vollstreckung der titulierten Pflicht, die Richtigkeit und Vollständigkeit der erteilten Auskunft an Eides statt zu versichern (BGH GRUR 2023, 105 Rn. 21). – Zur Rechtskraftwirkung eines Zwangsgeldbeschlusses nach § 888 ZPO s. BGH GRUR 2018, 219 – Rechtskraft des Zwangsmittelbeschlusses).

III. Abgabe von Willenserklärungen (§ 894 ZPO)

5.23   Dazu gehört ua die Einwilligung in die Löschung von Registereintragungen. Zum Widerruf → § 8 Rn. 1.129 ff.

6. Abschnitt. Vorgehen bei grenzüberschreitenden Verstößen gegen EU-Verbraucherschutzrecht (EU-VSchDG)

Schrifttum: Alexander, Gemeinschaftsrechtliche Perspektiven der kollektiven Rechtsdurchsetzung, WRP 2009, 683; Köhler, Behördliche Durchsetzung des Lauterkeitsrechts – ein Aufgabe für das Bundeskartellamt?, WRP 2018, 519; Köhler, Behördliche Durchsetzung – auch im Lauterkeitsrecht? WRP 2020, 803; Lühmann, Kollektiver Rechtsschutz – Ein aktueller Überblick, NJW 2020, 1706; Podszun, Verbraucherrechtsdurchsetzung im Mix aus öffentlichem Recht und Zivilrecht: Die reformierte CPC-Verordnung, FS Harte-Bavendamm, 2020, 417; Weber, Gegenwärtige Verbraucherrechtsfälle und Bedarf an staatlicher Rechtsdurchsetzung, VuR 2013, 323; Wolf, Behördliche Durchsetzung des Lauterkeitsrechts zur Optimierung des Wettbewerbsschutzes, WRP 2019, 283.

A. Überblick

6.1   Bei grenzüberschreitenden Wettbewerbsverstößen ist, insbes. wenn der verantwortliche Unternehmer seinen Sitz im Ausland hat, die Rechtsdurchsetzung schwierig und nicht selten praktisch unmöglich. Dies wirkt sich nachteilig für die gesetzestreuen Unternehmer aus und beeinträchtigt die Bereitschaft der Verbraucher, grenzüberschreitende Angebote wahrzunehmen. Um wenigstens für den Bereich der innergemeinschaftlichen Verstöße gegen Gesetze zum Schutz der Verbraucherinteressen Abhilfe innerhalb der Gemeinschaft zu schaffen, wurde die

VO (EG) 2006/2004 über die Zusammenarbeit im Verbraucherschutz v. 27.10.2004 erlassen (→ Einl. Rn. 3.67 ff.). Ihr Ziel war es, die Zusammenarbeit zwischen den dafür zuständigen Behörden zu erleichtern und damit eine wirksame Bekämpfung von innergemeinschaftlichen Verstößen auf nationaler Ebene zu ermöglichen. Die Durchführung dieser VO erfolgte durch das **EG-Verbraucherschutzdurchsetzungsgesetz (VSchDG)** v. 21.12.2006. Da zu den Verbraucherschutzgesetzen auch lauterkeitsrechtliche Regelungen gehören, nämlich soweit sie die Richtlinie über irreführende und vergleichende Werbung, die Fernsehrichtlinie, die Richtlinie über den elektronischen Geschäftsverkehr und die Richtlinie über unlautere Geschäftspraktiken umsetzen, war seither bei der Verfolgung innergemeinschaftlicher Wettbewerbsverstöße, die kollektive Verbraucherinteressen beeinträchtigen, das VSchDG zu beachten. In Deutschland erfolgte bisher die Bekämpfung derartiger Verstöße – anders als in anderen Mitgliedstaaten der EU – nicht durch staatliche Behörden mit den Mitteln des Verwaltungsrechts, sondern durch Mitbewerber und Verbände mit den Mitteln des Zivilrechts. Auf Grund der positiven Erfahrungen mit diesem System der privaten Verbandsklage hatte sich der deutsche Gesetzgeber – ermächtigt durch Art. 8 III VO (EG) 2006/2004 – dabei für ein zweispuriges System (verwaltungsrechtliche und privatrechtliche Rechtsdurchsetzung) entschieden.

6.1a   **Seit dem 17.1.2020** gilt die **VO (EU) 2017/2394** des Europäischen Parlaments und des Rates vom 12.12.2017 über die Zusammenarbeit zwischen den für die Durchsetzung der Verbraucherschutzgesetze zuständigen nationalen Behörden und zur Aufhebung der VO (EG) 2006/2004 (Consumer Protection Cooperation-VO – CPC-VO), die an die Stelle der VO (EU) 2006/2004 getreten ist. Mit ihr soll die grenzüberschreitende Durchsetzung des Verbraucherrechts weiter gestärkt werden, nachdem sich die Vorgängerverordnung nach Auffassung des EU-Gesetzgebers als nicht hinreichend effektiv erwiesen hatte. Zu diesem Zweck sieht die VO (EU) 2017/2394 **weitgreifende Ermittlungs- und Durchsetzungskompetenzen der zuständigen Behörden** vor (→ Einl. Rn. 3.67 ff.; Podszun FS Harte-Bavendamm, 2020, 417; Köhler WRP 2020, 803). Hingegen kommt der Tätigkeit von privaten „benannten Stellen" (etwa Verbraucher- oder Unternehmensverbänden), auf die der deutsche Gesetzgeber unter Geltung der VO (EG) 2006/2004 maßgeblich gesetzt hatte, nach der Konzeption der VO (EU) 2017/2394 nurmehr eine sehr untergeordnete Bedeutung zu. Die Durchführung der VO (EU) 2017/2394 ist durch das **Gesetz zur Änderung des EU-Verbraucherschutzdurchsetzungsgesetzes sowie des Gesetzes über die Errichtung des Bundesamts der Justiz** vom 25.6.2020 (BGBl. 2020 I 1474) erfolgt.

6.1b   Welches materielle Recht auf den grenzüberschreitenden Verstoß gegen EU-Verbraucherschutzrecht im Einzelfall anwendbar ist, bestimmt sich weiterhin nach den Grundsätzen des **Internationalen Privatrechts** (vgl. Art. 2 II VO (EG) 2017/2394) und, soweit anwendbar, nach dem Herkunftslandprinzip. Geht es um grenzüberschreitende geschäftliche Handlungen eines in Deutschland ansässigen Unternehmens mit Auswirkungen auf die Verbraucher in einem anderen Mitgliedstaat wird idR nach dem Marktortprinzip das Recht dieses Mitgliedstaats anwendbar sein (→ Einl. Rn. 5.27 ff.).

B. Die für grenzüberschreitende Verstöße zuständige Behörde

6.2   Für die von der VO (EU) 2017/2394 erfassten „Verstöße innerhalb der Union, weitverbreiteten Verstöße und weitverbreiteten Verstößen mit Unions-Dimension" gegen Verbraucherschutzgesetze, die stets grenzüberschreitenden Charakter (vgl. Art. 3 Nr. 2–4 VO (EU) 2017/2394) haben, insbes. also für wettbewerbswidrige Handlungen gegenüber Verbrauchern, ist in den überwiegenden Fällen das **Bundesamt für Justiz** die „zuständige Behörde" (§ 2 Nr. 1a EU-VSchDG). Das Bundesministerium der Justiz und für Verbraucherschutz ist die Zentrale Verbindungsstelle für die inländische Koordinierung der Anwendung der VO (EU) 2017/2394 und für den Verkehr mit der Kommission und den zuständigen Behörden anderer Mitgliedstaaten (Art. 3 Nr. 6 III VO (EU) 2017/2394 und Art. 5 III VO (EU) 2017/2394; § 3 EU-VSchDG, § 8 EU-VSchDG).

C. Aufgaben der zuständigen Behörde

I. Tätigwerden auf Ersuchen einer zuständigen Behörde eines anderen Mitgliedstaates

6.3   Die deutsche zuständige Behörde wird auf Ersuchen einer zuständigen Behörde eines anderen Mitgliedstaates nach Art. 11 oder 12 VO (EG) 2006/2004 tätig. Das Ersuchen kann sich auf die Erteilung aller relevanten Auskünfte beziehen, die erforderlich sind, um festzustellen, ob ein Verstoß innerhalb der Union stattgefunden hat oder gerade stattfindet (**„Auskunftsersuchen"** iSv Art. 11 VO (EU) 2017/2394). Liegt zB der französischen Behörde eine Verbraucherbeschwerde vor, die darauf hindeutet, dass ein deutsches Unternehmen Verbraucher in Frankreich unter Verstoß gegen Verbraucherschutzgesetze geschädigt hat, so kann sie sich an die deutsche Behörde wenden, um nähere Informationen über den Vorgang zu erlangen. Die deutsche Behörde hat dann die entsprechenden Ermittlungen anzustellen, um die erbetenen Informationen zu beschaffen.

6.4   Das Ersuchen der ausländischen Behörde kann sich auch auf Durchsetzungsmaßnahmen beziehen, nämlich auf Maßnahmen, um die Einstellung oder ein Verbot des Verstoßes innerhalb der Union zu bewirken (**„Durchsetzungsersuchen"** iSv Art. 12 I VO (EU) 2017/2394). Um dieser Verpflichtung nachzukommen, hat die zuständige deutsche Behörde zwei Möglichkeiten: Sie trifft selbst oder durch die Befassung anderer Behörden die erforderlichen Maßnahmen (Art. 9 I lit. a und b VO (EU) 2017/2394). Oder aber sie beauftragt damit einen Dritten (Art. 7 und 10 I lit. c VO (EU) 2017/2394). Dazu → Rn. 6.10.

II. Tätigwerden von Amts wegen („ohne Ersuchen")

6.5   Stellt die deutsche zuständige Behörde einen unter die VO (EU) 2017/2394 fallenden Verstoß fest, so ist sie befugt, von sich aus Ermittlungen oder Verfahren einzuleiten, um die Einstellung oder Untersagung von Verstößen zu bewirken (Art. 9 VI VO (EU) 2017/2394). Außerdem wirkt die deutsche zuständige Behörde am koordinierten Ermittlungs- und Durchsetzungsmechanismus und dem dazu erforderlichen Informationsaustausch mit (Art. 15 ff. VO (EU) 2017/2394).

D. Befugnisse der zuständigen Behörde

I. Allgemeines

6.6   Die Befugnisse der zuständigen Behörde sind in Art. 9 VO (EU) 2017/2394 geregelt. Dazu gehören Ermittlungs- und Durchsetzungsmaßnahmen. In der Sache ähneln diese Befugnisse denen der Kartellbehörden bei der Durchsetzung des Kartellrechts (vgl. §§ 54 ff. GWB).

II. Befugnisse zur Feststellung von Verstößen

6.7   Zur Feststellung von Verstößen hat die Behörde nach Art. 9 VO (EU) 2017/2394 **weitreichende Befugnisse,** darunter insbesondere folgende: Sie kann von jeglichen natürlichen oder juristischen Personen, Behörden, Stellen und Agenturen in ihrem Mitgliedstaat die Bereitstellung aller relevanten Informationen, Daten oder Dokumente verlangen, einschließlich der Rückverfolgung von Daten- und Finanzströmen (Art. 9 III lit. b VO (EU) 2017/2394 iVm § 6 I EU-VSchDG), Durchsuchungen und Sicherstellungen durchführen (Art. 9 III lit. C VO (EU) 2017/2394 iVm § 6 II EU-VSchDG oder Testkäufe (auch mit verdeckter Identität) vornehmen (Art. 9 III lit. D VO (EU) 2017/2394). Schuldhafte Zuwiderhandlungen gegen eine vollziehbare Anordnung nach Art. 9 III lit. a, b oder c VO (EU) 2017/2394 werden als **Ordnungswidrigkeiten** geahndet (§ 9 EU-VSchDG). Außerdem ist eine **Vollstreckung** durch Festsetzung eines Zwangsgelds möglich (§ 10 EU-VSchDG).

III. Befugnisse zur Beseitigung und Verhütung von Verstößen

6.8   Zur Beseitigung und Verhütung von Verstößen kann die Behörde den verantwortlichen Unternehmer verpflichten, einen festgestellten Verstoß zu beseitigen oder künftige Verstöße zu unterlassen (Art. 9 IV lit. e und f VO (EU) 2017/2394). Nach Art. 9 IV lit. g VO (EU) 2017/2394 hat die zuständige Behörde, wenn keine anderen wirksamen Mittel zur Verfügung stehen, die Befugnis, Inhalte von Online-Schnittstellen zu entfernen, den Zugang zu einer Online-Schnittstelle zu beschränken oder anzuordnen, dass beim Zugriff auf die Online-Schnittstelle ein Warnhinweis angezeigt wird. Hierzu kann die Behörde auch Hosting-Anbieter in Anspruch nehmen und von Registrierungsstellen die Entfernung von Domainnamen verlangen. Nach Auffassung des deutschen Gesetzgebers bedurfte es insoweit keiner besonderen inländischen Ermächtigungsnorm (vgl. BT-Drs. 19/16781, 28 f.). Vor dem Tätigwerden muss die Behörde nach den Grundsätzen des **Internationalen Privatrechts** und, soweit anwendbar, nach dem Herkunftslandprinzip klären, welches mitgliedstaatliche Recht auf den Verstoß anwendbar ist, nämlich idR das Recht des ausländischen Marktortes. Eine **Vollstreckung** ist durch Festsetzung eines Zwangsgelds möglich (§ 10 EU-VSchDG).

E. Gerichtliche Überprüfung behördlicher Entscheidungen

Gegen Beseitigungs- oder Unterlassungsanordnungen der Behörde nach Art. 9 IV lit. a VO **6.9** (EU) 2017/2394, Entscheidungen der Behörde nach Art. 9 IV lit. e und VII VO (EU) 2017/2394 sowie damit zusammenhängenden Bußgeld- oder Vollstreckungsentscheidungen ist die **Beschwerde** zulässig (§ 13 I Nr. 1 und 2 EU-VSchDG), über die ausschließlich das für den Sitz der zuständigen Behörde zuständige **Landgericht** entscheidet (§ 13 IV EU-VSchDG). Die Beschwerde ist innerhalb eines Monats bei der zuständigen Behörde schriftlich einzureichen und innerhalb eines weiteren Monats zu begründen (§ 15 I, III EU-VSchDG). Die Beschwerde hat aufschiebende Wirkung (§ 14 I EU-VSchDG), jedoch kann die Behörde die sofortige Vollziehung anordnen, soweit dies im öffentlichen Interesse geboten ist (§ 14 II EU-VSchDG). Das Beschwerdegericht erforscht den Sachverhalt von Amts wegen (§ 19 I EU-VSchDG) und entscheidet durch Beschluss (§ 20 EU-VSchDG). Gegen den Beschluss findet die **Rechtsbeschwerde** an den Bundesgerichtshof statt, wenn das Landgericht sie zugelassen hat (§ 24 EU-VSchDG). Die Nichtzulassung kann mit der Nichtzulassungsbeschwerde angefochten werden, über die der Bundesgerichtshof entscheidet (§ 25 EU-VSchDG). – Das Landgericht kann auf Antrag, auch schon vor Klageerhebung, eine **einstweilige Anordnung** treffen, die in der Sache einer einstweiligen Verfügung im Zivilprozessrecht entspricht (§ 23 EU-VSchDG). – Im Übrigen richtet sich die Anfechtbarkeit von Entscheidungen der Behörde nach dem Verwaltungsverfahrensrecht (§ 13 I 2 EU-VSchDG).

F. Beauftragung Dritter zur zivilrechtlichen Rechtsdurchsetzung

I. Kein Vorrang der Beauftragung Dritter vor eigener Entscheidung der zuständigen Behörde

Nach § 7 I EU-VSchDG aF sollte die Behörde, bevor sie eine Entscheidung erlässt, eine in **6.10** § 3 I 1 Nr. 1–3 UKlaG oder in § 8 III Nr. 2–4 UWG genannte Stelle beauftragen, nach § 4a UKlaG, auch iVm § 8 V 2 Hs. 2 UWG, auf das Abstellen innergemeinschaftlicher Verstöße hinzuwirken. Durch diese von Art. 8 III VO (EG) 2006/2004 ermöglichte und begrenzte Regelung wollte der Gesetzgeber der deutschen Rechtstradition Rechnung tragen, die den Schutz der Verbraucherinteressen den privaten Wirtschafts- und Verbraucherverbänden überlässt. Der Konzeption der VO (EU) 2017/2394 folgend, die primär auf eine behördliche Ermittlung und Rechtsdurchsetzung abstellt, ist nach § 7 I EU-VSchDG nF **ein solcher Vorrang nicht mehr vorgesehen.** Die Behörde steht vielmehr unter keinem rechtlichen Zwang, Dritte nach Art. 7 I VO (EU) 2017/2394 zu beauftragen, sondern hat insoweit Handlungsspielraum, um den Erfordernissen des jeweiligen Einzelfalls gerecht werden zu können (vgl. BT-Drs. 19/16781, 31).

II. Vorherige Abstimmung mit der ersuchenden Behörde

Wird die deutsche zuständige Behörde von einer ausländischen Behörde zum Einschreiten **6.11** ersucht, so darf die Beauftragung einer „benannten Stelle" nach Art. 7 I 2 VO (EU) 2017/2394 nur in Abstimmung mit der ersuchenden Behörde und etwaig beteiligten weiteren Behörden erfolgen. Dabei muss Einigkeit darüber erzielt werden, dass die Beauftragung des Dritten mindestens ebenso effizient und wirksam ist wie das Tätigwerden der Behörde selbst. (Hinter der Regelung verbirgt sich das Misstrauen des europäischen Gesetzgebers gegenüber der Einschaltung privater Verbände zur Bekämpfung von Verstößen.) Im Falle der Anweisung einer „benannten Stelle" muss die anweisende Behörde alle erforderlichen Maßnahmen treffen, um eine Offenlegung vertraulicher Informationen zu verhindern (Art. 7 IV VO (EU) 2017/2394). Kommt es zu keiner Einigung, kann die ersuchte Behörde die Angelegenheit nach Art. 8 II 2 VO (EU) 2017/2394 an die Kommission verweisen.

III. Allgemeine Voraussetzungen für eine Beauftragung Dritter

6.12   Nur eine in § 3 I 1 Nr. 1–3 UKlaG oder in § 8 III Nr. 2–4 UWG genannte und gem. Art. 3 Nr. 8, Art. 8 I lit. a VO (EU) 2017/2394 benannte Stelle darf beauftragt werden (§ 7 I 1 EU-VSchDG; vgl. auch KG WRP 2012, 102 Rn. 36). Es sind dies die darin genannten Wirtschaftsverbände, Verbraucherverbände und Industrie- und Handelskammern und Handwerkskammern. Das in § 7 II 1 Nr. 1 EU-VSchDG aF vorgesehene Erfordernis, dass der „beauftragte Dritte" hinreichende Gewähr für die ordnungsgemäße Erfüllung der Aufgabe bieten und einwilligen muss, ist gestrichen worden, weil im Falle eines Unternehmens, das diese Gewähr nicht bietet oder nicht zugestimmt hat, die Voraussetzungen des Art. 7 I VO (EU) 2017/2394 schon nicht vorliegen (vgl. BT-Drs. 19/16781, 32). Die nach § 2 Nr. 1 oder 2 EU-VSchDG zuständige Behörde kann **Rahmenvereinbarungen** über eine allgemeine Beauftragung schließen (§ 7 III EU-VSchDG). In der Praxis kommen dafür namentlich die **Wettbewerbszentrale** und die Verbraucherverbände, insbes. der Bundesverband der Verbraucherzentralen **(vzbv)**, in Betracht. Dementsprechend kam es zu einer Rahmenvereinbarung zwischen dem BVL, dem vzbv und der Wettbewerbszentrale v. 30.5.2008 (BAnz. Ausgabe Nr. 90 v. 19.6.2008, 2145).

IV. Tätigwerden des Dritten

6.13   Der „beauftragte Dritte" handelt im eigenen Namen (§ 7 I 2 EU-VSchDG). Er wird gewissermaßen als selbstständiger **„Verwaltungshelfer"** tätig. Das Vorgehen erfolgt, wie auch sonst, durch Abmahnung und Unterlassungsklage. Der Unterlassungsanspruch des Dritten bei innergemeinschaftlichen Verstößen ergibt sich aus § 4a UKlaG. Dabei ist nach den Grundsätzen des Internationalen Privatrechts und, soweit anwendbar, nach dem Herkunftslandprinzip zu prüfen, welches nationale Recht auf den jeweiligen innergemeinschaftlichen Verstoß anzuwenden ist. Dem beauftragten Dritten stehen keine eigenen Ermittlungsbefugnisse zu. Eigene Auskunftsansprüche hat der beauftragte Dritte nur, soweit sie gesetzlich vorgesehen sind (§ 13 UKlaG; § 8 V 1 UWG). – Der Dritte kann allerdings auch ohne Beauftragung, also von sich aus, auf der Grundlage des § 4a UKlaG gegen innergemeinschaftliche Verstöße vorgehen.

Abmahnung; Unterlassungsverpflichtung; Haftung

13 (1) Die zur Geltendmachung eines Unterlassungsanspruchs Berechtigten sollen den Schuldner vor der Einleitung eines gerichtlichen Verfahrens abmahnen und ihm Gelegenheit geben, den Streit durch Abgabe einer mit einer angemessenen Vertragsstrafe bewehrten Unterlassungsverpflichtung beizulegen.

(2) In der Abmahnung muss klar und verständlich angegeben werden:

1. Name oder Firma des Abmahnenden sowie im Fall einer Vertretung zusätzlich Name oder Firma des Vertreters,

2. die Voraussetzungen der Anspruchsberechtigung nach § 8 Absatz 3,

3. ob und in welcher Höhe ein Aufwendungsersatzanspruch geltend gemacht wird und wie sich dieser berechnet,

4. die Rechtsverletzung unter Angabe der tatsächlichen Umstände,

5. in den Fällen des Absatzes 4, dass der Anspruch auf Aufwendungsersatz ausgeschlossen ist.

(3) Soweit die Abmahnung berechtigt ist und den Anforderungen des Absatzes 2 entspricht, kann der Abmahnende vom Abgemahnten Ersatz der erforderlichen Aufwendungen verlangen.

(4) Der Anspruch auf Ersatz der erforderlichen Aufwendungen nach Absatz 3 ist für Anspruchsberechtigte nach § 8 Absatz 3 Nummer 1 ausgeschlossen bei

1. im elektronischen Geschäftsverkehr oder in Telemedien begangenen Verstößen gegen gesetzliche Informations- und Kennzeichnungspflichten oder

2. sonstigen Verstößen gegen die Verordnung (EU) 2016/679 des Europäischen Parlaments und des Rates vom 27. April 2016 zum Schutz natürlicher Personen bei der Verarbeitung personenbezogener Daten, zum freien Datenverkehr und zur Aufhebung der Richtlinie 95/46/EG (Datenschutz-Grundverordnung) (ABl. L 119 vom 4.5.2016, S. 1; L 314 vom 22.11.2016, S. 72; L 127 vom 23.5.2018, S. 2) und das Bundesdatenschutzgesetz durch Unternehmen sowie gewerblich tätige Vereine, sofern sie in der Regel weniger als 250 Mitarbeiter beschäftigen.

(5) ¹Soweit die Abmahnung unberechtigt ist oder nicht den Anforderungen des Absatzes 2 entspricht oder soweit entgegen Absatz 4 ein Anspruch auf Aufwendungsersatz geltend gemacht wird, hat der Abgemahnte gegen den Abmahnenden einen Anspruch auf Ersatz der für seine Rechtsverteidigung erforderlichen Aufwendungen. ²Der Anspruch nach Satz 1 ist beschränkt auf die Höhe des Aufwendungsersatzanspruchs, die der Abmahnende geltend macht. ³Bei einer unberechtigten Abmahnung ist der Anspruch nach Satz 1 ausgeschlossen, wenn die fehlende Berechtigung der Abmahnung für den Abmahnenden zum Zeitpunkt der Abmahnung nicht erkennbar war. ⁴Weitergehende Ersatzansprüche bleiben unberührt.

Übersicht

Schrifttum: H.-J. Ahrens, Rechtspolitisch vorbildliche Instrumente der Anspruchsdurchsetzung im Wettbewerbsprozess, FS Lindacher, 2007, 1; S. Ahrens, Der Entwurf eines Gesetzes zur Stärkung des fairen Wettbewerbs, IPRB 2019, 153 und IPRB 2019, 178; Aßhoff, Mysterium Abmahnwelle – Der Referentenentwurf zum Schutz vor rechtsmissbräuchlicher Abmahnung und seine Wirksamkeit in der Praxis, CR 2018, 720; Berberich, Beweislastverteilung bei § 93 ZPO im Hinblick auf den Zugang einer Abmahnung, NJ 2007, 317; B. Berger, Das abbestellte Abschlussschreiben – Grundsätze des materiellrechtlichen Kostenerstattungsanspruchs aus Geschäftsführung ohne Auftrag und Schadensersatz, GRUR 2020, 1165; B. Berger, Bleibt alles anders?, GRUR 2021, 1131; Bernreuther, Das Merkmal „Ansprüche auf Grund dieses Gesetzes" und seine Auslegung – Zugleich Besprechung des Hinweisbeschlusses des BGH, 19.10.2016 – I ZR 93/15, WRP 2017, 1315; Borck, Über unrichtig gewordene Unterlassungstitel und deren Behandlung, WRP 2000, 9; Borck, Andere Ansichten in Kostenfragen, WRP 2001, 20; Bornkamm, Unterlassungstitel und Wiederholungsgefahr, FS Tilmann, 2003, 769; Bornkamm, Das Schicksal des Unterlassungsanspruchs nach modifizierter Unterwerfung – Die vom Gläubiger nicht angenommene Unterwerfungserklärung, FS Büscher, 2018, 441; Bornkamm, Kartellrechtliche Grenzen markenrechtlicher Abgrenzungsvereinbarungen – „Jette Joop" revisited, FS Dirk Schroeder, 2018, 139; Bornkamm, Das Ende der Ex-parte-Verfügung auch im Wettbewerbs- und Immaterialgüterrecht, GRUR 2020, 715; Bornkamm, Abmahnung und rechtliches Gehör im anschließenden Verfügungsverfahren – Stellungnahme zu „Dissmann, Totgesagte leben länger – wie es mit der Beschlussverfügung weitergehen kann, GRUR 2020, 1163; Buchmann/Panfili, (K)ein selbstständiger Anspruch auf Erstattung der Abmahnkosten? Zugleich Besprechung von BGH, 27.1.2022 – I ZR 7/21 – Selbstständiger Anspruch auf Erstattung von Abmahnkosten, WRP 2022, 1074; Büscher, Die Entscheidung „Der Novembermann" des I. Zivilsenats des BGH – Erstattung von Abmahnkosten und § 15 II RVG, GRUR 2021, 162; Cichon, Abmahnung ohne ordnungsgemäße Vollmacht – analog § 174 BGB zurückweisbar?, GRUR-Prax 2010, 121; Corbet, Das Gesetz zur Stärkung des fairen Wettbewerbs in der praktischen Umsetzung, MDR 2022, 273; E. Deutsch/H.-J. Ahrens, Deliktsrecht, 5. Aufl. 2009; V. Deutsch, Gedanken zur unberechtigten Schutzrechtsverwarnung, WRP 1999, 25; Dienstbühl, Die außerordentliche Kündigung des Unterlassungsvertrages als (weitere) Ausnahme des Grundsatzes pacta sunt servanda – Zugleich Besprechung von BGH, 14.2.2019 – I ZR 6/17 – Kündigung der Unterlassungsvereinbarung, WRP 2019, 981; R. Dissmann, Totgesagte leben länger – Wie es mit der Beschlussverfügung weitergehen kann – Erwiderung und praktische Ergänzungen zu Bornkamm, „Das Ende der Ex-parte-Verfügung auch im Wettbewerbs- und Immaterialgüterrecht" (GRUR 2020, 715), GRUR 2020, 1152; Doepner, Wiederholungsgefahr – Ausräumung mit Drittwirkung?, FS Mes, 2009, 71; Eichelberger, Die Drittunterwerfung im Wettbewerbsrecht, WRP 2009, 270; Eichmann, Die Rechtsnatur der Abmahnung und der Verwarnung, FS Helm, 2002, 287;

Eickemeier/Brodersen, Der Entwurf eines Gesetzes zur Stärkung des fairen Wettbewerbs, BB 2019, 1859; Ernst/Wittmann, Die Abmahnung per E-Mail – Ein echtes Problem, MarkenR 2010, 273; D. Fischer, Rechtsnatur und Funktionen der Vertragsstrafe im Wettbewerbsrecht unter besonderer Berücksichtigung der höchstrichterlichen Rechtsprechung, FS Piper, 1996, 205; Föhlisch, Das Gesetz zur Stärkung des fairen Wettbewerbs – weder Fluch noch Segen, Die wichtigsten Änderungen und ihre praktischen Auswirkungen im Überblick, CR 2020, 796; Frey, Die wettbewerbsrechtliche Abmahnung, JuS 2014, 968; Fritzsche, Unterlassungsanspruch und Unterlassungsklage, 2000; Fritzsche: Das Gesetz zur Stärkung des fairen Wettbewerbs, WRP 2020, 1367; Gerstenberg, Zur (Gegen-)Abmahnung als Retourkutsche, WRP 2011, 1116; Gottschalk, Wie kann eine Unterlassungsvereinbarung erlöschen?, GRUR 2004, 827; Gruber, Drittwirkung (vor-)gerichtlicher Unterwerfungen?, GRUR 1991, 354; Gruber, Grundsatz des Wegfalls der Wiederholungsgefahr, WRP 1992, 71; Günther/Beyerlein, Abmahnen nach dem RVG – Ein Gebühren-Eldorado?, WRP 2004, 1222; Hartwig, Die auflösend bedingte Unterlassungs- und Verpflichtungserklärung, FS Pagenberg, 2006, 301; Helmschrot/Kreutz/Wiebe, Die Evaluierung der Regelungen zur Verhinderung des Abmahnmissbrauchs im UWG durch das Gesetz zur Stärkung des fairen Wettbewerbs, WRP 2023, 648; Hess, Unterwerfung als Anerkenntnis?, WRP 2003, 353; Hess, Beweislast zur fehlenden Klageveranlassung gemäß § 93 ZPO („Zugang des Abmahnschreibens" 1), jurisPR-WettbR 7/2007 Anm. 4; Hess, Trendy: Die notarielle Unterwerfungserklärung, WRP 5/2015, Editorial; Hoffmann, Die Bindungswirkung einer strafbewehrten Unterlassungserklärung, GRUR 2021, 1029; F. Hofmann, Versteckte Haftungsfalle im neuen UWG bei der Durchsetzung des Unterlassungsanspruchs durch Mitbewerber, WRP 2021, 1; K. Hofmann, Die Bedeutung des Abmahnziels für den lauterkeitsrechtlichen Kostenerstattungsanspruch, MDR 2020, 1163; Hohlweck, Das Gesetz zur Stärkung des fairen Wettbewerbs – Heilmittel oder Placebo?, WRP 2020, 266; Hohlweck, Das Gesetz zur Stärkung des fairen Wettbewerbs 2020 – Auswirkungen der Neuregelungen in der ersten und zweiten Instanz, WRP 2021, 719; Kefferpütz, Referentenentwurf zum UWG erschwert Abmahnungen – nicht nur bei Rechtsmissbrauch, GRUR-Prax 2018, 541; A. Klein, Keine Vertragsstrafe für die Schwebezeit, GRUR 2007, 664; A. Klein, Hauptsacheverfahren oder Eilverfahren – worauf bezieht sich die Abmahnung?, GRUR 2012, 882; Köhler, Der wettbewerbliche Unterlassungsvertrag: Rechtsnatur und Grenzen der Wirksamkeit, FS v. Gamm, 1990, 57; Köhler, Zum „Wiederaufleben der Wiederholungsgefahr" beim wettbewerblichen Unterlassungsanspruch, GRUR 1989, 804; Köhler, „Abmahnverhältnis" und „Unterwerfungsverhältnis", FS Piper, 1996, 309; Köhler, Die Auswirkungen der Unternehmensveräußerung auf gesetzliche und vertragliche Unterlassungsansprüche, WRP 2000, 921; Köhler, Zur Erstattungsfähigkeit von Abmahnkosten, FS Erdmann, 2002, 845; Köhler, Die notarielle Unterwerfungserklärung – eine Alternative zur strafbewehrten Unterlassungserklärung?, GRUR 2010, 6; Köhler, Stellungnahme zum Entwurf eines Gesetzes zur Stärkung des fairen Wettbewerbs, WRP 2019, 1550; Ch. Krüger, Wiederholungsgefahr – unteilbar?, GRUR 1984, 785; Leisse, Schadensersatz durch befristete Unterlassung, FS Traub, 1994, 229; Lerach, Zur Ausräumung der Wiederholungsgefahr bei erneuter Verletzung und Ablehnung der Unterlassungserklärung durch den Gläubiger, Zugleich Besprechung einer Entscheidung des BGH, Urteil v. 1.12.2022 – I ZR 144/21 – Wegfall der Wiederholungsgefahr III, WRP 2023, 268; Lettl, Der Entwurf eines Gesetzes zur Stärkung des fairen Wettbewerbs, WM 2019, 289; Lindacher, Der „Gegenschlag" des Abgemahnten, FS v. Gamm, 1990, 83; v. Linstow, Die rechtsverletzende Titelschutzanzeige, FS Erdmann, 2002, 375; Loschelder, Anspruch aus § 1 UWG, gerichtet auf die Unterlassung einer Unterlassung, WRP 1999, 57; Lührig/Lux, Die Behandlung von Mehrfachverstößen gegen strafbewehrte Unterlassungserklärungen, FS Helm, 2002, 321; Maatsch, Kostenerstattung bei Abmahnung eines minderjährigen Unterlassungsschuldners, Anmerkung zu KG Berlin 5. Zivilsenat, Urteil vom 25.10.2019, 5 U 49/19, jurisPR-WettbR 2/2020 Anm. 5; Mantz, Die Weiterentwicklung des Rechts prozessuale Waffengleichheit – Licht und Schatten, WRP 2020, 1250; Meinhardt, Die Wiederholungsgefahr ist entfallen – oder doch nicht? Zu Risiken und Nebenwirkungen der BGH-Entscheidung „Wegfall der Wiederholungsgefahr III", WRP 2023, 406; Melullis, Zu den Auswirkungen der UWG-Novelle v. 25.7.1994 auf bestehende Unterlassungsverpflichtungen, FS Piper, 1996, 375; Molle, Werbung für Telefontarife und notwendige Angaben – „Sondernewsletter", K&R 2010, 545; Möller, Bekämpfung des Abmahnmissbrauchs – sinnvolle Maßnahmen oder blinder Aktionismus?, ZRP 2018, 200; Möller, Das Gesetz zur Stärkung des fairen Wettbewerbs, NJW 2021, 1; Motejl/Rosenow, Entstehungsgeschichte, Zweck und wesentlicher Inhalt des Gesetzes zur Stärkung des fairen Wettbewerbs, WRP 2021, 699; Mörger, Ausgewählte Probleme im neuen UWG: Fortfall der Wiederholungsgefahr ohne Vertragsstrafeversprechen?, WRP 2021, 885; Münker, Abmahnmissbrauch wirksam bekämpfen – einfache und klare Lösungen erforderlich. Eine kritische Auseinandersetzung mit dem Referentenentwurf für ein Gesetz zur Stärkung des fairen Wettbewerbs, WRP 2018, 1410; Nippe, Notarielle Unterlassungserklärung und Gerichtszuständigkeit für die Androhung gesetzlicher Ordnungsmittel, WRP 2015, 532; Ohrt, „Procura nescesse est" oder: Vollmachtsnachweis bei Abmahnschreiben und Kostenerstattung, WRP 2002, 1035; Omsels/Zott, Ausgewählte Probleme im neuen UWG, WRP 2021, 278; Ottofülling, Das Gesetz zur Stärkung des fairen Wettbewerbs – Auswirkungen auf die Automobilbranche im Wettbewerbsrecht, DAR 2022, 496; Pfister, Erfordernis des Vollmachtsnachweises bei Abmahnschreiben, WRP 2002, 799; Pohlmann, Zustandekommen wettbewerbsrechtlicher Unterlassungsverträge durch Verwarnung und Unterwerfungserklärung, BB 1995, 1249; Pokrant, Zur vorprozessualen Erfüllung wettbewerbsrechtlicher Unterlassungsansprüche, FS Erdmann, 2002, 863; Pustovalov/Johnen, Auswirkungen der umsatzsteuerrechtlichen Behandlung von Abmahnungen durch den BFH auf die Praxis der Rechtsverfolgung im „grünen" Bereich und darüber hinaus – Zugleich Besprechung von BFH, 13.2.2019 – XI R 1/17, WRP 2019, 848; Rätze, Gesetz zur Stärkung des (un)fairen Wettbewerbs, WRP 2020, 1519; Regenfus, Kongruenz und Äquivalenz zum

Unterlassungstitel als Vorgaben für Verständnis und Auslegung strafbewehrter Unterlassungserklärungen, GRUR 2022, 1489; Rehart, Fiktive Abmahnkosten in einem anderen Licht, WRP 2009, 532; Ring, Wesentliche Änderungen des UWG infolge des Anti-Abmahngesetzes, NJ 2021, 64; Russlies, Die Abmahnung im gewerblichen Rechtsschutz – Grundlagen, Anforderungen und Rechtsfolgen, 2021; Schaub, Die „unberechtigte Abmahnung" im Urheberrecht – Standort und Perspektiven: Anmerkung zu BGH, Urteil vom 17.12.2020 – I ZR 228/19 – Saints Row, ZUM 2021, 356; Schembecker, Die Neuregelungen zur Vertragsstrafe im UWG, GRUR-Prax 2021, 365; W. Schmid, Überlegungen zum Sinn und zu den Rechtsfolgen von Titelschutzanzeigen, FS Erdmann, 2002, 469; Schmittmann, Zur Problematik der wettbewerbsrechtlichen Abmahnung mittels Telefax, WRP 1994, 225; Schnepel, Zum Streit um das „Wiederaufleben der Wiederholungsgefahr" beim wettbewerblichen Unterlassungsanspruch, WRP 1994, 467; Schröder, Die unberechtigte Abmahnung aus lauterkeitsrechtlichem Nachahmungsschutz (§§ 3 Abs. 1, 4 Nr. 3 UWG) – Gleichstellung mit der unberechtigten Schutzrechtsverwarnung?, WRP 2019, 1110; A. Schulz, Waffengleichheit – Der Gegenanspruch des Abgemahnten aus § 13 Abs. 5 UWG auf Ersatz der Aufwendungen für seine Rechtsverteidigung, WRP 2022, 949; Sosnitza, Wettbewerbsprozessuale Fragen nach dem „Gesetz zur Stärkung des fairen Wettbewerbs", GRUR 2021, 671; Spätgens, Zur Natur, Gestaltung und Funktion wettbewerbsrechtlicher Unterwerfungserklärungen, FS Gaedertz, 1992, 545; Stelzer, Abmahnungen im Fokus der Umsatzsteuer, UR 2021, 812; Stelzer/Vobbe, Umsatzsteuerliche Folgen unberechtigter Abmahnungen, Zugleich eine kritische Analyse des BMF-Schreibens v. 1.10.2021, MwStR 2021, 878; Sterzinger, Rechnungserteilung bei Abmahnungen, GRUR-Prax 2023, 84; Stillner/Herwig, Die negative Feststellungsklage als Reaktion auf eine zu weitgehende Abmahnung (Teil 1 und 2), WRP 2022, 1361 und WRP 2022, 1478; Strömer/Grootz, Die „veranlasste Initiativunterwerfung" – ein untauglicher Versuch?, WRP 2008, 1148; Teplitzky, Die Rechtsfolgen der unbegründeten Ablehnung einer strafbewehrten Unterlassungserklärung, GRUR 1983, 609; Teplitzky, Zur Frage der überregionalen Drittwirkung einer Unterwerfungserklärung auf Abmahnung eines nur regional tätigen Gläubigers, WRP 1995, 359; Teplitzky, Unterwerfung oder Unterlassungsurteil? Zur Frage des aus der Verletzerperspektive „richtigen" Streiterledigungsmittels, WRP 1996, 171; Teplitzky, Aktuelle Probleme der Abmahnung und Unterwerfung sowie des Verfahrens der einstweiligen Verfügung im Wettbewerbs- und Markenrecht, WRP 2005, 654; Teplitzky, Die Regelung der Abmahnung in § 12 Abs. 1 UWG, ihre Reichweite und einige ihrer Folgen, FS Ullmann, 2006, 999; Teplitzky, Die jüngste Rechtsprechung des BGH zum wettbewerbsrechtlichen Anspruchs- und Verfahrensrecht I bis XI, GRUR 1989, 661; GRUR 1990, 393; GRUR 1991, 709; GRUR 1992, 821; GRUR 1993, 857; GRUR 1994, 765; GRUR 1995, 627; GRUR 1997, 691; GRUR 1999, 1050; GRUR 2003, 272; GRUR 2007, 177; Teplitzky, Eingeschränkte Unterwerfungen, VuR 2009, 83; Teplitzky, Abmahnung und Vollmachtsvorlage – Zum noch relevanten Rest des Meinungsstreits, WRP 2010, 1427; Teplitzky, Probleme der notariell beurkundeten und für vollstreckbar erklärten Unterlassungsverpflichtungserklärung (§ 794 Abs. 1 Nr. 5 ZPO), WRP 2015, 527; Traub, Die Anwendbarkeit des § 278 BGB auf die Erfüllung wettbewerbsrechtlicher Unterwerfungsversprechen, FS Gaedertz, 1992, 563; Ullmann, Die Verwarnung aus Schutzrechten – mehr als eine Meinungsäußerung?, GRUR 2001, 1027; Ulrich, Zur Aufklärungspflicht des Abgemahnten – Zur sinngemäßen Anwendung des § 93 ZPO zugunsten des Klägers/Antragstellers, WRP 1985, 117; Ulrich, Die vorprozessualen Informationspflichten des Anspruchsgegners in Wettbewerbssachen, ZIP 1990, 1377; Ulrich, Die Vollstreckungsabwehrklage in Wettbewerbssachen, FS Traub, 1994, 423; Ulrich, Die Kosten der Abmahnung und die Aufklärungspflicht des Abgemahnten, WRP 1995, 282; Ulrich, Der Zugang der Abmahnung, WRP 1998, 124; Ulrich, Die Abmahnung und der Vollmachtsnachweis, WRP 1998, 258; Ungewitter, Zur Verjährung des Aufwendungsersatzanspruchs bei Abmahnungen, GRUR 2012, 697; Verweyen, Von Angelegenheiten und Gegenständen: Zur kostenrechtlich „selben Angelegenheit" i. S. v. § 15 Abs. 2 RVG, WRP 2020, 12; Verweyen/Schumacher, Der „Novembermann" im neuen Wettbewerbsrecht, WRP 2022, 30; Vobbe/Stelzer, BMF bestätigt Rechtsprechung des BFH zur Umsatzsteuerpflicht von Abmahnungen, UStB 2021, 365; Voges, Die Umsatzsteuerpflicht bei der Abmahnung, GRURPrax 2020, 254; Wiegand, Die Passivlegitimation bei wettbewerbsrechtlichen Abwehransprüchen, 1997; Wilke, Abmahnung und Schutzschrift im gewerblichen Rechtsschutz, 1991; Wilke/Jungebluth, Abmahnung, Schutzschrift und Unterlassungserklärung, 2. Aufl. 1995; Zindel/Vorländer, Vom Ende der Schubladenverfügung – zugleich eine Betrachtung der Entscheidung OLG Frankfurt a. M., 19.2.2015 – 16 U 141/14, WRP 2017, 276. Zu älterer Lit. s. 41. Aufl. 2023.

A. Allgemeines

1   Das UWG enthielt seit 2004 in § 12 I 1 erstmals eine Regelung des richterrechtlich entwickelten Instituts von **Abmahnung und Unterwerfung,** die nicht nur für das Wettbewerbsrecht, sondern auch für alle Bereiche Bedeutung hat, in denen ebenfalls die Grundsätze der Rspr. angewandt werden. Dies sind in erster Linie der gesamte Bereich des **gewerblichen Rechtsschutzes** (zB KG GRUR-RR 2007, 255: Anwendbarkeit für die markenrechtliche Löschungsklage wegen Verfalls) und **Urheberrechts** (§ 97a UrhG) sowie des **Kartellrechts;** daneben werden die Grundsätze von Abmahnung und Unterwerfung inzwischen weitgehend im **Presserecht** (vgl. OLG Frankfurt OLGR 2001, 116; OLG München NJW-RR 2001, 42 (43) mwN) und für Klagen nach dem **Unterlassungsklagengesetz** angewandt (vgl. OLG Nürnberg BB

1980, 179; → § 5 UKlaG Rn. 4). – Die Regelung geht auf den **Vorschlag** im Entwurf von Köhler/Bornkamm/Henning-Bodewig (WRP 2002, 1317 (1323, 1328)) zurück. Eine Abweichung vom früheren, bis 2004 geltenden (ungeschriebenen) Recht war nicht beabsichtigt (Begr. RegE BT-Drs. 15/1487, 25), so dass uneingeschränkt auf die bisherige Rspr. zurückgegriffen werden kann.

Auch die im Jahr 2004 eingeführte **Regelung hins. der Abmahnkosten** in § 12 I 2 – jetzt: **2** § 13 III – vollzog nach, was seit nahezu dreißig Jahren ständige Rspr. war: Der zu Recht Abmahnende kann Ersatz der für die Abmahnung erforderlichen Aufwendungen verlangen. Die Einführung der Regelung beendete einen langen Streit um die Abmahnkosten, der zuletzt nur noch ein Streit über die richtige Begründung des Erstattungsanspruchs war (vgl. Köhler FS Erdmann, 2002, 845 ff.). Der Anspruch an sich war weitgehend anerkannt.

Mit dem **Gesetz zur Stärkung des fairen Wettbewerbs** v. 26.11.2020 (BGBl. 2020 I 2568) **2a** hat der Gesetzgeber in dem politisch wirksam gewordenen Bestreben, missbräuchlicher Anspruchsverfolgung im Lauterkeitsrecht entgegenzuwirken (vgl. BT-Drs. 19/12084, 1), das Recht der Abmahnung und Unterwerfung einer vorsichtigen Umgestaltung unterworfen. In Abs. 1 des hierdurch neu geschaffenen § 13 ist die zuvor in § 12 I 1 normierte Grundregel der außergerichtlichen Streitbeilegung durch Abmahnung und strafbewehrte Unterlassungserklärung erhalten geblieben. § 13 II nF nennt inhaltliche Anforderungen an die Abmahnung, die sich überwiegend an den in der Rechtsprechung formulierten Kriterien orientieren, teilweise aber auch eine leichte Verschärfung bedeuten (→ Rn. 12 ff.). In § 13 III wird der aus § 12 I 2 aF bekannte Aufwendungsersatzanspruch an die Einhaltung der in § 13 II nF genannten inhaltlichen Anforderungen geknüpft (→ Rn. 12 ff., 57). Wirklich neu ist der in § 13 IV nF geregelte Ausschluss des Anspruchs auf Aufwendungsersatz der Mitbewerber in zwei konkreten – in der rechtspolitischen Diskussion besonders sensibel wahrgenommenen – Sachverhaltskonstellationen (Abmahnung wegen der Verletzung von Informationspflichten im elektronischen Geschäftsverkehr und Abmahnungen gegenüber kleinen und mittleren Unternehmen im Bereich des Datenschutzrechts; → Rn. 105a ff.). § 13 V nF führt erstmals einen Anspruch auf Ersatz der Rechtsverteidigungskosten bei unberechtigter oder unvollständiger Abmahnung ein (→ Rn. 86a, 93a). Erstmals hat zudem mit dem neuen § 13a eine Regelung über die Vertragsstrafe Eingang in das UWG gefunden. – Die auf der Grundlage von Befragungen von Berufs- und Wirtschaftsverbänden, Industrie- und Handelskammern, qualifizierten Einrichtungen und Gerichten durchgeführte Evaluation dieses Gesetzes vermutet „eine gewisse Wirksamkeit" der Reform, erlaubt mangels repräsentativer Datenbasis jedoch keine sicheren Aussagen (vgl. Helmschrot/Kreutz/Wiebe WRP 2023, 648 Rn. 76 ff.).

B. Abmahnung

I. Rechtliche Bedeutung

1. Begriff

Die wettbewerbsrechtliche Abmahnung ist die **Mitteilung eines Anspruchsberechtigten 3 an einen Verletzer,** dass er sich durch eine im Einzelnen bezeichnete Handlung wettbewerbswidrig verhalten habe, verbunden mit der Aufforderung, dieses Verhalten in Zukunft zu unterlassen und binnen einer bestimmten Frist eine strafbewehrte Unterwerfungserklärung abzugeben (Begr. RegE, BT-Drs. 15/1487, 25). Meist liegt in der Abmahnung auch ein konkretes Angebot zum Abschluss eines Unterwerfungsvertrags (→ Rn. 10).

2. Zweck der Abmahnung

Die Abmahnung oder Verwarnung, wie sie vor allem bei Schutzrechtsverletzungen genannt **4** wird, ist ein wichtiger Bestandteil des in der Praxis entwickelten und durch Richterrecht geformten Systems, Streitigkeiten über Unterlassungspflichten nach erfolgten Verletzungshandlungen **ohne Inanspruchnahme der Gerichte zu regeln** (BGHZ 149, 371 (374) – Missbräuchliche Mehrfachabmahnung). Wird ein positives Tun (zB die Herausgabe eines Gegenstandes) geschuldet und trotz Fälligkeit nicht erbracht, nimmt der Gläubiger im Allgemeinen auch nicht sofort gerichtliche Hilfe in Anspruch, sondern schickt dem Schuldner zunächst eine Mahnung, um ihn zur Erfüllung zu bewegen (§ 286 I 1 BGB). Wird eine Unterlassung geschuldet, kommen Abmahnung und Unterwerfung ähnliche Funktionen zu wie Mahnung und Erfüllung (vgl. Köhler FS Piper, 1996, 309 (313 ff.)).

5   Das durch die Abmahnung eingeleitete und auf die Abgabe einer strafbewehrten Unterlassungserklärung gerichtete Verfahren liegt zugleich im **Interesse beider Parteien** (vgl. BGHZ 52, 393 (399) = GRUR 1970, 189 – Fotowettbewerb): Es dient dem Interesse des **Gläubigers,** weil er sehr rasch ein dem gerichtlichen Unterlassungstitel nachgebildetes Instrument an die Hand bekommt, mit Hilfe dessen er weitere Verstöße unterbinden kann; vor allem aber liegt es im Interesse des **Schuldners,** der auf diese Weise dem an sich bestehenden Unterlassungsanspruch die Grundlage entziehen und den Gläubiger klaglos stellen kann, ohne dass die Kosten eines Gerichtsverfahrens anfallen (vgl. BGHZ 149, 371 (374) – Missbräuchliche Mehrfachabmahnung). Neben diesem auf Kostenvermeidung gerichteten Zweck (Kostenvermeidungsfunktion) hat die Abmahnung auch den Sinn, den Schuldner, der sich möglicherweise des Rechtsverstoßes nicht bewusst ist, zu warnen (Warnfunktion). Das kann wiederum im Interesse des Gläubigers liegen, weil nach erfolgter Abmahnung wohl stets ein Verschulden zu bejahen sein wird.

3. Abmahnung als vorweggenommenes rechtliches Gehör im späteren Verfügungsverfahren

5a   Kommt es im Rahmen der weiteren Auseinandersetzung zwischen Gläubiger und Schuldner zu einem **Verfügungsverfahren,** entsprach es – jedenfalls im Wettbewerbs- und Markenrecht – lange Zeit der Regel, dass **über den Verfügungsantrag im Beschlusswege entschieden** wurde, ohne dass dem Antragsgegner zuvor rechtliches Gehör gewährt worden wäre. Diese weitverbreitete Praxis hat das **Bundesverfassungsgericht** seit 2018 in mehreren Entscheidungen als **Verletzung des grundrechtsgleichen Rechts auf prozessuale Waffengleichheit** beanstandet und ihr einen Riegel vorgeschoben (BVerfG GRUR 2018, 1288 – Die F.-Tonbänder; GRUR 2018, 1291 – Steuersparmodell eines Fernsehmoderators; GRUR 2020, 773 – Personalratswahlen bei der Bundespolizei;; dazu eingehend Bornkamm GRUR 2020, 715; Dissmann GRUR 2020, 1152; Bornkamm GRUR 2020, 1163; BVerfG GRUR 2020, 1119 – Zahnabdruckset; BVerfG GRUR 2020, 1236; BVerfG WRP 2021, 181; BVerfG WRP 2021, 461; BVerfG GRUR 2021, 517 m. Anm. Lerach, jurisPR-WettbR 11/2020 Anm. 2; BVerfG WRP 2021, 743; BVerfG WRP 2021, 740; 736; BVerfG WRP 2021, 1152; BVerfG WRP 2021, 1287; BVerfG WRP 2022, 423; BVerfG WRP 2022, 593; BVerfG WRP 2022, 844; BVerfG WRP 2022, 975; BVerfG NJW 2022, 2100). Kernbestandteil des Rechts auf prozessuale Waffengleichheit ist der **Anspruch auf rechtliches Gehör** (Bornkamm GRUR 2020, 715 (718)). Eine Verletzung des Rechts auf prozessuale Waffengleichheit liegt indessen nach Ansicht des BVerfG dann nicht vor, wenn der Schuldner (= Antragsgegner) wegen des den Gegenstand des Verfügungsantrags bildenden Vorwurfs, bereits abgemahnt worden ist und der Antragsteller die Abmahnung sowie die allfällige Erwiderung des Antragsgegners dem Gericht vorgelegt hat. Ist diese Voraussetzung gegeben, kann also auch in Zukunft eine Beschlussverfügung ohne vorherige Anhörung des Schuldners erlassen werden.

5b   Der Verzicht auf die prozess- und verfassungsrechtlich an sich gebotene Anhörung des Schuldners vor Erlass der einstweiligen Verfügung hat das BVerfG freilich **an drei Bedingungen** geknüpft: Dem verfassungsrechtlichen Grundsatz der prozessualen Waffengleichheit genügen die Erwiderungsmöglichkeiten auf eine Abmahnung grundsätzlich nur dann, (1) wenn der Verfügungsantrag im Anschluss an die Abmahnung **unverzüglich** nach Ablauf einer angemessenen Frist für die begehrte Unterlassungserklärung bei Gericht **eingereicht wird, (2)** die **abgemahnte Äußerung sowie die Begründung für die begehrte Unterlassung** mit dem bei Gericht geltend gemachten Unterlassungsbegehren **identisch sind** und (3) der Antragsteller ein etwaiges Zurückweisungsschreiben des Antragsgegners zusammen mit seiner Antragsschrift bei Gericht eingereicht hat (BVerfG GRUR 2018, 1288 Rn. 23– Die F.-Tonbänder; GRUR 2018, 1291 Rn. 35 – Steuersparmodell eines Fernsehmoderators; BVerfG WRP 2020, 1293 Rn. 17 – Internetportal für Steuerberatungsdienstleistungen; BVerfG WRP 2021, 1287 Rn. 25; BVerfG WRP 2022, 423 Rn. 28; BVerfG WRP 2022, 844 Rn. 23; BVerfG WRP 2023, 47 Rn. 25; BVerfG WRP 2023, 51 Rn. 21; BVerfG ZUM 2023, 523 Rn. 23; BVerfG GRUR 2023, 1056 Rn. 27).

5c   Die **Forderung des BVerfG nach einer Identität zwischen der vorgerichtlichen Abmahnung und dem Unterlassungsantrag im Verfügungsverfahren** geht allerdings von der unrichtigen Vorstellung aus, als enthalte eine Abmahnung eine Art von „Unterlassungsbefehl“, der in der Sache nichts anderes sei als der Unterlassungsantrag im gerichtlichen Verfahren. Dies ist indessen nicht der Fall: Bei der **Abmahnung** muss der Gläubiger das **Verhalten des Schuldners beschreiben,** durch das er sich beeinträchtigt sieht; damit ist üblicherweise die **Aufforderung verbunden, dieses beanstandete Verhalten in Zukunft zu unterlassen** und binnen einer bestimmten Frist eine strafbewehrte Unterwerfungserklärung abzugeben (→ Rn. 3). Aus der Abmahnung muss deutlich werden, dass der Gläubiger es mit seiner Beanstandung ernst meint und dass er gewillt ist, gerichtliche Hilfe in Anspruch zu nehmen, falls der Schuldner die geforderte Unterwerfungserklärung nicht abgibt. Der Unterlassungsantrag hat dagegen allein die Funktion, gegenüber dem Schuldner ein möglichst klares und **eindeutiges Unterlassungs-gebot auszusprechen, um zu gewährleisten, dass sich das beanstandete Verhalten in Zukunft nicht wiederholt.**

Trägt man der **unterschiedlichen Funktion der Abmahnung einerseits und des Unter-** **5d** lassungsantrags andererseits Rechnung, wird deutlich, dass die Forderung nach einer **Identität – schon gar von einer Wortlautidentität – zwischen Abmahnung und Unterlassungs-antrag relativiert werden muss.** Berechtigt ist die Forderung nach einer **Identität zwischen dem mit der Abmahnung beanstandeten Verhalten auf der einen Seite und dem Ver-halten auf der anderen Seite, das zu verbieten Gegenstand des gerichtlichen Unterlas-sungsantrags ist** (dazu Bornkamm GRUR 2020, 1163).

Das BVerfG hat indessen selbst in einer seiner Entscheidungen eingeräumt, dass auch dann, **5e** wenn diese Forderung nach Identität nicht erfüllt ist, gleichwohl durch eine Abmahnung, die ein anderes Verhalten beanstandet, als das, das mit dem Unterlassungsantrag untersagt werden soll, die Forderung nach rechtlichem Gehör erfüllt werden kann. Damit trägt das BVerfG der **Kern-theorie** Rechnung: Es ist unbestritten und wird auch vom BVerfG nicht in Frage gestellt, dass eine Abmahnung, mit der eine **konkrete Verletzungsform beanstandet** wird, **sich** – ebenso wie der Unterlassungsanspruch – auch **auf ein im Kern gleichartiges Verhalten bezieht, in dem sich das Charakteristische der konkreten Verletzungsform wiederfindet** (→ § 8 Rn. 1.47). Abmahnung und Unterlassungsantrag betreffen danach also **auch dann ein identi-sches Verhalten, wenn mit der Abmahnung eine konkrete Verletzungshandlung bean-standet und im gerichtlichen Verfahren nach dem Wortlaut des Unterlassungsantrags ein damit nicht identisches, gleichwohl aber in diesem Sinne kerngleiches Verhalten untersagt werden soll.** Derartige Abweichungen stellen sich in der Sache – so das BVerfG (GRUR 2020, 1119 Rn. 20 – Zahnabdruckset) – „als gering und nicht gravierend" dar (ebenso für eine gegenüber der Abmahnung engere Fassung des Unterlassungsantrags BVerfG WRP 2021, 461 Rn. 22 und NJW 2021, 2018 Rn. 23).

Mittlerweile ist das dem Charakter der Verfassungsbeschwerde als außerordentlichem Rechts- **5f** behelf entsprechende Bestreben des BVerfG erkennbar, einer „routinemäßigen" Einlegung der Verfassungsbeschwerde gegen einstweilige Verfügungen im Lauterkeits- und Presserecht dadurch zu begegnen, dass die Erfordernisse des Feststellungsinteresses und der Rechtswegerschöpfung stärker betont werden. Die nachträgliche Feststellung eines Verstoßes gegen die prozessuale Waffengleichheit erfordere ein **besonderes Feststellungsinteresse,** das nicht bereits im Falle eines bloßen – auch gravierenden – error in procedendo gegeben sei, sondern voraussetze, dass die Zivilgerichte die aus dem Grundsatz der prozessualen Waffengleichheit folgenden Anforde-rungen grundsätzlich verkennten und ihre Praxis hieran unter Missachtung der verfassungsrecht-lichen Maßstäbe erkennbar nicht ausrichteten. Die Darlegung eines solchen besonderen Fest-stellungsinteresse sei nur im Ausnahmefall entbehrlich, solange eine offenkundig prozessrechts-widrig erlassene einstweilige Verfügung noch fortwirke, das Widerspruchsverfahren zügig beschritten worden sei und noch andauere sowie schwere, grundrechtlich erhebliche Nachteile des Beschwerdeführers geltend gemacht würden, die ein Einschreiten des Bundesverfassungs-gerichts noch während des laufenden fachgerichtlichen Verfahrens geböten (BVerfG WRP 2020, 1568 Rn. 6 f. (Feststellungsinteresse verneint) mAnm Lerach jurisPR-WettbR 11/2020 Anm. 2; BVerfG NJW 2021, 2018 Rn. 14 (Feststellungsinteresse verneint); BVerfG NJW 2021, 2020 Rn. 18 (Feststellungsinteresse bejaht); BVerfG GRUR 2021, 987 Rn. 26 (Darlegung des Feststellungsinteresses entbehrlich); BVerfG WRP 2021, 743 Rn. 17 (Darlegung des Feststel-lungsinteresses entbehrlich); BVerfG WRP 2022, 423 mit deutlicher Ermahnung des Instanz-gerichts in Rn. 33). An der **Rechtswegerschöpfung** fehle es, wenn das Widerspruchsverfahren noch anhängig und ein Antrag auf Einstellung der Zwangsvollstreckung noch nicht beschieden seien. Der Umstand, dass die Antwort auf die Abmahnung dem mit dem Verfügungsantrag befassten Gericht nicht vorgelegt worden sei, könne zunächst im fachgerichtlichen Verfahren korrigiert werden, ohne dass es einer verfassungsgerichtlichen Intervention bedürfe (BVerfG WRP 2021, 461 Rn. 11 mAnm Danckwerts jurisPR-WettbR 1/2021 Anm. 1).

4. Abmahnung bei vorbeugendem Unterlassungsanspruch

6   Auch wenn sich die Abmahnung im Allgemeinen auf einen bereits erfolgten Verstoß bezieht, gelten die Regeln im Grundsatz auch für den vorbeugenden Unterlassungsanspruch. Auch der Schuldner dieses Anspruchs kann – bevor er vor Gericht in Anspruch genommen wird – erwarten, auf die Rechtswidrigkeit seines bevorstehenden Tuns hingewiesen zu werden, damit er Gelegenheit hat, die **Erstbegehungsgefahr durch ein entgegengesetztes Verhalten** zu beseitigen und dies dem Gläubiger gegenüber zu belegen (→ § 8 Rn. 1.31 und 1.37). Das bedeutet freilich, dass der Gläubiger sich mit einer Erklärung zufriedengeben muss, die für den Fall der Zuwiderhandlung **keine Sanktion** zu enthalten braucht, sondern ihm lediglich zusätzlich einen vertraglichen Unterlassungs- und Schadensersatzanspruch verschafft (vgl. BGH (X. ZS) GRUR 2011, 995 Rn. 31 – Besonderer Mechanismus).

5. Keine Pflicht zur Abmahnung

7   Für den Gläubiger besteht **keine Rechtspflicht,** den Schuldner vor der Einleitung des Verfügungs- oder des Hauptsacheverfahrens zu warnen oder zu mahnen. Dies bringt das Gesetz durch die Formulierung „sollen … abmahnen" zum Ausdruck (vgl. OLG München GRUR-RR 2005, 205 (206)). Bei der Abmahnung handelt es sich auch **nicht um eine Zulässigkeitsvoraussetzung** für ein anschließendes Verfügungs- oder Klageverfahren; die Zulässigkeit der gerichtlichen Geltendmachung eines Unterlassungsanspruchs wird nicht davon berührt, ob der Schuldner zuvor abgemahnt worden ist. Man kann aber von einer **Obliegenheit** des Gläubigers sprechen (BGH GRUR 2010, 257 Rn. 9 – Schubladenverfügung; OLG Köln WRP 1986, 426 (427); KG WRP 1990, 415 (418); KG WRP 1991, 304 (307); KG WRP 1992, 716 (717)), weil das Unterbleiben der Abmahnung für ihn nachteilige Rechtsfolgen haben kann.

8   Die **Nachteile,** die der Gläubiger gewärtigen muss, wenn er auf die Abmahnung verzichtet, liegen darin begründet, dass der nicht abgemahnte Schuldner, der im Falle der gerichtlichen Geltendmachung den Klageanspruch **sofort anerkennt,** idR so behandelt wird, als habe er **keine Veranlassung zur Klage** bzw zum Antrag auf Erlass einer einstweiligen Verfügung gegeben **(§ 93 ZPO).** Die Folge ist, dass zwar zugunsten des Klägers ein **Anerkenntnisurteil** ergeht, dem Kläger aber gleichwohl **die Kosten des Rechtsstreits** auferlegt werden. Diese Regelung beruht auf der prozessrechtlichen Erwägung, dass ein Gläubiger nur dann ohne Kostenrisiko gerichtliche Hilfe in Anspruch nehmen soll, wenn er davon ausgehen muss, sein Ziel ohne Klage- oder Verfügungsverfahren nicht erreichen zu können. Die Begründung des Regierungsentwurfs sagt hierzu (BT-Drs. 15/1487, 25): „Durch das Erfordernis des Sollens wird klargestellt, dass keine echte Rechtspflicht zur Abmahnung besteht. Wird eine mögliche und zumutbare Abmahnung unterlassen, riskiert der Kläger jedoch, dass er die Kosten zu tragen hat, wenn der Beklagte den Anspruch sofort anerkennt (§ 93 ZPO)."

9   Statt ein sofortiges Anerkenntnis abzugeben, kann der nicht abgemahnte Schuldner sich auch unterwerfen, also eine **strafbewehrte Unterlassungserklärung** abgeben. Weil damit die Wiederholungsgefahr für den Unterlassungsanspruch entfällt, nötigt er auf diese Weise den Gläubiger, die Klage zurückzunehmen oder die Hauptsache für erledigt zu erklären. Im Falle der Klagerücknahme hat der Gläubiger ohnehin die Kosten zu tragen (§ 269 III 2 ZPO); der Fall des § 269 III 3 ZPO liegt nicht vor, weil niemals Anlass für die Klageerhebung bestanden hat. Im Falle der Erledigungserklärung kann der Schuldner ebenfalls der Kostenlast entgehen, indem er der Erledigung zustimmt. Denn im Rahmen der **Kostenentscheidung nach § 91a ZPO** wird das Gericht den Rechtsgedanken des § 93 ZPO heranziehen und dem Gläubiger ebenfalls die Kosten des Verfahrens auferlegen (BGH GRUR 2010, 257 Rn. 17 – Schubladenverfügung; OLG Karlsruhe WRP 1990, 640). Nur wenn der Schuldner – schlecht beraten – in dieser Situation der Erledigung nicht zustimmt (etwa mit der Begründung, das beanstandete Verhalten sei nicht wettbewerbswidrig), kommt das Gericht noch zu einer sachlichen Prüfung. War die Klage vor Abgabe der Unterwerfungserklärung begründet, wird sodann in einem Feststellungsurteil ausgesprochen, dass sich der Rechtsstreit in der Hauptsache erledigt und der Beklagte (= Schuldner) die Kosten des Rechtsstreits zu tragen hat (→ § 12 Rn. 1.32 ff.). Im **Verfügungsverfahren** entspricht es dem sofortigen Anerkenntnis nach § 93 ZPO, wenn der Schuldner den **Widerspruch auf die Kosten beschränkt** und damit zum Ausdruck bringt, dass er die Entscheidung in der Sache akzeptiert („Kostenwiderspruch"; OLG Düsseldorf WRP 2019, 487; KG AfP 1999, 173; OLG Stuttgart NJWE-WettbR 2000, 125; → § 12 Rn. 2.42). Der Kostenwiderspruch ist dagegen nicht der richtige Rechtsbehelf, wenn der Schuldner schon eine Unterwerfungserklärung abgegeben hat. In diesem Fall darf er den Widerspruch gegen die ergangene Beschluss-

verfügung nicht auf die Kosten beschränken; denn er bringt gegen die Beschlussverfügung vor, dass es mangels Wiederholungsgefahr an dem Verfügungsanspruch fehle (OLG Karlsruhe WRP 1990, 640).

6. Rechtsnatur der Abmahnung

Auf der einen Seite ist die Abmahnung in ihrer Rechtsnatur mit der Mahnung des § 286 I 1 **10** BGB vergleichbar. Sie ist für sich genommen **kein Rechtsgeschäft,** sondern eine **geschäftsähnliche Handlung,** auf die die Vorschriften über Rechtsgeschäft und Willenserklärung (§§ 104–185 BGB) entspr. anwendbar sind (BGH WRP 2021, 746 Rn. 15–17 – Berechtigte Gegenabmahnung; für die Mahnung BGHZ 47, 352 (357)). Auf der anderen Seite erfüllt die Abmahnung idR noch eine weitere Funktion: Sie enthält meist nicht nur die Aufforderung, innerhalb einer bestimmten Frist eine Unterwerfungserklärung abzugeben (→ Rn. 3), sondern bereits das **Angebot zum Abschluss eines** ganz bestimmten **Unterlassungsvertrags** mit Vertragsstrafenversprechen (BGHZ 121, 13 (17) – Fortsetzungszusammenhang; BGH GRUR 2021, 752 Rn. 16 – Berechtigte Gegenabmahnung; Teplitzky Wettbewerbsrechtliche Ansprüche/Bacher Kap. 41 Rn. 6a; Ahrens Wettbewerbsprozess-HdB/Achilles Kap. 2 Rn. 14 und Kap. 8 Rn. 12). Die Rechtsnatur ist für die Frage des Vollmachtsnachweises (Anwendbarkeit von § 174 BGB) von Bedeutung (→ Rn. 26 ff.).

Durch die Abmahnung wird im Übrigen das **gesetzliche Schuldverhältnis konkretisiert, 11** das durch den Wettbewerbsverstoß zwischen Gläubiger und Schuldner entstanden ist (BGH GRUR 1987, 54 (55) – Aufklärungspflicht des Abgemahnten; GRUR 1988, 716 (717) – Aufklärungspflicht gegenüber Verbänden; GRUR 1995, 167 (169) – Kosten bei unbegründeter Abmahnung; GRUR 2021, 714 Rn. 40 – Saints Row). Im Rahmen dieses Schuldverhältnisses treffen den Abgemahnten bestimmte Aufklärungs- und Antwortpflichten (→ Rn. 76 f.).

II. Erfordernisse

1. Inhalt

Mit dem Gesetz zur Stärkung des fairen Wettbewerbs sind inhaltliche Anforderungen an die **12** Abmahnung Gesetz geworden, deren Einhaltung gem. § 13 III Voraussetzung für den Aufwendungsersatzanspruch des Abmahnenden sind und deren Nichteinhaltung gem. § 13 V 1 Gegenansprüche des Abgemahnten (→ Rn. 93a) auslöst. Dabei handelt es sich um Angaben zur Identität, zur Anspruchsberechtigung, zum Aufwendungsersatzanspruch und zur Rechtsverletzung (→ Rn. 13–17). Der Gesetzgeber hat sich hier an der im Jahr 2013 in Kraft getretenen Fassung des § 97a II UrhG orientiert, deren Evaluation ergeben habe, dass präzisere Angaben in der Abmahnung den Abgemahnten eine bessere Einschätzung ihrer Position erlaube (vgl. BT-Drs. 19/12084, 31). Die in § 13 II genannten inhaltlichen Kriterien sind allerdings **nicht erschöpfend;** vielmehr ergeben sich aus der Funktion der Abmahnung als Instrument außergerichtlicher Streitbeilegung (→ Rn. 4) weitere inhaltliche Erfordernisse: die Forderung einer Unterwerfungserklärung, eine Fristsetzung und die Androhung gerichtlicher Schritte (→ Rn. 18–25). Im Allgemeinen ist mit der Abmahnung auch ein Angebot zum Abschluss eines Unterwerfungsvertrags verbunden (→ Rn. 10), ohne dass es sich hierbei um ein konstitutives Erfordernis der Abmahnung handelt. Die inhaltlichen Anforderungen an die Abmahnung können auch durch zwei Schreiben erfüllt werden, solange das erste eindeutig auf das zweite Schreiben Bezug nimmt (KG Beschl. v. 4.4.2017 – 5 W 31/17, BeckRS 2017, 112335: Es liegt auch eine ordnungsgemäße Abmahnung vor, wenn erst in einem zweiten Schreiben hins. des gesetzlichen Unterlassungsanspruchs die Abgabe einer mit angemessener Vertragsstrafe bewehrten Unterlassungserklärung eingefordert wird, die sich bei verständiger, gesamtkontextbezogener Würdigung auf die erste Abmahnung bezieht, die eine ausführliche rechtliche Begründung unter Anführung der einschlägigen Vorschriften enthielt). Zu den Besonderheiten beim vorbeugenden Unterlassungsanspruch → Rn. 6. Im Einzelnen:

a) Identität (§ 13 II Nr. 1). Nach § 13 II Nr. 1 müssen in der Abmahnung klar und ver- **13** ständlich Name oder Firma des Abmahnenden sowie im Falle einer Vertretung zusätzlich Name oder Firma des Vertreters angegeben werden. Schon bisher war selbstverständlich erforderlich, dass aus der Abmahnung hervorgeht, wer sie ausspricht und ggf. für wen. Der Abgemahnte muss wissen, mit wem er es zu tun hat, um adäquat reagieren zu können. Die im Gesetz angesprochene Vertretung bezieht sich nach der Vorstellung des Gesetzgebers nicht auf gesetzliche Vertretungsverhältnisse, sondern rechtsgeschäftliche Vertretung etwa durch Rechtsanwälte oder sonstige Bevollmächtigte (BT-Drs. 19/12084, 31).

14   **b) Anspruchsberechtigung (§ 13 II Nr. 2).** § 13 II Nr. 2 schreibt vor, dass in der Abmahnung klar und verständlich die Voraussetzungen der Anspruchsberechtigung nach § 8 III angegeben werden müssen. Schon bisher gehörte zur Abmahnung, dass der Abmahnende seine **Sachbefugnis darlegt,** also kundtut, weshalb er sich für berechtigt hält, den zu beanstandenden Verstoß zu verfolgen (Ahrens Wettbewerbsprozess-HdB/Achilles Kap. 2 Rn. 24 ff.; Ohly/Sosnitza/Sosnitza § 13 Rn. 43). Aus der **Verschärfung** der Anforderungen an die Anspruchsberechtigung gem. § 8 III Nr. 1 und 2 folgt allerdings auch eine Steigerung der Darlegungslast in der Abmahnung. Auch wenn sich bei einem Mitbewerber die Aktivlegitimation meist schon aus den Umständen ergeben wird, sind mit Blick auf § 8 III Nr. 1 Angaben darüber erforderlich, dass der abmahnende Mitbewerber Waren und Dienstleistungen in nicht unerheblichem Maße und nicht nur gelegentlich vertreibt oder nachfragt (→ § 8 Rn. 3.29a f.). Ebenso wie in der Klageschrift werden hier Angaben über Größenkategorien der Verkaufszahlen ausreichen; die Angabe konkreter Umsatzzahlen oder die Vorlage einer Bescheinigung eines Steuerberaters sollte nicht verlangt werden (BT-Drs. 19/12084, 26; → § 8 Rn. 3.29d). Ein **qualifizierter Wirtschaftsverband** iSv § 8 III Nr. 2 muss darlegen, dass er in die Liste nach § 8b eingetragen ist, ihm eine hinreichende Anzahl von Wettbewerbern des Abgemahnten angehören und inwiefern durch die geltend gemachte Rechtsverletzung Interessen der Mitglieder berührt werden (→ § 8 Rn. 3.32, 3.36 ff.). **Qualifizierte Verbraucherverbände und Einrichtungen** iSv § 8 III Nr. 3 müssen auf ihre Eintragung in die Liste gem. § 4 UKlaG hinweisen.

14a   **c) Angaben zum Aufwendungsersatzanspruch (§ 13 II Nr. 3 und 5).** § 13 II Nr. 3 verlangt, dass in der Abmahnung klar und verständlich angegeben werden muss, ob und in welcher Höhe ein Aufwendungsersatzanspruch geltend gemacht wird und wie sich dieser berechnet. Kann der Abmahnende Aufwendungsersatz wegen des Ausschlusses gem. § 13 IV nicht beanspruchen, so muss in der Abmahnung auf diesen Umstand gem. § 13 II Nr. 5 ebenfalls hingewiesen werden. In den allermeisten Fällen dürfte schon bisher, jedenfalls wenn eine Abmahnung durch einen Rechtsanwalt vorgenommen wurde, eine etwaige Kostenforderung aufgeschlüsselt worden sein, indem etwa eine Kostenberechnung beigefügt war.

15   **d) Bezeichnung der Rechtsverletzung (§ 13 II Nr. 4).** Nach § 13 II Nr. 4 muss in der Abmahnung klar und verständlich die Rechtsverletzung unter Angabe der tatsächlichen Umstände angegeben werden. Auch dieses Erfordernis stellt im Wesentlichen keine Neuerung dar, weil schon bisher anerkannt ist, dass die Abmahnung mit hinreichender Deutlichkeit zum Ausdruck bringen muss, welches **konkrete Verhalten** beanstandet wird. Auch wenn der Gläubiger Unterlassung nicht nur der konkreten Verletzungsform begehrt, muss er doch den **Anlass der Beanstandung ganz konkret bezeichnen,** damit der Schuldner weiß, was genau für den Gläubiger den Stein des Anstoßes bildet (BGH GRUR 2021, 752 Rn. 26 – Berechtigte Gegenabmahnung; OLG Stuttgart WRP 1996, 1229 (1230 ff.)).

16   Mit Blick auf den geltend gemachten **Rechtsverstoß** musste die Abmahnung den Abgemahnten ebenfalls schon bisher in die Lage versetzen, das als wettbewerbswidrig bezeichnete Verhalten unter den in Betracht kommenden rechtlichen Gesichtspunkten zu würdigen und daraus die nötigen Folgerungen zu ziehen, auch wenn der Wettbewerbsverstoß in rechtlicher Hinsicht nicht richtig und umfassend beurteilt zu werden brauchte (BGH WRP 2021, 746 Rn. 26 – Berechtigte Gegenabmahnung; OLG Koblenz GRUR 1981, 671 (674); OLG Stuttgart WRP 1984, 439; OLG Hamburg WRP 1996, 773; Teplitzky Wettbewerbsrechtliche Ansprüche/Bacher Kap. 41 Rn. 14 ff.). In der Abmahnung muss das beanstandete Verhalten in tatsächlicher Hinsicht so detailliert geschildert werden, dass der Abgemahnte weiß, was er abstellen oder künftig unterlassen soll (BGH GRUR 2015, 403 Rn. 44 – Monsterbacke II; GRUR 2021, 752 Rn. 26 – Berechtigte Gegenabmahnung). Als vorprozessuale Handlung unterliegt die Abmahnung aber **nicht** dem strengen Bestimmtheitsgrundsatz des § 253 II Nr. 2 ZPO (BGH WRP 2021, 746 Rn. 26 – Berechtigte Gegenabmahnung). Unzureichend ist eine schlampig abgefasste **Abmahnung,** mit der der Schuldner nur pauschal und ohne konkretes Eingehen auf das vorbereitete Verhalten abgemahnt wird (LG Freiburg GRUR-RR 2016, 360 Rn. 20). In der Entscheidung „Monsterbacke II" hat der BGH die Abmahnung als nicht berechtigt angesehen, weil die Abmahnung – statt einen Verstoß gegen Informationspflichten nach Art. 10 II VO (EG) 1924/2006 geltend zu machen – lediglich darauf gestützt war, dass das Zutatenverzeichnis auf der Verpackung nicht den Erfordernissen nach der Lebensmittel-KennzeichnungsVO entspreche und zudem der verwendete Slogan eine irreführende Lebensmittelwerbung nach § 11 I 2 Nr. 1 LFGB darstelle. Die Beklagte sei daher nicht in der Lage gewesen zu erkennen, dass ihm ein berechtigter Vorwurf wettbewerbswidrigen Verhaltens gemacht worden sei (BGH GRUR 2015, 503 Rn. 44 – Monsterbacke II). Gleiches hat der BGH für eine Abmahnung angenommen, in der – statt einer Irreführung über die Füllmenge – eine Irreführung über die Größe des Cremetiegels (ohne Bezug zur Füllmenge) beanstandet wurde (BGH GRUR 2018, 431 Rn. 37 – Tiegelgröße).

Rechtsprechungsnachweise braucht der Abmahnende mit der Abmahnung nicht zu liefern. **17** Liegt ihm eine einschlägige Entscheidung vor, empfiehlt es sich jedoch, sie der Abmahnung beizufügen, weil dadurch die Unterwerfungsbereitschaft steigt.

e) Forderung einer Unterwerfungserklärung. Die Abmahnung muss dem Schuldner den **18** **Weg weisen,** wie er sich zu verhalten hat, damit ein Prozess vermieden wird (BGH GRUR 2009, 502 Rn. 11 – pcb; GRUR 2010, 257 Rn. 9 – Schubladenverfügung; GRUR 2010, 354 Rn. 8 – Kräutertee; GRUR 2010, 1120 Rn. 16 – Vollmachtsnachweis; GRUR 2019, 82 Rn. 35 – Jogginghosen; GRUR 2021, 752 Rn. 13 – Berechtigte Gegenabmahnung). Der Gläubiger muss den Schuldner daher zur **Abgabe einer Unterwerfungserklärung,** also einer strafbewehrten Unterlassungserklärung, auffordern (beim vorbeugenden Unterlassungsanspruch geht die Aufforderung dahin, dass das die Erstbegehungsgefahr begründende Verhalten zurückzunehmen und dies dem Gläubiger zu belegen ist; → § 8 Rn. 1.31 und → § 13 Rn. 6). Nicht erforderlich, aber üblich ist es, dass der Gläubiger dem Schuldner mit der Abmahnung die **abzugebende Erklärung** bereits vorformuliert zuschickt. In diesem Fall handelt es sich um ein **Angebot zum Abschluss eines Unterwerfungsvertrags,** das der Schuldner nur noch anzunehmen braucht (→ Rn. 10).

Fordert der Gläubiger mit der von ihm vorgeschlagenen Unterwerfungserklärung **mehr,** **18a** **als ihm zusteht,** ist dies **grds. unschädlich;** denn es ist Sache des Schuldners, aufgrund der Abmahnung die zur Beseitigung der Wiederholungsgefahr erforderliche Erklärung abzugeben (BGH GRUR 2007, 607 Rn. 24 – Telefonwerbung für „Individualverträge"; GRUR 2019, 82 Rn. 35 – Jogginghosen). Zu beachten ist allerdings, dass eine „offensichtliche Zuvielforderung" in der vorgeschlagenen Unterlassungsverpflichtung iSv § 8c II Nr. 5 ein **Indiz für Rechtsmiss-** **brauch** darstellen kann (→ § 8c Rn. 21). Bei der **Auslegung der Abmahnung** kann eine ihr beigefügte, vom Gläubiger **vorformulierte Unterlassungserklärung** herangezogen werden. Ergibt sich daraus, dass der Gläubiger die einzelnen Beanstandungen zum **Gegenstand geson-** **derter Angriffe** macht, wie etwa dann, wenn er im Hinblick auf verschiedene Werbeaussagen in einer Werbeanzeige gesonderte Unterlassungsansprüche geltend macht, handelt es sich um gesonderte Angriffe (BGH GRUR 2019, 82 Rn. 38 – Jogginghosen). In einem solchen Fall ist die Abmahnung nur insoweit berechtigt und sind die Kosten der Abmahnung einem Mitbewerber nur insoweit zu ersetzen, wie die einzelnen Beanstandungen begründet sind (→ Rn. 133 ff.).

Enthält die Abmahnung alles, was nötig ist, so ist es **unschädlich, wenn der Gläubiger** mit **19** der vorgeschlagenen Unterwerfungserklärung über den bestehenden gesetzlichen Unterlassungsanspruch hinausgeht oder eine zu hohe Vertragsstrafe für den Fall der Zuwiderhandlung verlangt, sofern nicht wegen einer „offensichtlichen Zuvielforderung" iSv § 8c II Nr. 4 oder 5 ein **Indiz** **für Rechtsmissbrauch** besteht (→ § 8c Rn. 20 f.) Die Abmahnung wird in ihrer rechtlichen Wirkung durch eine solche Zuvielforderung grds. nicht beeinflusst (OLG Köln WRP 1988, 56; OLG Hamburg WRP 1977, 808; OLG Hamburg WRP 1990, 32 (33); OLG Stuttgart WRP 1985, 53; aA OLG München WRP 1982, 600 (601)). Denn es ist **Sache des Schuldners,** aufgrund der Abmahnung die zur Beseitigung der Wiederholungsgefahr **erforderliche Erklä-** **rung abzugeben.** Bei einer zu weitgehenden Forderung bleibt es also dem Schuldner überlassen, eine ausreichende Unterwerfungserklärung abzugeben, in der dann eine Ablehnung des zu weitgehenden Angebots verbunden mit einem neuen Angebot zum Abschluss eines Unterlassungsverpflichtungsvertrages liegt (§ 150 II BGB). Auch wenn der Gläubiger dem Schuldner eine **zu kurze Frist** gesetzt hat, entfaltet die Abmahnung ihre rechtliche Wirkung; durch sie wird lediglich nicht die zu kurze, sondern eine **angemessene Frist in Lauf gesetzt** (→ Rn. 22). Zum Anspruch auf Erstattung der Abmahnkosten bei nur teilweise berechtigter Abmahnung → Rn. 122, 133.

Verlangt der Gläubiger mit der Abmahnung **weniger, als erforderlich** ist, um die Wieder- **20** holungsgefahr zu beseitigen, und gibt der Schuldner deswegen eine unzureichende Erklärung ab (bspw. eine ungesicherte Unterlassungserklärung oder ein zu niedriges Strafversprechen), **bleibt** zwar die **Wiederholungsgefahr bestehen.** Erhebt der Gläubiger aber nun mit der Begründung, die Wiederholungsgefahr sei nicht entfallen, Klage oder beantragt er eine einstweilige Verfügung, hat der Schuldner, wenn er sofort anerkennt oder eine zweite, diesmal ausreichende Erklärung abgibt, iSv § 93 ZPO keinen Anlass zur Klage gegeben.

21   **f) Angemessene Frist.** Ob die gesetzte **Frist angemessen** ist, lässt sich nur nach Lage des Einzelfalls bestimmen. Im Regelfall, in dem es darum geht, dass eine wettbewerbswidrige Werbung irgendwann wiederholt wird, muss dem Schuldner Zeit zum Überlegen und zum Einholen anwaltlichen Rats gelassen werden. In diesen Fällen wird eine Zeit von **einer Woche bis zehn Tagen** genügen (OLG Stuttgart WRP 2004, 1395 Ls.: sieben Tage), wobei immer auf die Zeit ab Zugang der Abmahnung abzustellen ist. Ist die Sache bes. eilbedürftig, kann aber auch eine **Frist von wenigen Stunden** noch angemessen sein (vgl. OLG München WRP 1988, 62 (63); ferner OLG Frankfurt WRP 1996, 1194: Frist von 39 Minuten zu kurz). Die Angelegenheit kann sogar so eilbedürftig sein, dass dem Gläubiger eine Abmahnung überhaupt nicht zugemutet werden kann (→ Rn. 59 f.). Der Gläubiger, der sich auf bes. **Eilbedürftigkeit beruft,** muss selbst auch **entspr. zügig** reagiert haben (OLG Frankfurt WRP 1996, 1194 f.). Hat er mehrere Tage seit Kenntnis vom Verstoß verstreichen lassen, bis er sich zur Abmahnung entschlossen hat, kann er vom Schuldner nicht eine Reaktion innerhalb weniger Stunden oder gar Minuten erwarten, selbst wenn die Sache inzwischen bes. eilbedürftig geworden ist. – Auf eine **Fristverlängerung** muss sich der Gläubiger nur einlassen, wenn der Schuldner nachvollziehbare Gründe dafür anführt (OLG Stuttgart WRP 2004, 1395 Ls.; Teplitzky Wettbewerbsrechtliche Ansprüche/Bacher Kap. 41 Rn. 16). Eine andere Frage ist, ob der Gläubiger in einer solchen Situation ohne Not am Tag nach Fristablauf den Verfügungsantrag oder die Klage einreichen sollte. Im Zweifel empfiehlt sich eine gewisse Großzügigkeit, weil sich der Ausgang eines Streits über die Angemessenheit einer Frist(verlängerung) nur schwer zu prognostizieren ist.

22   Hat der Gläubiger dem Schuldner eine **zu kurze Frist** gesetzt, entfaltet die Abmahnung ihre rechtliche Wirkung. Durch sie wird lediglich statt der unangemessen kurzen Frist eine **angemessene Frist in Lauf gesetzt** (BGH GRUR 1990, 381 (382) – Antwortpflicht des Abgemahnten; GRUR 2010, 355 Rn. 18 – Testfundstelle; OLG München WRP 1988, 62; OLG Köln WRP 1996, 1214 (1215)). Der Schuldner braucht den Gläubiger, der eine zu kurze Frist gesetzt hat, auch nicht darauf hinzuweisen, dass er innerhalb angemessener Frist antworten werde (OLG Frankfurt WRP 1996, 1194; aA OLG Hamburg GRUR 1989, 197 Ls.; Teplitzky, 10. Aufl. 2011, Kap. 41 Rn. 16; wie hier nunmehr Teplitzky Wettbewerbsrechtliche Ansprüche/Bacher Kap. 41 Rn. 16). Etwas anderes gilt nur, wenn der Gläubiger – für den Schuldner erkennbar – die Frist für angemessen halten durfte, zB deshalb, weil sich die Übermittlung der Abmahnung **postalisch verzögert** hat und deswegen die Frist zu kurz bemessen ist, bei normalem Postgang aber ausreichend gewesen wäre. Dennoch empfiehlt es sich auch dann, wenn der Schuldner meint, die gesetzte Frist sei unangemessen kurz, den Gläubiger vor Ablauf der gesetzten Frist darauf hinzuweisen, dass sich die Antwort auf die Abmahnung noch verzögern werde. Denn es lässt sich kaum zuverlässig vorhersagen, ob ein Gericht eine bestimmte Frist für ausreichend erachten wird oder nicht.

23   **g) Androhung gerichtlicher Schritte.** Schließlich muss der Gläubiger dem Schuldner zu erkennen geben, dass er gegen ihn **gerichtlich vorgehen** wird, wenn er die geforderte Unterwerfungserklärung nicht innerhalb der gesetzten Frist abgibt (OLG Hamburg WRP 1986, 292; OLG München WRP 1981, 601). Eine **Berechtigungsanfrage** reicht insofern nicht aus (OLG Hamburg GRUR 2006, 616). Andererseits bedarf es häufig **keines ausdrücklichen Hinweises,** um deutlich zu machen, dass gerichtliche Schritte eingeleitet werden. Denn entweder ergibt sich der Wille, notfalls gerichtlich vorzugehen, aus den Umständen (zB Abmahnung durch einen Rechtsanwalt), oder dem Schuldner ist aufgrund seiner geschäftlichen Erfahrungen ohnehin klar, was geschieht, wenn er die geforderte Erklärung nicht abgibt (KG NJW 2005, 2239: Abmahnung eines Notars durch Kollegen).

24   Hat der Gläubiger – wie geboten – ein gerichtliches Vorgehen angekündigt, ist damit keine **Festlegung auf ein bestimmtes Vorgehen** verbunden. Hat ein Gläubiger bspw. erklärt, er werde nach fruchtlosem Ablauf der Frist unverzüglich Klage erheben, kann sich der Schuldner – wenn stattdessen eine einstweilige Verfügung beantragt wird und der Schuldner nun doch noch eine Unterwerfungserklärung abgibt – nicht darauf berufen, er habe mit einem Verfügungsverfahren nicht rechnen müssen und deshalb keinen Anlass für das Verfügungsverfahren gegeben (aA A. Klein GRUR 2012, 882 (884)). Schon gar nicht kann in der Ankündigung einer Klage ein *pactum de non petendo* in Bezug auf das Verfügungsverfahren gesehen werden (so aber

A. Klein GRUR 2012, 882 (884)). Warum sollte der Gläubiger, der in der Abmahnung – um dem Gebot der Androhung gerichtlicher Schritte zu genügen – eine Klage für den Fall ankündigt, dass der Schuldner sich nicht unterwirft, auf prozessuale Möglichkeiten verzichten wollen? Auch umgekehrt kann der Schuldner nicht dadurch in den Genuss der Kostenprivilegierung nach § 93 ZPO gelangen, dass der Gläubiger in seiner Abmahnung ein Vorgehen im Verfügungsverfahren ankündigt („… bin ich beauftragt, unverzüglich eine einstweilige Verfügung gegen Sie zu beantragen …"), dann aber Hauptsacheklage erhebt und der Schuldner sich nunmehr unterwirft. Die Androhung gerichtlicher Schritte hat allein den Zweck, dem Schuldner deutlich zu machen, dass es der Gläubiger ernst meint.

Wird nach erfolgloser Abmahnung nur der **Anspruch auf Zahlung der Abmahnkosten,** 25 nicht dagegen der Unterlassungsanspruch geltend gemacht, kann das darauf hindeuten, dass von Anfang an die **Ernsthaftigkeit des Unterlassungsverlangens** gefehlt hat. Der Kläger, der isoliert Abmahnkosten geltend macht, muss daher triftige Gründe dafür vorbringen, weshalb er den Unterlassungsanspruch nicht gerichtlich verfolgt (vgl. BGH GRUR 2007, 164 Rn. 13 – Telefax-Werbung II). Andernfalls wird das Gericht von der mangelnden Ernsthaftigkeit der Abmahnung ausgehen und die Klage auf Zahlung der Abmahnkosten abweisen.

2. Adressat der Abmahnung

Abzumahnen ist die **Person, die den Wettbewerbsverstoß begangen** hat. Bei Verstößen 25a zweier kapitalmäßig und persönlich verflochtener Unternehmen kann die Abmahnung **eines** Unternehmens genügen (OLG Hamburg WRP 1973, 537; LG Berlin WRP 1977, 671 (674)). Soll neben der juristischen Person (zB einer GmbH) auch der Geschäftsführer und der handelnde Mitarbeiter verklagt werden, empfiehlt es sich, diese ebenfalls abzumahnen. Denn für jeden Beteiligten kann sich die Frage der Unterwerfung unterschiedlich stellen, so dass aus dem Umstand, dass die GmbH sich nicht unterwirft, nicht ohne weiteres darauf geschlossen werden kann, auch der handelnde Mitarbeiter werde eine Unterwerfung ablehnen. Bei einer Abmahnung mehrerer Schuldner wegen eines Verstoßes ist allerdings darauf zu achten, dass nicht für jede Abmahnung gesondert Kosten, insbes. Anwaltskosten, geltend gemacht werden. Denn in der **getrennten Geltendmachung** kann – wenn jeweils gesondert abgerechnet werden soll und durch die gesonderte Abrechnung deutlich höhere Kosten entstehen – eine **missbräuchliche Geltendmachung** des Anspruchs liegen, die nach der Rspr. dazu führt, dass der Anspruch auch klageweise nicht mehr durchgesetzt werden kann (BGHZ 149, 371 (379) – Missbräuchliche Mehrfachabmahnung; vgl. → Rn. 93, → Rn. 120a f. und → § 8c Rn. 19 und 27).

3. Form und Zugang

a) **Kein Formzwang.** Für eine Abmahnung, die im Hinblick auf die Kostenfolge (§ 93 ZPO) 26 im eigenen Interesses des Verletzten liegt (→ Rn. 7 f.), besteht **kein Formzwang** (Ahrens Wettbewerbsprozess-HdB/Achilles Kap. 2 Rn. 51). Es kann daher per Brief, per Telefax oder E-Mail (OLG Düsseldorf GRUR 1990, 310; KG WRP 1994, 39; OLG Hamburg NJW-RR 1994, 629; Schmittmann WRP 1994, 225 ff.), aber auch mündlich oder telefonisch wirksam abgemahnt werden. Aus Beweisgründen empfiehlt es sich, grds. **schriftlich** abzumahnen. Häufig wird empfohlen, die **Abmahnung als Einschreiben mit Rückschein** (§ 175 ZPO) zu versenden. Bei dieser Versendungsform kann der Adressat zwar den Zugang durch Nichtannahme oder durch Nichtabholung des bei der Post hinterlegten Abmahnschreibens verhindern; je nach den Umständen kann hierin jedoch eine Obliegenheitsverletzung des Schuldners liegen mit der Folge, dass er sich nach § 242 BGB so behandeln lassen muss, wie wenn die Abmahnung zugegangen wäre (hierzu → Rn. 45; zur Frage, ob der Zugang der Abmahnung überhaupt vom Abmahnenden bewiesen werden muss, → Rn. 40 und 42 ff.). Bei bes. Dringlichkeit (Eilbedürftigkeit) kann für den Verletzten eine vorherige Abmahnung **unzumutbar** sein (→ Rn. 59 f.).

Der Streit, ob dem Verletzten im Einzelfall eine **mündliche oder telefonische Abmah-** 27 **nung zuzumuten** ist (str.; bejahend OLG Köln WRP 1970, 186; WRP 1986, 626; OLG Stuttgart WRP 1986, 54 (55); OLG Frankfurt WRP 1984, 417; OLG München WRP 1988, 62 (63); Teplitzky Wettbewerbsrechtliche Ansprüche/Bacher Kap. 41 Rn. 10; verneinend KG WRP 1971, 375; OLG Düsseldorf WRP 1972, 257; OLG Hamburg GRUR 1975, 39 (41); OLG Hamm WRP 1979, 563), hat sich durch die elektronischen Kommunikationsformen – Telefax, E-Mail – weitgehend erledigt. In der Praxis stellt sich in Fällen bes. Dringlichkeit allein die Frage, ob dem Verletzten das Abwarten bis zum Ablauf der mit der Abmahnung zu setzenden Frist zugemutet werden kann. Diese Frage muss aber gleichermaßen bei einer Abmahnung per

E-Mail oder Telefax wie bei einer mündlich ausgesprochenen Abmahnung beantwortet werden. Für eine mündliche Abmahnung spricht daher auch aus der Sicht des Abmahnenden wenig, auch wenn die dagegen angeführten **Beweisschwierigkeiten** sich durch eine **schriftliche Bestätigung** der mündlich erfolgten Abmahnung ausräumen lassen.

28   Dass eine **Abmahnung per E-Mail** den Formerfordernissen genügt, unterliegt keinem Zweifel. Da aber der Nachweis des Zugangs für den Abmahnenden erhebliche Risiken birgt, empfiehlt es sich grds. nicht, ausschließlich auf diesem Weg abzumahnen (→ Rn. 39; Ernst/Wittmann MarkenR 2010, 273 (276 ff.)).

29   **b) Beweismittel und Belege.** Der Abmahner braucht **keine Beweismittel** – wie etwa den Namen und die Adresse eines Testkäufers – anzugeben. Verweist der Abmahnende dennoch in der Abmahnung auf Belege, die irrtümlich der Abmahnung nicht beigefügt sind, kann der Abgemahnte nicht einfach abwarten. Vielmehr ist er im Rahmen des durch den Wettbewerbsverstoß begründeten gesetzlichen Schuldverhältnisses (→ Rn. 76 f.) gehalten, den Abmahnenden auf das Versäumnis hinzuweisen. Wartet er einfach nur ab, kann er sich im Falle der gerichtlichen Geltendmachung nicht darauf berufen, er habe eine unvollständige Abmahnung erhalten und daher keinen Anlass zur Klage bzw. zum Antrag auf Erlass einer einstweiligen Verfügung gegeben (vgl. OLG Hamm GRUR 1990, 716).

30   **c) Nachweis der Vollmacht.** Streitig ist, ob entspr. der Regelung in **§ 174 BGB** die Wirkungen der von einem Bevollmächtigten ausgesprochenen Abmahnung entfallen, wenn ihr kein **Vollmachtsnachweis** beigefügt ist und der Abgemahnte die Abmahnung deswegen unverzüglich zurückweist. In der Vergangenheit wurde diese Frage in der Rspr. (OLG Köln WRP 1985, 360; OLG Köln WRP 1988, 79; OLG Karlsruhe NJW-RR 1990, 1323; OLG Frankfurt OLGR 2001, 270; OLG Frankfurt GRUR-RR 2010, 221 (222); vgl. auch LG Hamburg GRUR-RR 2009, 198 (199)) und in der Literatur (Baumbach/Hefermehl, 22. Aufl. 2001, Einl. Rn. 534; Teplitzky Wettbewerbsrechtliche Ansprüche/Bacher Kap. 41 Rn. 6a; Teplitzky WRP 2010, 1427 ff.; Gloy/Loschelder/Danckwerts WettbR-HdB/Gloy, 3. Aufl. 2005, § 75 Rn. 30; Melullis Rn. 784; Harte-Bavendamm/Henning-Bodewig/Brüning § 13 Rn. 32; FBO/Büscher § 12 Rn. 11; Pfister WRP 2002, 799) überwiegend verneint. Inzwischen hat sich jedoch eine nicht minderstarke Gegenposition aufgebaut (OLG Düsseldorf OLGR 1996, 279; OLG Düsseldorf NJWE-WettbR 1999, 263; OLG Düsseldorf WRP 2001, 52; OLG Nürnberg GRUR 1991, 387; vermittelnd OLG Hamburg WRP 1982, 478; OLG Hamburg WRP 1986, 106; OLG Stuttgart NJWE-WettbR 2000, 125, vgl. OLG Hamburg GRUR-RR 2008, 370 (371)), die § 174 BGB uneingeschränkt oder mit Modifikationen für anwendbar hält. Diese Ansicht findet auch im Schrifttum Unterstützung (Ohly/Sosnitza/Sosnitza § 13 Rn. 16; Ulrich WRP 1998, 258; Ohrt WRP 2002, 1035; Grüneberg/Ellenberger BGB § 174 Rn. 2; Ahrens Wettbewerbsprozess-HdB/Achilles Kap. 2 Rn. 20 f. m. Fn. 67 hält den Streit durch die Neufassungen von § 97a UrhG und § 13 für im Sinne der verneinenden Auffassung für erledigt.

31   Bei der **Beantwortung der Streitfrage** muss man einerseits im Auge behalten, dass jede Belastung des Abmahnenden durch nicht ohne weiteres zu erfüllende Formerfordernisse die **Abmahnung als Instrument der außergerichtlichen Streitbeilegung** entwertet. Wäre der Abmahnende in allen Fällen der gewillkürten Vertretung stets genötigt, der Abmahnung die Vollmachtsurkunde im Original beizufügen, wäre es ihm häufig nicht zuzumuten, die gerichtliche Durchsetzung seines Unterlassungsanspruchs im Interesse einer gütlichen Regelung zurückzustellen. Denn damit entfiele die Möglichkeit, in Eilfällen per Telefax, E-Mail oder Telefon abzumahnen. Dies gilt in noch verstärktem Maße, wenn man den Abmahnenden auch mit dem Nachweis des Zugangs der Abmahnung belastet (→ Rn. 36 ff.). Andererseits geht es nicht an, unter Hinweis auf praktische Schwierigkeiten gesetzliche Bestimmungen oder doch fest gefügte Grundsätze des Zivil- oder Zivilprozessrechts für unanwendbar zu erklären, wobei häufig noch nicht einmal der Versuch einer dogmatischen Begründung (→ Rn. 40) unternommen wird.

32   Dieser Vorwurf trifft freilich nicht Teplitzky, der zutr. darauf hinweist, dass die entspr. Anwendung von § 174 BGB auch einen **entspr. Normzweck** und eine entspr. Interessenlage voraussetzt (10. Aufl. 2011, Kap. 41 Rn. 6a; WRP 2010, 1427 ff.). Er leugnet aber zu Unrecht, dass der Abgemahnte durchaus ein **berechtigtes Interesse** daran hat zu erfahren, ob von der Abmahnung die Wirkungen einer berechtigten Abmahnung ausgehen. Leider sind es keine Einzelfälle, in denen Anwälte lediglich aufgrund einer pauschalen Generalvollmacht auf eigene Initiative Zeitungen oder Internet auf Verstöße durchforsten. In derartigen Fällen stellt sich – wenn nicht die Frage der Wirksamkeit der Vollmacht – zumindest doch die Frage des Miss-

brauchs nach § 8c. Normzweck des § 174 BGB ist das **Gewissheitsinteresse** desjenigen, der mit der vom Vertreter abgegebenen Erklärung konfrontiert wird und der ein berechtigtes Interesse hat zu wissen, ob die ihm gegenüber abgegebene Erklärung die beanspruchten rechtlichen Wirkungen entfaltet. Ein solches Gewissheitsinteresse lässt sich für die Person des Abgemahnten nicht leugnen. Soll er sich unterwerfen? Kann er damit rechnen, dass eine Unterwerfungserklärung gegenüber dem Gläubiger, den zu vertreten der Abmahnende vorgibt, die Wiederholungsgefahr entfallen lässt? Soll er die in Rechnung gestellten Anwaltskosten begleichen? Der Einwand Teplitzkys (WRP 2010, 1427 (1430)), dieses Interesse bestehe mit Blick auf die Seriosität der Vertreter nur in einem ganz geringen Teil der Fälle, übersieht, dass auch bei den klassischen Anwendungsfällen des § 174 BGB berechtigte Zweifel an der Bevollmächtigung nur ausnahmsweise bestehen. Gleichwohl gilt § 174 BGB auch dann, wenn solche Zweifel eher nicht am Platze sind.

Die praktischen **Schwierigkeiten lassen sich** im Übrigen **vermeiden**, wenn folgende **33** **Grundsätze** beachtet werden: Dort, wo die **Abmahnung** nichts anderes ist als eine **einseitige Erklärung**, führt an der **Anwendung von § 174 BGB** kein Weg vorbei; denn auf geschäftsähnliche Handlungen, zu denen die Abmahnung unstreitig gehört (→ Rn. 10), ist § 174 BGB entspr. anzuwenden (BGH NJW 1983, 1542, für die Mahnung; vgl. auch BGH GRUR 2010, 1120 Rn. 15 – Vollmachtsnachweis). Hieran dürfte sich auch durch die Neufassung von § 13 nichts geändert haben (aA Ahrens Wettbewerbsprozess-HdB/Achilles Kap. 2 Rn. 20 f.). Die Zurückweisung der Abmahnung wegen fehlender Vollmacht muss dann aber **unverzüglich nach Zugang** der Abmahnung erfolgen. Erbittet der Abgemahnte zunächst eine Fristverlängerung, um die Berechtigung der Abmahnung prüfen zu können, und weist er erst dann die Abmahnung zurück, ist die Zurückweisung, die ja keiner eingehenden Prüfung bedarf, nicht mehr unverzüglich und führt daher auch nicht zur Unwirksamkeit der Abmahnung (OLG Düsseldorf GRUR-RR 2010, 87).

§ 174 BGB beruht auf der Erwägung, dass bei einseitigen Rechtsgeschäften eine Vertretung **34** ohne Vertretungsmacht nicht zulässig ist (§ 180 BGB). Im Allgemeinen sind **Abmahnungen** aber als **Angebote zum Abschluss eines Unterwerfungsvertrages** ausgestaltet. In diesen Fällen besteht keine Notwendigkeit, die starre Regelung des § 174 BGB anzuwenden (BGH GRUR 2010, 1120 Rn. 15 – Vollmachtsnachweis; OLG Hamburg GRUR-RR 2008, 370 (371)); denn für diese Fälle sieht die Rechtsordnung vor, dass der Vertreter ohne Vertretungsmacht (einstweilen) in die Position des Vertragspartners rückt (§ 179 BGB); der Vertretene kann den Vertragsabschluss **jederzeit genehmigen** (§ 177 I BGB). Zwar lässt eine Unterwerfungserklärung die Wiederholungsgefahr grds. nur entfallen, wenn sie gegenüber dem richtigen Gläubiger abgegeben wird; der **falsus procurator** kann aus dem Unterwerfungsvertrag keine Vertragsstrafeansprüche geltend machen. Da der Gläubiger den Vertragsabschluss aber jederzeit mit rückwirkender Kraft genehmigen kann, muss der Schuldner im Falle der Zuwiderhandlung selbst dann mit einer Vertragsstrafeforderung rechnen, wenn er seine Erklärung gegenüber einem Vertreter ohne Vertretungsmacht abgegeben hat. Die Situation ist daher vergleichbar mit den Fällen, in denen der Gläubiger eine inhaltlich ausreichende Unterwerfungserklärung nicht annimmt (→ Rn. 172 ff.). Da der Schuldner selbst ein klar definiertes Interesse daran hat, dass er unter dem **Damokles-Schwert des wirksamen Vertragsstrafeversprechens** steht (andernfalls entfiele die Wiederholungsgefahr nicht und er könnte mit Erfolg vor Gericht in Anspruch genommen werden, → § 8 Rn. 1.48 f.), liegt in seiner Erklärung gegenüber dem falsus procurator auch immer der Verzicht auf das Widerrufsrecht aus § 178 BGB.

Auch wenn der Schuldner danach eine als Angebot zum Abschluss eines (angemessenen) **35** Unterwerfungsvertrags ausgestaltete Abmahnung nicht nach § 174 BGB mit der Begründung zurückweisen kann, es fehle die Vollmacht, empfiehlt es sich doch, dem **Wunsch eines Schuldners** zu entsprechen, der eine Unterwerfungserklärung ankündigt, zuvor aber den **Vollmachtsnachweis** erhalten möchte (§ 177 II 1 BGB; BGH GRUR 2010, 1120 Rn. 15 – Vollmachtsnachweis). Selbst wenn die Wiederholungsgefahr auch dann entfällt, wenn der Schuldner die Annahme des Vertragsangebots gegenüber einem Vertreter ohne Vertretungsmacht erklärt, ist doch auf seiner Seite ein berechtigtes Interesse nicht zu leugnen, sich über den Vertragspartner Gewissheit zu verschaffen. Damit entspricht die hier vertretene Auffassung iErg (nicht notwendig in der Begründung) dem Mittelweg, den einige Oberlandesgerichte (OLG Stuttgart NJWE-WettbR 2000, 125; vgl. auch OLG Hamburg WRP 1986, 106) beschritten haben und der im Schrifttum weitgehend Zustimmung gefunden hat (Teplitzky Wettbewerbsrechtliche Ansprüche/Bacher Kap. 41 Rn. 6a; Melullis Rn. 784; FBO/Büscher § 12 Rn. 11).

36   **d) Zugang der Abmahnung. aa) Bedeutung des Zugangs.** Die Forderung nach einer Abmahnung vor der Inanspruchnahme der Gerichte beruht auf der Erwägung, dass ein Schuldner im Allgemeinen keinen Anlass zur Klage gegeben hat, es sei denn, er hat die Gelegenheit, die Sache durch eine Unterwerfungserklärung beizulegen, ungenutzt verstreichen lassen (→ Rn. 8). Ist die Abmahnung in einer konkreten Situation dem Gläubiger zuzumuten, sagt sie nur dann etwas über den Anlass zur Klage aus, wenn der Schuldner sie erhalten hat. Sie erfüllt also ihren Zweck nur, wenn sie den Schuldner erreicht. Auf den Umstand, dass ein Schuldner auf eine ihm **nicht zugegangene Abmahnung** nicht reagiert, lässt sich **schwerlich ein Anlass zur Klage** stützen. Hiervon geht auch der BGH in seiner Entscheidung v. 21.12.2006 aus, mit der die Kontroverse über den Zugang der Abmahnung zum Abschluss gekommen ist (BGH GRUR 2007, 629 Rn. 13 – Zugang des Abmahnschreibens; → Rn. 42).

37   Auch aus der Sicht des materiellen Rechts ist die Frage recht eindeutig zu beantworten: Bei der Abmahnung handelt es sich um eine **geschäftsähnliche Handlung.** Für solche Handlungen gelten dieselben Regeln wie für **empfangsbedürftige Willenserklärungen.** Sie werden in dem Zeitpunkt wirksam, in dem sie **dem Empfänger zugehen** (§ 130 I 1 BGB). Eine Willenserklärung, die in einer Postsendung enthalten ist, die zwar abgesandt worden, beim Empfänger aber nicht angekommen ist, ist nicht zugegangen. Zugegangen ist eine Willenserklärung, wenn sie so in den Bereich des Empfängers gelangt ist, dass dieser unter normalen Verhältnissen die **Möglichkeit** hat, **vom Inhalt der Erklärung Kenntnis zu nehmen** (BGHZ 67, 271 (275); BGH NJW 1998, 976 (977); 2004, 1320). Für die Abmahnung gilt nichts anderes. Sie muss bspw. nicht an die Hauptniederlassung gerichtet sein; ausreichend ist der **Zugang bei einer Zweigstelle,** wenn diese als Empfangseinrichtung des Unternehmens anzusehen ist (OLG Düsseldorf WRP 1973, 595; MüKoBGB/Einsele, 9. Aufl. 2021, BGB § 130 Rn. 17). Eine in der Werbung angegebene Filiale ist stets eine solche Empfangseinrichtung (OLG Naumburg WRP 1999, 570), ebenso wie die Filiale, von der der Wettbewerbsverstoß ausgegangen ist (Köhler/Piper/Köhler, 3. Aufl. 2002, Vor § 13 Rn. 177). Hat ein beschränkt geschäftsfähiger **Minderjähriger** den Verstoß begangen, ist die Abmahnung gem. § 131 BGB an seine gesetzlichen Vertreter zu richten (vgl. KG GRUR-RS 2019, 41902 mAnm Maatsch jurisPR-WettbR 2/2020 Anm. 5).

38   Abmahnungen, die **per Telefax übermittelt** werden, gehen dem Adressaten grds. mit Abschluss des Druckvorganges am Empfangsgerät zu (BGH NJW 2004, 1320).

39   Eine **per E-Mail übermittelte Abmahnung** ist zugegangen, wenn sie an eine vom Empfänger im geschäftlichen Verkehr verwendete E-Mail-Adresse geschickt und auf dem Mailserver des Empfängers abrufbereit zur Verfügung gestellt wird (BGHZ 34, 316 Rn. 19 (VII. ZS) = NJW 2022, 3791; MüKoBGB/Einsele, 9. Aufl. 2021, BGB § 130 Rn. 18). Sie geht dem Empfänger – ebenso wie ein an die Privatanschrift adressierter Brief – auch dann zu, wenn sie an eine privat verwendete E-Mail-Adresse geschickt wird (str.; wie hier Ernst NJW-CoR 1997, 165 (166); aA MüKoBGB/Einsele, 9. Aufl. 2021, BGB § 130 Rn. 18). Da bei privaten E-Mail-Adressen nicht von einer regelmäßigen Kenntnisnahme ausgegangen werden kann, reicht dann aber die Ankunft in der Mailbox nicht aus. Zugegangen ist eine solche Abmahnung erst, wenn der Adressat sie zur Kenntnis genommen hat, was beispielsweise durch eine elektronische Empfangsbestätigung dokumentiert werden kann.

40   **bb) Darlegungs- und Beweislast.** Die Frage, wer – Absender oder Empfänger bzw Gläubiger oder Schuldner – den Zugang der Abmahnung darzulegen und zu beweisen habe, war in der Vergangenheit hochstreitig. Schon bislang standen die **meisten Oberlandesgerichte** und die **meisten Stimmen im Schrifttum** auf dem Standpunkt, nicht der abmahnende Gläubiger, sondern der abgemahnte Schuldner trage das **Risiko** dafür, dass die **Abmahnung auf dem Postweg verloren** geht (OLG Hamburg GRUR 1976, 444; KG WRP 1979, 361; WRP 1984, 230; WRP 1994, 39; OLG Frankfurt GRUR 1980, 186; GRUR 1985, 240; OLG Karlsruhe WRP 1982, 426 (427); WRP 1992, 199; WRP 1997, 477; OLG Koblenz WRP 1982, 437; OLG Stuttgart WRP 1983, 644; WRP 1996, 477 (479); OLG Köln WRP 1984, 230; OLG Hamm WRP 1984, 220 (221); OLG Düsseldorf (2. ZS) WRP 1996, 1111; OLG Karlsruhe WRP 2003, 1146; OLG Braunschweig GRUR 2004, 887). Auch im Schrifttum war diese Ansicht weit verbreitet (Baumbach/Hefermehl, 22. Aufl. 2001, Einl. Rn. 536; Teplitzky, 10. Aufl. 2011, § 41 Rn. 6b; Teplitzky WRP 2005, 654f.; Melullis Rn. 793f.; Gloy/Loschelder/Danckwerts WettbR-HdB/Gloy, 3. Aufl. 2005, § 75 Rn. 30; Harte-Bavendamm/Henning-Bodewig/Brüning § 13 Rn. 26; Fezer, 2005, § 12 Rn. 6). Dieser Standpunkt wurde meist nicht dogmatisch, sondern mit den im Spiel befindlichen Interessen begründet: Bei der

Abmahnung handele es sich letztlich um eine **Wohltat für den Schuldner,** der auf diese Weise Gelegenheit erhalte, die Angelegenheit kostengünstig beizulegen. Es sei unbillig, dem Gläubiger, der durch Absendung eines Abmahnschreibens das seinerseits Erforderliche getan habe, die Kosten eines Klageverfahrens aufzuerlegen, wenn der Schuldner den Zugang der Abmahnung bestreite. Letztlich sprach aus den Entscheidungen und Stellungnahmen die naheliegende Skepsis gegenüber der den Zugang bestreitenden Einlassung des Schuldners.

Dagegen verlangten **einige Oberlandesgerichte** und ein Teil des Schrifttums – so auch der **41** Erstverf. noch in der 25. Aufl. (§ 12 Rn. 1.33) – **vom Gläubiger den Nachweis des Zugangs der Abmahnung** (KG WRP 1982, 467 (468); WRP 1992, 716 (717); WRP 1994, 39 (40); OLG Düsseldorf (20. ZS) NJWE-WettbR 1996, 256; OLG Düsseldorf (2. ZS) GRUR-RR 2001, 199; OLG Dresden WRP 1997, 1201 (1203); OLG Schleswig GRUR-RR 2008, 138; Ulrich WRP 1998, 124 ff.; GK/Kreft, 1. Aufl. 1991, Vor § 13 Rn. 73 ff.; Eichmann FS Helm, 2002, 287 (310 ff.)).

Es ist davon auszugehen, dass die Streitfrage inzwischen durch den **Beschluss des BGH vom 42 21.12.2006** (BGH GRUR 2007, 629 Rn. 13 – Zugang des Abmahnschreibens) **weitgehend geklärt** ist. Denn diese Entscheidung berücksichtigt nicht nur die pragmatischen Erwägungen, die bislang meist für die hM angeführt wurden (→ Rn. 40); sie liefert auch eine überzeugende rechtliche Begründung. Dabei geht der BGH davon aus, dass für die Abmahnung an sich die für Willenserklärungen geltenden Regeln anzuwenden sind und dass insbes. mit dem Beweis der Absendung der Abmahnung noch nicht der Beweis des Zugangs erbracht ist (vgl. BGHZ 24, 308 (312 f.); BGH NJW 1964, 1176; 1996, 2033 (2035)). Doch ist in der bisherigen Diskussion nicht immer (so auch Verf. bis zur 25. Aufl. § 12 Rn. 1.31 ff.; vgl. aber bspw. OLG Frankfurt NJW-RR 1996, 62; OLG Frankfurt OLGR 1996, 42; OLG Hamm MDR 2004, 1078) hinreichend beachtet worden, dass sich die Frage der Beweislast hier in dem **besonderen prozessualen Kontext des § 93 ZPO** stellt, für den eigene Beweislastregeln gelten. § 93 ZPO macht unter bestimmten Voraussetzungen zugunsten des Beklagten von dem Grundsatz eine Ausnahme, dass die unterlegene Partei die Kosten des Rechtsstreits zu tragen hat (§ 91 I 1 ZPO). Im Prozessrecht ist aber allgemein anerkannt – und dies entspricht den allgemeinen Grundsätzen –, dass der Beklagte, der ein sofortiges Anerkenntnis abgibt und geltend macht, er habe keinen Anlass zur Klage gegeben (§ 93 ZPO), diesen Umstand darlegen und beweisen muss (vgl. nur MüKoZPO/Schulz, 6. Aufl. 2020, ZPO § 93 Rn. 9; Musielak/Voit/Flockenhaus, 20. Aufl. 2023, ZPO § 93 Rn. 2; Ahrens Wettbewerbsprozess-HdB/Achilles Kap. 2 Rn. 53 ff.).

Danach gilt hins. der Darlegungs- und Beweislast **Folgendes** (BGH GRUR 2007, 629 **43** Rn. 12 f. – Zugang des Abmahnschreibens; vgl. auch OLG Frankfurt WRP 2009, 347 f.): **(1)** Grds. muss der **Schuldner darlegen und beweisen,** dass er keinen Anlass zur Klage gegeben hat, dass ihm also eine Abmahnung, auf die hin er eine den Streit erledigende Unterwerfungserklärung hätte abgeben können, nicht zugegangen ist. **(2)** Dabei ist aber zu berücksichtigen, dass es sich hierbei um eine **negative Tatsache** handelt. Dies führt dazu, dass der Gläubiger auf die Behauptung des Schuldners, er habe die Abmahnung nicht erhalten, nicht mit einfachem Bestreiten reagieren darf. Vielmehr muss er im Rahmen einer **sekundären Darlegungslast** im Einzelnen alles vortragen, was er zur Versendung des Abmahnschreibens vorbringen kann. **(3)** Nunmehr hat der Schuldner Gelegenheit, seinen Vortrag zu konkretisieren. Ggf kann er auf das (substantiierte) Bestreiten des Gläubigers auch durch **Beweisantritt,** idR durch Benennung von Zeugen – etwa von Büropersonal –, reagieren. **(4)** Bildet sich das Gericht – und in diesem Punkt unterscheidet sich die Auffassung des BGH von der bislang hM (→ Rn. 40) – aufgrund der Beweisaufnahme die Überzeugung, dass das Abmahnschreiben – mag es auch abgesandt worden sein – dem Schuldner nicht zugegangen ist, hat der Schuldner bewiesen, dass er keinen Anlass zur Klage gegeben hat. Das **Risiko des Verlusts des Abmahnschreibens trägt** demnach **der Gläubiger.**

Die immer wieder beschworene **Gefahr des Missbrauchs** wird damit **weitgehend gebannt. 44** Hat der Schuldner die Abmahnung tatsächlich erhalten, darf er vor kriminellem Verhalten nicht zurückschrecken, wenn er den Zugang mit Erfolg bestreiten und für den Nichtzugang Zeugen benennen möchte, in deren Abhängigkeit er sich damit begibt. Im Regelfall wird der Gläubiger daher keine besondere Vorsorge treffen müssen. Möchte der Gläubiger jedes Risiko von vornherein ausschalten, bietet sich im Übrigen für ihn eine Reihe von Möglichkeiten an:

Abgesehen von der **Zustellung durch Boten** kann die Abmahnung als **Einschreiben mit 45 Rückschein** versandt werden. Verweigert der Schuldner die Annahme ohne Grund, muss er sich so behandeln lassen, als wäre ihm die Abmahnung mit dem Angebot zur Aushändigung zugestellt worden (BGH NJW 1983, 929 (930); KG GRUR 1989, 618). Wird beim Schuldner niemand angetroffen (was im geschäftlichen Verkehr eher die Ausnahme bilden dürfte) und nur ein Benachrichtigungsschein hinterlassen, geht es ebenfalls zu Lasten des Schuldners, wenn er es versäumt, die Sendung innerhalb der Lagerfrist von sieben Werktagen abzuholen (BGHZ 67, 271 (277 f.); KG GRUR 1989, 618; vgl. auch MüKoBGB/Einsele, 9. Aufl. 2021, BGB § 130 Rn. 38; Grüneberg/Ellenberger BGB § 130 Rn. 18). In diesem Fall muss sich der Schuldner so behandeln lassen, als sei ihm die Abmahnung am letzten Tag der Lagerfrist zugegangen. Zwar hat der BGH (VIII. ZS) in einer neueren – sich von BGHZ 67, 271 vorsichtig absetzenden – Entscheidung eine solche **Zugangsfiktion nach § 242 BGB** in einem Fall verneint, in dem es um den Zugang der Annahme eines Kaufvertragsangebots ging (BGHZ 137, 205 (208, 210)). Entsprechendes gilt aber nicht für die wettbewerbsrechtliche Abmahnung. Die Anwendung von § 242 BGB hängt davon ab, ob dem Absender ein nochmaliger Zustellungsversuch zuzumuten ist oder nicht (BGHZ 137, 205 (209)). Dies kann je nach zuzustellender Erklärung unterschiedlich sein. Bei der wettbewerbsrechtlichen Abmahnung ist die mit einem zweiten Zustellungsversuch verbundene Zeitverzögerung für den Gläubiger eindeutig unzumutbar. Außerdem sind auch die **Konsequenzen aus der Zugangsfiktion** völlig angemessen: Sie führt lediglich dazu, dass der Schuldner im Falle eines sofortigen Anerkenntnisses die Kosten zu tragen hat, weil er Anlass zur Klage gegeben hat. Der Schuldner, der die als Einschreiben versandte wettbewerbsrechtliche Abmahnung trotz Benachrichtigung nicht abholt, kann daher so behandelt werden, als sei ihm die Abmahnung zugegangen. Der Rückgriff auf die Zugangsfiktion nach § 242 BGB ist im Übrigen nicht dadurch verstellt, dass inzwischen eine zivilprozessrechtlich gebotene Zustellung ebenfalls durch Einschreiben mit Rückschein bewirkt werden kann (§ 175 ZPO). Zwar scheitert diese Zustellung, wenn der Empfänger die Annahme der Sendung verweigert oder die hinterlegte Sendung trotz Benachrichtigung nicht abholt (Zöller/Schultzky, ZPO, 34. Aufl. 2021, § 175 Rn. 4; Heß NJW 2002, 2417 (2419)). Für den Nachweis des Zugangs nach § 130 I BGB gelten jedoch andere Regeln.

46   In Eilfällen ist freilich das Einschreiben mit Rückschein, bei dem der Absender erst nach einiger Zeit zuverlässig erfährt, was mit der Sendung geschehen ist, kein gangbarer Weg. Wird die **Abmahnung mit einfacher Post** übersandt, beweist die Absendung noch nicht den Zugang (→ Rn. 36 f. und 45). Hier empfiehlt es sich, die Abmahnung auch noch **parallel per Telefax und/oder E-Mail** zu übermitteln (BGH GRUR 2007, 629 Rn. 13 – Zugang des Abmahnschreibens). Kann der Gläubiger dartun, dass er die Abmahnung als Brief, als Telefax und als E-Mail abgesandt hat, ist die **Einlassung des Schuldners,** er habe auf keinem der drei Wege die Abmahnung erhalten, von vornherein **wenig glaubhaft.** Der doppelte oder dreifache Zugang wird den Schuldner daher im Allgemeinen von der Behauptung abhalten, er habe die Abmahnung überhaupt nicht erhalten. Wird der Zugang gleichwohl bestritten, liegt es im Übrigen nahe, dass der Richter die Überzeugung gewinnt (§ 286 ZPO), die Abmahnung sei dem Schuldner zugegangen. Es handelt sich um eine Frage **freier richterlicher Überzeugungsbildung.** Die Rspr., wonach allein die Aufgabe eines Briefes auf die Post weder den Anscheinsbeweis noch eine tatsächliche Vermutung des Zugangs begründet (BGHZ 24, 308 (312 ff.) = NJW 1957, 1230; BGH NJW 1996, 2033 (2035)), steht dem nicht entgegen. Die parallele Übermittlung per Telefax und E-Mail bietet sich naturgemäß auch dann noch an, wenn die Sache so eilbedürftig ist, dass dem Gläubiger eine Versendung der Abmahnung auf dem Postweg nicht zuzumuten ist. Schließlich kann der Gläubiger noch ein Übriges tun und seine Bürokraft unmittelbar nach Abgang der Telefaxsendung (oder der E-Mail) im Büro des Schuldners anrufen lassen, um sich den Zugang des Faxes (oder der E-Mail) bestätigen zu lassen (Hess jurisPR-WettbR 7/2007 Anm. 4).

47   Auch die **Abmahnung allein per E-Mail** ist für den Gläubiger mit dem Risiko des Verlusts verbunden. Kann der Schuldner in diesem Fall beweisen, dass die E-Mail mit der Abmahnung nicht in seiner Mailbox eingegangen, sondern von der Firewall oder (was wahrscheinlicher ist) von einem Spam-Filter abgefangen worden ist, kann nicht davon ausgegangen werden, den Abgemahnten treffe das **Risiko des Verlusts der E-Mail** (so aber LG Hamburg K&R 2010, 207 unter unzutreffender Berufung auf BGH GRUR 2007, 629 – Zugang des Abmahnschreibens; dazu Ernst/Wittmann MarkenR 2010, 273 (276 ff.)). Hieran vermag auch der Umstand nichts zu ändern, dass eine Kopie der E-Mail mit der Abmahnung in der Mailbox eines beliebigen Empfängers (im Falle des LG Hamburg Zugang einer „blind carbon copy" an den Sozius des abmahnenden Anwalts) angekommen ist. Denn damit lässt sich eben nicht ausschließen, dass die E-Mail beim abzumahnenden Empfänger in einer Firewall oder einem Spam-Filter hängengeblieben ist. Wird das eigentliche **Abmahnschreiben als Anhang an eine E-Mail** (bspw. als pdf-Datei) versandt, ist es erst zugegangen, wenn der Empfänger den Anhang geöffnet hat. Denn im Hinblick darauf, dass wegen des Virenrisikos allgemein davor gewarnt wird, Anhänge von E-Mails unbekannter Absender zu öffnen, ist es dem Empfänger in einem solchen Fall nicht zu verübeln, wenn er den Anhang nicht öffnet. Es empfiehlt sich daher in einem solchen Fall, den Text der Abmahnung in die E-Mail aufzunehmen (Ernst/Wittmann MarkenR 2010, 273 (276 f.)). Generell gilt auch hier, dass es sich stets empfiehlt, die Abmahnung parallel auf mehreren Wegen zu versenden, um den Nachweis des Verlusts zu erschweren (→ Rn. 46).

e) Notwendigkeit einer zweiten Abmahnung. Muss der Gläubiger erkennen, dass die erste 48 Abmahnung den Schuldner nicht erreicht hat, muss der **Zustellversuch wiederholt werden,** es sei denn, dem Gläubiger wäre nunmehr ein weiteres Zuwarten nicht mehr zuzumuten (vgl. OLG Köln WRP 1989, 47; OLG Stuttgart WRP 1983, 361; Teplitzky Wettbewerbsrechtliche Ansprüche/Bacher Kap. 41 Rn. 11). Noch weitergehend soll der Gläubiger einen neuen Zustellversuch an die ihm bekannte Anschrift des Geschäftsführers auch dann unternehmen müssen, wenn das durch Einschreiben mit Rückschein an die richtige Adresse der Gesellschaft abgesandte Schreiben trotz Benachrichtigung nicht abgeholt und deswegen an den Absender zurückgeschickt worden ist (OLG Frankfurt WRP 1980, 84). Das geht zu weit, weil schon mit der Nichtabholung des ersten Abmahnschreibens die Zugangsfiktion eintritt (→ Rn. 45).

f) Notwendigkeit einer Rückfrage. Lässt sich der Schuldner zwar auf die Abmahnung ein, 49 übermittelt dem Gläubiger aber – abweichend von dem mit der Abmahnung übersandten Entwurf – nur eine inhaltlich unzureichende Unterwerfungserklärung, ist der Gläubiger nicht gehalten, ihn auf die Unzulänglichkeit seiner Unterwerfungserklärung hinzuweisen (OLG München MD 2010, 546 = BeckRS 2010, 10619; Teplitzky, 10. Aufl. 2011, Kap. 41 Rn. 49). Erkennt der Schuldner den – dem ursprünglichen Unterlassungsbegehren des Gläubigers entsprechenden – Antrag an, kann er sich in diesem Fall nicht mehr darauf berufen, er habe keinen Anlass zur Klage gegeben (§ 93 ZPO). Dagegen kann eine **Nachfrage** geboten sein, wenn die Abgabe einer strafbewehrten Unterlassungserklärung – für den Gläubiger erkennbar – versehentlich unterblieben ist, zB bei Übersendung eines Schecks für die Abmahnkosten ohne Übermittlung der Unterwerfungserklärung (OLG Köln WRP 1983, 42). Eine **Rückfrage** ist auch dann erforderlich, wenn die **Unterwerfung erkennbar sprachlich verunglückt** ist, an der Ernstlichkeit des Unterlassungswillens aber gleichwohl kein Zweifel besteht (OLG Hamburg WRP 2010, 954 Ls. = AfP 2010, 585 = BeckRS 2010, 14209). Nachfragen muss der Gläubiger auch, wenn sich die Unklarheit aus der von ihm vorgeschlagenen Formulierung der Unterlassungspflicht ergibt (OLG Frankfurt WRP 2022, 767). Nimmt der Gläubiger den Schuldner in diesem Fall ohne weitere Rückfrage gerichtlich in Anspruch, muss er im Falle des sofortigen Anerkenntnisses die Kosten tragen (§ 93 ZPO). Wenig überzeugend ist dagegen die Auffassung des OLG Hamburg (WRP 2010, 954 Ls. = AfP 2010, 585 = BeckRS 2010, 14209), es fehle an der Dringlichkeit des Verfügungsantrags, wenn in diesem Fall ohne Rückfrage ein Antrag auf Erlass einer einstweiligen Verfügung beantragt werde. Da die Abmahnung keine Prozessvoraussetzung ist, kann man in diesem Fall auch das Rechtsschutzbedürfnis nicht verneinen (wie OLG Hamburg offenbar Teplitzky Wettbewerbsrechtliche Ansprüche/Kessen Kap. 8 Rn. 14).

III. Verhalten des Abgemahnten

1. Unterwerfung

a) Abgabe der strafbewehrten Unterlassungserklärung. Gibt der Abgemahnte die von 50 ihm verlangte **strafbewehrte Unterlassungserklärung** fristgerecht (→ Rn. 21 f., → Rn. 52) ab, hat er auch dann **keine Veranlassung zur Klageerhebung** gegeben (§ 93 ZPO), wenn die vom Gläubiger verlangte und vom Schuldner versprochene Vertragsstrafe an sich zu niedrig ist, um die Wiederholungsgefahr zu beseitigen. In keinem Fall muss der sich unterwerfende Schuldner ein Anerkenntnis hins. der Abmahnkosten abgegeben, damit die Unterwerfungserklärung ihre Wirkung (Wegfall der Wiederholungsgefahr) entfaltet. Aus welchem Grunde sich der Abgemahnte zur Abgabe der Unterlassungserklärung entschließt, ist gleichgültig. Im Allgemeinen wird er die Erklärung abgeben, weil er die Abmahnung für sachlich gerechtfertigt hält. Nicht selten unterwirft sich der Abgemahnte aber nur deswegen, weil er an einer Fortsetzung der beanstandeten, aus seiner Sicht aber unbedenklichen Werbemaßnahme kein Interesse hat und einem Streit vor Gericht aus dem Wege gehen möchte (vgl. Hess WRP 2003, 353). In diesem Fall muss im Streit um die Abmahnkosten geklärt werden, ob der Gläubiger das Verhalten zu Recht beanstandet hat und die Abmahnung daher berechtigt war. Allenfalls ausnahmsweise ist dabei zu berücksichtigen, dass sich der Schuldner durch die Abgabe der Unterwerfungserklärung in die Rolle des Untergebenen begeben hat (vgl. BGH BB 2004, 800).

51   **b) Fristverlängerung.** Geht das Abmahnschreiben dem Schuldner verspätet zu mit der Folge, dass die ihm gesetzte Frist unangemessen kurz ist, ist es ihm zuzumuten, den Gläubiger unverzüglich um **Fristverlängerung** zu bitten (vgl. OLG Hamm WRP 1978, 225). Dagegen braucht der Gläubiger nicht auf **ausweichende Antworten** zu reagieren, auch nicht auf das noch nicht spezifizierte Angebot einer gütlichen Einigung. – Zu weiteren Bitten um Aufschub → Rn. 53.

52   **c) Fristgerechter oder verspäteter Zugang.** Die strafbewehrte Unterlassungserklärung muss dem Gläubiger **fristgerecht zugehen,** will der Schuldner vermeiden, mit den Kosten eines bereits eingeleiteten Klage- oder Verfügungsverfahrens belastet zu werden. Allerdings lässt eine **verspätete Unterwerfung** die Wiederholungsgefahr entfallen. Hat der Gläubiger die Klage bereits eingereicht, kann er sie – wenn das Unterlassungsbegehren begründet war – **ohne Kostenrisiko zurücknehmen** (§ 269 III 3 ZPO). Entsprechendes gilt für den Antrag auf Erlass einer einstweiligen Verfügung. Die **Hauptsache für erledigt zu erklären,** empfiehlt sich für den Gläubiger nur, wenn die Unterwerfungserklärung erst **nach Rechtshängigkeit** (also nach der Zustellung der Klage) abgegeben worden ist. Zwar entscheidet das Gericht bei übereinstimmenden Erledigungserklärungen über die Kosten ebenfalls nach billigem Ermessen (§ 91a I ZPO). Bleibt die Erledigung aber einseitig, kann dem darin liegenden Feststellungsantrag grds. nur stattgegeben werden, wenn die Klage urspr. – also bei Klageerhebung – zulässig und begründet war. Ist die Wiederholungsgefahr vor Zustellung der Klage entfallen, droht dem Kläger in diesem Fall eine Abweisung des in der einseitigen Erledigungserklärung liegenden Feststellungsantrags und eine Belastung mit den Kosten des Rechtsstreits.

2. Verweigerung

53   **a) Bei Verweigerung Anlass zur Klage.** Kommt der Verletzer einer **ordnungsgemäßen** Abmahnung nicht innerhalb einer ihm gesetzten angemessenen Frist nach, gibt er zB keine oder nur eine unzureichende Unterlassungserklärung ab, so hat er **Veranlassung zur Klage** gegeben (→ Rn. 49). Die Veranlassung zur Klageerhebung kann nur entfallen, wenn **bes. Gründe** dies rechtfertigen. Keine Veranlassung zur Klageerhebung gibt der Abgemahnte, wenn er eine Werbung zu unterlassen verspricht, jedoch die Abgabe einer strafbewehrten Verpflichtungserklärung von dem Nachweis der **Vertretungsbefugnis** des Abmahnenden abhängig macht (OLG Hamburg WRP 1982, 478; 1986, 106; OLG Stuttgart NJWE-WettbR 2000, 125; → Rn. 30). Kündigt der abgemahnte Schuldner die Unterwerfung zwar an und überweist auch die geforderte Abmahnpauschale, gibt aber gleichwohl die Unterwerfungserklärung nicht ab, braucht der Gläubiger nicht erneut an ihn heranzutreten, bevor er Klage erhebt oder eine einstweilige Verfügung beantragt (OLG Celle GRUR-RR 2009, 198).

54   Dennoch muss der Gläubiger beachten, dass auch ihn im Rahmen des gesetzlichen Schuldverhältnisses gewisse **Rücksichtnahmepflichten** treffen. Zwar braucht er sich nicht hinhalten zu lassen. Eine nachvollziehbare Bitte sollte er dem Schuldner aber nicht abschlagen, wenn die Rechtsdurchsetzung dadurch nicht beeinträchtigt wird. So ist entschieden worden, dass ein Schuldner keinen Anlass zur Klage geboten hatte, der sich auf die Abmahnung hin sofort bereit erklärt hatte, weitere Zuwiderhandlungen zu unterlassen, jedoch die Abgabe der strafbewehrten Unterlassungserklärung von der **Mitteilung der einschlägigen Rspr.** abhängig gemacht hatte (OLG Frankfurt WRP 1984, 155). Nachdem der frühere Hamburger Brauch (Festsetzung der Höhe der Vertragsstrafe durch ein Gericht) auch beim BGH auf Bedenken gestoßen war (BGH GRUR 1978, 192 – Hamburger Brauch), wurde vom Gläubiger erwartet, dass er den Schuldner, der erkennbar eine gerichtliche Auseinandersetzung vermeiden wollte, sich aber nach früherem Hamburger Brauch unterworfen hatte, auf die Bedenken hinweist (OLG Hamburg WRP 1987, 34; 1988, 929 f.; zum unbedenklichen „neuen" Hamburger Brauch → Rn. 210).

55   **b) Unbegründete Abmahnung.** Wer **zu Unrecht abgemahnt** wird, braucht keine Unterlassungserklärung abzugeben, wenn er nichts getan hat, was eine Begehungsgefahr begründen könnte. Das Schweigen auf eine Abmahnung ruft selbstverständlich keine Begehungsgefahr hervor (OLG Stuttgart WRP 1982, 170). Umgekehrt kann der zu Unrecht Abgemahnte Klage auf Feststellung des Nichtbestehens des Anspruchs erheben, dessen sich der Abmahner berühmt hat (→ Rn. 90 f., dort auch zur Frage, ob in diesem Fall eine Gegenabmahnung erforderlich ist, um der Gefahr eines sofortigen Anerkenntnisses mit Kostenfolge des § 93 ZPO zu entgehen). Zudem hat der zu Unrecht Abgemahnte gem. § 13 V Anspruch auf Ersatz seiner Rechtsverteidigungskosten, sofern nicht die fehlende Berechtigung der Abmahnung für den Abmahnenden zum Zeitpunkt der Abmahnung nicht erkennbar war (→ Rn. 86a, 93a) – Wer **missbräuchlich** zur Erlangung wirtschaftlicher Vorteile im Eigeninteresse abgemahnt hat, schuldet dem zu Unrecht Abgemahnten Ersatz der Verteidigungskosten gem. § 8c III, uU auch nach § 826 BGB (LG Mannheim WRP 1986, 56). – Zur **Antwortpflicht** des Abgemahnten → Rn. 76 f. – Zum Begriff der unbegründeten Abmahnung → Rn. 83.

IV. Entbehrlichkeit der Abmahnung

1. Kriterien

a) Allgemeines. Ausnahmsweise gibt ein Verletzer **allein durch den Wettbewerbsverstoß** 56 **Anlass zur Klage** iSv § 93 ZPO. Auch wenn zwischen bes. Dringlichkeit, voraussichtlicher Erfolglosigkeit und anderen Gründen unterschieden wird, geht es letztlich stets darum, ob es **dem Gläubiger zuzumuten** ist, sich – nicht zuletzt im Interesse des Schuldners – vor der gerichtlichen Durchsetzung seiner Ansprüche um eine außergerichtliche Lösung zu bemühen. Ob ein wettbewerbswidriges Verhalten auch ohne vorprozessuale Abmahnung Anlass zur Klage gibt, ist daher immer aus der **Sicht des Gläubigers** zu beurteilen, dem die Gründe für das Verhalten des Schuldners häufig nicht bekannt sein werden. Die relativ strengen Grundsätze der Rspr. haben dazu geführt, dass in der Praxis fast durchweg abgemahnt wird, es sei denn man nimmt im Interesse eines Überraschungsschlags das Kostenrisiko bewusst in Kauf. Deswegen ist es auch kein Zufall, dass es sich bei den Streitigkeiten, in denen über die Notwendigkeit der Abmahnung gestritten wird, häufig um Fälle handelt, in denen der Gläubiger ein Abmahnschreiben abgesandt hat, der Zugang oder die Angemessenheit der gesetzten Frist jedoch umstritten war.

b) Verknüpfung mit der Berechtigung der Abmahnung (§ 13 III). Durch die gesetzli- 57 che Neuregelung der Abmahnung in § 12 I aF, jetzt § 13 III, ist ein **zusätzliches Kriterium** für die Entbehrlichkeit hinzugekommen. Aus der nachteiligen Kostenfolge aus § 93 ZPO, die sich im Falle eines sofortigen Anerkenntnisses an eine Klageerhebung ohne vorherige Abmahnung knüpft, lässt sich entnehmen, dass es sich bei der Abmahnung, um eine **Obliegenheit** handelt (→ Rn. 7). Das Gesetz spricht darüber hinaus nunmehr von einer **berechtigten Abmahnung** (§ 13 III, vormals § 12 I 2), die dazu führt, dass der Abmahnende Anspruch auf Erstattung seiner erforderlichen Aufwendungen hat. Die beiden Kriterien – das der Entbehrlichkeit und das der Berechtigung der Abmahnung – sind in der Weise miteinander zu verknüpfen, dass eine nicht entbehrliche Abmahnung stets einen Kostenerstattungsanspruch nach sich zieht und umgekehrt für eine entbehrliche Abmahnung keine Kostenerstattung verlangt werden kann. Denn es entstünde ein **Wertungswiderspruch,** wenn eine Abmahnung zur Abwendung einer Kostenbelastung erforderlich wäre, gleichwohl diese Abmahnung aber als unberechtigt angesehen würde. Zu beachten ist aber, dass § 13 III den Aufwendungsersatzanspruch zusätzlich von der Einhaltung der in § 13 II vorgesehenen inhaltlichen Anforderungen abhängig macht.

Die Berücksichtigung des Kriteriums der Berechtigung bedeutet vor allem in den Fällen, in 58 denen der Schuldner bereits **von einem anderen Gläubiger abmahnt** wurde, eine gewisse Änderung gegenüber dem früheren, bis 2004 geltenden Recht (→ Rn. 69), weil hier eine großzügige Bejahung der Notwendigkeit weiterer Abmahnungen zu einer erheblichen Kostenbelastung des Schuldners führen würde, der sich nicht sogleich unterwirft, sondern die Frage der Wettbewerbswidrigkeit seines Verhaltens gerichtlich geklärt wissen möchte. Im Übrigen kann es trotz des neuen Kriteriums bei **bisherigen Grundsätze** verbleiben.

2. Besondere Dringlichkeit

Für den Verletzten kann es nach Lage des Falles **unzumutbar** sein, den Verletzer vor 59 Inanspruchnahme gerichtlicher Hilfe erst noch abzumahnen, wenn **bes. Eilbedürftigkeit** besteht (OLG Naumburg WRP 1996, 264; zurückhaltend Ahrens Wettbewerbsprozess-HdB/ Achilles Kap. 3 Rn. 25). Sie kann vorliegen, wenn sich der Wettbewerbsverstoß ohne sofortige Erwirkung einer einstweiligen Verfügung **nicht mehr verhindern** lässt (OLG Hamburg GRUR 1969, 483 (484)) oder die rasche Wiederholung einer unzulässigen Werbeaktion zu befürchten ist (OLG Hamm WRP 1982, 687). Bei einer Dauerhandlung kann ausnahmsweise der laufend eintretende Schaden für den betroffenen Mitbewerber so groß sein, dass ihm auch die mit einer Abmahnung mindestens verbundene Verzögerung von wenigen Stunden nicht mehr zuzumuten ist. Es liegt auf der Hand, dass der Gläubiger sich nur dann auf eine solche bes. Eilbedürftigkeit berufen kann, wenn er selbst unverzüglich handelt (OLG Frankfurt GRUR 1984, 693).

60   Mit den **modernen Kommunikationsformen** (Telefax und E-Mail) ist die Bedeutung dieser Fallgruppe deutlich gesunken. Denn auch **wenige Stunden** können noch für eine Abmahnung genutzt werden. Der Grad der Eilbedürftigkeit rechtfertigt eine umso kürzere Antwortfrist. Deshalb wird etwa in Messesachen eine Abmahnung für erforderlich gehalten (OLG Frankfurt GRUR 1984, 693; OLG Köln WRP 1986, 626). Auch bei sonstigen zeitlich befristeten Veranstaltungen wird heute fast immer abgemahnt, auch wenn die Rspr. bei **wettbewerbswidrigen Sonderveranstaltungen** wegen des kurzfristigen Vorsprungs, den der Verletzer in derartigen Fällen vor seinen Mitbewerbern erlangen kann, die Abmahnung zuweilen nicht für erforderlich gehalten hat (OLG Hamburg GRUR 1975, 39 (40); WRP 1973, 591; 1977, 113; OLG Hamm WRP 1982, 674; OLG Naumburg WRP 1996, 264).

3. Vereitelung des Rechtsschutzes

61   Eindeutig unzumutbar ist die vorherige Abmahnung, wenn durch die damit verbundene Warnung des Schuldners der **Rechtsschutz vereitelt** würde. Dies ist insbes. dann der Fall, wenn mit der einstweiligen Verfügung nicht nur Unterlassung, sondern auch eine **Sequestration** – bspw. von wettbewerbswidrig nachgeahmten Erzeugnissen oder sonstiger Piraterieware – begehrt wird (OLG Hamburg WRP 1978, 146; OLG Nürnberg WRP 1981, 342; KG WRP 1984, 325; OLG Düsseldorf WRP 1997, 471; NJWE-WettbR 1998, 234; OLG Stuttgart NJW-RR 2001, 257; OLG Hamburg WRP 2006, 1262 Ls.; OLG Frankfurt GRUR 2006, 264; LG Hamburg GRUR-RR 2004, 191; Teplitzky Wettbewerbsrechtliche Ansprüche/Bacher Kap. 41 Rn. 30). In derartigen Fällen liegt es im Allgemeinen nahe, dass der Schuldner den Beweis für sein wettbewerbswidriges Verhalten beiseiteschaffen würde, wenn er von der bevorstehenden Verfügung durch Abmahnung Kenntnis erhielte. Anders als in den anderen Fallgruppen ist hier eine **großzügige Sichtweise** geboten. Entgegen einigen Stimmen in Rspr. und Schrifttum (insbes. OLG Köln WRP 1983, 453; OLG Köln 1984, 641 (642); OLG Hamburg WRP 1988, 47; GK/Kreft, 1. Aufl. 1991, Vor § 13 Rn. C 93) muss der Gläubiger in diesen Fällen die Gefahr einer Vereitelung des Rechtsschutzes nicht durch bes. Verdachtsmomente belegen. In derartigen Fällen besteht **von vornherein die ernste Besorgnis,** der Schuldner werde versuchen, die fragliche Ware beiseite zu schaffen. Nur wenn diese Gefahr ausnahmsweise ausgeschlossen erscheint, ist dem Gläubiger eine Abmahnung zuzumuten (OLG Düsseldorf WRP 1997, 471 (472); Teplitzky Wettbewerbsrechtliche Ansprüche/Bacher Kap. 41 Rn. 30).

62   Allerdings ist insofern vor einem **Missbrauch** zu warnen: Es ist zu beobachten, dass zuweilen eine **Sequestration nur beantragt wird,** um die an sich bestehende **Abmahnobliegenheit zu umgehen** und gleichzeitig sicherzustellen, dass die Verfügung ohne Gehör des Schuldners erlassen wird. Dem Antrag selbst wird man dies häufig nicht ohne weiteres entnehmen können. Ein Indiz für einen derartigen Missbrauch kann aber darin liegen, dass der Gläubiger die einstweilige Verfügung nur hins. des Unterlassungsausspruchs, nicht dagegen hins. der Sequestration vollzieht. Um in einem solchen Fall die Notwendigkeit der gerichtlichen Geltendmachung des Unterlassungsanspruchs ohne vorherige Abmahnung darzutun, muss der Gläubiger im Einzelnen darlegen, weshalb er auf die Vollziehung der einstweiligen Verfügung trotz bestehenden Sicherungsinteresses verzichtet hat (KG GRUR-RR 2008, 372).

4. Nutzlosigkeit der Abmahnung

63   **a) Vorausgegangenes Verhalten des Schuldners.** Ob der Verletzer **Anlass** zur Klageerhebung gegeben hat, hängt von seinem der Rechtshängigkeit **vorausgegangenen Verhalten** ab, zu dessen Beurteilung aber auch das Verhalten **nach Klageerhebung** herangezogen werden kann (BGH NJW 1979, 2040; OLG Düsseldorf GRUR 1970, 431; Ahrens Wettbewerbsprozess-HdB/Achilles Kap. 3 Rn. 28). Das Prozessverhalten des Schuldners kann daher – entgegen Melullis Rn. 762 – im Allgemeinen nicht als Argument dafür dienen, dass eine Abmahnung nutzlos gewesen wäre, zumal sich diese Frage immer nur dann stellt, wenn der Schuldner ein sofortiges Anerkenntnis abgegeben oder sich unmittelbar nach Klageerhebung unterworfen und damit seine Unterwerfungsbereitschaft unter Beweis gestellt hat. Vor allem lässt sich die Nutzlosigkeit einer Abmahnung nicht daraus herleiten, dass der Schuldner später im Rechtsstreit den Standpunkt vertritt, sein Verhalten sei rechtmäßig gewesen. Denn zum einen dient eine solche

Äußerung der eigenen Rechtsverteidigung, zum anderen kann sich ein Schuldner auch unterwerfen, ohne von der Wettbewerbswidrigkeit seines Verhaltens überzeugt zu sein.

b) Nutzlosigkeit. Eine Abmahnung ist dem Gläubiger nicht zuzumuten, wenn sie **offen-** **64** **sichtlich nutzlos** ist, so zB wenn es sich um einen **unnachgiebigen Schuldner** handelt, aus dessen Verhalten deutlich wird, dass er sich in keinem Fall unterwerfen wird (vgl. OLG Hamburg WRP 1995, 1037). In diese Kategorie gehören zum einen die Fälle, in denen sich der Schuldner – sei es gegenüber dem Gläubiger oder gegenüber einem anderen Anspruchsberechtigten – bereits einmal unterworfen hat, und gegen das vertragliche Unterlassungsgebot verstößt (OLG Hamburg NJW 1988, 1920; OLG Hamburg GRUR 1989, 707 (708)). Dagegen kann aus dem Umstand, dass sich ein Verletzer in der Vergangenheit **nach anderen Wettbewerbsverstößen** nicht unterworfen hat, nicht geschlossen werden, die Abmahnung sei auch wegen des nunmehr in Rede stehenden Verstoßes nutzlos (OLG Hamburg CR 2008, 400: Fruchtlosigkeit der Abmahnung wegen einer Werbung speziell im Internet belegt nicht, dass eine Abmahnung wegen der gleichen Werbung in Printmedien entbehrlich wäre; vgl. auch Ahrens Wettbewerbs-prozess-HdB/Achilles Kap. 3 Rn. 26). Zur Frage, ob eine Abmahnung entbehrlich ist, wenn der Schuldner wegen desselben Verstoßes bereits von anderen Gläubigern ohne Erfolg abgemahnt worden ist, → Rn. 69 f.

Zum anderen sollen in diese Kategorie die Fälle der **Berühmung** fallen (Teplitzky Wett- **65** bewerbsrechtliche Ansprüche/Bacher Kap. 41 Rn. 24). Dagegen ist nichts einzuwenden, wenn damit die Fälle gemeint sind, in denen der Schuldner bereits zum Ausdruck gebracht hat, dass er sein Verhalten auch **im Falle der Abmahnung fortsetzen** werde; hiervon kann bspw. ausgegangen werden, wenn der Schuldner eine früher abgegebene Unterwerfungserklärung widerrufen hat (OLG Nürnberg WRP 1981, 229). Verfehlt wäre es jedoch, die Äußerung einer Rechtsansicht ausreichen zu lassen, um auf die Nutzlosigkeit einer Abmahnung zu schließen. Denn die Entscheidung, ob sich ein Schuldner nach einer Abmahnung unterwirft, ist eine Frage, die von vielen Faktoren abhängt; häufig spricht die kaufmännische Vernunft für die Unterwerfung, auch wenn man die Rechtsansicht des Abmahnenden nicht teilt und das eigene Verhalten für rechtmäßig hält.

c) Auswirkung auf das Verfügungsverfahren. Seit das BVerfG die bei einigen Instanzge- **65a** richten übliche Praxis, Beschlussverfügungen ohne Anhörung des Antragsgegners zu erlassen, als Verletzung des grundrechtsgleichen Rechts auf **prozessuale Waffengleichheit** beanstandet hat, wenn der Antragsgegner nicht zumindest zuvor abgemahnt und seine Antwort auf die Abmahnung dem Gericht vorgelegt worden ist (BVerfG GRUR 2018, 1288 Rn. 17, 22 ff. (25) – Die F.-Tonbänder; GRUR 2018, 1291 Rn. 17, 22 ff. – Steuersparmodell des Fernsehmoderators; vgl. auch BVerfG WRP 2020, 1179; 2020, 1288; 2020, 1293; → Rn. 5a ff.), **empfiehlt es sich noch weniger als bisher auf die Abmahnung zu verzichten. Mit dem eV-Antrag sollte also der Antragsteller in jedem Fall die erfolgte Abmahnung vorlegen und mitteilen, ob und ggf. wie der Antragsgegner auf die Abmahnung reagiert hat** (will sagen: hat der Antragsgegner auf die Abmahnung reagiert, muss sein Schreiben zusammen mit der Abmahnung dem Gericht vorgelegt werden). Ist keine Abmahnung erfolgt, so muss der Antragsteller damit rechnen, dass das Gericht keine Beschlussverfügung erlässt, sondern Termin zur mündlichen Verhandlung bestimmt oder zumindest den Antragsgegner zur Stellungnahme aufgefordert.

5. Besonderer Charakter des Wettbewerbsverstoßes

a) Vorsätzlicher Wettbewerbsverstoß. Früher war weitgehend anerkannt, dass bei **vor-** **66** **sätzlichen Verstößen** eine Abmahnung entbehrlich sei. In Fällen eines auch für den Laien klar erkennbaren Wettbewerbsverstoß könne man davon ausgehen, dass eine Abmahnung nicht fruchten werde und in jedem Falle Prozesskosten entstünden (so noch KG WRP 1980, 203; OLG Celle WRP 1993, 812; OLG Frankfurt WRP 1982, 589 (590); GRUR 1985, 240; OLG Karlsruhe WRP 1981, 542; OLG Köln WRP 1986, 426; OLG Stuttgart NJW-RR 2001, 257). Heute wird dagegen **im Vorsatz mit Recht meist kein Merkmal** gesehen, das die Abmahnung entbehrlich macht (KG WRP 1987, 167; GRUR 1988, 930; OLG Hamburg GRUR 1973, 50; GRUR 1995, 836; OLG Karlsruhe WRP 1986, 165; OLG Köln GRUR 1988, 487; OLG München WRP 1983, 45 f.; 1996, 930 (931); OLG Koblenz WRP 1997, 367 (368); OLG Oldenburg WRP 1991, 193; OLG Saarbrücken WRP 1988, 198; Teplitzky Wettbewerbsrechtliche Ansprüche/Bacher Kap. 41 Rn. 25; Ahrens Wettbewerbsprozess-HdB/Achilles Kap. 3 Rn. 31; Ohly/Sosnitza/Sosnitza Rn. 12). Die Erfahrung lehrt, dass sich häufig auch derjenige, der sich der Wettbewerbswidrigkeit seines Verhaltens voll bewusst ist, nach Abmahnung unterwirft. Gerade weil er die Rechtswidrigkeit seines Tuns kennt, weiß er, dass ein Rechtsstreit für ihn nur zusätzliche Kosten bedeuten würde. Im Übrigen ist es für den Gläubiger, auf dessen Sicht es ankommt, meist nicht zu erkennen, ob der Schuldner vorsätzlich gehandelt hat oder nicht.

67   b) Unzumutbarkeit der Abmahnung bei bes. schweren und hartnäckigen Wettbewerbsverstößen. Während die Entbehrlichkeit der Abmahnung bei Vorsatztaten früher – zu Unrecht – mit der offensichtlichen Nutzlosigkeit begründet worden war, besteht heute weitgehend Einigkeit darüber, dass es dem Gläubiger **in krassen Fällen hartnäckiger Wettbewerbsverstöße nicht zumutbar** ist, den Schuldner abzumahnen (KG WRP 2003, 101; OLG Düsseldorf 1998, 1028; OLG Koblenz WRP 1997, 367 (368); OLG München WRP 1996, 930 (931); Teplitzky Wettbewerbsrechtliche Ansprüche/Bacher Kap. 41 Rn. 35 ff., 39 f.; Ahrens Wettbewerbsprozess-HdB/Achilles Kap. 3 Rn. 31; Ohly/Sosnitza/Sosnitza Rn. 11). Erforderlich ist hierfür idR nicht nur ein einzelner Verstoß, sondern eine Serie von Verstößen, die zeigen, dass der Schuldner nicht gewillt ist, sich an die Regeln des Wettbewerbsrechts zu halten, wobei durchaus auch Verstöße darunter sein mögen, die – nach Erzielen einer schnell verdienten Unlauterkeitsrendite – Anlass für Unterwerfungserklärungen gaben.

6. Abmahnung durch andere Gläubiger

68   a) Erfolgreiche Abmahnung durch Dritte. Ist der Schuldner bereits wegen desselben Verstoßes von einem anderen Gläubiger abgemahnt worden, und hat sich diesem gegenüber unterworfen, hängt alles davon ab, ob durch diese **Drittunterwerfung** die **Wiederholungsgefahr entfallen** ist (→ Rn. 212 ff.). Ist das der Fall, stellt sich die Frage einer Abmahnung nicht mehr. Auch wenn der Gläubiger von der Abmahnung und der Unterwerfung keine Kenntnis hat, wirkt der Wegfall der Wiederholungsgefahr auch ihm gegenüber und lässt auch seinen Anspruch entfallen, so dass auch eine Abmahnung nicht mehr in Betracht kommt.

69   b) Erfolglose Abmahnung durch Dritte. Ist ein Schuldner bereits von einem Gläubiger wegen eines Wettbewerbsverstoßes abgemahnt worden und hat er – sei es durch eine ausdrückliche Erklärung oder durch Schweigen – deutlich gemacht, dass er sich **nicht unterwerfen** möchte, es vielmehr auf eine **gerichtliche Klärung** ankommen lassen will, braucht ein anderer Gläubiger, der hiervon Kenntnis hat, vor der Stellung eines Verfügungsantrags oder vor Klageerhebung nicht erneut abzumahnen (anders die überwiegende Meinung zum alten Recht: OLG Frankfurt WRP 1982, 589; OLG Saarbrücken WRP 1990, 548; GK/Kreft, 1. Aufl. 1991, Vor § 13 Rn. C 99 f.; dagegen weist in Ahrens Wettbewerbsprozess-HdB/Achilles Kap. 3 Rn. 9 zu Recht auf die Verbindung zum Kostenerstattungsanspruch hin). Eine erneute Abmahnung ist dann zwar unschädlich, für sie kann aber **kein Aufwendungsersatz** gefordert werden (→ Rn. 104). Hier bewirkt die Verknüpfung der Kriterien der Entbehrlichkeit und der Berechtigung der Abmahnung (→ Rn. 57 f.) eine Zurückhaltung bei der großzügigen Bejahung weiterer Abmahnungsobliegenheiten. Würde man jedem weiteren Gläubiger eine Abmahnungslast aufbürden, wäre damit gleichzeitig die Gefahr verbunden, dass eine gerichtliche Klärung einer Streitfrage mit erheblichen Kostenrisiken für den Schuldner verbunden wäre, wenn sich andere Gläubiger durch weitere kostenpflichtige Abmahnungen ohne eigenes Kostenrisiko anhängen könnten.

70   Maßgeblich ist hier aber stets die **Kenntnis des Gläubigers.** Weiß er von nichts davon, dass ein anderer Gläubiger den Schuldner bereits ohne Erfolg abgemahnt hat, stellt sich die erneute Abmahnung als erforderlich und iSd § 13 III auch als berechtigt dar (OLG Oldenburg WRP 2012, 1138 (1139)). Weiß er dagegen von der erfolglosen Abmahnung, ist eine weitere Abmahnung zwar im Allgemeinen nicht missbräuchlich, für sie kann der Gläubiger aber keinen Aufwendungsersatz verlangen. Im Regelfall, in dem die verschiedenen Gläubiger unabhängig voneinander agieren, sich eine Mehrfachverfolgung daher nicht als missbräuchlich erweist (→ § 8c Rn. 32), ist es ihm unbenommen, seinen Anspruch gerichtlich durchzusetzen. Gibt der Schuldner jetzt ein sofortiges Anerkenntnis ab, hat er Anlass zur Klage gegeben, weil er sich auf die erste Abmahnung hin nicht unterworfen hat. Der Schuldner kann sich in dieser Situation nicht darauf berufen, dass er von dem klagenden Gläubiger noch nicht abgemahnt worden ist.

71   c) Noch unbeantwortete Abmahnung durch Dritte. Hat der Gläubiger Kenntnis davon, dass der Schuldner von einem Dritten abgemahnt worden ist, die **Antwort** aber **noch aussteht,** ist eine weitere Abmahnung jedenfalls in diesem Zeitpunkt entbehrlich. Denn in dieser Situation ist es idR völlig ausreichend, dass der **Gläubiger das Ergebnis der Drittabmahnung abwar-**

tet: Unterwirft sich der Schuldner, entfällt der Unterlassungsanspruch. Unterwirft er sich nicht, kann der Gläubiger seinen Anspruch nach Fristablauf selbst gerichtlich durchsetzen, ohne nochmals abmahnen zu müssen. Aufgrund der ihn treffenden **Auskunftspflicht** muss der Schuldner dem Gläubiger auf Anfrage auch mitteilen, ob er sich auf die Drittabmahnung hin unterworfen hat oder nicht. Wartet der Gläubiger die gesetzte Frist nicht ab, sondern erhebt Klage oder beantragt eine einstweilige Verfügung, trifft ihn die Kostenlast, wenn der Schuldner nun ein sofortiges Anerkenntnis abgibt oder sich dem Dritten gegenüber unterwirft. – Dem Gläubiger ist nur dann ein Abwarten nicht zuzumuten, wenn die von dem Dritten **gesetzte Frist unangemessen lang** ist. Ist dies der Fall, ist die eigene Abmahnung, die zu einer Klärung innerhalb kürzerer (angemessener) Frist führt, nicht entbehrlich.

7. Verhalten des Abmahnenden

Ein Gläubiger, der zuerst gegen den Schuldner eine einstweilige Verfügung erwirkt, von der **72** dieser nichts erfährt (sog **Schubladenverfügung**), um erst danach abzumahnen, muss sich an seinem eigenen Verhalten messen lassen. Reagiert der Schuldner auf die Abmahnung nicht oder nur ablehnend und stellt der Gläubiger ihm sodann die einstweilige Verfügung zu, wird der Schuldner nicht selten die Segel streichen und den Kampf in der Sache aufgeben. Dies kann er in der Form tun, dass er den **Widerspruch** gegen die einstweilige Verfügung **auf die Kosten beschränkt** (→ Rn. 9). Die sich daraufhin stellende Frage, ob der Schuldner Veranlassung zum Erlass des Verfügungsantrags gegeben hat, ist **zu verneinen.** Denn durch die Einreichung des Verfügungsantrags ohne vorherige Abmahnung hat der Gläubiger selbst zum Ausdruck gebracht, dass er eine Abmahnung für entbehrlich gehalten hat. Hieran muss er sich festhalten lassen (KG AfP 1999, 173 (174) = KGR 1999, 134; OLG Hamburg OLGR 2003, 196; vgl. auch OLG Frankfurt GRUR-RR 2001, 72). Zur Frage, ob der Schuldner die Kosten einer Abmahnung erstatten muss, die erst nach Erlass einer einstweiligen Verfügung ausgesprochen wird, → Rn. 102.

Wird in einem Abmahnschreiben mitgeteilt, dass die Prozessbevollmächtigten dem Gläubiger **73** nach Fristablauf raten werden, die ihm zustehenden **Unterlassungsansprüche gerichtlich durchzusetzen,** wird mit Verwendung dieser Zukunftsform nach den allgemeinen grammatikalischen Regeln zum Ausdruck gebracht, dass die tatsächliche gerichtliche Durchsetzung des Anspruchs noch bevorsteht und eben noch nicht erfolgt ist. Damit wird für den Erklärungsempfänger zum Ausdruck gebracht, er könne mit der geforderten Unterwerfungserklärung noch eine entscheidend andere Wendung geben und das Verfahren insgesamt außergerichtlich abschließen. Demzufolge ist es **rechtsmissbräuchlich,** wenn parallel zu diesem Abmahnschreiben bereits eine gerichtliche Verbotsverfügung (Schubladenverfügung) beantragt und erlassen wurde, denn dies stellt **eine bedingt vorsätzliche arglistige Täuschung des Erklärungsempfängers über den Stand der gerichtlichen Durchsetzung des Unterlassungsanspruchs** dar (OLG Frankfurt BeckRS 2015, 117593 Rn. 18 = WRP 2017, 362 Ls.) Die in der (nachgeschalteten) Abmahnung ausgesprochene Androhung gerichtlicher (hier in Wahrheit schon längst eingeleiteter) Schritte kann eine **arglistige Täuschung** darstellen, was gemäß § 123 I BGB zur **Anfechtung einer daraufhin abgegebenen Unterlassungserklärung** berechtigen kann (vgl. OLG Frankfurt BeckRS 2015, 117593 Rn. 16 ff.; hierzu eingehend Zindel/Vorländer WRP 2017, 276 ff.).

Gegen die **Unsitte der Schubladenverfügungen** können im Übrigen auch die Gerichte **74** etwas tun, indem sie bei Anträgen auf Erlass einer einstweiligen Verfügung nur dann ohne Gewährung rechtlichen Gehörs entscheiden, wenn der Antragsteller dargetan hat, dass er den Antragsgegner zuvor abgemahnt hat und wie dieser auf die Abmahnung reagiert hat (vgl. OLG Frankfurt OLGR 2001, 116 (117); GRUR-RR 2011, 66 f.). Ist der Schuldner noch nicht einmal abgemahnt worden, ist die verbreitete Praxis, dem Antragsgegner vor Erlass der einstweiligen Verfügung kein Gehör zu gewähren, in hohem Maße bedenklich (→ Rn. 5a ff.; vgl. auch Teplitzky Wettbewerbsrechtliche Ansprüche/Bacher Kap. 41 Rn. 21 Fn. 135 und Kap. 55 Rn. 3a).

V. Abmahnung durch Verbände

Auch den nach § 8 III Nr. 2–4 sachbefugten **Verbänden** und **Kammern** ist eine vorherige **75** Abmahnung zuzumuten, es sei denn, dass einer der Gründe vorliegt, die eine Abmahnung als entbehrlich erscheinen lassen (→ Rn. 56 ff.), zB die Verfolgung des Verstoßes **besonders dring-**

lich ist. Hat zuvor ein Mitbewerber erfolglos abgemahnt, muss der Verband nicht allein deswegen abmahnen, weil zu erwarten ist, dass sich der Schuldner lieber gegenüber einem Verband als gegenüber einem Konkurrenten unterwirft. Es besteht insoweit kein Unterschied zwischen Verbänden und einzelnen Mitbewerbern. Auch was den Inhalt der Abmahnung angeht, gelten dieselben Grundsätze wie für Abmahnungen durch andere Gläubiger (→ Rn. 12).

VI. Aufklärungspflichten des Abgemahnten

1. Rechtsgrundlage

76   **a) Konkretisierung des gesetzlichen Schuldverhältnisses.** Durch eine **Abmahnung** wird das durch eine wettbewerbliche Verletzungshandlung zwischen Unterlassungsgläubiger und Unterlassungsschuldner entstandene **gesetzliche Schuldverhältnis aus unerlaubter Handlung** in der Weise konkretisiert, dass der Schuldner dem Gläubiger nach Treu und Glauben (§ 242 BGB) zur **Aufklärung** verpflichtet sein kann (stRspr; BGH GRUR 1987, 54 (55) – Aufklärungspflicht des Abgemahnten mAnm Lindacher; GRUR 1987, 640 (641) – Wiederholte Unterwerfung II; GRUR 1990, 381 (382) – Antwortpflicht des Abgemahnten; GRUR 2021, 714 Rn. 40 – Saints Row; GRUR 2023, 897 Rn. 24 – Kosten für Abschlussschreiben III; OLG Frankfurt WRP 1982, 422; WRP 1989, 391 mAnm Traub; OLG Dresden WRP 1993, 640; Ulrich WRP 1985, 117 (120); Ulrich ZIP 1990, 1377 ff.; Borck WRP 1985, 311; Teplitzky Wettbewerbsrechtliche Ansprüche/Bacher Kap. 41 Rn. 50 ff.).

77   Der abgemahnte Schuldner ist aufgrund des durch den Wettbewerbsverstoß entstandenen und mit der Abmahnung konkretisierten gesetzlichen Schuldverhältnisses **nach Treu und Glauben** verpflichtet, auf die Abmahnung hin **fristgemäß und abschließend zu antworten,** sei es durch Abgabe einer ausreichend strafbewehrten **Unterlassungserklärung** oder durch Ablehnung einer solchen Erklärung (BGH GRUR 1990, 381 (382) – Antwortpflicht des Abgemahnten). Die Aufklärungspflicht besteht nicht nur gegenüber abmahnenden Mitbewerbern, sondern auch gegenüber sachbefugten **Verbänden** (BGH GRUR 1988, 716 (717) – Aufklärungspflicht gegenüber Verbänden). Verletzt der Schuldner diese Aufklärungspflicht, macht er sich gegenüber dem Gläubiger schadensersatzpflichtig aus § 280 I BGB, § 286 I BGB (BGH GRUR 1987, 54 (55) – Aufklärungspflicht des Abgemahnten). Eine Verletzung der Aufklärungspflicht liegt einmal darin, dass der abgemahnte Schuldner innerhalb der gesetzten Frist oder – im Falle einer zu kurz bemessenen Frist – innerhalb angemessener Frist überhaupt nicht reagiert und dann eine **verspätete Unterlassungserklärung** zu einem Zeitpunkt abgibt, in dem der Gläubiger ein Gerichtsverfahren bereits angestrengt hat. Die Aufklärungspflicht wird aber auch dadurch verletzt, dass der Schuldner eine Unterwerfung innerhalb der Frist ablehnt und damit an sich seiner Antwortpflicht nachkommt, sich dann aber **wider Erwarten doch noch zu einem späteren Zeitpunkt unterwirft,** in dem der Gläubiger schon Klage eingereicht oder Antrag auf Erlass einer einstweiligen Verfügung gestellt hat; denn der Ersatzanspruch umfasst auch den Schaden, der dem Gläubiger dadurch entsteht, dass der Schuldner sich innerhalb der gesetzten oder angemessenen Frist nicht abschließend äußert (Köhler FS Piper, 1996, 309 (316); Köhler/Piper/Köhler, 3. Aufl. 2002, Vor § 13 Rn. 189 bejaht ebenfalls einen Kostenerstattungsanspruch aus § 286 I BGB, stützt ihn aber nicht auf die Verletzung der Antwortpflicht, sondern auf die als Mahnung anzusehende Abmahnung). – Zur **vertraglichen Aufklärungspflicht** aufgrund Unterwerfungsvertrages → Rn. 82. – Zur Aufklärungspflicht im Zusammenhang mit dem Abschlussverfahren nach einstweiliger Verfügung → § 12 Rn. 2.73.

78   **b) Aufklärungspflicht nur bei Rechtsverletzung.** Bevor der BGH in einer Reihe von Entscheidungen über die Aufklärungspflichten des Abgemahnten (BGH GRUR 1987, 54 (55) – Aufklärungspflicht des Abgemahnten; GRUR 1987, 640 (641) – Wiederholte Unterwerfung II; GRUR 1988, 716 (717) – Aufklärungspflicht gegenüber Verbänden; GRUR 1990, 381 (382) – Antwortpflicht des Abgemahnten; GRUR 1995, 167 (168) – Kosten bei unbegründeter Abmahnung) klargestellt hatte, dass derartige Pflichten sich aus dem durch den Wettbewerbsverstoß begründeten und durch die Abmahnung konkretisierten gesetzlichen Schuldverhältnis ergeben, war lange streitig, ob auch **unbegründete Abmahnungen** derartige Pflichten begründen können. Der BGH hat den Bemühungen, in rechtlich zweifelhaften Fällen eine solche Aufklärungspflicht etwa aus culpa in contrahendo (heute: § 311 II Nr. 1 BGB) zu begründen, selbst wenn sich später herausstellt, dass das beanstandete Verhalten nicht wettbewerbswidrig war, eine klare Absage erteilt (BGH GRUR 1995, 167 (168) – Kosten bei unbegründeter Abmahnung; GRUR 2016, 406 Rn. 43 – Piadina-Rückruf; GRUR 2021, 714 Rn. 42 – Saints Row). Die

Praxis hat sich hierauf trotz zuweilen geäußerter Kritik (vgl. Lindacher GRUR 1987, 55 f.; Köhler FS Piper, 1996, 309 (310 f.); GK/Kreft, 1. Aufl. 1991, Vor § 13 Rn. C 52 f.; OLG Köln WRP 1991, 257 (258); dem BGH folgend aber jetzt OLG Köln GRUR 2001, 525 (529); ferner OLG Hamburg WRP 2009, 335) eingestellt, so dass auf den bis Ende der achtziger Jahre geführten Streit nicht weiter eingegangen zu werden braucht (vgl. dazu Baumbach/Hefermehl, 22. Aufl. 2001, Einl. Rn. 548b). Lediglich in krassen Fällen, in denen der Abgemahnte den Anschein eines Verstoßes gesetzt hat, kann er aus § 826 BGB unter den dort genannten strengen Voraussetzungen auf Schadensersatz haften (LG Münster WRP 2014, 115 (116)). Auch im Falle des für einen Urheberrechtsverstoß **nicht verantwortlichen Anschlussinhabers** fehlt es an einer Sonderverbindung, die den Anschlussinhaber zur Auskunft darüber verpflichtet, wer die Verletzung begangen hat (BGH GRUR 2021, 714 Rn. 43 ff. – Saints Row).

2. Inhalt der Aufklärungspflicht

Der **Inhalt der Aufklärungspflicht** bestimmt sich nach Treu und Glauben (§ 242 BGB) **79**
unter Berücksichtigung des Zwecks der Abmahnung. Eine Aufklärungspflicht, die den Abmahnenden vom Prozessrisiko befreit, besteht nicht. Auch bezieht sich die Aufklärungspflicht grds. nur auf Umstände, die der Abmahnende **nicht wissen** kann, die aber einen Prozess überflüssig machen, wie zB eine **Drittunterwerfung,** durch die die Wiederholungsgefahr entfallen ist (zur Mehrfachabmahnung → Rn. 80). Keine Aufklärungspflicht besteht über Umstände, von denen sich der Abmahnende selbst die nötige Kenntnis verschaffen kann, zB aus öffentlichen Registern oder durch behördliche Auskünfte (OLG Frankfurt WRP 1989, 391 (392) mAnm Traub; Ulrich ZIP 1990, 1377 (1380)).

3. Rechtslage bei Mehrfachabmahnung

Wird ein bereits abgemahnter Verletzer **erneut abgemahnt,** so ist er nach Treu und Glauben **80**
verpflichtet, einen Zweitabmahner klar und umfassend **darüber aufzuklären,** dass er bereits wegen derselben Verletzungshandlung dem Erstabmahner eine **strafbewehrte Unterlassungserklärung** abgegeben hat. Sonst läuft der unwissende Zweitabmahner Gefahr, eine wegen Wegfalls der Wiederholungsgefahr unnötige und aussichtslose Klage zu erheben oder einen ebenso aussichtslosen Verfügungsantrag zu stellen. Um dem Zweitabmahner eine möglichst sichere Beurteilung zu ermöglichen, ist es dem Abgemahnten zuzumuten, ihm den **Erstabmahner, den Inhalt der Unterwerfungserklärung einschließlich der Höhe der Vertragsstrafe** mitzuteilen (BGH GRUR 1987, 54 (55) – Aufklärungspflicht des Abgemahnten).

Der abgemahnte Schuldner trägt die **Darlegungs- und Beweislast** dafür, dass die **Wieder- 81
holungsgefahr** aufgrund einer gegenüber einem anderen Gläubiger abgegebenen strafbewehrten Unterlassungserklärung **entfallen** ist (BGH GRUR 1987, 640 – Wiederholte Unterwerfung II; GRUR 1988, 313 – Auto F. GmbH). Teilweise vertreten die Oberlandesgerichte die Ansicht, es begründe Zweifel an der Ernsthaftigkeit der abgegebenen Unterwerfungserklärung, wenn diese gegenüber dem Zweitabmahner schuldhaft verschwiegen werde (OLG Düsseldorf WRP 2002, 1019 (1021)). Das mag im Einzelfall zutreffen, allein das Schweigen auf die Zweitabmahnung rechtfertigt aber einen solchen Schluss noch nicht (→ Rn. 221). Im Regelfall ist vielmehr die vom Zweitabnehmer in Unkenntnis der erfolgten Unterwerfung angestrengte Klage unbegründet, weil die Wiederholungsgefahr infolge der Erstunterwerfung erga omnes entfallen ist. Die dadurch entstandenen Rechtsverfolgungskosten muss aber der Schuldner wegen Verletzung der ihn treffenden Aufklärungspflicht als Folge des sich daraus ergebenden materiellrechtlichen Kostenerstattungsanspruchs tragen (BGH GRUR 1987, 54 (55) – Aufklärungspflicht des Abgemahnten). Die Aufklärungspflicht besteht nicht nur gegenüber **Mitbewerbern,** sondern auch gegenüber den nach § 8 III Nr. 2–4 aktivlegitimierten **Verbänden** (BGH GRUR 1988, 716 (717) – Aufklärungspflicht gegenüber Verbänden; OLG Hamburg WRP 1989, 28 (31)). Schließlich trägt der abgemahnte Schuldner auch die **Darlegungs- und Beweislast** dafür, dass der **Schaden auch bei Aufklärung** über die bereits abgegebene Unterwerfungserklärung eingetreten wäre, weil der Gläubiger auch dann auf Unterlassung geklagt hätte (BGH GRUR 1987, 640 (641 f.) – Wiederholte Unterwerfung II; GRUR 1988, 716 (717) – Aufklärungspflicht gegenüber Verbänden).

4. Unterwerfungsvertrag

82   Der **Unterwerfungsvertrag,** in dem sich der Abgemahnte zur Unterlassung einer bestimmten geschäftliche Handlung **verpflichtet,** begründet eine selbstständige **Sonderbeziehung,** aus der sich nach Treu und Glauben (§ 242 BGB) und aus dem Gebot gegenseitiger Rücksichtnahme (§ 241 II BGB) nach den Umständen des Einzelfalls **eigenständige Aufklärungspflichten** ergeben können, so zB wenn dem Verletzten als Folge der Verletzung **Kostennachteile** drohen, die durch Aufklärung seitens des Verletzers unschwer zu vermeiden sind; der Schuldner darf den Gläubiger hins. der Kosten eines aus der Sicht des Gläubigers erforderlichen, aufgrund ihm unbekannter Umstände aber erfolglosen Rechtsstreits nicht „ins offene Messer laufen lassen" (BGH GRUR 1990, 542 (543 f.) – Aufklärungspflicht des Unterwerfungsschuldners). Die schuldhafte **Verletzung der vertraglichen Unterlassungspflicht** verpflichtet ebenfalls zum **Schadenersatz** nach § 280 I BGB, § 286 I BGB. – Hat der Schuldner gegen eine übernommene Unterlassungspflicht verstoßen, so trifft ihn nach Treu und Glauben die **zusätzliche Nebenpflicht,** dem verletzten Gläubiger zu offenbaren, ob es sich um einen einmaligen Verstoß handelt oder ob er weitere Verstöße gegen seine vertragliche Verpflichtung begangen hat (BGH GRUR 1992, 61 (64) – Preisvergleichsliste I; → § 9 Rn. 5.11 aE).

VII. Unberechtigte und unvollständige Abmahnungen

1. Begriffe

83   Unter dem Oberbegriff der **unberechtigten Abmahnung** lassen sich drei verschiedene Konstellationen zusammenfassen: Eine Abmahnung kann **unbegründet** sein, weil das beanstandete Verhalten nicht wettbewerbswidrig ist. Sie kann begründet, aber **unbefugt** sein, weil das beanstandete Verhalten zwar wettbewerbswidrig ist, dem Abmahnenden aber kein Unterlassungsanspruch zusteht. In einer an sich begründeten und befugten Abmahnung kann unter den Voraussetzungen des § 8c schließlich eine **missbräuchliche Geltendmachung** des Unterlassungsanspruchs liegen. Ferner kennt das Gesetz noch **berechtigte Abmahnungen,** für die der Gläubiger Aufwendungsersatz verlangen kann, sofern sie den inhaltlichen Anforderungen des § 13 II entsprechen (§ 13 III). Berechtigt kann nur eine begründete, befugte und nicht missbräuchliche Abmahnung sein, die darüber hinaus noch veranlasst sein muss. Eine Abmahnung, die den inhaltlichen Anforderungen des § 13 II nicht genügt und daher die Rechtsfolgen des § 13 V auslöst, soll hier als **unvollständige Abmahnung** bezeichnet werden.

2. Ansprüche wegen unberechtigter Abmahnung

84   **a) Grundsätze.** Die unberechtigte Abmahnung kann ihrerseits Ansprüche gegen den Abmahnenden auslösen. Anders als bei der unberechtigten **Schutzrechtsverwarnung** ist hier aber immer anerkannt gewesen, dass allein die fehlende Berechtigung der Abmahnung noch nicht ausreicht, um Ansprüche des Abgemahnten zu begründen (BGH WRP 1965, 97 (98 f.) – Kaugummikugeln). Ob das abgemahnte Verhalten wettbewerbswidrig ist oder nicht, muss grds. in dem Verfahren geklärt werden, in dem der entspr. Unterlassungsanspruch geltend gemacht wird. Nichts anderes gilt für die Frage, ob die Abmahnung mangels Anspruchsberechtigung iSv § 8 III (dazu vgl. BGH GRUR 2001, 354 (355) – Verbandsklage gegen Vielfachabmahner) oder wegen Rechtsmissbrauchs gem. § 8c I unberechtigt ist. Da die **Abmahnung** eine **Vorstufe der gerichtlichen Geltendmachung** ist, würde die Gewährung von Abwehransprüchen gegen eine unberechtigte Abmahnung dazu führen, dass die Frage der Wettbewerbswidrigkeit des beanstandeten Verhaltens nicht in dem dafür vorgesehenen Verfahren geklärt werden könnte (vgl. BGH GRUR 2001, 354 (355) – Verbandsklage gegen Vielfachabmahner). Hier kann man von einem **verfahrensrechtlichen Privileg** sprechen, das dazu führt, dass der Abgemahnte die Beeinträchtigung seiner Rechtsgüter hinnehmen muss, weil das Primärverfahren ihm hinreichende Möglichkeiten einräumt, sich gegen die ungerechtfertigte Inanspruchnahme zu wehren (→ § 8 Rn. 1.145; → § 12 Rn. 1.17a). Dieses verfahrensrechtliche Privileg betrifft allerdings nur die Abwehr-, nicht die **Schadensersatzansprüche** (vgl. BGH GRUR 1998, 587 (590) – Bilanzanalyse Pro 7; Teplitzky Wettbewerbsrechtliche Ansprüche/Bacher Kap. 41 Rn. 79 f.; Ohly/Sosnitza/Sosnitza § 13 Rn. 36). Freilich geht der Große Senat des BGH in seiner Entscheidung vom 15.7.2005 davon aus, dass dem betroffenen Hersteller im Falle der unbegründeten Abnehmerverwarnung aus Immaterialgüterrechten ein – notfalls im Verfügungsverfahren

durchsetzbarer – **Unterlassungsanspruch** zusteht (BGH GRUR 2005, 882 (885) – Unberechtigte Schutzrechtsverwarnung I; → § 8 Rn. 1.146).

Die **unterschiedliche Behandlung** von unberechtigten **Schutzrechtsverwarnungen** und 85
unberechtigten **wettbewerbsrechtlichen Abmahnungen** ist damit gerechtfertigt worden, dass
die Folgen einer **Schutzrechtsverwarnung** für den Verwarnten, der uU Produktion oder
Vertrieb einstellen müsse, ungleich belastender seien als die einer Abmahnung wegen eines
Wettbewerbsverstoßes, der meist lediglich eine Werbemaßnahme betreffe (BGH WRP 1965,
97 (99) – Kaugummikugeln; GRUR 1969, 479 (481) – Colle de Cologne; GRUR 1985, 571
(573) – Feststellungsinteresse). Diese Differenzierung überzeugt an sich nicht. Sie mag häufig,
wird aber häufig auch nicht zutreffen: Die Einstellung einer bundesweiten Werbekampagne,
eines seit langem geplanten Messeauftritts oder die Produktionseinstellung wegen eines behaupteten Geheimnisverrats kann weitaus schwerwiegendere Folgen haben als die Aufgabe eines zu
Unrecht als Schutzrechtsverletzung abgemahnten Verhaltens. Dies gilt erst recht für Fälle des
wettbewerbsrechtlichen Leistungsschutzes (§ 4 Nr. 3); hier sind die Folgen einer unbegründeten
Abmahnung ohnehin nicht anders als die einer Schutzrechtsverwarnung. Dennoch soll einer
Ausweitung der für unberechtigte Schutzrechtsverwarnungen entwickelten Grundsätze auf unberechtigte wettbewerbsrechtliche Abmahnungen nicht das Wort geredet werden. Denn gegenüber der Geltendmachung von **Abwehransprüchen** ist aus den oben (→ Rn. 84) angeführten
Gründen **generell Zurückhaltung** geboten; dagegen kommen **Schadensersatzansprüche** des
unberechtigt Abgemahnten unter engen Voraussetzungen (→ Rn. 86 ff.) auch hier in Betracht.
Auf keinen Fall sind die **Grundsätze der Schutzrechtsverwarnung,** die nach der Entscheidung des Großen Zivilsenats des BGH (GRUR 2005, 882 – Unberechtigte Schutzrechtsverwarnung I) nicht mehr in Zweifel gezogen werden sollten, auf das Gebiet des Wettbewerbsrechts
zu übertragen (BGH GRUR 2011, 152 Rn. 63 – Kinderhochstühle im Internet; GRUR-RR
2011, 343 Ls. = BeckRS 2011, 03867).

b) Anspruchsgrundlagen. aa) Wettbewerbsrechtliche Ansprüche. Die unberechtigte 86
Abmahnung kann im Einzelfall **wettbewerbswidrig** sein. Voraussetzung ist dabei stets, dass eine
geschäftliche Handlung vorliegt (§ 2 I Nr. 2); die insofern erforderliche Absicht, durch die
Abmahnung auch den eigenen Absatz zu fördern, ist bei Mitbewerbern jedenfalls dann zu
bejahen, wenn sie in **Kenntnis des Fehlens eines Anspruchs** abmahnen (zur Schutzrechtsverwarnung → § 4 Rn. 4.178). Als Tatbestände kommen neben einer **Anschwärzung** nach § 4
Nr. 2 (→ § 4 Rn. 2.14) vor allem eine **gezielte Behinderung** nach § 4 Nr. 4 (→ § 4
Rn. 4.169 ff.) oder eine **Irreführung** nach § 5 (→ § 5 Rn. 4.141 ff.) in Betracht.

Der durch das Gesetz zur Stärkung des fairen Wettbewerbs eingeführte § 13 V 1 sieht vor, dass 86a
dem Abgemahnten gegen den Abmahnenden in drei Fällen ein Anspruch auf **Ersatz der für
seine Rechtsverteidigung erforderlichen Aufwendungen** zusteht. Hiermit soll der Abmahnende zur sorgfältigen Prüfung der Anspruchsverfolgung angehalten werden (BT-Drs. 19/
12084, 32 f.). Die Einführung dieses Gegenanspruchs erhöht das mit der Vornahme einer
Abmahnung verbundene Risiko deutlich. Abgemildert wird diese Folge durch die in § 13 V 2
vorgesehene **Deckelung** des Anspruchs auf die Höhe des Aufwendungsersatzanspruchs, den der
Abmahnende geltend macht. Diese Deckelung soll dem Schutz der qualifizierten Wirtschaftsverbände und qualifizierten Einrichtungen iSv § 8 III Nr. 2 und 3 dienen (vgl. BT-Drs. 19/
22238, 18), ist auf diese aber nicht beschränkt. § 13 V 1 Fall 1 betrifft die unberechtigte
Abmahnung (→ Rn. 83), Fall 2 die nicht den Erfordernissen des § 13 II entsprechende Abmahnung (→ Rn. 93a) und Fall 3 die § 13 IV widersprechende Geltendmachung des Anspruchs auf
Aufwendungsersatz (→ Rn. 105a ff.). Aus § 13 V 2 folgt zugleich, dass der Ersatzanspruch eine
Kostenforderung des Abmahnenden voraussetzt (Russlies Rn. 662; Schulz WRP 2022, 949
Rn. 13). Weitergehende Ersatzansprüche bleiben gem. § 13 V 4 unberührt. Der Anspruch ist
gem. § 13 V 3 ausgeschlossen, „wenn die fehlende Berechtigung der Abmahnung für den
Abmahnenden zum Zeitpunkt der Abmahnung nicht erkennbar war". Mit dieser Formulierung
wird einerseits zum Ausdruck gebracht, dass es sich **bei § 13 V 1 Fall 1** um eine **Verschuldenshaftung** handelt, und andererseits dem Abmahnenden die **Beweislast** für seine Exkulpation
auferlegt (vgl. Russlies Rn. 588; Schulz WRP 2022, 949 Rn. 22 f.). Anwendbar ist der allgemeine Maßstab des § 276 BGB, so dass schon die Außerachtlassung der nach objektiv-abstraktem Maßstab zu bestimmenden verkehrserforderlichen Sorgfalt (vgl. Grüneberg/Grüneberg
BGB § 276 Rn. 15) zur Fahrlässigkeitshaftung führt. Die Praxis wird bei der Bestimmung des
Sorgfaltsmaßstabs im konkreten Fall im Auge haben müssen, dass durch eine zu scharfe Haftung
für fahrlässige Fehleinschätzungen der Rechtslage die effektive außergerichtliche Rechtsdurch-

setzung und Streitbeilegung im Lauterkeitsrecht leidet. Nach der Rechtsprechung des BGH handelt ein Gläubiger, der vom Schuldner zu Unrecht eine Leistung verlangt, grundsätzlich nicht schon dann fahrlässig, wenn er nicht erkennt, dass seine Forderung unberechtigt ist, sofern der eingenommene Rechtsstandpunkt – auch bei unklarer Rechtslage – plausibel ist. Der Abmahnende setzt sich deshalb im Falle einer unberechtigten Abmahnung nicht dem Vorwurf schuldhaften Handelns aus, wenn er sich seine Überzeugung durch gewissenhafte Prüfung gebildet oder wenn er sich bei seinem Vorgehen von vernünftigen und billigen Überlegungen hat leiten lassen (vgl. BGHZ 62, 29 (37) – Maschenfester Strumpf; BGHZ 179, 238 Rn. 20; BGH NJW 2011, 1063 Rn. 31; GRUR 2018, 832 Rn. 88 – Ballerinaschuh). Der Ersatzanspruch nach **§ 13 V 1 Fall 2 und 3** besteht **verschuldensunabhängig** (Russlies Rn. 661; Schulz WRP 2022, 949 Rn. 22 ff.) – Der Anspruch gem. § 13 V 1 ist auf den Ersatz der für die Rechtsverteidigung **erforderlichen Aufwendungen** gerichtet. Der Maßstab der Erforderlichkeit entspricht – wie beim Aufwendungsersatz nach § 13 III (→ Rn. 116) – demjenigen des § 91 I 1 ZPO. Im Falle von Anwaltskosten richtet sich die Höhe des Gegenanspruchs damit nach dem zur Anspruchsabwehr erforderlichen Inhalt des Rechtsanwalt erteilten Auftrags (Russlies Rn. 664). – Aus der Verwendung des Worts „soweit" in § 13 V 1 ist zu schließen, dass auch die nur **teilweise unberechtigte Abmahnung** den Ersatzanspruch gem. § 13 V 1 Fall 1, allerdings beschränkt auf den unberechtigten Teil, auslöst (vgl. BT-Drs. 19/12084, 33). Zur Ermittlung, ob eine teilweise unberechtigte Abmahnung vorliegt, und zur Berechnung der Anspruchshöhe können die für die teilweise berechtigte Abmahnung entwickelten Grundsätze herangezogen werden (ausf. → Rn. 122 f.).

87   **bb) Ansprüche aus allgemeinem Deliktsrecht.** Scheiden wettbewerbsrechtliche Ansprüche aus, kann sich ein Anspruch **aus § 824 BGB** oder **aus § 826 BGB** ergeben. Dagegen wird in der unbegründeten wettbewerbsrechtlichen Abmahnung **keine Verletzung des Rechts am eingerichteten und ausgeübten Gewerbebetrieb** (§ 823 I BGB) gesehen. Die Begründungen hierfür sind unterschiedlich: Die Rspr. hat zwar überwiegend in unberechtigten Schutzrechtsverwarnungen einen Eingriff in den eingerichteten und ausgeübten Gewerbebetrieb gesehen, bei unbegründeten wettbewerbsrechtlichen Abmahnungen einen solchen Eingriff jedoch mit der Begründung verneint, dass derartige unrichtige Abmahnungen viel weniger belastend seien (BGH GRUR 1969, 479 (481) – Colle de Cologne; GRUR 1985, 571 (573) – Feststellungsinteresse; GRUR 2011, 152 Rn. 63 – Kinderhochstühle im Internet; BeckRS 2011, 03867; ferner BGH WRP 1965, 97 (99) – Kaugummikugeln; OLG Hamm WRP 1980, 216 (218); OLG Frankfurt NJW-RR 1991, 1006; dazu Gerstenberg WRP 2011, 1116 (1118 ff.)). Dabei mag dahinstehen, ob diese Begründung überzeugt (→ Rn. 85). Gewiss lassen sich auch im Lauterkeitsrecht Konstellationen vorstellen, in denen eine unbegründete Abmahnung hohe Schäden auslösen kann; häufig geht es auch hier darum, dass der Vertrieb eines bestimmten Produkts eingestellt werden soll. Da sich aber auch im allg. Zivilrecht viele Fälle denken lassen, in denen durch die Geltendmachung unbegründeter Ansprüche horrende Schäden entstehen (wenn etwa ein Unternehmen aufgrund einer unbegründeten Produkthaftungsklage hohe Rückstellungen bilden muss, die in die Überschuldung und damit in die Insolvenz führen), muss das besondere Institut der unbegründeten Schutzrechtsverwarnung klare Grenzen aufweisen, solange man nicht jede Berührung mit einem in Wirklichkeit nicht bestehenden Anspruch entsprechenden Schadensersatzansprüchen aussetzen möchte.

88   Der Gegenmeinung im Schrifttum und in der Rspr. einiger Oberlandesgerichte, die einen Eingriff in den eingerichteten und ausgeübten Gewerbebetrieb generell ablehnt (Deutsch WRP 1999, 25 ff.; Ullmann GRUR 2001, 1027 (1029 f.); OLG Düsseldorf GRUR 2003, 814; vgl. auch OLG München ZUM-RD 2001, 522), ist der Große Senat des BGH entgegengetreten (BGH GRUR 2005, 882 – Unberechtigte Schutzrechtsverwarnung).

89   **cc) Anspruch aus § 678 BGB.** Teilweise wird in der unberechtigten Abmahnung auch eine **Geschäftsführung ohne Auftrag** gegen den Willen des Geschäftsherrn gesehen, die bei Erkennbarkeit des entgegenstehenden Willens nach § 678 BGB einen Schadensersatzanspruch auslöst (OLG Hamburg WRP 1983, 422, 424; OLG Hamm GRUR 1988, 772; OLG Frankfurt GRUR 1989, 858; OLG Hamburg NJW-RR 2003, 857; OLG München GRUR-RR 2010, 461, 462; Teplitzky Wettbewerbsrechtliche Ansprüche/Bacher Kap. 41 Rn. 80; Ohly/Sosnitza/Sosnitza § 13 Rn. 38). Räumt man dem abmahnenden Gläubiger – wie es bis zur ausdrücklichen Regelung der Abmahnkosten in § 12 I 2 aF geschah (→ Rn. 111) – einen Aufwendungsersatzanspruch aus Geschäftsführung ohne Auftrag ein, erscheint es konsequent, dem Abgemahnten im Falle der unberechtigten Abmahnung einen Gegenanspruch aus § 678 BGB zuzubilligen. Da der Anspruch nach § 13 V 1 sich nur auf Kosten der Rechtsverteidigung bezieht und zudem der Höhe nach gedeckelt ist (§ 13 V 2), ein anderweitiger wettbewerbsrechtlicher Gegenanspruch häufig – etwa im Fall der Abmahnung durch einen Verband – an der fehlenden geschäftlichen Handlung und ein Anspruch aus § 826 BGB am fehlenden Vorsatz scheitern wird, kann es auf den nicht erst bei Vorsatz, sondern bereits bei Erkennbarkeit der Unbegründetheit der Abmahnung eingreifenden Anspruch aus § 678 BGB durchaus ankommen.

3. Negative Feststellungsklage (§ 256 ZPO)

Der zu Unrecht Abgemahnte kann auf Feststellung klagen, dass der **Unterlassungsanspruch,** 90 dessen Bestehen der Abmahnende behauptet, **nicht besteht** (BGH GRUR 1985, 571 (573) – Feststellungsinteresse; GRUR 1994, 846 (848) – Parallelverfahren II; GRUR 1995, 697 – FUNNY PAPER). Das **rechtliche Interesse** an der Feststellung des Nichtbestehens des Unterlassungsanspruchs folgt aus der **Berühmung des Abmahnenden,** einen solchen Anspruch gegen den Abgemahnten zu haben (auch → § 12 Rn. 1.20). Der Abgemahnte braucht grds. **nicht seinerseits abzumahnen,** bevor er die Feststellungsklage erhebt (BGH GRUR 2004, 790 (792) – Gegenabmahnung; GRUR 2012, 1273 Rn. 13 – Stadtwerke Wolfsburg; OLG Frankfurt GRUR 1972, 670; 1989, 705; OLG Hamm GRUR 1985, 84; OLG Köln WRP 1986, 428; 2004, 782; OLG Stuttgart WRP 1985, 449; 1988, 766; OLG Hamburg WRP 1994, 315 (320); Ohly/Sosnitza/Sosnitza Rn. 34; aA KG WRP 1980, 206; OLG Frankfurt WRP 1982, 295; OLG München GRUR 1985, 161). Ist die ohne Abmahnung erhobene negative Feststellungsklage begründet, kann sich daher der Gegner nicht durch ein sofortiges Anerkenntnis der Kostenlast entziehen. Die **Kosten** für eine solche – ausnahmsweise gebotene – Gegenabmahnung (→ Rn. 92) kann er nur erstattet verlangen, wenn die Gegenabmahnung ausnahmsweise erforderlich war (OLG Hamm BeckRS 2009, 89545 = VuR 2010, 116 Ls.).

Wird gleichwohl eine Gegenabmahnung ausgesprochen, ist zu beachten, dass das **Feststel-** 91 **lungsinteresse** des zu Unrecht Abgemahnten **nicht** allein **durch die Erklärung** des Gegners **entfällt,** er werde von der Verfolgung dieses Anspruchs **Abstand nehmen** (OLG Köln WRP 2011, 510 Ls. = BeckRS 2011, 05073). Der zu Unrecht Abgemahnte hat grds. ein berechtigtes Interesse an einer rechtskraftfähigen Entscheidung, durch die festgestellt wird, dass die Forderung, deren sich die Gegenseite berühmt, nicht besteht (BGH NJW 2006, 2780 Rn. 23). Eine nicht bindende Verzichts- oder Beschränkungserklärung des Abmahners bewirkt nicht den Wegfall des Feststellungsinteresses (BGH NJW-RR 1988, 749 (750); NJW 1993, 2609 (2610)).

Eine **Gegenabmahnung** kann vor Erhebung einer negativen Feststellungsklage dann erfor- 92 derlich sein, wenn dafür ein **bes. Grund** vorliegt. Ein solcher bes. Anlass für die Gegenabmahnung ist zB in Fällen bejaht worden, in denen der Abmahnende erkennbar von einem **unrichtigen Sachverhalt** ausgegangen war (BGH GRUR 2004, 790 (792) – Gegenabmahnung; OLG Düsseldorf WRP 1979, 719; OLG Köln WRP 1983, 172; OLG München WRP 1996, 928 (929); OLG München WRP 1997, 979 (980)). Generell lässt sich sagen, dass eine Gegenabmahnung geboten ist, wenn anzunehmen ist, der Abmahnende werde aufgrund der übermittelten Information seinen vermeintlichen Unterlassungsanspruch fallen lassen (BGH GRUR 2004, 790 (792) – Gegenabmahnung; OLG Stuttgart WRP 1985, 449), bspw. weil mit der Gegenabmahnung ein ganz **neuer rechtlicher oder tatsächlicher Gesichtspunkt** geltend gemacht wird, der ohne weiteres zur Rücknahme der Berühmung führen muss (OLG Frankfurt WRP 1981, 282). Eine Gegenabmahnung ist dementsprechend auch in einem Fall für notwendig erachtet worden, in dem sich der Abmahnende nicht nur eines – tatsächlich bestehenden – Unterlassungs-, sondern auch eines am fehlenden Verschulden scheiternden Schadensersatzanspruchs berühmt hatte, weil er die Gründe für das Fehlen des Verschuldens nicht kennen konnte (OLG Köln WRP 2004, 782). Dagegen ist eine Gegenabmahnung nicht erforderlich, um den Gläubiger auf einen **rechtlichen Irrtum** hinzuweisen, mag er auch eindeutig sein (BGH GRUR 2006, 168 – Unberechtigte Abmahnung: unbegründete Forderung nach einer Umsatzauskunft). Erhebt der zu Unrecht Abgemahnte in einem solchen Fall negative Feststellungsklage, die nach Aufgabe der Berühmung zurückgenommen wird, können dem Beklagten nach § 269 III 3 Hs. 2 ZPO die Kosten auferlegt werden (BGH GRUR 2006, 168 – Unberechtigte Abmahnung). Ist die Gegenabmahnung geboten, steht dem Abmahnenden ein **Anspruch auf Erstattung seiner Aufwendung** zu; Rechtsgrundlage ist insofern nicht § 13 III, sondern §§ 683, 670 BGB (BGH GRUR 2004, 790 (792) – Gegenabmahnung). – Ist ein Antragsteller mit einem **Verfügungsantrag gescheitert,** muss der Antragsgegner – will er im

Falle eines sofortigen Anerkenntnisses die Kostenlast vermeiden – eine Gegenabmahnung aussprechen, bevor er negative Feststellungsklage erhebt (OLG Oldenburg WRP 2004, 652).

4. Missbräuchliche Abmahnung

93   Die **missbräuchliche Abmahnung** stellt die Vorstufe der missbräuchlichen gerichtlichen Geltendmachung eines an sich bestehenden Unterlassungsanspruchs dar und hat – wie der BGH entschieden hat (BGHZ 149, 371 (379 f.) – Missbräuchliche Mehrfachabmahnung) – ebenfalls **zur Folge, dass „der Anspruch auf Unterlassung … nicht geltend gemacht werden" kann** (§ 8c I). Die Rechtsfolge der missbräuchlichen Abmahnung ist also nicht allein die **Unbeachtlichkeit der Abmahnung,** sie hat vielmehr zur Konsequenz, dass für die Durchsetzung des zugrundeliegenden, in seinem Bestand unberührten Unterlassungsanspruchs keine gerichtliche Hilfe in Anspruch genommen werden kann (BGHZ 149, 371 (379 f.) – Missbräuchliche Mehrfachabmahnung). Darüber hinaus ordnet § 8c III 1 und 2 an, dass der Anspruchsgegner vom Anspruchsteller Ersatz der für seine Rechtsverteidigung erforderlichen Aufwendungen verlangen kann und dass weitergehende Ersatzansprüche unberührt bleiben. – Zu den Voraussetzungen und Folgen der missbräuchlichen Abmahnung s. im Einzelnen → § 8c Rn. 18, 23 ff.

5. Unvollständige Abmahnung

93a   Eine (berechtigte) Abmahnung, die nicht den inhaltlichen Anforderungen des § 13 II (→ Rn. 12 ff.) entspricht, begründet keinen Anspruch auf Aufwendungsersatz nach § 13 III und löst zudem den in § 13 V 1 vorgesehenen Gegenanspruch des Abgemahnten auf Ersatz seiner für die Rechtsverteidigung erforderlichen Aufwendungen aus (iE → Rn. 86a). Schickt der Abmahnende einer ersten, inhaltlich unzureichenden Abmahnung ein weiteres Schreiben hinterher, das die fehlenden Angaben enthält, so kann es sich zwar in der Zusammenschau um eine ordnungsgemäße Abmahnung handeln (→ Rn. 12 aE). Mit Blick auf den Gegenanspruch nach § 13 V 1 ist allerdings zu unterscheiden: Hat der Abgemahnte im Zeitpunkt des Zugangs des zweiten Schreibens noch keine Kosten für seine Rechtsverteidigung ausgelöst, insbesondere noch keinen Rechtsanwalt beauftragt, besteht kein Gegenanspruch. Anders verhält es sich, wenn der Abgemahnte bereits nach dem Zugang des ersten, unzureichenden Schreibens kostenauslösende Maßnahmen zur Rechtsverteidigung getroffen hat: diese sind nach § 13 V 1 zu ersetzen (vgl. BT-Drs. 19/12084, 33).

VIII. Abmahnkosten (§ 13 III)

1. Allgemeines

94   Mit der Normierung der Kostentragungspflicht in § 12 I 2 aF – jetzt § 13 III – hat der Gesetzgeber des UWG 2004 „**die Rspr. nachvollzogen,** die über die Regeln der Geschäftsführung ohne Auftrag einen Aufwendungsersatzanspruch des Abgemahnten hergeleitet hat" (Begr. RegE, BT-Drs. 15/1487, 25). An der seinerzeitigen Einführung dieser Vorschrift, die im Gesetzgebungsverfahren niemals umstritten war, lässt sich ablesen, dass es dem Gesetzgeber (UWG-Novelle 1994) und der Rspr. zuvor gelungen war, die mit dem Kostenerstattungsanspruch verbundenen Missbrauchsgefahren weitgehend einzudämmen. Der Regierungsentwurf von 1982, der wegen des vorzeitigen Endes der 9. Legislaturperiode der Diskontinuität anheimfiel und in der folgenden Legislaturperiode nicht erneut eingebracht wurde, hatte noch eine Regelung enthalten (§ 13 VI), nach der der Abmahnende für die erste Abmahnung keine Kostenerstattung sollte geltend machen können (BT-Drs. 9/1707; dazu Reinbothe WRP 1982, 387 (393)). Damit sollte die Entscheidung des BGH korrigiert werden, nach der für die Abmahnung Aufwendungsersatz nach den Grundsätzen der Geschäftsführung ohne Auftrag verlangt werden konnte (BGHZ 52, 393 = GRUR 1970, 189 – Fotowettbewerb), und den unseriösen Abmahnvereinen das Hauptmotiv ihrer Tätigkeit genommen werden (Reinbothe WRP 1982, 387 (393)).

94a   Das in den letzten Jahren rechtspolitisch spürbar gewordene Bestreben, missbräuchlicher Anspruchsverfolgung im Lauterkeitsrecht wieder stärker entgegenzuwirken, ist in das **Gesetz zur Stärkung des fairen Wettbewerbs** gemündet, mit dem das Recht der Abmahnung und Unterwerfung einer vorsichtigen Umgestaltung unterworfen worden ist. Hinsichtlich der Abmahnkosten ist zwar ist der Aufwendungsersatzanspruch in § 13 III im Grundsatz erhalten geblieben, jedoch an die Einhaltung der in § 13 II aufgenommenen inhaltlichen Anforderungen geknüpft worden. Für zwei – in der rechtspolitischen Diskussion besonders sensibel wahrgenommene – Sachverhaltskonstellationen (Informationspflichten im elektronischen Geschäftsverkehr und Abmahnungen gegenüber kleinen und mittleren Unternehmen im Bereich des Datenschutzrechts) hat der Gesetzgeber mit § 13 IV den Aufwendungsersatzanspruch der Mitbewerber ausgeschlossen (→ Rn. 105a ff.).

2. Anwendungsbereich

a) Abmahnung bei vorbeugendem Unterlassungsanspruch. Auch im Falle der **Erst-** 95 **begehungsgefahr** ist der Gläubiger gehalten, den Schuldner abzumahnen, bevor er gerichtliche Hilfe in Anspruch nimmt (→ § 8 Rn. 1.37, → § 13 Rn. 6). Dementsprechend kann der Gläubiger auch in diesem Fall die Kosten der Abmahnung nach § 13 III beanspruchen.

b) Abschlussschreiben. Mit der Abmahnung verwandt ist das **Abschlussschreiben,** mit der 96 Gläubiger nach Erlass einer einstweiligen Verfügung den Schuldner auffordert, die Verfügung als endgültige Regelung anzuerkennen (iE → § 12 Rn. 2.70 ff.). Da das Abschlussschreiben von seiner Funktion her (Vermeidung der Kostenfolge des § 93 ZPO) der Abmahnung entspricht, ist es gewiss nicht abwegig, eher gut vertretbar, den Anspruch auf Erstattung der Kosten für dieses Schreiben für das Wettbewerbsrecht § 13 III (vormals § 12 I 2) analog zu entnehmen (so Nill GRUR 2005, 740 (741); vgl. auch Ahrens Wettbewerbsprozess-HdB/Ahrens Kap. 60 Rn. 50). In Ermangelung einer Regelungslücke hat der BGH indessen den Anspruch auf Geschäftsführung ohne Auftrag (§§ 677, 683, 670 BGB) gestützt (BGH GRUR 2010, 1038 Rn. 26 – Kosten für Abschlussschreiben I; GRUR 2015, 812 Rn. 14 – Kosten für Abschlussschreiben II; GRUR 2017, 1160 Rn. 53 – BretarisGenuair; GRUR 2023, 897 Rn. 16 – Kosten für Abschlussschreiben III; vgl. FBO/Büscher § 12 Rn. 181; Harte-Bavendamm/Henning-Bodewig/Retzer § 12 Rn. 465; Teplitzky Wettbewerbsrechtliche Ansprüche/Bacher Kap. 43 Rn. 30; Teplitzky FS Ullmann, 2006, 999 (1005); → § 12 Rn. 2.73).

c) Abwehrkosten. Weder unmittelbar noch analog anwendbar ist § 13 III auf die Kosten, die 97 der (vermeintliche) Schuldner aufwenden muss, um eine unberechtigte **Abmahnung abzuwehren.** Ein solcher Anspruch findet sich allerdings jetzt in § 13 V (→ Rn. 86a), der weitergehende Ersatzansprüche unberührt lässt. Nach den hier geltenden allgemeinen Bestimmungen kommt ein materiellrechtlicher Kostenerstattungsanspruch nur ganz ausnahmsweise in Missbrauchsfällen (§ 826 BGB!) in Betracht. Insoweit gilt nichts anderes als bei der Geltendmachung nichtbestehender Forderungen außerhalb des Wettbewerbsrechts. Auch wenn der (vermeintliche) Gläubiger noch ein Gericht anruft und dort die Bestätigung erhält, dass ihm kein Anspruch zusteht, kann der zu Unrecht in Anspruch genommene Beklagte die Kosten des Abwehrschreibens nicht als Kosten des Rechtsstreits festsetzen lassen (BGH GRUR 2008, 639 – Kosten eines Abwehrschreibens).

d) Außerhalb des Wettbewerbsrechts. Unmittelbare Geltung kann die Regelung über die 98 Abmahnkosten gem. § 13 III naturgemäß nur für die wettbewerbsrechtliche Abmahnung beanspruchen. Der Sache nach gilt sie aber für alle Bereiche, in denen die Grundsätze der wettbewerbsrechtlichen Abmahnung angewandt werden, also auch für (zivilrechtliche) Abmahnungen wegen der **Verletzung gewerblicher Schutzrechte, wegen Urheberrechtsverletzungen oder Kartellverstößen,** auch wenn insofern noch auf die herkömmlichen Anspruchsgrundlagen zurückgegriffen werden muss (→ Rn. 106). Keinesfalls lässt sich aus der Regelung der (Umkehr-)Schluss ziehen, überall dort, wo eine ausdrückliche Bestimmung über die Erstattung der Abmahnkosten fehle, scheide ein solcher Anspruch von vornherein aus. Vielmehr hat der Gesetzgeber mit der gesetzlichen Regelung in § 13 III (vormals § 12 I 2) die **Grundsätze anerkannt,** die die Rspr. zum Anspruch auf Erstattung der Abmahnkosten im Rahmen der Geltendmachung von Unterlassungsansprüchen entwickelt hat.

3. Berechtigte Abmahnungen

a) Berechtigte und begründete Abmahnungen. Der Gläubiger kann gem. § 13 III nur 99 für eine berechtigte Abmahnung, die zudem den inhaltlichen Anforderungen des § 13 II entsprechen muss, Aufwendungsersatz verlangen. Berechtigt ist eine Abmahnung nicht bereits dann, wenn der mit der Abmahnung geltend gemachte **Unterlassungsanspruch** besteht. Der Gesetzgeber wollte mit der Regelung in § 12 I 2 aF (jetzt § 13 III) lediglich die Rspr. zur Erstattung der Abmahnkosten nach den Grundsätzen der Geschäftsführung ohne Auftrag nachvollziehen.

Nach diesen Grundsätzen war das Bestehen eines Unterlassungsanspruchs indessen nur eine Voraussetzung für den Kostenerstattungsanspruch; die Abmahnung musste ferner dem wirklichen oder mutmaßlichen Willen des Schuldners entsprechen. Wären die Abmahnkosten immer dann vom Schuldner zu tragen, wenn der Abmahnung ein Unterlassungsanspruch zugrunde liegt, würden sich die **Risiken einer gerichtlichen Klärung** erheblich zu Lasten des Schuldners verschieben. Denn er müsste damit rechnen, dass er im Falle des negativen Ausgangs nicht nur die Kosten des Prozessgegners, sondern auch die Kosten sämtlicher Gläubiger tragen müsste, die ihn inzwischen ebenfalls abgemahnt haben. Dadurch, dass das Wettbewerbsrecht jedem Mitbewerber und einer Vielzahl von Verbänden gleichgerichtete Unterlassungsansprüche einräumt, besteht die Gefahr einer übermäßigen Benachteiligung des Schuldners, der durch den Missbrauchstatbestand (§ 8c I) sowie durch eine angemessene Einschränkung des Anspruchs auf Erstattung der Abmahnkosten begegnet werden muss. Es ist daher zwischen begründeten und berechtigten Abmahnungen zu unterscheiden (→ Rn. 83). Begründet ist eine Abmahnung, wenn ihr ein Unterlassungsanspruch zugrunde liegt, berechtigt ist sie dagegen nur, wenn sie **erforderlich** ist, **um dem Schuldner einen Weg zu weisen, den Gläubiger ohne Inanspruchnahme der Gerichte klaglos zu stellen** (BGH GRUR 2010, 354 Rn. 8 – Kräutertee). Weitere Voraussetzungen des Anspruchs auf Aufwendungsersatz ist, dass die Abmahnung den in § 13 II geregelten inhaltlichen Anforderungen entspricht (→ Rn. 12 ff.).

100   **b) Berechtigte Abmahnungen = unentbehrliche Abmahnungen.** Auch nach früherem Recht war für die Frage der Entbehrlichkeit der Abmahnung – wie heute (→ Rn. 70) – auf die **Kenntnis des Gläubigers** abzustellen. Dagegen kam es im Rahmen der Geschäftsführung ohne Auftrag für die Frage, ob in der Abmahnung die Führung eines Geschäfts des Schuldners gesehen werden konnte, allein darauf an, ob die Abmahnung objektiv dem Interesse und dem mutmaßlichen Willen des Abgemahnten entsprach (BGHZ 149, 371 (375) – Missbräuchliche Mehrfachabmahnung). Die Folge war, dass nach altem Recht die Kosten einer Abmahnung jedenfalls nicht mehr unter dem Gesichtspunkt einer Geschäftsführung ohne Auftrag ersetzt verlangt werden konnten, wenn der Schuldner bei Eingang der Abmahnung bereits von einem anderen Gläubiger abgemahnt worden war; denn die Zweitabmahnung ist nicht mehr objektiv erforderlich, um dem Schuldner den kostengünstigen Weg aus dem Konflikt aufzuzeigen. Das führte zu dem unbefriedigenden Ergebnis, dass den Gläubiger eine Obliegenheit zur Abmahnung traf, er aber die mit dieser Abmahnung verbundenen Kosten nicht ersetzt verlangen konnte.

101   Die gesetzliche Regelung gestattet es, **beide Fragen – Entbehrlichkeit und Berechtigung der Abmahnung – miteinander zu verknüpfen.** Berechtigt ist danach jede Abmahnung, die nicht entbehrlich ist, will der Gläubiger auf diese Weise Kostennachteile im Falle eines sofortigen Anerkenntnisses vermeiden (→ Rn. 56 ff.). Geht der Gläubiger nach der verständlichen Devise vor, lieber einmal mehr abzumahnen, als nachher mit Prozesskosten überzogen zu werden, bleibt ihm dies unbenommen. Er geht dabei aber das Risiko ein, dass ihm seine Abmahnkosten nicht ersetzt werden. Unabhängig davon muss er bedenken, dass eine Mehrfachabmahnung unter bestimmten Bedingungen als missbräuchlich angesehen werden und zum Verlust der Durchsetzbarkeit des Anspruchs führen kann, wenn bspw. mehrere konzernmäßig miteinander verbundene und vom selben Anwalt vertretene Gläubiger jeweils getrennt abmahnen und für jede Abmahnung die Anwaltskosten für eine gesonderte Angelegenheit beanspruchen (BGHZ 149, 371 (379 f.) – Missbräuchliche Mehrfachabmahnung; → Rn. 93). Zu den Voraussetzungen und Folgen der missbräuchlichen Abmahnung s. im Einzelnen → § 8c Rn. 18 ff.

102   **c) Kosten der Abmahnung nach Schubladenverfügung.** Hat der Gläubiger – ohne den Schuldner zuvor abzumahnen – eine einstweilige Verfügung erwirkt, die ohne Anhörung des Schuldners erlassen worden ist (sog **Schubladenverfügung;** → Rn. 74) und mahnt er den Schuldner nunmehr ab, kann er die **Kosten dieser Abmahnung nicht vom Schuldner ersetzt verlangen** (BGH GRUR 2010, 257 – Schubladenverfügung; ebenso die Vorinstanz OLG Köln GRUR-RR 2008, 144 Ls.). Dies ergibt sich, wie die Anspruchsgrundlage des **§ 13 III** angeht, bereits aus dem Wortlaut. Denn der Anspruch auf Erstattung der Abmahnkosten bezieht sich allein auf Abmahnungen nach § 13 I, also auf Abmahnungen, die „vor der Einleitung eines gerichtlichen Verfahrens" ausgesprochen worden sind. Im Übrigen handelt es sich bei der Abmahnung, die erst nach Erlass einer Schubladenverfügung nicht um eine unentbehrliche und damit berechtigte Abmahnung (→ Rn. 100 f.). Auch aus **Geschäftsführung ohne Auftrag** lässt sich der Erstattungsanspruch nicht begründen. Denn die Abmahnung, die erst nach Erlass einer einstweiligen Verfügung ergeht, liegt nicht im Interesse des Schuldners. Für ihn ist es wesentlich günstiger, wenn der Gläubiger die erwirkte einstweilige Verfügung zustellt. In diesem

Fall kann der Schuldner seinen Widerspruch auf die Kosten beschränken. Dies wird idR – weil vor dem Verfügungsantrag nicht abgemahnt worden ist – dazu führen, dass über die Kosten nach § 93 ZPO, also zu Lasten des Gläubigers, entschieden wird.

d) Weitere Einzelfragen. Die Abmahnung aufgrund eines nach § 11 **verjährten Unterlas-** 103 **sungsanspruchs** kann iSv § 13 III **zunächst berechtigt** sein; denn der Anspruch ist durchsetzbar, solange die Verjährungseinrede nicht erhoben ist. Insofern stellt sich die Rechtslage etwas anders dar als bei der früheren Begründung des Anspruchs aus Geschäftsführung ohne Auftrag; damals ließ sich dieser Fall leicht unter Hinweis darauf lösen, dass die Abmahnung eines verjährten Anspruchs keinesfalls im Interesse des Schuldners liege (OLG Karlsruhe WRP 1984, 100 (102)). Erhebt der Schuldner jedoch die **Verjährungseinrede,** ist der Anspruch **nicht mehr durchsetzbar.** Wie bei der klageweisen Durchsetzung eines solchen Anspruchs trifft den Gläubiger bei Erhebung der Verjährungseinrede das **Kostenrisiko.** Die auf den einredebehafteten Anspruch gestützte Abmahnung ist nunmehr so zu behandeln, als wäre sie **von Anfang an unberechtigt** gewesen. – Ist die Geltendmachung eines Unterlassungsanspruchs nach § 8c I unter Berücksichtigung der gesamten Umstände **missbräuchlich,** scheidet ein Kostenerstattungsanspruch von vornherein aus, weil eine solche Abmahnung niemals berechtigt ist (auch → § 8c Rn. 6).

Ist die **Wiederholungsgefahr** aufgrund einer Unterwerfungserklärung gegenüber einem 104 Gläubiger **entfallen,** sind Kosten, die anderen Gläubigern durch weitere Abmahnungen entstehen, **nicht nach § 13 III zu erstatten;** denn eine Abmahnung ist niemals berechtigt, wenn ihr kein Unterlassungsanspruch zugrunde liegt. **Maßgeblicher Zeitpunkt** ist insofern der **Zugang der Abmahnung** (BGH GRUR 2019, 754 Rn. 12 – Prämiensparverträge; GRUR 2021, 979 Rn. 36 – Testsiegel auf Produktabbildung; WRP 2021, 746 Rn. 32–34 – Berechtigte Gegenabmahnung), die wie eine empfangsbedürftige Willenserklärung zu behandeln ist (→ Rn. 37) und daher erst mit dem Zugang wirksam wird (§ 130 I 1 BGB). Kostenerstattung kann daher nicht verlangt werden, wenn der Anspruch bei Absendung der Abmahnung noch bestand, dann aber noch vor Zugang der Abmahnung entfallen ist. Bestand hingegen im Zeitpunkt des Zugangs der Abmahnung der Unterlassungsanspruch, **bleibt der Erstattungsanspruch erhalten,** auch wenn nachträglich der Unterlassungsanspruch – etwa wegen Unterwerfung – entfällt oder die der Abmahnung folgende weitere (etwa gerichtliche) Geltendmachung des Unterlassungsanspruchs rechtsmissbräuchlich ist (BGH GRUR 2013, 307 Rn. 11 – Unbedenkliche Mehrfachabmahnung; GRUR 2021, 752 Rn. 34 – Berechtigte Gegenabmahnung; GRUR 2022, 658 – Selbständiger Erstattungsanspruch).

Kein Anspruch auf Erstattung der Abmahnkosten besteht, wenn zum maßgeblichen Zeitpunkt 105 (Zugang der Abmahnung) ein **rechtskräftiger Unterlassungstitel zugunsten eines anderen Gläubigers** vorliegt; allerdings kann in diesem Fall auf die Ernsthaftigkeit des Unterlassungswillens nur geschlossen werden, wenn sich der Schuldner gegenüber dem abmahnenden Gläubiger auf das ergangene Urteil beruft (BGH GRUR 2003, 450 – Begrenzte Preissenkung; → § 8 Rn. 1.61). In keinem Fall hängt die Erstattung der Aufwendungen vom **Erfolg der Abmahnung** ab. Die Kosten müssen also auch dann erstattet werden, wenn der Unterlassungsanspruch im Klagewege durchgesetzt werden muss (BGH GRUR 1984, 129 (131) – Shop in the shop I; GRUR 1991, 550 (552) – Zaunlasur).

4. Ausschluss des Aufwendungsersatzes (§ 13 IV)

Der mit dem Gesetz zur Stärkung des fairen Wettbewerbs eingeführte § 13 IV sieht vor, dass 105a der Aufwendungsersatzanspruch nach § 13 III für **Mitbewerber** iSv § 8 III Nr. 1 **ausgeschlossen** ist bei **1.** im elektronischen Geschäftsverkehr oder in Telemedien begangenen Verstößen gegen gesetzliche Informations- und Kennzeichnungspflichten **oder 2.** sonstigen Verstößen gegen die VO (EU) 2016/679 (DSGVO) und das BDSG durch Unternehmen sowie gewerblich tätige Vereine mit in der Regel weniger als 250 Mitarbeitern. Damit sind zwei Sachverhaltskonstellationen einer Sonderregelung unterworfen worden, die in der rechtspolitischen Diskussion als besonders sensibel wahrgenommen worden waren. Der Gesetzgeber hält den Bereich des elektronischen Geschäftsverkehrs für besonders missbrauchsanfällig, weil dort Verstöße gegen die zahlreichen Informationspflichten durch den Einsatz automatisierter Recherchemöglichkeiten („Crawler") einfach und zahlreich abgemahnt werden könnten (vgl. BT-Drs. 19/12084, 32). Mit der den Datenschutz betreffenden Ausnahme möchte der Gesetzgeber „den Sorgen insbesondere kleiner Unternehmen sowie gemeinnütziger Vereine vor kostenpflichtigen Datenschutzabmahnungen Rechnung" tragen (vgl. BT-Drs. 19/12084, 32). – Mahnt ein Mitbewerber (auf eigene Kosten) **erstmals** einen der vorgenannten Verstöße ab, so darf nach § 13a II nF **keine Vertragsstrafe** vereinbart werden. Damit ist die außergerichtliche Anspruchsdurchsetzung durch Mitbewerber in diesen Fällen **im Ergebnis ausgeschlossen,** weil ohne Vertragsstrafenvereinbarung die Wiederholungsgefahr nicht ausgeräumt werden kann (→ Rn. 138). Die gerichtliche Geltendmachung von Ansprüchen bleibt dem Mitbewerber unbenommen; zur Vermeidung des mit einem sofortigen Anerkenntnis iSv § 93 ZPO verbundenen Kostenrisikos muss er aber zuvor (auf eigene Kosten) abmahnen (vgl. Hofmann WRP 2021, 4 Rn. 16). – **Es bleibt zu beobachten,** ob diese Regelungen insbesondere für den Bereich der Verbraucherinformation zu einem verbraucherschutzwidrigen „underenforcement" führen. Jedenfalls wächst hierdurch die Verantwortung vor allem der qualifizierten Wirtschaftsverbände und der qualifizierten Einrichtungen iSv § 8 III Nr. 2 und 3, für die Einhaltung der vom Anspruchsausschluss erfassten Informationspflichten zu sorgen.

105b   **a) Verstöße im elektronischen Geschäftsverkehr gegen Informations- und Kennzeichnungspflichten (§ 13 IV Nr. 1).** § 13 IV Nr. 1 schließt den Aufwendungsersatzanspruch der Mitbewerber iSv § 8 III Nr. 1 wegen der Abmahnung von Verstößen im elektronischen Geschäftsverkehr oder in Telemedien gegen gesetzliche Informations- und Kennzeichnungspflichten aus.

105c   **aa) Elektronischer Geschäftsverkehr, Telemedien.** Die Begriffe „elektronischer Geschäftsverkehr" und „Telemedien" sind redundant, weil sich der elektronische Geschäftsverkehr der Telemedien bedient (vgl. die Wortwahl in § 312i I BGB). Telemedien sind nach § 1 I TMG alle elektronischen Informations- und Kommunikationsdienste, soweit sie nicht ausschließlich Telekommunikationsdienste oder Rundfunk sind. Dazu gehören insbesondere Online-Angebote von Produkten mit unmittelbarer Bestellmöglichkeit, Video auf Abruf (soweit kein Fernsehdienst iSv RL 89/552/EWG), Internet-Suchmaschinen und die kommerzielle Verbreitung von Informationen über Produktangebote mit elektronischer Post (vgl. BeckOK Informations- und MedienR/Martini, 40. Ed. Stand 1.8.2022, TMG § 1 Rn. 4 ff.). Der Ausschluss des Aufwendungsersatzes betrifft nur Verstöße, die ausschließlich in Telemedien erfolgen, nicht aber solche, die medienübergreifend – etwa im Internet und zugleich in Printform – vorgenommen werden (vgl. Fritzsche WRP 2020, 1367 Rn. 41).

105d   **bb) Informations- und Kennzeichnungspflichten.** Der Begriff der gesetzlichen Informations- und Kennzeichnungspflichten iSv § 13 IV Nr. 1 erfasst nach der Vorstellung des Gesetzgebers sämtliche Pflichtangaben, hinsichtlich derer Verstöße im Bereich der Telemedien auftreten (ist also nicht auf für Telemedien vorgeschriebene Pflichtangaben beschränkt), mit Ausnahme von **Warnhinweisen** und der Pflicht zur **Kennzeichnung geschäftlicher Handlungen** gem. § 5a IV. Die Begr. RegE (BT-Drs. 19/12084, 32) nennt als Beispiele: die allgemeinen Informationspflichten nach § 5 TMG (die angeblich massenhafte Verfolgung der sprichwörtlichen „Impressumsverstöße" hat im Vorfeld der Gesetzesänderung einige Aufmerksamkeit erfahren), Informationspflichten für Fernabsatzverträge gem. §§ 312d BGB, Informationspflichten im elektronischen Geschäftsverkehr gem. § 312i I Nr. 2 BGB, die Pflicht zur Widerrufsbelehrung (gemeint wohl Art. 246 III EGBGB, Art. 246a II EGBGB), die Verpflichtungen zur Preisangabe nach der PAngV, datenschutzrechtliche Informationspflichten.

105e   Bei der Prüfung, welche Informations- und Kennzeichnungspflichten im Einzelfall vom Anspruchsausschluss erfasst sind, ist zu differenzieren. Nach der Zielrichtung der Vorschrift **nicht betroffen** sind zunächst diejenigen Kennzeichnungspflichten, die sich nicht auf **Angaben im Telemedium** selbst – etwa in einem im Internet angezeigten Angebot oder einer Internet-Werbung –, sondern lediglich auf die **physische Produktkennzeichnung** beziehen. Verstöße gegen solche Vorschriften sind nicht durch automatisiertes Durchsuchen von Internetauftritten recherchierbar, sondern können nur im Wege des Testkaufs ermittelt werden, und weisen deshalb nicht das vom Gesetzgeber hier adressierte Missbrauchspotential auf. Dazu gehören etwa Vorschriften über die Kennzeichnung von Elektroprodukten gem. § 9 ElektroG oder Batterien gem. § 17 BattG. Erstrecken sich Hinweispflichten auf den Bereich der Werbung und damit auch auf die **Vermarktung im Internet,** so stellt sich die Frage, ob es sich um einen **Warnhinweis** handelt, der nach der Absicht des Gesetzgebers nicht vom Anspruchsausschluss erfasst sein soll. Hierzu muss im Einzelfall eine **Schutzzweckbetrachtung** erfolgen. Es unterliegt keinem Zweifel, dass jedenfalls Vorschriften zur Abwendung von **Gesundheitsgefahren** für den Verbraucher die Qualität eines solchen Warnhinweises haben dürften (zB Kennzeichnungspflicht in der Werbung für Biozide gem. Art. 72 VO (EU) 528/2012, Warnhinweise in der Werbung für

Pflanzenschutzmittel gem. Art. 66 VO (EG) 1107/2009, Warnhinweise auf Abbildungen von Zigarettenpackungen gem. § 11 II TabakerzV).

b) Verstöße gegen Datenschutzrecht (§ 13 IV Nr. 2). § 13 IV Nr. 2 schließt den Auf- **105f** wendungsersatzanspruch der Mitbewerbers iSv § 8 III Nr. 1 wegen der Abmahnung von Ver- stößen gegen die DS-GVO und das BDSG durch Unternehmen sowie gewerblich tätige Vereine mit in der Regel weniger als 250 Mitarbeitern aus. Im Vorgriff auf die unionsrechtliche Klärung der Anspruchsberechtigung von Mitbewerbern für die Geltendmachung von Verstößen gegen die DS-GVO (vgl. BGH GRUR 2023, 264 – Arzneimittelbestelldaten; → § 8 Rn. 3.5b) **unter- stellt diese Regelung,** dass Mitbewerber insoweit **anspruchsberechtigt** sind. Von der Vor- schrift sind sämtliche datenschutzrechtlichen Pflichten (ohne Informationspflichten im Teleme- dienbereich, die bereits § 13 IV Nr. 1 unterfallen) erfasst, insbesondere also Pflichten im Zu- sammenhang mit der Datenverarbeitung (Art. 6 ff. DS-GVO).

Das Kriterium einer Mitarbeiterzahl der betroffenen Unternehmen und gewerblich tätigen **105g** Vereine von „in der Regel weniger als 250" ist der Definition in Art. 2 I Anh. der Kommis- sionsempfehlung betreffend die Definition der Kleinstunternehmen sowie der kleinen und mitt- leren Unternehmen (KOM (2003) 1422) entlehnt. Von der Übernahme des dort gleichfalls vorgesehenen umsatzbezogenen Kriteriums hat der Gesetzgeber zur Entlastung der vorgericht- lichen und gerichtlichen Anspruchsprüfung abgesehen (vgl. BT-Drs. 19/22238, 18; anders noch § 13 IV RegE in BT-Drs. 19/12084). Die Anzahl der Mitarbeiter soll nach Maßgabe des § 23 I 4 KSchG ermittelt werden (vgl. BT-Drs. 19/22238, 18). Danach sind bei der Feststellung der Zahl der beschäftigten Arbeitnehmer teilzeitbeschäftigte Arbeitnehmer mit einer regelmäßi- gen wöchentlichen Arbeitszeit von nicht mehr als 20 Stunden mit 0,5 und nicht mehr als 30 Stunden mit 0,75 zu berücksichtigen. Die Feststellung der Mitarbeiterzahl dürfte den abmahnen- den Mitbewerber vor einige Schwierigkeiten stellen. Soweit er keine Gewissheit darüber er- langen kann, ob der Grenzwert von 250 Mitarbeitern erreicht ist und folglich der Anspruchs- ausschluss nicht greift, ist bei der Geltendmachung von Aufwendungsersatz für die Abmahnung im Hinblick auf das Risiko des Gegenanspruchs gem. § 13 V (→ Rn. 86a) Zurückhaltung geboten.

5. Andere Anspruchsgrundlagen und Erstattungsmöglichkeiten

a) Bedeutung. Der Diskussion über andere Anspruchsgrundlagen hat sich im Wettbewerbs- **106** recht aufgrund der Regelung in § 13 III (vormals § 12 I 2) weitgehend erledigt. Denn die in Betracht kommenden **Schadensersatzansprüche** (→ § 9 Rn. 1.29) und der **Anspruch aus Geschäftsführung ohne Auftrag** gehen idR (zur Ausnahme → Rn. 109) über den gesetzlichen Anspruch nicht hinaus: Die Kosten für eine entbehrliche Abmahnung sind keine notwendigen Rechtsverfolgungskosten, die als Schaden ersetzt verlangt werden können. Die entbehrliche Abmahnung erfolgt auch nicht im wirklichen oder mutmaßlichen Interesse des Schuldners. Bedeutung hat die Diskussion um andere Anspruchsgrundlagen jedoch noch für **andere Rechtsgebiete,** in denen die für die wettbewerbsrechtliche Abmahnung entwickelten Grund- sätze ebenfalls Geltung beanspruchen können (gewerblicher Rechtsschutz, Urheberrecht, Kar- tellrecht, Presserecht, Unterlassungsklagen nach dem UKlaG). Auch in Fällen, in denen eine **Gegenabmahnung** erforderlich ist (→ Rn. 92), muss für den Aufwendungsersatz auf Geschäfts- führung ohne Auftrag zurückgegriffen werden, weil § 13 III diesen Fall nicht erfasst.

b) Schadensersatz. In der Vergangenheit ist dem Gläubiger des Unterlassungsanspruchs ein **107** **Anspruch auf Erstattung der ihm aus der berechtigten Abmahnung entstandenen Kosten** auch aus dem Gesichtspunkt des Schadensersatzes zugestanden worden, gleichviel ob sich der Schuldner unter Abgabe eines angemessenen Vertragsstrafeversprechens bedingungslos zur Unterlassung verpflichtet oder eine solche Unterlassungserklärung nicht abgegeben hat (BGH GRUR 1982, 489 – Korrekturflüssigkeit; GRUR 1990, 1012 (1014) – Pressehaftung I; BGHZ 115, 210 (212) – Abmahnkostenverjährung; vgl. auch BGHZ 149, 371 (374 f.) – Miss- bräuchliche Mehrfachabmahnung). Der Schadensersatzanspruch setzt stets ein **schuldhaftes Verhalten des Abgemahnten** voraus. Anspruchsgrundlage kann der zu dem jeweiligen Ver- letzungstatbestand gehörende Schadensersatzanspruch sein (zB § 9 UWG, § 97 I UrhG, § 14 VI MarkenG, § 139 II PatG, § 33 III 1 GWB). Für Unterlassungsgläubiger, die ihre Sachbefugnis aus § 8 III Nr. 2–4 oder aus § 33 II GWB ableiten, spielt der Schadensersatzanspruch keine Rolle, weil ihnen nur Abwehrrechte (Unterlassung und Beseitigung) zustehen. Deswegen ist für den Anspruch auf Erstattung der Abmahnkosten schon immer ein anderer Weg gesucht und gefunden worden: die Geschäftsführung ohne Auftrag (→ Rn. 110).

108   Dass die **Abmahnkosten als ein Schaden** verstanden werden, der auf der in der Vergangenheit liegenden Verletzungshandlung beruht, ist allerdings von Scharen mit der beachtlichen Begründung in Zweifel gezogen worden, die Abmahnung diene der **Verhinderung zukünftiger Verstöße**, während der Schutzzweck des Schadensersatzanspruchs darauf gerichtet sei, Vermögenseinbußen auszugleichen, die aus der abgeschlossenen Verletzungshandlung herrührten (Ahrens Wettbewerbsprozess-HdB/Scharen Kap. 10 Rn. 13). Folgt man dieser – vielleicht nicht ganz von der Hand zu weisenden – Erwägung, kann man einen auf die Erstattung der Abmahnkosten gerichteten Schadensersatzanspruch nur in Fällen eines Dauerdelikts anerkennen, in denen die Abmahnung auch der Begrenzung des Schadens aus der in der Vergangenheit liegenden Verletzungshandlung dient (näher → § 9 Rn. 1.29; Köhler FS Erdmann, 2002, 845 (846); vgl. auch BGH GRUR 2007, 631 Rn. 21 – Abmahnaktion). Teplitzky (GRUR 2004, 900 (905 f.) Fn. 56 und Fn. 68) hält dem entgegen, man könne nicht daran zweifeln, dass die Abmahnkosten durch die Verletzungshandlung adäquat verursacht worden seien. Das mag sein; die Lehre vom Schutzzweck der Norm erschöpft sich jedoch nicht in einer Anwendung der Adäquanzlehre; sie begründet vielmehr ungeachtet der Kausalität eine normative Begrenzung der Schadenszurechnung (vgl. hierzu ferner mit ausführlichen Nachweisen des Meinungsstandes Teplitzky Wettbewerbsrechtliche Ansprüche/Bacher Kap. 41 Rn. 82).

108a   Nachdem der BGH die Streitfrage schon in der Entscheidung Abmahnaktion (BGH GRUR 2007, 631 Rn. 21) offengelassen hat, hat er sie in neueren Entscheidungen (BGH GRUR 2018, 914 Rn. 26 f. – Riptide I; GRUR 2022, 1819 Rn. 11 – Riptide II; GRUR 2023, 897 Rn. 29 – Kosten für Abschlussschreiben III) erneut unentschieden gelassen. Die in der Entscheidung „Riptide I" gegebene Begründung dürfte die Notwendigkeit einer Entscheidung der Streitfrage **auch in Zukunft überflüssig machen.** Dem lag folgender Sachverhalt zugrunde: Der 15-jährige Beklagte hatte das Computerspiel „Dead Island – Riptide" im Internet über den Anschluss seines Vaters in einer Tauschbörse zum Herunterladen bereitgestellt. Die Klägerin, Inhaberin der ausschließlichen Nutzungsrechte an dem Computerspiel, mahnte daraufhin den Vater des Beklagten ab und forderte ihn zur Abgabe einer strafbewehrten Unterlassungserklärung auf. Dies lehnte der Vater mit der Begründung ab, nicht er, sondern sein Sohn, der Beklagte, habe das Spiel zum Herunterladen ins Netz gestellt. Nachdem die Klägerin den Beklagten daraufhin ohne Erfolg abgemahnt hatte, nahm sie ihn auf Unterlassung, Auskunft und mit einem Feststellungsantrag auf Schadensersatz sowie auf Zahlung der Aufwendungen für die beiden Abmahnungen (an den Vater und an den Sohn) in Anspruch. Hier interessieren allein die Kosten für die Abmahnung des Vaters, die sich mangels einer vom Vater begangenen Rechtsverletzung als unberechtigt erwies (§ 97a III UrhG – einer Vorschrift, die der Sache nach dem § 13 III UWG entspricht), so dass sich die Frage stellte, ob die Abmahnkosten als Rechtsverfolgungsschaden (BGH GRUR 2010, 239 Rn. 51 – BTK) geltend gemacht werden können. Dies hatte das Berufungsgericht verneint, weil es zur Ermittlung des Rechtsverletzers lediglich einer Anfrage beim Vater als dem Inhaber bedurft hätte. Dem hat der BGH widersprochen (GRUR 2018, 914 Rn. 17 ff. – Riptide I): Die gegenüber dem Anschlussinhaber ausgesprochene Abmahnung erweise sich in Fällen, in denen der Anschlussinhaber für die Rechtsverletzung nicht verantwortlich ist, als **gebotenes Mittel der Sachverhaltsaufklärung** (BGH GRUR 2018, 914 Rn. 21 – Riptide I).

108b   Diese Aussage des BGH ist freilich verallgemeinerungsfähig. Stellt nicht – so ist zu fragen – die Abmahnung des Verletzers immer dann, wenn auch ein Schadensersatzanspruch in Betracht kommt, einen idR notwendigen Schritt der Sachverhaltsaufklärung dar? Die Abmahnung fordert den Verletzer dazu auf, eine Unterwerfungserklärung abzugeben, sie zielt daher auf ein **abstraktes Schuldanerkenntnis** des Verletzers nach §§ 780, 781 BGB ab (→ Rn. 144). Durch die Unterwerfung wird idR außer Streit gestellt, wer aktiv- und wer passiv legitimiert ist, was sich tatsächlich zugetragen hat und wann damit ein Eingriff in die Rechte des Gläubigers erfolgt ist. Damit dient die Unterwerfung und folglich auch die auf sie abzielende Abmahnung **nicht allein der Verhinderung zukünftiger Verstöße, vielmehr zielt sie auch** – wenn auch nicht in erster Linie – **auf den Ausgleich der Vermögenseinbußen ab,** die aus der Verletzungshandlung herrühren; sie wird daher – wenn die genannten Voraussetzungen vorliegen – **vom Schutzzweck des Schadensersatzanspruchs erfasst.**

109   Kann der Gläubiger (ausnahmsweise) Abmahnkosten unter dem Gesichtspunkt des Schadensersatzes beanspruchen, kann dieser Anspruch unter bestimmten Bedingungen **über den gesetzlichen Anspruch aus § 13 III hinausgehen.** Denn der abgemahnte Schuldner kann gegenüber einem Schadenersatzanspruch nicht mit Erfolg geltend machen, er habe sich – noch bevor ihn der Gläubiger abgemahnt habe – wegen des beanstandeten Wettbewerbsverstoßes schon gegenüber einem Dritten strafbewehrt unterworfen. Durch die Unterwerfung ist zwar idR die Wiederholungsgefahr beseitigt (→ § 8 Rn. 1.48, → § 13 Rn. 138), sie verhindert aber nicht – wenn der Gläubiger nichts davon weiß – die Entstehung eines weiteren Schadens. Die Abmahnkosten können also auch dann als Schaden zu erstatten sein, wenn die Wiederholungsgefahr zum Zeitpunkt der Abmahnung bereits nicht mehr bestand (LG Hamburg GRUR 1990, 216 (217); LG Köln GRUR 1987, 741 (742)).

c) Geschäftsführung ohne Auftrag. Für **wettbewerbsrechtliche Streitigkeiten** braucht **110** auf Ansprüche aus Geschäftsführung ohne Auftrag im Allgemeinen nicht mehr zurückgegriffen zu werden; denn die gesetzliche Regelung in § 13 III hat gerade die Aufgabe, diese Anspruchsgrundlage durch eine konkrete gesetzliche Regelung zu ersetzen. Nur für den Anspruch auf Erstattung der für die Gegenabmahnung getätigten Aufwendungen (→ Rn. 74 f., 106) muss auf die Geschäftsführung ohne Auftrag zurückgegriffen werden (vgl. noch zum alten Recht BGH GRUR 2004, 790 (792) – Gegenabmahnung). – Anders verhält es sich aber **außerhalb des Wettbewerbsrechts.** Eine entspr. Anwendung von § 13 III auf die Geltendmachung urheber-, marken-, patent- oder presserechtlicher Ansprüche kommt nicht in Betracht, weil es insofern an einer Regelungslücke fehlt. In diesen Bereichen kann der Unterlassungsgläubiger, dem kein Schadensersatzanspruch zur Seite steht, die Erstattung der Abmahnkosten nach der festgefügten Rspr. des BGH aus **Geschäftsführung ohne Auftrag** (§ 683 S. 1 BGB, §§ 677, 670 BGB) beanspruchen. Der BGH hat diesen Weg erstmals in der Entscheidung **„Fotowettbewerb"** aus dem Jahre 1969 beschritten (BGHZ 52, 393 (399 f.)). Abgesehen von einem kurzen Zaudern fünfzehn Jahre später (BGH GRUR 1984, 691 (692) – Anwaltsabmahnung I) hat er seitdem trotz vielfältiger Kritik mit Beharrlichkeit an dem einmal eingeschlagenen Weg festgehalten (BGH GRUR 1973, 384 (385) – Goldene Armbänder; GRUR 1984, 129 (131) – shop-in-the-shop I; GRUR 1991, 550 (552) – Zaunlasur; BGHZ 115, 210 (212) – Abmahnkostenverjährung; BGH GRUR 1994, 311 (312 f.) – Finanzkaufpreis ‚ohne Mehrkosten'; GRUR 2000, 337 (338) – Preisknaller; BGHZ 149, 371 (374 f.) – Missbräuchliche Mehrfachabmahnung). Die Oberlandesgerichte haben sich dieser Rspr. durchweg angeschlossen (KG WRP 1977, 793; OLG Köln WRP 1978, 917; OLG Frankfurt WRP 1977, 129; OLG Stuttgart WRP 1979, 818). Auch Kritiker der dogmatischen Konstruktion erkennen diesen Anspruch als verbindliches Richterrecht an (so Köhler FS Erdmann, 2002, 845 (850 f.)).

Im Gegensatz zum Kostenerstattungsanspruch aus § 13 III (→ Rn. 94 ff.), setzt der **Anspruch 111 aus §§ 683, 670 BGB** voraus, dass die Abmahnung dem Geschäftsherrn (also dem abgemahnten Schuldner) **objektiv nützlich** war und seinem **wirklichen oder mutmaßlichen Willen** entsprach. Hierfür kommt es allein auf die **objektive Sicht,** nicht auf die Sicht des abmahnenden Gläubigers an (BGH GRUR 2023, 897 Rn. 22 – Kosten für Abschlussschreiben; Teplitzky Wettbewerbsrechtliche Ansprüche/Bacher Kap. 41 Rn. 84c; GK/Kreft, 1. Aufl. 1991, Vor § 13 Rn. C 150). Dies bedeutet, dass den Schuldner, der nach einem Wettbewerbsverstoß von einer Vielzahl von Gläubigern abgemahnt wird, **nur hins. der ersten Abmahnung** eine Erstattungspflicht aus Geschäftsführung ohne Auftrag trifft (BGHZ 149, 371 (375) – Missbräuchliche Mehrfachabmahnung; Teplitzky Wettbewerbsrechtliche Ansprüche/Bacher Kap. 41 Rn. 88a). Denn ist der Schuldner einmal abgemahnt, liegen **weitere Abmahnungen** nicht mehr in seinem wohlverstandenen Interesse. Dies gilt unabhängig davon, ob der Schuldner die Abmahnung zum Anlass nimmt, sich zu unterwerfen. Auch wenn er es auf einen Prozess ankommen lässt, liegen sich wiederholende (kostenpflichtige) Hinweise auf die Möglichkeit der Unterwerfung nicht in seinem Interesse.

d) Erstattungsfähigkeit als Kosten des Rechtsstreits. Kosten einer fehlgeschlagenen Ab- **112** mahnung sind zwar nach dem Zweck der Abmahnung (→ Rn. 4) im weiteren Sinne auch zur **Vorbereitung eines Rechtsstreits** (genauer: zur Vermeidung einer ungünstigen Kostenentscheidung im Falle des sofortigen Anerkenntnisses) aufgewandt worden; sie sind aber – ebenso wenig wie die Kosten einer Mahnung, die unstreitig nicht als Prozesskosten erstattet werden können (Zöller/Herget, 34. Aufl. 2022, ZPO § 91 Rn. 13 Stichwort: Mahnschreiben) – **nicht Kosten des Rechtsstreits,** weil sie (noch) nicht einem bestimmten Rechtsstreit zugeordnet werden können und in erster Linie nicht der Vorbereitung, sondern der Vermeidung des Rechtsstreits dienen. Die Frage war lange Zeit umstritten (wie hier abl. OLG Koblenz JurBüro 1981, 1089; OLG Frankfurt GRUR 1985, 328; OLG Rostock WRP 1996, 790; OLG Karlsruhe AnwBl 1997, 681; OLG Hamburg JurBüro 1993, 487 f.; OLG Hamm JurBüro 1997, 258 f.;

OLG Frankfurt NJW 2005, 759; Melullis Rn. 802; Ahrens Wettbewerbsprozess-HdB/Scharen Kap. 10 Rn. 3; skeptisch auch Zöller/Herget, 34. Aufl. 2022, ZPO § 91 Rn. 13 Stichwörter: Abmahnung und Vorbereitungskosten; aA KG WRP 1982, 25; OLG Nürnberg WRP 1992, 588; GK/Kreft, 1. Aufl. 1991, Vor § 13 Rn. C 159; Borck WRP 2001, 20 (23); Baumbach/Hefermehl, → 22. Aufl. 2001, Einl. Rn. 552). Sie ist inzwischen vom BGH iSd hier vertretenen Auffassung geklärt worden (BGH GRUR 2006, 439 – Geltendmachung der Abmahnkosten). Dementsprechend werden Abmahnkosten (soweit sie nicht in der Prozessgebühr des Prozessbevollmächtigten aufgehen) in der Praxis meist neben dem Unterlassungsantrag als Zahlungsantrag geltend gemacht. Wird der Unterlassungsanspruch dagegen im Verfügungsverfahren verfolgt, bleibt dem Gläubiger nichts anderes übrig, als die Abmahnkosten gesondert einzuklagen; hierbei muss beachtet werden, dass dieser Anspruch nach § 11 I ebenfalls in sechs Monaten verjährt (BGHZ 115, 210 – Abmahnkostenverjährung; → § 11 Rn. 1.3). – Zu den Kosten, die ein Schuldner aufwendet, um eine unberechtigte Abmahnung abzuwehren (Abwehrkosten), → Rn. 86a und 97.

6. Beschränkung auf tatsächliche Aufwendungen

113   Ersatz der Aufwendungen kann der Gläubiger allerdings nur verlangen, wenn er seinerseits die **Aufwendungen bereits erbracht** hat. Die Zahlung von Anwaltskosten kann er bspw. nur beanspruchen, wenn er die Rechnung des Anwalts bereits beglichen hat. Ist er lediglich einer Forderung des Anwalts ausgesetzt, kann er lediglich **Freistellung von der Verbindlichkeit** verlangen (LG Karlsruhe NJW 2006, 1526; OLG Hamm GRUR 2014, 133 (134)). Um einen Zahlungsanspruch schlüssig zu begründen, muss der Gläubiger daher vortragen, dass er die Kosten bereits aufgewendet hat. Nur wenn feststeht, dass der abmahnende Gläubiger von seinem Anwalt in Anspruch genommen wird, kann er **auf Zahlung klagen** (vgl. RGZ 78, 26 (34); OLG Schleswig OLGR 1998, 217; Grüneberg/Grüneberg BGB § 257 Rn. 2, MüKoBGB/Krüger, 9. Aufl. 2022, BGB § 257 Rn. 5; zweifelnd offenbar Ungewitter GRUR 2012, 697 (698) Fn. 9). Hierfür reicht es aber idR nicht aus, dass die drohende Inanspruchnahme durch den eigenen Anwalt vorgetragen wird. Denn bei dieser Konstellation ist es – anders als in den Fällen RGZ 78, 26 und OLG Schleswig OLGR 1998, 217 (Inanspruchnahme des Bürgen bzw. Sicherungsgebers durch die Bank nach Insolvenz des (Haupt-)Schuldners) – keineswegs sicher, dass der Anwalt seinen Anspruch auch im Falle „erfolgloser" Abmahnungen durchsetzt. – Auch hins. der Höhe der zu ersetzenden Anwaltsgebühren richtet sich der Aufwendungsersatzanspruch allein nach den tatsächlich gezahlten Beträgen, solange sie die gesetzlichen Gebühren nicht überschreiten (→ Rn. 121).

114   Werden in dieser Hinsicht in der Abmahnung falsche Angaben gemacht, macht sich der Abmahnende **wegen (versuchten) Betrugs nach § 263 StGB strafbar** (BGH (1. StrS) GRUR 2017, 1046 – Gebührengenerierung). **Strafbar** macht sich auch der Rechtsanwalt, der im Namen seines Mandanten Abmahnungen ausspricht und angeblich angefallene Anwaltskosten geltend macht, obwohl er mit seinem Mandanten eine Teilung der eingehenden Gebühren und einen Gebührenverzicht für den Fall vereinbart hat, dass keine Gebühren eingehen (BGH (1. StrS) GRUR 2017, 1046 – Gebührengenerierung).

115   Lässt sich der Anspruch auf Erstattung der Abmahnkosten (ausnahmsweise) als **Schadensersatzanspruch** begründen (→ Rn. 107 ff.), handelt es sich ebenfalls idR um einen Freistellungsanspruch, solange der Gläubiger die Kosten für die Abmahnung noch nicht aufgewendet hat (§ 249 I BGB). Doch kann hier der Gläubiger auch auf Zahlung klagen, wenn er dem Schuldner für die Freistellung ohne Erfolg eine **Frist mit Ablehnungsandrohung** gesetzt hat (§ 250 BGB; OLG Köln MD 2010, 210 (211 f.) = NJOZ 2010, 900 (901) unter II.3.c) oder wenn – was dem gleichsteht – der Schuldner die Leistung **ernsthaft und endgültig verweigert** hat (vgl. BGH NJW 2004, 1868 (1869); GRUR 2023, 897 Rn. 40 – Kosten für Abschlussschreiben III). Diese Möglichkeit besteht bei dem nicht auf Schadensersatz gerichteten Aufwendungsersatzanspruch nach § 13 III nicht (vgl. BGH NJW 1992, 114).

7. Höhe des Aufwendungsersatzes

116   **a) Erforderliche Aufwendungen.** Maßstab für die Höhe des Aufwendungsersatzes ist die **Erforderlichkeit,** vergleichbar der Notwendigkeit der Kosten der Rechtsverfolgung oder Rechtsverteidigung in § 91 I 1 ZPO. Ob Aufwendungen erforderlich sind, bestimmt sich nach den Verhältnissen des jeweiligen Gläubigers. Ein Unternehmen kann in aller Regel die für eine Abmahnung entstandenen **Anwaltskosten** ersetzt verlangen (OLG Stuttgart WRP 2007, 688 zur Abschlusserklärung; zur Höhe → Rn. 118 ff.). Dies gilt auch dann, wenn dieses Unternehmen über eine eigene Rechtsabteilung verfügt, die aber mit anderen Bereichen als dem Wettbewerbsrecht befasst ist. Denn auch einem Unternehmen dürfen keine Nachteile dadurch entstehen, dass es für die Abwehr wettbewerbswidriger Angriffe keine eigene Rechtsabteilung unterhält (vgl. BGH GRUR 2008, 928 – Abmahnkostenersatz; GRUR 2010, 1120 Rn. 26 – Vollmachtsnachweis; OLG Karlsruhe WRP 1996, 591; Möller NJW 2008, 2652). Ein **Rechtsanwalt,** der sich **selbst für die Abmahnung** eines unschwer zu erkennenden Wettbewerbsverstoßes **mandatiert,** kann dagegen keine Anwaltsgebühren beanspruchen (BGH GRUR 2004, 789 – Selbstauftrag; OLG Hamm GRUR-RR 2013, 339; ferner KG AfP 2010, 271 in einem Fall, in dem die Beauftragung der eigenen Sozietät des abmahnenden Anwalts für erforderlich gehalten wurde).

Auch ein **Wettbewerbsverband** muss **ohne anwaltlichen Rat** in der Lage sein, typische **117** und durchschnittlich schwer zu verfolgende Wettbewerbsverstöße zu erkennen und abzumahnen, weil es gerade seine Aufgabe ist, die Interessen seiner Mitglieder wahrzunehmen (BGH GRUR 1984, 691 (692) – Anwaltsabmahnung I; GRUR 1991, 684 f. – Verbandsausstattung I; BGHZ 126, 145 (147) = GRUR 1994, 831 – Verbandsausstattung II; BGH GRUR 2000, 1093 (1094) – Fachverband; GRUR 2004, 448 – Auswärtiger Rechtsanwalt IV). Der Verband kann daher die für eine Abmahnung angefallenen Anwaltskosten idR nicht als erforderliche Aufwendungen ersetzt verlangen. Dazu → Rn. 124 ff.

b) Höhe der Anwaltskosten. aa) Gesetzliche Gebühren. Ist ein Anwalt **nur mit der** **118** **Abmahnung,** nicht mit Einreichung einer Klage oder Erwirkung einer einstweiligen Verfügung, beauftragt worden, steht ihm nach § 2 II RVG, § 13 RVG iVm VV 2300 RVG eine **Geschäftsgebühr** mit einem Rahmen von 0,5 bis 2,5 zu; die **Mittelgebühr** von 1,5 (vgl. BGH GRUR 2010, 1120 Rn. 27 f. – Vollmachtsnachweis; Hartung NJW 2004, 1409 (1414); Otto NJW 2004, 1420 (1421) wird allerdings für Tätigkeiten, die nicht umfangreich oder schwierig sind, **auf 1,3 begrenzt** (VV 2300 RVG; dazu Günther/Beyerlein WRP 2004, 1222 (1223)). In einem durchschnittlichen Fall kann der Rechtsanwalt eine solche Gebühr in Höhe von 1,3 beanspruchen (BGH GRUR 2010, 1120 Rn. 31 – Vollmachtsnachweis). Da sich die Höhe der vollen Gebühr nicht verändert hat (früher § 11 BRAGO, heute § 13 RVG), liegen die Kosten einer anwaltlichen Abmahnung heute mit einer im Normalfall auf 1,3 begrenzten Mittelgebühr deutlich höher als unter der Geltung der BRAGO: Die für angemessen erachtete mittlere Geschäftsgebühr nach § 118 I Nr. 1 BRAGO (OLG Hamburg WRP 1981, 470 (473); OLG Hamburg WRP 1982, 477; LG Braunschweig WRP 1999, 1189; vgl. auch BGH GRUR 1973, 384 (385) – Goldene Armbänder) wurde dem Rahmen von 0,5 bis 1,0 entnommen und lag daher bei nur 0,75. Nach neuem Gebührenrecht ist allerdings mit der Geschäftsgebühr auch eine Besprechung mit dem Gegner abgegolten, die früher gesondert berechnet wurde (§ 118 I Nr. 2 BRAGO). Wird ein besonderer Umfang oder eine besondere Schwierigkeit dargetan, kann die Regelgebühr von 1,3 auch überschritten werden (vgl. OLG München MMR 2008, 334 (335): Geschäftsgebühr von 1,8 in einem markenrechtlichen Streit um Adwords; ferner OLG Hamburg WRP 2007, 1380 Ls.). Eine erhebliche Senkung der Kosten ist allerdings mit dem **Regelstreitwert** verbunden, der 2013 durch das Gesetz gegen unseriöse Geschäftspraktiken eingeführt und dessen Anwendungsbereich durch das Gesetz zur Stärkung des fairen Wettbewerbs 2020 noch erweitert wurde: Nach § 51 III 1 GKG ist der Streitwert angemessen zu mildern, wenn die Bedeutung der Sache für den Beklagten geringer ist als für den Kläger. Im Zweifel ist für den Beseitigungs- und/oder Unterlassungsanspruch von einem **Streitwert von 1.000 EUR** auszugehen (§ 51 III 2 GKG). Dieser Wert ist auch anzunehmen, wenn die dem Rechtsstreit zugrunde liegende Zuwiderhandlung angesichts ihrer Art, ihres Ausmaßes und ihrer Folgen die Interessen von Verbrauchern, Mitbewerbern oder sonstigen Marktteilnehmern in nur unerheblichem Maße beeinträchtigt (§ 51 III 3 GKG; → § 12 Rn. 4.3d f.).

Kommt es nach erfolgloser Abmahnung **zum gerichtlichen Verfahren,** wird die für die **119** Abmahnung entstandene Geschäftsgebühr zur Hälfte, maximal jedoch mit einem Gebührensatz von 0,75 auf die Verfahrensgebühr (VV 3100 RVG) **angerechnet** (Vorbem. 3 IV VV RVG). Für alle vor dem 1.7.2004 erteilten Mandate gelten noch die Bestimmungen der BRAGO; insoweit ist von einer Mittelgebühr von und einer vollen Anrechenbarkeit (§ 118 II BRAGO aF) auszugehen.

bb) Geschäftswert der Abmahnung. Der Geschäftswert der Abmahnung richtet sich nach **120** der **Höhe des für die Gerichtskosten geltenden Wertes** (§ 23 I 3 RVG, § 12 I GKG; § 3 ZPO). Da die Abmahnung auf Verschaffung eines endgültigen Titels gerichtet ist, entspricht der

Gegenstandswert nicht dem des Verfügungs-, sondern dem des **Hauptsacheverfahrens** (KG WRP 1977, 793 (795)).

120a **cc) Eine oder mehrere Angelegenheiten iSv § 15 II RVG bei Abnehmerverwarnungen?** Lässt der Gläubiger gegenüber unterschiedlichen, rechtlich und wirtschaftlich nicht verbundenen Absatzmittlern (Händler oder Franchiseunternehmen, Handelsvertretern oder Kommissionären) in engem zeitlichen Zusammenhang getrennte, im Wesentlichen **gleichlautende Abmahnungen** wegen des rechtswidrigen Vertriebs eines aus derselben Quelle stammenden Produkts aussprechen, stellt sich die Frage, ob es sich bei der Beauftragung des Anwalts um **eine oder mehrere** Angelegenheiten iSv § 15 II RVG handelt. Nach der Rspr. betreffen weisungsgemäß erbrachte anwaltliche Leistungen **idR dieselbe Angelegenheit,** wenn zwischen ihnen ein **innerer Zusammenhang** besteht und sie sowohl inhaltlich als auch in der Zielsetzung so weitgehend übereinstimmen, dass von einem einheitlichen Rahmen der anwaltlichen Tätigkeit gesprochen werden kann (BGH GRUR 2019, 1044 Rn. 24 – Der Novembermann; (VI. ZS) GRUR-RR 2010, 269 Rn. 23 – Rosenkrieg bei O.). Ein innerer Zusammenhang zwischen den anwaltlichen Leistungen ist zu bejahen, wenn die verschiedenen Gegenstände bei objektiver Betrachtung und unter Berücksichtigung des mit der anwaltlichen Tätigkeit nach dem Inhalt des Auftrags erstrebten Erfolgs zusammengehören. Ein einheitlicher Rahmen der anwaltlichen Tätigkeit kann grundsätzlich auch dann noch vorliegen, wenn der Anwalt zur Wahrnehmung der Rechte des Geschädigten verschiedene, in ihren Voraussetzungen voneinander abweichende Anspruchsgrundlagen zu prüfen oder mehrere getrennte Prüfungsaufgaben zu erfüllen hat (BGH GRUR 2019, 1044 Rn. 24 – Der Novembermann; Büscher GRUR 2021, 162 (163 ff.); s. auch Verweyen/Schumacher WRP 2022, 30).

120b Die Frage kann sich im Markenrecht stellen, wenn der Rechtsinhaber nicht nur die Verletzung durch den Hersteller, sondern auch die Verletzungen durch Absatzmittler verfolgt. Im Medienrecht ergibt sich eine entsprechende Konstellation, wenn der Geschädigte verschiedene Medienunternehmen wegen Verbreitung desselben persönlichkeitsrechtsverletzenden Nachricht abmahnen lässt (BGH (VI. ZS) GRUR 2019, 763 Rn. 17 – Ermittlungen gegen Schauspielerin). Auch im Urheberrecht kann die Abmahnforderung an dieser Hürde scheitern: In der Entscheidung *„Der Novembermann"* hatte die Inhaberin der ausschließlichen Nutzungsrechte an drei Filmwerken einem Lizenznehmer Rechte zum Vertrieb dieser Werke auf DVD eingeräumt; nachdem sie die bestehenden Lizenzverträge fristlos gekündigt hatte, vertrieb der Lizenznehmer weiterhin DVDs mit diesen Filmen. Daraufhin ließ die Rechtsinhaberin dreizehn verschiedene Abnehmer des Lizenznehmers, die die DVDs erst nach der Kündigung der Lizenzverträge bezogen und in den Vertrieb genommen hatten, wegen 42 Rechtsverletzungen anwaltlich abmahnen und verlangte die durch die Abmahnung entstandenen, jeweils nach einem Gegenstandswert von 45.000 EUR berechneten Rechtsanwaltsgebühren in Höhe von knapp 1.500 EUR. Weil es sich nach den tatrichterlichen Feststellungen um nur eine Angelegenheit handelte, gab es für die 42 Abmahnungen lediglich eine 1,3-fache Geschäftsgebühr aus einem Streitwert von 630.000 EUR, wovon die Rechtsinhaberin freilich nur 3/42 beanspruchen konnte (BGH GRUR 2019, 1044 Rn. 22 – Der Novembermann). – Zwischen einer Mehrzahl zusammenhanglos nebeneinanderstehender **lauterkeitsrechtlicher Verstöße** verschiedener Mitbewerber besteht nicht allein deshalb ein innerer Zusammenhang, der zur Anwendung des § 15 II RVG führt, weil sie hinsichtlich ihrer rechtlichen Qualifikation gleichartig sind (BGH GRUR 2023, 1116 Rn. 79 – Aminosäurekapseln). Anders kann es sich bei mehreren Verstößen desselben Mitbewerbers verhalten (OLG Frankfurt WRP 2021, 1333; 2022, 621).

121 **dd) Abweichende Gebührenvereinbarung.** Hat der Gläubiger mit seinem Anwalt eine Vereinbarung getroffen, der zufolge der Rechtsanwalt eine **niedrigere als die gesetzliche Vergütung** erhält, kann die Abrechnung der Abmahnkosten gegenüber dem Schuldner nur auf dieser Grundlage erfolgen (vgl. OLG München MMR 2007, 415 f.; OLG Hamburg BeckRS 2008, 141704; Rehart WRP 2009, 532). Überschreitet die vereinbarte Vergütung – etwa das vereinbarte Zeithonorar – dagegen die gesetzliche Vergütung, bleibt der Aufwendungserstattungsanspruch auf die Höhe dieser Vergütung beschränkt. Zum schlüssigen Vortrag gehört daher auch die Darlegung, ob nach den gesetzlichen Gebühren abgerechnet und was ggf. Abweichendes vereinbart worden ist (BGH (VI. ZS) GRUR 2019, 763 Rn. 15 – Ermittlungen gegen Schauspielerin).

122 **ee) Teilweise berechtigte Abmahnung.** Der Gläubiger kann Erstattung seiner Abmahnkosten **nur verlangen, soweit seine Abmahnung berechtigt war.** Ist die von einem Anwalt ausgesprochene Abmahnung nur zum Teil berechtigt – liegt bspw. nur ein von zwei gerügten Wettbewerbsverstößen vor –, können die Kosten der Abmahnung nur anteilig (im Beispielsfall bei gleichem Wert der beiden Vorgänge zur Hälfte) beansprucht werden (BGH GRUR 2010, 744 Rn. 50 – Sondernewsletter; OLG Stuttgart MMR 2010, 284 (286)). Bei der Abmahnkostenpauschale, die von einem Verband in Rechnung gestellt werden kann, kommt dagegen keine Kürzung in Betracht (→ Rn. 132); denn die Höhe der Abmahnkostenpauschale ist nicht von der Zahl der abgemahnten Verstöße abhängig. Ebenfalls kein Anlass zum Abzug besteht, wenn der Gläubiger die mit der Abmahnung übersandte vorformulierte Unterwerfungserklärung zu weit – bspw. die zu unterlassende Handlung weiter als notwendig – gefasst oder eine höhere als die angemessene Vertragsstrafe vorgeschlagen hat (vgl. Molle K&R 2010, 545 (547)). Denn die Formulierung der Unterwerfungserklärung ist grds. Sache des Schuldners (→ Rn. 19).

Bei der Prüfung der Frage, ob die Abmahnung nur teilweise berechtigt ist, gilt Folgendes: **122a** Wendet sich der Gläubiger in einer Abmahnung **gegen ein konkret umschriebenes Verhalten** (wie etwa eine bestimmte Werbeanzeige), das er **unter mehreren Gesichtspunkten als wettbewerbswidrig** beanstandet, sind die Kosten für die Abmahnung grds. bereits dann in vollem Umfang ersatzfähig, wenn sich der Anspruch **unter einem der genannten Gesichtspunkte** als begründet erweist (BGH GRUR 2019, 82 Rn. 37 – Jogginghosen). Wird die Abmahnung etwa auf mehrere Schutzrechte gestützt und hat eine nachfolgende Klage erst aufgrund eines im Prozess nachrangig geltend gemachten Rechts Erfolg, so besteht ein Anspruch auf Abmahnkostenerstattung in voller Höhe des einfachen Gegenstandswerts der Abmahnung (BGH GRUR 2016, 1300 Rn. 66 – Kinderstube).

Bei der Auslegung der Abmahnung kann eine ihr beigefügte, vom Gläubiger vorformulierte **122b** Unterlassungserklärung herangezogen werden. Ergibt sich daraus, dass der Gläubiger **die einzelnen Beanstandungen zum Gegenstand gesonderter Angriffe** macht, wie etwa dann, wenn er im Hinblick auf verschiedene Werbeaussagen in einer Werbeanzeige gesonderte Unterlassungsansprüche geltend macht, handelt es sich um gesonderte Angriffe. In einem solchen Fall ist die Abmahnung nur insoweit berechtigt und sind die Kosten der Abmahnung einem Mitbewerber nur insoweit zu ersetzen, wie die einzelnen Beanstandungen begründet sind (BGH MMR 2019, 375 = WRP 2019, 747 Rn. 12 – Vermittlung von Finanzdienstleistungen).

ff) Abwehrklauseln. Wettbewerber können untereinander **vereinbaren,** dass sie sich im **123** Falle einer Beanstandung zu zunächst ohne Einschaltung eines Rechtsanwalts informieren, also **keine förmliche Abmahnung aussprechen** (OLG Hamm GRUR 2012, 543 (544)). Ein **einseitiger Hinweis** (vgl. Sachverhalt OLG Hamm GRUR 2012, 543: „Um die Kosten eines Rechtsstreits zu vermeiden, sollten Sie uns im Vorfeld bei unvollständigen Angaben, wettbewerbsrechtlichen Vorkommnissen oder ähnlichen Problemen auf dem Postwege kontaktieren; eine kostenpflichtige anwaltliche Abmahnung ohne diesen Vorab-Kontakt wird aus Sicht der Schadensminderungspflicht als unzulässig abgewiesen.") bleibt dagegen ohne jede Wirkung abgesehen davon, dass sich der Verwender Treuwidrigkeit entgegenhalten lassen muss, wenn er selbst einen Wettbewerber durch Anwaltsschreiben abmahnen lässt (OLG Hamm GRUR 2012, 543; OLG Düsseldorf GRUR-RR 2016, 289 Rn. 17; vgl. auch OLG Celle WRP 2013, 934).

c) Abmahnkosten eines Verbandes

aa) Keine Anwaltskosten für Abmahnung. Anders als die Mitbewerber müssen **qualifi- 124 zierte Wirtschaftsverbände** (§ 8 III Nr. 2) zur Erfüllung des Satzungszwecks sachlich und personell so ausgestattet sein, dass sie durchschnittlich schwierige Abmahnungen **ohne anwaltliche Hilfe** mit eigenen Kräften bearbeiten können. Beauftragen sie dennoch einen Anwalt für die erste Abmahnung, so geschieht dies zur Erfüllung des Verbandszwecks im **eigenen, nicht im fremden Interesse** (BGH GRUR 1984, 691 (692) – Anwaltsabmahnung I mAnm Jacobs; GRUR 2004, 448 – Auswärtiger Rechtsanwalt IV; OLG München WRP 1970, 36; OLG Köln WRP 1970, 365; OLG Koblenz WRP 1979, 389 (391); OLG Karlsruhe WRP 1984, 339; Loewenheim WRP 1979, 839 (843); Ahrens Wettbewerbsprozess-HdB/Scharen Kap. 10 Rn. 27). Durfte der Verband anwaltliche Hilfe **nicht für erforderlich** halten, so steht ihm **kein Anspruch** auf Erstattung der anwaltlichen Kosten für die erste Abmahnung zu. An dieser Rechtslage hat sich durch die Einführung des Erfordernisses der Eintragung in die Liste qualifizierter Wirtschaftsverbände gem. § 8 III Nr. 2 iVm § 8b nichts geändert.

Diese Grundsätze gelten gleichermaßen für in die Liste qualifizierter Wirtschaftsverbände gem. **125** § 8 III Nr. 2 iVm § 8b eingetragene **Wettbewerbsvereine und Fachverbände.** Beide Arten von Verbänden müssen in der Lage sein, Abmahnungen in Fällen von durchschnittlicher Schwierigkeit selbst, dh ohne anwaltliche Hilfe, auszusprechen.

126   Für die Frage, ob ein **Fachverband in der Lage** ist, Abmahnungen von durchschnittlicher Schwierigkeit selbst auszusprechen, kommt es nicht auf den Umfang der Abmahntätigkeit an: **Was immer er sich zur Aufgabe setzt, muss er selbst erledigen;** er kann einen Anspruch auf Ersatz der für durch Abmahnungen angefallenen Anwaltsgebühren nicht mit Erfolg damit begründen, die große Zahl der aus seiner Sicht erforderlichen Abmahnungen habe es notwendig gemacht, die Abmahntätigkeit auf ein Anwaltsbüro auszulagern. Ebenso wenig kann er sich darauf berufen, die geringe Zahl der Abmahnungen rechtfertige es nicht, hinreichend geschultes Personal für diese Aufgabe einzustellen. Anders freilich das OLG Frankfurt (GRUR 2016, 625; nachfolgend BGH GRUR 2017, 926 – Anwaltsabmahnung II), das meint, es sei entscheidend, ob die Abmahntätigkeit des Verbands über eine gewisse Dauer einen Umfang angenommen hat, bei dem ein wirtschaftlich vernünftig handelnder Verband aus Kostengründen zur Erfüllung dieser Aufgabe juristisch geschultes Personal einstellen würde und dass diese Grenze bei einer Anzahl von jährlich 41 Abmahnungen als überschritten ansieht (OLG Frankfurt (GRUR 2016, 625 Rn. 28).

127   Dem ist der BGH allerdings nicht gefolgt (BGH GRUR 2017, 926 – Anwaltsabmahnung II). Der Umstand, dass die Verfolgung von Wettbewerbsverstößen bei dem klagenden Verband keinen erheblichen Umfang habe und er nach seinem eigenen Vorbringen jährlich weniger als 20 anwaltliche Abmahnungen aussprechen lasse, sei seiner wirtschaftlichen Entscheidung geschuldet, für diese Tätigkeit kein hinreichend qualifiziertes Personal einzustellen. Dies ändert jedoch – so der BGH – nichts daran, dass es sich bei der Verfolgung von typischen und durchschnittlich schwer zu verfolgenden Wettbewerbsverstößen um eine ihm als Fachverband originär selbst obliegende Aufgabe handelt. Ein nach § 8 III Nr. 2 UWG klagebefugter Verband muss in der Lage sein, das Wettbewerbsverhalten zu beobachten und zu bewerten. Da die zugrundeliegenden Verstöße durchschnittlich schwer zu verfolgen waren, hätte der Verband selbst abmahnen müssen (BGH GRUR 2017, 926 Rn. 22 f. – Anwaltsabmahnung II). Obwohl ein solcher Fachverband an sich berechtigt wäre, die Aufwendungen für die eigenen Abmahnungen im Wege einer Abmahnpauschale abzurechnen, war dem klagenden Verband in diesem Fall dieser Weg versperrt; denn ihm waren derartige Kosten nicht entstanden; fiktive Kosten aber sind nicht erstattungsfähig (BGH GRUR 2017, 926 Rn. 24 – Anwaltsabmahnung II).

128   Freilich kann es bei einem Fachverband wesentlich eher dazu kommen, dass der zu fordernde und zu unterstellende wettbewerbsrechtliche Sachverstand nicht ausreicht, um etwa Verstöße gegen Bestimmungen des besonderen Verwaltungsrechts, die unter dem Gesichtspunkt eines Rechtsbruchs (§ 3a) verfolgt werden können, zu erkennen und ggf. zum Gegenstand einer berechtigten Abmahnung zu machen.

129   Bei einem **Verbraucherschutzverein** nach § 8 III Nr. 3 ist zu unterscheiden: Verbraucherschutzvereine nach § 8 III Nr. 3 sind Vereine, zu deren satzungsmäßigen Aufgaben es gehört, Interessen der Verbraucher durch nicht gewerbsmäßige Aufklärung und Beratung wahrzunehmen (§ 4 II 1 UKlaG): Bei ihnen muss also von Haus aus ein gewisses Maß an Expertise vorhanden sein, Verstöße gegen Verbraucherschutzbestimmungen zu erkennen. Dies bedeutet: Geht es bei dem Verstoß um eine höchstrichterlich geklärte Frage, muss auch ein Verbraucherschutzverband allfällige Abmahnungen mit Bordmitteln erledigen und kann die Kosten eines hierfür eingeschalteten Anwalts nicht nach § 13 III ersetzt verlangen (OLG Stuttgart GRUR-RR 2015, 164).

130   **bb) Kosten für zweite Abmahnung.** Ob dies auch für den Fall gilt, dass eine erste Abmahnung durch den Verband selbst keinen Erfolg hatte und mit einer **zweiten Abmahnung durch den Rechtsanwalt** noch einmal nachgefasst werden sollte, war umstr. Der BGH hat diese Frage inzwischen in der Entscheidung „Kräutertee" **eindeutig verneint** (BGH GRUR 2010, 354 Rn. 8; OLG Hamburg WRP 2009, 1569; anders noch OLG Brandenburg WM 2008, 418). Die Unklarheit in diesem Punkt ist vor allem darauf zurückzuführen, dass der BGH 1969 in der Entscheidung „Fotowettbewerb" die Beauftragung eines Anwalts durch einen Verband nach erfolgloser Abmahnung als „adäquate und im Rahmen der zweckentsprechenden Rechtsverfolgung notwendige Folge" bezeichnet hatte, deren Kosten als Aufwendungsersatz zu erstatten seien (BGHZ 52, 393 (400) = GRUR 1970, 189 – Fotowettbewerb). Hiervon ist der BGH inzwischen unter Hinweis darauf abgerückt, dass die Entscheidung „Fotowettbewerb" am Anfang einer umfangreichen Rechtsprechung steht, bei der es nicht zuletzt darum geht, eine missbräuchliche Geltendmachung des Kostenerstattungsanspruchs sowie eine unbillige Belastung des Schuldners mit Kosten zu vermeiden, die zur Erreichung des Ziels einer Streitbeilegung ohne Inanspruchnahme der Gerichte nicht erforderlich sind (BGH GRUR 2010, 354 Rn. 9 – Kräutertee). Der BGH stellt nunmehr allein darauf ab, ob die zweite Abmahnung noch erforderlich war, um dem Schuldner einen Weg zu weisen, den Gläubiger ohne Inanspruchnahme der Gerichte klaglos zu stellen (→ Rn. 99); das ist in aller Regel zu verneinen. Im Übrigen liegt die zweite Abmahnung auch nach den Grundsätzen der Geschäftsführung ohne Auftrag nicht mehr im wohlverstandenen Interesse des Schuldners (BGHZ 149, 371 (375) = GRUR 2002, 357 – Missbräuchliche Mehrfachabmahnung; → Rn. 100). Schließlich soll jeder Anreiz zu einer durch Kosteninteressen begründeten Abmahntätigkeit eines mit einem Verband zusammenarbeitenden Rechtsanwalts von vornherein unterbunden werden (BGH GRUR 2010, 354 Rn. 9 – Kräutertee).

cc) Abschlussschreiben. Der Grundsatz, dass einem Verband die Anwaltskosten für die **131** Abmahnung idR nicht erstattet werden, gilt auch für das Abschlussschreiben entspr. In durchschnittlich schwierig gelagerten Fallkonstellationen ist es einem nach § 8 III Nr. 2 UWG anspruchsberechtigten Wettbewerbsverein idR zumutbar, das Abschlussschreiben selbst abzufassen (OLG Köln WRP 2000, 226 (230) unter Hinweis auf BGH GRUR 1984, 691 (692) – Anwaltsabmahnung I). Dazu → § 12 Rn. 2.73.

dd) Kostenpauschale. Für einen Verband, dem es zuzumuten ist, **typische und durch-** **132** **schnittlich schwer zu verfolgende Wettbewerbsverstöße** zu erkennen und abzumahnen, kommt in derartigen Fällen nur ein Anspruch auf anteiligen Ersatz der Personal- und Sachkosten in Form einer **Kostenpauschale** in Betracht. Diese Pauschale beträgt derzeit für die **Zentrale zur Bekämpfung unlauteren Wettbewerbs** (Wettbewerbszentrale), die einen umfangreichen gemeinnützigen Zweckbetrieb für den Abmahnbereich unterhält, 350,00 EUR zzgl. 7 % MwSt (vgl. zur Gewährung von Abmahnkosten in Form einer solchen Pauschale BGH GRUR 2019, 966 Rn. 49 – Umwelthilfe; OLG Hamburg AfP 1990, 215 (217); OLG Stuttgart WRP 1991, 347 (348); OLG Schleswig WRP 1996, 1123 (1125); anders KG WRP 1991, 398 (402); s. auch BGH GRUR 1990, 282 – Wettbewerbsverein IV). In welcher Höhe andere Verbände eine Kostenpauschale für Personal- und Sachkosten verlangen können, richtet sich nach Lage des Einzelfalls. Ein Verband, der eine Kostenpauschale geltend macht, muss freilich die Parameter offenlegen, die der Pauschalierung zu Grunde liegen, und so einer Prüfung zugänglich machen; im Einzelfall können die Kosten und kann der kostenverursachende Aufwand nach § 287 I ZPO geschätzt werden (zur Berechnung im Einzelfall vgl. LG Darmstadt BeckRS 2013, 12463) – Die Kostenpflicht entfällt nicht dadurch, dass der Abgemahnte satzungsgemäß **Mitgliedsbeiträge** zahlt (LG Frankfurt WRP 1982, 553 (554)).

ee) Teilweise berechtigte Abmahnung eines Verbandes. Die Kostenpauschale ist auch in **133** voller Höhe zu zahlen, wenn die **Abmahnung nur teilweise berechtigt** war (BGH WRP 1999, 503 (512) – Kaufpreis je nur 1,– DM; BGHZ 177, 253 Rn. 50 = GRUR 2008, 1010 – Payback; BGH GRUR 2009, 1064 Rn. 47 – Geld-zurück-Garantie II; GRUR 2009, 413 Rn. 31 – Erfokol-Kapseln; GRUR 2010, 744 Rn. 51 – Sondernewsletter; (IV. ZS) VersR 2014, 941 Rn. 48. OLG Frankfurt WRP 1991, 326).

d) Abmahnkosten eines Buchpreisbindungstreuhänders. Der **Treuhänder,** der nach **134** **§ 9 II Nr. 3 BuchPrG** den Unterlassungsanspruch nach § 9 I BuchPrG geltend macht, kann – obwohl Rechtsanwalt – nicht nach §§ 13, 14 RVG abrechnen, sondern nur seine tatsächlichen Aufwendungen ersetzt verlangen, die als Pauschale zu berechnen sind (OLG Frankfurt GRUR-RR 2010, 221: **Abmahnkostenpauschale** in Höhe von 175 EUR netto = 208,25 EUR brutto).

e) Kein Abzug fiktiver Abmahnkosten. Ist eine **Abmahnung unterblieben** und werden **135** dem Gläubiger nach **sofortigem Anerkenntnis** die Kosten des Rechtsstreits auferlegt, kann er entgegen der vereinzelt gebliebenen Rspr. einiger Oberlandesgerichte (OLG Hamburg WRP 1968, 338; OLG Frankfurt BB 1973, 379; OLG Köln WRP 1969, 248; 1970, 186; dagegen bspw. OLG Celle WRP 1996, 757 (759)) die **fiktiven Kosten,** die ihm durch eine Abmahnung entstanden wären, nicht in Abzug bringen (BGH GRUR 2017, 926 Rn. 23 – Anwaltsabmahnung II; GRUR 2022, 391 Rn. 74 – Gewinnspielwerbung II).

f) Verzugszinsen. Im Falle des Verzugs sind die Abmahnkosten **mit 5 %,** nicht mit 8 % **über** **136** **dem Basiszinssatz** zu verzinsen (§ 288 I 2 BGB). § 288 II BGB findet auf Abmahnkosten keine Anwendung, weil es sich nicht um eine Entgeltforderung, dh um eine Forderung im

Rahmen eines Austauschgeschäfts, handelt (BGH GRUR 2015, 187 Rn. 27 – Zuwiderhandlung während der Schwebezeit; GRUR 2021, 1422 Rn. 44 – Vorstandsabteilung; OLG München K&R 2008, 620 (621 f.)).

136a   **g) Umsatzsteuer.** Die **Abmahnung** stellt im grünen Bereich – also im Wettbewerbsrecht ebenso wie im gewerblichen Rechtsschutz und Urheberrecht generell, aber auch im Äußerungs- und im gesamten Medienrecht – **eine umsatzsteuerbare Leistung** dar. Dies hat der BFH in mehreren Verfahren entschieden, die zunächst einen Wettbewerbsverein nach § 8 III Nr. 2 (BFH GRUR 2003, 718), dann einen Mitbewerber (BFH GRUR 2017, 826) und schließlich einen Tonträgerhersteller und Inhaber von Verwertungsrechten an Tonaufnahmen betrafen, der wegen rechtswidriger Verbreitung von Tonaufnahmen im Internet gegen Rechtsverletzer vorgegangen war (BFH GRUR 2019, 825 – Tonaufnahmen im Internet). Dabei ist der BFH davon ausgegangen, dass die Abmahnung durch den Gläubiger grundsätzlich im Interesse des Schuldners erfolgt, dem auf diese Weise der Weg zu einer kostengünstigen außergerichtlichen Streitbeilegung durch eine Unterwerfungserklärung gewiesen wird. Mit der Abmahnung erbringt der Gläubiger gegenüber dem Schuldner eine Leistung iSd § 1 I Nr. 1 UStG. Der Aufwendungsersatz – gleichgültig, ob aus § 13 III, aus § 97a III 1 UrhG oder wegen Geschäftsführung ohne Auftrag aus BGB – stellt die in unmittelbarem Zusammenhang mit der Abmahnung stehende Gegenleistung für die in der Abmahnung liegenden Leistung des Gläubigers und nicht eine nicht steuerbare Schadensersatzzahlung dar (BGH Beschl. v. 21.1.2021 – I ZR 87/20, GRUR-Prax 2021, 344; aA für den Anspruch nach § 13 V 1 Schulz WRP 2022, 949 Rn. 58; zur Rechnungsstellung bei Altfällen (vor dem 1.11.2021) vgl. Sterzinger GRURPrax 2023, 84). Dem steht nicht entgegen, dass der Abmahnende die Erstattung seiner Rechtsverfolgungskosten ggf. nicht nur als Aufwendungsersatz, sondern bei Vorliegen der weiteren Voraussetzungen auch als Schadensersatz nach § 9 UWG beanspruchen könnte (vgl. Pustovalov/Johnen WRP 2019, 848 ff.).

8. Gerichtsstand

137   Soweit nach § 14 II der Gerichtsstand des **Tatorts** gegeben ist, kann dort auch die **Klage auf Kostenerstattung** nach § 13 III (vormals § 12 I 2) erhoben werden, denn es handelt sich um eine „Klage auf Grund dieses Gesetzes" (→ § 14 Rn. 10).

C. Unterwerfung

I. Zweck und Wirkungsweise der Unterwerfung

1. Zweck der Unterwerfung

138   Erklärt der Verletzer gegenüber dem Verletzten **uneingeschränkt, bedingungslos** und **unwiderruflich** und unter Übernahme einer angemessenen **Vertragsstrafe** für jeden Fall der Zuwiderhandlung, weitere Verletzungshandlungen zu unterlassen, so ist die **Vermutung** der Wiederholungsgefahr (→ § 8 Rn. 1.43) widerlegt, vorausgesetzt, dass an der **Ernsthaftigkeit** der Unterlassungserklärung kein Zweifel besteht (stRspr; BGH GRUR 1983, 127 (128) – Vertragsstrafeversprechen; GRUR 1993, 677 (679) – Bedingte Unterwerfung). Ein drohender Prozess wird vermieden, ein schwebender hat sich erledigt. Zugleich stellt die Vertragsstrafe die **Sanktion** bei einer erneuten Zuwiderhandlung dar.

2. Einfluss auf die Wiederholungsgefahr

139   Die Unterwerfungserklärung hat aus zwei Gründen **Einfluss auf die Wiederholungsgefahr:** Zum einen zeigt sie den **Willen des Schuldners,** die Verletzungshandlung zu unterlassen. Dies allein reicht aber nicht aus. Hinzutreten muss zum anderen ein drohender Nachteil für den Fall einer Zuwiderhandlung, der so schwer wiegt, dass er den Schuldner vernünftigerweise von Wiederholungen abhält (s. auch → Rn. 175). Dabei ist immer zu bedenken, dass die Rechtsordnung mit dem **System von Abmahnung, Unterwerfung und Wegfall der Wiederholungsgefahr** einen ganz bestimmten Zweck verfolgt: Gläubiger und Schuldner sollen Mittel an die Hand gegeben werden, um einen Streit ohne Inanspruchnahme der Gerichte beizulegen (BGHZ 149, 371 (374) – Missbräuchliche Mehrfachabmahnung). Da der Unterlassungsanspruch immer nur in der Zukunft erfüllt werden kann, soll der bei anderen Ansprüchen durch die

Erfüllung eintretende Rechtsfriede auf andere Weise erreicht werden. Dies soll jedoch nicht nur inter partes gelten, vielmehr soll es dem Schuldner ermöglicht werden, ein für alle Mal gegenüber allen Gläubigern, also erga omnes, „zu erfüllen". Dieses **Schuldnerprivileg** – der Schuldner muss sich nicht von allen Gläubigern in Anspruch nehmen lassen, sondern kann durch die Unterwerfung gegenüber einem Gläubiger die anderen Gläubiger ihres Unterlassungsanspruchs berauben – ist gerade im Wettbewerbsrecht wegen der **Vielzahl möglicher Gläubiger** unverzichtbar (→ Rn. 213). Andererseits muss der Schuldner zeigen, dass die abgegebene Unterwerfungserklärung auch seinen Unterlassungswillen widerspiegelt. Verschweigt er nach einer zweiten Abmahnung beharrlich die bereits abgegebene Unterwerfungserklärung, können sich daraus Zweifel an der Ernstlichkeit dieser Erklärung mit der Folge ergeben, dass die Wiederholungsgefahr nicht entfällt (OLG Düsseldorf WRP 2002, 1019; näher → Rn. 66). Unabhängig davon macht sich der Schuldner gegenüber dem Gläubiger, der eine Zweitabmahnung ausspricht, schadensersatzpflichtig, wenn er die bereits abgegebene Unterwerfungserklärung verschweigt und dadurch den Gläubiger zur Erhebung einer mangels Wiederholungsgefahr unbegründeten Klage veranlasst (→ Rn. 81).

3. Beschränkung auf konkrete Verletzungsform?

Für den Schuldner stellt sich bei der Formulierung der Unterwerfungserklärung die Frage, ob **140** er sich bei dem, was er zu unterlassen verspricht, **streng an der konkreten Verletzungsform orientieren** kann oder ob er – um sicherzugehen, dass die Wiederholungsgefahr entfällt – eine **abstrakte Formulierung** wählen muss. Grds. gilt, dass auch hins. der Unterwerfungserklärung die **Kerntheorie** gilt und daher eine auf die konkrete Verletzungsform bezogene Unterwerfungserklärung die Wiederholungsgefahr auch für Varianten des Verhaltens entfallen lässt, die **mit der konkreten Verletzungsform kerngleich** sind (BGH GRUR 1996, 290 (291) – Wegfall der Wiederholungsgefahr I; GRUR 1997, 379 (380) – Wegfall der Wiederholungsgefahr II; GRUR 1997, 931 (932) – Sekundenschnell; GRUR 1998, 483 (485(– Der M.-Markt packt aus; GRUR 2003, 899 (900) – Olympiasiegerin; GRUR 2010, 749 Rn. 45 – Erinnerungswerbung im Internet; Teplitzky Wettbewerbsrechtliche Ansprüche/Kessen Kap. 8 Rn. 16). Dies gilt auch dann, wenn der Gläubiger – wie es nicht selten geschieht – in seiner Abmahnung eine abstrakte, über die konkrete Form der Unterwerfungserklärung hinausgehende Unterwerfung gefordert hat, der Schuldner sich aber in seiner Unterwerfung auf die konkrete Verletzungsform beschränkt. Es geht nicht an, allein deshalb an der Ernsthaftigkeit des Unterlassungswillens des Schuldners zu zweifeln, nur weil seine – objektiv ausreichende – Unterwerfung hinter der vom Gläubiger verlangten Unterwerfung zurückbleibt (BGH GRUR 2003, 899 (900) – Olympiasiegerin; etwas strenger klingt es bei Teplitzky Wettbewerbsrechtliche Ansprüche/Kessen Kap. 8 Rn. 16a).

Freilich ist die Unterwerfungserklärung wie jede Willenserklärung stets **Gegenstand der 141 Auslegung** (→ Rn. 179, 180). Aus den Umständen des Einzelfalls kann sich ergeben, dass der Schuldner mit der Beschränkung auf die konkrete Verletzungsform gerade das Ziel verfolgt, sich **hins. kerngleicher Verletzungsformen der Verfolgung zu entziehen** (BGH GRUR 2003, 450 (452) – Begrenzte Preissenkung; GRUR 2010, 749 Rn. 45 – Erinnerungswerbung im Internet; OLG Frankfurt GRUR-RR 2011, 338 (339)). Ist die Erklärung des Schuldners in dieser Weise auszulegen, führt dies zu einem Wegfall der Wiederholungsgefahr nur hins. der konkreten Verletzungsgefahr; die Wiederholungsgefahr bleibt indessen hins. der kerngleichen Verletzungsformen bestehen mit der Folge, dass der Gläubiger seinen Anspruch insofern noch gerichtlich durchsetzen kann (→ Rn. 1.181). Will der Schuldner sich einerseits trotz einer weitergehenden Aufforderung des Gläubigers in der Unterwerfung auf die konkrete Verletzungsform beschränken und will er andererseits vermeiden, dass die Wiederholungsgefahr für kerngleiche Verletzungsformen fortbesteht, empfiehlt es sich, dies in der Unterwerfungserklärung oder zumindest in der Begleitkorrespondenz klar zum Ausdruck zu bringen (Teplitzky Wettbewerbsrechtliche Ansprüche/Kessen Kap. 8 Rn. 16a; vgl. auch die – insofern mit Recht krit. – Anm. Schmidt-Hern GRUR-Prax 2011, 333 zum oben zit. Beschluss des OLG Frankfurt GRUR-RR 2011, 338). So kann er bspw. deutlich machen, die **Beschränkung auf die konkrete Verletzungsform** habe nicht darin ihren Grund, dass kerngleiche Verletzungsformen ausgeschlossen seien, sondern allein darin, dass nicht vollständig zu überblicken sei, ob die abstrakte Formulierung nicht auch ein erlaubtes Verhalten einschließe.

Beanstandet der Gläubiger das konkrete Verhalten des Schuldners **unter zwei unterschiedli-** **142** **chen Gesichtspunkten** als wettbewerbswidrig (Beispiel: Das Zeitungsinserat eines Maklers für eine Eigentumswohnung mit Garage ist zum einen irreführend, weil sich aus dem Inserat die Maklereigenschaft des Inserenten nicht ergibt, und stellt zum anderen einen Verstoß gegen die PAngV dar, weil die Preise für Wohnung und Garage gesondert angegeben sind und die Angabe des Endpreises fehlt), muss bei der Unterwerfung sichergestellt sein, dass sie auch **beide Varianten alternativ als kerngleiche Verletzungen erfasst.** Das kann einmal dadurch zum Ausdruck kommen, dass sich der Schuldner hins. der konkreten Verletzungsform, also des konkreten Zeitungsinserats, unterwirft und zum Ausdruck bringt, dass sich die Unterwerfung alternativ auf beide Varianten bezieht. Der Schuldner kann sich aber auch in einer abstrakten Form gesondert hins. beider Varianten unterwerfen.

4. Über die Abmahnung hinausgehende Unterwerfung

143   Eher selten ist der Fall, dass der Schuldner mit seiner Unterwerfung **über das hinausgeht, was der Gläubiger mit der Abmahnung begehrt hat.** Ein Grund, an der Ernstlichkeit einer solchen Unterwerfung zu zweifeln, besteht grds. nicht (OLG Köln WRP 2011, 112 (113)). Meist wird der Schuldner für die weitere Fassung der Unterwerfung naheliegende Gründe haben. Reicht bspw. die vom Abmahner verlangte Unterwerfung nicht weit genug (→ Rn. 220 f.), muss der Schuldner – wenn er sich nur in diesem Umfang unterwirft – befürchten, noch von anderen Gläubigern mit Erfolg in Anspruch genommen zu werden. In einem solchen Fall empfiehlt es sich aus der Sicht des Schuldners, sich umfassend zu unterwerfen, damit er sich **gegenüber Drittgläubigern** auf diese Unterwerfung berufen kann. Das hat freilich nur dann Aussicht auf Erfolg, wenn der Erstgläubiger die Gewähr dafür bietet, Zuwiderhandlungen auch in dem umfassenden Umfang zu verfolgen.

5. Form der Unterwerfungserklärung

144   Lange Zeit wurde davon ausgegangen, dass für die Unterwerfungserklärung ebenso wie für die Abmahnung (→ Rn. 26) **kein Formzwang** besteht (vgl. → 22. Aufl. 2001, Einl. Rn. 538, andererseits aber Rn. 272). Vor allem aufgrund der Beiträge Köhlers (Köhler FS v. Gamm, 1990, 57 (64 ff.); GK/Köhler, 1. Aufl. 1991, Vor § 13 Rn. B 89 ff.) ist inzwischen jedoch weitgehend anerkannt, dass die Unterwerfung als abstraktes Schuldversprechen oder -anerkenntnis (§§ 780, 781 BGB) grds. dem **Schriftformerfordernis** unterliegt. Denn die Unterwerfung zielt idR auf eine Vereinbarung ab, durch die eine neue (vertragliche) Grundlage für die Unterlassungsverpflichtung geschaffen werden soll, die an die Stelle des gesetzlichen Unterlassungsanspruchs tritt. Da der gesetzliche Unterlassungsanspruch mit Abgabe einer ausreichenden Unterwerfungserklärung entfällt, soll der Unterwerfungsvertrag eine neue konstitutive Verpflichtung schaffen (Novation). Die Vereinbarung, auf die die Unterwerfungserklärung abzielt, ist daher ein abstraktes Schuldversprechen oder – besser – ein **abstraktes Schuldanerkenntnis** nach §§ 780, 781 BGB (BGHZ 130, 288 (292) – Kurze Verjährungsfrist; BGH GRUR 1998, 953 (954) – Altunterwerfung III; GRUR 2023, 742 Rn. 20 – Unterwerfung durch PDF; Teplitzky Wettbewerbsrechtliche Ansprüche/Kessen Kap. 8 Rn. 5; → Rn. 108b). Lediglich eine Unterwerfung, die die Wiederholungsgefahr nicht berührt (zB weil die versprochene Vertragsstrafe zu niedrig ist oder der Gläubiger keine Gewähr dafür gibt, künftige Zuwiderhandlungen zu verfolgen), kann als deklaratorisches Anerkenntnis formfrei abgegeben werden. Auch wenn die Unterwerfungserklärung ausnahmsweise in einen **Vergleich** mündet (§ 779 BGB), ist sie formfrei möglich (zur Rechtsnatur des Unterlassungsvertrags → Rn. 166 ff.).

145   Das **Schriftformerfordernis entfällt** allerdings, wenn der Schuldner – wie im Regelfall – Kaufmann ist (§§ 350, 343 HGB; BGH GRUR 2023, 742 Rn. 20 – Unterwerfung durch PDF). Der Formzwang beschränkt sich damit auf nicht eingetragene **Kleingewerbetreibende** und die **Träger der freien Berufe** (Rechtsanwälte, Steuerberater, Ärzte, soweit sich die Kaufmannseigenschaft nicht aus der Rechtsform – GmbH, AG oder EWIV – ergibt). Gilt für die Unterwerfung kein Formzwang, kann der Gläubiger bei einer telekommunikativen Übermittlung der Unterwerfungserklärung (per Telefax oder E-Mail) nach § 127 II 2 BGB eine mit verbindlicher Unterschrift versehene Bestätigung verlangen, um etwaige Beweisschwierigkeiten bei der Geltendmachung von Vertragsstrafen zu vermeiden (vgl. OLG Frankfurt WRP 1989, 18; KG GRUR 1988, 567 (568); dazu Lachmann GRUR 1989, 96 ff.). Entsprechend ist bisher angenommen worden, dass aus Sinn und Zweck der Unterwerfungserklärung die Verpflichtung des Schuldners folge, dem Gläubiger auf sein Verlangen die mündlich, telefonisch, per Telefax oder E-Mail abgegebene Erklärung schriftlich zu bestätigen, und dass, wenn der Schuldner dem Verlangen nicht nachkomme, die Erklärung wegen des Fehlens ernsthafter Unterwerfungsbereitschaft wirkungslos sei (BGH GRUR 1990, 530 (532) – Unterwerfung durch Fernschreiben). Im Zuge der fortschreitenden technischen Entwicklung gilt es, diese Grundsätze unter Betonung des Gesichtspunkts der Beweisbarkeit weiterzuentwickeln: Im Falle der Übermittlung einer unterschriebenen Unterwerfung in Form einer **PDF-Datei** als Anlage zu einer E-Mail sind nennenswerte Beweisschwierigkeiten nicht zu erwarten, so dass es sich um eine hinreichend ernsthafte Unterwerfung handelt (BGH GRUR 2023, 742 Rn. 26 – Unterwerfung durch PDF). Erklärt der Schuldner allerdings die Unterwerfung nicht in der vom Gläubiger verlangten Schriftform und lehnt der Gläubiger deshalb die Annahme der Unterwerfung ab, kommt es mangels wirksamer Vertragsstrafenverpflichtung nicht zum Entfallen der Wiederholungsgefahr (BGH GRUR 2023, 742 Rn. 34–38 – Unterwerfung durch PDF; → Rn. 175, 177).

6. Unterwerfung ohne Abmahnung

Der Unterwerfungserklärung geht im Allgemeinen eine Abmahnung voraus, durch die der **146** Schuldner zur Abgabe einer strafbewehrten Unterlassungserklärung aufgefordert wird. Eine zwingende Voraussetzung für den **Wegfall der Wiederholungsgefahr** ist die Abmahnung aber nicht. Sie kann auch dann entfallen, wenn sich der Schuldner **aus freien Stücken entschließt,** eine strafbewehrte Unterlassungserklärung abzugeben, weil er bspw. die Wettbewerbswidrigkeit seines Verhaltens erkannt hat und den zu erwartenden Abmahnungen zuvorkommen möchte. Selbst dann, wenn der Schuldner sich nur deswegen gegenüber dem Dritten – zB einem seriösen Verband iSv § 8 III Nr. 2 – unterwirft, weil er vermeiden möchte, dem abmahnenden Gläubiger als Schuldner von Vertragsstrafansprüchen ausgesetzt zu sein, kann die Wiederholungsgefahr entfallen (OLG Frankfurt WRP 1997, 101; WRP 1998, 895 (896)). Allerdings ist in einem solchen Fall bes. sorgfältig zu prüfen, ob die **Unterwerfungserklärung ernst gemeint** ist und der Gläubiger, mit dem der Unterlassungsvertrag geschlossen wurde, zukünftige Zuwiderhandlungen auch wirklich verfolgen wird (→ Rn. 215). Eine Gewähr hierfür besteht nur, wenn der Gläubiger, gegenüber dem die Unterwerfung erfolgt, die Unterwerfung angenommen hat. Handelt es sich bei dem Drittgläubiger um einen Wettbewerber, sind auch dann noch Zweifel an der Ernsthaftigkeit angebracht, weil niemand weiß, was Schuldner und Drittgläubiger zusätzlich vereinbart haben (→ Rn. 215).

7. Kein Unterlassungstitel

Dadurch, dass die Unterwerfungserklärung die **Wiederholungsgefahr** als Tatbestandsmerk- **147** mal des Unterlassungsanspruchs entfallen lässt, ist es dem Gläubiger verwehrt, einen **Unterlassungstitel** zu erstreiten, aus dem er bei einer erneuten Zuwiderhandlung nach § 890 ZPO vollstrecken könnte. Die einmal entfallene Wiederholungsgefahr kann auch **nicht wiederaufleben** (Teplitzky Wettbewerbsrechtliche Ansprüche/Kessen Kap. 8 Rn. 49; → § 8 Rn. 1.56, → § 13 Rn. 150). Nur wenn ausnahmsweise nach Wegfall der Wiederholungsgefahr Umstände eintreten, die eine **Erstbegehungsgefahr** begründen (→ § 8 Rn. 1.56) – wenn zB der Schuldner erklärt, sich an die abgegebene Unterwerfungserklärung nicht mehr halten zu wollen –, liegen wieder sämtliche Voraussetzungen eines Unterlassungsanspruchs vor, der dann auch mit Erfolg gerichtlich geltend gemacht werden kann. Der Grundsatz, dass die Wiederholungsgefahr stets dauerhaft entfällt, erfährt allerdings eine **Einschränkung** für den Fall, dass der Gläubiger die Annahme der hinreichenden **Unterwerfung** des Schuldners **ablehnt:** bis zum Zugang der Ablehnung kann der Schuldner die Vermutung der Wiederholungsgefahr durch einen Verweis auf seine einseitige strafbewehrte Unterlassungserklärung sowohl gegenüber dem Erstgläubiger als auch gegenüber Drittgläubigern widerlegen; nach dem Zugang fehlt es am Wegfall der Wiederholungsgefahr (BGH GRUR 2023, 255 Rn. 43 – Wegfall der Wiederholungsgefahr III mAnm El Sarise jurisPR WettbR 2/2023 Anm. 2). – Auch wenn die Wiederholungsgefahr nicht schon mit der Abgabe der Erklärung, sondern erst mit der Annahme endgültig entfällt (→ Rn. 170 und 172 ff.), ist **der Gläubiger praktisch genötigt, eine angemessene strafbewehrte Unterwerfungserklärung anzunehmen.** Im Falle einer gerichtlichen Geltendmachung droht ein sofortiges Anerkenntnis des Gegners, was zu seiner, des Gläubigers, Belastung mit den Kosten des Rechtsstreits für (§ 93 ZPO) führt (→ Rn. 177). Einen Unterlassungstitel kann er in dieser Situation auf Kosten des Schuldners nicht erzwingen.

8. Unterwerfungserklärung im Prozess

148   Bei der Unterwerfungserklärung während des Prozesses ist danach zu unterscheiden, ob der Unterwerfungsvertrag mit der Unterwerfungserklärung zustande gekommen ist, ob also mit der Unterwerfungserklärung ein gültiges Vertragsstrafeversprechen besteht. Dies ist immer dann der Fall, wenn der Schuldner bereits mit der Abmahnung zur Abgabe einer bestimmten Unterwerfungserklärung aufgefordert worden ist und dann diese Unterwerfungserklärung im Prozess – verspätet, aber inhaltlich wie mit der Abmahnung gefordert – abgibt. In diesem Fall ist der bereits anhängigen Unterlassungsklage **durch die Unterwerfung und den dadurch verursachten Wegfall der Wiederholungsgefahr die Grundlage entzogen** worden. Der drohenden Klageabweisung kann der Gläubiger (= Kläger oder Antragsteller) dadurch entgehen, dass er den Rechtsstreit in der Hauptsache für erledigt erklärt. Anders verhält es sich, wenn der Schuldner im laufenden Prozess eine modifizierte, gleichwohl ausreichende Unterwerfungserklärung oder generell eine in jeder Hinsicht angemessene Unterwerfungserklärung abgibt, mit der er nicht auf ein entsprechendes Angebot des Gläubigers reagiert, sondern seinerseits den Abschluss eines entsprechenden Unterwerfungsvertrags anbietet. In diesem Fall kommt der Unterwerfungserklärung für den Bestand des Unterlassungsanspruchs erst dann eine Bedeutung zu, wenn sie vom Gläubiger angenommen wird, weil erst dann das Vertragsstrafeversprechen zustande gekommen ist (→ Rn. 170, → Rn. 82). Auch hier empfiehlt es sich für den Gläubiger (= Kläger), den Rechtsstreit umgehend in der Hauptsache für erledigt zu erklären; in der Erledigungserklärung liegt dann die Annahme der Unterwerfung. Hat der Gläubiger den Schuldner vor Klageerhebung abgemahnt und ihm eine angemessene Frist zur Abgabe der Unterwerfungserklärung gesetzt, hat der Schuldner Anlass zur Klage gegeben, so dass der Gläubiger (= Kläger) die für ihn nachteilige Kostenfolge des § 93 ZPO nicht zu fürchten braucht.

149   **a) Fälle, in denen mit der Unterwerfungserklärung der Unterwerfungsvertrag zustande kommt. aa) Unterwerfungserklärung vor Rechtshängigkeit.** Gibt der Schuldner noch vor Rechtshängigkeit – also nach Einreichung, aber vor Zustellung der Klage – eine Unterwerfungserklärung ab, empfiehlt es sich für den Gläubiger, die **Klage zurückzunehmen.** Denn nach **§ 269 III 3 ZPO** „bestimmt sich die Kostentragungspflicht unter Berücksichtigung des bisherigen Sach- und Streitstands nach billigem Ermessen", wenn der Anlass zur Einreichung der Klage vor Rechtshängigkeit weggefallen ist und die Klage daraufhin unverzüglich zurückgenommen wird. Die **Hauptsache für erledigt zu erklären,** empfiehlt sich in dieser Phase nicht. Auf jeden Fall liegt in der **Erledigungserklärung,** die auf die erfolgte Unterwerfung verweist, eine **Annahme des Angebots zum Abschluss eines Unterwerfungsvertrages,** falls nicht bereits mit der Unterwerfung der Vertrag zustande gekommen ist. Zwar entscheidet das Gericht bei übereinstimmenden Erledigungserklärungen über die Kosten ebenfalls nach billigem Ermessen (§ 91a I ZPO); dabei wird es berücksichtigen, dass der Beklagte die ihm für die Unterwerfung gesetzte angemessene Frist ungenutzt hat verstreichen lassen und die von ihm geforderte Erklärung erst verspätet abgegeben hat. Bleibt die **Erledigung** aber **einseitig,** kann dem darin liegenden Feststellungsantrag nur stattgegeben werden, wenn die Klage ursprünglich – also bei Klageerhebung – zulässig und begründet war. Ist die Wiederholungsgefahr vor Zustellung der Klage entfallen (etwa, weil der Schriftsatz mit der Erledigungserklärung vor Klagezustellung eingegangen ist), droht dem Kläger in diesem Fall eine Abweisung des in der einseitigen Erledigungserklärung liegenden Feststellungsantrags und eine Belastung mit den Kosten des Rechtsstreits (→ Rn. 52).

150   **bb) Unterwerfungserklärung nach Rechtshängigkeit.** Wird die Unterwerfungserklärung, die der Kläger dem Beklagten mit der Abmahnung geschickt hat, nach Klageerhebung abgegeben, muss der Kläger den Rechtsstreit **in der Hauptsache für erledigt erklären;** andernfalls wird die Klage auf seine Kosten als **unbegründet** abgewiesen; weil die Wiederholungsgefahr und damit der Unterlassungsanspruch aufgrund des erfolgten Vertragsstrafeversprechens entfallen ist. Die früher teilweise vertretene Gegenansicht, die Wiederholungsgefahr könne wiederaufleben (vgl. Köhler GRUR 1989, 804 ff.; Schnepel WRP 1994, 467 (470 ff.)), wenn der Verletzer sich von seiner Unterwerfungserklärung lossagt oder das Interesse des Gläubigers an der Durchsetzung der Unterlassungsverpflichtung wegfällt, wird heute nicht mehr vertreten (aber → § 13 Rn. 147). – Auch ein Verstoß gegen eine durch Unterwerfung eingegangene Unterlassungsverpflichtung lässt die beseitigte Wiederholungsgefahr nicht wiederaufleben, sondern begründet eine neue Wiederholungsgefahr und damit einen neuen gesetzlichen Unterlassungsanspruch (BGH GRUR 1998, 1043 (1044) – GS-Zeichen).

Unterwirft sich der Schuldner **„ohne Anerkennung einer Rechtspflicht"**, macht er damit 151
deutlich, dass er den Unterlassungsanspruch mit der Unterwerfung **nicht anerkennt**. Das ist sein
gutes Recht; denn oftmals wird der Abgemahnte sich nur unterwerfen, weil er an der Wiederholung der Werbemaßnahme kein besonderes Interesse hat und die Kosten einer gerichtlichen
Auseinandersetzung scheut (→ Rn. 157 f.). Selbstverständlich kann er die Zahlung der Abmahnkosten dann mit der Begründung ablehnen, das beanstandete **Verhalten** sei **nicht wettbewerbswidrig** gewesen. Trifft dies zu, ist ein Anspruch auf Erstattung der Abmahnkosten unter
keinem rechtlichen Gesichtspunkt zu begründen. Denn die Abmahnung wegen eines rechtmäßigen Verhaltens kann niemals im Interesse des Abgemahnten liegen (anders AG Oberhausen
WRP 2000, 137).

cc) Unterwerfungserklärung in der Revisionsinstanz. Unterwirft sich der Beklagte erst 152
in der Revisionsinstanz, handelt es sich um eine neue Tatsache, die an sich nicht mehr
berücksichtigt werden kann. Die Parteien können aber die Unterwerfung zum Anlass nehmen,
den Rechtsstreit übereinstimmend **in der Hauptsache für erledigt zu erklären,** so dass nur
noch nach § 91a ZPO über die Kosten des Rechtsstreits zu entscheiden ist; dies ist auch in der
Revisionsinstanz möglich (BGH GRUR 2018, 335 Rn. 20 – Aquaflam). Auch eine **einseitige
Erledigungserklärung** ist möglich, wenn kein Streit über das behauptete erledigende Ereignis
besteht, wenn insbes. beide Parteien davon ausgehen, dass aufgrund der Unterwerfungserklärung
die Wiederholungsgefahr entfallen ist.

dd) Unterwerfungserklärung nach Rechtskraft. Nach **Eintritt der Rechtskraft** kann 153
der Schuldner den gegen ihn gerichteten Unterlassungstitel nicht nach Belieben dadurch beseitigen, dass er eine Unterwerfungserklärung abgibt und dann beantragt, die weitere Vollstreckung
aus dem Titel für unzulässig zu erklären (§ 767 I ZPO). Teilweise wird angenommen, dass auch
eine solche Unterwerfungserklärung die Wiederholungsgefahr entfallen lasse, dass aber dieser
Umstand nicht mit der **Vollstreckungsgegenklage** geltend gemacht werden könne. Der Fall
sei vergleichbar mit den gesetzlichen Gestaltungsrechten (zB die Aufrechnung), bei denen es
nicht auf den Zeitpunkt der Abgabe der Willenserklärung, sondern darauf ankomme, ob die
Gestaltungsmöglichkeit schon vor der letzten mündlichen Verhandlung in der Tatsacheninstanz
bestanden habe (so KG WRP 2005, 1113 = OLGR 2005, 970 (971)). In der Tat stellt die Rspr.
beispielsweise bei der Aufrechnung nicht auf die Aufrechnungserklärung, sondern auf die Aufrechnungslage ab: Wird die Aufrechnung erst nach der letzten mündlichen Verhandlung in der
Tatsacheninstanz erklärt, obwohl die Aufrechnungslage bereits vorher bestand, wird dem Schuldner § 767 II ZPO entgegengehalten; er kann die weitere Vollstreckung nicht mit der Vollstreckungsgegenklage unterbinden (BGHZ 24, 97 (98); 34, 275 (279)). Hiermit ist jedoch der
Wegfall der Wiederholungsgefahr durch Unterwerfungserklärung nicht zu vergleichen, weil es
nicht um die Ausübung eines gesetzlichen Gestaltungsrechts geht (vgl. auch BGHZ 94, 29
(34 f.)). Vielmehr geht es allein um die tatsächlichen Voraussetzungen der Wiederholungsgefahr,
die aufgrund einer bestimmten Erklärung entfallen können.

Dasselbe Ergebnis – **Unbeachtlichkeit der Unterwerfungserklärung nach Rechtskraft** – 154
lässt sich indessen für den Regelfall mit einer anderen Erwägung begründen: Die Unterwerfungserklärung hat nur deswegen die besondere Wirkung auf die Wiederholungsgefahr und
damit auf das Bestehen des Unterlassungsanspruchs, weil entweder mit dem Zugang der Erklärung ein Vertragsstrafeversprechen zustande kommt oder der Schuldner doch damit rechnen
muss, dass der Gläubiger das in der Unterwerfungserklärung liegende Angebot jederzeit annimmt
(→ Rn. 139, → Rn. 170 ff.). Diese Voraussetzungen liegen aber regelmäßig nicht mehr vor,
wenn der Gläubiger einmal einen rechtskräftigen Unterlassungstitel erstritten hat. Abgesehen von
den Fällen, in denen der Gläubiger selbst die „Umschuldung" – also die Ersetzung des Unterlassungstitels durch einer Vertragsstrafeversprechen – vorschlägt, liegt in der **zur Unzeit erfolgen-
den Unterwerfungserklärung** weder die Annahme eines entsprechenden Angebots des Gläubigers noch ein eigenes Angebot des Schuldners, mit dessen Annahme durch den Gläubiger er
rechnen müsste. Kann der Schuldner aber nicht davon ausgehen, dass seine Unterwerfungserklärung zu einen Unterlassungsverpflichtungsvertrag mit Vertragsstrafeversprechen führt, fehlt
der Unterwerfungserklärung von vornherein die entscheidende, die Wiederholungsgefahr ausräumende Wirkung.

**b) Fälle, in denen die Unterwerfungserklärung ein eigenständiges Angebot zum 155
Abschluss eines Unterwerfungsvertrags darstellt.** Liegt in der (modifizierten) angemessenen
Unterwerfung lediglich das **Angebot zum Abschluss eines Unterwerfungsvertrags,** kann

der Gläubiger jeweils den Rechtsstreit in der Hauptsache für erledigt erklären. **Mit der Erledigungserklärung kommt dann der Unterwerfungsvertrag zustande** mit der Folge, dass das Vertragsstrafeversprechen wirksam und die Wiederholungsgefahr entfallen ist. War die Klage (oder der Verfügungsantrag) ursprünglich begründet, ist sie (oder der Verfügungsantrag) mit der Annahme durch den Gläubiger/Kläger unbegründet geworden; der Kläger/Antragsteller kann dann jeweils mit einer für ihn günstigen Kostenentscheidung nach § 91a ZPO oder (falls die Erledigungserklärung einseitig bleibt, nach § 91 ZPO) rechnen.

156   Erklärt der Gläubiger/Kläger/Antragsteller in dieser Situation den Rechtsstreit nicht in der Hauptsache für erledigt, sondern **besteht weiterhin auf seinem Klageantrag,** braucht er nicht zu befürchten, dass seine Klage mangels Wiederholungsgefahr abgewiesen wird; denn die Wiederholungsgefahr entfällt endgültig erst, wenn der Unterwerfungsvertrag zustande gekommen ist und damit ein gültiges Vertragsstrafeversprechen vorliegt (BGH GRUR 2023, 255 Rn. 39 ff. – Wegfall der Wiederholungsgefahr III). Mit der vorgenannten Entscheidung hat der BGH seine Rechtsprechung, nach der eine ernsthafte und angemessene Unterwerfungserklärung die Wiederholungsgefahr auch dann entfallen lasse, wenn der Gläubiger die Annahme der Erklärung ohne berechtigten Grund verweigert habe (BGH GRUR 1964, 82, 86 – Lesering; GRUR 1967, 362, 366 – Spezialsalz I; GRUR 1982, 688, 691 – Senioren-Pass; GRUR 1986, 186, 187 – Wiederholte Unterwerfung I; GRUR 1984, 214, 216 – Copy-Charge; GRUR 1985, 155, 156 Vertragsstrafe bis zu … I; GRUR 1988, 459, 460 – Teilzahlungsankündigung; GRUR 1990, 1051, 1052 – Vertragsstrafe ohne Obergrenze; GRUR 1996, 290, 292 – Wegfall der Wiederholungsgefahr I; GRUR 2006, 878 Rn. 20 – Vertragsstrafevereinbarung) nunmehr aufgegeben. Diese Rspr. stand in deutlichem Widerspruch zu der Annahme des BGH, eine bloße Unterlassungsverpflichtungserklärung sei nicht in der Lage, die Vermutung der Wiederholungsgefahr zu widerlegen; hierfür bedürfe es vielmehr stets einer Strafbewehrung, also eines angemessenen Vertragsstrafeversprechens (→ Rn. 138, → Rn. 172 ff.). Auch wenn der Gläubiger dadurch, dass er die Annahme des angemessenen Vertragsstrafversprechens verweigert, den Wegfall der Wiederholungsgefahr und damit des Unterlassungsanspruchs verhindern kann, muss er damit rechnen, dass der Schuldner/Beklagte/Antragsgegner **ein (sofortiges) Anerkenntnis abgibt,** um damit eine Kostenentscheidung (§ 93 ZPO) zu Lasten des Gläubigers/Klägers/Antragstellers zu erzwingen. Die Gefahr einer Kostenentscheidung nach § 93 ZPO droht dem Kläger freilich nur, wenn die Unterwerfungserklärung gleich zu Beginn des Prozesses abgegeben wird und der Beklagte plausibel erklären kann, weshalb er die Unterwerfung nicht fristgerecht erklärt hat. Möchte der Gläubiger klären lassen, ob die Unterwerfung des Schuldners ausreicht, um die Wiederholungsgefahr entfallen zu lassen, hat er hierfür **zwei Möglichkeiten: (1)** Entweder er verfolgt seinen Klage- oder Verfügungsantrag unverändert weiter; erkennt nun der Beklagte/Antragsgegner den Klageantrag/Verfügungsantrag an, wird das Gericht zu klären haben, ob der Beklagte/Antragsgegner ungeachtet der abgegebenen Unterwerfungserklärung **Anlass zur Klage gegeben** hat; dies wird idR zu bejahen sein, wenn die Unterwerfungserklärung erst während des laufenden Prozesses, zwischen den Instanzen oder erst in der Rechtsmittelinstanz erklärt worden ist. **(2)** die zweite Möglichkeit besteht darin, dass der Kläger/Gläubiger den Rechtsstreit in der Hauptsache für erledigt erklärt und damit die Unterwerfungserklärung – telle quelle – akzeptiert. Im Rahmen der nun fälligen Kostenentscheidung nach § 91a ZPO (oder – falls der Beklagte der Erledigung nicht zustimmt – nach § 91 ZPO) wird eine maßgebliche Rolle spielen, ob das Gericht die Klage bis zum Eintritt des erledigenden Ereignisses für begründet erachtet. War die Klage ursprünglich zulässig und begründet und hat sich erst dadurch erledigt, dass der Beklagte (erst) im laufenden Prozess die von ihm geforderte Unterwerfungserklärung abgibt, werden die Billigkeitsgesichtspunkte, die nach § 91a ZPO maßgeblich sind, gegen den Beklagten sprechen.

9. Unterwerfung ohne Anerkennung einer Rechtspflicht

157   Mit der Abgabe einer strafbewehrten Unterlassungserklärung muss nicht notwendig ein **Anerkenntnis des** zugrundeliegenden **gesetzlichen Unterlassungsanspruchs** verbunden sein. Der Schuldner kann sich ohne weiteres auf den Standpunkt stellen, dass sein Verhalten rechtmäßig war, und sich gleichzeitig unterwerfen, weil er an der Wiederholung der beanstandeten Werbemaßnahme kein besonderes Interesse hat, die Kosten einer gerichtlichen Auseinandersetzung aber scheut (BGH GRUR 2013, 1252 Rn. 10 – Medizinische Fußpflege). Dabei weist er sinnvollerweise darauf hin, dass die Unterwerfung „mit Rechtsbindungswillen, aber **ohne Anerkennung einer Rechtspflicht**" erfolgt. Da die Unterwerfungserklärung allein dazu dient, die Wiederholungsgefahr entfallen zu lassen, kann ihr aber eine Anerkennung des Unterlassungsanspruchs auch dann nicht entnommen werden, wenn dieser **Vorbehalt fehlt** (BGH GRUR 2013, 1252 Rn. 10 – Medizinische Fußpflege). Die Gegenansicht (KG WRP 1977, 793 m. zust. Anm. Burchert; AG Oberhausen WRP 2000, 137; AG Charlottenburg WRP 2002, 1472), die dem Abgemahnten die Berufung auf die Rechtmäßigkeit seines Tuns abschneiden möchte, wird der Funktion der Unterwerfungserklärung als Streitbeilegungsinstrument in keiner Weise gerecht. Nach zutreffender Ansicht enthält die zur Vermeidung eines gerichtlichen Verfahrens abgegebene Unterwerfungserklärung weder eine Anerkennung der Rechtswidrigkeit der konkreten Verletzungshandlung noch ein Anerkenntnis des Unterlassungsanspruchs oder einer Schadenersatzpflicht (Ahrens Wettbewerbsprozess-HdB/Scharen Kap. 10 Rn. 39; Hess WRP 2003, 353).

Sinn des Vorbehalts ist es zum einen, mit der Unterwerfungserklärung nicht zugleich die   **158** Belastung mit den **Abmahnkosten** anzuerkennen. Dieser Streit ist mit der Unterwerfungserklärung **nicht präjudiziert.** Der Schuldner kann sich ohne weiteres auf den Standpunkt stellen, trotz abgegebener Unterwerfungserklärung keinen Aufwendungsersatz zu schulden. In diesem Fall muss im Rahmen der (gerichtlichen) Auseinandersetzung um die Abmahnkosten geklärt werden, ob die Abmahnung berechtigt war (§ 13 III; → Rn. 100 ff.). Der Vorbehalt dient zum zweiten dazu, die **Kosten des Rechtsstreits** abzuwenden, wenn die Unterwerfungserklärung im Prozess abgegeben wird. Auch hier führt die Unterwerfung nach übereinstimmenden Erledigungserklärungen nicht notwendig zu einer Kostenentscheidung zum Nachteil des Schuldners. Er kann sich darauf berufen, die Klage sei von Anfang an unbegründet gewesen; mit der Unterwerfungserklärung habe er allein weiterem Streit aus dem Weg gehen wollen (Teplitzky Wettbewerbsrechtliche Ansprüche/Schwippert Kap. 46 Rn. 45 mwN).

10. Alternativen zur Unterwerfung

a) Unterwerfungserklärung oder Unterlassungstitel. Auch wenn der abgemahnte   **159** Schuldner den Verstoß einräumen möchte, kann es sich im Einzelfall doch empfehlen, **keine Unterwerfungserklärung abzugeben.** Denn in mancher Hinsicht ist der **gerichtliche Unterlassungstitel für den Schuldner günstiger: (1)** Zum einen kann der **Anreiz für den Gläubiger** geringer sein, im Falle einer Zuwiderhandlung gegen den Schuldner vorzugehen, weil das Ordnungsgeld – anders als die Vertragsstrafe – nicht ihm, sondern dem Justizfiskus zufließt. Deswegen will mancher Schuldner dem Gläubiger nicht so weit entgegenkommen, zumal wenn er den Eindruck hat, es gehe dem Gläubiger mit der Abmahnung in erster Linie um die mögliche Vertragsstrafe. **(2)** Zum anderen haftet der Titelschuldner nach § 890 ZPO nicht für das **Verschulden von Erfüllungsgehilfen** (§ 278 S. 1 BGB), während diese Haftung im Rahmen eines Vertragsstrafeversprechens die Regel ist, wenn sie nicht ausdrücklich abbedungen worden ist. Zwar kann der Schuldner nach richtiger Auffassung die Haftung nach § 278 BGB in der Unterwerfungserklärung ohne nachteilige Wirkung auf die Wiederholungsgefahr ausschließen (→ Rn. 227); immerhin besteht aber das Risiko, dass ein Gericht immer noch der lange herrschenden Auffassung anhängt und den Wegfall der Wiederholungsgefahr bei einer solchen Einschränkung der Unterwerfungserklärung verneint. **(3)** Schließlich hat das Ordnungsmittelverfahren jedenfalls gegenüber der betragsmäßig fixierten Vertragsstrafe den Vorteil, dass im Falle einer Zuwiderhandlung die **Besonderheiten des Einzelfalls** berücksichtigt werden können.

b) Beschlussverfügung oder Anerkenntnisurteil. Möchte der Schuldner sich nicht unter   **160** werfen, dem Unterlassungsanspruch aber gleichwohl nicht entgegentreten, kann er – einem Vorschlag Teplitzkys folgend (Teplitzky WRP 1996, 171 (172); Teplitzky Wettbewerbsrechtliche Ansprüche/Bacher Kap. 41 Rn. 45) – dem Gläubiger in der Antwort auf die Abmahnung mitteilen, er ziehe der Unterwerfungserklärung einen **gerichtlichen Titel** vor; der Gläubiger möge eine einstweilige Verfügung beantragen oder Unterlassungsklage erheben. Eine gegen ihn ergangene einstweilige Verfügung werde er als endgültige Regelung anerkennen; im Falle einer Klage werde er den Klageanspruch anerkennen.

Zu Unrecht meint Teplitzky (9. Aufl. 2007, Kap. 41 Rn. 45 sowie Fn. 201) allerdings, hierfür   **161** stehe dem Gläubiger letztlich **nur das Verfügungsverfahren** offen; eine **Hauptsacheklage** sei mangels Rechtsschutzbedürfnisses unzulässig, weil der Rechtsschutz auf einfacherem Wege, nämlich durch eine Beschlussverfügung, erreicht werden könne. Dabei übersieht Teplitzky, dass das **Verfügungsverfahren in keiner Weise der einfachere Weg zum Unterlassungstitel** ist, und zwar aus drei Gründen: **(1)** Zum einen setzt der Erlass einer Beschlussverfügung – anders als das Anerkenntnisurteil – eine **sachliche Prüfung durch das Gericht** voraus, die auch nicht etwa deswegen entfällt, weil der Schuldner dem Gericht vorab in einer Schutzschrift mitgeteilt hat, dass er dem Anspruch nicht entgegentreten werde. Vor allem darf für den Erlass der Verfügung die Dringlichkeit nicht entfallen sein. **(2)** Anders als im Verfügungsverfahren, das mit einer Beschlussverfügung endet, **reduziert sich die gerichtliche Verfahrensgebühr** im Falle des Anerkenntnisurteils von 3,0 auf 1,0 (weil das Gericht den Klageanspruch eben nicht sachlich prüfen musste). Damit dürfte das Klageverfahren trotz des etwas höheren Streitwerts das kostengünstigere sein. **(3)** Aus der Sicht des Gläubigers bleibt die **Ungewissheit,** ob der Schuldner nach Erlass einer Beschlussverfügung wirklich die versprochene Abschlusserklärung abgeben wird; ggf muss er hierzu noch durch ein Abschlussschreiben aufgefordert werden; notfalls muss doch noch Hauptsacheklage erhoben werden. Das ist dem Gläubiger kaum zuzumuten. Erhebt er dagegen Hauptsacheklage, kann er – falls das versprochene Anerkenntnis wider Erwarten nicht abgegeben wird – immer noch eine einstweilige Verfügung beantragen, wenn die Dringlichkeitsvermutung nicht widerlegt ist. Unter diesen Umständen kann keinesfalls angenommen werden, der Hauptsacheklage fehle das Rechtschutzbedürfnis.

c) Unterwerfung unter die sofortige Zwangsvollstreckung

Schrifttum: v. Hellfeld, Die notariell beurkundete Unterlassungserklärung – Königsweg für den Abgemahnten?, Liber Amicorum für Manfred Hecker, 2017, 345; Hess, Trendy: Die notarielle Unterwerfungserklärung, Editorial, WRP 5/2015; Nippe, Notarielle Unterlassungserklärung und Gerichtszuständigkeit für die Androhung gesetzlicher Ordnungsmittel, WRP 2015, 532; Pustovalov, Notarielle Unterlassungserklärung – Rechtlicher Rahmen und Handhabung in der Praxis, ZUM 2016, 426; Teplitzky, Probleme der notariell beurkundeten und für vollstreckbar erklärten Unterlassungsverpflichtungserklärung (§ 794 Abs. 1 Nr. 5 ZPO), WRP 2015, 527.

162   Eine weitere – vom Erstverf. zunächst sogar aus Kostengründen für vorzugswürdig gehaltene – Möglichkeit besteht schließlich darin, dass **sich der Schuldner** – einem Vorschlag Köhlers folgend (Köhler GRUR 2010, 6 ff.) – gegenüber einem Notar hins. des geltend gemachten Anspruchs **der sofortigen Zwangsvollstreckung unterwirft** (§ 794 I Nr. 5 ZPO).

163   Eine vollstreckbare Ausfertigung dieser notariellen Urkunde muss der Schuldner dann dem Gläubiger mit dem Hinweis zuleiten, dass eine Vollstreckung aus diesem Unterlassungstitel noch die **gerichtliche Androhung von Ordnungsmitteln** voraussetzt (§ 890 II ZPO; ausf. Köhler GRUR 2010, 6 (8)). Damit wäre der Gläubiger klaglos gestellt, wenn er mit der notariellen Unterwerfung im Falle einer Zuwiderhandlung etwas anfangen könnte. Dies ist jedoch nicht der Fall. Denn **bis zur Zustellung des Beschlusses, mit dem die Ordnungsmittel angedroht werden, hat der Schuldner noch nichts zu befürchten, kann insbesondere das beanstandete Verhalten ungestraft fortsetzen oder wiederholen** (vgl. OLG Düsseldorf BeckRS 2016, 09299). Da die Wiederholungsgefahr bis zur Zustellung der Ordnungsmittelandrohung fortbesteht, ist es auch anderen Gläubigern unbenommen, ihre infolge des erfolgten Verstoßes bestehenden Rechte wahrzunehmen und den Schuldner – mit negativer Kostenfolge für ihn – abzumahnen. Dabei ist zu bedenken, dass die Ordnungsmittelandrohung im Zweifel auch nicht von heute auf morgen zu erreichen ist (vielmehr werden idR zur Zustellung der Ordnungsmittelandrohung etwa sechs Wochen vergehen), zumal der Schuldner zuvor gehört werden muss (§ 891 ZPO) und Streit darüber besteht, welches Gericht für die Ordnungsmittelandrohung nach einer notariellen Unterwerfungserklärung zuständig ist (eingehend Nippe WRP 2015, 532 Rn. 4 ff.).

163a   Ein Weiteres kommt hinzu: Der Schuldner, der erreichen möchte, dass die von ihm abgegebene Unterwerfungserklärung den Wegfall der Wiederholungsgefahr bewirkt, hat nach Abgabe der notariellen Unterwerfungserklärung **kein Mittel** an der Hand, **um die Zustellung der Ordnungsmittelandrohung zu befördern.** Die Ordnungsmittelandrohung erfolgt nur **auf Antrag** (§ 890 II ZPO). Dies bedeutet, dass der **Gläubiger, der allein diesen Antrag stellen kann,** den Schuldner in dieser Situation verhungern lassen kann, indem er es unterlässt, den Antrag auf Androhung des Ordnungsmittels zu stellen. Dem Versuch, dieses Dilemma des Schuldners dadurch zu beenden, dass auch dem Schuldner die Befugnis zur Beantragung der Ordnungsmittelandrohung eingeräumt wird, hat der BGH einen Riegel vorgeschoben: Zwar erschließe sich aus dem bloßen Wortlaut des § 890 II ZPO nicht, wer zur Antragstellung befugt ist; die Systematik der gesetzlichen Regelung sowie Sinn und Zweck der mit dem Antrag begehrten Anordnung sprächen jedoch dafür, die **Antragsbefugnis allein dem Gläubiger und nicht dem Schuldner einzuräumen** (BGH GRUR 2018, 973 Rn. 7 ff. – Ordnungsmittelandrohung durch Schuldner mAnm Tavanti WRP 2018, 1067).

Unter diesen Umständen wird deutlich, dass der Köhlersche Vorschlag letztlich doch in die **163b** Irre führt. Es ist daher jedem unterwerfungsbereiten Schuldner dringend davon abzuraten, sein Heil in einer notariellen Unterwerfungserklärung zu suchen. Inzwischen haben auch die Gerichte, die dem Vorschlag Köhlers zunächst wohlwollend gegenüberzustehen schienen (OLG Köln WRP 2015, 746 Rn. 2), – der immer lauter werdenden Skepsis in der Literatur folgend (Hess jurisPK-WettbR 2/2015 Anm. 2; Hess WRP 5/2015, Editorial; Teplitzky WRP 2015, 527 Rn. 13 ff.; Tavanti WRP 2015, 1411 Rn. 3 ff.) –erkannt, dass es nicht zu begründen ist, den Gläubiger für die Zeit unmittelbar nach Abgabe der notariellen Unterwerfungserklärung schutzlos zu stellen (OLG Köln WRP 2015, 623 Rn. 21; LG Berlin WRP 2015, 1407 Rn. 13 ff. mAnm Tavanti WRP 2015, 1411).

Inzwischen hat der Bundesgerichtshof dem Spuk mit der Unterwerfung unter die sofortige **164** Zwangsvollstreckung ein Ende bereitet. In der **Entscheidung „Notarielle Unterlassungserklärung"** (GRUR 2016, 1316 – Notarielle Unterlassungserklärung mAnm Tavanti) hat der BGH klargestellt, dass – solange die Ordnungsmittelandrohung noch nicht zugestellt ist – der Gläubiger über keine einem gerichtlichen Titel in der Hauptsache gleichwertige Vollstreckungsmöglichkeit verfügt und es ihm deswegen nicht verwehrt werden kann, mit einem Verfügungsantrag oder mit einer Hauptsacheklage gerichtliche Hilfe in Anspruch zu nehmen (BGH GRUR 2016, 1316 Rn. 20). IdR wird es sich dabei (so auch im vom BGH entschiedenen Fall) um eine einstweilige Verfügung handeln, weil es ja nur um die Schließung der Schutzlücke bis zur Zustellung der Ordnungsmittelandrohung geht. Hierfür fehlt dem Gläubiger auch nicht das Rechtsschutzbedürfnis.

Der BGH hat aber noch einen zweiten Grund genannt, weswegen der Gläubiger sich nicht **165** auf das Abenteuer mit der notariellen Unterwerfungserklärung einlassen muss (BGH GRUR 2016, 1316 Rn. 21): Dies ist die **bestehende Unsicherheit darüber, welches Gericht für die Androhung der Ordnungsmittel und für die Zwangsvollstreckung zuständig ist.** Diese Unklarheit zeichnete denn auch den vom BGH entschiedenen Fall aus: Der Gläubiger hatte dort die Androhung der Ordnungsmittel beim LG Köln (das bereits die von ihm erwirkte einstweilige Verfügung erlassen hatte) beantragt, das diesen Antrag indessen unter Verneinung seiner Zuständigkeit abgelehnt hatte. Die daraufhin beim OLG Köln eingelegte Beschwerde hatte keinen Erfolg (OLG Köln GRUR-RR 2014, 277): Zuständig sei allein das sachlich zuständige Gericht, in dessen Bezirk der Notar, vor dem sich der Schuldner unterworfen habe, seinen Sitz hatte. Dies war im Streitfall das AG Ingolstadt, bei dem der Gläubiger schließlich den Ordnungsmittelandrohungsbeschluss erwirkt hatte. Der vom BGH entschiedene Fall macht denn auch deutlich, wie groß die Schutzlücke zwischen notarieller Unterwerfung und Zustellung des Ordnungsmittelandrohungsbeschlusses sein kann: Im Fall des BGH waren es über fünf Monate!

II. Der Unterlassungsvertrag

1. Rechtsnatur des Unterlassungsvertrags

Jeder wettbewerbsrechtliche Unterwerfungsvertrag begründet – unabhängig davon, welchem **166** Vertragstyp er rechtsdogmatisch zugeordnet wird – stets ein auf Unterlassung einer bestimmten Verletzungsform gerichtetes **Dauerschuldverhältnis** (BGHZ 130, 288 (293) – Kurze Verjährungsfrist). Da für den Wegfall der Wiederholungsgefahr ein Vertragsstrafeversprechen erforderlich ist, bedarf es idR eines Vertrages zwischen Gläubiger und Schuldner. Durch diesen Vertrag wird eine **neue selbstständige Unterlassungsverpflichtung** geschaffen, die den gesetzlichen Unterlassungsanspruch **ersetzen** soll (BGH GRUR 1998, 953 (954) – Altunterwerfung III; GRUR 2001, 85 (86) – Altunterwerfung IV). Es handelt sich also um ein **abstraktes Schuldversprechen** oder – wohl richtiger, weil ein bestehendes Schuldverhältnis anerkannt werden soll – um ein **abstraktes Schuldanerkenntnis** (BGHZ 130, 288 (292) – Kurze Verjährungsfrist; BGH GRUR 1998, 953 (954) – Altunterwerfung III; GRUR 2023, 742 Rn. 20 – Unterwerfung durch PDF; Ohly/Sosnitza/Ohly § 8 Rn. 49). Diese Einordnung spielt für die Frage der Form eine Rolle, die der Schuldner bei der Unterwerfungserklärung einhalten muss (→ Rn. 144 f.). Dagegen hat die Unterscheidung zwischen Schuldversprechen und Schuldanerkenntnis (§§ 780, 781 BGB) keine sachliche Bedeutung. Auch das abstrakte Schuldanerkenntnis ist konstitutiv und schafft anstelle der alten Verpflichtung eine neue Schuld (Novation). Die von Teplitzky (8. Aufl. 2002, Kap. 8 Rn. 5 Fn. 22) erhobene Kritik an der vom BGH gewählten Terminologie ist daher unbegründet. – Den Charakter eines abstrakten Schuldanerkenntnisses hat der Unterlassungsvertrag aber nur, wenn die Wiederholungsgefahr entfällt und er deswegen den gesetzlichen Anspruch ersetzt. Das deklaratorische Anerkenntnis, das keine bes. Formerfordernisse kennt, liegt idR nicht im Interesse der Parteien (BGHZ 130, 288 (292 f.) – Kurze Verjährungsfrist). – In der strafbewerten Unterlassungsverpflichtungserklärung liegt ein **Anerkenntnis,** das nach § 212 I Nr. 1 BGB zum Neubeginn der **Verjährung führt.**

167   Bei dem Unterlassungsvertrag handelt es sich idR **nicht um einen** – durch gegenseitiges Nachgeben gekennzeichneten – **Vergleich** (vgl. Teplitzky Wettbewerbsrechtliche Ansprüche/Kessen Kap. 8 Rn. 5). Gibt sich der Gläubiger jedoch mit einer Unterwerfungserklärung zufrieden, die hinter der urspr. geforderten Erklärung zurückbleibt, oder hat er von vornherein weniger verlangt, als er hätte verlangen können, ist uU davon auszugehen, dass er mit dem Abschluss des Vertrags idR auf einen möglichen **weitergehenden Anspruch** verzichten wollte (OLG Stuttgart WRP 1997, 1219 (1221); OLG Frankfurt GRUR-RR 2003, 198 (200); OLG Hamburg GRUR-RR 2004, 376 Ls. = NJOZ 2004, 1637 (1643 f.) = BeckRS 2003, 10740; → Rn. 168 f., 181). Die Geltendmachung dieses weitergehenden Anspruchs ist ihm dann grds. verwehrt. Will der Gläubiger eine solche Diskussion von vornherein ausschließen, **empfiehlt es sich,** dass er sich die **Geltendmachung des weitergehenden Anspruchs bei Annahme der begrenzten Unterwerfung vorbehält.**

168   Aber auch ohne einen solchen Vorbehalt kann nicht ohne weiteres angenommen werden, der Gläubiger habe mit der Annahme der modifizierten Unterwerfungserklärung dem **(konkludenten) Angebot auf Abschluss eines Erlassvertrags,** das mit der modifizierten Unterwerfungserklärung regelmäßig verbunden sei, zugestimmt. Schon die Vorstellung, mit der modifizierten Unterwerfungserklärung sei das Angebot auf Abschluss eines Erlassvertrags verbunden, geht häufig an der Realität vorbei. Die Beschränkung der Unterwerfung dient nicht selten dem Interesse des Schuldners, dem Gläubiger entgegenzukommen und den **Streit auf das zu beschränken, was zwischen den Parteien wirklich streitig ist.** Bezieht sich die Modifizierung dagegen lediglich auf die Höhe der Vertragsstrafe oder auf den vom Schuldner vorgeschlagenen „neuen Hamburger Brauch" und nimmt der Gläubiger diese derart modifizierte Unterwerfung ausdrücklich an, ist zu unterscheiden: Ist die vom Schuldner versprochene Vertragsstrafe ausreichend, um die Wiederholungsgefahr entfallen zu lassen, oder hat sich der Schuldner nach „neuem Hamburger Brauch" unterworfen, ist der Unterlassungsanspruch des Gläubigers ohnehin erloschen; ist die versprochene Vertragsstrafe dagegen zu niedrig, so dass die Wiederholungsgefahr und damit der Unterlassungsanspruch fortbestehen, setzt sich der Gläubiger zu der zuvor erklärten Annahme dieser an sich unzureichenden Unterwerfung in Widerspruch, wenn er nunmehr den ursprünglichen Unterlassungsantrag mit der Begründung (gerichtlich) weiterverfolgt, die (von ihm angenommene) Unterwerfungserklärung sei unzureichend gewesen. In diesem Fall liegt ein in der Annahme liegender Verzicht durchaus nahe; dies lässt sich indessen nicht auf alle Fälle einer Modifizierung der vom Gläubiger vorformulierten Unterlassungserklärung übertragen.

169 **Beispiel:** Hat sich etwa der Schuldner in der modifizierten, im Übrigen unveränderten Unterwerfungserklärung am 12.10.2018 eine Aufbrauchsfrist bis Ende Oktober 2018 ausbedungen (→ Rn. 130) und hat der Gläubiger diese Unterwerfungserklärung angenommen, muss der Gläubiger damit rechnen, dass er mit einem zeitlich unbefristeten Unterlassungsantrag (der also auch die Zeit ab November 2018 umfasst) jedenfalls insofern vor Gericht scheitert, weil das Gericht zutreffenderweise davon ausgehen wird, dass für die Zeit ab November 2018 die Wiederholungsgefahr aufgrund der abgegebenen Unterwerfungserklärung entfallen ist. In diesem Fall liegt es völlig fern, in der modifizierten Unterwerfung das Angebot des Schuldners auf Abschluss eines Erlassvertrags zu sehen. In diesem Fall steht es dem Gläubiger – wenn er meint, sich auf die Aufbrauchsfrist nicht einlassen zu müssen – auch ohne Vorbehalt frei, für die zweieinhalb Wochen, hins. deren der Schuldner sich nicht unterworfen hat, eine einstweilige Verfügung zu beantragen. Das ändert freilich nichts an der Empfehlung (→ Rn. 167 aE), der Gläubiger möge sich, wenn er meint, auf die Unterlassung bis Ende Oktober 2018 nicht verzichten zu können, die Geltendmachung des weitergehenden Unterlassungsanspruchs bei Annahme der modifizierten Unterwerfung sicherheitshalber vorbehalten.

2. Zustandekommen

170   **a) Regel.** Für das Zustandekommen eines Unterlassungsvertrags ist eine vorausgegangene Abmahnung zwar nicht Bedingung (→ Rn. 146). Im Allgemeinen kommt der Unterlassungsvertrag aber in der Weise zustande, dass der Gläubiger in seiner Abmahnung eine bestimmte **Unterwerfungserklärung verlangt** und der Schuldner dieses **Angebot mit der Unterwerfungserklärung annimmt** (KG WRP 1986, 680 (682); OLG Köln WRP 1985, 175 (176); Teplitzky Wettbewerbsrechtliche Ansprüche/Kessen Kap. 8 Rn. 3; Pohlmann BB 1995, 1249).

Es ist aber auch denkbar, dass erst die **Unterwerfungserklärung** des Schuldners das **Angebot zum Abschluss des Unterwerfungsvertrags** enthält. Dies ist dann der Fall, wenn der Gläubiger in seiner Abmahnung kein (konkretes) Angebot zum Abschluss eines Unterwerfungsvertrags gemacht oder wenn er zwar ein Angebot gemacht hat, der Schuldner dieses Angebot aber nicht angenommen, sondern durch ein **ausreichendes Gegenangebot** ersetzt hat (§ 150 II BGB), wobei die Abweichungen meist darin liegen, dass der Schuldner die Unterlassungsverpflichtung enger fasst oder eine niedrigere Vertragsstrafe verspricht (vgl. BGH GRUR 2006, 878 Rn. 15 – Vertragsstrafevereinbarung). Nimmt der Gläubiger dieses Angebot des Schuldners an, ist der Unterwerfungsvertrag zustande gekommen. Ist die versprochene Vertragsstrafe ausreichend, besteht an dem Wegfall der Wiederholungsgefahr kein Zweifel.

Die **Annahme** der – von dem mit der Abmahnung übermittelten Angebot abweichenden – **171** Unterwerfung **muss nicht notwendig ausdrücklich erklärt werden.** Teilt der Gläubiger dem Schuldner mit, dass er die Unterwerfungserklärung „zur Kenntnis genommen" hat und beanstandet er die Abweichung gegenüber der zunächst verlangten Unterwerfung nicht, kann darin bereits die Annahme des Vertragsangebots liegen. Ebenso liegt in der Erledigterklärung, die der Kläger nach einer im Prozess erklärten Unterwerfung abgibt, die Annahme des Angebots zum Abschluss eines Unterwerfungsvertrags. Häufig werden die weiteren Umstände – zB Anforderung eines Originals der Unterwerfung oder Einigung über die entstandenen Kosten – in dieselbe Richtung weisen (vgl. OLG Jena BeckRS 2010, 00431; dazu Frank GRUR-Prax 2010, 63).

b) Angebot des Schuldners ohne ausdrückliche Annahme. Die **Wiederholungsgefahr 172** entfällt im Allgemeinen auch dann, wenn die Unterwerfungserklärung erst das Angebot zum Abschluss eines Unterwerfungsvertrags mit angemessenem Inhalt enthält, der Gläubiger dieses Angebot jedoch – aus welchen Gründen auch immer – nicht annimmt (BGH GRUR 1983, 186 (187) – Wiederholte Unterwerfung I; GRUR 1984, 214 (216) – Copy-Charge; GRUR 1985, 155 (156) – Vertragsstrafe bis zu ... I; GRUR 1985, 937 (938) – Vertragsstrafe bis zu ... II mAnm Ahrens; GRUR 1986, 814 (815) – Whisky-Mischgetränk; GRUR 1990, 1051 (1052) – Vertragsstrafe ohne Obergrenze; GRUR 1996, 290 – Wegfall der Wiederholungsgefahr I; GRUR 2006, 878 Rn. 20 – Vertragsstrafevereinbarung; GRUR 2010, 355 Rn. 18 – Testfundstelle). Zur Gegenargumentation → Rn. 156. Die **Begründungen,** die hierfür gegeben werden, sind aber nicht einheitlich, ohne dass sich hieraus erhebliche praktische Konsequenzen ergäben. Übereinstimmung besteht noch insofern, als durch die **Abgabe** einer solchen mit dem **Zugang** (§ 130 I BGB) wirksamen Unterwerfungserklärung zum Ausdruck kommt, dass der Schuldner bei ihrer Abgabe den ernstlichen Willen hat, seine Handlung nicht zu wiederholen (Teplitzky Wettbewerbsrechtliche Ansprüche/Kessen Kap. 8 Rn. 36). Dies reicht nach zutreffender Ansicht nicht aus, um die Wiederholungsgefahr entfallen zu lassen (→ Rn. 156). Denn die Unterwerfungserklärung ist idR nicht Ausdruck eines geläuterten Gewissens, sondern aus der Not geboren, weil der Schuldner befürchten muss, andernfalls mit einem kostenträchtigen Prozess überzogen zu werden. In dieser Situation allein auf den Willen des Schuldners abzustellen, erscheint blauäugig, solange ein Rückfall keinerlei (vertragliche) Sanktion nach sich zieht. Entscheidend ist, dass auch von dem bloßen Angebot zum Abschluss des Unterlassungsvertrags ein **abschreckendes Sanktionspotential** ausgeht: Der Schuldner, der die Unterwerfungserklärung abgegeben hat, muss damit rechnen, dass im Fall einer Zuwiderhandlung die versprochene **Vertragsstrafe fällig** wird (BGH GRUR 2023, 255 Rn. 37–41 – Wegfall der Wiederholungsgefahr III). Hierfür sind **zwei Besonderheiten** im Zusammenspiel von **Angebot und Annahme** von Bedeutung.

Zum einen: Da der Schuldner daran interessiert ist, dass sein Angebot auch noch nach der **173** üblichen Annahmefrist (§ 147 II BGB) angenommen werden kann, ist – insofern besteht Einigkeit – davon auszugehen, dass er dieses Angebot **unbefristet abgegeben** hat mit der Folge, dass es vom Gläubiger jederzeit angenommen werden kann. Die dispositive Bestimmung des § 147 II BGB steht dem nicht entgegen (BGH GRUR 2010, 355 Rn. 21 – Testfundstelle). Die Funktion des **Damokles-Schwertes** könnte das unbefristete Angebot gleichwohl nicht erfüllen, wenn die Annahme des Angebots dem Schuldner zugehen müsste. Denn dann wüsste der Schuldner stets, ob ihm eine Vertragsstrafe droht oder nicht.

Hier kommt die **zweite Besonderheit** ins Spiel: Der Schuldner weiß nicht, ob der Gläubiger **174** sein Angebot angenommen hat. Nach § 151 S. 1 BGB kann der „Antragende" darauf verzichten, dass ihm die **Annahme seines Angebots zugeht.** Da der Schuldner mit seinem Angebot selbst daran interessiert ist, dass das Damokles-Schwert einer möglichen Vertragsstrafe über ihm schwebt, kann in seine Erklärung auch ein solcher Verzicht des Zugangs der Annahme hineingelesen werden (offengelassen in BGH GRUR 2006, 878 Rn. 16 – Vertragsstrafevereinbarung). Der Schuldner muss danach stets damit rechnen, dass der Gläubiger das Angebot inzwischen angenommen hat (BGH GRUR 2010, 355 Rn. 21 – Testfundstelle; GRUR 2023, 255 Rn. 37 – Wegfall der Wiederholungsgefahr III; GK/Köhler, 1. Aufl. 1991, Vor § 13 Rn. B 52; Fritzsche, Unterlassungsanspruch und Unterlassungsklage, 2000, 284; Bornkamm FS Tilmann, 2003, 769 (774)). Auf diese Weise geht schon von der Unterwerfungserklärung die erforderliche Abschreckungswirkung aus. Das wird von der Gegenansicht nicht hinreichend berücksichtigt, die den Verzicht auf den Zugang der Annahme (§ 150 I 1 BGB) auf diejenigen Fälle beschränken möchte, in denen der Schuldner fest mit der Annahme seiner Unterwerfungserklärung rechnen muss (Baumbach/Hefermehl, → 22. Aufl. 2001, Einl. Rn. 289; Pokrant FS Erdmann, 2002, 863 (867); OLG Köln GRUR-RR 2010, 339; in diesem Sinne auch BGH GRUR 2002, 824 (825) – Teilunterwerfung).

175   Diese Erwägung stößt indessen dann an ihre Grenzen, wenn der Gläubiger die Annahme der (modifizierten, aber in jeder Hinsicht angemessenen) Unterwerfungserklärung **ausdrücklich abgelehnt** hat. In diesem Fall fällt es schwer, davon auszugehen, dass der Schuldner noch mit der Annahme der Unterwerfungserklärung und damit rechnet, dass im Falle einer Zuwiderhandlung gegen die Unterlassungsverpflichtung die versprochene Vertragsstrafe fällig wird. Was in diesem Fall bleibt, ist eine **bloße „Wohlverhaltenserklärung",** also eine **Unterlassungsverpflichtungserklärung, der die Strafbewehrung fehlt;** denn für die Strafbewehrung wäre ein Vertragsschluss erforderlich, zu dem es mangels Zustimmung des Gläubigers nicht gekommen ist. Weil es in dieser Situation an dem für den Wegfall der Wiederholungsgefahr notwendigen **„Abschreckungsszenario"** fehlt, bleibt nichts anderes übrig, als den Fortbestand der Wiederholungsgefahr zu konstatieren und festzustellen, dass es dem Gläubiger in dieser Situation tatsächlich noch möglich ist, den Unterlassungsanspruch gerichtlich durchzusetzen (BGH GRUR 2023, 255 Rn. 37–41 – Wegfall der Wiederholungsgefahr III). Das **unbillige Ergebnis,** dass darin läge, dass der Schuldner – obwohl er eine in jeder Hinsicht angemessene Unterwerfungserklärung abgegeben hat – noch kostenpflichtig vor Gericht in Anspruch genommen werden kann, lässt sich **ohne weiteres dadurch verhindern,** dass der Schuldner in dieser Situation auf die Klage oder auf den Antrag auf Erlass einer einstweiligen Verfügung unverzüglich **ein sofortiges Anerkenntnis** unter Hinweis auf seine rechtzeitig abgegebene Unterwerfungserklärung abgibt; das Gericht wird dann den begehrten Unterlassungstitel erlassen freilich mit der für den Gläubiger **ungünstigen Kostenfolge des § 93 ZPO** (BGH GRUR 2023, 255 Rn. 44 – Wegfall der Wiederholungsgefahr III; → Rn. 177).

176   **c) Nachweis des Zugangs der Unterwerfungserklärung.** Beweispflichtig für den Zugang, durch den die Unterwerfungserklärung unwiderruflich wird (§ 130 I 2 BGB), ist der Schuldner (vgl. zur parallelen Frage des Zugangsnachweises bei der Abmahnung → Rn. 36 ff.). Die Absendung der Erklärung beweist noch nicht deren Zugang. Auch die Absendung eines **Telefax** rechtfertigt grds. keinen Anscheinsbeweis für den Zugang; dieser ist vom Absender voll nachzuweisen (BGH NJW 1995, 665 (667)).

177   **d) Ablehnung.** Lehnt der Gläubiger die ihm angebotene und durch eine Vertragsstrafe in angemessener Höhe gesicherte Unterlassungserklärung **ohne stichhaltigen Grund** ab, kann eine gleichwohl erhobene Unterlassungsklage nicht als **unbegründet** abgewiesen werden, da durch die **Abgabe** der (vom Gläubiger nicht angenommenen) strafbewehrten Unterlassungserklärung die **Wiederholungsgefahr** nicht beseitigt ist (BGH GRUR 2023, 255 Rn. 37–41 – Wegfall der Wiederholungsgefahr III; → Rn. 175; Bornkamm FS Büscher, 2018, 441 (444 f.)). Durch die nicht angenommene Unterwerfungserklärung entfällt auch das **allgemeine Rechtsschutzbedürfnis** nicht (BGH GRUR 1984, 214 (216) – Copy-Charge; GRUR 1980, 241 – Rechtsschutzbedürfnis; OLG Köln WRP 1996, 333 (336) – Anzeigenwerbung für Telefaxbuch; Teplitzky GRUR 1983, 609 f.; El Sarise jurisPR–WettbR 2/2023 Anm. 2). Geht der Gläubiger, der auf diese Weise den Abschluss eines Unterlassungsvertrags vereitelt hat, nunmehr – durch Klageerhebung oder durch Antrag auf Erlass einer einstweiligen Verfügung – **gerichtlich gegen den Schuldner vor,** kann er zwar einen Unterlassungstitel erstreiten, er riskiert aber, mit den Kosten des Verfahrens belastet zu werden; denn wenn der Schuldner den Klageanspruch sofort anerkennt (oder gegen die ergangene Beschlussverfügung einen auf die Kosten beschränkten Widerspruch, einen sog. Kostenwiderspruch einlegt, → § 12 Rn. 2.42), **sind dem Gläubiger die Kosten nach § 93 ZPO aufzuerlegen,** weil der Schuldner – nachdem er die angemessene Unterwerfungserklärung abgegeben hat – alles in seiner Macht Stehende getan hat, um den

Gläubiger klaglos zu stellen und damit **keinen Anlass zur Klage oder zum Verfügungsantrag gegeben** hat (BGH GRUR 2023, 255 Rn. 44 – Wegfall der Wiederholungsgefahr III; Bornkamm FS Büscher, 2018, 441 (445 f.)).

e) Paralleler Verfügungsantrag. Hat der Gläubiger vor Zugang und Annahme der vom 178 Schuldner zur Vermeidung eines Rechtsstreits abgegebenen strafbewehrten Unterlassungserklärung eine **einstweilige Verfügung erwirkt** und zugestellt (etwa, weil sich der Postlauf hins. der Korrespondenz über die Unterwerfung verzögert hat) **und liegt in der Unterwerfungserklärung** die – rechtzeitig abgesandte, aber verspätet eingegangene (§ 149 S. 1 BGB) – **Annahme eines entsprechenden vom Gläubiger in der Abmahnung formulierten Angebots** (→ Rn. 170), **kommt der Unterlassungsvertrag** trotz der inzwischen erwirkten einstweiligen Verfügung zustande. Diesem Vertrag fehlt auch nicht die **Geschäftsgrundlage** (BGH GRUR 2010, 355 Rn. 21 – Testfundstelle). Der doppelten Sanktionsmöglichkeit, die durch den Titel und durch das Vertragsstrafeversprechen besteht, muss der Schuldner nun dadurch begegnen, dass er den Unterlassungstitel aus der Welt schafft, indem er Widerspruch gegen die einstweilige Verfügung einlegt (§ 924 I ZPO) oder einen Antrag nach § 927 I ZPO stellt (BGH GRUR 2010, 355 Rn. 25 – Testfundstelle). Da die Wiederholungsgefahr durch das Vertragsstrafeversprechen entfallen ist, muss die einstweilige Verfügung aufgehoben werden. Der Kläger oder Antragsteller muss in dieser Situation den Rechtsstreit in der Hauptsache für erledigt erklären. Zur sog. Schubladenverfügung → Rn. 72 ff., 102).

Stellt die **Unterwerfungserklärung dagegen keine Annahme** eines dem Schuldner in der 178a Abmahnung unterbreiteten Angebots zum Abschluss eines Unterwerfungsvertrags dar – sei es, dass die Abmahnung ein solches Angebot nicht enthielt, oder sei es, dass der Schuldner die geforderte Unterwerfungserklärung in modifizierter Form abgegeben hat, so dass sie einen neuen Antrag darstellt, der noch der Annahme durch den Gläubiger bedarf (§ 150 Abs. 2 BGB) – und hat der Gläubiger die Unterwerfungserklärung nicht angenommen, ist die **Wiederholungsgefahr nicht entfallen,** so dass der Gläubiger seine Rechte aus der erstrittenen einstweiligen Verfügung weiterverfolgen kann, ohne dass ihm der Schuldner dies – wenn die Abmahnung begründet war und die Verfügung deshalb zu Recht ergangen ist – mit dem Widerspruch oder mit dem Antrag nach § 927 I ZPO verwehren könnte.

3. Inhalt und Auslegung des Unterlassungsvertrags

a) Grundsätze. Die Parteien sind bei der Formulierung des Unterlassungsvertrags frei. Gren 179 zen ergeben sich nur aus den gesetzlichen Verboten (§§ 134, 138 BGB; § 1 GWB). Die Auslegung des **vertraglichen** Unterlassungsanspruchs bestimmt sich nach den allgemeinen für **Verträge** geltenden Auslegungsregeln (§§ 133, 157 BGB) und braucht daher nicht den an die Beseitigung der Wiederholungsgefahr zu stellenden Bestimmtheitsanforderungen zu genügen (BGHZ 121, 13 (16) – Fortsetzungszusammenhang; BGH GRUR 1994, 387 (388) – BackFrites; GRUR 1997, 931 (932) – Sekundenschnell; GRUR 2010, 167 Rn. 19 – Unrichtige Aufsichtsbehörde; KG WRP 1990, 39 (41); OLG Karlsruhe WRP 1990, 51 (53); OLG Koblenz WRP 1986, 694; Teplitzky Wettbewerbsrechtliche Ansprüche/Kessen Kap. 8 Rn. 14, 16a, Kap. 12 Rn. 13; Kessen WRP 1990, 26 f.; Spätgens FS Gaedertz, 1992, 545 (555)). Ein unmittelbarer Rückgriff auf die Grundsätze, die für die Auslegung eines in gleicher Weise formulierten **Unterlassungstitels** gelten, kommt nicht in Betracht, weil einem Unterlassungsvertrag der Charakter eines vollstreckbaren Titels fehlt (BGH GRUR 1997, 931 – Sekundenschnell; GRUR 1992, 61 (62) – Preisvergleichsliste). Für die Auslegung einer Unterwerfungserklärung kann zB auch die Höhe der versprochenen Vertragsstrafe eine Rolle spielen. Denn je höher die vereinbarte Vertragsstrafe im Verhältnis zur Bedeutung des gesicherten Unterlassungsanspruchs ist, desto eher ist eine eng am Wortlaut orientierte Auslegung des Unterlassungsvertrages geboten (BGH GRUR 2003, 545 – Hotelfoto).

b) Geltung als Vertragsschluss. Der Unterwerfungserklärung des Schuldners, die noch 180 keine Annahme, sondern erst das Angebot zum Abschluss des Unterlassungsvertrags enthält, kann im Allgemeinen nur entnommen werden, dass der Schuldner die Unterlassung und ggf. die Zahlung einer Vertragsstrafe nur **für die Zeit ab Vertragsschluss** und nicht bereits für die Zeit ab der Abgabe der Erklärung verspricht. Der gegenteiligen Auffassung des OLG Köln (OLGR 2003, 150 (151 f.)) hat der BGH eine Absage erteilt (BGH GRUR 2006, 878 Rn. 22 – Vertragsstrafevereinbarung). Zuwiderhandlungen, die in der **Schwebezeit nach Abgabe der Unterwerfungserklärung,** aber vor dem Zustandekommen des Unterlassungsvertrags – so etwa auch vor Genehmigung einer vom vollmachtlosen Vertreter des Gläubigers angenommenen Unterwerfung (BGH GRUR 2015, 187 Rn. 22 – Zuwiderhandlung während der Schwebezeit) – begangen werden, lösen daher noch keine Vertragsstrafe aus (vgl. Klein GRUR 2007, 664). Dies ändert aber – entgegen OLG Köln (OLGR 2003, 150 (151 f.)) – nichts daran, dass die Unterwerfungserklärung die Wiederholungsgefahr entweder entfallen lässt (→ Rn. 172 ff.) oder der Gläubiger – wenn er trotz der vorliegenden Unterwerfungserklärung veränderte Unterwerfungserklärung ausdrücklich ablehnt und Klage erhebt oder einen Antrag auf Erlass einer einstweiligen Verfügung stellt – mit der für ihn nachteiligen Kostenfolge aus § 93 ZPO rechnen muss (→ Rn. 175 und Rn. 177).

181   **c) Beschränkung auf konkrete Verletzungsform.** Den Parteien steht es frei, das vertragliche Verbot eng auf die **konkrete Verletzungsform** zu beschränken oder eine weite Formulierung zu wählen, um möglichst das **Charakteristische** des untersagten Verhaltens schon mit der Unterwerfung zu erfassen (BGH GRUR 1997, 931 – Sekundenschnell; GRUR 1992, 61 (62) – Preisvergleichsliste; zur Frage, ob die Unterwerfung über die konkrete Verletzung hinausgehen muss, → Rn. 140 f.). Allerdings ist – wie stets bei der Formulierung von Unterlassungsverträgen – darauf zu achten, dass das, was rechtlich zulässig vereinbart werden darf, nicht notwendig auch im Verhältnis zu weiteren Gläubigern die **Wiederholungsgefahr entfallen** lässt. Nimmt der Gläubiger eine begrenzte Unterwerfungserklärung an, liegt darin – behält er sich die Geltendmachung des weitergehenden gesetzlichen Anspruchs nicht ausdrücklich vor – idR **ein Verzicht auf die Geltendmachung des weitergehenden Anspruchs** (→ Rn. 167).

182   **d) Spürbarkeit.** Unterwirft sich der Schuldner – was regelmäßig ausreichend ist (→ Rn. 140 f.) – hins. der konkreten Verletzungsform, bedarf es keines **Vorbehalts** in der Unterwerfungserklärung, dass Handlungen, die das **Spürbarkeitskriterium des § 3 II nicht erfüllen, nicht erfasst** sein sollen. Denn mit dem Unterwerfungsvertrag haben die Parteien zum Ausdruck gebracht, dass sie hins. der konkreten Verletzungsform von der Spürbarkeit ausgehen. Ein Verhalten, das insofern von der konkreten Verletzungsform abweicht, kann nicht mehr als kerngleich angesehen werden. Anders verhält es sich dagegen, wenn sich der Schuldner in abstrakter Form unterwirft. Hier wird sich zwar idR absehen lassen, dass jede Zuwiderhandlung die Voraussetzung der Spürbarkeit erfüllt. Ist dies aber nicht der Fall, kann es dem Schuldner nicht verwehrt werden, seine Unterwerfung entspr. zu begrenzen. Denn es kann ihm nicht angesonnen werden, sich auch hins. eines Verhaltens zu unterwerfen, das die Tatbestandsmerkmale einer unlauteren geschäftlichen Handlung nicht erfüllt.

183   **e) Berührung der Mitgliederinteressen.** Anders verhält es sich, wenn es um ein **Kriterium** geht, **das die Unlauterkeit des Verhaltens nicht berührt.** So ist Voraussetzung für die Anspruchsberechtigung eines Verbandes nach § 8 III Nr. 2, dass die Zuwiderhandlung die Interessen der Mitglieder berührt. Unterwirft sich ein Schuldner gegenüber einem solchen Verband, kann die vereinbarte Vertragsstrafe auch für (kerngleiche) Zuwiderhandlungen beansprucht werden, durch die die Interessen der Mitglieder dieses Verbands nicht berührt werden. Entspr. hat der BGH eine noch nach altem Recht gegenüber einem Wettbewerbsverein abgegebene Unterwerfungserklärung nicht in der Weise ausgelegt, dass davon – entspr. der beschränkten Anspruchsberechtigung der Verbände nach § 13 II Nr. 2 aF – nur solche Zuwiderhandlungen erfasst werden, die geeignet sind, den Wettbewerb auf dem fraglichen Markt wesentlich zu beeinträchtigen (vgl. BGH GRUR 2010, 167 Rn. 21 – Unrichtige Aufsichtsbehörde).

4. Anforderungen im Hinblick auf die Wiederholungsgefahr

184   **a) Beschreibung der zu unterlassenden Handlung.** Wird das vertragliche Verbot **auf die konkrete Verletzungsform** beschränkt, kann das dazu führen, dass die Wiederholungsgefahr **nicht erga omnes** entfällt, weil nach dem Vertrag nicht auch kerngleiche Verletzungshandlungen untersagt sind (→ Rn. 141; OLG Frankfurt WRP 1997, 101). Zwar kann sich eine Unterwerfungserklärung, die lediglich die konkrete Verletzungsform wiedergibt, ebenso wie ein entspr. Unterlassungstitel nicht allein auf identische, sondern auf alle Handlungen erstrecken, die gleichfalls das **Charakteristische der verletzenden Handlung** aufweisen (→ Rn. 140; BGH GRUR 1996, 290 (291) – Wegfall der Wiederholungsgefahr I; GRUR 1997, 379 (380) – Wegfall der Wiederholungsgefahr II; GRUR 1998, 483 (485) – Der M.-Markt packt aus). Denn der **Zweck eines Unterlassungsvertrages** spricht erfahrungsgemäß dafür, dass die Vertragsparteien durch ihn auch im Kern gleichartige Verletzungsformen erfassen wollten (BGH GRUR

1997, 931 (932) – Sekundenschnell; GRUR 2009, 418 Rn. 18 – Fußpilz; K&R 2021, 61 Rn. 13). An den Fortfall der Wiederholungsgefahr werden aber **strenge Anforderungen** gestellt. Bestehen an der Ernstlichkeit der übernommenen Verpflichtung auch nur **geringe Zweifel,** ist sie grds. nicht geeignet, die Besorgnis künftiger Verstöße auszuräumen (BGH GRUR 1997, 379 (380) – Wegfall der Wiederholungsgefahr II; GRUR 1998, 483 (485) – Der M.-Markt packt aus; Cl. Biermann WRP 1999, 1311). Zweifel gehen daher zu Lasten des Schuldners. Ist der Schuldner bspw. zu einer weiter gefassten Unterlassungserklärung aufgefordert worden, hat sich dann aber auf die konkrete Verletzungsform beschränkt, kann dies darauf hindeuten, dass er sich eben nur hins. der konkreten Verletzungsform unterwerfen wollte (OLG Frankfurt WRP 1997, 101). Dem kann er freilich dadurch entgegenwirken, dass er dem Eindruck, sein Unterlassungswille beziehe sich allein auf die konkrete Verletzungsform, in der Unterwerfungserklärung selbst oder in der begleitenden Korrespondenz klar entgegentritt (BGH GRUR 1998, 483 (485) – Der M.-Markt packt aus; → Rn. 141 mwN).

b) Eindeutigkeit, kein Vorbehalt. Eine Unterlassungsverpflichtungserklärung ist nach Lage 185 des Falles ungeeignet, die Vermutung der Wiederholungsgefahr auszuräumen, wenn der Verletzer sie nicht unwiderruflich und nicht mit Bindungswillen über die Annahmefrist des § 147 BGB hinaus erklärt hat (BGH GRUR 1984, 593 (595) – adidas-Sportartikel). Unzureichend ist eine mit dem **Vorbehalt des Widerrufs** und der Aufforderung abgegebene Unterwerfungserklärung, der Abmahner möge seine Klagebefugnis und das Bestehen des Unterlassungsanspruchs nachweisen (KG WRP 1987, 322).

5. Teilunterwerfung, befristete und bedingte Unterwerfungserklärungen

Schrifttum: Teplitzky, Eingeschränkte Unterwerfungen, VuR 2009, 83; Köllner/Beyerlein/Härtle, Die befristete Unterlassung – ein ausgewogenes Instrument bei Rechtsverletzungen auf Messen, Mitt. 2020, 293.

Lange Zeit ging man davon aus, dass nur eine **bedingungslose Unterwerfung** die Wieder- 186 holungsgefahr entfallen lassen könne. Sei die Unterwerfung, so wurde argumentiert, an eine Bedingung geknüpft, werde damit deutlich, dass es an dem ernstlichen **Unterlassungswillen fehle** (vgl. BGH GRUR 1993, 677 (679) – Bedingte Unterwerfung: „unzweideutig und grds. auch ohne zeitliche oder bedingende Einschränkungen“; Baumbach/Hefermehl, 22. Aufl. 2001, → Einl. Rn. 273). Dieser Standpunkt kann – jedenfalls in dieser kategorischen Form – nicht mehr aufrechterhalten werden (vgl. Teplitzky Wettbewerbsrechtliche Ansprüche/Kessen Kap. 8 Rn. 8 ff.). Dabei ist zu beachten, dass eine eingeschränkte Unterwerfungserklärung immer nur zu einem eingeschränkten Wegfall der Wiederholungsgefahr führen kann. Dennoch gibt es häufig für eine derartige Einschränkung einen berechtigten Anlass, der die Annahme nicht rechtfertigt, die Einschränkung sei Zeichen für das Fehlen eines ernsthaften Unterlassungswillens.

a) Beschränkungen, die das materielle Recht widerspiegeln. Unproblematisch sind 187 zunächst alle Begrenzungen, die notwendig sind, um den Umfang dessen, was der Gläubiger beanspruchen kann, zu umschreiben. Denn der Wegfall der Wiederholungsgefahr scheitert niemals daran, dass der Schuldner sich geweigert hat, seine Unterwerfungserklärung auf ein Verhalten zu erstrecken, das ihm von Gesetzes wegen nicht verboten werden kann.

aa) Zeitliche Befristungen. Selbst zeitliche Befristungen der Unterwerfungserklärung kön- 188 nen die materiellen Grenzen des zugrundeliegenden Unterlassungsanspruchs zum Ausdruck bringen (vgl. Teplitzky Wettbewerbsrechtliche Ansprüche/Kessen Kap. 8 Rn. 13). Dies gilt etwa in einem Fall, in dem sich ein Schuldner für die nur noch beschränkte Dauer eines gesetzlichen Verbots unterwirft (bspw. zu einem Zeitpunkt, in dem die Abschaffung der Zugabeverordnung schon beschlossen, aber noch nicht in Kraft getreten war, oder bei einer Unterwerfung unter ein Schutzrecht, die nur für die beschränkte Zeit bis zum bevorstehenden Ablauf der Schutzfrist gelten soll).

bb) Räumliche Begrenzung. Eine **räumlich eingegrenzte Teilunterwerfungserklä-** 189 **rung** ist zulässig, wenn nur eine räumlich begrenzte Wiederholungsgefahr vorliegt, zB für einen Grenzbereich (BGH GRUR 1986, 814 (815) – Whisky-Mischgetränk).

cc) Vorbehalt der Änderung der Rechtslage. Schon seit längerem wird es für unbedenk- 190 lich gehalten, dass sich ein Schuldner **unter der auflösenden Bedingung einer Änderung** oder einer endgültigen **Klärung der Rechtslage** unterwirft (BGH GRUR 1997, 386 – Altunterwerfung II; GRUR 1993, 677 (679) – Bedingte Unterwerfung; GRUR 1983, 127 (128) – Vertragsstrafeversprechen; Klaka Anm. zu BGH GRUR 1983, 602 (604) – Vertragsstraferück- zahlung; Teplitzky Wettbewerbsrechtliche Ansprüche/Kessen Kap. 8 Rn. 8; GK/Köhler, GK/ Kreft, 1. Aufl. 1991, Vor § 13 Rn. B 37, 109). Dadurch wird die Ernsthaftigkeit des Willens, wettbewerbswidriges Handeln zu unterlassen, nicht in Frage gestellt. Eine **auflösend bedingte** Unterwerfung wirkt jedoch im Zweifel nur **ex nunc** und kann daher im Falle späterer Änderung einer bestimmten Rspr. **nicht zu einem Wegfall der Unterlassungsverpflichtung für die Vergangenheit** führen (§ 158 II BGB, § 159 BGB).

191   **dd) Aufbrauchsfrist.** Da die dem Schuldner unter bestimmten Umständen (→ § 8 Rn. 1.88 ff.) zu gewährende Aufbrauchsfrist auf einer materiellrechtlichen Beschränkung des Unterlassungsanspruchs beruht (→ § 8 Rn. 1.89), kann sich der Schuldner eine solche Frist **auch in der Unterwerfungserklärung ausbedingen.** Aufgrund einer solchen Erklärung entfällt die **Wiederholungsgefahr** zwar nicht in vollem Umfang, aber eben so weit, wie der materiellrecht- liche Anspruch reicht. Soweit sie fortbesteht (also in dem Umfang, in dem sich der Schuldner das Aufbrauchen vorbehält), wird idR auch anderen Gläubigern kein Anspruch zustehen, so dass deren Unterlassungsansprüche – Ernstlichkeit unterstellt – durch die Erklärung ebenfalls in vollem Umfang entfallen.

192   **b) Beschränkungen ohne Entsprechung im materiellen Recht.** In den letzten Jahren hat sich die Rspr. auch gegenüber **Einschränkungen von Unterwerfungserklärungen** groß- zügiger gezeigt, die keine Grundlage im materiellen Recht haben (BGH GRUR 2002, 824 – Teilunterwerfung; GRUR 2002, 180 – Weit-Vor-Winter-Schluss-Verkauf). Mit einer solchen Unterwerfungserklärung kann freilich immer nur eine Beschränkung, niemals ein Wegfall der Wiederholungsgefahr und damit des Unterlassungsanspruchs erreicht werden (→ Rn. 219). Die einzige Frage, die sich dabei stellt, ist die, ob die Begrenzung **Zweifel an der Ernsthaftigkeit** des Unterlassungsversprechens begründen kann oder nicht (BGH GRUR 2002, 180 (181) – Weit-Vor-Winter-Schluss-Verkauf). Dies ist wiederum davon abhängig, ob der Schuldner für die Beschränkung ein **berechtigtes Interesse** anführen kann oder ob es erkennbar nur darum geht, dem Gläubiger die Verfolgung seines Anspruchs zu erschweren (BGHZ 171, 151 Rn. 41 = GRUR 2007, 871 – Wagenfeld-Leuchte). Für den Gläubiger von vornherein unzumutbar sind Beschränkungen, die **zu unklaren Grenzen** und damit zu einer Grauzone führen, in der zweifelhaft ist, ob der vertragliche oder der gesetzliche Anspruch besteht.

193   **aa) Zeitliche Befristung.** Unterwirft sich ein Schuldner nur für einen beschränkten Zeit- raum, wird im Allgemeinen angenommen, eine solche Erklärung sei nicht geeignet, die Wieder- holungsgefahr für den Zeitraum entfallen zu lassen, für den die Unterlassung versprochen worden ist (BGH GRUR 2002, 180 f. – Weit-Vor-Winter-Schluss-Verkauf; Teplitzky Wett- bewerbsrechtliche Ansprüche/Kessen Kap. 8 Rn. 13). Doch sollte auch in einem solchen Fall gefragt werden, ob der Schuldner **ein berechtigtes Interesse** an einer solchen Beschränkung hat. Wird bspw. eine saisonale Werbemaßnahme eines Kaufmanns beanstandet und gibt dieser Kaufmann eine Unterwerfungserklärung für die laufende Saison ab, behält sich aber vor, die Werbemaßnahme im kommenden Jahr zu wiederholen, kann dahinter die vernünftige Erwägung stehen, dass eine Klärung der wettbewerbsrechtlichen Zulässigkeit nicht durch eine Beschluss- verfügung präjudiziert werden soll, sondern möglichst in einem Hauptsacheverfahren erfolgen soll.

193a   Ganz Entsprechendes gilt bei einer **Verletzung anlässlich einer Messe,** wenn der Schuldner dartun kann, dass er in geraumer Zeit ohnehin nicht in der Lage sein wird, das angeblich rechtsverletzende Produkt in Verkehr zu bringen; in einem solchen Fall bietet sich eine **Unter- werfung für die Messetage oder ggf. für den zusätzlichen Zeitraum an, in dem ein Inverkehrbringen** des inkriminierten Produktes aus anderen – vom Schuldner darzulegenden objektiven Gründen – **ohnehin noch nicht in Betracht kommt.** In diesem Fall besteht das berechtigte Interesse des Schuldners darin, sich im Rahmen eines Hauptsacheverfahrens voll- umfänglich (etwa bei einer komplexen Schutzrechtsverletzung durch Vorlage eines Sachverstän- digengutachtens, das unter den zeitlichen und sachlichen Beschränkungen des Verfügungsver- fahrens nicht eingeholt werden könnte) verteidigen zu können (Köllner/Beyerlein/Härtle Mitt. 2020, 293 (294 f.)). Eine **Beschränkung der Unterwerfung auf die Messetage** muss der Gläubiger in dieser Situation aber nicht hinnehmen, wenn er dartun kann, dass **noch weitere Messen** oder andere vergleichbare Veranstaltungen bevorstehen, die für einen erneuten Auftritt des Schuldners mit dem umstrittenen Produkt in Betracht kommen. Gerade, wenn es um

behauptete Schutzrechtsverletzungen, namentlich um Patent- oder Gebrauchsmusterverletzungen geht, die häufig im Verfügungsverfahren nicht mit der gebotenen Zuverlässigkeit festgestellt werden können, **bietet sich die befristete Unterwerfung** an, um einerseits die Wiederholung oder Fortsetzung der unmittelbar beanstandeten Rechtsverletzung zu verhindern und um andererseits die sorgfältige, die Verteidigungsmöglichkeiten des Schuldners nicht über Gebühr beschneidende Klärung der Rechtsverletzung im Hauptsacheverfahren zu ermöglichen.

bb) Aufschiebend befristete Unterwerfung. Für den umgekehrten Fall einer Unterwer- **194** fungserklärung, die erst ab einem bestimmten Datum gelten soll, hat der BGH in der Entscheidung **„Weit-Vor-Winter-Schluss-Verkauf"** eine Beschränkung zugelassen (BGH GRUR 2002, 180 – Weit-Vor-Winter-Schluss-Verkauf). Der Streit der Parteien betraf einen vorweggenommenen Schlussverkauf in der Zeit vom 2.1. bis 4.1.1997, der nach dem damals geltenden Recht wettbewerbswidrig war. Der BGH hatte gleichwohl an der Ernsthaftigkeit der Erklärung keinen Zweifel und hat darauf verwiesen, dass der Schuldner nachvollziehbare Gründe für die Beschränkung angeführt habe. Der Gläubiger wird in dieser Situation nicht rechtlos gestellt. Für die unmittelbar bevorstehende Veranstaltung konnte er ohnehin nur im Wege der einstweiligen Verfügung Rechtsschutz erhalten; dieser Weg stand ihm auch nach der (beschränkten) Unterwerfungserklärung noch offen.

cc) Sachliche oder räumliche Beschränkungen. Auch für sachliche oder räumliche Be- **195** schränkungen können auf der Seite des Schuldners **nachvollziehbare Gründe** für eine Beschränkung der Unterwerfung vorliegen, durch die andererseits **keine berechtigten Interessen des Gläubigers** beeinträchtigt werden. Es kann sinnvoll sein, den Streitstoff dadurch einzugrenzen, dass der Schuldner den Gläubiger hins. einzelner Streitpunkte durch eine Unterwerfungserklärung klaglos stellt. Häufig kann in einer solchen beschränkten Erklärung auch ein Angebot zur Güte liegen, wenn etwa ein bundesweit tätiges Unternehmen, das von einem nur regional tätigen Wettbewerber wegen einer Werbemaßnahme abgemahnt worden ist, sich strafbewehrt verpflichtet, die Maßnahme im Einzugsbereich des Gläubigers nicht mehr zu wiederholen. Es ist kein Grund ersichtlich, weshalb auf diese Weise ein Streit sollte begrenzt oder ausgeräumt werden können. Dem Gläubiger bliebe es ebenso wie anderen Wettbewerbern des Schuldners unbenommen, den fortbestehenden gesetzlichen Unterlassungsanspruch zu verfolgen, soweit er von der Unterwerfungserklärung nicht berührt wird.

dd) Ausschluss inländischen Gerichtsstands für Vertragsstrafe. Berechtigte Zweifel an **196** der Ernsthaftigkeit der Unterwerfungserklärung hat die Rechtsprechung in einem Fall angemeldet, indem ein niederländischer Schuldner sich geweigert hatte, in der Unterwerfungserklärung einen **Gerichtsstand in Deutschland für die Geltendmachung der Vertragsstrafe** zu vereinbaren (KG WRP 2014, 863). Dem Gläubiger, für den das Vertragsstrafeversprechen der Ersatz für einen im Inland vollstreckbaren Titel darstellt, ist es nicht zuzumuten, die Vertragsstrafe vor einem ausländischen Gericht geltend zu machen, das mit den Besonderheiten der deutschen Praxis nicht vertraut ist. Meint der Schuldner ist mit der Unterlassungserklärung ernst, geht er selbst davon aus, dass es nicht zu einer erneuten Verletzung kommt. Wenn er für diesen Fall dem Gläubiger die Durchsetzung der vertraglichen Rechte erschweren möchte, zeigt dies, dass er selbst nicht vollständig an seine Unterwerfungserklärung glaubt.

6. Vertraglicher anstelle des gesetzlichen Unterlassungsanspruchs

Ist es zwischen Gläubiger und Schuldner zu einem Unterwerfungsvertrag gekommen, hat der **197** Gläubiger statt des gesetzlichen den **vertraglichen,** durch Vertragsstrafe gesicherten **Unterlassungsanspruch.** Das gilt unabhängig davon, ob die Wiederholungsgefahr aufgrund der Unterwerfungserklärung generell, also auch gegenüber Dritten, entfallen ist oder nicht (→ Rn. 220). Bleibt die Unterwerfungserklärung des Schuldners, auf die sich der Gläubiger eingelassen hat, hinter dem zurück, was aufgrund der Verletzungshandlung an sich hätte gefordert werden können, kann der Gläubiger insoweit, als er durch die Unterwerfung nicht klaglos gestellt worden ist, **nicht auf den gesetzlichen Unterlassungsanspruch zurückgreifen** (→ Rn. 167). Anders verhält es sich nur, wenn der Gläubiger aufgrund einer beanstandeten Verletzungshandlung, bspw. einer Werbeanzeige, **zwei unterschiedliche Verstöße** beanstandet hat. Unterwirft sich der Schuldner nur hins. des Verstoßes, kann in diesem Fall der Gläubiger weiterhin den gesetzlichen Unterlassungsanspruch hins. des anderen Verstoßes geltend machen.

198   **Beispiel:** (→ Rn. 142): Das Zeitungsinserat eines Maklers für eine Eigentumswohnung mit Garage ist zum einen irreführend, weil sich aus dem Inserat die Maklereigenschaft des Inserenten nicht ergibt, und stellt zum anderen einen Verstoß gegen die PAngV dar, weil die Preise für Wohnung und Garage gesondert angegeben sind und die Angabe des Endpreises fehlt. Unterwirft sich der Schuldner in diesem Fall nur hins. des Verstoßes gegen das Irreführungsverbot und nimmt der Gläubiger diese Unterwerfungserklärung an, kann er neben dem vertraglichen Unterlassungsanspruch hins. der Irreführung weiterhin den gesetzlichen Unterlassungsanspruch wegen des Verstoßes gegen die PAngV geltend machen.

199   Die Geltendmachung des vertraglichen Unterlassungsanspruchs setzt keine Erstbegehungs- oder Wiederholungsgefahr voraus, wohl aber das für jede Klage erforderliche **Rechtsschutz-bedürfnis** (BGH GRUR 1999, 522 – Datenbankabgleich; Teplitzky Wettbewerbsrechtliche Ansprüche/Kessen Kap. 12 Rn. 1; Teplitzky Wettbewerbsrechtliche Ansprüche/Schwippert Kap. 51 Rn. 59; → § 12 Rn. 1.15 ff.). Verlangt man für die Unterlassungsklage nach § 259 ZPO ein **besonderes Rechtsschutzbedürfnis,** so ist dieses jedenfalls gegeben, wenn nach den Umständen die Besorgnis gerechtfertigt ist, der Schuldner werde seiner Unterlassungspflicht künftig nicht nachkommen. – Ob eine auf **Verwarnung** hin erfolgte Zusage, eine Unternehmensbezeichnung zu ändern, schon eine **vertragliche** Unterlassungspflicht begründet, ist **Auslegungsfrage** (BGH GRUR 1957, 433 f. – St. Hubertus), wird man aber im Zweifel bejahen müssen (zur Frage der Schriftform → Rn. 144 f.).

200   Zweifelhaft ist, ob eine bestehende vertragliche Unterlassungsverpflichtung das **Interesse des Schuldners** begründet, in Zweifelsfragen **vorab verbindlich zu klären, ob eine geplante Werbemaßnahme,** zB eine neue Anzeigenserie, **mit der vertraglichen Verpflichtung im Einklang steht** oder nicht. Das OLG Düsseldorf (GRUR 1988, 789) hat angenommen, der Schuldner habe ein rechtliches Interesse an der gerichtlichen Feststellung (§ 256 ZPO), wenn der **Gläubiger** eine entspr. Anfrage des Schuldners unbeantwortet lasse. Bedenkt man, dass der Gläubiger möglichst so gestellt werden soll wie ein Titelgläubiger, geht eine solche Prüfungspflicht allerdings sehr weit. Denn der Gläubiger wird uU genötigt, einen Anwalt einzuschalten; außerdem muss er sich festlegen: Erhebt er Bedenken, wird er mit einer Feststellungsklage überzogen; beanstandet er die Werbung nicht, ist er festgelegt und kann später seine Meinung nicht mehr ändern.

7. Rechtsnachfolge

201   Hat sich der **frühere Inhaber eines Handelsgeschäfts** zur Unterlassung und bei einer Zuwiderhandlung zur Zahlung einer Vertragsstrafe verpflichtet, so schuldet derjenige, der das Handelsgeschäft übernimmt und unter der bisherigen Firma fortführt, nicht nur nach § 25 I HGB **Unterlassung,** sondern für den Fall der Zuwiderhandlung auch das versprochene **Vertragsstrafe** (BGH GRUR 1996, 995 – Übergang des Vertragsstrafeversprechens; Ohly/Sosnitza/Ohly § 8 Rn. 66; aA Köhler WRP 2000, 921).

8. Kartellrechtliche Grenzen

201a   Vereinbaren zwei Wettbewerber, dass der eine von ihnen ein bestimmtes rechtlich zulässiges Verhalten im Wettbewerb unterlässt, kann es sich um eine **spürbare wettbewerbsbeschränkende Abrede** handeln, die unter § 1 GWB fällt und daher nichtig ist. Man stelle sich vor: Im sog. **„Kölner Zeitungskrieg",** bei dem es um die kostenlos vertriebene anzeigenfinanzierte Kölner Tageszeitung „20 Minuten Köln" ging – ein Vorhaben, das vom Springer-Verlag vor den Berliner Gerichten sowie vom Kölner DuMont-Verlag vor den Kölner Gerichten mit großem Engagement bekämpft wurde (vgl. BGHZ 157, 55 = GRUR 2004, 602 – 20 Minuten Köln) – hätte sich der beklagte Shibsted-Verlag mit einer Unterwerfungserklärung verpflichtet, das geplante Projekt einzustellen und den Kölner Zeitungsmarkt auch in Zukunft zumindest nicht mit einem anzeigenfinanzierten Blatt aufzumischen, hätte man darin einen Kartellverstoß erblicken können. Insofern kann auf die Rspr. zu schutzrechtsbezogenen Abgrenzungsverein-barungen zurückgegriffen werden (BGHZ 3, 193 = GRUR 1952, 141 – Tauchpumpe; BGHZ 16, 296 = GRUR 1955, 418 – Rote Herzwandvase; BGH GRUR 2011, 641 – Jette Joop); umgekehrt betrifft die Rspr. zur kartellrechtlichen Beurteilung von Abgrenzungsvereinbarungen teilweise lauterkeitsrechtliche Unterlassungsverträge (BGHZ 65, 147 = GRUR 1976, 323 – Thermalquelle; BGH GRUR 1983, 602 – Vertragsstraferückzahlung); diese Rspr. ist von dem Bestreben geprägt, auf der einen Seite die Möglichkeiten einer vergleichsweisen Beilegung von Streitigkeiten über den Bestand oder den Schutzumfang von Immaterialgüterrechten nicht über Gebühr einzuschränken, und auf der anderen Seite zu verhindern, dass unter dem Deckmantel eines angeblichen Ausschließlichkeitsrechts und unter Vortäuschung eines angeblichen Unterlassungsanspruchs die Marktzutrittsschranken für potentielle Wettbewerber künstlich hochgehalten werden (dazu Bornkamm FS Dirk Schroeder, 2018, 139 (143, 146)).

Es sind **zwei Komponenten,** die bei einem Unterlassungsvertrag die kartellrechtlichen **201b** Bedenken begründen können: **(1)** Ein typisches Indiz für eine unzulässige Wettbewerbsbeschränkung kann darin liegen, dass **kein ernsthafter, objektiv begründeter Anlass zu der Annahme besteht, dem Gläubiger stehe ein entsprechender Unterlassungsanspruch zu.** Dieses Kriterium lässt sich auch umkehren: Wird das vertraglich vereinbare Unterlassungsgebot von einem entsprechenden Unterlassungsanspruch des Gläubigers abgedeckt, hat sich also der Schuldner nur zu einer Unterlassung verpflichtet, zu der er ohnehin von Gesetzes wegen verpflichtet gewesen wäre, scheidet eine kartellrechtliche Nichtigkeit von vornherein aus. Der BGH räumt freilich den Parteien bei der Frage, ob und wie weit das vereinbarte von dem ohnehin rechtlich gebotenen Verhalten abweicht, einen **Beurteilungsspielraum** ein (BGH NZKart 2016, 591 Rn. 14 – Peek & Cloppenburg; GRUR 2011, 641 Rn. 19 – Jette Joop; dazu aus kartellrechtlicher Sicht krit. Bornkamm FS Dirk Schroeder, 2018, 139 (141, 147 f.)). **(2)** Die zweite Frage, die sich für die kartellrechtliche Beurteilung stellt, ist die, ob durch die Unterlassungsverpflichtung eine **Wettbewerbsbeschränkung bezweckt** worden ist. Handelt es sich bei der Unterlassungsverpflichtung der Sache nach um ein Vertriebs- oder um ein generelles Wettbewerbsverbot, das einen Mitbewerber aus einem bestimmten Markt heraushalten soll, lässt sich die bezweckte Wettbewerbsbeschränkung nicht bezweifeln. Ähnlich verhält es sich, wenn die Unterlassung, zu der sich der Schuldner verpflichtet, auf eine Gebietsaufteilung zwischen ihm und dem Gläubiger hinausläuft.

III. Beendigung des Unterwerfungsvertrages

1. Änderung der Rechtslage

a) Auflösende Bedingung. Ändern sich nachträglich die Umstände, die den Schuldner **202** veranlasst haben, eine **strafbewehrte Unterlassungserklärung** abzugeben, zB infolge einer **Gesetzesänderung,** infolge einer **Änderung der höchstrichterlichen Rspr,** oder einer verbindlichen Klärung einer umstrittenen Beurteilung durch eine höchstrichterliche Entscheidung iSd Schuldners, so fragt sich, ob der Schuldner noch **künftig** an seine Verpflichtung gebunden ist. Das ist nicht der Fall, wenn sich der Schuldner unter der **auflösenden Bedingung** zur Unterlassung verpflichtet hat, dass sich die Rechtslage zu seinen Gunsten ändert oder klärt (→ Rn. 190; BGHZ 133, 331 (333 f.) – Altunterwerfung II; BGH GRUR 1993, 677 (679) – Bedingte Unterwerfung; GRUR 1983, 127 (128) – Vertragsstrafeversprechen; Klaka GRUR 1983, 604; Teplitzky Wettbewerbsrechtliche Ansprüche/Kessen Kap. 8 Rn. 8; Ohly/Sosnitza/ Ohly § 8 Rn. 60; Hartwig FS Pagenberg, 2006, 301 (310 ff.)). Selbstverständlich wirkt die Auflösung des Unterwerfungsvertrages nur ex nunc.

Betrifft die Unterwerfung die (angebliche) Verletzung eines Schutzrechts, empfiehlt es sich, **203** eine **auflösende Bedingung für den Fall** zu vereinbaren, **dass das Schutzrecht entfällt** (dass zB die Marke gelöscht wird). Bei der Marke ist insofern Vorsicht geboten: Erfolgt die Unterwerfung wegen Verwendung des – glatt beschreibenden – Wortbestandteils einer Wort-/Bildmarke, kann diese Bedingung allerdings in die Irre führen, wenn die im Hinblick auf den glatt beschreibenden Wortbestandteil erwartete Löschung der Marke mit der Begründung verweigert wird, der Bildbestandteil sei – anders als der Wortbestandteil unterscheidungskräftig. So geschehen in dem vom BGH entschiedenen Fall fishtailparka: Hier hatte sich der Beklagte, der unter „fishtailparka.de" Armeekleidung vertrieb, gegenüber dem Kläger, dem Inhaber der Wort-/ Bildmarke „fishtailparkas", strafbewehrt zur Unterlassung verpflichtet, wobei beide Seiten davon ausgingen, dass die Marke wegen des Wortbestandteils „fishtailparkas" eingetragen worden und der Bildbestandteil lediglich eine für die Bestimmung der Unterscheidungskraft der Marke unerhebliche Verzierung und deshalb für die Verwechslungsgefahr ohne Bedeutung sei. Der BGH hat dem Beklagten nicht nur die Berufung auf die auflösende Bedingung, sondern auch auf eine Kündigung wegen Störung der Geschäftsgrundlage (→ Rn. 205 f.) verwehrt: Dass das DPMA entgegen der Erwartung der Parteien den Schutz der Wort-Bildmarke mit der Unterscheidungskraft des Bildbestandteils gerechtfertigt habe, sei kein Umstand, der einer Gesetzesänderung oder der Änderung einer höchstrichterlichen Rechtsprechung gleichstehe. Auch eine Vollstreckungsabwehrklage hätte – im Falle eines entsprechenden Unterlassungstitels – niemals auf diesen Umstand gestützt werden können (BGH GRUR 2014, 797 = WRP 2014, 948

Rn. 25 – fishtailparka; krit. zur vom BGH angenommenen Reichweite der vertraglichen Bindungswirkung Hoffmann GRUR 2021, 1029 (1032 ff.)). Die von der Erwartung beider Parteien abweichende Begründung der Schutzfähigkeit der Klagemarke durch das DPMA sei allein der **Risikosphäre der Beklagten** zuzuordnen, die die Unterlassungserklärung abgegeben habe (BGH GRUR 2014, 797 = WRP 2014, 948 Rn. 28 – fishtailparka).

204   Kritisch lässt sich hierzu allenfalls darauf hinweisen, dass die **wettbewerbsbeschränkende Wirkung** eines solchen Unterwerfungsvertrags unerörtert bleibt. Denn immerhin handelt es sich um eine Vereinbarung, die den Schutzbereich der Klagemarke auf den schutzunfähigen generischen Begriff „Fishtailparka" (= Parka der US-Armee, der im Rückenbereich deutlich länger ist als im vorderen Bereich) erstreckt.

205   **b) Kündigung wegen Störung der Geschäftsgrundlage.** Fehlt eine solche auflösende Bedingung, kann sich der Schuldner idR auf eine **Störung der Geschäftsgrundlage (§ 313 BGB)** berufen, da er sich gewöhnlich und für den Gläubiger erkennbar nur deshalb zur Unterlassung verpflichtet hat, weil beide Parteien davon ausgingen, das beanstandete Verhalten sei wettbewerbswidrig oder werde zumindest mit großer Wahrscheinlichkeit von den Gerichten als wettbewerbswidrig angesehen. Der Gläubiger kann nicht ohne weiteres annehmen, der Schuldner habe sich schlechthin für alle Zeiten zur Unterlassung auch eines Verhaltens verpflichten wollen, das keinem anderen, insbes. seinen Wettbewerbern, nicht untersagt ist. Das Risiko einer Änderung der Rechtslage durch Gesetz oder eine höchstrichterliche Entscheidung ist daher nicht vom Schuldner zu tragen. Maßgeblich dafür ist, dass der Schuldner in einem solchen Fall die Zwangsvollstreckung aus einem entsprechenden gerichtlichen Titel im Wege einer Vollstreckungsabwehrklage nach § 767 ZPO für unzulässig erklären lassen kann. Der Gläubiger hat an der Fortsetzung des Unterlassungsvertrags kein schützenswertes Interesse mehr, wenn ein entsprechender Unterlassungstitel mit der Vollstreckungsabwehrklage aus der Welt geschafft werden könnte (BGHZ 133, 316 (323) – Altunterwerfung I).

206   Die Störung der Geschäftsgrundlage führt zwar grds. nur zu einem **Anspruch auf Anpassung eines Vertrages** (§ 313 I BGB). Da jedoch eine derartige Anpassung nicht möglich ist, kann der Schuldner den Unterwerfungsvertrag nach § 313 III 2 BGB **kündigen** (Gottschalk GRUR 2004, 827 (828 f.); zum alten Schuldrecht BGHZ 133, 316 (327) – Altunterwerfung I; BGH GRUR 2001, 85 (86) – Altunterwerfung IV; Teplitzky Wettbewerbsrechtliche Ansprüche/Schaub Kap. 20 Rn. 25 ff.; Ohly/Sosnitza/Ohly § 8 Rn. 61). Einer Gesetzesänderung steht aber der Fall gleich, dass das dem Schuldner aufgrund eines wettbewerbsrechtlichen Unterlassungsanspruchs **untersagte Verhalten aufgrund einer höchstrichterlichen Leitentscheidung nunmehr eindeutig als rechtmäßig** zu beurteilen ist (BGHZ 181, 373 Rn. 17 f. – Mescher weis). Diese Grundsätze wird man auch auf andere grundlegende Änderungen der Rspr. (zB Einführung des Verbraucherleitbilds des EuGHs) anwenden können, wenn bspw. die als irreführend verbotene Werbung nach dem Verbraucherleitbild des EuGHs nunmehr zulässig ist (vgl. OLG Hamburg NJWE-WettbR 2000, 129 ff.).

207   Mittlerweile hat der BGH entschieden, dass ein **rechtsmissbräuchliches Verhalten bei einer Abmahnung einen wichtigen Grund für die Kündigung eines auf der Abmahnung beruhenden Unterwerfungsvertrages darstellen** könne (BGH GRUR 2019, 638 Rn. 12 – Kündigung der Unterlassungsvereinbarung). Es empfiehlt sich daher für den Schuldner, der eine für ihn lästige Unterlassungsvereinbarung eingegangen ist oder der seinen damals beanstandetes Verhalten inzwischen für rechtmäßig hält, die Szene zu beobachten und die Unterlassungsverpflichtung ggf. mit Blick auf eine inzwischen hervorgetretene Missbräuchlichkeit des Abmahnverhaltens des Gläubigers zu kündigen (dazu Dienstbühl WRP 2019, 981 ff.). Dabei ist freilich zu beachten, dass die Umstände, die für die Missbräuchlichkeit sprechen, nicht immer so eindeutig sind wie in dem vom BGH entschiedenen Fall. Dort hatte der Gläubiger nach den vom Berufungsgericht getroffenen Feststellungen seine umfassende Abmahntätigkeit allein zu dem Zweck, unter anderem Vertragsstrafeversprechen zu generieren, und angesichts seiner desolaten Vermögensverhältnisse in dem Bewusstsein betrieben, dass die Abgemahnten gegen ihn selbst im Falle eines Prozessgewinns keine Kostenerstattungsansprüche würden realisieren können (BGH GRUR 2019, 638 Rn. 36 – Kündigung der Unterlassungsvereinbarung). Auf der anderen Seite kann dem Schuldner, der nur Hinweise auf eine Missbräuchlichkeit des Verhaltens des Gläubigers hat, ohne in der Lage zu sein, die Umstände, die den Missbrauch belegen können, substantiiert darzutun, im Vertragsstrafeprozess die den Kläger treffende sekundäre Darlegungslast zur Hilfe kommen, wenn der Schuldner/Beklagte die dürftigen Umstände vorträgt, die aus seiner Sicht den Verdacht einer Missbräuchlichkeit der Abmahntätigkeit des

Klägers begründen (dazu Dienstbühl WRP 2019, 981 Rn. 15). Bei einem aufgrund missbräuchlicher Abmahnung abgeschlossenen Unterlassungsvertrag steht der **Geltendmachung von Vertragsstrafen** für Verstöße, die der Schuldner vor der (lediglich ex nunc wirkenden) Kündigung des Vertrags begangen hat, der Einwand des Rechtsmissbrauchs nach § 242 BGB entgegen (BGH GRUR 2019, 638 Rn. 33 f. – Kündigung der Unterlassungsvereinbarung).

Ist durch eine Gesetzesänderung nicht der durch die Unterwerfungserklärung gesicherte **208** Anspruch entfallen, sondern nur **die Sachbefugnis des Gläubigers** (zB eines Wettbewerbsvereins), kann wegen des Fortbestands des gesetzlichen Verbots nicht davon ausgegangen werden, dass dem Schuldner das Festhalten am Unterwerfungsvertrag schlechterdings unzumutbar ist. Dennoch kann dem Schuldner auch in diesem Fall ein Kündigungsrecht aus wichtigem Grund nach § 314 BGB zustehen (BGHZ 133, 316 – Altunterwerfung I). Gleiches gilt, wenn die Klagebefugnis eines Verbands mangels Eintragung in die Liste qualifizierter Wirtschaftsverbände gem. § 8b entfällt (OLG Hamm WRP 2023, 998 Rn. 37).

c) Wirkung ex nunc. Eine schon vor der Kündigung **verfallene und bezahlte** Vertragsstrafe **209** ist **nicht zurückzuzahlen.** Das gilt auch, wenn die Parteien erst nach Leistung der Vertragsstrafe von einer Entscheidung des BGH Kenntnis erlangt haben, durch die bereits vor der Zuwiderhandlung die bis dahin streitige Frage der Zulässigkeit der den Gegenstand der vertraglichen Unterlassungspflicht bildenden Art der Werbung bejaht worden war (BGH GRUR 1983, 602 (603) – Vertragsstraferückzahlung mAnm Klaka; OLG Köln WRP 2023, 237 Rn. 34).

d) Rechtsmissbräuchliche Geltendmachung des vertraglichen Vertragsstrafeanspruchs. **210** Versäumt es der Schuldner, den Unterwerfungsvertrag nach der Gesetzesänderung zu kündigen, und verstößt er gegen die (vertragliche) Unterlassungsverpflichtung, bleibt immer noch die Möglichkeit, dem Gläubiger den mangels Kündigung an sich noch gültigen Vertrag mit dem **Einwand des Rechtsmissbrauchs** aus der Hand zu schlagen. Dies führt zu einem **auf Treu und Glauben gestützten, nur ausnahmsweise anzunehmenden Fortfall der Bindungswirkung des Unterwerfungsvertrags.** Er beruht auf der Erwägung, dass dem Gläubiger das Vorgehen aus einem nicht rechtzeitig gekündigten Vertragsstrafeversprechen verwehrt sein muss, wenn ihm der durch die Unterwerfungserklärung gesicherte Anspruch **eindeutig nicht mehr zusteht** (BGHZ 133, 316 (329) – Altunterwerfung I; BGH GRUR 2001, 85 (86) – Altunterwerfung IV). Hierbei ist auch zu berücksichtigen, dass eine Vereinbarung, in der sich ein Unternehmen gegenüber einem Wettbewerber verpflichtet, ein zulässiges Werbeverhalten zu unterlassen, auch **kartellrechtlichen Bedenken** (§ 1 GWB) begegnet (→ Rn. 201a f.).

2. Anfechtung des Unterwerfungsvertrages

Hat sich der Schuldner zur Unterlassung verpflichtet, weil er vom Gläubiger durch eine falsche **211** Darstellung **arglistig getäuscht** worden ist, kann er den Vertrag nach § 123 BGB anfechten. Hat der Gläubiger nur **fahrlässig** gehandelt, so steht dem Schuldner wegen Verschuldens bei Vertragsschluss ein Anspruch auf **Rückgängigmachung** des Vertrages zu (§ 311 II BGB, § 280 I BGB, § 249 I BGB), jedenfalls dann, wenn der Vertragsschluss für den Schuldner wirtschaftlich nachteilig gewesen ist, was grds. zu bejahen sein wird (BGH NJW 1998, 302 (303); 1979, 1983 (1984); OLG Karlsruhe CR 1998, 361 mAnm Mankowski EWiR 1998, 959).

IV. Mehrere Gläubiger

1. Drittunterwerfung

Schrifttum: Doepner, Wiederholungsgefahr – Ausräumung mit Drittwirkung?, FS Mes, 2009, 71; Eichelberger, Die Drittunterwerfung im Wettbewerbsrecht, WRP 2009, 270.

a) Grundsatz. Ob bei mehreren Unterlassungsgläubigern die einem Gläubiger gegenüber **212** erklärte Unterwerfungserklärung ausreicht, um die **Wiederholungsgefahr auch** gegenüber allen anderen Gläubigern auszuräumen, war lange streitig, wird aber heute **allgemein bejaht,** nachdem der Bundesgerichtshof 1982 entschieden hat, dass die Wiederholungsgefahr **nur einheitlich** und nicht etwa unterschiedlich im Verhältnis zu verschiedenen Gläubigern beurteilt werden könne. Die Annahme einer im Verhältnis zu mehreren Gläubigern unterschiedlichen Wiederholungsgefahr verstoße gegen die Denkgesetze. Die Wiederholungsgefahr könne nur gegenüber allen Gläubigern bestehen oder gegenüber allen Gläubigern ausgeräumt sein. Ob diese

Wirkung eingetreten ist, ob also durch die Unterwerfungserklärung gegenüber einem Gläubiger die Wiederholungsgefahr generell entfallen ist, hängt von den Umständen des Einzelfalls ab, insbes. von der Beziehung des Schuldners zu dem Gläubiger, gegenüber dem er sich unterworfen hat (BGH GRUR 1983, 186 (187) – Wiederholte Unterwerfung I; GRUR 1987, 640 (641) – Wiederholte Unterwerfung II; GRUR 1989, 758 (759) – Gruppenprofil; Teplitzky Wettbewerbsrechtliche Ansprüche/Kessen Kap. 8 Rn. 38 ff.; Kessen GRUR 1983, 609 f.; Borck WRP 1985, 311 (312); Kues WRP 1985, 196 ff.; vgl. zur früheren Gegenmeinung Ch. Krüger GRUR 1984, 785 (787 ff.); Ahrens WRP 1983, 1 ff.; auch heute noch aA Gruber GRUR 1991, 354 ff.; ferner Doepner FS Mes, 2009, 71 ff., der die Entwicklung der Rspr. instruktiv, aber mit einer gewissen Wehmut schildert).

213   Die **Betonung der Einzelfallumstände** in den ersten Entscheidungen ist in der Praxis einer schematischeren **Bejahung des Wegfalls der Wiederholungsgefahr** gewichen, nachdem kaum Fälle vorgekommen sind, in denen sich Zweifel an der Ernsthaftigkeit der Unterwerfung und dem Verfolgungswillen des Gläubigers gezeigt haben. So lässt sich heute – ungeachtet der im Grundsatz immer noch gültigen Vorbehalte – feststellen, dass die **Wiederholungsgefahr idR** durch die Unterwerfung gegenüber einem anderen Gläubiger **entfällt.** Das ist auch angemessen. Denn die Fülle der Anspruchsberechtigten im Wettbewerbsrecht (Mitbewerber, Verbände) birgt für den Schuldner das Risiko, dass ein und derselbe Verstoß zum Gegenstand mehrerer gerichtlicher Verfahren gemacht wird. Damit wird dem Anspruchsgegner ein Risiko aufgebürdet, dem er sich nur dadurch entziehen kann, dass er sich gegenüber einem der Gläubiger unterwirft und auf diese Weise sämtliche Gläubiger klaglos stellt (vgl. BGH GRUR 1987, 640 (641) – Wiederholte Unterwerfung II; BGHZ 144, 165 (169 f.) – Missbräuchliche Mehrfachverfolgung;). Diese Einschätzung betrifft freilich stets Fälle, in denen der Dritte, gegenüber dem der Schuldner sich unterwirft, zuvor auch selbst abgemahnt und damit seine Bereitschaft gezeigt hat, das weitere Verhalten des Schuldners im Rahmen eines Unterwerfungsvertrags zu überwachen. Ist diese Voraussetzung nicht gegeben, ist es von vornherein mehr als zweifelhaft, ob die Drittunterwerfung die Wiederholungsgefahr hat entfallen lassen (→ Rn. 215).

214   **b) Gesamtwürdigung.** Die Wiederholungsgefahr kann durch eine **Drittunterwerfung** nur ausgeräumt sein, wenn die einem Gläubiger (Erstabmahner) abgegebene strafbewehrte Unterwerfungserklärung **geeignet** erscheint, den Verletzer **wirklich und ernsthaft** von Wiederholungen abzuhalten (→ Rn. 184 ff.). Den anderen Gläubigern stehen in diesem Fall keine Sanktionsmöglichkeiten zu. Es kommt deshalb auf die **Person** und die **Eigenschaften des Vertragsstrafegläubigers** und dessen Beziehungen zum Schuldner an, insbes. auf seine Bereitschaft und Eignung, die ihm zustehenden **Sanktionsmöglichkeiten** auszuschöpfen, so dass der Schuldner bei Zuwiderhandlungen mit Sanktionen rechnen muss und deshalb keine Zweifel an der **Ernsthaftigkeit** seiner Unterlassungserklärung bestehen (BGH GRUR 1983, 186 (188) – Wiederholte Unterwerfung I). Da die Wirkungen einer ernst gemeinten Unterwerfung sofort eintreten und die Wiederholungsgefahr später aufgrund weiterer Umstände grds. nicht mehr aufleben kann (→ Rn. 147, → Rn. 150), ist für die Prüfung der Erstabmahnung grds. auf den Zeitpunkt der Abgabe abzustellen. Das hindert nicht daran, in späteren Ereignissen einen Hinweis darauf zu finden, ob die Unterwerfung ernst gemeint war oder nicht.

215   Erfolgt die Unterwerfung **gegenüber einem Dritten, der** den Schuldner **zuvor nicht abgemahnt hat,** ist Vorsicht geboten (→ Rn. 146; vgl. ferner Strömer/Grootz WRP 2008, 1148 (1150 ff.); OLG Frankfurt NJW-RR 2003, 1430; OLG Stuttgart Urt. v. 20.5.2010 – 2 U 95/09, MD 2010, 876 = BeckRS 2010, 20988; so nunmehr auch Teplitzky Wettbewerbsrechtliche Ansprüche/Kessen Kap. 8 Rn. 41). Zu berücksichtigen ist, dass die Wiederholungsgefahr nur entfällt, wenn **mit dem Dritten ein Unterwerfungsvertrag zustande kommt.** Denn nur im Falle des Abschlusses einer solchen Vereinbarung droht dem Schuldner im Falle der Zuwiderhandlung die Vertragsstrafe. Allein die Aussicht, dass der Dritte das Angebot zum Abschluss eines solchen Unterwerfungsvertrags ohne Weiteres annehmen wird (→ Rn. 138, 170 ff.), kann im Falle der Unterwerfung gegenüber einem Dritten, der zuvor kein Interesse an der Geltendmachung des Unterlassungsanspruchs gezeigt hat, nicht als ausreichend angesehen werden. Auch Wettbewerbsverbände – etwa die Wettbewerbszentrale – zeigen idR wenig Interesse daran, solche ihnen aufgenötigten Unterwerfungserklärungen anzunehmen. Zur Drittunterwerfung muss in einem solchen Fall daher auch die **Annahme des Angebots durch den Empfänger der Drittunterwerfung** kommen. Darüber hinaus muss in jedem Einzelfall geprüft werden, ob die Drittunterwerfung ernst gemeint ist und ob der Dritte Gewähr dafür bietet, zukünftige Verstöße zu erkennen und zu verfolgen. Ist die Drittunterwerfung gegenüber einem

Wettbewerber erklärt worden, ist durchweg Skepsis angebracht; denn niemand weiß, ob nicht der Wettbewerber gegenüber dem Schuldner Zurückhaltung bei der Verfolgung von Zuwiderhandlungen oder Rückerstattung der gezahlten Vertragsstrafe versprochen hat. Außerdem muss sich der Schuldner stets fragen lassen, warum er sich nicht gegenüber dem Gläubiger unterwirft, wenn er doch vorhat, nicht erneut zu verstoßen (→ Rn. 146). Für die Ernsthaftigkeit einer Drittunterwerfung kann sprechen, dass die Unterwerfung des Schuldners vom erstabmahnenden Gläubiger abgelehnt worden ist (vgl. BGH GRUR 2023, 255 Rn. 45 – Wegfall der Wiederholungsgefahr III).

2. Einzelfragen

a) Ernsthaftigkeit. In der 22. Aufl. (Baumbach/Hefermehl, → 22. Aufl. 2001, Einl. **216** Rn. 280) hieß es noch, die Voraussetzungen für die Annahme einer **generellen Beseitigung der Wiederholungsgefahr** aufgrund einer vom Schuldner gegenüber dem **Erstabmahner** abgegebenen Unterwerfungserklärung würden wegen der hohen an die **Ernsthaftigkeit** der Unterlassungserklärung zu stellenden Anforderungen nur selten vorliegen. Das Gegenteil hat sich im Laufe der Zeit als richtig erwiesen. Im Allgemeinen bestehen keine Zweifel an der Ernsthaftigkeit der Erstunterwerfungen. Selten sind die Verhältnisse so eindeutig, wie in dem Fall des OLG Hamburg (GRUR-RR 2010, 73 Ls.), in dem ein Gebrauchtwagenhändler aus kollegialfürsorglichen Motiven die Unterwerfungserklärung eines Mitbewerbers entgegengenommen und im Prozess als Zeuge ausgesagt hatte, eine allfällige Vertragsstrafe mit dem Schuldner „auf dem Rummel teilen" zu wollen. Vielmehr ist der generelle Wegfall der Wiederholungsgefahr heute die Regel, nicht die Ausnahme. Im System von Abmahnung und Unterwerfung ist die Folge, die eine erste Unterwerfung auf die Ansprüche der anderen Gläubiger hat, unverzichtbar, weil andernfalls auf den Schuldner unangemessene Belastungen zukämen.

b) Drittunterwerfung im Prozess. Die Feststellung der Ernsthaftigkeit obliegt dem **Tat-** **217** **richter.** Eine während des Revisionsverfahrens einem **Dritten** gegenüber abgegebene strafbewehrte Unterlassungserklärung kann als neue Tatsache nicht mehr berücksichtigt werden (§ 559 I 1 ZPO; BGH GRUR 1989, 758 (759) – Gruppenprofil). Der Kläger kann eine solche Drittunterwerfung aber auch in der Revisionsinstanz noch zum Anlass nehmen, den Rechtsstreit in der Hauptsache für erledigt zu erklären. Auch wenn diese Erledigungserklärung einseitig bleibt (weil etwa der Beklagte auf dem Standpunkt steht, die Klage sei von Anfang an unbegründet gewesen) und daher als Feststellungsantrag zu behandeln ist, liegt darin eine im Revisionsverfahren ausnahmsweise zulässige Klageänderung, wenn kein Streit über das erledigende Ereignis besteht (→ Rn. 152).

c) Erstunterwerfung gegenüber regional tätigem Gläubiger. Gibt ein bundesweit tätiger **218** Schuldner gegenüber einem Gläubiger, der nur **regional tätig** ist, eine strafbewehrte Unterfungserklärung ab, wird inzwischen davon ausgegangen, dass – wenn keine Zweifel an der Ernsthaftigkeit bestehen – auch eine solche Erklärung die Wiederholungsgefahr bundesweit entfallen lässt (Teplitzky Wettbewerbsrechtliche Ansprüche/Kessen Kap. 8 Rn. 35). Dies gilt erst recht, wenn der lokal oder regional beschränkt tätige Erstgläubiger mit anderen gleichartigen Unternehmen in einem Konzern verbunden ist, so dass eine Koordinierung der Rechtsverfolgungsmaßnahmen – zumindest aus der Sicht des Schuldners – möglich und wahrscheinlich ist. Teplitzky (WRP 1995, 359 ff.) schlägt vor, die Ernsthaftigkeit des Schuldners, der sich gegenüber einem regionalen Wettbewerber unterworfen hat, auf folgende Weise auf die Probe zu stellen: Der Zweitgläubiger könne den Schuldner in einem solchen Fall auffordern, sich ihm gegenüber zu verpflichten, im Falle eines Verstoßes die dadurch verwirkte Vertragsstrafe an den Erstgläubiger zu zahlen. Auf diese Weise müsste der Schuldner auch bei Verstößen außerhalb des Tätigkeitsbereichs des Erstgläubigers mit dem Vertragsstrafeanspruch rechnen. Gehe der Schuldner – so Teplitzky – auf dieses Angebot nicht ein, liege darin ein Indiz für die mangelnde Ernsthaftigkeit der Erstunterwerfung (vgl. für eine ähnliche Konstellation BGH GRUR 1990, 530 (532) – Unterwerfung durch Fernschreiben).

d) Teilunterwerfung. Durch eine Drittunterwerfung entfällt **nicht** die Wiederholungsgefahr **219** gegenüber einem Gläubiger, wenn dieser **berechtigterweise** eine andere, etwa eine weitergehende Unterwerfungserklärung aufgrund desselben Wettbewerbsverstoßes verlangt, zB auch die Unterlassung einer Anzeige in nichtöffentlichen Mitteilungen und ohne zeitliche Befristung sowie der Durchführung einer angekündigten unzulässigen Verkaufsaktion (BGH GRUR 2002,

824 – Teilunterwerfung; OLG Frankfurt WRP 1987, 255 mAnm Traub; OLG Hamm WRP 1987, 261 (263)).

220   **e) Unzureichende Unterwerfungserklärung gegenüber Erstabmahner.** Hat sich der erstabmahnende Gläubiger mit einer **unzureichenden** Unterwerfungserklärung abgefunden, so ist die Wiederholungsgefahr nicht beseitigt. Die Wirkungen einer solchen unzulänglichen Unterwerfung beschränken sich auf den Gläubiger, gegenüber dem sie abgegeben worden ist. Ihm steht nur mehr der **vertragliche** (→ Rn. 197), nicht mehr der gesetzliche Unterlassungsanspruch zu, es sei denn, es läge Erstbegehungsgefahr vor.

221   **f) Verschweigen der Erstunterwerfung.** Verschweigt der Verletzer hartnäckig oder gar böswillig gegenüber einem Gläubiger eine Drittunterwerfung, so kann dies ausnahmsweise einen **Hinweis auf die fehlende Ernsthaftigkeit der Erstunterwerfung** geben (OLG Frankfurt WRP 1984, 413; KG WRP 1987, 322; 1986, 678 (680); Kues WRP 1985, 196 (200 f.)). Allein das Schweigen auf die Zweitabmahnung rechtfertigt aber einen solchen Schluss noch nicht (→ Rn. 81). Im Regelfall ist vielmehr die vom Zweitabnehmer in Unkenntnis der erfolgten Unterwerfung angestrengte Klage unbegründet. Die dadurch entstandenen Rechtsverfolgungskosten muss aber der Schuldner wegen Verletzung der ihn treffenden Aufklärungspflicht tragen (BGH GRUR 1987, 54 (55) – Aufklärungspflicht des Abgemahnten; → Rn. 81).

222   **g) Darlegungslast.** Beruft sich der Beklagte auf eine **Drittunterwerfung,** so obliegt es ihm, darzulegen und zu beweisen, dass die bereits von ihm abgegebene Unterwerfungserklärung geeignet war, die Wiederholungsgefahr generell für alle Gläubiger zu beseitigen (BGH GRUR 1987, 640 – Wiederholte Unterwerfung II, mAnm Lehmpfuhl GRUR 1987, 919 f.). Zweckmäßigerweise wird der Beklagte die strafbewehrte Unterwerfungserklärung mit dem Abmahnschreiben des Gläubigers vorlegen.

3. Wirkungen

223   **a) Keine weitere Unterwerfung erforderlich.** Ist die Wiederholungsgefahr durch eine strafbewehrte Unterwerfungserklärung des Schuldners gegenüber dem Erstabmahner **generell ausgeräumt** worden, erübrigt sich eine weitere strafbewehrte Unterwerfungserklärung gegenüber späteren Abmahnern. Der abgemahnte Schuldner ist jedoch bei einer **Mehrfachabmahnung** nach Treu und Glauben verpflichtet, den Zweitabmahner darüber **aufzuklären,** dass er wegen derselben Verletzungsverhandlung bereits dem Erstabmahner eine strafbewehrte Unterwerfungserklärung abgegeben hat. Zur **Aufklärungspflicht** des Abgemahnten bei **Mehrfachabmahnungen** → Rn. 80 f. – In Zweifelsfällen kann es sich für den Schuldner empfehlen, weiterem Streit durch die Abgabe einer weiteren Unterwerfungserklärung entgegenzuwirken, womit sich freilich dem Risiko der Doppelsanktion bei Zuwiderhandlungen aussetzt.

224   **b) Anspruch der anderen Gläubiger entfällt.** Eine von einem anderen Verletzten wegen desselben Wettbewerbsverstoßes erhobene Unterlassungsklage ist aufgrund der Beseitigung der Wiederholungsgefahr **unbegründet.** Das gilt auch für den Antrag auf Erlass einer einstweiligen Verfügung. Das Fehlen eigener Sanktions- und Durchsetzungsmöglichkeiten begründet für sich allein noch keine Wiederholungsgefahr (BGH GRUR 1983, 186 (187) – Wiederholte Unterwerfung I).

225   **c) Kein Wiederaufleben der Wiederholungsgefahr.** Eine durch Abgabe einer strafbewehrten Unterwerfungserklärung gegenüber einem Verletzten **entfallene Wiederholungsgefahr** lebt nicht wieder auf, wenn der Verletzer erklärt, die Verpflichtung künftig nicht mehr einhalten zu wollen (→ § 8 Rn. 1.56, → § 13 Rn. 147, 150; aA OLG Hamburg WRP 1986, 560). Eine solche Erklärung begründet aber eine Erstbegehungsgefahr und damit einen neuen Unterlassungsanspruch.

Vertragsstrafe

13a (1) **Bei der Festlegung einer angemessenen Vertragsstrafe nach § 13 Absatz 1 sind folgende Umstände zu berücksichtigen:**
1. **Art, Ausmaß und Folgen der Zuwiderhandlung,**
2. **Schuldhaftigkeit der Zuwiderhandlung und bei schuldhafter Zuwiderhandlung die Schwere des Verschuldens,**

3. Größe, Marktstärke und Wettbewerbsfähigkeit des Abgemahnten sowie
4. wirtschaftliches Interesse des Abgemahnten an erfolgten und zukünftigen Verstößen.

(2) Die Vereinbarung einer Vertragsstrafe nach Absatz 1 ist für Anspruchsberechtigte nach § 8 Absatz 3 Nummer 1 bei einer erstmaligen Abmahnung bei Verstößen nach § 13 Absatz 4 ausgeschlossen, wenn der Abgemahnte in der Regel weniger als 100 Mitarbeiter beschäftigt.

(3) Vertragsstrafen dürfen eine Höhe von 1 000 Euro nicht überschreiten, wenn die Zuwiderhandlung angesichts ihrer Art, ihres Ausmaßes und ihrer Folgen die Interessen von Verbrauchern, Mitbewerbern und sonstigen Marktteilnehmern in nur unerheblichem Maße beeinträchtigt und wenn der Abgemahnte in der Regel weniger als 100 Mitarbeiter beschäftigt.

(4) Verspricht der Abgemahnte auf Verlangen des Abmahnenden eine unangemessen hohe Vertragsstrafe, schuldet er lediglich eine Vertragsstrafe in angemessener Höhe.

(5) ¹Ist lediglich eine Vertragsstrafe vereinbart, deren Höhe noch nicht beziffert wurde, kann der Abgemahnte bei Uneinigkeit über die Höhe auch ohne Zustimmung des Abmahnenden eine Einigungsstelle nach § 15 anrufen. ²Das Gleiche gilt, wenn der Abgemahnte nach Absatz 4 nur eine Vertragsstrafe in angemessener Höhe schuldet. ³Ist ein Verfahren vor der Einigungsstelle anhängig, so ist eine erst nach Anrufung der Einigungsstelle erhobene Klage nicht zulässig.

Übersicht

Schrifttum: H.-J. Ahrens, Unterlassungsschuldnerschaft beim Wechsel des Unternehmensinhabers, GRUR 1996, 518; H.-J. Ahrens, Rechtspolitisch vorbildliche Instrumente der Anspruchsdurchsetzung im Wettbewerbsprozess, FS Lindacher, 2007, 1; S. Ahrens, Der Entwurf eines Gesetzes zur Stärkung des fairen Wettbewerbs, IPRB 2019, 153 und IPRB 2019, 178; Aigner, Beseitigung der Wiederholungsgefahr bei Abbedingung des § 348 HGB in der strafbewehrten Unterlassungserklärung?, GRUR 2007, 950; Aßhoff,

Mysterium Abmahnwelle – Der Referentenentwurf zum Schutz vor rechtsmissbräuchlicher Abmahnung und seine Wirksamkeit in der Praxis, CR 2018, 720; Bernreuther, Zur Auslegung und Inhaltskontrolle von Vertragsstrafevereinbarungen, GRUR 2003, 114; Bernreuther, Titelgläubiger, Vertragsgläubiger und erneuter Unterlassungsschuldner, WRP 2012, 796; Bernreuther, Das Merkmal „Ansprüche auf Grund dieses Gesetzes" und seine Auslegung – Zugleich Besprechung des Hinweisbeschlusses des BGH, 19.10.2016 – I ZR 93/15, WRP 2017, 1315; Böse, Höhe und Verwirkung von Vertragsstrafen in Unterwerfungserklärungen, MDR 2014, 809; Bornkamm, Unterlassungstitel und Wiederholungsgefahr, FS Tilmann, 2003, 769; Bornkamm, Das Schicksal des Unterlassungsanspruchs nach modifizierter Unterwerfung – Die vom Gläubiger nicht angenommene Unterwerfungserklärung –, FS Büscher, 2018, 441; Braunert, Der Fortsetzungszusammenhang im Recht des unlauteren Wettbewerbs nach dem Beschluss des Großen Strafsenats, KTS 1994, 441; Brehm, Zum Verhältnis von Vertragsstrafe und Vollstreckungszwang gemäß ZPO § 890, ZZP 111 (1998), 215; Brendler, Die Vertragsstrafe und ihre Grenzen: eine rechtsvergleichende Untersuchung des deutschen und englischen Rechts, 2019; Dienstbühl, Die außerordentliche Kündigung des Unterlassungsvertrages als (weitere) Ausnahme des Grundsatzes pacta sunt servanda – Zugleich Besprechung von BGH, 14.2.2019 – I ZR 6/17 – Kündigung der Unterlassungsvereinbarung, WRP 2019, 981; Eickemeier/Brodersen, Der Entwurf eines Gesetzes zur Stärkung des fairen Wettbewerbs, BB 2019, 1859; Feddersen, Gesetz zur Stärkung des fairen Wettbewerbs: Neuerungen bei Vertragsstrafe und Gerichtsstand, WRP 2021, 713; D. Fischer, Rechtsnatur und Funktionen der Vertragsstrafe im Wettbewerbsrecht unter besonderer Berücksichtigung der höchstrichterlichen Rechtsprechung, FS Piper, 1996, 205; Föhlisch, Das Gesetz zur Stärkung des fairen Wettbewerbs – weder Fluch noch Segen, Die wichtigsten Änderungen und ihre praktischen Auswirkungen im Überblick, CR 2020, 796; Fritzsche, Unterlassungsanspruch und Unterlassungsklage, 2000; Fritzsche, Anmerkungen zum Referentenentwurf für ein Gesetz zur Stärkung des fairen Wettbewerbs, WRP 2018, 1277; Fritzsche, Endlich: Das Gesetz zur Stärkung des fairen Wettbewerbs, WRP 2020, 1367; Gottschalk, UWG-Reform: Die Auswirkungen auf Vertragsstrafeversprechen und gerichtliche Unterlassungstitel, WRP 2004, 1321; Heckelmann/Wettig, Zur Frage der Angemessenheit von Vertragsstrafen oder: Nachdenken ist angesagt, WRP 2003, 184; C. Hess, Die Vertragsstrafe, Diss. 1993; G. Hess, Vertragsstrafe bei der Verteilung von Werbematerial, WRP 2004, 296; G. Hess, Vertragsstrafenklage und wettbewerbsrechtliche Gerichtszuständigkeit, FS Ullmann, 2006, 927; F. Hofmann, Versteckte Haftungsfalle im neuen UWG bei der Durchsetzung des Unterlassungsanspruchs durch Mitbewerber?, WRP 2021, 1; Hohlweck, Das Gesetz zur Stärkung des fairen Wettbewerbs – Heilmittel oder Placebo? WRP 2020, 266; Hohlweck, Das Gesetz zur Stärkung des fairen Wettbewerbs 2020 – Auswirkungen der Neuregelungen in der ersten und zweiten Instanz, WRP 2021, 719; Kaiser, Die Vertragsstrafe im Wettbewerbsrecht, Diss. 1999; Kefferpütz, Referentenentwurf zum UWG erschwert Abmahnungen – nicht nur bei Rechtsmissbrauch, GRUR-Prax 2018, 541; A. Klein, Keine Vertragsstrafe für die Schwebezeit, GRUR 2007, 664; Köhler, Der wettbewerbliche Unterlassungsvertrag: Rechtsnatur und Grenzen der Wirksamkeit, FS v. Gamm, 1990, 57; Köhler, Vertragliche Unterlassungspflichten, AcP 190 (1990), 496; Köhler, „Natürliche Handlungseinheit" und „Fortsetzungszusammenhang" bei Verstößen gegen Unterlassungstitel und strafbewehrte Unterlassungsversprechen im Wettbewerbsrecht, WRP 1993, 666; Köhler, Vereinbarung und Verwirkung der Vertragsstrafe, FS Gernhuber, 1993, 207; Köhler, Das strafbewehrte Unterlassungsversprechen im Wettbewerbsrecht, WiB 1994, 97; Köhler, Vertragsstrafe und Schadensersatz, GRUR 1994, 260; Köhler, Die Begrenzung wettbewerbsrechtlicher Ansprüche durch den Grundsatz der Verhältnismäßigkeit, GRUR 1996, 82; Köhler, Zur Verjährung des vertraglichen Unterlassungs- und Schadensersatzanspruchs, GRUR 1996, 231; Köhler, Die Auswirkungen der Unternehmensveräußerung auf gesetzliche und vertragliche Unterlassungsansprüche, WRP 2000, 921; Köhler, Stellungnahme zum Entwurf eines Gesetzes zur Stärkung des fairen Wettbewerbs, WRP 2019, 1550; Lettl, Der Entwurf eines Gesetzes zur Stärkung des fairen Wettbewerbs, WM 2019, 289; Lindacher, Streitwertunabhängige landgerichtliche Zuständigkeit für Vertragsstrafeklagen, FS Ullmann, 2006, 977; Lindacher, Dogmatik der wettbewerblichen Unterwerfungserklärung, FS Canaris, 2007, 1393; Lührig/Lux, Die Behandlung von Mehrfachverstößen gegen strafbewehrte Unterlassungserklärungen, FS Helm, 2002, 321; Mankowski, Für einen Wegfall des Fortsetzungszusammenhangs bei der Unterlassungsvollstreckung, WRP 1996, 1144; Metzger, Vertragsstrafen im Immaterialgüter- und Wettbewerbsrecht im Spiegel der aktuellen Rechtsprechung und Reformvorhaben, GRUR 2019, 1015; Möller, Bekämpfung des Abmahnmissbrauchs – sinnvolle Maßnahmen oder blinder Aktionismus?, ZRP 2018, 200; Möller, Das Gesetz zur Stärkung des fairen Wettbewerbs, NJW 2021, 1; Motejl/Rosenow, Entstehungsgeschichte, Zweck und wesentlicher Inhalt des Gesetzes zur Stärkung des fairen Wettbewerbs, WRP 2021, 699; Mörger, Ausgewählte Probleme im neuen UWG: Fortfall der Wiederholungsgefahr ohne Vertragsstrafeversprechen?, WRP 2021, 885; Münker, Abmahnmissbrauch wirksam bekämpfen – einfache und klare Lösungen erforderlich. Eine kritische Auseinandersetzung mit dem Referentenentwurf für ein Gesetz zur Stärkung des fairen Wettbewerbs, WRP 2018, 1410; Nieder, Außergerichtliche Konfliktlösung im gewerblichen Rechtsschutz, 1998; Nieder, Die vertragsstrafenbewehrte Unterwerfung im Prozessvergleich, WRP 2001, 117; Omsels/Zott, Ausgewählte Probleme im neuen UWG, WRP 2021, 278; Rätze, Gesetz zur Stärkung des (un)fairen Wettbewerbs, WRP 2020, 1519; Rieble, Das Ende des Fortsetzungszusammenhangs im Recht der Vertragsstrafe, WM 1995, 828; Rieble, Verjährung verhaltener Ansprüche – am Beispiel der Vertragsstrafe, NJW 2004, 2270; Rieble, „Kinderwärmekissen" und Vertragsstrafendogmatik – Besprechung von BGH, Urt. v. 17.7.2008 – I ZR 168/05, GRUR 2009, 181 – Kinderwärmekissen; Ring, Wesentliche Änderungen des UWG infolge des Anti-Abmahngesetzes, NJ 2021, 64; Schembecker, Die Neuregelungen zur Vertragsstrafe im UWG, GRUR-Prax 2021, 365; K. Schmidt, Unselbständige und selbständige Vertragsstrafeversprechen, Bemerkungen zur Akzessorietät der Vertragsstrafe, FS Heinrichs, 1998, 529; Schmitt-Gaedke/Arz, Die Vertragsstrafe: Fallstricke bei Vereinbarung und Durchsetzung, WRP 2015, 1196; Schuschke, Wiederholte Verletzungshandlungen: Natürliche Handlungseinheit, Fortsetzungszusammenhang und Gesamtstrafe im Rahmen des § 890 ZPO, WRP 2000, 1008; Skupin, Vertragsstrafenmonitoring und -durchsetzung – ein Spielfeld für Legal-Tech-Dienstleister?, GRUR-Prax 2021, 622; Sosnitza, Vom Fortsetzungszusammenhang zur natürlichen und rechtlichen Handlungseinheit – Vertragsstrafe und Ordnungsgeld, FS Lindacher, 2007, 161; Sosnitza, Wettbewerbsprozessuale Fragen nach dem „Gesetz zur Stärkung des fairen Wettbewerbs", GRUR 2021, 671; Steinbeck, Die strafbewehrte Unterlassungserklärung: ein zweischneidiges Schwert!, GRUR 1994, 90; Teplitzky, Die Rechtsfolgen der unbegründeten Ablehnung einer strafbewehrten Unterlassungserklärung, GRUR 1983, 609; Teplitzky, Die (Unterwerfungs)Vertragsstrafe in der neueren BGH-Rechtsprechung, WRP 1994, 709; Teplitzky, Unterwerfung oder Unterlassungsurteil? Zur Frage des aus der Verletzerperspektive „richtigen" Streiterledigungsmittels, WRP 1996, 171; Teplitzky, Die wettbewerbsrechtliche Unterwerfung heute, GRUR 1996, 696; Teplitzky, Die Auflösung von Unterwerfungsverträgen mit nicht mehr verfolgungsberechtigten Gläubigern, WRP 1996, 1004; Teplitzky, Aktuelle Probleme der Abmahnung und Unterwerfung sowie des Verfahrens der einstweiligen Verfügung im Wettbewerbs- und Markenrecht, WRP 2005, 654; Teplitzky, Die jüngste Rechtsprechung des BGH zum wettbewerbsrechtlichen Anspruchs- und Verfahrensrecht I bis XI, GRUR 1989, 661; GRUR 1990, 393; GRUR 1991, 709; GRUR 1992, 821; GRUR 1993, 857; GRUR 1994, 765; GRUR 1995, 627; GRUR 1997, 691; GRUR 1999, 1050; GRUR 2003, 272; GRUR 2007, 177; Traub, Die Anwendbarkeit des § 278 BGB auf die Erfüllung wettbewerbsrechtlicher Unterwerfungsversprechen, FS Gaedertz, 1992, 563; Ulrich, Die fortgesetzte Handlung im Zivilrecht, WRP 1997, 1; Ulrici, Die Eindämmung von Abmahnmissbrauch und das Recht der Vertragsstrafe, WRP 2019, 1117; Wilke/Jungeblut, Abmahnung, Schutzschrift und Unterlassungserklärung, 2. Aufl. 1995; Würtenberger/Freischem, Stellungnahme der GRUR zum Referentenentwurf eines Gesetzes zur Stärkung des fairen Wettbewerbs, GRUR 2019, 59.

A. Allgemeines

Durch das **Gesetz zur Stärkung des fairen Wettbewerbs** v. 26.11.2020 (BGBl. 2020 I **1** 2568) hat mit dem neuen § 13a erstmals eine Regelung über die Vertragsstrafe Eingang in das UWG gefunden. Zielrichtung des Gesetzes ist es, missbräuchlicher Anspruchsverfolgung im Lauterkeitsrecht entgegenzuwirken (vgl. BT-Drs. 19/12084, 1). Das Gesetz nimmt dabei nicht nur die lauterkeitsrechtliche Abmahnung in den Blick (§ 13 nF), sondern gestaltet auch das Recht der lauterkeitsrechtlichen Vertragsstrafe vorsichtig um. Mit der in § 13a I getroffenen Regelung über die Festlegung einer angemessenen Vertragsstrafe werden die bereits bisher in Rspr. und Lehre anerkannten Kriterien in das Gesetz überführt (→ Rn. 8). Mit der Höhe der Vertragsstrafe befassen sich auch § 13a III, der eine Obergrenze von 1.000 EUR für Bagatellverstöße vorsieht (→ Rn. 9), und § 13a IV, der erstmals eine lauterkeitsrechtliche Spezialregelung der Angemessenheitskontrolle enthält (→ Rn. 11). § 13a V schafft einen optionalen Einigungsstellenvorbehalt für Streitigkeiten über die Angemessenheit einer Vertragsstrafe (→ Rn. 17). § 13a II enthält eine Sonderregelung über den Ausschluss der Vertragsstrafe bei einer von einem Mitbewerber erstmalig vorgenommenen Abmahnung von Verstößen, für die nach § 13 IV der Aufwendungsersatzanspruch ausgeschlossen ist (→ Rn. 18).

B. Bedeutung des Vertragsstrafeversprechens

Die **Strafbewehrung ergänzt** das Unterlassungsversprechen. Sie ist immer dann erforderlich, **2** wenn Wiederholungs- und nicht nur Erstbegehungsgefahr besteht. Sie hat an sich eine **doppelte Zweckrichtung: Druckausübung** und **erleichterte Schadloshaltung.** Im Zusammenhang mit der Unterwerfung steht die erste Funktion im Vordergrund. Denn dem Gläubiger soll auch ohne Titel ein **Sanktionsinstrument** an die Hand gegeben werden, das den Schuldner zum Wohlverhalten veranlasst (BGHZ 49, 84 (89); 63, 256 (259); BGH NJW 1976, 1886; GRUR 1984, 72 (73) – Vertragsstrafe für versuchte Vertreterabwerbung; GRUR 2023, 255 Rn. 41 – Wegfall der Wiederholungsgefahr III; zur Schadensausgleichsfunktion BGHZ 63, 256 (259); GRUR 1994, 146 (148) – Vertragsstrafebemessung; Teplitzky Wettbewerbsrechtliche Ansprüche/Kessen Kap. 8 Rn. 19; Köhler GRUR 1994, 260 (262 f.)).

C. Arten der Vertragsstrafe

I. Absolute Vertragsstrafe

3 Im Allgemeinen wird für jeden Fall der Zuwiderhandlung die **Zahlung eines bestimmten Betrages** versprochen, wobei in der Vergangenheit häufig eine Höhe gewählt wurde, um die Zuständigkeit des Landgerichts zu erreichen. Ob das auch heute noch erforderlich ist, hängt davon ab, ob man die umfassende Zuständigkeit der Landgerichte für Klagen „in denen ein Anspruch auf Grund dieses Gesetzes geltend gemacht wird" (§ 14 I), über den Wortlaut hinaus auch auf Vertragsstrafeansprüche ausdehnt. Dies ist umstritten (→ § 14 Rn. 2 f.). Der BGH hat die Frage zunächst offengelassen (BGH GRUR 2012, 730 Rn. 23 – Bauheizgerät), dann aber – entgegen dem eigentlich zu keinen Zweifeln Anlass gebenden Gesetzeswortlaut – durch einen Hinweisbeschluss nach § 552a S. 1 ZPO (die vom OLG zugelassene Revision wurde daraufhin zurückgenommen) in einem obiter dictum in der Weise entschieden, dass **für Vertragsstrafeklagen stets – also unabhängig vom Streitwert – ausschließlich die Landgerichte zuständig** seien (BGH WRP 2017, 179 Rn. 22; zust. Goldbeck WRP 2017, 181; krit. Bernreuther WRP 2017, 1315).

4 Die Festlegung auf einen bestimmten Betrag ist in Fällen unbefriedigend, in denen zum Zeitpunkt der Unterwerfungserklärung noch nicht abzusehen ist, ob bei der Bemessung der Vertragsstrafe eine Zusammenfassung von Einzelverstößen in Betracht kommen wird oder nicht (→ Rn. 24 ff.). Lässt der Schuldner sich in einer solchen Situation auf eine hohe Vertragsstrafe ein, die bei einer Zusammenfassung von Einzelverstößen angemessen wäre, muss er mit exorbitant hohen Forderungen rechnen, wenn nachher eine solche Zusammenfassung doch ausscheidet. Besteht er dagegen auf einer niedrig bemessenen Vertragsstrafe, um dieser Gefahr vorzubeugen, wird dieses Versprechen uU nicht als ausreichend erachtet, um die Wiederholungsgefahr zu beseitigen. Außerdem läuft der Gläubiger, der sich mit einer solchen niedrigen Vertragsstrafe zufriedengibt, Gefahr, dass er im Falle einer Zusammenfassung von zahlreichen Verstößen nur eine verhältnismäßig niedrige Vertragsstrafe erhält (vgl. OLG Köln WRP 2004, 387 – Nichtzulassungsbeschwerde zurückgewiesen: BGH Beschl. v. 18.12.2003 – I ZR 147/03: Vertragsstrafe nur einmal verwirkt, weil die Zuwiderhandlung – Auslegen von Werbematerial in 74 Arztpraxen – auf einem Entschluss beruhte und sich als eine einzige Handlung darstellte). Deshalb empfiehlt es sich in solchen Fällen, eine relative Vertragsstrafe nach „neuem" Hamburger Brauch zu versprechen (→ Rn. 5; Hess WRP 2004, 296 f.). Wird auf eine betragsmäßige Fixierung der Vertragsstrafe in der Unterwerfungserklärung verzichtet, ist zunächst auch das Risiko gebannt, dass darin eine erhebliche Überhöhung iSv § 8c II Nr. 4 gesehen wird, die eine rechtsmissbräuchliche Anspruchsverfolgung indizieren kann (→ § 8c Rn. 20).

II. Relative Vertragsstrafe („bis zu … EUR")

5 Statt einer der Höhe nach unbegrenzten Vertragsstrafe ist es grds. auch zulässig und häufig auch empfehlenswert, die zu bestimmende Vertragsstrafe durch einen **Höchstbetrag** zu begrenzen (zB „Vertragsstrafe bis zu 5000 Euro"), und es nach § 315 I BGB dem Gläubiger zu überlassen, innerhalb des festgelegten Rahmens die für die konkrete Zuwiderhandlung angemessene Strafe zu bestimmen, wenn auch vorbehaltlich der Bestimmung der Angemessenheit gem. § 315 III BGB durch das Gericht (sog **„neuer" Hamburger Brauch;** vgl. BGH GRUR 1985, 155 (157) – Vertragsstrafe bis zu … I mAnm Ahrens; GRUR 1994, 146 (147) – Vertragsstrafebemessung; OLG Karlsruhe WRP 1982, 595; Ahrens Wettbewerbsprozess-HdB/Achilles Kap. 8 Rn. 53; Lührig/Lux FS Helm, 2002, 321 (333)). Durch einen solchen Bestimmungsrahmen wird das Risiko beider Parteien überschaubar und ein sachgerechter Interessenausgleich erreicht. Um den für den Gläubiger sich aus der gerichtlichen Nachprüfbarkeit der Angemessenheit (→ Rn. 11) ergebenden Nachteil auszugleichen, muss die Obergrenze des Rahmens so bemessen sein, dass der Gläubiger **schwerwiegenden Verstößen** mit einer entspr. höheren Strafe begegnen kann. Sie muss deshalb die Höhe einer fest bestimmten Strafe in angemessener Weise übersteigen (BGH GRUR 1985, 155 (157) – Vertragsstrafe bis zu … I). – Von rechtsökonomischer Seite wird gegen relative Vertragsstrafen der Einwand vorgebracht, sie schwächten die effektive Rechtsdurchsetzung und Abschreckung vor weiteren Rechtsverletzungen (Metzger GRUR 2019, 1015 (1022 f.)). Der Gesetzgeber des „Gesetzes zur Stärkung des fairen Wettbewerbs" teilt diese Skepsis allerdings nicht, sondern installiert eine zusätzliche Obergrenze (→ Rn. 9) und Angemessenheitskontrolle (→ Rn. 11).

Die **Angemessenheit** hängt dabei von den in § 13a I genannten Kriterien ab (→ Rn. 8). Für **6** den Regelfall wird, wenn kein fester Strafbetrag versprochen wird, als Obergrenze des Bestimmungsrahmens das **Doppelte** einer sonst fest bestimmten Vertragsstrafe anzusetzen sein. Aber auch wenn **keine Obergrenze** für die Vertragsstrafe genannt ist, ist eine einseitige Unterlassungserklärung, mit der die Bestimmung der Vertragsstrafe dem Gläubiger überlassen wird, als Ausdruck eines ernsthaften Unterlassungswillens geeignet, die Wiederholungsgefahr zu beseitigen (BGH GRUR 1990, 1051 (1052) – Vertragsstrafe ohne Obergrenze).

Die **Bestimmung der Strafe** kann nach § 317 BGB auch einem **Dritten** überlassen werden, **7** nicht jedoch unmittelbar dem Gericht (sog „alter" Hamburger Brauch; BGH GRUR 1978, 192 – Hamburger Brauch; KG WRP 1981, 145; OLG Frankfurt WRP 1976, 563 (565)). Aber ein solches Strafversprechen kann uU entgegen seinem Wortlaut dahin auszulegen sein, dass zuerst der Kläger die Höhe der Strafe zu bestimmen hat, und erst bei Nichteinigung das Gericht entscheidet (BGH GRUR 1978, 192 – Hamburger Brauch I; OLG Hamburg WRP 1968, 301). – Bei einer Vertragsstrafe nach „Hamburger Brauch" beginnt die regelmäßige **Verjährungsfrist** nicht, bevor der Gläubiger die Höhe der vom Schuldner verwirkten Vertragsstrafe festgelegt hat und der Vertragsstrafenanspruch damit fällig geworden ist (BGH WRP 2023, 71 Rn. 35 – Vertragsstrafenverjährung).

D. Höhe der Vertragsstrafe

I. Zu berücksichtigende Umstände (§ 13a I)

§ 13a I nennt die für die Angemessenheit einer Vertragsstrafe maßgeblichen Kriterien: (1) Art, **8** Ausmaß und Folgen der Zuwiderhandlung, (2) Schuldhaftigkeit der Zuwiderhandlung und bei schuldhafter Zuwiderhandlung die Schwere des Verschuldens, (3) Größe, Marktstärke und Wettbewerbsfähigkeit des Abgemahnten, (4) wirtschaftliches Interesse des Abgemahnten an erfolgten und zukünftigen Verstößen. Damit haben die bereits bisher anerkannten Gesichtspunkte Eingang in das Gesetz erhalten, die unter Würdigung der im jeweiligen Einzelfall gegebenen Umstände anzuwenden sind (vgl. BGH GRUR 1983, 127 (129) – Vertragsstrafeversprechen; GRUR 1984, 72 (74) – Vertragsstrafe für versuchte Vertreterabwerbung; GRUR 1985, 155 (157) – Vertragsstrafe bis zu … I; GRUR 1994, 146 (147) – Vertragsstrafebemessung; OLG Oldenburg GRUR-RR 2010, 252). Zu Ausmaß und Folgen der Zuwiderhandlung iSv § 13 I Nr. 1 gehört auch die Gefährlichkeit für den Gläubiger (vgl. BGH GRUR 1984, 72 (74) – Vertragsstrafe für versuchte Vertreterabwerbung) und das nachträglich gezeigte Verhalten des Verletzers (BGH GRUR 1983, 127 (129) – Vertragsstrafeversprechen; OLG Dresden WRP 2018, 978). Soweit in § 13 I Nr. 3 und 4 vom „Abgemahnten" die Rede ist, ist der Verletzer gemeint. Im Falle der nachträglichen Bestimmung (Hamburger Brauch) oder im Falle der späteren Herabsetzung durch das Gericht ist für die Höhe der Vertragsstrafe außer der Sanktionsfunktion ihre Funktion als pauschalierter (Mindest-)Schadensersatz maßgeblich (BGH GRUR 1994, 146 (148) – Vertragsstrafebemessung; ferner Köhler GRUR 1994, 260 (262 f.) zur Berücksichtigung eines festgestellten Schadens; → Rn. 35). Um als Druckmittel zu wirken, muss die Vertragsstrafe so hoch sein, dass ein Verstoß sich für den Verletzer voraussichtlich nicht mehr lohnt (OLG Hamm WRP 1978, 395 (397); KG WRP 1987, 322). Bietet der Schuldner eine zu niedrige Strafe an, kann der Gläubiger die Unterlassungserklärung als unzureichend zurückweisen; dann liegen Wiederholungsgefahr und Klageveranlassung vor. – Bei der Bemessung der Vertragsstrafe nach Hamburger Brauch ist ein für dieselbe Zuwiderhandlung bereits gerichtlich verhängtes Ordnungsgeld zu berücksichtigen (BGH GRUR 2010, 355 Rn. 32 – Testfundstelle).

II. Deckelung der Vertragsstrafe (§ 13a III)

§ 13a III schreibt vor, dass Vertragsstrafen eine Höhe von 1.000 EUR nicht überschreiten **9** dürfen, wenn die Zuwiderhandlung angesichts ihrer Art, ihres Ausmaßes und ihrer Folgen die Interessen von Verbrauchern, Mitbewerbern und sonstigen Marktteilnehmern in nur unerheblichem Maße beeinträchtigt und wenn der Abgemahnte in der Regel weniger als 100 Mitarbeiter beschäftigt. Die Gesetzesbegründung spricht von „einfachen Fällen", in denen eine höhere Vertragsstrafe unverhältnismäßig sein könne (BT-Drs. 19/12084, 34). Die Beschränkung auf

Fälle, in denen der Abgemahnte weniger als 100 Mitarbeiter hat, soll Unternehmen schützen, „die aufgrund ihrer relativ geringen Größe bei der rechtskonformen Gestaltung ihres Internet-Auftritts oft besonderen Schwierigkeiten begegnen" (BT-Drs. 19/22238, 18). Die Einführung einer solchen „Bagatellklausel" wirft im Hinblick auf das lauterkeitsrechtliche **Relevanz- und Spürbarkeitskriterium** Abgrenzungsfragen auf: Ansprüche nach dem UWG setzen voraus, dass ein Rechtsverstoß geeignet ist, das wirtschaftliche Verhalten des Verbrauchers wesentlich zu beeinflussen, ihn also zu einer geschäftlichen Entscheidung zu veranlassen, die er andernfalls nicht getroffen hätte (vgl. § 3 II iVm § 2 I Nr. 11) oder die Interessen von Verbrauchern, sonstigen Marktteilnehmern oder Mitbewerbern spürbar zu beeinträchtigen (vgl. § 3a). Nach der Vorstellung des Gesetzgebers soll es sich im Rahmen des § 13a II um eine andere Prüfung handeln, weil die von dieser Vorschrift vorausgesetzte Interessenbeeinträchtigung anhand des konkreten Einzelfalls bewertet werden müsse, wohingegen für die Annahme von Relevanz und Spürbarkeit iSv § 3 II, § 3a die objektive Eignung und Wahrscheinlichkeit zur Beeinträchtigung der Interessen von Marktteilnehmern reiche (BT-Drs. 19/12084, 34). Inwieweit diese begrifflichen Differenzierung mit Leben erfüllt werden kann, wird die zukünftige Praxis zeigen. Nach dem Inhalt der Gesetzesbegründung liegt jedenfalls keine nur unerhebliche Beeinträchtigung iSd § 13a III vor, wenn angesichts des Umfangs der Geschäftstätigkeit des Gewerbetreibenden eine **größere Zahl von Verbrauchern** betroffen ist. Hingegen soll auch im Falle eines Verstoßes gegen unionsrechtliche Informationspflichten die Annahme einer unerheblichen Beeinträchtigung in Betracht kommen (vgl. BT-Drs. 19/12084, 34). Maßgeblicher **Beurteilungszeitpunkt** für die Anwendung der in § 13a II vorgesehenen Obergrenze ist – ebenso wie bei der Angemessenheitskontrolle nach § 13a IV (→ Rn. 11) – der **Zeitpunkt der letzten mündlichen Tatsachenverhandlung** im Vertragsstrafenprozess („ex-post"-Sicht; vgl. Kefferpütz GRUR-Prax 2018, 541 (543); Ulrici WRP 2019, 1117 (1120)). Die Obergrenze des § 13a II gilt auch bei der **gerichtlichen Kontrolle** der Ausübung des einseitigen Bestimmungsrechts des Gläubigers nach § 315 BGB im Falle des „Hamburger Brauchs".

10   Von der Regelung erfasst sind Abgemahnte, die in der Regel weniger als 100 Mitarbeiter beschäftigen. Die Anzahl der Mitarbeiter soll nach Maßgabe des § 23 I 4 KSchG ermittelt werden (vgl. BT-Drs. 19/22238, 18). Danach sind bei der Feststellung der Zahl der beschäftigten Arbeitnehmer teilzeitbeschäftigte Arbeitnehmer mit einer regelmäßigen wöchentlichen Arbeitszeit von nicht mehr als 20 Stunden mit 0,5 und nicht mehr als 30 Stunden mit 0,75 zu berücksichtigen (auch → Rn. 21, → § 13 Rn. 105d).

III. Unangemessen hohe Vertragsstrafe (§ 13a IV)

11   Nach § 13a IV schuldet der Abgemahnte, der auf Verlangen des Abmahnenden eine unangemessen hohe Vertragsstrafe verspricht, lediglich eine Vertragsstrafe in angemessener Höhe. Damit reagiert der Gesetzgeber auf den Umstand, dass unter der Geltung des § 343 BGB die versprochene Vertragsstrafe – wenn nichts anderes vereinbart ist – nur unter **Nichtkaufleuten** herabgesetzt werden kann (§ 343 BGB). Für **Kaufleute** gilt grds. **§ 348 HGB;** danach kann eine Vertragsstrafe, die ein Kaufmann im Betriebe seines Handelsgeschäftes versprochen hat, nicht nach § 343 BGB herabgesetzt werden. Diesen in der Gesetzesbegründung als „im Bereich des Lauterkeitsrechts unbillig" beschriebenen Zustand soll die neue Vorschrift des § 13a IV korrigieren (vgl. BT-Drs. 19/12084, 34). Die Tragweite dieser Korrektur ist allerdings überschaubar, da schon bisher anerkannt war, dass § 348 HGB abbedungen werden kann (Teplitzky Wettbewerbsrechtliche Ansprüche/Kessen Kap. 8 Rn. 30g sowie Teplitzky Wettbewerbsrechtliche Ansprüche/Schaub Kap. 20 Rn. 8, 16; Staudinger/Rieble, 2015, BGB § 343 Rn. 47 ff.), ohne dass das Vertragsstrafeversprechen dadurch seine Qualität zur **Beseitigung der Wiederholungsgefahr** verliert (Teplitzky Wettbewerbsrechtliche Ansprüche/Kessen Kap. 8 Rn. 30h; Staudinger/Rieble, 2015, BGB § 343 Rn. 48; Ahrens Wettbewerbsprozess-HdB/Achilles Kap. 8 Rn. 62), wovon auch vielfach Gebrauch gemacht wurde. Zudem führt im Falle des „Hamburger Brauchs" die Ausübung des Leistungsbestimmungsrechts durch Gläubiger oder Dritten unabhängig von einer etwaigen Abbedingung des § 348 HGB ohnehin zur Billigkeitskontrolle nach §§ 315 II und 319 I BGB (Metzger GRUR 2019, 1015 (1021)). Jedenfalls bedarf es zukünftig aufgrund des § 13a IV bei der Vereinbarung betragsmäßig fixierter Vertragsstrafen wegen lauterkeitsrechtlicher Verstöße keiner Abbedingung des § 348 HGB mehr. Maßgeblicher Beurteilungszeitpunkt für die Angemessenheitskontrolle nach § 13a IV ist – nicht anders als im Falle des § 343 BGB (vgl. Staudinger/Rieble, 2015, BGB § 343 Rn. 140; MüKoBGB/Gottwald, 9. Aufl. 2022, BGB § 343 Rn. 20) – der **Zeitpunkt der letzten mündlichen Tatsachenverhandlung**

E. Ausschluss der Vertragsstrafe (§ 13a II)

Nach § 13a II ist die Vereinbarung einer Vertragsstrafe bei einer von einem Mitbewerber **18** erstmalig vorgenommenen Abmahnung von Verstößen ausgeschlossen, für die nach § 13 IV kein Aufwendungsersatzanspruch besteht, wenn der Abgemahnte in der Regel weniger als 100 Mitarbeiter beschäftigt. Die in Bezug genommene Regelung des § 13 IV schließt den Aufwendungsersatzanspruch für Mitbewerber iSv § 8 III Nr. 1 aus bei **1.** im elektronischen Geschäftsverkehr oder in Telemedien begangenen Verstößen gegen gesetzliche Informations- und Kennzeichnungspflichten **oder 2.** sonstigen Verstößen gegen die DS-GVO und das BDSG durch Unternehmen sowie gewerblich tätige Vereine mit in der Regel weniger als 250 Mitarbeitern (zu dieser Regelung und ihrer Begründung iE → § 13 Rn. 105a ff.). Nach der Gesetzesbegründung soll durch § 13a II „Abmahnungen, die allein das Ziel der Generierung von Vertragsstrafen verfolgen, (…) die Grundlage entzogen" [werden] (BT-Drs. 19/12084, 33). Die Beschränkung auf Fälle, in denen der Abgemahnte weniger als 100 Mitarbeiter hat, soll Unternehmen schützen, „die aufgrund ihrer relativ geringen Größe bei der rechtskonformen Gestaltung ihres Internet-Auftritts oft besonderen Schwierigkeiten begegnen" (BT-Drs. 19/22238, 18).

Die Auswirkungen dieser Sonderregelung sind **gravierend:** Darf ein Mitbewerber in den **19** betroffenen Fällen nach einer (auf eigene Kosten vorgenommenen) Abmahnung keine Vertragsstrafe vereinbaren, fehlt einer etwaigen Unterwerfungserklärung des Abgemahnten die Eignung zur Ausräumung der Wiederholungsgefahr (→ § 8 Rn. 1.48; → § 13 Rn. 138). Im Ergebnis können also Mitbewerber und abgemahnte Unternehmen mit weniger als 100 Mitarbeitern die bezeichneten Rechtsverletzungen bei erstmaliger Abmahnung **nicht mehr außergerichtlich beilegen.** Ist die Anspruchsverfolgung durch Mitbewerber auf diese Weise erschwert, kommt den qualifizierten Wirtschaftsverbänden und qualifizierten Einrichtungen iSv § 8 III Nr. 2 und 3 umso größere Verantwortung dafür zu, dass in den hier betroffenen Bereichen der Rechtsdurchsetzung – insbesondere mit Blick auf die verbraucherschützenden Informationspflichten – kein Vollzugsdefizit entsteht.

Entgegen einigen Stimmen in Rechtsprechung und Literatur (OLG Schleswig WRP 2021, **19a** 950; Buchmann/Panfili K&R 2021, 21 (24); Sosnitza GRUR 2021, 671 (675)) ist § 13a II **nicht dahin zu verstehen,** dass unter den in der Vorschrift genannten Voraussetzungen die Beseitigung der Wiederholungsgefahr durch Unterwerfung **ohne Übernahme einer Vertragsstrafenverpflichtung** möglich ist. Die Zielsetzung des Gesetzgebers beschränkte sich darauf, Abmahnungen zu unterbinden, die „allein das Ziel der Generierung von Vertragsstrafen verfolgen" (BT-Drs. 19/12084, 33). Dem Gesetzgeber war, wie aus dem in der Gesetzesbegründung gegebenen Hinweis auf die fortbestehende Möglichkeit der Unterwerfung gegenüber nach § 8 III Nr. 2–4 aktivlegitimierten Gläubigern folgt (BT-Drs. 19/12084, 33 f.; vgl. auch Motejl/Rosenow WRP 2021, 699 Rn. 28), bewusst, dass er mit der Regelung des § 13a II in den darin genannten Fällen die Möglichkeit der außergerichtlichen Streitbeilegung beseitigt (vgl. Mörger WRP 2021, 885 Rn. 16). Es ist auch systematisch verfehlt, in § 13 I („durch Abgabe einer mit einer angemessenen Vertragsstrafe bewehrten Unterlassungsverpflichtung") die Möglichkeit hineinzulesen, eine die Wiederholungsgefahr ausräumende Unterlassungserklärung bedürfe in den in § 13a II genannten Fällen keiner Vertragsstrafenverpflichtung (OLG Nürnberg WRP 2023, 1009 Rn. 44 f.; aA OLG Schleswig WRP 2021, 950). Der Begriff der angemessenen Vertragsstrafe wird in § 13a I näher ausgestaltet; die Vorschrift des § 13a II befasst sich hingegen nicht mit der „angemessenen Vertragsstrafe", sondern allein dem Ausschluss der Möglichkeit, eine Vertragsstrafe zu vereinbaren. Die Neuregelung berührt daher weder den Bestand des (auch vom Mitbewerber weiter gerichtlich durchsetzbaren) Unterlassungsanspruchs noch das grundlegende Konzept der Wiederholungsgefahr und ihres Entfallens durch strafbewehrte Unterlassungserklärung (vgl. OLG Nürnberg WRP 2023, 1009 Rn. 44 f.; Büscher/Büscher Rn. 10; jurisPK-UWG/Spoenle Rn. 16; Hofmann WRP 2021, 4 Rn. 18; Feddersen WRP 2021, 713 Rn. 13; Möller NJW 2021, 1 (7 f.); Omsels/Zott WRP 2021, 278 Rn. 67; Ulrici WRP 2019, 1117 Rn. 22; eingehend → § 8 Rn. 1.48a ff.).

§ 13a II erfasst nur die Fälle **erstmaliger** Abmahnung. Nach dem mit der Regelung ver- **20** folgten Zweck ist davon auszugehen, dass es sich hierbei um die erste Abmahnung im betroffenen Beteiligtenverhältnis handeln muss. Der Begrenzungseffekt der Regelung wäre dahin, wenn auf die Folgeabmahnung eines anderen Mitbewerbers eine Vertragsstrafe vereinbart werden dürfte. Ob die Regelung dahin zu verstehen ist, dass der Mitbewerber denselben Verstoß bei ausbleibender Reaktion des Abgemahnten nochmals abmahnen und nunmehr auch eine Vertragsstrafe vereinbaren kann (so Fritzsche WRP 2020, 1367 Rn. 47), muss angesichts der restriktiven Intention des Gesetzgebers (→ Rn. 18) bezweifelt werden. Andererseits ist für ein und denselben Mitwerber die mit der Abmahnung eines Folgeverstoßes eingeleitete Rechtsverfolgung den genannten Restriktionen unabhängig davon nicht mehr unterworfen, ob es sich um einen gleich oder anders gelagerten Verstoß handelt.

21   Eine entgegen § 13a II getroffene Vertragsstrafenvereinbarung ist unwirksam (§ 134 BGB); eine darauf gezahlte Vertragsstrafe unterliegt der Kondiktion gem. § 812 I 1 Alt. 1 BGB (vgl. jurisPK-UWG/Spoenle Rn. 18). Zu den tatbestandlichen Voraussetzungen des in § 13a II in Bezug genommenen § 13 IV iE → § 13 Rn. 105a ff. § 13a II modifiziert diese insofern, als für beide Nummern des § 13 II der Grenzwert von weniger als 100 Mitarbeitern gilt. Die Anzahl der Mitarbeiter soll auch hier nach Maßgabe des § 23 I 4 KSchG ermittelt werden (vgl. BT-Drs. 19/22238, 18; → § 13 Rn. 105g).

F. Vertragsstrafeversprechen zugunsten eines Dritten

22   Die **Vertragsstrafe** soll auf den Schuldner **Druck ausüben,** künftig nicht mehr wettbewerbswidrig zu handeln. Dieser Druck ist idR schwächer, wenn die Strafe nicht an den Gläubiger, sondern an einen unbeteiligten **Dritten,** bspw. an eine gemeinnützige Einrichtung, zu zahlen ist. Daher kann das Versprechen, die Vertragsstrafe nicht an den Gläubiger, sondern an einen Dritten zu zahlen, **Zweifel an der Ernstlichkeit** der Unterlassungserklärung begründen, wobei die Rspr. aber ganz auf die Umstände des Einzelfalls abstellen möchte (BGH GRUR 1987, 748 (749 f.) – Getarnte Werbung II mAnm Jacobs). Eine solche Unterwerfungserklärung birgt das erhebliche Risiko, dass ihr später nicht die Eigenschaft zuerkannt wird, die Wiederholungsgefahr zu beseitigen, zumal kaum auszuschließen ist, dass die Zahlung der Vertragsstrafe an die Stelle einer Spende tritt, die der Schuldner ohnehin an die Einrichtung gezahlt hätte (vgl. LG Köln WRP 2013, 123: Zahlungsversprechen zugunsten SOS-Kinderdorf). Die Situation ist nicht vergleichbar mit der Drittunterwerfung. Denn der Schuldner, der eine solches Vertragsstrafeversprechen abgibt, möchte offenbar den Gläubiger düpieren; außerdem verschafft ihm jede verwirkte Vertragsstrafe die moralische Genugtuung, sich für einen guten Zweck eingesetzt zu haben (so mit Recht Teplitzky GRUR 1996, 696 (700)). Schließlich lässt sich fragen, ob der Schuldner nicht auch darauf spekuliert, dass der Gläubiger wenig Interesse haben wird, Vertragsstrafeansprüche zugunsten eines Dritten – notfalls auch vor Gericht – geltend zu machen.

23   Dem Umstand, dass die Vertragsstrafe nicht nur Druck auf den Schuldner ausüben soll, sondern ihr auch eine **Schadensersatzfunktion** zukommt (arg. § 340 II BGB; vgl. BGHZ 63, 256 (259)), die sie nicht erfüllen kann, wenn sie etwa einer gemeinnützigen Einrichtung zufließt, hat dagegen auf den Wegfall der Wiederholungsgefahr **keinen Einfluss** (BGH GRUR 1987, 748 (750) – Getarnte Werbung II). Denn dann müsste auch an der Vollwertigkeit von Unterwerfungserklärungen gezweifelt werden, die gegenüber Wettbewerbsverbänden abgegeben werden, denen kein Schadensersatzanspruch zusteht, so dass im Verhältnis zu ihnen die Schadensersatzfunktion stets ausscheidet (BGH GRUR 1970, 559 (560) – Sanatorium; Teplitzky Wettbewerbsrechtliche Ansprüche/Kessen Kap. 8 Rn. 21 ff.; vgl. auch Ahrens Wettbewerbsprozess-HdB/Achilles Kap. 8 Rn. 29 f.). Ein Verband ist also wegen der im Verhältnis zu ihm ausfallenden Schadensersatzfunktion der Vertragsstrafe nicht genötigt, sich auf ein Strafversprechen zugunsten eines geschädigten Mitbewerbers einzulassen. Allein maßgeblich ist, ob mit dem Versprechen zugunsten eines Dritten noch der **Sicherungs- oder Abschreckungszweck** der Strafe erreicht wird.

G. Zusammenfassung von Einzelverstößen

I. Abschied vom Fortsetzungszusammenhang

24   Während in der Vergangenheit das Rechtsinstitut des **Fortsetzungszusammenhangs** auch für fahrlässige Verstöße herangezogen wurde (vgl. noch BGHZ 121, 13 (15 f.) = NJW 1993, 721 – Fortsetzungszusammenhang), hat der BGH mit der Entscheidung **„Trainingsvertrag"** v. 25.1.2001 einen Wandel eingeleitet und seine frühere Rspr. aufgegeben (BGHZ 146, 318 (324)

= NJW 2001, 2622; dazu Rieble LM BGB § 157 (Gh) Nr. 10; Schuschke BGHR 2001, 475; Lührig/Lux FS Helm, 2002, 321 (322 ff.); noch offengelassen in BGH GRUR 1998, 471 (473) – Modenschau im Salvatorkeller). Als Begründung führt der BGH an, die frühere Auffassung berücksichtige nicht hinreichend, dass Grundlage für Vertragsstrafeforderungen **allein der konkrete Vertrag** ist. Die Frage, in welchem Umfang bei mehrfachen Verstößen gegen die Unterlassungsverpflichtung Vertragsstrafen verwirkt sind, könne nur nach einer **Vertragsauslegung im Einzelfall** entschieden werden, nicht nach festen Regeln für alle einschlägigen Fälle, wie sie aus einem Rechtsbegriff abgeleitet werden könnten (BGHZ 146, 318 (324) = NJW 2001, 2622). Für die Frage, welchen Inhalt das Versprechen einer Vertragsstrafe „für jeden Fall der Zuwiderhandlung" hat, kommt es damit auf die inhaltliche Ausgestaltung **des Unterlassungsvertrages** an, bei der die Parteien grds. frei sind (vgl. BGHZ 121, 13 (15) = NJW 1993, 721 – Fortsetzungszusammenhang). Ist der Wortlaut der Vereinbarung auslegungsbedürftig und ein eindeutiger Vertragswille der Parteien nicht zu erkennen, muss auf den **objektiv erkennbaren Erklärungsinhalt** des Unterlassungsversprechens abgestellt werden (BGHZ 146, 318 (322 f.) = NJW 2001, 2622 – Trainingsvertrag; BGHZ 33, 163 (164 f.) = NJW 1960, 2332 – Krankenwagen II; BGHZ 121, 13 (17) = NJW 1993, 721 – Fortsetzungszusammenhang).

II. Möglichkeiten der Zusammenfassung von Einzelbeiträgen

Verspricht ein Schuldner die Zahlung einer Vertragsstrafe „für jeden Fall der Zuwiderhand- **25** lung", kann die **Auslegung** des Versprechens – ebenso wie in der Vergangenheit – ergeben, dass mehrere zeitlich nicht zu weit auseinanderliegende Einzelverstöße, die auf **fahrlässigem** Verhalten beruhen, als **eine Zuwiderhandlung** anzusehen sind (BGH GRUR 2015, 1021 Rn. 29 – Kopfhörer-Kennzeichnung). Ist es zu einer **Vielzahl von Einzelverstößen** gekommen, ist in einem ersten Schritt zu prüfen, ob eine **natürliche Handlungseinheit** vorliegt (BGHZ 33, 163 (168) = NJW 1960, 2332 – Krankenwagen II; BGHZ 146, 318 (326) = NJW 2001, 2622 – Trainingsvertrag; BGH GRUR 2015, 1021 Rn. 29 – Kopfhörer-Kennzeichnung; GRUR 2022, 1379 Rn. 33; dazu eingehend Köhler WRP 1993, 66, (669 ff.); ferner Schuschke WRP 2000, 1008 (1012)). Sie zeichnet sich durch einen engen Zusammenhang der Einzelakte und durch eine auch für Dritte äußerlich erkennbare Zugehörigkeit zu einer Einheit aus. In einem zweiten Schritt ist zu fragen, ob – wenn nicht bereits eine Handlungseinheit – die einzelnen Zuwiderhandlungen in der Weise **zusammenhängen,** dass sie **gleichartig** sind und unter wiederholter **Außerachtlassung derselben Pflichtenlage** begangen wurden (BGHZ 33, 163 (168) = NJW 1960, 2332 – Krankenwagen II). Hier setzt die Vertragsauslegung ein, die idR die Annahme naheliegen wird, dass die Vertragsstrafe nicht für jede einzelne Tat verwirkt sein soll (BGHZ 146, 318 (326 f.) = NJW 2001, 2622 – Trainingsvertrag; BGH GRUR 2015, 1021 Rn. 29 – Kopfhörer-Kennzeichnung). Schließlich kann – drittens – die Geltendmachung einer exorbitant hohen Vertragsstrafenforderung – auch wenn unter Kaufleuten eine Herabsetzung der Vertragsstrafe nach § 343 BGB nicht in Betracht kommt (§ 348 HGB) – ausnahmsweise **gegen Treu und Glauben** verstoßen (BGH NJW 1971, 1126; GRUR 1984, 72 (74) – Vertragsstrafe für versuchte Vertreterabwerbung; GRUR 1998, 471 (473 f.) – Modenschau im Salvatorkeller). Dabei muss dem Gesichtspunkt Rechnung getragen werden, dass sich die Schwierigkeiten, die sich bei der Vertragsstrafebemessung ergeben, bei Vertragsschluss nicht vorhersagen lassen.

III. Verzicht auf Zusammenfassung

In der Vergangenheit brauchte sich der Schuldner nicht auf die Forderung des Gläubigers **26** einzulassen, **auf die „Einrede" des Fortsetzungszusammenhangs zu verzichten.** Verweigerte er einen solchen Verzicht, wurde dadurch die Eigenschaft der Unterwerfungserklärung, die Wiederholungsgefahr zu beseitigen, nicht berührt (BGHZ 121, 13 (19) = NJW 1993, 721 – Fortsetzungszusammenhang). Dieser Grundsatz ist – mutatis mutandis – auch heute noch anzuwenden: Der Zweck des Unterwerfungsvertrags – der Wegfall der Wiederholungsgefahr – wird nicht dadurch gefährdet, dass der Schuldner mit seinem Versprechen eine Zusammenfassung von Einzelverstößen zu fördern versucht. Andererseits – auch das hat die Entscheidung „Trainingsvertrag" deutlich gemacht – kommt es trotz der Betonung der Vertragsauslegung im Einzelfall nicht allein auf die Ausgestaltung des Strafversprechens an. Vielmehr soll die Frage der Zusammenfassung von Einzelverstößen zu einer rechtlichen Einheit wegen des **typischen Charakters von Unterlassungsverträgen** regelmäßig **nach denselben Grundsätzen** beurteilt werden (BGHZ 146, 318 (325) = NJW 2001, 2622 – Trainingsvertrag).

IV. Ausschluss von Zusammenfassung in AGB

27   Eine Vertragsklausel in AGB, nach der eine Zusammenfassung einer Vielzahl von Einzelverstößen von vornherein ausgeschlossen wird, ist mit wesentlichen Grundgedanken des Ver-
tragsstraferechts unvereinbar und daher nach § 307 II Nr. 1 BGB (früher § 9 II Nr. 1 AGBG)
grds. **unwirksam,** falls nicht bes. Umstände vorliegen, die die Unangemessenheit der Benachteiligung ausschließen (BGHZ 121, 13 (18) = NJW 1993, 721 – Fortsetzungszusammenhang).
Wurde die Zusammenfassung in einer Individualabrede **vertraglich ausgeschlossen,** kann
doch die Geltendmachung einer zu hohen Strafe nach § 13a IV unzulässig sein (→ Rn. 11; die
frühere Rspr. hat hier § 242 BGB herangezogen: BGH GRUR 1984, 72 (74) – Vertragsstrafe
für versuchte Vertreterabwerbung; GRUR 1998, 471 (474) – Modenschau im Salvatorkeller;
OLG Köln WRP 1985, 108 (110); zur Problematik ferner Bandt WRP 1982, 5; Körner WRP
1982, 75).

H. Verschulden als Voraussetzung für die Verwirkung der Vertragsstrafe

28   Die Verwirkung der Vertragsstrafe setzt **Verschulden** voraus, es sei denn, dass sie ähnlich
einer Garantie unabhängig vom Verschulden versprochen wurde (BGH GRUR 1982, 688 (691)
– Seniorenpass; GRUR 1985, 1065 – Erfüllungsgehilfe; GRUR 1987, 648 (649) – Anwalts-
Eilbrief; GRUR 1988, 561 (562) – Verlagsverschulden I). Eine Unterwerfungserklärung, die das
Verschulden nicht erwähnt, sondern nur davon spricht, dass „für jeden Fall der Zuwiderhandlung
eine Vertragsstrafe in Höhe von … EUR" geschuldet sei, ist so zu verstehen, dass nur eine
schuldhafte Zuwiderhandlung die Verwirkung der Vertragsstrafe auslöst (OLG Köln
OLGR 2008, 21). Liegt eine Zuwiderhandlung vor, wird das **Verschulden** des Schuldners
vermutet, er muss sich also entlasten (BGH NJW 1972, 1893 (1895) – K-Rabatt-Sparmarken;
GRUR 1982, 688 (691) – Senioren-Pass; BGHZ 121, 13 (20) = NJW 1993, 721 – Fortsetzungszusammenhang).

I. Haftung für Erfüllungsgehilfen

I. Allgemeines

29   Der Schuldner haftet für ein **schuldhaftes Verhalten seines Erfüllungsgehilfen,** das zu
einer Verletzung der vertraglichen Unterlassungspflicht geführt hat, es sei denn, dass diese
Haftung vertraglich ausgeschlossen worden ist (BGH GRUR 1985, 1065 – Erfüllungsgehilfe;
GRUR 1987, 648 (649) – Anwalts-Eilbrief; GRUR 1988, 561 (562) – Verlagsverschulden I;
GRUR 1998, 963 (964) – Verlagsverschulden II; GRUR 2017, 823 Rn. 20 – Luftentfeuchter;
OLG Karlsruhe WRP 1993, 188 f.; zur Frage, ob ein solcher Ausschluss dazu führt, dass die
Wiederholungsgefahr nicht entfällt, → Rn. 32). Erfüllungsgehilfe kann im Rahmen des § 278
BGB auch eine **unternehmerisch selbstständige Person** sein, die mit dem Willen des
Schuldners bei der Erfüllung der Unterlassungspflicht als seine Hilfsperson tätig wird (BGHZ 98,
330 (334) = NJW 1987, 1323 – Unternehmensberatungsgesellschaft I; BGH GRUR 1988, 561
– Verlagsverschulden I). Ob ein Dritter als Erfüllungshilfe des Unterlassungsschuldners anzusehen ist, richtet sich allein danach, ob er vom Schuldner **in die Erfüllung der übernommenen
Unterlassungsverpflichtung einbezogen** ist. Bedient sich bspw. der Vertragsstrafeschuldner
für seine Werbung der Anzeigenabteilung eines Presseunternehmens, ist es für die Erfüllung der
vertraglich übernommenen Unterlassungspflicht unerlässlich, dass auch das beauftragte Unternehmen die zu unterlassende Verletzungshandlung nicht begeht. Die Erfüllung der Verpflichtung des Schuldners ist somit ohne ein hinreichendes Verhalten auch des beauftragten Zeitungs-
unternehmens nicht möglich, so dass dieses Verhalten regelmäßig zugleich auch der Erfüllung
der Unterlassungspflicht des Schuldners dient (BGH GRUR 1998, 963 (965) – Verlagsverschulden II). Dabei kommt es nicht darauf an, ob das beauftragte Unternehmen die Unterlassungspflicht und damit die Bedeutung seines Handelns kennt (BGHZ 50, 32 (35) = NJW 1968, 1569).
– Die Haftung des Schuldners erstreckt sich nicht nur auf das Verhalten seines Erfüllungsgehilfen,
sondern auch auf die Personen, deren sich der Erfüllungsgehilfe mit Billigung des Schuldners
seinerseits zur Erfüllung der ihm obliegenden Pflichten bedient.

II. Haftung des Schuldners

Hat der Schuldner die Verletzung der Unterlassungspflicht auch **selbst zu vertreten,** weil er **30** nicht das Erforderliche getan hat, um eine erneute Zuwiderhandlung mit Sicherheit auszuschließen, besteht diese Haftung neben der aus § 278 BGB. Häufig wird übersehen, dass in den meisten Fällen, in denen eine Zurechnung des Verschuldens des Erfüllungsgehilfen erfolgt, auch ein **eigenes Verschulden des Vertragsstrafeschuldners** in Betracht kommt. Zur Unterbindung von weiteren Verstößen durch Mitarbeiter und Beauftragte gehört es, sie über die übernommene Verpflichtung zu belehren und entspr. Anordnungen zu treffen, deren Einhaltung genau zu überwachen ist. Es genügt zB **nicht** seinen Pflichten, wenn der Schuldner die Mitarbeiter eines Anzeigenblatts nach Abgabe einer strafbewehrten Unterlassungserklärung lediglich telefonisch unterrichtet, dass eine Anzeige nicht mehr erscheinen dürfe; er muss sich zumindest eine schriftliche Bestätigung von dem Anzeigenblatt geben lassen (OLG Köln GRUR 1986, 195). Zum **Sorgfaltsmaßstab in der Zwangsvollstreckung** → § 12 Rn. 5.7. Im Falle der Beanstandung einer Bezeichnung des Schuldners in Internetverzeichnissen darf dieser sich nicht darauf beschränken, den Betreibern der Verzeichnisse die gebotene Änderung mitzuteilen; zumindest muss er die Beachtung seiner Aufforderung überprüfen indem, indem er zumindest die in der Abmahnung ausdrücklich genannten Internetdienste überprüft (OLG Düsseldorf GRUR-RR 2014, 155 (156)).

III. Haftungsbeschränkungen im Vertragsstrafeversprechen

Ist im Vertragsstrafeversprechen bestimmt, dass der Schuldner nur für schuldhafte Zuwider- **31** handlungen hafte, ist damit idR keine Beschränkung auf eigenes Verschulden des Schuldners gemeint. Soll die Haftung für Erfüllungsgehilfen ausgeschlossen werden, bedarf es einer ausdrücklichen Erklärung oder zumindest eindeutiger Anhaltspunkte dafür (BGH GRUR 1987, 648 (649) – Anwalts-Eilbrief).

Streitig ist, ob ein Vertragsstrafeversprechen, das die **Gehilfenhaftung nach § 278 BGB** **32** (ausdrücklich) **ausschließt,** die Wiederholungsgefahr entfallen lässt. Dies wird von einer lange herrschenden, heute aber nicht mehr mit demselben Nachdruck vertretenen Meinung verneint (Teplitzky GRUR 1996, 696 (700) – (anders jedoch Teplitzky VuR 2009, 83, 87); Fritzsche, Unterlassungsanspruch und Unterlassungsklage, 2000, 189; OLG Frankfurt GRUR-RR 2003, 198 (199); **aA** Traub FS Gaedertz, 1992, 563 (572); Bornkamm FS Tilmann, 2003, 769 (775 f.); vgl. auch Steinbach GRUR 1994, 90 (93); Teplitzky Wettbewerbsrechtliche Ansprüche/Kessen Kap. 8 Rn. 29; GK/Feddersen, 3. Aufl. 2022, § 13 Rn. 132). Als Argument wird vor allem angeführt, bei einem Ausschluss der Gehilfenhaftung bestehe die Gefahr, dass sich der Schuldner hinter seinen Mitarbeitern verstecke; außerdem zeige die Einschränkung mangelnden Unterlassungswillen. Diese Argumente überzeugen nicht. Denn die Praxis kommt in der Zwangsvollstreckung von Unterlassungstiteln (§ 890 ZPO) mit dem Erfordernis des persönlichen Verschuldens des Schuldners gut zurecht, weil das Verschulden des Erfüllungsgehilfen idR mit einem Verschulden des Schuldners selbst einhergeht. Denn der Schuldner muss seinen Betrieb so organisieren, dass es nicht zu weiteren Verstößen kommt (→ Rn. 30, → § 12 Rn. 5.7). Die praktischen Konsequenzen sind also geringer als weithin angenommen. Auf der anderen Seite wird der Schuldner, der sich unterwirft, zumindest in seinen Augen **schlechter gestellt** als der Titelschuldner. Dies hat zu einer **Entwertung der Unterwerfungserklärung** als Streitbeilegungsmittel und dazu geführt, dass teilweise in der Beratungspraxis dem Abgemahnten empfohlen wird, sich nicht zu unterwerfen, sondern eine einstweilige Verfügung gegen sich ergehen lassen, die dann mit einer Abschlusserklärung als endgültige Regelung anerkannt wird (Teplitzky WRP 1996, 171 f., der als gewichtigen Nachteil der Unterwerfung die Haftung für fremdes Verschulden anführt).

J. Erneute Zuwiderhandlung

I. Neuer gesetzlicher Anspruch

Begeht der Schuldner nach Abgabe einer strafbewehrten Unterlassungserklärung, mit der die **33** Wiederholungsgefahr beseitigt wurde, einen **identischen oder im Kern gleichartigen Wettbewerbsverstoß,** lebt die **Wiederholungsgefahr** nicht wieder auf (→ § 8 Rn. 1.56). Es entsteht jedoch mit der Zuwiderhandlung ein **neuer (gesetzlicher) Unterlassungsanspruch.** Dieser neue Unterlassungsanspruch wird **durch das fortbestehende Strafversprechen** nicht berührt. Der Gläubiger kann aufgrund des neuen Verstoßes auf doppelte Weise vorgehen: Er kann die Klage auf seinen vertraglichen Unterlassungsanspruch stützen und daneben – wenn es sich um eine schuldhafte Zuwiderhandlung geht – die versprochene Vertragsstrafe fordern. Zum anderen kann die Klage auf den neuen (gesetzlichen) Unterlassungsanspruch stützen. In diesem Fall kann er nicht mit der Begründung, es fehle das allgemeine Rechtsschutzinteresse, auf die Rechte aus dem Unterwerfungsvertrag verwiesen werden (BGH GRUR 1980, 241 (242) – Rechtsschutzbedürfnis; OLG Stuttgart WRP 1982, 547; WRP 1983, 580). Die nach Abgabe einer Unterlassungserklärung durch einen **erneuten** – auch unverschuldeten – Wettbewerbsverstoß begründete Wiederholungsgefahr kann grds. allenfalls durch eine **weitere Unterlassungserklärung** mit einer gegenüber der Ersten **erheblich höheren** Strafbewehrung ausgeräumt werden (BGH GRUR 1990, 534 – Abruf-Coupon; GRUR 2023, 255 Rn. 28 – Wegfall der Wiederholungsgefahr III). Bei einem Vertragsstrafeversprechen „bis zu …" (→ Rn. 5) ist für den Ausschluss der neu entstandenen Wiederholungsgefahr die Verpflichtung zur Zahlung einer Mindeststrafe nicht erforderlich; vielmehr wohnt die im Wiederholungsfall grundsätzlich erforderliche höhere Strafbewehrung einem solchen Vertragsstrafeversprechen bereits inne und kann der Umstand der wiederholten Zuwiderhandlung bei einer gerichtlichen Überprüfung der Angemessenheit der Vertragsstrafe berücksichtigt werden, so dass auch die notwendige Abschreckungswirkung besteht (BGH GRUR 2023, 255 Rn. 31 – Wegfall der Wiederholungsgefahr III).

II. Einwand mangelnder Wettbewerbswidrigkeit

34   Macht der Gläubiger den vertraglichen Unterlassungsanspruch und den Anspruch auf die verwirkte Vertragsstrafe geltend, kann der Schuldner grds. nicht einwenden, seine Handlung sei **nicht wettbewerbswidrig.** Dieser Einwand ist **durch den Unterwerfungsvertrag ausgeschlossen.** Der rechtliche Grund für die Abgabe der Unterwerfungserklärung ist regelmäßig der von den Parteien verfolgte Zweck, einen gesetzlichen Unterlassungsanspruch, dessen Bestehen häufig streitig ist, durch einen vereinfacht durchsetzbaren und strafbewehrten vertraglichen Anspruch zu ersetzen (BGH GRUR 1998, 953 – Altunterwerfung III). Für den Einwand, das beanstandete Verhalten sei nicht wettbewerbswidrig, ist danach idR ausgeschlossen. Zu den Fällen einer nachträglichen Rechtsänderung → § 13 Rn. 202 f.; zur ausnahmsweise möglichen Kündigung der Unterlassungsvereinbarung wegen Rechtsmissbrauchs → § 13 Rn. 207.

III. Schadensersatz neben Vertragsstrafe

35   Hat der Schuldner schuldhaft gehandelt, so steht dem Gläubiger außer der verwirkten Vertragsstrafe auch ein **Schadensersatzanspruch wegen Pflichtverletzung zu,** zB nach § 280 BGB. Der Gläubiger kann dann zwischen beiden Ansprüchen wählen, aber auch nach § 340 II BGB die verwirkte Strafe ohne weiteren Nachweis als Mindestbetrag des Schadens verlangen. Dadurch wird die Geltendmachung eines nachgewiesenen **weitergehenden Schadens** nicht **ausgeschlossen,** jedoch muss dann die verwirkte Vertragsstrafe auf den höheren Schadensbetrag angerechnet werden. Die Vertragsstrafe besitzt somit nicht nur **Sanktions-,** sondern auch **Ausgleichsfunktion,** und zwar als pauschalierter Mindestschadensersatz (→ Rn. 8). Übersteigt die verwirkte Vertragsstrafe den vollen Schadensersatz, so kann der Gläubiger, der den vollen Schadensbetrag verlangt hat, nur die diesen übersteigende Vertragsstrafe verlangen.

Sachliche und örtliche Zuständigkeit; Verordnungsermächtigung

14 (1) **Für alle bürgerlichen Rechtsstreitigkeiten, mit denen ein Anspruch auf Grund dieses Gesetzes geltend gemacht wird, sind die Landgerichte ausschließlich zuständig.**

(2) ¹**Für alle bürgerlichen Rechtsstreitigkeiten, mit denen ein Anspruch auf Grund dieses Gesetzes geltend gemacht wird, ist das Gericht zuständig, in dessen Bezirk der Beklagte seinen allgemeinen Gerichtsstand hat.** ²**Für alle bürgerlichen Rechtsstreitigkeiten, mit denen ein Anspruch auf Grund dieses Gesetzes geltend gemacht wird, ist außerdem das Gericht zuständig, in dessen Bezirk die Zuwiderhandlung begangen wurde.** ³**Satz 2 gilt nicht für**

1. Rechtsstreitigkeiten wegen Zuwiderhandlungen im elektronischen Geschäftsverkehr oder in Telemedien oder
2. Rechtsstreitigkeiten, die von den nach § 8 Absatz 3 Nummer 2 bis 4 zur Geltendmachung eines Unterlassungsanspruchs Berechtigten geltend gemacht werden,

es sei denn, der Beklagte hat im Inland keinen allgemeinen Gerichtsstand.

(3) ¹Die Landesregierungen werden ermächtigt, durch Rechtsverordnung für die Bezirke mehrerer Landgerichte eines von ihnen als Gericht für Wettbewerbsstreitsachen zu bestimmen, wenn dies der Rechtspflege in Wettbewerbsstreitsachen dienlich ist. ²Die Landesregierungen können die Ermächtigung durch Rechtsverordnung auf die Landesjustizverwaltungen übertragen. ³Die Länder können außerdem durch Vereinbarung die den Gerichten eines Landes obliegenden Klagen nach Absatz 1 insgesamt oder teilweise dem zuständigen Gericht eines anderen Landes übertragen.

(4) Abweichend von den Absätzen 1 bis 3 richtet sich die Zuständigkeit für bürgerliche Rechtsstreitigkeiten, mit denen ein Anspruch nach § 9 Absatz 2 Satz 1 geltend gemacht wird, nach den allgemeinen Vorschriften.

Übersicht

Schrifttum: H.-J. Ahrens, Internationale Zuständigkeit für Äußerungsdelikte im Wettbewerb – Folgen der EuGH-Entscheidung „Bolagsupplysningen u. a./Svensk Handel, WRP 2018, 17; S. Ahrens, Der Entwurf eines Gesetzes zur Stärkung des fairen Wettbewerbs – Mit welchen Änderungen ist zu rechnen?, IPRB 2019, 153 und IPRB 2019, 178; Alber, Der fliegende Gerichtsstand – Abschied von einer Institution des Wettbewerbsrechts?, IPRB 2021, 112; Asendorf, Wettbewerbs- und Patentsachen vor Arbeitsgerichten?, GRUR

1990, 229; Bachmann, Der Gerichtsstand der unerlaubten Handlung im Internet, IPRax 1998, 179; Aßhoff, Mysterium Abmahnwelle – Der Referentenentwurf zum Schutz vor rechtsmissbräuchlicher Abmahnung und seine Wirksamkeit in der Praxis, CR 2018, 720; Bernreuther, Das Merkmal „Ansprüche auf Grund dieses Gesetzes" und seine Auslegung – Zugleich Besprechung des Hinweisbeschlusses des BGH, 19.10.2016 – I ZR 93/15, WRP 2017, 1315; Danckwerts, Örtliche Zuständigkeit bei Urheber-, Marken- und Wettbewerbsverletzungen im Internet, GRUR 2007, 104; Dölling, Der fliegende Gerichtsstand im Presserecht – Spielball der Interessen?, NJW 2015, 124; Eickemeier/Brodersen, Der Entwurf eines Gesetzes zur Stärkung des fairen Wettbewerbs, BB 2019, 1859; Feddersen, Gesetz zur Stärkung des fairen Wettbewerbs: Neuerungen bei Vertragsstrafe und Gerichtsstand, WRP 2021, 713; Fischer, Der Rechtsweg zu den Arbeitsgerichten in UWG-Sachen, DB 1998, 1182; Fritzsche, Anmerkungen zum Referentenentwurf für ein Gesetz zur Stärkung des fairen Wettbewerbs, WRP 2018, 1277; Götz, Gerichtsstandskonkurrenzen im Kapitalmarktrecht – Das Verhältnis zwischen § 32b ZPO und § 14 UWG, ZIP 2016, 351; Goldbeck, Zur Ermittlung des sachlich zuständigen Gerichts bei der Vertragsstrafeklage wettbewerbsrechtlichen Ursprungs, WRP 2006, 37; GRUR, Stellungnahme zu Art. 7 Nr. 4 des Referentenentwurfs eines Gesetzes gegen unseriöse Geschäftspraktiken vom 19.2.2013, GRUR 2013, 597; Habbe/Wimalasena, Inanspruchnahme deutscher Gerichte bei rufschädigenden Internet-Äußerungen von Wettbewerbern im Ausland, BB 2015, 520; Hammerschmidt, Der „fliegende Gerichtsstand" im UWG, 2022; Hess, Vertragsstrafenklage und wettbewerbsrechtliche Gerichtszuständigkeit, FS Ullmann, 2006, 927; Hösch, Die Auswirkungen des § 24 Abs. 2 S. 2 UWG auf Wettbewerbsvereinigungen, WRP 1996, 849; Hohlweck, Das Gesetz zur Stärkung des fairen Wettbewerbs – Heilmittel oder Placebo?, WRP 2020, 266; Isele, Anmerkung zu einer Entscheidung des OLG Düsseldorf, Beschluss vom 16.2.2021 (I-20 W 11/21) – Zur Frage des Wegfalls des fliegenden Gerichtsstands für im Internet begangene Wettbewerbsverstöße, MMR 2021, 334; Jürgens, Abgestürzte Gerichtsstände – Der fliegende Gerichtsstand im Presserecht, NJW 2014, 3061; Jürgens, Aufsteigende Gerichtsstände – Der fliegende Gerichtsstand im Presserecht, NJW 2020, 1846; Jung, Anmerkung zu OLG Düsseldorf, Beschl. v. 16.2.2021 – 20 W 11/21, GRUR 2021, 986; Kefferpütz, Referentenentwurf zum UWG erschwert Abmahnungen – nicht nur bei Rechtsmissbrauch, GRUR-Prax 2018, 541; H. Köhler, Stellungnahme zum Entwurf eines Gesetzes zur Stärkung des fairen Wettbewerbs, WRP 2019, 1550; H. Köhler, Der Schadensersatzanspruch der Verbraucher im künftigen UWG, WRP 2021, 129; M. Köhler, Der fliegende Gerichtsstand, WRP 2013, 1130; Kuner, Internationale Zuständigkeitskonflikte im Internet, CR 1996, 453; Kur/Henning-Bodewig/Hilty/Drexl, Stellungnahme des Max-Planck-Instituts für Innovation und Wettbewerb zum RefE eines Gesetzes zur Stärkung des fairen Wettbewerbs, https://www. ip. mpg.de/fileadmin/ipmpg/content/stellungnahmen/Stellungnahme_RefE_fairer_Wettbewerb.pdf; Laoutoumai, Anmerkung zu einer Entscheidung des LG Düsseldorf, Beschluss vom 26.2.2021 (38 O 19/21) – Zur Reichweite der örtlichen Zuständigkeit nach § 14 Abs. 2 S. 2 UWG (in der Fassung vom 16.11.2020), CR 2021, 342; Lerach, „Schwanengesang des ‚fliegenden Gerichtsstands' im UWG?" – Eine Zwischenbilanz, GRUR-Prax 2020, 37; Lettl, Der Entwurf eines Gesetzes zur Stärkung des fairen Wettbewerbs, WM 2019, 289; Lettl, Die UWG-Reform 2021, WM 2021, 1405; Lindacher, Internationale Zuständigkeit in Wettbewerbssachen, FS Nakamura, 1996, 323; Lindacher, Streitwertunabhängige landgerichtliche Zuständigkeit für Vertragsstrafeklagen, FS Ullmann, 2006, 977; Loschelder, Zur wechselvollen Geschichte und zur leidvollen Zukunft des § 14 Abs. 2 UWG – Zugleich kritische Auseinandersetzung mit Art. 7 Nr. 4 des Referentenentwurfs eines Gesetzes gegen unseriöse Geschäftspraktiken vom 19. Februar 2013, FS Köhler, 2014, 465; Lüttringhaus, Der Missbrauch des Gerichtsstandes im Zivilprozess, ZZP 2014, 29; Maaßen, Abschaffung des effektiven Rechtsschutzes durch das „Gesetz gegen unseriöse Geschäftspraktiken"?, GRUR-Prax 2012, 252; McGuire, Fliegender v. allgemeiner Gerichtsstand: Über Wertungswidersprüche und Regelungsalternativen im Zuständigkeitsrecht, FS Büscher, 2018, 525; Möller, Bekämpfung des Abmahnmissbrauchs – sinnvolle Maßnahmen oder blinder Aktionismus?, ZRP 2018, 200; Motejl/Rosenow, Entstehungsgeschichte, Zweck und wesentlicher Inhalt des Gesetzes zur Stärkung des fairen Wettbewerbs, WRP 2021, 699; Mühlberger, Die Beschränkbarkeit des „fliegenden Gerichtsstands" innerhalb Deutschlands bei Immaterialgüterrechtsverletzungen im Internet, WRP 2008, 1419; Münker, Abmahnmissbrauch wirksam bekämpfen – einfache und klare Lösungen erforderlich, Eine kritische Auseinandersetzung mit dem Referentenentwurf für ein Gesetz zur Stärkung des fairen Wettbewerbs, WRP 2018, 1410; Nill, Sachliche Zuständigkeit bei Geltendmachung der Kosten von Abschlussschreiben, GRUR 2005, 740; Omsels/Zott, Ausgewählte Probleme im neuen UWG, WRP 2021, 278; Rieble, Vertragsstrafklage und gerichtliche Zuständigkeit, JZ 2009, 716; Ringer/Wiedemann, Ein Jahr neuer fliegender Gerichtsstand im UWG – Zusammenfassung und Ausblick, GRUR-Prax 2021, 732; Rüther, Die Einschränkung des fliegenden Gerichtsstandes durch § 14 Abs. 2 S. 3 Nr. 1 UWG, Zugleich Besprechung von LG Düsseldorf, 15.1.2021 – 38 O 3/21 und OLG Düsseldorf, 16.2.2021 – 20 W 11/21, WRP 2021, 726; Sack, Die Kognitionsbefugnis nach Art. 7 Nr. 2 EuGVVO und das internationale Lauterkeitsrecht, WRP 2018, 897; Scherer, Verbraucherschadensersatz durch § 9 Abs. 2 UWG-RegE als Umsetzung von Art. 3 Nr. 5 Omnibus-RL – eine Revolution im Lauterkeitsrecht, WRP 2021, 561; Scherer, Die Ausnahme vom fliegenden Gerichtsstand nach § 14 Abs. 2 S. 2, 3 Nr. 1 UWG – Provokation von Verfahrenshäufung?, WRP 2022, 1224; Schlüter, § 32 ZPO und das Internet: Flugverbot für den „fliegenden Gerichtsstand"?, GRUR-Prax 2014, 272; Schmitt-Gaedke/Arz, Die Vertragsstrafe: Fallstricke bei Vereinbarung und Durchsetzung, WRP 2015, 1196; Schröder, Ein Plädoyer gegen den Missbrauch des „Fliegenden Gerichtsstands" im Online-Handel, WRP 2013, 153; Schwartmann/Jacquemain, UWG trifft DS-GVO – Abmahndeckel, fliegender Gerichtsstand etc. – Aktuelle Rechtsetzungsfragen im deutschen Datenschutzrecht, ZRP 2018, 126; Sosnitza, Wettbewerbsprozessuale Fragen nach dem „Gesetz zur Stärkung des fairen Wettbewerbs", GRUR

2021, 671; Wagner/Kefferpütz, Das Wettbewerbsrecht im Generalverdacht des Rechtsmissbrauchs, WRP 2021, 151; Wahlers, Die Neuregelung des „fliegenden" Gerichtsstandes in § 24 Abs. 2 UWG, WiB 1994, 902; Wettig, Der fliegende Gerichtsstand im UWG als Gretchenfrage an den Gesetzgeber: „Nun sag, wie hast du's mit dem Internet?", K&R 2022, 254; Wettig/Kiparski, Wiederaufleben des fliegenden Gerichtsstandes contra legem!? Zugleich Entscheidungsanmerkung zu LG Düsseldorf, Beschl. v. 15.1.2021 – 38 O 3/21 und OLG Düsseldorf, Beschl. v. 16.2.2021 – 20 W 11/21, CR 2021, 177; Willems, Wettbewerbsstreitsachen am Mittelpunkt der klägerischen Interessen?, GRUR 2013, 462; Würtenberger/Freischem, Stellungnahme der GRUR zum Referentenentwurf eines Gesetzes zur Stärkung des fairen Wettbewerbs, GRUR 2019, 59.

A. Sachliche Zuständigkeit (§ 14 I)

I. Entstehungsgeschichte

Die Regelung ist als § 13 aF mit dem UWG 2004 an die Stelle des § 27 UWG 1909 getreten. **1** Durch die Neuregelung des § 78 ZPO hatten sich schon die Vertretungsregelungen in § 27 III und IV UWG 1909 erledigt. Während der RegE UWG 2004 in § 13 I aber noch eine bloße Regelung der funktionellen Zuständigkeit der Kammern für Handelssachen enthielt, wurde im Laufe des Gesetzgebungsverfahrens in § 13 I 1 die ausschließliche sachliche Zuständigkeit der Landgerichte vorgesehen und in § 13 I 2 klargestellt, dass Wettbewerbsstreitigkeiten Handelssachen iSd § 95 I Nr. 5 GVG sind, also vor die Kammern für Handelssachen gehören. Mit dem **Gesetz zur Stärkung des fairen Wettbewerbs** v. 26.11.2020 (BGBl. 2020 I 2568) ist die Regelung über die sachliche Zuständigkeit in § 14 I nF überführt worden. Die Konzentrationsermächtigung befindet sich nun in § 14 III. Bei dem im Zuge der Änderung weggefallenen § 13 I 2 handelte es sich nur um einen deklaratorischen Hinweis auf § 95 I Nr. 5 GVG. – Durch das **Gesetz zur Stärkung des Verbraucherschutzes im Wettbewerbs- und Gewerberecht** v. 10.8.2021 (BGBl. 2021 I 3504) ist dem § 14 mWv 28.5.2022 ein **neuer Abs. 4** mit einer Spezialregelung der **gerichtlichen Zuständigkeit** für Klagen angefügt worden, mit denen Schadensersatzansprüche gem. § 9 II 1 nF geltend gemacht werden (→ Rn. 24 ff.).

II. Ausschließliche Zuständigkeit der Landgerichte

Nach § 14 I sind für alle Streitigkeiten, in denen ein Anspruch auf Grund des UWG geltend **2** gemacht wird, die Landgerichte ausschließlich zuständig. Dazu gehören nicht nur Streitigkeiten aus Ansprüchen nach den §§ 8–10, einschließlich der dazugehörigen Hilfsansprüche auf Auskunft oder Rechnungslegung, sondern auch Prozesse um Abmahnkosten (§ 13 III, vormals § 12 I 2) und Kosten eines Abschlussschreibens (§ 13 III analog; vgl. → § 12 Rn. 2.73; Nill GRUR 2005, 740). Maßgebend für diese gesetzgeberische Entscheidung war die Erwägung, dass die meisten Wettbewerbsstreitigkeiten streitwertbedingt ohnehin bei den Landgerichten anfallen, die Richter daher entspr. Berufserfahrung sammeln können, während dies bei den Amtsgerichten nicht der Fall ist. Für Klagen, mit denen Verbraucherschadensersatz nach § 9 II geltend gemacht wird, gilt allerdings die **Sonderregelung** in § 14 IV (→ Rn. 24 ff.). – Die Frage, ob zu den Ansprüchen „auf Grund dieses Gesetzes" **vertragliche** Ansprüche, insbes. **Vertragsstrafeansprüche**, gehören, wird kontrovers beurteilt. **Gegen** die Einbeziehung vertraglicher Ansprüche in den Anwendungsbereich des § 14 I spricht der Wortlaut der Vorschrift, weil das Vertragsstrafeversprechen, mag es auch aus einer wettbewerbsrechtlichen Streitigkeit hervorgegangen sein, vertraglicher, nicht gesetzlicher Natur ist. Deshalb rechtfertigt auch der Hinweis auf die bei den Landgerichten bestehende wettbewerbsrechtliche Erfahrung und Sachkunde eine analoge Anwendung der Vorschrift nicht: die Wirksamkeit des Vertragsstrafeversprechens ist allein nach Bürgerlichem Recht, die Frage seiner Verletzung im Wege der Vertragsauslegung zu klären (wie hier OLG Rostock GRUR-RR 2005, 176; GRUR 2014, 304; OLG Köln WRP 2014, 1369; LG Arnsberg WRP 2015, 924; Ahrens Wettbewerbsprozess-HdB/Bähr Kap. 17 Rn. 39; Hess FS Ullmann, 2006, 927 (934 ff.); Rieble JZ 2009, 716; Teplitzky Wettbewerbsrechtliche Ansprüche/Schaub Kap. 45 Rn. 5). Dass gerade wegen der Regelung in § 14 I bei den Amtsgerichten keine Wettbewerbssachen mehr anfallen und sie damit keine Sachkunde und Erfahrung bei der Anwendung des UWG sammeln können, kann für die Auslegung des § 14 I nicht ausschlaggebend sein. Andernfalls dürften auch die Arbeitsgerichte nicht über Wettbewerbsverstöße im Zusammenhang mit einem Arbeitsverhältnis entscheiden (→ § 12 Rn. 1.4). Soweit im Bereich des gewerblichen Rechtsschutzes vergleichbare Bestimmungen (zB § 140 MarkenG; § 143 PatG) weit ausgelegt und auch auf vertragliche Streitigkeiten erstreckt werden (vgl. nur

Ingerl/Rohnke/Nordemann/Bröcker, 4. Aufl. 2023, MarkenG § 140 Rn. 5), rechtfertigt sich dies aus der unterschiedlichen gesetzlichen Regelung. So sprechen § 140 I MarkenG und § 143 I PatG von „Klagen, durch die ein Anspruch aus einem der in diesem Gesetz geregelten Rechtsverhältnisse geltend gemacht wird". Zu diesen Rechtsverhältnissen gehören aber nicht nur gesetzliche Rechtsverhältnisse, sondern auch vertragliche Rechtsverhältnisse (vgl. §§ 27 ff. MarkenG; § 15 PatG). Nach hier vertretener Auffassung kommt danach eine landgerichtliche Zuständigkeit allenfalls gem. §§ 5, 260 ZPO in Betracht, wenn gesetzlicher Unterlassungs- anspruch und Vertragsstrafe in einer Klage verfolgt werden.

3 Der **Bundesgerichtshof** hat diese Argumente nicht für überzeugend gehalten und sich – wenngleich obiter dicens (die im Streitfall vom Berufungsgericht angenommene Zuständigkeit unterlag nach § 545 II ZPO nicht der revisionsrechtlichen Prüfung) – **dafür ausgesprochen,** Vertragsstrafansprüche der sachlichen Zuständigkeit gem. § 14 I (§ 13 I 1 aF) zu unterstellen (BGH WRP 2017, 179 Rn. 22; offengelassen in GRUR 2012, 730 Rn. 23 – Bauheizgerät; (X. ZS) MDR 2015, 51 Rn. 10; gleicher Ansicht OLG Hamm GRUR-RR 2017, 464; OLG Jena GRUR-RR 2011, 199; OLG Schleswig GRUR-RR 2015, 358; LG Mannheim GRUR-RR 2015, 454; FBO/Büscher Rn. 7, 8; MüKoUWG/Ehricke/Könen Rn. 16; GK/Lerach Rn. 16; Götting/Nordemann/Albert § 12 Rn. 10; Goldbeck WRP 2006, 37; Lindacher FS Ullmann, 2006, 977 (978)). – Nicht unter § 14 I fallen jedenfalls **sonstige vertragliche Ansprüche,** etwa Honoraransprüche eines Rechtsanwalts wegen Vertretung in einer Wettbewerbssache oder An- sprüche wegen Verletzung eines Beratungsvertrages in Wettbewerbssachen. – Zu den Ansprü- chen „auf Grund dieses Gesetzes" gehören auch nicht **sonstige gesetzliche Ansprüche,** wie der Anspruch aus § 945 ZPO oder aus § 717 II ZPO (aA Harte-Bavendamm/Henning-Bode- wig/Tolkmitt Rn. 13). – Nicht unter § 14 I fallen ferner Rückforderungsansprüche des Netz- betreibers gegen den Anlagenbetreiber wegen überzahlter Einspeisevergütung nach dem EEG (OLG Schleswig REE 2016, 176).

III. Funktionelle Zuständigkeit der Kammer für Handelssachen

1. Überblick

4 Wettbewerbsstreitigkeiten sind gem. § 95 I Nr. 5 GVG Handelssachen. Dies stellte bisher deklaratorisch § 13 I 2 aF klar, der bei der Überführung der sachlichen Zuständigkeit in § 14 I nF entfallen ist, ohne dass damit eine sachliche Änderung verbunden ist. Eine derartige Streitig- keit ist mithin vor der Kammer für Handelssachen (KfH) zu verhandeln, wenn eine solche beim Landgericht besteht (§ 93 GVG) und ein wirksamer Antrag auf Verhandlung vor der KfH entweder vom Kläger (§ 96 I GVG) oder vom Beklagten (§ 98 I GVG) gestellt wurde, wobei eine erfolgte Verweisung bindend ist (§ 102 GVG).

2. Wettbewerbsstreitigkeiten als Handelssachen

5 Nach § 14 I iVm § 95 I Nr. 5 GVG ist die KfH zuständig für Ansprüche, die auf Grund des UWG geltend gemacht werden. Dazu gehören nicht nur die Ansprüche nach den §§ 8–10, sondern auch der Anspruch auf Aufwendungsersatz nach § 13 III (§ 12 I 2 aF; → Rn. 2). Zur Rechtsnatur dieser Zuständigkeit vgl. Gaul JZ 1984, 57. Der (prozessuale) Anspruch muss nach den Klagebehauptungen schlüssig auf eine wettbewerbsrechtliche Anspruchsgrundlage gestützt sein. Ob und welche Rechtsnormen angeführt sind, ist unerheblich. Eine gleichzeitige Begrün- dung aus bürgerlichem Recht hebt die Zuständigkeit der KfH nicht auf (GK/Lerach Rn. 46; Harte-Bavendamm/Henning-Bodewig/Tolkmitt Rn. 36 f.). Handelssachen sind auch kartell- rechtliche (§ 87 II GWB) und markenrechtliche (§ 95 I Nr. 4 lit. b und c GVG) Ansprüche, nicht dagegen rein vertragliche Ansprüche (wie zB auf Zahlung einer Vertragsstrafe). Bei objektiver Klagehäufung ist Abtrennung und Teilverweisung an die Zivilkammer nach § 97 GVG geboten, wenn ein prozessualer Anspruch keine Handelssache darstellt (Gaul JZ 1984, 57 (59)). Eine Gerichtsstandsvereinbarung (§ 38 ZPO) bezüglich der (Nicht-)Zuständigkeit der KfH ist nicht möglich (Thomas/Putzo/Hüßtege ZPO Vor § 38 Rn. 4); allerdings kann dasselbe Ergebnis erreicht werden, indem der Kläger keinen Antrag nach § 96 GVG und der Beklagte keinen Antrag nach § 98 GVG stellt.

IV. Zuständigkeit der Arbeitsgerichte

6 Vgl. → § 12 Rn. 1,4.

B. Örtliche Zuständigkeit (§ 14 II)

I. Allgemeines

1. Regelung der örtlichen Zuständigkeit

Die Regelung über die örtliche Zuständigkeit in § 14 II hat ihre jetzige Gestalt durch das **7** Gesetz zur Stärkung des fairen Wettbewerbs v. 26.11.2020 (BGBl. 2020 I 2568) erhalten. § 14 II 1 sieht – anstelle des nach § 14 I aF bisher in erster Linie maßgeblichen Gerichtsstands der gewerblichen oder selbständigen beruflichen Niederlassung – den **allgemeinen Gerichtsstand** des Beklagten vor. § 14 II 2 und 3 enthält den nach lebhafter rechtspolitischer Diskussion (→ Rn. 13) neugefassten Gerichtsstand des Begehungsorts. Angesichts der Anknüpfung an den allgemeinen Gerichtsstand und des Entfallens des Worts „nur" in der früheren Fassung des § 14 II aF (… ist außerdem nur das Gericht zuständig …") handelt es sich bei § 14 II – anders als nach der früheren Regelung – **nicht mehr um eine ausschließliche Zuständigkeit** (OLG Düsseldorf WRP 2021, 513; Büscher/Ahrens Rn. 21, 41; aA noch → 39. Aufl. 2021, Rn. 7). Zur **internationalen Zuständigkeit** vgl. → Einl. Rn. 5.50 ff.; zum Vorrang der **Brüssel Ia-VO** vgl. → Einl. Rn. 5.51. Der Kläger hat die **Wahl** zwischen den Gerichtsständen des § 14 II 1 und des § 14 II 2 (vgl. § 35 ZPO). Die Ausübung des Wahlrechts erfolgt erst durch Erhebung der Hauptsacheklage, nicht schon durch den Verfügungsantrag (OLG Karlsruhe NJW 1973, 1509 (1510)). Mangels Ausschließlichkeit kann die Gerichtszuständigkeit auch durch Vereinbarung (§ 38 ZPO) oder durch rügeloses Verhandeln zur Hauptsache (§ 39 ZPO) begründet werden. Eine **Widerklage** unterliegt nicht der Restriktion des § 33 II ZPO. Die Inanspruchnahme eines bestimmten Gerichtsstands (zB des § 14 II) kann im Einzelfall **rechtsmissbräuchlich** sein. Das ist aber nicht schon bei Provokationskauf oder -bestellung anzunehmen (GK/Lerach Rn. 92), im Regelfall auch nicht bei Ausnutzung bestimmter Rechtsprechungsgewohnheiten (KG WRP 1992, 34 (36); WRP 2008, 511 (512); OLG Hamm GRUR-RR 2012, 279 (280); 2012, 293 (294); vgl. auch (zur Kostenerstattung nach § 91 II 1 ZPO) BGH GRUR 2014, 607 – Klageerhebung an einem dritten Ort). Vielmehr ist zu fragen, ob die Wahl eines bestimmten Gerichts im Einzelfall **missbräuchlich** iSd **§ 8c I** ist (vgl. → § 8c Rn. 40). Das ist bspw. dann anzunehmen, wenn ein Massenabmahner bei ausbleibender Unterwerfung das Gericht nach § 14 II 1 grds. so wählt, dass es vom Sitz des Gegners weit entfernt liegt (KG WRP 2008, 511 (512)).

2. Gerichtliche Prüfung der örtlichen Zuständigkeit

Sie erfolgt von Amts wegen auf Grund der vorgebrachten Tatsachen. Beweisbedürftig sind sie **8** nur dann, wenn sie nicht gleichzeitig für den materiellen Anspruch maßgebend sind („doppelrelevante Tatsachen", vgl. BGH (VII. ZS) NJW 2016, 316 Rn. 25). Fehlt die örtliche Zuständigkeit, so ist die Klage als unzulässig abzuweisen, falls weder Verweisung von Amts wegen nach §§ 696, 700 ZPO noch auf Antrag nach § 281 ZPO in Betracht kommt. Hat das Gericht seine örtliche Zuständigkeit bejaht, kann dies weder mit der Berufung angegriffen (§ 513 II ZPO) noch vom Revisionsgericht geprüft werden (§ 545 II ZPO). Letzteres gilt sowohl dann, wenn das Berufungsgericht die örtliche Zuständigkeit des angerufenen Gerichts verneint und deswegen die Revision zugelassen hat (BGH GRUR 1988, 785 – Örtliche Zuständigkeit – mAnm Jacobs), als auch dann, wenn das Berufungsgericht die Zuständigkeit bejaht und die Revision zur Klärung dieser Frage zugelassen hat (BGH WRP 2017, 179 Rn. 15). Eine revisionsrechtliche Überprüfung ist auch nicht unter dem Gesichtspunkt des fehlenden Rechtsschutzbedürfnisses möglich (BGH GRUR 1996, 800 (801) – EDV-Geräte). Die internationale Zuständigkeit bleibt stets überprüfbar (BGH NJW 1996, 1411; BGHZ 167, 91 Rn. 20 – Arzneimittelwerbung im Internet; GRUR 2015, 1129 Rn. 12 – Hotelbewertungsportal).

3. Klagen auf Grund dieses Gesetzes

a) Klage. § 14 II gilt für alle Klagen, also nicht nur für **Leistungsklagen** (zB auf Unterlassung **9** oder Schadensersatz), sondern auch für die **positive** und die **negative Feststellungsklage.** Für Letztere ist das Gericht zuständig, welches für die Leistungsklage mit umgekehrtem Rubrum zuständig wäre (OLG Hamburg WRP 1995, 851 (852); einschränkend Lindacher FS v. Gamm, 1990, 83 (89)). Für die Klage in **Prozessstandschaft** ist der Gerichtsstand maßgebend, der für die Klage des Rechtsinhabers gilt. Bei **objektiver Klagehäufung** muss das Gericht nach § 260 ZPO für sämtliche (prozessualen) Ansprüche zuständig sein. Für die Klage gegen **mehrere Streitgenossen** mit unterschiedlichen ausschließlichen Gerichtsständen gilt § 36 I Nr. 3 ZPO (BGH NJW 1972, 1861 (1862); BGHZ 90, 155 (159)), dh das gemeinsam zuständige Gericht wird durch das im Rechtszug höhere Gericht bestimmt. – § 14 II gilt mittelbar auch für den Antrag auf **einstweilige Verfügung,** wie sich aus § 937 I ZPO ergibt; daneben ist wahlweise das Amtsgericht nach § 942 ZPO zuständig. – Kraft Verweisung gilt § 14 II auch für die Anrufung der **Einigungsstelle** (§ 15 IV). – § 14 II ist nicht anwendbar auf eine Klage auf Androhung der Festsetzung von **Ordnungsmitteln.** Hat der abgemahnte Schuldner sich mittels **notarieller Urkunde** unterworfen (→ § 13 Rn. 162 ff.), ist das Gericht zuständig, in dessen Bezirk der Notar seinen Sitz hat (OLG Köln GRUR-RR 2014, 277; OLG Düsseldorf WRP 2015, 71; OLG München WRP 2015, 646), und zwar (§§ 797 III analog, 802 ZPO) das dortige Amtsgericht (OLG Düsseldorf WRP 2015, 71; OLG München WRP 2015, 646).

10 **b) Auf Grund dieses Gesetzes.** Damit ist das UWG gemeint. Auf Grund dieses Gesetzes ist die Klage erhoben, wenn das Klagebegehren nach den Klagebehauptungen auf Grund von Bestimmungen des UWG schlüssig begründet ist. Dazu treten neben den Ansprüchen aus §§ 8, 9 I und § 10 auch der Anspruch auf Erstattung von **Abmahnkosten** (§ 13 III; vormals § 12 I 2) und der Kosten für ein Abschlussschreiben (§ 13 III – § 12 I 2 aF analog). Für Klagen, mit denen Verbraucherschadensersatz nach § 9 II geltend gemacht wird, gilt allerdings die **Sonderregelung** in § 14 IV (→ Rn. 24 ff.). Bei der Prüfung kommt es nicht darauf an, ob und welche Rechtsnormen in der Klage angeführt sind (BGH GRUR 1964, 567 (568) – Lavamat I). Unerheblich ist, dass die Klage auch nach anderen Normen, etwa des BGB, begründet sein kann. Das Gericht hat den Anspruch – entspr. dem Rechtsgedanken des § 17 II GVG – unter allen in Betracht kommenden Anspruchsgrundlagen zu prüfen (vgl. BGH NJW 2003, 828). Bei Konkurrenz von UWG- und BGB-Anspruchsgrundlagen sind allerdings wahlweise die allgemeinen Gerichtsstände nach §§ 12 ff. ZPO eröffnet (Harte-Bavendamm/Henning-Bodewig/Tolkmitt Rn. 37). Ob Ansprüche aus Vertragsstrafen erfasst sind, ist für § 14 II in gleicher Weise umstritten wie für die sachliche Zuständigkeit nach § 14 I (§ 13 aF). Dies ist nach hier vertretener Auffassung zu verneinen (→ § 14 Rn. 2; ebenso OLG Rostock GRUR-RR 2005, 176; Hess FS Ullmann, 2006, 927 (937); Teplitzky Wettbewerbsrechtliche Ansprüche/Schaub Kap. 45 Rn. 15). Der **BGH** hat dies für die sachliche Zuständigkeit nach § 13 aF allerdings gegenteilig entschieden (BGH WRP 2017, 179 Rn. 22; ebenso FBO/Büscher Rn. 7; Goldbeck WRP 2006, 37; MüKoUWG/Ehricke/Könen Rn. 16). Bei Konkurrenz von **markenrechtlichen** mit wettbewerbsrechtlichen Ansprüchen gilt § 141 MarkenG, dh die Ansprüche brauchen nicht im Gerichtsstand des § 14 II geltend gemacht zu werden (wichtig wegen § 140 II MarkenG!). – Bei **Auskunftsklagen** ist der Gerichtsstand für den dadurch vorbereiteten Hauptanspruch maßgebend.

II. Die Gerichtsstände nach § 14 II 1

11 Maßgebend ist nach der Neufassung des § 14 II 1 in erster Linie nicht mehr – wie nach § 14 I 1 aF – der Gerichtsstand der gewerblichen oder selbständigen beruflichen Niederlassung, sondern der **allgemeine Gerichtsstand** des Beklagten. Dies ist im Falle einer natürlichen Person nach §§ 12, 13 ZPO der Wohnsitz oder, sofern sie keinen Wohnsitz hat, nach § 16 ZPO ihr Aufenthaltsort im Inland und, wenn ein solcher nicht bekannt ist, ihr letzter Wohnsitz. Der allgemeine Gerichtsstand juristischer Personen besteht gem. §§ 12, 17 I 1 ZPO an ihrem Sitz. Als Sitz gilt, wenn sich nichts anderes ergibt, gem. § 17 I 2 ZPO der Ort, wo die Verwaltung geführt wird.

1. Sitz einer juristischen Person

12 Der Sitz juristischer Personen des öffentlichen Rechts ergibt sich aus dem Gesetz, der Verleihung oder der Satzung. Der Sitz privatrechtlicher Kapitalgesellschaften und eingetragener Vereine ergibt sich aus der in das Handels- bzw. Vereinsregister eingetragenen satzungsmäßigen Bestimmung. Einen registermäßigen Sitz haben auch die Personenhandelsgesellschaften. Für Gesellschaften bürgerlichen Rechts und nicht rechtsfähige Vereine ist nach § 17 I 2 ZPO der Ort maßgeblich, an dem die Verwaltung geführt wird (vgl. Zöller/Schultzky, 34. Aufl. 2022, ZPO § 17 Rn. 9).

2. Wohnsitz

Der Wohnsitz einer natürlichen Person ist in §§ 7–11 BGB geregelt. Nach § 7 I wird der **13**
Wohnsitz am Ort der ständigen Niederlassung begründet. Unter mehreren Wohnsitzen (§ 7 II
BGB) kann der Kläger frei wählen.

3. Inländischer Aufenthaltsort

Für den Aufenthaltsort im Inland iSv § 16 ZPO genügt ein vorübergehender (auch Durch- **14**
reise; Messebesuch) oder unfreiwilliger Aufenthalt. Der Kläger muss aber (zB anhand vergeblich
vorgenommener Ermittlungsversuche) nachweisen, dass eine inländischer Sitz oder ein inländischer Wohnsitz fehlt.

III. Der Gerichtsstand des § 14 II 2 (Begehungsort)

1. Allgemeines

Der Kläger kann nach § 14 II 2 wahlweise das Gericht anrufen, **„in dessen Bezirk die** **15**
Handlung begangen ist". Insoweit entspricht die Vorschrift dem § 32 ZPO, was bei der
Auslegung zu berücksichtigen ist (OLG Köln GRUR 1978, 658). Dies gilt nach **§ 14 II 3 nF**
allerdings nicht für (1) Rechtsstreitigkeiten wegen Zuwiderhandlungen im elektronischen Geschäftsverkehr oder in Telemedien oder (2) Rechtsstreitigkeiten, die von den nach § 8 III
Nr. 2–4 zur Geltendmachung eines Unterlassungsanspruchs Berechtigten geltend gemacht werden, es sei denn, der Beklagte hat im Inland keinen Wohnsitz. Diese Fassung hat § 14 II nach
einer lebhaften rechtspolitischen Diskussion erhalten, in der einerseits der „fliegende Gerichtsstand" wegen seiner Missbrauchsanfälligkeit stark kritisiert und andererseits wegen der mit ihm
verbundenen Spezialisierung vielfach angerufener Gerichte verteidigt wurde. Art. 7 Nr. 4 RegE
eines Gesetzes gegen unseriöse Geschäftspraktiken (BT-Drs. 17/13057) sah die Abschaffung des
Gerichtsstands des Begehungsorts vor. Diese Auffassung stieß jedoch ihrerseits auf starke Kritik
(vgl. Stellungnahme der GRUR, GRUR 2013, 597; Maaßen GRUR-Prax 2012, 252), so dass
der Gesetzgeber zunächst von einer Änderung der Vorschrift absah. Nach dem sechs Jahre später
vorgelegten RegE eines Gesetzes zur Stärkung des fairen Wettbewerbs sollte sodann eine Einschränkung dahingehend erfolgen, dass der „fliegende Gerichtsstand" des § 14 I 1 nur gelten
soll, „wenn sich die geschäftliche Handlung an einen örtlich begrenzten Kreis von Marktteilnehmern wendet" (§ 14 II 3 nF; BT-Drs. 19/12084 v. 31.7.2019, 8; krit. hierzu Kur/Henning-
Bodewig/Hilty/Drexl S. 9 f.; Lettl WM 2019, 289 (293); Lerach GRUR-Prax 2020, 37; Wür-
tenberger/Freischem GRUR 2019, 59 (60 ff.)). Im Gesetzgebungsverfahren hat sich sodann die
Auffassung durchgesetzt, dass sich die Einschränkung des Gerichtsstands des Begehungsorts nur
auf die als besonders missbrauchsanfällig angesehenen Bereiche der Verstöße in Telemedien oder
im elektronischen Geschäftsverkehr beziehen solle (BT-Drs. 19/22238, 18).

2. Begehung der Handlung

Gemeint ist die Handlung, welche den Tatbestand des behaupteten Wettbewerbsverstoßes **16**
verwirklicht. Dabei genügt es, dass am betreffenden Ort eines von mehreren Tatbestandsmerkmalen verwirklicht ist. Es können also für ein und denselben Wettbewerbsverstoß mehrere
Begehungsorte in Betracht kommen (ganz hM, zB BGH GRUR 1964, 316 (318) – Stahlexport;
GRUR 1978, 194 (195) – profil), zwischen denen der Kläger die Wahl hat (OLG Köln GRUR
1988, 148). Insbes. können **Handlungs-** und **Erfolgsort** auseinander fallen. Eine Anknüpfung
an den Ort des **Schadenseintritts** kommt freilich nur in Betracht, wenn der Schadenseintritt
zum Tatbestand der Rechtsverletzung gehört (BGH GRUR 1964, 316 (318) – Stahlexport). Bei
der **Verletzungsunterlassungsklage** ist der Ort maßgebend, an dem die konkrete Verletzungshandlung begangen worden ist oder ihr Erfolg eingetreten ist. Dies gilt auch dann, wenn der
Verletzer bundesweit tätig ist und die Verletzung möglicherweise zufällig an diesem Ort vorgenommen wurde (OLG Köln MMR 2012, 161). Daneben soll auch der Ort in Betracht
kommen, an dem die Wiederholung ernsthaft droht (OLG Stuttgart WRP 1988, 331 (332)),
wozu aber das Bestehen allgemeiner Wiederholungsgefahr nicht ausreicht (OLG München
WRP 1986, 172). Bei der **vorbeugenden Unterlassungsklage** ist der Ort maßgebend, an dem
die Verwirklichung des Wettbewerbsverstoßes droht (OLG Hamburg GRUR 1987, 403; OLG
Düsseldorf WRP 1994, 877 (879)). Das kann der Ort der Vorbereitungshandlung, aber auch der
davon verschiedene künftige Handlungs- oder Erfolgsort sein (BGH GRUR 1994, 530 (532) –

Beta). – Dass eine im Ausland vorgenommene geschäftliche Handlung eines Ausländers im Inland Erstbegehungsgefahr begründen kann, so dass die inländischen Gerichte für die Unterlassungsklage zuständig sind (so OLG Hamburg GRUR 1987, 403; OLG Düsseldorf BB 1994, 877 (879)), erscheint allerdings zweifelhaft. Dazu wäre mindestens erforderlich, dass die betreffende Handlung auch im Ausland verboten und mit vergleichbaren Sanktionen belegt ist wie im Inland.

3. Fallgruppen

17   **a) Druckschriften.** Bei Wettbewerbsverstößen in Druckschriften (Zeitungen, Zeitschriften, Katalogen, Prospekten usw) ist Begehungsort nicht nur der Ort des Erscheinens, sondern grds. auch jeder Ort ihrer **Verbreitung** (sog **fliegender Gerichtsstand**). Verbreitung setzt voraus, dass die Druckschrift dritten Personen **bestimmungsgemäß** und **nicht bloß zufällig** zur Kenntnis gebracht wird (BGH GRUR 1978, 194 (195) – profil). Maßgebend ist insoweit das **regelmäßige Verbreitungsgebiet,** also das Gebiet, das der Verleger oder Herausgeber mit der Druckschrift erreichen will oder in dem er mit einer Verbreitung rechnen muss (BGH GRUR 1978, 194 (195) – profil; FBO/Büscher Rn. 28). Die Leser müssen aber nicht gleichzeitig die Bezieher oder Adressaten sein; Vertrieb an Behörden, Verbände, Pressedienste usw genügt (OLG Düsseldorf WRP 1987, 476 (477); OLG Hamburg WRP 1985, 351). Nicht ausreichend ist es, wenn einzelne Exemplare durch Dritte außerhalb des Verbreitungsgebiets gebracht werden oder wenn die Druckschrift außerhalb ihres Verbreitungsgebiets nur bezogen wird, um am Wohnsitz des Beziehers den Gerichtsstand des Begehungsorts zu begründen (BGH GRUR 1978, 194 (195) – profil) oder wenn es sich um eine bloße Nachsendung an den Urlaubsort handelt (KG GRUR 1989, 134). – Ein Verbreiten kann allerdings auch schon dann vorliegen, wenn es sich um nur wenige oder gar nur um ein einziges Exemplar handelt, weil es auf die Intensität der Verletzung nicht ankommt (BGH GRUR 1978, 194 (196) – profil; OLG München GRUR 1984, 830 (831); OLG Düsseldorf WRP 1987, 476 (477)). Umstritten ist hingegen, ob tatsächliches Verbreiten genügt (so KG GRUR 1989, 134 (135); OLG Düsseldorf WRP 1987, 476 (477); OLG Hamburg WRP 1985, 351) oder ob die Druckschrift in **wettbewerblich relevanter Weise** verbreitet sein muss (so OLG Köln GRUR 1988, 148 (149); OLG München WRP 1986, 357 (358); OLG Frankfurt GRUR 1989, 136; OLG Stuttgart WRP 1987, 136; FBO/ Büscher Rn. 28; Teplitzky Wettbewerbsrechtliche Ansprüche/Schaub Kap. 45 Rn. 13; v. Maltzahn GRUR 1983, 711 (716); Stapenhorst GRUR 1989, 176 (177 f.) mwN). Letzterer Auffassung ist zuzustimmen, weil unlauterer Wettbewerb idR nur dort begangen werden kann, wo wettbewerbliche Interessen von Mitbewerbern aufeinander stoßen (vgl. BGH GRUR 1962, 243 (245) – Kindersaugflaschen; GRUR 1964, 316 (318) – Stahlexport; WRP 2006, 736 Rn. 25 – Arzneimittelwerbung im Internet) und weil nur so die Sachnähe des angerufenen Gerichts gewährleistet ist. Die Gegenansicht führt zu einer uferlosen Ausweitung des „fliegenden Gerichtsstands". Eine Verbreitung in wettbewerblich relevanter Weise setzt zwar einen möglichen Wettbewerbsnachteil des Verletzten, nicht aber einen Wettbewerbsvorteil des Verletzers am Verbreitungsort voraus (OLG Frankfurt GRUR 1989, 136). Bei Herabsetzung fremder Ware liegt wettbewerbliche Relevanz überall vor, wo diese Ware angeboten wird (OLG Frankfurt GRUR 1989, 136); bei Anpreisung eigener Ware kommt es darauf an, ob das Angebot am Verbreitungsort noch Interesse finden kann, so dass auch die räumliche Entfernung zwischen Angebotsort und Verbreitungsort eine Rolle spielen kann (OLG Köln GRUR 1988, 148 (149); OLG München WRP 1986, 357 (358)). Bei Verstößen gegen §§ 3, 5 kommt es darauf an, ob im Bezirk des angerufenen Gerichts eine Irreführung Dritter möglich ist. Der bloße Bezug der Druckschrift durch den Verletzten und den Begünstigten reicht nicht aus (OLG Stuttgart WRP 1987, 136 (137)).

18   **b) Sonstige Medien.** Auf sonstige Medien (Funk, Fernsehen, **Internet** usw) – die allerdings infolge der in § 14 II 3 Nr. 1 nF vorgesehenen Regelung weitgehend von der Anwendung des Gerichtsstands des Begehungsorts ausgeschlossen sein werden (→ Rn. 20) – sind die erwähnten Grundsätze entspr. anzuwenden (vgl. BGH GRUR 2006, 513 Rn. 25 – Arzneimittelwerbung im Internet; LG Düsseldorf GRUR 1998, 159 (160); Danckwerts GRUR 2007, 104 (105 f.)). Begehungsort ist jedenfalls der (Wohn)Sitz des Werbenden, nicht dagegen auch der Standort des Mediums, etwa des Internet-Servers (aA FBO/Büscher § 14 Rn. 29). Begehungsort ist darüber hinaus (auch) jeder Ort, an dem die Information dritten Personen **bestimmungsgemäß** zur Kenntnis gebracht wird und keine bloß zufällige Kenntnisnahme vorliegt (str.; vgl. die Nachw. in BGH GRUR 2005, 431 (432) – HOTEL MARITIME). Ist die Information (zB eine **Home-**

page-Information) auch zum Abruf in Deutschland bestimmt, so ist die Zuständigkeit deutscher Gerichte begründet (→ Einl. Rn. 5.8; BGH GRUR 2005, 431 (432) – HOTEL MARITIME; GRUR 2006, 513 Rn. 25 – Arzneimittelwerbung im Internet – dort auch zum Einsatz von **Disclaimern;** GRUR 2014, 601 Rn. 26 – englischsprachige Pressemitteilung; FBO/Büscher Rn. 29 f.; MüKoUWG/Ehricke/Könen Rn. 79; krit. Ahrens WRP 2018, 17 (19)). Davon zu unterscheiden ist die Frage, ob und in welchem Umfang materielles deutsches Recht anwendbar ist (zur Geltung des **Herkunftslandsprinzips** bei der Werbung im Internet vgl. → Einl. Rn. 5.22 ff.). Richtet sich die Information nur an einen örtlich begrenzten Kundenkreis (zB Pizza-Service in einer Stadt), so ist nur das für diesen Bezirk zuständige Gericht örtlich zuständig (vgl. Mühlberger WRP 2008, 1423). Bei **Telefon-, Fax-** oder **E-Mail-Werbung** ist Begehungsort der Sende- und der Empfangsort (FBO/Büscher Rn. 32).

c) Sonstige Fälle. Bei Versendung von **Schreiben** mit wettbewerbswidrigem Inhalt ist **19** Begehungsort nicht nur der Absende-, sondern auch der Empfangsort (BGH GRUR 1964, 316 (318) – Stahlexport), bei einem Boykottaufruf ist Begehungsort neben dem Ort des Zugangs beim Adressaten auch der Sitz des boykottierten Unternehmens (BGH NJW 1980, 1224 (1225); FBO/Büscher Rn. 32). Beim wettbewerbswidrigen Angebot **von nachgeahmten Waren** (§ 4 Nr. 3) ist der Ort des Angebots Begehungsort. Der bloße Warentransit durch einen Ort macht diesen noch nicht zum Begehungsort (FBO/Büscher Rn. 32). Bei Verstößen gegen **Vertriebs-** oder (zulässige) **Preisbindungen** ist – soweit überhaupt ein Wettbewerbsverstoß vorliegt – Begehungsort nur der Ort der Verletzungshandlung bzw. des Verletzungserfolgs, nicht dagegen der Sitz des verletzten Vertriebs- oder Preisbinders (wie hier GK/Lerach Rn. 148).

4. Einschränkung des Wahlrechts (§ 14 II 3)

a) Zuwiderhandlungen im elektronischen Geschäftsverkehr oder in Telemedien. Mit **20** der in § 14 II 3 Nr. 1 getroffenen Regelung, die Rechtsstreitigkeiten wegen Zuwiderhandlungen im elektronischen Geschäftsverkehr oder in Telemedien von der Anwendung des Gerichtsstands des Begehungsorts ausnimmt, es sei denn, der Beklagte hat im Inland keinen allgemeinen Gerichtsstand, soll nach der Gesetzesbegründung die zuvor rechtspolitisch intensiv diskutierte Einschränkung des Gerichtsstands des Begehungsorts im UWG (→ Rn. 15) auf die „besonders missbrauchsanfälligen" Verstöße in Telemedien oder im elektronischen Geschäftsverkehr beschränkt werden (vgl. BT-Drs. 19/22238, 18). Dies ist im Zusammenhang mit der Absicht des Gesetzgebers zu sehen, der missbräuchlichen Anspruchsverfolgung im Lauterkeitsrecht entgegenzuwirken (vgl. BT-Drs. 19/12084, 1).

Die Begriffe **„elektronischer Geschäftsverkehr"** und **„Telemedien"** sind redundant, weil **21** sich der elektronische Geschäftsverkehr der Telemedien bedient (vgl. die Wortwahl in § 312i I BGB). Telemedien sind nach § 1 TMG alle elektronischen Informations- und Kommunikationsdienste, soweit sie nicht ausschließlich Telekommunikationsdienste oder Rundfunk sind. Dazu gehören insbesondere Online-Angebote von Produkten mit unmittelbarer Bestellmöglichkeit, Video auf Abruf (soweit kein Fernsehprogramm iSv Art. 1 Abs. 1 Buchst. e RL 2010/13/EU (AVMD-RL), Internet-Suchmaschinen und die kommerzielle Verbreitung von Informationen über Produktangebote mittels elektronischer Post (vgl. BeckOK Informations- und MedienR/Martini, 36. Ed. Stand 1.8.2022, TMG § 1 Rn. 4 ff.). Zu Verstößen mittels E-Mail s. aber → Rn. 21b.

Der Anwendungsbereich der mit § 14 II 3 Nr. 1 geschaffenen Regelung ist umstritten. Nach **21a** Auffassung des LG Düsseldorf ist die Vorschrift mit Blick auf § 13 IV Nr. 1 teleologisch dahin zu reduzieren, dass sie nur Verstöße erfasst, die tatbestandlich an ein Handeln im elektronischen Geschäftsverkehr anknüpfen. Der Gesetzgeber habe auch im Bereich der örtlichen Zuständigkeit gegen das Missbrauchspotential der in § 13 IV Nr. 1 genannten Verstöße gegen Informations- und Kennzeichnungspflichten vorgehen, nicht aber den „fliegenden Gerichtsstand" weitergehend abschaffen wollen (LG Düsseldorf WRP 2021, 395 und 688; so auch OLG Frankfurt GRUR-RR 2022, 135; LG Frankfurt GRUR-RR 2021, 326; LG Hamburg GRUR-RS 2021, 29072; zust. GK/Lerach Rn. 163; Isele MMR 2021, 334; Omsels/Zott WRP 2021, 278 Rn. 73; Sosnitza GRUR 2021, 671, 677 f.; Wagner/Kefferpütz WRP 2021, 151 Rn. 36; modifizierend Scherer WRP 2022, 1224 Rn. 38: über einen Gleichlauf mit § 13 Abs. 4 Nr. 1 hinaus nur Informations- und Kennzeichnungspflichten gerichtsstandsbegründend, die ausschließlich an ein Handeln in Telemedien anknüpfen). Dem ist das OLG Düsseldorf mit der Auffassung entgegengetreten, sämtliche „im Internet begangene" Verstöße seien von § 14 II 3 Nr. 1 erfasst, weil der Gesetzeswortlaut – anders als § 13 IV Nr. 1 – keine Einschränkung auf eine bestimmte Art von Verstößen aufweise (OLG Düsseldorf WRP 2021, 513; GRUR 2022, 183; so auch LG Berlin GRUR-RS 2021, 36827; LG Köln GRUR-RS 2021, 36826; LG München I GRUR-RS 2021, 20613; LG Stuttgart MMR 2022, 151 mAnm Lerach jurisPR-WettbR 1/2022 Anm. 3; MüKoUWG/Ehricke/Könen Rn. 84). In der Tat dürfte mit dem letztgenannten Argument eine mit Blick auf § 13 IV Nr. 1 **reduzierende Auslegung abzulehnen sein.** Die Kritik des Gesetzgebers an der Geltung des „fliegenden Gerichtsstands" jedenfalls für im Internet begangene Verstöße war geradezu expressiv (vgl. BT-Drs. 19/12084, 35 f.). Eine Absicht des Gesetzgebers, den Ausschluss dieses Gerichtsstands an die Voraussetzungen des § 13 IV Nr. 1 zu knüpfen, ist mangels eindeutiger Anhaltspunkte im Wortlaut des § 14 II 3 Nr. 1 nicht feststellbar – dies umso weniger, als über die der Neuregelung im Einzelnen zugrundeliegenden Motive des Gesetzgebers widersprüchliche Aussagen vorliegen (vgl. einerseits Motejl/Rosenow WRP 2021, 699 Rn. 37 ff.; andererseits Jung GRUR 2021, 986; für die Annahme eines Redaktionsversehens plädiert GK/Lerach Rn. 163). Dies steht allerdings einer teleologischen Reduktion in Einzelfällen, die nicht das vom Gesetzgeber adressierte Missbrauchspotential aufweisen (→ Rn. 21b), nicht entgegen.

21b   Der Anwendungsbereich der Regelung erfasst nur Rechtsverletzungen, die **ausschließlich in Telemedien verwirklicht werden,** indem etwa **durch den Inhalt** eines im Internet angezeigten Angebots oder einer Internet-Werbung gegen lauterkeitsrechtliche Vorschriften verstoßen wird. Nur solche **rein „virtuellen"** Verstöße weisen das vom Gesetzgeber hier adressierte Missbrauchspotential auf. Die Rechtsverfolgung im Gerichtsstand des Begehungsorts ist deshalb nicht ausgeschlossen, wenn eine unlautere geschäftliche Handlung – etwa eine irreführende Werbung – zwar auch, aber nicht ausschließlich im Internet, sondern auch über andere Verbreitungswege – etwa die physische Aussendung oder das Auslegen von Werbematerial, Anzeigen in Druckerzeugnissen – verwirklicht wird (aA MüKoUWG/Ehricke/Könen Rn. 84: „virtueller Verstoß" könne generell nicht gerichtsstandsbegründend wirken). Voraussetzung hierfür ist allerdings, dass ein einheitlicher Streitgegenstand vorliegt (vgl. § 260 ZPO; OLG Düsseldorf WRP 2021, 513). Zuwiderhandlungen mittels elektronischer Kommunikation wie E-Mail, die – anders als sonstige Online-Angebote, die von jedermann und überall aufgerufen werden können – nur an bestimmte Empfänger gerichtet sind, wohnt das mit § 14 II 3 Nr. 1 adressierte Missbrauchspotential ebenfalls nicht inne, so dass der Begriff „Telemedium" insoweit teleologisch zu reduzieren und der „fliegende Gerichtsstand" nicht ausgeschlossen ist (OLG Düsseldorf GRUR 2022, 576 mAnm Beyer jurisPR-ITR 10/2022 Anm. 5; vgl. auch LG München I MMR 2022, 168 red. Ls.). Nicht unter die Regelung fallen ferner lauterkeitsrechtliche Verstöße, die erst mit dem **Inverkehrbringen** von Produkten verwirklicht werden, wie etwa Verstöße gegen Pflichten zur physischen Produktkennzeichnung, die sich nicht auf die Produktwerbung erstrecken (zB § 9 ElektroG oder § 17 BattG), selbst wenn für das fehlerhaft gekennzeichnete Produkt im Internet geworben wird (vgl. auch → § 13 Rn. 105d f.).

22   **b) Klageberechtigte nach § 8 III Nr. 2–4.** Für die in § 8 III Nr. 2–4 genannten Klageberechtigten ist gem. § 14 II 3 Nr. 2 nF der Gerichtsstand des Begehungsortes nur gegeben, wenn der Beklagte im Inland weder eine gewerbliche oder selbstständige berufliche Niederlassung noch einen Wohnsitz hat. Insoweit ist die Regelung – mit der Modifikation der Bezugnahme auf den allgemeinen Gerichtsstand des Beklagten (→ Rn. 11) – aus § 14 II 2 aF übernommen worden. Das Klagerecht des verletzten **Mitbewerbers** iSd § 2 I Nr. 4 wird, wie sich aus einem Umkehrschluss ergibt, davon nicht berührt. Dies entspricht auch der Rspr. zu § 24 aF (vgl. OLG München WRP 1995, 1054 (1055, 1056); KG GRUR 1995, 752 (753); aA LG Frankenthal BB 1996, 761). Mitbewerber ist allerdings nach § 2 I Nr. 4 nur, wer zum Handelnden in einem konkreten Wettbewerbsverhältnis steht. Besteht zum Handelnden nur ein abstraktes Wettbewerbsverhältnis, so ist der betreffende Unternehmer (im Gegensatz zum früheren Recht; vgl. § 13 II Nr. 1 aF) überhaupt nicht klageberechtigt. Für die Abgrenzung von konkretem und abstraktem Wettbewerbsverhältnis (dazu BGH GRUR 1998, 1039 (1040) – Fotovergrößerungen) ist die Frage hilfreich, ob die geschäftliche Handlung bei realistischer Betrachtung eine konkrete Beeinträchtigung (Umsatzeinbußen etc) des Klägers bewirkt hat oder bewirken kann. Ein konkretes Wettbewerbsverhältnis wird zwischen Rechtsanwälten nicht bereits durch den Umstand ihrer bundesweit unbeschränkten Vertretungsbefugnis begründet, vielmehr kommt es auf die Umstände des Einzelfalls, insbes. auf die Ausrichtung und Größe der Kanzleien an (vgl. BGH GRUR 2005, 520 (521) – Optimale Interessenvertretung; → § 2 Rn. 4.24).

C. Konzentrationsermächtigung (§ 14 III)

Von der Ermächtigung, für die Bezirke mehrerer Landgerichte eines als Gericht für Wett- **23** bewerbsstreitsachen zu bestimmen, haben bisher **Sachsen, Mecklenburg-Vorpommern** und **Nordrhein-Westfalen** Gebrauch gemacht. In Sachsen ist das **Landgericht Leipzig** für die Bezirke der Landgerichte Leipzig, Chemnitz und Zwickau sowie das **Landgericht Dresden** für die Bezirke der Landgerichte Dresden und Görlitz für Wettbewerbsstreitsachen zentral zuständig, soweit nicht zugleich kartellrechtliche Streitigkeiten oder Ansprüche auf Verbraucherschadensersatz nach § 9 II 1 betroffen sind (§ 13 SächsJOrgVO idF der Bek. v. 7.3.2016, GVBl. 2016, 103 (104), zuletzt geändert durch VO v. 12.12.2022, GVBl. 2022, 769; für Kartellrecht ist nach § 12 der VO das LG Leipzig zuständig; die Zuständigkeit für Ansprüche gem. § 9 II 1 richtet sich gem. § 14 IV nach den allgemeinen Vorschriften). In Mecklenburg-Vorpommern ist die Zuständigkeit für Wettbewerbsstreitsachen für den Bezirk des (einzigen) Oberlandesgerichts (Rostock) auf das **Landgericht Rostock** konzentriert (§ 4 I Nr. 7 KonzVO M-V v. 28.3.1994, GVOBl. 1994, 514, zuletzt geändert durch VO v. 22.2.2018, GVOBl. 2018, 59. In Nordrhein-Westfalen ist die Zuständigkeit für Wettbewerbssachen auf das **LG Düsseldorf** für den Oberlandesgerichtsbezirk Düsseldorf, das **LG Bochum** für den Oberlandesgerichtsbezirk Hamm und das **LG Köln** für den Oberlandesgerichtsbezirk Köln konzentriert (Konzentrations-VO Wettbewerbsstreitsachen v. 1.10.2021, GV. NRW. 2021, 1156).

D. Zuständigkeit für Klagen auf Verbraucherschadensersatz nach § 9 II 1 (§ 14 IV)

Durch das **Gesetz zur Stärkung des Verbraucherschutzes im Wettbewerbs- und Ge-** **24** **werberecht** vom 10.8.2021 (BGBl. 2021 I 3504) ist dem § 14 mit Wirkung vom 28.5.2022 ein **neuer Abs. 4** angefügt worden, der die **gerichtliche Zuständigkeit** für Klagen regelt, mit denen **Schadensersatzansprüche gem. § 9 II 1** geltend gemacht werden. Im Übrigen blieb die Vorschrift unverändert.

I. Allgemeines

Die Neuregelung des § 14 IV nimmt Klagen, mit denen Schadensersatzansprüche gem. **25** § 9 II 1 wegen der Schädigung von Verbrauchern durch unzulässige geschäftliche Handlungen nach § 3 geltend gemacht werden, von den für lauterkeitsrechtliche Streitigkeiten geltenden Vorschriften des § 14 I–III aus und erklärt stattdessen die **allgemeinen zuständigkeitsrechtlichen Vorschriften** für anwendbar.

Der Gesetzgeber stand hinsichtlich der gerichtlichen Durchsetzung des neugeschaffenen Scha- **26** densersatzanspruchs nach § 9 II 1 vor der Frage, ob die **sachliche Zuständigkeit** für entsprechende Klagen in die Hände des § 14 I für lauterkeitsrechtliche Streitigkeiten ausschließlich sachlich zuständigen Landgerichte (hier insbes. der gem. § 95 I Nr. 5 GVG funktionell zuständigen Kammern für Handelssachen; → Rn. 2 ff.) gelegt werden solle. Die Sorge vor einer Überlastung der Spezialkammern der Landgerichte, das Bestreben, die Durchsetzungsschwelle insbesondere für Klagen, mit denen geringe Streitwerte geltend gemacht werden, nicht durch den mit dem Anwaltszwang nach § 78 I ZPO verbundenen Kostenaufwand unangemessen zu erschweren, und die Erwägung, dass mit dem Anspruch gem. § 9 II 1 der allgemeinen Zuständigkeitsordnung unterliegende Ansprüche aus dem Bürgerlichen Recht konkurrieren könnten, gaben schließlich den Ausschlag dafür, die Zuständigkeitskonzentration bei den Landgerichten zu durchbrechen und Schadensersatzklagen nach § 9 II 1 den **allgemeinen Zuständigkeitsvorschriften** zu unterwerfen (vgl. Begr. RegE, BT-Drs. 19/27873, 41 f.). Für Schadensersatzklagen mit einem Streitwert von nicht mehr als 5.000 EUR gem. § 23 Nr. 1 GVG ist folglich die sachliche Zuständigkeit der Amtsgerichte eröffnet. Zukünftig können also bei der Beurteilung von Schadensersatzansprüchen gem. § 9 II 1 auch Amtsgerichte mit den zuweilen komplexen Fragestellungen des Lauterkeitsrechts befasst werden. Angesichts des Umstands, dass es sich häufig um Bagatellschäden handeln dürfte, von deren individueller Durchsetzung Verbraucher eher absehen könnten („rationale Apathie"), wird abzuwarten sein, ob es infolge einer möglichen Bündelung von Massenschäden durch Abtretungsmodelle (vgl. Scherer WRP 2021,

561 Rn. 40 ff.) im Ergebnis nicht doch zu einer schwerpunktmäßigen Inanspruchnahme der Landgerichte kommen wird.

27   Für die **örtliche Zuständigkeit** ist die durch § 14 IV angeordnete Geltung der allgemeinen zuständigkeitsrechtlichen Vorschriften demgegenüber weniger spektakulär. Infolge der Änderungen durch das Gesetz zur Stärkung des fairen Wettbewerbs ist nach dem (durch § 14 IV derogierten) § 14 II neben dem allgemeinen Gerichtsstand des Beklagten (§ 14 II 1) der Gerichtsstand des Begehungsorts (§ 14 II 2) berufen (→ Rn. 7) und besteht, da die Einschränkungen des „fliegenden Gerichtsstands" gem. § 14 II 3 nur für bestimmte Klagen von Mitbewerbern gelten, mithin insoweit Übereinstimmung mit den auf Schadensersatzklagen nach § 9 II 1 für anwendbar erklärten allgemeinen Vorschriften der §§ 12 und 32 ZPO. Von den besonderen Gerichtsständen gem. §§ 20 ff. ZPO dürfte allenfalls dem Gerichtsstand der Niederlassung gem. § 21 ZPO hier eine gewisse Bedeutung zuwachsen.

II. Zuständigkeitsordnung für Klagen nach § 9 II 1 nF

1. Internationale Zuständigkeit

28   Die Frage, ob ein deutsches oder ein ausländisches Gericht zur Entscheidung berufen ist **(internationale Zuständigkeit),** richtet sich nach den Regeln der örtlichen Zuständigkeit, also im Falle der Klage auf Schadensersatz gem. § 9 II 1 nF infolge der Berufung der allgemeinen Zuständigkeitsvorschriften in § 14 IV nF nach den §§ 12 ff. ZPO, soweit nicht vorrangige Regelungen im Unionsrecht oder in Staatsverträgen bestehen. Bestehen keine solchen vorrangigen Regelungen, ist ein nach den §§ 12 ff. ZPO zuständiges Gericht auch international zuständig (→ UWG Einl. Rn. 5.38).

29   Für den Rechtsverkehr zwischen den Mitgliedstaaten der EU ist die **Brüssel Ia-VO** vorrangig, die die internationale Zuständigkeit ua an den Beklagten(wohn)sitz (Art. 4, 6 Brüssel Ia-VO) sowie an den Begehungsort einer unerlaubten Handlung (Art. 7 Nr. 2 Brüssel Ia-VO) anknüpft (→ UWG Einl. Rn. 5.39 ff.). Die nach § 9 II 1 nF Schadensersatzansprüche auslösenden unzulässigen geschäftlichen Handlungen gem. § 3 sind unerlaubte Handlungen in diesem Sinne (→ Einl. Rn. 5.45).

2. Örtliche Zuständigkeit (§§ 12 ff. ZPO)

30   Die örtliche Zuständigkeit für Klagen auf Schadensersatz nach § 9 II 1 richtet sich gem. § 14 IV nach den allgemeinen Vorschriften der §§ 12 ff. ZPO. Neben den **allgemeinen Gerichtsstand** am Wohnsitz einer natürlichen Person (§ 13 ZPO) oder dem Sitz einer juristischen Person (§ 17 ZPO) kommt den besonderen Gerichtsständen der **Niederlassung** und – vor allem – der **unerlaubten Handlung** (§ 32 ZPO) für die in § 9 II 1 geregelten sonderdeliktsrechtlichen Schadensersatzansprüche Bedeutung zu (zum Gerichtsstand des Begehungsorts → Rn. 15 ff.). Die **Vereinbarung eines Gerichtsstands** steht Verbrauchern nach § 38 ZPO nur bei fehlendem allgemeinen Gerichtsstand im Inland (Abs. 2) oder nach Entstehen der Streitigkeit (Abs. 3) offen.

3. Sachliche Zuständigkeit (§ 23 Nr. 1 GVG, § 71 I GVG)

31   Die sachliche Zuständigkeit für Schadensersatzklagen nach § 9 II 1 richtet sich nach den **§ 23 Nr. 1 GVG, § 71 I GVG.** Nach § 23 Nr. 1 GVG besteht die Zuständigkeit der Amtsgerichte in bürgerlichen Rechtsstreitigkeiten, zu denen die Klagen nach § 9 II 1 zählen, für Streitigkeiten über Ansprüche, deren Gegenstand an Geld oder Geldeswert die Summe von 5.000 EUR nicht übersteigt. Nach § 71 I GVG gehören vor die Zivilkammern der Landgerichte alle bürgerlichen Rechtsstreitigkeiten, die nicht den Amtsgerichten zugewiesen sind. Damit ist für Schadensersatzklagen nach § 9 II 1 die für lauterkeitsrechtliche Streitigkeiten gem. § 14 I geltende Zuständigkeitskonzentration beim Landgericht zugunsten der **allgemeinen streitwertbezogenen Zuständigkeitsordnung** durchbrochen (→ Rn. 26). Hinsichtlich der Streitwertberechnung gelten die allgemeinen Grundsätze der §§ 3 ff. ZPO.

Einigungsstellen

15 (1) Die Landesregierungen errichten bei Industrie- und Handelskammern Einigungsstellen zur Beilegung von bürgerlichen Rechtsstreitigkeiten, in denen ein Anspruch auf Grund dieses Gesetzes geltend gemacht wird (Einigungsstellen).

(2) [1] Die Einigungsstellen sind mit einer vorsitzenden Person, die die Befähigung zum Richteramt nach dem Deutschen Richtergesetz hat, und beisitzenden Personen zu besetzen. [2] Als beisitzende Personen werden im Falle einer Anrufung durch eine nach § 8 Absatz 3 Nummer 3 zur Geltendmachung eines Unterlassungsanspruchs berechtigte qualifizierte Einrichtung Unternehmer und Verbraucher in gleicher Anzahl tätig, sonst mindestens zwei sachverständige Unternehmer. [3] Die vorsitzende Person soll auf dem Gebiet des Wettbewerbsrechts erfahren sein. [4] Die beisitzenden Personen werden von der vorsitzenden Person für den jeweiligen Streitfall aus einer alljährlich für das Kalenderjahr aufzustellenden Liste berufen. [5] Die Berufung soll im Einvernehmen mit den Parteien erfolgen. [6] Für die Ausschließung und Ablehnung von Mitgliedern der Einigungsstelle sind die §§ 41 bis 43 und § 44 Absatz 2 bis 4 der Zivilprozessordnung entsprechend anzuwenden. [7] Über das Ablehnungsgesuch entscheidet das für den Sitz der Einigungsstelle zuständige Landgericht (Kammer für Handelssachen oder, falls es an einer solchen fehlt, Zivilkammer).

(3) [1] Die Einigungsstellen können bei bürgerlichen Rechtsstreitigkeiten, in denen ein Anspruch auf Grund dieses Gesetzes geltend gemacht wird, angerufen werden, wenn der Gegner zustimmt. [2] Soweit die geschäftlichen Handlungen Verbraucher betreffen, können die Einigungsstellen von jeder Partei zu einer Aussprache mit dem Gegner über den Streitfall angerufen werden; einer Zustimmung des Gegners bedarf es nicht.

(4) Für die Zuständigkeit der Einigungsstellen ist § 14 entsprechend anzuwenden.

(5) [1] Die der Einigungsstelle vorsitzende Person kann das persönliche Erscheinen der Parteien anordnen. [2] Gegen eine unentschuldigt ausbleibende Partei kann die Einigungsstelle ein Ordnungsgeld festsetzen. [3] Gegen die Anordnung des persönlichen Erscheinens und gegen die Festsetzung des Ordnungsgeldes findet die sofortige Beschwerde nach den Vorschriften der Zivilprozessordnung an das für den Sitz der Einigungsstelle zuständige Landgericht (Kammer für Handelssachen oder, falls es an einer solchen fehlt, Zivilkammer) statt.

(6) [1] Die Einigungsstelle hat einen gütlichen Ausgleich anzustreben. [2] Sie kann den Parteien einen schriftlichen, mit Gründen versehenen Einigungsvorschlag machen. [3] Der Einigungsvorschlag und seine Begründung dürfen nur mit Zustimmung der Parteien veröffentlicht werden.

(7) [1] Kommt ein Vergleich zustande, so muss er in einem besonderen Schriftstück niedergelegt und unter Angabe des Tages seines Zustandekommens von den Mitgliedern der Einigungsstelle, welche in der Verhandlung mitgewirkt haben, sowie von den Parteien unterschrieben werden. [2] Aus einem vor der Einigungsstelle geschlossenen Vergleich findet die Zwangsvollstreckung statt; § 797a der Zivilprozessordnung ist entsprechend anzuwenden.

(8) Die Einigungsstelle kann, wenn sie den geltend gemachten Anspruch von vornherein für unbegründet oder sich selbst für unzuständig erachtet, die Einleitung von Einigungsverhandlungen ablehnen.

(9) [1] Durch die Anrufung der Einigungsstelle wird die Verjährung in gleicher Weise wie durch Klageerhebung gehemmt. [2] Kommt ein Vergleich nicht zustande, so ist der Zeitpunkt, zu dem das Verfahren beendet ist, von der Einigungsstelle festzustellen. [3] Die vorsitzende Person hat dies den Parteien mitzuteilen.

(10) [1] Ist ein Rechtsstreit der in Absatz 3 Satz 2 bezeichneten Art ohne vorherige Anrufung der Einigungsstelle anhängig gemacht worden, so kann das Gericht auf Antrag den Parteien unter Anberaumung eines neuen Termins aufgeben, vor diesem Termin die Einigungsstelle zur Herbeiführung eines gütlichen Ausgleichs anzurufen. [2] In dem Verfahren über den Antrag auf Erlass einer einstweiligen Verfügung ist diese Anordnung nur zulässig, wenn der Gegner zustimmt. [3] Absatz 8 ist nicht anzuwenden.

[4]Ist ein Verfahren vor der Einigungsstelle anhängig, so ist eine erst nach Anrufung der Einigungsstelle erhobene Klage des Antragsgegners auf Feststellung, dass der geltend gemachte Anspruch nicht bestehe, nicht zulässig.

(11) [1]Die Landesregierungen werden ermächtigt, durch Rechtsverordnung die zur Durchführung der vorstehenden Bestimmungen und zur Regelung des Verfahrens vor den Einigungsstellen erforderlichen Vorschriften zu erlassen, insbesondere über die Aufsicht über die Einigungsstellen, über ihre Besetzung unter angemessener Beteiligung der nicht den Industrie- und Handelskammern angehörenden Unternehmern [*richtig wohl: „Unternehmer"*] (§ 2 Abs. 2 bis 6 des Gesetzes zur vorläufigen Regelung des Rechts der Industrie- und Handelskammern in der im Bundesgesetzblatt Teil III, Gliederungsnummer 701-1, veröffentlichten bereinigten Fassung), und über die Vollstreckung von Ordnungsgeldern, sowie Bestimmungen über die Erhebung von Auslagen durch die Einigungsstelle zu treffen. [2]Bei der Besetzung der Einigungsstellen sind die Vorschläge der für ein Bundesland errichteten, mit öffentlichen Mitteln geförderten Verbraucherzentralen zur Bestimmung der in Absatz 2 Satz 2 genannten Verbraucher zu berücksichtigen.

(12) Abweichend von Absatz 2 Satz 1 kann in den Ländern Brandenburg, Mecklenburg-Vorpommern, Sachsen, Sachsen-Anhalt und Thüringen die Einigungsstelle auch mit einem Rechtskundigen als Vorsitzendem besetzt werden, der die Befähigung zum Berufsrichter nach dem Recht der Deutschen Demokratischen Republik erworben hat.

Übersicht

Schrifttum: Ahrens in Ahrens, Der Wettbewerbsprozess, 9. Aufl. 2021, Kap. 12; Bernreuther, Zur Zulässigkeit der Einigungsstelle gemäß § 27a UWG und der dort gegebenen Möglichkeiten der Erörterung wettbewerbswidriger AGB, WRP 1994, 853; Fusbahn, Alternative Streitbeilegung im gewerblichen Rechtsschutz. Geht`s eigentlich auch ohne die Gerichte?, IPRB 2015, 211; Loschelder in Gloy/Loschelder/Danckwerts, Handbuch des Wettbewerbsrechts, 5. Aufl. 2019, § 94; Köhler, Das Einigungsverfahren nach § 27a UWG: Rechtstatsachen, Rechtsfragen, Rechtspolitik, WRP 1991, 617; Köhler, Der Schadensersatzanspruch der Verbraucher im künftigen UWG, WRP 2021, 129; Krieger, Die Wiedererrichtung von Einigungsstellen zur Beilegung von Wettbewerbsstreitigkeiten, GRUR 1957, 197; Ottofülling, Außergerichtliches Konfliktmanagement nach § 15 UWG, WRP 2006, 410; Probandt, Die Einigungsstelle nach § 27a UWG, 1993; Rauer/Shchavelev, Der neue Verbraucherschadensersatz, GRUR-Prax 2022, 35; Teplitzky, Wettbewerbsrechtliche Ansprüche und Verfahren, 12. Aufl. 2019, Kap. 42.

A. Allgemeines

I. Rechtsentwicklung

Schon vor dem Ersten Weltkrieg hatten die kaufmännischen Berufsvertretungen vielfach **1** **freiwillige Einigungsstellen** eingerichtet, denen die schlichtende, aber auch die schiedsrichterliche Behandlung von Wettbewerbsstreitigkeiten oblag. Die VO v. 9.3.1932 (RGBl. 1932 I 121) erhob diese Einigungsstellen zu einer staatlich anerkannten Einrichtung (**„Einigungsämter"**), freilich nur für ihre schlichtende Tätigkeit, und gab ihnen gewisse Zwangsrechte. Die Novelle v. 8.3.1940 (RGBl. 1940 I 480) änderte die Fassung des § 27a aF und dehnte die sachliche Zuständigkeit aus. Die Einigungsämter fällten zwar keine „Urteile in einer Rechtssache", handelten aber in Ausübung öffentlicher Gewalt (RG GRUR 1937, 236). – Nach 1945 veränderte sich die Rechtsstellung der Einigungsämter weitgehend, was vor allem mit der uneinheitlichen Entwicklung des Kammerwesens im Bundesgebiet im Zusammenhang stand. Erst durch die Herstellung der Rechtseinheit auf diesem Gebiet (Gesetz v. 18.12.1956, BGBl. 1956 I 920) wurde die in der Praxis bewährte Einrichtung der Einigungsstellen wieder funktionsfähig. – Durch Gesetz v. 11.3.1957 (BGBl. 1957 I 172) wurde § 27a aF unter Anpassung an die geänderten Verhältnisse neu gefasst, zT auch inhaltlich ergänzt und verbessert. Durch das SchRModG v. 26.11.2001 (BGBl. 2001 I 3138) erfolgte eine Anpassung des § 27a aF an das neue Verjährungsrecht. – Die **jetzige Regelung in § 15 entspricht im Wesentlichen dem § 27a aF.** Bei den Änderungen gegenüber § 27a aF handelt es sich mit Ausnahme des Abs. 2 um (sprachlich teils wenig überzeugende) redaktionelle Anpassungen, die auf Grund der Neufassung des UWG erforderlich wurden. – Durch das Gesetz zur Stärkung des fairen Wettbewerbs v. 26.11.2020 (BGBl. 2020 I 2568) ist die Zuständigkeit der Einigungsstelle auf Streitigkeiten über die Angemessenheit einer Vertragsstrafe erweitert worden (§ 13a V 1 und 2; → Rn. 6, → Rn. 15, → § 13a Rn. 17).

II. Zweck und Bedeutung des Einigungsverfahrens

Das Einigungsverfahren bezweckt die **Herbeiführung eines gütlichen Ausgleichs 2** (§ 15 V 1) auf Grund einer Aussprache der Parteien vor einer unabhängigen und sachkundigen Stelle. Die Einigungsstellen sind aus der heutigen Praxis nicht mehr wegzudenken, insbes. die **Wettbewerbszentrale** bedient sich ihrer. Die Wettbewerbszentrale hat in den Jahren 1996 bis

2005 bei den Einigungsstellen insgesamt 14.183 Verfahren, in den Jahren 2006 bis 2012 weitere 4.276 Verfahren in den Jahren 2013–2016 weitere 2.100 Verfahren und im Zeitraum von 2017 bis 2020 954 Verfahren eingeleitet (vgl. MüKoUWG/Ottofülling, 3. Aufl. 2022, Rn. 25). Zu den Vor- und Nachteilen des Verfahrens vor den Einigungsstellen und zu den praktischen Erfahrungen vgl. Köhler WRP 1991, 617; Probandt, Die Einigungsstelle nach § 27a UWG, 1993, 110 ff.; Teplitzky Wettbewerbsrechtliche Ansprüche/Bacher Kap. 42 Rn. 5 ff.; Ottofülling WRP 2006, 410 (425).

III. Verhältnis zum Schiedsgerichtsverfahren

3   Die Einigungsstelle ist kein Schiedsgericht iSd §§ 1025 ff. ZPO (OLG Frankfurt GRUR 1988, 150). Eine schiedsrichterliche Tätigkeit dürfen die Einigungsstellen nach wie vor nur auf Grund einer von den Parteien aus freiem Antrieb geschlossenen Schiedsvereinbarung (§ 1029 ZPO) ausüben (aA – Unvereinbarkeit von Einigungsstelle und Schiedsgericht – GK/Zain/Nippe Rn. 43). Eine solche Klausel kann zwar in den Vergleich (§ 15 VII) aufgenommen werden, doch würde jede diesbezügliche Anregung einer Einigungsstelle den Charakter des Einigungsverfahrens verfälschen (GK/Köhler, 1. Aufl. 1991, UWG 1909 § 27a Rn. 13; Krieger GRUR 1957, 207). Dass sich die Praxis daran nicht hält (vgl. Ottofülling WRP 2006, 410 (411) Fn. 19), steht auf einem anderen Blatt. Das Gleiche gilt, wenn in den Vergleich (§ 15 VII) eine Schiedsgutachterklausel (§ 317 BGB) aufgenommen wird, nach der die Einigungsstelle als Schiedsgutachter die Verwirkung einer Vertragsstrafe durch Zuwiderhandlung gegen eine im Vergleich eingegangene strafbewehrte Unterlassungsverpflichtung verbindlich feststellen kann (vgl. OLG Hamm WRP 1991, 135).

B. Errichtung und Besetzung der Einigungsstellen

I. Errichtung

4   Nach § 15 I sind von den Landesregierungen bei Industrie- und Handelskammern **Einigungsstellen** zur Beilegung von bürgerlichen Rechtsstreitigkeiten zu errichten, in denen ein **Anspruch auf Grund des UWG** geltend gemacht wird. – Entsprechende DVOen wurden in folgenden Ländern erlassen: **Baden-Württemberg:** BWEinigVO v. 9.2.1987 (GBl. 1987, 64, berichtigt 158), zuletzt geändert durch VO v. 19.10.2004 (GBl. 2004, 774); **Bayern:** BayEinigungsV v. 17.5.1988 (GVBl. 1988, 115), zuletzt geändert durch VO v. 26.3.2019 (GVBl. 2019, 98); **Berlin:** BlWettEinigStVO IHK v. 29.7.1958 (GVBl. 1958, 732), zuletzt geändert durch G v. 9.2.2023 (GVBl. 2023, 38); **Brandenburg:** BbgEinigStellV v. 10.10.2006 (GVBl. 2006 II 450); **Bremen:** BremEinigstVO v. 16.2.1988 (GBl. 1988, 17), zuletzt geändert durch VO v. 20.10.2020 (GBl. 2020, 1172); **Hamburg:** HbgUWGEinigstVO v. 27.1.1959 (GVBl. 1959, 11), zuletzt geändert durch VO v. 23.12.1986 (GVBl. 1986, 368); **Hessen:** HESEinStVO v. 13.2.1959 (GVBl. 1959, 3), zuletzt geändert durch VO v. 29.9.2017 (GVBl. 2017 I 322); **Mecklenburg-Vorpommern:** 19.9.1991 (GVOBl. 1991, 384); **Niedersachsen:** UWEStVO v. 21.2.1991 (GVBl. 1991, 139); **Nordrhein-Westfalen:** NWEinigstVO v. 15.8.1989 (GVBl. 1989, 460), geändert durch VO v. 23.10.2012 (GVBl. 2012, 476); **Rheinland-Pfalz:** RPEinigstVO v. 2.5.1988 (GVBl. 1988, 102), zuletzt geändert durch VO v. 19.10.2005 (GVBl. 2005, 489); **Saarland:** SaarESVO v. 21.1.1988 (ABl. 1988, 89), zuletzt geändert durch G v. 8.12.2021 (ABl. 2021 I 2629); **Sachsen:** SaEinigStVO v. 10.4.2006 (GVBl. 2006, 97); **Sachsen-Anhalt:** LSAEinStVO v. 21.1.1992 (GVBl. 1992, 39), zuletzt geändert durch G v. 14.2.2008 (GVBl. 2008, 58); **Schleswig-Holstein:** SHEinigStVO v. 1.2.2017 (GVOBl. 2017, 153); **Thüringen:** ThürUWGSchiedsVO v. 10.12.1991 (GVBl. 1991, 666). Diese Regelungen stimmen im Wesentlichen überein; sie enthalten auch Vorschriften über die Organisation und Besetzung der Einigungsstellen und das Verfahren. In → Rn. 36 ist beispielhaft die BayEinigungsV abgedruckt.

II. Besetzung

5   Zur Besetzung der Einigungsstellen im jeweiligen Streitfall gibt § 15 II detaillierte Vorgaben. Im Einzelnen gilt: Die **„vorsitzende Person"** muss die Befähigung zum Richteramt nach dem Deutschen Richtergesetz haben (§ 15 II 1) und soll im Wettbewerbsrecht erfahren sein (§ 15 II 2). Für die Länder Brandenburg, Mecklenburg-Vorpommern, Sachsen, Sachsen-Anhalt und Thüringen gilt die Sonderregelung des § 15 XII. Bei den „**beisitzenden Personen**" ist zu unterscheiden. Wird die Einigungsstelle von einer qualifizierten Einrichtung (§ 8 III Nr. 3), dh einem Verbraucherverband, angerufen, müssen die beisitzenden Personen in gleicher Anzahl Unternehmer und Verbraucher sein (§ 15 II 2 Alt. 1). In den übrigen Fällen ist die Einigungsstelle mit mindestens zwei sachverständigen Unternehmern als beisitzenden Personen zu besetzen (§ 15 II 2 Alt. 2). Die beisitzenden Personen werden von der vorsitzenden Person für den jeweiligen Streitfall aus einer alljährlich für das Kalenderjahr aufzustellenden Liste berufen (§ 15 II 4). Dies soll im Einvernehmen mit den Parteien geschehen (§ 15 II 5). Soweit es die Aufnahme von Verbrauchern in diese Liste betrifft, sind nach § 15 XI 2 die Vorschläge der für ein Bundesland errichteten, mit öffentlichen Mitteln geförderten Verbraucherzentralen zu berücksichtigen. Für die **Ausschließung** und **Ablehnung von Mitgliedern der Einigungsstelle** sind nach § 15 II 6 die §§ 41–43 ZPO und § 44 II–IV ZPO entspr. anzuwenden. Über das Ablehnungsgesuch entscheidet nach § 15 II 7 das für den Sitz der Einigungsstelle zuständige Landgericht (Kammer für Handelssachen oder, falls es an einer solchen fehlt, Zivilkammer). Das Ablehnungsgesuch kann sich nur gegen einzelne Mitglieder der Einigungsstelle richten und nicht etwa gegen die IHK, die Träger der Einigungsstelle ist (LG Hannover WRP 2007, 1520). Die Mitglieder sind nicht schon deshalb befangen, weil die IHK ihrerseits Mitglied des Antragstellers im Einigungsverfahren (Wettbewerbszentrale) ist (LG Dresden WRP 2007, 359 (360); LG Hannover WRP 2007, 1520).

C. Sachliche Zuständigkeit

I. Zuständigkeit für bürgerlichrechtliche Streitigkeiten

Mit „**bürgerlichen Rechtsstreitigkeiten, in denen ein Anspruch aus dem UWG geltend gemacht wird**" (§ 15 III 1), sind die Ansprüche aus den §§ 8, 9 (also auch der Anspruch auf Verbraucherschadensersatz gem. § 9 II 1) und § 10 einschließlich des Auskunftsanspruchs sowie der Anspruch auf Aufwendungsersatz aus § 13 III gemeint. Soweit die Verwendung oder Empfehlung von AGB gegen § 3 iVm § 3a verstößt, können daher auch wettbewerbswidrige AGB einer Kontrolle unterzogen werden (Bernreuther WRP 1994, 853). – Soweit Ansprüche aus Verstößen gegen andere Normen (zB §§ 812 ff., 823 ff. BGB; §§ 14 ff. MarkenG; §§ 19 ff., 33 GWB) mit Ansprüchen aus Verstößen gegen § 3 **konkurrieren**, ist die Einigungsstelle auch für diese zuständig (Gloy/Loschelder/Danckwerts WettbR-HdB/Loschelder § 94 Rn. 9). Nach § 13a V 1 und 2 nF kann die Einigungsstelle zudem bei **Uneinigkeit über die Angemessenheit einer Vertragsstrafe** auch ohne die Zustimmung des Abmahnenden angerufen werden (→ § 13a Rn. 17). Für **sonstige** bürgerlichrechtliche Streitigkeiten im Zusammenhang mit Wettbewerbsverstößen ist die Einigungsstelle dagegen nicht zuständig (ebenso Ottofülling WRP 2006, 410 (415)). Ist ein wettbewerbsrechtlicher Unterlassungsanspruch geltend gemacht worden, so kann der Gläubiger im Rahmen des Einigungsverfahrens auch den Antrag auf Abgabe einer strafbewehrten Unterlassungserklärung oder, wenn schon eine einstweilige Verfügung ergangen ist, den Antrag auf Abgabe einer Abschlusserklärung stellen (Bernreuther WRP 1994, 853 (854); Ottofülling WRP 2006, 410 (415)). **6**

II. Zuständigkeit auf Grund richterlicher Anordnung der Anrufung

Nach § 15 X 1 ist die sachliche Zuständigkeit ferner gegeben, wenn das Gericht in einem Wettbewerbsprozess über eine bürgerliche Rechtsstreitigkeit der in § 15 III 2 bezeichneten Art auf Antrag einer Partei den Parteien die Anrufung der Einigungsstelle aufgegeben hat (→ Rn. 31). **7**

III. Zuständigkeit in anderen Fällen

Nach **§ 12 UKlaG** ist § 15 ferner anwendbar auf Unterlassungsansprüche aus § 2 UKlaG wegen verbraucherschutzgesetzwidriger Praktiken. Dagegen kann die sachliche Zuständigkeit nicht durch **Parteivereinbarung** begründet werden. Die Einigungsstelle kann allenfalls als Schiedsgericht auf Grund einer Schiedsvereinbarung tätig werden (→ Rn. 3). **8**

D. Örtliche Zuständigkeit

9   Sie bestimmt sich gem. § 15 IV nach § 14. Ausschließlich zuständig ist die Einigungsstelle, in deren Bezirk der Gegner seinen **allgemeinen Gerichtsstand** (hilfsweise Wohnsitz oder inländischer Aufenthaltsort) hat (§ 14 II 1) oder die **Handlung begangen** wurde (§ 14 II 2; vgl. aber auch § 14 II 3; → § 14 Rn. 15 ff.).

E. Verfahren

I. Allgemeines

10   Die Grundzüge des Einigungsverfahrens sind in § 15 V–IX geregelt. Ergänzend gelten nach § 15 XI 1 die Durchführungsverordnungen (DVOen) der Länder (vgl. → Rn. 4, → Rn. 36; abgedruckt in GK/Zain/Nippe nach Rn. 341), die sachlich weitgehend übereinstimmen. Das Verfahren ist kein solches der freiwilligen Gerichtsbarkeit. Es ist einem Gerichtsverfahren ähnlich, aber nicht einem Streit-, sondern einem Güteverfahren, ist doch der **gütliche Ausgleich** sein Hauptziel (§ 15 VI 1). Die ZPO findet nur Anwendung, soweit dies in § 15 oder in den DVOen ausdrücklich vorgesehen ist. Regelungslücken sind nach allgemeinen Verfahrensgrundsätzen (zB hins. der Ermessensausübung) unter Berücksichtigung des Verfahrenszwecks (→ Rn. 2) zu schließen. Die Einigungsstellen sind bei Erfüllung ihrer Aufgaben Träger öffentlicher Gewalt und daher an die Grundrechte gebunden. Bei schuldhafter Verletzung der ihnen gesetzlich auferlegten Pflichten kommt eine **Amtshaftung** in Betracht (näher GK/Zain/Nippe Rn. 67).

II. Anrufung der Einigungsstelle

1. Berechtigung zur Anrufung

11   Die Einigungsstelle kann jeder anrufen, der in Streitigkeiten aus dem UWG oder aus § 2 UKlaG aktiv- oder passivlegitimiert ist, also auch Partei in einem ordentlichen Rechtsstreit sein könnte. Auch Verbände iSd § 8 III Nr. 2–4 sind daher anrufungsberechtigt.

2. Antrag

12   **a) Stellung.** Die Anrufung der Einigungsstelle erfolgt durch Antrag, dessen Form und Inhalt sich nach den DVOen (zB § 4 BayEinigungsV) regeln. Danach sind Anträge schriftlich mit Begründung (Darlegung des Streits und der Zuständigkeit der Einigungsstellen) in fünffacher Ausfertigung unter Bezeichnung der Beweismittel und unter Beifügung etwa vorhandener Urkunden in Urschrift oder Abschrift und sonstiger Beweisgründe einzureichen; sie können auch zur Niederschrift der Einigungsstelle gestellt werden (§ 4 BayEinigungsV).

13   **b) Änderung.** Der Antrag kann geändert werden (sofern noch von der ggf. erforderlichen Zustimmung des Gegners gedeckt).

14   **c) Rücknahme.** Der Antrag kann jederzeit formlos zurückgenommen werden. Die Einwilligung des Gegners dazu ist, auch wenn bereits zur Hauptsache mündlich verhandelt wurde, nur erforderlich, wenn dies in der DVO vorgesehen ist (zB § 6 VII BayEinigungsV iVm § 269 ZPO). Mit Rücknahme des Antrags endet das Verfahren. Die Hemmung der Verjährung gilt dann als nicht erfolgt.

3. Zustimmung des Gegners zur Anrufung

15   Grundsätzlich können die Einigungsstellen nur angerufen werden, wenn der Gegner **zustimmt** (§ 15 III 1). Die Zustimmung ist bei Anrufung der Einigungsstelle nachzuweisen. Ist sie einmal erteilt worden, kann sie nicht mehr widerrufen werden. Fehlt die Zustimmung, so kann nicht nur, sondern muss die Einigungsstelle die Einleitung des Verfahrens ablehnen. Die vorbehaltlose Einlassung stellt nur dann eine konkludente Zustimmung dar, wenn der Gegner über das Zustimmungserfordernis belehrt worden war. – Vom Grundsatz der Zustimmung macht das Gesetz jedoch zwei weit reichende **Ausnahmen:** Soweit die geschäftlichen Handlungen (zum Begriff § 2 I Nr. 2) – wie idR – **Verbraucher** (zum Begriff § 2 II iVm § 13 BGB) betreffen, also die Interessen von Verbrauchern berühren, können die Einigungsstellen von jeder Partei zu einer Aussprache über den Streitfall angerufen werden, ohne dass die Zustimmung des Gegners erforderlich ist (§ 15 III 2). Zudem sieht § 13a V 1 und 2 nF vor, dass die Einigungsstelle **bei Uneinigkeit über die Angemessenheit einer Vertragsstrafe** auch ohne die Zustimmung des Abmahnenden angerufen werden (→ § 13a Rn. 17).

4. Vertretung

Beide Parteien können sich bei Antragstellung und im Verfahren vertreten lassen. Anwalts- **16** zwang besteht nicht.

III. Vorgehen der Einigungsstelle

1. Beschlusserfordernis

Soweit die Einigungsstelle oder die vorsitzende Person Entscheidungen zu treffen haben, **17** geschieht dies durch Beschluss (vgl. § 6 III BayEinigungsV).

2. Ablehnung der Einleitung von Verhandlungen

Die Einigungsstelle hat zunächst ihre sachliche und örtliche Zuständigkeit zu prüfen. Verneint **18** sie diese, so **kann** sie (muss aber nicht) nach § 15 VIII die Einleitung von Einigungsverhandlungen ablehnen. Sie **muss** dies tun, wenn sich eine Partei auf die Unzuständigkeit beruft. Zu diesem Zweck hat die Einigungsstelle die Parteien auf etwaige Bedenken gegen die Zuständigkeit hinzuweisen. Ferner hat die Einigungsstelle zu prüfen, ob der Antrag richtig gestellt wurde und die ggf. erforderliche Zustimmung des Gegners vorliegt. Schließlich hat sie die Begründetheit des geltend gemachten Anspruchs zu prüfen. Hält sie den Antrag „von vornherein für unbegründet" (oder unzulässig), so kann sie (muss aber nicht) die Einleitung des Verfahrens ablehnen (§ 15 VIII). Sind die Parteien gleichwohl mit der Durchführung des Verfahrens einverstanden, so kann sie gleichwohl (muss aber nicht) das Verfahren durchführen. Hat in einem anhängigen Gerichtsverfahren das Gericht den Parteien aufgegeben, die Einigungsstelle anzurufen, so ist nach § 15 X 3 „Absatz 8 nicht anzuwenden", dh die Einigungsstelle darf die Einleitung des Verfahrens nicht wegen Unzuständigkeit ablehnen. Stellt die Einigungsstelle erst im Laufe des Verfahrens fest, dass sie nicht zuständig ist, kann sie ihre weitere Tätigkeit nicht mehr ablehnen, sondern unter Hinweis darauf allenfalls auf die Rücknahme des Antrags hinwirken. – Gegen die Ablehnung gibt es keinen Rechtsbehelf.

3. Terminbestimmung und Ladung

Einzelheiten sind in den (in diesem Punkt aber unterschiedlichen) DVOen geregelt (vgl. zB **19** § 6 I BayEinigungsV). Die der Einigungsstelle vorsitzende Person kann (Ermessen!) das **persönliche Erscheinen der Parteien anordnen** (§ 15 V 1). Damit soll der ordnungsmäßige Verfahrensablauf gesichert werden (OLG Frankfurt GRUR 1988, 150 (151)). § 141 ZPO ist analog anwendbar (§ 6 I BayEinigungsV), dh von der Anordnung ist abzusehen, wenn einer Partei wegen weiter Entfernung ihres Aufenthalts vom Sitz der Einigungsstelle oder aus sonstigen wichtigen Gründen die persönliche Wahrnehmung des Termins nicht zuzumuten ist (vgl. § 141 I 2 ZPO). Ob Vertretung durch **Bevollmächtigte** zulässig ist, richtet sich nach der Verfahrensordnung der Einigungsstelle; grundsätzliche Bedenken bestehen nicht, falls nur der Bevollmächtigte, wie es in § 141 III ZPO heißt, „zur Aufklärung des Tatbestandes in der Lage und zur Abgabe der gebotenen Erklärungen, insbes. zu einem Vergleichsabschluss, ermächtigt ist". – Bei unentschuldigtem Ausbleiben kann die Einigungsstelle ein **Ordnungsgeld** festsetzen (§ 15 V 2). Das entspricht der Praxis der Gerichte (vgl. OLG Hamm GRUR 1984, 600; OLG Koblenz GRUR 1988, 560; LG Schwerin WRP 1997, 881; LG Passau WRP 2006, 138; LG München I WRP 2009, 1161 (1162); LG Arnsberg WRP 2017, 117 [Ls.]; LG Regensburg WRP 2020, 136 [Ls.]). Dahinter steht die Erwägung, dass die geladene Partei nach eindringlicher Belehrung sich doch zu einem Vergleich bereitfinden kann, mehr noch die Befürchtung, die Einigungsstelle würde nicht ernstgenommen. Ein Ordnungsgeld sollte aber nicht festgesetzt werden, wenn ein Bevollmächtigter erscheint oder die ausgebliebene Partei vorher unter Angabe von Gründen erklärt hat, sie lehne einen Einigungsversuch schlechthin ab (vgl. Köhler WRP 1991, 617 (622); Ottofülling WRP 2006, 410 (420); Harte-Bavendamm/Henning-Bodewig/ Tolkmitt Rn. 28) oder wenn die Entschuldigung lediglich unzureichend war. Ein Ordnungsgeld erscheint nur gerechtfertigt, wenn sich die Partei entweder überhaupt nicht äußert (Teplitzky Wettbewerbsrechtliche Ansprüche/Bacher Kap. 42 Rn. 18; vgl. auch OLG Frankfurt GRUR 1988, 150 (151)) oder ohne Angabe von Gründen das Erscheinen ablehnt. Bei nachträglicher Entschuldigung des Nichterscheinens ist der Ordnungsgeldbeschluss aufzuheben (LG Arnsberg WRP 2012, 1317 betr. nachträgliche Übersendung eines ärztlichen Attests). Bei wiederholtem unentschuldigtem Ausbleiben wird idR nach § 15 IX 2 die Beendigung des Verfahrens festzustellen sein. Als Entschuldigungsgründe sind nicht angesehen worden: Nichtbeachtung der Ladung wegen angeblicher geschäftlicher Überlastung (LG Hannover WRP 1991, 64) oder wegen eines anderweitigen geschäftlichen Termins (LG München I WRP 2009, 1160 (1161)); große Entfernung zur Einigungsstelle (LG Schwerin WRP 1997, 881; bedenklich im Hinblick auf § 141 I 2 ZPO, da in diesem Fall schon gar nicht das persönliche Erscheinen angeordnet werden dürfte); Nichtwahrnehmung des Termins wegen geschäftlicher Überlastung, sofern dies nicht hinreichend substanziiert geltend gemacht wurde (LG Schwerin WRP 1997, 881); Urlaubsabwesenheit, sofern mit Ladung zu rechnen war (LG Kassel WRP 1990, 574); Annahme, die Beauftragung eines Anwalts erlaube das Fernbleiben (LG Münster WRP 1984, 302); eine nicht weiter substantiierte „Autopanne" (LG Arnsberg WRP 2017, 117 Ls.). – Gegen die Anordnung des persönlichen Erscheinens und die Festsetzung eines Ordnungsgeldes ist die **sofortige Beschwerde** an das für den Sitz der Einigungsstelle zuständige Landgericht (§ 15 V 3) möglich (LG Zwickau WRP 2017, 888 Ls.). Die §§ 567 ff. ZPO gelten entspr. Der die mündliche Verhandlung bei der Einigungsstelle durchführende Vorsitzende und seine Beisitzer haben eine Abhilfeentscheidung gem. § 572 I ZPO zu treffen (LG Arnsberg WRP 2017, 117 Ls.). Hat das mit der sofortigen Beschwerde angerufene Landgericht den Ordnungsmittelbeschluss **aufgehoben,** so steht weder der IHK noch dem Gegner ein Beschwerderecht zu (OLG Hamm WRP 1987, 187; WRP 1989, 190; OLG Frankfurt GRUR 1988, 150). Die Rechtsbeschwerde ist nur zulässig, wenn das Beschwerdegericht sie zugelassen hat (§ 574 ZPO; OLG Köln Mitt 2010, 317). Die zum persönlichen Erscheinen verpflichtete Partei braucht sich nicht zur Sache einzulassen, sondern kann jede Einigung ablehnen (Krieger GRUR 1957, 204). – Ordnungsgelder werden von der IHK wie Beiträge **eingezogen** (§ 6 II BayEinigungsV).

4. Mündliche Verhandlung

20   Der gütliche Ausgleich soll im Rahmen einer mündlichen Verhandlung herbeigeführt werden. Für sie gelten kraft Verweisung (zB § 5 I 2 BayEinigungsV) die § 128 I ZPO und § 136 ZPO. Die mündliche Verhandlung ist unerlässlich für den Abschluss eines vollstreckbaren Vergleichs (arg. § 15 VII 1: „in der Verhandlung").

21   **a) Keine Einlassungspflicht.** Die mündliche Verhandlung dient der Aussprache mit dem Gegner (§ 15 III 2). Damit ist aber keine Pflicht zur Einlassung verbunden. Auch besteht keine Wahrheitspflicht; § 138 ZPO ist unanwendbar (Teplitzky Wettbewerbsrechtliche Ansprüche/ Bacher Kap. 42 Rn. 20); jedoch können unwahre Äußerungen materiellrechtliche Rechtsfolgen (zB Anfechtbarkeit des Vergleichs nach § 123 BGB) auslösen.

22   **b) Nichtöffentlichkeit.** Die Verhandlung ist grds. nicht öffentlich (vgl. § 5 I BayEinigungsV).

23   **c) Keine förmliche Beweisaufnahme.** Eine förmliche Beweisaufnahme findet nicht statt, jedoch kann die Einigungsstelle Auskunftspersonen (Zeugen, Sachverständige), die freiwillig vor ihr erscheinen, anhören. Sie darf sie aber nicht vereidigen (§ 5 II BayEinigungsV). Eine Vereidigung ist auch nicht im Wege der Amtshilfe durch ein Gericht nach § 1050 ZPO analog möglich, da mit dem Wesen des Verfahrens unvereinbar.

5. Niederschrift

24   Vgl. zB § 6 V und VI BayEinigungsV.

6. Anstreben eines gütlichen Ausgleichs

25   Zweck des Verfahrens ist der gütliche Ausgleich, den die Einigungsstelle anzustreben hat (§ 15 VI 1). Dazu muss sie die Parteien über die Sach- und Rechtslage belehren, soweit dies erforderlich erscheint. Zulässig und geboten ist dabei auch ein Einwirken auf Rücknahme des Antrags, wenn dieser offensichtlich unbegründet ist, aber auch auf Abgabe einer strafbewehrten Unterlassungserklärung, wenn der Antrag offensichtlich begründet erscheint. Die Einigungsstelle ist zur Objektivität und Neutralität verpflichtet (vgl. OLG Frankfurt GRUR 1988, 150 (151)), darf also keine Partei begünstigen oder benachteiligen. Um den Parteien die Einigung zu erleichtern, kann (muss aber nicht) die Einigungsstelle ihnen – ggf. schon vor der mündlichen Verhandlung – einen schriftlichen, mit Gründen versehenen **Einigungsvorschlag** unterbreiten (§ 15 VI 2). Er kann (muss aber nicht) auf einen Vergleich iSd § 15 VII abzielen. Akzeptieren die Parteien diesen Vorschlag nicht, darf die Einigungsstelle nicht ohne weiteres und von sich aus das Scheitern der Verhandlungen erklären, sondern muss prüfen, ob die Parteien nicht auf einer anderen Grundlage zu einer Einigung kommen können. Hat sie freilich das Verfahren für beendet erklärt, darf sie keinen Einigungsvorschlag mehr machen. Der Einigungsvorschlag und seine Begründung dürfen nur mit Zustimmung der Parteien veröffentlicht werden (§ 15 VI 3), um seinen Missbrauch zu verhindern.

F. Verfahrensbeendigung

I. Beendigung durch Vergleich

Die gütliche Einigung kann (muss aber nicht) in einem **Vergleich** (§ 779 BGB) bestehen   **26** (§ 15 VII 1). Ein Vergleich liegt auch vor, wenn der Anspruchsgegner ein (zB auf Unterlassung gerichtetes) abstraktes Schuldversprechen (§ 780 BGB) oder eine strafbewehrte Unterlassungserklärung abgibt (GK/Zain/Nippe Rn. 227; Harte-Bavendamm/Henning-Bodewig/Tolkmitt Rn. 35). Kommt ein Vergleich zu Stande, muss er nach § 15 VII 1 in einem besonderen Schriftstück niedergelegt und unter Angabe des Tages seines Zustandekommens von den Mitgliedern der Einigungsstelle, welche in der Verhandlung mitgewirkt haben, sowie von den Parteien unterschrieben werden. Der Wirksamkeit des Vergleichs steht nicht entgegen, dass die Einigungsstelle unzuständig war. Eine Veröffentlichung ist nur mit Zustimmung der Parteien zulässig (§ 15 VI 3 analog). – Da aus dem vor der Einigungsstelle zu Stande gekommenen Vergleich die **Zwangsvollstreckung** stattfindet (§ 15 VII 2 Hs. 1), muss er einen vollstreckungsfähigen Inhalt haben (Ahrens Wettbewerbsprozess-HdB/Ahrens Kap. 12 Rn. 47). Nach § 15 VII 2 Hs. 2 ist § 797a ZPO entspr. anwendbar, dh die Einigungsstelle wird einer staatlichen Gütestelle gleichgesetzt. Die **Vollstreckungsklausel** wird vom Urkundsbeamten der Geschäftsstelle des Amtsgerichts erteilt, in dessen Bezirk die Einigungsstelle ihren Sitz hat (§ 797a I ZPO analog). Dieses Gericht entscheidet auch über Einwendungen zur Zulässigkeit der Vollstreckungsklausel (§ 794a II ZPO analog). Die Landesjustizverwaltung kann zur Erteilung der Vollstreckungsklausel die Vorsitzenden der Einigungsstellen ermächtigen (§ 797a IV ZPO analog). Für die Vollstreckung nach §§ 887, 888, 890 ZPO ist das Prozessgericht zuständig, dh das Gericht, das ohne die Anrufung der Einigungsstelle zuständig gewesen wäre. Eine in den Vergleich aufgenommene strafbewehrte Unterlassungsverpflichtung darf nicht mit einer Vollstreckungsklausel versehen werden (§ 726 ZPO analog). Schließen die Parteien einen derartigen Vergleich, so können sie die Einigungsstelle aber als Schiedsgutachter (§ 317 BGB) einsetzen, um im Streitfall das Vorliegen eines Verstoßes verbindlich feststellen zu lassen (OLG Hamm WRP 1991, 135). – Nicht ausgeschlossen ist, dass sich die Parteien außerhalb des Verfahrens vergleichen, nur ist dieser Vergleich dann kein Vollstreckungstitel.

II. Beendigung ohne Vergleich

Kommt es zu keinem Vergleich, so endet das Verfahren in dem Zeitpunkt, in dem die   **27** Verhandlungen endgültig gescheitert sind oder der Antrag zurückgenommen wurde. Der Zeitpunkt der Beendigung ist von der Einigungsstelle festzustellen und die vorsitzende Person hat dies den Parteien mitzuteilen (§ 15 IX 2 und 3). Der Zeitpunkt ist ua für das Ende der Hemmung der Verjährung von Bedeutung (§ 204 II 1 BGB). Auch kann der Antragsgegner nunmehr negative Feststellungsklage erheben (arg. § 15 X 4e contrario). Ein endgültiges Scheitern der Verhandlungen ist dann anzunehmen, wenn eine Partei Einigungsverhandlungen von vornherein ablehnt und auch nicht zum Termin erscheint; ferner dann, wenn die Partei im Termin zwar erscheint, aber eine Einigung unmissverständlich und endgültig ablehnt; schließlich dann, wenn eine Partei mehrmals unentschuldigt einem Termin fernbleibt (offengelassen in OLG Hamm GRUR 1984, 600 (601)).

III. Kosten

1. Kosten des Verfahrens

28   Das Verfahren als solches ist **gebührenfrei** (vgl. nur § 12 BWEinigVO). Die Verfahrensauslagen (insbes. durch Zeugen oder Sachverständige entstandene Kosten) sind der IHK jedoch zu ersetzen. Sie werden von der vorsitzenden Person von Amts wegen (§ 12 II BWEinigVO) oder auf Antrag (§ 8 I 2 BayEinigungsV) festgestellt und von der IHK wie Beiträge eingezogen (§ 8 III BayEinigungsV). – Über die Verteilung der Auslagen zwischen den Parteien soll eine gütliche Einigung angestrebt werden. Misslingt sie, entscheidet die Einigungsstelle unter Berücksichtigung des Sach- und Streitstands nach billigem Ermessen (§ 8 II BayEinigungsV). Gegen die Entscheidung findet nach den DVOen der Länder die **sofortige Beschwerde** statt (vgl. § 9 BayEinigungsV; § 12 V SHEinigStVO). Über sie entscheidet das für den Sitz der Einigungsstelle zuständige Landgericht (Kammer für Handelssachen, sonst Zivilkammer); eine weitere Beschwerde findet nicht statt. Die Kostenentscheidung im Beschwerdeverfahren bestimmt sich nach § 84 FamFG. Eine Klage auf Erstattung der auferlegten Kosten ist wegen dieser Spezialregelung unzulässig (OLG München WRP 1977, 819).

2. Kosten der Parteien

29   Zu den Verfahrenskosten gehören nicht die **Auslagen der Parteien.** Diese haben vielmehr ihre Auslagen, einschließlich der Anwaltskosten, grds. selbst zu tragen, wenn es nicht zu einer gütlichen Einigung kommt. Eine Kostenerstattung kann auch nicht im Rahmen der Kostenentscheidung des nachfolgenden Gerichtsverfahrens angeordnet werden (OLG München NJWE-WettbR 1999, 185). Davon zu unterscheiden ist die Frage, ob ein materiellrechtlicher Anspruch auf Auslagenersatz bestehen kann. Ein Anspruch aus § 13 III (§ 12 I 2 aF) analog scheidet aus, wenn der Antragsteller den Antragsgegner bereits vor Anrufung der Einigungsstelle erfolglos abgemahnt hat (BGH WRP 2001, 1301 (1305) – Fernflugpreise; OLG Hamm GRUR 1988, 715; OLG München WRP 2019, 921; OLG Nürnberg WRP 2020, 928; aA offenbar LG Kaiserslautern WRP 2008, 527 (529); LG Weiden WRP 2019, 946). Denn die Anrufung ist dann lediglich ein Versuch des Antragstellers, im eigenen Interesse einen Rechtsstreit zu vermeiden. (Allenfalls bei völlig eindeutigen Wettbewerbsverstößen wird man ein Interesse, den Gegner vor einem Prozess zu bewahren, bejahen können; vgl. Ottofülling WRP 2006, 410 (425)). Der Anspruch ist aber dann gegeben, wenn noch keine Abmahnung erfolgt ist, weil dem Antragsgegner – vergleichbar der Abmahnung – die außerprozessuale Möglichkeit der gütlichen Einigung gegeben wird. Voraussetzung ist selbstverständlich, dass der wettbewerbsrechtliche Anspruch besteht oder anerkannt worden ist. Zu erstatten sind nur die Kosten der Anrufung der Einigungsstelle, nicht auch die weiteren Verfahrenskosten. Für eine nach erfolgloser Anrufung der Einigungsstelle ausgesprochene Abmahnung kann der Antragsteller dagegen Aufwendungsersatz nach § 13 III (§ 12 I 2 aF) verlangen, wenn sie berechtigt ist. Im Rahmen eines Schadensersatzprozesses können die Kosten der Anrufung als Rechtsverfolgungskosten geltend gemacht werden, sofern die Anrufung erforderlich erschien. Der Antragsgegner hat grds. keinen Ersatzanspruch, und zwar auch dann nicht, wenn der Anspruch gegen ihn nicht begründet war. Es gelten insoweit die gleichen Grundsätze wie bei der unberechtigten Abmahnung (→ § 4 Rn. 4.166 f.).

G. Prozessuale und materiellrechtliche Bedeutung des Einigungsverfahrens

I. Prozessuale Bedeutung

1. Klageerhebung nach Anrufung

30   Während der Dauer des vor der Einigungsstelle anhängigen Verfahrens ist eine **negative Feststellungsklage** des Antragsgegners unzulässig (§ 15 X 4). Dies soll die Wirksamkeit des Einigungsverfahrens erhöhen. Der Antragsgegner kann sich dem Verfahren nicht mehr dadurch entziehen, dass er eine negative Feststellungsklage erhebt und den Antragsteller dem Risiko eines Gerichtsverfahrens aussetzt. Eine entspr. Klage ist daher als unzulässig abzuweisen, nicht dagegen ist die Verhandlung lediglich nach § 148 ZPO auszusetzen (OLG Stuttgart WRP 1998, 350).

Nach § 13a V 2 nF ist im Falle der Anrufung der Einigungsstelle wegen **Uneinigkeit über die Angemessenheit einer Vertragsstrafe** eine erst nach Anrufung der Einigungsstelle erhobene Klage – hiervon sind sowohl (positive oder negative) Feststellungs- als auch Leistungsklage erfasst – unzulässig, solange ein Verfahren vor der Einigungsstelle anhängig ist. Im Übrigen ist bei der **positiven Feststellungsklage** und der **Leistungsklage** dagegen danach zu unterscheiden, wer die Einigungsstelle angerufen hat. Hat der Verletzte sie angerufen, so ist die Klageerhebung missbräuchlich (Köhler WRP 1991, 617 (618): venire contra factum proprium; Teplitzky Wettbewerbsrechtliche Ansprüche/Bacher Kap. 42 Rn. 40; aA Melullis Rn. 90; Pohlmann GRUR 1993, 361 (364)), sofern nicht besondere Gründe vorliegen (zB Verzögerung der Einigungs-verhandlungen; Zwang zur Klageerhebung auf Grund § 926 ZPO, LG Magdeburg WRP 1998, 540). Hat der Verletzer sie angerufen, ist das Rechtsschutzinteresse des Verletzten dagegen regelmäßig zu bejahen, da er sich die Verzögerung durch ein von ihm nicht eingeleitetes Einigungsverfahren nicht aufzwingen lassen muss und das Einigungsverfahren ihm keinen gleich-wertigen Rechtsschutz gibt (Teplitzky Wettbewerbsrechtliche Ansprüche/Bacher Kap. 42 Rn. 41). Dies gilt allerdings nicht, wenn der Verletzte der Antragstellung zugestimmt hat (Köhler WRP 1991, 617 (619); Teplitzky Wettbewerbsrechtliche Ansprüche/Bacher Kap. 42 Rn. 41). – Die Abgabe einer auf die Beendigung des Verfahrens befristeten Unterwerfungs-erklärung beseitigt dagegen weder die Wiederholungsgefahr (vgl. BGH GRUR 1993, 677 (679) – Bedingte Unterwerfung) noch das Rechtsschutzinteresse an einer Klage oder die Dringlichkeit einer einstweiligen Verfügung (Köhler WRP 1991, 617 (619)). Denn damit würde dem Ver-letzten eine Verfahrensverzögerung aufgezwungen (Teplitzky Wettbewerbsrechtliche Ansprü-che/Bacher Kap. 42 Rn. 42). – Der Antrag auf Erlass einer **einstweiligen Verfügung** bleibt stets zulässig, wie sich aus § 15 X 2 ergibt (OLG Stuttgart WRP 1980, 508 (509); Köhler WRP 1991, 617 (619)). Denn das Verfügungsverfahren kann nur zu einer vorläufigen Regelung führen und überdies das Einigungsverfahren fördern. Die Bereitschaft zur Mitwirkung am Einigungs-verfahren beseitigt weder die Wiederholungsgefahr hins. des Wettbewerbsverstoßes noch die Dringlichkeit.

2. Anrufung nach Klageerhebung

a) Rechtsstreitigkeiten nach § 15 III 2. Hierbei ist zu unterscheiden: Ist ein **„Rechtsstreit** **31** **der in Abs. 3 S. 2 bezeichneten Art"**, also „soweit die geschäftlichen Handlungen Ver-braucher betreffen", bereits **anhängig** (Klageeinreichung!) gemacht worden, so ist es den Parteien von diesem Zeitpunkt an verwehrt, aus eigenem Recht die Einigungsstelle anzurufen. Denn sonst käme es zu einem unkoordinierten Nebeneinander von Klageverfahren und Eini-gungsverfahren (zB Versäumnisurteil hier, Vergleich dort). Jedoch kann (Ermessen!) das **Gericht** auf Antrag einer Partei, also niemals von Amts wegen, den Parteien unter Anberaumung eines neuen Termins die **Anrufung** der Einigungsstelle zur Herbeiführung eines gütlichen Ausgleichs **aufgeben** (§ 15 X 1). Der neue Termin ist so anzusetzen, dass für die Durchführung des Einigungsverfahrens ausreichend Zeit ist. Da auch im gerichtlichen Verfahren eine gütliche Einigung möglich und erwünscht ist, sollte die Anordnung nur erfolgen, wenn bes. Gründe vorliegen, etwa weil beide Parteien dies im Hinblick auf die bes. Sachkunde der Einigungsstelle wünschen. Die Anhörung des Gegners ist jedenfalls unerlässlich. Die Anordnung hat zu unter-bleiben, wenn der Antrag durch eine Partei erkennbar in der Absicht einer Verfahrensverzöge-rung gestellt wird (GK/Zain/Nippe Rn. 335). Im **Verfahren der einstweiligen Verfügung**, einschließlich des Verfahrens nach §§ 926, 927 ZPO, ist die Anordnung ohnehin nur zulässig, wenn der Gegner zustimmt (§ 15 X 2). – Da die Einigungsstelle im Falle der gerichtlich angeordneten Anrufung die Einleitung eines Verfahrens nicht mit der Begründung ablehnen darf, sie sei nicht zuständig oder der Anspruch sei offensichtlich unbegründet (§ 15 X 3: „Ab-satz 8 ist nicht anzuwenden"), hat das Gericht eine entspr. Vorprüfung vorzunehmen. Es hat dementsprechend von einer Anordnung abzusehen, wenn es den Anspruch für offensichtlich unbegründet hält. Trifft es die Anordnung, so hat es die nach seiner Ansicht zuständige Einigungsstelle anzugeben. Das Gericht kann die Anrufung allerdings nicht erzwingen. Das Verfahren geht also weiter, wenn eine Anrufung durch die eine oder die andere Partei unter-bleibt.

b) Rechtsstreitigkeiten nach § 15 III 1. Für Rechtsstreitigkeiten nach § 15 III 1, also **32** Klagen betreffend Wettbewerbsverstöße ohne Verbraucherbezug, fehlt eine gesetzliche Rege-lung. Eine richterliche Anordnung kommt daher nicht in Betracht. Auch die Anrufung durch eine Partei aus eigenem Recht ist unzulässig, es sei denn, die Parteien haben das Ruhen des Verfahrens beantragt und das Gericht hat dies angeordnet (§ 251 ZPO).

33   **c) Beschwerde.** Gegen die Anordnung ist Beschwerde und gegen deren Ablehnung sofortige Beschwerde möglich, da sie in ihrer Wirkung einer Aussetzung gleichkommt (§ 252 ZPO analog). Dies jedoch nur mit der Begründung, die gesetzlichen Voraussetzungen lägen nicht vor oder das Gericht habe sein Ermessen fehlerhaft gebraucht (GK/Zain/Nippe Rn. 337; aA Teplitzky Wettbewerbsrechtliche Ansprüche/Bacher Kap. 42 Rn. 35: bloße Vertagung, weil der Gesetzgeber keine förmliche Verfahrensunterbrechung, sondern einen kurzen Verfahrensaufschub für den Einigungsversuch wolle).

II. Materiellrechtliche Bedeutung

1. Verjährungshemmung

34   Die Anrufung der Einigungsstelle durch den Gläubiger oder durch den Schuldner mit Zustimmung durch den Gläubiger hemmt die Verjährung nach § 15 IX 1 „in gleicher Weise wie durch Klageerhebung" (vgl. LG Braunschweig WRP 2011, 641 (643); OLG München WRP 2019, 921). Dies gilt – entspr. der Klageerhebung bei einem unzuständigen Gericht – auch bei Anrufung einer unzuständigen Einigungsstelle (Teplitzky Wettbewerbsrechtliche Ansprüche/ Bacher Kap. 42 Rn. 49). Die Hemmung endet sechs Monate nach Beendigung des Verfahrens (§ 204 II 1 BGB). – Keine Hemmung tritt jedoch ein bei Anrufung durch den Schuldner ohne Zustimmung des Gläubigers (Köhler WRP 1991, 617 (620); Harte-Bavendamm/Henning-Bodewig/Tolkmitt Rn. 39; Nieder, Außergerichtliche Konfliktlösung im gewerblichen Rechtsschutz, 2000, 73; Teplitzky Wettbewerbsrechtliche Ansprüche/Bacher Kap. 42 Rn. 48f; aA OLG Koblenz GRUR 1988, 566; Fritzsche, Unterlassungsanspruch und Unterlassungsklage, 2000, 504 f.). Dies folgt schon aus dem Wortlaut („wie durch Klageerhebung"), denn nur die Klageerhebung durch den Anspruchsteller hemmt die Verjährung, nicht hingegen eine negative Feststellungsklage durch den Anspruchsgegner. Auch für die Hemmung der Verjährung durch Veranlassung der Bekanntgabe eines Güteantrags nach § 204 I Nr. 4 BGB ist anerkannt, dass sie nicht eintritt, wenn der Schuldner den Antrag stellt (vgl. Grüneberg/Ellenberger BGB § 204 Rn. 19). – Lässt sich allerdings der Gläubiger auf das Verfahren ein und verhandelt er zur Sache, so ist die Verjährung nach § 203 BGB gehemmt (Teplitzky Wettbewerbsrechtliche Ansprüche/ Bacher Kap. 42 Rn. 48).

2. Sonstiges

35   Die Aufnahme von Einigungsverhandlungen begründet ein gesetzliches Schuldverhältnis iSv § 311 II Nr. 1 BGB mit entspr. Verhaltenspflichten (§ 241 II BGB). Daraus können sich zB Schadensersatzansprüche aus § 280 BGB für vergeblich aufgewandte Reise- und Anwaltskosten bei unentschuldigtem Fernbleiben des Gegners ergeben.

H. Anhang: EinigungsV

36   Als Muster abgedruckt ist die BayEinigungsV (zu den Rechtsvorschriften der Länder → Rn. 4) vom 17.5.1988 (GVBl. 1988, 115), zuletzt geändert durch VO v. 26.3.2019 (GVBl. 2019, 98):

Verordnung über Einigungsstellen zur Beilegung bürgerlicher Rechtsstreitigkeiten auf Grund des Gesetzes gegen den unlauteren Wettbewerb (Einigungsstellenverordnung – EinigungsV)

Auf Grund von § 15 Abs. 1 und Abs. 11 Satz 1 des Gesetzes gegen den unlauteren Wettbewerb (UWG) in der Fassung der Bekanntmachung vom 3. Juli 2004 (BGBl. 2004, 1414) erlässt die Bayerische Staatsregierung folgende Verordnung:

§ 1 Errichtung und Geschäftsführung

(1) Bei den Industrie- und Handelskammern werden Einigungsstellen zur Beilegung bürgerlicher Rechtsstreitigkeiten, in denen ein Anspruch auf Grund des Gesetzes gegen den unlauteren Wettbewerb geltend gemacht wird, errichtet.

(2) Die Industrie- und Handelskammern führen die Geschäfte der Einigungsstellen.

§ 2 Aufsicht

Die Aufsicht über die Einigungsstellen übt das Staatsministerium für Wirtschaft, Landesentwicklung und Energie (Aufsichtsbehörde) aus.

§ 3 Besetzung

(1) Die Einigungsstellen entscheiden in der Besetzung mit einer vorsitzenden Person und zwei beisitzenden Personen.

(2) ¹Die Industrie- und Handelskammer beruft nach Anhörung der beteiligten Handwerkskammern und der in Bayern errichteten, mit öffentlichen Mitteln geförderten Verbraucherorganisationen auf die Dauer von fünf Jahren die vorsitzende Person und mindestens eine Person, die diese vertritt. ²Sie kann die Berufung zurücknehmen, wenn ein wichtiger Grund vorliegt.

(3) ¹Die Industrie- und Handelskammer beruft sachkundige Unternehmer und Verbraucher auf die Dauer von fünf Jahren als beisitzende Personen. ²Als Unternehmer gelten auch Mitglieder vertretungsberechtigter Organe, Prokuristen und Handlungsbevollmächtigte. ³Die Industrie- und Handelskammer hat bei der Erstellung der Liste der beisitzenden Personen Vorschläge der beteiligten Handwerkskammern und der in Bayern errichteten, mit öffentlichen Mitteln geförderten Verbraucherschutzorganisationen einzuholen und zu berücksichtigen.

(4) Die Liste der beisitzenden Personen ist im Mitteilungsblatt der Industrie- und Handelskammer bekanntzumachen und in der Geschäftsstelle zur Einsicht aufzulegen.

§ 4 Anträge

Anträge sind schriftlich mit Begründung in fünffacher Fertigung unter Bezeichnung der Beweismittel und unter Beifügung etwa vorhandener Urkunden in Urschrift oder Abschrift und sonstiger Beweisstücke einzureichen; sie können auch zur Niederschrift der Einigungsstelle gestellt werden.

§ 5 Einigungsverhandlung

(1) ¹Die Verhandlung ist nicht öffentlich; die vorsitzende Person kann bei Vorliegen eines berechtigten Interesses Dritter die Anwesenheit gestatten. ²§ 128 Abs. 1 und § 136 der Zivilprozeßordnung (ZPO) gelten sinngemäß.

(2) ¹Die Einigungsstelle kann Auskunftspersonen anhören, die freiwillig vor ihr erscheinen. ²Die Beeidigung solcher Personen oder einer Partei ist nicht zulässig.

§ 6 Verfahren

(1) ¹Die vorsitzende Person bestimmt den Termin zur mündlichen Verhandlung. ²Die Ladungsfrist beträgt mindestens drei Tage. ³Sie kann von der vorsitzenden Person abgekürzt oder verlängert werden, wenn erhebliche Gründe glaubhaft gemacht sind. §§ 214, 216 Abs. 2 und § 224 Abs. 3 ZPO gelten entsprechend.

(2) ¹Für das persönliche Erscheinen einer Partei gilt § 141 ZPO sinngemäß. ²Ordnungsgelder werden von der Industrie- und Handelskammer wie Beiträge eingezogen und beigetrieben.

(3) ¹Die Beschlüsse der Einigungsstelle werden mit Stimmenmehrheit gefaßt. ²Stimmenthaltung ist unzulässig.

(4) Für die Mitglieder der Einigungsstellen gilt die Schweigepflicht des § 43 des Deutschen Richtergesetzes entsprechend.

(5) ¹Über jede Verhandlung ist eine Niederschrift zu fertigen. ²Sie soll Ort und Tag der Verhandlung, die Bezeichnung der Beteiligten und der bei der Verhandlung mitwirkenden Personen, die gestellten Anträge sowie das Ergebnis der Verhandlung enthalten. ³Zu den Verhandlungen kann ein Schriftführer zugezogen werden.

(6) Die Verhandlungsniederschrift ist von der vorsitzenden Person und, sofern ein Schriftführer zugezogen worden ist, auch von diesem zu unterzeichnen.

(7) Soweit nichts anderes bestimmt ist, gelten die Vorschriften der Zivilprozeßordnung über Prozeßbevollmächtigte und Beistände, über die Rücknahme des Antrags sowie über die Zustellung von Amts wegen sinngemäß.

§ 7 Vergütung und Entschädigung

(1) ¹Die Industrie- und Handelskammer kann der vorsitzenden Person der Einigungsstelle eine Vergütung für ihre Tätigkeit gewähren. ²Die Höhe der Pauschalvergütung wird durch Beschluss des Präsidiums der Industrie- und Handelskammer festgesetzt. ³Die beisitzenden Personen erhalten von der Industrie- und Handelskammer auf Antrag eine Entschädigung entsprechend den Bestimmungen des Justizvergütungs- und -entschädigungsgesetzes (JVEG). ⁴Die Entschädigung setzt die vorsitzende Person fest, wenn die beisitzende Person oder die Industrie- und Handelskammer eine Festsetzung beantragt.

(2) ¹Auskunftspersonen, die mit Zustimmung der Einigungsstelle erschienen oder angehört worden sind, erhalten von der Industrie- und Handelskammer auf Antrag eine Entschädigung entsprechend den Bestimmungen des Justizvergütungs- und -entschädigungsgesetzes (JVEG). ²Die Entschädigung setzt die vorsitzende Person fest, wenn die Auskunftsperson oder die Industrie- und Handelskammer eine Festsetzung beantragt.

§ 8 Auslagen

(1) ¹Für das Verfahren vor der Einigungsstelle werden Auslagen entsprechend den Vorschriften des Gerichtskostengesetzes erhoben. ²Die Auslagen setzt die vorsitzende Person fest, wenn eine Partei oder die Industrie- und Handelskammer eine Festsetzung beantragt.

(2) Über die Pflicht zur Tragung der Auslagen zwischen den Parteien entscheidet die Einigungsstelle unter Berücksichtigung des Sach- und Streitstandes nach billigem Ermessen, sofern zwischen den Parteien eine gütliche Einigung nicht zustande kommt.

(3) Die Auslagen werden von der Industrie- und Handelskammer wie Beiträge eingezogen und beigetrieben.

§ 9 Sofortige Beschwerde

Gegen Entscheidungen nach § 7 Abs. 1 Satz 3, Abs. 2 Satz 2, § 8 Abs. 1 Satz 2 und Abs. 2 findet die sofortige Beschwerde nach den Vorschriften der Zivilprozeßordnung an das für den Sitz der Einigungsstelle zuständige Landgericht (Kammer für Handelssachen) statt.

§ 10 Schlußvorschriften

¹ Diese Verordnung tritt am 1. Juni 1988 in Kraft. ² Gleichzeitig tritt die Verordnung über Einigungsstellen zur Beilegung von Wettbewerbsstreitigkeiten in der gewerblichen Wirtschaft (BayRS 7032-2-W) außer Kraft.

Überleitungsvorschrift zum Gesetz zur Stärkung des fairen Wettbewerbs

15a
(1) § 8 Absatz 3 Nummer 2 ist nicht anzuwenden auf Verfahren, die am 1. September 2021 bereits rechtshängig sind.

(2) Die §§ 13 und 13a Absatz 2 und 3 sind nicht anzuwenden auf Abmahnungen, die vor dem 2. Dezember 2020 bereits zugegangen sind.

Übersicht

I. Nichtanwendung des § 8 III Nr. 2 auf bereits rechtshängige Verfahren

1. Grund und Zweck der Regelung

1 Nach § 15a I ist § 8 III Nr. 2 nicht anzuwenden auf Verfahren, die am 1.9.2021 bereits **rechtshängig** sind. Die Regelung ist nicht leicht zu verstehen, weil nach Art. 9 II 2 Nr. 2 G zur Stärkung des fairen Wettbewerbs die Änderungen in § 8 III ohnehin erst ein Jahr nach Verkündung des Gesetzes in Kraft treten. Dies war am 2.12.2020 der Fall (BGBl. 2020 I 2568). Zweck dieser Jahresfristregelung ist es insbesondere, den an einer Eintragung in das Register der qualifizierten Wirtschaftsverbände interessierten Verbänden und dem für die Eintragung zuständigen Bundesamt für Justiz die dafür erforderliche Zeit einzuräumen. Für die Übergangszeit soll noch an den alten Regelungen zur Anspruchsberechtigung festgehalten werden, um eine wirksame Anspruchsberechtigung zu ermöglichen (vgl. RegE GSFW v. 17.5.2019, BR-Drs. 232/19, 36). Daran knüpft die Neun-Monats-Regelung in § 15a I an. Die nach § 8 III Nr. 2 aF (dazu → 38. Aufl. 2020, § 8 Rn. 3.26–3.51) noch anspruchsberechtigten Verbände sollen in dieser einjährigen Übergangszeit grds. noch gegen Wettbewerbsverstöße iSd § 3 und § 7 mittels Klage (oder Antrag auf einstweilige Verfügung) vorgehen können, auch wenn sie noch nicht als qualifizierte Wirtschaftsverbände registriert sind. Dies gilt auch für Ordnungsmittelanträge (OLG Hamm GRUR 2023, 1037 Rn. 9). Vor diesem Hintergrund erschließen sich die einzelnen Auswirkungen der Regelung in § 15a I.

2. Auswirkungen der Regelung

2 **a) Eintritt der Rechtshängigkeit innerhalb der Neun-Monats-Frist.** Hat ein nach altem Recht anspruchsberechtigter und klagebefugter Verband ein Verfahren eingeleitet, das innerhalb der neun-Monats-Frist rechtshängig wurde, so besteht seine Klagebefugnis bis zur Beendigung des Rechtsstreits fort, mag dieser sich auch über mehrere Jahre hinziehen. Dies gilt folgerichtig auch dann, wenn der klagende Verband nicht zwischenzeitlich in das Register eingetragen wird (OLG Karlsruhe NZG 2023, 425 Rn. 19).

b) Eintritt der Rechtshängigkeit nach Ablauf der Neun-Monats-Frist, aber vor Ab- 3 lauf der Jahresfrist. Wird ein Verfahren erst nach Ablauf der Neun-Monats-Frist, aber noch vor Ablauf der Jahresfrist rechtshängig, so muss das Gericht die noch bestehende Klagebefugnis des Verbands zunächst akzeptieren, also ggf. eine beantragte einstweilige Verfügung erlassen. Zieht sich aber das Verfahren, etwa aufgrund der Einlegung eines Rechtsmittels, über die Jahresfrist hinaus hin, muss der Verband bis zum Ablauf der Jahresfrist die Eintragung in das Register nachweisen, damit seine Klagebefugnis fortbesteht. Andernfalls entfällt sie. – Dass die Regelung im Einzelfall zu unbilligen Ergebnissen führen kann, etwa bei Verzögerung der Eintragung aus Gründen, die der Verband nicht zu vertreten hat, ist im Interesse der Rechtssicherheit hinzunehmen.

c) Eintritt der Rechtshängigkeit nach Ablauf der Jahresfrist. Wird ein Verfahren erst 4 nach Ablauf der Jahresfrist rechtshängig, gilt § 8 III Nr. 2. Der Verband muss daher von vornherein seine Eintragung nachweisen, um klagebefugt zu sein.

3. Rechtshängigkeit

Rechtshängigkeit wird nach § 261 I ZPO durch Erhebung der Klage gem. § 253 I ZPO, dh 5 durch **Zustellung der Klage** an den Gegner begründet. Der Antrag auf Erlass einer einstweiligen Verfügung wird dagegen nach ganz hM bereits **mit Einreichung beim Gericht** rechtshängig (vgl. Musielak/Voit/Huber, 19. Aufl. 2022, ZPO § 916 Rn. 9).

II. Nichtanwendung der § 13 und § 13a Abs. 2 und 3 auf Abmahnungen

Die Übergangsregelung in § 15a II soll sicherstellen, dass für Abmahnungen, die noch vor 6 dem Inkrafttreten des GSFW dem Schuldner eines Unterlassungsanspruchs zugegangen sind, nicht die strengen Anforderungen der § 13 und § 13a II und III gelten. Vielmehr ist bis zu diesem Zeitpunkt geltende Regelung in § 12 I aF (dazu → 38. Aufl. 2020, § 12 Rn. 1.3–1.49, 1.94–1.137) anzuwenden. Zugleich wird damit sichergestellt, dass gegen den Abmahnenden kein Gegenanspruch auf Ersatz der für die Rechtsverteidigung erforderlichen nach § 13 V 1 geltend gemacht werden kann. Für den **Zugang** der Abmahnung gelten die §§ 130, 132 BGB (→ § 13 Rn. 36 ff.).

Kapitel 4. Straf- und Bußgeldvorschriften

Strafbare Werbung

16 (1) **Wer in der Absicht, den Anschein eines besonders günstigen Angebots hervorzurufen, in öffentlichen Bekanntmachungen oder in Mitteilungen, die für einen größeren Kreis von Personen bestimmt sind, durch unwahre Angaben irreführend wirbt, wird mit Freiheitsstrafe bis zu zwei Jahren oder mit Geldstrafe bestraft.**

(2) **Wer es im geschäftlichen Verkehr unternimmt, Verbraucher zur Abnahme von Waren, Dienstleistungen oder Rechten durch das Versprechen zu veranlassen, sie würden entweder vom Veranstalter selbst oder von einem Dritten besondere Vorteile erlangen, wenn sie andere zum Abschluss gleichartiger Geschäfte veranlassen, die ihrerseits nach der Art dieser Werbung derartige Vorteile für eine entsprechende Werbung weiterer Abnehmer erlangen sollen, wird mit Freiheitsstrafe bis zu zwei Jahren oder mit Geldstrafe bestraft.**

Übersicht

Schrifttum: Achenbach, Aus der 2010/2011 veröffentlichten Rechtsprechung zum Wirtschaftsstrafrecht, NStZ 2011, 615; A. Ahrens/Richter, Fingierte Belobigungen im Internet – Eine lauterkeits- und vertragsrechtliche Analyse am Beispiel von Hotelbewertungsportalen, WRP 2011, 814; Alexander, Die strafbare Werbung in der UWG-Reform, WRP 2004, 407; Alexander/Pützhoven, Vertragsschluss bei rechnungsähnlich gestalteten Eintragungsofferten, DB 2001, 1133; Borck, Verbraucherschutz durch fortschreitende Pönalisierung, WRP 1973, 245; Brammsen/Apel, Strafbare Werbung für „Abo-Fallen", WRP 2011, 1254; Brammsen/Apel, Madoff, Phoenix, Ponzi und Co. – Bedarf das „Schneeballverbot" der progressiven Kundenwerbung in § 16 II UWG der Erweiterung?, WRP 2011, 400; Brand/Hotz, Der „VW-Skandal" unter wirtschaftsstrafrechtlichen Vorzeichen, NZG 2017, 976; Dannecker, Einfluss des EG-Rechts auf den strafrechtlichen Täuschungsschutz im Lebensmittelrecht, WiVerw 1996, 190; Diemer in Erbs/Kohlhaas, Strafrechtliche Nebengesetze, 177. Lfg, § 16 UWG Rn. 7–118; Dierlamm, Strafbarkeit falscher Versprechungen bei Kaffeefahrten, NStZ 2008, 268; Dornis, Der „Anschein eines besonders günstigen Angebots" iSd § 16 I UWG – Von Kaffeefahrten, Zeitschriftenwerbern und der Auslegung lauterkeitsrechtlicher Strafnormen, GRUR 2008, 742; Eisele, Zur Strafbarkeit von sog. „Kostenfallen" im Internet, NStZ 2010, 193; Endriß, Strafbare Werbung beim Vertrieb von Zeitschriften, wistra 1989, 90; Granderath, Das Zweite Gesetz zur Bekämpfung der Wirtschaftskriminalität, DB 1986, Beilage 18 zu Heft 32 S 7; Grebing, Strafrecht und unlauterer Wettbewerb – zur Reform des § 4 UWG, wistra 1982, 83; Gribkowsky, Strafbare Werbung (§ 4 UWG), Diss. Freiburg, 1989; Grote/Wellmann, Geduldeter Betrug? Rechtliche Bewertung unseriöser Kreditvermittlungsangebote, VuR 2007, 258; Hamacher, Der sog. Diesel-Skandal und die (fast) vergessene Vorschrift des § 16 Abs. 1 UWG, Editorial WRP 4/2018; Joecks, Anleger- und Verbraucherschutz durch das 2. WiKG, wistra 1986, 142; Kempf/Schilling, Nepper, Schlepper, Bauernfänger – zum Tatbestand strafbarer Werbung (§ 16 Abs 1 UWG), wistra 2007, 41; Kiethe/Groeschke, Die Mogelpackung – Lebensmittel- und wettbewerbsrechtliche Risiken der Produkteinführung, WRP 2003, 962; Kisseler, Ein Meilenstein für den Verbraucherschutz, WRP 1997, 625; Kühl, Strafbare Werbung mit manipulierten Abgaswerten im Dieselskandal? – Zugleich ein Beitrag zur Abgrenzung der unwahren von der lediglich irreführenden Angabe, WRP 2019, 573; Kugler, Die strafbare Werbung (§ 16 Abs. 1 UWG) nach der UWG-Reform 2004, Diss Konstanz, 2008; Kunkel, Zur praktischen Bedeutung der strafbaren Werbung gemäß § 16 Abs. 1 UWG vor dem Hintergrund der Ausgestaltung als Privatklagedelikt, WRP 2008, 292; Lampe, Strafrechtlicher Schutz gegen irreführende Werbung (§ 4 UWG), FS R. Lange, 1976, 455; Lindloff/Fromm, Ist gekennzeichnete redaktionelle Werbung auf Webseiten strafbar? – Strafrechtliche Relevanz des Verschleierns von Werbehandlungen, MMR 2011, 359; Müller/Eckel, Grundfälle zur Rückabwicklung sittenwidriger „Schenkkreise", JuS 2013, 966; Otto, Die Reform des strafrechtlichen Schutzes von unwahrer Werbung – Dargestellt am Problem der Bekämpfung unwahrer Werbung für Adressbücher u. ä. Verzeichnisse, GRUR 1979, 90; Otto, Die

Reform des strafrechtlichen Schutzes gegen irreführende Werbung, GRUR 1982, 274; Pluskat, Die Tücken von „Kaffeefahrten", WRP 2003, 18; Rengier, Strafbare Werbung durch Unterlassen, FS Otto, 2007, 727; Rose, Verkaufswerbung mit (unzutreffenden) Gewinnversprechen – Möglichkeiten und Grenzen eines strafrechtlichen Verbraucherschutzes, wistra 2002, 370; Ruhs, Strafbare Werbung: Die strafbare Werbung nach § 16 Abs. 1 UWG im Spiegel nationaler Reformbedürfnisse und europarechtlicher Einflüsse, Diss Gießen, 2006; Scheinfeld, Betrug durch unternehmerisches Werben? – Zur Divergenz zwischen Wettbewerbsrecht und Absichtskriterium des BGH, wistra 2008, 167; Tilmann, Irreführende Werbeangaben und täuschende Werbung, GRUR 1976, 544; Többens, Die Straftaten nach dem Gesetz gegen den unlauteren Wettbewerb (§§ 16–19 UWG), WRP 2005, 552; Vergho, Das Leitbild eines verständigen Durchschnittsverbrauchers und das Strafrecht – ein inkongruentes Verhältnis, wistra 2010, 86.

Weiteres Schrifttum vor → Rn. 34 (zu § 16 II).

Materialien: Beschlussempfehlung und Bericht RA v. 19.2.1986, BT-Drs. 10/5058, 8 ff.; Begr. RegE G zur vergleichenden Werbung und zur Änderung wettbewerbsrechtlicher Vorschriften v. 23.2.2000, WRP 2000, 555 (561); Begr. RegE G gegen den unlauteren Wettbewerb (UWG), BT-Drs. 15/1487.

A. Allgemeines

I. Regelungsgegenstand

§ 16 umfasst die **früher getrennt geregelten Strafvorschriften der §§ 4 und 6c aF.** An der **1** Selbstständigkeit beider Straftatbestände hat sich durch die Zusammenfassung in einem Paragraphen allerdings nichts geändert. So unterscheiden sich § 16 I und II etwa hins. der Versuchsstrafbarkeit (→ Rn. 4, 26, 54) und der zivilrechtlichen Rechtsfolgen (→ Rn. 33, 59). Die **Änderungen durch die UWG-Reform 2004** sind – sieht man einmal von der ersatzlosen Streichung des § 4 II aF ab, der eine (nach seinem Wortlaut schuldunabhängige) strafrechtliche Haftung des Betriebsleiters für seine Mitarbeiter postuliert hatte (→ Rn. 24) – gering und beschränken sich auf eine Vereinfachung des Wortlauts (Abs. 1) sowie auf eine Einschränkung des geschützten Personenkreises und sprachliche Verbesserungen (Abs. 2). Dabei ist zu beobachten, dass sich der Wortlaut – soweit möglich – an den alten Vorschriften orientiert und teilweise Begriffe stehengeblieben sind, die das neue UWG an sich durch andere ersetzt hat. So setzt § 16 II ein Handeln im geschäftlichen Verkehr voraus, obwohl dieses Merkmal im UWG 2004 eigentlich im Begriff der Wettbewerbshandlung und im UWG 2008 im Begriff der geschäftlichen Handlung aufgegangen ist (→ § 2 Rn. 2.4 ff.). Zu der Frage, ob die Straftatbestände des § 16 eine geschäftliche Handlung iSv § 2 Nr. 2 voraussetzen, → Rn. 5 f.

II. Normzweck

Schutzzweck des Tatbestands der **strafbaren Irreführung** (§ 16 I) ist der **Mitbewerber-** **2** **und** in erster Linie der **Verbraucherschutz** (BGHSt 27, 293 (294) – Branchen- und Telexverzeichnisse). Die Verbraucher sollen vor vermögensschädigendem und zweckverfehltem Mitteleinsatz bewahrt werden. § 16 I setzt einen Vermögensschaden nicht voraus und gewährt auf diese Weise Schutz im Vorfeld des Betruges (§ 263 StGB). Die Gefährlichkeit der Werbung ergibt sich vor allem daraus, dass eine Vielzahl von Abnehmern betroffen ist.

Das System der **progressiven Kundenwerbung** (§ 16 II) wird in allen seinen Varianten zum **3** Schutz der Verbraucher und der Wettbewerber verboten. Die Gefährlichkeit solcher Vertriebssysteme resultiert nicht schon aus dem Einsatz von Laienwerbern, der für sich genommen lauterkeitsrechtlich häufig unbedenklich ist (→ § 3 Rn. 6.23 ff.), sondern aus dem glücksspielartigen Charakter solcher Systeme und drohenden Vermögenseinbußen der im System eingespannten Kunden (Beater § 26 Rn. 81; kritisch Krack FS Otto, 2007, 609 (611 ff.)). Die **UGP-RL** (→ Einl. Rn. 3.56 ff., → § 5 Rn. 0.6, 0.26 ff.) ordnet Schneeballsysteme den irreführenden Geschäftspraktiken zu (Anh. I Nr. 14 UGP-RL) und betont damit den Schutz des Verbrauchers vor Praktiken, durch die er mittels Täuschung davon abgehalten wird, eine „informierte und deshalb effektive Wahl zu treffen" (ErwGr. 14 UGP-RL).

III. Rechtsnatur

§ 16 enthält **abstrakte Gefährdungsdelikte,** die unabhängig davon eingreifen, ob die **4** Betroffenen tatsächlich getäuscht, durch das aleatorische Moment verlockt und durch die systembedingte Marktverengung geschädigt werden. Der Versuch des § 16 I ist nicht strafbar.

Dagegen wird der Versuch der progressiven Kundenwerbung von der Strafbarkeit des § 16 II erfasst, da die Vorschrift als **Unternehmensdelikt** ausgestaltet ist (§ 11 I Nr. 6 StGB).

IV. Geschäftliche Handlung

1. Strafbare Irreführung

5   Während § 4 UWG 1909 nach seinem Wortlaut kein Handeln im geschäftlichen Verkehr und kein Handeln zu Zwecken des Wettbewerbs erforderte, ist nach § 16 I nur eine **geschäftliche Handlung** strafbar (vgl. zum UWG 2004 und dem dort verwendeten Begriff der Wettbewerbshandlung Alexander WRP 2004, 407 (413); FBO/Rengier Rn. 11). Das ergibt sich daraus, dass diese Bestimmung eine Werbung („Wer … irreführend wirbt") voraussetzt (Harte-Bavendamm/Henning-Bodewig/Dreyer Rn. 5); eine Werbung ist stets eine geschäftliche Handlung, während nicht jede geschäftliche Handlung Werbung ist (→ § 2 Rn. 15, → § 5 Rn. 1.1 ff.).

2. Progressive Kundenwerbung

6   Dagegen verlangt § 16 II nicht ausdrücklich eine geschäftliche Handlung, sondern – in Übereinstimmung mit dem bis 2004 geltenden Recht (§ 6c aF) – nur ein **Handeln im geschäftlichen Verkehr.** Dies ändert jedoch nichts daran, dass eine progressive Kundenwerbung, die den Merkmalen des § 16 II entspricht, **stets auch eine geschäftliche Handlung iSv § 2 Nr. 1** sein wird. Das Tatbestandsmerkmal des Handelns im geschäftlichen Verkehr ist heute als ein Verweis auf die in § 2 I Nr. 2 definierte geschäftliche Handlung zu verstehen (so auch Büscher/Franke Rn. 40 und bereits für den Begriff der Wettbewerbshandlung des UWG 2004 Alexander WRP 2004, 407 (413); str.).

B. Strafbare irreführende Werbung (Abs. 1)

I. Abgrenzung zu § 5

7   Während sich der zivilrechtliche Schutz vor Irreführung aus §§ 3, 5 iVm §§ 8, 9 ergibt, behandelt § 16 I die strafrechtlichen Folgen unwahrer Werbung. Beide Vorschriften unterscheiden sich in einigen relevanten Punkten. Die Strafbestimmung des § 16 I ist tatbestandlich enger gefasst als das Irreführungsverbot nach §§ 3, 5: Erfasst werden nur Fälle der Irreführung durch **unwahre Angaben.** Hinzu kommen muss weiterhin, dass die Werbung den Adressaten in **öffentlichen Bekanntmachungen** oder in **Mitteilungen** zugänglich gemacht wird, die **für einen größeren Kreis von Personen bestimmt** sind. Schließlich setzt § 16 I in subjektiver Hinsicht **vorsätzliches Handeln** sowie die **Absicht** voraus, den Anschein eines **bes. günstigen Angebotes** hervorzurufen.

II. Objektiver Tatbestand

1. Angaben

8   Der Begriff der Angabe entspricht dem aus § 5 I 2 (→ § 5 Rn. 1.21). Folglich werden nur inhaltlich nachprüfbare Aussagen tatsächlicher Art vom Tatbestand erfasst. Reine Werturteile fallen hingegen nicht darunter. Nach § 4 UWG aF mussten sich die Angaben zwingend auf **geschäftliche Verhältnisse** beziehen. Umstände, die – ohne Verbindung zum beworbenen Produkt oder zu den geschäftlichen Belangen des Betriebs – persönliche Eigenschaften und Verhältnisse des Werbenden betrafen, waren ebenso wie die Motive des Werbenden für den Verkauf der Ware von der Strafvorschrift nicht erfasst (BGH (3. StrS) WRP 2002, 1432 (1433 f.) = NJW 2002, 3415 – Kaffeefahrten; Endriss wistra 1989, 90 (92 f.)). Unwahre Angaben eines Zeitschriftenwerbers über seine persönlichen Lebensverhältnisse – wie etwa die Motive für seine Werbetätigkeit und die Verwendung seines Verdienstes aus der Zeitschriftenwerbung (zB zum Studium oder zur Rehabilitation) – verstießen zwar idR gegen § 1 UWG aF, nicht aber gegen § 4 aF (BGHSt 36, 389 (393 ff.) = NJW 1990, 2395; BayObLG wistra 1991, 119; OLG Düsseldorf NJW 1990, 2397; Endriss wistra 1990, 335 ff.). Diese wenig sinnvolle Beschränkung des Tatbestands kennt das neue Recht nicht mehr (vgl. Kugler S. 84 ff.; aA BGHSt 52, 227 = GRUR 2008, 818 Rn. 48 – Strafbare Werbung im Versandhandel; Erbs/Kohlhaas/Diemer Rn. 13). Allerdings wird es bei unwahren Angaben über Lebensverhältnisse etc im Allgemeinen

an der Absicht fehlen, den Anschein eines bes. günstigen Angebots hervorzurufen (→ Rn. 18). Außerdem setzt § 16 I stets eine geschäftliche Handlung voraus (→ Rn. 5).

2. Irreführend und unwahr

a) Irreführend. § 16 I erfordert ebenso wie § 5, dass **irreführend** geworben wird. Ob eine 9 Werbung irreführend ist, hängt nicht davon ab, dass einzelne Adressaten der Werbung tatsächlich getäuscht worden sind. Ausreichend ist vielmehr die bloße **Eignung zur Irreführung,** so dass es unerheblich ist, ob eine Irreführung wirklich eingetreten ist (BGHSt 52, 227 Rn. 48 = GRUR 2008, 818 – Strafbare Werbung im Versandhandel; dazu auch → § 5 Rn. 1.52). Spätere Aufklärungsbemühungen seitens des Verkäufers sind deshalb grundsätzlich unbeachtlich. Ebenso wie bei § 5 kommt es für die Frage der Irreführung auf das **tatsächliche Verständnis** der Adressaten an (BGH GRUR 2002, 182 (184) – Das Beste jeden Morgen; → § 5 Rn. 1.57).

b) Unwahr. Die Angaben müssen außerdem **objektiv unwahr** sein. Die **frühere Rspr.** 10 beurteilte die Frage der Unwahrheit ebenso wie die der Irreführung aus der Sicht der angesprochenen Verkehrskreise (RGSt 40, 439 (440); 41, 161 (162); 47, 161 (163)). Während bei § 3 UWG aF jedoch auf einen nicht völlig unerheblichen Teil des Verkehrs abgestellt wurde, kam es für die strafbare Irreführung auf die **Durchschnittsauffassung** der Adressaten an (RGSt 40, 439 (440)). Dadurch sollte deutlich werden, dass bei der Strafvorschrift des § 4 I aF nicht jede durch eine Werbeangabe ausgelöste Erwartung eines Teils der angesprochenen Verkehrskreise dem Werbenden als Inhalt seiner Werbeangabe zuzurechnen war (Begr. RegE, BT-Drs. 8/2145, 11; BT-Drs. 9/1707, 13).

Bereits zum alten Recht hatte sich eine **Abkehr** von der Auffassung abgezeichnet, dass für die 11 Frage, ob eine Angabe wahr oder unwahr sei, ebenfalls auf die Verkehrsauffassung abzustellen sei (OLG Stuttgart GRUR 1981, 750; Baumbach/Hefermehl, 22. Aufl. 2001, § 4 Rn. 1 auf der einen und Rn. 8 auf der anderen Seite; Köhler/Piper/Piper, 3. Aufl. 2002, § 4 Rn. 1; aA GK/ Otto § 4 Rn. 11 zu § 4 UWG aF; Alexander WRP 2004, 407 (414) zu § 16 I). Im Rahmen des § 16 I muss nun endgültig ein **objektiver Prüfungsmaßstab** herangezogen werden (Mü-KoUWG/Brammsen Rn. 32; Ohly/Sosnitza/Sosnitza Rn. 3; Kühn WRP 2019, 573 Rn. 20 ff.). Auch der BGH geht von einem **objektiven Maßstab** aus (BGHSt 52, 227 Rn. 45, 48 = GRUR 2008, 818 – Strafbare Werbung im Versandhandel). Hierfür sind **drei Erwägungen** maßgeblich: **(1)** Dadurch, dass der Straftatbestand des § 16 I unwahre Angaben verlangt, setzt er sich deutlich vom allgemeinen Irreführungsverbot der §§ 3, 5 ab, das auch eine Irreführung durch wahre Angaben kennt. Nach dem heute maßgeblichen **Verbraucherleitbild** ist auch im Rahmen des § 5 auf das Verständnis des Durchschnittsverbrauchers abzustellen (→ § 5 Rn. 1.76 ff.). Würde man für die Frage der Wahrheit oder Unwahrheit der Angabe bei § 16 I mit der früher hM ebenfalls auf den Durchschnittsverbraucher abstellen, ergäbe sich durch das Merkmal der unwahren Angaben keine zusätzliche Eingrenzung des Tatbestands. **(2)** Das **Bestimmtheitsgebot** des Art. 103 GG verbietet den Verweis auf die Verkehrsauffassung. **(3)** Soweit das **StGB** bei verwandten Strafvorschriften von „unrichtigen Angaben" spricht (vgl. § 264 I Nr. 1 und 4 StGB, § 264a I Nr. 2 StGB sowie § 265b I Nr. 1 lit. b StGB), wird stets auf den objektiven Sinngehalt und nicht auf das Verständnis der angesprochenen Verkehrskreise abgestellt (vgl. Schönke/Schröder/Perron, 30. Aufl. 2019, StGB § 264 Rn. 44 und StGB § 265b Rn. 38).

3. Verschweigen, Irreführung durch Unterlassen

Eine unwahre und zur Irreführung geeignete Angabe kann auch durch **Verschweigen** eines 12 wesentlichen Umstandes gemacht werden. Dabei kann grundsätzlich auf die Kriterien des § 5a I zurückgegriffen werden (→ § 5 Rn. 1.46 f., → § 5a Rn. 1 ff.). Die Rspr. und die – zugegebenermaßen zivilrechtlich geprägte – Literatur gehen dabei davon aus, dass derjenige, der durch **Weglassen wesentlicher Umstände** eine unwahre Angabe macht, idR primär durch positives Tun handelt, dass also das Unterlassungselement zurücktritt. Um eine strafbare Irreführung durch Verschweigen kann es sich danach zB handeln, wenn in Zeitungen preisgünstiger Wohnraum angeboten, dabei aber verschwiegen wird, dass die Vermittlung vom Abschluss von Möbelkaufverträgen in Höhe von 4.000 und 10.000 DM abhängig ist (KG GRUR 1973, 601 = JR 1973, 428 mAnm Tiedemann; GK/Otto, 1. Aufl. 1991, § 4 Rn. 40 ff. zu § 4 UWG 1909). Unproblematisch als aktives Tun können dagegen Werbeaussagen eingeordnet werden, die nur ganz unzulänglich korrigiert werden, etwa wenn in einer Zeitung für russisch-stämmige Bürger auf russisch hervorgehoben mit dem Begriff „kostenlos" für auf zehn Minuten begrenzte Telefongespräche geworben wird und auf Deutsch in Kleindruck und in anderer drucktechnischer Gestaltung darauf hingewiesen wird, dass nur die ersten zwei Minuten des Telefongespräches kostenlos sind, im Übrigen aber erhebliche Kosten anfallen (OLG Celle MMR 2004, 821 (822) = NStZ-RR 2005, 25).

13   Nicht ohne Berechtigung wird demgegenüber vor allem von strafrechtlicher Seite darauf hingewiesen, dass **nicht jedes Unterlassen,** das nach § 5 II 2 bzw. nach Art. 7 UGP-RL (vgl. § 5a RefE) eine Irreführung darstellt, im Rahmen des § 16 I als **aktives Tun** angesehen werden kann (MüKoUWG/Brammsen Rn. 32; FBO/Rengier Rn. 72; Rengier FS Otto, 2007, 727 (733 ff.)). Wer es unterlässt, bei Verkauf eines Importfahrzeugs auf die schlechtere Serienausstattung hinzuweisen, führt den Verbraucher unzweifelhaft in die Irre (BGH GRUR 1999, 1122 – EG-Neuwagen I; GRUR 1999, 1125 – EG-Neuwagen I); seinem Schweigen kann aber kaum die positive (konkludente) Aussage entnommen werden, das angebotene Importfahrzeug verfüge über dieselbe Serienausstattung wie ein im Inland erworbenes Fahrzeug desselben Herstellers (Rengier FS Otto, 2007, 727 (735)). Die strafrechtliche Haftung setzt also in einem solchen Fall eine **Garantenstellung** voraus (vgl. § 13 I StGB), die sich nicht ohne Weiteres großzügig mit einem Hinweis auf Treu und Glauben begründen lässt (Rengier FS Otto, 2007, 727 (737 ff.); FBO/Rengier Rn. 72; GK/Wolters 2. Aufl. 2015, Rn. 21; vgl. auch Tiedemann JR 1973, 430; Erbs/Kohlhaas/Diemer Rn. 27). Eher lässt sich eine Garantenstellung noch aus den gesetzlichen Informationspflichten ableiten, die das Gesetz in § 5 II 2 bzw. in Art. 7 UGP-RL (vgl. § 5a RefE) enthält. Die Ausweitung der Informationspflichten machen jedoch eher deutlich, dass man kaum davon sprechen kann, das „Unterlassen (entspreche) der Verwirklichung des gesetzlichen Tatbestandes durch ein Tun" (§ 13 I StGB), will sagen: das Unterlassen entspreche der ausdrücklichen Lüge. Im Beispiel des Importfahrzeugs müsste das Unterlassen des Hinweises auf die unterschiedliche Serienausstattung der positiven Aussage entsprechen, wonach das angebotene Fahrzeug dieselbe Serienausstattung aufweise wie ein für den deutschen Markt gebautes Fahrzeug. Dies wird man schwerlich annehmen können. Danach ist davon auszugehen, dass die Strafbarkeit einer Irreführung durch Unterlassen an höhere Voraussetzungen geknüpft ist als die zivilrechtliche Haftung. Dies erscheint im Hinblick auf die Ausweitung der Informationspflichten durchaus angemessen (so auch Rengier FS Otto, 2007, 727 (740 f.)).

4. Öffentliche Bekanntmachungen und Mitteilungen für größeren Personenkreis

14   **a) Öffentliche Bekanntmachungen.** § 16 I setzt voraus, dass die Werbung in öffentlichen Bekanntmachungen oder Mitteilungen, die für einen größeren Personenkreis bestimmt sind, veröffentlicht wird. Daher sind solche Mitteilungen vom Anwendungsbereich der Vorschrift ausgeschlossen, die an Einzelpersonen gerichtet, und nicht zur Verbreitung an die Öffentlichkeit geeignet und bestimmt sind. Angaben, die nur zu Täuschungen individueller Opfer führen, werden von § 5 erfasst und können gem. § 263 StGB strafbar sein. Öffentliche Bekanntmachungen sind Veröffentlichungen, die sich an einen grundsätzlich unbegrenzten Personenkreis, also an jedermann wenden. Dabei genügt die Möglichkeit der Kenntnisnahme. Ob die Werbung tatsächlich wahrgenommen wird, ist unerheblich. Der Wegfall der Kenntnisnahmemöglichkeit lässt die Bekanntmachung entfallen. Bei Druckschriften ist dies der Fall, sobald sie der Verkehr erfahrungsgemäß nicht mehr liest (RGZ 46, 55). Beispiele für öffentliche Bekanntmachungen sind: Werbeanzeigen in Zeitungen, Rundfunk- und Kinowerbung, Warenzeichen und Ausstattungen, wobei sich die Werbung an irgendeiner Stelle der Ware befinden kann (OGH ÖBl 1994, 162 (165) – Kostenlose Filmentwicklung).

15   **b) Mitteilungen für größeren Personenkreis.** Mitteilungen für einen größeren Personenkreis richten sich, obwohl sie auch für die Öffentlichkeit bestimmt sind, nicht an die Allgemeinheit schlechthin, sondern an einen größeren Kreis von Personen. Dieser darf individuell weder begrenzt noch begrenzbar sein, sondern muss eine **nach Zahl und Persönlichkeit im Voraus unbestimmte und unbegrenzte Mehrheit von Personen** bilden. Abzugrenzen ist er zum geschlossenen Kreis. Von einem geschlossenen Kreis kann man im Allgemeinen nicht sprechen, wenn der Kreis sehr groß ist (wie zB bei den Mitgliedern eines größeren Vereins) oder wenn der Kreis nicht uneinheitlich ist und die Mitglieder untereinander nicht verbunden sind (wie bei den Kunden eines Geschäfts). Gehen die Mitteilungen einem geschlossenen Kreis oder einzelnen Personen zu, so ist das Verhalten dennoch tatbestandsmäßig, wenn mit einer **Weiterverbreitung an einen größeren Personenkreis** gerechnet werden kann. So ist ein Unternehmer, der durch Hunderte von Vertretern unwahre Angaben einheitlich in einem nicht abzugren-

zenden Kreis von Personen verbreiten lässt, als Täter nach § 16 I strafbar (OLG Oldenburg GRUR 1967, 107 – Wäschefabrik). Ferner ist es ausreichend, wenn die Mitteilung – schriftlich oder mündlich – den größeren Personenkreis sukzessive erreicht (BGH GRUR 1972, 479 – Vorführgeräte). Ebenso wie bei den öffentlichen Bekanntmachungen ist es auch bei den Mitteilungen an einen größeren Personenkreis belanglos, wer Kenntnis genommen hat und ob überhaupt Kenntnis genommen wurde.

Beispiele für Mitteilungen, die sich an einen größeren Personenkreis richten: Ge- **16** schäftspapiere, Preislisten, Prospekte, Etiketten (BayObLG GRUR 1972, 659 (660)); Hauszeitungen, wenn mit Kenntnis der letzten Abnehmer zu rechnen ist, Geschäftskarten, Zusätze auf Briefbogen, Kapselverschlüsse, Auszeichnungen mit Preisen im Schaufenster, Speisekarten, Einprägungen in Flaschen, Einrücken in Adress- oder Fernsprechbüchern, Jahresberichte gewerblicher Unternehmen. Auch Serienbriefe, die mit einem standardisierten Text versehen sind und dann mit Hilfe von Adressdatenbanken (zB Eintragungsofferten für Branchenverzeichnisse) verschickt werden, werden von § 16 I erfasst.

III. Subjektiver Tatbestand

1. Vorsatz

Vom Vorsatz des Täters müssen die **Unwahrheit der Angaben** sowie deren **Eignung zur** **17** **Irreführung** erfasst sein (BayObLG WRP 1977, 524 (525)). Diese muss der Täter also für möglich gehalten und billigend in Kauf genommen haben.

2. Absicht, den Anschein eines besonders günstigen Angebots hervorzurufen

a) Absicht. Absicht iSv § 16 I ist dolus directus ersten Grades (FBO/Rengier Rn. 94; GK/ **18** Wolters, 2. Aufl. 2015, Rn. 36; aA Baumbach/Hefermehl, 22. Aufl. 2001, § 4 Rn. 9a, wo nur Vorsatz verlangt wird). Der Täter muss also anstreben, den Anschein eines bes. günstigen Angebots hervorzurufen, um so die Kunden zum Kauf anzulocken. § 16 I stellt nur auf den Anschein der Günstigkeit ab. Folglich ist es unerheblich, ob die beworbenen Vorteile tatsächlich vorhanden sind. Ungeachtet der Wortbedeutung als „preiswert" genügt irgendein – tatsächlicher oder vermeintlicher – Vorteil, der das Angebot in bes. günstigem Licht erscheinen lässt. Worin das Günstige eines Angebots besteht, ist gleichgültig. Es muss nicht im Preis, kann vielmehr auch in der Güte einer Ware, im Alter eines Unternehmens, in einer alten Geschäftstradition, in einer bes. den Anschein eines besonders günstigen Angebots hervorzurufen Herkunft, in der Leistungsfähigkeit oder in bes. Eigenschaften des Anpreisenden (zB als Rechtsanwalt oder Arzt) liegen. Deshalb ist an diesem Merkmal in den Abgas-Skandal-Fällen nicht zu zweifeln: Die Aussage in der Kfz-Werbung, ein bestimmter Kfz-Typ halte die für diesen Typ zulässige Grenze des maximalen Schadstoffausstoßes ein, vermittelt daher den Anschein eines „besonders günstigen Angebots".

Nach dem Bekanntwerden des **Abgas-Skandals** im Herbst 2015 und dem Beginn der **18a** Erörterung der Möglichkeit von Schadensersatzansprüchen, die Käufern der betroffenen Fahrzeuge gegen den oder die Hersteller zustehen können, hatte es zunächst den Anschein, als ob der Tatbestand der strafbaren Irreführung in das Zentrum des Interesses rücken würde. Immerhin ist es unstreitig, dass im Falle einer strafbaren Irreführung nach § 16 I dem Getäuschten ein Schadensersatzanspruch aus § 823 II BGB zusteht, da es sich bei § 16 I um ein Schutzgesetz iSv § 823 II BGB iVm § 16 I handelt (BGHSt 52, 227 Rn. 87 = GRUR 2008, 818 – Strafbare Werbung im Versandhandel; s. auch → Rn. 32 mwN). Diese Erwartung ist enttäuscht worden: In den einschlägigen Entscheidungen des BGH, die einen Schadensersatzanspruch zumindest dem Grunde nach bejaht haben, kommt die Anspruchsgrundlage des § 823 II BGB iVm § 16 I nicht vor. Nur vereinzelte Entscheidungen von Instanzgerichten verhalten sich zu den Tatbestandsmerkmalen des § 16 I.

Auch die nicht auf das beworbene Produkt, sondern auf das werbende Unternehmen bezoge- **18b** ne Aussage, dieses (das werbende Unternehmen) habe sich trotz des Einsatzes der Abschalteinrichtung als „besonders umweltfreundlich" präsentiert, hat das OLG Celle mit Recht nicht ausreichen lassen, um das Hervorrufen „de(s) Anschein(s) eines besonders günstigen Angebots zu bejahen. „Besonders günstige Angebote, mit denen (der fragliche Hersteller) ab dem Beginn des „Dieselabgasskandals" – hier bei Abschluss des streitgegenständlichen Kaufvertrags … – für seine von dem Abgasskandal betroffenen Dieselfahrzeuge mit dem Motortyp … geworben haben soll, habe die Klägerin dabei nicht bezeichnet (OLG Celle BeckRS 2020, 446 Rn. 70 ff.). Fragwürdig ist dagegen die sich in mehreren Urteilen des LG Darmstadt zu findende Aussage, in der Angabe des Herstellers, das von ihm beworbene Fahrzeug sei „in die Abgasnorm Euro 5 eingestuft", sei kein Anpreisen eines besonderen Vorteil zu erblicken, und zwar mit der Begründung, „die angepriesene Eigenschaft müssten auch alle vergleichbaren Fahrzeuge am Markt einhalten, um die Typengenehmigung zu erlangen" (LG Darmstadt Urt. v. 30.5.2018 – 7 O 157/17, juris-Rn. 33; BeckRS 2019, 11500 Rn. 33; 2019, 11499).

18c   Stets ist erforderlich, dass sich die angepriesenen Vorteile auf die angebotene Ware oder Leistung beziehen. Daher reichen **ideelle Gesichtspunkte,** die die Attraktivität, nicht aber den objektiven Wert des Angebots steigern mögen, nicht aus, zB unwahre Angaben über die Lebenssituation eines Zeitschriftenverkäufers (Alexander WRP 2004, 407 (416)). Die unzutreffende Anpreisung einer Seife als **Blindenware** könnte nur dann den Anschein eines bes. günstigen Angebots hervorrufen, wenn die von Blinden gefertigte Seife herkömmlicher Seife in der Qualität oder in anderen Eigenschaften vorzuziehen wäre (anders BGHSt 4, 44 (45) = NJW 1953, 592).

19   **b) Besonders günstiges Angebot. Besonders günstig** ist das Angebot bereits, wenn es unerheblich mehr als das allgemein Übliche bietet. Der Täter muss die Leistung günstiger darstellen, als sie es in Wirklichkeit ist (Ohly/Sosnitza/Sosnitza Rn. 19). Preist ein Händler **höherwertige Ware** unter der Bezeichnung einer billigeren und schlechteren an, so fehlt ein bes. günstiges Angebot. Der Vergleichsmaßstab für die Beurteilung der Frage, ob die Offerte bes. günstig ist, sind Angebote mit dem Leistungsinhalt, den der Täter erbringen kann und will (BayObLG WRP 1989, 521 (522)). Verspricht der Werbende hingegen eine Leistung, die er überhaupt nicht erbringen will oder kann, so liegt nur eine Täuschung über die Vertragstreue vor (BGHSt 27, 293 (295) = NJW 1978, 173 – Branchen- und Telexverzeichnisse).

20   Auch bei der **„Abo-Falle",** bei der im Internet **aufgrund eines versteckten Hinweises** eine üblicherweise kostenlose Leistung entgeltlich im Abonnement angeboten wird, fehlt es an dem Anschein eines besonders günstigen Angebots. Denn der Eindruck, der sich für den – situationsadäquat nicht besonders aufmerksamen – Verbraucher ergibt, ist der eines kostenlosen, nicht eines entgeltlichen, aber besonders günstigen Angebots (vgl. Brammsen/Apel WRP 2011, 1254 (1257), die eine Ergänzung der Vorschrift – „Anschein eines besonders günstigen oder eines unentgeltlichen Angebots" – vorschlagen). Selbst wenn man über die erste Hürde hinwegkommt und in dem kostenlosen ein besonders günstiges Angebot sieht, fehlt es doch an dem Anschein, die Leistung sei hier ausnahmsweise kostenlos (= besonders günstig) zu haben. Denn der Werbende baut ja gerade darauf, dass der Verbraucher eine kostenlose Leistung erwartet. Unter Umständen kommt in diesen Fällen ein durch konkludente Täuschung bewirkter Betrug nach § 263 StGB in Betracht (OLG Frankfurt GRUR 2011, 249 Rn. 31 ff.; dazu Brammsen/Apel WRP 2011, 1254 ff.; Eisele NStZ 2010, 193 ff.).

21   **c) Bezug der Angabe auf das Angebot.** Aus dem subjektiven Merkmal der Absicht, den Anschein eines bes. günstigen Angebots hervorzurufen, ergibt sich, dass das Gesetz einen **Zusammenhang zwischen der (irreführenden) Werbeaussage und dem beworbenen Produkt** verlangt (BGH (3. StrS) WRP 2002, 1432 (1433 f.) = NJW 2002, 3415 – Kaffeefahrten; Erbs/Kohlhaas/Diemer Rn. 104; FBO/Rengier Rn. 98 ff.; Kugler S. 181 ff.; aA Dornis GRUR 2008, 742 (749)). Ein solcher Zusammenhang fehlt beispielsweise, wenn ein Zeitschriftenwerber nicht über das von ihm verkaufte Produkt, sondern über seine persönlichen Verhältnisse irreführt, indem er etwa eine Behinderung vortäuscht (vgl. BGH (3. StrS) WRP 2002, 1432 (1434) = NJW 2002, 3415 – Kaffeefahrten, zum Merkmal der Angaben über geschäftliche Verhältnisse in § 4 UWG aF; → Rn. 8). Der erforderliche Zusammenhang kann zweifelhaft sein, wenn dem Kunden im Zusammenhang mit einem Kaufangebot Vorteile versprochen werden und sich die Täuschung nicht auf den angebotenen Kaufgegenstand, sondern auf diese Vorteile beziehen, beispielsweise auf ein scheinbar wertvolles Werbegeschenk oder auf den scheinbar sicheren Gewinn eines wertvollen Preises. In einem solchen Fall ist es für den erforderlichen Zusammenhang ausreichend, dass sich das Kaufangebot und der versprochene Vorteil nach dem Verständnis des Kunden als einheitliches Angebot darstellen. Eine rechtliche Koppelung ist nicht erforderlich (BGHSt 52, 227 Rn. 52 = GRUR 2008, 818 – Strafbare Werbung im Versandhandel; MüKoUWG/Brammsen § 16 Rn. 44; Kugler S. 184 f.; anders wohl FBO/Rengier Rn. 98). Der allein notwendige **wirtschaftliche Zusammenhang** ist auch dann gegeben, wenn der Kunde gerade wegen des versprochenen Vorteils, etwa wegen der vorgetäuschten Gewinnankündigung, zu einer Warenbestellung verleitet werden soll, selbst wenn die Warenbestellung nicht zur Bedingung für die Gewinnauszahlung gemacht wird (BGHSt 52, 227 Rn. 56 = GRUR 2008, 818 – Strafbare Werbung im Versandhandel).

3. Irrtum

Irrt der Täter über das Vorliegen der objektiven Tatumstände, so entfällt der Vorsatz gem. **22** § 16 I StGB. Ein beachtlicher **Tatbestandsirrtum** liegt zB vor, wenn der Täter irrtümlich von einer Beschaffenheitsangabe ausgeht, obwohl eine Herkunftsangabe vorliegt. Fehlt dem Täter bei Begehung der Tat hingegen nur die Einsicht, Unrecht zu tun **(Verbotsirrtum),** so handelt er **ohne Schuld,** wenn er diesen Irrtum nicht vermeiden konnte; bei Vermeidbarkeit des Irrtums kann die Strafe gem. § 49 I StGB gemildert werden (§ 17 S. 2 StGB). Das **Unrechtsbewusst-sein** setzt weder die Kenntnis einer bestimmten verletzten Vorschrift noch das Bewusstsein einer vorrechtlichen sozialen Wertwidrigkeit voraus (BGHSt 2, 194 (202) = NJW 1952, 593; BGHSt 11, 263 (266) = NJW 1958, 109). Erforderlich, aber auch genügend ist das **Bewusstsein eines Verstoßes gegen die Rechtsordnung** (BGHSt 52, 227 Rn. 58 = GRUR 2008, 818 – Strafbare Werbung im Versandhandel). Beurteilt der Täter bei voller Tatsachenkenntnis eine Straftat als Ordnungswidrigkeit, so hat er Unrechtsbewusstsein (BGHSt 11, 263 (266) = NJW 1958, 109; OLG Celle NJW 1987, 78 (79)). An die **Vermeidbarkeit des Irrtums** sind hohe Anforderungen zu stellen. Unvermeidbar ist der Verbotsirrtum erst dann, wenn der Täter ihn trotz gehöriger, den Umständen des Falls angemessener und seiner Persönlichkeit sowie seinen Lebens- und Berufskreis zuzumutender Anspannung seines Gewissens nicht vermeiden konnte (BGHSt 2, 194 (201) = NJW 1952, 593; GK/Otto, 1. Aufl. 1991, § 4 Rn. 107). Eine falsche behördliche Auskunft lässt die Vermeidbarkeit des Irrtums entfallen, wenn die Behörde für diese Auskunft nicht offensichtlich unzuständig ist (BGH NStZ 2000, 364). Bei Zweifeln über die Rechtmäßigkeit seines Handelns ist einem Werbetreibenden regelmäßig zuzumuten, den Rat einer sachkundigen Stelle – zB eines Rechtsanwalts, eines Verbandes oder der IHK – einzuholen (OLG Bremen NStZ 1981, 265; Schönke/Schröder/Sternberg-Lieben/Schuster, 30. Aufl. 2019, StGB § 17 Rn. 18). Unzureichend ist jedoch die Auskunft der Rechtsabteilung eines durch das fragliche Verhalten begünstigten Unternehmens (BGHSt 30, 270 (276 f.) = GRUR 1982, 248 – Baustoffhändler).

IV. Täter

1. Grundsatz

Täter ist jede beliebige Person, die den Straftatbestand des § 16 I mit Wissen und Wollen **23** verwirklicht oder durch einen anderen verwirklichen lässt (§ 25 I 2 StGB). Begehen mehrere die Straftat **gemeinschaftlich,** so wird jeder gem. § 25 II StGB als Mittäter bestraft. Keinesfalls muss der Täter ein Mitbewerber sein; das zeigt der Wortlaut: „Wer … irreführend wirbt". Bei **juristischen Personen,** die selbst nicht schuldhaft handeln können, haften strafrechtlich die Organe, falls sie die Tat begangen haben (§ 14 I Nr. 1 StGB), ebenso bei Handelsgesellschaften und jeder Art von Vereinen.

2. Keine Haftung für Dritte

Gemäß § 4 II UWG 1909 war der Inhaber oder Leiter des Betriebs **neben** seinen Angestellten **24** oder Beauftragten haftbar, wenn die Handlung in seinem **geschäftlichen Betrieb** mit seinem **Wissen** begangen wurde (→ Rn. 1). Diese Erweiterung, die schon das Wissen genügen ließ und die Strafbarkeit ihrem Wortlaut nach nicht von der Möglichkeit eines Abwendens der irreführenden Angabe abhängig machte, war mit dem Schuldprinzip (§ 46 I 1 StGB) nur bei einer korrigierenden Auslegung zu vereinbaren (vgl. GK/Otto, 1. Aufl. 1992, UWG 1909 § 4 Rn. 122 f.). Sie ist im neuen § 16 I nicht enthalten. Problematisch ist in dieser Hinsicht die Tätereigenschaft der Organe des Herstellers in den Abgas-Skandal-Fällen, soweit die Abschaltvorrichtungen, mit denen eine Einhaltung der zulässigen Schadstoffgrenzen im Testmodus vorgetäuscht wird, von den Ingenieuren ohne Kenntnis der Organe entwickelt und installiert worden ist (dazu Brand/Hotz NZG 2017, 976 (980 f.)). Da aber auch nach neuem Recht von einer **Garantenstellung des Betriebsinhabers** ausgegangen werden kann, kann in derartigen Fällen auch in Zukunft eine **strafbare Irreführung durch Unterlassen** vorliegen (→ Rn. 12).

3. Haftung der Presse

25   Wurde eine gegen § 16 I verstoßende Straftat mittels eines Druckwerks begangen, so richtet sich die strafrechtliche Verantwortung der Presse zusätzlich nach **Landespressegesetzen.** Unabhängig davon, ob sich Chefredakteur und Verleger nach § 16 I strafbar gemacht haben (die Strafbarkeit wird meist am Vorsatz scheitern), kommt eine strafrechtliche Haftung nach den Landespressegesetzen in Betracht: Bei periodischen Druckwerken haftet der verantwortliche Redakteur, wenn er vorsätzlich oder fahrlässig seine Verpflichtung verletzt hat, Druckwerke von strafbarem Inhalt freizuhalten. Bei sonstigen Druckwerken der Verleger, wenn er vorsätzlich oder fahrlässig seine Aufsichtspflicht verletzt hat und die Verwirklichung des Tatbestandes einer mit Strafe bedrohten Handlung hierauf beruht (zB § 20 II BWPresseG). Kommt es zu einer strafrechtlichen Haftung, sind jedoch auch die **Grundsätze** zu beachten, die die Rspr. **zur Einschränkung der zivilrechtlichen Haftung** von Presseorganen entwickelt hat (→ § 9 Rn. 2.3). Scheitert danach ein Abwehr- oder Schadensersatzanspruch gegenüber dem Verlag daran, dass ihm die Überprüfung der Inhalte einer veröffentlichten Anzeige nicht zuzumuten war, kann gegen den verantwortlichen Redakteur oder Verleger kein Fahrlässigkeitsvorwurf erhoben werden.

V. Vollendung der Tat

26   Die Tat ist vollendet, wenn die unwahren Angaben dem Publikum, dh einem unbegrenzten Personenkreis, zugänglich geworden sind. Die Aufgabe einer Werbeanzeige bei einer Zeitung oder beim Rundfunk genügt dafür nicht. Gemäß § 23 I StGB ist der Versuch straflos.

VI. Rechtsfolgen

1. Strafe

27   Die Straftat ist ein **Vergehen.** Freiheitsstrafe bis zu zwei Jahren oder Geldstrafe ist nur wahlweise zulässig. Hat der Täter jedoch, wie im Fall des § 16 I meist, in Bereicherungsabsicht gehandelt, so kann gem. § 41 StGB auch neben einer Freiheitsstrafe eine Geldstrafe verhängt werden, wenn dies unter Berücksichtigung der persönlichen und wirtschaftlichen Verhältnisse des Täters angebracht ist. Die Geldstrafe wird gem. § 40 I StGB in Tagessätzen verhängt und zwar mindestens fünf, höchstens 360 volle Sätze. Die persönlichen und wirtschaftlichen Verhältnisse des Täters werden gem. § 40 II StGB bei Festsetzung der Höhe eines Tagessatzes berücksichtigt. Er wird auf mindestens 1, höchstens 30.000 Euro festgesetzt. Demnach betragen das Mindestmaß der Geldstrafe 5 Euro, das Höchstmaß 10,8 Mio. Euro (Art. 12 II EGStGB). Im Urteil werden Zahl und Höhe der Tagessätze angegeben (§ 40 IV StGB).

2. Strafverfolgung und Verjährung

28   **a) Strafverfolgung.** Verstöße gegen § 16 I werden von Amts wegen verfolgt. Öffentliche Klage wird gem. § 374 I Nr. 7, § 376 StPO jedoch nur dann erhoben, wenn es im **öffentlichen Interesse** liegt. Das öffentliche Interesse an der Strafverfolgung ist idR zu bejahen, „wenn eine nicht nur geringfügige Rechtsverletzung vorliegt". Dies ist anzunehmen, „wenn durch unrichtige Angabe ein erheblicher Teil der Verbraucher irregeführt werden kann" (RiStBV Nr. 260, Abdruck → § 17 Rn. 71). Zur Privatklage sind nur noch die **Verletzten** befugt. Nach altem Recht waren gem. § 22 II UWG aF neben dem Verletzten auch die in § 13 II Nr. 1, 2, 4 UWG aF bezeichneten Gewerbetreibenden, Verbände zur Förderung gewerblicher Interessen und Kammern zur Privatklage berechtigt. Die **Verweisung auf die Privatklage** ist nach Nr. 260 RiStBV „idR nur angebracht, wenn der Verstoß leichter Art ist und die Interessen eines eng umgrenzten Personenkreises berührt".

29   **b) Verjährung.** Die Tat verjährt grundsätzlich in fünf Jahren (§ 78 III Nr. 4 StGB). Die Frist beginnt, sobald die Tat beendet ist (§ 78a StGB). Straftaten nach den Landespressegesetzen verjähren idR in sechs Monaten (zB § 24 I BWPresseG). Die Frist beginnt – falls nicht nach Landesrecht etwas anderes bestimmt ist – mit dem ersten Verbreitungsakt (BGHSt 25, 347 = NJW 1974, 2140).

30   **c) Sonstige Maßnahmen. Verfallanordnung:** § 73 StGB; **Einziehung:** §§ 74 ff. StGB. Ein vom Täter nach § 16 I durch irreführende Werbeangaben erlangter Vermögensvorteil ist im Falle einer Verurteilung von Amts wegen für verfallen zu erklären, und zwar für den Staat (Land)

(§ 73 I 1 StGB, § 73d StGB). Das gilt nicht, soweit dem Verletzten aus der Tat ein Anspruch erwachsen ist, dessen Erfüllung den aus der Tat erlangten Vermögensvorteil beseitigen oder mindern würde (§ 73 I 2 StGB). Da auch der Gewinnabschöpfungsanspruch nach § 10 unter § 73 I 2 StGB fällt, wird eine Verfallanordnung im Allgemeinen nicht mehr in Betracht kommen (Alexander WRP 2004, 407 (418)).

3. Wettbewerbsrecht

§ 16 I enthält lediglich einen **besonderen Fall der irreführenden Werbung,** so dass in **31** jedem Fall der strafbaren Irreführung auch ein Verstoß gegen §§ 3, 5 vorliegt. Der Begründung zufolge stellt ein Verstoß gegen § 16 zugleich auch einen Rechtsbruch iSd §§ 3, 3a dar (Begr. RegE, BT-Drs. 15/1487, 26). Es greifen die Ansprüche auf Unterlassung und Beseitigung (§ 8 I) sowie auf Schadensersatz (§ 9). Erwirtschaftet der Täter aufgrund der unwahren Werbung zu Lasten der Abnehmer einen Gewinn, so kann dieser gem. § 10 abgeschöpft werden.

4. Zivilrecht

Ein Vertrag, den der Abnehmer aufgrund irreführender unwahrer Werbung geschlossen hat, **32** ist wirksam aber regelmäßig nach § 123 BGB **wegen arglistiger Täuschung anfechtbar.** Das nach § 13a UWG aF bestehende Rücktrittsrecht des Abnehmers ist mit der UWG-Reform 2004 entfallen. § 16 I ist **Schutzgesetz** iSd § 823 II BGB mit der Folge, dass Verbraucher, denen unmittelbar keine Ansprüche aus dem UWG zustehen, im Falle einer strafbaren Irreführung selbst Unterlassung und Schadensersatz nach § 823 II BGB iVm § 16 I geltend machen können (BGHSt 52, 227 Rn. 87 = GRUR 2008, 818 – Strafbare Werbung im Versandhandel; → Einl. Rn. 7.5; Alexander WRP 2004, 407 (420); Ohly/Sosnitza/Sosnitza Rn. 29; MüKoUWG/Brammsen Rn. 14; gegenüber der Voraufl. einlenkend nunmehr auch Harte-Bavendamm/Henning-Bodewig/Dreyer Rn. 37). Im Übrigen stellt ein Verstoß gegen § 16 I stets auch einen Verstoß gegen eine Marktverhaltensregelung nach § 3a dar und kann daher als unlautere geschäftliche Handlung nach § 3 I verfolgt werden.

VII. Konkurrenzen

§ 16 I kann in **Tateinheit** zusammentreffen mit § 16 II (progressive Kundenwerbung), § 263 **33** StGB (Betrug), § 143 MarkenG (Zeichenmissbrauch) sowie mit §§ 11, 59 I Nr. 7 und 9 LFBG; §§ 19, 59 I Nr. 11 und 12, §§ 27, 59 I Nr. 13, §§ 33, 59 I Nr. 18 LFBG, § 8 I Nr. 2 AMG, § 96 Nr. 3 AMG, § 49 Nr. 4 WeinG und §§ 3, 14 HWG, aber auch mit § 370 I AO. Trifft § 16 I mit einer Ordnungswidrigkeit zusammen, so tritt diese gem. § 21 OWiG hinter dem Straftatbestand des § 16 I zurück. Zum Zusammentreffen mit presserechtlichen Strafvorschriften → Rn. 25.

C. Progressive Kundenwerbung (Abs. 2)

Schrifttum: Achenbach, Aus der 2010/2011 veröffentlichten Rechtsprechung zum Wirtschaftsstrafrecht, NStZ 2011, 615; Beckemper, Die Strafbarkeit des Veranstaltens eines Pyramidenspiels nach § 6c UWG, wistra 1999, 169; Brammsen/Apel, Madoff, Phoenix, Ponzi und Co. – Bedarf das „Schneeballverbot" der progressiven Kundenwerbung in § 16 II UWG der Erweiterung?, WRP 2011, 400; Brammsen/Apel, Schneeballsysteme nach der 4finance-Entscheidung des EuGH – Abstimmungsprobleme im Verhältnis von Nr. 14 Anhang I UGP-RL und Nr. 14 Anhang zu § 3 Abs. 3 UWG untereinander und zu § 16 Abs. 2 UWG, GRUR-Int. 2014, 1119; Brammsen/Leible, Multi-Level-Marketing im System des deutschen Lauterkeitsrechts, BB 1997, Beilage 10 zu Heft 32; Diemer in Erbs/Kohlhaas, Strafrechtliche Nebengesetze, 177. Lfg, § 16 UWG Rn. 119–144; Dornis, Der „Schenkkreis" in der Strafbarkeitslücke? – Zum Tatbestandsmerkmal des „geschäftlichen Verkehrs" in § 16 Abs. 2 UWG, WRP 2007, 1303; Finger, Strafbarkeitslücken bei so genannten Kettenbrief-, Schneeball- und Pyramidensystemen, ZRP 2006, 159; Granderath, Strafbarkeit von Kettenbriefaktionen, wistra 1988, 173; Grebing, Die Strafbarkeit der progressiven Kundenwerbung und der Wirtschaftsspionage im Entwurf zur Änderung des UWG, wistra 1984, 169; Hartlage, Progressive Kundenwerbung – immer wettbewerbswidrig?, WRP 1997, 1; A. Keller, Progressive Kundenwerbung – ein opferloses Delikt? – Einordnung progressiver Kundenwerbesysteme unter besonderer Berücksichtigung der Rechtsfigur der notwendigen Teilnahme zur Täter-Opfer-Abgrenzung, 2016; A. Keller, Progressive Systeme zur Verkaufsförderung im Recht des unlauteren Wettbewerbs, WRP 2017, 262; Kilian, Zur Strafbarkeit von Ponzi-Schemes – Der Fall Madoff nach deutschem Wettbewerbs- und Kapitalmarktstrafrecht, HRRS 2009, 285; Krack, Legitimationsdefizite des § 16 Abs. 2 UWG, FS Otto, 2007, 609; Lampe, Strafrechtliche Probleme der „progressiven Kundenwerbung", Goltdammer's Archiv 1977, 33; Leible, Multi-Level-Marketing

ist nicht wettbewerbswidrig!, WRP 1998, 18; Majer/Buchmann, Die „Abo"-Falle im Internet – Mitverschulden des Betrogenen und Europarecht, NJW 2014, 3342; Mäsch/Hesse, Multi-Level-Marketing im
straffreien Raum – Veränderungen der strafrechtlichen Beurteilung von Direktvertriebssystemen durch die
UWG-Novelle 2004, GRUR 2010, 10; Olesch, § 16 II: Ein Schiff ohne Wasser, WRP 2007, 908; Otto,
„Geldgewinnspiele" und verbotene Schneeballsysteme nach § 6c UWG, wistra 1997, 81; Otto, Wirtschaftli-
che Gestaltung am Strafrecht vorbei – Dargestellt am Beispiel des § 6c UWG, Jura 1999, 97; Otto, Zur
Strafbarkeit der progressiven Kundenwerbung nach UWG § 6c, wistra 1998, 227; H. Richter, Kettenbriefe
doch straflos?, wistra 1990, 216; Thume, Multi-Level-Marketing, ein stets sittenwidriges Vertriebssystem?,
WRP 1999, 280; Többens, Die Straftaten nach dem Gesetz gegen den unlauteren Wettbewerb (§§ 16–19
UWG), WRP 2005, 552; Wegner, Reform der Progressiven Kundenwerbung (§ 6c), wistra 2001, 171;
Willingmann, Sittenwidrigkeit von Schneeballsystem-Gewinnspielen und Kondiktionsausschluss, NJW 1997,
2932; Wünsche, Abgrenzung zulässiger Multi-Level-Marketing-Systeme von unzulässiger progressiver Kun-
denwerbung, BB 2012, 273.

I. Allgemeines

1. Entstehungsgeschichte

34   § 16 II entspricht weitgehend § 6c UWG 1909. Der durch Art. 4a Nr. 1 **2. WiKG** v.
15.5.1986 (BGBl. 1986 I 721) eingefügte § 6c UWG 1909 sollte die **Strafbarkeit der progressiven Kundenwerbung** sicherstellen. Dies beruhte auf der Erkenntnis, dass einerseits der
zivilrechtliche Schutz nicht ausreiche, weil vor Gericht erstrittene Unterlassungsgebote meist
zu spät kommen und es die vielfältigen Erscheinungsformen progressiver Kundenwerbung dem
Veranstalter leicht machen, sich einem für den konkreten Verletzungsfall ausgesprochenen Verbot durch Abwandlung zu entziehen (Begr. RegE, BT-Drs. 10/5058, 38 f.), und dass andererseits die **bestehenden Straftatbestände** der §§ 263, 287 StGB und § 4 UWG 1909 häufig
nicht passten. Im Jahre 2000 wurde die Bestimmung durch das **G zur vergleichenden Werbung und zur Änderung wettbewerbsrechtlicher Vorschriften** v. 1.9.2000 (BGBl. 2000 I
1374) noch einmal geändert, um klarzustellen, dass die in Aussicht gestellten Vorteile nicht
notwendig vom Veranstalter gewährt werden müssten, sondern dass es ausreichend ist, wenn die
Vorteile durch die neu gewonnenen Teilnehmer erlangt werden. Denn der Rspr. hatte sich in
derartigen Fällen gehindert gesehen, § 6c aF anzuwenden (BayObLG GRUR 1991, 245 (246);
OLG Stuttgart wistra 1991, 234; OLG Rostock NStZ 1998, 467 f.). Im Zuge der **UWG-
Reform 2004** wurde die Vorschrift – abgesehen von einer rein redaktionellen Änderung – nur
noch in einem Punkt geändert: Der geschützte Personenkreis, der früher alle Nichtkaufleute
umfasste, wurde in § 16 II auf **Verbraucher** beschränkt, weil nur insoweit ein erhebliches
Gefährdungspotenzial bestehe (Begr. RegE, BT-Drs. 15/1487, 26). Im Zuge der UWG-Reform
2015 wurde zwar Anh. Nr. 14 stärker an die UGP-RL angepasst; jedoch blieb § 16 II unverändert.

2. Typische Erscheinungsformen

35   Das **System der progressiven Kundenwerbung** besitzt viele Variationsmöglichkeiten,
wobei das Typische darin liegt, dass ein Unternehmen für die Werbung und den Vertrieb **Laien**
einsetzt, die **zur Abnahme von Waren** durch das Versprechen bes. **Vorteile** für den Fall
veranlasst werden, dass sie weitere Abnehmer zum Abschluss gleichartiger Geschäfte gewinnen,
denen ihrerseits derartige Vorteile für eine entspr. Werbung weiterer Abnehmer versprochen
werden. Ausgehend von den Rechtsbeziehungen des Veranstalters zu den Kunden können **zwei
Erscheinungsformen** unterschieden werden: Beim sog. **Schneeballsystem** schließt der Veranstalter den Vertrag mit den von ihm unmittelbar geworbenen **Erstkunden** und sodann mit
den durch deren Vermittlung geworbenen weiteren Kunden ab, während beim sog. **Pyramidensystem** die vom Veranstalter geworbenen **Erstkunden** ihrerseits mit weiteren Kunden
gleichartige – systemtypische – Verträge abschließen. Primär geht es um den **Absatz** von
Waren, Dienstleistungen oder Rechten, da von diesem Absatz die erhofften Vorteile und
Gewinnchancen abhängen. Durch das **Kettenelement** erlangt die Werbung einen von Stufe zu
Stufe fortschreitenden **progressiven Charakter**. Beim sog. Schneeballsystem liegt der bes.
Vorteil für den Laienwerber gewöhnlich darin, dass er sich als Käufer einer Ware von seiner
Kaufpreisschuld durch Werbung weiterer Kunden befreien kann. Viele Erstkunden glauben die
Bedingungen, an die der vorteilhafte Kauf geknüpft ist, leicht erfüllen zu können. Aber der
Schein trügt. Die ersten Laienwerber mögen noch gute Gewinnaussichten haben; aber je rascher
die Progression steigt, umso geringer werden die Aussichten, neue Kunden zu finden. Vertriebs-

systeme mit **progressiver Kundenwerbung** sind daher wegen ihrer irreführenden Wirkung, der Ausnutzung der Unerfahrenheit und des Leichtsinns sowie des aleatorischen Reizmoments grundsätzlich **wettbewerbswidrig.**

3. Grundprinzip der progressiven Kundenwerbung

Mit einem **System der progressiven Kundenwerbung** lassen sich übersteuerte Produkte 36 absetzen, scheinbar ohne dass der Abnehmer dadurch einen Nachteil erleidet; im Gegenteil: per Saldo soll er für das Produkt weniger als den Marktpreis zahlen (vgl. BGHZ 15, 356 = GRUR 1955, 346 – Progressive Kundenwerbung). **Beispiel:** Händler H verkauft ein Schmuckset, für das er selbst im Einkauf 50 Euro zahlt, und für das er normalerweise nicht mehr als 100 Euro erzielen könnte, an zehn Käufer für 150 Euro. Er verpflichtet die Käufer, gegen eine Provision von 10 % zehn weitere Käufer anzuwerben, die wiederum dieselbe Verpflichtung übernehmen. Die Käufer der ersten Generation haben bald durch die Provision den eingesetzten Kaufpreis wieder eingespielt. Auch die Käufer der zweiten Generation können hoffen, den Kaufpreis mit den Provisionen zu finanzieren. Es scheint nur Gewinner zu geben. Dennoch wird sich das System über kurz oder lang totlaufen, weil der Bedarf nach Schmucksets gedeckt ist. H hat dann aufgrund der Akquisition von nur zehn Kunden Hunderte oder Tausende von Schmucksets zu einem übersteuerten Preis abgesetzt. Noch attraktiver wird das Modell, wenn der Werbende die Provision nicht aus dem von ihm eingeworbenen Geschäft, sondern aus dem der nächsten Generation bezieht. Wirbt zB ein Käufer der ersten Generation zehn neue Kunden, die ihrerseits jeweils zehn neue Kunden werben, und erhält der Kunde der ersten Generation aus diesem zweiten Geschäft die Provision, lassen sich bereits erhebliche Gewinne erzielen (10 × 10 = 100 Provisionen à 15 Euro = 1.500 Euro). Ein solches System ist genauso gut ohne Warenabsatz als **reines Kettenbriefsystem** vorstellbar, in dem neue Teilnehmer an weiter oben im System stehende Teilnehmer einen bestimmten Geldbetrag zahlen und ihrerseits den tausendfachen Rücklauf ihres Einsatzes durch die Zahlungen der auf unteren Ebenen noch anzuwerbenden neuen Teilnehmer erwarten.

4. Progressive Kundenwerbung als Tatbestand der „Schwarzen Liste"

Der **Anh. zu § 3** enthält – der UGP-RL folgend – in Nr. 14 den Tatbestand einer pro- 37 gressiven Kundenwerbung. Zur Auslegung von Anh. I Nr. 14 UGP-RL vgl. EuGH WRP 2014, 816 Rn. 21 – 4finance. Danach sind „die Einführung, der Betrieb oder die Förderung eines Systems zur Verkaufsförderung bei dem vom Verbraucher ein finanzieller Beitrag für die Möglichkeit verlangt wird, allein oder hauptsächlich durch die Einführung weiterer Teilnehmer in das System eine Vergütung zu erlangen (Schneeball- oder Pyramidensystem)", stets unzulässi- ge geschäftliche Handlungen. Zu Einzelheiten → Anh. § 3 Rn. 14.1 ff.

Für die **zivilrechtliche Durchsetzung** des Verbots der progressiven Kundenwerbung kann 38 daher weitgehend auf den Tatbestand der Anh. Nr. 14 zurückgegriffen werden, so dass die Durchsetzung über § 3a iVm § 16 II zurücktritt. Weil die Nr. 14 richtlinienkonform am Maß- stab der Anh. II Nr. 14 UGP-RL auszulegen ist (→ Anh. § 3 Rn. 14.3 zu § 3 III Nr. 14), kann sich die Auslegung der Nr. 14 ungeachtet der Gleichgerichtetheit der verfolgten gesetzgeberi- schen Ziele **nicht an § 16 II orientieren** (anders OLG Frankfurt GRUR-RR 2012, 77; A. Keller, Progressive Kundenwerbung – ein opferloses Delikt?, 2016, 185; Mäsch GRUR-Prax 2011, 385; → Anh. § 3 Rn. 14.5). Für § 16 II bleibt damit im Wesentlichen die Funktion des Straftatbestandes. Für die einzelnen Tatbestandsmerkmale muss indessen ohne Weiteres auf die Kommentierung zu Anh. Nr. 14 verwiesen werden (→ Anh. § 3 Rn. 14.1 ff.).

II. Objektiver Tatbestand

1. Veranstalter als Täter

Nach dem Wortlaut des § 6c UWG aF war Täter derjenige, der die progressive Werbung 39 **selbst** oder **durch andere** unternahm. Die Formulierung „durch andere" hatte der Gesetzgeber eingefügt, um klarzustellen, dass die Veranstalter solcher Systeme, die oft im Hintergrund bleiben, als Täter strafbar sind (s. dazu BT-Drs. 9/1707, 16). Dadurch wurden jedoch Unklarhei- ten provoziert, weil die gewählte Formulierung die mittelbare Täterschaft kennzeichnet (§ 25 I StGB: „durch einen anderen begeht"). § 16 II verzichtet nunmehr auf diesen Zusatz, weshalb sich die Strafbarkeit des Veranstalters jetzt nach den allgemeinen Grundsätzen von Täterschaft und Teilnahme richtet. Sofern der Initiator des Systems danach nicht als (Mit-) Täter in Frage kommt, liegt grundsätzlich Anstiftung vor. Die praktischen Auswirkungen der Neufassung sind unerheblich, da gem. § 26 StGB der Täter gleich einem Anstifter bestraft wird. **Andere** können als Mittäter, Anstifter oder Gehilfen strafbar sein. Ein Lieferant der Spielmittel, der weder das nachfolgende Gewinnspiel initiiert noch Einfluss auf dessen Verlauf besitzt, veranstaltet nicht das Spiel. Die durch § 16 II geschützten Abnehmer sind als **notwendige Teilnehmer** straflos (Begr. RegE, BT-Drs. 10/5058, 39; BGHSt 34, 171 (179) = NJW 1987, 851; Ohly/Sosnitza/ Sosnitza § 16 Rn. 41 f.; Wünsche BB 2012, 273 (274); A. Keller, Progressive Kundenwerbung – ein opferloses Delikt?, 2016, S. 201 ff.). Das gilt aber nur, solange sie nicht als Nutznießer des Systems über die notwendige Teilnahme hinaus tätig geworden sind.

2. Handeln im geschäftlichen Verkehr

40 Die Tathandlung muss gem. § 16 II im **geschäftlichen Verkehr** erfolgen. Das entspricht der geschäftlichen Handlung iSd § 2 I Nr. 1. Dem geschäftlichen Verkehr ist jede Tätigkeit zuzurechnen, die irgendwie zur Förderung eines beliebigen eigenen oder fremden Geschäftszwecks dient. Jede selbstständige, wirtschaftlichen Zwecken dienende Tätigkeit im weitesten Sinne wird damit erfasst, nicht dagegen das private oder das bloß betriebsinterne Handeln. Der Veranstalter eines **Kettenbriefsystems,** bei dem jeder Teilnehmer nach Zahlung eines bestimmten Geldbetrages weitere Teilnehmer gewinnen soll, um von diesen gleiche Geldleistungen zu erhalten, handelt **nicht** im geschäftlichen Verkehr, wenn sich seine Tätigkeit darauf beschränkt, das System lediglich **in Gang zu setzen,** jedoch Erwerb und Weiterveräußerung der Namenslisten allein in der Verantwortung der **privaten Teilnehmer** liegen und eine von außen auf den Spielfluss einwirkende Kontrolle nicht stattfindet (BGHSt 34, 171 (179) = NJW 1987, 851 (853); Granderath wistra 1988, 173 (175)). Seine Tätigkeit ist rein privater Natur. Solche **Selbstläufersysteme** sind nicht nach § 16 II strafbar (Finger ZRP 2006, 159 (160 f.)). Anders verhält es sich, wenn der Veranstalter am Absatz beteiligt ist, die Teilnehmerzertifikate nur von ihm bezogen werden können und er gegen eine von jedem Teilnehmer zu entrichtende Gebühr den Spielverlauf verwaltet bzw. ständig überwacht. Dann liegt nicht mehr ein rein privates, sondern ein Handeln im geschäftlichen Verkehr vor (OLG Karlsruhe GRUR 1989, 615; BayObLG GRUR 1991, 245 (246); OLG Stuttgart wistra 1991, 234 (235)). Auch bei den sog. **Schenkkreisen** verhält es sich häufig so, dass die Initiatoren sich nicht darauf beschränken, das System in Gang zu setzen; vielmehr beteiligen sie sich aktiv an der Akquisition neuer Mitspieler und übernehmen damit eine organisatorische Verantwortung. Ist dies der Fall, wird man ein Handeln im geschäftlichen Verkehr bejahen müssen (dazu Dornis WRP 2007, 1303 (1305 ff.); zum Bereicherungsausgleich innerhalb eines solchen Schenkkreises BGH NJW 2006, 45; 2008, 1942; WRP 2009, 322). Zu Kettenbriefaktion → Rn. 44.

3. Veranlassen von Verbrauchern zur Abnahme von Waren oder Leistungen

41 § 16 II schützt nur die **Verbraucher,** während § 6c aF alle **Nichtkaufleute** in den Schutz einbezogen hatte. Der Verbraucherbegriff entspricht, wie sich aus § 2 II ergibt, zwar grundsätzlich dem des § 13 BGB (Mäsch/Hesse GRUR 2010, 10 (14)). Dabei ist aber zu berücksichtigen, dass die angeworbenen Laien im Absatzsystem, für das sie geworben werden, nicht nur als Abnehmer, sondern auch als gewerbliche Absatzmittler, also als Unternehmer, tätig werden sollen. Dieser Umstand führt freilich nicht dazu, dass die Verbrauchereigenschaft der angeworbenen Personen bei derartigen Systemen stets zu verneinen wäre (BGHSt 56, 174 Rn. 25 ff. = GRUR 2011, 941 – Schneeballseminare; aA Mäsch/Hesse GRUR 2010, 10 (14 f.); Olesch WRP 2009, 908 (911); Mäsch GRUR-Prax 2011, 200; Mäsch GRUR-Prax 2011, 385). Abzustellen ist vielmehr auf den Zeitpunkt, zu dem die Laien veranlasst werden, sich an dem progressiven Absatzsystem zu beteiligen. Zu diesem Zeitpunkt sind sie noch keine Existenzgründer, die mit dem Ziel, ein Unternehmen aufzubauen, Verträge abschließen und deswegen nicht als Verbraucher angesehen werden können (vgl. BGHZ (III. ZS) 162, 253 (256 f.) = NJW 2005, 1273; BGH (III. ZS) NJW 2008, 435 = WRP 2008, 111 Rn. 6 f.; EuGH Slg. 1997, I-3767 = EWS 1997, 270 Rn. 17 – Dentalkit; zum Verbraucherbegriff ferner → § 2 Rn. 160 ff.). Für die progressive Kundenwerbung ist es typisch, dass Laien dazu veranlasst werden, ihrerseits andere Laien anzuwerben. Der einmal angeworbene Laie wird vom Opfer zum Täter: Er wird nunmehr selbst zum Anwerber und erfüllt damit seinerseits – im geschäftlichen Verkehr handelnd – den Tatbestand des § 16 II. Führt man sich diese Funktionsweise vor Augen, wird klar, dass es für die Frage, ob es sich bei dem Angeworbenen um einen **Ver-**

braucher handelt, immer nur **auf den Zustand vor der Anwerbung** ankommen kann (zust. Wünsche BB 2012, 273 (275)). Unter dem **Veranlassen** ist die psychische **Beeinflussung** des Verbrauchers zu verstehen. Einflussmittel ist das Versprechen systemtypischer **besonderer Vorteile** (→ Rn. 46).

4. Verhältnis zu legalen Formen des Strukturvertriebs

Der Begriff der progressiven Kundenwerbung nötigt dazu, **illegale Formen von legalen** 42 **Formen des Strukturvertriebs abzugrenzen** (dazu OLG Frankfurt WRP 2016, 631; A. Keller, Progressive Kundenwerbung – ein opferloses Delikt?, 2016, S. 63 f.; → Anh. Rn. 14.15 mwN). Bei **legalen Formen des Strukturvertriebs** verhält es sich so, dass ein Produkt (zB Kosmetika oder Kühlhalteboxen) im Wege des Direktvertriebs an Verbraucher verkauft wird und der Verbraucher Gelegenheit erhält, seinerseits als Verkäufer tätig zu werden und im Wege des Direktmarketing seinerseits entsprechende Produkte an von ihm anzuwerbende Verbraucher zu verkaufen (vgl. den Sachverhalt der Entscheidung BGHZ 158, 26 = GRUR 2004, 607 – Genealogie der Düfte; dort rekrutierten sich die als Verkäufer tätigen „Teampartner" aus den angeworbenen Verbrauchern). Die entscheidende Frage ist, ob das **Vergütungssystem progressiv** ausgestaltet ist. Danach ist eine Abgrenzung zwischen zulässigem Strukturvertrieb und unzulässiger progressiver Kundenwerbung notwendig. Dies ist nur durch eine **Gesamtbetrachtung des Vergütungssystems** möglich. Es kommt darauf an, ob dessen Ausgestaltung in erster Linie dem Warenverkauf dient oder ob es typischerweise („nach Art dieser Werbung") darauf zielt, neue Teilnehmer in die Absatzstruktur einzubinden. Letzteres ist dann der Fall, wenn dem Teilnehmer durch das Vergütungssystem besondere Vorteile versprochen werden, die nach ihrer Beeinflussungswirkung geeignet sind, die typische Dynamik eines Systems der sog. progressiven Kundenwerbung in Gang zu setzen (OLG Frankfurt GRUR-RR 2016, 77; WRP 2016, 631 Rn. 4).

Solange der im Strukturvertrieb tätige Verkäufer neben der Marge aus dem Verkauf eine 43 einmalige Provision dafür erhält, dass er einen neuen Verkäufer angeworben hat, fehlt das progressive Element (LG Offenburg WRP 1998, 85 (86); OLG Frankfurt GRUR-RR 2012, 77; NJOZ 2011, 1482 (1483); vgl. Mäsch GRUR-Prax 2011, 385; Hartlage WRP 1997, 1; Leible WRP 1998, 18; Thume WRP 1999, 280 (284 f.); Wünsche BB 2012, 273 (276 ff.)). Wenn aber auf jeder Stufe alle vorangegangenen Stufen mit Provisionen bedacht werden müssen, muss das zu verkaufende Produkt auf Dauer immer teurer werden, damit die Provisionen finanziert werden können. Dann wird auch niemand mehr aus Interesse an der Ware kaufen, sondern nur noch, um seinerseits an der wundersamen Geldvermehrung teilzuhaben. Spätestens dann ist auch das im Tatbestand der Anh. Nr. 14 genannte Merkmal erfüllt, wonach die Vergütung **„hauptsächlich durch die Einführung neuer Verbraucher in ein solches System und weniger durch den Verkauf oder Verbrauch von Produkten zu erzielen ist"** (s. auch → Anh. Rn. 14.14).

5. Einsatz zur Absatzförderung

Ziel der Einflussnahme ist der Absatz von Waren oder Leistungen. Das Veranlassen zur 44 Abnahme kann **durch den Veranstalter** oder **durch Dritte** geschehen, deren er sich zur Begründung und Durchführung des Systems bedient. Der Abnehmer braucht die Ware nicht für sich selbst zu erwerben. Strafbar nach § 16 II macht sich auch, wer andere zur Abnahme von Waren veranlasst, die sie ihrerseits im eigenen Namen weiterverkaufen, zB beim Franchising. Bei einem **Kettenbriefsystem** beschränkt sich der Produktabsatz auf die Teilnahme an dem System (zur Abgrenzung vom Glücksspiel → § 3a Rn. 1.330); dies ist für den Tatbestand des § 16 II ausreichend (aA Ohly/Sosnitza/Sosnitza Rn. 48). Abgesetzt wird in diesem Fall die Gewinnchance. Die bloße Teilnahme am System lässt sich von den bes. Vorteilen unterscheiden, die der Veranstalter im Falle der Teilnahme am System verspricht. Daher fallen grundsätzlich auch die sog. Schenkkreise unter § 16 II (vgl. Dornis WRP 2007, 1303 f.). Die Strafbarkeit des (verwalteten) Kettenbriefsystems war im Übrigen Anlass für die Gesetzesänderung im Jahre 2000 (vgl. Begr. RegE, BT-Drs. 14/2959, 12 f.). Auch sonst lässt sich beobachten, dass das Gefahrenpotenzial der progressiven Kundenwerbung bes. deutlich zutage tritt, wenn es nicht mehr um den Warenabsatz, sondern nur noch um den Absatz von Gewinnchancen geht (vgl. Thume WRP 1999, 280 (283)).

6. Versprechen von besonderen Vorteilen unter aufschiebender Bedingung

45   **a) Vorteile.** Die für eine erfolgreiche Kundenwerbung versprochenen Vorteile können Vergünstigungen jeder Art sein. Sie können in gleichen Waren, Leistungen oder Rechten sowie in Prämien, Provisionen oder anderen **vermögenswerten Leistungen** bestehen. Der verkaufsabhängige Vorteil braucht kein unbedingt zu leistendes Entgelt zu sein, das gesondert von der Bemessung des Warenentgelts gewährt wird. Er kann auch, wenn der Abnehmer die Ware gekauft hat, in der Ermäßigung des Kaufpreises oder im unentgeltlichen oder verbilligten Bezug weiterer Waren liegen (ebenso Erbs/Kohlhaas/Diemer Rn. 134; aA Richter wistra 1990, 216 (217)). Ein Kaffeehändler, der den Käufern beim Einkauf von einem Pfund Kaffee die Möglichkeit einräumt, durch Werbung neuer Kunden den Kaufpreis zu senken, und zwar für jeden Kunden um 20 % des Kaufpreises, macht sich nach § 16 II strafbar (vgl. zu § 1 aF BGHZ 15, 356 – Progressive Kundenwerbung).

46   **b) Besondere Vorteile.** Die vom Veranstalter versprochenen, verkaufsabhängigen **Vorteile** sind das **Lockmittel**, um den Kunden in das Werbe- und Vertriebssystem einzuspannen. Das Gesetz verlangt daher **bes. Vorteile,** die geeignet sind, die typische Dynamik des Systems der progressiven Kundenwerbung in Gang zu setzen. Verkaufen zB Hausfrauen die Waren eines Herstellers gegen Provision, so liegt dann kein Verstoß gegen § 16 II vor, wenn den Käufern keine bes. Vorteile für die Werbung weiterer Kunden gewährt werden. Belanglose, geringwertige Vorteile sind keine bes. Vorteile iSv § 16 II (Begr. RegE, BT-Drs. 10/5058, 39). Die bes. Vorteile dürfen jedoch nicht mit den erworbenen Waren bzw. gewerblichen Leistungen und Rechten identisch sein; sie müssen vielmehr ein **zusätzliches Lockmittel** darstellen, um die Kunden zum Eintritt in das Vertriebssystem zu veranlassen (Wegner wistra 2001, 171 (172)).

47   An einem solchen bes. Vorteil fehlt es bei sog. **Ponzi-Schemes.** Hierbei handelt es sich um unechte Schneeballsysteme, bei denen im Rahmen einer Geldanlage **unrealistische hohe Renditen** versprochen werden. Werden diese Renditen aber zunächst **aus – abredewidrig verwendeten – Geldanlagen neuer Kunden bedient,** breitet sich die Nachricht der höchst erfolgreichen Anlage wie ein Lauffeuer aus und führt dazu, dass immer neue Kunden dem Täter ihr Geld anvertrauen wollen. Die Bezeichnung Ponzi-Scheme geht auf den italienischen Einwanderer Charles Ponzi zurück, der in den zwanziger Jahren des vorigen Jahrhunderts in den USA extrem hohe, kurzfristig zu realisierende Gewinne aus dem Ankauf von Postantwortscheinen versprach, die in Europa inflationsbedingt zu einem niedrigen Preis eingekauft und in den USA zu einem deutlich höheren Preis verkauft werden konnten (vgl. Kilian HRRS 2009, 285 f.; Brammsen/Apel WRP 2011, 400 (407 f.)). Moderne Beispiele für ein solches System bietet der **Flowtex-Skandal** (Verkauf von nicht existierenden Kanalbohrsystemen an Geldgeber, die die Geräte an Flowtex zurückleasten, und Bedienung der Leasingraten aus immer neuen Luftgeschäften) sowie die von dem New Yorker Finanzmakler **Bernard Madoff** angebotenen Geldanlagen, bei denen die extrem hohen Renditen über zwei Jahrzehnte aus den abredewidrig nicht investierten Anlagen neuer Kunden bedient wurden. Neben einer Strafbarkeit nach § 263 StGB (Betrug), § 264a StGB (Kreditanlagebetrug) und § 266 StGB (Untreue) mag auch eine Strafbarkeit nach § 16 I in Betracht kommen. § 16 II scheidet indessen mangels eines besonderen Vorteils aus (Kilian HRRS 2009, 285 (289); Brammsen/Apel WRP 2011, 400 (409 f.)).

48   **c) Vom Veranstalter selbst oder von einem Dritten gewährt.** Die versprochenen bes. Vorteile für die Werbung weiterer Teilnehmer muss der **Veranstalter nicht selbst** gewähren. Ausreichend ist es nach der Neufassung des § 16 II (§ 6c aF) aus dem Jahre 2000, wenn die Teilnehmer diese von Dritten, zB auch von anderen Mitspielern, erhalten (Begr. RegE, WRP 2000, 555 (561)). Kettenbrieffaktionen, die nach der früheren Rechtslage mangels der Gewährung eines Vorteils durch den Veranstalter selbst straflos waren, werden nun vom Anwendungsbereich der Vorschrift erfasst (anders noch OLG Karlsruhe GRUR 1989, 615 (616); BayObLG WRP 1990, 755 (756); Granderath wistra 1988, 173 (176)). In diesen Fällen kann sich dennoch die Frage stellen, ob sich die vom Veranstalter gewährte Leistung inhaltlich von der abgenommenen Ware oder dem verkauften Recht unterscheidet und somit als **besonderer Vorteil** iSv § 16 II angesehen werden kann. Jedoch sind die erworbenen Mitgliedschaftsrechte samt der darin begründeten Anwartschaftsrechte inhaltlich von den tätigkeits- und erfolgsbedingten Provisions- und Geldansprüchen zu trennen und stellen folglich einen bes. Vorteil dar, der gerade den Anreiz zur Teilnahme schafft (BGH wistra 1998, 67 (68); Wegner wistra 2001, 171 (172)).

d) Aufschiebende Bedingung. Der Teilnehmer an einer progressiven Kundenwerbung **49** erhält die bes. Vorteile nur dann, wenn er **andere** zum Abschluss gleichartiger Geschäfte veranlasst, die ihrerseits **nach Art dieser Werbung** derartige Vorteile für die eine entspr. Werbung weiterer Abnehmer erlangen sollen. Die Dynamik des Systems wird so gewährleistet. Um die **vielfältigen Varianten** progressiver Kundenwerbung, die den Gegenstand der Abnahme und die vom Veranstalter dem Erstabnehmer und allen weiteren Abnehmern zu gewährenden Vorteile betreffen, zu erfassen, spricht § 16 II von **gleichartigen Geschäften** und **derartigen Vorteilen.** Sie müssen **nach der Art dieser Werbung** gewährt werden. Das besagt, dass der Erstkunde den Zweitkunden und dieser die weiteren Abnehmer **regelmäßig,** aber nicht notwendigerweise gerade durch das In-Aussicht-Stellen der bes. Vorteile zur Abnahme veranlassen muss (Begr. RegE, BT-Drs. 10/5058, 39). Es genügt, dass das System seiner Anlage nach typischerweise darauf gerichtet ist, auch im Rahmen der weiteren Kundenwerbung die bes. Vorteile in Aussicht zu stellen, um **weitere Abnehmer** in das System der progressiven Kundenwerbung einzubeziehen.

7. Abgrenzung zu verwandten Vertriebsmethoden

Formen der Laienwerbung, bei denen Laien für die Vermittlung von Kunden zwar bes. **50** Vorteile versprochen werden, die Vermittlung aber **nicht typischerweise** („nach der Art dieser Werbung") darauf beruht, dass der neu geworbene Kunde ebenfalls durch das Versprechen bes. Vorteile für die Vermittlung weiterer Kunden veranlasst wird, sondern es ihm in erster Linie auf den Erhalt der Ware oder Leistung ankommt, fallen nicht unter den Tatbestand des § 16 II (vgl. OLG Frankfurt GRUR-RR 2012, 77; NJOZ 2011, 1482 (1483); dazu Mäsch GRUR-Prax 2011, 385). In diesen Fällen fehlt es an dem für § 16 II typischen **Kettenelement,** auf das ein progressives Vertriebssystem von vornherein ausgerichtet sein muss (vgl. OLG Frankfurt GRUR-RR 2012, 77; NJOZ 2011, 1482 (1483); dazu Mäsch GRUR-Prax 2011, 385; Wünsche BB 2012, 273 (276 ff.)). Der übliche Einsatz von Laien in der Werbung (für Buchclubs, Zeitungsabonnements, Versicherungen, Bausparkassen), durch den einem auf normalem Weg geworbenen Kunden Gelegenheit gegeben wird, sich durch die Werbung eines neuen Kunden eine Anerkennung in Gestalt einer Prämie oder sonstigen Vergütung zu verdienen, ist wegen Fehlens des **progressiven Elements** zulässig (Begr. RegE, BT-Drs. 10/5058, 39). Einem solchen Einsatz von Laienwerbern fehlt die typische Dynamik eines Kettengeschäfts. Der Werber eines Buchclub-Mitglieds oder eines neuen Zeitungsabonnenten erhält zwar eine Anerkennung und damit einen bes. Vorteil, jedoch scheidet eine Anwendung des § 16 II von vornherein aus, weil typischerweise niemand Mitglied eines Buchclubs wird, um sich durch Werbung neuer Mitglieder ebenfalls Prämien zu verdienen, sondern um die angebotenen Bücher preisgünstig zu erhalten (→ Anh. § 3 Rn. 14.14 zu § 3 III Nr. 14).

Der Verkauf von Produkten (diätetische Lebensmittel und Kosmetika) durch sog. Berater an **51** Verbraucher im Wege des **Direktvertriebs** ist ebenfalls keine progressive Kundenwerbung. Auch hier fehlt es an einer **progressiven Ausrichtung** des Vertriebs. Zudem erwirbt der Kunde die Produkte regelmäßig nicht wegen versprochener bes. Vorteile, sondern weil es ihm in erster Linie auf den Erhalt der Ware und der Leistung ankommt. Es fehlt daher am glücksspielartigen Charakter (LG Offenburg WRP 1998, 85). Aufgrund der vielfältigen Erscheinungsformen dieser Vertriebssysteme ist stets eine Prüfung im Einzelfall erforderlich, ob der Anwendungsbereich von § 16 II eröffnet ist (Leible WRP 1998, 18 ff.; Thume WRP 1999, 280 ff.; Ohly/Sosnitza/ Sosnitza § 16 Rn. 35). Bei einem derartigen **Multi-Level-Marketing-(MLM-)System** (**„Strukturvertrieb")** wird der Kunde im Gegensatz zur progressiven Kundenwerbung nicht veranlasst, Waren über den eigenen Bedarf hinaus zu erwerben. Er erhält lediglich die Möglichkeit, sich durch Werben von weiteren Absatzmittlern eine Provision oder einen sonstigen Vermögensvorteil zu verdienen. Eine derartige Absatzorganisation ist daher grundsätzlich zulässig (LG Offenburg WRP 1998, 85 (86); OLG Frankfurt GRUR-RR 2012, 77; vgl. Hartlage WRP 1997, 1; Leible WRP 1998, 18; Thume WRP 1999, 280 (284 f.)). Jedoch ist stets zu prüfen, ob das betreffende System im Einzelfall bestimmte Unlauterkeitskriterien aufweist. In Betracht kommt insbesondere die Ausnutzung der geschäftlichen Unerfahrenheit und Leichtgläubigkeit (§ 4a II 2) und die Irreführung (§ 5), insbesondere über die Verdienstmöglichkeiten.

8. Tatbestandliche Handlungseinheit

Bei mehreren Förderungsakten ist eine **tatbestandliche Handlungseinheit** anzunehmen **52** (KG NStZ-RR 2005, 26 (27 f.)). Dem Tatbestand des § 16 I unterfallen alle Tätigkeitsakte, die dem Vertrieb eines Absatzsystems dienen. Aus dem Umstand, dass hierzu auch die Präsentation des Absatzsystems zählt, folgt aber nicht, dass jede Verkaufsveranstaltung oder jeder Versuch einer Anwerbung rechtlich als selbstständige Handlung zu werten wäre. § 16 I erklärt vielmehr die Förderung des eigenen Absatzes durch die Verwendung eines progressiven Absatzsystems zur tatbestandsmäßigen Handlung. Hierunter können auch mehrere auf dasselbe Absatzsystem gerichtete Förderungsakte fallen.

III. Subjektiver Tatbestand

53   Strafbar ist gem. § 15 StGB nur **vorsätzliches Handeln.** Der Täter muss alle Tatbestandsmerkmale seiner Handlung kennen und wissentlich verwirklichen wollen. **Dolus eventualis** ist ausreichend. Zu Tatbestands- und Verbotsirrtum kann auf die Ausführungen zu § 16 I verwiesen werden (→ Rn. 22).

IV. Rechtsfolgen

1. Strafe

54   Die Tat ist ein **Vergehen,** das mit **Freiheitsstrafe** bis zu zwei Jahren oder mit **Geldstrafe** geahndet wird. Da der Täter im Fall des § 16 II grundsätzlich in **Bereicherungsabsicht** handelt, kann neben einer Freiheitsstrafe auch eine Geldstrafe verhängt werden, wenn dies unter Berücksichtigung der persönlichen und wirtschaftlichen Verhältnisse des Täters angebracht ist (§ 41 StGB). Der **Versuch** progressiver Kundenwerbung ist gem. § 11 I Nr. 6 StGB der Vollendung der Tat gleichgestellt. Die fakultative Strafmilderung nach § 23 II iVm § 49 StGB ist daher wegen des Charakters als Unternehmensdelikt ausgeschlossen.

2. Strafverfolgung und Verjährung

55   **a) Strafverfolgung.** Verstöße gegen § 16 II werden von Amts wegen verfolgt. Öffentliche Klage wird gem. § 374 I Nr. 7 StPO, § 376 StPO jedoch nur dann erhoben, wenn es im öffentlichen Interesse liegt. Zur Privatklage sind nur noch die Verletzten befugt. Früher waren gem. § 22 II aF neben dem Verletzten auch die in § 13 II Nr. 1, 2, 4 aF bezeichneten Gewerbetreibenden, Verbände zur Förderung gewerblicher Interessen und Kammern berechtigt. Vgl. auch → Rn. 28.

56   **b) Verjährung.** Die Tat verjährt grundsätzlich in fünf Jahren (§ 78 III Nr. 4 StGB). Die Frist beginnt, sobald die Tat beendet ist (§ 78a StGB).

57   **c) Sonstige Maßnahmen.** Vgl. → Rn. 30.

3. Wettbewerbsrecht

58   Wer dem § 16 II zuwiderhandelt, kann gem. § 3 I, § 3a, § 8 auf **Unterlassung und Beseitigung** in Anspruch genommen werden und ist nach § 9 zum **Schadensersatz** verpflichtet. Häufig wird auch ein Verstoß gegen § 5 iVm § 3 I vorliegen. Auf das Irreführungsverbot kann immer **ergänzend zurückgegriffen** werden, wenn der Spezialtatbestand des § 16 II nicht vorliegt. Zu Lasten der Verbraucher erwirtschafteter Gewinn kann gem. § 10 abgeschöpft werden. Daneben ist der Tatbestand der Anh. Nr. 14 zu beachten, der ebenfalls ein Verbot progressiver Kundenwerbung enthält (→ Rn. 37, → Anh. § 3 Rn. 14.1 ff.).

4. Zivilrechtliche Rechtsfolgen

59   **Vereinbarungen** zwischen dem Veranstalter und dem Kunden sowie zwischen diesem und weiteren Kunden sind nach §§ 134, 138 I BGB **nichtig** (BGHZ 71, 358 (366) – Golden Products; BGH WRP 1997, 783 (784) – World Trading System; OLG München NJW 1986, 1881; OLG Celle NJW 1996, 2660). § 16 II ist anders als § 16 I (→ Rn. 32) **Verbotsgesetz iSd** § 134 BGB. Der Veranstalter kann das, was er als **bes. Vorteil** geleistet hat, **nicht** nach § 817 I BGB **zurückfordern.** § 16 II ist ebenso wie § 16 I **Schutzgesetz iSd § 823 II BGB** mit der Folge, dass die betroffenen Verbraucher Unterlassungs- und Schadensersatzansprüche geltend machen können. Im Übrigen stellt ein Verstoß gegen § 16 II stets auch einen Verstoß gegen eine **Marktverhaltensregelung nach § 3a** dar und kann daher als unlautere geschäftliche

Handlung nach § 3 I verfolgt werden. Vorrangig zu prüfen ist indessen die Anh. Nr. 14 (vgl. → Rn. 38, → Anh. Rn. 14.5).

V. Konkurrenzen

Neben dem Straftatbestand progressiver Kundenwerbung können nach Lage des Falles auch **60** die Tatbestände des § 16 I **(strafbare Irreführung)**, des § 263 StGB **(Betrug)** und des § 287 **(Lotterie oder Ausspielung)** vorliegen. Es besteht dann **Tateinheit**.

(aufgehoben)

17, 18

Bußgeldvorschriften bei einem weitverbreiteten Verstoß und einem weitverbreiteten Verstoß mit Unions-Dimension

19 (1) Ordnungswidrig handelt, wer vorsätzlich oder fahrlässig entgegen § 5c Absatz 1 Verbraucherinteressen verletzt.

(2) ¹Die Ordnungswidrigkeit kann mit einer Geldbuße bis zu fünfzigtausend Euro geahndet werden. ²Gegenüber einem Unternehmer, der in den von dem Verstoß betroffenen Mitgliedstaaten der Europäischen Union in dem der Behördenentscheidung vorausgegangenen Geschäftsjahr mehr als eine Million zweihundertfünfzigtausend Euro Jahresumsatz erzielt hat, kann eine höhere Geldbuße verhängt werden; diese darf 4 Prozent des Jahresumsatzes nicht übersteigen. ³Die Höhe des Jahresumsatzes kann geschätzt werden. ⁴Liegen keine Anhaltspunkte für eine Schätzung des Jahresumsatzes vor, so beträgt das Höchstmaß der Geldbuße zwei Millionen Euro. ⁵Abweichend von den Sätzen 2 bis 4 gilt gegenüber einem Täter oder einem Beteiligten, der im Sinne des § 9 des Gesetzes über Ordnungswidrigkeiten für einen Unternehmer handelt, und gegenüber einem Beteiligten im Sinne des § 14 Absatz 1 Satz 2 des Gesetzes über Ordnungswidrigkeiten, der kein Unternehmer ist, der Bußgeldrahmen des Satzes 1. ⁶Das für die Ordnungswidrigkeit angedrohte Höchstmaß der Geldbuße im Sinne des § 30 Absatz 2 Satz 2 des Gesetzes über Ordnungswidrigkeiten ist das nach den Sätzen 1 bis 4 anwendbare Höchstmaß.

(3) Die Ordnungswidrigkeit kann nur im Rahmen einer koordinierten Durchsetzungsmaßnahme nach Artikel 21 der Verordnung (EU) 2017/2394 geahndet werden.

(4) Verwaltungsbehörden im Sinne des § 36 Absatz 1 Nummer 1 des Gesetzes über Ordnungswidrigkeiten sind

1. das Umweltbundesamt,
2. die Bundesanstalt für Finanzdienstleistungsaufsicht bei einer Zuwiderhandlung, die sich auf die Tätigkeit eines Unternehmens im Sinne des § 2 Nummer 2 des EU-Verbraucherschutzdurchführungsgesetzes bezieht, und
3. die nach Landesrecht zuständige Behörde bei einer Zuwiderhandlung, die sich auf die Tätigkeit eines Unternehmens im Sinne des § 2 Nummer 4 des EU-Verbraucherschutzdurchführungsgesetzes bezieht.

Übersicht

I. Entstehungsgeschichte, unionsrechtliche Grundlage und Normzweck

1   § 19 wurde durch das G zur Stärkung des Verbraucherschutzes im Wettbewerbs- und Gewerberecht v. 10.8.2021 (BGBl. 2021 I 3504) in das UWG eingefügt und trat am 28.5.2022 in Kraft (vgl. dazu BT-Drs. 19/27873, 42). Die Vorschrift knüpft an die verbotene Verletzung von Verbraucherinteressen durch unlautere geschäftliche Handlungen iSd § 5c I an. Sie hat ihre unionsrechtliche Grundlage in **Art. 13 III UGP-RL** und dient der Ahndung weitverbreiteter Verstöße oder weitverbreiteter Verstöße mit Unionsdimension im Rahmen von koordinierten Aktionen iSv **Art. 21 VO (EU) 2017/2394**. Die entsprechenden Begriffsbestimmungen finden sich in Art. 3 VO (EU) 2017/2394. Zweck der Regelung ist es, neben der privaten Rechtsdurchsetzung des Verbraucherschutzes durch Mitbewerber und Verbände auch eine **behördliche Rechtsdurchsetzung** zu etablieren, wenngleich beschränkt auf die genannten Verstöße. (Zur rechtspolitischen Diskussion vgl. Köhler WRP 2018, 519; Podszun FS Harte-Bavendamm, 2020, 417; Podszun/Busch/Henning-Bodewig GRUR 2018, 1004).

II. Tatbestand der Ordnungswidrigkeit (§ 19 I)

2   § 19 I regelt den Tatbestand der Ordnungswidrigkeit. Er besteht in einem vorsätzlichen oder fahrlässigen Verstoß gegen § 5c I. Nach dieser Vorschrift ist die Verletzung von Verbraucherinteressen verboten, wenn es sich um einen weitverbreiteten Verstoß gem. Art. 3 Nr. 3 VO (EU) 2017/2394 (sog. CPC-VO; cooperation consumer protection) oder einen weitverbreiteten Verstoß mit Unions-Dimension gem. Art. 3 Nr. 4 VO (EU) 2017/2394 handelt. Dies wird in § 5c II und III konkretisiert. (Zu den Schwierigkeiten der Feststellung der Irreführung in der Praxis s. BeckOK UWG/Maaßen Rn. 5–6).

III. Bußgeldrahmen und Bußgeldbemessung (§ 19 II)

1. Grundsätze der Bußgeldbemessung

3   § 19 II regelt den Bußgeldrahmen. Für die Bemessung des konkreten Bußgelds im Einzelfall ist nach Auffassung des Gesetzgebers (BT-Drs. 19/27873, 42) eine Umsetzung des neu gefassten Art. 13 II UGP-RL nicht erforderlich, weil dessen Zumessungskriterien bereits nach § 17 III OWiG zu berücksichtigen sind. Jedoch könnten sich aus dem Verhältnismäßigkeitsprinzip weitere zumessungsrelevanten Umstände ableiten lassen (BT-Drs. 19/27873, 42). Dies kann und muss insbes. bei nur fahrlässig begangenen Verstößen berücksichtigt werden, weil sich nur so dem Gebot des § 17 II OWiG Rechnung tragen lässt.

2. Einzelheiten

4   **a) Sockelbetrag (§ 19 II 1).** In **§ 19 II 1** wird zunächst ein Sockelbetrag von 50.000 Euro als Obergrenze für die Bemessung des Bußgelds festgesetzt. Damit soll dem Umstand Rechnung getragen werden, dass bei einem Verstoß die kollektiven Interessen einer großen Zahl von Verbrauchern in mehreren europäischen Ländern betroffen seien (BT-Drs. 19/27873, 42).

5   **b) Erhöhter Bußgeldbetrag (§ 19 II 2).** Davon abweichend kann nach **§ 19 II 2** gegenüber einem Unternehmer mit einem Jahresumsatz von mehr als 1.250.000 Euro eine höhere Geldbuße verhängt werden, die jedoch 4% des Jahresumsatzes nicht übersteigen darf (Art. 13 III UGP-RL). Maßgebend ist dabei allerdings der Jahresumsatz, den der Unternehmer in den **von dem Verstoß betroffenen Mitgliedstaaten der EU** in dem der Behördenentscheidung vorausgegangenen Geschäftsjahr erzielt hat. Es kommt also nicht auf den Gesamtumsatz des Unternehmers an (BT-Drs. 19/27873, 42).

c) Schätzung der Höhe des Jahresumsatzes (§ 19 II 3). Nach § 19 II 3 kann die Höhe 6
des Jahresumsatzes geschätzt werden. Insoweit besteht ein Ermessensspielraum, von dem aber nur
Gebrauch gemacht werden darf, wenn sich der Jahresumsatz nicht ohne erhebliche Schwierigkeiten feststellen lässt (BT-Drs. 19/27873, 42). Je nach dem Ergebnis der Schätzung des Jahresumsatzes ergibt sich der Bußgeldrahmen aus S. 1 oder aus S. 2.

d) Höchstbetrag der Schätzung (§ 19 II 4). Liegen keine Anhaltspunkte für eine Schät- 7
zung des Jahresumsatzes vor, so beträgt nach § 19 II 4 das Höchstmaß der Geldbuße 2 Mio.
Euro. Das entspricht der Vorgabe aus Art. 13 IV UGP-RL. Insoweit finden S. 1 und 2 keine
Anwendung (vgl. BT-Drs. 19/27873, 42). Der Unternehmer kann die Anwendung dieser Vor-
schrift nur vermeiden, wenn er im Rahmen der gebotenen Anhörung (§ 55 OWiG) seine
Umsätze beziffert oder zumindest nachprüfbare Angaben für ihre Schätzung macht.

e) Bußgeldrahmen bei Beteiligten ohne Unternehmereigenschaft (§ 19 II 5). Nach 8
§ 19 II 5 gilt, abweichend von den S. 2–4, der Bußgeldrahmen des S. 1 iHv 50.000 Euro für
Täter oder Beteiligte, die iSd § 9 OWiG für einen Unternehmer handeln (zB GmbH-Geschäftsführer), und für Beteiligte iSv § 14 I 2 OWiG, die nicht (selbst) Unternehmer sind. Dies gilt
auch dann, wenn der Umsatz des Unternehmens nicht geschätzt werden kann. Bei der Bemessung des Bußgelds sind die finanziellen Verhältnisse des jeweiligen Betroffenen zu berücksichtigen (vgl. BT-Drs. 19/27873, 42).

f) Höchstmaß der Geldbuße im Sinne des § 30 II 2 OWiG (§ 19 II 6). Nach § 19 II 6 9
ist das für die Ordnungswidrigkeit angedrohte Höchstmaß der Geldbuße im Sinne des § 30 II 2
OWiG das nach den Sätzen 1 bis 4 anwendbare Höchstmaß. Damit wird sichergestellt, dass die
nach § 30 I OWiG gegen eine juristische Person oder Personenvereinigung zu verhängende
Geldbuße im Höchstmaß nicht durch den Bußgeldrahmen der für sie handelnden natürlichen
Personen begrenzt wird. Beispiel: Begeht der Vorstand einer AG eine Ordnungswidrigkeit nach
§ 19 I, richtet sich zwar der Bußgeldrahmen für diesen gem. § 19 II 5 nach § 19 II 1 (Höchstgrenze 50.000 Euro); für die AG gilt aber der Bußgeldrahmen nach § 19 II 2–4 (BT-Drs. 19/
27873, 43). – Die sonstigen Bestimmungen in § 30 OWiG, wie zB § 30 IIa OWiG für die
Rechtsnachfolge, bleiben anwendbar.

IV. Ahndung nur im Rahmen einer koordinierten Durchsetzungsmaßnahme (§ 19 III)

Nach § 19 III kann die Ahndung einer Ordnungswidrigkeit iSv § 19 I nur im Rahmen einer 10
koordinierten Durchsetzungsmaßnahme nach Art. 21 VO (EU) 2017/2394 erfolgen. Es geht
also um Sanktionen gegen weitverbreitete Verstöße oder weitverbreitete Verstöße mit Unions-
Dimension im Rahmen einer koordinierten Aktion der jeweils zuständigen Behörden. Der
Bußgeldtatbestand des § 19 I ermöglicht eine unionsweit einheitliche und damit effektivere
Verbraucherrechtsdurchsetzung bei Vorliegen eines weitverbreiteten Verstoßes oder eines weitverbreiteten Verstoßes mit Unions-Dimension solcher Verstöße. Zur Beendigung solcher Verstöße sowie zur Ermöglichung einer Kompensation der durch den Verstoß geschädigten Ver-
braucher sieht die VO (EU) 2017/2394 einen **koordinierten Ermittlungs- und Durchset-
zungsmechanismus** vor, in dessen Rahmen die von dem weitverbreiteten Verstoß betroffenen
Behörden alle erforderlichen Durchsetzungsmaßnahmen ergreifen, um die Beendigung oder
Untersagung des Verstoßes zu erreichen sowie eine Abhilfezusage des Unternehmens entgegen
zu nehmen, das den Verstoß begangen hat (BT-Drs. 19/27873, 43). Zu den Einzelheiten der
Einleitung und Durchführung des Verfahrens vgl. Art. 16 ff. VO (EU) 2017/2394 und dazu
Fritzsche/Münker/Stollwerck/Maaßen Rn. 31. Inwieweit solche Verfahren effektiv durch-
geführt werden, bleibt abzuwarten.

V. Zuständige Behörden (§ 19 IV)

In § 19 IV sind die für die Festsetzung des Bußgeldes gem. § 36 I Nr. 1 OWiG jeweils 11
sachlich zuständigen Verwaltungsbehörden genannt. Es sind dies: **(1) das Bundesamt für
Justiz.** Es ist gem. § 2 Nr. 1 EU-VSchDG ua dann zuständig, wenn die Zuwiderhandlung die
Voraussetzungen eines weitverbreiteten Verstoßes oder eines weitverbreiteten Verstoßes mit
Unions-Dimension gegen die zur Umsetzung der UGP-RL erlassenen Rechtsvorschriften
erfüllt. **(2) die Bundesanstalt für Finanzdienstleistungsaufsicht.** Sie ist zuständig für Zu-

widerhandlungen von Unternehmen iSv § 2 Nr. 2 EU–VSchDG. **(3) die zuständigen Landesbehörden.** Sie sind zuständig, wenn es sich um Zuwiderhandlungen von Unternehmen iSv § 2 Nr. 4 EU–VSchDG handelt.

Bußgeldvorschriften

20 (1) **Ordnungswidrig handelt, wer vorsätzlich oder fahrlässig**

1. **entgegen § 7 Absatz 1 Satz 1 in Verbindung mit Absatz 2 Nummer 1 oder 2 mit einem Telefonanruf oder unter Verwendung einer automatischen Anrufmaschine gegenüber einem Verbraucher ohne dessen vorherige ausdrückliche Einwilligung wirbt,**

2. **entgegen § 7a Absatz 1 eine dort genannte Einwilligung nicht, nicht richtig, nicht vollständig oder nicht rechtzeitig dokumentiert oder nicht oder nicht mindestens fünf Jahre aufbewahrt,**

3. **entgegen § 8 Absatz 5 Satz 2 in Verbindung mit § 6a Absatz 1 Satz 3 des Unterlassungsklagengesetzes eine dort genannte Zustellung nicht oder nicht rechtzeitig bekannt macht,**

4. **einer Rechtsverordnung nach § 8b Absatz 3 Satz 1 in Verbindung mit § 4f Nummer 1 oder 2 des Unterlassungsklagengesetzes oder einer vollziehbaren Anordnung auf Grund einer solchen Rechtsverordnung zuwiderhandelt, soweit die Rechtsverordnung für einen bestimmten Tatbestand auf diese Bußgeldvorschrift verweist oder**

5. **entgegen § 8b Absatz 3 in Verbindung mit § 4b Absatz 1 Satz 1 des Unterlassungsklagengesetzes, auch in Verbindung mit einer Rechtsverordnung nach § 4f Nummer 3 des Unterlassungsklagengesetzes, einen dort genannten Bericht nicht, nicht richtig, nicht vollständig oder nicht rechtzeitig erstattet.**

(2) Die Ordnungswidrigkeit kann in den Fällen des Absatzes 1 Nummer 1 mit einer Geldbuße bis zu dreihunderttausend Euro, in den Fällen des Absatzes 1 Nummer 2 mit einer Geldbuße bis zu fünfzigtausend Euro und in den übrigen Fällen mit einer Geldbuße bis zu hunderttausend Euro geahndet werden.

(3) Verwaltungsbehörde im Sinne des § 36 Absatz 1 Nummer 1 des Gesetzes über Ordnungswidrigkeiten ist in den Fällen des Absatzes 1 Nummer 1 und 2 die Bundesnetzagentur für Elektrizität, Gas, Telekommunikation, Post und Eisenbahnen, in den übrigen Fällen das Bundesamt für Justiz.

Übersicht

A. Entstehungsgeschichte und Normzweck

Die ursprüngliche Regelung wurde durch das G zur Bekämpfung unerlaubter Telefonwer- **1** bung und zur Verbesserung des Verbraucherschutzes bei besonderen Vertriebsformen v. 29.7.2009 (BGBl. 2009 I 2413) in das UWG eingefügt und durch das Gesetz über unseriöse Geschäftspraktiken v. 20.9.2013 (BGBl. 2013 I 3714) weiter verschärft. Ihr Zweck war es, über die bestehenden zivilrechtlichen Sanktionen nach den §§ 8–10 hinaus eine strafrechtliche Sanktion gegen unerlaubte Telefonwerbung iSd § 7 II Nr. 2 aF und gegen den Einsatz automatischer Anrufmaschinen iSd § 7 II Nr. 3 aF gegenüber Verbrauchern zu ermöglichen. Das ermöglichte es, in geeigneten Fällen ohne vorherige Abmahnung unmittelbar gegen einen Rechtsverstoß vorzugehen (vgl. RegE zu § 20 I, BT-Drs. 16/10734, 13). Von der Sanktion versprach man sich eine zusätzliche Präventionswirkung.

Durch das G zur Stärkung des fairen Wettbewerbs v. 26.11.2020 (BGBl. 2020 I 2568) wurde **1a** § 20 neugefasst und erweitert, um auch Verstöße gegen § 8b IV mit § 4b UKlaG und § 4d UKlaG mit Bußgeldern sanktionieren zu können. Es ging darum, die Übermittlung der Angaben der qualifizierten Wirtschaftsverbände im Eintragungs- und Überprüfungsverfahren sowie bei den Berichtspflichten sicherzustellen.

Durch das G über faire Verbraucherverträge v. 10.8.2021 (BGBl. 2021 I 3433), das am **1b** 1.10.2021 in Kraft trat, wurden darüber hinaus Verstöße gegen § 7a zu Ordnungswidrigkeiten erklärt.

§ 20 I Nr. 1 wurde durch das G zur Stärkung des Verbraucherschutzes im Wettbewerbs- und **1c** Gewerberecht v. 10.8.2021 (BGBl. 2021 I 3504) geändert. An die Stelle der Nr. 2 oder 3 in § 7 II traten die Nr. 1 oder 2. Es handelte sich um eine Folgeänderung auf Grund der entsprechenden Änderung des § 7, die am 28.5.2022 in Kraft getreten ist.

Durch das G zur Umsetzung der RL (EU) 2020/1828 über Verbandsklagen zum Schutz der **1d** Kollektivinteressen der Verbraucher und zur Aufhebung der RL 2009/22/EG (VRUG) v. 8.10.2023 (BGBl. 2023 I Nr. 272), das am 13.10.2023 in Kraft trat, wurde § 20 I um einen neuen Bußgeldtatbestand ergänzt. Die bisherigen Bußgeldtatbestände in § 20 I Nr. 3 und 4 wurden an Änderungen im UKlaG angepasst. So kann nach § 20 I Nr. 3 ein Bußgeld auch verhängt werden, wenn eine qualifizierte Einrichtung vorsätzlich oder fahrlässig ihre Pflichten nach § 8 V 1 iVm § 6a UKlaG verletzt, bestimmte Tatsachen zu Rechtsbehelfen zur Durchsetzung von Ansprüchen nach § 8 I nicht oder nicht unverzüglich auf ihrer Internetseite zu veröffentlichen. Ein Bußgeld ist nach § 20 I Nr. 4 auch möglich, wenn ein qualifizierter Verbraucherverband seine Bekanntmachungspflicht nach § 8 V 1 iVm § 6a I 3 UKlaG verletzt.

B. Tatbestände der Ordnungswidrigkeit

I. Unerbetene Telefonwerbung (§ 20 I Nr. 1)

Der Tatbestand des § 20 I Nr. 1 setzt voraus, dass vorsätzlich oder fahrlässig mit einem **2** Telefonanruf oder unter Verwendung einer automatischen Anrufmaschine gegenüber einem Verbraucher ohne dessen vorherige ausdrückliche Einwilligung geworben wurde (§ 7 II Nr. 1 und 2). Nicht erfasst ist die 2. Alt. des § 7 II Nr. 1, nämlich die Telefonwerbung gegenüber einem sonstigen Marktteilnehmer ohne dessen zumindest mutmaßliche Einwilligung, da insoweit offenbar keine größeren Missstände aufgetreten sind.

II. Verstöße gegen § 7a (§ 20 I Nr. 2)

Der Tatbestand des § 20 I Nr. 2 bezieht sich auf die vorsätzliche oder fahrlässige Verletzung **3** der Pflicht nach § 7a zur ordnungsmäßigen Dokumentation der Einwilligung und deren fünfjährige Aufbewahrung.

III. Verstöße gegen § 8 V 2 iVm § 6a I 3 UKlaG (§ 20 I Nr. 3)

3a   Der Tatbestand des § 20 I Nr. 3 iVm § 6a I 3 UKlaG bezieht sich auf die vorsätzliche oder fahrlässige Zuwiderhandlung gegen die Pflicht, die dort genannte Zustellung rechtzeitig bekannt zu machen.

IV. Verstöße gegen die QEWV (§ 20 I Nr. 4)

4   Der Tatbestand des § 20 I Nr. 4 bezieht sich auf vorsätzliche oder fahrlässige Zuwiderhandlungen gegen Pflichten nach der QEWV, also der Verordnung zu qualifizierten Einrichtungen und qualifizierten Wirtschaftsverbänden v. 7.6.2021 (BGBl. 2021 I 1832, 4832), geändert durch Art. 10 VRUG v. 8.10.2023 (BGBl. 2023 I Nr. 272) oder einer vollziehbaren Anordnung nach dieser Verordnung, soweit diese für einen bestimmten Tatbestand auf diese Bußgeldvorschrift verweist. Die QEWV regelt in den §§ 10–18 QEWV detaillierte Pflichten über bestimmte Angaben sowie Mitteilungs-, Mitwirkungs- und Berichtspflichten. Die vollziehbare Anordnung ist in § 17 II QEWV, der Verweis auf die Bußgeldvorschrift ist in § 24 II QEWV geregelt.

V. Verstöße gegen Berichtspflichten (§ 20 I Nr. 5)

5   Der Tatbestand des § 20 I Nr. 5 bezieht sich auf vorsätzliche oder fahrlässige Zuwiderhandlungen gegen Berichtspflichten entgegen § 8b III iVm § 4b I 1 UKlaG, auch in Verbindung mit einer Rechtsverordnung nach § 4f Nr. 3 UKlaG. Erfasst sind die Berichtspflichten der qualifizierten Wirtschaftsverbände iSd § 8b gegenüber dem Bundesamt für Justiz, wie sie in § 4f I 1 Nr. 3 UKlaG aufgelistet sind. Es handelt sich dabei um den alljährlich bis zum 30.6. für das vorangegangene Kalenderjahr zu erstellenden Bericht an das Bundesamt für Justiz über deren Aktivitäten und Mitgliederstand. Es gelten die jährlichen Berichtspflichten nach §§ 22, 23 QEWV.

C. Verantwortliche Personen

6   Verantwortlich ist nach § 14 I OWiG der **Beteiligte,** es wird nicht nach Täter, Gehilfe und Anstifter unterschieden („Einheitstäterbegriff"). Erfasst wird auch die Person, die iSd Strafrechts als mittelbarer Täter anzusehen wäre (Büscher/Franzke Rn. 10).

(1) Im Fall der unerlaubten Telefonwerbung nach **§ 20 I Nr. 1** kommt als Beteiligter zunächst jede Person in Betracht, die persönlich den Telefonanruf tätigt. Es sind dies idR Mitarbeiter von Call-Centern. Diese Personen sind künftig erheblichen Risiken bei der Ausübung ihrer Tätigkeit ausgesetzt. Daneben und vor allem kommen alle Personen in Betracht, die bspw. durch Beauftragung, Schaffung der organisatorischen Rahmenbedingungen und Bereitstellung der technischen Einrichtungen wesentlich an der Tat mitwirken. Dazu gehören insbes. die Betreiber eines Call-Centers und die Auftraggeber eines Call-Centers, in deren Namen oder Auftrag telefonisch geworben wird (vgl. RegE zu § 20 I, BT-Drs. 16/10734, 13).

(2) Im Fall eines Verstoßes gegen **§ 20 I Nr. 2–5** ist das zuständige Organ des qualifizierten Wirtschaftsverbands, idR der Vorstand, nach § 9 OWiG verantwortlich. Daneben kann gegen den Verband nach § 30 OWiG ein Bußgeld verhängt werden.

D. Vorsatz und Fahrlässigkeit

I. Allgemeines

7   Die Begriffe Vorsatz und Fahrlässigkeit sind iSd Strafrechts (§ 15 StGB) zu verstehen. Vorsatz setzt Wissen und Wollen der Verwirklichung des objektiven Tatbestands voraus. Bedingter Vorsatz genügt. Fahrlässigkeit liegt vor, wenn der Täter die im Verkehr erforderliche Sorgfalt außer Acht lässt und die Verwirklichung des objektiven Tatbestands für ihn vorhersehbar und vermeidbar ist. Der Sorgfaltsmaßstab im UWG beurteilt sich nach der Definition der unternehmerischen Sorgfalt in § 2 I Nr. 9.

II. Fahrlässigkeit bei unerlaubter Telefonwerbung

Im Falle der unerlaubten Telefonwerbung ist Fahrlässigkeit anzunehmen, wenn der Anrufer 8
oder sein Auftraggeber sich nicht mit der gebotenen Sorgfalt vergewissern, ob die erforderliche
vorherige ausdrückliche Einwilligung im Zeitpunkt des Anrufs (noch) vorliegt. Der Unternehmer, der mit Telefonanrufen werben will und damit eigene Mitarbeiter oder ein Call-Center
beauftragt, darf die Auswahl der anzurufenden Verbraucher nicht dem Mitarbeiter oder dem
Call-Center überlassen. Er muss vielmehr selbst – in der Regel anhand einer Liste – festlegen,
welche Verbraucher angerufen werden sollen. Dabei muss er dafür Sorge tragen, dass für alle
anzurufenden Verbraucher eine vorherige ausdrückliche Einwilligung vorliegt. Dazu muss er
grds. eine Liste der Personen führen, die schriftlich ihre Einwilligung erteilt haben. Weiter muss
er sich vergewissern, dass die Einwilligung den Anforderungen an die Wirksamkeit und die
Reichweite entspricht. Schließlich muss der Unternehmer sicherstellen, dass im Zeitpunkt des
Anrufs die Einwilligung noch nicht widerrufen worden ist. Er muss also die Liste ggf. aktualisieren. Bei der Auswahl des Call-Centers muss der Auftraggeber Zweifeln an dessen Seriosität und
nach Auftragserteilung Beschwerden über unerlaubte Telefonwerbung nachgehen (Ohly/Sosnit-
za/Ohly Rn. 5).

Der Betreiber des Call-Centers seinerseits darf sich nicht blind darauf verlassen, dass die ihm 9
vom Auftraggeber zur Verfügung gestellte Liste von anzurufenden Verbrauchern den Anforderungen entspricht. Ihn trifft vielmehr auch eine Eigenverantwortung. Das gilt auch und gerade
dann, wenn er den Umständen nach Zweifel an der Zuverlässigkeit des Auftraggebers oder der
Richtigkeit der Liste haben muss. Mindestens in diesem Fall ist von ihm zu verlangen, dass er
sich die entsprechenden Nachweise für das Vorliegen einer Einwilligung vorlegen lässt und sie
überprüft. Außerdem muss er sicherstellen, dass ihm jeder Widerruf einer Einwilligung unverzüglich mitgeteilt wird.

Der jeweilige Mitarbeiter, der einen Anruf tätigt, muss sich in der Regel darauf verlassen 10
können, dass die ihm zur Verfügung gestellten Listen ordnungsgemäß erstellt sind. Fahrlässigkeit
wird ihm daher nur vorzuwerfen sein, wenn er weiß, dass eine ausreichende Einwilligung nicht
vorliegt oder wenn er daran begründete Zweifel hat. Ist ihm bei der Auswahl der anzurufenden
Personen freie Hand gelassen, so handelt er freilich mit bedingtem Vorsatz. Er kann sich dann
auch nicht darauf berufen, dass sein Arbeitsplatz gefährdet sei, wenn er keine Anrufe vornehme.

E. Sanktionen

I. Sanktionen nach § 20 II

1. Bei Verstößen gegen § 20 I Nr. 1

Nach § 20 II kann die Ordnungswidrigkeit nach § 20 I Nr. 1 mit einer Geldbuße bis zu 11
300.000 EUR geahndet werden. Diese seit dem 9.10.2013 geltende Regelung hatte ihren
Grund darin, dass die Erteilung eines Auftrags zur Durchführung einer Vielzahl von unerlaubten
Werbeanrufen, sei es durch das werbende Unternehmen an den Betreiber eines Call-Centers, sei
es durch den Betreiber eines Call-Centers an seine Mitarbeiter, idR nur eine Handlung und
damit nur eine einzige Ordnungswidrigkeit darstellt. Davon versprach man sich eine stärkere
Abschreckung. Allerdings erreichten die Bundesnetzagentur im ersten Halbjahr 2022 bereits
38.645 Beschwerden über unerlaubte Werbeanrufe und es wurden Bußgelder iHv 283.000 Euro
verhängt. Eine fortlaufend ergänzte Maßnahmenliste ist unter bundesnetzgentur.de abrufbar.

Die Höhe der im Einzelfall festzusetzenden Geldbuße bestimmt sich nach § 17 OWiG. Dem- 12
nach kann nach § 17 II OWiG fahrlässiges Handeln im Höchstmaß nur mit 150.000 EUR
geahndet werden. Grundlage für die Zumessung der Geldbuße sind die Bedeutung der Ordnungswidrigkeit und der Vorwurf, der den Täter trifft (§ 17 III 1 OWiG). Auch die wirtschaftlichen Verhältnisse des Täters kommen in Betracht, bleiben jedoch bei geringfügigen
Ordnungswidrigkeiten in der Regel unberücksichtigt (§ 17 III 2 OWiG). Die Geldbuße soll den
wirtschaftlichen Vorteil, den der Täter aus der Ordnungswidrigkeit gezogen hat, übersteigen
(§ 17 IV 1 OWiG). Reicht das gesetzliche Höchstmaß hierzu nicht aus, so kann es überschritten
werden (§ 17 IV 2 OWiG). – Wird gegen den Täter keine Geldbuße festgesetzt, so kann gleichwohl nach § 29a OWiG der Verfall eines Geldbetrages bis zu der Höhe angeordnet werden, die
dem Wert des Erlangten entspricht.

2. Bei Verstößen gegen § 20 I Nr. 2, 3 und 4

13　　Bei Verstößen gegen § 20 I Nr. 2 kann eine Geldbuße bis zu fünfzigtausend Euro und bei Verstößen gegen § 20 I Nr. 3 und 4 eine Geldbuße bis zu hunderttausend Euro verhängt werden.

II. Sonstige Sanktionen

1. Telekommunikationsrecht

14　　Die Bundesnetzagentur hat zusätzlich die Befugnisse nach § 123 TKG. Sie kann unter bestimmten Voraussetzungen nach § 123 IV 1 TKG Rufnummern entziehen und nach § 123 IV TKG Rufnummern abschalten. Werbende und ihre Auftraggeber sind, um ihre Identifikation zu verhindern, vielfach zur Rufnummernunterdrückung übergegangen. Daran knüpfen die § 15 II, § 28 I Nr. 9 und II TTDSG an. Danach gilt: Wer vorsätzlich oder fahrlässig die Rufnummernanzeige unterdrückt oder veranlasst, dass diese unterdrückt wird, handelt ordnungswidrig und ihm droht eine Geldbuße bis zu 100.000 EUR.

2. Zivilrecht und Zivilprozessrecht

15　　Die Verhängung einer Geldbuße oder die Anordnung des Verfalls sind unabhängig von etwaigen zivilrechtlichen und zivilprozessrechtlichen Sanktionen gegen unerlaubte Telefonwerbung möglich (Köhler NJW 2009, 2567 (2569)). Hierher gehören Schadensersatz und Gewinnabschöpfung nach den §§ 9, 10 sowie Vertragsstrafe nach § 339 BGB aus einer strafbewehrten Unterlassungserklärung und Ordnungsgeld oder Ordnungshaft nach § 890 ZPO bei einem schuldhaften Verstoß gegen ein gerichtliches Verbot. Jedoch kann das Ausmaß dieser Sanktionen bei der Zumessung der Geldbuße berücksichtigt werden (zur Gewinnabschöpfung vgl. allerdings § 10 II 1). – § 20 I Nr. 1 ist kein Schutzgesetz iSd § 823 II BGB zugunsten der Verbraucher, sondern nur eine zusätzliche Sanktion von Verstößen gegen § 7 im Allgemeininteresse. Der bürgerlichrechtliche Individualschutz der Verbraucher ist bereits durch die § 823 I BGB, § 1004 I BGB gewährleistet (vgl. LG Lüneburg K&R 2012, 129).

F. Zuständigkeit

I. Verstöße gegen § 20 I Nr. 1 und 2

16　　Von unerlaubter Telefonwerbung und von einem Verstoß gegen § 7a betroffene Verbraucher können Beschwerden bei der Bundesnetzagentur unter www.bundesnetzagentur.de/unerlaubte-telefonwerbung mittels eines Online-Formulars einreichen. Für die Verfolgung der Ordnungswidrigkeit ist nach § 20 III iVm § 36 I Nr. 1 OWiG die Bundesnetzagentur für Elektrizität, Gas, Telekommunikation, Post und Eisenbahnen mit Sitz in Bonn zuständig. Anders als bei der gerichtlichen Durchsetzung des Unterlassungsanspruchs ist eine vorherige Abmahnung des unerlaubt Werbenden nicht erforderlich. Die Behörde kann also nach ihrem Ermessen auch sofort ein Bußgeld verhängen. Über Einsprüche gegen Bußgeldbescheide entscheidet nach § 68 I 1 OWiG das Amtsgericht Bonn.

II. Verstöße gegen § 20 I Nr. 3, 4 und 5

17　　Für die Ahndung von Verstößen gegen § 20 I Nr. 3, 4 und 5 ist das Bundesamt für Justiz mit Sitz in Bonn zuständig. Über Einsprüche gegen Bußgeldbescheide entscheidet nach § 68 I 1 OWiG das Amtsgericht Bonn.

Anhang (zu § 3 Absatz 3)
Zur Kommentierung → Anh. § 3 Rn. 1 ff. (S. 350).

Gesetz zum Schutz von Geschäftsgeheimnissen (GeschGehG)[1, 2]

Vom 18. April 2019 (BGBl. 2019 I 466)

Gesamtübersicht

§§

Abschnitt 1 Allgemeines

Abschnitt 2 Ansprüche bei Rechtsverletzungen

Abschnitt 3 Verfahren in Geschäftsgeheimnisstreitsachen

Abschnitt 4 Strafvorschriften

Abschnitt 1 Allgemeines

§ 1 Anwendungsbereich

(1) Dieses Gesetz dient dem Schutz von Geschäftsgeheimnissen vor unerlaubter Erlangung, Nutzung und Offenlegung.

(2) Öffentlich-rechtliche Vorschriften zur Geheimhaltung, Erlangung, Nutzung oder Offenlegung von Geschäftsgeheimnissen gehen vor.

---

[1] Verkündet als Art. 1 G v. 18.4.2019 (BGBl. 2019 I 466); Inkrafttreten gem. Art. 6 dieses G am 26.4.2019.
[2] Artikel 1 dieses Gesetzes dient der Umsetzung der Richtlinie (EU) 2016/943 des Europäischen Parlaments und des Rates vom 8. Juni 2016 über den Schutz vertraulichen Know-hows und vertraulicher Geschäftsinformationen (Geschäftsgeheimnisse) vor rechtswidrigem Erwerb sowie rechtswidriger Nutzung und Offenlegung (ABl. EU 2016 L 157, 1 vom 15.6.2016).

(3) Es bleiben unberührt:

1. der berufs- und strafrechtliche Schutz von Geschäftsgeheimnissen, deren unbefugte Offenbarung von § 203 des Strafgesetzbuches erfasst wird,
2. die Ausübung des Rechts der freien Meinungsäußerung und der Informationsfreiheit nach der Charta der Grundrechte der Europäischen Union (ABl. C 202 vom 7.6.2016, S. 389), einschließlich der Achtung der Freiheit und der Pluralität der Medien,
3. die Autonomie der Sozialpartner und ihr Recht, Kollektivverträge nach den bestehenden europäischen und nationalen Vorschriften abzuschließen,
4. die Rechte und Pflichten aus dem Arbeitsverhältnis und die Rechte der Arbeitnehmervertretungen.

§ 2 Begriffsbestimmungen

Im Sinne dieses Gesetzes ist

1. Geschäftsgeheimnis
   eine Information
   a) die weder insgesamt noch in der genauen Anordnung und Zusammensetzung ihrer Bestandteile den Personen in den Kreisen, die üblicherweise mit dieser Art von Informationen umgehen, allgemein bekannt oder ohne Weiteres zugänglich ist und daher von wirtschaftlichem Wert ist und
   b) die Gegenstand von den Umständen nach angemessenen Geheimhaltungsmaßnahmen durch ihren rechtmäßigen Inhaber ist und
   c) bei der ein berechtigtes Interesse an der Geheimhaltung besteht;
2. Inhaber eines Geschäftsgeheimnisses
   jede natürliche oder juristische Person, die die rechtmäßige Kontrolle über ein Geschäftsgeheimnis hat;
3. Rechtsverletzer
   jede natürliche oder juristische Person, die entgegen § 4 ein Geschäftsgeheimnis rechtswidrig erlangt, nutzt oder offenlegt; Rechtsverletzer ist nicht, wer sich auf eine Ausnahme nach § 5 berufen kann;
4. rechtsverletzendes Produkt
   ein Produkt, dessen Konzeption, Merkmale, Funktionsweise, Herstellungsprozess oder Marketing in erheblichem Umfang auf einem rechtswidrig erlangten, genutzten oder offengelegten Geschäftsgeheimnis beruht.

§ 3 Erlaubte Handlungen

(1) Ein Geschäftsgeheimnis darf insbesondere erlangt werden durch

1. eine eigenständige Entdeckung oder Schöpfung;
2. ein Beobachten, Untersuchen, Rückbauen oder Testen eines Produkts oder Gegenstands, das oder der
   a) öffentlich verfügbar gemacht wurde oder
   b) sich im rechtmäßigen Besitz des Beobachtenden, Untersuchenden, Rückbauenden oder Testenden befindet und dieser keiner Pflicht zur Beschränkung der Erlangung des Geschäftsgeheimnisses unterliegt;
3. ein Ausüben von Informations- und Anhörungsrechten der Arbeitnehmer oder Mitwirkungs- und Mitbestimmungsrechte der Arbeitnehmervertretung.

(2) Ein Geschäftsgeheimnis darf erlangt, genutzt oder offengelegt werden, wenn dies durch Gesetz, aufgrund eines Gesetzes oder durch Rechtsgeschäft gestattet ist.

§ 4 Handlungsverbote

(1) Ein Geschäftsgeheimnis darf nicht erlangt werden durch

1. unbefugten Zugang zu, unbefugte Aneignung oder unbefugtes Kopieren von Dokumenten, Gegenständen, Materialien, Stoffen oder elektronischen Dateien, die der rechtmäßigen Kontrolle des Inhabers des Geschäftsgeheimnisses unterliegen und die das Geschäftsgeheimnis enthalten oder aus denen sich das Geschäftsgeheimnis ableiten lässt, oder
2. jedes sonstige Verhalten, das unter den jeweiligen Umständen nicht dem Grundsatz von Treu und Glauben unter Berücksichtigung der anständigen Marktgepflogenheit entspricht.

(2) Ein Geschäftsgeheimnis darf nicht nutzen oder offenlegen, wer

1. das Geschäftsgeheimnis durch eine eigene Handlung nach Absatz 1
   a) Nummer 1 oder
   b) Nummer 2
   erlangt hat,
2. gegen eine Verpflichtung zur Beschränkung der Nutzung des Geschäftsgeheimnisses verstößt oder
3. gegen eine Verpflichtung verstößt, das Geschäftsgeheimnis nicht offenzulegen.

(3) ¹Ein Geschäftsgeheimnis darf nicht erlangen, nutzen oder offenlegen, wer das Geschäftsgeheimnis über eine andere Person erlangt hat und zum Zeitpunkt der Erlangung, Nutzung oder Offenlegung weiß oder wissen müsste, dass diese das Geschäftsgeheimnis entgegen Absatz 2 genutzt oder offengelegt hat. ²Das gilt insbesondere, wenn die Nutzung in der Herstellung, dem Anbieten, dem Inverkehrbringen oder der Einfuhr, der Ausfuhr oder der Lagerung für diese Zwecke von rechtsverletzenden Produkten besteht.

§ 5 Ausnahmen

Die Erlangung, die Nutzung oder die Offenlegung eines Geschäftsgeheimnisses fällt nicht unter die Verbote des § 4, wenn dies zum Schutz eines berechtigten Interesses erfolgt, insbesondere

1. zur Ausübung des Rechts der freien Meinungsäußerung und der Informationsfreiheit, einschließlich der Achtung der Freiheit und der Pluralität der Medien;
2. zur Aufdeckung einer rechtswidrigen Handlung oder eines beruflichen oder sonstigen Fehlverhaltens, wenn die Erlangung, Nutzung oder Offenlegung geeignet ist, das allgemeine öffentliche Interesse zu schützen;
3. im Rahmen der Offenlegung durch Arbeitnehmer gegenüber der Arbeitnehmervertretung, wenn dies erforderlich ist, damit die Arbeitnehmervertretung ihre Aufgaben erfüllen kann.

Abschnitt 2 Ansprüche bei Rechtsverletzungen

§ 6 Beseitigung und Unterlassung

¹Der Inhaber des Geschäftsgeheimnisses kann den Rechtsverletzer auf Beseitigung der Beeinträchtigung und bei Wiederholungsgefahr auch auf Unterlassung in Anspruch nehmen. ²Der Anspruch auf Unterlassung besteht auch dann, wenn eine Rechtsverletzung erstmalig droht.

§ 7 Vernichtung; Herausgabe; Rückruf; Entfernung und Rücknahme vom Markt

Der Inhaber des Geschäftsgeheimnisses kann den Rechtsverletzer auch in Anspruch nehmen auf

1. Vernichtung oder Herausgabe der im Besitz oder Eigentum des Rechtsverletzers stehenden Dokumente, Gegenstände, Materialien, Stoffe oder elektronischen Dateien, die das Geschäftsgeheimnis enthalten oder verkörpern,
2. Rückruf des rechtsverletzenden Produkts,
3. dauerhafte Entfernung der rechtsverletzenden Produkte aus den Vertriebswegen,
4. Vernichtung der rechtsverletzenden Produkte oder
5. Rücknahme der rechtsverletzenden Produkte vom Markt, wenn der Schutz des Geschäftsgeheimnisses hierdurch nicht beeinträchtigt wird.

§ 8 Auskunft über rechtsverletzende Produkte; Schadensersatz bei Verletzung der Auskunftspflicht

(1) Der Inhaber des Geschäftsgeheimnisses kann vom Rechtsverletzer Auskunft über Folgendes verlangen:

1. Name und Anschrift der Hersteller, Lieferanten und anderer Vorbesitzer der rechtsverletzenden Produkte sowie der gewerblichen Abnehmer und Verkaufsstellen, für die sie bestimmt waren,
2. die Menge der hergestellten, bestellten, ausgelieferten oder erhaltenen rechtsverletzenden Produkte sowie über die Kaufpreise,

3. diejenigen im Besitz oder Eigentum des Rechtsverletzers stehenden Dokumente, Gegenstände, Materialien, Stoffe oder elektronischen Dateien, die das Geschäftsgeheimnis enthalten oder verkörpern, und

4. die Person, von der sie das Geschäftsgeheimnis erlangt haben und der gegenüber sie es offenbart haben.

(2) Erteilt der Rechtsverletzer vorsätzlich oder grob fahrlässig die Auskunft nicht, verspätet, falsch oder unvollständig, ist er dem Inhaber des Geschäftsgeheimnisses zum Ersatz des daraus entstehenden Schadens verpflichtet.

§ 9 Anspruchsausschluss bei Unverhältnismäßigkeit

Die Ansprüche nach den §§ 6 bis 8 Absatz 1 sind ausgeschlossen, wenn die Erfüllung im Einzelfall unverhältnismäßig wäre, unter Berücksichtigung insbesondere

1. des Wertes oder eines anderen spezifischen Merkmals des Geschäftsgeheimnisses,
2. der getroffenen Geheimhaltungsmaßnahmen,
3. des Verhaltens des Rechtsverletzers bei Erlangung, Nutzung oder Offenlegung des Geschäftsgeheimnisses,
4. der Folgen der rechtswidrigen Nutzung oder Offenlegung des Geschäftsgeheimnisses,
5. der berechtigten Interessen des Inhabers des Geschäftsgeheimnisses und des Rechtsverletzers sowie der Auswirkungen, die die Erfüllung der Ansprüche für beide haben könnte,
6. der berechtigten Interessen Dritter oder
7. des öffentlichen Interesses.

§ 10 Haftung des Rechtsverletzers

(1) ¹Ein Rechtsverletzer, der vorsätzlich oder fahrlässig handelt, ist dem Inhaber des Geschäftsgeheimnisses zum Ersatz des daraus entstehenden Schadens verpflichtet. ²§ 619a des Bürgerlichen Gesetzbuchs bleibt unberührt.

(2) ¹Bei der Bemessung des Schadensersatzes kann auch der Gewinn, den der Rechtsverletzer durch die Verletzung des Rechts erzielt hat, berücksichtigt werden. ²Der Schadensersatzanspruch kann auch auf der Grundlage des Betrages bestimmt werden, den der Rechtsverletzer als angemessene Vergütung hätte entrichten müssen, wenn er die Zustimmung zur Erlangung, Nutzung oder Offenlegung des Geschäftsgeheimnisses eingeholt hätte.

(3) Der Inhaber des Geschäftsgeheimnisses kann auch wegen des Schadens, der nicht Vermögensschaden ist, von dem Rechtsverletzer eine Entschädigung in Geld verlangen, soweit dies der Billigkeit entspricht.

§ 11 Abfindung in Geld

(1) Ein Rechtsverletzer, der weder vorsätzlich noch fahrlässig gehandelt hat, kann zur Abwendung der Ansprüche nach den §§ 6 oder 7 den Inhaber des Geschäftsgeheimnisses in Geld abfinden, wenn dem Rechtsverletzer durch die Erfüllung der Ansprüche ein unverhältnismäßig großer Nachteil entstehen würde und wenn die Abfindung in Geld als angemessen erscheint.

(2) ¹Die Höhe der Abfindung in Geld bemisst sich nach der Vergütung, die im Falle einer vertraglichen Einräumung des Nutzungsrechts angemessen wäre. ²Sie darf den Betrag nicht übersteigen, der einer Vergütung im Sinne von Satz 1 für die Länge des Zeitraums entspricht, in dem dem Inhaber des Geschäftsgeheimnisses ein Unterlassungsanspruch zusteht.

§ 12 Haftung des Inhabers eines Unternehmens

¹Ist der Rechtsverletzer Beschäftigter oder Beauftragter eines Unternehmens, so hat der Inhaber des Geschäftsgeheimnisses die Ansprüche nach den §§ 6 bis 8 auch gegen den Inhaber des Unternehmens. ²Für den Anspruch nach § 8 Absatz 2 gilt dies nur, wenn der Inhaber des Unternehmens vorsätzlich oder grob fahrlässig die Auskunft nicht, verspätet, falsch oder unvollständig erteilt hat.

§ 13 Herausgabeanspruch nach Eintritt der Verjährung

¹Hat der Rechtsverletzer ein Geschäftsgeheimnis vorsätzlich oder fahrlässig erlangt, offengelegt oder genutzt und durch diese Verletzung eines Geschäftsgeheimnisses auf Kosten des Inhabers des Geschäftsgeheimnisses etwas erlangt, so ist er auch nach Eintritt der Verjährung des Scha-

densersatzanspruchs nach § 10 zur Herausgabe nach den Vorschriften des Bürgerlichen Gesetzbuchs über die Herausgabe einer ungerechtfertigten Bereicherung verpflichtet. [2]Dieser Anspruch verjährt sechs Jahre nach seiner Entstehung.

§ 14 Missbrauchsverbot

[1]Die Geltendmachung der Ansprüche nach diesem Gesetz ist unzulässig, wenn sie unter Berücksichtigung der gesamten Umstände missbräuchlich ist. [2]Bei missbräuchlicher Geltendmachung kann der Anspruchsgegner Ersatz der für seine Rechtsverteidigung erforderlichen Aufwendungen verlangen. [3]Weitergehende Ersatzansprüche bleiben unberührt.

Abschnitt 3 Verfahren in Geschäftsgeheimnisstreitsachen

§ 15 Sachliche und örtliche Zuständigkeit; Verordnungsermächtigung

(1) Für Klagen vor den ordentlichen Gerichten, durch die Ansprüche nach diesem Gesetz geltend gemacht werden, sind die Landgerichte ohne Rücksicht auf den Streitwert ausschließlich zuständig.

(2) [1]Für Klagen nach Absatz 1 ist das Gericht ausschließlich zuständig, in dessen Bezirk der Beklagte seinen allgemeinen Gerichtsstand hat. [2]Hat der Beklagte im Inland keinen allgemeinen Gerichtsstand, ist nur das Gericht zuständig, in dessen Bezirk die Handlung begangen worden ist.

(3) [1]Die Landesregierungen werden ermächtigt, durch Rechtsverordnung einem Landgericht die Klagen nach Absatz 1 der Bezirke mehrerer Landgerichte zuzuweisen. [2]Die Landesregierungen können diese Ermächtigung durch Rechtsverordnung auf die Landesjustizverwaltungen übertragen. [3]Die Länder können außerdem durch Vereinbarung die den Gerichten eines Landes obliegenden Klagen nach Absatz 1 insgesamt oder teilweise dem zuständigen Gericht eines anderen Landes übertragen.

§ 16 Geheimhaltung

(1) Bei Klagen, durch die Ansprüche nach diesem Gesetz geltend gemacht werden (Geschäftsgeheimnisstreitsachen) kann das Gericht der Hauptsache auf Antrag einer Partei streitgegenständliche Informationen ganz oder teilweise als geheimhaltungsbedürftig einstufen, wenn diese ein Geschäftsgeheimnis sein können.

(2) Die Parteien, ihre Prozessvertreter, Zeugen, Sachverständige, sonstige Vertreter und alle sonstigen Personen, die an Geschäftsgeheimnisstreitsachen beteiligt sind oder die Zugang zu Dokumenten eines solchen Verfahrens haben, müssen als geheimhaltungsbedürftig eingestufte Informationen vertraulich behandeln und dürfen diese außerhalb eines gerichtlichen Verfahrens nicht nutzen oder offenlegen, es sei denn, dass sie von diesen außerhalb des Verfahrens Kenntnis erlangt haben.

(3) Wenn das Gericht eine Entscheidung nach Absatz 1 trifft, darf Dritten, die ein Recht auf Akteneinsicht haben, nur ein Akteninhalt zur Verfügung gestellt werden, in dem die Geschäftsgeheimnisse enthaltenden Ausführungen unkenntlich gemacht wurden.

§ 17 Ordnungsmittel

[1]Das Gericht der Hauptsache kann auf Antrag einer Partei bei Zuwiderhandlungen gegen die Verpflichtungen nach § 16 Absatz 2 ein Ordnungsgeld bis zu 100 000 Euro oder Ordnungshaft bis zu sechs Monaten festsetzen und sofort vollstrecken. [2]Bei der Festsetzung von Ordnungsgeld ist zugleich für den Fall, dass dieses nicht beigetrieben werden kann, zu bestimmen, in welchem Maße Ordnungshaft an seine Stelle tritt. [3]Die Beschwerde gegen ein nach Satz 1 verhängtes Ordnungsmittel entfaltet aufschiebende Wirkung.

§ 18 Geheimhaltung nach Abschluss des Verfahrens

[1]Die Verpflichtungen nach § 16 Absatz 2 bestehen auch nach Abschluss des gerichtlichen Verfahrens fort. [2]Dies gilt nicht, wenn das Gericht der Hauptsache das Vorliegen des streitgegenständlichen Geschäftsgeheimnisses durch rechtskräftiges Urteil verneint hat oder sobald die streitgegenständlichen Informationen für Personen in den Kreisen, die üblicherweise mit solchen Informationen umgehen, bekannt oder ohne Weiteres zugänglich werden.

§ 19 Weitere gerichtliche Beschränkungen

(1) ¹Zusätzlich zu § 16 Absatz 1 beschränkt das Gericht der Hauptsache zur Wahrung von Geschäftsgeheimnissen auf Antrag einer Partei den Zugang ganz oder teilweise auf eine bestimmte Anzahl von zuverlässigen Personen

1. zu von den Parteien oder Dritten eingereichten oder vorgelegten Dokumenten, die Geschäftsgeheimnisse enthalten können, oder

2. zur mündlichen Verhandlung, bei der Geschäftsgeheimnisse offengelegt werden könnten, und zu der Aufzeichnung oder dem Protokoll der mündlichen Verhandlung.

²Dies gilt nur, soweit nach Abwägung aller Umstände das Geheimhaltungsinteresse das Recht der Beteiligten auf rechtliches Gehör auch unter Beachtung ihres Rechts auf effektiven Rechtsschutz und ein faires Verfahren übersteigt. ³Es ist jeweils mindestens einer natürlichen Person jeder Partei und ihren Prozessvertretern oder sonstigen Vertretern Zugang zu gewähren. ⁴Im Übrigen bestimmt das Gericht nach freiem Ermessen, welche Anordnungen zur Erreichung des Zwecks erforderlich sind.

(2) Wenn das Gericht Beschränkungen nach Absatz 1 Satz 1 trifft,

1. kann die Öffentlichkeit auf Antrag von der mündlichen Verhandlung ausgeschlossen werden und

2. gilt § 16 Absatz 3 für nicht zugelassene Personen.

(3) Die §§ 16 bis 19 Absatz 1 und 2 gelten entsprechend im Verfahren der Zwangsvollstreckung, wenn das Gericht der Hauptsache Informationen nach § 16 Absatz 1 als geheimhaltungsbedürftig eingestuft oder zusätzliche Beschränkungen nach Absatz 1 Satz 1 getroffen hat.

§ 20 Verfahren bei Maßnahmen nach den §§ 16 bis 19

(1) Das Gericht der Hauptsache kann eine Beschränkung nach § 16 Absatz 1 und § 19 Absatz 1 ab Anhängigkeit des Rechtsstreits anordnen.

(2) ¹Die andere Partei ist spätestens nach Anordnung der Maßnahme vom Gericht zu hören. ²Das Gericht kann die Maßnahmen nach Anhörung der Parteien aufheben oder abändern.

(3) Die den Antrag nach § 16 Absatz 1 oder § 19 Absatz 1 stellende Partei muss glaubhaft machen, dass es sich bei der streitgegenständlichen Information um ein Geschäftsgeheimnis handelt.

(4) ¹Werden mit dem Antrag oder nach einer Anordnung nach § 16 Absatz 1 oder einer Anordnung nach § 19 Absatz 1 Satz 1 Nummer 1 Schriftstücke und sonstige Unterlagen eingereicht oder vorgelegt, muss die den Antrag stellende Partei diejenigen Ausführungen kennzeichnen, die nach ihrem Vorbringen Geschäftsgeheimnisse enthalten. ²Im Fall des § 19 Absatz 1 Satz 1 Nummer 1 muss sie zusätzlich eine Fassung ohne Preisgabe von Geschäftsgeheimnissen vorlegen, die eingesehen werden kann. ³Wird keine solche um die Geschäftsgeheimnisse reduzierte Fassung vorgelegt, kann das Gericht von der Zustimmung zur Einsichtnahme ausgehen, es sei denn, ihm sind besondere Umstände bekannt, die eine solche Vermutung nicht rechtfertigen.

(5) ¹Das Gericht entscheidet über den Antrag durch Beschluss. ²Gibt es dem Antrag statt, hat es die Beteiligten auf die Wirkung der Anordnung nach § 16 Absatz 2 und § 18 und Folgen der Zuwiderhandlung nach § 17 hinzuweisen. ³Beabsichtigt das Gericht die Zurückweisung des Antrags, hat es die den Antrag stellende Partei darauf und auf die Gründe hierfür hinzuweisen und ihr binnen einer zu bestimmenden Frist Gelegenheit zur Stellungnahme zu geben. ⁴Die Einstufung als geheimhaltungsbedürftig nach § 16 Absatz 1 und die Anordnung der Beschränkung nach § 19 Absatz 1 können nur gemeinsam mit dem Rechtsmittel in der Hauptsache angefochten werden. ⁵Im Übrigen findet die sofortige Beschwerde statt.

(6) Gericht der Hauptsache im Sinne dieses Abschnitts ist

1. das Gericht des ersten Rechtszuges oder

2. das Berufungsgericht, wenn die Hauptsache in der Berufungsinstanz anhängig ist.

§ 21 Bekanntmachung des Urteils

(1) ¹Der obsiegenden Partei einer Geschäftsgeheimnisstreitsache kann auf Antrag in der Urteilsformel die Befugnis zugesprochen werden, das Urteil oder Informationen über das Urteil auf Kosten der unterliegenden Partei öffentlich bekannt zu machen, wenn die obsiegende Partei

hierfür ein berechtigtes Interesse darlegt. [2] Form und Umfang der öffentlichen Bekanntmachung werden unter Berücksichtigung der berechtigten Interessen der im Urteil genannten Personen in der Urteilsformel bestimmt.

(2) Bei den Entscheidungen über die öffentliche Bekanntmachung nach Absatz 1 Satz 1 ist insbesondere zu berücksichtigen:

1. der Wert des Geschäftsgeheimnisses,
2. das Verhalten des Rechtsverletzers bei Erlangung, Nutzung oder Offenlegung des Geschäftsgeheimnisses,
3. die Folgen der rechtswidrigen Nutzung oder Offenlegung des Geschäftsgeheimnisses und
4. die Wahrscheinlichkeit einer weiteren rechtswidrigen Nutzung oder Offenlegung des Geschäftsgeheimnisses durch den Rechtsverletzer.

(3) Das Urteil darf erst nach Rechtskraft bekannt gemacht werden, es sei denn, das Gericht bestimmt etwas anderes.

§ 22 Streitwertbegünstigung

(1) Macht bei Geschäftsgeheimnisstreitsachen eine Partei glaubhaft, dass die Belastung mit den Prozesskosten nach dem vollen Streitwert ihre wirtschaftliche Lage erheblich gefährden würde, so kann das Gericht auf ihren Antrag anordnen, dass die Verpflichtung dieser Partei zur Zahlung von Gerichtskosten sich nach dem ihrer Wirtschaftslage angepassten Teil des Streitwerts bemisst.

(2) Die Anordnung nach Absatz 1 bewirkt auch, dass

1. die begünstigte Partei die Gebühren ihres Rechtsanwalts ebenfalls nur nach diesem Teil des Streitwerts zu entrichten hat,
2. die begünstigte Partei, soweit ihr Kosten des Rechtsstreits auferlegt werden oder soweit sie diese übernimmt, die von dem Gegner entrichteten Gerichtsgebühren und die Gebühren seines Rechtsanwalts nur nach diesem Teil des Streitwerts zu erstatten hat und
3. der Rechtsanwalt der begünstigten Partei seine Gebühren von dem Gegner nach dem für diesen geltenden Streitwert beitreiben kann, soweit die außergerichtlichen Kosten dem Gegner auferlegt oder von ihm übernommen werden.

(3) [1] Der Antrag nach Absatz 1 ist vor der Verhandlung zur Hauptsache zu stellen. [2] Danach ist er nur zulässig, wenn der angenommene oder festgesetzte Streitwert durch das Gericht heraufgesetzt wird. [3] Der Antrag kann vor der Geschäftsstelle des Gerichts zur Niederschrift erklärt werden. [4] Vor der Entscheidung über den Antrag ist der Gegner zu hören.

Abschnitt 4 Strafvorschriften

§ 23 Verletzung von Geschäftsgeheimnissen

(1) Mit Freiheitsstrafe bis zu drei Jahren oder mit Geldstrafe wird bestraft, wer zur Förderung des eigenen oder fremden Wettbewerbs, aus Eigennutz, zugunsten eines Dritten oder in der Absicht, dem Inhaber eines Unternehmens Schaden zuzufügen,

1. entgegen § 4 Absatz 1 Nummer 1 ein Geschäftsgeheimnis erlangt,
2. entgegen § 4 Absatz 2 Nummer 1 Buchstabe a ein Geschäftsgeheimnis nutzt oder offenlegt oder
3. entgegen § 4 Absatz 2 Nummer 3 als eine bei einem Unternehmen beschäftigte Person ein Geschäftsgeheimnis, das ihr im Rahmen des Beschäftigungsverhältnisses anvertraut worden oder zugänglich geworden ist, während der Geltungsdauer des Beschäftigungsverhältnisses offenlegt.

(2) Ebenso wird bestraft, wer zur Förderung des eigenen oder fremden Wettbewerbs, aus Eigennutz, zugunsten eines Dritten oder in der Absicht, dem Inhaber eines Unternehmens Schaden zuzufügen, ein Geschäftsgeheimnis nutzt oder offenlegt, das er durch eine fremde Handlung nach Absatz 1 Nummer 2 oder Nummer 3 erlangt hat.

(3) Mit Freiheitsstrafe bis zu zwei Jahren oder mit Geldstrafe wird bestraft, wer zur Förderung des eigenen oder fremden Wettbewerbs oder aus Eigennutz entgegen § 4 Absatz 2 Nummer 2 oder Nummer 3 ein Geschäftsgeheimnis, das eine ihm im geschäftlichen Verkehr anvertraute geheime Vorlage oder Vorschrift technischer Art ist, nutzt oder offenlegt.

(4) Mit Freiheitsstrafe bis zu fünf Jahren oder mit Geldstrafe wird bestraft, wer

1. in den Fällen des Absatzes 1 oder des Absatzes 2 gewerbsmäßig handelt,
2. in den Fällen des Absatzes 1 Nummer 2 oder Nummer 3 oder des Absatzes 2 bei der Offenlegung weiß, dass das Geschäftsgeheimnis im Ausland genutzt werden soll, oder
3. in den Fällen des Absatzes 1 Nummer 2 oder des Absatzes 2 das Geschäftsgeheimnis im Ausland nutzt.

(5) Der Versuch ist strafbar.

(6) Beihilfehandlungen einer in § 53 Absatz 1 Satz 1 Nummer 5 der Strafprozessordnung genannten Person sind nicht rechtswidrig, wenn sie sich auf die Entgegennahme, Auswertung oder Veröffentlichung des Geschäftsgeheimnisses beschränken.

(7) [1]§ 5 Nummer 7 des Strafgesetzbuches gilt entsprechend. [2]Die §§ 30 und 31 des Strafgesetzbuches gelten entsprechend, wenn der Täter zur Förderung des eigenen oder fremden Wettbewerbs oder aus Eigennutz handelt.

(8) Die Tat wird nur auf Antrag verfolgt, es sei denn, dass die Strafverfolgungsbehörde wegen des besonderen öffentlichen Interesses an der Strafverfolgung ein Einschreiten von Amts wegen für geboten hält.

Vorbemerkung (Vor § 1)

Übersicht

Schrifttum: Ackermann/Rindell, Should Trade Secrets be Protected by Private and/or Criminal Law: A Comparison Between Finnish and German Law, GRUR Int. 2017, 486; Alexander, Geschäftsgeheimnisse und Ranking-Transparenz – Spannungsfeld zwischen Schutz von Geschäftsgeheimnissen und neuen Informationspflichten für Anbieter von Online-Suchdiensten, MMR 2021, 690; Alexander, Zwingendes oder dispositives Recht: Welchen privatautonomen Gestaltungsspielraum belässt das GeschGehG?, WRP 2020, 1385; Alexander, Grundstrukturen des Schutzes von Geschäftsgeheimnissen durch das neue GeschGehG, WRP 2019, 673; Alexander, Geheimnisschutz nach dem GeschGehGE und investigativer Journalismus, AfP 2019, 1; Alexander, Gegenstand, Inhalt und Umfang des Schutzes von Geschäftsgeheimnissen nach der Richtlinie (EU) 2016/943, WRP 2017, 1034; Alexander, Das Spannungsfeld zwischen investigativem Journalismus und dem Schutz von Geschäftsgeheimnissen, AfP 2017, 469; Ann, EU-Richtlinie zum Schutz vertraulichen Know-hows – Wann kommt das neue deutsche Recht, wie sieht es aus, was ist noch offen?, GRUR-Prax 2016, 465; Ann, Geheimnisschutz – Kernaufgabe des Informationsmanagements im Unternehmen, GRUR 2014, 21; Ann, Know-how – Stiefkind des Geistigen Eigentums?, GRUR 2007, 39; Apel/Boom, Zur (Un-) Abdingbarkeit des § 5 GeschGehG – Fallstrick für NDAs?, GRUR-Prax 2020, 225; Aplin, A critical evaluation of the proposed EU Trade Secrets Directive, IPQ 2014, 257; Baranowski/Glaßl, Anforderungen an den Geheimnisschutz nach der neuen EU-Richtlinie, BB 2016, 2563; Barth/Corzelius, Geheimnisverrat im Zuge eines Arbeitnehmeraustritts – Eine Case Study nach der Reform des Datenschutz- und Geschäftsgeheimnisrechts, WRP 2020, 29; Bildhäuser/Reinhardt, Das neue GeschGehG: Systematik, Rechtsprechung und Unternehmenspraxis, GRUR-Prax 2020, 576; Brammsen, Lauterkeitsstrafrecht, Sonderband zum Münchener Kommentar Lauterkeitsrecht, 2020; Brammsen, Reformbedürftig! – Der Regierungsentwurf des neuen Geschäftsgeheimnisschutzgesetzes, BB 2018, 2446; Brammsen/Apel, GeschGehG, 2022; Brockhaus, Das Geschäftsgeheimnisgesetz – Zur Frage der Strafbarkeit von Hinweisgebern unter Berücksichtigung der

Whistleblowing-Richtlinie, ZIS 2020, 102; Brost/Wolsing, Presserechtlicher Schutz vor der Veröffentlichung von Geschäftsgeheimnissen, ZUM 2019, 898; Buck, Das Geschäftsgeheimnis und sein neuer eigenständiger Schutz, JM 2020, 59; Busche/Stoll/Wiebe, TRIPs, 2. Auflage 2013; Dann/Markgraf, Das neue Gesetz zum Schutz von Geschäftsgeheimnissen, NJW 2019, 1774; Druschel/Jauch, Der Schutz von Know-how im deutschen Zivilprozess: Der Status quo und die zu erwartenden Änderungen, Teil I, BB 2018, 1218 und Teil II, BB 2018, 1794; Dumont, Happy End für ein Stiefkind? – Regierungsentwurf zur Umsetzung der Know-how-Richtlinie, BB 2018, 2441; Enders, Geheimnisschutz durch Urheberrecht – Flankierender Schutz zum Geschäftsgeheimnisschutzgesetz?, WRP 2021, 872; Engländer/Zimmermann, Whistleblowing als strafbarer Verrat von Geschäfts- und Betriebsgeheimnissen? Zur Bedeutung des juristisch-ökonomischen Vermögensbegriffs für den Schutz illegaler Geheimnisse bei § 17 UWG, NZWiSt 2012, 328; Falce, Trade Secrets – Looking for (Full) Harmonization in the Innovation Union, IIC 2015, 940; Fikentscher, Wettbewerbsrecht im TRIPS-Agreement der Welthandelsorganisation – Historische Anknüpfung und Entwicklungschancen, GRUR Int. 1995, 529; Fuhlrott/Hiéramente, BeckOK GeschGehG; Gajeck, Das Wirtschaftsgeheimnis in der Verfassung, 2018; Gärtner, Zum Richtlinienentwurf über den Schutz von Geschäftsgeheimnissen, NZG 2014, 650; Gaugenrieder, Einheitliche Grundlage für den Schutz von Geschäftsgeheimnissen in Europa – Zukunftstraum oder Alptraum, BB 2014, 1987; Goldhammer, Geschäftsgeheimnis-Richtlinie und Informationsfreiheit. Zur Neudefinition des Geschäftsgeheimnisses als Chance für das öffentliche Recht, NVwZ 2017, 1809; Harte-Bavendamm, Reform des Geheimnisschutzes: naht Rettung aus Brüssel? Zum Richtlinienvorschlag zum Schutz von Geschäftsgeheimnissen, FS Köhler, 2014, 235; Harte-Bavendamm/Ohly/Kalbfus, GeschGehG, 2020; Hauck, Schutz von Geschäftsgeheimnissen und Arbeitnehmerrechte, GRUR 2022, 530; Hauck, Schutz von Geschäftsgeheimnissen und Handlungsfreiräume für Medien, AfP 2021, 193; Hauck, Was lange währt… – Das Gesetz zum Schutz von Geschäftsgeheimnissen ist in Kraft, GRUR-Prax 2019, 223; Hauck, Grenzen des Geheimnisschutzes, WRP 2018, 1032; Hauck, Geheimnisschutz im Zivilprozess – was bringt die neue EU-Richtlinie für das deutsche Recht?, NJW 2016, 2218; Heinzke, Richtlinie zum Schutz von Geschäftsgeheimnissen, CCZ 2016, 179; Heitto, The Trade Secret Directive Proposal and the Narrow Path to Improving Trade Secret Protection in Europe A comparison between intellectual property protection and trade secret protection, CRi 2015, 140; Henning-Bodewig, „Unlautere“ Geschäftspraktiken und der Bezug zu Art. 10bis PVÜ – Warum „unseriöse“ Geschäftspraktiken keinen Sinn ergibt, GRUR Int. 2014, 997; Hiéramente/Wagner, Strafrechtliche Grenzen der Informationsbeschaffung über (ehemalige) Mitarbeiter der Gegenpartei eines Zivilrechtsstreits, GRUR 2020, 709; Hille, Sind bisherige Vertraulichkeitsvereinbarungen unwirksam? Anforderungen aus GeschGehG und § 307 BGB, WRP 2020, 824; Hoeren/Münker, GeschGehG, 2021; Hoeren/Münker, Die EU-Richtlinie für den Schutz von Geschäftsgeheimnissen und ihre Umsetzung – unter besonderer Berücksichtigung der Produzentenhaftung, WRP 2018, 150; Hofmann, „Equity“ im deutschen Lauterkeitsrecht? Der „Unterlassungsanspruch“ nach der Geschäftsgeheimnis-RL, WRP 2018, 1; Hofmarcher, Das Geschäftsgeheimnis – Der neue Schutz von vertraulichem Know-how und vertraulichen Geschäftsinformationen, 2020; Hofmarcher, Geschäftsgeheimnisschutz heute und morgen – Zwischen Immaterialgüterrecht und Marktverhaltensregeln, ÖBl 2018, 38; Holterhus, 2 Jahre GeschGehG – Fluch oder Segen?, K&R Beilage 1/2021, 45; Hoppe/Oldekop, Die Rechtsprechung zum Geschäftsgeheimnisschutz seit dem 26.4.2019, WRP 2022, 547; Hoppe/Oldekop, Geschäftsgeheimnisse – Schutz von Know-how und Geschäftsinformationen. Praktikerhandbuch mit Mustern, 2. Aufl. 2023; Hoppe/Oldekop, Behandlung von Unterlassungsansprüchen für Altfälle nach dem Gesetz zum Schutz von Geschäftsgeheimnissen (GeschGehG), GRUR-Prax 2019, 324; Kalbfus, Rechtsdurchsetzung bei Geheimnisverletzungen – Welchen prozessualen Schutz gewährt das Geschäftsgeheimnisgesetz dem Kläger?, WRP 2019, 692; Kalbfus, Die EU-Geschäftsgeheimnis-Richtlinie – Welcher Umsetzungsbedarf besteht in Deutschland?, GRUR 2016, 1009; Kalbfus, Know-how-Schutz in Deutschland zwischen Strafrecht und Zivilrecht – welcher Reformbedarf besteht?, 2011; Keller/Schönknecht/Glinke, GeschGehG, 2021; Koós, Die europäische Geschäftsgeheimnis-Richtlinie – ein gelungener Wurf? Schutz von Know-how und Geschäftsinformationen – Änderungen im deutschen Wettbewerbsrecht, MMR 2016, 224; Lejeune, Die neue EU Richtlinie zum Schutz von Know-How und Geschäftsgeheimnissen – Wesentliche Inhalte und Anpassungsbedarf im deutschen Recht sowie ein Vergleich zur Rechtslage in den USA, CR 2016, 330; Lorenzen, Geschäftsgeheimnisse und Data Act, ZGE 14 (2022), 250; Mansdörfer, Geschäftsgeheimnisse in der staatsanwaltschaftlichen Ermittlungsakte, NZWiSt 2023, 1; McGuire, Das neue Geschäftsgeheimnisrecht: In zehn Schritten zu internationaler Zuständigkeit und anwendbarem Recht, WRP 2023, 1; McGuire, Der Schutz von Know-how im System des Immaterialgüterrechts – Perspektiven für die Umsetzung der Richtlinie über Geschäftsgeheimnisse, GRUR 2016, 1000; McGuire, Know-how: Stiefkind, Störenfried oder Sorgenkind? Lücken und Regelungsalternativen vor dem Hintergrund des Richtlinie-Vorschlags, GRUR 2015, 424; McGuire/Joachim/Künzel/Weber, Der Schutz von Geschäftsgeheimnissen durch Rechte des Geistigen Eigentums und durch das Recht des unlauteren Wettbewerbs (Q215), GRUR Int. 2010, 829; Michalopoulou, Zivilprozessualer Geheimnisschutz nach dem GeschGehG im Spannungsfeld zwischen effektivem Rechtsschutz und rechtlichem Gehör, GVRZ 2021, 11; Müllmann, Auswirkungen der Industrie 4.0 auf den Schutz von Betriebs- und Geschäftsgeheimnissen, WRP 2018, 1177; Ohly, Das auf die Verletzung von Geschäftsgeheimnissen anwendbare Recht, FS Harte-Bavendamm, 2020, 385; Ohly, Das neue Geschäftsgeheimnisgesetz im Überblick, GRUR 2019, 441; Ohly, Der Geheimnisschutz im deutschen Recht: heutiger Stand und Perspektiven, GRUR 2014, 1; Passarge/Scherbarth, Geheimnisschutz nach dem GeschGehG – Aktuelles zu den Anforderungen an angemessene Schutzmaßnahmen, Whistleblowing und NDAs, CB 2021, 49; Rauer, Richtlinienentwurf: Europaweit einheitlicher Schutz von Geschäftsgeheimnissen, GRUR-Prax 2014, 2; Redeker/Pres/Gittinger, Einheitlicher Geheimnisschutz in Europa – Die Entwürfe zur Know-how-Richtlinie, deren Konsequenzen für das innerbetriebliche Vertragsmanagement (Teil 1) und die erforderlichen Auswirkungen auf den Zivilprozess (Teil 2), WRP 2015, 681 und 812; Reinbacher, Strafbare Werbung und Verletzung von Geschäftsgeheimnissen, in Hilgendorf/Kudlich/Valerius (Hrsg.), Handbuch des Strafrechts, Bd. 6, 2019, § 57; Reinfeld, Das neue Gesetz zum Schutz von Geschäftsgeheimnissen, 2019; Rieländer, Der Schutz von Geschäftsgeheimnissen im europäischen Kollisionsrecht, ZVglRWiss 119 (2020), 339; Rody, Der Begriff und die Rechtsnatur von Geschäfts- und Betriebsgeheimnissen unter Berücksichtigung der Geheimnisschutz-Richtlinie, 2019; Rönnau, Die Haftungsfreistellung der „Whistleblowers" nach § 5 Nr. 2 GeschGehG – eine gelungene Regelung?, FS Merkel, Teilbd. I, 2020, 909; Sack, Internationales Lauterkeitsrecht, 2019; Schick, Über die Strafbarkeit von Whistleblowing, 2022; Schlingloff, Geheimnisschutz im Zivilprozess aufgrund der „Know-how-Schutz"-Richtlinie – Was muss sich im deutschen Prozessrecht ändern?, WRP 2018, 666; Schregle, Neue Maßnahmen zum Geheimnisschutz in Geschäftsgeheimnisstreitsachen – Wegbereiter für den effektiven Rechtsschutz?, GRUR 2019, 912; Sebulke, Zivilprozessualer Geheimnisschutz im Anschluss an das Gesetz zum Schutz von Geschäftsgeheimnissen, 2021; Siems/Repka, (Neue) Datenzugangsrechte im Spannungsfeld zu Geschäftsgeheimnissen, Urheberrecht und Datenschutz, ZdiW 2022, 441; Sousa e Silva, What exactly is a trade secret under the proposed directive?, JIPLP 2014, 923; Steinmann, Die Geschäftsgeheimnis-Richtlinie: Vorwirkung und unmittelbare Anwendbarkeit, WRP 2019, 703; Thiel, Das neue Geschäftsgeheimnisgesetz (GeschGehG) – Risiken und Chancen für Geschäftsgeheimnisinhaber, WRP 2019, 700; Ullrich, Der Schutz von Whistleblowern aus strafrechtlicher Perspektive – Rechtslage de lege lata und de lege ferenda, NZWiSt 2019, 65; Wiebe/Schur, Protection of Trade Secrets in a Data-driven, Networked Environment – Is the update already out-dated?, GRUR Int 2019, 746; Witt/Freudenberg, Der Entwurf der Richtlinie über den Schutz von Geschäftsgeheimnissen im Spiegel zentraler deutscher Verbotstatbestände, WRP 2014, 375; Witz, Grenzen des Geheimnisschutzes, FS Bornkamm, 2014, 513; Zeiler/Zojer, Trade Secrets – Procedural and Substantive Issues, 2020.

A. Allgemeines

I. Regelungsgegenstand des GeschGehG

Das Gesetz zum Schutz von Geschäftsgeheimnissen (GeschGehG) enthält umfassende Rege- **1** lungen zum **materiellrechtlichen und verfahrensrechtlichen Schutz von Geschäftsgeheimnissen.** Es bildet den wichtigsten Teil (Art. 1) des Gesetzes zur Umsetzung der Richtlinie (EU) 2016/943 zum Schutz von Geschäftsgeheimnissen vor rechtswidrigem Erwerb sowie rechtswidriger Nutzung und Offenlegung vom 18.4.2019 (BGBl. 2019 I 466). Als neu geschaffenes **Stammgesetz zum Schutz von Geschäftsgeheimnissen** steht das GeschGehG eigenständig neben dem UWG und den verschiedenen Gesetzen zum Schutz des geistigen Eigentums. Es wird ergänzt durch zahlreiche Spezialregelungen, die bereichsspezifische Vorschriften zum Schutz von vertraulichen Informationen enthalten. Das GeschGehG hat die bisherigen Normen zum Schutz von Geschäfts- und Betriebsgeheimnissen (§§ 17–19 UWG aF) abgelöst.

Der Schutz von Geschäftsgeheimnissen durch das GeschGehG ist in seiner Grundstruktur **2** **zivilrechtlich** konzipiert. Dem Gesetz liegt ein Regelungsmodell zugrunde, das von einem Rechteinhaber – dem Inhaber des Geschäftsgeheimnisses (§ 2 Nr. 2) – ausgeht, der wegen einer Verletzung seines Geschäftsgeheimnisses (§ 4) zivilrechtliche Ansprüche (§§ 6 ff.) geltend machen kann. Die Rechtsdurchsetzung erfolgt im Wege des Zivilverfahrens, wobei die allgemeinen Bestimmungen des Verfahrensrechts punktuell modifiziert werden (§§ 15 ff.). Ein strafrechtlicher Schutz von Geschäftsgeheimnissen ist ebenfalls vorgesehen (§ 23), der zivilrechtsakzessorisch ausgestaltet ist.

Wenngleich das GeschGehG in einem wettbewerbsfunktionalen Kontext steht, bezweckt es in **3** erster Linie einen **Individualschutz des Inhabers des Geheimnisses.** Es begründet für diesen **subjektive Rechte.** Auch die Rechtsdurchsetzung ist individualschützend konzipiert. Der Schutz der Funktionsfähigkeit des Wettbewerbs gehört zwar auch zum Regelungsanliegen des GeschGehG. Jedoch wird dieses Allgemeininteresse nur mittelbar und durch die Instrumente des Individualschutzes verwirklicht. Verbandsklagen zur eigenständigen Durchsetzung von Kollektivinteressen sind im GeschGehG – im Unterschied zum UWG – nicht vorgesehen.

II. Unionsrecht

Das GeschGehG unterliegt einem **starken und prägenden Einfluss durch das Unions-** **4** **recht,** weil es in zentralen Teilen auf der RL (EU) 2016/943 beruht. Für die praktische Rechtsanwendung des GeschGehG bedeutet dies, dass der unionsrechtskonformen Auslegung und dabei insbesondere der richtlinienkonformen Auslegung eine besondere Bedeutung zukommt.

1. Primärrecht

5   Das Primärrecht der Union sieht keine ausdrücklichen Regelungen zum Schutz von Geschäftsgeheimnissen vor. Erwähnung finden Geschäftsgeheimnisse in **Art. 41 II lit. b GRCh.** Diese Vorschrift konkretisiert das in Art. 41 I GRCh verankerte Recht auf gute Verwaltung und bringt zum Ausdruck, dass das Recht auf Zugang einer Person zu den sie betreffenden Akten eine Berücksichtigung von widerstreitenden Interessen gebietet, zu denen auch das berechtigte Interesse an der Wahrung der Vertraulichkeit sowie des Berufs- und Geschäftsgeheimnisses gehört. Der Schutz von Geschäftsgeheimnissen bildet hier einen Abwägungsgesichtspunkt. Daraus wird deutlich, dass das Unionsrecht Geschäftsgeheimnisse als Rechtspositionen anerkennt, die einer Ausübung von Grundrechten entgegenstehen können.

6   Dieser Gedanke kommt auch in **Art. 339 AEUV** zum Tragen, wonach die Mitglieder der Organe der Union, die Mitglieder der Ausschüsse sowie die Beamten und sonstigen Bediensteten der Union verpflichtet sind, auch nach der Beendigung ihrer Amtstätigkeit vertrauliche Informationen, die ihrem Wesen nach unter das Berufsgeheimnis fallen, nicht preiszugeben. Ausdrücklich erwähnt sind dabei Auskünfte über Unternehmen sowie deren Geschäftsbeziehungen oder Kostenelemente, also typische Erscheinungsformen von Geschäftsgeheimnissen. Der EuGH leitet aus dieser Bestimmung (und ihren Vorgängerregelungen) den **allgemeinen Grundsatz eines Schutzes von Geschäftsgeheimnissen** ab (EuGH Slg. 1986, 1965 = BeckRS 2004, 73286 Rn. 28 – AKZO Chemie/Kommission; EuGH Slg. 1994, I-1911 Rn. 36 f. – SEP/Kommission; EuGH Slg. 2008, I-601 = EuZW 2008, 209 Rn. 49 – Varec; EuGH ECLI:EU:C:2012:194 = NVwZ 2012, 615 Rn. 43 – Interseroh Scrap and Metals Trading; EuGH ECLI:EU:C:2018:464 = EuZW 2018, 697 Rn. 53 – Baumeister). Das Unionsrecht erkennt zudem das Recht eines Unternehmens an, bestimmte potenziell sensible Daten geheim zu halten (EuGH Slg. 2004, I-8663 Rn. 49 – Springer).

7   Primärrechtliche Anknüpfungspunkte für einen unionsrechtlichen Schutz von Geschäftsgeheimnissen bilden auf der Ebene der **Unionsgrundrechte** insbesondere Art. 16 und 17 sowie Art. 7 GRCh. **Art. 16 GRCh** schützt die **unternehmerische Freiheit. Art. 17 GRCh** gewährleistet den **Schutz des Eigentums.** Geschäftsgeheimnisse berühren den sachlichen Schutzbereich der beiden Grundrechte. Es handelt sich zum einen um eine wirtschaftliche Rechtsposition, die dem unionsrechtlichen Eigentumsbegriff des Art. 17 GRCh unterfallen kann, denn dieser erstreckt sich auf „vermögenswerte Rechte, aus denen sich im Hinblick auf die Rechtsordnung eine gesicherte Rechtsposition ergibt, die eine selbstständige Ausübung dieser Rechte durch und zu Gunsten ihres Inhabers ermöglicht" (EuGH ECLI:EU:C:2013:28 = EuZW 2013, 347 Rn. 34 – Sky Österreich). Geschäftsgeheimnisse bilden zum anderen einen elementaren Bestandteil der von der unternehmerischen Freiheit gemäß Art. 16 GRCh geschützten Unternehmenstätigkeit, die insbesondere das Recht jedes Unternehmens beinhaltet, in den Grenzen seiner Verantwortlichkeit für seine eigenen Handlungen frei über seine wirtschaftlichen, technischen und finanziellen Ressourcen verfügen zu können (EuGH ECLI:EU:C:2014:192 = GRUR 2014, 468 Rn. 49 – UPC Telekabel Wien). Zusätzlich stützen lässt sich der Schutz von Geschäftsgeheimnissen auch auf **Art. 6 II EUV iVm Art. 1 I Zusatzprotokoll zur EMRK,** das den Schutz des Eigentums gewährt (Harte-Bavendamm/Ohly/Kalbfus/Kalbfus Einl. A Rn. 165).

8   **Art. 7 GRCh** gewährleistet die Achtung des Privat- und Familienlebens. Unter Bezugnahme auf die Rspr. zu Art. 8 EMRK (EGMR NJW 1993, 718 – Niemietz/Deutschland) geht der EuGH davon aus, dass der Begriff „Privatleben" nicht dahin ausgelegt werden darf, dass die beruflichen und geschäftlichen Tätigkeiten natürlicher und juristischer Personen hiervon per se ausgeschlossen sind (EuGH Slg. 2008, I-601 Rn. 48 = EuZW 2008, 209 – Varec). Der Schutz dieses Grundrechts kann sich damit auch auf geschäftliche Tätigkeiten und insbesondere das Interesse an der **Wahrung von geschäftsbezogenen, vertraulichen Informationen** erstrecken.

2. RL (EU) 2016/943

9   Das GeschGehG dient der **Umsetzung der unionsrechtlichen Vorgaben aus der RL (EU) 2016/943** des Europäischen Parlaments und des Rates vom 8. Juni 2016 über den Schutz vertraulichen Know-hows und vertraulicher Geschäftsinformationen (Geschäftsgeheimnisse) vor rechtswidrigem Erwerb sowie rechtswidriger Nutzung und Offenlegung (ABl. EU 2016 L 157, 1). Diese Richtlinie ist am 5.7.2016 in Kraft getreten (Art. 29 RL (EU) 2016/943). Sie war bis zum 9.6.2018 in das nationale Recht der Mitgliedstaaten umzusetzen. Seit diesem Zeitpunkt war

das nationale Recht bereits richtlinienkonform auszulegen. Daher gelten die Beurteilungsmaßstäbe der Richtlinie auch für rechtsverletzende Handlungen, die vor dem Inkrafttreten des GeschGehG stattgefunden haben (→ Rn. 102).

a) Entstehung der RL (EU) 2016/943. Vor dem Inkrafttreten der RL (EU) 2016/943 gab **10** es innerhalb der Union keine einheitliche Regelung des Schutzes von Geschäftsgeheimnissen. Innerhalb der Mitgliedstaaten fanden sich sehr unterschiedliche Ansätze (vgl. Falce IIC 2015, 940 (945 ff.)). Während in einigen Mitgliedstaaten spezielle Vorschriften zum Schutz von Geschäftsgeheimnissen existierten, basierte der Schutz in anderen Mitgliedstaaten auf der Grundlage von Generalklauseln. Teilweise war der Schutz eher zivilrechtlich, teilweise – wie zB in Deutschland und Finnland (vgl. Ackermann/Rindell GRUR Int. 2017, 486 ff.) – strafrechtlich konzipiert. Das Schutzniveau unterschied sich zwischen den Mitgliedstaaten beträchtlich. Es fehlte außerdem bereits an einer einheitlichen Definition des Geschäftsgeheimnisses.

Die RL (EU) 2016/943 ist das Ergebnis eines mehrjährigen Entstehungsprozesses (Überblick **11** dazu bei Falce IIC 2015, 940 (951 ff.); MüKoUWG/Namysłowska Vor Geschäftsgeheimnis-Richtlinie Rn. 12 ff.). In der **Mitteilung** an das Europäische Parlament, den Rat, den Europäischen Wirtschafts- und Sozialausschuss und den Ausschuss der Regionen mit dem Titel „Ein Binnenmarkt für Rechte des geistigen Eigentums Förderung von Kreativität und Innovation zur Gewährleistung von Wirtschaftswachstum, hochwertigen Arbeitsplätzen sowie erstklassigen Produkten und Dienstleistungen in Europa" (KOM(2011) 287 endgültig vom 24.5.2011) wies die Kommission darauf hin, dass erhebliche Unterschiede zwischen den nationalen Rechtsvorschriften zu Art und Umfang des Schutzes von Geschäftsgeheimnissen sowie in Bezug auf die zur Verfügung stehenden Rechtsmittel und Abhilfemaßnahmen bestehen, die zwangsläufig ein unterschiedliches Schutzniveau zur Folge haben.

Im Juli 2013 veröffentlichte die EU-Kommission eine **Studie zum Schutz von Geschäfts- 12 geheimnissen und vertraulichen Informationen im Binnenmarkt** (Study on trade secrets and confidential business information in the internal market; im Internet abrufbar unter https://ec.europa.eu/docsroom/documents/27703?locale=en). Das Ziel dieser Studie bestand in der Untersuchung der rechtlichen und wirtschaftlichen Strukturen des Schutzes von Geschäftsgeheimnissen innerhalb der Europäischen Union. Die Studie empfahl eine Gesetzesinitiative für den Schutz von Geschäftsgeheimnissen auf Unionsebene und hob bestimmte Bereiche hervor, in denen ein Eingreifen im Hinblick auf ein ausgeglichenes Wirtschaftswachstum und die Wettbewerbsfähigkeit für den Gemeinschaftsmarkt besonders vorteilhaft wäre.

Im November 2013 stellte die Kommission den **Vorschlag für eine Richtlinie** über den **13** Schutz vertraulichen Know-hows und vertraulicher Geschäftsinformationen (Geschäftsgeheimnisse) vor rechtswidrigem Erwerb sowie rechtswidriger Nutzung und Offenlegung vor (COM (2013) 813 final). Dieser Entwurf sah sich vielfältiger Kritik ausgesetzt (Aplin IPQ 2014, 257 ff.; Gärtner NZG 2014, 650 ff.; Gaugenrieder BB 2014, 1987 ff.; Koós MMR 2016, 224 ff.). Einen Hauptkritikpunkt, der auch in der Medienöffentlichkeit immer wieder aufgegriffen wurde, bildete bspw. die Regelung zum Whistleblowing (MüKoUWG/Namysłowska Vor Geschäftsgeheimnis-Richtlinie Rn. 17).

Das Europäische Parlament veröffentlichte im Juni 2015 einen **Bericht zum Richtlinienvor- 14 schlag** sowie zu Änderungen (Report on the proposal for a directive of the European Parliament and of the Council on the protection of undisclosed know-how and business information (trade secrets) against their unlawful acquisition, use and disclosure). Im Juni 2016 fand das Gesetzgebungsvorhaben mit dem Erlass der Richtlinie seinen Abschluss.

Die RL (EU) 2016/943 stützt sich auf Art. 114 AEUV, also die Kompetenznorm für die **15 Rechtsangleichung im Binnenmarkt.**

b) Regelungsziele der RL (EU) 2016/943. Aus der Sicht des Unionsgesetzgebers verfolgt **16** die RL (EU) 2016/943 drei zentrale Regelungsziele: Erstens dient die RL (EU) 2016/943 dem **Schutz von Unternehmen,** namentlich einem Schutz von Investitionen, Innovationen und von intellektuellem Kapital (vgl. ErwGr. 1 RL (EU) 2016/943). Ein wirksamer Schutz von Geschäftsgeheimnissen bildet eine wichtige Grundlage für die Wettbewerbsfähigkeit von Unternehmen (vgl. ErwGr. 1 RL (EU) 2016/943). Aus ökonomischer Sicht ermöglicht der Schutz von Geschäftsgeheimnissen das Erzielen von Vorreiterrenditen (vgl. ErwGr. 1 und 4 RL (EU) 2016/943), indem Unternehmer einen wirtschaftlichen Nutzen aus ihrer schöpferischen Tätigkeit oder ihren Innovationen ziehen (vgl. ErwGr. 2 RL (EU) 2016/943). Ein wirksamer Schutz von Geschäftsgeheimnissen gehört nach Auffassung des Unionsgesetzgebers zu den gebräuchlichsten Formen des Schutzes geistiger Schöpfungen und innovativen Know-hows durch Unternehmen (vgl. ErwGr. 3 RL (EU) 2016/943). Der Schutz von Geschäftsgeheimnissen bildet eine wichtige Komplementärmaßnahme zum Sonderrechtsschutz (vgl. ErwGr. 2 RL (EU) 2016/943). Unternehmen können die Vertraulichkeit als ein Managementinstrument nutzen (vgl. ErwGr. 2 RL (EU) 2016/943).

17   Zweitens besteht ein weiteres Regelungsziel in dem **Schutz der Funktionsfähigkeit des Wettbewerbs.** Geschäftsgeheimnisse stehen in einem untrennbaren Zusammenhang mit der Schaffung und Erhaltung eines innovationsfreundlichen Marktumfelds. Ein solches Umfeld kann die Schaffung neuen Wissens und den Wissensaustausch begünstigen, das Entstehen neuer und innovativer Geschäftsmodelle fördern und dazu beitragen, dass neue Ideen auf die Märkte gelangen. Ein wirksamer Geheimnisschutz bildet ein wesentliches Element der rechtlichen Rahmenbedingungen, die geistige Schöpfungen und Innovationen begünstigen (vgl. ErwGr. 3 RL (EU) 2016/943).

18   Drittens dient der Schutz von Geschäftsgeheimnissen durch die RL (EU) 2016/943 dem Abbau von Gefährdungen im und Hemmnissen für den **Binnenmarkt.** Die Notwendigkeit für entsprechende Regelungen ergibt sich aus einer verstärkten Gefährdungslage infolge einer Zunahme unlauterer Praktiken, zB in Form von Diebstahl, unbefugtem Kopieren, Wirtschaftsspionage oder einer Verletzung von Geheimhaltungspflichten. Zudem sieht der europäische Gesetzgeber erhöhte Risiken für den Schutz von Geschäftsgeheimnissen infolge der Globalisierung, des Outsourcings, längerer Lieferketten und des verstärkten Einsatzes von Informations- und Kommunikationstechnologien (vgl. ErwGr. 4 RL (EU) 2016/943). Es bestehe ein Regelungsbedürfnis, weil sich die Rechtslage in den Mitgliedstaaten sehr unterscheide, daher innerhalb des Binnenmarktes nur ein lückenhafter Schutz von Geschäftsgeheimnissen gewährleistet sei und somit höhere Geschäftsrisiken in Mitgliedstaaten mit geringem Schutzniveau bestünden (vgl. ErwGr. 6–8 RL (EU) 2016/943).

19   **c) Harmonisierungsansatz der RL (EU) 2016/943.** Der Unionsgesetzgeber hat für die Harmonisierung des Rechts der Geschäftsgeheimnisse das Regelungsinstrument der Richtlinie gewählt. Diese bedarf gemäß **Art. 288 Abs. 3 AEUV** der Umsetzung in das nationale Recht der Mitgliedstaaten. Die Richtlinie überlässt dabei den Mitgliedstaaten „die Wahl der Form und der Mittel" für die Transformation in das innerstaatliche Recht. Von zentraler Bedeutung ist der von der Richtlinie verfolgte Harmonisierungsansatz. Der RL (EU) 2016/943 liegt ein **differenzierender Harmonisierungsansatz** zugrunde.

20   Gemäß **Art. 1 I UAbs. 2 RL (EU) 2016/943** können die Mitgliedstaaten unter Beachtung der Bestimmungen des AEUV einen weitergehenden als den durch die Richtlinie vorgeschriebenen Schutz von Geschäftsgeheimnissen vor rechtswidrigem Erwerb, rechtswidriger Nutzung und rechtswidriger Offenlegung vorsehen. Diese Grundaussage gibt zu erkennen, dass die Richtlinie in großem Umfang auf eine **Mindestharmonisierung** abzielt. Sie eröffnet damit den Mitgliedstaaten die Möglichkeit, einen über die Vorgaben der Richtlinie hinausgehenden Schutz von Geschäftsgeheimnissen im nationalen Recht aufrecht zu erhalten oder zu etablieren. Der deutsche Gesetzgeber hat von dieser Möglichkeit partiell Gebrauch gemacht und zB einen in der Richtlinie nicht vorgesehenen Auskunftsanspruch geschaffen (§ 8).

21   Für einige **Kernregelungen** folgt die RL (EU) 2016/943 demgegenüber einem anderen Harmonisierungsansatz. Gemäß Art. 1 I UAbs. 2 RL (EU) 2016/943 muss gewährleistet sein, dass die Vorgaben aus Art. 3, 5, 6, 7 I RL (EU) 2016/943, Art. 8, Art. 9 I UAbs. 2 RL (EU) 2016/943, Art. 9 III und IV RL (EU) 2016/943, Art. 10 II RL (EU) 2016/943, Art. 11, 13 und 15 III RL (EU) 2016/943 eingehalten werden. Insoweit beschränkt sich die RL (EU) 2016/943 nicht auf die Festlegung eines Mindeststandards, sondern sie zielt auf eine **Vollharmonisierung** der rechtlichen Rahmenbedingungen in den Mitgliedstaaten. In den enumerativ aufgeführten Regelungsfeldern der Richtlinie dürfen die Mitgliedstaaten folglich weder hinter den Vorgaben der Richtlinie zurückbleiben noch dürfen sie darüber hinausgehen. Dies hat bspw. zur Folge, dass die Mitgliedstaaten im nationalen Recht die rechtmäßigen Verhaltensweisen (vgl. Art. 3 RL (EU) 2016/943) und die Ausnahmen vom Geheimnisschutz (vgl. Art. 5 RL (EU) 2016/943) nicht zugunsten eines stärkeren Schutzes von Geschäftsgeheimnissen einschränken dürfen. Bei den vollharmonisierenden Vorschriften kann allenfalls noch im Einzelfall, unter Berücksichtigung des jeweiligen Regelungszwecks, zu prüfen sein, ob dem nationalen Gesetzgeber ein Umsetzungsspielraum verbleibt. Teilweise lassen diese Vorschriften Raum für die Berücksichtigung von spezifischen mitgliedstaatlichen Regelungen, wie zB Art. 3 II RL (EU) 2016/943.

d) Wesentlicher Inhalt der RL (EU) 2016/943 im Überblick. Die RL (EU) 2016/943 ist 22
in **vier Kapitel** unterteilt. Das **erste Kapitel** enthält nähere Regelungen zum Gegenstand und
Anwendungsbereich der Richtlinie (Art. 1 RL (EU) 2016/943) und die maßgeblichen Begriffsbestimmungen (Art. 2 RL (EU) 2016/943).

Das **zweite Kapitel** umfasst die materiell-rechtlichen Vorschriften zum Schutz von Geschäfts- 23
geheimnissen. An die Spitze stellt die Richtlinie dabei eine Aufzählung von zulässigen Verhaltensweisen (Art. 3 RL (EU) 2016/943). Es folgt eine nähere Umschreibung der Rechtsverletzungen (Art. 4 RL (EU) 2016/943), gefolgt von Ausnahmeregelungen (Art. 5 RL (EU) 2016/
943).

Im **dritten Kapitel** sind nähere Bestimmungen zu Maßnahmen, Verfahren und Rechts- 24
behelfen zusammengefasst. Es handelt es sich um das umfangsreichste Kapitel der Richtlinie.
Art. 6 RL (EU) 2016/943 verpflichtet die Mitgliedstaaten zur Schaffung von wirksamen Instrumenten zum Schutz von Geschäftsgeheimnissen. Zugleich müssen die Mitgliedstaaten nach
Art. 7 RL (EU) 2016/943 sicherstellen, dass diese Instrumente dem Grundsatz der Verhältnismäßigkeit entsprechen und nicht missbräuchlich eingesetzt werden. Art. 8 RL (EU) 2016/943
enthält eine Verjährungsregelung, gefolgt von allgemeinen Bestimmungen zum Schutz von
Geschäftsgeheimnissen in Gerichtsverfahren durch Art. 9 RL (EU) 2016/943. Art. 10 und 11
RL (EU) 2016/943 sehen nähere Regelungen zu vorläufigen und vorbeugenden Maßnahmen
vor. Art. 12 RL (EU) 2016/943 betrifft gerichtliche Anordnungen und Abhilfemaßnahmen.
Hierzu sind in Art. 13 RL (EU) 2016/943 ergänzende und präzisierende Vorgaben enthalten. In
Art. 14 RL (EU) 2016/943 findet sich eine Vorschrift zum Schadensersatz und Art. 15 RL (EU)
2016/943 eröffnet die Möglichkeit, Gerichtsentscheidungen zu veröffentlichen.

Das **vierte Kapitel** der Richtlinie umfasst nähere Vorschriften zu Sanktionen, zur Bericht- 25
erstattung sowie die Schlussbestimmungen. Nach Art. 16 RL (EU) 2016/943 müssen die Mitgliedstaaten im nationalen Recht Sanktionen für Verstöße gegen Rechtsvorschriften vorsehen,
die der Umsetzung der RL (EU) 2016/943 dienen. Im Interesse einer Förderung der Zusammenarbeit sind nach Art. 17 RL (EU) 2016/943 Korrespondenzstellen in jedem Mitgliedstaat zu
benennen. Gemäß Art. 18 RL (EU) 2016/943 ist die Richtlinie bis 2021 zu evaluieren. Art. 19
RL (EU) 2016/943 statuiert die Umsetzungsfrist, Art. 20 RL (EU) 2016/943 regelt das Inkrafttreten und Art. 21 RL (EU) 2016/943 benennt die Mitgliedstaaten als Adressaten.

Der materiell-rechtliche Schutz von Geschäftsgeheimnissen durch die RL (EU) 2016/943 ist 26
auf eine **Angleichung der zivilrechtlichen Schutzvorschriften** angelegt. Nach ErwGr. 10
S. 1 RL (EU) 2016/943 ist es „angezeigt, auf Unionsebene Vorschriften zur Annäherung der
Rechtsvorschriften der Mitgliedstaaten vorzusehen, damit im gesamten Binnenmarkt ein ausreichender und kohärenter zivilrechtlicher Schutz für den Fall des rechtswidrigen Erwerbs oder
der rechtswidrigen Nutzung oder Offenlegung eines Geschäftsgeheimnisses besteht." Diese Ausgestaltung soll die Mitgliedstaaten allerdings „nicht daran hindern, einen weitergehenden Schutz
vor rechtswidrigem Erwerb oder vor rechtswidriger Nutzung oder Offenlegung von Geschäftsgeheimnissen vorzuschreiben, sofern die in dieser Richtlinie ausdrücklich festgelegten Regelungen zum Schutz der Interessen anderer Parteien eingehalten werden" (ErwGr. 10 S. 2 RL (EU)
2016/943). Die Richtlinie steht daher einem im nationalen Recht begründeten strafrechtlichen
Schutz von Geschäftsgeheimnissen – im deutschen Recht verwirklicht durch § 23 – nicht
entgegen.

e) Rechtsprechung des EuGH zur RL (EU) 2016/943. Bislang spielt die RL (EU) 2016/ 26a
943 in der Rspr. des EuGH nur eine vergleichsweise geringe Rolle. In der Rs. C-927/19
betonte der EuGH, dass sich die Richtlinie (EU) 2016/943 nur auf den rechtswidrigen Erwerb
und die rechtswidrige Nutzung oder Offenlegung eines Geschäftsgeheimnisses bezieht und keine
Maßnahmen zum Schutz der Vertraulichkeit von Geschäftsgeheimnissen in anderen Arten
gerichtlicher Verfahren, wie zB in Verfahren betreffend die Vergabe öffentlicher Aufträge,
vorsieht (EuGH ECLI:EU:C:2021:700 Rn. 27 – Klaipėdos regiono atliekų tvarkymo centras).
Ebenfalls das Verhältnis zum Recht der öffentlichen Auftragsvergabe betrifft das Vorabentscheidungsersuchen in der Rs. C-54/21, EuGH ECLI:EU:C:2022:888 - ANTEA POLSKA u. a.

f) Weitere Entwicklung. Angesichts der Tendenz zu einer immer stärker vernetzten und 26b
datenbasierten Wirtschaft kann ein Anpassungsbedarf der unionsrechtlichen Grundlagen des
Schutzes von Geschäftsgeheimnissen entstehen (Überblick zu möglichen Bereichen bei Wiebe/
Schur GRUR Int 2019, 746 ff.). Geschäftsgeheimnisse bilden einen Bestandteil des Aktionsplans
für geistiges Eigentum zur Förderung von Erholung und Resilienz der EU (COM(2020) 760
final).

3. Verhältnis der RL (EU) 2016/943 zu anderen Sekundärrechtsakten

27   Innerhalb ihres Anwendungsbereiches kann sich die RL (EU) 2016/943 mit anderen Sekundärrechtsakten überschneiden. Im Einzelnen ist zu unterscheiden:

28   **a) Spezielle Regelungen zum Erwerb, zur Nutzung oder zur Offenlegung von Geschäftsgeheimnissen.** Das Verhältnis zu speziellen Vorschriften, die den Erwerb, die Nutzung oder das Offenlegen von Geschäftsgeheimnissen regelt, richtet sich nach **Art. 3 II RL (EU) 2016/943.** Danach gilt der Erwerb, die Nutzung oder die Offenlegung eines Geschäftsgeheimnisses insofern als rechtmäßig, als der Erwerb, die Nutzung oder die Offenlegung durch Unionsrecht oder nationales Recht vorgeschrieben oder erlaubt ist. Die RL (EU) 2016/943 übernimmt damit die spezialgesetzlichen Wertungen.

29   **b) Geheimhaltungspflichten öffentlicher oder privater Einrichtungen und Institutionen.** Auch wenn ein bestimmtes Verhalten (zB der Erwerb eines Geschäftsgeheimnisses) nach der RL (EU) 2016/943 rechtmäßig ist, lässt dies eine bestehende Geheimhaltungspflicht in Bezug auf das Geschäftsgeheimnis oder jegliche Beschränkung der Nutzung des Geschäftsgeheimnisses, die Rechtsvorschriften der Union oder der Mitgliedstaaten dem Empfänger der Information auferlegen, gemäß **ErwGr. 18** grundsätzlich unberührt. Insbesondere entbindet die RL (EU) 2016/943 die Behörden nicht von ihrer Pflicht zur Geheimhaltung von Informationen, die ihnen von Inhabern von Geschäftsgeheimnissen übermittelt werden. Dies gilt unabhängig davon, ob diese Pflichten in Rechtsvorschriften der Union oder der Mitgliedstaaten festgelegt sind. Hiervon erfasst sind bspw. die Pflichten im Zusammenhang mit Informationen, die öffentlichen Auftraggebern im Rahmen der Vergabe öffentlicher Aufträge übermittelt werden gemäß der RL 2014/23/EU des Europäischen Parlaments und des Rates vom 26.2.2014 über die Konzessionsvergabe (ABl. EU 2014 L 94, 1), der RL 2014/24/EU des Europäischen Parlaments und des Rates vom 26.2.2014 über die öffentliche Auftragsvergabe und zur Aufhebung der RL 2004/18/EG (ABl. EU 2014 L 94, 65) und der RL 2014/25/EU des Europäischen Parlaments und des Rates vom 26.2.2014 über die Vergabe von Aufträgen durch Auftraggeber im Bereich der Wasser-, Energie- und Verkehrsversorgung sowie der Postdienste und zur Aufhebung der RL 2004/17/EG (ABl. EU 2014 L 94, 243).

30   **c) UGP-RL.** Der Anwendungsbereich der UGP-RL erstreckt sich auf Geschäftspraktiken von Unternehmern gegenüber Verbrauchern. Sie bezweckt in erster Linie einen Schutz der Verbraucher, bezieht aber gemäß **ErwGr. 8** als mittelbares Regelungsziel auch einen Schutz von Mitbewerbern ein. Die RL (EU) 2016/943 und die UGP-RL verfolgen unterschiedliche Regelungsziele und Regelungsansätze. Gleichwohl ist es möglich, dass eine Geschäftspraktik vom Anwendungsbereich beider Richtlinien erfasst wird. **Beispiel:** Ein Unternehmer vertreibt ein Erzeugnis, das gemäß Art. 6 II lit. a UGP-RL aufgrund seiner Ähnlichkeit mit dem Produkt eines Mitbewerbers Verwechslungsgefahren begründet, wobei die Ähnlichkeit auf der rechtswidrigen Ausnutzung eines Geschäftsgeheimnisses iSv Art. 4 RL (EU) 2016/943 beruht. In diesem Fall besteht **kein Vorrangverhältnis,** sondern beide Richtlinien können nebeneinander zur Anwendung kommen.

30a   Die in Art. 7 IVa UGP-RL neu geschaffene Pflicht zur Information über die Hauptparameter zur Festlegung eines Rankings gilt „unbeschadet" der RL (EU) 2016/943, so lautet die Formulierung in ErwGr. 23 der **RL (EU) 2019/2161** (sog. „Omnibus"-RL, ABl. EU Nr. L 328, 7). Die Informationspflicht und der Schutz von Geschäftsgeheimnissen stehen danach nicht unbeeinflusst nebeneinander. Da Art. 7 IVa UGP-RL qualitativ vergleichbare Informationsanforderungen wie Art. 5 P2B-VO (→ Rn. 32a) enthält (vgl. ErwGr. 21 RL (EU) 2019/2161: „gleichartige Transparenzanforderungen") bestimmt sich das Verhältnis der Informationspflichten zum Schutz von Geschäftsgeheimnissen nach den gleichen Grundsätzen. Die Informationspflicht des Unternehmers erstreckt sich auf die Hauptparameter, nach denen das jeweilige Ranking von Suchergebnissen erfolgt, sowie die relative Gewichtung dieser Parameter im Vergleich zu anderen Parametern. Soweit die Informationspflicht besteht, ist der Schutz dieser Informationen als Geschäftsgeheimnis ausgeschlossen. Der Unternehmer ist jedoch nicht verpflichtet, die Funktionsweise seiner Ranking-Systeme, einschließlich der Algorithmen, im Detail offenzulegen. Insoweit genießt der Schutz von Geschäftsgeheimnissen Vorrang. Der Algorithmus selbst bleibt, sofern er die entsprechenden Voraussetzungen erfüllt, als Geschäftsgeheimnis geschützt. Es besteht damit kein starres Vorrangverhältnis zwischen den Unionsrechtsakten, sondern im konkreten Einzelfall sind die geschützten Informationsinteressen mit dem Vertraulichkeitsschutz abzuwägen (näher dazu Alexander MMR 2021, 690 ff.).

d) RL 2004/48/EG. Geschäftsgeheimnisse stehen den Rechten des geistigen Eigentums zwar **31** nahe, doch sind beide Rechtsbereiche nach der Konzeption der RL (EU) 2016/943 voneinander zu unterscheiden. Gemäß **ErwGr. 39** RL (EU) 2016/943 lässt diese Richtlinie die Anwendung von Vorschriften zum Schutz der Rechte des geistigen Eigentums unberührt. Im Falle einer Überschneidung des Anwendungsbereichs der RL 2004/48/EG mit dem Anwendungsbereich der RL (EU) 2016/943 besteht ein Vorrang der RL (EU) 2016/943.

e) RL (EU) 2019/1937 (Whistleblower-RL). Die RL (EU) 2019/1937 vom 23.10.2019 **31a** zum Schutz von Personen, die Verstöße gegen das Unionsrecht melden (ABl. EU 2019 L 305, 17), dient dem Ziel einer besseren Durchsetzung des Unionsrechts und der Unionspolitik in bestimmten Bereichen durch die Festlegung gemeinsamer Mindeststandards. Die Richtlinie soll ein **hohes Schutzniveau für die Whistleblower** gewährleisten (Art. 1 RL (EU) 2019/1937). Der sachliche Anwendungsbereich der Richtlinie ist weit gefasst und erstreckt sich insbesondere auf die in Art. 2 I RL (EU) 2019/1937 erwähnten Bereiche. Überschneidungen mit der RL (EU) 2016/943 bestehen insbesondere in den Fällen des erlaubten Whisteblowings. Eine ausdrückliche Regelung hierzu findet sich in **Art. 21 VII UAbs. 2 RL (EU) 2019/1937.** In **ErwGr. 98** RL (EU) 2019/1937 wird zum Regelungsverhältnis ausgeführt, dass beide Richtlinien als **einander ergänzend** betrachtet werden sollten, und die in der RL (EU) 2016/943 vorgesehenen zivilrechtlichen Schutzmaßnahmen, Verfahren und Rechtsbehelfe sowie Ausnahmen sollten weiterhin immer dann gelten, wenn eine Offenlegung von Geschäftsgeheimnissen nicht in den Anwendungsbereich der RL (EU) 2019/1937 fällt. Zuständige Behörden, denen Informationen über Verstöße zugehen, die Geschäftsgeheimnisse enthalten, sollten sicherstellen, dass sie nicht für Zwecke benutzt oder offengelegt werden, die über das für die ordnungsgemäße Weiterverfolgung der Meldungen erforderliche Maß hinausgehen.

f) RL (EU) 2019/633 (UTP-RL). Die RL (EU) 2019/633 vom 17.4.2019 über unlautere **31b** Handelspraktiken in den Geschäftsbeziehungen zwischen Unternehmen in der Agrar- und Lebensmittelversorgungskette (ABl. EU 2019 L 111, 59) soll Praktiken gegenüber Lieferanten von **Agrar- und Lebensmittelerzeugnissen** entgegenwirken, die „gröblich von der guten Handelspraxis abweichen, gegen das Gebot von Treu und Glauben und des redlichen Geschäftsverkehrs verstoßen und einem Handelspartner einseitig von einem anderen aufgezwungen werden". Die Richtlinie beruht auf der Überlegung, dass zwischen den Käufern und den Lieferanten oftmals ein erhebliches **Ungleichgewicht** besteht und die Käufer ihre **Verhandlungsmacht** zum Nachteil von Lieferanten ausnutzen. Daher sollen Lieferanten vor bestimmten **unfairen Praktiken in der Lieferkette** geschützt werden. Die Umsetzung in das deutsche Recht erfolgte durch das Agrarorganisationen-und-Lieferketten-Gesetz (AgrarOLkG). Gemäß **Art. 3 I lit. g RL (EU) 2019/633** (§ 23 Nr. 9 AgrarOLkG) gilt es als eine unlautere Handelspraktik, wenn der Käufer Geschäftsgeheimnisse des Lieferanten unter Verstoß gegen die Bestimmungen der RL (EU) 2016/943 rechtswidrig erwirbt oder nutzt oder diese offenlegt. Nach **Art. 10 III lit. c RL (EU) 2019/633** ist die Kommission dazu berechtigt, Durchführungsrechtsakte zu erlassen, in denen Regelungen getroffen werden „für die Übermittlung oder Bereitstellung von Informationen und Dokumenten an bzw. für die Mitgliedstaaten, internationale Organisationen, die zuständigen Behörden in Drittländern oder die Öffentlichkeit vorbehaltlich des Schutzes personenbezogener Daten und der berechtigten Interessen von landwirtschaftlichen Erzeugern und Unternehmen an der Wahrung ihrer Geschäftsgeheimnisse".

g) DS-GVO. Die DS-GVO schützt die **personenbezogenen Daten natürlicher Personen** **32** und verfolgt damit ein anderes Regelungsziel als die RL (EU) 2016/943 (eingehend zum Verhältnis beider Regelungsbereiche Hofmarcher Rn. 1.58 ff.). Überschneidungen beider Rechtsmaterien sind allerdings denkbar, wenn etwa bei der Rechtsverfolgung auf personenbezogene Daten zugegriffen wird. Hierfür gilt gemäß **ErwGr. 35** RL (EU) 2016/943, dass die im Rahmen der RL (EU) 2016/943 unter Aufsicht der zuständigen Behörden der Mitgliedstaaten und insbesondere der von ihnen bezeichneten unabhängigen öffentlichen Stellen durchgeführte Verarbeitung personenbezogener Daten den Anforderungen der DS-GVO (bzw. ihrer Vorgängerregelung, der RL 95/46/EG) unterliegen. Die RL (EU) 2016/943 lässt die in der DS-GVO niedergelegten Rechte und Pflichten unberührt, insbesondere das Recht der betroffenen Person auf Zugang zu ihren personenbezogenen Daten, die verarbeitet werden, sowie auf Berichtigung, Löschung oder Sperrung unvollständiger oder unrichtiger Daten sowie gegebenenfalls die Pflicht zur Verarbeitung sensibler Daten.

32a   **h) P2B-VO.** Art. 5 I–III VO (EU) 2019/1150 (P2B-VO, ABl. EU L 186, 57) sieht für **Online-Vermittlungsdienste** und **Online-Suchmaschinen** spezielle Informationspflichten zu den Hauptparametern eines Rankings von Suchergebnissen sowie zur relativen Gewichtung dieser Parameter gegenüber anderen Parametern vor. Entsprechend den für den Informationspflicht gemäß Art. 7 IVa UGP-RL geltenden Grundsätzen (→ Rn. 30a) ist zwischen der Verpflichtung zur Angabe der Hauptparameter des Rankings sowie der Gewichtung und dem Schutz des dem Ranking zugrunde liegenden Algorithmus zu unterscheiden. Nach Art. 5 VI 2 P2B-VO bestehen die Informationspflichten aus Art. 5 „unbeschadet" der Richtlinie (EU) 2016/943. Erforderlich ist eine Abwägung zwischen den Informationsinteressen sowie dem Vertraulichkeitsschutz (→ P2B-VO Art. 5 Rn. 33 und Alexander MMR 2021, 690 ff.). Die Berücksichtigung der geschäftlichen Interessen der Anbieter von Online-Vermittlungsdiensten oder Online-Suchmaschinen darf nicht dazu führen, dass die Offenlegung der für das Ranking entscheidenden Hauptparameter verweigert wird (ErwGr. 27 P2B-VO). Daraus folgt: Unter Hinweis auf den Schutz eines Geschäftsgeheimnisses dürfen die Unternehmer nicht die Angabe der Hauptparameter eines Rankings verweigern. Doch sind sie umgekehrt nicht dazu verpflichtet, einen als Geschäftsgeheimnis geschützten Suchalgorithmus als solchen zu offenbaren. Zu den Folgen für den Geheimnisschutz → § 2 Rn. 30a.

32b   **i) Entwurf des Data Acts.** Der von der Kommission vorgelegte Vorschlag für eine Verordnung über harmonisierte Vorschriften für einen fairen Datenzugang und eine faire Datennutzung (Datengesetz), sog. **Data Act** (COM(2022) 68) soll die bestehenden Vorschriften zum Schutz von Geschäftsgeheimnissen unberührt lassen (Begründung des Vorschlags, S. 6; dazu näher Lorenzen ZGE 14 (2022), 250 ff.; Siems/Repka ZdiW 2022, 441 (442 ff.)). Der Verordnungsvorschlag sieht an mehreren Stellen Überschneidungen mit dem Schutz von Geschäftsgeheimnissen vor. Dies betrifft insbesondere den Zugang zu Daten (Art. 4 Abs. 3 und 4 des Entwurfs), die Weitergabe von Daten an Dritte (Art. 5 Abs. 8 des Entwurfs), die Bedingungen für eine Bereitstellung von Daten (Art. 8 Abs. 6 des Entwurfs), das Datenbereitstellungsverlangen (Art. 17 Abs. 2 lit. c des Entwurfs) sowie die Offenlegung gegenüber einer öffentlichen Stelle oder einem Organ, einer Einrichtung oder einer sonstigen Stelle der Union (Art. 19 Abs. 2 des Entwurfs).

33   **j) Vertragsrecht und sonstige Regelungsbereiche.** Die Anwendung von relevanten Rechtsvorschriften in anderen Bereichen, einschließlich des Vertragsrechts, bleibt durch die RL (EU) 2016/943 unberührt (ErwGr. 39 RL (EU) 2016/943).

III. Internationale Abkommen

1. PVÜ

34   Den Gegenstand der Pariser Verbandsübereinkunft (PVÜ) bildet der **Schutz des gewerblichen Eigentums** (Art. 1 I PVÜ). Dies beinhaltet im Einzelnen: die Erfindungspatente, die Gebrauchsmuster, die gewerblichen Muster oder Modelle, die Fabrik- oder Handelsmarken, die Dienstleistungsmarken, den Handelsnamen und die Herkunftsangaben oder Ursprungsbezeichnungen sowie die Unterdrückung des unlauteren Wettbewerbs (Art. 1 II PVÜ). Der Schutz von Geschäftsgeheimnissen ist nicht gesondert erwähnt. Es ist deswegen umstritten, ob Art. 10bis PVÜ den Schutz von Geschäftsgeheimnissen inhaltlich einschließt (Sousa e Silva JIPLP 2014, 923 (924); Busche/Stoll/Wiebe TRIPS Art. 39 Rn. 5). Gemäß **Art. 10bis I PVÜ** sind die Verbandsländer gehalten, den Verbandsangehörigen einen wirksamen Schutz gegen unlauteren Wettbewerb zu sichern. Als unlauter gilt gemäß **Art. 10bis II PVÜ** jede Wettbewerbshandlung, die den anständigen Gepflogenheiten in Gewerbe oder Handel zuwiderläuft (engl.: „Any act of competition contrary to honest practices in industrial or commercial matters constitutes an act of unfair competition."; frz.: „Constitue un acte de concurrence déloyale tout acte de concurrence contraire aux usages honnêtes en matière industrielle ou commerciale."). Dies umfasst neben den in **Art. 10bis III PVÜ** beispielhaft genannten Fällen auch sonstige Verhaltensweisen, zu denen die Verletzung von Geschäftsgeheimnissen gehören kann (näher zur Auslegung Henning-Bodewig GRUR Int. 2014, 997 ff.). Für eine Einbeziehung des Geheimnisschutzes spricht die ausdrückliche Bezugnahme auf Art. 10bis PVÜ in Art. 39 I TRIPS-Abkommen (→ Rn. 36).

2. Art. 39 II TRIPS-Abkommen

Präzisere internationale Vorgaben zum Schutz von Geschäftsgeheimnissen sind dem **TRIPS-** 35
Abkommen vom 15.4.1994 (BGBl. 1994 II 1730) zu entnehmen (zur Entwicklungsgeschichte
und Einordnung s. nur Fikentscher GRUR Int. 1995, 529 ff.). Art. 39 TRIPS-Abkommen
enthält eine spezielle Bestimmung zum Schutz von Geschäftsgeheimnissen vor rechtswidrigem
Erwerb und rechtswidriger Nutzung oder Offenlegung durch Dritte. Dabei handelt es sich um
einen gemeinsamen internationalen Standard. Alle Mitgliedstaaten des Abkommens wie auch die
Union als Ganzes sind an diese internationale Vereinbarung gebunden (vgl. dazu den Beschluss
des Rates vom 22.12.1994 über den Abschluss der Übereinkünfte im Rahmen der multilateralen
Verhandlungen der Uruguay-Runde (1986–1994) im Namen der Europäischen Gemeinschaft in
Bezug auf die in ihre Zuständigkeiten fallenden Bereiche (94/800/EG), ABl. EG 1994 L 336,
1).

Art. 39 I TRIPS-Abkommen sieht unter Hinweis auf Art. 10bis PVÜ insbesondere die 36
Verpflichtung der Vertragsstaaten vor, dass nicht offenbarte Informationen nach Maßgabe von
Art. 39 II TRIPS-Abkommen zu schützen sind. Diese Bestimmung lautet in englischer
Originalfassung und in deutscher Übersetzung:

„2. Natural and legal persons shall have the possibility of preventing information lawfully within their
control from being disclosed to, acquired by, or used by others without their consent in a manner
contrary to honest commercial practices so long as such information:

(a) is secret in the sense that it is not, as a body or in the precise configuration and assembly of its
components, generally known among or readily accessible to persons within the circles that normally
deal with the kind of information in question;
(b) has commercial value because it is secret; and
(c) has been subject to reasonable steps under the circumstances, by the person lawfully in control of
the information, to keep it secret."

„(2) Natürliche und juristische Personen haben die Möglichkeit, zu verhindern, daß Informationen, die
rechtmäßig unter ihrer Kontrolle stehen, ohne ihre Zustimmung auf eine Weise, die den anständigen
Gepflogenheiten in Gewerbe und Handel zuwiderläuft, Dritten offenbart, von diesen erworben oder
benutzt werden, solange diese Informationen

a) in dem Sinne geheim sind, daß sie entweder in ihrer Gesamtheit oder in der genauen Anordnung und
Zusammenstellung ihrer Bestandteile Personen in den Kreisen, die üblicherweise mit den fraglichen
Informationen zu tun haben, nicht allgemein bekannt oder leicht zugänglich sind,
b) wirtschaftlichen Wert haben, weil sie geheim sind, und
c) Gegenstand von den Umständen nach angemessenen Geheimhaltungsmaßnahmen seitens der Person waren, unter deren Kontrolle sie rechtmäßig stehen."

Die Vorgaben aus Art. 39 II TRIPS-Abkommen geben gewissermaßen die **Grundstruktur** 37
für den Schutz von Geschäftsgeheimnissen durch die RL (EU) 2016/943 und das GeschGehG
vor. Geschäftsgeheimnisse – in der Terminologie des TRIPS-Abkommens: „nicht offenbarte
Informationen" – sind danach vor einer unberechtigten Offenbarung, einem unberechtigten
Erwerb oder einer unberechtigten Nutzung zu schützen. Zudem gibt Art. 39 II TRIPS-Abkommen näheren Aufschluss über den Schutzgegenstand. Die darin enthaltene Umschreibung
der geschützten Geschäftsgeheimnisse anhand von drei Kriterien wurde in Art. 2 Nr. 1 RL (EU)
2016/943 nahezu wortgleich übernommen. Zudem nimmt die RL (EU) 2016/943 ausdrücklich
auf das TRIPS-Abkommen Bezug (ErwGr. 5 und 6 RL (EU) 2016/943). Im deutschen Recht
finden sich die Strukturelemente der TRIPS-Regelung in der Definition in § 2 Nr. 1 ebenfalls
wieder, leider jedoch in veränderter Form. Bereits vor dem Inkrafttreten des GeschGehG waren
die Vorgaben aus Art. 39 TRIPS-Abkommen in Deutschland zu beachten.

Die für die Auslegung von Art. 39 TRIPS-Abkommen geltenden Grundsätze sind bei der 37a
Auslegung der Vorschriften der RL (EU) 2016/943 zu beachten. Denn es entspricht stRspr des
EuGH, dass Bestimmungen des Unionsrechts nach Möglichkeit **im Licht des Völkerrechts
und internationaler Verträge** auszulegen sind, insbesondere wenn mit ihnen ein von der
Union geschlossener völkerrechtlicher Vertrag durchgeführt werden soll (vgl. EuGH ECLI:EU:
C:2006:764 = GRUR 2007, 225 Rn. 35 – SGAE; EuGH ECLI:EU:C:2015:315 = GRUR
2015, 665 Rn. 23 – Dimensione Direct Sales und Labianca; EuGH ECLI:EU:C:2018:1033 =
GRUR 2019, 161 Rn. 20 – Syed; EuGH ECLI:EU:C:2019:1111 = GRUR 2020, 179 Rn. 38
– Nederlands Uitgeversverbond und Groep Algemene Uitgevers). Die dadurch gewonnenen
Ergebnisse bilden wiederum die Grundlage für die unionsrechtskonforme Auslegung des na-
tionalen Rechts (→ Rn. 55 ff.).

B. Grundlagen des GeschGehG

I. Wirtschaftliche Bedeutung und Gründe für den Schutz von Geschäftsgeheimnissen

38   Geschäftsgeheimnisse haben eine erhebliche wirtschaftliche Bedeutung. Jedes Unternehmen, unabhängig von der Art der ausgeübten Wirtschaftstätigkeit, verfügt über Know-how, Kenntnisse, Daten und sonstige Informationen, an deren Geheimhaltung ein besonderes Interesse besteht. Unternehmerisches Handeln ohne das Vorhandensein von solchen Geschäftsgeheimnissen ist praktisch kaum vorstellbar. Geschäftsgeheimnisse weisen oft einen **erheblichen Vermögenswert** auf (vgl. BGHZ 16, 172 = GRUR 1955, 388 (389 f.) – Dücko; BGH GRUR 1963, 207 (210) – Kieselsäure). Nicht selten sind Geschäftsgeheimnisse sogar wertvoller als ein gewerbliches Schutzrecht und bilden einen wesentlichen Wertfaktor eines Unternehmens (BGH GRUR 1963, 207 (210) – Kieselsäure). Der effektive Schutz von Geschäftsgeheimnissen gehört daher zu den unternehmerischen Kernaufgaben (Ann GRUR 2014, 12 ff.).

39   Eine zentrale **Begründung für den rechtlichen Schutz von Geschäftsgeheimnissen** besteht darin, dass Geschäftsgeheimnisse eine notwendige **Bedingung für die wettbewerbliche Tätigkeit von Unternehmen** sind. Funktionsfähiger Wettbewerb setzt die Möglichkeit voraus, Mitbewerber und andere Marktakteure durch neue Produkte, Verfahren, Vertriebskonditionen usw. zu überraschen. Das wiederum kann nur gelingen, wenn Unternehmen in der Lage sind, die Vertraulichkeit von Informationen zu bewahren und diese vor unberechtigten Zugriffen zu schützen, sie also über eine rechtlich abgesicherte **innere Schutzsphäre** verfügen. Geschäftsgeheimnisse bilden die Basis für die Neu- oder Weiterentwicklung von Erzeugnissen, Verfahren und Kennzeichen sowie für den Aufbau und die Fortentwicklung der eigenen Produkt- und Preispolitik eines Unternehmens. Eine Verletzung von Geschäftsgeheimnissen kann die Ausschließlichkeit der Nutzung des betroffenen Wissens für den eigenen Erwerb beeinträchtigen, sodass die geschäftliche Tätigkeit eines Unternehmens im Wettbewerb erschwert oder sogar ganz verhindert wird. Plastisch führt das BVerfG aus: „Wird exklusives wettbewerbserhebliches Wissen den Konkurrenten zugänglich, mindert dies die Möglichkeit, die Berufsausübung unter Rückgriff auf dieses Wissen erfolgreich zu gestalten. So können unternehmerische Strategien durchkreuzt werden. Auch kann ein Anreiz zu innovativem unternehmerischen Handeln entfallen, weil die Investitionskosten nicht eingebracht werden können, während gleichzeitig Dritte unter Einsparung solcher Kosten das innovativ erzeugte Wissen zur Grundlage ihres eigenen beruflichen Erfolgs in Konkurrenz mit dem Geheimnisträger nutzen" (BVerfG NVwZ 2018, 51 Rn. 235). Weitere Gründe für einen rechtlichen Schutz von Geschäftsgeheimnissen sind die damit verbundene **Erhöhung der Effizienz** sowie die **Erleichterung des Knowhow-Transfers** (Ohly GRUR 2014, 1 (2 f.)).

40   Angesichts von zunehmenden **Gefährdungen,** insbesondere in einer durch Digitalisierung und Vernetzung geprägten Wirtschaftswelt (Müllmann WRP 2018, 1177 ff.), ist ein wirksamer Schutz von Geschäftsgeheimnissen unabdingbar. Durch Verletzungen von Geschäftsgeheimnissen – einschließlich sonstiger Formen der Wirtschaftsspionage – drohen erhebliche individuelle und volkswirtschaftliche **Schäden** (Brammsen ZIP 2016, 2193 (2194 f.)). Die Rechtsordnung muss daher gewährleisten, dass vertrauliche Informationen in ihrer Geheimhaltung vor einem unberechtigten Zugriff, einer unberechtigten Nutzung und/oder Offenlegung geschützt werden. Der wirksame Schutz von Geschäftsgeheimnissen bildet einen elementaren Baustein einer markt- und wettbewerbsorientierten Rechtsordnung.

41   Der Schutz der Funktionsfähigkeit des Wettbewerbs durch das UWG und GWB, der Schutz des geistigen Eigentums und der Schutz von Geschäftsgeheimnissen stehen in einem engen **sachlich-inhaltlichen Zusammenhang.** Trotz der Tendenz zu einer stetigen Ausweitung des Sonderrechtsschutzes ist ein eigenständiger Schutz von Geschäftsgeheimnissen nicht entbehrlich. Geschäftsgeheimnisse bilden gewissermaßen den „innersten Kern" einer jeden Unternehmenstätigkeit. Der rechtliche Schutz von Geschäftsgeheimnissen greift bereits weit im Vorfeld eines marktreifen Produktes (etwa schon in der Frühphase der Entwicklung eines neuen Verfahrens oder Produkts) und zu einem Zeitpunkt, in dem die Voraussetzungen für ein Recht des geistigen Eigentums oft noch nicht gegeben sind (dazu näher Hofmarcher Rn. 1.26 ff.) und auch das UWG noch keinen Schutz bietet. Ein weiterer Vorteil des Geschäftsgeheimnisschutzes besteht darin, dass dieser weder von der Eintragung in ein Register noch sonst davon abhängig ist, dass die vertraulichen Informationen öffentlich gemacht werden. Anders als viele Schutzrechte unterliegen Geschäftsgeheimnisse keinen zeitlichen Schutzgrenzen; sie bestehen, solange die Schutzvoraussetzungen erfüllt sind.

Die wirtschaftliche Verwertung und Nutzung eines von der Rechtsordnung geschützten **42** Geschäftsgeheimnisses kann auf unterschiedliche Weise erfolgen. Unternehmer können das Geschäftsgeheimnis als Grundlage für die **eigene Geschäftstätigkeit** einsetzen, etwa indem sie erworbenes Know-how zum Zwecke der Herstellung und des Vertriebs eigener Produkte verwenden. Geschäftsgeheimnisse können weiterhin durch eine **Übertragung** wirtschaftlich verwertet werden. Es handelt sich bei Geschäftsgeheimnissen um **verkehrsfähige Rechtspositionen,** die als „sonstiger Gegenstand" zB Teil eines Kaufvertrags sein können (vgl. § 453 I 1 BGB). Schließlich ist denkbar, dass Geschäftsgeheimnisse im Rahmen von Lizenzvereinbarungen **anderen zur Nutzung überlassen** werden.

II. Entwicklung des Schutzes von Geschäftsgeheimnissen im deutschen Recht

1. Rechtslage bis zum Inkrafttreten des GeschGehG

Wenngleich das GeschGehG selbst ein sehr junges Gesetz ist, lässt sich der Schutz von **43** Geschäftsgeheimnissen weit zurückverfolgen (zur Entstehung s. auch Harte-Bavendamm/Ohly/Kalbfus/Harte-Bavendamm Einl. A Rn. 35 ff.; zur Rechtslage vor dem Inkrafttreten des ersten UWG Brammsen Lauterkeitsstrafrecht Vor §§ 17–19 UWG Rn. 1 ff.; Brammsen ZIP 2016, 2193 f.). In Deutschland bildete der Schutz von Geschäftsgeheimnissen bis zur Schaffung des GeschGehG einen **Regelungsbestandteil des UWG.** Bereits das **UWG 1896** enthielt in §§ 9 und 10 erste Straftatbestände zum Schutz von Geschäfts- und Betriebsgeheimnissen. Das **UWG 1909** knüpfte daran an und erweiterte den strafrechtlichen Schutz durch die §§ 17–19. Weitere Strafverschärfungen und eine erneute Ausweitung der Strafbarkeit ergaben sich aus der **(Not-) Verordnung des Reichspräsidenten zum Schutze der Wirtschaft vom 9.3.1932** (RGBl. 1932 I 121). Diese Verordnung enthielt auch einige Sonderregelungen für das Verfahren, insbesondere wurde ein Ausschluss der Öffentlichkeit ermöglicht. Die **UWG-Novelle 2004** ließ den strafrechtlichen Schutz von Geschäfts- und Betriebsgeheimnissen im Großen und Ganzen unangetastet, lediglich im Detail erfolgten einige Anpassungen (Begr. RegE, BT-Drs. 15/1487, 26). Bemerkenswerterweise wurde der Wortlaut der Strafvorschriften im Zuge dieser UWG-Novelle nicht auf die neu gefassten Begrifflichkeiten der §§ 1–7 UWG 2004 abgestimmt, sodass in den Strafvorschriften das alte Tatbestandsmerkmal des Handelns „zu Zwecken des Wettbewerbs" (§ 17 I UWG 2004, § 18 I UWG 2004, § 19 I UWG 2004) erhalten blieb, während dieses Merkmal bei den übrigen Vorschriften des UWG abgeschafft wurde. Die **UWG-Reformen 2008 und 2015** brachten keine Veränderungen des Schutzes von Betriebs- und Geschäftsgeheimnissen mit sich.

Der Schutz von Geschäftsgeheimnissen durch das Lauterkeitsrecht war von Beginn an **straf- 44 rechtlich** ausgestaltet. Als Straftatbestände unterlagen sie den besonderen Anforderungen des **Bestimmtheitsgebots** und dem im Gesetzlichkeitsprinzip verankerten **Analogieverbot** (vgl. Art. 103 II GG; § 1 StGB). Die privatrechtliche Rechtsdurchsetzung mit Hilfe der UWG-Ansprüche und des BGB hatte regelungstechnisch einen eher ergänzenden Charakter, doch stand diese Form der Rechtsdurchsetzung in der Praxis im Vordergrund. Der unter völlig anderen gesellschaftlichen und technischen Verhältnissen entstandene Schutz von Geschäftsgeheimnissen erwies sich allerdings mehr und mehr als unzureichend und fragmentarisch. Teilweise gingen die gesetzlichen Vorschriften zu weit, teilweise bestanden Lücken. Einer Flexibilität des Geheimnisschutzes durch richterliche Rechtsfortbildung stand die strafrechtliche Grundkonzeption entgegen. Die praktische Bedeutung des Schutzes von Geschäftsgeheimnissen blieb – verglichen mit der Rechtsdurchsetzung bei anderen unlauteren Verhaltensweisen – eher gering. Neben dem nur lückenhaften und oft nicht mehr zeitgemäßen Schutz bestand eine erhebliche Schwierigkeit darin, den Schutz des Geschäftsgeheimnisses in einem Zivilverfahren zu bewahren, ohne zugleich die Grundsätze des Zivilverfahrens in Frage zu stellen. Der Schutz von Geschäftsgeheimnissen nach altem Recht wies damit insgesamt **erhebliche Schwächen** auf und bedurfte dringend einer grundlegenden Überarbeitung (vertiefend zu Defiziten und zum Reformbedarf des alten Rechts Ann GRUR 2007, 39 ff.; Kalbfus, Know-how-Schutz in Deutschland zwischen Strafrecht und Zivilrecht – welcher Reformbedarf besteht?, 2011; Harte-Bavendamm FS Köhler, 2014, 235 f.; McGuire GRUR 2016, 1000 (1001 ff.); McGuire/Joachim/Künzel/Weber GRUR Int. 2010, 829 (838 f.); Ohly GRUR 2014, 1 ff.; Schilling FS Büscher, 2018, 383 ff.).

45 Der deutsche Gesetzgeber entschied sich, die unionsrechtlichen Vorgaben der RL (EU) 2016/943 im GeschGehG und damit in einem eigenständigen Gesetz umzusetzen. Demgegenüber hat bspw. der österreichische Gesetzgeber die Vorgaben der RL (EU) 2016/943 in das östUWG integriert (§§ 26a ff. östUWG). Im deutschen Recht bildet das GeschGehG nunmehr die neue und eigenständige rechtliche Grundlage für den Schutz von Geschäftsgeheimnissen. Zeitgleich mit dem Inkrafttreten des GeschGehG sind die §§ 17–19 UWG außer Kraft getreten. Damit einher geht eine grundlegende **Veränderung der konzeptionellen Ausrichtung** des Schutzes von Geschäftsgeheimnissen. Ausgehend von den Vorgaben der RL (EU) 2016/943 (ErwGr. 10 RL (EU) 2016/943), stellt das GeschGehG den zivilrechtlichen Schutz von Geschäftsgeheimnissen ganz in den Vordergrund.

2. Gesetzgebungsverfahren

46 Das federführende Bundesministerium der Justiz und für Verbraucherschutz stellte im Frühjahr 2018 den **RefE** eines Gesetzes zur Umsetzung der RL (EU) 2016/943 vor (im Internet abrufbar unter https://www.bmj.de/SharedDocs/Gesetzgebungsverfahren/DE/2018_GeschGehG.html; s. dazu auch Harte-Bavendamm/Ohly/Kalbfus/Harte-Bavendamm Einl. A Rn. 78 ff.). Im Schrifttum und in den Stellungnahmen der Praxis stieß der Entwurf auf ein geteiltes Echo (die Stellungnahmen zum RefE sind abrufbar unter https://www.bmjv.de/SharedDocs/Gesetzgebungsverfahren/DE/GeschGehG.html). Teilweise wurde der Regelungsansatz des Entwurfes grundsätzlich zustimmend aufgenommen, teilweise stieß der Entwurf auf entschiedene Ablehnung (näherer Überblick bei Harte-Bavendamm/Ohly/Kalbfus/Harte-Bavendamm Einl. A Rn. 82 ff.).

47 Im Juli 2018 folgte der **RegE** (BT-Drs. 19/4724), der einige der Anregungen aufgriff, die in den Stellungnahmen zum RefE geäußert worden waren. In seiner Grundstruktur entsprach der RegE stärker als der RefE der Regelungssystematik der RL (EU) 2016/943 (zu den Einzelheiten einschließlich der Stellungnahme des BR Harte-Bavendamm/Ohly/Kalbfus/Harte-Bavendamm Einl. A Rn. 109 ff.).

48 Nach der ersten Lesung im Bundestag wurde der Entwurf an die Ausschüsse überwiesen. Am 12.12.2018 fand im Ausschuss für Justiz und Verbraucherschutz eine **öffentliche Anhörung von Sachverständigen** statt. Schwerpunkte der Diskussion bildeten insbesondere der Schutz von Whistleblowern und die Auswirkungen des Geschäftsgeheimnisschutzes auf die Medien (vgl. das Wortlautprotokoll der 30. Sitzung des Ausschusses für Recht und Verbraucherschutz, Protokoll-Nr. 19/30; s. auch Harte-Bavendamm/Ohly/Kalbfus/Harte-Bavendamm Einl. A Rn. 119 ff.).

49 Die endgültige Fassung des GeschGehG beruht auf dem **Bericht und der Beschlussempfehlung des Ausschusses für Recht und Verbraucherschutz** (BT-Drs. 19/8300). Die Grundstruktur des RegE blieb ebenso wie ein Großteil der Regelungen unverändert; lediglich im Detail wurden Anpassungen, Änderungen und Ergänzungen vorgenommen. Der Bundestag verabschiedete das Gesetz in der Ausschussfassung. Das Gesetz wurde am 25.4.2019 im BGBl. verkündet (BGBl. 2019 I 466) und ist einen Tag später in Kraft getreten. Gleichzeitig wurden die bisherigen Vorschriften zum Schutz von Geschäftsgeheimnissen (§§ 17–19 UWG aF) aufgehoben.

3. Bewährung des GeschGehG in der Praxis

49a Die Praxis hat sich rasch auf das GeschGehG einstellen müssen, da der Gesetzgeber keinen Übergangszeitraum vorgesehen hat (näher zur zeitlichen Anwendbarkeit → Rn. 98 ff.). Nach dem Inkrafttreten des Gesetzes lag ein erster Schwerpunkt in der Ausarbeitung und Anpassung der notwendigen Konzepte und Maßnahmen zum Schutz von Geschäftsgeheimnissen in den Unternehmen. Mittlerweile liegen einige Entscheidungen insbesondere der Instanzgerichte vor, denen wichtige Erkenntnisse zur Klärung von noch offenen oder umstrittenen Rechtsfragen zu entnehmen sind (Überblick bei Holterhus K&R Beilage 1/2021, 45 ff.). Das Inkrafttreten der RL (EU) 2016/943 und des GeschGehG haben erkennbar dazu beigetragen, den Schutz von Geschäftsgeheimnissen verstärkt in das Bewusstsein zu rücken. Die **erhöhte Wahrnehmbarkeit des Geschäftsgeheimnisschutzes** als Thema wird auch durch eine große und stetig zunehmende Zahl von Veröffentlichungen mit wissenschaftlicher und praxisorientierter Ausrichtung belegt.

III. Regelungsstruktur des GeschGehG

Das 23 Paragrafen umfassende GeschGehG unterteilt sich in **vier Abschnitte.** Der **erste** 50
Abschnitt (§§ 1–5) beinhaltet die allgemeinen und grundlegenden Regelungen des Gesetzes.
Dies umfasst neben dem Anwendungsbereich (§ 1), Definitionen zentraler Begriffe (§ 2), Regelungen zu erlaubten Verhaltensweisen (§ 3), zu den Rechtsverletzungen (§ 4) sowie zu ausnahmsweise zulässigen Handlungen (§ 5).

In seinem **zweiten Abschnitt** (§§ 6–14) fasst das GeschGehG die zivilrechtlichen Instru- 51
mente zum Schutz von Geschäftsgeheimnissen zusammen. Es regelt dabei nicht nur die allgemeinen Ansprüche bei Rechtsverletzungen, sondern bestimmt auch die Anspruchsgrenzen.
Das Gesetz kennt die allgemeinen Abwehransprüche (§ 6), spezielle Beseitigungsansprüche (§ 7),
einen Anspruch auf Auskunft (§ 8), einen Schadensersatzanspruch (§ 10), das Recht auf Abwendung von Ansprüchen durch Abfindung (§ 11) sowie einen speziellen Herausgabeanspruch
(§ 13). § 12 GeschGehG regelt die anspruchsbegründende Zurechnung fremden Verhaltens.
Anspruchsgrenzen ergeben sich aus dem Grundsatz der Verhältnismäßigkeit (§ 9) sowie aus dem
Verbot des Rechtsmissbrauchs (§ 14).

Der **dritte Abschnitt** (§§ 15–22) ist dem Verfahren in Geschäftsgeheimnisstreitsachen vor- 52
behalten. Dabei trifft § 15 Aussagen zur Zuständigkeit. Es folgen die §§ 16–20, die der Wahrung
des Geheimnisses im Zivilverfahren dienen und prozessualen Charakter aufweisen. § 21 regelt
die Bekanntmachung des Urteils und § 22 sieht die Möglichkeit einer Streitwertbegünstigung
vor.

Der strafrechtliche Schutz von Geschäftsgeheimnissen ist im **vierten Abschnitt** des Gesch- 53
GehG konzentriert und besteht aus einer einzigen Vorschrift (§ 23).

IV. Auslegung

1. Allgemeine Auslegungsgrundsätze

Die Auslegung des GeschGehG folgt im Grundsatz den **allgemeinen und anerkannten** 54
Auslegungsgrundsätzen des deutschen Rechts (teleologische, systematische, historisch-genetische und grammatikalische Auslegung). Bei der Auslegung und Rechtsanwendung ist zu beachten, dass die Regelungssystematik des GeschGehG, die im deutschen Recht verwendete
Terminologie sowie die Regelungsstruktur vieler Tatbestände auf das Unionsrecht zurückgehen.
Das hat zur Folge, dass die entsprechenden Vorschriften nicht nach einem rein nationalen
Vorverständnis ausgelegt werden dürfen. Daher ist insbesondere Vorsicht bei der Heranziehung
älterer Rspr. zum Schutz von Geschäfts- und Betriebsgeheimnissen geboten. Ältere Entscheidungen der deutschen Gerichte sind zwar unter Geltung des neuen Rechts nicht obsolet, jedoch
ist in jedem Einzelfall zu überprüfen, ob die nach altem Recht gefundenen Auslegungsergebnisse
und Begriffsbestimmungen mit den unionsrechtlichen Vorgaben der RL (EU) 2016/943 in
Einklang stehen. Nur wenn dies der Fall ist, kann daran nach neuem Recht unverändert festgehalten werden. Hierbei kann auch von Bedeutung sein, dass die Rspr. mit dem Inkrafttreten
des TRIPS-Abkommens das nationale Recht unter Berücksichtigung dieser Vorgaben auszulegen hatte.

2. Unionsrechtskonforme Auslegung

Weil das GeschGehG in weitem Umfang auf Unionsrecht beruht, bedarf es vielfach einer 55
unionsrechtskonformen Auslegung. Das Gebot der unionsrechtskonformen Auslegung findet seine primärrechtliche Verankerung in Art. 4 III EUV. Nach der Rspr. des EuGH verlangt
es der Grundsatz der unionsrechtskonformen Auslegung von den nationalen Gerichten, unter
Berücksichtigung des gesamten innerstaatlichen Rechts und unter Anwendung der dort anerkannten Auslegungsmethoden alles zu tun, was in ihrer Zuständigkeit liegt, um die volle
Wirksamkeit des Unionsrechts zu gewährleisten und zu einem Ergebnis zu gelangen, das mit
dem vom Unionsrecht verfolgten Ziel im Einklang steht (EuGH ECLI:EU:C:2016:550 =
NVwZ 2016, 1465 Rn. 43 – Pöpperl; EuGH ECLI:EU:C:2015:742 = EuZW 2016, 57 Rn. 34
– Klausner Holz Niedersachsen). Der Grundsatz der unionsrechtskonformen Auslegung wirkt
dabei nur innerhalb des Geltungsbereichs der jeweiligen Bestimmung des Unionsrechts. Seine
Schranken findet der Grundsatz der unionsrechtskonformen Auslegung in den allgemeinen
Rechtsgrundsätzen und er darf nicht als Grundlage für eine Auslegung contra legem des

nationalen Rechts dienen (EuGH ECLI:EU:C:2018:631 = BeckRS 2018, 17516 Rn. 40 – Smith; EuGH ECLI:EU:C:2014:2 = BeckRS 2014, 80030 Rn. 39 – Association de médiation sociale).

56   **a) Insbesondere: Grundrechtskonforme Auslegung.** Streitfälle, die Geschäftsgeheimnisse betreffen, berühren vielfach **Rechtspositionen und Interessen,** die durch die Unionsgrundrechte geschützt sind. Dies gilt nicht nur für den grundrechtlichen Schutz des Geschäftsgeheimnisses selbst, sondern auch für kollidierende Grundrechtspositionen. Die RL (EU) 2016/943 selbst erwähnt als bedeutsame Grundrechte und Grundsätze, die bei dem Schutz von Geschäftsgeheimnissen einschlägig sein können, namentlich das Recht auf Achtung des Privat- und Familienlebens, das Recht auf Schutz personenbezogener Daten, das Recht auf Freiheit der Meinungsäußerung und Informationsfreiheit, die Berufsfreiheit und das Recht zu arbeiten, die unternehmerische Freiheit, das Eigentumsrecht, das Recht auf eine gute Verwaltung, und insbesondere das Recht auf Zugang zu Dokumenten bei gleichzeitiger Wahrung des Geschäftsgeheimnisses, das Recht auf einen wirksamen Rechtsbehelf und ein faires Verfahren und die Verteidigungsrechte (ErwGr. 34 RL (EU) 2016/943).

57   In stRspr geht der **EuGH** davon aus, dass die in der Unionsrechtsordnung garantierten Grundrechte in allen unionsrechtlich geregelten Fallgestaltungen, aber nicht außerhalb derselben Anwendung finden. Danach kann der EuGH eine nationale Rechtsvorschrift nicht im Hinblick auf die **GRCh** beurteilen, wenn sie nicht in den Geltungsbereich des Unionsrechts fällt. Sobald jedoch eine solche Vorschrift von dem Geltungsbereich des Unionsrechts erfasst wird, hat der im Rahmen eines Vorabentscheidungsersuchens angerufene EuGH dem vorlegenden Gericht alle Auslegungshinweise zu geben, die es benötigt, um die Vereinbarkeit dieser Regelung mit den Grundrechten beurteilen zu können, deren Wahrung er sichert (vgl. EuGH ECLI:EU:C:2013:105 = NJW 2013, 1415 Rn. 19 – Åkerberg Fransson). Da hiernach die durch die Charta garantierten Grundrechte zu beachten sind, wenn eine nationale Rechtsvorschrift in den Geltungsbereich des Unionsrechts fällt, sind aus Sicht des EuGH keine Fallgestaltungen denkbar, die vom Unionsrecht erfasst würden, ohne dass die in der Charta verankerten Grundrechte anwendbar wären. Die Anwendbarkeit des Unionsrechts hat somit zur Folge, dass die in der Charta garantierten Grundrechte zu beachten sind (vgl. EuGH ECLI:EU:C:2013:105 = NJW 2013, 1415 Rn. 19 – Åkerberg Fransson). Für die Auslegung des GeschGehG bedeutet dies, dass interpretationsleitend die in der GRCh festgeschriebenen Grundrechte Beachtung finden müssen, weil und soweit das nationale Recht der Umsetzung der unionsrechtlichen Vorgaben der RL (EU) 2016/943 dient. Für das Verhältnis des EU-Grundrechtsschutzes und des nationalen Grundrechtsschutzes gelten die Grundsätze, die das BVerfG in den Recht auf Vergessen-Entscheidungen herausgearbeitet hat (BVerfG NJW 2020, 300 ff. – Recht auf Vergessen I und BVerfG NJW 2020, 314 ff. – Recht auf Vergessen II).

58   Die Auslegung der GRCh orientiert sich an den Parallelbestimmungen der **EMRK.** Aus Art. 52 III 1 GRCh folgt, dass, soweit die Charta Rechte enthält, die den durch die EMRK garantierten Rechten entsprechen, diese Rechte die gleiche Bedeutung und Tragweite aufweisen, die ihnen in der EMRK verliehen werden. Jedoch ist das Unionsrecht nicht an einem weiter gehenden Schutz gehindert (Art. 52 III 2 GRCh).

59   Ein spezieller und in der RL (EU) 2016/943 ausdrücklich angesprochener Konfliktbereich ergibt sich zwischen dem Schutz von Geschäftsgeheimnissen und dem **Schutz der Meinungs-, Informations- und Medienfreiheit** gemäß Art. 11 GRCh. Art. 1 II lit. a RL (EU) 2016/943 legt hierzu fest, dass die Richtlinie die Ausübung des Rechts der freien Meinungsäußerung und der Informationsfreiheit gemäß der Charta, einschließlich der Achtung der Freiheit und der Pluralität der Medien „nicht berührt" (→ § 1 Rn. 36–38).

60   **b) Insbesondere: Richtlinienkonforme Auslegung.** Einen Teilaspekt der unionsrechtskonformen Auslegung bildet das Gebot der **richtlinienkonformen Auslegung** des nationalen Rechts. Dieses folgt aus Art. 4 III EUV iVm Art. 288 III AEUV. Das in Umsetzung einer Richtlinie geschaffene nationale Recht muss danach „im Licht des Inhalts und der allgemeinen Systematik" der umgesetzten bzw. umzusetzenden Richtlinie ausgelegt werden (vgl. EuGH Slg. 2010, 254 Rn. 46 = GRUR 2010, 244 – Plus Warenhandelsgesellschaft). Neben dem Wortlaut der umgesetzten Richtlinie sind dabei insbesondere deren Regelungskonzeption und Regelungsstruktur zu berücksichtigen. Aus dem Erfordernis der einheitlichen Anwendung des Unionsrechts folgt, dass eine Unionsvorschrift, soweit sie für einen bestimmten Begriff nicht auf das Recht der Mitgliedstaaten verweist, in der gesamten Union eine **autonome und einheitliche Auslegung** erhalten muss, die unter Berücksichtigung nicht nur des Wortlauts der betreffenden

Vorschrift, sondern auch ihres Kontexts und des mit der Regelung, zu der sie gehört, verfolgten Ziels gefunden werden muss (stRspr, s. nur EuGH ECLI:EU:C:2018:172 = GRUR 2018, 612 Rn. 20 – DOCERAM; Hofmarcher Rn. 2.10). Sämtliche Sprachfassungen der Richtlinie sind gleichermaßen verbindlich (vgl. EuGH Slg. 2010, I-4908 = GRUR 2010, 733 Rn. 35 – Internetportal und Marketing GmbH; EuGH ECLI:EU:C:2014:211 = GRUR 2014, 680 Rn. 19 – 4finance). Sofern sich zwischen den einzelnen Fassungen Abweichungen ergeben, muss sich die Auslegung insbesondere am Regelungszweck und an der Systematik orientieren (vgl. EuGH ECLI:EU:C:2013:859 = GRUR 2014, 196 Rn. 26 – Trento Sviluppo; EuGH ECLI:EU:C:2014:211 = GRUR 2014, 680 Rn. 19 – 4finance). Mit dem Ablauf der Umsetzungsfrist besteht die verbindliche Pflicht zur richtlinienkonformen Auslegung. Dies gilt auch für den Fall einer verspäteten Transformation der Richtlinie in das nationale Recht (vgl. EuGH Slg. 2006, 6091 = NJW 2006, 2465 Rn. 115 – Adeneler). Erweist sich die Umsetzung der Richtlinie in das nationale Recht eines Mitgliedstaats als unvollständig oder unzureichend, so entbindet dies nicht von der Verpflichtung, den Wortlaut und die Ziele der Richtlinie zu beachten (vgl. EuGH ECLI:EU:C:2016:800 = GRUR 2016, 1307 Rn. 35 – Canal Digital Danmark).

C. Verhältnis des GeschGehG zu anderen Vorschriften

I. GG

Das GeschGehG unterliegt als Teil der nationalen Rechtsordnung den Einflüssen und Wer- **61** tungen des Grundgesetzes. Dies betrifft insbesondere die **Ausstrahlungswirkung der Grundrechte.** Soweit nicht bereits der vorrangige Maßstab des Unionsrechts gilt, muss bei der Auslegung und Rechtsanwendung des GeschGehG den Vorgaben des GG Rechnung getragen werden. Bei Geschäftsgeheimnissen handelt es sich um Rechtspositionen, die anerkanntermaßen einen Schutz durch die Grundrechte genießen (eingehend Gajeck, Das Wirtschaftsgeheimnis in der Verfassung, 2018). Nach stRspr unterfallen Geschäftsgeheimnisse dem **Schutzbereich der Berufsausübungsfreiheit** gemäß Art. 12 I GG (BVerfG NVwZ 2018, 51 Rn. 234; BVerfGE 115, 205 Rn. 81 ff. = NVwZ 2006, 1041; BGH NVwZ-RR 2020, 1117 Rn. 21; NJW 2017, 3153 Rn. 52 – peerblog). Darüber hinaus können Geschäftsgeheimnisse als unternehmerischer Vermögenswert vom Schutzbereich der Eigentumsfreiheit gemäß Art. 14 GG erfasst sein (Gajeck, Das Wirtschaftsgeheimnis in der Verfassung, 2018, 120 ff.). Aus dem grundrechtlichen Schutz folgt zum einen, dass sämtliche Einschränkungen des Schutzes von Geschäftsgeheimnissen den Vorgaben des GG entsprechen müssen. Zum anderen muss dem Schutz von Geschäftsgeheimnissen im Falle einer Kollision mit anderen durch das GG geschützten Rechten angemessen Rechnung getragen werden. Dies erfordert die Herstellung **praktischer Konkordanz** zwischen den kollidierenden Positionen.

Das GeschGehG berührt an verschiedenen Stellen weitere im GG verankerte Grundsätze. So **62** ist der Anspruchsausschluss gemäß § 9 als einfachgesetzliche Ausprägung des sowohl im Unionsrecht als auch im nationalen Recht verankerten allgemeinen **Prinzips der Verhältnismäßigkeit** anzusehen. Weiterhin werden in § 19 I 2 mit dem Anspruch auf rechtliches Gehör sowie dem Recht auf einen effektiven Rechtsschutz und ein faires Verfahren **fundamentale verfahrensrechtliche Grundsätze** angesprochen, die ihre Grundlage im Rechtsstaatsprinzip (Art. 20 III GG) sowie in Art. 103 I GG, Art. 2 I GG haben.

II. UWG

1. Grundsatz der parallelen Anwendbarkeit

Schon aufgrund der historischen Entwicklung sind UWG und GeschGehG eng miteinander **63** verbunden, denn der Schutz von Geschäftsgeheimnissen war über Jahrzehnte im UWG verankert. Mit der Ausgliederung und Verselbstständigung des GeschGehG stehen beide Regelungsbereiche formal getrennt nebeneinander, gleichwohl verbleiben große **Schnittmengen.** Ebenso wie das UWG schützt das GeschGehG vor bestimmten Angriffsformen auf die geschäftliche Tätigkeit von Unternehmen. Im Unterschied zum UWG (vgl. § 1 I UWG) folgt das GeschGehG aber keinem integrierten Regelungsansatz, der auf einen umfassenden Schutz von Individual- und Kollektivinteressen der verschiedenen Marktteilnehmer (Mitbewerber, Verbraucher und sonstige Marktteilnehmer) ausgerichtet ist. Vielmehr konzentriert sich das Gesetz ganz auf den **Schutz der individuellen Interessen des Inhabers eines Geschäftsgeheimnisses.**

Der damit zugleich verwirklichte Schutz der Funktionsfähigkeit des Wettbewerbs ist eine mittelbare Folge dieses Schutzkonzepts. Das GeschGehG sieht jedoch keine Möglichkeit einer Verbandsklage vor, um dieses überindividuelle Interesse speziell zu schützen.

64 Der rechtlich eigenständige Schutz von Geschäftsgeheimnissen durch das GeschGehG schließt einen parallelen oder ergänzenden Schutz durch das UWG nicht aus (Alexander WRP 2019, 673 (675); zurückhaltend Harte-Bavendamm/Ohly/Kalbfus/Kalbfus Einl. A Rn. 191: Es werde vielfach kein Bedarf für die Anwendung des UWG bestehen). Die Normen des GeschGehG sind keine Vorschriften zur Regelung besonderer Aspekte unlauterer geschäftlicher Handlungen, die gemäß § 1 II UWG den Regelungen des UWG per se vorgehen. Vielmehr sind UWG und GeschGehG **nebeneinander anwendbar** (ebenso für das österreichische Recht öOGH BeckRS 2021, 4598 Rn. 50); im Verletzungsfall können GeschGehG und UWG komplementär zusammenwirken. Ein solches Nebeneinander kommt bspw. in Betracht, wenn ein Unternehmer gegen die Nachahmung eines Erzeugnisses vorgeht, die zugleich ganz oder teilweise auf eine Verletzung von Geschäftsgeheimnissen zurückzuführen ist (vgl. § 4 Nr. 3 lit. c UWG). Denkbar ist weiterhin, dass mit der Verletzung eines Geschäftsgeheimnisses zugleich eine nach § 4 Nr. 4 UWG unlautere Betriebsstörung in Form des Ausspähens einhergeht (vgl. BGH GRUR 2009, 1075 Rn. 20 – Betriebsbeobachtung). In diesen und vergleichbaren Fällen können Ansprüche aus §§ 6 ff. GeschGehG und Ansprüche aus § 8 I UWG und § 9 I UWG zusammentreffen.

65 Für die Bestimmung des Verhältnisses von GeschGehG und UWG ist von den Grundsätzen auszugehen, die für das Verhältnis des UWG zu den Gesetzen zum Schutz des geistigen Eigentums gelten. Die höchstrichterliche Rechtsprechung geht dabei davon aus, dass lauterkeitsrechtliche Ansprüche unabhängig von einer Verletzung von Rechten des geistigen Eigentums in Betracht kommen, wenn besondere Begleitumstände vorliegen, die außerhalb des Schutzbereiches der Sonderschutztatbestände liegen (vgl. BGH GRUR 2010, 80 Rn. 18 – LIKEaBIKE; GRUR 2011, 134 Rn. 65 – Perlentaucher; ZUM 2011, 242 Rn. 62; GRUR 2012, 58 Rn. 41 – Seilzirkus). Dieser Ansatz lässt sich auf das GeschGehG übertragen. Demgemäß kann das UWG neben dem GeschGehG Anwendung finden, wenn im konkreten Verletzungsfall **besondere Begleitumstände** vorliegen, die **außerhalb des Schutzbereiches der Tatbestände des GeschGehG** liegen (Alexander WRP 2019, 673 (675)).

2. Wechselseitige Beeinflussung von GeschGehG und UWG

66 Die selbstständige Anwendbarkeit von GeschGehG und UWG schließt nicht aus, dass eine inhaltliche Abstimmung im Sinne eines **Wertungsabgleichs** erforderlich sein kann. Das bedeutet, dass bei der Rechtsanwendung des GeschGehG und des UWG die Wertungen des jeweils anderen Gesetzes Berücksichtigung finden müssen, um Wertungskonflikte und Wertungswidersprüche zu vermeiden. Diese Einflüsse können wechselseitiger Art sein. So darf einem Geheimnisinhaber nicht über das UWG eine Rechtsposition verschafft werden, die ihm nach den Wertungen des GeschGehG gerade nicht zukommen soll. Zugleich kann die lauterkeitsrechtliche Bewertung eines Geschehens (auch) davon abhängig sein, ob ein Verhalten nach dem GeschGehG erlaubt oder untersagt ist.

67 **Beispiele:** Nach **§ 4 Nr. 3 lit. c UWG** handelt unlauter, wer Waren oder Dienstleistungen anbietet, die eine Nachahmung der Waren oder Dienstleistungen eines Mitbewerbers sind, wenn er „die für die Nachahmung erforderlichen Kenntnisse oder Unterlagen unredlich erlangt hat". Die Unredlichkeit bestimmt sich insbesondere nach den Wertungen des GeschGehG und ist zu bejahen, wenn die handelnde Person die Kenntnisse oder Unterlagen durch eine unmittelbare oder mittelbare Rechtsverletzung gemäß § 4 erlangt hat. Das bedeutet jedoch auch, dass die Handlungsfreiräume des GeschGehG zu beachten sind. So ist ein „Reverse Engineering" unter den Voraussetzungen des § 3 I Nr. 2 grundsätzlich erlaubt, sodass eine darauf beruhende Informationsgewinnung iSd § 4 Nr. 3 lit. c UWG nicht als unredlich zu qualifizieren ist. Eine andere rechtliche Bewertung liefe Gefahr, die (vollharmonisierenden!) Vorgaben der Richtlinie (EU) 2016/943 mit Hilfe des UWG zu unterwandern. Gleiches gilt für die in § 5 geregelten Ausnahmen, nach denen der Geheimnisschutz im Einzelfall hinter ein berechtigtes Interesse zurücktreten muss. Ebenfalls unzulässig wäre es, nach § 3 I Nr. 2 erlaubte Handlungen als gezielte Behinderungen iSv **§ 4 Nr. 4 UWG** anzusehen, sofern nicht zusätzliche, besondere Umstände vorliegen.

68 Die Wertungen des UWG können ihrerseits bei der Rechtsanwendung des GeschGehG eine Orientierungshilfe bieten. **Beispiel:** Ein Geschäftsgeheimnis darf nach **§ 4 I Nr. 2** nicht erlangt werden durch ein sonstiges „Verhalten, das unter den jeweiligen Umständen nicht dem Grundsatz von Treu und Glauben unter Berücksichtigung der anständigen Marktgepflogenheit entspricht". Es handelt sich hierbei um einen generalklauselartigen Tatbestand. Angesichts dessen Weite und Unschärfe kann es sachgerecht sein, auf die Wertungen des UWG zurückzugreifen, um die Tatbestandsvoraussetzungen zu konkretisieren.

3. Unanwendbarkeit des Rechtsbruchtatbestands (§ 3a UWG) auf Verletzungen von Geschäftsgeheimnissen

Verletzungen von Geschäftsgeheimnissen sind **keine Verstöße gegen Marktverhaltens-** **69** **regelungen,** die gemäß § 3a UWG unlauter sind. Hierin liegt eine wichtige Abweichung vom früheren Recht, nach dem der Rechtsbruchtatbestand auf Verletzungen von §§ 17–19 UWG aF anwendbar war (Begr. RegE, BT-Drs. 19/4724, 20; BGH GRUR 2018, 1161 Rn. 25 – Hohlfasermembranspinnanlage II). Erst der Zwischenschritt über den Rechtsbruchtatbestand ermöglichte es nach altem Recht, Verletzungen der Strafnormen mit Hilfe der lauterkeitsrechtlichen Ansprüche der §§ 8 ff. UWG zu verfolgen.

Aufgrund der Neukonzeption des Geschäftsgeheimnisschutzes ist es zur Rechtsdurchsetzung **70** weder geboten noch zulässig, den lauterkeitsrechtlichen Rechtsbruchtatbestand heranzuziehen. Die Vorschriften des GeschGehG sind **keine Marktverhaltensregelungen** (Begr. RegE, BT-Drs. 19/4724, 20 und 49; dazu krit. Harte-Bavendamm/Ohly/Kalbfus/Kalbfus Einl. A Rn. 190, wonach die Vorschriften des GeschGehG als speziellere Vorschriften Vorrang vor dem UWG haben), weil das GeschGehG die Rechtsdurchsetzung bei Rechtsverletzungen **eigenständig,** **umfassend und im Verhältnis zum UWG abschließend** regelt. Das GeschGehG schließt damit eine ergänzende Anwendbarkeit des UWG aus, wenn und soweit sich der Vorwurf der Unlauterkeit gerade aus dem spezifischen Rechtsverstoß ergibt. Für eine Anwendbarkeit des UWG besteht neben den §§ 6 ff. weder Raum noch Bedürfnis. Es ist nicht die Aufgabe von anderen Mitbewerbern oder Verbänden, Geheimnisverletzungen geltend zu machen. Ohnehin wäre es praktisch kaum vorstellbar, wie Ansprüche wegen einer Geheimnisverletzung ohne die Mitwirkung des Geheimnisinhabers (oder sogar gegen seinen Willen) durchgesetzt werden könnten, da nur der Geheimnisinhaber über die zur Rechtsdurchsetzung notwendigen Informationen verfügt.

Gegen eine Anwendbarkeit von § 3a UWG auf Verletzungen nach dem GeschGehG spricht **71** weiterhin, dass das GeschGehG in erster Linie die **Individualinteressen des Geheimnisträgers** schützt (ebenso für das österreichische Recht Hofmarcher Rn. 2.7). Dieser Sanktionsmechanismus entspricht dem Individualschutz eines Schutzrechtsinhabers. Der Geheimnisschutz ist insoweit vergleichbar mit dem Schutz von geistigen Eigentumsrechten, deren Verletzung anerkanntermaßen nicht unter dem Gesichtspunkt des Rechtsbruchs mit dem UWG verfolgt werden kann (BGHZ 140, 183 = GRUR 1999, 325 (326) – Elektronische Pressearchive), weil die Entscheidung, gegen eine Verletzung des Schutzrechts vorzugehen, allein dem Rechteinhaber vorbehalten ist. Gleiches gilt für die Verletzung eines Geschäftsgeheimnisses. Der geschützte Inhaber des Geschäftsgeheimnisses muss selbst entscheiden, ob und ggf. wie er gegen Rechtsverletzungen seines Geheimnisses vorgehen möchte.

4. Verschiedene Streitgegenstände

Macht der Inhaber eines Geschäftsgeheimnisses in einem Zivilverfahren Ansprüche aus dem **72** UWG und aus dem GeschGehG nebeneinander geltend, dann handelt es sich prozessual um **zwei verschiedene Streitgegenstände** (OLG Dresden GRUR-RS 2021, 55389 Rn. 27; Alexander WRP 2019, 673 (676)). Dies entspricht der Rechtsprechung zur Geltendmachung von lauterkeitsrechtlichen Ansprüchen und Ansprüchen aus einem Schutzrecht, die in diesen Fällen von zwei verschiedenen Streitgegenständen ausgeht (vgl. BGH GRUR 2018, 203 Rn. 15 – Betriebspsychologe). Die zugrunde liegenden prozessrechtlichen Erwägungen lassen sich auf das Verhältnis von GeschGehG und UWG entsprechend übertragen.

III. Recht des geistigen Eigentums

1. Näheverhältnis

Der Schutz von Geschäftsgeheimnissen durch das GeschGehG steht dem Schutz des geistigen **73** Eigentums systematisch und strukturell nahe (McGuire GRUR 2016, 1000 (1008)), doch verbleiben zugleich grundlegende Unterschiede (Harte-Bavendamm FS Köhler, 2014, 235 (238 f.)).

Ein Geschäftsgeheimnis ist, anders als zB ein Patent, kein vollumfänglich geschütztes Immaterialgüterrecht. Es begründet für den Inhaber eine Vorzugsstellung, die nicht an das Bestehen eines rechtlichen Monopols geknüpft ist, sondern eine Folge der Geheimhaltung bildet, und sie bleibt erhalten, solange das Geheimnis gewahrt ist (vgl. BGH GRUR 1980, 750 (751) – Pankreaplex II). In der Ausgestaltung des Schutzes, insbesondere hinsichtlich der privatrechtlichen Rechtsdurchsetzung, lehnt sich das GeschGehG – dem Regelungsansatz der RL (EU) 2016/943 folgend (Hofmarcher ÖBl 2018, 38 (39 f.)) – jedoch sehr deutlich an den Schutz der Rechte des geistigen Eigentums an.

74   Bereits vor dem Inkrafttreten der RL (EU) 2016/943 und des GeschGehG betonte die Rspr. in Deutschland die Verwandtschaft zwischen dem Geschäftsgeheimnisschutz und dem Schutz von Immaterialgüterrechten. Der BGH ging davon aus, dass es sich bei einem Geschäftsgeheimnis um eine **dem Immaterialgüterrecht in besonders starkem Maß angenäherte Rechtsposition** handelt. Oft bestehe kein „wesensmäßiger", sondern eher ein gradueller Unterschied zwischen einer immaterialgüterrechtlichen Position und dem Schutz eines Geschäftsgeheimnisses. Bspw. könne es bei technischen Leistungsergebnissen schwierig sein, die Grenze zwischen einer Erfindung und einer nicht erfinderischen Leistung zu ziehen, insbesondere wegen der oft schwierigen Beurteilung der Erfindungshöhe (BGH GRUR 1977, 539 (542) – Prozeßrechner). Diese Aussagen bleiben auch für das geltende Recht zutreffend. Sie werden durch die starke Anlehnung der RL (EU) 2016/943 und des GeschGehG an die Schutzinstrumente der geistigen Eigentumsrechte sogar noch unterstrichen.

75   Die **Nähe zum Sonderrechtsschutz** wurde im Gesetzgebungsverfahren zur RL (EU) 2016/943 betont (Stellungnahme des Europäischen Wirtschafts- und Sozialausschusses vom 25.3.2014, 2014/C 226/09, Ziffer 1.5; vgl. auch Heinzke CCZ 2016, 179 (180) und Heitto CRi 2015, 140 ff.). Geschäftsgeheimnisse sind nach der RL (EU) 2016/943 immaterielle Rechtspositionen, die einen realen oder potenziellen Handelswert verkörpern (ErwGr. 1 und 14 RL (EU) 2016/943). Sie können Gegenstand von Rechtsgeschäften sein, zB in Form einer Übertragung oder einer Einräumung von Nutzungsrechten (Lizenzen). Zugleich unterscheidet die RL (EU) 2016/943 die Geschäftsgeheimnisse jedoch ausdrücklich von den Rechten des geistigen Eigentums (ErwGr. 1 RL (EU) 2016/943). Im Unterschied zu den Rechten des geistigen Eigentums begründen Geschäftsgeheimnisse bspw. kein Ausschließlichkeitsrecht für den Inhaber des Geheimnisses (ErwGr. 2 RL (EU) 2016/943). Auch sind Geschäftsgeheimnisse nach der Regelungskonzeption der RL (EU) 2016/943 gerade nicht umfassend vor sämtlichen Beeinträchtigungen geschützt, sondern der Schutz erstreckt sich auf die in Art. 4 RL (EU) 2016/943 (= § 4 GeschGehG) aufgeführten, spezifischen Verletzungshandlungen. Zum Verhältnis von RL (EU) 2016/943 zur Durchsetzungs-RL 2004/48/EG (→ Rn. 31).

76   In einem konkreten Streitfall können beide Regelungsmaterien – Schutz von Geschäftsgeheimnissen durch das GeschGehG und der Schutz von Rechten des geistigen Eigentums – grundsätzlich **nebeneinander** zur Anwendung kommen (Alexander WRP 2019, 673 (676)). Die jeweiligen Schutzmechanismen und Schutzfunktionen können sich dabei **überschneiden und ergänzen** (vgl. für das Verhältnis von Geschäftsgeheimnisschutz und Urheberrecht Enders WRP 2021, 872 ff.). Der Schutz nach dem GeschGehG ist nicht davon abhängig, ob ein Sonderrechtsschutz dem Grunde nach überhaupt existieren kann und ob dieser Schutz schon, noch oder nicht mehr besteht. So ist es bspw. für den Schutz eines Geschäftsgeheimnisses unerheblich, ob die Anforderungen des Patentschutzes erfüllt sind oder ob dieser Patentschutz bereits abgelaufen ist. Der Schutz von Geschäftsgeheimnissen ist gegenüber dem Patentschutz oder gegenüber anderen Rechten des geistigen Eigentums kein „wesensgleiches Minus", sondern ein **aliud** (vgl. Harte-Bavendamm FS Köhler, 2014, 235 (238 f.)).

2. Verschiedene Streitgegenstände

77   Macht ein Unternehmer als Inhaber eines Geschäftsgeheimnisses und als Inhaber eines Sonderschutzrechts Ansprüche aus dem GeschGehG neben Ansprüchen aus Sonderschutzrechten geltend, dann handelt es sich prozessual um **verschiedene Streitgegenstände** (Alexander WRP 2019, 673 (676)). Dies entspricht der Rechtsprechung zur Geltendmachung von Ansprüchen aus mehreren Schutzrechten, die nebeneinander geltend gemacht werden. Die Rspr. geht davon aus, dass Ansprüche aus verschiedenen Schutzrechten verschiedene Streitgegenstände bilden (BGHZ 189, 56 Rn. 4 f. = GRUR 2011, 521 – TÜV I; BGH GRUR 2019, 284 Rn. 14 – Museumsfotos). Die dieser Rechtsprechung zugrunde liegenden prozessrechtlichen Erwägun

gen lassen sich auf das Verhältnis von GeschGehG und Sonderrechtsschutz entsprechend übertragen.

IV. Spezielle Vorschriften zum Schutz von Geschäftsgeheimnissen

Das GeschGehG regelt das Verhältnis zu anderen Vorschriften, die sich auf Geschäftsgeheim- **78**
nisse und deren Schutz beziehen, nur teilweise und nicht abschließend.

1. Öffentlich-rechtliche Vorschriften zur Geheimhaltung, Erlangung, Nutzung oder Offenlegung von Geschäftsgeheimnissen

Gemäß **§ 1 II GeschGehG** gehen öffentlich-rechtliche Vorschriften zur Geheimhaltung, **79**
Nutzung oder Offenlegung von Geschäftsgeheimnissen dem GeschGehG vor (→ § 1 Rn. 25 ff.).

2. Berufs- und strafrechtlicher Schutz von Geschäftsgeheimnissen

Durch das GeschGehG unberührt bleibt nach **§ 1 III Nr. 1** der berufs- und strafrechtliche **80**
Schutz von Geschäftsgeheimnissen, deren unbefugte Offenbarung von § 203 StGB erfasst wird
(→ § 1 Rn. 35).

3. Spezielle Schutzvorschriften in einzelnen Bereichen

Die Rechtsordnung kennt an vielen Stellen spezielle Geheimhaltungspflichten, die sich mit **81**
dem allgemeinen Schutz von Geschäftsgeheimnissen überschneiden, aber auch darüber hinausgehen können. So trifft die Mitglieder und Ersatzmitglieder des Betriebsrats gemäß **§ 79 I 1
BetrVG** die Verpflichtung, Betriebs- oder Geschäftsgeheimnisse, die ihnen wegen ihrer Zugehörigkeit zum Betriebsrat bekannt geworden und vom Arbeitgeber ausdrücklich als geheimhaltungsbedürftig bezeichnet worden sind, nicht zu offenbaren und nicht zu verwerten. Nach
§ 11 I 1 BPersVG gilt eine Geheimhaltungspflicht für Personen, die Aufgaben oder Befugnisse
nach dem Bundespersonalvertretungsgesetz wahrnehmen oder wahrgenommen haben. Gemäß
§ 93 I 3 AktG haben Vorstandsmitglieder einer AG über vertrauliche Angaben und Geheimnisse der Gesellschaft, namentlich Betriebs- oder Geschäftsgeheimnisse, die ihnen durch ihre
Tätigkeit im Vorstand bekanntgeworden sind, Stillschweigen zu bewahren. Eine entsprechende
Pflicht trifft nach **§ 116 AktG** die Aufsichtsratsmitglieder. **§ 24 ArbnErfG** statuiert wechselseitige Geheimhaltungspflichten des Arbeitgebers und des Arbeitnehmers in Bezug auf Erfindungen. Ein Handelsvertreter darf gemäß **§ 90 HGB** Geschäfts- und Betriebsgeheimnisse, die ihm
anvertraut oder als solche durch seine Tätigkeit für den Unternehmer bekanntgeworden sind,
auch nach Beendigung des Vertragsverhältnisses nicht verwerten oder anderen mitteilen, soweit
dies nach den gesamten Umständen der Berufsauffassung eines ordentlichen Kaufmannes widersprechen würde. Weiterhin kennt das **Strafrecht** – über § 203 StGB hinaus – eine Reihe von
Tatbeständen, die dem Geheimnisschutz dienen, sodass Schnittmengen mit dem GeschGehG
möglich sind.

Auszugehen ist von dem Grundsatz, dass die RL (EU) 2016/943 „die Anwendung etwaiger **82**
sonstiger relevanter Rechtsvorschriften in anderen Bereichen" **unberührt** lässt (ErwGr. 39). Das
bedeutet, dass die RL (EU) 2016/943 einen spezialgesetzlichen Geheimnisschutz grundsätzlich
weder erweitert noch einschränkt. Dieser Grundsatz ist auf das deutsche Recht und damit das
GeschGehG zu übertragen. Allerdings kann im Verhältnis von Spezialnormen und GeschGehG
ein **inhaltlicher Abstimmungsbedarf** bestehen. So kann es bspw. sachgerecht sein, den Begriff
des Geschäftsgeheimnisses einheitlich auszulegen und dabei von der Definition des § 2 Nr. 1
auszugehen, soweit nicht die Regelungssystematik und der Schutzzweck der speziellen Schutznorm dem entgegenstehen. Gleiches gilt für die Erlaubnis- und Ausnahmetatbestände aus §§ 3
und 5. Auch kann zu prüfen sein, ob bei der Verfolgung von Rechtsverletzungen spezieller
Geheimnisschutzvorschriften die Regelungen aus §§ 6 ff. sowie die verfahrensrechtlichen Bestimmungen der §§ 16 ff. entsprechend heranzuziehen sind. Dies ist im Einzelfall zu prüfen.

Keine Spezialregelung zum Schutz von Geschäftsgeheimnissen enthält **§ 23 Nr. 9 Agrar- **82a**
organisationen-und-Lieferketten-Gesetz (AgrarOLkG).** In Umsetzung von Art. 3 I lit. g
RL (EU) 2019/633 (→ Rn. 31b) ergibt sich aus dieser Vorschrift, dass es als eine **unlautere
Handelspraktik** gilt, wenn ein Käufer (§ 2 I Nr. 5 AgrarOLkG) die Geschäftsgeheimnisse des
Lieferanten (§ 2 I Nr. 7 AgrarOLkG) unter Verstoß gegen die Bestimmungen des GeschGehG

erlangt, nutzt oder offenlegt. Diese Vorschrift ergänzt die nach dem GeschGehG bestehenden Sanktionsmöglichkeiten.

4. Schutz von Geschäftsgeheimnissen als auskunftsbegrenzendes Interesse

83 Soweit die Rechtsordnung Auskunftsansprüche vorsieht, kann der Schutz von Geschäftsgeheimnissen als ein Interesse zu berücksichtigen sein, das einer Auskunftpflicht entgegensteht. So legt bspw. **§ 6 S. 1 IFG** fest, dass im Rahmen eines Auskunftsbegehrens ein Zugang zu Betriebs- und Geschäftsgeheimnissen nur dann gewährt werden darf, soweit der Betroffene eingewilligt hat. In ähnlicher Weise findet sich bei den medienrechtlichen Auskunftsansprüchen ein Verweigerungsrecht, soweit durch die Auskunft ein überwiegendes öffentliches oder schutzwürdiges privates Interesse entgegensteht. Eine solche Regelung ist zB in **§ 5 I 2 Nr. 3 MStV** für den Auskunftsanspruch eines Rundfunkveranstalters enthalten. Zu den schutzwürdigen privaten Interessen in diesem Sinne können insbesondere auch Betriebs- und Geschäftsgeheimnisse gehören. So hat der BGH das schutzwürdige Interesse von durch die öffentliche Hand beherrschten Unternehmen anerkannt, Betriebs- und Geschäftsgeheimnisse zu bewahren, um ihre Stellung im Wettbewerb mit anderen Anbietern nicht zu beeinträchtigen (BGH NJW 2017, 3153 Rn. 58 – peerblog).

84 Gemäß Art. 2 II lit. b RL (EU) 2016/943 berührt die Richtlinie nicht die Anwendung von Vorschriften der Union oder der Mitgliedstaaten, nach denen die Inhaber von Geschäftsgeheimnissen verpflichtet sind, aus Gründen des öffentlichen Interesses Informationen gegenüber der Öffentlichkeit oder den Verwaltungsbehörden oder den Gerichten offenzulegen, damit diese ihre Aufgaben wahrnehmen können. Aus dieser Regelung lässt sich für das GeschGehG folgern, dass die spezialgesetzlichen Regelungen durch das GeschGehG weder eingeschränkt noch erweitert werden. Allerdings kann es im Einzelfall zweckmäßig sein, bei der Anwendung der spezialgesetzlichen Regelungen auf die allgemeinen Bestimmungen des GeschGehG zurückzugreifen. Dies gilt bspw. für die Definition des Geschäftsgeheimnisses.

V. Hinweisgeberschutz

84a Das **Hinweisgeberschutzgesetz** (HinSchG) geht zurück auf Art. 1 G für einen besseren Schutz hinweisgebender Personen sowie zur Umsetzung der RL zum Schutz von Personen, die Verstöße gegen das Unionsrecht melden v. 31.5.2023 (BGBl. 2023 I Nr. 140). Für die Bestimmung des Verhältnisses zum GeschGehG ist in richtlinienkonformer Auslegung von den Grundsätzen auszugehen, die für das Verhältnis der Whistleblower-RL zur RL (EU) 2016/943 gelten (→ Rn. 31a). Ein nach dem HinSchG erlaubtes Verhalten unterfällt als gesetzlich erlaubtes Verhalten § 3 II GeschGehG (→ § 3 Rn. 64a und 64b).

VI. Kartellrecht

85 Das im Grundsatz berechtigte und legitime Interesse von Unternehmern, ihre Geschäftsgeheimnisse zu schützen, darf nicht dazu führen, dass der Wettbewerb in unzulässiger Weise beschränkt wird. Bereits zum alten Recht war anerkannt, dass Verträge über die Nutzung eines Geschäftsgeheimnisses einer kartellrechtlichen Kontrolle unterliegen konnten (BGHZ 17, 41 = GRUR 1955, 468 (472) – Schwermetall-Kokillenguß; BGH GRUR 1963, 209 (210 f.) – Kieselsäure). Für das geltende Recht wird in ErwGr. 38 RL (EU) 2016/943 ausgeführt, dass die Richtlinie die **Anwendung der Wettbewerbsvorschriften,** insbesondere der **Art. 101 und 102 AEUV,** unberührt lassen sollte. Die in der Richtlinie vorgesehenen Maßnahmen, Verfahren und Rechtsbehelfe sollten nicht dazu verwendet werden, den Wettbewerb entgegen den Vorschriften des AEUV in unzulässiger Weise einzuschränken. Der Schutz von Geschäftsgeheimnissen durch die RL (EU) 2016/943 und das GeschGehG eröffnet damit keine neuen oder erweiterten kartellrechtlichen Handlungsspielräume für Unternehmen. Der Schutz von Geschäftsgeheimnissen kann als ein schutzwürdiger Belang im Rahmen einer kartellrechtlichen Interessenabwägung Berücksichtigung finden. Dies gilt neben den unionsrechtlichen Vorschriften zum Kartellverbot und zum Verbot des Missbrauchs einer marktbeherrschenden Stellung in gleicher Weise für die Parallelbestimmungen im deutschen Recht (§§ 1, 2 und 18 ff. GWB).

85a Ein **Beispiel** für die kartellrechtliche Berücksichtigung des besonderen Interesses an einer Geheimhaltung von Geschäftsinformationen bilden **Zulieferverträge,** bei denen ein Zulieferer im Rahmen der Erfüllung des Zuliefervertrags geheime technische Kenntnisse oder Herstellungsverfahren verwendet. Nach der Bekanntmachung der Kommission vom 18.12.1978 über die Beurteilung von Zulieferverträgen (ABl. 1979 Nr. C 1, 2) erfasst das Kartellverbot nach Auffassung der Kommission ua nicht Vertragsklauseln, wonach „die vom Auftraggeber stammenden Kenntnisse oder Betriebsmittel nur zum Zweck der Vertragserfüllung benutzt werden" und „die vom Auftraggeber stammenden Kenntnisse oder Betriebsmittel Dritten nicht zur Verfügung gestellt werden dürfen".

Der Schutz von Geschäftsgeheimnissen ist als ein besonderes Interesse auch bei den kartell- **86** rechtlichen **Informationsansprüchen** und **Informationszugangsrechten** zu beachten (vgl. dazu die Mitteilung der Kommission über den Schutz vertraulicher Informationen durch nationale Gerichte in Verfahren zur privaten Rechtsdurchsetzung des EU-Wettbewerbsrechts 2020/C 242/01). Gemäß § 33g III 1 GWB ist die Herausgabe von Beweismitteln nach § 33g I und II GWB ausgeschlossen, soweit sie unter Berücksichtigung der berechtigten Interessen der Beteiligten unverhältnismäßig ist. Bei der dafür gebotenen Abwägung ist nach § 33g III 2 Nr. 6 GWB insbesondere zu berücksichtigen „der Schutz von Betriebs- und Geschäftsgeheimnissen und sonstiger vertraulicher Informationen und welche Vorkehrungen zu deren Schutz bestehen". Für das Auskunftsverfahren legt § 89b VII GWB fest, dass das Gericht die erforderlichen Maßnahmen trifft, um den im Einzelfall gebotenen Schutz von Betriebs- und Geschäftsgeheimnissen und anderen vertraulichen Informationen zu gewährleisten. Auszugehen ist hier von den Grundsätzen, die bereits oben für den Schutz von Geschäftsgeheimnissen als auskunftsbegrenzendes Interesse dargestellt wurden (→ Rn. 83 f.).

VII. Arbeitsrecht

Der Schutz der Vertraulichkeit von Informationen eines Unternehmens kann sowohl kollekti- **87** ve als auch individualvertragliche Aspekte des Arbeitsrechts berühren (eingehend zum Geheimnisschutz im Arbeitsrecht Harte-Bavendamm/Ohly/Kalbfus/Kalbfus Einl. C Rn. 1 ff.). Eine in der Praxis typische Problematik betrifft die Mitnahme von vertraulichen Informationen nach dem Ende eines Beschäftigungsverhältnisses (dazu näher Barth/Corzelius WRP 2020, 29 ff.). Das GeschGehG enthält zu arbeitsrechtlichen Fragen keine spezifischen Regeln. Vielmehr sollen nach § 1 III GeschGehG durch das Gesetz **unberührt** bleiben „die Autonomie der Sozialpartner und das Recht, Kollektivverträge nach den bestehenden europäischen und nationalen Vorschriften abzuschließen" (Nr. 3) sowie „die Rechte und Pflichten aus dem Arbeitsverhältnis und die Rechte der Arbeitnehmervertretungen" (Nr. 4). Zu den Einzelheiten → § 1 Rn. 42 ff.

Der gesetzliche Schutz von Geschäftsgeheimnissen durch die RL (EU) 2016/943 und das **88** GeschGehG darf die unionsrechtlich gewährleistete **Freizügigkeit und Mobilität von Arbeitnehmern** nicht beschränken (ErwGr. 13 und Art. 1 III 1 RL (EU) 2016/943). Insbesondere dürfen die gesetzlichen Bestimmungen zum Schutz von Geschäftsgeheimnissen Arbeitnehmer nicht in der Nutzung von Informationen beschränken, die nicht als Geschäftsgeheimnis geschützt sind (Art. 1 III lit. a RL (EU) 2016/943), den Arbeitnehmern keine Beschränkungen für die Nutzung von Erfahrungen und Fähigkeiten auferlegen, die sie im normalen Verlauf ihrer Tätigkeit erworben haben (Art. 1 III lit. b RL (EU) 2016/943) oder sie in ihren Arbeitsverträgen zusätzlichen Beschränkungen unterwerfen, die nicht gemäß Unionsrecht oder nach dem nationalen Recht auferlegt werden dürfen (Art. 1 III lit. c RL (EU) 2016/943). Unberührt bleibt die Möglichkeit des Abschlusses von Vereinbarungen über ein **Wettbewerbsverbot** zwischen Arbeitgebern und Arbeitnehmern gemäß dem geltenden Recht (ErwGr. 13 RL (EU) 2016/943).

Die besonderen arbeitsrechtlichen Grundsätze der **Arbeitnehmerhaftung** werden durch das **89** GeschGehG weder geändert noch modifiziert. Gleiches gilt für die Beweislastregelung im Rahmen der vertraglichen Haftung gemäß § 619a BGB (vgl. § 10 I 2 GeschGehG).

VIII. Allgemeines Vertrags-, Delikts- und Bereicherungsrecht

1. Vertragsrecht

Das allgemeine Vertrags- und Deliktsrecht des BGB gehört zu den sonstigen relevanten **90** Rechtsvorschriften in anderen Bereichen, die nach ErwGr. 39 durch die RL (EU) 2016/943 **unberührt** bleiben sollen. Das Vertragsrecht findet insoweit ausdrückliche Erwähnung. Die RL (EU) 2016/943 und das GeschGehG enthalten keine näheren Regelungen zu vertragsrechtlichen Aspekten, etwa zum Abschluss und zum Inhalt von Rechtsgeschäften über Geschäftsgeheimnisse. Allerdings lässt sich der RL (EU) 2016/943 und dem GeschGehG die Wertung entnehmen, dass Geschäftsgeheimnisse Gegenstand von Rechtsgeschäften sein können und solche Rechtsgeschäfte ihrerseits den allgemeinen vertragsrechtlichen Regelungen (zB Zustandekommen, Wirksamkeit, Leistungsstörungen usw) unterliegen.

90a   Stützen sich Ansprüche wegen der Verletzung eines Geschäftsgeheimnisses auf das Vertragsrecht (zB die Verletzung einer vertraglichen Geheimhaltungsabrede) und auf Vorschriften des GeschGehG, dann handelt es sich um unterschiedliche Klagegründe und damit um **verschiedene Streitgegenstände** (OLG Düsseldorf GRUR-RS 2021, 14806 Rn. 7; vgl. zum alten Recht BGH GRUR 2018, 1161 Rn. 23 – Hohlfasermembranspinnanlage II).

2. Deliktsrecht

91   Geschäftsgeheimnisse sind deliktsrechtlich den absoluten Rechten zuzuordnen (→ § 1 Rn. 14). Sie können damit zwar grundsätzlich als sonstige Rechte iSd **§ 823 I BGB** angesehen werden. Die Rechtsdurchsetzung ist jedoch in den §§ 6 ff. für Rechtsverletzungen nach dem GeschGehG **abschließend** geregelt, sodass bei Rechtsverletzungen für eine ergänzende Anwendung des § 823 I BGB kein Raum bleibt. Eine Heranziehung des Rechts am Unternehmen (Recht am eingerichteten und ausgeübten Gewerbebetrieb) kommt neben den §§ 6 ff. schon deswegen nicht in Betracht, weil dieses sonstige Recht gegenüber dem spezialgesetzlichen Unternehmensschutz einen subsidiären Charakter aufweist. Insoweit lassen sich die Ausführungen der Rspr. zum speziellen Unternehmensschutz durch das UWG im Verhältnis zum BGB (vgl. BGHZ 36, 252 = GRUR 1962, 310, 314 – Gründerbildnis) entsprechend auf das Verhältnis des GeschGehG zum BGB übertragen. Anwendbar bleibt § 823 I BGB dagegen, soweit ein schädigendes Verhalten einen Bezug zum Geschäftsgeheimnis eines Unternehmers aufweist, das GeschGehG jedoch insoweit keine Regelung enthält. **Beispiel:** Eine Person stellt zu Unrecht in Abrede, dass ein Unternehmer der berechtigte Inhaber eines Geschäftsgeheimnisses ist. Eine solche Behauptung kann unternehmensschädigenden Charakter haben. Sofern keine geschäftliche Handlung iSv § 2 I Nr. 2 UWG vorliegt, ist eine solche Äußerung nach § 823 I BGB zu beurteilen.

92   Nach früherer Rechtslage waren die §§ 17–19 UWG aF als Schutzgesetze iSd **§ 823 II BGB** anerkannt (Begr. RegE, BT-Drs. 15/1487, 22; BGH GRUR 1966, 152, (153) – Nitrolingual; BGHZ 166, 84 Rn. 82 = NJW 2006, 830 – KirchMedia; OLG Stuttgart Beck-RS 2020, 35613 Rn. 104), sodass bei einer Rechtsverletzung neben den lauterkeitsrechtlichen Ansprüchen auch ein deliktischer Schadensersatzanspruch bestehen konnte. Demgegenüber sind die Vorschriften des GeschGehG **keine Schutzgesetze** iSd § 823 II BGB. Zwar hat das GeschGehG nach seiner Regelungskonzeption einen individualschützenden Charakter, weil es den Inhaber des Geschäftsgeheimnisses vor Rechtsverletzungen schützt. Es erfüllt damit eine Voraussetzung für ein Schutzgesetz (vgl. zu diesem Erfordernis nur BGH NJW 2018, 1671 Rn. 27). Jedoch ist die Qualifizierung von Normen als Schutzgesetz nach der Rspr. auch davon abhängig, ob ein „Bedürfnis für den deliktischen Schutz durch § 823 II BGB" besteht (BGHZ 84, 312 = NJW 1982, 2780 (2781)). An einem solchen Schutzbedürfnis fehlt es, weil die §§ 6 ff. die Rechtsfolgen der Verletzung eines Geschäftsgeheimnisses speziell regeln. Es besteht daher keine Notwendigkeit, auf § 823 II BGB zurückzugreifen.

93   Eine Geheimnisverletzung nach dem GeschGehG kann bei einer vorsätzlichen sittenwidrigen Schädigung Schadensersatzansprüche aus **§ 826 BGB** auslösen (vgl. BGH GRUR 1999, 934 (935) – Weinberater; GRUR 2003, 356 (358) – Präzisionsmessgeräte). Jedoch ist nicht jede Verletzung eines Geschäftsgeheimnisses zugleich sittenwidrig iSd § 826 BGB. Vielmehr muss das Handeln einen besonders gesteigerten Unwertgehalt aufweisen. Zudem muss dem Verletzer Vorsatz zur Last fallen. Sind diese besonderen Anforderungen des § 826 BGB erfüllt, dann tritt dieser Schadensersatzanspruch **konkurrierend** neben den Anspruch aus § 10 GeschGehG.

3. Bereicherungsrecht

94   Das GeschGehG schließt eine Anwendung der **§§ 812 ff. BGB** nicht aus. Geschäftsgeheimnisse sind Rechtspositionen, die über einen Ausschluss- und Zuweisungsgehalt verfügen, sodass ein Eingriff nach § 812 I 1 Alt. 2 BGB Ansprüche auslösen kann (Eingriffskondiktion). Zu Einzelheiten → § 10 Rn. 50–53.

IX. Verfahrensrecht

94a   Für das **Zivilverfahren** und die **Zwangsvollstreckung** gelten die allgemeinen Vorschriften des Verfahrensrechts, insbesondere GVG und ZPO, die durch die §§ 15 ff. punktuell modifiziert werden. Beruft sich ein in Anspruch genommener Unternehmer auf den Schutz seines Geschäftsgeheimnisses als materiell-rechtliche Einwendung (zB bei der Inanspruchnahme auf Auskunft), dann kann ein solcher Einwand nur im **Erkenntnisverfahren,** nicht im Zwangsvollstreckungsverfahren geltend gemacht werden (OLG Düsseldorf GRUR 2020, 734 (735)).

Für die **strafrechtliche Verfolgung** von Rechtsverletzungen (§ 23) sieht das GeschGehG **94b** keine besonderen Verfahrensregelungen vor. Daher sind die allgemeinen Vorschriften des Strafverfahrensrechts, insbesondere GVG und StPO, anzuwenden.

D. Internationales Privatrecht

I. Verletzung von Geschäftsgeheimnissen als unlauteres Wettbewerbsverhalten

Die Frage des anwendbaren materiellen Rechts (dazu eingehend McGuire WRP 2023, 1 ff.; **95** Harte-Bavendamm/Ohly/Kalbfus/Ohly Einl. A Rn. 250 ff.) bestimmt sich für Verletzungen von Geschäftsgeheimnissen nach der VO (EG) Nr. 864/2007 des Europäischen Parlaments und des Rates vom 11. Juli 2007 über das auf außervertragliche Schuldverhältnisse anzuwendende Recht (Rom II-VO). Eine spezielle Regelung für die Verletzung von Geschäftsgeheimnissen besteht derzeit nicht, wird aber aufgrund der besonderen Interessenlage de lege ferenda gefordert (Ohly FS Harte-Bavendamm, 2020, 385 (400); Harte-Bavendamm/Ohly/Kalbfus/Ohly Einl. A Rn. 269). Mögliche Anknüpfungspunkte bilden Art. 4, 6 und 8 Rom II-VO. Bei der Auslegung und Rechtsanwendung ist nicht von der nationalen Einordnung des Geschäftsgeheimnisses auszugehen; vielmehr ist ein **unionsrechtsautonomes Vorgehen** geboten (McGuire WRP 2023, 1 (6)).

Für **unlauteres Wettbewerbsverhalten** gilt **Art. 6 I und II Rom II-VO.** Danach ist **95a** zwischen unlauteren Verhaltensweisen zu unterscheiden, die im Gebiet eines Staates die Wettbewerbsbeziehungen oder die kollektiven Interessen der Verbraucher beeinträchtigen oder wahrscheinlich beeinträchtigen werden und solchen, die ausschließlich die Interessen eines bestimmten Wettbewerbers beeinträchtigen.

Der Begriff des unlauteren Wettbewerbsverhaltens ist dem Unionsrecht zu entnehmen **96** (→ Rn. 95). Der Unionsgesetzgeber hatte dabei Handlungen im Blick, die auf die Nachfrage Einfluss zu nehmen trachten, Handlungen, die das Angebot von Wettbewerbern behindern sollen, und Handlungen, mit denen Vorteile eines Wettbewerbers missbraucht werden (KOM (2003) 427 endg., 17). Verletzungen von Geschäftsgeheimnissen können diesem Begriff des unlauteren Wettbewerbsverhaltens unterfallen, doch muss dies nicht zwingend der Fall sein, da der Anwendungsbereich der RL (EU) 2016/943 und des GeschGehG nicht nur auf markt- und wettbewerbsbezogene Verhaltensweisen beschränkt ist. Für ein unlauteres Wettbewerbsverhalten, das ausschließlich die Interessen eines bestimmten Wettbewerbers beeinträchtigt **(betriebsbezogene Störungen),** richtet sich das anwendbare Recht gemäß Art. 6 II Rom II-VO nach den in Art. 4 Rom II-VO verankerten Grundsätzen. Dies ist bei Verletzungen von Geschäftsgeheimnissen aufgrund des **Individualbezuges** in der Regel zu bejahen (Buck JM 2020, 59 (62); Lejeune CR 2016, 330 (331); offen gelassen von OLG Düsseldorf GRUR-RS 2019, 33225 Rn. 9 f.; diff. Sack, Int. Lauterkeitsrecht, Kap. 5 Rn. 63 ff.; für eine Unterscheidung nach den kollisionsrechtlichen Interessen Ohly FS Harte-Bavendamm, 2020, 385 (396 ff.)). Von einer Zuordnung zu Art. 6 II Rom II-VO ging auch der Unionsgesetzgeber in der Begründung zum Verordnungsentwurf aus, in der beispielhaft die „Industriespionage" und die „Preisgabe eines Geschäftsgeheimnisses" als Anwendungsfälle der Vorschrift Erwähnung finden. Zwar könne – so wird weiter ausgeführt – nicht völlig ausgeschlossen werden, dass solche Handlungen auch negative Auswirkungen auf einen bestimmten Markt haben, doch handele es sich um Fälle, die vor allem als „bilateral" einzustufen seien (KOM(2003) 427 endg., 18). Die Verweisung auf Art. 4 Rom II-VO umfasst den gesamten Regelungsbereich dieser Vorschrift (vgl. öOGH GRUR Int. 2012, 468 (472) – HOBAS-Rohre – Rohrprodukte).

Die Verletzung von Geschäftsgeheimnissen, die nicht als unlauteres Wettbewerbsverhalten iSv **96a** Art. 6 I, II Rom II-VO anzusehen sind (zB die Verletzung eines Geschäftsgeheimnisses durch eine Privatperson ohne Wettbewerbsbezug), unterfallen in **direkter Anwendung Art. 4 Rom II-VO** (vgl. auch OLG Düsseldorf GRUR-RS 2019, 33225 Rn. 10). Es greift damit die allgemeine Kollisionsnorm für unerlaubte Handlungen.

II. Unanwendbarkeit der Regelungen zum geistigen Eigentum

97   Nicht anzuwenden ist **Art. 8 Rom II-VO,** weil diese Vorschrift allein für außervertragliche Schuldverhältnisse gilt, die aus einer Verletzung von Rechten des geistigen Eigentums resultieren. Den Begründungserwägungen 1, 2 und 39 RL (EU) 2016/943 folgend, ist zwischen Geschäftsgeheimnissen einerseits und geistigen Eigentumsrechten andererseits zu unterscheiden. Da Geschäftsgeheimnisse und geistige Eigentumsrechte unionsrechtlich nicht gleichgestellt sind, kann die auf geistige Eigentumsrechte zugeschnittene Vorschrift des Art. 8 Rom II-VO nicht auf die Verletzung von Geschäftsgeheimnissen angewendet werden (zurückhaltend auch Harte-Bavendamm/Ohly/Kalbfus/Ohly Einl. A Rn. 263; aA McGuire WRP 2023, 1 (6); Rieländer ZVglRWiss 119 (2020), 339 (355 ff.); offen gelassen von OLG Düsseldorf GRUR-RS 2019, 33225 Rn. 17).

III. Verträge über Geschäftsgeheimnisse

97a   Auf Verträge über Geschäftsgeheimnisse ist die Verordnung (EG) Nr. 593/2008 des Europäischen Parlaments und des Rates vom 17. Juni 2008 über das auf vertragliche Schuldverhältnisse anzuwendende Recht (Rom I-VO) anzuwenden (Harte-Bavendamm/Ohly/Kalbfus/Ohly Einl. A Rn. 251 und 271). Auszugehen ist damit von dem Grundsatz der **freien Rechtswahl** (Art. 3 I Rom I-VO). Soweit die Parteien eine solche nicht getroffen haben, bestimmt sich das auf den Vertrag anzuwendende Recht nach den Kriterien des Art. 4 I Rom I-VO.

E. Zeitliche Anwendbarkeit

I. Grundsätze

98   Das GeschGehG ist gemäß Art. 6 des Gesetzes zur Umsetzung der RL (EU) 2016/943 zum Schutz von Geschäftsgeheimnissen vor rechtswidrigem Erwerb sowie rechtswidriger Nutzung und Offenlegung vom 18.4.2019 am Tag nach seiner Verkündigung in Kraft getreten, also am 26.4.2019. Der Gesetzgeber hat **keine besondere Übergangsregelung** vorgesehen, sodass das Gesetz nach den allgemeinen Grundsätzen auf alle Verhaltensweisen seit dem Inkrafttreten anzuwenden ist (OLG Schleswig GRUR-RS 2022, 9007 Rn. 37). Es findet auch Anwendung auf Verletzungshandlungen, die bereits vor dem Inkrafttreten des Gesetzes begonnen haben, aber zu diesem Zeitpunkt noch nicht beendet waren (BayObLG WRP 2023, 496 Rn. 31; OLG Düsseldorf GRUR-RS 2021, 38391 Rn. 52). Den maßgeblichen Bezugspunkt bildet im Grundsatz der Zeitpunkt der Verwirklichung des jeweiligen Verletzungstatbestands. Verletzungen, die **vor dem Inkrafttreten des GeschGehG** stattgefunden haben und abgeschlossen sind, unterliegen deswegen ausschließlich einer Beurteilung nach der alten materiellen Rechtslage, also nach den §§ 17–19 UWG aF.

1. Abwehransprüche

99   Wendet sich der Inhaber eines Geschäftsgeheimnisses gegen ein rechtsverletzendes Verhalten, das vor dem Inkrafttreten des GeschGehG stattgefunden bzw. begonnen hat und noch andauert, und macht er nach dem zwischenzeitlichen Inkrafttreten des Gesetzes einen auf Wiederholungsgefahr gestützten **Unterlassungsanspruch** geltend, dann ist die Klage nur begründet, wenn das beanstandete Verhalten sowohl zum Zeitpunkt seiner Vornahme rechtswidrig war als auch zum Zeitpunkt der Entscheidung rechtswidrig ist (vgl. BGH GRUR 2018, 1063 Rn. 9 – Zahlungsaufforderung; GRUR 2018, 324 Rn. 11 – Kraftfahrzeugwerbung). Für Verletzungen von Geschäftsgeheimnissen ist daher das im Entscheidungszeitpunkt geltende (neue) Recht heranzuziehen. Dies gilt auch für Verfahren, die während des Inkrafttretens des GeschGehG bereits laufen (OLG Düsseldorf GRUR-RS 2021, 17483 Rn. 19). Wird ein Unterlassungsanspruch auf eine noch unter altem Recht vorgefallene Verletzungshandlung gestützt, so ist der Unterlassungsanspruch nach dem Inkrafttreten des GeschGehG allein nach § 6 zu beurteilen (OLG Düsseldorf GRUR-RS 2019, 33225 Rn. 23; vgl. auch OLG Brandenburg GRUR-RS 2020, 35904 Rn. 33). Es müssen somit ab dem Zeitpunkt des Inkrafttretens des GeschGehG alle den Anspruch begründenden Tatbestandsvoraussetzungen erfüllt sein. Dies betrifft insbesondere auch die Anforderungen an das Vorliegen eines Geschäftsgeheimnisses. Bei einem Verhalten, das nach altem Recht unzulässig war (zB die Informationsgewinnung durch Reverse Engineering), nach neuem Recht aber erlaubt ist (vgl. § 3 I Nr. 2), entfällt der Unterlassungsanspruch mit dem Inkrafttreten des neuen Rechts (OLG Stuttgart GRUR-RS 2020, 35613 Rn. 155).

Bestand nach dem alten Recht eine **Wiederholungsgefahr,** dann ist von einer Kontinuität, **100** also einer Fortgeltung der Wiederholungsgefahr auszugehen, wenn der materiell-rechtliche Verletzungstatbestand im alten und im neuen Recht identisch und sowohl nach altem als auch nach dem neuen Recht ein Geschäftsgeheimnis gegeben ist (Hoppe/Oldekop GRUR-Prax 2019, 324 (325)). Dagegen begründen Verletzungshandlungen nach altem Recht keine Begehungsgefahr (Erstbegehungs- oder Wiederholungsgefahr) für andere Verletzungsformen im neuen Recht (diff. Hoppe/Oldekop GRUR-Prax 2019, 324 (325)).

Für den **Beseitigungsanspruch** (§ 6 S. 1) kommt es ebenso wie für die speziellen **Ansprü-** **100a** **che aus § 7** auf die zur Zeit der Entscheidung geltende Rechtslage an (vgl. BGH GRUR 2018, 832 Rn. 45 – Ballerinaschuh für Vernichtungs- und Rückrufansprüche).

2. Schadensersatz- und Auskunftsansprüche

Für den **Schadensersatzanspruch** ist das zum Zeitpunkt des Schadenseintritts geltende **101** Recht maßgeblich (vgl. BGH GRUR 2018, 832 Rn. 45 – Ballerinaschuh; OLG Düsseldorf BeckRS 2021, 17483 Rn. 79). Erstreckt sich der Schadenseintritt über einen längeren Zeitraum, innerhalb dessen es zu einer Änderung der Rechtslage gekommen ist, dann muss dies bei der Schadensberechnung Berücksichtigung finden. **Beispiel:** Während vor dem Inkrafttreten des GeschGehG ein immaterieller Schaden nicht verlangt werden konnte, ist in § 10 III die Ersatzfähigkeit entsprechende Schäden vorgesehen. Der Ausgleich eines immateriellen Schadens kann daher nur insoweit erfolgen, als dieser gerade nach dem Inkrafttreten des GeschGehG eingetreten ist (Hoppe/Oldekop Geschäftsgeheimnisse/Hoppe Kap. 1 Rn. 22). Die Grundsätze der **dreifachen Schadensberechnung** galten bereits im alten Recht und gelten auch im neuen Recht fort. Insoweit haben sich durch das Inkrafttreten des GeschGehG keine substanziellen Änderungen ergeben (→ § 10 Rn. 33 ff.).

In gleicher Weise wie beim Schadensersatzanspruch kommt es für die **Verpflichtung zur** **101a** **Auskunftserteilung** auf die Rechtslage zum Zeitpunkt der Begehung an (vgl. BGH GRUR 2018, 832 Rn. 45 – Ballerinaschuh; OLG Düsseldorf BeckRS 2021, 17483 Rn. 79).

II. Übergangszeitraum

Zu beachten ist, dass infolge der **verspäteten Umsetzung der RL (EU) 2016/943** in das **102** deutsche Recht ein Übergangszeitraum entstanden ist zwischen dem verpflichtenden Umsetzungszeitpunkt (Art. 19 I RL (EU) 2016/943: 9.6.2018) und dem Inkrafttreten des GeschGehG. Innerhalb dieses Übergangszeitraums galt die unionsrechtliche Verpflichtung, das alte Recht (§§ 17–19 UWG aF) bereits richtlinienkonform auszulegen (dazu näher Steinmann WRP 2019, 703 (705 ff.)). Verhaltensweisen innerhalb dieses Übergangszeitraums waren daher zwar nach dem nationalen Recht, aber bereits unter Berücksichtigung der Maßstäbe des Unionsrechts zu beurteilen. Demzufolge mussten etwa die in Art. 3 RL (EU) 2016/943 festgelegten Handlungsfreiräume bereits in vollem Umfang Berücksichtigung finden, sodass die §§ 17–19 UWG aF insoweit einer einschränkenden Auslegung bedurften.

III. Strafrecht

Der Strafbarkeit nach § 23 unterliegen nur Verhaltensweisen nach dem Inkrafttreten des **103** GeschGehG. Dies folgt aus dem allgemeinen Prinzip, dass eine Tat nur bestraft werden kann, wenn die Strafbarkeit gesetzlich bestimmt war, bevor die Tat begangen wurde (Art. 103 II GG, § 1 StGB). Die in **§ 2 StGB** zur zeitlichen Geltung von Strafnormen aufgestellten Grundsätze gelten für § 23 entsprechend (vgl. OLG Oldenburg Beschl. v. 21.5.2019 – 1 Ss 72/19, CB 2020, 220).

Soweit die RL (EU) 2016/943 vor ihrer Umsetzung in das deutsche Recht einen über **104** §§ 17–19 UWG aF hinausreichenden Schutz gewährte, war dies ebenfalls im Wege der richtlinienkonformen Auslegung zu berücksichtigen. Dies konnte zB Fälle der mittelbaren Rechtsverletzung gemäß Art. 4 IV und V RL (EU) 2016/943 betreffen. Da es sich bei §§ 17–19 UWG aF jedoch um Strafvorschriften handelte, sind insoweit die **strafrechtlichen Auslegungsgrenzen** zu beachten, die sich aus dem Wortlaut der jeweiligen Strafnorm und aus den verfassungsrechtlichen Wertungen ergaben (vgl. MüKoStGB/Schmitz § 1 Rn. 27; Tiedemann NJW 1993, 23 (25)).

IV. Verfahrensrecht

105   Mit dem Inkrafttreten des GeschGehG gelten auch die besonderen verfahrensrechtlichen Bestimmungen der §§ 16 ff. für Geschäftsgeheimnisstreitsachen. Auszugehen ist vom dem im Prozessrecht geltenden Grundsatz, dass neue Gesetze – vorbehaltlich abweichender Überleitungsvorschriften des Gesetzgebers – auch schwebende Verfahren erfassen, die danach mit Inkrafttreten des Änderungsgesetzes regelmäßig nach neuem Recht zu beurteilen sind, soweit es nicht um unter Geltung des alten Rechts abgeschlossene Prozesshandlungen und abschließend entstandene Prozesslagen geht (BGH NJW 2017, 1967 Rn. 27). Die Vorschriften des Gesch-GehG sind somit in allen Verfahren anzuwenden, die **nach dem Inkrafttreten des Gesch-GehG beginnen** oder die **beim Inkrafttreten des Gesetzes bereits laufen** (OLG Stuttgart GRUR-RS 2020, 35613 Rn. 79 f.; Büscher/McGuire Einl. Rn. 27). Wenngleich die §§ 16 ff. nach dem Wortlaut voraussetzen, dass Ansprüche „nach diesem Gesetz" geltend gemacht werden (§ 16 I), sind die verfahrensrechtlichen Bestimmungen auch dann anzuwenden, wenn Ansprüche allein oder auch auf das alte Recht gestützt werden. Denn in allen Fällen besteht das gleiche Bedürfnis nach einem verfahrensrechtlichen Geheimnisschutz. Zudem wäre eine verfahrensrechtliche Differenzierung in Abhängigkeit von dem materiellen Recht schlicht nicht praktikabel, wenn es in einem Verfahren um das gleiche Geschäftsgeheimnis geht und die Verletzungshandlung sowohl nach altem als auch nach neuem Recht zu beurteilen ist.

F. GeschGehG und privatautonome Gestaltungsfreiheit

106   Die allgemeinen Voraussetzungen und der Umfang des Schutzes von Geschäftsgeheimnissen sind **gesetzlich festgelegt** und als solche **nicht abdingbar.** Hierin zeigt sich die nahe Verbindung der Geschäftsgeheimnisse mit den Rechten des geistigen Eigentums und den sonstigen absolut geschützten Rechten (→ § 1 Rn. 9 ff.). Deswegen kann der Inhaber eines Geschäftsgeheimnisses nicht mit allgemeiner Wirkung die Voraussetzungen des Geschäftsgeheimnisses privatautonom erweitern oder einschränken, neue Verletzungstatbestände schaffen, die Erlaubnistatbestände oder die Ausnahmen umgestalten usw. Es steht den Parteien daher bspw. nicht frei, die gesetzlichen Anforderungen an ein Geschäftsgeheimnis (§ 2 Nr. 1) oder die Inhaberschaft (§ 2 Nr. 2) nach eigenen Kriterien festzulegen (dazu näher Alexander WRP 2020, 1385 (1388 f.)). Zulässig es aber, wenn die Parteien eine rechtliche Zuordnung vornehmen und zB eine Abrede darüber treffen, dass ein als Geschäftsgeheimnis geschützter Gegenstand von einem Dritten hergestellt wird und der Auftraggeber, für den die Herstellung erfolgt, der Inhaber dieses Geschäftsgeheimnisses iSv § 2 Nr. 2 sein soll (vgl. OLG Düsseldorf GRUR-RS 2019, 33225 Rn. 38).

107   **Nicht dispositiv** sind die Tatbestände des **§ 3,** denn anderenfalls könnten die Parteien die bewusste Entscheidung des Gesetzgebers unterlaufen, Handlungsfreiräume für einen erlaubten Umgang mit Geschäftsgeheimnissen zu schaffen (Alexander WRP 2020, 1385 (1389 f.)). Es ist daher bspw. nicht möglich, entgegen § 3 I Nr. 2 durch privatautonome Bestimmung ein Reverse Engineering generell und mit Wirkung gegenüber jedermann zu unterbinden. Entsprechendes gilt für die Ausnahmetatbestände des **§ 5** (Alexander WRP 2020, 1385 (1390 f.); Passarge/Scherbarth CB 2021, 49 (54); diff. für die einzelnen Tatbestände dagegen Apel/Boom GRUR-Prax 2020, 225 (226)). In allen Fällen des § 5 geht es um den Schutz von berechtigten Interessen, die typischerweise über das einzelne Individualverhältnis hinausgreifen und damit nicht den alleinigen Rechts- und Dispositionskreis der Vertragsparteien betreffen. Zulässigkeit und Grenzen der erlaubten Handlungen ergeben sich allein aus dem gesetzlichen Tatbestand. Die Parteien können keine zusätzlichen Anforderungen errichten, um bspw. die Ausübung der Kommunikations- und Medienfreiheiten (§ 5 Nr. 1) oder das Whistleblowing (§ 5 Nr. 2) einzuschränken. Dabei ist es unerheblich, ob eine solche Einschränkung durch Individualvertrag oder AGB vorgenommen werden soll. Umgekehrt ist es nicht notwendig (aber in der Sache unschädlich), wenn etwa in NDAs eine klarstellende Regelung aufgenommen wird, wonach die Ausnahmen des § 5 unberührt bleiben.

108   Trotz der soeben genannten Grenzen eröffnet das GeschGehG innerhalb seines Anwendungs- und Regelungsbereichs zahlreiche Möglichkeiten für **privatautonome Abreden** und die **kon-**

krete Ausgestaltung von individuellen Rechtsverhältnissen. **Beispiele:** (1) § 3 I Nr. 2 lit. b sieht ausdrücklich vor, dass die Person, die einen Rückbau oder einen Test vornimmt, einer „Pflicht zur Beschränkung der Erlangung des Geschäftsgeheimnisses" unterworfen sein kann. Eine solche Pflicht kann insbesondere durch Vertrag begründet werden. (2) Nach § 3 II besteht die Möglichkeit der rechtsgeschäftlichen Gestattung eines Erlangens, Nutzens oder Offenlegens. (3) Eine vertragliche Gestaltungsfreiheit haben die Parteien weiterhin hinsichtlich der konkreten Geheimhaltungspflichten, deren Verletzung zugleich die Voraussetzungen einer Rechtsverletzung erfüllen kann (§ 4 II Nr. 2 und 3). Die Gestaltungsfreiheit betrifft dabei nicht nur das Bestehen einer Verpflichtung, sondern auch deren genauen Umfang.

Über die zuvor genannten Beispiele hinaus können die Parteien vom GeschGehG abweichen- **109** de oder ergänzende Regelungen insoweit treffen, als jeweils das konkrete **Rechtsverhältnis zwischen den Beteiligten** betroffen ist. Solche Regelungen entfalten dann eine rechtliche Wirkung nur zwischen den daran Beteiligten (Grundsatz der Relativität). So ist bspw. denkbar, dass die Parteien im Rahmen der Überlassung eines Geschäftsgeheimnisses Abreden über die Geheimhaltung treffen, die oberhalb der gesetzlich geforderten Angemessenheit (§ 2 Nr. 1 lit. b) liegen. Auch können die Parteien im Individualverhältnis einen über die Tatbestände des § 4 hinausgehenden Vertraulichkeitsschutz vorsehen und diesen zB durch ein Vertragsstrafeversprechen absichern.

Somit hängt die Frage nach der Möglichkeit von abweichenden Vereinbarungen letztlich **110** entscheidend davon ab, was die Beteiligten regeln und von welchen gesetzlichen Vorgaben sie abweichen wollen. Davon zu unterscheiden sind vertragliche Vereinbarungen über die Übertragung oder Nutzung von Geschäftsgeheimnissen. Hierzu enthält das GeschGehG keine speziellen Vorgaben und es gelten die allgemeinen Regeln (→ § 1 Rn. 18 ff.).

Abschnitt 1. Allgemeines

Anwendungsbereich

1 (1) **Dieses Gesetz dient dem Schutz von Geschäftsgeheimnissen vor unerlaubter Erlangung, Nutzung und Offenlegung.**

(2) **Öffentlich-rechtliche Vorschriften zur Geheimhaltung, Erlangung, Nutzung oder Offenlegung von Geschäftsgeheimnissen gehen vor.**

(3) **Es bleiben unberührt:**

1. **der berufs- und strafrechtliche Schutz von Geschäftsgeheimnissen, deren unbefugte Offenbarung von § 203 des Strafgesetzbuches erfasst wird,**
2. **die Ausübung des Rechts der freien Meinungsäußerung und der Informationsfreiheit nach der Charta der Grundrechte der Europäischen Union (ABl. C 202 vom 7.6.2016, S. 389), einschließlich der Achtung der Freiheit und der Pluralität der Medien,**
3. **die Autonomie der Sozialpartner und ihr Recht, Kollektivverträge nach den bestehenden europäischen und nationalen Vorschriften abzuschließen,**
4. **die Rechte und Pflichten aus dem Arbeitsverhältnis und die Rechte der Arbeitnehmervertretungen.**

Übersicht

Schrifttum: Berger, Immaterielle Wirtschaftsgüter in der Insolvenz, ZInsO 2013, 569; Fröhlich/Köchling, Immaterielle Werte im Insolvenzverfahren, ZInsO 2002, 478; Kalbfus, Zur Rechtsnatur von Geschäfts-geheimnissen: Bringt das Geschäftsgeheimnisgesetz mehr Klarheit?, FS Harte-Bavendamm, 2020, 341; Kiefer, Das Geschäftsgeheimnis nach dem Referentenentwurf zum Geschäftsgeheimnisgesetz: Ein Immaterialgüter-recht, WRP 2018, 910; Mes, Arbeitsplatzwechsel und Geheimnisschutz, GRUR 1979, 584; Nastelski, Der Schutz des Betriebsgeheimnisses, GRUR 1957, 1; Wuschek, Gewerbliche Schutzrechte und Lizenzen als Kreditsicherheiten und in der Insolvenz, ZInsO 2015, 277; s. ferner allg. bei Vor § 1.

A. Allgemeines

I. Normzweck und Normstruktur

1. Regelungsgegenstand der §§ 1 ff.

1　Der erste Abschnitt des GeschGehG (§§ 1–5) enthält die allgemeinen Vorschriften des Ge-setzes. § 1 beinhaltet mehrere Grundaussagen zum GeschGehG, die sowohl das Binnenverständ-nis des GeschGehG als auch das Außenverhältnis des Gesetzes zu anderen Regelungen betreffen. § 2 definiert vier Kernbegriffe des Gesetzes. Die §§ 3–5 bilden gewissermaßen das materiell-rechtliche Herzstück des Gesetzes. Sie legen fest, wann ein Verhalten stets erlaubt (§ 3), verboten (§ 4) oder ausnahmsweise zulässig (§ 5) ist.

2. Binnenstruktur des § 1

2　§ 1 I trifft Aussagen zum Schutzgegenstand und zum Zweck des Gesetzes. § 1 II regelt das Verhältnis zu öffentlich-rechtlichen Vorschriften, die den Geheimnisschutz betreffen, und § 1 III sind nähere Aussagen zum Verhältnis des GeschGehG zu anderen Regelungsmaterien zu entneh-men. Die amtliche Überschrift fasst diese verschiedenen Aspekte unter dem etwas unscharfen Begriff „Anwendungsbereich" zusammen.

II. Entstehung

3　Im alten Recht gab es keine allgemeine Regelung zum Schutzzweck und zum Anwendungs-bereich des Geschäftsgeheimnisschutzes. §§ 17–19 UWG aF waren in das allgemeine System des UWG eingebettet. Der RefE hatte auf eine mit § 1 vergleichbare Eingangsregelung noch verzichtet. Lediglich das Vorrangverhältnis der öffentlich-rechtlichen Normen war bereits an-gesprochen (§ 1 II RefE). Die geltende Fassung geht zurück auf den **RegE** (BT-Drs. 19/4724).

In den **Beratungen** des weiteren Gesetzgebungsverfahrens wurde noch § 1 III Nr. 4 angefügt (BT-Drs. 19/8300). Das GeschGehG folgt mit § 1 der Regelungstechnik der RL (EU) 2016/943, die mit Art. 1 RL (EU) 2016/943 eine allgemeine Bestimmung zum Gegenstand und Anwendungsbereich der Richtlinie an den Anfang stellt.

III. Funktion und Auslegung

Die Eingangsvorschrift des § 1 erfüllt mehrere Funktionen. Die Festlegung des Schutzzwecks **4** in § 1 I gibt Aufschluss über das Regelungsziel und den Regelungsgegenstand des Gesetzes. Die Aussagen zum Anwendungsbereich in § 1 II und III ermöglichen es, den Standort des Gesch-GehG im nationalen Rechtssystem und das Verhältnis dieses Gesetzes zu anderen Vorschriften zu bestimmen. Weiterhin enthält § 1 III interpretationsleitende Hinweise, die wiederum für die Auslegung einzelner Bestimmungen von Bedeutung sind.

§ 1 erfordert eine **unionsrechtskonforme Auslegung,** weil die Vorschrift die Vorgaben aus **5** Art. 1 RL (EU) 2016/943 in das nationale Recht implementiert.

B. Regelungsgegenstand und Zweck des Gesetzes (§ 1 I)

I. Einordnung und unionsrechtliche Vorgaben

Gemäß § 1 I schützt das Gesetz Geschäftsgeheimnisse vor unerlaubter Erlangung, Nutzung **6** und Offenlegung. Das Gesetz enthält damit – § 1 I UWG vergleichbar – eine **übergreifende Schutzzweckbestimmung.** Damit folgt das nationale Recht der Regelungstechnik der RL (EU) 2016/943 (→ Rn. 3).

Die Aussage zum Schutzzweck des Gesetzes ist bei der Auslegung aller Normen des Gesch- **7** GehG zu beachten. Der Vorschrift sind zwei Kernbotschaften zu entnehmen, die für die Regelungskonzeption des GeschGehG von grundlegender Bedeutung sind. Zum einen benennt § 1 I den **Schutzgegenstand** des GeschGehG – das Geschäftsgeheimnis. Zum anderen gibt das Gesetz Aufschluss über die **Reichweite** des Schutzes von Geschäftsgeheimnissen. Geschäfts-geheimnisse werden durch das GeschGehG gerade nicht umfassend vor jeglichen Beeinträchti-gungen geschützt, sondern nur vor den ausdrücklich genannten Angriffsformen: Erlangung, Nutzung und Offenlegung.

II. Geschäftsgeheimnisse als Schutzgegenstand des GeschGehG

Schutzgegenstand des GeschGehG ist das Geschäftsgeheimnis. Rechtlichen Schutz genießt **8** dabei allerdings nicht schon die zugrunde liegende Information als solche, sondern erst die durch den Inhaber bewirkte Verbindung zwischen der Information (als Objekt des Schutzes), der bestehenden Geheimhaltung dieser Information und den protektiven Maßnahmen zur Bewah-rung ihrer Vertraulichkeit.

1. Rechtliche Einordnung von Geschäftsgeheimnissen

Das GeschGehG sieht in § 2 Nr. 1 zwar eine Definition des Geschäftsgeheimnisses vor. Es **9** enthält jedoch ebenso wenig wie die RL (EU) 2016/943 eine eindeutige Aussage zur **Rechts-natur des Geschäftsgeheimnisses.**

Im **alten Recht** bestand über die rechtliche Qualifikation von Geschäftsgeheimnissen Un- **10** einigkeit. Die Rspr. sprach von einem eigenständigen Recht (BGHZ 16, 172 = GRUR 1955, 388 (389) – Dücko) oder sie sah die Geheimhaltung von Betriebs- und Geschäftsgeheimnissen als „von dem Rechtsgut auf uneingeschränkte Ausübung der gewerblichen Betätigung ge-schützt" an (BGHZ 17, 41 = GRUR 1955, 468 (472) – Schwermetall-Kokillenguß; ähnlich bereits RGZ 144, 41 (52 f.)). Teilweise ließ sie die rechtliche Einordnung ausdrücklich offen (BGHZ 38, 391 = GRUR 1963, 367 (369) – Industrieböden). Allgemein anerkannt war, dass es sich bei den §§ 17–19 UWG aF um Schutzgesetze iSv § 823 II BGB handelte (BGH GRUR 1966, 152, (153) – Nitrolingual; BGHZ 166, 84 Rn. 82 = NJW 2006, 830 – KirchMedia). Im Schrifttum wurden Betriebs- und Geschäftsgeheimnisse zum Teil als sonstige Rechte ISd § 823 I BGB qualifiziert (Mes GRUR 1979, 584 (590 ff.); Nastelski GRUR 1957, 1 (4); Ohly GRUR 2014, 1 (8)). Nach anderer Ansicht bildete der Geheimnisschutz ein Teilelement des deliktisch geschützten Rechts am Unternehmen bzw. des Rechts am eingerichteten und ausgeübten

Gewerbebetrieb (zusammenfassend Ann GRUR-Prax 2016, 465 (46); eingehend zum Diskussionsstand Rody, Der Begriff und die Rechtsnatur von Geschäfts- und Betriebsgeheimnissen unter Berücksichtigung der Geheimnisschutz-Richtlinie, 2019, 171 ff.).

11 Für das **geltende Recht** folgt aus der zivilrechtlichen Regelungskonzeption der RL (EU) 2016/943 und des GeschGehG zunächst, dass Geschäftsgeheimnisse **privatrechtliche Rechtspositionen** sind. Das GeschGehG regelt allein die Rechtsverhältnisse zwischen Privatrechtssubjekten. Vertrauliche Informationen öffentlich-rechtlicher Einrichtungen (zB Dienst-, Beratungs- oder Staatsgeheimnisse) sind keine Geschäftsgeheimnisse iSd GeschGehG. Das GeschGehG ist auf solche Informationen weder direkt noch entsprechend anwendbar.

12 Die RL (EU) 2016/943 betont den **„immateriellen Charakter"** von Geschäftsgeheimnissen (ErwGr. 7 RL (EU) 2016/943). Sie sieht den Geheimnisschutz als eine „Ergänzung oder auch eine Alternative zu den Rechten des geistigen Eigentums" (ErwGr. 2 RL (EU) 2016/943). Der Geheimnisschutz ist mit dem Schutz von Rechten des geistigen Eigentums verwandt (Stellungnahme des Europäischen Wirtschafts- und Sozialausschusses vom 25.3.2014, 2014/C 226/09, Ziffer 1.5; vgl. auch Heinzke CCZ 2016, 179 (180)). Doch nimmt die RL (EU) 2016/943 eine deutliche Abgrenzung zu den Rechten des geistigen Eigentums vor (ErwGr. 1 RL (EU) 2016/943).

13 Nach der Konzeption der RL (EU) 2016/943 handelt es sich bei Geschäftsgeheimnissen um immaterielle Wirtschaftsgüter mit einem realen oder potenziellen Handelswert (ErwGr. 1 und 14 RL (EU) 2016/943). Geschäftsgeheimnisse sind Rechtspositionen, die sowohl über einen (wenngleich auf bestimmte Verletzungsformen beschränkten) **Ausschlussgehalt** (vgl. Art. 10 I RL (EU) 2016/943 und Art. 12 RL (EU) 2016/943) als auch über einen **positiven Zuweisungsgehalt** (vgl. Art. 13 I UAbs. 2 und III RL (EU) 2016/943; Art. 14 RL (EU) 2016/943) verfügen (ebenso Kalbfus FS Harte-Bavendamm, 2020, 341 (351 f.)). Aus der RL (EU) 2016/943 folgt weiter, dass Geschäftsgeheimnisse **Gegenstand von Rechtsgeschäften** sein können, zB in Form einer Übertragung (vgl. Art. 4 II RL (EU) 2016/943: „Erwerb (…) ohne Zustimmung des Inhabers") oder einer Einräumung von Nutzungsrechten (vgl. Art. 4 II UAbs. 2 RL (EU) 2016/943). Für den Inhaber begründet das Geschäftsgeheimnis aber **kein Exklusivrecht** (ErwGr. 16 RL (EU) 2016/943). Daher bleibt nicht nur eine unabhängige Entdeckung desselben Know-hows oder derselben Informationen möglich (Art. 3 I lit. a RL (EU) 2016/943; § 3 I Nr. 1), sondern insoweit entsteht ein eigen- und vollständiger Geheimnisschutz zugunsten des jeweiligen Inhabers.

13a Im deutschen Recht finden sich unterschiedliche Ansätze, wobei überwiegend die **Nähe und Verwandtschaft zum Immaterialgüterrecht und zum Lauterkeitsrecht** hervorgehoben werden (Keller/Schönknecht/Glinke/Glinke Einl. B Rn. 101 ff.; Harte-Bavendamm/Ohly/Kalbfus/Ohly Einl. A. Rn. 21 ff.). In eine andere Richtung zielt demgegenüber das besitzrechtliche Verständnis des Geschäftsgeheimnisschutzes, wonach das tatsächliche Verhältnis einer Person zu einer Information prägend ist (Münker/Hoeren/Hoeren Vorb §§ 1–2 Rn. 103 ff.).

14 Der deutsche Gesetzgeber betont, dass der Schutz von Geschäftsgeheimnissen „weder den Marktverhaltensregelungen des UWG noch den vollständigen Immaterialgüterrechten wie zum Beispiel dem Patent- und Markenrecht zugeordnet werden" kann (Begr. RegE, BT-Drs. 19/4724, 20). Übertragen auf die deliktsrechtlichen Kategorien des deutschen Rechts handelt es sich bei Geschäftsgeheimnissen um individuelle Rechtspositionen, die aufgrund ihres vorhandenen Ausschluss- und Zuweisungsgehalts den absoluten Rechten strukturell entsprechen. Diese Rechtsstellung entspricht in Art und Umfang zwar nicht einem umfassend geschützten Immaterialgüterrecht (Ann GRUR-Prax 2016, 465 (466); aA Kiefer WRP 2018, 910 (911 ff.); Laoutoumai/Baumfalk WRP 2018, 1300: „eine Art neues Immaterialgüterrecht"). Jedoch handelt es sich um eine **immaterialgüterrechtsähnliche, verfestigte Rechtsstellung,** die über einen verhaltensbezogenen Behinderungsschutz im Wettbewerb hinausgeht. Systematisch steht das Geschäftsgeheimnis als „Hybrid" zwischen dem geistigen Eigentum und dem Lauterkeitsrecht (Ohly GRUR 2019, 441 (445)). Dem Inhaber stehen Ansprüche zu, um den Schutz seines Geschäftsgeheimnisses zu verwirklichen. GeschGehG und RL (EU) 2016/943 schaffen eine **„subjektive Rechtsposition",** deren Verletzung nach allgemeinen Regeln Ansprüche auf Unterlassung, Beseitigung und Schadensersatz auslöst (McGuire GRUR 2016, 1000 (1008)). Damit entspricht die Rechtsstellung des Geheimnisinhabers der Inhaberschaft eines deliktisch geschützten absoluten Rechts (ähnlich Baranowski/Glaß BB 2016, 2563 (2564): „eine Art absolutes Recht"; Hoeren/Münker WRP 2018, 150 (152): „kleines Immaterialgüterrecht"; abl. Ann GRUR-Prax, 2016, 465 (466); Hauck NJW 2016, 2218 (2221): „kein subjektives Recht an geheimen Unternehmensinformationen"; ebenfalls abl. für das österr. Recht Hofmarcher ÖBl

2018, 38 (40)). Der rechtliche Schutz von Geschäftsgeheimnissen erschöpft sich nicht in dem Schutz des kommerziellen Wertes und der wirtschaftlichen Nutzbarkeit, sondern erstreckt sich auch auf immaterielle Interessen des Inhabers des Geschäftsgeheimnisses (vgl. § 10 III).

Geschäftsgeheimnisse gehören zum Gesamtbestand der **Vermögenswerte eines Unterneh-** **15** **mens.** Sie sind **Teil des unternehmerischen Goodwill** (vgl. BGH GRUR 2006, 1044 Rn. 19 – Kundendatenprogramm). Wenngleich Geschäftsgeheimnisse einen engen Unternehmensbezug aufweisen, sind sie doch nicht untrennbar mit dem Unternehmen verbunden. Sie können aus dem Unternehmen herausgelöst und einer eigenständigen wirtschaftlichen Verwertung unterliegen.

2. Entstehung und Dauer des Schutzes

a) Entstehung und Erwerb eines Geschäftsgeheimnisses. Der Schutz eines Geschäfts- **16** geheimnisse entsteht mit dem Zeitpunkt, in dem die zu schützende **Information existiert** und alle **gesetzlichen Schutzvoraussetzungen des § 2 Nr. 1 erfüllt** sind. Es bedarf darüber hinaus keines besonderen Entstehungsaktes. Das Geschäftsgeheimnis entsteht stets für den Inhaber des Geschäftsgeheimnisses (§ 2 Nr. 2). Das ist diejenige Person, die die rechtmäßige Kontrolle über das Geschäftsgeheimnis ausübt, es durch die angemessenen Geheimhaltungsmaßnahmen schützt und damit zugleich die Zuordnung zum eigenen Vermögensbestand zum Ausdruck bringt. Das Geschäftsgeheimnis als geschützte Rechtsposition ist in seiner Existenz mit einer Inhaberschaft daran verbunden. Ein „herrenloses" Geschäftsgeheimnis, also ein Geschäftsgeheimnis ohne Inhaber, kann als Rechtsposition nicht bestehen.

Der **originäre Erwerb** eines Geschäftsgeheimnisses erfolgt durch eine Entwicklung, Ent- **16a** deckung oder Schöpfung, also durch tatsächliche Handlungen (vgl. § 3 I Nr. 1). Das Geschäftsgeheimnis entsteht in diesem Fall zugunsten des Unternehmers, in dessen Sphäre das Geschäftsgeheimnis entwickelt, entdeckt oder geschaffen wurde. Der **abgeleitete Erwerb** eines Geschäftsgeheimnisses ist durch eine rechtsgeschäftliche Übertragung möglich (→ Rn. 18 ff.). Neben einem wirksamen Übertragungsakt müssen in der Person des Erwerbers die Voraussetzungen des Geheimnisschutzes gemäß § 2 Nr. 1 erfüllt sein bzw. fortbestehen. Die speziellen Eigentumserwerbstatbestände des bürgerlichen Rechts (zB Ersitzung, Verarbeitung usw., Eigentumserwerb beim Fund) sind auf Geschäftsgeheimnisse nicht analog anzuwenden, da es an der Vergleichbarkeit der Interessenlage fehlt. Entsprechendes gilt für den Fall, dass der konkrete Einsatz eines Geschäftsgeheimnisses neue Erkenntnisse hervorbringt, an denen der berechtigte Anwender wiederum ein Schutzinteresse hat. Hier entsteht das neue Geschäftsgeheimnis nach den → Rn. 16 dargestellten Regeln, nicht dagegen analog §§ 953 ff. BGB. Für den gegenständlichen Informationsträger eines Geschäftsgeheimnisses bleibt es demgegenüber bei den allgemeinen Regeln des BGB.

b) Dauer und Erlöschen des Schutzes. Die RL (EU) 2016/943 und das GeschGehG **17** enthalten keine ausdrücklichen Aussagen zur Schutzdauer oder zu einem Erlöschen des Schutzes. Im Unterschied zu Rechten des geistigen Eigentums, deren Schutz zeitlichen Grenzen unterliegen kann, ist der Schutz eines Geschäftsgeheimnisses **nicht von vornherein zeitlich begrenzt.** Ein Geschäftsgeheimnis ist geschützt, wenn und solange die Geheimnisvoraussetzungen des § 2 Nr. 1 erfüllt sind (Hofmarcher Rn. 2.58). **Entfällt eine der gesetzlichen Schutzvoraussetzungen,** dann **erlischt** damit zugleich der **rechtliche Schutz** für das Geschäftsgeheimnis. Es verliert seinen Charakter als geschützte Rechtsposition. Ein solcher Verlust kann bspw. geschehen durch ein Bekanntmachen der vertraulichen Information gegenüber der Öffentlichkeit oder durch einen Verzicht auf angemessene Geheimhaltungsmaßnahmen. Der Verlust tritt dann mit Wirkung für die Zukunft ein, sodass Rechtsverletzungen, die noch vor dem Erlöschen stattgefunden haben, weiterhin Ansprüche auslösen können (zB auf Ersatz des bis zum Erlöschen eingetretenen Schadens).

Kein Verlust des Geschäftsgeheimnisses tritt demgegenüber ein durch eine Rechtsverletzung **17a** gemäß § 4. Eine zeitliche Grenze des Geschäftsgeheimnisschutzes ergibt sich auch nicht unter dem Gesichtspunkt der Verhältnismäßigkeit (aA Harte-Bavendamm/Ohly/Kalbfus/Harte-Bavendamm). § 9 und § 11 enthalten spezielle Regelungen, um unverhältnismäßige Belastungen, die sich aus der Geltendmachung von Ansprüchen ergeben, abzufangen. Beide Regelungen lassen aber erkennen, dass das Geschäftsgeheimnis als solches unangetastet bleibt.

3. Geschäftsgeheimnisse im Rechtsverkehr

18   **a) Veräußerung und Übertragung.** Ein Geschäftsgeheimnis kann Gegenstand von Rechtsgeschäften sein (Hofmarcher Rn. 2.73 ff.; eingehend Keller/Schönknecht/Glinke/Glinke Einl. E Rn. 200 ff.). Es handelt sich grundsätzlich um eine **im Rechtsverkehr mobile** und **übertragbare Rechtsposition,** was bereits zum alten Recht anerkannt war (vgl. BGHZ 16, 172 = GRUR 1955, 388 (389) – Dücko; BGH GRUR 2006, 1044 Rn. 19 – Kundendatenprogramm). Als unternehmensbezogene und immaterialgüterrechtsähnliche Rechtsposition kann ein Geschäftsgeheimnis zusammen mit dem Unternehmen, aber auch von diesem losgelöst veräußert und übertragen werden (Harte-Bavendamm/Ohly/Kalbfus/Kalbfus/Harte-Bavendamm Einl. B. 94). Die RL (EU) 2016/943 und das GeschGehG enthalten keine näheren Bestimmungen dazu, in welcher Form die Veräußerung und Übertragung zu erfolgen hat. Maßgeblich ist insoweit das allgemeine Vertragsrecht (vgl. ErwGr. 39 RL (EU) 2016/943).

19   Bei dem zugrunde liegenden **Verpflichtungsgeschäft** wird es sich in aller Regel um einen **Kaufvertrag** gemäß §§ 433, 453 BGB handeln. Geschäftsgeheimnisse als solche sind keine Sachen. Allenfalls kann das Geheimnis auf oder in einer Sache verkörpert sein, zB auf einem Datenträger oder in einer technischen Zeichnung usw. Sie sind auch keine Rechte, sondern als verfestigte Rechtspositionen **sonstige Gegenstände** iSd § 453 I 1 BGB (Harte-Bavendamm/Ohly/Kalbfus/Kalbfus/Harte-Bavendamm Einl. B. 95). Daher finden die Vorschriften über den Kauf von Sachen auf Geschäftsgeheimnisse entsprechende Anwendung. Zur vertraglichen **Hauptleistungspflicht** des Verkäufers gehört es, dem Käufer das Geschäftsgeheimnis zu verschaffen, also ihm dieses vollständig zu übertragen (vgl. § 433 I 1 BGB). Zur Verschaffung gehören alle Maßnahmen, die den Erwerber vollständig in die Lage versetzen, das Geschäftsgeheimnis einzusetzen. Dies kann zB auch Einweisungen und Schulungen umfassen (Harte-Bavendamm/Ohly/Kalbfus/Kalbfus/Harte-Bavendamm Einl. B. 96). Der Verkäufer ist zugleich verpflichtet, die weitere eigene Nutzung des Geschäftsgeheimnisses zu unterlassen. Ob und ggf. in welchem Umfang der Verkäufer verpflichtet ist, Informationen zu löschen, richtet sich nach der konkreten vertraglichen Vereinbarung (Harte-Bavendamm/Ohly/Kalbfus/Kalbfus/Harte-Bavendamm Einl. B. 97). Die kaufvertraglichen **Nebenpflichten** (vgl. § 241 II BGB) können vielgestaltig sein. So muss der Verkäufer den Käufer über alle für die Nutzung und den Gebrauch des Geschäftsgeheimnisses relevanten Umstände informieren (sofern es sich insoweit nicht ohnehin schon um einen Teil der Hauptleistungspflichten handelt). Dazu kann es insbesondere gehören, den Käufer – soweit nach den konkreten Umständen notwendig und erforderlich – mit etwaigen Besonderheiten des Geschäftsgeheimnisses, seiner Nutzung oder den Einsatzmöglichkeiten vertraut machen. Im Falle von **Leistungsstörungen** ist von den allgemeinen vertragsrechtlichen Grundsätzen auszugehen. Die **Gewährleistung für Mängel** richtet nach dem Kaufrecht (dazu näher Harte-Bavendamm/Ohly/Kalbfus/Kalbfus/Harte-Bavendamm Einl. B. 99 ff.).

20   Die **Verfügung** über das Geschäftsgeheimnis erfordert eine **Einigung** der Parteien über den Übergang, die sich nach §§ 398 ff., 413 BGB richtet. Eine wirksame Übertragung kann jedoch darüber hinaus noch weitere Maßnahmen erfordern. Sind die als Geschäftsgeheimnis geschützten Informationen auf oder in beweglichen Sachen verkörpert, dann richtet sich die Übertragung dieser Gegenstände nach den gesetzlichen Regelungen des Mobiliarsachenrechts (§§ 929 ff. BGB). Handelt es sich bei den als Geschäftsgeheimnis geschützten Informationen dagegen um unkörperliche Daten, dann muss der Veräußerer dem Erwerber einen Zugang zu und Zugriff auf diese Daten ermöglichen. Dies kann **tatsächliche Maßnahmen** umfassen (zB eine technische Übertragung der Daten), aber auch das **Einräumen von Zugangsrechten,** wenn diese Daten zB bei einem Drittanbieter (etwa in einer Cloud) gespeichert sind.

20a   **Nicht** auf Geschäftsgeheimnisse anzuwenden sind die ab 1.1.2022 geltenden Regeln für Verträge, welche die Bereitstellung **digitaler Inhalte** oder **digitaler Dienstleistungen** (digitale Produkte) durch den Unternehmer gegen Zahlung eines Preises zum Gegenstand haben (§§ 327 ff. BGB). Denn diese Regeln gelten nur für Verbraucherverträge.

21   **b) Nutzungsüberlassung.** Der Inhaber eines Geschäftsgeheimnisses kann dieses einem anderen zur Nutzung überlassen. Dies geschieht typischerweise durch den Abschluss von **Lizenzverträgen.** Dabei kann ein absolutes oder einfaches Nutzungsrecht eingeräumt werden (dazu näher Harte-Bavendamm/Ohly/Kalbfus/Kalbfus/Harte-Bavendamm Einl. B. 104 ff.).

21a   **c) Verpfändung.** Als werthaltige und im Rechtsverkehr übertragbare Rechtspositionen könnten Geschäftsgeheimnisse – insoweit entsprechend den Rechten des geistigen Eigentums – als **Sicherungsmittel** eingesetzt und verpfändet werden. Allerdings dürfte ein solcher Einsatz aufgrund der Spezifika der Geschäftsgeheimnisse und dem insbesondere notwendigen Schutz der Vertraulichkeit auf praktische Schwierigkeiten stoßen (s. auch Hofmarcher Rn. 2.78 zur Rechtslage in Österreich).

4. Geschäftsgeheimnisse in der Zwangsvollstreckung und in der Insolvenz

Weil Geschäftsgeheimnisse oftmals einen erheblichen wirtschaftlichen Wert aufweisen, stellt **22** sich die Frage des Umgangs mit Geschäftsgeheimnissen im Falle der Zwangsvollstreckung oder der Insolvenz. Eine **Zwangsvollstreckung** ist möglich, sie richtet sich nach §§ 857, 828 ff. ZPO. In der **Insolvenz** gehören Geschäftsgeheimnisse zur Insolvenzmasse iSv § 35 I InsO und sie unterliegen dem Zugriff durch den Insolvenzverwalter (vgl. BGHZ 16, 172 = GRUR 1955, 388, 389 – Dücko; Schuster/Tobuschat GRUR-Prax 2019, 248). Das GeschGehG enthält zur insolvenzrechtlichen Behandlung von Geschäftsgeheimnissen keine speziellen Regelungen. Es gelten daher die insolvenzrechtlichen Grundsätze zur Verwertung von immateriellen Wirtschaftsgütern (dazu im Einzelnen Berger ZInsO 2013, 569 ff.; Fröhlich/Köchling ZInsO 2002, 478 ff.; Brammsen/Apel/Slawik Einl. D Rn. 59 ff.; Wuschek ZInsO 2015, 277 ff.).

III. Reichweite des gesetzlichen Schutzes

Aus § 1 I ergibt sich, dass das GeschGehG Geschäftsgeheimnisse vor **spezifischen Angriffs-** **23** **formen** schützt. Bei diesen handelt es sich um die unerlaubte Erlangung, Nutzung oder Offenlegung des Geheimnisses. Das unerlaubte Erlangen richtet sich nach § 4 I, das unerlaubte Nutzen und Offenlegen nach § 4 II. Hinzu kommen die mittelbaren Rechtsverletzungen gemäß § 4 III. Aus diesem Regelungskonzept folgt, dass Geschäftsgeheimnisse nach dem GeschGehG zwar einen weit reichenden, aber **keinen allgemeinen Rechtsschutz vor jeglichen Beeinträchtigungen** genießen. Dieser **eingeschränkte Schutzumfang** unterscheidet Geschäftsgeheimnisse von solchen Immaterialgüterrechten, die dem Rechtsinhaber eine umfassende Schutzposition gewähren.

Keine ausdrücklichen Regelungen enthält das GeschGehG zu der Frage, inwieweit ein **23a** berechtigter Schutz von Geschäftsgeheimnissen als ein **auskunftsbegrenzendes Interesse** geltend gemacht werden kann. Teilweise bestehen hierfür spezialgesetzliche Regelungen (zB in § 6 S. 2 IFG), die allerdings nur für die jeweils spezialgesetzlichen Auskunftspflichten gelten. Soweit eine solche Regelung nicht eingreift, kann der Inhaber des Geschäftsgeheimnisses ein berechtigtes Schutzinteresse als **materiell-rechtliche Einwendung** einem gegen ihn gerichteten Auskunftsanspruch entgegenhalten (vgl. OLG Düsseldorf GRUR 2020, 734 (735)).

Keinen Schutz bietet das GeschGehG zB davor, dass ein Unternehmer die **Geheimnisquali-** **24** **tät einer vertraulichen Information seines Mitbewerbers öffentlich in Abrede stellt,** dessen **Inhaberschaft** an einem Geschäftsgeheimnis wider besseres Wissen **bestreitet** oder **unzutreffend behauptet,** dieser habe sich das **Geschäftsgeheimnis auf unredliche Weise beschafft.** Auch die **Vernichtung eines Geschäftsgeheimnisses** (zB die unwiederbringliche Zerstörung von Modellen, Konstruktionsplänen oder Daten) wird nicht vom GeschGehG erfasst. Ein rechtlicher Schutz des Betroffenen kann in diesen Fällen entweder aus dem UWG folgen (zB nach § 4 Nr. 1, 2 oder 4 UWG, wenn es sich um eine Ansehensschädigung und/oder eine gezielte Behinderung handelt) oder – außerhalb von geschäftlichen Handlungen – auf der Grundlage der allgemeinen Deliktsrechtstatbestände gemäß §§ 823 ff. BGB.

C. Vorrangige Vorschriften des öffentlichen Rechts (§ 1 II)

Aus § 1 II ergibt sich ein **Anwendungsvorrang** von Vorschriften des öffentlichen Rechts zur **25** Geheimhaltung, Erlangung, Nutzung oder Offenlegung von Geschäftsgeheimnissen gegenüber dem GeschGehG (Begr. RegE, BT-Drs. 19/4724, 23).

I. Einordnung und unionsrechtliche Vorgaben

Der deutsche Gesetzgeber wollte mit § 1 II GeschGehG unter anderem **Art. 1 II lit. c RL** **26** **(EU) 2016/943** in das nationale Recht umsetzen (Begr. RegE, BT-Drs. 19/4724, 23). Nach dieser Bestimmung berührt die Richtlinie nicht „die Anwendung von Vorschriften der Union oder der Mitgliedstaaten, nach denen es den Organen und Einrichtungen der Union oder den nationalen Behörden vorgeschrieben oder gestattet ist, von Unternehmen vorgelegte Informationen offenzulegen, die diese Organe, Einrichtungen oder Behörden in Einhaltung der Pflichten und gemäß den Rechten, die im Unionsrecht oder im nationalen Recht niedergelegt sind, besitzen".

27   Gemäß **ErwGr. 11 RL (EU) 2016/943** lässt die Richtlinie „die Anwendung unionsweiter oder nationaler Rechtsvorschriften, nach denen Informationen, darunter Geschäftsgeheimnisse, gegenüber der Öffentlichkeit oder staatlichen Stellen offengelegt werden müssen, unberührt". Gleiches gilt für Rechtsvorschriften, nach denen es staatlichen Stellen gestattet ist, zur Erledigung ihrer Aufgaben Informationen zu erheben, und solche, nach denen diese staatlichen Stellen einschlägige Informationen an die Öffentlichkeit weitergeben dürfen oder müssen. Beispielhaft erwähnt sind in diesem Zusammenhang die **Verordnung (EG) Nr. 1049/2001** über den Zugang der Öffentlichkeit zu Dokumenten des Europäischen Parlaments, des Rates und der Kommission (ABl. EG 2001 L 145, 43), die **Verordnung (EG) Nr. 1367/2006** über die Anwendung der Bestimmungen des Übereinkommens von Århus über den Zugang zu Informationen, die Öffentlichkeitsbeteiligung an Entscheidungsverfahren und den Zugang zu Gerichten in Umweltangelegenheiten auf Organe und Einrichtungen der Gemeinschaft (ABl. EG 2006 L 264, 13) sowie die **RL 2003/4/EG** über den Zugang der Öffentlichkeit zu Umweltinformationen (ABl. EG 2003 L 41, 26). Darüber hinaus können weitere Bestimmungen über den **Zugang der Öffentlichkeit zu Dokumenten** oder über **Transparenzverpflichtungen** einschlägig sein.

II. Öffentlich-rechtliche Vorschriften zur Geheimhaltung, Erlangung, Nutzung oder Offenlegung von Geschäftsgeheimnissen

28   Zu den öffentlich-rechtlichen Vorschriften iSd § 1 II gehören alle gesetzlichen Bestimmungen, die Fragen der Geheimhaltung, Erlangung, Nutzung oder Offenlegung von Geschäftsgeheimnissen im **Verhältnis zwischen einem Privatrechtssubjekt und einem Träger öffentlicher Gewalt** regeln. Entscheidend für die Zuordnung zum öffentlichen Recht ist, ob die Beteiligten zueinander in einem hoheitlichen Verhältnis der Über- und Unterordnung stehen und ob sich der Träger hoheitlicher Gewalt der besonderen, ihm zugeordneten Rechtssätze des öffentlichen Rechts bedient oder ob er sich den für jedermann geltenden zivilrechtlichen Regelungen unterstellt (vgl. BGHZ 102, 280 = NJW 1988, 2295 (2296)). Dabei ist es unerheblich, ob die einschlägige Bestimmung ihre Grundlage im nationalen Recht oder im Unionsrecht findet.

III. Anwendungsvorrang

29   Der in § 1 II festgelegte Anwendungsvorrang der öffentlich-rechtlichen Vorschriften bedeutet, dass sich die maßgeblichen Rechte und Pflichten zwischen den Beteiligten nicht nach dem GeschGehG, sondern nach der jeweils einschlägigen öffentlich-rechtlichen Norm richten. Dieser Anwendungsvorrang besteht in zwei Richtungen: Zum einen geht es um Regelungen, die das **Verhältnis des Geheimnisinhabers zu einer öffentlichen Stelle** betreffen, zB Offenlegungs- und Auskunftspflichten eines Unternehmens gegenüber einer Behörde. Zum anderen gilt der Anwendungsvorrang für öffentlich-rechtliche Bestimmungen, die das **Verhältnis zu Dritten** regeln. Zu den Anwendungsbeispielen gehören etwa öffentlich-rechtliche Auskunftsrechte Dritter gegenüber einer staatlichen Einrichtung und die Verpflichtung der auskunftspflichtigen Stelle, das Geschäftsgeheimnis eines Unternehmens zu schützen. Nicht anzuwenden ist das GeschGehG daher bspw. auf Informationsansprüche gegen staatliche Stellen, öffentlich-rechtliche Vorschriften zur Geheimhaltung von Geschäftsgeheimnissen, Verschwiegenheitspflichten für Angehörige des öffentlichen Dienstes oder die Verschwiegenheitspflichten von Notaren (Begr. RegE, BT-Drs. 19/4724, 23).

30   Ebenfalls ausgeschlossen ist eine Anwendung des GeschGehG im Anwendungsbereich der in Deutschland geltenden Vorschriften zum **Zugang zu Umweltinformationen.** Die umweltinformationsrechtlichen Vorschriften regeln abschließend, wann staatliche und private informationspflichtige Stellen Umweltinformationen, die Geschäftsgeheimnisse enthalten, herauszugeben oder diese Herausgabe abzulehnen haben (Begr. RegE, BT-Drs. 19/4724, 23).

31   Die amtlichen Materialien gehen davon aus, dass der Begriff des Geschäftsgeheimnisses in den öffentlich-rechtlichen Vorschriften von § 2 Nr. 1 abweichen kann (Begr. RegE, BT-Drs. 19/4724, 23). Das ist im Grundsatz richtig, doch wird im Einzelfall zu prüfen sein, ob im Interesse einer einheitlichen und konsistenten Begriffsbildung eine wertende Orientierung an den Krite-

rien des § 2 Nr. 1 möglich ist (dazu eingehend Goldhammer NVwZ 2017, 1809 (1810 ff.)). Im Interesse der Rechtsklarheit und Rechtstransparenz sollte jedenfalls die Möglichkeit einer vereinheitlichenden Auslegung in Betracht gezogen werden, sofern nicht besondere Gründe dagegensprechen (→ § 2 Rn. 7).

D. GeschGehG und andere Regelungsbereiche (§ 1 III)

Während § 1 II einen Anwendungsvorrang von öffentlich-rechtlichen Vorschriften vor dem **32** GeschGehG begründet, bleiben die in § 1 III Nr. 1–4 genannten Regelungsbereiche vom GeschGehG **„unberührt"**. Es handelt sich dabei nicht um echte Bereichsausnahmen des GeschGehG. Vielmehr benennt § 1 III vier Rechtsmaterien, bei denen der Schutz von Geschäftsgeheimnissen mit anderen Normen bzw. Regelungskomplexen zusammentreffen kann.

I. Einordnung und unionsrechtliche Vorgaben

§ 1 III setzt die Vorgaben aus **Art. 1 II und III RL (EU) 2016/943** um, folgt dabei jedoch **33** nicht stringent der Regelungssystematik der Richtlinie. Die unionsrechtlichen Bestimmungen haben den folgenden Wortlaut:

„(2) Diese Richtlinie berührt nicht

a) die Ausübung des Rechts der freien Meinungsäußerung und der Informationsfreiheit gemäß der Charta, einschließlich der Achtung der Freiheit und der Pluralität der Medien,
b) die Anwendung von Vorschriften der Union oder der Mitgliedstaaten, nach denen die Inhaber von Geschäftsgeheimnissen verpflichtet sind, aus Gründen des öffentlichen Interesses Informationen, auch Geschäftsgeheimnisse, gegenüber der Öffentlichkeit oder den Verwaltungsbehörden oder den Gerichten offenzulegen, damit diese ihre Aufgaben wahrnehmen können,
c) die Anwendung von Vorschriften der Union oder der Mitgliedstaaten, nach denen es den Organen und Einrichtungen der Union oder den nationalen Behörden vorgeschrieben oder gestattet ist, von Unternehmen vorgelegte Informationen offenzulegen, die diese Organe, Einrichtungen oder Behörden in Einhaltung der Pflichten und gemäß den Rechten, die im Unionsrecht oder im nationalen Recht niedergelegt sind, besitzen,
d) die Autonomie der Sozialpartner und ihr Recht, Kollektivverträge gemäß dem Unionsrecht sowie gemäß den Gepflogenheiten und den Rechtsvorschriften der Mitgliedstaaten einzugehen.

(3) Keine Bestimmung dieser Richtlinie darf so ausgelegt werden, dass sie eine Grundlage dafür bietet, die Mobilität der Arbeitnehmer zu beschränken. Was die Ausübung dieser Mobilität anbelangt, so bietet diese Richtlinie insbesondere keinerlei Grund für

a) die Beschränkung der Nutzung von Informationen, die kein Geschäftsgeheimnis im Sinne des Artikels 2 Nummer 1 darstellen, durch die Arbeitnehmer;
b) die Beschränkung der Nutzung von Erfahrungen und Fähigkeiten, die Arbeitnehmer im normalen Verlauf ihrer Tätigkeit ehrlich erworben haben;
c) die Auferlegung zusätzlicher Beschränkungen für Arbeitnehmer in ihren Arbeitsverträgen, die nicht gemäß dem Unionsrecht oder dem nationalen Recht auferlegt werden."

Der Ausdruck „bleiben unberührt", der sich mehrfach auch in der RL (EU) 2016/943 findet, **34** kann in rechtstechnischer Sicht Unterschiedliches zum Ausdruck bringen. Die Wendung kann als ein lediglich klarstellender Hinweis auf andere Rechtsnormen gemeint sein, wobei sich der Geltungsbereich der beiden Regelungen nicht überschneidet. Weiterhin kann die Formulierung anordnen, dass zwei Regelungen nebeneinander anzuwenden sind oder es kann ein Vorrangverhältnis zum Ausdruck kommen (HdB der Rechtsförmlichkeit, Teil B. Rn. 87). Bei den in § 1 III erwähnten Bereichen handelt es sich um solche, die sich im Einzelfall mit dem Anwendungsbereich des GeschGehG überschneiden können. Im Kontext des § 1 III bedeutet die Formulierung „bleiben unberührt" im Grundsatz, dass das **GeschGehG die Anwendbarkeit von Vorschriften bzw. rechtsgeschäftlichen Vereinbarungen aus den in Nr. 1 bis 4 genannten Regelungsbereichen nicht ausschließt** und zugunsten des Geheimnisschutzes auch **keinen allgemeinen Vorrang** begründet. Im Einzelnen erschließt sich der genaue Aussagegehalt jedoch erst im jeweiligen Regelungskontext.

II. Berufs- und strafrechtlicher Schutz von Geschäftsgeheimnissen gemäß § 203 StGB (Nr. 1)

35   Gemäß § 1 III Nr. 1 bleibt der berufs- und strafrechtliche Schutz von Geschäftsgeheimnissen, deren unbefugte Offenbarung von § 203 StGB erfasst wird, durch das GeschGehG unberührt. Da der Schutz von § 203 StGB ausdrücklich auch „Betriebs- und Geschäftsgeheimnisse" umfasst, sind Überschneidungen zwischen diesem Straftatbestand mit dem GeschGehG möglich. Das GeschGehG soll die Verpflichtungen, die sich zB aus dem Schutz der Geheimsphäre des Einzelnen sowie dem Allgemeininteresse an der Verschwiegenheit der in Krankheit und Rechtsfragen helfenden Berufe ergeben, weder einschränken noch modifizieren (Begr. RegE, BT-Drs. 19/4724, 23). Der strafrechtliche Geheimnisschutz und der Schutz von Geschäftsgeheimnissen auf der Grundlage des GeschGehG stehen deswegen **unabhängig nebeneinander**.

III. Ausübung der Meinungs-, Informations- und Medienfreiheit gemäß Art. 11 GRCh (Nr. 2)

36   § 1 III Nr. 2 betrifft das komplexe Problem- und Spannungsfeld des Schutzes von Geschäftsgeheimnissen einerseits und dem Schutz der Meinungs-, Informations- und Medienfreiheit gemäß Art. 11 GRCh andererseits (dazu näher Alexander AfP 2017, 469 ff. und AfP 2019, 1 ff.; Hauck AfP 2021, 193 ff.). Die Vorschrift dient dem **Schutz der** für eine demokratische Gesellschaft besonders wichtigen **Kommunikations- und Mediengrundrechte.** Sie signalisiert, dass der Schutz von Geschäftsgeheimnissen mit der Ausübung dieser Grundrechte in Konflikt geraten kann. Die Vorschrift dient der **Umsetzung von Art. 1 II lit. a RL (EU) 2016/943.** Im **ErwGr. 19 RL (EU) 2016/943** wird dazu ausgeführt:

„Diese Richtlinie sieht zwar Maßnahmen und Rechtsbehelfe vor, die darin bestehen können, dass die Offenlegung von Informationen verhindert wird, um Geschäftsgeheimnisse zu schützen, doch darf die Ausübung des Rechts auf Freiheit der Meinungsäußerung und Informationsfreiheit, das sich gemäß Artikel 11 der Charta der Grundrechte der Europäischen Union (…) auch auf die Freiheit der Medien und ihre Pluralität erstreckt, keinesfalls eingeschränkt werden, insbesondere was den investigativen Journalismus und den Schutz der journalistischen Quellen anbelangt."

37   Der Regelungsbereich von § 1 III Nr. 2 erstreckt sich auf alle Verhaltensweisen, die von Art. 11 GRCh umfasst sind. Dies betrifft neben der **Meinungs- und Informationsfreiheit** (Art. 11 I GRCh) auch die **Achtung der Freiheit der Medien und ihrer Pluralität** (Art. 11 II GRCh). Bei der Auslegung dieser grundrechtlichen Gewährleistungen ist gemäß Art. 52 III GRCh auch die Bedeutung und Tragweite des Schutzes zu berücksichtigen, der in Art. 10 EMRK verankert ist.

38   Soweit § 1 III Nr. 2 eine **geringe normative Substanz** zugesprochen wird (Hauck AfP 2021, 193 (197)), ist dieser Einschätzung in dem Sinne zuzustimmen, dass die Vorschrift nicht zur Auflösung von konkreten Konfliktlagen geschützter Interessen geeignet ist. Kommt es zu einer Kollision der Wertungen der Kommunikations- und Medienfreiheiten einerseits und dem Schutz von Geschäftsgeheimnissen andererseits, dann ist dieser Konflikt im Wege einer **einzelfallbezogenen Interessenabwägung** aufzulösen. Gleichwohl lassen sich aus § 1 III Nr. 2 wichtige Grundaussagen entnehmen, die für die Rechtsanwendung von Bedeutung sind. So folgt aus § 1 III Nr. 2, dass dem unternehmerischen Interesse an einem Schutz von Geschäftsgeheimnissen kein allgemeiner Vorrang vor den Kommunikations- und Medienfreiheiten einzuräumen ist. Umgekehrt begründet die Regelung jedoch weder einen generellen Medienvorrang vor dem Geheimnisschutz noch eröffnet sie über die im Gesetz ohnehin vorgesehenen Fälle hinaus neue Handlungsfreiräume für Medien im Einzelfall. Die Funktion des § 1 III Nr. 2 besteht damit vor allem darin, dass die Vorschrift eine **Signalwirkung** entfaltet, indem sie an die herausgehobene Bedeutung der Kommunikations- und Medienfreiheiten erinnert. Sie weist einen **interpretationsleitenden Charakter** auf (Alexander AfP 2019, 1 (4); Hauck AfP 2021, 193 (197); ähnlich Hauck WRP 2018, 1032 (1036): Bloßer Programmsatz), der bei der Rechtsanwendung zu berücksichtigen. Eine konkrete gesetzliche Anknüpfung, um dem Schutz der in Art. 11 GRCh verankerten Grundrechte im Falle eines Konflikts mit dem Schutz von Geschäftsgeheimnissen Rechnung zu tragen, findet sich in **§ 5 Nr. 1.**

IV. Autonomie der Sozialpartner; Abschluss von Kollektivverträgen (Nr. 3)

Unberührt bleibt nach § 1 III Nr. 3 die Autonomie der Sozialpartner und ihr Recht, Kollek- **39** tivverträge nach den bestehenden europäischen und nationalen Vorschriften abzuschließen. Diese Vorschrift bezweckt eine **Umsetzung von Art. 1 II lit. d RL (EU) 2016/943** in das nationale Recht. Dies dient dem **Schutz der speziellen Interessenlage bei der kollektiven Regelung von Arbeitsverhältnissen.** Im ErwGr. 12 RL (EU) 2016/943 heißt es dazu erläuternd:

„Diese Richtlinie sollte das Recht der Sozialpartner, – falls nach dem Arbeitsrecht vorgesehen – Kollektivverträge einzugehen, hinsichtlich der Verpflichtung zur Nichtoffenlegung von Geschäftsgeheimnissen oder zur Beschränkung ihrer Nutzung und hinsichtlich der Konsequenzen eines Verstoßes gegen diese Verpflichtung durch die Partei, die ihnen unterworfen ist, nicht berühren. Dies sollte an die Bedingung geknüpft sein, dass ein derartiger Kollektivvertrag nicht die in dieser Richtlinie enthaltenen Ausnahmen einschränkt, wenn ein Antrag auf in dieser Richtlinie vorgesehene Maßnahmen, Verfahren oder Rechtsbehelfe wegen des angeblichen Erwerbs oder der angeblichen Nutzung und Offenlegung von Geschäftsgeheimnissen zurückzuweisen ist."

Der Begriff des **Kollektivvertrags** orientiert sich am Unionsrecht und am nationalen Recht. **40** Aus unionsrechtlicher Sicht sind diejenigen Rechte und Maßnahmen zur kollektiven Rechtsgestaltung erfasst, die **Art. 28 GRCh** unterfallen. Aus nationaler Sicht gehören zu den Kollektivverträgen insbesondere **Tarifverträge** und **Betriebsvereinbarungen** (Keller/Schönknecht/Glinke/Glinke Rn. 42; Harte-Bavendamm/Ohly/Kalbfus/Harte-Bavendamm Rn. 15; aA für Betriebsvereinbarungen BeckOK GeschGehG/Fuhlrott Rn. 28).

Das GeschGehG lässt die Autonomie zum Abschluss von Kollektivverträgen unberührt, sodass **41** die Vertragsparteien durch dieses Gesetz nicht daran gehindert sind, Regelungen in den Kollektivvertrag aufzunehmen, die einen **Bezug zum Umgang mit Geschäftsgeheimnissen** aufweisen, zB die vertragliche Begründung und Ausgestaltung von Geheimhaltungspflichten (näher zum Geheimnisschutz im kollektiven Arbeitsrecht Harte-Bavendamm/Ohly/Kalbfus/Kalbfus Einl. C Rn. 120 ff.). Allerdings darf der Kollektivvertrag nicht dazu genutzt werden, die verbindlichen Ausnahmebereiche des § 5 zu umgehen, etwa indem die Möglichkeiten für ein nach dem Gesetz zulässiges Whistleblowing durch einen solchen Vertrag eingeschränkt werden.

V. Rechte und Pflichten aus dem Arbeitsverhältnis; Arbeitnehmervertretungen (Nr. 4)

§ 1 III Nr. 4 wurde erst im Zuge der Beratungen im Ausschuss für Recht und Verbraucher- **42** schutz aufgenommen (BT-Drs. 19/8300). Danach lässt das GeschGehG die Rechte und Pflichten aus dem Arbeitsverhältnis und die Rechte der Arbeitnehmervertretungen unberührt. Die Norm steht in einem Sachzusammenhang mit § 1 III Nr. 3. Geschützt wird das **Interesse an einer freien Ausgestaltung des Arbeitsverhältnisses** und an einer **sachgerechten Arbeitnehmervertretung.** Konkreten Ausdruck finden diese Interessen in den Regelungen des § 3 I Nr. 3 und § 5 Nr. 3.

Die Regelung soll einen **speziellen Vorrang** rechtsgeschäftlicher Vereinbarungen in Arbeits- **43** verträgen sowie spezialgesetzlicher arbeitsrechtlicher Regelungen im Bereich der Mitbestimmung zum Ausdruck bringen (näher zum Geheimnisschutz im Individualarbeitsrecht Harte-Bavendamm/Ohly/Kalbfus/Kalbfus Einl. C Rn. 4 ff.). Der Gesetzgeber will diese Vorschrift als flankierende Regelung zu dem in § 3 II angeordneten generellen Vorrang von rechtsgeschäftlichen und spezialgesetzlichen Sonderregelungen zum Schutz von Geschäftsgeheimnissen verstanden wissen. Es werde zudem **ErwGr. 18 RL (EU) 2016/943** Rechnung getragen, der die Rechtmäßigkeit der Offenlegung von Geheimnissen insbesondere im Rahmen der betrieblichen Mitbestimmung besonders hervorhebe (Beschlussempfehlung und Bericht, BT-Drs. 19/8300, 13). Nach diesem ErwGr. sollten „Erwerb, Nutzung oder Offenlegung von Geschäftsgeheimnissen immer dann, wenn sie rechtlich vorgeschrieben oder zulässig sind, als rechtmäßig im Sinne dieser Richtlinie gelten. Das betrifft insbesondere den Erwerb und die Offenlegung von Geschäftsgeheimnissen im Rahmen der Inanspruchnahme des Rechts der Arbeitnehmervertreter auf Information, Anhörung und Mitwirkung gemäß dem Unionsrecht und dem Recht oder den Gepflogenheiten der Mitgliedstaaten sowie im Rahmen der kollektiven Vertretung der Interessen der Arbeitnehmer und der Arbeitgeber einschließlich der Mitbestimmung und den Erwerb oder die Offenlegung von Geschäftsgeheimnissen im Rahmen von Pflichtprüfungen, die gemäß dem Unionsrecht oder dem nationalen Recht durchgeführt werden." Zugleich besteht ein Bezug zu **Art. 1 III RL (EU) 2016/943,** wonach die Bestimmungen der Richtlinie nicht in einer Weise ausgelegt werden dürfen, die eine Grundlage für **Einschränkungen der Mobilität von Arbeitnehmern** bietet. Exemplarisch verweisen die amtlichen Materialien auf die Anforderungen der bestehenden arbeitsgerichtlichen Rechtsprechung an die Vereinbarung von Karenzzeiten, die nicht unterlaufen werden dürfen (Beschlussempfehlung und Bericht, BT-Drs. 19/8300, 13).

44   Als **„Rechte der Arbeitnehmervertretungen"** sind diejenigen Rechte anzusehen, die Arbeitnehmervertretern im Rahmen der Wahrnehmung der Arbeitnehmerinteressen zustehen (zum Begriff der Arbeitnehmervertretung → § 2 Rn. 46). Dabei handelt es sich insbesondere um die Rechte, die sich auf der Grundlage des BetrVG, aus den Regelungen zur Mitbestimmung auf Unternehmensebene sowie aus der dazu ergangenen und künftig ergehenden Rspr. ergeben (Beschlussempfehlung und Bericht, BT-Drs. 19/8300, 13).

Begriffsbestimmungen

2 **Im Sinne dieses Gesetzes ist**

1. **Geschäftsgeheimnis**
   eine Information
   a) **die weder insgesamt noch in der genauen Anordnung und Zusammensetzung ihrer Bestandteile den Personen in den Kreisen, die üblicherweise mit dieser Art von Informationen umgehen, allgemein bekannt oder ohne Weiteres zugänglich ist und daher von wirtschaftlichem Wert ist und**
   b) **die Gegenstand von den Umständen nach angemessenen Geheimhaltungsmaßnahmen durch ihren rechtmäßigen Inhaber ist und**
   c) **bei der ein berechtigtes Interesse an der Geheimhaltung besteht;**
2. **Inhaber eines Geschäftsgeheimnisses**
   jede natürliche oder juristische Person, die die rechtmäßige Kontrolle über ein Geschäftsgeheimnis hat;
3. **Rechtsverletzer**
   jede natürliche oder juristische Person, die entgegen § 4 ein Geschäftsgeheimnis rechtswidrig erlangt, nutzt oder offenlegt; Rechtsverletzer ist nicht, wer sich auf eine Ausnahme nach § 5 berufen kann;
4. **rechtsverletzendes Produkt**
   ein Produkt, dessen Konzeption, Merkmale, Funktionsweise, Herstellungsprozess oder Marketing in erheblichem Umfang auf einem rechtswidrig erlangten, genutzten oder offengelegten Geschäftsgeheimnis beruht.

Schrifttum: Apel/Drescher/Lindner, Geschäftsgeheimnisse im Compliance-System des Unternehmens: Anforderungen an die Umsetzung eines ganzheitlichen Geheimnisschutzes, BB 2022, 1795; Apel/Stolz, Vertragliche Geheimhaltungsmaßnahmen nach „PU-Schaum" – Was bleibt hängen?, GRUR-Prax 2021, 1; Baade/Reiserer, Aktuelles zum Schutz von Geschäftsgeheimnissen – Handlungsoptionen für Arbeitgeber, DStR 2022, 890; Brandau/Gal, Strafbarkeit des Fotografierens von Messe-Exponaten, GRUR 2009, 118; Bußmann/Glasowski/Niehaus/Stecher, Die Schutzfähigkeit von KI-Trainingsdaten de lege lata, RDi 2022, 391; Dittrich, Geschäftsgeheimnisse im Visier von Cyberkriminellen – die Bedeutung der Cybersicherheit für den Geheimnisschutz in Unternehmen, NZWiSt 2003, 8; Enders, Know How Schutz als Teil des geistigen Eigentums, GRUR 2012, 25; Ess, Wie weit reicht der Geheimnisschutz? Zum rechtsverletzenden Produkt i. S. d. § 2 Nr. 4 GeschGehG, WRP 2020, 988; Freckmann/Schmoll, Geheimnisschutzrichtlinie: Neuer Standard für Vertraulichkeitsvereinbarungen und arbeitsvertragliche Verschwiegenheitsklauseln, BB 2017, 1780; Fuhlrott/Fischer, Verschwiegenheitsklauseln im Lichte des Geschäftsgeheimnisschutzes, NZA 2022, 809; Harte-Bavendamm, Der Begriff des Geschäftsgeheimnisses nach harmonisiertem Recht, FS Büscher, 2018, 311; Herrmann, Praktische Auswirkungen der neuen EU-Richtlinie zum Schutz von vertraulichem Know-how und Geschäftsgeheimnissen, CB 2016, 368; Hiéramente/Golzio, Die Reform des Geheimnisschutzes aus Sicht der Compliance-Abteilung, CCZ 2018, 262; Hoeren/Münker, Geheimhaltungsvereinbarung: Rechtsnatur und Vertragsprobleme im IT-Sektor – Gestaltungs- und Vertragsmuster für die Beratung, MMR 2021, 523; Höfer, Regierungsentwurf zum Geschäftsgeheimnisgesetz (GeschGehG) aus Geschäftsführersicht: Pflicht zum „Geschäftsgeheimnis-Management", GmbHR 2018, 1195; Hohendorf, Know-how-Schutz und Geistiges Eigentum, 2020; Holterhus, 2 Jahre GeschGehG – Fluch oder Segen. Eine Bilanz unter Berücksichtigung der Rechtsprechung zum GeschGehG, K&R Beilage zu Heft 6/2021, 45; Irgens-Jensen, Departing Employees, Confidentiality Clauses and European Trade Secrets Protection, IIC 2023, 495; Kalbfus, Angemessene Geheimhaltungsmaßnahmen nach der Geschäftsgeheimnis-Richtlinie, GRUR-Prax 2017, 391; Klein/Wegener, Wem gehören Geschäftsgeheimnisse?, GRUR-Prax 2017, 394; Korte/Harten, Geheimnisschutz im Vertriebsrecht – Ohne angemessene Schutzmaßnahmen kein Schutz der Betriebs- und Geschäftsgeheimnisse mehr?, ZVertriebsR 2021, 155; Kraus/Leister, Daten und Geheimnisschutz im Homeoffice – Schutzkonzept zur Vermeidung von Bußgeld- und Haftungsrisiken, CCZ 2021, 111; Krüger/Wiencke/Koch, Der Datenpool als Geschäftsgeheimnis, GRUR 2020, 578; Lauck, Angemessene Geheimhaltungsmaßnahmen nach dem GeschGehG – Weshalb der Wert des Geschäftsgeheimnisses irrelevant ist, GRUR 2019, 1132; Leister, Unternehmen müssen ihre „Geheimnisschutz-Compliance" sicherstellen; GRUR-Prax 2020, 145; Leistner, Angemessene Geheimhaltungsmaßnahmen i. S. d. § 2 Nr. 1b) GeschGehG, WRP 2021, 835; Maaßen, „Angemessene Geheimhaltungsmaßnahmen" für Geschäftsgeheimnisse, GRUR 2019, 352; Malcher, Künstliche Intelligenz-Anwendung im Wege des Software as a Service (KIaaS). Ausgesuchte vertragsrechtliche Besonderheiten im Vergleich zu herkömmlichen SaaS-Verträgen mit Musterklauseln, MMR 2022, 617; McGuire, Begriff und Rechtsnatur des Geschäftsgeheimnisses, FS Harte-Bavendamm, 2020, 367; McGuire, Neue Anforderungen an Geheimhaltungsvereinbarungen?, WRP 2019, 679; Partsch/ Rump, Auslegung der „angemessenen Geheimhaltungsmaßnahme" im Geschäftsgeheimnis-Schutzgesetz, NJW 2020, 118; Passarge, Der Entwurf eines Gesetzes zum Schutz von Geschäftsgeheimnissen (GeschGehG) – Das Gegenteil von gut gemacht ist gut gemeint, CB 2018, 144; Römling, Der Geschäftsgeheimnisbegriff zwischen öffentlichem und privatem Recht – Überlegungen aus Anlass der jüngeren verwaltungsgerichtlichen Rechtsprechung, NVwZ 2022, 463; Rützel, Illegale Unternehmensgeheimnisse?, GRUR 1995, 557; Schöwerling, Die Geheimhaltungsvereinbarung: (K)ein Auslaufmodell?, GRUR-Prax 2015, 52; Söbbing, Künstliche neuronale Netze – Rechtliche Betrachtung von Software- und KI-Lernstrukturen, MMR 2021, 111; Steinmann/Schubmehl, Vertraglicher Geheimnisschutz im Kunden-Lieferanten-Verhältnis – Auswirkungen der EU-Geheimnisschutz-RL am Beispiel der Automobilindustrie, CCZ 2017, 194; Thress, Geheimnisschutz-Compliance im Unternehmen – Ein Wettlauf mit der Zeit, BB 2023, 1027; Voigt/Herrmann/ Grabenschröer, Das neue Geschäftsgeheimnisgesetz – praktische Hinweise zu Umsetzungsmaßnahmen für Unternehmen, BB 2019, 142; von Diringshofen, Know-how-Schutz in der Praxis, GRUR-Prax 2013, 397; Wiebe, Der Geschäftsgeheimnisschutz im Informationsfreiheitsrecht – Unter besonderer Berücksichtigung des Gesetzes zum Schutz von Geschäftsgeheimnissen, NVwZ 2020, 1705; Wurzer, Know-how-Schutz als Teil des Compliance Managements, CCZ 2009, 49; Ziegelmayer, Geheimnisschutz ist eine große Nische – Zu den unterschätzten Auswirkungen des GeschGehG, CR 2018, 693; s. ferner allg. bei Vor § 1.

A. Allgemeines

I. Normzweck und Normstruktur

§ 2 enthält **Definitionen von zentralen Begriffen** des GeschGehG. Das Gesetz folgt damit **1** der Regelungstechnik der RL (EU) 2016/943, die in Art. 2 ebenfalls Begriffsbestimmungen vorsieht. Die Reihenfolge der Definitionen in § 2 entspricht derjenigen in Art. 2 RL (EU) 2016/943. Der deutsche Gesetzgeber hat die Definitionen aus dem Unionsrecht allerdings nicht inhaltlich und redaktionell unverändert übernommen, sondern teilweise modifiziert und angepasst.

In § 2 sind insgesamt **vier Definitionen** vorgesehen: § 2 Nr. 1 legt fest, was unter einem **2** Geschäftsgeheimnis zu verstehen ist. § 2 Nr. 2 trifft eine Aussage zum Inhaber eines Geschäftsgeheimnisses. § 2 Nr. 3 definiert den Rechtsverletzer und schließlich wird in § 2 Nr. 4 der Begriff des rechtsverletzenden Produkts näher umschrieben.

II. Entstehung

Im alten Recht fehlten gesetzliche Begriffsbestimmungen im Zusammenhang mit dem Schutz **3** von Betriebs- und Geschäftsgeheimnissen vollständig. Der **RefE** hatte in § 1 I Nr. 1 bis 4 Begriffsdefinitionen vorgesehen. Der **RegE** (BT-Drs. 19/4724) nahm eine systematische Trennung zwischen der Regelung des Anwendungsbereichs (§ 1) und den Begriffsdefinitionen (§ 2) vor. Einige Formulierungen innerhalb der Definitionen wurden zudem überarbeitet. In den **Ausschussberatungen** (BT-Drs. 19/8300) blieben die Definitionen in § 2 Nr. 2–4 unverändert. Der Begriff des Geschäftsgeheimnisses in § 2 I Nr. 1 wurde hingegen um ein zusätzliches Kriterium (lit. c) erweitert.

III. Funktion und Auslegung

Die Definitionen in § 2 haben mehrere Funktionen. Indem der Gesetzgeber die in einem **4** Gesetz häufig genutzten Begriffe einheitlich definiert, stärkt er die **Rechtstransparenz** und **Rechtsklarheit.** So ist es nicht erforderlich, die Begriffe im jeweiligen Regelungskontext neu zu umschreiben und zu erläutern, was eine schlanke Gesetzesfassung fördert. Zugleich bilden die Definitionen die Grundlage für ein **einheitliches Normverständnis** und damit auch eine **einheitliche und konsistente Rechtsanwendung.** Die Definitionen erleichtern es den Normadressaten, den Regelungsgehalt von Normen zu erfassen. Darüber hinaus geben sie dem Rechtsanwender wichtige Hinweise für die **Auslegung.** Die Begriffsbestimmungen fördern damit auch die **Rechtssicherheit.** Die Bedeutung dieser Definition beschränkt sich indessen nicht auf eine bloß begriffliche Ebene. Vielmehr sind den Definitionen **materiell-rechtliche Kriterien** zu entnehmen, etwa für die Frage, welche Anforderungen erfüllt sein müssen, damit eine Information als Geschäftsgeheimnis geschützt ist.

Alle Begriffe aus § 2 Nr. 1–4 bedürfen ihrerseits der Auslegung, damit sie im konkreten Fall **5** angewendet werden können. Sie enthalten zudem teilweise **sehr unbestimmte Tatbestandsmerkmale** (zB „den Umständen nach angemessene Geheimhaltungsmaßnahmen"; „in erheblichem Umfang"), die eine **Konkretisierung und Präzisierung** erfordern. Dabei kommt der Rspr. eine herausragende Bedeutung zu. Da sämtliche Definitionen aus Art. 2 RL (EU) 2016/943 übernommen wurden (wenngleich mit Abweichungen im Detail), sind die Begriffe **richtlinienkonform** auszulegen. Hierfür ist von entscheidender Bedeutung, ob die Vorgaben aus Art. 2 RL (EU) 2016/943 einen **vollharmonisierenden Charakter** haben. Dagegen scheint zu sprechen, dass Art. 2 RL (EU) 2016/943 nicht im Katalog der vollharmonisierenden Bestimmungen gemäß Art. 1 I UAbs. 2 RL (EU) 2016/943 erwähnt ist. Gleichwohl ist von vollharmonisierenden und insoweit abschließenden Definitionen auszugehen (Harte-Bavendamm FS Büscher, 2018, 311 (313)). Dies folgt zum einen aus dem systematischen Stellung der Norm im vorangestellten Kapitel I RL (EU) 2016/943. Zum anderen ergibt sich der vollharmonisierende Charakter aus dem jeweiligen Regelungskontext. Sind die in Art. 2 RL (EU) 2016/943 definierten Begriffe Teil des Tatbestands einer vollharmonisierenden Bestimmung der Richtlinie, dann erstreckt sich die Vollharmonisierung notwendigerweise auch auf die jeweilige Definition. Dies zeigt sich am **Beispiel** von Art. 3 und 5 RL (EU) 2016/943. Beide Vorschriften sind nach den ausdrücklichen Vorgaben in Art. 1 I UAbs. 2 RL (EU) 2016/943 als vollharmonisierend anzusehen. Diese beiden Regelungen – erlaubte und ausnahmsweise zulässige Handlungen – stehen ihrerseits in einem untrennbaren Sachzusammenhang mit den Begriffsdefinitionen des Art. 2 RL (EU) 2016/943. Würde bspw. der Begriff des Geschäftsgeheimnisses in den Mitgliedstaaten strenger gefasst als in Art. 2 Nr. 1 RL (EU) 2016/943 vorgesehen, dann könnten auf diese Weise die in Art. 3 und 5 RL (EU) 2016/943 verankerten Handlungsfreiräume eingeschränkt werden.

IV. Anwendungsbereich

6   Aus der systematischen Stellung von § 2 im ersten Abschnitt des Gesetzes folgt, dass die Definitionen für den **gesamten Anwendungs- und Regelungsbereich** des Gesetzes Geltung beanspruchen, einschließlich des § 1. Sie gelten damit für die materiellrechtlichen Schutzbestimmungen und Ansprüche ebenso wie für die verfahrensrechtlichen Normen. Auch innerhalb der Straftatbestände des § 23 sind die Definitionen des § 2 verbindlich.

7   Außerhalb des GeschGehG gelten die Begriffsbestimmungen des § 2 nur dann, wenn eine gesetzliche Regelung **ausdrücklich diese Definitionen in Bezug nimmt** (zB in § 6 I HinSchG) und/oder sich aus dem Schutzzweck und dem Regelungskontext einer Norm ergibt, dass ein begrifflicher Gleichlauf mit § 2 besteht. Sofern dies nicht der Fall ist, und zB nur allgemein von einem „Betriebs- und Geschäftsgeheimnis" gesprochen wird, sind die Definitionen des § 2 nicht direkt anwendbar. Allerdings kann sich insbesondere für den Begriff des Geschäftsgeheimnisses die Frage stellen, ob die Merkmale des § 2 Nr. 1 für die Auslegung von Normen, die auf Betriebs- und/oder Geschäftsgeheimnisse Bezug nehmen, entsprechend oder zumindest wertend heranzuziehen sind.

7a   Auszugehen ist von dem Grundsatz, dass innerhalb der Rechtsordnung **kein einheitlicher und übergreifender Begriff des Geschäftsgeheimnisses** gilt. Je nach dem speziellen Zweck von Normen können spezifische Definitionen und Kriterien für die Bestimmung eines Geschäftsgeheimnisses gelten. Dies schließt es allerdings nicht aus, die begriffsprägenden Merkmale des § 2 Nr. 1 als eine **Auslegungs- und Orientierungshilfe** heranzuziehen. Für eine entsprechende Anwendung von § 2 Nr. 1 bzw. einen Wertungsabgleich mit dieser Vorschrift lassen sich insbesondere die folgenden Überlegungen anführen: § 2 Nr. 1 enthält detaillierte Kriterien, die eine Rechtsanwendung erleichtern. Zudem sind diese Kriterien durch die Gerichte bereits in wichtigen Punkten präzisiert worden und weitere Entscheidungen sind zu erwarten. Darüber hinaus kann es vorteilhaft sein, wenn eine zu starke Zersplitterung des Begriffs des Geschäftsgeheimnisses innerhalb der Rechtsordnung vermieden wird. **Beispiele:** Eine Wertungsparallele zu § 2 Nr. 1 liegt nahe für **§ 86 I HGB, § 90 HGB,** weil eine mit dem GeschGehG vergleichbare Interessen- und Gefährdungslage besteht (aA Korte/Harten ZVertriebsR 2021, 155 ff.). Diskutiert wird eine Orientierung an § 2 Nr. 1 für **Informationsansprüche** und **Auskunftsrechte** (Überblick bei Römling NVwZ 2022, 463 ff.), bei denen Betriebs- und Geschäftsgeheimnisse als Belange zu berücksichtigen sind, die einem Auskunftsbegehren entgegenstehen können (vgl. § 6 S. 2 IFG oder § 9 I 1 Nr. 3 UIG). Teilweise wird eine Wertungsparallele zu § 2 Nr. 1 befürwortet (Goldhammer NVwZ 2017, 1809 (1810 ff.)), teilweise wird eine Anwendung von § 2 Nr. 1 zwingend gefordert (Wiebe NVwZ 2019, 1705 (1706)). Entsprechend stellt sich die Frage für die **verfassungsunmittelbaren Auskunftsansprüche**, für die es zwar keine ausdrücklichen Regelungen zu auskunftsbegrenzenden Interessen gibt, denen aber der Schutz von Betriebs- und Geschäftsgeheimnissen ebenfalls limitierend entgegenstehen kann (vgl. OVG Berlin-Bandenburg BeckRS 2020, 1977 Rn. 32 ff.). Weiterhin zu denken ist an die allgemeine Verpflichtung zur Geheimhaltung gemäß **§ 30 VwVfG,** wonach die Beteiligten eines Verwaltungsverfahrens einen Anspruch darauf haben, dass ihre Geheimnisse, unter anderem die Betriebs- und Geschäftsgeheimnisse, von der Behörde nicht unbefugt offenbart werden (vgl. dazu BGH NVwZ-RR 2020, 1117 Rn. 19 ff.).

7b   Die **Rechtsprechung** zur Übertragbarkeit des Geschäftsgeheimnisbegriffs auf andere, insbesondere **öffentlich-rechtliche Normen** ist noch **uneinheitlich.** Das BVerwG hat die gesetzlichen Kriterien des GeschGehG für den Begriff des Geschäftsgeheimnisses zum Teil direkt herangezogen (BVerwG NVwZ 2020, 715 Rn. 11 ff.) bzw. sich dafür ausgesprochen, diese jedenfalls mit zu berücksichtigen (BVerwG NVwZ 2020, 1368 Rn. 24; BVerwG BeckRS 2020, 18641 Rn. 16). Dies entspricht der Auslegungspraxis aus der Zeit vor dem Inkrafttreten des GeschGehG, die sich am Begriffsverständnis des UWG orientierte (BVerwG BeckRS 2013, 54393 Rn. 10). Eine sinngemäße Anwendung der Definition aus dem GeschGehG haben auch das VG Düsseldorf (BeckRS 2019, 26350) und – wenngleich abschwächend – das VG Aachen

(BeckRS 2022, 20545 Rn. 64) befürwortet; offengelassen haben die Frage das OVG Berlin-Brandenburg (BeckRS 2020, 1977 Rn. 36; BeckRS 2021, 36137 Rn. 44) und das VG Karlsruhe (BeckRS 2021, 43748 Rn. 48). Demgegenüber lehnte das VG Berlin (BeckRS 2019, 24436) eine Bezugnahme auf die Terminologie des GeschGehG ab. Für § 30 VwVfG in einem energierechtlichen Verwaltungsverfahren hat der BGH (NVwZ-RR 2020, 1117 Rn. 20) keinen Bezug zum Begriff des Geschäftsgeheimnisses gemäß § 2 Nr. 1 GeschGehG hergestellt, doch betraf dieser Streitfall eine Veröffentlichung von Daten noch vor dem Inkrafttreten des GeschGehG.

Auch für das **Verfahrensrecht** gilt, dass die Definitionen des § 2 dann unmittelbare Anwendung finden, wenn dies gesetzlich vorgesehen ist. Bei der Auslegung von **§ 172 Nr. 2 GVG** haben die Gerichte eine unmittelbare Heranziehung von § 2 Nr. 1 teilweise abgelehnt (KG BeckRS 2020, 31170 Rn. 21; OLG Brandenburg BeckRS 2021, 23978 Rn. 11), teilweise die Definition des § 2 Nr. 1 dagegen direkt angewendet (OLG Hamm BeckRS 2021, 14668 Rn. 4 f.). Aus der verfahrensrechtlichen Bezugnahme auf die §§ 16–20 in **§ 145a S. 1 PatG** (→ § 16 Rn. 13c) ist nach Auffassung des OLG Düsseldorf (OLG Düsseldorf GRUR-RS 2021, 30560 Rn. 12 ff.) nicht abzuleiten, dass der Gesetzgeber zugleich auf die materiellrechtlichen Bestimmungen des GeschGehG verweisen wollte. **7c**

Die gesetzlichen Definitionen des § 2 können wertend bei der **Auslegung von vertraglichen Vereinbarungen** gemäß §§ 133, 157 BGB herangezogen werden, wenn die Parteien keine abweichenden Abreden getroffen haben und die Interessenlage vergleichbar ist (vgl. für die Auslegung einer vertraglichen Know-how-Schutzvereinbarung OLG Düsseldorf GRUR-RS 2021, 14806 Rn. 20 ff.). **7d**

B. Geschäftsgeheimnis (§ 2 Nr. 1)

§ 2 Nr. 1 definiert den Begriff des Geschäftsgeheimnisses. Die nach altem Recht getroffene Unterscheidung zwischen Geschäfts- und Betriebsgeheimnissen (→ Rn. 17, 18) ist nach geltendem Recht gegenstandslos. **8**

I. Bedeutung des Begriffs und unionsrechtliche Vorgaben

Der in § 2 Nr. 1 definierte Begriff des Geschäftsgeheimnisses ist für das GeschGehG von grundlegender Bedeutung. Es handelt sich um den **Kernbegriff des gesamten Gesetzes.** Dieser beschreibt den **Schutzgegenstand des GeschGehG** und bildet zugleich den maßgeblichen Anknüpfungspunkt für sämtliche Regelungsbereiche innerhalb des Gesetzes. **9**

Der Begriff des Geschäftsgeheimnisses dient zugleich der Ein- und Abgrenzung des **sachlichen Anwendungsbereiches** des GeschGehG und ist insoweit in seiner Funktion der geschäftlichen Handlung iSd § 2 I Nr. 1 UWG vergleichbar. Über den Begriff des Geschäftsgeheimnisses ist das GeschGehG von anderen Gesetzen und Regelungsbereichen abzugrenzen, die ebenfalls vertrauliche Informationen schützen. Das GeschGehG dient allein dem Schutz von Geschäftsgeheimnissen (§ 1 I). Daraus folgt, dass der Schutz von vertraulichen Informationen, die keine Geschäftsgeheimnisse sind (zB Staatsgeheimnisse, Dienstgeheimnisse oder persönliche Geheimnisse einer Privatperson), nicht von dem GeschGehG umfasst wird. **10**

§ 2 Nr. 1 setzt **Art. 2 Nr. 1 RL (EU) 2016/943** in das deutsche Recht um. Die Definition in der Richtlinie hat folgenden Wortlaut: **11**

„Für die Zwecke dieser Richtlinie bezeichnet der Ausdruck

1. „Geschäftsgeheimnis" Informationen, die alle nachstehenden Kriterien erfüllen:
   a) Sie sind in dem Sinne geheim, dass sie weder in ihrer Gesamtheit noch in der genauen Anordnung und Zusammensetzung ihrer Bestandteile den Personen in den Kreisen, die üblicherweise mit dieser Art von Informationen umgehen, allgemein bekannt oder ohne weiteres zugänglich sind;
   b) sie sind von kommerziellem Wert, weil sie geheim sind;
   c) sie sind Gegenstand von den Umständen entsprechenden angemessenen Geheimhaltungsmaßnahmen durch die Person, die die rechtmäßige Kontrolle über die Informationen besitzt".

Im ErwGr. **14 RL (EU) 2016/943** wird erläuternd zu dieser Definition ausgeführt: **12**

„Es ist wichtig, eine homogene Definition des Begriffs „Geschäftsgeheimnis" festzulegen, ohne den vor widerrechtlicher Aneignung zu schützenden Bereich einzuengen. Eine solche Definition sollte daher so beschaffen sein, dass sie Know-how, Geschäftsinformationen und technologische Informationen abdeckt, bei denen sowohl ein legitimes Interesse an ihrer Geheimhaltung besteht als auch die legitime

Erwartung, dass diese Vertraulichkeit gewahrt wird. Darüber hinaus sollten solches Know-how oder solche Informationen einen – realen oder potenziellen – Handelswert verkörpern. Solches Know-how oder solche Informationen sollten so verstanden werden, dass sie einen Handelswert verkörpern, zum Beispiel wenn ihr unbefugter Erwerb oder ihre unbefugte Nutzung oder Offenlegung die Interessen der Person, die rechtmäßig die Kontrolle über sie ausübt, aller Voraussicht nach dadurch schädigt, dass das wissenschaftliche oder technische Potenzial, die geschäftlichen oder finanziellen Interessen, die strategische Position oder die Wettbewerbsfähigkeit dieser Person untergraben werden. Die Definition eines Geschäftsgeheimnisses schließt belanglose Informationen und die Erfahrungen und Qualifikationen, die Beschäftigte im Zuge der Ausübung ihrer üblichen Tätigkeiten erwerben, sowie Informationen aus, die den Personenkreisen, die üblicherweise mit derartigen Informationen umgehen, generell bekannt sind bzw. für sie leicht zugänglich sind."

13   Die RL (EU) 2016/943 geht von einem **weiten Geheimnisbegriff** aus. Als Geschäftsgeheimnisse schützt sie ein „breites Spektrum von Informationen, das über das technologische Wissen hinausgeht und auch Geschäftsdaten wie Informationen über Kunden und Lieferanten, Businesspläne sowie Marktforschung und -strategien einschließt" (ErwGr. 2 RL (EU) 2016/ 943).

14   Die unionsrechtliche Definition folgt in ihrer Untergliederung in drei Teilvoraussetzungen der Regelung in **Art. 39 II TRIPS-Abkommen** (→ Vor § 1 Rn. 36). Diese Struktur entspricht einem Regelungsansatz, der sich auch in vielen anderen Rechtsordnungen wiederfindet und daher eine Art internationalen Standard bildet (vgl. auch Ohly GRUR 2019, 441 (442)). Leider ist der deutsche Gesetzgeber – ohne nachvollziehbare Gründe – davon abgewichen. Während Art. 2 Nr. 1 lit. a und b RL (EU) 2016/943 zwischen dem Erfordernis der Geheimhaltung einer Information und ihrem kommerziellen Wert unterscheidet, fasst § 2 Nr. 1 lit. a diese beiden Tatbestandsvoraussetzungen zusammen. Die Voraussetzungen gemäß § 2 Nr. 1 lit. b, wonach die geheime Information Gegenstand von den Umständen nach angemessenen Geheimhaltungsmaßnahmen sein muss, entspricht Art. 2 Nr. 1 lit. c RL (EU) 2016/943. Abweichend von der unionsrechtlichen Definition setzt das deutsche Recht in § 2 Nr. 1 lit. c zusätzlich das Bestehen eines berechtigten Interesses an der Geheimhaltung voraus. Dieses Merkmal findet in dem verfügenden Teil der RL (EU) 2016/943 keine unmittelbare Entsprechung, nur im ErwGr. 14 RL (EU) 2016/943 (→ Rn. 12) ist von einem legitimen Interesse an der Geheimhaltung die Rede.

II. Frühere Rechtslage

15   Nach altem Recht war begrifflich zwischen Geschäfts- und Betriebsgeheimnissen zu unterscheiden. Die Unterschiede betrafen allerdings nur den Gegenstand der Geheimhaltung (→ Rn. 17 f.), nicht die für einen Schutz erforderlichen Voraussetzungen (→ Rn. 16). Gesetzliche Definitionen bestanden nicht. In der Rspr. hatten sich Begriffsbestimmungen herausgebildet, die weithin Anerkennung fanden (eingehend Brammsen Lauterkeitsstrafrecht UWG § 17 Rn. 8 ff.).

1. Definition der Rspr.

16   Als ein Geschäfts- oder Betriebsgeheimnis iSv § 17 UWG aF war jede im Zusammenhang mit einem Geschäftsbetrieb stehende Tatsache anzusehen, die nicht offenkundig, sondern nur einem begrenzten Personenkreis bekannt war und nach dem bekundeten, auf wirtschaftlichen Interessen beruhenden Willen des Betriebsinhabers geheimgehalten werden sollte (BGH GRUR 1955, 424 (425) – Möbelwachspaste; GRUR 1961, 40 (43) – Wurftaubenpresse; GRUR 2003, 356 (358) – Präzisionsmessgeräte; GRUR 2006, 1044 Rn. 19 – Kundendatenprogramm; GRUR 2009, 603 Rn. 13 – Versicherungsuntervertreter; GRUR 2018, 1161 Rn. 28 – Hohlfasermembranspinnanlage II). Darüber hinaus forderte die Rspr. teilweise, dass der Betriebsinhaber ein berechtigtes wirtschaftliches Interesse an der Geheimhaltung haben musste (BGH GRUR 1961, 40 (43) – Wurftaubenpresse) bzw. sein Geheimhaltungswille „auf einem ausreichenden wirtschaftlichen Interesse" beruhte (BGH GRUR 2003, 356 (358) – Präzisionsmessgeräte).

17   **Geschäftsgeheimnisse** waren Informationen aus dem **kaufmännischen Bereich** eines Unternehmens (RGSt 29, 426 (430)), zB Umsätze, Ertragslagen, Geschäftsbücher, Kundenlisten, Bezugsquellen, Konditionen, Marktstrategien, Unterlagen zur Kreditwürdigkeit, Kalkulationsunterlagen, Patentanmeldungen und sonstige Entwicklungs- und Forschungsprojekte, durch welche die wirtschaftlichen Verhältnisse eines Betriebs maßgeblich bestimmt werden können (BVerfG 115, 205 = NVwZ 2006, 1041 Rn. 87).

Bei **Betriebsgeheimnissen** handelte es sich um Informationen **technischer Natur,** etwa **18**
Konstruktionen, Konstruktionszeichnungen, Rezepte, Herstellungsverfahren, technische Zu-
sammensetzungen sowie die Funktionsweise einer Anlage (BGH GRUR 2018, 1161 Rn. 28 –
Hohlfasermembranspinnanlage II). Da beide Arten von Geheimnissen vom Gesetz gleicherma-
ßen geschützt waren, spielte die Unterscheidung keine praktische Rolle. Die Definition der
Rspr. erstreckte sich auf beide Arten von Geheimnissen.

2. Beispiele

Die Rspr. hat nach altem Recht ua in den folgenden Fällen ein Geschäfts- oder Betriebs- **19**
geheimnis bejaht bzw. das Vorliegen eines solchen für möglich erachtet: **Anzeigenauftrag**
(BayObLG NStZ 2001, 202; OLG München NJW-RR 1996, 1134); **Aufbereitungsanlage**
und -verfahren zur Herstellung von speziellen Industrie-Bodenbelägen (BGH GRUR 1963,
267 ff. – Industrieböden); **Ausschreibungs- bzw. Angebotsunterlagen** (BGH GRUR 1976,
367 ff. – Ausschreibungsunterlagen; BGHSt 41, 140 = NJW 1995, 2301 ff.); kaufmännische
Buchführung (RGSt 29, 426 (430)); **Code** für eine Pay-TV-Karte (OLG Frankfurt NJW 1996,
264); Gestaltung des **Computerprogramms** eines Spielautomaten (BayObLG GRUR 1991,
694 (695) – Geldspielautomat); **Entwurf** für eine Neon-Leuchtreklame (OLG Köln GRUR
1958, 300 ff.); **Füllanlage** für die Befüllung von Geräten mit einer Messflüssigkeit (BGH GRUR
1985, 294 (295 ff.) – Füllanlage); **Jahresabschluss** einer Fabrik (RGSt 29, 426 (427 ff.)); **Kon-**
struktion und Konstruktionsskizze für Stapelautomaten und -anlagen (BGH GRUR 1983,
179 (180) – Stapel-Automat); **Listen** mit Daten von Kunden, zu denen bereits eine Geschäftsbeziehung besteht (BGH GRUR 1999, 934 (935 f.) – Weinberater); GRUR 2003, 356 (358) –
Präzisionsmessgeräte; GRUR 2003, 453 – Verwertung von Kundenlisten; GRUR 2006, 1044
Rn. 19 – Kundendatenprogramm; GRUR 2009, 603 Rn. 13 – Versicherungsunvertreter)
oder von Personen, die in Zukunft als Abnehmer der angebotenen Produkte in Frage kommen
(BGH GRUR 2009, 1075 Rn. 20 – Betriebsbeobachtung; OLG Köln GRUR-RR 2010, 480);
Maschinen zur Anfertigung von Stiefeleisen aus Eisendraht (RGZ 149, 329 – Stiefeleisenpresse)
und zur Herstellung von Wurftauben (BGH GRUR 1961, 40 (43) – Wurftaubenpresse); der in
Konstruktionsplänen als auch im Endprodukt selbst verkörperte Aufbau, die technische Zusam-
mensetzung sowie die Funktionsweise von **Messgeräten** (BGH GRUR 2003, 356 (358) –
Präzisionsmessgeräte); **Mitarbeiterdatei** (OLG Frankfurt GRUR 2005, 792); **Musterbücher**
(RGSt 42, 394 (396)) und **Musterwaren** (RGSt 31, 90); **Pomrilverfahren** (RGZ 65, 333 –
Pomrilverfahren); **Preiskalkulation** und einzelne Umstände der konkreten Geschäftsbeziehung
zu Kunden (RGSt 35, 136 (137); OLG Stuttgart GRUR 1982, 315 (316)); **Prototyp** eines
Kleinprozessrechners (BGH GRUR 1977, 539 – Prozessrechner); **Prüfunterlagen** für ein
Wahlgerät (VG Braunschweig ZUM 2008, 254 (257)); **Rechnungen** von Zulieferern (BGH
GRUR 2003, 356 (358) – Präzisionsmessgeräte); **Rezepturen** für ein Präparat zur Behandlung
von Magenerkrankungen (BGH GRUR 1980, 750 – Pankreaplex II), für die Herstellung eines
Reagenzes zur Erleichterung der Auszählung von Thrombozyten in Blutproben (BAGE 41, 21
= NJW 1983, 134 (135)), für Klebstoffe und Schaumsysteme (OLG Stuttgart GRUR-RS 2020,
35613 Rn. 105 ff.); **Scoreformel** bzw. **Scorecard** (Rechenformel zur Analyse von Daten-
beständen durch die Ermittlung allgemeiner Korrelationen und Signifikanzen) einer Auskunftei
(BGH NJW 2014, 1235 Rn. 27); **Spinnanlage,** insbesondere im Hinblick auf die Maße und
Anordnung der Düsenkörper und Düsenblöcke von Spinndüsen (BGH GRUR 2018, 1161
Rn. 31 ff. – Hohlfasermembranspinnanlage II); **Stoffzusammensetzung** und Mischungsverhältnis für eine Appreturmasse (RGSt 36, 216 (217 f.)); **technische Zeichnungen** als Vorlage
für die Herstellung von Werkzeugen (BGH GRUR 1964, 31 – Petromax II; GRUR 2002, 91 ff.
– Spritzgießwerkzeuge; NJOZ 2009, 301 – Entwendete Datensätze), für einen Schweißmodul-
generator (BGH GRUR 2008, 727 Rn. 16 ff. – Schweißmodulgenerator), zur Verbesserung
eines Anreißgerätes (BGH GRUR 1955, 402 (403) – Anreißgerät) oder zur Herstellung von
Getrieben (OLG Jena NJOZ 2016, 175 (183 ff.)); **Verfahren** zur Herstellung von Spezialfetten
(BGHZ 16, 172 = GRUR 1955, 388 – Dücko), für die Herstellung einer Möbelpaste (BGH
GRUR 1955, 424 (425) – Möbelwachspaste), einer für Aktiv-Puder benötigten Kieselsäure
(BGH GRUR 1963, 207 (209 f.) – Kieselsäure) oder für ein Medikament (BGH GRUR 1966,
152 (153 f.) – Nitrolingual); **Vorzugspreise,** die einer Einkaufsgenossenschaft von ihren Liefe-
ranten im Hinblick auf den Umfang ihrer Abschlüsse eingeräumt werden (OLG Düsseldorf
WRP 1959, 182); **Zeichnungen, Schriftstücke und Musterteile** für ein Kaltfließpressver-
fahren (BGH GRUR 1960, 294 (295) – Kaltfließpreßverfahren). **Nicht** als ein Geschäftsgeheim-

nis **geschützt** waren dagegen Planungsunterlagen, die einem Kunden ohne besondere Vertraulichkeitsabrede ausgehändigt werden (vgl. BGH GRUR 2009, 416 Rn. 20 – Küchentiefstpreis-Garantie) oder allgemeine Informationen über die Störanfälligkeit eines Gerätes (OLG Stuttgart GRUR 1982, 315 (316)).

3. Verhältnis der alten zur geltenden Definition des Geschäftsgeheimnisses

20   Die alte Definition des Geschäftsgeheimnisses und die Begriffsbestimmung gemäß § 2 Nr. 1 weisen zwar inhaltliche Schnittflächen, aber auch Unterschiede auf (vergleichende Gegenüberstellung bei Rody, Der Begriff und die Rechtsnatur von Geschäfts- und Betriebsgeheimnissen unter Berücksichtigung der Geheimnisschutz-Richtlinie 2019, 50 ff.; s. auch Harte-Bavendamm/Ohly/Kalbfus/Harte-Bavendamm Rn. 9 ff.). Besonders deutlich zeigt sich dies anhand des Geheimhaltungswillens, auf den es nach dem geltenden Recht generell nicht mehr ankommt. Die zum Geheimnisbegriff des alten Rechts ergangene Rspr. kann aufgrund der Abweichungen nur mit **Zurückhaltung** für die Auslegung von § 2 Nr. 1 herangezogen werden. Die Frage, ob die Aussagen einer zum alten Recht ergangenen Entscheidung auf das neue Recht übertragen werden können, ist im Einzelfall zu beantworten. In Betracht kommt eine Anknüpfung an die frühere Rechtslage, wenn und soweit Teilelemente des geltenden Geheimnisbegriffes inhaltlich dem früheren Recht entsprechen, so etwa hinsichtlich der fehlenden Offenkundigkeit einer Information. Zudem ist eine Anknüpfung an Entscheidungen möglich, in denen die Gerichte den alten Geheimnisbegriff unter Berücksichtigung der Wertungen aus der RL (EU) 2016/943 bereits richtlinienkonform ausgelegt oder – vor dem Inkrafttreten der RL (EU) 2016/943 – bereits die Wertungen aus Art. 39 II TRIPS-Abkommen einbezogen haben.

III. Elemente des Geheimnisbegriffs

1. Grundaussagen

21   Nach der gesetzlichen Vorgabe des § 2 Nr. 1 setzt sich der Begriff des Geschäftsgeheimnisses aus mehreren **Teilelementen** zusammen. Erstens muss es sich um eine Information handeln (→ Rn. 25 ff.). Diese Information darf zweitens weder insgesamt noch in der genauen Anordnung und Zusammensetzung ihrer Bestandteile den Personen in den Kreisen, die üblicherweise mit dieser Art von Informationen umgehen, allgemein bekannt oder ohne weiteres zugänglich sein (§ 2 Nr. 1 lit. a 1. Halbsatz; → Rn. 31 ff.). Sie muss drittens infolgedessen einen wirtschaftlichen Wert aufweisen (§ 2 Nr. 1 lit. a 2. Halbsatz; → Rn. 39 ff.) und viertens Gegenstand von den Umständen nach angemessenen Geheimhaltungsmaßnahmen durch ihren rechtmäßigen Inhaber sein (§ 2 Nr. 1 lit. b; → Rn. 48 ff.). Fünftens muss ein berechtigtes Interesse an der Geheimhaltung der Information bestehen (§ 2 Nr. 1 lit. c; → Rn. 73 ff.). Gesetzlich nicht ausdrücklich geregelt, aber aus dem Begriff des Geschäftsgeheimnisses und aus der Regelungskonzeption abzuleiten ist schließlich das Erfordernis eines Geschäfts- bzw. Unternehmensbezuges der Information (→ Rn. 83 ff.).

22   Diese Voraussetzungen sind aufeinander bezogen und sie müssen **kumulativ** erfüllt sein. Fehlt daher eines dieser Tatbestandsmerkmale oder entfällt es nachträglich, dann sind die Anforderungen für ein Geschäftsgeheimnis nicht (mehr) erfüllt und es besteht somit kein Schutz nach dem GeschGehG.

23   Alle tatbestandlichen Anforderungen für ein Geschäftsgeheimnis iSd § 2 Nr. 1 müssen **objektiv** gegeben sein. Auf subjektive Erfordernisse kommt es für den Begriff des Geschäftsgeheimnisses nicht an (zum früheren Geheimhaltungswillen → Rn. 16). Daher ist es unbeachtlich, ob der Inhaber oder der Rechtsverletzer (zu Recht oder zu Unrecht) im konkreten Fall von dem Vorliegen eines Geschäftsgeheimnisses ausgeht. Davon zu unterscheiden sind die subjektiven Anforderungen bei der mittelbaren Rechtsverletzung gemäß § 4 III sowie das für einen Schadensersatzanspruch gemäß § 10 erforderliche Verschulden des Rechtsverletzers.

24   Der Begriff des Geschäftsgeheimnisses ist insgesamt **weit auszulegen**. Die gesetzliche Definition des § 2 Nr. 1 kann jede Art einer vertraulichen und unternehmensbezogenen Information erfassen, sofern die einzelnen Voraussetzungen des Geheimnisbegriffs erfüllt sind. Das Gesetz kennt keine abschließenden Kategorien von Geschäftsgeheimnissen, zudem ist der Begriff **entwicklungsoffen** und **technikneutral**. Aufgrund des technischen Fortschritts, einer Veränderung der Marktverhältnisse und des wettbewerblichen Umfelds, der Herausbildung neuer Vertriebs- und Vermarktungsmöglichkeiten oder sonstiger Umstände können ganz neue Arten von Geschäftsgeheimnissen entstehen.

Die für ein Geschäftsgeheimnis maßgeblichen Kriterien entfalten **keine Rückwirkung** auf 24a
das Patentrecht. Daher sind Informationen, die nicht unter den Begriff des Geschäftsgeheimnisses
iSv § 2 Nr. 1 fallen, weil es an einer der oben genannten Voraussetzungen fehlt, nicht ohne
weiteres als der Öffentlichkeit zugänglich iSv § 3 I 2 PatG anzusehen (BGH GRUR-RS 2022,
15520 Rn. 123 f. – Oberflächenbeschichtung). Die Einordnung einer Information als Geschäftsgeheimnis iSd GeschGehG ist zudem von der Frage des patentrechtlichen Stands der Technik zu
trennen → Rn. 27 und → Rn. 36a f.

2. Information

a) Umfassender Schutzansatz. Das Objekt des Geschäftsgeheimnisschutzes sind Informa- 25
tionen. Wenngleich § 2 Nr. 1 nur „eine Information" erwähnt, kann auch eine Mehrheit von
Informationen geschützt sein (Harte-Bavendamm/Ohly/Kalbfus/Harte-Bavendamm Rn. 14).
Der Begriff der Information ist keineswegs eindeutig, sondern kann je nach Fachgebiet und
Kontext unterschiedlich verstanden werden. Auch innerhalb des Rechts finden sich verschiedene
Bedeutungen. Angesichts dieser Unschärfen ist der Begriff der Information nur sehr bedingt dazu
geeignet, dem Begriff des Geschäftsgeheimnisses präzise Konturen zu verleihen. Im Kern
bezeichnet die Information das **Grundsubstrat des Geschäftsgeheimnisschutzes.** Auszugehen ist von einem weiten Verständnis (Harte-Bavendamm/Ohly/Kalbfus/Harte-Bavendamm
Rn. 15; ebenso für das österreichische Recht Hofmarcher Rn. 2.17). Bei Informationen kann es
sich um **Angaben, Daten, Kommunikationsakte, Umstände oder sonstiges Wissen**
handeln, unabhängig von der Struktur, Beschaffenheit, Verkörperung, Darstellung, Verständlichkeit usw. Schutzfähig sind einzelne Informationen (zB ein einzelnes Datum), Datensätze, Daten-
pools (dazu näher Krüger/Wiencke/Koch GRUR 2020, 578 ff.) sowie sonstige große Mengen
von Daten (zB von Maschinen, Geräten, Fahrzeugen usw. erfasste „Rohdaten"), Sammlungen
oder strukturierte Zusammenstellungen von Informationen (zB die Inhalte einer Datenbank).
Der Geschäftsgeheimnisschutz beschränkt sich nicht auf **komplexe Informationen** (so aber
ÖOGH BeckRS 2021, 4598 Rn. 36).

Informationen können unternehmensbezogenen **Kennzahlen und Werte** sein, die sich erst 25a
aus zusammengeführten Daten ergeben (vgl. BGH NVwZ-RR 2020, 1117 Rn. 26), ebenso
Zahlen und sonstige Angaben, die Rückschlüsse auf die Preisbildung, Tarifkalkulation, die
Schadensentwicklung und das Regulierungsverhalten, auf Stornowahrscheinlichkeiten und letzt-
lich auf die Unternehmenspolitik eines Unternehmens ermöglichen (OLG Karlsruhe BeckRS
2020, 15497 Rn. 25 zu einem Versicherungsunternehmen). Bei **mehreren Informationen** ist
es nicht erforderlich, dass jede einzelne Information für sich allein genommen bereits ein
Geschäftsgeheimnis darstellt, sondern es kann genügen, wenn erst die Informationen in ihrer
Gesamtheit (zB im Rahmen einer Konstruktionszeichnung) das Geschäftsgeheimnis bilden
(OLG Düsseldorf GRUR-RS 2021, 17483 Rn. 26). Unerheblich ist, ob die **Informationen
physisch erfassbar** sind (zB eine technische Zeichnung auf Papier) oder ob sie lediglich im
virtuellen Raum existieren (zB Speicherung einer Datei auf einem Cloud-Server).

Informationen sind nicht auf menschliche Gedankeninhalte beschränkt, sondern es können 26
auch Algorithmen (vgl. BGH NJW 2014, 1235 Rn. 27; OLG München WRP 2020, 653, 655 –
Positive Bewertungen; Hoppe/Oldekop Geschäftsgeheimnisse/Hoppe Kap. 1 Rn. 56; zu Einschränkungen → Rn. 30a), Maschinencodes oder Verschlüsselungen erfasst sein. Gleiches gilt für
Daten, die durch technische Geräte oder mit Hilfe von künstlichen neuronalen Netzwerken
(dazu näher Söbbing MMR 2021, 111 (115 f.)) erhoben bzw. generiert werden. Auch KI-
generierte Inhalte, zB durch ChatGPT und ähnliche Anwendungen erstellte Programmstruktu-
ren oder dergleichen, können geschützte Informationen sein. Gleiches gilt für Trainingsdaten,
die bei lernfähigen KI-Systemen Einsatz finden (Bußmann/Glasowski/Niehaus/Secher RDi
2022, 391 (393 f.)). Erforderlich ist es jedoch, dass die Informationen in einer Weise **Ausdruck**
oder **Perpetuierung** gefunden haben, die es ermöglicht, sie durch angemessene Geheimhaltungsmaßnahmen zu schützen. Reine Ideen, die lediglich als Gedanke existieren, unterliegen
nicht dem Schutz durch das GeschGehG. Nicht geschützt ist daher zB das technische Prinzip
eines Proportionalventils (vgl. OLG Hamburg GRUR-RR 2001, 137 (139)).

Das Gesetz stellt an die als Geschäftsgeheimnis zu schützende Information im Grundsatz **keine** 27
qualitativen Anforderungen (Harte-Bavendamm/Ohly/Kalbfus/Harte-Bavendamm Rn. 20).
Es kommt daher nicht darauf an, ob die Information eine Individualität, Neuheit (vgl. ÖOGH
BeckRS 2021, 4598 Rn. 31), Eigenart, Eigentümlichkeit, Kreativität, Originalität, Schöpfungs-
höhe oder dergleichen aufweist (OLG Düsseldorf GRUR-RS 2021, 17483 Rn. 26). Wenngleich

der Schutz von Geschäftsgeheimnissen auch der Förderung von Innovationen im Wettbewerb dient, folgt daraus nicht, dass nur solche Informationen als Geschäftsgeheimnisse geschützt sind, bei denen es sich um innovative Leistungen handelt (aA McGuire FS Harte-Bavendamm, 2020, 367 (377)). Gerade das Fehlen eines qualitativen Erfordernisses begründet einen erheblichen **praktischen Vorteil des GeschGehG** gegenüber dem lauterkeitsrechtlichen Nachahmungsschutz gemäß § 4 Nr. 3 UWG (der eine wettbewerbliche Eigenart erfordert) und dem Sonderrechtsschutz (der jeweils spezielle Schutzanforderungen qualitativer Art verlangt). Nicht entscheidend ist weiterhin, ob die Information allgemeinen Standards oder dem anerkannten Stand der Technik (s. auch → Rn. 36a f.) entspricht, und ob die Information ihrerseits einem Sonderrechtsschutz unterliegt oder ob ein solcher Sonderrechtschutz nicht oder nicht mehr besteht. Daher schließt bspw. eine im Patentrecht neuheitsschädliche Tatsache den Geheimnisschutz nach dem GeschGehG nicht aus (vgl. zum alten Recht BGH GRUR 2008, 727 Rn. 19 – Schweißmodulgenerator; GRUR 2003, 356 (358) – Präzisionsmessgeräte).

28   Der Schutz einer Information als Geschäftsgeheimnis ist nicht von einer bereits praxistauglichen **Nutz- und Verwertbarkeit** abhängig. Auch Informationen, für die es noch kein aktuelles Einsatz- und Anwendungsfeld gibt (zB. weil die technischen Rahmenbedingungen noch nicht ausreichen oder der Einsatz zu kostenintensiv ist), können als Geschäftsgeheimnis geschützt sein. Gleiches gilt für große Datenmengen in Form von „Rohdaten", die noch ungeordnet, aber einer Auswertung zugänglich sind. Entscheidend ist dann, ob die Information bereits einen wirtschaftlichen Wert aufweist. Ebenfalls Schutz genießen kann **„negatives Know-how"**, dh spezielles Wissen über Fehlerquellen, Gefahren, Risiken usw. (vgl. Hofmarcher Rn. 2.29; Hoppe/Oldekop Geschäftsgeheimnisse/Hoppe Kap. 1 Rn. 97; Sousa e Silva JIPLP 2014, 923 (931 f.)), denn auch solche Kenntnisse können für Unternehmen von erheblicher Bedeutung und im Wettbewerb von Vorteil sein.

29   **b) Nicht geschützte Informationen.** Soweit die RL (EU) 2016/943 **„belanglose Informationen"** aus dem Geheimnisbegriff ausgrenzt (ErwGr. 14), lässt sich daraus kein qualitatives Erfordernis ableiten. Vielmehr fehlt es in diesen Fällen am wirtschaftlichen Wert der Information (→ Rn. 39 ff.), sodass aus diesem Grund kein Schutz besteht.

30   Eine sachliche Einschränkung des Geheimnisbegriffes betrifft die allgemeine **Berufserfahrung** oder den **Zuwachs an Fachwissen** aufgrund einer betrieblichen Tätigkeit und Fortbildung. Solches Erfahrungswissen ist von einem Schutz als Geschäftsgeheimnis ausgenommen. Die RL (EU) 2016/943 hat dabei Erfahrungen und Fähigkeiten im Blick, die Arbeitnehmer im normalen Verlauf ihrer Tätigkeit ehrlich erworben haben (Art. 1 III lit. b RL (EU) 2016/943). Hierzu gehören Erfahrungen, Fertigkeiten, Kenntnisse und Qualifikationen, die Beschäftigte im Zuge der Ausübung ihrer üblichen Tätigkeiten erwerben (ErwGr. 14 RL (EU) 2016/943; näher zur Abgrenzung und zu Abgrenzungskriterien Hauck GRUR 2022, 530 (532 ff.); Hofmarcher Rn. 2.48 ff.). Auch im früheren Recht war bereits anerkannt, dass Arbeitnehmern nach der Beendigung ihres Arbeitsverhältnisses die Verwertung des erworbenen beruflichen Erfahrungswissens gestattet ist (vgl. BGH GRUR 2002, 91 (92) – Spritzgießwerkzeuge).

30a   Keinen Schutz als Geschäftsgeheimnis genießen die von Online-Vermittlungsdiensten (Art. 2 Nr. 2 und 3 P2B-VO) und Online-Suchmaschinen (Art. 2 Nr. 5 und 6 P2B-VO) einem Ranking von Suchergebnissen (Art. 2 Nr. 8 P2B-VO) zugrunde gelegten **Hauptparameter** sowie deren **relative Gewichtung,** soweit die gesetzlichen Transparenzpflichten bestehen (iErg ebenso Hoppe/Oldekop Geschäftsgeheimnisse/Hoppe Kap. 1 Rn. 86a). Dies folgt aus Art. 5 VI 2 und ErwGr. 27 P2B-VO. Die Erfüllung der Transparenzanforderungen erfordert eine öffentliche Information und steht daher einem Schutz dieser Informationen als Geschäftsgeheimnis entgegen (dazu näher Alexander MMR 2021, 690 ff.). Als Hauptparameter gelten alle allgemeinen Kriterien, Prozesse und spezifischen Signale, die in die Algorithmen eingebunden sind, oder sonstige Anpassungs- oder Rückstufungsmechanismen, die im Zusammenhang mit dem Ranking eingesetzt werden (ErwGr. 24 P2B-VO). Zu unterscheiden ist damit zwischen dem Suchalgorithmus selbst, der als Geschäftsgeheimnis geschützt sein kann, und den Hauptparametern, auf denen dieser Suchalgorithmus basiert. Gleiches gilt im Hinblick auf die Transparenzpflicht gemäß Art. 7 IVa UGP, wonach die Hauptparameter eines Rankings als wesentliche Informationen gelten (→ Vor § 1 Rn. 30a).

3. Geheimhaltung

31   Die Information darf „weder insgesamt noch in der genauen Anordnung und Zusammensetzung ihrer Bestandteile den Personen in den Kreisen, die üblicherweise mit dieser Art von

Informationen umgehen, allgemein bekannt oder ohne Weiteres zugänglich" sein. Sie muss mit anderen Worten also geheim sein. Dieses Erfordernis findet seine Parallele in der Definition des alten Rechts, wonach die Information „nicht offenkundig" sein durfte. Maßgeblich für die Geheimhaltung ist nicht die absolute Neuheit, sondern die **praktische Zugänglichkeit** der Information für einen bestimmten Personenkreis (Ohly GRUR 2019, 441 (443)).

a) „Weder insgesamt noch in der genauen Anordnung und Zusammensetzung ihrer **32** **Bestandteile".** Der erste Teil dieses Erfordernisses („insgesamt") bezieht sich auf die **Informa-** **tionen „in ihrer Gesamtheit",** so die sprachlich genauere Formulierung in Art. 2 Nr. 1 lit. a RL (EU) 2016/943 und Art. 39 II lit. a TRIPS-Abkommen. Der zweite Teil („in der genauen Anordnung und Zusammensetzung ihrer Bestandteile") betrifft Konstellationen, in denen die Information aus mehreren Elementen (zB Datensätzen) besteht. Hier genügt es, wenn die Geheimhaltung sich gerade auf die **spezifische Zusammenstellung** bezieht, selbst wenn einzelne Teile davon allgemein bekannt oder ohne Weiteres zugänglich sein sollten. Dies betrifft etwa Datensammlungen wie zB Kundenlisten, bei denen zwar die einzelnen Daten öffentlich verfügbar, aber gerade nicht in der genauen Anordnung und Zusammensetzung bekannt sind. Gleiches gilt zB für Rezepturen, bei denen zwar die Inhaltsstoffe im Einzelnen bekannt sind, nicht aber das genaue Mengen- und Mischungsverhältnis zueinander.

b) „Personen in den Kreisen, die üblicherweise mit dieser Art von Informationen **33** **umgehen".** Für die Geheimhaltung kommt es weiterhin darauf an, ob die Information „Personen in den Kreisen, die üblicherweise mit dieser Art von Informationen umgehen", allgemein bekannt oder ohne Weiteres zugänglich ist. Hierbei geht es um die Bestimmung des **vertrau-** **lichkeitsbegründenden Personenkreises.** Die gesetzliche Formulierung lässt erkennen, dass ein **objektiver und normativer Maßstab** anzulegen ist. Der maßgebliche Personenkreis ist **informationsspezifisch** zu bestimmen (vgl. ÖOGH BeckRS 2021, 4598 Rn. 31). Bei Informationen technischer Art ist bspw. auf die durchschnittlichen Fachkreise abzustellen. In der Literatur wird auf die Wertungsähnlichkeit zum Durchschnittsfachmann des Patentrechts hingewiesen (Ohly GRUR 2019, 441 (443)). Feste und allgemeingültige Zahlengrenzen lassen sich angesichts der Vielgestaltigkeit möglicher Informationen nicht benennen. Die **Üblichkeit** ist unter Berücksichtigung der Gepflogenheiten und Usancen in einzelnen Wirtschaftsbereichen und Branchen zu bestimmen.

Die Rspr. ging auf der Grundlage des früheren Rechts davon aus, dass eine Information, die **34** einem **begrenzten Personenkreis** zugänglich ist, gleichwohl einen Geheimnisschutz genießen kann. So hatte bereits das RG ausgesprochen, dass „durch die Aufdeckung des Betriebsgeheimnisses einer beschränkten Anzahl beteiligter Verkehrsinteressenten gegenüber der Charakter des Geheimnisses noch keineswegs aufgehoben und beseitigt" wird (RGSt 40, 406 (407); s. auch OLG Stuttgart GRUR-RS 2020, 35613 Rn. 109 und OLG Karlsruhe BeckRS 2020, 15497 Rn. 29). Dies gilt selbst für den Fall, dass es sich um einen **größeren Personenkreis** handelt (BGH GRUR 2012, 1048 Rn. 31 – MOVICOL-Zulassungsantrag; GRUR 2018, 1161 Rn. 38 – Hohlfasermembranspinnanlage II). Insbesondere wird der Geheimnischarakter im Allgemeinen nicht dadurch aufgehoben, dass Vorgänge in einem Produktionsbetrieb den dort Beschäftigten bekannt werden (BGH GRUR 2003, 356 (358) – Präzisionsmessgeräte; GRUR 2018, 1161 Rn. 38 – Hohlfasermembranspinnanlage II). An dieser Rspr. kann im geltenden Recht festgehalten werden (Ohly GRUR 2019, 441 (443)).

c) Nicht „allgemein bekannt oder ohne Weiteres zugänglich". aa) Grundsätze. Der **35** Geheimnischarakter bzw. die fehlende Offenkundigkeit einer Information ergibt sich daraus, dass diese nicht „allgemein bekannt oder ohne Weiteres zugänglich" ist. Beide Varianten können **nebeneinander** eingreifen und stehen in keinem Ausschlussverhältnis zueinander, obgleich der Wortlaut („oder") dies nahelegen könnte. Beide Fälle beruhen auf der Überlegung, dass es an der für ein Geschäftsgeheimnis erforderlichen Vertraulichkeit fehlt, wenn die maßgebliche Information bereits in der allgemeinen Öffentlichkeit oder in der Fachöffentlichkeit kursiert oder es jedenfalls leicht möglich ist, sich über diese Information in Kenntnis zu setzen. Eine **allgemeine** **Bekanntheit** ist anzunehmen, wenn die Information zum gängigen Kenntnis- und Wissensstand der breiten Öffentlichkeit oder einer dem maßgeblichen Fachkreis angehörenden durchschnittlichen Person gehört (vgl. ÖOGH BeckRS 2021, 4598 Rn. 32). Dies ist zB der Fall, wenn der maßgebliche Umstand der interessierten Öffentlichkeit aufgrund von **Publikationen in der** **Presse** präsent und bekannt ist (vgl. BGHZ 166, 84 = NJW 2006, 830 Rn. 84 – KirchMedia). Weiterhin sind Informationen allgemein bekannt, wenn sie der **Allgemeinheit** oder der **Fach-**

öffentlichkeit des maßgeblichen Verkehrskreises bekannt oder verfügbar gemacht wurden (OLG Düsseldorf GRUR-RS 2021, 17483 Rn. 31), bspw. im Rahmen einer **Werbeinformation** (vgl. OLG Hamburg GRUR-RR 2001, 137 (139)), der Ausstellung auf einer **Messe** (einschränkend Brandau/Gal GRUR 2009, 118 (120 f.)), der **Publikation in einer Fachzeitschrift** (diff. RGSt 40, 406 (407)) oder durch ähnliche Handlungen. Auch die Bekanntgabe von Informationen gegenüber einem **weiten** und nicht mehr begrenzten (→ Rn. 34) **Personenkreis** durch den Rechtsträger hat zur Folge, dass die Information nicht mehr geheim ist (vgl. OLG Karlsruhe BeckRS 2020, 15497 Rn. 29).

35a   Die **rechtswidrige Offenlegung eines Geschäftsgeheimnisses** (§ 4 II) begründet **keine allgemeine Bekanntheit,** weil anderenfalls die Rechtsverletzung ein Erlöschen des Geheimnisschutzes zur Folge hätte, was den Schutz des Geschäftsgeheimnisses aushöhlen würde (Hoppe/Oldekop Geschäftsgeheimnisse/Hoppe Kap. 1 Rn. 83; aA Keller/Schönknecht/Glinke/Keller Rn. 29; McGuire WRP 2019, 679 (681)). Erfahren Dritte **ohne Veranlassung des Inhabers des Geschäftsgeheimnisses** von der vertraulichen Information (zB durch den zufälligen Fund von Unterlagen, die das Geschäftsgeheimnis enthalten, durch das Mithören eines Telefonats in einem Zugabteil oÄ), dann hat dies noch keine allgemeine Bekanntheit zur Folge (diff. Harte-Bavendamm/Ohly/Kalbfus/Harte-Bavendamm Rn. 29), kann aber auf unzureichende Geheimhaltungsmaßnahmen hindeuten (ähnlich Harte-Bavendamm/Ohly/Kalbfus/Harte-Bavendamm Rn. 30). Ebenfalls nicht zu einer allgemeinen Bekanntheit führen **Auskünfte gegenüber Behörden oder Institutionen** im Rahmen von Verfahren (Harte-Bavendamm/Ohly/Kalbfus/Harte-Bavendamm Rn. 25). Dies gilt auch dann, wenn die Behörde oder Institution das Geschäftsgeheimnis ihrerseits unzureichend schützt. Anderes gilt jedoch, wenn die Informationen gerade zu dem Zweck überlassen werden, sie einem größeren Personenkreis oder der Allgemeinheit bekannt zu geben (**Beispiel:** Überlassen einer Information für einen amtlichen Warnhinweis).

36   Neben der allgemeinen Bekanntheit fehlt es an der Geheimhaltung einer Information auch dann, wenn diese **„ohne Weiteres zugänglich"** ist. Der deutsche Gesetzgeber hat hier die deutsche Übersetzung der RL (EU) 2016/943 übernommen. Die in der englischen Fassung der Richtlinie verwendete Terminologie („readily accessible") dürfte allerdings eher im Sinne einer **leichten Zugänglichkeit** der Information zu verstehen sein (iErg ebenso OLG Düsseldorf GRUR-RS 2021, 17483 Rn. 32; Harte-Bavendamm/Ohly/Kalbfus/Harte-Bavendamm Rn. 30). Auch die französische Formulierung („aisément accessibles") spricht für dieses Verständnis. Eine leichte Zugänglichkeit in diesem Sinne ist zu bejahen, wenn sich die maßgeblichen Fachkreise über die Informationen ohne besondere Hindernisse und ohne einen besonderen Aufwand in Kenntnis setzen können. Dies entspricht in der Sache den Formulierungen in der neueren Rspr., wonach eine leichte Zugänglichkeit gegeben ist, wenn eine interessierte Person **ohne größere Schwierigkeiten und Opfer** die Information in Erfahrung bringen kann, sich die maßgebliche Tatsache **ohne größeren Zeit- und Kostenaufwand** erschließen und von der Person nutzbar gemacht werden kann (OLG Düsseldorf GRUR-RS 2021, 17483 Rn. 32; vgl. auch OLG Stuttgart GRUR-RS 2020, 35613 Rn. 110). Für das österreichische Recht geht der ÖOGH (BeckRS 2021, 4598 Rn. 33) davon aus, dass eine Information ohne Weiteres zugänglich ist, wenn sie zwar nicht allgemein bekannt ist, sich eine Person des maßgeblichen Verkehrskreises aber ohne erheblichen Aufwand und Einsatz an Zeit, Mühe, Kosten und/oder Geschick mit ansonsten lauteren Mitteln verschaffen kann. Ein wertender Rückgriff ist auch auf die **Rspr. zum alten Recht** möglich, wonach es darauf ankam, ob eine Tatsache „ohne großen Aufwand aus allgemein zugänglichen Quellen erstellt werden kann" (vgl. BGH GRUR 2006, 1044 Rn. 19 – Kundendatenprogramm) oder „dergestalt beliebigem Zugriff preisgegeben ist, dass für jeden an ihr Interessierten die Möglichkeit besteht, sich unter Zuhilfenahme lauterer Mittel ohne größere Schwierigkeiten und Opfer von ihr Kenntnis zu verschaffen" (vgl. BayObLG GRUR 1991, 694 (695) – Geldspielautomat).

36a   Ohne Weiteres zugänglich bzw. leicht zugänglich sind Informationen, die bereits durch die bloße **Inaugenscheinnahme eines Produkts** und durch einen **gewöhnlichen Gebrauch** ohne technischen Aufwand zu gewinnen sind, zB Informationen über die Abmaße, Form, Gestaltung, Farbe, Haptik usw. (Hoppe/Oldekop Geschäftsgeheimnisse/Hoppe Kap. 1 Rn. 89b). Auch der Geruch und Geschmack eines Produkts (zB eines Lebensmittels) sind für sich genommen keine Geschäftsgeheimnisse (da für jeden Konsumenten leicht erfahrbar), wohl aber können die zugrunde liegenden Formeln und Rezepturen Geschäftsgeheimnisse sein. Eine leichte Zugänglichkeit von Informationen ist weiter in den folgenden **Beispielen** anzunehmen: Die maßgebliche Information ist durch die **Einsichtnahme in ein öffentliches Register,**

durch eine Recherche im **Internet** oder in **Datenbanken,** durch eine Lektüre von **Fach-publikationen** (soweit dann nicht ohnehin schon eine allgemeine Bekanntheit vorliegt) oder ähnliche Handlungen verfügbar. **Gegenbeispiel:** Keine leichte Zugänglichkeit besteht, wenn eine fachkundige Person aufgrund ihrer Sachkenntnisse aus äußeren Umständen Rückschlüsse auf die Verwendung von bestimmten Verfahren in einem Unternehmen ziehen kann.

Nicht ohne Weiteres zugänglich sind vertrauliche Informationen, die der Inhaber eines Ge- **36b** schäftsgeheimnisses oder Dritte einer **Behörde oder öffentlichen Stelle** zur Verfügung stellen oder die – zB im Zuge von Ermittlungen und der Beschlagnahme von Dokumenten oder Datenträgern – einer Behörde oder öffentlichen Stelle zugänglich werden (s. speziell zu Geschäftsgeheimnissen in staatsanwaltlichen Ermittlungsakten Mansdörfer NZWiSt 2003, 1 ff.). Dass Dritte unter Umständen einen Auskunftsanspruch gegen die Behörde oder öffentliche Stelle oder ein Recht zur Akteneinsicht (dazu näher Mansdörfer NZWiSt 2003, 1 (3 ff.)) haben, begründet noch keine leichte Zugänglichkeit, da bei der Gewährung von Auskünften bzw. dem Gewähren eines Rechts zur Akteneinsicht das Geheimhaltungsinteresse des Berechtigten als ein abwägungsrelevanter Belang zu berücksichtigen ist (→ Rn. 7a).

bb) Bedeutung des Stands der Technik. Zum alten Recht ging die Rspr. teilweise davon **36c** aus, dass eine geheimnisschädliche Bekanntheit bzw. Offenkundigkeit eines Geschäftsgeheimnisses bereits dann vorliegen kann, wenn ein als Geschäftsgeheimnis geschütztes Verfahren im **Stand der Technik** anderwärts so bekannt ist, dass es für den Fachmann, der den Stand der Technik kenne, klar sein müsse, dass auch der betreffende Betrieb nach diesem bekannten Verfahren arbeite (so BGH GRUR 1963, 207 (211) – Kieselsäure; ähnlich OLG Jena NJOZ 2016, 175 (183)). Für das österreichische Recht nimmt der **ÖOGH** (BeckRS 2021, 4598 Rn. 35) die folgende **Differenzierung** vor: Gehört eine Information zum Stand der Technik, dann sei sie den maßgeblichen Fachkreisen und damit allgemein bekannt. Soweit dagegen auch bestimmte Produkteigenschaften oder Herstellungsmethoden als zum Stand der Technik gehörend bezeichnet werden, schließe dies nicht aus, dass die dafür notwendigen Informationen im Sinn von Anleitungen oder Plänen geheim sein könnten, wenn sie der Fachmann nur mit erheblichem Aufwand entwickeln könne.

Richtigerweise ist die Zugehörigkeit einer Information zum Stand der Technik für sich **36d** genommen kein Merkmal, auf das es für § 2 Nr. 1 ankommt. Eine Information scheidet nicht bereits deshalb von vornherein als Geschäftsgeheimnis aus, weil sie zum Stand der Technik gehört (OLG Düsseldorf GRUR-RS 2021, 17483 Rn. 26). Es besteht kein notwendiger innerer Zusammenhang zwischen dem patentrechtlichen Stand der Technik und der für den Schutz von Geschäftsgeheimnissen erforderlichen fehlenden Bekanntheit bzw. Zugänglichkeit. Beides ist gedanklich zu trennen, weil es um **unterschiedliche Sachfragen** geht. Ob etwas im patentrechtlichen Sinne dem Stand der Technik entspricht, sagt für sich genommen nichts über die Schutzfähigkeit als Geschäftsgeheimnis aus. Etwas kann dem Stand der Technik entsprechen und nicht geheim sein; es ist aber nicht allein deswegen nicht geheim, weil es zum Stand der Technik gehört (Alexander WRP 2021, 510 (511)).

cc) Durch Reverse Engineering gewinnbare Informationen und sonstige Fälle. Die **37** Gewinnbarkeit von Informationen durch ein **Reverse Engineering** schließt einen Schutz als Geschäftsgeheimnis nicht aus. Soweit nach den unter → Rn. 36 genannten Kriterien auch Fälle des Reverse Engineering erfasst sind (vgl. OLG Hamburg GRUR-RR 2001, 137 (139)), gilt allerdings die Wertung des § 3 I Nr. 2, wonach diese Form der Informationsgewinnung erlaubt ist. Diese Zulässigkeit des Reverse Engineering ändert aber nichts daran, dass Informationen, die sich eine Person des maßgeblichen Verkehrskreises nur mit einem **erheblichen Aufwand und Einsatz an Zeit, Mühe, Kosten und/oder Geschick** verschaffen kann, auch weiterhin als Geschäftsgeheimnis geschützt bleiben (Harte-Bavendamm/Ohly/Kalbfus/Harte-Bavendamm Rn. 33; McGuire FS Harte-Bavendamm, 2020, 367 (381 f.); Ohly GRUR 2019, 441 (443)). § 3 I Nr. 2 entfaltet keine Rückwirkung auf den Begriff des Geschäftsgeheimnisses und auf die für ein Geschäftsgeheimnis geltenden Anforderungen (aA Hoppe/Oldekop Geschäftsgeheimnisse/Hoppe Kap. 1 Rn. 68). Die Vorschrift erlaubt stattdessen den Umkehrschluss, dass solche Informationen grundsätzlich dem Begriff des Geschäftsgeheimnisses unterfallen, weil es anderenfalls nicht des ausdrücklichen Erlaubnistatbestands bedurft hätte (vgl. für die Parallelregelungen in Österreich ÖOGH BeckRS 2021, 4598 Rn. 33; Hofmarcher Rn. 2.21).

Bei der **Rezeptur** für ein Erzeugnis (zB ein Medikament) ist nicht schon dann von einer **38** allgemeinen Bekanntheit oder Zugänglichkeit auszugehen, wenn sich aus der Rezeptur Hinweise ergeben, die es einem Durchschnittsfachmann ermöglichen, ohne erfinderisches Bemühen

ein ebenbürtiges Medikament zu entwickeln. Dies nimmt für sich genommen weder dem Präparat – also dem Erzeugnis – noch dem Herstellungsverfahren den Geheimnischarakter. Erst dann, wenn dem Fachmann nicht nur offenkundig ist, aus welchen Stoffen das Medikament besteht, sondern auch, in welchem Mengen- und Gewichtsverhältnis diese zu verwenden sind, welche Beschaffenheit sie im Einzelnen aufweisen müssen und wie das Herstellungsverfahren abläuft, liegt eine – dem Schutz als Geschäftsgeheimnis entgegenstehende – Offenkundigkeit vor (vgl. BGH GRUR 1980, 750 (751) – Pankreaplex II; s. auch OLG Stuttgart GRUR-RS 2020, 35613 Rn. 111).

4. Wirtschaftlicher Wert

39   Die Information muss aufgrund der Geheimhaltung einen wirtschaftlichen Wert aufweisen. Der deutsche Gesetzgeber hat dieses Merkmal mit dem Erfordernis der Geheimhaltung in § 2 I Nr. 1 lit. a zusammengefasst. Demgegenüber handelt es sich nach der Definition in Art. 2 Nr. 1 lit. b RL (EU) 2016/943 und Art. 39 II lit. b TRIPS-Abkommen um ein **eigenständiges Merkmal** des Geheimnisbegriffs (Ohly GRUR 2019, 441 (443)). Die abweichende Regelungsstruktur des deutschen Rechts ist misslich, weil sie nicht zur Rechtstransparenz beiträgt. Sie erschwert dem Normadressaten und Rechtsanwender den Vergleich mit dem Unionsrecht, dem TRIPS-Abkommen sowie den gesetzlichen Regelungen anderer Länder (zB § 26b I Nr. 2 östUWG), die dem internationalen Regelungsstandard folgen. Zudem kann sie den unzutreffenden Eindruck erwecken, das Erfordernis des wirtschaftlichen Wertes habe eine lediglich ungeordnete Bedeutung im Vergleich zu den sonstigen Voraussetzungen des Geheimnisbegriffs. Das Merkmal steht richtigerweise **eigenständig und gleichrangig** neben den weiteren Tatbestandsvoraussetzungen (OLG Dresden GRUR-RS 2023, 6302 Rn. 21).

40   Eine Information weist einen wirtschaftlichen Wert auf, wenn sie über einen tatsächlichen oder künftigen Handelswert verfügt (→ Rn. 41 ff.), Relevanz für die Wettbewerbsposition eines Unternehmens hat (→ Rn. 44a) oder wenn ihr Bekanntwerden für den Inhaber des Geschäftsgeheimnisses wirtschaftliche Nachteile mit sich bringt (→ Rn. 45 f.) (OLG Dresden GRUR-RS 2023, 6302 Rn. 22). Zwischen dem wirtschaftlichen Wert und der Geheimhaltung muss zudem ein Zusammenhang bestehen. Ob in diesem Sinne ein Handelswert besteht, ist aus der **Sicht eines objektiven und verständigen Betrachters** zu ermitteln. Den Bezugspunkt bildet die geheime Information selbst, nicht dagegen ein mit Hilfe der Information hergestelltes Erzeugnis.

41   **a) Tatsächlicher oder künftiger wirtschaftlicher Wert.** Ausgehend von den Vorgaben der RL (EU) 2016/943 ist das Werterfordernis **großzügig** auszulegen und **weit** zu verstehen (KG BeckRS 2020, 31170 Rn. 22; OLG Schleswig GRUR-RS 2022, 9007 Rn. 47; Harte-Bavendamm/Ohly/Kalbfus/Harte-Bavendamm Rn. 36 f.; Ohly GRUR 2019, 441 (443)). Es muss **keine besondere Wertschwelle** erreicht werden (Baranowski/Glaßl BB 2016, 2563 (2565); vgl. auch ÖOGH BeckRS 2021, 4598 Rn. 37). Daher können auch Informationen mit einem geringen wirtschaftlichen Wert einen Geheimnisschutz genießen. Ausgenommen sind hingegen „belanglose Informationen" (ErwGr. 14 RL (EU) 2016/943), also solche, denen bei einer wirtschaftlichen Betrachtung unter keinem Gesichtspunkt ein Wert zukommt.

42   Nach der Richtlinie muss die Information einen „realen oder potenziellen Handelswert" aufweisen (ErwGr. 14 RL (EU) 2016/943). Von einem **realen Wert** ist auszugehen, wenn die Information zum maßgeblichen Beurteilungszeitpunkt über einen tatsächlich **bezifferbaren Marktwert** verfügt. Weder das GeschGehG noch die RL (EU) 2016/943 geben insoweit allerdings nähere Anhaltspunkte für die Art und Weise der Wertermittlung. Einen möglichen Maßstab bilden die konkreten wirtschaftlichen Vermarktungsmöglichkeiten der Information, zB anhand des bei einer Veräußerung des Geheimnisses erzielbaren Preises oder der erzielbaren Lizenzgebühr bei einer Nutzungsüberlassung.

43   Ein **potenzieller Wert** ist gegeben, wenn die Information in absehbarer Zukunft voraussichtlich einen bezifferbaren Marktwert aufweisen wird. Durch diese Einbeziehung eines künftigen Geschehens stellt die gesetzliche Regelung sicher, dass der Geheimnisschutz bereits weit im Vorfeld von marktreifen Leistungen eingreifen kann (ebenso Hoppe/Oldekop Geschäftsgeheimnisse/Hoppe Kap. 1 Rn. 97). Gerade in der Frühphase einer Produkt- oder Verfahrensentwicklung wird es häufig noch kaum möglich sein, bereits einen konkreten Marktwert zu benennen. In diesen Fällen genügt es, wenn sich aufgrund einer **Prognoseentscheidung** ergibt, dass künftig ein wirtschaftlicher Wert zu erwarten ist. An diese Prognose dürfen allerdings keine überspannten Anforderungen gestellt werden, um den Geheimnisschutz nicht gerade in der besonders verletzungssensiblen Entwicklungsphase zu schwächen. **Beispiele:** Einen potenziellen

Handelswert können etwa „**Rohdaten**" haben, deren kommerzieller Nutzen für ein Unternehmen möglicherweise erst dann entsteht, wenn diese Daten nach bestimmten Kriterien ausgewertet oder mit anderen Daten kombiniert werden. Ebenfalls einen potenziellen Wert können **Forschungsergebnisse** einer Universität oder einer anderen Einrichtung aufweisen, auch wenn eine aktuelle Vermarktung (noch) nicht vorgesehen ist (Begr. RegE, BT-Drs. 19/4724, 24; Harte-Bavendamm/Ohly/Kalbfus/Harte-Bavendamm Rn. 38; Ohly GRUR 2019, 441 (443)). Ein potenzieller Wert fehlt hingegen, wenn eine wirtschaftliche Verwertung nach dem gewöhnlichen Verlauf der Dinge unwahrscheinlich ist oder von vornherein ausgeschlossen erscheint.

Es muss sich um einen „wirtschaftlichen" Wert handeln. Art. 2 Nr. 1 lit. b RL (EU) 2016/ **44**
943 spricht gleichbedeutend von einem **kommerziellen Wert** (engl.: „commercial value"; frz.: „valeur commerciale") der geheimen Information. Damit kommt zum Ausdruck, dass die Information einen durch wirtschaftliche Tätigkeit realisierbaren realen oder potenziellen Wert aufweisen muss. Demgegenüber reicht ein rein ideelles Schutzinteresse an einer Information nicht aus (vgl. ÖOGH BeckRS 2021, 4598 Rn. 37).

b) Relevanz für die eigene Wettbewerbsposition. Der wirtschaftliche Wert einer Informa- **44a**
tion kann sich – unabhängig von einem bereits bestehenden oder künftigen Marktwert (→ Rn. 41–44) – auch daraus ergeben, dass diese Information für ein Unternehmen **im Wettbewerb von Vorteil** ist (OLG Stuttgart GRUR-RS 2020, 35613 Rn. 165). Dies gilt auch für Unternehmen, die in ihrer Geschäftstätigkeit **regulierungsrechtlichen Vorgaben** (zB durch das Energierecht) unterliegen (vgl. BGH NVwZ-RR 2020, 1117 Rn. 25).

c) Wirtschaftliche Nachteile. Eine Information weist weiterhin dann einen wirtschaftlichen **45**
Wert auf, wenn dem Inhaber des Geheimnisses im Falle einer Rechtsverletzung **wirtschaftliche Nachteile** drohen, sich etwa bei Bekanntwerden des Geschäftsgeheimnisses die eigene Position verschlechtert. Das ist insbesondere anzunehmen, wenn die Erlangung, Nutzung oder Offenlegung der Information ohne Zustimmung des Inhabers dessen **wissenschaftliches oder technisches Potenzial, geschäftliche oder finanzielle Interessen, strategische Position** oder **Wettbewerbsfähigkeit** negativ beeinflussen (Begr. RegE, BT-Drs. 19/4724, 24; vgl. auch ErwGr. 14 RL (EU) 2016/943 und ÖOGH BeckRS 2021, 4598 Rn. 38 f.). Hieraus folgt, dass ein Handelswert nicht nur dann zu bejahen ist, wenn es sich bei dem Geheimnis um kommerziell verwertbare Informationen handelt, sondern es genügt, wenn die geheime Information für das Unternehmen von einem wirtschaftlichen und/oder einem unternehmensstrategischen Interesse ist. Rein ideelle Nachteile (zB ein drohender Ansehensverlust) genügen allerdings nicht (LAG Baden-Württemberg BeckRS 2021, 26156 Rn. 28). Weder erforderlich noch für sich genommen ausreichend sind allgemein negative Auswirkungen auf den Wettbewerb, die von einem Bekanntwerden des Geschäftsgeheimnisses ausgehen (vgl. ÖOGH BeckRS 2021, 4598 Rn. 38).

Zur Frage, ob die Information über eine **Rechtsverletzung** als Geschäftsgeheimnis geschützt **46**
sein kann, wenn dem Unternehmen im Falle des Bekanntwerdens Sanktionen drohen → Rn. 78 ff.

d) Zusammenhang zwischen Geheimhaltung und Handelswert. Zwischen der Ge- **47**
heimhaltung der Information und dem wirtschaftlichen Wert muss ein Zusammenhang bestehen. Dies kommt im Wortlaut des deutschen Rechts zum Ausdruck durch die Formulierung „und daher von wirtschaftlichem Wert". Auch der Wortlaut von Art. 2 Nr. 1 lit. b RL (EU) 2016/ 943 lässt erkennen, dass ein solcher Zusammenhang notwendig ist („von kommerziellem Wert, weil sie geheim sind"; engl.: „commercial value because it is secret"; frz.: „valeur commerciale parce qu'elles sont secrètes"). Hierfür ist es nicht erforderlich, dass der wirtschaftliche Wert der Information allein aus ihrer Geheimhaltung resultiert. Vielmehr genügt es, wenn die Geheimhaltung der Information jedenfalls auch für ihren wirtschaftlichen Wert von Bedeutung ist (Harte-Bavendamm/Ohly/Kalbfus/Harte-Bavendamm Rn. 37).

5. Angemessene Geheimhaltungsmaßnahmen

Die geheime Information muss gemäß § 2 I Nr. 1 lit. b (= Art. 2 Nr. 1 lit. c RL (EU) 2016/ **48**
943) Gegenstand von den Umständen entsprechenden angemessenen Geheimhaltungsmaßnahmen durch ihren rechtmäßigen Inhaber sein (engl.: „it has been subject to reasonable steps under the circumstances, by the person lawfully in control of the information, to keep it secret"; frz.: „elles ont fait l'objet, de la part de la personne qui en a le contrôle de façon licite, de dispositions raisonnables, compte tenu des circonstances, destinées à les garder secrètes").

49   **a) Grundaussagen.** Indem das Gesetz angemessene Geheimhaltungsmaßnahmen fordert, gibt es zu erkennen, dass nur demjenigen der Schutz durch die Rechtsordnung zugutekommt, der die **geheime Information aktiv schützt** (eingehend zur Auslegung und Dogmatik dieses Tatbestandsmerkmals Leistner WRP 2021, 835 ff.; krit. zum Regelungsansatz Passarge CB 2018, 144 (145 f.)). Ob ein Geschäftsgeheimnis rechtlichen Schutz erlangt, liegt demgemäß in der Eigenverantwortung des betreffenden Unternehmensinhabers. Wer keine Bestrebungen zum Schutz einer Information unternimmt oder lediglich darauf vertraut, die geheime Information werde nicht entdeckt und bleibe verborgen, genießt keinen Schutz durch die Rechtsordnung (vgl. Busche/Stoll/Wiebe TRIPs Art. 39 Rn. 23; s. auch Harte-Bavendamm/Ohly/Kalbfus/ Harte-Bavendamm Rn. 51). Der Geheimnisschutz steht und fällt daher mit den vom Inhaber des Geheimnisses getroffenen faktischen und/oder rechtlichen Maßnahmen zum Schutz des Geheimnisses. Der Berechtigte muss Sorge dafür tragen, dass die geheime Information auch geheim bleibt. Dies ist im Streitfall nachzuweisen (vgl. Art. 11 I lit. a RL (EU) 2016/943). Zudem sind die Geheimhaltungsmaßnahmen ein abwägungsrelevanter Umstand bei der gerichtlichen Entscheidung (vgl. Art. 11 II lit. b RL (EU) 2016/943 und Art. 13 I lit. b RL (EU) 2016/943).

49a   Das Erfordernis der angemessenen Geheimhaltungsmaßnahmen erfüllt innerhalb des Geschäftsgeheimnisbegriffs **mehrere Funktionen** (s. dazu auch Hoppe/Oldekop Geschäftsgeheimnisse/Momtschilow Kap. 1 Rn. 109 ff.; Leistner WRP 2021, 835 (839 ff.)). Die angemessenen Geheimhaltungsmaßnahmen haben insoweit eine **Zuordnungsfunktion,** als sie die Verbindung zu dem Inhaber des Geschäftsgeheimnisses herstellen (ähnlich Hoppe/Oldekop Geschäftsgeheimnisse/Momtschilow Kap. 1 Rn. 112: Zuweisungsfunktion). Sie dokumentieren zugleich dessen **ernsthaftes und objektives Schutzinteresse** an der Bewahrung der Vertraulichkeit und damit an dem Schutz der Information als Geschäftsgeheimnis (ähnlich Hoppe/Oldekop Geschäftsgeheimnisse/Momtschilow Kap. 1 Rn. 110: Manifestation des Geheimhaltungswillens). Die angemessenen Geheimhaltungsmaßnahmen grenzen die als Geschäftsgeheimnis geschützten Informationen gegenüber sonstigen geschäftsrelevanten Informationen eines Unternehmens ab und erfüllen damit eine **Abgrenzungsfunktion.** Schließlich kommt den angemessenen Geheimhaltungsmaßnahmen eine **Warnfunktion** gegenüber möglichen Rechtsverletzern zu (Hoppe/Oldekop Geschäftsgeheimnisse/Momtschilow Kap. 1 Rn. 113; Leistner WRP 2021, 835 (841)).

50   Aus **ökonomischer Sicht** dient das Erfordernis der angemessenen Geheimhaltungsmaßnahmen dazu, den tatsächlichen und den rechtlichen Schutz von Geschäftsgeheimnissen in einen angemessenen Ausgleich zu bringen (Effizienzgedanke). Der Inhaber muss weder den höchstmöglichen und damit kostenintensivsten Schutzaufwand betreiben, um sein Geschäftsgeheimnis faktisch zu sichern (Kalbfus GRUR-Prax 2017, 391 (392); Ohly GRUR 2014, 1 (3)), noch genügt es umgekehrt, wenn der Inhaber lediglich einen Minimalaufwand betreibt (→ Rn. 65 ff.).

51   Die Beurteilung, welche Geheimhaltungsmaßnahmen in Betracht kommen und ob die getroffenen Maßnahmen den Umständen nach angemessen sind, erfordert eine **objektive Betrachtung** (OLG Düsseldorf GRUR-RS 2021, 17483 Rn. 38; OLG Stuttgart GRUR-RS 2020, 35613 Rn. 167; Dann/Markgraf NJW 2019, 1774 (1775); Herrmann CB 2016, 368 (369); Thiel WRP 2019, 700 (701)), die **alle Gegebenheiten des Einzelfalls** berücksichtigt. Dabei sind wirtschaftliche Aspekte einzubeziehen. Insbesondere ist danach zu fragen, welche Maßnahmen **kaufmännisch/unternehmerisch sinnvoll** sind (vgl. Harte-Bavendamm/Ohly/Kalbfus/Harte-Bavendamm Rn. 50; Kalbfus GRUR-Prax 2017, 391 (392); Hoppe/Oldekop Geschäftsgeheimnisse/Momtschilow Kap. 1 Rn. 120a; Thiel WRP 2019, 700 (701)).

52   Weder die RL (EU) 2016/943 noch das GeschGehG nennen konkrete Beispiele für Schutzmaßnahmen. Angesichts der Vielgestaltigkeit von Geschäftsgeheimnissen und der Veränderlichkeit von Bedrohungslagen wäre es nicht möglich, einen auch nur annähernd erschöpfenden Maßnahmenkatalog zu benennen. Die konkrete Ausformung der Angemessenheit ist eine Aufgabe der Gerichte. Bei der hierfür erforderlichen rechtlichen Beurteilung ist „Augenmaß" notwendig (Ohly GRUR 2019, 441 (444)). Es dürfen **keine überzogenen Anforderungen** gestellt werden (KG BeckRS 2020, 31170 Rn. 22; Harte-Bavendamm/Ohly/Kalbfus/Harte-Bavendamm Rn. 43; s. auch Dann/Markgraf NJW 2019, 1774 (1775); Thiel WRP 2019, 700 (701)). Vor allem die kleinen und mittleren Unternehmen (KMU) würden durch überspannte Anforderungen benachteiligt, weil diese nicht in dem gleichen Umfang Vorsorge betreiben können wie finanzstarke Großunternehmen. Wenn die Gerichte zu strenge Anforderungen stellen, würde dies den KMU den Geschäftsgeheimnisschutz praktisch entziehen, was dem Ziel der RL (EU) 2016/943, gerade auch diese Unternehmen zu schützen, zuwiderliefe (vgl. Hauck GRUR-Prax 2019, 223 (224)).

Welche Geheimhaltungsmaßnahmen konkret in Betracht kommen, und welche Maßnahmen **52a** zum Schutz von vertraulichen Informationen angemessen sind, richtet sich nach dem **Zeitpunkt,** in dem die Maßnahmen ergriffen werden (**ex ante-Betrachtung,** Harte-Bavendamm/ Ohly/Kalbfus/Harte-Bavendamm Rn. 44; Büscher/McGuire Rn. 61). Geboten sind jedoch eine regelmäßige Überprüfung, Überwachung und Evaluation, um zB auf Veränderungen der Gefährdungslage reagieren zu können.

Die Frage, ob Geheimhaltungsmaßnahmen **erkennbar** sein müssen, ist differenzierend zu **52b** beantworten. Um die Warnfunktion (→ Rn. 49a) zu erfüllen, wird es in aller Regel zweckmäßig und geboten sein, wenn sowohl die Geheimhaltung von Informationen als auch zum Schutz der Geheimhaltung getroffenen Maßnahmen erkennbar sind. Jedoch können im Interesse eines umfassenden Schutzes des Geschäftsgeheimnisses auch objektive Schutzmaßnahmen in Betracht kommen, die als solche gerade nicht ohne Weiteres ersichtlich sind, die aber zB als ein **zusätzliches Sicherheitsnetz** fungieren, um die Vertraulichkeit einer Information zu bewahren.

b) Geheimhaltungsmaßnahmen. Geheimhaltungsmaßnahmen sind alle **Vorkehrungen,** **53** um die geheime Information vor einem rechtswidrigen Erlangen, Nutzen oder Offenlegen zu schützen. Schon der Wortlaut des § 2 I lit. b, der von Geheimhaltungsmaßnahmen spricht, legt nahe, dass zum Schutz eines Geschäftsgeheimnisses typischerweise **mehrere Maßnahmen** erforderlich sind. Diese Maßnahmen müssen sinnvoll aufeinander abgestimmt sein und ineinandergreifen. Erforderlich sind deswegen **unternehmensspezifische Schutzkonzepte und Schutzstrategien** (OLG Dresden GRUR-RS 2021, 55389 Rn. 20; OLG Dresden GRUR-RS 2023, 6302 Rn. 24; vgl. auch Baranowski/Glaßl BB 2016, 2563 (2568); v. Diringshofen GRUR-Prax 2013, 397 ff.; zur Einbindung in ein Compliance-System vgl. Apel/Drescher/ Lindner BB 2022, 1795 ff.; Thress BB 2023, 1027 ff.). Der Schutz von Geschäftsgeheimnissen steht in einer Zeit der stetig zunehmenden Digitalisierung aller Lebensbereiche in einem engen Zusammenhang mit Maßnahmen zur Gewährleistung von **Cybersicherheit** (dazu näher Dittrich NZWiSt 2023, 8 ff.). Die Konzepte und Strategien für den Schutz von Geschäftsgeheimnissen können mit bestehenden Sicherheitskonzepten aus anderen Bereichen verknüpft werden, soweit ein **vergleichbares Schutzbedürfnis** besteht. Denkbar ist bspw. die Verbindung des Schutzes von Geschäftsgeheimnissen mit den zum Datenschutz erforderlichen Maßnahmen (vgl. Art. 28 I DS-GVO: „geeignete technische und organisatorische Maßnahmen"). Ebenfalls möglich ist die Orientierung an den Anforderungen für die Einrichtung, Umsetzung, Aufrechterhaltung und fortlaufende Verbesserung eines dokumentierten Informationssicherheits-Managementsystems gemäß ISO/IEC 27001 (Ziegelmayer CR 2018, 693 (595)) oder an den branchenspezifischen Sicherheitsstandards für Kritische Infrastrukturen gemäß § 8a BSIG (Dittrich NZWiSt 2008, 8 (11)). Insgesamt erfordert der Schutz von Geschäftsgeheimnissen ein **strukturiertes Geschäftsgeheimnis-Management** von der Geschäftsführung (dazu näher Höfer GmbHR 2018, 1195 ff.).

Die nachfolgend (→ Rn. 55 ff.) aufgeführten Maßnahmen zum Schutz von Geschäftsgehei- **54** nissen haben einen **exemplarischen Charakter.** Ergänzend und erweiternd findet sich im Schrifttum eine zunehmende Anzahl von allgemeinen und speziellen Praxisempfehlungen (Buck JM 2020, 59 (63); Hiéramente/Golzio CCZ 2018, 262 (266 f.); Harte-Bavendamm/Ohly/ Kalbfus/Harte-Bavendamm Rn. 55 ff.; Hoppe/Oldekop Geschäftsgeheimnisse/Momtschilow Kap. 1 Rn. 153 ff.; Kalbfus GRUR-Prax 2017, 391 (392 f.); Partsch/Rump NJW 2020, 118 (120 f.); Thiel WRP 2019, 700 (702 f.); Thress BB 2023, 1027 ff.; Voigt/Herrmann/Grabenschröer BB 2019, 142 (144 ff.)). Für einen wirksamen und effektiven Schutz wird typischerweise ein **aufeinander abgestimmtes Maßnahmenbündel** zweckmäßig und erforderlich sein (**Beispiel:** OLG Düsseldorf GRUR-RS 2021, 17483 Rn. 40 ff.). Daher stehen die im Folgenden aufgeführten Erscheinungsformen von Geheimhaltungsmaßnahmen nicht isoliert nebeneinander, sondern sie werden einen wirksamen und effektiven Schutz in aller Regel erst durch eine gezielte **Kombination** gewährleisten können (Leister GRUR-Prax 2019, 75 (76)). Bspw. nützen Vertraulichkeitsvereinbarungen allein nur wenig, wenn es an flankierenden organisatorischen und technischen Schutzmaßnahmen fehlt. Die ergriffenen Geheimhaltungsmaßnahmen müssen stets in ihrem **konkreten Zusammenwirken** betrachtet und gewürdigt werden. Die Maßnahmen müssen in ihrer Gesamtheit ein **in sich stimmiges Schutzgefüge** bilden.

aa) Bestandsaufnahme, Dokumentation und Klassifizierung von Informationen. Zu **55** den angemessenen Maßnahmen gehören die Bestandsaufnahme, Dokumentation und Klassifizierung von Informationen. Dabei bilden die **Bestandsaufnahme** und die **Dokumentation** die

Ausgangsbasis für einen strukturierten Geheimnisschutz. Das Ziel dieser Maßnahmen besteht darin, die schützenswerten und schutzbedürftigen Bereiche sowie Informationen innerhalb eines Unternehmens zu **identifizieren** und – durch eine fortlaufende Überwachung und Aktualisierung des zu schützenden Informationsbestands – eine Anpassung an veränderte Umstände zu ermöglichen. Die Dokumentation dient nicht nur als Grundlage für den Aufbau und die Organisation von Schutzmaßnahmen, sondern sie ist zugleich für die Rechtsdurchsetzung von zentraler Bedeutung, weil den Unternehmer im Streitfall die Darlegungs- und Beweislast hinsichtlich der angemessenen Geheimhaltungsmaßnahmen trifft (vgl. Art. 11 I lit. a RL (EU) 2016/943).

56   Eine **Klassifizierung** von Informationen ist geboten, um den spezifischen Schutzbedarf zu erkennen, der sich zB aus den unterschiedlichen wirtschaftlichen Werten von Informationen, dem Gefährdungspotenzial für das Unternehmen oder der Bedrohungslage ergeben kann, damit die Geheimhaltungsmaßnahmen entsprechend angepasst und ausgerichtet werden können. Um eine individuell passende Schutzstruktur einzurichten, wird es oft sachgerecht sein, eine **Einordnung und Kategorisierung** von Informationen nach dem erforderlichen Schutzniveau vorzunehmen. Vielfach befürwortet wird eine dreigeteilte Abstufung nach **streng geheimen** (höchste Schutzstufe), **wichtigen** (mittlere Schutzstufe) und **sensiblen** (niedrige Schutzstufe) **Informationen** (Dann/Markgraf NJW 2019, 1774 (1776); Dumont BB 2018, 2441 (2443); Maaßen GRUR 2019, 352 (356); Voigt/Herrmann/Grabenschröer BB 2019, 142 (144)). Auch in der Rspr. hat dieser Ansatz Anklang gefunden (OLG Schleswig GRUR-RS 2022, 9007 Rn. 57 ff.). Wenngleich eine solche Differenzierung vielfach zweckmäßig sein kann, handelt es sich doch nur um eine denkbare Möglichkeit für einen abgestuften und maßgeschneiderten Geheimnisschutz innerhalb eines Unternehmens. Im Einzelfall können andere Unterscheidungen ebenso sachgerecht sein.

57   Es ist nicht erforderlich, jede vertrauliche Information besonders zu kennzeichnen, sondern es können spezifische Maßnahmen für bestimmte Kategorien und Gruppen von Informationen ergriffen werden (Begr. RegE, BT-Drs. 19/4724, 24). Der Unternehmensinhaber kann auf diese Weise sicherstellen, dass ein in sich **kohärentes Schutzsystem** besteht.

58   **bb) Organisatorische Maßnahmen.** Zu den organisatorischen Maßnahmen gehört die Schaffung und Aufrechterhaltung von **Betriebs- und Geschäftsstrukturen,** die einem Schutz von vertraulichen Informationen dienen. Dazu zählt auch der gesamte Bereich **Unternehmenscompliance,** insbesondere auch ein IP-Compliance Management (Wurzer CCZ 2009, 49 ff.; Ziegelmayer CR 2018, 693 (695)) sowie ggf. ein ergänzendes oder spezifisches Geschäftsgeheimnis-Compliance (Leister GRUR-Prax 2020, 145 ff.). Weitere organisatorische Maßnahmen sind etwa die **Instruktion** von Mitarbeitern sowie die **Überwachung und Kontrolle** der Einhaltung von Sicherungsmaßnahmen. Ferner ist eine regelmäßige **Evaluation** der getroffenen Maßnahmen zweckmäßig.

58a   Unternehmen sollten im Rahmen von organisatorischen Maßnahmen auch dafür Sorge tragen, dass klare Vorgaben im Hinblick auf den **Umgang mit vertraulichen Daten** bestehen, etwa beim Speichern auf privaten Geräten oder Speichermedien oder beim Zugriff auf sensible Daten von einem Heimarbeitsplatz (s. speziell zu Schutzmaßnahmen im „Homeoffice" Baade/Reiserer DStR 2022, 890 (893 ff.); Kraus/Leister CCZ 2021, 111 (112 ff.)). Zu Recht als kritisch sieht es das OLG Stuttgart (GRUR-RS 2020, 35613 Rn. 170) an, wenn der Inhaber des Geschäftsgeheimnisses das Speichern von Dateien mit Geschäftsgeheimnissen auf privaten Datenträgern zulässt (OLG Stuttgart GRUR-RS 2020, 35613 Rn. 170 unter Hinweis auf Maaßen GRUR 2019, 352 (358)). Dem ist jedenfalls zuzustimmen, soweit eine solche Übernahme ohne Passwortschutz (→ Rn. 63) erfolgt, weil ansonsten kein ausreichender Schutz vor Zugriffen Dritter mehr besteht.

59   **cc) Personelle Maßnahmen.** Personelle Maßnahmen umfassen zum einen **persönliche Zugangsbeschränkungen** zu vertraulichen Informationen. Zum anderen kann es geboten sein, bei Unternehmensmitarbeitern eine besondere **Sensibilität** für den Schutz vertraulicher Informationen zu schaffen und wachzuhalten, etwa durch Fortbildungen, Schulungen oder dergleichen. Des Weiteren kann ein **„Need to know"**-Prinzip angeraten sein, wonach die Mitarbeiter eines Unternehmens nur jeweils in dem Maße Zugang zu den vertraulichen Informationen des Betriebs erhalten, wie dies für die Erfüllung ihrer Aufgaben unbedingt notwendig ist (Ohly GRUR 2019, 441 (444); vgl. auch OLG Stuttgart GRUR-RS 2020, 35613 Rn. 169).

dd) Rechtliche Maßnahmen. Zu den rechtlichen Maßnahmen zum Schutz von Geschäfts-   **60** geheimnissen gehört die Etablierung und Ausgestaltung von **vertraglichen Geheimhaltungs-verpflichtungen.** Zu unterscheiden ist zwischen Vereinbarungen innerhalb einzelner Vertragsverhältnisse (→ Rn. 61 ff.) und der Schaffung von übergreifenden Regelwerken (→ Rn. 62). Neben ihrer Funktion als Geheimhaltungsmaßnahme ist zu berücksichtigen, dass die Verletzungstatbestände in § 4 II Nr. 2 und 3 unmittelbar an die Verletzung von Geheimhaltungspflichten anknüpfen, die (auch) vertraglich begründet werden können.

Bei Geheimhaltungspflichten in einzelnen Vertragsverhältnissen geht es um unterschiedliche   **61** Erscheinungsformen von **Vertraulichkeits- oder Verschwiegenheitsvereinbarungen, Non-Disclosure- oder Confidentiality-Agreements** und ähnliche Abreden. Die von den Parteien gewählte Bezeichnung ist für die rechtlichen Funktionen dieser Vereinbarungen nicht von Bedeutung. Auch kommt es nicht darauf an, ob es sich um selbstständige Verträge oder um (Teil-)Regelungen innerhalb einer komplexen Vertragsbeziehung handelt. Entscheidend ist demgegenüber, dass Rechtspflichten begründet werden, bestimmte Informationen vertraulich zu behandeln. Grundsätzlich lässt sich unterscheiden zwischen Vereinbarungen mit Personen, die für ein Unternehmen tätig sind und Verträgen mit Geschäftspartnern. Im ersten Fall geht es insbesondere um **Arbeits-, Dienst-, Werk- oder sonstige Verträge** mit Personen, die im Unternehmen beschäftigt sind (zB Geschäftsführung, Mitarbeiter) oder für das Unternehmen arbeiten (zB externe Agenturen oder Servicekräfte). Der zweite Fall betrifft geschäftliche Vereinbarungen in Geschäftsbeziehungen, insbesondere im **Kunden-Lieferanten-Verhältnis** (Steinmann/Schubmehl CCZ 2017, 194 ff.; speziell für das Verhältnis von Software/KI as a Service-Anbietern zu ihren Kunden Malcher MMR 2022, 617 ff.), aber auch im Rahmen **sonstiger Geschäftskontakte** (zB zwischen Lizenzgeber- und Lizenznehmer). Die praktische Bedeutung von vertraglichen Vertraulichkeitsvereinbarungen ist hoch. Ihre Inhalte müssen auf das GeschGehG abgestimmt werden (dazu näher Freckmann/Schmoll BB 2017, 1780 ff.; Hille WRP 2020, 824 ff.; Hoeren/Münker MMR 2021, 523 ff.; McGuire WRP 2019, 679 ff.; Schöwerling GRUR-Prax 2015, 52 ff.). Dies gilt unabhängig davon, ob die Vereinbarungen bereits vor dem Inkrafttreten des GeschGehG oder danach begründet wurden. Die Geheimhaltungspflichten können **individualvertraglich** oder **formularmäßig** vereinbart werden. Als privatautonome Vereinbarungen unterliegen vertragliche Verschwiegenheitspflichten einer **Wirksamkeits- und Inhaltskontrolle** (näher zu den Prüfungsmaßstäben bei der Ausgestaltung durch AGB Hille WRP 2020, 824 (825 ff.)). Neben den Anforderungen des GeschGehG müssen insbesondere auch die arbeitsrechtlichen Anforderungen Berücksichtigung finden (dazu näher Fuhlrott/Fischer NZA 2022, 809 ff. mit Formulierungsvorschlag). Vertragliche Geheimhaltungspflichten können **während der Laufzeit eines Vertrags** bestehen (zB während eines Arbeitsverhältnisses), aber auch **nach dessen Beendigung** als nachwirkende Pflichten zu beachten sein (zB wenn Mitarbeiter ein Unternehmen verlassen, s. dazu Irgens-Jensen IIC 2023, 495 ff.).

Damit vertragliche Vertraulichkeitsvereinbarungen als geeignete Geheimhaltungsmaßnahmen   **61a** anzuerkennen sind, müssen sie so gefasst sein, dass für beide Vertragsparteien in der notwendigen Klarheit zum Ausdruck kommt, für welche Informationen eine vertragliche Geheimhaltungspflicht besteht und wie weit diese reicht (vgl. LAG Düsseldorf GRUR-RS 2020, 23408 Rn. 80). Denn die Funktion solcher Klauseln besteht gerade darin, den Beteiligten **den Inhalt und die Reichweite der Pflicht** deutlich und unmissverständlich vor Augen zu führen. Ein enumerativer Katalog ist dafür nicht notwendig und wird oft auch gar nicht praktikabel sein (zB, weil bei Vertragsabschluss noch nicht absehbar ist, welche Geschäftsgeheimnisse ein Entwicklungsprozess hervorbringen wird). Allerdings müssen jedenfalls die **Kriterien für den Vertraulichkeitsschutz** erkennbar sein; eine beispielhafte Aufzählung von Informationen kann zur Veranschaulichung und Konkretisierung dienen (vgl. auch Hauck GRUR 2022, 530 (535); Leistner WRP 2021, 835 (843)).

Eine **spezielle Sanktionsbewehrung,** insbesondere durch eine Vertragsstrafenvereinbarung,   **61b** wird in der Praxis zweckmäßig sein, ist aber für die Eignung als Geheimhaltungsmaßnahme nicht zwingend erforderlich (Keller/Schönknecht/Glinke/Schönknecht Rn. 65; Thress BB 2023, 1027 (1029)). Vielmehr genügen insoweit bereits die allgemeinen Regelungen, die bei der Verletzung von Haupt- und Nebenpflichten innerhalb von Vertragsbeziehungen eingreifen (§§ 280 ff. BGB).

Keine geeigneten vertraglichen Geheimhaltungspflichten sind vertragliche Regelungen, die   **61c** lediglich **ganz pauschale Geheimhaltungspflichten** begründen und nicht auf einen **angemessenen Ausgleich der beiderseitigen Interessen** gerichtet sind. Dies betrifft insbesondere sog. „**Catch all**"-Klauseln, die praktisch alle betrieblichen Informationen einer generellen

Vertraulichkeitspflicht unterwerfen, mitunter sogar ohne zeitliche Grenzen (Fuhlrott/Fischer NZA 2022, 809 (812 ff.); Keller/Schönknecht/Glinke/Schönknecht Rn. 65; **Beispiele:** LAG Düsseldorf GRUR-RS 2020, 23408; LAG Köln BeckRS 2019, 44850; s. auch Apel/Stolz GRUR-Prax 2021, 1 ff.). Solche Abreden sind als Geheimhaltungsmaßnahmen schon deswegen ungeeignet, weil sie die ihnen zukommende Funktion, den Verpflichteten konkret zur besonderen Vorsicht und zum Schutz der vertraulichen Informationen anzuhalten, nicht erfüllen. Innerhalb von AGB sind Klauseln dieser Art regelmäßig gemäß **§ 307 I, II BGB** unangemessen (Bildhäuser/Reinhardt GRUR-Prax 2020, 576 (578); Hoeren/Münker MMR 2021, 523 (524); McGuire WRP 2019, 679 (681)). Je nach konkreter Fassung können sie darüber hinaus auch intransparent iSv **§ 307 III 2, I 2 BGB** sein (Hauck GRUR 2022, 530 (535)). Individualvertraglich sind solche Klauseln mit **§ 138 I BGB** unvereinbar, wenn und weil sie die Handlungsfreiheiten des Verpflichteten in unverhältnismäßiger Weise einschränken (vgl. LAG Köln BeckRS 2019, 44850 Rn. 14).

61d   Von diesen **grundlegenden Defiziten pauschaler vertraglicher Verschwiegenheitspflichten** zu unterscheiden ist die anders gelagerte Frage, wie sich sonstige rechtliche Mängel von konkreten vertraglichen Verschwiegenheitspflichten auswirken. Dabei geht es um Vertragsklauseln, die aufgrund einer hinreichend konkreten Fassung eine grundsätzliche Eignung als Geheimhaltungsmaßnahme aufweisen, die aber aus sonstigen Gründen rechtlich angreifbar sind (**Beispiel:** Eine Klausel geht lediglich in zeitlicher Hinsicht leicht über das zum Schutz des Geschäftsgeheimnisses erforderliche Maß hinaus). Teilweise wird es als ausreichend angesehen, wenn Verschwiegenheitsklauseln im maßgeblichen Zeitraum durch alle Beteiligten anerkannt wurden, auch wenn sich im Nachhinein möglicherweise die Unwirksamkeit einzelner Abreden herausstellt (OLG Schleswig GRUR-RS 2022, 9007 Rn. 76 f.; vgl. auch Apel/Stolz GRUR-Prax 2021, 1 (2 f.)). In eine ähnliche Richtung zielt die Überlegung, dass es nicht auf die Wirksamkeit einer Maßnahme gegenüber dem Verletzer, sondern darauf ankommt, ob die Maßnahme eine hinreichend deutliche Warnfunktion entfaltet (Leistner WRP 2021, 835 (841); aA Hauck GRUR 2022, 530 (535)). Für diese Ansätze lässt sich anführen, dass auch solche Klauseln einen **tatsächlichen Schutzeffekt** iS einer Sensibilisierung, Warnung und Ermahnung entfalten und zudem eine **ex ante-Betrachtung** der Geheimhaltungsmaßnahmen geboten ist. Zudem würde eine Einbeziehung sämtlicher vertragsrechtlicher Aspekte den Schutz von Geschäftsgeheimnissen möglicherweise erschweren, weil die Feststellung der angemessenen Geheimhaltungsmaßnahme unter Umständen eine komplexe Prüfung von einzelnen Vertragspflichten erforderlich machen würde. Daher ist es erforderlich, aber auch ausreichend, wenn zwei Voraussetzungen gegeben sind: Die vertragliche Verschwiegenheitspflicht muss jedenfalls den **grundlegenden Anforderungen an die gebotene Klarheit** genügen (→ Rn. 61a) und beide Parteien müssen übereinstimmend von einer **tatsächlichen Bindung an die Verschwiegenheitspflicht** ausgegangen sein. An dieser zweiten Voraussetzung fehlt es bspw., wenn über den Umfang und die Reichweite der Pflicht von vornherein Streit zwischen den Beteiligten bestand.

61e   Anerkannt ist, dass **Verschwiegenheitspflichten** als vertragliche Nebenpflichten iSv § 241 II auch dann bestehen können, wenn die Parteien darüber keine ausdrückliche Vereinbarung getroffen haben (vgl. BAG NJW 1967, 125 (126); s. dazu auch Leistner WRP 2021, 835 (842)). Solche Pflichten, die im konkreten Fall durch eine ergänzende Vertragsauslegung zu ermitteln sind, genügen jedoch für sich allein genommen **nicht** als angemessene Geheimhaltungsmaßnahmen. Allenfalls können Pflichten dieser Art im Rahmen des § 2 Nr. 1 lit. b ergänzend berücksichtigt werden, wenn die vertragliche Regelung der Parteien bspw. unerkannte Lücken enthält oder die Parteien eine zu weit reichende und deswegen unwirksame Geheimhaltungspflicht geschaffen haben.

61f   Die Festlegung einer vertraglichen Pflicht, am Ende des Beschäftigungsverhältnisses geschäftliche Unterlagen, die einem Unternehmensmitarbeiter während eines Arbeitsverhältnisses überlassen wurden, wieder zurückzugeben (**vertragliche Rückgabepflicht**), genügt für sich genommen **nicht** als angemessene Geheimhaltungsmaßnahme. Dies gilt unabhängig davon, ob der Unternehmensinhaber am Ende des Vertragsverhältnisses die Herausgabe dieser Unterlagen tatsächlich verlangt (insoweit missverständlich LAG Düsseldorf GRUR-RS 2020, 23408 Rn. 82).

62   **Verhaltenskodizes** (Codes of Conduct) sind privatautonom geschaffene Regelwerke, zu deren Einhaltung sich Personen und Unternehmen verpflichten können. Solche Regelwerke können Geheimhaltungspflichten beinhalten, aber zB auch dem Zweck dienen, einheitliche Schutzstandards zu entwickeln und zu etablieren. Derartige Kodizes unterliegen einer rechtlichen Kontrolle, sie können also nicht verbindlich die Angemessenheit definieren. Jedoch können sie in der Praxis ein wichtiges Hilfsmittel sein, um zu ermitteln, welche Anforderungen üblicherweise eingehalten werden.

ee) Technische und sonstige tatsächliche Maßnahmen. Weiterhin kommen technische 63 und sonstige tatsächliche Maßnahmen zum Schutz von Geschäftsgeheimnissen in Betracht, die einen unbefugten Zugriff Dritter verhindern. Bei Daten wird dies bspw. regelmäßig die Zugangssicherung durch **Passwörter, Verschlüsselungstechniken** und dergleichen umfassen. Ist das Geheimnis in einem Gegenstand verkörpert (zB Modell, Konstruktionsplan usw), dann ist eine **sichere Verwahrung** erforderlich.

ff) Maßnahmen zur Rechtsverfolgung. Schließlich können Geheimhaltungsmaßnahmen 64 auch solche sein, die im Falle einer Rechtsverletzung eine Rechtsverfolgung ermöglichen bzw. erleichtern. So etwa, wenn Dateien mit einem **„digitalen Wasserzeichen"** versehen und **signiert** werden, damit der Weg einer solchen Datei nachverfolgt werden kann.

c) Den Umständen nach angemessen. Die vom Inhaber des Geschäftsgeheimnisses getrof- 65 fenen Geheimhaltungsmaßnahmen müssen angemessen sein. Bei der Angemessenheit handelt es sich um ein **flexibles und offenes Tatbestandsmerkmal,** das dem Gedanken der **Verhältnismäßigkeit** folgt. Die Angemessenheit verlangt weder einen „optimalen Schutz" noch eine „extreme Sicherheit" (OLG Düsseldorf GRUR-RS 2021, 17483 Rn. 38; Maaßen GRUR 2019, 352 (353)), weil anderenfalls der Geheimnisbegriff zu stark eingeschränkt würde. Es ist also nicht erforderlich, dass der Unternehmer zum Schutz seiner vertraulichen Informationen die nach den Umständen bestmöglichen und sichersten Maßnahmen ergreift (OLG Schleswig GRUR-RS 2022, 9007 Rn. 57; Ohly GRUR 2019, 441 (443); Partsch/Rump NJW 2020, 118 (120)). Umgekehrt kann es zur Wahrung der Angemessenheit nicht genügen, wenn der Unternehmer – vielleicht um hohe Kosten und einen gesteigerten Organisationsaufwand zu vermeiden – lediglich ein Minimum an Schutzvorkehrungen vorsieht (OLG Hamm GRUR-RS 2020, 34822 Rn. 161; Heinzke CCZ 2016, 179 (182)). Die Angemessenheit bewegt sich daher typischerweise in einem mehr oder weniger weiten Feld von möglichen Maßnahmen. Eine wichtige Orientierungshilfe ergibt sich durch die Prüfung, welche Maßnahmen dem **gängigen Standard** entsprechen (OLG Schleswig GRUR-RS 2022, 9007 Rn. 86).

aa) Kriterien. Die Angemessenheit bestimmt sich nach den **konkreten Umständen des** 66 **Einzelfalls.** Zum Schutz von Informationen, die den üblichen Geschäftsbetrieb betreffen, ist eine durchdachte, auf langjährige Sicherheit angelegte und organisatorisch geordnete Geheimhaltung zu erwarten (OLG Schleswig GRUR-RS 2022, 9007 Rn. 62). Maßgebend ist, ob der Geheimnisinhaber **sinnvolle und effiziente Maßnahmen** getroffen hat, um die Informationen zu schützen (OLG Stuttgart GRUR-RS 2020, 35631 Rn. 167). Es handelt sich nicht um einen absoluten, sondern um einen **relativen** (Ohly GRUR 2019, 441 (444)) und **dynamischen** (Leister GRUR-Prax 2019, 75 (76)) **Maßstab.** Ausgehend von dem Grundsatz der objektiven Beurteilung (→ Rn. 49) ist bei der rechtlichen Bewertung auf die Sichtweise eines **objektiven und verständigen Betrachters** aus denjenigen (Fach-)Kreisen abzustellen, die üblicherweise mit dieser Art von Informationen umgehen. Bei der rechtlichen Beurteilung ist dem Inhaber des Geschäftsgeheimnisses ein **Beurteilungsspielraum** zuzugestehen, wenn sich der Schutz auf unterschiedliche Weise verwirklichen lässt. Hat der Inhaber des Geschäftsgeheimnisses **mehrere Maßnahmen** zum Schutz des Geschäftsgeheimnisses getroffen (→ Rn. 54), dann dürfen diese Maßnahmen nicht voneinander isoliert betrachtet werden, sondern sie sind in ihrem **spezifischen Zusammenspiel** auf ihre Angemessenheit hin zu prüfen. Die Beurteilung der Angemessenheit erfolgt auf der Grundlage von **mehreren Wertungskriterien,** wobei die nachfolgenden Beispiele nicht abschließend sind. Diese Kriterien sind als **Anhaltspunkte** zu verstehen, um eine sachgerechte Entscheidung im Einzelfall zu ermöglichen. Nicht in jedem Fall werden alle Kriterien gleichermaßen einschlägig sein.

Von besonderer Bedeutung für die Feststellung der Angemessenheit sind die **Art** und der 67 **wirtschaftliche Wert** des Geheimnisses, einschließlich etwaiger **Entwicklungskosten** (OLG Düsseldorf GRUR-RS 2021, 17483 Rn. 38; OLG Stuttgart GRUR-RS 2020, 35613 Rn. 169; Begr. RegE, BT-Drs. 19/4724, 24 f.; Baranowski/Glaßl BB 2016, 2563 (2565); Heinzke CCZ 2016, 179 (182); Leister GRUR-Prax 2019, 75 (76)). Entgegen im Schrifttum geäußerter Kritik (Lauck GRUR 2019, 1132 ff.; Passarge/Scherbath CB 2021, 49 (50 f.)) führt die Berücksichtigung des Wertes des Geschäftsgeheimnisses nicht zu dem paradoxen Ergebnis, das die besonders wertvollen Geschäftsgeheimnisse schlechter geschützt wären als wirtschaftlich weniger bedeutsame Informationen. Diese Ansicht übersieht, dass nicht von einem absoluten und festen Wert-

Kosten-Verhältnis auszugehen ist, sondern der Wert des Geschäftsgeheimnisses lediglich ein Beurteilungsfaktor unter mehreren ist. Weiterhin ist zu bedenken, dass es einer wohlverstandenen **ökonomischen Betrachtung** entspricht, wenn die Rechtsordnung zum Schutz von besonders wertvollen Informationen erhöhte Eigenanstrengungen vom Inhaber des Geschäftsgeheimnisses verlangt. Ein Wertungszusammenhang zwischen dem Wert einer zu schützenden Position und eigenen Schutzmaßnahmen der geschützten Person ist zudem keineswegs ungewöhnlich, sondern auch in anderen Bereichen der Rechtsordnung anerkannt: So kann es als ein mitwirkendes Verschulden anzusehen sein, wenn ein Geschädigter bei wertvollen Gütern spezielle Schutzvorkehrungen unterlässt oder eine überflüssige Gefahrenlage schafft. Die Berücksichtigung des Wertes des Geschäftsgeheimnisses ist letztlich Ausdruck des gesetzlichen Schutzkonzepts, wonach der Inhaber des Geschäftsgeheimnisses dann geschützt wird, wenn er sein eigenes Interesse an einer Geheimhaltung von Informationen durch **wirtschaftlich vernünftige und zumutbare Maßnahmen** manifestiert. Geboten ist eine konkrete **Kosten-Nutzen-Analyse,** die Fehlanreize vermeidet (vgl. Harte-Bavendamm/Ohly/Kalbfus/Harte-Bavendamm Rn. 46 unter Hinweis auf ErwGr. 9 Richtlinie (EU) 2016/943). Bei der Beurteilung auszugehen ist von dem **spezifischen geheimnisbezogenen Schutzbedürfnis,** nicht hingegen von Schutzmaßnahmen, die für andere Geschäftsgeheimnisse bestehen. Die Schwelle zur Unangemessenheit ist jedenfalls dann überschritten, wenn die Kosten für die Schutzmaßnahmen den Wert des Geschäftsgeheimnisses übersteigen (Harte-Bavendamm FS Büscher, 2018, 311 (317)).

68   Weitere Kriterien für die rechtliche Beurteilung der Angemessenheit sind die konkreten **Umstände der Nutzung,** die **Natur** der Informationen, die **Bedeutung** für das Unternehmen, die **üblichen Geheimhaltungsmaßnahmen** in dem Unternehmen, die Art der Kennzeichnung der Informationen und vereinbarte vertragliche Regelungen mit Arbeitnehmern und Geschäftspartnern (OLG Düsseldorf GRUR-RS 2021, 17483 Rn. 38; OLG Stuttgart GRUR-RS 2020, 35613 Rn. 169; Begr. RegE, BT-Drs. 19/4724, 24 f.). Weiterhin sind mit einzubeziehen der **Grad des Wettbewerbsvorteils** durch die Geheimhaltung, etwaige **Schwierigkeiten** der Geheimhaltung sowie die konkrete **Gefährdungslage** (OLG Schleswig GRUR-RS 2022, 61; vgl. auch Busche/Stoll/Wiebe/Wiebe TRIPs Art. 39 Rn. 23). Ebenfalls berücksichtigungsfähig sind die **Größe des Unternehmens** (s. auch Hauck GRUR-Prax 2019, 223 (224); Passarge/Scherbarth CB 2021, 49 (51)) sowie dessen **Leistungsfähigkeit.** Von einem weltweit tätigen Unternehmen können bspw. größere und finanziell aufwändigere Sicherungsvorkehrungen erwartet werden als von einem Handwerksbetrieb mit wenigen Angestellten. Ein weiteres Kriterium bildet die **Wirtschaftsbranche,** in der das Unternehmen tätig ist. Die branchenüblichen Sicherheitsstandards bilden einen wichtigen Anhaltspunkt für die Angemessenheit von Geheimhaltungsmaßnahmen.

69   **bb) Flexibler Maßstab; Anpassungen; Schwächen eines Schutzkonzepts.** Die Angemessenheit ist kein statisches Kriterium, sondern sie kann **Wandlungen** unterliegen, insbesondere aufgrund einer fortschreitenden technischen Entwicklung und/oder aufgrund einer Veränderung der Gefährdungslage (→ Rn. 52a). Die Inhaber von Geschäftsgeheimnissen sind daher gehalten, einen einmal etablierten Geheimnisschutz regelmäßig einer **Überprüfung** zu unterziehen, um ggf. Anpassungen und Nachjustierungen bei den Geheimhaltungsmaßnahmen vorzunehmen. **Beispiel:** Eine nach dem heutigen Erkenntnisstand angemessene IT-Infrastruktur zur Sicherung von Informationen kann bereits in wenigen Jahren veralten und damit nach den Umständen nicht mehr angemessen sein. Passt der Inhaber des Geheimnisses seine Sicherheitsmaßnahmen dieser Entwicklung nicht an, verliert das Geheimnis den rechtlichen Schutz. Die erforderliche Überprüfung muss neben der Tauglichkeit von einzelnen Maßnahmen stets auch die Funktionsfähigkeit des zugrunde liegenden Schutzkonzepts insgesamt im Blick behalten.

70   Gerade in sehr komplexen Schutzsystemen ist es möglich, dass **punktuelle Schwachstellen** verbleiben oder erst im Laufe der Zeit zu Tage treten. Dies schließt einen angemessenen Schutz nicht aus, wenn gewährleistet ist, dass solche Schwachstellen im Sinne einer **dynamischen Pflege und Fortentwicklung des Schutzkonzepts** identifiziert und abgestellt werden können. Stellt sich heraus, dass einzelne, von einem Unternehmen getroffenen **Sicherungsmaßnahmen überwindbar** sind, dann steht dies einem Geheimnisschutz nach dem GeschGehG nicht grundsätzlich entgegen, solange die Maßnahmen bei objektiver Betrachtung angemessen sind und der Unternehmer auch keine Anhaltspunkte hatte, von einer unzureichenden Sicherung auszugehen. **Beispiel** aus der österreichischen Rspr. (ÖOGH ÖBl 2017, 136 – Ticketsysteme m. Anm. Tonninger): Die Streitparteien waren Wettbewerber auf dem Gebiet der Erzeugung und des Vertriebs von Ticket- und Eintrittssystemen für Skigebiete, Stadien und ähnliche Einrichtungen. Die Klägerin betrieb zugleich einen Server, auf dem interne Anwendungen für ihre Kunden installiert waren. Auf dem Server waren die mit den Eintrittssystemen verbundenen Daten der Kunden der Klägerin gespeichert. Die Kunden konnten über das Internet auf diese Daten zugreifen. Hierfür waren ein Benutzername und ein Passwort erforderlich. Die Beklagte griff im Rahmen einer „Mitbewerberanalyse" auf diese Kundendaten zu. Dies war möglich, weil ein Mitarbeiter der Beklagten bei einem Kunden der Klägerin den Bildschirm fotografiert hatte und sich – auch ohne Benutzername und Passwort – aufgrund einer Sicherheitslücke Zugriff auf die Kundendaten verschaffen konnte. Der ÖOGH, der in seiner Entscheidung bereits die Wertungen der RL (EU) 2016/943 berücksichtigte, betonte, dass die durch den Zugriff aufgedeckten Sicherheitsmängel einem Geheimnisschutz nicht entgegenstehen. Dies gelte jedenfalls „bei aufrechtem Passwortschutz", denn sowohl Beschäftigte als auch Dritte müssen „redlicherweise annehmen, dass dem Unternehmer die Mängel nicht bewusst waren, sodass aus deren Vorliegen keinesfalls ein Wegfall des Geheimnischarakters abgeleitet werden kann".

Angemessene Geheimhaltungsmaßnahmen können bereits getroffen werden und geboten sein, **71** noch bevor ein bestimmtes Geschäftsgeheimnis überhaupt entstanden ist. So kann (und sollte) ein Unternehmer bspw. bereits **generelle Sicherheitsvorkehrungen** für einen Entwicklungs- und Forschungsbereich schaffen, auch wenn zum Zeitpunkt der Etablierung dieser Maßnahmen (noch) keine Geschäftsgeheimnisse existieren. In diesem Fall stellen die angemessenen Geheimhaltungsmaßnahmen sicher, dass bereits bei der Entstehung des Geheimnisses die Vertraulichkeit gewahrt und das Geheimnis von Anfang an geschützt ist.

d) Durch den rechtmäßigen Inhaber. Die Geheimhaltungsmaßnahmen müssen durch **72** ihren **rechtmäßigen Inhaber** (§ 2 Nr. 2) erfolgen. Rechtmäßiger Inhaber ist nicht nur derjenige, in dessen Sphäre ein Geschäftsgeheimnis entstanden ist, sondern auch derjenige, der ein Geschäftsgeheimnis rechtmäßig nutzen darf (zB ein Lizenznehmer). Entscheidend ist, dass die Maßnahmen durch den rechtmäßigen Inhaber veranlasst und verantwortet werden. Dies muss nicht höchstpersönlich geschehen. Der Einsatz von externen Dritten (zB Sicherheitspersonal; Beratung durch Fachleute und Einholung von Fachexpertise; Erwerb von Sicherheitstechnik usw) ist zulässig.

e) Beispiele. Der folgende Überblick zeigt exemplarisch, welche Anforderungen die Rspr. **72a** hinsichtlich der Angemessenheit von Schutzmaßnahmen stellt (s. auch die weiteren Zusammenstellungen bei Holterhus K&R Beil. 6/2021, 45 (46 ff.); Hoppe/Oldekop WRP 2022, 547 (548 f.)).

Als **geeignete angemessene Schutzmaßnahmen** haben die Gerichte insbesondere angese- **72b** hen: Die sichere Verwahrung oder eine Zugangssicherung der vertraulichen Daten durch Passwörter im Unternehmen (KG BeckRS 2020, 31170 Rn. 22); das Gewähren des Zugangs zu relevanten Informationen nur für Personen, die die Informationen zur Durchführung ihrer Aufgabe (potenziell) benötigen und die zur Verschwiegenheit verpflichtet sind (OLG Stuttgart GRUR-RS 2020, 35613 Rn. 169: als Mindeststandard); die hinreichende Sicherung derjenigen Stellen im Unternehmen, an denen die Dokumente verwahrt werden, gegen den Zutritt unbefugter Personen; die verschlossene Aufbewahrung sensibler Informationen bzw. die Verwahrung in einem abgeschlossenen Raum (OLG Stuttgart GRUR-RS 2020, 35613 Rn. 171); die Kombination von Maßnahmen, bestehend aus einer IT-Richtlinie, einem „Need to know"-Prinzip, einem Unternehmenscompliancesystem sowie vertraglichen Geheimhaltungspflichten (LAG Baden-Württemberg BeckRS 2021, 26156 Rn. 33 ff.). Der Annahme eines angemessenen Schutzes steht nicht entgegen, dass ein unfreiwilliger Verlust der Herrschaft über einen einzelnen Informationsträger eingetreten ist (OLG Stuttgart GRUR-RS 2020, 35613 Rn. 172) oder dass Unterlagen mit vertraulichen Inhalten in einem Gerichtsverfahren eingereicht werden (KG BeckRS 2020, 31170 Rn. 22; OLG Hamm BeckRS 2021, 14668 Rn. 16 ff.).

Kein angemessener Schutz ist gegeben, wenn in einem Unternehmen das Speichern von **72c** Dateien mit Geschäftsgeheimnissen auf privaten Datenträgern zugelassen ist, insbesondere bei einer Zugänglichkeit ohne Passwort (OLG Stuttgart GRUR-RS 2020, 35613 Rn. 170; vgl. auch OLG Hamm GRUR-RS 2020, 34822 Rn. 172). Maßnahmen sind weiterhin dann ungeeignet, wenn sie mehrfach umgangen worden sind, ohne dass der Inhaber des Geschäftsgeheimnisses darauf angemessen reagiert hätte, obwohl deutliche Anhaltspunkte dafür bestanden, von einer unzureichenden Sicherung auszugehen (OLG Hamm GRUR-RS 2020, 34822 Rn. 167). Unzureichend ist die pauschale Behauptung, dass mit Lizenznehmern Geheimhaltungsmaßnahmen vereinbart würden und dass kein Hinweis vorliege, dass diese nicht eingehalten würden (OLG

Hamm GRUR-RS 2020, 34822 Rn. 172). Nicht ausreichend sind weiter arbeitsvertragliche Geheimhaltungsregelungen, die schlicht alle Angelegenheiten und Vorgänge, die im Rahmen der Tätigkeit bekannt werden, einer Verschwiegenheitspflicht unterwerfen (LAG Düsseldorf GRUR-RS 2020, 23408 Rn. 80; zu solchen „Catch all"-Klauseln → Rn. 61c).

6. Berechtigtes Interesse an der Geheimhaltung

73   Gemäß § 2 Nr. 1 lit. c muss „ein berechtigtes Interesse an der Geheimhaltung" bestehen. Dieses Merkmal war weder im RefE noch im RegE (BT-Drs. 19/4724) vorgesehen. Es gelangte erst im Zuge der Ausschussberatungen (BT-Drs. 19/8300) in das Gesetz. In der amtlichen Begründung wird dazu ausgeführt, mit der Aufnahme des „berechtigten Interesses" in die Definitionsmerkmale des Geschäftsgeheimnisbegriffes solle der Rspr. des BVerfG Rechnung getragen werden (BT-Drs. 19/4724, 14). Die Beratungsprotokolle (Wortprotokoll der Ausschusssitzung, Protokoll-Nr. 19/30) lassen erkennen, dass der Gefahr entgegengewirkt werden sollte, dass Unternehmer beliebige Informationen lediglich als Geschäftsgeheimnisse „deklarieren", etwa um die Tätigkeit von Arbeitnehmervertretern in einem Unternehmen zu erschweren (**Beispiel:** LAG Schleswig-Holstein NZA-RR 2016, 77 ff.). Zudem sollte das Merkmal – neben anderen Regelungen im GeschGehG – sicherstellen, dass der Schutz von Geschäftsgeheimnissen nicht den investigativen Journalismus behindert (Ohly GRUR 2019, 441 (444)).

74   **a) Vereinbarkeit mit dem Unionsrecht.** Die **Vereinbarkeit dieses Merkmals mit dem Unionsrecht** ist **zweifelhaft,** denn es findet weder in Art. 2 Nr. 1 RL (EU) 2016/943 noch in Art. 39 II TRIPS-Abkommen eine unmittelbare Entsprechung (krit. auch Keller/Schönknecht/Glinke/Glinke Rn. 91; Ohly GRUR 2019, 441 (444); Rönnau FS Merkel, 2020, 909 (915 ff.); aA Brockhaus ZIS 2020, 102 (110)). Lediglich in den Begründungserwägungen der RL (EU) 2016/943 wird ausgesprochen, dass als Geschäftsgeheimnis nur solche Informationen geschützt sein sollen, bei denen „ein legitimes Interesse an ihrer Geheimhaltung besteht" (ErwGr. 14 RL (EU) 2016/943). Auch der Fachbereich Europa des Bundestages ging in einer Stellungnahme davon aus, dass die Aufnahme dieses Kriteriums in das Gesetz nicht den Anforderungen an eine ordnungsgemäße Umsetzung der Richtlinie genüge (PE 6 – 3000 – 020/19).

75   Das Merkmal des berechtigten Interesses entstammt der früheren Rspr. zum deutschen Recht und hatte die Funktion eines **Willkürausschlusses** (Harte-Bavendamm FS Büscher, 2018, 311 (316). Bereits das RG ging davon aus, dass ein geschäftlicher Geheimnisschutz voraussetzt und „so lange fortbesteht, als der Inhaber des Betriebs ein berechtigtes wirtschaftliches Interesse an der Geheimhaltung" hat (RGZ 149, 329 (333) – Stiefeleisenpresse). Die Rspr. stellte an das berechtigte Interesse keine hohen Anforderungen. Ein berechtigtes Interesse fehlte, wenn der Unternehmer willkürlich die Geheimhaltung von Dingen verlangte, obgleich schlechthin kein begründetes Interesse ersichtlich war (vgl. BGH GRUR 1955, 424 (426) – Möbelwachspaste). In späteren Entscheidungen ist von einem „ausreichenden wirtschaftlichen Interesse" die Rede (vgl. BGH GRUR 2003, 2356 (358) – Präzisionsmessgeräte).

76   Eine bloße Fortschreibung dieser früheren Rspr. ist schon deswegen nicht zulässig, weil Vorschriften, die der Umsetzung von Unionsrecht dienen, nicht nach nationalen Maßstäben ausgelegt werden dürfen (aA Reinfeld Neues GeschGehG § 1 Rn. 160). Der Begriff des berechtigten Interesses bedarf daher einer **unionsrechtskonformen Auslegung.** Zudem sollte die Frage der Vereinbarkeit dieses Merkmals mit Art. 2 Nr. 1 RL (EU) 2016/943 bei Gelegenheit dem EuGH vorgelegt werden.

77   Ausgehend von dem Regelungsziel des deutschen Gesetzgebers, einen Schutz vor willkürlicher Geheimhaltung zu etablieren, ist das Merkmal großzügig auszulegen, damit der unionsrechtlich intendierte weite Geheimnisschutz nicht auf unzulässige Weise eingeschränkt wird. Maßgeblich ist hierfür eine **objektive Beurteilung** aus der Sicht eines durchschnittlichen und verständigen Betrachters. Es kommt damit nicht auf die persönliche Sichtweise des Inhabers des Geschäftsgeheimnisses an, also nicht darauf, ob der Inhaber die Geheimhaltung einer Information subjektiv für berechtigt hält. Weil das GeschGehG ein Geschäftsgeheimnis als Wirtschaftsgut schützt, genügt als berechtigtes Interesse jedes **wirtschaftliche Interesse** an der Bewahrung der Vertraulichkeit der Information. Hat diese Information einen wirtschaftlichen (kommerziellen) Wert für das Unternehmen, dann dürfte ein berechtigtes Interesse in aller Regel zu bejahen sein, sofern nicht ausnahmsweise besondere Umstände dagegensprechen. Ein berechtigtes (legitimes) Interesse fehlt nur dann, wenn nach den konkreten Umständen plausible, schutzwürdige und wirtschaftlich nachvollziehbare Gründe für eine Geheimhaltung der Information nicht ersichtlich sind.

b) Von der Rechtsordnung geschütztes Interesse. Das Bestehen eines berechtigten (legi- **78** timen) Interesses ist problematisch, wenn das Geheimhaltungsinteresse selbst oder die einem Geschäftsgeheimnis zugrunde liegende Information **einer Missbilligung durch die Rechtsordnung** unterliegen. Hierbei sind zwei Konstellationen zu unterscheiden. **Erstens:** Wenn die Geheimhaltung von Informationen allein dem Zweck dient, einem anderen durch die Vorenthaltung einen **rechtswidrigen Schaden** zuzufügen, dann fehlt es an einem berechtigten Interesse, weil die reine Schädigungsabsicht keinen rechtlichen Schutz genießt. **Zweitens:** Lebhaft umstritten ist, ob Informationen über **rechtswidrige Ereignisse, Umstände, Verhaltensweisen oder sonstige, von der Rechtsordnung missbilligte Vorgänge,** insbesondere Informationen über einen unerlaubten Zustand oder unzulässige Praktiken, durch das GeschGehG geschützt sind, also insoweit ein berechtigtes Schutzinteresse anzuerkennen ist. **Beispiel** (nach RAG (JW 1931, 491): Der Mitarbeiter eines Milchhändlers legt offen, dass in dem Betrieb rechtswidrige „Milchpanschereien" stattfinden. Das RAG ging davon aus, dass „die Verübung von Milchfälschereien überhaupt nicht als Geschäftsgeheimnis" iSd § 17 UWG aF angesehen werden könne.

Die Frage, ob Informationen über rechtswidrige Umstände als Geschäftsgeheimnis geschützt **78a** sein konnten, war bereits im **alten Recht** umstritten. Die wohl überwiegende Ansicht bejahte einen Schutz von solchen Informationen (s. nur → 37. Aufl. 2019, UWG § 17 Rn. 9; abl. Engländer/Zimmermann NZWiSt 2012, 328 (331 ff.); Rützel GRUR 1995, 557 ff.; zusammenfassender Überblick zum Streitstand bei Brockhaus ZIS 2020, 102 (103 ff.)). Auf der Grundlage des **geltenden Rechts** setzt sich dieser Streit fort, wobei **zwei Hauptströmungen** zu erkennen sind. Ein Teil des Schrifttums lehnt einen Geschäftsgeheimnisschutz für Informationen über rechtswidrige Umstände ab (Alexander WRP 2017, 1034 (1039); Brockhaus ZIS 2020, 102 (109 ff.); Brost/Wolsing ZUM 2019, 898 (899 f.); Hauck WRP 2018, 1032 (1033 ff.); Hauck GRUR-Prax 2019, 223 (224); Hauck AfP 2019, 193 (198 f.); BeckOK UWG/Hohn-Hein/ Barth GeschGehG § 2 Rn. 26 ff.; Kalbfus GRUR 2016, 1009 (1011); Büscher/McGuire § 2 Rn. 46 ff.; McGuire FS Harte-Bavendamm, 2020, 367 (381 ff.); diff. Sousa e Silva JIPLP 2014, 923 (927 f.)). Demgegenüber sind nach der Gegenansicht solche Informationen grundsätzlich in den Schutzbereich des GeschGehG einzubeziehen (Brammsen/Apel/Brammsen Rn. 139; Keller/Schönknecht/Glinke/Glinke Rn. 96 ff.; Harte-Bavendamm/Ohly/Kalbfus/Harte-Bavendamm Rn. 67; BeckOK GeschGehG/Hiéramente Rn. 73 ff.; Hoppe/Oldekop Geschäftsgeheimnisse/Hoppe Kap. 1 Rn. 101, 260; Ohly GRUR 2019, 441 (443); Reinbacher, Handbuch des Strafrechts, 2019, § 57 Rn. 56; Rönnau FS Merkel, 2020, 909 (917 ff.); Schick S. 119 ff.; Ullrich NZWiSt 2019, 65 (67)). Für das österreichische Recht stellt sich die Problematik entsprechend (s. dazu Hofmarcher Rn. 2.31, 2.50 ff., einen Schutz abl.). Der ÖOGH hat vor der Neuregelung des Geschäftsgeheimnisschutzes entschieden, dass „unlautere Geschäftspraktiken oder gesetzwidriges Verhalten" in der Regel keine schutzwürdigen Geheimnisse sind (ÖOGH 19.9.2001 – 9 ObA 180/01p).

Richtigerweise sind **Informationen über rechtswidrige Umstände oder rechtswidrige 79 Vorgänge durch das GeschGehG nicht geschützt.** Zwar werden, rein formal betrachtet, bei solchen Informationen die Voraussetzungen des § 2 Nr. 1 lit. a und b erfüllt sein: Informationen dieser Art sind typischerweise geheim. Aufgrund dieser Geheimhaltung besteht ein wirtschaftlicher Wert, weil das Unternehmen mit erheblichen Nachteilen rechnen muss, wenn die Informationen bekannt werden (da zB Bußgelder oder Schadensersatzansprüche der Geschädigten drohen). Ein Unternehmen wird zudem Maßnahmen treffen, um die Geheimhaltung angemessen zu sichern. Jedoch fehlt es an einem anerkennenswerten Interesse an der Geheimhaltung und damit an einem berechtigten Interesse iSv § 2 Nr. 1 lit. c, weil das Bestreben, einen selbst oder durch Dritte begangenen Rechtsverstoß nicht bekannt werden zu lassen, keinen sanktionsbewehrten Schutz durch die Rechtsordnung verdient. Es droht ein **schwerer Wertungswiderspruch,** wenn die Rechtsordnung einerseits die geheimen Informationen über einen Umstand schützen würde, den sie andererseits missbilligt. § 5 Nr. 2 lässt sich keine abweichende Wertung entnehmen (zutr. Brockhaus ZIS 2020, 102 (110); Hauck AfP 2021, 193 (199); aA Buck JM 2020, 59 (60); Hoppe/Oldekop Geschäftsgeheimnisse/Hoppe Kap. 1 Rn. 260; Rönnau FS Merkel, 2020, 909 (917 f.)). Der Zweck dieser Vorschrift besteht allein in dem Schutz des Whistleblowers, nicht aber in der Festlegung des sachlichen Schutzbereichs des GeschGehG. Die Vorschrift ist nicht funktionslos, wenn man den Geheimnisschutz nicht auf rechtswidrige Umstände oder Vorgänge erstreckt. Denn sie greift ein, wenn im Zusammenhang mit der Aufdeckung einer rechtswidrigen Handlung oder eines beruflichen oder sonstigen Fehlverhaltens zugleich geschützte Informationen betroffen sind (Hauck AfP 2021, 193 (199)). Es ist keineswegs ungewöhnlich, wenn bei der Aufdeckung eines rechtswidrigen Verhaltens zugleich in einem gewissen Umfang auch geschützte Informationen offengelegt werden müssen. **Beispiel** (nach Brockhaus ZIS 2020, 102 (110)): Wird die rechtswidrige Funktion einer Steuerungssoftware offengelegt, dann ist es möglicherweise unvermeidlich, dass als Geschäftsgeheimnis geschützte Informationen über die weitere Funktionsweise dieser Software ebenfalls preisgegeben werden müssen. Auch die nachträgliche Einfügung von § 2 Nr. 1 lit. c spricht dafür, dass der deutsche Gesetzgeber bewusst ein spezielles Korrektiv schaffen wollte, um eine Differenzierung zwischen einem berechtigten und einem unberechtigten Geheimhaltungsinteresse zu ermöglichen.

80   Die soeben (→ Rn. 79) dargestellten Grundsätze lassen sich an den folgenden **Beispielen** weiter verdeutlichen: Nicht als Geschäftsgeheimnis geschützt ist die Information über die Beteiligung eines Unternehmens an einer **kartellrechtswidrigen Absprache** (etwa die Mitwirkung in einem Preiskartell) oder die Begehung eines sonstigen Kartellrechtsverstoßes. Denn dem Kartellrecht lässt sich die Wertung entnehmen, dass die Rechtsordnung nicht nur solchen Wettbewerbsbeschränkungen entgegentritt (vgl. Art. 101 AEUV und § 1 GWB für das Kartellverbot), sondern zugleich ausdrücklich einen Anreiz für das Aufdecken von solchen Wettbewerbsbeschränkungen setzt (vgl. Art. 17 ff. RL (EU) 2019/1 und § 33e GWB). Dieser Regelungsansatz würde entwertet, ja möglicherweise konterkariert, wenn derjenige, der das rechtswidrige Verhalten des Unternehmens offenlegt, nunmehr aufgrund des Geheimnisschutzes mit Sanktionen rechnen müsste. Es wäre schwer erträglich, wenn der Kartelltäter den ihm durch Aufdeckung des Kartellrechtsverstoßes entstandenen Schaden nach dem GeschGehG von demjenigen ersetzt verlangen könnte, der das rechtswidrige Verhalten offengelegt hat. Um solche befremdlichen Ergebnisse zu vermeiden, bedarf es keiner normativen Korrektur bei der Schadensermittlung (so aber Hoppe/Oldekopp/Momtschilow Kap. 1 Rn. 101a), sondern vielmehr ist schon im Ausgangspunkt eine klare Entscheidung darüber erforderlich, welche Informationen einem Schutz als Geschäftsgeheimnis entzogen sind. Diese hier vorgenommene Wertung steht in Übereinstimmung mit der europäischen Rechtsprechung, wonach „das Interesse eines Unternehmens, dem die Kommission wegen Verstoßes gegen das Wettbewerbsrecht eine Geldbuße auferlegt hat, daran, dass die Einzelheiten der ihm zur Last gelegten Zuwiderhandlung nicht der Öffentlichkeit preisgegeben werden, (…) grundsätzlich keinen besonderen Schutz verdient" (EuG ECLI:EU:T:2015:51 = GRUR Int. 2015, 754 Rn. 107 – Evonik Degussa/Kommission). Gleichermaßen ist das Interesse eines Unternehmens, das sich an einer Zuwiderhandlung gegen Art. 101 AEUV beteiligt hat, „Schadensersatzklagen zu entgehen, insbesondere angesichts des jeder Person zustehenden Rechts, Ersatz des Schadens zu verlangen, der ihr durch ein Verhalten, das den Wettbewerb beschränken oder verfälschen kann, entstanden ist, kein schützenswertes Interesse" (EuG ECLI:EU:T:2015:51 = GRUR Int. 2015, 754 Rn. 110 – Evonik Degussa/Kommission). Diese Überlegungen zum Kartellrecht lassen sich sinngemäß auf Rechtsverstöße anderer Art übertragen. Ebenfalls nicht als Geschäftsgeheimnis geschützt sind daher die folgenden Informationen: Einem Produkt ist ein **unerlaubter Zusatzstoff** beigefügt, ein Unternehmen erhebt und verarbeitet Daten unter **Verstoß gegen datenschutzrechtliche Vorschriften,** es **hinterzieht Steuern** (vgl. Sousa e Silva JIPLP 2014, 923 (927)), es **verstößt gegen Vorschriften des Umweltrechts,** zahlt regelmäßig **Schmiergelder** (vgl. Büscher/McGuire § 2 Rn. 47), begeht **unlautere Handlungen** oder missachtet die **geistigen Eigentumsrechte** seiner Mitbewerber.

80a   Der Grundsatz, dass Informationen über rechtswidrige Umstände oder rechtswidrige Vorgänge durch das GeschGehG nicht geschützt werden, gilt konsequenterweise auch (und erst recht) für Informationen über **Verstöße gegen die guten Sitten.** Denn bei sittenwidrigen Praktiken handelt es sich um von der Rechtsordnung nochmals besonders missbilligte Verhaltensweisen (vgl. §§ 138, 817, 826 BGB).

81   Ein Geschäftsgeheimnisschutz entsteht bei Rechtsverletzungen oder Verstößen gegen die guten Sitten selbst dann nicht, wenn ein Unternehmen Vorbereitungen dazu trifft, ein erkanntes Fehlverhalten selbst gegenüber den zuständigen Stellen zu offenbaren. **Beispiel:** Ein Unternehmen bereitet eine Kronzeugenerklärung (vgl. § 33e GWB) gegenüber dem BKartA über die eigene Beteiligung an einem Kartell vor.

82   Von Informationen über die Rechtsverletzung zu unterscheiden sind solche Informationen, die für die **Verfolgung dieser Rechtsverletzung** von Bedeutung sein können. So ist der Umstand, dass ein Unternehmen eine Kartellrechtsverletzung begangen hat, aus den oben genannten Gründen (→ Rn. 80) keine nach dem GeschGehG geschützte Information. Geschützt bleiben aber Informationen über die Kosten und Preiskalkulation, auch wenn diese Informationen für die Verfolgung des Kartellverstoßes von Bedeutung sein können, etwa um das Ausmaß

der Kartellschäden zu ermitteln. Des Weiteren führt ein Rechtsverstoß nicht zwingend zu einer **„Infektion"** damit zusammenhängender Informationen. **Beispiele:** Hat ein Unternehmen datenschutzwidrig Kundendaten erhoben und verarbeitet, dann ist die Information über den begangenen Datenschutzverstoß kein geschütztes Geschäftsgeheimnis. Wohl aber können die gewonnenen Kundendaten trotz des Rechtsverstoßes als Geschäftsgeheimnis geschützt sein. Gleiches gilt, wenn eine Steuerungssoftware für Kraftfahrzeuge eine unerlaubte Funktion enthält. Die Information über diese rechtswidrige Funktion ist nicht als Geschäftsgeheimnis geschützt. Das bedeutet jedoch nicht, dass die Software im Übrigen keinen Schutz mehr als Geschäftsgeheimnis genießen kann.

7. Geschäfts- bzw. Unternehmensbezug

Wenngleich die Definition des § 2 Nr. 1 insoweit offen ist, lässt sich aus dem Begriff des **83** Geschäftsgeheimnisses ableiten, dass die vertrauliche Information einen **Geschäfts- bzw. Unternehmensbezug** aufweisen muss (aA Hoppe/Oldekop Geschäftsgeheimnisse/Hoppe Kap. 1 Rn. 63). Dies ergibt sich neben der Bezeichnung des Rechtsaktes aus der Regelungskonzeption der RL (EU) 2016/943, die in ihrer Gesamtheit auf den Schutz von Geschäftsinformationen von Unternehmen ausgerichtet ist. Dabei ist allerdings ein großzügiger Maßstab anzulegen. Ein Geschäfts- bzw. Unternehmensbezug ist bei allen Informationen zu bejahen, die in einem **Zusammenhang mit einer bereits ausgeübten oder künftigen unternehmerischen Tätigkeit** stehen. Nicht entscheidend sind die Art oder der Umfang der Geschäftstätigkeit (Hofmarcher Rn. 2.68).

Demgegenüber gehören Informationen, bei denen zwar ein Geheimhaltungsinteresse des **84** Inhabers besteht, die aber einen rein privaten Charakter aufweisen und nicht im geschäftlichen Verkehr verwertbar sind, nicht zu den Geschäftsgeheimnissen (Begr. RegE, BT-Drs. 19/4724, 24). Daher sind Informationen aus dem **Privatleben einer Person** grundsätzlich keine Geschäftsgeheimnisse. Anderes gilt nur dann, wenn der private Umstand zugleich für die unternehmerische Tätigkeit unmittelbar von Bedeutung ist (Ohly GRUR 2019, 441 (442); ähnlich Hoppe/Oldekop Geschäftsgeheimnisse/Hoppe Kap. 1 Rn. 64). **Beispiele:** Eine Überschneidung zwischen Privat- und Geschäftsgeheimnissen ist denkbar bei der kommerziellen Vermarktung des eigenen Privatlebens durch Künstler, Sportler und andere Prominente. Weiterhin ist ein Geheimnisschutz möglich, wenn die Information einen privaten Umstand der Führungspersönlichkeit eines Unternehmens betrifft, etwa deren Gesundheitszustand, der unmittelbar für die Unternehmenstätigkeit von Belang ist.

Ein Geschäfts- bzw. Unternehmensbezug fehlt auch bei **vertraulichen politischen Vorgängen** **85** (Alexander WRP 2017, 1034 (1038)) oder **geheimen Informationen öffentlicher Einrichtungen und Stellen.** Insoweit gelten die einschlägigen öffentlich-rechtlichen Bestimmungen zum Schutz von Dienst-, Staats- und sonstigen Geheimnissen. Vertrauliche Informationen von **nicht-unternehmerischen und nicht-staatlichen Stellen** (zB von Interessenverbänden, gemeinnützigen Stiftungen, Idealvereinen usw.) unterfallen ebenfalls nicht dem Begriff des Geschäftsgeheimnisses.

Dagegen können vertrauliche Informationen von **öffentlichen oder privaten Forschungs-** **86** **einrichtungen,** zB von Hochschulen und Universitäten, als Geschäftsgeheimnisse geschützt sein, wenn diese Informationen die Grundlage für eine eigene wirtschaftliche Tätigkeit bilden oder Dritten zur kommerziellen Auswertung zur Verfügung stehen sollen (Alexander WRP 2017, 1034 (1038); MüKoUWG/Namysłowska RL (EU) 2016/943 Art. 2 Rn. 21). Gleiches gilt für die **kooperative Forschung** (ErwGr. 3 RL (EU) 2016/943).

8. Beispiele

Die Rspr. hat ein **Geschäftsgeheimnis** in den folgenden Fällen **bejaht:** Von einem Be- **86a** wertungsportal eingesetzter **Algorithmus** zum Aufspüren „verdächtiger", dh nicht authentischer, sondern von den bewerteten Personen beeinflussten Bewertungen (OLG München WRP 2020, 653 (655) – Positive Bewertungen, allerdings ohne konkrete Bezugnahme auf das GeschGehG); **Berechnungsgrundlagen eines Versicherers** für Prämienanpassungen, einschließlich der Angaben zu den auslösenden Faktoren und zu den limitierenden Maßnahmen (OLG Karlsruhe BeckRS 2020, 15497 Rn. 25, ohne konkrete Bezugnahme zum GeschGehG; vgl. auch OLG Hamm BeckRS 2021, 14668 Rn. 8 ff.); in **CAD-Konstruktionszeichnungen** verkörperte Informationen in ihrer Gesamtheit (OLG Düsseldorf GRUR-RS 2021, 17483 Rn. 24 ff.); **Konstruktionsunterlagen** für Maschinen (ÖOGH BeckRS 2021, 4598 Rn. 40 ff.); **Kunden-**

listen (OLG Dresden GRUR-RS 2021, 55389 Rn. 19; OLG Karlsruhe GRUR-RS 2021, 23997 Rn. 6); **Preiskalkulationsmatrix** (LAG Baden-Württemberg BeckRS 2021, 26156 Rn. 24 ff.); **Prüfunterlagen eines Bauartzulassungsverfahrens für Geschwindigkeitsmessgeräte,** die detaillierte gerätespezifische Unterlagen wie Konstruktionszeichnungen, Schaltpläne, Bauteillisten, Platinenlayouts und Bestückungspläne, Erläuterungen des Messprinzips und die Details seiner Umsetzung sowie den Quellcode der Messgerätesoftware enthalten (BVerwG NVwZ 2020, 715 Rn. 12); **Quellcode** eines Computerprogramms (ÖOGH MMR 2021, 549 Rn. 23); **Teil-Kostenrechnung,** die Rückschlüsse auf die Geschäftsentwicklung eines Unternehmens zulässt und einen Einblick in dessen Kalkulation erlaubt (OLG Schleswig GRUR-RS 2022, 9007 Rn. 38 ff.).

86b   Gegenstand der höchstrichterlichen Rspr. war der prozessuale Schutz von Informationen über den Aufbau und zur Konstruktion von **Hohlfasermembranspinnanlagen** (BGH GRUR 2022, 591 – Geschäftsgeheimnis bei Hohlfasermembranspinnanlagen), wobei in der Entscheidung die materiellrechtlichen Anforderungen nicht zu prüfen waren. Erwogen hat das OLG Düsseldorf (GRUR-RS 2019, 33225 Rn. 35 ff.) den Schutz von **Spritzgießwerkzeugen** als Geschäftsgeheimnis, doch fehlte es nach Auffassung des Gerichts im Streitfall jedenfalls an einer Glaubhaftmachung der Inhaberschaft. Nach dem OLG Stuttgart (GRUR-RS 2020, 35613 Rn. 163 ff.) kann die **Rezeptur** für Klebstoffe und Schaumsysteme ein Geschäftsgeheimnis sein, doch hatte das Gericht im konkreten Streitfall Zweifel, ob angemessene Geheimhaltungsmaßnahmen vorlagen (→ Rn. 58a). Nach Ansicht des LAG Düsseldorf können **Kundenaufstellungen nebst Angaben zu Absatzmengen und Umsatz** als Geschäftsgeheimnis geschützte Informationen sein, doch äußerte das Gericht ebenfalls Zweifel an der angemessenen Geheimhaltung (LAG Düsseldorf GRUR-RS 2020, 23408 Rn. 80).

86c   Die Rspr. hat ein **Geschäftsgeheimnis verneint** für die in einer E-Mail enthaltenen Angaben über die abgeleisteten **Urlaubszeiten** von Mitarbeitern eines Unternehmens (OLG Dresden GRUR-RS 2023, 6302 Rn. 22).

IV. Abgrenzungen

1. Know-how

87   Der Begriff Know-how (dazu eingehend Hohendorf, Know-how-Schutz und Geistiges Eigentum, 9 ff.) ist weit verbreitet, in seinem Bedeutungsgehalt allerdings schillernd. Das GeschGehG selbst verwendet den Begriff des Know-hows nicht. Demgegenüber erwähnt die RL (EU) 2016/943 das Know-how sowohl in ihrem Titel als auch mehrfach in den Erwägungsgründen. Nach dem Sprachgebrauch der RL (EU) 2016/943 gehören Know-how und vertrauliche Geschäftsinformationen zu den Geschäftsgeheimnissen. Es ist daher davon auszugehen, dass das Geschäftsgeheimnis als ein **Oberbegriff** zu verstehen ist. Know-how bildet eine mögliche Erscheinungsform von Geschäftsgeheimnissen (vgl. OLG Jena BeckRS 2013, 6046), wenn es alle Voraussetzungen des § 2 Nr. 1 erfüllt (Begr. RegE, BT-Drs. 19/4724, 24). Know-how ist allerdings nicht auf vertrauliche Informationen beschränkt, sodass auch Informationen, die nicht die Voraussetzungen eines Geschäftsgeheimnisses erfüllen, als Know-how angesehen werden können (Hofmarcher Rn. 1.17). Der Schutz von Know-how richtet sich daher nicht allein nach dem GeschGehG, sondern auch nach anderen Vorschriften (dazu näher und zur strukturellen Einordnung Enders GRUR 2012, 25 ff. und Hohendorf, Know-how-Schutz und Geistiges Eigentum, 2020).

88   Eine Definition des Begriffs Know-how ist in der RL (EU) 2016/943 nicht vorgesehen. Da es sich um einen Terminus des Unionsrechts handelt, kann der Rückgriff auf andere Rechtsakte der Union eine Auslegungshilfe bieten. Für das Kartellrecht definiert **Art. 1 I lit. j VO (EU) 2022/720** (Vertikal-GVO, ABl. EU 2022 L 134, 4) den Begriff „Know-how" als „eine Gesamtheit nicht patentgeschützter praktischer Kenntnisse, die der Anbieter durch Erfahrung und Erprobung gewonnen hat und die geheim, wesentlich und identifiziert sind; in diesem Zusammenhang bedeutet ‚geheim', dass das Know-how nicht allgemein bekannt oder leicht zugänglich ist; ‚wesentlich' bedeutet, dass das Know-how für den Abnehmer bei der Verwendung, dem Verkauf oder dem Weiterverkauf der Vertragswaren oder -dienstleistungen bedeutsam und nützlich ist; ‚identifiziert' bedeutet, dass das Know-how so umfassend beschrieben ist, dass überprüft werden kann, ob die Merkmale „geheim" und „wesentlich" erfüllt sind". Eine parallele Begriffsbestimmung findet sich in **Art. 1 I lit. i VO (EU) 316/2014** (Technologietransfer-VO, ABl. EU 2014 L 93, 17).

2. Redaktionsgeheimnis

Der grundrechtliche Schutz der Medientätigkeit durch Art. 11 II GRCh, Art. 10 EMRK und **88a** Art. 5 I GG umfasst auch Redaktionsgeheimnisse (s. nur BVerfG NJW 2011, 1859 Rn. 14; NJW 1863 Rn. 23 ff.). Aus Art. 1 II Nr. 1 und Art. 5 lit. a RL (EU) 2016/943 (= § 1 III Nr. 2 und § 5 Nr. 1) lassen sich keine sicheren Rückschlüsse ziehen, ob Redaktionsgeheimnisse auch als Geschäftsgeheimnisse geschützt sind. Die genannten Normen belegen, dass die redaktionelle Tätigkeit von Medien in einen Konflikt mit dem Schutz von Geschäftsgeheimnissen geraten kann. Jedoch geben sie keine Auskunft darüber, ob Redaktionsgeheimnisse in den Schutzbereich des GeschGehG einzubeziehen sind. Dagegen spricht, dass die journalistisch-redaktionelle Tätigkeit von Medien speziellen rechtlichen Maßstäben unterliegt, die jedoch **konzeptionell anders ausgerichtet sein müssen als der Schutz von Geschäftsgeheimnissen.** Dies ergibt sich unter anderem daraus, dass ein schützenswertes Informationsinteresse der Allgemeinheit selbst dann bestehen kann, wenn eine Information auf rechtswidrige Weise erlangt wurde. Auch die Schutzmechanismen des GeschGehG passen vielfach nicht auf die Verletzung redaktioneller Geheimnisse. So würden die weit reichenden Auskunftsansprüche und die Regelungen zu rechtsverletzenden Produkten die redaktionelle Arbeit empfindlich, erheblich und unverhältnismäßig beeinträchtigen. Redaktionsgeheimnisse sind daher keine Geschäftsgeheimnisse iSd § 2 Nr. 1. Davon zu unterscheiden sind vertrauliche Informationen von Medienunternehmen in Bezug auf die wirtschaftliche Tätigkeit (zB Kalkulationen, Geschäfts- und Kundendaten usw). Insoweit kann es sich um Geschäftsgeheimnisse handeln, wenn alle Voraussetzungen von § 2 Nr. 1 erfüllt sind.

C. Inhaber des Geschäftsgeheimnisses (§ 2 Nr. 2)

Gemäß § 2 Nr. 2 ist Inhaber eines Geschäftsgeheimnisses jede natürliche oder juristische **89** Person, die die rechtmäßige Kontrolle über ein Geschäftsgeheimnis hat. Die Terminologie ist erkennbar an das Immaterialgüterrecht angelehnt.

I. Bedeutung des Begriffs und unionsrechtliche Vorgaben

Der Begriff des Inhabers des Geschäftsgeheimnisses erfüllt innerhalb des Gesetzes mehrere **90** Funktionen. Er kennzeichnet erstens diejenige Person, die vom Gesetz geschützt wird und bezeichnet somit das **Schutzsubjekt** des GeschGehG. Damit erfüllt der Begriff zweitens zugleich eine **Zuordnungsfunktion,** indem er die rechtliche Verknüpfung zum Schutzgegenstand, dem Geschäftsgeheimnis, herstellt. Das Geschäftsgeheimnis wird durch das GeschGehG nicht isoliert geschützt, sondern gerade in seiner Verbindung mit einem spezifischen Rechtsträger. Drittens ist der Inhaber des Geschäftsgeheimnisses **Gläubiger** der in §§ 6 ff. geregelten Ansprüche. Das Gesetz folgt insoweit dem Konzept eines privatrechtlichen Individualschutzes. Verbände oder sonstige Einrichtungen sind – im Unterschied etwa zu § 8 I, III UWG – bei Rechtsverletzungen nicht anspruchsberechtigt. Viertens ist die Inhaberschaft in strafrechtlicher Hinsicht von Bedeutung, weil der zur Strafverfolgung erforderliche Strafantrag gemäß § 23 VIII und § 77 I StGB von dem Verletzten zu stellen ist. **Verletzter** in diesem Sinne ist der Inhaber des Geschäftsgeheimnisses.

§ 2 Nr. 2 setzt **Art. 2 Nr. 2 RL (EU) 2016/943** um. Die unionsrechtliche Definition lautet: **91**

„Für die Zwecke dieser Richtlinie bezeichnet der Ausdruck

2. „Inhaber eines Geschäftsgeheimnisses" jede natürliche oder juristische Person, die die rechtmäßige Kontrolle über ein Geschäftsgeheimnis besitzt".

Diese Fassung der Richtlinie hat der deutsche Gesetzgeber nahezu unverändert in das nationale **92** Recht übernommen.

II. Natürliche oder juristische Person

Inhaber eines Geschäftsgeheimnisses können natürliche oder juristische Personen sein. Grund- **93** voraussetzung ist, dass die natürliche oder juristische Person nach der nationalen Rechtsordnung **Trägerin von Rechten und Pflichten** sein kann.

94   **Natürliche Personen** sind Menschen, die rechtsfähig sind. Die Rechtsfähigkeit tritt mit der Vollendung der Geburt ein (vgl. § 1 BGB). Auch **Mehrheiten** von natürlichen Personen können Inhaber eines Geschäftsgeheimnisses sein (→ Rn. 104 ff.).

95   Der Begriff der **juristischen Person** entstammt dem Unionsrecht und ist daher **autonom** auszulegen. Es besteht keine Deckungsgleichheit mit dem Begriff der juristischen Person im deutschen Recht, der zB gegenüber rechtsfähigen Personengesellschaften abzugrenzen ist (vgl. § 14 I, II BGB). Ein einheitliches Begriffsverständnis im Unionsrecht hat sich derzeit noch nicht herausgebildet. Angesichts des vom Unionsgesetzgeber beabsichtigten weiten und umfassenden Schutzes von Geschäftsgeheimnissen ist von einem **weiten Verständnis** auszugehen (Harte-Bavendamm/Ohly/Kalbfus/Harte-Bavendamm Rn. 73; Hoppe/Oldekop Geschäftsgeheimnisse/Hoppe Kap. 1 Rn. 267). Danach sind als juristische Personen im unionsrechtlichen Sinne wirtschaftlich-organisatorische Einheiten anzusehen, die **Träger eines Unternehmens** sein und als **selbstständige Rechtssubjekte** im Rechtsverkehr in Erscheinung treten können. Der Begriff umfasst sowohl **juristische Personen des Privatrechts** als auch des **öffentlichen Rechts** (Harte-Bavendamm/Ohly/Kalbfus/Harte-Bavendamm Rn. 73; Hoppe/Oldekop Geschäftsgeheimnisse/Hoppe Kap. 1 Rn. 266).

96   **Personenhandelsgesellschaften,** wie zB die Kommanditgesellschaft (KG) oder die offene Handelsgesellschaft (OHG), die nach dem deutschen Rechtsverständnis keine juristischen Personen sind, können ebenfalls Inhaber eines Geschäftsgeheimnisses sein. Dass der deutsche Gesetzgeber dies nicht ausdrücklich klargestellt hat, dürfte auf einem bloßen Redaktionsversehen beruhen, weil er sich darauf beschränkt hat, den Wortlaut der Richtlinie in das nationale Recht zu übertragen.

96a   Die **Art der Geschäftstätigkeit** der natürlichen oder juristischen Person ist für die Frage der Inhaberschaft an einem Geschäftsgeheimnis nicht von Bedeutung. Es kommt auch nicht darauf an, in welcher Funktion zB eine juristische Person des öffentlichen Rechts tätig wird und ob für deren Geschäftstätigkeit spezielle rechtliche Anforderungen gelten (zB nach dem Kommunalrecht). Um Inhaber eines Geschäftsgeheimnisses zu sein, muss die natürliche oder juristische Person **keine aktuelle Geschäftstätigkeit** ausüben. Zum einen enthält § 2 Nr. 2 kein entsprechendes Erfordernis und zum anderen widerspräche es dem Ziel eines umfassenden Geschäftsgeheimnisschutzes. So kann bspw. ein Geschäftsgeheimnis erst die Grundlage für die künftige Aufnahme einer Unternehmenstätigkeit bilden. Umgekehrt ist es denkbar, dass ein Geschäftsbetrieb zwar vorübergehend nicht ausgeübt wird, aber gleichwohl ein fortbestehendes Interesse am Schutz der Vertraulichkeit von geschäftsbezogenen Informationen besteht, etwa weil die Tätigkeit zu einem späteren Zeitpunkt wieder aufgenommen werden soll.

III. Rechtmäßige Kontrolle über ein Geschäftsgeheimnis

97   Für die Inhaberschaft kommt es auf die rechtmäßige Kontrolle über das Geschäftsgeheimnis an. Etwas unschärfer ist die Formulierung der RL (EU) 2016/943, wonach entscheidend ist, dass die Person „die rechtmäßige Kontrolle über die Informationen besitzt" (engl.: „lawfully controlling a trade secret"; frz.: „qui a le contrôle d'un secret d'affaires de façon licite"). Nach dem österreichischen Recht (§ 26b II östUWG) ist auf die „rechtmäßige Verfügungsgewalt" über das Geschäftsgeheimnis abzustellen. Erforderlich sind zwei Voraussetzungen, die **kumulativ** vorliegen müssen: Erstens muss eine Person die Kontrolle ausüben (→ Rn. 97a ff.) und zweitens muss diese Kontrolle rechtmäßig (→ Rn. 99 ff.) sein (ÖOGH MMR 2021, 549 Rn. 25; ähnlich Keller/Schönknecht/Glinke/Glinke Rn. 111).

1. Kontrolle

97a   Den Bezugspunkt für die Kontrolle bildet das Geschäftsgeheimnis selbst, nicht nur der Informationsträger, der die vertrauliche Information enthält (OLG Düsseldorf GRUR-RS 2021, 17483 Rn. 53). Ob eine Person die rechtmäßige Kontrolle hat, bestimmt sich nicht nach ihrem Kontrollwillen, sondern nach **tatsächlichen und rechtlichen Kriterien.**

98   In tatsächlicher Hinsicht muss eine Person über Möglichkeiten verfügen, den Zugriff auf das Geschäftsgeheimnis bestimmen, einschränken oder ausschließen zu können (ÖOGH MMR 2021, 549 Rn. 25). Dies umfasst etwa das Bestimmungsrecht über den Personenkreis, dem die Information zur Kenntnis gegeben wird (Baranowski/Glaß BB 2016, 2563 (2564); MüKoUWG/Namysłowska RL (EU) 2016/943 Art. 2 Rn. 20). Zieht man die wertende Parallele zum Besitz an Sachen, so ist das **Innehaben einer tatsächlichen Herrschaft** an der ver-

traulichen Information bzw. an dem Informationsträger erforderlich. Dies kann – bei einer gegenständlichen Verkörperung der geheimen Information – die Stellung eines unmittelbaren oder mittelbaren Besitzers sein. Jedoch genügen auch sonstige Kontrollmöglichkeiten technischer Art, zB die Kontrolle der Zugriffsrechte auf solche Daten, die auf einem Server gespeichert sind.

Eine Kontrolle setzt nicht voraus, dass sich das Geschäftsgeheimnis oder der Informations-   **98a** träger, der das Geschäftsgeheimnis beinhaltet, in den **Geschäfts- oder Unternehmensräumen** des Inhabers des Geschäftsgeheimnisses befindet. Ein Geschäftsgeheimnis kann daher auch dann noch der rechtmäßigen Kontrolle unterliegen, wenn Mitarbeiter eines Unternehmens das Geschäftsgeheimnis zB am **häuslichen Arbeitsplatz** oder **mobil** nutzen. Entscheidend sind die bestehenden Sicherungs- und Einwirkungsmöglichkeiten (Hiéramente/Wagner GRUR 2020, 709 (711)).

2. Rechtmäßigkeit der Kontrolle

Darüber hinaus muss die Person berechtigt sein, die vertrauliche Information wirtschaftlich zu   **99** nutzen. Dabei geht es um die **rechtliche Legitimation der tatsächlich ausgeübten Kontrolle** (ÖOGH MMR 2021, 549 Rn. 25). Weder das GeschGehG noch die RL (EU) 2016/943 enthalten allerdings hierfür exakte Kriterien. Anhaltspunkte ergeben sich jedoch aus dem Regelungskontext. Die Begriffsbestimmung des Geschäftsgeheimnisses lässt erkennen, dass es sich um eine **unternehmensbezogene Rechtsposition** handelt (Hoeren/Münker WRP 2018, 150 (152)). Ein Geschäftsgeheimnis entsteht nicht allein durch eine persönlich-schöpferische Leistung oder eine Entdeckung, sondern erst aufgrund eines wirtschaftlichen Wertes und aufgrund von Maßnahmen zum Schutz der Geheimhaltung. Inhaber eines Geschäftsgeheimnisses ist daher im Grundsatz der Unternehmensinhaber. Die rechtliche Befugnis zur wirtschaftlichen Nutzung kann sich daraus ergeben, dass der Unternehmensinhaber der **Eigentümer** derjenigen Gegenstände ist, die die vertrauliche Information verkörpern. Gleiches gilt, wenn der Unternehmensinhaber zwar nicht Eigentümer, aber **dinglich oder schuldrechtlich Nutzungsberechtigter** in Bezug auf die vertrauliche Information ist. Werden als Geschäftsgeheimnis geschützte Instrumente, Werkzeuge, Geräte oder dergleichen im Auftrag und für Rechnung eines Unternehmers von einem Dritten angefertigt, dann steht dies einer Inhaberschaft des Unternehmers an dem Geschäftsgeheimnis nicht entgegen. Entscheidend ist dann, wem nach den Absprachen der Beteiligten das Geschäftsgeheimnis zustehen soll (OLG Düsseldorf GRUR-RS 2019, 33225 Rn. 36 ff.).

Entsteht das Geheimnis **originär in der Sphäre eines Unternehmens,** zB bei der Entwick-   **100** lung eines neuen Verfahrens in dessen Forschungsabteilung, dann steht das Geschäftsgeheimnis dem **Inhaber dieses Unternehmens** zu (vgl. ÖOGH MMR 2021, 549 Rn. 29; OLG Stuttgart GRUR-RS 2020, 35613 Rn. 159; s. auch Hofmarcher Rn. 2.71). Subjektive Voraussetzungen sind hierfür nicht erforderlich, insbesondere setzt die Inhaberschaft kein aktuelles Bewusstsein voraus, dass ein Geschäftsgeheimnis entsteht oder besteht. Die Rspr. hat für das alte Recht eine Inhaberschaft des Unternehmensinhabers an einem Betriebsgeheimnis zu Recht schon dann bejaht, wenn dieser von der Entstehung des Geheimnisses in seinem Unternehmen (noch) keine Kenntnis hatte (BGH GRUR 1977, 539 (540) – Prozessrechner). An dieser Wertung ist festzuhalten. Ein Teil des Schrifttums will demgegenüber für Geschäftsgeheimnisse die Wertungen des Sonderrechtsschutzes heranziehen, insbesondere §§ 43, 69b UrhG, § 7 II DesignG und §§ 17, 24 ArbnErfG (Hauck GRUR-Prax 2019, 223 (224); Klein/Wegener GRUR-Prax 2017, 394 f.). Dagegen spricht jedoch, dass ein Geschäftsgeheimnis gemäß § 2 Nr. 1 nicht davon abhängig ist, ob zugleich die Voraussetzungen eines Schutzrechts erfüllt sind. Das Geschäftsgeheimnis ist im Verhältnis zu den Sonderschutzrechten kein „kleines" Schutzrecht oder ein „wesensgleiches Minus", sondern eine ganz eigenständige Rechtsposition. Wenn es aber auf die Voraussetzungen des Sonderrechtsschutzes schon dem Grunde nach für ein Geschäftsgeheimnis nicht ankommt, dann können die entsprechenden Wertungen auch für die rechtliche Zuordnung der Inhaberschaft nicht entscheidend sein.

Entsteht die vertrauliche Information **außerhalb der eigenen Unternehmenssphäre,** aber   **101** im Auftrag eines Unternehmens, zB im Rahmen eines **Werkvertrags gemäß § 631 BGB,** dann ist die Inhaberschaft unter Berücksichtigung der zwischen den Parteien getroffenen Abrede zu ermitteln. Zwar ist die Inhaberschaft nicht völlig frei privatautonom bestimmbar. Jedoch können die Parteien eine ihren Interessen entsprechende vertragliche Vereinbarung treffen, deren Inhalt sodann als ein wichtiges Wertungskriterium zu berücksichtigen ist. Im Zweifel wird davon auszugehen sein, dass der Auftraggeber Berechtigter sein soll. **Beispiel:** Ein Unternehmen beauftragt einen externen Dienstleister mit der Entwicklung eines besonderen Verfahrens. Hier wird, sofern die Parteien nichts Abweichendes festlegen, das beauftragende Unternehmen, nicht aber der beauftragte Dienstleister Inhaber des Geschäftsgeheimnisses.

102   Bei einem **abgeleiteten Erwerb** des Geschäftsgeheimnisses ergibt sich die Berechtigung aus der zugrunde liegenden **vertraglichen Vereinbarung,** zB einem geschlossenen Kauf- oder Lizenzvertrag (vgl. ÖOGH MMR 2021, 549 Rn. 25). Die abgeleitete Befugnis muss keine ausschließliche sein (ÖOGH MMR 2021, 549 Rn. 25; Ohly GRUR 2019, 441 (446)). Im Rahmen eines Vertrages kann die Berechtigung begrenzt werden, sodass der Erwerber insoweit nur eine rechtlich eingeschränkte Kontrolle über das Geschäftsgeheimnis ausübt. Gleiches gilt für Vereinbarungen, nach denen ein Dritter nur zur sicheren **Verwahrung des Geschäftsgeheimnisses,** nicht aber zu dessen wirtschaftlicher Auswertung berechtigt ist. Denkbar ist dies bspw. bei Cloud-Anbietern, die für Unternehmen deren vertrauliche Informationen speichern.

103   Bei vertraulichen Informationen, die im Vorfeld einer unternehmerischen Tätigkeit entstehen, zB Entwicklungen in Forschungseinrichtungen, bestimmt sich die Inhaberschaft an dem Geschäftsgeheimnis danach, wer der **Rechtsträger dieser Einrichtung** ist.

IV. Mehrere Inhaber

104   Ein Geschäftsgeheimnis kann mehreren Inhabern zustehen. Dabei sind unterschiedliche Konstellationen zu unterscheiden. Der erste Fall betrifft die Inhaberschaft von Rechtspositionen durch eine **Gesellschaft,** die Unternehmensinhaberin ist, und ihre **Gesellschafter.** Hier richten sich die Rechtsverhältnisse an dem Geschäftsgeheimnis nach der jeweiligen Organisationsform der Gesellschaft.

105   Ein zweiter Fall der gemeinsamen Berechtigung kommt in Betracht, wenn **mehrere Personen Nutzungsrechte an einem Geschäftsgeheimnis** haben. In diesem Fall richtet sich die Berechtigung der einzelnen Inhaber nach dem jeweiligen Umfang des Nutzungsrechts.

106   Die dritte Möglichkeit besteht in der **Berechtigung mehrerer gemäß § 3 Nr. 1** (= Art. 3 I lit. a RL (EU) 2016/943). Dies betrifft die eigenständige (unabhängige) Entdeckung oder Schöpfung des Geheimnisses. Da Geschäftsgeheimnisse keine Exklusivrechte begründen, ist jeder Berechtigte in vollem Umfang gegen Rechtsverletzungen geschützt. Dies gilt allerdings nur hinsichtlich des jeweils eigenen Rechts, weil der Geheimnisschutz nur auf einen Individualschutz des jeweiligen Inhabers ausgerichtet ist.

107   Schließlich können in Bezug auf ein Geschäftsgeheimnis mehrere Inhaber nebeneinander als Mitinhaber berechtigt sein, zB auf der Grundlage einer **geschäftlichen Verbindung.** Die nähere Ausgestaltung dieser Rechtsbeziehung liegt in den Händen der Beteiligten, das GeschGehG enthält insoweit keine Vorgaben. Soweit die Beteiligten keine nähere Regelung treffen, dürfte die Interessenlage am ehesten der einer Gemeinschaft nach den §§ 741 ff. BGB entsprechen (vgl. auch BGH NJW-RR 2001, 477 für Miterfinder).

108   **Beispiele:** Eine Inhaberschaft mehrerer ist denkbar, wenn Rohdaten erhoben, gespeichert und ausgewertet werden (vgl. Ohly GRUR 2019, 441 (445)). Die Konstellation einer Mitinhaberschaft lag auch vor im Streitfall der Ticketsysteme-Entscheidung des ÖOGH (ÖBl 2017, 136 mit Anm. Tonninger, vgl. Rn. 70). Bei den auf den Servern der Klägerin gespeicherten Dateien handelte es sich um Daten der Kunden der Klägerin, die sich auf die geschäftlichen Verhältnisse (Ticketverkäufe) dieser Kunden bezogen. Der öOGH ging davon aus, dass es sich bei den Daten nicht nur um geschäftliche Informationen der Kunden der Klägerin, sondern auch der Klägerin selbst handelte. Denn die Klägerin hatte die technische Infrastruktur für das Datenmanagement zur Verfügung gestellt, faktisch befanden sich die Daten in der Verfügungsmacht der Klägerin und sie hatte auch ein erhebliches eigenes wirtschaftliches Interesse an der Geheimhaltung (ÖOGH ÖBl 2017, 136 (138) – Ticketsysteme mit Anm. Tonninger). Demzufolge war die Klägerin neben ihren Kunden auch selbst Inhaberin der auf ihrem Server abgespeicherten geheimen Daten.

V. Rechtsnachfolge

109   Geschäftsgeheimnisse können im Wege der Rechtsnachfolge auf eine andere Person übergehen. Daher kann der Inhaber des Geschäftsgeheimnisses auch der Rechtsnachfolger derjenigen Person sein, in deren Sphäre das Geschäftsgeheimnis entstanden ist bzw. bestanden hat (Ohly GRUR 2019, 441 (444)). Die Rechtsnachfolge kann auf einem **Rechtsgeschäft** beruhen oder sie kann **kraft Gesetzes** (zB nach § 1922 I BGB) eintreten.

D. Rechtsverletzer (§ 2 Nr. 3)

Als Rechtsverletzer ist nach § 2 Nr. 3 jede natürliche oder juristische Person anzusehen, die **110** entgegen § 4 ein Geschäftsgeheimnis rechtswidrig erlangt, nutzt oder offenlegt. Rechtsverletzer ist jedoch nicht, wer sich auf eine Ausnahme nach § 5 berufen kann.

I. Bedeutung des Begriffs und unionsrechtliche Vorgaben

Bei dem Rechtsverletzer handelt es sich um den rechtstechnischen **Komplementärbegriff 111** zum Inhaber des Geschäftsgeheimnisses gemäß § 2 Nr. 2 (aA Hoppe/Oldekop Geschäftsgeheimnisse/Hoppe Kap. 1 Rn. 300). Das Gesetz kennzeichnet mit dem Begriff des Rechtsverletzers denjenigen, der in die geschützte Position des Inhabers des Geschäftsgeheimnisses eingreift. Es schützt Geschäftsgeheimnisse vor unrechtmäßigen Verhaltensweisen, die von einem Rechtsverletzer ausgehen. Der Rechtsverletzer ist der **Schuldner** der Ansprüche aus den §§ 6 ff., die dem Inhaber eines Geschäftsgeheimnisses zustehen.

Mit § 2 Nr. 3 wird **Art. 2 Nr. 3 RL (EU) 2016/943** in das deutsche Recht umgesetzt. Die **112** unionsrechtliche Definition lautet:

„Für die Zwecke dieser Richtlinie bezeichnet der Ausdruck

3. „Rechtsverletzer" jede natürliche oder juristische Person, die auf rechtswidrige Weise Geschäftsgeheimnisse erworben, genutzt oder offengelegt hat".

Die Definition im deutschen Recht entspricht inhaltlich der Fassung der Richtlinie. Im **113** Unterschied zur RL (EU) 2016/943 verweist das deutsche Recht jedoch präzise auf die Rechtsverletzungen, die in § 4 GeschGehG aufgeführt sind.

II. Natürliche oder juristische Person

Rechtsverletzer können nach dem Wortlaut natürliche oder juristische Personen sein (Hoppe/ **114** Oldekop Geschäftsgeheimnisse/Hoppe Kap. 1 Rn. 301). Die Erläuterungen zu § 2 Nr. 2 (→ Rn. 93–96) gelten entsprechend. Die Eigenschaft als Rechtsverletzer kann sich aus einem **eigenen Rechtsverstoß** ergeben oder aus der **Zurechenbarkeit** von Drittverhalten.

III. Rechtswidriges Erlangen, Nutzen oder Offenlegen eines Geschäftsgeheimnisses

1. Rechtsverletzende Verhaltensweisen

Der Begriff des Rechtsverletzers ist mit den Verletzungstatbeständen des § 4 inhaltlich ver- **115** knüpft. Die Bezugnahme erstreckt sich sowohl auf die **unmittelbaren Verletzungshandlungen** (§ 4 I und II) als auch auf die **mittelbaren Rechtsverletzungen** gemäß § 4 III.

Das Gesetz unterscheidet drei Erscheinungsformen der Rechtsverletzung: das rechtswidrige **116** **Erlangen** eines Geschäftsgeheimnisses (§ 4 I), das rechtswidrige **Nutzen** und das rechtswidrige **Offenlegen** eines Geschäftsgeheimnisses (§ 4 II).

2. Keine Beschränkung auf geschäftliches Handeln

Rechtsverletzer können Personen sein, die zu **selbstständigen erwerbswirtschaftlichen 117** **Zwecken** tätig werden (zB Geheimnisverletzung durch einen Mitbewerber). Für die Qualifizierung einer Person als Rechtsverletzer ist es jedoch nicht zwingend erforderlich, dass diese eine geschäftliche Handlung iSv § 2 I Nr. 2 UWG vornimmt oder im geschäftlichen Verkehr tätig wird. Daher kann eine Rechtsverletzung sowohl im Vorfeld der Aufnahme einer geschäftlichen Tätigkeit begangen werden (zB durch das Sich-Verschaffen eines Geschäftsgeheimnisses vor der Gründung eines Unternehmens) als auch bei der Abwicklung und Einstellung eines Unternehmens (zB die unbefugte Weitergabe an Dritte bei Geschäftsauflösung). Auch im Rahmen einer **Insolvenz** sind Rechtsverletzungen von Geschäftsgeheimnissen möglich (Schuster/Tobuschat GRUR-Prax 2019, 248 ff.).

Ein Rechtsverletzer kann weiterhin zu **unselbstständigen beruflichen Zwecken** (zB Ge- **118** heimnisverletzung durch einen Unternehmensmitarbeiter im Rahmen seines Dienstverhältnisses) oder zu **privaten Zwecken** handeln. Ein allgemeines Privileg für **redaktionell tätige Per-**

sonen (zB Journalisten, Redakteure, sonstige Medienschaffende) ist gesetzlich nicht vorgesehen, sodass diese Personen – vorbehaltlich ihres besonderen Schutzes durch § 5 Nr. 1 – ebenfalls die Voraussetzungen eines Rechtsverletzers erfüllen können.

3. Hilfspersonen; Intermediäre

119   **Teilnehmer** (Anstifter und Gehilfen) sind **keine Rechtsverletzer** (Keller/Schönknecht/ Glinke/Schönknecht Rn. 140; aA Harte-Bavendamm/Ohly/Kalbfus/Harte-Bavendamm Rn. 96). Inwieweit diese **Hilfspersonen,** die eine Rechtsverletzung iSd § 4 adäquat-kausal unterstützen, nach den §§ 6 ff. in Anspruch genommen werden können, richtet sich nach den für die jeweiligen Ansprüche geltenden Grundsätzen. Zu den Einzelheiten → § 6 Rn. 16 ff. und → § 10 Rn. 13 ff.

119a   Bei **Intermediären** ist zu unterscheiden. Sie können selbst Rechtsverletzer sein, insbesondere in den Fällen einer mittelbaren Rechtsverletzung iSv § 4 III 1. Erfüllen sie die Voraussetzungen nicht, dann richtet sich ihre Verantwortlichkeit nach den → § 6 Rn. 20 ff. dargestellten Grundsätzen.

IV. Bedeutung der Ausnahmen nach § 5

120   Der zweite Halbsatz in § 2 Nr. 3 enthält die **deklaratorische Aussage,** dass nicht als Rechtsverletzer gilt, wer sich auf eine Ausnahme nach § 5 berufen kann. Der RegE (BT-Drs. 19/4724) hatte die Ausnahmetatbestände noch als Rechtfertigungsgründe ausgestaltet. Dies war in den Ausschussberatungen heftig kritisiert worden. Insbesondere fürchteten Journalisten, als Rechtsverletzer Adressat des Auskunftsanspruchs gemäß § 8 I Nr. 4 zu sein, was möglicherweise den Informanten- und Quellenschutz gefährdet hätte. In den Beratungen wurde daraufhin die Regelung des § 5 dahingehend geändert, dass es sich nunmehr um tatbestandsausschließende Ausnahmen handelt. Diese strukturelle Änderung wird durch § 2 Nr. 3 flankiert mit der Klarstellung, dass derjenige nicht Rechtsverletzer ist, der unter den Voraussetzungen des § 5 gehandelt hat. Hierdurch soll – so wird in den amtlichen Materialien (BT-Drs. 19/8300, 14) ausgeführt – insbesondere sichergestellt werden, dass der Auskunftsanspruch des § 8 I Nr. 4 nicht missbräuchlich gegen Journalisten verwendet werden kann. Der notwendige **journalistische Quellenschutz** bleibt damit gewährleistet.

E. Rechtsverletzendes Produkt (§ 2 Nr. 4)

121   § 2 Nr. 4 definiert das rechtsverletzende Produkt als ein Produkt, dessen Konzeption, Merkmale, Funktionsweise, Herstellungsprozess oder Marketing in erheblichem Umfang auf einem rechtswidrig erlangten, genutzten oder offengelegten Geschäftsgeheimnis beruht.

I. Bedeutung des Begriffs und unionsrechtliche Vorgaben

122   Der Schutz von Geschäftsgeheimnissen durch das GeschGehG erschöpft sich nicht allein in dem Schutz der vertraulichen Information selbst, sondern er erstreckt sich zugleich auf die rechtswidrige wirtschaftliche Auswertung des Geschäftsgeheimnisses durch ein rechtsverletzendes Produkt. Häufig resultiert ein Großteil des wirtschaftlichen Schadens, den der Inhaber eines Geschäftsgeheimnisses infolge einer Rechtsverletzung erleidet, gerade aus der Auswertung des Geheimnisses in Form von rechtsverletzenden Produkten. Rechtsverletzende Produkte sind gleichsam die **„Früchte",** die aus einer vorangegangenen Geheimnisverletzung gezogen werden. Bestimmte Vertriebs- und Nutzungshandlungen, die rechtsverletzende Produkte betreffen, gelten deswegen nach § 4 III 2 als (mittelbare) Rechtsverletzungen.

123   Bereits nach altem Recht ging die Rspr. davon aus, dass Ergebnisse, die der Verletzer unter Einsatz von geheimnisverletzenden Kenntnissen erzielt hat, von Anfang an und – jedenfalls in der Regel – dauerhaft mit dem **Makel der Wettbewerbswidrigkeit** behaftet sind. Das galt nicht nur für Entwicklungen, die vollständig auf den unlauter erlangten Kenntnissen beruhten, sondern auch für solche, bei denen die Kenntnisse – entweder für eigenständige Entwicklungsgedanken des Verletzers oder neben diesen – in einer Weise mitursächlich geworden waren, die wirtschaftlich oder technisch nicht als bedeutungslos angesehen werden konnten (BGH NJOZ 2009, 301 (302 f.)).

Gegen rechtsverletzende Produkte richten sich die speziellen Beseitigungsansprüche gemäß **124** § 7 Nr. 2 bis 5 GeschGehG. Zudem ist der Rechtsverletzer in Bezug auf rechtsverletzende Produkte gemäß § 8 I Nr. 1 und 2 GeschGehG zur Auskunft verpflichtet.

§ 2 Nr. 4 dient der **Umsetzung von Art. 2 Nr. 4 RL (EU) 2016/943,** der folgenden **125** Wortlaut hat:

„Für die Zwecke dieser Richtlinie bezeichnet der Ausdruck

4. „rechtsverletzende Produkte" Produkte, deren Konzeption, Merkmale, Funktionsweise, Herstellungs-prozess oder Marketing in erheblichem Umfang auf rechtswidrig erworbenen, genutzten oder offen-gelegten Geschäftsgeheimnissen beruhen."

Die Definition im deutschen Recht entspricht redaktionell nahezu vollständig der Richtlini- **126** enfassung. Der einzige Unterschied zwischen beiden Begriffsbestimmungen besteht darin, dass der deutsche Gesetzgeber die Definition der Richtlinie nicht im Plural übernommen hat.

II. Produkt

Der Begriff des Produkts wird weder im GeschGehG noch in der RL (EU) 2016/943 **127** definiert, sondern als bekannt vorausgesetzt (s. dazu auch Harte-Bavendamm/Ohly/Kalbfus/ Harte-Bavendamm Rn. 104 ff.). Die Formulierung in der englischen Fassung der Richtlinie („goods") deutet auf das Erfordernis eines körperlichen Gegenstands hin. ErwGr. 3 unterscheidet zudem begrifflich zwischen „Dienstleistungen" und „Produkten". Dieser Sprachgebrauch ist allerdings nicht eindeutig und steht zudem in einem Spannungsverhältnis zu anderen Sekundär-rechtsakten, die von einem weiten Produktbegriff ausgehen. So findet sich eine ausdrückliche Definition des Produkts in **Art. 2 lit. c UGP-RL.** Ein Produkt ist danach jede **Ware oder Dienstleistung,** einschließlich Immobilien, digitaler Dienstleistungen und digitaler Inhalte, sowie Rechte und Verpflichtungen. Digitale Dienstleistungen und digitale Inhalte sind ua in der Richtlinie (EU) 2019/770 vom 20. Mai 2019 über bestimmte vertragsrechtliche Aspekte der Bereitstellung digitaler Inhalte und digitaler Dienstleistungen (ABl. EU L 136, 1) definiert. **Digitale Inhalte** sind gemäß **Art. 2 Nr. 1 RL (EU) 2019/770** „Daten, die in digitaler Form erstellt und bereitgestellt werden". Bei **digitalen Dienstleistungen** handelt es sich gemäß **Art. 2 Nr. 2 RL (EU) 2019/770** um „a) Dienstleistungen, die dem Verbraucher die Erstellung, Verarbeitung oder Speicherung von Daten in digitaler Form oder den Zugang zu solchen Daten ermöglichen, oder b) Dienstleistungen, die die gemeinsame Nutzung der vom Verbraucher oder von anderen Nutzern der entsprechenden Dienstleistung in digitaler Form hochgeladenen oder erstellten Daten oder sonstige Interaktionen mit diesen Daten ermöglichen".

Die RL (EU) 2016/943 verfolgt das Ziel eines umfassenden Schutzes von vertraulichen **127a** Informationen. Wären unkörperliche Leistungsergebnisse, namentlich **Dienstleistungen,** von § 2 Nr. 4 generell nicht erfasst, dann entstünden empfindliche Schutzlücken gerade im Bereich der Digitalökonomie. Denn Entwicklungen im digitalen Bereich erfolgen oftmals ohne gegen-ständliche Verkörperungen von Leistungsergebnissen, was aber an der Schutzdürftigkeit nichts ändert. Der umfassende Schutzansatz der RL (EU) 2016/943 spricht dafür, den Begriff des Produkts **weit auszulegen.** Er ist nicht auf körperliche Gegenstände beschränkt, sondern kann **sämtliche Erzeugnisse und Leistungsergebnisse** umfassen (Hoppe/Oldekop Geschäfts-geheimnisse/Hoppe Kap. 1 Rn. 319), damit auch Dienstleistungen, unabhängig von deren Ver-körperung auf einem Trägermedium (Brammsen/Apel/Brammsen Rn. 163; Hoeren/Münker/ Hoeren Rn. 40; Keller/Schönknecht/Glinke/Keller Rn. 154; aA Harte-Bavendamm/Ohly/ Kalbfus/Harte-Bavendamm Rn. 107).

Es ist nicht erforderlich, dass ein Produkt in seiner Gesamtheit auf einem Geschäftsgeheimnis **128** beruht. Vielmehr genügt es, wenn **einzelne Bestandteile** (zB Stoffe, Bauteile, Elemente usw.) eines Produkts betroffen sind.

III. Konzeption, Merkmale, Funktionsweise, Herstellungsprozess oder Marketing

Für ein rechtsverletzendes Produkt ist kennzeichnend, dass es in seiner Konzeption, seinen **129** Merkmalen, seiner Funktionsweise, seinem Herstellungsprozess oder seinem Marketing auf dem verletzten Geschäftsgeheimnis beruht. Das Geschäftsgeheimnis muss demzufolge hinsichtlich der benannten Umstände einen **Einfluss auf das Produkt** gehabt haben oder **für das Produkt oder seine Vermarktung von Bedeutung** gewesen sein. Im Kern sollen Konstellationen erfasst werden, in denen das Geschäftsgeheimnis für „die Entwicklung, Herstellung oder Ver-marktung von Produkten oder deren Bestandteilen" genutzt wurde (ErwGr. 28 RL (EU) 2016/943). Eine trennscharfe Abgrenzung der verschiedenen Aspekte wird vielfach nicht möglich sein. Manifestiert sich ein Geschäftsgeheimnis bspw. in den besonderen Gebrauchseigenschaften eines Produkts, kann dies sowohl die Konzeption, die Merkmale als auch die Funktionsweise betref-fen.

1. Konzeption

130   Zur Konzeption eines Produkts gehören insbesondere die **gestalterischen, strukturellen und konstruktiven Grundideen,** die einem Erzeugnis oder einer Leistung zugrunde liegen und die in der Gestaltung und der Zusammensetzung des Produkts ihren Ausdruck finden (etwas enger Harte-Bavendamm/Ohly/Kalbfus/Harte-Bavendamm Rn. 108). **Beispiel:** Aufgrund von als Geschäftsgeheimnis geschützten Konstruktionsplänen wird eine Maschine angefertigt.

2. Merkmale

131   Als Merkmale sind alle **Eigenschaften eines Produkts** anzusehen (ebenso Harte-Baven-damm/Ohly/Kalbfus/Harte-Bavendamm Rn. 109). Dazu gehören neben den Gebrauchseigen-schaften die optische oder haptische Erscheinung eines Produkts sowie alle sonstigen wert-bildenden Charakteristika. Zu den Merkmalen gehört weiterhin zB die Zusammensetzung oder Rezeptur eines Produkts.

3. Funktionsweise

132   Bei der Funktionsweise geht es neben der **allgemeinen Funktionsfähigkeit und Funk-tionalität** eines Produkts insbesondere um das **Erzielen von spezifischen technischen Wir-kungen,** in denen sich das Geschäftsgeheimnis manifestieren kann. Dies umfasst sowohl von außen wahrnehmbare Vorgänge als auch Prozesse, die innerhalb eines Produkts stattfinden (Harte-Bavendamm/Ohly/Kalbfus/Harte-Bavendamm Rn. 110).

4. Herstellungsprozess

133   Zum Herstellungsprozess eines Produkts gehören die **Produktionsabläufe, Verfahren, Fertigungsprozesse** und dergleichen, die zum Bau des Produkts oder seiner Bestandteile notwendig sind. **Teilabschnitte** innerhalb eines mehrstufigen oder eines komplexen Herstel-lungsprozesses genügen.

5. Marketing

134   Ein rechtsverletzendes Produkt kann schließlich bereits dann vorliegen, wenn das Marketing für ein Produkt auf einem Geschäftsgeheimnis beruht. Hier resultiert nicht das Produkt selbst aus der Rechtsverletzung; vielmehr bildet die Verletzung des Geschäftsgeheimnisses die Grundlage für die **Vermarktung des Produkts.**

135   Der Begriff Marketing ist weder in der RL (EU) 2016/943 noch in der UGP definiert. Soweit dieser Begriff im Unionsrecht Verwendung findet (zB in Art. 10 RL 2014/17/EG über Wohn-immobilienkreditverträge für Verbraucher) steht er im Kontext mit **Werbung.** Unter Werbung ist nach Art. 2 lit. a RL 2006/114/EG jede Äußerung bei der Ausübung eines Handels, Gewerbes, Handwerks oder freien Berufs zu verstehen, die dem Ziel dient, den Absatz von Waren oder die Erbringung von Dienstleistungen, einschließlich unbeweglicher Sachen, Rechte und Verpflichtungen zu fördern.

136   Der Begriff des Marketings ist nicht auf Werbung beschränkt, sondern umfasst auch sonstige Formen einer **kommerziellen Kommunikation,** der wiederum alle Formen der Kommunika-tion zuzurechnen sind, die der unmittelbaren oder mittelbaren Förderung des Absatzes von Waren und Dienstleistungen oder des Erscheinungsbilds eines Unternehmens, einer Organisation oder einer natürlichen Person dienen, die eine Tätigkeit in Handel, Gewerbe oder Handwerk oder einen reglementierten Beruf ausübt (vgl. Art. 2 lit. f RL 2000/31/EG). Marketing umfasst darüber hinaus auch sonstige (tatsächliche) Maßnahmen, die der Vermarktung bzw. Verkaufs-förderung eines Produkts dienen. Dem Marketing sind daher alle **auf den Produktabsatz zielenden kommunikativen und sonstigen Maßnahmen** zuzuordnen.

Von § 2 Nr. 4 erfasst sind Fälle, in denen ein Unternehmen zB geheime **Marketingdaten** 137 oder **Marketingstrategien** übernimmt und diese für seine eigenen Produkte nutzt. Denkbar ist etwa, dass ein Unternehmen die vertraulichen Pläne eines Mitbewerbers für eine Marketing-kampagne übernimmt und diese für das eigene Produkt ausnutzt. Gleiches gilt für vertrauliche **Geschäfts- und Kundendaten,** die als Grundlage für eine Produktvermarktung herangezogen werden. Allerdings ist in diesen Fällen eine strenge Prüfung erforderlich, um den Begriff des rechtsverletzenden Produkts nicht ins Uferlose auszudehnen (Ohly GRUR 2019, 441 (445)). Nutzt bspw. ein Unternehmer die als Geschäftsgeheimnis geschützte vertrauliche Kundenliste eines Mitbewerbers für alle weiteren von ihm hergestellten Erzeugnisse, würde es zu weit führen, nun das gesamte Produktportfolio als rechtsverletzende Produkte zu qualifizieren (zurückhaltend auch Harte-Bavendamm/Ohly/Kalbfus/Harte-Bavendamm Rn. 112). Es muss daher ein **innerer Zusammenhang** zwischen dem Produktmarketing und dem verletzten Geschäftsgeheimnis bestehen. Zudem ist die allgemeine Erheblichkeitsschwelle zu beachten (→ Rn. 141–143).

Weiterhin genügt es für ein Marketing nicht, wenn ein Unternehmer im Rahmen seiner 138 Werbung Äußerungen vornimmt, die lediglich in einem **inhaltlichen Bezug zu einer Geheimnisverletzung** stehen, selbst wenn diese Aussagen unlauter sind. **Beispiel:** Im BGH-Streitfall Knochenzement II (GRUR 2018, 541) hatte die Beklagte mit einer Spitzenstellung für die von ihr hergestellten Knochenzemente geworben, dabei aber nicht darauf hingewiesen, dass sie die herausgestellte Spitzenstellung nicht (allein) durch eigene Leistung bei der Entwicklung oder dem Vertrieb eines besonders wettbewerbsfähigen Produkts, sondern unter Verletzung von Betriebsgeheimnissen eines Wettbewerbers erreicht hatte. In diesem Fall bildet die vorausgegangene Geheimnisverletzung einen relevanten Umstand bei der Beurteilung der Werbeaussage unter dem Gesichtspunkt der Irreführung bzw. des Vorenthaltens einer wesentlichen Information gemäß § 5 I UWG, § 5a I, II UWG (vgl. BGH GRUR 2018, 541 Rn. 32 ff. – Knochenzement II). Das Marketing für das neu vertriebene Produkt der Beklagten beruhte aber nicht auf der zurückliegenden Rechtsverletzung.

IV. Beruhen auf einem rechtswidrig erlangten, genutzten oder offengelegten Geschäftsgeheimnis in erheblichem Umfang

Konzept, Merkmale, Funktionsweise, Herstellungsprozess oder Marketing für ein Produkt 139 müssen in erheblichem Umfang auf einem rechtswidrig erlangten, genutzten oder offengelegten Geschäftsgeheimnis beruhen. Bei diesen Tatbestandsvoraussetzungen geht es um die **„Feinjustierung"** des rechtlichen Schutzes von Geschäftsgeheimnissen im Hinblick auf rechtsverletzende Produkte. Zudem ist ein Wertungsabgleich mit den übrigen Tatbeständen des Gesetzes erforderlich. So fehlt es an einem Beruhen, wenn ein Produkt auf erlaubten Handlungen (zB die eigenständige Entdeckung oder Schöpfung iSv § 3 I Nr. 1 oder ein zulässiges Reverse Engineering iSv § 3 I Nr. 2) zurückzuführen ist (Ess WRP 2020, 988 (990 ff.)).

1. Wirkungszusammenhang

Das Erfordernis des Beruhens kennzeichnet einen **ursächlichen Wirkungszusammenhang.** 140 Dafür ist nicht erforderlich, dass Konzept, Merkmale, Funktionsweise, Herstellungsprozess oder Marketing für ein Produkt allein und ausschließlich auf ein verletztes Geschäftsgeheimnis ursächlich zurückzuführen sind. Vielmehr genügt es, wenn eine **Mitursächlichkeit** besteht (ebenso Brammsen/Apel/Brammsen Rn. 117), also das Geschäftsgeheimnis jedenfalls zur Entwicklung, Herstellung oder Vermarktung eines Produkts beigetragen hat. Maßgeblich ist hierbei die Beurteilung auf der Grundlage einer Äquivalenz- und Adäquanzbetrachtung. Abzugrenzen sind diese Fälle jedoch von bloßen **Fernwirkungen,** die für einen Wirkungszusammenhang nicht mehr ausreichen (vgl. auch Hoppe/Oldekop Geschäftsgeheimnisse/Hoppe Kap. 1 Rn. 325a). Beruht bspw. in einem Produktsortiment ein einzelnes Produkt auf einem Geschäftsgeheimnis und trägt dieses Produkt zum Ansehen des gesamten Sortiments bei, dann sind die zum restlichen Sortiment gehörenden Produkte nicht allein deswegen schon als rechtsverletzenden Produkte anzusehen.

2. Erheblicher Umfang

Bei dem Erfordernis des erheblichen Umfangs handelt es sich um ein Tatbestandsmerkmal mit 141 **Korrektivfunktion.** Es ist Ausdruck des **Grundsatzes der Verhältnismäßigkeit.** Die empfindlichen und einschneidenden Sanktionen, die das Gesetz bei rechtsverletzenden Produkten vorsieht, wären nicht gerechtfertigt, wenn ein Geschäftsgeheimnis für ein Produkt nur von ganz untergeordneter und geringfügiger Bedeutung ist.

142   Wann ein erheblicher Umfang vorliegt, ist eine **Wertungsfrage,** die eine umfassende Berücksichtigung aller Umstände des Einzelfalls erfordert. Zu berücksichtigen sind dabei insbesondere die Art des Produkts und die Art des Geschäftsgeheimnisses. Erforderlich ist eine **qualitative Betrachtung,** die jedoch eine **Einbeziehung quantitativer Aspekte** nicht ausschließt (aA Hoppe/Oldekop Geschäftsgeheimnisse/Hoppe Kap. 1 Rn. 325). Eine feste **prozentuale Grenze** lässt sich angesichts der Vielgestaltigkeit von Fällen nicht ziehen. Es kann aber zumindest ein starkes Indiz für einen erheblichen Umfang sein, wenn ein Produkt in seiner Gesamtheit jedenfalls zu mehr als der Hälfte auf einem Geschäftsgeheimnis (oder mehreren Geschäftsgeheimnissen) beruht (Keller/Schönknecht/Glinke/Keller Rn. 174). Das bedeutet nicht, dass unterhalb dieser Schwelle ein erheblicher Umfang zu verneinen ist. Geht ein Produkt bspw. in seiner Gesamtheit **vollständig** oder **nahezu vollständig** auf ein Geschäftsgeheimnis oder mehrere Geschäftsgeheimnisse zurück, dann ist die Erheblichkeit zu bejahen (Ess WRP 2020, 988 (992 f.). Ein erhebliches Beruhen wird auch dann vorliegen, wenn das Geschäftsgeheimnis nur in einer **geringfügig abgeänderten oder modifizierten Form** eingesetzt wird. Sofern eine **teilweise Übernahme** des Geschäftsgeheimnisses vorliegt, ist darauf abzustellen, welche **konkrete Bedeutung** diesem Geschäftsgeheimnis für das spezifische Produkt zukommt. Teilweise wird im Schrifttum vorgeschlagen, eine Wertungsparallele zu äquivalenten Patentverletzungen zu ziehen (Ess WRP 2020, 988 (993)). Ein erheblicher Umfang ist weiterhin dann anzunehmen, wenn das Produkt oder ein Produktbestandteil ohne das Geschäftsgeheimnis nicht so hätte entwickelt, gefertigt oder vertrieben werden können, wie es geschehen ist. Gleiches gilt, wenn durch das Ausnutzen des Geschäftsgeheimnisses eine bedeutende **Zeitersparnis** erzielt werden konnte, weil das Unternehmen die Zeit für eine eigene Entwicklung nicht aufwenden musste. Ein Beruhen in erheblichem Umfang ist hingegen zu verneinen, wenn das Geschäftsgeheimnis für das entstandene Produkt nur von ungeordneter oder nachrangiger Bedeutung hat.

143   Betrifft das Geschäftsgeheimnis einen **Teil der Funktionsfähigkeit oder der Funktionalität eines Produkts** (zB die technische Funktion eines Smartphones), dann ist danach zu fragen, ob es sich hierbei um ein wesentliches Merkmal für die Gebrauchsfähigkeit handelt (zB eine verbesserte Bedienbarkeit des Gerätes), ob das Merkmal für die Vermarktung von besonderer Bedeutung ist (zB als Kaufargument Gewicht hat) und es den Marktwert des Produktes maßgeblich mitbestimmt. Das **Nachfolgeprodukt** eines Erzeugnisses, bei dessen Entwicklung eine Geschäftsgeheimnisverletzung eine Rolle gespielt hat, ist nicht per se ein rechtsverletzendes Produkt (Harte-Bavendamm/Ohly/Kalbfus/Harte-Bavendamm Rn. 113; vgl. auch BGH GRUR 2018, 535 Rn. 21 – Knochenzement I). Es findet also keine automatische „Infektion" des Nachfolgers statt, sondern es kommt darauf an, ob und inwieweit gerade dieses Nachfolgeprodukt noch auf dem verletzten Geschäftsgeheimnis beruht. Gleiches gilt für **Ergänzungen** zu einem rechtsverletzenden Produkt. **Ersatz- und Verbrauchsteile** zu einem rechtsverletzenden Produkt sind als eigenständige Produkte zu beurteilen. Manifestiert sich in der Eigenschaft als Ersatz- oder Verbrauchsteil gerade das verletzte Geschäftsgeheimnis, dann kann es sich um ein rechtsverletzendes Produkt handeln. Es genügt jedoch nicht, dass Teile lediglich funktionell zu einem rechtsverletzenden Produkt passen. Dies gilt selbst dann, wenn die Ersatz- und Verbrauchsteile nur mit einem rechtsverletzenden Produkt verwendet werden können (diff. Hoppe/Oldekop Geschäftsgeheimnisse/Hoppe Kap. 1 Rn. 326).

V. Maßgeblicher Zeitpunkt

144   Ob eine Ware oder Dienstleistung als ein rechtsverletzendes Produkt iSv § 2 Nr. 4 anzusehen ist, richtet sich nach dem **Zeitpunkt der Verletzungshandlung.** Ein rechtsverletzendes Produkt behält daher seine Eigenschaft, wenn das Geschäftsgeheimnis zu einem späteren Zeitpunkt von dem Inhaber des Geschäftsgeheimnisses offenbart wird (MüKoUWG/Namysłowska RL (EU) 2016/943 Art. 2 Rn. 27).

Erlaubte Handlungen

3 (1) Ein Geschäftsgeheimnis darf insbesondere erlangt werden durch

1. eine eigenständige Entdeckung oder Schöpfung;
2. ein Beobachten, Untersuchen, Rückbauen oder Testen eines Produkts oder Gegenstands, das oder der
   a) öffentlich verfügbar gemacht wurde oder
   b) sich im rechtmäßigen Besitz des Beobachtenden, Untersuchenden, Rückbauenden oder Testenden befindet und dieser keiner Pflicht zur Beschränkung der Erlangung des Geschäftsgeheimnisses unterliegt;
3. ein Ausüben von Informations- und Anhörungsrechten der Arbeitnehmer oder Mitwirkungs- und Mitbestimmungsrechte der Arbeitnehmervertretung.

(2) Ein Geschäftsgeheimnis darf erlangt, genutzt oder offengelegt werden, wenn dies durch Gesetz, aufgrund eines Gesetzes oder durch Rechtsgeschäft gestattet ist.

Übersicht

Schrifttum: Triebe, Reverse Engineering im Lichte des Urheber- und Geschäftsgeheimnisschutzes, WRP 2018, 795; Strobel, Reverse Engineering im Spannungsfeld der Sonderschutzrechte, 2022; Witz, Know-how Schutz vs. Reverse Engineering, FS Harte-Bavendamm, 2020, 441; s. ferner allg. bei Vor § 1.

A. Allgemeines

I. Normzweck und Normstruktur

1. Grundstruktur der §§ 3–5

1   Die §§ 3–5 legen fest, wann ein Verhalten erlaubt, ausnahmsweise erlaubt oder unzulässig ist. Ausgehend von der Systematik der **Art. 3–5 RL (EU) 2016/943** differenziert das Gesetz zwischen den stets erlaubten Handlungen (§ 3), Rechtsverletzungen (§ 4) und ausnahmsweise zulässigen Verhaltensweisen (§ 5). Dieser Regelungsansatz soll gewährleisten, dass nicht nur im Bereich der Rechtsverletzung eine Harmonisierung erfolgt (vgl. auch ErwGr. 6 RL (EU) 2016/943), sondern umgekehrt ebenso deutlich wird, welcher Umgang mit Geschäftsgeheimnissen als rechtmäßig anzusehen ist. § 3 enthält einen Katalog von erlaubten, also rechtmäßigen Handlungen. Man kann insoweit von einer **„Positivliste"** von zulässigen Verhaltensweisen sprechen. Das bedeutet indessen nicht, dass überhaupt nur die in § 3 aufgeführten Handlungen erlaubt und jeder anderer Umgang mit Geschäftsgeheimnissen untersagt wäre (→ Rn. 4, 6 und 9).

2. Innere Regelungsstruktur des § 3

2   § 3 I umschreibt katalogartig Tatbestände, in denen ein Geschäftsgeheimnis rechtmäßig erlangt werden darf. § 3 II knüpft dagegen an bestehende gesetzliche oder vertragliche Regelungen an, die sich auf Geschäftsgeheimnisse beziehen. Die Vorschrift setzt mithin die Existenz anderer gesetzlicher oder privatautonomer Regelungen voraus und nimmt auf diese Bezug. Ein Geschäftsgeheimnis darf danach erlangt, genutzt oder offengelegt werden, wenn dies durch Gesetz, aufgrund eines Gesetzes oder durch Rechtsgeschäft gestattet ist. Beide Absätze stehen gleichberechtigt nebeneinander. Sie können sich auch überschneiden, wenn eine spezialgesetzliche Norm oder vertragliche Vereinbarung besteht, die einen der in § 3 I Nr. 1–3 genannten Fälle betrifft.

II. Entstehung

3   Das alte Recht kannte eine Positivaufzählung von erlaubten Verhaltensweisen nicht. Der **RefE** sah in § 2 Erlaubnistatbestände vor. § 2 I enthielt – in redaktionell abgewandelter Form – die Regelung des jetzigen § 3 II. In § 2 II RefE fand sich die Positivliste des § 3 I. Die geltende Fassung geht zurück auf den **RegE** (BT-Drs. 19/4724). In den **Ausschussberatungen** (BT-Drs. 19/8300) blieben diese Regelungen unverändert.

III. Funktion und Auslegung

4   § 3 dient vor allem der Schaffung von **Rechtssicherheit.** Aufgrund des in den Mitgliedstaaten stark divergierenden Schutzes von Geschäftsgeheimnissen erschien es dem Unionsgesetzgeber notwendig und zweckmäßig, klare Aussagen darüber zu treffen, welche Formen des Umgangs mit Geschäftsgeheimnissen jedenfalls erlaubt sind. § 3 I schafft gewissermaßen einen **„sicheren Hafen"** für den Umgang mit vertraulichen Informationen, indem bestimmte Fälle eines erlaubten Verhaltens katalogartig aufgeführt werden. § 3 II hat demgegenüber eine **öffnende Funktion** gegenüber gesetzlichen und privatautonom geschaffenen Regelungen.

5   Die Auslegung von § 3 folgt den allgemeinen Grundsätzen. Aufgrund der Vorgaben aus Art. 3 RL (EU) 2016/943 kommt der **richtlinienkonformen Auslegung** besondere Bedeutung zu. Angesichts des **vollharmonisierenden Charakters von Art. 3 RL (EU) 2016/943** ist der Auslegungsspielraum im nationalen Recht begrenzt.

6   Der Katalog des § 3 I ist offen formuliert („insbesondere"). Bei der Frage, ob es sich um eine **abschließende Aufzählung** handelt (verneinend Hoppe/Oldekop Geschäftsgeheimnisse/Hoppe Kap. 1 Rn. 331; Harte-Bavendamm/Ohly/Kalbfus/Ohly Rn. 6), ist von der Funktion des § 3 I, Rechtssicherheit über die jedenfalls erlaubten Verhaltensweisen zu schaffen (→ Rn. 4), auszugehen. Die Formulierung im Eingangssatz von § 3 I („darf insbesondere erlangt werden")

scheint darauf hinzudeuten, dass der Katalog der erlaubten Handlungen einer freien Erweiterung durch das nationale Recht zugänglich ist. Das ist jedoch nicht der Fall, was sich aus dem vollharmonisierenden Art. 3 RL (EU) 2016/943 erschließt. Die unionsrechtliche Bestimmung sieht gerade keine allgemeine Öffnungsklausel vor, sondern differenziert zwischen einem „Positivkatalog" von vier erlaubten Handlungen (Art. 3 I RL (EU) 2016/943) und dem Hinweis auf spezielle Erlaubnistatbestände (Art. 3 II RL (EU) 2016/943). Die nach § 3 I erlaubten Verhaltensweisen dürfen somit im nationalen Recht nicht ausgeweitet erweitert werden. Da der deutsche Gesetzgeber nur drei Katalogtatbestände aus Art. 3 I RL (EU) 2016/943 in § 3 I GeschGehG umgesetzt hat, ist die Wendung „insbesondere" in § 3 I so zu verstehen, dass lediglich der nicht ausdrücklich in das deutsche Recht übernommene Tatbestand aus Art. 3 I lit. d RL (EU) 2016/943 in richtlinienkonformer Auslegung als weiterer Erlaubnistatbestand einzubeziehen ist (→ Rn. 50 ff.). Im Übrigen ist eine **nationale Erweiterung des Katalogs** aus § 3 I und Art. 3 I RL (EU) 2016/943 **nicht zulässig** (ebenso Keller/Schönknecht/Glinke/ Schönknecht Rn. 71).

IV. Anwendungsbereich

Die in § 3 enthaltenen Tatbestände des rechtmäßigen Verhaltens gelten im gesamten **per-** 7 **sönlichen und sachlichen Anwendungsbereich des GeschGehG.** Sie sind nicht auf die private Rechtsdurchsetzung nach §§ 4, 6 ff. beschränkt, sondern gleichermaßen bei der Anwendung der Straftatbestände gemäß § 23 zu beachten. Außerhalb des GeschGehG findet § 3 dagegen keine unmittelbare Anwendung. So gelten die Erlaubnistatbestände bspw. nicht für Verletzungen des Eigentums (BGH BeckRS 2022, 13969 Rn. 48). Jedoch können die Wertungen des § 3 zu berücksichtigen sein, um Wertungskonflikte zu vermeiden, etwa im Zusammenhang mit dem lauterkeitsrechtlichen Nachahmungsschutz gemäß § 4 Nr. 3 UWG (→ Rn. 39).

V. Verhältnis zu anderen Vorschriften

Die Erlaubnistatbestände des § 3 setzen gedanklich voraus, dass ein Geschäftsgeheimnis iSv **§ 2** 7a **Nr. 1** besteht. Durch ein erlaubtes Verhalten wird der Bestand dieses Geschäftsgeheimnisses nicht aufgehoben. Daher hat bspw. die Informationsgewinnung durch ein zulässiges Reverse Engineering gemäß § 3 I Nr. 2 nicht zur Folge, dass die Information ihren Schutz als Geschäftsgeheimnis verliert (Hoppe/Oldekop Geschäftsgeheimnisse/Holtz Kap. 1 Rn. 385; Ohly GRUR 2019, 441 (443)).

Im Unterschied zu den Ausnahmetatbeständen des **§ 5,** der einzelfallbezogene Schranken des 8 Geheimnisschutzes enthält, benennt **§ 3** Verhaltensweisen, die **stets zulässig** sind. Es ist hierfür notwendig, aber auch ausreichend, wenn die jeweiligen Tatbestandsvoraussetzungen erfüllt sind. Einer einzelfallbezogenen Interessenabwägung bedarf es – anders als bei § 5 – nicht. Auch ist im Unterschied zu § 5 kein berechtigtes Interesse erforderlich oder zu prüfen. Für die Rechtsanwendung empfiehlt es sich, § 3 stets vor § 5 zu prüfen. Denn die Ausnahmebestimmungen des § 5 sind nur dann von Bedeutung, wenn nicht bereits feststeht, dass ein erlaubtes Verhalten iSd § 3 vorliegt.

§ 3 und **§ 4** stehen in einem Verhältnis des **gegenseitigen Ausschlusses:** Ein nach § 3 9 zulässiges Verhalten kann keine tatbestandliche Rechtsverletzung iSv § 4 sein (aA Hoppe/ Oldekop Geschäftsgeheimnisse/Hoppe Kap. 1 Rn. 336). Die Normen erlauben keine freie Interessenabwägung. Aus § 3 kann nicht der Umkehrschluss gezogen werden, dass Verhaltensweisen, die nicht unter die dort aufgeführten Erlaubnistatbestände zu subsumieren sind, automatisch einem Verbot unterliegen. Vielmehr richtet sich die inhaltliche Reichweite des Schutzes des Geschäftsgeheimnisses nach § 4. Nach dem GeschGehG erlaubt sind daher nicht nur diejenigen Verhaltensweisen, die in § 3 ausdrücklich aufgeführt sind (insoweit ist aber der Umsetzungsspielraum der Mitgliedstaaten eingeschränkt → Rn. 6), sondern auch diejenigen, die keinen Verletzungstatbestand des § 4 verwirklichen.

B. Eigenständige Entdeckung oder Schöpfung (§ 3 I Nr. 1)

Ein Geschäftsgeheimnis darf nach § 3 I Nr. 1 erlangt werden durch eine eigenständige Ent- 10 deckung oder Schöpfung.

I. Einordnung der Regelung und unionsrechtliche Vorgaben

11   Während die praktische Bedeutung der Vorschrift gering bleiben dürfte, enthält sie wichtige dogmatische Aussagen, die für die rechtliche Einordnung von Geschäftsgeheimnissen grundlegend sind. Erstens benennt sie mit der Entdeckung und Schöpfung zwei **originäre Entstehungstatbestände** für einen Geheimnisschutz. Zweitens folgt aus der Vorschrift, dass Geschäftsgeheimnisse **kein Ausschließlichkeitsrecht** (Exklusivrecht) für den Inhaber begründen. Die gleiche vertrauliche Information kann zugunsten von verschiedenen Inhabern als Geschäftsgeheimnis geschützt sein, wenn das Geschäftsgeheimnis bei diesen eigenständig (genauer: unabhängig voneinander) zur Entstehung gelangt. Das Schutzkonzept des GeschGehG entspricht damit dem Urheberrecht, das ebenfalls die Möglichkeit einer „Doppelschöpfung" kennt (Begr. RegE, BT-Drs. 19/4724, 25).

12   § 3 I Nr. 1 setzt **Art. 3 I lit. a RL (EU) 2016/943** in das nationale Recht um. Die Vorschrift lautet:

„Der Erwerb eines Geschäftsgeheimnisses gilt als rechtmäßig, wenn das Geschäftsgeheimnis auf eine der folgenden Weisen erlangt wird:

a) unabhängige Entdeckung oder Schöpfung".

13   Ergänzend wird dazu im ErwGr. **16 RL (EU) 2016/943** ausgeführt:

„Im Interesse von Innovation und Wettbewerbsförderung sollten die Bestimmungen dieser Richtlinie keine Exklusivrechte an als Geschäftsgeheimnis geschützten Know-how oder als solchem geschützten Informationen begründen. Auf diese Weise sollte die unabhängige Entdeckung desselben Know-hows oder derselben Informationen möglich bleiben."

14   Leider weicht die deutsche Vorschrift in einem entscheidenden Punkt von der Richtlinienfassung ab. Während Art. 3 I lit. a RL (EU) 2016/943 eine „unabhängige" (engl.: „independent"; frz.: „indépendante") Entdeckung oder Schöpfung verlangt, wird im deutschen Recht eine „eigenständige" Entdeckung oder Schöpfung vorausgesetzt.

II. Entdeckung oder Schöpfung

15   Mit der Entdeckung oder Schöpfung bezeichnet das Gesetz Verhaltensweisen, durch die das Geschäftsgeheimnis entsteht bzw. geschaffen wird. Beide Begriffe sind **entwicklungsoffen, technikneutral** und **weit** zu verstehen (Harte-Bavendamm/Ohly/Kalbfus/Ohly Rn. 14). Sie erfassen insbesondere geistige Anstrengungen und technische Leistungen, die ein Geschäftsgeheimnis hervorbringen. Ein zielgerichtetes Vorgehen ist ebenso wenig erforderlich wie ein besonderer Entdeckungs- oder Schöpfungswille. Eine unvorhergesehene Entdeckung kann ebenso wie eine Zufallsschöpfung Grundlage eines geschützten Geschäftsgeheimnisses sein.

16   Mit einem **Entdecken** sind insbesondere Beobachtungen und Analysen gemeint, die neue oder in dieser Form nicht bekannte Erkenntnisse zu Tage treten lassen. **Beispiele:** das Erkennen von Wirkungszusammenhängen, chemischen Reaktionen, Stoffzusammensetzungen usw.

17   Der Begriff der **Schöpfung** ist nicht in einem engen urheberrechtlichen Sinne (persönliche geistige Schöpfungen gemäß § 2 II UrhG) zu verstehen. Schöpfungen sind vielmehr sämtliche Vorgänge, die zur Entwicklung und/oder Erschaffung eines Geschäftsgeheimnisses führen. Im Unterschied dazu geht es hier mehr um einen beeinflussten Prozess, ohne dass jedoch eine trennscharfe Abgrenzung möglich ist. Die Schöpfung kann durch den Einsatz menschlicher Kreativität und Erfahrung geschehen (**Beispiel:** die Entwicklung einer neuen Rezeptur), aber auch durch den ergänzenden oder autonomen Einsatz von Technik. So kann etwa das Gewinnen von Daten durch eine automatisierte Aufzeichnung oder die softwarebasierte Auswertung von Daten eine Schöpfung iSv § 3 I Nr. 1 GeschGehG sein.

18   Der Wortlaut der deutschen Norm stellt ebenso wie Art. 3 I lit. a RL (EU) 2016/943 auf die Entdeckung oder Schöpfung eines Geschäftsgeheimnisses ab. Das ist ungenau, weil ein Geschäftsgeheimnis erst dann vorliegt, wenn alle Voraussetzungen des § 2 Nr. 1 GeschGehG erfüllt sind. Für § 3 I Nr. 1 GeschGehG genügt es hingegen bereits, wenn die dem Geschäftsgeheimnis zugrunde liegende **vertrauliche Information** – also gewissermaßen das Grundsubstrat des Geschäftsgeheimnisses – entdeckt oder geschöpft wurde.

III. Eigenständigkeit (Unabhängigkeit)

Die Entdeckung oder Schöpfung muss eigenständig erfolgen. Der deutsche Gesetzgeber ist bei **19** diesem Tatbestandsmerkmal ohne erkennbare Notwendigkeit von der Terminologie der RL (EU) 2016/943 abgewichen, wonach es auf die Unabhängigkeit der Entdeckung oder Schöpfung ankommt (→ Rn. 14). Eigenständigkeit und Unabhängigkeit sind schon nach dem allgemeinen Sprachverständnis keine Synonyme, sodass eine richtlinienkonforme Auslegung erforderlich ist. Das Erfordernis der Eigenständigkeit ist dahingehend auszulegen, dass ein Geschäftsgeheimnisschutz bei parallelen Entdeckungen oder Schöpfungen möglich ist, wenn die **originären Entstehungsakte unabhängig voneinander** erfolgen (vgl. auch Ohly GRUR 2019, 441 (447) sowie Harte-Bavendamm/Ohly/Kalbfus/Ohly Rn. 16).

Eine solche Unabhängigkeit ist gegeben, wenn es sich bei den Entdeckern oder Schöpfern um **20** **rechtlich selbstständige Rechtssubjekte** handelt, die jeweils Inhaber eines Geschäftsgeheimnisses iSv § 2 Nr. 2 GeschGehG sein können, und zwischen ihnen keine abhängigkeitsbegründende Verbindung in Bezug auf die Entdeckung oder Schöpfung des Geschäftsgeheimnisses besteht. An der Unabhängigkeit fehlt es bspw., wenn ein Unternehmen im Auftrag eines anderen ein Verfahren entwickelt.

Eine **zeitgleiche Entdeckung oder Schöpfung** ist **nicht erforderlich.** Es ist daher ohne **21** weiteres möglich, dass ein Unternehmer ein Geschäftsgeheimnis (zB ein Verfahren) bereits seit langer Zeit nutzt und ein zweiter Unternehmer dieses Geheimnis durch eigene Anstrengungen ebenfalls entwickelt.

IV. Spezielle Rechtswirkungen

Erlaubt ist nach § 3 I Nr. 1 das **Erlangen** des Geschäftsgeheimnisses. Im Falle einer eigen- **22** ständigen (unabhängigen) doppelten oder auch mehrfachen Entdeckung oder Schöpfung entsteht für jeden Inhaber ein **vollständiger Geschäftsgeheimnisschutz,** wenn jeweils alle weiteren Voraussetzungen von § 2 Nr. 1 GeschGehG erfüllt sind. Die Inhaber können daher ihr Geschäftsgeheimnis in vollem Umfang gegen Rechtsverletzungen iSd § 4 GeschGehG verteidigen. Gegeneinander können sie jedoch keine Ansprüche geltend machen, weil die unabhängig voneinander entstandenen Geschäftsgeheimnisse – auch bei einer inhaltlichen Identität – jeweils **rechtlich eigenständig** zu betrachten sind (Harte-Bavendamm/Ohly/Kalbfus/Ohly Rn. 13).

C. Reverse Engineering (§ 3 I Nr. 2)

§ 3 I Nr. 2 enthält eine Regelung zum Erlangen von Informationen durch ein Reverse **23** Engineering. Danach darf ein Geschäftsgeheimnis erlangt werden durch ein Beobachten, Untersuchen, Rückbauen oder Testen eines Produkts oder Gegenstands, das oder der a) öffentlich verfügbar gemacht wurde oder b) sich im rechtmäßigen Besitz des Beobachtenden, Untersuchenden, Rückbauenden oder Testenden befindet und dieser keiner Pflicht zur Beschränkung der Erlangung des Geschäftsgeheimnisses unterliegt.

I. Einordnung der Regelung und unionsrechtliche Vorgaben

Vielfach ist es möglich, durch einen gezielten Rückbau oder ein Dekonstruieren von Geräten, **24** Maschinen, Erzeugnissen oder auch einzelnen Bauteilen (zB Computerchips; dazu näher Triebe WRP 2018, 795 ff.) Rückschlüsse auf die Funktionsweise, die Konstruktion oder sonstige Umstände zu ziehen, die als vertrauliche Information geschützt sind. Auf der Grundlage des alten Rechts hielten die Rspr. und die hM – mit Differenzierungen im Einzelnen (Überblick bei Harte-Bavendamm FS Köhler, 2014, 235 (245 ff.) und Triebe WRP 2018, 795 (801 ff.)) – ein solches Verhalten für eine Verletzung des geschützten Geschäftsgeheimnisses. Diese strenge Sichtweise lässt sich zurückverfolgen bis zur reichsgerichtlichen Rspr. In der viel zitierten Stiefeleisenpresse-Entscheidung (RGZ 149, 329 ff.) ging das Gericht davon aus, dass eine Geheimnisverletzung auch dadurch begangen werden kann, dass die zum Nachbau einer Maschine erforderlichen Kenntnisse durch die Dekonstruktion der Maschine gewonnen werden, die von einem Dritten erworben wurde.

§ 3 I Nr. 2 hat die **Rechtslage grundlegend geändert.** Nach dem geltenden Recht ist ein **25** Reverse Engineering zur Informationsgewinnung im Grundsatz erlaubt. Nach der Einschätzung des deutschen Gesetzgebers findet in § 3 I Nr. 2 die Wertung ihren Ausdruck, dass keine Exklusivrechte an als Geschäftsgeheimnis geschützten Informationen begründet werden sollen (Begr. RegE, BT-Drs. 19/4724, 25). Einschränkungen des Grundsatzes, wonach ein Reverse Engineering zulässig ist, kommen nur ausnahmsweise in Betracht. Sie können sich aus § 3 I Nr. 2 lit. b sowie aus dem Wirkungsbereich von Sonderschutzrechten (dazu näher Strobel, Reverse Engineering im Spannungsfeld der Sonderschutzrechte, S. 106 ff.) ergeben.

26   Mit § 3 I Nr. 2 GeschGehG wird **Art. 3 I lit. b RL (EU) 2016/943** in das nationale Recht übernommen. Diese Vorschrift hat folgenden Wortlaut:

„Der Erwerb eines Geschäftsgeheimnisses gilt als rechtmäßig, wenn das Geschäftsgeheimnis auf eine der folgenden Weisen erlangt wird: (…)

b) Beobachtung, Untersuchung, Rückbau oder Testen eines Produkts oder Gegenstands, das bzw. der öffentlich verfügbar gemacht wurde oder sich im rechtmäßigen Besitz des Erwerbers der Information befindet, der keiner rechtsgültigen Pflicht zur Beschränkung des Erwerbs des Geschäftsgeheimnisses unterliegt".

27   Ergänzend wird dazu im ErwGr. **16 RL (EU) 2016/943** ausgeführt:

„Das ‚Reverse Engineering‘ bei einem rechtmäßig erworbenen Produkt sollte als ein rechtlich zulässiges Mittel zum Erwerb von Informationen angesehen werden, es sei denn, dass vertraglich etwas anderes vereinbart wurde. Die Freiheit zum Abschluss derartiger vertraglicher Vereinbarungen kann jedoch rechtlich beschränkt werden."

28   Bei der Umsetzung hat der deutsche Gesetzgeber den Erlaubnistatbestand redaktionell angepasst. Durch die Unterteilung in **zwei Tatbestandsvarianten** gewinnt die deutsche Fassung an Klarheit im Vergleich zu der Vorgabe der RL (EU) 2016/943. Der Gesetzeswortlaut bringt im deutschen Recht unmissverständlich zum Ausdruck, dass zwischen zwei Konstellationen zu unterscheiden ist: Ist ein Produkt oder Gegenstand öffentlich verfügbar, dann ist ein Reverse Engineering stets zulässig (lit. a). Demgegenüber sind Einschränkungen möglich, wenn sich das Produkt oder der Gegenstand im rechtmäßigen Besitz einer Person befindet (lit. b). In diesem Fall kann die Person rechtlichen Beschränkungen im Hinblick auf ein Reverse Engineering unterworfen sein. Die Möglichkeit des Ausschlusses oder der Einschränkung der Informationsgewinnung bezieht sich dabei nur auf die zweite Variante (aA Hoppe/Oldekop Geschäftsgeheimnisse/Holtz Kap. 1 Rn. 360).

II. Objekt: Produkt oder Gegenstand

29   Dem Wortlaut der RL (EU) 2016/943 folgend, umschreibt das Gesetz das Objekt des Reverse Engineering als Produkt oder Gegenstand. Der Begriff des **Produkts** ist weit zu verstehen und umfasst Waren und Dienstleistungen aller Art einschließlich digitalen Inhalten oder Dienstleistungen (→ § 2 Rn. 127 f.). Die eigenständige Erwähnung von **Gegenständen** verdeutlicht, dass nicht nur das Reverse Engineering von Komplettprodukten (zB einer gesamten Maschine) erfasst wird, sondern auch von einzelnen Elementen, Teilprodukten oder Bestandteilen. Produkt oder Gegenstand können **körperliche und unkörperliche Objekte** sein, zB auch Software oder Algorithmen.

III. Handlungen: Beobachten, Untersuchen, Rückbauen oder Testen

30   Als mögliche Handlungen eines Reverse Engineering nennt das Gesetz das Beobachten, Untersuchen, Rückbauen oder Testen eines Erzeugnisses. Diese Begriffe sind jeweils **weit** auszulegen. Eine trennscharfe Abgrenzung dieser Handlungen gegeneinander ist kaum möglich und zur Rechtsanwendung auch nicht erforderlich. Die gesetzliche Regelung erfasst neben der Dekonstruktion eines Gerätes alle sonstigen **Handlungen, die auf eine Informationsgewinnung gerichtet** sind. Dem Gesetz ist keine Beschränkung auf bestimmte technische Mittel oder Methoden zu entnehmen (Büscher/McGuire Rn. 24; vgl. auch Hofmarcher Rn. 2.138). Unerheblich ist weiter, ob mit der informationsgewinnenden Handlung in die Produkt- oder Gegenstandssubstanz eingegriffen, das Erzeugnis dauerhaft gebrauchsunfähig gemacht oder zerstört oder lediglich in seiner Funktionsweise und in seinen Gebrauchseigenschaften analysiert wird.

IV. Öffentliche Verfügbarkeit des Objekts (§ 3 I Nr. 2 lit. a)

Uneingeschränkt zulässig ist das Reverse Engineering, wenn das Produkt oder der Gegenstand **31** „öffentlich verfügbar gemacht wurde". Nach dieser Regelung muss der Schutz vor einem Erlangen des Geschäftsgeheimnisses zurücktreten, wenn das Erzeugnis, aus dem sich die geschützte Information gewinnen lässt, in die **Öffentlichkeit** gebracht wurde.

Ein Produkt oder Gegenstand ist öffentlich verfügbar, wenn dieses Erzeugnis **auf den Markt** **32** **und in den Vertrieb** gelangt und für die Öffentlichkeit **frei erhältlich** ist (vgl. Begr. RegE, BT-Drs. 19/4724, 26). Dies umfasst neben allgemeinen Vertriebsmaßnahmen (zB Werbung, Verkauf usw.) auch bereits die **Ankündigung** eines solchen Vertriebs. Dagegen reicht das bloße Ausstellen auf einer **Messe** noch nicht aus (ebenso Harte-Bavendamm/Ohly/Kalbfus/Ohly Rn. 24), denn vielfach werden auf solchen Veranstaltungen zunächst Prototypen oder Modelle gezeigt, die gerade noch nicht vertriebs- und marktreif sind. Auch kann bei einer Messepräsentation noch unsicher sein, ob der Berechtigte das Erzeugnis auf dem Markt vertreiben wird. Kein öffentliches Verfügbarmachen liegt weiterhin vor bei einem **Import, Transport** oder einer **Lagerung** von Erzeugnissen.

Nach dem Wortlaut des Gesetzes genügt es, dass das Objekt des Reverse Engineering „öffent- **33** lich verfügbar gemacht wurde", ohne dass es hierfür auf die Person ankommt. Die Funktion des Erlaubnistatbestands besteht jedoch darin, die Informationsgewinnung dann – aber auch nur dann – zu privilegieren, wenn das Produkt oder der Gegenstand mit dem Willen des Inhabers des Geschäftsgeheimnisses in die Öffentlichkeit gelangt ist (Leister GRUR-Prax 2019, 175 (176); Harte-Bavendamm/Ohly/Kalbfus/Ohly Rn. 23; BeckOK GeschGehG/Spieker Rn. 13; aA Hoppe/Oldekop Geschäftsgeheimnisse/Holtz Kap. 1 Rn. 376 f.). Trifft der Inhaber des Geschäftsgeheimnisses die Entscheidung, ein Produkt in Verkehr zu bringen, dann muss er zugleich hinnehmen, dass dieses Produkt nunmehr von anderen untersucht wird. Daher muss das öffentliche Verfügbarmachen **durch den Inhaber des Geschäftsgeheimnisses erfolgen oder durch ihn autorisiert** sein (zB bei einem Vertrieb durch Vertragshändler oder sonstige Vertriebspartner). Demgegenüber haben die Interessen des Inhabers des Geschäftsgeheimnisses Vorrang, wenn ein Produkt ohne oder gegen seinen Willen in die Öffentlichkeit gelangt. § 3 I Nr. 2 lit. a greift deswegen nicht ein bei einem unberechtigten und rechtsverletzenden öffentlichen Verfügbarmachen eines Produkts. **Beispiel** (nach Leister GRUR-Prax 2019, 175 (176)): Ein Konkurrent verschafft sich unrechtmäßig den noch geheimen Prototyp und bringt diesen in die Öffentlichkeit. Handeln Dritte in der redlichen Überzeugung, ein Gegenstand sei von einem dazu Berechtigten öffentlich verfügbar gemacht worden, dann sind sie durch § 4 III geschützt, können sich aber nicht auf § 3 I Nr. 2 lit. a berufen (vgl. Witz FS Harte-Bavendamm, 2020, 441 (445)).

Im Unterschied zu lit. b (→ Rn. 37 f.) steht dem Inhaber des Geschäftsgeheimnisses im Falle **33a** des öffentlichen Verfügbarmachens **nicht** die Möglichkeit zu, das Erlangen des Geschäftsgeheimnisses vertraglich einzuschränken oder zu unterbinden (aA Hoppe/Oldekop Geschäftsgeheimnisse/Holtz Kap. 1 Rn. 373 und 402; diff. Strobel, Reverse Engineering im Spannungsfeld der Sonderschutzrechte, S. 232 ff.). Schon der Wortlaut des Art. 3 I lit. b RL (EU) 2016/943 legt dieses Verständnis nahe, weil die Formulierung im zweiten Teil („der keiner rechtsgültigen Pflicht zur Beschränkung des Erwerbs des Geschäftsgeheimnisses unterliegt") sprachlich auf den rechtmäßigen Erwerber bezogen ist. Dies gilt auch in der englischen Fassung des Tatbestands („lawfully in the possession of the acquirer of the information who is free from any legally valid duty to limit the acquisition of the trade secret"). Im deutschen Recht wird dieses Ergebnis durch eine systematische Auslegung bestätigt (Harte-Bavendamm/Ohly/Kalbfus/Ohly Rn. 25). Dies ist auch sachgerecht, weil anderenfalls der Inhaber eines Geschäftsgeheimnisses versucht sein könnte, ein Reverse Engineering auf vertraglichem Wege generell zu verhindern. Dies würde das Ziel der RL (EU) 2016/943, das Reverse Engineering als zulässiges Mittel der Informationsgewinnung anzuerkennen (→ Rn. 27), leerlaufen lassen. Werden solche Vertragspflichten in vorformulierten Klauseln gleichwohl vorgesehen, dann sind sie gemäß § 307 I, II Nr. 1 BGB unwirksam (Leister GRUR-Prax 2019, 175 (176); Harte-Bavendamm/Ohly/Kalbfus/Ohly Rn. 25; Reinfeld Neues GeschGehG § 2 Rn. 32; Thiel WRP 2019, 700 (701 f.)).

V. Rechtmäßiger Besitz am Objekt und keine bestehenden Beschränkungen (§ 3 I Nr. 2 lit. b)

34   Weiterhin ist ein Reverse Engineering zulässig, wenn sich ein Produkt oder Gegenstand im rechtmäßigen Besitz des Beobachtenden, Untersuchenden, Rückbauenden oder Testenden befindet und dieser keiner Pflicht zur Beschränkung der Erlangung des Geschäftsgeheimnisses unterliegt. In Abgrenzung zum öffentlichen Verfügbarmachen geht es hier um Fälle, in denen sich das Erzeugnis noch nicht auf dem Markt und im Vertrieb befindet, aber gleichwohl einer anderen Person rechtmäßig zur Verfügung steht. Typische Anwendungsfälle sind etwa das **Überlassen von Erzeugnissen zu Erprobungs- oder Testzwecken** (zB das Zurverfügung-stellen eines Prototyps).

35   Die Person, die aus dem Produkt oder Erzeugnis Informationen gewinnt, muss sich im rechtmäßigen Besitz (engl.: „lawfully in the possession"; frz.: „de façon licite en possession") dieses Erzeugnisses befinden. Da der Begriff des Besitzes durch das Unionsrecht vorgegeben ist, kann nicht auf das Begriffsverständnis aus §§ 854 ff. BGB zurückgegriffen werden, sodass es auf die verschiedenen Erscheinungsformen des Besitzes (unmittelbarer oder mittelbarer Besitz, Mitbesitz usw.) nicht ankommt (Keller/Schönknecht/Glinke/Schönknecht Rn. 44; aA Harte-Baven-damm/Ohly/Kalbfus/Ohly Rn. 26). Vielmehr ist davon auszugehen, dass der unionsrechtliche Begriff des Besitzes die **rein tatsächliche Zugriffs-, Nutzungs- und Gebrauchsmöglichkeit** an dem Produkt oder dem Gegenstand beschreibt.

36   Diese Position muss **rechtmäßig** sein. Die Rechtmäßigkeit bestimmt sich danach, ob der Inhaber des Geschäftsgeheimnisses der Person, die eine Information aus dem Gegenstand gewinnt, die Zugriffs-, Nutzungs- und/oder Gebrauchsmöglichkeit erlaubt hat. Dem steht es gleich, wenn ein dazu berechtigter Dritter diese Erlaubnis erteilt hat. Unerheblich ist, auf welcher rechtlichen Grundlage dies geschieht (zB durch eine einseitige Willenserklärung, einen schuldrechtlichen Vertrag oder eine sonstige Abrede. Es kommt auch nicht darauf an, ob die Rechtmäßigkeit zeitlich begrenzt ist (zB durch einen auf bestimmte Zeit geschlossenen Nutzungsvertrag) oder auf unbestimmte Zeit besteht.

37   Weitere Voraussetzung ist, dass die Person „keiner Pflicht zur Beschränkung der Erlangung des Geschäftsgeheimnisses unterliegt". Der Inhaber eines Geschäftsgeheimnisses erhält hierdurch die Möglichkeit, ein Reverse Engineering ganz oder teilweise auszuschließen, um so eine rechtmäßige Erlangung des Geschäftsgeheimnisses zu unterbinden (Begr. RegE, BT-Drs. 19/4724, 26). Der rechtmäßige Besitzer kann demzufolge in dem Umgang mit dem ihm überlassenen Produkt oder Gegenstand **Einschränkungen** unterworfen werden. Typischerweise wird es sich dabei um **vertragliche Abreden** handeln, die von den Parteien ausdrücklich getroffen werden. Pauschale und unqualifizierte Geheimhaltungsklauseln genügen hierfür nicht (Leister GRUR-Prax 2019, 175 (177); Witz FS Harte-Bavendamm, 2020, 441 (446)). Vielmehr muss die vertragliche Abrede erkennen lassen, dass sie gerade die Informationsgewinnung durch ein Reverse Engineering (in seiner Gesamtheit oder in Bezug auf einzelne Handlungsformen) unterbinden will. Ohne eine solche Abrede kann sich eine Beschränkung unter besonderen Umständen als eine **vertragliche Nebenpflicht aus § 241 II BGB** ergeben. Im Wege der ergänzenden Vertragsauslegung kann eine solche Treue- bzw. Rücksichtnahmepflicht jedoch nur dann angenommen werden, wenn anderenfalls der Vertragszweck gefährdet würde.

38   Aus Art. 3 I lit. b RL (EU) 2016/943 folgt, dass die Beschränkung ihrerseits **rechtsgültig** sein muss. Diese Aussage findet sich im deutschen Recht nicht. Gleichwohl gehen auch die amtlichen Materialien davon aus, dass die Beschränkung **rechtswirksam** sein muss (Begr. RegE, BT-Drs. 19/4724, 26). Sie unterliegt aber nicht nur einer Kontrolle der **Wirksamkeit,** sondern auch ihrer **Rechtmäßigkeit.** Weder die RL (EU) 2016/943 noch das GeschGehG enthalten hierfür jedoch nähere Kontrollmaßstäbe. Auszugehen ist daher von den allgemeinen bürgerlich-rechtlichen Vorschriften. Bei Beschränkungen durch **AGB** kommt insbesondere eine Angemessenheits- und Transparenzkontrolle gemäß **§ 307 BGB** in Betracht. Für **Individualvereinbarungen** gelten die allgemeinen Grenzen aus **§§ 242, 138 BGB.** Der inhaltliche Kontrollmaßstab ist danach auszurichten, welche Beschränkungen im Umgang mit einem Produkt oder Gegenstand zur Erreichung des Vertragszwecks geboten und notwendig sind. Die Beschränkung ist unwirksam und damit iSv Art. 3 I lit. b RL (EU) 2016/943 nicht rechtsgültig, wenn der Beschränkung kein sachliches Interesse zugrunde liegt und/oder die Beschränkung über das zur Erreichung des Zwecks erforderliche Maß in sachlicher, personeller oder zeitlicher Hinsicht hinausgeht. Bei der rechtlichen Überprüfung ist das Geheimhaltungsinteresse des Inhabers des Geschäftsgeheimnisses

mit dem Informationsinteresse derjenigen Person abzuwägen, die das Produkt oder den Gegenstand im Besitz hat.

VI. Spezielle Rechtswirkungen

Sind die Voraussetzungen von § 3 I Nr. 2 lit. a oder b erfüllt, dann ist das **Erlangen** der **39** vertraulichen Information **rechtmäßig** und demzufolge nicht als eine Rechtsverletzung iSd § 4 zu qualifizieren. Diese rechtliche Wertung kann auch außerhalb des GeschGehG zu beachten sein, um Wertungswidersprüche zu vermeiden. **Beispiel:** Wer die zur Nachahmung eines Erzeugnisses erforderlichen Kenntnisse durch ein nach § 3 I Nr. 2 zulässiges Reverse Engineering erlangt, handelt nicht unredlich iSd § 4 Nr. 3 UWG (Ohly GRUR 2019, 441 (447)). Denn die Wertungen des GeschGehG dürfen nicht mit Hilfe des UWG unterlaufen werden. Gleiches gilt für § 4 Nr. 4 UWG. Ein nach § 3 I Nr. 2 erlaubtes Reverse Engineering kann nicht als gezielte Behinderung angesehen werden, sofern nicht zusätzliche, unlauterkeitsbegründende Umstände vorliegen.

Unberührt bleibt jedoch die Möglichkeit, dass die informationsgewinnende Handlung aus **40** anderen Gründen rechtswidrig ist. Zu denken ist insbesondere an **immaterialgüterrechtliche Regelungen** (Begr. RegE, BT-Drs. 19/4724, 25; Ohly GRUR 2019, 441 (447)), etwa durch das Urheberrecht (dazu näher Triebe WRP 2018, 795 (797 ff.)). Des Weiteren ist es bspw. nicht ausgeschlossen, dass im Rahmen eines nach § 3 I Nr. 2 zulässigen Reverse Engineerings eine fremde Sache beschädigt oder zerstört wird, also das **Eigentum** daran verletzt wird. Rechtmäßig ist in diesem Fall nach § 3 I Nr. 2 zwar das Erlangen der vertraulichen Information. Jedoch bleibt eine mögliche Haftung wegen einer zivilrechtlichen Eigentumsverletzung oder – im Falle des Vorsatzes – die strafrechtliche Verantwortlichkeit wegen einer Sachbeschädigung durch § 3 I Nr. 2 unberührt.

D. Arbeitnehmer- und Arbeitnehmervertretungsrechte (§ 3 I Nr. 3)

Zu den erlaubten Verhaltensweisen gehört nach § 3 I Nr. 3 das Ausüben von Informations- **41** und Anhörungsrechten der Arbeitnehmer oder Mitwirkungs- und Mitbestimmungsrechte der Arbeitnehmervertretung.

I. Einordnung der Regelung und unionsrechtliche Vorgaben

Die Regelung steht in einem **Sachzusammenhang mit § 1 III Nr. 4,** wonach das Gesetz **42** die Rechte und Pflichten aus dem Arbeitsverhältnis und die Rechte der Arbeitnehmervertretungen unberührt lässt. Sie soll verhindern, dass der Schutz von Geschäftsgeheimnissen zulasten von Arbeitnehmern und ihren Interessenvertretungen auswirkt. Die Beteiligungsrechte der Arbeitnehmer und ihrer Vertretungen sollen nicht mit dem Hinweis auf das Vorliegen eines Geschäftsgeheimnisses eingeschränkt werden können (Begr. RegE, BT-Drs. 19/4724, 26). Diese Regelung zielt auf Fälle, in denen zB ein Arbeitnehmer, der vertraglich zur Geheimhaltung verpflichtet ist, im Rahmen der Wahrnehmung seiner Rechte gegenüber einer Arbeitnehmervertretung vertrauliche Informationen offenbart. Eigenständige Bedeutung erlangt der Erlaubnistatbestand, sofern die Freistellung nicht bereits gesetzlich oder vertraglich iSd § 3 II geregelt ist. Die Vorschrift entfaltet deswegen auch eine **rechtspolitische Signalwirkung** (Büscher/McGuire Rn. 36).

Einen ergänzenden Schutz für Arbeitnehmer und Arbeitnehmervertretungen sieht **§ 5 Nr. 3** **42a** vor. Diese Vorschrift greift einerseits weiter als § 3 I Nr. 3, weil sie nicht nur für das Erlangen, sondern auch für das Nutzen und Offenlegen von Geschäftsgeheimnissen gilt. Andererseits enthält § 5 Nr. 3 keinen allgemeinen Erlaubnistatbestand, sondern begründet eine **Ausnahme im Einzelfall.**

§ 3 I Nr. 3 bezweckt die **Umsetzung von Art. 3 I lit. c RL (EU) 2016/943.** Die Richt- **43** linienfassung lautet:

„Der Erwerb eines Geschäftsgeheimnisses gilt als rechtmäßig, wenn das Geschäftsgeheimnis auf eine der folgenden Weisen erlangt wird: (…)

c) Inanspruchnahme des Rechts der Arbeitnehmer oder Arbeitnehmervertreter auf Information und Anhörung gemäß dem Unionsrecht sowie gemäß den Rechtsvorschriften und den Gepflogenheiten der Mitgliedstaaten".

44 Der deutsche Gesetzgeber hat diese Vorgaben bei der Transformation in das nationale Recht redaktionell verkürzt.

II. Arbeitnehmer oder Arbeitnehmervertreter

45 Da der Begriff des **Arbeitnehmers** aus dem Unionsrecht übernommen wurde, ist von der unionsrechtlichen Terminologie auszugehen (vgl. Art. 45 AEUV). Nach stRspr des EuGH ist als Arbeitnehmer jeder anzusehen, der eine tatsächliche und echte Tätigkeit ausübt, wobei Tätigkeiten außer Betracht bleiben, die einen so geringen Umfang haben, dass sie sich als völlig untergeordnet und unwesentlich darstellen (EuGH ECLI:EU:C:2014:2185 = EuZW 2014, 946 Rn. 28 – Haralambidis; EuGH ECLI:EU:C:2012:346 = NVwZ-RR 2012, 697 Rn. 68 – Kommission/Niederlande). Der Arbeitnehmer erbringt seine Leistungen im Rahmen eines **Arbeitsverhältnisses,** dh während einer bestimmten Zeit für einen anderen nach dessen Weisung, für die er als Gegenleistung eine Vergütung erhält (EuGH ECLI:EU:C:1986:284 Rn. 17 = NVwZ 1987, 41 – Lawrie-Blum; EuGH ECLI:EU:C:2013:124 = BeckRS 2013, 80423 Rn. 30 – Petersen).

46 Auch der Begriff der **Arbeitnehmervertretung** ist unionsrechtskonform auszulegen. Erfasst sind alle Verbände, Einrichtungen oder sonstigen Strukturen, unabhängig von ihrer Organisationsform, die spezifische Interessen der Arbeitnehmerinnen und Arbeitnehmer vertreten. Dabei ist es nicht von Bedeutung, auf welcher Rechtsgrundlage die Arbeitnehmervertretung eingerichtet wurde (zB Tarifvertrag, Betriebsvereinbarung) und ob diese nur innerhalb eines Unternehmens oder unternehmensübergreifend tätig wird.

III. Informations- und Anhörungsrechte

47 Informations- und Anhörungsrechte sind alle Rechte, die den Arbeitnehmern und Arbeitnehmervertretungen zur **Ausübung und Wahrnehmung ihrer spezifischen Interessen** zustehen. Dies kann insbesondere den Zugang zu Informationen, die Beratung oder die Unterrichtung umfassen. Darüber hinaus sind aber auch Mitwirkungs- und Mitbestimmungsrechte vom Tatbestand umfasst (Begr. RegE, BT-Drs. 19/4724, 26). Es ist unerheblich, ob diese Rechte auf einer gesetzlichen, vertraglichen oder gewohnheitsrechtlichen Grundlage beruhen. Ausdrücklich bezieht sich der Wortlaut der RL (EU) 2016/943 auch auf die „Gepflogenheiten der Mitgliedstaaten", sodass zB auch solche Rechte erfasst werden, die auf eine Betriebsübung oder Branchenpraxis zurückgehen.

48 Die handelnde Person muss zu dem Zweck handeln, Informations- und Abhörungsrechte auszuüben bzw. solche Rechte in Anspruch zu nehmen. Ob ein solcher **Zweckbezug** gegeben ist, beurteilt sich auf der Grundlage einer **objektiven Betrachtung.** Die Motivlage des Betroffenen ist nicht von Bedeutung.

IV. Spezielle Rechtswirkungen

49 Der Tatbestand des § 3 I Nr. 3 erfasst nur – ebenso wie in den Fällen des § 3 I Nr. 1 und 2 GeschGehG – das **Erlangen** eines Geschäftsgeheimnisses. Die dadurch erlangten Informationen dürfen also weder offenbart noch genutzt werden. Zudem entbindet die Ausübung dieser Rechte im Übrigen nicht von der Einhaltung von vertraglichen oder gesetzlichen Geheimhaltungsverpflichtungen in Bezug auf das Geschäftsgeheimnis.

E. Seriöse Geschäftspraxis (Art. 3 I lit. d RL (EU) 2016/943)

50 Gemäß Art. 3 I lit. d RL (EU) 2016/943 gilt der Erwerb eines Geschäftsgeheimnisses als rechtmäßig, bei einer „Vorgehensweise, die unter den gegebenen Umständen mit einer seriösen Geschäftspraxis vereinbar ist".

I. Einordnung der Regelung und unionsrechtliche Vorgaben

51 Bei diesem Tatbestand handelt es sich um eine **kleine Generalklausel,** die über die Katalogtatbestände des Art. 3 I lit. ac RL (EU) 2016/943 hinaus Raum für das rechtmäßige Erlangen eines Geschäftsgeheimnisses schafft. Diese Regelung hat gegenüber den anderen Erlaubnistatbeständen eine **ergänzende Funktion,** wie sich aus dem Wortlaut der Richtlinie („jede andere Vorgehensweise") ergibt.

Der deutsche Gesetzgeber hat diese Vorschrift des Unionsrechts nicht ausdrücklich in das 52 deutsche Recht übernommen. Stattdessen erfolgte nur eine **indirekte Transformation** durch die Eingangsformulierung in § 3 I, wonach ein Geschäftsgeheimnis „insbesondere" durch die in Nr. 1–3 genannten Verhaltensweisen erlangt werden darf. Diese Umsetzung ist aus zwei Gründen missglückt. Erstens erweckt sie den unzutreffenden Eindruck, die Positivliste des § 3 I sei nicht abschließend und könne beliebig erweitert werden. Dies widerspricht jedoch dem Regelungsansatz der RL (EU) 2016/943 (→ Rn. 6). Zweitens lässt die Formulierung „insbesondere" im deutschen Recht nicht erkennen, nach welchem Maßstab die Rechtmäßigkeit eines Verhaltens in den Fällen zu beurteilen ist, die nicht unter § 3 I Nr. 1–3 zu subsumieren sind. Erst im Wege der **richtlinienkonformen Auslegung** ergibt sich, dass hier – ebenso wie in Art. 4 II lit. b RL (EU) 2016/943 – danach zu fragen ist, ob ein Verhalten den Anforderungen einer seriösen Geschäftspraxis entspricht.

II. Seriöse Geschäftspraxis

Der Begriff der seriösen Geschäftspraxis (engl.: „honest commercial practices"; frz.: „usages 53 honnêtes en matière commerciale") entstammt der RL (EU) 2016/943, wird dort aber nicht näher erläutert. Es handelt sich um einen **autonomen Begriff des Unionsrechts,** sodass es nicht auf ein nationales Vorverständnis ankommen kann. Zudem würde es dem vollharmonisierenden Regelungsziel des Art. 3 I RL (EU) 2016/943 widersprechen, wenn innerhalb der verschiedenen Rechtsordnungen der Mitgliedstaaten der Maßstab der seriösen Geschäftspraxis unterschiedlich interpretiert und angewendet werden würde.

Während es nach Art. 3 I lit. d RL (EU) 2016/943 auf die Vereinbarkeit einer Vorgehens- 54 weise mit den Anforderungen einer seriösen Geschäftspraxis ankommt, betrifft Art. 4 I lit. b RL (EU) 2016/943 (im deutschen Recht umgesetzt durch § 4 I Nr. 2) den umgekehrten Fall der Unvereinbarkeit eines Verhaltens mit den Anforderungen einer seriösen Geschäftspraxis. In beiden Fällen ist jedoch von dem **gleichen rechtlichen Beurteilungsmaßstab** auszugehen, sodass auf die inhaltlichen Erläuterungen zu § 4 I Nr. 2 zu verweisen ist (→ § 4 Rn. 26 ff.).

Trotz der offenen Formulierung dürfte der praktische Anwendungsbereich dieses Erlaubnistat- 55 bestands gering sein. Es gibt bislang kein unionsrechtlich geschlossenes Regelungssystem für seriöse Geschäftspraktiken. Die Maßstäbe der UGP-RL helfen insoweit kaum weiter, da sie auf das Verhältnis zwischen Unternehmern und Verbrauchern (B2C) zugeschnitten sind. Daher dürfte der Tatbestand seiner Funktion nach eher **zukunftsgerichtet** sein, weil er es ermöglicht, eine Verknüpfung zu unionsrechtlichen Normen herzustellen, die möglicherweise künftig für den B2B-Bereich geschaffen werden.

III. Spezielle Rechtswirkungen

Steht ein Verhalten mit den seriösen Geschäftspraktiken in Einklang, dann ist das **Erlangen** 56 des Geschäftsgeheimnisses erlaubt. Dies entspricht den Rechtswirkungen der Tatbestände aus § 3 I Nr. 1–3 GeschGehG. Das Offenbaren oder Nutzen des rechtmäßig erlangten Geschäftsgeheimnisses wird dagegen von dem Tatbestand nicht erfasst. Insoweit bleibt also eine Rechtsverletzung möglich.

F. Vorgeschriebener oder erlaubter Umgang mit Geschäftsgeheimnissen (§ 3 II)

Gemäß § 3 II darf ein Geschäftsgeheimnis erlangt, genutzt oder offengelegt werden, wenn dies 57 durch Gesetz, aufgrund eines Gesetzes oder durch Rechtsgeschäft gestattet ist.

I. Einordnung der Regelung und unionsrechtliche Vorgaben

§ 3 II bringt zum einen zum Ausdruck, dass der Geschäftsgeheimnisschutz im GeschGehG die 58 Wertungen der übrigen Rechtsordnung mit zu berücksichtigen hat. Dies dient der **Vermeidung von Wertungswidersprüchen.** Die Gefahr von Wertungswidersprüchen bestünde, wenn das Erlangen, Nutzen oder Offenbaren eines Geschäftsgeheimnisses durch Gesetz oder aufgrund eines Gesetzes vorgeschrieben oder erlaubt ist, das GeschGehG ein solches Verhalten aber missbilligen würde. Zum anderen folgt aus § 3 II, dass es dem Inhaber des Geschäftsgeheimnisses innerhalb der Grenzen der **Privatautonomie** freisteht, über sein Geschäftsgeheimnis zu disponieren. Ist das Erlangen, Nutzen oder Offenbaren eines Geschäftsgeheimnisses durch ein Rechtsgeschäft, zB einen Vertrag, gestattet, dann respektiert die Rechtsordnung diese privatautonome Festlegung.

59   Durch § 3 II GeschGehG wird **Art. 3 II RL (EU) 2016/943** in das deutsche Recht umgesetzt. Die Vorschrift lautet:

„Der Erwerb, die Nutzung oder die Offenlegung eines Geschäftsgeheimnisses gilt insofern als rechtmäßig, als der Erwerb, die Nutzung oder die Offenlegung durch Unionsrecht oder nationales Recht vorgeschrieben oder erlaubt ist."

II. Gestattung durch Gesetz oder aufgrund eines Gesetzes

1. Voraussetzungen

60   Eine Gestattung durch Gesetz oder aufgrund eines Gesetzes ist gegeben, wenn eine Rechtsvorschrift das Erlangen, Nutzen oder Offenbaren von Geschäftsgeheimnissen speziell regelt. Einer solchen Bestimmung kommt gegenüber dem GeschGehG der **Vorrang** zu (Begr. RegE, BT-Drs. 19/4724, 26). Für öffentlich-rechtliche Bestimmungen ergibt sich ein Vorrangverhältnis bereits aus § 1 II GeschGehG. Insoweit hat § 3 II nur einen klarstellenden Charakter.

61   Als Gesetz sind alle **Rechtsnormen** anzusehen (vgl. Art. 2 EGBGB). Umfasst sind sowohl Rechtsnormen des Unionsrechts als auch solche des nationalen Rechts der Mitgliedstaaten. Die Bezugnahme auf die Rechtsordnungen der Mitgliedstaaten erlaubt es, den Geschäftsgeheimnisschutz in die jeweiligen Rechtssysteme der Mitgliedstaaten strukturell einzupassen. § 3 II hat damit die Funktion einer Öffnungsklausel zugunsten spezieller mitgliedstaatlicher Regelungen (Büscher/McGuire Rn. 39). Die Vorschrift bezieht sich auf das jeweils in dem Mitgliedstaat geltende Recht (zur Abstimmung mit dem Vollharmonisierungsprinzip → Rn. 64).

62   Als **Beispiel** für ein Gesetz iSd § 3 II erwähnen die amtlichen Materialien die gesetzlich verankerten Rechte der Interessenvertretungen der Arbeitnehmer (Begr. RegE, BT-Drs. 19/4724, 26). Doch dürften diese Fälle in der Regel bereits von § 3 I Nr. 3 erfasst sein (Büscher/McGuire Rn. 38). Praktisch bedeutsamer können hingegen **Auskunfts- und Besichtigungsrechte** sein, die es dem Anspruchsinhaber ermöglichen, einen Einblick in vertrauliche Bereiche zu gewinnen. Spezielle Regelungen finden sich ua in §§ 809, 810 BGB und § 140c PatG (Büscher/McGuire Rn. 38). Auch der allgemeine Auskunfts- und Rechnungslegungsanspruch gemäß §§ 242, 259 BGB kommt in Betracht (vgl. für den Fall eines Auskunftsbegehrens auf der Grundlage des Arbeitnehmererfindungsrechts LG Mannheim BeckRS 2019, 29036).

63   § 3 II unterscheidet zwischen einer Regelung durch Gesetz und aufgrund eines Gesetzes. Im ersten Fall geht es um einen **im Gesetz selbst bereits verankerten Erlaubnistatbestand** für das Erlangen, Nutzen oder Offenbaren eines Geschäftsgeheimnisses. Der zweite Fall betrifft hingegen gesetzliche Regelungen, die **Entscheidungs- und/oder Eingriffsbefugnisse** von Behörden oder sonstigen Einrichtungen vorsehen. Hier bedarf es noch eines besonderen Entscheidungsaktes. **Beispiel:** Der Inhaber eines Geschäftsgeheimnisses wird durch den Verwaltungsakt einer Behörde zum Offenlegen seines Geschäftsgeheimnisses verpflichtet.

64   Obgleich Art. 3 RL (EU) 2016/943 im Grundsatz dem Regelungsansatz einer Vollharmonisierung folgt, hat Art. 3 II RL (EU) 2016/943 eine gewisse Durchbrechung dieses Regelungskonzeptes zur Folge. Denn es ist nicht ausgeschlossen, dass sich in den Mitgliedstaaten **divergierende Rechtsvorschriften** zum Erlangen, Nutzen und Offenbaren von Rechtsvorschriften finden, sodass der Umfang des Geheimnisschutzes je nach Mitgliedstaat variieren kann. Um eine Aushöhlung des Regelungsansatzes der RL (EU) 2016/943 zu vermeiden, bedarf § 3 II GeschGehG einer **einschränkenden Auslegung.** Der Vorschrift unterfallen nur solche Gesetze der Mitgliedstaaten, die Sachverhalte regeln, die im Übrigen gerade nicht vom Anwendungsbereich der RL (EU) 2016/943 erfasst sind. Ohne eine solche Einschränkung wäre es möglich, dass die Mitgliedstaaten durch die freie Einführung von innerstaatlichen Erlaubnistatbeständen den Geheimnisschutz schwächen könnten.

2. Insbesondere: Hinweisgeberschutz

64a   Zu § 3 II gehören die Fälle eines von der **RL (EU) 2019/1937** (Whistleblower-RL) erlaubten Verhaltens. Dies betrifft Hinweise auf Verstöße gegen das Unionsrecht. Als Verstöße in diesem

Sinne sind Handlungen oder Unterlassungen anzusehen, die rechtswidrig sind und mit den Rechtsakten der Union und den Bereichen in Zusammenhang stehen, die in den sachlichen Anwendungsbereich gemäß Art. 2 RL (EU) 2019/1937 fallen, oder dem Ziel oder dem Zweck der Vorschriften der Rechtsakte der Union und der Bereiche, die in den sachlichen Anwendungsbereich gemäß Art. 2 RL (EU) 2019/1937 fallen, zuwiderlaufen (Art. 5 Nr. 1 RL (EU) 2019/1937). Wenn eine Person – der **Hinweisgeber** (Art. 4 I und Art. 5 Nr. 7 RL (EU) 2019/1937) – Informationen über in den Anwendungsbereich dieser Richtlinie fallende Verstöße meldet oder offenlegt, die Geschäftsgeheimnisse beinhalten, und wenn diese Person die Bedingungen der RL (EU) 2019/1937 erfüllt, dann gilt diese Meldung oder Offenlegung gemäß Art. 21 VII UAbs. 2 RL (EU) 2019/1937 als **rechtmäßig iSv Art. 3 II RL (EU) 2016/943.** Diese Fälle sind daher nach der deutschen Regelungstechnik nicht der Whistleblower-Regelung des § 5 Nr. 2, sondern bereits § 3 II zuzuordnen. Das bedeutet insbesondere, dass sich die Voraussetzungen für ein rechtmäßiges Verhalten aus den speziellen Regelungen der RL (EU) 2019/1937 ergeben und keine zusätzliche Prüfung der besonderen Anforderungen des § 5 Nr. 2 geboten ist.

Die Whistleblower-RL wurde im deutschen Recht durch das **HinSchG** umgesetzt. Bei der **64b** Auslegung der Tatbestände dieses Gesetzes ist von den in → Rn. 64a dargestellten Grundsätzen auszugehen. Ein hiernach erlaubtes Verhalten unterfällt damit § 3 II. Der sachliche Anwendungsbereich des Gesetzes bestimmt sich nach § 2 HinSchG. Es erfasst das Melden (§ 3 IV HinSchG) und Offenlegen (§ 3 V HinSchG) von Rechtsverstößen. Speziell für das Melden und Offenlegen von Geschäftsgeheimnissen iSv § 2 Nr. 1 findet sich eine nähere Regelung in **§ 6 I HinSchG.** Danach ist die Weitergabe eines Geschäftsgeheimnisses an eine zuständige Meldestelle oder dessen Offenlegung im Rahmen einer internen oder externen Meldung oder einer Offenlegung erlaubt, sofern (1.) die hinweisgebende Person hinreichenden Grund zu der Annahme hatte, dass die Weitergabe oder die Offenlegung des Inhalts dieser Informationen notwendig ist, um einen Verstoß aufzudecken, und (2.) die Voraussetzungen des § 33 I Nr. 2 und 3 HinSchG erfüllt sind.

III. Gestattung durch Rechtsgeschäft

Unter § 3 II GeschGehG fällt auch die rechtsgeschäftliche Gestattung des Erlangens, Nutzens **65** oder Offenlegens eines Geschäftsgeheimnisses. In **Ausübung** der ihm zustehenden **Privatautonomie** kann der Inhaber eines Geschäftsgeheimnisses über sein Geheimnis rechtsgeschäftlich disponieren (zur Reichweite der Gestaltungsfreiheit → Vor § 1 Rn. 106 ff.). § 3 II GeschGehG lässt damit zugleich erkennen, dass es sich bei Geschäftsgeheimnissen um **mobile und verkehrsfähige Rechtspositionen** handelt. Der Inhaber eines Geschäftsgeheimnisses kann daher mit Dritten Vereinbarungen über das Erlangen, Nutzen oder Offenbaren des Geschäftsgeheimnisses treffen. Typische Erscheinungsformen sind das Übertragen der Rechtsposition oder das Einräumen von Nutzungsrechten (→ § 1 Rn. 18–21).

§ 3 II enthält keine näheren Anforderungen an die Arten oder den Inhalt der Rechtsgeschäfte. **66** Daher werden neben zweiseitigen **Verträgen** auch **einseitige Rechtsgeschäfte** (zB eine Einwilligung) oder **mehrseitige Vereinbarungen** (zB Beschlüsse innerhalb einer Gesellschaft) erfasst. Das Rechtsgeschäft muss jedoch, um den Umgang mit dem Geschäftsgeheimnis zu legitimieren, **wirksam** zustande gekommen sein. Die hierfür geltenden Anforderungen richten sich nach dem allgemeinen Vertragsrecht, das von der RL (EU) 2016/943 unberührt bleibt (ErwGr. 39 RL (EU) 2016/943).

IV. Spezielle Rechtswirkungen

Während § 3 I nur für das Erlangen eines Geschäftsgeheimnisses gilt, kann sich die Erlaubnis **67** durch die in § 3 II aufgeführten Fälle auf das Erlangen, Nutzen und Offenlegen erstrecken, also sämtliche vom GeschGehG erfassten Verhaltensweisen. Wie weit der Handlungsfreiraum im Umgang mit dem Geschäftsgeheimnis reicht, bestimmt sich nach dem jeweiligen Inhalt der gesetzlichen Norm bzw. nach dem Inhalt des Rechtsgeschäfts.

G. Rechtsfolgen

68   Sind die Voraussetzungen eines Katalogtatbestands aus § 3 I erfüllt oder liegt ein erlaubtes Verhalten gemäß § 3 II vor, dann steht damit fest, dass dieses Verhalten erlaubt, also rechtlich zulässig ist. Es liegt somit **keine Rechtsverletzung** iSv § 4 vor. § 3 enthält keine Rechtfertigungsgründe, sondern schließt schon den Tatbestand einer Rechtsverletzung aus. Fehlt es somit an einer Haupttat, ist auch eine Unterstützung durch Teilnahme (Anstiftung oder Beihilfe) nicht möglich.

H. Darlegungs- und Beweislast

69   Auszugehen ist von den allgemeinen Grundsätzen der Darlegungs- und Beweislast. Danach muss derjenige, der sich auf einen Tatbestand des § 3 beruft, darlegen und beweisen, dass die jeweiligen Voraussetzungen erfüllt sind (diff. Harte-Bavendamm/Ohly/Kalbfus/Ohly Rn. 18).

Handlungsverbote

4 (1) Ein Geschäftsgeheimnis darf nicht erlangt werden durch

1. unbefugten Zugang zu, unbefugte Aneignung oder unbefugtes Kopieren von Dokumenten, Gegenständen, Materialien, Stoffen oder elektronischen Dateien, die der rechtmäßigen Kontrolle des Inhabers des Geschäftsgeheimnisses unterliegen und die das Geschäftsgeheimnis enthalten oder aus denen sich das Geschäftsgeheimnis ableiten lässt, oder
2. jedes sonstige Verhalten, das unter den jeweiligen Umständen nicht dem Grundsatz von Treu und Glauben unter Berücksichtigung der anständigen Marktgepflogenheit entspricht.

(2) Ein Geschäftsgeheimnis darf nicht nutzen oder offenlegen, wer

1. das Geschäftsgeheimnis durch eine eigene Handlung nach Absatz 1
   a) Nummer 1 oder
   b) Nummer 2
   erlangt hat
2. gegen eine Verpflichtung zur Beschränkung der Nutzung des Geschäftsgeheimnisses verstößt oder
3. gegen eine Verpflichtung verstößt, das Geschäftsgeheimnis nicht offenzulegen.

(3) [1]Ein Geschäftsgeheimnis darf nicht erlangen, nutzen oder offenlegen, wer das Geschäftsgeheimnis über eine andere Person erlangt hat und zum Zeitpunkt der Erlangung, Nutzung oder Offenlegung weiß oder wissen müsste, dass diese das Geschäftsgeheimnis entgegen Absatz 2 genutzt oder offengelegt hat. [2]Das gilt insbesondere, wenn die Nutzung in der Herstellung, dem Anbieten, dem Inverkehrbringen oder der Einfuhr, der Ausfuhr oder der Lagerung für diese Zwecke von rechtsverletzenden Produkten besteht.

Übersicht

Schrifttum: Gaugenrieder/Unger-Hellmich, Know-how-Schutz – gehen mit dem Mitarbeiter auch die Unternehmensgeheimnisse?, WRP 2011, 1364; Wunner, Die zivilrechtliche Haftung für Geheimnisverwertungen durch Beschäftigte im Lichte der Geschäftsgeheimnis-RL, WRP 2019, 710; s. ferner allg. bei Vor § 1.

A. Allgemeines

I. Normzweck und Normstruktur

§ 4 enthält die gesetzlichen Verletzungstatbestände. Die Vorschrift legt die Reichweite des **1** gesetzlichen Schutzes von Geschäftsgeheimnissen fest und bestimmt, welche Verhaltensweisen als **Verletzung eines Geschäftsgeheimnisses** (Rechtsverletzung) anzusehen sind. Die in § 4 aufgeführten Verhaltensweisen sind verboten (Verbotsprinzip). Innerhalb des Gesetzes regelt § 4 die möglichen Verletzungsformen **abschließend.** Allerdings sind die Tatbestände im Einzelnen teilweise sehr offen gefasst (zB § 4 I Nr. 2: Treu und Glauben; anständige Marktgepflogenheit), sodass ein erheblicher Auslegungsspielraum besteht. Dies gewährleistet einerseits eine unverzichtbare Flexibilität und Entwicklungsoffenheit, kann andererseits jedoch auch zu Rechtsverunsicherung führen. Es besteht die Gefahr, dass die von der RL (EU) 2016/943 vorgegebenen Tatbestände, die in den jeweiligen nationalen Rechtsordnungen der Mitgliedstaaten umgesetzt wurden, von den innerstaatlichen Gerichten unterschiedlich ausgelegt und angewendet werden.

Die Normstruktur des § 4 basiert im Wesentlichen auf der **Regelungsstruktur des Art. 4** **2** **RL (EU) 2016/943.** Dem Regelungsansatz der RL (EU) 2016/943 folgend, unterscheidet das deutsche Recht zwischen **unmittelbaren Rechtsverletzungen** (§ 4 I und II; Art. 4 II und III RL (EU) 2016/943) und **mittelbaren Rechtsverletzungen** (§ 4 III; Art. 4 IV und V RL (EU)

2016/943). Das Gesetz kennt drei Formen der unmittelbaren Rechtsverletzung: das Erlangen, das Nutzen und das Offenlegen eines Geschäftsgeheimnisses. Bei den mittelbaren Rechtsverletzungen ist zu differenzieren zwischen Handlungen innerhalb einer „Verletzungskette" und Handlungen in Bezug auf rechtsverletzende Produkte. Nicht in das deutsche Recht umgesetzt wurde Art. 4 I RL (EU) 2016/943, weil die Richtlinie insoweit nur den allgemeinen Regelungsauftrag an die Mitgliedstaaten adressiert.

3   Die verschiedenen Verletzungshandlungen in § 4 stehen grundsätzlich **gleichberechtigt** nebeneinander. Es gibt daher keine generell vor- oder nachrangigen Tatbestände. Teilweise sind die Tatbestände jedoch miteinander verwoben. So nimmt bspw. § 4 II Nr. 1 auf die Verletzungstatbestände aus § 4 I Nr. 1 und 2 Bezug. Auch § 4 III 1 setzt tatbestandlich einen Rechtsverstoß iSv § 4 II voraus. Es ist daher in der Praxis denkbar, dass innerhalb eines Geschehens mehrere Verletzungstatbestände neben- oder nacheinander verwirklicht werden.

4   Die Rechtsverletzung iSd § 4 und der **Rechtsverletzer iSv § 2 Nr. 3** stehen komplementär zueinander. § 4 umschreibt die maßgeblichen Verletzungshandlungen, also die **Tat,** § 2 Nr. 3 dagegen den **Täter.** Als Rechtsverletzer ist danach diejenige Person anzusehen, die einen Verletzungstatbestand verwirklicht und deswegen zivilrechtlich und/oder strafrechtlich verantwortlich ist.

II. Entstehung

5   Der **RefE** regelte die Handlungsverbote in § 3. Bei den unmittelbaren Rechtsverletzungen orientierte sich der deutsche Gesetzgeber sehr deutlich an den Vorgaben der RL (EU) 2016/943. Insoweit bestehen lediglich geringfügige redaktionelle Abweichungen. Demgegenüber weicht die Regelung der mittelbaren Rechtsverletzungen erkennbar von der RL (EU) 2016/943 ab. Während Art. 4 IV und V RL (EU) 2016/943 als selbstständige Verletzungstatbestände ausgestaltet sind, hat der deutsche Gesetzgeber diese beiden Fälle miteinander verschmolzen. Der **RegE** (BT-Drs. 19/4724) übernahm diese Regelungen in § 4. Im weiteren Gesetzgebungsverfahren ergaben sich keine Änderungen.

III. Funktion und Auslegung

6   § 4 erfüllt innerhalb des Gesetzes **mehrere Funktionen.** Die Rechtsverletzung bildet zunächst die Grundlage für das Verbot der missbilligten Verhaltensweisen und – daran anknüpfend – die privatrechtlichen Sanktionen gemäß §§ 6 ff. Die dort aufgeführten Ansprüche setzen jeweils eine Rechtsverletzung voraus, also die Verwirklichung eines Tatbestandes (oder mehrerer Tatbestände) gemäß § 4. Des Weiteren bildet die Rechtsverletzung auch die Grundlage für die strafrechtliche Beurteilung von Verhaltensweisen gemäß § 23. Aufgrund ihrer zivilrechtsakzessorischen Ausgestaltung setzen die Straftatbestände jeweils (mindestens) eine Rechtsverletzung iSd § 4 voraus. Aus § 4 ergeben sich zugleich die Reichweite und die Grenzen des Schutzes von Geschäftsgeheimnissen. Das GeschGehG schützt Geschäftsgeheimnisse gerade nicht allumfassend gegen jede nur denkbare Form der Beeinträchtigung, sondern es schützt den Inhaber des Geschäftsgeheimnisses vor den in § 4 näher umschriebenen Angriffsformen.

7   Bei der Auslegung von § 4 ist von den allgemeinen Grundsätzen auszugehen. Aufgrund der Vorgaben aus Art. 4 RL (EU) 2016/943 kommt der **richtlinienkonformen Auslegung** besondere Bedeutung zu. Art. 4 RL (EU) 2016/943 gehört zwar nicht zu den vollharmonisierenden Regelungen der Richtlinie (EU) 2016/943 (vgl. Art. 1 I UAbs. 2 RL (EU) 2016/943), jedoch steht § 4 in enger Verbindung zu § 3 und § 5, die ihrerseits vollharmonisierend sind. Daher ist der Auslegungsspielraum im nationalen Recht eingeschränkt.

IV. Anwendungsbereich

8   Die in § 4 enthaltenen Verletzungstatbestände gelten innerhalb des gesamten persönlichen und sachlichen Anwendungsbereichs des GeschGehG. Sie entfalten gegenüber sonstigen Vorschriften, die Personen in Bezug auf geschäftliche Geheimhaltungsinteressen schützen, **keine Ausschluss- oder Sperrwirkung.** Das bedeutet, dass ein über § 4 hinausgehender Schutz von Geschäftsgeheimnissen im nationalen Recht möglich ist. Denkbar ist bspw. ein ergänzender Schutz durch das allgemeine Deliktsrecht. Allerdings darf dieser zusätzliche Schutz nicht die Wertungen aus § 3 und § 5 unterlaufen (→ Rn. 7).

B. Rechtsverletzendes Erlangen eines Geschäftsgeheimnisses (§ 4 I)

§ 4 I regelt das rechtsverletzende Erlangen eines Geschäftsgeheimnisses. Zwei Grundtatbestän- **9** de sind zu unterscheiden: Zum einen geht es um den unbefugten Zugriff auf Dokumente, Gegenstände, Materialien, Stoffe oder elektronische Dateien, die der rechtmäßigen Kontrolle des Inhabers des Geschäftsgeheimnisses unterliegen und die das Geschäftsgeheimnis enthalten oder aus denen sich das Geschäftsgeheimnis ableiten lässt (§ 4 I Nr. 1). Zum anderen werden Verhaltensweisen erfasst, die unter den jeweiligen Umständen nicht dem Grundsatz von Treu und Glauben unter Berücksichtigung der anständigen Marktgepflogenheit entsprechen (§ 4 I Nr. 2).

I. Einordnung der Regelung und unionsrechtliche Vorgaben

Das Erlangen eines Geschäftsgeheimnisses steht in einer gedachten Verwertungskette eines **10** Geschäftsgeheimnisses (vgl. auch Ohly GRUR 2019, 441 (445): „Kaskade der Verletzungshandlungen") am Beginn eines rechtsverletzenden Geschehens. § 4 I dient der Umsetzung von **Art. 4 II RL (EU) 2016/943.** Diese Vorschrift lautet:

„Der Erwerb eines Geschäftsgeheimnisses ohne Zustimmung des Inhabers des Geschäftsgeheimnisses gilt als rechtswidrig, wenn er erfolgt durch

a) unbefugten Zugang zu, unbefugte Aneignung oder unbefugtes Kopieren von Dokumenten, Gegenständen, Materialien, Stoffen oder elektronischen Dateien, die der rechtmäßigen Kontrolle durch den Inhaber des Geschäftsgeheimnisses unterliegen und die das Geschäftsgeheimnis enthalten oder aus denen sich das Geschäftsgeheimnis ableiten lässt;
b) jedes sonstige Verhalten, das unter den jeweiligen Umständen als mit einer seriösen Geschäftspraxis nicht vereinbar gilt."

Statt des Erwerbs (engl.: „acquisition"; frz.: „l'obtention") eines Geschäftsgeheimnisses ist im **11** deutschen Recht von einem „Erlangen" die Rede, ohne dass sich hieraus erkennbare Abweichungen in der sprachlichen Bedeutung ergeben. Während Art. 4 II lit. a RL (EU) 2016/943 nur geringfügig redaktionell überarbeitet und angepasst wurde, ist der deutsche Gesetzgeber von Art. 4 II lit. b RL (EU) 2016/943 deutlich abgewichen. Das Merkmal der seriösen Geschäftspraxis aus der Richtlinie ist im deutschen Recht umschrieben durch die Bezugnahme auf den Grundsatz von Treu und Glauben und die anständige Marktgepflogenheit. Diese Umsetzung ist wenig geglückt, da sie auf Rechtsbegriffe Bezug nimmt, die zu einem Fehlverständnis Anlass geben können (→ Rn. 26 ff.).

II. Unbefugtes Verschaffen des Geschäftsgeheimnisses oder eines Geheimnisträgers (§ 4 I Nr. 1)

§ 4 I Nr. 1 erfasst Verhaltensweisen, mit denen sich eine Person unbefugt den Zugriff auf das **12** Geschäftsgeheimnis selbst oder einen (körperlichen oder unkörperlichen) Geheimnisträger verschafft. Der Verstoß gegen § 4 I Nr. 1 ist gemäß § 23 I Nr. 1 strafbewehrt.

1. Gegenstand der Verletzungshandlung

Das Geschäftsgeheimnis als Information ist typischerweise in irgendeiner Weise dokumentiert, **13** gespeichert oder in sonstiger Weise niedergelegt oder fixiert. Als Gegenstände der Zugriffshandlung nennt das Gesetz **Dokumente, Gegenstände, Materialien, Stoffe oder elektronische Dateien.** Diese Aufzählung lässt erkennen, dass von einem **weiten Verständnis** auszugehen ist. Die gesetzliche Fassung ist zudem **technikneutral und entwicklungsoffen,** sodass neuartige Formen und technische Mittel ebenfalls vom Tatbestand erfasst sein können (für analoge Anwendung in diesen Fällen Büscher/McGuire Rn. 21). Taugliche Gegenstände einer Verletzungshandlung sind damit alle Objekte, Datenträger und dergleichen, die das Geschäftsgeheimnis enthalten oder aus denen sich das Geschäftsgeheimnis ableiten lässt. Hierzu gehören insbesondere alle Formen der Dokumentation des Geschäftsgeheimnisses (zB eine schriftlich fixierte Zeichnung, ein niedergeschriebenes Rezept oder eine Formel, gespeicherte Daten oder Ähnliches). Ebenfalls erfasst sind Objekte, die das Geschäftsgeheimnis zwar nicht selbst beinhalten, aber einen Rückschluss auf das Geschäftsgeheimnis erlauben. Dazu gehören zB die **äußeren Merkmale von Dateien** (wie Dateiname, Dateiendung, Dateityp und Dateigröße oder ähnliche Metadaten), die Rückschlüsse auf das Geschäftsgeheimnis zulassen (BVerwG NVwZ 2020, 715 Rn. 16).

14   Der Zugriffsgegenstand muss der **rechtmäßigen Kontrolle** des Inhabers des Geschäftsgeheimnisses unterliegen. Dieses Merkmal ist ebenso wie in § 2 Nr. 2 zu verstehen (→ § 2 Rn. 97 f.).

2. Verschaffungshandlung

15   Als unzulässige Verschaffungshandlungen erwähnt das Gesetz den Zugang zu einem geschützten Objekt, die Aneignung und das Kopieren. Diese Tatbestandsvarianten können jeweils einzeln, aber auch in Kombination verwirklicht werden.

16   **Zugang** verschafft sich, wer sich in eine Lage versetzt die es ermöglicht, auf das Geschäftsgeheimnis oder einen Geheimnisträger zuzugreifen. Ein Kenntnisverschaffen ist für den Zugang nicht notwendig (aA Harte-Bavendamm/Ohly/Kalbfus/Ohly Rn. 12). Um sich Zugang zu verschaffen, wird typischerweise das **Überwinden von Schutzvorkehrungen** erforderlich sein, die einen solchen Zugriff gerade verhindern sollen (ähnlich Heinzke CCZ 2016, 179 (180): Überwinden einer physischen oder elektronischen Barriere zum geschützten Bereich; aA Hoppe/Oldekop Geschäftsgeheimnisse/Hoppe Kap. 1 Rn. 471; wohl auch BeckOK GeschGehG/ Hiéramente Rn. 15). **Beispiele:** Von einem Zugang ist auszugehen bei einem Eindringen in geschützte Räume, bei einem Überwinden von technischen Schutzmaßnahmen oder bei einem „Hacker"-Angriff, um in ein elektronisches System zu gelangen. Auch wenn der Begriff nicht ganz eindeutig ist, setzt ein Zugang als rechtsverletzendes Verhalten ein **aktives Tun** oder die **Verletzung einer Handlungspflicht** voraus (Hiéramente/Wagner GRUR 2020, 709 (713 f.)). Das bloß **passive Zugangerhalten** genügt nicht (s. auch OLG Frankfurt GRUR-RS 2020, 38662 Rn. 32; aA MüKoStGB/Joecks/Miebach § 23 Rn. 44, 47; Keller/Schönknecht/Glinke/ Keller Rn. 25), weil eine solche Ausdehnung des Tatbestands den Schutz von Geschäftsgeheimnissen überdehnen würde. Es wäre unverhältnismäßig, wenn eine Person bereits dann als Rechtsverletzer in Anspruch genommen werden könnte, wenn ihr von einem Dritten – bewusst, irrtumsbedingt oder ganz zufällig – etwas aufgedrängt wird und sie ohne irgendeinen eigenen Tatbeitrag Zugang erhält.

17   Der Begriff der **Aneignung** ist nicht im bürgerlich-rechtlichen Sinne (vgl. § 958 BGB) zu verstehen und er beschränkt sich auch nicht auf strafrechtliche Formen der Aneignung. Vielmehr gehören dazu alle Handlungen, mit denen sich eine Person das Geschäftsgeheimnis oder einen Geheimnisträger verschafft. Bei Gegenständen ist dies regelmäßig dann anzunehmen, wenn jemand die tatsächliche Sachherrschaft an dem Objekt begründet. Befinden sich Informationen auf einem Server oder einem anderen Speichermedium, dann ist von einem Aneignen auszugehen, wenn die Person eine tatsächliche Zugriffsmöglichkeit auf die Informationen begründet, also sich zB die geheimen Daten anzeigen lassen kann. Befindet sich ein Gegenstand dagegen bereits im Besitz einer Person und verfügt diese über eine Zugriffsmöglichkeit, dann liegt kein Aneignen vor, wenn die Person nunmehr ihre weitere Willensrichtung in Bezug auf den Umgang mit dem Geschäftsgeheimnis ändert (OLG Dresden GRUR-RS 2021, 55389 Rn. 24; Keller/ Schönknecht/Glinke/Keller Rn. 32; offen gelassen von Hiéramente/Wagner GRUR 2020, 709 (711)).

18   Ein **Kopieren** ist anzunehmen, wenn die auf das Geschäftsgeheimnis zugreifende Person eine körperliche Vervielfältigung anfertigt (zB die Kopie eines Dokuments; 3D-Kopie eines Modells) oder von einer Datei ein elektronisches Abbild erzeugt. Unerheblich ist dabei, ob technische Hilfsmittel zum Einsatz kommen und – wenn dies der Fall ist – in welcher technischen Form dies geschieht. Eine von Hand gefertigte Skizze kann ebenso ein Kopieren sein wie eine maschinelle Kopie, ein Abzug, Abdruck oder das Anfertigen eines Negativs. Eine gewisse Zeitdauer ist für das Kopieren nicht erforderlich, sodass bspw. schon ein kurzzeitiges Laden von als Geschäftsgeheimnis geschützten Dateien in den Arbeitsspeicher eines Rechners den Tatbestand des Kopierens erfüllen kann (aA Hoppe/Oldekop Geschäftsgeheimnisse/Hoppe Kap. 1 Rn. 475).

19   Alle genannten Handlungsvarianten setzen ein auf Beschaffung des Geschäftsgeheimnisses gerichtetes Tätigwerden des Rechtsverletzers voraus. Für ein Erlangen genügt es hingegen nicht, wenn eine Person lediglich eine **technische Infrastruktur** bereitstellt, die es bspw. ermöglicht, Dateien zu speichern. Dies betrifft etwa den Anbieter eines Cloud-Dienstes, der als Host-Provider den Nutzern Speicherplatz für ihre Daten zur Verfügung stellt. Eine Haftung des Diensteanbieters kommt in diesem Fall allerdings unter dem Aspekt der Teilnahme an einer fremden Rechtsverletzung oder durch eine Intermediärshaftung in Betracht → § 6 Rn. 20 f.

Weiterhin nicht vom Tatbestand erfasst ist die **sinnliche Wahrnehmung** einer vertraulichen   **20**
Information. Gleiches gilt, wenn jemand geschützte Angaben im **Gedächtnis** behält, zB durch
das Auswendiglernen eines Programmcodes oder von Kundenlisten (Hoeren/Münker WRP
2018, 150 (152 f.); Harte-Bavendamm/Ohly/Kalbfus/Ohly Rn. 12).

3. Unbefugt

Die Zugriffshandlung muss unbefugt erfolgen. Eine Befugnis, die ein unbefugtes Handeln   **21**
ausschließt, kann sich aus der Zustimmung des Berechtigten oder aus einem gesetzlichen Erlaubnistatbestand ergeben (ebenso OLG Schleswig GRUR-RS 2022, 9007 Rn. 98).

a) Ohne Zustimmung des Inhabers des Geschäftsgeheimnisses. Ein Handeln ist unbe-   **22**
fugt, wenn es „ohne Zustimmung des Inhabers des Geschäftsgeheimnisses" erfolgt, so die Eingangsformulierung in Art. 4 II RL (EU) 2016/943. Auch Art. 39 II TRIPS-Abkommen nimmt
auf die fehlende Zustimmung Bezug. Ein Handeln ohne Zustimmung ist gegeben, wenn der
Inhaber des Geschäftsgeheimnisses mit dem maßgeblichen Verhalten **nicht einverstanden** ist.
An einem unbefugten Verhalten fehlt es demzufolge, wenn eine Person erlaubterweise Zugang
zum Geschäftsgeheimnis hatte oder dieses kopieren oder sich aneignen durfte. Dies kann etwa
innerhalb eines Beschäftigungsverhältnisses der Fall sein, wenn der Beschäftigte im Rahmen
seiner Tätigkeit Zugriff auf das Geschäftsgeheimnis hat (Begr. RegE, BT-Drs. 19/4724, 27).

Bei der Zustimmung handelt es sich um eine **Willenserklärung.** Diese kann Bestandteil einer   **22a**
vertraglichen Einigung sein, aber auch einseitig abgegeben werden. Art und Umfang einer
Zustimmung müssen ggf. nach Maßgabe der §§ 133, 157 BGB durch eine Auslegung ermittelt
werden. Die fehlende Befugnis ist ein **Element des Verletzungstatbestands,** kein Rechtfertigungsgrund. Das Vorliegen einer Befugnis schließt folgerichtig bereits tatbestandlich eine
Rechtsverletzung aus. Deswegen verwirklicht derjenige, der befugt auf ein Geschäftsgeheimnis
oder einen Geheimnisträger zugreift, schon von vornherein nicht den Verletzungstatbestand des
§ 4 I Nr. 1.

Die Zustimmung muss durch den **Inhaber des Geschäftsgeheimnisses** erfolgen oder auf   **23**
diesen zurückgehen. Hat dieser selbst in den Zugriff auf das Geschäftsgeheimnis eingewilligt oder
hat ein Dritter in Ausübung der ihm zustehenden Rechte (zB aufgrund einer Lizenzvereinbarung
mit dem Inhaber des Geschäftsgeheimnisses) einer Person den Zugriff auf das Geschäftsgeheimnis
gestattet, dann liegt kein unbefugtes Verhalten vor.

Ein Verhalten ist nicht nur dann unbefugt, wenn überhaupt keine Einwilligung durch den   **24**
Berechtigten gegeben ist, sondern auch dann, wenn die **konkrete Form des Zugriffs** nicht
erlaubt war oder die Zustimmung nicht den **Umgang mit dem Geschäftsgeheimnis in
dieser Form** erfasst. **Beispiele:** Ein Unternehmer gestattet nur das Kopieren einzelner Datensätze aus einer geheimen Adressliste, nicht aber eine Kopie dieser Liste in Gesamtheit. Einer
Person ist zwar der Zugang zum Geschäftsgeheimnis erlaubt, nicht aber das Aneignen oder
Kopieren.

b) Ohne gesetzliche Erlaubnis. Ein Handeln ist auch dann nicht unbefugt, wenn eine   **25**
gesetzliche Erlaubnis hierfür vorliegt. Soweit eine solche aus öffentlich-rechtlichen Vorschriften folgt, haben diese nach § 1 II ohnehin Vorrang vor dem GeschGehG. Im Übrigen ist der
gesetzlich erlaubte Umgang mit Geschäftsgeheimnissen bereits durch § 3 II erfasst.

III. Verstoß gegen den Grundsatz von Treu und Glauben unter Berücksichtigung der anständigen Marktgepflogenheit (§ 4 I Nr. 2)

§ 4 I Nr. 2 enthält eine generalklauselartige Beschreibung des verbotenen Erlangens eines   **26**
Geschäftsgeheimnisses. Im Verhältnis zu § 4 I Nr. 1 handelt es sich um einen **Auffangtatbestand** (Begr. RegE, BT-Drs. 19/4724, 27). Als unzulässiges Erlangen eines Geschäftsgeheimnisses gilt danach jedes sonstige Verhalten, das unter den jeweiligen Umständen nicht dem
Grundsatz von Treu und Glauben unter Berücksichtigung der anständigen Marktgepflogenheit
entspricht. Der offene Tatbestand soll dem Umstand Rechnung tragen, dass im GeschGehG
nicht abschließend alle Handlungen festgelegt werden können, in denen das Erlangen eines
Geschäftsgeheimnisses unzulässig ist (Begr. RegE, BT-Drs. 19/4724, 27). Der Verstoß gegen
§ 4 I Nr. 2 ist – im Unterschied zum Verletzungstatbestand des § 4 I Nr. 1 – nicht strafbewehrt.

1. Unvereinbarkeit mit den Anforderungen an eine seriöse Geschäftspraxis

27   Der deutsche Gesetzgeber hat sich mit der gewählten Umschreibung und mit der Bezugnahme auf Treu und Glauben sowie die anständige(n) Marktgepflogenheit(en) vom Wortlaut der RL (EU) 2016/943 entfernt, die in Art. 4 II lit. b RL (EU) 2016/943 darauf abstellt, ob ein Verhalten „unter den jeweiligen Umständen als mit einer seriösen Geschäftspraxis nicht vereinbar gilt". Diese Formulierung geht wiederum zurück auf Art. 39 II TRIPS-Abkommen. Dort wird das verletzende Verhalten dergestalt umschrieben, dass vertrauliche Informationen nicht ohne die Zustimmung des Berechtigten „auf eine Weise, die den anständigen Gepflogenheiten in Gewerbe und Handel zuwiderläuft, Dritten offenbart, von diesen erworben oder benutzt werden" dürfen. In der englischen Fassung von Art. 4 II lit. b RL (EU) 2016/943 und Art. 39 II TRIPS-Abkommen ist übereinstimmend von **„honest commercial practices"** die Rede (→ Vor § 1 Rn. 36).

28   Den amtlichen Materialien zufolge soll es sich bei der Abweichung des deutschen Rechts von der RL (EU) 2016/943 lediglich um eine Anpassung an die deutsche Rechtsterminologie handeln (Begr. RegE, BT-Drs. 19/4724, 27). Indessen hat der deutsche Gesetzgeber mit dem Grundsatz von Treu und Glauben sowie der anständigen Marktgepflogenheit(en) zwei Anknüpfungspunkte gewählt, die leicht Anlass zu **Missverständnissen** und **Fehlinterpretationen** geben können. Es entsteht der Eindruck, dass der anzulegende Maßstab aus dem allgemeinen Grundsatz von Treu und Glauben gemäß § 242 BGB oder dem speziellen Maßstab der unternehmerischen Sorgfalt gemäß § 2 I Nr. 9 UWG) zu gewinnen ist. Ein solcher Ansatz ist jedoch nicht zielführend. Richtigerweise handelt es sich bei § 4 I Nr. 2 um einen ganz **eigenständigen Maßstab**, der durch das Unionsrecht vorgegeben und in richtlinienkonformer Auslegung zu präzisieren ist. Die im deutschen Recht verwendete Formulierung ist daher dahingehend zu verstehen, dass ein Verhalten vorliegen muss, das mit den **Grundsätzen einer seriösen Geschäftspraxis** nicht im Einklang steht. Eine rein nationale Auslegung ist demgegenüber nicht zulässig, weil dies zur Folge hätte, dass der Tatbestand je nach dem nationalen Rechtsverständnis in einem Mitgliedstaat ganz unterschiedlich ausgelegt werden könnte, was dem von der Richtlinie intendierten Ziel eines ausreichenden und kohärenten Schutzes (vgl. ErwGr. 10 RL (EU) 2016/943) zuwiderliefe.

29   Da Art. 4 II lit. b RL (EU) 2016/943 wiederum auch der Verwirklichung des TRIPS-Abkommens dient, sind bei der Auslegung der RL (EU) 2016/943 die dortigen Aussagen heranzuziehen. In der amtlichen **Anmerkung zu Art. 39 II TRIPS-Abkommen** heißt es zum Merkmal der „anständigen Gepflogenheiten in Gewerbe und Handel" in englischer und deutscher Fassung:

„For the purpose of this provision, „a manner contrary to honest commercial practices" shall mean at least practices such as breach of contract, breach of confidence and inducement to breach, and includes the acquisition of undisclosed information by third parties who knew, or were grossly negligent in failing to know, that such practices were involved in the acquisition."

„Im Sinne dieser Bestimmung bedeutet ‚eine Weise, die den anständigen Gepflogenheiten in Gewerbe und Handel zuwiderläuft' zumindest Handlungen wie Vertragsbruch, Vertrauensbruch und Verleitung dazu und schließt den Erwerb nicht offenbarter Informationen durch Dritte ein, die wußten oder grob fahrlässig nicht wußten, daß solche Handlungen beim Erwerb eine Rolle spielten."

30   Wenngleich diese Aussagen recht allgemein gehalten und daher ihrerseits auslegungsbedürftig sind, lassen sie doch den Schluss zu, dass insbesondere Konstellationen erfasst werden sollen, in denen eine Person durch einen **Rechts- oder Vertragsbruch** ein Geschäftsgeheimnis erlangt.

31   Da das Unionsrecht für den unternehmerischen Geschäftsverkehr derzeit (und wohl auch in naher Zukunft) kein abschließendes Regelungswerk für unlautere bzw. seriöse Geschäftspraktiken vorsieht, muss der Beurteilungsmaßstab aufgrund einer wertenden Betrachtung gewonnen werden. Maßgeblich ist ein **objektiver Verhaltensmaßstab**, der für die geschäftliche Tätigkeit im Binnenmarkt gilt und dessen Einhaltung allgemein von einem Unternehmer erwartet werden kann. Eine Wertungsparallele auf der Ebene des Unionsrechts eröffnet sich über das **Markenrecht,** das in der Markenrechts-RL (RL 2015/2436 zur Angleichung der Rechtsvorschriften der Mitgliedstaaten über die Marken) das Merkmal der „anständigen Gepflogenheiten in Gewerbe oder Handel" kennt (vgl. Art. 14 II Markenrechts-RL, Art. 28 IV Markenrechts-RL, Art. 29 III Markenrechts-RL sowie ErwGr. 27 Markenrechts-RL). Zu diesen bzw. ihren Vorgängervorschriften hat der EuGH entschieden, dass das Tatbestandsmerkmal der „anständigen Gepflogenheiten" nach der stRspr der Sache nach der Pflicht entspricht, „den berechtigten Interessen des Rechteinhabers nicht in unlauterer Weise zuwiderzuhandeln" (EuGH Slg. 2005,

I-2363 = GRUR 2005, 509 Rn. 41 – Gillette Company/LA-Laboratories; vgl. auch EuGH Slg. 1999, I-905 = GRUR Int 1999, 438 Rn. 61 – BMW; EuGH Slg. 1997, I-6013 = GRUR Int 1998, 140 Rn. 45 – Parfums Christian Dior).

Die im deutschen Recht genannten Kriterien von Treu und Glauben sowie der anständigen **32** Marktgepflogenheit(en) lassen sich nicht trennscharf voneinander abgrenzen. Vielmehr ist eine **Gesamtbetrachtung** aufgrund einer **Abwägung der berechtigten Interessen** unter Berücksichtigung der jeweiligen Umstände des Einzelfalls erforderlich (Begr. RegE, BT-Drs. 19/4724, 27). Der Grundsatz von Treu und Glauben bezieht sich auf **allgemeine Erwartungen an die Redlichkeit und Fairness** des Verhaltens von Unternehmern. Mit der Marktgepflogenheit nimmt das Gesetz dagegen Bezug auf **tatsächlich praktizierte Verhaltensstandards,** zB innerhalb einer bestimmten Wirtschaftsbranche. Diese Verhaltensstandards müssen jedoch ihrerseits **anständig** sein. Daran fehlt es, wenn die tatsächlichen Verhaltensstandards nicht in Übereinstimmung mit der Rechtsordnung stehen. Darüber hinaus können jedoch Verhaltensstandards auch dann als unanständig angesehen werden, wenn diese gegen **grundlegende Wertungen und Sozialkonventionen** verstoßen.

Die RL (EU) 2016/943 selbst gibt Anhaltspunkte, indem sie im ErwGr. 17 Verhaltensweisen **33** wie **Produktpiraterie oder sklavische Nachahmungen** benennt, die in einigen nationalen Rechtsvorschriften über unlauteren Wettbewerb geregelt sind. Die Richtlinie hat nach eigenem Bekunden zwar nicht zum Ziel, das Recht des unlauteren Wettbewerbs insgesamt zu reformieren oder zu harmonisieren, jedoch ist ein an die Kommission gerichteter Prüfauftrag enthalten. Diese sollte sorgfältig untersuchen, ob auf Unionsebene Handlungsbedarf besteht. Diese Aussagen deuten darauf hin, dass der Unionsgesetzgeber Praktiken der benannten Art als unlauter und unvereinbar mit den Anforderungen an eine seriöse Geschäftspraxis ansieht. Ein weiteres mögliches **Beispiel** für eine Rechtsverletzung iSv § 4 I Nr. 2 ist das Erschleichen der Zugangsbefugnis zu einem Geschäftsgeheimnis durch Täuschung (Ohly GRUR 2019, 441 (446)).

2. Abgrenzung zur unternehmerischen Sorgfalt iSv § 2 I Nr. 9 UWG

Der für § 4 I Nr. 2 geltende Maßstab ist trotz ähnlicher Formulierungen nicht mit der **34** unternehmerischen Sorgfalt gemäß § 2 I Nr. 9 UWG gleichzusetzen. Bei der unternehmerischen Sorgfalt handelt es sich gemäß der gesetzlichen Definition um den „Standard an Fachkenntnissen und Sorgfalt, von dem billigerweise angenommen werden kann, dass ein Unternehmer ihn in seinem Tätigkeitsbereich gegenüber Verbrauchern nach Treu und Glauben unter Berücksichtigung der anständigen Marktgepflogenheiten einhält". Den Maßstäben aus § 4 I Nr. 2 und § 2 I Nr. 9 UWG ist zwar gemeinsam, dass es sich um objektive Anforderungen handelt, nicht hingegen um einen Verschuldensmaßstab iSd § 276 II BGB. Jedoch ergibt sich der entscheidende Unterschied daraus, dass die zugrunde liegenden Wertungen und Zwecke voneinander abweichen. Die unternehmerische Sorgfalt ist allein auf das Verhältnis zwischen Unternehmern und Verbrauchern (B2C) ausgerichtet. Sie betrifft das Unternehmerverhalten gegenüber Verbrauchern und richtet sich nach dem Schutzbedürfnis von Verbrauchern. Demgegenüber geht es in § 4 I Nr. 2 um **Verhaltensanforderungen gegenüber anderen Unternehmern,** also um andere Marktakteure. Dies betrifft zugleich eine völlig andere Interessenlage.

C. Rechtsverletzendes Nutzen oder Offenlegen eines Geschäftsgeheimnisses (§ 4 II)

§ 4 II erfasst Rechtsverletzungen durch das Nutzen oder Offenlegen eines Geschäftsgeheim- **35** nisses. Das Gesetz erwähnt insgesamt drei Tatbestandsvarianten, in denen ein Nutzen oder Offenlegen verboten ist. § 4 II Nr. 1 betrifft Handlungen, die einem rechtswidrigen Erlangen nachfolgen. § 4 II Nr. 2 und 3 ist gemeinsam, dass die Rechtsverletzung aus dem Verstoß gegen eine geheimnisbezogene Verpflichtung resultiert. Im Falle von § 4 II Nr. 2 geht es um die Verpflichtung zur Beschränkung der Nutzung des Geschäftsgeheimnisses, im Falle von § 4 II Nr. 3 um die Verpflichtung, das Geschäftsgeheimnis nicht offenzulegen. Strafbewehrt sind die Rechtsverletzungen aus § 4 II Nr. 1 lit. a (§ 23 I Nr. 2) und bestimmte Fälle des § 4 II Nr. 3 (§ 23 I Nr. 3). Daran anknüpfend sind in § 23 II-IV ergänzende Straftatbestände vorgesehen.

I. Einordnung der Regelung und unionsrechtliche Vorgaben

36   Während § 4 I das Geschäftsgeheimnis vor einem Zugriff durch unberechtigte Dritte schützt, dient § 4 II dem Schutz des Geschäftsgeheimnisses vor einer wirtschaftlichen Verwertung sowie einer Verletzung der Vertraulichkeit. § 4 II GeschGehG dient der Umsetzung von **Art. 4 III RL (EU) 2016/943.** Diese Vorschrift hat den folgenden Wortlaut:

„Die Nutzung oder Offenlegung eines Geschäftsgeheimnisses gilt als rechtswidrig, wenn sie ohne Zustimmung des Inhabers des Geschäftsgeheimnisses durch eine Person erfolgt, von der sich erweist, dass auf sie eine der folgenden Bedingungen zutrifft:

a) Sie hat das Geschäftsgeheimnis auf rechtswidrige Weise erworben.
b) Sie verstößt gegen eine Vertraulichkeitsvereinbarung oder eine sonstige Verpflichtung, das Geschäftsgeheimnis nicht offenzulegen.
c) Sie verstößt gegen eine vertragliche oder sonstige Verpflichtung zur Beschränkung der Nutzung des Geschäftsgeheimnisses."

37   Bei der Umsetzung dieser Bestimmung hat der deutsche Gesetzgeber die – recht umständlich wirkenden – Formulierungen aus der RL (EU) 2016/943 sprachlich gestrafft. Jedoch ergeben sich hierdurch, im Gegensatz zu § 4 I Nr. 2, keine nennenswerten Verständnis- und Auslegungsschwierigkeiten.

II. Nutzen oder Offenlegen

38   Weder das GeschGehG noch die RL (EU) 2016/943 enthalten nähere Aussagen dazu, was unter einem Nutzen oder Offenlegen zu verstehen ist. Nach den amtlichen Materialien ist unter einem **Nutzen** (engl.: „use"; frz.: „utilisation") jede Verwendung des Geschäftsgeheimnisses zu verstehen, solange es sich nicht um eine Offenlegung handelt (Begr. RegE, BT-Drs. 19/4724, 27). Die Verletzungshandlung des Nutzens erfasst Verhaltensweisen, die darauf gerichtet sind, das Geschäftsgeheimnis ganz oder teilweise **wirtschaftlich zu verwerten** (Harte-Bavendamm/Ohly/Kalbfus/Kalbfus Rn. 27), unabhängig davon, in welcher Form diese Verwertung stattfindet. Für ein tatbestandliches Nutzen kommt es nicht darauf an, ob gerade die dem Geschäftsgeheimnis innewohnende spezifische Nutzbarkeit verwertet wird (zB Einsatz des Geschäftsgeheimnisses zur Entwicklung eines Konkurrenzprodukts) oder das Geschäftsgeheimnis zu anderen Zwecken Gebrauch findet (Hoppe/Oldekop Geschäftsgeheimnisse/Hoppe Kap. 1 Rn. 497). **Beispiele** für ein tatbestandliches Nutzen sind die Kontaktaufnahme von Kunden, die auf einer als Geschäftsgeheimnis geschützten Kundenliste verzeichnet sind (OLG Karlsruhe GRUR-RS 2021, 23997 Rn. 8), die geschäftliche oder gewerbliche Einholung oder Gestaltung eines Angebots unter Zuhilfenahme von in Plänen, Programmen, Zeichnungen, Rezepturen usw. verkörperten Geschäftsgeheimnissen zwecks Gewinnerzielung oder Kostensenkung. Für das Nutzen kommt nicht darauf an, gegenüber wem das Geschäftsgeheimnis verwendet wird (OLG Düsseldorf GRUR-RS 2021, 17483 Rn. 65). Die Nutzung kann durch den Rechtsverletzer selbst erfolgen, bspw. mit dem Ziel, ein eigenes Produkt herzustellen. Eine Nutzung ist aber auch dann gegeben, wenn der Rechtsverletzer das Geschäftsgeheimnis veräußert oder einem Dritten – unberechtigt – zum Gebrauch überlässt. In diesen Fällen kann in der Person des Dritten eine mittelbare Rechtsverletzung iSd § 4 III GeschGehG verwirklicht werden.

39   Als ein **Offenlegen** (engl.: „disclosure"; frz.: „divulgation") sind nach den amtlichen Materialien Maßnahmen anzusehen, die auf eine **Eröffnung des Geschäftsgeheimnisses gegenüber Dritten,** nicht notwendigerweise der Öffentlichkeit, gerichtet sind (Begr. RegE, BT-Drs. 19/4724, 27). Die Verletzung besteht hier in dem **Bruch der Vertraulichkeit,** dh in der Preisgabe des Geschäftsgeheimnisses gegenüber unberechtigten Dritten. Mithin unterfallen dem Offenlegen Verhaltensweisen, durch die das Geheimnis insgesamt oder in der genauen Anordnung und Zusammensetzung seiner Bestandteile gegenüber unberechtigten Personen bekannt oder ohne weiteres zugänglich gemacht wird (vgl. § 2 I Nr. 1 lit. a). Unberechtigte Dritte können einzelne Personen sein, aber auch eine größere Gruppe von Personen oder der Allgemeinheit. Als ein Offenlegen in diesem Sinne sind zum einen Verhaltensweisen anzusehen, mit denen jemand einem Dritten die vertrauliche Information unmittelbar selbst überlässt, zB durch die Übereignung von Dokumenten oder Datenträgern, die das Geschäftsgeheimnis enthalten. Zum anderen sind Praktiken erfasst, die das Geschäftsgeheimnis Dritten zugänglich machen, sodass diese es sich selbst verschaffen können, zB bei dem Ablegen von vertraulichen Daten auf einem Server, auf den Dritte zugreifen können.

Ebenso wenig wie beim Erlangen (→ Rn. 19) genügt es für ein Nutzen und Offenlegen, wenn **40** lediglich durch einen Intermediär eine **technische Infrastruktur** bereitgestellt wird, die das Nutzen oder Offenlegen durch einen Dritten ermöglicht.

Beide Verhaltensweisen – Nutzen und Offenlegen – stehen **gleichberechtigt nebeneinan- 41 der** und werden sich in der Praxis häufig überschneiden. Insbesondere in Fällen, in denen ein Geschäftsgeheimnis einem Dritten unberechtigt gegen Entgelt überlassen wird, kann sowohl ein Nutzen als auch ein Offenlegen gegeben sein.

III. Folgehandlungen nach einem rechtswidrigen Erlangen (§ 4 II Nr. 1)

Gemäß § 4 II Nr. 1 darf ein Geschäftsgeheimnis nicht nutzen oder offenlegen, wer das **42** Geschäftsgeheimnis durch eine eigene Handlung nach § 4 I Nr. 1 oder 2 erlangt hat. Das Nutzen oder Offenlegen bildet hier jeweils eine **eigenständige und erneute Rechtsverlet- zung.** Das Gesetz bringt damit zum Ausdruck, dass sich der Unrechtsgehalt nicht in dem unerlaubten Zugriff auf das Geschäftsgeheimnis erschöpft, sondern vielmehr die daran anknüp- fenden Folgehandlungen einen selbstständigen Unrechtsgehalt aufweisen.

Dem Nutzen oder Offenlegen muss ein rechtswidriges Erlangen vorausgegangen sein, dh der **43** Rechtsverletzungstatbestand von § 4 I Nr. 1 oder 2 muss **vollständig verwirklicht** worden sein. Im Falle von § 4 II Nr. 1 lit. a muss demzufolge ein Fall des unbefugten Zugangs, der unbefugten Aneignung oder des unbefugten Kopierens vorliegen (→ Rn. 12 ff.). Für § 4 II Nr. 1 lit. b ist ein sonstiges Verhalten notwendig, das mit dem Grundsatz von Treu und Glauben unter Berücksichtigung der anständigen Marktgepflogenheit unvereinbar ist (→ Rn. 26 ff.).

Es kommt jeweils ausdrücklich auf eine **eigene Handlung des Rechtsverletzers** an. Er- **43a** forderlich ist hierfür eine täterschaftliche Begehung (aA Hoppe/Oldekop Geschäftsgeheimnisse/ Hoppe Kap. 1 Rn. 501). Nicht ausreichend ist dagegen die Teilnahme an einer fremden Rechts- verletzung. Hat derjenige, der ein Geschäftsgeheimnis nutzt oder offenbart, dieses nicht selbst, sondern über einen Dritten erlangt, liegt ebenfalls kein eigenes Erlangen vor. In diesen Fällen kann jedoch eine mittelbare Rechtsverletzung iSv § 4 III 1 gegeben sein (BeckOK Gesch- GehG/Hiéramente Rn. 44; Harte-Bavendamm/Ohly/Kalbfus/Ohly Rn. 25).

IV. Verstoß gegen eine Verpflichtung zur Beschränkung der Nutzung des Geschäftsgeheimnisses (§ 4 II Nr. 2)

Nach § 4 II Nr. 2 darf ein Geschäftsgeheimnis nicht nutzen oder offenlegen, wer gegen eine **44** Verpflichtung zur Beschränkung der Nutzung des Geschäftsgeheimnisses verstößt. Dieser Tat- bestand betrifft ebenso wie § 4 II Nr. 3 die praktisch häufigen Fälle, in denen eine Person zwar rechtmäßig auf ein Geschäftsgeheimnis zugreifen darf, diese Möglichkeit aber sodann in rechts- verletzender Weise ausübt. Den typischen Anwendungsfall bildet die Geschäftsgeheimnisverlet- zung durch **Beschäftigte, Mitarbeiter oder Vertragspartner** des Geheimnisinhabers (vgl. Begr. RegE, BT-Drs. 19/4724, 27). Der Tatbestand erfasst insbesondere Fälle, in denen zur Geheimhaltung verpflichtete Mitarbeiter eines Unternehmens, die während eines Anstellungs- verhältnisses berechtigt Zugang zu einem Geschäftsgeheimnis erlangt haben, dieses nach Beendi- gung des Angestelltenverhältnisses für eigene oder fremde Zwecke nutzen (OLG Düsseldorf GRUR-RS 2021, 17483 Rn. 70). Verpflichtungen, die eine Nutzung von Geschäftsgeheim- nissen beschränken, können sich aus Vertrag (→ Rn. 45 ff.) oder aus sonstigen Gründen (→ Rn. 55 f.) ergeben.

1. Vertragliche Verpflichtung zur Beschränkung der Nutzung des Geschäftsgeheimnisses

a) Rechtsgrundlage und Reichweite der Beschränkung. Vielfach werden Nutzungs- **45** beschränkungen Gegenstand einer vertraglichen Vereinbarung sein oder als vertragliche oder vorvertragliche (Neben-)Pflicht bestehen. Die RL (EU) 2016/943 erwähnt hier insbesondere Vertraulichkeitsvereinbarungen. In der Vertragspraxis finden sich insbesondere die sog. **Non- Disclosure-Agreements** (NDA) oder **Confidential-Disclosure-Agreements** (CDA). Es kommt nicht darauf an, ob eine solche Vereinbarung als ein selbstständiges Rechtsgeschäft geschlossen wurde oder ob die Nutzungsbeschränkung den Regelungsbestandteil eines Arbeits- oder Dienstvertrages, eines Geschäftsbesorgungsvertrages oder eines sonstigen Vertragsverhält- nisses bildet.

46   Eine vertragliche Verpflichtung zur Nutzungsbeschränkung kann zwischen den Vertragsparteien **ausdrücklich** vereinbart werden, wobei dies sowohl individualvertraglich als auch formularmäßig erfolgen kann. Eine **konkludente** Einigung ist ebenfalls möglich (zB durch die Aushändigung und Entgegennahme von Unterlagen, die als „vertraulich" gekennzeichnet sind).

47   Die Verpflichtung kann für den Zeitraum des **Bestehens eines Vertragsverhältnisses,** aber auch für die Zeit nach der **Beendigung des Vertragsverhältnisses** als eine nachvertragliche Treuepflicht begründet werden (OLG Karlsruhe GRUR-RS 2021, 23997 Rn. 7; Ohly GRUR 2019, 441 (447); vgl. zum früheren Recht BGH GRUR 1963, 367 (369) – Industrieböden; BAGE 3, 139 = NJW 1957, 37; BAGE 41, 21 = NJW 1983, 134 (13); BAGE 57, 159 = NJW 1988, 1686 f.).

48   Haben die Parteien keine ausdrückliche Vereinbarung getroffen, kann sich die Verpflichtung zur Nutzungsbeschränkung als **Nebenpflicht** aus **§ 241 II BGB, § 242 BGB** ergeben (vgl. auch OLG Karlsruhe GRUR-RS 2021, 23997 Rn. 7). Danach besteht die Nebenpflicht zur Rücksicht auf die Rechte, Rechtsgüter und Interessen des anderen Teils. Auch eine ergänzende Vertragsauslegung gemäß **§ 133 BGB, § 157 BGB** kann zu dem Ergebnis führen, dass eine Pflicht zur Nutzungsbeschränkung besteht. Denn wenn eine Vertragspartei der anderen den Zugriff auf vertrauliche Informationen zum Zwecke der Leistungserbringung eröffnet, dann darf sie berechtigterweise davon ausgehen, dass die Vertraulichkeit gewahrt bleibt und die vertraulichen Informationen nicht in unzulässiger Weise genutzt werden. Insbesondere bei **Arbeitsverhältnissen** ist davon auszugehen, dass Geheimhaltung und Loyalität grundsätzlich zu den vertraglichen Pflichten eines Arbeitnehmers gehören (Begr. RegE, BT-Drs. 19/4724, 27).

49   Sofern die Parteien noch keinen Vertrag geschlossen haben, kommt eine **vorvertragliche Pflicht** zur Nutzungsbeschränkung gemäß **§ 311 II BGB, § 241 II BGB** in Betracht. Die Rspr. hat bspw. einen Vertrauensschutz bejaht, wenn während des vorvertraglichen Geschäftskontakts im Vertrauen auf dessen Fortführung in ein Vertragsverhältnis ein sonst nicht ohne weiteres zugängliches Know-how hinsichtlich der Fertigung oder der Vermarktung von Betonsteinelementen vermittelt wurde (vgl. BGH GRUR 1992, 523 (524) – Betonsteinelemente; GRUR 1983, 377 (379) – Brombeer-Muster).

50   Eine Nutzungsbeschränkung kann sich sowohl auf den gesamten Umfang einer Nutzung des Geschäftsgeheimnisses beziehen als auch auf einzelne Nutzungsformen oder einen bestimmten Umfang der Nutzung des Geschäftsgeheimnisses. **Beispiel:** Überschreitet der **Lizenznehmer** im Rahmen eines bestehenden Lizenzvertrages die ihm eingeräumte Nutzungsbefugnis, dann kann dieses Verhalten vom Tatbestand erfasst sein (Büscher/McGuire Rn. 33).

51   **b) Rechtswirksamkeit.** Die Verpflichtung zur Nutzungsbeschränkung muss ihrerseits **rechtswirksam** sein (Begr. RegE, BT-Drs. 19/4724, 27; aA Hoeren/Münker WRP 2018, 150 (153)). Es wäre nicht gerechtfertigt, die schwerwiegenden Sanktionen der §§ 6 ff., 23 in Fällen anzuwenden, in denen eine Person gegen eine rechtswidrige Beschränkung verstößt, denn es entstünde sonst ein Wertungswiderspruch zum Vertragsrecht.

52   Wichtige Regelungsgrenzen ergeben sich in richtlinienkonformer Auslegung aus **Art. 1 III RL (EU) 2016/943** (eingehend Wunner WRP 2019, 710 (713 ff.)) Danach dürfen die Bestimmungen zum Schutz von Geschäftsgeheimnissen nicht in der Weise ausgelegt werden, dass sie die Mobilität von Arbeitnehmern beeinträchtigen. Der Schutz vor Beschränkungen der Arbeitnehmermobilität umfasst gemäß Art. 1 III lit. a RL (EU) 2016/943 die Beschränkung der Nutzung von Informationen, die schon kein Geschäftsgeheimnis darstellen, durch die Arbeitnehmer. Weiterhin bietet die Richtlinie gemäß Art. 1 III lit. b RL (EU) 2016/943 keine Grundlage für die Beschränkung der Nutzung von Erfahrungen und Fähigkeiten, die Arbeitnehmer im normalen Verlauf ihrer Tätigkeit ehrlich erworben haben. Dazu gehören insbesondere die Fachkenntnisse und Fertigkeiten, die sich Arbeitnehmer im Laufe ihrer beruflichen Ausbildung, ihrer Berufspraxis und ihrer beruflichen Weiterbildung usw. angeeignet haben. Des Weiteren dürfen Arbeitnehmern gemäß Art. 1 III lit. c RL (EU) 2016/943 keine zusätzlichen Beschränkungen in ihren Arbeitsverträgen auferlegt werden, die im Widerspruch zu den Vorgaben des Unionsrechts oder des nationalen Rechts stehen. Da die RL (EU) 2016/943 nur von zusätzlichen Beschränkungen spricht, können die bestehenden Grundsätze zu den Anforderungen an Verschwiegenheitsverpflichtungen sowie nachvertragliche Wettbewerbsverbote weiterhin herangezogen werden (Begr. RegE, BT-Drs. 19/4724, 27; dazu näher Gaugenrieder/Unger-Hellmich WRP 2011, 1364 (1376 f.)).

53   Allgemeine Grenzen für die Vereinbarung von vertraglichen Nutzungsbeschränkungen ergeben sich für Individualvereinbarungen aus **§§ 138, 242 BGB** sowie **§§ 74 ff. HGB** (Wunner

WRP 2019, 710 (713)). Hier ist insbesondere danach zu fragen, ob die Nutzungsbeschränkung über das zum Schutz des Geschäftsgeheimnisses erforderliche Maß in sachlicher, personeller oder zeitlicher Hinsicht hinausgeht.

Erfolgt die Nutzungsbeschränkung im Rahmen einer formularmäßigen Klausel, dann ist deren **54** Transparenz und Angemessenheit gemäß **§ 307 I, II BGB** zu prüfen (dazu näher Hille WRP 2020, 824 ff.). Bei der Inhaltskontrolle ist gemäß § 310 I BGB auf die im Handelsverkehr geltenden Gewohnheiten und Gebräuche angemessen Rücksicht zu nehmen. Eine unangemessene Benachteiligung iSv § 307 I 1 kann bspw. vorliegen, wenn einem Handelsvertreter jegliche Verwertung von Kundenanschriften nach der Beendigung der Vertragsbeziehung und ohne Fristbegrenzung für alle Zeit verboten ist, wobei sich das Verbot auch auf solche Anschriften bezieht, die er im Gedächtnis behalten hat (BGH NJW 1993, 1786).

Sog. „Catch all"-Klauseln (→ § 2 Rn. 61c) begründen keine wirksame Verpflichtung zur **54a** Beschränkung der Nutzung des Geschäftsgeheimnisses (Keller/Schönknecht/Glinke/Keller Rn. 86).

2. Sonstige Verpflichtung zur Beschränkung der Nutzung des Geschäftsgeheimnisses

Des Weiteren kann sich eine Pflicht zur Nutzungsbeschränkung aufgrund einer gesetzlichen **55** Regelung ergeben. Zu denken ist bspw. an die Beschränkungen auf der Grundlage des **ArbNErfG,** wenn der Arbeitgeber eine Erfindung des Arbeitnehmers gemäß §§ 6 und 7 ArbNErfG in Anspruch genommen hat (Büscher/McGuire Rn. 43).

Für **Handelsvertreter** gilt **§ 90 HGB.** Danach darf der Handelsvertreter Geschäfts- und **56** Betriebsgeheimnisse, die ihm anvertraut oder als solche durch seine Tätigkeit für den Unternehmer bekanntgeworden sind, auch nach Beendigung des Vertragsverhältnisses nicht verwerten oder anderen mitteilen, soweit dies nach den gesamten Umständen der Berufsauffassung eines ordentlichen Kaufmannes widersprechen würde. **Beispiel:** Weiterverwendung von Kundendaten durch einen ausgeschiedenen Handelsvertreter (vgl. dazu BGH NJW 1993, 1786 (1787); GRUR 1999, 934 (935 f.) – Weinberater).

V. Verstoß gegen eine Verpflichtung, das Geschäftsgeheimnis nicht offenzulegen (§ 4 II Nr. 3)

Eine Rechtsverletzung durch ein Nutzen oder Offenlegen ist nach § 4 II Nr. 3 weiterhin **57** dann gegeben, wenn eine Person gegen eine Verpflichtung verstößt, das Geschäftsgeheimnis nicht offenzulegen. Diese Vorschrift ergänzt § 4 II Nr. 2. Häufig wird sowohl eine Verpflichtung zur Nutzungsbeschränkung als auch ein Verbot bestehen, ein Geschäftsgeheimnis offenzulegen.

Von einem Offenlegungsverbot ist auszugehen, wenn es einer Person untersagt ist, das **58** Geheimnis insgesamt oder in der genauen Anordnung und Zusammensetzung seiner Bestandteile unberechtigten Personen gegenüber bekannt oder zugänglich zu machen. Die Verpflichtung kann durch eine **rechtsgeschäftliche Vereinbarung** oder durch eine **gesetzliche Regelung** begründet sein (→ Rn. 45 ff.). Beruht die Verpflichtung auf einem Rechtsgeschäft, dann muss dieses wirksam sein (→ Rn. 51 ff.).

Von § 4 II Nr. 3 erfasst werden **sämtliche Erscheinungsformen von Offenlegungsver- 59 boten.** Ist der handelnden Person eine Offenlegung gegenüber jedermann untersagt, dann wird der Tatbestand bereits dann verwirklicht, wenn das Geschäftsgeheimnis gegenüber einem beliebigen Dritten offengelegt wird. Besteht dagegen die Pflicht, das Geschäftsgeheimnis gegenüber bestimmten Personenkreisen nicht offenzulegen, dann kommt es darauf an, ob eine Offenlegung gerade gegenüber diesem Personenkreis erfolgt ist.

D. Mittelbare Verletzungshandlungen (§ 4 III)

Im Vergleich zur Rechtslage vor dem Inkrafttreten des GeschGehG erweitert § 4 III den **60** Schutz von Geschäftsgeheimnissen erheblich (dazu krit. Brammsen BB 2018, 2446 (2450)). Denn der Schutzbereich des Gesetzes erstreckt sich neben den in § 4 I und II geregelten unmittelbaren Rechtsverletzungen durch § 4 III auch auf mittelbare Rechtsverletzungen. Eine mittelbare Rechtsverletzung ist dadurch gekennzeichnet, dass die handelnde Person das Geschäftsgeheimnis entweder von einem Dritten bezieht bzw. ableitet oder mit rechtsverletzenden

Produkten umgeht. In beiden Fällen ist in der Person des Handelnden ein subjektives Element erforderlich. Die mittelbare Rechtsverletzung iSv § 4 III ist von einer in mittelbarer Täterschaft begangenen Rechtsverletzung nach § 4 I, II zu unterscheiden.

I. Einordnung der Regelung und unionsrechtliche Vorgaben

61　　§ 4 III differenziert zwischen **zwei Arten von mittelbaren Rechtsverletzungen.** S. 1 richtet sich gegen das Erlangen, Nutzen oder Offenlegen eines Geschäftsgeheimnisses, wenn der Handelnde das Geschäftsgeheimnis über eine andere Person erlangt hat und zum Zeitpunkt der Erlangung, Nutzung oder Offenlegung weiß oder wissen müsste, dass diese das Geschäftsgeheimnis entgegen § 4 II genutzt oder offengelegt hat. Nach S. 2 gilt dies insbesondere, wenn die Nutzung in der Herstellung, dem Anbieten, dem Inverkehrbringen oder der Einfuhr, der Ausfuhr oder der Lagerung für diese Zwecke von rechtsverletzenden Produkten besteht. Diese Regelung dient der Umsetzung von **Art. 4 IV und V RL (EU) 2016/943;** diese Vorgaben lauten:

„(4) Ebenfalls als rechtswidrig gilt der Erwerb, die Nutzung oder die Offenlegung eines Geschäftsgeheimnisses, wenn eine Person zum Zeitpunkt des Erwerbs, der Nutzung oder der Offenlegung wusste oder unter den gegebenen Umständen hätte wissen müssen, dass sie unmittelbar oder mittelbar über eine andere Person in den Besitz des Geschäftsgeheimnisses gelangt war, die dieses rechtswidrig im Sinne des Absatzes 3 genutzt oder offengelegt hat.

(5) Das Herstellen, Anbieten oder Inverkehrbringen von rechtsverletzenden Produkten oder die Einfuhr, Ausfuhr oder Lagerung von rechtsverletzenden Produkten für diese Zwecke stellt ebenfalls eine rechtswidrige Nutzung eines Geschäftsgeheimnisses dar, wenn die Person, die diese Tätigkeiten durchführt, wusste oder unter den gegebenen Umständen hätte wissen müssen, dass das Geschäftsgeheimnis rechtswidrig im Sinne des Absatzes 3 genutzt wurde."

62　　Der deutsche Gesetzgeber hat die unionsrechtlichen Tatbestände nicht nur redaktionell verkürzt, sondern auch das Verhältnis dieser Tatbestände zueinander verändert. Nach deutschem Recht handelt es sich bei § 4 III 1 um den allgemeinen Tatbestand, bei § 4 III 2 dagegen nur um einen speziellen Anwendungsfall („insbesondere"). Demgegenüber stehen im Unionsrecht die beiden Erscheinungsformen der mittelbaren Rechtsverletzung gemäß Art. 4 IV und V RL (EU) 2016/943 **selbstständig nebeneinander.** Diese dogmatische Selbstständigkeit wird auch dadurch unterstrichen, dass Art. 4 IV RL (EU) 2016/943 sowohl das Erlangen, Nutzen als auch das Offenlegen umfasst, während Art. 4 V RL (EU) 2016/943 allein den Begriff der Nutzung auf Verhaltensweisen in Bezug auf rechtsverletzende Produkte erstreckt. Das deutsche Recht bildet das systematische Verhältnis dieser Tatbestände zueinander nicht zutreffend ab.

II. Rechtsverletzendes Verhalten nach einem Erlangen des Geschäftsgeheimnisses von einem Dritten (§ 4 III 1)

63　　Gemäß § 4 III 1 darf ein Geschäftsgeheimnis nicht erlangen, nutzen oder offenlegen, wer das Geschäftsgeheimnis über eine andere Person erlangt hat und zum Zeitpunkt der Erlangung, Nutzung oder Offenlegung weiß oder hätte wissen müssen, dass diese das Geschäftsgeheimnis entgegen § 4 II genutzt oder offengelegt hat. Der Tatbestand setzt voraus, dass – ungeachtet des von der Rechtsverletzung betroffenen Inhabers des Geschäftsgeheimnisses – mindestens **zwei Personen** in ein Verletzungsgeschehen eingebunden sind. Erforderlich ist die „Vortat" einer Person, die ein Geschäftsgeheimnis unerlaubt genutzt oder offengelegt hat. Das Gesetz bezeichnet diese Person als „andere Person". Daran anknüpfend ist weiterhin erforderlich, dass die handelnde Person das Geschäftsgeheimnis über diese andere Person erlangt, wobei sie gewusst hat oder hätte wissen müssen, dass der Dritte einen Rechtsverstoß begangen hat. Im Grunde beschreibt § 4 III 1 eine Art **Verletzungskette** (vgl. auch Keller/Schönknecht/Glinke/Keller Rn. 107 f.), die sich auch über mehrere Personen erstrecken kann (vgl. Begr. RegE, BT-Drs. 19/4724, 28).

1. Andere Person (Dritter)

64　　Die „andere Person" muss einen **Verletzungstatbestand gemäß § 4 II** verwirklicht haben. Erforderlich ist also ein unerlaubtes Nutzen oder Offenlegen. Das rechtswidrige Erlangen durch den Dritten gemäß § 4 I genügt für sich genommen zwar noch nicht. Jedoch wird jedenfalls die Weitergabe eines unzulässig erlangten Geschäftsgeheimnisses typischerweise als Nutzen oder Offenlegen dieses Geschäftsgeheimnisses anzusehen sein. Der Verwirklichung eines Verletzungs-

tatbestands gemäß § 4 II steht es gleich, wenn die andere Person – vor dem Inkrafttreten des GeschGehG – einen Verletzungstatbestand verwirklicht hat, der nach seinen Voraussetzungen und seinem Unrechtsgehalt einer Rechtsverletzung iSv § 4 II vollständig entspricht (Hoppe/Oldekop GRUR-Prax 2019, 324 (326); Keller/Schönknecht/Glinke/Keller Rn. 109).

Sind in der Person des Dritten die Voraussetzungen eines **erlaubten Verhaltens nach § 3** **65** oder die Voraussetzungen eines **Ausnahmetatbestands gemäß § 5** erfüllt, dann liegt kein Verstoß gegen § 4 II vor. Daher stellt bspw. der Bezug einer vertraulichen Information von einer Person, die als Whistleblower gemäß § 5 Nr. 2 Schutz genießt, keine mittelbare Rechtsverletzung dar (ebenso OLG Schleswig GRUR-RS 2022, 9007 Rn. 101).

2. Handelnde Person

Die handelnde Person, der mittelbare Rechtsverletzer, muss das Geschäftsgeheimnis von dem **66** Dritten erlangt haben. Nach dem Wortlaut der RL (EU) 2016/943 muss die Person „unmittelbar oder mittelbar über eine andere Person in den Besitz des Geschäftsgeheimnisses gelangt sein". Aus dieser Formulierung folgt, dass nicht nur Fälle des **direkten Bezugs** von einem Dritten erfasst werden, sondern auch der Bezug des Geschäftsgeheimnisses über weitere Dritte als **Mittelspersonen.**

Ob ein **Erlangen** des Geschäftsgeheimnisses vorliegt, richtet sich nach den in § 4 I genannten **67** Kriterien (→ Rn. 9 ff.).

Weiterhin muss die handelnde Person selbst eine (unmittelbare) rechtsverletzende Handlung in **68** Form des Erlangens, Nutzens oder Offenlegens verwirklicht haben. Dies richtet sich nach den Kriterien aus § 4 I und II.

3. Wissen oder Wissenmüssen

In der Person des Handelnden ist ein **subjektives Element** erforderlich. Dieses ist Teil des **69** Verletzungstatbestands und daher auch bei verschuldensunabhängigen Ansprüchen zu prüfen. Die handelnde Person muss das Geschäftsgeheimnis erlangt haben, obwohl sie wusste oder hätte wissen müssen, dass die andere Person das Geschäftsgeheimnis entgegen § 4 II – oder durch Verwirklichung eines vergleichbaren Verletzungstatbestands nach altem Recht (→ Rn. 64) – genutzt oder offengelegt hat.

Ein **Wissen** liegt vor, wenn die handelnde Person Kenntnis davon hatte, dass der Dritte einen **70** Tatbestand gemäß § 4 II verwirklicht hat. Dies entspricht den Anforderungen an ein **vorsätzliches Verhalten.** Demgegenüber ist davon auszugehen, dass eine Person von der Rechtsverletzung „wissen müsste", wenn die Unkenntnis auf **Fahrlässigkeit** beruht, also bei Anlegung der im Verkehr erforderlichen Sorgfalt (vgl. § 276 II BGB) die Rechtsverletzung hätte erkannt werden können und müssen (Ohly GRUR 2019, 441 (447)). Von einem Wissenmüssen ist insbesondere auch dann auszugehen, wenn sich die handelnde Person der Einsicht verschließt, dass das erlangte Geschäftsgeheimnis auf ein unerlaubtes Nutzen oder Offenlegen zurückzuführen ist (so auch LG Kempten MMR 2021, 581 Rn. 57).

Aus der RL (EU) 2016/943 folgt, dass bei der Frage des Wissenmüssens die **konkreten** **71** **Umstände** mit zu berücksichtigen sind („unter den gegebenen Umständen hätte wissen müssen"). Dies lässt erkennen, dass der anzulegende Sorgfaltsmaßstab **situationsabhängig** zu bestimmen ist. So trifft einen Unternehmer keine allgemeine und umfassende Nachforschungspflicht in Bezug auf die Herkunft von vertraulichen Informationen. Allerdings können konkrete Anhaltspunkte und Verdachtsmomente Anlass dazu geben, der Herkunft eines Geschäftsgeheimnisses intensiver nachzugehen. Dies kann bspw. der Fall sein, wenn sich der Dritte weigert, über den Ursprung oder den Bezug einer Information Auskunft zu geben. In einem solchen Verdachtsfall müssen im Rahmen des Möglichen und Zumutbaren Erkundigungen und ggf. auch Rechtsrat eingeholt werden (Ohly GRUR 2019, 441 (447)).

Das Wissen (Kenntnis) bzw. das Wissenmüssen (Kennenmüssen) setzt auch das **Bewusstsein** **72** **der Rechtswidrigkeit** der Vortat des Dritten voraus. Dies ergibt sich aus dem Wortlaut von Art. 4 IV RL (EU) 2016/943, wonach die handelnde Person „wusste oder unter den gegebenen Umständen hätte wissen müssen, dass sie unmittelbar oder mittelbar über eine andere Person in den Besitz des Geschäftsgeheimnisses gelangt war, die dieses rechtswidrig im Sinne des Absatzes 3 genutzt oder offengelegt hat". An einem Wissen bzw. einem Wissenmüssen fehlt es demzufolge, wenn die handelnde Person infolge eines nicht verschuldeten und unvermeidbaren Irrtums davon ausging, dass der Dritte das Geschäftsgeheimnis gemäß § 3 erlaubterweise nutzen oder offenlegen durfte oder dessen Verhalten von einem Ausnahmetatbestand des § 5 erfasst war.

73   Den maßgeblichen **Zeitpunkt** für die Kenntnis bzw. das Kennenmüssen bildet der Zeitpunkt bzw. Zeitraum der Verletzungshandlung, also des Erlangens, Nutzens oder Offenlegens des Geschäftsgeheimnisses. Erhält eine handelnde Person später von der vorausgegangenen Rechtsverletzung des Dritten Kenntnis (zB durch einen entsprechenden Hinweis des Inhabers des Geschäftsgeheimnisses), dann begründet dies allein keine mittelbare Rechtsverletzung. Wenn eine Person dagegen während einer noch andauernden Handlung von der Rechtsverletzung erfährt (zB im Rahmen einer bestehenden Geschäftsbeziehung mit dem Dritten), dann liegt ab dem Zeitpunkt der Kenntniserlangung bzw. des Kennenmüssens eine mittelbare Rechtsverletzung vor.

III. Handlungen in Bezug auf rechtsverletzende Produkte (§ 4 III 2)

74   § 4 III 2 richtet sich gegen die Nutzung eines Geschäftsgeheimnisses, wenn diese in der Herstellung, dem Anbieten, dem Inverkehrbringen oder der Einfuhr, der Ausfuhr oder der Lagerung für diese Zwecke von rechtsverletzenden Produkten besteht. Dieser Tatbestand soll die **„Fruchtziehung"** aus einer vorangegangenen Geheimnisverletzung verhindern. Im Unterschied zu § 4 III 1 muss die handelnde Person das Geschäftsgeheimnis selbst nicht erlangen. Dies ergibt sich aufgrund der dogmatisch fehlerhaften Umsetzung von § 4 III 2 als Beispielsfall des § 4 III 1 leider im deutschen Recht nicht eindeutig (krit. zur Umsetzung auch Ohly GRUR 2019, 441 (447)). Klarer ist insoweit Art. 4 V RL (EU) 2016/943, der einen **selbstständigen Verletzungstatbestand** enthält. Erfasst sind damit insbesondere die Fälle, in denen innerhalb einer Vertriebs- oder Lieferkette ein Unternehmen (zB der Hersteller eines Produkts) selbst ein Geschäftsgeheimnis verletzt, und ein Unternehmen auf anderer Stufe (zB der Händler) das rechtsverletzende Produkt sodann weiter vertreibt.

1. Rechtsverletzendes Produkt

75   Das Tatobjekt bildet ein rechtsverletzendes Produkt. Dieses wird in **§ 2 Nr. 4** definiert als „ein Produkt, dessen Konzeption, Merkmale, Funktionsweise, Herstellungsprozess oder Marketing in erheblichem Umfang auf einem rechtswidrig erlangten, genutzten oder offengelegten Geschäftsgeheimnis beruht". Zu den Einzelheiten → § 2 Rn. 121 ff.

2. Herstellen, Anbieten und Inverkehrbringen

76   Als unerlaubte Nutzungshandlungen erwähnt das Gesetz das Herstellen, Anbieten und Inverkehrbringen von rechtsverletzenden Produkten. Zum **Herstellen** gehört die Fertigung eines Produkts. Dies umfasst nicht nur das vertriebsfertige Endprodukt, sondern auch einzelne Bestandteile oder Elemente, zB einzelne Bauteile.

77   Als ein **Anbieten** sind alle Maßnahmen zu qualifizieren, die darauf ausgerichtet sind, das rechtsverletzende Produkt auf dem Markt zu vertreiben. Dies umfasst insbesondere die Werbung für ein Produkt und die Präsentation zum Zwecke des Absatzes. Gleiches gilt für Offerten zum Abschluss von Verträgen. Die bloße Präsentation eines Produkts auf einer Messe genügt hingegen nicht ohne weiteres, weil dabei noch unklar sein kann, ob das Produkt überhaupt auf den Markt gebracht werden soll (zB bei der Vorstellung einer Modellstudie oder eines Prototyps).

78   Zum **Inverkehrbringen** gehören schließlich alle Handlungen, durch die ein rechtsverletzendes Produkt in die Vertriebskette gelangt, zB die Belieferung von Groß- und Einzelhändlern und dergleichen.

3. Einfuhr, Ausfuhr oder Lagerung

79   Mit der Einfuhr, Ausfuhr oder Lagerung benennt das Gesetz Handlungen, die einem Anbieten und Inverkehrbringen von rechtsverletzenden Produkten typischerweise vorgelagert sind. Zur **Einfuhr** gehören alle Tätigkeiten, durch die ein rechtsverletzendes Produkt in den Binnenmarkt gelangt. Als **Ausfuhr** sind demgegenüber Maßnahmen anzusehen, durch die ein rechtsverletzendes Produkt aus dem Binnenmarkt in ein Drittland verschafft wird und/oder auf einen Drittmarkt gelangt. Nicht erfasst ist die bloße Durchfuhr von rechtsverletzenden Produkten. Zur **Lagerung** gehört die Aufbewahrung des rechtsverletzenden Produkts.

80   Die Einfuhr, Ausfuhr oder Lagerung muss zu dem **Zweck** erfolgen, ein rechtsverletzendes Produkt herzustellen, anzubieten oder in Verkehr zu bringen. Maßgeblich ist hierbei nicht der subjektive Wille des Handelnden, sondern die **objektiv** zu bestimmende Zielrichtung der Tätig-

keit. Besteht keine vertriebsbezogene Zielsetzung (zB bei der Lagerung zum Zwecke der Vernichtung), dann ist der Verletzungstatbestand nicht verwirklicht.

4. Wissen oder Wissenmüssen

Wie § 4 III 1 setzt § 4 III 2 ein **subjektives Element** in der Person des Handelnden voraus. **81** Es handelt sich um einen Teil des Verletzungstatbestands. Das Erfordernis des **Wissens** oder **Wissenmüssens** ergibt sich im deutschen Recht leider nur indirekt durch die Verbindung beider Tatbestände. Klarer ist die Formulierung der RL (EU) 2016/943, wonach das Herstellen, Anbieten oder Inverkehrbringen von rechtsverletzenden Produkten oder deren Einfuhr, Ausfuhr oder Lagerung für diese Zwecke eine rechtswidrige Nutzung eines Geschäftsgeheimnisses darstellt, „wenn die Person, die diese Tätigkeiten durchführt, wusste oder unter den gegebenen Umständen hätte wissen müssen, dass das Geschäftsgeheimnis rechtswidrig im Sinne des Absatzes 3 genutzt wurde". Die Anforderungen an das Wissen (Kenntnis) bzw. das Wissenmüssen (Kennenmüssen) entsprechen denen in § 4 III 1 (→ Rn. 69–73).

E. Rechtsfolgen

Hat eine Person eine unmittelbare oder mittelbare Rechtsverletzung iSv § 4 begangen, dann **82** ist sie Rechtsverletzer (§ 2 Nr. 3). Die Rechtsverletzung löst die **privatrechtlichen Ansprüche gemäß §§ 6 ff.** aus. Zudem kann – sofern die besonderen Voraussetzungen erfüllt sind – auch ein Straftatbestand gemäß **§ 23 I–IV** verwirklicht sein, sodass die handelnde Person **strafbar** ist.

F. Darlegungs- und Beweislast

Auszugehen ist von den allgemeinen Grundsätzen der Darlegungs- und Beweislast. Derjenige, **83** der eine Rechtsverletzung iSd § 4 geltend macht, muss darlegen und beweisen, dass die jeweiligen Voraussetzungen eines Verletzungstatbestands oder mehrerer Verletzungstatbestände erfüllt sind.

Ausnahmen

5 Die Erlangung, die Nutzung oder die Offenlegung eines Geschäftsgeheimnisses fällt nicht unter die Verbote des § 4, wenn dies zum Schutz eines berechtigten Interesses erfolgt, insbesondere

1. zur Ausübung des Rechts der freien Meinungsäußerung und der Informationsfreiheit, einschließlich der Achtung der Freiheit und der Pluralität der Medien;
2. zur Aufdeckung einer rechtswidrigen Handlung oder eines beruflichen oder sonstigen Fehlverhaltens, wenn die Erlangung, Nutzung oder Offenlegung geeignet ist, das allgemeine öffentliche Interesse zu schützen;
3. im Rahmen der Offenlegung durch Arbeitnehmer gegenüber der Arbeitnehmervertretung, wenn dies erforderlich ist, damit die Arbeitnehmervertretung ihre Aufgaben erfüllen kann.

Übersicht

Schrifttum: Böning/Heidfeld, Gesetzentwurf zum Schutz von Geschäftsgeheimnissen (GeschGehG) – Maulkorb zu Lasten der Beschäftigten und ihrer Interessenvertretungen, AuR 2018, 555; Bürkle, Whistleblowerschutz bei „unethischem" Verhalten?, CCZ 2018, 193; Dobler, Geschäftsgeheimnisschutz und investigativer Journalismus, 2023; Eufinger, EU-Geheimnisschutzrichtlinie und Schutz von Whistleblowern, ZRP 2016, 229; Gramlich/Lütke, § 5 Nr. 2 GeschGehG – Ethisch motivierte Durchbrechung von Geschäftsgeheimnissen?, wistra 2019, 480; Groß/Platzer, Whistleblowing: Keine Klarheit beim Umgang mit Informationen und Daten, NZA 2017, 1097; Meyer, LuxLeaks, Cum-Ex & Co – Neue Leitlinien des EGMR für Whistleblowing in transnationalen Kontexten und gesetzgeberischer Handlungsbedarf, JZ 2023, 261; Müllmann, Mehr als nur Whistleblowing: Gesetz zum Schutz von Geschäftsgeheimnissen, ZRP 2019; 25; Reinhardt-Kasparek/Kaindl, Whistleblowing und die EU-Geheimnisschutzrichtlinie – Ein Spannungsverhältnis zwischen Geheimnisschutz und Schutz der Hinweisgeber?, BB 2018, 1332; Schmitt, Whistleblowing revisited – Anpassungs- und Regelungsbedarf im deutschen Recht. Zugleich ein Beitrag zu den arbeitsrechtlichen Auswirkungen der Geheimnisschutzrichtlinie, RdA 2017, 365; Trebeck/Schulte-Wissermann, Die Geheimnisschutzrichtlinie und deren Anwendbarkeit – Auswirkungen auf Compliance und Whistleblowing im deutschen Arbeitsrecht, NZA 2018, 1175; von Busekist/Racky, Hinweisgeber- und Geschäftsgeheimnisschutz – ein gelungener Referentenentwurf?, ZRP 2018, 135; s. ferner allg. bei Vor § 1.

A. Allgemeines

1   Der Schutz von Geschäftsgeheimnissen kann im Einzelfall mit anderen von der Rechtsordnung geschützten Interessen kollidieren. Dies gilt bspw., wenn im Rahmen einer die Öffentlichkeit besonders berührenden Medienberichterstattung ein Geschäftsgeheimnis offenbart wird. In diesem Fall kollidiert das Interesse an einem Schutz des Geschäftsgeheimnisses mit dem allgemeinen Informationsinteresse der Öffentlichkeit. Besteht ein überwiegendes Interesse, dann muss der Schutz des Geschäftsgeheimnisses ggf. dahinter zurücktreten. § 5 regelt solche Ausnahmen vom Schutz der Geschäftsgeheimnisse. Die Vorschrift enthält Tatbestände, in denen ein Verhalten, das an sich alle Voraussetzungen einer Rechtsverletzung iSd § 4 verwirklicht, aus Gründen des **Schutzes eines übergeordneten Interesses** ausnahmsweise zulässig ist.

I. Normzweck und Normstruktur

2   § 5 enthält **den Tatbestand einer Rechtsverletzung nach § 4 ausschließende Ausnahmeregelungen.** In ihrer Funktion stehen diese Ausnahmetatbestände den urheberrechtlichen Schrankenregelungen nahe, da sie den Schutz des Geschäftsgeheimnisses sachlich beschränken (anders Ohly GRUR 2019, 441 (447): „der Sache nach Rechtfertigungsgründe"). Diese Einschränkungen gelten jedoch nicht pauschal, sondern nur im jeweiligen Einzelfall. Sie haben zugleich die Funktion, den Schutz von Geschäftsgeheimnissen mit anderen Wertungen der

Rechtsordnung in Einklang zu bringen und damit den sachlichen Schutzbereich des GeschGehG zu präzisieren und zu konkretisieren.

Innerhalb der Regelung ist zwischen **drei Tatbeständen** (Nr. 1–3) zu unterscheiden. Dieser **3** Katalog ist dem Wortlaut nach nicht abschließend („insbesondere"). Über die ausdrücklich genannten Tatbestände hinaus kommt eine Ausnahme auch zum Schutz eines sonstigen „berechtigten Interesses" in Betracht. Diese offene Formulierung im Eingangssatz von § 5 dient in der Sache der Umsetzung von Art. 5 lit. d RL (EU) 2016/943 (→ Rn. 57 ff.).

Den Ausnahmetatbeständen des § 5 ist gemeinsam, dass sie jeweils dem Schutz eines berech- **4** tigten Interesses dienen, das mit dem Geschäftsgeheimnisschutz kollidiert. Ein solches berechtigtes Interesse kann jedes von der Rechtsordnung gebilligte Interesse sein. Es kann sich sowohl um **Interessen wirtschaftlicher als auch ideeller Art** handeln, sofern diese von der Rechtsordnung anerkannt sind. Geschützt sein können sowohl eigene Interessen wie die Durchsetzung von Ansprüchen oder die Abwehr von Beeinträchtigungen wie auch die Verfolgung legitimer Gruppeninteressen (Begr. RegE, BT-Drs. 19/4724, 28).

Der in § 5 vorangestellte Hinweis auf ein berechtigtes Interesse könnte zu der Annahme **5** verleiten, dass das Bestehen eines solchen Interesses neben den jeweiligen Tatbestandsvoraussetzungen von § 5 Nr. 1–3 stets noch als eine gesonderte Voraussetzung zu prüfen ist. Ein solches Vorgehen stünde jedoch im Widerspruch zu den Vorgaben aus Art. 5 RL (EU) 2016/943, die eine solche Prüfung gerade nicht vorsehen. Vielmehr handelt es sich bei den in § 5 Nr. 1–3 genannten Ausnahmetatbeständen um Regelungen, die jeweils für sich genommen bereits dem Schutz eines berechtigten Interesses dienen. Es findet **keine Doppelkontrolle** eines berechtigten Interesses statt (Alexander AfP 2019, 1 (6 f.); Hauck AfP 2021, 193 (199)). Eigenständige Bedeutung kommt daher dem berechtigten Interesse als Tatbestandsmerkmal nur zu, soweit es um Handlungen geht, die nicht von § 5 Nr. 1–3 erfasst sind und die nach der Regelungsstruktur der Richtlinie unter Art. 5 lit. d RL (EU) 2016/943 zu subsumieren sind → Rn. 61.

II. Entstehung

Einzelfallbezogene Ausnahmetatbestände vom Geheimnisschutz gab es im alten Recht in einer **6** § 5 vergleichbaren Form nicht. Der **RefE** hatte die Umsetzung von Art. 5 RL (EU) 2016/943 in § 3 vorgesehen. Abweichend von der Richtlinie wurde dort jedoch von Rechtfertigungsgründen gesprochen. Der **RegE** (BT-Drs. 19/4724) hielt an diesem Regelungsansatz fest. Dies stieß in den Stellungnahmen und auch in der Sachverständigenanhörung auf **Kritik.** In den Ausschussberatungen erfolgten deswegen mehrere Änderungen: Die Rechtfertigungsgründe wurden zu Tatbestandsausnahmen umgestaltet (Beschlussempfehlung und Bericht, BT-Drs. 19/8300, 14). Die amtliche Überschrift („Ausnahmen") wurde aus Art. 5 RL (EU) 2016/943 übernommen. Um die tatbestandsausschließende Wirkung des § 5 zu unterstreichen, wurde in § 2 Nr. 3 die klarstellende Ergänzung aufgenommen, dass kein Rechtsverletzer ist, „wer sich auf eine Ausnahme nach § 5 berufen kann".

Den Hintergrund dieser Anpassungen bildeten insbesondere von Medienvertretern vor- **7** gebrachte Bedenken. Sie befürchteten, das Gesetz könne einen **abschreckenden Effekt auf Journalisten** entfalten, wenn eine Handlung in Ausübung der Meinungs-, Informations- und Medienfreiheiten als eine tatbestandliche Geheimnisverletzung zu qualifizieren sei (Beschlussempfehlung und Bericht, BT-Drs. 19/8300, 14). Nahrung hatten diese Bedenken durch ein Ermittlungsverfahren gegen einen Journalisten wegen der Verletzung von Geschäftsgeheimnissen gefunden, das in zeitlicher Koinzidenz mit dem Gesetzgebungsverfahren stattfand (dazu näher Hauck AfP 2021, 193).

III. Funktion und Auslegung

§ 5 hat innerhalb des Geschäftsgeheimnisschutzes **mehrere Funktionen.** Erstens schafft die **8** Vorschrift eine Rechtsgrundlage für den Ausgleich von Interessenkonflikten. Zweitens benennt sie mögliche Konfliktbereiche und Interessen, die mit dem Schutz von Geschäftsgeheimnissen in ein Spannungsverhältnis geraten können. Drittens gibt die Norm dem Rechtsanwender Kriterien an die Hand, um die jeweiligen Interessenkonflikte aufzulösen. Hierdurch schafft die Vorschrift einen erheblichen **Zugewinn an Rechtstransparenz** im Vergleich zur alten Rechtslage.

Die Auslegung von § 5 hat von den allgemeinen Grundsätzen auszugehen. Aufgrund der **9** Vorgaben aus Art. 5 RL (EU) 2016/943 kommt der **richtlinienkonformen Auslegung** besondere Bedeutung zu. Angesichts des **vollharmonisierenden Charakters von Art. 5 RL (EU) 2016/943** ist der Auslegungsspielraum im nationalen Recht begrenzt. Insbesondere sind die Schaffung oder Beibehaltung von über Art. 5 RL (EU) 2016/943 hinausgehenden Ausnahmetatbeständen, die den Schutz eines Geschäftsgeheimnisses einschränken, nicht zulässig.

10   Ein allgemeiner Grundsatz, wonach die Ausnahmetatbestände des § 5 stets eng auszulegen sind, besteht nicht (vgl. dagegen für urheberrechtliche Schrankenbestimmungen: BGH GRUR 1993, 822 (823) – Katalogbild; GRUR 1994, 45, 47 – Verteileranlagen; GRUR 1994, 800, 802 – Museumskatalog). Vielmehr müssen die jeweils kollidierenden Interessen so in Ausgleich gebracht werden, dass sie möglichst in einem weiten Umfang zur Geltung kommen können. Dies erfordert die Herstellung von **praktischer Konkordanz.**

IV. Anwendungsbereich

11   Die Ausnahmetatbestände des § 5 gelten im gesamten **persönlichen und sachlichen Anwendungsbereich des GeschGehG.** Sie sind nicht auf die private Rechtsdurchsetzung nach §§ 4, 6 ff. beschränkt, sondern auch bei der Anwendung der Strafnormen gemäß § 23 zu beachten. Außerhalb des GeschGehG findet § 5 dagegen keine unmittelbare Anwendung. So gelten die Ausnahmetatbestände bspw. nicht für Verletzungen des Eigentums (BGH BeckRS 2022, 13969 Rn. 48). Jedoch können die Wertungen des § 3 zu berücksichtigen sein, um Wertungskonflikte zu vermeiden, etwa im Zusammenhang mit dem lauterkeitsrechtlichen Nachahmungsschutz gemäß § 4 Nr. 3 UWG oder dem Schutz vor gezielten Behinderungen gemäß § 4 Nr. 4 UWG.

V. Verhältnis zu anderen Vorschriften

12   Während § 5 stets eine einzelfallbezogene Betrachtung erfordert, enthält **§ 3** einen Positivkatalog von stets erlaubten Verhaltensweisen. Näher zur Abgrenzung dieser beiden Tatbestände → § 3 Rn. 8.

B. Ausübung der Meinungs-, Informations- und Medienfreiheit (§ 5 Nr. 1)

13   Die Erlangung, die Nutzung oder die Offenlegung eines Geschäftsgeheimnisses fällt gemäß § 5 Nr. 1 nicht unter die Verbote des § 4, wenn dies zum Schutz eines berechtigten Interesses erfolgt, insbesondere zur Ausübung des Rechts der freien Meinungsäußerung und der Informationsfreiheit, einschließlich der Achtung der Freiheit und der Pluralität der Medien.

I. Einordnung der Regelung und unionsrechtliche Vorgaben

14   § 5 Nr. 1 dient dem Schutz der Ausübung der Kommunikationsgrundrechte, die für das Unionsrecht in Art. 11 GRCh verankert sind. Die Vorschrift beruht auf dem Gedanken, dass der Schutz von Geschäftsgeheimnissen mit dem Schutz der Meinungs-, Informations- und Medienfreiheit in ein **Spannungsverhältnis** geraten kann (Alexander AfP 2017, 469 ff.; Brost/Wolsing ZUM 2019, 898 ff.). Dies betrifft insbesondere, aber keineswegs nur, den **investigativen Journalismus** (Alexander AfP 2019, 1 ff.; zum Begriff Dobler S. 61 ff.). Journalistische Tätigkeit kann den Schutz von Geschäftsgeheimnissen gefährden, doch kann eine solche Gefährdung im konkreten Einzelfall aufgrund eines überwiegenden öffentlichen Informationsinteresses zulässig sein.

15   Bei den in Art. 11 GRCh verankerten Grundrechten handelt es sich um **grundlegende Werte,** die für eine demokratisch und pluralistisch verfasste Gesellschaft von fundamentaler Bedeutung sind. Es wäre nicht akzeptabel, wenn der Schutz von Geschäftsgeheimnissen die Ausübung dieser Grundrechte stets einschränken könnte, ohne dass eine Interessenabwägung im Einzelfall erfolgt. Der Unionsgesetzgeber wollte durch die Aufnahme eines speziellen Ausnahmetatbestands für Medien insbesondere sicherstellen, dass die Medienschaffenden über die zur Ausübung ihrer Tätigkeit notwendigen Handlungsfreiräume verfügen. § 5 Nr. 1 steht in einem engen Sachzusammenhang mit § 1 III Nr. 2.

16   Konkret setzt § 5 Nr. 1 die Vorgaben aus **Art. 5 lit. a RL (EU) 2016/943** um. Diese Richtlinienvorschrift lautet:

„Die Mitgliedstaaten stellen sicher, dass ein Antrag auf die in dieser Richtlinie vorgesehenen Maßnahmen, Verfahren und Rechtsbehelfe abgelehnt wird, wenn der angebliche Erwerb oder die angebliche Nutzung oder Offenlegung des Geschäftsgeheimnisses in einem der folgenden Fälle erfolgt ist:

a) zur Ausübung des Rechts der freien Meinungsäußerung und der Informationsfreiheit gemäß der Charta, einschließlich der Achtung der Freiheit und der Pluralität der Medien".

Ergänzend heißt es im **ErwGr. 19 RL (EU) 2016/943:**   **17**

„Diese Richtlinie sieht zwar Maßnahmen und Rechtsbehelfe vor, die darin bestehen können, dass die Offenlegung von Informationen verhindert wird, um Geschäftsgeheimnisse zu schützen, doch darf die Ausübung des Rechts auf Freiheit der Meinungsäußerung und Informationsfreiheit, das sich gemäß Artikel 11 der Charta der Grundrechte der Europäischen Union (im Folgenden „Charta") auch auf die Freiheit der Medien und ihre Pluralität erstreckt, keinesfalls eingeschränkt werden, insbesondere was den investigativen Journalismus und den Schutz der journalistischen Quellen anbelangt."

II. Meinungs-, Informations- und Medienfreiheit gemäß Art. 11 GRCh und Art. 10 EMRK

§ 5 Nr. 1 bezieht sich auf alle in Art. 11 GRCh festgeschriebenen Grundrechte, also die **18** Medien- und Kommunikationsgrundrechte. Dabei handelt es sich im Einzelnen um das Recht auf freie Meinungsäußerung (Art. 11 I 1 GRCh), das sowohl die **Meinungsfreiheit** als auch die **Informationsfreiheit** einschließt, also die Freiheit, Informationen und Ideen ohne behördliche Eingriffe und ohne Rücksicht auf Staatsgrenzen empfangen und weitergeben zu können (Art. 11 I 2 GRCh). Art. 11 II GRCh umfasst darüber hinaus den **Schutz der Freiheit** und die **Achtung der Pluralität der Medien.** Die Bezugnahme auf die Medien- und Kommunikationsgrundrechte umfasst den gesamten **persönlichen und sachlichen Schutzbereich des Art. 11 GRCh.** Sie erstreckt sich damit auf alle Verhaltensweisen, die von diesen Grundrechten erfasst sind.

Zu den **Medien** gehören nicht nur die Medienunternehmen (zB Verlage, Rundfunkver- **18a** anstalter, Anbieter von journalistisch-redaktionellen Telemedien), sondern auch die jeweiligen Medienschaffenden (wie Journalisten, Redakteure usw.). Der weite Medienbegriff des Art. 11 GRCh umfasst neben den herkömmlichen Massenmedien (Printmedien; Rundfunk) auch internetbasierte Angebote, die eine publizistische, also auf eine Teilnahme am öffentlichen Meinungsbildungsprozess gerichtete Zielsetzung verfolgen (vgl. Hauck AfP 2021, 193 (199)). Die Zuordnung von einzelnen Inhalten (zB Blog-Beiträgen) zu Medien kann zweifelhaft sein. Da § 5 Nr. 1 aber neben Medien auch die individuelle Kommunikationsfreiheit schützt und keine qualitativen Abstufungen vorsieht, ist die Unterscheidung zwischen Medien- und Individualkommunikation für § 5 Nr. 1 nur von untergeordneter Bedeutung (Hauck AfP 2021, 193 (199)).

Die Heranziehung und Auslegung von Art. 11 GRCh erfolgt unter Berücksichtigung der **19** Wertungen und Grundsätze, die für **Art. 10 EMRK** gelten. Zwar ist die EU der EMRK bislang nicht beigetreten. Jedoch legt Art. 52 III GRCh fest, dass die in der GRCh verankerten Rechte, die den durch die EMRK garantierten Rechten entsprechen und die gleiche Bedeutung und Tragweite haben, wie sie ihnen in der Konvention verliehen wird. Dem steht nicht entgegen, dass das Unionsrecht einen weiter gehenden Schutz gewähren kann. Für die konkrete Rechtsanwendung bedeutet dies, dass insbesondere die umfangreiche Rspr. des EGMR zu Art. 10 EMRK als Erkenntnishilfe herangezogen werden kann.

III. Grundrechtsschranken

Die Ausübung der durch Art. 11 GRCh gewährleisteten Grundrechte unterliegt ihrerseits **20** Einschränkungen. Die gesetzliche Gesamtbezugnahme auf diese Grundrechte ist dahingehend zu verstehen, dass auch die in der GRCh geregelten **Schrankenbestimmungen** zur Anwendung kommen. Es reicht daher für den Ausnahmetatbestand nicht aus, wenn sich eine Person lediglich auf das Grundrecht beruft, sondern die Ausübung des Grundrechts muss im Einzelfall in Übereinstimmung mit den Vorgaben der Charta erfolgen (Begr. RegE, BT-Drs. 19/4724, 29). Erforderlich ist eine Abwägung der in Konflikt stehenden Interessen im Einzelfall.

Zulässige Einschränkungen der Mediengrundrechte kommen unter zwei Gesichtspunkten in **21** Betracht (vgl. auch Begr. RegE, BT-Drs. 19/4724, 28 f.; Brost/Wolsing ZUM 2019, 898 (901)): Nach **Art. 52 I GRCh** müssen Einschränkungen der in der Charta enthaltenen Grundrechte den Wesensgehalt der garantierten Rechte achten und dürfen unter Wahrung des Grundsatzes der Verhältnismäßigkeit nur aus Gründen des Gemeinwohls oder zum Schutz der Rechte und Freiheiten anderer vorgenommen werden. Aus **Art. 52 III 1 GRCh** folgt zudem, dass die Schranken aus Art. 10 EMRK zu beachten sind. Gemäß **Art. 10 II EMRK** ist die Ausübung der in Art. 10 I EMRK verankerten Freiheiten mit Pflichten und Verantwortung verbunden; sie kann daher Formvorschriften, Bedingungen, Einschränkungen oder Strafdrohungen unterworfen werden, die gesetzlich vorgesehen und in einer demokratischen Gesellschaft notwendig sind. Einschränkungen unter diesen Voraussetzungen sind insbesondere möglich zum Schutz des guten Rufes oder der Rechte anderer und zur Verhinderung der Verbreitung vertraulicher Informationen.

22   Für die konkrete Rechtsanwendung folgt daraus, dass die Ausübung der durch Art. 11 GRCh iVm Art. 10 EMRK gewährleisteten Grundrechte keinen „Freibrief" für den Umgang mit Geschäftsgeheimnissen schafft. Die journalistische Recherche ist ebenso wenig wie die redaktionelle Berichterstattung generell vom Anwendungsbereich des GeschGehG ausgenommen. Auch gilt kein allgemeiner Vorrang der Ausübung der Kommunikationsfreiheiten gegenüber dem ebenfalls durch die Grundrechte abgesicherten Schutz von Geschäftsgeheimnissen. Umgekehrt räumt das GeschGehG dem Geheimnisschutz keinen generellen Vorrang gegenüber den Kommunikationsfreiheiten ein. Das Gesetz verlangt einen **Interessenausgleich im Einzelfall,** wobei der besonderen Bedeutung der Kommunikationsfreiheiten angemessen Rechnung zu tragen ist (Ohly GRUR 2019, 441 (447)). Bei der dafür notwendigen Interessenabwägung ist insbesondere zu berücksichtigen, ob die Verletzung eines Geschäftsgeheimnisses (zB durch ein Offenlegen des Geheimnisses gegenüber der Allgemeinheit innerhalb einer redaktionellen Berichterstattung) durch ein öffentliches Informationsinteresse gedeckt ist. Von besonderer Bedeutung ist dabei insbesondere der **Schutz journalistischer Quellen** (vgl. EGMR BeckRS 2012, 18728 Rn. 39 – Goodwin).

23   Der im Unionsrecht fest verankerte **Grundsatz der Verhältnismäßigkeit** verlangt nach der Rspr. des EuGH die Prüfung, ob die zu beurteilenden Maßnahmen zur Erreichung der mit der betreffenden Regelung verfolgten legitimen Ziele geeignet sind und nicht über die Grenzen dessen hinausgehen, was zur Erreichung dieser Ziele erforderlich ist, wobei, wenn mehrere geeignete Maßnahmen zur Auswahl stehen, die am wenigsten belastende zu wählen ist und die dadurch bedingten Nachteile in angemessenem Verhältnis zu den angestrebten Zielen stehen müssen (EuGH ECLI:EU:C:2016:325 = BeckRS 2016, 80849 Rn. 165 – Philip Morris Brands ua).

C. Whistleblowing (§ 5 Nr. 2)

24   Neben dem Schutz der Grundrechte aus Art. 11 GRCh gehörte die in § 5 Nr. 2 geregelte Ausnahme für Whistleblower zu den im Gesetzgebungsverfahren besonders intensiv diskutierten Bestimmungen des GeschGehG (s. nur Reinhardt-Kasparek/Kaindl BB 2018, 1332 ff.; von Busekist/Racky ZRP 2018, 135 ff.; Müllmann ZRP 2019, 25 f.; Trebeck/Schulte-Wissermann NZA 2018, 1175 ff.; eingehend Dobler S. 433 ff.; Schick S. 109 ff. und Reinfeld Neues Gesch-GehG § 3). Die Erlangung, die Nutzung oder die Offenlegung eines Geschäftsgeheimnisses ist danach erlaubt, wenn dieses Verhalten „zur Aufdeckung einer rechtswidrigen Handlung oder eines beruflichen oder sonstigen Fehlverhaltens" erfolgt und „die Erlangung, Nutzung oder Offenlegung geeignet ist, das allgemeine öffentliche Interesse zu schützen". Das GeschGehG will es ermöglichen, dass **Verstöße gegen die Rechtsordnung** oder **Missstände aufgezeigt** werden können, auch wenn dies Geschäftsgeheimnisse beeinträchtigt. Bereits nach altem Recht war problematisch und umstritten, ob ein Whistleblowing von §§ 17–19 UWG aF erfasst sein konnte (Engländer/Zimmermann NZWiSt 2012, 328 ff.).

25   Praktisch ist der Ausnahmetatbestand für das Whistleblowing vor allem als ein **rechtspolitisches Signal** zu verstehen. Die tatsächliche Anwendungsbereich von § 5 Nr. 2 ist hingegen bislang überschaubar. Denn vertrauliche Informationen über das rechtswidrige Verhalten eines Unternehmens genießen schon als solche mangels eines berechtigten Interesses gemäß § 2 Nr. 1 lit. c keinen Schutz, sodass es in diesen Fällen auf § 5 Nr. 2 gar nicht ankommt (→ § 2 Rn. 78–82). Der Anwendungsbereich der Vorschrift erstreckt sich damit nur auf Konstellationen, in denen ein legitimes Geschäftsgeheimnis vorliegt und dieses im Zusammenhang mit der Aufdeckung eines Rechtsverstoßes oder eines Fehlverhaltens steht. **Beispiel:** Der Mitarbeiter eines Unternehmens legt offen, dass sein Arbeitgeber in ein Preiskartell eingebunden war. Hier

fehlt es bereits an einem geschützten Geschäftsgeheimnis. Offenbart er dagegen eine vertrauliche Liste mit Kunden, die Produkte zu kartellbedingt überhöhten Preisen bezogen hat, dann kann es sich um ein geschütztes Geschäftsgeheimnis handeln und es ist zu prüfen, ob die Offenlegung der Kundendaten von § 5 Nr. 2 gedeckt ist.

Im Vergleich zu § 5 Nr. 2 größere Bedeutung für das Whistleblowing dürfte in der Praxis **25a** dem **Hinweisgeberschutz** nach dem HinSchG zukommen. Dieser Schutz ist von § 5 Nr. 2 zu unterscheiden. Das HinSchG enthält spezielle Regelungen, wann und unter welchen Voraussetzungen ein Melden (§ 3 IV HinSchG) und Offenlegen (§ 3 V HinSchG) in Bezug auf die in § 2 HinSchG genannten Rechtsverletzungen zulässig ist. Nach dem HinSchG zulässige Verhaltensweisen unterfallen nach der Systematik des GeschGehG dem Erlaubnistatbestand des § 3 II (→ § 3 Rn. 64a und 64b).

I. Einordnung der Regelung und unionsrechtliche Vorgaben

Als Whistleblowing werden – kurz gesagt – solche Verhaltensweisen bezeichnet, in denen **26** Personen vertrauliche Informationen weitergeben und/oder veröffentlichen, um dadurch auf Rechtsverletzungen, Fehlverhalten oder Missstände hinzuweisen und diese Umstände aufzudecken (vgl. zum Begriff Reinhardt-Kasparek/Kaindl BB 2018, 1332; Schick S. 5 ff.; Ullrich NZWiSt 2019, 65). Typischerweise handelt es sich um Personen, die für ein Unternehmen oder eine sonstige Institution tätig sind und deswegen über internes Wissen sowie Einblicke in interne Abläufe und Strukturen verfügen. In diesem Sinne definiert auch Art. 5 Nr. 7 RL (EU) 2019/ 1937 (Whistleblower-RL) den **„Hinweisgeber"** als „eine natürliche Person, die im Zusammenhang mit ihren Arbeitstätigkeiten erlangte Informationen über Verstöße meldet oder offenlegt". Häufig führt erst ein Whistleblowing dazu, dass Rechtsverstöße oder sonstige Missstände entdeckt, benannt und abgestellt werden. Das Whistleblowing ist nicht allein auf den unternehmerischen Geheimnisschutz beschränkt, kann dort aber eine wichtige Rolle spielen. Strukturell ist zwischen einem internen **Whistleblowing** (zB durch einen Unternehmensmitarbeiter gegenüber einer organisationsinternen Stelle) und einem externen **Whistleblowing** (zB Offenbaren einer vertraulichen Information gegenüber einer Behörde oder gegenüber Medien) zu unterscheiden (vgl. Baranowski/Glaßl BB 2016, 2563 (2566); Eufinger ZRP 2016, 229). Im Zusammenhang mit Geschäftsgeheimnissen steht das externe Whistleblowing im Vordergrund, weil dieses typischerweise einen Verletzungstatbestand gemäß § 4 verwirklichen wird.

Das Whistleblowing betrifft eine **komplexe und schwierige Interessenlage,** die zudem **27** weit über den Schutz von Geschäftsgeheimnissen hinausreicht und zB auch arbeits- und datenschutzrechtliche Probleme aufwirft (dazu näher Groß/Platzer NZA 2017, 1097 ff.). Whistleblower können einerseits wesentlich dazu beitragen, dass Rechtsverstöße und sonstige missbilligenswerte Verhaltensweisen erkannt werden. Es handelt sich um ein rechtlich erwünschtes Verhalten und die Rechtsordnung muss für einen angemessenen Schutz des Whistleblowings Sorge tragen. Andererseits können Whistleblower-Aktivitäten Unternehmen sehr empfindlich treffen und nachhaltig schädigen. Gefährdungen drohen insbesondere, wenn sich das Whistleblowing als ganz oder teilweise unberechtigt erweist und vertrauliche Informationen zu Unrecht in die Öffentlichkeit gelangt sind. Die dadurch eingetretenen Nachteile können kaum ungeschehen gemacht werden.

§ 5 Nr. 2 schützt den Whistleblower, der sich häufig in einem schwierigen **Loyalitätskon- 28 flikt** befindet. Diese Person unterliegt einerseits vertraglichen und/oder gesetzlichen Verpflichtungen, die Vertraulichkeit von Informationen zu bewahren. Andererseits erkennt sie einen Rechtsverstoß oder ein Fehlverhalten, dessen Aufdeckung und Ahndung im öffentlichen Interesse liegen und geboten sein kann.

Das bloße **Enthüllen und öffentliche Zugänglichmachen** („Leaken") von vertraulichen **28a** Informationen ist von einem Whistleblowing gemäß § 5 Nr. 2 abzugrenzen (Hauck AfP 2021, 193 (202)). Erfolgt ein solches „Leaken" unabhängig von dem Aufdecken eines Missstands (→ Rn. 34 ff.) und ohne die Eignung zum Schutz des allgemeinen öffentlichen Interesses (→ Rn. 40 ff.), dann ist ein solches Verhalten nicht von § 5 Nr. 2 erfasst. Allerdings kann zu prüfen sein, ob sich die handelnde Person auf § 5 Nr. 1 berufen kann (Hauck AfP 2021, 193 (202)).

§ 5 Nr. 2 dient der **Umsetzung von Art. 5 lit. b RL (EU) 2016/943.** Diese Vorschrift **29** lautet wie folgt:

„Die Mitgliedstaaten stellen sicher, dass ein Antrag auf die in dieser Richtlinie vorgesehenen Maßnahmen, Verfahren und Rechtsbehelfe abgelehnt wird, wenn der angebliche Erwerb oder die angebliche Nutzung oder Offenlegung des Geschäftsgeheimnisses in einem der folgenden Fälle erfolgt ist: (...)

b) zur Aufdeckung eines beruflichen oder sonstigen Fehlverhaltens oder einer illegalen Tätigkeit, sofern der Antragsgegner in der Absicht gehandelt hat, das allgemeine öffentliche Interesse zu schützen".

30   Im **ErwGr. 20 RL (EU) 2016/943** wird dazu weiter ausgeführt:

„Die in dieser Richtlinie vorgesehenen Maßnahmen, Verfahren und Rechtsbehelfe sollten nicht dazu dienen, Whistleblowing-Aktivitäten einzuschränken. Daher sollte sich der Schutz von Geschäftsgeheimnissen nicht auf Fälle erstrecken, in denen die Offenlegung eines Geschäftsgeheimnisses insoweit dem öffentlichen Interesse dient, als ein regelwidriges Verhalten, ein Fehlverhalten oder eine illegale Tätigkeit von unmittelbarer Relevanz aufgedeckt wird. Das sollte nicht so verstanden werden, dass die zuständigen Gerichte daran gehindert seien, Ausnahmen von der Anwendung der Maßnahmen, Verfahren und Rechtsbehelfe in den Fällen zuzulassen, in denen der Antragsgegner allen Grund hatte, in gutem Glauben davon auszugehen, dass sein Verhalten den in dieser Richtlinie festgelegten angemessenen Kriterien entspricht."

31   Diese Regelungen der RL (EU) 2016/943 stehen in einem sachlichen Zusammenhang mit weiteren Maßnahmen der Union, die das Whistleblowing betreffen. Hinzuweisen ist insbesondere auf die **RL (EU) 2019/1937** (Whistleblower-RL). Die Vorgaben dieser Richtlinie waren von den Mitgliedstaaten bis zum 17.12.2021 umzusetzen (Art. 26 I RL (EU) 2019/1937). Allgemein zum Verhältnis dieser Richtlinie zu RL (EU) 2016/943 → Vor § 1 Rn. 31a.

32   Der Wortlaut in § 5 Nr. 2 weicht in mehrfacher Hinsicht von Art. 5 lit. b RL (EU) 2016/943 ab (krit. zur Umsetzung Rönnau FS Merkel, 2020, 909 (919 f.)). Im deutschen Recht ist von einer rechtswidrigen Handlung oder einem beruflichen oder sonstigen Fehlverhalten die Rede. Demgegenüber spricht die Richtlinie von einem beruflichen oder sonstigen Fehlverhalten oder einer illegalen Tätigkeit. Des Weiteren verlangt die Richtlinie ein Handeln in der „Absicht", das allgemeine öffentliche Interesse zu schützen. Demgegenüber ist im deutschen Recht die Eignung erforderlich, das allgemeine öffentliche Interesse zu schützen. Die hieraus resultierende Abweichung besteht allerdings nur im Verhältnis zur deutschen Sprachfassung der RL (EU) 2016/943. Demgegenüber stellen die englische Fassung („acted for the purpose of protecting the general public interest") und die französische Fassung („ait agi dans le but de protéger l'intérêt public général") eher auf einen Zweckbezug der Handlung ab. Dem entspricht die jetzige deutsche Gesetzesfassung sogar besser als die deutsche Sprachfassung der RL (EU) 2016/943.

33   Im Vergleich zur bisherigen Rechtslage, die keine spezielle Regelung zum Schutz von Whistleblowern vorsah, führt § 5 Nr. 2 zu einer deutlichen **Verbesserung der Rechtssituation** (Müllmann ZRP 2019, 25 (26); Trebeck/Schulte-Wissermann NZA 2018, 1175 (1180); krit. dagegen Bönning/Heidfeld AuR 2018, 555 (557 f.)), weil das Gesetz die Konfliktsituation des Whistleblowings nicht nur benennt, sondern auch Kriterien zur Lösung bereithält. Ungeachtet der damit verbundenen Auslegungsfragen liegt schon darin ein **Gewinn an Rechtssicherheit und Rechtstransparenz.**

II. Aufdeckung einer rechtswidrigen Handlung oder eines beruflichen oder sonstigen Fehlverhaltens

34   Ein nach § 5 Nr. 2 zulässiges Whistleblowing setzt zunächst voraus, dass die handelnde Person durch die Verletzung eines Geschäftsgeheimnisses eine rechtswidrige Handlung oder ein berufliches oder sonstiges Fehlverhalten des Unternehmers aufdeckt. Nicht von § 5 Nr. 2 erfasst sind Verstöße gegen das Unionsrecht, die in den Anwendungsbereich der RL (EU) 2019/1937 fallen. Nach der Regelungstechnik dieser Richtlinie gelten solche Verhaltensweisen bereits als rechtmäßig iSv Art. 3 II RL (EU) 2016/943. Sie sind daher nach deutschem Recht **§ 3 II** zuzuordnen (→ Rn. 25 sowie → § 3 Rn. 64a und 64b).

1. Rechtswidriges Verhalten

35   Wenngleich § 5 Nr. 2 nur von einer **rechtswidrigen Handlung** spricht, gilt der Tatbestand sowohl für Rechtsverstöße durch ein **aktives Tun** als auch durch ein **Unterlassen** (Rönnau FS Merkel, 2020, 909 (922)). Erfasst sind damit rechtswidrige Verhaltensweisen, also **Verstöße gegen die geltende Rechtsordnung,** wobei es um staatlich gesetztes Recht geht. Dies gilt unabhängig davon, ob das von der Rechtsordnung missbilligte Verhalten sanktionsbewehrt ist

(Hauck AfP 2021, 193 (202)). Erfasst sind Zuwiderhandlungen gegen das **Unionsrecht** (soweit nicht bereits die RL (EU) 2019/1937 einschlägig ist) und Zuwiderhandlungen gegen das Recht eines Mitgliedstaates. Im deutschen Recht sind Verstöße gegen **Verfassungsrecht, Bundes- und Landesrecht** sowie gegen **Verordnungen** und **Satzungen** erfasst (Keller/Schönknecht/Glinke/Glinke Rn. 74; Harte-Bavendamm/Ohly/Kalbfus/Ohly Rn. 36; Reinbacher, Handbuch des Strafrechts, 2019, § 57 Rn. 81). Neben dem geschriebenen Recht kommt auch ein Verstoß gegen ungeschriebenes Recht (zB Gewohnheitsrecht) in Betracht (Brammsen/Apel/Brammsen Rn. 70). Nicht den rechtswidrigen Handlungen zuzuordnen sind die Nichteinhaltung von Verträgen, die Missachtung von Branchengepflogenheiten und Handelsbräuchen, die Nichtbeachtung von Best-Practises-Standards oder Verstöße gegen Verhaltenskodizes. Bei diesen Verhaltensweisen ist aber zu prüfen, ob ein berufliches oder sonstiges Fehlverhalten vorliegt.

Maßgeblich für die Rechtswidrigkeit einer Handlung ist der **Zeitpunkt** des Whistleblowings. **35a** Deckt daher ein Whistleblower ein Verhalten auf, das erst später vom Gesetzgeber untersagt wird, dann entfaltet § 5 Nr. 2 keine Rückwirkung zugunsten des Whistleblowers. Umgekehrt kann sich der Whistleblower auch dann auf § 5 Nr. 2 berufen, wenn ein zunächst rechtswidriges Verhalten, das er aufdeckt, später vom Gesetzgeber legalisiert wird.

2. Berufliches Fehlverhalten

Das berufliche Fehlverhalten betrifft Verstöße gegen spezielle Berufsstandards. Unter einem **36** beruflichen Fehlverhalten ist nach den amtlichen Materialen ein **Verstoß gegen berufsständische Normen** zu verstehen (Begr. RegE, BT-Drs. 19/4724, 29). Dazu gehören Verstöße gegen besondere Bestimmungen des jeweiligen **Berufs- und Standesrechts** (zB berufsrechtliche Regelungen für Ärzte, Rechtsanwälte usw). Ebenfalls dem beruflichen Fehlverhalten zuzuordnen sind Verstöße gegen die Regeln des **Deutschen Corporate Governance Kodex** (Brockhaus ZIS 2020, 102 (115)).

Darüber hinaus können weitergehend auch Zuwiderhandlungen gegen **privatautonom ge- 37 setzte Regelwerke,** die sich an eine Mehrzahl von Adressaten richten, erfasst sein (diff. Keller/Schönknecht/Glinke/Glinke Rn. 79: nur nach Abwägung aller Umstände; zweifelnd Ohly GRUR 2019, 441 Fn. 68; für Zuordnung zum sonstigen Fehlverhalten Hoppe/Oldekop Geschäftsgeheimnisse/Lodemann/Tholuck Kap. 1 Rn. 553 und Harte-Bavendamm/Ohly/Kalbfus/Ohly Rn. 37). Zu solchen Regelwerken gehören zB durch Verbände aufgestellte **Wettbewerbsregeln** (vgl. §§ 24 ff. GWB) oder **Verhaltenskodizes** (vgl. § 2 I Nr. 10 UWG), zu deren Einhaltung sich ein Unternehmen freiwillig verpflichtet hat. Auszugehen ist dabei von der Überlegung, dass für Whistleblowing-Aktivitäten gerade dann ein besonderes Schutzbedürfnis besteht, wenn der aufgedeckte Missstand ein erhebliches Gewicht aufweist. In diesem Zusammenhang ist zu berücksichtigen, dass die Rechtsordnung Konformitätsaussagen in Bezug auf privatautonome Regelwerke der Selbstkontrolle besondere Bedeutung beimisst und Irreführungen über diese Umstände als unlautere Handlungen qualifiziert (§ 5 I, II Nr. 6 UWG und Nr. 1 und 3 Anhang UWG). Wenn das Gesetz aber das Vertrauen in privatautonom gesetzte Regelwerke besonders schützt, dann ist es nur konsequent, wenn etwaige Verstöße gegen solche Regelwerke als einem Rechtsverstoß gleichwertig erachtet werden. Folglich sind Verstöße gegen der Selbstregulierung dienende Regelwerke als ein berufliches Fehlverhalten anzusehen. Nicht dem beruflichen Fehlverhalten zuzuordnen sind Verletzungen von Pflichten in individuellen Vertragsverhältnissen (Harte-Bavendamm/Ohly/Kalbfus/Ohly Rn. 37).

3. Sonstiges Fehlverhalten

Der Begriff des **sonstigen Fehlverhaltens** ist aufgrund seiner Unschärfe sehr schwierig. Er **38** weist keine klaren Konturen auf. Teilweise wird dem Begriff die Funktion eines echten Tatbestandsmerkmals abgesprochen; es sei als Hinweis auf eine notwendige Interessenabwägung zu verstehen (Keller/Schönknecht/Glinke/Glinke Rn. 84). Nach den amtlichen Materialien sind dem sonstigen Fehlverhalten Aktivitäten zuzuordnen, die ein unethisches Verhalten darstellen, aber nicht notwendigerweise gegen Rechtsvorschriften verstoßen. Als **Beispiele** werden in der Gesetzesbegründung genannt: Auslandsaktivitäten eines Unternehmens, die in den betreffenden Ländern nicht rechtswidrig sind, aber dennoch von der Allgemeinheit als Fehlverhalten gesehen werden, wie zB Kinderarbeit oder gesundheits- oder umweltschädliche Produktionsbedingungen. Auch die systematische und unredliche Umgehung von Steuertatbeständen werde in der öffentlichen Diskussion häufig als unethisches Verhalten angesehen (Begr. RegE, BT-Drs. 19/4724, 29).

39   Dieser **weite Ansatz,** der in den Gesetzesmaterialien zum Ausdruck kommt, ist **abzulehnen.** Da § 5 Nr. 2 den Schutz von Geschäftsgeheimnissen einschränkt, muss eine solche Beschränkung auf der Grundlage von **nachvollziehbaren und transparenten Wertungen und Kriterien** legitimiert werden. Der Hinweis auf vage Vorstellungen der Allgemeinheit kann hierfür nicht genügen. Nicht alles, was in der Öffentlichkeit Anstoß erregen kann oder einer kritischen (und bisweilen auch schnell zur Empörung neigenden) öffentlichen Diskussion unterliegt, begründet bereits einen so massiven Vorwurf, dass dahinter die berechtigten Interessen des Inhabers des Geschäftsgeheimnisses zurücktreten müssen (iErg ebenso Harte-Bavendamm/Ohly/Kalbfus/Ohly Rn. 40). Man muss sich bewusst machen, dass ein einmal in die Öffentlichkeit gelangtes Geschäftsgeheimnis als wertvolle Position verloren ist. Die Bezugnahme auf die Ethik ist als Kriterium ebenfalls nicht geeignet, da sie zu einer wertungsmäßigen Überfrachtung des Whistleblower-Tatbestands führt (krit. auch Brammsen/Apel/Brammsen Rn. 76; Bürkle CCZ 2018, 193; Gramlich/Lütke wistra 2019, 480 (482 f.); Keller/Schönknecht/Glinke/Glinke Rn. 82; Passarge CB 2018, 144 (147); Rönnau FS Merkel, 2020, 909 (922 ff.); Ullrich NZWiSt 2019, 65 (69)). Die Entwicklung von **Fallgruppen** (Vorschläge dazu bei Hoppe/Oldekop Geschäftsgeheimnisse/Lodemann/Tholuck Kap. 1 Rn. 564 f.) kann zwar die Rechtsanwendung erleichtern, entbindet aber nicht von der gedanklich vorgelagerten Frage, welche Kriterien überhaupt maßgeblich sind.

39a   Neben den rechtswidrigen Handlungen und dem beruflichen Fehlverhalten hat das sonstige Fehlverhalten innerhalb des Tatbestands des § 5 Nr. 2 lediglich eine **ergänzende Funktion.** Das Merkmal darf daher nicht isoliert betrachtet, sondern es muss im Kontext der beiden anderen Varianten verstanden werden. Erforderlich ist eine **Wertungseinheit** zwischen diesen drei Verhaltensweisen. Davon ausgehend, ist ein sonstiges Fehlverhalten erst dann anzunehmen, wenn **kumulativ zwei Voraussetzungen** gegeben sind: **Erstens** muss das Verhalten nach seiner Art und Qualität **einem Rechtsverstoß oder einem beruflichen Fehlverhalten vergleichbar** sein. Es muss sich also um einen **Missstand** oder um eine **Fehlentwicklung** handeln, die in der Gesellschaft insgesamt oder bei einzelnen Gruppen nachteilige Auswirkungen entfalten kann. Davon abzugrenzen sind unerwünschte, unkorrekte oder anstößige Verhaltensweisen, die in der Öffentlichkeit (oder von einem Teil der Öffentlichkeit) möglicherweise als ärgerlich, störend oder unpassend empfunden werden. **Zweitens** muss es sich um ein Verhalten handeln, das einen **gewissen Schwere- und Intensitätsgrad** aufweist. Davon ist bspw. auszugehen, wenn ein Unternehmen **grundlegende Sozial- und Verhaltenskonventionen** missachtet, ganz bewusst **rücksichtslos** oder in **rechtlichen Grenzbereichen** agiert. Leitlinien können sich insbesondere aus **den Wertungen der Grund- und Menschenrechte** ergeben, wobei insbesondere die Wertungen der GRCh, der EMRK sowie des GG eine Orientierung ermöglichen (Harte-Bavendamm/Ohly/Kalbfus/Ohly Rn. 41 mit dem Beispiel des Verbots der Kinderarbeit gemäß Art. 32 GRCh).

39b   Die Feststellung, ob nach den → Rn. 39a genannten Kriterien ein sonstiges Fehlverhalten vorliegt, erfordert eine **objektiv-wertende Betrachtung** aus der Sicht eines verständigen Dritten. Nicht maßgeblich sind dagegen die persönlichen Überzeugungen des Whistleblowers. Wie schwierig die Grenzziehung im Einzelfall sein kann, zeigt die Entscheidung des OLG Oldenburg (BeckRS 2019, 29965; s. dazu auch Passarge/Scherbarth CB 2021, 49 (52)). Das Gericht bejahte ein Handeln zur Aufdeckung eines Fehlverhaltens in einem Fall, in dem eine Person auf die **Exportpraxis eines Unternehmens** hinwies. Konkret ging es um die Information darüber, dass dieses Unternehmen Giftstoffe in die USA exportierte, die dort auch zur Vollstreckung der Todesstrafe verwendet wurden. Das OLG sah darin „ein ethisch zu missbilligendes Verhalten". Leider fehlen in der Entscheidung nähere Aussagen zu den weiteren Voraussetzungen des § 5 Nr. 2, sodass die Entscheidung schon deswegen nicht überzeugt (krit. auch Passarge/Scherbarth CB 2021, 49 (52)).

4. Aufdecken

39c   Ein Handeln „zur Aufdeckung" ist gegeben, wenn die rechtswidrige Handlung, das berufliche oder sonstige Fehlverhalten **gegenüber einzelnen Personen, Institutionen, Einrichtungen, privaten oder öffentlichen Stellen oder der Öffentlichkeit kommuniziert** wird bzw. werden soll. Der Tatbestand ist daher nicht auf öffentlichkeitswirksame Aktionen (zB das Aufdecken von Missständen durch die Medien) beschränkt (Hiéramente/Wagner GRUR 2020, 709 (713)). Diese Auslegung entspricht den Regelungen in der RL (EU) 2019/1937, die nach Art. 5 Nr. 3 und 6 zwischen einer mündlichen oder schriftlichen Mitteilung von Rechtsverstößen

(„Meldung" oder „melden") und einem öffentlichen Zugänglichmachen von Informationen („Offenlegung" oder „offenlegen") unterscheidet.

Das Aufdecken umfasst das tatbestandliche **Offenlegen** von geschützten Informationen sowie **39d** das dem Offenlegen ggf. vorgelagerte **Erlangen** der vertraulichen Information (aA Hauck AfP 2021, 193 (202): nur Offenlegung privilegiert). Wäre das Erlangen nicht von § 5 Nr. 1 erfasst, dann wäre ein Whistleblower nur unzureichend geschützt. Dagegen geht es zu weit, wenn § 5 Nr. 2 auch auf die Nutzung des Geschäftsgeheimnisses ausgedehnt wird (so Begr. RegE, BT-Drs. 19/4724, 29). Denn die Privilegierung des Whistleblowings soll nicht einer kommerziellen Verwertung von Informationen den Weg bahnen.

III. Eignung zum Schutz des allgemeinen öffentlichen Interesses

1. Allgemeines öffentliches Interesse

Die Handlung der Person muss dazu geeignet sein, das allgemeine öffentliche Interesse zu **40** schützen. Aus der besonderen Erwähnung dieses Interesses ist zu schlussfolgern, dass das generelle Interesse der Öffentlichkeit, von Rechtsverstößen und sonstigen Missständen zu erfahren, für § 5 Nr. 2 noch nicht genügt, denn anderenfalls wäre dieses Tatbestandsmerkmal überflüssig. Von einem allgemeinen öffentlichen Interesse ist auszugehen, wenn **gewichtige Belange der Allgemeinheit** berührt sind (Alexander WRP 2017, 1034 (1043 f.)). In diesem Tatbestandsmerkmal manifestiert sich der Gedanke, dass der individuelle Schutz des Geschäftsgeheimnisses zugunsten eines besonderen Allgemeinheitsinteresses zurücktreten muss. In Betracht kommen insbesondere **verfassungsrechtlich geschützte Güter und Interessen,** die nicht allein dem Individualschutz dienen (vgl. Passarge/Scherbarth CB 2021, 49 (53)). Zieht man die Begründungserwägungen der RL (EU) 2016/943 heran, dann können bspw. Gemeinwohlbelange wie der Schutz der öffentlichen Sicherheit, der Verbraucherschutz, der Schutz der öffentlichen Gesundheit oder der Umweltschutz öffentliche Interesse iSv § 5 Nr. 2 sein (**ErwGr.** 21 RL (EU) 2016/943). Ein allgemeines öffentliches Interesse ist nicht auf Fälle beschränkt, in denen die Allgemeinheit schlechthin berührt ist, sondern es genügt, wenn geschützte Interessen einzelner gesellschaftlicher Gruppen betroffen sind (zB Schutz von Kindern und Jugendlichen).

Kein allgemeines öffentliches Interesse ist dagegen gegeben, wenn das Whistleblowing allein **40a** im individuellen Interesse eines einzelnen Dritten liegt (ebenso OLG Schleswig GRUR-RS 2022, 9007 Rn. 103). **Beispiel:** Deckt ein Whistleblower eine Vertragsverletzung auf, dann kann dies für den betroffenen Vertragspartner zwar von hohem Interesse sein. Jedoch berührt die Vertragsverletzung kein allgemeines öffentliches Interesse. Daher ist ein solches Whistleblowing nicht von § 5 Nr. 2 erfasst.

2. Eignung

Die Handlung muss geeignet sein, das allgemeine öffentliche Interesse zu schützen. Das Gesetz **41** verlangt insoweit eine **objektive Betrachtung** der Zweck- und Zielrichtung des Handelns. Anders als noch im RefE und RegE (in Übernahme der Formulierung aus der RL (EU) 2016/943) vorgesehen, ist auf Seiten des Whistleblowers **keine besondere Absicht** zu prüfen. Zu Recht wurde im Gesetzgebungsverfahren kritisiert, die im RegE angedachten Anforderungen würden den Whistleblower-Schutz übermäßig einschränken, ja praktisch obsolet werden lassen (Hauck WRP 2018, 1032 (1037)). In den Ausschussberatungen wurde das Absichtserfordernis aufgegeben. Stattdessen kommt es allein darauf an, ob die Handlung dazu „geeignet ist, das allgemeine öffentliche Interesse zu schützen". Diese Formulierung soll klarstellen, dass keine Prüfung der inneren Motivlage erforderlich ist. Bei der Rechtsanwendung soll keine „Gesinnungsprüfung" erfolgen (Beschlussempfehlung und Bericht, BT-Drs. 19/8300, 14).

Erforderlich ist eine **Zweckprüfung,** wonach erstens ein schützenswerter Gemeinwohlbelang **42** betroffen sein muss und zweitens die Tätigkeit des Whistleblowers bei objektiver Betrachtung das Ziel verfolgen muss, das öffentliche Interesse zu schützen. Eine solche Zielrichtung ist zu bejahen, wenn das Verhalten dazu beitragen kann, den Rechtsverstoß oder den sonstigen Missstand abzustellen. Verfolgt ein Hinweisgeber darüber hinaus ein persönliches Interesse oder handelt er aus einem Motivbündel heraus, so steht dies der Anwendung von § 5 Nr. 2 nicht entgegen. Anderenfalls müsste eine richterliche Motivationskontrolle stattfinden, deren Verlauf und deren Kriterien für einen Whistleblower kaum vorhersehbar wären und daher eine abschreckende Wirkung entfalten könnten.

3. Verhältnismäßigkeit

43   Gesetzlich nicht ausdrücklich geregelt ist, ob die Preis- oder Weitergabe von geheimen Informationen durch einen Whistleblower einer speziellen **Verhältnismäßigkeitsprüfung** zu unterziehen ist. Die Frage stellt sich immer dann, wenn dem Whistleblower im konkreten Fall mildere Mittel zur Verfügung gestanden hätten. **Beispiel:** Ein Arbeitnehmer offenbart einen innerbetrieblichen Missstand gegenüber Dritten oder der Allgemeinheit. Er hat aber zuvor keinen Versuch unternommen, den beanstandeten Umstand gegenüber dem Arbeitgeber anzuzeigen, obwohl etwa im Rahmen eines internen Meldesystems die Möglichkeit dazu bestanden hätte (vgl. zur Problematik Reinhardt-Kasparek/Kaindl BB 2018, 1332 (1335 f.); Schmitt RdA 2017, 365 (368 ff.); Ullrich NZWiSt 2019, 65 (69 f.)). Aus dem Begriff „geeignet" in § 5 Nr. 2 lassen sich nur bedingt Rückschlüsse ziehen. Insbesondere ist nicht davon auszugehen, dass der Gesetzgeber durch diese Formulierung eine mögliche Verhältnismäßigkeitsprüfung auf die bloße Geeignetheit beschränken und die weiteren Prüfungsstufen des Verhältnismäßigkeitsgrundsatzes, Erforderlichkeit und Verhältnismäßigkeit, ganz bewusst ausschließen wollte (vgl. dazu auch Rönnau FS Merkel, 2020, 909 (925)).

44   Der **Rspr. des EGMR zu Art. 10 EMRK** liegt zugrunde, dass aufgrund der Verpflichtung des Arbeitnehmers zur Loyalität und Vertraulichkeit gegenüber seinem Arbeitgeber Informationen zunächst dem Vorgesetzten oder einer anderen innerbetrieblichen Stelle oder Einrichtung gegeben werden müssen. Nur wenn ein solches Vorgehen eindeutig unmöglich sei, könne sich der Arbeitnehmer, als **letztes Mittel,** an die Öffentlichkeit wenden. Bei der Prüfung, ob der Eingriff in die Freiheit der Meinungsäußerung verhältnismäßig war, müsse deswegen berücksichtigt werden, ob dem Whistleblower andere wirksame Mittel zur Verfügung standen, um die Missstände abzustellen, die er offenbaren wollte (EGMR NJW 2011, 3501 Rn. 65 – Heinisch; EGMR BeckRS 2011, 77277 Rn. 73 – Guja/Moldau). Der EGMR geht zudem davon aus, dass einen Whistleblower die Obliegenheit zu einer sorgfältigen Prüfung treffen kann, ob die von ihm verbreitete Information zutrifft und zuverlässig ist (EGMR NJW 2021, 2343 Rn. 75 – Gawlik/Liechtenstein). Aus seiner bisherigen Rspr. leitet der EGMR (NJW 2023, 1793 Rn. 113 f. – Affäre Luxleaks; dazu näher Meyer JZ 2023, 261 ff.) die folgenden Kriterien ab, die bei der Beurteilung von Whistleblowing-Fällen zugrunde zu legen sind: Es ist zu prüfen, ob andere Möglichkeiten für die Enthüllung vorhanden waren, welches öffentliche Interesse besteht, wie zuverlässig die Informationen sind, welcher Schaden für den Arbeitgeber droht, ob der Whistleblower in gutem Glauben gehandelt hat und wie schwerwiegend die drohenden Sanktionen sind.

45   Diese Rspr. des EGMR lässt sich sinngemäß auf § 5 Nr. 2 übertragen (iErg ebenso Meyer JZ 2023, 261 (269); Rönnau FS Merkel, 2020, 909 (925 ff.)), sodass der Grundsatz der **Verhältnismäßigkeit bei der Rechtsanwendung zu berücksichtigen** ist (aA Brockhaus ZIS 2020, 102 (117)). Das Verhältnismäßigkeitsprinzip ist ein Instrument, um die beim Whistleblowing miteinander in Konflikt stehenden Interessen auszutarieren. Die Prüfung der Verhältnismäßigkeit ist mit den Vorgaben der RL (EU) 2016/943 vereinbar (aA Eufinger ZRP 2016, 229 (231); Kalbfus GRUR 2016, 1009 (1015)). Das zeigt sich schon daran, dass die RL (EU) 2016/943 an vielen Stellen die Bedeutung dieses Grundsatzes immer wieder hervorhebt. Daher muss ein Whistleblower bspw. vor einer Offenlegung der vertraulichen Information aus dem Unternehmen zunächst versuchen, auf das von ihm erkannte Fehlverhalten **innerbetrieblich** hinzuweisen (Ohly GRUR 2019, 441 (447); Schmitt RdA 2017, 365 (371)). Das setzt allerdings notwendigerweise voraus, dass ein **geeigneter innerbetrieblicher Ansprechpartner** existiert und dieser Weg nach den konkreten Umständen für den Whistleblower tatsächlich **zugänglich** und **zumutbar** war.

IV. Schutz des redlichen Whistleblowers

46   Umstritten ist, ob der Tatbestand des § 5 Nr. 2 nur für Fälle gilt, in denen eine rechtswidrige Handlung, ein berufliches oder sonstiges Fehlverhalten tatsächlich gegeben ist oder ob es bereits genügt, dass der Whistleblower gutgläubig vom Vorliegen dieser Voraussetzungen ausging. Denkbar sind hierbei unterschiedliche Fälle: So kann der Whistleblower irrtümlich davon ausgegangen sein, dass ein Fehlverhalten vorliegt, während dies in Wahrheit nicht der Fall ist, er schätzt den Umfang oder die Qualität eines Fehlverhaltens falsch ein oder er verkennt die tatbestandliche Reichweite eines gesetzlichen Ausnahmetatbestands.

Wichtige Orientierung geben zunächst die Wertungen des Art. 10 EMRK. Der EGMR **46a** berücksichtigt in seiner Rspr. zu Art. 10 EMRK als ein Kriterium, ob der Whistleblower in **redlicher Überzeugung** gehandelt hat (EGMR NJW 2023, 1793, 1793 Rn. 128 ff. – Affäre Luxleaks). Des Weiteren hat der Unionsgesetzgeber in der RL (EU) 2016/943 zum Ausdruck gebracht, dass die Redlichkeit des Whistleblowers in die Rechtsanwendung einzubeziehen ist. Denn in **ErwGr. 20 RL (EU) 2016/943** ist festgehalten, dass die Mitgliedstaaten nicht daran gehindert sind, „Ausnahmen von der Anwendung der Maßnahmen, Verfahren und Rechtsbehelfe in den Fällen zuzulassen, in denen der Antragsgegner allen Grund hatte, in gutem Glauben davon auszugehen, dass sein Verhalten den in dieser Richtlinie festgelegten angemessenen Kriterien entspricht". Diese Passage spricht zugleich dafür, dass Art. 5 lit. b RL (EU) 2016/943 Fälle, in denen die Voraussetzungen dieser Ausnahmevorschrift tatsächlich nicht vorliegen, der Whistleblower aber in redlicher Überzeugung davon ausging, er handele rechtmäßig, nicht erfasst. Für diese Auslegung lässt sich weiterhin die Überlegung anführen, dass der Inhaber eines Geschäftsgeheimnisses erheblich und unverhältnismäßig belastet würde, wenn er die Aufdeckung seines Geschäftsgeheimnisses auch dann nach § 5 Nr. 2 hinnehmen müsste, wenn ihm tatsächlich keinerlei Fehlverhalten zur Last fällt. Richtigerweise ist daher das Aufdecken eines nur vermeintlichen, insbesondere irrtümlich angenommenen Missstands nicht von § 5 Nr. 2 privilegiert (ebenso Dann/Markgraf NJW 2019, 1774 (1777); Keller/Schönknecht/Glinke/Glinke Rn. 87; BeckOK GeschGehG/Hiéramente Rn. 34 f.; Hoppe/Oldekop Geschäftsgeheimnisse/Lodemann/Tholuck Kap. 1 Rn. 575; Harte-Bavendamm/Ohly/Kalbfus/Ohly Rn. 47; aA Beschlussempfehlung und Bericht, BT-Drs. 19/8300, 14; Reinfeld Neues GeschGehG § 3 Rn. 44; Hoeren/Münker/Reinhardt-Kasparek Rn. 70; für § 26d III Nr. 2 lit. d östUWG: Hofmarcher Rn. 2.162). Liegt ein Fehlverhalten tatsächlich nicht vor, dann fehlt es an der für § 5 Nr. 2 erforderlichen Eignung zum Schutz des allgemeinen öffentlichen Interesses (Brammsen/Apel/Brammsen Rn. 82).

Der rechtlich gebotene (→ Rn. 46a) Schutz des redlichen Whistleblowers ist über **§ 9** zu **46b** gewährleisten (Brammsen/Apel/Brammsen Rn. 83; Keller/Schönknecht/Glinke/Glinke Rn. 99; Hoppe/Oldekop Geschäftsgeheimnisse/Lodemann/Tholuck Kap. 1 Rn. 575; Harte-Bavendamm/Ohly/Kalbfus/Ohly Rn. 47). Danach können die Ansprüche aus §§ 6–8 I ausgeschlossen sein, wenn die Erfüllung im Einzelfall unverhältnismäßig wäre. Als ein Aspekt der Unverhältnismäßigkeit ist demgemäß zu prüfen, ob der Whistleblower aus nicht vorwerfbaren Gründen verkannt hat, dass die Voraussetzungen für ein zulässiges Verhalten gemäß § 5 Nr. 2 nicht vorliegen (→ § 9 Rn. 32).

D. Aufgabenerfüllung durch Arbeitnehmervertretung (§ 5 Nr. 3)

Der Schutz von Geschäftsgeheimnissen darf die Rechte von Arbeitnehmern und ihren Interes- **47** senvertretern nicht schwächen. Diese **grundlegende Wertung** ergibt sich schon aus den programmatischen Aussagen in § 1 III Nr. 3 und 4. Die Gedanken des Schutzes und der Berücksichtigung der Arbeitnehmerinteressen finden in konkreter Form in § 5 Nr. 3 Ausdruck. Die Erlangung, die Nutzung oder die Offenlegung eines Geschäftsgeheimnisses fällt danach nicht unter die Verbote des § 4, sofern dies im Rahmen der Offenlegung durch Arbeitnehmer gegenüber der Arbeitnehmervertretung erfolgt, wenn dies erforderlich ist, damit die Arbeitnehmervertretung ihre Aufgaben erfüllen kann.

I. Einordnung der Regelung und unionsrechtliche Vorgaben

§ 5 Nr. 3 dient dem **Schutz der Rechte von Arbeitnehmerinnen und Arbeitnehmern** **48** sowie der **Verbände**, die ihre Interessen vertreten (Begr. RegE, BT-Drs. 19/4724, 29). Die wirksame Ausübung und Wahrnehmung der Arbeitnehmerrechte sowie die sachgerechte Interessenvertretung können es im Einzelfall erforderlich machen, ein Geschäftsgeheimnis offenzulegen. Weder die Arbeitnehmerinnen und Arbeitnehmer noch deren Interessenvertreter sollen in diesem Fall durch drohende Sanktionen wegen einer Rechtsverletzung davon abgehalten werden, von ihren Rechten Gebrauch zu machen. Zu denken ist hier insbesondere an **Mitbestimmungsrechte** (Büscher/McGuire Rn. 42).

Eigenständige Bedeutung kommt § 5 Nr. 3 nur dann zu, wenn das Erlangen, Nutzen oder **49** Offenbaren eines Geschäftsgeheimnisses nicht bereits durch arbeitsrechtliche Bestimmungen oder kollektivrechtliche Vereinbarungen gestattet ist. Liegt eine solche spezielle Regelung vor, dann greift als vorrangige Bestimmung § 3 II ein (vgl. auch Büscher/McGuire Rn. 43).

50   Die Vorschrift dient der **Umsetzung von Art. 5 lit. c RL (EU) 2016/943:**

> „Die Mitgliedstaaten stellen sicher, dass ein Antrag auf die in dieser Richtlinie vorgesehenen Maßnahmen, Verfahren und Rechtsbehelfe abgelehnt wird, wenn der angebliche Erwerb oder die angebliche Nutzung oder Offenlegung des Geschäftsgeheimnisses in einem der folgenden Fälle erfolgt ist: (...)
>
> c) Offenlegung durch Arbeitnehmer gegenüber ihren Vertretern im Rahmen der rechtmäßigen Erfüllung der Aufgaben dieser Vertreter gemäß dem Unionsrecht oder dem nationalen Recht, sofern die Offenlegung zur Erfüllung dieser Aufgaben erforderlich war“.

51   Die deutsche Gesetzesfassung wurde redaktionell gestrafft. Nicht ausdrücklich in das deutsche Recht umgesetzt wurde das Erfordernis der Rechtmäßigkeit der Aufgabenerfüllung.

II. Offenlegung durch Arbeitnehmer gegenüber Arbeitnehmervertretung

52   Die Handlung muss **„im Rahmen der Offenlegung"** erfolgen. Dies ist missverständlich, da der Ausnahmetatbestand, um seine schützende Wirkung zu entfalten, zugleich auch das Erlangen und Nutzen des Geschäftsgeheimnisses erfassen muss. Die Offenlegung iSv § 5 Nr. 3 ist daher nicht allein auf die Rechtsverletzung gemäß § 4 II beschränkt. Vielmehr gilt der Ausnahmetatbestand – ebenso wie die weiteren Fälle des § 5 – für alle Verletzungshandlungen (Begr. RegE, BT-Drs. 19/4724, 29).

53   Die Offenlegung muss durch einen **Arbeitnehmer** gegenüber der **Arbeitnehmervertretung** erfolgen. Beide Begriffe sind wie in § 3 I Nr. 3 zu verstehen. → § 3 Rn. 45 f.

III. Erforderlichkeit zur rechtmäßigen Aufgabenerfüllung

54   Das rechtsverletzende Verhalten muss **erforderlich** sein, damit die Arbeitnehmervertretung ihre Aufgaben erfüllen kann. Das Gesetz verlangt damit eine besondere Prüfung der geheimnisverletzenden Maßnahme. Kann die Arbeitnehmervertretung im konkreten Fall ihre Aufgaben uneingeschränkt erfüllen, ohne dass auf das Geschäftsgeheimnis zugegriffen werden muss, dann fehlt es an der Erforderlichkeit.

55   Im Interesse eines wirksamen Schutzes der Arbeitnehmerinnen und Arbeitnehmer sowie ihrer Interessenvertreter dürfen an die Erforderlichkeit **keine zu strengen Anforderungen** gestellt werden. Insbesondere ist keine umfassende Prüfung der Verhältnismäßigkeit geboten. Vielmehr ist eine Erforderlichkeit bereits dann zu bejahen, wenn die Wahrnehmung der Aufgabe durch die Arbeitnehmervertretung ohne das Erlangen, Nutzen oder Offenlegen des Geschäftsgeheimnisses erschwert würde.

56   Die Wahrnehmung der Aufgabe durch die Arbeitnehmervertretung muss ihrerseits **rechtmäßig** sein. Der deutsche Gesetzeswortlaut bringt dies bedauerlicherweise nicht zum Ausdruck. Demgegenüber spricht Art. 5 lit. c RL (EU) 2016/943 ausdrücklich von „der rechtmäßigen Erfüllung der Aufgaben". Maßgeblich sind hierfür die Anforderungen des **Unionsrechts** und des **nationalen Rechts.** Diese Maßgabe ist im Wege der richtlinienkonformen Auslegung des nationalen Rechts zu berücksichtigen.

E. Handeln aus sonstigen legitimen Interessen (Art. 5 lit. d RL (EU) 2016/943)

57   Der Katalog von Ausnahmen in § 5 Nr. 1–3 ist nach dem Wortlaut **nicht abschließend.** Dies folgt im deutschen Recht aus der offenen Eingangsformulierung, wonach eine Ausnahme „insbesondere" aufgrund der gesetzlichen Beispielstatbestände in Betracht kommt. Der Gesetzgeber gewährleistet damit, dass auch in weiteren Fällen, in denen ein berechtigtes Interesse mit dem Schutz von Geschäftsgeheimnissen kollidiert, ein Interessenausgleich vorgenommen werden kann. Im Wege der richtlinienkonformen Auslegung ist als weiterer Ausnahmetatbestand Art. 5 lit. d RL (EU) 2016/943 zu berücksichtigen.

I. Einordnung und unionsrechtliche Vorgaben

Art. 5 lit. d RL (EU) 2016/943 hat folgenden Wortlaut: 58

„Die Mitgliedstaaten stellen sicher, dass ein Antrag auf die in dieser Richtlinie vorgesehenen Maßnahmen, Verfahren und Rechtsbehelfe abgelehnt wird, wenn der angebliche Erwerb oder die angebliche Nutzung oder Offenlegung des Geschäftsgeheimnisses in einem der folgenden Fälle erfolgt ist:

d) zum Schutz eines durch das Unionsrecht oder das nationale Recht anerkannten legitimen Interesses.“

Die vom deutschen Gesetzgeber gewählte Form der Umsetzung ist problematisch, weil die **59** deutsche Formulierung im Eingangssatz von § 5 den Eindruck einer generellen Offenheit für Ausnahmen jeder Art erweckt, während die Ausnahmetatbestände in Art. 5 lit. ad RL (EU) 2016/943 einer allgemeinen Erweiterung gerade nicht zugänglich sind. Daran ändert auch der Umstand nichts, dass Art. 5 lit. d RL (EU) 2016/943 nach dem Wortlaut sehr offengehalten ist und den Charakter einer **Generalklausel** hat.

Art. 5 lit. d RL (EU) 2016/943 ermöglicht es zum einen, berechtigten Interessen Rechnung **60** zu tragen, die nicht bereits explizit in lit. ac genannt sind. Eine solche Offenheit ist notwendig, weil mögliche Konfliktfelder zwischen dem Schutz von Geschäftsgeheimnissen und anderen legitimen Interesse in ganz unterschiedlichen Konstellationen auftreten können und es weder zweckmäßig noch praktikabel ist, eine Vielzahl von speziellen Ausnahmetatbeständen zu schaffen. Die gesetzliche Regelung gewährleistet damit die notwendige **Flexibilität.** Zum anderen stellen die Richtlinie und das nationale Recht durch solche Auffangtatbestände eine **Entwicklungsoffenheit** sicher. Das Gesetz ist auf diese Weise in der Lage, neuen Entwicklungen und Schutzbedürfnissen Rechnung zu tragen.

II. Legitimes Interesse

Art. 5 lit. d RL (EU) 2016/943 verlangt den Schutz eines legitimen Interesses (engl.: „the **61** purpose of protecting a legitimate interest"; frz.: „protection d'un intérêt légitime"). Dies entspricht im deutschen Recht dem Begriff des berechtigten Interesses (→ Rn. 4 f.). Von einem legitimen Interesse ist auszugehen, wenn dieses im Unionsrecht und/oder im nationalen Recht anerkannt ist und in seiner Art sowie in seinem rechtlichen Schutz den in § 5 Nr. 1–3 speziell geregelten Interessen vergleichbar ist. Als legitime Interessen kommen insbesondere **Grundrechtspositionen** in Betracht, die mit dem Schutz von Geschäftsgeheimnissen kollidieren.

F. Rechtsfolgen

Sind die Voraussetzungen eines Ausnahmetatbestands gemäß § 5 erfüllt, dann ist dieses Ver- **62** halten **nicht als eine tatbestandsmäßige Rechtsverletzung** anzusehen. Der Gesetzgeber hat ganz bewusst entschieden, diese Tatbestände nicht als Rechtfertigungsgründe auszugestalten (→ Rn. 6 f.). Es entfällt damit bereits die Tatbestandsmäßigkeit, nicht erst die Rechtswidrigkeit. Demzufolge kann, wenn die Voraussetzungen des § 5 im konkreten Fall erfüllt sind, weder eine täterschaftliche Rechtsverletzung angenommen werden noch ist eine Beihilfehandlung möglich. Die in § 5 aufgeführten Konstellationen bilden allerdings **keine negativen Tatbestandsmerkmale,** die in jedem Verletzungsfall anzuprüfen wären. Vielmehr ist eine nähere Prüfung dann, aber auch nur dann veranlasst, wenn Anhaltspunkte dafür bestehen, dass ein Ausnahmetatbestand einschlägig sein könnte. Dies entspricht dem allgemeinen Regelungsansatz der RL (EU) 2016/ 943, wonach bei der rechtlichen Beurteilung von Geheimnisverletzungen stets alle Umstände des Falles zu berücksichtigen sind.

G. Darlegungs- und Beweislast

Auszugehen ist von den allgemeinen Grundsätzen der Darlegungs- und Beweislast. Derjenige, **63** der sich auf das Bestehen eines Ausnahmetatbestands gemäß § 5 als ihm günstig beruft, trägt für das Vorliegen der Voraussetzungen die Darlegungs- und Beweislast.

Abschnitt 2. Ansprüche bei Rechtsverletzungen

Beseitigung und Unterlassung

6 ¹Der Inhaber des Geschäftsgeheimnisses kann den Rechtsverletzer auf Beseitigung der Beeinträchtigung und bei Wiederholungsgefahr auch auf Unterlassung in Anspruch nehmen. ²Der Anspruch auf Unterlassung besteht auch dann, wenn eine Rechtsverletzung erstmalig droht.

Übersicht

Schrifttum: Deichfuß, Die Entwendung von technischen Betriebsgeheimnissen, GRUR-Prax 2012, 449; Ohly, Der weite Täterbegriff des EuGH in den Urteilen »GS Media«, »Filmspeler« und »The Pirate Bay«: Abenddämmerung für die Störerhaftung?, ZUM 2017, 793; Ohly, Die Verantwortlichkeit von Intermediären, ZUM 2015, 308; s. ferner allg. bei Vor § 1.

A. Allgemeines

I. Normzweck und Normstruktur

1. Regelungsgegenstand der §§ 6 ff.

1   Im zweiten Abschnitt des GeschGehG (§§ 6–14) sind die Ansprüche bei Rechtsverletzungen zusammengefasst. Der Schutz von Geschäftsgeheimnissen nach der RL (EU) 2016/943 und dem GeschGehG ist **zivilrechtlich konzipiert und strukturiert.** Die zivilrechtlichen Ansprüche bilden die wichtigsten Reaktionen und Sanktionen auf eine Rechtsverletzung. Der strafrechtliche Schutz durch § 23 hat einen ergänzenden Charakter. Mit den §§ 6–14 erhält der Inhaber des Geschäftsgeheimnisses eine Vielzahl von flexiblen Instrumenten, um gegen Rechtsverletzungen vorzugehen. Damit eröffnet das geltende Recht dem Berechtigten einen erheblich weiteren Handlungsspielraum als das alte Recht. Dies ist nicht zuletzt deswegen von Vorteil, weil ein Vorgehen gegen Verletzungen von Geschäftsgeheimnissen sowohl aus tatsächlicher als auch aus rechtlicher Sicht besondere Herausforderungen mit sich bringt (vgl. Deichfuß GRUR-Prax 2012, 449 ff.).

Bei den §§ 6 ff. handelt es sich um **sonderdeliktische Haftungstatbestände,** deren dogma- **2** tische Grundstruktur der Deliktshaftung bei unerlaubten Handlungen gemäß §§ 823 ff., 1004 BGB entspricht. Ein Rückgriff auf die allgemeinen Regeln des Deliktsrechts ist möglich, soweit das GeschGehG eine Regelungslücke aufweist und seine Regelungskonzeption einer Heranziehung der allgemeinen Vorschriften nicht entgegensteht.

An der Spitze der zivilrechtlichen Ansprüche im zweiten Abschnitt des GeschGehG steht § 6, **3** der die Rechtsgrundlage für Beseitigungs- und Unterlassungsansprüche bildet. Diese werden ergänzt durch § 7, der auf spezielle Maßnahmen gerichtete Ansprüche enthält. Der Auskunfts- anspruch gemäß § 8 hat dagegen eine Hilfsfunktion, der es dem Geschäftsgeheimnisinhaber ermöglichen soll, sich die zur Rechtsdurchsetzung erforderlichen Informationen zu verschaffen. § 9 regelt den Ausschluss von Ansprüchen gemäß §§ 6–8 I wegen Unverhältnismäßigkeit. Ein weiterer zentraler Anspruch findet sich mit dem Schadensersatzanspruch in § 10. Demgegenüber steht § 11 in dem Sachzusammenhang mit §§ 6 und 7 und eröffnet dem schuldlos handelnden Rechtsverletzer die Möglichkeit, diese Ansprüche durch eine Abfindung abzuwenden. § 12 regelt die Haftungszurechnung für Beschäftigte und Beauftragte. In § 13 findet sich eine spezielle Verjährungsregelung und § 14 sieht schließlich einen Schutz vor missbräuchlicher Geltendma- chung von Ansprüchen vor.

2. Binnenstruktur des § 6

Gemäß § 6 ist zwischen dem Beseitigungsanspruch und den Unterlassungsansprüchen zu **4** unterscheiden. Beide Anspruchskategorien werden unter dem Begriff der **Abwehransprüche** zusammengefasst. § 6 S. 1 beinhaltet den Beseitigungsanspruch und den Verletzungsunterlas- sungsanspruch. § 6 S. 2 regelt daran anknüpfend den vorbeugenden Unterlassungsanspruch. Wortlaut und Formulierung des § 6 orientieren sich an den parallelen Regelungen der Beseitigungs- und Unterlassungsansprüche im Lauterkeitsrecht (§ 8 I UWG) und im Recht des geistigen Eigentums (zB § 97 I UrhG, § 139 I PatG, § 42 I DesignG, § 24 I GebrMG). Soweit das GeschGehG keine Sonderreglungen enthält, kann deswegen zur Auslegung auf die Rechtsgrundsätze zurückgegriffen werden, die für die sonstigen Abwehransprüche entwickelt wurden.

II. Entstehung und unionsrechtliche Vorgaben

Im alten Recht ergaben sich Abwehransprüche bei Rechtsverletzungen aus dem UWG oder **5** aus dem Deliktsrecht. Der **RefE** enthielt in § 5 die Rechtsgrundlage für Beseitigungs- und Unterlassungsansprüche. Der **RegE** (BT-Drs. 19/4724) übernahm diese Regelung in § 6. Im weiteren Gesetzgebungsverfahren blieb die Vorschrift unverändert.

Die RL (EU) 2016/943 enthält zahlreiche punktuelle Vorgaben zu Sanktionen und Maß- **6** nahmen bei der Verletzung eines Geschäftsgeheimnisses. Sie regelt diesen Bereich jedoch ins- gesamt nicht abschließend. Für die Abwehransprüche relevante Vorgaben finden sich – bezogen auf vorläufige und vorbeugende Maßnahmen – in Art. 10 I RL (EU) 2016/943 und – bezogen auf gerichtliche Anordnungen und Abhilfemaßnahmen – in Art. 12 I RL (EU) 2016/943. **Art. 10 I RL (EU) 2016/943** lautet:

„Die Mitgliedstaaten stellen sicher, dass die zuständigen Gerichte auf Antrag des Inhabers des Ge- schäftsgeheimnisses eine der folgenden vorläufigen und vorbeugenden Maßnahmen gegen den angeb- lichen Rechtsverletzer anordnen können:

a) vorläufige Einstellung oder gegebenenfalls vorläufiges Verbot der Nutzung oder Offenlegung des Geschäftsgeheimnisses;
b) Verbot des Herstellens, Anbietens, Vermarktens oder der Nutzung rechtsverletzender Produkte oder der Einfuhr, Ausfuhr oder Lagerung rechtsverletzender Produkte für diese Zwecke;
c) Beschlagnahme oder Herausgabe der mutmaßlich rechtsverletzenden Produkte, einschließlich einge- führter Produkte, um deren Inverkehrbringen oder ihren Umlauf im Markt zu verhindern.“

7   **Art. 12 I RL (EU) 2016/943** hat den folgenden Wortlaut:

„Die Mitgliedstaaten stellen sicher, dass die zuständigen Gerichte in dem Fall, dass in einer gerichtlichen Sachentscheidung ein rechtswidriger Erwerb, eine rechtswidrige Nutzung oder eine rechtswidrige Offenlegung festgestellt wird, auf Antrag des Antragstellers eine oder mehrere der folgenden Maßnahmen gegen den Rechtsverletzer erlassen können:

a) Einstellung oder gegebenenfalls Verbot der Nutzung oder Offenlegung des Geschäftsgeheimnisses;
b) Verbot des Herstellens, Anbietens, Vermarktens oder der Nutzung rechtsverletzender Produkte oder der Einfuhr, Ausfuhr oder Lagerung rechtsverletzender Produkte für diese Zwecke;
c) geeignete Abhilfemaßnahmen hinsichtlich der rechtsverletzenden Produkte;
d) die Vernichtung der Gesamtheit oder eines Teils der Dokumente, Gegenstände, Materialien, Stoffe oder elektronischen Dateien, die das Geschäftsgeheimnis enthalten oder verkörpern oder gegebenenfalls die Herausgabe der Gesamtheit oder eines Teils dieser Dokumente, Gegenstände, Materialien, Stoffe oder elektronischen Dateien an den Antragsteller.“

8   Der deutsche Gesetzgeber hat sich mit Recht nicht dazu entschieden, diese punktuellen Vorgaben „eins-zu-eins“ in das deutsche Recht zu transformieren, sondern eine Regelungstechnik zu wählen, die sich stärker an den vorhandenen Strukturen des UWG und des Immaterialgüterrechts orientiert.

III. Funktion und Auslegung

9   Die in § 6 verankerten Abwehransprüche geben dem Inhaber des Geschäftsgeheimnisses die notwendigen Instrumente in die Hand, um gegen Rechtsverletzungen vorzugehen. Während die Unterlassungsansprüche darauf abzielen, eine erstmalige oder erneute Rechtsverletzung zu unterbinden, sollen mit dem Beseitigungsanspruch die unmittelbar durch die Rechtsverletzung hervorgerufenen und noch andauernden Störungen beseitigt werden. Die Abwehransprüche sind Ausdruck der rechtlichen Verbindung zwischen dem Rechteinhaber und dem Schutzgegenstand. In ihnen verwirklicht sich die **Zuordnungs- und Ausschlussfunktion** des geschützten Rechts.

10   Für die Auslegung von § 6 ist von den allgemeinen Grundsätzen auszugehen. Aufgrund der nur punktuellen Vorgaben durch die RL (EU) 2016/943, die noch dazu insoweit nicht vollharmonisierend sind (vgl. Art. 1 I UAbs. 2 RL (EU) 2016/943), verbleibt ein **größerer Auslegungsspielraum** als bspw. bei der Anwendung von § 3 oder § 5. Zudem ist eine Anknüpfung an die Grundsätze möglich, die schon nach altem Recht für Beseitigungs- und Unterlassungsansprüche galten. Wenngleich die Anspruchsgrundlagen gewechselt haben, stimmen doch die wesentlichen Tatbestandsvoraussetzungen des neuen Rechts mit denen des alten Rechts überein. Zudem kann in einem weiten Umfang auf die Grundsätze zurückgegriffen werden, die im Lauterkeitsrecht sowie für die Rechte des geistigen Eigentums gelten.

IV. Anwendungsbereich

11   § 6 erstreckt sich auf **sämtliche Rechtsverletzungen** im sachlichen und persönlichen Anwendungsbereich des GeschGehG. Dazu gehören alle unmittelbaren und mittelbaren Rechtsverletzungen von Geschäftsgeheimnissen iSv § 4.

B. Gläubiger und Schuldner

12   § 6 benennt ausdrücklich den Gläubiger und den Schuldner der Abwehransprüche. Gläubiger ist der Inhaber des Geschäftsgeheimnisses, Schuldner der (oder bei mehreren Personen sind es die) Rechtsverletzer.

I. Gläubiger

13   Inhaber des Geschäftsgeheimnisses ist nach **§ 2 Nr. 2** jede natürliche oder juristische Person, die die rechtmäßige Kontrolle über ein Geschäftsgeheimnis hat. Weil § 6 Ausdruck der Zuordnungs- und Ausschlussfunktion ist (→ Rn. 9), stehen die Abwehransprüche ausschließlich dem jeweiligen Inhaber des Geschäftsgeheimnisses zu. Sie können nicht von dem geschützten Geschäftsgeheimnis getrennt und isoliert auf eine andere Person übertragen werden. Der Inhaber eines Geschäftsgeheimnisses kann einen Dritten jedoch zur Ausübung der ihm zustehenden Rechte ermächtigen. Einigt sich der Inhaber eines Geschäftsgeheimnisses mit einem Dritten über die Abtretung eines Abwehranspruchs ohne Übertragung des Geschäftsgeheimnisses, dann kann

diese Vereinbarung gemäß § 140 BGB in eine Ausübungsermächtigung umzudeuten sein, sofern nicht besondere Umstände entgegenstehen.

II. Schuldner

1. Rechtsverletzer

Schuldner der Abwehransprüche ist der Rechtsverletzer, also gemäß **§ 2 Nr. 3** die natürliche **14** oder juristische Person, die entgegen § 4 ein Geschäftsgeheimnis rechtswidrig erlangt, nutzt oder offenlegt. Kein Rechtsverletzer ist, wer sich auf eine Ausnahme gemäß § 5 berufen kann. Für die Eigenschaft als Rechtsverletzer kommt es nicht darauf an, ob eine unmittelbare oder mittelbare Rechtsverletzung vorliegt.

Begehen **mehrere Personen** eine Rechtsverletzung gemeinsam, dann haften sie als **Mittäter.** **15** Weil die RL (EU) 2016/943 diesen Fall nicht regelt und auch das GeschGehG keine speziellen Vorschriften vorsieht, kann auf die Grundsätze des nationalen Rechts zurückgegriffen werden. Weil es sich bei den Ansprüchen aus § 6 um sonderdeliktische Ansprüche handelt (→ Rn. 2), richtet sich die Haftung mehrerer nach **§ 830 I BGB.** Danach sind bei einer gemeinschaftlich begangenen unerlaubten Handlung alle Mittäter für die eingetretene Rechtsverletzung verantwortlich (§ 830 I 1 BGB). Gleiches gilt, wenn sich nicht mehr ermitteln lässt, wer von mehreren Beteiligten die Rechtsverletzung durch seine Handlung verursacht hat (§ 830 I 2 BGB).

2. Teilnehmer

Das GeschGehG enthält ebenso wenig wie die RL (EU) 2016/943 eine nähere Regelung zur **16** Haftung von Teilnehmern an einer Rechtsverletzung. Dies betrifft die **Anstifter** und **Gehilfen.** Auszugehen ist mangels spezieller Regelungen wieder von den allgemeinen deliktsrechtlichen Grundsätzen. Maßgeblich sind die Begriffsbestimmungen des Strafrechts. Für Anstifter gilt **§ 26 StGB,** für Gehilfen **§ 27 StGB.** Diesen Personen ist gemeinsam, dass sie die Rechtsverletzung gerade nicht selbst begehen und somit nicht als Rechtsverletzer iSv § 2 Nr. 3 anzusehen sind. Sie leisten aber einen Unterstützungsbeitrag zur Rechtsverletzung bzw. stiften zu deren Begehung an und tragen damit zu der vom Gesetz missbilligten Verletzung eines Geschäftsgeheimnisses bei. Für die zivilrechtliche Haftung von Anstiftern und Gehilfen gilt **§ 830 II BGB,** wonach Anstifter und Gehilfen Mittätern gleichstehen.

Entsprechend den im Lauterkeitsrecht anerkannten Grundsätzen (→ UWG § 8 Rn. 2.15) ist **17** der Teilnehmerbegriff für Abwehransprüche zu **modifizieren,** da diese Ansprüche kein Verschulden voraussetzen und daher der nach § 27 StGB an sich erforderliche doppelte Teilnehmervorsatz funktionell nicht passt. Für das Lauterkeitsrecht geht die Rspr. deswegen davon aus, dass als Teilnehmer auf Unterlassung oder Beseitigung in Anspruch genommen werden kann, wer – zumindest bedingt – vorsätzlich den Wettbewerbsverstoß eines anderen fördert. Dabei gehört zum Teilnehmervorsatz nicht nur die Kenntnis der objektiven Tatbestandsmerkmale, sondern auch das Bewusstsein der Rechtswidrigkeit der Haupttat (vgl. BGHZ 177, 150 = GRUR 2008, 810 Rn. 15 – Kommunalversicherer). Dieses Vorsatzerfordernis kann zwar dazu führen, dass der Dritte zunächst nicht mit Aussicht auf Erfolg in Anspruch genommen werden kann. Allerdings steht demjenigen, der sich durch ein Verhalten in seinen geschützten Interessen verletzt sieht, die Möglichkeit offen, den Handelnden zunächst auf die Rechtslage hinzuweisen, was regelmäßig zur Folge haben wird, dass der Adressat der Mitteilung sein Verhalten im Weiteren korrigiert oder dass bei Fortsetzung der Verhaltensweise von einem Teilnehmervorsatz auszugehen ist (vgl. BGH GRUR 2015, 1025 Rn. 17 – TV-Wartezimmer).

3. Beschäftigte und Beauftragte

Beschäftigte und Beauftragte können in eigener Person eine Rechtsverletzung begehen. Sie **18** haften dann selbst als Rechtsverletzer und können von dem Inhaber des Geschäftsgeheimnisses auf Beseitigung und Unterlassung in Anspruch genommen werden. Darüber hinaus greift die **Zurechnungsnorm** des § 12. Danach bestehen die Abwehransprüche gemäß § 6 auch gegen den Inhaber eines Unternehmens, dessen Beschäftigte oder Beauftragte eine Rechtsverletzung begangen haben.

4. Organe und Repräsentanten

19   Organe und Repräsentanten eines Unternehmens, die eine Rechtsverletzung begehen, haften selbst. Zudem wird ihr rechtsverletzendes Verhalten dem jeweiligen Unternehmensträger zugerechnet. Die **§§ 31, 89 BGB** sind **entsprechend anwendbar.** Dies gilt nicht nur für Schadensersatzansprüche, sondern auch für Abwehransprüche. Danach ist die Organisation für den Schaden verantwortlich, „den der Vorstand, ein Mitglied des Vorstands oder ein anderer verfassungsmäßig berufener Vertreter durch eine in Ausführung der ihm zustehenden Verrichtungen" begangene Handlung einem Dritten zufügt. Die für das Lauterkeitsrecht geltenden Grundsätze können herangezogen werden (→ UWG § 8 Rn. 2.19 ff.).

5. Intermediäre

20   Das GeschGehG und die RL (EU) 2016/943 enthalten keine näheren Bestimmungen dazu, ob und ggf. in welchem Umfang Intermediäre im Falle einer Rechtsverletzung nach § 6 in Anspruch genommen werden können. Diese Problematik kann sich bspw. dann stellen, wenn ein Rechtsverletzer die von ihm unbefugt erlangten Informationen (vgl. § 4 I) in der **Cloud eines Diensteanbieters** speichert und auf diese Weise die vertraulichen Information Dritten zur Verfügung stellt (§ 4 II). Durch das bloße Bereitstellen der technischen Infrastruktur als Host-Provider begeht der Diensteanbieter keine unmittelbare Rechtsverletzung iSv § 4 I oder II. Zwar ist eine mittelbare Rechtsverletzung denkbar, doch setzt diese nach § 4 III 1 voraus, dass der Diensteanbieter „weiß oder wissen müsste", dass der Dritte (hier also der Nutzer) das Geschäftsgeheimnis entgegen § 4 II genutzt oder offengelegt hat. Hatte der Diensteanbieter von der Rechtsverletzung keine Kenntnis, dann liegt keine wissentliche Förderung vor.

20a   Die unionsrechtlichen Vorgaben für die Verantwortlichkeit von Diensteanbietern gemäß **Art. 12–15 ECRL,** umgesetzt durch §§ 7–10 TMG, gelten auch für die Verantwortlichkeit bei Verletzungen von Geschäftsgeheimnissen (Harte-Bavendamm/Ohly/Kalbfus/Ohly Rn. 76), da die ECRL insoweit keine Bereichsausnahme vorsieht. Die genannten Regeln treffen allerdings keine Aussage zur Begründung der Verantwortlichkeit von Intermediären, sondern sie haben die Funktion, die Haftung dieser Diensteanbieter zu begrenzen (zu den Einzelheiten → UWG § 8 Rn. 2.25 ff.). Entsprechendes gilt für die ab 17.2.2024 geltenden Vorschriften der VO (EU) 2022/2065 (Gesetz über digitale Dienste = Digital Services Act), speziell die Art. 4 ff. DSA, die an die Stelle der Art. 12–15 E-Commerce-RL treten.

21   Eine Heranziehung der **Grundsätze der Störerhaftung** für die Verantwortlichkeit von Intermediären im Bereich des Schutzes von Geschäftsgeheimnissen ist **abzulehnen** (Harte-Bavendamm/Ohly/Kalbfus/Ohly Rn. 83; Brammsen/Apel/Schroeder/Drescher Rn. 46; aA Hoppe/Oldekop Geschäftsgeheimnisse/Hoppe Kap. 1 Rn. 314; Keller/Schönknecht/Glinke/Keller Rn. 66 f.). Für Fälle des Verhaltensunrechts hat der BGH die Störerhaftung aufgegeben (BGH GRUR 2011, 152 Rn. 48 – Kinderhochstühle im Internet I). Dies betrifft insbesondere den Bereich der lauterkeitsrechtlichen Verantwortlichkeit (zu den Einzelheiten → § 8 Rn. 2.2 ff.). Bei der Verletzung von Rechten des geistigen Eigentums gilt die Störerhaftung zwar im Grundsatz weiter (s. nur BGH GRUR 2018, 178 Rn. 72 ff. – Vorschaubilder III), jedoch ist sie auch dort nicht unumstritten (zur Kritik Ohly ZUM 2015, 308 (311 ff.); Ohly ZUM 2017, 793 (796 ff.)). Insbesondere ist die Vereinbarkeit mit dem Unionsrecht problematisch, da sich in der Rspr. des EuGH eine eigene Struktur der Haftung und Verantwortlichkeit entwickelt hat (s. dazu die Zusammenfassung in den Schlussanträgen des GA Øe ECLI:EU:C:2020:586 = GRUR-RS 2020, 18772 – YouTube und Cyando). Deswegen sollte die Problematik der Verantwortlichkeit von Intermediären unmittelbar auf der Grundlage des Unionsrechts gelöst werden. Hierfür bietet es sich an, die Grundsätze aus **Art. 8 III InfoSoc-RL** und **Art. 11 S. 3 RL 2004/48/EG** heranzuziehen (ebenso Harte-Bavendamm/Ohly/Kalbfus/Ohly Rn. 77). Danach müssen die Mitgliedstaaten sicherstellen, dass die jeweiligen Rechteinhaber eine Anordnung gegen Mittelspersonen beantragen können, deren Dienste von einem Dritten zwecks Verletzung eines Urheberrechts bzw. eines Rechts des geistigen Eigentums in Anspruch genommen werden können. Der entsprechenden Anwendung dieser Bestimmungen steht nicht entgegen, dass der RL (EU) 2016/943 gegenüber der RL 2004/48/EG Vorrang zukommt (ErwGr. 39 RL (EU) 2016/943), denn insoweit liegt keine echte „Überschneidung" der Anwendungsbereiche vor. Vielmehr geht es um die Schließung einer Regelungslücke innerhalb der RL (EU) 2016/943.

C. Beseitigungsanspruch (§ 6 S. 1 Fall 1)

Der Beseitigungsanspruch ist auf eine aktive Beseitigung von Beeinträchtigungen gerichtet, **22** die durch die Rechtsverletzung eingetreten sind und die noch andauern (Begr. RegE, BT-Drs. 19/4724, 30).

I. Voraussetzungen

Grundvoraussetzung des Beseitigungsanspruchs ist eine **Rechtsverletzung** iSv § 4. Das Er- **23** fordernis der Rechtsverletzung wird im Tatbestand zwar nicht ausdrücklich erwähnt, ergibt sich aber durch die Bezugnahme auf die handelnde Person, den Rechtsverletzer.

Des Weiteren muss durch die Rechtsverletzung ein **rechtswidriger Störungszustand** einge- **24** treten sein. Dazu gehören sämtliche Beeinträchtigungen, durch die das Geschäftsgeheimnis in seinem durch das GeschGehG gewährleisteten Schutzbereich eingeschränkt wird. Typische Störungszustände sind etwa das Innehaben von Unterlagen, Gegenständen usw., die das Geschäftsgeheimnis beinhalten, das Gespeicherthalten von geheimen Daten usw. Dieser Zustand muss sich für den Inhaber des Geschäftsgeheimnisses als eine sich ständig erneuernde und fortwirkende Quelle der Störung darstellen (→ UWG § 8 Rn. 1.109). Hierfür genügen nachteilige Auswirkungen, zB tatsächlicher oder wirtschaftlicher Art. Entfällt der Störungszustand (zB durch eine „rückstandslose" Herausgabe von Unterlagen oder Daten an den Berechtigten), dann hat dies ein Erlöschen des Beseitigungsanspruchs zur Folge.

Der durch die Rechtsverletzung eingetretene Störungszustand muss **rechtswidrig** sein. Daran **25** fehlt es, wenn der Inhaber des Geschäftsgeheimnisses aufgrund einer gesetzlichen oder vertraglichen Verpflichtung zur **Duldung** des Zustands verpflichtet oder wenn er mit dem herbeigeführten Zustand **einverstanden** ist.

Ein **Verschulden** ist für den Beseitigungsanspruch **nicht notwendig.** Es handelt sich um **26** einen verschuldensunabhängigen Anspruch. Allerdings müssen im Falle einer mittelbaren Rechtsverletzung gemäß § 4 III die subjektiven Voraussetzungen des Verletzungstatbestands erfüllt sein. Die Frage, ob eine schuldhafte oder nicht schuldhafte Rechtsverletzung vorliegt, hat aber Bedeutung für das Recht zur Abwendung durch Abfindung gemäß § 11. Dieses Recht besteht nur bei einer nicht schuldhaften Rechtsverletzung (→ Rn. 42).

II. Inhalt und Umfang des Anspruchs

Der Beseitigungsanspruch ist seinem Inhalt nach auf die Beseitigung des bestehenden Stö- **27** rungszustands gerichtet. Geschuldet ist ein **aktives,** auf die endgültige Beseitigung der Störung gerichtetes **Tun.** Der Anspruch zielt typischerweise nicht auf eine ganz bestimmte Handlung, sondern er ist auf die im konkreten Fall **geeigneten Maßnahmen** gerichtet, um den eingetretenen und noch fortdauernden Störungszustand dauerhaft abzustellen. Der Anspruch erstreckt sich nur auf den unmittelbaren Störungszustand selbst, nicht dagegen auf mittelbare oder indirekte Folgewirkungen, die möglicherweise von dem Störungszustand ausstrahlen. Es handelt sich nicht um einen allgemeinen und umfassenden Folgenbeseitigungsanspruch.

Der Anspruch ist auf solche Maßnahmen gerichtet, deren Vornahme dem Schuldner tatsäch- **28** lich und rechtlich **möglich** ist. Zudem ist der allgemeine **Grundsatz der Verhältnismäßigkeit** zu beachten (zum Verhältnis zu § 9 → Rn. 40). Die Störungsbeseitigung muss daher geeignet, erforderlich und – im engeren Sinne – verhältnismäßig sein. Ausdruck findet der Gedanke der Verhältnismäßigkeit bspw. darin, dass ein Beseitigungsanspruch gemäß **Art. 12 II lit. b RL (EU) 2016/943** auch dadurch erfüllt werden kann, dass aus einem rechtsverletzenden Produkt einzelne, die Rechtsverletzung begründende Komponenten entfernt werden. Diese Form des Beseitigungsanspruchs ist eine mildere Abhilfemaßnahme im Vergleich zur Vernichtung des rechtsverletzenden Produkts oder zum Rückruf nach § 7 (Begr. RegE, BT-Drs. 19/4724, 30).

Im Falle einer rechtswidrigen **Offenlegung** eines Geschäftsgeheimnisses kann der eingetrete- **29** ne Störungszustand bspw. dadurch beseitigt werden, dass eine Publikation, in der das Geschäftsgeheimnis offenbart ist, zurückgerufen wird. Erfolgte die Offenlegung des Geschäftsgeheimnisses auf einer Internetseite, kommen als taugliche Beseitigungsmaßnahmen die Sperrung oder Löschung dieser Seite in Betracht (vgl. Begr. RegE, BT-Drs. 19/4724, 30).

30   Die **Kosten** für die Beseitigungsmaßnahmen muss der Rechtsverletzer tragen. Art. 12 IV RL (EU) 2016/943 legt hierzu fest, dass die zuständigen Gerichte anordnen, dass die Abhilfemaßnahmen gemäß Art. 12 I lit. c RL (EU) 2016/943 „auf Kosten des Rechtsverletzers durchgeführt werden, es sei denn, es liegen besondere Gründe dafür vor, hiervon abzusehen. Diese Maßnahmen ergehen unbeschadet des etwaigen Schadensersatzes, der dem Inhaber des Geschäftsgeheimnisses möglicherweise aufgrund des rechtswidrigen Erwerbs oder der rechtswidrigen Nutzung oder Offenlegung des Geschäftsgeheimnisses zu zahlen ist".

III. Antragsfassung im Verfahren

30a   Für die Fassung des Klageantrags, insbesondere hinsichtlich der Bestimmtheitsanforderungen, ist von den für das Lauterkeitsrecht geltenden Grundsätzen auszugehen (→ UWG § 12 Rn. 1.52 ff.).

D. Unterlassungsansprüche (§ 6 S. 1 Fall 2 und S. 2)

31   Das Ziel des Unterlassungsanspruchs besteht darin, eine erneute Rechtsverletzung (Verletzungsunterlassungsanspruch, § 6 S. 1 Fall 2) oder eine erstmalig bevorstehende Rechtsverletzung (vorbeugender Unterlassungsanspruch, § 6 S. 2) zu unterbinden.

I. Voraussetzungen

32   Ebenso wie der Beseitigungsanspruch setzt der Unterlassungsanspruch in beiden seinen Erscheinungsformen eine **Rechtsverletzung** iSv § 4 voraus. Ein schuldhaftes Verhalten des Rechtsverletzers ist wiederum nicht erforderlich, jedoch müssen bei einer mittelbaren Rechtsverletzung gemäß § 4 III die subjektiven Anforderungen in der Person des Handelnden erfüllt sein. Bei nicht schuldhafter Rechtsverletzung besteht ein Recht zur Abwendung durch Abfindung (→ Rn. 42).

33   Weitere Voraussetzung des Unterlassungsanspruchs ist das Bestehen einer **Begehungsgefahr.** Die Begehungsgefahr ist ein tatsächlicher Umstand, der nach den Verhältnissen in der Person des oder der in Anspruch Genommenen zu beurteilen ist (vgl. BGH GRUR 2019, 746 Rn. 38 – Energieeffizienzklasse III).

34   Im Falle des Verletzungsunterlassungsanspruchs gemäß § 6 S. 1 Fall 2 ist eine **Wiederholungsgefahr** erforderlich, also die ernsthafte und greifbare Gefahr einer erneuten Begehung der Rechtsverletzung. Hierfür spricht – ebenso wie in den Fällen des § 8 I 1 UWG – eine **tatsächliche, widerlegliche Vermutung** (vgl. OLG Stuttgart GRUR-RS 2020, 35613 Rn. 117). Diese Vermutung ist nicht allein auf die **genau identische Verletzungsform** beschränkt, sondern sie umfasst auch alle **im Kern gleichartigen Verletzungsformen** (vgl. BGH GRUR 1996, 290 (291) – Wegfall der Wiederholungsgefahr I; GRUR 2005, 443 (446) – Ansprechen in der Öffentlichkeit II; OLG Stuttgart GRUR-RS 2020, 35613 Rn. 117). Die Verletzung eines einzelnen Geheimnisses begründet jedoch nicht die Wiederholungsgefahr bezüglich weiterer Geheimnisse (OLG Stuttgart GRUR-RS 2020, 35613 Rn. 117).

34a   Die durch eine bereits begangene Rechtsverletzung begründete tatsächliche Vermutung für das Vorliegen einer Wiederholungsgefahr kann regelmäßig nur durch die **Abgabe einer uneingeschränkten, bedingungslosen und strafbewehrten Unterlassungserklärung** ausgeräumt werden, mit der sich der Rechtsverletzer zur Unterlassung verpflichtet (vgl. BGH GRUR 1992, 318 (319) – Jubiläumsverkauf). Die Vermutung entfällt nicht schon mit der Einstellung oder Änderung des beanstandeten Verhaltens (vgl. BGH GRUR 2016, 946 Rn. 53 – Freunde finden). Nur ausnahmsweise kann die Wiederholungsgefahr aufgrund sonstiger Umstände entfallen (sehr weitgehend LAG Baden-Württemberg BeckRS 2021, 26156 Rn. 45). Zu den Einzelheiten der Wiederholungsgefahr und ihres Wegfalls → UWG § 8 Rn. 1.42 ff.

35   Der vorbeugende Unterlassungsanspruch setzt eine **Erstbegehungsgefahr** voraus, dh die drohende Gefahr einer erstmaligen Begehung der tatbestandlichen Rechtsverletzung. Eine solche ist anzunehmen, wenn ernsthafte und greifbare tatsächliche Anhaltspunkte für eine in naher Zukunft konkret drohende Rechtsverletzung bestehen (vgl. OLG Stuttgart GRUR-RS 2020, 35613 Rn. 118). Die eine Erstbegehungsgefahr begründenden Umstände müssen die drohende Verletzungshandlung so konkret abzeichnen, dass sich für alle Tatbestandsmerkmale zuverlässig beurteilen lässt, ob sie verwirklicht sind (vgl. BGH GRUR 2019, 189 Rn. 61 – Crailsheimer

Stadtblatt II). Eine Erstbegehungsgefahr hinsichtlich der Verletzung nicht kerngleicher Geheimnisse liegt nicht schon dann vor, wenn bereits ein einzelnes Geheimnis verletzt wurde (OLG Stuttgart GRUR-RS 2020, 35613 Rn. 118). Zu den Einzelheiten → UWG § 8 Rn. 1.18 ff.

Die **Ausräumung** bzw. der **Wegfall der Erstbegehungsgefahr** richtet sich nach den im **35a** Lauterkeitsrecht geltenden Grundsätzen (→ UWG § 8 Rn. 1.31 ff.). Die Abgabe einer strafbewehrten Unterlassungserklärung ist danach für das Entfallen der konkreten Erstbegehungsgefahr nicht erforderlich, sondern in der Regel genügt ein sog. actus contrarius, der zB darin bestehen kann, dass der Antragsgegner im Eilverfahren erklärt, etwaige Geschäftsgeheimnisse nicht zu nutzen oder offenzulegen (OLG Frankfurt GRUR-RS 2020, 38662 Rn. 24 ff.; s. auch Harte-Bavendamm/Ohly/Kalbfus/Ohly Rn. 44).

II. Inhalt und Umfang des Anspruchs

Der Unterlassungsanspruch ist seinem Inhalt nach auf die (erstmalige oder erneute) Unterlas- **36** sung der Rechtsverletzung gerichtet. Der Umfang des Unterlassungsanspruchs bestimmt sich nach dem Umfang der bestehenden Begehungsgefahr. Auch hier kann auf die für das Lauterkeitsrecht und die Rechte des geistigen Eigentums geltenden Grundsätze verwiesen werden → UWG § 8 Rn. 1.64 ff.

III. Antragsfassung im Verfahren

Für die Fassung des Klageantrags, insbesondere hinsichtlich der **Bestimmtheitsanforderun-** **36a** **gen,** ist von den für das Lauterkeitsrecht geltenden Grundsätzen auszugehen (→ UWG § 12 Rn. 1.35 ff.; Beispiele von bestimmten und unbestimmten Anträgen bei Keller/Schönknecht/ Glinke/Keller Rn. 98 ff.). Der Bestimmtheitsgrundsatz darf nicht dazu führen, dass der Unterlassungsgläubiger unter Hintanstellung seiner berechtigten Geheimhaltungsinteressen gezwungen ist, in dem Klageantrag Geschäfts- oder Betriebsgeheimnisse zu offenbaren (BGH GRUR 2018, 1161 Rn. 19 – Hohlfasermembranspinnanlage II; OLG Schleswig GRUR-RS 2022, 9007 Rn. 27; OLG Brandenburg GRUR-RS 2023, 3992 Rn. 54). Erforderlich ist ein Ausgleich zwischen dem Bestimmtheitserfordernis einerseits und dem Interesse des Geheimnisinhabers andererseits, den Schutz der Geschäftsgeheimnisse nicht ausgerechnet durch das Unterlassungsverfahren zu gefährden (OLG Schleswig GRUR-RS 2022, 9007 Rn. 27). **Unzureichend und** **unbestimmt** ist ein Antrag, der nur abstrakt auf „Geschäftsgeheimnisse" Bezug nimmt, ohne diese genau zu bezeichnen (OLG Schleswig GRUR-RS 2022, 9007 Rn. 27; OLG Brandenburg GRUR-RS 2023, 3992 Rn. 54). Es ist vielmehr erforderlich, dass die eingetretene, noch fortdauernde oder zukünftig bevorstehende Beeinträchtigung des Geschäftsgeheimnisses hinsichtlich der konkreten Verletzungsform bezeichnet wird (OLG Frankfurt GRUR-RS 2020, 38662 Rn. 15; OLG Schleswig GRUR-RS 2022, 9007 Rn. 27). Diese Anforderungen können nicht unter Hinweis auf das Bedürfnis nach einem prozessualen Schutz der Vertraulichkeit abgeschwächt werden, da insoweit die §§ 16 ff. Schutz bieten. Eine **Bezugnahme** auf in Anlagen enthaltenen Geschäftsgeheimnisse genügt nicht, wenn nicht der gesamte Inhalt der Anlage ein Geschäftsgeheimnis darstellt und unklar bleibt, auf welchen Teil der Inhalte sich das begehrte Verbot erstrecken soll (OLG Frankfurt GRUR-RS 2020, 38662 Rn. 17; OLG Schleswig GRUR-RS 2022, 9007 Rn. 27).

E. Verhältnis der Ansprüche zueinander

Der Unterlassungsanspruch kann neben dem Beseitigungsanspruch und einem Schadensersatz- **37** anspruch (§ 10) geltend gemacht werden. Eine parallele Anwendung der Abwehransprüche aus § 6 neben den speziellen Beseitigungsansprüchen gemäß § 7 ist möglich.

In jüngster Zeit verstärkt diskutiert wurde im Lauterkeitsrecht über die Frage, ob der Unterlas- **38** sungsanspruch auch positive Beseitigungsmaßnahmen erfassen kann. Die damit aufgeworfene Abgrenzungsproblematik zum Beseitigungsanspruch (→ § 8 Rn. 1.69 ff.) stellt sich für § 6 entsprechend.

F. Verjährung und Anspruchsgrenzen

I. Verjährung

39   Das GeschGehG enthält keine spezielle Regelung zur Verjährung der Ansprüche aus § 6. Die besondere Verjährungsregelung in § 13 gilt nur für den dort geregelten Herausgabeanspruch. Sie ist auf andere Ansprüche nicht, auch nicht analog anzuwenden. Auch die kurze Verjährungsfrist des § 11 I UWG ist nicht analog anwendbar. Vielmehr unterliegen die Ansprüche aus § 6 der **regelmäßigen Verjährungsfrist** von drei Jahren gemäß §§ 195, 199 BGB.

II. Unverhältnismäßigkeit

40   Für die Ansprüche aus § 6 gilt die spezielle Verhältnismäßigkeitsprüfung gemäß **§ 9.** Danach sind die Ansprüche ausgeschlossen, wenn die Erfüllung im Einzelfall unverhältnismäßig wäre, wobei die beispielhaft genannten Kriterien aus § 9 Nr. 1–7 zu berücksichtigen sind. Diese „äußere" Verhältnismäßigkeitsprüfung ist von der „tatbestandsinternen" Verhältnismäßigkeitsprüfung im Rahmen der Beseitigung zu unterscheiden. Den Bezugspunkt für die Verhältnismäßigkeitsprüfung nach § 9 bilden die Ansprüche aus § 6 als solche. Den maßgeblichen Anknüpfungspunkt für die „tatbestandsinterne" Verhältnismäßigkeitsprüfung beim Beseitigungsanspruch bilden demgegenüber die zur Störungsbeseitigung in Betracht kommenden Maßnahmen.

III. Rechtsmissbrauch

41   Die Ansprüche aus § 6 unterliegen dem speziellen Verbot des Rechtsmissbrauchs gemäß **§ 14.** Es handelt sich um eine besondere Regelung, die für sämtliche Ansprüche nach dem GeschGehG gilt und die einen Rückgriff auf das allgemeine Verbot des Rechtsmissbrauchs gemäß § 242 BGB ausschließt. Für sonstige Anspruchsgrenzen, die sich nicht aus dem Verbot des Rechtsmissbrauchs ergeben, bleibt § 242 BGB dagegen anwendbar. **Beispiel:** Verwirkung eines Anspruchs.

IV. Abwendung durch Abfindung

42   Wenngleich die Ansprüche aus § 6 nicht von einem Verschulden abhängig sind, kann gleichwohl das Vorliegen eines vorsätzlichen oder fahrlässigen Rechtsverstoßes von Bedeutung sein. Denn **§ 11** eröffnet dem schuldlos handelnden Rechtsverletzer die Möglichkeit, die Abwehransprüche aus § 6 durch eine Abfindung in Geld abzuwenden. Gemäß § 11 kann der Rechtsverletzer dem Inhaber des Geschäftsgeheimnisses die Zahlung einer solchen Abfindung anbieten. Voraussetzung hierfür ist, dass dem Rechtsverletzer durch die Erfüllung der Ansprüche aus § 6 ein unverhältnismäßig großer Nachteil entstehen würde und die Abfindung in Geld als angemessen erscheint.

G. Darlegungs- und Beweislast

43   Die Darlegungs- und Beweislast für die jeweiligen Tatbestandsvoraussetzungen der Abwehransprüche trägt nach den allgemeinen Grundsätzen der **Anspruchsteller,** also derjenige, der den Anspruch geltend macht (vgl. OLG Stuttgart GRUR-RS 2020, 35613 Rn. 120). Besonderheiten gelten für die Wiederholungsgefahr beim Verletzungsunterlassungsanspruch (→ Rn. 34 f.). Bei mehreren Beklagten ist das Vorliegen von Wiederholungs- oder Erstbegehungsgefahr für jeden Beklagten hinsichtlich jedes Geheimnisses und hinsichtlich jeder zu untersagenden Begehungsform gesondert zu prüfen (vgl. OLG Stuttgart GRUR-RS 2020, 35613 Rn. 120).

Vernichtung; Herausgabe; Rückruf; Entfernung und Rücknahme vom Markt

7 Der Inhaber des Geschäftsgeheimnisses kann den Rechtsverletzer auch in Anspruch nehmen auf

1. Vernichtung oder Herausgabe der im Besitz oder Eigentum des Rechtsverletzers stehenden Dokumente, Gegenstände, Materialien, Stoffe oder elektronischen Dateien, die das Geschäftsgeheimnis enthalten oder verkörpern,
2. Rückruf des rechtsverletzenden Produkts,
3. dauerhafte Entfernung der rechtsverletzenden Produkte aus den Vertriebswegen,
4. Vernichtung der rechtsverletzenden Produkte oder
5. Rücknahme der rechtsverletzenden Produkte vom Markt, wenn der Schutz des Geschäftsgeheimnisses hierdurch nicht beeinträchtigt wird.

Übersicht

Schrifttum: Czychowski, Das Gesetz zur Verbesserung der Durchsetzung von Rechten des Geistigen Eigentums Teil II: Änderungen im Urheberrecht, GRUR-RR 2008, 265; Jestaedt, Die Ansprüche auf Rückruf und Entfernen schutzrechtsverletzender Gegenstände aus den Vertriebswegen, GRUR 2009, 102; Partsch/Schindler, Ansprüche bei Rechtsverletzungen des Geschäftsgeheimnisses, NJW 2020, 2364; s. ferner allg. bei Vor § 1.

A. Allgemeines

I. Normzweck und Normstruktur

§ 7 enthält spezielle Ansprüche, die der Inhaber eines Geschäftsgeheimnisses gegenüber einem **1** Rechtsverletzer geltend machen kann. Diese Ansprüche bestehen **selbstständig und eigenständig neben den allgemeinen Abwehransprüchen** gemäß § 6. Es handelt sich nicht um bloße Annexansprüche, sondern § 7 erweitert und ergänzt § 6. Die Ansprüche aus § 7 können unabhängig von den Ansprüchen aus § 6 geltend gemacht und durchgesetzt werden.

2   Innerhalb des § 7 ist zu unterscheiden zwischen Vernichtungs- und Herausgabeansprüchen in Bezug auf Informationsträger, die das Geschäftsgeheimnis enthalten oder verkörpern (Nr. 1), und Ansprüchen in Bezug auf rechtsverletzende Produkte (Nr. 2–5). Diese Ansprüche stehen grundsätzlich **eigenständig** und **gleichrangig** nebeneinander.

II. Entstehung und unionsrechtliche Vorgaben

3   Das alte Recht sah keine speziellen Abhilfe- und Beseitigungsmaßnahmen bei Verletzungen von Geschäftsgeheimnissen vor. In Betracht kamen allgemeine Beseitigungsansprüche aus dem Lauterkeitsrecht (§ 8 I UWG) oder dem bürgerlichen Recht (§ 1004 Abs. 1 BGB analog). Bereits der **RefE** hatte in § 6 einen Katalog von besonderen Ansprüchen vorgesehen. Der **RegE** übernahm diesen Regelungsvorschlag als § 7. Im weiteren Gesetzgebungsverfahren blieb die Vorschrift unverändert. § 7 dient der Umsetzung von verschiedenen Vorgaben aus **Art. 12 RL (EU) 2016/943:**

„(1) Die Mitgliedstaaten stellen sicher, dass die zuständigen Gerichte in dem Fall, dass in einer gericht-lichen Sachentscheidung ein rechtswidriger Erwerb, eine rechtswidrige Nutzung oder eine rechtswidrige Offenlegung festgestellt wird, auf Antrag des Antragstellers eine oder mehrere der folgenden Maß-nahmen gegen den Rechtsverletzer erlassen können:
a) Einstellung oder gegebenenfalls Verbot der Nutzung oder Offenlegung des Geschäftsgeheimnisses;
b) Verbot des Herstellens, Anbietens, Vermarktens oder der Nutzung rechtsverletzender Produkte oder der Einfuhr, Ausfuhr oder Lagerung rechtsverletzender Produkte für diese Zwecke;
c) geeignete Abhilfemaßnahmen hinsichtlich der rechtsverletzenden Produkte;
d) die Vernichtung der Gesamtheit oder eines Teils der Dokumente, Gegenstände, Materialien, Stoffe oder elektronischen Dateien, die das Geschäftsgeheimnis enthalten oder verkörpern oder gegebenen-falls die Herausgabe der Gesamtheit oder eines Teils dieser Dokumente, Gegenstände, Materialien, Stoffe oder elektronischen Dateien an den Antragsteller.

(2) Zu den in Absatz 1 Buchstabe c genannten Abhilfemaßnahmen zählen
a) der Rückruf der rechtsverletzenden Produkte vom Markt;
b) die Beseitigung der rechtsverletzenden Qualität der rechtsverletzenden Produkte;
c) die Vernichtung der rechtsverletzenden Produkte oder gegebenenfalls ihre Marktrücknahme unter der Voraussetzung, dass der Schutz des in Frage stehenden Geschäftsgeheimnisses durch diese Markt-rücknahme nicht beeinträchtigt wird.

(3) Die Mitgliedstaaten können vorsehen, dass ihre zuständigen Gerichte — bei Anordnung einer Ent-fernung der rechtsverletzenden Produkte aus dem Markt — auf Antrag des Inhabers des Geschäfts-geheimnisses anordnen können, dass die Produkte dem Inhaber des Geschäftsgeheimnisses oder wohltätigen Organisationen übergeben werden.

(4) Die zuständigen Gerichte ordnen an, dass die in Absatz 1 Buchstaben c und d genannten Maß-nahmen auf Kosten des Rechtsverletzers durchgeführt werden, es sei denn, es liegen besondere Gründe dafür vor, hiervon abzusehen. Diese Maßnahmen ergehen unbeschadet des etwaigen Schadensersat-zes, der dem Inhaber des Geschäftsgeheimnisses möglicherweise aufgrund des rechtswidrigen Erwerbs oder der rechtswidrigen Nutzung oder Offenlegung des Geschäftsgeheimnisses zu zahlen ist."

4   Art. 12 RL (EU) 2016/943 fasst gerichtliche Anordnungen und Abhilfemaßnahmen zusam-men. Art. 12 I RL (EU) 2016/943 unterscheidet dabei zwischen Handlungsverboten (Art. 12 I lit. a und b RL (EU) 2016/943), Abhilfemaßnahmen im Hinblick auf rechtsverletzte Pro-dukte (Art. 12 I lit. c, II RL (EU) 2016/943) sowie Vernichtungs- und Herausgabeansprüchen in Bezug auf Informationsträger (Art. 12 I lit. d RL (EU) 2016/943). Der deutsche Gesetzgeber hat diese Regelungsstruktur in § 7 nur partiell übernommen. Im Einzelnen wurden die Vor-gaben aus der Richtlinie wie folgt in das deutsche Recht übernommen: § 7 Nr. 1 setzt Art. 12 I lit. d RL (EU) 2016/943 um. § 7 Nr. 2 dient der Umsetzung von Art. 12 II lit. a RL (EU) 2016/943. § 7 Nr. 3 knüpft an die Regelung des Art. 12 III RL (EU) 2016/943 an, setzt diese aber nicht vollständig um. § 7 Nr. 4 und 5 transformieren jeweils einen Teil aus Art. 12 II lit. c RL (EU) 2016/943.

III. Funktion und Auslegung

5   § 7 ergänzt die allgemeinen Abwehransprüche aus § 6 um besondere Maßnahmen zum Schutz von Geschäftsgeheimnissen. Es handelt sich um spezielle Instrumente, die sich insbesondere an den Vorbildern der Rechte des geistigen Eigentums orientieren. Durch die detaillierten Vor-gaben in Art. 12 RL (EU) 2016/943 wollte der Unionsgesetzgeber sicherstellen, dass ein

möglichst umfassender und wirksamer Schutz von Geschäftsgeheimnissen gewährleistet wird. Im **ErwGr. 28 RL (EU) 2016/943** wird dazu ausgeführt:

„Es besteht die Möglichkeit, dass ein Geschäftsgeheimnis auf rechtswidrige Weise für die Entwicklung, Herstellung oder Vermarktung von Produkten oder deren Bestandteilen genutzt werden könnte, die dann im Binnenmarkt Verbreitung finden könnten; dadurch würde den geschäftlichen Interessen des Inhabers des Geschäftsgeheimnisses und dem Funktionieren des Binnenmarkts geschadet. In diesen Fällen ebenso wie in Fällen, in denen das Geschäftsgeheimnis sich erheblich auf die Qualität, den Wert oder den Preis der aus dieser rechtswidrigen Nutzung gewonnenen Endprodukte auswirkt oder die Kosten der Prozesse für ihre Herstellung oder Vermarktung senkt oder diese Prozesse erleichtert oder beschleunigt, ist es wichtig, die Gerichte zu ermächtigen, effektive und geeignete Maßnahmen anzuordnen, um sicherzustellen, dass die betreffenden Produkte nicht auf den Markt gebracht bzw. vom Markt genommen werden. In Anbetracht der globalen Natur des Handels ist es auch erforderlich, dass diese Maßnahmen ein Verbot der Einfuhr dieser Produkte in die Union oder ihrer Lagerung zum Zwecke einer Vermarktung beinhalten. Entsprechend dem Grundsatz der Verhältnismäßigkeit sollten Abhilfemaßnahmen nicht unbedingt die Vernichtung der Produkte zur Folge haben, wenn andere gangbare Möglichkeiten bestehen, wie etwa die Beseitigung der rechtsverletzenden Eigenschaft des Produkts oder eine Verwertung der Produkte außerhalb des Marktes, beispielsweise in Form von Spenden an wohltätige Organisationen.“

Für die Auslegung von § 7 ist von den allgemeinen Grundsätzen auszugehen. Aufgrund der **6** nur punktuellen Vorgaben durch die RL (EU) 2016/943, die noch dazu insoweit nicht vollharmonisierend sind (vgl. Art. 1 I UAbs. 2 RL (EU) 2016/943), verbleibt ein **größerer Auslegungsspielraum** als bspw. bei der Anwendung von § 3 oder § 5. Da das alte Recht Ansprüche, die denen in § 7 entsprechen, in dieser Form nicht vorsah, kommt eine Anknüpfung an die frühere Rechtslage in der Regel nicht in Betracht. Möglich ist es jedoch, auf diejenigen Grundsätze zurückzugreifen, die für die Rechte des geistigen Eigentums gelten, soweit dort mit § 7 vergleichbare Ansprüche geregelt sind.

IV. Anwendungsbereich

§ 7 erstreckt sich auf sämtliche Rechtsverletzungen im sachlichen und persönlichen Anwen- **7** dungsbereich des GeschGehG. Dazu gehören alle unmittelbaren und mittelbaren Rechtsverletzungen von Geschäftsgeheimnissen iSv § 4.

B. Gläubiger und Schuldner

Gläubiger der Ansprüche aus § 7 ist der **Inhaber des Geschäftsgeheimnisses,** also die **8** natürliche oder juristische Person, die die rechtmäßige Kontrolle über ein Geschäftsgeheimnis hat (§ 2 Nr. 2). **Schuldner** ist der **Rechtsverletzer,** dh diejenige natürliche oder juristische Person, die entgegen § 4 ein Geschäftsgeheimnis rechtswidrig erlangt, nutzt oder offenlegt (§ 2 Nr. 3). Dies entspricht den für § 6 geltenden Grundsätzen (→ § 6 Rn. 14–21).

C. Vernichtung oder Herausgabe von Informationsträgern (Nr. 1)

Gemäß § 7 Nr. 1 kann der Inhaber des Geschäftsgeheimnisses den Rechtsverletzer in An- **9** spruch nehmen auf Vernichtung oder Herausgabe der im Besitz oder Eigentum des Rechtsverletzers stehenden Dokumente, Gegenstände, Materialien, Stoffe oder elektronischen Dateien, die das Geschäftsgeheimnis enthalten oder verkörpern.

I. Voraussetzungen

1. Rechtsverletzung

Der Herausgabe- oder Vernichtungsanspruch setzt – ebenso wie die Abwehransprüche aus § 6 **10** – eine **Rechtsverletzung iSv § 4** voraus. Dies folgt aus der tatbestandlichen Bezugnahme auf den Rechtsverletzer. Ein **Verschulden** ist **nicht erforderlich** (Begr. RegE, BT-Drs. 19/4724, 30), allerdings müssen bei einer mittelbaren Rechtsverletzung iSv § 4 III die subjektiven Voraussetzungen (Kenntnis oder Kennenmüssen) gegeben sein. Handelte der Rechtsverletzer schuldlos, dann kann er zur Abwendung des Anspruchs aus § 7 Nr. 1 eine Abfindung anbieten (→ Rn. 41).

2. Informationsträger

11   Den **Gegenstand** des Anspruchs aus § 7 Nr. 1 bilden Informationsträger, dh Objekte, „die das Geschäftsgeheimnis enthalten oder verkörpern". Das Gesetz erwähnt Dokumente, Gegenstände, Materialien, Stoffe oder elektronischen Dateien. Dies entspricht der Aufzählung in § 4 I Nr. 1; die Begriffe sind in dem gleichen Sinne auszulegen (→ § 4 Rn. 13).

3. Besitz oder Eigentum des Rechtsverletzers

12   Die Objekte müssen sich nach dem Wortlaut des § 7 Nr. 1 „im Besitz oder Eigentum des Rechtsverletzers" befinden. Darin liegt eine **fehlerhafte Umsetzung** der Vorgaben aus Art. 12 I lit. d RL (EU) 2016/943 (krit. auch Keller/Schönknecht/Glinke/Keller Rn. 34; aA Hoppe/Oldekop Geschäftsgeheimnisse/Hoppe Kap. 1 Rn. 724 ff.). Problematisch an der deutschen Tatbestandsfassung ist, dass der Anspruch auf **körperliche Gegenstände** beschränkt ist, was aus der Verwendung der Begriffe Besitz und Eigentum folgt. Beides besteht nach deutschem Recht nur an Sachen (vgl. § 854 I BGB, § 903 BGB), also an körperlichen Gegenständen (vgl. § 90 BGB). Nicht erfasst sind damit bspw. vom Rechtsverletzer auf Drittservern (zB in einer „Cloud") gespeicherte Daten, da an diesen weder Besitz noch Eigentum besteht. Aus dem Wortlaut der Richtlinie lässt sich eine Beschränkung auf körperliche Gegenstände nicht ableiten (vgl. auch Harte-Bavendamm/Ohly/Kalbfus/Kalbfus Rn. 20 und 26).

13   Weiterhin steht nicht mit den Vorgaben der Richtlinie im Einklang, dass der deutsche Tatbestand Besitz und Eigentum an Objekten, also eine **dingliche Herrschafts- bzw. Rechtsposition** des Rechtsverletzers verlangt. Eine solche Einschränkung ist Art. 12 I lit. d RL (EU) 2016/943 nicht zu entnehmen. Vielmehr bezieht sich die Abhilfe auf „die Vernichtung der Gesamtheit oder eines Teils der Dokumente, Gegenstände, Materialien, Stoffe oder elektronischen Dateien, die das Geschäftsgeheimnis enthalten oder verkörpern oder gegebenenfalls die Herausgabe der Gesamtheit oder eines Teils dieser Dokumente, Gegenstände, Materialien, Stoffe oder elektronischen Dateien an den Antragsteller". Nach den Vorgaben der Richtlinie ist weder das Innehaben der tatsächlichen Sachherrschaft (Besitz) noch ein Eigentum an dem Informationsträger, der das Geschäftsgeheimnis verkörpert oder enthält, erforderlich. Die deutsche Fassung schränkt den Anwendungsbereich für die Abhilfemaßnahmen empfindlich ein und eröffnet einem Rechtsverletzer zudem eine leichte Möglichkeit, dieser Sanktion zu entgehen: Er muss den Informationsträger nur einem Dritten überlassen, ohne dabei selbst eine Besitz- oder Eigentumsposition zu behalten.

14   Die zu enge Wortlautfassung des § 7 Nr. 1 ist im Wege der richtlinienkonformen Auslegung zu korrigieren. Es genügt daher, wenn sich der oder die Informationsträger im **Einflussbereich des Rechtsverletzers** befinden (ebenso OLG Schleswig GRUR-RS 2022, 9007 Rn. 106; etwas enger Keller/Schönknecht/Glinke/Keller Rn. 35, wonach es auf die faktische und zugleich zumutbare Zugriffsmöglichkeit des Rechtsverletzers ankommt).

II. Inhalt und Umfang des Anspruchs

15   § 7 Nr. 1 benennt mit der Vernichtung oder der Herausgabe zwei alternative Anspruchsziele. Dem Gläubiger steht ein **Wahlrecht** zu, welche Variante er geltend macht (Harte-Bavendamm/Ohly/Kalbfus/Kalbfus Rn. 28). Eine Vernichtung wird etwa in Betracht kommen, wenn der Inhaber des Geschäftsgeheimnisses trotz der Geheimnisverletzung weiterhin über alle relevanten Informationen verfügt und er lediglich erreichen will, dass das Geschäftsgeheimnis dem Rechtsverletzer vollständig entzogen und so auch ein Zugriff Dritter auf das Geschäftsgeheimnis unterbunden wird. Demgegenüber ermöglicht der Herausgabeanspruch dem Inhaber des Geschäftsgeheimnisses, Dokumente, Gegenstände, Materialien, Stoffe oder elektronische Dateien zurückzuerlangen.

1. Vernichtung

16   Der Begriff der Vernichtung wird innerhalb der Rechtsordnung nicht einheitlich verwendet (s. dazu Partsch/Schindler NJW 2020, 2364 (2366)). Auszugehen ist von dem Zweck der Vernichtung, der darauf gerichtet ist, jeden weiteren Gebrauch des Geschäftsgeheimnisses zu unterbinden. Der auf Vernichtung gerichtete Anspruch zielt deswegen auf das **endgültige Unbrauchbarmachen** des jeweiligen Informationsträgers. Dies kann neben einer Zerstörung der gegenständlichen Sachsubstanz (physische Vernichtung eines Objekts) auch sonstige Maßnahmen beinhalten, zB Substanzveränderungen und sonstige Einwirkungen, mit denen jede Gebrauchsmöglichkeit des Geschäftsgeheimnisses ausgeschlossen wird. **Beispiel:** Ein Löschen von elektronisch gespeicherten Daten ist nur dann eine Vernichtung, wenn die betroffenen Daten endgültig einem Zugriff entzogen sind. Es genügt hingegen nicht, wenn sich die Daten – und sei es auch mit einigem technischen Aufwand – wiederherstellen lassen (Partsch/Schindler NJW 2020, 2364 (2366)). Das Vernichten von Daten erfordert auch das Beseitigen von eventuell vorhandenen Kopien (Begr. RegE, BT-Drs. 19/4724, 30). Kann die Vernichtung auf unterschiedliche Weise bewerkstelligt werden, dann besteht kein Anspruch auf eine spezifische Methode.

2. Herausgabe

Zur Herausgabe gehören alle notwendigen tatsächlichen und rechtlichen Handlungen, um **17** dem Inhaber des Geschäftsgeheimnisses den **Informationsträger zu verschaffen.** Dies umfasst bei Gegenständen insbesondere das (Wieder-)Einräumen der zuvor bestehenden Herrschaftsposition des Inhabers des Geschäftsgeheimnisses (zB Besitzverschaffung) und ggf. die Rückübertragung des Eigentums. Die Herausgabe muss regelmäßig an dem Ort erfolgen, an dem sich der Verletzte befindet (Partsch/Schindler NJW 2020, 2364 (2367)).

Bei nicht-gegenständlichen Objekten (zB Dateien) muss der Rechtsverletzer dem Inhaber des **18** Geschäftsgeheimnisses die **tatsächliche Zugriffsmöglichkeit** einräumen. Dies muss so geschehen, dass der Rechtsverletzer selbst keine direkte oder indirekte Zugriffsgewalt mehr behält. Die Herausgabe muss „rückstandsfrei" erfolgen. Daher reicht zB das Anfertigen und Überlassen von Dateikopien nicht aus.

3. Gesamtheit oder Teil der Informationsträger

Gemäß Art. 12 I lit. d RL (EU) 2016/943 kann die Herausgabe oder Vernichtung auf die **19** Gesamtheit der Dokumente, Gegenstände usw gerichtet sein oder auf einen Teil dieser Informationsträger beschränkt werden. Dies ermöglicht eine **zielgenaue und verhältnismäßige** Ausrichtung der Ansprüche. Die Sprachfassung des § 7 Nr. 1 bringt diese differenzierende Reichweite der Ansprüche leider nicht eindeutig zum Ausdruck. Daran liegt zwar keine fehlerhafte, allerdings eine für den deutschen Rechtsanwender **intransparente Umsetzung** der Richtlinienvorgaben.

In der Regel wird sich der Anspruch auf Vernichtung oder Herausgabe auf die **Gesamtheit** **20** eines Informationsträgers (oder mehrerer Informationsträger) beziehen, wenn das Geschäftsgeheimnis darin enthalten oder verkörpert ist. **Beispiele:** Herausgabe der gesamten elektronischen Datenträger; Herausgabe aller Dokumente, die in ihrer Gesamtheit das Geschäftsgeheimnis enthalten.

Die Herausgabe oder Vernichtung eines **Teils** kommt in Betracht, wenn die als Geschäfts- **21** geheimnis geschützte Information dergestalt auf dem Informationsträger enthalten oder verkörpert ist, dass eine gegenständliche/tatsächliche Trennung zwischen einem „infizierten" und einem „nicht infizierten" Teil möglich ist. **Beispiel:** Herausgabe derjenigen Dokumente aus einem Konvolut, die das Geschäftsgeheimnis enthalten.

4. Kosten

Die für die Herausgabe oder Vernichtung erforderlichen Kosten muss der **Rechtsverletzer** **22** tragen. Art. 12 IV RL (EU) 2016/943 legt hierzu fest, dass die zuständigen Gerichte anordnen, dass die Maßnahmen gemäß Art. 12 I lit. d RL (EU) 2016/943 „auf Kosten des Rechtsverletzers durchgeführt werden, es sei denn, es liegen besondere Gründe dafür vor, hiervon abzusehen. Diese Maßnahmen ergehen unbeschadet des etwaigen Schadensersatzes, der dem Inhaber des Geschäftsgeheimnisses möglicherweise aufgrund des rechtswidrigen Erwerbs oder der rechtswidrigen Nutzung oder Offenlegung des Geschäftsgeheimnisses zu zahlen ist".

D. Ansprüche in Bezug auf rechtsverletzende Produkte (Nr. 2–5)

Die in § 7 Nr. 2–5 geregelten Ansprüche betreffen rechtsverletzende Produkte. Sie sollen **23** verhindern, dass durch einen weiteren Vertrieb der rechtsverletzenden Produkte eine „Fruchtziehung" aus der Verletzung des Geschäftsgeheimnisses möglich ist.

I. Voraussetzungen

1. Rechtsverletzung

24   In allen Varianten des § 7 Nr. 2–5 ist eine Rechtsverletzung erforderlich. Ebenso wie bei § 7 Nr. 1 ist ein **Verschulden nicht notwendig** (Begr. RegE, BT-Drs. 19/4724, 30), jedoch müssen bei einer mittelbaren Rechtsverletzung iSv § 4 III die subjektiven Voraussetzungen (Kenntnis oder Kennenmüssen) gegeben sein. Handelte der Rechtsverletzer schuldlos, dann kann er zur Abwendung der Ansprüche aus § 7 Nr. 2–5 gemäß § 11 dem Inhaber des Geschäftsgeheimnisses eine Abfindung anbieten.

2. Rechtsverletzendes Produkt

25   Die Ansprüche beziehen sich auf rechtsverletzende Produkte. Bei einem rechtsverletzenden Produkt handelt es sich gemäß **§ 2 Nr. 4** um „ein Produkt, dessen Konzeption, Merkmale, Funktionsweise, Herstellungsprozess oder Marketing in erheblichem Umfang auf einem rechtswidrig erlangten, genutzten oder offengelegten Geschäftsgeheimnis beruht". Zu den Einzelheiten → § 2 Rn. 121–144.

II. Inhalt und Umfang der Ansprüche

26   Den in § 7 Nr. 2–5 geregelten Ansprüchen ist gemeinsam, dass sie darauf gerichtet sind, die **rechtsverletzenden Produkte aus dem Verkehr zu ziehen,** sodass diese nicht mehr für einen (Weiter-)Vertrieb durch den Rechtsverletzer oder Dritte verfügbar sind. Innerhalb der Ansprüche ist danach zu unterscheiden, ob die rechtsverletzenden Produkte zu vernichten sind (Nr. 4) oder ob die weitere Vermarktung der Produkte verhindert wird. Die Ansprüche gemäß § 7 Nr. 2, 3 und 5 unterscheiden sich inhaltlich vor allem danach, welche Anstrengungen der Rechtsverletzer konkret unternehmen muss.

1. Rückruf (Nr. 2)

27   Das Ziel des Anspruchs aus § 7 Nr. 2 besteht in dem Rückruf des rechtsverletzenden Produkts. Ähnlich wie der Anspruch gemäß § 7 Nr. 3 (dauerhaftes Entfernen aus den Vertriebswegen → Rn. 30) ist der Rückruf auf eine **Bereinigung des Marktes** gerichtet (Partsch/Schindler NJW 2020, 2364 (2367)). Vergleichbare Rückrufansprüche finden sich in § 18 II MarkenG, § 98 II UrhG, § 140a III 1 PatG und § 43 II DesignG. Im Rahmen des Rückrufs sind **geeignete Rückrufmaßnahmen** geschuldet, nicht aber der Erfolg (Partsch/Schindler NJW 2020, 2364 (2368); vgl. auch Czychowski GRUR-RR 2008, 265 (267); Jestaedt GRUR 2009, 102 (103)). Der Rückruf kommt in Betracht, wenn der Rechtsverletzer **keine Verfügungsgewalt** mehr über die rechtsverletzenden Produkte hat, diese sich also bereits bei Dritten befinden. Für Produkte, die sich noch in der Verfügungsgewalt des Rechtsverletzers befinden, kommt der Anspruch aus § 7 Nr. 5 in Betracht (→ Rn. 38).

28   Der Rückruf erfordert eine **ernsthafte Aufforderung** an den oder die Adressaten, das rechtsverletzende **Produkt** an den Verletzten (bzw. einen von diesem benannten Dritten) **zurückzugeben** (Partsch/Schindler NJW 2020, 2364 (2367); vgl. Jestaedt GRUR 2009, 102 (103)). Für spezialgesetzliche Rückrufansprüche geht der BGH davon aus, dass sich der konkret geschuldete Inhalt nach dem **tatsächlich geschehenen Vertrieb** richtet und **effektive Maßnahmen** erfordert (vgl. BGH GRUR 2018, 292 Rn. 32 – Produkte zur Wundversorgung). Der zum Rückruf Verpflichtete hat den nachhaltigen und ernsthaften Versuch zu unternehmen, die rechtsverletzenden Produkte zurückzuerhalten (vgl. Czychowski GRUR-RR 2008, 265 (267)). Demgegenüber ist ein Rückbezug von Produkten, die den Vertriebsweg bereits verlassen haben und sich bei den Endabnehmern (zB bei Verbrauchern oder geschäftlichen Endabnehmern) befinden, nicht geschuldet.

29   Zur **Eignung** der vom Rechtsverletzer gemäß § 7 Nr. 2 geschuldeten Rückrufanstrengungen gehört, dass im Regelfall die folgenden Anforderungen erfüllt sind (in Anlehnung an Jestaedt GRUR 2009, 102 (103)): Der Rechtsverletzer hat an seine Abnehmer die unmissverständliche Aufforderung zur Rückgabe des rechtsverletzenden Gegenstands gerichtet. Weiterhin hat er darauf hingewiesen, dass die Rückgabe gegen Erstattung des Kaufpreises erfolgt. Schließlich hat er die Modalitäten der Rückgabe, einschließlich des Rückgabeortes, mitgeteilt sowie einen Ansprechpartner für alle Rückfragen benannt.

2. Dauerhafte Entfernung aus den Vertriebswegen (Nr. 3)

Gemäß § 7 Nr. 3 kann der Inhaber des Geschäftsgeheimnisses von dem Rechtsverletzer die **30** dauerhafte Entfernung der rechtsverletzenden Produkte aus den Vertriebswegen verlangen. Vergleichbare Ansprüche sind in § 18 II MarkenG, § 98 II UrhG, § 140a III 1 PatG und § 43 II DesignG enthalten. Bei dem Anspruch auf dauerhafte Entfernung aus den Vertriebswegen handelt es sich um einen speziellen Anwendungsfall des Anspruchs auf Marktrücknahme gemäß § 7 Nr. 5 (Begr. RegE, BT-Drs. 19/4724, 30).

Der Anspruch betrifft Fälle, in denen sich die rechtsverletzenden Produkte noch im Vertrieb **31** befinden (→ Rn. 33), aber **nicht mehr in der Verfügungsgewalt des Rechtsverletzers** stehen. Der Rechtsverletzer kann sich nicht auf eigene Unwissenheit darüber berufen, ob sich rechtsverletzende Produkte noch in den Vertriebswegen befinden. Er ist dazu verpflichtet, sich nötigenfalls die erforderliche **Kenntnis** zu verschaffen. Nur wenn der dafür erforderliche Aufwand völlig unverhältnismäßig oder für den Schuldner unzumutbar ist, kann ausnahmsweise ein Fall der subjektiven Unmöglichkeit anzunehmen sein (Partsch/Schindler NJW 2020, 2364 (2368)).

Der Anspruch dient der dauerhaften Verhinderung des weiteren Vertriebs der Produkte durch **32** geeignete Maßnahmen. Bei einem Anspruch auf endgültiges Entfernen aus den Vertriebswegen ist der Schuldner dazu verpflichtet, alle ihm zur Verfügung stehenden und zumutbaren tatsächlichen und rechtlichen Möglichkeiten auszuschöpfen, um die weitere oder erneute Zirkulation der rechtsverletzenden Gegenstände in den Vertriebswegen auszuschließen (vgl. BGHZ 215, 89 = GRUR 2017, 785 Rn. 18 – Abdichtsystem; Harte-Bavendamm/Ohly/Kalbfus/Kalbfus Rn. 45; Keller/Schönknecht/Glinke/Keller Rn. 51). Im Unterschied zu § 7 Nr. 2 ist ein **Erfolg** geschuldet (vgl. Jestaedt GRUR 2009, 102 (105)). Um den geschuldeten Erfolg herbeizuführen, muss der Rechtsverletzer alle tatsächlichen Handlungen vornehmen, die geeignet und notwendig sind, um die Produkte zurückzuführen (vgl. Jestaedt GRUR 2009, 102 (105)). Der Anspruch auf Entfernung ist nicht auf eine spezifische Handlungsform beschränkt, sondern umfasst alle rechtlich zulässigen Methoden, mit denen ein Produkt dauerhaft (→ Rn. 33a) aus den Vertriebswegen entfernt werden kann (Begr. RegE, BT-Drs. 19/4724, 30). Im Vergleich zum Rückruf nach § 7 Nr. 2 eröffnet § 7 Nr. 3 dem Verletzer erweiterte Handlungsoptionen. So kann er beispielsweise Dritte auffordern, die rechtsverletzenden Produkte zu vernichten.

Die Verpflichtung zur dauerhaften Entfernung der rechtsverletzenden Produkte aus den Ver- **33** triebswegen erstreckt sich auf diejenigen Erzeugnisse, die sich **noch in der Vertriebskette** befinden (Partsch/Schindler NJW 2020, 2364 (2368)). Das ist insbesondere der Fall, wenn die rechtsverletzenden Produkte noch bei Händlern vorrätig sind. Nicht erfasst sind demgegenüber – ebenso wie beim Rückruf – Gegenstände, die bereits beim (geschäftlichen oder privaten) Endkunden sind und somit die Vertriebskette verlassen haben (vgl. Jestaedt GRUR 2009, 102 (105)).

Der Anspruch ist darauf gerichtet, die rechtsverletzenden Produkte **dauerhaft** aus den Ver- **33a** triebswegen zu entfernen. Es sind also Maßnahmen erforderlich, die jede direkte oder indirekte Rückführung der betroffenen Produkte in den Vertrieb verhindern. Es genügt daher nicht, wenn Produkte lediglich aussortiert und eingelagert werden (Partsch/Schindler NJW 2020, 2364 (2368)), weil dadurch nicht sichergestellt ist, dass die Produkte nicht vielleicht früher oder später doch wieder in den Vertrieb gelangen.

Im Falle des Anspruchs auf Entfernung aus den Vertriebswegen können die Mitgliedstaaten **34** gemäß Art. 12 III RL (EU) 2016/943 vorsehen, dass ihre zuständigen Gerichte auf Antrag des Inhabers des Geschäftsgeheimnisses anordnen können, dass die Produkte dem Inhaber des Geschäftsgeheimnisses oder wohltätigen Organisationen übergeben werden. Wenngleich diese Regelung nicht explizit in das deutsche Recht übernommen wurde, kann diese Möglichkeit im Wege der **richtlinienkonformen Auslegung** von § 7 Nr. 3 mitberücksichtigt werden. Das Gesetz eröffnet auf diese Weise einen Weg, um die rechtsverletzenden Produkte zB einem karitativen Zweck zuzuführen.

3. Vernichtung (Nr. 4)

Nach § 7 Nr. 4 kann der Inhaber des Geschäftsgeheimnisses von dem Rechtsverletzer die **35** Vernichtung der rechtsverletzenden Produkte verlangen. Parallelbestimmungen sind gesetzlich vorgesehen in § 18 I MarkenG, § 98 I 1 UrhG, § 140a I 1 PatG und § 43 I 1 DesignG.

Das Ziel der Vernichtung besteht – wie im Falle des Anspruchs auf Vernichtung von **36** Informationsträgern gemäß § 7 Nr. 1 – in dem **endgültigen Unbrauchbarmachen** der rechtsverletzenden Produkte. Dies kann neben einer Zerstörung der Sachsubstanz (physische Vernichtung der rechtsverletzenden Produkte) auch sonstige Maßnahmen beinhalten, zB das unwiederbringliche Löschen von elektronisch gespeicherten Daten, Software oder dergleichen. Kann die Vernichtung der rechtsverletzenden Produkte auf unterschiedliche Weise erfolgen, dann besteht kein Anspruch auf eine spezifische Methode. Zur Vollstreckung und zur Durchsetzung im einstweiligen Rechtsschutz s. Partsch/Schindler 2020, 2364 (2368)).

4. Rücknahme vom Markt (Nr. 5)

37   Schließlich sieht § 7 Nr. 5 einen Anspruch auf Rücknahme der rechtsverletzenden Produkte vom Markt vor, wenn der Schutz des Geschäftsgeheimnisses hierdurch nicht beeinträchtigt wird. Bei diesem Anspruch handelt es sich um das im Vergleich zur Vernichtung **mildere Mittel** (Begr. RegE, BT-Drs. 19/4724, 31).

38   In Abgrenzung zu den Ansprüchen aus § 7 Nr. 2 und 3 setzt der Anspruch auf Marktrücknahme voraus, dass sich die rechtsverletzenden Produkte noch in der **Verfügungsgewalt des Rechtsverletzers** befinden (Büscher/Tochtermann Rn. 44; zw. Harte-Bavendamm/Ohly/Kalbfus/Kalbfus Rn. 68; aA Partsch/Schindler NJW 2020, 2364 (2369)). Fehlt es an der Verfügungsgewalt, dann kommt nur ein Anspruch auf Rückruf oder auf Entfernung aus den Vertriebswegen in Betracht. Kennzeichnend für § 7 Nr. 5 ist mithin, dass die Produkte bei dem Rechtsverletzer gewissermaßen vertriebsbereit am Markt platziert sind. Die Rücknahme vom Markt ist auf die Herbeiführung eines **Erfolgs** gerichtet. Der Rechtsverletzer muss hierfür alle Maßnahmen ergreifen, die geeignet und notwendig sind, um die Produkte dauerhaft vom Markt zu entfernen.

39   Der Anspruch auf Marktrücknahme kommt nur in Betracht, wenn der Schutz des Geschäftsgeheimnisses hierdurch nicht beeinträchtigt wird. Ähnlich heißt es in Art. 12 II lit. c RL (EU) 2016/943, dass der Anspruch unter der Voraussetzung steht, „dass der Schutz des in Frage stehenden Geschäftsgeheimnisses durch diese Marktrücknahme nicht beeinträchtigt wird". Diese Einschränkung ist ein Zeichen für das Bemühen der Richtlinie, einerseits einen wirksamen und effektiven Schutz von Geschäftsgeheimnissen zu gewährleisten, andererseits aber auch stets die **Verhältnismäßigkeit** der Sanktionen im Blick zu behalten (vgl. auch § 9). Der Inhaber des Geschäftsgeheimnisses soll sich nicht auf Maßnahmen einlassen müssen, die den Schutz seines Geschäftsgeheimnisses nicht vollumfänglich gewährleisten.

5. Kosten

39a   Die zur Erfüllung der Ansprüche aus § 7 Nr. 2 bis 5 erforderlichen Kosten hat der **Rechtsverletzer** zu tragen (Partsch/Schindler NJW 2020, 2364 (2369); vgl. auch Reinfeld Neues GeschGehG § 4 Rn. 97). Dies folgt aus Art. 12 IV RL (EU) 2016/943.

E. Verhältnis der Ansprüche zueinander

40   Die Ansprüche aus § 7 Nr. 1–5 stehen **selbstständig nebeneinander.** Es handelt sich nicht um verschiedene Inhalte eines einheitlichen Anspruchs. Die Ansprüche können daher im Grundsatz nebeneinander geltend gemacht werden, sofern diese sich nicht – wie zB bei einem gleichzeitigen Verlangen von Rücknahme und Vernichtung – nach ihrem Inhalt ausschließen. Es liegt in der Entscheidung des Inhabers des Geschäftsgeheimnisses, welchen Anspruch oder welche Ansprüche er gemäß § 7 auf der Grundlage einer Rechtsverletzung geltend macht. Eine parallele Geltendmachung neben den Abwehransprüchen aus § 6 ist möglich.

F. Verjährung und Anspruchsgrenzen

41   Die Ansprüche aus § 7 unterliegen den gleichen Verjährungsregeln wie die Abwehransprüche gemäß § 6 (→ § 6 Rn. 39). Weiterhin können die Ansprüche aus § 7 wegen Unverhältnismäßigkeit nach § 9 ausgeschlossen sein (→ § 6 Rn. 40). Zudem gilt das in § 14 statuierte Verbot des Rechtsmissbrauchs (→ § 6 Rn. 41). Um die Ansprüche aus § 7 abzuwenden, kann ein Rechtsverletzer, der nicht vorsätzlich oder fahrlässig gehandelt hat, dem Inhaber des Geschäftsgeheimnisses – ebenso wie in den Fällen des § 6 (→ § 6 Rn. 42) – eine Abfindung in Geld anbieten.

G. Darlegungs- und Beweislast

Die Darlegungs- und Beweislast für die jeweiligen Tatbestandsvoraussetzungen der Ansprüche **42** gemäß § 7 trägt nach den allgemeinen Grundsätzen derjenige, der den Anspruch geltend macht.

Auskunft über rechtsverletzende Produkte; Schadensersatz bei Verletzung der Auskunftspflicht

8 (1) Der Inhaber des Geschäftsgeheimnisses kann vom Rechtsverletzer Auskunft über Folgendes verlangen:

1. **Name und Anschrift der Hersteller, Lieferanten und anderer Vorbesitzer der rechtsverletzenden Produkte sowie der gewerblichen Abnehmer und Verkaufsstellen, für die sie bestimmt waren,**
2. **die Menge der hergestellten, bestellten, ausgelieferten oder erhaltenen rechtsverletzenden Produkte sowie über die Kaufpreise,**
3. **diejenigen im Besitz oder Eigentum des Rechtsverletzers stehenden Dokumente, Gegenstände, Materialien, Stoffe oder elektronischen Dateien, die das Geschäftsgeheimnis enthalten oder verkörpern, und**
4. **die Person, von der sie das Geschäftsgeheimnis erlangt haben und der gegenüber sie es offenbart haben.**

(2) **Erteilt der Rechtsverletzer vorsätzlich oder grob fahrlässig die Auskunft nicht, verspätet, falsch oder unvollständig, ist er dem Inhaber des Geschäftsgeheimnisses zum Ersatz des daraus entstehenden Schadens verpflichtet.**

Übersicht

Schrifttum: Kalbfus, Die neuere Rechtsprechung des BGH zum Schutz von Betriebs- und Geschäftsgeheimnissen – Zugleich Besprechung von BGH, Urteil vom 23.2.2012 – I ZR 136/10 – MOVICOL-Zulassungsantrag, WRP 2013, 584; Kehrer, Der Auskunftsanspruch aus § 8 GeschGehG im Spannungsverhältnis mit dem nemo-tenetur-Grundsatz, GRUR 2021, 31; s. ferner allg. bei Vor § 1.

A. Allgemeines

I. Normzweck und Normstruktur

1   Die zivilrechtliche Durchsetzung von Ansprüchen gemäß §§ 6 ff. wegen der Verletzung eines Geschäftsgeheimnisses kann nur dann erfolgreich gelingen, wenn der Inhaber des Geschäftsgeheimnisses über die dazu notwendigen Informationen verfügt. Diese werden sich jedoch häufig in der **Sphäre des Rechtsverletzers** befinden. Um eine effektive Rechtsdurchsetzung zu gewährleisten, muss die Rechtsordnung dem Inhaber des Geschäftsgeheimnisses eine Möglichkeit eröffnen, an die erforderlichen Informationen zu erlangen. Das rechtliche Instrument hierfür bildet der privatrechtliche Auskunftsanspruch. Ein solcher bestand im Grundsatz bereits nach dem alten Recht, er war allerdings nicht spezialgesetzlich verankert (→ Rn. 4). § 8 schafft nunmehr eine eigenständige Rechtsgrundlage für Auskünfte. Die Auskunftspflicht lässt sich auf den Grundgedanken zurückführen, dass eine Verpflichtung zur Preisgabe von Informationen dann in Betracht kommen kann, wenn zwischen zwei Beteiligten ein **Wissens- bzw. Informationsgefälle** besteht, das die Wahrnehmung von Rechten erheblich erschwert (vgl. auch Kehrer GRUR 2021, 31 (32)).

2   Die Anspruchsgrundlage für den Auskunftsanspruch ist in § 8 I enthalten. Durch Nr. 1–4 wird der Inhalt der Auskunftspflicht näher bestimmt. Diese Aufzählung hat einen **abschließenden Charakter.** Innerhalb des Katalogs ist zu unterscheiden zwischen der Auskunft in Bezug auf rechtsverletzende Produkte (Nr. 1 und 2), der Auskunft über Objekte, die das Geschäftsgeheimnis enthalten oder verkörpern (Nr. 3) und schließlich der Auskunft über Personen (Nr. 4). Im Verhältnis zu den Hauptansprüchen bei Rechtsverletzungen gemäß §§ 6, 7 und 10 I handelt es sich bei dem Auskunftsanspruch gemäß § 8 I um einen **Hilfsanspruch.**

3   § 8 II **sanktioniert** verspätete, unzureichende oder sonst fehlerhafte Auskünfte, die der Rechtsverletzer vorsätzlich oder grob fahrlässig erteilt. Im Falle einer solchen Verletzung der Auskunftspflicht ist der Schuldner zum Ersatz des daraus resultierenden Schadens verpflichtet.

II. Entstehung und unionsrechtliche Vorgaben

4   Das alte Recht sah keinen speziellen Auskunftsanspruch bei Verletzungen von Geschäftsgeheimnissen vor. Daher musste auf unterschiedliche Anspruchsgrundlagen zurückgegriffen werden. In Betracht kam der aus Treu und Glauben (§ 242 BGB) abgeleitete, allgemeine Auskunftsanspruch. Die Rspr. ging des Weiteren davon aus, dass die Verpflichtung zur Auskunftserteilung als Teil des zu leistenden Schadensersatzes eine unmittelbare Folge der Verpflichtung des Verletzers zum Schadensersatz bilden konnte und die Pflicht zur Auskunft daher auf den lauterkeitsrechtlichen Schadensersatzanspruch iVm § 249 I BGB zu stützen war (BGH GRUR 1976, 368 (368 f.) – Ausschreibungsunterlagen). Schließlich hat die Rspr. als Anspruchsgrundlage vereinzelt auch § 687 II 1 BGB iVm §§ 681, 666 BGB herangezogen (BGH GRUR 2012, 1048 Rn. 27 – MOVICOL-Zulassungsantrag; dazu näher Kalbfus WRP 2013, 584 (589 f.)).

5   Bereits der **RefE** hatte in § 7 einen Auskunftsanspruch zugunsten des Inhabers eines Geschäftsgeheimnisses vorgesehen, der sich jedoch allein auf Auskünfte im Zusammenhang mit rechtsverletzenden Produkten beschränkte. Der **RegE** (BT-Drs. 19/4724) erweiterte den Anwendungsbereich des Auskunftsanspruchs. Im weiteren Gesetzgebungsverfahren ergaben sich keine Änderungen.

6   Die RL (EU) 2016/943 sieht **keine Vorgabe zu einem Auskunftsanspruch** gegenüber dem Rechtsverletzer vor. Sie steht aber der Etablierung eines solchen Anspruchs im nationalen Recht der Mitgliedstaaten nicht entgegen, weil sie die Rechtsdurchsetzung und die dafür erforderlichen Instrumente nicht abschließend regelt (Ohly GRUR 2019, 441 (449)). Der Auskunftsanspruch dient nach der Überzeugung des deutschen Gesetzgebers dem wirksamen Schutz des Inhabers des Geschäftsgeheimnisses (Begr. RegE, BT-Drs. 19/4724, 31).

7   § 8 I orientiert sich an den Auskunftsansprüchen, die zum Schutz von Rechten des geistigen Eigentums bestehen und die ihrerseits auf Art. 8 RL 2004/48/EG (Enforcement-RL) zurückgehen. Entsprechende Regelungen sind in § 19 MarkenG, § 101 UrhG, § 140b PatG und § 46 DesignG enthalten. Im Unterschied zu diesen Ansprüchen sieht § 8 GeschGehG aber kein Auskunftsrecht gegenüber Dritten vor (Begr. RegE, BT-Drs. 19/4724, 31). Nur der Rechtsverletzer ist zur Auskunft verpflichtet.

III. Funktion und Auslegung

Nach seinem Sinn und Zweck soll der Auskunftsanspruch gemäß § 8 I die Durchsetzung von **8** Ansprüchen wegen einer Rechtsverletzung ermöglichen und erleichtern. Vielfach wird das Auskunftsbegehren einer Hauptsacheklage prozessual im Wege einer **Stufenklage** „vorgeschaltet" sein. Der Auskunftsanspruch kann in einem **Spannungsverhältnis** zu dem rechtsstaatlichen Grundsatz stehen, wonach niemand gezwungen werden darf, sich selbst zu belasten (nemo-tenetur-Grundsatz; dazu näher Kehrer GRUR 2021, 31 ff.).

Die amtliche Überschrift des § 8 („Auskunft über rechtsverletzende Produkte; Schadensersatz **9** bei Verletzung der Auskunftspflicht") legt auf den ersten Blick die Annahme nahe, dass der Auskunftsanspruch allein auf rechtsverletzende Produkte bezogen und beschränkt ist. Aus dem Wortlaut der Vorschrift ergibt sich eine solche Einschränkung jedoch nicht (vgl. auch Kehrer GRUR 2021, 31). Vielmehr ist nur in § 8 I Nr. 1 und 2 ausdrücklich von rechtsverletzenden Produkten die Rede, nicht aber in § 8 I Nr. 3 und 4. Hätte der Gesetzgeber die Auskunft nur auf Informationen im Zusammenhang mit rechtsverletzenden Produkten beschränken wollen, dann hätte er dies bereits in der Eingangsformulierung der Norm ausdrücklich klarstellen können und müssen. Eine systematische Betrachtung der Norm gibt ebenfalls keinen Anlass, den Anwendungsbereich von § 8 I Nr. 3 und 4 nur auf Fälle zu beschränken, in denen es um rechtsverletzende Produkte geht. Auch teleologische Erwägungen rechtfertigen eine entsprechende Einschränkung des weiter gefassten Wortlauts nicht.

Die in § 8 I Nr. 1 und 2 geregelten Auskunftspflichten sollen es dem Inhaber des Geschäfts- **10** geheimnisses erleichtern, **nähere Informationen zu rechtsverletzenden Produkten** zu erhalten, um gegen deren Vertrieb nach § 7 Nr. 2–5 vorzugehen. Es geht darum, möglichst rasch den Vertriebsweg solcher Produkte zu ermitteln, um zu verhindern, dass diese weiterhin verbreitet werden. § 8 I Nr. 3 steht insbesondere in einem **Sachzusammenhang mit dem Herausgabe- und Vernichtungsanspruch gemäß § 7 Nr. 1.** Zugleich erhält der Inhaber des Geschäftsgeheimnisses Aufschluss über den **Umfang der Rechtsverletzung.** Schließlich ermöglicht es § 8 I Nr. 4 dem Inhaber des Geschäftsgeheimnisses, nähere **Informationen über weitere Rechtsverletzer** zu erhalten, um sodann gegen diese vorgehen zu können. Hier geht es insbesondere darum, den Verletzungsweg nachvollziehen zu können.

Da § 8 sein Vorbild in den spezialgesetzlichen Auskunftsansprüchen des Immaterialgüterrechts **11** findet (→ Rn. 7), kann bei der Auslegung auf die dort geltenden Grundsätze zurückgegriffen werden. Zudem kann die Rspr. zum allgemeinen Auskunftsanspruch wertend herangezogen werden.

IV. Anwendungsbereich

Der Anwendungsbereich des Auskunftsanspruchs gemäß § 8 erstreckt sich auf sämtliche **12** Rechtsverletzungen im sachlichen und persönlichen Anwendungsbereich des GeschGehG. Dazu gehören alle unmittelbaren und mittelbaren Rechtsverletzungen von Geschäftsgeheimnissen iSv § 4.

B. Gläubiger und Schuldner

Gläubiger der Ansprüche aus § 8 ist der **Inhaber des Geschäftsgeheimnisses,** also die **13** natürliche oder juristische Person, die die rechtmäßige Kontrolle über ein Geschäftsgeheimnis hat (§ 2 Nr. 2). **Schuldner** ist der **Rechtsverletzer,** dh diejenige natürliche oder juristische Person, die entgegen § 4 ein Geschäftsgeheimnis rechtswidrig erlangt, nutzt oder offenlegt (§ 2 Nr. 3). Dies entspricht den für § 6 geltenden Grundsätzen (→ § 6 Rn. 14–21).

C. Auskunftsanspruch (§ 8 I)

Gemäß § 8 I ist der Rechtsverletzer dem Inhaber des Geschäftsgeheimnisses über die in **14** Nr. 1–4 genannten Umstände zur Auskunft verpflichtet.

I. Voraussetzungen

15   Es muss eine **Rechtsverletzung** iSv § 4 vorliegen. Dies ergibt sich durch die tatbestandliche Bezugnahme auf den Rechtsverletzer. Eine schuldhafte Rechtsverletzung ist nicht erforderlich, jedoch müssen im Falle der mittelbaren Rechtsverletzung nach § 4 III die subjektiven Anforderungen erfüllt sein.

II. Inhalt und Umfang der Auskunftsverpflichtung

16   Inhalt und Umfang der Auskunftspflicht des Rechtsverletzers ergeben sich aus § 8 I Nr. 1–4.

1. Hersteller, Lieferanten und andere Vorbesitzer rechtsverletzender Produkte (§ 8 I Nr. 1)

17   Gemäß § 8 I Nr. 1 kann der Inhaber des Geschäftsgeheimnisses vom Rechtsverletzer Auskunft verlangen über den **Namen** und die **Anschrift** der **Hersteller, Lieferanten** und anderer **Vorbesitzer** der rechtsverletzenden Produkte sowie der **gewerblichen Abnehmer** und **Verkaufsstellen,** für die sie bestimmt waren.

18   Rechtsverletzende Produkte sind gemäß § 2 Nr. 4 Produkte, deren Konzeption, Merkmale, Funktionsweise, Herstellungsprozess oder Marketing in erheblichem Umfang auf einem rechtswidrig erlangten, genutzten oder offengelegten Geschäftsgeheimnis beruht. Näher zum Begriff → § 2 Rn. 121–144.

19   Die Auskunftspflicht bezieht sich mit den Herstellern, Lieferanten und anderen Vorbesitzern auf die typischen **Glieder der Produktions- und Vertriebskette.** Dabei ist es für die Auskunft unerheblich, ob diese ihrerseits durch eigenes Verhalten die Voraussetzungen einer unmittelbaren oder mittelbaren Rechtsverletzung iSv § 4 erfüllen. Denn es ist gerade der Sinn und Zweck des Auskunftsanspruchs, auf der Grundlage der erlangten Informationen zu prüfen, ob und ggf. gegen wen etwaige Ansprüche wegen einer Rechtsverletzung geltend gemacht werden können.

20   Der Auskunftspflichtige muss dem Inhaber des Geschäftsgeheimnisses den **Namen** und die **Anschrift** der Hersteller, Lieferanten und anderer Vorbesitzer mitteilen. Diese Pflicht umfasst die Angabe in einer Form, die dem Inhaber des Geschäftsgeheimnisses eine Zustellung von rechtserheblicher Korrespondenz erlaubt (Harte-Bavendamm/Ohly/Kalbfus/Kalbfus Rn. 13). Anzugeben ist die exakte Bezeichnung der Person oder des Unternehmens, die eine **unmissverständliche Identifizierung** ermöglicht, einschließlich der Angabe eines eventuellen Rechtsformzusatzes. Die bloße Angabe einer Geschäftsbezeichnung ohne Adresse oder die Angabe nur eines Postfaches genügen nicht.

21   Die Auskunftspflicht ist nicht davon abhängig, ob der Auskunftspflichtige bei einer Inanspruchnahme nach § 8 I Nr. 1 die Informationen bereits präsent hat oder sich diese erst selbst beschaffen muss (zB bei einer längeren oder komplexen Lieferkette). Es ist dem Auskunftspflichtigen grundsätzlich zuzumuten, sich diese **Informationen zu verschaffen.**

2. Menge und Kaufpreise von rechtsverletzenden Produkten (§ 8 I Nr. 2)

22   Nach § 8 I Nr. 2 umfasst die Auskunftspflicht Angaben über die Menge der hergestellten, bestellten, ausgelieferten oder erhaltenen rechtsverletzenden Produkte sowie über die Kaufpreise. Der Inhaber des Geschäftsgeheimnisses soll damit insbesondere in die Lage versetzt werden, das **wirtschaftliche Ausmaß** der Herstellung bzw. des Handels mit den rechtsverletzenden Produkten abzuschätzen.

23   Bezieht der Auskunftspflichtige rechtsverletzende Produkte von mehreren Lieferanten, dann müssen die **Mengen** jeweils nach den einzelnen Lieferanten aufgeschlüsselt werden, um dem Berechtigten eine wirksame Rechtsverfolgung zu ermöglichen (Büscher/Tochtermann Rn. 26).

24   Bei den **Kaufpreisen** handelt es sich sowohl um diejenigen Preise, zu denen rechtsverletzende Produkte erworben werden (Einkaufspreise), als auch diejenigen Preise, zu denen rechtsverletzende Produkte weiterveräußert werden (Verkaufspreise).

3. Informationsträger (§ 8 I Nr. 3)

25   Die Auskunftspflicht gemäß § 8 I Nr. 3 erstreckt sich auf diejenigen im Besitz oder Eigentum des Rechtsverletzers stehenden Dokumente, Gegenstände, Materialien, Stoffe oder elektronischen Dateien, die das Geschäftsgeheimnis enthalten oder verkörpern. Es geht mithin um die **Informationsträger des Geschäftsgeheimnisses.** Die Begriffe sind ebenso wie in § 7 Nr. 1 und § 4 I Nr. 1 zu verstehen (→ § 7 Rn. 11 und → § 4 Rn. 13).

Ebenso wie in § 7 Nr. 1 setzt der Tatbestand voraus, dass sich das Objekt im Besitz oder **26** Eigentum des Rechtsverletzers befindet. Bei wörtlicher Auslegung würde dies zu einer wenig überzeugenden Verkürzung des Schutzes des Geschäftsgeheimnisses führen. So wäre der Rechtsverletzer bspw. nicht auskunftspflichtig, wenn er den Informationsträger einem Dritten überlässt, ohne selbst eine Besitzposition oder das Eigentum zu behalten. Richtigerweise ist daher der Anwendungsbereich des § 8 I Nr. 3 mit § 7 Nr. 1 abzustimmen (→ § 7 Rn. 12–14), was eine erweiternde Auslegung des Tatbestands erfordert.

4. Personen (§ 8 I Nr. 4)

Schließlich erstreckt sich die Auskunftspflicht nach § 8 I Nr. 4 auf diejenige Person, von der **27** der Rechtsverletzer das Geschäftsgeheimnis erlangt hat und der gegenüber der Rechtsverletzer es offenbart hat. Es handelt sich um **zwei selbstständige Varianten der Auskunftspflicht:** Zum einen geht es um den Bezug des Geschäftsgeheimnisses (Von welcher Person wurde das Geschäftsgeheimnis erlangt?), zum anderen um die Weitergabe des Geschäftsgeheimnisses an eine andere Person (Gegenüber wem wurde das Geschäftsgeheimnis offenbart?).

Die Verpflichtung zur Auskunft umfasst – entsprechend den für § 8 I Nr. 1 geltenden An- **28** forderungen (→ Rn. 20) – alle zur zweifelsfreien **Identifizierung der Person** notwendigen Angaben. Die Auskunftspflicht kann sich auch auf **mehrere Personen** erstrecken, wenn der Rechtsverletzer das Geschäftsgeheimnis von mehreren Personen erlangt oder das Geschäftsgeheimnis mehreren Personen gegenüber offenbart hat.

Die weite Fassung der Auskunftspflicht gemäß § 8 I Nr. 4 hat im Gesetzgebungsverfahren **29** insbesondere die Befürchtung von Medienvertretern geweckt, dass nunmehr Medienschaffende (zB Journalisten, Redakteure usw.) zur Preisgabe von Informationen über Informanten und Quellen verpflichtet seien, wenn sie Angaben erhalten, die einen Bezug zu Geschäftsgeheimnissen aufweisen. Da der **Informanten- und Quellenschutz** ein elementarer Bestandteil journalistischer Arbeit ist (insbesondere, aber nicht nur beim investigativen Journalismus), bestand die Sorge, es werde eine Verpflichtung zur allgemeinen Preisgabe von Informanten und Quellen begründet. Indessen dürfte die Auskunftspflicht nach § 8 I Nr. 4 nur im **Ausnahmefall** mit journalistisch-redaktioneller Tätigkeit kollidieren. Da nur ein Rechtsverletzer auskunftspflichtig ist, fallen von vornherein alle Konstellationen, in denen ein per se zulässiges Verhalten (§ 3) oder ein ausnahmsweise zulässiges Verhalten (§ 5) vorliegt, schon nicht in den Anwendungsbereich des § 8 I Nr. 4. Dies betrifft insbesondere die Fälle der Ausübung der Meinungs-, Informations- und Medienfreiheit gemäß Art. 11 GRCh (§ 5 Nr. 1) und des erlaubten Whistleblowings (§ 5 Nr. 2). Für diese Ausnahmefälle stellt § 2 Nr. 3 nochmals klar, dass keine Rechtsverletzung gegeben ist. Sollte gleichwohl im Rahmen einer journalistisch-redaktionellen Tätigkeit eine tatbestandliche Rechtsverletzung vorliegen, dann kann das berechtigte Interesse eines Dritten (Schutz des Informanten bzw. der Quelle) nach **§ 9 Nr. 6** als kollidierendes Interesse berücksichtigt werden, was dann einen **Anspruchsausschluss wegen Unverhältnismäßigkeit** zur Folge haben kann (zust. Hauck AfP 2021, 193 (201)).

D. Schadensersatzanspruch bei Verletzung der Auskunftspflicht (§ 8 II)

§ 8 II knüpft an die schuldhaft unterbliebene oder unzureichende Erfüllung der Auskunfts- **30** verpflichtung gemäß § 8 I eine Schadensersatzhaftung des Rechtsverletzers. Diese dient nicht nur dem Ausgleich von Schäden, die dem Inhaber des Geschäftsgeheimnisses entstehen, sondern sie verfolgt zugleich den präventiven Zweck, den Schuldner zu einer ordnungsgemäßen Erfüllung seiner Auskunftspflicht zu veranlassen. Die Vorschrift orientiert sich an Parallelbestimmungen im Recht des geistigen Eigentums, zB § 19 V MarkenG, § 140b V PatG und § 101 V UrhG.

I. Voraussetzungen

Voraussetzung ist das Bestehen einer **Auskunftspflicht nach § 8 I.** Weiterhin muss der **31** Auskunftspflichtige die geschuldete Auskunft nicht, verspätet, falsch oder unvollständig erteilt haben. Erfasst wird damit sowohl die vollständige Nichterteilung der Auskunft als auch die zeitlich oder inhaltlich unzureichende Auskunft, also die Schlechtleistung.

32   Die Pflichtverletzung muss vorsätzlich oder grob fahrlässig erfolgen. **Vorsatz** erfordert ein wissentliches und willentliches Handeln in Kenntnis der Unrechtmäßigkeit. Unterliegt der Rechtsverletzer einem Rechtsirrtum, dann kann dies zwar den Vorwurf des vorsätzlichen Handelns ausschließen. Jedoch bleibt eine Haftung wegen grober Fahrlässigkeit möglich. Eine **grobe Fahrlässigkeit** setzt nach der Rspr. einen objektiv schwerwiegenden und subjektiv nicht entschuldbaren Verstoß gegen die Anforderungen der im Verkehr erforderlichen Sorgfalt voraus (vgl. BGH NJW 2017, 2187 Rn. 8). Ein grob fahrlässiges Verhalten liegt vor, wenn die handelnde Person ganz naheliegende Überlegungen nicht angestellt oder das nicht beachtet hat, was im gegebenen Fall jedem hätte einleuchten müssen. Das Verhalten muss schlechthin „unverständlich" bzw. „unentschuldbar" sein (vgl. BGH NJW 2017, 2187 Rn. 8).

II. Inhalt und Umfang des Schadensersatzes

33   Inhalt und Umfang des Schadensersatzes richten sich nach den **§§ 249 ff. BGB.** Ersatzfähig ist der gesamte Schaden, der adäquat-kausal auf die fehlende oder fehlerhafte Auskunft zurückzuführen ist. Dazu gehören insbesondere die zur Rechtsverfolgung notwendigen Aufwendungen, aber auch solche Kosten, die dadurch entstehen, dass die Durchsetzung der Hauptansprüche infolge der Pflichtverletzung verzögert oder erschwert wird.

E. Verjährung und Anspruchsgrenzen

34   Die Verjährung der Ansprüche aus § 8 ist im GeschGehG nicht gesondert geregelt. Auszugehen ist daher von der regelmäßigen Verjährung von drei Jahren gemäß **§§ 195 ff. BGB.**

35   Allerdings sind für den allgemeinen Auskunftsanspruch nach § 242 BGB **Besonderheiten** anerkannt, die auf § 8 zu übertragen sind. Nach der höchstrichterlichen Rechtsprechung unterliegt der Auskunftsanspruch aus § 242 BGB grundsätzlich selbstständig und unabhängig von dem Hauptanspruch der allgemeinen Verjährungsfrist (vgl. BGH GRUR 2012, 1248 Rn. 22 – Fluch der Karibik; NJW 1994, 3102 (3106); NJW 1991, 3031 (3032). Aus den Regelungszwecken des Verjährungsrechts – Gedanke des Schuldnerschutzes und der Schaffung von Rechtsfrieden – folgt aber, dass der auf Auskunft gerichtete Hilfsanspruch **nicht vor dem Hauptanspruch verjähren** kann, zu dessen Geltendmachung die Auskunft benötigt wird (vgl. BGH NJW 2017, 2755 Rn. 9 ff.).

36   Die Ansprüche aus § 8 I (nicht aber nach § 8 II) können wegen **Unverhältnismäßigkeit** nach **§ 9** ausgeschlossen sein. Die daraus resultierende Möglichkeit eines Anspruchsausschlusses bei Unverhältnismäßigkeit ist geboten, weil auch die Verpflichtung, eine Auskunft zu erteilen, im Einzelfall eine starke Belastung darstellen kann (Begr. RegE, BT-Drs. 19/4724, 31). Zudem gilt das in **§ 14** statuierte Verbot des **Rechtsmissbrauchs.**

F. Verhältnis zu weiteren Ansprüchen

I. Allgemeiner Auskunftsanspruch; akzessorischer Rechnungslegungsanspruch

37   Als speziellere Regelung verdrängt der Auskunftsanspruch aus § 8 I nur innerhalb seines Anwendungsbereichs den allgemeinen Auskunftsanspruch gemäß **§ 242 BGB** (Brammsen/Apel/Henn Rn. 7). Nicht ausgeschlossen ist § 242 BGB, soweit andere Personen als der Rechtsverletzer auf Auskunft in Anspruch genommen werden (Keller/Schönknecht/Glinke/Schönknecht Rn. 57). Zudem sind die allgemeinen Grundsätze anwendbar, soweit ein Auskunftsbegehren nicht vom Regelungsbereich des § 8 I erfasst ist.

38   Nach stRspr des BGH ist ein allgemeiner Auskunftsanspruch unter dem Gesichtspunkt von Treu und Glauben (§ 242 BGB) unter den folgenden **Voraussetzungen** begründet: Die zwischen den Parteien bestehenden Rechtsbeziehungen bringen es mit sich, dass der Anspruchsberechtigte in entschuldbarer Weise über das Bestehen oder den Umfang seines Rechts im Ungewissen ist und der Verpflichtete ist in der Lage, unschwer die zur Beseitigung dieser Ungewissheit erforderliche Auskunft zu erteilen. Umfang und Inhalt der zu erteilenden Auskunft richten sich danach, welche Informationen der Berechtigte benötigt, um seinen Anspruch

geltend machen zu können, soweit dem nicht Zumutbarkeitsgesichtspunkte oder andere Grenzen entgegenstehen (vgl. BGH NJW 2002, 3771; BGHZ 204, 172 = NJW 2015, 2809 Rn. 24; NJW 2016, 708 Rn. 15). Diese Grundsätze sind auf das Recht der Geschäftsgeheimnisse übertragbar (Harte-Bavendamm/Ohly/Kalbfus/Kalbfus Rn. 41 ff.). Zu den Einzelheiten → UWG § 8 Rn. 4.1 ff.

Die von der Rspr. entwickelten Grundsätze für einen **akzessorischen Rechnungslegungs-** 38a **anspruch** gegen den Rechtsverletzer sind bei der Verletzung von Geschäftsgeheimnissen anwendbar (Brammsen/Apel/Henn Rn. 7; Harte-Bavendamm/Ohly/Kalbfus/Kalbfus Rn. 41 ff.). Danach steht dem Inhaber eines geschützten Rechts gegen den Verletzer ein nach Inhalt und Umfang dem Grundsatz von Treu und Glauben unterstehender Anspruch auf Rechnungslegung zu. Die Rechnungslegung hat dabei ihrem Zweck entsprechend sämtliche Angaben zu enthalten, die der Verletzte benötigt, um sich für eine der ihm offenstehenden Schadensausgleichsmethoden zu entscheiden, die Höhe der Ausgleichszahlung nach dieser Methode zu ermitteln und darüber hinaus die Richtigkeit der Rechnungslegung nachzuprüfen (vgl. BGHZ 176, 311 = GRUR 2008, 896 Rn. 31 – Tintenpatrone).

II. Besichtigungsanspruch und ähnliche Ansprüche

Neben § 8 I anwendbar bleiben Ansprüche, die auf Besichtigung (§ 809 BGB) oder die 39 Einsichtnahme in Urkunden (§ 810 BGB) gerichtet sind (dazu näher Harte-Bavendamm/Ohly/Kalbfus/Kalbfus Rn. 64 ff.; Hoppe/Oldekop Geschäftsgeheimnisse/Oldekop Kap. 2 Rn. 261 ff.).

G. Darlegungs- und Beweislast

Die Darlegungs- und Beweislast für die Tatbestandsvoraussetzungen der Ansprüche gemäß § 8 40 trägt nach den allgemeinen Grundsätzen derjenige, der diese Ansprüche geltend macht.

Anspruchsausschluss bei Unverhältnismäßigkeit

9 Die Ansprüche nach den §§ 6 bis 8 Absatz 1 sind ausgeschlossen, wenn die Erfüllung im Einzelfall unverhältnismäßig wäre, unter Berücksichtigung insbesondere

1. des Wertes oder eines anderen spezifischen Merkmals des Geschäftsgeheimnisses,
2. der getroffenen Geheimhaltungsmaßnahmen,
3. des Verhaltens des Rechtsverletzers bei Erlangung, Nutzung oder Offenlegung des Geschäftsgeheimnisses,
4. der Folgen der rechtswidrigen Nutzung oder Offenlegung des Geschäftsgeheimnisses,
5. der berechtigten Interessen des Inhabers des Geschäftsgeheimnisses und des Rechtsverletzers sowie der Auswirkungen, die die Erfüllung der Ansprüche für beide haben könnte,
6. der berechtigten Interessen Dritter oder
7. des öffentlichen Interesses.

Übersicht

Schrifttum: Mylly, Proportionality of Trade Secret Remedies in European Union – In Comparison with Patent Law Enforcement, IIC 2022, 1444; Tochtermann, Zur „Unverhältnismäßigkeit" einer Rechtsfolge nach dem neuen GeschGehG – Versuch einer Maßstabsbildung, WRP 2019, 688; s. ferner allg. bei Vor § 1.

A. Allgemeines

I. Normzweck und Normstruktur

1   Die Durchsetzung von privatrechtlichen Ansprüchen wegen der Verletzung einer geschützten Rechtsposition unterliegt dem strikten Gebot der Einhaltung des Grundsatzes der Verhältnismäßigkeit. Darin liegt keine Besonderheit des rechtlichen Schutzes von Geschäftsgeheimnissen, sondern es handelt sich um einen **allgemeinen Rechtsgedanken,** der in § 9 jedoch speziellen Ausdruck gefunden hat. Die Vorschrift soll gewährleisten, dass die Rechtsordnung einerseits zwar einen wirksamen und effektiven Schutz von Geschäftsgeheimnissen begründet, andererseits aber zugleich mit Augenmaß reagiert. Mit der besonderen Betonung des Grundsatzes der Verhältnismäßigkeit folgt das GeschGehG dem Regelungsansatz der RL (EU) 2016/943. Der Richtlinie liegt ein Modell der flexiblen Rechtsdurchsetzung zugrunde (→ Rn. 6), das einige Ähnlichkeiten, jedoch auch Unterschiede im Vergleich zur Rechtsdurchsetzung bei der Verletzung von Immaterialgütern aufweist (s. etwa für das Patentrecht Mylly IIC 2022, 1444 ff.).

2   Für den Fall der Unverhältnismäßigkeit ergibt sich aus § 9 ein **Anspruchsausschluss.** Nr. 1–7 enthalten hierfür einen Katalog von Kriterien, die bei der Wertung, ob im Einzelfall eine unverhältnismäßige Belastung vorliegt, zu berücksichtigen sind.

II. Entstehung und unionsrechtliche Vorgaben

3   Das alte Recht sah eine spezielle Berücksichtigungsklausel für Erwägungen der Verhältnismäßigkeit nicht vor. Allerdings unterlag die Rechtsdurchsetzung dem allgemeinen Prinzip der Verhältnismäßigkeit. Der **RefE** enthielt in § 8 die Regelung zur Verhältnismäßigkeit. Diese wurde durch den **RegE** (BT-Drs. 19/4724) in § 9 übernommen. Im weiteren Gesetzgebungsverfahren ergaben sich keine Änderungen.

4   § 9 dient der Umsetzung von **Art. 13 I RL (EU) 2016/943.** Diese Vorschrift hat den folgenden Wortlaut:

„(1) Die Mitgliedstaaten stellen sicher, dass die zuständigen Gerichte bei der Prüfung eines Antrags auf Erlass gerichtlicher Anordnungen und von Abhilfemaßnahmen nach Artikel 12 und bei der Beurteilung von deren Verhältnismäßigkeit den besonderen Umständen des Falls Rechnung tragen müssen, einschließlich gegebenenfalls:
a) des Wertes oder anderer spezifischer Merkmale des Geschäftsgeheimnisses,
b) Maßnahmen, die zum Schutz des Geschäftsgeheimnisses getroffen werden,
c) des Verhaltens des Antragsgegners bei Erwerb, Nutzung oder Offenlegung des Geschäftsgeheimnisses,
d) der Folgen der rechtswidrigen Nutzung oder Offenlegung des Geschäftsgeheimnisses,
e) der legitimen Interessen der Parteien und Auswirkungen, die die Genehmigung oder Ablehnung der Maßnahmen für die Parteien haben könnte,
f) der legitimen Interessen Dritter,
g) des öffentlichen Interesses und
h) des Schutzes der Grundrechte.

Falls die zuständigen Gerichte die Dauer der in Artikel 12 Absatz 1 Buchstaben a und b genannten Maßnahmen begrenzen, muss die Dauer ausreichen, um sämtliche kommerziellen oder wirtschaftlichen Vorteile zu beseitigen, die der Rechtsverletzer aus dem rechtswidrigen Erwerb oder der rechtswidrigen Nutzung oder Offenlegung des Geschäftsgeheimnisses gezogen haben könnte."

Art. 13 I RL (EU) 2016/943 ist als eine besondere Ausprägung des im Unionsrecht anerkann- **5** ten und fest verankerten Prinzips der Verhältnismäßigkeit anzusehen. Nach der ständigen Rspr. des EuGH ist der Grundsatz der Verhältnismäßigkeit, der zu den allgemeinen Grundsätzen des Unionsrechts (früheren Gemeinschaftsrechts) gehört, dadurch geprägt, dass die rechtlich zu beurteilenden Maßnahmen nicht die Grenzen dessen überschreiten dürfen, was zur Erreichung der mit der fraglichen Regelung zulässigerweise verfolgten Ziele **geeignet und erforderlich** ist, wobei, wenn mehrere geeignete Maßnahmen zur Auswahl stehen, die **am wenigsten belastende** zu wählen ist und die dadurch bedingten **Nachteile in angemessenem Verhältnis zu den angestrebten Zielen** stehen müssen (vgl. EuGH Slg. I–2011, 6725 = BeckRS 2011, 81146 Rn. 124 – Etimine).

Die RL (EU) 2016/943 folgt keinem starren Anspruchsdenken, sondern sie folgt dem **Kon-** **6** **zept einer flexiblen Rechtsdurchsetzung.** Dieser Regelungsansatz, der „Assoziationen an die Grundsätze zu equitable remedies im anglo-amerikanischen Rechtskreis" weckt (Hofmann WRP 2018, 1; s. auch Harte-Bavendamm/Ohly/Kalbfus/Ohly Rn. 5), kommt in Art. 13 I RL (EU) 2016/943 deutlich zum Ausdruck. Im ErwGr. 21 wird dazu ausgeführt:

„Im Einklang mit dem Grundsatz der Verhältnismäßigkeit sollten die Maßnahmen, Verfahren und Rechtsbehelfe zum Schutz von Geschäftsgeheimnissen darauf zugeschnitten sein, das Ziel eines reibungslos funktionierenden Binnenmarkts für Forschung und Innovation zu erreichen, indem sie insbesondere vor dem rechtswidrigen Erwerb und der rechtswidrigen Nutzung und Offenlegung eines Geschäftsgeheimnisses abschrecken. Eine solche Zuschneidung dieser Maßnahmen, Verfahren und Rechtsbehelfe sollte die Grundrechte oder die Grundfreiheiten oder das Gemeinwohl, etwa die öffentliche Sicherheit, den Verbraucherschutz, die öffentliche Gesundheit und den Umweltschutz, nicht gefährden oder untergraben und die Mobilität der Arbeitnehmer nicht beeinträchtigen. Deshalb bezwecken die in dieser Richtlinie festgelegten Maßnahmen, Verfahren und Rechtsbehelfe zu gewährleisten, dass die zuständigen Gerichte Faktoren wie dem Wert eines Geschäftsgeheimnisses, der Schwere des Verhaltens, das zum rechtswidrigen Erwerb oder zur rechtswidrigen Nutzung oder Offenlegung geführt hat, sowie den Auswirkungen dieses Verhaltens Rechnung tragen. Auch sollte sichergestellt sein, dass die zuständigen Gerichte über das Ermessen verfügen, die Interessen der an einem Rechtsstreit beteiligten Parteien und die Interessen Dritter, gegebenenfalls auch der Verbraucher, gegeneinander abzuwägen."

Der deutsche Gesetzgeber hat die Vorgaben aus Art. 13 I 1 lit. a–g RL (EU) 2016/943 in der **7** gleichen Reihenfolge und mit nur geringen redaktionellen Abweichungen in das deutsche Recht übernommen. Nicht ausdrücklich umgesetzt wurde dagegen Art. 13 I 1 lit. h RL (EU) 2016/943 (Schutz der Grundrechte). Dies ist bedauerlich, aber im Ergebnis unschädlich, weil die Aufzählung in § 9 keinen abschließenden Charakter hat und daher die Wertungen aus Art. 13 I 1 lit. h RL (EU) 2016/943 im Wege der richtlinienkonformen Auslegung berücksichtigt werden können.

III. Funktion und Auslegung

Die Berücksichtigung von Erwägungen der Verhältnismäßigkeit ist sowohl im Lauterkeitsrecht **8** als auch für die Rechte des geistigen Eigentums anerkannt. Es handelt sich allerdings eher um punktuelle Konstellationen, in denen zur Vermeidung von unbilligen, besonders belastenden oder ganz untragbaren Ergebnissen eine rechtliche Korrektur vorgenommen wird. § 9 erweitert diesen Regelungsansatz und stellt ein allgemeines **Korrektiv** zur Verfügung. Eine vergleichbare Vorschrift findet sich im Urheberrecht in § 98 IV UrhG. Die Prüfung der Verhältnismäßigkeit in § 9 ist nicht auf Ausnahmefälle beschränkt. Vielmehr steht die Durchsetzung der in § 9 genannten Ansprüche (in der Terminologie der RL (EU) 2016/943: der Abhilfemaßnahmen bei Rechtsverletzungen) generell unter dem Vorbehalt einer Prüfung der Verhältnismäßigkeit.

Bei der Auslegung von § 9 ist von den allgemeinen Grundsätzen auszugehen. Der Auslegungs- **9** spielraum im nationalen Recht ist jedoch dadurch eingeschränkt, dass es sich bei Art. 13 um eine **vollharmonisierende Regelung** handelt (vgl. Art. 1 I UAbs. 2 RL (EU) 2016/943). Daher kommt der richtlinienkonformen Auslegung besondere Bedeutung zu.

IV. Anwendungsbereich

10   § 9 findet Anwendung auf die Abwehransprüche gemäß **§ 6,** die besonderen Ansprüche nach **§ 7** sowie den Auskunftsanspruch auf der Grundlage von **§ 8 I.** Nicht anzuwenden ist die Vorschrift hingegen auf die Schadensersatzansprüche nach § 8 II und § 10, das Abfindungsrecht gemäß § 11 sowie den Herausgabeanspruch gemäß § 13. Diese Differenzierung beruht auf mehreren ineinandergreifenden Erwägungen. Die in § 9 genannten Ansprüche sind verschuldensunabhängig, sie können den Rechtsverletzer in ihren Auswirkungen besonders belasten, aber sie sind auch einer modifizierenden und auf den Einzelfall zugeschnittenen Handhabung zugänglich. Demgegenüber stünde eine Einschränkung der Schadensersatzhaftung mit grundlegenden Wertungen des Schadensrechts im Widerspruch, weil dadurch das Prinzip des vollen Schadensausgleichs in Frage gestellt würde. Zudem kann bei Schadensersatzansprüchen ein mitwirkendes Verschulden gemäß § 254 BGB berücksichtigt werden, was zugleich als ein Korrektiv wirkt. § 11 wiederum ist bereits für sich genommen Ausdruck des Grundsatzes der Verhältnismäßigkeit.

11   Nicht anzuwenden ist § 9 weiter auf **vertraglich begründete Unterlassungs- und Beseitigungsansprüche,** zB einen vertraglich begründeten Unterlassungsanspruch aufgrund eines Unterwerfungsvertrags (ebenso Harte-Bavendamm/Ohly/Kalbfus/Ohly Rn. 14). In diesen Fällen besteht für das Korrektiv des § 9 kein Bedürfnis, weil die Parteien selbst etwaige Härten und Belastungen im Rahmen ihrer privatautonomen Vereinbarung berücksichtigen können. Unverhältnismäßige Belastungen durch Leistungspflichten können zudem nach § 275 I–III BGB zu beurteilen sein. Außerdem unterliegt die vertragliche Vereinbarung ihrerseits den Grenzen der Privatautonomie (§§ 138, 242, 307 BGB), sodass ein ausreichender Schutz vor unverhältnismäßigen Belastungen gewährleistet ist.

B. Rechtliche Einordnung

12   Schwierigkeiten bereitet die rechtliche Einordnung des § 9. Ein Zivilgericht kann, wenn es über einen Anspruch entscheidet, der durch eine Rechtsverletzung ausgelöst wurde, nach dem geltenden Verfahrensrecht keine freie Ermessensentscheidung treffen. Es ist an den **Klageantrag** (§ 253 II Nr. 2 ZPO) gebunden und nicht dazu befugt, einer Partei etwas zuzusprechen, was nicht beantragt ist (§ 308 I 1 ZPO). Dies unterscheidet das Gericht von einer Behörde, der vom Gesetz oftmals die Möglichkeit einer Ermessensentscheidung eingeräumt ist, und die insoweit typischerweise über einen großen Entscheidungsspielraum verfügt, innerhalb dessen sie unterschiedliche Aspekte der Sachdienlichkeit und Zweckmäßigkeit berücksichtigen kann.

13   Mit der RL (EU) 2016/943 nicht vereinbar wäre es, die Unverhältnismäßigkeit als eine bloße Einrede zu verstehen, die nur dann vom Gericht zu berücksichtigen ist, wenn sie von der betroffenen Partei geltend gemacht wird. Dagegen spricht zum einen Art. 7 I lit. a RL (EU) 2016/943, wonach die in der Richtlinie vorgesehenen Maßnahmen, Verfahren und Rechtsbehelfe in einer Art und Weise anzuwenden sind, die „verhältnismäßig ist". Zum anderen verlangt Art. 13 I 1 RL (EU) 2016/943 ausdrücklich, dass die Mitgliedstaaten sicherstellen, dass die zuständigen Gerichte bei der Prüfung eines Antrags auf Erlass gerichtlicher Anordnungen und von Abhilfemaßnahmen nach Art. 12 RL (EU) 2016/943 und „bei der Beurteilung von deren Verhältnismäßigkeit den besonderen Umständen des Falls Rechnung tragen müssen". Aus beiden Regelungen ergibt sich, dass der Gedanke der Verhältnismäßigkeit stets bei der Entscheidung über einen privatrechtlichen Anspruch zu berücksichtigen ist. § 9 ist daher **zwingend** zu beachten (Keller/Schönknecht/Glinke/Keller Rn. 31; Tochtermann WRP 2019, 688 (689)).

14   Bei der Verhältnismäßigkeit handelt es sich um einen bei der Entscheidung **von Amts wegen zu berücksichtigenden Umstand** (Hoppe/Oldekop Geschäftsgeheimnisse/Hoppe Kap. 1 Rn. 798; Harte-Bavendamm/Ohly/Kalbfus/Ohly Rn. 3 und 6). Die Berücksichtigung der in § 9 Nr. 1–7 genannten Gründe durch das Gericht setzt allerdings voraus, dass die betroffene Partei zu den entsprechenden Umständen substantiiert vorträgt. Das Gericht ist insoweit nicht zu einer eigenen Aufklärung des Sachverhalts gehalten.

C. Voraussetzungen und Kriterien

I. Bestehender Anspruch

Die Prüfung eines Anspruchsausschlusses nach § 9 setzt voraus, dass dem Grunde nach ein **15** Anspruch gemäß §§ 6, 7 oder 8 I besteht. Sämtliche Tatbestandsvoraussetzungen müssen hierfür erfüllt sein. Fehlt es bereits an einem anspruchsbegründenden Merkmal, dann bedarf es einer Verhältnismäßigkeitsprüfung nach § 9 nicht.

II. Maßstab und Abwägungsgrundsätze

Auszugehen ist von dem allgemeinen Grundsatz der Verhältnismäßigkeit (→ Rn. 5). Danach **16** ist zwischen der Geeignetheit, der Erforderlichkeit und der Verhältnismäßigkeit im engeren Sinne zu unterscheiden. Dieser allgemeine Prüfungsmaßstab wird durch Nr. 1–7 nicht ersetzt oder verdrängt, sondern ergänzt und präzisiert. Die Nr. 1–7 enthalten **spezielle Kriterien,** die bei der Beurteilung der (Un-)Verhältnismäßigkeit zu berücksichtigen sind. Diese Kriterien können auf allen Ebenen der Verhältnismäßigkeitsprüfung einfließen. Da die Aufzählung nicht abschließend ist („insbesondere"), können über die ausdrücklich genannten Umstände und Interessen hinaus weitere Aspekte einbezogen werden. Nach § 9 kommt es darauf an, ob „die Erfüllung im Einzelfall unverhältnismäßig wäre". Auszugehen ist daher von den spezifischen **Rechtsfolgen,** die sich für die betroffene Partei gerade aus der Erfüllung der Ansprüche aus §§ 6, 7 oder 8 I ergeben. Dies erfordert eine konkrete Betrachtung unter Berücksichtigung aller Umstände des Einzelfalls (vgl. BGH GRUR 1997, 899 (901) – Vernichtungsanspruch zur Unverhältnismäßigkeit im Markenrecht).

Eine Unverhältnismäßigkeit ist zu bejahen, wenn die zur Verwirklichung des Anspruchsziels **17** geeigneten und erforderlichen Maßnahmen den Schuldner in einer Weise belasten, die bei ihm zu einem **unangemessenen** (vgl. Büscher/Tochtermann Rn. 1) und deswegen nicht mehr akzeptablen **Nachteil** führen. Dabei sind nicht nur die Interessen der Beteiligten zu berücksichtigen und gegeneinander abzuwägen, sondern auch die rechtlich geschützten Belange und Interessen Dritter (vgl. § 8 I Nr. 6) oder der Öffentlichkeit (vgl. § 8 I Nr. 7).

Die gebotene **Interessenabwägung** sollte sich an drei Schritten orientieren: In einem ersten **18** Schritt sind die abwägungsrelevanten Interessen der Parteien (und ggf. dritter Personen oder der Öffentlichkeit) zu benennen. In einem weiteren Schritt sind diese Interessen – jeweils für sich genommen – in ihrer Wertigkeit und in ihrem rechtlichen Schutzbedürfnis zu gewichten. Schließlich folgt in einem dritten Schritt die eigentliche Interessenabwägung, wobei für den konkreten Einzelfall zu bestimmen ist, welchem Interesse bzw. welchen Interessen der Vorrang einzuräumen ist.

III. Kriterienkatalog

Die in § 9 Nr. 1–7 aufgeführten Kriterien stehen in **keinem festgelegten Rang- oder 19 Hierarchieverhältnis** zueinander. Sie können einzeln in einem Streitfall zu berücksichtigen sein. Jedoch ist es auch möglich, dass in einem konkreten Fall mehrere Aspekte zusammentreffen.

1. Wert oder anderes spezifisches Merkmal des Geschäftsgeheimnisses (Nr. 1)

Berücksichtigungsfähig ist der Wert oder ein anderes spezifisches Merkmal des Geschäfts- **20** geheimnisses. Mit dem Wert ist allein der **wirtschaftliche (kommerzielle) Wert** des Geschäftsgeheimnisses gemeint. Eine Unverhältnismäßigkeit kann bspw. in Betracht kommen, wenn zum Schutz eines **geringwertigen Geschäftsgeheimnisses** sehr umfangreiche oder kostspielige Rückrufmaßnahmen erforderlich wären (Begr. RegE, BT-Drs. 19/4724, 31).

Die Regelung darf indessen nicht zu der Annahme verleiten, dass das GeschGehG generell nur **21** Geschäftsgeheimnisse ab einem gewissen „Schwellenwert" schützt (ebenso Harte-Bavendamm/ Ohly/Kalbfus/Ohly Rn. 23). Weiterhin lässt die Vorschrift nicht den Schluss zu, dass Geschäftsgeheimnisse mit einem vergleichsweise geringen wirtschaftlichen Wert als weniger schutzwürdig anzusehen sind. Auch gibt es **kein starres Wertverhältnis** zwischen dem Wert des Geschäftsgeheimnisses und den wirtschaftlichen Folgen, die sich für den Rechtsverletzer ergeben.

21a   Spezifische Merkmale sind **besondere Eigenschaften oder Eigenarten** des Geschäftsgeheimnisses.

2. Geheimhaltungsmaßnahmen (Nr. 2)

22   Nach § 9 Nr. 2 sind die vom Inhaber des Geschäftsgeheimnisses getroffenen Geheimhaltungsmaßnahmen in die wertende Betrachtung einzubeziehen. Das Gesetz lässt hier eine gewisse Korrelation zwischen den Anstrengungen des Berechtigten zum Schutz der vertraulichen Information und der Reichweite des rechtlichen Schutzes erkennen. **Beispiel** aus den amtlichen Materialien: Trifft der Inhaber des Geschäftsgeheimnisses nur geringfügige Maßnahmen zum Schutz des Geschäftsgeheimnisses, dann kann dies im Einzelfall zu einer Unverhältnismäßigkeit führen (Begr. RegE, BT-Drs. 19/4724, 31).

23   Ebenso wenig wie im Falle des § 9 Nr. 1 lassen sich hier starre **Wert- oder Aufwandsgrenzen** angeben. Auch lässt § 9 Nr. 2 nicht den Schluss zu, dass der Inhaber des Geschäftsgeheimnisses stets besonders aufwändige und teure Geheimhaltungsmaßnahmen ergreifen muss.

3. Verhalten des Rechtsverletzers (Nr. 3)

24   Ein weiteres berücksichtigungsfähiges Kriterium ist nach § 9 Nr. 3 das Verhalten des Rechtsverletzers bei Erlangung, Nutzung oder Offenlegung des Geschäftsgeheimnisses. Hier können insbesondere **subjektive Elemente** berücksichtigt werden, zB die Frage, ob der Rechtsverletzer schuldlos oder schuldhaft gehandelt hat und, wenn letzteres der Fall ist, welche Art von Verschulden vorliegt. Im Falle einer vorsätzlichen Rechtsverletzung sind dem Rechtsverletzer erheblich größere Anstrengungen zumutbar als zB bei einer auf fahrlässiger Unkenntnis beruhenden Rechtsverletzung (Begr. RegE, BT-Drs. 19/4724, 32).

25   Darüber hinaus können weitere Umstände des Verhaltens in die Betrachtung mit einbezogen werden. So kann es bspw. eine Rolle spielen, ob der Rechtsverletzer bereits **wiederholt** oder sogar **regelmäßig** Rechtsverstöße begangen hat (Harte-Bavendamm/Ohly/Kalbfus/Ohly Rn. 30). Denn ein solches Verhalten kann darauf schließen lassen, dass von dem Rechtsverletzer eine besondere Gefahr ausgeht. Der Rechtsverletzer ist in einem solchen Fall weit weniger schutzwürdig als bei einem nur einmaligen Rechtsverstoß und es dürfen von dem Rechtsverletzer größere Anstrengungen erwartet werden, um nachteilige Auswirkungen seines Verhaltens abzustellen. Gleiches gilt bei einem **rücksichtslosen** oder **uneinsichtigen** Verhalten des Rechtsverletzers.

4. Folgen der rechtswidrigen Nutzung oder Offenlegung des Geschäftsgeheimnisses (Nr. 4)

26   Mit den Folgen der rechtswidrigen Nutzung oder Offenlegung des Geschäftsgeheimnisses gemäß § 9 Nr. 4 sind die **nachteiligen Auswirkungen** auf das Geschäftsgeheimnis gemeint. Diese können wirtschaftlicher oder nichtwirtschaftlicher Art sein. Ergibt sich durch eine weitere Nutzung die Gefahr, dass das Geschäftsgeheimnis bekannt und damit in seinem Bestand bedroht wird, kann die Nutzung auch dann unterbunden werden, wenn die wirtschaftlichen Folgen möglicherweise nur wenig ins Gewicht fallen (Büscher/Tochtermann Rn. 34).

5. Berechtigte Interessen und Auswirkungen für den Inhaber des Geschäftsgeheimnisses und den Rechtsverletzer (Nr. 5)

27   Gemäß § 9 Nr. 5 sind die berechtigten Interessen des Inhabers des Geschäftsgeheimnisses und des Rechtsverletzers sowie die Auswirkungen, die die Erfüllung der Ansprüche für beide haben könnte, in die Prüfung der Verhältnismäßigkeit einzubeziehen. Während § 9 Nr. 5 auf den Interessenwiderstreit im **„Binnenverhältnis"** zwischen dem Inhaber des Geschäftsgeheimnisses und dem Rechtsverletzer ausgerichtet ist, geht es in § 9 Nr. 6 und 7 um die Berücksichtigung von Drittinteressen bzw. Interessen der Öffentlichkeit. § 9 Nr. 5 erfordert eine **Prognose** für den Fall, dass die betreffenden Ansprüche erfüllt werden (OLG Karlsruhe GRUR-RS 2021, 23997 Rn. 11; BeckOK GeschGehG/Spieker Rn. 8).

28   Berücksichtigungsfähige berechtigte Interessen können alle von der Rechtsordnung anerkannten und gebilligten Interessen sein, unabhängig davon, ob es sich um **wirtschaftliche oder ideelle Interessen** handelt (Begr. RegE, BT-Drs. 19/4724, 32). Ein Anspruch auf Rückruf und Vernichtung kann bspw. unverhältnismäßig sein, wenn betroffenen Erzeugnisse nur deswegen als

rechtsverletzende Produkte gelten, weil sie Gegenstand eines rechtwidrigen Marketings sind (Begr. RegE, BT-Drs. 19/4724, 32).

6. Berechtigte Interessen Dritter (Nr. 6)

§ 9 Nr. 6 eröffnet die Möglichkeit zur Berücksichtigung von berechtigten Interessen Dritter. **29** Diese Interessen stehen gleichsam **außerhalb des durch die Rechtsverletzung begründeten Verhältnisses,** sind aber durch die Rechtsverletzung berührt. Als Dritte in diesem Sinne sind alle Personen anzusehen, bei denen es sich weder um den Inhaber des Geschäftsgeheimnisses noch um den (oder die) Rechtsverletzer handelt. Berücksichtigungsfähig ist es bspw., wenn ein Dritter auf ein rechtsverletzendes Produkt angewiesen ist oder im Besitz der im Eigentum des Rechtsverletzers stehenden Ware ist (Begr. RegE, BT-Drs. 19/4724, 32). **Beispiel** (nach Harte-Bavendamm/Ohly/Kalbfus/Ohly Rn. 38): Angewiesenheit von Patienten auf Medikamente oder medizinische Produkte, weil keine Ausweichmöglichkeit auf andere, ebenso wirksame Erzeugnisse besteht.

7. Öffentliche Interessen (Nr. 7)

Zu den öffentlichen Interessen iSv § 9 Nr. 7 gehören überindividuelle und allgemeine Be- **30** lange. ErwGr. 21 RL (EU) 2016/943 erwähnt das **„Gemeinwohl",** das etwa die öffentliche Sicherheit, den Verbraucherschutz, die öffentliche Gesundheit und den Umweltschutz umfasst, die durch Maßnahmen zum Schutz von Geschäftsgeheimnissen nicht gefährdet oder untergraben werden dürfen.

8. Schutz der Grundrechte und sonstige Interessen

Gemäß **Art. 13 I 1 lit. h RL (EU) 2016/943** muss im Rahmen der Verhältnismäßigkeits- **31** prüfung auch dem Schutz der Grundrechte Rechnung getragen werden. Obgleich dieser Tatbestand im deutschen Recht fehlt, muss dieser Aspekt im Wege der **richtlinienkonformen Auslegung** in die rechtliche Würdigung einbezogen werden. Dies ist möglich, weil § 9 keine abschließende Aufzählung von Kriterien enthält und daher eine Berücksichtigung von sonstigen Interessen zulässt.

Der praktische Anwendungsbereich von Art. 13 I 1 lit. h RL (EU) 2016/943 dürfte indessen **32** eher gering sein, weil die Wertungen von Grundrechten idR bereits im Rahmen der Katalogkriterien des § 9 einfließen. Für die Wertungen der Meinungs-, Informations- und Medienfreiheiten gilt zudem die spezielle Regelung des § 5 Nr. 1. Einen möglichen Anwendungsfall bildet der **Schutz des redlichen Whistleblowers,** der irrtümlich davon ausgeht, dass ein Fehlverhalten iSv § 5 Nr. 2 vorliegt bzw. zu seinen Gunsten ein – tatsächlich nicht bestehender – Ausnahmetatbestand eingreift. Nach hier vertretener Ansicht (→ § 5 Rn. 46 ff.) greift § 5 Nr. 2 in diesen Fällen nicht ein. Jedoch gebietet insbesondere Art. 10 EMRK einen Schutz des redlichen Whistleblowers. Die daraus resultierende Interessenlage berührt zugleich weitere der in § 9 aufgeführten Umstände. Die Prüfung der (Un-)Verhältnismäßigkeit eröffnet die Möglichkeit zu einer flexiblen und den konkreten Umständen angepassten Würdigung des konkreten Falles. Innerhalb der gebotenen Einzelfallbetrachtung ist bspw. zu berücksichtigen, welche Anstrengungen der Whistleblower in der konkreten Situation hätte unternehmen können und müssen. So kann es an der Schutzwürdigkeit des Whistleblowers fehlen, wenn dessen Behauptungen lediglich auf bloßen Gerüchten beruhen und keine belastbaren Beweise bestehen (vgl. EGMR NJW 2023, 1793 Rn. 130 – Affäre Luxleaks; s. auch EGMR 21.6.2016 – 79972/12 Rn. 46 – Soares/Portugal).

IV. Zeitpunkt

Die Voraussetzungen einer Unverhältnismäßigkeit gemäß § 9 müssen im **Zeitpunkt der** **33** **letzten mündlichen Verhandlung** erfüllt sein (Harte-Bavendamm/Ohly/Kalbfus/Ohly Rn. 49; Tochtermann WRP 2019, 688 (690)).

D. Rechtsfolge

Im Falle der Unverhältnismäßigkeit „sind" die Ansprüche aus §§ 6, 7 und 8 I „ausgeschlos- **34** sen". Dieser starre Rechtsfolgenausspruch im deutschen Recht entspricht nicht exakt den Richtlinienvorgaben. Art. 13 I RL (EU) 2016/943 verlangt, dass die Gerichte in ihrer Entscheidung über Anordnungen und Abhilfemaßnahmen „bei der Beurteilung von deren Verhältnismäßigkeit den besonderen Umständen des Falls Rechnung tragen müssen". Dieses „Rechnung tragen" erfordert keineswegs stets einen vollständigen Ausschluss des Anspruchs, sondern kann – im Rahmen des zivilverfahrensrechtlichen Entscheidungsspielraums des Gerichts (→ Rn. 12) auch einen teilweisen Anspruchsausschluss oder sonstige, die unverhältnismäßigen Belastungen abmildernde Maßnahmen umfassen (Harte-Bavendamm/Ohly/Kalbfus/Ohly Rn. 43; Büscher/Tochtermann Rn. 47). Denkbare Maßnahmen sind bspw. **sachliche Beschränkungen bzw. spezifische Vorgaben** (Harte-Bavendamm/Ohly/Kalbfus/Ohly Rn. 44) sowie das Gewähren **Aufbrauchs- oder Umstellungsfristen** (Harte-Bavendamm/Ohly/Kalbfus/Ohly Rn. 45), um wirtschaftliche Härten abzufedern (zu den Einzelheiten → UWG § 8 Rn. 1.88 ff.).

35   Ergibt sich unter den Voraussetzungen des § 9 ein Ausschluss des geltend gemachten Anspruchs, dann führt dies zu einem materiell-rechtlichen **Erlöschen des Anspruchs**. Dies entspricht in der rechtlichen Wirkung einer rechtsvernichtenden Einwendung (Tochtermann WRP 2019, 688 (690)). Dieser Anspruchsausschluss wird typischerweise eine **dauerhafte** Wirkung entfalten, weil die in § 9 Nr. 1–7 genannten Situationen zumeist nicht bloß vorübergehender Natur sein werden. Entfallen jedoch die eine Unverhältnismäßigkeit begründenden Umstände endgültig, dann ist ein Wiederaufleben des Anspruchs denkbar (Tochtermann WRP 2019, 688 (690)).

E. Darlegungs- und Beweislast

36   Zwar erfolgt die Prüfung der Verhältnismäßigkeit von Amts wegen, jedoch muss das Gericht über die hierfür notwendigen Informationen verfügen. Derjenige, der sich auf die Rechtsvorteile des § 9 beruft, trägt hierfür die Darlegungs- und Beweislast. Soweit die Kriterien des § 9 spezifische Informationen aus der Sphäre des Verletzten erfordern, kann diesen eine sekundäre Darlegungslast treffen (Harte-Bavendamm/Ohly/Kalbfus/Ohly Rn. 47).

Haftung des Rechtsverletzers

10 (1) ¹Ein Rechtsverletzer, der vorsätzlich oder fahrlässig handelt, ist dem Inhaber des Geschäftsgeheimnisses zum Ersatz des daraus entstehenden Schadens verpflichtet. ²§ 619a des Bürgerlichen Gesetzbuchs bleibt unberührt.

(2) ¹Bei der Bemessung des Schadensersatzes kann auch der Gewinn, den der Rechtsverletzer durch die Verletzung des Rechts erzielt hat, berücksichtigt werden. ²Der Schadensersatzanspruch kann auch auf der Grundlage des Betrages bestimmt werden, den der Rechtsverletzer als angemessene Vergütung hätte entrichten müssen, wenn er die Zustimmung zur Erlangung, Nutzung oder Offenlegung des Geschäftsgeheimnisses eingeholt hätte.

(3) Der Inhaber des Geschäftsgeheimnisses kann auch wegen des Schadens, der nicht Vermögensschaden ist, von dem Rechtsverletzer eine Entschädigung in Geld verlangen, soweit dies der Billigkeit entspricht.

Übersicht

Schrifttum: Alexander, Schadensersatz und Abschöpfung im Lauterkeits- und Kartellrecht, 2010; Böhm/Nestler, EU-Richtlinie zum Know-how-Schutz: Quantifizierung des Schadensersatzes, GRUR-Prax 2018, 181; Dreier, Kompensation und Prävention, 2002; Ess, § 10 Abs. 1, Abs. 2 S. 2, 1. Alt. GeschGehG – Schadensersatz für die (reine) Erlangung eines Geschäftsgeheimnisses? Zur Vereinbarkeit der Norm mit der deutschen Schadensdogmatik, WRP 2023, 663; Heil/Roos, Zur dreifachen Schadensberechnung bei Übernahme sonderrechtlich nicht geschützter Leistungen – zugleich Anmerkung zu BGH GRUR 1993, 757 ff. – Kollektion „Holiday", GRUR 1994, 26; Janssen, Die präventive Gewinnabschöpfung, 2017; Raue, Die dreifache Schadensberechnung, 2017; s. ferner allg. bei Vor § 1.

A. Allgemeines

I. Normzweck und Normstruktur

Die Verletzung eines Geschäftsgeheimnisses verursacht bei dem Inhaber des Geschäftsgeheim- **1** nisses oftmals erhebliche Schäden. § 10 sieht deswegen einen Schadensersatzanspruch vor. Zugleich enthält die Vorschrift nähere Bestimmungen zu den ersatzfähigen Schäden. § 10 bildet damit die **Grundlage der Schadensersatzhaftung** bei der Verletzung von Geschäftsgeheimnissen. Die amtliche Überschrift („Haftung des Rechtsverletzers") bringt dieses Regelungsziel leider nur unscharf zum Ausdruck.

§ 10 I enthält den haftungsbegründenden Tatbestand (S. 1) und nimmt Bezug auf die Grund- **2** sätze der Arbeitnehmerhaftung (S. 2). Die dreifache Schadensberechnung wird in § 10 II näher geregelt. Schließlich statuiert § 10 III eine – im alten Recht nicht vorgesehene – Entschädigung für immaterielle Schäden, die infolge einer Rechtsverletzung eintreten.

II. Entstehung und unionsrechtliche Vorgaben

Eine Schadensersatzhaftung bei der Verletzung von Betriebs- und Geschäftsgeheimnissen war **3** im alten Recht bereits anerkannt, allerdings beschränkt auf materielle Schäden. Eine eigenständige Anspruchsgrundlage speziell für Geheimnisverletzungen bestand jedoch nicht. Es war deswegen erforderlich, Schadensersatzansprüche entweder über § 9 UWG aF (§ 9 I, III UWG) oder § 823 I, II BGB zu begründen. Art und Umfang des Schadensersatzes waren ebenfalls nicht gesondert geregelt. Die Rspr. griff insoweit auf die allgemeinen Grundsätze der §§ 249 ff. BGB zurück. Darüber hinaus erkannte sie für die Verletzung von Betriebs- und Geschäftsgeheimnissen die Grundsätze dreifachen Schadensberechnung an (vgl. BGH GRUR 1960, 554 (557) – Handstrickverfahren; BGH GRUR 1977, 539 (541) – Prozessrechner; → Rn. 33 ff.).

4   Die Schadensersatzhaftung des Rechtsverletzers war im **RefE** in § 9 enthalten. Der **RegE** (BT-Drs. 19/4724) übernahm diesen Entwurf in § 10. Änderungen ergaben sich im weiteren Gesetzgebungsverfahren nicht.

5   § 10 dient der Umsetzung von **Art. 14 RL (EU) 2016/943.** Die unionsrechtliche Bestimmung lautet:

„(1) Die Mitgliedstaaten stellen sicher, dass die zuständigen Gerichte auf Antrag des Geschädigten anordnen, dass ein Rechtsverletzer, der wusste oder hätte wissen müssen, dass er einen rechtswidrigen Erwerb oder eine rechtswidrige Nutzung oder Offenlegung eines Geschäftsgeheimnisses vornahm, dem Inhaber des Geschäftsgeheimnisses einen Schadensersatz leistet, der dem infolge des rechtswidrigen Erwerbs oder der rechtswidrigen Offenlegung oder Nutzung tatsächlich erlittenen Schaden angemessen ist.

Die Mitgliedstaaten können die Haftung von Arbeitnehmern für Schäden begrenzen, die ihren Arbeitgebern durch den rechtswidrigen Erwerb oder die rechtswidrige Nutzung oder Offenlegung eines Geschäftsgeheimnisses entstanden sind, sofern sie nicht vorsätzlich handeln.

(2) Bei der Festsetzung der Höhe des Schadensersatzes gemäß Absatz 1 berücksichtigen die zuständigen Gerichte alle relevanten Faktoren, wie negative wirtschaftliche Folgen, einschließlich entgangener Gewinne des Geschädigten, etwaige durch den Rechtsverletzer erzielte unlautere Gewinne und gegebenenfalls andere als wirtschaftliche Faktoren wie den immateriellen Schaden, der dem Inhaber des Geschäftsgeheimnisses durch den rechtswidrigen Erwerb oder die rechtswidrige Nutzung oder Offenlegung des Geschäftsgeheimnisses entstanden ist.

Alternativ können die zuständigen Gerichte in geeigneten Fällen den Schadensersatz jedoch als Pauschalbetrag festsetzen, und zwar auf der Grundlage von Faktoren wie mindestens dem Betrag der Lizenzgebühren, die der Rechtsverletzer hätte entrichten müssen, wenn er die Genehmigung zur Nutzung des betreffenden Geschäftsgeheimnisses eingeholt hätte."

6   Art. 14 RL (EU) 2016/943 orientiert sich wiederum inhaltlich und redaktionell im weiten Umfang an **Art. 13 RL 2004/48/EG** (Enforcement-RL). Aus der Sicht des Unionsgesetzgebers bildet die Verpflichtung zum Schadensersatz bei der Verletzung eines Geschäftsgeheimnisses ein wesentliches Instrument, um einen wirksamen und effektiven Schutz zu gewährleisten. In **ErwGr. 30 RL (EU) 2016/943** wird ausgeführt:

„Damit eine Person, die wusste oder begründeterweise hätte wissen müssen, dass sie ein Geschäftsgeheimnis auf unrechtmäßige Weise erwirbt, nutzt oder offenlegt, aus einem solchen Verhalten keinen Vorteil ziehen kann und gewährleistet ist, dass für den geschädigten Inhaber des Geschäftsgeheimnisses so weit wie möglich die Situation wiederhergestellt wird, in der er sich befunden hätte, wenn es nicht zu einem solchen Verhalten gekommen wäre, ist eine angemessene Entschädigung für den infolge des rechtswidrigen Verhaltens erlittenen Schaden vorzusehen. Die Höhe des dem geschädigten Inhaber des Geschäftsgeheimnisses zuerkannten Schadensersatzes sollte allen relevanten Faktoren Rechnung tragen, so einem Einkommensverlust des Inhabers des Geschäftsgeheimnisses oder einem unlauteren Gewinn des Rechtsverletzers und gegebenenfalls etwaigen dem Inhaber des Geschäftsgeheimnisses entstandenen immateriellen Schäden. In Fällen, in denen es beispielsweise angesichts des immateriellen Charakters von Geschäftsgeheimnissen schwierig wäre, die Höhe des tatsächlich erlittenen Schadens zu bestimmen, käme als Alternative in Betracht, die Schadenshöhe aus Größen herzuleiten wie etwa der Lizenzgebühren, die angefallen wären, wenn der Rechtsverletzer um eine Genehmigung zur Nutzung des betreffenden Geschäftsgeheimnisses ersucht hätte. Bezweckt wird mit dieser alternativen Methode nicht die Einführung zu einem als Strafe angelegten Schadensersatz, sondern die Gewährleistung einer Entschädigung für den Inhaber des Geschäftsgeheimnisses auf objektiver Grundlage unter Berücksichtigung der ihm entstandenen Kosten, z. B. im Zusammenhang mit der Feststellung der Rechtsverletzung und den Nachforschungen. Diese Richtlinie sollte die Mitgliedstaaten jedoch nicht daran hindern, in ihrem nationalen Recht vorzusehen, dass die Schadenshaftung von Arbeitnehmern bei nicht vorsätzlichem Handeln beschränkt wird."

7   Bei der Umsetzung von Art. 14 RL (EU) 2016/943 ist der deutsche Gesetzgeber sowohl redaktionell als auch strukturell erheblich vom Wortlaut der Richtlinie abgewichen. Dies ist dem Bemühen geschuldet, die Schadensersatzhaftung im deutschen Recht in weitem Umfang den **Parallelbestimmungen im Recht des geistigen Eigentums** (§ 14 VI MarkenG, § 97 II UrhG, § 139 II PatG und § 42 II DesignG) anzupassen. Eine fehlerhafte Umsetzung liegt darin nicht. Im Gegenteil verdeutlicht die anlehnende Formulierung, dass die Ausgestaltung und Funktionsweise der Schadensersatzhaftung bei der Verletzung von Geschäftsgeheimnissen derjenigen bei der Verletzung von Rechten des geistigen Eigentums entspricht.

III. Funktion und Auslegung

8   Die Hauptfunktion der Schadensersatzhaftung besteht in dem Ausgleich des Schadens, der durch die Verletzung der geschützten Rechtsposition entstanden ist **(Ausgleichsfunktion).** Es

soll für den Inhaber des Geschäftsgeheimnisses so weit wie möglich die Situation wiederhergestellt werden, in der er sich befunden hätte, wenn es nicht zu dem rechtsverletzenden Verhalten gekommen wäre. Der Schadensausgleich umfasst dabei grundsätzlich den gesamten durch
die Rechtsverletzung eingetretenen Schaden. Damit korrespondiert zugleich eine präventive
Wirkung der Schadensersatzhaftung (**Präventionsfunktion**). Der Schädiger soll weiterhin aus
der Rechtsverletzung keinen Vorteil ziehen. Daher eröffnet das Gesetz die speziellen Möglichkeiten einer Schadensberechnung auf der Grundlage des vom Verletzer erzielten Gewinns oder
auf der Grundlage von Lizenzgebühren, die der Verletzer hätte entrichten müssen (**wirtschaftliche Korrekturfunktion**).

Für die Auslegung von § 10 ist von den allgemeinen Grundsätzen des Delikts- und Schadens- **9**
rechts auszugehen. Es besteht ein **erweiterter Auslegungsspielraum** im nationalen Recht,
weil es sich bei Art. 14 RL (EU) 2016/943 nicht um eine vollharmonisierende Regelung handelt
(vgl. Art. 1 I UAbs. 2 RL (EU) 2016/943). Eine Anknüpfung an die bisherige Rechtsprechung
zur Schadensersatzhaftung bei der Verletzung von Betriebs- und Geschäftsgeheimnissen ist
möglich, insbesondere im Hinblick auf die dreifache Schadensberechnung (→ Rn. 33 ff.). Durch
die Schaffung der eigenständigen Haftungsgrundlage in § 10 haben sich die inhaltlichen Grundsätze der Haftung für materielle Schäden nicht verändert.

IV. Anwendungsbereich

Die Schadensersatzhaftung gemäß § 10 erstreckt sich auf sämtliche Rechtsverletzungen im **10**
sachlichen und persönlichen Anwendungsbereich des GeschGehG. Dazu gehören alle unmittelbaren und mittelbaren Rechtsverletzungen von Geschäftsgeheimnissen iSv § 4. Nicht anzuwenden ist § 10 dagegen auf Schadensersatzansprüche, die sich konkurrierend aus anderen gesetzlichen Grundlagen oder aus Vertrag ergeben.

B. Gläubiger und Schuldner

I. Gläubiger

Gläubiger des Schadensersatzanspruchs ist der **Inhaber des Geschäftsgeheimnisses,** nach **11**
§ 2 Nr. 2 also diejenige natürliche oder juristische Person, die die rechtmäßige Kontrolle über
ein Geschäftsgeheimnis hat. Sind **mehrere Personen** Inhaber eines Geschäftsgeheimnisses
(→ § 2 Rn. 104 ff.), dann kann jeder den Ausgleich des jeweils auf ihn entfallenden Schadens
verlangen (Harte-Bavendamm/Ohly/Kalbfus/Kalbfus Rn. 26), sofern sich aus vertraglicher Abrede nicht etwas anderes ergibt (Keller/Schönknecht/Glinke/Glinke Rn. 47). Erleidet ein
Lizenznehmer durch eine Rechtsverletzung einen Schaden, dann richtet sich die Gläubigerstellung nach der Art der eingeräumten Lizenz sowie der zugrunde liegenden Vertragsverein-
barung (dazu näher Keller/Schönknecht/Glinke/Glinke Rn. 48 ff.).

II. Schuldner

1. Rechtsverletzer

Schuldner des Schadensersatzanspruchs ist der **Rechtsverletzer.** Gemäß § 2 Nr. 3 handelt es **12**
sich dabei um die natürliche oder juristische Person, die entgegen § 4 ein Geschäftsgeheimnis
rechtswidrig erlangt, nutzt oder offenlegt. Begehen **mehrere Personen** gemeinschaftlich eine
Rechtsverletzung, dann haften sie als **Mittäter** gemäß § 830 I BGB (→ Rn. 16a und § 6
Rn. 15).

2. Teilnehmer

Für Teilnehmer (Anstifter und Gehilfen) gilt **§ 830 II BGB.** Die Besonderheiten der Teil- **13**
nehmerhaftung bei Abwehransprüchen (→ § 6 Rn. 17) gelten für die Schadensersatzhaftung
nicht. Es bleibt daher bei den allgemeinen Grundsätzen der deliktischen Teilnehmerhaftung.

3. Haftung für Dritte

Eine Haftungszurechnung für das Verhalten von **Beschäftigten** oder **Beauftragten** gemäß **14**
§ 12 ist für Schadensersatzansprüche ausgeschlossen. Denn nach dem insoweit eindeutigen Wort-

laut des § 12 ist eine umfassende Zurechnung nur im Rahmen der Ansprüche aus §§ 6, 7 und 8 I möglich. Dies entspricht dem Regelungsansatz in § 8 II UWG, ist aber – ebenso wie im Lauterkeitsrecht (dazu eingehend Alexander, Schadensersatz und Abschöpfung im Lauterkeits- und Kartellrecht, 2010, 663 ff.) – rechtspolitisch fragwürdig. Gleichwohl ist diese gesetzgeberische Beschränkung zu respektieren. Für eine analoge Anwendung der Vorschrift fehlt es an einer planwidrigen Regelungslücke.

15   Nicht auf § 10 anwendbar ist § 278 BGB, weil diese Vorschrift nicht für Schuldverhältnisse gilt, die erst durch ein deliktisches Verhalten begründet werden (Harte-Bavendamm/Ohly/Kalbfus/Kalbfus Rn. 30; aA BeckOK GeschGehG/Spieker Rn. 3). In Betracht kommt allerdings eine Haftung des Geschäftsherrn für die unerlaubte Handlung eines **Verrichtungsgehilfen** (§ 831 I 1 BGB) oder für eine Person, die für den Geschäftsherrn die Besorgung eines Geschäfts durch Vertrag übernimmt (§ 831 II BGB). Diese Vorschrift enthält eine **eigenständige Anspruchsgrundlage,** sie ist keine Zurechnungsnorm. Zu beachten ist die Möglichkeit des Entlastungsbeweises nach § 831 I 2 BGB.

16   Das deliktische Verhalten der **Organe und Repräsentanten** muss sich ein Unternehmen (zB die Gesellschaft) **analog §§ 31, 89 BGB** ohne Entlastungsmöglichkeit zurechnen lassen (→ § 6 Rn. 19).

4. Gesamtschuld

16a   Sind für den aus Verletzung eines Geschäftsgeheimnisses entstehenden Schaden mehrere Personen nebeneinander verantwortlich, so haften sie gemäß § 840 I BGB, §§ 421 ff. BGB als **Gesamtschuldner** (Keller/Schönknecht/Glinke/Glinke Rn. 61; Harte-Bavendamm/Ohly/Kalbfus/Kalbfus Rn. 32).

C. Voraussetzungen (§ 10 I)

I. Rechtsverletzung und haftungsbegründende Kausalität

17   Zentrale Voraussetzung eines auf Schadensersatz gerichteten Anspruchs ist eine **Rechtsverletzung** iSv § 4. Das Erfordernis der Rechtsverletzung wird in § 10 I 1 zwar nicht ausdrücklich erwähnt, ergibt sich aber durch die Bezugnahme auf die handelnde Person, den Rechtsverletzer. Tatbestandlich erfasst sind sämtliche Verletzungshandlungen. Eingeschlossen sind daher die unmittelbaren Rechtsverletzungen gemäß § 4 I und II, auch bereits das Erlangen eines Geschäftsgeheimnisses (Ess WRP 2023, 663 ff.), ebenso wie die mittelbaren Rechtsverletzungen gemäß § 4 III.

18   Zwischen der Verletzungshandlung und dem eingetretenen Verletzungserfolg muss ein **Kausalzusammenhang** (haftungsbegründende Kausalität) bestehen (Büscher/Tochtermann Rn. 21). Dies entspricht den allgemeinen Anforderungen der Schadensersatzhaftung bei unerlaubten Handlungen. Es gelten die Kausalitätsgrundsätze des Deliktsrechts.

II. Verschulden

19   Der Schadensersatzanspruch gemäß § 10 I 1 setzt voraus, dass der Rechtsverletzer vorsätzlich oder fahrlässig, also schuldhaft gehandelt hat. Dieses Erfordernis ist Ausdruck des **Verschuldensprinzips** im Recht der unerlaubten Handlungen. Das Verschulden als Haftungsvoraussetzung für den Schadensersatzanspruch nach § 10 ist abzugrenzen von den subjektiven Erfordernissen bei der mittelbaren Rechtsverletzung gemäß § 4 III (Wissen oder Wissenmüssen).

1. Vorsatz

20   Für den **Vorsatz** gelten die allgemeinen Anforderungen der zivilrechtlichen Vorsatzhaftung. Erforderlich ist ein **wissentliches und willentliches Verhalten,** wobei nicht nur die Kenntnis der objektiven Tatbestandsmerkmale, sondern auch das **Bewusstsein der Rechtswidrigkeit** vorliegen muss (vgl. BGHZ 177, 150 = GRUR 2008, 810 Rn. 15 – Kommunalversicherer; dazu krit. Alexander, Schadensersatz und Abschöpfung im Lauterkeits- und Kartellrecht, 2010, 624 ff.). Dieses kann bspw. fehlen, wenn der Rechtsverletzer irrtümlich von der Einschlägigkeit eines Erlaubnistatbestands gemäß § 3 oder einer Ausnahme gemäß § 5 ausgegangen ist. Der

Vorsatz muss sich nicht auf den eingetretenen Schaden beziehen (Harte-Bavendamm/Ohly/Kalbfus/Kalbfus Rn. 13; vgl. auch BGHZ 151, 337 = NJW 2002, 3255 (3256)).

2. Fahrlässigkeit

Fahrlässig handelt gemäß § 276 II BGB, wer die **im Verkehr erforderliche Sorgfalt** **21** **außer Acht** lässt. Da Verletzungen von Geschäftsgeheimnissen typischerweise im geschäftlichen Verkehr und durch geschäftserfahrene Personen geschehen, ist von einem entsprechend angepassten Sorgfaltsmaßstab auszugehen, der sich auch an den Besonderheiten der jeweiligen Wirtschaftsbranche orientiert. Entsprechend den Grundsätzen im Lauterkeitsrecht und bei der Verletzung von Rechten des geistigen Eigentums ist ein **strenger Sorgfaltsmaßstab** anzulegen (ebenso Brammsen/Apel/Apel/Dilbaz Rn. 31; Keller/Schönknecht/Glinke/Glinke Rn. 87 f.; aA Hoppe/Oldekop Geschäftsgeheimnisse/Hoppe Kap. 1 Rn. 828, wonach von einem im Vergleich zu Patent- und Markenrechtsverletzung abgeschwächten Maßstab auszugehen sei). Die gebotenen Sorgfaltsanforderungen richten sich nach den konkreten Umständen. Für Kaufleute gilt der Sorgfaltsmaßstab eines ordentlichen Kaufmanns (vgl. § 347 I HGB). § 10 I 1 erfasst **sämtliche Erscheinungsformen eines fahrlässigen Verhaltens.** Besonderheiten sind im Rahmen der Arbeitnehmerhaftung zu berücksichtigen (→ Rn. 23 ff.).

Im Falle eines **Irrtums über die Rechtslage** (Rechtsirrtum) entfällt der Vorwurf der Fahr- **22** lässigkeit nur dann, wenn der Irrende bei Anwendung der im Verkehr erforderlichen Sorgfalt mit einer anderen Beurteilung durch die Gerichte nicht zu rechnen brauchte. Für das Lauterkeitsrecht und das Recht des geistigen Eigentums geht die Rspr. davon aus, dass bei einer zweifelhaften Rechtsfrage, in der sich noch keine einheitliche Rechtsprechung gebildet hat und die insbesondere nicht durch höchstrichterliche Entscheidungen geklärt ist, durch strenge Sorgfaltsanforderungen verhindert werden muss, dass das Risiko der zweifelhaften Rechtslage dem anderen Teil zugeschoben wird. Fahrlässig handelt daher, wer sich erkennbar in einem Grenzbereich des rechtlich Zulässigen bewegt und eine eine von der eigenen Einschätzung abweichende Beurteilung der rechtlichen Zulässigkeit des fraglichen Verhaltens in Betracht ziehen muss (vgl. BGH GRUR 1998, 568 (569) – Beatles-Doppel-CD; GRUR 1999, 49 (51) – Bruce Springsteen and his Band; GRUR 2002, 248 (252) – SPIEGEL-CD-ROM). Diese strengen Anforderungen gelten entsprechend für die Verletzung von Geschäftsgeheimnissen (iErg ebenso Harte-Bavendamm/Ohly/Kalbfus/Kalbfus Rn. 14).

III. Verhältnis zur Arbeitnehmerhaftung (§ 10 I 2)

Gemäß § 10 I 2 bleibt § 619a BGB von der in § 10 I 1 begründeten Schadensersatzhaftung **23** unberührt. Danach hat der Arbeitnehmer abweichend von § 280 I BGB dem Arbeitgeber Ersatz für den aus der Verletzung einer Pflicht aus dem Arbeitsverhältnis entstehenden Schaden nur zu leisten, wenn er die Pflichtverletzung zu vertreten hat. Diese Sonderregelung dient dem **Schutz von Arbeitnehmern**, die innerhalb eines bestehenden Arbeitsverhältnisses eine zum Schadensersatz verpflichtende Handlung begehen. Sie findet ihre unionsrechtliche Grundlage in Art. 14 I UAbs. 2 RL (EU) 2016/943, wonach die Mitgliedstaaten die Haftung von Arbeitnehmern für Schäden begrenzen können, die ihren Arbeitgebern durch den rechtswidrigen Erwerb oder die rechtswidrige Nutzung oder Offenlegung eines Geschäftsgeheimnisses entstanden sind, sofern sie nicht vorsätzlich handeln. Diese Öffnungsklausel ist ein Zeichen des Bemühens des Unionsgesetzgebers, den Arbeitnehmerinteressen Rechnung zu tragen (vgl. auch Art. 1 III RL (EU) 2016/943).

Für § 10 I 2 gelten die allgemeinen Regeln der Darlegungs- und Beweislast (→ Rn. 54), **24** sodass der Arbeitgeber im Falle der Rechtsverletzung durch einen Arbeitnehmer ohnehin nachweisen muss, dass der Arbeitnehmer die zum Schadensersatz verpflichtende Rechtsverletzung zu vertreten hat (Begr. RegE, BT-Drs. 19/4724, 32). Insoweit ergibt sich durch den Verweis auf § 619a BGB für die Schadensersatzhaftung gemäß § 10 I 1 keine Besonderheiten. § 619a BGB gilt allein für Ansprüche, die aus dem Arbeitsverhältnis selbst resultieren, weil in diesen Fällen ansonsten von der Umkehr der Beweislast gemäß § 280 I 2 BGB auszugehen ist. Diese vertraglichen Ansprüche bestehen grundsätzlich konkurrierend neben der Haftung aus § 10 I 1 (anders Büscher/Tochtermann Rn. 20: Vorrang der vertraglichen Haftung).

Die Hauptfunktion des § 10 I 2 besteht darin, durch die Bezugnahme auf § 619a BGB zum **25** Ausdruck zu bringen, dass die in der arbeitsgerichtlichen Rspr. entwickelten **Grundsätze über die Beschränkung der Arbeitnehmerhaftung** auch für die Verletzung von Geschäftsgeheimnissen gelten. Denn § 619a BGB lässt erkennen, dass der Gesetzgeber diese Grundsätze anerkannt hat. Sie beruhen auf dem Gedanken, dass die Verantwortung des Arbeitgebers für die Organisation des Betriebs und die Gestaltung der Arbeitsbedingungen und das darin liegende Betriebsrisiko des Arbeitgebers in die haftungsrechtliche Betrachtung mit einzubeziehen ist (BAGE 101, 107 = NJW 2003, 377 (378)) und finden auf alle Arbeiten Anwendung, die **durch den Betrieb veranlasst** sind und **aufgrund eines Arbeitsverhältnisses** geleistet werden. Vorsätzlich verursachte Schäden hat der Arbeitnehmer danach in vollem Umfang zu tragen. Bei grober Fahrlässigkeit des Arbeitnehmers ist eine Haftungserleichterung zu seinen Gunsten nicht ausgeschlossen, sondern von einer Abwägung im Einzelfall abhängig. Ist der Schaden auf leichteste Fahrlässigkeit zurückzuführen, haftet der Arbeitnehmer gar nicht. Bei normaler Fahrlässigkeit hat der Arbeitnehmer den Schaden anteilig zu tragen. Ob und gegebenenfalls in welchem Umfang er zum Ersatz verpflichtet ist, richtet sich im Rahmen einer Abwägung der Gesamtumstände, insbesondere von Schadensanlass und Schadensfolgen, nach Billigkeits- und Zumutbarkeitsgesichtspunkten (BAGE 101, 107 = NJW 2003, 377 (378)).

D. Inhalt und Umfang des Schadensersatzes

I. Grundsätze

26   Der Inhalt und Umfang des Schadensersatzes wird in § 10 II und III nicht abschließend geregelt. Auszugehen ist daher von den allgemeinen Bestimmungen der **§§ 249 ff. BGB,** die durch § 10 II und III ergänzt und modifiziert werden. Nach den allgemeinen Grundsätzen des Schadensrechts ist eine **haftungsfüllende Kausalität** erforderlich (Büscher/Tochtermann Rn. 21; Ess WRP 2023, 663 (665)), dh ein ursächlicher Zusammenhang zwischen der Rechtsverletzung und dem eingetretenen Schaden. Maßgeblich sind die schadensrechtlichen Grundsätze (Äquivalenz, Adäquanz und Schutzzweck der Norm).

1. Naturalherstellung

27   Es gilt der gesetzlich vorgesehene **Vorrang der Naturalherstellung** (§ 249 I BGB). Ein auf Naturalrestitution gerichteter Schadensersatzanspruch wegen der Verletzung eines Geschäftsgeheimnisses ist dem Grunde nach darauf gerichtet, dem Schädiger den rechtsverletzenden Umgang mit dem Geschäftsgeheimnis zu verbieten (vgl. BGH GRUR 2018, 535 Rn. 42 – Knochenzement I). Praktisch wird die Naturalherstellung bei der Verletzung von Geschäftsgeheimnissen jedoch nur von untergeordneter Bedeutung sein, weil das Gesetz mit dem allgemeinen Beseitigungsanspruch gemäß § 6 und den besonderen Ansprüchen nach § 7 bereits ein umfangreiches Instrumentarium von Abhilfe- und Beseitigungsmaßnahmen vorsieht, das noch dazu kein Verschulden voraussetzt. Ein mögliches **Beispiel** für eine schadensbeseitigende Maßnahme ist der Abbau einer Neon-Leuchtreklame, die auf der Grundlage eines verletzten Geschäftsgeheimnisses hergestellt wurde (vgl. OLG Köln GRUR 1958, 300 (301)).

28   In der Vergangenheit hat der BGH die Auffassung vertreten, dass ein auf Naturalrestitution gerichteter Schadensersatzanspruch in besonderen Ausnahmefällen darauf gerichtet sein kann, dass dem Verletzer eine gewisse Zeit verboten wird, wettbewerbliche Vorteile aus einem vorangegangenen unlauteren Verhalten zu ziehen. Danach konnte in Fällen der unlauteren Mitarbeiterabwerbung unter dem Gesichtspunkt des Schadensersatzes durch Naturalrestitution ein **Beschäftigungsverbot** ausgesprochen werden, das darauf gerichtet war, das Erlangen eines Vorteils durch die Abwerbung zu unterbinden (vgl. BGH GRUR 1961, 482 (483) – Spritzgußmaschine; GRUR 1967, 428 (429) – Anwaltsberatung I; GRUR 1971, 358 (359) – Textilspitzen; GRUR 1976, 306 (307) – Baumaschinen). In gleicher Weise hat der BGH es in besonders gravierenden Fällen der unlauteren Abwerbung des Kundenstamms gebilligt, mithilfe eines **Belieferungsverbots** den unlauter erlangten Vorteil wieder auszugleichen (vgl. BGH GRUR 1964, 215 (216 f.) – Milchfahrer; GRUR 1970, 182 (184) – Bierfahrer). Ob an dieser Rspr. festzuhalten ist und ob die Grundsätze auf die Verletzung von Geschäftsgeheimnissen übertragbar sind, hat der BGH in neuerer Zeit ausdrücklich offengelassen (BGH GRUR 2018, 535 Rn. 41 – Knochenzement I). Gegen Beschäftigungs- und Belieferungsverbote auf der Grundlage einer Naturalherstellung spricht der damit verbundene **tiefe Eingriff in die Handlungsfreiheit der Betroffenen** und die dadurch bewirkte „Quasi-Verdinglichung" von Vertragsverhältnissen (eingehend zur Kritik Alexander, Schadensersatz und Abschöpfung im Lauterkeits- und Kartellrecht, 2010, 236 ff.). Da der Ansatz schon dem Grunde nach nicht trägt, gibt es

keinen überzeugenden Grund, diesen für § 10 zu übernehmen (diff. Keller/Schönknecht/ Glinke/Glinke Rn. 103).

2. Kompensation

Die praktisch größte Bedeutung dürfte der **Kompensation in Geld** zukommen. Als ersatz- **29** fähige Nachteile kommen sowohl eingetretene Vermögenseinbußen (§ 251 BGB) als auch entgangener Gewinn (§ 252 BGB) in Betracht. Zu ersetzen ist der gesamte **adäquat-kausal** (→ Rn. 26) durch die Rechtsverletzung **verursachte Schaden.**

Der zu kompensierende Schaden ist nach der neueren Rspr. des BGH zum Schutz der Rechte **30** des geistigen Eigentums bereits in der **Beeinträchtigung des absoluten Rechts** und der mit diesem verbundenen, allein **dem Inhaber zugewiesenen Nutzungsmöglichkeiten** zu sehen (BGH GRUR 2012, 1226 Rn. 15 – Flaschenträger unter Hinweis auf BGHZ 173, 374 = GRUR 2008, 93 – Zerkleinerungsvorrichtung; BGHZ 181, 98 = GRUR 2009, 856 – Tripp-Trapp-Stuhl; BGH GRUR 2009, 864 – CAD-Software; GRUR 2010, 239 – BTK). Der Schaden besteht darin, dass der Verletzer die von dem immateriellen Schutzgut vermittelten konkreten Marktchancen für sich nutzt und sie damit zugleich der Nutzung durch den Schutzrechtsinhaber entzieht (BGH GRUR 2012, 1226 Rn. 15 – Flaschenträger).

Dieser Ansatz der Rspr. aus dem Recht des geistigen Eigentums lässt sich aufgrund ihres den **31** Immaterialgütern nahestehenden Charakters auf Geschäftsgeheimnisse übertragen. Denn auch hier resultiert der ausgleichspflichtige wirtschaftliche Nachteil, der durch die Rechtsverletzung eintritt, daraus, dass der Rechtsverletzer durch das nach § 4 unzulässige Erlangen, Nutzen oder Offenbaren des Geschäftsgeheimnisses die **dem Inhaber des Geschäftsgeheimnisses zuge- wiesenen konkreten Marktchancen** für sich nutzt und sie damit zugleich der Nutzung durch den Berechtigten entzieht.

Sofern der Inhaber des Geschäftsgeheimnisses **entgangenen Gewinn** gemäß § 252 BGB als **32** Schaden geltend macht, ist zu berücksichtigen, dass ein tatsächlich zu erwartender Gewinn nur dann erstattungsfähig ist, wenn die Gewinnerzielung im Einklang mit den Wertungen der Rechtsordnung steht. Demgegenüber ist ein Gewinn dann nicht ersatzfähig, wenn er nur durch Verletzung eines gesetzlichen Verbots oder mit rechtswidrigen Mitteln hätte erzielt werden können (vgl. BGH NJW 1964, 1181 (1183); NJW 1986, 1486 (1487); BGHZ 162, 246 = GRUR 2005, 519 (520) – Vitamin-Zell-Komplex). Als entgangen gilt gemäß § 252 S. 2 BGB der Gewinn, welcher nach dem gewöhnlichen Lauf der Dinge oder nach den besonderen Umständen, insbesondere nach den getroffenen Anstalten und Vorkehrungen, mit Wahrscheinlichkeit erwartet werden konnte.

II. Dreifache Schadensberechnung (§ 10 II)

Gemäß § 10 II sind die Grundsätze der dreifachen Schadensberechnung (dazu eingehend **33** Dreier, Kompensation und Prävention, 2002, 256 ff.; Janssen, Präventive Gewinnabschöpfung, 2017, 275 ff.; Raue, Die dreifache Schadensberechnung, 2017; speziell für Geschäftsgeheimnisse Keller/Schönknecht/Glinke/Glinke Rn. 99 ff.; Harte-Bavendamm/Ohly/Kalbfus/Kalbfus Rn. 33 ff.) auf die Verletzung von Geschäftsgeheimnissen anwendbar. Dies entspricht den Vorgaben aus **Art. 14 II RL (EU) 2016/943.** Die Rspr. hatte bereits nach altem Recht die dreifache Schadensberechnung bei der Verletzung von Betriebs- und Geschäftsgeheimnissen anerkannt (vgl. BGH GRUR 1960, 554 (557) – Handstrickverfahren; GRUR 1977, 539 (541) – Prozessrechner; dazu näher Heil/Roos GRUR 1994, 26 (30 f.)). Sie begründete dies mit der besonderen Nähe und Vergleichbarkeit der Interessenlagen. Geschäftsgeheimnisse sind ebenso wie die Rechte des geistigen Eigentums in besonderem Maße verletzlich, deswegen besteht ein besonderes Schutzbedürfnis des Verletzten. Der Rechtsinhaber kann zudem nur begrenzte Vorkehrungen gegen Verletzungen treffen, Verletzungen nur schwer feststellen und den ihm entgangenen Gewinn nur schwer nachweisen, da sich die hypothetische Gefahrenabläufe (ohne den Eingriff des Verletzers) nicht ohne Weiteres rekonstruieren lassen (vgl. BGH GRUR 1977, 539 (541) – Prozessrechner). Die Schadensberechnung gemäß § 10 II kann an den bisherigen Grundsätzen anknüpfen (vgl. Böhm/Nestle GRUR-Prax 2018, 181 (182)).

Bei der dreifachen Schadensberechnung kann der Geschädigte insgesamt zwischen drei Va- **34** rianten wählen, wie er den ersatzfähigen Schaden beziffert: Er kann (1.) den Ersatz des konkret entstandenen Schadens verlangen, (2.) die Herausgabe des vom Rechtsverletzer erzielten Gewinns fordern oder (3.) den Schaden auf der Grundlage einer angemessenen Vergütung berechnen, die der Verletzer hätte erbringen müssen, wenn er die Zustimmung zur Erlangung, Nutzung oder Offenlegung des Geschäftsgeheimnisses eingeholt hätte. In Abgrenzung zum konkreten Schadensersatz handelt es sich bei der Lizenzanalogie und der Herausgabe des Verletzergewinns um Erscheinungsformen der **objektiven Schadensberechnung** (s. nur BGHZ 173, 374 = GRUR 2008, 93 Rn. 7 – Zerkleinerungsvorrichtung).

35   Bei den zuvor genannten Berechnungsmöglichkeiten handelt es sich um Variationen bei der Ermittlung des gleichen **einheitlichen Schadens** und nicht um verschiedene Ansprüche mit unterschiedlichen Rechtsgrundlagen, so dass kein Wahlschuldverhältnis vorliegt (BGHZ 173, 374 = GRUR 2008, 93 Rn. 7 – Zerkleinerungsvorrichtung). Die drei Berechnungsmöglichkeiten stehen **alternativ** nebeneinander, wobei der Geschädigte frei wählen kann, für welche Berechnungsvariante er sich entscheidet (vgl. BGHZ 173, 374 = GRUR 2008, 93 Rn. 8 – Zerkleinerungsvorrichtung). Die verschiedenen Varianten dürfen jedoch nicht miteinander kombiniert und zusammengerechnet werden (vgl. BGH GRUR 2010, 237 Rn. 12 – Zoladex).

36   Für die Berechnung des **Verletzergewinns** (§ 10 II 1) gelten – ebenso wie im Lauterkeitsrecht (BGH GRUR 2007, 431 Rn. 25 ff. – Steckverbindergehäuse) – die Grundsätze, die in der Gemeinkostenanteil-Entscheidung aufgestellt wurden (vgl. BGHZ 145, 366 = GRUR 2001, 329). Herauszugeben ist grundsätzlich der **gesamte** unter Einsatz des Geschäftsgeheimnisses erzielte Gewinn (vgl. BGH NJOZ 2009, 301 Rn. 11). Dies beruht auf der Wertung, dass erlangte Kenntnisse von Geschäftsgeheimnissen in keiner Weise verwendet werden dürfen und die dadurch erzielten Ergebnisse von Anfang an und – jedenfalls in der Regel – dauerhaft mit dem Makel der Rechtswidrigkeit behaftet sind (vgl. BGH GRUR 1985, 294 (296) – Füllanlage; NJOZ 2009, 301 Rn. 11 – Entwendete Datensätze).

37   Die Schadensberechnung bei der **Lizenzanalogie** (§ 10 II 2) ist nach dem Betrag zu messen, dessen Zahlung normalerweise bei Abschluss eines Lizenzvertrags vereinbart worden wäre (BGH GRUR 1977, 539 (541) – Prozessrechner). Dazu bedarf es einer Abwägung aller hierfür in Betracht kommenden Umstände, insbesondere der beiderseitigen Interessen der Parteien, der wirtschaftlichen Bedeutung des in Frage stehenden Verletzungsgegenstands und der Berücksichtigung der auf diesem speziellen Gebiet üblicherweise gezahlten Vergütung (BGH GRUR 1977, 539 (541) – Prozessrechner).

38   Zu den weiteren Einzelheiten → UWG § 9 Rn. 1.36 ff.

III. Entschädigung für immaterielle Schäden (§ 10 III)

39   Abweichend von der bisherigen Rechtslage kann der Inhaber des Geschäftsgeheimnisses gemäß § 10 III auch wegen des Schadens, der nicht Vermögensschaden ist, von dem Rechtsverletzer eine Entschädigung in Geld verlangen, soweit dies der Billigkeit entspricht. Das Gesetz begründet damit eine ausdrückliche Ausnahme vom Grundsatz, dass wegen eines Schadens, der nicht Vermögensschaden ist, kein Geldersatz verlangt werden kann (§ 253 I BGB). Art. 14 II 1 RL (EU) 2016/943 sieht die Ersatzfähigkeit von immateriellen Schäden ausdrücklich vor. Gedacht ist dabei an immaterielle Nachteile, die infolge der Rechtsverletzung entstanden sind. Die Regelung orientiert sich an § 97 II 4 UrhG (Begr. RegE, BT-Drs. 19/4724, 32; vgl. auch Dreier, Kompensation und Prävention, 2002, 336 ff.).

40   Immaterielle Schäden durch die Verletzung eines Geschäftsgeheimnisses sind bspw. denkbar, wenn die rechtsverletzende Handlung eine **Ansehensschädigung** des Inhabers des Geschäftsgeheimnisses verursacht. Das ist bspw. denkbar, wenn bei Geschäftspartnern oder Kunden der reputationsmindernde Eindruck entsteht, vertrauliche Informationen seien nicht sicher (Keller/Schönknecht/Glinke/Glinke Rn. 159). Auch der Verlust einer Vorreiterrolle im Markt (First-Mover-Advantage) kann erfasst sein (Böhm/Nestler GRUR-Prax 2018, 181 (182)). Schließlich kommen Fälle in Betracht, in denen die Verletzung des Geschäftsgeheimnisses einen Bezug zum **Persönlichkeitsrecht** des Berechtigten aufweist.

41   Innerhalb des Tatbestands hat das Merkmal der **Billigkeit** eine **Doppelfunktion.** Es betrifft zum einen die Frage, ob ein solcher Anspruch besteht, zum anderen die Frage nach der Höhe des Anspruchs (Begr. RegE, BT-Drs. 19/4724, 33). Im Rahmen der Billigkeitsentscheidung kann insbesondere dann, wenn Aspekte des Persönlichkeitsschutzes berührt sind, berücksichtigt werden, ob eine rücksichtslose Vermarktung stattgefunden hat. In diesem Fall kann die Erzielung von Gewinnen aus der Rechtsverletzung als Bemessungsfaktor in die Entscheidung über die Höhe der Geldentschädigung mit einzubeziehen sein (vgl. BGHZ 128, 1 = GRUR 1995, 224 (229); BGH GRUR 1996, 373 (374 f.)).

Die Entschädigung gemäß § 10 III kann neben einem Vermögensschaden nach § 10 II **42** geltend gemacht werden. Beide Regelungen schließen sich nicht aus, sondern können sich **ergänzen** (Begr. RegE, BT-Drs. 19/4724, 33).

Die **Höhe der Entschädigung** ist gemäß § 287 ZPO zu schätzen. Dabei sind – insoweit dem **42a** Urheberrecht vergleichbar (OLG München NJW-RR 1998, 556 (557)) – insbesondere die **Bedeutung,** die **Tragweite** und der **Umfang der konkreten Rechtsverletzung** zu berücksichtigen. Gegenüber pauschalen Zuschlägen, die von der Rspr. bisweilen bei Urheberrechtsverletzungen zugesprochen werden (zB OLG Frankfurt GRUR 1989, 203 (205) – Wüstenflug), ist demgegenüber Zurückhaltung geboten. Denn die Rspr. ist im Urheberrecht keineswegs einheitlich. Zudem haben Geschäftsgeheimnisse oft einen weniger starken Bezug zum Persönlichkeitsschutz als Urheberrechte, sodass eine abweichende Interessen- und Wertungsgrundlage besteht.

IV. Mitverschulden (§ 254 BGB)

Verlangt der Inhaber eines Geschäftsgeheimnisses von dem Rechtsverletzer Schadensersatz, **43** dann kann – entsprechend den allgemeinen schadensrechtlichen Bestimmungen – ein Mitverschulden des Geschädigten gemäß § 254 BGB schadensmindernd zu berücksichtigen sein. Dies betrifft zum einen ein mitwirkendes Verschulden bei der **Schadensentstehung** (§ 254 I BGB). Denkbar ist hier bspw., dass eine Rechtsverletzung dadurch begünstigt oder erleichtert wurde, dass der Inhaber des Geschäftsgeheimnisses die Einhaltung der angemessenen Geheimhaltungsmaßnahmen unzureichend überwacht hat. Zum anderen kommt eine Berücksichtigung des Mitverschuldens in Betracht, wenn sich das Verschulden des Geschädigten darauf bezieht, dass er es unterlassen hat, den Schuldner auf die **Gefahr eines ungewöhnlich hohen Schadens** aufmerksam zu machen, die der Schuldner weder kannte noch kennen musste, oder dass er es unterlassen hat, den **Schaden abzuwenden oder zu mindern** (§ 254 II 1 BGB).

E. Verjährung und Anspruchsgrenzen

Mangels einer besonderen Verjährungsregelung im GeschGehG gilt für den Anspruch aus **44** § 10 die regelmäßige Verjährungsfrist von drei Jahren gemäß **§§ 195, 199 BGB.** Zu beachten ist jedoch die spezielle Vorschrift des § 13, wonach ein Herausgabeanspruch auch nach dem Eintritt der Verjährung bei dem Schadensersatzanspruch gemäß § 10 fortbesteht.

Ein Ausschluss der Schadensersatzhaftung wegen Unverhältnismäßigkeit kommt nicht in **45** Betracht, weil § 9 den Schadensersatzanspruch aus § 10 nicht erfasst. § 10 unterliegt aber dem generellen **Missbrauchsverbot** gemäß § 14. Im Übrigen gelten die **allgemeinen Anspruchsgrenzen** nach § 242 BGB, zB im Falle der Verwirkung.

F. Verhältnis zu weiteren Ansprüchen

I. Ansprüche gemäß §§ 6 und 7

Der Schadensersatzanspruch kann neben den Ansprüchen aus § 6 und § 7 geltend gemacht **46** werden. Inhaltliche Überschneidungen sind insoweit möglich, als Beseitigungsmaßnahmen auch im Wege der Naturalherstellung verlangt werden könnten.

II. Abfindungsrecht gemäß § 11

Das Abfindungsrecht gemäß § 11 I und der Schadensersatzanspruch nach § 10 I schließen sich **47** aufgrund der unterschiedlichen Tatbestandsanforderungen aus. § 11 I setzt voraus, dass der Rechtsverletzer weder vorsätzlich noch fahrlässig gehandelt hat. Demgegenüber knüpft § 10 I die Schadensersatzhaftung an ein schuldhaftes Verhalten des Schädigers.

III. Anspruch gemäß § 13

Der Herausgabeanspruch gemäß § 13 besteht neben dem Schadensersatzanspruch aus § 10. **48** Praktische Bedeutung erlangt dieser spezielle Anspruch jedoch erst nach dem Eintritt der Verjährung des Schadensersatzanspruch aus § 10. Er soll verhindern, dass eine beim Rechtsverletzer eingetretene Bereicherung bei diesem verbleibt.

IV. Sonstige Schadensersatzansprüche

49   Neben § 10 I können wegen der Verletzung eines Geschäftsgeheimnisses weitere Schadensersatzansprüche bestehen. Insbesondere können sich solche Ansprüche aus **Vertrag** ergeben (§§ 280 ff. BGB), zB aufgrund eines Arbeits- oder Dienstvertrags mit den Beschäftigten eines Unternehmens oder aufgrund einer laufenden Geschäftsbeziehung mit Dritten (zB Lizenzpartner, Hersteller, Zulieferer usw.). Diese vertraglichen Ansprüche stehen eigenständig neben der Haftung nach § 10 I. Verwirklicht die Rechtsverletzung zugleich einen **allgemeinen deliktischen Tatbestand** (zB eine Eigentumsbeschädigung beim Erlangen eines Geschäftsgeheimnisses), dann stehen die daraus resultierenden Ansprüche aus unerlaubter Handlung (§§ 823, 826 BGB) konkurrierend neben § 10 I.

V. Bereicherungsrechtlicher Anspruch

50   Als Alternative zu einem Schadensersatz, der auf der Grundlage der Lizenzanalogie berechnet wird, kann ein bereicherungsrechtlicher Anspruch gemäß **§ 812 I 1 Fall 2 BGB** (Eingriffskondiktion) in Betracht kommen (s. auch Brammsen/Apel/Apel/Dilbaz Rn. 136 ff.; Keller/Schönknecht/Glinke/Glinke Rn. 20 ff.; Harte-Bavendamm/Ohly/Kalbfus/Kalbfus Rn. 94 ff.). Ein solcher Anspruch setzt **kein Verschulden** voraus.

51   Auszugehen ist von dem auch für Immaterialgüterrechte geltenden Grundsatz, dass ein Bereicherungsausgleich erfolgen kann, wenn in den **Zuweisungsgehalt** eines Rechtsguts eingegriffen wird, dessen wirtschaftliche Verwertung dem Gläubiger vorbehalten ist (BGHZ 107, 117 = GRUR 1990, 221 – Forschungskosten). Geschäftsgeheimnisse sind Rechtspositionen, die neben einem **Ausschlussgehalt** auch über einen wirtschaftlichen **Zuweisungsgehalt** verfügen. Wenn der Rechtsverletzer das Geschäftsgeheimnis zum eigenen Vorteil nutzt, sich also die dem Inhaber des Geschäftsgeheimnisses vorbehaltene wirtschaftliche Nutzungsmöglichkeit rechtswidrig anmaßt und verschafft, dann liegt darin ein **Eingriff** in diesen Zuweisungsgehalt. Der Eingriffskondiktion unterliegt demnach ein solcher vermögensrechtlicher Vorteil, den der Erwerber nur unter Verletzung einer geschützten Rechtsposition und der alleinigen Verwertungsbefugnis des Rechtsinhabers erlangen konnte (BGHZ 107, 117 = GRUR 1990, 221 – Forschungskosten). Bei einem Geschäftsgeheimnis ist wie bei den gewerblichen Schutzrechten (BGHZ 82, 299 = GRUR 1982, 301 (303) – Kunststoffhohlprofil II) der Gegenstand der Güterzuweisung die ausschließliche Benutzungsbefugnis.

52   Dieser Eingriff erfolgt **auf Kosten** des Inhabers des Geschäftsgeheimnisses, weil die Rechtsordnung diesem die wirtschaftliche Nutzungsmöglichkeit des Geschäftsgeheimnisses zuordnet (vgl. BGHZ 107, 117 = GRUR 1990, 221 – Forschungskosten). Fehlt es für den Eingriff an einem **Rechtsgrund,** dann ist ein bereicherungsrechtlicher Anspruch dem Grunde nach gegeben.

53   Herauszugeben ist das Erlangte. Konkret **erlangt** hat der Rechtsverletzer den Gebrauch des immateriellen Schutzgegenstandes (BGHZ 82, 299 = GRUR 1982, 301 (303) – Kunststoffhohlprofil II). Da eine Herausgabe des Erlangten in Natur (§ 818 I BGB) regelmäßig nicht möglich ist, schuldet der Rechtsverletzer als Bereicherungsschuldner **Wertersatz** (§ 818 II BGB). Dabei ist von dem **objektiven Verkehrswert** des Erlangten auszugehen (BGHZ 82, 299 = GRUR 1982, 301 (303) – Kunststoffhohlprofil II). Dieser bestimmt sich – ebenso wie bei einem gewerblichen Schutzrecht – nach der angemessenen Lizenzhöhe (BGHZ 82, 310 = GRUR 1982, 286 (289) – Fersenabstützvorrichtung).

VI. Ansprüche aus angemaßter Eigengeschäftsführung

53a   Ansprüche aus einer angemaßten Eigengeschäftsführung gemäß § 687 II BGB sind bei einer wissentlichen Verletzung von Geschäftsgeheimnissen grundsätzlich denkbar (vgl. zum alten Recht BGH GRUR 2012, 1048 Rn. 27 – MOVICOL-Zulassungsantrag). Jedoch dürfte diesen Ansprüchen aufgrund der detaillierten Regelungen im GeschGehG keine Bedeutung mehr zukommen (Keller/Schönknecht/Glinke/Glinke Rn. 25; Harte-Bavendamm/Ohly/Kalbfus/Ohly Rn. 99).

G. Darlegungs- und Beweislast

Die Darlegungs- und Beweislast für die Tatbestandsvoraussetzungen des Schadensersatz- **54** anspruchs und für die Höhe des eingetretenen Schadens trägt nach den allgemeinen Grundsätzen derjenige, der diesen Anspruch geltend macht.

Abfindung in Geld

11 (1) **Ein Rechtsverletzer, der weder vorsätzlich noch fahrlässig gehandelt hat, kann zur Abwendung der Ansprüche nach den §§ 6 oder 7 den Inhaber des Geschäftsgeheimnisses in Geld abfinden, wenn dem Rechtsverletzer durch die Erfüllung der Ansprüche ein unverhältnismäßig großer Nachteil entstehen würde und wenn die Abfindung in Geld als angemessen erscheint.**

(2) **¹Die Höhe der Abfindung in Geld bemisst sich nach der Vergütung, die im Falle einer vertraglichen Einräumung des Nutzungsrechts angemessen wäre. ²Sie darf den Betrag nicht übersteigen, der einer Vergütung im Sinne von Satz 1 für die Länge des Zeitraums entspricht, in dem dem Inhaber des Geschäftsgeheimnisses ein Unterlassungsanspruch zusteht.**

Übersicht

Schrifttum: Schroeder/Drescher, Praktische Fragen bei der Anwendung von § 11 GeschGehG, WRP 2021, 6; s. ferner allg. bei Vor § 1.

A. Allgemeines

I. Normzweck und Normstruktur

Im Interesse eines wirksamen und effektiven Schutzes von Geschäftsgeheimnissen sehen §§ 6 **1** und 7 umfangreiche Ansprüche vor, die der Inhaber des Geschäftsgeheimnisses gegenüber einem Rechtsverletzer geltend machen kann. Diese Ansprüche bestehen verschuldensunabhängig, sodass ein Rechtsverletzer auch dann verpflichtet ist, wenn ihm weder Vorsatz noch Fahrlässigkeit zur Last fällt. In diesen Fällen des schuldlosen Handelns können die sich aus §§ 6 und 7 ergebenden Pflichten den Schuldner besonders hart treffen. Um solche Nachteile abzumildern, eröffnet § 11 I dem Rechtsverletzer die Möglichkeit, die Ansprüche aus §§ 6 und 7 durch eine Abfindung in Geld abzuwenden. § 11 I nennt die hierfür erforderlichen Voraussetzungen, die in hohem Maße eine wertende Betrachtung verlangen („unverhältnismäßig großer Nachteil", „angemessen"). § 11 II enthält nähere Aussagen zur Höhe der zu leistenden Abfindung.

1a   Die **dogmatische Einordnung** von § 11 ist umstritten. Die amtlichen Materialien sehen die Funktion der Vorschrift in einer **Privilegierung des Rechtsverletzers,** der nicht schuldhaft gehandelt hat (Begr. RegE, BT-Drs. 19/4724, 33). Dieser Einordnung folgt – wenngleich mit Differenzierungen im Detail – ein Teil des Schrifttums (Keller/Schönknecht/Glinke/Glinke Rn. 7 ff.; Schroeder/Drescher WRP 2021, 6 (7 ff.); Brammsen/Apel/Schroeder/Drescher Rn. 1; Büscher/Tochtermann Rn. 1). Nach aA (eingehend Harte-Bavendamm/Ohly/Kalbfus/ Ohly Rn. 1 ff.) dient die Vorschrift dem Schutz der finanziellen Interessen des Verletzten und begründet einen materiell-rechtlichen Anspruch für den Fall, dass Ansprüche aus §§ 6 oder 7 gemäß § 9 ausgeschlossen sind und ein Schadensersatzanspruch am fehlenden Verschulden scheitert (Harte-Bavendamm/Ohly/Kalbfus/Ohly Rn. 2). Die unterschiedlichen Deutungen der Vorschrift wirken sich ua bei der Frage aus, ob § 11 I einen eigenständigen Anspruch oder ein Gegenrecht des Rechtsverletzers beinhaltet (→ Rn. 2), bei der Ausübung und den Rechts- wirkungen (→ Rn. 22 ff.), beim Verhältnis von § 9 und § 11 (→ Rn. 28) sowie bei der Beweis- lastverteilung (→ Rn. 29).

2   Nach hier vertretener Ansicht handelt es sich bei § 11 I nicht um eine eigenständige An- spruchsgrundlage (aA Harte-Bavendamm/Ohly/Kalbfus/Ohly Rn. 2, 9, 17), sondern um ein **Recht des Rechtsverletzers,** dem Inhaber des Geschäftsgeheimnisses eine Abfindung anbieten zu können (Begr. RegE, BT-Drs. 19/4724, 33). Das hat zur Folge, dass der Inhaber des Geschäftsgeheimnisses nicht von Anfang an – anstelle der Ansprüche aus § 6 und § 7 – eine Abfindung in Geld beanspruchen kann.

II. Entstehung und unionsrechtliche Vorgaben

3   Im alten Recht war eine Abfindung nicht vorgesehen. Der **RefE** hatte die Abfindung in § 10 geregelt. Der **RegE** (BT-Drs. 19/4724) übernahm diesen Entwurf als § 11. Änderungen im weiteren Gesetzgebungsverfahren erfolgten nicht.

4   § 11 GeschGehG bezweckt die Umsetzung von **Art. 13 III RL (EU) 2016/943.** Diese Regelung hat folgenden Wortlaut:

„Die Mitgliedstaaten sorgen dafür, dass die zuständigen Gerichte auf Antrag der Person, der die in Artikel 12 vorgesehenen Maßnahmen auferlegt werden können, anordnen können, dass anstelle der Anwendung dieser Maßnahmen eine Abfindung an den Geschädigten zu zahlen ist, sofern alle folgenden Bedingungen erfüllt sind:

a) Zum Zeitpunkt der Nutzung oder Offenlegung wusste die betreffende Person nicht und hätte unter den gegebenen Umständen nicht wissen müssen, dass sie über eine andere Person in den Besitz des Geschäftsgeheimnisses gelangt ist, die dieses Geschäftsgeheimnis rechtswidrig genutzt oder offen- gelegt hat;

b) bei Durchführung der betreffenden Maßnahmen würde der betreffenden Person ein unverhältnismäßig großer Schaden entstehen und

c) die Zahlung einer Abfindung an die geschädigte Partei erscheint als angemessene Entschädigung.

Wird anstelle einer Maßnahme gemäß Artikel 12 Absatz 1 Buchstaben a und b ein finanzieller Ausgleich angeordnet, so darf dieser nicht die Höhe der Lizenzgebühren übersteigen, die zu zahlen gewesen wären, wenn die betreffende Person um die Genehmigung ersucht hätte, das in Frage stehende Geschäftsgeheimnis für den Zeitraum zu nutzen, für den die Nutzung des Geschäftsgeheimnisses hätte untersagt werden können.“

5   Eine mit Art. 13 III RL (EU) 2016/943 vergleichbare Bestimmung findet sich in **Art. 12 RL 2004/48/EG** (Enforcement-RL). Nach der Einschätzung des Unionsgesetzgebers soll die Ab- wendungsbefugnis dazu beitragen, den Eintritt von unbilligen Belastungen zu vermeiden. In ErwGr. **29 RL (EU) 2016/943** heißt es dazu:

„Eine Person könnte ein Geschäftsgeheimnis ursprünglich in gutem Glauben erworben haben, aber erst zu einem späteren Zeitpunkt – zum Beispiel aufgrund einer entsprechenden Mitteilung des ursprüng- lichen Inhabers des Geschäftsgeheimnisses – erfahren, dass ihre Kenntnis des betreffenden Geschäfts- geheimnisses auf Quellen zurückgeht, die dieses Geschäftsgeheimnis auf unrechtmäßige Weise genutzt oder offengelegt haben. Damit in solchen Fällen die vorgesehenen gerichtlichen Abhilfemaßnahmen oder Anordnungen der betreffenden Person keinen unverhältnismäßig großen Schaden zufügen, sollten die Mitgliedstaaten für entsprechende Fälle als alternative Maßnahme die Möglichkeit einer finanziellen Entschädigung für die geschädigte Partei vorsehen. Diese Entschädigung sollte jedoch nicht den Betrag der Lizenzgebühren übersteigen, die bei einer genehmigten Nutzung des betreffenden Geschäfts- geheimnisses für den Zeitraum angefallen wären, für den der ursprüngliche Inhaber des Geschäfts- geheimnisses dessen Nutzung hätte verhindern können. Würde die rechtswidrige Nutzung des Ge- schäftsgeheimnisses jedoch einen Verstoß gegen andere Rechtsvorschriften als die in dieser Richtlinie enthaltenen darstellen oder zu einer Gefahr für die Verbraucher werden, sollte eine solche rechtswidrige Nutzung nicht gestattet werden."

Der deutsche Gesetzgeber hat die Vorgaben der Richtlinie in § 11 redaktionell verkürzt, ist **6** allerdings auch inhaltlich nicht unbedeutend von der Richtlinie abgewichen. Die erste Abweichung betrifft den Anwendungsbereich des Abfindungsrechts aus § 11 I (→ Rn. 6a), die zweite die Rechtsfolgenseite des § 11 II (→ Rn. 7).

In Art. 13 III lit. a RL (EU) 2016/943 sind nur die Nutzung oder Offenlegung des Geschäfts- **6a** geheimnisses erwähnt. Zudem legt der Wortlaut die Annahme nahe, dass der Unionsgesetzgeber allein die spezielle Konstellation der **mittelbaren Rechtsverletzung** gemäß Art. 4 IV RL (EU) 2016/943 vor Augen hatte. Denn nach Art. 13 III lit. a RL (EU) 2016/943 kommt es darauf an, ob die betreffende Person (der Rechtsverletzer) nicht wusste und unter den gegebenen Umständen nicht hätte wissen müssen, dass sie über eine andere Person (Dritter) in den Besitz des Geschäftsgeheimnisses gelangt ist, die dieses Geschäftsgeheimnis rechtswidrig genutzt oder offengelegt hat. Indessen liegt bei einem fehlenden Wissen oder einem fehlenden Wissenmüssen nach der Regelungskonzeption von Art. 4 IV RL (EU) 2016/943 schon von vornherein keine Rechtsverletzung vor. In Betracht kämen danach also nur die wenigen Fälle, in denen der Rechtsverletzer die Nutzung oder Offenlegung des Geschäftsgeheimnisses fortsetzt, obgleich er nunmehr Kenntnis von den maßgeblichen Umständen erlangt hat oder hätte erlangen können. Diese Sichtweise wird bestätigt, wenn man die Fassung des Richtlinienentwurfs (COM(2018) 813 final vom 28.11.2013) heranzieht. Die finanzielle Ausgleichszahlung bezieht sich nach Art. 12 III lit. a dieser Entwurfsfassung ausdrücklich nur auf die Fälle der mittelbaren Rechtsverletzung gemäß Art. 3 IV. Diese Auslegung der Richtlinienvorgaben wird bestätigt durch einen Vergleich mit der Umsetzung in Österreich. Dort beschränkt sich das Abwendungsrecht aus § 26e Abs. 3 östUWG auf die mittelbaren Rechtsverletzungen gemäß § 26c Abs. 3 und 4 östUWG. Es ist daher zweifelhaft, ob die vom deutschen Gesetzgeber gewählte Umsetzung richtlinienkonform ist, zumal Art. 13 RL (EU) 2016/943 zu den vollharmonisierenden Regelungsbereichen der Richtlinie gehört (vgl. Art. 1 I UAbs. 2 RL (EU) 2016/943). Rechtfertigen lässt sich die gewählte Umsetzung wohl nur mit der Überlegung, dass die in Art. 13 III RL (EU) 2016/943 vorgesehene Abfindungsregelung nicht negativ abschließend ist, also eine Übertragung des Regelungsgedankens auf weitere als die in der Richtlinie vorgesehenen Anwendungsfälle nicht ausschließt. Allerdings darf dies nicht zu einer qualitativen Verminderung des Geschäftsgeheimnisschutzes führen.

Eine weitere Abweichung von der RL (EU) 2016/943 besteht darin, dass die in § 11 II **7** geregelte Höhe der Abfindung nach Art. 13 III UAbs. 2 RL (EU) 2016/943 ausdrücklich nur für die Fälle des **Art. 12 I lit. a und b RL (EU) 2016/943** gilt. Das deutsche Recht enthält eine entsprechende Differenzierung zwischen verschiedenen Formen von Abhilfemaßnahmen jedoch nicht.

III. Funktion und Auslegung

§ 11 ist als eine spezielle Ausprägung des Regelungskonzepts der Richtlinie zu sehen, die bei **8** allen Anordnungen und Abhilfemaßnahmen, die als Reaktion auf eine Rechtsverletzung ausgelöst werden, eine besondere Bedachtnahme auf den **Grundsatz der Verhältnismäßigkeit** verlangt. Die Norm soll verhindern, dass es bei Rechtsverletzungen, die ohne Verschulden erfolgt sind, zu einer unbilligen Vernichtung wirtschaftlicher Werte oder einer unbilligen Behinderung von Wettbewerb und Innovation kommt (Begr. RegE, BT-Drs. 19/4724, 33). Eine vergleichbare Bestimmung ist in § 100 UrhG vorgesehen.

Die Auslegung von § 11 erfolgt auf der Grundlage der allgemeinen Auslegungsgrundsätze. **9** Der Auslegungsspielraum im nationalen Recht ist jedoch dadurch eingeschränkt, dass es sich bei Art. 13 III RL (EU) 2016/943 um eine **vollharmonisierende Regelung** handelt (→ Rn. 6). Daher kommt der richtlinienkonformen Auslegung besondere Bedeutung zu.

IV. Anwendungsbereich

Die Möglichkeit der Abfindung nach § 11 ist nur für die Ansprüche aus **§ 6** (Unterlassungs- **10** und Beseitigungsansprüche) sowie die speziellen Ansprüche aus **§ 7** eröffnet. Die sonstigen Ansprüche nach dem GeschGehG (§§ 8, 10, 13) sind dagegen von einer Abfindung ausgeschlossen. Bei diesen Ansprüchen greifen jedoch ggf. andere Korrektive, um dem Grundsatz der Verhältnismäßigkeit Rechnung zu tragen.

11   Auf **vertragliche Ansprüche,** mit denen die gesetzlichen Ansprüche aus §§ 6 oder 7 konkurrieren, findet § 11 keine Anwendung. Im Rahmen einer privatautonomen Vereinbarung können die Vertragsparteien jedoch selbst Vorkehrungen treffen, um unangemessene Benachteiligungen bei schuldlosen Rechtsverletzungen zu vermeiden. Die Parteien sind zudem darin frei, eine § 11 entsprechende Regelung zu schaffen oder eine entsprechende Anwendbarkeit der Vorschrift auf vertragliche Ansprüche vorzusehen.

B. Voraussetzungen (§ 11 I)

I. Schuldlose Rechtsverletzung

12   Das Recht auf Abwendung durch Abfindung setzt voraus, dass wegen einer **Rechtsverletzung iSv § 4** dem Inhaber des Geschäftsgeheimnisses gegen den Rechtsverletzer ein Anspruch aus §§ 6 oder 7 zusteht. Die jeweiligen Anspruchsvoraussetzungen müssen vollständig erfüllt sein. Insbesondere kann eine bestehende Unsicherheit über die Verwirklichung eines Tatbestandsmerkmals nicht dadurch umgangen werden, dass der Inhaber des Geschäftsgeheimnisses stattdessen eine Abfindung nach § 11 verlangt. Die Inhaberhaftung gemäß § 12 gilt für das Recht zur Abfindung nicht (→ § 12 Rn. 11).

13   Weiterhin muss der Rechtsverletzer die Verletzungshandlung **ohne Vorsatz oder Fahrlässigkeit** begangen haben. Privilegiert wird damit allein der schuldlos Handelnde. **Beispiel:** Die RL (EU) 2016/943 nennt den Fall einer Person, die ein Geschäftsgeheimnis ursprünglich in gutem Glauben erworben hat und erst zu einem späteren Zeitpunkt – etwa aufgrund einer entsprechenden Mitteilung des ursprünglichen Inhabers des Geschäftsgeheimnisses – erfährt, dass ihre Kenntnis des betreffenden Geschäftsgeheimnisses auf Quellen zurückgeht, die dieses Geschäftsgeheimnis auf unrechtmäßige Weise genutzt oder offengelegt haben (ErwGr. 29 RL (EU) 2016/943). Auch Fälle eines für den Rechtsverletzer unvermeidbaren Rechtsirrtums können von § 11 I erfasst sein.

II. Besondere Umstände

14   Das Recht, die Ansprüche aus §§ 6 oder 7 durch eine Geldzahlung abzuwenden, besteht nur, wenn **zwei** spezifische Voraussetzungen gegeben sind. Für den Rechtsverletzer muss erstens durch die Erfüllung der Ansprüche aus §§ 6 und 7 ein unverhältnismäßig großer Nachteil entstehen. Zweitens muss die Abfindung in Geld angemessen erscheinen. Beide Voraussetzungen verlangen eine wertende Betrachtung und eine Berücksichtigung aller konkreten Umstände des Einzelfalls.

1. Unverhältnismäßig großer Nachteil für den Rechtsverletzer

15   Als **Nachteile** sind alle **wirtschaftlichen Belastungen und Einbußen** zu verstehen, die sich für den Rechtsverletzer in Erfüllung der Ansprüche aus §§ 6 oder 7 ergeben. Durch die Erfüllung ergeben sich die Nachteile, wenn sie gerade aus der Verwirklichung derjenigen Verhaltensanforderungen resultieren, zu deren Einhaltung der Rechtsverletzer nach §§ 6 oder 7 verpflichtet ist. Der Tatbestand des § 11 I verlangt einen Kausalzusammenhang zwischen den Verhaltenspflichten und den Nachteilen („durch die Erfüllung der Ansprüche").

16   Diese Nachteile müssen **unverhältnismäßig** groß sein. Den Vergleichsmaßstab für die Ermittlung der Unverhältnismäßigkeit bilden die Vorteile, die sich aus der Erfüllung der Ansprüche aus §§ 6 oder 7 für den Inhaber des Geschäftsgeheimnisses ergeben. Zur Bestimmung der Unverhältnismäßigkeit sind der Umfang der zu erwartenden Nachteile und die Bedeutung der unverschuldeten Rechtsverletzung miteinander ins Verhältnis zu setzen. Es genügt nicht, wenn die für den Rechtsverletzer eintretenden Nachteile die Vorteile lediglich geringfügig überwiegen. Vielmehr müssen die Nachteile von einem solchen Gewicht und Ausmaß sein, dass ein Festhalten an den Ansprüchen aus §§ 6 oder 7 nach den Umständen **unangemessen und unbillig** erscheint und zum Schutz der berechtigten Interessen des Inhabers des Geschäftsgeheimnisses nicht notwendig ist.

16a   Die Unverhältnismäßigkeit bestimmt sich nach dem **Zeitpunkt der Geltendmachung** des Abfindungsrechts. Hierfür ist eine **Prognosebetrachtung** aus der **Sicht eines objektiven und verständigen Dritten** erforderlich. Es ist unschädlich, wenn sich ex post herausstellt, dass die Erfüllung der sich aus §§ 6 oder 7 ergebenden Pflichten den Rechtsverletzer in der Realität weniger als befürchtet belastet. Umgekehrt lebt aber das Recht aus § 11 I nicht auf, wenn sich zu einem späteren Zeitpunkt ergibt, dass die Erfüllung der gemäß §§ 6 oder 7 bestehenden Pflichten den Rechtsverletzer in einem ungewöhnlich hohen Maße belastet. Das **Prognoserisiko** liegt beim Rechtsverletzer.

Beispiel: Eine Unverhältnismäßigkeit kann nach der amtlichen Begründung dann anzunehmen sein, wenn lediglich ein geringer rechtsverletzender Teil in einem Produkt enthalten ist und dieser nur über eine sehr kostspielige Änderung entfernt werden könnte, insbesondere wenn die Kosten der Änderung weit über der üblicherweise für die Nutzung des Geschäftsgeheimnisses zu zahlenden Lizenzgebühr liegen würden (Begr. RegE, BT-Drs. 19/4724, 33). **17**

2. Angemessenheit der Abfindung

Des Weiteren muss die Abfindung angemessen erscheinen. Entgegen der missverständlichen amtlichen Begründung (Begr. RegE, BT-Drs. 19/4724, 33) kommt es dabei nicht allein auf die subjektive Sicht des Inhabers des Geheimnisses an. Anderenfalls wäre das Abfindungsrecht von den höchst individuellen Anschauungen eines einzelnen Inhabers des Geschäftsgeheimnisses abhängig. **18**

Da das Abfindungsrecht der Wahrung des allgemeinen Grundsatzes der Verhältnismäßigkeit dient, ist die Angemessenheit auf der Grundlage einer **objektiven Betrachtung** zu bestimmen. Dabei ist eine Abwägung der Interessen des Berechtigten und des Rechtsverletzers im konkreten Einzelfall vorzunehmen (vgl. BGH GRUR 1976, 317 (321) – Unsterbliche Stimmen). Die Angemessenheit ist zu bejahen, wenn den berechtigten Schutzinteressen des Inhabers des Geschäftsgeheimnisses durch die Abfindung in Geld in einem solchen Maße Rechnung getragen wird, dass ein Festhalten an den Ansprüchen aus §§ 6 und 7 nicht mehr geboten und zur Rechtsverwirklichung notwendig ist. Hierbei ist neben dem individuellen Interesse des Rechteinhabers auch das öffentliche Interesse an der Wahrung des Rechtsfriedens zu berücksichtigen. **19**

C. Höhe der Abfindung (§ 11 II)

I. Lizenzbetrag

Die Höhe der zu zahlenden Abfindung richtet sich nach § 11 II. Sie bemisst sich nach der Vergütung, die im Falle einer vertraglichen Einräumung des Nutzungsrechts angemessen wäre (§ 11 II 1). Dies entspricht dem Geldbetrag, der aufgrund einer **Lizenz** zu zahlen wäre (Harte-Bavendamm/Ohly/Kalbfus/Ohly Rn. 19; Büscher/Tochtermann Rn. 17). Damit wird wirtschaftlich die Situation hergestellt, die im Falle einer vom Inhaber des Geschäftsgeheimnisses erlaubten Nutzung bestünde. Die Berechnung erfolgt nach den gleichen Grundsätzen, die im Rahmen der dreifachen Schadensberechnung für die Lizenzanalogie gelten (→ § 10 Rn. 37). **20**

II. Zeitraum

Die Abfindung in Geld darf allerdings den Betrag nicht übersteigen, der einer Vergütung iSv § 11 II 1 für die Länge des Zeitraums entspricht, in welchem dem Inhaber des Geschäftsgeheimnisses ein Unterlassungsanspruch zusteht (§ 11 II 2). Das Gesetz stellt auf diese Weise sicher, dass eine Abfindung nur für den Zeitraum gezahlt wird, in dem der Rechtsverletzer der Pflicht zur Unterlassung unterliegt. **21**

D. Ausübung

I. Angebot des Rechtsverletzers

Gemäß § 11 I „kann" der Rechtsverletzer den Inhaber des Geschäftsgeheimnisses abfinden. Etwas genauer spricht dagegen Art. 13 III RL (EU) 2016/943 davon, dass die zuständigen Gerichte „auf Antrag" des Rechtsverletzers eine Abfindung „anordnen können". Beide Formulierungen deuten darauf hin, dass der Rechtsverletzer dem Inhaber des Geschäftsgeheimnisses die **Abfindung anbieten** muss (Begr. RegE, BT-Drs. 19/4724, 33; Keller/Schönknecht/Glinke/ Glinke Rn. 21; aA Harte-Bavendamm/Ohly/Kalbfus/Ohly Rn. 17). Ihm steht die Entscheidung darüber zu, ob er die nach §§ 6 oder 7 geschuldete Leistung erbringt oder stattdessen dem Inhaber des Geschäftsgeheimnisses eine Geldzahlung anbietet (Büscher/Tochtermann Rn. 15). **22**

Die Initiative hierfür muss von dem Rechtsverletzer ausgehen. Weder kann der Inhaber des Geschäftsgeheimnisses eine Abfindung von vornherein beanspruchen noch kann das Gericht sie ohne ein entsprechendes Angebot des Rechtsverletzers anordnen.

23   Das Gesetz enthält keine nähere Aussage zum **Zeitpunkt** des Antrags bzw. des Angebots. Aus Art. 13 III 1 RL (EU) 2016/943 folgt, dass die Abfindung jedenfalls **während eines gerichtlichen Verfahrens** angeboten werden kann. Der Rechtsverletzer kann jedoch eine Abfindung auch schon zu einem früheren Zeitpunkt anbieten. Ein **vorprozessuales Angebot** einer Abfindung ist bspw. denkbar, wenn der Inhaber des Geschäftsgeheimnisses den Rechtsverletzer abmahnt und zur Abgabe einer strafbewehrten Unterlassungserklärung auffordert (iErg ebenso Schroeder/Drescher WRP 2021, 6 (10)).

24   Macht der Inhaber eines Geschäftsgeheimnisses **mehrere Ansprüche** aus §§ 6 oder 7 geltend, dann kann der Rechtsverletzer für einzelne dieser Ansprüche eine Abfindung anbieten (aA Hoeren/Münker/Hötte Rn. 26). Ausgeschlossen ist es hingegen, dass der Rechtsverletzer **einzelne Maßnahmen innerhalb eines Anspruchs** aus §§ 6 oder 7 durch das Angebot einer Abfindung abwendet. Denn dies liefe auf eine „Rosinenpickerei" hinaus, wonach der Rechtsverletzer nur die vielleicht wenig belastenden Pflichten zu erbringen sucht und im Übrigen auf eine Geldzahlung ausweicht.

II. Rechtsnatur und Rechtswirkungen

25   Bei dem Angebot der Abfindung handelt es sich nicht um eine auf Abschluss eines Vertrags gerichtete Willenserklärung, sondern um eine **einseitige (empfangsbedürftige) Erklärung** des Schuldners. Da das Angebot auf Abfindung die Grundlage für eine Umgestaltung des gesetzlichen Rechtsverhältnisses bildet, ist das an den Inhaber des Geschäftsgeheimnisses gerichtete Angebot des Rechtsverletzers auf Abfindung **bedingungs- und befristungsfeindlich** sowie **unwiderruflich** (ebenso Schroeder/Drescher WRP 2021, 6 (8); aA Keller/Schönknecht/ Glinke/Glinke Rn. 24). Ein Teil der Schrifttum verlangt darüber hinaus eine tatsächliche Leistung des Schuldners (Keller/Schönknecht/Glinke/Glinke Rn. 23; Schroeder/Drescher WRP 2021, 6 (8)), doch liegt darin eine Vermischung der Voraussetzungen und der Rechtswirkungen des Abfindungsrechts (→ Rn. 26 f.).

26   Liegen alle weiteren Voraussetzungen für eine Abfindung vor, dann wandelt sich der geschuldete Inhalt der Ansprüche aus § 6 oder § 7 um. An die Stelle der geschuldeten Leistung tritt die zu zahlende Abfindung. Der ursprüngliche Anspruchsinhalt wird also durch einen auf Zahlung gerichteten Anspruch ersetzt. Die tatsächliche Leistung durch den Schuldner ist keine Voraussetzung für die wirksame Abfindung, sondern beinhaltet die **Erfüllung der veränderten Leistungspflicht.** Eine Aufteilung des Leistungsinhalts eines Anspruchs in teilweise Leistung, teilweise Abfindung durch Geldzahlung ist aus den unter → Rn. 24 genannten Gründen nicht möglich. Die Abfindung nach § 11 steht in einem **Alternativverhältnis** zu den Ansprüchen aus § 6 oder § 7.

27   Eine **Annahmeerklärung** des Inhabers des Geschäftsgeheimnisses ist **nicht erforderlich** (Schroeder/Drescher WRP 2021 6 (8)). Mit der Leistung der Abfindung an den Inhaber des Geschäftsgeheimnisses tritt als Rechtswirkung ein **Untergang der Ansprüche aus § 6 oder § 7** ein. Diese Ansprüche können nicht mehr geltend gemacht werden. Erweist sich die Prognose im Zeitpunkt der Geltendmachung des Rechts (→ Rn. 16a) im Nachhinein als fehlerhaft, dann ist ein Wiederaufleben der Ansprüche aus § 6 oder § 7 ausgeschlossen.

E. Verhältnis zu § 9

28   Die Möglichkeit zur Abfindung nach § 11 steht einem Anspruchsausschluss nach § 9 nicht entgegen. Vielmehr bestehen die beiden Möglichkeiten nebeneinander, weil sie **unterschiedliche Rechtsebenen** betreffen (Büscher/Tochtermann Rn. 19 ff.; aA Keller/Schönknecht/Glinke/Glinke Rn. 9: einheitliche, aber konsekutive Betrachtung). § 9 regelt den Anspruchsausschluss, bringt also den Anspruch als solchen zu Fall und betrifft damit bereits die Anspruchsbegründung. Liegen die Voraussetzungen einer Unverhältnismäßigkeit nach § 9 vor, dann kommt es auf die Abfindung gemäß § 11 nicht mehr an. Sind die Voraussetzungen gemäß § 9 dagegen nicht erfüllt, kann der Rechtsverletzer immer noch versuchen, auf der Rechtsfolgenseite die Erfüllung der Ansprüche aus § 6 und § 7 durch das Angebot einer Abfindungszahlung

abzuwenden. Nach aA (Harte-Bavendamm/Ohly/Kalbfus/Ohly Rn. 7 ff.) sind §§ 9 und 11 als Elemente einer einheitlichen Regelung zu verstehen (→ Rn. 1a).

F. Darlegungs- und Beweislast

Den Rechtsverletzer, der eine Abfindungszahlung nach § 11 anstrebt, trifft die Darlegungs- **29** und Beweislast für die dafür erforderlichen Voraussetzungen (Keller/Schönknecht/Glinke/Glinke Rn. 68; Büscher/Tochtermann Rn. 14; aA Harte-Bavendamm/Ohly/Kalbfus/Ohly Rn. 22).

Haftung des Inhabers eines Unternehmens

12   [1] Ist der Rechtsverletzer Beschäftigter oder Beauftragter eines Unternehmens, so hat der Inhaber des Geschäftsgeheimnisses die Ansprüche nach den §§ 6 bis 8 auch gegen den Inhaber des Unternehmens. [2] Für den Anspruch nach § 8 Absatz 2 gilt dies nur, wenn der Inhaber des Unternehmens vorsätzlich oder grob fahrlässig die Auskunft nicht, verspätet, falsch oder unvollständig erteilt hat.

Übersicht

Schrifttum: s. allg. bei Vor § 1 und bei § 10.

A. Allgemeines

I. Normzweck und Normstruktur

Die zivilrechtlichen Ansprüche gemäß § 6, § 7 und § 8 bestehen jeweils gegenüber dem **1** Rechtsverletzer. Häufig werden Rechtsverletzungen aber innerhalb eines Unternehmens und/oder für ein Unternehmen begangen, was die Frage nach der Verantwortlichkeit des Unternehmensinhabers neben dem Rechtsverletzer aufwirft. Da es im deutschen Recht an einem allgemeinen deliktsrechtlichen Zurechnungs- und Haftungskonzept für Unternehmen fehlt, sind punktuelle Regelungen erforderlich. Der Gesetzgeber hat sich bei der Ausgestaltung von § 12 an den Parallelregelungen in § 8 II UWG, § 14 VII MarkenG und § 44 DesignG orientiert (Begr. RegE, BT-Drs. 19/4724, 33). Auch § 99 UrhG enthält eine entsprechende Bestimmung.

Durch S. 1 wird eine Haftung des Unternehmensinhabers für eine Rechtsverletzung begrün- **2** det, die von Beschäftigten oder Beauftragten begangen wurde. S. 2 enthält eine Spezialregelung für den Fall einer Verletzung der Auskunftspflicht gemäß § 8 I und eine daran anknüpfende Haftung gemäß § 8 II.

II. Entstehung und unionsrechtliche Vorgaben

3   Das alte Recht kannte spezielle Haftungsregelung für die Inhaber von Unternehmen bei Verletzungen von Geschäfts- und Betriebsgeheimnissen nicht. Soweit die Rechtsdurchsetzung über das UWG erfolgte (§ 3 I UWG, § 3 I UWG, § 3a UWG, § 8 I UWG), fand § 8 II UWG Anwendung. Da § 12 diesem Tatbestand nachgebildet ist, ergibt sich durch die gesetzliche Regelung keine Änderung der materiellen Rechtslage. Der **RefE** hatte die Haftungsregelung für Inhaber von Unternehmen in § 11 vorgesehen, der **RegE** (BT-Drs. 19/4724) übernahm diese Fassung in § 12. Änderungen ergaben sich im weiteren Verlauf des Gesetzgebungsverfahrens nicht.

4   Eine konkrete unionsrechtliche Vorgabe für § 12 gibt es in der RL (EU) 2016/943 nicht. Die Schaffung einer speziellen Regelung zur Haftung von Unternehmensinhabern steht aber in Übereinstimmung mit den Wertungen der RL (EU) 2016/943. Die Richtlinie verlangt von den Mitgliedstaaten, dass sie im Einklang mit dem Grundsatz der Verhältnismäßigkeit die Maßnahmen, Verfahren und Rechtsbehelfe zum Schutz von Geschäftsgeheimnissen schaffen, die darauf zugeschnitten sind, das Ziel eines reibungslos funktionierenden Binnenmarkts für Forschung und Innovation zu erreichen, indem sie insbesondere vor dem rechtswidrigen Erwerb und der rechtswidrigen Nutzung und Offenlegung eines Geschäftsgeheimnisses abschrecken (Erwägungsgrund 21 RL (EU) 2016/943). Darauf aufbauend gehört § 12 zu den Regelungen im nationalen Recht, die einer **effektiven Umsetzung der Vorgaben aus Art. 10 ff. RL (EU) 2016/943** dienen (ebenso Harte-Bavendamm/Ohly/Kalbfus/Ohly Rn. 5). Die im deutschen Recht vorgesehene Regelung beruht auf dem Bestreben, einen umfassenden und wirksamen Schutz von Geschäftsgeheimnissen zu gewährleisten, indem sie eine spezielle rechtliche Verantwortlichkeit des Unternehmensinhabers für Rechtsverletzungen begründet.

III. Funktion und Auslegung

5   § 12 und § 8 II UWG beruhen auf dem **gleichen Regelungsziel.** Dem Inhaber des Unternehmens oder Betriebs werden die Zuwiderhandlungen seiner Angestellten oder Beauftragten zugerechnet, weil die arbeitsteilige Organisation seines Unternehmens oder Betriebs die Verantwortung für die Handlungen seiner Angestellten oder Beauftragten, die ihm zugutekommen, nicht beseitigen soll (BGH GRUR 2003, 453 (454) – Verwertung von Kundenlisten; BGHZ 180, 134 = GRUR 2009, 597 Rn. 15 – Halzband). Der Unternehmensinhaber, der von den geschäftlichen Handlungen seiner Angestellten oder Beauftragten profitiert, soll sich bei einer rechtswidrigen Haftung nicht hinter den von ihm abhängigen Dritten verstecken können (vgl. BGH GRUR 2003, 453 (454) – Verwertung von Kundenlisten; GRUR 2007, 994 Rn. 19 – Gefälligkeit). Aus Sicht des Verletzten erleichtert die Regelung die Rechtsverfolgung, weil es gerade bei komplexen Unternehmensstrukturen häufig einfacher sein wird, den Inhaber des Unternehmens zu benennen als die konkret handelnde Person, die eine Rechtsverletzung begangen hat.

6   Ebenso wie § 8 II UWG verwirklicht § 12 den Gedanken einer **Unternehmensverantwortung ohne Entlastungsmöglichkeit** für Rechtsverletzungen. Weil die privatrechtliche Sanktionierung von Rechtsverletzungen eine persönliche Verantwortlichkeit voraussetzt, muss das Recht gewährleisten, dass dieses Haftungsmodell auch bei einem arbeitsteiligen Handeln innerhalb eines Unternehmens oder für ein Unternehmen funktionsfähig bleibt. § 12 ist von dem Gedanken getragen, dass sich der Inhaber eines Unternehmens bei Verletzungen von Geschäftsgeheimnissen den Ansprüchen des Verletzten nicht deswegen entziehen kann, weil er an der Rechtsverletzung nicht beteiligt war, sondern andere Personen für ihn tätig geworden sind. Das gilt insbesondere, aber nicht nur, für die Fälle der mittelbaren Rechtsverletzungen gemäß § 4 III (Begr. RegE, BT-Drs. 19/4724, 33). § 12 beruht demzufolge auf der Wertung, dass der Unternehmensinhaber für die Rechtsverletzungen seiner Beschäftigten oder Beauftragten rechtlich einzustehen hat. Begründen lässt sich dies mit der **Beherrschbarkeit der eigenen Unternehmens- und Risikosphäre.**

7   Für die dogmatische Einordnung von § 12 kann auf die Kommentierung von § 8 II UWG verwiesen werden (→ UWG § 8 Rn. 2.32 ff.). Es handelt sich bei § 12 um eine **Zurechnungsnorm** (Begr. RegE, BT-Drs. 19/4724, 33). Die Vorschrift enthält **keine eigenständige Anspruchsgrundlage** (Keller/Schönknecht/Glinke/Glinke Rn. 3; Harte-Bavendamm/Ohly/Kalbfus/Ohly Rn. 3), sondern setzt eine anspruchsbegründende Norm voraus.

§ 12 beinhaltet eine **akzessorische Haftung** des Unternehmers für Rechtsverletzungen, die **8** von Beschäftigten oder Beauftragten des Unternehmers begangen werden (Begr. RegE, BT-Drs. 19/4724, 33). § 12 enthält keinen Spezialfall zu § 831 BGB, sondern folgt einem völlig anderen Regelungskonzept. Die Vorschrift stützt sich nicht auf ein eigenständiges deliktisches Verhalten des Unternehmensinhabers, sondern begründet eine parallele Haftung des Inhabers neben der Verantwortlichkeit des eigentlichen Rechtsverletzers. Praktische Bedeutung erlangt § 12 immer dann, wenn die rechtliche Verantwortlichkeit des Unternehmensinhabers für eine Rechtsverletzung nicht bereits auf andere Weise rechtlich begründet ist (zB durch eine eigene Haftung als Täter oder Mittäter oder die Zurechnung des deliktischen Verhaltens von Organen gemäß §§ 31, 89 BGB analog).

Die Auslegung der Vorschrift kann sich in weitem Umfang an der gefestigten Rspr. zu den **9** Parallelvorschriften orientieren. Dies entspricht auch dem Regelungsanliegen des Gesetzgebers, der sich bewusst an den bestehenden Vorschriften orientiert hat (→ Rn. 1). Insgesamt ist aufgrund des Normzwecks eine **weite Auslegung** geboten (vgl. BGH GRUR 1995, 605 (60) – Franchise-Nehmer). Eine unionsrechtskonforme Auslegung ist insoweit erforderlich, als die Ausgestaltung der Regelung den allgemeinen Vorgaben der RL (EU) 2016/943 zur Sanktionierung von Rechtsverstößen entsprechen muss. Die tatbestandliche Fassung des § 12 wird diesen Anforderungen gerecht.

IV. Anwendungsbereich

Der Anwendungsbereich von § 12 erstreckt sich auf die Ansprüche aus **§ 6** (Abwehransprü- **10** che), **§ 7** (spezielle Maßnahmen) und **§ 8** (Auskunft und Schadensersatz). Für § 8 II gilt allerdings die besondere Regelung in S. 2, durch die die Verantwortlichkeit des Unternehmers eingeschränkt wird.

Nicht anzuwenden ist § 12 auf das Recht zur Abfindung gemäß **§ 11** (Begr. RegE, BT-Drs. **11** 19/4724, 33). Wenngleich § 11 auf die Ansprüche aus §§ 6 und 7 bezogen ist, handelt es sich bei der Abfindung nicht um einen eigenständigen Anspruch, sondern um ein Recht der in Anspruch genommenen Person, das eine bestehende Haftung bereits voraussetzt. Insoweit wird aber kein zusätzlicher Anspruch gegenüber dem Inhaber des Unternehmens geschaffen. Vielmehr gilt umgekehrt: Ergibt sich eine Haftung des Unternehmensinhabers nach §§ 6 oder 7 iVm § 12, dann steht dem Inhaber – ebenso wie dem Rechtsverletzer – das Recht zu, unter den Voraussetzungen des § 11 dem Verletzten eine Abfindung anzubieten. Da § 12 eine akzessorische Haftung begründet, kann sich der Inhaber des Unternehmens auf § 11 berufen, wenn der Rechtsverletzer die Voraussetzungen dieser Regelung erfüllt (Begr. RegE, BT-Drs. 19/4724, 33).

Weiterhin findet § 12 keine Anwendung auf den Schadensersatzanspruch gemäß **§ 10.** Dies **12** ergibt sich eindeutig aus dem Wortlaut der Norm und war vom Gesetzgeber so beabsichtigt. Zur Begründung wird in den amtlichen Materialien ausgeführt: § 12 gelte für § 10 nicht, weil dieser Anspruch anders als die Ansprüche nach den §§ 6–8 Verschulden voraussetze. Der Anspruch auf Schadensersatz sei jedoch durch § 12 nicht ausgeschlossen, sondern könne sich über die allgemeinen gesetzlichen Regelungen ergeben, zB wenn dem Inhaber des Unternehmens die Verletzung des Geschäftsgeheimnisses zuzurechnen sei und dieser schuldhaft gehandelt habe (Begr. RegE, BT-Drs. 19/4724, 34).

Diese Argumente sind **weder dogmatisch zwingend noch rechtspolitisch überzeugend.** **13** § 14 VII MarkenG gilt bspw. für Unterlassungs- und Schadensersatzansprüche, ohne dass diese Reichweite der Norm praktische Probleme verursacht oder die Verantwortlichkeit uferlos ausgedehnt hätte. Demgegenüber ist der Anwendungsbereich von § 8 II UWG und § 44 DesignG auf Unterlassungs- und Beseitigungsansprüche beschränkt. Eine plausible Erklärung für diese Differenzierung ist nicht ersichtlich (eingehend zur Kritik Alexander, Schadensersatz und Abschöpfung, 2010, 660 ff.). De lege lata muss man die derzeitige Binnendifferenzierung zwischen den verschiedenen Zurechnungsnormen als vom Gesetzgeber gewollt akzeptieren. Für eine Analogie fehlt es an der planwidrigen Regelungslücke. De lege ferenda ist eine einheitliche Regelung der Unternehmensverantwortlichkeit bei Rechtsverletzungen zu befürworten. An den Gesetzgeber ist deswegen zu appellieren, perspektivisch die unterschiedlichen Regelungsansätze zusammenzuführen und durch eine einheitliche Regelung zu ersetzen.

B. Anspruch gegen den Inhaber des Unternehmens (S. 1)

14   Gemäß § 12 S. 1 sind die Ansprüche nach den §§ 6–8 auch gegen den Inhaber des Unternehmens begründet, wenn der Rechtsverletzer Beschäftigter oder Beauftragter dieses Unternehmens ist.

I. Voraussetzungen

15   Beschäftigte und Beauftragte sind Personen, die für den Inhaber eines Unternehmens tätig sind. In beiden Fällen muss die dritte Person mit dem **Wissen** und mit dem **Willen** des Unternehmensinhabers für diesen tätig sein. Zudem ist ein innerer Zusammenhang mit der Unternehmenstätigkeit erforderlich.

1. Beschäftigter

16   Der Begriff des Beschäftigten umfasst Personen, die für den Inhaber eines Unternehmens innerhalb eines bestehenden (aber nicht notwendig wirksamen) Rechtsverhältnisses **weisungsabhängig Dienste** erbringen. Dies entspricht den Parallelbegriffen des Mitarbeiters (§ 8 II UWG), des Angestellten (§ 14 VII MarkenG), des Arbeiters (§ 44 DesignG) bzw. des Arbeitnehmers (§ 99 UrhG). Zu den Einzelheiten → UWG § 8 Rn. 2.39 ff.

2. Beauftragter

17   Als Beauftragter sind Personen anzusehen, die für den Unternehmensinhaber tätig werden, aber nicht als Beschäftigte zu qualifizieren sind. Dazu können bspw. **freie Mitarbeiter** gehören, die, ohne weisungsabhängig zu sein, Dienste für das Unternehmen erbringen. Beauftragter kann auch ein **selbstständiges Unternehmen** (zB ein Geschäftspartner, eine Agentur usw.) sein. Die Person muss nach der Rspr. in die **betriebliche Organisation** des Inhabers in der Weise eingegliedert sein, dass der Erfolg seiner Geschäftstätigkeit dem Inhaber zugutekommt und dieser auf das Unternehmen einen bestimmenden und durchsetzbaren Einfluss hat (vgl. BGH GRUR 2005, 864 (865) – Meissner Dekor II; GRUR 2009, 1167 Rn. 21 – Partnerprogramm). Ob der Betriebsinhaber von der Möglichkeit Gebrauch gemacht hat, diesen Einfluss auszuüben, spielt dabei keine Rolle (vgl. BGH GRUR 2011, 54 Rn. 11 – Änderung der Voreinstellung III). Die Auslegung kann sich an den Parallelbegriffen des Beauftragten in § 8 II UWG, § 14 VII MarkenG, § 44 DesignG und § 99 UrhG orientieren. Zu den Einzelheiten → UWG § 8 Rn. 2.41 ff.

3. Inhaber eines Unternehmens

18   § 12 begründet die Verantwortlichkeit für den Inhaber des Unternehmens, für den der Beschäftigte oder der Beauftragte tätig geworden ist. Inhaber ist die Rechtsperson, die das **Unternehmen führt** und im Rahmen der unternehmerischen Tätigkeit **berechtigt** und **verpflichtet** wird. Neben natürlichen und juristischen Personen können auch sonstige Rechtssubjekte Inhaber eines Unternehmens sein, sofern sie nach der Rechtsordnung (zumindest teilweise) Rechte und Pflichten haben können. Wird das Unternehmen von einer **Gesellschaft** betrieben, dann ist diese Gesellschaft die Inhaberin. Ob daneben auch die Gesellschafter verpflichtet sind, richtet sich nach den jeweiligen gesellschaftsrechtlichen Bestimmungen. Der Inhaber des Unternehmens muss nicht zwingend der **Eigentümer** der zum Unternehmen gehörenden Gegenstände sein. Es kann sich auch um einen schuldrechtlich (zB Pächter) oder dinglich (zB Nießbraucher) **Nutzungsberechtigten** handeln. Zu den Einzelheiten → UWG § 8 Rn. 2.48 ff.

4. Innerer Zusammenhang mit der Unternehmenstätigkeit

19   Im Unterschied zu § 8 II UWG, § 14 VII MarkenG, § 44 DesignG und § 99 UrhG setzt § 12 dem Wortlaut nach nicht voraus, dass die Rechtsverletzung gerade „in einem Unternehmen" begangen worden ist. Ein solches Erfordernis ist jedoch durch den Normzweck geboten und wird in den amtlichen Materialien auch angesprochen (Begr. RegE, BT-Drs. 19/4724, 33). Eine Haftung des Unternehmensinhabers für die Rechtsverletzungen von Beschäftigten oder Mitarbeitern ist nur dann rechtlich zu begründen, wenn ein **innerer Zusammenhang** (vgl. BGH GRUR 2008, 186 Rn. 23 – Telefonaktion) zwischen deren Tätigkeit und dem Unternehmen besteht, sich also für den Inhaber des Unternehmens gerade das mit dem Einsatz von Dritten im Unternehmen verbundene **spezifische Risiko von Rechtsverletzungen** verwirklicht. Dies ergibt sich aus dem § 12 zugrunde liegenden Rechtsgedanken der Beherrschbarkeit der eigenen Unternehmens- und Risikosphäre (→ Rn. 6). Begeht dagegen ein Beschäftigter oder Beauftragter eine Rechtsverletzung, ohne dass irgendein Bezug zur Unternehmenstätigkeit besteht, dann gibt es keinen überzeugenden Grund, um eine Parallelhaftung des Unternehmensinhabers zu begründen. Deswegen muss die Verletzungshandlung „in einem unmittelbaren inneren Zusammenhang" mit den von dem Beschäftigten oder Beauftragten wahrgenommenen Aufgaben im Unternehmen begangen worden sein (Begr. RegE, BT-Drs. 19/4724, 33).

II. Rechtsfolgen

1. Eigener Anspruch gegen den Inhaber des Unternehmens

Gemäß § 12 wird ein Anspruch „auch gegen den Inhaber des Unternehmens" begründet. Der **20** Inhaber des Geschäftsgeheimnisses kann daher neben dem Rechtsverletzer zugleich den Inhaber des Unternehmens in Anspruch nehmen. Es handelt sich um zwei **rechtlich selbstständige,** in ihrem Entstehungsgrund aber **voneinander abhängige Ansprüche.** Der Anspruchsinhaber kann frei entscheiden, welche Ansprüche er wegen einer Rechtsverletzung gegen wen geltend macht (Harte-Bavendamm/Ohly/Kalbfus/Ohly Rn. 20; Büscher/Tochtermann Rn. 19). Zur Frage des Unternehmensübergangs → UWG § 8 Rn. 2.53 ff.

2. Verhältnismäßigkeit

Die Verhältnismäßigkeitsprüfung gemäß **§ 9** findet auch in Bezug auf die Haftung des Unter- **21** nehmensinhabers statt (Harte-Bavendamm/Ohly/Kalbfus/Ohly Rn. 17; Büscher/Tochtermann Rn. 11 ff.). Zwar bestimmt § 12, dass der Inhaber des Geschäftsgeheimnisses einen Anspruch gegen den Unternehmensinhaber „hat", jedoch handelt es sich um einen eigenständigen (wenngleich akzessorischen) Anspruch, der den spezifischen Anspruchsgrenzen des § 9 unterliegt. Es ist daher möglich, dass der Anspruch gegen den Unternehmensinhaber wegen Unverhältnismäßigkeit ausgeschlossen ist, während ein Anspruch gegen den Rechtsverletzer besteht (Keller/Schönknecht/Glinke/Glinke Rn. 22).

Demgegenüber ist eine Haftung des Unternehmensinhabers gemäß § 12 **ausgeschlossen,** **22** wenn Ansprüche gegen den Rechtsverletzer gemäß § 9 nicht bestehen. Dies liegt in der Konsequenz der akzessorischen Ausgestaltung der Verantwortlichkeit gemäß § 12. Die Vorschrift begründet die Haftung „auch", dh sie setzt nach ihrem Wortlaut das Bestehen eines Anspruchs gegen den Rechtsverletzer voraus. Wenn aber der Rechtsverletzer nicht in Anspruch genommen werden kann, dann gelangt eine akzessorische Haftung des Unternehmensinhabers nicht zur Entstehung. Somit entfällt bereits die Grundlage für eine eigenständige Beurteilung der Verhältnismäßigkeit in Bezug auf den Unternehmensinhaber (aA Keller/Schönknecht/Glinke/Glinke Rn. 23 f.).

C. Besonderheiten bei Verletzung der Auskunftspflicht (S. 2)

§ 12 S. 2 regelt den Fall einer Auskunftspflicht des Unternehmensinhabers wegen der Rechts- **23** verletzung, die von einem Beschäftigten oder Beauftragten begangen wurde, gegenüber dem Inhaber des Geschäftsgeheimnisses. Hierfür ergibt sich aus § 12 S. 2, dass der Inhaber des Unternehmens nur dann wegen einer unzureichenden Auskunft auf Schadensersatz haftet, wenn er selbst vorsätzlich oder grob fahrlässig die Auskunft nicht, verspätet, falsch oder unvollständig erteilt hat. Dem Unternehmensinhaber wird demzufolge nicht das Verhalten eines Dritten zugerechnet, sondern er haftet wegen einer **eigenen rechtswidrigen Handlung,** der Verletzung seiner Auskunftspflicht.

D. Darlegungs- und Beweislast

Die Darlegungs- und Beweislast für die Voraussetzungen des § 12 trägt derjenige, der einen **24** Anspruch gegen den Inhaber des Unternehmens geltend macht.

Herausgabeanspruch nach Eintritt der Verjährung

13 ¹Hat der Rechtsverletzer ein Geschäftsgeheimnis vorsätzlich oder fahrlässig erlangt, offengelegt oder genutzt und durch diese Verletzung eines Geschäftsgeheimnisses auf Kosten des Inhabers des Geschäftsgeheimnisses etwas erlangt, so ist er auch nach Eintritt der Verjährung des Schadensersatzanspruchs nach § 10 zur Herausgabe nach den Vorschriften des Bürgerlichen Gesetzbuchs über die Herausgabe einer ungerechtfertigten Bereicherung verpflichtet. ²Dieser Anspruch verjährt sechs Jahre nach seiner Entstehung.

Übersicht

Schrifttum: Ebert, Der deliktische „Rest-Schadensersatzanspruch" nach der Schuldrechtsreform, NJW 2003, 3035; Reuter/Martinek, Ungerechtfertigte Bereicherung, 2. Teilbd., 2. Aufl. 2016; s. ferner allg. bei Vor § 1.

A. Allgemeines

I. Normzweck und Normstruktur

1   § 13 beinhaltet einen besonderen Herausgabeanspruch, der § 852 BGB als **lex specialis** vorgeht (Begr. RegE, BT-Drs. 19/4724, 34). Die Vorschrift steht in einem systematischen Zusammenhang mit der Schadensersatzhaftung gemäß § 10. Ist dieser Schadensersatzanspruch verjährt, dann bleibt der Rechtsverletzer gleichwohl zur Herausgabe dessen verpflichtet, was er durch die Verletzung des Geschäftsgeheimnisses auf Kosten des Inhabers des Geschäftsgeheimnisses erlangt hat.

2   S. 1 enthält die anspruchsbegründenden Voraussetzungen. Es handelt sich bei dem Anspruch um eine eigentümliche Kombination aus dem Haftungstatbestand eines Schadensersatzanspruchs, dessen Inhalt sich jedoch nach bereicherungsrechtlichen Grundsätzen richtet. Daran anknüpfend regelt S. 2 die Verjährung dieses Anspruchs.

II. Entstehung und unionsrechtliche Vorgaben

3   Nach altem Recht bestand kein spezieller Herausgabeanspruch, sondern es galt die allgemeine Bestimmung des § 852 BGB. Der **RefE** sah demgegenüber in § 12 einen – an § 852 BGB angelehnten – eigenständigen Anspruch auf Herausgabe vor. Diese Entwurfsfassung übernahm der **RegE** als § 13. Eine inhaltliche Änderung dieses Tatbestands fand im weiteren Gesetzgebungsverfahren nicht statt.

4   Der Gesetzgeber schuf § 13, um den besonderen Anforderungen aus **Art. 8 RL (EU) 2016/943** gerecht zu werden. Die Vorschrift lautet:

(1) Die Mitgliedstaaten legen gemäß diesem Artikel Vorschriften über die Verjährungsfristen für materielle Ansprüche und Klagen auf Anwendung der in dieser Richtlinie vorgesehenen Maßnahmen, Verfahren und Rechtsbehelfe fest.

Die in Unterabsatz 1 genannten Vorschriften legen fest, wann die Verjährungsfrist beginnt, wie lang sie dauert und unter welchen Umständen sie unterbrochen oder ausgesetzt wird.

(2) Die Verjährungsfrist beträgt höchstens sechs Jahre.

Während Art. 8 I RL (EU) 2016/943 angesichts der detaillierten allgemeinen Regelungen zur **5** Verjährung keiner besonderen Umsetzung in das nationale Recht bedurfte, musste der deutsche Gesetzgeber sicherstellen, dass die **Höchstfrist von sechs Jahren** im deutschen Recht eingehalten wird. Dies ist zwar bei der Regelverjährung gewährleistet, sodass es gesetzgeberischer Maßnahmen nicht bedurfte. Jedoch gilt für den Anspruch aus § 852 S. 1 BGB gemäß S. 2 eine spezielle Verjährungsfrist von zehn Jahren von seiner Entstehung (bzw. 30 Jahren von der Begehung der Verletzungshandlung oder dem sonstigen, den Schaden auslösenden Ereignis) an. Diese längeren Verjährungsfristen wären nicht mit der Richtlinie vereinbar gewesen, zumal Art. 8 RL (EU) 2016/943 zu den vollharmonisierenden Bestimmungen gehört (vgl. Art. 1 I UAbs. 2 RL (EU) 2016/943). Wegen dieser verjährungsrechtlichen Besonderheit war eine Spezialregelung erforderlich (Begr. RegE, BT-Drs. 19/4724, 34).

III. Funktion und Auslegung

Während die praktische Bedeutung des Anspruchs aus § 13 voraussichtlich überschaubar **6** bleiben dürfte, sind der Norm wichtige dogmatische Aussagen zu entnehmen, die für das Verständnis der Regelungskonzeption des GeschGehG wichtig sind. Ebenso wie § 852 BGB hat § 13 die Funktion eines **„Restschadensersatzanspruchs"** (Keller/Schönknecht/Glinke/Glinke Rn. 5; Harte-Bavendamm/Ohly/Kalbfus/Harte-Bavendamm Rn. 3; vgl. BGH GRUR 2015, 780 Rn. 29 – Motorradteile; ähnlich BGHZ 71, 86 = GRUR 1978, 492 (496) – Fahrradgepäckträger: „Fortsetzung des Schadensersatzanspruchs in anderem rechtlichen Kleid"). Es handelt sich um einen Anspruch aus unerlaubter Handlung, dessen Höhe sich nach dem Eintritt der Verjährung nach den Regeln des Bereicherungsrechts, also den §§ 818 ff. BGB bestimmt. Die Vorschrift soll verhindern, dass nach dem Eintritt der Verjährung des Schadensersatzanspruchs aus der rechtswidrigen Handlung erzielte Vermögensvorteile beim Verletzer verbleiben (vgl. BGH NJW 1965, 1914 (1915)). Der Anspruch behält seine Rechtsnatur als Schadensersatzanspruch und erfordert dieselben Voraussetzungen wie der weitergehende verjährte Schadensersatzanspruch. Der verjährte Anspruch bleibt als solcher bestehen. Er wird nur in seinem Umfang auf das durch die unerlaubte Handlung auf Kosten des Geschädigten Erlangte beschränkt (vgl. BGHZ 71, 86 = GRUR 1978, 492 (496) – Fahrradgepäckträger II).

§ 13 belegt, dass der privatrechtliche Schutz von Geschäftsgeheimnissen im deutschen Recht **7** **sonderdeliktisch** konzipiert und in seiner Grundstruktur dem Schutz von absolut geschützten Rechten und Rechtsgütern nachgebildet ist. Zudem bestätigt die Norm, dass Geschäftsgeheimnisse über einen **wirtschaftlichen Zuweisungsgehalt** verfügen, denn die Vorschrift setzt tatbestandlich voraus, dass der Rechtsverletzer durch die tatbestandsmäßige Handlung auf Kosten des Inhabers des Geschäftsgeheimnisses etwas erlangt hat. Weiterhin folgt im Umkehrschluss aus § 13 S. 2, dass jenseits dieser Sonderregelung der Verjährung für Ansprüche aus dem GeschGehG die allgemeinen Bestimmungen der §§ 194 ff. BGB gelten.

Bei der Auslegung kann von den für § 852 BGB geltenden Grundsätzen ausgegangen werden. **8** Die richtlinienkonforme Auslegung spielt nur eine untergeordnete Rolle, da die RL (EU) 2016/943 mit Ausnahme der Verjährungshöchstfrist von sechs Jahren kaum konkrete Vorgaben enthält.

IV. Anwendungsbereich

Der Anwendungsbereich des Herausgabeanspruchs gemäß § 13 S. 1 erstreckt sich auf **alle** **9** **Rechtsverletzungen iSd § 4** im persönlichen und sachlichen Anwendungsbereich des GeschGehG. Umfasst sind sowohl unmittelbare als auch mittelbare Rechtsverletzungen.

B. Herausgabeanspruch (S. 1)

Der Rechtsverletzer muss ein Geschäftsgeheimnis vorsätzlich oder fahrlässig erlangt, offenge- **10** legt oder genutzt und durch diese Verletzung auf Kosten des Inhabers des Geschäftsgeheimnisses etwas erlangt haben.

I. Gläubiger und Schuldner

11 Gläubiger des Herausgabeanspruchs ist der Inhaber des Geschäftsgeheimnisses (§ 2 Nr. 2), Schuldner ist der Rechtsverletzer (§ 2 Nr. 3). Dies entspricht der Gläubiger- und Schuldnerstellung bei Schadensersatzansprüchen gemäß § 10 → § 10 Rn. 11–16.

II. Voraussetzungen

1. Vorsätzliche oder fahrlässige Rechtsverletzung

12 Erforderlich ist eine unmittelbare oder mittelbare Rechtsverletzung gemäß § 4, die der Rechtsverletzer schuldhaft, also vorsätzlich oder fahrlässig begangen hat. Dies steht in Übereinstimmung mit den Haftungsanforderungen des § 10 I (→ § 10 Rn. 17–22).

2. Etwas erlangt auf Kosten des Inhabers des Geschäftsgeheimnisses

13 Der Rechtsverletzer muss weiterhin durch die Rechtsverletzung etwas auf Kosten des Inhabers des Geschäftsgeheimnisses erlangt haben. Nach der Rspr. zu § 852 BGB müssen die speziellen Voraussetzungen einer Eingriffskondition nicht vorliegen. Das Tatbestandserfordernis „auf Kosten… erlangt" stellt danach auf diejenige Handlung ab, durch die eine **Vermögensverschiebung** bewirkt wurde. Die Handlung muss zu einem Vermögensverlust beim Geschädigten und zu einem entsprechenden Vermögenszuwachs beim Schädiger geführt haben. Dies ist auf der Grundlage einer **wirtschaftlichen Betrachtungsweise** zu beurteilen. Unerheblich ist, auf welchem Weg sich die durch die rechtsverletzende Handlung veranlasste Vermögensverschiebung vollzogen hat. Insbesondere besteht im Unterschied zur Eingriffskondition **kein Erfordernis der Unmittelbarkeit** (BGHZ 71, 86 = GRUR 1978, 492 (496) – Fahrradgepäckträger II). Maßgebend ist vielmehr allein, ob der Erwerb des Schuldners im Verhältnis zum Geschädigten unrechtmäßig war und ob die dadurch entstandene Vermögensvermehrung auf dessen Kosten geht (BGH NJW 1965, 1914 (1915)).

3. Verjährung des Schadensersatzanspruchs keine Anspruchsvoraussetzung

14 Auch wenn der Eintritt der Verjährung des Schadensersatzanspruchs nach § 10 im Tatbestand gesondert erwähnt wird, handelt es sich nicht um eine echte Tatbestandsvoraussetzung. Der Anspruch aus § 13 besteht bereits vor dem Eintritt der Verjährung des Schadensersatzanspruchs gemäß § 10. Beide Ansprüche stehen **selbstständig nebeneinander,** jedoch hat § 13 bis zum Eintritt der Verjährung des Anspruchs aus § 10 praktisch keine Bedeutung, weil der Anspruch aus § 10 inhaltlich über § 13 hinausreicht. Erst in dem Moment, in dem der Schadensersatzanspruch aus § 10 verjährt, tritt § 13 gewissermaßen aus dem Schatten hervor und gibt dem Inhaber des Geschäftsgeheimnisses eine Möglichkeit, gegen den Rechtsverletzer vorzugehen und eine durch die Rechtsverletzung eingetretene Bereicherung herauszuverlangen.

III. Rechtsfolgen

15 Der Anspruch ist auf die **Herausgabe des Erlangten** gerichtet. Die Herausgabepflicht umfasst dagegen nicht den gesamten beim Inhaber des Geschäftsgeheimnisses eingetretenen Schaden. Ebenso wie § 852 BGB (Ebert NJW 2003, 3035 (3037); Reuter/Martinek Ungerechtfertigte Bereicherung § 14 III 2 f), S. 595) unterliegt der Anspruch gemäß § 13 einer **doppelten Begrenzung.** Zum einen ergibt sich diese durch die Bereicherung des Verletzers (→ Rn. 16), zum anderen aus dem Schaden, den der Verletzte erlitten hat (→ Rn. 17).

16 Art und Umfang der Herausgabehaftung richten sich nach den **§§ 818 ff. BGB.** Der Rechtsverletzer hat das herauszugeben, was er gerade durch das schuldhafte Erlangen, Offenlegen oder Nutzen des Geschäftsgeheimnisses erlangt hat (Begr. RegE, BT-Drs. 19/4724, 34; Harte-Bavendamm/Ohly/Kalbfus/Harte-Bavendamm Rn. 8 ff.). Diese Herausgabepflicht schließt nach § 818 I BGB etwaige Nutzungen und Surrogate mit ein. Ist die Herausgabe wegen der Beschaffenheit des Erlangten nicht möglich oder ist der Empfänger aus einem anderen Grunde zur Herausgabe außerstande, dann hat er gemäß § 818 II BGB den Wert zu ersetzen. Zur bereicherungsrechtlichen Herausgabehaftung bei der Verletzung eines Geschäftsgeheimnisses → § 10 Rn. 53.

Der Anspruch ist in seiner **Höhe** durch den „regulären", dh nach § 10 ersatzfähigen Schaden **17** begrenzt (vgl. Reuter/Martinek Ungerechtfertigte Bereicherung § 14 III 2 f), S. 595). Im Rahmen dieser Limitierung sind die Grundsätze der dreifachen Schadensberechnung zu berücksichtigen (vgl. Ebert NJW 2003, 3035 (3037)). Ein entgangener Gewinn ist nach § 13 nicht ersatzfähig.

C. Verjährung (S. 2)

§ 13 S. 2 enthält die einzige Verjährungsregelung im GeschGehG. Sie bezieht sich allein auf **18** den Anspruch aus S. 1. Der Anspruch verjährt **sechs Jahre** nach seiner Entstehung. Da die Entstehung des Anspruchs im GeschGehG nicht gesondert geregelt ist, gelten die gleichen Anforderungen wie für die Entstehung iSv § 199 I Nr. 1 BGB. Danach ist ein Anspruch entstanden, sobald er erstmals geltend gemacht und notfalls im Wege der Klage durchgesetzt werden kann; dies ist regelmäßig der Fall, wenn die Leistung fällig ist, § 271 I BGB (vgl. BGH NJW-RR 2009, 378 Rn. 17; NJW 2013, 2511 Rn. 18; BeckRS 2014, 15336 Rn. 35; NJOZ 2018, 496 Rn. 14).

D. Anhang: Verjährung sonstiger Ansprüche nach dem GeschGehG

Zur Verjährung der sonstigen Ansprüche enthält das GeschGehG keine näheren Bestimmun- **19** gen. Deswegen sind die allgemeinen Verjährungsregeln der §§ 194 ff. BGB anzuwenden. Es gilt daher die regelmäßige Verjährungsfrist von **drei Jahren** (§ 195 BGB).

Missbrauchsverbot

14 ¹Die Geltendmachung der Ansprüche nach diesem Gesetz ist unzulässig, wenn sie unter Berücksichtigung der gesamten Umstände missbräuchlich ist. ²Bei missbräuchlicher Geltendmachung kann der Anspruchsgegner Ersatz der für seine Rechtsverteidigung erforderlichen Aufwendungen verlangen. ³Weitergehende Ersatzansprüche bleiben unberührt.

Übersicht

Schrifttum: s. allg. bei Vor § 1.

A. Allgemeines

§ 14 enthält in Konkretisierung des allgemeinen Grundsatzes von Treu und Glauben (§ 242 **1** BGB) ein spezielles Verbot des Rechtsmissbrauchs.

I. Normzweck und Normstruktur

2   Das GeschGehG sieht zugunsten des Inhabers des Geschäftsgeheimnisses in §§ 6 ff. eine ganze Reihe von Ansprüchen vor, die es ihm ermöglichen, seine Rechtsposition gegen Rechtsverletzungen zu verteidigen. Diese Ansprüche dienen dem Schutz des Geschäftsgeheimnisses. Ihre Geltendmachung ist im Grundsatz nicht von einer besonderen Motivation des Anspruchsberechtigten abhängig. Wenn die Rechtsordnung jedoch einzelnen Rechtssubjekten Ansprüche zur Rechtsverwirklichung zugesteht, dann muss sie auch die hierfür geltenden **Ausübungsgrenzen** festlegen. Denn es besteht die Gefahr, dass ein Berechtigter von einem formal bestehenden Recht in einer Art und Weise Gebrauch macht, die nicht akzeptabel ist und von der Rechtsordnung missbilligt wird. Es geht hierbei um die missbräuchliche Ausübung eines subjektiven Rechts, kurz den Rechtsmissbrauch. § 14 enthält hierzu eine spezielle Vorschrift, die sich am Vorbild der Regelung im UWG orientiert. Eine vergleichbare Regelung findet sich in § 2b UKlaG.

3   S. 1 statuiert ein allgemeines Verbot des Rechtsmissbrauchs. Liegt ein solcher Fall des Rechtsmissbrauchs vor, dann ist der Anspruchsgegner gemäß S. 2 berechtigt, die zur Rechtsverteidigung erforderlichen Aufwendungen von demjenigen ersetzt zu verlangen, der sich rechtsmissbräuchlich verhalten hat. S. 3 stellt schließlich klar, dass weitergehende Ansprüche wegen des Rechtsmissbrauchs unberührt bleiben, also ergänzend neben dem Anspruch aus S. 2 bestehen können.

II. Entstehung und unionsrechtliche Vorgaben

4   Nach altem Recht konnten Verletzungen von Geschäfts- und Betriebsgeheimnissen mit Hilfe des UWG verfolgt werden (§ 3 I UWG, §§ 3a, 8 UWG). Damit fand in den Fällen des Rechtsmissbrauchs § 8 IV UWG aF (jetzt: § 8c UWG) Anwendung. § 14 knüpft an diese Rechtslage an.

5   Der **RefE** hatte das Missbrauchsverbot in § 13 vorgesehen. Der **RegE** (BT-Drs. 19/4724) übernahm diese Regelung als § 14. Änderungen im weiteren Gesetzgebungsverfahren erfolgten nicht.

6   Die Vorschrift dient der Umsetzung der Vorgaben aus **Art. 7 RL (EU) 2016/943.** Allgemein legt Art. 7 I lit. c RL (EU) 2016/943 zunächst fest, dass die in der Richtlinie vorgesehen Maßnahmen, Verfahren und Rechtsbehelfe in einer Art und Weise anzuwenden sind, die Gewähr gegen ihren Missbrauch bietet. Dieser übergreifende Regelungsauftrag wird durch Art. 7 II RL (EU) 2016/943 sodann weiter präzisiert und konkretisiert. Diese Vorschrift lautet:

„Die Mitgliedstaaten stellen sicher, dass die zuständigen Gerichte — auf Antrag des Antragsgegners — im nationalen Recht vorgesehene angemessene Maßnahmen anwenden können, falls eine Klage wegen rechtswidrigen Erwerbs oder rechtswidriger Nutzung oder Offenlegung eines Geschäftsgeheimnisses offensichtlich unbegründet ist und der Antragsteller das Gerichtsverfahren missbräuchlich oder in unredlicher Absicht eingeleitet hat. Diese Maßnahmen können soweit erforderlich die Gewährung von Schadensersatz für den Antragsgegner, die Verhängung von Sanktionen gegen den Antragsteller oder die Anordnung der Veröffentlichung von Informationen über die getroffene Entscheidung nach Artikel 15 umfassen.

Die Mitgliedstaaten können vorsehen, dass die in Unterabsatz 1 genannten Maßnahmen Gegenstand getrennter Gerichtsverfahren sind."

7   Ergänzend wird dazu in ErwGr. 22 RL (EU) 2016/943 ausgeführt:

„Das reibungslose Funktionieren des Binnenmarkts würde unterminiert, wenn die vorgesehenen Maßnahmen, Verfahren und Rechtsbehelfe dazu genutzt würden, nicht legitime, mit den Zielen dieser Richtlinie unvereinbare Absichten zu verfolgen. Daher ist es wichtig, dass den Gerichten die Befugnis erteilt wird, angemessene Maßnahmen gegenüber Antragstellern zu treffen, die missbräuchlich oder unredlich handeln und offensichtlich unbegründete Anträge stellen, beispielsweise zu dem Zweck, den Marktzugang des Antragsgegners in unbilliger Weise zu verzögern oder zu beschränken oder ihn auf andere Weise einzuschüchtern oder ihm Schwierigkeiten zu bereiten."

III. Funktion und Auslegung

8   § 14 legt die Grenzen fest, innerhalb derer die Ansprüche aus dem GeschGehG ausgeübt werden können. Die **Rechtsnatur** des Rechtsmissbrauchseinwands ist — ebenso wie für die

Parallelvorschrift des § 8c UWG – umstritten (→ UWG § 8c Rn. 3 ff.). Der Wortlaut („ist unzulässig") deutet auf einen rein prozessualen Charakter hin (in diesem Sinne Büscher/Tochtermann Rn. 3), doch ist der Begriff in einem materiell-rechtlichen Sinne zu verstehen. Ob es sich um eine rechtsvernichtende Einwendung, die den Anspruch zum Erlöschen bringt, oder um eine Einrede handelt, lässt sich nicht pauschal beurteilen, sondern nur im Hinblick auf die **konkrete Form des Rechtsmissbrauchs.** Es sind Fälle denkbar, in denen gerade die konkrete Art und Weise der Geltendmachung eines Anspruchs den Vorwurf eines Rechtsmissbrauchs begründet, während eine andere Form der Rechtsdurchsetzung nicht zu beanstanden ist.

Die Auslegung von § 14 kann von den Grundsätzen ausgehen, die für die Parallelregelungen **9** in § 8c UWG und § 2b UKlaG anerkannt sind. Allerdings ist bei der Rechtsanwendung zu berücksichtigen, dass die Ansprüche aus dem GeschGehG – anders als die Ansprüche aus dem UWG und UKlaG – nicht dem Schutz von Kollektivinteressen dienen. Das GeschGehG beschränkt sich auf einen **Individualschutz** des Inhabers des Geschäftsgeheimnisses. Besonderheiten, die sich gerade aus der Verfolgung von Kollektivinteressen für den Rechtsmissbrauch ergeben, können daher nicht ohne Weiteres auf das GeschGehG übertragen werden. Des Weiteren ist zu berücksichtigen, dass insbesondere der Rechtsmissbrauch im Lauterkeitsrecht inzwischen die Funktion eines allgemeinen Korrektivs übernommen hat. Die Vielzahl und Vielfalt der im Lauterkeitsrecht existenten Fallgruppen kann daher nicht ungeprüft in das GeschGehG übernommen werden → Rn. 17 ff.

§ 14 muss **richtlinienkonform** ausgelegt werden, doch enthält die RL (EU) 2016/943 nur **10** vergleichsweise wenige konkrete Vorgaben. Zudem gehört Art. 7 II RL (EU) 2016/943 (anders als Art. 7 I RL (EU) 2016/943) nicht zum Bestand der vollharmonisierenden Bestimmungen der Richtlinie (vgl. Art. 1 I UAbs. 2 RL (EU) 2016/943).

IV. Anwendungsbereich

Das Missbrauchsverbot und die daran anknüpfenden Regeln gelten für alle Ansprüche aus **11** dem GeschGehG, also für die Ansprüche aus **§§ 6–8, 10 und 13.** Anders als § 8c UWG differenziert das Gesetz damit nicht zwischen verschiedenen Arten von Ansprüchen. Das Missbrauchsverbot gilt bei der gerichtlichen und außergerichtlichen Rechtsdurchsetzung (→ Rn. 16).

Auf die Abfindung gemäß **§ 11** ist § 14 nicht unmittelbar anwendbar, weil es sich nicht um **12** einen Anspruch, sondern um ein Recht handelt, das der Rechtsverletzer ausüben kann, um gegen ihn bestehende Ansprüche durch eine Geldzahlung abzuwenden. Allerdings sind auch hier Konstellationen eines Rechtsmissbrauchs denkbar, etwa wenn der Inhaber des Geschäftsgeheimnisses eine ihm ordnungsgemäß vom schuldlos handelnden Rechtsverletzer angebotene Abfindung zurückweist, obgleich deren Voraussetzungen vorliegen. In diesen Fällen ist eine analoge Anwendung von § 14 zu prüfen.

Auf **konkurrierende Ansprüche** aus Vertrag ist § 14 nicht anzuwenden (Reinfeld Neues **13** GeschGehG § 5 Rn. 39). Gleiches gilt für Ansprüche aus den §§ 823 ff. BGB oder aufgrund sonstiger Anspruchsgrundlagen. Insoweit besteht aber das allgemeine Verbot des Rechtsmissbrauchs gemäß § 242 BGB.

Auf eine **missbräuchliche Prozessführung** in Geheimnisstreitsachen nach §§ 15 ff. ist § 14 **14** ebenfalls nicht anwendbar.

B. Rechtsmissbrauch (S. 1)

Gemäß § 14 S. 1 ist die Geltendmachung der Ansprüche nach dem GeschGehG unzulässig, **15** wenn sie unter Berücksichtigung der gesamten Umstände missbräuchlich ist.

I. Voraussetzungen

1. Geltendmachung eines Anspruchs

Der Schutz durch § 14 S. 1 knüpft an die Geltendmachung eines Anspruchs aus dem Gesch- **16** GehG an. Dies bezieht sich nicht nur auf die **prozessuale Geltendmachung** im Wege des einstweiligen Rechtsschutzes oder eines Hauptsacheverfahrens. Vielmehr greift der Schutz vor Rechtsmissbräuchen bereits im **Vorfeld eines gerichtlichen Verfahrens,** wenn der Inhaber des Geschäftsgeheimnisses aufgrund eines ihm (vermeintlich) zustehenden Anspruchs gegen den Rechtsverletzer vorgeht. Daher kann bereits die mit der Aufforderung zur Abgabe einer strafbewehrten Unterlassungserklärung verbundene Abmahnung von § 14 S. 1 erfasst sein, wenn diese missbräuchlich ist (Harte-Bavendamm/Ohly/Kalbfus/Harte-Bavendamm Rn. 18).

2. Rechtsmissbrauch unter Berücksichtigung der gesamten Umstände

17   Weder die RL (EU) 2016/943 noch das GeschGehG definieren exakt, wann ein Verhalten als rechtsmissbräuchlich anzusehen ist. Art. 7 II 1 RL (EU) 2016/943 spricht von einer Klage, die „offensichtlich unbegründet ist" und vom Antragsteller „missbräuchlich oder in unredlicher Absicht" eingeleitet wurde. Gemeint sind damit offenbar Fälle, in denen der Inhaber eines Geschäftsgeheimnisses eine **ersichtlich aussichtslose Rechtsdurchsetzung** betreibt und sein Vorgehen **nicht von einem schutzwürdigen Interesse getragen** ist. Als **Beispiele** für ein missbräuchliches Verhalten nennt ErwGr. 22 RL (EU) 2016/943 den Zweck, den Marktzugang des Antragsgegners in unbilliger Weise zu verzögern oder zu beschränken oder ihn auf andere Weise einzuschüchtern oder ihm Schwierigkeiten zu bereiten.

18   Die amtlichen Materialien (Begr. RegE, BT-Drs. 19/4724, 34) verweisen zur Konkretisierung des Missbrauchs auf das gesetzliche Beispiel in § 8 IV 1 UWG aF (jetzt geregelt in § 8c II Nr. 1 UWG). Zu den Einzelheiten dieses speziellen Missbrauchsfalles im Lauterkeitsrecht → UWG § 8c Rn. 14 ff.

19   Mit dem **Gesetz zur Stärkung des fairen Wettbewerbs** ist der gesetzliche Beispielskatalog von Fällen des Rechtsmissbrauchs deutlich erweitert worden. Gemäß **§ 8c II UWG** ist eine missbräuchliche Geltendmachung im Zweifel anzunehmen, wenn (1) die Geltendmachung der Ansprüche vorwiegend dazu dient, gegen den Zuwiderhandelnden einen Anspruch auf Ersatz von Aufwendungen oder von Kosten der Rechtsverfolgung oder die Zahlung einer Vertragsstrafe entstehen zu lassen, (2) ein Mitbewerber eine erhebliche Anzahl von Verstößen gegen die gleiche Rechtsvorschrift durch Abmahnungen geltend macht, wenn die Anzahl der geltend gemachten Verstöße außer Verhältnis zum Umfang der eigenen Geschäftstätigkeit steht oder wenn anzunehmen ist, dass der Mitbewerber das wirtschaftliche Risiko seines außergerichtlichen oder gerichtlichen Vorgehens nicht selbst trägt, (3) ein Mitbewerber den Gegenstandswert für eine Abmahnung unangemessen hoch ansetzt, (4) offensichtlich überhöhte Vertragsstrafen vereinbart oder gefordert werden, (5) eine vorgeschlagene Unterlassungsverpflichtung offensichtlich über die abgemahnte Rechtsverletzung hinausgeht, (6) mehrere Zuwiderhandlungen, die zusammen hätten abgemahnt werden können, einzeln abgemahnt werden oder (7) wegen einer Zuwiderhandlung, für die mehrere Zuwiderhandelnde verantwortlich sind, die Ansprüche gegen die Zuwiderhandelnden ohne sachlichen Grund nicht zusammen geltend gemacht werden.

20   Diese lauterkeitsrechtlichen Fallgruppen des Rechtsmissbrauchs können nicht schablonenhaft auf § 14 übertragen werden, weil sie aufgrund spezifischer Interessenlagen im Lauterkeitsrecht entstanden sind (ebenso Keller/Schönknecht/Glinke/Glinke Rn. 26). Zudem ist zu berücksichtigen, dass das GeschGehG bereits verschiedene spezielle Korrektive kennt, um unbillige Härten zu vermeiden, die sich im Rahmen der Rechtsdurchsetzung für einen Rechtsverletzer ergeben können (vgl. § 9, § 11) und die in vergleichbarer Form im UWG nicht vorgesehen sind. Deswegen reicht es bspw. für die Annahme eines Rechtsmissbrauchs iSv § 14 nicht aus, dass dem Inhaber des Geschäftsgeheimnisses für die Rechtsdurchsetzung schonendere Möglichkeiten zur Verfügung stehen. Denn die Unverhältnismäßigkeit einer Anspruchserfüllung kann bereits nach § 9 berücksichtigt werden. Eine **Orientierung an den lauterkeitsrechtlichen Konstellationen** des Rechtsmissbrauchs ist daher zwar grundsätzlich möglich, jedoch muss stets der jeweilige Entscheidungskontext berücksichtigt und im Einzelfall geprüft werden, ob und ggf. inwieweit die lauterkeitsrechtlichen Wertungen unverändert übernommen werden können oder modifiziert werden müssen.

21   Ob die Geltendmachung eines Anspruchs einen Rechtsmissbrauch darstellt, ist aufgrund einer sorgfältigen **Prüfung und Abwägung der gesamten Umstände des Einzelfalls** zu beurteilen (Harte-Bavendamm/Ohly/Kalbfus/Harte-Bavendamm Rn. 11; Reinfeld Neues GeschGehG § 5 Rn. 33; BeckOK GeschGehG/Spieker Rn. 6). Die Annahme eines Rechtsmissbrauchs liegt nahe, wenn sich der Gläubiger bei der Geltendmachung eines Anspruchs von sachfremden Motiven und für sich genommen nicht schutzwürdigen Interessen und Zielen leiten lässt. Es ist nicht notwendig, dass der Gläubiger allein aus missbilligenswerten Erwägungen handelt, sondern es reicht aus, dass die sachfremden Ziele überwiegen (vgl. BGH GRUR 2019, 199 Rn. 21 – Abmahnaktion II). Im Rahmen einer **wertenden Betrachtung des Geschehens** ist danach zu fragen, ob der Anspruchsberechtigte aufgrund besonderer Umstände im konkreten Fall trotz des tatsächlich gegebenen Rechtsverstoßes weniger schutzbedürftig und schutzwürdig ist als der

Rechtsverletzer. Zu den hierbei maßgeblichen Wertungskriterien gehören insbesondere die Art und Schwere der Rechtsverletzung, das Verhalten des Schuldners nach dem Verstoß, das Verhalten des Gläubigers bei der Verfolgung des konkreten Rechtsverstoßes sowie ggf. weiterer Verstöße (vgl. BGHZ 144, 165 = GRUR 2000, 1089, 1090 – Missbräuchliche Mehrfachverfolgung).

II. Rechtsfolgen

Sind die Voraussetzungen eines Missbrauchs gegeben, dann ist die Geltendmachung des **21a** Anspruchs unzulässig (S. 1 → Rn. 22). Zudem entsteht ein Anspruch auf Ersatz der zur Rechtsverteidigung erforderlichen Kosten (S. 2 → Rn. 23).

Der Begriff „unzulässig" in § 14 S. 1 hat eine **doppelte Funktion.** Auf **prozessualer Ebene 22** entfällt bei einem Rechtsmissbrauch im konkreten Verfahren die Prozessführungsbefugnis (Harte-Bavendamm/Ohly/Kalbfus/Harte- Bavendamm Rn. 18; Reinfeld Neues GeschGehG § 5 Rn. 49; BeckOK GeschGehG/Spieker Rn. 4). **Materiellrechtlich** begründet § 14 S. 1 eine Einwendung gegen den konkret geltend gemachten Anspruch (aA Harte-Bavendamm/Ohly/Kalbfus/Harte-Bavendamm Rn. 21). Ein rechtsmissbräuchliches Verhalten führt aber nicht dazu, dass der Anspruch generell erlischt und damit einer Rechtsdurchsetzung überhaupt nicht mehr zugänglich ist. Insbesondere ist nicht davon auszugehen, dass die missbräuchliche Geltendmachung eines Anspruchs im Rahmen einer Abmahnung die Missbräuchlichkeit einer anschließend erhobenen Klage bzw. eines Verfügungsantrags zur Folge hat (Keller/Schönknecht/Glinke/Glinke Rn. 13; Harte-Bavendamm/Ohly/Kalbfus/Harte-Bavendamm Rn. 9; Büscher/Tochtermann Rn. 11; aA Reinfeld Neues GeschGehG § 5 Rn. 50). Insoweit ist auf die Rspr. des BGH zur missbräuchlichen Abmahnung von Urheberrechtsverletzungen zu verweisen (BGH GRUR 2013, 176 Rn. 18 – Ferienluxuswohnung). Der BGH betont, dass bei der Verletzung des Urheberrechts oder eines anderen nach dem Urheberrechtsgesetz geschützten Rechts – im Unterschied zum UWG – allein der Verletzte berechtigt ist, Ansprüche geltend zu machen. Diese Berechtigung zur Verfolgung von Urheberrechtsverletzungen bestehe nicht auch im Interesse der Allgemeinheit, sondern allein im Interesse des Verletzten. Hätte eine missbräuchliche Abmahnung zur Folge, dass der Verletzte seine Ansprüche auch nicht mehr gerichtlich geltend machen könnte und eine nachfolgende Klage unzulässig wäre, müsste er die Rechtsverletzung endgültig hinnehmen. Für eine so weitgehende Einschränkung seiner Rechte gebe es keinen sachlichen Grund. Insbesondere bedürfe es im Urheberrecht keines Korrektivs gegenüber einer weitreichenden Anspruchsberechtigung einer Vielzahl von Anspruchsberechtigten. Diese Aussagen und Wertungen lassen sich auf die Rechtsdurchsetzung nach dem GeschGehG übertragen, weil es sich beim Geschäftsgeheimnis ebenfalls um eine **individuelle Rechtsposition** des Berechtigten handelt.

C. Anspruch auf Aufwendungsersatz (S. 2)

Der Rechtsverletzer kann im Falle eines Rechtsmissbrauchs die für seine Rechtsverteidigung **23** erforderlichen Aufwendungen von dem Inhaber des Geschäftsgeheimnisses verlangen. Art und Umfang dieses Anspruchs entsprechen dem Anspruch auf Aufwendungsersatz gemäß § 8c III 1 UWG. Zu den Einzelheiten → UWG § 8c Rn. 6.

D. Weitergehende Ersatzansprüche (S. 3)

§ 14 S. 3 stellt klar, dass im Falle des Rechtsmissbrauchs weitergehende Ersatzansprüche des **24** Rechtsverletzers unberührt bleiben. Dies entspricht § 8c III 2 UWG. Der Rechtsverletzer ist demzufolge nicht daran gehindert, wegen des Rechtsmissbrauchs auch über den Aufwendungsersatzanspruch nach S. 2 hinausgehende Ansprüche geltend zu machen. Zu denken ist dabei bspw. an lauterkeitsrechtliche Ansprüche wegen einer gezielten Behinderung (§ 3 I UWG, § 4 Nr. 4 UWG, § 9 I UWG) oder an deliktische Ansprüche (§§ 823 ff. BGB).

E. Darlegungs- und Beweislast

25   Auszugehen ist von den allgemeinen Grundsätzen und von dem Normalfall, dass die Geltendmachung von Ansprüchen aus dem GeschGehG nicht rechtsmissbräuchlich ist. Die Darlegungs- und Beweislast für das Vorliegen eines rechtsmissbräuchlichen Verhaltens trägt der Rechtsverletzer, der sich auf das Vorliegen der Voraussetzungen beruft (Keller/Schönknecht/Glinke/ Glinke Rn. 14; Harte-Bavendamm/Ohly/Kalbfus/Harte-Bavendamm Rn. 22; BeckOK Gesch-GehG/Spieker Rn. 5).

Abschnitt 3. Verfahren in Geschäftsgeheimnisstreitsachen

Sachliche und örtliche Zuständigkeit; Verordnungsermächtigung

15 (1) **Für Klagen vor den ordentlichen Gerichten, durch die Ansprüche nach diesem Gesetz geltend gemacht werden, sind die Landgerichte ohne Rücksicht auf den Streitwert ausschließlich zuständig.**

(2) ¹**Für Klagen nach Absatz 1 ist das Gericht ausschließlich zuständig, in dessen Bezirk der Beklagte seinen allgemeinen Gerichtsstand hat.** ²**Hat der Beklagte im Inland keinen allgemeinen Gerichtsstand, ist nur das Gericht zuständig, in dessen Bezirk die Handlung begangen worden ist.**

(3) ¹**Die Landesregierungen werden ermächtigt, durch Rechtsverordnung einem Landgericht die Klagen nach Absatz 1 der Bezirke mehrerer Landgerichte zuzuweisen.** ²**Die Landesregierungen können diese Ermächtigung durch Rechtsverordnung auf die Landesjustizverwaltungen übertragen.** ³**Die Länder können außerdem durch Vereinbarung die den Gerichten eines Landes obliegenden Klagen nach Absatz 1 insgesamt oder teilweise dem zuständigen Gericht eines anderen Landes übertragen.**

Übersicht

Schrifttum: McGuire, Fliegender v. allgemeiner Gerichtsstand: Über Wertungswidersprüche und Regelungsalternativen im Zuständigkeitsrecht, FS Büscher 2018, 525; s. ferner allg. bei Vor § 1.

A. Allgemeines

I. Normzweck und Normstruktur

1. Regelungsgegenstand der §§ 15 ff.

Der dritte Abschnitt des GeschGehG (§§ 15–22) beinhaltet besondere Regelungen zum **Ver-** 1
fahren in Geschäftsgeheimnisstreitsachen. Diese Vorschriften modifizieren und ergänzen
die allgemeinen Vorschriften des GVG und der ZPO. Sie tragen dem Umstand Rechnung, dass
die Verfolgung von Rechtsverletzungen im Zivilverfahren den Inhaber eines Geschäftsgeheimnisses vor besondere Herausforderungen stellt. Insbesondere muss der Schutz des Geschäftsgeheimnisses sowohl im Verfahren als auch nach dessen Abschluss sichergestellt werden. Ohne
spezielle Regelungen zur Geheimhaltung bestünde für den Inhaber des Geschäftsgeheimnisses
das Risiko, dass das Geschäftsgeheimnis seinen Schutz verliert, weil es Gegenstand eines gerichtlichen Verfahrens geworden ist. Dies könnte die effektive Durchsetzung des Schutzes von
Geschäftsgeheimnissen behindern (Begr. RegE, BT-Drs. 19/4724, 34).

§ 15 regelt Fragen der Zuständigkeit. Daran schließen sich mit den §§ 16–20 Regelungen 2
zum prozessualen Schutz von Geschäftsgeheimnissen an. Im Einzelnen regelt § 16 die Geheimhaltung von Informationen, die durch die Sanktionsregelung des § 17 gesichert wird. § 18
erstreckt den Schutz auf den Zeitraum nach Abschluss des gerichtlichen Verfahrens. § 19
ermöglicht es dem Gericht, zum Schutz der Vertraulichkeit weiter gehende Beschränkungen
anzuordnen. Die verfahrensrechtlichen Einzelheiten für die Maßnahmen nach §§ 16 und 19 sind
in § 20 geregelt. § 21 eröffnet die Möglichkeit zur Urteilsbekanntmachung und § 22 sieht
schließlich eine Streitwertbegünstigung vor.

2. Binnenstruktur des § 15

Für Streitigkeiten über Geschäftsgeheimnisse sind die Landgerichte ausschließlich zuständig 3
(§ 15 I). Die örtliche Zuständigkeit richtet sich im Grundsatz nach dem allgemeinen Gerichtsstand des Beklagten (§ 15 II 1) und nur ausnahmsweise nach dem Begehungsort (§ 15 II 2).
§ 15 III enthält eine Konzentrationsermächtigung für die Bundesländer.

II. Entstehung und unionsrechtliche Vorgaben

Vor dem Inkrafttreten des GeschGehG gab es für die Rechtsdurchsetzung bei der Verletzung 4
von Betriebs- und Geschäftsgeheimnissen keine spezielle Zuständigkeitsregelung. Erfolgte die
Rechtsdurchsetzung auf lauterkeitsrechtlicher Grundlage, dann waren die §§ 13, 14 UWG aF
einschlägig. Demgegenüber galten die allgemeinen Bestimmungen des Zivilverfahrensrechts,
wenn sich die Rechtsdurchsetzung auf die §§ 823 ff. BGB stützte.

Der **RefE** enthielt in § 14 eine Regelung zur sachlichen und örtlichen Zuständigkeit, die 5
jedoch in den Stellungnahmen auf Kritik stieß (s. nur Schlingloff WRP 2018, 666 (669 f.)). Der
RegE (BT-Drs. 19/4724) sah einige Korrekturen der Vorschrift – nunmehr als § 15 – vor, hielt
aber insbesondere an dem Ausschluss des sog. fliegenden Gerichtsstands fest. Im weiteren Verlauf
des Gesetzgebungsverfahrens blieb die Norm dann unverändert.

Die RL (EU) 2016/943 enthält **keine näheren Regelungen zur Zuständigkeit.** Sie ver- 6
langt von den Mitgliedstaaten, dass diese Maßnahmen, Verfahren und Rechtsbehelfe vorsehen,
die erforderlich sind, um einen zivilrechtlichen Schutz vor rechtswidrigem Erwerb sowie rechtswidriger Nutzung und Offenlegung von Geschäftsgeheimnissen zu gewährleisten (Art. 6 I RL
(EU) 2016/943). Dabei ist insbesondere sicherzustellen, dass diese Maßnahmen fair und gerecht,
nicht unnötig kompliziert oder kostspielig sind und keine unangemessenen Fristen oder ungerechtfertigten Verzögerungen mit sich bringen sowie einen wirksamen und abschreckenden
Charakter haben (Art. 6 II RL (EU) 2016/943). Diese Anforderungen gelten auch für die
prozessuale Geltendmachung von Ansprüchen wegen der Verletzung von Geschäftsgeheimnissen. Die Wahl der Form und der Mittel, mit denen die Mitgliedstaaten diese Ziele im nationalen
Recht verwirklichen, bleibt ihnen überlassen (vgl. Art. 288 III AEUV). Ausdrücklich unberührt
bleiben durch die RL (EU) 2016/943 andere Unionsrechtsakte, die sich mit verfahrensrechtlichen oder kollisionsrechtlichen Aspekten befassen. In ErwGr. **37 RL (EU) 2016/943** heißt es
dazu:

„Diese Richtlinie zielt nicht darauf ab, die Vorschriften im Bereich der justiziellen Zusammenarbeit, der gerichtlichen Zuständigkeit oder der Anerkennung und Vollstreckung von Urteilen in Zivil- und Handelssachen zu harmonisieren oder darauf, Fragen des anwendbaren Rechts zu behandeln. Andere Unionsinstrumente, durch die derartige Angelegenheiten ganz allgemein geregelt werden, sollten grundsätzlich weiterhin für den von dieser Richtlinie abgedeckten Bereich gelten."

III. Funktion und Auslegung

7   Die Sonderregelungen zur Zuständigkeit in § 15 orientieren sich an den speziellen verfahrensrechtlichen Bestimmungen im Lauterkeitsrecht (§ 14 UWG; §§ 13 und 14 UWG aF) sowie im Recht des geistigen Eigentums (vgl. § 143 PatG und § 52 DesignG). Sie beruhen auf der **speziellen Interessenlage** und den **besonderen Anforderungen** in Geschäftsgeheimnisstreitsachen.

8   Die Auslegung kann von den Grundsätzen ausgehen, die für das Lauterkeitsrecht und für die Rechte des geistigen Eigentums gelten. Die richtlinienkonforme Auslegung hat für den Bereich der Zuständigkeit nur untergeordnete Bedeutung, da die RL (EU) 2016/943 insoweit keine näheren Vorgaben enthält.

IV. Anwendungsbereich

1. Geschäftsgeheimnisstreitsachen

9   § 15 gilt für die gerichtliche Geltendmachung von Ansprüchen, die sich aus dem GeschGehG ergeben. § 14 I des RefE hatte insoweit eine ausdrückliche Definition der Geschäftsgeheimnisstreitsache vorgesehen. Diese findet sich im geltenden Recht in § 16 I. Geschäftsgeheimnisstreitsachen sind danach Klagen, durch die Ansprüche nach dem GeschGehG geltend gemacht werden (→ § 16 Rn. 12 f.).

10   **a) Gesetzliche Ansprüche.** Die Zuständigkeitsregeln des § 15 gelten für Streitigkeiten aus dem GeschGehG, unabhängig davon, welcher Anspruch geltend gemacht wird (BayObLG WRP 2023, 496 Rn. 30). Die Regelung knüpft an **gesetzliche Ansprüche** an, dh solche Ansprüche, deren Grundlage und Voraussetzungen im GeschGehG verankert sind.

11   **b) Vertragliche Ansprüche.** Ebenso wie bei § 14 UWG stellt sich aber die Frage, ob neben den gesetzlichen Ansprüchen auch **vertragliche Ansprüche** erfasst sind (vgl. BGH GRUR 2012, 730 Rn. 23 – Bauheizgerät). Dies betrifft bspw. Fälle, in denen die Parteien über einen vertraglichen Anspruch streiten, der unmittelbar auf eine Rechtsverletzung nach dem GeschGehG zurückzuführen ist. So etwa, wenn der Rechtsverletzer auf eine Abmahnung gegenüber dem Inhaber des Geschäftsgeheimnisses eine strafbewehrte Unterlassungserklärung abgegeben hat und nunmehr Streit zwischen den Parteien besteht, ob durch ein Verhalten die Vertragsstrafe verwirkt ist. Eine Anwendung von § 15 ist jedenfalls dann zu befürworten, wenn der vertragliche Anspruch unmittelbar auf das rechtsverletzende Verhalten zurückzuführen ist, insbesondere bei einem Streit über die Verwirkung einer Vertragsstrafe im Rahmen einer Unterwerfungsvereinbarung (ähnlich Kalbfus WRP 2019, 692 (693)). Denn gerade bei solchen Vertragsstrafeklagen geht es nicht allein um eine allgemeine Vertragsauslegung, sondern es sind typischerweise auch die Besonderheiten des GeschGehG zu berücksichtigen, sodass es sachgerecht ist, wenn insoweit **einheitliche Zuständigkeitsregeln** gelten (vgl. für das UWG: OLG Jena GRUR-RR 2011, 199 f.; anders OLG Rostock GRUR-RR 2005, 176).

2. Ordentlicher Rechtsweg

12   Weiterhin gilt § 15 nach dem ausdrücklichen Gesetzeswortlaut nur für Klagen vor den ordentlichen Gerichten (vgl. § 13 GVG). Erfasst sind demgemäß Streitigkeiten, für die der Rechtsweg zur **ordentlichen Gerichtsbarkeit** eröffnet ist. Praktische Bedeutung kommt vor allem der **Abgrenzung zur Arbeitsgerichtsbarkeit** zu, die durch § 15 unberührt bleibt (Begr. RegE, BT-Drs. 19/4724, 34; Reinfeld Neues GeschGehG § 6 Rn. 21 ff.; sehr eingehend Harte-Bavendamm/Ohly/Kalbfus/Kalbfus Rn. 9 ff.; Keller/Schönknecht/Glinke/Schönknecht Rn. 3 ff.).

13   Gemäß **§ 2 I ArbGG** sind die Gerichte für Arbeitssachen insbesondere ausschließlich zuständig für bürgerliche Rechtsstreitigkeiten zwischen Arbeitnehmern und Arbeitgebern aus dem Arbeitsverhältnis (Nr. 3 lit. a), über das Bestehen oder Nichtbestehen eines Arbeitsverhältnisses

(Nr. 3 lit. b), aus Verhandlungen über die Eingehung eines Arbeitsverhältnisses und aus dessen Nachwirkungen (Nr. 3 lit. c) sowie aus unerlaubten Handlungen, soweit diese mit dem Arbeitsverhältnis im Zusammenhang stehen (Nr. 3 lit. d). Weiterhin sind sie zuständig für bürgerliche Rechtsstreitigkeiten zwischen Arbeitnehmern oder ihren Hinterbliebenen und Arbeitgebern über Ansprüche, die mit dem Arbeitsverhältnis in rechtlichem oder unmittelbar wirtschaftlichem Zusammenhang stehen (Nr. 4 lit. a).

Soweit der Streit eine Verletzung von Geschäftsgeheimnissen in einem bestehenden **Arbeits-** 14 **verhältnis** oder nach dessen Beendigung betrifft, wird typischerweise gemäß § 2 I Nr. 3 lit. d ArbGG der Rechtsweg zu den Arbeitsgerichten eröffnet sein. Ohne Einfluss auf die Zulässigkeit des Rechtswegs ist es, ob sich die klagende Partei ausschließlich auf lauterkeitsrechtliche Anspruchsgrundlagen bzw. solche aus dem GeschGehG stützt oder auch die Verletzung arbeitsvertraglicher Geheimhaltungspflichten darlegt (vgl. OLG Frankfurt GRUR 2005, 792; anders noch OLG Frankfurt GRUR 1992, 209 (210)).

Ein **Zusammenhang mit dem Arbeitsverhältnis** besteht nicht nur dann, wenn das Arbeits- 14a verhältnis zum Zeitpunkt des Begehens der unerlaubten Handlung noch besteht, sondern es reicht aus, wenn die unerlaubte Handlung in einer inneren Beziehung zu dem Arbeitsverhältnis steht und damit in der besonderen Eigenart des Arbeitsverhältnisses wurzelt (vgl. OLG Frankfurt GRUR 2005, 792).

3. Altfälle

Die Zuständigkeitsregelung des § 15 gilt auch für **Altfälle,** deren Entscheidung sich nach 15 § 823 II BGB oder § 3 I UWG, § 3a UWG iVm §§ 17, 18 UWG aF richtet (OLG Düsseldorf GRUR-RS 2021, 38391 Rn. 52; offengelassen von BayObLG WRP 2023, 496 Rn. 31; vgl. auch Harte-Bavendamm/Ohly/Kalbfus/Kalbfus § 16 Rn. 10).

V. Überblick zur Rechtsdurchsetzung

1. Außergerichtliche Rechtsdurchsetzung

Die **außergerichtliche Rechtsdurchsetzung** ist im GeschGehG nicht gesondert geregelt. 16 Auszugehen ist von den im Lauterkeitsrecht und im Recht des geistigen Eigentums geltenden Grundsätzen. Insbesondere wird es im Regelfall zweckmäßig und geboten sein, dass der Inhaber des Geschäftsgeheimnisses den Rechtsverletzer vor einer gerichtlichen Inanspruchnahme **abmahnt** und ihn zur **Abgabe einer strafbewehrten Unterlassungserklärung** auffordert. Anderenfalls besteht die Gefahr, dass ihn im Falle eines gerichtlichen Verfahrens die nachteilige Kostenfolge des § 93 ZPO trifft. Die besonderen gesetzlichen Regeln, die im Lauterkeitsrecht für die Abmahnung und die strafbewehrte Unterlassungserklärung gelten (vgl. §§ 13, 13a UWG), sind bei der Verletzung von Geschäftsgeheimnissen nicht, auch nicht analog, anzuwenden. Es fehlt insoweit an einer planwidrigen Regelungslücke, weil der Gesetzgeber von einer Inbezugnahme dieser Regelungen abgesehen hat (ebenso Hoppe/Oldekop Geschäftsgeheimnisse/Pichlmaier/Oldekop Kap. 3 Rn. 6).

2. Gerichtliche Rechtsdurchsetzung

Für die **gerichtliche Rechtsdurchsetzung** im Wege des einstweiligen Rechtsschutzes und 16a im Hauptsacheverfahren verbleibt es in den auf das GeschGehG gestützten Verfahren bei den allgemeinen prozessrechtlichen Bestimmungen, soweit nicht das Gesetz besondere Regelungen vorsieht (BT-Drs. 19/4724, 34; Reinfeld Neues GeschGehG § 6 Rn. 4). Die speziellen Verfahrensregelungen des UWG sind in Geschäftsgeheimnisstreitsachen nicht heranzuziehen und – wiederum mangels planwidriger Regelungslücke – auch nicht analog anwendbar. Daher findet bspw. die **Dringlichkeitsvermutung** des **§ 12 I UWG keine analoge Anwendung** auf die Durchsetzung von Ansprüchen nach dem GeschGehG (Löffel WRP 2019, 1378 (1379); Hoeren/Münker/Dorndorf § 6 Rn. 102; Keller/Schönknecht/Glinke/Keller § 6 Rn. 122; Harte-Bavendamm/Ohly/Kalbfus/Ohly § 6 Rn. 56; Brammsen/Apel/Schroeder/Drescher § 6 Rn. 223; aA Apel BB 2019, 2515 (2516); BeckOK GeschGehG/Spieker § 6 Rn. 46). Das OLG München (GRUR-RR 2019, 443 f.) konnte diese Frage in einer Entscheidung offenlassen, weil jedenfalls ein dringlichkeitsschädliches Verhalten des Antragstellers vorlag. Das OLG Frankfurt (GRUR-RS 2020, 38662 Rn. 10) ließ die Frage ebenfalls dahinstehen, weil im konkreten Streitfall auch ohne Dringlichkeitsvermutung die nötige Eilbedürftigkeit nicht habe verneint

werden können. Bei der Verletzung eines Geschäftsgeheimnisses ist die Dringlichkeit im einstweiligen Rechtsschutz nach den allgemeinen Regeln (§§ 936, 920 II ZPO) **glaubhaft** zu
machen. Die **Anforderungen** sind dabei **nicht zu hoch anzusetzen** (Keller/Schönknecht/
Glinke/Keller § 6 Rn. 123; Brammsen/Apel/Schroeder/Drescher § 6 Rn. 223), zumal bei der
Verletzung von Geschäftsgeheimnissen typischerweise eine besondere Eilbedürftigkeit bestehen
wird, um die Vertraulichkeit des Geschäftsgeheimnisses zu bewahren.

B. Sachliche Zuständigkeit (§ 15 I)

17   Gemäß § 15 I sind für Klagen vor den ordentlichen Gerichten, durch die Ansprüche nach
dem GeschGehG geltend gemacht werden, ohne Rücksicht auf den Streitwert die Landgerichte
ausschließlich zuständig.

I. Klagen

18   § 15 I gilt für sämtliche Klagen, unabhängig davon, ob der Kläger eine Leistung oder eine
Feststellung begehrt. Die Zuständigkeitsregelung gilt nicht nur für **Hauptsacheklagen,** sondern
auch für den **einstweiligen Rechtsschutz** (BeckOK GeschGehG/Gregor Rn. 3). Gemäß
§ 937 I ZPO ist für den Erlass einstweiliger Verfügungen das Gericht der Hauptsache zuständig,
sodass § 15 I auch insoweit Anwendung findet.

II. Ausschließliche Zuständigkeit der Landgerichte

19   § 15 I regelt die sachliche Zuständigkeit für Geschäftsgeheimnisstreitsachen vor den ordentlichen Gerichten (OLG Düsseldorf BeckRS 2021, 38391 Rn. 45). Unabhängig von dem Streitwert werden die Streitigkeiten den **Landgerichten** zugewiesen, wobei es sich um eine **ausschließliche Zuständigkeit** handelt. Der Gesetzgeber hat sich dabei insbesondere an den
Parallelregelungen des § 14 I UWG und § 143 I PatG orientiert. Auf Grund der Gemeinsamkeiten des Schutzes von Geschäftsgeheimnissen mit dem Lauterkeitsrecht ist die Nutzung der
entsprechenden **Erfahrung und Sachkunde der Landgerichte** zweckmäßig (Begr. RegE,
BT-Drs. 19/4724, 35).

III. Geschäftsgeheimnisstreitsachen als Handelssachen?

20   Nach den gesetzlichen Vorgaben sind Geschäftsgeheimnisstreitsachen **nicht als Handelssachen** iSv § 95 GVG anzusehen (Büscher/McGuire Rn. 15; aA 40. Aufl. 2022 und Reinfeld
Neues GeschGehG § 6 Rn. 20). § 14 I RefE erwähnte ausdrücklich die „Zivilkammern der
Landgerichte", womit nach dem Sprachgebrauch des GVG nur die allgemeinen Zivilkammern,
nicht aber die Kammern für Handelssachen gemeint sein konnten (vgl. Schlingloff WRP 2018,
666 (669)). § 15 I spricht dagegen von der Zuständigkeit der Landgerichte, sodass auch die
Kammern für Handelssachen eingeschlossen sein könnten. Im Gesetzgebungsverfahren wurde
jedoch keine Anpassung von § 95 I Nr. 5 GVG vorgenommen. Danach sind Handelssachen iSd
GVG die bürgerlichen Rechtsstreitigkeiten, in denen durch die Klage ein Anspruch auf Grund
des UWG geltend gemacht wird. Diese gesetzgeberische Entscheidung ist verwunderlich, weil
in § 74c I 1 Nr. 1 GVG für die Zuständigkeit der Wirtschaftsstrafkammer eine entsprechende
Ergänzung erfolgt ist (→ § 23 Rn. 119). Die sachliche Nähe der Geschäftsgeheimnisstreitsachen
zu Klagen aus dem UWG und zu Streitigkeiten aus Marken und Designs (vgl. § 95 I Nr. 4 lit. c
GVG) spräche an sich dafür, diese als Handelssachen anzusehen und eine solche Ausgestaltung ist
auch de lege ferenda zu befürworten (ebenso Keller/Schönknecht/Glinke/Schönknecht
Rn. 33). Denn es sind keine überzeugenden Sachgründe ersichtlich, warum die fachliche
Kompetenz der Kammern für Handelssachen bei Geschäftsgeheimnisstreitsachen ungenutzt
bleiben sollte (Schlingloff WRP 2018, 666 (669)), zumal Ansprüche aus dem GeschGehG in der
Praxis wahrscheinlich sehr oft mit lauterkeitsrechtlichen Ansprüchen zusammentreffen werden.
De lege lata ist die gesetzgeberische Entscheidung aber gefallen. Für eine Analogie fehlt es an
einer planwidrigen Regelungslücke (Brammsen/Apel/Steinbrück/Höll Rn. 7; Keller/Schön-
knecht/Glinke/Schönknecht Rn. 33).

C. Örtliche Zuständigkeit (§ 15 II)

Gemäß § 15 II 1 ist für die Klagen nach § 15 I das Gericht ausschließlich zuständig, in dessen **21** Bezirk der Beklagte seinen allgemeinen Gerichtsstand hat. Nur wenn der Beklagte im Inland keinen allgemeinen Gerichtsstand hat, ist das Gericht zuständig, in dessen Bezirk die Handlung begangen worden ist (§ 15 II 2).

I. Allgemeiner Gerichtsstand (§ 15 II 1)

Die örtliche Zuständigkeit für die ordentlichen Gerichte bestimmt sich **ausschließlich** anhand **22** des allgemeinen Gerichtsstands des Beklagten. Dieser allgemeine Gerichtsstand richtet sich wiederum nach den §§ 13 ff. ZPO. Grundsätzlich ist dabei von dem **Wohnsitz** oder **Sitz des Beklagten** auszugehen (Begr. RegE, BT-Drs. 19/4724, 35; OLG Düsseldorf BeckRS 2021, 38391 Rn. 45).

Aufgrund der Ausschließlichkeit findet der besondere **Gerichtsstand der unerlaubten** **23** **Handlung** gemäß § 32 ZPO bei Geschäftsgeheimnisstreitsachen **keine Anwendung** (Büscher/ McGuire Rn. 17; OLG Düsseldorf BeckRS 2021, 38391 Rn. 45). Es besteht auch kein Gleich- lauf mit den Rechten des geistigen Eigentums, weil bei diesen § 32 ZPO anwendbar ist. Die gesetzliche Regelung in § 15 II 1 entspricht dem gesetzgeberischen Bestreben, den **fliegenden Gerichtsstand insgesamt zurückzudrängen** (dazu eingehend McGuire FS Büscher, 2018, 525 ff.). Dieser Regelungsansatz hat im Schrifttum berechtigte Kritik erfahren (Dumont BB 2018, 2441 (2446)), weil ein zuständigkeitsrechtlicher Gleichlauf mit den Sonderschutzrechten zweckmäßig wäre (Büscher/McGuire Rn. 19).

II. Besonderer Gerichtsstand (§ 15 II 2)

§ 15 II 2 regelt die örtliche Zuständigkeit für Fälle, in denen der Beklagte **im Inland keinen** **24** **allgemeinen Gerichtsstand** hat und somit die Zuständigkeitsregelung gemäß § 15 II 1 nicht eingreift. Zuständig ist dann das Gericht, in dessen Bezirk die Handlung begangen worden ist. Auch hierbei handelt es sich um einen **ausschließlichen Gerichtsstand** (Begr. RegE, BT-Drs. 19/4724, 35).

Zu beachten ist, dass § 15 II 2 nur dann eingreift, wenn nicht durch **höherrangiges Recht** **25** bereits eine andere örtliche Zuständigkeit begründet wird (Harte-Bavendamm/Ohly/Kalbfus/ Kalbfus Rn. 27; Büscher/McGuire Rn. 21 ff.; McGuire FS Büscher, 2018, 525 (530 ff.); Keller/ Schönknecht/Glinke/Schönknecht Rn. 30). Dies betrifft insbesondere die Fälle, in denen das Unionsrecht nicht nur die internationale Zuständigkeit, sondern zugleich auch die örtliche Zuständigkeit regelt. Eine solche Vorschrift findet sich für unerlaubte Handlungen, zu denen die Verletzung von Geschäftsgeheimnissen gehört, in **Art. 7 Nr. 2 Brüssel Ia-VO** (OLG Düssel- dorf BeckRS 2021, 38391 Rn. 54). Eine entsprechende Bestimmung ist in **Art. 5 Nr. 3 LugÜ** (Übereinkommen über die gerichtliche Zuständigkeit und die Anerkennung und Vollstreckung von Entscheidungen in Zivil- und Handelssachen) vorgesehen. Beide Vorschriften regeln nicht nur die internationale Zuständigkeit (→ Rn. 26 f.), sondern auch die örtliche Zuständigkeit (MüKoZPO/Gottwald Brüssel Ia-VO Art. 7 Rn. 46; Büscher/McGuire Rn. 21). Damit be- schränkt sich der Anwendungsbereich von § 15 II 2 auf Fälle, in denen weder Art. 7 Nr. 2 Brüssel Ia-VO noch Art. 5 Nr. 3 LugÜ einschlägig ist.

III. Anhang: Internationale Zuständigkeit

Die internationale Zuständigkeit richtet sich im Anwendungsbereich der Brüssel Ia-VO nach **26** dem bereits → Rn. 25 erwähnten Art. 7 Nr. 2 Brüssel Ia-VO (OLG Düsseldorf BeckRS 2021, 38391 Rn. 54). Geschäftsgeheimnisstreitsachen sind „Zivil- und Handelssachen" iSd Art. 1 I Brüssel Ia-VO (McGuire WRP 2023, 1 (3)). Zu den **unerlaubten Handlungen** iSv Art. 7 Nr. 2 Brüssel Ia-VO zählen auch **Geschäftsgeheimnisverletzungen** (OLG Düsseldorf BeckRS 2021, 38391 Rn. 24). Gemäß Art. 7 Nr. 2 Brüssel Ia-VO kann eine Person, die ihren Wohnsitz im Hoheitsgebiet eines Mitgliedstaats hat, in einem anderen Mitgliedstaat verklagt werden, wenn eine unerlaubte Handlung oder eine Handlung, die einer unerlaubten Handlung gleichgestellt ist, oder wenn Ansprüche aus einer solchen Handlung den Gegenstand des Ver- fahrens bilden, vor dem Gericht des Ortes, an dem das schädigende Ereignis eingetreten ist oder einzutreten droht. Dem entspricht der Wortlaut von Art. 5 Nr. 3 LugÜ. Von den Regelungen erfasst werden alle Ansprüche aus Anlass der Rechtsverletzung, also solche auf Unterlassung, Beseitigung, Geldersatz und Auskunft (OLG Düsseldorf BeckRS 2021, 38391 Rn. 24; vgl. auch BGH GRUR 2015, 689 Rn. 26 – Parfumflakon III).

27   Die Formulierung „Ort, an dem das schädigende Ereignis eingetreten ist" bezeichnet nach der stRspr sowohl den **Handlungsort** als auch den **Erfolgsort** (vgl. EuGH ECLI:EU:C:2014:1318 = EuZW 2014, 664 Rn. 46 – Coty Germany; ECLI:EU:C:2015:574 = EuZW 2015, 922 Rn. 72 – Holterman Ferho Exploitatie; EuGH ECLI:EU:C:2016:449 = EuZW 2016, 583 Rn. 28 – Universal Music International Holding; BGHZ 167, 91 = GRUR 2006, 513 Rn. 21 – Arzneimittelwerbung im Internet). Handlungsort ist dabei der „Ort des ursächlichen Geschehens", während es sich beim Erfolgsort um den Ort handelt, „an dem aus einem Ereignis, das für die Auslösung einer Schadensersatzpflicht wegen unerlaubter Handlung oder wegen einer Handlung, die einer unerlaubten Handlung gleichgestellt ist, in Betracht kommt, ein Schaden entstanden ist" (EuGH Slg. 2009, I-6917 = NJW 2009, 3501 Rn. 26 f. – Zuid-Chemie; zur Abgrenzung zwischen dem Erfolgsort und dem Schadensort OLG Karlsruhe GRUR-RS 2022, 7055). Dem Kläger steht ein **Wahlrecht** zu, vor welchem Gericht dieser beiden Orte er die Klage erhebt (EuGH ECLI:EU:C:2013:305 = NJW 2013, 2099 Rn. 25 – Melzer; EuGH ECLI:EU:C:2015:37 = NJW 2015, 1581 Rn. 45 – Kolassa; EuGH ECLI:EU:C:2015:335 = GRUR Int. 2015, 1176 Rn. 38 – CDC Hydrogen Peroxide).

D. Konzentrationsermächtigung (§ 15 III)

28   § 15 III enthält eine Konzentrationsermächtigung für die Bundesländer. Parallelregelungen finden sich für das Lauterkeitsrecht in § 14 III UWG sowie in § 143 II PatG. Diese Ermächtigung soll es den Ländern ermöglichen, richterliche Sachkunde zum Schutz von Geschäftsgeheimnissen, insbesondere unter Berücksichtigung der besonderen prozessualen Regeln, zu bündeln, damit die richterliche Sachkunde effektiver und arbeitsökonomischer ausgeübt werden kann (Begr. RegE, BT-Drs. 19/4724, 35).

29   Die Ermächtigung kann von der Landesregierung durch Rechtsverordnung auf die Landesjustizverwaltungen übertragen werden. Mehrere Bundesländer können zudem durch eine Vereinbarung den Gerichten eines Landes obliegenden Geschäftsgeheimnisstreitsachen insgesamt oder teilweise dem zuständigen Gericht eines anderen Landes übertragen. Bei dieser Vereinbarung muss es sich um einen Staatsvertrag handeln (Begr. RegE, BT-Drs. 19/4724, 35). Die folgenden Bundesländer haben bislang von der Konzentrationsermächtigung Gebrauch gemacht:

Bundesland	Rechtsgrundlage	Zuweisung
Bayern	§ 45a GZVJu (Gerichtliche Zuständigkeitsverordnung Justiz)	1. Für den OLG-Bezirk München: LG München I 2. Für die OLG-Bezirke Nürnberg und Bamberg: LG Nürnberg-Fürth
Hessen	§ 42a JuZuV (Justizzuständigkeitsverordnung)	Für die Bezirke der Landgerichte in Hessen: LG Frankfurt am Main
Nordrhein-Westfalen	Konzentrations-VO Geschäftsgeheimnisstreitsachen	1. Für den OLG-Bezirk Düsseldorf: LG Düsseldorf 2. Für den OLG-Bezirk Hamm: LG Bochum 3. Für den OLG-Bezirk Köln: LG Köln
Sachsen	§ 13 SächsJOrgVO (Sächsische Justizorganisationsverordnung)	1. LG-Bezirke Leipzig, Chemnitz und Zwickau: LG Leipzig 2. LG-Bezirke Dresden und Görlitz: LG Dresden
Schleswig-Holstein	§ 1 I Nr. 11b JErmÜVO (Landesverordnung zur Übertragung von Ermächtigungen zum Erlaß von Rechtsverordnungen im Bereich der Rechtspflege)	Übertragung der Ermächtigung zum Erlass einer Rechtsverordnung auf das Justizministerium

Die Schaffung weiterer Konzentrationsregeln in den Bundesländern ist aufgrund der besonde- **30** ren Herausforderungen bei Streitigkeiten über Geschäftsgeheimnisse sehr zu befürworten (Harte-Bavendamm/Ohly/Kalbfus/Kalbfus Rn. 33).

Geheimhaltung

16 (1) **Bei Klagen, durch die Ansprüche nach diesem Gesetz geltend gemacht werden (Geschäftsgeheimnisstreitsachen) kann das Gericht der Hauptsache auf Antrag einer Partei streitgegenständliche Informationen ganz oder teilweise als geheimhaltungsbedürftig einstufen, wenn diese ein Geschäftsgeheimnis sein können.**

(2) **Die Parteien, ihre Prozessvertreter, Zeugen, Sachverständige, sonstige Vertreter und alle sonstigen Personen, die an Geschäftsgeheimnisstreitsachen beteiligt sind oder die Zugang zu Dokumenten eines solchen Verfahrens haben, müssen als geheimhaltungsbedürftig eingestufte Informationen vertraulich behandeln und dürfen diese außerhalb eines gerichtlichen Verfahrens nicht nutzen oder offenlegen, es sei denn, dass sie von diesen außerhalb des Verfahrens Kenntnis erlangt haben.**

(3) **Wenn das Gericht eine Entscheidung nach Absatz 1 trifft, darf Dritten, die ein Recht auf Akteneinsicht haben, nur ein Akteninhalt zur Verfügung gestellt werden, in dem die Geschäftsgeheimnisse enthaltenden Ausführungen unkenntlich gemacht wurden.**

Übersicht

Schrifttum: Deichfuß, Rechtsdurchsetzung unter Wahrung der Vertraulichkeit von Geschäftsgeheimnissen – Das praktizierte Beispiel: der Schutz des verdächtigen Patentverletzers im Düsseldorfer Verfahren, GRUR 2015, 436; Götz, Der Schutz von Betriebs- und Geschäftsgeheimnissen im Zivilverfahren, 2014; Hauck, Besichtigungsanspruch und Geheimnisschutz im Patentrecht und (Software-)Urheberrecht nach Inkrafttreten des GeschGehG, GRUR 2020, 817; Kalbfus, Rechtsdurchsetzung bei Geheimnisverletzungen – Welchen prozessualen Schutz gewährt das Geschäftsgeheimnisgesetz dem Kläger?, WRP 2019, 692; Hoppe, Prozessuale Geheimhaltungsmaßnahmen im Patentverletzungsstreit, WRP 2023, 546; Lachmann, Unternehmensgeheimnisse im Zivilrechtsstreit, dargestellt am Beispiel des EDV-Prozesses, NJW 1987, 2206; McGuire, Der Schutz von Geschäftsgeheimnissen im Verfahren: Nicht-Öffentlichkeit, Vertraulichkeit und Geheimhaltung vor Schiedsgerichten und staatlichen Gerichten, ZZPInt. 24 (2019), 385; Semrau-Brandt, Patentstreit zwischen Qualcomm und Apple: Schwächen des Geschäftsgeheimnisschutzes im Zivilprozess,

GRUR-Prax 2019, 127; Stadler, Der Schutz von Unternehmensgeheimnissen im Zivilprozeß, NJW 1989, 1202; s. ferner allg. bei Vor § 1.

A. Allgemeines

I. Normzweck und Normstruktur

1. Grundstruktur des verfahrensrechtlichen Geheimnisschutzes

1   §§ 16–20 dienen dem verfahrensrechtlichen Schutz von Geschäftsgeheimnissen. Die Normen verfolgen den Zweck, den Parteien Vortrag zu geheimhaltungsbedürftigen Informationen zu ermöglichen (OLG Stuttgart GRUR-RS 2020, 35613 Rn. 92), ohne dabei den Bestand des Geschäftsgeheimnisses zu gefährden. Ein solcher Schutz ist notwendig, weil die zivilrechtliche Verfolgung von Rechtsverletzungen bei Geschäftsgeheimnissen besondere **Schwierigkeiten** aufwirft. In einem Zivilverfahren müssen notwendigerweise Informationen gegenüber dem Gericht und dem Gegner offengelegt werden, was die Geheimhaltung des Geschäftsgeheimnisses und damit dessen Wert und Bestand beeinträchtigt. Das damit verbundene Risiko kann die effektive Rechtsdurchsetzung gefährden (Begr. RegE, BT-Drs. 19/4724, 35). Der Inhaber eines Geschäftsgeheimnisses sieht möglicherweise von einer Rechtsverfolgung ganz ab, weil er um den Verlust der vertraulichen Information im Verfahren fürchtet.

2   Das **Konfliktfeld** zwischen einem wirksamen Schutz von Geschäftsgeheimnissen und der Funktionsweise eines Zivilverfahrens war bereits im alten Recht bekannt (s. nur Götz, Der Schutz von Betriebs- und Geschäftsgeheimnissen im Zivilverfahren, 2014; Lachmann, Unternehmensgeheimnisse im Zivilrechtsstreit, dargestellt am Beispiel des EDV-Prozesses, NJW 1987, 2206 ff.; McGuire GRUR 2015, 424 (427 ff.); Stadler NJW 1989, 1202 ff.), doch ließ es sich nur unzureichend auflösen. Denn das deutsche Verfahrensrecht sieht nur punktuelle Regelungen zum Schutz von vertraulichen Informationen vor, zB in §§ 172, 174 GVG (vgl. dazu OLG Dresden BeckRS 2021, 3459; Überblick zu den verfahrensrechtlichen Schutzinstrumenten bei Michalopoulou GVRZ 2021, 11 Rn. 8 ff.; Schlingloff WRP 2018, 666 (668); Sebulke, Zivilprozessualer Geheimnisschutz im Anschluss an das Gesetz zum Schutz von Geschäftsgeheimnissen, 2021, S. 106 ff.). Darüber hinaus hat die Verfahrenspraxis spezielle Vorgehensweisen entwickelt, um vertrauliche Informationen zu schützen. Zu nennen ist hier insbesondere das sog. **„Düsseldorfer Verfahren"** bei Patentverletzungen (dazu näher Deichfuß GRUR 2015, 436 ff.; Druschel/Jauch BB 2018, 1794 ff.; Hauck NJW 2016, 2218 (2222); vgl. auch BGH GRUR 2010, 318 ff. – Lichtbogenschnürung), das auch im Bereich des Geheimnisschutz zur Anwendung kommen kann (Harte-Bavendamm/Ohly/Kalbfus/Kalbfus § 8 Rn. 74 ff.). Doch reichen die genannten Maßnahmen für einen umfassenden Schutz von Geschäftsgeheimnissen im Verfahren nicht aus (vgl. Semrau-Brand GRUR-Prax 2019, 127 f.).

3   Für das **Unionsrecht** hat der EuGH (Slg. 2008, I-601 = EuZW 2008, 209 Rn. 46 ff. – Varec) anerkannt, dass das Gebot des fairen Verfahrens das Recht der Verfahrensbeteiligten beinhaltet, Kenntnis von den Beweismitteln und den beim Gericht eingereichten Erklärungen zu nehmen und diese zu erörtern. In bestimmten Fällen kann es jedoch zur Wahrung der Grundrechte eines Dritten oder zum Schutz wichtiger Interessen der Allgemeinheit erforderlich sein, den Parteien bestimmte Informationen vorzuenthalten. Zu den insoweit geschützten Grundrechten gehört auch der primärrechtlich verankerte Schutz von Geschäftsgeheimnissen (→ Vor § 1 Rn. 5 ff.). Dieser Interessenkonflikt stellt sich auch in den Rechtsordnungen anderer Mitgliedstaaten. Vor diesem Hintergrund sieht die RL (EU) 2016/943 einige Vorgaben zum Schutz von Geschäftsgeheimnissen in Verfahren vor. In **ErwGr. 24 RL (EU) 2016/943** heißt es dazu:

„Angesichts der Möglichkeit, dass die Vertraulichkeit eines Geschäftsgeheimnisses im Verlauf von Gerichtsverfahren nicht gewahrt bleibt, schrecken die rechtmäßigen Inhaber von Geschäftsgeheimnissen häufig davor zurück, zum Schutz ihrer Geschäftsgeheimnisse ein Gerichtsverfahren einzuleiten; dies stellt die Wirksamkeit der vorgesehenen Maßnahmen, Verfahren und Rechtsbehelfe infrage. Daher bedarf es – vorbehaltlich geeigneter Schutzmaßnahmen, die das Recht auf einen wirksamen Rechtsbehelf und ein faires Verfahren garantieren – spezifischer Anforderungen, die darauf abstellen, die Vertraulichkeit eines Geschäftsgeheimnisses, das Gegenstand eines Gerichtsverfahrens ist, im Verlauf des Verfahrens zu wahren. Der entsprechende Schutz sollte auch nach Abschluss des Gerichtsverfahrens und so lange weiterbestehen, wie die Informationen, die Gegenstand des Geschäftsgeheimnisses sind, nicht öffentlich verfügbar sind."

Der Gesetzgeber stand vor der Aufgabe, einerseits einen wirksamen prozessualen Geheim- **4** nisschutz zu etablieren, ohne dabei jedoch andererseits verfahrensrechtliche Grundsätze auszuhöhlen (vgl. Hauck NJW 2016, 2218 (2222)). Der verfahrensrechtliche Geheimnisschutz des GeschGehG ist **zweistufig** konzipiert: Gemäß § 16 kann das Gericht streitgegenständliche Informationen als geheimhaltungsbedürftig einstufen. Damit unterliegen diese Informationen einem (gemäß § 17 sanktionsbewehrten) erhöhten Vertraulichkeitsschutz. Darüber hinaus kann das Gericht gemäß § 19 weitere Maßnahmen zum Schutz von Geschäftsgeheimnissen vorsehen. Diese bestehen in der Beschränkung des Zugangs zu Dokumenten und zur mündlichen Verhandlung. Ein in-camera-Verfahren in Geschäftsgeheimnisstreitsachen, das im Schrifttum teilweise gefordert wurde (Lejeune CR 2016, 330 (341 f.); McGuire GRUR 2015, 424 (433 f.)), ist im GeschGehG nicht vorgesehen (Ohly GRUR 2019, 441 (450)).

2. Binnenstruktur des § 16

Nach § 16 I kann das Gericht streitgegenständliche Informationen als geheimhaltungsbedürf- **5** tig einstufen. Aus § 16 II ergeben sich daran anknüpfend die besonderen Pflichten für die Parteien, ihre Prozessvertreter, Zeugen, Sachverständige und alle sonstigen Personen, die am Verfahren beteiligt sind. Schließlich trifft § 16 III nähere Regelungen zur Akteneinsicht durch Dritte, wenn eine Einstufung nach § 16 I erfolgt ist.

II. Entstehung und unionsrechtliche Vorgaben

Vor dem Inkrafttreten des GeschGehG waren Geschäfts- und Betriebsgeheimnisse nur nach **6** den allgemeinen Bestimmungen des Verfahrensrechts geschützt. Der **RefE** sah eine Geheimhaltungsregelung in § 15 vor. Diese wurde durch den **RegE** (BT-Drs. 19/4724) nochmals überarbeitet und erweitert. Im weiteren Gesetzgebungsverfahren ergaben sich keine Änderungen.

§ 16 dient der Umsetzung von **Art. 9 I UAbs. 1 RL (EU) 2016/943.** Diese Vorschrift **7** lautet:

„Die Mitgliedstaaten stellen sicher, dass die Parteien, ihre Rechtsanwälte oder sonstigen Vertreter, Gerichtsbedienstete, Zeugen, Sachverständige und alle sonstigen Personen, die an einem Gerichtsverfahren beteiligt sind, das den rechtswidrigen Erwerb oder die rechtswidrige Nutzung oder Offenlegung eines Geschäftsgeheimnisses zum Gegenstand hat, oder die Zugang zu Dokumenten haben, die Teil eines solchen Gerichtsverfahrens sind, nicht befugt sind, ein Geschäftsgeheimnis oder ein angebliches Geschäftsgeheimnis zu nutzen oder offenzulegen, das von den zuständigen Gerichten aufgrund eines ordnungsgemäß begründeten Antrags einer interessierten Partei als vertraulich eingestuft worden ist und von dem sie aufgrund der Teilnahme an dem Verfahren oder des Zugangs zu den Dokumenten Kenntnis erlangt haben. Die Mitgliedstaaten können ferner die zuständigen Gerichte ermächtigen, solche Maßnahmen von Amts wegen zu ergreifen."

Art. 9 I RL (EU) 2016/943 ist als eine Konkretisierung des allgemeinen Regelungsauftrags **8** aus **Art. 6 RL (EU) 2016/943** anzusehen, wonach die Mitgliedstaaten die Maßnahmen, Verfahren und Rechtsbehelfe vorsehen müssen, die erforderlich sind, um einen zivilrechtlichen Schutz vor rechtswidrigem Erwerb sowie rechtswidriger Nutzung und Offenlegung von Geschäftsgeheimnissen zu gewährleisten (Art. 6 I RL (EU) 2016/943). Diese Maßnahmen, Verfahren und Rechtsbehelfe müssen gemäß Art. 6 II RL (EU) 2016/943 fair und gerecht sein (lit. a); sie dürfen nicht unnötig kompliziert oder kostspielig sein und keine unangemessenen Fristen oder ungerechtfertigten Verzögerungen mit sich bringen (lit. b) und sie müssen sich schließlich als wirksam und abschreckend erweisen (lit. c).

III. Funktion und Auslegung

Die in § 16 vorgesehene Einstufung von streitgegenständlichen Informationen als ganz oder **9** teilweise geheimhaltungsbedürftig soll gewährleisten, dass die Vertraulichkeit dieser Informationen innerhalb, aber auch nach dem Abschluss des Verfahrens gewährleistet ist. Dieser Vertraulichkeitsschutz steht ergänzend neben sonstigen prozessualen Schutzinstrumenten wie **§ 174 III GVG** (Verpflichtung zur Geheimhaltung) oder **§ 299 II ZPO** (Beschränkungen der Akteneinsicht durch Dritte). Aus § 16 resultiert eine besondere Geheimhaltungspflicht, die zB über berufsrechtliche Geheimhaltungsverpflichtungen hinausreicht. Sie erstreckt sich nicht nur auf die Parteien, sondern auch auf sonstige Prozessbeteiligte und Personen, die Zugang zu Dokumenten des konkreten Verfahrens haben.

10   Konzeptionell ist § 16 ganz auf einen **Schutz des Klägers** ausgerichtet, der wegen einer Verletzung seines Geschäftsgeheimnisses Ansprüche gegenüber dem Rechtsverletzer geltend macht. Nicht erfasst wird demgegenüber der Fall, dass aus Sicht des Beklagten das Bedürfnis nach einem Schutz von Geschäftsgeheimnissen besteht, zB wenn dieser versucht, den im Rahmen eines Rechtsstreits erhobenen Vorwurf einer Patentverletzung zu entkräften (Büscher/McGuire Rn. 9). Um in diesen Fällen in den Anwendungsbereich von § 16 zu gelangen, könnte der Beklagte einen prozessualen Gegenangriff starten, etwa durch das Erheben einer Widerklage (Büscher/McGuire Rn. 23).

11   Die Auslegung der Norm erfolgt auf der Basis der anerkannten Auslegungsgrundsätze. Aufgrund der Vorgaben der RL (EU) 2016/943 ist eine **richtlinienkonforme Auslegung** geboten. Im Unterschied zu den Vorgaben aus Art. 9 I UAbs. 2, III und IV RL (EU) 2016/943 gehört Art. 9 I UAbs. 1 RL (EU) 2016/943 jedoch nicht zum Bestand der vollharmonisierenden Regelungen der Richtlinie.

IV. Anwendungsbereich

1. Geschäftsgeheimnisstreitsache

12   § 16 findet Anwendung auf **Geschäftsgeheimnisstreitsachen.** Diese werden in § 16 I legaldefiniert als Klagen, durch die Ansprüche nach dem GeschGehG geltend gemacht werden. Da § 16 I im Unterschied zu § 15 I nicht nur **Verfahren vor den ordentlichen Gerichten** erwähnt, kann eine Geschäftsgeheimnisstreitsache auch dann vorliegen, wenn Ansprüche aus dem GeschGehG in einem **arbeitsgerichtlichen Verfahren** (zur Abgrenzung → § 15 Rn. 12 ff.) geltend gemacht werden (BeckOK GeschGehG/Gregor Rn. 6 und § 15 Rn. 5; Reinfeld Neues GeschGehG § 6 Rn. 5).

12a   Die ausdrückliche Erwähnung des Gerichts der Hauptsache in § 16 I bedeutet nicht, dass Geschäftsgeheimnisstreitsachen nur auf **Hauptsacheverfahren** beschränkt sind. Schon aus den Vorgaben der RL (EU) 2016/943 folgt, dass der **verfahrensrechtliche Schutz (auch) für einen einstweiligen Rechtsschutz** gewährleistet sein muss. Art. 9 I UAbs. 1 RL (EU) 2016/943 bezieht sich nach seiner systematischen Stellung sowohl auf die vorläufigen und vorbeugenden Maßnahmen gemäß Art. 10 und 11 RL (EU) 2016/943 als auch auf die Maßnahmen aufgrund einer Sachentscheidung gemäß Art. 13–15 RL (EU) 2016/943. Ein **einheitlicher prozessualer Schutz von Geschäftsgeheimnissen** ist aufgrund des schutzwürdigen Geheimhaltungsinteresses unabhängig davon geboten, ob der Inhaber des Geschäftsgeheimnisses um einstweiligen Rechtsschutz nachsucht oder ein Hauptsacheverfahren betreibt. Es ist kein überzeugender Grund ersichtlich, warum ein unterschiedliches Schutzniveau gelten sollte (vgl. auch Reinfeld Neues GeschGehG § 6 Rn. 13). Daher sind Geschäftsgeheimnisstreitsachen nicht nur Hauptsacheverfahren, sondern auch Verfahren im einstweiligen Rechtsschutz (Kalbfus WRP 2019, 692 (693); Harte-Bavendamm/Ohly/Kalbfus/Kalbfus Rn. 14; für analoge Anwendung BeckOK GeschGehG/Gregor Rn. 15; Hauck GRUR 2020, 817 (820); Büscher/McGuire Rn. 15; Keller/Schönknecht/Glinke/Schönknecht Rn. 12). Für das **Zwangsvollstreckungsverfahren** → Rn. 35c.

13   § 16 I erwähnt **„Ansprüche nach diesem Gesetz".** Dies umfasst alle Ansprüche, die ihre Grundlage im Schutz von Geschäftsgeheimnissen durch das GeschGehG haben. Dazu gehören sämtliche in den **§§ 6 ff.** speziell geregelte Ansprüche sowie daran anknüpfende Rechte (zB der Streit über eine Abfindung in Geld gemäß § 11). Es genügt, wenn in einem Verfahren jedenfalls auch Ansprüche aus dem GeschGehG geltend gemacht werden (BeckOK GeschGehG/Gregor Rn. 7; Harte-Bavendamm/Ohly/Kalbfus/Kalbfus Rn. 9; Reinfeld Neues GeschGehG § 6 Rn. 10). Eine Geschäftsgeheimnisstreitsache kann weiterhin dann gegeben sein, wenn ein Anspruch neben dem GeschGehG zugleich auf das UWG oder Sonderschutzrechte gestützt wird. Darüber hinaus ist als Geschäftsgeheimnisstreitsache auch die Geltendmachung von Ansprüchen erfasst, die sich formal aus dem BGB ergeben, die aber unmittelbar aus der Verletzung eines Geschäftsgeheimnisses resultieren, zB Ansprüche aus angemaßter Geschäftsführung ohne Auftrag gemäß § 687 II BGB oder wegen ungerechtfertigter Bereicherung gemäß § 812 I 1 Fall 2 BGB (Kalbfus WRP 2019, 692 (693); iE ebenso BeckOK GeschGehG/Gregor Rn. 11; Keller/Schönknecht/Glinke/Schönknecht Rn. 8). Da diese Ansprüche zumindest partiell deckungsgleich mit Ansprüchen aus dem GeschGehG sind, besteht ein vergleichbares prozessuales Schutzbedürfnis.

13a   Das Vorliegen einer Geschäftsgeheimnisstreitsache ist nicht von der konkreten prozessualen Situation abhängig. So ist es nicht notwendig, dass ein Verfahren seinen Ausgangspunkt in

Ansprüchen aus dem GeschGehG nimmt. Ebenso ist denkbar, dass solche Ansprüche erst mit einer **Widerklage** erhoben werden (Reinfeld Neues GeschGehG § 6 Rn. 11). Ein bereits laufendes Verfahren kann daher zu einer Geschäftsgeheimnisstreitsache werden. Bei **Feststellungsklagen** ist eine Geschäftsgeheimnisstreitsache nicht nur zu bejahen, wenn sie auf die Feststellung zB des Bestehens einer Schadensersatzpflicht gerichtet ist, sondern auch dann, wenn die (negative) Feststellung begehrt wird, dass ein solcher Anspruch nicht besteht (Keller/Schönknecht/Glinke/Schönknecht Rn. 6 und 11). **Selbstständige Beweisverfahren** gemäß §§ 485 ff. ZPO einschließlich **Besichtigungsverfahren** sind vom Anwendungsbereich der §§ 16 ff. ebenfalls erfasst (BeckOK GeschGehG/Gregor Rn. 16; Harte-Bavendamm/Ohly/Kalbfus/Kalbfus Rn. 14; Keller/Schönknecht/Glinke/Schönknecht Rn. 13; aA 40. Aufl.; für analoge Anwendbarkeit Brammsen/Apel/Steinbrück/Höll Rn. 22; vgl. zur Problematik auch Hauck GRUR 2020, 817 (820 f.)). Für eine Anwendbarkeit spricht, dass der Gesetzgeber in § 145a PatG (→ Rn. 13c) die selbstständigen Beweisverfahren ausdrücklich von der Verweisung auf die verfahrensrechtlichen Regelungen der §§ 16 ff. ausgenommen hat. Dies lässt darauf schließen, dass der Gesetzgeber von der grundsätzlichen Anwendbarkeit dieser Bestimmungen auf die genannten Verfahren ausging, denn anderenfalls hätte es dieser speziellen Ausnahmeregelung nicht bedurft.

Zur Geltung der verfahrensrechtlichen Bestimmungen des GeschGehG in **Altfällen** → Vor **13b** § 1 Rn. 105.

2. Patent-, Gebrauchsmuster- und Halbleiterschutzstreitsachen

Die §§ 16–20 sind gemäß § 145a S. 1 PatG in Patentstreitsachen (vgl. § 143 I PatG) mit **13c** Ausnahme von selbstständigen Beweisverfahren sowie in Zwangslizenzverfahren gemäß § 81 I PatG **entsprechend** anzuwenden (vgl. BGH GRUR 2022, 1302 Rn. 108; OLG Düsseldorf GRUR-RS 2023, 873 Rn. 7 ff.; s. auch Hoppe WRP 2023, 546 ff.). Das „**Düsseldorfer Verfahren**" soll nach dem Willen des Gesetzgebers von der Anwendung der Vorschriften zum Schutz von Geschäftsgeheimnissen in Patentstreitsachen unberührt bleiben (Begr. RegE, BT-Drs. 19/25821, 57; vgl. auch BGH GRUR 2023, 1403 Rn. 30 – Ästhetische Behandlung). Gemäß § 145a S. 2 PatG gelten als streitgegenständliche Informationen iSv § 16 I sämtliche von Kläger und Beklagtem in das Verfahren eingeführten Informationen (→ Rn. 25). § 145a PatG entsprechende Bestimmungen enthalten § 26a GebrMG und § 11 III HalblSchG.

3. Andere Streitsachen

Nicht anwendbar sind die §§ 16 ff. auf **Strafverfahren** und einem Strafverfahren vorgelagerte **14** **Ermittlungen** (dazu näher Mansdörfer NZWiSt 2003, 1 ff.). Dies gilt selbst dann, wenn das Verfahren eine gemäß § 23 I–V strafbare Verletzung von Geschäftsgeheimnissen betrifft (Begr. RegE, BT-Drs. 19/4724, 34).

Aus dem Wortlaut von § 16 I folgt, dass die §§ 16–20 in **anderen Zivilverfahren,** in denen **15** zwar keine Ansprüche aus dem GeschGehG geltend gemacht werden, aber Geschäftsgeheimnisse von Bedeutung sind, keine unmittelbare Anwendung finden (dazu krit. Druschel/Jauch BB 2018, 1218 (1221); Hauck GRUR-Prax 2019, 223 (225); Semrau-Brandt GRUR-Prax 2019, 127 (128 f.)). Dies betrifft bspw. Streitigkeiten über die Verletzung von arbeits- oder dienstvertraglichen Geheimhaltungsverpflichtungen oder urheberrechtliche Streitigkeiten (OLG Düsseldorf GRUR-RS 2021, 7875 Rn. 11 ff.). Ebenfalls nicht vom Anwendungsbereich des § 16 erfasst sind Fälle, in denen vor einem deutschen Gericht (auch) über die Verletzung von Geschäftsgeheimnissen zu entscheiden ist, die einem ausländischen Geheimnisschutzrecht unterliegen. Teilweise wird für diese Fälle eine Erweiterung des prozessualen Schutzes im Wege der richtlinienkonformen Auslegung befürwortet (Büscher/McGuire Rn. 16; ähnlich Harte-Bavendamm/Ohly/Kalbfus/Kalbfus Rn. 11: Anwendung der prozessualen Schutzvorschriften sei „grundsätzlich vorstellbar"). Methodisch vorzugswürdig ist es jedoch, für den jeweiligen Einzelfall zu prüfen, ob die Voraussetzungen für eine **analoge Anwendung** vorliegen.

Der **Entwurf eines Gesetzes zur Stärkung des Justizstandortes Deutschland durch 15a Einführung von Commercial Courts und der Gerichtssprache Englisch in der Zivilgerichtsbarkeit** (Justizstandort-Stärkungsgesetz) sieht eine erhebliche Ausweitung des Anwendungsbereiches der §§ 16–20 vor (RegE v. 16.8.2003, BR-Drs. 374/23). Mit **§ 273a ZPO** soll eine neue Vorschrift geschaffen werden, die einen prozessualen Schutz von Geschäftsgeheimnissen in allen der ZPO unterliegenden Zivilverfahren ermöglicht. Das Gericht soll danach auf Antrag einer Partei streitgegenständliche Informationen ganz oder teilweise als geheimhaltungsbedürftig einstufen können, wenn diese ein Geschäftsgeheimnis iSv § 2 Nr. 1 sein können; die §§ 16–20 sind danach entsprechend anzuwenden. Der Entwurf beschränkt bewusst einen Schutz von Geschäftsgeheimnissen nicht nur für Verfahren vor den neu einzurichtenden Commercial Courts, sondern der prozessuale Geheimnisschutz soll für **alle bürgerlich rechtlichen Streitig-keiten vor den Amts-, Land- und Oberlandesgerichten** und dem **BGH** gelten. Denn die Schutzbedürftigkeit eines Geschäftsgeheimnisses besteht unabhängig von der Gerichtsebene, auf der es erörtert wird (Begr. zum RefE BR-Drs. 374/23, 31).

16   Eine analoge Anwendung von § 16 kann in Betracht kommen, soweit andere gesetzliche Regelungen den **Auftrag zu einem verfahrensrechtlichen Schutz von Geschäftsgeheimnissen** enthalten. Dies betrifft bspw. den Anspruch auf Herausgabe von Beweismitteln und die Erteilung von Auskünften in kartellrechtlichen Streitfällen gemäß §§ 33g, 89b GWB. Gemäß § 89b VII GWB hat das Gericht die erforderlichen Maßnahmen zu treffen, um den im Einzelfall gebotenen Schutz von Betriebs- und Geschäftsgeheimnissen und anderen vertraulichen Informationen zu gewährleisten.

4. Vorgerichtliches Verfahren; sonstige Verfahren zur Streitbeilegung

17   Kein besonderer verfahrensrechtlicher Schutz des Geschäftsgeheimnisses besteht vor der Einleitung eines gerichtlichen Verfahrens, dh insbesondere bei einer **Abmahnung** (Laoutoumai/Baumfalk WRP 2018, 1300 (1301 ff.)).

17a   Nicht anwendbar sind die §§ 16 ff. auf **Schiedsverfahren, Schlichtungsverfahren, Mediation** oder sonstige Verfahren zu einer Streitbeilegung. In diesen Fällen müssen die Parteien durch eine Parteivereinbarung sicherstellen, dass der Schutz eines Geschäftsgeheimnisses gewahrt bleibt. Sie können sich hierfür an den gesetzlichen Vorgaben orientieren (soweit diese nach dem Regelungsinhalt passen), aber auch eigenständige Regelungen treffen, die auf die jeweiligen besonderen Interessenlagen zugeschnitten sind. Die privatautonome Gestaltungsfreiheit reicht dabei weit. Die Parteien können ein über die §§ 16 ff. hinausgehendes Schutzniveau vereinbaren, sie können aber auch hinter dem gesetzlichen Schutz zurückbleiben (speziell zu Schiedsverfahren s. auch Harte-Bavendamm/Ohly/Kalbfus/Kalbfus Vor §§ 16–20 Rn. 43 ff.; zum Vergleich des Geheimnisschutzes in Schiedsverfahren und staatlichen Gerichtsverfahren McGuire ZZPInt 24 (2019) 385 ff.). Teilweise finden sich für institutionalisierte Mediations- und Schiedsverfahren spezielle Mechanismen zum Schutz von Geschäftsgeheimnissen (zB bei der WIPO; dazu näher de Castro/Gadkowski in Trade Secrets S. 79 ff.).

B. Einstufung von Informationen als geheimhaltungsbedürftig (§ 16 I)

18   Gemäß § 16 I kann das Gericht der Hauptsache bei Klagen, durch die Ansprüche nach diesem Gesetz geltend gemacht werden (Geschäftsgeheimnisstreitsachen), auf Antrag einer Partei streit-gegenständliche Informationen ganz oder teilweise als geheimhaltungsbedürftig einstufen, wenn diese ein Geschäftsgeheimnis sein können.

I. Voraussetzungen

1. Antrag

19   § 16 I setzt den Antrag einer Partei voraus. **Antragsbefugt** sind **beide Streitparteien,** doch wird in aller Regel der Kläger bzw. – im einstweiligen Rechtsschutz – der Antragsteller ein entsprechendes Begehren an das Gericht richten. Bei einer **Streitgenossenschaft** kann jeder Streitgenosse einen Antrag stellen; bei einer **Nebenintervention** gilt § 67 ZPO (Harte-Bavendamm/Ohly/Kalbfus/Kalbfus Rn. 17; Keller/Schönknecht/Glinke/Schönknecht Rn. 21). Der Antrag zielt inhaltlich darauf ab, eine Information (oder eine Mehrzahl von Informationen) ganz oder auch nur teilweise als geheimhaltungsbedürftig einzustufen. Er muss den allgemeinen prozessualen Bestimmtheitsanforderungen entsprechen.

20   Das Gesetz sieht keinen speziellen **Zeitpunkt** für die Antragstellung vor. Ein entsprechender Antrag kann daher während des gesamten Verfahrens an das Gericht gestellt werden. In aller Regel wird der Antrag jedoch schon bei der Einleitung des Verfahrens erfolgen, um die besondere Geheimhaltung bereits von Beginn an sicherzustellen. Der Antrag auf Einstufung einer Information als geheimhaltungsbedürftig kann bereits mit dem Einreichen der Klage- bzw. Antragsschrift an das Gericht gestellt werden (ebenso Keller/Schönknecht/Glinke/Schönknecht

Rn. 22), da das Gericht gemäß § 19 I ab der **Anhängigkeit des Rechtsstreits** eine Beschränkung gemäß § 16 I anordnen kann.

Die in Art. 9 I RL (EU) 2016/943 vorgesehene Möglichkeit, dass Gerichte eine Information **21** von Amts wegen als vertraulich einstufen, ist im deutschen Recht nicht vorgesehen. Darin liegt keine fehlerhafte Umsetzung, weil es sich nur um eine **Option** handelt („Die Mitgliedstaaten können ferner die zuständigen Gerichte ermächtigen, solche Maßnahmen von Amts wegen zu ergreifen.").

2. Glaubhaftmachen

Der Antragsteller muss gemäß § 20 III glaubhaft machen, dass es sich bei der streitgegen- **22** ständlichen Information um ein Geschäftsgeheimnis handelt. Eine Behauptung ist glaubhaft gemacht, sofern eine **überwiegende Wahrscheinlichkeit** dafür besteht, dass sie zutrifft. Glaubhaft zu machen sind alle Voraussetzungen, die gemäß § 2 Nr. 1 für ein Geschäftsgeheimnis erfüllt sein müssen. Soll eine Information nur teilweise als geheimhaltungsbedürftig eingestuft werden (zB einzelne Schritte eines Herstellungsverfahrens), dann bezieht sich die Glaubhaftmachung auf den Teil der Informationen, für den der verfahrensrechtliche Geheimhaltungsschutz begehrt wird.

Den verfahrensrechtlichen Schutz genießt nach Art. 9 RL (EU) 2016/943 auch ein **„angeb-** **23** **liches Geschäftsgeheimnis".** Es ist daher möglich, dass sich im Verlauf des gerichtlichen Verfahrens herausstellt, dass die Voraussetzungen für ein Geschäftsgeheimnis iSv § 2 Nr. 1 nicht (oder nicht mehr) erfüllt sind. Dieses Risiko ist hinzunehmen, weil das Gesetz gerade verhindern will, dass die Voraussetzungen des Geheimnisschutzes schon vorab geprüft werden müssen.

Nicht erforderlich ist, dass der Antragsteller über die Voraussetzungen für das Vorliegen eines **24** Geschäftsgeheimnisses hinaus spezifische Nachteile glaubhaft macht, die sich ohne einen besonderen Schutz des Geschäftsgeheimnisses für ihn ergäben. Auch muss der Antragsteller keine besondere Schutzbedürftigkeit nachweisen (Begr. RegE, BT-Drs. 19/4724, 35). Vielmehr ergibt sich die Schutzbedürftigkeit schon aus dem Umstand, dass es sich nach dem Vorbringen des Antragstellers um ein Geschäftsgeheimnis handeln kann.

3. Streitgegenständliche Information

Als geheimhaltungsbedürftig können nur „streitgegenständliche Informationen" eingestuft **25** werden. Eine erste, wenngleich nur grobe Orientierung für die Auslegung gibt der geltende **Streitgegenstandsbegriff des Verfahrensrechts.** Typischerweise geht es um den Schutz des Geschäftsgeheimnisses selbst, dessen Verletzung in dem Verfahren geltend gemacht wird. Allerdings sollte der Begriff der streitgegenständlichen Information nicht zu eng verstanden werden, um den verfahrensrechtlichen Schutz von Geschäftsgeheimnissen nicht zu stark einzuengen (ebenso BeckOK GeschGehG/Gregor Rn. 21; Hoeren/Münker/Hauck Rn. 45; Harte-Bavendamm/Ohly/Kalbfus/Kalbfus Rn. 21 f.; Keller/Schönknecht/Glinke/Schönknecht Rn. 27). Dies entspricht auch dem Regelungsansatz von Art. 9 I 1 RL (EU) 2016/943, wonach der verfahrensrechtliche Schutz für alle Informationen gelten soll, die **Teil eines Gerichtsverfahrens** sind, das den rechtswidrigen Erwerb oder die rechtswidrige Nutzung oder Offenlegung eines Geschäftsgeheimnisses zum Gegenstand hat. Für den Anwendungsbereich von § 145 a S. 1 PatG ergibt sich aus S. 2, dass als streitgegenständliche Informationen iSv § 16 I sämtliche von Kläger und Beklagten in das Verfahren eingeführten Informationen gelten. Der Begriff der „streitgegenständlichen Information" ist danach nicht streng im Sinne des zivilprozessualen Streitgegenstandsbegriffs zu verstehen, sondern umfasst grundsätzlich alle vom Kläger und vom Beklagten im Rahmen seiner Verteidigung in das Verfahren eingeführten Informationen (Begr. RegE, BT-Drs. 19/25821, 57). Dieses weite Verständnis ist auch außerhalb des § 145a PatG zugrunde zu legen, da es keinen sachlichen Grund für eine differenzierende Auslegung gibt. Der verfahrensrechtliche Schutz kann daher alle Informationen umfassen, die in seinen Rechtsstreit als **Streitstoff** eingeführt werden oder mit diesem in einem engen Zusammenhang stehen, zB Beweismittel (Kalbfus WRP 2019, 692 (694)). Neben Informationen des Klägers und des Beklagten können auch Informationen Dritter erfasst sein, vgl. § 19 I 1 Nr. 1 (Keller/Schönknecht/Glinke/Schönknecht Rn. 28 ff.). Aufgrund eines titulierten Anspruchs zu erteilende **Auskünfte** sind keine streitgegenständlichen Informationen, denn es handelt sich dabei nicht um von einer Partei im Rahmen des Verfahrens geleisteten Vortrag, sondern um die unmittelbar an den Gläubiger zu erbringende Erfüllung eines tenorierten materiellrechtlichen Anspruchs

(OLG Düsseldorf GRUR-RS 2023, 873 Rn. 8 ff.; aA BeckOK PatR/Kirchner PatG § 145a Rn. 22 mwN).

II. Entscheidung und Verfahren

26   Die Entscheidung über die Einstufung einer Information als geheimhaltungsbedürftig trifft das **Gericht der Hauptsache.** Gemäß § 20 VI handelt es sich dabei um das Gericht des ersten Rechtszuges (Nr. 1) oder das Berufungsgericht, wenn die Hauptsache in der Berufungsinstanz anhängig ist (Nr. 2).

27   Die Einstufung von Informationen als geheimhaltungsbedürftig erfolgt **„ganz oder teilweise".** Diese Regelung ist nicht dahingehend zu verstehen, dass das Gericht bei verschiedenen Informationen qualitative Differenzierungen vornehmen kann, etwa indem es zwischen verschiedenen Geheimhaltungsgraden (zB zwischen streng geheim und geheim) unterscheidet. Vielmehr kann das Gericht gemäß § 16 I nur entscheiden, ob es die im Antrag bezeichnete(n) Information (en) als geheimhaltungsbedürftig einstuft oder nicht. Bei einer **Mehrzahl von Informationen** kann es also sämtliche Informationen als geheimhaltungsbedürftig einstufen oder nur einen Teil davon (Keller/Schönknecht/Glinke/Schönknecht Rn. 38). Die Entscheidung über die Einstufung liegt im **pflichtgemäßen Ermessen** des Gerichts („kann"), wobei sich dieses Ermessen auf das „Ob" der Einstufung bezieht (Harte-Bavendamm/Ohly/Kalbfus/Kalbfus Rn. 26) und – bei mehreren Informationen – auf die Frage, welche Informationen von der Einstufung erfasst sind. Das vom Gesetz vorgesehene Ermessen eröffnet keinen Freiraum für eine allgemeine Interessenabwägung; insbesondere darf das Gericht nicht zusätzliche Differenzierungskriterien heranziehen (BeckOK GeschGehG/Gregor Rn. 30; Hoeren/Münker/Hauck Rn. 50). Eine Versagung der Einstufung als geheimhaltungsbedürftig wird Fällen vorbehalten sein, in denen der Antrag aufgrund besonderer Umstände **missbräuchlich** ist (Hoeren/Münker/Hauck Rn. 50; Harte-Bavendamm/Ohly/Kalbfus/Kalbfus Rn. 26; Keller/Schönknecht/Glinke/Schönknecht Rn. 37). Auf der Grundlage der Einstufungsentscheidung ermöglicht § 19 in einem gewissen Umfang eine flexible Handhabung des Schutzes.

27a   Nach verbreiteter Ansicht im Schrifttum ist dann, wenn die Anforderungen an die Glaubhaftmachung erfüllt werden und ein schützenswertes Geschäftsgeheimnis vorliegt, das Ermessen vollständig oder nahezu vollständig auf null reduziert (BeckOK UWG/Gregor Rn. 30; Hoeren/Münker/Hauck Rn. 50; Harte-Bavendamm/Ohly/Kalbfus/Kalbfus Rn. 26; Hoppe/Oldekop Geschäftsgeheimnisse/Pichlmaier/Oldekop Kap. 3 Rn. 161; Keller/Schönknecht/Glinke/Schönknecht Rn. 37). Das OLG Düsseldorf (GRUR-RR 2023, 110 Rn. 6; krit. dazu Hoppe WRP 2023, 546 ff.) geht demgegenüber davon aus, dass allein der Umstand, dass eine Information ein Geschäftsgeheimnis darstellen kann, für sich genommen für eine gerichtliche Schutzanordnung, gleich welchen Inhalts, noch nicht ausreicht. Dies ergebe sich schon daraus, dass das Gesetz das Vorhandensein eines möglichen Geschäftsgeheimnisses nicht mit der unausweichlichen Pflicht des Gerichts zu einer das Geschäftsgeheimnis schützenden Anordnung verknüpfe, sondern deren Erlass – trotz des Vorliegens eines (potenziellen) Geschäftsgeheimnisses – in das Ermessen des Gerichts stelle. Über das mutmaßliche Geschäftsgeheimnis hinaus bedürfe es deswegen in jedem Einzelfall konkret zu benennender Umstände, die eine dahingehende Ermessensausübung des Gerichts rechtfertigen. Richtigerweise sind beide Ansätze miteinander zu kombinieren, da § 16 I GeschGehG **keinen Schutzautomatismus** vorsieht. Zuzustimmen ist im Ausgangspunkt dem OLG Düsseldorf, dass im erforderlichen Antrag nicht nur das Vorliegen eines Geschäftsgeheimnisses glaubhaft zu machen ist, sondern auch Umstände mitgeteilt werden müssen, die dem Gericht eine Ermessensausübung ermöglichen. Dafür spricht auch Art. 9 I RL (EU) 2016/943, wonach es eines „ordnungsgemäß begründeten Antrags" bedarf. Die Anforderungen an die im Einzelfall konkret zu benennenden Umstände, die einen prozessualen Schutz des Geschäftsgeheimnisses erforderlich erscheinen lassen, dürfen jedoch nicht zu hoch angesetzt werden. Insbesondere genügt typischerweise bereits der Nachweis des Interesses am Erhalt der Vertraulichkeit der Information während des Prozesses und danach. Sind diese Voraussetzungen erfüllt, dann wird **im Regelfall ein prozessualer Geheimnisschutz gemäß § 16 I geboten** sein, während eine Versagung der Einstufung als geheimhaltungsbedürftig Ausnahmekonstellationen vorbehalten bleibt. Hierbei ist insbesondere an Fälle zu denken, in denen der Antrag aufgrund besonderer Umstände **missbräuchlich** ist und/oder **schikanösen Charakter** hat (BeckOK UWG/Gregor Rn. 30; Hoeren/Münker/Hauck Rn. 50; Harte-Bavendamm/Ohly/Kalbfus/Kalbfus Rn. 26; Keller/Schönknecht/Glinke/Schönknecht Rn. 37).

Das vom Gesetz vorgesehene Ermessen eröffnet **keinen Freiraum für eine allgemeine und** 27b
freie Interessenabwägung; insbesondere darf das Gericht nicht zusätzliche Differenzierungskriterien heranziehen (BeckOK GeschGehG/Gregor Rn. 30; Hoeren/Münker/Hauck Rn. 50).
Auf der Grundlage der Einstufungsentscheidung ermöglicht § 19 in einem gewissen Umfang
eine flexible Handhabung des Schutzes.

Die Entscheidung des Gerichts ergeht durch einen **Beschluss** (§ 20 V 1). Aus dem Beschluss 27c
muss unmissverständlich hervorgehen, welche streitgegenständliche Information(en) als geheimhaltungsbedürftig eingestuft wird/werden.

Die sich aus der Einstufung einer Information als geheimhaltungsbedürftig ergebenden 28
Rechtsfolgen sind unmittelbar im Gesetz festgelegt (Kalbfus WRP 2019, 692 (695)). Sie
ergeben sich aus § 16 II (→ Rn. 30 ff.) und § 18, ergänzt durch die Sanktionsregelung des § 17.
Das Gericht trifft in seinem Beschluss keinen besonderen Rechtsfolgenausspruch. Gemäß
§ 20 V 2 besteht jedoch eine **Hinweispflicht.** Die gesetzlich vorgesehenen Rechtswirkungen
der Einstufung kann das Gericht nicht modifizieren, sodass es keine anderen oder zusätzliche
Rechtsfolgen als die aus § 16 II und § 18 anordnen darf.

Die Einzelheiten des Verfahrens und der rechtlichen Überprüfung des Beschlusses regelt § 20. 29
Zur zeitlichen Reichweite → Rn. 35a.

C. Pflichten (§ 16 II)

Stuft das Gericht eine streitgegenständliche Information gemäß § 16 I als geheimhaltungs- 30
bedürftig ein, dann ergeben sich die näheren Pflichten aus § 16 II. Die am Verfahren beteiligten
Personen müssen die als geheimhaltungsbedürftig eingestuften Informationen vertraulich behandeln. Sie dürfen diese Informationen außerhalb eines gerichtlichen Verfahrens nicht nutzen oder
offenlegen, es sei denn, dass sie von diesen außerhalb des Verfahrens Kenntnis erlangt haben.

I. Adressaten

Adressaten der Geheimhaltungspflichten sind nicht nur die **Parteien** (mit Ausnahme des 31
Inhabers des Geschäftsgeheimnisses), sondern alle am Verfahren Beteiligten. Dazu gehören die
Prozessvertreter der Streitparteien sowie **Zeugen, Sachverständige, sonstige Vertreter**
und alle **weiteren Personen,** die an der Geschäftsgeheimnisstreitsache beteiligt sind oder die
Zugang zu den Dokumenten eines solchen Verfahrens haben. Dies schließt das **Justizpersonal**
ebenso ein wie sonstige **Beteiligte am Prozess,** zB Streitgenossen und Nebenintervenienten.

II. Geheimhaltungspflicht

Die als geheimhaltungsbedürftig eingestuften Informationen sind gemäß § 16 II **vertraulich** 32
zu behandeln. Dies beinhaltet die **Pflicht zur Wahrung des Geheimnisses.** Insbesondere
darf die als geheimhaltungsbedürftig eingestufte Information Dritten weder ganz noch teilweise
zugänglich gemacht werden. Dies schließt auch solche Maßnahmen ein, die einen mittelbaren
Rückschluss auf die geheime Information erlauben. Weiterhin dürfen die zur Geheimhaltung
verpflichteten Personen die als geheimhaltungsbedürftig eingestuften **Informationen** außerhalb
eines gerichtlichen Verfahrens **nicht nutzen** oder **offenlegen.** Wengleich das Gesetz zwischen
der Pflicht zur vertraulichen Behandlung und dem Verbot der Nutzung und Offenlegung
unterscheidet („und"), handelt es sich in der Sache um eine **übergreifende Verpflichtung**
zum Geheimnisschutz. Der Umfang der untersagten Handlungen ergibt sich speziell für das
Nutzungs- und Offenlegungsverbot aus § 4 II und III.

Die Einstufung einer Information als geheimhaltungsbedürftig steht ihrer **Verwendung** 33
innerhalb des Verfahrens nicht entgegen (Begr. RegE, BT-Drs. 19/4724, 35). Richterinnen
und Richter, Rechtspflegerinnen und Rechtspfleger können die als vertraulich eingestuften
Informationen im Bereich ihrer Aufgaben verwenden und diese zum Beispiel zur Grundlage
eines Beweisbeschlusses machen oder im Urteil hierauf eingehen (Begr. RegE, BT-Drs. 19/
4724, 35). Das Erlangen der Information wird von § 16 II nicht erfasst. Die Verpflichtung zur
Wahrung der Vertraulichkeit besteht **unabhängig von anderen Vertraulichkeitsverpflich-**
tungen, zB aufgrund der Verschwiegenheitsverpflichtung von Beamten.

Die besondere Pflicht zur Geheimhaltung der streitgegenständlichen Information sowie zum 34
Verbot der Nutzung oder Offenlegung gemäß § 16 II besteht, wenn und soweit die verpflichte-

ten Personen **Kenntnis von dieser Information im konkreten Verfahren** erhalten haben. Dabei handelt es sich um den Regelfall, für den eine gesetzliche **Vermutung** eingreift. Die Pflichten des § 16 II werden dagegen nicht ausgelöst, wenn die Person „außerhalb des Verfahrens" von der als geheimhaltungsbedürftig eingestuften Information Kenntnis erlangt hat (§ 16 II letzter Hs.). Damit sind Fälle gemeint, in denen die genannte Person anderweitig von dem Inhalt des Geschäftsgeheimnisses erfahren hat (Begr. RegE, BT-Drs. 19/4724, 36). Diejenige Person, die sich auf diese Ausnahme beruft, muss die Umstände der anderweitigen Kenntniserlangung darlegen und beweisen. Auch in diesem Fall gelten aber die allgemeinen Vorschriften aus §§ 3–5 (Begr. RegE, BT-Drs. 19/4724, 36). Die Ausnahmeregelung setzt also voraus, dass die Kenntniserlangung ihrerseits rechtmäßig war (Büscher/McGuire Rn. 27).

III. Rechtsfolgen bei Pflichtverletzung

35   Die Rechtsfolgen einer Verletzung der Geheimhaltungspflichten gemäß § 16 II ergeben sich aus § 17. Danach kann das Gericht der Hauptsache auf Antrag einer Partei bei Zuwiderhandlungen gegen die Verpflichtungen ein **Ordnungsgeld** bis zu 100.000 Euro oder **Ordnungshaft** bis zu sechs Monaten festsetzen und sofort vollstrecken.

IV. Zeitliche Aspekte

1. Beginn

35a   Der **Beginn** der Pflichten gemäß § 16 II ist durch das Gesetz nicht näher bestimmt. Nach dem Zweck des verfahrensrechtlichen Schutzes ist auf den Zeitpunkt abzustellen, in dem das Gericht seine Entscheidung wirksam getroffen hat (Brammsen/Apel/Steinbrück/Höll Rn. 38). Nicht entscheidend ist hingegen, wann das Gericht die rechtlichen Hinweise gemäß § 20 V 2 erteilt (aA BeckOK GeschGehG/Gregor Rn. 44; Reinfeld Neues GeschGehG § 6 Rn. 56), weil anderenfalls eine zeitliche Schutzlücke entstehen könnte.

2. Dauer

35b   Die Einstufungsentscheidung durch das Gericht gilt im Grundsatz für **alle Instanzen** des Rechtsstreits (Harte-Bavendamm/Ohly/Kalbfus/Kalbfus Rn. 52; Keller/Schönknecht/Glinke/Schönknecht Rn. 64). Das Gericht kann die Maßnahmen allerdings gemäß § 20 II 2 aufheben oder abändern. Die Überprüfung der gerichtlichen Entscheidung richtet sich nach § 20 V 4 und 5.

35c   Gemäß § 19 III gelten die §§ 16 und 19 I, II entsprechend für das **Zwangsvollstreckungsverfahren.** Zudem bestehen Geheimhaltungspflichten gemäß § 18 auch nach dem **Abschluss des Verfahrens** fort.

35d   Eine **zeitliche Begrenzung** durch das Gericht wird in der Regel nicht in Betracht kommen, weil der Schutz eines Geschäftsgeheimnisses keiner festen zeitlichen Schutzschranke unterliegt, sondern von dem Vorliegen der Schutzvoraussetzungen abhängig ist (Keller/Schönknecht/Glinke/Schönknecht Rn. 65). Daher gelten die sich aus § 16 II ergebenden Pflichten – soweit nicht die in § 18 S. 2 genannten Gründe eintreten – unbefristet (Brammsen/Apel/Steinbrück/Höll Rn. 40).

D. Akteneinsicht durch Dritte (§ 16 III)

36   § 16 III soll verhindern, dass Informationen, die vom Gericht als geheimhaltungsbedürftig eingestuft sind, Dritten im Wege der Akteneinsicht zugänglich werden. Wenn das Gericht eine Entscheidung nach § 16 I getroffen hat, darf Dritten, die ein **Recht auf Akteneinsicht** haben, nur ein Akteninhalt zur Verfügung gestellt werden, in dem die Geschäftsgeheimnisse enthaltenden Ausführungen unkenntlich gemacht wurden. Die Vorschrift steht im Zusammenhang mit der allgemeinen Regelung zur Akteneinsicht durch Dritte gemäß § 299 II ZPO. § 16 III schränkt somit ein dem Grunde nach bestehendes Akteneinsichtsrecht ein.

37   Gemäß § 20 IV 1 muss derjenige, der einen Antrag nach § 16 I stellt oder nach einer Anordnung gemäß § 16 I Schriftstücke und sonstige Unterlagen einreicht oder vorlegt, diejenigen **Ausführungen kennzeichnen,** die nach ihrem Vorbringen Geschäftsgeheimnisse enthalten. Es ist folglich Sache des Antragstellers, eine entsprechend geschützte Fassung von Abschriften der eingereichten Schriftstücke herzustellen. Wird eine solche um die Geschäftsgeheimnisse reduzierte Fassung nicht vorgelegt, dann kann das Gericht gemäß § 20 IV 3 von der Zustimmung zur Einsichtnahme ausgehen, es sei denn, ihm sind besondere Umstände bekannt, die eine solche Vermutung nicht rechtfertigen.

Ordnungsmittel

17 ¹Das Gericht der Hauptsache kann auf Antrag einer Partei bei Zuwiderhandlungen gegen die Verpflichtungen nach § 16 Absatz 2 ein Ordnungsgeld bis zu 100 000 Euro oder Ordnungshaft bis zu sechs Monaten festsetzen und sofort vollstrecken. ²Bei der Festsetzung von Ordnungsgeld ist zugleich für den Fall, dass dieses nicht beigetrieben werden kann, zu bestimmen, in welchem Maße Ordnungshaft an seine Stelle tritt. ³Die Beschwerde gegen ein nach Satz 1 verhängtes Ordnungsmittel entfaltet aufschiebende Wirkung.

Übersicht

Schrifttum: s. allg. bei Vor § 1.

A. Allgemeines

I. Normzweck und Normstruktur

Mit der Einstufung einer streitgegenständlichen Information als geheimhaltungsbedürftig **1** gemäß § 16 I entstehen für die Parteien und ihre Prozessvertreter, Zeugen, Sachverständige, sonstige Vertreter sowie alle weiteren Personen, die an Geschäftsgeheimnisstreitsachen beteiligt sind oder die Zugang zu den Dokumenten eines solchen Verfahrens haben, besondere Verhaltenspflichten (§ 16 II). Diese umfassen neben der Wahrung der Vertraulichkeit ein Nutzungs- und Offenlegungsverbot. § 17 sichert die Einhaltung dieser Verpflichtungen durch die Androhung von Ordnungsmitteln (Ordnungsgeld oder Ordnungshaft) für den Fall einer Zuwiderhandlung.

S. 1 und 2 legen die Ordnungsmittel fest. Ergänzend ergibt sich aus S. 3, dass eine Beschwerde **2** gegen die Anordnung der Maßnahme nach S. 1 aufschiebende Wirkung hat.

II. Entstehung und unionsrechtliche Vorgaben

Da das alte Recht keinen besonderen verfahrensrechtlichen Geheimnisschutz kannte, gab es **3** keine mit § 17 vergleichbare Bestimmung. Der RefE sah in § 16 eine Sanktionierung von Verstößen gegen die Vertraulichkeitspflichten vor, beschränkte das Ordnungsgeld jedoch auf einen Höchstbetrag von 1.000 Euro und die Ordnungshaft auf eine Höchstlänge von einer Woche. Diese Regelung stieß auf Kritik, weil sie gerade bei besonders wertvollen Geschäftsgeheimnissen keinen nennenswerten Abschreckungseffekt entfaltet hätte (Druschel/Jauch BB 2018, 1218 (1222); Schlingloff WRP 2018, 666 (670)). Der **RegE** (BT-Drs. 19/4724) korrigierte die Regelung in § 17 und erhöhte den Rahmen des zu verhängenden Ordnungsgeldes und der zu verhängenden Ordnungshaft auf den jetzt geltenden Umfang (dazu krit. Brammsen BB 2018, 2446 (2450)). S. 3 wurde auf Anregung des Bundesrates unter Hinweis auf § 570 I ZPO eingefügt (Stellungnahme BR, BT-Drs. 19/4724, 47). Es sei die Klarstellung geboten, dass trotz der in § 17 S. 1 vorgesehenen sofortigen Vollstreckung die aufschiebende Wirkung einer Beschwerde bestehen bleibe (Beschlussempfehlung und Bericht, BT-Drs. 19/8300, 15).

4   Für § 17 gibt es keine spezifische Vorgabe in der RL (EU) 2016/943. Die Vorschrift findet ihre unionsrechtliche Grundlage jedoch in der allgemeinen Bestimmung des **Art. 16 RL (EU) 2016/943** (Begr. RegE, BT-Drs. 19/4724, 36), wonach die Mitgliedstaaten dazu verpflichtet sind, für den wirksamen Schutz von Geschäftsgeheimnissen im Verfahren Sorge zu tragen:

„Die Mitgliedstaaten stellen sicher, dass die zuständigen Gerichte allen Personen, die es versäumen oder ablehnen, einer der gemäß den Artikeln 9, 10 und 12 erlassenen Maßnahme nachzukommen, Sanktionen auferlegen können.

Im Rahmen der Sanktionen wird unter anderem die Möglichkeit vorgesehen, im Falle einer Nichtbefolgung einer der gemäß den Artikeln 10 und 12 erlassenen Maßnahme wiederholt zu zahlende Zwangsgelder zu verhängen.

Die Sanktionen müssen wirksam, verhältnismäßig und abschreckend sein."

III. Funktion und Auslegung

5   § 17 dient der **Sanktionierung** von Verstößen gegen die prozessualen Geheimhaltungspflichten. Erst das Vorhandensein wirksamer Sanktionsinstrumente kann einen wirksamen verfahrensrechtlichen Schutz von Geschäftsgeheimnissen sicherstellen. Die Auslegung kann sich an den verfahrensrechtlichen Grundsätzen des nationalen Rechts orientieren, insbesondere auch an der Rspr. zu § 890 ZPO (→ Rn. 9 f.), da § 17 in Anlehnung an § 890 ZPO entworfen wurde. § 17 ist **unionsrechtskonform** auszulegen, allerdings besteht ein erweiterter Auslegungsspielraum, weil Art. 16 RL (EU) 2016/943 nicht zu den vollharmonisierenden Regelungen gehört (vgl. Art. 1 I UAbs. 2 RL (EU) 2016/943).

IV. Anwendungsbereich

6   Der Anwendungsbereich von § 17 erstreckt sich auf die Pflichten, die gemäß § 16 II durch die Einstufung einer Information als geheimhaltungsbedürftig nach § 16 I begründet werden. Dies gilt zunächst für das **laufende Verfahren**, in dem die Einstufung erfolgt ist. Darüber hinaus findet § 17 Anwendung, soweit das Gesetz den Geltungsbereich der Pflichten aus § 16 II über das laufende Verfahren hinaus erweitert. So begründet **§ 18** fortwirkende Pflichten für den Zeitraum **nach dem Verfahrensabschluss** (→ § 18 Rn. 7 ff.). Verstöße gegen diese Pflichten können – entgegen der in den amtlichen Materialien geäußerten Auffassung (Gegenäußerung der BR, BT-Drs.19/4724, 50 f.) – ebenfalls mit den Ordnungsmitteln gemäß § 17 geahndet werden (Harte-Bavendamm/Ohly/Kalbfus/Kalbfus Rn. 8 ff.; Reinfeld Neues GeschGehG § 6 Rn. 62; BeckOK GeschGehG/Gregor Rn. 9b). Denn anderenfalls wäre der von der RL (EU) 2016/943 geforderte wirksame prozessuale Schutz von Geschäftsgeheimnissen nicht sichergestellt (Harte-Bavendamm/Ohly/Kalbfus/Kalbfus Rn. 9). Ebenfalls anzuwenden ist § 17 bei Verstößen gegen die gemäß **§ 19 III** bestehenden Verpflichtungen innerhalb des **Zwangsvollstreckungsverfahrens** (→ § 19 Rn. 42 ff.).

B. Ordnungsgeld oder Ordnungshaft (S. 1 und 2)

7   Gemäß § 17 S. 1 kann das Gericht auf Antrag bei Zuwiderhandlungen gegen die Verpflichtungen aus § 16 II ein Ordnungsgeld bis zu 100.000 Euro oder Ordnungshaft bis zu sechs Monaten festsetzen und sofort vollstrecken.

I. Voraussetzungen

1. Zuwiderhandlungen gegen § 16 II

8   Es muss eine Zuwiderhandlung gegen die Verpflichtungen aus § 16 II erfolgt sein. Erfasst sind damit alle Maßnahmen, durch die die Vertraulichkeit der vom Gericht als geheimhaltungs-

bedürftig eingestuften Informationen verletzt und die geschützte Information außerhalb des gerichtlichen Verfahrens genutzt oder offengelegt wurde.

2. Verschulden

Der Gesetzeswortlaut des § 17 enthält kein ausdrückliches Verschuldenserfordernis. Allerdings **9** lässt sich eine Parallele zu § 890 ZPO ziehen (vgl. auch Büscher/McGuire Rn. 7). Für diese Vorschrift ist anerkannt, dass eine **schuldhafte Zuwiderhandlung** vorliegen muss (vgl. BVerf-GE 58, 159 (162) = NJW 1981, 2457; BVerfGE 84, 82 = NJW 1991, 3139; BVerfG NJW-RR 2007, 860 (861); s. auch → UWG § 12 Rn. 5.5 ff.). Ein Verschulden ist für § 890 ZPO erforderlich, weil diese Vorschrift strafrechtliche Elemente aufweist. Die verhängte Strafe stellt nicht nur ein Zwangsmittel dar, sondern dient auch der Sühne einer begangenen Zuwiderhandlung (vgl. BVerfGE 20, 323 (332) = NJW 1967, 195). Daher setzt die Festsetzung von Ordnungsmitteln ein Verschulden voraus (vgl. BVerfGE 20, 323 (332) = NJW 1967, 195; BVerfGE 58, 159 (161 ff.) = NJW 1981, 2457; BVerfGE 84, 82 (87) = NJW 1991, 3139).

Die für § 890 ZPO geltenden Wertungen lassen sich auf § 17 übertragen, da auch diese **10** Vorschrift der Sanktionierung von Rechtsverstößen dient und einen **pönalen Charakter** hat (→ Rn. 5). Folglich ist eine **schuldhafte Zuwiderhandlung** erforderlich (ebenso Hoeren/Münker/Bühling Rn. 26 ff.; BeckOK GeschGehG/Gregor Rn. 6 ff.; Harte-Bavendamm/Ohly/Kalbfus/Kalbfus Rn. 6; Keller/Schönknecht/Glinke/Schönknecht Rn. 13). Ein Verschulden ist bei einem vorsätzlichen oder fahrlässigen Verhalten gegeben. Ist der nach § 20 V 2 erforderliche Hinweis des Gerichts auf die vom Gesetz ausgelösten Pflichten unterblieben, dann ist ein Verschulden gleichwohl nicht ausgeschlossen (Keller/Schönknecht/Glinke/Schönknecht Rn. 14).

Bei juristischen Personen ist das Verschulden der für sie verantwortlich handelnden Personen **11** iSd §§ 31, 89 BGB (analog) maßgebend (BVerfG GRUR 2007, 618 Rn. 11). Das Verschulden Dritter muss sich die juristische Person, die die Unterlassungspflicht trifft, grundsätzlich nicht zurechnen lassen (vgl. BVerfGE 20, 323 (336) = NJW 1967, 195). Ein eigenes Verschulden kann aber aus einem **Organisationsverschulden** ergeben (Harte-Bavendamm/Ohly/Kalbfus/Kalbfus Rn. 6; BeckOK GeschGehG/Gregor Rn. 7), also daraus, dass die verpflichtete Person nicht das zur Unterbindung von Verstößen gegen das Unterlassungsgebot Mögliche und Zumutbare unternommen hat (vgl. BVerfG GRUR 2007, 618 Rn. 13).

3. Antrag

Die Entscheidung des Gerichts erfolgt auf Antrag einer Partei. **Antragsberechtigt** ist die **12** Partei, die durch die Zuwiderhandlung gegen die Pflichten aus § 16 II in ihren Interessen betroffen ist. Die Anforderungen an den Antrag entsprechen denen im Lauterkeitsrecht (→ UWG § 12 Rn. 5.9).

4. Beweislast

Es ist der Vollbeweis für das Vorliegen der Voraussetzungen für das Verhängen eines Ord- **12a** nungsmittels zu führen (Harte-Bavendamm/Ohly/Kalbfus/Kalbfus Rn. 19). Die Beweislast richtet sich nach den Grundsätzen, die im Lauterkeitsrecht gelten (→ UWG § 12 Rn. 5.8; zu möglichen Beweiserleichterungen Keller/Schönknecht/Glinke/Schönknecht Rn. 15).

II. Einzelheiten zum Verfahren und zu den Ordnungsmitteln

Zuständig ist das Gericht der Hauptsache (§ 20 VI → § 20 Rn. 26). Das Gericht setzt ein **13** Ordnungsgeld von bis zu 100.000 Euro oder Ordnungshaft von bis zu sechs Monaten fest. Diese Festsetzung erfolgt durch einen **Beschluss** des Gerichts. Gemäß § 17 S. 2 muss das Gericht bei der Festsetzung von Ordnungsgeld zugleich für den Fall, dass dieses nicht beigetrieben werden kann, bestimmen, in welchem Maße Ordnungshaft an die Stelle des Ordnungsgeldes tritt. Das Ordnungsmittel kann **sofort vollstreckt** werden.

Im Unterschied zu § 890 II ZPO ist eine besondere Androhung des Ordnungsmittels nicht **13a** erforderlich. Die mit der Androhung verbundene Warnfunktion wird schon durch den verpflichtenden **Hinweis des Gerichts auf die Sanktionen des § 17** verwirklicht. Denn das Gericht muss im Falle der Stattgabe des Antrags auf Einstufung einer Information als geheimhaltungsbedürftig gemäß § 20 V 2 auf die „Folgen der Zuwiderhandlung nach § 17" hinweisen.

Verhängt das Gericht ein Ordnungsgeld gegen eine **ausländische Partei,** dann handelt es sich um eine **Zivil- und Handelssache,** die dem Anwendungsbereich der Art. 36 ff. Brüssel Ia-VO bzw. den Art. 31 ff. LugÜ unterfällt (Büscher/McGuire Rn. 11; vgl. auch EuGH Slg. 2011, I-9800 = GRUR 2012, 848 Rn. 41 ff. – Realchemie Nederland zu § 890 ZPO).

14   Der Höchstrahmen des Ordnungsgeldes von bis zu 100.000 Euro soll der **Abschreckung** dienen (Begr. RegE, BT-Drs. 19/4724, 36). Dieser Betrag liegt allerdings deutlich unter der Höchstgrenze des § 890 I ZPO. Diese Abweichung erklärt sich aus der Überlegung, dass die Einstufung nach § 16 I auch für streitgegenständliche Informationen erfolgen kann, die letztlich nicht die Anforderungen von § 2 Nr. 1 erfüllen, also keine echten, sondern nur angebliche Geschäftsgeheimnisse sind. Für vertrauliche Informationen, die alle Voraussetzungen eines echten Geschäftsgeheimnisses erfüllen, erscheint der Höchstsatz jedoch vergleichsweise niedrig, wenn man bedenkt, dass Geschäftsgeheimnisse oftmals einen beträchtlichen Teil des Unternehmensvermögens darstellen (krit. auch Dumont BB 2018, 2441 (2445)).

III. Rechtsbehelf

14a   Als Rechtsbehelf gegen die Verhängung eines Ordnungsmittels oder dessen Ablehnung ist die **sofortige Beschwerde** (§ 567 I ZPO, § 793 ZPO; vgl. auch § 17 S. 3; → Rn. 16) statthaft (Harte-Bavendamm/Ohly/Kalbfus/Kalbfus Rn. 21 ff.; Keller/Schönknecht/Glinke/Schönknecht Rn. 33 f.).

IV. Verhältnis zu anderen Sanktionen

15   Andere Sanktionen sind neben einem Ordnungsgeld oder einer Ordnungshaft gemäß § 17 **nicht ausgeschlossen** (Kalbfus WRP 2019, 692 (696)). Liegt in der Verletzung der Pflicht aus § 16 II zugleich eine Rechtsverletzung iSv § 4 II und III, dann können zum einen die **privatrechtlichen Ansprüche** gemäß §§ 6 ff. eingreifen (Harte-Bavendamm/Ohly/Kalbfus/Kalbfus Rn. 26 f.). Zum anderen kann ein **strafbares Verhalten** gegeben sein. Neben einer Strafbarkeit gemäß § 23 I–IV kommen – je nach den Umständen des Einzelfalls – auch weitere Strafvorschriften in Betracht (Harte-Bavendamm/Ohly/Kalbfus/Kalbfus Rn. 28 ff.).

C. Aufschiebende Wirkung einer Beschwerde (S. 3)

16   § 17 S. 3 dient der Klarstellung, dass der Gesetzgeber nicht von dem Grundsatz des § 570 I ZPO abweichen wollte, wonach die Beschwerde nur dann aufschiebende Wirkung entfaltet, wenn sie die Festsetzung eines Ordnungs- oder Zwangsmittels zum Gegenstand hat (Stellungnahme des BR, BT-Drs. 19/4724, 47). Ob diese Regelung im Interesse eines wirksamen prozessualen Schutzes des Geschäftsgeheimnisses zweckmäßig ist, unterliegt Zweifeln.

Geheimhaltung nach Abschluss des Verfahrens

18   [1] Die Verpflichtungen nach § 16 Absatz 2 bestehen auch nach Abschluss des gerichtlichen Verfahrens fort. [2] Dies gilt nicht, wenn das Gericht der Hauptsache das Vorliegen des streitgegenständlichen Geschäftsgeheimnisses durch rechtskräftiges Urteil verneint hat oder sobald die streitgegenständlichen Informationen für Personen in den Kreisen, die üblicherweise mit solchen Informationen umgehen, bekannt oder ohne Weiteres zugänglich werden.

Übersicht

Schrifttum: s. allg. bei Vor § 1.

A. Allgemeines

I. Normzweck und Normstruktur

Hat das Gericht gemäß § 16 I eine streitgegenständliche Information als geheimhaltungs- **1** bedürftig eingestuft, dann besteht ein Schutzbedürfnis nicht nur innerhalb eines laufenden Verfahrens, sondern auch nach dessen Abschluss. § 18 S. 1 erstreckt daher die Verpflichtung zur Wahrung der Vertraulichkeit gemäß § 16 II auf den Zeitraum nach dem Verfahrensabschluss, sofern nicht besondere Umstände vorliegen (S. 2).

II. Entstehung und unionsrechtliche Vorgaben

Das alte Recht kannte eine § 18 entsprechende Regelung zum Schutz von Geschäftsgeheim- **2** nissen nach dem Abschluss eines Verfahrens nicht. Der **RefE** sah eine spezielle Vorschrift in § 17 vor. Der **RegE** (BT-Drs. 19/4724) übernahm diese Fassung mit ganz geringfügigen redaktionellen Anpassungen als § 18. Im weiteren Verlauf des Gesetzgebungsverfahrens ergaben sich keine Änderungen.

§ 18 dient der Umsetzung von **Art. 9 I UAbs. 2 RL (EU) 2016/943.** Die Richtlinie **3** erweitert durch diese Bestimmung den Schutzbereich von Art. 9 I UAbs. 1 RL (EU) 2016/943, der im deutschen Recht in § 16 umgesetzt ist. Art. 9 I UAbs. 2 RL (EU) 2016/943 hat den folgenden Wortlaut:

„Die in Unterabsatz 1 genannte Verpflichtung besteht auch nach Abschluss des Gerichtsverfahrens weiter fort. Die Verpflichtung endet jedoch, wenn eine der folgenden Situationen eintritt:

a) Im Rahmen einer rechtskräftigen Entscheidung wird festgestellt, dass das angebliche Geschäftsgeheimnis nicht die in Artikel 2 Nummer 1 genannten Kriterien erfüllt, oder
b) im Laufe der Zeit werden die in Frage stehenden Informationen für Personen in den Kreisen, die üblicherweise mit der betreffenden Art von Informationen umgehen, allgemein bekannt oder ohne weiteres zugänglich."

III. Funktion und Auslegung

§ 18 ergänzt und komplettiert den durch § 16 II gewährleisteten verfahrensrechtlichen Schutz **4** von Geschäftsgeheimnissen. Die Regelung stellt sicher, dass der **Geheimnisschutz** nicht mit dem Verfahrensabschluss erlischt, sondern nach dem Verfahrensende **fortbesteht.** Das geltende Verfahrensrecht sieht in § 174 GVG zwar ebenfalls Geheimhaltungspflichten vor (vgl. Büscher/ McGuire Rn. 1; McGuire GRUR 2015, 424 (433)), doch ist der Anwendungsbereich dieser Regelung begrenzt. Zudem schützt diese Vorschrift gerade nicht vor der eigenen Nutzung von vertraulichen Informationen.

Da § 18 seine Grundlage in der RL (EU) 2016/943 findet, ist eine **richtlinienkonforme** **5** **Auslegung** geboten. Der Auslegungsspielraum im nationalen Recht ist jedoch begrenzt, weil Art. 9 I UAbs. 2 RL (EU) 2016/943 zu den vollharmonisierenden Vorschriften der Richtlinie gehört (vgl. Art. 1 I UAbs. 2 RL (EU) 2016/943).

IV. Anwendungsbereich

Der Anwendungsbereich von § 18 erstreckt sich auf **Geschäftsgeheimnisstreitsachen** und **6** ist deckungsgleich mit dem von § 16 (→ § 16 Rn. 12–17). § 18 gilt für alle Informationen, die das Gericht in einem konkreten Verfahren gemäß § 16 I als vertraulich eingestuft hat. Für den Zeitraum nach dem Abschluss eines Zwangsvollstreckungsverfahrens, für das gemäß § 19 III ebenfalls ein Geheimhaltungsschutz gilt, ist die Fortgeltung der Geheimhaltungspflichten nicht noch einmal gesondert angeordnet, denn insoweit bleibt es bei der ohnehin geltenden Pflicht gemäß § 18.

B. Pflichten nach Abschluss des Verfahrens

I. Grundsatz (S. 1)

7   Die Verpflichtungen gemäß § 16 II bestehen nicht nur während, sondern auch nach Abschluss des gerichtlichen Verfahrens. Voraussetzung hierfür ist, dass die Einstufung der streitgegenständlichen Information als geheimhaltungsbedürftig gemäß § 16 I zwischenzeitlich nicht aufgehoben wurde oder ein Ausnahmefall nach S. 2 vorliegt.

8   § 18 gilt nicht nur im Fall des **Obsiegens** des Inhabers des Geschäftsgeheimnisses im konkreten Verfahren, sondern auch in weiteren Fällen, in denen nach dem Abschluss des Verfahrens ein Schutzbedürfnis für die vertrauliche Information besteht. Ein solches Bedürfnis kann zB dann gegeben sein, wenn der Inhaber des Geschäftsgeheimnisses im Streitfall **unterliegt**, so etwa, wenn zwar die Voraussetzungen eines Geschäftsgeheimnisses erfüllt sind, aber keine Rechtsverletzung vorliegt, weil die Voraussetzungen von § 3 oder § 5 erfüllt oder weil die Voraussetzungen eines konkreten Verletzungstatbestands nach § 4 nicht verwirklicht sind (Büscher/McGuire Rn. 9).

9   Unerheblich ist weiter, wie das Verfahren seinen Abschluss gefunden hat. Dies kann durch ein **Urteil** geschehen, aber zB auch durch eine privatautonome Vereinbarung in Form des Abschlusses eines **Vergleichs**. Im zuletzt genannten Fall des Vergleichs können die Parteien eine von § 18 abweichende Regelung treffen (Begr. RegE, BT-Drs. 19/4724, 36).

II. Ausnahmen (S. 2)

10   Die Pflicht zur Geheimhaltung nach dem Abschluss des Verfahrens besteht nicht bzw. nicht mehr, wenn das Gericht der Hauptsache das Vorliegen des streitgegenständlichen Geschäftsgeheimnisses durch rechtskräftiges Urteil verneint hat (erster Fall → Rn. 11) oder sobald die streitgegenständlichen Informationen für Personen in den Kreisen, die üblicherweise mit solchen Informationen umgehen, bekannt oder ohne Weiteres zugänglich werden (zweiter Fall → Rn. 12 ff.). In beiden Fällen **entfällt das Schutzbedürfnis**, weil die Information nicht als Geschäftsgeheimnis geschützt ist und damit die Grundlage für einen besonderen verfahrensrechtlichen Schutz der Vertraulichkeit entfällt.

1. Rechtskräftiges Verneinen eines Geschäftsgeheimnisses

11   Der **erste Fall** beruht auf der Entscheidung des Gerichts der Hauptsache (vgl. § 20 VI), in der es das Vorliegen eines Geschäftsgeheimnisses verneint. Dabei ist unerheblich, an welcher der Voraussetzungen des § 2 Nr. 1 der Schutz des Geschäftsgeheimnisses scheitert. Diese Entscheidung des Gerichts muss rechtskräftig geworden sein. Es genügt, wenn das Gericht „im Rahmen einer rechtskräftigen Entscheidung" festgestellt hat, dass die Voraussetzungen eines Geschäftsgeheimnisses nicht vorliegen (vgl. Art. 9 I UAbs. 2 lit. a Richtlinie (EU) 2016/943). Die Feststellungen zum Geschäftsgeheimnisschutz müssen nicht an der materiellen Rechtskraft der Entscheidung teilnehmen, sodass auch Aussagen zu Vorfragen und präjudiziellen Rechtsverhältnissen genügen, auf die sich die materielle Rechtskraft nicht erstreckt (Harte-Bavendamm/Ohly/Kalbfus/Kalbfus Rn. 12 ff.). Im Falle der Wiederaufnahme eines rechtskräftig abgeschlossenen Verfahrens gemäß §§ 578 ff. ZPO lebt die Verpflichtung aus § 16 II nicht automatisch wieder auf (ebenso BeckOK GeschGehG/Gregor Rn. 7).

2. Entfallen der Geheimnisvoraussetzung gemäß § 2 Nr. 1 lit. a

12   Der **zweite Fall** betrifft das Entfallen der Voraussetzungen gemäß § 2 Nr. 1 lit. a. Da Information nur dann als Geschäftsgeheimnis geschützt ist, wenn und solange sie geheim ist, entfällt der rechtliche Schutz konsequenterweise mit dem Wegfall der Geheimhaltung, indem das Geschäftsgeheimnis bekannt oder ohne Weiteres zugänglich wird. Ohne die Regelung des § 18 S. 2 wäre zwar keine Rechtsverletzung gemäß § 4 mehr möglich, jedoch könnte ein Ordnungsmittel gemäß § 17 verhängt werden (Büscher/McGuire Rn. 12).

13   Das Bekanntwerden der Information darf allerdings nicht auf einer **Verletzungshandlung** iSv § 4 und/oder einem **Verstoß gegen die Pflicht aus § 16 II** beruhen. Denn es wäre eine ungerechtfertigte Privilegierung, wenn sich derjenige, der den Schutz des Geschäftsgeheimnisses bricht, hieraus einen Vorteil ableiten könnte (ebenso BeckOK GeschGehG/Gregor Rn. 8;

Hoeren/Münker/Hauck Rn. 8; Keller/Schönknecht/Glinke/Schönknecht Rn. 15; aA Harte-Bavendamm/Ohly/Kalbfus/Kalbfus Rn. 22; Brammsen/Apel/Steinbrück/Höll Rn. 17). Diese Wertung kommt auch in ErwGr. 27 RL (EU) 2016/943 zum Ausdruck, wonach der Schutz nach dem Abschluss des Verfahrens nicht mehr bestehen sollte, „wenn die ursprünglich dem Geschäftsgeheimnis unterliegenden Informationen aus Gründen, die nicht der Antragsgegner zu vertreten hat, allgemein zugänglich geworden sind".

Da § 18 S. 2 Fall 2 ausdrücklich nur den Fall des Bekannt- bzw. Zugänglichwerdens des **14** Geschäftsgeheimnisses erfasst, führt ein **Wegfall der sonstigen Voraussetzungen eines Geschäftsgeheimnisses gemäß § 2 Nr. 1 lit. b und c** nicht zum Erlöschen der Pflichten aus § 16 II (Keller/Schönknecht/Glinke/Schönknecht Rn. 16; aA Hoeren/Münker/Hauck Rn. 8; Reinfeld Neues GeschGehG § 6 Rn. 58). Die unterschiedliche Behandlung lässt sich mit der Überlegung rechtfertigen, dass sich der Wegfall der Voraussetzung gemäß § 2 Nr. 1 lit. a regelmäßig einfacher feststellen lässt, als zB das Fehlen von angemessenen Geheimhaltungsmaßnahmen oder das (Fort-)Bestehen eines berechtigten Interesses (Keller/Schönknecht/Glinke/Schönknecht Rn. 16).

3. Wegfall der Vertraulichkeitspflicht

In den Fällen des § 18 S. 2 entfällt die gemäß § 16 II bestehende Vertraulichkeitspflicht **kraft** **15** **gesetzlicher Anordnung** ab dem Zeitpunkt, in dem die jeweiligen Voraussetzungen für den Ausnahmetatbestand erfüllt sind (Keller/Schönknecht/Glinke/Schönknecht Rn. 12 und 17). Eine besondere Aufhebungsentscheidung durch das Gericht ist weder notwendig noch gesetzlich vorgesehen. Teilweise wird die Möglichkeit befürwortet, zur Klarstellung der Rechtslage einen Antrag gemäß § 20 II 2 zu stellen (Keller/Schönknecht/Glinke/Schönknecht Rn. 12). Vorzugswürdig dürfte es jedoch sein, eine **(negative) Feststellungsentscheidung** zuzulassen (zu den verschiedenen prozessualen Möglichkeiten Harte-Bavendamm/Ohly/Kalbfus/Kalbfus Rn. 23).

4. Sonstige Fälle

In den nicht von § 18 S. 2 erfassten Fällen hat der Verpflichtete die Möglichkeit eines Antrags **16** auf Aufhebung der Maßnahmen gemäß **§ 20 II 2.** Eine spezielle Einschränkung der Vertraulichkeitspflicht enthält zudem **§ 16 II letzter Hs.** (→ § 16 Rn. 34).

Weitere gerichtliche Beschränkungen

19 (1) ¹Zusätzlich zu § 16 Absatz 1 beschränkt das Gericht der Hauptsache zur Wahrung von Geschäftsgeheimnissen auf Antrag einer Partei den Zugang ganz oder teilweise auf eine bestimmte Anzahl von zuverlässigen Personen

1. zu von den Parteien oder Dritten eingereichten oder vorgelegten Dokumenten, die Geschäftsgeheimnisse enthalten können, oder
2. zur mündlichen Verhandlung, bei der Geschäftsgeheimnisse offengelegt werden könnten, und zu der Aufzeichnung oder dem Protokoll der mündlichen Verhandlung.

²Dies gilt nur, soweit nach Abwägung aller Umstände das Geheimhaltungsinteresse das Recht der Beteiligten auf rechtliches Gehör auch unter Beachtung ihres Rechts auf effektiven Rechtsschutz und ein faires Verfahren übersteigt. ³Es ist jeweils mindestens einer natürlichen Person jeder Partei und ihren Prozessvertretern oder sonstigen Vertretern Zugang zu gewähren. ⁴Im Übrigen bestimmt das Gericht nach freiem Ermessen, welche Anordnungen zur Erreichung des Zwecks erforderlich sind.

(2) Wenn das Gericht Beschränkungen nach Absatz 1 Satz 1 trifft,

1. kann die Öffentlichkeit auf Antrag von der mündlichen Verhandlung ausgeschlossen werden und
2. gilt § 16 Absatz 3 für nicht zugelassene Personen.

(3) Die §§ 16 bis 19 Absatz 1 und 2 gelten entsprechend im Verfahren der Zwangsvollstreckung, wenn das Gericht der Hauptsache Informationen nach § 16 Absatz 1 als geheimhaltungsbedürftig eingestuft oder zusätzliche Beschränkungen nach Absatz 1 Satz 1 getroffen hat.

Übersicht

Schrifttum: s. allg. bei Vor § 1.

A. Allgemeines

I. Normzweck und Normstruktur

1   Der verfahrensrechtliche Schutz von Geschäftsgeheimnissen ist zweistufig konzipiert. Gemäß § 16 I kann das Gericht auf Antrag eine streitgegenständliche Information als geheimhaltungsbedürftig einstufen (→ § 16 Rn. 1–4). Zusätzlich zu diesem Basisschutz kann das Gericht sodann gemäß § 19 I, II auf Antrag weitere Beschränkungen anordnen, um den Schutz des Geschäftsgeheimnisses sicherzustellen.

2   § 19 I bildet die Grundnorm für den **erweiterten verfahrensrechtlichen Geheimnisschutz.** Gemäß § 19 I 1 ist zwischen zwei Maßnahmebereichen zu unterscheiden: Das Gericht kann Zugangsbeschränkungen für Personen zu Dokumenten vorsehen (§ 19 I 1 Nr. 1) oder den Zugang zur mündlichen Verhandlung sowie zum Protokoll einschränken (§ 19 I 1 Nr. 2). § 19 I 2–4 legt die hierfür geltenden Kriterien und Grenzen der Entscheidung fest. Nach § 19 II können ergänzend zu § 19 I 1 weitere Maßnahmen getroffen werden. § 19 III bestimmt schließlich, dass die nach § 16 und § 19 I, II getroffenen Maßnahmen auch im Zwangsvollstreckungsverfahren gelten.

II. Entstehung und unionsrechtliche Vorgaben

3   Vor dem Inkrafttreten des GeschGehG gab es im deutschen Verfahrensrecht keine mit § 19 vergleichbaren spezifischen Instrumente zum Schutz von Geschäftsgeheimnissen. Es galten nur die allgemeinen Bestimmungen zu Zugangsbeschränkungen und zum Ausschluss der Öffentlichkeit. Der **RefE** sah bereits den zweistufigen Verfahrensschutz vor. Anknüpfend an den verfahrensrechtlichen Basisschutz gemäß § 15 waren die Regelungen zu weiteren gerichtlichen Beschränkungen in § 18 vorgesehen. Der **RegE** (BT-Drs. 19/4724) präzisierte und erweiterte diese Schutzmöglichkeiten in § 19. Im weiteren Gesetzgebungsverfahren wurde § 19 I 1 dahingehend ergänzt, dass sich die gerichtliche Beschränkung „auf eine bestimmte Anzahl" von „zuverlässigen" Personen beziehen muss (Beschlussempfehlung und Bericht, BT-Drs. 19/8300, 15). Der Gesetzgeber wollte damit der in der Sachverständigenanhörung geäußerten Befürchtung entgegentreten, durch unzuverlässige Personen könne die Geheimhaltung von Geschäftsgeheimnissen im Verfahren trotz der gerichtlichen Maßnahmen gefährdet sein.

§ 19 dient der Umsetzung von **Art. 9 II und III RL (EU) 2016/943.** Die unionsrechtlichen **4** Bestimmungen haben den folgenden Wortlaut:

„(2) Die Mitgliedstaaten stellen des Weiteren sicher, dass die zuständigen Gerichte auf ordnungsgemäß begründeten Antrag einer Partei spezifische Maßnahmen treffen können, die erforderlich sind, um die Vertraulichkeit eines Geschäftsgeheimnisses oder eines angeblichen Geschäftsgeheimnisses zu wahren, das im Laufe eines Gerichtsverfahrens im Zusammenhang mit dem rechtswidrigen Erwerb oder der rechtswidrigen Nutzung oder Offenlegung eines Geschäftsgeheimnisses genutzt oder auf das in diesem Rahmen Bezug genommen wird. Die Mitgliedstaaten können ferner die zuständigen Gerichte ermächtigen, solche Maßnahmen von Amts wegen zu ergreifen.

Die in Unterabsatz 1 genannten Maßnahmen sehen mindestens die Möglichkeit vor,

a) den Zugang zu von den Parteien oder Dritten vorgelegten Dokumenten, die Geschäftsgeheimnisse oder angebliche Geschäftsgeheimnisse enthalten, ganz oder teilweise auf eine begrenzte Anzahl von Personen zu beschränken;

b) den Zugang zu Anhörungen, bei denen unter Umständen Geschäftsgeheimnisse oder angebliche Geschäftsgeheimnisse offengelegt werden, und zu der entsprechenden Aufzeichnung oder Mitschrift dieser Anhörungen auf eine begrenzte Anzahl von Personen zu beschränken;

c) Personen, die nicht der begrenzten Anzahl von Personen nach den Buchstaben a und b angehören, eine nicht vertrauliche Fassung einer gerichtlichen Entscheidung bereitzustellen, in der die Geschäftsgeheimnisse enthaltenden Passagen gelöscht oder geschwärzt wurden.

Die Anzahl der Personen nach Unterabsatz 2 Buchstaben a und b darf nicht größer sein, als zur Wahrung des Rechts der Verfahrensparteien auf einen wirksamen Rechtsbehelf und ein faires Verfahren erforderlich ist, und muss mindestens eine natürliche Person jeder Partei und ihre jeweiligen Rechtsanwälte oder sonstigen Vertreter dieser Gerichtsverfahrensparteien umfassen.

(3) Bei der Entscheidung über die Maßnahmen gemäß Absatz 2 und der Beurteilung ihrer Verhältnismäßigkeit berücksichtigen die zuständigen Gerichte die Notwendigkeit, das Recht auf einen wirksamen Rechtsbehelf und ein faires Verfahren zu gewährleisten, die legitimen Interessen der Parteien und gegebenenfalls etwaiger Dritter sowie den möglichen Schaden, der einer der Parteien und gegebenenfalls etwaigen Dritten durch die Gewährung oder Ablehnung dieser Maßnahmen entstehen kann."

Art. 9 II ist als eine Konkretisierung des allgemeinen Regelungsauftrags aus **Art. 6 RL (EU)** **5** **2016/943** anzusehen, wonach die Mitgliedstaaten die Maßnahmen, Verfahren und Rechtsbehelfe vorsehen müssen, die erforderlich sind, um einen zivilrechtlichen Schutz vor rechtswidrigem Erwerb sowie rechtswidriger Nutzung und Offenlegung von Geschäftsgeheimnissen zu gewährleisten (Art. 6 I RL (EU) 2016/943). Diese Maßnahmen, Verfahren und Rechtsbehelfe müssen gemäß Art. 6 II RL (EU) 2016/943 fair und gerecht sein (lit. a); sie dürfen nicht unnötig kompliziert oder kostspielig sein und keine unangemessenen Fristen oder ungerechtfertigten Verzögerungen mit sich bringen (lit. b) und sie müssen sich schließlich als wirksam und abschreckend erweisen (lit. c).

Zu den konkreten Anforderungen an den verfahrensrechtlichen Schutz von Geschäftsgeheim- **6** nissen führt **ErwGr. 25 RL (EU) 2016/943** aus:

„Diese Anforderungen sollten zumindest die Möglichkeit vorsehen, den zum Zugang zu Beweismitteln oder Anhörungen berechtigten Personenkreis zu beschränken – wobei zu bedenken ist, dass alle diese Personen den Geheimhaltungsvorschriften dieser Richtlinie unterliegen sollten – und ausschließlich die nicht vertraulichen Teile von Gerichtsentscheidungen zu veröffentlichen. In Anbetracht der Tatsache, dass Gerichtsverfahren unter anderem hauptsächlich dazu dienen, die Art der Informationen zu bewerten, die Gegenstand eines Rechtsstreits sind, muss dabei sichergestellt werden, dass die Geschäftsgeheimnisse wirksam geschützt werden und gleichzeitig das Recht der Verfahrensparteien auf einen wirksamen Rechtsbehelf und ein faires Verfahren gewahrt bleibt. Der beschränkte Personenkreis sollte daher aus mindestens einer natürlichen Person jeder Partei sowie den jeweiligen Rechtsanwälten der Parteien und gegebenenfalls sonstigen Vertretern bestehen, die nach dem nationalen Recht ausreichend qualifiziert sind, um eine Partei in einem unter diese Richtlinie fallenden Gerichtsverfahren zu verteidigen, zu vertreten oder ihre Interessen wahrzunehmen; all diese Personen sollten Zugang zu den betreffenden Beweismitteln oder Anhörungen haben. Ist eine der Parteien eine juristische Person, so sollte sie eine oder mehrere natürliche Personen, die diesem Personenkreis angehören sollen, vorschlagen können, damit sichergestellt ist, dass sie angemessen vertreten wird, wobei allerdings durch eine ausreichende gerichtliche Kontrolle verhindert werden muss, dass das Ziel, den Zugang zu Beweismitteln und Anhörungen zu beschränken, unterlaufen wird. Diese Schutzklauseln sollten nicht so verstanden werden, dass sich die Parteien im Verlauf des Gerichtsverfahrens von einem Rechtsanwalt oder einem anderen Vertreter vertreten lassen müssen, wenn das nach nationalem Recht nicht erforderlich ist. Auch sollten sie nicht so verstanden werden, dass die Zuständigkeit der Gerichte, gemäß den geltenden Vorschriften und Gepflogenheiten des betreffenden Mitgliedstaats zu entscheiden, ob und in welchem Umfang die zuständigen Gerichtsbediensteten zur Erfüllung ihrer Aufgaben ebenfalls uneingeschränkt Zugang zu den Beweismitteln und Anhörungen erhalten, beschnitten wird."

III. Funktion und Auslegung

7   Die in § 19 vorgesehenen weiteren Beschränkungen sollen anknüpfend an § 16 gewährleisten, dass die Vertraulichkeit eines Geschäftsgeheimnisses innerhalb eines Erkenntnisverfahrens und auch in einem sich daran anschließenden Zwangsvollstreckungsverfahren gewahrt bleibt. Dieser **erweiterte Vertraulichkeitsschutz** steht ergänzend neben sonstigen prozessualen Schutzinstrumenten wie § 174 III GVG (Verpflichtung zur Geheimhaltung) oder § 299 II ZPO (Beschränkungen der Akteneinsicht durch Dritte).

8   Die Auslegung der Norm erfolgt auf der Basis der anerkannten Auslegungsgrundsätze. Aufgrund der Vorgaben der RL (EU) 2016/943 ist eine **richtlinienkonforme Auslegung** geboten. Dabei ist zu differenzieren: Die Vorgaben aus Art. 9 II RL (EU) 2016/943 gehören nicht zum Bestand der vollharmonisierenden Regelungen der Richtlinie (vgl. Art. 1 I UAbs. 1 RL (EU) 2016/943). Anderes gilt jedoch für die Anforderungen aus Art. 9 III RL (EU) 2016/943, die vollharmonisierend sind.

IV. Anwendungsbereich

9   Da § 19 mit § 16 verknüpft ist, sind die Anwendungsbereiche der beiden Regelungen deckungsgleich. § 19 findet daher ebenso wie § 16 Anwendung auf **Geschäftsgeheimnisstreitsachen**. Diese werden in § 16 I legaldefiniert als Klagen, durch die Ansprüche nach dem GeschGehG geltend gemacht werden. Die ausdrückliche Erwähnung des Gerichts der Hauptsache (zum Begriff: § 20 VI) in § 19 I bedeutet nicht, dass der Geheimhaltungsschutz nur im Hauptsacheverfahren gilt. Zu den Einzelheiten → § 16 Rn. 12 ff.

B. Zugangsbeschränkungen (§ 19 I)

10   Gemäß § 19 I kann das Gericht auf Antrag einer Partei den Zugang zu Dokumenten (§ 19 I 1 Nr. 1) oder zur mündlichen Verhandlung (§ 19 I 1 Nr. 2) beschränken. Zur Antragsbefugnis → Rn. 24; zur Anwendbarkeit von § 19 I auf Streitgenossen und Nebenintervenienten → Rn. 11a.

I. Personenkreis

11   Nach § 19 I bezieht sich die vom Gericht angeordnete Beschränkung des Zugangs ganz oder teilweise auf eine bestimmte Anzahl von zuverlässigen Personen. Auf diese Weise soll sichergestellt werden, dass während des Verfahrens nur ein kleiner Kreis von Personen mit den als geheimhaltungsbedürftig eingestuften Informationen in Kontakt kommt.

1. Personen

11a   Personen sind vor allem die **Parteien** selbst und ihre **Vertreter** (Brammsen/Apel/Steinbrück/Höll Rn. 16). Nach den amtlichen Materialien ist § 19 I auf **Streitgenossen** entsprechend anzuwenden (Begr. RegE, BT-Drs. 19/4724, 36; ebenso Hoeren/Münker/Kuta Rn. 23). Dafür spricht der Normzweck, da sich bei einer Streitgenossenschaft die Zahl der Verfahrensbeteiligten erhöht und dadurch eine erweiterte Gefährdung für das Geschäftsgeheimnis entstehen kann. Problematisch ist, ob § 19 I auch auf **Nebenintervenienten** anzuwenden ist. Nach der amtlichen Begründung ist die Frage zu verneinen, weil dies mit dem Ansatz des Geheimnisschutzes kollidiere. Im Verfahren sei der Anspruch auf rechtliches Gehör auch der Nebenintervenienten durch geeignete Maßnahmen zu wahren (Begr. RegE, BT-Drs. 19/4724, 36; ebenso Hoeren/Münker/Kuta Rn. 24). Dem wird allerdings zu Recht entgegengehalten, dass sich eine solche Differenzierung schwer mit dem Normzweck und den unionsrechtlichen Vorgaben in Einklang bringen lässt (Brammsen/Apel/Steinbrück/Höll Rn. 17 ff.). Daher ist eine Anwendung auf Nebenintervenienten zu befürworten.

Der Kreis der **Mitarbeiter an dem zuständigen Gericht,** der Zugang zu den Gerichtsakten **11b** hat, wird durch § 19 I nicht beschränkt (Begr. RegE, BT-Drs. 19/4724, 37). Es wird jedoch geboten sein, durch geeignete organisatorische Maßnahmen einen Geheimnisschutz auch innerhalb der gerichtsinternen Abläufe zu gewährleisten (Keller/Schönknecht/Glinke/Schönknecht Rn. 64 mit Beispielen).

2. Zuverlässigkeit

Durch die ausdrückliche Bezugnahme auf die „**Zuverlässigkeit**" der Person bzw. der Per- **12** sonen wollte der Gesetzgeber verdeutlichen, dass bei der Entscheidung über den Zugang zum Prozessstoff die Grundsätze des Rechts auf rechtliches Gehör, das Gebot des effektiven Rechtsschutzes und ein faires Verfahren sowie das berechtigte Interesse an der Geheimhaltung miteinander in Einklang zu bringen sind. Das Gericht erhält dadurch die Möglichkeit, einer Person, die nicht für die vertrauliche Handhabung Gewähr bietet, den Zugang zum Prozessstoff zu verwehren (Beschlussempfehlung und Bericht, BT-Drs. 19/8300, 15). Die RL (EU) 2016/943 kennt das Erfordernis der Zuverlässigkeit nicht, steht einer solchen Regelung aber nicht entgegen. Denn Art. 9 II RL (EU) 2016/943 enthält keine vollharmonisierenden Vorgaben, sodass der nationale Gesetzgeber einen weiter gehenden Schutz des Geschäftsgeheimnisses im nationalen Recht schaffen durfte (vgl. Art. 1 I UAbs. 1 RL (EU) 2016/943).

Die praktische Handhabung des Kriteriums der Zuverlässigkeit wirft noch eine ganze Reihe **13** von Fragen auf (dazu näher Michalopoulou GVRZ 2021, 11 Rn. 22 ff.). Es kann es sich empfehlen, dass die antragstellende Partei bereits im Antrag Personen benennt, die als zuverlässige Personen in Betracht kommen (Büscher/McGuire Rn. 21). Geschieht dies nicht, sollte das Gericht der von der Zugangsbeschränkung betroffenen Partei ein **Vorschlagsrecht** für die zuverlässigen Personen einräumen bzw. ihr aufgeben, eine bestimmte Anzahl von geeigneten Personen namentlich zu benennen (Harte-Bavendamm/Ohly/Kalbfus/Kalbfus Rn. 28; Hoeren/Münker/Kuta Rn. 31). In beiden Fällen sollte die Gegenseite vor der Entscheidung die Gelegenheit zur **Stellungnahme** erhalten, damit diese ggf. Gründe vortragen kann, falls Zweifel an der Zuverlässigkeit der benannten Person(en) bestehen. Es genügt allerdings nicht, dass eine andere als die benannte Person aus gegnerischer Sicht besser geeignet erscheint. Eine Person ist vielmehr erst dann nicht als zuverlässig anzusehen, wenn sie **voraussichtlich nicht die Gewähr für die Beachtung der verfahrensrechtlichen Vertraulichkeit** bietet. Bloße Mutmaßungen und Spekulationen ohne greifbare Verdachtsmomente reichen nicht aus, sondern es müssen ernsthafte Anhaltspunkte bestehen. Das ist bspw. der Fall, wenn eine Person einschlägig vorbestraft ist (Keller/Schönknecht/Glinke/Schönknecht Rn. 41) oder in einem vergleichbaren Fall die gebotenen Anforderungen nicht beachtet hat. Die Zugehörigkeit zur Fach- oder Forschungsabteilung einer Partei bildet ein berücksichtigungsfähiges Kriterium (vgl. Hoeren/Münker/Kuta Rn. 32; Schlingloff WRP 2018, 666 (670)), begründet aber für sich allein genommen noch keine Unzuverlässigkeit (vgl. Keller/Schönknecht/Glinke/Schönknecht Rn. 41). Für Streitigkeiten zwischen Wettbewerbern wird vorgeschlagen, den Zugang zu den geschützten Informationen auf Mitarbeiter zu beschränken, die nicht im operativen Bereich tätig sind (Harte-Bavendamm/Ohly/Kalbfus/Kalbfus Rn. 29).

Zu weit geht die Ansicht, wonach das entscheidende Gericht, wo immer möglich, nur **13a** natürlichen Personen, die nicht selbst über das nötige Fachwissen verfügen, um das Geschäftsgeheimnis gewinnbringend einzusetzen, den Zugang gewähren soll (so Schregle GRUR 2019, 912 (915); ähnlich Hauck NJW 2016, 2218 (2223) und BeckOK GeschGehG/Gregor Rn. 31: Zugang nur für fachfremde Personen). Dagegen wird zu Recht vorgebracht, dass der Ausschluss von sachkundigen Mitarbeitern einen **schwerwiegenden Eingriff in die prozessualen Grundrechte** der betroffenen Partei darstellt, der sich nachteilig auf die Möglichkeit zur detaillierten Auseinandersetzung mit dem gegnerischen Sachvortrag auswirken kann (Michalopoulou GVRZ 2021, 11 Rn. 25; ebenfalls abl. Keller/Schönknecht/Glinke/Schönknecht Rn. 39).

3. Grenzen

Bei der Einschränkung des Personenkreises müssen auf jeden Fall die Mindestanforderungen **14** gemäß § 19 I 3 gewahrt bleiben (→ Rn. 28 ff.). Ein vollständiger Ausschluss von Angehörigen der Prozesspartei ist deswegen nicht möglich (Harte-Bavendamm/Ohly/Kalbfus/Kalbfus Rn. 27).

II. Maßnahmen

1. Beschränkung des Zugangs zu Dokumenten (§ 19 I 1 Nr. 1)

15   Gemäß § 19 I 1 Nr. 1 kann das Gericht den Zugang beschränken „zu von den Parteien oder Dritten eingereichten oder vorgelegten Dokumenten, die Geschäftsgeheimnisse enthalten können". Während durch die Einstufung einer streitgegenständlichen Information als geheimhaltungsbedürftig gemäß § 16 I die Pflicht zur Wahrung der Vertraulichkeit begründet wird (§ 16 II), beschränkt § 19 I 1 Nr. 1 schon von vornherein den Zugang zu solchen Unterlagen, die das Geschäftsgeheimnis enthalten können. Der verfahrensrechtliche Schutz wird auf diese Weise gleichsam vorverlagert, indem die Möglichkeit zur Kenntnisnahme des Geschäftsgeheimnisses unterbunden wird. Dokumente sind insbesondere **Schriftstücke**, aber auch **Formeln, technische Zeichnungen** oder sonstige **Unterlagen**, zB Korrespondenz (Büscher/McGuire Rn. 11).

16   Die Zugangsbeschränkung gemäß § 19 I 1 Nr. 1 gilt allein für Dokumente, die von den **Parteien** oder **Dritten** (zB einem Sachverständigen) eingereicht oder vorgelegt werden. Der Norm ist dagegen keine Begrenzung des Zugangs zu den vom Gericht selbst hergestellten Dokumenten (zB dem Protokoll einer mündlichen Verhandlung) zu entnehmen. Diese Dokumente fallen jedoch unter § 16 I und § 19 I 1 Nr. 2 (Begr. RegE, BT-Drs. 19/4724, 37).

2. Beschränkung des Zugangs zur mündlichen Verhandlung und zu Aufzeichnungen (§ 19 I 1 Nr. 2)

17   Neben der Maßnahme nach § 19 I 1 Nr. 1 kann das Gericht gemäß § 19 I 1 Nr. 2 weiterhin den Zugang beschränken „zur mündlichen Verhandlung, bei der Geschäftsgeheimnisse offengelegt werden könnten". Ebenfalls einbezogen ist eine Beschränkung des Zugangs „zu der Aufzeichnung oder dem Protokoll der mündlichen Verhandlung". Beides soll verhindern, dass das Geschäftsgeheimnis im Rahmen der notwendigen Erörterungen während der mündlichen Verhandlung offenbart wird und dadurch der gegnerischen Partei oder anderen unberechtigten Personen zur Kenntnis gelangt.

18   Im Vergleich zur Beschränkung nach Nr. 1 handelt es sich bei Nr. 2 um eine nochmals **verschärfte Maßnahme**. Die Beschränkung des Zugangs zur mündlichen Verhandlung greift besonders tief in die prozessualen Rechte der Partei ein, weil die mündliche Verhandlung gemäß § 128 ZPO gewissermaßen das Herzstück des Verfahrens bildet (Büscher/McGuire § 19 Rn. 12).

19   Wenngleich Nr. 1 und Nr. 2 alternativ formuliert sind („oder"), stehen beide Maßnahmen nicht in einem strengen Verhältnis der Alternativität. Sie können einzeln angeordnet werden, sind aber auch miteinander **kombinierbar**. Oft wird gerade erst die Kombination beider Maßnahmen einen effektiven Geheimnisschutz gewährleisten können. So wäre es bspw. ersichtlich sachwidrig, wenn nach Nr. 2 zwar der Zugang von Personen zur mündlichen Verhandlung beschränkt werden könnte, nicht aber nach Nr. 1 deren Zugang zu Dokumenten, die das Geschäftsgeheimnis enthalten.

20   Neben der Beschränkung des Zugangs zur mündlichen Verhandlung selbst umfasst § 19 I 1 Nr. 2 auch die Beschränkung des Zugangs zu der Aufzeichnung oder zu dem Protokoll der mündlichen Verhandlung. Der erweiterte Schutz erstreckt sich auf die **Dokumentation der mündlichen Verhandlung.** Dies ist folgerichtig und konsequent, weil anderenfalls die Schutzwirkung der Zugangsbeschränkung zur mündlichen Verhandlung leicht dadurch umgangen werden könnte, dass sich eine Person durch eine Einsichtnahme Kenntnisse von den geschützten Informationen verschafft. Unerheblich ist, in welcher technischen Form die Aufzeichnung oder das Protokoll erfolgt ist.

3. Ganz oder teilweise

21   Die in § 19 I 1 Nr. 1 und 2 genannten Maßnahmen können den jeweiligen Zugang „ganz oder teilweise" beschränken. Das Gericht kann danach eine auf das **konkrete Schutzbedürfnis** zugeschnittene Entscheidung treffen. Eine Zugangsbeschränkung kann umfassend angeordnet oder zeitlich, personell oder inhaltlich spezifiziert werden. Hierdurch erhält das Gericht die Möglichkeit, flexibel zu agieren, um die grundlegenden Verfahrensrechte der Beteiligten zu wahren und dem Grundsatz der Verhältnismäßigkeit Rechnung zu tragen, indem es den Eingriff auf das gerade notwendige Maß beschränkt.

Beispiel: Das Gericht kann den Zugang zur mündlichen Verhandlung für Personen insoweit **22** beschränken, als in einem Teil der mündlichen Verhandlung über die Voraussetzungen des Geheimnisschutzes verhandelt wird, während das Gericht von einer Zugangsbeschränkung absieht, wenn sonstige Fragen erörtert werden, die nicht die geheimhaltungsbedürftige Information betreffen (Büscher/McGuire Rn. 13).

III. Voraussetzungen

1. Einstufung nach § 16 I

Die Maßnahmen nach § 19 I werden **zusätzlich** zur Einstufung gemäß § 16 I getroffen. Es **23** muss demzufolge eine Einstufung einer streitgegenständlichen Information als geheimhaltungsbedürftig erfolgt sein (Begr. RegE, BT-Drs. 19/4724, 36). Eine **zeitliche Staffelung** ist hierfür **nicht erforderlich.** Die Maßnahmen gemäß § 19 I können daher zugleich mit der Einstufungsentscheidung vorgenommen werden.

2. Antrag

§ 19 I 1 setzt einen Antrag voraus. Da nach der gesetzlichen Konzeption § 19 I mit § 16 I **24** verknüpft ist, entspricht die Antragsbefugnis den für § 16 I geltenden Grundsätzen (→ § 16 Rn. 19). Antragsbefugt sind daher insbesondere die **beiden Streitparteien,** doch wird in aller Regel der Kläger bzw. – im einstweiligen Rechtsschutz – der Antragsteller ein entsprechendes Begehren an das Gericht richten. Der Antrag für Zugangsbeschränkungen gemäß § 19 I kann mit dem Antrag auf Einstufung einer streitgegenständlichen Information als geheimhaltungsbedürftig verbunden werden. Zum **Zeitpunkt** → § 16 Rn. 20. Der Antrag muss erkennen lassen, welche Schutzmaßnahmen begehrt werden. Die inhaltlichen Anforderungen richten sich nach § 20 III, IV.

Die in Art. 9 II UAbs. 1 RL (EU) 2016/943 enthaltene Möglichkeit, dass Gerichte von Amts **25** wegen eine Zugangsbeschränkung anordnen, ist im deutschen Recht nicht vorgesehen. Darin liegt keine fehlerhafte Umsetzung, weil es sich nur um eine **Option** handelt („Die Mitgliedstaaten können ferner die zuständigen Gerichte ermächtigen, solche Maßnahmen von Amts wegen zu ergreifen.").

IV. Abwägungskriterien

Die gerichtliche Entscheidung erfolgt nach § 19 I 2 auf der Grundlage einer Abwägung aller **26** Umstände im konkreten Einzelfall. Die beantragte Maßnahme ist zu erlassen, wenn das Geheimhaltungsinteresse das Recht der Beteiligten auf rechtliches Gehör auch unter Beachtung ihres Rechts auf effektiven Rechtsschutz und ein faires Verfahren übersteigt. Diese Vorgaben haben einen **entscheidungslenkenden Charakter.** Die Beschränkung des Personenkreises, der Zugangsbeschränkungen unterliegt, darf nur insoweit erfolgen, als dies zum Schutz des Geschäftsgeheimnisses erforderlich ist (Begr. RegE, BT-Drs. 19/4724, 36).

Die im Gesetz ausdrücklich erwähnten abwägungsrelevanten **Verfahrensgrundrechte** **27** (rechtliches Gehör, effektiver Rechtsschutz, faires Verfahren) sind aufgrund ihrer besonderen Bedeutung (vgl. Art. 47 GRCh; Art. 6 EMRK; Art. 20 III GG, Art. 103 I GG) hervorgehoben. Die Aufzählung ist aber **nicht abschließend,** sodass auch weitere Umstände und schutzwürdige (nach dem Wortlaut der RL (EU) 2016/943: „legitime") Interessen bei der Abwägung Berücksichtigung finden können. Einzubeziehen sind zudem nicht nur die Positionen der Beteiligten, sondern ggf. auch die Interessen Dritter. Dies ergibt sich durch eine **richtlinienkonforme Auslegung** unter Berücksichtigung von **Art. 9 III RL (EU) 2016/943.** Danach sind die Interessen Dritter im Abwägungsprozess zu berücksichtigen, einschließlich eines möglichen Schadens, der durch die Gewährung oder Ablehnung der beantragten Maßnahmen entstehen kann.

V. Mindestanforderungen

§ 19 I 3 legt in Umsetzung von Art. 9 II UAbs. 3 eine **Untergrenze** für die nach § 19 I 1 **28** mögliche Anordnung einer Zugangsbeschränkung für zuverlässige Personen fest. Die Vorschrift gewährleistet damit einen **verfahrensrechtlichen Mindestzugang,** der auch bei einem besonderen Geheimnisschutz im Prozess zu wahren ist. Danach ist jeweils mindestens einer natürlichen Person jeder Partei und ihren Prozessvertretern oder sonstigen Vertretern der Zugang zu gewähren. Aus der Regelung folgt, dass ein völliger Ausschluss der gegnerischen Naturalpartei etwa von der Teilnahme an der mündlichen Verhandlung nicht möglich ist (Hoeren/Münker/Kuta Rn. 59; Büscher/McGuire Rn. 19). Ist die Partei eine **Gesellschaft** oder **juristische Person,** dann muss der Zugang für eine natürliche Person gewährleistet sein, die dieser Organisation zuzurechnen ist (Keller/Schönknecht/Glinke/Schönknecht Rn. 44 ff. mit Beispielen).

28a   Nach dem Normzweck soll mindestens ein **Zugang der Partei selbst** gewährleistet sein. Daher ist es nicht zulässig, wenn als natürliche Person einer Partei nur ein **externer Dritter** als „independent agent" (vgl. Schlingloff WRP 2018, 666 (670)) verbleibt (Keller/Schönknecht/Glinke/Schönknecht Rn. 36; Brammsen/Apel/Steinbrück/Höll Rn. 39). Teilweise werden aber in der Literatur Ausnahmen zugelassen; die Partei könne auf ihr eigenes Zugangsrecht verzichten (Keller/Schönknecht/Glinke/Schönknecht Rn. 37; ähnlich Brammsen/Apel/Steinbrück/Höll Rn. 39) bzw. ihr Zugangsrecht einseitig delegieren (Harte-Bavendamm/Ohly/Kalbfus/Kalbfus Rn. 27). Da § 19 I 3 eine Ausprägung grundlegender Verfahrensrechte beinhaltet, ist jedoch gegenüber solchen Überlegungen Zurückhaltung geboten. Gemäß dem vollharmonisierenden Art. 9 III Richtlinie (EU) 2016/943 ist insbesondere „ein faires Verfahren zu gewährleisten", was bei der Auslegung der Mindestanforderungen gemäß Art. 9 II UAbs. 3 Richtlinie (EU) 2016/943 und § 19 I 3 zu berücksichtigen ist. Daher ist zur Klärung der Frage der EuGH berufen (vgl. Schlingloff WRP 2018, 666 (670)).

28b   Zu den **Prozessvertretern** iSv § 19 I 3 gehören insbesondere Rechtsanwälte, die eine Partei im Gerichtsverfahren vertreten (vgl. ErwGr. 25 Richtlinie (EU) 2016/943; Keller/Schönknecht/Glinke/Schönknecht Rn. 56).

28c   Der Begriff des **sonstigen Vertreters** steht in einem Sachzusammenhang mit dem Prozessvertreter. Es geht um Personen, die nach dem nationalen Verfahrensrecht eine Partei prozessual vertreten können (Keller/Schönknecht/Glinke/Schönknecht Rn. 60 mit Beispielen). Demgegenüber unterfallen dem Begriff nicht sämtliche Vertreter, die mit Vertretungsmacht ausgestattet sind und die rechtsgeschäftlich für eine Partei handeln können, weil dadurch der Normzweck ausgehöhlt würde (Keller/Schönknecht/Glinke/Schönknecht Rn. 55).

VI. Entscheidung und Verfahren

29   Die Entscheidung trifft das **Gericht der Hauptsache.** Gemäß § 20 VI handelt es sich dabei um das Gericht des ersten Rechtszuges (Nr. 1) oder das Berufungsgericht, wenn die Hauptsache in der Berufungsinstanz anhängig ist (Nr. 2).

30   Nach § 19 I 4 entscheidet das Gericht im Übrigen, also innerhalb der durch § 19 I 2 und 3 gesteckten Grenzen, nach **freiem Ermessen,** welche Anordnungen zur Erreichung des Zwecks erforderlich sind. Diese Regelung ist insofern missverständlich, als sie den Eindruck erweckt, das Gericht könne unabhängig von dem nach § 19 I 1 stets erforderlichen Antrag der Partei sonstige Maßnahmen und Anordnungen von Amts wegen erlassen. Richtigerweise beschränkt sich das Entscheidungsermessen des Gerichts jedoch auf die **konkrete Art und Weise der Umsetzung der beantragten Maßnahmen** (Brammsen/Apel/Steinbrück/Höll Rn. 43 ff.; krit. Büscher/McGuire Rn. 24 ff.). Das Gericht darf nicht von sich aus völlig andere oder zusätzliche Maßnahmen anordnen als diejenigen, die beantragt wurden. Demgegenüber geht ein Teil des Schrifttums davon aus, dass es sich bei § 19 I 4 um eine „kleine Generalklausel" handele (Kalbfus WRP 2019, 692 (697)), die einen weiten Ermessensspielraum eröffne, der auch eine Rechtsfortbildung und die Entwicklung weiterer Schutzmaßnahmen ermögliche (Keller/Schönknecht/Glinke/Schönknecht Rn. 82; ähnlich BeckOK GeschGehG/Gregor Rn. 35 f.; Hoeren/Münker/Kuta Rn. 66).

30a   Bei der **Ausübung seines Ermessens** hat das Gericht die vom Inhaber des Geschäftsgeheimnisses getroffenen Maßnahmen zum Schutz des Geschäftsgeheimnisses wertend zu berücksichtigen. Die prozessualen Schutzmaßnahmen müssen sich an dem bestehenden **Schutzniveau** orientieren. Daher geht das OLG Düsseldorf (GRUR-RR 2023, 110 Rn. 8) zu Recht davon aus, dass bspw. der Inhalt einer einvernehmlichen Geheimhaltungsvereinbarung dem Bedürfnis für eine gerichtliche Schutzanordnung abweichenden Inhalts Grenzen setzen kann. Wenn die Parteien außergerichtlich keine Beschränkung auf bestimmte Wissensträger des Geheimnisempfängers vorgesehen haben, obwohl dies im Rahmen der Vertragsfreiheit ohne weiteres möglich gewesen wäre, dann sind bei ansonsten unveränderter Sachlage besonderer Gründe erforderlich, warum es für das Gerichtsverfahren dennoch einer über das vorgerichtlich für ausreichend

Erachtete hinausgehenden Geheimnisschutzanordnung nach § 19 GeschGehG bedarf. Entsprechendes kann in zeitlicher Hinsicht gelten: Wenn die Parteien es einvernehmlich für richtig gehalten haben, den Wissensempfänger nach einem gewissen zeitlichen Ablauf aus seiner Verschwiegenheitspflicht zu entlassen, so spricht dies dafür, das Verhaltensregime nicht durch eine gerichtliche Schutzanordnung (für die es wegen der geltenden Vertraulichkeitsabrede ansonsten keinen sachlichen Grund gibt) zu verschärfen (OLG Düsseldorf GRUR-RR 2023, 110 Rn. 9).

Beispiele für Anordnungen iSv § 19 I 4 sind etwa die Auswahl der Personen, die Zugang zu **31** Dokumenten und zur mündlichen Verhandlung erhalten, der sachliche und zeitliche Umfang der Zugangsbeschränkungen sowie sonstige organisatorische Anforderungen usw.

Bei der Ausübung des ihm zustehenden Ermessens muss sich das Gericht von dem **Zweck der** **32** **Beschränkungen** leiten lassen. Es muss dabei insbesondere dem **Grundsatz der Verhältnismäßigkeit** Rechnung tragen und darf daher nur solche Anordnungen treffen, die für einen verfahrensrechtlichen Schutz des Geschäftsgeheimnisses geeignet, erforderlich und angemessen sind.

Die Anordnung der Maßnahmen kann ab der **Anhängigkeit des Rechtsstreits** angeordnet **33** werden (§ 20 I). Sie ergeht durch einen **Beschluss** des Gerichts (§ 20 V 1). Die Einzelheiten des Verfahrens und der rechtlichen Überprüfung des Beschlusses regelt § 20.

C. Ausschluss der Öffentlichkeit und Einschränkungen der Akteneinsicht (§ 19 II)

In den Fällen, in denen das Gericht Beschränkungen nach § 19 I 1 trifft, kann es gemäß § 19 II **34** auf Antrag die Öffentlichkeit von der mündlichen Verhandlung ausschließen (Nr. 1) und es gilt die Beschränkung der Akteneinsicht gemäß § 16 III für die nicht zugelassenen Personen (Nr. 2).

I. Personenkreis

Die Maßnahmen gemäß § 19 II betreffen die **Öffentlichkeit** (Nr. 1) sowie **nicht zugelasse-** **35** **ne Personen** (Nr. 2). In beiden Fällen muss das Gericht eine **Zugangsbeschränkung nach** **§ 19 I 1** vorgenommen haben. § 19 II hat daher eine ergänzende Funktion.

II. Maßnahmen

1. Ausschluss der Öffentlichkeit (§ 19 II Nr. 1)

§ 19 II Nr. 1 erlaubt es, von dem verfahrensrechtlichen Grundsatz der Öffentlichkeit **36** (§ 169 I 1 GVG) abzuweichen. Während nach § 19 I 1 Nr. 2 der Zugang zur mündlichen Verhandlung auf eine bestimmte Anzahl von Personen beschränkt und damit die Teilnahme anderer Personen verhindert werden kann, sieht § 19 II Nr. 1 einen Ausschluss der Öffentlichkeit von der mündlichen Verhandlung vor. Dies geht über die nach **§ 172 Nr. 2 GVG** bestehende Möglichkeit hinaus, für die mündliche Verhandlung oder für einen Teil davon die Öffentlichkeit auszuschließen, wenn ein wichtiges Geschäfts-, Betriebs-, Erfindungs- oder Steuergeheimnis zur Sprache kommt, durch dessen öffentliche Erörterung überwiegende schutzwürdige Interessen verletzt würden (Begr. RegE, BT-Drs. 19/4724, 37). Im Unterschied zu dieser allgemeinen Regelung ist es für § 19 II Nr. 1 nicht erforderlich, dass es sich um ein „wichtiges" Geschäftsgeheimnis handelt.

Der Ausschluss der Öffentlichkeit soll davor schützen, dass durch die Erörterungen in der **37** mündlichen Verhandlung die Vertraulichkeit des Geschäftsgeheimnisses gefährdet wird. Der Ausschluss der Öffentlichkeit ist auf das zum Geheimnisschutz notwendige Maß zu beschränken (→ Rn. 40).

2. Einschränkung der Akteneinsicht (§ 19 II Nr. 2)

Gemäß § 19 II Nr. 2 gilt die Regelung des § 16 III für die nach § 19 I 1 **nicht zugelassenen** **38** **Personen.** Das bedeutet, dass diesen Personen, wenn sie ein Recht auf Akteneinsicht haben, nur ein Akteninhalt zur Verfügung gestellt werden darf, in dem die Geschäftsgeheimnisse enthaltenden Ausführungen unkenntlich gemacht wurden. Dadurch soll verhindert werden, dass den Personen, die gemäß § 19 I 1 keinen Zugang zu Dokumenten und zur mündlichen Verhandlung haben, nicht über den Umweg der Akteneinsicht an die geheimhaltungsbedürftige Information gelangen.

III. Antrag und Entscheidung des Gerichts

39   Der Ausschluss der Öffentlichkeit gemäß § 19 II Nr. 1 setzt einen entsprechenden **Antrag** voraus, der mit dem Antrag nach § 19 I 1 verbunden werden kann.

40   Die Entscheidung über den Ausschluss der Öffentlichkeit erfolgt durch einen **Beschluss** des Gerichts. Dem Gericht steht bei seiner Entscheidung – ebenso wie in den Fällen des § 172 GVG (vgl. BGH NStZ-RR 2014, 116 (118)) – ein **Ermessen** zu („kann … ausgeschlossen werden"). Der Ausschluss der Öffentlichkeit ist im Regelfall auf diejenigen Verfahrensteile zu beschränken, die das besonders zu schützende Geschäftsgeheimnis betreffen. Ausnahmsweise kann sich der Ausschluss jedoch auch auf die gesamte Verhandlungsdauer bis einschließlich der Urteilsverkündigung und der Verkündung der Urteilsgründe erstrecken, wenn dies zum Schutz der vertraulichen Information erforderlich ist.

41   Die Einschränkung gemäß § 19 II Nr. 2 wird automatisch durch die Entscheidung des Gerichts über die Zugangsbeschränkung gemäß § 19 I 1 ausgelöst („gilt"). Dem Gericht steht insoweit **kein Ermessen** zu.

D. Zwangsvollstreckungsverfahren (§ 19 III)

42   Das schützenswerte Interesse des Inhabers an der Bewahrung der Vertraulichkeit seines Geschäftsgeheimnisses besteht nicht nur während eines laufenden Erkenntnisverfahrens, sondern dieses Interesse wird gleichermaßen in einem **nachfolgenden Zwangsvollstreckungsverfahren** fortbestehen. Während § 18 die Geheimhaltungspflichten aus § 16 II auf den Zeitraum nach dem Abschluss eines Verfahrens erweitert, erstreckt § 19 III den nach § 16 I und § 19 I, II begründeten Schutz auf ein sich anschließendes Zwangsvollstreckungsverfahren. Dadurch wird gewährleistet, dass auch solche Parteien, Prozessvertreter, Zeugen, Sachverständige, sonstige Vertreter und alle sonstigen Personen, die erstmals in dem Verfahren der Zwangsvollstreckung von dem Geschäftsgeheimnis, dessen Schutz in dem Erkenntnisverfahren nach § 16 I oder § 19 I angeordnet wurde, in Berührung kommen, die entsprechenden Pflichten zur Wahrung des Geschäftsgeheimnisses zu erfüllen haben (Begr. RegE, BT-Drs. 19/4724, 37).

43   Einer Zwangsvollstreckung steht nicht entgegen, dass die dem Schuldner nach § 750 I 1 ZPO vor oder bei Beginn der Zwangsvollstreckung zuzustellende vollstreckbare Ausfertigung des Urteils hinsichtlich der Geschäftsgeheimnisse, für die ein prozessualer Schutz gilt, nach § 19 II geschwärzt wurde. Denn § 750 I 2 Hs. 2 ZPO erlaubt in bestimmten Fällen die Zwangsvollstreckung auf der Grundlage der Zustellung einer vollständig ohne Tatbestand und Entscheidungsgründe gefassten vollstreckbaren Ausfertigung eines Urteils. Die vollstreckbare Ausfertigung des Urteils, auf deren Grundlage das Vollstreckungsorgan tätig wird und die dem Schuldner zuzustellen ist, muss jedoch in jedem Fall die **Urteilsformel,** soweit deren Inhalt vollstreckt werden soll, enthalten (Begr. RegE, BT-Drs. 19/4724, 37).

44   Die Entscheidung über die Maßnahmen nach § 16 I und § 19 I, II trifft das **Gericht der Hauptsache** (§ 20 VI). Der Antrag auf eine Schutzentscheidung kann nicht erstmals im Verfahren der Zwangsvollstreckung gestellt werden. Auch können die Organe der Zwangsvollstreckung keine Entscheidung zum prozessualen Geschäftsgeheimnisschutz erlassen, weil das streng formalisierte Verfahren der Zwangsvollstreckung nicht dazu geeignet ist, die notwendige umfassende Interessenabwägung durchzuführen. Zudem wird ein besonderes Schutzbedürfnis im Hinblick auf vertrauliche Informationen regelmäßig nicht erst im Rahmen der Zwangsvollstreckung entstehen, sondern bereits im Erkenntnisverfahren hervortreten (Begr. RegE, BT-Drs. 19/4724, 37).

Verfahren bei Maßnahmen nach den §§ 16 bis 19

20 (1) **Das Gericht der Hauptsache kann eine Beschränkung nach § 16 Absatz 1 und § 19 Absatz 1 ab Anhängigkeit des Rechtsstreits anordnen.**

(2) ¹**Die andere Partei ist spätestens nach Anordnung der Maßnahme vom Gericht zu hören.** ²**Das Gericht kann die Maßnahmen nach Anhörung der Parteien aufheben oder abändern.**

(3) Die den Antrag nach § 16 Absatz 1 oder § 19 Absatz 1 stellende Partei muss glaubhaft machen, dass es sich bei der streitgegenständlichen Information um ein Geschäftsgeheimnis handelt.

(4) ¹Werden mit dem Antrag oder nach einer Anordnung nach § 16 Absatz 1 oder einer Anordnung nach § 19 Absatz 1 Satz 1 Nummer 1 Schriftstücke und sonstige Unterlagen eingereicht oder vorgelegt, muss die den Antrag stellende Partei diejenigen Ausführungen kennzeichnen, die nach ihrem Vorbringen Geschäftsgeheimnisse enthalten. ²Im Fall des § 19 Absatz 1 Satz 1 Nummer 1 muss sie zusätzlich eine Fassung ohne Preisgabe von Geschäftsgeheimnissen vorlegen, die eingesehen werden kann. ³Wird keine solche um die Geschäftsgeheimnisse reduzierte Fassung vorgelegt, kann das Gericht von der Zustimmung zur Einsichtnahme ausgehen, es sei denn, ihm sind besondere Umstände bekannt, die eine solche Vermutung nicht rechtfertigen.

(5) ¹Das Gericht entscheidet über den Antrag durch Beschluss. ²Gibt es dem Antrag statt, hat es die Beteiligten auf die Wirkung der Anordnung nach § 16 Absatz 2 und § 18 und Folgen der Zuwiderhandlung nach § 17 hinzuweisen. ³Beabsichtigt das Gericht die Zurückweisung des Antrags, hat es die den Antrag stellende Partei darauf und auf die Gründe hierfür hinzuweisen und ihr binnen einer zu bestimmenden Frist Gelegenheit zur Stellungnahme zu geben. ⁴Die Einstufung als geheimhaltungsbedürftig nach § 16 Absatz 1 und die Anordnung der Beschränkung nach § 19 Absatz 1 können nur gemeinsam mit dem Rechtsmittel in der Hauptsache angefochten werden. ⁵Im Übrigen findet die sofortige Beschwerde statt.

(6) Gericht der Hauptsache im Sinne dieses Abschnitts ist
1. das Gericht des ersten Rechtszuges oder
2. das Berufungsgericht, wenn die Hauptsache in der Berufungsinstanz anhängig ist.

Übersicht

Schrifttum: s. allg. bei Vor § 1.

A. Allgemeines

I. Normzweck und Normstruktur

§ 20 regelt die verfahrensrechtlichen Einzelheiten der Maßnahmen, die das Gericht zum **1** Schutz von Geschäftsgeheimnissen gemäß § 16 I und § 19 I, II anordnen kann. Innerhalb des § 20 ist zwischen **mehreren Regelungskomplexen** zu unterscheiden. § 20 I und II betreffen den Zeitpunkt der Anordnung von Maßnahmen und die Gewährung rechtlichen Gehörs. In § 20 III und IV finden sich nähere Anforderungen zum Antrag und zur Antragstellung. § 20 V legt fest, wie das Gericht entscheidet und welche Rechtsbehelfe gegen die Entscheidung des Gerichts zur Verfügung stehen. § 20 VI definiert schließlich den Begriff des Gerichts der Hauptsache.

II. Entstehung und unionsrechtliche Vorgaben

2   Eine mit § 20 vergleichbare Regelung bestand im alten Recht nicht, da es an einem speziellen verfahrensrechtlichen Geheimnisschutz fehlte. Der **RefE** fasste die verfahrensrechtlichen Bestimmungen in § 19 zusammen. Diese Regelungen übernahm der **RegE** (BT-Drs. 19/4724) mit redaktionellen Anpassungen als § 20. Änderungen im weiteren Verlauf des Gesetzgebungsverfahrens ergaben sich nicht.

3   Die RL (EU) 2016/943 enthält zur prozessualen Ausgestaltung des verfahrensrechtlichen Geheimnisschutzes gemäß Art. 9 RL (EU) 2016/943 keine detaillierten Vorgaben. Allgemein verlangt **Art. 6 I RL (EU) 2016/943,** dass die Mitgliedstaaten die Maßnahmen, Verfahren und Rechtsbehelfe vorsehen, die erforderlich sind, um einen zivilrechtlichen Schutz vor rechtswidrigem Erwerb sowie rechtswidriger Nutzung und Offenlegung von Geschäftsgeheimnissen zu gewährleisten. Gemäß **Art. 6 II RL (EU) 2016/943** müssen diese Maßnahmen, Verfahren und Rechtsbehelfe fair und gerecht sein (lit. a); sie dürfen nicht unnötig kompliziert oder kostspielig sein und keine unangemessenen Fristen oder ungerechtfertigten Verzögerungen mit sich bringen (lit. b) und sie müssen wirksam und abschreckend sein (lit. c). Es ist daher Sache der Mitgliedstaaten, darüber zu entscheiden, wie sie das Verfahrensrecht ausgestalten. Die RL (EU) 2016/943 überlässt den innerstaatlichen Stellen die Wahl der dafür erforderlichen Form und der Mittel (vgl. Art. 288 III AEUV).

III. Funktion und Auslegung

4   § 20 dient der prozessualen Ausgestaltung des Verfahrens in Geschäftsgeheimnisstreitsachen. Es handelt sich um **Spezialregelungen,** die die allgemeinen Vorschriften des Prozessrechts ergänzen bzw. modifizieren.

5   Die Auslegung der Norm erfolgt auf der Grundlage der anerkannten Auslegungsgrundsätze. Aufgrund der nur wenigen und sehr allgemeinen Vorgaben in der RL (EU) 2016/943 hat die richtlinienkonforme Auslegung für § 20 nur eine untergeordnete Bedeutung, wenngleich Art. 6 RL (EU) 2016/943 zu den vollharmonisierenden Bestimmungen gehört.

IV. Anwendungsbereich

6   § 20 findet Anwendung in **Geschäftsgeheimnisstreitsachen,** also bei Klagen, durch die Ansprüche nach diesem Gesetz geltend gemacht werden (§ 16 I). Die in § 20 geregelten prozessualen Fragen gelten für die Maßnahmen, die vom Gericht gemäß § 16 I und § 19 I, II angeordnet werden können. Bei diesen Maßnahmen handelt es sich um die Einstufung einer streitgegenständlichen Information als geheimhaltungsbedürftig (§ 16 I) und um die Anordnung von Zugangsbeschränkungen (§ 19 I, II). Soweit außerhalb von Geschäftsgeheimnisstreitsachen eine analoge Anwendung von § 16 I und § 19 I, II zu erwägen ist (→ § 16 Rn. 14–16), müssen dann auch die verfahrensrechtlichen Rahmenbedingungen des § 20 entsprechend gelten.

B. Zeitpunkt und rechtliches Gehör (§ 20 I und II)

I. Zeitpunkt

7   Gemäß § 20 I kann das Gericht eine Beschränkung nach § 16 I und § 19 I ab der **Anhängigkeit** des Rechtsstreits anordnen. Die Anhängigkeit tritt nach den allgemeinen verfahrensrechtlichen Regeln mit der Einreichung der Klageschrift (§ 253 V ZPO) bzw. – im einstweiligen Rechtsschutz – der Antragsschrift bei Gericht ein. Das Gesetz ermöglicht damit einen verfahrensrechtlichen Schutz von Geschäftsgeheimnissen zu einem sehr frühen Zeitpunkt, insbesondere noch vor dem Eintritt der Rechtshängigkeit. Dies ist konsequent, weil eine Gefährdung der Vertraulichkeit bereits dann entstehen kann, wenn die Klageschrift dem Gegner zugestellt und

dadurch rechtshängig wird. Faktisch wird dem eigentlichen Verfahren ein spezielles „**Einstu-fungsverfahren**" vorgeschaltet (Schlingloff WRP 2018, 666 (670)).

Das Gericht muss die Anordnung nicht zum frühen Zeitpunkt der Anhängigkeit treffen. **8** Allerdings widerspricht es dem **Gebot des fairen Verfahrens,** wenn das Gericht über einen entsprechend früh gestellten Antrag ohne sachliche Gründe nicht oder verspätet entscheidet und stattdessen die Zustellung der Klage veranlasst und damit möglicherweise den Schutz der vertraulichen Information gefährdet oder sogar vereitelt.

Denkbar ist auch, dass ein Antrag nach § 16 I und § 19 I, II erst **im Verlauf eines Ver- 9 fahrens** gestellt wird, weil die zu schützende Information erst nachträglich in das Verfahren eingeführt wird, zB bei einer Klageerweiterung oder weil sich im Verfahren herausstellt, dass noch weitere Geheimnisbereiche von einer Rechtsverletzung betroffen sind. Aus dem Zweck der besonderen Verfahrensbestimmungen ergibt sich, dass das Gericht jedenfalls so zeitig **vor der letzten mündlichen Verhandlung** durch einen Beschluss über einen Antrag entscheiden muss, dass dem unterlegenen Antragsteller die Möglichkeit einer sofortigen Beschwerde offensteht. Unterlässt das Gericht aber eine rechtsmittelfähige Entscheidung über die Einstufung der Tatsachen als geheimhaltungsbedürftig, schränkt es zugleich das Recht der Partei ein, sich mit dem angekündigten Vortrag zu den als geheimhaltungsbedürftig eingeschätzten Tatsachen rechtliches Gehör zu verschaffen (OLG Stuttgart GRUR-RS 2020, 35613 Rn. 93).

II. Gewährung rechtlichen Gehörs

Der Grundsatz, dass in einem gerichtlichen Verfahren rechtliches Gehör zu gewähren ist, gilt **10** auch bei der Entscheidung über die Maßnahmen gemäß § 16 I und § 19 I, II. Allerdings lässt es § 20 II 1 zu, dass die andere Partei erst **nach der Anordnung der Maßnahme** gehört wird. Diese Regelung beruht auf dem besonderen Schutzbedürfnis des Antragstellers. Denn eine Anhörung der anderen Partei vor der Anordnung der Maßnahmen könnte den Schutz des Geschäftsgeheimnisses bereits beeinträchtigen. Nach der gesetzlichen Regelung ist das rechtliche Gehör „**spätestens**" nach der Anordnung der beantragten Maßnahme zu gewähren. Demzufolge kann das Gericht die Anhörung auch zu einem früheren Zeitpunkt vornehmen. Das Gericht muss im konkreten Einzelfall entscheiden, welches Vorgehen zum Schutz des Geschäftsgeheimnisses geboten und zweckmäßig ist. Eine Anhörung vor der Anordnung einer Maßnahme kommt bspw. in Betracht, wenn eine genaue Bestimmung des Personenkreises vorzunehmen ist, dem Zugang zu den geheimhaltungsbedürftigen Dokumenten gewährt werden soll (Begr. RegE, BT-Drs. 19/4724, 38). Zudem sollte der Gegenseite bei Entscheidungen nach § 19 I die Gelegenheit zu einer Stellungnahme eingeräumt werden (→ § 19 Rn. 13).

Der Gesetzgeber geht davon aus, dass auf Grund des hohen Schutzbedürfnisses der den Antrag **11** stellenden Partei die anfänglich umfassende Anordnung der Geheimhaltung den **Regelfall** darstellen wird (Begr. RegE, BT-Drs. 19/4724, 38). Die damit verbundene Einschränkung der prozessualen Rechte der anderen Streitpartei lässt sich damit rechtfertigen, dass ihr durch die frühe Anordnung kein unwiederbringlicher Nachteil droht, während sich das Bekanntwerden des Geschäftsgeheimnisses nicht wieder rückgängig machen lässt und daher auf Seiten des Antragstellers ein erheblicher Schadenseintritt droht.

Anzuhören ist gemäß § 20 I 1 die „**andere Partei**". Die Anhörungspflicht erstreckt sich **11a** nicht auf sonstige Beteiligte an einem Verfahren (Keller/Schönknecht/Glinke/Schönknecht Rn. 10). Teilweise wird bei einer Betroffenheit von Geheimhaltungsinteressen Dritter eine Erweiterung der Anhörungspflicht auf diese Dritten befürwortet (Hoeren/Münker/Bühling Rn. 13 f.).

III. Aufhebung oder Abänderung

Das Gericht kann die Maßnahmen nach einer Anhörung der Parteien gemäß § 20 II 2 **12 aufheben oder abändern.** Es kann somit die getroffene Entscheidung korrigieren oder anpassen, wenn sich zB aufgrund der nachträglichen Anhörung der anderen Partei Hinweise ergeben, dass ein Geschäftsgeheimnis voraussichtlich nicht oder in einem anderen Umfang vorliegt und daher kein oder nur ein eingeschränktes Schutzbedürfnis besteht. Ein besonderer **Aufhebungs-oder Änderungsantrag** ist möglich, aber **nicht erforderlich** (Begr. RegE, BT-Drs. 19/4724, 38). Ein Gericht kann eine Aufhebungs- oder Abänderungsentscheidung **von Amts wegen** treffen (Keller/Schönknecht/Glinke/Schönknecht Rn. 11).

12a   Eine Aufhebung oder Abänderung ist nicht auf die Fälle der Anhörung gemäß § 20 II 1 beschränkt, sondern **jederzeit im Verfahren** möglich (Harte-Bavendamm/Ohly/Kalbfus/ Kalbfus Rn. 16). Denn es muss gewährleistet sein, dass der prozessuale Geheimnisschutz an die jeweils aktuelle Lage in einem laufenden Verfahren angepasst werden kann. Da die Wirkungen des verfahrensrechtlichen Geheimnisschutzes über die Beendigung eines Verfahrens hinausreichen (vgl. § 18 S. 1), ist eine Aufhebung oder Abänderung auch nach dem **Abschluss eines Verfahrens** möglich (Keller/Schönknecht/Glinke/Schönknecht Rn. 14). Keiner Aufhebungsentscheidung bedarf es aber in den Fällen des § 18 S. 2 (→ § 18 Rn. 15).

C. Antrag, Glaubhaftmachung und Pflichten (§ 20 III und IV)

I. Allgemeines zum Antrag

13   § 16 I und § 19 I 1 GeschGehG enthalten jeweils ein Antragserfordernis für die Geheimhaltungsmaßnahmen. Auch § 19 II Nr. 1 setzt einen Antrag voraus. Bei dem Antrag handelt es sich um eine **prozessuale Erwirkungshandlung,** mit der das Gericht aufgefordert ist, eine bestimmte Entscheidung zu erlassen. Der Antrag kann bis zur Entscheidung des Gerichts jederzeit zurückgenommen werden.

14   **Antragsbefugt** sind beide Streitparteien, doch wird in aller Regel der Kläger bzw. – im einstweiligen Rechtsschutz – der Antragsteller ein entsprechendes Begehren an das Gericht richten.

II. Glaubhaftmachung

15   Gemäß § 20 III muss die Partei, die einen Antrag gemäß § 16 I oder § 19 I an das Gericht stellt, glaubhaft machen, dass es sich bei der streitgegenständlichen Information um ein Geschäftsgeheimnis handelt (zur Vereinbarkeit mit den Vorgaben RL (EU) 2016/943: Kalbfus WRP 2019, 692 (699)). Die Glaubhaftmachung richtet sich nach **§ 294 ZPO.** Hierfür gelten nach der Rspr. die folgenden Grundsätze: „(1) Es ist allein Sache der Partei, der die Last der Glaubhaftmachung obliegt, die Beweismittel beizubringen; sie müssen in der mündlichen Verhandlung präsent sein. (2) Die Partei kann sich grundsätzlich aller Beweismittel bedienen, auch zur eidesstattlichen Versicherung zugelassen werden. (3) Es genügt ein geringerer Grad der richterlichen Überzeugungsbildung; die Behauptung ist glaubhaft gemacht, sofern eine überwiegende Wahrscheinlichkeit dafür besteht, dass sie zutrifft" (BGHZ 156, 139 = NJW 2003, 3558; s. auch BGH NJW 1994, 2898). Ob die zur Glaubhaftmachung erforderliche Wahrscheinlichkeit gegeben ist, muss das Gericht entsprechend **§ 286 ZPO** in freier Würdigung beurteilen (BGH NJW-RR 2007, 776 Rn. 12).

15a   Die Partei, die eine prozessuale Schutzmaßnahme begehrt, muss im Rahmen der Glaubhaftmachung nicht nur die **vertrauliche Information identifizieren,** sondern außerdem konkret dartun, dass und warum die betreffende Information ein auf die begehrte Weise zu schützendes Geschäftsgeheimnis darstellt (vgl. OLG Düsseldorf GRUR-RS 2018, 7036 Rn. 18; s. auch Bildhäuser/Reinhardt GRUR-Prax 2020, 576 (577)). Dazu gehört auch ein substanzieller Vortrag zu denjenigen **Maßnahmen,** die bisher eine Vertraulichkeit gewährleistet haben. Da das Gericht bei seiner Entscheidung eine Interessenabwägung vornehmen muss, sind weiterhin substanziell verifizierbare Angaben geboten, welche **Nachteile** aus einem Bekanntwerden der zu schützenden Information mit welchem Grad von Wahrscheinlichkeit drohen (vgl. OLG Düsseldorf GRUR-RS 2018, 7036 Rn. 18).

16   Angesichts der erheblichen Eingriffe in die verfahrensrechtlichen Rechte des Gegners durch die Maßnahmen nach § 16 I oder § 19 I dürfen die Anforderungen an die Glaubhaftmachung nicht zu niedrig angesetzt werden. Insbesondere ist eine undifferenzierte **eidesstattliche Versicherung** nicht als ausreichend anzusehen (vgl. Schlingloff WRP 2018, 666 (670)).

III. Pflichten des Antragstellers

17   Aus § 20 IV ergeben sich die Pflichten für die antragstellende Partei. Diese sollen ein **prozessökonomisches Vorgehen** gewährleisten.

18   Wenn der Antragsteller mit dem Antrag oder nach einer Anordnung gemäß § 16 I oder einer Anordnung gemäß § 19 I 1 Nr. 1 Schriftstücke und sonstige Unterlagen einreicht oder vorlegt, dann muss er in diesen Dokumenten diejenigen Ausführungen **kennzeichnen,** die nach seinem Vorbringen Geschäftsgeheimnisse enthalten (§ 20 IV 1).

Bei einem Antrag gemäß § 19 I 1 Nr. 1 muss der Antragsteller zusätzlich eine **Fassung ohne** 19 **Preisgabe von Geschäftsgeheimnissen** vorlegen, die eingesehen werden kann (§ 20 IV 2). Diese Pflicht stellt sicher, dass die Anforderungen aus § 16 III, § 19 II Nr. 2 erfüllt werden können, wonach Dritten bzw. nicht zugelassenen Personen nur ein Akteninhalt zur Verfügung gestellt werden darf, in dem die Geschäftsgeheimnisse enthaltenden Ausführungen unkenntlich gemacht wurden. Unterlässt es der Antragsteller, dem Gericht eine solche, um die geschützte Information reduzierte Fassung vorzulegen, dann kann das Gericht von der Zustimmung zur Einsichtnahme ausgehen, es sei denn, ihm sind besondere Umstände bekannt, die eine solche Vermutung nicht rechtfertigen (§ 20 IV 3).

D. Entscheidung des Gerichts (§ 20 V und VI)

I. Entscheidung durch Beschluss

Die Entscheidung über die Anträge nach § 16 I und § 19 I trifft das Gericht durch einen 20 **Beschluss** (§ 20 V 1), der den verfahrensrechtlichen Anforderungen des § 329 ZPO unterliegt.

II. Hinweispflichten

§ 20 V 2 und 3 begründet Hinweispflichten des Gerichts. Dabei ist zwischen einer Stattgabe 21 des Antrags (→ Rn. 21a) und einer beabsichtigten Zurückweisung (→ Rn. 22) zu unterscheiden.

Gibt das Gericht dem Antrag auf Erlass der Maßnahmen gemäß § 16 I oder § 19 I statt, dann 21a hat diese Entscheidung erhebliche Einschränkungen der prozessualen Rechte zur Folge. Aufgrund dieser Tragweite muss das Gericht nach § 20 V 2 die Beteiligten auf die Wirkung und die Folgen eines Verstoßes hinweisen (Begr. RegE, BT-Drs. 19/4724, 38). Die Pflicht besteht **gegenüber den Beteiligten,** also auch gegenüber dem Antragsteller. Dieses Hinweisgebot umfasst die **Verpflichtungen zur Geheimhaltung** während des Verfahrens (§ 16 II) und nach dem Abschluss des Verfahrens (§ 18) sowie die **Ordnungsmittel,** die im Falle der Zuwiderhandlung nach § 17 verhängt werden können. Die Hinweise können **mit dem Beschluss** erteilt werden (Reinfeld Neues GeschGehG § 6 Rn. 97), es ist also kein separater Hinweis neben dem Beschluss erforderlich.

Wenn das Gericht die Zurückweisung des Antrags nach § 16 I oder § 19 I beabsichtigt, dann 22 hat es gemäß § 20 V 3 den Antragsteller auf die Zurückweisung und auf die hierfür maßgeblichen Gründe hinzuweisen. Zudem muss das Gericht dem Antragsteller binnen einer zu bestimmenden Frist Gelegenheit zur Stellungnahme geben. Diese Hinweispflicht besteht nicht nur, wenn der Antrag aus der Sicht des Gerichts **vollständig** zurückzuweisen ist, sondern auch, soweit das Gericht eine **teilweise Zurückweisung** beabsichtigt. So etwa, wenn der Antragsteller um den besonderen Schutz von mehreren Informationen ersucht, das Gericht aber nur für einen Teil davon die Voraussetzungen für einen verfahrensrechtlichen Geheimhaltungsschutz als gegeben ansieht.

III. Anfechtung des Beschlusses

Der Beschluss des Gerichts kann angefochten werden, wobei gemäß § 20 V 4 und 5 zu 23 differenzieren ist zwischen einem stattgebenden (→ Rn. 24 f.) und einem ablehnenden (→ Rn. 25) Beschluss. Diese **gespaltene Anfechtbarkeit** dient einem am Sinn und Zweck der materiellen Regelungen orientierten Rechtsweg (Begr. RegE, BT-Drs. 19/4724, 38), sie dient zugleich der Prozessökonomie und beruht auf einer Betrachtung der Gefährdungslage für das Geschäftsgeheimnis. Die gesetzliche Regelung in § 20 V 4 und 5 weicht aufgrund einer bewussten gesetzgeberischen Entscheidung von dem § 174 III GVG zugrundeliegenden Regelungsmodell ab (vgl. zu den Unterschieden BGH NJW-RR 2020, 1386 Rn. 14).

1. Einstufung als geheimhaltungsbedürftig

Gemäß § 20 V 4 kann die **Einstufung als geheimhaltungsbedürftig** nach § 16 I ebenso 24 wie die Anordnung der Beschränkung nach § 19 I nur **gemeinsam mit dem Rechtsmittel in der Hauptsache** angefochten werden. Da in diesem Fall der verfahrensrechtliche Schutz des

Geschäftsgeheimnisses gewährleistet ist, kann die Beeinträchtigung des Beklagten insofern hingenommen werden (Begr. RegE, BT-Drs. 19/4724, 38). Aus der Gesetzesbegründung folgt, dass die Überprüfung eines stattgebenden Beschlusses bis zu einer Entscheidung über das Rechtsmittel in der Hauptsache aufgeschoben werden soll. Dies beruht auf der Überlegung, dass mit einem stattgebenden Beschluss das **Geschäftsgeheimnis zunächst gesichert** ist und die Beeinträchtigung der anderen Partei und der sonstigen Beteiligten nicht so schwer wiegt, dass eine Anfechtung bis zu einer Entscheidung über das Rechtsmittel in der Hauptsache nicht zurückgestellt werden könnte (BGH GRUR 2022, 591 Rn. 15 – Geschäftsgeheimnis bei Hohlfasermembranspinnanlagen).

24a   Die Rechtsmittel stehen **allen Beteiligten** zu, die **durch den angegriffenen Beschluss beschwert** sind (BGH GRUR 2022, 591 Rn. 7 – Geschäftsgeheimnis bei Hohlfasermembranspinnanlagen; OLG Düsseldorf GRUR-RR 2023, 110 Rn. 3). Neben den Parteien können dies auch die **Prozessbevollmächtigten** sein, da diese besonderen Pflichten unterworfen sind, wenn ein Geschäftsgeheimnis vom Gericht als geheimhaltungsbedürftig eingestuft wird. Aus § 20 V 4 ergibt sich nicht, dass nur die Parteien gegen einen Beschluss gemäß § 16 GeschGehG Rechtsmittel einlegen können (BGH GRUR 2022, 591 Rn. 8 ff. – Geschäftsgeheimnis bei Hohlfasermembranspinnanlagen). Auch der Umstand, dass nach § 20 V 4 ein stattgebender Beschluss nach § 16 I und § 19 I nur zusammen mit dem Rechtsmittel in der Hauptsache angefochten werden kann, steht dem nicht entgegen (BGH GRUR 2022, 591 Rn. 11 – Geschäftsgeheimnis bei Hohlfasermembranspinnanlagen; aA Harte-Bavendamm/Ohly/Kalbfus/Kalbfus Rn. 41).

2. Ablehnung von prozessualen Schutzmaßnahmen

25   Demgegenüber ist das Geschäftsgeheimnis gefährdet, wenn (und soweit) das Gericht prozessuale **Schutzmaßnahmen ablehnt** (vgl. auch BGH GRUR 2022, 591 Rn. 16 – Geschäftsgeheimnis bei Hohlfasermembranspinnanlagen; BGH GRUR 2023, 1403 Rn. 28 – Ästhetische Behandlung). Dies betrifft neben der Ablehnung eines Antrags nach § 16 I und § 19 I auch den Antrag auf Festsetzung eines Ordnungsmittels gemäß § 17. In diesem Fall kann die ablehnende Entscheidung zunächst durch **sofortige Beschwerde** (§§ 567 ff. ZPO) überprüft werden (§ 20 V 5). Eine sofortige Beschwerde ist jedoch nur gegen Entscheidungen im ersten Rechtszug möglich (Begr. RegE, BT-Drs. 19/4724, 38).

IV. Gericht der Hauptsache

26   § 20 VI enthält die Begriffsbestimmung für das Gericht der Hauptsache, auf das in § 16 I, §§ 17, 18, 19 I, III und § 20 I gesetzlich Bezug genommen wird. Gericht der Hauptsache ist danach das **Gericht des ersten Rechtszuges** (Nr. 1) oder das **Berufungsgericht,** wenn die Hauptsache in der Berufungsinstanz anhängig ist (Nr. 2). Es besteht keine Deckungsgleichheit mit dem Gericht der Hauptsache iSv § 943 ZPO (Keller/Schönknecht/Glinke/Schönknecht Rn. 51).

27   Nach der gesetzgeberischen Konzeption des verfahrensrechtlichen Geheimnisschutzes ist bezweckt, dass das jeweils **mit der Sache befasste Gericht** über die Maßnahmen nach § 16 I oder § 19 I entscheiden kann (Begr. RegE, BT-Drs. 19/4724, 38). Es kommt allein auf die tatsächliche Befassung des Gerichts mit dem Verfahren an, nicht hingegen darauf, ob das Gericht im Übrigen zuständig ist (Harte-Bavendamm/Ohly/Kalbfus/Kalbfus Rn. 49; Keller/Schönknecht/Glinke/Schönknecht Rn. 53). Dies gilt gleichermaßen für das Klageverfahren wie für den einstweiligen Rechtsschutz (Keller/Schönknecht/Glinke/Schönknecht Rn. 54; für analoge Anwendung beim einstweiligen Rechtsschutz BeckOK GeschGehG/Gregor Rn. 29).

28   Keine Aussage trifft § 20 VI zur **Revisionsinstanz.** Praktisch dürfte sich die Frage nur sehr selten stellen, weil das Bedürfnis nach einem verfahrensrechtlichen Geheimnisschutz typischerweise bereits zu Beginn des Verfahrens auftritt und zudem die Tatsacheninstanz(en) betreffen wird. Ausgehend von dem gesetzlichen Regelungskonzept (→ Rn. 27) liegt es nahe, in entsprechender Anwendung von § 20 VI ab der Anhängigkeit eines Rechtsstreits beim Revisionsgericht dieses als das Gericht der Hauptsache anzusehen, weil dadurch die vom Gesetzgeber beabsichtigte Verbindung der Entscheidung über die Geheimnissache und den verfahrensrechtlichen Geheimnisschutz gewahrt bleibt (Keller/Schönknecht/Glinke/Schönknecht Rn. 57; aA Hoeren/Münker/Bühling Rn. 65).

Bekanntmachung des Urteils

21 (1) ¹Der obsiegenden Partei einer Geschäftsgeheimnisstreitsache kann auf Antrag in der Urteilsformel die Befugnis zugesprochen werden, das Urteil oder Informationen über das Urteil auf Kosten der unterliegenden Partei öffentlich bekannt zu machen, wenn die obsiegende Partei hierfür ein berechtigtes Interesse darlegt. ²Form und Umfang der öffentlichen Bekanntmachung werden unter Berücksichtigung der berechtigten Interessen der im Urteil genannten Personen in der Urteilsformel bestimmt.

(2) Bei den Entscheidungen über die öffentliche Bekanntmachung nach Absatz 1 Satz 1 ist insbesondere zu berücksichtigen:

1. der Wert des Geschäftsgeheimnisses,
2. das Verhalten des Rechtsverletzers bei Erlangung, Nutzung oder Offenlegung des Geschäftsgeheimnisses,
3. die Folgen der rechtswidrigen Nutzung oder Offenlegung des Geschäftsgeheimnisses und
4. die Wahrscheinlichkeit einer weiteren rechtswidrigen Nutzung oder Offenlegung des Geschäftsgeheimnisses durch den Rechtsverletzer.

(3) Das Urteil darf erst nach Rechtskraft bekannt gemacht werden, es sei denn, das Gericht bestimmt etwas anderes.

Übersicht

Schrifttum: s. allg. bei Vor § 1.

A. Allgemeines

I. Normzweck und Normstruktur

Ergeht in einer Geschäftsgeheimnisstreitsache ein Urteil, dann kann die obsiegende Partei ein **1** Interesse daran haben, dass die Öffentlichkeit über diese Entscheidung informiert wird. § 21 ermöglicht deswegen eine Bekanntmachung des Urteils. Parallelregelungen finden sich im Lauterkeitsrecht in § 12 II UWG sowie im Recht des geistigen Eigentums in § 103 UrhG, § 19c MarkenG, § 140e PatG und § 24e GebrMG.

2   § 21 I enthält die Grundregelung zur Urteilsbekanntmachung. In § 21 II findet sich ein Katalog von Beurteilungskriterien, die bei der gerichtlichen Entscheidung über die Urteilsbekanntmachung zu berücksichtigen sind. Schließlich regelt § 21 III den Zeitpunkt der Bekanntmachung.

II. Entstehung und unionsrechtliche Vorgaben

3   Im alten Recht gab es keine spezielle Regelung zur Urteilsbekanntmachung. Erfolgte die Rechtsdurchsetzung mit Hilfe des Lauterkeitsrechts, dann war die entsprechende Bestimmung im UWG anzuwenden. Der **RefE** hatte eine Regelung zur Urteilsbekanntmachung in § 20 vorgesehen. Der **RegE** (BT-Drs. 19/4724) übernahm diese Vorschrift in § 21. Änderungen im weiteren Verlauf des Gesetzgebungsverfahrens erfolgten nicht.

4   § 21 dient der Umsetzung der Vorgaben aus **Art. 15 RL (EU) 2016/943.** Diese Vorschrift lautet:

„(1) Die Mitgliedstaaten stellen sicher, dass die zuständigen Gerichte bei Verfahren wegen des rechtswidrigen Erwerbs oder der rechtswidrigen Nutzung oder Offenlegung von Geschäftsgeheimnissen auf Antrag des Antragstellers und auf Kosten des Rechtsverletzers geeignete Maßnahmen zur Verbreitung von Informationen über die betreffende Entscheidung, einschließlich der vollständigen oder teilweisen Veröffentlichung, anordnen können.

(2) Bei jeder Maßnahme gemäß Absatz 1 des vorliegenden Artikels wird die Vertraulichkeit von Geschäftsgeheimnissen gemäß Artikel 9 gewährleistet.

(3) Bei der Entscheidung darüber, ob eine Maßnahme gemäß Absatz 1 angeordnet wird, und bei der Bewertung ihrer Verhältnismäßigkeit berücksichtigen die zuständigen Gerichte gegebenenfalls den Wert des Geschäftsgeheimnisses, das Verhalten des Rechtsverletzers bei Erwerb, Nutzung oder Offenlegung des Geschäftsgeheimnisses, die Folgen der rechtswidrigen Nutzung oder Offenlegung des Geschäftsgeheimnisses und die Wahrscheinlichkeit einer weiteren rechtwidrigen Nutzung oder Offenlegung des Geschäftsgeheimnisses durch den Rechtsverletzer.

Die zuständigen Gerichte berücksichtigen auch, ob die Informationen über den Rechtsverletzer die Identifizierung einer natürlichen Person ermöglichen würden und, falls ja, ob die Veröffentlichung dieser Informationen gerechtfertigt wäre, insbesondere im Lichte des etwaigen Schadens, den eine solche Maßnahme der Privatsphäre und dem Ruf des Rechtsverletzers zufügen kann."

5   Im **ErwGr. 31 RL (EU) 2016/943** wird dazu ausgeführt:

„Zur zusätzlichen Abschreckung für potenzielle Rechtsverletzer und zur Sensibilisierung der breiten Öffentlichkeit ist es zweckmäßig, Entscheidungen in Fällen, bei denen es um den rechtswidrigen Erwerb oder die rechtswidrige Nutzung oder Offenlegung von Geschäftsgeheimnissen geht, gegebenenfalls durch öffentlichkeitswirksame Anzeigen zu veröffentlichen, sofern die Veröffentlichung weder mit einer Offenlegung des Geschäftsgeheimnisses verbunden ist noch der Privatsphäre und der Reputation natürlicher Personen auf unverhältnismäßige Weise abträglich ist."

6   Art. 15 RL (EU) 2016/943 ist angelehnt an **Art. 15 RL 2004/48/EG** (Enforcement-RL), wonach für Verletzungen von Rechten des geistigen Eigentums ebenfalls eine Befugnis zur Veröffentlichung von Gerichtsentscheidungen vorgesehen ist.

7   Die Transformation von Art. 15 RL (EU) 2016/943 in das deutsche Recht ist nur **bedingt gelungen.** Erstens bezieht sich die deutsche Regelung allein auf ein Urteil, während Art. 15 I RL (EU) 2016/943 allgemein von einer „Entscheidung" des Gerichts spricht. Zweitens fehlt es an einer ausdrücklichen Umsetzung von Art. 15 II RL (EU) 2016/943 in das nationale Recht. Drittens erweckt die Fassung von § 21 II den Eindruck, dass der Kriterienkatalog offengehalten und einer Erweiterung zugänglich ist („insbesondere"). Dem steht jedoch entgegen, dass Art. 15 III RL (EU) 2016/943 eine abschließende Aufzählung von Kriterien enthält (MüKoUWG/Namysłowska RL (EU) 2016/943 Art. 15 Rn. 2 und 8). Viertens fehlt es im deutschen Recht an einer ausdrücklichen Übernahme von Art. 15 III UAbs. 2 RL (EU) 2016/943.

III. Funktion und Auslegung

8   § 21 erfüllt innerhalb des privatrechtlichen Systems des Schutzes von Geschäftsgeheimnissen mehrere Funktionen (s. auch Harte-Bavendamm/Ohly/Kalbfus/Harte-Bavendamm Rn. 4; Keller/Schönknecht/Glinke/Schönknecht Rn. 6 f.). Erstens dient die Vorschrift dem Schutz der obsiegenden Partei und verwirklicht damit eine **individuelle Schutzfunktion.** Diese Partei – Kläger oder Beklagter – kann aus verschiedenen Gründen ein Interesse daran haben, die Öffentlichkeit über die ergangene Gerichtsentscheidung zu unterrichten. Obsiegt der Kläger, dann kann von der Urteilsveröffentlichung eine wichtige **Signalwirkung gegenüber Dritten** ausgehen. Obsiegt dagegen der Beklagte, dann kann die Urteilsbekanntmachung dazu beitragen, eine durch den Vorwurf der Rechtsverletzung eingetretene **Beeinträchtigung des guten Rufs zu beseitigen** (Begr. RegE, BT-Drs. 19/4724, 39).

Zweitens hat die Urteilsbekanntmachung eine wichtige **Informationsfunktion** gegenüber 9 der Allgemeinheit. Durch eine Urteilsbekanntmachung wird das Bewusstsein der Öffentlichkeit dafür geschärft, dass Geschäftsgeheimnisse schutzwürdige und schutzbedürftige Rechtspositionen sind. Zugleich wird die Öffentlichkeit darüber in Kenntnis gesetzt, dass Geschäftsgeheimnisse von anderen verletzt worden sind (Begr. RegE, BT-Drs. 19/4724, 39).

Schließlich kommt der Urteilsbekanntmachung eine **Präventionsfunktion** zu, weil sie po- 10 tentielle Rechtsverletzer möglicherweise von Rechtsverstößen abhält oder zumindest Unternehmer dazu anhält, bei einem Umgang mit vertraulichen Informationen die Rechtslage genau zu prüfen.

Die Urteilsbekanntmachung steht in einem **Spannungsverhältnis** zum Vertraulichkeitsschutz 11 im Verfahren. Der verfahrensrechtliche Geheimnisschutz würde ausgehöhlt, wenn eine Urteilsbekanntmachung gemäß § 21 dazu führen würde, dass die im Verfahren und nach dessen Abschluss besonders geschützten Informationen nunmehr publik würden. Daher verlangt der nicht explizit in das deutsche Recht umgesetzte Art. 15 II RL (EU) 2016/943 zu Recht, dass bei jeder Maßnahme gemäß Art. 15 I RL (EU) 2016/943 die Vertraulichkeit von Geschäftsgeheimnissen gemäß Art. 9 RL (EU) 2016/943 gewährleistet bleibt.

Die Auslegung der Norm erfolgt auf der Grundlage der anerkannten Auslegungsgrundsätze. In 12 weitem Umfang kann dabei auf die Grundsätze zurückgegriffen werden, die für die lauterkeitsrechtlichen und immaterialgüterrechtlichen Parallelbestimmungen gelten, zumal letztere ebenfalls auf Unionsrecht zurückgehen. § 21 ist **richtlinienkonform** auszulegen. Dabei ist zu beachten, dass die Vorgaben in Art. 15 III RL (EU) 2016/943 **vollharmonisierenden Charakter** haben (vgl. Art. 1 I UAbs. 2 RL (EU) 2016/943), was den Auslegungsspielraum im nationalen Recht einschränkt.

IV. Anwendungsbereich

§ 21 gilt für Urteile, die in **Geschäftsgeheimnisstreitsachen** ergehen. Dabei handelt es sich 13 um Klagen, durch die Ansprüche nach dem GeschGehG geltend gemacht werden (§ 16 I → § 16 Rn. 12 ff.). Im Unterschied zu § 12 II UWG ist die Urteilsveröffentlichung nach § 21 nicht auf Unterlassungsklagen beschränkt, sondern kann auch bei anderen Klagen (zB auf Beseitigung oder Schadensersatz gerichtete Klagen) in Betracht kommen (BeckOK GeschGehG/Gregor Rn. 5; Harte-Bavendamm/Ohly/Kalbfus/Harte-Bavendamm Rn. 6). Auf Urteile, die in anderen Verfahren ergehen, die auch Geschäftsgeheimnisse betreffen, findet die Vorschrift hingegen keine Anwendung. Entscheidungen in **Verfügungsverfahren** sind nicht von § 21 erfasst, wenngleich auch dort Urteile ergehen können (Harte-Bavendamm/Ohly/Kalbfus/Harte-Bavendamm Rn. 7; Keller/Schönknecht/Glinke/Schönknecht Rn. 14; aA für Urteilsverfügungen Brammsen/Apel/Apel Rn. 20 ff.). Dies beruht auf dem Charakter des einstweiligen Rechtsschutzes als vorläufige Regelung (s. dazu BeckOK UWG/Barth Rn. 16).

Der Anwendungsbereich von § 21 beschränkt sich nach dem Wortlaut auf **Urteile**, während 13a die Richtlinie ganz allgemein Entscheidungen des Gerichts erwähnt (→ Rn. 7). Aus dem Schutzzweck des Art. 15 RL (EU) 2016/943 ist zu folgern, dass sich die Veröffentlichung auf **verfahrensbeendigende Gerichtsentscheidungen** bezieht und die Richtlinie nur eine verfahrensrechtlich offene Terminologie verwendet. Da es sich bei Urteilen um die typische verfahrensbeendigende Entscheidung des Gerichts handelt, in der eine rechtliche Beurteilung in der Sache erfolgt, steht diese tatbestandliche Fassung mit der Richtlinie in Einklang. Andere Formen der Verfahrensbeendigung (wie etwa die Klagerücknahme oder der Abschluss eines Vergleichs) werden hingegen nicht erfasst, weil es – auch iSv Art. 15 RL (EU) 2016/943 – an einer Entscheidung des Gerichts fehlt. Ebenso wie bei § 12 II UWG (→ UWG § 12 Rn. 3.9) ist der Beschluss nach § 91a ZPO nicht erfasst.

V. Rechtsnatur; Verhältnis zum materiell-rechtlichen Veröffentlichungsanspruch

Bei § 21 handelt es sich um eine **prozessuale Maßnahme eigener Art** (Keller/Schön- 14 knecht/Glinke/Schönknecht Rn. 9 und 24; aA Brammsen/Apel/Apel Rn. 8 ff.), die von einem materiell-rechtlichen Veröffentlichungsanspruch (→ UWG § 12 Rn. 3.17 ff.) zu unterscheiden ist (s. auch Harte-Bavendamm/Ohly/Kalbfus/Harte-Bavendamm Rn. 5). Dieser Anspruch findet seine Grundlage für das Recht der Geschäftsgeheimnisse im Beseitigungsanspruch (§ 6 S. 1) oder – als Form der Naturalrestitution gemäß § 249 I BGB – im Schadensersatzanspruch (§ 10 I).

B. Einzelheiten

I. Voraussetzungen (§ 21 I)

1. Antrag

15   Die Befugnis zur Urteilsbekanntmachung setzt einen Antrag voraus. **Antragsberechtigt** ist diejenige Partei, die in einer Geschäftsgeheimnisstreitsache gerichtlich **obsiegt** hat. Dabei kann es sich sowohl um den Kläger als auch den Beklagten handeln. Dies ist Ausdruck des Gedankens der Waffengleichheit (Harte-Bavendamm/Ohly/Kalbfus/Harte-Bavendamm Rn. 8). Die Antragsberechtigung besteht auch dann, wenn die Partei nur **teilweise obsiegt** hat (Begr. RegE, BT-Drs. 19/4724, 39; Harte-Bavendamm/Ohly/Kalbfus/Harte-Bavendamm Rn. 9; Keller/Schönknecht/Glinke/Schönknecht Rn. 29).

15a   Der Antrag kann **allgemein** formuliert sein. Ob es ratsam ist, bereits einen konkreten Formulierungsvorschlag zu unterbreiten (bejahend Hoppe/Oldekop Geschäftsgeheimnisse/Pichlmaier/Oldekop Kap. 3 Rn. 149; ähnlich Keller/Schönknecht/Glinke/Schönknecht Rn. 19; zurückhaltend Harte-Bavendamm/Ohly/Kalbfus/Harte-Bavendamm Rn. 21), lässt sich nicht generell sagen, sondern hängt von den konkreten Umständen des Streitfalls und von strategischen Überlegungen ab. Regelmäßig wird es jedenfalls zweckmäßig sein, wenn der Antrag konkrete Angaben zu den **abwägungsrelevanten Interessen und Umständen** enthält, um dem Gericht die Ausübung des ihm zustehenden Ermessens (→ Rn. Rn. 17 ff.) zu ermöglichen und erleichtern (Harte-Bavendamm/Ohly/Kalbfus/Harte-Bavendamm Rn. 21).

15b   Der Antrag ist **innerhalb des Verfahrens** zu stellen, in dem die Bekanntmachung des Urteils (bzw. Informationen über das Urteil) begehrt wird. Dafür spricht neben dem Wortlaut der Vorschrift auch die Überlegung, dass die gebotene Interessenabwägung in dem Verfahren stattfinden sollte, in dem über das Geschäftsgeheimnis entschieden wurde (Keller/Schönknecht/Glinke/Schönknecht Rn. 25; aA Harte-Bavendamm/Ohly/Kalbfus/Kalbfus Rn. 9).

15c   Ein besonderer **Zeitpunkt** für die Antragstellung ist nicht vorgesehen. Der Antrag kann daher im Verlauf des gesamten Verfahren gestellt werden (Keller/Schönknecht/Glinke/Schönknecht Rn. 27).

2. Berechtigtes Interesse

16   Weiterhin setzt die Urteilsbekanntmachung ein berechtigtes Interesse des Antragstellers voraus. Der Antragsteller muss darlegen, aus welchen konkreten Gründen er die öffentliche Bekanntmachung des Urteils begehrt. Hierfür sind die besonderen **Funktionen der Urteilsbekanntmachung** zu berücksichtigen (→ Rn. 8–10). Ob ein berechtigtes Interesse vorliegt, ist entsprechend den für § 12 II UWG geltenden Grundsätzen zu beurteilen (→ UWG § 12 Rn. 3.7).

3. Gegenstand der Veröffentlichung

16a   Den Gegenstand der Veröffentlichung bilden „das Urteil oder Informationen über das Urteil". Das Urteil umfasst entweder die gesamte Entscheidung oder Teile davon (Harte-Bavendamm/Ohly/Kalbfus/Harte-Bavendamm Rn. 10). Bei Informationen über das Urteil geht es um eine erläuternde Wiedergabe der Entscheidung, die es einem Dritten ermöglicht, den Inhalt des Urteils zu erfassen und einzuordnen (Harte-Bavendamm/Ohly/Kalbfus/Harte-Bavendamm Rn. 11).

4. Beweislast

16b   Die berechtigte Partei trägt die Darlegungs- und Beweislast für das berechtigte Interesse an der Veröffentlichung (BeckOK GeschGehG/Gregor Rn. 8; Harte-Bavendamm/Ohly/Kalbfus/Harte-Bavendamm Rn. 12).

II. Entscheidung des Gerichts

Die Entscheidung über die Befugnis zur Bekanntmachung des Urteils trifft das Gericht. Es hat **17** das ihm zustehende Ermessen („kann") **pflichtgemäß auszuüben** (vgl. BGH GRUR 1961, 538 (541) – Feldstecher). Dies erfordert insbesondere eine Berücksichtigung der in § 21 II aufgeführten Kriterien.

Das Gericht muss im Rahmen seiner Entscheidung eine umfassende **Interessenabwägung 18** vornehmen. Dabei können neben den Interessen des Antragstellers und des Gegners auch die Interessen Dritter (Begr. RegE, BT-Drs. 19/4724, 39) und der Allgemeinheit zu berücksichtigen sein. Bei seiner Entscheidung muss das Gericht insbesondere dem **Grundsatz der Verhältnismäßigkeit** Rechnung tragen.

Gemäß § 21 I 2 bestimmt das Gericht über **Form und Umfang** der Befugnis zur öffentlichen **19** Bekanntmachung unter Berücksichtigung der berechtigten Interessen der im Urteil genannten Personen. Bei der Form geht es um die konkrete Art und Weise, in der die Bekanntmachung erfolgt. Bei der Frage des Umfangs kommt es insbesondere darauf an, ob das gesamte Urteil oder nur ein Teil davon zu veröffentlichen ist (vgl. Art. 15 I 1 RL (EU) 2016/943: vollständige oder teilweise Veröffentlichung).

Aus dem Gesetzeswortlaut folgt, dass die Bekanntmachung sowohl durch die Veröffentlichung **20** des Urteils selbst (oder eines Teils davon → Rn. 16a), als auch durch „Informationen über das Urteil" erfolgen kann. Beide Möglichkeiten bestehen gleichrangig nebeneinander. Letztlich ist es eine Frage des Einzelfalls, welche dieser Maßnahmen am besten geeignet ist. Die Möglichkeit einer Bekanntmachung von Informationen über das Urteil entspricht den Vorgaben in Art. 15 I RL (EU) 2016/943. Dort ist allgemein von „geeigneten Maßnahmen zur Verbreitung von Informationen über die betreffende Entscheidung" die Rede und die vollständige oder teilweise Veröffentlichung dieser Entscheidung ist lediglich als ein Beispiel erwähnt. Anstelle einer vollständigen oder teilweisen Veröffentlichung des Urteils selbst kommt daher zB ein die Kernaussagen des Urteils zusammenfassender **Kurzbericht** in Betracht. Die Informationen über das Urteil müssen dabei so gefasst sein, dass sie für interessierte Kreise **aussagekräftig** und **verständlich** sind (Harte-Bavendamm/Ohly/Kalbfus/Harte-Bavendamm Rn. 11). Zu Form und Umfang gehört auch die Festlegung von **zeitlichen Grenzen** für die Ausübung der Befugnis zur öffentlichen Bekanntmachung (→ Rn. 32).

Im Einzelnen gelten die für § 12 II UWG anerkannten Grundsätze entsprechend (→ UWG **21** § 12 Rn. 3.10 ff.). Die Bestimmung von Form und Umfang erfolgt in der **Urteilsformel.**

III. Entscheidungskriterien (§ 21 II)

§ 21 II enthält einen Katalog von Kriterien, die das Gericht bei seiner Entscheidung gemäß **22** § 21 I 1 zu berücksichtigen hat. Diese Kriterien sind konzeptionell auf den Fall des Obsiegens des Inhabers des Geschäftsgeheimnisses ausgerichtet (Büscher/McGuire Rn. 8).

Zwar deutet der Wortlaut („insbesondere") an, dass der Kriterienkatalog des § 21 II nicht **23** abschließend ist (in diesem Sinne auch Begr. RegE, BT-Drs. 19/4724, 39; ebenso Harte-Bavendamm/Ohly/Kalbfus/Harte-Bavendamm Rn. 22; Keller/Schönknecht/Glinke/Schönknecht Rn. 59). Dies steht allerdings im Widerspruch zu dem vollharmonisierenden Regelungsansatz von Art. 15 III RL (EU) 2016/943. Eine Einbeziehung weiterer Kriterien ist nur innerhalb des vollharmonisierenden Regelungsbereiches der Richtlinie möglich (→ Rn. 28).

Die in § 21 II aufgeführten Kriterien können jeweils **für oder gegen eine Veröffentlichung 23a** sprechen. Sie sind nicht isoliert, sondern – soweit im konkreten Fall einschlägig – in ihrer wechselseitigen Verbindung zu betrachten.

1. Wert des Geschäftsgeheimnisses

Gemäß § 21 II Nr. 1 ist der Wert des Geschäftsgeheimnisses zu berücksichtigen. Damit ist der **24** **wirtschaftliche (kommerzielle) Wert** iSv § 2 Nr. 1 lit. a gemeint. Nach der amtlichen Begründung kann auch ein **immaterieller Wert** berücksichtigt werden (Begr. RegE, BT-Drs. 19/4724, 39). Dabei geht es um **Beeinträchtigungen des guten Rufs,** den der Inhaber des Geschäftsgeheimnisses möglicherweise erlitten hat (Keller/Schönknecht/Glinke/Schönknecht Rn. 52).

2. Verhalten des Rechtsverletzers

25   Nach § 21 II Nr. 2 ist das Verhalten des Rechtsverletzers bei Erlangung, Nutzung oder Offenlegung des Geschäftsgeheimnisses in die Betrachtung mit einzubeziehen. Denkbar ist bspw., dass der Rechtsverletzer gegenüber Dritten behauptet hat, er sei zu seinem Vorgehen berechtigt (vgl. auch Harte-Bavendamm/Ohly/Kalbfus/Harte-Bavendamm Rn. 26). In einem solchen Fall kann das Bedürfnis bestehen, durch eine Bekanntmachung des Urteils zu verdeutlichen, dass eine solche **Aussage unzutreffend** ist. Auch der **Grad des Verschuldens** kann von Bedeutung sein (Harte-Bavendamm/Ohly/Kalbfus/Harte-Bavendamm Rn. 26; Keller/Schönknecht/Glinke/Schönknecht Rn. 54).

3. Folgen der Rechtsverletzung

26   Weiterhin sind gemäß § 21 II Nr. 3 die Folgen der rechtswidrigen Nutzung oder Offenlegung des Geschäftsgeheimnisses einzubeziehen. In Betracht kommt bspw. die Bekanntmachung des Urteils zum Zwecke des **warnenden Hinweises,** dass sich möglicherweise rechtsverletzende Produkte in Umlauf befinden.

4. Wahrscheinlichkeit weiterer Rechtsverletzungen

27   Nach § 21 II Nr. 4 kann es weiterhin auf die Wahrscheinlichkeit einer weiteren rechtswidrigen Nutzung oder Offenlegung des Geschäftsgeheimnisses durch den Rechtsverletzer ankommen. Dieser Gesichtspunkt beruht auf dem Gedanken der **Präventionswirkung,** weil dem Rechtsverletzer durch die Bekanntmachung des Urteils noch einmal besonders deutlich vor Augen geführt wird, dass die Nutzung oder Offenlegung des Geschäftsgeheimnisses unzulässig war.

5. Weitere Kriterien

28   Die in § 21 II Nr. 1–4 genannten Kriterien haben eine wichtige **Leitbildfunktion** für die gerichtliche Entscheidung über die Urteilsbekanntmachung. Der Unionsgesetzgeber hielt die in Art. 15 III RL (EU) 2016/943 Umstände für besonders zentral, was durch ihren vollharmonisierenden Charakter deutlich wird. Soweit Art. 15 III RL (EU) 2016/943 nicht vollständig in das nationale Recht umgesetzt wurde (→ Rn. 7), ist eine Beachtung dieser Umstände im Wege der richtlinienkonformen Auslegung nicht nur zulässig, sondern geboten. So ist zu berücksichtigen, ob die Informationen über den Rechtsverletzer die **Identifizierung einer natürlichen Person** ermöglichen würden und, falls ja, ob die Veröffentlichung dieser Informationen gerechtfertigt wäre, insbesondere im Lichte des etwaigen Schadens, den eine solche Maßnahme der Privatsphäre und dem Ruf des Rechtsverletzers zufügen kann. Dies folgt aus Art. 15 III UAbs. 2 RL (EU) 2016/943.

28a   Weitere Kriterien können bei der Entscheidung über die Veröffentlichungsbefugnis dann, aber auch nur dann einfließen, wenn sie der verfahrensrechtlichen Verwirklichung der in **Art. 6 und Art. 7 I RL (EU) 2016/943 niedergelegten allgemeinen Grundsätze** dienen, bei denen es sich ebenfalls um vollharmonisierende Bestimmungen der Richtlinie handelt. Hervorzuheben ist dabei speziell der **Grundsatz der Verhältnismäßigkeit** gemäß Art. 7 I lit. a RL (EU) 2016/943, der durch Art. 15 III RL (EU) 2016/943 ausgeformt wird. Die Rückanbindung an die Wertungen der Richtlinie bleibt aber unverzichtbar.

IV. Zeitpunkt der Bekanntmachung (§ 21 III)

29   Im Regelfall darf das Urteil gemäß § 21 III erst **nach dem Eintritt der Rechtskraft** bekannt gemacht werden. Die mit der Bekanntmachung des Urteils verbundenen weitreichenden Wirkungen sollen erst dann eintreten, wenn der Rechtsstreit rechtskräftig abgeschlossen ist. Hiervon kann das Gericht jedoch abweichen und eine Befugnis zur Urteilsbekanntmachung bereits für einen früheren Zeitpunkt zusprechen. Dafür ist jedoch ein **dringendes Bedürfnis** erforderlich (Begr. RegE, BT-Drs. 19/4724, 39). Dies kann bspw. in Betracht kommen, wenn eine besondere Gefährdungslage besteht, die eine rasche Information der Öffentlichkeit erfordert.

V. Kosten

In seiner Entscheidung hat das Gericht gemäß § 21 I 1 festzulegen, dass die öffentliche **30** Bekanntmachung des Urteils bzw. die Veröffentlichung der Informationen über das Urteil **auf Kosten der unterliegenden Partei** erfolgt. Wird in dem Fall eines **teilweisen Obsiegens der Parteien** (→ Rn. 15) beiden Parteien die Befugnis zur öffentlichen Bekanntmachung zugesprochen, dann trägt jede Partei anteilig die Veröffentlichungskosten der anderen Partei (Harte-Bavendamm/Ohly/Kalbfus/Kalbfus Rn. 19; Keller/Schönknecht/Glinke/Schönknecht Rn. 94). Ein Anspruch auf **Vorschuss** besteht nicht (Keller/Schönknecht/Glinke/Schönknecht Rn. 95).

VI. Ausübung und zeitliche Grenzen

Die Bekanntmachung des Urteils bzw. der Informationen über das Urteil erfolgt **öffentlich,** **31** also gegenüber einem unbestimmten Adressatenkreis (Keller/Schönknecht/Glinke/Schönknecht Rn. 72). Die Ausübung der Befugnis der öffentlichen Bekanntmachung ist in § 21 nicht gesondert geregelt. Sie bestimmt sich nach den für § 12 II UWG (→ UWG § 12 Rn. 3.16) und den Parallelbestimmungen im Recht des geistigen Eigentums geltenden Grundsätzen.

Im Unterschied zu § 12 II 3 UWG (drei Monate) ist in § 21 eine feste **zeitliche Grenze** für **32** die Ausübung der Befugnis zur öffentlichen Bekanntmachung nicht vorgesehen. Daher muss die Befugnis zur Bekanntmachung nicht innerhalb eines starren Zeitraums ausgeübt werden. Nach dem Sinn und Zweck der Befugnis erlischt sie jedoch, wenn aufgrund der seit der Entscheidung verstrichenen Zeit **unter keinem Gesichtspunkt mehr ein schützenswertes Informations-interesse** an der Bekanntmachung ersichtlich ist. Denn der Fortbestand der Veröffentlichungs-befugnis wäre in diesem Fall nicht mehr verhältnismäßig (Harte-Bavendamm/Ohly/Kalbfus/ Harte-Bavendamm Rn. 32).

Das Gericht ist im Falle des § 21 I nicht daran gehindert, im Rahmen seiner Ermessensent- **33** scheidung eine Aussage zur zeitlichen Grenze zu treffen. Eine solche Festlegung kann aus Gründen der Verhältnismäßigkeit geboten sein, um lange Nachwirkungen eines Rechtsstreits abzuwenden und eine etwaige Unsicherheit über die zeitliche Reichweite der Bekannt-machungsbefugnis (→ Rn. 32) von vornherein zu vermeiden. Welche Zeitspanne hierfür in Betracht kommt, richtet sich nach dem berechtigten Interesse der zur Veröffentlichung berech-tigten Partei. Der in § 12 II 3 UWG genannte Zeitraum von drei Monaten kann zumindest als eine erste **Orientierung** dienen.

Streitwertbegünstigung

22 (1) **Macht bei Geschäftsgeheimnisstreitsachen eine Partei glaubhaft, dass die Belastung mit den Prozesskosten nach dem vollen Streitwert ihre wirtschaftliche Lage erheblich gefährden würde, so kann das Gericht auf ihren Antrag anordnen, dass die Verpflichtung dieser Partei zur Zahlung von Gerichtskosten sich nach dem ihrer Wirtschaftslage angepassten Teil des Streitwerts bemisst.**

(2) **Die Anordnung nach Absatz 1 bewirkt auch, dass**

1. **die begünstigte Partei die Gebühren ihres Rechtsanwalts ebenfalls nur nach diesem Teil des Streitwerts zu entrichten hat,**
2. **die begünstigte Partei, soweit ihr Kosten des Rechtsstreits auferlegt werden oder soweit sie diese übernimmt, die von dem Gegner entrichteten Gerichtsgebühren und die Gebühren seines Rechtsanwalts nur nach diesem Teil des Streitwerts zu erstatten hat und**
3. **der Rechtsanwalt der begünstigten Partei seine Gebühren von dem Gegner nach dem für diesen geltenden Streitwert beitreiben kann, soweit die außergerichtlichen Kosten dem Gegner auferlegt oder von ihm übernommen werden.**

(3) **[1]Der Antrag nach Absatz 1 ist vor der Verhandlung zur Hauptsache zu stellen. [2]Danach ist er nur zulässig, wenn der angenommene oder festgesetzte Streitwert durch das Gericht heraufgesetzt wird. [3]Der Antrag kann vor der Geschäftsstelle des Gerichts zur Niederschrift erklärt werden. [4]Vor der Entscheidung über den Antrag ist der Gegner zu hören.**

Schrifttum: Gruber, Ist die Streitwertbegünstigung mit dem Verfassungs- und Unionsrecht zu vereinbaren?, GRUR 2018, 585; s. ferner allg. bei Vor § 1.

A. Allgemeines

I. Normzweck und Normstruktur

1   Die Streitwerte in Geschäftsgeheimnisstreitsachen können im Einzelfall sehr hoch sein, was eine Streitpartei aufgrund der Kosten wirtschaftlich erheblich belasten kann. Gerade für kleinere und mittlere Unternehmen bildet dies möglicherweise eine Hürde, die sie von der Wahrnehmung gerichtlichen Rechtsschutzes abhält. § 22 sieht daher eine Streitwertbegünstigung für die besonders belastete Partei vor. Diese Vorschrift korrespondiert im Lauterkeitsrecht mit § 12 III, IV UWG sowie im Recht des geistigen Eigentums mit § 142 MarkenG, § 144 PatG und § 54 DesignG.

2   Die Regelung zur Streitwertbegünstigung soll verhindern, dass die Bereitschaft einer wirtschaftlich schwachen Partei zur Rechtsdurchsetzung oder Rechtsverteidigung durch die im Regelfall voraussichtlich hohen Streitwerte bei der Verletzung von Geschäftsgeheimnissen beeinträchtigt wird. Es handelt sich bei § 22 um eine **Härtefallregelung** zugunsten der wirtschaftlich schwächeren Partei (Begr. RegE, BT-Drs. 19/4724, 39). Die Streitwertbegünstigung ist **verfassungskonform** (vgl. BVerfG NJW-RR 1991, 1134 f. zum Lauterkeitsrecht; zweifelnd aber Gruber GRUR 2018, 585 ff. und Reinfeld Neues GeschGehG § 6 Rn. 120).

3   Ergänzend zu § 22 hat der Gesetzgeber **§ 51 GKG** geändert. Gemäß § 51 II GKG ist in Verfahren über Ansprüche nach dem UWG und nach dem GeschGehG, soweit nichts anderes bestimmt ist, der Streitwert nach der sich aus dem Antrag des Klägers für ihn ergebenden Bedeutung der Sache nach Ermessen zu bestimmen.

4   § 22 I regelt die Voraussetzungen sowie die unmittelbaren Rechtsfolgen der Streitwertbegünstigung. Aus § 22 II ergeben sich weitere Rechtswirkungen. § 22 III regelt Näheres zum Zeitpunkt und zu den weiteren Einzelheiten der Antragstellung.

II. Entstehung und unionsrechtliche Vorgaben

5   Nach altem Recht galt die lauterkeitsrechtliche Regelung zur Streitwertbegünstigung auch für Streitfälle, in denen es um die Verletzung von Geschäfts- und Betriebsgeheimnissen ging. Der **RefE** hatte eine Regelung zur Streitwertbegünstigung in § 21 vorgesehen. Der **RegE** (BT-Drs. 19/4724) übernahm diese Vorschrift in § 22. Änderungen im weiteren Verlauf des Gesetzgebungsverfahrens gab es nicht.

6   § 22 geht nicht unmittelbar auf konkrete Vorgaben in der RL (EU) 2016/943 zurück. Es handelt sich bei der Vorschrift um eine Ausgestaltung der verfahrensrechtlichen Details, bei denen den Mitgliedstaaten ein erheblicher Umsetzungsspielraum verbleibt. Zu beachten sind jedoch die allgemeinen Anforderungen aus **Art. 6 RL (EU) 2016/943.** Gemäß Art. 6 I RL (EU) 2016/943 sehen die Mitgliedstaaten die Maßnahmen, Verfahren und Rechtsbehelfe vor, die erforderlich sind, um einen zivilrechtlichen Schutz vor rechtswidrigem Erwerb sowie rechtswidriger Nutzung und Offenlegung von Geschäftsgeheimnissen zu gewährleisten. Nach Art. 6 II

RL (EU) 2016/943 müssen die in Art. 6 I RL (EU) 2016/943 genannten Maßnahmen, Verfahren und Rechtsbehelfe fair und gerecht sein (lit. a), sie dürfen nicht unnötig kompliziert oder kostspielig sein und keine unangemessenen Fristen oder ungerechtfertigten Verzögerungen mit sich bringen (lit. b) und sie müssen wirksam und abschreckend sein (lit. c). Die Streitwertbegünstigung verwirklicht insbesondere die Vorgabe aus **Art. 6 II lit. b RL (EU) 2016/943,** indem sie dazu beiträgt, hohe Kostenbelastungen infolge eines Rechtsstreits abzufedern (vgl. Harte-Bavendamm/Ohly/Kalbfus/Harte-Bavendamm Rn. 2).

III. Funktion und Auslegung

§ 22 dient der prozessualen Ausgestaltung des Verfahrens in Geschäftsgeheimnisstreitsachen. **7** Es handelt sich insoweit um eine **Spezialregelung,** die die allgemeinen Vorschriften des Prozessrechts ergänzt bzw. modifiziert.

Die Auslegung der Norm erfolgt auf der Grundlage der anerkannten Auslegungsgrundsätze. In **8** weitem Umfang kann auf die Grundsätze zurückgegriffen werden, die für die Streitwertbegünstigung im Lauterkeitsrecht und für die Rechte des geistigen Eigentums gelten. Aufgrund der nur wenigen und sehr allgemeinen Vorgaben in der RL (EU) 2016/943 hat die richtlinienkonforme Auslegung für § 22 nur eine untergeordnete Bedeutung, wenngleich Art. 6 RL (EU) 2016/943 zu den vollharmonisierenden Bestimmungen gehört.

IV. Anwendungsbereich

§ 22 gilt für **Geschäftsgeheimnisstreitsachen.** Dabei handelt es sich um Klagen, durch die **9** Ansprüche nach dem GeschGehG geltend gemacht werden (§ 16 I → § 16 Rn. 12 ff.). Trotz des Begriffs der Klage sind neben dem **Erkenntnisverfahren** auch **einstweilige Verfügungsverfahren** erfasst, nicht hingegen das Vollstreckungsverfahren (Büscher/McGuire Rn. 2).

Keine Anwendung findet § 22 auf Klagen, in denen vertragliche Ansprüche aufgrund der **10** Verletzung eines Geschäftsgeheimnisses geltend gemacht werden. Gleiches gilt für Ansprüche, die sich auf der Grundlage einer strafbewehrten Unterlassungserklärung ergeben.

V. Verhältnis zur weiteren Kostenregelungen

Die Regelungen zur **Prozesskostenhilfe** gemäß **§§ 114 ff. ZPO** bestehen unabhängig von **11** § 22 (Büscher/McGuire Rn. 2). Auch zugunsten einer Partei, der Prozesskostenhilfe bewilligt wird, kann der Streitwert nach § 22 herabgesetzt werden (vgl. BGH GRUR 1953, 123). Durch § 22 unberührt bleibt die Regelung zur Kostentragungspflicht gemäß **§ 12a ArbGG** (Begr. RegE, BT-Drs. 19/4724, 39; s. auch Reinfeld Neues GeschGehG § 6 Rn. 123 ff.).

B. Einzelheiten

I. Voraussetzungen (§ 22 I)

1. Antrag

Für die Herabsetzung des Streitwertes ist ein Antrag derjenigen Partei notwendig, die die **12** Streitwertbegünstigung erreichen möchte (Begr. RegE, BT-Drs. 19/4724, 39). Eine Herabsetzung von Amts wegen ist nicht vorgesehen. Näheres zum Zeitpunkt und zur Antragstellung regelt § 22 III (→ Rn. 21–23).

Die **Antragsberechtigung** nach § 22 ist nicht von der Parteistellung abhängig. Einen Antrag **13** auf Streitwertbegünstigung kann sowohl der Kläger als auch der Beklagte stellen.

2. Erhebliche Gefährdung der wirtschaftlichen Lage

Entscheidendes Kriterium für eine Streitwertherabsetzung ist, dass die Belastung mit den **14** Prozesskosten nach dem vollen Streitwert die wirtschaftliche Lage der antragstellenden Partei erheblich gefährden würde. Diese Anforderungen entsprechen denen in § 12 III UWG (→ UWG § 12 Rn. 4.20 ff.). In der Literatur wird allerdings vorgeschlagen, dass die sehr strengen Anforderungen, die von der lauterkeitsrechtlichen Rechtsprechung für § 12 III UWG zugrunde gelegt werden, nicht auf § 22 übertragen werden sollten (Büscher/McGuire Rn. 8 ff.). Indessen sprechen die systematische Ausgestaltung der Vorschrift und die Übernahme des Wortlauts der lauterkeitsrechtlichen Regelung dafür, § 22 und § 12 III UWG grundsätzlich nach **einheitlichen Maßstäben** auszulegen und anzuwenden (ebenso Harte-Bavendamm/Ohly/Kalbfus/Harte-Bavendamm Rn. 6; Keller/Schönknecht/Glinke/Schönknecht Rn. 14). Den Besonderheiten einer Geheimnisstreitsache kann, soweit erforderlich, im Rahmen der ohnehin notwendigen Einzelfallbetrachtung Rechnung getragen werden.

15   Zu den Prozesskosten, die in die Betrachtung mit einzubeziehen sind, gehören die **Gerichts- und Anwaltskosten,** die in der jeweiligen Instanz anfallen (Büscher/McGuire Rn. 12).

3. Glaubhaftmachen

15a   Die Partei muss die erhebliche Gefährdung ihrer wirtschaftlichen Lage glaubhaft machen. Die Anforderungen richten sich nach **§ 294 ZPO.** Die Partei kann sich aller Beweismittel bedienen, auch der Versicherung an Eides statt. Erforderlich ist ein substantiierter Vortrag zu den Einkommens- und Vermögensverhältnissen, der durch geeignete Dokumente gestützt wird (BeckOK GeschGehG/Gregor Rn. 23; Harte-Bavendamm/Ohly/Kalbfus/Harte-Bavendamm Rn. 7).

II. Entscheidung des Gerichts

16   Das Gericht ordnet auf Antrag an, dass die Verpflichtung der schwachen Partei zur Zahlung von Gerichtskosten sich nach dem ihrer Wirtschaftslage angepassten Teil des Streitwerts bemisst. Diese Streitwertbegünstigung betrifft dabei nur den **Gebührenstreitwert** (Begr. RegE, BT-Drs. 19/4724, 39; Harte-Bavendamm/Ohly/Kalbfus/Harte-Bavendamm Rn. 3; Keller/Schönknecht/Glinke/Schönknecht Rn. 18).

17   Die Anpassung muss von der Frage ausgehen, welcher Belastung die Partei nach dem vollen Streitwert ausgesetzt wäre. Dabei ist eine **Schätzung** auf der Grundlage des regulären Streitwerts gemäß § 3 ZPO iVm § 51 II, III GKG vorzunehmen. Sodann erfolgt die Herabsetzung auf den Betrag, bei dem unter Berücksichtigung aller Umstände das Kostenrisiko für die schwache Partei noch zumutbar ist.

18   Die Entscheidung trifft das Gericht nach **pflichtgemäßem Ermessen.** Sie erfolgt ohne Berücksichtigung der Frage des Obsiegens der wirtschaftlich schwächeren Partei. Jedoch kann das Gericht bei seiner Entscheidung das vorprozessuale Verhalten in die Beurteilung einbeziehen, weil die Vorschrift nicht einem leichtfertigen Prozessieren Vorschub leisten soll (Begr. RegE, BT-Drs. 19/4724, 39).

19   Verfahren, Entscheidung und Rechtsmittel entsprechen im Übrigen den für § 12 III UWG geltenden Grundsätzen (→ UWG § 12 Rn. 4.26 ff.).

III. Weitere Rechtswirkungen (§ 22 II)

20   Ordnet das Gericht gemäß § 22 I eine Streitwertbegünstigung an, dann hat diese Entscheidung nach § 22 II die folgenden weiteren Rechtswirkungen: Die begünstigte Partei hat die **Gebühren ihres Rechtsanwalts** ebenfalls nur nach diesem Teil des Streitwerts zu entrichten (Nr. 1). Die begünstigte Partei hat, soweit ihr Kosten des Rechtsstreits auferlegt werden oder soweit sie diese übernimmt, die von dem Gegner entrichteten **Gerichtsgebühren** und die **Gebühren seines Rechtsanwalts** nur nach diesem Teil des Streitwerts zu erstatten (Nr. 2). Der Rechtsanwalt der begünstigten Partei kann seine **Gebühren** von dem Gegner nach dem für diesen geltenden Streitwert beitreiben, soweit die außergerichtlichen Kosten dem Gegner auferlegt oder von ihm übernommen werden (Nr. 3).

IV. Antragstellung (§ 22 III)

21   Gemäß § 22 III 1 ist der Antrag nach § 22 I **vor der Verhandlung zur Hauptsache** zu stellen. Der Antrag betrifft jeweils nur die **konkrete Instanz** (Büscher/McGuire Rn. 15). Eine spätere Antragstellung ist gemäß § 22 III 2 nur dann zulässig, wenn der angenommene oder festgesetzte Streitwert durch das Gericht **heraufgesetzt** wird. Eine analoge Anwendung dieser Regelung ist zu befürworten, wenn sich die wirtschaftlichen Verhältnisse während des laufenden Verfahrens ändern (Büscher/McGuire Rn. 18).

22   Der Antrag gemäß § 22 I kann im Rahmen eines **Schriftsatzes** gestellt (Begr. RegE, BT-Drs. 19/4724, 40) oder gemäß § 22 III 3 vor der **Geschäftsstelle des Gerichts** zur Niederschrift erklärt werden.

Vor der Entscheidung über den Antrag hat das Gericht dem Gegner nach § 22 III 4 **recht-** 23 **liches Gehör** zu gewähren. Weil die antragstellende Partei in ihrem Antrag über ihre wirtschaftlichen Verhältnisse Auskunft geben muss, findet **§ 117 II 2 ZPO** entsprechende Anwendung (→ UWG § 12 Rn. 4.27; ebenso BeckOK UWG/Barth Rn. 5; Hoeren/Münker/Bühling Rn. 16; aA BeckOK GeschGehG/Gregor Rn. 28; Keller/Schönknecht/Glinke/Keller Rn. 33; Brammsen/Apel/Stolz Rn. 75 ff.).

Abschnitt 4. Strafvorschriften

Verletzung von Geschäftsgeheimnissen

23 (1) Mit Freiheitsstrafe bis zu drei Jahren oder mit Geldstrafe wird bestraft, wer zur Förderung des eigenen oder fremden Wettbewerbs, aus Eigennutz, zugunsten eines Dritten oder in der Absicht, dem Inhaber eines Unternehmens Schaden zuzufügen,

1. entgegen § 4 Absatz 1 Nummer 1 ein Geschäftsgeheimnis erlangt,
2. entgegen § 4 Absatz 2 Nummer 1 Buchstabe a ein Geschäftsgeheimnis nutzt oder offenlegt oder
3. entgegen § 4 Absatz 2 Nummer 3 als eine bei einem Unternehmen beschäftigte Person ein Geschäftsgeheimnis, das ihr im Rahmen des Beschäftigungsverhältnisses anvertraut worden oder zugänglich geworden ist, während der Geltungsdauer des Beschäftigungsverhältnisses offenlegt.

(2) Ebenso wird bestraft, wer zur Förderung des eigenen oder fremden Wettbewerbs, aus Eigennutz, zugunsten eines Dritten oder in der Absicht, dem Inhaber eines Unternehmens Schaden zuzufügen, ein Geschäftsgeheimnis nutzt oder offenlegt, das er durch eine fremde Handlung nach Absatz 1 Nummer 2 oder Nummer 3 erlangt hat.

(3) Mit Freiheitsstrafe bis zu zwei Jahren oder mit Geldstrafe wird bestraft, wer zur Förderung des eigenen oder fremden Wettbewerbs oder aus Eigennutz entgegen § 4 Absatz 2 Nummer 2 oder Nummer 3 ein Geschäftsgeheimnis, das eine ihm im geschäftlichen Verkehr anvertraute geheime Vorlage oder Vorschrift technischer Art ist, nutzt oder offenlegt.

(4) Mit Freiheitsstrafe bis zu fünf Jahren oder mit Geldstrafe wird bestraft, wer

1. in den Fällen des Absatzes 1 oder des Absatzes 2 gewerbsmäßig handelt,
2. in den Fällen des Absatzes 1 Nummer 2 oder Nummer 3 oder des Absatzes 2 bei der Offenlegung weiß, dass das Geschäftsgeheimnis im Ausland genutzt werden soll, oder
3. in den Fällen des Absatzes 1 Nummer 2 oder des Absatzes 2 das Geschäftsgeheimnis im Ausland nutzt.

(5) Der Versuch ist strafbar.

(6) Beihilfehandlungen einer in § 53 Absatz 1 Satz 1 Nummer 5 der Strafprozessordnung genannten Person sind nicht rechtswidrig, wenn sie sich auf die Entgegennahme, Auswertung oder Veröffentlichung des Geschäftsgeheimnisses beschränken.

(7) [1] § 5 Nummer 7 des Strafgesetzbuches gilt entsprechend. [2] Die §§ 30 und 31 des Strafgesetzbuches gelten entsprechend, wenn der Täter zur Förderung des eigenen oder fremden Wettbewerbs oder aus Eigennutz handelt.

(8) Die Tat wird nur auf Antrag verfolgt, es sei denn, dass die Strafverfolgungsbehörde wegen des besonderen öffentlichen Interesses an der Strafverfolgung ein Einschreiten von Amts wegen für geboten hält.

Übersicht

Schrifttum: Brammsen, Lauterkeitsstrafrecht, 2020; Brammsen, Die EU-Know-how Richtlinie 943/2016, §§ 17 ff. UWG und das geplante Geschäftsgeheimnisstrafrecht (§ 23 GeschGehG-RegE), wistra 2018, 449; Brammsen/Apel, „Kunst kommt von Können…" – Zur Auslegung des § 18 Abs. 1 UWG („Vorlagenfreibeuterei"), insbesondere zum „Anvertrauen", WRP 2016, 18; Zentek, Von der Vorlagenfreibeuterei bis zu Individualvereinbarungen gegen eigenmächtige Verwertungen ungeschützter Entwürfe, WRP 2007, 507; s. ferner allg. bei Vor § 1.

A. Allgemeines

I. Normzweck und Normstruktur

Der vierte Abschnitt des GeschGehG enthält den strafrechtlichen Schutz von Geschäfts- **1** geheimnissen, der mit § 23 in einer einzigen Vorschrift zusammengefasst ist. Innerhalb des § 23 ist zwischen **zwei Regelungskomplexen** zu unterscheiden, die im Interesse einer übersichtlicheren Gesetzsfassung besser auf zwei Vorschriften aufgeteilt worden wären.

Den **ersten Regelungskomplex** bilden die strafrechtlichen Grundvorschriften zum Schutz **2** von Geschäftsgeheimnissen. Bei § 23 I–III handelt es sich um jeweils eigenständige Straftatbestände, bei § 23 IV dagegen um eine Qualifikation (Begr. RegE, BT-Drs. 19/4724, 41). Der deutsche Gesetzgeber hat sich bei der inhaltlichen Ausgestaltung der einzelnen Strafnormen im Wesentlichen an der Regelungsstruktur von §§ 17 und 18 UWG aF orientiert.

§ 23 V–VIII enthalten in einem **zweiten Regelungskomplex** ergänzende Bestimmungen. **3** Dies betrifft im Einzelnen die Strafbarkeit des Versuchs (§ 23 V), die Spezialregelung für Medienschaffende (§ 23 VI), die Regelung zu Auslandstaten und zum Versuch der Beteiligung (§ 23 VII) sowie schließlich zum Strafantragserfordernis (§ 23 VIII).

II. Entstehung und unionsrechtliche Vorgaben

Der Schutz von Geschäfts- und Betriebsgeheimnissen war vor dem Inkrafttreten des Gesch- **4** GehG in Deutschland strafrechtlich ausgestaltet. Die Rechtsgrundlage hierfür bildeten die §§ 17–19 UWG aF als Normen des Nebenstrafrechts, die allerdings zumeist zivilrechtlich mit Hilfe des Lauterkeitsrechts (§ 3a UWG) oder über §§ 823 ff. BGB durchgesetzt wurden.

Das **UWG 1896** und das **UWG 1909** enthielten grundlegende Strafnormen zum Schutz von **5** Geschäftsgeheimnissen (→ Vor § 1 Rn. 43). Diese Vorschriften bildeten die lauterkeitsrechtliche Basis des strafrechtlichen Geheimnisschutzes. Eine erhebliche Ausweitung der Strafbarkeit erfolgte mit der **Verordnung zum Schutze der Wirtschaft** vom 9.3.1932 (RGBl. 1932 I 121 (123 f.)). Der mit dieser Not-Verordnung geschaffene Geheimnisschutz galt – ungeachtet kleinerer redaktioneller Änderungen – über viele Jahrzehnte. Eine inhaltliche Überarbeitung brachte das **Zweite Gesetz zur Bekämpfung der Wirtschaftskriminalität** (2. WiKG) vom 15.5.1986 (BGBl. 1986 I 721). Dieses Gesetz erweiterte § 17 UWG 1909 nochmals beträchtlich. Der Gesetzgeber beabsichtigte seinerzeit „einen verstärkten strafrechtlichen Schutz von Betriebs- und Geschäftsgeheimnissen insbesondere zur Eindämmung der Wirtschaftsspionage" (BT-Drs. 10/5058, 39). Bei der **UWG-Reform 2004** hielt der Gesetzgeber an dem strafrechtlichen Schutz von Geschäfts- und Betriebsgeheimnissen fest. Die vorhandenen Vorschriften zum Schutz dieser Geheimnisse wurden lediglich redaktionell angepasst und in einem eigenständigen Abschnitt gebündelt (§§ 17–19 UWG aF). Eine wesentliche inhaltliche Neugestaltung erfolgte nicht und war auch nicht beabsichtigt. Die späteren Änderungen des UWG durch die **Novellen 2008 und 2015** berührten die Vorschriften zum Geheimnisschutz nicht, weil diese Maßnahmen auf die Umsetzung der UGP-RL ausgerichtet waren.

6   Die §§ 17–19 UWG aF wiesen vielfach **Unzulänglichkeiten** auf. Sie waren in einem völlig anderen wirtschaftlichen und technologischen Umfeld entstanden und es bereitete zunehmend Schwierigkeiten, diese Strafvorschriften sachgerecht anzuwenden. Ungeachtet der unionsrechtlichen Vorgaben durch die RL (EU) 2016/943 bestand bereits seit längerem **Reformbedarf,** weil die vorhandenen Straftatbestände teilweise zu eng, teilweise zu weit gefasst waren. Insgesamt war der strafrechtliche Schutz nach altem Recht rudimentär ausgestaltet und kaum noch dazu geeignet, den veränderten Herausforderungen in einer immer stärker durch die Digitalisierung geprägten Wirtschaftsrealität gerecht zu werden.

7   Im Zuge der Umsetzung der RL (EU) 2016/943 musste auch der strafrechtliche Schutz von Geschäftsgeheimnissen neu geregelt werden. Der Gesetzgeber sah zu Recht davon ab, an den §§ 17–19 UWG aF festzuhalten. Diese Vorschriften wurden im Zuge der Neuregelung aufgehoben und der strafrechtliche Schutz wurde in das GeschGehG integriert. Der **RefE** regelte den strafrechtlichen Geheimnisschutz in § 22. Der **RegE** (BT-Drs. 19/4724) übernahm diese Regelungen mit redaktionellen Anpassungen in § 23. Im weiteren Verlauf des Gesetzgebungsverfahrens wurde in § 23 VI die Sonderregelung für Medienschaffende eingefügt (BT-Drs. 19/ 8300). Der Gesetzgeber wollte damit den insbesondere in der Sachverständigenanhörung geäußerten Bedenken von Medienvertretern Rechnung tragen, dass das GeschGehG die Tätigkeit von Journalisten einschränken könnte (Beschlussempfehlung und Bericht, BT-Drs. 19/8300, 15).

8   Die **RL (EU) 2016/943** sieht keine Bestimmungen zum strafrechtlichen Schutz von Geschäftsgeheimnissen vor, denn sie zielt allein auf die Schaffung eines ausreichenden und kohärenten zivilrechtlichen Schutzes. Sie hindert die Mitgliedstaaten allerdings nicht daran, einen weitergehenden – und damit auch strafrechtlichen – Schutz von Geschäftsgeheimnissen im nationalen Recht vorzusehen, sofern die in der Richtlinie ausdrücklich festgelegten Regelungen zum Schutz der Interessen anderer Parteien eingehalten werden (ErwGr. 10 RL (EU) 2016/943). Es stand dem deutschen Gesetzgeber daher frei, zum Schutz von Geschäftsgeheimnissen auch weiterhin Strafnormen vorzusehen (Kalbfus GRUR 2016, 1009 (1016)).

9   Obgleich die RL (EU) 2016/943 die Schaffung eines strafrechtlichen Schutzes nicht verlangt, sind die unionsrechtlichen Vorgaben aus der Richtlinie in vielfacher Hinsicht zu beachten. Zunächst gilt die allgemeine Verpflichtung aus **Art. 6 RL (EU) 2016/943.** Danach sehen die Mitgliedstaaten die Maßnahmen, Verfahren und Rechtsbehelfe vor, die erforderlich sind, um einen zivilrechtlichen Schutz vor rechtswidrigem Erwerb sowie rechtswidriger Nutzung und Offenlegung von Geschäftsgeheimnissen zu gewährleisten (Art. 6 I RL (EU) 2016/943). Gemäß Art. 6 II RL (EU) 2016/943 müssen diese Maßnahmen, Verfahren und Rechtsbehelfe fair und gerecht sein (lit. a); sie dürfen nicht unnötig kompliziert oder kostspielig sein und keine unangemessenen Fristen oder ungerechtfertigten Verzögerungen mit sich bringen (lit. b) und sie müssen wirksam und abschreckend sein (lit. c).

10   Des Weiteren ist zu beachten, dass die Straftatbestände in § 23 I–IV zivilrechtsakzessorisch ausgestaltet sind. Das bedeutet konkret, dass die Straftatbestände mit den zivilrechtlichen Verletzungs-, Erlaubnis- und Ausnahmetatbeständen gemäß §§ 3–5 und damit wiederum mit der RL (EU) 2016/943 auf das Engste verbunden sind. Dies hat zur Folge, dass die Vorgaben des Unionsrechts über die zivilrechtlichen Tatbestände des Geheimnisschutzes in die Straftatbestände hineinwirken (→ Rn. 12 und 19).

III. Funktion und Auslegung

Der strafrechtliche Schutz von Geschäftsgeheimnissen unterstreicht die Bedeutung von Ge- **11** schäftsgeheimnissen im Wirtschaftsleben. Bei bestimmten Verletzungen von Geschäftsgeheimnissen handelt es sich um Eingriffe, die einen so **schwerwiegenden Unrechtsgehalt** aufweisen, dass neben den zivilrechtlichen Ansprüchen eine strafrechtliche Sanktionierung geboten ist. Die Strafandrohung lässt erkennen, dass Geschäftsgeheimnisse als wichtige Vermögensgüter dem besonderen Schutz der Rechtsordnung unterliegen **(erweiterte Schutzfunktion)** und sie erfüllt zugleich eine wichtige **Präventionsfunktion** (Kalbfus GRUR 2019, 1009 (1016)). Ohne die Etablierung von Strafnormen im GeschGehG wäre die Aufhebung von §§ 17–19 UWG aF möglicherweise als ein Signal der Schwächung des Geschäftsgeheimnisschutzes verstanden worden.

In den Gesetzesmaterialien kommt deutlich zum Ausdruck, dass sich der Gesetzgeber bei der **12** Schaffung der Straftatbestände an den Altregelungen in §§ 17–19 UWG aF orientiert hat (Begr. RegE, BT-Drs. 19/4724, 40 f.). Die Ausgestaltung der Tatbestände in § 23 ist geprägt von dem Bestreben, die früheren Regelungskomplexe nach Möglichkeit zu erhalten (tabellarische Übersichten dazu bei Hoeren/Münker/Bott/Kohlhof Rn. 39 und Brammsen/Apel/Brammsen/Drescher Rn. 15). Die gewählte Anknüpfung an die bisherige Rechtslage bedeutet indessen **keine unveränderte Fortschreibung des früheren Rechts** (ebenso Reinfeld Neues GeschGehG § 7 Rn. 5). Die Auslegung der Straftatbestände kann sich an der bisherigen Rechtslage orientieren, soweit der deutsche Gesetzgeber Tatbestandsmerkmale aus dem alten Recht übernommen hat (zB „bei einem Unternehmen beschäftigte Person" in § 23 I Nr. 3) und die Auslegung nicht mit den Vorgaben der RL (EU) 2016/943 kollidiert. Obgleich die Schaffung und Ausgestaltung des strafrechtlichen Geheimnisschutzes auf einer autonomen Entscheidung des deutschen Gesetzgebers beruht, unterliegt die Auslegung und Rechtsanwendung der geschaffenen Bestimmungen in einem weiten Umfang den **Vorgaben des Unionsrechts.** Dies ergibt sich aus der tatbestandlichen Verknüpfung von § 23 mit den §§ 3–5, die ihrerseits der Umsetzung der RL (EU) 2016/943 dienen. Daher gilt auch für § 23 das Gebot der **richtlinienkonformen Auslegung.** Der Richtlinie kommt nicht nur eine begrenzte Orientierungsfunktion zu (entgegen Brammsen wistra 2018, 449 (451)), sondern sie ist **interpretationsleitend** zu berücksichtigen. Die besonders enge Anbindung an die RL (EU) 2016/943 folgt auch daraus, dass die in Bezug genommenen Regelungen teilweise auf vollharmonisierende Bestimmungen der RL (EU) 2016/943 zurückgehen, so etwa 3 (= Art. 3 RL (EU) 2016/943) und § 5 (= Art. 5 RL (EU) 2016/943).

IV. Anwendungsbereich

§ 23 ist auf Rechtsverletzungen anzuwenden, die im **Inland** dem Anwendungsbereich des **13** GeschGehG unterfallen. Da es sich um Strafnormen handelt, gelten für die zeitliche und örtliche Anwendbarkeit zudem die Grundsätze aus §§ 2 ff. StGB. Für **Auslandstaten** verweist § 23 VII auf § 5 Nr. 7 StGB (→ Rn. 93 f.).

Gemäß Art. 103 II GG und § 1 StGB kann eine Tat nur bestraft werden, wenn die Strafbar- **14** keit gesetzlich bestimmt war, bevor die Tat begangen wurde. Eine Strafbarkeit nach § 23 kann daher nur durch ein **Verhalten nach dem Inkrafttreten des GeschGehG** begründet werden. Die Strafbarkeit von Rechtsverletzungen, die zu einem früheren Zeitpunkt stattgefunden haben, richtet sich nach §§ 17–19 UWG aF. Zur zeitlichen Anwendbarkeit des GeschGehG → Vor § 1 Rn. 98–105.

V. Verhältnis zu anderen Vorschriften

Neben dem strafrechtlichen Schutz von Geschäftsgeheimnissen gemäß § 23 existieren eine **14a** Reihe weiterer Tatbestände des **Kern- und Nebenstrafrechts,** die dem Schutz von vertraulichen Informationen aus dem geschäftlichen Bereich dienen (Überblick bei Brockhaus ZIS 2020, 102 (119). Gemäß § 1 III Nr. 1 bleibt dieser berufs- und strafrechtliche Schutz durch das GeschGehG unberührt (→ § 1 Rn. 35). Ob sich die Begriffe und Wertungen des GeschGehG (zB der Begriff des Geschäftsgeheimnisses sowie die Erlaubnis- und Ausnahmetatbestände gemäß §§ 3 und 5 GeschGehG) auf diese anderen Straftatbestände übertragen lassen, ist jeweils für die einzelnen Normen zu entscheiden (vgl. Brockhaus ZIS 2020, 102 (119)).

B. Strafrechtliche Grundkonzeption

I. Geschütztes Rechtsgut

15   § 23 schützt das Geschäftsgeheimnis (§ 2 Nr. 1) als **individuelle Rechtsposition** (näher zur Rechtsnatur → § 1 Rn. 9 ff.) Das Geschäftsgeheimnis ist durch § 23 als Teil des **Vermögens** des Inhabers des Geschäftsgeheimnisses geschützt (Brammsen/Apel/Brammsen/Drescher Rn. 17). Zu eng ist es, auf das Geschäftsgeheimnis als Teil des Unternehmensvermögens abzustellen (so Hoeren/Münker/Bott/Kohlhof Rn. 22), weil ein Geschäftsgeheimnis auch außerhalb eines Unternehmens ent- und bestehen kann. **Geschützte Person** ist der Inhaber des Geschäftsgeheimnisses (§ 2 Nr. 2). Systematisch gehören die Straftatbestände des § 23 zu den **Vermögensdelikten**.

16   Wenngleich der Schutz von Geschäftsgeheimnissen einen Wettbewerbsbezug aufweist, handelt es sich nicht um Delikte, die gegen Allgemeingüter und/oder die Wirtschaftsordnung gerichtet sind. Die frühere Anbindung der §§ 17–19 UWG aF an die Mehrheit von Schutzzwecken des UWG (§ 1 I UWG) ist durch die Herauslösung des Schutzes von Geschäftsgeheimnissen aus dem UWG aufgelöst worden.

II. Deliktsnatur

17   Es handelt sich bei § 23 I–III um Delikte, bei denen die Strafbarkeit bereits durch die **rechtsverletzenden Handlungen** – das Erlangen, Nutzen oder Offenlegen – begründet wird. Es handelt sich um **Verletzungsdelikte** (Hoeren/Münker/Bott/Kohlhof Rn. 26; Brammsen/Apel/Brammsen/Drescher Rn. 18). Daher muss darüber hinaus kein zusätzlicher Verletzungserfolg eintreten, etwa in Form einer Verminderung des wirtschaftlichen Werts des Geschäftsgeheimnisses oder durch den Eintritt eines Vermögensschadens auf Seiten des Inhabers des Geschäftsgeheimnisses.

18   Soweit die Tatbestände eine besondere Subjektsqualität erfordern, handelt es sich um **Sonderdelikte**. Dies betrifft § 23 I Nr. 3 und III. Im Falle von § 23 I Nr. 3 kann Täter nur eine Person sein, die bei einem Unternehmen beschäftigt und der das Geschäftsgeheimnis im Rahmen des Beschäftigungsverhältnisses anvertraut worden oder zugänglich geworden ist. § 23 III kann nur durch eine Person verwirklicht werden, der ein Geschäftsgeheimnis in Form einer geheimen Vorlage oder Vorschrift technischer Art anvertraut worden ist.

III. Zivilrechtsakzessorietät

19   Die Straftatbestände des § 23 sind zivilrechtsakzessorisch ausgestaltet (krit. zu diesem Regelungsansatz Brammsen wistra 2018, 449 (454)). Der Gesetzgeber hat damit die bisherige Regelungskonzeption grundlegend geändert. Während die zivilrechtliche Rechtsdurchsetzung nach dem alten Recht auf eine Verletzung der Strafnormen aus §§ 17–19 UWG aF gestützt war, verfolgt das geltende Recht den umgekehrten Ansatz. Danach nehmen die Strafnormen auf die zivilrechtlichen Tatbestände Bezug und erfassen jeweils spezifische Verletzungskonstellationen. Die Bezugnahme erstreckt sich nicht nur auf die **Verletzungstatbestände** des § 4, sondern es gelten zugleich die Regelungen zu den **per-se erlaubten Verhaltensweisen** (§ 3) sowie zu den **ausnahmsweise zulässigen Verhaltensweisen** (§ 5). Auch die **Rechtswidrigkeit** bestimmt sich nach den zivilrechtlichen Maßstäben (Begr. RegE, BT-Drs. 19/4724, 40).

20   **Keine Zivilrechtsakzessorietät** besteht dagegen hinsichtlich des subjektiven Tatbestands. Hier gelten zum einen besondere Anforderungen, die bei den Verletzungstatbeständen des § 4 nicht vorgesehen sind, zB das Handeln „aus Eigennutz, zugunsten eines Dritten oder in der Absicht, dem Inhaber eines Unternehmens Schaden zuzufügen" (§ 23 I). Zum anderen ist stets nur ein vorsätzliches Verhalten strafbar (vgl. § 15 StGB), wobei sich die Anforderungen an den Vorsatz nach den strafrechtlichen Grundsätzen richten. Dies ist insbesondere bei Irrtümern über die Rechtslage von Bedeutung, weil diese im Zivilrecht anders als im Strafrecht behandelt werden.

IV. Bestimmtheitsgebot

21   Als Strafnormen unterliegen die in § 23 I–IV enthaltenen Straftatbestände dem strafrechtlichen Bestimmtheitsgebot (vgl. **Art. 103 II GG; Art. 49 I GRCh**). Dieses verlangt insbesondere, dass der Wortlaut von Strafnormen so gefasst sein muss, dass die Normadressaten im Regelfall bereits anhand des Wortlauts einer gesetzlichen Vorschrift voraussehen können, ob ein Verhalten strafbar ist oder nicht (stRspr, s. nur BVerfGE 48, 56 f. = NJW 1978, 1423; BVerfGE 92, 1, 12 = NJW 1995, 1141). Der deutsche Gesetzgeber hat vor diesem Hintergrund zu Recht davon abgesehen, den sehr offenen und unscharfen Auffangtatbestand des § 4 I Nr. 2 mit einer Strafandrohung zu versehen. Die neuen Straftatbestände des § 23 können unter Berücksichtigung der bisherigen Rspr. zu §§ 17–19 UWG aF ausgelegt werden, sodass den Anforderungen an die Bestimmtheit Rechnung getragen werden kann (iE ebenso Reinfeld Neues GeschGehG § 7 Rn. 22; zweifelnd Ohly GRUR 2019, 441 (451)). Unter dem Gesichtspunkt der Bestimmtheit zulässig ist die vom Gesetzgeber gewählte **Verweisungstechnik.** Sie erweist sich bei der praktischen Handhabung der Tatbestände allerdings bisweilen als beschwerlich, weil sie schachtelartige Verknüpfungen zur Folge hat (krit. auch Keller/Schönknecht/Glinke/Schönknecht Rn. 5). **Beispiel:** § 23 II enthält Rückverweise auf § 23 I Nr. 2 und 3, die jeweils wieder auf Verletzungstatbestände des § 4 II verweisen.

V. Antrags- und Privatklagedelikte

Bei den in § 23 geregelten Straftaten handelt es sich um **Antragsdelikte** (§ 23 VIII) und **22** **Privatklagedelikte** (§ 374 I Nr. 7 StPO, § 395 I Nr. 6 StPO).

VI. Verjährung

Die Verjährung richtet sich nach den allgemeinen Bestimmungen in §§ 78 ff. StGB. Die **22a** Verjährungsfrist beträgt gemäß § 78 III Nr. 4 StGB **fünf Jahre** (Reinfeld Neues GeschGehG § 7 Rn. 9). Die Verjährung beginnt gemäß § 78a S. 1 StGB, sobald die **Tat beendet** ist.

C. Straftatbestände (§ 23 I–III)

I. § 23 I

§ 23 I enthält drei Tatbestandsvarianten. Diese betreffen das Erlangen (Nr. 1), das Nutzen **23** oder Offenlegen (Nr. 2) und das Offenlegen eines Geschäftsgeheimnisses in einer besonderen Vertrauenssituation (Nr. 3). In allen Varianten müssen besondere subjektive Anforderungen in der Person des Täters erfüllt sein.

1. Objektiver Tatbestand

a) Tatobjekt. Tatobjekt ist in allen Fällen ein **Geschäftsgeheimnis** iSv § 2 Nr. 1 (→ § 2 **24** Rn. 8 ff.).

b) § 23 I Nr. 1. aa) Tathandlung. Tathandlung ist im Falle des § 23 I Nr. 1 das **Erlangen** **25** eines Geschäftsgeheimnisses entgegen **§ 4 I Nr. 1.** Danach darf ein Geschäftsgeheimnis nicht erlangt werden durch unbefugten Zugang zu, unbefugte Aneignung oder unbefugtes Kopieren von Dokumenten, Gegenständen, Materialien, Stoffen oder elektronischen Dateien, die der rechtmäßigen Kontrolle des Inhabers des Geschäftsgeheimnisses unterliegen und die das Geschäftsgeheimnis enthalten oder aus denen sich das Geschäftsgeheimnis ableiten lässt (→ § 4 Rn. 12 ff.). Dieser Straftatbestand knüpft an die Regelung in § 17 II Nr. 1 UWG aF (Betriebsspionage) an (Begr. RegE, BT-Drs. 19/4724, 40).

bb) Täter. Täter kann jede Person sein, die den Tatbestand des § 4 I Nr. 1 verwirklicht. **26**

c) § 23 I Nr. 2. aa) Tathandlung. Die Tathandlung des § 23 I Nr. 2 bildet das **Nutzen** **27** **oder Offenlegen** eines Geschäftsgeheimnisses entgegen **§ 4 II Nr. 1 lit. a.** Danach darf ein Geschäftsgeheimnis nicht nutzen oder offenlegen, wer das Geschäftsgeheimnis durch eine eigene Handlung nach § 4 I Nr. 1 erlangt hat (→ § 4 Rn. 42 f.). Die Strafbarkeit setzt hier voraus, dass eine eigene rechtswidrige, aber nicht notwendig strafbare Vortat vorliegt (Begr. RegE, BT-Drs. 19/4724, 40). Dieser Tatbestand orientiert sich an § 17 II Nr. 2 UWG aF (Geheimnisverwertung).

bb) Täter. Täter kann jede Person sein, die den Tatbestand des § 4 II Nr. 1 lit. a verwirk- **28** licht.

29   **d) § 23 I Nr. 3. aa) Tathandlung.** Im Fall des § 23 I Nr. 3 besteht die **Tathandlung** in einem Offenlegen des Geschäftsgeheimnisses entgegen **§ 4 II Nr. 3.** Danach darf ein Geschäftsgeheimnis nicht nutzen oder offenlegen, wer gegen eine Verpflichtung verstößt, das Geschäftsgeheimnis nicht offenzulegen (→ § 4 Rn. 57 ff.). Die Vorschrift knüpft an § 17 I UWG aF (Geheimnisverrat) an.

30   **bb) Täter. Täter** kann nur eine bei einem Unternehmen beschäftigte Person sein, der ein Geschäftsgeheimnis im Rahmen des Beschäftigungsverhältnisses anvertraut worden oder zugänglich geworden ist. Es handelt sich um ein **echtes Sonderdelikt** (BeckOK GeschGehG/Hiéramente Rn. 32; Keller/Schönknecht/Glinke/Schönknecht Rn. 41).

31   **(1) Bei einem Unternehmen beschäftigte Person.** Die Person muss bei dem Unternehmen beschäftigt sein, dem das Geschäftsgeheimnis zusteht (vgl. BGH GRUR 2009, 603 Rn. 10 – Versicherungsuntervertreter). Der Unternehmer muss demgemäß der Inhaber des Geschäftsgeheimnisses iSv § 2 Nr. 2 sein.

32   Der Begriff der bei einem Unternehmen beschäftigten Person ist **weit** zu verstehen (vgl. BGH GRUR 2009, 603 Rn. 10 – Versicherungsuntervertreter). Eingeschlossen sind insbesondere Mitarbeiter, Angestellte, Aushilfen, Praktikanten usw., die im oder für ein Unternehmen tätig sind, wobei es auf die Art des Beschäftigungsverhältnisses nicht ankommt. Eine **Weisungsabhängigkeit** ist **nicht erforderlich** (ebenso Harte-Bavendamm/Ohly/Kalbfus/Harte-Bavendamm Rn. 20). Daher unterfallen auch Mitglieder des Vorstands oder des Aufsichtsrats, Geschäftsführer einer GmbH oder Amtswalter dem Anwendungsbereich der Vorschrift.

33   Nicht erfasst sind demgegenüber **selbstständige Gewerbetreibende** (vgl. BGH GRUR 2009, 603 Rn. 10 f. – Versicherungsuntervertreter). Dies gilt bspw. für einen **Handelsvertreter,** der als Unternehmer Geschäfte vermittelt oder in dessen Namen abschließt, denn dieser übt eine selbstständige Tätigkeit aus (vgl. § 84 I HGB). Gleiches gilt für einen **Untervertreter,** der für einen Handelsvertreter tätig wird (vgl. § 84 I, III HGB). Davon zu unterscheiden ist der nicht selbstständig tätige Handelsvertreter, weil dieser nach § 84 II HGB als Angestellter gilt.

34   Nicht dem Tatbestand unterfallen weiterhin **Teilhaber eines Unternehmens** (Gesellschafter, Aktionäre), sofern sie nicht davon unabhängig zugleich in einem Beschäftigungsverhältnis mit dem Unternehmen stehen, **geschäftliche Vertragspartner** (insbesondere Zulieferer, Händler und Kunden) sowie **freiberuflich tätige Personen,** die für das Unternehmen tätig sind (zB Rechtsanwälte, Steuerberater, Wirtschaftsprüfer usw).

35   **(2) Im Rahmen des Beschäftigungsverhältnisses anvertraut worden oder zugänglich geworden.** Weiterhin ist erforderlich, dass das Geschäftsgeheimnis der Person „im Rahmen des Beschäftigungsverhältnisses anvertraut worden oder zugänglich geworden ist". Der Begriff des Beschäftigungsverhältnisses entspricht dem im alten Recht verwendeten Terminus des Dienstverhältnisses; eine inhaltliche Änderung war vom Gesetzgeber nicht beabsichtigt (Begr. RegE, BT-Drs. 19/4724, 40). Die Rechtsnatur des Beschäftigungsverhältnisses ist nicht entscheidend. Es kann sich zB um einen **Arbeits-, Dienst- oder Werkvertrag** handeln.

36   Es ist allein entscheidend, ob das Anvertrauen oder Zugänglichwerden des Geschäftsgeheimnisses in einem **ursächlichen Zusammenhang mit dem Beschäftigungsverhältnis** gestanden hat. Dies ist insbesondere dann zu bejahen, wenn der Umgang mit dem Geschäftsgeheimnis zur Beschäftigung bzw. zu dem durch das Beschäftigungsverhältnis vorgegebenen Tätigkeits- und Pflichtenkreis der Person gehört.

37   Ein **Anvertrauen** ist gegeben, wenn die beschäftigte Person zur Geheimhaltung verpflichtet wird, wobei diese Pflicht ausdrücklich oder konkludent begründet werden kann. Auch eine von der beschäftigten Person übernommene Selbstverpflichtung kann genügen.

38   **Zugänglich geworden** ist ein Geschäftsgeheimnis der beschäftigten Person, wenn sie innerhalb des Beschäftigungsverhältnisses von dem Geschäftsgeheimnis erfährt und/oder Zugriff auf das Geschäftsgeheimnis erhält.

39   **cc) Tatzeitraum.** Der **Tatzeitraum** erstreckt sich auf das Offenlegen des Geschäftsgeheimnisses „während der Geltungsdauer des Beschäftigungsverhältnisses". Die besondere Missbilligung dieses Verhaltens folgt aus dem Umstand, dass während der Dauer des Beschäftigungsverhältnisses ein **besonderes Vertrauensverhältnis** zwischen dem Inhaber des Geschäftsgeheimnisses und der beschäftigten Person besteht.

40   Mit der Geltungsdauer ist der gesamte **Zeitraum zwischen der Begründung und der Beendigung** des Beschäftigungsverhältnisses zu verstehen. Entscheidend ist dabei der **tatsächliche Bestand** dieses Verhältnisses. Der Tatbestand kann auch erfüllt sein, wenn ein Mitarbeiter

von einem Beschäftigungsverhältnis **freigestellt** ist, dieses Verhältnis aber formal noch fortbesteht (Hiéramente/Wagner GRUR 2020, 709 (710)). Unschädlich ist es, wenn lediglich ein
faktisches oder fehlerhaftes Beschäftigungsverhältnis vorliegt. Eine **Verletzung nachvertraglicher Geheimhaltungspflichten,** die nach der Beendigung des Beschäftigungsverhältnisses fortwirken, unterfällt dem Tatbestand hingegen nicht, da § 23 I Nr. 3 nicht auf den
Geltungszeitraum der Pflichten, sondern auf den Geltungszeitraum des Beschäftigungsverhältnisses selbst abstellt. Daher sind Verhaltensweisen nach dem Ende des Beschäftigungsverhältnisses
nicht erfasst, unabhängig davon, aus welchen Gründen das Beschäftigungsverhältnis beendet
wurde.

2. Subjektiver Tatbestand

a) Vorsatz. Stets erforderlich ist eine vorsätzliche Verwirklichung des objektiven Tatbestands **41**
(vgl. § 15 StGB). Es genügt ein **bedingter Vorsatz** (dolus eventualis) des Täters (Brammsen/
Apel/Brammsen/Drescher   Rn. 29;   Harte-Bavendamm/Ohly/Kalbfus/Harte-Bavendamm
Rn. 39; Reinbacher Handbuch des Strafrechts, 2019, § 57 Rn. 91; Keller/Schönknecht/Glin-
ke/Schönknecht Rn. 21). Nicht vorsätzlich handelt nach den strafrechtlichen Grundsätzen, wer
bei Begehung der Tat einen Umstand nicht kennt, der zum gesetzlichen Tatbestand gehört
(§ 16 I 1 StGB).

b) Besondere subjektive Voraussetzungen. Weiterhin müssen besondere subjektive Vo- **42**
raussetzungen gegeben sein. Der Täter muss zur Förderung des eigenen oder fremden Wettbewerbs, aus Eigennutz, zugunsten eines Dritten oder in der Absicht, dem Inhaber eines Unternehmens Schaden zuzufügen, gehandelt haben. Es handelt sich um alternative und jeweils
selbständige **Beweggründe** (vgl. BGH GRUR 1977, 539 (541) – Prozessrechner zum alten
Recht), die sich aber in der Praxis überschneiden können. Sie sind als tatbezogene Merkmale
anzusehen (Keller/Schönknecht/Glinke/Schönknecht Rn. 23), die den gesteigerten Unrechtsgehalt des missbilligten Verhaltens charakterisieren (BeckOK GeschGehG/Hiéramente Rn. 8).
In allen Fällen muss eine **Absicht** iS eines Handelns mit **dolus directus I** vorliegen (Keller/
Schönknecht/Glinke/Schönknecht Rn. 23; Reinbacher Handbuch des Strafrechts, 2019, § 57
Rn. 92).

aa) Förderung des eigenen oder fremden Wettbewerbs. Ein Handeln zur Förderung des **43**
eigenen oder fremden Wettbewerbs ist gegeben, wenn der Täter durch die tatbestandsmäßige
Handlung eine **Verbesserung der eigenen Wettbewerbsposition** oder der **Wettbewerbsposition eines Dritten** anstrebt. Erfasst ist sowohl das Erstreben eines **aktuellen Vorteils** als
auch die Verbesserung erst **künftig entstehenden Wettbewerbs** (Reinfeld Neues GeschGehG
§ 7 Rn. 26). **Beispiel:** Die Straftat soll es dem Täter ermöglichen, künftig in den Wettbewerb
einzutreten. Die Auslegung kann sich an den Grundsätzen orientieren, die für die geschäftliche
Handlung iSv § 2 I Nr. 2 UWG gelten (→ UWG § 2 Rn. 3 ff.). Erfasst sind Fälle, in denen der
Täter einen marktbezogenen, wirtschaftlichen Vorteil durch sein Verhalten für sich oder eine
andere Person zu erzielen sucht. Keine Förderung des eigenen oder fremden Wettbewerbs ist bei
Handlungen gegeben, die allein privaten Zwecken dienen (Reinfeld Neues GeschGehG § 7
Rn. 26).

bb) Eigennutz. Der Täter handelt aus Eigennutz, wenn er durch die tatbestandsmäßige **44**
Handlung **eigene materielle oder immaterielle Vorteile** erstrebt. Ein materieller Vorteil ist
bspw. zu bejahen, wenn der Täter darauf abzielt, sich durch die wiederholte Tatbegehung eine
nicht nur vorübergehende Einnahmequelle von einigem Umfang und einiger Dauer zu verschaffen (vgl. OLG Karlsruhe WRP 2016, 751 (755)). Ein immaterieller Vorteil kann etwa darin
bestehen, dass der Täter für sich einen Ansehenszuwachs bzw. Imagegewinn erstrebt.

cc) Zugunsten eines Dritten. Ein Handeln zugunsten eines Dritten ist anzunehmen, wenn **45**
der Täter **materielle oder immaterielle Vorteile für einen Dritten** erstrebt. Dritte können
andere (natürliche oder juristische) Personen, Unternehmen, Institutionen, Staaten oder sonstige
Einrichtungen sein.

Sofern es dabei um die Verbesserung der Wettbewerbsposition des Dritten geht, liegt bereits **46**
ein Handeln zur Förderung fremden Wettbewerbs vor (→ Rn. 43). Eigenständige Bedeutung hat
das Tatbestandsmerkmal des Handelns zugunsten Dritter daher für Fälle, in denen das Handeln
des Täters darauf abzielt, dem Dritten sonstige, außerwettbewerbliche Vorteile zu verschaffen
(zB einen Wissens- oder Forschungsvorsprung).

47   **dd) Unternehmensschädigungsabsicht.** Ein Handeln in der Absicht, dem Inhaber eines Unternehmens Schaden zuzufügen, ist gegeben, wenn es dem Täter zielgerichtet darum geht, dem Unternehmensinhaber einen **Nachteil** beizufügen. Die gesetzliche Fassung spricht nicht von dem Inhaber des Geschäftsgeheimnisses, sondern von dem Inhaber „eines Unternehmens" (dazu krit. Gramlich/Lütke wistra 2022, 97 (101)). Nach ihrem Normzweck ist die Regelung in erster Linie auf Konstellationen zugeschnitten, in denen der **Unternehmensinhaber** selbst **zugleich der Inhaber des Geschäftsgeheimnisses** ist (Keller/Schönknecht/Glinke/Schönknecht Rn. 29 f.). Es genügt, wenn der Täter die **Schädigung des Unternehmens** beabsichtigt, weil diese auf den Unternehmensinhaber zurückwirkt (Harte-Bavendamm/Ohly/Kalbfus/Harte-Bavendamm Rn. 45; Keller/Schönknecht/Glinke/Schönknecht Rn. 30). Darüber hinaus sind Fälle denkbar, in denen ein Unternehmensinhaber ein Geschäftsgeheimnis berechtigterweise nutzen darf, ohne jedoch alle Voraussetzungen einer Inhaberschaft iSv § 2 Nr. 2 zu erfüllen. Auch diese Fälle sind in den Tatbestand einbezogen (Harte-Bavendamm/Ohly/Kalbfus/Harte-Bavendamm Rn. 45).

47a   Der Begriff „Schaden" ist nicht in einem engen zivilrechtlichen Sinne zu verstehen. Neben **materiellen (wirtschaftlichen) Einbußen,** insbesondere Vermögensschäden, sind auch **immaterielle Nachteile** erfasst. Dazu gehört zB die erstrebte Verminderung des Ansehens eines Unternehmens, weil das GeschGehG auch die immateriellen Interessen des Inhabers des Geschäftsgeheimnisses schützt (vgl. § 10 III). In Abgrenzung zu den Fällen der Förderung eigenen oder fremden Wettbewerbs kann ein Handeln in Schädigungsabsicht dann vorliegen, wenn der Täter durch sein Handeln keinen eigenen Vorteil für sich oder einen Dritten erreichen will, sondern – vielleicht aus dem Motiv der Unzufriedenheit oder aus Rache – den Inhaber des Geschäftsgeheimnisses empfindlich treffen will. Unerheblich ist, ob die beabsichtigte Schädigung gelingt und der angestrebte Nachteil tatsächlich eintritt. Das bloße Bewusstsein des Täters, durch sein Handeln werde ein Nachteil entstehen, genügt hierfür nicht; vielmehr muss die **Schädigung gewollt** sein (Reinfeld Neues GeschGehG § 7 Rn. 31; vgl. bereits RGSt 29, 426 (433)).

3. Rechtswidrigkeit und Schuld

48   Die Tat muss rechtswidrig und schuldhaft begangen worden sein. Dabei ist zu beachten, dass es sich bei §§ 3 und 5 nicht um Rechtfertigungsgründe handelt. Vielmehr ist in diesen Fällen bereits der **Tatbestand einer Rechtsverletzung ausgeschlossen.** Spezialgesetzliche Regelungen zum Umgang mit Geschäftsgeheimnissen sind über § 3 II zu berücksichtigen. Soweit ein Tatbestand ein unbefugtes Verhalten voraussetzt (vgl. § 23 I Nr. 1 iVm § 4 I Nr. 1), ist die fehlende Befugnis bereits im Rahmen der Prüfung des Tatbestands und nicht erst auf der Ebene der Rechtswidrigkeit zu prüfen. War der Person zu ihrem Verhalten befugt, dann fehlt es demzufolge bereits an einer tatbestandsmäßigen Handlung. Der besondere Rechtfertigungsgrund des § 23 VI gilt nicht für Täter, sondern nur für Beihilfehandlungen (→ Rn. 89–92).

49   Die **allgemeinen Rechtfertigungsgründe** des Straf- und Zivilrechts werden bei der Verletzung von Geschäftsgeheimnissen nur selten in Betracht kommen. Noch am ehesten zu denken ist an einen rechtfertigenden Notstand gemäß **§ 34 StGB** oder **§ 228 BGB** (**Beispiel:** Einsatz eines Geschäftsgeheimnisses zum Zweck der unmittelbaren Abwehr einer nicht anders abwendbaren Gefahr für eine Person) oder an eine zulässige Selbsthilfe gemäß **§ 229 BGB** (**Beispiel:** Wegnahme eines Gegenstands, der ein Geschäftsgeheimnis enthält, zum Zwecke der Selbsthilfe). Eine **Einwilligung** kann als Rechtfertigungsgrund eingreifen, soweit nicht die Zustimmung des Inhabers des Geschäftsgeheimnisses bereits den Tatbestand einer Rechtsverletzung entfallen lässt. Auszugehen ist von den strafrechtlichen Anforderungen an eine Einwilligung. Hierfür ist ein Verhalten erforderlich, durch das der Träger eines Rechtsguts unmissverständlich kundtut, er wolle das geschützte Rechtsgut der Einwirkung eines bestimmten anderen preisgeben und insoweit auf Strafschutz verzichten (BGHSt 17, 359 = NJW 1963, 165). Willensmängel führen regelmäßig zur Unwirksamkeit der Einwilligung (BGHSt 16, 309 = NJW 1962, 682 (683); vgl. auch Harte-Bavendamm/Ohly/Kalbfus/Harte-Bavendamm Rn. 32). Das Bestehen eines **vertraglichen Anspruchs** auf Überlassung des Geschäftsgeheimnisses schließt die Rechtswidrigkeit nicht aus (anders zum alten Recht BayObLG GRUR 1988, 634; krit. zu dieser Entscheidung Harte-Bavendamm/Ohly/Kalbfus/Harte-Bavendamm Rn. 37). Abweichendes gilt nur, wenn ausnahmsweise die Voraussetzungen für eine Rechtsdurchsetzung in Selbsthilfe erfüllt sind.

49a   Unterliegt der Täter einem Irrtum über die Voraussetzungen eines Rechtfertigungsgrundes **(Erlaubnistatbestandsirrtum),** dann richtet sich die Behandlung dieses Irrtums nach den (sehr umstrittenen) strafrechtlichen Grundsätzen (dazu näher Schönke/Schröder/Sternberg-Lieben/ Schuster StGB § 16 Rn. 14 ff.).

Der Täter muss schließlich schuldhaft gehandelt haben. Fehlt ihm bei der Begehung der Tat **50** die Einsicht, Unrecht zu tun **(Verbotsirrtum),** so handelt er ohne Schuld, wenn er diesen Irrtum nicht vermeiden konnte (§ 17 S. 1 StGB). War der Täter in der Lage, seinen Irrtum zu vermeiden, so kann die Strafe nach § 49 I StGB gemildert werden (§ 17 S. 2 StGB).

4. Strafrahmen

Als Strafe angedroht ist eine Freiheitsstrafe von bis zu drei Jahren oder eine Geldstrafe. Es **51** handelt sich um ein **Vergehen** (§ 12 I, II StGB).

II. § 23 II

§ 23 II richtet sich gegen die Nutzung oder Offenlegung eines Geschäftsgeheimnisses, das der **52** Täter durch eine fremde Handlung gemäß § 23 I Nr. 2 und 3 erlangt hat. Dieser Tatbestand orientiert sich partiell an § 17 II Nr. 2 UWG aF. Es handelt sich um eine **strafbare Anschlusstat,** weil die Tatbestandsverwirklichung einer vorangegangenen Straftat nachfolgt.

1. Objektiver Tatbestand

a) Tatobjekt. Tatobjekt ist, wie in den Fällen von § 23 I, ein **Geschäftsgeheimnis** iSv § 2 **53** Nr. 1 (→ § 2 Rn. 8 ff.).

b) Tathandlung. Die Tathandlung besteht in dem **Nutzen oder Offenlegen** eines Ge- **54** schäftsgeheimnisses. Erfasst sind damit alle rechtsverletzenden Erscheinungsformen des Nutzens und Offenlegens gemäß **§ 4 II und III** (→ § 4 Rn. 38 ff. und 60 ff.).

c) Täter und Tatvoraussetzung. Täter kann jede Person sein, die ein Geschäftsgeheimnis **55** durch eine **fremde Handlung** nach § 23 I Nr. 2 oder 3 erlangt hat. Es muss demzufolge eine **andere Person** als der Täter zuvor eine **strafbare Handlung** begangen haben (Vortat). Im Fall von § 23 I Nr. 2 geht es um das Nutzen oder Offenlegen eines Geschäftsgeheimnisses gemäß dem Verletzungstatbestand des § 4 II Nr. 1 lit. a (→ § 4 Rn. 26 ff.). Der weiterhin in Bezug genommene § 23 I Nr. 3 betrifft das Offenlegen eines Geschäftsgeheimnisses durch eine bei einem Unternehmen beschäftigte Person, das ihr im Rahmen des Beschäftigungsverhältnisses anvertraut worden oder zugänglich geworden ist, während der Geltungsdauer des Beschäftigungsverhältnisses gemäß dem Verletzungstatbestand des § 4 II Nr. 3 (→ § 4 Rn. 57 ff.).

Der Täter muss „durch" die fremde Handlung das Geschäftsgeheimnis erlangt haben. Dies **55a** erfordert einen **Wirkungszusammenhang** zwischen dem Handeln des Vortäters und dem Erlangen des Geschäftsgeheimnisses durch den Täter. Ein Kausalzusammenhang ist hierfür erforderlich, aber für sich allein genommen noch nicht ausreichend (BeckOK GeschGehG/ Hiéramente Rn. 41; Keller/Schönknecht/Glinke/Schönknecht Rn. 65). Hinzukommen muss eine **Handlungsverbindung** zwischen dem Vortäter und dem Täter. Eine solche ist gegeben, wenn der Vortäter dem Täter das Geschäftsgeheimnis unmittelbar überlässt, zB durch die Aushändigung eines Informationsträgers, der das Geschäftsgeheimnis enthält. Es genügt jedoch, wenn der Vortäter – etwa durch das Einschalten eines Boten – sonstige Maßnahmen ergreift, um den Täter über das Geschäftsgeheimnis in Kenntnis zu setzen (BeckOK GeschGehG/Hiéramente Rn. 41; Keller/Schönknecht/Glinke/Schönknecht Rn. 65). An dem notwendigen Zusammenhang fehlt es hingegen, wenn der Täter das Geschäftsgeheimnis über mehrere Mittelspersonen erlangt hat, die ihrerseits keinen Straftatbestand erfüllen, zB weil es an einem vorsätzlichen Verhalten fehlt.

2. Subjektiver Tatbestand

a) Vorsatz. Der Täter muss vorsätzlich gehandelt haben (→ Rn. 41). **56**

b) Besondere subjektive Voraussetzungen. Hinzu kommen müssen die besonderen sub- **57** jektiven Voraussetzungen, dh der Täter muss zur Förderung des eigenen oder fremden Wettbewerbs, aus Eigennutz, zugunsten eines Dritten oder in der Absicht, dem Inhaber eines Unternehmens Schaden zuzufügen, gehandelt haben. Dies entspricht den Anforderungen des § 23 I (→ Rn. 42–47).

3. Rechtswidrigkeit und Schuld

58   Für die Rechtswidrigkeit und die Schuld gelten die Ausführungen zu § 23 I entsprechend (→ Rn. 48–50).

4. Strafrahmen

59   Der Strafrahmen entspricht demjenigen von § 23 I. Die Tat kann mit Freiheitsstrafe bis zu drei Jahren oder mit Geldstrafe bestraft werden. Es handelt sich um ein **Vergehen** (§ 12 I, II StGB).

III. § 23 III

60   Der Straftatbestand des § 23 III erfasst das Nutzen oder Offenlegen von Geschäftsgeheimnissen, die einer Person im geschäftlichen Verkehr anvertraut worden sind. Die Regelung knüpft an den bisherigen Straftatbestand der sog. „Vorlagenfreibeuterei" gemäß § 18 UWG aF an (Begr. RegE, BT-Drs. 19/4724, 41).

1. Objektiver Tatbestand

61   **a) Tatobjekt.** Taugliche Tatobjekte sind nicht sämtliche Geschäftsgeheimnisse, sondern nur solche, bei denen es sich um eine geheime Vorlage oder Vorschrift technischer Art handelt. Beide Begriffe hat der Gesetzgeber aus § 18 UWG aF übernommen, sodass im Grundsatz eine **Anknüpfung an die bisherige Rspr.** möglich ist. Vorlagen und Vorschriften technischer Art müssen jeweils die **allgemeinen Voraussetzungen eines Geschäftsgeheimnisses** iSv § 2 Nr. 1 erfüllen.

62   **aa) Vorlage.** Als eine „Vorlage" ist alles anzusehen, was bei der Herstellung neuer Sachen als **Vorbild** dienen soll (vgl. KG GRUR 1988, 702 (703); OLG Hamm NJW-RR 1992 (552) (553)). Wenngleich der Gesetzgeber die Beispiele aus § 18 I UWG aF nicht in das geltende Recht übernommen hat, können diese dennoch zur Auslegung herangezogen werden (ebenso Keller/Schönknecht/Glinke/Schönknecht Rn. 73). Vorlagen sind danach insbesondere **Zeichnungen, Modelle, Schablonen und Schnitte.** Vorlagen können zB **Pläne für die Herstellung eines Arbeitstisches** sein (vgl. OLG Hamm NJW-RR 1992, 552 (553)), ebenso **Muster, Prototypen** und dergleichen. Nach alter Rechtslage als Vorlagen angesehen hat die Rspr. ua **Bauzeichnungen** (OLG Karlsruhe WRP 1986 623 (624)), **Kostümmodelle** (OLG Hamm NJW-RR 1990, 1380 (1381)) und die **Zeichnung von Winkelbahnen** (OLG Hamm WRP 1993, 36 (38)). Auch **Werbeslogans** können geschützt sein (vgl. KG GRUR 1988, 702 (703)). In allen Fällen ist erforderlich, dass das Geschäftsgeheimnis Ausdruck in einer **konkreten Gestaltung oder körperlichen Fixierung** gefunden hat. Vage Einfälle ohne jede konkrete Ausformulierung genießen keinen Schutz nach § 23 III (vgl. OLG München GRUR 1990, 674 (676)).

63   Der Schutz nach § 23 III setzt nicht den Nachweis voraus, dass der geschützte Gedanke einen wirtschaftlichen Vorsprung zu verschaffen geeignet ist. Auch entlastet es den Verletzer nicht, wenn er vorbringt, er hätte durch eigene Arbeit ähnliche Vorlagen selbst herstellen und damit ohne die fremden Vorlagen auskommen können (vgl. BGH GRUR 1960, 554 (556) – Handstrickverfahren).

64   **bb) Vorschriften technischer Art.** Der Begriff Vorschrift lässt an rechtliche Ge- und Verbote denken, ist aber in einem anderen Sinne zu verstehen. Es geht um **Anleitungen, Anweisungen, Lehren oder sonstige strukturierte Vorgaben,** die darauf abzielen, einen technischen Vorgang in Gang zu setzen, seinen Ablauf zu steuern und/oder zu beeinflussen. Das in § 18 I UWG aF beispielhaft genannte **Rezept** bildet den Anwendungsfall einer solchen Vorschrift.

65   Es ist unerheblich, ob sich die Anleitung, Anweisung, Lehre oder sonstige Vorgabe auf eine **automatisiert-maschinelle Wirkung** (zB den Programmablauf einer Maschine) oder auf ein **technikbezogenes, menschliches Entscheidungsverhalten** bezieht (zB ein Rezept, die Zusammensetzung oder den Ablauf eines durch Menschen gesteuerten Verfahrens). Eine Abgrenzung der Vorschrift technischer Art von der Vorlage wird vielfach schwierig sein, doch ist eine trennscharfe Unterscheidung nicht notwendig.

66   Erforderlich ist eine Vorschrift **technischer Art.** Der zugrunde liegende Technikbegriff ist nicht vollständig deckungsgleich mit dem des Patentrechts (vgl. § 1 I PatG: „auf allen Gebieten der Technik"). Zu § 18 UWG aF wurde vielfach vertreten, dass auch geistig-künstlerische oder wissenschaftliche Leistungen ohne Weiteres vom Tatbestand erfasst sein sollten (Zentek WRP 2007, 507 (512)). Dem ist für das geltende Recht nur mit Einschränkungen zuzustimmen. Aus dem Gesetzeswortlaut ist zu schlussfolgern, dass zwischen Vorschriften technischer und nichttechnischer Art zu unterscheiden ist. Wäre diese Unterscheidung entbehrlich, dann hätte der Gesetzgeber auf das Tatbestandsmerkmal ganz verzichten können. Deswegen darf der Begriff nicht so weit ausgedehnt werden, dass er jede inhaltliche Aussagekraft verliert. Dies wäre aber der Fall, wenn generell geistig-künstlerische Anweisungen oder wissenschaftliche Lehren, die in keiner Weise irgendeinen Technikbezug aufweisen, vom Tatbestand erfasst wären. Richtigerweise kann von Vorschriften technischer Art nur sinnvoll gesprochen werden, wenn die Anleitungen, Anweisungen, Lehren oder sonstigen Vorgaben auf die **Herbeiführung oder Beeinflussung von technischen Wirkungen** abzielen, unabhängig davon, auf welche Weise dies geschehen soll. Geistig-künstlerische Anweisungen oder wissenschaftliche Lehren sind deswegen nur dann als Vorschriften technischer Art anzusehen, wenn ein solcher mittelbarer oder unmittelbarer Technikbezug vorliegt (ebenso Keller/Schönknecht/Glinke/Schönknecht Rn. 74).

cc) Geheim. Die Vorlage oder Vorschrift muss geheim sein. Der Gesetzgeber hat dieses **67** Merkmal bewusst aufgenommen, um zu verdeutlichen, dass die zu § 18 UWG aF vertretene Auffassung, wonach eine fehlende Offenkundigkeit erforderlich war, auch für § 23 III gilt (Begr. RegE, BT-Drs. 19/4724, 41). Das Erfordernis ist gleichwohl **redundant,** weil sich aus § 23 III eindeutig ergibt, dass es sich bei der Vorlage oder Vorschrift technischer Art ohnehin um ein Geschäftsgeheimnis handeln muss ("Geschäftsgeheimnis, das eine … geheime Vorlage oder Vorschrift technischer Art ist"). Ein Geschäftsgeheimnis setzt nach § 2 Nr. 1 lit. a stets voraus, dass die Information geheim ist. Eine Vorlage oder Vorschrift technischer Art, die nicht geheim ist, erfüllt nicht die Voraussetzungen eines Geschäftsgeheimnisses und unterfällt dann auch nicht dem Tatbestand des § 23 III. Eigenständige Bedeutung hätte das Merkmal also nur, wenn für § 23 III eine über § 2 Nr. 1 lit. a hinausgehende besondere Geheimhaltung erforderlich wäre. Für ein solches qualifiziertes Geheimhaltungserfordernis ergeben sich indessen weder aus dem Normzweck noch aus der Gesetzgebungshistorie oder aus sonstigen Gründen greifbare Anhaltspunkte.

b) Tathandlung. Taugliche Tathandlungen sind das **Nutzen und Offenlegen** entgegen **68** § 4 II Nr. 2 und 3. Danach darf ein Geschäftsgeheimnis nicht nutzen oder offenlegen, wer gegen eine Verpflichtung zur Beschränkung der Nutzung des Geschäftsgeheimnisses verstößt (Nr. 2; → § 4 Rn. 44 ff.) oder gegen eine Verpflichtung verstößt, das Geschäftsgeheimnis nicht offenzulegen (Nr. 3; → § 4 Rn. 57 ff.).

c) Täter. Täter kann nur eine Person sein, der im geschäftlichen Verkehr die Vorlage oder **69** Vorschrift technischer Art anvertraut worden ist. Es handelt sich um ein **echtes Sonderdelikt** iSd § 28 I StGB (Brammsen/Apel/Brammsen Rn. 192; Keller/Schönknecht/Glinke/Schönknecht Rn. 76).

aa) Anvertraut. Von einem Anvertrauen ist auszugehen, wenn die Vorlagen oder Vorschrif- **70** ten technischer Art vertraglich oder außervertraglich mit der ausdrücklichen oder aus den Umständen folgenden **Verpflichtung** überlassen sind, sie nur **im Interesse des Anvertrauenden** zu verwerten (vgl. KG GRUR 1988, 702 (703); OLG Düsseldorf BeckRS 2014, 8307). Bei der anvertrauenden Person kann es sich um den Inhaber des Geschäftsgeheimnisses selbst, aber auch um einen Dritten handeln, der in berechtigter Weise für den Inhaber tätig wird.

Dagegen liegt kein Anvertrauen vor, wenn die anvertrauende Person ihrerseits nicht dazu **71** berechtigt ist, das Tatobjekt einem anderen zu überlassen (anders Brammsen/Apel WRP 2016, 18 (21 f.)). Denn das Gesetz schützt mit § 23 III gerade das durch das Anvertrauen begründete besondere **Vertrauensverhältnis** zwischen dem Anvertrauenden und derjenigen Person, der das Objekt anvertraut worden ist. Strafbarkeitsbegründend kann eine solche Vertrauensposition jedoch nur dann sein, wenn sie ihrerseits auf einer rechtmäßigen Grundlage beruht.

Ebenfalls kein Anvertrauen ist gegeben, wenn der Täter bereits über das Tatobjekt verfügt **72** oder dieses sogar selbst in das Unternehmen eingebracht hat, selbst wenn er einer Verpflichtung zur Geheimhaltung unterliegt (Brammsen/Apel WRP 2016, 18 (22)).

bb) Im geschäftlichen Verkehr. Die Vorlage oder Vorschrift technischer Art muss dem **73** Täter gerade im geschäftlichen Verkehr anvertraut worden sein. Dieses Merkmal dient der Abgrenzung zu innerbetrieblichen und rein privaten Vorgängen. Ein geschäftlicher Verkehr ist zu bejahen, wenn das Anvertrauen im Zusammenhang mit einer **erwerbswirtschaftlichen Tätigkeit der handelnden Personen** steht.

74   Die Geschäftsmäßigkeit muss auf **beiden Seiten** – also sowohl bei dem Anvertrauenden als auch bei der Person, der die Objekte anvertraut wurden – gegeben sein. Das ist bspw. anzunehmen bei Geschäftskontakten mit anderen Gewerbetreibenden und freiberuflich Tätigen. Zu § 18 I UWG aF wurde dagegen teilweise vertreten, dass bereits eine einseitige Geschäftstätigkeit genüge (Brammsen Lauterkeitsstrafrecht § 18 Rn. 11). Jedoch hat bereits das Reichsgericht (RGSt 48, 76 (78)) eine Auslegung des Straftatbestandes des § 18 UWG aF abgelehnt, die auch private Kunden einbezog. Das RG begründete seine Ansicht mit der Entstehungsgeschichte dieser Norm. Die Vorschrift setze eine Geschäftsmäßigkeit auf beiden Seiten voraus, gelte also nur für Beziehungen von Unternehmen zu Unternehmen. Es sei nicht erkennbar, dass sich der Schutz der Vorschrift darüber hinaus „erstrecken soll auf die Beziehungen von Gewerbetreibenden und Kaufleuten zu ihren Abnehmern, Kunden oder Kauflustigen." Eine über dieses historische Verständnis hinausreichende Auslegung war schon für § 18 UWG aF nicht überzeugend, weil eine solche weite Auslegung nicht mit dem Strafcharakter der Norm und dem Verbot der Analogie zu Lasten des Täters als Grundsatz des Strafrechts in Einklang gebracht werden konnte (OLG Karlsruhe WRP 1986, 623 (625)). Diese Bedenken gelten in gleichem Maße für § 23 III. Für eine weite Auslegung besteht auch kein Bedürfnis, weil Geschäftsgeheimnisse vor Beeinträchtigungen durch Privatpersonen ausreichend geschützt sind.

75   **d) Tatzeitraum.** Der Tatzeitraum erstreckt sich auf das **Bestehen des durch das Anvertrauen begründeten besonderen Vertrauensverhältnisses** zwischen den Beteiligten. Entscheidend ist, für welchen Zeitraum die Vorlage oder Vorschrift technischer Art dem Täter nach dem Willen des Anvertrauenden überlassen war. Typischerweise wird dies den Zeitraum der zugrunde liegenden Geschäftsbeziehung vom Zeitpunkt der Begründung bis zur Beendigung betreffen. Das Anvertrauen kann allerdings als nachwirkende Vertragspflicht auch über das Ende einer Geschäftsbeziehung hinausreichen.

2. Subjektiver Tatbestand

76   **a) Vorsatz.** Der Täter muss mit Vorsatz gehandelt haben (→ Rn. 41).

77   **b) Besondere subjektive Voraussetzungen.** Hinzukommen müssen die besonderen subjektiven Voraussetzungen, dh der Täter muss zur Förderung des eigenen oder fremden Wettbewerbs (→ Rn. 43) oder aus Eigennutz (→ Rn. 44) gehandelt haben.

3. Rechtswidrigkeit und Schuld

78   Für die Rechtswidrigkeit und die Schuld gelten die Ausführungen zu § 23 I entsprechend (→ Rn. 48–50).

4. Strafrahmen

79   Der Strafrahmen weicht von demjenigen in § 23 I und II ab. Die Tat kann mit Freiheitsstrafe bis zu zwei Jahren oder mit Geldstrafe bestraft werden. Es handelt sich um ein **Vergehen** (§ 12 I, II StGB).

80   **IV. Täterschaft und Teilnahme.** Die **Täterschaftsformen** sind in den Fällen von § 23 I–III nicht begrenzt. Die Taten können in **Alleintäterschaft** (§ 25 I Fall 1 StGB) oder **mittelbarer Täterschaft** (§ 25 I Fall 2 StGB) begangen werden. Auch eine **Mittäterschaft** mehrerer (§ 25 II StGB) ist möglich.

81   Eine **Teilnahme** durch **Anstiftung** (§ 26 StGB) oder **Beihilfe** (§ 27 StGB) ist nach den allgemeinen Grundsätzen möglich. Für die echten Sonderdelikte (§ 23 I Nr. 3 und § 23 III) ist **§ 28 I** zu beachten. Danach ist beim Teilnehmer die Strafe nach § 49 I StGB zu mildern, wenn die besonderen persönlichen Merkmale, welche die Strafbarkeit des Täters begründen, bei dem Teilnehmer fehlen.

V. Konkurrenzen

81a   Es handelt sich bei den Tatbeständen in § 23 I–III um **eigenständige Straftatbestände** (Keller/Schönknecht/Glinke/Schönknecht Rn. 147). Für das Verhältnis zu anderen Tatbeständen des Kern- und Nebenstrafrechts ist von den strafrechtlichen Konkurrenzgrundsätzen der

§§ 52, 53 StGB auszugehen (Hoeren/Münker/Bott/Kohlhof Rn. 116; Reinbacher Handbuch des Strafrechts, 2019, § 57 Rn. 104; eingehend zu den einzelnen Konkurrenzverhältnissen Keller/Schönknecht/Glinke/Schönknecht Rn. 148 f.).

D. Qualifikation (§ 23 IV)

§ 23 IV enthält strafverschärfende Qualifikationen. Die Regelung knüpft an § 17 IV UWG **82**
aF an, jedoch enthielt die alte Bestimmung keine Qualifikationen, sondern Regelbeispiele (Begr. RegE, BT-Drs. 19/4724, 41).

I. Gewerbsmäßiges Handeln (Nr. 1)

Ein **gewerbsmäßiges Handeln** iSv § 23 IV Nr. 1 ist gegeben, wenn der Täter in der Absicht **83**
handelt, sich durch wiederholte Tatbegehung eine fortlaufende Einnahmequelle von einiger Dauer und einigem Umfang zu verschaffen (vgl. BGH NStZ 1995, 85). Dabei ist es jedoch nicht erforderlich, dass er vorhat, aus seinem Tun ein „kriminelles Gewerbe" zu machen (vgl. BGHSt 1, 383 f. = NJW 1952, 113). Liegt ein entsprechendes Gewinnstreben vor, dann ist schon die erste der ins Auge gefassten Tathandlungen als gewerbsmäßig anzusehen (vgl. BGH NStZ 1995, 85).

II. Auslandsbezug (Nr. 2 und 3)

§ 23 IV Nr. 2 und 3 betreffen Verletzungen von Geschäftsgeheimnissen mit **Auslandsbezug.** **84**
In den beiden Qualifikationstatbeständen manifestiert sich der Gedanke eines besonderen Schutzes inländischer Unternehmen vor einem Abfluss von Know-how ins Ausland.

Im Fall von § 23 IV Nr. 2 muss der Täter wissen, dass das Geschäftsgeheimnis im Ausland **84a**
genutzt werden soll. Hierfür ist eine **positive Kenntnis** von der Nutzung im Ausland erforderlich, unabhängig davon, ob es zu einer solchen Nutzung tatsächlich kommt (Reinfeld Neues GeschGehG § 7 Rn. 35). Im Fall von § 23 IV Nr. 3 nutzt der Täter das Geschäftsgeheimnis im Ausland selbst. Hierfür muss eine **tatsächliche Nutzungshandlung** gegeben sein. Die bloße Inaussichtnahme einer Auslandsnutzung genügt demgegenüber nicht (Reinfeld Neues GeschGehG § 7 Rn. 36).

Auszugehen ist in beiden Fällen von dem **strafrechtlichen Begriff des Auslands.** Dieses **84b**
umfasst als Gegenbegriff zum Inland (vgl. § 3 StGB) alle Gebiete, die nicht zum deutschen Hoheitsgebiet gehören (MünchKomm/Amboss, StGB, § 5 Rn. 8). Auch die Mitgliedstaaten der EU sind ungeachtet des gemeinsamen Binnenmarktes rechtlich gesehen Ausland (vgl. OLG Düsseldorf BeckRS 2008, 05432; Reinfeld Neues GeschGehG § 7 Rn. 36).

III. Strafrahmen

Der Strafrahmen für die Qualifikationen umfasst Freiheitsstrafe bis zu fünf Jahren oder Geld- **85**
strafe. Es handelt sich ebenso wie bei den Grundtatbeständen um ein **Vergehen** (§ 12 I, II StGB).

E. Versuchsstrafbarkeit (§ 23 V)

§ 23 V ordnet die Strafbarkeit des Versuchs an. Dies bezieht sich sowohl auf die **Grund-** **86**
delikte in § 23 I–III als auch auf die **Qualifikation** in § 23 IV (Brammsen wistra 2018, 449 (456)). Der Gesetzgeber orientierte sich dabei bewusst an den Regelungen in § 17 III und § 18 II UWG aF (Begr. RegE, BT-Drs. 19/4724, 41).

Ein Versuch liegt gemäß **§ 22 StGB** vor, wenn der Täter nach seiner Vorstellung von der Tat **87**
zur Verwirklichung des Tatbestandes unmittelbar ansetzt. Das **unmittelbare Ansetzen** zur Tatbestandsverwirklichung besteht in einem Verhalten des Täters, das nach seiner Vorstellung in ungestörtem Fortgang ohne Zwischenakte zur – vollständigen – Tatbestandserfüllung führt oder im unmittelbaren räumlichen und zeitlichen Zusammenhang in sie einmündet. Diese Voraussetzung kann schon gegeben sein, bevor der Täter eine der Beschreibung des gesetzlichen Tatbestandes entsprechende Handlung vornimmt; regelmäßig genügt es allerdings, wenn der Täter ein Merkmal des gesetzlichen Tatbestandes verwirklicht. Es muss aber immer das, was er

zur Verwirklichung seines Vorhabens unternimmt, zu dem in Betracht kommenden Straftatbestand in Beziehung gesetzt werden (BGHSt 26, 201 (202) = NJW 1976, 58; BGHSt 28, 162 (163) = NJW 1979, 378; BGHSt 30, 363 (364) = NJW 1982, 1164; BGH NStZ 2015, 207).

88 Für den Qualifikationstatbestand des § 23 IV richtet sich die Frage des unmittelbaren Ansetzens nach den strafrechtlichen Grundsätzen, wonach die Unmittelbarkeit nur dann zu bejahen ist, wenn der Täter mit seiner Handlung zugleich zur **Verwirklichung des Grunddeliktes** ansetzt (vgl. dazu BGH NStZ 2015, 207 (208); näher zur Problematik Schönke/Schröder/Eser/Bosch StGB § 22 Rn. 58).

F. Beihilfehandlungen durch Medienschaffende (§ 23 VI)

89 § 23 VI wurde im Zuge der Ausschussberatungen (BT-Drs. 19/8300) in den Gesetzestext eingefügt. Danach sind Beihilfehandlungen einer in § 53 I 1 Nr. 5 StPO genannten Person nicht rechtswidrig, wenn sie sich auf die Entgegennahme, Auswertung oder Veröffentlichung des Geschäftsgeheimnisses beschränken. Es handelt sich um einen **besonderen Rechtfertigungsgrund,** der typische journalistisch-redaktionelle Tätigkeiten erfasst.

90 Die Regelung des § 23 VI orientiert sich am **Vorbild des § 353b IIIa StGB.** Mit dieser Vorschrift sollte den in der Sachverständigenanhörung im Hinblick auf mögliche Abschreckungseffekte auf Journalisten geäußerten Bedenken Rechnung getragen werden. Die Übertragung des Regelungsansatzes aus § 353b IIIa StGB soll klarstellen, dass normales journalistisches Handeln keine Strafbarkeit wegen einer Beihilfe begründet. Damit sollen die Wertungen des Kernstrafrechts auf das Nebenstrafrecht übertragen und so die **Widerspruchsfreiheit der Gesamtrechtsordnung** sichergestellt werden (Beschlussempfehlung und Bericht, BT-Drs. 19/8300, 15).

91 Die Vorschrift findet unabhängig von den in § 5 normierten Abwägungselementen Anwendung und flankiert die in § 5 Nr. 1 geregelte Ausnahme für journalistisches Handeln (Beschlussempfehlung und Bericht, BT-Drs. 19/8300, 15). Der **persönliche Anwendungsbereich** erstreckt sich auf die in § 53 I 1 Nr. 5 StPO genannten Personen, also „Personen, die bei der Vorbereitung, Herstellung oder Verbreitung von Druckwerken, Rundfunksendungen, Filmberichten oder der Unterrichtung oder Meinungsbildung dienenden Informations- und Kommunikationsdiensten berufsmäßig mitwirken oder mitgewirkt haben".

92 § 23 VI betrifft nicht sämtliche, sondern nur bestimmte **Beihilfehandlungen.** Beihilfehandlungen, die nicht als eine Entgegennahme, Auswertung oder Veröffentlichung anzusehen sind, bleiben strafbar. Eine **Strafbarkeit des Täters** (auch bei einer mittäterschaftlichen Begehung) bleibt durch § 23 VI ebenso unberührt wie eine Strafbarkeit wegen **Anstiftung** (Brammsen/Apel/Drescher Rn. 238). Für den **Versuch der Beteiligung** gilt § 23 VII 2 (→ Rn. 95 ff.).

G. Auslandstaten und Versuch der Beteiligung (§ 23 VII)

I. Auslandstaten

93 Gemäß § 23 VII 1 gilt **§ 5 Nr. 7 StGB** entsprechend. Diese Regelung zielt auf Straftaten, die im Ausland begangen werden. Die in Bezug genommene Vorschrift legt fest, dass das deutsche Strafrecht unabhängig vom Recht des Tatorts für Taten gilt, die im Ausland begangen werden, bei der „Verletzung von Betriebs- oder Geschäftsgeheimnissen eines im räumlichen Geltungsbereich dieses Gesetzes liegenden Betriebs, eines Unternehmens, das dort seinen Sitz hat, oder eines Unternehmens mit Sitz im Ausland, das von einem Unternehmen mit Sitz im räumlichen Geltungsbereich dieses Gesetzes abhängig ist und mit diesem einen Konzern bildet". Die Vorschrift bündelt die bisherigen Regelungen aus § 17 VI, § 18 IV und § 19 V UWG aF (Begr. RegE, BT-Drs. 19/4724, 41). Eine Änderung der Rechtslage tritt durch die Regelung nicht ein (Brammsen wistra 2018, 449 (457)).

94 Die Norm soll gewährleisten, dass im Ausland begangene strafbare Verletzungen von Geschäftsgeheimnissen unabhängig von dem Recht des Tatorts und der Verfolgungsbereitschaft ausländischer Behörden verfolgt werden können. Sie ist Ausdruck des strafrechtlichen **Schutzprinzips;** § 5 Nr. 7 StGB beruht dabei auf dem **passiven Personalitätsprinzip** (Schönke/Schröder/Eser/Weißer StGB § 5 Rn. 2). Die Vorschrift verwirklicht – ebenso wie § 23 IV

Nr. 2 und 3 (→ Rn. 84 ff.) – den Gedanken eines besonderen Schutzes inländischer Unternehmen vor einem Zugriff auf Geschäftsgeheimnisse aus dem Ausland.

II. Versuch der Beteiligung

Gemäß § 23 VII 2 gelten die **§§ 30 und 31 StGB** entsprechend, wenn der Täter zur Förderung des eigenen oder fremden Wettbewerbs oder aus Eigennutz handelt. Die Vorschrift knüpft an § 19 UWG aF (Verleiten und Erbieten zum Verrat) an. Abweichend von der bisherigen Rechtslage, die eine konkrete Strafandrohung beinhaltete, verweist § 23 VII 2 nunmehr auf die §§ 30 und 31 StGB. Aus der Verweisung folgt, dass §§ 30 und 31 StGB, die nach dem Wortlaut nur für Verbrechen gelten, auch auf die Vergehen nach § 23 I–IV anzuwenden sind. § 23 VII 2 erweitert den strafrechtlichen Schutz von Geschäftsgeheimnissen, indem bereits bestimmte **Vorstufen der Beteiligung** sanktioniert werden. Nach § 30 I 2 StGB ist die Strafe nach § 49 I StGB zu mildern. Systematisch ist zwischen der versuchten Anstiftung (§ 30 I StGB) und sonstigen Vorbereitungshandlungen (§ 30 II StGB) zu unterscheiden. **95**

1. Versuchte Anstiftung

§ 23 VII 2 iVm § 30 I 1 StGB betrifft die Fälle, in denen jemand einen anderen zu bestimmen versucht, eine Straftat gemäß § 23 I–IV zu begehen oder zu dieser anzustiften (§ 30 I 1 StGB). Der Tatbestand der versuchten Anstiftung gemäß § 30 I StGB knüpft an die **abstrakte Gefährlichkeit des Tatverhaltens** an, die daraus resultiert, dass derjenige, der einen anderen zur Begehung einer Straftat nach § 23 I–IV auffordert, Kräfte in Richtung des angegriffenen Rechtsguts in Bewegung setzt, über die er nicht mehr die volle Herrschaft behält (vgl. BGH NJW 2013, 1106 Rn. 7). **96**

Das **Bestimmen** ist iS einer Anstiftung (vgl. § 26 StGB) zu verstehen. Es genügt, wenn ein Tatentschluss geweckt oder mindestens bestärkt wird, was auch durch einen Rat geschehen kann (vgl. BGH NJW 1951, 666 (667)). Auch kann bereits ausreichen, wenn eine Person mit Fragen und Aufforderungen bewusst darauf abzielt, Dritte zu einer Mitteilung zu veranlassen, durch die ein Geschäftsgeheimnis verletzt würde (vgl. RGSt 32, 308 (312)). **97**

Der Versuch des Bestimmens ist gegeben, wenn der Täter nach seiner Vorstellung von der Tat **unmittelbar** zum Verleiten zur Tat **ansetzt** (vgl. § 22 StGB). Weil bereits die versuchte Anstiftung unter Strafe steht, kommt es auf die Betätigung des auf die Herbeiführung des Erfolgs gerichteten Willens an. Ohne Bedeutung ist, ob ein schutzwürdiges Geschäftsgeheimnis wirklich vorhanden ist; es genügt vielmehr, dass ein solches in der Vorstellung der handelnden Person bestand und dass diese bestrebt war, das vorgestellte Geschäftsgeheimnis zu erlangen (vgl. OLG Celle GRUR 1969, 548 (549)). **98**

Ebenfalls vom Tatbestand erfasst ist die Konstellation, in der jemand einen anderen zu bestimmen versucht, zu einer Straftat gemäß § 23 I–IV anzustiften. Hierbei geht es um die sog. **„Kettenanstiftung"**. **99**

Der Täter muss nicht nur **vorsätzlich** gehandelt haben, sondern es müssen auch die besonderen subjektiven Voraussetzungen erfüllt sein. Erforderlich ist ein Handeln zur **Förderung des eigenen oder fremden Wettbewerbs** (→ Rn. 43) oder ein Handeln aus **Eigennutz** (→ Rn. 44). **100**

2. Sonstige Vorbereitungshandlungen

Strafbar ist gemäß § 23 VII 2 iVm § 30 II StGB weiterhin derjenige, der sich bereit erklärt, der das Erbieten eines anderen annimmt oder der mit einem anderen verabredet, eine Straftat gemäß § 23 I–IV zu begehen oder zu ihr anzustiften. **101**

Voraussetzung für die **erste Variante** („sich bereit erklärt") ist die ernstgemeinte, mit Bindungswillen gegenüber dem Adressaten abgegebene **Kundgabe der eigenen Bereitschaft zur täterschaftlichen Verwirklichung eines tatbestandsmäßigen Verhaltens** (BGH NJW 2017, 2134 Rn. 11). Es genügt noch nicht die bloße Kundgabe, eine erfasste Straftat begehen zu wollen; vielmehr muss die Erklärung darauf gerichtet sein, sich gegenüber deren Adressaten zu binden, sei es in Form der Annahme einer durch diesen gemachten Aufforderung, sei es in Form eines aktiven Sicherbietens diesem gegenüber in der Erwartung, dass er dem Deliktsplan zustimmen werde (vgl. BGH NJW 2015, 1032 Rn. 13). Die Zusage eines Tatbeitrags, der rechtlich als Beihilfe zu werten ist, wird nicht von § 30 II StGB erfasst (vgl. BGH NJW 2001, 1289 (1290)). **102**

103   Die **zweite Variante** („das Erbieten eines anderen annimmt") besteht in der **Erklärung des Einverständnisses** damit, dass ein anderer, der sich zur Verwirklichung eines Verbrechens bereit erklärt hatte, die Tat ausführt (Schönke/Schröder/Heine/Weißer StGB § 30 Rn. 23). Diese Variante setzt voraus, dass der Täter objektiv das Erbieten eines anderen zur Begehung einer Straftat nach § 23 I–IV annimmt und subjektiv mit doppeltem Anstiftervorsatz, jedenfalls in Form des dolus eventualis, handelt. Für den Vorsatz genügt, dass der Annehmende damit rechnet, der präsumtive Täter werde seine Erklärung ernst nehmen und ihr entsprechend handeln, und dies billigt (vgl. BGH NStZ 1998, 403 (494); NJW 2017, 2134 Rn. 23).

104   Eine Strafbarkeit nach der **dritten Variante** („mit einem anderen verabredet") setzt die vom ernstlichen Willen getragene **Einigung von mindestens zwei Personen** voraus, an der Verwirklichung eines bestimmten tatbestandsmäßigen Verhaltens mittäterschaftlich mitzuwirken (vgl. BGHSt 53, 174 (176); BGH NStZ 2009, 497 Rn. 9; 2011, 570 Rn. 16; NJW 2017, 2134 Rn. 9) oder zu diesem anzustiften. Es genügt für ein Verabreden, wenn die Einzelheiten der in Aussicht genommenen Tat in ihren wesentlichen Grundzügen konkretisiert sind, ohne dass Zeit, Ort und Modalitäten in allen Einzelheiten festliegen müssen (vgl. BGH NStZ 2012, 514 Rn. 11). Den Strafgrund für die Verabredung bildet die durch die Willensbindung mehrerer Personen **gesteigerte Gefahr** für das bedrohte Rechtsgut. Die Gefährlichkeit konspirativen Zusammenwirkens Mehrerer liegt darin, dass es Gruppendynamik entfalten, die Beteiligten psychisch binden und so die spätere Ausführung der Tat wahrscheinlicher machen kann (BGH NJW 2017, 2134 Rn. 9).

105   Der Täter muss mit **Vorsatz** gehandelt haben und es müssen auch die besonderen subjektiven Voraussetzungen erfüllt sein. Erforderlich ist ein Handeln zur Förderung des eigenen oder fremden Wettbewerbs (→ Rn. 43) oder ein Handeln aus Eigennutz (→ Rn. 44).

3. Rücktritt vom Versuch der Beteiligung

106   Der Rücktritt vom Versuch der Beteiligung richtet sich nach den für § 31 StGB geltenden Grundsätzen.

H. Strafverfolgung (§ 23 VIII)

107   § 23 VIII übernimmt und bündelt die Regelungen aus §§ 17 V, 18 III und 19 IV UWG aF (Begr. RegE, BT-Drs. 19/4724, 41). Danach werden die in § 23 unter Strafe gestellten Taten nur auf Antrag verfolgt, es sei denn, dass die Strafverfolgungsbehörde wegen des besonderen öffentlichen Interesses an der Strafverfolgung ein Einschreiten von Amts wegen für geboten hält.

I. Strafverfolgung auf Antrag

1. Rechtliche Einordnung

108   Bei den Delikten des § 23 handelt es sich um Antragsdelikte, dh sie setzen grundsätzlich einen Strafantrag voraus. Bei dem Strafantrag handelt es sich um das an ein Strafverfolgungsorgan gerichtete förmliche Verlangen, eine bestimmte Straftat zu verfolgen (vgl. BGH NJW 2014, 2968 Rn. 12). Der in den §§ 77 ff. StGB geregelte Strafantrag ist eine Bedingung der Verfolgbarkeit und somit eine **Prozessvoraussetzung** (vgl. BGHSt 6, 155 = NJW 1954, 1414; BGHSt 31, 132 = NJW 1983, 1385). Fehlt es an einem Strafantrag, dann ist das Verfahren einzustellen (vgl. §§ 206a, 260 III StPO).

2. Antragsberechtigung

109   Gemäß § 77 I StGB ist der **Verletzte** antragsberechtigt. Dabei handelt es sich um den Träger des durch die Tat unmittelbar verletzten Rechtsguts, dh denjenigen, in dessen Rechtskreis der Täter durch die verbotene Handlung eingegriffen hat (vgl. BGH GRUR 1983, 330 (331) – Antragsrecht). Bei einer Verletzung von Geschäftsgeheimnissen liegt die Antragsberechtigung bei dem **Inhaber des Geschäftsgeheimnisses** (§ 2 Nr. 2), also bei der natürlichen oder juristischen Person, die die rechtmäßige Kontrolle über das Geschäftsgeheimnis hat (→ § 2 Rn. 89 ff.). Auch mehrere Personen (zB mehrere Nutzungsberechtigte) können antragsberechtigt sein (Reinfeld Neues GeschGehG § 7 Rn. 117).

110   Das Antragsrecht ist **höchstpersönlicher Natur,** es ist nicht übertragbar. Bei der Ausübung des Antragsrechts kann sich der Antragsberechtigte jedoch eines Vertreters in der Erklärung

bedienen (vgl. KG BeckRS 2015, 19333). Bei einer Gesellschaft erfolgt die Antragstellung durch ein geschäftsführendes Organ dieser Gesellschaft; bspw. steht bei einer GmbH das Recht zur Stellung des Strafantrages dem Geschäftsführer zu. Der ohne Vollmacht gestellte Strafantrag ist jedoch wegen seiner Rechtsnatur als Prozesshandlung nicht genehmigungsfähig (vgl. KG NStZ 1990, 144).

3. Einzelheiten

a) Form. Der Antrag muss bei einem Gericht oder der Staatsanwaltschaft **schriftlich** oder zu **111** Protokoll, bei einer anderen Behörde schriftlich angebracht werden (§ 158 II StPO). Die Anforderungen an die Schriftform richten sich nach dem Zweck der Formvorschrift des § 158 II StPO, der darin besteht, dass sich die Strafverfolgungsbehörde und die Gerichte anhand der Antragsurkunde Klarheit über die Identität des Antragstellers und über das Vorhandensein und den Umfang des wirklichen Verfolgungswillens verschaffen können. Die Wirksamkeit des Strafantrages hängt daher davon ab, ob die Person des Erklärenden zuverlässig anhand des schriftlichen Antrags zu ermitteln ist (vgl. KG NStZ 1990, 144).

b) Inhalt. Inhaltlich ist erforderlich und ausreichend, dass der Wille des Antragsberechtigten **112** zum Ausdruck kommt, eine bestimmte Tat im Sinne der §§ 155, 264 StPO solle strafrechtlich verfolgt werden (vgl. BGH WRP 1991, 690 (691)). Geboten sind eine hinreichend genaue **Beschreibung des Sachverhalts** und der **Rechtsgutverletzung** (Harte-Bavendamm/Ohly/ Kalbfus/Harte-Bavendamm Rn. 76). Bei der Beurteilung, auf welchen Vorgang sich das Verfolgungsbegehren bezieht, können auch außerhalb der schriftlichen Erklärung liegende Umstände herangezogen werden (vgl. BGH WRP 1991, 690 (691)).

c) Frist. Der Antrag ist innerhalb von **drei Monaten** zu stellen (§ 77b I StGB). Die Frist **113** beginnt mit dem Ablauf des Tages, an dem der Berechtigte von der Tat und der Person des Täters Kenntnis erlangt (§ 77b II 1 StGB). Zur Kenntnis von Tat und Täter gehört nach der Rspr. (BGHSt 44, 209 = NJW 1999, 508 (509)) nicht die Gewissheit über sämtliche Einzelheiten des strafrechtlichen Geschehens, sondern lediglich das Wissen von Tatsachen, die einen Schluss auf die wesentlichen Tatumstände und den Täter zulassen. Der Antragsberechtigte muss so viel wissen, dass er in der Lage ist, vom Standpunkt eines besonnenen Menschen zu beurteilen, ob er Strafantrag stellen soll (vgl. auch Harte-Bavendamm/Ohly/Kalbfus/Harte-Bavendamm Rn. 77; BeckOK GeschGehG/Hiéramente Rn. 76). Bei mehreren Antragsberechtigten (→ Rn. 109) läuft die Frist für und gegen jeden gesondert (§ 77b III StGB). Eine Verlängerung der Frist ist im Gesetz nicht vorgesehen (Reinfeld Neues GeschGehG § 7 Rn. 119). Jedoch läuft die Antragsfrist nur dann, wenn der Berechtigte körperlich und rechtlich in der Lage gewesen ist, einen Antrag zu stellen (vgl. BGHSt 2, 121 = BeckRS 1951, 31193530). Ein entsprechender Hinderungsgrund dürfte jedoch auf ganz seltene Ausnahmefälle beschränkt sein.

d) Rücknahme. Die Rücknahme des Strafantrags richtet sich nach **§ 77d StGB.** Das An- **114** tragsrecht ist mit der Stellung des Strafantrags erschöpft. Die Rücknahme eines Strafantrags kann nicht widerrufen und ebenso wenig kann ein zurückgenommener Strafantrag erneut gestellt werden (vgl. RGSt 36, 65 f.).

II. Strafverfolgung ohne Antrag

Ohne Strafantrag ist eine Strafverfolgung nur dann möglich, wenn die Strafverfolgungsbehörde **115** wegen des **besonderen öffentlichen Interesses an der Strafverfolgung** ein Einschreiten von Amts wegen für geboten hält. Dieses besondere öffentliche Interesse ist von dem öffentlichen Interesse iSv § 376 StPO zu unterscheiden. Nähere Kriterien für das Vorliegen eines öffentlichen Interesses finden sich in Nr. 260a RiStBV (→ Rn. 116). Ein öffentliches Interesse wird insbesondere dann vorliegen, wenn der Rechtsfrieden durch die Straftat in schwerwiegender Weise erschüttert wurde und zugleich öffentliche Interessen berührt sind (zB bei Verletzungen von Geschäftsgeheimnissen im militärischen Bereich oder bei sonstigen für die Öffentlichkeit bedeutsamen Infrastruktureinrichtungen; gegen eine zu enge Auslegung Harte-Bavendamm/Ohly/ Kalbfus/Harte-Bavendamm Rn. 79).

Die Entscheidung, ob ein besonderes öffentliches Interesse vorliegt, trifft die Staatsanwaltschaft **116** in **pflichtgemäßem Ermessen.** Die Entscheidung unterliegt keiner richterlichen Nachprüfung (vgl. BGHSt 16, 225 = NJW 1961, 2120 (2121)). Eine Orientierung geben die Richtlinien für das Strafverfahren und das Bußgeldverfahren (RiStBV) in der Neufassung vom 28.3.2023 (BAnz AT 19.6.2023 B 1), die im Folgenden auszugsweise wiedergegeben sind:

2. Abschnitt

Strafvorschriften des Nebenstrafrechts

A. Allgemeines

255

(1) Auch die Straftaten des Nebenstrafrechts sind Zuwiderhandlungen, die ein sozialethisches Unwerturteil verdienen; sie sind deshalb nach den gleichen Grundsätzen und mit dem gleichen Nachdruck zu verfolgen wie Zuwiderhandlungen gegen Vorschriften des Strafgesetzbuchs. Dies gilt auch für die Anwendung der §§ 153, 153a StPO. Maßnahmen zur Abschöpfung des durch die Tat erlangten wirtschaftlichen Vorteils einer juristischen Person oder Personenvereinigung nach Nummer 180a können auch bei Straftaten des Nebenstrafrechts in Betracht kommen. Den zuständigen Fachbehörden soll nach Nummer 90 Gelegenheit zur Äußerung gegeben werden.

(2) Maßnahmen zur Einziehung des durch die Tat erlangten wirtschaftlichen Vorteils einer juristischen Person oder Personenvereinigung nach Nummer 180a können auch bei Straftaten des Nebenstrafrechts in Betracht kommen.

(3) Bei der Verfolgung von Straftaten des Nebenstrafrechts arbeitet der Staatsanwalt mit den zuständigen Fachbehörden zusammen. Die Fachbehörden können vor allem bei der Benennung geeigneter Sachverständiger Hilfe leisten.

[...]

B. Einzelne Strafvorschriften

[...]

4. Unlauterer Wettbewerb

260. Öffentliches Interesse an der Strafverfolgung

Das öffentliche Interesse an der Strafverfolgung wegen unlauteren Wettbewerbs (§ 299 StGB, § 16 des Gesetzes gegen den unlauteren Wettbewerb (UWG), § 23 des Gesetzes zum Schutz von Geschäftsgeheimnissen (GeschGehG)) wird in der Regel zu bejahen sein, wenn eine nicht nur geringfügige Rechtsverletzung vorliegt. Dies gilt in Fällen

1. des § 16 Absatz 1 UWG vor allem, wenn durch unrichtige Angaben ein erheblicher Teil der Verbraucher irregeführt werden kann (vgl. auch § 144 Markengesetz in Bezug auf geographische Herkunftsangaben);

2. des § 16 Absatz 2 UWG vor allem, wenn insgesamt ein hoher Schaden droht, die Teilnehmer einen nicht unerheblichen Beitrag zu leisten haben oder besonders schutzwürdig sind.

Die Verweisung auf die Privatklage (§ 374 Absatz 1 Nummer 5a, 7, § 376 StPO) ist in der Regel nur angebracht, wenn der Verstoß leichter Art ist und die Interessen eines eng umgrenzten Personenkreises berührt.

260a. Besonderes öffentliches Interesse an der Strafverfolgung

(1) Ein besonderes öffentliches Interesse an der Strafverfolgung von Verletzungen von Geschäftsgeheimnissen (§ 23 des Gesetzes zum Schutz von Geschäftsgeheimnissen (GeschGehG)) wird insbesondere dann anzunehmen sein, wenn der Beschuldigte wirtschaftsstrafrechtlich vorbestraft ist, ein erheblicher Schaden droht oder eingetreten ist, die Tat Teil eines gegen mehrere Unternehmen gerichteten Plans zur Ausspähung von Geschäftsgeheimnissen ist oder den Verletzten in seiner wirtschaftlichen Existenz bedroht.

(2) Kommt ein Fall des § 23 Absatz 4 GeschGehG in Betracht, kann das besondere öffentliche Interesse an der Verfolgung nur ausnahmsweise verneint werden. Das Gleiche gilt, auch bezüglich § 23 Absatz 3 GeschGehG, wenn der Beschuldigte davon ausgeht, dass das Geheimnis im Ausland genutzt werden soll, oder er es selbst im Ausland nutzt.

260b. Geheimhaltung von Geschäftsgeheimnissen

(1) Bittet der Verletzte um Geheimhaltung oder stellt er keinen Strafantrag, sollen Geschäftsgeheimnisse in der Sachakte nur insoweit schriftlich festgehalten werden, als dies für das Verfahren unerlässlich ist.

(2) Wird in den Fällen des Absatzes 1 Akteneinsicht gewährt, ist darauf hinzuweisen, dass die Akte Geschäftsgeheimnisse enthält; hierüber ist ein Vermerk zu den Akten zu nehmen. Dies gilt sinngemäß bei sonstigen Mitteilungen aus den Akten. Es ist zu prüfen, ob nicht wichtige Gründe entgegenstehen, Akteneinsicht durch Bereitstellen des Inhalts der Akte zum Abruf, durch Übermittlung des Inhalts der Akte auf einem sicheren Übermittlungsweg oder durch Bereitstellen einer Aktenkopie zur Mitnahme zu gewähren oder dem Verteidiger die Akten zur Einsichtnahme in seine Geschäftsräume oder in seine Wohnung mitzugeben (§ 32f Absatz 1 Satz 1 und 4, Absatz 2 Satz 2 und 3 StPO).

(3) Vor Gewährung von Akteneinsicht an Dritte ist, auch wenn die Voraussetzungen des Absatzes 1 nicht vorliegen, besonders sorgfältig zu prüfen, ob nicht schutzwürdige Interessen des Verletzten entgegenstehen.

260c. Auskünfte

Bei unlauteren Wettbewerbsmethoden von örtlicher Bedeutung können die Industrie- und Handelskammern Auskünfte geben; im Übrigen erteilen Auskünfte:

– die Zentrale zur Bekämpfung unlauteren Wettbewerbs e. V. Frankfurt am Main, Landgrafenstraße 24b, 61348 Bad Homburg v. d. H., die mit den Spitzenverbänden der deutschen gewerblichen Wirtschaft zusammenarbeitet;
– der Deutscher Industrie- und Handelskammertag e. V., Gutachterausschuss für Wettbewerbsfragen, Breite Straße 29, 10178 Berlin;
– der Deutsche Schutzverband gegen Wirtschaftskriminalität e. V. Frankfurt am Main, Landgrafenstraße 24b, 61348 Bad Homburg v. d. H.;
– Pro Honore e. V., Große Johannisstraße 19, 20457 Hamburg;
– Verbraucherzentrale Bundesverband e. V. (vzbv), Rudi-Dutschke-Straße 17, 10969 Berlin.

III. Privatklage und Nebenklage

Bei allen Straftaten nach § 23 ist eine Privatklage gemäß **§ 374 I Nr. 7 StPO** möglich. Die **117** Einzelheiten richten sich nach den §§ 374 ff. StPO.

Gemäß **§ 395 I Nr. 6 StPO** kann sich der Verletzte einer erhobenen öffentlichen Klage mit **118** der Nebenklage anschließen. Die Einzelheiten richten sich nach §§ 395 ff. StPO.

I. Wirtschaftsstrafkammer

§ 74c I 1 Nr. 1 GVG, der die Zuständigkeit der **Wirtschaftsstrafkammer** regelt, wurde **119** durch Art. 2 des Gesetzes zur Umsetzung der Richtlinie (EU) 2016/943 zum Schutz von Geschäftsgeheimnissen vor rechtswidrigen Erwerb sowie rechtswidriger Nutzung und Offenlegung vom 18.4.2019 (BGBl. 2019 I 466) um Straftaten gegen das GeschGehG ergänzt. Schon nach alter Rechtslage erfasste § 74c I 1 Nr. 1 GVG Straftaten nach dem UWG und galt somit für die §§ 17–19 UWG aF. Eine Änderung der Rechtslage war vom Gesetzgeber nicht beabsichtigt (Begr. RegE, BT-Drs. 19/4724, 41).

Preisangabenverordnung (PAngV)[1, 2]

Vom 12. November 2021 (BGBl. 2021 I 4921)

---

[1] Verkündet als Art. 1 VO v. 12.11.2021 (BGBl. I S. 4921); Inkrafttreten gem. Art. 3 Satz 1 dieser VO am 28.5.2022.
Die MantelVO wurde erlassen auf Grund
– des § 6c GewerbeO idF der Bek. v. 22.2.1999 (BGBl. I S. 202), der durch Art. 1 G v. 17.7.2009 (BGBl. I S. 2091) eingefügt worden ist, von der Bundesregierung,
– des § 1 PreisangabenG v. 3.12.1984 (BGBl. I S. 1429), der zuletzt durch Art. 296 VO vom 31.8.2015 (BGBl. I S. 1474) geändert worden ist, vom Bundesministerium für Wirtschaft und Energie.

[2] **Amtl. Anm. zur MantelVO:** „Diese Verordnung dient der Umsetzung
– der Richtlinie 98/6/EG des Europäischen Parlaments und des Rates vom 16. Februar 1998 über den Schutz der Verbraucher bei der Angabe der Preise der ihnen angebotenen Erzeugnisse (ABl. L 80 vom 18.3.1998, S. 27),
– der Richtlinie 2000/31/EG des Europäischen Parlaments und des Rates vom 8. Juni 2000 über bestimmte rechtliche Aspekte der Dienste der Informationsgesellschaft, insbesondere des elektronischen Geschäftsverkehrs, im Binnenmarkt (ABl. L 178 vom 17.7.2000, S. 1),
– der Richtlinie 2005/29/EG des Europäischen Parlaments und des Rates vom 11. Mai 2005 über unlautere Geschäftspraktiken im binnenmarktinternen Geschäftsverkehr zwischen Unternehmen und Verbrauchern und zur Änderung der Richtlinie 84/450/EWG des Rates, der Richtlinien 97/7/EG, 98/27/EG und 2002/65/EG des Europäischen Parlaments und des Rates sowie der Verordnung (EG) Nr. 2006/2004 des Europäischen Parlaments und des Rates (ABl. L 149 vom 11.6.2005, S. 22),
– der Richtlinie 2006/123/EG des Europäischen Parlaments und des Rates vom 12. Dezember 2006 über Dienstleistungen im Binnenmarkt (ABl. L 376 vom 27.12.2006, S. 36),
– der Richtlinie 2007/64/EG des Europäischen Parlaments und des Rates vom 13. November 2007 über Zahlungsdienste im Binnenmarkt, zur Änderung der Richtlinien 97/7/EG, 2002/65/EG, 2005/60/EG und 2006/48/EG sowie zur Aufhebung der Richtlinie 97/5/EG (ABl. L 319 vom 5.12.2007, S. 1),
– der Richtlinie 2008/48/EG des Europäischen Parlaments und des Rates vom 23. April 2008 über Verbraucherkreditverträge und zur Aufhebung der Richtlinie 87/102/EWG des Rates (ABl. L 133 vom 22.5.2008, S. 66),
– der Richtlinie 2011/83/EU des Europäischen Parlaments und des Rates vom 25. Oktober 2011 über die Rechte der Verbraucher, zur Abänderung der Richtlinie 93/13/EWG des Rates und der Richtlinie 1999/44/EG des Europäischen Parlaments und des Rates sowie zur Aufhebung der Richtlinie 85/577/EWG des Rates und der Richtlinie 97/7/EG des Europäischen Parlaments und des Rates (ABl. L 304 vom 22.11.2011, S. 64),
– der Richtlinie 2011/90/EU der Kommission vom 14. November 2011 zur Änderung von Anhang I Teil II der Richtlinie 2008/48/EG des Europäischen Parlaments und des Rates mit zusätzlichen Annahmen für die Berechnung des effektiven Jahreszinses (ABl. L 296 vom 15.11.2011, S. 35),
– der Richtlinie 2014/17/EU des Europäischen Parlaments und des Rates vom 4. Februar 2014 über Wohnimmobilienkreditverträge für Verbraucher und zur Änderung der Richtlinien 2008/48/EG und 2013/36/EU und der Verordnung (EU) Nr. 1093/2010 (ABl. L 60 vom 28.2.2014, S. 34),
– der Richtlinie (EU) 2015/2302 des Europäischen Parlaments und des Rates vom 25. November 2015 über Pauschalreisen und verbundene Reiseleistungen, zur Änderung der Verordnung (EG) Nr. 2006/2004 und der Richtlinie 2011/83/EU des Europäischen Parlaments und des Rates sowie zur Aufhebung der Richtlinie 90/314/EWG des Rates (ABl. L 326 vom 11.12.2015, S. 1),
– der Richtlinie (EU) 2019/2161 des Europäischen Parlaments und des Rates vom 27. November 2019 zur Änderung der Richtlinie 93/13/EWG des Rates und der Richtlinien 98/6/EG, 2005/29/EG und 2011/83/EU des Europäischen Parlaments und des Rates zur besseren Durchsetzung und Modernisierung der Verbraucherschutzvorschriften der Union (ABl. L 328 vom 18.12.2019, S. 7)."

Inhaltsübersicht

Abschnitt 1 Allgemeine Bestimmungen

§ 1 Anwendungsbereich; Grundsatz

(1) Diese Verordnung regelt die Angabe von Preisen für Waren oder Leistungen von Unternehmern gegenüber Verbrauchern.

(2) Diese Verordnung gilt nicht für

1. Leistungen von Gebietskörperschaften des öffentlichen Rechts, soweit es sich nicht um Leistungen handelt, für die Benutzungsgebühren oder privatrechtliche Entgelte zu entrichten sind;
2. Waren und Leistungen, soweit für sie auf Grund von Rechtsvorschriften eine Werbung untersagt ist;
3. mündliche Angebote, die ohne Angabe von Preisen abgegeben werden;
4. Warenangebote bei Versteigerungen.

(3) [1] Wer zu Angaben nach dieser Verordnung verpflichtet ist, hat diese

1. dem Angebot oder der Werbung eindeutig zuzuordnen sowie
2. leicht erkennbar und deutlich lesbar oder sonst gut wahrnehmbar zu machen.

[2] Angaben über Preise müssen der allgemeinen Verkehrsauffassung und den Grundsätzen von Preisklarheit und Preiswahrheit entsprechen.

§ 2 Begriffsbestimmungen

Im Sinne dieser Verordnung bedeutet

1. „Arbeits- oder Mengenpreis" den verbrauchsabhängigen Preis je Mengeneinheit einschließlich der Umsatzsteuer und aller besonderen Verbrauchssteuern für die leitungsgebundene Abgabe von Elektrizität, Gas, Fernwärme oder Wasser;
2. „Fertigpackung" eine Verpackung im Sinne des § 42 Absatz 1 des Mess- und Eichgesetzes;
3. „Gesamtpreis" den Preis, der einschließlich der Umsatzsteuer und sonstiger Preisbestandteile für eine Ware oder eine Leistung zu zahlen ist;
4. „Grundpreis" den Preis je Mengeneinheit einer Ware einschließlich der Umsatzsteuer und sonstiger Preisbestandteile;
5. „lose Ware" unverpackte Ware, die durch den Unternehmer in Anwesenheit der Verbraucher, durch die Verbraucher selbst oder auf deren Veranlassung abgemessen wird;
6. „offene Packung" eine Verkaufseinheit im Sinne des § 42 Absatz 2 Nummer 1 des Mess- und Eichgesetzes;
7. „Selbstabfüllung" die Abgabe von flüssiger loser Ware, die durch die Verbraucher selbst in die jeweilige Umverpackung abgefüllt wird;
8. „Unternehmer" jede natürliche oder juristische Person im Sinne des § 2 Absatz 1 Nummer 8 des Gesetzes gegen den unlauteren Wettbewerb in der Fassung der Bekanntmachung vom 3. März 2010 (BGBl. I S. 254), das zuletzt durch Artikel 1 des Gesetzes vom 10. August 2021 (BGBl. I S. 3504) geändert worden ist, in der am 28. Mai 2022 geltenden Fassung;
9. „Verbraucher" jede natürliche Person im Sinne des § 13 des Bürgerlichen Gesetzbuchs.

Abschnitt 2 Grundvorschriften

§ 3 Pflicht zur Angabe des Gesamtpreises

(1) Wer als Unternehmer Verbrauchern Waren oder Leistungen anbietet oder als Anbieter von Waren oder Leistungen gegenüber Verbrauchern unter Angabe von Preisen wirbt, hat die Gesamtpreise anzugeben.

(2) ¹Soweit es der allgemeinen Verkehrsauffassung entspricht, sind auch die Verkaufs- oder Leistungseinheit und die Gütebezeichnung anzugeben, auf die sich die Preise beziehen. ²Auf die Bereitschaft, über den angegebenen Preis zu verhandeln, kann hingewiesen werden, soweit es der allgemeinen Verkehrsauffassung entspricht und Rechtsvorschriften nicht entgegenstehen.

(3) Wird ein Preis aufgegliedert, ist der Gesamtpreis hervorzuheben.

§ 4 Pflicht zur Angabe des Grundpreises

(1) ¹Wer als Unternehmer Verbrauchern Waren in Fertigpackungen, offenen Packungen oder als Verkaufseinheiten ohne Umhüllung nach Gewicht, Volumen, Länge oder Fläche anbietet oder als Anbieter dieser Waren gegenüber Verbrauchern unter Angabe von Preisen wirbt, hat neben dem Gesamtpreis auch den Grundpreis unmissverständlich, klar erkennbar und gut lesbar anzugeben. ²Auf die Angabe des Grundpreises kann verzichtet werden, wenn dieser mit dem Gesamtpreis identisch ist.

(2) Wer als Unternehmer Verbrauchern lose Ware nach Gewicht, Volumen, Länge oder Fläche anbietet oder als Anbieter dieser Waren gegenüber Verbrauchern unter Angabe von Preisen wirbt, hat lediglich den Grundpreis anzugeben.

(3) Absatz 1 ist nicht anzuwenden auf

1. Waren, die über ein Nenngewicht oder Nennvolumen von weniger als 10 Gramm oder 10 Milliliter verfügen;
2. Waren, die verschiedenartige Erzeugnisse enthalten, die nicht miteinander vermischt oder vermengt sind;
3. Waren, die von kleinen Direktvermarktern, insbesondere Hofläden, Winzerbetrieben oder Imkern, sowie kleinen Einzelhandelsgeschäften, insbesondere Kiosken, mobilen Verkaufsstellen oder Ständen auf Märkten oder Volksfesten, angeboten werden, bei denen die Warenausgabe überwiegend im Wege der Bedienung erfolgt, es sei denn, dass das Warensortiment im Rahmen eines Vertriebssystems bezogen wird;
4. Waren, die im Rahmen einer Dienstleistung angeboten werden;
5. Waren, die in Getränke- und Verpflegungsautomaten angeboten werden;

6. Kau- und Schnupftabak mit einem Nenngewicht bis 25 Gramm;
7. kosmetische Mittel, die ausschließlich der Färbung oder Verschönerung der Haut, des Haares oder der Nägel dienen;
8. Parfüms und parfümierte Duftwässer, die mindestens 3 Volumenprozent Duftöl und mindestens 70 Volumenprozent reinen Ethylalkohol enthalten.

§ 5 Mengeneinheit für die Angabe des Grundpreises

(1) [1]Die Mengeneinheit für den Grundpreis ist jeweils 1 Kilogramm, 1 Liter, 1 Kubikmeter, 1 Meter oder 1 Quadratmeter der Ware. [2]Bei Waren, die üblicherweise in Mengen von 100 Liter und mehr, 50 Kilogramm und mehr oder 100 Meter und mehr abgegeben werden, ist für den Grundpreis die Mengeneinheit zu verwenden, die der allgemeinen Verkehrsauffassung entspricht.

(2) Bei nach Gewicht oder nach Volumen angebotener loser Ware ist als Mengeneinheit für den Grundpreis entsprechend der allgemeinen Verkehrsauffassung entweder 1 Kilogramm oder 100 Gramm oder 1 Liter oder 100 Milliliter zu verwenden.

(3) Bei zur Selbstabfüllung angebotener flüssiger loser Ware kann abweichend von der allgemeinen Verkehrsauffassung zusätzlich zum Grundpreis nach Absatz 2 der Grundpreis nach Gewicht angegeben werden.

(4) Bei Waren, bei denen das Abtropfgewicht anzugeben ist, ist der Grundpreis auf das angegebene Abtropfgewicht zu beziehen.

(5) [1]Bei Haushaltswaschmitteln kann als Mengeneinheit für den Grundpreis eine übliche Anwendung verwendet werden. [2]Dies gilt auch für Wasch- und Reinigungsmittel, sofern sie einzeln portioniert sind und die Zahl der Portionen zusätzlich zur Gesamtfüllmenge angegeben ist.

§ 6 Preisangaben bei Fernabsatzverträgen

(1) Wer als Unternehmer Verbrauchern Waren oder Leistungen zum Abschluss eines Fernabsatzvertrages anbietet, hat zusätzlich zu den nach § 3 Absatz 1 und 2 und § 4 Absatz 1 und 2 verlangten Angaben anzugeben,
1. dass die für Waren oder Leistungen geforderten Preise die Umsatzsteuer und sonstige Preisbestandteile enthalten und
2. ob zusätzlich Fracht-, Liefer- oder Versandkosten oder sonstige Kosten anfallen.

(2) Fallen zusätzliche Fracht-, Liefer- oder Versandkosten oder sonstige Kosten an, so ist deren Höhe anzugeben, soweit diese Kosten vernünftigerweise im Voraus berechnet werden können.

(3) Die Absätze 1 und 2 sind nicht anzuwenden auf die in § 312 Absatz 2 Nummer 2, 3, 6, 9 und 10 und Absatz 6 des Bürgerlichen Gesetzbuchs genannten Verträge.

§ 7 Rückerstattbare Sicherheit

[1]Wer neben dem Gesamtpreis für eine Ware oder Leistung eine rückerstattbare Sicherheit fordert, insbesondere einen Pfandbetrag, hat deren Höhe neben dem Gesamtpreis anzugeben und nicht in diesen einzuziehen. [2]Der für die rückerstattbare Sicherheit zu entrichtende Betrag hat bei der Berechnung des Grundpreises unberücksichtigt zu bleiben.

§ 8 Preisangaben mit Änderungsvorbehalt; Reisepreisänderungen

(1) Die Angabe von Preisen mit einem Änderungsvorbehalt ist nur zulässig
1. bei Waren oder Leistungen, für die Liefer- oder Leistungsfristen von mehr als vier Monaten bestehen, soweit zugleich die voraussichtlichen Liefer- und Leistungsfristen angegeben werden, oder
2. bei Waren oder Leistungen, die im Rahmen von Dauerschuldverhältnissen erbracht werden.

(2) Der in der Werbung, auf der Webseite oder in Prospekten eines Reiseveranstalters angegebene Reisepreis darf nach Maßgabe des § 651d Absatz 3 Satz 1 des Bürgerlichen Gesetzbuchs und des Artikels 250 § 1 Absatz 2 des Einführungsgesetzes zum Bürgerlichen Gesetzbuche geändert werden.

§ 9 Preisermäßigungen

(1) Die Pflicht zur Angabe eines neuen Gesamtpreises oder Grundpreises gilt nicht bei

1. individuellen Preisermäßigungen;
2. nach Kalendertagen zeitlich begrenzten und durch Werbung oder in sonstiger Weise bekannt gemachten generellen Preisermäßigungen;
3. schnell verderblichen Waren oder Waren mit kurzer Haltbarkeit, wenn der geforderte Gesamtpreis wegen einer drohenden Gefahr des Verderbs oder eines drohenden Ablaufs der Haltbarkeit herabgesetzt wird und dies für die Verbraucher in geeigneter Weise kenntlich gemacht wird.

(2) Die Pflicht zur Angabe eines neuen Grundpreises gilt nicht bei Waren ungleichen Nenngewichts oder –volumens oder ungleicher Nennlänge oder –fläche mit gleichem Grundpreis, wenn der geforderte Gesamtpreis um einen einheitlichen Betrag oder Prozentsatz ermäßigt wird.

Abschnitt 3 Besondere Bestimmungen

§ 10 Preisangaben im Handel

(1) ¹Wer Verbrauchern Waren, die von diesen unmittelbar entnommen werden können, anbietet, hat die Waren durch Preisschilder oder Beschriftung der Waren auszuzeichnen. ²Satz 1 gilt auch für das sichtbare Anbieten von Waren innerhalb oder außerhalb des Verkaufsraumes in Schaufenstern, Schaukästen, auf Regalen, Verkaufsständen oder in sonstiger Weise.

(2) Wer Verbrauchern Waren nicht unter den in Absatz 1 genannten Voraussetzungen im Verkaufsraum anbietet, hat diese Waren durch Preisschilder, Beschriftung der Ware, Anbringung oder Auslage von Preisverzeichnissen oder Beschriftung der Behältnisse oder Regale, in denen sich die Waren befinden, auszuzeichnen.

(3) Wer Waren nach Musterbüchern anbietet, hat diese Waren durch Angabe der Preise für die Verkaufseinheit auf den Mustern oder damit verbundenen Preisschildern oder in Preisverzeichnissen auszuzeichnen.

(4) Wer Waren nach Katalogen oder Warenlisten oder auf Bildschirmen anbietet, hat diese Waren durch unmittelbare Angabe der Preise bei den Abbildungen oder Beschreibungen der Waren oder in Preisverzeichnissen, die mit den Katalogen oder Warenlisten im Zusammenhang stehen, auszuzeichnen.

(5) Wer Waren anbietet, deren Preise üblicherweise auf Grund von Tarifen oder Gebührenregelungen bemessen werden, hat Preisverzeichnisse nach Maßgabe des § 12 Absatz 1 und 2 aufzustellen und bekannt zu machen.

(6) Die Absätze 1 bis 5 sind nicht anzuwenden auf

1. Kunstgegenstände, Sammlungsstücke und Antiquitäten im Sinne des Kapitels 97 des Anhangs I der Verordnung (EWG) Nr. 2658/87 des Rates vom 23. Juli 1987 über die zolltarifliche und statistische Nomenklatur sowie den Gemeinsamen Zolltarif (ABl. L 256 vom 7.9.1987, S. 1), die zuletzt durch die Durchführungsverordnung (EU) 2020/2159 (ABl. L 431 vom 21.12.2020, S. 34) geändert worden ist;
2. Waren, die in Werbevorführungen angeboten werden, sofern der Preis der jeweiligen Ware bei deren Vorführung und unmittelbar vor Abschluss des Kaufvertrags genannt wird;
3. Blumen und Pflanzen, die unmittelbar vom Freiland, Treibbeet oder Treibhaus verkauft werden.

§ 11 Zusätzliche Preisangabenpflicht bei Preisermäßigungen für Waren

(1) Wer zur Angabe eines Gesamtpreises verpflichtet ist, hat gegenüber Verbrauchern bei jeder Bekanntgabe einer Preisermäßigung für eine Ware den niedrigsten Gesamtpreis anzugeben, den er innerhalb der letzten 30 Tage vor der Anwendung der Preisermäßigung gegenüber Verbrauchern angewendet hat.

(2) Im Fall einer schrittweisen, ohne Unterbrechung ansteigenden Preisermäßigung des Gesamtpreises einer Ware kann während der Dauer der Preisermäßigung der niedrigste Gesamtpreis nach Absatz 1 angegeben werden, der vor Beginn der schrittweisen Preisermäßigung gegenüber Verbrauchern für diese Ware angewendet wurde.

(3) Die Absätze 1 und 2 gelten entsprechend für nach § 4 Absatz 2 lediglich zur Angabe des Grundpreises Verpflichtete.

(4) Die Absätze 1 bis 3 gelten nicht bei der Bekanntgabe von

1. individuellen Preisermäßigungen oder
2. Preisermäßigungen für schnell verderbliche Waren oder Waren mit kurzer Haltbarkeit, wenn der geforderte Preis wegen einer drohenden Gefahr des Verderbs oder eines drohenden Ablaufs der Haltbarkeit herabgesetzt wird und dies für die Verbraucher in geeigneter Weise kenntlich gemacht wird.

§ 12 Preisangaben für Leistungen

(1) [1]Wer Verbrauchern Leistungen anbietet, hat ein Preisverzeichnis über die Preise für seine wesentlichen Leistungen oder über seine Verrechnungssätze nach Maßgabe der Sätze 2 bis 4 aufzustellen. [2]Soweit üblich, können für Leistungen Stundensätze, Kilometersätze und andere Verrechnungssätze angegeben werden. [3]Diese müssen alle Leistungselemente einschließlich der anteiligen Umsatzsteuer enthalten. [4]Die Materialkosten können in die Verrechnungssätze einbezogen werden.

(2) [1]Das Preisverzeichnis nach Absatz 1 ist in den Geschäftsräumen oder am sonstigen Ort des Leistungsangebots anzubringen. [2]Ist ein Schaufenster oder Schaukasten vorhanden, ist es auch dort anzubringen. [3]Werden die Leistungen in Fachabteilungen von Handelsbetrieben angeboten, so genügt das Anbringen der Preisverzeichnisse in den Fachabteilungen. [4]Ist das Anbringen des Preisverzeichnisses wegen des Umfangs nicht zumutbar, so ist es zur Einsichtnahme am Ort des Leistungsangebots bereitzuhalten.

(3) Wer eine Leistung über Bildschirmanzeige erbringt und nach Einheiten berechnet, hat eine gesonderte Anzeige über den Preis der fortlaufenden Nutzung unentgeltlich anzubieten.

(4) Die Absätze 1 bis 3 sind nicht anzuwenden auf

1. Leistungen, die üblicherweise aufgrund von schriftlichen Angeboten oder schriftlichen Voranschlägen erbracht werden, die auf den Einzelfall abgestellt sind;
2. künstlerische, wissenschaftliche und pädagogische Leistungen, sofern diese Leistungen nicht in Konzertsälen, Theatern, Filmtheatern, Schulen, Instituten oder dergleichen erbracht werden;
3. Leistungen, bei denen in Gesetzen oder Rechtsverordnungen die Angabe von Preisen besonders geregelt ist.

§ 13 Gaststätten, Beherbergungsbetriebe

(1) [1]Wer in Gaststätten und ähnlichen Betrieben Speisen oder Getränke anbietet, hat deren Preise in einem Preisverzeichnis anzugeben. [2]Wer Speisen und Getränke sichtbar ausstellt oder Speisen und Getränke zur unmittelbaren Entnahme anbietet, hat diese während des Angebotes durch Preisschilder oder Beschriftung der Ware auszuzeichnen. [3]Werden Speisen und Getränke nach Satz 2 angeboten, kann die Preisangabe alternativ auch nach Satz 1 erfolgen. [4]§ 11 ist nicht anzuwenden auf die Bekanntgabe von Preisermäßigungen in Betrieben nach diesem Absatz.

(2) [1]Die Preisverzeichnisse sind zum Zeitpunkt des Angebotes entweder gut lesbar anzubringen, auf Tischen auszulegen oder jedem Gast vor Entgegennahme von Bestellungen und auf Verlangen bei der Abrechnung der Bestellung vorzulegen. [2]Neben dem Eingang der Gaststätte ist ein Preisverzeichnis anzubringen, aus dem die Preise für die wesentlichen angebotenen Speisen und Getränke ersichtlich sind. [3]Ist der Gaststättenbetrieb Teil eines anderen Betriebes, so genügt das Anbringen des Preisverzeichnisses am Eingang des Gaststättenteils.

(3) [1]Wer in Beherbergungsbetrieben Zimmer anbietet, hat beim Eingang oder bei der Anmeldestelle des Betriebes an gut sichtbarer Stelle ein Verzeichnis anzubringen oder auszulegen, aus dem die Preise der im Wesentlichen angebotenen Zimmer ersichtlich sind. [2]Satz 1 ist im Fall des Angebots eines Frühstückes für den Frühstückspreis entsprechend anzuwenden.

(4) Kann in Gaststätten- und Beherbergungsbetrieben eine Telekommunikationsanlage benutzt werden, so ist der bei Benutzung geforderte Preis in den Preisverzeichnissen nach Absatz 1 Satz 1 oder Absatz 3 anzugeben.

(5) Die in den Preisverzeichnissen nach den Absätzen 1 bis 3 aufgeführten Preise müssen das Bedienungsgeld und alle sonstigen Zuschläge einschließen.

§ 14 Elektrizität, Gas, Fernwärme und Wasser

(1) Wer als Unternehmer Verbrauchern Elektrizität, Gas, Fernwärme oder Wasser leitungsgebunden anbietet oder als Anbieter dieser Waren gegenüber Verbrauchern unter Angabe von Preisen wirbt, hat den Arbeits- oder Mengenpreis im Angebot oder in der Werbung anzugeben.

(2) [1] Wer an einem öffentlich zugänglichen Ladepunkt Verbrauchern das punktuelle Aufladen von elektrisch betriebenen Fahrzeugen nach der Ladesäulenverordnung anbietet, hat beim Einsatz eines für das punktuelle Aufladen vorgesehenen Bezahlverfahrens den für den jeweiligen Ladepunkt geltenden Arbeitspreis an dem Ladepunkt oder in dessen unmittelbarer Nähe anzugeben. [2] Die Preisangabe hat mindestens zu erfolgen mittels

1. eines Aufdrucks, Aufklebers oder Preisaushangs,
2. einer Anzeige auf einem Display des Ladepunktes oder
3. einer registrierungsfreien und kostenlosen mobilen Webseite oder Abrufoption für eine Anzeige auf dem Display eines mobilen Endgerätes, auf die am Ladepunkt oder in dessen unmittelbarer Nähe hingewiesen wird.

[3] Wird für das punktuelle Aufladen von Verbrauchern ein webbasiertes System verwendet, so hat der Anbieter den Arbeitspreis für das punktuelle Laden über dieses webbasierte System spätestens vor dem Start des Ladevorgangs anzugeben.

(3) Wer in den Fällen des Absatzes 1 oder 2 zusätzlich leistungsabhängige oder nicht verbrauchsabhängige Preise fordert, hat diese vollständig in unmittelbarer Nähe der Angabe des Arbeits- oder Mengenpreises oder des Ladepunktes anzugeben.

(4) Als Mengeneinheit ist für die Angabe des Arbeitspreises bei Elektrizität, Gas und Fernwärme 1 Kilowattstunde und für die Angabe des Mengenpreises bei Wasser 1 Kubikmeter zu verwenden.

§ 15 Tankstellen, Parkplätze

(1) [1] Wer an einer Tankstelle Kraftstoffe anbietet, hat die Kraftstoffpreise so auszuzeichnen, dass sie deutlich lesbar für Kraftfahrer sind, die

1. auf der Straße heranfahren oder
2. auf Bundesautobahnen in den Tankstellenbereich einfahren.

[2] Satz 1 gilt nicht für die Preise von Kraftstoffmischungen, die erst in der Tankstelle hergestellt werden.

(2) Wer für einen kürzeren Zeitraum als einen Monat Garagen, Einstellplätze oder Parkplätze vermietet oder bewacht oder Kraftfahrzeuge verwahrt, hat zum Zeitpunkt des Angebotes am Anfang der Zufahrt ein Preisverzeichnis anzubringen, aus dem die von ihm geforderten Preise ersichtlich sind.

Abschnitt 4 Bestimmungen zu Finanzdienstleistungen

§ 16 Verbraucherdarlehen

(1) Wer als Unternehmer den Abschluss von Verbraucherdarlehen im Sinne des § 491 des Bürgerlichen Gesetzbuchs anbietet, hat als Preis die nach den Absätzen 2 bis 6 und 8 berechneten Gesamtkosten des Verbraucherdarlehens für den Verbraucher, ausgedrückt als jährlicher Prozentsatz des Nettodarlehensbetrags, soweit zutreffend, einschließlich der Kosten gemäß Absatz 3 Satz 2 Nummer 2, anzugeben und als effektiven Jahreszins zu bezeichnen.

(2) [1] Der effektive Jahreszins ist mit der in der Anlage angegebenen mathematischen Formel und nach den in der Anlage zugrunde gelegten Vorgehensweisen zu berechnen. [2] Bei der Berechnung des effektiven Jahreszinses wird von der Annahme ausgegangen, dass der Verbraucherdarlehensvertrag für den vereinbarten Zeitraum gilt und dass Darlehensgeber und Verbraucher ihren Verpflichtungen zu den im Verbraucherdarlehensvertrag niedergelegten Bedingungen und Terminen nachkommen.

(3) [1] In die Berechnung des effektiven Jahreszinses sind als Gesamtkosten die vom Verbraucher zu entrichtenden Zinsen und alle sonstigen Kosten einzubeziehen, die der Verbraucher im Zusammenhang mit dem Verbraucherdarlehensvertrag zu entrichten hat und die dem Darlehensgeber bekannt sind. [2] Zu den sonstigen Kosten nach Satz 1 gehören:

1. Kosten für die Vermittlung des Verbraucherdarlehens;

2. Kosten für die Eröffnung und Führung eines spezifischen Kontos, Kosten für die Verwendung eines Zahlungsmittels, mit dem sowohl Geschäfte auf diesem Konto getätigt als auch Verbraucherdarlehensbeträge in Anspruch genommen werden können, sowie sonstige Kosten für Zahlungsgeschäfte, wenn die Eröffnung oder Führung eines Kontos Voraussetzung dafür ist, dass das Verbraucherdarlehen überhaupt oder nach den vorgesehenen Vertragsbedingungen gewährt wird;

3. Kosten für die Immobilienbewertung, sofern eine solche Bewertung für die Gewährung des Verbraucherdarlehens erforderlich ist.

(4) Nicht in die Berechnung der Gesamtkosten einzubeziehen sind:

1. Kosten, die vom Verbraucher bei Nichterfüllung seiner Verpflichtungen aus dem Verbraucherdarlehensvertrag zu tragen sind;

2. Kosten für solche Versicherungen und für solche anderen Zusatzleistungen, die keine Voraussetzung für die Verbraucherdarlehensvergabe überhaupt oder zu den vorgesehenen Vertragsbedingungen sind;

3. Kosten mit Ausnahme des Kaufpreises, die vom Verbraucher beim Erwerb von Waren oder Dienstleistungen unabhängig davon zu tragen sind, ob es sich um ein Bar- oder Verbraucherdarlehensgeschäft handelt;

4. Gebühren für die Eintragung der Eigentumsübertragung oder der Übertragung eines grundstücksgleichen Rechts in das Grundbuch;

5. Notarkosten.

(5) Ist eine Änderung des Zinssatzes oder sonstiger in die Berechnung des effektiven Jahreszinses einzubeziehender Kosten vorbehalten und ist ihre zahlenmäßige Bestimmung im Zeitpunkt der Berechnung des effektiven Jahreszinses nicht möglich, so wird bei der Berechnung von der Annahme ausgegangen, dass der Sollzinssatz und die sonstigen Kosten gemessen an der ursprünglichen Höhe fest bleiben und bis zum Ende des Verbraucherdarlehensvertrags gelten.

(6) Soweit die in der Anlage niedergelegten Annahmen zutreffend sind, sind diese bei der Berechnung des effektiven Jahreszinses zu berücksichtigen.

(7) Ist der Abschluss eines Vertrags über die Inanspruchnahme einer Nebenleistung, insbesondere eines Versicherungsvertrags oder allgemein einer Mitgliedschaft, zwingende Voraussetzung dafür, dass das Verbraucherdarlehen überhaupt oder nach den vorgesehenen Vertragsbedingungen gewährt wird, und können die Kosten der Nebenleistung nicht im Voraus bestimmt werden, so ist in klarer, eindeutiger und auffallender Art und Weise darauf hinzuweisen,

1. dass eine Verpflichtung zum Abschluss des Vertrages über die Nebenleistung besteht und
2. wie hoch der effektive Jahreszins des Verbraucherdarlehens ist.

(8) [1] Bei Bauspardarlehen ist bei der Berechnung des effektiven Jahreszinses davon auszugehen, dass im Zeitpunkt der Auszahlung des Verbraucherdarlehens das vertragliche Mindestsparguthaben angespart ist. [2] Von der Abschlussgebühr ist im Zweifel lediglich der Teil zu berücksichtigen, der auf den Verbraucherdarlehensanteil der Bausparvertragssumme entfällt. [3] Bei Verbraucherdarlehen, die der Vor- oder Zwischenfinanzierung von Leistungen einer Bausparkasse aus Bausparverträgen dienen und deren preisbestimmende Faktoren bis zur Zuteilung unveränderbar sind, ist als Laufzeit von den Zuteilungsfristen auszugehen, die sich aus der Zielbewertungszahl für Bausparverträge gleicher Art ergeben. [4] Bei vor- oder zwischenfinanzierten Bausparverträgen nach Satz 3 ist für das Gesamtprodukt aus Vor- oder Zwischenfinanzierungsdarlehen und Bausparvertrag der effektive Jahreszins für die Gesamtlaufzeit anzugeben.

§ 17 Werbung für Verbraucherdarlehen

(1) [1] Jegliche Kommunikation für Werbe- und Marketingzwecke, die Verbraucherdarlehen betrifft, hat den Kriterien der Redlichkeit und Eindeutigkeit zu genügen und darf nicht irreführend sein. [2] Insbesondere sind Formulierungen unzulässig, die bei Verbrauchern falsche Erwartungen wecken über die Kosten eines Verbraucherdarlehens oder in Bezug auf die Möglichkeit, ein Verbraucherdarlehen zu erhalten.

(2) [1] Wer gegenüber Verbrauchern für den Abschluss eines Verbraucherdarlehensvertrags mit Zinssätzen oder sonstigen Zahlen, die die Kosten betreffen, wirbt, hat in klarer, eindeutiger und auffallender Art und Weise anzugeben:

1. die Identität und Anschrift des Darlehensgebers oder gegebenenfalls des Darlehensvermittlers,
2. den Nettodarlehensbetrag,

3. den Sollzinssatz und die Auskunft, ob es sich um einen festen oder einen variablen Zinssatz oder um eine Kombination aus beiden handelt, sowie Einzelheiten aller für den Verbraucher anfallenden, in die Gesamtkosten einbezogenen Kosten,

4. den effektiven Jahreszins.

[2]In der Werbung ist der effektive Jahreszins mindestens genauso hervorzuheben wie jeder andere Zinssatz.

(3) In der Werbung nach Absatz 2 sind ferner, soweit zutreffend, folgende Angaben zu machen:

1. der vom Verbraucher zu zahlende Gesamtbetrag,
2. die Laufzeit des Verbraucherdarlehensvertrags,
3. die Höhe der Raten,
4. die Anzahl der Raten,
5. bei Immobiliar-Verbraucherdarlehen der Hinweis, dass der Verbraucherdarlehensvertrag durch ein Grundpfandrecht oder eine Reallast besichert wird,
6. bei Immobiliar-Verbraucherdarlehen in Fremdwährung ein Warnhinweis, dass sich mögliche Wechselkursschwankungen auf die Höhe des vom Verbraucher zu zahlenden Gesamtbetrags auswirken könnten.

(4) [1]Die in den Absätzen 2 und 3 genannten Angaben sind mit Ausnahme der Angaben nach Absatz 2 Satz 1 Nummer 1 und Absatz 3 Nummer 5 und 6 mit einem Beispiel zu versehen. [2]Bei der Auswahl des Beispiels muss der Werbende von einem effektiven Jahreszins ausgehen, von dem der Werbende erwarten darf, dass mindestens zwei Drittel der auf Grund der Werbung zustande kommenden Verträge zu dem angegebenen oder einem niedrigeren effektiven Jahreszins abgeschlossen werden.

(5) Verlangt der Werbende den Abschluss eines Versicherungsvertrags oder eines Vertrags über andere Zusatzleistungen und können die Kosten für diesen Vertrag nicht im Voraus bestimmt werden, ist auf die Verpflichtung zum Abschluss dieses Vertrags klar und verständlich an gestalterisch hervorgehobener Stelle zusammen mit dem effektiven Jahreszins hinzuweisen.

(6) Die Informationen nach den Absätzen 2, 3 und 5 müssen in Abhängigkeit vom Medium, das für die Werbung gewählt wird, akustisch gut verständlich oder deutlich lesbar sein.

(7) Auf Immobiliar-Verbraucherdarlehensverträge nach § 491 Absatz 2 Satz 2 Nummer 5 des Bürgerlichen Gesetzbuchs sind die Absätze 2 bis 6 nicht anwendbar.

§ 18 Überziehungsmöglichkeiten

Bei Überziehungsmöglichkeiten im Sinne des § 504 Absatz 2 des Bürgerlichen Gesetzbuchs hat der Darlehensgeber statt des effektiven Jahreszinses den Sollzinssatz pro Jahr und die Zinsbelastungsperiode anzugeben, wenn diese nicht kürzer als drei Monate ist und der Darlehensgeber außer den Sollzinsen keine weiteren Kosten verlangt.

§ 19 Entgeltliche Finanzierungshilfen

Die §§ 16 und 17 sind auf Verträge entsprechend anzuwenden, durch die ein Unternehmer einem Verbraucher einen entgeltlichen Zahlungsaufschub oder eine sonstige entgeltliche Finanzierungshilfe im Sinne des § 506 des Bürgerlichen Gesetzbuchs gewährt.

Abschnitt 5 Ordnungswidrigkeiten

§ 20 Ordnungswidrigkeiten

Ordnungswidrig im Sinne des § 3 Absatz 1 Satz 1 Nummer 2 des Wirtschaftsstrafgesetzes 1954 handelt, wer vorsätzlich oder fahrlässig

1. entgegen § 1 Absatz 3 Satz 1 Nummer 2, § 3 Absatz 1, auch in Verbindung mit Absatz 2 Satz 1 oder Absatz 3, entgegen § 4 Absatz 1 Satz 1 oder Absatz 2, § 6 Absatz 1 oder 2, § 7 Satz 1, § 10 Absatz 1 Satz 1, auch in Verbindung mit Satz 2, entgegen § 10 Absatz 2, 3 oder 4, § 11 Absatz 1, auch in Verbindung mit Absatz 3, entgegen § 13 Absatz 1 Satz 1 oder Absatz 4, § 14 Absatz 1, 2 oder 3, § 15 Absatz 1 Satz 1, § 17 Absatz 2 Satz 1, auch in Verbindung mit Absatz 3, oder entgegen § 18 eine Angabe oder Auszeichnung nicht, nicht richtig oder nicht vollständig macht,

2. entgegen § 12 Absatz 2 Satz 4, auch in Verbindung mit § 10 Absatz 5, ein Preisverzeichnis nicht, nicht richtig oder nicht vollständig bereithält,

3. entgegen § 12 Absatz 3 ein Angebot nicht, nicht richtig, nicht vollständig oder nicht in der vorgeschriebenen Weise macht,

4. entgegen § 13 Absatz 2 Satz 1 ein Preisverzeichnis nicht, nicht richtig, nicht vollständig oder nicht rechtzeitig vorlegt oder

5. entgegen § 16 Absatz 7 einen Hinweis nicht, nicht richtig oder nicht vollständig gibt.

Anlage

(zu § 16)

Berechnung des effektiven Jahreszinses

1. Grundgleichung zur Darstellung der Gleichheit zwischen Verbraucherdarlehens-Auszahlungsbeträgen einerseits und Rückzahlungen (Tilgung, Zinsen und Verbraucherdarlehenskosten) andererseits.

   Die nachstehende Gleichung zur Ermittlung des effektiven Jahreszinses drückt auf jährlicher Basis die rechnerische Gleichheit zwischen der Summe der Gegenwartswerte der in Anspruch genommenen Verbraucherdarlehens-Auszahlungsbeträge einerseits und der Summe der Gegenwartswerte der Rückzahlungen (Tilgung, Zinsen und Verbraucherdarlehenskosten) andererseits aus:

$$\sum_{k=1}^{m} C_k (1+X)^{-t_k} = \sum_{l=1}^{m'} D_l (1+X)^{-s_l}$$

Hierbei ist
- X der effektive Jahreszins;
- m die laufende Nummer des letzten Verbraucherdarlehens-Auszahlungsbetrags;
- k die laufende Nummer eines Verbraucherdarlehens-Auszahlungsbetrags, wobei $1 \leq k \leq m$;
- C_k die Höhe des Verbraucherdarlehens-Auszahlungsbetrags mit der Nummer k;
- t_k der in Jahren oder Jahresbruchteilen ausgedrückte Zeitraum zwischen der ersten Verbraucherdarlehensvergabe und dem Zeitpunkt der einzelnen nachfolgenden in Anspruch genommenen Verbraucherdarlehens-Auszahlungsbeträge, wobei $t_1 = 0$;
- m' die laufende Nummer der letzten Tilgungs-, Zins- oder Kostenzahlung;
- l die laufende Nummer einer Tilgungs-, Zins- oder Kostenzahlung;
- D_l der Betrag einer Tilgungs-, Zins- oder Kostenzahlung;
- s_l der in Jahren oder Jahresbruchteilen ausgedrückte Zeitraum zwischen dem Zeitpunkt der Inanspruchnahme des ersten Verbraucherdarlehens-Auszahlungsbetrags und dem Zeitpunkt jeder einzelnen Tilgungs-, Zins- oder Kostenzahlung.

Anmerkungen:

a) Die von beiden Seiten zu unterschiedlichen Zeitpunkten gezahlten Beträge sind nicht notwendigerweise gleich groß und werden nicht notwendigerweise in gleichen Zeitabständen entrichtet.

b) Anfangszeitpunkt ist der Tag der Auszahlung des ersten Verbraucherdarlehensbetrags.

c) Der Zeitraum zwischen diesen Zeitpunkten wird in Jahren oder Jahresbruchteilen ausgedrückt. Zugrunde gelegt werden für ein Jahr 365 Tage (bzw. für ein Schaltjahr 366 Tage), 52 Wochen oder 12 Standardmonate. Ein Standardmonat hat 30,41666 Tage (d. h. 365/12), unabhängig davon, ob es sich um ein Schaltjahr handelt oder nicht. Können die Zeiträume zwischen den in den Berechnungen verwendeten Zeitpunkten nicht als ganze Zahl von Wochen, Monaten oder Jahren ausgedrückt werden, so sind sie als ganze Zahl eines dieser Zeitabschnitte in Kombination mit einer Anzahl von Tagen auszudrücken. Bei der Verwendung von Tagen

aa) werden alle Tage einschließlich Wochenenden und Feiertage gezählt;

bb) werden gleich lange Zeitabschnitte und dann Tage bis zur Inanspruchnahme des ersten Verbraucherdarlehensbetrags zurückgezählt;

cc) wird die Länge des in Tagen bemessenen Zeitabschnitts ohne den ersten und einschließlich des letzten Tages berechnet und in Jahren ausgedrückt, indem dieser Zeitabschnitt durch die Anzahl von Tagen des gesamten Jahres (365 oder 366 Tage), zurückgezählt ab dem letzten Tag bis zum gleichen Tag des Vorjahres, geteilt wird.

d) Das Rechenergebnis wird auf zwei Dezimalstellen genau angegeben. Ist die Ziffer der dritten Dezimalstelle größer als oder gleich 5, so erhöht sich die Ziffer der zweiten Dezimalstelle um den Wert 1.

e) Mathematisch darstellen lässt sich diese Gleichung durch eine einzige Summation unter Verwendung des Faktors „Ströme" (A_k), die entweder positiv oder negativ sind, je nachdem, ob sie für Auszahlungen oder für Rückzahlungen innerhalb der Perioden 1 bis n, ausgedrückt in Jahren, stehen:

$$S = \sum_{k=1}^{n} A_k (1 + X)^{-t_k},$$

dabei ist S der Saldo der Gegenwartswerte aller „Ströme", deren Wert gleich Null sein muss, damit die Gleichheit zwischen den „Strömen" gewahrt bleibt.

2. Es gelten die folgenden zusätzlichen Annahmen für die Berechnung des effektiven Jahreszinses:

a) Ist dem Verbraucher nach dem Verbraucherdarlehensvertrag freigestellt, wann er das Verbraucherdarlehen in Anspruch nehmen will, so gilt das gesamte Verbraucherdarlehen als sofort in voller Höhe in Anspruch genommen.

b) Ist dem Verbraucher nach dem Verbraucherdarlehensvertrag generell freigestellt, wann er das Verbraucherdarlehen in Anspruch nehmen will, sind jedoch je nach Art der Inanspruchnahme Beschränkungen in Bezug auf Verbraucherdarlehensbetrag und Zeitraum vorgesehen, so gilt das gesamte Verbraucherdarlehen als zu dem im Verbraucherdarlehensvertrag vorgesehenen frühestmöglichen Zeitpunkt mit den entsprechenden Beschränkungen in Anspruch genommen.

c) Sieht der Verbraucherdarlehensvertrag verschiedene Arten der Inanspruchnahme mit unterschiedlichen Kosten oder Sollzinssätzen vor, so gilt das gesamte Verbraucherdarlehen als zu den höchsten Kosten und zum höchsten Sollzinssatz in Anspruch genommen, wie sie für die Kategorie von Geschäften gelten, die bei dieser Art von Verbraucherdarlehensverträgen am häufigsten vorkommt.

d) Bei einer Überziehungsmöglichkeit gilt das gesamte Verbraucherdarlehen als in voller Höhe und für die gesamte Laufzeit des Verbraucherdarlehensvertrags in Anspruch genommen. Ist die Dauer der Überziehungsmöglichkeit nicht bekannt, so ist bei der Berechnung des effektiven Jahreszinses von der Annahme auszugehen, dass die Laufzeit des Verbraucherdarlehensvertrags drei Monate beträgt.

e) Bei einem Überbrückungsdarlehen gilt das gesamte Verbraucherdarlehen als in voller Höhe und für die gesamte Laufzeit des Verbraucherdarlehensvertrags in Anspruch genommen. Ist die Laufzeit des Verbraucherdarlehensvertrags nicht bekannt, so wird bei der Berechnung des effektiven Jahreszinses von der Annahme ausgegangen, dass sie 12 Monate beträgt.

f) Bei einem unbefristeten Verbraucherdarlehensvertrag, der weder eine Überziehungsmöglichkeit noch ein Überbrückungsdarlehen beinhaltet, wird angenommen, dass

aa) das Verbraucherdarlehen bei Immobiliar-Verbraucherdarlehensverträgen für einen Zeitraum von 20 Jahren ab der ersten Inanspruchnahme gewährt wird und dass mit der letzten Zahlung des Verbrauchers der Saldo, die Zinsen und etwaige sonstige Kosten ausgeglichen sind; bei Allgemein-Verbraucherdarlehensverträgen, die nicht für den Erwerb oder die Erhaltung von Rechten an Immobilien bestimmt sind oder bei denen das Verbraucherdarlehen im Rahmen von Debit-Karten mit Zahlungsaufschub oder Kreditkarten in Anspruch genommen wird, dieser Zeitraum ein Jahr beträgt und dass mit der letzten Zahlung des Verbrauchers der Saldo, die Zinsen und etwaige sonstige Kosten ausgeglichen sind;

bb) der Verbraucherdarlehensbetrag in gleich hohen monatlichen Zahlungen, beginnend einen Monat nach dem Zeitpunkt der ersten Inanspruchnahme, zurückgezahlt wird; muss der Verbraucherdarlehensbetrag jedoch vollständig, in Form einer einmaligen Zahlung, innerhalb jedes Zahlungszeitraums zurückgezahlt werden, so ist anzunehmen, dass spätere Inanspruchnahmen und Rückzahlungen des gesamten Verbraucherdarlehensbetrags durch den Verbraucher innerhalb eines Jahres stattfinden; Zinsen und sonstige Kosten werden entsprechend diesen Inanspruchnahmen und Tilgungszahlungen und nach den Bestimmungen des Verbraucherdarlehensvertrags festgelegt.

Als unbefristete Verbraucherdarlehensverträge gelten für die Zwecke dieses Buchstabens Verbraucherdarlehensverträge ohne feste Laufzeit, einschließlich solcher Verbraucherdarlehen, bei denen der Verbraucherdarlehensbetrag innerhalb oder nach Ablauf eines Zeitraums vollständig zurückgezahlt werden muss, dann aber erneut in Anspruch genommen werden kann.

g) Bei Verbraucherdarlehensverträgen, die weder Überziehungsmöglichkeiten beinhalten noch Überbrückungsdarlehen, Verbraucherdarlehensverträge mit Wertbeteiligung, Eventualverpflichtungen oder Garantien sind, und bei unbefristeten Verbraucherdarlehensverträgen (siehe die Annahmen unter den Buchstaben d, e, f, l und m) gilt Folgendes:

    aa) Lassen sich der Zeitpunkt oder die Höhe einer vom Verbraucher zu leistenden Tilgungszahlung nicht feststellen, so ist anzunehmen, dass die Rückzahlung zu dem im Verbraucherdarlehensvertrag genannten frühestmöglichen Zeitpunkt und in der darin festgelegten geringsten Höhe erfolgt.

    bb) Lässt sich der Zeitraum zwischen der ersten Inanspruchnahme und der ersten vom Verbraucher zu leistenden Zahlung nicht feststellen, so wird der kürzest mögliche Zeitraum angenommen.

    cc) Ist der Zeitpunkt des Abschlusses des Verbraucherdarlehensvertrags nicht bekannt, so ist anzunehmen, dass das Verbraucherdarlehen erstmals zu dem Zeitpunkt in Anspruch genommen wurde, der sich aus dem kürzesten zeitlichen Abstand zwischen diesem Zeitpunkt und der Fälligkeit der ersten vom Verbraucher zu leistenden Zahlung ergibt.

h) Lassen sich der Zeitpunkt oder die Höhe einer vom Verbraucher zu leistenden Zahlung nicht anhand des Verbraucherdarlehensvertrags oder der Annahmen nach den Buchstaben d, e, f, g, l oder m feststellen, so ist anzunehmen, dass die Zahlung in Übereinstimmung mit den vom Darlehensgeber bestimmten Fristen und Bedingungen erfolgt, und dass, falls diese nicht bekannt sind,

    aa) die Zinszahlungen zusammen mit den Tilgungszahlungen erfolgen,

    bb) Zahlungen für Kosten, die keine Zinsen sind und die als Einmalbetrag ausgedrückt sind, bei Abschluss des Verbraucherdarlehensvertrags erfolgen,

    cc) Zahlungen für Kosten, die keine Zinsen sind und die als Mehrfachzahlungen ausgedrückt sind, beginnend mit der ersten Tilgungszahlung in regelmäßigen Abständen erfolgen, und es sich, falls die Höhe dieser Zahlungen nicht bekannt ist, um jeweils gleich hohe Beträge handelt,

    dd) mit der letzten Zahlung der Saldo, die Zinsen und etwaige sonstige Kosten ausgeglichen sind.

i) Ist keine Verbraucherdarlehensobergrenze vereinbart, ist anzunehmen, dass die Obergrenze des gewährten Verbraucherdarlehens 170 000 EUR beträgt. Bei Verbraucherdarlehensverträgen, die weder Eventualverpflichtungen noch Garantien sind und die nicht für den Erwerb oder die Erhaltung eines Rechts an Wohnimmobilien oder Grundstücken bestimmt sind, sowie bei Überziehungsmöglichkeiten, Debit-Karten mit Zahlungsaufschub oder Kreditkarten ist anzunehmen, dass die Obergrenze des gewährten Verbraucherdarlehens 1 500 EUR beträgt.

j) Werden für einen begrenzten Zeitraum oder Betrag verschiedene Sollzinssätze und Kosten angeboten, so sind während der gesamten Laufzeit des Verbraucherdarlehensvertrags der höchste Sollzinssatz und die höchsten Kosten anzunehmen.

k) Bei Verbraucherdarlehensverträgen, bei denen für den Anfangszeitraum ein fester Sollzinssatz vereinbart wurde, nach dessen Ablauf ein neuer Sollzinssatz festgelegt wird, der anschließend in regelmäßigen Abständen nach einem vereinbarten Indikator oder einem internen Referenzzinssatz angepasst wird, wird bei der Berechnung des effektiven Jahreszinses von der Annahme ausgegangen, dass der Sollzinssatz ab dem Ende der Festzinsperiode dem Sollzinssatz entspricht, der sich aus dem Wert des vereinbarten Indikators oder des internen Referenzzinssatzes zum Zeitpunkt der Berechnung des effektiven Jahreszinses ergibt, die Höhe des festen Sollzinssatzes jedoch nicht unterschreitet.

l) Bei Eventualverpflichtungen oder Garantien wird angenommen, dass das gesamte Verbraucherdarlehen zum früheren der beiden folgenden Zeitpunkte als einmaliger Betrag vollständig in Anspruch genommen wird:

aa) zum letztzulässigen Zeitpunkt nach dem Verbraucherdarlehensvertrag, welcher die potenzielle Quelle der Eventualverbindlichkeit oder Garantie ist, oder

bb) bei einem Roll-over-Verbraucherdarlehensvertrag am Ende der ersten Zinsperiode vor der Erneuerung der Vereinbarung.

m) Bei Verbraucherdarlehensverträgen mit Wertbeteiligung wird angenommen, dass

aa) die Zahlungen der Verbraucher zu den letzten nach dem Verbraucherdarlehensvertrag möglichen Zeitpunkten geleistet werden;

bb) die prozentuale Wertsteigerung der Immobilie, die die Sicherheit für den Vertrag darstellt, und ein in dem Vertrag genannter Inflationsindex ein Prozentsatz ist, der – je nachdem, welcher Satz höher ist – dem aktuellen Inflationsziel der Zentralbank oder der Höhe der Inflation in dem Mitgliedstaat, in dem die Immobilie belegen ist, zum Zeitpunkt des Abschlusses des Verbraucherdarlehensvertrags oder dem Wert 0 %, falls diese Prozentsätze negativ sind, entspricht.

Vorbemerkung (Vor § 1)

Übersicht

Schrifttum: Barth, Die PAngV Novelle – Viele neue Hausnummern, ein Paar neue Häuser, manche frisch gestrichen, GRUR-Prax 2022, 249; Barth, Die zivilrechtliche Durchsetzung von Preisangabenpflichten nach der PAngV-Novelle und nach BGH „Grundpreisangabe im Internet", WRP 2022, 1078; Buchmann, Die Angabe von Grundpreisen im Internet, K&R 2012, 90; Buchmann, Kiloweise Grundpreise: Die neue PAngV,

WRP 2022, Editorial Heft 2; Buchmann/Panfili, Das neue Schuldrecht – Teil 5: Die Umsetzung der Modernisierungsrichtlinie im UWG und in der PAngV, K&R 2022, 396; Buchmann/Sauer, Die Auswirkungen der neuen PAngV 2022 auf die Praxis, WRP 2022, 538; Buchmann/Sauer, Die Auswirkungen der neuen PAngV 2022 auf die Praxis: §§ 12–20 PAngV n.F., WRP 2023, 13; Buchmann/Sauer, Praxis-Update PAngV 2023, WRP 2023, 893; Eckert, Grundsätze der Preisangabenverordnung im Lichte der neuesten BGH-Entscheidungen, GRUR 2011, 678; Goldberg, (Kein) „Haircut" bei der Preisangabenverordnung?, WRP 2013, 1561; Jacobi, Die optische Vergrößerung der Grundpreisangabe – Notwendigkeit und Umsetzung, WRP 2010, 1217; Knauth, Preisangabenverordnung (PAngV), RWW 5.0; Köhler, Preisinformationspflichten, FS Loschelder, 2010, 127; Köhler, Haircut" bei der Preisangabenverordnung am 12.6.2013, WRP 2013, 723; Köhler, Die Preisangabenverordnung: Noch richtlinienkonform oder schon richtlinienwidrig?, WRP 2016, 541; Köhler, Die „Citroën"-Entscheidung und ihre Folgen, GRUR 2016, 891; Köhler, UWG 2015: Neue Maßstäbe für Informationspflichten der Unternehmer, WRP 2017, 1; Köhler, Sanierungsfall Preisangabenverordnung, WRP 3/2018, Editorial; Köhler, Die neue Preisangabenverordnung (PAngV) 2022, WRP 2022, 127; Mankowski, Preisangaben in ausländischer Werbung und deutscher Werbemarkt, GRUR 1995, 539; Rohnke, Die Preisangabenverordnung und die Erwartungen des Internetnutzers, GRUR 2007, 381; Schilling, Dual-quality (§ 5 Abs. 3 Nr. 2 UWG); Erweiterung des Anwendungsbereichs von § 5a Abs. 1 UWG auf sonstige Marktteilnehmer; neue PAngV, WRP 2022, 809; Schröder, Preisauszeichnung de lege lata mit Risiken?, WRP 2019, 984; Schröder, Neue Regeln für die Bekanntgabe von Preisermäßigungen, WRP 2022, 671; Sosnitza, Zur Angabe des vorherigen Preises bei Preisermäßigungen nach Art. 6a der Richtlinie 98/6/EG, WRP 2021, 440; Sosnitza, Die Preisangabenverordnung nach der Reform von 2021, GRUR 2022, 794; Stillner, Zwischen Steinen, Brot und steinhartem Brot – Wieviel Verbraucherschutz steckt in Art. 6a Abs. 1, Abs. 2 PAngRL (§ 11 Abs. 1 PAngV)?, WRP 2023, 1293; Voigt, Preisangabenverordnung erzwingt mehr Transparenz im Spendenmarkt, WRP 2007, 44; Widmann, Die Preisangabenverordnung im Handwerk – Umfang und Grenzen, WRP 2010, 1443; Willems, Preisangaben vor dem „Frisierspiegel" des Europarechts?, GRUR 2014, 734. Zu älterer Lit. s. 41. Aufl. 2023.

I. Allgemeines

1. Rechtsnatur und Schutzzweck

1   **a) Rechtsnatur.** Die PAngV ist eine **Rechtsverordnung.** Ihr Erlass beruhte auf der Ermächtigungsgrundlage (Art. 80 I GG) des § 1 Preisangaben- und PreisklauselG v. 3.12.1984 (BGBl. 1984 I 1429). Der Gesetzgeber war gezwungen, eine solche Ermächtigungsgrundlage zu schaffen, nachdem das BVerfG die Vorgängerregelung der PAngV für nichtig erklärt hatte (BVerfGE 65, 248). Das Preisangabenrecht ist **formelles Preisrecht.** Im Unterschied zum materiellen Preisrecht, das die Zulässigkeit von bestimmten Preisen (zB Gebührenregelungen bei den freien Berufen) oder Preisänderungen regelt, betrifft das formelle Preisrecht allein die Art und Weise der Preisangabe im geschäftlichen Verkehr (BGH WRP 2012, 1384 Rn. 24 – Preisverzeichnis bei Mietwagenangebot).

2   **b) Schutzzweck.** Der Preis einer Ware oder Dienstleistung ist neben ihrer Qualität das wichtigste Entscheidungskriterium für den Verbraucher, wenn es gilt, zwischen verschiedenen Angeboten eine Auswahl zu treffen. Zweck der PAngV ist es, durch eine sachlich zutreffende und vollständige **Verbraucherinformation** Preiswahrheit und Preisklarheit zu gewährleisten und durch optimale Preisvergleichsmöglichkeiten die Stellung der Verbraucher gegenüber Handel und Gewerbe zu stärken und den **Wettbewerb** zu fördern (stRspr; vgl. BGH GRUR 2013, 850 Rn. 13 – Grundpreisangabe im Supermarkt; GRUR 2014, 576 Rn. 9 – 2 Flaschen GRATIS; GRUR 2022, 1163; vgl. auch Art. 1 Preisangaben-RL sowie ErwGr. 1 und 6 Preisangaben-RL). Die PAngV dient also dem **Schutz des Verbrauchers** und zugleich des **Wettbewerbs.** Sie will dem Verbraucher Klarheit über die Preise und deren Gestaltung verschaffen und zugleich verhindern, dass er seine Preisvorstellungen anhand untereinander nicht vergleichbarer Preise gewinnen muss (BGH GRUR 2001, 1166 (1168) – Fernflugpreise; GRUR 2003, 971 (972 f.) – Telefonischer Auskunftsdienst; GRUR 2004, 435 (436) – FrühlingsgeFlüge). Dieser Schutzzweck erfordert nicht, dass der Unternehmer stets seine Preise angeben muss. Wenn er aber mit Preisen wirbt oder Angebote unterbreitet, muss er den Anforderungen der PAngV – soweit sie mit dem Unionsrecht in Einklang steht – gerecht werden. Die PAngV bezweckt dagegen nicht eine Einschränkung der Vertragsfreiheit hins. der Preisgestaltung (BGH GRUR 1974, 416 (417) – Tagespreis).

2. Rechtsentwicklung

3   Die gesetzliche Verpflichtung zur Angabe von Preisen hat in Deutschland eine lange Tradition, an deren Anfang die Verordnung über Preisauszeichnung v. 16.11.1940 steht. Die Preis-

auszeichnungsverordnung v. 18.9.1969 wurde abgelöst durch die Preisangabenverordnung v. 10.5.1973, diese wiederum von der Preisangabenverordnung von 1985. Auch die PAngV von 1985 wurde mehrfach geändert, ua in Umsetzung der Preisangaben-RL und der RL 98/7/EG (zu Einzelheiten vgl. BGH WRP 2021, 1290 Rn. 51 – Flaschenpfand III).

Die Änderungen im Zuge der **UWG-Reform 2004** dienten vor allem der Anpassung des **4** Preisangabenrechts an die Neufassung des UWG. Die Beseitigung des grds. Sonderveranstaltungsverbots (§ 7 I UWG 1909) und die damit einhergehende Zulässigkeit von Sonderaktionen machte eine Ausnahme von den Grundsätzen des § 1 I aF (Endpreisangabe) und § 2 I aF (Grundpreisangabe) erforderlich. Sonst müssten Unternehmen nämlich bei Sonderaktionen mit generellen Preisnachlässen jeden Artikel mit dem herabgesetzten Preis auszeichnen. Diese Ausnahmeregelung war in § 9 II aF enthalten. Ferner wurde durch § 1 II die Preistransparenz bei der Angabe von Liefer- und Versandkosten der im Fernabsatz angebotenen Waren und Leistungen erhöht. Ansonsten wurden keine wesentlichen inhaltlichen Änderungen, sondern vor allem sprachliche Anpassungen in §§ 1, 2, 7 und § 9 sowie eine Korrektur falscher Verweise innerhalb der PAngV in § 5 I 1 und § 6 I 1 vorgenommen. § 11, der Übergangsregelungen für alte Kataloge, Preislisten, Werbe- und Verkaufsprospekte enthielt, wurde aufgehoben. Eine Änderung des § 1 V (Preisangaben mit Änderungsvorbehalt) erfolgte mWv 1.11.2008 durch VO v. 23.3.2009 (BGBl. 2009 I 653). – In Umsetzung der **Verbraucherkredit-RL** v. 23.4.2008 wurden durch Gesetz v. 29.7.2009 mWv 11.6.2010 **§ 6** neu gefasst und die **§§ 6a, 6b** neu hinzugefügt. Änderungen des § 1 und des § 6 sowie der Anlage Teil II § 6 erfolgten durch die 6. ÄndV der PAngV v. 1.8.2012 mWv 1.1.2013. Eine Änderung der §§ 1, 2, 9 und 10 erfolgte durch Art. 7 G v. 20.9.2013 (BGBl. 2013 I 3642) mWv 13.6.2014. Dabei wurde der Begriff des Endpreises durch den des Gesamtpreises ersetzt und **§ 1 II** an die Anforderungen des Art. 6 I lit. e Verbraucherrechte-RL angepasst. – In Umsetzung der **Wohnimmobilienkredit-RL** v. 4.2.2014 wurden durch Art. 11 G v. 11.3.2016 (BGBl. 2016 I 396) die Begriffe „Letztverbraucher", „Endverbraucher" und „Kreditnehmer" durch den Begriff des „Verbrauchers" ersetzt, die **§§ 6, 6a** und **6b** neu gefasst sowie **§ 6c hinzugefügt.** – In Art. 3 G zur Änderung reiserechtlicher Vorschriften v. 17.7.2017 (BGBl. 2017 I 2394) wurden die **§§ 1, 10** mWv 1.7.2018 geändert.

Am 12.11.2021 wurde die PAngV **mWv 28.5.2022 völlig neugefasst** (BGBl. 2021 I 4921). **5** Der Verordnungsgeber verfolgte damit mehrere Ziele. (1) Verbesserung der Verständlichkeit und Lesbarkeit der PAngV durch Umsortierung und teilweise Umformulierung einzelner Vorschriften und Aufnahme einer Vorschrift über Begriffsbestimmungen in § 2. (2) Neuregelung zu Preisermäßigungen in § 11 in Umsetzung des Art. 6a Preisangaben-RL. (3) Neuregelung in § 14 II zum Aufladen von e-Fahrzeugen an öffentlich zugänglichen Ladestationen. (4) Anpassungen und Klarstellungen zur Auszeichnung von Pfandbeträgen in § 7, zur Positionierung des Grundpreises in § 4 sowie zu Preisangaben in Schaufenstern in § 10. (5) Überarbeitung und Ergänzung der Bußgeldtatbestände in § 20.

3. Verhältnis zu anderen Vorschriften

a) UWG. aa) Rechtsbruch (§ 3a UWG). Die PAngV stellte nach der bisherigen stRspr eine **6** **Marktverhaltensregelung** im Interesse der Verbraucher iSd § 3a UWG dar (vgl. BGH GRUR 2009, 1180 Rn. 24 – 0,00 Grundgebühr; GRUR 2010, 652 Rn. 11 – Costa del Sol; WRP 2012, 1384 Rn. 9 – Preisverzeichnis bei Mietwagenangebot; GRUR 2013, 850 Rn. 13 f. – Grundpreisangabe im Supermarkt; WRP 2015, 1464 Rn. 18 – Der Zauber des Nordens; WRP 2019, 724 Rn. 13 – Kaffeekapseln). Denn Preisangaben sollten durch eine sachlich zutreffende und vollständige Verbraucherinformation Klarheit über die Preise und ihre Gestaltung gewährleisten. Zugleich sollte verhindert werden, dass der Verbraucher seine Preisvorstellungen anhand untereinander nicht vergleichbarer Preise gewinnen muss (stRspr; vgl. BGH GRUR 2003, 971 (972) – Telefonischer Auskunftsdienst; GRUR 2004, 435 (436) – FrühlingsgeFlüge; GRUR 2010, 652 Rn. 16 – Costa del Sol). Verstöße gegen die PAngV waren daher nach dieser Rspr. zugleich unlautere geschäftliche Handlungen iSd § 3a UWG (BGH GRUR 2009, 73 Rn. 14 – Sammelaktion für Schoko-Riegel; GRUR 2014, 576 Rn. 15 – 2 Flaschen GRATIS; WRP 2015, 1464 Rn. 19 – Der Zauber des Nordens). Die Eignung zu einer spürbaren Beeinträchtigung der Interessen der Verbraucher war nach der Rspr. gegeben, wenn unter Verstoß gegen § 3a Informationen vorenthalten werden, die das Unionsrecht nach Art. 7 IV lit. c UGP-RL und/oder nach Art. 7 V UGP-RL als wesentlich einstuft (BGH WRP 2015, 1464 Rn. 23, 46 – Der Zauber des Nordens). – Allerdings stellte sich dabei die Frage, ob derartige Informationspflichtverletzungen nicht bereits in den (jetzt) § 5a I UWG und § 5b I Nr. 3 UWG geregelt sind und

daher § 3a als Verbotsgrundlage ausscheidet (→ § 3a Rn. 1.19; MüKoUWG/Alexander UWG
§ 5a Rn. 289 ff.; Ohly/Sosnitza/Ohly UWG § 3a Rn. 8a; Köhler WRP 2015, 275 Rn. 90).
Die Rspr. hatte sich dieser Position insoweit angenähert, als sie die Voraussetzungen des Art. 7
I–III UGP-RL in richtlinienkonformer Auslegung bei der Prüfung der Spürbarkeit berücksichtigte (vgl. BGH WRP 2019, 724 Rn. 30–33 – Kaffeekapseln).

6a   Diese Rspr. hat der BGH nunmehr aufgegeben (vgl. BGH GRUR 2022, 930 Rn. 23 – Knuspermüsli II; WRP 2022, 977 Rn. 49, 60 – Grundpreisangabe im Internet). Auf Verstöße gegen die
PAngV ist nicht mehr § 3a UWG, sondern sind die § 5a I UWG, § 5b IV UWG anwendbar.

7   **bb) Irreführung (§§ 3, 5, 5a, 5b UWG).** Eine fehlende oder unklare Preisauszeichnung
kann wegen Irreführung über den Preis oder die Preisbemessung sowohl gegen § 3 I UWG,
§ 5 II Nr. 2 UWG als auch gegen § 3 I UWG, § 5a I UWG, § 5b I Nr. 3, IV UWG verstoßen
(vgl. BGH GRUR 2010, 251 Rn. 17 – Versandkosten bei Froogle I; GRUR 2010, 744 Rn. 42,
43 – Sondernewsletter; GRUR 2010, 1110 Rn. 29 – Versandkosten bei Froogle II; GRUR
2011, 82 Rn. 32 – Preiswerbung ohne Umsatzsteuer; WRP 2011, 873 Rn. 34 – Leistungspakete
im Preisvergleich; GRUR 2014, 576 Rn. 15 - 2 Flaschen GRATIS). Der Anwendungsbereich
des § 5a II, IV UWG wird jedoch durch ErwGr. 15 S. 4, 5 UGP-RL präzisiert. Soweit sich
Informationsanforderungen der PAngV auf Mindestangleichungsklauseln (Art. 10 Preisangaben-
RL; Art. 22 V Dienstleistungs-RL) stützen, also überschießenden Charakter haben, kommt
nämlich das Vorenthalten derartiger Informationen einem irreführenden Unterlassen nach der
UGP-RL nicht gleich. Allerdings war die Geltungsdauer dieser überschießenden nationalen
Informationspflichten ggf. durch Art. 3 V 1 UGP-RL auf die Zeit bis zum 12.6.2013 begrenzt.
– **Beispiele für Irreführung:** In der Werbung in Preisvergleichslisten einer Preissuchmaschine
werden die Versandkosten erst auf der eigenen Internetseite des Werbenden angegeben (BGH
GRUR 2010, 251 Rn. 13 ff. – Versandkosten bei Froogle I). – Der in der Preissuchmaschine
angegebene Preis liegt unterhalb des tatsächlich geforderten Preises (BGH GRUR 2010, 1110
Rn. 29 – Versandkosten bei Froogle II). – Die MWSt ist nicht ausgewiesen (BGH GRUR 2010,
248 Rn. 26 – Kamerakauf im Internet; GRUR 2011, 82 Rn. 32 – Preiswerbung ohne Umsatzsteuer). Ein in der Werbung blickfangmäßig herausgestellter Preis vermittelt den irrigen Eindruck, es handle sich um den Gesamtpreis (BGH GRUR 1985, 58 (60) – Mischverband II; OLG
Zweibrücken GRUR-RR 2002, 306 (307)). – Ein Teil eines einheitlichen Leistungsangebots
wird blickfangmäßig oder in anderer Weise als besonders günstig herausgestellt und Hinweise auf
damit verbundene Belastungen nehmen weder am Blickfang teil noch werden sie sonst hervorgehoben dargestellt (BGH GRUR 2006, 164 Rn. 20 – Aktivierungskosten II; GRUR 2010,
744 Rn. 43 – Sondernewsletter; WRP 2011, 873 Rn. 34 – Leistungspakete im Preisvergleich;
vgl. auch EuGH WRP 2017, 31 Rn. 50 ff. – Canal Digital Danmark).

8   **b) Bürgerliches Recht.** Da die PAngV keinen individuellen Verbraucherschutz bezweckt, ist
sie **kein Schutzgesetz** iSv § 823 II BGB. Ebenso wenig ist sie Verbotsgesetz iSv § 134 BGB.
Die Vorschriften der PAngV können aber Bedeutung bei der **Auslegung** von Willenserklärungen erlangen (§§ 133, 157 BGB), weil der Erklärungsgegner, sofern er zu dem von der PAngV
geschützten Personenkreis gehört, bei der Angabe von Preisen regelmäßig davon ausgehen darf,
dass sie den Vorschriften der PAngV entspr. angegeben werden, also insbes. als Gesamtpreise
einschließlich etwaiger Steuern (§ 3 I iVm § 2 Nr. 3). Das gilt auch für vorsteuerabzugsberechtigte Unternehmen (OLG Zweibrücken GRUR-RR 2002, 306 (307)). – Zu den Art. 246–248
EGBGB → Rn. 9.

9   **c) Sonstige Vorschriften zu Preisangaben.** Die PAngV enthält keine abschließende Regelung des formellen Preisrechts, vielmehr gibt es eine Reihe von Sonderregelungen (→ UWG
§ 3a Rn. 1.260 ff.). Die PAngV kann durch Sonderregelungen ergänzt oder überlagert werden,
wie umgekehrt diese Sonderregelungen durch die PAngV ergänzt werden (BGH GRUR 2010,
652 Rn. 15 – Costa del Sol). Dies ist im Einzelfall auf Grund des jeweiligen Normzwecks zu
ermitteln (vgl. zB § 19 FahrlG). Zusätzliche bzw. vorrangige Regelungen enthalten etwa:

(1) Art. 246a § 1 I Nr. 4– 6 EGBGB, Art. 246a § 2 I Nr. 2 EGBGB, Art. 246a § 3 Nr. 3
EGBGB für **außerhalb von Geschäftsräumen geschlossene Verträge** und **Fernabsatzverträge**;

(2) Art. 247 §§ 3, 17 EGBGB für **Verbraucherdarlehensverträge;**

(3) Art. 248 §§ 4 Nr. 3, 13 EGBGB für **Zahlungsdienste;**

(4) §§ 66a ff. TKG für **Telekommunikationsleistungen;**

(5) Art. 23 I Luftverkehrsdienste-VO für **Flugpreise** (→ Rn. 24).

Die Anwendungsbereiche der PAngV und dieser sonstigen Regelungen sind nicht deckungs-   **9a**
gleich. So gilt bspw. für Kleinkredite unter 200 EUR zwar die PAngV, nicht aber Art. 247 § 3
EGBGB, wie sich aus § 491 II Nr. 1 BGB, § 491a I BGB ergibt.

4. Unionsrechtliche Grundlagen der PAngV

a) Allgemeines. Das Unionsrecht hat in seinem Anwendungsbereich Vorrang vor dem   **10**
nationalen Recht. Soweit **EU-Verordnungen** Preisangaben regeln, wie zB Art. 23 I Luftver-
kehrsdienste-VO (→ Rn. 24), haben sie daher Vorrang vor der PAngV. Soweit **EU-Richtlinien**
Preisangaben regeln, gilt es vorab, das Verhältnis dieser Richtlinien zueinander zu bestimmen.
Nach der jeweils maßgeblichen Richtlinie ist dann zu beurteilen, inwieweit Vorschriften der
PAngV mit dem Unionsrecht in Einklang stehen.

b) UGP-RL und ihr Verhältnis zu anderen Vorschriften des Unionsrechts. Die UGP-   **11**
RL bezweckt in ihrem Anwendungsbereich eine vollständige Angleichung des Rechts der
unlauteren Geschäftspraktiken von Unternehmern gegenüber Verbrauchern. In Bezug auf Preisangaben stellt die UGP-RL zwei Regelungen auf, sieht aber zugleich Einschränkungen vor:

aa) Preisangaben als wesentliche Informationen nach Art. 7 IV lit. c UGP-RL. Nach   **12**
Art. 7 IV lit. c UGP-RL gelten bei einer „Aufforderung zum Kauf" (Art. 2 lit. i UGP-RL)
bestimmte Informationen über den Preis, seine Bestandteile und seine Berechnung als „wesentliche Informationen" iSv Art. 7 I–III UGP-RL. Diese Vorschriften wurden in (jetzt) den § 5a I
UWG, § 5b I Nr. 3 UWG umgesetzt. Nach Auffassung des BGH dient jedoch auch § 1 I 1 aF
(jetzt: § 3 I) diesem Zweck, soweit es Angebote von Dienstleistungen oder die Werbung unter
Angabe von Preisen für Dienstleistungen betrifft (vgl. BGH WRP 2015, 1464 Rn. 21 f. – Der
Zauber des Nordens; WRP 2016, 581 Rn. 15, 25, 28 – Wir helfen im Trauerfall). Dagegen
spricht allerdings, dass es § 1 I 1 aF schon vor Erlass und Umsetzung der UGP-RL gab, diese
Vorschrift somit nicht zum Zweck der Umsetzung erlassen wurde, und dass Art. 7 IV lit. c
UGP-RL korrekt in § 5a III Nr. 3 aF UWG (jetzt § 5b I Nr. 3 UWG) umgesetzt wurde. Es ist
daher nicht davon auszugehen, dass zusätzlich § 1 I 1 aF (jetzt: § 3 I) diesem Zweck dient
(Köhler WRP 2016, 541 Rn. 8–12). Vielmehr geht § 5a III Nr. 3 UWG (jetzt § 5b I Nr. 3
UWG) dem § 3 I vor, soweit es **Dienstleistungen** betrifft. – Soweit es um **Waren** geht, tritt
hingegen Art. 7 IV lit. c UGP-RL hinter dem vorrangig anzuwendenden Art. 3 IV Preisanga-
ben-RL zurück (vgl. EuGH GRUR 2016, 945 Rn. 44–46 – Citroën), jedoch nur soweit dieser
Vorrang tatsächlich reicht (→ Rn. 15, 16).

bb) Preisangaben als wesentliche Informationen nach Art. 7 V UGP-RL. Nach   **13**
Art. 7 V UGP-RL iVm Anh. II UGP-RL gelten ua die „im Gemeinschaftsrecht festgelegten
Informationsanforderungen in Bezug auf kommerzielle Kommunikation einschließlich Werbung
und Marketing" als „wesentliche" Informationen. Dazu gehört ua

– Art. 23 I Luftverkehrsdienste-VO.

  Ferner gehören hierher nach der Liste in Anh. II UGP-RL die Preisinformationen gem.   **13a**

– Art. 4 und 5 Fernabsatz-RL (jedoch aufgehoben durch Art. 34 Verbraucherrechte-RL),
– Art. 3 Pauschalreise-RL 1990, ersetzt durch Art. 5 Pauschalreise-RL 2015 (→ UWG § 5a
  Rn. 7),
– Art. 3 IV Preisangaben-RL,
– Art. 5 II E-Commerce-RL,
– Art. 3 und 4 Fernabsatz-Finanzdienstleistungs-RL.

  Da der Anh. II nach Art. 7 V UGP-RL nicht „erschöpfend" ist, sind aus später erlassenen   **13b**
Rechtsakten der Union noch anzuführen ua die Preisinformationspflichten gem.

– Art. 36 ff., 46 ff. Zahlungsdienste-RL,   **13c**
  Das Vorenthalten dieser Informationen stellt unter den weiteren Voraussetzungen des Art. 7
  I–III UGP-RL eine unlautere Geschäftspraxis dar. Noch nicht abschließend geklärt, aber zu
  bejahen ist die Frage, ob auch die Preisinformationspflichten
– nach Art. 5 I lit. c, 6 I lit. e und 8 I Verbraucherrechte-RL (→ UWG § 5a Rn. 5.6),
– nach Art. 22 I lit. i, II, III lit. a, IV Dienstleistungs-RL,
  (auch) unter Art. 7 V UGP-RL und die Vorschriften zu ihrer Umsetzung dementsprechend
  unter § 5b IV UWG fallen.

14   **cc) Einschränkungen nach Art. 3 II–V UGP-RL.** Da die genannten Preisinformationspflichten, soweit sie das Verhältnis von Unternehmern zu Verbrauchern betreffen, in den
Art. 7 V UGP-RL integriert sind, spielt es insoweit keine Rolle, ob sie mit den Informationsanforderungen aus Art. 7 IV lit. c UGP-RL übereinstimmen. Unionsrechtliche und nationale
Preisangabenvorschriften, die in den Ausnahmebereich des Art. 3 II UGP-RL (Vertragsrecht)
oder des Art. 3 III UGP-RL (Gesundheit und Sicherheit) fallen, werden vom Vorrang der
UGP-RL nicht berührt. Richtlinien, die im Verhältnis zu **Art. 7 IV lit. c UGP-RL spezielle**
(und nicht bloß ergänzende) Bestimmungen über Preisangaben enthalten, haben nach **Art. 3 IV
UGP-RL** Vorrang vor der UGP-RL (EuGH GRUR 2016, 945 Rn. 44, 45 – Citroën; OLG
Köln WRP 2013, 192 Rn. 11). Soweit diese Richtlinien Mindestangleichungsklauseln enthalten, wie bspw. Art. 10 Preisangaben-RL, und der nationale Gesetzgeber von diesen Mindestangleichungsklauseln Gebrauch gemacht hatte, eröffnete aber **Art. 3 V 1 UGP-RL aF** als Ausnahmeregelung den Mitgliedstaaten für einen Übergangszeitraum von sechs Jahren ab dem
12.6.2007 die Möglichkeit, Bestimmungen beizubehalten, die restriktiver (dh weniger streng)
oder strenger sind als die UGP-RL (dazu BGH WRP 2014, 1444 Rn. 14 – Preis zuzüglich
Überführung). Nach Ablauf dieser Übergangsfrist am 12.6.2013 sind diese Bestimmungen daher
nicht mehr anzuwenden. Zu diesen Bestimmungen gehört indes § 3 I in Bezug auf Waren nicht,
da Art. 3 IV Preisangaben-RL in der (sehr weiten) Auslegung durch den EuGH diese Bestimmung abdeckt, diese Vorschrift also nicht auf die Preisangabe von Waren unter Bezugnahme auf
unterschiedliche Maßeinheiten beschränkt ist (EuGH GRUR 2016, 945 Rn. 30, 47 – Citroën;
BGH WRP 2017, 296 Rn. 11 – Hörgeräteausstellung).

15   **c) Preisangaben-RL.** Der sachliche Anwendungsbereich der Preisangaben-RL ist nach deren Art. 1 auf „Erzeugnisse", also **Waren,** beschränkt, erfasst daher **nicht Dienstleistungen**
(BGH WRP 2016, 581 Rn. 18 – Wir helfen im Trauerfall; GRUR 2015, 1240 Rn. 24 – Der
Zauber des Nordens; anders noch BGH GRUR 2010, 744 Rn. 26 – Sondernewsletter; WRP
2011, 863 Rn. 24 – Leistungspakete im Preisvergleich). Die Preisangaben-RL regelt auch nicht
nur die Preisangabe von Waren, die unter Bezugnahme auf unterschiedliche Maßeinheiten
angeboten werden (so noch EuGH GRUR Int 2014, 964 Rn. 359 – Kommission/Belgien),
sondern die Preisangabe bei Angeboten und bei der Werbung für Erzeugnisse im Allgemeinen
(EuGH GRUR 2016, 945 Rn. 28 – Citroën; BGH WRP 2017, 296 Rn. 15 – Hörgeräteausstellung; krit. Köhler GRUR 2016, 891). Die Bestimmungen der Preisangaben-RL haben
nach Art. 3 IV UGP-RL Vorrang vor Art. 7 IV lit. c UGP-RL (EuGH GRUR 2016, 945
Rn. 44–46 – Citroën). Dieser Vorrang bezieht sich jedoch nur auf die Verpflichtung zur Angabe
des „Endpreises" und zur Angabe des „Preises je Maßeinheit" iSv Art. 2 lit. a und b Preisangaben-RL. Soweit Art. 7 IV lit. c UGP-RL weitergehende Informationsanforderungen aufstellt, werden sie daher durch die Bestimmungen der Preisangaben-RL nicht verdrängt, sondern
bleiben anwendbar. Dies ist bei der richtlinienkonformen Auslegung des § 3 I zu beachten. –
Noch ungeklärt ist allerdings, ob die differenzierten Preisangabebestimmungen der Verbraucherrechte-RL nicht nach dem Grundsatz der lex posterior dem Art. 3 IV Preisangaben-RL vorgehen, soweit es nicht die Angaben des Preises je Maßeinheit betrifft.

16   Art. 3 IV Preisangaben-RL wird vom EuGH dahin ausgelegt, dass auch bei einer „Werbung,
bei der der Verkaufspreis der Erzeugnisse gem. Art. 1 genannt wird" die Pflicht zur Angabe des
Endpreises iSd Art. 2 lit. a Preisangaben-RL besteht, wenn diese Werbung aus Sicht des Durchschnittsverbrauchers unter Berücksichtigung sämtlicher ihrer Merkmale als Angebot iSd Art. 1
Preisangaben-RL aufzufassen ist. Dies setzt wiederum voraus, dass in der Werbung sowohl die
Besonderheiten der Ware als auch ein Preis, der seinem Verkaufspreis gleichkommt, eigenartigerweise auch das Datum, bis zu dem das Angebot gültig bleibt, genannt werden (EuGH GRUR
2016, 945 Rn. 30, 47 – Citroën). Die Werbung für eine Ware begründet daher, soweit sie
zugleich ein Angebot darstellt, eine Preisangabenpflicht nach Art. 2 lit. a Preisangaben-RL (und
ggf. nach Art. 2 lit. b Preisangaben-RL). Insoweit hat § 3 I Fall 1 seine alleinige unionsrechtliche
Grundlage in der Preisangaben-RL (BGH WRP 2017, 296 Rn. 11 – Hörgeräteausstellung). –
Allerdings darf nicht übersehen werden, dass Art. 3 IV Preisangaben-RL im Anh. II UGP-RL
aufgelistet ist, so dass die darin genannten Informationsanforderungen „wesentliche Informationen" iSd Art. 7 V UGP-RL darstellen und ihr Vorenthalten dementsprechend nur unter den
weiteren Voraussetzungen des Art. 7 I–III UGP-RL eine unlautere Geschäftspraxis darstellt. Das
bedeutet, dass Verstöße gegen § 3 I Fall 1 nur nach Maßgabe des § 5a I UWG iVm § 5b I, IV
UWG und nicht des § 3a UWG verfolgt werden können (BGH GRUR 2022, 930 Rn. 23 ff. –

Knuspermüsli II; WRP 2022, 977 Rn. 60 – Grundpreisangabe im Internet; überholt daher BGH WRP 2017, 296 Rn. 15 – Hörgeräteausstellung).

Die Mindestangleichungsklausel des **Art. 10 Preisangaben-RL** gestattete es den Mitglied- 17 staaten, „für die Unterrichtung der Verbraucher und den Preisvergleich günstigere Bestimmungen zu erlassen oder beizubehalten." Diese Bestimmung gehört zu den Richtlinien iSv **Art. 3 V 1 UGP-RL** aF (BGH GRUR 2014, 1108 Rn. 14 – Preis zuzüglich Überführung; Köhler WRP 2013, 723 (724)). Vorschriften der PAngV, die restriktiver oder strenger sind als die der UGP-RL und zur Umsetzung der Preisangaben-RL erlassen wurden, durften infolgedessen nur bis zum 12.6.2013 beibehalten, danach aber nicht mehr angewendet werden. Die Anwendung des Art. 3 V 1 UGP-RL war nicht deshalb ausgeschlossen, weil die Preisangaben-RL grundsätzlich nach Art. 3 IV UGP-RL Vorrang vor der UGP-RL hat. Denn beide Bestimmungen der UGP-RL stehen nebeneinander. **Art. 3 IV UGP-RL regelt das Verhältnis unionsrechtlicher Vorschriften zueinander. Art. 3 V 1 UGP-RL regelte dagegen das Verhältnis des Unionsrechts zum nationalen Recht.** Zweck der Ausnahmeregelung des Art. 3 V 1 UGP-RL war es, nach Ablauf einer Übergangsfrist **im Interesse einer vollständigen Rechtsangleichung** (vgl. ErwGr. 3 und 4 UGP-RL) die Anwendung solcher Vorschriften des **nationalen** Rechts auszuschließen, die lediglich aufgrund einer Mindestangleichungsklausel erlassen oder beibehalten werden durften, aber restriktiver oder strenger waren als die UGP-RL. Art. 3 V UGP-RL aF wurde zwar zwischenzeitlich aufgehoben und durch einen neugefassten Art. 3 V UGP-RL mit ganz anderem Inhalt ersetzt. Diese Neuregelung änderte aber nichts daran, dass nach dem 12.6.2013 in dem durch die UGP-RL angeglichenen Bereich ein Verstoß gegen nationale Vorschriften, die zur Umsetzung mindestharmonisierender Richtlinien erlassen wurden und die restriktiver oder strenger als die UGP-RL sind, wettbewerbsrechtlich nicht sanktioniert werden kann, sofern keine andere (sachliche) Öffnungsklausel greift (BGH WRP 2022, 977 Rn. 36 – Grundpreisangabe im Internet).

Durch die RL (EU) 2019/2161 v. 27.11.2019 wurde in die Preisangaben-RL ein **Art. 6a** 18 **Preisangaben-RL** betreffend die Angabe des vorherigen Preises bei Bekanntgabe einer **Preisermäßigung** (dazu Sosnitza WRP 2021, 440) und ein **Art. 8 Preisangaben-RL** betreffend die **Sanktionen** bei Verstößen gegen die nationalen Vorschriften zur Umsetzung der Richtlinie eingefügt. Diese Neuregelungen waren bis zum 28.11.2021 umzusetzen, die entsprechenden Regelungen sind ab dem 28.5.2022 anzuwenden.

d) Dienstleistungs-RL. Da sich die Preisangaben-RL auf Preisangaben bei „Erzeugnissen", 19 also Waren, beschränkt (→ Rn. 11), gilt für Preisinformationspflichten bei **Dienstleistungen** Art. 7 IV lit. c UGP-RL uneingeschränkt (BGH WRP 2015, 1464 Rn. 30, 35 ff. – Der Zauber des Nordens) und daneben Art. 22 Dienstleistungs-RL (BGH WRP 2015, 1464 Rn. 25 – Der Zauber des Nordens; WRP 2016, 581 Rn. 19 ff. – Wir helfen im Trauerfall). Art. 22 Dienstleistungs-RL enthält eine differenzierende Regelung. Nach Abs. 1 lit. i muss der Dienstleistungserbringer, falls er für eine bestimmte Art von Dienstleistungen den Preis im Vorhinein festgelegt hat (zB Friseurdienstleistungen), über den Preis der Dienstleistung informieren, und zwar nach Abs. 2 in einer von ihm zu wählenden Form. Ist der Preis nicht im Vorhinein festgelegt, so muss der Dienstleistungserbringer dem Dienstleistungsempfänger auf Anfrage nach Abs. 3 lit. a „den Preis der Dienstleistung oder, wenn kein genauer Preis angegeben werden kann, die Vorgehensweise zur Berechnung des Preises, die es dem Dienstleistungsempfänger ermöglicht, den Preis zu überprüfen, oder einen hinreichend ausführlichen Kostenvoranschlag" mitteilen. Nach Abs. 4 müssen die Informationen „klar und unzweideutig" erfolgen und rechtzeitig vor Abschluss des Vertrages oder, wenn kein schriftlicher Vertrag geschlossen wird, vor Erbringung der Dienstleistung bereitgestellt werden. In Abs. 5 ist festgelegt, dass die betreffenden Informationen nur die im Gemeinschaftsrecht vorgesehenen Anforderungen ergänzen und dass die Mitgliedstaaten zusätzliche Informationsanforderungen vorschreiben können. Daher hat Art. 22 Dienstleistungs-RL keinen Vorrang vor Art. 7 IV lit. c UGP-RL, sondern lässt dessen Anwendung unberührt (BGH WRP 2015, 1464 Rn. 25 – Der Zauber des Nordens; WRP 2016, 581 Rn. 21 – Wir helfen im Trauerfall). Das bedeutet, dass § 5b I Nr. 3 UWG anwendbar bleibt.

Bei den jeweiligen Vorschriften der PAngV, die sich auf Dienstleistungen beziehen, ist 20 angegeben, ob und inwieweit sie mit Art. 7 IV lit. c UGP-RL, ggf. in richtlinienkonformer Auslegung, vereinbar sind. Soweit es die ergänzenden Bestimmungen in Art. 22 I – IV Dienstleistungs-RL betrifft, sind diese zwar in § 4 I DL-InfoV umgesetzt worden. Jedoch ist nach § 4 II DL-InfoV davon das Verhältnis von Unternehmern zu Verbrauchern gerade ausgenommen. Ob entgegen dieser an sich eindeutigen Regelung § 4 I DL-InfoV in gesetzesübersteigen-der richtlinienkonformer Auslegung auch auf Verbraucher anzuwenden, also § 4 II DL-InfoV zu ignorieren ist, müssen die Gerichte entscheiden. Ist dies zu bejahen, so ist auf Verstöße gegen § 4 I DL-InfoV gleichwohl nicht § 3a UWG, sondern § 5a I UWG iVm § 5b IV UWG anzuwenden. Grund dafür ist, dass Art. 22 Dienstleistungs-RL zu den Vorschriften iSd Art. 7 V UGP-RL gehört (BGH WRP 2015, 1464 Rn. 29 – Der Zauber des Nordens; WRP 2016, 581 Rn. 21 – Wir helfen im Trauerfall; Köhler WRP 2013, 723 (724)). Spezielle Regelungen der PAngV, die Preisangaben für Dienstleistungen regeln, wie bspw. § 12, sind allerdings durch die Mindestangleichungsklausel in Art. 22 V 1 Hs. 1 Dienstleistungs-RL gedeckt (BGH WRP 2012, 1384 Rn. 10 – Preisverzeichnis bei Mietwagenangebot). Ob Art. 3 V 1 UGP-RL auch auf die Dienstleistungs-RL anwendbar ist, und damit § 5 nach dem 12.6.2013 keine Geltung mehr beanspruchen kann, ist str. (vgl. einerseits Köhler WRP 2013, 723 (727); andererseits Goldberg WRP 2013, 1561 (1562 f.)). Die Frage muss letztlich durch den EuGH geklärt werden (vgl. auch Barth WRP 2022, 1078 Rn. 23).

21   **e) Verbraucherrechte-RL und E-Commerce-RL.** Nach Art. 5 I lit. c Verbraucherrech-te-RL und Art. 6 I lit. e Verbraucherrechte-RL hat der Unternehmer, bevor der Verbraucher an einen Fernabsatzvertrag oder einen außerhalb von Geschäftsräumen geschlossenen Vertrag oder einen anderen Vertrag oder an ein entsprechendes Vertragsangebot gebunden ist, den Verbraucher in klarer und verständlicher Weise ua über „den Gesamtpreis der Waren oder Dienstleistungen einschließlich aller Steuern und Abgaben oder in den Fällen, in denen der Preis aufgrund der Beschaffenheit der Ware oder der Dienstleistung vernünftigerweise nicht im Voraus berechnet werden kann, die Art der Preisberechnung sowie gegebenenfalls alle zusätzlichen Fracht-, Liefer- oder Versandkosten oder in den Fällen, in denen diese Kosten vernünftigerweise nicht im Voraus berechnet werden können, die Tatsache, dass solche zusätzlichen Kosten anfallen können" zu informieren (umgesetzt in § 312d BGB iVm Art. 246a § 1 Nr. 4 EGBGB). Ob diese Bestimmungen über Art. 7 V UGP-RL iVm Anh. II UGP-RL (→ Rn. 10) in die UGP-RL integriert wurden und ob dementsprechend die Umsetzungsvorschriften in **§ 312a II 1 iVm Art. 246 I Nr. 3 EGBGB** und **§ 312d I BGB iVm Art. 246a § 1 I Nr. 4 EGBGB** in den Anwendungsbereich des § 5b UWG fallen, ist noch klärungsbedürftig (→ UWG § 5a Rn. 5.6). Nach ErwGr. 39 RL (EU) 2019/2161 gelten jedenfalls die Informationsanforde-rungen nach Art. 7 IV UGP-RL bereits in der Werbephase, während die Verbraucherrechte-RL dieselben und weitergehenden Informationsanforderungen für die spätere vorvertragliche Phase (also die dem Vertragsschluss durch den Verbraucher unmittelbar vorausgehende Phase) vor-schreibt. – Die Regelungen des Art. 6 I lit. e Verbraucherrechte-RL sind – beschränkt auf Fernabsatzverträge – in § 6 II übernommen worden. – Die Informationspflichten der Verbrau-cherrechte-RL gelten nach Art. 6 VIII Verbraucherrechte-RL zusätzlich zu den Informations-pflichten nach der Dienstleistungs-RL und der E-Commerce-RL. Nach Art. 5 II E-Commer-ce-RL tragen die Mitgliedstaaten „zusätzlich zu den sonstigen Informationsanforderungen des Gemeinschaftsrechts … zumindest dafür Sorge, dass, soweit Dienste der Informationsgesellschaft auf Preise Bezug nehmen, diese klar und unzweideutig ausgewiesen werden und insbes. angege-ben wird, ob Steuern und Versandkosten in den Preisen enthalten sind". Diese an sich auf den elektronischen Geschäftsverkehr beschränkte Regelung ist in § 1 II 1 Nr. 1 – erweitert auf alle Fernabsatzverträge – umgesetzt worden.

22   **f) Verbraucherkredit-RL.** Die Regelungen in den §§ 16, 17 und § 18 (= §§ 6, 6a und 6b aF) haben ihre Grundlage in der **Verbraucherkredit-RL** v. 23.4.2008, der wiederum Vorrang vor der UGP-RL zukommt (arg. Art. 3 IV UGP-RL; ErwGr. 18 Verbraucherkredit-RL).

23   **g) Pauschalreise-RL.** Dazu → § 3a Rn. 1.262c.

24   **h) Luftverkehrsdienste-VO.** Dazu → § 3a Rn. 1.262d ff.

5. Unionsrechtliche Beschränkung des Anwendungsbereichs der PAngV

25   Aus dem Gesagten ergibt sich, dass die PAngV, die ehemals einer der Grundpfeiler des deutschen Nebenlauterkeitsrechts war, nur noch insoweit Geltung beanspruchen kann, als dies mit dem vorrangigen Unionsrecht vereinbar ist. Dies ist vor Anwendung einer jeden Bestim-mung der PAngV zu prüfen. Daher sollte bei Zweifeln an der Vereinbarkeit einer Bestimmung der PAngV mit dem Unionsrecht ein Vorabentscheidungsersuchen an den EuGH gerichtet werden, wie es bereits im Vorlagebeschluss BGH WRP 2014, 1444 – Preis zuzüglich Über-

führung (dazu EuGH GRUR 2016, 945 – Citroën) und im Vorlagebeschluss BGH WRP 2021, 1290 – Flaschenpfand III geschehen ist. Soweit im Folgenden auf frühere Entscheidungen zur PAngV verwiesen wird, geschieht dies unter dem Vorbehalt, dass sie im Hinblick auf den Vorrang des Unionsrechts möglicherweise nur begrenzte Aussagekraft haben.

II. Geltung der PAngV im Verhältnis zwischen Unternehmer und Verbraucher

1. Unternehmer als Normadressaten

a) Allgemeines. Die Verpflichtung zur Preisangabe nach der PAngV trifft nur **Unternehmer** 26 iSd § 2 I Nr. 8 UWG. (Dieser Begriff trat an die Stelle der früheren, antiquierten Beschreibung des Normadressaten der PAngV aF als eine Person, die gegenüber Verbrauchern gewerbs- oder geschäftsmäßig oder regelmäßig in sonstiger Weise Waren oder Leistungen anbietet oder ihnen gegenüber als Anbieter unter Angabe von Preisen wirbt) Die PAngV ist daher **nicht anwendbar** auf Angebote von Verbrauchern, wie etwa bei eBay-Angeboten, oder Angeboten der öffentlichen Hand, soweit sie nicht als Unternehmer tätig wird.

Verstöße gegen die PAngV können nur dann nach § 3a UWG bzw. § 5a I UWG verfolgt 27 werden, wenn eine **geschäftliche Handlung** iSd § 2 I Nr. 2 UWG vorliegt. Es ist daher für die Anwendung der PAngV erforderlich, aber auch ausreichend, dass ein **Handeln zugunsten des eigenen oder eines fremden Unternehmens** (§ 2 I Nr. 2 UWG) vorliegt (OLG Frankfurt WRP 2018, 845 Rn. 13). Gleichgültig ist, ob der Anbieter oder Werbende als Vermittler oder Vertreter des Unternehmers tätig wird (BGH GRUR 1991, 845 (846) – Nebenkosten; GRUR 1999, 90 (92) – Handy für 0,00 DM; GRUR 2001, 1167 (1168) – Fernflugpreise; OLG Karlsruhe WRP 2005, 1188 (1189)).

b) Einzelheiten. Hersteller, Importeure, Groß- und Zwischenhändler unterliegen nur dann 28 der Verpflichtung zur Angabe des Gesamtpreises, wenn sie direkt an Verbraucher verkaufen. „Maklerangebote" von bebauten Grundstücken ohne genaue Lagebezeichnung mit Preisangabe für das Grundstück und dem Vermerk „zuzüglich Courtage" müssen als Anbieterwerbung unter Preisangabe für Grundstück und Maklerleistung nach § 1 I 1 aF (jetzt: § 3 I) den Gesamtpreis angeben, nicht jedoch auch die Höhe der Maklerprovision (OLG Düsseldorf WRP 1982, 655); nur wenn sich der Erwerber im künftigen Kaufvertrag zur Zahlung der Maklerprovision verpflichten soll, bildet diese einen sonstigen Preisbestandteil, der im Gesamtpreis enthalten sein muss (OLG Düsseldorf WRP 1982, 655; aA insoweit KG WRP 1980, 694 (695)). – Ein Reisebüro, das mittels eines vom Reiseveranstalter erstellten Katalogs Reisen vermittelt, ist als Täter verantwortlich, wenn der Katalog Verstöße gegen die PAngV enthält (OLG Frankfurt WRP 2018, 845 Rn. 13, 14).

2. Verbraucher als geschützte Personen

a) Allgemeines. Die PAngV schützt nur **Verbraucher** iSd § 13 BGB (§ 2 Nr. 9). (Diese 29 Regelung gilt bereits seit der Änderung durch Art. 11 G zur Umsetzung der Wohnimmobilienkredit-RL und zur Änderung handelsrechtlicher Vorschriften vom 11.3.2016, BGBl. 2016 I 396). Geschützt werden daher weder Unternehmer iSd § 14 BGB, noch sonstige juristische Personen des Privatrechts, noch juristische Personen des öffentlichen Rechts. (Der früher verwendete Begriff des **Letztverbrauchers** erfasste alle Personen, die die Ware oder Leistung nicht weiter umsetzen, sondern für sich verwenden (BGH GRUR 2011, 82 Rn. 23 – Preiswerbung ohne Umsatzsteuer) und damit neben privaten Verbrauchern grds. auch gewerbliche oder selbständig beruflich tätige Abnehmer sowie die öffentliche Hand oder sonstige Organisationen (OLG Karlsruhe GRUR-RR 2008, 351: Kirchengemeinden). – Die Frage, ob sich ein Angebot oder eine Werbung nur an Wiederverkäufer und Gewerbetreibende oder zumindest auch an Verbraucher iSd § 13 BGB richtet, ist aus der Sicht der Adressaten und nicht des Werbenden zu beurteilen (BGH GRUR 2011, 82 Rn. 23 – Preiswerbung ohne Umsatzsteuer). Bei Internetangeboten, die für jedermann zugänglich sind, ist davon auszugehen, dass sie zumindest auch Privatkunden ansprechen, wenn sie nicht eindeutig und unmissverständlich eine Beschränkung (Disclaimer) auf Wiederverkäufer enthalten, etwa durch den Zusatz „Verkauf nur an Händler" (BGH GRUR 2011, 82 Rn. 23, 24 – Preiswerbung ohne Umsatzsteuer). Der Werbende kann sich in diesem Fall nicht darauf berufen, dass er mit Verbrauchern keine Verträge schließt, um die Anwendung der PAngV auszuschließen. Denn eine Werbung gegenüber Verbrauchern, die

nicht den Gesamtpreis iSv § 3 I ausweist, widerspricht dem Zweck der PAngV, es dem Verbraucher zu ermöglichen, seine Preisvorstellungen anhand untereinander vergleichbarer Preise zu gewinnen (BGH GRUR 2011, 82 Rn. 26 – Preiswerbung ohne Umsatzsteuer).

30   **b) Einzelheiten.** Die Verpflichtung zur Angabe des Gesamtpreises besteht nicht für eine allgemeine Werbung des Herstellers oder Importeurs, der die Ware über Händler vertreibt, auch wenn dabei ein empfohlener Richtpreis angegeben wird. Doch unterliegt der Verpflichtung nach § 3 I Alt. 2 eine Werbeanzeige, die zwar nicht von einem direkt vertreibenden Hersteller oder Großhändler stammt, aber aus der Sicht des angesprochenen Verkehrs als eine Werbung unter Angabe von Preisen erscheint, mit der sich ein unmittelbar an Verbraucher vertreibender Händler an diese wendet (BGH GRUR 1990, 1022 (1023) – Importeurwerbung). – Ob in der Werbeaussage eines auf eine unverbindliche Preisempfehlung Bezug nehmenden Händlers eine zur Gesamtpreisangabe verpflichtende Einzelpreisangabe des Händlers selbst zu sehen ist oder nur eine neutrale Information über den Inhalt einer Preisempfehlung, richtet sich nach der Auffassung des Verkehrs, wie sie sich auf Grund des Gesamteindrucks der Anzeige bildet (BGH GRUR 1983, 658 (660 f.) – Hersteller-Preisempfehlung in Kfz-Händlerwerbung). Wird in einer Gemeinschaftsanzeige von Kraftfahrzeughändlern auf eine unverbindliche Preisempfehlung des Herstellers oder Importeurs von Kraftfahrzeugen hingewiesen, so wird diese ohne Hinzutritt weiterer Umstände nicht von den angesprochenen Verbrauchern als Angabe des eigenen Preises der werbenden Händler aufgefasst (BGH GRUR 1990, 1022 (1024) – Importeurwerbung). – Für **Angebote an Unternehmen** gilt die PAngV nicht (→ Rn. 29). Wendet sich daher ein Internet-Angebot eindeutig ausschließlich an Unternehmen, so liegt kein Verstoß gegen § 3 I UWG, § 3a UWG vor, wenn der werbende Internet-Provider nur in einem klein gedruckten Zusatz darauf hinweist, dass die angegebenen Preise sich zuzüglich Mehrwertsteuer verstehen (vgl. OLG Karlsruhe CR 1998, 361). Die Zeitungswerbung für die Vermietung von Büroraum ist auch dann von der Pflicht zur Angabe des Gesamtpreises (§ 3 I) befreit, wenn sich die Werbung nicht allein an Gewerbetreibende richtet, sondern auch an Personen, die noch nicht Gewerbetreibende sind, aber beabsichtigen, die Mieträume in ihrer selbstständigen beruflichen oder gewerblichen Tätigkeit zu verwenden (BGH GRUR 1993, 984 – Geschäftsraumwerbung). Bei Angeboten an einen vorsteuerabzugsberechtigten Unternehmer ist die Mehrwertsteuer grds. im angebotenen Preis enthalten, so dass hins. der Frage irreführender Preisbezeichnungen die gleichen Maßstäbe gelten wie bei Verbrauchern (OLG Zweibrücken GRUR-RR 2002, 306 (307) – Neu zum Gebrauchtpreis).

Abschnitt 1. Allgemeine Bestimmungen

Anwendungsbereich; Grundsatz

1 (1) **Diese Verordnung regelt die Angabe von Preisen für Waren oder Leistungen von Unternehmern gegenüber Verbrauchern.**

(2) **Diese Verordnung gilt nicht für**

1. **Leistungen von Gebietskörperschaften des öffentlichen Rechts, soweit es sich nicht um Leistungen handelt, für die Benutzungsgebühren oder privatrechtliche Entgelte zu entrichten sind;**
2. **Waren und Leistungen, soweit für sie auf Grund von Rechtsvorschriften eine Werbung untersagt ist;**
3. **mündliche Angebote, die ohne Angabe von Preisen abgegeben werden;**
4. **Warenangebote bei Versteigerungen.**

(3) [1] **Wer zu Angaben nach dieser Verordnung verpflichtet ist, hat diese**

1. **dem Angebot oder der Werbung eindeutig zuzuordnen sowie**
2. **leicht erkennbar und deutlich lesbar oder sonst gut wahrnehmbar zu machen.**

[2] **Angaben über Preise müssen der allgemeinen Verkehrsauffassung und den Grundsätzen von Preisklarheit und Preiswahrheit entsprechen.**

Übersicht

I. Vorbemerkung

Die Vorschrift trat am 28.5.2022 in Kraft. Sie regelt in Abs. 1 den grundsätzlichen Anwen- **1** dungsreich der PAngV und in Abs. 2 die Ausnahmebereiche. In Abs. 3 werden die allgemeinen Regelungen in § 1 VII 1 und 2 aF inhaltlich unverändert übernommen.

II. Anwendungsbereich (§ 1 I)

In § 1 I wird der grundsätzliche Anwendungsbereich der PAngV festgelegt. Er wird unions- **2** rechtlich durch Art. 1 Preisangaben-RL im Hinblick auf Waren und durch Art. 22 I Dienst- leistungs-RL im Hinblick auf Leistungen determiniert (näher → Vor § 1 Rn. 11–12a). Die Begriffe des Unternehmers und des Verbrauchers werden in § 2 Nr. 8 und 9 definiert.

III. Ausnahmen (§ 1 II)

1. Überblick

In § 1 II wird festgelegt, für welche Fallgestaltungen die PAngV nicht gilt. Sie wurden aus **3** § 9 I Nr. 2–5 aF wörtlich übernommen. Die Ausnahme in § 9 I Nr. 1 aF wurde zu Recht nicht übernommen, weil sie sich nur auf das Verhältnis B2B bezieht und der darin verwendete Verbraucherbegriff verfehlt ist. Er beruhte auf einer unreflektierten Umformulierung des früher verwendeten Begriffs des „Letztverbrauchers" (vgl. → 39. Aufl. 2021, § 9 Rn. 2; Köhler WRP 3/2018, Editorial).

2. Leistungen von Gebietskörperschaften des öffentlichen Rechts (§ 1 II Nr. 1)

Nach § § 1 II Nr. 1 gilt die PAngV nicht für „Leistungen von Gebietskörperschaften des **4** öffentlichen Rechts (insbes. Gemeinden), soweit es sich nicht um Leistungen handelt, für die Benutzungsgebühren oder privatrechtliche Entgelte zu entrichten sind." Die Vorschrift hat praktische Bedeutung insbes. für Gemeinden, die bspw. für Schwimmbäder Eintrittsgeld oder für den Öffentlichen Personennahverkehr (Omnibus, Straßenbahn, U-Bahn) Beförderungsentgelte verlangen. Die Gebietskörperschaften unterliegen insoweit der PAngV.

3. Werbeverbote (§ 1 II Nr. 2)

5   Nach § 1 I Nr. 2 gilt die PAngV nicht für „Waren oder Leistungen, soweit für sie auf Grund von Rechtsvorschriften eine Werbung untersagt ist". Dazu gehören bspw. die Werbeverbote nach §§ 10, 11 HWG, § 43b BRAO, § 5 GlüStV 2021.

4. Mündliche Angebote (§ 1 II Nr. 3)

6   Nach § 1 I Nr. 3 gilt die PAngV nicht für „mündliche Angebote, die ohne Angabe von Preisen abgegeben werden". (Die Regelung entspricht dem § 9 I Nr. 4 aF.) Zu den mündlichen Angeboten gehören auch fernmündliche Angebote sowie Angebote im Hörfunk im Rahmen von Werbesendungen, nicht dagegen im Rahmen von Werbesendungen im Fernsehen (BGH GRUR 2003, 971 (972) – Telefonischer Auskunftsdienst unter Hinweis auf § 4 IV aF und § 5 I 3 aF: Bildschirmanzeige). Die Ausnahme gilt unabhängig davon, ob es sich um individuelle oder an einen größeren Personenkreis gerichtete Angebote handelt. Darauf, ob eine Preisangabe bei mündlichen Angeboten unüblich ist, kommt es nicht an (OLG Hamburg NJW-WettbR 2000, 37 (38)). Das Verbot der irreführenden Werbung (§§ 3, 5 UWG) wird durch § 1 I Nr. 3 allerdings nicht eingeschränkt (LG Frankfurt GRUR-RR 2003, 290 (292)).

5. Warenangebote bei Versteigerungen (§ 1 II Nr. 4)

7   Nach § 1 I Nr. 4 gilt die PAngV nicht für „Warenangebote bei Versteigerungen" iSd § 156 BGB. Denn hier geht das Gebot (Vertragsangebot zu einem bestimmten Preis) vom Bieter aus. Der zu zahlende Preis steht daher nicht von vornherein fest, sondern ergibt sich erst aus dem Zuschlag. – § 156 BGB gilt zwar nicht für Versteigerungen im Internet, weil hier der Anbieter einer Ware zwar einen sog. Startpreis angibt, ein verbindliches Verkaufsangebot aber gegenüber demjenigen abgibt, der zum Ablauf der Auktionslaufzeit das Höchstgebot abgegeben haben würde (dazu BGH NJW 2017, 468 Rn. 20). Jedoch ist auch auf diese Auktionen § 1 I Nr. 4 nicht anwendbar, weil insoweit nicht feststeht, ob der Anbieter der Ware Unternehmer und der Bieter Verbraucher ist. – Im Verhältnis des Auktionators zum Verkäufer der Ware ist aber der Preis der Leistung anzugeben.

IV. Grundsätzliche Anforderungen an Angaben nach der PAngV (§ 1 III)

1. Die Anforderungen nach § 1 III 1

8   **a) Allgemeines.** Die nach der PAngV zu machenden Angaben müssen nach § 1 III 1 Nr. 1 dem Angebot oder der Werbung eindeutig zuzuordnen sowie nach § 1 III 1 Nr. 2 leicht erkennbar und deutlich lesbar oder sonst gut wahrnehmbar sein. Diese Regelung ist aus § 1 VII 2 aF übernommen worden.

9   **b) § 1 III 1 Nr. 1.** Nach § 1 III 1 Nr. 1 hat derjenige, der zu Angaben nach dieser Verordnung verpflichtet ist, diese „dem Angebot oder der Werbung eindeutig zuzuordnen". Das Erfordernis der **eindeutigen Zuordnung** soll sicherstellen, dass der Verbraucher nicht im Ungewissen darüber bleibt, welcher Preis für welche Ware oder Leistung gelten soll (OLG Hamm WRP 2013, 382 Rn. 32). Es muss also für den eindeutigen **sachlichen** Zusammenhang zwischen Preisangabe und Ware oder Leistung gesorgt werden. Dieses Erfordernis kann im Einzelfall auf unterschiedliche Weise erfüllt werden (BGH GRUR 2008, 84 Rn. 30 – Versandkosten; GRUR 2010, 744 Rn. 35 – Sondernewsletter; GRUR 2013, 850 Rn. 13 – Grundpreisangabe im Supermarkt). In jedem Fall müssen die Angaben allerdings der allgemeinen Verkehrsauffassung entsprechen (§ 1 III 2). Die Notwendigkeit eindeutiger Zuordnung der Preise gilt insbes. auch für die Preisauszeichnung nach § 10. Für die Auszeichnung genügt es deswegen nicht, wenn die Preise nur in der Weise mitgeteilt werden, dass auf den Waren Buchstaben des Alphabets befestigt sind, die auf einen in den Verkaufsräumen aufgehängten Preisschlüssel hinweisen (OLG München GRUR 1983, 76).

10   Ein unmittelbarer **räumlicher** Bezug der Hinweise zu den Abbildungen der Waren oder ihrer Beschreibung wird allerdings, anders als bei § 10 IV, durch § 1 III 1 Nr. 1 nicht gefordert (zu

§ 4 IV aF vgl. BGH GRUR 2008, 84 Rn. 29 – Versandkosten; GRUR 2009, 982 Rn. 15 – Dr. Clauder's Hufpflege; OLG Stuttgart MMR 2008, 754 (755); OLG Hamm WRP 2013, 382 Rn. 32). Auch eine analoge Anwendung des § 10 IV scheidet aus, da es sich dabei um eine Spezialregelung zu § 1 III 1 Nr. 1 handelt. – Die Zuordnung kann bspw. durch einen klaren und unmissverständlichen **Sternchenhinweis** geschehen, wenn dadurch die Zuordnung der Angaben in der Werbung gewahrt bleibt und die Angaben gut lesbar und vollständig sind (BGHZ 139, 368 = GRUR 1999, 264 (267) – Handy für 0,00 DM; BGH GRUR 2010, 744 Rn. 35 – Sondernewsletter). Allerdings genügt es nicht, wenn der Preis zwar im Sternchen-Hinweistext angegeben ist, aber für den Verbraucher nicht erkennbar ist, dass ihn das Sternchen zu einer Preisangabe führt, weil unklar ist, ob eine entgeltliche oder unentgeltliche Leistung beworben wird (sog. **Kostenfallen im Internet;** OLG Frankfurt K&R 2009, 197 (199); GRUR-RR 2009, 265 (267)). Erhebt der Unternehmer bei Bestellungen, die einen bestimmten Warenwert unterschreiten, einen Mindermengenzuschlag, so genügt es nicht, wenn ein Sternchenhinweis lediglich besagt „Alle Preise incl. ges. MWSt, zuzüglich Versandkosten" und der Hinweis auf den Mindermengenzuschlag erst durch Anklicken des Wortes „Versandkosten" sichtbar wird. Vielmehr ist auf diesen Preisbestandteil nach § 6 II Nr. 2 gesondert und unabhängig von den anfallenden Versandkosten hinzuweisen (OLG Hamm WRP 2013, 382 Rn. 36). Ferner reicht es nicht aus, wenn die Kosten für eine Dienstleistung nur am unteren Ende einer Internetseite angegeben sind (LG Frankfurt WRP 2008, 1274 Ls.). Wird eine Preisangabe **blickfangmäßig** herausgestellt, müssen die weiteren Preisbestandteile diesem Preisbestandteil eindeutig zugeordnet sowie leicht erkennbar und deutlich lesbar sein (BGH WRP 2011, 873 Rn. 31 – Leistungspakete im Preisvergleich). Auch bei einem Kopplungsangebot, das **blickfangmäßig** den nahezu unentgeltlichen Teil des Angebots (zB Mobiltelefon; Grundgebühr) hervorhebt, müssen die auf den anderen Teil des Angebots entfallenden Preisbestandteile in der Werbung daher so dargestellt werden, dass sie der Blickfangwerbung eindeutig zugeordnet (sowie leicht erkennbar und deutlich lesbar) sind (BGH GRUR 2006, 164 (166) – Aktivierungskosten II; OLG Köln WRP 2007, 342 (345)). Daran fehlt es, wenn der Hinweis an versteckter Stelle erfolgt oder nicht deutlich lesbar ist.

Auch erfordert § 1 III 1 Nr. 1 keinen unmittelbaren zeitlichen Zusammenhang zwischen **11** Angebot und Preisangabe. Das ist insbes. für das Warenangebot im **Internet** von Bedeutung: Der durchschnittliche Nutzer weiß, dass Informationen zu angebotenen Waren auf mehrere Seiten verteilt sein können, die untereinander durch Links verbunden sind (BGH GRUR 2008, 84 Rn. 30 – Versandkosten). Er rechnet auch mit zusätzlichen Liefer- und **Versandkosten** im Versandhandel. Daher genügt es, wenn die entsprechenden Angaben **alsbald** (sowie leicht erkennbar und gut wahrnehmbar) auf einer anderen Internetseite erfolgen. Jedoch muss der Verbraucher gezwungen sein, diese Seite noch vor Einleitung des Bestellvorgangs aufzurufen. Denn er benötigt die Angaben nicht erst im Zuge der Bestellung (Abgabe eines Kaufangebots iSd § 145 BGB), sondern bereits dann, wenn er sich mit dem Angebot näher befasst (BGH GRUR 2008, 84 Rn. 31 – Versandkosten; OLG Hamburg MMR 2008, 681 (682)). Es genügt also nicht, dass die Informationen auf anderen über Links erreichbaren Seiten abrufbar sind, deren Kenntnisnahme auf dem Weg zum Vertragsschluss nicht erforderlich ist. Bei Preisangaben, die der Werbende einem Suchmaschinenbetreiber mitteilt, müssen Zusatzkosten iSd § 6 (= § 1 II aF) bereits im **Suchmaschineneintrag** selbst mitgeteilt werden. Denn begibt sich der Verbraucher mittels des Links auf die Internet-Seite des Anbieters, hat er sich bereits näher mit der Angabe befasst (OLG Stuttgart MMR 2008, 754 (755)). – Das Gleiche gilt für die Angabe, dass die Preise die **Umsatzsteuer** enthalten (BGH GRUR 2008, 84 Rn. 34 – Versandkosten).

2. § 1 III 1 Nr. 2

Nach § 1 III 1 Nr. 2 hat derjenige, der zu Angaben nach dieser Verordnung verpflichtet ist, **12** außerdem diese „leicht erkennbar und deutlich lesbar oder sonst gut wahrnehmbar zu machen". Soweit es die Preisangaben für **Waren** betrifft, entspricht dies den Anforderungen nach Art. 4 I 1 Preisangaben-RL („unmissverständlich, klar erkennbar und gut lesbar"). Im Anwendungsbereich der UGP-RL entspricht dies den Negativkriterien aus Art. 7 II UGP-RL („unklar", „unverständlich", „zweideutig"). Diese Anforderungen können im Einzelfall auf unterschiedliche Weise erfüllt werden (BGH GRUR 2008, 84 Rn. 30 – Versandkosten; GRUR 2013, 850 Rn. 13 – Grundpreisangabe im Supermarkt), jedoch müssen die Angaben in jedem Fall der **allgemeinen Verkehrsauffassung** entsprechen (§ 1 III 2). Bei Waren des täglichen Bedarfs ist auf den **durchschnittlichen Verbraucher** abzustellen. Beim Warenangebot im Internet ist dies der durchschnittliche Nutzer des Internets (BGH GRUR 2007, 159 Rn. 21 – Anbieterkennzeichnung im Internet; GRUR 2008, 84 Rn. 30 – Versandkosten; Rohnke GRUR 2007, 381 (382)). Wird eine Preisangabe **blickfangmäßig** herausgestellt, müssen die weiteren Preisbestandteile ebenfalls leicht erkennbar und deutlich lesbar sein (BGH WRP 2011, 873 Rn. 31 – Leistungspakete im Preisvergleich).

13   **a) Leichte Erkennbarkeit.** Der Verbraucher muss den Preis sowie sonstige Kosten oder kostenbildende Faktoren der Ware oder Leistung **leicht erkennen** können. Dieses Erfordernis bezieht sich auf das Maß an Anstrengung, das der angesprochene Verbraucher aufwenden muss, um den tatsächlichen Preis der Ware oder Leistung zu ermitteln. Leicht bedeutet sonach so viel wie ohne größere intellektuelle Mühe. Leichte Erkennbarkeit ist nicht gegeben, wenn die Preise oder der Hinweis auf die Umsatzsteuer gem. § 6 I 1 Nr. 1 (= § 1 II Nr. 1 aF) lediglich in den **AGB** wiedergegeben werden, weil sie dort nicht vermutet werden (OLG Frankfurt K&R 2009, 197 (199); OLG Hamburg MMR 2008, 44 (45); LG Hanau MMR 2008, 488 (489)); ferner dann, wenn die Ware selbst nicht mit dem Gesamtpreis gezeichnet ist, dieser vielmehr erst durch einen zusätzlichen Rechenvorgang ermittelt werden muss (BGH GRUR 1999, 762 (763) – Herabgesetzte Schlussverkaufspreise). Unbedenklich ist es allerdings, wenn bei einem Online-Reservierungssystem das System bei der erstmaligen Bezeichnung von Preisen nicht bereits den Gesamtpreis angibt, sondern dieser erst bei der fortlaufenden Eingabe in das System ermittelt wird und der Nutzer darauf zuvor klar und unmissverständlich hingewiesen wird (BGH GRUR 2003, 889 (890) – Internet-Reservierungssystem; OLG Köln GRUR-RR 2005, 90).

14   **b) Deutliche Lesbarkeit.** Das Erfordernis der **deutlichen Lesbarkeit** setzt das Erfordernis der guten Lesbarkeit in Art. 4 I 1 Preisangaben-RL um. Es bezieht sich auf das Sehvermögen der angesprochenen Verbraucher und es ist erfüllt, wenn der (durchschnittliche) Verbraucher die Preisangabe **mit normaler Sehkraft aus angemessener Entfernung ohne Hilfsmittel und ohne Mühe** lesen kann (BGH GRUR 2013, 850 Rn. 13 – Grundpreisangabe im Supermarkt). Dies beurteilt sich nicht nach abstrakt festgelegten Mindestschriftgrößen, etwa der DIN 1450 „Schriften Leserlichkeit", sondern nach den Umständen des jeweiligen **Einzelfalls.** Dabei ist neben der **Schriftgröße** auch das **Druckbild,** also ua die Wort- und Zahlenanordnung, die Gliederung, das Papier, die Schriftart und -farbe sowie der Hintergrund von Bedeutung; außerdem ist der Abstand zu berücksichtigen, aus dem der Verbraucher die Angabe liest (BGH GRUR 2013, 850 Rn. 13 – Grundpreisangabe im Supermarkt; KG WRP 2012, 89 Rn. 16 ff.). **Beispiele:** Deutliche Lesbarkeit kann bei Grundpreisangaben für Waren im Supermarkt auch dann noch gegeben sein, wenn die Schriftgröße zwar nur **2mm** beträgt, aber der Verbraucher sie, weil kontrastreich und in einem umrandeten Kästchen übersichtlich zusammengefasst, auch aus einer Entfernung von 50 cm noch ohne weiteres lesen kann (BGH GRUR 2013, 850 Rn. 14 – Grundpreisangabe im Supermarkt). Bei einer Schriftgröße von 5,5 Punkt (= 1,94mm) kann zwar unter bes. Umständen deutliche Lesbarkeit noch gegeben sein, nicht jedoch bei einer Anzeige, die auf gewöhnlichem Zeitungspapier abgedruckt ist (OLG Köln GRUR-RR 2012, 32 (34)). – Zur Abgrenzung vom Erfordernis der **„guten Lesbarkeit"** der Preisangabe in (jetzt) **§ 109 II 1 TKG** s. BGH WRP 2016, 327 Rn. 19 ff. – Preisangabe für Telekommunikationsdienstleistung.

15   **c) Sonstige gute Wahrnehmbarkeit.** Das Erfordernis der **sonstigen guten Wahrnehmbarkeit** bezieht sich insbes. auf das Umfeld, in dem die Angaben gemacht werden. So kann eine Angabe zwar an sich deutlich lesbar sein, gleichwohl aber sich der guten Wahrnehmbarkeit entziehen, wenn sich auf der gleichen (Internet-)Seite eine Fülle sonstiger Informationen befindet, die dem Verbraucher gegenüber deutlicher ins Auge stechen als die Preisangabe, oder die Angabe gleichsam „erdrückt" wird (OLG Düsseldorf WRP 2014, 1094 Rn. 28; LG Hanau MMR 2008, 488 (489)).

3. Allgemeine Verkehrsauffassung und Grundsätze der Preiswahrheit und Preisklarheit (§ 1 III 2)

16   **a) Allgemeines.** Die nach der PAngV gebotenen Angaben müssen nach § 1 III 2 der **allgemeinen Verkehrsauffassung** und den **Grundsätzen von Preisklarheit und Preiswahrheit** entsprechen. Dadurch wird die Pflicht zur Preisangabe nicht eingeschränkt, sondern lediglich geregelt, wie sie zu befolgen ist (BGH GRUR 1981, 140 (141) – Flughafengebühr). Nach Auffassung des BGH ist § 1 VII 1 aF (und dementsprechend § 1 III 2) richtlinienkonform am Maßstab des Art. 7 IV lit. c UGP-RL auszulegen. Für den in § 3 I (= § 1 I 1 aF) und auch

in Art. 2 lit. a und Art. 3 Preisangaben-RL nicht geregelten Fall, dass ein Gesamtpreis nicht angegeben werden kann, soll daraus folgen, dass die Art der Preisberechnung anzugeben ist (BGH WRP 2016, 581 Rn. 38 – Wir helfen im Trauerfall). Dem ist zuzustimmen, jedoch folgt dies an sich bereits aus § 5b I Nr. 3 UWG, der unmittelbar der Umsetzung der RL 2005/29/EG dient (vgl. Köhler WRP 2016, 541 Rn. 13 ff.).

aa) Allgemeine Verkehrsauffassung. Der Maßstab der **allgemeinen Verkehrsauffassung** 17 besagt, dass es weder auf die Auffassungen des anbietenden oder werbenden Unternehmens noch auf die Auffassung des einzelnen Verbrauchers ankommt, sondern auf die Auffassung der Verbraucher, an die sich das Angebot oder die Werbung richtet (BGH GRUR 1997, 479 (480) – Münzangebot). Dabei ist in richtlinienkonformer Auslegung auf den **durchschnittlich informierten, situationsadäquat aufmerksamen und verständigen Verbraucher** abzustellen. Richtet sich das Angebot oder die Werbung an eine bestimmte Zielgruppe, insbes. **Internet-Nutzer,** so kommt es auf das Verständnis des durchschnittlichen Mitglieds der angesprochenen Gruppe an (vgl. BGH GRUR 2007, 159 Rn. 21 – Anbieterkennzeichnung im Internet; GRUR 2008, 84 Rn. 30 – Versandkosten; § 3 IV 1 und 2 UWG). So ist dem Internet-Nutzer bekannt, dass Informationen zu angebotenen Waren auf mehrere Seiten verteilt sein können, die untereinander durch elektronische Verweise („Links") verbunden sind (BGH GRUR 2008, 84 Rn. 30 – Versandkosten). Im Übrigen kann eine Rolle spielen, was in der betreffenden Branche üblich ist und daher auch erwartet werden kann. Auch ist zu berücksichtigen, dass das Internet eine solche Fülle von Informationen enthält, dass zahlreiche Informationen – insbes. beim „Surfen" – nur flüchtig wahrgenommen werden. Dies gilt insbes. für die Entgeltlichkeit von Informationsangeboten. Da zahlreiche Informationen unentgeltlich zum Download angeboten werden, erwartet der Verbraucher insoweit einen deutlichen Hinweis auf die Entgeltlichkeit (OLG Frankfurt K&R 2009, 197 zu **Kostenfallen im Internet**). – Wird mit „ab"-Preisen gegenüber jedermann geworben, ist dies dahin zu verstehen, dass es sich um den günstigsten Preis handelt, den ein Erwachsener erlangen kann (vgl. OLG Hamburg BeckRS 2009, 9763 = MD 2009, 328).

bb) Preiswahrheit. Der Grundsatz der **Preiswahrheit** bedeutet, dass der angegebene Preis 18 mit dem Preis übereinstimmen muss, den der Verbraucher tatsächlich zu bezahlen hat. Ist dies nicht der Fall, so ist zugleich der Irreführungstatbestand des § 5 II Nr. 2 UWG erfüllt (OLG Bamberg WRP 2021, 776 Rn. 29). Hat bspw. ein Anbieter einen Preis einem Suchmaschinenbetreiber mitgeteilt und ändert er später seinen Preis, so wird die Angabe im Suchmaschineneintrag unwahr (OLG Stuttgart MMR 2008, 754 (755)). – Der Grundsatz der Preiswahrheit ist an sich auch dann verletzt, wenn irrtümlich oder versehentlich ein höherer als der tatsächlich berechnete Preis angegeben ist (BGH GRUR 1999, 762 (763) – Herabgesetzte Schlussverkaufspreise). Jedoch fehlt dem Verstoß die geschäftliche Relevanz iSd § 5a II 1 Nr. 2 UWG. Denn die Angabe des zu hohen Preises wirkt sich allenfalls zu Lasten, nicht aber zugunsten des Unternehmers aus (BGH WRP 2008, 659 Rn. 14, 15 – Fehlerhafte Preisauszeichnung). – Der Grundsatz der Preiswahrheit ist auch dann verletzt, wenn ein Preis für eine irreführend beschriebene Leistung angegeben wird, so dass der Verbraucher glauben kann, ein „Mehr" an Leistung zu bekommen (vgl. LG Hamburg WRP 2013, 237 (238 f.): „unbegrenzte SMS-Flat"). – Der zu bezahlende Preis ist genau zu beziffern. Ungefähre Angaben („ca." oder „rd.") genügen also nicht.

cc) Preisklarheit. Der Grundsatz der **Preisklarheit** bedeutet, dass der angegebene Preis für 19 den Verbraucher klar erkennbar (Art. 4 I Preisangaben-RL) sein muss bzw. nicht „unklar" iSd Art. 7 II UGP-RL sein darf. Das bedeutet zugleich, dass der Verbraucher nicht gezwungen werden darf, den Gesamtpreis selbst zu berechnen, sofern dies nicht gesetzlich vorgesehen ist, wie zB bei § 4 II und § 7 (vgl. Fritzsche/Münker/Stollwerck/Barth Rn. 24).

b) Einzelheiten. aa) Versandhandel. Im **Versandhandel** werden die Versandkosten grds. 20 nicht auf die Ware, sondern auf die Sendung erhoben und sind daher, entspr. der Regelung in **Art. 7 IV lit. c UGP-RL** zu „Fracht-, Liefer- oder Zustellkosten", kein auf den Gesamtpreis anzurechnender Preisbestandteil (BGH GRUR 2008, 84 Rn. 31 – Versandkosten). Hierfür gilt die Spezialregelung des § 1 II 2 und 3 (BGH GRUR 2008, 84 Rn. 26 – Versandkosten; → Rn. 26). Bei der **Internetwerbung** für eine Ware unter Preisangabe genügt es in aller Regel den Anforderungen des § 1 VII, wenn der Unternehmer die nach § 1 II 1 Nr. 2 anzugebenden Liefer- und Versandkosten alsbald sowie leicht erkennbar und gut wahrnehmbar auf einer gesonderten Internetseite aufführt und der Kunde diese Internetseite, noch bevor er die Ware in den virtuellen Warenkorb einlegt und damit den Bestellvorgang einleitet, notwendig aufrufen muss (BGH GRUR 2008, 84 Rn. 28 ff. – Versandkosten; GRUR 2010, 248 Rn. 27 – Kamerakauf im Internet; GRUR 2010, 1110 Rn. 23 – Versandkosten bei Froogle II). Da die Höhe der Liefer- und Versandkosten zudem häufig vom Umfang der Gesamtbestellung abhängt, reicht es im Hinblick auf § 1 II 2 aus, bei der Werbung für das einzelne Produkt zunächst nur einen allg. Hinweis (zB „zzgl. Versandkosten") aufzunehmen. Jedoch muss sich beim Anklicken oder Ansteuern dieses Hinweises ein Fenster mit einer übersichtlichen und verständlichen Erläuterung der allg. Berechnungsmodalitäten für diese Kosten öffnen. Außerdem muss die tatsächliche Höhe der anfallenden Kosten jeweils bei Aufruf des virtuellen Warenkorbs gesondert ausgewiesen werden (BGH GRUR 2010, 248 Rn. 27 – Kamerakauf im Internet; GRUR 2010, 1110 Rn. 24 – Versandkosten bei Froogle II). – Für die Werbung in **Preisvergleichslisten** einer **Preissuchmaschine** gelten andere Grundsätze. Denn Preissuchmaschinen sollen dem Verbraucher vor allem einen schnellen Überblick darüber verschaffen, wer ein bestimmtes Produkt anbietet und welchen Preis er letztlich dafür verlangt. Er erwartet daher vom Anbieter die Angabe des Gesamtpreises sowie aller zusätzlichen Kosten, zumal er nur auf diese Weise den Gesamtpreis der einzelnen Anbieter vergleichen kann. Auch rechnet der Verbraucher nicht damit, dass der in der Preisvergleichsliste angegebene Preis noch unvollständig ist und er den letztlich zu zahlenden Betrag erst erfährt, wenn er die Internetseite des Anbieters aufsucht. Den Anforderungen des § 1 II 2 ist daher nicht genügt, wenn die Liefer- und Versandkosten nicht bereits auf der Internetseite der Suchmaschine, sondern erst auf der durch einen Link erreichbaren Internetseite des Werbenden genannt werden. Die Nichtberücksichtigung der Versandkosten kann dazu führen, dass das Angebot des Werbenden in der Günstigkeitshierarchie der Suchmaschine vor Angeboten von Mitbewerbern erscheint, die an sich bezogen auf den Gesamtpreis günstiger sind. Dieser Anlockeffekt kann die Nutzer der Preisvergleichsliste wiederum dazu verleiten, sich näher mit dem Angebot des Werbenden zu befassen, also dessen Internetseite aufzusuchen, und darauf zu verzichten, sich auch über die Angebote der Mitbewerber zu informieren (vgl. BGH GRUR 2010, 251 Rn. 15, 19 – Versandkosten bei Froogle I; GRUR 2010, 1110 Rn. 27, 28 – Versandkosten bei Froogle II). Der Verstoß gegen die PAngV ist daher auch geeignet, die Verbraucher iSd § 5a I UWG zu einer geschäftlichen Entscheidung zu veranlassen, die sie sonst nicht getroffen hätten (vgl. auch BGH GRUR 2010, 1110 Rn. 28 – Versandkosten bei Froogle II).

21 **bb) Währungsangaben.** Die Preisangaben müssen sich auf die inländische **Währung,** also den Euro, beziehen, weil der Euro das gesetzliche Zahlungsmittel ist. Allerdings braucht das Euro- oder Cent-Zeichen bei der Preisangabe nicht angegeben zu werden, sofern für den Verbraucher den Umständen nach erkennbar ist, dass die Ware oder Leistung in Euro zu bezahlen ist. Umgekehrt darf der Preis nicht in einer ausländischen Währung angegeben werden, wenn er letztlich doch in Euro bezahlt werden kann oder muss (vgl. LG Frankfurt WRP 1990, 724). Ist dagegen die Ware oder Leistung im Inland kraft Vereinbarung **ausschließlich** in einer **fremden Währung** zu bezahlen (vgl. § 244 I BGB), so muss diese Währung auch bei der Preisangabe angegeben werden. Es ist dann nicht zulässig, stattdessen den Preis in der Euro-Währung anzugeben, wohl dagegen kann der Preis in Euro als Zusatzinformation angegeben werden (BGH GRUR 1995, 274 – Dollar-Preisangaben; krit. Mankowski GRUR 1995, 539 ff.).

22 **cc) Kopplungsangebote.** Wird bei einem lauterkeitsrechtlich zulässigen **Kopplungsangebot** mit der bes. Preiswürdigkeit des einen Angebots geworben, darf der Preis des anderen Angebots nicht verschwiegen werden oder auf Grund der Darstellung untergehen, weil damit ein unzutreffender Eindruck über die Preiswürdigkeit des gekoppelten Angebots vermittelt würde (BGH GRUR 1999, 264 (267) – Handy für 0,00 DM). Unzulässig ist es auch, in der Werbung allein das Versprechen unentgeltlicher Teilleistungen oder den günstigen Preis einer Teilleistung herauszustellen, ohne gleichzeitig in klarer Zuordnung leicht erkennbar und deutlich lesbar auf das Entgelt hinzuweisen, das für den anderen Teil des Kopplungsangebots verlangt wird. Gegenüber dem herausgestellten Hinweis auf die günstige Teilleistung dürfen dabei die Angaben, aus denen sich die wirtschaftliche Belastung des Verbrauchers ergibt, nicht vollständig in den Hintergrund treten (BGH GRUR 2002, 979 (981) – Kopplungsangebot II; OLG Hamburg WRP 2019, 1358 Rn. 35, 36).

23 **dd) Unterschiedliche Preisangaben.** Wird ein und dieselbe Ware in demselben Geschäft unterschiedlich ausgezeichnet, ohne dass darauf hingewiesen wird, liegt zwar kein Verstoß gegen die PAngV, wohl aber eine irreführende Werbung vor (→ UWG § 5 Rn. 7.15). Dasselbe gilt, wenn ein anderer Preis als auf der Ware angegeben angekündigt wird (→ UWG § 5 Rn. 7.17). Für dieselbe Ware dürfen auch nicht auf einem Preisschild zwei verschiedene Preise angegeben werden. Das ist aber noch nicht der Fall bei einer Gegenüberstellung des tatsächlich verlangten Gesamtpreises und einer unverbindlichen Preisempfehlung des Herstellers (→ UWG § 5 Rn. 7.44 ff.). Ob die Preisempfehlung kartellrechtlich nach § 2 II GWB iVm Art. 4 Vertikal-GVO zulässig ist (→ § 3 Rn. 21), ist unerheblich. Zur Werbung mit **durchgestrichenen Preisen** → § 11 Rn. 1 ff.; → UWG § 5 Rn. 7.67 ff. – Um „dieselbe" Ware iSd § 3 handelt es sich jedoch nicht, wenn unterschiedliche Preise für den Verzehr im Lokal und den Verkauf außer Haus oder für verschiedene Tageszeiten verlangt werden.

ee) Telekommunikationsdienstleistungen. Eine Werbung mit einem Minutenpreis für 24 Gespräche vom Handy ins Festnetz muss die Angabe enthalten, dass der Kunde für die Inanspruchnahme der Leistung ein Prepaid-Konto mit einem bestimmten Guthaben einrichten muss (OLG Frankfurt WRP 2005, 635 Ls.). Eine Werbung für **Webhosting-Dienstleistungen** muss auch über die nutzungsabhängigen Preisbestandteile bei Überschreitung des Pauschalvolumens informieren (OLG Hamburg GRUR-RR 2007, 169 (173)). Eine Werbung für **Flatrates,** die einen Kabelanschluss beim Werbenden voraussetzen, muss darauf und auf die Gebühren für die Einrichtung und Nutzung des Kabelanschlusses hinweisen (→ Rn. 12; BGH WRP 2011, 873 Rn. 27 ff. – Leistungspakete im Preisvergleich).

ff) Sonstiges. Wer **Textilstoffe** nach Metern verkauft, muss nach § 4 I, II als Grundpreis den 25 Meterpreis und darf nicht den Kilopreis angeben, auch wenn er selbst die Ware zu Kilopreisen eingekauft hat (BGH GRUR 1981, 289 – Kilopreise I). Denn auf Grund von Kilopreisangaben kann der Kunde weder feststellen, was die von ihm benötigte Menge tatsächlich kostet, noch kann er sie mit den Meterpreisen von Mitbewerbern vergleichen. – Fallen bei der Beauftragung eines **Schlüsseldienstes** nach dessen AGB bestimmte Mindestkosten an, müssen diese im Vertrag bereits vollständig beziffert werden (LG Dortmund WRP 2007, 1518).

Begriffsbestimmungen

2 **Im Sinne dieser Verordnung bedeutet**

1. „Arbeits- oder Mengenpreis" den verbrauchsabhängigen Preis je Mengeneinheit einschließlich der Umsatzsteuer und aller besonderen Verbrauchssteuern für die leitungsgebundene Abgabe von Elektrizität, Gas, Fernwärme oder Wasser;
2. „Fertigpackung" eine Verpackung im Sinne des § 42 Absatz 1 des Mess- und Eichgesetzes;
3. „Gesamtpreis" den Preis, der einschließlich der Umsatzsteuer und sonstiger Preisbestandteile für eine Ware oder eine Leistung zu zahlen ist;
4. „Grundpreis" den Preis je Mengeneinheit einer Ware einschließlich der Umsatzsteuer und sonstiger Preisbestandteile;
5. „lose Ware" unverpackte Ware, die durch den Unternehmer in Anwesenheit der Verbraucher, durch die Verbraucher selbst oder auf deren Veranlassung abgemessen wird;
6. „offene Packung" eine Verkaufseinheit im Sinne des § 42 Absatz 2 Nummer 1 des Mess- und Eichgesetzes;
7. „Selbstabfüllung" die Abgabe von flüssiger loser Ware, die durch die Verbraucher selbst in die jeweilige Umverpackung abgefüllt wird;
8. „Unternehmer" jede natürliche oder juristische Person im Sinne des § 2 Absatz 1 Nummer 8 des Gesetzes gegen den unlauteren Wettbewerb in der Fassung der Bekanntmachung vom 3. März 2010 (BGBl. I S. 254), das zuletzt durch Artikel 1 des Gesetzes vom 10. August 2021 (BGBl. I S. 3504) geändert worden ist, in der am 28. Mai 2022 geltenden Fassung;
9. „Verbraucher" jede natürliche Person im Sinne des § 13 des Bürgerlichen Gesetzbuchs.

Übersicht

I. Entstehungsgeschichte und Normzweck

1   § 2 trat am 28.5.2022 in Kraft. Die Vorschrift regelt entsprechend dem Vorbild in anderen Gesetzen, wie zB in § 2 UWG, die Begriffsbestimmungen der PAngV. Damit wird für die Rechtsanwender der Zugang zu den einzelnen Vorschriften mit oft langen und schwer auffindbaren Definitionen erleichtert.

II. Zu den einzelnen Begriffsbestimmungen

1. „Arbeits- oder Mengenpreis"

2   Diese Begriffsbestimmung war bisher in § 3 S. 1 aF enthalten und ist nunmehr für § 14 von Bedeutung.

2. „Fertigpackung"

3   Nr. 2 verweist auf § 42 I MessEG. Diese Bestimmung lautet:

„Fertigpackungen im Sinne dieses Gesetzes sind Verpackungen beliebiger Art, in die in Abwesenheit des Käufers Erzeugnisse abgepackt und die in Abwesenheit des Käufers verschlossen werden, wobei die Menge des darin enthaltenen Erzeugnisses ohne Öffnen oder merkliche Änderung der Verpackung nicht verändert werden kann."

3. „Gesamtpreis"

4   Diese Begriffsbestimmung war bisher in § 1 I 1 aF enthalten.

4. „Grundpreis"

5   Diese Begriffsbestimmung war bisher in § 2 I 1 aF enthalten.

5. „Lose Ware"

6   Diese Begriffsbestimmung war bisher in § 2 II 1 aF enthalten. Sie wurde ergänzt im Hinblick auf die Selbstbedienung durch die Verbraucher. Dies entspricht der heutigen Handhabung insbes. bei Frischetheken für Obst und Gemüse.

6. „Offene Packung"

7   Nr. 6 entspricht der Bestimmung einer Verkaufseinheit iSd § 42 II Nr. 1 MessEG. Damit sind „offene Packungen, die in Abwesenheit des Käufers abgefüllt werden" gemeint.

7. „Selbstabfüllung"

8   Der Begriff der „Selbstabfüllung" wurde neu eingeführt und wird in § 5 III verwendet. Er soll es aus Gründen der Nachhaltigkeit und Vermeidung von Verpackungsmüll ermöglichen, flüssige lose Waren, wie zB Milch, rechtskonform anzubieten (vgl. Begr. RegE, BR-Drs. 669/21, 31).

Köhler

8. „Unternehmer"

Der Begriff des „Unternehmers" entspricht der Definition in § 2 I Nr. 8 UWG, sodass **9** insoweit die längst geforderte Übereinstimmung der Terminologie in der PAngV mit dem UWG hergestellt wird.

9. „Verbraucher"

Die Verweisung auf den Verbraucherbegriff in § 13 BGB ist insoweit nicht ganz unproblema- **10** tisch, als die Definition in § 2 II UWG nur eine entsprechende Anwendung des § 13 BGB fordert und die Verbraucherdefinition in Art. 2 lit. a UGP-RL (und ihre Auslegung durch den EuGH) unberücksichtigt bleibt.

Abschnitt 2. Grundvorschriften

Pflicht zur Angabe des Gesamtpreises

3 (1) **Wer als Unternehmer Verbrauchern Waren oder Leistungen anbietet oder als Anbieter von Waren oder Leistungen gegenüber Verbrauchern unter Angabe von Preisen wirbt, hat die Gesamtpreise anzugeben.**

(2) **¹Soweit es der allgemeinen Verkehrsauffassung entspricht, sind auch die Verkaufs- oder Leistungseinheit und die Gütebezeichnung anzugeben, auf die sich die Preise beziehen. ²Auf die Bereitschaft, über den angegebenen Preis zu verhandeln, kann hingewiesen werden, soweit es der allgemeinen Verkehrsauffassung entspricht und Rechtsvorschriften nicht entgegenstehen.**

(3) **Wird ein Preis aufgegliedert, ist der Gesamtpreis hervorzuheben.**

Übersicht

I. Vorbemerkung

§ 3 ist am 28.5.2022 in Kraft getreten. Die Neuregelung übernimmt (1) in Abs. 1 die **1** bisherige Regelung in § 1 I 1 aF unter Verwendung der Begriffsbestimmungen in § 2; (2) in Abs. 2 unverändert die bisherige Regelung in § 1 I 2 aF; (3) in Abs. 3 die bisherige Regelung in § 1 VII 3 aF in einer eindeutigeren Fassung.

II. Pflicht zur Angabe der Gesamtpreise (§ 3 I)

1. Wortlaut und Zweck der Norm

2   Nach § 3 I 1 hat, wer als Unternehmer Verbrauchern Waren oder Leistungen anbietet oder als Anbieter von Waren oder Leistungen gegenüber Verbrauchern unter Angabe von Preisen wirbt, die Gesamtpreise anzugeben. Zweck dieser Grundnorm der PAngV ist es, den Verbraucher besser zu informieren und ihm einen Preisvergleich zu erleichtern (vgl. Art. 1 Preisangaben-RL). Preisangaben sollen durch eine sachlich zutreffende und vollständige Verbraucherinformation Klarheit über die Preise und ihre Gestaltung gewährleisten. Zugleich soll verhindert werden, dass der Verbraucher seine Preisvorstellungen anhand untereinander nicht vergleichbarer Preise gewinnen muss (BGH WRP 2015, 1464 Rn. 18 – Der Zauber des Nordens; WRP 2019, 724 Rn. 13 – Kaffeekapseln; GRUR 2022, 1163 Rn. 46 – Grundpreisangabe im Internet). Der Verbraucher soll also nicht selbst den letztlich zu zahlenden Preis ermitteln müssen. Zu Einzelheiten → Vor § 1 Rn. 2.

2. Verhältnis zum Unionsrecht, insbes. zur Verbraucherrechte-RL

3   Allg. zum Verhältnis der PAngV zum Unionsrecht → Vor § 1 Rn. 9 ff. § 3 I dient nicht der Umsetzung des Art. 5 I lit c Verbraucherrechte-RL, zumal diese Bestimmung nicht unmittelbar an das „Anbieten" von Waren oder Dienstleistungen anknüpft. Davon zu unterscheiden sind die vorvertraglichen Preisinformationspflichten der Verbraucherrechte-RL, die in ihrem (begrenzten) Anwendungsbereich und ihrer Umsetzung in Art. 246 Nr. 3 EGBGB und in Art. 246a § 1 Nr. 4, § 2 I Nr. 2, § 3 Nr. 3 EGBGB Vorrang vor der Preisangaben-RL und damit auch vor dem § 3 I haben.

3. Begriff der Waren und Leistungen

4   § 3 I bezieht sich unterschiedslos auf Waren und Leistungen. Jedoch ist es im Hinblick auf die bei der Auslegung zu beachtenden unterschiedlichen Regelungen des Unionsrechts notwendig, sorgfältig zwischen Waren und Dienstleistungen zu unterscheiden (vgl. EuGH GRUR 2016, 945 – Citroën Commerce; dazu Köhler GRUR 2016, 891).

5   Der Begriff der **Waren** beschränkt sich, entspr. dem Schutzzweck der PAngV (→ Vor § 1 Rn. 2), nicht auf bewegliche Sachen, sondern erstreckt sich auch auf **Immobilien** (BGH GRUR 1982, 493 – Sonnenring). Das entspricht zwar der Regelung in Art. 2 lit. c UGP-RL („Immobilien") und in § 2 I Nr. 1 Hs. 2 UWG („als Waren gelten auch Grundstücke"), nicht jedoch dem Begriff der „Erzeugnisse" iSd Art. 1 Preisangaben-RL, wie sich aus der engl. und franz. Fassung dieser Richtlinie („products"; „produits") ergibt. Als Waren gelten nach § 2 I Nr. 1 Hs. 2 UWG auch **digitale Inhalte** (§ 327 II 1 BGB) sowie nach § 14 I auch **Elektrizität, Gas, Fernwärme** und **Wasser** (OLG Hamm WRP 2017, 1123 Rn. 36; vgl. Art. 5 II Verbraucherrechte-RL).

6   Unter **Leistungen** sind **Dienstleistungen,** also **selbständige Tätigkeiten,** die idR **gegen Entgelt** erbracht werden, insbes. gewerbliche, kaufmännische, handwerkliche und freiberufliche Tätigkeiten, zu verstehen (vgl. Art. 57 S. 1 und 2 AEUV; Art. 4 Nr. 1 Dienstleistungs-RL). Dazu gehören auch Telekommunikationsdienstleistungen (BGH GRUR 2003, 971 (972) – Telefonischer Auskunftsdienst) und Leasingangebote. Nach § 2 I Nr. 2 Hs. 2 UWG gelten ganz allgemein auch Rechte und Verpflichtungen als Dienstleistungen. Zu **Verbraucherdarlehen** vgl. §§ 16–19. – Auf die Werbung um **Spenden,** selbst wenn darin das Angebot einer Dienstleistung enthalten ist (→ UWG § 2 Rn. 41), ist die PAngV nicht anwendbar, da dafür kein „Preis" verlangt wird (aA Voigt WRP 2007, 44: Kostenquote als „Preis").

4. Begriff des Anbietens und des Werbens unter Angabe von Preisen

7   **a) In Bezug auf Waren.** Der Begriff des **Anbietens** unter Angabe von Preisen ist, soweit es **Waren** iSv von „Erzeugnissen" betrifft, **richtlinienkonform** am Maßstab der Art. 1, 2 und 3 Preisangaben-RL in deren Auslegung durch den EuGH auszulegen (EuGH GRUR 2016, 945 Rn. 30, 47 – Citroën Commerce; BGH WRP 2017, 296 Rn. 12 – Hörgeräteausstellung; OLG Hamm WRP 2017, 1126 Rn. 30). Die gleichen Maßstäbe haben jedoch auch für Grundstücke und digitale Inhalte zu gelten.

Ein **Anbieten** von Waren unter Angaben von Preisen iSd § 3 I setzt in richtlinienkonformer 8
Auslegung demnach voraus, dass dem Verbraucher die **Besonderheiten eines Erzeugnisses**
und ein **Preis, der aus der Sicht eines normal informierten, angemessen aufmerksamen
und verständigen Durchschnittsverbrauchers dem Verkaufspreis dieses Erzeugnisses
gleichkommt,** genannt werden, so dass er davon ausgehen kann, dass der Gewerbetreibende
bereit ist, ihm dieses Erzeugnis zu den genannten Konditionen zu verkaufen (EuGH GRUR
2016, 945 Rn. 30, 47 – Citroën). Maßstab ist die Sichtweise des normal informierten, angemessen aufmerksamen und verständigen Durchschnittsverbrauchers. Dagegen ist die Angabe des
Datums, bis zu dem der Preis gültig ist, nicht stets (so aber wohl BGH WRP 2017, 296 Rn. 12 –
Hörgeräteausstellung – im Anschluss an EuGH GRUR 2016, 945 Rn. 32 – Citroën Commerce), sondern nur dann erforderlich, wenn der angegebene Preis nur befristet gelten soll. (Eine
Befristung war lediglich in der konkreten Werbung enthalten, über die der EuGH zu befinden
hatte.) Jedoch steht die bisherige Auslegung des Begriffs des Anbietens durch den BGH damit in
Einklang und kann zur weiteren Konkretisierung beitragen. Danach umfasst der Begriff des
Anbietens nicht nur Vertragsangebote iSd § 145 BGB, sondern darüber hinaus **jede Erklärung
eines Unternehmers, die im Verkehr in einem rein tatsächlichen Sinne als Angebot
verstanden wird,** mag dieses auch noch rechtlich unverbindlich sein. Die Erklärung muss
gezielt auf den Absatz eines bestimmten Produkts gerichtet sein (BGH WRP 2014, 435
Rn. 8 – DER NEUE). Es darf allerdings nicht jede Erklärung, mit der sich ein Unternehmer
zwecks Verkaufs seiner Ware an den Kunden wendet und seine Bereitschaft zum Abschluss eines
Vertrages zum Ausdruck bringt, als „Anbieten" verstanden werden. Vielmehr kommt es darauf
an, ob die **Ankündigung ihrem Inhalt nach so konkret gefasst ist, dass sie nach der
Auffassung des Verkehrs den Abschluss eines Geschäfts auch aus der Sicht des Kunden
ohne weiteres zulässt** (BGH WRP 2013, 182 Rn. 16 – Traum-Kombi; WRP 2014, 435
Rn. 8 – DER NEUE). Dazu gehört die Angabe eines Preises, der aus Sicht des Verbrauchers
erkennen lässt, welche Gegenleistung der Unternehmer für die angebotene Ware fordert und
welche tatsächliche finanzielle Belastung damit auf ihn zukommt.

Der Begriff des **Werbens** unter Angabe von Preisen iSd § 3 I ist ebenfalls richtlinienkonform 9
am Maßstab des Art. 3 IV Preisangaben-RL („Werbung, bei der der Verkaufspreis ... genannt
wird") in dessen Auslegung durch den EuGH auszulegen. Dieses Tatbestandsmerkmal ist sonach
nur dann erfüllt, wenn die Werbung unter Berücksichtigung ihrer sämtlichen Merkmale, nämlich
der Besonderheiten des beworbenen Erzeugnisses, als ein „Angebot" zu verstehen ist (EuGH
GRUR 2016, 945 Rn. 30, 47 – Citroën; OLG Stuttgart WRP 2018, 1131 Rn. 9). Letztlich
besteht daher kein sachlicher Unterschied zwischen beiden Formen der Kundenansprache. Die
Unterscheidung ist historisch bedingt: Unter Anbieten wurde die unmittelbare Ansprache des
Kunden in Gestalt des Feilhaltens von Waren in einem Geschäftslokal, unter einer Werbung das
Angebot von Waren an das Publikum in Zeitungsanzeigen, Prospekten, Katalogen usw. verstanden. Die Abgrenzung von Anbieten und Werben ist nur deshalb von Bedeutung, weil bei
bloßer Werbung **ohne** Angabe von Preisen die Angabe des Gesamtpreises nicht erforderlich ist.
Nicht um ein Angebot, sondern um eine bloße Werbung handelt es sich daher, wenn es noch
ergänzender Angaben und weiterer Verhandlungen bedarf, um ein Geschäft zum Abschluss zu
bringen (BGH GRUR 2004, 960 (961) – 500 DM-Gutschein für Autokauf mwN; OLG Frankfurt WRP 2014, 342 Rn. 5). Wirbt der Kaufmann aber unter Angabe von Preisen, muss er grds.
vollständige Angaben machen (BGH GRUR 1999, 264 (267) – Handy für 0,00 DM; OLG
Schleswig WRP 2007, 1127 (1128)).

Beispiele: Angebot bzw. Werbung unter Angabe von Preisen bejaht: Immobilienwerbung mit der 10
Angabe des qm-Preises oder der monatlichen Belastung (BGH GRUR 1982, 493 (494) – Sonnenring;
GRUR 1983, 665 – qm-Preisangaben I; GRUR 1988, 699 – qm-Preisangaben II; WRP 1980, 414; 1980,
694) oder mit der Angabe „20 % Eigenkapital = DM 51 500 ..." (OLG Stuttgart WRP 1980, 508; WRP
1981, 119; OLG Nürnberg WRP 1983, 579). – „Angebote" zum Verkauf gegen Mindest- oder Höchstgebot
eines Bieters im Rahmen einer Internet-Versteigerung (zB eBay). – Werbung für Waren mit alten durchgestrichenen Preisen und mit einer blickfangmäßig herausgestellten Preisherabsetzung „von bis zu ca. ... %"
(BGH GRUR 1991, 685 (686) – Zirka-Preisangabe).

Angebot bzw. Werbung unter Angabe von Preisen verneint: Gemeinschaftsanzeige von Händlern, in 11
der lediglich die unverbindliche Preisempfehlung des Herstellers genannt und ein Hinweis beigefügt ist, dass
die „individuellen Endpreise" erst bei den Händlern zu erfahren seien, weil nicht den Schluss zulässt, der
Händler werde die Ware „ungefähr" zu diesem Preis verkaufen (BGH WRP 2014, 435 Rn. 15 – DER
NEUE). – Ausstellung eines Fahrzeugs auf einer Automesse (IAA), die von Verbrauchern als bloße Leistungs-
schau angesehen wird (OLG Frankfurt WRP 2014, 342). – Werbeanzeige mit der Abbildung und Beschrei-

bung eines Farbfernsehers mit dem Zusatz „Preis auf Anfrage" (OLG Stuttgart WRP 1989, 277; aA LG München I K&R 2015, 424). – Werbung für eine Immobilie, die kein Angebot und auch keine Preisangabe enthält und nur den Preis als Verhandlungsgegenstand (Preis VB) bezeichnet (KG GRUR 1983, 667).

12   Der Begriff der **„Aufforderung zum Kauf"**, wie ihn Art. 7 IV lit. c UGP-RL verwendet, lässt sich im Hinblick auf die Citroën-Entscheidung des EuGH (EuGH GRUR 2016, 945 Rn. 46 – Citroën Commerce) nicht mehr unmittelbar zur Auslegung des § 3 I in Bezug auf **Waren** heranziehen. Ob allerdings die Anwendung der Begriffe des „Anbietens" und der „Werbung unter Angabe des Verkaufspreises" in deren Auslegung durch den EuGH zu einem gänzlich anderen Ergebnis führen würde, als er sich aus der Definition der „Aufforderung zum Kauf" in Art. 2 lit. i UGP-RL und deren Auslegung durch den EuGH (EuGH WRP 2012, 189 Rn. 28 f. – Ving Sverige) ergibt, ist fraglich. Jedenfalls ist der Begriff der „Aufforderung zum Kauf" auch im Hinblick auf Waren heranzuziehen, soweit Art. 7 IV lit. c UGP-RL nicht durch Art. 3 IV Preisangaben-RL verdrängt wird (→ Vor § 1 Rn. 11). Soweit es **Dienstleistungen** betrifft, ist der Rspr. zufolge ohnehin Art. 7 IV lit. c UGP-RL bei der Auslegung des § 3 I zugrunde zu legen (→ Rn. 13; EuGH WRP 2012, 189 Rn. 28 f. – Ving Sverige; BGH WRP 2016, 581 Rn. 28 – Wir helfen im Trauerfall).

13   Das „Werben unter Angabe von Preisen" stellt im Verhältnis zum „Anbieten" kein Aliud, sondern ein Minus im Sinne einer Vorstufe dar. Daher stellt ein Anbieten in diesem Zusammenhang regelmäßig auch eine Werbung dar (BGH GRUR 2009, 982 Rn. 9 – Dr. Clauder's Hufpflege). Sichert ein Vertragsstrafeversprechen daher (nur) das Unterlassen einer Werbung unter Verstoß gegen die PAngV, so erstreckt es sich auch auf den Fall des Anbietens.

14   **b) Anbieten von Leistungen und Werben für Leistungen unter Angabe von Preisen.** Der Begriff des Anbietens und des Werbens unter Angabe von Preisen iSd § 3 I ist, soweit es **Leistungen** betrifft, nach der Rspr. richtlinienkonform am Maßstab des Art. 7 IV lit. c UGP-RL und damit anhand des Begriffs der **„Aufforderung zum Kauf"** anhand seiner Definition in Art. 2 lit. i UGP-RL auszulegen (vgl. BGH WRP 2015, 1464 Rn. 21, 30, 37 – Der Zauber des Nordens; WRP 2016, 581 Rn. 28 – Wir helfen im Trauerfall). Eine solche Aufforderung liegt nach der Rspr. dann vor, wenn der Verkehr über das beworbene Produkt und dessen Preis hinreichend informiert ist, um eine geschäftliche Entscheidung treffen zu können, ohne dass die kommerzielle Kommunikation auch eine tatsächliche Möglichkeit bieten muss, das Produkt zu kaufen, oder dass sie im Zusammenhang mit einer solchen Möglichkeit steht (vgl. EuGH GRUR 2011, 930 Rn. 28 und 33 – Ving Sverige; BGH GRUR 2015, 1240 Rn. 37 – Der Zauber des Nordens; WRP 2016, 581 Rn. 28 – Wir helfen im Trauerfall). Maßgebend ist, ob die Werbung es dem Verbraucher ermöglicht, dem Angebot des Werbenden näherzutreten (BGH WRP 2016, 581 Rn. 29 – Wir helfen im Trauerfall).

15   Dieser Rspr. liegt die Annahme zugrunde, dass (jetzt) § 3 I der Umsetzung des Art. 7 IV lit. c UGP-RL dient. Allerdings ist Art. 7 IV lit. c UGP-RL korrekt und vollständig bereits in (jetzt) § 5b I Nr. 3 UWG umgesetzt worden. Es stellt sich daher die Frage, ob daneben noch Raum für eine Anwendung des § 3 I ist, soweit es Dienstleistungen betrifft (bejahend OLG Stuttgart WRP 2018, 1248 Rn. 11 ff.; Büscher/Schilling PAngV aF § 1 Rn. 24; verneinend Köhler GRUR 2016, 891 (897/898)). Das mag man mit der Begründung bejahen, dass § 3 I–III in Bezug auf Dienstleistungen zur weiteren Konkretisierung der Umsetzung des Art. 7 IV lit. c UGP-RL beiträgt. Unterschiede im Ergebnis sind dabei nicht zu erwarten. Jedenfalls sind auf einen Verstoß gegen § 3 nicht mehr wie bisher § 3a UWG, sondern die § 5a I UWG, § 5b IV UWG anzuwenden (vgl. BGH GRUR 2022, 930 Rn. 23 – Knuspermüsli II).

16   **Beispiele: Angebot bzw. Werbung unter Angabe von Preisen bejaht: Werbespots** für gebührenpflichtige Telekommunikationsdienstleistungen können Angebote iSd § 3 I sein und daher zur Preisangabe verpflichten (OLG Schleswig MMR 2002, 55 (56)). Dabei ist aber wegen §§ 10 IV, 12 III zwischen Hörfunk- und Bildschirmwerbung zu unterscheiden (BGH GRUR 2003, 971, 972 – Telefonischer Auskunftsdienst). – Werbung mit **„ab"**-Preisen (BGH WRP 2015, 1464 Rn. 36 – Der Zauber des Nordens). – Werbung eines **Telefon-Anbieters** mit der für Wochenenden und Feiertage geltenden Angabe „Telefonieren für 0 Cent" und der Mitteilung des Betrags, um den sich der monatliche Grundpreis dadurch erhöht. Der Werbende muss in diesem Fall auch das Bereitstellungsentgelt und die monatlich anfallenden Grundgebühren angeben (BGH GRUR 2009, 73 Rn. 16 ff. – Telefonieren für 0 Cent!).

17   **c) Beschränkung der Preisangabe auf den jeweiligen Vertragsgegenstand.** Der Verbraucher soll wissen, mit welcher tatsächlichen wirtschaftlichen Belastung er rechnen muss, wenn er sich für ein Angebot entscheidet (vgl. BGH GRUR 2009, 73 Rn. 21 – Telefonieren für 0

Cent!). Maßgebend ist der Gegenstand des jeweils abzuschließenden Vertrages. Handelt es sich um **Waren** („Erzeugnisse"), ist zu unterscheiden: Bezieht sich das Angebot auf **„eine Produkteinheit oder eine bestimmte Erzeugnismenge"** iSd Art. 2 lit. a Preisangaben-RL, so ist dafür der Endpreis anzugeben. Kann der Verbraucher dagegen die angebotenen Produkte einzeln erwerben, so ist grds. der Endpreis für jedes einzelne Produkt anzugeben.

Werden **Leistungen** angeboten, so ist bei einer **Mehrzahl** von Leistungen danach zu unterscheiden, ob sie einzeln erworben werden können oder ob es sich um ein **einheitliches Leistungsangebot** handelt, das Gegenstand eines einheitlichen Vertragsschlusses ist. Das beurteilt sich nicht aus der Sicht des Werbenden, sondern aus der Sicht der angesprochenen Verkehrskreise (BGH GRUR 2009, 73 Rn. 18, 23 – Telefonieren für 0 Cent!; GRUR 2010, 744 Rn. 30 – Sondernewsletter). **18**

Ein einheitliches Waren- und/oder Leistungsangebot liegt idR jedenfalls dann vor, wenn Waren und/oder Leistungen nur zusammen erworben werden können oder wenn die Inanspruchnahme der beworbenen Leistung zwangsläufig die Inanspruchnahme einer anderen Leistung voraussetzt (BGH GRUR 1991, 845 (846) – Nebenkosten; GRUR 2009, 73 Rn. 23 – Telefonieren für 0 Cent!; GRUR 2010, 744 Rn. 30 – Sondernewsletter; WRP 2016, 581 Rn. 38 – Wir helfen im Trauerfall). Maßgebend ist das unmittelbar angebotene oder beworbene Erzeugnis in der Sichtweise des angesprochenen Verkehrs (OLG Hamm WRP 2017, 858 Rn. 44). Bei solchen **kombinierten Angeboten,** die als einheitliches Angebot und Gegenstand eines einheitlichen Vertragsschlusses erscheinen, ist grds. ein sich auf das einheitliche Angebot beziehender Gesamtpreis anzugeben (BGH GRUR 2009, 73 Rn. 18 – Telefonieren für 0 Cent!). Das ist zB anzunehmen: beim Bereitstellen und Vorhalten eines Telefonanschlusses sowie einem Zusatztarif für die Möglichkeit kostenloser Gesprächsvermittlung an Wochenenden und Feiertagen (BGH GRUR 2009, 73 Rn. 22 – Telefonieren für 0 Cent!); beim (nahezu) kostenlosen Angebot eines Mobiltelefons, um den Kunden dazu zu veranlassen, weitreichende vertragliche Bindungen, wie zB Netzkartenverträge, einzugehen (BGH GRUR 2008, 729 Rn. 16 – Werbung für Telefondienstleistungen im Anschluss an BGHZ 139, 368 (376 ff.) = GRUR 1999, 264 (267) – Handy für 0,00 DM); beim Angebot eines Möbelstücks, zB Polstermöbel; Wohnwände (OLG Hamm WRP 2017, 858 Rn. 44; OLG Hamm WRP 2017, 1126 Rn. 38). Der mit Preisen Werbende ist verpflichtet, die für den Verbraucher mit dem Abschluss eines Netzkartenvertrages verbundenen Kosten (zB Grundgebühr, variable Kosten, Anschlusspreis, monatlicher Mindestgesprächsumsatz, Mindestvertragslaufzeit) hinreichend deutlich, dh deutlich lesbar oder sonst gut wahrnehmbar, kenntlich zu machen (BGH GRUR 2009, 1180 Rn. 26 - 0,00 – Grundgebühr; NJOZ 2006, 1483 Rn. 18). Dagegen besteht keine Verpflichtung, einen Mobilfunktarif dahingehend aufzuschlüsseln, dass neben den Leistungen für das Telefonieren, der Internetflatrate und dem Versenden von SMS auch der sog Handyzuschlag (Finanzierung des zu einem geringen Preis zur Verfügung gestellten Smartphones) gesondert aufgeführt wird (OLG Celle GRUR-RR 2015, 152). Wird für einen Telefonanschluss und eine Internet-Flatrate geworben und ist dafür ein Kabelanschluss erforderlich, muss ein hinreichend deutlicher Hinweis erfolgen, dass dafür monatliche Gebühren und eine einmalige Installationspauschale anfallen (BGH GRUR 2010, 744 Rn. 33 – Sondernewsletter; WRP 2011, 873 Rn. 27 ff. – Leistungspakete im Preisvergleich). Denn die PAngV soll verhindern, dass ein Unternehmer mit der besonderen Preisgünstigkeit eines Preisbestandteils blickfangmäßig wirbt, weitere Preisbestandteile dagegen verschweigt oder in der Darstellung untergehen lässt (BGH GRUR 2010, 744 Rn. 35 – Sondernewsletter). Die Angaben über die Kosten des Netzzugangs müssen daher räumlich eindeutig dem blickfangmäßig herausgestellten Preis für das Mobiltelefon zugeordnet sowie gut lesbar und grds. vollständig sein (BGH GRUR 1999, 264 (267) – Handy für 0,00 DM; NJWE-WettbR 2000, 232 (233) – Handy „fast geschenkt" für 0,49 DM). – Steht nicht von vornherein fest, ob der Kunde eine bestimmte Leistung aus dem Leistungspaket benötigt, so muss der Unternehmer die dafür anfallenden Kosten zwar nicht in den Gesamtpreis einbeziehen. Wohl muss er aber diese Kosten auf andere Weise hinreichend deutlich iSv (jetzt) § 1 III Nr. 2 kennzeichnen (BGH GRUR 2010, 744 Rn. 30–33 – Sondernewsletter; WRP 2011, 873 Rn. 27 ff. – Leistungspakete im Preisvergleich). Das ist zB anzunehmen bei einer Werbung mit Preisen für einen Telefon-Tarif oder eine Internet-Flatrate, wenn für ihre Nutzung Kosten für einen Kabelanschluss anfallen, GRUR 2010, 744 Rn. 31 – Sondernewsletter; WRP 2011, 873 Rn. 28 – Leistungspakete im Preisvergleich). Der Preisangabenpflicht ist nicht Genüge getan, wenn der Unternehmer mit der bes. Preiswürdigkeit des einen Angebotsteils wirbt, aber den Preis für das obligatorische Komplementärangebot verschweigt oder in der Darstellung untergehen lässt, so dass ein unzutreffender Eindruck über die Preiswürdigkeit des gekoppelten Angebots entsteht **19**

(BGH GRUR 1999, 264 (267) – Handy für 0,00 DM; GRUR 2009, 73 Rn. 25 – Telefonieren für 0 Cent!).

20 **Kein einheitliches Waren- und/oder Leistungsangebot** bilden Produkte, bei denen es sich nach Auffassung der angesprochenen Verkehrskreise um selbstständige Leistungsgegenstände handelt, die nur auf Grund des Abschlusses mehrerer Verträge mit den jeweiligen Anbietern zu erhalten sind (OLG Karlsruhe GRUR-RR 2004, 86). Nicht einzubeziehen sind idR auch Produkte, die lediglich für die Verwendung der angebotenen oder beworbenen Produkte **erforderlich** oder mit diesen **kompatibel** sind und lediglich Gegenstand möglicher Folgegeschäfte sind. Dazu gehören zB Verbrauchsmaterialien, Zubehör- und Ersatzteile, Kundendienstleistungen und Leistungen, die mittels der angebotenen oder beworbenen Produkte in Anspruch genommen werden können (BGH GRUR 2008, 729 Rn. 15 – Werbung für Telefondienstleistungen; GRUR 2009, 73 Rn. 17 – Telefonieren für 0 Cent!; GRUR 2010, 744 Rn. 29 – Sondernewsletter). Dies gilt auch dann, wenn der Unternehmer diese Leistungen in seinem Angebot hat und mittelbar mitbewirbt (BGH GRUR 2009, 73 Rn. 17 – Telefonieren für 0 Cent!; GRUR 2010, 744 Rn. 29 – Sondernewsletter).

5. Angabe des „Gesamtpreises"

21 **a) Begriff.** Unter **„Gesamtpreis"** ist nach der Definition in § 2 Nr. 3 der Preis zu verstehen, der einschließlich der **Umsatzsteuer** und **sonstiger Preisbestandteile** für eine Ware oder Leistung zu zahlen ist und die Gegenleistung in Geld für den Erwerb eines Produkts darstellt (EuGH GRUR 2016, 945 Rn. 37 – Citroën). Es handelt sich also um das tatsächlich zu zahlende Gesamtentgelt (BGH GRUR 1983, 665 (666) – qm-Preisangaben I). Der Gesamtpreis ist genau zu beziffern. Es ist also die Summe aller Einzelpreise anzugeben, die zu bezahlen ist. Daher genügt es nicht, einen **Teilpreis** zu nennen und einen weiteren Betrag anzugeben, den der Kunde hinzurechnen muss, um den Gesamtpreis zu ermitteln (BGH WRP 2015, 1464 Rn. 44 – Der Zauber des Nordens; OLG Köln WRP 2013, 192 Rn. 8; OLG Hamm WRP 2017, 1126 Rn. 41). – Eine Ausnahme kommt allenfalls dann in Betracht, wenn der zusätzlich zu zahlende Preis unschwer erkennbar ist und die Aufspaltung keinen nennenswerten Einfluss auf die Entscheidung des Verbrauchers haben kann (BGH GRUR 2004, 435 (436) – FrühlingsgeFlüge; WRP 2015, 1464 Rn. 45 – Der Zauber des Nordens), wie sich aus dem eigentlich anzuwendenden Unlauterkeitstatbestand des § 5a I 1 Nr. 1 und 2 UWG ergibt. – Auch genügen nicht ungefähre Angaben, wie zB „ca." oder „rund". Beim Verkauf einer Brille durch einen Optiker an das Mitglied einer gesetzlichen Krankenkasse ist der Gesamtpreis das Entgelt, das der Optiker von der Kasse und dem Versicherten insgesamt erhält, der sog Selbstzahlerpreis (BGH NJW-RR 1989, 101 – Brillenpreise I), und zwar nicht nur, wenn der Optiker an Selbstzahler und Mitglieder gesetzlicher Krankenkassen verkauft, sondern auch dann, wenn er Brillen nur an Mitglieder gesetzlicher Krankenkassen abgibt (BGH GRUR 1997, 767 – Brillenpreise II).

22 **b) Angabe des Gesamtpreises einschließlich der Umsatzsteuer.** Der anzugebende Gesamtpreis muss die Umsatzsteuer (Mehrwertsteuer) enthalten. Gegen § 3 I verstößt daher die Angabe des Nettopreises mit dem Zusatz „+ MWSt" ohne gesonderte Nennung des Gesamtpreises. Dementsprechend genügt auch nicht die Angabe des Nettopreises mit dem Hinweis, dass die Mehrwertsteuer noch hinzukomme (BGH GRUR 1979, 553 – Luxus-Ferienhäuser).

23 **c) Angabe des Gesamtpreises einschließlich sonstiger Preisbestandteile.** „Sonstige Preisbestandteile" sind alle **unvermeidbaren und vorhersehbaren Bestandteile** des Preises, die obligatorisch vom Verbraucher zu tragen sind und die Gegenleistung in Geld für den Erwerb des betreffenden Erzeugnisses bilden (EuGH GRUR 2016, 945 Rn. 37 – Citroën Commerce; arg. aus Art. 23 I 2 Luftverkehrsdienste-VO) und die der Verkäufer in die Kalkulation des Gesamtpreises einbezieht. Entscheidend ist, ob die Kosten auf jeden Fall und ohne Wahlmöglichkeit des Kunden anfallen (OLG Bamberg WRP 2021, 776 Rn. 21). Zur bisher umstrittenen Regelung der rückerstattbaren Sicherheiten („Flaschenpfand") in § 7 vgl. BGH WRP 2021, 1290 – Flaschenpfand III und nunmehr EuGH WRP 2023, 916 – VSW/famila-Handelsmarkt Kiel). Dazu gehören auch die Entgelte für Leistungen Dritter, die zwangsläufig in Anspruch genommen werden müssen (OLG Köln GRUR-RR 2014, 298 (299): vom Hotelbetreiber zu zahlende Tourismusabgabe; OLG Frankfurt WRP 2021, 6675 Rn. 20: Service-Gebühr eines Fitnessstudios). Dagegen gehören zu den Preisbestandteilen **nicht** die Entgelte, die auf Grund getrennter Vereinbarungen oder Bestimmungen an Dritte zu zahlen sind (zB Maklerprovisionen; Notargebühren), mögen sie auch vom Anbieter einzuziehen sein (zB Kurtaxen). – Für **Flugrei-**

sen gilt die Spezialregelung in **Art. 23 I Luftverkehrsdienste-VO** (→ Vor § 1 Rn. 16). Die frühere zur PAngV ergangene Rspr. (BGH GRUR 1981, 140 – Flughafengebühr; GRUR 2001, 1166 (1168) – Fernflugpreise; GRUR 2003, 889 (890) – Internet-Reservierungssystem; GRUR 2004, 435 (436) – FrühlingsgeFlüge; WRP 2010, 872 – Costa del Sol) enthält zwar vergleichbare Grundsätze, ist aber überholt.

Beispiele: Ein **Kfz-Einzelhändler** muss bei der Werbung für Kraftfahrzeuge auch die **obligatorischen** **24** **Überführungskosten** in den Gesamtpreis einbeziehen (EuGH GRUR 2016, 945 Rn. 47 – Citroën Commerce; BGH WRP 2014, 1444 – Preis zuzüglich Überführung). Dazu gehören ferner die Kosten für Umrüstung und TÜV-Abnahme in den Gesamtpreis aufnehmen, da der Verkehr solche Nebenkosten nicht als zusätzliche Frachtkosten, sondern als Bestandteile des Gesamtpreises auffasst (BGH GRUR 1983, 443 (445) – Kfz-Endpreis; OLG Düsseldorf VuR 2008, 65; KG WRP 2012, 1424; OLG Köln WRP 2013, 192 Rn. 8). Etwas anderes gilt, wenn der Händler dem Kunden die Wahl zwischen Selbstabholung und Überführung überlässt. In diesem Fall kann er sich darauf beschränken, die Überführungskosten gesondert anzugeben (BGH GRUR 1983, 658 (661) – Hersteller-Preisempfehlung in Kfz-Händlerwerbung). Ist die Höhe der Überführungskosten im Einzelfall unterschiedlich und kann deswegen ein umfassender Gesamtpreis noch nicht angegeben werden (OLG Köln WRP 2013, 192 Rn. 8), müssen jedoch die Preisparameter angegeben werden, wie sich in richtlinienkonformer Auslegung aus Art. 7 IV lit. c UGP-RL ergibt.

Ein **Online-Shop,** der bei jeder Bestellung unabhängig vom Warenwert eine Logistikpauschale für Personal- und Frachtkosten erhebt, verstößt gegen § 3 I, weil es sich dabei nicht um Fracht-, Liefer- oder Zustellkosten iSd § 6 I Nr. 2, sondern um einen sonstigen, in den Gesamtpreis einzubeziehenden Preisbestandteil handelt (OLG Bamberg WRP 2021, 776 Rn. 22 ff.).

Ein **Reiseveranstalter** ist verpflichtet, in seiner Werbung bei der Angabe von Mietpreisen für Ferienwohnungen Gesamtpreise anzugeben, in denen die pauschal und in jedem Fall zu zahlenden Nebenkosten für Strom, Wasser, Gas und Heizung einbezogen sind und ebenso die von vornherein festgelegten Kosten für Bettwäsche und Endreinigung, sofern die Inanspruchnahme dieser Leistungen nicht ausdrücklich freigestellt ist (BGH GRUR 1991, 845 (846) – Nebenkosten; LG München WRP 2008, 273). Ein Reiseveranstalter muss bei der Werbung für Reisen mit Preisangaben auch die zwingend zu zahlende Buchungsgebühr (OLG Karlsruhe WRP 2005, 1188 (1190)) in den Gesamtpreis einbeziehen. Bei Preisaufschlägen für bestimmte Zeiträume sind diese genau einzugrenzen (LG München WRP 2008, 273 (274)) und die Aufschläge müssen in den Gesamtpreis einbezogen werden. Eine Prozentangabe genügt nicht.

Ein **Makler,** der Verbrauchern gegenüber für Wohnungen unter Angabe von Preisen mit der Angabe „x Euro + Garage" wirbt, ohne den Mietpreis für die Garage anzugeben, verstößt wegen der fehlenden Gesamtpreisangabe gegen § 3 I (OLG Köln NZM 2002, 392 (393)).

Werden **Hotelzimmer** im Internet mit einer Preisliste angeboten, dürfen die Preise nicht lediglich in Form einer Spanne „von … bis" angegeben werden (OLG Schleswig WRP 2007, 1127; überholt durch EuGH WRP 2012, 189 – Ving Sverige).

Werden **Werbeverträge** mit einer Laufzeit von mehreren Monaten angeboten, reicht die Angabe des monatlichen Gesamtpreises nicht aus. Anzugeben ist vielmehr der Gesamtpreis bezogen auf die Laufzeit incl MWSt (LG Ulm WRP 2012, 1158).

Eine Sternchenwerbung für eine Kreuzfahrt mit dem Hinweis **„zzgl. Service Entgelt"** verstößt gegen § 3 I iVm § 2 Nr. 3, wenn das Service Entgelt verbindlicher Preisbestandteil ist (BGH WRP 2015, 1464 Rn. 43 – Der Zauber des Nordens; KG WRP 2013, 828 Rn. 8 ff.; OLG Jena GRUR-RR 2014, 294 (295)). Desgleichen eine Preisangabe mit dem Zusatz: **„Zusatzkosten zu den Mietpreisen: Die Endreinigung",** wenn die Höhe dieser Kosten feststeht (OLG Schleswig WRP 2013, 920 Rn. 21).

Ein Angebot im Internet mit der Angabe **„Preis auf Anfrage"** verstößt gegen § 3 I, auch wenn der Unternehmer auf E-Mail-Anfrage des Kunden diesem zeitversetzt den Preis mitteilt (LG München I K&R 2015, 424).

Weitere Preisbestandteile sind **Bearbeitungs-/Verpackungskosten,** wenn der Händler sie in den Gesamtpreis einkalkuliert hat (OLG Hamburg GRUR-RR 2015, 14 Rn. 33 ff.).

Eine **Bank** verstößt gegen § 3 I, wenn sie für ein „Null-Gebühren"-Girokonto damit wirbt, dass der Kunde ein Jahr lang eine kostenlose Unfallversicherung genießt, ohne darüber zu informieren, welche Kosten ab dem zweiten Jahr anfallen usw. (OLG Stuttgart WRP 2018, 1248 Rn. 21 ff.).

Wirbt ein **Fitness-Studio** mit einem Monatspreis von „Euro 29,99 bei 24-Monats-Abo" und im Kleingedruckten „zzgl. 9,99 € Servicegebühren/Quartal", verstößt dies gegen § 3 I (OLG Köln WRP 2021, 661).

d) Ausnahme von der Angabe eines Gesamtpreises. Lässt sich ein umfassender Gesamt- **25** preis auf Grund der Beschaffenheit der Waren oder Dienstleistungen (insbes. wegen der Zeit- und Verbrauchsabhängigkeit einzelner Preiskomponenten) **vernünftigerweise nicht im Voraus berechnen,** können und müssen sie nicht in einen einheitlichen Endpreis einbezogen werden (Umkehrschluss aus § 6 I II; BGH WRP 2016, 581 Rn. 34 – Wir helfen im Trauerfall). In diesem Fall ist aber die **Art der Preisberechnung** anzugeben und es sind die hierbei einzusetzenden Preisparameter nicht nur pauschal zu benennen, sondern auch zu beziffern (zB 0,40 Cent pro km). Dies ergibt sich zwar nicht aus dem Wortlaut des § 3 I, nach der Rspr. soll dies jedoch aus einer richtlinienkonformen Auslegung des § 1 VI 1 aF (jetzt: § 1 III 2) anhand von Art. 7 IV lit. c UGP-RL folgen (BGH WRP 2016, 581 Rn. 31, 38 – Wir helfen im Trauerfall). Diese Auslegung dürfte aber im Hinblick auf die präzise Umsetzung der Vorgaben des Art. 7 IV lit. c UGP-RL in § 5a I, § 5b I Nr. 3 UWG zumindest überflüssig, wenn nicht gar richtlinienwidrig sein. Folgt man dieser Auffassung, so würde sich die Unlauterkeit eines Verstoßes gegen diese Anforderungen dementsprechend nach den Vorgaben des Art. 7 I–III UGP-RL und damit nach § 5a I UWG und nicht nach § 3 I iVm § 3a UWG ergeben (vgl. Köhler WRP 2016, 541 (544); aA jedoch BGH WRP 2016, 581 Rn. 40 – Wir helfen im Trauerfall).

26   **e) Einzelpreise, Preisersparnisse, empfohlene Verkaufspreise.** Eine Werbung unter Angabe von **Einzelpreisen,** aber ohne Gesamtpreisangabe, ist nach § 3 I unzulässig. Die **Angabe einer Preisersparnis** ist für sich allein noch keine Preisangabe, die Rückschlüsse auf den Preis ermöglicht, wenn weder die Höhe der Bezugspreise noch ein Bezugspreis aus der Anzeige ersichtlich oder errechenbar ist (BGH GRUR 1983, 661 (663) – Sie sparen 4.000,– DM für die Angabe „Sie sparen DM 4000,–"). Zahlenmäßige oder prozentuale Angaben über Preisersparnisse in Werbeanzeigen, wie zB die werbende Bezugnahme des Händlers auf eine (nach § 2 II GWB iVm Art. 4 lit. a Vertikal-GVO grds. zulässige) **Preisempfehlung des Herstellers,** sind keine Preisangaben, da sie den Kaufinteressenten nur über die Hersteller-Preisempfehlung, nicht aber über den Preis des Werbenden informieren und daher keinen Preisvergleich ermöglichen (BGH GRUR 1983, 658 (661) – Hersteller-Preisempfehlung in Kfz-Händlerwerbung mAnm Sommerlad; GRUR 1981, 137 (138) – Tapetenpreisempfehlung; GRUR 1980, 108 (109) – … unter empf. Preis). Erst wenn ein Händler den vom Hersteller unverbindlich empfohlenen Preis als seinen eigenen Preis darstellt, verstößt er ohne Gesamtpreisangabe gegen § 3 I (BGH GRUR 1983, 658 (660) – Hersteller-Preisempfehlung in Kfz-Händlerwerbung). Durch die bloße Bezugnahme auf den unverbindlich empfohlenen Preis in einer Werbeanzeige macht sich der Händler den empfohlenen Preis noch nicht zu eigen, es sei denn, dass der Verkehr in dem Inhalt der Anzeige auf Grund ihres Gesamteindrucks eine Einzelpreisangabe des Händlers erblickt (BGH GRUR 1983, 658 (660) – Hersteller-Preisempfehlung in Kfz-Händlerwerbung).

27   **f) Preisvergleiche.** Für Preisangaben im Rahmen von Preisvergleichen, die gem. § 6 II Nr. 2 UWG zulässig sind (→ UWG § 6 Rn. 111 ff., 120 ff.), gelten keine Besonderheiten.

III. Zusätzliche Angaben zum Gesamtpreis (§ 3 II 1)

28   Neben der Angabe des Gesamtpreises verlangt § 3 II 1 zusätzlich („auch") die Angabe der **Verkaufs- und Leistungseinheiten** und der **Gütebezeichnung,** wenn dies der allgemeinen Verkehrsauffassung entspricht. Soweit es sich bei den Verkaufseinheiten um „Maßeinheiten" iSd Art. 2 lit. b Preisangaben-RL und damit um Mengeneinheiten iSd §§ 4, 5 handelt, ist jedoch nach § 4 I aufgrund der Vorgaben in Art. 3 I Preisangaben-RL ohnehin neben dem Gesamtpreis den Grundpreis je Verkaufseinheit anzugeben. – Für Leistungseinheiten gilt Art. 7 IV lit. c UGP-RL unmittelbar in Gestalt des § 5a I, § 5b I Nr. 3 UWG oder nach der Rspr. in richtlinienkonformer Auslegung des (jetzt) § 3 II. Es sind daher nur dann Leistungseinheiten anzugeben, wenn der Gesamtpreis aufgrund der Beschaffenheit der Leistung (zB Zeitabhängigkeit) vernünftigerweise nicht im Voraus berechnet werden kann. Dem entspricht Art. 22 III lit. a Dienstleistungs-RL. – Unter einer Gütebezeichnung sind Gütesiegel und sonstige qualitätsbezogene, standardisierte Bezeichnungen zu verstehen (vgl. BeckOK PAngV/Barth Rn. 46). Ihre Angabe ist entweder spezialgesetzlich vorgeschrieben oder aber sie gehört zu wesentlichen Produktmerkmalen iSd Art. 7 IV lit. a UGP-RL („wesentliche Merkmale des Produkts in dem für das Medium und das Produkt angemessenem Umfang"). Eine richtlinienkonforme Auslegung des § 3 II ist möglich, aber nicht geboten, da Art. 7 IV lit. a UGP-RL in § 5a I, § 5b I Nr. 1 UWG korrekt umgesetzt worden ist.

IV. Bereitschaft zur Verhandlung über den angegebenen Preis (§ 3 II 2)

29   Auf die **Bereitschaft, über den angegebenen Preis zu verhandeln,** kann nach § 3 II 2 hingewiesen werden, soweit es der allgemeinen Verkehrsauffassung entspricht und Rechtsvorschriften nicht entgegenstehen. Nach dem Wegfall des Rabattgesetzes stehen individuellen Preisnachlässen grds. keine rechtlichen Hindernisse mehr entgegen. Jedoch dürfen die näheren Umstände keine Irreführungsgefahr begründen. Zusätze wie „Preis Verhandlungsgrundlage" oder „VB" sind allerdings zulässig (OLG Koblenz WRP 1983, 438; OLG Köln WRP 1983, 639; KG WRP 1983, 639; OLG München WRP 1983, 233; OLG Köln GRUR 1986, 177).

V. Hervorhebung des Gesamtpreises bei Preisaufgliederung (§ 3 III)

Bei einer **Aufgliederung** eines Preise ist der **Gesamtpreis hervorzuheben** (§ 3 III). Diese **30** Verpflichtung war durch Art. 10 Preisangaben-RL gedeckt. Ob dies im Hinblick auf Art. 3 V UGP-RL aF nach dem 12.6.2013 noch zutrifft, bedarf ggf. der Klärung durch den EuGH (zum Streitstand vgl. Barth WRP 2022, 1078 Rn. 20 mN in Fn. 40).

Eine Aufgliederung von Preisen liegt vor, wenn neben dem Gesamtpreis auch **Preisbestand-** **31** **teile** ausgewiesen sind. Dazu gehört aber nicht die Angabe des Grundpreises neben dem Gesamtpreis gem. (jetzt) § 4 I (BGH GRUR 2009, 982 Rn. 12 – Dr. Clauder's Hufpflege). – Die Hervorhebung kann optisch erfolgen (zB durch Fettdruck oder Blickfang) oder durch eine entsprechende Bezeichnung (zB als „Gesamtpreis") erfolgen. Durch die Angabe der Preisbestandteile kann die Preistransparenz verbessert werden, zB durch den (obligatorischen) Ausweis der Umsatzsteuer (§ 2 Nr. 3), des Quadratmeterpreises bei Grundstücken, des Preises für Dienst- oder Handwerkerleistungen. Bei Kopplungsangeboten kann zur Vermeidung einer Irreführung des Verbrauchers eine Aufgliederung sogar notwendig sein (vgl. BGH GRUR 2002, 976 (978) – Kopplungsangebot I). Wird aufgegliedert, so befreit dies selbstverständlich nicht von der Angabe des Gesamtpreises nach den Maßstäben des § 1 III. Unzulässig ist es, neben der nicht hervorgehobenen Gesamtpreisangabe eine Einzelpreisangabe (etwa den qm-Preis beim Angebot einer Immobilie) hervorzuheben (BGH GRUR 2001, 258 (259) – Immobilienpreisangaben). Unzulässig ist es ferner, den nach dem rechnerischen Abzug einer erwarteten staatlichen Vergünstigung sich ergebenden reduzierten Preis im Blickfang in Fettschrift zu nennen, während der vertragsrechtlich maßgebende Gesamtpreis sich nur in kleiner Schrift bei der Sternchen-Auflösung findet (OLG Köln WRP 2010, 156 Ls.). Werden einzelne Preisbestandteile in gleicher Weise hervorgehoben wie der Gesamtpreis, so genügt dies ebenfalls nicht den Anforderungen des § 3 III.

Pflicht zur Angabe des Grundpreises

4 (1) [1] **Wer als Unternehmer Verbrauchern Waren in Fertigpackungen, offenen Packungen oder als Verkaufseinheiten ohne Umhüllung nach Gewicht, Volumen, Länge oder Fläche anbietet oder als Anbieter dieser Waren gegenüber Verbrauchern unter Angabe von Preisen wirbt, hat neben dem Gesamtpreis auch den Grundpreis unmissverständlich, klar erkennbar und gut lesbar anzugeben.** [2] **Auf die Angabe des Grundpreises kann verzichtet werden, wenn dieser mit dem Gesamtpreis identisch ist.**

(2) **Wer als Unternehmer Verbrauchern lose Ware nach Gewicht, Volumen, Länge oder Fläche anbietet oder als Anbieter dieser Waren gegenüber Verbrauchern unter Angabe von Preisen wirbt, hat lediglich den Grundpreis anzugeben.**

(3) **Absatz 1 ist nicht anzuwenden auf**

1. **Waren, die über ein Nenngewicht oder Nennvolumen von weniger als 10 Gramm oder 10 Milliliter verfügen;**
2. **Waren, die verschiedenartige Erzeugnisse enthalten, die nicht miteinander vermischt oder vermengt sind;**
3. **Waren, die von kleinen Direktvermarktern, insbesondere Hofläden, Winzerbetrieben oder Imkern, sowie kleinen Einzelhandelsgeschäften, insbesondere Kiosken, mobilen Verkaufsstellen oder Ständen auf Märkten oder Volksfesten, angeboten werden, bei denen die Warenausgabe überwiegend im Wege der Bedienung erfolgt, es sei denn, dass das Warensortiment im Rahmen eines Vertriebssystems bezogen wird;**
4. **Waren, die im Rahmen einer Dienstleistung angeboten werden;**
5. **Waren, die in Getränke- und Verpflegungsautomaten angeboten werden;**
6. **Kau- und Schnupftabak mit einem Nenngewicht bis 25 Gramm;**
7. **kosmetische Mittel, die ausschließlich der Färbung oder Verschönerung der Haut, des Haares oder der Nägel dienen;**
8. **Parfüms und parfümierte Duftwässer, die mindestens 3 Volumenprozent Duftöl und mindestens 70 Volumenprozent reinen Ethylalkohol enthalten.**

I. Vorbemerkung

1 § 4 trat am 28.5.2022 in Kraft und ersetzt den § 2 aF. – **(1)** Abs. 1 S. 1 übernimmt die bisherige Regelung in § 2 I 1 und 2 aF unter Verwendung der Begriffsbestimmungen des § 2. Außerdem ist der Grundpreis nicht mehr in „unmittelbarer Nähe des Gesamtpreises", sondern neben dem Gesamtpreis „unmissverständlich, klar erkennbar und gut lesbar" anzugeben. **(2)** Abs. 1 S. 2 stimmt mit § 2 I 3 aF überein. **(3)** Abs. 2 entspricht inhaltlich dem bisherigen § 2 II aF. **(4)** Abs. 3 übernimmt die bisherigen Ausnahmeregelungen in § 9 IV und V aF.

II. Pflicht zur Angabe des Grundpreises neben dem Gesamtpreis (§ 4 I 1)

1. Unionsrechtliche Grundlage und Normzweck

2 § 4 I beruht auf Art. 3 I, IV Preisangaben-RL v. 16.2.1998. Nach Art. 7 V UGP-RL iVm Anh. II gilt die in Art. 3 IV Preisangaben-RL geregelte Informationspflicht als wesentlich iSv Art. 7 I UGP-RL. Da die Liste des Anh II nicht abschließend ist, ist auch die für Angebote geltende Informationspflicht nach Art. 3 I Preisangaben-RL als wesentlich anzusehen (BGH WRP 2019, 724 Rn. 13, 32 – Kaffeekapseln). Den Verbrauchern soll durch die Angabe des Grundpreises (definiert in § 2 Nr. 4), der dem Preis je Maßeinheit iSd Art. 1–3 Preisangaben-RL entspricht, im Interesse der Preisklarheit eine leichtere Übersicht über die Preisgestaltung für vergleichbare Warenangebote in unterschiedlichen Quantitäten und damit eine vereinfachte Möglichkeit zum Preisvergleich verschafft werden (vgl. ErwGr. 6 Preisangaben-RL; BGH GRUR 2014, 576 Rn. 20 - 2 Flaschen GRATIS; WRP 2019, 724 Rn. 18 = GRUR 2019, 641 – Kaffeekapseln).

2. Tatbestandsvoraussetzungen des § 4 I 1

3 **a) Grundsatz.** Bietet ein Unternehmer Verbrauchern bestimmte, näher bezeichnete Waren (→ Rn. 4) an oder wirbt er als Anbieter dieser Waren unter Angabe von Preisen, so hat er nach § 4 I 1 **neben dem Gesamtpreis** (§ 2 Nr. 3) auch den **Grundpreis** (iSd § 2 Nr. 4) unmissverständlich, klar erkennbar und gut lesbar (→ Rn. 6) anzugeben. Der Begriff des Angebots ist wie in § 3 I und damit iSd Art. 1 Preisangaben-RLzu verstehen (EuGH GRUR 2016, 945 Rn. 30 – Citroën; BGH WRP 2013, 182 Rn. 16 – Traum-Kombi). Einer Hervorhebung des Gesamtpreises gem. § 3 III bedarf es nicht, weil bei der Angabe von Grund- und Gesamtpreis keine Aufgliederung der Preise vorliegt (BGH GRUR 2009, 982 Rn. 12 – Dr. Clauder's Hufpflege).

4 **b) Einzelheiten.** Die Verpflichtung gilt für das Anbieten und das Werben unter Angabe von Preisen von Waren in **Fertigpackungen** (§ 2 Nr. 2), **offenen Packungen** (§ 2 Nr. 6) oder als **Verkaufseinheiten** (iSd § 42 II Nr. 1 MessEG) **ohne Umhüllung** nach **Gewicht, Volumen, Länge** oder **Fläche**. Nach Art. 9 I lit. e LMIV (früher: §§ 6, 7 FPV) besteht eine Pflicht zur Angabe der Nettofüllmenge eines Lebensmittels. Für andere als flüssige Lebensmittel (zB Kaffeekapseln) ist nach Art. 23 I lit. b LMIV die Nettofüllmenge in Masseeinheiten anzugeben (zB Kaffeepulver grds. nach dem Gewicht). Die Ausnahmevorschrift des Art. 23 III LMIV iVm Anh. IX Nr. 1 lit. c LMIV betrifft nur Kaffeepulver, nicht Kaffeekapseln (BGH WRP 2019, 724 Rn. 22, 23 – Kaffeekapseln). In Kaffeekapseln angebotenes Kaffeepulver wird daher iSv § 4 I 1 nach **Gewicht** angeboten. Besteht aber eine Pflicht zur Angabe der Füllmenge nach Gewicht, kann sich ein Anbieter der Verpflichtung zur Grundpreisangabe bereits in der Werbung mit der Angabe von Preisen nicht dadurch entziehen, dass er das Gewicht der Ware nicht angibt, sondern bspw. die Ware nach der Stückzahl der Verpackungen anbietet (BGH WRP 2019, 724 Rn. 18 – Kaffeekapseln). – Zur Abgabe von Nahrungsergänzungsmitteln in Tablettenform vgl. OLG Köln BeckRS 2019, 16260 und in Kapseln vgl. BGH WRP 2023, 961 Rn. 50 ff. – Aminosäurekapseln.

§ 4 I 1 begründet in seinem Anwendungsbereich (eingeschränkt durch § 4 III; → Rn. 8 ff.) **5** sonach eine Pflicht zur **doppelten Preisangabe,** und zwar zur Angabe des Gesamtpreises gem. § 3 I und daneben zur Angabe des Grundpreises (vgl. BGH GRUR 2014, 576 Rn. 20 - 2 Flaschen GRATIS). Dabei sind gratis hinzugegebene Warenmengen ebenfalls einzubeziehen, da der verständige Durchschnittsverbraucher dies erwartet (BGH GRUR 2014, 576 Rn. 26 - 2 Flaschen GRATIS).

Der Unternehmer hat **neben** dem Gesamtpreis auch den Grundpreis **unmissverständlich, 6 klar erkennbar und gut lesbar** anzugeben. Dies entspricht der Anforderung nach Art. 4 I 1 Preisangaben-RL und weitgehend der Vorgabe nach § 1 III 1 Nr. 2. Damit ist der Verordnungsgeber (vgl. Begr. RegE, BR-Drs. 669/21, 30) der Kritik am bisherigen Erfordernis der Angabe des Grundpreises in **unmittelbarer Nähe** des Gesamtpreises (§ 2 I 1 aF) gefolgt (vgl. Köhler WRP 2013, 723 (727); OLG Hamburg WRP 2021, 88 Rn. 3; aA BGH WRP 2022, 977 Rn. 47 – Grundpreisangabe im Internet). – **Unmissverständlich** bedeutet, dass der Durchschnittsverbraucher keinen Zweifel hat, dass eine bestimmte Angabe den Grundpreis wiedergibt. – **Klar erkennbar** bedeutet, dass der Durchschnittsverbraucher den Grundpreis im Angebot oder in der Werbung mit Preisen ohne Schwierigkeiten erkennen und „anhand einfacher Vergleiche fundierte Entscheidungen" treffen kann (vgl. ErwGr. 6 Preisangaben-RL). – **Gut lesbar** bedeutet, dass der Durchschnittsverbraucher die Grundpreisangabe mit normaler Sehkraft aus angemessener Entfernung ohne Hilfsmittel und ohne Mühe lesen kann (vgl. BGH GRUR 2013, 850 Rn. 13 – Grundpreisangabe im Supermarkt mwN). Von einer pauschalen Bezugnahme auf die DIN 1450 hat der Verordnungsgeber – ebenso wie der BGH – aus guten Gründen abgesehen (vgl. Begr. RegE, BR-Drs. 669/21, 33/34). – Problematisch ist nur, wie das Wort **„neben"** zu verstehen ist, nämlich iSv „zusätzlich" oder iS einer „räumlichen Nähe". Der BGH geht mit ausführlicher Begründung in seiner Entscheidung „Grundpreisangabe im Internet" von der zweiten Bedeutung aus. Damit kann er an seine frühere Entscheidung „Dr. Clauder's Hufpflege" anknüpfen, dass der Durchschnittsverbraucher jedenfalls in der Lage sein muss, **beide Preise auf einen Blick** wahrzunehmen (BGH GRUR 2009, 982 Rn. 12 – Dr. Clauder's Hufpflege; WRP 2022, 977 Rn. 34–48 – Grundpreisangabe im Internet; GRUR 2023, 585 Rn. 63 – Mitgliederstruktur; dazu eingehend Barth WRP 2022, 1078 Rn. 6 ff.; Buchmann/Sauer WRP 2023, 893 Rn. 10 ff.). Jedenfalls ist es unzulässig, wenn der Grundpreis im Online-Handel nur durch einen separaten Link anwählbar oder nur durch das Mouse-Over-Verfahren anwählbar ist oder wenn im stationären Handel eine Liste mit Grundpreisen an einem anderen Ort ausgehängt ist (BR-Drs. 669/21, 30).

III. Pflicht zur Angabe lediglich des Grundpreises bei loser Ware (§ 4 II)

Für **lose Ware** (§ 2 Nr. 5), die der Unternehmer nach Gewicht, Volumen, Länge oder Fläche **7** anbietet oder als Anbieter dieser Waren für sie unter Angabe von Preisen wirbt, ordnet § 4 II an, dass er lediglich den Grundpreis anzugeben hat. Einzelheiten zu den Mengeneinheiten für die Angabe des Grundpreises sind in § 5 geregelt.

IV. Ausnahmen zu § 4 I (§ 4 III)

1. Grundsatz

In § 4 III wird angeordnet, dass § 4 I nicht auf ganz bestimmte Waren anzuwenden ist. Damit **8** wurde im Wesentlichen die bisherigen Regelung in § 9 IV und V aF übernommen. Diese Ausnahmen sind gedeckt durch Art. 3 II Preisangaben-RL und Art. 5 Preisangaben-RL.

2. Einzelheiten

Die Ausnahmevorschrift des **§ 4 III Nr. 2** bezieht sich auf Waren, die verschiedenartige **9** Erzeugnisse enthalten, die nicht miteinander vermischt oder vermengt sind. Grund für diese

Ausnahme ist, dass der Preisvergleich durch die Verbindung der Produkte in einer Packung ohnehin erschwert ist und die Angabe des Grundpreises daran nichts ändern, vielmehr die Angabe eines Grundpreises den Verbraucher zu falschen Schlüssen bei der Beurteilung der Preiswürdigkeit des Angebots veranlassen könnte (BGH WRP 2019, 724 Rn. 26 – Kaffeekapseln). Die Vorschrift bezieht sich daher auf zusammengesetzte Angebote, wie zB Gebinde aus verschiedenen Waren oder die Kombination von abgepackten Waren und zubereiteten Speisen (BGH WRP 2013, 182 Rn. 13 f. – Traum-Kombi), nicht dagegen für Kombinationsprodukte, bei denen die Produkte in getrennten Kammern aufbewahrt sind (OLG Frankfurt GRUR-RS 2016, 20413) oder auf Kaffeekapseln, auch wenn sich der Preis aus dem Preis für die Kapsel und das darin enthaltene Kaffeepulver zusammensetzt (BGH WRP 2019, 724 Rn. 26 – Kaffeekapseln).

10   Die Ausnahmevorschrift des **§ 4 III Nr. 3** bezieht sich auf kleine Direktvermarkter sowie kleine Einzelhandelsgeschäfte. Der Verordnungsgeber hat darin den bisherigen § 9 II Nr. 3 aF übernommen, aber durch zahlreiche Beispiele für Direktvermarkter (Hofläden, Winzerbetriebe, Imker) und Einzelhandelsgeschäfte (Kioske, mobile Verkaufsstellen oder Stände auf Märkten und Volksfesten) kasuistisch konkretisiert. Dadurch soll die Rechtsanwendung erleichtert und Rechtssicherheit geschaffen werden.

11   Die Ausnahmevorschrift des **§ 4 III Nr. 4** gilt nicht für den Betreiber eines Lieferdiensts, der neben der Lieferung zubereiteter Speisen (Pizza) auch die Lieferung fertig abgepackter Waren (Getränke, Eiscreme) anbietet, weil die Transportdienstleistung in diesem Fall gegenüber der Lieferung von Waren zurücktritt (BGH WRP 2013, 182 Rn. 13 f. – Traum-Kombi).

12   Die Ausnahmevorschrift des **§ 4 III Nr. 7** bezieht sich nicht auf kosmetische Produkte, deren Effekt erst nach regelmäßiger Anwendung über einen längeren Zeitraum eintritt, deren Wirkung dadurch eintritt, dass sie zunächst körpereigene Funktionen anregen, oder die (auch) die Pflege von Haut, Haar und Nägeln bezwecken (OLG Celle WRP 2017, 714).

V. Rechtsdurchsetzung

13   Verstöße gegen die Pflicht zur Grundpreisangabe konnten nach der bisherigen Rspr. sowohl nach § 3a UWG (BGH WRP 2013, 182 Rn. 9 – Traum-Kombi; WRP 2019, 724 Rn. 13 – Kaffeekapseln) als auch nach § 5a IV UWG aF verfolgt werden, ohne dass ein Konkurrenzverhältnis zwischen beiden Vorschriften angenommen wurde (BGH GRUR 2014, 576 Rn. 15 - 2 Flaschen GRATIS). Davon ist der BGH in einer Grundsatzentscheidung abgerückt, so dass nur noch die **§§ 5a I, 5b IV UWG** anzuwenden sind (BGH WRP 2022, 847 – Knuspermüsli II). Damit steht auch fest, dass das Vorenthalten dieser Information nur dann unlauter ist, wenn der Verbraucher diese Information je nach den Umständen benötigt, um eine informierte Entscheidung zu treffen, und deren Vorenthalten geeignet ist, den Verbraucher zu einer geschäftlichen Entscheidung zu veranlassen, die er andernfalls nicht getroffen hätte. Das ist beim Vorenthalten der Grundpreisangabe regelmäßig anzunehmen, weil den Verbrauchern ein Preisvergleich nicht unerheblich erschwert wird (so iErg bereits BGH WRP 2013, 182 Rn. 17 – Traum-Kombi). Daher trifft den Unternehmer die sekundäre Darlegungslast dafür, dass der Verbraucher diese Information für eine Kaufentscheidung nicht benötigt und das Vorenthalten der Information ihn nicht zu einer anderen Kaufentscheidung veranlassen kann (so iErg bereits nach § 3a UWG BGH WRP 2019, 724 Rn. 30, 33 – Kaffeekapseln im Anschluss an BGH WRP 2019, 68 Rn. 31 – Jogginghose).

Mengeneinheit für die Angabe des Grundpreises

5 (1) ¹Die Mengeneinheit für den Grundpreis ist jeweils 1 Kilogramm, 1 Liter, 1 Kubikmeter, 1 Meter oder 1 Quadratmeter der Ware. ²Bei Waren, die üblicherweise in Mengen von 100 Liter und mehr, 50 Kilogramm und mehr oder 100 Meter und mehr abgegeben werden, ist für den Grundpreis die Mengeneinheit zu verwenden, die der allgemeinen Verkehrsauffassung entspricht.

(2) Bei nach Gewicht oder nach Volumen angebotener loser Ware ist als Mengeneinheit für den Grundpreis entsprechend der allgemeinen Verkehrsauffassung entweder 1 Kilogramm oder 100 Gramm oder 1 Liter oder 100 Milliliter zu verwenden.

(3) **Bei zur Selbstabfüllung angebotener flüssiger loser Ware kann abweichend von der allgemeinen Verkehrsauffassung zusätzlich zum Grundpreis nach Absatz 2 der Grundpreis nach Gewicht angegeben werden.**

(4) **Bei Waren, bei denen das Abtropfgewicht anzugeben ist, ist der Grundpreis auf das angegebene Abtropfgewicht zu beziehen.**

(5) [1]**Bei Haushaltswaschmitteln kann als Mengeneinheit für den Grundpreis eine übliche Anwendung verwendet werden.** [2]**Dies gilt auch für Wasch- und Reinigungsmittel, sofern sie einzeln portioniert sind und die Zahl der Portionen zusätzlich zur Gesamtfüllmenge angegeben ist.**

I. Vorbemerkung

§ 5 ist am 28.5.2022 in Kraft getreten. Die Vorschrift übernimmt weitgehend die in § 2 III **1** und IV aF enthaltenen Regelungen (dazu Willms GRUR 2014, 734 (739 ff.). Eine Neuregelung ist lediglich in Abs. 3 enthalten, die an die Stelle der Regelung in § 2 III 4 aF tritt.

II. Normzweck

§ 5 bezweckt, die Auffindbarkeit der bisher in § 2 III und IV aF enthaltenen Regelungen zu **2** den Mengeneinheiten für den Grundpreis zu erhöhen und durch Absätze zu strukturieren (Begr. RegE, BR-Drs. 669/21, 34).

III. Verhältnis des § 5 zu den Regelungen in § 2 III und IV aF

§ 5 I übernimmt wortgleich § 2 III 1, 2 und 4 aF. § 5 II übernimmt wortgleich § 2 III 3. **3** § 5 V übernimmt wortgleich § 2 IV.

IV. Selbstabfüllung flüssiger loser Ware (§ 5 III)

§ 5 III regelt die zusätzliche Grundpreisangabe nach Gewicht für das Angebot flüssiger loser **4** Ware zur Selbstabfüllung. Die Regelung tritt an die Stelle der bisherigen Regelung in § 2 III 4 aF, die ersatzlos wegfällt. Die Besonderheit der Regelung liegt darin, dass der Verordnungsgeber darin bewusst vom Grundsatz des § 1 III 2 abweicht, wonach Angaben über Preise der allg. Verkehrsauffassung entsprechen müssen. Jedoch handelt es sich dabei um eine „Kann"-Vorschrift, die nur eine zusätzliche Angabe zum Grundpreis ermöglicht, während § 5 II je nach der allgemeinen Verkehrsauffassung nur eine entweder/oder-Angabe zulässt

Mit der Regelung bezweckte der Verordnungsgeber dem Entstehen von **Selbstabfüllstatio- 5 nen** Rechnung zu tragen, in denen flüssige lose Waren, wie Essige oder Öle, aber auch Flüssigwaschmittel zum Kauf angeboten werden. Denn Verbraucher sind zunehmend daran interessiert, diese Waren in wiederverwendbare Behältnisse, wie Flaschen, abfüllen zu können, insbes. um Verpackungsmüll zu vermeiden. Da sich für die Angabe des Grundpreises nach Volumen in diesen Fällen noch keine allg. Verkehrsanschauung gebildet hat und auch der Einsatz von speziellen Volumenmessgeräten nicht sinnvoll möglich ist, hielt es der Verordnungsgeber für geboten, diese Regelung zu schaffen. Das Nettogewicht der vom Verbraucher selbstabgefüllten, flüssigen losen Ware lässt sich durch Ermittlung des Taragewichts des Behältnisses und dem Abzug vom Bruttogewicht ermitteln.

Allerdings muss der Anbieter auch den Grundpreis für diese zur Selbstabfüllung angebotene, **6** flüssige lose Ware nach Volumen angeben, um die Vergleichbarkeit der Preise zu in Fertigpackungen nach Volumen angebotenen Waren sicherzustellen (Begr. RegE, BR-Drs. 669/21, 36).

V. Sonderregelung zum Abtropfgewicht (§ 5 IV)

7   Bei Waren, bei denen das Abtropfgewicht anzugeben ist, ist nach § 5 IV der Grundpreis auf das angegebene Abtropfgewicht zu beziehen. Eine solche Angabepflicht ergibt sich aus Art. 23 III LMIV iVm Anh IX Nr. 5 LMIV.

VI. Sonderregelung für Wasch- und Reinigungsmittel (§ 5 V)

8   Nach § 5 V 1 kann bei Haushaltswaschmitteln als Mengeneinheit für den Grundpreis eine übliche Anwendung verwendet werden. Dies gilt nach § 5 V 2 auch für Wasch- und Reinigungsmittel, sofern sie einzelnen portioniert sind und die Zahl der Portionen zusätzlich zur Gesamtfüllmenge angegeben ist. Die betreffenden Angaben finden sich idR nicht auf den Packungen, sondern an den Regalen des Verkäufers für diese Produkte.

Preisangaben bei Fernabsatzverträgen

6 **(1) Wer als Unternehmer Verbrauchern Waren oder Leistungen zum Abschluss eines Fernabsatzvertrages anbietet, hat zusätzlich zu den nach § 3 Absatz 1 und 2 und § 4 Absatz 1 und 2 verlangten Angaben anzugeben,**

1. dass die für Waren oder Leistungen geforderten Preise die Umsatzsteuer und sonstige Preisbestandteile enthalten und

2. ob zusätzlich Fracht-, Liefer- oder Versandkosten oder sonstige Kosten anfallen.

(2) Fallen zusätzliche Fracht-, Liefer- oder Versandkosten oder sonstige Kosten an, so ist deren Höhe anzugeben, soweit diese Kosten vernünftigerweise im Voraus berechnet werden können.

(3) Die Absätze 1 und 2 sind nicht anzuwenden auf die in § 312 Absatz 2 Nummer 2, 3, 6, 9 und 10 und Absatz 6 des Bürgerlichen Gesetzbuchs genannten Verträge.

Übersicht

I. Vorbemerkung

1   § 6 trat am 28.5.2022 in Kraft. Die Vorschrift trat an die Stelle des § 1 II aF. Abs. 1 entspricht dem § 1 II 1 aF, Abs. 2 dem § 1 II 2 aF; Abs. 3 entspricht dem § 9 III aF.

II. Entstehungsgeschichte und unionsrechtlicher Hintergrund des § 6

2   § 6 trat mit Wirkung vom 28.5.2022 an die Stelle des § 1 II aF. Auch diese Vorschrift war im Zuge der Umsetzung der Verbraucherrechte-RL neu gefasst worden und galt ab dem 13.6.2014. § 6 übernimmt einige Vorgaben aus Art. 6 I lit. e Verbraucherrechte-RL (vgl. BT-Drs. 17/ 12637, 80), um einheitliche Regelungen im Vertragsrecht und im Preisangabenrecht zu gewährleisten. Inhaltlich beschränkt sich die Vorschrift auf Angebote zum Abschluss eines **Fernabsatzvertrages** (iSv § 312c I BGB) und sieht bestimmte Angaben zusätzlich zu den Angaben nach § 3 I und II sowie nach § 4 I und II vor. Ausgenommen sind nach Abs. 3 die dort genannten Verträge. Für diese gelten (neben § 3 I und § 8 II) die in den jeweiligen gesetzlichen Regelungen vorgesehenen Preisangabepflichten.

Die Regelung in § 6 fällt in den Anwendungsbereich des Art. 7 V UGP-RL, da sie neben **3** § 312 I BGB iVm Art. 246a § 1 Nr. 5–7 EGBGB der Umsetzung des Art. 6 I lit. e Verbraucherrechte-RL dient (→ Rn. 7, 8). Ein Verstoß gegen § 6 stellt dann aber nur unter den Voraussetzungen der § 5a I UWG, § 5b IV UWG eine unlautere geschäftliche Handlung dar.

III. Zusätzliche Angabe der Umsatzsteuer und sonstiger Preisbestandteile (§ 6 I Nr. 1)

Nach § 6 I Nr. 1 ist **zusätzlich** zu den Angaben nach § 3 I und II und § 4 I und II **4** anzugeben, dass die für Waren oder Leistungen geforderten Preise die **Umsatzsteuer** und **sonstige Preisbestandteile** enthalten. Diese Verpflichtung ergibt sich nicht aus Art. 7 IV lit. c UGP-RL und Art. 6 I lit. e Verbraucherrechte-RL, sondern (teilweise) aus Art. 5 II E-Commerce-RL. Da diese Bestimmung im TMG nicht umgesetzt wurde, kann § 6 I Nr. 1 insoweit als deren Umsetzung Geltung beanspruchen, jedoch nur für elektronisch geschlossene Fernabsatzverträge. – Zu den sonstigen Preisbestandteilen gehören bspw. Gebühren oder Abgaben, wie etwa eine Kurtaxe. Der erforderliche Hinweis (zB in Gestalt des Zusatzes „incl. MWSt") muss nicht in unmittelbarem räumlichem Zusammenhang mit dem angegebenen Preis erfolgen. Etwas anderes ergibt sich auch nicht aus § 1 III. Vielmehr reicht es aus, wenn der Hinweis räumlich eindeutig dem Preis zugeordnet ist (BGH GRUR 2008, 84 Rn. 29 – Versandkosten). Dafür genügt im Fall der Anzeigenwerbung ein klarer und unmissverständlicher Sternchenhinweis, wenn dadurch die Zuordnung des Hinweises zum Preis gewahrt bleibt (BGH GRUR 2008, 532 Rn. 23 – Umsatzsteuerhinweis). Dem steht ein leicht erkennbarer und gut wahrnehmbarer Hinweis auf einer nachgeordneten Internetseite gleich, der allerdings vor Einleitung des Bestellvorgangs durch Einlegen der Ware in den virtuellen Warenkorb erfolgen muss (BGH GRUR 2008, 84 Rn. 34 – Versandkosten). Denn der Verbraucher benötigt diese Angaben bereits dann, wenn er sich mit dem Angebot näher befasst (BGH GRUR 2010, 248 Rn. 24 – Kamerakauf im Internet). Das entspricht auch den Vorgaben aus Art. 7 I, II UGP-RL und damit den Anforderungen des § 5a II Nr. 3 UWG), wonach die Information so rechtzeitig erfolgen muss, dass der durchschnittliche Verbraucher eine „informierte geschäftliche Entscheidung" treffen kann. Eine solche Entscheidung ist nämlich bereits das Einlegen in den virtuellen Warenkorb (BGH GRUR 2010, 248 Rn. 25, 26 – Kamerakauf im Internet).

IV. Angabe, ob zusätzlich Fracht-, Liefer- oder Versandkosten oder sonstige Kosten anfallen (§ 6 I Nr. 2)

Nach § 6 I Nr. 2 ist des Weiteren anzugeben, **ob** zusätzlich **Fracht-, Liefer-** oder **Versand-** **5** **kosten** oder **sonstige Kosten** anfallen. Diese Angabe ist schon im Hinblick darauf erforderlich, dass der Käufer Preisvergleiche anstellen kann. Der Unternehmer kann bspw. darauf hinweisen, dass überhaupt keine derartigen Kosten anfallen oder erst ab einer Bestellung mit einem bestimmten Mindestbetrag. Er verstößt gegen diese Vorschrift, wenn er keine Angabe macht, aber nachträglich für die Versendung der Ware Kosten in Rechnung stellt.

V. Angabe zusätzlich anfallender Fracht-, Liefer- oder Versandkosten oder sonstiger Kosten (§ 6 II)

Fallen zusätzliche Fracht-, Liefer- oder Versandkosten oder sonstige Kosten an, so ist nach **6** § 6 II deren Höhe anzugeben, soweit diese Kosten **vernünftigerweise im Voraus** berechnet werden können. Dies entspricht den Vorgaben aus Art. 7 IV lit. c UGP-RL und Art. 6 I lit. e Verbraucherrechte-RL. „Vernünftigerweise" bedeutet, dass eine Berechnung möglich und der dafür erforderliche Aufwand dem Unternehmer zumutbar ist. Die Angabe kann zB in einer **Anzeigenwerbung** auch durch einen Sternchenhinweis erfolgen, der auf die Fußzeile verweist, in der diese Informationen aufgeführt sind (OLG Hamburg GRUR-RR 2005, 236 (239)). – Im Rahmen einer **Hörfunk- oder Fernsehwerbung** für mehrere Produkte genügt es, wenn die Versandkosten nur einmal und abschließend genannt werden, wenn für den Verbraucher klar ist, dass die Kosten bei jeder Bestellung anfallen (OLG Hamburg GRUR-RR 2005, 236 (239)). – Beim Warenangebot im **Internet** dürfen die Liefer- und Versandkosten grds. auch auf einer gesonderten Internetseite angegeben werden. Ein Ausweis in unmittelbarem Zusammenhang mit dem Produktpreis ist also nicht erforderlich (BGH GRUR 2009, 982 Rn. 15 – Dr. Clauder's Hufpflege). Jedoch muss der Verbraucher gezwungen sein, diese Internetseite noch vor Einleitung des Bestellvorgangs aufzurufen. Denn er benötigt die Angaben nicht erst im Zuge der Bestellung, sondern bereits dann, wenn er sich mit dem Angebot näher befasst (BGH GRUR 2008, 84 Rn. 31 – Versandkosten). Es genügt also nicht, dass die Informationen auf anderen über Links erreichbaren Seiten abrufbar sind, deren Kenntnisnahme auf dem Weg zum Vertragsschluss nicht erforderlich ist. Werden daher die Angaben nur in den über einen Link erreichbaren AGB oder Angebotsbeschreibungen des Anbieters oder erstmals im Rahmen des Warenkorbs genannt, genügt dies nicht den Anforderungen des (jetzt) § 6 II (BGH GRUR 2008, 84 Rn. 31 – Versandkosten; OLG Frankfurt GRUR-RR 2019, 267 Rn. 21). – Allerdings hängt die Höhe der Kosten oft von den Umständen ab (zB Einzel- oder Gesamtbestellung; Art der Versendung). Soweit daher die vorherige Angabe der Höhe dieser Kosten in bestimmten Fällen vernünftigerweise nicht möglich ist, sind die näheren Einzelheiten der Berechnung anzugeben. Es genügt daher, unmittelbar bei der Werbung für das einzelne Produkt den Hinweis **„zzgl. Versandkosten"** aufzunehmen, wenn sich beim Anklicken oder Ansteuern dieses Hinweises ein Fenster öffnet, in dem die allgemeinen Berechnungsmodalitäten übersichtlich und verständlich erläutert werden, und wenn außerdem die tatsächliche Höhe der für den Einkauf anfallenden Versandkosten jeweils bei Aufruf des virtuellen Warenkorbs in der Preisaufstellung gesondert ausgewiesen ist (BGH GRUR 2010, 248 Rn. 27 – Kamerakauf im Internet; GRUR 2010, 1110 Rn. 24 – Versandkosten bei Froogle II; Eckert GRUR 2011, 678 (682 ff.)). – Für die Werbung in **Preisvergleichslisten** einer **Preissuchmaschine** gelten andere Grundsätze (→ § 1 Rn. 20).

VI. Die Regelungen im Bürgerlichen Recht (§§ 312d, 312e BGB)

1. Die Regelungen

7   Für Fernabsatzverträge iSd § 312c BGB gelten die Vorschriften über Informationspflichten nach § 312d BGB iVm Art. 246a EGBGB. Dazu gehört die Pflicht des Unternehmers nach **Art. 246a § 1 EGBGB** (in der ab dem 28.5.2022 geltenden Fassung), dem Verbraucher ua folgende Informationen zur Verfügung zu stellen: (1) **Nr. 5** den Gesamtpreis der Waren oder der Dienstleistungen einschließlich aller Steuern und Abgaben, oder in den Fällen, in denen der Preis auf Grund der Beschaffenheit der Waren oder der Dienstleistungen vernünftigerweise nicht im Voraus berechnet werden kann, die Art der Preisberechnung, (2) **Nr. 6** gegebenenfalls den Hinweis, dass der Preis auf der Grundlage einer automatischen Entscheidungsfindung personalisiert wurde, (3) **Nr. 7** gegebenenfalls alle zusätzlich zu dem Gesamtpreis nach Nr. 5 anfallenden Fracht-, Liefer- oder Versandkosten und alle sonstigen Kosten, oder in den Fällen, in denen diese Kosten vernünftigerweise nicht im Voraus berechnet werden können, die Tatsache, dass solche zusätzlichen Kosten anfallen können. Diese Vorschriften setzen Art. 6 I lit. e Verbraucherrechte-RL um. – Nach **§ 312e BGB** kann der Unternehmer von dem Verbraucher Fracht-, Liefer- oder Versandkosten und sonstige Kosten nur verlangen, soweit er den Verbraucher über diese Kosten entsprechend den Anforderungen aus § 312d I BGB iVm Art. 246a § 1 I Nr. 7 EGBGB informiert hat. Diese Vorschrift setzt Art. 6 VI Verbraucherrechte-RL um.

2. Verhältnis dieser Regelungen zu § 6

8   Die genannten Regelungen im Bürgerlichen Recht bestehen unabhängig von § 6. Verbraucher können daher Ansprüche aus einer Verletzung dieser Informationspflichten nach § 311 II BGB oder nach § 280 I BGB selbst geltend machen. Daneben können Unterlassungsansprüche nach § 2 UKlaG iVm § 3 UKlaG bestehen.

VII. Ausnahmen für bestimmte Verträge (§ 6 III)

9   Nach § 6 III sind die Abs. 1 und 2 nicht anzuwenden auf die in § 312 II Nr. 2, 3, 6, 9 und 10 und VI BGB genannten Verträge. Für die sonstigen in § 312 II aufgeführten Verträge gilt dagegen § 6, soweit sie im Wege des Fernabsatzes geschlossen werden.

Rückerstattbare Sicherheit

7 [1] Wer neben dem Gesamtpreis für eine Ware oder Leistung eine rückerstattbare Sicherheit fordert, insbesondere einen Pfandbetrag, hat deren Höhe neben dem Gesamtpreis anzugeben und nicht in diesen einzubeziehen. [2] Der für die rückerstattbare Sicherheit zu entrichtende Betrag hat bei der Berechnung des Grundpreises unberücksichtigt zu bleiben.

Übersicht

Schrifttum: Buchmann/Panfili, Das neue Schuldrecht – Teil 5: Die Umsetzung der Modernisierungsrichtlinie im UWG und in der PAngV, K & R 2022, 396; Buchmann/Sauer, Die Auswirkungen der neuen PAngV 2022 auf die Praxis, WRP 2022, 538; Buchmann/Sauer, Praxis-Update PAngV 2023, WRP 2023, 893; Goldberg, (K)ein "Haircut" bei der Preisangabenverordnung, WRP 2013, 1561; Köhler, „Haircut bei der Preisangabenverordnung am 12.6.2013, WRP 2013, 723; WRP 2016, 541; Köhler, Sanierungsfall Preisangabenverordnung, WRP 3/2018, S. I (Editorial); Köhler, Die neue Preisangabenverordnung (PAngV 2022), WRP 2022, 127; Schröder, Preisauszeichnung de lege lata mit Risiken?, WRP 2019, 984; Sosnitza, Die Preisangabenverordnung nach der Reform 2021, GRUR 2022, 794.

I. Rechtsentwicklung

1. PAngV 1985

Die PAngV 1985 enthielt noch keine Regelung zur Angabe eines Pfandbetrags. Der BGH **1** hatte dazu entschieden, dass eine Werbung für Getränke in Mehrwegflaschen mit der Verpflichtung zur Endpreisangabe aus § 1 I 1 nicht in Einklang stehe, wenn im angegebenen Preis nur der Getränkepreis und nicht auch das Entgelt (das Pfand) als zu zahlender Betrag gesondert angegeben werden. Denn es entspreche der Verkehrsauffassung, dass der Pfandbetrag in den Endpreis einzubeziehen sei (BGH GRUR 1994, 222 (223 ff.) – Flaschenpfand I).

2. PAngV 1997

Der Verordnungsgeber nahm diese Entscheidung zum Anlass, einen Abs. 4 in den § 1 PAngV **2** 1997 (= PAngV aF) einzufügen. Er lautete: „Wird außer dem Entgelt für eine Ware oder Leistung eine rückerstattbare Sicherheit gefordert, so ist deren Höhe neben dem Preis für die Ware oder Leistung anzugeben und kein Gesamtbetrag zu bilden."

3. PAngV 2022

In die PAngV wurde mit Wirkung ab dem 28.5.2022 ein § 7 eingefügt, der an die Stelle des **3** § 1 IV PAngV aF trat. Damit wollte der Gesetzgeber einen Meinungsstreit (→ Rn. 10) beenden und klarstellen, dass eine rückerstattbare Sicherheit, wie bspw. ein Pfandbetrag, nicht in den Gesamtpreis einzubeziehen sei. Hinzu kam die Regelung in § 7 I 2, wonach der für die rückerstattbare Sicherheit zu entrichtende Betrag bei der Berechnung des Grundpreises unberücksichtigt zu bleiben hat.

4   Der Verordnungsgeber konnte in der PAngV 2022 zwar nicht mehr den Vorlagebeschluss des
BGH v. 29.7.2021 (BGH WRP 2021, 1290 – Flaschenpfand III) berücksichtigen (→ Rn. 13).
Jedoch ist durch die Entscheidung des EuGH v. 29.6.2023 (EuGH WRP 2023, 916 – Verband
Sozialer Wettbewerb/familia-Handelsmarkt Kiel) die Rechtslage geklärt (→ Rn. 14).

II. Inhalt und Auslegung der Regelung

1. § 7 S. 1

5   Nach § 7 I 1 hat, wer neben dem Gesamtpreis für eine Ware oder Leistung eine rückerstattbare Sicherheit fordert, insbesondere einen Pfandbetrag, deren Höhe neben dem Gesamtpreis
anzugeben und nicht in diesen einzubeziehen. Unter Gesamtpreis ist nach § 2 Nr. 3 der Preis,
der einschließlich Umsatzsteuer und sonstiger Preisbestandteile für eine Ware oder eine Leistung
zu zahlen ist, zu verstehen.

6   Der Begriff der rückerstattbaren Sicherheit ist auslegungsbedürftig. Darunter ist keine „Sicherheit" iSd § 232 BGB und auch kein „Pfand" iSd §§ 1204 ff. BGB zu verstehen. Vielmehr
handelt es sich um einen Geldbetrag („Pfandbetrag"), den der Käufer zusätzlich zur Ware oder
Leistung bezahlen hat und der der Sicherung des Verkäufers oder Dienstleistungserbringers dient,
dass ihm eine bestimmte Sache zurückgegeben wird. Bei Waren handelt es sich idR um Leergut
wie Flaschen oder Kästen, bei Leistungen, wie zB Überlassung einer Ferienwohnung, um eine
„Kaution" für die Schlüssel.

7   Auch der Begriff „rückerstattbar" ist auslegungsbedürftig. Gemeint ist nicht, dass eine Rückerstattung möglich ist, sondern, dass der Käufer oder Leistungsempfänger einen Anspruch auf
Rückerstattung hat, wenn er die betreffende Sache zurückgibt.

8   Die Unterscheidung zwischen Waren und Leistungen ist deshalb von Bedeutung, weil insoweit
unterschiedliche, für die Auslegung maßgebliche Richtlinien, die Preisangaben-RL einerseits
und die Dienstleistungs-RL andererseits (→ Vor § 1 Rn. 15 ff.), zu Grunde liegen.

2. § 7 I 2

9   Nach § 7 I 2 hat der für die rückerstattbare Sicherheit zu entrichtende Betrag bei der Berechnung des Grundpreises unberücksichtigt zu bleiben. Grundpreis ist nach § 2 Nr. 4 der Preis je
Mengeneinheit einer Ware einschließlich der Umsatzsteuer und sonstige Preisbestandteile. Dazu
ein Beispiel aus der Praxis: „Einweg 1,29 € + Pfand 0,25 € 1 L= 1,50 €".

III. Zur Vereinbarkeit der Regelungen § 1 IV aF und § 7 mit dem Unionsrecht

1. Der Streitstand unter Geltung des § 1 IV aF

10   Im Hinblick auf Art. 2 lit. a Preisangaben-RL (Verkaufspreis) und Art. 10 Preisangaben-RL
(Mindestangleichungsklausel) sowie auf Art. 3 IV UGP-RL und Art. 3 V UGP-RL aF wurde
bereits 2013 die Auffassung vertreten, dass § 1 IV aF nach dem 12.6.2013 nicht mehr angewendet werden könne (Köhler WRP 2013, 723 Rn. 43). Daraus entwickelte sich ein lebhafter Streit,
ob dieser Auffassung zu folgen sei (so bspw. KG WRP 2018, 226 (229)) oder nicht (so bspw.
OLG Köln GRUR-RR 2020, 384 (385); Schröder WRP 2019, 984 Rn. 25–29).

2. Amtl. Begr. zu § 7

11   Der Verordnungsgeber hat in der Begr. RegE (BR-Drs. 669/21, 37) in Kenntnis des
Meinungsstreits auch zur Frage der Vereinbarkeit des § 7 mit dem Unionsrecht, insbes. der
Preisangaben-RL, Stellung genommen. Nach seiner Auffassung bleibt es mangels europäischer
Vorgaben in dieser Richtlinie dem nationalen Verordnungsgeber überlassen, ob und wie die
Höhe einer rückstattbaren Sicherheit gegenüber den Verbrauchern kenntlich zu machen ist.
Man habe sich dennoch bei der Neufassung inhaltlich von ErwGr. 7 Preisangaben-RL leiten
lassen. Die derzeit in Deutschland praktizierte separate Angabe der Pfandbeträge würden diese
Vorgaben vollumfänglich erfüllen, nämlich merklich zur Verbesserung der Verbraucherinforma-
tion beitragen und den Verbrauchern auf einfachste Weise optimale Möglichkeiten bieten, die
Preise von Erzeugnissen zu beurteilen, miteinander zu vergleichen und so fundierte Kaufentscheidungen zu treffen.

Die Begründung trug zwar dem nachvollziehbaren Interesse der Praxis an der Beibehaltung **12** der bisherigen Regelung, betreffend Waren, Rechnung. Jedoch berücksichtigt sie nicht hinreichend, dass die Verbraucher beim Kauf eben den angegebenen Preis zuzüglich Pfandbetrag zahlen müssen und viele von ihnen die Möglichkeit einer Rückerstattung wegen der damit verbundenen Mühen und Kosten einer Rückgabe der Verpackung sehr häufig nicht nützen können oder wollen. (Daraus hat sich der „Beruf des Flaschensammlers" entwickelt.) Die Annahme, den Verbrauchern komme es nur auf den Preis des reinen Erzeugnisses an, ist daher nicht überzeugend. Auch bleibt berücksichtigt, dass die Hersteller von pfandfreien Waren die Kosten der Verpackungen ihrerseits in den Kaufpreis einkalkulieren müssen. Ein rascher Preisvergleich auf der Grundlage des Preises zuzüglich Pfand mit dem Preis, in den die Verpackung eingepreist ist, wird daher erschwert. Vor allem setzte sich die Amtl. Begr. nicht mit der Rspr. des EuGH zum Endpreis iSd Art. 2 lit. a Preisangaben-RL auseinander. Danach muss der Endpreis notwendigerweise die unvermeidbaren und vorhersehbaren Bestandteile des Preises enthalten, die obligatorisch vom Verbraucher zu tragen sind und die Gegenleistung in Geld für den Erwerb des betreffenden Erzeugnisses bilden (vgl. EuGH WRP 2016, 1096 Rn. 37 – Citroën Commerce).

3. Der Vorlagebeschluss des BGH v. 29.7.2021 („Flaschenpfand III")

Der BGH hatte in seinem erwähnten Vorlagebeschluss v. 29.7.2021 (→ Rn. 4) den Meinungs- **13** streit zu § 1 IV aF umfassend dargestellt und seine eigene Auffassung dazu zum Ausdruck gebracht (vgl. BGH WRP 2021, 1290 Rn. 10 ff., 16 ff. – Flaschenpfand III). Davon ausgehend legte er dem EuGH zwei Fragen vor: Die Vorlagefrage 1 ging dahin, ob der Begriff des Verkaufspreises iSv Art. 2 lit. a Preisangaben-RL dahin auszulegen ist, dass er den Pfandbetrag enthalten muss, den der Verbraucher beim Kauf von Waren in Pfandflaschen und Pfandgläsern zu zahlen hat. Für den Fall, dass diese Frage bejaht würde, stellte er die Vorlagefrage 2, ob die Mitgliedstaaten nach Art. 10 Preisangaben-RL berechtigt seien, eine von Art. 3 I und IV Preisangaben-RL iVm Art. 2 lit. a Preisangaben-RL abweichende Regelung wie die in § 1 IV PAngV (aF) beizubehalten oder ob dem der Ansatz der Vollharmonisierung der RL 2005/29/EG entgegenstehe. Des Weiteren nahm der BGH zur Anwendung des 5a IV UWG aF Stellung.

4. Die Entscheidung des EuGH v. 29.6.2023 („VSW/famila-Handelsmarkt Kiel")

Der EuGH hat in seiner Entscheidung v. 29.6.2023 (EuGH WRP 2023, 916 – Verband **14** Sozialer Wettbewerb/famila-Handelsmarkt Kiel) zur ersten Vorlagefrage Stellung genommen. Danach ist **Art. 2 lit. a Preisangaben-RL** dahingehend auszulegen, dass der dort vorgesehene Begriff des Verkaufspreises nicht den Pfandbetrag umfasst, den der Verbraucher beim Kauf von Waren in Pfandbehältern zu entrichten hat (EuGH WRP 2023, 916 Rn. 29). Dies ergebe sich aus dem Wortlaut der Norm, da der Pfandbetrag keine Steuer darstelle. Zudem handle es sich zwar um unvermeidbare Kosten, jedoch habe der Verbraucher bei Rückgabe des Behälters bei der Verkaufsstelle einen Anspruch auf Erstattung des Pfandbetrags, weshalb derselbe – in Abgrenzung zum Urteil in Sachen Citroën/ZLW (EuGH WRP 2016, 1096) – nicht „obligatorisch" vom Verbraucher zu tragen sei. Er könne daher nicht als Teil des Endpreises nach Art. 2 lit. a Preisangaben-RL angesehen werden. Auch seien die Ziele der Preisangaben-RL hinsichtlich der Verbraucherinformation durch die Erleichterung des Preisvergleichs bereits hinreichend erfüllt. (Auf die zweite Vorlagefrage ging der EuGH – im Gegensatz zum Generalanwalt Emiliou in seinen Schlussanträgen – nicht mehr ein.) Damit steht fest, dass – entgegen der bestehenden Bedenken – die Regelung in **§ 7 PAngV** hinsichtlich **Waren unionsrechtskonform** ist. Nichts anderes sollte dann auch für **Dienstleistungen** gelten.

Preisangaben mit Änderungsvorbehalt; Reisepreisänderungen

8 (1) **Die Angabe von Preisen mit einem Änderungsvorbehalt ist nur zulässig**

1. **bei Waren oder Leistungen, für die Liefer- oder Leistungsfristen von mehr als vier Monaten bestehen, soweit zugleich die voraussichtlichen Liefer- und Leistungsfristen angegeben werden, oder**
2. **bei Waren oder Leistungen, die im Rahmen von Dauerschuldverhältnissen erbracht werden.**

(2) Der in der Werbung, auf der Webseite oder in Prospekten eines Reiseveranstalters angegebene Reisepreis darf nach Maßgabe des § 651d Absatz 3 Satz 1 des Bürgerlichen Gesetzbuchs und des Artikels 250 § 1 Absatz 2 des Einführungsgesetzes zum Bürgerlichen Gesetzbuche geändert werden.

Übersicht

I. Vorbemerkung

1   § 8 trat am 28.5.2022 in Kraft. Die Vorschrift übernimmt inhaltlich unverändert die bisherigen Regelungen in § 1 V und VI aF.

II. Angabe von Preisen mit Änderungsvorbehalt (§ 8 I)

2   § 8 I lässt unter bestimmten Voraussetzungen eine Ausnahme von § 3 I für die Angabe von Preisen mit einem Änderungsvorbehalt zu.

1. Liefer- und Leistungsfristen von mehr als vier Monaten (§ 8 I Nr. 1)

3   Die erste Ausnahme bezieht sich auf Waren oder Leistungen, bei denen **Liefer-** oder **Leistungsfristen von mehr als vier Monaten** bestehen. Die Regelung ist im Zusammenhang mit § 309 Nr. 1 Hs. 1 BGB zu sehen. Nach dieser Vorschrift ist eine AGB-Klausel, welche die Erhöhung des Entgelts für Waren oder Leistungen vorsieht, die innerhalb von vier Monaten nach Vertragsschluss geliefert oder erbracht werden sollen, unwirksam. Im Umkehrschluss ist eine Preisänderungsklausel bei Fristen von mehr als vier Monaten grundsätzlich zulässig. Dem trägt § 8 I Nr. 1 Rechnung. Jedoch müssen zugleich die voraussichtlichen Liefer- und Leistungsfristen angegeben werden. Die Regelung ist vertragsrechtlicher Natur und fällt daher nicht in den Anwendungsbereich der UGP-RL (arg. Art. 3 II UGP-RL).

2. Dauerschuldverhältnisse (§ 8 I Nr. 2)

4   Preisangaben mit Änderungsvorbehalt sind nach § 8 I Nr. 2 außerdem zulässig bei Waren oder Leistungen, die im Rahmen von **Dauerschuldverhältnissen** erbracht werden. Dies entspricht der Regelung in § 309 Nr. 1 Hs. 2 BGB. Ein Dauerschuldverhältnis liegt vor, wenn ein dauerndes Verhalten oder wiederkehrende Leistungen geschuldet werden (vgl. Grüneberg/Grüneberg BGB § 314 Rn. 2). Dazu gehören insbes. Abonnementverträge, Sukzessivlieferungsverträge und sonstige Bezugsverträge. Die Regelung ist vertragsrechtlicher Natur und fällt daher nicht in den Anwendungsbereich der UGP-RL (arg. Art. 3 II UGP-RL).

III. Änderungen des Reisepreises (§ 8 II)

5   Eine weitere Ausnahme von § 3 I besteht nach § 8 II für Änderungen des Reisepreises. Sie sind nach Maßgabe des § 651d III 1 BGB und des Art. 250 § 1 II EGBGB zulässig. Die Regelung entspricht den Vorgaben des Art. 10 I Pauschalreise-RL (vgl. dazu Grüneberg/Grüneberg BGB Einf. v. § 651a Rn. 1 ff.).

Preisermäßigungen

9 **(1)** Die Pflicht zur Angabe eines neuen Gesamtpreises oder Grundpreises gilt nicht bei

1. individuellen Preisermäßigungen;
2. nach Kalendertagen zeitlich begrenzten und durch Werbung oder in sonstiger Weise bekannt gemachten generellen Preisermäßigungen;

3. schnell verderblichen Waren oder Waren mit kurzer Haltbarkeit, wenn der geforderte Gesamtpreis wegen einer drohenden Gefahr des Verderbs oder eines drohenden
   Ablaufs der Haltbarkeit herabgesetzt wird und dies für die Verbraucher in geeigneter Weise kenntlich gemacht wird.

(2) **Die Pflicht zur Angabe eines neuen Grundpreises gilt nicht bei Waren ungleichen
Nenngewichts oder -volumens oder ungleicher Nennlänge oder -fläche mit gleichem
Grundpreis, wenn der geforderte Gesamtpreis um einen einheitlichen Betrag oder
Prozentsatz ermäßigt wird.**

I. Vorbemerkung

§ 9 ist am 28.5.2022 in Kraft getreten. Die Vorschrift regelt, in welchen Fällen einer Preiser- **1**
mäßigung (früher: Preisnachlass) keine Pflicht zur Angabe eines neuen Gesamt- oder Grundpreises besteht. Es werden darin die bereits nach § 9 II aF und VI Nr. 1 aF bestehenden
Regelungen zusammengefasst. Von § 9 abzugrenzen ist die Neuregelung in § 11, die der
Umsetzung des Art. 6a Preisangaben-RL dient.

II. Ausnahmen von der Pflicht zur Angabe eines neuen Gesamt- oder
Grundpreises nach § 9 I

§ 9 I regelt drei Fälle, in denen keine Pflicht zur Angabe eines neuen Gesamt- oder Grund- **2**
preises bei Preisermäßigungen besteht.

1. § 9 I Nr. 1

§ 9 I Nr. 1 betrifft **individuelle** Preisermäßigungen. Das ist der Fall, wenn in Einzelfällen **3**
einem bestimmten Verbraucher eine Preisermäßigung, etwa aufgrund individueller Verhandlungen oder unaufgefordert aus Kulanz oder zur Belohnung von Kundentreue, gewährt wird.
Dem entspricht auch § 3 II 2. Nicht erfasst wird von § 9 I Nr. 1 dagegen die Preisspaltung nach
Abnehmergruppen, etwa die Bildung von ermäßigten Sonderpreisen für bestimmte **Gruppen
von Verbrauchern,** wie Schülern, Rentnern, Einheimischen, Mitarbeitern oder Inhabern von
Kundenkarten. Insoweit handelt es sich um weitere Gesamtpreise, die als solche nach § 1 I
anzugeben sind.

2. § 9 I Nr. 2

§ 9 I Nr. 2 betrifft nach Kalendertagen zeitlich begrenzte und durch Werbung oder in sons- **4**
tiger Weise bekannt gemachte generelle Preisermäßigungen.

5   **a) Entstehungsgeschichte und Normzweck.** Die Regelung für generelle Preisermäßigungen wurde durch die Aufhebung des RabattG und durch Einführung des UWG 2004 erforderlich, da die Rabattgewährung seit Abschaffung des RabattG und Sonderveranstaltungen nach dem UWG 2004 (früher in §§ 7, 8 UWG aF restriktiv geregelt) grds. zulässig sind. Müsste nämlich der Unternehmer bei generellen Preissenkungen (zB „alles 20 % billiger") jede einzelne Ware mit dem neuen, herabgesetzten Preis auszeichnen, so wäre dies mit einem unzumutbaren Aufwand verbunden. Außerdem könnten leicht Unsicherheit, Verwirrung und Streit entstehen, weil Verbraucher glauben könnten, sie könnten zusätzlich noch den angekündigten Preisnachlass in Anspruch nehmen.

6   **b) Genereller Preisnachlass.** Erste Voraussetzung für die Privilegierung ist das Vorliegen einer **generellen** Preisermäßigung Generell ist eine Preisermäßigung, wenn sie für jeden Verbraucher oder doch für einen nach bestimmten Merkmalen umschriebenen Personenkreis (zB Inhaber von Kundenkarten; Personen unter 18 Jahren) gelten soll.

7   **c) Nach Kalendertagen zeitlich begrenzte Preisermäßigung.** Zweite Voraussetzung ist, dass es sich um eine **nach Kalendertagen zeitlich begrenzte Aktion** handelt. Daher fallen jedenfalls Preissenkungen ohne Befristung nicht unter § 9 I Nr. 2. Privilegiert sind zeitliche Begrenzungen jedoch nur dann, wenn sie „nach Kalendertagen" berechnet sind. Es muss also durch Datumsangaben angegeben werden, bis zu welchem Zeitpunkt und für welche Produkte eine Preisermäßigung Gültigkeit haben soll. Nicht ausreichend ist eine Bezeichnung nach Wochen oder Monaten. Nicht ausreichend ist es ferner, wenn nur der Anfangstag und nicht auch der Schlusstag der Aktion angegeben ist. Die Preissenkung muss außerdem „zeitlich begrenzt", dh vorübergehender und nicht endgültiger Natur sein. Was dies im Einzelfall bedeutet, ist unter Berücksichtigung des Zwecks der PAngV und der im betreffenden Wirtschaftszweig gegebenen Marktverhältnisse und Gepflogenheiten zu ermitteln. In Anlehnung an das alte Recht der Sonderveranstaltungen (§ 7 III UWG aF) dürfte im Einzelhandel eine Rabattaktion, die sich etwa auf zehn bis fünfzehn Werktage erstreckt (zB Sommerschlussverkauf; Jubiläumsverkauf), als ausreichend zeitlich begrenzt anzusehen sein. Bei längeren Zeiträumen kommt es darauf an, ob dafür sachliche Gründe sprechen. Ob bei einer unangemessen langen Befristung eine Irreführung iSd § 5 I vorliegen kann, ist eine Frage des Einzelfalls. Jedenfalls muss der Unternehmer nach dem Ende der Aktion, wenn er nicht den bisherigen Gesamtpreis beibehalten will, einen neuen Gesamtpreis angeben.

8   **d) Durch Werbung bekannt gemachte Preisermäßigung.** Dritte Voraussetzung ist, dass die generelle Preisermäßigung „durch Werbung bekannt gemacht" wurde. Der Verbraucher soll die Möglichkeit haben, sich rechtzeitig zu informieren und Preisvergleiche vorzunehmen. Daher müssen die angesprochenen Personen vor Beginn der Aktion auf Grund einer entspr. Ankündigung in Werbeträgern (Plakate; Zeitungsanzeigen; Prospekte; Rundfunkwerbung; Internetwerbung) davon Kenntnis nehmen können. Es ist genügt also nicht, dass erst im Geschäftslokal auf die Preisermäßigung hingewiesen wird.

3. § 9 I Nr. 3

9   Nach § 9 I Nr. 3 gilt die Pflicht zur Angabe eines neuen Gesamtpreises nicht bei schnell verderblichen Waren oder Waren mit kurzer Haltbarkeit, wenn der geforderte **Gesamtpreis** wegen einer drohenden Gefahr des Verderbs oder eines drohenden Ablaufs der Haltbarkeit herabgesetzt wird und dies für die Verbraucher in geeigneter Weise kenntlich gemacht wird. Zu schnell verderblichen Waren gehören zB Backwaren, Säfte, Eier. Unter dem drohenden Ablauf der Haltbarkeit ist das in Kürze bevorstehende Mindesthaltbarkeitsdatum zu verstehen.

10   Die geeignete Kenntlichmachung kann bspw. erfolgen durch einen generellen Hinweis für ein gesamtes Sortiment von Waren (zB Brot, Fisch), durch Anbringen von markanten Aufklebern auf der Verpackung oder durch Verbringen an eine besondere Stelle im Verkaufsraum mit einem Hinweis auf die Preisermäßigung (vgl. BR-Drs. 669/21, 37).

III. Ausnahme von der Pflicht zur Angabe eines neuen Grundpreises nach § 9 II

11   Nach § 9 II gilt die Pflicht zur Angabe eines neuen Grundpreises nicht bei Waren ungleichen Nenngewichts oder -volumens oder ungleicher Nennlänge oder -fläche mit gleichem Grundpreis, wenn der geforderte Gesamtpreis um einen einheitlichen Betrag oder Prozentsatz ermäßigt wird.

1. Normzweck

Zweck der Ausnahmeregelung ist es, dem Unternehmer die Angabe eines neuen Grundpreises 12 zu ersparen, weil dies mit einem unverhältnismäßigen Aufwand verbunden wäre.

2. Tatbestandsvoraussetzungen

a) Waren mit gleichem Grundpreis, aber mit ungleichem Nenngewicht oder –volu- 13 **men oder ungleicher Nennlänge oder –fläche.** Es muss sich um gleiche Waren handeln, die ein ungleiches Nenngewicht oder –volumen oder eine ungleiche Nennlänge oder –fläche auf-weisen (zu diesen Begriffen vgl. § 42 III Nr. 2 MessEG).

b) Waren mit gleichem Grundpreis. Die Waren müssen den gleichen Grundpreis (§ 2 14 Nr. 4) haben.

c) Ermäßigung des geforderten Gesamtpreises. Der geforderte Gesamtpreis muss um 15 einen einheitlichen Betrag oder Prozentsatz ermäßigt werden.

Abschnitt 3. Besondere Bestimmungen

Preisangaben im Handel

10 (1) ¹Wer Verbrauchern Waren, die von diesen unmittelbar entnommen werden können, anbietet, hat die Waren durch Preisschilder oder Beschriftung der Waren auszuzeichnen. ²Satz 1 gilt auch für das sichtbare Anbieten von Waren inner-halb oder außerhalb des Verkaufsraumes in Schaufenstern, Schaukästen, auf Regalen, Verkaufsständen oder in sonstiger Weise.

(2) Wer Verbrauchern Waren nicht unter den in Absatz 1 genannten Vorausset-zungen im Verkaufsraum anbietet, hat diese Waren durch Preisschilder, Beschriftung der Ware, Anbringung oder Auslage von Preisverzeichnissen oder Beschriftung der Behält-nisse oder Regale, in denen sich die Waren befinden, auszuzeichnen.

(3) Wer Waren nach Musterbüchern anbietet, hat diese Waren durch Angabe der Preise für die Verkaufseinheit auf den Mustern oder damit verbundenen Preisschildern oder in Preisverzeichnissen auszuzeichnen.

(4) Wer Waren nach Katalogen oder Warenlisten oder auf Bildschirmen anbietet, hat diese Waren durch unmittelbare Angabe der Preise bei den Abbildungen oder Be-schreibungen der Waren oder in Preisverzeichnissen, die mit den Katalogen oder Warenlisten im Zusammenhang stehen, auszuzeichnen.

(5) Wer Waren anbietet, deren Preise üblicherweise auf Grund von Tarifen oder Gebührenregelungen bemessen werden, hat Preisverzeichnisse nach Maßgabe des § 12 Absatz 1 und 2 aufzustellen und bekannt zu machen.

(6) Die Absätze 1 bis 5 sind nicht anzuwenden auf
1. Kunstgegenstände, Sammlungsstücke und Antiquitäten im Sinne des Kapitels 97 des Anhangs I der Verordnung (EWG) Nr. 2658/87 des Rates vom 23. Juli 1987 über die zolltarifliche und statistische Nomenklatur sowie den Gemeinsamen Zolltarif (ABl. L 256 vom 7.9.1987, S. 1), die zuletzt durch die Durchführungsverordnung (EU) 2020/2159 (ABl. L 431 vom 21.12.2020, S. 34) geändert worden ist;
2. Waren, die in Werbevorführungen angeboten werden, sofern der Preis der jeweiligen Ware bei deren Vorführung und unmittelbar vor Abschluss des Kaufvertrags ge-nannt wird;
3. Blumen und Pflanzen, die unmittelbar vom Freiland, Treibbeet oder Treibhaus verkauft werden.

Übersicht

I. Entstehungsgeschichte

1   § 10 trat am 28.5.2022 in Kraft. Die Vorschrift ist an die Stelle des bisherigen § 4 aF getreten. Die Regelungen in § 10 I und II weichen von § 4 I und II aF insofern ab, als sie ein „Anbieten" der Waren voraussetzen. Damit wurde der Entscheidung des BGH v. 10.11.2016 (BGH WRP 2017, 296 – Hörgeräteausstellung) Rechnung getragen. Danach setzte die Preisauszeichnungspflicht nach § 4 aF aufgrund der Vorgaben der Preisangaben-RL zwingend ein Anbieten der Waren iSd des § 1 I 1 aF (jetzt: § 3 I) voraus. Die Regelungen in § 10 III–V entsprechen im Übrigen inhaltlich weitgehend denjenigen in § 4 III–V aF. Der neu hinzugefügte Abs. 6 übernimmt die Ausnahmetatbestände des § 9 VII Nr. 1–3 aF. Insgesamt ist die Neuregelung in § 10 im Vergleich zu § 4 aF sprachlich klarer gefasst.

II. Anwendungsbereich

2   In § 10 VI sind Ausnahmeregelungen getroffen, die inhaltlich dem § 9 VII Nr. 1–3 aF entsprechen. (Zur Verfassungsmäßigkeit des § 9 VII Nr. 1 aF vgl. BVerfG NJW 2010, 2501).

3   Sonderregelungen bestehen außerdem für Gaststätten und Beherbergungsbetriebe (§ 13) sowie Tankstellen (§ 15 I).

III. Vereinbarkeit mit der Preisangaben-RL

4   Nach Art. 4 I 1 Preisangaben-RL muss der Verkaufspreis einer Ware unmissverständlich, klar erkennbar und gut lesbar sein. Ob die detailliert in § 10 geregelten Preisauszeichnungspflichten mit diesen Anforderungen vereinbar sind (dafür Barth WRP 2022, 1078 Rn. 21), bedarf noch der Klärung durch den EuGH (dafür auch Sosnitza GRUR 2022, 794 (795)). Einerseits sorgen sie im Interesse sowohl der Unternehmer als auch der Verbraucher für eine einheitliche Gestaltung des „wie" der Ausgestaltung der Preisangabe und konkretisieren damit das Erfordernis der Unmissverständlichkeit und klaren Erkennbarkeit der Angabe der Verkaufspreise. Andererseits werden dadurch den Unternehmern andere Formen der Preisauszeichnung verwehrt, die ebenfalls diese Kriterien erfüllen.

IV. Preisauszeichnungspflicht nach § 10 I

1. Voraussetzungen der Preisauszeichnungspflicht

5   Der Verordnungsgeber hat in § 10 I den Tatbestand des § 4 I aF zwar weitgehend übernommen, aber aus Gründen der Übersichtlichkeit und sprachlichen Vereinfachung in zwei Sätze aufgespalten.

6   **a) Zur Regelung in § 10 I 1.** Die Preisauszeichnungspflicht nach § 10 I 1 setzt voraus, dass ein Unternehmer Verbrauchern „Waren, die von diesen unmittelbar entnommen werden können, anbietet". Das Erfordernis des „Anbietens" von Waren ist iSd § 3 I 1 zu verstehen (→ § 3 Rn. 7). Mit dem Tatbestandsmerkmal des „unmittelbaren Entnehmens" ist gemeint, dass Verbraucher auf Waren zugreifen können, ohne fremde Hilfe (Verkaufspersonal) in Anspruch nehmen oder ohne besondere Hindernisse (zB Öffnen einer Vitrine oder einer Verkaufsverpackung) überwinden zu müssen.

b) Zur Regelung in § 10 I 2. Nach § 10 I 2 gilt § 10 I 1 auch für das „sichtbare Anbieten **7** von Waren innerhalb oder außerhalb des Verkaufsraums in Schaufenstern, Schaukästen, auf Regalen, Verkaufsständen oder in sonstiger Weise". Verkaufsstände sind Möbelstücke (Kleiderständer, Verkaufstische usw.), in oder auf denen die Ware nicht bloß aufbewahrt, sondern werbewirksam („blickfangmäßig") präsentiert wird. Diese Formulierung berücksichtigt das Erfordernis des „Anbietens" und weicht auch sonst nicht unerheblich von der bisherigen Regelung in § 4 I aF ab. So entfällt das Tatbestandsmerkmal des „Ausstellens" von Waren und es werden als möglicher Ort des Anbietens auch Regale einbezogen. In der Sache dient die kasuistische Aufzählung einzelner Orte des Ausstellens von Waren der Veranschaulichung. Das Tatbestandmerkmal „in sonstiger Weise" stellt klar, dass es sich um eine nicht abschließende und zukunftsoffene Regelung handelt. Darunter fällt auch das Angebot von Waren (zB Zigaretten) in Automaten.

Nach der Amtl. Begr. zu § 10 I (Begr. RegE, BR-Drs. 669/21, 41) soll es sich bei den nach **8** § 10 I 2 präsentierten Waren typischerweise um ein Angebot des Händlers handeln, wenn ein Verbraucher diese Waren ohne eine zwingende fachliche Beratung allein durch das Betreten des Ladens, Aussuchen und Anprobieren zB der passenden Größe und den Gang zur Kasse erwerben kann. Um eine „reine Werbung" soll es sich dann handeln, wenn es für den Verkauf einer Ware eines Beratungsgesprächs, individueller Anpassungen oder produktspezifischer Konfiguration für die anschließende Herstellung oder Beschaffung sowie den Kauf durch den Verbraucher bedarf. Ob eine preisauszeichnungsbedürftige Präsentation bzw. ein Anbieten iSd PAngV vorliege oder nicht, werde im Einzelfall zu beurteilen sein.

Bei dieser Betrachtungsweise wird allerdings nicht hinreichend berücksichtigt, dass der Unter- **9** nehmer darin frei ist, ob er die derart präsentierten Waren zum Kauf „anbieten" oder nur für sie ohne Angabe von Preisen werben will. Will er sie zum Kauf anbieten, dann muss er dafür auch deren Preise angeben, und zwar in der Weise, wie es § 10 I vorschreibt (→ Rn. 8). Ein sichtbares „Anbieten" iSd § 3 I 1 liegt daher nur dann vor, wenn die Ware im Schaufenster usw. nicht nur sichtbar präsentiert wird, sondern dazu auch eine bestimmte Preisangabe erfolgt ist. Ist dies nicht der Fall, sondern muss der Verbraucher den Preis erst zB beim Verkaufspersonal oder an der Kasse erfragen, so liegt nach der erwähnten Entscheidung des BGH (→ Rn. 1) eine reine Werbung vor. § 10 I 2 greift in diesem Fall nicht ein. Am Beispiel der Auslage von Juwelen in einem Schaufenster eines Juweliergeschäfts: Ist eine Preisangabe für die einzelnen Schmuckstücke nicht erfolgt, liegt kein Anbieten, sondern nur ein Werben ohne Angabe von Preisen vor. Dafür kann der Juwelier seine Gründe haben. So etwa, dass er sich beim Preis noch nicht festlegen, sondern mit potentiellen Käufern entsprechend ihrer Kaufkraft darüber verhandeln will, oder dass er bei Angabe der Preise einen Einbruchsdiebstahl befürchtet.

2. Inhalt der Preisauszeichnungspflicht

Der Unternehmer ist verpflichtet, die betreffenden Waren „durch Preisschilder oder Beschrif- **10** tung auszuzeichnen". Die Vorschrift regelt also nicht das „ob", sondern nur das „wie" der Preisauszeichnung. Der Unternehmer hat zwischen beiden Arten der Preisauszeichnung die Wahl. Er kann sie jedoch nicht durch andere Angaben, wie etwa das Anbringen von Preisverzeichnissen, ersetzen (OLG Hamm BB 1989, 937). Preisschilder sind selbstständige Träger der Preisangabe (Etiketten, Anhänger), die entweder unmittelbar an der Ware befestigt sind oder sich in unmittelbarer Nähe zu ihr befinden. Sie müssen den Preis selbst angeben; verschlüsselte Angaben in Gestalt von Kennziffern oder -buchstaben genügen nicht (OLG München GRUR 1983, 76 (77)). Dagegen kann ein Preisschild für eine Mehrheit von Waren (zB in einem Regal) ausreichen. Die Preisauszeichnung durch Beschriftung der Ware muss hingegen bei jedem einzelnen Stück erfolgen. – Die Preisauszeichnung muss den Anforderungen des § 1 III 1 entsprechen. Der Preis muss also dem Angebot eindeutig zuzuordnen sowie leicht erkennbar und deutlich lesbar oder sonst gut wahrnehmbar sein. Das entspricht den Vorgaben des Art. 4 I 1 Preisangaben-RL. Der angegebene Preis muss selbstverständlich zutreffend sein (§ 1 III 2).

V. Preisauszeichnungspflicht nach § 10 II

1. Voraussetzungen der Preisauszeichnungspflicht

11   In § 10 II ist der Fall geregelt, dass ein Unternehmer Verbrauchern „Waren nicht unter den in Absatz 1 genannten Voraussetzungen im Verkaufsraum anbietet". Gemeint sind also die Fälle, in denen der Verbraucher die Waren nicht unmittelbar entnehmen kann bzw. die Waren nicht an bestimmten Orten sichtbar angeboten werden, sondern offen im Verkaufsraum für den Kunden zum sofortigen Erwerb bereitgehalten werden. Das ist idR der Fall, sofern das Gegenteil nicht aus den Umständen ersichtlich ist (zB Ware, die noch nicht ausgepackt ist).

2. Inhalt der Preisauszeichnungspflicht

12   Der Unternehmer hat insoweit die Wahl zwischen mehreren Möglichkeiten. Er kann (1) die Waren durch Preisschilder oder Beschriftung auszeichnen oder (2) die Behältnisse oder Regale, in denen sich die Waren befinden, beschriften oder (3) Preisverzeichnisse anbringen oder (4) Preisverzeichnisse auslegen. Preisverzeichnisse sind Listen verschiedener Waren, in denen der jeweilige Preis (einschließlich sonstiger Preisangaben) angegeben ist.

VI. Preisauszeichnungspflicht nach § 10 III

13   § 10 III regelt die Preisauszeichnung für „Waren, die nach Musterbüchern angeboten werden". Musterbücher sind Druckerzeugnisse, die Muster (und nicht bloß Abbildungen) der jeweiligen Waren enthalten. Sie sind insbes. bei Bodenbelägen, Stoffen und Textilien gebräuchlich. Die Preisauszeichnung hat in der Weise zu erfolgen, dass die Preise für die Verkaufseinheit (zB qm) auf den Mustern oder damit (körperlich fest) verbundenen Preisschildern oder Preisverzeichnissen angegeben werden.

VII. Preisauszeichnungspflicht nach § 10 IV

14   § 10 IV regelt die Preisauszeichnung für „Waren, die nach Katalogen oder Warenlisten oder auf Bildschirmen angeboten werden". Damit ist insbes. der Versandhandel, einschließlich des Online-Vertriebs gemeint. Bedeutung hat die Bestimmung vor allem für die Angebote des Versandhandels, der Buch- und Schallplattenclubs und des Neuwagenhandels (BGH GRUR 2009, 982 Rn. 17 – Dr. Clauder's Hufpflege). Unter Bildschirm ist die Bildfläche zu verstehen, auf der mit den Mitteln der elektronischen Kommunikation Warenangebote sichtbar gemacht werden. Dazu gehören nicht nur der Fernsehbildschirm, sondern auch und vor allem der Computermonitor oder das Display eines Mobiltelefons. Hörfunkwerbung und Podcasts werden dagegen nicht erfasst (Fritzsche/Münker/Stollwerck/Barth Rn. 15). Damit wird nicht nur das Warenangebot im Fernsehen (Teleshopping; Laufbandwerbung; Split-Screen), sondern auch der gesamte Online-Handel mit Waren erfasst. Die Vorschrift ist aber nur auf Preise, nicht auch auf Versandkosten anwendbar (BGH GRUR 2008, 84 Rn. 29 – Versandkosten; LG Hamburg MMR 2006, 420; Rohnke GRUR 2007, 381 (382)); für Letztere gilt § 6 II (OLG Stuttgart MMR 2008, 754 (755)). Die Preisauszeichnung hat in der Weise zu erfolgen, dass die Preise unmittelbar bei den Abbildungen oder Beschreibungen der Ware oder in mit den Katalogen oder Warenlisten im Zusammenhang stehenden Preisverzeichnissen angegeben werden. – Eine analoge Anwendung der Vorschrift auf die Verpflichtung zur Grundpreisangabe nach (jetzt) § 4 kommt nicht in Betracht (BGH GRUR 2009, 982 Rn. 17 – Dr. Clauder's Hufpflege).

VIII. Preisauszeichnungspflicht nach § 10 V

15   Für Angebote von Waren, deren Preise üblicherweise auf Grund von Tarifen oder Gebührenregelungen bemessen werden, hat der Unternehmer Preisverzeichnisse nach Maßgabe des § 12 I und II aufzustellen und bekannt zu machen.

IX. Ausnahmen nach § 10 VI

16   § 10 VI enthält drei Tatbestände, auf die die Abs. 1–5 nicht anzuwenden sind. **Nr. 1** bezieht sich auf näher bezeichnete Kunstgegenstände, Sammlungsstücke und Antiquitäten. **Nr. 2** bezieht sich auf Waren, die in Werbevorführungen angeboten werden, sofern der Preis der jeweiligen

Ware bei deren Vorführung und unmittelbar vor Abschluss des Kaufvertrags genannt wird. Derartige Vorführungen finden ua. bei Verkaufsfahrten, auf Märkten und im Rahmen von Vorträgen oder kostenlosen Filmvorführungen statt. **Nr. 3** bezieht sich auf Blumen und Pflanzen, die unmittelbar vom Freiland, Treibbeet oder Treibhaus verkauft werden. Dies gilt nicht nur für den Fall, dass diese Blumen und Pflanzen noch im Erdreich stecken (so aber Fritzsche/Münker/Stollwerck/Barth Rn. 24). Sie können bereits geerntet sein, erforderlich ist nur, dass sie sich noch in räumlicher Nähe zum Freiland, Treibbeet oder Treibhaus befinden und dort verkauft werden.

Zusätzliche Preisangabenpflicht bei Preisermäßigungen für Waren

11 (1) **Wer zur Angabe eines Gesamtpreises verpflichtet ist, hat gegenüber Verbrauchern bei jeder Bekanntgabe einer Preisermäßigung für eine Ware den niedrigsten Gesamtpreis anzugeben, den er innerhalb der letzten 30 Tage vor der Anwendung der Preisermäßigung gegenüber Verbrauchern angewendet hat.**

(2) **Im Fall einer schrittweisen, ohne Unterbrechung ansteigenden Preisermäßigung des Gesamtpreises einer Ware kann während der Dauer der Preisermäßigung der niedrigste Gesamtpreis nach Absatz 1 angegeben werden, der vor Beginn der schrittweisen Preisermäßigung gegenüber Verbrauchern für diese Ware angewendet wurde.**

(3) **Die Absätze 1 und 2 gelten entsprechend für nach § 4 Absatz 2 lediglich zur Angabe des Grundpreises Verpflichtete.**

(4) **Die Absätze 1 bis 3 gelten nicht bei der Bekanntgabe von**

1. **individuellen Preisermäßigungen oder**
2. **Preisermäßigungen für schnell verderbliche Waren oder Waren mit kurzer Haltbarkeit, wenn der geforderte Preis wegen einer drohenden Gefahr des Verderbs oder eines drohenden Ablaufs der Haltbarkeit herabgesetzt wird und dies für die Verbraucher in geeigneter Weise kenntlich gemacht wird.**

Übersicht

I. Vorbemerkung

1   § 11 regelt die zusätzliche Preisangabenpflicht bei der Bekanntgabe von Preisermäßigungen für Waren. Die Vorschrift trat am 28.5.2022 in Kraft. Preisermäßigungen, die an diesem Tag vorgenommen wurden, mussten daher bereits den Anforderungen dieser Vorschrift genügen.

II. Normzweck und unionsrechtliche Grundlage

2   § 11 bezweckt eine Verbesserung der Verbraucherinformation in den Fällen, in denen eine Preisermäßigung zu Werbezwecken genutzt wird. Verbrauchern soll es ermöglicht werden, Preisermäßigungen für Waren besser einzuordnen und ihre Preiswürdigkeit einzuschätzen. Dazu soll verhindert werden, dass bei der Bekanntgabe von Preisermäßigungen vorherige Gesamt- bzw. Grundpreise angegeben werden, die vor der Preisermäßigung so nicht verlangt wurden, oder dass Preise vor einer Ermäßigung kurzzeitig angehoben werden und dann auf diese erhöhten Preise Bezug genommen wird, um den Eindruck einer höheren Preisermäßigung und eines besonders preisgünstigen Angebots zu erwecken (Begr. RegE, BR-Drs. 669/21, 39).

3   Die Vorschrift hat keine Entsprechung in der PAngV aF, sondern ist neu in die PAngV eingefügt worden, um Art. 6a Preisangaben-RL umzusetzen, der seinerseits durch Art. 2 RL 2019/2161/EU in die Preisangaben-RL eingefügt wurde. § 11 ist daher richtlinienkonform am Maßstab des Art. 6a Preisangaben-RL (dazu Sosnitza WRP 2021, 440) auszulegen. Dabei sind die Leitlinien zur Auslegung und Anwendung von Art. 6a Preisangaben-RL der EU-Kommission, ABl. 2021 C 525, 130 (im Folgenden: Leitlinien) zu berücksichtigen. – An der Notwendig- keit, Klarheit und Praktikabilität der Regelungen in Art. 6a Preisangaben-RL und in § 11 bestehen allerdings berechtigte Zweifel (vgl. Buchmann/Sauer WRP 2022, 538 Rn. 48 ff.; Buch- mann/Sauer WRP 2023, 893 Rn. 19 ff.; Schröder WRP 2022, 671 Rn. 79 ff.; Sosnitza WRP 2021, 440; Sosnitza GRUR 2022, 794 (796)). – Zur Auslegung des Art. 6a I und II Preis- angaben-RL vgl. den Vorlagebeschluss des LG Düsseldorf 19.5.2023 – 38 O 182/22, GRUR-RS 2023; dazu Buchmann/Sauer WRP 2023, 893 Rn. 43 ff.; Stillner WRP 2023, 1293).

III. Zusätzliche Preisangabenpflicht bei der Bekanntgabe von Preisermäßigungen für Waren (§ 11 I)

1. Inhalt der zusätzlichen Preisangabenpflicht

4   Nach § 11 I hat ein Unternehmer, der zur Angabe des Gesamtpreises verpflichtet ist, gegen- über Verbrauchern bei jeder Bekanntgabe einer Preisermäßigung für eine Ware den niedrigsten Gesamtpreis anzugeben, den er innerhalb der letzten 30 Tage vor der Anwendung der Preis- mäßigung gegenüber Verbrauchern angewendet hat. Dieser zusätzlich anzugebende Preis wird als **Referenzpreis** bezeichnet. Wie und wo die Angabe des Referenzpreises zu erfolgen hat, ist in § 11 I nicht näher geregelt. Maßgebend ist die Sichtweise des Durchschnittsverbrauchers, dessen geschäftliche Entscheidung beeinflusst werden soll. Da eine geschäftliche Entscheidung iSd § 2 I Nr. 1 UWG auch bereits im Betreten eines Geschäfts liegen kann, muss der Referenz- preis auch bei einer Werbung mit einer Preisermäßigung außerhalb des Geschäftslokals, wie bspw. in Telemedien oder in Presseerzeugnissen, angegeben werden. Dies führt bei der Werbung in bestimmten Medien, wie Hörfunk oder TV, wegen ihrer räumlichen oder zeitlichen Be- schränkungen, zu Schwierigkeiten (dazu Schröder WRP 2022, 671 Rn. 8 ff.).

2. Normadressaten

5   Normadressaten sind nach § 11 I die **Unternehmer** iSd § 2 I Nr. 8, die nach § 3 I zur Angabe eines **Gesamtpreises** von Waren verpflichtet sind, also entweder Waren anbieten oder als Anbieter von Waren unter Angabe von Preisen werben. Nach § 11 III gelten die Pflichten nach § 11 I und II auch für Unternehmer, die zur Angabe des **Grundpreises** nach § 4 II verpflichtet sind.

6   Ob Unternehmer im Einzelfall nach § 9 ggf. von der Pflicht zur Neuangabe des Gesamtpreises befreit sind, ist unerheblich. Gleichfalls unerheblich ist es, ob der Verpflichtete selbst oder ein von ihm Beauftragter Dritter die Preisermäßigung bekannt gegeben hat (BR-Drs. 661/21, 39). Beauftragte Dritte können bspw. Verbundgruppen oder Franchisegeber sein, die im Namen der einzelnen Mitglieder mit Preisermäßigungen werben. Sie müssen dann nicht selbst einen Referenzpreis angeben. Vielmehr ist dies die Pflicht der teilnehmenden Mitglieder (dazu Schröder WRP 2022, 671 Rn. 13–17). Bei **Filialen** ist maßgeblich, ob sie einen Referenzpreis angegeben haben, unabhängig davon, ob sie rechtlich selbständig sind oder nicht (→ Rn. 10). Im letzteren Fall trifft die Verantwortung nach § 11 die zuständige Betriebsgesellschaft, auch wenn sie die Entscheidung an die örtliche Filialleitung übertragen hat (so iErg auch Fritzsche/Münker/Stollwerck/Laoutoumai Rn. 10).

3. Anwendungsbereich des § 11 I

a) Beschränkung auf „Waren". § 11 gilt nur für **Waren,** nicht auch für Dienstleistungen. 7 Unter Waren sind an sich nur bewegliche körperliche Gegenstände zu verstehen. Jedoch gehören nach § 2 I Nr. 2 UWG dazu auch Grundstücke und Gegenstände, die digitale Inhalte oder digitale Dienstleistungen enthalten oder mit ihnen dergestalt verbunden sind, dass sie ohne diese Inhalte oder Dienstleistungen nicht genutzt werden können (zB Tonträger; eBooks), wie sich aus Art. 2 Nr. 3 Digitale-Inhalte-RL ergibt (so auch Sosnitza GRUR 2022,794 (796); anders Begr. RegE, BR-Drs. 669/21, 39). Ferner gelten als Waren auch Wasser, Gas, Fernwärme und Elektrizität, wenn sie leitungsgebunden bzw. in einem begrenzten Volumen oder in einer bestimmten Menge zum Verkauf angeboten werden (§ 14 I und Art. 2 Nr. 5 lit. a RL (EU) 2019/771). – Die Preisermäßigung kann sich auf einzelne Waren (zB „Schuhe Größe 46"), aber auch auf Warengruppen (zB „Kinderschuhe") und Warensortimente (zB „Haushaltsartikel"), ja sogar auf das ganze Warenangebot eines Unternehmers (zB „20 % auf alles") beziehen.

b) Bekanntgabe einer „Preisermäßigung". § 11 erfasst grds. (Ausnahmen: § 11 IV) alle 8 Preisermäßigungen, bei denen eine **allgemeine** Preisermäßigung für **alle** Verbraucher bekannt gegeben wird. Es muss sich um eine **messbare** Preisermäßigung handeln (BT-Drs. 669/21, 39).

c) Abgrenzung. Von § 11 I erfasst werden nicht erfasst: 9
(1) die reine Verwendung von allg. Preisaussagen ohne werbliche Nutzung der konkreten, messbaren Preisermäßigung (zB „Sonderpreise"; weitere Beispiele → UWG § 5 Rn. 3.41, 3.42).
(2) die bloße Angabe des ermäßigten Preises ohne Angabe eines früheren Preises.
(3) Werbung mit Einführungspreisen für Waren, die der Händler neu in sein Sortiment aufnimmt.
(4) Werbung mit Bezugnahme auf eine unverbindliche Preisempfehlung (UVP) des Herstellers (BR-Drs. 669/21, 40; aA Buchmann/Sauer WRP 2022, 538 Rn. 52).
(5) Werbung mit Drauf- bzw. Dreingaben, wie zB „Kaufe 3, zahle 2".
(6) Rabatte auf Grund von Loyalitätsprogrammen, wie zB Payback und Kundenkarten von Unternehmen. Denn insoweit handelt es sich um keine Preisermäßigung gegenüber einem früheren niedrigeren Gesamtpreis iSd § 11 I (krit. Buchmann/Sauer WRP 2022, 538 Rn. 53).
(7) Rabatte für bestimmte Personengruppen (zB Schüler, Rentner).

d) Zulässige Beschränkung der Bekanntgabe einer Preisermäßigung auf bestimmte 10 Vertriebskanäle oder Verkaufsstellen. Die Bekanntgabe der Werbung mit Preisermäßigungen kann auf bestimmte Vertriebskanäle (online/stationär) und auf einzelne Verkaufsstellen (Filialen) eines Unternehmens beschränkt werden (vgl. Leitlinien S. 130, 135; BR-Drs. 669/21, 41). Dementsprechend ist dann auch die Pflicht zur Angabe des Referenzpreises auf diese beschränkt.

4. Angabe des früheren „niedrigsten Gesamtpreises"

Nach § 11 I hat der Unternehmer den niedrigsten Gesamtpreis anzugeben, den er innerhalb 11 der letzten 30 Tage vor der Anwendung der Preisermäßigung gegenüber Verbrauchern angewendet hat. Dies gilt nicht für andere vorgeschriebene Preisangaben, wie zB die Grundpreisangabe nach § 4 (Schröder WRP 2022, 671 Rn. 38).

a) Angabe des früher verlangten Gesamtpreises. Die Angabe der Preisermäßigung muss 12 in einem räumlichen und zeitlichen Bezug zur Angabe des früher verlangten niedrigsten Gesamtpreises (Referenzpreis) stehen. Das ist stets der Fall, wenn unmittelbar auf den Referenzpreis Bezug genommen wird, wie bei „Stattpreisen" oder „Streichpreisen" (OLG Hamburg GRUR 2023, 654 Rn. 19 ff.). Es muss aber auch genügen, dass der normal informierte und verständige Durchschnittsverbraucher den früheren Gesamtpreis anhand der konkreten Angabe der Preisermäßigung unschwer ermitteln kann (dazu Buchmann/Sauer WRP 2022, 538 Rn. 58). Das ist bspw. bei der Angabe einer betragsmäßigen oder prozentualen Ermäßigung des früheren Preises anzunehmen. Handelt es sich bei diesem Preis um den niedrigsten Gesamtpreis innerhalb der 30-Tages-Frist, so muss dieser daher nicht gesondert angegeben werden (Leitlinien S. 136). Der Referenzpreis muss also nicht notwendig in einem bestimmten Betrag angegeben werden; es genügt seine Berechenbarkeit. Allerdings muss der Verbraucher vor der Kaufentscheidung klar den früher verlangten Preis erkennen können (zB anhand der Angabe dieses Preises auf der betreffenden Ware oder Verpackung oder in dem betreffenden Warenregal). Die Bekanntgabe der Preisermäßigung muss derart erfolgen, dass für den Verbraucher erkennbar ein Bezug zwischen dem Referenzpreis und dem neuen niedrigeren Gesamtpreis hergestellt wird. Das kann im Rahmen einer Werbung, wie zB auf einem Plakat oder einem Flyer, aber auch durch Angabe des Referenzpreises neben der Ware oder Verpackung erfolgen. Ob auch mündliche Angaben, zB durch Lautsprecheransagen im Geschäftslokal, genügen können, hängt von den Umständen des Einzelfalls ab. – Es besteht keine Pflicht, einen angegebenen Referenzpreis mit einem ausdrücklichen Hinweis zu versehen, dass es sich dabei um den niedrigsten, innerhalb der letzten 30 Tage geforderten Preis handle (OLG Hamburg GRUR 2023, 654 Rn. 20). – Wird für eine Preisermäßigung allein unter Verweis auf die höheren Preise von Mitbewerbern geworben, fehlt es stets auch an der durch § 11 I gebotenen Angabe des niedrigsten eigenen Preises der letzten 30 Tage (LG München I GRUR-RS 2022, 31651 Rn. 61 ff.).

13   **b) Einhaltung der 30-Tages-Frist.** Die 30-Tages-Frist ist kalendermäßig bestimmt, es kommt also nicht auf die Summe der Verkaufstage an. Der Unternehmer muss aber nicht angeben, wann er innerhalb der 30 Tage den niedrigsten Gesamtpreis verlangt hat. Wird die Ware seit weniger als 30 Tagen angeboten, so ist auf den niedrigsten Gesamtpreis seit dem Tag der Anwendung der Preisermäßigung abzustellen.

IV. Pflicht zur Angabe des niedrigsten Gesamtpreises bei schrittweiser Preisermäßigung (§ 11 II)

1. Grundsatz

14   Nach § 11 II kann im Fall einer schrittweisen, ohne Unterbrechung ansteigenden Preisermäßigung des Gesamtpreises einer Ware während der Dauer der Preisermäßigung der niedrigste Gesamtpreis nach Absatz 1 angegeben werden, der vor Beginn der schrittweisen Preisermäßigung gegenüber Verbrauchern für diese Ware angewendet wurde. Mit dieser Regelung hat der Verordnungsgeber von der Öffnungsklausel in Art. 6a V Preisangaben-RL Gebrauch gemacht.

2. Normzweck

15   Häufig ist ein Händler, wie zB bei einem Abverkauf einer Ware zwecks Lagerräumung, gezwungen, schrittweise den Preis dieser Ware abzusenken, um nicht auf ihr „sitzen" zu bleiben. Dem will der Verordnungsgeber Rechnung tragen. Der Händler soll wegen des sonst anfallenden Verwaltungsaufwands nicht gezwungen werden, bei jeder einzelnen Preisermäßigung erneut den zuvor geltenden Verkaufspreis (Gesamtpreis) anzugeben.

V. Entsprechende Anwendung der Abs. 1 und 2 (§ 11 III)

16   Die Abs. 1 und 2 gelten entsprechend für nach § 4 II lediglich zur Angabe des Grundpreises (§ 2 Nr. 4) Verpflichtete. Die Vorschrift betrifft die Bekanntgabe von Preisermäßigungen für lose Ware.

VI. Ausnahmen von den Abs. 1–3 (§ 11 IV)

1. Grundsatz

17   § 11 IV regelt zwei Fälle, in denen keine Pflicht zur Angabe des niedrigsten Preises der letzten 30 Tage besteht.

2. Ausnahme nach § 11 IV Nr. 1

18   Nach § 11 IV Nr. 1 gelten die Abs. 1–3 nicht bei der Bekanntgabe von **individuellen** Preisermäßigungen. Dies entspricht der Regelung in § 9 I Nr. 1. Eine entsprechende Regelung ist zwar in Art. 6a Preisangaben-RL nicht vorgesehen. Sie steht zu ihr aber auch nicht in Widerspruch, weil hier der Verbraucher auf die Höhe des Preises selbst Einfluss nehmen kann oder der Unternehmer von sich aus einen Preisnachlass anbietet, der Verbraucher insoweit also nicht schutzbedürftig ist.

3. Ausnahme nach § 11 IV Nr. 2

Nach § 11 IV Nr. 2 gelten die Abs. 1–3 nicht bei der Bekanntgabe von Preisermäßigungen **19** für schnell verderbliche Waren oder Waren mit kurzer Haltbarkeit, wenn der geforderte Preis wegen einer drohenden Gefahr des Verderbs oder eines drohenden Ablaufs der Haltbarkeit herabgesetzt wird und dies für die Verbraucher in geeigneter Weise kenntlich gemacht wird. Dies entspricht der Regelung in § 9 I Nr. 3. Damit hat der Verordnungsgeber von der Öffnungsklausel des Art. 6a III Preisangaben-RL Gebrauch gemacht.

VII. Verhältnis des § 11 zu § 5 V UWG und zu § 13 IV UWG

Nach § 5 V 1 UWG wird vermutet, dass es irreführend ist, mit der Herabsetzung eines Preises **20** zu werben, sofern der Preis nur für eine unangemessen kurze Zeit gefordert worden ist. Ist streitig, ob und in welchem Zeitraum der Preis gefordert worden ist, so trifft nach § 5 V 2 UWG die Beweislast denjenigen, der mit der Preisherabsetzung geworben hat. Zur Frage der „unangemessen kurzen Zeit" vgl. → UWG § 5 Rn. 3.105 ff., 3.111. – Ein Unternehmer, der sich an die Vorgaben des § 11 hält, verstößt nicht gegen § 5 I, V UWG. Umgekehrt kann er in diesem Fall nicht nur gegen § 11, sondern auch gegen dieses Irreführungsverbot verstoßen.

Nach § 13 V Nr. 1 UWG ist der Anspruch von Mitbewerbern auf Aufwendungsersatz bei im **20a** elektronischen Geschäftsverkehr oder in Telemedien begangenen Verstößen gegen gesetzliche Informations- und Kennzeichnungspflichten ausgeschlossen. Dies gilt auch für § 11, soweit es den Online-Handel betrifft, nicht jedoch im Hinblick auf den stationären Handel. Von Bedeutung ist dies zB für Testkäufe von Mitbewerbern im stationären Handel (vgl. Köhler WRP 2022, 127 (132)).

VIII. Darlegungs- und Beweislast

Grds. muss der Anspruchsteller nach § 8 III UWG die Voraussetzungen eines Verstoßes gegen **21** § 11 darlegen und beweisen. Das würde im Hinblick auf die Ermittlung der Anwendung des niedrigsten Gesamtpreises innerhalb der letzten 30 Tage häufig Schwierigkeiten beweisen. Dem lässt sich durch eine analoge Anwendung des § 5 V 2 UWG, zumindest aber durch Bejahung einer sekundären Darlegungslast des Unternehmers Rechnung tragen.

Preisangaben für Leistungen

12 (1) ¹Wer Verbrauchern Leistungen anbietet, hat ein Preisverzeichnis über die Preise für seine wesentlichen Leistungen oder über seine Verrechnungssätze nach Maßgabe der Sätze 2 bis 4 aufzustellen. ²Soweit üblich, können für Leistungen Stundensätze, Kilometersätze und andere Verrechnungssätze angegeben werden. ³Diese müssen alle Leistungselemente einschließlich der anteiligen Umsatzsteuer enthalten. ⁴Die Materialkosten können in die Verrechnungssätze einbezogen werden.

(2) ¹Das Preisverzeichnis nach Absatz 1 ist in den Geschäftsräumen oder am sonstigen Ort des Leistungsangebots anzubringen. ²Ist ein Schaufenster oder Schaukasten vorhanden, ist es auch dort anzubringen. ³Werden die Leistungen in Fachabteilungen von Handelsbetrieben angeboten, so genügt das Anbringen der Preisverzeichnisse in den Fachabteilungen. ⁴Ist das Anbringen des Preisverzeichnisses wegen des Umfangs nicht zumutbar, so ist es zur Einsichtnahme am Ort des Leistungsangebots bereitzuhalten.

(3) Wer eine Leistung über Bildschirmanzeige erbringt und nach Einheiten berechnet, hat eine gesonderte Anzeige über den Preis der fortlaufenden Nutzung unentgeltlich anzubieten.

(4) Die Absätze 1 bis 3 sind nicht anzuwenden auf

1. Leistungen, die üblicherweise aufgrund von schriftlichen Angeboten oder schriftlichen Voranschlägen erbracht werden, die auf den Einzelfall abgestellt sind;

2. künstlerische, wissenschaftliche und pädagogische Leistungen, sofern diese Leistungen nicht in Konzertsälen, Theatern, Filmtheatern, Schulen, Instituten oder dergleichen erbracht werden;

3. Leistungen, bei denen in Gesetzen oder Rechtsverordnungen die Angabe von Preisen besonders geregelt ist.

I. Entstehungsgeschichte und Normzweck

1   § 12 tritt ab dem 28.5.2022 an die Stelle des bisherigen § 5 aF. Die Neuregelung enthält keine wesentlichen Änderungen, bezweckt vielmehr eine Aktualisierung der bisherigen Regelung im Hinblick auf die fortschreitende Digitalisierung des Geschäftsverkehrs.

2   Die Vorschrift soll es dem Verbraucher ermöglichen, sich rasch einen Überblick über die Preise für die angebotenen Leistungen zu verschaffen. Ob diese Leistungen offline oder online (§ 12 III) erbracht werden, spielt keine Rolle (vgl. Begr. RegE zu § 12, BR-Drs. 669/21, 45).

II. Anwendungsbereich

3   § 12 regelt die Angabe von Preisen für Leistungen an **Verbraucher.** Hinsichtlich **sonstiger Marktteilnehmer** greift § 4 I DL-InfoV ein. Der Begriff der **Leistungen** ist wie in § 3 I zu verstehen. Hierzu gehören sämtliche Dienstleistungen, gleichgültig, ob es sich um gewerbliche oder freiberufliche Leistungen handelt. Nach § 12 IV sind die Abs. 1–3 nicht auf die darin genannten Leistungen anzuwenden. Diese Regelung übernimmt den bisherigen § 9 VIII aF, so dass praktisch nur standardisierte Dienstleistungen von § 12 erfasst werden. Nicht anwendbar ist § 12 auch auf die Werbung ohne Angabe von Preisen.

III. Preisverzeichnis für wesentliche Leistungen und Verrechnungssätze (§ 12 I)

1. Grundsatz

4   Nach § 12 I 1 muss der Anbieter von Leistungen ein Preisverzeichnis über die Preise für seine wesentlichen Leistungen oder über seine Verrechnungssätze nach Maßgabe der Sätze 2–4 aufstellen. **„Preisverzeichnisse"** iSd § 12 I sind Aufstellungen über eine Mehrzahl von Leistungen, die Preisangaben. Soweit es der allgemeinen Verkehrsauffassung entspricht, sind nach § 3 II auch die Verkaufs- oder Leistungseinheit und die Gütebezeichnung anzugeben, auf die sich die Preise beziehen. Die Angaben in den Preisverzeichnisses müssen den Anforderungen nach § 1 III genügen. Es muss also ua. die jeweilige Preisangabe dem jeweiligen Angebot eindeutig zuzuordnen sein (§ 1 III 1 Nr. 1). Es muss sich nach § 3 I um Gesamtpreise iSd § 2 Nr. 3 handeln. Die Angabe von „ab"- oder „ca."-Preisen ist unzulässig.

2. Wesentliche Leistungen

Unter **„wesentlichen"** Leistungen sind die Leistungen zu verstehen, die erfahrungsgemäß 5
von Verbrauchern häufig in Anspruch genommen werden und für den Anbieter im Vordergrund
stehen. Dabei kommt es auf die Gegebenheiten des jeweiligen Betriebs, wie zB eines Friseur-
betriebs, an (LG Hamburg WRP 2012, 605 Rn. 21). Werden mehrere (Teil-)Leistungen
angeboten, die – wenngleich unterschiedlich kombiniert – ein einheitliches Leistungsangebot
(zB Bestattung) darstellen, ist maßgebend, ob es bestimmte Kombinationen der Teilleistungen
gibt, die erfahrungsgemäß häufiger nachgefragt werden (LG Hamburg WRP 2012, 605 Rn. 23).

3. Verrechnungssätze

Alternativ zu den Preisen für Leistungen kann der Anbieter von Leistungen ein Preisverzeich- 6
nis über seine **Verrechnungssätze** nach Maßgabe des § 12 I 2–4 angeben, aber nur dann, wenn
dies **„üblich"** ist, also den Gepflogenheiten einer Branche (Verkehrssitte) entspricht. Sie kommen für solche Betriebe in Betracht, bei denen der Leistungsumfang vom Bedarf des jeweiligen
Kunden abhängt. Beispiele für Verrechnungssätze sind nach § 12 I 2 Stundensätze und Kilometersätze. Sie müssen nach § 12 I 3 alle Leistungselemente einschließlich der anteiligen Umsatzsteuer enthalten. Nach § 12 I 4 können Materialkosten in die Verrechnungssätze einbezogen
werden.

IV. Ort der Anbringung des Preisverzeichnisses (§ 12 II)

Nach § 12 II 1 ist nach § 12 I das Preisverzeichnis in den **Geschäftsräumen oder am** 7
sonstigen Ort des Leistungsangebots anzubringen. Das **„Anbringen"** im physischen Sinn
setzt einen Aushang voraus. Ein bloßes Bereithalten zur Einsicht reicht nicht aus (Umkehrschluss
aus § 12 II 3). Ist ein Schaufenster oder Schaukasten vorhanden, muss das Preisverzeichnis auch
dort, also zusätzlich angebracht werden. Ein Schaufenster setzt voraus, dass die jeweilige Leistung
dort zur Schau gestellt wird. Es genügt also nicht ein Fenster, das Einblick in die Geschäftsräume
und damit in das Leistungsangebot gewährt (OLG Hamburg WRP 2013, 1212 Rn. 13 ff.). –
Unter einem **„sonstigen Ort"** ist neben dem Ort der Leistungserbringung (zB bei Bootsver-
mietern oder Schleppliftbetreibern) auch die Bildschirmanzeige zu verstehen. Online-Angebote
und Internet-Angebote von Dienstleistern, die auf dem Bildschirm des Verbrauchers sichtbar
werden, müssen daher ebenfalls Preisverzeichnisse iSd § 12 I aufweisen. Dem Erfordernis des
„Anbringens" ist nur genügt, wenn die Preise dem Angebot auf der Bildschirmseite eindeutig
zugeordnet werden können (§ 1 III Nr. 1) und leicht erkennbar sind (§ 1 III Nr. 2). – Wird die
Dienstleistung über den Bildschirm erbracht, gilt § 12 III (Rn. 10).

Werden die Leistungen in Fachabteilungen von Handelsbetrieben angeboten, so genügt nach 8
§ 12 II 3 das Anbringen der Preisverzeichnisse in den Fachabteilungen. Denn dort erwartet sie
idR auch der Kunde. Ein **„Handelsbetrieb"** liegt vor, wenn der Vertrieb von Waren im
Vordergrund steht. Eine **„Fachabteilung"** setzt voraus, dass die Leistungen des Handelsbetriebs
ausschließlich in einem abgegrenzten Bereich angeboten werden. Dass in diesem Bereich
zusätzlich auch dazugehörende Waren angeboten werden, ist unschädlich. Beispiel: Schlüssel-
und Schuhreparaturdienste innerhalb eines Kaufhauses.

Ist das Anbringen des Leistungsverzeichnisses wegen seines Umfangs nicht zumutbar, würde es 9
also zu viel Platz beanspruchen, so ist es nach § 12 III 4 zur **Einsichtnahme am Ort des**
Leistungsangebots bereitzuhalten. Dies soll es dem Verbraucher ermöglichen, unmittelbar
Kenntnis von den Preisen der von ihm nachgefragten Leistungen zu erlangen. Das Bereithalten
setzt kein Auflegen zur Einsichtnahme und keine unmittelbare Zugänglichkeit voraus. Es genügt,
dass das Verzeichnis dem Kunden jederzeit auf Nachfrage hin in körperlicher Form vorgelegt
oder auf einem Bildschirm mittels eines Links aufgerufen werden kann (BGH WRP 2012, 1384
Rn. 23 – Preisverzeichnis bei Mietwagenunternehmen). Dies gilt auch für rasch wechselnde
Preise, wie zB bei Mietwagenunternehmen (BGH WRP 2012, 1384 Rn. 24 – Preisverzeichnis
bei Mietwagenunternehmen). – Die Pflichten nach § 12 II bestehen nur während der Öffnungszeiten des Betriebs oder für die Dauer des Angebots am Ort des Leistungsangebots (vgl.
BayObLG NJW 1976, 984).

V. Leistungserbringung über Bildschirmanzeigen (§ 12 III)

10   Eine Zusatzregelung enthält § 12 III für das Erbringen von Leistungen über eine Bildschirmanzeige, wenn diese nach Einheiten berechnet werden. Erfasst werden insbes. **audiovisuelle
Mediendienste auf Abruf** und **Videosharingplattform-Dienste** iSd § 2 TMG. In diesem
Fall ist eine gesonderte Anzeige über den Preis der fortlaufenden Nutzung **unentgeltlich**
anzubieten. Es geht also um die Fälle, in denen der Preis der Leistung nicht von vornherein
feststeht, sondern von der Dauer der Leistungserbringung abhängt. Die Verbraucher sollen
erfahren können, welche Kosten für die abgelaufene Zeit angefallen sind. Dazu muss für sie eine
technische Möglichkeit geschaffen werden, die Preisinformation jederzeit während der Leistungserbringung aufzurufen. Für diese Anzeige darf kein Entgelt gefordert werden.

VI. Ausnahmen für bestimmte Leistungen (§ 12 IV)

11   Nach § 12 IV sind die Abs. 1–3 nicht auf die in Nr. 1–3 aufgeführten Leistungen anzuwenden. Die Regelung ist inhaltsgleich mit § 9 VIII aF.

1. § 12 IV Nr. 1

12   Nach § 12 IV Nr. 1 sind ausgenommen „Leistungen, die üblicherweise aufgrund von schriftlichen Angeboten oder schriftlichen Voranschlägen erbracht werden, die auf den Einzelfall
abgestellt sind".

13   Dazu gehören bspw. Leistungen von Bestattungsunternehmen (OLG Hamburg WRP 2013,
1212 Rn. 20); Handwerksbetrieben wie Bauhandwerkern (OLG Hamburg GRUR-RR 2012,
26 (27)), Malern, Maßschneidereien, Steinmetzen (vgl. Widmann WRP 2010, 1443); Gebäude-
versicherungen.

2. § 12 IV Nr. 2

14   Nach § 12 IV Nr. 2 sind ausgenommen „künstlerische, wissenschaftliche und pädagogische
Leistungen, sofern diese Leistungen nicht in Konzertsälen, Theatern, Filmtheatern, Schulen,
Instituten oder dergleichen erbracht werden". Beispiele für künstlerische Leistungen sind: Leis-
tungen eines Porträtmaler, eines Tätowierstudios (OLG Hamburg GRUR-RR 2012, 26 (28));
Beispiele für wissenschaftliche Leistungen sind: Erstellung von Gutachten auf wissenschaftlicher
Grundlage; Beispiele für pädagogische Leistungen sind: Nachhilfe-, Gesangs- und Musikinstru-
mentenunterricht.

3. § 12 IV Nr. 3

15   Nach § 12 IV Nr. 3 sind ausgenommen „Leistungen, bei denen in Gesetzen oder Rechtsverordnungen die Angabe von Preisen besonders geregelt ist". Dazu gehören ua §§ 51, 51a PBefG
und § 32 FahrlG.

VII. Vereinbarkeit mit dem Unionsrecht

16   § 12 geht zwar über die Anforderungen des Art. 22 I lit. i, II, III lit. a Dienstleistungs-RL
hinaus, ist aber durch die **Mindestangleichungsklausel** des Art. 22 V Hs. 1 Dienstleistungs-
RL gedeckt (BGH WRP 2012, 1384 Rn. 10 – Preisverzeichnis bei Mietwagenangebot) und hat
insoweit eine unionsrechtliche Grundlage. Dies ergibt sich sowohl aus dem auf das Vertragsrecht
bezogenen ErwGr. 15 S. 2 UGP-RL (BGH WRP 2012, 1384 Rn. 10 – Preisverzeichnis bei
Mietwagenangebot), als auch aus ErwGr. 32 Dienstleistungs-RL. Zwar dürfen auf Mindestangleichungsklauseln gestützte Vorschriften, soweit sie restriktiver oder strenger sind als die
UGP-RL, nach Art. 3 V 1 UGP-RL aF nur bis zum 12.6.2013 beibehalten, also nach diesem
Zeitpunkt nicht mehr angewendet werden. Ob aber Art. 3 V 1 UGP-RL auch auf die Dienstleistungs-RL anwendbar ist, und damit § 5 aF bzw. jetzt § 12 nach dem 12.6.2013 keine Geltung
mehr beanspruchen kann, ist str. (vgl. einerseits Köhler WRP 2013, 723 (727); andererseits
Goldberg WRP 2013, 1561 (1562 f.); Barth WRP 2022, 1078 Rn. 23). Die Frage muss letztlich
durch den **EuGH** geklärt werden (ebenso Sosnitza GRUR 20922, 794 (796); allg. dazu BGH
WRP 2016, 581 Rn. 25 – Wir helfen im Trauerfall).

VIII. Verhältnis zu anderen Vorschriften der PAngV

§ 12 gehört zum Abschnitt 3 (Besondere Bestimmungen) und ergänzt damit die Grundvor- **17** schriften des Abschnitts 2 über Preisangaben nach den § 3 und §§ 6–9 im Hinblick auf Leistungen. Vorrang vor § 12 haben die Regelungen für Beherbergungsbetriebe (§ 13 III) und Betreiber von Garagen, Einstellplätze und Parkplätze (§ 15 II) sowie die Bestimmungen für Finanzdienstleistungen iSd Abschnitts (§§ 16–19).

IX. Rechtsdurchsetzung

§ 12 wurde früher als eine Marktverhaltensregelung iSd § 3a UWG angesehen (zu § 5a aF vgl. **18** BGH WRPP 2012, 1384 Rn. 9 – Preisverzeichnis bei Mietwagenangebot; OLG Hamburg WRP 2013, 1212). Seit der Entscheidung des BGH (BGH GRUR 2022, 930 Rn. 25 – Knuspermüsli II) sind § 5a I UWG, § 5b IV UWG die allein maßgebliche Rechtsgrundlage.

Gaststätten, Beherbergungsbetriebe

13 (1) [1] Wer in Gaststätten und ähnlichen Betrieben Speisen oder Getränke anbietet, hat deren Preise in einem Preisverzeichnis anzugeben. [2] Wer Speisen und Getränke sichtbar ausstellt oder Speisen und Getränke zur unmittelbaren Entnahme anbietet, hat diese während des Angebotes durch Preisschilder oder Beschriftung der Ware auszuzeichnen. [3] Werden Speisen und Getränke nach Satz 2 angeboten, kann die Preisangabe alternativ auch nach Satz 1 erfolgen. [4] § 11 ist nicht anzuwenden auf die Bekanntgabe von Preisermäßigungen in Betrieben nach diesem Absatz.

(2) [1] Die Preisverzeichnisse sind zum Zeitpunkt des Angebotes entweder gut lesbar anzubringen, auf Tischen auszulegen oder jedem Gast vor Entgegennahme von Bestellungen und auf Verlangen bei der Abrechnung der Bestellung vorzulegen. [2] Neben dem Eingang der Gaststätte ist ein Preisverzeichnis anzubringen, aus dem die Preise für die wesentlichen angebotenen Speisen und Getränke ersichtlich sind. [3] Ist der Gaststättenbetrieb Teil eines anderen Betriebes, so genügt das Anbringen des Preisverzeichnisses am Eingang des Gaststättenteils.

(3) [1] Wer in Beherbergungsbetrieben Zimmer anbietet, hat beim Eingang oder bei der Anmeldestelle des Betriebes an gut sichtbarer Stelle ein Verzeichnis anzubringen oder auszulegen, aus dem die Preise der im Wesentlichen angebotenen Zimmer ersichtlich sind. [2] Satz 1 ist im Fall des Angebots eines Frühstückes für den Frühstückspreis entsprechend anzuwenden.

(4) Kann in Gaststätten- und Beherbergungsbetrieben eine Telekommunikationsanlage benutzt werden, so ist der bei Benutzung geforderte Preis in den Preisverzeichnissen nach Absatz 1 Satz 1 oder Absatz 3 anzugeben.

(5) Die in den Preisverzeichnissen nach den Absätzen 1 bis 3 aufgeführten Preise müssen das Bedienungsgeld und alle sonstigen Zuschläge einschließen.

Übersicht

I. Entstehungsgeschichte und Überblick

1   § 13 trat am 28.5.2022 an die Stelle des bisherigen § 7 aF. Die Vorschrift enthält Spezialregelungen zu § 10 (arg. § 13 I 2) und § 12 im Hinblick auf Gaststätten und Beherbergungsbetriebe. Da diese Betriebe idR eine Vielzahl von Leistungen anbieten, soll der Verbraucher sich rasch und möglichst weitgehend über das Leistungsspektrum informieren können. Die Grundanforderungen des § 3 werden davon nicht berührt. Die Regelung gilt jedoch nur für das Angebot von Waren oder Leistungen, nicht auch für die Werbung dafür. Die Regelung in § 13 V konkretisiert lediglich die Pflicht zur Angabe des Gesamtpreises iSv § 3 I 1.

II. Angebote von Speisen oder Getränken in Gaststätten und ähnlichen Betrieben (§ 13 I und II)

1. Anwendungsbereich

2   § 13 I und II regeln die Angebote von Speisen und/oder Getränken in Gaststätten und ähnlichen Betrieben. Unter **Gaststätten** sind dabei in Anlehnung an § 1 GaststG alle Geschäftsbetriebe zu verstehen, die im stehenden Gewerbe Getränke zum Verzehr an Ort und Stelle verabreichen (Schankwirtschaft) und/oder zubereitete Speisen zum Verzehr an Ort und Stelle verabreichen (Speisewirtschaft), sofern der Betrieb jedermann oder bestimmten Personenkreisen zugänglich ist. Dazu gehören zB auch Zugrestaurants. Unerheblich ist, ob die Gaststätte selbständig oder als Teil eines Beherbergungsbetriebs („Hotelrestaurant") oder sonstigen Betriebs („Kaufhausgaststätte") oder nur vorübergehend („Festzeltbetrieb" usw) betrieben wird. – **Ähnliche Betriebe,** in denen Speisen oder Getränke angeboten werden, sind Betriebe, in denen Speisen oder Getränke zum Verzehr angeboten werden, die Gäste sich aber selbst bedienen müssen oder nur an der Theke, am Ladentisch oder am Sitzplatz bedient werden (zB Kioske, Imbissbuden, Kaffeeausschank in Kaffeegeschäften; Flugzeuge; Schnellrestaurants; LG Hamburg GRUR-RR 2011, 477).

2. Verpflichtung zur Preisangabe in Gestalt von Preisverzeichnissen

3   Nach der Grundregel des § 13 I 1 sind die Preise für Speisen und Getränke in einem Preisverzeichnis anzugeben. Darunter sind Speisen- und Getränkekarten oder entsprechende Auflistungen zu verstehen. Nach § 3 II 1 sind ggf. auch die Verkaufs- oder Leistungseinheit und die Gütebezeichnung, auf die sich die Preise beziehen, anzugeben. Hängt der Preis vom Gewicht ab, wie zB bei Fischgerichten, entspricht dies dem Grundpreis iSv § 4 II.

4   **a) Kenntlichmachung des Preisverzeichnisses im Betrieb.** Nach § 13 II sind dem Betriebsinhaber mehrere Möglichkeiten eingeräumt, den Gästen zum Zeitpunkt des Angebots die Preisverzeichnisse kenntlich zu machen. Er kann:

(1) das Preisverzeichnis gut lesbar anbringen. (Dafür genügt es zB nicht, eine Getränkekarte in einem Lokal aufzuhängen, wenn diese von den Tischen nicht einsehbar ist; OLG München GewArch 1998, 210) oder

(2) das Preisverzeichnis auf Tischen auslegen oder

(3) jedem Gast das Preisverzeichnis vor Entgegennahme der Bestellung und auf Verlangen bei der Abrechnung vorlegen.

5   **b) Anbringen des Preisverzeichnisses neben dem Eingang.** Bei Gaststätten, nicht dagegen bei „ähnlichen Betrieben" (LG Hamburg GRUR-RR 2011, 477), ist nach § 13 II 2 darüber hinaus neben dem Eingang ein Preisverzeichnis anzubringen, aus dem die Preise für die wesentlichen Speisen und Getränke ersichtlich sind. Ist der Gaststättenbetrieb Teil eines anderen Betriebs, so genügt nach § 13 II 3 das Anbringen des Preisverzeichnisses am Eingang des Gaststättenteils. Damit ist bezweckt, dass der Gast sich über die Preise für die wesentlichen Speisen und Getränke informieren kann, ohne erst das Lokal betreten zu müssen. Das Preisverzeichnis neben dem Eingang muss ebenfalls gut lesbar sein, darf also nicht – wie bisweilen der Fall – verblasst oder vergilbt sein. Eine Beschränkung der Angebote ist idR schon deshalb erforderlich, weil der Platz neben dem bzw. am Eingang dafür nicht ausreichen würde.

Als „wesentlich" sind solche Speisen und Getränke anzusehen, die erfahrungsgemäß von den **6** Gästen häufig verzehrt werden und auch nach ihrem Preis für die Gaststätte repräsentativ sind. Hier ist dem Betreiber der Gaststätte ein weiter Beurteilungsspielraum zuzubilligen. Die Grenze ist überschritten, wenn der Gast einen irreführenden Eindruck über das Gesamtangebot gewinnen kann. Das ist jedenfalls dann der Fall, wenn die neben oder am Eingang angegebenen Speisen und/oder Getränke von vornherein nicht oder nur teilweise angeboten werden und nur dem Anlocken von Gästen dienen. Dass im Lokal bestimmte Speisen und/oder Getränke im Einzelfall mangels Belieferung nicht oder wegen einer übergroßen Nachfrage nicht mehr bestellt werden können, ist jedem Gast bekannt. Eine Änderung des Preisverzeichnisses ist insoweit nicht erforderlich.

c) Sonderregelung für das sichtbare Ausstellen oder Anbieten zur unmittelbaren 7 Entnahme von Speisen und Getränken (§ 13 I 2 und 3). Wer Speisen und Getränke sichtbar ausstellt oder zur unmittelbaren Entnahme anbietet, hat diese während des Angebots durch Preisschilder oder Beschriftung der Ware auszuzeichnen (§ 13 I 2). Die Vorschrift entspricht dem § 10. Damit ist bspw. das Anbieten von Kuchen in der Kuchentheke eines Cafés oder von Getränken in Weinregalen einer Gaststätte gemeint. Als Alternative dazu ist die Preisangabe durch ein Preisverzeichnis zulässig (§ 13 I 3).

d) Keine Anwendung des § 11 (§ 13 I 4). Nach § 13 I 4 ist § 11 nicht auf die Bekanntgabe **8** von Preisermäßigungen in Betrieben nach § 13 I anzuwenden. Diese Regelung ist von der Öffnungsklausel des Art. 6a Preisangaben-RL gedeckt.

III. Angebote von Zimmern in Beherbergungsbetrieben (§ 13 III)

1. Anwendungsbereich

Nach § 13 III gelten für Preisverzeichnisse in Beherbergungsbetrieben besondere Regelun- **9** gen. Unter einem **Beherbergungsbetrieb** ist ein Unternehmen zu verstehen, das gegen Entgelt Personen eine Übernachtungsmöglichkeit zur Verfügung stellt. Für die Anwendung des § 13 kommt es darauf an, ob der Anbieter die Unternehmereigenschaft iSd § 2 Nr. 8 besitzt. Es handelt sich dabei idR um Hotels oder Pensionen. Je nach dem Umfang dieser Tätigkeit können auch Vermieter von Ferienwohnungen bzw. Anbieter von Bed & Breakfast usw. Unternehmer sein und damit unter die Vorschrift fallen. – Nicht erfasst werden von Idealvereinen unterhaltene Betriebe, die ausschließlich für ihre Mitglieder Zimmer zu festgesetzten Preisen zur Verfügung stellen (zB Alpenvereine). – Ob neben dem Beherbergungs- auch ein Gaststättenbetrieb vorliegt, ist unerheblich.

2. Kenntlichmachung und Inhalt des Preisverzeichnisses

Das Preisverzeichnis ist beim Eingang oder bei der Anmeldestelle („Rezeption") des Betriebs **10** an gut sichtbarer Stelle anzubringen oder auszulegen, aus dem die Preise der im Wesentlichen angebotenen Zimmer ersichtlich sind (§ 13 III 1). Gut sichtbar ist das Verzeichnis dann, wenn der Gast es sofort, also ohne Suchen oder Nachfragen beim Personal sehen kann. Im „Wesentlichen" bedeutet, dass es sich um die Mehrzahl der bereitgestellten Zimmer handelt, die erfahrungsgemäß von Gästen eines solchen Betriebs gebucht werden, wie zB Einzel- und Doppelzimmer, aber nicht Suiten. – Die Regelung gilt unabhängig davon, dass Gäste, wie idR, Zimmer im Internet über Plattformen (Booking.com; hotel.de) oder unmittelbar beim Betreiber mittels E-Mail oder Telefon im Voraus zu bestimmten Preisen buchen können. § 12 I ist insoweit nicht anwendbar, wie sich bereits aus § 12 II ergibt. Für die Betreiber, die – wie insbes. Hotels in Großstädten – ihre Preise ständig an die zu erwartende geringere oder größere Nachfrage (zB bei Messen oder Kongressen) anpassen, bedeutet dies allerdings, dass sie auch ihre Preisverzeichnisse entsprechend gestalten oder anpassen müssen.

Sofern, wie zumeist, auch ein Frühstück angeboten wird, ist nach § 13 III 2 für den Früh- **11** stückspreis § 13 III 1 entsprechend anzuwenden. Das bedeutet, dass ein Komplettpreis für ein Frühstück ebenfalls bereits beim Eingang oder bei der Anmeldestelle angegeben werden muss. Hängt der Gesamtpreis für das Frühstück dagegen davon ab, welche Auswahl der Gast bei den angebotenen Speisen und Getränken trifft, so genügt es, wenn ein entsprechendes Verzeichnis im Frühstücksraum an gut sichtbarer Stelle angebracht oder ausgelegt wird.

IV. Benutzung von Telekommunikationsanlagen (§ 13 IV)

12   Stellt der Betreiber eines Gaststätten- oder Beherbergungsbetriebs eine Telekommunikationsanlage (Telefon, Telefax, PC) zur Verfügung, so muss er nach § 13 IV den bei der Benutzung geforderten Preis in den Preisverzeichnissen nach § 13 I 1 oder § 13 III angeben. Das Gleiche gilt für die Bereitstellung eines WLAN-Routers für die Gäste. Die Festsetzung der Höhe des Entgelts steht ihm – innerhalb der allgemeinen Schranken – frei.

V. Einbeziehung von Zuschlägen (§ 13 V)

13   Nach § 13 V müssen die in den Preisverzeichnissen nach den Abs. 1–3 aufgeführten Preise das Bedienungsgeld und alle sonstigen Zuschläge einschließen. Sie gehören zum Gesamtpreis iSv § 3 I. Erfolgt eine Aufgliederung, ist § 1 III anwendbar. Zuschläge iSd § 13 V sind bspw. bei Gaststätten der Zuschlag für ein Gedeck, bei Beherbergungsbetrieben die Zuschläge für die Inanspruchnahme des Zimmers am Tag der Abreise für einen späteren als den üblichen Termin für das Auschecken, für die Unterbringung von Haustieren oder für die Benutzung eines Schwimmbads oder Fitnessraums.

Elektrizität, Gas, Fernwärme und Wasser

14 (1) **Wer als Unternehmer Verbrauchern Elektrizität, Gas, Fernwärme oder Wasser leitungsgebunden anbietet oder als Anbieter dieser Waren gegenüber Verbrauchern unter Angabe von Preisen wirbt, hat den Arbeits- oder Mengenpreis im Angebot oder in der Werbung anzugeben.**

(2) [1]**Wer an einem öffentlich zugänglichen Ladepunkt Verbrauchern das punktuelle Aufladen von elektrisch betriebenen Fahrzeugen nach der Ladesäulenverordnung anbietet, hat beim Einsatz eines für das punktuelle Aufladen vorgesehenen Bezahlverfahrens den für den jeweiligen Ladepunkt geltenden Arbeitspreis an dem Ladepunkt oder in dessen unmittelbarer Nähe anzugeben.** [2]**Die Preisangabe hat mindestens zu erfolgen mittels**

1. **eines Aufdrucks, Aufklebers oder Preisaushangs,**
2. **einer Anzeige auf einem Display des Ladepunktes oder**
3. **einer registrierungsfreien und kostenlosen mobilen Webseite oder Abrufoption für eine Anzeige auf dem Display eines mobilen Endgerätes, auf die am Ladepunkt oder in dessen unmittelbarer Nähe hingewiesen wird.**

[3]**Wird für das punktuelle Aufladen von Verbrauchern ein webbasiertes System verwendet, so hat der Anbieter den Arbeitspreis für das punktuelle Laden über dieses webbasierte System spätestens vor dem Start des Ladevorgangs anzugeben.**

(3) **Wer in den Fällen des Absatzes 1 oder 2 zusätzlich leistungsabhängige oder nicht verbrauchsabhängige Preise fordert, hat diese vollständig in unmittelbarer Nähe der Angabe des Arbeits- oder Mengenpreises oder des Ladepunktes anzugeben.**

(4) **Als Mengeneinheit ist für die Angabe des Arbeitspreises bei Elektrizität, Gas und Fernwärme 1 Kilowattstunde und für die Angabe des Mengenpreises bei Wasser 1 Kubikmeter zu verwenden.**

Übersicht

I. Entstehungsgeschichte und Normzweck

§ 14 ist am 28.5.2022 an die Stelle des bisherigen § 3 aF getreten. Die Neuregelung über- **1**
nimmt inhaltlich weitgehend die bisherigen Regelungen in § 3 aF, ergänzt sie aber in Abs. 2
durch eine Regelung über das Anbieten des punktuellen Aufladens von Elektromobilen. Einzelheiten dazu finden sich in der Amtl. Begr. zu § 14 II (BR–Drs. 669/21, 47–49).

Die Regelung bezweckt, auch für die Märkte für Elektrizität, Gas, Fernwärme und Wasser **2**
eine Preistransparenz für die Verbraucher anhand des Arbeits- bzw. Mengenpreises zu gewährleisten. Alle Preisangaben müssen daher im Einklang mit den Vorgaben von § 1 III erfolgen.

II. Grundsatz (§ 14 I)

§ 14 I entspricht im Wesentlichen der Regelung in § 3 S. 1 aF, vereinfacht sie aber in sprach- **3**
licher Hinsicht. Danach hat ein Unternehmer, der Verbrauchern Elektrizität, Gas, Fernwärme
oder Wasser leitungsgebunden anbietet, den Arbeits- oder Mengenpreis im Angebot anzugeben.
Das Gleiche gilt für einen Anbieter dieser Waren, der gegenüber Verbrauchern unter Angabe
von Preisen wirbt. Er hat den Arbeits- oder Mengenpreis in der Werbung anzugeben. Die
Begriffe des „Arbeits- oder Mengenpreises" sind in § 2 Nr. 1 definiert und werden in § 14 IV
konkretisiert.

III. Anbieten des punktuellen Aufladens von elektrisch betriebenen Fahrzeugen (§ 14 II)

1. Ausgangspunkt

Der zunehmende Anteil von elektrisch betriebenen Fahrzeugen (Elektromobilen) im Verkehr **4**
machte eine Regelung der Angabe des Arbeitspreises durch die Anbieter des punktuellen Aufladens an öffentlich zugänglichen Ladesäulen nach der LSV (Ladesäulenverordnung v. 9.3.2016,
BGBl. 2016 I 457) erforderlich. Sie erfolgte in § 14 II.

2. Die Grundregelung in § 14 II 1

Die Grundregelung in § 14 II 1 lautet: „Wer an einem öffentlich zugänglichen Ladepunkt **5**
Verbrauchern das punktuelle Aufladen von elektrisch betriebenen Fahrzeugen nach der Ladesäulenverordnung anbietet, hat beim Einsatz eines für das punktuelle Aufladen vorgesehenen
Bezahlverfahrens den für den jeweiligen Ladepunkt geltenden Arbeitspreis an dem Ladepunkt
oder in dessen unmittelbarer Nähe anzugeben."

§ 14 II 1 setzt voraus, dass ein **Unternehmer** iSd § 2 Nr. 8 an einem öffentlich zugänglichen **6**
Ladepunkt (→ Rn. 7) Verbrauchern iSd § 2 Nr. 9 das punktuelle Aufladen (→ Rn. 7) von
elektrisch betriebenen Fahrzeugen (→ Rn. 7) nach der Ladesäulenverordnung (→ Rn. 4) anbietet. Ihn trifft die Pflicht, beim Einsatz eines für das punktuelle Aufladen vorgesehenen Bezahlverfahrens den für den jeweiligen Ladepunkt geltenden Arbeitspreis (§ 2 Nr. 1; § 14 IV) an dem
Ladepunkt oder in dessen unmittelbarer Nähe anzugeben.

a) Die in § 14 II 1 verwendeten Begriffe und ihre Definitionen. Der Begriff des „elek- **7**
trisch betriebenen Fahrzeugs" ist in § 2 Nr. 1 LSV iSd § 2 EmoG (Elektromobilitätsgesetz v.
5.6.2015, BGBl. 2015 I 898), definiert. Der Begriff des „Ladepunkts" ist in § 2 Nr. 2 LSV, der
des „öffentlich zugänglichen Ladepunkts" in § 2 Nr. 5 LSV und der des „punktuellen Aufladens" in § 2 Nr. 9 LSV definiert.

Nach § 2 Nr. 5 LSV ist ein Ladepunkt **„öffentlich zugänglich,** wenn der zum Ladepunkt **7a**
gehörende Parkplatz von einem unbestimmten oder nur nach allgemeinen Merkmalen bestimm-

baren Personenkreis tatsächlich befahren werden kann, es sei denn, der Betreiber hat am Ladepunkt oder in unmittelbarer räumlicher Nähe zum Ladepunkt durch eine deutlich sichtbare Kennzeichnung oder Beschilderung die Nutzung auf einen individuell bestimmten Personenkreis beschränkt; der Personenkreis wird nicht allein dadurch bestimmt, dass die Nutzung des Ladepunktes von einer Anmeldung oder Registrierung abhängig gemacht wird." Schwierigkeiten bereitet zum einen die Auslegung des Begriffs des individuell bestimmten Personenkreises. Hier muss es genügen, dass der Fahrer erkennen kann, ob er zu diesem Personenkreis gehört oder nicht (zB bei einem Hotel der Hinweis „nur für Hotelgäste"; aA Buchmann/Sauer WRP 2023, 13 Rn. 41). Zum anderen stellt sich die Frage, was gelten soll, wenn der Betreiber es versäumt hat, eine entsprechende Kennzeichnung oder Beschilderung vorzunehmen oder wenn diese nicht mehr vorhanden ist (zB durch Witterungseinflüsse oder Dritteinwirkung; dazu Fritzsche/Münker/Stollwerck/Laoutoumai Rn. 16). Dieses Risiko hat aber der Betreiber zu tragen, weil und soweit es in seinem Verantwortungsbereich liegt. Es gilt insoweit die gleiche Verpflichtung, wie sie für die Nutzung einer statischen Preisangabe besteht (vgl. BR-Drs. 669/21, 45)

7b   Nach § 2 Nr. 9 LSV ist als **„punktuelles Aufladen"** ein Laden eines elektrisch betriebenen Fahrzeugs, das nicht als Leistung im Rahmen eines Dauerschuldverhältnisses mit dem Nutzer erbracht wird", zu verstehen (dazu Schilling WRP 2022, 809 (816). Man spricht insoweit vom „vertragsbasierten Laden".

8   **b) Die Pflichten des Anbieters von Ladepunkten gegenüber Nutzern von Elektromobilen nach § 4 LSV.** Die Pflichten des Anbieters von Ladepunkten gegenüber Nutzern von Elektromobilen sind, was die für punktuelles Laden einsetzbaren bzw. zugelassenen Bezahlverfahren angeht, im Einzelnen in § 4 S. 2 LSV geregelt.

3. Die Mindestanforderungen an die Preisangabe (§ 14 II 2)

9   „Die Preisangabe hat mindestens zu erfolgen mittels 1. eines Aufdrucks, Aufklebers oder Preisaushangs, 2. einer Anzeige auf einem Display des Ladepunktes oder 3. einer registrierungsfreien und kostenlosen mobilen Webseite, oder Abrufoption für eine Anzeige auf dem Display eines mobilen Endgerätes, auf die am Ladepunkt oder in dessen unmittelbarer Nähe hingewiesen wird." Im Fall der Nr. 1 sollten Manipulationen oder mutwillige Beschädigungen zeitnah festgestellt und behoben werden, zudem müssen Aufdrucke oder Aufkleber witterungsbeständig und wischfest sein, um eine dauerhafte und korrekte Preisangabe zu gewährleisten (vgl. BR-Drs. 669/21, 45). Im Fall der Nr. 3 kann der Zugang zur Preisangabe bspw. mittels eines QR-Codes oder der Webseiten-URL angegeben werden.

4. Verwendung eines webbasierten Systems (§ 14 II 3)

10   „Wird für das punktuelle Laden von Verbrauchern ein webbasiertes System verwendet, so hat der Anbieter den Arbeitspreis für das punktuelle Laden über dieses webbasierte System spätestens vor dem Start des Ladevorgangs anzugeben." Damit ist der Fall gemeint, dass Verbraucher für das punktuelle Aufladen ein ihnen bereits zur Verfügung stehendes webbasiertes System, zB eine bereits installierte Smartphone-App, nutzen. Auch in diesem Fall hat die Angabe des Arbeitspreises unmittelbar vor dem Start des Ladevorgangs zu erfolgen. Dem Verbraucher ist es aber nicht zuzumuten, zunächst ein solches webbasiertes System auf sein mobiles Endgerät zu laden und die AGB des Anbieters für die Nutzung akzeptieren zu müssen (Begr. RegE, BR-Drs. 669/21, 45).

5. Abgrenzung zum vertragsbasierten Aufladen

11   Vom punktuellen Aufladen ist das vertragsbasierte Laden zu unterscheiden, bei dem der Anbieter mit einem Verbraucher einen Vertrag in Gestalt eines Dauerschuldverhältnisses (§ 314 BGB) schließt. Der Anbieter unterliegt nicht der Pflicht zur Preisangabe nach § 14 II, da hier dem Nutzer die für ihn jeweils geltenden Tarife und Vertragskonditionen bereits bekannt sind. Der Nutzer kann dann ggf. vor dem Aufladen die Preise für das punktuelle Aufladen und für das vertragsbasierte Aufladen vergleichen und sich für die kostengünstigere Alternative entscheiden.

IV. Zusätzliche Forderung leistungsabhängiger oder nicht verbrauchsabhängiger Preise (§ 14 III)

§ 14 III fasst die Regelung aus § 3 S. 3 und 4 aF zusammen und entspricht inhaltlich im **12** Wesentlichen den bisherigen Regelungen. Im Hinblick auf die Neuregelung in Abs. 2 zum punktuellen Aufladen von elektrisch betriebenen Fahrzeugen bedarf es einer Verweisung. Der Ladepunkt wird im zweiten Halbsatz als möglicher Ort der Preisangabe für zusätzliche leistungsabhängige oder nicht verbrauchsabhängige Preise aufgenommen. Jedoch können diese Preise ebenso wie die Arbeitspreise gemäß Abs. 2 auch über ein Display oder die browserbasierte kostenlose mobile Webseite in unmittelbarer Nähe des Arbeitspreises angegeben werden (vgl. Begr. BR-Drs. 669/21, 49).

V. Mengeneinheit und Mengenpreis (§ 14 IV)

§ 14 IV übernimmt den § 3 S. 2 aF mit geringfügigen sprachlichen Konkretisierungen.   **13**

Tankstellen, Parkplätze

15 (1) ¹Wer an einer Tankstelle Kraftstoffe anbietet, hat die Kraftstoffpreise so auszuzeichnen, dass sie deutlich lesbar für Kraftfahrer sind, die

1. auf der Straße heranfahren oder
2. auf Bundesautobahnen in den Tankstellenbereich einfahren.

²Satz 1 gilt nicht für die Preise von Kraftstoffmischungen, die erst in der Tankstelle hergestellt werden.

(2) Wer für einen kürzeren Zeitraum als einen Monat Garagen, Einstellplätze oder Parkplätze vermietet oder bewacht oder Kraftfahrzeuge verwahrt, hat zum Zeitpunkt des Angebotes am Anfang der Zufahrt ein Preisverzeichnis anzubringen, aus dem die von ihm geforderten Preise ersichtlich sind.

Übersicht

I. Entstehungsgeschichte

§ 15 ist am 28.5.2022 an die Stelle des bisherigen § 8 aF getreten. Die Neufassung weist einige **1** sprachliche Klarstellungen auf und berücksichtigt ausdrücklich das Erfordernis des Anbietens iSd § 3 I. Damit wird der Rspr. zu § 4 I aF (vgl. BGH WRP 2017, 296 Rn. 14 – Hörgeräteausstellung) Rechnung getragen.

II. Überblick und Verhältnis zum Unionsrecht

§ 15 ergänzt die Grundnorm des § 3 und enthält in Abs. 1 für Tankstellen eine Spezial- **2** regelung zu § 10 I und in Abs. 2 für Leistungen des Kfz-Abstellplatzvermietungs- und Bewachungsgewerbes eine Spezialregelung zu § 12.

§ 15 I betrifft Waren. Die Regelung entspricht insoweit den Vorgaben des Art. 4 I Preis- **3** angaben-RL, wonach der Verkaufspreis und der Preis je Maßeinheit unmissverständlich, klar erkennbar und gut lesbar sein muss.

§ 15 II betrifft Dienstleistungen. Die Vorschrift ist strenger, als es Art. 22 II Dienstleistungs- **4** RL vorschreibt, da kein Wahlrecht vorgesehen ist. Sie ist aber durch die Mindestangleichungsklausel des Art. 22 V Dienstleistungs-RL gerechtfertigt.

III. Preisauszeichnungspflicht für Tankstellen

1. Allgemeines

5   Die Preisauszeichnungspflicht trifft den Anbieter (iSv § 3 I 1) von Kraftstoffen, also den Betreiber der Tankstelle, gleichgültig ob er im eigenen oder fremden Namen (idR bei Pächtern) handelt (OLG Düsseldorf WRP 1988, 170 (172)). Sie bezieht sich nur auf die Kraftstoffpreise, während für sonstige in der Tankstelle angebotene Waren und Leistungen die § 10 und § 12 und ggf. § 13 gelten. Unter Kraftstoffen sind die Stoffe zu verstehen, die unmittelbar dem Antrieb von Kraftfahrzeugen dienen (Benzin, Diesel, Autogas). Die Preisangabe muss sich nach § 3 II 1 entspr. der allgemeinen Verkehrsauffassung auf die Verkaufseinheit (bei Flüssigkraftstoffen ein Liter; OLG Düsseldorf WRP 1988, 170 (171)) und die jeweilige Gütebezeichnung (Super, Diesel usw.) beziehen. – Für die Betreiber von Ladesäulen für Elektrofahrzeuge („Elektro-Tank-stellen") gilt die die Regelung in § 14 II–IV iVm der LSV.

2. Inhalt der Preisauszeichnungspflicht

6   Die Preise (sowie die Kraftstoffsorten; OLG Düsseldorf WRP 1988, 170 (171)) sind nach § 15 I 1 so auszuzeichnen, dass sie für den herannahenden Fahrer „deutlich lesbar" sind. Dabei ist zwischen den Fahrern auf (sonstigen) Straßen und den Fahrern auf Bundesautobahnen zu unterscheiden. Für Erstere gilt nach § 15 I 1 Nr. 1, dass die Preisangabe schon beim Heran-fahren auf der Straße bei normaler Fahrweise deutlich lesbar sein muss, so dass der Fahrer sich, ohne den übrigen Verkehr zu gefährden, für oder gegen das Aufsuchen der Tankstelle ent-scheiden kann. Für Letztere gilt, dass die Preise „für den in den Tankstellenbereich einfahrenden Kraftfahrer" deutlich lesbar sein müssen, also erst dann, wenn er die Autobahnausfahrt verlässt und in den eigentlichen Tankstellenbereich einfährt. Die Angabe muss dann aus einer solchen Entfernung lesbar sein, die es dem Fahrer erlaubt, den Tankstellenbereich wieder zu verlassen, ohne einen Entschluss zum Tanken zu fassen und ohne durch plötzliche Brems- und Abbiege-manöver den Verkehrsfluss zu stören oder andere Verkehrsteilnehmer zu gefährden (vgl. OLG Düsseldorf WRP 1988, 170 (172)). Dafür wird idR eine Größe von 40 cm für die Ziffern von Euro und Cent und für die Buchstaben genügen. Angaben erst an der Tanksäule genügen idR nicht dem Erfordernis der deutlichen Lesbarkeit. Die Preisangabenpflicht gilt für die Dauer der Öffnungszeit der Tankstelle. Bei Dunkelheit müssen die Preisangaben, um deutlich erkennbar zu sein, entsprechend beleuchtet sein.

7   Nach § 15 I 2 gilt S. 1 des § 15 I nicht für Preise von Kraftstoffmischungen, die erst an der Tankstelle hergestellt werden.

IV. Preisverzeichnisse im Kfz-Abstellplatzvermietungs- und Bewachungsgewerbe

8   Nach § 15 II müssen Unternehmer, die für einen kürzeren Zeitraum als einen Monat Garagen, Einstellplätze oder Parkplätze vermieten oder bewachen oder Kraftfahrzeuge verwah-ren, zum Zeitpunkt des Angebots am Anfang der Zufahrt ein Preisverzeichnis anbringen, aus dem die von ihnen geforderten Preise ersichtlich sind. Zum Begriff des Angebots vgl. → § 3 Rn. 14 (Buchmann/Sauer WRP 2023, 13 Rn. 52). Das Preisverzeichnis kann aus einer Preis-tabelle und/oder einer Angabe von Verrechnungssätzen (zB „je angefangene Stunde 3 Euro") bestehen. Die Preise müssen, entspr. den Anforderungen nach § 1 III 1 Nr. 2, leicht erkennbar und deutlich lesbar sein, und zwar derart, dass der Fahrer nach ihrer Kenntnisnahme noch vor Einfahrt in die entsprechenden Abstellplätze ohne Mühen umkehren kann bzw. diese wieder verlassen kann, ohne dass ihm Kosten entstehen.

Abschnitt 4. Bestimmungen zu Finanzdienstleistungen

Verbraucherdarlehen

16   **(1) Wer als Unternehmer den Abschluss von Verbraucherdarlehen im Sinne des § 491 des Bürgerlichen Gesetzbuchs anbietet, hat als Preis die nach den Absätzen 2 bis 6 und 8 berechneten Gesamtkosten des Verbraucherdarlehens für den Ver-**

braucher, ausgedrückt als jährlicher Prozentsatz des Nettodarlehensbetrags, soweit zutreffend, einschließlich der Kosten gemäß Absatz 3 Satz 2 Nummer 2, anzugeben und als effektiven Jahreszins zu bezeichnen.

(2) ¹Der effektive Jahreszins ist mit der in der Anlage angegebenen mathematischen Formel und nach den in der Anlage zugrunde gelegten Vorgehensweisen zu berechnen. ²Bei der Berechnung des effektiven Jahreszinses wird von der Annahme ausgegangen, dass der Verbraucherdarlehensvertrag für den vereinbarten Zeitraum gilt und dass Darlehensgeber und Verbraucher ihren Verpflichtungen zu den im Verbraucherdarlehensvertrag niedergelegten Bedingungen und Terminen nachkommen.

(3) ¹In die Berechnung des effektiven Jahreszinses sind als Gesamtkosten die vom Verbraucher zu entrichtenden Zinsen und alle sonstigen Kosten einzubeziehen, die der Verbraucher im Zusammenhang mit dem Verbraucherdarlehensvertrag zu entrichten hat und die dem Darlehensgeber bekannt sind. ²Zu den sonstigen Kosten nach Satz 1 gehören:

1. Kosten für die Vermittlung des Verbraucherdarlehens;
2. Kosten für die Eröffnung und Führung eines spezifischen Kontos, Kosten für die Verwendung eines Zahlungsmittels, mit dem sowohl Geschäfte auf diesem Konto getätigt als auch Verbraucherdarlehensbeträge in Anspruch genommen werden können, sowie sonstige Kosten für Zahlungsgeschäfte, wenn die Eröffnung oder Führung eines Kontos Voraussetzung dafür ist, dass das Verbraucherdarlehen überhaupt oder nach den vorgesehenen Vertragsbedingungen gewährt wird;
3. Kosten für die Immobilienbewertung, sofern eine solche Bewertung für die Gewährung des Verbraucherdarlehens erforderlich ist.

(4) Nicht in die Berechnung der Gesamtkosten einzubeziehen sind:

1. Kosten, die vom Verbraucher bei Nichterfüllung seiner Verpflichtungen aus dem Verbraucherdarlehensvertrag zu tragen sind;
2. Kosten für solche Versicherungen und für solche anderen Zusatzleistungen, die keine Voraussetzung für die Verbraucherdarlehensvergabe überhaupt oder zu den vorgesehenen Vertragsbedingungen sind;
3. Kosten mit Ausnahme des Kaufpreises, die vom Verbraucher beim Erwerb von Waren oder Dienstleistungen unabhängig davon zu tragen sind, ob es sich um ein Bar- oder Verbraucherdarlehensgeschäft handelt;
4. Gebühren für die Eintragung der Eigentumsübertragung oder der Übertragung eines grundstücksgleichen Rechts in das Grundbuch;
5. Notarkosten.

(5) Ist eine Änderung des Zinssatzes oder sonstiger in die Berechnung des effektiven Jahreszinses einzubeziehender Kosten vorbehalten und ist ihre zahlenmäßige Bestimmung im Zeitpunkt der Berechnung des effektiven Jahreszinses nicht möglich, so wird bei der Berechnung von der Annahme ausgegangen, dass der Sollzinssatz und die sonstigen Kosten gemessen an der ursprünglichen Höhe fest bleiben und bis zum Ende des Verbraucherdarlehensvertrags gelten.

(6) Soweit die in der Anlage niedergelegten Annahmen zutreffend sind, sind diese bei der Berechnung des effektiven Jahreszinses zu berücksichtigen.

(7) Ist der Abschluss eines Vertrags über die Inanspruchnahme einer Nebenleistung, insbesondere eines Versicherungsvertrags oder allgemein einer Mitgliedschaft, zwingende Voraussetzung dafür, dass das Verbraucherdarlehen überhaupt oder nach den vorgesehenen Vertragsbedingungen gewährt wird, und können die Kosten der Nebenleistung nicht im Voraus bestimmt werden, so ist in klarer, eindeutiger und auffallender Art und Weise darauf hinzuweisen,

1. dass eine Verpflichtung zum Abschluss des Vertrages über die Nebenleistung besteht und
2. wie hoch der effektive Jahreszins des Verbraucherdarlehens ist.

(8) ¹Bei Bauspardarlehen ist bei der Berechnung des effektiven Jahreszinses davon auszugehen, dass im Zeitpunkt der Auszahlung des Verbraucherdarlehens das vertragliche Mindestspurguthaben angespart ist. ²Von der Abschlussgebühr ist im Zweifel lediglich der Teil zu berücksichtigen, der auf den Verbraucherdarlehensanteil der

Bausparvertragssumme entfällt. ³Bei Verbraucherdarlehen, die der Vor- oder Zwischenfinanzierung von Leistungen einer Bausparkasse aus Bausparverträgen dienen und deren preisbestimmende Faktoren bis zur Zuteilung unveränderbar sind, ist als Laufzeit von den Zuteilungsfristen auszugehen, die sich aus der Zielbewertungszahl für Bausparverträge gleicher Art ergeben. ⁴Bei vor- oder zwischenfinanzierten Bausparverträgen nach Satz 3 ist für das Gesamtprodukt aus Vor- oder Zwischenfinanzierungsdarlehen und Bausparvertrag der effektive Jahreszins für die Gesamtlaufzeit anzugeben.

Übersicht

I. Allgemeines

1. Inhalt der Regelung

1   Die Vorschrift ist am 28.5.2022 an die Stelle des bisherigen § 6 PAngV aF getreten. Sie regelt in Konkretisierung des § 3 I die Preisangabenpflicht beim **Angebot** von Verbraucherdarlehen. (Die **Werbung** für Verbraucherdarlehen ist in § 17 geregelt.) Als „**Preis**" des Verbraucherdarlehens sind nach § 16 I die Gesamtkosten als jährlicher Prozentsatz des Nettodarlehensbetrags anzugeben und als effektiver Jahreszins zu bezeichnen. Kern der Regelung ist die Berechnung des effektiven Jahreszinses. Einzelheiten dazu sind in § 16 II–VI, VIII sowie in der Anlage zu § 16 geregelt.

2. Entstehungsgeschichte, Normzweck und Auslegung

§ 16 hat seine unionsrechtlichen Grundlagen in der **Verbraucherkredit-RL 2008/46/EG** v. **2** 23.4.2008 (dazu Köhler WM 2012, 149). Die bisherige Regelung in § 6 aF ging auf Art. 11 G v. 11.3.2016 (BGBl. 2016 I 396) zurück, die der Umsetzung der **Wohnimmobilienkredit-RL 2014/17/EU** v. 4.2.2014 diente. Die jetzige, ab dem 28.5.2022 geltende Fassung beruht auf der Fassung in der **Novelle zur PAngV 2021,** weist ihr gegenüber nur geringfügige, aber keine inhaltlichen Änderungen auf. Die **Dienstleistungs-RL 2006/123/EG** ist dagegen nicht einschlägig, da sie sich ausweislich Art. 2 I lit. b nicht auf Kreditinstitute bezieht. – **Zweck** der Regelung ist es, eine größtmögliche **Transparenz** und **Vergleichbarkeit** der Kreditangebote, nämlich der Angaben zum effektiven Jahreszins zu gewährleisten, damit der Verbraucher in voller Sachkenntnis entscheiden kann (vgl. ErwGr. 19 Verbraucherkredit-RL). Kredite bergen für den Verbraucher deswegen bes. Gefahren, weil die damit verbundenen finanziellen Belastungen oft verschleiert dargestellt werden und im Einzelfall schwer zu erkennen sind. Die **Auslegung** hat **richtlinienkonform** am Maßstab der Verbraucherkredit-RL und der WohnimmobilienkreditRL zu erfolgen. Eine Auslegungshilfe bieten die Gesetzesmaterialien zu § 6 aF (RegE BT-Drs. 16/11643; Beschlussempfehlung und Bericht des Rechtsausschusses BT-Drs. 16/13669 sowie RegE BT-Drs. 18/5922, 130 ff.; Beschlussempfehlung und Bericht des Ausschusses für Recht und Verbraucherschutz BT-Drs. 18/7584).

3. Begriffsbestimmungen

a) Verbraucherdarlehen. § 16 I bezieht sich auf **Verbraucherdarlehen iSd § 491 BGB.** **3** Es sind dies **entgeltliche Darlehensverträge** zwischen einem **Unternehmer** (§ 2 Nr. 8) als Darlehensgeber und einem **Verbraucher** (§ 2 Nr. 9 iVm § 13 BGB) als Darlehensnehmer, soweit in § 491 II, III und in den §§ 503–506 BGB nichts anderes bestimmt ist. Zum entgeltlichen Zahlungsaufschub (§ 506 I BGB) und der sonstigen entgeltlichen Finanzierungshilfe (§ 506 II BGB) vgl. § 18. – Unter **Entgelt** ist jede Art von Gegenleistung für das eingeräumte Kapitalnutzungsrecht zu verstehen (BGH NJW 2014, 3719 Rn. 17), gleichgültig wie sie bezeichnet wird („Bearbeitungsgebühr"), wann sie zu erbringen ist (Zinsen, Einmalzahlung, Disagio, Damnum) und wie hoch sie ist. Ausgenommen sind daher nur zinslose und gebührenfreie Darlehen. Allerdings begründen **unerhebliche Kleinstbeträge** noch keine Entgeltlichkeit (BGH NJW 2014, 3719 Rn. 17). – Vom Darlehensvertrag zu unterscheiden ist der Ratenlieferungsvertrag iSd § 510 BGB, bei dem im Rahmen eines Dauerschuldverhältnisses die Zahlung in Teilbeträgen vgl. den Teillieferungen erfolgt. Dies entspricht der Vorgabe in Art. 3 lit. c Verbraucherkredit-RL.

b) Darlehensgeber. Darlehensgeber iSd § 16 kann im Hinblick auf § 491 BGB nur ein **4** **Unternehmer** iSd § 2 Nr. 8 sein. Es muss sich also um eine natürliche oder juristische Person handeln, die bei Abschluss des Darlehensvertrages im Rahmen ihrer gewerblichen oder beruflichen Tätigkeit handelt. Dafür reicht ein erstmaliges bzw. einmaliges Anbieten eines Darlehens aus (vgl. auch Art. 3 Nr. 2 Wohnimmobilienkredit-RL, wonach als Kreditgeber jede natürliche oder juristische Person in Betracht kommt, die in Ausübung ihrer gewerblichen oder beruflichen Tätigkeit einen Kredit gewährt oder zu gewähren verspricht).

c) Verbraucher. § 16 schützt nur Verbraucher iSd § 2 Nr. 8 iVm § 13 BGB als Darlehens- **5** nehmer. Es muss sich daher um eine natürliche Person handeln, die bei Abschluss eines Darlehensvertrags zu Zwecken handelt, „die überwiegend weder ihrer gewerblichen noch ihrer selbständigen beruflichen Tätigkeit zugerechnet werden können" (→ UWG § 2 Rn. 160 ff.).

d) Angebot. Zum Begriff des Angebots → § 3 Rn. 14. Ein Angebot liegt insbes. dann vor, **6** wenn Darlehensantrags- oder Darlehensvertragsformulare benutzt werden (vgl. BGH GRUR 1980, 304 (305) – Effektiver Jahreszins). Anbieter ist, wer den Preis des Darlehens gegenüber dem Verbraucher festsetzt oder fordert. Dabei spielt es keine Rolle, ob rechtlich der Handelnde oder ein Dritter den angebotenen Kredit gewährt. Es können neben den eigentlichen Darlehensgebern, idR also Banken, Sparkassen, Händler, auch Kreditvermittler Anbieter sein (BGH GRUR 1980, 304 (306) – Effektiver Jahreszins). Beispiel: Wer zur Vorfinanzierung des Kaufpreises mit der Bewilligung eines Zahlungsaufschubs gegen eine 3%ige Bearbeitungsgebühr aus dem Kaufpreis wirbt, bietet ein Darlehen an und ist daher zur Angabe des effektiven Jahreszinses verpflichtet. Dies gilt unabhängig davon, ob der Verkäufer das Darlehen selbst gewährt oder einen Dritten als Kreditgeber einschaltet (BGHZ 108, 39 = GRUR 1989, 836 – Stundungsangebote).

II. Gesamtkosten

1. Begriff

7 Der Begriff der **Gesamtkosten** iSd § 16 I umfasst nach § 16 III 1 die vom Verbraucher zu entrichtenden **Zinsen** und alle **sonstigen Kosten** einschließlich etwaiger Vermittlungskosten, die der Verbraucher im Zusammenhang mit dem Verbraucherdarlehensvertrag zu entrichten hat und und die dem Darlehensgeber bekannt sind. Es sind dies die finanziellen Verpflichtungen, die der Verbraucher bei regulärem Vertragsverlauf über die Rückzahlung des Verbraucherdarlehens hinaus zu tragen hat. Ein **Disagio** (Abzug vom Kreditbetrag) oder **Agio** (Aufschlag auf den Kreditbetrag) ist je nach seiner Funktion den Zinsen oder den sonstigen Kosten zuzuordnen (BT-Drs. 18/5922, 132; vgl. auch BGHZ 201, 168 Rn. 42). Nach § 492 II BGB müssen die Gesamtkosten im Vertrag angegeben sein; nicht angegebene Kosten werden nach § 494 IV BGB nicht geschuldet. Die Berechnung der Gesamtkosten erfolgt gem. § 16 I nach § 16 II–VI und VIII.

2. Sonstige Kosten als Bestandteil der Gesamtkosten

8 **a) Grundsatz.** In die Berechnung der Gesamtkosten sind nach § 16 III 1 neben den vom Verbraucher zu entrichtenden Zinsen auch alle sonstigen Kosten einschließlich etwaiger Vermittlungskosten, die der Verbraucher im Zusammenhang mit dem Verbraucherdarlehensvertrag zu entrichten hat und die dem Darlehensgeber bekannt sind, einzubeziehen. Zu den sonstigen Kosten gehören die in § 16 III 2 aufgeführten Kosten. Bestimmte, in § 16 IV aufgeführte Kosten gehören nicht dazu (→ Rn. 13 ff.).

9 **b) Zusammenhang zwischen Kosten und Verbraucherdarlehensvertrag.** Die sonstigen Kosten müssen „im Zusammenhang mit dem Darlehensverbrauchervertrag" stehen, ihre Ursache also letztlich in diesem Vertrag haben. Jedoch ist es nicht erforderlich, dass sie ihren rechtlichen Ursprung in diesem Vertrag selbst haben. Es muss lediglich ein im weiten Sinne bestehende kausale Verknüpfung mit diesem Vertrag vorliegen (BT-Drs 18/5922, 132). Einzubeziehen sind daher nicht nur sämtliche vorvertraglichen und vertraglichen Kosten (vgl. Art. 6 lit. k Verbraucherkredit-RL), sondern auch Kosten aus einem Vertrag, der mit dem Darlehensverbrauchervertrag verknüpft ist, wie etwa ein Kauf- oder ein Versicherungsvertrag. Bei entgeltlichen Finanzierungshilfen ist insbes. der Barzahlungspreis in die Berechnung des effektiven Jahreszinses einzubeziehen. Weiter gehören hierher, wie ausdrücklich geregelt, Kreditvermittlungskosten, aber auch Mitgliedsbeiträge oÄ.

10 **c) Kenntnis des Darlehensgebers.** § 16 III 1 setzt für die Einbeziehung sonstiger Kosten voraus, dass sie dem Darlehensgeber bekannt sind. Damit wurde Art. 3 lit. g Verbraucherkredit-RL Rechnung getragen. Allerdings ist nach ErwGr. 20 Verbraucherkredit-RL die tatsächliche Kenntnis objektiv zu beurteilen, wobei die Anforderungen an die berufliche Sorgfalt zu berücksichtigen sind. (Zum Begriff der beruflichen Sorgfalt vgl. Art. 2 lit. h UGP-RL; zum Parallelbegriff der unternehmerischen Sorgfalt vgl. § 2 I Nr. 9 UWG nF.) Im Ergebnis ist daher von einer Kenntnis auszugehen, wenn vom Darlehensgeber eine entsprechende Kenntnis zu erwarten ist. Davon ist bei den Kosten für Zusatzleistungen auszugehen, wenn sie nicht von den persönlichen Verhältnissen des Verbrauchers abhängen. Von einer Kenntnis der Vermittlungsgebühren ist schon im Hinblick auf die Mitteilungspflicht nach Art. 247 § 13 III EGBGB auszugehen (vgl. BT-Drs. 16/11643, 133).

11 **d) Einzelne Kosten (§ 16 III 2).** Zu den sonstigen Kosten gehören nach
§ 16 III 2 Nr. 1 „Kosten für die Vermittlung des Verbraucherdarlehens".
§ 16 III 2 Nr. 2 „Kosten für die Eröffnung und Führung eines spezifischen Kontos, Kosten für die Verwendung eines Zahlungsmittels, mit dem sowohl Geschäfte auf diesem Konto getätigt als auch Verbraucherdarlehensbeträge in Anspruch genommen werden können, sonstige Kosten für Zahlungsgeschäfte, wenn die Eröffnung oder Führung eines Kontos Voraussetzung dafür ist,

dass das Verbraucherdarlehen überhaupt oder nach den vorgesehenen Vertragsbedingungen gewährt wird".

§ 16 III 2 Nr. 3 „Kosten für die Immobilienbewertung, sofern eine solche Bewertung für die Gewährung des Verbraucherdarlehens erforderlich ist".

Weitere sonstige Kosten können bspw. sein: das **„Bearbeitungsentgelt"** (zur Unwirksamkeit einer AGB-Klausel „Bearbeitungsentgelt einmalig 1 %" vgl. BGHZ 201, 168 Rn. 17 ff.); die **Abschluss- und Verwaltungskosten** einer **(Risiko-) Lebensversicherung** oder **Rentenversicherung**, wenn ein Immobiliar-Verbraucherdarlehensvertrag überhaupt oder zu den angebotenen Konditionen nur unter der Voraussetzung abgeschlossen wird, dass die Versicherung als zusätzliche Sicherheit abgetreten wird (BT-Drs 18/5922, 132). **12**

e) Nicht zu berücksichtigende Kosten (§ 16 IV). Nach **§ 16 IV** sind bestimmte Kosten, **13** soweit sie im Einzelfall anfallen, nicht zu berücksichtigen, da sie nicht in einem unmittelbaren Zusammenhang mit dem Abschluss eines Verbraucherdarlehensvertrags stehen. Es handelt sich dabei um eine **abschließende** Aufzählung (BT-Drs 18/5922, 132).

aa) Kosten, die vom Verbraucher bei Nichterfüllung seiner Verpflichtungen aus dem 14 Verbraucherdarlehensvertrag zu tragen sind (§ 16 IV Nr. 1). Die Regelung entspricht dem Art. 19 II Hs. 1 VerbraucherkreditRL. Unter Nichterfüllung der Verpflichtungen ist auch die nicht vollständige oder verspätete Erfüllung der Zahlungspflichten zu verstehen. Die daraus entstehenden Kosten sind insbes. Verzugszinsen sowie Mahngebühren und Beitreibungskosten. Nicht erfasst sind die Zinsen aus der geduldeten Überziehung eines laufenden Kontos (§ 505 BGB).

bb) Kosten für solche Versicherungen und für solche anderen Zusatzleistungen, die 15 keine Voraussetzung für die Verbraucherdarlehensvergabe oder für die Verbraucherdarlehensvergabe zu den vorgesehenen Vertragsbedingungen sind (§ 16 IV Nr. 2). Der Begriff der Zusatzleistungen ist dem Art. 247 § 8 EGBGB entnommen. Dazu gehören insbes. der Abschluss eines Versicherungsvertrags oder eines Kontoführungsvertrags. Die Kosten für solche Zusatzleistungen sind dann nicht zu berücksichtigen, wenn diese Leistungen keine Voraussetzung für die Kreditvergabe zu den vorgesehenen Vertragsbedingungen sind. Dies entspricht den Vorgaben aus Art. 3 lit. g Verbraucherkredit-RL.

cc) Kosten mit Ausnahme des Kaufpreises, die vom Verbraucher beim Erwerb von 16 Waren oder Dienstleistungen unabhängig davon zu tragen sind, ob es sich um ein Bar- oder Verbraucherdarlehensgeschäft handelt (§ 16 IV Nr. 3). Die Regelung entspricht dem Art. 19 II Hs. 1 Verbraucherkredit-RL. Sie bezieht sich bspw. auf Maklergebühren, nicht dagegen auf Notarkosten, da diese bereits in Nr. 5 erfasst sind.

dd) Gebühren für die Eintragung der Eigentumsübertragung oder der Übertragung 17 eines grundstücksgleichen Rechts in das Grundbuch (§ 6 IV Nr. 4). Die Regelung erklärt sich daraus, dass diese Kosten nicht in einem ursächlichen Zusammenhang mit dem Abschluss eines Verbraucherdarlehensvertrags stehen.

ee) Notarkosten (§ 6 IV Nr. 5). Notarkosten, also Gebühren und Auslagen eines Notars, **18** die der Verbraucher etwa für die Beurkundung des Kaufvertrags zu entrichten hat, sind – entspr. der Vorgabe aus Art. 3 lit. g Verbraucherkredit-RL– nicht zu berücksichtigen. Ob sie sich im Voraus ermitteln lassen, ist unerheblich. – Die Kosten für Sicherheiten bei Immobiliardarlehensverträgen sind bei der Berechnung der Gesamtkosten des Darlehensvertrags zu berücksichtigen (BT-Drs. 18/5922, 132).

III. Pflicht zur Angabe des effektiven Jahreszinses (§ 16 I)

Nach § 16 I sind als Preis die Gesamtkosten des Verbraucherdarlehens als „jährlicher Prozent- **19** satz des Nettodarlehensbetrags" anzugeben. An die Stelle des Gesamtpreises iSv § 3 I 1, vom Kreditnehmer insgesamt für den Kredit zu bezahlen ist, tritt der jährliche Prozentsatz als Vergleichszahl. Dies ist der **„effektive Jahreszins"**, der auch als solcher zu bezeichnen ist (§ 16 I aE). Die einheitliche Bezeichnung soll einer Begriffsverwirrung bei den Verbrauchern entgegenwirken und damit die Transparenz und Vergleichbarkeit der Darlehensangebote gewährleisten. Abkürzungen der Bezeichnung „effektiver Jahreszins" waren nach der früheren Rspr. nicht verboten, wenn sie allgemein wie die ausgeschriebene Bezeichnung verstanden werden (BGH GRUR 1989, 59 – Anfängl. effekt Jahreszins; ebenso OLG Koblenz WRP 1989, 677 (678) für

„eff. Jahreszins", weil vom Verbraucher ohne weiteres als Abkürzung von „effektiv" erkennbar; aM insoweit OLG Düsseldorf WRP 1988, 613). Dagegen wurde die Angabe „Effektivzins" mit der vorgeschriebenen Angabe „effektiver Jahreszins" als unzureichend angesehen (BGH GRUR 1996, 421 (422) – Effektivzins); ebenso andere Bezeichnungen wie „Gesamtbelastung", „effektiver Zinssatz", „Effektivzins" usw (vgl. Harte-Bavendamm/Henning-Bodewig/Weidert/Völker Rn. 8). Nach dem klaren Wortlaut des § 16 I ist indessen zu fordern, dass der Begriff „effektiver Jahreszins" wörtlich zu verwenden ist. Ist die vom Gesetz abweichende Bezeichnung irreführend, so erfüllt die entsprechende Werbung zugleich den Tatbestand der § 3 I UWG, § 5 I 2 Nr. 2 UWG (vgl. OLG Frankfurt GRUR 1990, 58 zur Werbung mit dem Kürzel „4,9 % Jeff" für die Angabe des effektiven Jahreszinses).

IV. Berechnung des effektiven Jahreszinses (§ 16 II)

20   Bei der Berechnung des effektiven Jahreszinses wird von der Annahme ausgegangen, dass der Verbraucherdarlehensvertrag für den vereinbarten Zeitraum gilt und dass Darlehensgeber und Verbraucher ihren Verpflichtungen zu den im Verbraucherdarlehensvertrag niedergelegten Bedingungen und Terminen nachkommen" (§ 6 II 2). Dies entspricht den Vorgaben aus Art. 17 III Wohnimmobilienkredit-RL. Für die Berechnung des effektiven Jahreszinses geben die Regelungen in § 6 II–VI und VIII nähere Anweisungen.

21   Der anzugebende Prozentsatz ist nach § 16 II 1 mit der in der **Anlage** angegebenen **mathematischen Formel** und nach den in der Anlage zugrunde gelegten **Vorgehensweisen** zu berechnen. Nach dem Anhang (sub. 1 Anm. d) ist das Rechenergebnis auf **eine Dezimalstelle** genau anzugeben. Ist die Ziffer der darauf folgenden Dezimalstelle größer oder gleich 5, so erhöht sich die Ziffer der ersten Dezimalstelle um den Wert 1.

V. Änderungsvorbehalt (§ 16 V)

22   § 16 V enthält eine Regelung für den typischen Fall, dass sich der Darlehensgeber „eine Änderung des Zinssatzes oder sonstiger in die Berechnung des anzugebenden effektiven Jahreszinses einzubeziehender Kosten vorbehalten" hat und dass „ihre zahlenmäßige Bestimmung im Zeitpunkt der Berechnung des anzugebenden effektiven Jahreszinses nicht möglich ist". In diesem Fall ist bei der Berechnung von der Annahme auszugehen, dass „der Sollzinssatz und die sonstigen Kosten gemessen an der ursprünglichen Höhe festbleiben und bis zum Ende des Verbraucherdarlehensvertrags gelten". Mögliche, derzeit nicht bezifferbare Änderungen des Zinssatzes oder der Kosten bleiben dementsprechend außer Betracht. Diese Regelung setzt die Vorgaben des Art. 19 IV Verbraucherkredit-RL um.

23   Unter dem **„Sollzinssatz"** ist der als fester oder variabler periodischer Prozentsatz ausgedrückte Zinssatz zu verstehen, der auf jährlicher Basis auf die in Anspruch genommenen Kredit-Auszahlungsbeträge angewandt wird (Art. 3 lit. j Verbraucherkredit-RL).

24   Nach § 16 VI ist, soweit erforderlich, bei der Berechnung des anzugebenden effektiven Jahreszinses von den in der Anlage niedergelegten Annahmen auszugehen.

VI. Verträge über die Inanspruchnahme einer Nebenleistung (§ 16 VII)

25   § 16 VII trifft eine Regelung für den Fall, dass der Abschluss eines Vertrags über die Inanspruchnahme einer **Nebenleistung** zwingende Voraussetzung dafür ist, dass das Verbraucherdarlehen überhaupt oder nach den vorgesehenen Vertragsbedingungen gewährt wird. Der Begriff der „Nebenleistungen" ist aus Art. 11 IV Nr. 4 Wohnimmobilienkredit-RL übernommen. Typische, in § 16 VII auch angeführte Beispiele dafür sind der Abschluss eines Versicherungsvertrags oder die Mitgliedschaft (zB in einer Genossenschaft oder in einem Verein). Soweit in einem solchen Fall die Kosten der Nebenleistung (zB Versicherungsprämien, Mitgliedschaftsbeiträge) bei Vertragsschluss nicht im Voraus bestimmt werden können, treffen den Darlehensgeber zwei Hinweispflichten: Zum einen muss er darauf hinweisen, dass eine Verpflichtung zum Abschluss des Vertrags über die Nebenleistung besteht (§ 16 VII Nr. 1); zum anderen muss er die Höhe des effektiven Jahreszinses des Verbraucherdarlehens angeben (§ 16 VII Nr. 2). Der Hinweis muss „in klarer, eindeutiger und auffallender Art und Weise" erfolgen. Dies entspricht der Regelung in § 17 II (→ § 17 Rn. 14).

VII. Sonderregelung für Bauspardarlehen (§ 16 VIII)

§ 6 VIII trifft eine Sonderregelung für Bauspardarlehen. Die Regelung in § 16 VIII 4 bedeu- 26
tet, dass Bausparverträge mit Sofortfinanzierung von Anfang an als Verbraucherdarlehensverträge
eingeordnet werden und dass bei diesen Verträgen dementsprechend der Gesamteffektivzins
anzugeben ist. Damit wird gewährleistet, dass Verbraucher auch ungeförderte Bausparkombidarlehen
verlässlich miteinander und mit anderen Bankangeboten vergleichen können (BT-Drs. 18/
5922, 133).

VIII. Verhältnis der Informationspflichten aus der PAngV zu den bürgerlichrechtlichen Informationspflichten

Die vorvertraglichen und vertraglichen Informationspflichten bei Verbraucherdarlehensverträ- 27
gen usw. sind in Art. 247 und Art. 247a EGBGB, also im Bürgerlichen Recht, geregelt. Sie
enthalten auch die Pflicht zur Angabe des effektiven Jahreszinses, des Nettodarlehensbetrags und
des Sollzinssatzes (Art. 247 § 3 I Nr. 3–5 EGBGB) und weitere Angaben, die zugleich in § 17
geregelt sind. Daneben sind eine Reihe weiterer Angaben zu machen, die nicht oder nicht mehr
in der PAngV geregelt sind. Diese genannten Informationen sind nach Art. 247 § 1 EGBGB
„rechtzeitig vor Abgabe der Vertragserklärung des Darlehensnehmers" und zwar in Textform zu
erteilen. Der Verbraucher muss also die Möglichkeit haben, die Informationen mitnehmen und
– auch in Abwesenheit des Darlehensgebers – prüfen zu können, um „in voller Sachkenntnis"
eine Entscheidung treffen zu können (vgl. ErwGr. 19 Verbraucherkredit-RL).

Demgegenüber knüpfen § 16 an das „Angebot" des Darlehensgebers zum Abschluss eines 28
Verbraucherdarlehensvertrags und § 17 an die „Werbung" für den Abschluss eines solchen Vertrags an. Bürgerlichrechtliche Informationspflichten und Informationspflichten aus der PAngV
stehen selbständig nebeneinander, sind aber durch entsprechende Verweise miteinander ver-
schränkt (vgl. den Verweis auf § 16 PAngV in Art. 247 § 3 II 2 EGBGB zur Berechnung der
Gesamtkosten und des effektiven Jahreszinses).

Die Verletzung von vorvertraglichen und vertraglichen Informationspflichten nach Art. 247 29
und 247a EGBGB kann bürgerlichrechtliche Rechtsfolgen auslösen, nämlich Rechte bzw.
Ansprüche des Verbrauchers begründen. Das Gleiche gilt für eine Verletzung der Pflichten nach
§ 16. Dagegen sind die Informationsanforderungen hinsichtlich der Werbung (§ 17 II) wesentliche Informationen iSd **§ 5b I UWG**. Ihre Verletzung stellt daher nur unter den weiteren
Voraussetzungen des **§ 5a I UWG** eine unlautere geschäftliche Handlung dar.

Werbung für Verbraucherdarlehen

17 (1) [1]**Jegliche Kommunikation für Werbe- und Marketingzwecke, die Verbraucherdarlehen betrifft, hat den Kriterien der Redlichkeit und Eindeutigkeit zu
genügen und darf nicht irreführend sein. [2]Insbesondere sind Formulierungen unzulässig, die bei Verbrauchern falsche Erwartungen wecken über die Kosten eines Verbraucherdarlehens oder in Bezug auf die Möglichkeit, ein Verbraucherdarlehen zu
erhalten.**

**(2) [1]Wer gegenüber Verbrauchern für den Abschluss eines Verbraucherdarlehensver-
trags mit Zinssätzen oder sonstigen Zahlen, die die Kosten betreffen, wirbt, hat in
klarer, eindeutiger und auffallender Art und Weise anzugeben:**

**1. die Identität und Anschrift des Darlehensgebers oder gegebenenfalls des Darlehens-
vermittlers,**

2. den Nettodarlehensbetrag,

**3. den Sollzinssatz und die Auskunft, ob es sich um einen festen oder einen variablen
Zinssatz oder um eine Kombination aus beiden handelt, sowie Einzelheiten aller für
den Verbraucher anfallenden, in die Gesamtkosten einbezogenen Kosten,**

4. den effektiven Jahreszins.

**[2]In der Werbung ist der effektive Jahreszins mindestens genauso hervorzuheben wie
jeder andere Zinssatz.**

**(3) In der Werbung nach Absatz 2 sind ferner, soweit zutreffend, folgende Angaben
zu machen:**

1. der vom Verbraucher zu zahlende Gesamtbetrag,
2. die Laufzeit des Verbraucherdarlehensvertrags,
3. die Höhe der Raten,
4. die Anzahl der Raten,
5. bei Immobiliar-Verbraucherdarlehen der Hinweis, dass der Verbraucherdarlehensvertrag durch ein Grundpfandrecht oder eine Reallast besichert wird,
6. bei Immobiliar-Verbraucherdarlehen in Fremdwährung ein Warnhinweis, dass sich mögliche Wechselkursschwankungen auf die Höhe des vom Verbraucher zu zahlenden Gesamtbetrags auswirken könnten.

(4) ¹Die in den Absätzen 2 und 3 genannten Angaben sind mit Ausnahme der Angaben nach Absatz 2 Satz 1 Nummer 1 und Absatz 3 Nummer 5 und 6 mit einem Beispiel zu versehen. ²Bei der Auswahl des Beispiels muss der Werbende von einem effektiven Jahreszins ausgehen, von dem der Werbende erwarten darf, dass mindestens zwei Drittel der auf Grund der Werbung zustande kommenden Verträge zu dem angegebenen oder einem niedrigeren effektiven Jahreszins abgeschlossen werden.

(5) Verlangt der Werbende den Abschluss eines Versicherungsvertrags oder eines Vertrags über andere Zusatzleistungen und können die Kosten für diesen Vertrag nicht im Voraus bestimmt werden, ist auf die Verpflichtung zum Abschluss dieses Vertrags klar und verständlich an gestalterisch hervorgehobener Stelle zusammen mit dem effektiven Jahreszins hinzuweisen.

(6) Die Informationen nach den Absätzen 2, 3 und 5 müssen in Abhängigkeit vom Medium, das für die Werbung gewählt wird, akustisch gut verständlich oder deutlich lesbar sein.

(7) Auf Immobiliar-Verbraucherdarlehensverträge nach § 491 Absatz 2 Satz 2 Nummer 5 des Bürgerlichen Gesetzbuchs sind die Absätze 2 bis 6 nicht anwendbar.

Übersicht

Schrifttum: Amschewitz, Anforderungen an die Werbung für Verbraucherkredite – der neue § 6a Preisangabenverordnung, DB 2011, 1565; Domke/Sperlich, Werbung für Verbraucherkredite mit Zinsangaben, BB 2010, 2069; Gessner, Scoringabhängige Darlehensbepreisung und Werbung, VuR 2010, 363; Gutachterausschuss, Anwendung des § 6a Abs. 2–4 PAngV auf Leasinggeschäfte?, WRP 2017, 1449; Rösler/Wimmer, Praxisprobleme bei Preisangaben im neuen Verbraucherkreditrecht, BKR 2011, 6; Torka, Neue Vorgaben für Finanzierungswerbung durch § 6a PAngV, WRP 2011, 1247; Weyand, Informationspflichten bei der Werbung für Verbraucherkredite, BKR 2012, 197; Wintermeier, Informationspflichten bei Werbung mit Verbraucherdarlehen gem. § 6a PAngV, WRP 2017, 520.

I. Entstehungsgeschichte, Normzweck und Auslegung

Die Vorschrift wurde erstmals in Umsetzung von Art. 4 Verbraucherkredit-RL durch G v. 1
29.7.2009 mit Wirkung zum 11.6.2010 in die PAngV eingefügt und durch Art. 11 G v.
11.3.2016 (BGBl. 2016 I 396) in Umsetzung der Wohnimmobilienkredit-RL 2014/17/EU v.
4.2.2014 geändert. Die neue Überschrift sollte verdeutlichen, dass die Bestimmungen der PAngV
auf die Werbung für Verbraucherdarlehen Anwendung finden. Die Novelle 2021 hat mit
Wirkung ab dem 28.5.2022 den bisherigen § 6a aF durch § 17 ersetzt. Die wenigen Änderungen
sind sprachlicher Natur, eine inhaltliche Änderung war damit nicht verbunden. – **Zweck** der
Vorschrift ist es zu gewährleisten, dass beim Verbraucher keine falschen Erwartungen über die
Erlangung oder die Kosten eines Verbraucherdarlehens erweckt werden und dass er bereits in der
Werbung bestimmte Standardinformationen erhält. Insbesondere soll der Verbraucher die Möglichkeit erhalten, anhand der Angabe des effektiven Jahreszinses unterschiedliche Angebote zu
vergleichen. – Die **Auslegung** hat unter Berücksichtigung der Gesetzesmaterialien (BT-Drs.
16/11 643, 238; BT-Drs. 18/5922, 133 f.) richtlinienkonform im Lichte der Verbraucherkredit-
RL 2008/46/EG und der Wohnimmobilienkredit-RL 2014/17/EU zu erfolgen. Ergänzend ist
die UGP-RL zu berücksichtigen (arg. Art. 4 IV Verbraucherkredit-RL; Art. 10 Wohnimmobilienkredit-RL).

II. Kommunikation für Werbe- und Marketingzwecke (§ 17 I)

1. Allgemeines

§ 17 dient der Umsetzung des Art. 10 Wohnimmobilienkredit-RL und enthält allg. Anforde 2
rungen an die Lauterkeit von Werbe- und Marketingmaßnahmen für Verbraucherdarlehen. In
der Sache geht es um Angaben in **Werbematerialien.** Damit sollten die Vorgaben aus § 1 VI
aF, jetzt § 1 III 2 nF, zur Preisklarheit und Preiswahrheit ergänzt werden (BT-Drs. 18/
5922, 133). Die Vorschrift lässt die Anwendung der verbraucherschützenden Vorschriften des
UWG unberührt (arg. Art. 10 Wohnimmobilienkredit-RL: „Unbeschadet der Richtlinie 2005/
29/EG …“).

2. Begriff der „Kommunikation für Werbe- und Marketingzwecke"

Der Begriff der **„Kommunikation für Werbe- und Marketingzwecke"** ist aus Art. 10 3
WohnimmobilienkreditRL übernommen und richtlinienkonform auszulegen. Er hat seine
Grundlage in Art. 2 lit. f E-Commerce-RL und Art. 2 lit. d UGP-RL. Gemeint sind alle
Formen der Kommunikation, die der unmittelbaren oder mittelbaren Förderung des Absatzes
von Verbraucherdarlehen dienen, letztlich geht es also um **Werbung,** wie auch aus § 17 IV 2
und V hervorgeht. Die betreffende Kommunikation stellt eine **geschäftliche Handlung** iSd
§ 2 I Nr. 2 UWG nF dar.

3. Anforderungen an die Kommunikation

Nach § 17 I muss die Kommunikation den Kriterien der Redlichkeit und Eindeutigkeit 4
genügen und darf nicht irreführend sein (engl. Fassung des Art. 10 Wohnimmobilienkredit-RL:
„fair, clear and not misleading"). Unter **„Redlichkeit"** ist dabei ein Verhalten zu verstehen, das
den „anständigen Marktgepflogenheiten" iSd § 2 I Nr. 9 UWG nF entspricht (→ UWG § 2

Rn. 136 ff. aF). „**Eindeutigkeit**" bedeutet, dass die Angaben aus der Sicht des Durchschnittsverbrauchers keine Zweifel aufkommen lassen, wie sie zu verstehen sind. „**Irreführend**" sind Angaben, die entweder objektiv unwahr sind oder doch geeignet sind, den Verbraucher zu täuschen (vgl. Art. 6 I UGP-RL; § 5 I UWG). Dazu gehören nach § 17 I 2 insbes. „Formulierungen …, die beim Verbraucher falsche Erwartungen in Bezug auf die Möglichkeit, ein Verbraucherdarlehen zu erhalten oder in Bezug auf die Kosten eines Verbraucherdarlehens wecken". Diese sind zu „unterlassen".

4. Rechtsfolgen

5   Erfüllt eine „Kommunikation für Werbe- und Marketingzwecke" die Anforderungen nach § 17 nicht, so könnte dies als Verstoß gegen die „unternehmerische Sorgfalt" iSd § 3 II UWG bzw. gegen das Irreführungsverbot des § 5 I UWG und unter den weiteren Voraussetzungen dieser Vorschriften als eine unzulässige unlautere geschäftliche Handlung iSd § 3 I UWG gewertet werden. Denn § 17 I stellt letztlich nur eine Konkretisierung, aber nicht Verschärfung dieser Vorschriften dar. Der Unterlassungsanspruch ergibt sich jeweils aus § 3 I iVm § 8 I UWG.

III. Pflichtangaben bei der Werbung mit konkreten Zahlen (§ 17 II)

1. Überblick

6   § 17 II regelt die Pflichtangaben bei einer Konditionenwerbung für Verbraucherdarlehen. Diese Pflicht ist in der WohnimmobilienkreditRL an sich nur für Immobiliar-Verbraucherkredite vorgesehen, der Gesetzgeber hat sie in § 6a aF im Interesse der Verbraucher auf alle Verbraucherdarlehen ausgeweitet (BT-Drs. 18/5922, 133). Das entspricht auch den allg. Vorgaben des Art. 7 IV lit. a UGP-RL für alle Fälle der „Aufforderung zum Kauf".

2. Werbung

7   Der Begriff der Werbung ist weder in § 17 II noch in der zugrunde liegenden Bestimmung in Art. 4 I Verbraucherkredit-RL noch in Art. 2 lit. d UGP-RL definiert. Jedoch kann insoweit die Definition in Art. 2 lit. a Werbe-RL herangezogen werden. Danach ist unter Werbung „jede Äußerung bei Ausübung eines Handels, Gewerbes usw. mit dem Ziel den Absatz von Waren oder Dienstleistungen … zu fördern" zu verstehen (OLG Düsseldorf BeckRS 2016, 03723). Eine Werbung für ein Verbraucherdarlehen unter Angabe von Zinssätzen oder sonstigen Zahlen, die die Kosten betreffen, liegt auch vor, wenn ein Anbieter von Immobilien die Möglichkeit einer von ihm **vermittelten Darlehensfinanzierung** unter Nennung der monatlichen Belastungsrate bewirbt (OLG Köln WRP 2008, 679 Ls.).

3. Werbung mit konkreten Zahlen

8   Die Informationspflichten nach § 17 II gelten **nur** für die Werbung mit „**Zinssätzen oder sonstigen Zahlen, die die Kosten**" betreffen. Der Werbende muss also mit **konkreten Zahlen** arbeiten. Eine solche Werbung ist zwar nicht ausgeschlossen. Da aber der Verbraucher durch die Angabe einer einzelnen, besonders günstigen Zahlenangabe irregeführt werden kann, muss der Werbende auch auf die weiteren Bedingungen seines Angebots hinweisen. **Beispiele:** Werbung unter Angabe des effektiven Jahreszinses, auch wenn er nicht besonders hervorgehoben wird (OLG Düsseldorf BeckRS 2016, 03723), wie etwa „Finanzierung ab 0,9% effektivem Jahreszins"; Werbung unter Angabe von Nominalzinsen (zB p. m.), Monatsraten oder Bearbeitungsgebühren; Werbung eines Einzelhändlers mit einem Warengesamtpreis, in den mögliche Kreditkosten eingerechnet sind („Finanzkaufpreise") und zu dessen Finanzierung er die Vermittlung eines Bankdarlehens ohne Mehrkosten für den Kunden verspricht (BGH GRUR 1994, 311 (312) – Finanzkaufpreis „ohne Mehrkosten"); Werbung für eine Immobilie, bei der die Möglichkeit einer vermittelten Kreditfinanzierung unter Nennung der monatlichen Belastungsrate im Mittelpunkt steht; Werbung für eine Fahrschulausbildung mit der Möglichkeit einer Bankfinanzierung unter Angabe der monatlichen Rückzahlungsrate (LG Osnabrück WRP 2007, 1020 Ls.). – Dagegen besteht keine Preisangabenpflicht, wenn lediglich auf die Möglichkeit einer Bankfinanzierung hingewiesen wird, ohne dass Angaben zu den Kreditkosten gemacht werden (OLG Düsseldorf WRP 1988, 34).

4. Pflichtangaben

Nach § 17 II 1 sind – ohne dass eine bestimmte Reihenfolge einzuhalten wäre – anzugeben: **9**

a) Identität und Anschrift des Darlehensgebers oder ggf. des Darlehensvermittlers **10** **(§ 17 II 1 Nr. 1).** Das entspricht dem § 5b I Nr. 2 UWG nF. Es gelten die dazu entwickelten Grundsätze (→ UWG § 5b I Ntr. 2 nF = § 5a III Rn. 4.31 ff.).

b) Nettodarlehensbetrag (§ 17 II 1 Nr. 2). Dieser Begriff ist wie in Art. 247 § 3 II 2 **11** EGBGB zu verstehen. Es ist der Höchstbetrag, auf den der Darlehensnehmer auf Grund des Darlehensvertrags Anspruch hat.

c) Sollzinssatz (§ 17 II 1 Nr. 3). Nach § 17 II 1 Nr. 3 ist der **Sollzinssatz** anzugeben und **12** zugleich Auskunft zu geben, ob es sich dabei um einen festen oder einen variablen Zinssatz oder um eine Kombination aus beiden handelt. Ferner sind die Einzelheiten aller für den Verbraucher anfallenden, in die Gesamtkosten (iSv § 16 I) einbezogenen Kosten, wie zB einer Restschuldversicherung, anzugeben. Sollzinssatz ist nach der Definition in § 489 V 1 BGB der gebundene oder veränderliche Prozentsatz, der pro Jahr auf das in Anspruch genommene Darlehen angewendet wird.

d) Effektiver Jahreszins (§ 17 II 1 Nr. 4). Der effektive Jahreszins nach § 17 II 1 Nr. 4 ist **13** die Bezeichnung für die Gesamtkosten eines Kredits iSv § 16 I (zur Berechnung → § 16 Rn. 19 ff.). Ist die Höhe des effektiven Jahreszinses von unterschiedlichen Faktoren abhängig, so genügt die Angabe „ab x % effekt. Jahreszins" nicht; vielmehr muss in diesem Fall auch die Obergrenze, dh der Höchstzinssatz („bis …") angegeben werden (LG Stuttgart BeckRS 2011, 25392). In die Berechnung des effektiven Jahreszinses sind die Kosten eines vom Werbenden vergebenen Bonitätszertifikats einzubeziehen (KG WM 2020, 462).

5. Form der Angaben

Die Angaben haben nach § 17 II 1 in **„klarer, eindeutiger und auffallender Weise"** zu **14** erfolgen. Auffallend ist eine Information, wenn sie in besonderer Weise gegenüber anderen Informationen optisch, akustisch oder sonst wahrnehmbar hervorgehoben wird (BT-Drs. 16/ 11 643, 143; vgl. BGH NJW-RR 2021 Rn. 19 und OLG Frankfurt GRUR-RR 2020, 228 zu § 247a II und III EGBGB). Beurteilungsmaßstab ist die Wahrnehmung des angemessen gut unterrichteten, aufmerksamen und kritischen Durchschnittsverbrauchers. Bei der Werbung im Internet müssen sich daher alle geschuldeten Angaben auf der gleichen Seite befinden, auf der mit einer Zahl geworben wird. Dementsprechend genügt es nicht, wenn die Angaben erst bei weiterem Klicken auf dem Bildschirm erscheinen (LG Potsdam WRP 2013, 1398 Rn. 19 f.). Unzulässig sind auch Angaben in Fußnoten oder in Sternchenhinweisen (LG Düsseldorf GRUR-RS 2018, 50121). – Nach § 17 II 2 ist in der Werbung der effektive Jahreszins mindestens genauso hervorzuheben wie jeder andere Zinssatz. Damit soll sichergestellt werden, dass der Verbraucher die wichtigste Vergleichsgröße für unterschiedliche Angebote klar erkennen kann. Die Hervorhebung bezieht sich auf alle Formen der Darstellung (Schriftgröße und –farbe usw.). – Eine blickfangmäßige Hervorhebung des effektiven Jahreszinses gegenüber den anderen Zinssätzen ist nach § 17 II 2 zulässig, sofern nur die übrigen Angaben klar, eindeutig und auffallend sind. Unzulässig ist dagegen die blickfangmäßige Hervorhebung einzelner anderer bes. günstiger Zahlen, wie zB eine bes. niedrige Monatsrate (OLG Jena WRP 2013, 822 Rn. 17).

IV. Zusätzliche Pflichtangaben (§ 17 III)

1. Inhalt der Angaben

Nach § 17 III sind in der Werbung bestimmte zusätzliche Angaben zu machen, **„soweit** **15** **zutreffend",** dh. sofern sie Inhalt des beworbenen Vertrags werden sollen. Dazu gehören:

a) der vom Verbraucher zu zahlende Gesamtbetrag (§ 17 III Nr. 1). Der **Gesamt-** **16** **betrag** ist in Art. 247 § 3 III 1 EGBGB definiert als Summe aus **Nettodarlehensvertrag** (→ Rn. 11) und **Gesamtkosten** (→ § 6 Rn. 7 ff.). Die Regelung entspricht dem Art. 247 § 3 Nr. 8 EGBGB.

b) Die Laufzeit des Verbraucherdarlehensvertrags (§ 17 III Nr. 2). Die Regelung ent- **17** spricht dem Art. 247 § 3 Nr. 6 EGBGB.

18   **c) Die Höhe der Raten (§ 17 III Nr. 3).** Die Regelung entspricht dem Art. 247 § 3 Nr. 7 EGBGB.

19   **d) Die Anzahl der Raten (§ 17 III Nr. 4).** Die Regelung entspricht dem Art. 247 § 3 Nr. 7 EGBGB.

20   **e) Hinweis auf dingliche Besicherung bei Immobiliar-Verbraucherdarlehen (§ 17 III Nr. 5).** Bei Immobiliar-Verbraucherdarlehen muss ein Hinweis erfolgen, dass der Verbraucherdarlehensvertrag durch ein Grundpfandrecht (§§ 1113 ff. BGB) oder eine Reallast (§§ 1105 ff. BGB) besichert wird.

21   **f) Warnhinweis bei Immobiliar-Verbraucherdarlehen in Fremdwährung (§ 17 III Nr. 6).** Bei Immobiliar-Verbraucherdarlehen muss ein Warnhinweis erfolgen, dass sich mögliche Wechselkursschwankungen auf die Höhe des vom Verbraucher zu zahlenden Gesamtbetrags auswirken können. Vgl. dazu auch Art. 247a § 1 II 2 EGBGB.

2. Form der Angaben

22   Auch die Angaben nach § 17 III haben in „klarer, eindeutiger und auffallender Weise" iSd § 17 II 1 zu erfolgen.

V. Pflicht zur Angabe von Beispielen (§ 17 IV)

23   Nach § 17 IV 1 sind die § 17 II und III genannten Angaben – mit Ausnahme der Angaben nach § 17 II 1 Nr. 1 und III Nr. 5 und 6 – mit einem **Beispiel** zu versehen. Entsprechend § 17 II 1 muss dies in „klarer, eindeutiger und auffallender Weise" geschehen. Das Beispiel muss sich auf die Angaben nach § 17 II und III beziehen, dh in räumlichem Zusammenhang mit ihnen stehen (LG Potsdam WRP 2013, 1398 Rn. 23). Dementsprechend genügt es bei einer Werbung im Internet nicht, dass das Beispiel erst nach einem Anklicken auf das Zeichen „(i)" zu sehen ist (LG Stuttgart 22.9.2011 – 17 O 165/11). Bei der Auswahl des Beispiels muss der Werbende nach § 17 IV 2 von einem effektiven Jahreszins ausgehen, von dem er erwarten darf, dass er mindestens **zwei Drittel** der auf Grund der Werbung zustande kommenden Verträge zu dem angegebenen oder einem niedrigeren effektiven Jahreszins abschließen wird. Die Regelung dient der Umsetzung von Art. 4 II VerbraucherkreditRL, der ein **„repräsentatives Beispiel"** verlangt. Ob diese Konkretisierung eine korrekte Umsetzung der Richtlinienvorgabe darstellt (dazu Domke/Sperlich BB 2010, 2069 (2070)), ist ggf. durch den EuGH zu klären. Die Anforderungen an den Werbenden bestimmen sich objektiv nach dem Maßstab der **beruflichen Sorgfalt,** wie sie in Art. 2 lit. h UGP-RL und – in Umsetzung dieser Definition – in § 2 I Nr. 9 UWG (unternehmerische Sorgfalt) definiert ist. Maßgebend ist der für das Kreditgewerbe geltende Sorgfaltsmaßstab, so dass auch die zu diesem Zeitpunkt in der Branche üblichen Konditionen zu berücksichtigen sind.

VI. Pflicht zur Angabe von vertraglichen Zusatzleistungen (§ 17 V)

24   Nach § 17 V treffen den Werbenden weitere Pflichten, wenn er den Abschluss eines Versicherungsvertrags oder eines Vertrags über andere Zusatzleistungen verlangt und die Kosten für diesen Vertrag nicht im Voraus bestimmt werden können. In diesem Fall ist auf die Verpflichtung zum Abschluss dieses Vertrags klar und verständlich an gestalterisch hervorgehobener Stelle zusammen mit dem effektiven Jahreszins hinzuweisen. Die Regelung dient der Umsetzung von Art. 4 III Verbraucherkredit-RL, der von einer „klaren, prägnanten Form an optisch hervorgehobener Stelle" spricht. Zu den Zusatzleistungen gehört ua die Kontoführung (vgl. Art. 247 § 8 I EGBGB).

VII. Berücksichtigung des Mediums der Informationsübermittlung (§ 17 VI)

25   Nach § 17 VI müssen die Informationen nach § 17 II, III und V in Abhängigkeit vom Medium, das für die Werbung gewählt wird, **akustisch gut verständlich** oder **deutlich lesbar** sein. Die Vorschrift ergänzt die Pflicht aus § 17 II 1, die Pflichtangaben „in klarer, eindeutiger und auffallender Weise" zu machen. Sie bezieht sich sowohl auf die gesprochene als auch die geschriebene Werbung in den einschlägigen Medien (Hörfunk und Medien) und soll sicherstellen, dass der Verbraucher die betreffenden Angaben tatsächlich wahrnehmen kann und damit in die Lage versetzt wird, die unterschiedlichen Angebote zu vergleichen. Soweit es die Angabe des Beispiels iSd Abs. 4 betrifft, muss in der Radio- oder Fernsehwerbung zumindest ein Ort (zB Internetadresse) angegeben werden, an dem diese Information abgerufen werden kann (dazu Wintermeier WRP 2017, 520 Rn. 31 ff.). Maßgebend ist die Wahrnehmungsfähigkeit des Durchschnittsverbrauchers bzw. des durchschnittlichen Mitglieds der angesprochenen Verbrauchergruppe (vgl. 3 IV UWG).

VIII. Rechtsfolgen von Zuwiderhandlungen gegen § 17 II–VI

Verletzungen gegen die Informationspflichten nach § 17 II–VI wurden vom BGH früher auch **26** nach § 3a UWG beurteilt (BGH WRP 2019, 724 Rn. 13 – Kaffeekapseln). Daran hat der BGH nicht festgehalten (vgl. BGH GRUR 2022, 930 Rn. 23 – Knuspermüsli II). Nunmehr erfolgt die Beurteilung nur noch nach § 5a I UWG iVm § 5b IV UWG, soweit die Informationspflichten ihre Grundlage in der Verbraucherkredit-RL oder der Wohnimmobilien-RL haben (arg Art. 7 V UGP-RL). Daneben kann auch § 5a I UWG nF iVm § 5b I Nr. 2, 3 UWG anwendbar sein (vgl. BT-Drs. 18/5922, 133; LG Frankfurt MD 2016, 123).

IX. Erleichterungen für Förderdarlehen (§ 17 VII)

Nach § 17 VII sind auf Immobiliar-Verbraucherdarlehensverträge iSd § 491 II 2 Nr. 5 BGB **27** die Abs. 2 bis 6 nicht anwendbar. Es handelt sich um solche Immobiliar-Verbraucherdarlehensverträge, „die nur mit einem begrenzten Personenkreis auf Grund von Rechtsvorschriften im öffentlichen Interesse abgeschlossen werden, wenn im Vertrag für den Darlehensnehmer günstigere als marktübliche Bedingungen und höchstens der marktübliche Sollzinssatz vereinbart sind" (sog **Förderdarlehen**). Damit sind solche Darlehen gemeint, die auf Grund der Wohnungsbaugesetze und des WohnraumförderungsG aus öffentlichen Mitteln bewilligt und durch private Darlehensverträge von öffentlichrechtlichen Anstalten an Verbraucher vergeben werden. Die Vorschrift setzt die Ausnahmebestimmungen des Art. 3 II Wohnimmobilien-RL in Teilen um und macht Gebrauch von der Mitgliedstaatenoption in Art. 3 III lit. c Wohnimmobilienkredit-RL (→ BT-Drs. 18/5922, 134).

Überziehungsmöglichkeiten

18 Bei Überziehungsmöglichkeiten im Sinne des § 504 Absatz 2 des Bürgerlichen Gesetzbuchs hat der Darlehensgeber statt des effektiven Jahreszinses den Sollzinssatz pro Jahr und die Zinsbelastungsperiode anzugeben, wenn diese nicht kürzer als drei Monate ist und der Darlehensgeber außer den Sollzinsen keine weiteren Kosten verlangt.

I. Entstehungsgeschichte

Die Vorschrift trat am 28.5.2022 an die Stelle des bisherigen § 6b aF, stimmt damit aber **1** inhaltlich vollständig überein. § 6b aF wiederum wurde unter Ausnutzung des durch Art. 4 II lit. c und Art. 6 II Verbraucherkredit-RL eingeräumten Gestaltungsspielraums durch Gesetz v. 29.7.2009 (BGBl. 2009 I 2355) mit Wirkung zum 11.6.2010 in die PAngV eingefügt. Durch Art. 8 G v. 11.3.2016 zur Umsetzung der WohnimmobilienkreditRL (BGBl. 2016 I 396) wurde der Begriff des „Kreditgebers" durch den des „Darlehensgebers" ersetzt.

II. Regelungsinhalt

Der Darlehensgeber hat bei Überziehungsmöglichkeiten iSd § 504 II BGB statt des effektiven **2** Jahreszinses den Sollzinssatz pro Jahr und die Zinsbelastungsperiode (Fälligkeit der Zinsen) anzugeben. Diese Erleichterung, die sowohl für § 16 als auch für § 17 gilt (BT-Drs. 16/11643, 143), kommt aber nur zum Tragen, wenn außer den Sollzinsen keine weiteren Kosten (außer den allgemeinen Kontogebühren) vereinbart sind und die Zinsbelastungsperiode nicht kürzer als drei Monate ist. Eine Parallelregelung enthält Art. 247 § 10 III EGBGB.

III. Einzelfragen

Der Begriff der **„Überziehungsmöglichkeit"** ist in § 504 I BGB definiert. Es handelt sich **3** um die in einem Vertragsverhältnis über ein laufendes Konto dem Darlehensnehmer eingeräumte Möglichkeit, sein Konto in bestimmter Höhe zu überziehen. Jedoch muss es sich dabei, wie sich aus § 504 I BGB ergibt, um ein **Verbraucherdarlehen** handeln. Eine Überziehungsmöglichkeit **„im Sinne des § 504 Abs. 2"** BGB besteht bei einer Vereinbarung in Form des Allgemein-Verbraucherdarlehensvertrags, dass nach der Auszahlung die Laufzeit höchstens drei Monate beträgt oder der Darlehensgeber kündigen kann, ohne eine Frist einzuhalten. Auf die lediglich „geduldete Überziehung" iSv § 505 BGB ist § 18 nicht anwendbar. Insoweit gelten lediglich die Informationspflichten aus Art. 247 § 17 EGBGB. Zum Begriff des **„Sollzinssatzes"** → § 17 Rn. 12. Zu den **„weiteren Kosten"** gehört bspw. eine Provision, deren Höhe sich nach dem Darlehensrahmen oder dem Höchstbetrag der Überziehung richtet.

Entgeltliche Finanzierungshilfen

19 Die §§ 16 und 17 sind auf Verträge entsprechend anzuwenden, durch die ein Unternehmer einem Verbraucher einen entgeltlichen Zahlungsaufschub oder eine sonstige entgeltliche Finanzierungshilfe im Sinne des § 506 des Bürgerlichen Gesetzbuchs gewährt.

I. Entstehungsgeschichte

1   § 19 trat am 28.5.2022 an die Stelle des bisherigen § 6c aF und ist mit dieser Vorschrift identisch. Es wurde lediglich die bisherige Verweisung auf die §§ 6 aF und 6a aF auf die §§ 16 und 17 umgestellt. Die Vorgängerregelung wurde durch Art. 11 des G zur Umsetzung der Wohnimmobilienkredit-RL v. 11.3.2016 (BGBl. 2016 I 396) in die PAngV eingefügt.

II. Regelungsinhalt

2   Die Vorschrift stellt sicher, dass die §§ 16 und 17 auch bei Verträgen Anwendung finden, durch die ein Unternehmer einem Verbraucher einen entgeltlichen Zahlungsaufschub oder eine sonstige entgeltliche Finanzierungshilfe iSd § 506 BGB gewährt.

III. Einzelfragen

3   Unter einem **„entgeltlichen Zahlungsaufschub"** ist eine Vereinbarung zu verstehen, durch die die vereinbarte Fälligkeit der vom Verbraucher geschuldeten Zahlung abweichend vom dispositiven Recht gegen Entgelt hinausgeschoben wird, um dem Verbraucher die Zahlung des vereinbarten Preises zu erleichtern. Entgeltlichkeit ist anzunehmen, wenn eine Gegenleistung gleich welcher Art und Höhe vereinbart wird. Dazu gehören insbes. Zinsen, einmalige Vergütungen, Teilzahlungszuschläge, aber auch „Bearbeitungsgebühren". Hierher gehört auch ein Mietkauf, weil die gezahlten Monatsraten bei Ausübung der Kaufoption nicht in voller Höhe auf den Kaufpreis angerechnet werden (vgl. BGH NJW-RR 1990, 257 – Mietkauf). – Auf den **unentgeltlichen** Zahlungsaufschub sind die §§ 16 und 17 nicht anwendbar (vgl. zum früheren Recht BGH WM 1990, 1307 (1308) – Mietkauf; BGH GRUR 1994, 311 (312) – Finanzkaufpreis ohne Mehrkosten). – Zum Begriff der **„sonstigen entgeltlichen Finanzierungshilfe"** vgl. § 506 II. Dazu gehören ua das **Finanzierungsleasing** (vgl. Gutachterausschuss WRP 2017, 1449), aber auch Mobilfunkverträge mit subventioniertem Mobiltelefon (vgl. AG Dortmund MMR 2011, 67; Limbach NJW 2011, 3770).

Abschnitt 5. Ordnungswidrigkeiten

Ordnungswidrigkeiten

20 Ordnungswidrig im Sinne des § 3 Absatz 1 Satz 1 Nummer 2 des Wirtschaftsstrafgesetzes 1954 handelt, wer vorsätzlich oder fahrlässig

1. entgegen § 1 Absatz 3 Satz 1 Nummer 2, § 3 Absatz 1, auch in Verbindung mit Absatz 2 Satz 1 oder Absatz 3, entgegen § 4 Absatz 1 Satz 1 oder Absatz 2, § 6 Absatz 1 oder 2, § 7 Satz 1, § 10 Absatz 1 Satz 1, auch in Verbindung mit Satz 2, entgegen § 10 Absatz 2, 3 oder 4, § 11 Absatz 1, auch in Verbindung mit Absatz 3,

entgegen § 13 Absatz 1 Satz 1 oder Absatz 4, § 14 Absatz 1, 2 oder 3, § 15 Absatz 1 Satz 1, § 17 Absatz 2 Satz 1, auch in Verbindung mit Absatz 3, oder entgegen § 18 eine Angabe oder Auszeichnung nicht, nicht richtig oder nicht vollständig macht,

2. entgegen § 12 Absatz 2 Satz 4, auch in Verbindung mit § 10 Absatz 5, ein Preisverzeichnis nicht, nicht richtig oder nicht vollständig bereithält,

3. entgegen § 12 Absatz 3 ein Angebot nicht, nicht richtig, nicht vollständig oder nicht in der vorgeschriebenen Weise macht,

4. entgegen § 13 Absatz 2 Satz 1 ein Preisverzeichnis nicht, nicht richtig, nicht vollständig oder nicht rechtzeitig vorlegt oder

5. entgegen § 16 Absatz 7 einen Hinweis nicht, nicht richtig oder nicht vollständig gibt.

I. Vorbemerkung

Die Vorschrift trat am 28.5.2022 in Kraft und löste die bisherigen Bußgeldnormen in § 10 aF **1** ab.

II. Neuordnung der Ordnungswidrigkeitentatbestände

Der Verordnungsgeber passte in § 20 die Ordnungswidrigkeitentatbestände an die systemati- **2** schen und inhaltlichen Änderungen der PAngV an und aktualisierte die Verweisungstatbestände.

III. Einzelheiten

Nr. 1 fasst die Tatbestände zusammen, bei denen eine Preisangabe oder –auszeichnung nicht, **3** nicht richtig oder nicht vollständig erfolgte.

Nr. 2 fasst die Tatbestände zusammen, bei denen ein Preisverzeichnis nicht, nicht richtig oder **4** nicht vollständig bereitgehalten wurde.

Nr. 3 erfasst den Tatbestand eines Verstoßes gegen § 12 III (Leistungen über Bildschirm- **5** anzeige)

Nr. 4 erfasst den Tatbestand eines Verstoßes gegen § 13 II (Vorlegen von Preisverzeichnissen **6** in Gaststätten oder ähnlichen Betrieben).

Nr. 5 erfasst den Tatbestand eines Verstoßes gegen § 16 VII (Hinweispflichten bei Verbrau- **7** cherdarlehen).

Gesetz über Unterlassungsklagen bei Verbraucherrechts- und anderen Verstößen (Unterlassungsklagengesetz – UKlaG)

idF der Bekanntmachung vom 27. August 2002 (BGBl. 2002 I 3422, ber. 4346)

zuletzt geändert durch G vom 8.10.2023 (BGBl. 2023 I Nr. 272)

Gesamtübersicht

Abschnitt 1. Ansprüche bei Verbraucherrechts- und anderen Verstößen

§ 1 Unterlassungs- und Widerrufsanspruch bei Allgemeinen Geschäftsbedingungen

Wer in Allgemeinen Geschäftsbedingungen Bestimmungen, die nach den §§ 307 bis 309 des Bürgerlichen Gesetzbuchs unwirksam sind, verwendet oder für den rechtsgeschäftlichen Verkehr empfiehlt, kann auf Unterlassung und im Fall des Empfehlens auch auf Widerruf in Anspruch genommen werden.

§ 1a Unterlassungsanspruch wegen der Beschränkung der Haftung bei Zahlungsverzug

Wer in anderer Weise als durch Verwendung oder Empfehlung von Allgemeinen Geschäftsbedingungen den Vorschriften des § 271a Absatz 1 bis 3, des § 286 Absatz 5 oder des § 288 Absatz 6 des Bürgerlichen Gesetzbuchs zuwiderhandelt, kann auf Unterlassung in Anspruch genommen werden.

§ 2 Ansprüche bei verbraucherschutzgesetzwidrigen Praktiken

(1) ¹Wer in anderer Weise als durch Verwendung oder Empfehlung von Allgemeinen Geschäftsbedingungen Vorschriften zuwiderhandelt, die dem Schutz der Verbraucher dienen (Verbraucherschutzgesetze), kann im Interesse des Verbraucherschutzes auf Unterlassung und Beseitigung in Anspruch genommen werden. ²Werden die Zuwiderhandlungen in einem Unternehmen von einem Mitarbeiter oder Beauftragten begangen, so ist der Unterlassungsanspruch oder der Beseitigungsanspruch auch gegen den Inhaber des Unternehmens begründet. ³Bei Zuwiderhandlungen gegen die in Absatz 2 Nummer 13 genannten Vorschriften richtet sich der Beseitigungsanspruch nach den entsprechenden datenschutzrechtlichen Vorschriften.

(2) Verbraucherschutzgesetze im Sinne dieser Vorschrift sind insbesondere

1. die Vorschriften des Bürgerlichen Rechts, die für folgende Verträge zwischen Unternehmern und Verbrauchern gelten:
   a) außerhalb von Geschäftsräumen geschlossene Verträge,
   b) Fernabsatzverträge,
   c) Verträge im elektronischen Geschäftsverkehr,
   d) Verbraucherverträge über digitale Produkte,
   e) Kaufverträge,
   f) Teilzeit-Wohnrechteverträge, Verträge über langfristige Urlaubsprodukte sowie Vermittlungsverträge und Tauschsystemverträge,
   g) Verbraucherdarlehensverträge, Finanzierungshilfen und Ratenlieferungsverträge,
   h) Bauverträge,
   i) Pauschalreiseverträge, Verträge über die Vermittlung von Reisen und verbundener Reiseleistungen,
   j) Darlehensvermittlungsverträge sowie
   k) Zahlungsdiensteverträge,
2. die Vorschriften des Fernunterrichtsschutzgesetzes,
3. diejenigen Vorschriften des Telemediengesetzes, die das Verhältnis zwischen Anbietern von elektronischen Informations- und Kommunikationsdiensten und Verbrauchern regeln, die §§ 8, 9, 70, 74 und 98 des Medienstaatsvertrags vom 14. bis 28. April 2020, die §§ 4, 5, 5a,

5b und 6 des Jugendmedienschutz-Staatsvertrags vom 10. bis 27. September 2002, die §§ 10 und 11 des Deutsche-Welle-Gesetzes und die §§ 2, 3, 3b und 3e des Netzwerkdurchsetzungsgesetzes,

4. diejenigen Vorschriften des Telekommunikation-Telemedien-Datenschutz-Gesetzes, die das Verhältnis zwischen Unternehmern und Verbrauchern regeln,

5. die Vorschriften des Arzneimittelgesetzes, die das Verhältnis zwischen Unternehmern und Verbrauchern regeln,

6. die §§ 3 bis 13 des Heilmittelwerbegesetzes,

7. diejenigen Vorschriften des Kapitalanlagegesetzbuchs, die das Verhältnis zwischen Kapitalverwaltungsgesellschaften und Verbrauchern regeln,

8. diejenigen Vorschriften des Abschnitts 11 des Wertpapierhandelsgesetzes, die das Verhältnis zwischen Wertpapierdienstleistungsunternehmen und Verbrauchern regeln,

9. die Vorschriften des Rechtsdienstleistungsgesetzes,

10. § 79 Absatz 2 und 3 sowie § 80 des Erneuerbare-Energien-Gesetzes,

11. die Vorschriften des Wohn- und Betreuungsvertragsgesetzes,

12. § 2 Absatz 2 sowie die §§ 36 und 37 des Verbraucherstreitbeilegungsgesetzes und Artikel 14 der Verordnung (EU) Nr. 524/2013 des Europäischen Parlaments und des Rates vom 21. Mai 2013 über die Online-Beilegung verbraucherrechtlicher Streitigkeiten und zur Änderung der Verordnung (EG) Nr. 2006/2004 und der Richtlinie 2009/22/EG (Verordnung über Online-Streitbeilegung in Verbraucherangelegenheiten) (ABl. L 165 vom 18.6.2013, S. 1),

13. die Vorschriften der Verordnung (EU) 2016/679 des Europäischen Parlaments und des Rates vom 27. April 2016 zum Schutz natürlicher Personen bei der Verarbeitung personenbezogener Daten, zum freien Datenverkehr und zur Aufhebung der Richtlinie 95/46/EG (Datenschutz-Grundverordnung) (ABl. L 119 vom 4.5.2016, S. 1; L 314 vom 22.11.2016, S. 72; L 127 vom 23.5.2018, S. 2; L 074 vom 4.3.2021, S. 35) in der jeweils geltenden Fassung, die für die Verarbeitung von Daten von Verbrauchern durch Unternehmer gelten,

14. § 31 des Bundesdatenschutzgesetzes,

15. diejenigen Vorschriften des Zahlungskontengesetzes, die das Verhältnis zwischen Zahlungsdienstleistern und Verbrauchern regeln,

16. diejenigen Vorschriften des Telekommunikationsgesetzes, die das Verhältnis zwischen Anbietern von öffentlich zugänglichen Telekommunikationsleistungen und Verbrauchern regeln,

17. die Vorschriften des Produkthaftungsgesetzes,

18. die Vorschriften der Verordnung (EG) Nr. 2027/97 des Rates vom 9. Oktober 1997 über die Haftung bei der Beförderung von Fluggästen und deren Gepäck im Luftverkehr (ABl. L 285 vom 17.10.1997, S. 1), die zuletzt durch die Verordnung (EG) Nr. 889/2002 (ABl. L 140 vom 30.5.2002, S. 2), geändert worden ist, in der jeweils geltenden Fassung,

19. die Vorschriften der Preisangabenverordnung,

20. die §§ 3 bis 7 des Produktsicherheitsgesetzes, § 7 des Gasgerätedurchführungsgesetzes, § 7 des PSA-Durchführungsgesetzes und die Vorschriften der Verordnung über elektrische Betriebsmittel, der Verordnung über die Sicherheit von Spielzeug, der Verordnung über einfache Druckbehälter, der Maschinenverordnung, der Verordnung über Sportboote und Wassermotorräder, der Explosionsschutzverordnung, der Aufzugsverordnung, der Aerosolpackungsverordnung sowie der Druckgeräteverordnung, soweit diese Pflichten von Unternehmern zum Schutz der Verbraucher regeln,

21. die Vorschriften der Verordnung (EG) Nr. 178/2002 des Europäischen Parlaments und des Rates vom 28. Januar 2002 zur Festlegung der allgemeinen Grundsätze und Anforderungen des Lebensmittelrechts, zur Errichtung der Europäischen Behörde für Lebensmittelsicherheit und zur Festlegung von Verfahren zur Lebensmittelsicherheit (ABl. L 31 vom 1.2.2002, S. 1), die zuletzt durch die Verordnung (EU) 2019/1381 (ABl. L 231 vom 6.9.2019, S. 1) geändert worden ist, in der jeweils geltenden Fassung, soweit sie das Verhältnis zwischen Unternehmern und Verbrauchern regeln,

22. die Vorschriften der Verordnung (EG) Nr. 261/2004 des Europäischen Parlaments und des Rates vom 11. Februar 2004 über die gemeinsame Regelung für Ausgleichs- und Unterstützungsleistungen für Fluggäste im Fall der Nichtbeförderung und bei Annullierung oder großer Verspätung von Flügen und zur Aufhebung der Verordnung (EWG) Nr. 295/91

(ABl. L 46 vom 17.2.2004, S. 1; L 119 vom 7.5.2019, S. 202) in der jeweils geltenden Fassung,

23. die Vorschriften der Verordnung (EG) Nr. 1107/2006 des Europäischen Parlaments und des Rates vom 5. Juli 2006 über die Rechte von behinderten Flugreisenden und Flugreisenden mit eingeschränkter Mobilität (ABl. L 204 vom 26.7.2006, S. 1; L 26 vom 26.1.2013, S. 34), in der jeweils geltenden Fassung,

24. die Vorschriften der Verordnung (EU) 2021/782 des Europäischen Parlaments und des Rates vom 29. April 2021 über die Rechte und Pflichten der Fahrgäste im Eisenbahnverkehr (ABl. L 172 vom 17.5.2021, S. 1), in der jeweils geltenden Fassung,

25. Artikel 23 der Verordnung (EG) Nr. 1008/2008 des Europäischen Parlaments und des Rates vom 24. September 2008 über gemeinsame Vorschriften für die Durchführung von Luftverkehrsdiensten in der Gemeinschaft (ABl. L 293 vom 31.10.2008, S. 3), die zuletzt durch die Delegierte Verordnung (EU) 2020/2115 (ABl. L 426 vom 17.12.2020, S. 4) geändert worden ist, in der jeweils geltenden Fassung,

26. die Artikel 1 bis 35 der Verordnung (EG) Nr. 1272/2008 des Europäischen Parlaments und des Rates vom 16. Dezember 2008 über die Einstufung, Kennzeichnung und Verpackung von Stoffen und Gemischen, zur Änderung und Aufhebung der Richtlinien 67/548/EWG und 1999/45/EG und zur Änderung der Verordnung (EG) Nr. 1907/2006 (ABl. L 353 vom 31.12.2008, S. 1; L 16 vom 20.1.2011, S. 1; L 94 vom 10.4.2015, S. 9; L 349 vom 21.12.2016, S. 1; L 190 vom 27.7.2018, S. 20; L 55 vom 25.2.2019, S. 18; L 117 vom 3.5.2019, S. 8), die zuletzt durch die Delegierte Verordnung (EU) 2021/1962 (ABl. L 400 vom 12.11.2021, S. 16) geändert worden ist, in der jeweils geltenden Fassung,

27. die §§ 20a, 36, 40 bis 41, 41b, 42, 53a und 111a des Energiewirtschaftsgesetzes,

28. die Vorschriften des Zahlungsdiensteaufsichtsgesetzes, die das Verhältnis zwischen E-Geld-instituten und Verbrauchern regeln,

29. die §§ 4, 5 des Energieverbrauchsrelevante-Produkte-Gesetzes,

30. die §§ 1a, 6a, 7 bis 9, 59 Absatz 1 Satz 2 und 3 und Absatz 4 Satz 2, die §§ 152, 154 und 155, auch in Verbindung mit den §§ 176 und 177 Absatz 1 des Versicherungsvertragsgesetzes,

31. die VVG-Informationspflichtenverordnung,

32. die Vorschriften der Verordnung (EG) Nr. 392/2009 des Europäischen Parlaments und des Rates vom 23. April 2009 über die Unfallhaftung von Beförderern von Reisenden auf See (ABl. L 131 vom 28.5.2009, S. 24), die zuletzt durch die Verordnung (EU) 2019/1243 (ABl. L 198 vom 25.7.2019, S. 241) geändert worden ist, in der jeweils geltenden Fassung,

33. die Vorschriften der Verordnung (EU) 2021/1230 des Europäischen Parlaments und des Rates vom 14. Juli 2021 über grenzüberschreitende Zahlungen in der Union (ABl. L 274 vom 30.7.2021, S. 20), in der jeweils geltenden Fassung,

34. die Artikel 4 bis 7 der Verordnung (EU) 2020/740 vom 25. Mai 2020 über die Kennzeichnung von Reifen in Bezug auf die Kraftstoffeffizienz und andere Parameter, zur Änderung der Verordnung (EU) 2017/1369 und zur Aufhebung der Verordnung (EG) Nr. 1222/2009 (ABl. L 177 vom 5.6.2020, S. 1; L 241 vom 27.7.2020, S. 46; L 147 vom 30.4.2021, S. 23; L 382 vom 28.10.2021, S. 52), in der jeweils geltenden Fassung,

35. die Artikel 3 bis 8 und die Artikel 19 bis 21 der Verordnung (EG) Nr. 1223/2009 des Europäischen Parlaments und des Rates vom 30. November 2009 über kosmetische Mittel (ABl. L 342 vom 22.12.2009, S. 59; L 318 vom 15.11.2012, S. 74; 72 vom 15.3.2013, S. 16), die zuletzt durch die Verordnung (EU) 2022/135 (ABl. L 22 vom 1.2.2022, S. 2) geändert worden ist, in der jeweils geltenden Fassung,

36. die Artikel 9 und 10 der Verordnung (EG) Nr. 66/2010 des Europäischen Parlaments und des Rates vom 25. November 2009 über das EU-Umweltzeichen (ABl. L 27 vom 30.1.2010, S. 1), die zuletzt durch die Verordnung (EU) 2017/1941 (ABl. L 275 vom 25.10.2017, S. 9) geändert worden ist, in der jeweils geltenden Fassung,

37. die Vorschriften der Verordnung (EU) Nr. 1177/2010 des Europäischen Parlaments und des Rates vom 24. November 2010 über die Fahrgastrechte im See- und Binnenschiffsverkehr und zur Änderung der Verordnung (EG) Nr. 2006/2004 (ABl. L 334 vom 17.12.2010, S. 1), in der jeweils geltenden Fassung,

38. die Vorschriften der Verordnung (EU) Nr. 181/2011 des Europäischen Parlaments und des Rates vom 16. Februar 2011 über die Fahrgastrechte im Kraftomnibusverkehr und zur

Änderung der Verordnung (EG) Nr. 2006/2004 (ABl. L 55 vom 28.2.2011, S. 1), in der jeweils geltenden Fassung,

39. die Vorschriften der Verordnung (EU) Nr. 1169/2011 des Europäischen Parlaments und des Rates vom 25. Oktober 2011 betreffend die Information der Verbraucher über Lebensmittel und zur Änderung der Verordnungen (EG) Nr. 1924/2006 und (EG) Nr. 1925/2006 des Europäischen Parlaments und des Rates und zur Aufhebung der Richtlinie 87/250/EWG der Kommission, der Richtlinie 90/496/EWG des Rates, der Richtlinie 1999/10/EG der Kommission, der Richtlinie 2000/13/EG des Europäischen Parlaments und des Rates, der Richtlinien 2002/67/EG und 2008/5/EG der Kommission und der Verordnung (EG) Nr. 608/2004 der Kommission (ABl. L 304 vom 22.11.2011, S. 18; L 331 vom 18.11.2014, S. 41; L 50 vom 21.2.2015, S. 48; L 266 vom 30.9.2016, S. 7), die zuletzt durch die Verordnung (EU) 2015/2283 (ABl. L 327 vom 11.12.2015, S. 1) geändert worden ist, in der jeweils geltenden Fassung,

40. die §§ 4 bis 11 der Verordnung über Heizkostenabrechnung, die §§ 3 bis 5 der Fernwärme- oder Fernkälte-Verbrauchserfassungs- und -Abrechnungsverordnung und die §§ 29 bis 32 des Messstellenbetriebsgesetzes,

41. die §§ 11 bis 18 der Gasgrundversorgungsverordnung,

42. die §§ 11 bis 18 der Stromgrundversorgungsverordnung,

43. die Vorschriften der Verordnung (EU) Nr. 260/2012 des Europäischen Parlaments und des Rates vom 14. März 2012 zur Festlegung der technischen Vorschriften und der Geschäftsanforderungen für Überweisungen und Lastschriften in Euro und zur Änderung der Verordnung (EG) Nr. 924/2009 (ABl. L 94 vom 30.3.2012, S. 22), die durch die Verordnung (EU) Nr. 248/2014 (ABl. L 84 vom 20.3.2014, S. 1) geändert worden ist, in der jeweils geltenden Fassung,

44. die Vorschriften der Verordnung (EU) Nr. 531/2012 des Europäischen Parlaments und des Rates vom 13. Juni 2012 über das Roaming in öffentlichen Mobilfunknetzen in der Union (ABl. L 172 vom 30.6.2012, S. 10), in der jeweils geltenden Fassung,

45. die Vorschriften des Mess- und Eichgesetzes sowie der Mess- und Eichverordnung, soweit sie das Verhältnis zwischen Unternehmern und Verbrauchern regeln,

46. die Vorschriften der Verordnung (EU) Nr. 1286/2014 des Europäischen Parlaments und des Rates vom 26. November 2014 über Basisinformationsblätter für verpackte Anlageprodukte für Kleinanleger und Versicherungsanlageprodukte (PRIIP) (ABl. L 352 vom 9.12.2014, S. 1; L 358 vom 13.12.2014, S. 50), die zuletzt durch die Verordnung (EU) 2021/2259 (ABl. L 455 vom 20.12.2021, S. 1) geändert worden ist, in der jeweils geltenden Fassung,

47. die Vorschriften der Verordnung (EU) 2015/760 des Europäischen Parlaments und des Rates vom 29. April 2015 über europäische langfristige Investmentfonds (ABl. L 123 vom 19.5.2015, S. 98), die durch die Delegierte Verordnung (EU) 2018/480 (ABl. L 81 vom 23.3.2018, S. 1) geändert worden ist, in der jeweils geltenden Fassung,

48. die Vorschriften der Verordnung (EU) 2015/2120 des Europäischen Parlaments und des Rates vom 25. November 2015 über Maßnahmen zum Zugang zum offenen Internet und zur Änderung der Richtlinie 2002/22/EG über den Universaldienst und Nutzerrechte bei elektronischen Kommunikationsnetzen und – diensten sowie der Verordnung (EU) Nr. 531/2012 über das Roaming in öffentlichen Mobilfunknetzen in der Union (ABl. L 310 vom 26.11.2015, S. 1), die zuletzt durch die Verordnung (EU) 2018/1971 (ABl. L 321 vom 17.12.2018, S. 1) geändert worden ist, in der jeweils geltenden Fassung,

49. die Vorschriften des Kapitels II der Verordnung (EU) 2017/745 des Europäischen Parlaments und des Rates vom 5. April 2017 über Medizinprodukte, zur Änderung der Richtlinie 2001/83/EG, der Verordnung (EG) Nr. 178/2002 und der Verordnung (EG) Nr. 1223/2009 und zur Aufhebung der Richtlinien 90/385/EWG und 93/42/EWG des Rates (ABl. L 117 vom 5.5.2017, S. 1; L 117 vom 3.5.2019, S. 9; L 334 vom 27.12.2019, S. 165; L 241 vom 8.7.2021, S. 7), die zuletzt durch die Verordnung (EU) 2020/561 (ABl. L 130 vom 24.4.2020, S. 18) geändert worden ist, in der jeweils geltenden Fassung,

50. die Vorschriften des Kapitels II der Verordnung (EU) 2017/746 des Europäischen Parlaments und des Rates vom 5. April 2017 über In-vitro-Diagnostika und zur Aufhebung der Richtlinie 98/79/EG und des Beschlusses 2010/227/EU der Kommission (ABl. L 117 vom 5.5.2017, S. 176; L 117 vom 3.5.2019, S. 11; L 334 vom 27.12.2019, S. 167; L 233 vom 1.7.2021, S. 9), die zuletzt durch die Verordnung (EU) 2022/112 (ABl. L 19 vom 28.1.2022, S. 3) geändert worden ist, in der jeweils geltenden Fassung,

51. die Vorschriften der Verordnung (EU) 2017/1128 des Europäischen Parlaments und des Rates vom 14. Juni 2017 zur grenzüberschreitenden Portabilität von Online-Inhaltediensten im Binnenmarkt (ABl. L 168 vom 30.6.2017, S. 1; L 198 vom 28.7.2017, S. 42), in der jeweils geltenden Fassung,

52. die Vorschriften der Verordnung (EU) 2017/1129 des Europäischen Parlaments und des Rates vom 14. Juni 2017 über den Prospekt, der beim öffentlichen Angebot von Wertpapieren oder bei deren Zulassung zum Handel an einem geregelten Markt zu veröffentlichen ist, und zur Aufhebung der Richtlinie 2003/71/EG (ABl. L 168 vom 30.6.2017, S. 12), die zuletzt durch die Delegierte Verordnung (EU) 2021/528 (ABl. L 106 vom 26.3.2021, S. 32) geändert worden ist, in der jeweils geltenden Fassung,

53. die Vorschriften der Verordnung (EU) 2017/1131 des Europäischen Parlaments und des Rates vom 14. Juni 2017 über Geldmarktfonds (ABl. L 169 vom 30.6.2017, S. 8), die zuletzt durch die Delegierte Verordnung (EU) 2018/990 (ABl. L 177 vom 13.7.2018, S. 1) geändert worden ist, in der jeweils geltenden Fassung,

54. die Artikel 3 bis 6 der Verordnung (EU) 2017/1369 des Europäischen Parlaments und des Rates vom 4. Juli 2017 zur Festlegung eines Rahmens für die Energieverbrauchskennzeichnung und zur Aufhebung der Richtlinie 2010/30/EU (ABl. L 198 vom 28.7.2017, S. 1), die zuletzt durch die Verordnung (EU) 2020/740 (ABl. L 177 vom 5.6.2020, S. 1) geändert worden ist, in der jeweils geltenden Fassung,

55. die Artikel 3 bis 5 der Verordnung (EU) 2018/302 des Europäischen Parlaments und des Rates vom 28. Februar 2018 über Maßnahmen gegen ungerechtfertigtes Geoblocking und andere Formen der Diskriminierung aufgrund der Staatsangehörigkeit, des Wohnsitzes oder des Ortes der Niederlassung des Kunden innerhalb des Binnenmarkts und zur Änderung der Verordnungen (EG) Nr. 2006/2004 und (EU) 2017/2394 sowie der Richtlinie 2009/22/EG (ABl. L 60 I vom 2.3.2018, S. 1; L 66 vom 8.3.2018, S. 1), in der jeweils geltenden Fassung,

56. die Vorschriften der Verordnung (EU) 2022/1925 des Europäischen Parlaments und des Rates vom 14. September 2022 über bestreitbare und faire Märkte im digitalen Sektor und zur Änderung der Richtlinien (EU) 2019/1937 und (EU) 2020/1828 (Gesetz über digitale Märkte) (ABl. L 265 vom 12.10.2022, S. 1), in der jeweils geltenden Fassung und

57. die Vorschriften der Verordnung (EU) 2022/2065 des Europäischen Parlaments und des Rates vom 19. Oktober 2022 über einen Binnenmarkt für digitale Dienste und zur Änderung der Richtlinie 2000/31/EG (Gesetz über digitale Dienste) (ABl. L 277 vom 27.10.2022, S. 1), in der jeweils geltenden Fassung.

§ 2a Unterlassungsanspruch bei Verstößen innerhalb der Europäischen Union

Wer einen Verstoß im Sinne des Artikels 3 Nummer 5 der Verordnung (EU) 2017/2394 des Europäischen Parlaments und des Rates vom 12. Dezember 2017 über die Zusammenarbeit zwischen den für die Durchsetzung der Verbraucherschutzgesetze zuständigen nationalen Behörden und zur Aufhebung der Verordnung (EG) Nr. 2006/2004 (ABl. L 345 vom 27.12.2017, S. 1), die zuletzt durch die Richtlinie (EU) 2019/771 (ABl. L 136 vom 22.5.2019, S. 28) geändert worden ist, in der jeweils geltenden Fassung, begeht, kann auf Unterlassung in Anspruch genommen werden.

§ 2b Unterlassungsanspruch nach dem Urheberrechtsgesetz

Wer gegen § 95b Absatz 1 Satz 1 des Urheberrechtsgesetzes verstößt, kann auf Unterlassung in Anspruch genommen werden.

§ 2c Missbräuchliche Geltendmachung von Ansprüchen

[1]Die Geltendmachung eines Anspruchs nach den §§ 1 bis 2b ist unzulässig, wenn sie unter Berücksichtigung der gesamten Umstände missbräuchlich ist, insbesondere wenn sie vorwiegend dazu dient, gegen den Anspruchsgegner einen Anspruch auf Ersatz von Aufwendungen oder Kosten der Rechtsverfolgung entstehen zu lassen. [2]Eine missbräuchliche Geltendmachung ist im Zweifel anzunehmen, wenn

1. die Vereinbarung einer offensichtlich überhöhten Vertragsstrafe verlangt wird
2. die vorgeschlagene Unterlassungsverpflichtung offensichtlich über die abgemahnte Rechtsverletzung hinausgeht

3. mehrere Zuwiderhandlungen, die zusammen hätten abgemahnt werden können, einzeln abgemahnt werden oder
4. wegen einer Zuwiderhandlung, für die mehrere Zuwiderhandelnde verantwortlich sind, die Ansprüche gegen die Zuwiderhandelnden ohne sachlichen Grund nicht zusammen geltend gemacht werden.

³In diesen Fällen kann der Anspruchsgegner Ersatz der für seine Rechtsverteidigung erforderlichen Aufwendungen verlangen. ⁴Weitergehende Ersatzansprüche bleiben unberührt.

Abschnitt 2. Anspruchsberechtigte Stellen

§ 3 Anspruchsberechtigte Stellen

(1) ¹Die in den §§ 1 bis 2a bezeichneten Ansprüche auf Unterlassung, auf Widerruf und auf Beseitigung stehen zu:

1. den qualifizierten Verbraucherverbänden, die in der Liste nach § 4 eingetragen sind, und den qualifizierten Einrichtungen aus anderen Mitgliedstaaten der Europäischen Union, die in dem Verzeichnis der Europäischen Kommission nach Artikel 5 Absatz 1 Satz 4 der Richtlinie (EU) 2020/1828 des Europäischen Parlaments und des Rates vom 25. November 2020 über Verbandsklagen zum Schutz der Kollektivinteressen der Verbraucher und zur Aufhebung der Richtlinie 2009/22/EG (ABl. L 409 vom 4.12.2020, S. 1) eingetragen sind,
2. den qualifizierten Wirtschaftsverbänden, die in die Liste nach § 8b des Gesetzes gegen den unlauteren Wettbewerb eingetragen sind, soweit ihnen eine erhebliche Zahl von Unternehmern angehört, die Waren und Dienstleistungen gleicher oder verwandter Art auf demselben Markt vertreiben, und die Zuwiderhandlung die Interessen ihrer Mitglieder berührt,
3. den Industrie- und Handelskammern, den nach der Handwerksordnung errichteten Organisationen und anderen berufsständischen Körperschaften des öffentlichen Rechts sowie den Gewerkschaften im Rahmen der Erfüllung ihrer Aufgaben bei der Vertretung selbständiger beruflicher Interessen.

²Für Ansprüche nach § 2a wird unwiderleglich vermutet, dass ein nach § 7 Absatz 3 des EU-Verbraucherschutzdurchführungsgesetzes benannter qualifizierter Wirtschaftsverband die Voraussetzungen des Absatzes 1 Satz 1 Nummer 2 erfüllt. ³Stellen nach Satz 1 Nummer 1 und 2 können die Ansprüche nicht geltend machen, solange ihre Eintragung ruht.

(2) ¹Qualifizierte Verbraucherverbände und qualifizierte Wirtschaftsverbände nach Absatz 1 Satz 1 Nummer 1 und 2 können die Ansprüche nach den §§ 1 bis 2a nicht geltend machen, solange ihre Eintragung ruht. ²Die Ansprüche nach den §§ 1 bis 2a können nur an Stellen im Sinne des Absatzes 1 Satz 1 abgetreten werden.

(3) Die in Absatz 1 Satz 1 Nummer 1 bezeichneten Stellen können die folgenden Ansprüche nicht geltend machen:

1. Ansprüche nach § 1, wenn Allgemeine Geschäftsbedingungen gegenüber einem Unternehmer (§ 14 des Bürgerlichen Gesetzbuchs) oder einem öffentlichen Auftraggeber (§ 99 Nummer 1 bis 3 des Gesetzes gegen Wettbewerbsbeschränkungen) verwendet oder wenn Allgemeine Geschäftsbedingungen zur ausschließlichen Verwendung zwischen Unternehmern oder zwischen Unternehmern und öffentlichen Auftraggebern empfohlen werden,
2. Ansprüche nach § 1a, es sei denn, eine Zuwiderhandlung gegen § 288 Absatz 6 des Bürgerlichen Gesetzbuchs betrifft einen Anspruch eines Verbrauchers.

§ 3a Anspruchsberechtigte Verbände nach § 2b

¹Der in § 2b bezeichnete Anspruch auf Unterlassung steht rechtsfähigen Verbänden zur nicht gewerbsmäßigen und nicht nur vorübergehenden Förderung der Interessen derjenigen zu, die durch § 95b Abs. 1 Satz 1 des Urheberrechtsgesetzes begünstigt werden. ²Der Anspruch kann nur an Verbände im Sinne des Satzes 1 abgetreten werden.

§ 4 Liste der qualifizierten Verbraucherverbände

(1) Das Bundesamt für Justiz führt eine Liste der qualifizierten Verbraucherverbände und veröffentlicht sie in der jeweils aktuellen Fassung auf seiner Internetseite.

(2) ¹Ein eingetragener Verein, zu dessen satzungsmäßigen Aufgaben es gehört, Interessen der Verbraucher durch nicht gewerbsmäßige Aufklärung und Beratung wahrzunehmen, wird auf seinen Antrag in die Liste eingetragen, wenn

1. er mindestens drei Verbände, die im gleichen Aufgabenbereich tätig sind, oder mindestens 75 natürliche Personen als Mitglieder hat,
2. er zum Zeitpunkt der Antragstellung seit mindestens einem Jahr im Vereinsregister eingetragen ist und ein Jahr seine satzungsmäßigen Aufgaben wahrgenommen hat,
3. auf Grund seiner bisherigen Tätigkeit sowie seiner personellen, sachlichen und finanziellen Ausstattung gesichert erscheint, dass er
   a) seine satzungsgemäßen Aufgaben auch künftig dauerhaft wirksam und sachgerecht erfüllen wird und
   b) seine Ansprüche nicht vorwiegend geltend machen wird, um für sich Einnahmen aus Abmahnungen oder Vertragsstrafen zu erzielen,
4. den Mitgliedern keine Zuwendungen aus dem Vereinsvermögen gewährt werden und Personen, die für den Verein tätig sind, nicht durch unangemessen hohe Vergütungen oder andere Zuwendungen begünstigt werden.

²Es wird unwiderleglich vermutet, dass Verbraucherzentralen sowie andere Verbraucherverbände, wenn sie überwiegend mit öffentlichen Mitteln gefördert werden, diese Voraussetzungen erfüllen.

(3) ¹Die Entscheidung über den Eintragungsantrag ist dem Antragsteller zuzustellen. ²Auf der Grundlage einer wirksamen dem Antrag stattgebenden Entscheidung ist der Verein unter Angabe des Namens, der Anschrift, des zuständigen Registergerichts, der Registernummer und des satzungsmäßigen Zwecks in die Liste einzutragen.

(4) Auf Antrag erteilt das Bundesamt für Justiz einem qualifizierten Verbraucherverband, der in der Liste eingetragen ist, eine Bescheinigung über ihre Eintragung.

§ 4a Überprüfung der Eintragung in der Liste nach § 4

(1) Das Bundesamt für Justiz überprüft von Amts wegen, ob ein qualifizierter Verbraucherverband, der in der Liste nach § 4 eingetragen ist, die Eintragungsvoraussetzungen nach § 4 Absatz 2 Satz 1 erfüllt,

1. nach Ablauf von zwei Jahren nach seiner Ersteintragung und danach jeweils nach Ablauf von fünf Jahren nach Abschluss der letzten Überprüfung oder
2. unabhängig von den Fristen nach Nummer 1, wenn begründete Zweifel am Vorliegen der Eintragungsvoraussetzungen bestehen.

(2) Ergeben sich in einem Rechtsstreit begründete Zweifel daran, ob ein qualifizierter Verbraucherverband, der in der Liste nach § 4 eingetragen ist, die Eintragungsvoraussetzungen nach § 4 Absatz 2 Satz 1 erfüllt, kann das Gericht das Bundesamt für Justiz zur Überprüfung der Eintragung auffordern und die Verhandlung bis zum Abschluss der Überprüfung aussetzen.

(3) Das Bundesamt für Justiz kann die qualifizierten Verbraucherverbände und deren Vorstandsmitglieder zur Befolgung der Pflichten im Verfahren zur Überprüfung der Eintragung durch die Festsetzung eines Zwangsgelds anhalten.

§ 4b Berichtspflichten und Mitteilungspflichten der qualifizierten Verbraucherverbände

(1) ¹Die qualifizierten Verbraucherverbände, die in der Liste nach § 4 eingetragen sind, sind verpflichtet, dem Bundesamt für Justiz bis zum 30. Juni eines jeden Kalenderjahres für das vergangene Kalenderjahr zu berichten über

1. die Anzahl der von ihnen ausgesprochenen Abmahnungen zur Durchsetzung ihrer Ansprüche unter Angabe der den Abmahnungen zugrunde liegenden Zuwiderhandlungen
2. die Anzahl der auf Grund von Abmahnungen vereinbarten strafbewehrten Unterlassungsverpflichtungen und die Höhe der vereinbarten Vertragsstrafen,
3. die Gesamthöhe der entstandenen Ansprüche auf Aufwendungsersatz für Abmahnungen und die Gesamthöhe der Ansprüche auf verwirkte Vertragsstrafen sowie
4. die Anzahl ihrer Mitglieder zum 31. Dezember und deren Bezeichnung.

²Satz 1 Nummer 4 ist nicht anzuwenden auf qualifizierte Verbraucherverbände, für die die Vermutung nach § 4 Absatz 2 Satz 2 gilt.

(2) Das Bundesamt für Justiz kann die qualifizierten Verbraucherverbände und deren Vorstandsmitglieder zur Befolgung der Pflichten nach Absatz 1 durch die Festsetzung eines Zwangsgelds anhalten.

(3) Gerichte haben dem Bundesamt für Justiz Entscheidungen mitzuteilen, in denen festgestellt wird, dass ein qualifizierter Verbraucherverband, der in der Liste nach § 4 eingetragen ist, einen Anspruch missbräuchlich geltend gemacht hat.

§ 4c Aufhebung der Eintragung in der Liste nach § 4

(1) Die Eintragung eines qualifizierten Verbraucherverbands in der Liste nach § 4 ist mit Wirkung für die Zukunft aufzuheben, wenn

1. der qualifizierte Verbraucherverband dies beantragt oder
2. bei dem qualifizierten Verbraucherverband die Voraussetzungen für die Eintragung in der Liste nach § 4 Absatz 2 Satz 1 nicht vorlagen oder weggefallen sind.

(2) ¹Ist auf Grund tatsächlicher Anhaltspunkte damit zu rechnen, dass die Eintragung nach Absatz 1 Nummer 2 zurückzunehmen oder zu widerrufen ist, so soll das Bundesamt für Justiz das Ruhen der Eintragung für einen bestimmten Zeitraum anordnen. ²Das Ruhen darf für längstens drei Monate angeordnet werden. ³Ruht die Eintragung, ist dies in der Liste nach § 4 zu vermerken.

(3) Widerspruch und Anfechtungsklage gegen Entscheidungen nach Absatz 1 oder Absatz 2 haben keine aufschiebende Wirkung.

(4) Auf Antrag bescheinigt das Bundesamt für Justiz einem Dritten, der ein rechtliches Interesse daran hat, dass die Eintragung eines qualifizierten Verbraucherverbandes in der Liste nach § 4 ruht oder aufgehoben worden ist.

§ 4d Liste der qualifizierten Einrichtungen für grenzüberschreitende Verbandsklagen

(1) ¹Das Bundesamt für Justiz führt eine Liste der qualifizierten Einrichtungen, die grenzüberschreitende Verbandsklagen nach Artikel 3 Nummer 7 der Richtlinie (EU) 2020/1828 erheben können. ²Es veröffentlicht die Liste in ihrer jeweils aktuellen Fassung auf seiner Internetseite. ³Es teilt der Europäischen Kommission zum 1. Dezember 2023 die bestehenden qualifizierten Einrichtungen unter Angabe des Namens oder der Firma und des satzungsmäßigen Zwecks mit und unterrichtet sie unverzüglich, wenn

1. eine qualifizierte Einrichtung in die Liste neu eingetragen wurde,
2. die Eintragung einer qualifizierten Einrichtung in der Liste aufgehoben wurde,
3. der Name oder der Satzungszweck einer qualifizierten Einrichtung geändert wurde.

(2) ¹Eine nach inländischem Recht gegründete juristische Person des Privatrechts wird auf ihren Antrag in die Liste der qualifizierten Einrichtungen eingetragen, wenn

1. ihr Satzungszweck auf den Schutz von Verbraucherinteressen, die in den Anwendungsbereich der Richtlinie (EU) 2020/1828 fallen, und nicht auf einen Erwerbszweck gerichtet ist,
2. sie vor der Antragstellung mindestens ein Jahr zum Schutz von Verbraucherinteressen öffentlich tätig war,
3. sie nicht aufgelöst werden muss oder aufgelöst wurde, insbesondere durch die Eröffnung eines Insolvenzverfahrens oder durch die Rechtskraft des Beschlusses, durch den die Eröffnung des Insolvenzverfahrens abgelehnt wurde,
4. sie durch interne Verfahren sicherstellt, dass
   a) sie nicht unter dem Einfluss von anderen Personen als Verbrauchern steht, insbesondere nicht unter dem Einfluss von Unternehmern, die ein wirtschaftliches Interesse an Verbandsklagen nach der Richtlinie (EU) 2020/1828 haben, und
   b) Konflikte zwischen den Interessen Dritter, die Verbandsklagen nach der Richtlinie (EU) 2020/1828 aus wirtschaftlichem Interesse finanzieren, und den mit den finanzierten Klagen verfolgten Verbraucherinteressen vermieden werden und
5. sie auf ihrer Internetseite klare und verständliche Angaben veröffentlicht zu
   a) ihrer Rechtsform,
   b) ihrem Satzungszweck,
   c) ihrer Mitglieder- und Organisationsstruktur, insbesondere zu ihren Geschäftsführungsorganen,

d) ihren Tätigkeiten,

e) den internen Verfahren nach Nummer 4 sowie

f) ihrer Finanzierung im Allgemeinen.

[2] Aus den Angaben nach Satz 1 Nummer 5 muss für die Öffentlichkeit auch erkennbar sein, dass die qualifizierte Einrichtung alle Eintragungsvoraussetzungen nach Satz 1 erfüllt.

(3) [1] Die Entscheidung über den Eintragungsantrag ist der Antragstellerin zuzustellen. [2] Auf der Grundlage einer wirksamen, dem Antrag stattgebenden Entscheidung ist die juristische Person mit folgenden Angaben in die Liste einzutragen:

1. Name,

2. Anschrift und

3. satzungsmäßiger Zweck.

[3] Ist die qualifizierte Einrichtung in einem Register eingetragen, so sind auch die Registernummer und die registerführende Stelle in der Liste anzugeben. [4] § 4 Absatz 4 ist entsprechend anzuwenden.

§ 4e Überprüfung und Aufhebung einer Eintragung in der Liste nach § 4d

(1) Für die Überprüfung, ob eine qualifizierte Einrichtung, die in die Liste nach § 4d eingetragen ist, die Eintragungsvoraussetzungen nach § 4d Absatz 2 Satz 1 erfüllt, ist § 4a Absatz 1 und 3 entsprechend anzuwenden.

(2) Das Bundesamt für Justiz ist verpflichtet, die Eintragung einer qualifizierten Einrichtung in der Liste nach § 4d auch dann zu überprüfen, wenn die Europäische Kommission oder ein anderer Mitgliedstaat der Europäischen Union um die Überprüfung der Eintragung ersucht.

(3) [1] Die Eintragung einer qualifizierten Einrichtung in die Liste nach § 4d ist aufzuheben, wenn

1. die qualifizierte Einrichtung dies beantragt oder

2. die Voraussetzungen für die Eintragung nach § 4d Absatz 2 nicht vorlagen oder weggefallen sind.

[2] § 4c Absatz 3 und 4 ist entsprechend anzuwenden.

§ 4f Verordnungsermächtigung

Das Bundesministerium der Justiz wird ermächtigt, durch Rechtsverordnung ohne Zustimmung des Bundesrates die Einzelheiten zu regeln zu

1. der Eintragung von eingetragenen Vereinen in die Liste der qualifizierten Verbraucherverbände nach § 4, insbesondere zu den in dem Verfahren bestehenden Mitwirkungs- und Nachweispflichten,

2. der Überprüfung und Aufhebung von Eintragungen eines qualifizierten Verbraucherverbands in der Liste der qualifizierten Verbraucherverbände nach § 4, insbesondere zu den in diesem Verfahren bestehenden Mitwirkungs- und Nachweispflichten,

3. den Berichtspflichten der qualifizierten Verbraucherverbände nach § 4b Absatz 1 und

4. der Eintragung von juristischen Personen in die Liste der qualifizierten Einrichtungen für grenzüberschreitende Verbandsklagen nach § 4d, insbesondere zu den in diesem Verfahren bestehenden Mitwirkungs- und Nachweispflichten sowie

5. der Überprüfung und Aufhebung von Eintragungen einer qualifizierten Einrichtung in der Liste, insbesondere zu den in diesem Verfahren bestehenden Mitwirkungs- und Nachweispflichten.

Abschnitt 3. Verfahrensvorschriften

Unterabschnitt 1. Allgemeine Vorschriften

§ 5 Anwendung der Zivilprozessordnung und anderer Vorschriften

Auf das Verfahren sind die Vorschriften der Zivilprozessordnung und § 12 Absatz 1, 3 und 4, § 13 Absatz 1 bis 3 und 5 sowie § 13a des Gesetzes gegen den unlauteren Wettbewerb anzuwenden, soweit sich aus diesem Gesetz nicht etwas anderes ergibt.

§ 5a Informationspflichten der qualifizierten Verbraucherverbände und qualifizierten Einrichtungen zu gerichtlichen Verfahren im Inland

(1) [1]Anspruchsberechtigte Stellen nach § 3 Absatz 1 Satz 1 Nummer 1, die Unterlassungsansprüche nach den §§ 1, 2 oder 2a im Inland gerichtlich geltend machen, haben auf ihrer Internetseite spätestens mit der Einreichung des Antrags auf Erlass einer einstweiligen Verfügung oder mit der Einreichung einer Klage beim Gericht über den jeweils aktuellen Stand des Verfahrens zu berichten. [2]Zu dem Verfahren sind dort während dessen Dauer mindestens folgende bekannte Tatsachen unverzüglich zu veröffentlichen:

1. der Name oder die Firma und die Anschrift des Unternehmers, gegen den sich der Antrag auf Erlass einer einstweiligen Verfügung oder die Klage richtet,
2. die behauptete Zuwiderhandlung des Unternehmers, zu deren Verhinderung oder Beendigung die einstweilige Verfügung beantragt oder die Klage eingereicht wurde,
3. das Datum der Einreichung des Antrags auf Erlass der einstweiligen Verfügung oder der Klage beim Gericht,
4. die Zustellung des Antrags auf Erlass einer einstweiligen Verfügung oder der einstweiligen Verfügung an den Antragsgegner oder das Datum der Klageerhebung,
5. das Aktenzeichen des gerichtlichen Verfahrens,
6. der Hinweis, dass die einstweilige Verfügung oder die Klage im Verbandsklageregister bekannt gemacht ist und
7. das Datum der Beendigung des Verfahrens und die Art der Verfahrensbeendigung.

(2) Wurde ein in Absatz 1 genanntes Verfahren durch unanfechtbaren Beschluss oder unanfechtbares Urteil beendet, so ist der Beschluss oder das Urteil mindestens sechs Monate auf der Internetseite der anspruchsberechtigten Stelle zu veröffentlichen.

(3) Die Kosten der Veröffentlichungen auf der Internetseite nach den Absätzen 1 und 2 sind Kosten des Rechtsstreits.

§ 6 Zuständigkeit und Verfahren

(1) [1]Für Klagen nach diesem Gesetz ist das Oberlandesgericht ausschließlich zuständig, in dessen Bezirk der Beklagte seine gewerbliche Niederlassung oder in Ermangelung einer solchen seinen Wohnsitz hat. [2]Hat der Beklagte im Inland weder eine gewerbliche Niederlassung noch einen Wohnsitz, so ist das Gericht des inländischen Aufenthaltsorts zuständig, in Ermangelung eines solchen das Gericht, in dessen Bezirk

1. die nach den §§ 307 bis 309 des Bürgerlichen Gesetzbuchs unwirksamen Bestimmungen in Allgemeinen Geschäftsbedingungen verwendet wurden,
2. gegen Verbraucherschutzgesetze verstoßen wurde oder
3. gegen § 95b Absatz 1 Satz 1 des Urheberrechtsgesetzes verstoßen wurde.

[3]Das Oberlandesgericht entscheidet nach den für das erstinstanzliche Verfahren geltenden Vorschriften.

(2) Gegen die Urteile der Oberlandesgerichte findet die Revision wie gegen Berufungsurteile der Oberlandesgerichte statt.

(3) Die vorstehenden Absätze gelten nicht für Klagen, die einen Anspruch der in § 13 bezeichneten Art zum Gegenstand haben.

§ 6a Bekanntmachungen im Verbandsklagenregister zu einstweiligen Verfügungen und Klagen zur Durchsetzung von Unterlassungsansprüchen

(1) [1]Das Gericht macht zu einem Antrag auf Erlass einer einstweiligen Verfügung, der durch eine anspruchsberechtigte Stelle nach § 3 Absatz 1 Satz 1 Nummer 1 zur Sicherung oder Regelung von Ansprüchen nach den §§ 1 bis 2a gestellt wurde, unverzüglich nach der Zustellung des Antrags an den Antragsgegner Folgendes im Verbandsklageregister bekannt:

1. die Bezeichnung des Antragstellers und des Antraggegners,
2. die Bezeichnung des Gerichts,
3. das Aktenzeichen des Verfahrens,
4. die Angabe der behaupteten Zuwiderhandlung, die Anlass des Antrags auf Erlass einer einstweiligen Verfügung ist,
5. das Datum des Eingangs des Antrags auf Erlass der einstweiligen Verfügung beim Gericht und

6. das Datum der Zustellung des Antrags auf Erlass der einstweiligen Verfügung an den Antragsgegner.

²Wurde die einstweilige Verfügung erlassen, ohne dass der Antrag auf Erlass der einstweiligen Verfügung dem Antragsgegner zugestellt wurde, so sind die Angaben nach Satz 1 unverzüglich nach dem Erlass der einstweiligen Verfügung bekanntzumachen; an die Stelle der Angabe nach Satz 1 Nummer 6 tritt das Datum des Erlasses der einstweiligen Verfügung. ³In den Fällen des Satzes 2 hat der Antragsteller ergänzend die Zustellung der einstweiligen Verfügung im Verbandsklageregister bekannt zu machen. ⁴Die Bekanntmachung nach Satz 3 ist unverzüglich, nachdem dem Antragsteller die Zustellung bekannt ist, beim Bundesamt für Justiz zu beantragen. ⁵Dem Antrag sind eine Abschrift der einstweiligen Verfügung und der Zustellungsnachweis beizufügen.

(2) Zu einer Klage einer anspruchsberechtigten Stelle nach § 3 Absatz 1 Satz 1 Nummer 1 zur Durchsetzung eines Anspruchs nach den §§ 1 bis 2a ist vom Gericht im Verbandsklageregister unverzüglich nach der Erhebung der Klage bekannt zu machen:

1. die Bezeichnung der Parteien,
2. die Bezeichnung des Gerichts,
3. das Aktenzeichen der Klage,
4. die Angabe der behaupteten Zuwiderhandlung, gegen die die Klage gerichtet ist,
5. das Datum der Anhängigkeit der Klage und
6. das Datum der Rechtshängigkeit der Klage.

(3) ¹Unverzüglich bekanntzumachen sind durch das Gericht, bei dem das Verfahren beendet wurde, auch das Datum der Beendigung des Verfahrens und die Art der Beendigung. ²Wurde das Verfahren durch eine rechtskräftige Entscheidung beendet, so ist auch die Entscheidung bekannt zu machen.

§ 7 Veröffentlichungsbefugnis

¹Wird der Klage stattgegeben, so kann dem Kläger auf Antrag die Befugnis zugesprochen werden, die Urteilsformel mit der Bezeichnung des verurteilten Beklagten auf dessen Kosten im Bundesanzeiger, im Übrigen auf eigene Kosten bekannt zu machen. ²Das Gericht kann die Befugnis zeitlich begrenzen.

Unterabschnitt 2. Besondere Vorschriften für Klagen nach § 1

§ 8 Klageantrag und Anhörung

(1) Der Klageantrag muss bei Klagen nach § 1 auch enthalten:
1. den Wortlaut der beanstandeten Bestimmungen in Allgemeinen Geschäftsbedingungen,
2. die Bezeichnung der Art der Rechtsgeschäfte, für die die Bestimmungen beanstandet werden.

(2) Das Gericht hat vor der Entscheidung über eine Klage nach § 1 die Bundesanstalt für Finanzdienstleistungsaufsicht zu hören, wenn Gegenstand der Klage
1. Bestimmungen in Allgemeinen Versicherungsbedingungen sind oder
2. Bestimmungen in Allgemeinen Geschäftsbedingungen sind, für die nach dem Bausparkassengesetz oder dem Kapitalanlagesetzbuch eine Genehmigung vorgesehen ist.

§ 9 Besonderheiten der Urteilsformel

Erachtet das Gericht die Klage nach § 1 für begründet, so enthält die Urteilsformel auch:
1. die beanstandeten Bestimmungen der Allgemeinen Geschäftsbedingungen im Wortlaut,
2. die Bezeichnung der Art der Rechtsgeschäfte, für welche die den Unterlassungsanspruch begründenden Bestimmungen der Allgemeinen Geschäftsbedingungen nicht verwendet oder empfohlen werden dürfen,
3. das Gebot, die Verwendung oder Empfehlung inhaltsgleicher Bestimmungen in Allgemeinen Geschäftsbedingungen zu unterlassen,
4. für den Fall der Verurteilung zum Widerruf das Gebot, das Urteil in gleicher Weise bekannt zu geben, wie die Empfehlung verbreitet wurde.

§ 10 Einwendung wegen abweichender Entscheidung

Der Verwender, dem die Verwendung einer Bestimmung untersagt worden ist, kann im Wege der Klage nach § 767 der Zivilprozessordnung einwenden, dass nachträglich eine Entscheidung des Bundesgerichtshofs oder des Gemeinsamen Senats der Obersten Gerichtshöfe des Bundes ergangen ist, welche die Verwendung dieser Bestimmung für dieselbe Art von Rechtsgeschäften nicht untersagt, und dass die Zwangsvollstreckung aus dem Urteil gegen ihn in unzumutbarer Weise seinen Geschäftsbetrieb beeinträchtigen würde.

§ 11 Wirkungen des Urteils

[1] Handelt der verurteilte Verwender einem auf § 1 beruhenden Unterlassungsgebot zuwider, so ist die Bestimmung in den Allgemeinen Geschäftsbedingungen als unwirksam anzusehen, soweit sich der betroffene Vertragsteil auf die Wirkung des Unterlassungsurteils beruft. [2] Er kann sich jedoch auf die Wirkung des Unterlassungsurteils nicht berufen, wenn der verurteilte Verwender gegen das Urteil die Klage nach § 10 erheben könnte.

Unterabschnitt 3. Besondere Vorschriften für Klagen nach § 2

§ 12 Einigungsstelle

Für Klagen nach § 2 gelten § 15 des Gesetzes gegen den unlauteren Wettbewerb und die darin enthaltene Verordnungsermächtigung entsprechend.

§ 12a Anhörung der Datenschutzbehörden in Verfahren über Ansprüche nach § 2

[1] Das Gericht hat vor einer Entscheidung in einem Verfahren über einen Anspruch nach § 2, das eine Zuwiderhandlung gegen ein Verbraucherschutzgesetz nach § 2 Absatz 2 Satz 1 Nummer 11 zum Gegenstand hat, die zuständige inländische Datenschutzbehörde zu hören. [2] Satz 1 ist nicht anzuwenden, wenn über einen Antrag auf Erlass einer einstweiligen Verfügung ohne mündliche Verhandlung entschieden wird.

Abschnitt 4. Auskunft zur Durchsetzung von Ansprüchen

§ 13 Auskunftsanspruch der anspruchsberechtigten Stellen

(1) Wer geschäftsmäßig Post-, Telekommunikations- oder Telemediendienste erbringt oder an der Erbringung solcher Dienste mitwirkt, hat anspruchsberechtigten Stellen nach § 3 Absatz 1 Satz 1 auf deren Verlangen den Namen, und die zustellfähige Anschrift eines an Post-, Telekommunikations- oder Telemediendiensten Beteiligten mitzuteilen, wenn diese Stellen schriftlich versichern, dass sie die Angaben zur Durchsetzung eines Anspruchs nach den §§ 1 bis 2b benötigen und nicht anderweitig beschaffen können.

(2) [1] Der Anspruch besteht nur, soweit die Auskunft ausschließlich anhand der bei dem Auskunftspflichtigen vorhandenen Bestandsdaten erteilt werden kann. [2] Die Auskunft darf nicht deshalb verweigert werden, weil der Beteiligte, dessen Angaben mitgeteilt werden sollen, in die Übermittlung nicht einwilligt.

(3) [1] Der Auskunftspflichtige kann von dem Auskunftsberechtigten einen angemessenen Ausgleich für die Erteilung der Auskunft verlangen. [2] Der Auskunftsberechtigte kann von dem Beteiligten, dessen Angaben mitgeteilt worden sind, Erstattung des gezahlten Ausgleichs verlangen, wenn er gegen diesen Beteiligten einen Anspruch nach den §§ 1 bis 2b hat.

§ 13a Auskunftsanspruch sonstiger Betroffener

Wer von einem anderen Unterlassung der Lieferung unbestellter Sachen, der Erbringung unbestellter sonstiger Leistungen oder der Zusendung oder sonstiger Übermittlung unverlangter Werbung verlangen kann, hat die Ansprüche gemäß § 13 mit der Maßgabe, dass an die Stelle eines Anspruchs nach den §§ 1 bis 2b sein Anspruch auf Unterlassung nach allgemeinen Vorschriften tritt.

Abschnitt 5. Außergerichtliche Schlichtung

§ 14 Schlichtungsverfahren und Verordnungsermächtigung

(1) [1]Bei Streitigkeiten aus der Anwendung

1. der Vorschriften des Bürgerlichen Gesetzbuchs betreffend Fernabsatzverträge über Finanzdienstleistungen,
2. der §§ 491 bis 508, 511 und 655a bis 655d des Bürgerlichen Gesetzbuchs sowie Artikel 247a § 1 des Einführungsgesetzes zum Bürgerlichen Gesetzbuche,
3. der Vorschriften betreffend Zahlungsdiensteverträge in
   a) den §§ 675c bis 676c des Bürgerlichen Gesetzbuchs,
   b) die Verordnung (EU) 2021/1230 des Europäischen Parlaments und des Rates vom 14. Juli 2021 über grenzüberschreitende Zahlungen in der Union (kodifizierter Text) (ABl. L 274 vom 30.7.2021, S. 20)
   c) der Verordnung (EU) Nr. 260/2012 des Europäischen Parlaments und des Rates vom 14. März 2012 zur Festlegung der technischen Vorschriften und der Geschäftsanforderungen für Überweisungen und Lastschriften in Euro und zur Änderung der Verordnung (EG) Nr. 924/2009 (ABl. L 94 vom 30.3.2012, S. 22), die durch die Verordnung (EU) Nr. 248/2014 (ABl. L 84 vom 20.3.2014, S. 1) geändert worden ist,
   d) der Verordnung (EU) 2015/751 des Europäischen Parlaments und des Rates vom 29. April 2015 über Interbankenentgelte für kartengebundene Zahlungsvorgänge (ABl. L 123 vom 19.5.2015, S. 1),
4. der Vorschriften des Zahlungsdiensteaufsichtsgesetzes, soweit sie Pflichten von E-Geld-Emittenten oder Zahlungsdienstleistern gegenüber ihren Kunden begründen,
5. der Vorschriften des Zahlungskontengesetzes, die das Verhältnis zwischen einem Zahlungsdienstleister und einem Verbraucher regeln,
6. der Vorschriften des Kapitalanlagegesetzbuchs, wenn an der Streitigkeit Verbraucher beteiligt sind, oder
7. sonstiger Vorschriften im Zusammenhang mit Verträgen, die Bankgeschäfte nach § 1 Absatz 1 Satz 2 des Kreditwesengesetzes oder Finanzdienstleistungen nach § 1 Absatz 1a Satz 2 des Kreditwesengesetzes betreffen, zwischen Verbrauchern und nach dem Kreditwesengesetz beaufsichtigten Unternehmen

können die Beteiligten unbeschadet ihres Rechts, die Gerichte anzurufen, eine vom Bundesamt für Justiz für diese Streitigkeiten anerkannte private Verbraucherschlichtungsstelle oder die bei der Deutschen Bundesbank oder die bei der Bundesanstalt für Finanzdienstleistungsaufsicht eingerichtete Verbraucherschlichtungsstelle anrufen. [2]Die bei der Deutschen Bundesbank eingerichtete Verbraucherschlichtungsstelle ist für die Streitigkeiten nach Satz 1 Nummer 1 bis 5 zuständig; die bei der Bundesanstalt für Finanzdienstleistungsaufsicht eingerichtete Verbraucherschlichtungsstelle ist für die Streitigkeiten nach Satz 1 Nummer 6 und 7 zuständig. [3]Diese behördlichen Verbraucherschlichtungsstellen sind nur zuständig, wenn es für die Streitigkeit keine zuständige anerkannte Verbraucherschlichtungsstelle gibt.

(2) [1]Jede Verbraucherschlichtungsstelle nach Absatz 1 muss mit mindestens zwei Schlichtern besetzt sein, die die Befähigung zum Richteramt haben. [2]Die Schlichter müssen unabhängig sein und das Schlichtungsverfahren fair und unparteiisch führen. [3]Sie sollen ihre Schlichtungsvorschläge am geltenden Recht ausrichten und sie sollen insbesondere die zwingenden Verbraucherschutzgesetze beachten. [4]Für das Schlichtungsverfahren kann von einem Verbraucher kein Entgelt verlangt werden.

(3) [1]Das Bundesamt für Justiz erkennt auf Antrag eine Schlichtungsstelle als private Verbraucherschlichtungsstelle nach Absatz 1 Satz 1 an, wenn

1. der Träger der Schlichtungsstelle ein eingetragener Verein ist,
2. die Schlichtungsstelle für die Streitigkeiten nach Absatz 1 Satz 1 zuständig ist und
3. die Organisation, Finanzierung und Verfahrensordnung der Schlichtungsstelle den Anforderungen dieses Gesetzes und der Rechtsverordnung entspricht, die auf Grund dieses Gesetzes erlassen wurde.

[2]Die Verfahrensordnung einer anerkannten Schlichtungsstelle kann nur mit Zustimmung des Bundesamts für Justiz geändert werden.

(4) Das Bundesamt für Justiz nimmt die Verbraucherschlichtungsstellen nach Absatz 1 in die Liste nach § 33 Absatz 1 des Verbraucherstreitbeilegungsgesetzes auf und macht die Anerkennung und den Widerruf oder die Rücknahme der Anerkennung im Bundesanzeiger bekannt.

(5) Das Bundesministerium der Justiz und für Verbraucherschutz regelt im Einvernehmen mit dem Bundesministerium der Finanzen durch Rechtsverordnung, die nicht der Zustimmung des Bundesrates bedarf, entsprechend den Anforderungen der Richtlinie 2013/11/EU des Europäischen Parlaments und des Rates vom 21. Mai 2013 über die alternative Beilegung verbraucherrechtlicher Streitigkeiten und zur Änderung der Verordnung (EG) Nr. 2006/2004 und der Richtlinie 2009/22/EG (ABl. L 165 vom 18.6.2013, S. 63)

1. die näheren Einzelheiten der Organisation und des Verfahrens der bei der Deutschen Bundesbank und der bei der Bundesanstalt für Finanzdienstleistungsaufsicht nach diesem Gesetz eingerichteten Verbraucherschlichtungsstellen, insbesondere auch die Kosten des Schlichtungsverfahrens für einen am Schlichtungsverfahren beteiligten Unternehmer,
2. die Voraussetzungen und das Verfahren für die Anerkennung einer privaten Verbraucherschlichtungsstelle und für die Aufhebung dieser Anerkennung sowie die Voraussetzungen und das Verfahren für die Zustimmung zur Änderung der Verfahrensordnung,
3. die Zusammenarbeit der behördlichen Verbraucherschlichtungsstellen und der privaten Verbraucherschlichtungsstellen mit
   a) staatlichen Stellen, insbesondere der Bundesanstalt für Finanzdienstleistungsaufsicht, und
   b) vergleichbaren Stellen zur außergerichtlichen Streitbeilegung in anderen Vertragsstaaten des Abkommens über den Europäischen Wirtschaftsraum.

Abschnitt 6. Anwendungsbereich

§ 15 Ausnahme für das Arbeitsrecht

Dieses Gesetz findet auf das Arbeitsrecht keine Anwendung.

Abschnitt 7. Bußgeldvorschriften

§ 16 Bußgeldvorschriften

(1) Ordnungswidrig handelt, wer vorsätzlich oder fahrlässig

1. entgegen § 4b Absatz 1 Satz 1, auch in Verbindung mit einer Rechtsverordnung nach § 4f Nummer 3, einen dort genannten Bericht nicht, nicht richtig, nicht vollständig oder nicht rechtzeitig erstattet,
2. einer Rechtsverordnung nach § 4f Nummer 1 oder 2 oder einer vollziehbaren Anordnung auf Grund einer solchen Rechtsverordnung zuwiderhandelt, soweit die Rechtsverordnung für einen bestimmten Tatbestand auf diese Bußgeldvorschrift verweist,
3. entgegen § 5a Absatz 1 Satz 2 eine Tatsache nicht, nicht richtig, nicht vollständig oder nicht rechtzeitig veröffentlicht,
4. entgegen § 5a Absatz 2 einen Beschluss oder ein Urteil nicht oder nicht mindestens sechs Monate veröffentlicht oder
5. entgegen § 6a Absatz 1 Satz 3 die dort genannte Zustellung nicht oder nicht rechtzeitig bekannt macht.

(2) Die Ordnungswidrigkeit kann mit einer Geldbuße bis zu hunderttausend Euro geahndet werden.

(3) Verwaltungsbehörde im Sinne des § 36 Absatz 1 Nummer 1 des Gesetzes über Ordnungswidrigkeiten ist das Bundesamt für Justiz.

Abschnitt 8. Überleitungsvorschriften

§ 17 Überleitungsvorschriften zu dem Gesetz zur Stärkung des fairen Wettbewerbs

(1) Abweichend von § 4a Absatz 1 Nummer 1 sind die Eintragungsvoraussetzungen bei qualifizierten Einrichtungen, die vor dem 2. Dezember 2020 in die Liste nach § 4 eingetragen wurden und die am 2. Dezember 2020 schon länger als zwei Jahre in der Liste nach § 4

eingetragen sind, vom Bundesamt für Justiz im Zeitraum vom 2. Dezember 2020 bis zum 31. Dezember 2021 zu überprüfen.

(2) Die Berichtspflichten nach § 4b Absatz 1 sind erstmals für das Kalenderjahr 2021 zu erfüllen.

§ 18 **Überleitungsvorschrift zum Gesetz zur Umsetzung der Richtlinie (EU) 2020/ 1820 über Verbandsklagen zum Schutz der Kollektivinteressen der Verbraucher und zur Aufhebung der Richtlinie 2009/22/EG**

(1) ¹Die Liste der qualifizierten Einrichtungen nach § 4 wird in „Liste der qualifizierten Verbraucherverbände nach § 4" umbenannt. ²Die in dieser Liste eingetragenen qualifizierten Einrichtungen werden zu qualifizierten Verbraucherverbänden.

(2) § 6a ist nur auf Anträge auf Erlass einstweiliger Verfügungen und auf Klagen anzuwenden, die Zuwiderhandlungen betreffen, die nach dem 24. Juni 2023 drohen oder stattfanden.

Vorbemerkung (Vor § 1 UKlaG)

Übersicht

Schrifttum: Augenhofer, Die neue Verbandsklagen-Richtlinie – effektiver Verbraucherschutz durch Zivilprozessrecht?, NJW 2021, 113; Baetge, Das Recht der Verbandsklage auf neuen Wegen, ZZP 112 (1999), 329; Barth, Wettbewerbsrechtliche Abmahnung von Verstößen gegen das neue Datenschutzrecht, WRP 2018, 79; Brönneke, Kollektiver Rechtsschutz im Zivilprozessrecht, 2001; Bruns, Umsetzung der EU-Verbandsklagerichtlinie in deutsches Recht, 2022; Dönch, Verbandsklagen bei Verstößen gegen das Datenschutzrecht – neue Herausforderungen für die Datenschutz-Compliance, BB 2016, 962; Fritzsche, Endlich: Das Gesetz zur Stärkung des fairen Wettbewerbs, WRP 2020, 1367; Greger, Neue Regeln für die Verbandsklage im Verbraucherschutz- und Wettbewerbsrecht, NJW 2000, 2457; Greger, Verbandsklage und Prozessrechtsdogmatik, ZZP 113 (2000), 399; Hakenberg, Die neue Verbandsklagen-Richtlinie der Europäischen Union, NJOZ 2021, 673; Halfmeier, Die neue Datenschutzverbandsklage, NJW 2016, 1126; Hess, Das geplante Unterlassungsklagengesetz, in Ernst/Zimmermann, Zivilrechtswissenschaft und Schuldrechtsreform, 2001, 527; Janal, Die Umsetzung der Verbandsklagenrichtlinie, GRUR 2023, 985; Jaschinski/Piltz, Das Gesetz zur Verbesserung der zivilrechtlichen Durchsetzung von verbraucherschützenden Vorschriften des Datenschutzrechts, WRP 2016, 420; Kamlah, Zum Konkurrenzverhältnis des UWG zum UKlaG, WRP 2006, 33; Koch, Die Verbandsklage in Europa, ZZP 113 (2000), 413; Lindacher, AGB-Verbraucherverbandsklagen bei transnationaler Klauselverwendung, FS v. Hoffmann, 2011, 258; Micklitz, Verbandsklage und die EG-Richtlinie über missbräuchliche Klauseln, ZIP 1998, 937; Rehart, Aufgespaltene Rechtsverfolgung – auch im UKlaG rechtsmissbräuchlich? – Zusammenfassung der Grundsätze der UWG-Rechtsprechung und deren Übertragbarkeit auf UKlaG-Konstellationen, MMR 2014, 506; Rentsch, Kollektiver Rechtsschutz unter der EU-Verbandsklägerichtlinie. Systemwettbewerb unter Brüssel Ia?, EuZW 2021, 524; Röthemeyer, Die neue Verbandsklage-Richtlinie, VuR 2021, 43; Rott, Stand der grenzüberschreitenden Unterlassungsklage in Europa, ZZPInt 9 (2004), 3; Säcker, Die Einordnung der Verbandsklage in das System des Privatrechts, 2006; Schaumburg, Die neue Verbandsklage, DB 2002, 723; E. Schmidt, Verbraucherschützende Verbandsklagen, NJW 2002, 25; Schuschnigg, Die Verbandsklagen-Richtlinie. Umsetzungsbreite und ihre Grenzen, EuZW 2022, 1043; Ulrich, Kollektiver Verbraucherschutz durch einstweilige Verfügung, WRP 2002, 399; Walker/Stomps, Die bisherigen Änderungen des UKlaG insbesondere durch die UWG-Reform, ZGS 2004, 336; Wassermann, Der Unterlassungsanspruch nach § 1 UKlaG bei Unternehmensnachfolge durch Verschmelzung, FS Bornkamm, 2014, 503; Wolf/Lindacher/Pfeiffer, AGB-Recht, 7. Aufl. 2020; Würtenberger/Freischem, Stellungnahme des GRUR-Fachausschusses Wettbewerbs- und Markenrecht zum Referentenentwurf eines Gesetzes zur Umsetzung der RL (EU) 2020/1828 über Verbandsklagen zum Schutz der Kollektivinteressen der Verbraucher und zur Aufhebung der RL 2009/22/EG des BMJ, GRUR 2023, 626.

I. Einordnung, Gegenstand und Zweck des UKlaG

Das UKlaG eröffnet zur effektiven Bekämpfung bestimmter Rechtsverletzungen die Möglich- **1** keit der **Verbandsklage.** Es handelt sich dabei nicht um eine abschließende Regelung von Verbandsklagen. Vielmehr gibt es diese auch im Lauterkeitsrecht (§ 8 III Nr. 2–4 UWG, § 10 UWG), im Kartellrecht (§ 33 I, IV GWB, § 34a GWB) und im VDuG (Verbandsklagen als Abhilfe- und Musterfeststellungsklagen). Wohl aber enthält das UKlaG eine eingehende Regelung des Verbandsklageverfahrens. Die Verbandsklage ergänzt insbes. den individualrechtlichen Schutz vor unwirksamen AGB und verbrauchergesetzwidrigen Praktiken. Denn der Einzelne ist – ungeachtet der Möglichkeiten von Abhilfe- und Musterfeststellungsklagen nach dem VDuG – vielfach nicht in der Lage oder nicht bereit, den Schutz der Gerichte in Anspruch zu nehmen. Daher sollen Verbände im Allgemeininteresse dafür sorgen, dass der Rechtsverkehr von unwirksamen AGB freigehalten wird und dass die Interessen der Verbraucher gewahrt werden (ebenso BGH WRP 2009, 1545 Rn. 28; 2013, 347 Rn. 19 – Wiederholungsgefahr bei Unternehmensverschmelzung). Das geschieht durch die Zuerkennung materiellrechtlicher Ansprüche auf Unterlassung, Widerruf und Beseitigung (§§ 1, 1a, 2, 2a und 2b). Allerdings sind die Verbände nur berechtigt, nicht aber verpflichtet, die ihnen zustehenden Ansprüche außergerichtlich und gerichtlich durchzusetzen. Der Einzelne hat keinen Anspruch darauf, dass ein Verband tätig wird.

II. Entstehungsgeschichte, Rechtsentwicklung und unionsrechtlicher Hintergrund

Ursprünglich war die Verbandsklage im AGBG geregelt (§§ 13 ff. AGBG). Die Schuldrechts- **2** modernisierung übernahm die materiellrechtlichen Regelungen des AGBG in das BGB (§§ 305 ff. BGB) und schuf für die verfahrensrechtlichen Regelungen ein neues Gesetz, das Gesetz über Unterlassungsklagen bei Verbraucherrechts- und anderen Verstößen (Unterlassungsklagengesetz – UKlaG). Es trat am 1.1.2002 in Kraft (Art. 9 I 3 SchRModG), hat aber zwischenzeitlich zahlreiche Änderungen erfahren (→ Rn. 3 ff.). Das UKlaG dient insbesondere der **Umsetzung der Verbandsklagen-RL** (RL (EU) 2020/1828 v. 25.11.2020, ABl. EU 2020 L 409, 1; Überblicke zum Regelungsinhalt bei Augenhofer NJW 2021, 113 ff.; Hakenberg NJOZ 2021, 673 ff.; Röthemeyer VuR 2021, 43 ff.; Schuschnigg EuZW 2022, 1043 ff.).

Wichtige Änderungen erfolgten durch Art. 3 G zur Verbesserung der zivilrechtlichen Durch- **3** setzungen von verbraucherschützenden Vorschriften des Datenschutzrechts v. 17.2.2016 (BGBl. 2016 I 233). Weitere Änderungen ergaben sich durch Art. 7 G zur Umsetzung der RL über alternative Streitbeilegung in Verbraucherangelegenheiten und zur Durchführung der VO über Online-Streitbeilegung in Verbraucherangelegenheiten v. 19.2.2016 (BGBl. 2016 I 254), durch Art. 6 G zur Umsetzung der Wohnimmobilienkredit-RL und zur Änderung handelsrechtlicher Vorschriften v. 11.3.2016 (BGBl. 2016 I 936) und durch Art. 4 G zur Umsetzung der Zweiten Zahlungsdienste-RL v. 17.7.2017 (BGBl. 2017 I 3422, 4346). Durch das G zur Stärkung des fairen Wettbewerbs vom 26.11.2020 (BGBl. 2020 I 2568) wurden wiederum mehrere Vorschriften geändert und neu eingefügt (Überblick bei Fritzsche WRP 2020, 1367 Rn. 59–72). Weitere Anpassungen erfolgten durch das G v. 31.5.2021 (BGBl. 2021 I 1204), durch das G v. 23.6.2021 (BGBl. 2021 I 1858) und das G v. 25.6.2021 (BGBl. 2021 I 2123).

Umfangreiche Veränderungen des UKlaG haben sich durch das G zur Umsetzung der RL **4** (EU) 2020/1828 über Verbandsklagen zum Schutz der Kollektivinteressen der Verbraucher und zur Aufhebung der RL 2009/22/EG v. 8.10.2023 (**VRUG;** BGBl. 2023 I Nr. 272) ergeben. Das VRUG geht zurück auf die Aufhebung der Unterlassungsklagen-RL 2009/22/EG und ihre Ersetzung durch die Verbandsklagen-RL. Nach ihren Art. 8 und 9 können qualifizierte Einrichtungen Verbandsklagen zur Erwirkung einer Unterlassungs- und Abhilfeentscheidung erheben. Durch Letztere kann der Unternehmer verpflichtet werden, Abhilfe in Form von Schadensersatz, Reparatur, Ersatzleistung, Preisminderung, Vertragsauflösung oder Erstattung des gezahlten Preises zu schaffen.

Die Verbandsklagen-RL war nach ihrem Art. 24 bereits bis zum 25.12.2022 umzusetzen; die **5** entsprechenden Vorschriften waren ab dem 25.6.2023 anzuwenden. Die Umsetzung in das deutsche Recht erfolgte jedoch nicht fristgerecht. Der **RefE** des VRUG wurde im Februar 2023 veröffentlicht. Wenig später folgte der **RegE** (BR-Drs. 145/23; BT-Drs. 20/6520). Der Bundestag beschloss das Gesetz am 7.7.2023 in der Fassung der **Beschlussempfehlung des RA** (BT-Drs. 20/7631). Die Neuregelungen sind am 13.10.2023 in Kraft getreten.

6   Das UKlaG wird ergänzt durch die **Verordnung zu qualifizierten Einrichtungen und qualifizierten Wirtschaftsverbänden** (QEWV). Diese beinhaltet insbesondere nähere Regelungen zu den Einzelheiten der Eintragung und des Eintragungsverfahrens. Die Verordnung wurde durch Art. 11 VRUG geändert.

III. Aufbau

7   Das UKlaG gliedert sich in acht Abschnitte. Der erste Abschnitt regelt die „Ansprüche bei Verbraucherrechts- und anderen Verstößen" (§§ 1–2c). Der zweite Abschnitt (§§ 3–4f) regelt die Einzelheiten zu den anspruchsberechtigten Stellen. Der dritte Abschnitt enthält „Verfahrensvorschriften" (§§ 5–12a). Der vierte Abschnitt ermöglicht die „Auskunft zur Durchsetzung von Ansprüchen" (§§ 13, 13a). Der fünfte Abschnitt ist der außergerichtlichen Schlichtung bei bankrechtlichen Streitigkeiten gewidmet (§ 14). Der sechste Abschnitt (§ 15) schafft eine Ausnahme für das Arbeitsrecht (§ 15). Der siebente Abschnitt enthält Bußgeldvorschriften (§ 16). Der achte Abschnitt enthält schließlich Überleitungsvorschriften (§§ 17, 18).

IV. Verhältnis zu anderen Vorschriften

1. Verhältnis zum UWG

8   Das Verhältnis zwischen UWG und UKlaG ist umstritten (dazu im Einzelnen Wolf/Lindacher/Pfeiffer/Lindacher Rn. 27 ff.). Kommt es zu einem Verstoß gegen Verbraucherschutzvorschriften (§ 2 II), dann sind UWG und UKlaG nach der Rspr. **nebeneinander anwendbar.** Der BGH geht mit Recht davon aus, dass sich eine ausdrückliche Vorrangregelung weder dem UKlaG noch dem UWG entnehmen lässt. Das UKlaG stellt auch kein in sich geschlossenes Rechtsschutzsystem dar, das einer Anwendung des UWG entgegensteht (BGH GRUR 2010, 1117 Rn. 31 – Gewährleistungsausschluss im Internet; GRUR 2010, 1120 Rn. 24 – Vollmachtsnachweis; GRUR 2018, 423 Rn. 47 – Klauselersetzung; aA Ohly/Sosnitza/Ohly UWG § 3a Rn. 78a). Aus dem Gesetz ergeben sich keine Anhaltspunkte dafür, dass Mitbewerber (die nach dem UWG, nicht aber nach dem UKlaG anspruchsberechtigt sind) von der Bekämpfung von Verstößen gegen Verbraucherschutzgesetze ausgeschlossen sein sollen.

2. Verhältnis zum EU-VSchDG

9   Das EU-VSchDG dient der **Durchführung der VO (EU) 2017/2394** vom 12.12.2017 über die Zusammenarbeit zwischen den für die Durchsetzung der Verbraucherschutzgesetze zuständigen nationalen Behörden (§ 1 I EU-VSchDG). Es ermöglicht eine spezifische Rechtsdurchsetzung zum Schutz von Verbraucherinteressen, basiert aber auf einem anderen Regelungsansatz als das UKlaG. Das EU-VSchDG trifft Aussagen dazu, welche Behörden für bestimmte Arten von Rechtsverstößen zuständig sind, es beinhaltet Einzelheiten zum Verfahren und regelt Aspekte der Zusammenarbeit zwischen den nationalen Behörden in den einzelnen Mitgliedstaaten.

3. Verhältnis zum VDuG

10   Das Verbraucherrechtedurchsetzungsgesetz (VDuG) dient der Umsetzung der Vorgaben aus der VerbandsklagenRL zur **Abhilfeklage.** Zugleich hat der Gesetzgeber die Regelungen zur **Musterfeststellungsklage** in das VDuG integriert (BR-Drs. 145/23, 66). UKlaG und VDuG regeln damit unterschiedliche Formen der Rechtsdurchsetzung. Abhilfe- und Musterfeststellungsklagen unterliegen somit dem VDuG, Unterlassungsklagen (und, soweit gesetzlich vorgesehen, sonstige Klagen im Kollektivinteresse) sind im UKlaG konzentriert. Zu den Einzelheiten → VDuG Vor § 1 Rn. 9–11.

4. Verhältnis zur ZPO

11   Für Verfahren auf der Grundlage des UKlaG gelten die Vorschriften der ZPO, soweit nicht das UKlaG Sonderregelungen vorsieht (§ 5). Solche **speziellen Bestimmungen** finden sich im

Abschnitt 3 des Gesetzes (§§ 5 ff.). Teilweise enthält das UKlaG selbst eigenständige Regelungen, teilweise verweist es weiter auf die Verfahrensbestimmungen des UWG.

5. Verhältnis zum Kartellrecht

Die Vorschriften des Kartellrechts sind keine Verbraucherschutzvorschriften iSd § 2 I 1, II **12** (→ § 2 Rn. 78). Allerdings sind Überschneidungen zwischen UKlaG und Kartellrecht möglich, bspw. bei der Verletzung von Datenschutzvorschriften der DS-GVO. Denn diese gehören zu den Verbraucherschutzvorschriften (§ 2 II Nr. 13) und zugleich kann eine Verletzung von DS-GVO-Bestimmungen in kartellrechtlichen Missbrauchsverfahren geltend gemacht werden (EuGH ECLI:EU:C:2023:537 = WRP 2023, 974 Rn. 36 ff. – Meta Platforms ua). Das Kartellrecht eröffnet dann eine eigenständige Möglichkeit zu Verbandsklagen durch §§ 33, 34a GWB. Die Verbandsklagen nach UKlaG und dem Kartellrecht stehen in diesen Fällen **selbstständig nebeneinander.**

Abschnitt 1. Ansprüche bei Verbraucherrechts- und anderen Verstößen

Unterlassungs- und Widerrufsanspruch bei Allgemeinen Geschäftsbedingungen

1 Wer in Allgemeinen Geschäftsbedingungen Bestimmungen, die nach den §§ 307 bis 309 des Bürgerlichen Gesetzbuchs unwirksam sind, verwendet oder für den rechtsgeschäftlichen Verkehr empfiehlt, kann auf Unterlassung und im Fall des Empfehlens auch auf Widerruf in Anspruch genommen werden.

Übersicht

I. Einordnung und Normzweck

1   Die Vorschrift geht auf § 13 I AGBG zurück. Das VRUG ließ die Regelung unverändert. Die Rspr. zur Vorgängernorm lässt sich zur Auslegung weiterhin heranziehen. Zweck der Vorschrift ist es, den **Rechtsverkehr von sachlich unangemessenen Klauseln in AGB freizuhalten** (BGHZ 127, 35 (38) = NJW 1994, 2693; BGH WRP 2013, 347 Rn. 18 – Wiederholungsgefahr bei Unternehmensverschmelzung). Insbes. gilt es zu verhindern, dass sich ein rechtsunkundiger Vertragspartner, dem eine unwirksame Klausel entgegengehalten wird, von der Geltendmachung und Durchsetzung seiner Rechte abhalten lässt (BGH NJW 1981, 1511; BGHZ 127, 35 (38) = NJW 1994, 2693; BGH WRP 2022, 994 Rn. 14).

II. Voraussetzungen

2   Nach § 1 kann das Verwenden oder Empfehlen von Bestimmungen in AGB untersagt werden, die nach den §§ 307–309 BGB unwirksam sind. Die Anspruchsvoraussetzungen sind in § 1 allerdings nur unvollständig geregelt.

1. Vorliegen von AGB

3   Zunächst einmal muss es sich um **AGB** iSd § 305 I BGB handeln. Dies setzt eine für eine Vielzahl von Verträgen vorformulierte **Vertragsbedingung,** also eine Regelung, die den Vertragsinhalt gestalten soll, voraus (BGHZ 133, 184 (187) = NJW 1996, 2574; BGH GRUR 2009, 506 Rn. 11 – Mobiltelefon). Die untere Grenze liegt bei drei Verwendungen (BGH NJW 2002, 138). Ob eine (verbindliche) Vertragsbedingung oder nur eine (unverbindliche) Bitte, Empfehlung oder ein bloßer Hinweis ohne eigenständigen Regelungsgehalt vorliegt, beurteilt sich aus der Sicht des durchschnittlichen Empfängers (KG K&R 2019, 274 (275)). So stellt der Hinweis in einem Katalog „Änderungen und Irrtümer vorbehalten" und „Abbildungen ähnlich" keine AGB dar, weil damit lediglich der werbende, unverbindliche Charakter von Katalogangaben verdeutlicht wird (BGH GRUR 2009, 506 Rn. 11 – Mobiltelefon). – Ob die AGB schriftlich abgefasst oder nur „im Kopf" des Verwenders oder seines Abschlussgehilfen gespeichert sind, ist unerheblich. Daher kann auch das handschriftliche Ausfüllen einer Leerstelle in AGB den Tatbestand einer AGB erfüllen, wenn die Absicht bestand, diesen Text mehrfach zu verwenden (BGH NJW 1999, 2180 (2181)). Nicht erfasst sind **Verbraucherverträge** iSd § 310 III, sofern sie keine AGB enthalten, mögen auch nach § 310 Nr. 2 und 3 BGB die §§ 307–309 BGB auf sie anwendbar sein.

2. Unwirksamkeit der AGB

4   Die AGB müssen nach den §§ 307–309 BGB unwirksam sein. Die Unwirksamkeit kann sich auch aus einem Verstoß gegen das Transparenzgebot (§ 307 I 2 BGB) ergeben (NK-BGB/Joachimstaler/Walker Rn. 5). Unerheblich ist, dass bestimmte AGB nach § 310 I und II BGB nur einer eingeschränkten Prüfung unterliegen. Für die Beurteilung der Unwirksamkeit gilt im Verbandsklageverfahren in Umkehrung zu § 305c II BGB der Grundsatz der **kundenfeindlichsten Auslegung** (BGH NJW 2003, 1237 (1238); BGHZ 158, 149 (155) = NJW 2004, 1588; BGH NJW 2008, 360 Rn. 28). Auszuscheiden sind nur Auslegungsmöglichkeiten, die für die an solchen Geschäften typischerweise Beteiligten ernsthaft nicht in Betracht kommen (BGH NJW 2008, 360 Rn. 28). Eine ergänzende Vertragsauslegung ist im Verbandsprozess nach § 1 ausgeschlossen. Es kommt also nicht darauf an, ob und ggf. wie im Falle der Unwirksamkeit einer Klausel die dadurch entstehende Lücke im Wege ergänzender Vertragsauslegung geschlossen werden könnte (BGH NJW 2007, 1054 Rn. 38–41). – Der Unwirksamkeit nach den §§ 307–309 BGB steht es gleich, wenn sich die Unwirksamkeit bereits **nach anderen Vorschriften** (§§ 134, 138 BGB; zwingendes Recht) ergibt, sofern diese zumindest die gleiche Schutzrichtung wie die §§ 307 ff. BGB aufweisen (BGH NJW 1983, 1320 (1322); OLG Düsseldorf WRP 2010, 802 (806); OLG München WRP 2019, 248 Rn. 16 zu § 276 III BGB). Dazu gehören auch die Fälle, dass AGB wegen Verstoßes gegen die **zivilrechtlichen Benachteiligungsverbote** der §§ 19, 20 AGG nach § 134 BGB unwirksam sind, wie in den Gesetzesmaterialien zum AGG (BT-Drs. 16/1780, 48) ausdrücklich festgehalten ist. – Auch ist das Umgehungsverbot des **§ 306a BGB** anwendbar (BGHZ 162, 294 = NJW 2005, 1645; OLG Düsseldorf GRUR-RR 2014, 273). Dagegen ist § 1 nicht auf solche AGB anwendbar, die kraft ausdrücklicher gesetzlicher Regelung (§ 310 IV BGB) von einer AGB-Kontrolle ausgenommen sind. Es sind dies Verträge auf dem Gebiet des Erb-, Familien- und Gesellschaftsrechts sowie Tarifverträge, Betriebs- und Dienstvereinbarungen (§ 310 IV 1 BGB). Auf Arbeitsverträge (§ 310 IV 2 BGB) ist § 1 ohnehin nicht anwendbar (§ 15). – Ob die AGB wirksam in den Vertrag einbezogen worden sind oder nicht, ist für die Anwendung des § 1 unerheblich; ebenso, ob AGB wegen des Vorrangs der Individualabrede nach § 305b BGB unwirksam sind (BGH NJW 1983, 1320). – Lässt sich eine Klausel sinnvoll in einen unwirksamen und einen wirksamen Teil zerlegen, ist sie hins. des wirksamen Teils aufrechtzuerhalten (BGH NJW 1993, 1061). – **Klauseln mit Leerstellen,** die erst bei Vertragsschluss auszufüllen sind (zB Eintragung des Beginns einer Frist), sind unwirksam, wenn alle denkbaren Ausfüllungsmöglichkeiten der Klauselkontrolle nicht standhalten (BGH NJW 1992, 503). Das Gleiche gilt, wenn nur eine von mehreren Alternativen zur Wirksamkeit führt (BGH NJW 1993, 1651 (1653)). Denn es ist nicht Aufgabe des Gerichts im Unterlassungsverfahren, alle denkbaren Vervollständigungskombinationen zu ermitteln. Lediglich im Vollstreckungsverfahren ist es zu berücksichtigen, wenn die konkrete Verwendung in zulässiger Weise erfolgt (BGH NJW 1993, 1651 (1653)).

3. Abgrenzung

Die Wirksamkeit der Einbeziehung von AGB in einen Vertrag (§ 305 II, III BGB, § 305a **5** BGB) unterliegt nicht der Kontrolle nach § 1 (BGH NJW-RR 2003, 103 (104) = WRP 2003, 76; OLG Köln BeckRS 2017, 118537). Auch kann nicht gerügt werden, dass AGB wegen ihrer Ungewöhnlichkeit nach § 305c I BGB nicht Vertragsbestandteil geworden sind (BGH NJW-RR 1987, 45; OLG Brandenburg ZMR 2004, 745); jedoch kann in diesem Falle Unwirksamkeit nach § 307 BGB vorliegen (BGH NJW 1984, 2468; OLG Köln BeckRS 2017, 118537 Rn. 22; Grüneberg/Grüneberg Rn. 4). Ein Anspruch aus § 1 UKlaG kommt nicht in Betracht, wenn er sich auf die Verwendung von AGB in ihrer Gesamtheit richtet (OLG Köln WRP 2020, 648 Rn. 28).

III. Unterlassungsanspruch

Der Unterlassungsanspruch besteht nicht nur bei der tatsächlich erfolgten Verwendung oder **6** Empfehlung unwirksamer AGB, sondern auch bei der drohenden Gefahr einer erstmaligen Verwendung oder Empfehlung. Daher ist – wie in § 8 I UWG – zwischen dem „Verletzungsunterlassungsanspruch" und dem „vorbeugenden Unterlassungsanspruch" zu unterscheiden. In beiden Fällen kommt es auf ein schuldhaftes Verhalten nicht an.

1. Verletzungsunterlassungsanspruch

a) Verletzungshandlung. Der Anspruch setzt voraus, dass der Schuldner in AGB Bestim- **7** mungen, die nach den §§ 307–309 BGB (oder aus sonstigen Gründen) unwirksam sind, verwendet oder dass er solche Bestimmungen für den rechtsgeschäftlichen Verkehr empfiehlt.

aa) Verwenden. Verwender ist, wer gegenüber Dritten **erklärt,** dass für bestimmte Verträge **8** bestimmte AGB gelten sollen. Unerheblich ist, ob es bereits zu einem Vertragsschluss gekommen ist und ob die AGB wirksam einbezogen worden sind (OLG Köln WRP 2016, 640 Rn. 48). Denn § 1 unterscheidet nicht zwischen Erst- und Weiterverwendung. Verwender ist daher auch, wer sich gegenüber einem Vertragspartner auf AGB **beruft** und Rechte daraus ableitet, sei es im Wege der Rechtsdurchsetzung oder Rechtsverteidigung (BGHZ 127, 35 (37) = NJW 1994, 2693; BGH WRP 2013, 347 Rn. 21 – Wiederholungsgefahr bei Unternehmensverschmelzung; Grüneberg/Grüneberg Rn. 5). Wie die Erklärung erfolgt, ist unerheblich. Es kann dies zB durch öffentlichen Aushang, durch Wiedergabe auf einer Webseite, durch Aufforderung zur Angebotsabgabe, durch Vertragsangebot, durch Aufdruck auf einer Rechnung oder durch Berufung auf die AGB geschehen. – Verwender ist grds. nur, wer **Vertragspartei** ist oder werden soll (BGH WRP 2013, 347 Rn. 18 – Wiederholungsgefahr bei Unternehmensverschmelzung). Der Geschäftsherr muss sich daher das Handeln seines Vertreters oder Abschlussgehilfen zurechnen lassen. Ausnahmsweise kann auch der **Vertreter** Verwender sein, wenn er dem Vertrag von ihm selbst entworfene AGB im eigenen Interesse zu Grunde legt (BGH NJW 1981, 2351; OLG Frankfurt NJW-RR 1986, 245). Dafür reicht aber ein bloßes Provisionsinteresse (zB des Maklers oder Handelsvertreters) nicht aus. Weiter gehend kann auch ein **Vermittler** Verwender sein, wenn er im eigenen Interesse systematisch auf eine vertragliche Einbeziehung von AGB hinwirkt und maßgeblichen Einfluss auf den Vertragsschluss hat (OLG Köln WRP 2013, 115 Rn. 15).

9   **bb) Empfehlen.** Empfehler ist, wer Dritten rät, bestimmte AGB zu verwenden. Dazu soll eine Erklärung gegenüber mehr als nur einem möglichen Verwender (BGHZ 112, 204 (209) = NJW 1991, 36 (37); OLG Frankfurt OLGR 1994, 61) erforderlich sein, teilweise wird sogar eine größere Vielzahl von Adressaten gefordert (Staudinger/Piekenbrock, 2022, Rn. 37). Diese Einschränkung lässt sich aber dem Gesetz nicht entnehmen. Denn die „besondere Breitenwirkungsgefahr", die das UKlaG bekämpfen soll, kann auch vorliegen, wenn die Empfehlung zunächst nur gegenüber einem möglichen Verwender erfolgt. Man denke nur an den Fall eines Großunternehmens mit Tausenden von Kunden. Dass ein Vorgehen gegen den alleinigen Verwender möglich ist, schließt ein Vorgehen gegen den Empfehler nicht aus, zumal für den Unterlassungsanspruch Wiederholungsgefahr erforderlich ist. Die Empfehlung kann ausdrücklich oder konkludent, etwa durch Zusendung oder Veröffentlichung von AGB, erfolgen. Sie setzt weder eine Druckausübung durch den Empfehler noch eine tatsächliche Verwendung durch den Empfehlungsempfänger voraus. Auch müssen die AGB nicht vom Empfehler selbst aufgestellt worden sein. Die Empfehlung muss „für den rechtsgeschäftlichen Verkehr" erfolgen; eine wissenschaftliche Erörterung über die Wirksamkeit von AGB wird daher nicht erfasst (BT-Drs. 7/5422, 10). Eine typische Erscheinungsform ist die Verbandsempfehlung. Auch der Vertrieb von Formularen oder Formularbüchern gehört dazu (BGH NJW 1993, 1061; WRP 2008, 1358 Rn. 12; OLG Frankfurt NJW-RR 1996, 245). Empfehler sind in diesem Fall aber nur die für den Text Verantwortlichen, also der Herausgeber und der Verfasser, nicht auch der Verleger und der Buch- oder Zeitschriftenhändler. Bei einer Mehrheit von Empfehlern ist ein Vorgehen gegen einzelne, aber auch gegen alle möglich. – Von der Empfehlung zu unterscheiden ist die Erstellung von AGB im Auftrag des Verwenders, etwa durch einen Anwalt oder Notar.

10   **b) Wiederholungsgefahr.** Die Wiederholungsgefahr ist, auch wenn im UKlaG (anders als zB in § 8 I 1 UWG) nicht ausdrücklich gefordert, **ungeschriebene weitere Voraussetzung** für den Unterlassungsanspruch (BGHZ 81, 222 (225); BGH NJW 2002, 2386; WRP 2013, 347 Rn. 17 – Wiederholungsgefahr bei Unternehmensverschmelzung; OLG Düsseldorf WRP 2010, 802 (806)). Für ihr **Vorliegen** und ihren **Fortbestand** (zB im Falle des Unternehmensübergangs) gelten die gleichen Grundsätze wie im UWG, da eine unterschiedliche Behandlung nicht gerechtfertigt wäre (BGHZ 196, 11 = WRP 2013, 347 Rn. 17 – Wiederholungsgefahr bei Unternehmensverschmelzung; OLG Köln WRP 2016, 640 Rn. 49; vgl. → UWG § 8 Rn. 2.31, 253, 2.53a; krit. Wassermann FS Bornkamm, 2014, 503). Die Verwendung oder Empfehlung unwirksamer AGB begründet eine tatsächliche **Vermutung** der Wiederholungsgefahr. Die bloße Übernahme eines Vertrags mit unwirksamen AGB im Wege der Unternehmensnachfolge stellt allerdings noch keine Verwendung dar (BGH WRP 2013, 347 Rn. 26 – Wiederholungsgefahr bei Unternehmensverschmelzung). An die Widerlegung der Wiederholungsgefahr sind strenge Anforderungen zu stellen. Daher reicht es nicht aus, wenn der Verwender die beanstandete Klausel ändert oder wenn er ankündigt, er werde die Klausel nicht mehr verwenden. Vielmehr ist, wie sich auch aus der Verweisung auf § 13 I 1 UWG in § 5 ergibt, grds. die Abgabe einer **strafbewehrten Unterlassungserklärung** erforderlich (BGH NJW 2002, 2386; OLG Köln NJW-RR 2003, 316; OLG Hamm NJW-RR 2005, 1582; einschr. bei Vorliegen bes. Umstände OLG Karlsruhe NJW-RR 2003, 778 (779): bereits erfolgte Benachrichtigung der Kunden von der Unwirksamkeit der AGB). In ihr muss der ernstliche Wille des Schuldners zum Ausdruck kommen, die Verletzungshandlung künftig nicht mehr vorzunehmen. Dazu gehört es, dass die Verpflichtung unbefristet und unbedingt eingegangen wird. Zu Einzelheiten der strafbewehrten Unterlassungserklärung → UWG § 13 Rn. 1.101 ff. – Der Abgabe einer strafbewehrten Unterlassungserklärung stehen gleich: die sog **Abschlusserklärung** im Falle der einstweiligen Verfügung (→ UWG § 8 Rn. 1.51); die **rechtskräftige Verurteilung** im Hauptsacheverfahren (vgl. BGH GRUR 2003, 450 (451) – Begrenzte Preissenkung; → UWG § 8 Rn. 1.46 ff.); der **gerichtliche Vergleich.**

2. Vorbeugender Unterlassungsanspruch

11   Der vorbeugende Unterlassungsanspruch ist – anders als in neueren Gesetzen (§ 8 I 2 UWG; § 33 II GWB) – zwar im UKlaG nicht ausdrücklich vorgesehen. Er ist indessen gewohnheitsrechtlich anerkannt (OLG Saarbrücken AGBE V § 9 Nr. 36). Voraussetzung des Anspruchs ist lediglich die sog **Erstbegehungsgefahr,** nämlich die drohende Gefahr einer erstmaligen Zuwiderhandlung, im Falle des § 1 also einer erstmaligen Verwendung oder Empfehlung. Sie kann sich insbes. aus einer **Berühmung** oder einer **Vorbereitungshandlung** ergeben. Die Erstbegehungsgefahr wird allerdings, anders als die Wiederholungsgefahr, nicht widerleglich vermutet, sondern ist vom Gläubiger zu beweisen. Die bloße Übernahme eines Vertrags mit unwirksamen AGB im Wege der Unternehmensnachfolge kann bei Fortführung des Betriebs mit identischem Personal uU Erstbegehungsgefahr begründen (BGH WRP 2013, 347 Rn. 20 – Wiederholungsgefahr bei Unternehmensverschmelzung). An ihren Wegfall sind nach der Rspr. jedoch geringere Anforderungen zu stellen, so dass dafür auch die Erklärung genügen kann, man werde die Klausel auch in Zukunft nicht verwenden (BGH WRP 2013, 347 Rn. 26 – Wiederholungsgefahr bei Unternehmensverschmelzung).

3. Anspruchsinhalt

a) Unterlassung der Verwendung unwirksamer AGB. Der Anspruchsverpflichtete darf **12** die unwirksamen AGB nicht mehr **verwenden.** Das bedeutet zweierlei: Er darf nicht mehr erklären, dass diese AGB für künftige Verträge gelten sollen und er darf sich bei der Durchsetzung bereits geschlossener Verträge nicht mehr auf sie berufen (stRspr; BGH NJW 2014, 1168 Rn. 45; WRP 2022, 994 Rn. 14). Um die Unterlassungspflicht zu erfüllen, kann auch ein **positives Tun** erforderlich sein. Sind zB die AGB in einem Aushang im Geschäftslokal oder in einer Webseite enthalten, so hat der Verwender den Aushang oder die Webseite entspr. zu berichtigen. Sind die AGB in einem Katalog enthalten, so hat der Verwender, soweit es ihm rechtlich möglich und wirtschaftlich zumutbar ist, den Katalog zurückzurufen. – Dagegen ist der Verwender **nicht verpflichtet,** bereits geschlossene Verträge rückabzuwickeln oder die Partner der Verträge, in denen die unwirksame AGB einbezogen sind, von der Unwirksamkeit zu **unterrichten** (BGH NJW 2013, 593 Rn. 22; WRP 2018, 434 Rn. 23 ff. – Klauselersetzung; Grüneberg/Grüneberg Rn. 7). Auch kann nicht die Vernichtung vorhandener Formulare verlangt werden (aA MüKoZPO/Micklitz Rn. 31). – Eine **Aufbrauchsfrist** zur Verwendung vorhandener Formulare usw kommt nicht in Betracht (BGH NJW 1982, 2311; OLG Düsseldorf WRP 2010, 802 (806)). Davon zu trennen ist die Frage nach einer **Umstellungsfrist** (vgl. OLG Köln NJW-RR 2003, 316; OLG Frankfurt NJW-RR 2003, 1430), nämlich einer Frist zur Umstellung der betroffenen Verträge. Allerdings hat es der Verwender, was bereits abgeschlossene Verträge angeht, nur zu unterlassen, sich auf die unwirksamen Verträge zu berufen. Dagegen schuldet er nicht die Umstellung auf neue AGB. Dementsprechend braucht er sich für diesen Zweck auch keine Umstellungsfrist auszubedingen.

b) Unterlassung der Empfehlung unwirksamer AGB. Der Empfehler hat es zu unterlas- **13** sen, die AGB weiterhin zu empfehlen. Ist die Empfehlung in einem Formularbuch oÄ enthalten, trifft ihn grds. eine Rückrufpflicht, soweit ihm der Rückruf rechtlich möglich und wirtschaftlich zumutbar ist.

4. Verhältnis zum lauterkeitsrechtlichen Unterlassungsanspruch

Die Verwendung (und die Empfehlung) unwirksamer AGB kann **zugleich** einen lauterkeits- **14** rechtlichen Unterlassungsanspruch nach den §§ 3 I, 8 I UWG begründen (BGH GRUR 2013, 421 Rn. 31 – Pharmazeutische Beratung über Call-Center). Voraussetzung dafür ist aber das Vorliegen einer **geschäftlichen Handlung** iSd § 2 I Nr. 2 UWG (→ UWG § 2 Rn. 3 ff., 78, 85; → UWG § 3a Rn. 1.287). Dafür genügt es auch, wenn der Verwender sich gegenüber dem Kunden auf unwirksame AGB beruft, um angebliche Rechte oder Einwendungen durchzusetzen („Rechtsverteidigung"). Die **Unlauterkeit** ergibt sich aus § 3a UWG, weil die Bestimmungen der §§ 307–309 BGB Marktverhaltensregelungen darstellen (vgl. → UWG § 3a Rn. 1.288). Der lauterkeitsrechtliche Unterlassungsanspruch ist nicht durch § 1 ausgeschlossen. Dieser Anspruch kann – anders als der Anspruch aus § 1 – auch von betroffenen **Mitbewerbern** nach § 8 III Nr. 1 UWG geltend gemacht werden; er unterliegt auch einer anderen Verjährung (§ 11 UWG). Weitere Unterschiede ergeben sich aus den speziellen Verfahrensvorschriften des UKlaG (§§ 5 ff.).

IV. Widerrufsanspruch

1. Allgemeines

15   Im Falle des „**Empfehlens**" unwirksamer AGB gibt § 1 zusätzlich zum Unterlassungsanspruch („auch") einen Anspruch auf **Widerruf**. Dabei handelt es sich um eine bes. Ausprägung des sog Beseitigungsanspruchs (→ Rn. 18), der weder Verschulden noch Wiederholungsgefahr voraussetzt. Da es sich um einen selbstständigen Anspruch handelt, wird seine
Verjährung nicht durch die Erhebung der Unterlassungsklage gehemmt.

2. Besondere Voraussetzungen

16   Der Anspruch auf Widerruf setzt ein „Empfehlen" unwirksamer AGB für den rechtsgeschäftlichen Verkehr voraus (→ Rn. 9). Ferner ist ungeschriebenes Tatbestandsmerkmal eine fortbestehende Gefahr der Verwendung („fortdauernder Störungszustand"), die von der Wiederholungsgefahr des Empfehlens zu unterscheiden ist. Für das Fortbestehen der Verwendungs-
gefahr spricht eine Vermutung, die jedoch widerlegt ist, wenn der Empfehler seine Empfehlung
ausdrücklich oder konkludent dauerhaft aufgegeben hat, so etwa, wenn er in einer Neuauflage
eines Formularbuchs die unwirksamen durch wirksame AGB ersetzt hat.

3. Anspruchsinhalt

17   Der Empfehler hat die Empfehlung zu widerrufen. Unter Widerruf ist die Rücknahme der
Empfehlung zu verstehen. Der Widerruf hat als actus contrarius grds. in der gleichen Weise zu
erfolgen wie die Empfehlung. Ist dies nicht möglich oder nicht zumutbar, so ist für eine adäquate
Kundgabe (zB im Internet oder in der Presse) zu sorgen. Ist dem Kläger nach § 7 die Befugnis
zur Veröffentlichung des Unterlassungsgebots zugesprochen worden, so wird idR ein zusätzlicher Widerruf zur Störungsbeseitigung nicht erforderlich sein, falls nicht bes. Gründe dafür
vorliegen. Ist eine Verurteilung zum Widerruf erfolgt, gilt für die **Urteilsformel** § 9 Nr. 4.
Danach muss der Beklagte das Urteil in gleicher Weise bekannt geben, wie die Empfehlung
verbreitet wurde. – **Vollstreckung:** § 888 ZPO.

V. Weitergehender allgemeiner Beseitigungsanspruch?

18   § 1 sieht im Gegensatz zu § 2 I keinen Beseitigungsanspruch vor. Denkbar wäre zwar, einen
solchen über den Anspruch auf Unterlassung und (bei Empfehlung) auf Widerruf hinausgehenden Anspruch auf Beseitigung einer durch die Verwendung oder Empfehlung von unwirksamen
AGB eingetretenen fortdauernden Störung, ggf. in analoger Anwendung des § 1004 BGB,
anzuerkennen (so noch → 36. Aufl. 2018, Rn. 18; vgl. weiter Klocke VuR 2013, 203 (205 f.)).
Nach stRspr (BGHZ 196, 11 Rn. 22; BGH WRP 2018, 434 Rn. 27 ff. – Klauselersetzung) ist
dies indessen de lege lata nicht möglich. Dem stehen die Entstehungsgeschichte, der systematische Zusammenhang und der Zweck der Norm entgegen. Auch die Verbandsklagen-RL fordert
nicht zwingend einen allgemeinen Beseitigungsanspruch. Eine fortdauernde Störung des geschäftlichen Verkehrs liegt zwar zB vor, wenn AGB in einem Aushang oder auf einer Webseite
wiedergegeben sind oder wenn im Geschäftslokal Formulare mit den AGB ausliegen. Jedoch lässt
sich dieser Störung bereits mittels des Unterlassungsanspruchs begegnen.

18a   Dagegen steht § 1 nicht einem auf die **§ 8 I 1 UWG, § 3a UWG iVm §§ 307–309 BGB**
gestützten Beseitigungsanspruch entgegen (BGH WRP 2018, 434 Rn. 27 ff., 42 ff. – Klausel-
setzung; → UWG § 3a Rn. 1.285). Zum einen deshalb nicht, weil § 1 UKlaG keine Spezialregelung zum UWG darstellt, zum anderen, weil die Verbandsklagen-RL auch Maßnahmen zur
Beseitigung von fortdauernden Wirkungen eines Verstoßes gegen verbraucherschützende Vorschriften umfasst, zB die Verpflichtung, eine berichtigende Erklärung zu veröffentlichen
(Art. 8 II lit. b Verbandsklagen-RL).

VI. Gläubiger und Schuldner

18b   **Gläubiger:** § 3.
18c   **Schuldner:** Verwender (→ Rn. 8) und Empfehler (→ Rn. 9) von AGB. § 2 I 2 findet auf die
Ansprüche gemäß § 1 keine Anwendung, da der Gesetzgeber diese Regelung systematisch nur

in § 2 I eingebunden hat. Eine Zurechnung des Verhaltens von Organen und Repräsentanten ist analog § 31 BGB möglich.

VII. Verjährung und Verwirkung; Rechtsmissbrauch

Die Ansprüche auf Unterlassung und Widerruf **verjähren** in den Fristen der §§ 195, **19** 199 V. Die Frist beginnt mit der erstmaligen Verwendung oder Empfehlung der AGB. Bei der Einbeziehung in Verträge ist daher an sich nicht der Zeitpunkt des Vertragsschlusses maßgebend, sondern der Zeitpunkt, in dem die Erklärung erfolgt, dass die AGB für bestimmte Verträge gelten sollen. Allerdings stellen der Abschluss eines Vertrages unter Einbeziehung der AGB und die Berufung auf die AGB weitere Verwendungen dar, die einen neuen Unterlassungsanspruch mit neuer Verjährung begründen (iErg auch Grüneberg/Grüneberg Rn. 12). Bei Dauerhandlungen (zB Aushang der AGB oder Wiedergabe auf Webseiten) beginnt die Verjährungsfrist erst mit ihrer Beendigung zu laufen. – Eine **Verwirkung** der Ansprüche aus § 1 scheidet aus, da an ihrer Durchsetzung ein öffentliches Interesse besteht (BGH NJW 1995, 1488 (1489)).

Rechtsmissbrauch: § 2c. **20**

VIII. Streitwert

Klagen Verbraucherverbände gegen die Verwendung unzulässiger AGB-Klauseln, so kommt **21** es idR nicht auf die wirtschaftliche Bedeutung der Klausel an, sondern auf das Allgemeininteresse an der Befreiung des Rechtsverkehrs von unwirksamen Klauseln. Dieses Interesse wird in stRspr regelmäßig auf **2.500 EUR** bemessen, um die im öffentlichen Interesse tätigen Verbraucherverbände vor unangemessenen Kostenbelastungen zu schützen (BGH (IX. ZS) ZIP 2014, 96; (VIII. ZS) ZNER 2015, 441; GRUR-Prax 2015, 393 und 394; (IV. ZS) VersR 2016, 140; BeckRS 2017, 103961 Rn. 6).

Unterlassungsanspruch wegen der Beschränkung der Haftung bei Zahlungsverzug

1a Wer in anderer Weise als durch Verwendung oder Empfehlung von Allgemeinen Geschäftsbedingungen den Vorschriften des § 271a Absatz 1 bis 3, des § 286 Absatz 5 oder des § 288 Absatz 6 des Bürgerlichen Gesetzbuchs zuwiderhandelt, kann auf Unterlassung in Anspruch genommen werden.

Die Vorschrift dient der Umsetzung von Art. 7 V Zahlungsverzugs-RL (vgl. BT-Drs. 18/ **1** 1309, 22) und blieb durch das VRUG unberührt. Sie ergänzt § 1 und gewährt Unterlassungsansprüche gegen Geschäftspraktiken, die entgegen § 271a I–III BGB, § 286 V BGB oder § 288 VI BGB die Haftung des Schuldners bei **Zahlungsverzug** beschränken und im Hinblick auf die Belange des Gläubigers als grob unbillig anzusehen sind. Soweit solche grob unbilligen Beschränkungen in AGB enthalten sind, besteht bereits ein Unterlassungsanspruch aus § 1. Eine exakte Unterscheidung zwischen AGB und Individualvereinbarung wird damit entbehrlich.

Tatbestandlich beschränkt sich § 1a auf Verhaltensweisen, bei denen es sich nicht um die **2** Verwendung oder Empfehlung von AGB handelt. Dies umfasst insbesondere die Verwendung und Empfehlung von **Individualvereinbarungen,** aber auch das Berufen auf **Übungen** oder **Handelsbräuche** (BT-Drs. 18/1309, 22).

Ebenso wie bei § 1 kann der Anspruch auf die Unterlassung einer erstmaligen Rechtsverlet- **3** zung (**vorbeugender Unterlassungsanspruch;** Erstbegehungsgefahr erforderlich) oder eine erneuten Rechtsverletzung (**Verletzungsunterlassungsanspruch;** Wiederholungsgefahr erforderlich) gerichtet sein.

Gläubiger: § 3. **4**

Schuldner: Derjenige, der die rechtsverletzende Handlung begeht. Zur Verhaltenszurech- **5** nung → § 1 Rn. 18c.

Verjährung/Verwirkung: Wie § 1 (→ § 1 Rn. 19). **6**

Rechtsmissbrauch: § 2c. **7**

Ansprüche bei verbraucherschutzgesetzwidrigen Praktiken

2 (1) ¹Wer in anderer Weise als durch Verwendung oder Empfehlung von Allgemeinen Geschäftsbedingungen Vorschriften zuwiderhandelt, die dem Schutz der Verbraucher dienen (Verbraucherschutzgesetze), kann im Interesse des Verbraucherschutzes auf Unterlassung und Beseitigung in Anspruch genommen werden. ²Werden die Zuwiderhandlungen in einem Unternehmen von einem Mitarbeiter oder Beauftragten begangen, so ist der Unterlassungsanspruch oder der Beseitigungsanspruch auch gegen den Inhaber des Unternehmens begründet. ³Bei Zuwiderhandlungen gegen die in Absatz 2 Nummer 13 genannten Vorschriften richtet sich der Beseitigungsanspruch nach den entsprechenden datenschutzrechtlichen Vorschriften.

(2) Verbraucherschutzgesetze im Sinne dieser Vorschrift sind insbesondere

1. die Vorschriften des Bürgerlichen Rechts, die für folgende Verträge zwischen Unternehmern und Verbrauchern gelten:
    a) außerhalb von Geschäftsräumen geschlossene Verträge,
    b) Fernabsatzverträge,
    c) Verträge im elektronischen Geschäftsverkehr,
    d) Verbraucherverträge über digitale Produkte,
    e) Kaufverträge,
    f) Teilzeit-Wohnrechteverträge, Verträge über langfristige Urlaubsprodukte sowie Vermittlungsverträge und Tauschsystemverträge,
    g) Verbraucherdarlehensverträge, Finanzierungshilfen und Ratenlieferungsverträge,
    h) Bauverträge,
    i) Pauschalreiseverträge, Verträge über die Vermittlung von Reisen und verbundener Reiseleistungen,
    j) Darlehensvermittlungsverträge sowie
    k) Zahlungsdiensteverträge,
2. die Vorschriften des Fernunterrichtsschutzgesetzes,
3. diejenigen Vorschriften des Telemediengesetzes, die das Verhältnis zwischen Anbietern von elektronischen Informations- und Kommunikationsdiensten und Verbrauchern regeln, die §§ 8, 9, 70, 74 und 98 des Medienstaatsvertrags vom 14. bis 28. April 2020, die §§ 4, 5, 5a, 5b und 6 des Jugendmedienschutz-Staatsvertrags vom 10. bis 27. September 2002, die §§ 10 und 11 des Deutsche-Welle-Gesetzes und die §§ 2, 3, 3b und 3e des Netzwerkdurchsetzungsgesetzes,
4. diejenigen Vorschriften des Telekommunikation-Telemedien-Datenschutz-Gesetzes, die das Verhältnis zwischen Unternehmern und Verbrauchern regeln,
5. die Vorschriften des Arzneimittelgesetzes, die das Verhältnis zwischen Unternehmern und Verbrauchern regeln,
6. die §§ 3 bis 13 des Heilmittelwerbegesetzes,
7. diejenigen Vorschriften des Kapitalanlagegesetzbuchs, die das Verhältnis zwischen Kapitalverwaltungsgesellschaften und Verbrauchern regeln,
8. diejenigen Vorschriften des Abschnitts 11 des Wertpapierhandelsgesetzes, die das Verhältnis zwischen Wertpapierdienstleistungsunternehmen und Verbrauchern regeln,
9. die Vorschriften des Rechtsdienstleistungsgesetzes,
10. § 79 Absatz 2 und 3 sowie § 80 des Erneuerbare-Energien-Gesetzes,
11. die Vorschriften des Wohn- und Betreuungsvertragsgesetzes,
12. § 2 Absatz 2 sowie die §§ 36 und 37 des Verbraucherstreitbeilegungsgesetzes und Artikel 14 der Verordnung (EU) Nr. 524/2013 des Europäischen Parlaments und des Rates vom 21. Mai 2013 über die Online-Beilegung verbraucherrechtlicher Streitigkeiten und zur Änderung der Verordnung (EG) Nr. 2006/2004 und der Richtlinie 2009/22/EG (Verordnung über Online-Streitbeilegung in Verbraucherangelegenheiten) (ABl. L 165 vom 18.6.2013, S. 1),
13. die Vorschriften der Verordnung (EU) 2016/679 des Europäischen Parlaments und des Rates vom 27. April 2016 zum Schutz natürlicher Personen bei der Verarbeitung personenbezogener Daten, zum freien Datenverkehr und zur Aufhebung der Richtlinie 95/46/EG (Datenschutz-Grundverordnung) (ABl. L 119 vom 4.5.2016,

S. 1; L 314 vom 22.11.2016, S. 72; L 127 vom 23.5.2018, S. 2; L 074 vom 4.3.2021, S. 35) in der jeweils geltenden Fassung, die für die Verarbeitung von Daten von Verbrauchern durch Unternehmer gelten,

14. § 31 des Bundesdatenschutzgesetzes,

15. diejenigen Vorschriften des Zahlungskontengesetzes, die das Verhältnis zwischen Zahlungsdienstleistern und Verbrauchern regeln,

16. diejenigen Vorschriften des Telekommunikationsgesetzes, die das Verhältnis zwischen Anbietern von öffentlich zugänglichen Telekommunikationsleistungen und Verbrauchern regeln,

17. die Vorschriften des Produkthaftungsgesetzes,

18. die Vorschriften der Verordnung (EG) Nr. 2027/97 des Rates vom 9. Oktober 1997 über die Haftung bei der Beförderung von Fluggästen und deren Gepäck im Luftverkehr (ABl. L 285 vom 17.10.1997, S. 1), die zuletzt durch die Verordnung (EG) Nr. 889/2002 (ABl. L 140 vom 30.5.2002, S. 2), geändert worden ist, in der jeweils geltenden Fassung,

19. die Vorschriften der Preisangabenverordnung,

20. die §§ 3 bis 7 des Produktsicherheitsgesetzes, § 7 des Gasgerätedurchführungsgesetzes, § 7 des PSA-Durchführungsgesetzes und die Vorschriften der Verordnung über elektrische Betriebsmittel, der Verordnung über die Sicherheit von Spielzeug, der Verordnung über einfache Druckbehälter, der Maschinenverordnung, der Verordnung über Sportboote und Wassermotorräder, der Explosionsschutzverordnung, der Aufzugsverordnung, der Aerosolpackungsverordnung sowie der Druckgeräteverordnung, soweit diese Pflichten von Unternehmern zum Schutz der Verbraucher regeln,

21. die Vorschriften der Verordnung (EG) Nr. 178/2002 des Europäischen Parlaments und des Rates vom 28. Januar 2002 zur Festlegung der allgemeinen Grundsätze und Anforderungen des Lebensmittelrechts, zur Errichtung der Europäischen Behörde für Lebensmittelsicherheit und zur Festlegung von Verfahren zur Lebensmittelsicherheit (ABl. L 31 vom 1.2.2002, S. 1), die zuletzt durch die Verordnung (EU) 2019/1381 (ABl. L 231 vom 6.9.2019, S. 1) geändert worden ist, in der jeweils geltenden Fassung, soweit sie das Verhältnis zwischen Unternehmern und Verbrauchern regeln,

22. die Vorschriften der Verordnung (EG) Nr. 261/2004 des Europäischen Parlaments und des Rates vom 11. Februar 2004 über die gemeinsame Regelung für Ausgleichs- und Unterstützungsleistungen für Fluggäste im Fall der Nichtbeförderung und bei Annullierung oder großer Verspätung von Flügen und zur Aufhebung der Verordnung (EWG) Nr. 295/91 (ABl. L 46 vom 17.2.2004, S. 1; L 119 vom 7.5.2019, S. 202) in der jeweils geltenden Fassung,

23. die Vorschriften der Verordnung (EG) Nr. 1107/2006 des Europäischen Parlaments und des Rates vom 5. Juli 2006 über die Rechte von behinderten Flugreisenden und Flugreisenden mit eingeschränkter Mobilität (ABl. L 204 vom 26.7.2006, S. 1; L 26 vom 26.1.2013, S. 34), in der jeweils geltenden Fassung,

24. die Vorschriften der Verordnung, (EU) 2021/782 des Europäischen Parlaments und des Rates vom 29. April 2021 über die Rechte und Pflichten der Fahrgäste im Eisenbahnverkehr (ABl. L 172 vom 17.5.2021, S. 1), in der jeweils geltenden Fassung,

25. Artikel 23 der Verordnung (EG) Nr. 1008/2008 des Europäischen Parlaments und des Rates vom 24. September 2008 über gemeinsame Vorschriften für die Durchführung von Luftverkehrsdiensten in der Gemeinschaft (ABl. L 293 vom 31.10.2008, S. 3), die zuletzt durch die Delegierte Verordnung (EU) 2020/2115 (ABl. L 426 vom 17.12.2020, S. 4) geändert worden ist, in der jeweils geltenden Fassung,

26. die Artikel 1 bis 35 der Verordnung (EG) Nr. 1272/2008 des Europäischen Parlaments und des Rates vom 16. Dezember 2008 über die Einstufung, Kennzeichnung und Verpackung von Stoffen und Gemischen, zur Änderung und Aufhebung der Richtlinien 67/548/EWG und 1999/45/EG und zur Änderung der Verordnung (EG) Nr. 1907/2006 (ABl. L 353 vom 31.12.2008, S. 1; L 16 vom 20.1.2011, S. 1; L 94 vom 10.4.2015, S. 9; L 349 vom 21.12.2016, S. 1; L 190 vom 27.7.2018, S. 20; L

55 vom 25.2.2019, S. 18; L 117 vom 3.5.2019, S. 8), die zuletzt durch die Delegierte Verordnung (EU) 2021/1962 (ABl. L 400 vom 12.11.2021, S. 16) geändert worden ist, in der jeweils geltenden Fassung,

27. die §§ 20a, 36, 40 bis 41, 41b, 42, 53a und 111a des Energiewirtschaftsgesetzes,
28. die Vorschriften des Zahlungsdiensteaufsichtsgesetzes, die das Verhältnis zwischen E-Geldinstituten und Verbrauchern regeln,
29. die §§ 4, 5 des Energieverbrauchsrelevante-Produkte-Gesetzes,
30. die §§ 1a, 6a, 7 bis 9, 59 Absatz 1 Satz 2 und 3 und Absatz 4 Satz 2, §§ 152, 154 und 155, auch in Verbindung mit §§ 176 und 177 Absatz 1 des Versicherungsvertragsgesetzes,
31. die VVG-Informationspflichtenverordnung,
32. die Vorschriften der Verordnung (EG) Nr. 392/2009 des Europäischen Parlaments und des Rates vom 23. April 2009 über die Unfallhaftung von Beförderern von Reisenden auf See (ABl. L 131 vom 28.5.2009, S. 24), die zuletzt durch die Verordnung (EU) 2019/1243 (ABl. L 198 vom 25.7.2019, S. 241) geändert worden ist, in der jeweils geltenden Fassung,
33. die Vorschriften der Verordnung (EU) 2021/1230 des Europäischen Parlaments und des Rates vom 14. Juli 2021 über grenzüberschreitende Zahlungen in der Union (ABl. L 274 vom 30.7.2021, S. 20), in der jeweils geltenden Fassung,
34. die Artikel 4 bis 7 der, Verordnung (EU) 2020/740 vom 25. Mai 2020 über die Kennzeichnung von Reifen in Bezug auf die Kraftstoffeffizienz und andere Parameter, zur Änderung der Verordnung (EU) 2017/1369 und zur Aufhebung der Verordnung (EG) 1222/2009 (ABl. L 177 vom 5.6.2020, S. 1; L 241 vom 27.7.2020, S. 46; L 147 vom 30.4.2021, S. 23; L 382 vom 28.10.2021, S. 52), in der jeweils geltenden Fassung,
35. die Artikel 3 bis 8 und die Artikel 19 bis 21 der Verordnung (EG) Nr. 1223/2009 des Europäischen Parlaments und des Rates vom 30. November 2009 über kosmetische Mittel (ABl. L 342 vom 22.12.2009, S. 59, L 318 vom 15.11.2012, S. 74; 72 vom 15.3.2013, S. 16), die zuletzt durch die Verordnung (EU) 2022/135 (ABl. L 22 vom 1.2.2022, S. 2) geändert worden ist, in der jeweils geltenden Fassung,
36. die Artikel 9 und 10 der Verordnung (EG) Nr. 66/2010 des Europäischen Parlaments und des Rates vom 25. November 2009 über das EU- Umweltzeichen (ABl. L 27 vom 30.1.2010, S. 1), die zuletzt durch die Verordnung (EU) 2017/1941 (ABl. L 275 vom 25.10.2017, S. 9) geändert worden ist, in der jeweils geltenden Fassung,
37. die Vorschriften der Verordnung (EU) Nr. 1177/2010 des Europäischen Parlaments und des Rates vom 24. November 2010 über die Fahrgastrechte im See- und Binnenschiffsverkehr und zur Änderung der Verordnung (EG) Nr. 2006/2004 (ABl. L 334 vom 17.12.2010, S. 1), in der jeweils geltenden Fassung,
38. die Vorschriften der Verordnung (EU) Nr. 181/2011 des Europäischen Parlaments und des Rates vom 16. Februar 2011 über die Fahrgastrechte im Kraftomnibusverkehr und zur Änderung der Verordnung (EG) Nr. 2006/2004 (ABl. L 55 vom 28.2.2011, S. 1), in der jeweils geltenden Fassung,
39. die Vorschriften der Verordnung (EU) Nr. 1169/2011 des Europäischen Parlaments und des Rates vom 25. Oktober 2011 betreffend die Information der Verbraucher über Lebensmittel und zur Änderung der Verordnungen (EG) Nr. 1924/2006 und (EG) Nr. 1925/2006 des Europäischen Parlaments und des Rates und zur Aufhebung der Richtlinie 87/250/EWG der Kommission, der Richtlinie 90/496/EWG des Rates, der Richtlinie 1999/10/EG der Kommission, der Richtlinie 2000/13/EG des Europäischen Parlaments und des Rates, der Richtlinien 2002/67/EG und 2008/5/EG der Kommission und der Verordnung (EG) Nr. 608/2004 der Kommission (ABl. L 304 vom 22.11.2011, S. 18, L 331 vom 18.11.2014, S. 41; L 50 vom 21.2.2015, S. 48; L 266 vom 30.9.2016, S. 7), die zuletzt durch die Verordnung (EU) 2015/2283 (ABl. L 327 vom 11.12.2015, S. 1) geändert worden ist, in der jeweils geltenden Fassung,
40. die §§ 4 bis 11 der Verordnung über Heizkostenabrechnung, die §§ 3 bis 5 der Fernwärme- oder Fernkälte-Verbrauchserfassungs- und -Abrechnungsverordnung und die §§ 29 bis 32 des Messstellenbetriebsgesetzes,

41. die §§ 11 bis 18 der Gasgrundversorgungsverordnung,
42. die §§ 11 bis 18 der Stromgrundversorgungsverordnung,
43. die Vorschriften der Verordnung (EU) Nr. 260/2012 des Europäischen Parlaments und des Rates vom 14. März 2012 zur Festlegung der technischen Vorschriften und der Geschäftsanforderungen für Überweisungen und Lastschriften in Euro und zur Änderung der Verordnung (EG) Nr. 924/2009 (ABl. L 94 vom 30.3.2012, S. 22), die durch Verordnung (EU) Nr. 248/2014 (ABl. L 84 vom 20.3.2014, S. 1) geändert worden ist, in der jeweils geltenden Fassung,
44. die Vorschriften der Verordnung (EU) Nr. 531/2012 des Europäischen Parlaments und des Rates vom 13. Juni 2012 über das Roaming in öffentlichen Mobilfunknetzen in der Union (ABl. L 172 vom 30.6.2012, S. 10), in der jeweils geltenden Fassung,
45. die Vorschriften des Mess- und Eichgesetzes sowie der Mess- und Eichverordnung, soweit sie das Verhältnis zwischen Unternehmern und Verbrauchern regeln,
46. die Vorschriften der Verordnung (EU) Nr. 1286/2014 des Europäischen Parlaments und des Rates vom 26. November 2014 über Basisinformationsblätter für verpackte Anlageprodukte für Kleinanleger und Versicherungsanlageprodukte (PRIIP) (ABl. L 352 vom 9.12.2014, S. 1, L 358 vom 13.12.2014, S. 50), die zuletzt durch die Verordnung (EU) 2021/2259 (ABl. L 455 vom 20.12.2021, S. 1) geändert worden ist, in der jeweils geltenden Fassung,
47. die Vorschriften der Verordnung (EU) 2015/760 des Europäischen Parlaments und des Rates vom 29. April 2015 über europäische langfristige Investmentfonds (ABl. L 123 vom 19.5.2015, S. 98), die durch die Delegierte Verordnung (EU) 2018/480 (ABl. L 81 vom 23.3.2018, S. 1) geändert worden ist, in der jeweils geltenden Fassung,
48. die Vorschriften der Verordnung (EU) 2015/2120 des Europäischen Parlaments und des Rates vom 25. November 2015 über Maßnahmen zum Zugang zum offenen Internet und zur Änderung der Richtlinie 2002/22/EG über den Universaldienst und Nutzerrechte bei elektronischen Kommunikationsnetzen und -diensten sowie der Verordnung (EU) Nr. 531/2012 über das Roaming in öffentlichen Mobilfunknetzen in der Union (ABl. L 310 vom 26.11.2015, S. 1), die zuletzt durch die Verordnung (EU) 2018/1971 (ABl. L 321 vom 17.12.2018, S. 1) geändert worden ist, in der jeweils geltenden Fassung,
49. die Vorschriften des Kapitels II der Verordnung (EU) 2017/745 des Europäischen Parlaments und des Rates vom 5. April 2017 über Medizinprodukte, zur Änderung der Richtlinie 2001/83/EG, der Verordnung (EG) Nr. 178/2002 und der Verordnung (EG) Nr. 1223/2009 und zur Aufhebung der Richtlinien 90/385/EWG und 93/42/EWG des Rates (ABl. L 117 vom 5.5.2017, S. 1; L 117 vom 3.5.2019, S. 9; L 334 vom 27.12.2019, S. 165; L 241 vom 8.7.2021, S. 7), die zuletzt durch die Verordnung (EU) 2020/561 (ABl. L 130 vom 24.4.2020, S. 18) geändert worden ist, in der jeweils geltenden Fassung,
50. die Vorschriften des Kapitels II der Verordnung (EU) 2017/746 des Europäischen Parlaments und des Rates vom 5. April 2017 über In-vitro-Diagnostika und zur Aufhebung der Richtlinie 98/79/EG und des Beschlusses 2010/227/EU der Kommission (ABl. L 117 vom 5.5.2017, S. 176; L 117 vom 3.5.2019, S. 11; L 334 vom 27.12.2019, S. 167; L 233 vom 1.7.2021, S. 9), die zuletzt durch die Verordnung (EU) 2022/112 (ABl. L 19 vom 28.1.2022, S. 3) geändert worden ist, in der jeweils geltenden Fassung,
51. die Vorschriften der Verordnung (EU) 2017/1128 des Europäischen Parlaments und des Rates vom 14. Juni 2017 zur grenzüberschreitenden Portabilität von Online-Inhaltediensten im Binnenmarkt (ABl. L 168 vom 30.6.2017, S. 1; L 198 vom 28.7.2017, S. 42), in der jeweils geltenden Fassung,
52. die Vorschriften der Verordnung (EU) 2017/1129 des Europäischen Parlaments und des Rates vom 14. Juni 2017 über den Prospekt, der beim öffentlichen Angebot von Wertpapieren oder bei deren Zulassung zum Handel an einem geregelten Markt zu veröffentlichen ist, und zur Aufhebung der Richtlinie 2003/71/EG (ABl. L 168 vom 30.6.2017, S. 12), die zuletzt durch die Delegierte Verordnung

(EU) 2021/528 (ABl. L 106 vom 26.3.2021, S. 32) geändert worden ist, in der jeweils geltenden Fassung,

53. die Vorschriften der Verordnung (EU) 2017/1131 des Europäischen Parlaments und des Rates vom 14. Juni 2017 über Geldmarktfonds (ABl. L 169 vom 30.6.2017, S. 8), die zuletzt durch die Delegierte Verordnung (EU) 2018/990 (ABl. L 177 vom 13.7.2018, S. 1) geändert worden ist, in der jeweils geltenden Fassung,

54. die Artikel 3 bis 6 der Verordnung (EU) 2017/1369 des Europäischen Parlaments und des Rates vom 4. Juli 2017 zur Festlegung eines Rahmens für die Energieverbrauchskennzeichnung und zur Aufhebung der Richtlinie 2010/30/EU (ABl. L 198 vom 28.7.2017, S. 1), die zuletzt durch die Verordnung (EU) 2020/740 (ABl. L 177 vom 5.6.2020, S. 1) geändert worden ist, in der jeweils geltenden Fassung,

55. die Artikel 3 bis 5 der Verordnung (EU) 2018/302 des Europäischen Parlaments und des Rates vom 28. Februar 2018 über Maßnahmen gegen ungerechtfertigtes Geoblocking und andere Formen der Diskriminierung aufgrund der Staatsangehörigkeit, des Wohnsitzes oder des Ortes der Niederlassung des Kunden innerhalb des Binnenmarkts und zur Änderung der Verordnungen (EG) Nr. 2006/2004 und (EU) 2017/2394 sowie der Richtlinie 2009/22/EG (ABl. L 60 I vom 2.3.2018, S. 1; L 66 vom 8.3.2018, S. 1), in der jeweils geltenden Fassung,

56. die Vorschriften der Verordnung (EU) 2022/1925 des Europäischen Parlaments und des Rates vom 14. September 2022 über bestreitbare und faire Märkte im digitalen Sektor und zur Änderung der Richtlinien (EU) 2019/1937 und (EU) 2020/1828 (Gesetz über digitale Märkte) (ABl. L 265 vom 12.10.2022, S. 1), in der jeweils geltenden Fassung und

57. die Vorschriften der Verordnung (EU) 2022/2065 des Europäischen Parlaments und des Rates vom 19. Oktober 2022 über einen Binnenmarkt für digitale Dienste und zur Änderung der Richtlinie 2000/31/EG (Gesetz über digitale Dienste) (ABl. L 277 vom 27.10.2022, S. 1), in der jeweils geltenden Fassung.

Übersicht

I. Einordnung und Normzweck

§ 2 lässt sich zurückführen auf § 22 AGBG. Diese Vorschrift diente der Umsetzung von Art. 1 **1** Unterlassungsklagen-RL 1998, die später durch die Unterlassungsklagen-RL 2009 abgelöst wurde. An deren Stelle ist wiederum die Verbandsklagen-RL getreten, die mit dem VRUG in das deutsche Recht umgesetzt wurde. Das VRUG weitete insbesondere der Katalog der Verbraucherschutzgesetze in § 2 II erheblich aus. Die Einschränkung in § 2 II 2 aF ist entfallen. Zudem erfolgte eine redaktionelle Anpassung von § 2 I 3.

§ 2 I gewährt einen Anspruch auf Unterlassung und Beseitigung im Falle von Zuwiderhand- **2** lungen gegen Verbraucherschutzgesetze. Die Regelung ist **subsidiär gegenüber § 1,** wie sich aus dem klaren Wortlaut („in anderer Weise als durch Verwendung oder Empfehlung von Allgemeinen Geschäftsbedingungen") ergibt. Außerdem kann der Anspruch nur „im Interesse des Verbraucherschutzes" (→ Rn. 83) geltend gemacht werden. § 2 I 3 konkretisiert den Beseitigungsanspruch im Hinblick auf Datenschutzverstöße (→ Rn. 88).

Gesetzgebungstechnisch ist § 2 – insbesondere im Vergleich zu § 8 I und II UWG – eine **3** **unübersichtliche** und **wenig gelungene Norm.** § 2 I 1 enthält eine nur unvollständige Regelung des Unterlassungs- und Beseitigungsanspruchs. § 2 I 2 beinhaltet eine Zurechnungsvorschrift, die besser in einem eigenständigen Absatz geregelt worden wäre. Die Einschränkung in § 2 I 3 bezieht sich wiederum nur auf den speziellen Fall des § 2 II Nr. 13. Die umfangreiche Aufzählung von Verbraucherschutzgesetzen in § 2 II ist sperrig. Der Katalog des § 2 II enthält mehr Nummern als das gesamte UKlaG Paragrafen. Es erschließt sich nicht, warum der deutsche Gesetzgeber nicht der Regelungstechnik des Unionsrechts gefolgt ist und den Beispielskatalog – vergleichbar der „Schwarzen Liste" im Anh. zu § 3 III UWG – in einen eigenständigen Anhang zum UKlaG ausgelagert hat. Die GRUR-Stellungnahme zum RefE hatte dies empfohlen und hierzu auch einen Regelungsvorschlag unterbreitet (Würtenberger/ Freischem GRUR 2023, 626 (629)). Zur Unübersichtlichkeit trägt schließlich bei, dass die Aufzählung der Verbraucherschutzgesetze in § 2 II nicht der Reihenfolge im Anh. I Verbandsklagen-RL folgt (→ Rn. 10).

II. Verbraucherschutzgesetze

1. Begriff und Kriterien

§ 2 I 1 enthält eine **Legaldefinition** der Verbraucherschutzgesetze („Vorschriften, die dem **4** Schutz der Verbraucher dienen"). Damit knüpft das Gesetz an Art. 2 I Verbandsklagen-RL an.

Unter **Vorschriften** sind alle Rechtsnormen zu verstehen, die in Deutschland gelten (vgl. **5** Art. 2 EGBGB). Dazu gehören nicht nur Gesetze im förmlichen Sinne, sondern auch Verordnungen (BGH GRUR-RR 2018, 454 Rn. 34), wie zB die PAngV, oder Gewohnheitsrecht. Auch verbraucherschützende Normen des Unionsrechts gehören hierher. Innerhalb des Rechtsvorschriften des nationalen Rechts ist es unerheblich, ob eine Vorschrift dem Bundes- oder Landesrecht zuzuordnen ist. Nicht erfasst sind demgegenüber Verhaltenskodizes (§ 2 I Nr. 10 UWG) oder sonstige privatautonom geschaffene Regelwerke (zB Verbandsregelwerke). Dies gilt auch dann, wenn diese, wie zB Wettbewerbsregeln gemäß §§ 24 ff. GWB, behördlich anerkannt wurden.

Ob eine Vorschrift dem **Verbraucherschutz** dient, ist durch eine Auslegung nach dem **6** Zweck der Regelung zu ermitteln. Einen wichtigen Anhaltspunkt liefert die Frage, welche **Interessen** die betreffende Norm schützt. Der Verbraucherschutz braucht nicht der alleinige Zweck zu sein, er darf aber hinter anderen Zwecken nicht völlig zurücktreten. Erst recht genügt es nicht, dass die Vorschrift lediglich (auch) verbraucherschützende Wirkungen zeitigt (vgl. BT-Drs. 14/2658, 146; OLG Karlsruhe OLGR 2007, 1005; GRUR-RR 2018, 349).

In richtlinienkonformer Auslegung entsprechend den Vorgaben in Art. 2 I Verbandsklagen- **7** RL muss die Verbraucherschutzvorschrift (jedenfalls auch) dem Schutz von **„Kollektivinteressen der Verbraucher"** dienen. Bei dem Kollektivinteresse handelt es sich gemäß Art. 3 Nr. 3 Verbandsklagen-RL um „das allgemeine Interesse der Verbraucher und, insbesondere im Hinblick auf Abhilfeentscheidungen, die Interessen einer Gruppe von Verbrauchern". Dass eine Vorschrift daneben (auch) die Individualinteressen von Verbrauchern schützt, ist unschädlich.

8   Die Vorschrift muss (auch) den Zweck haben, Personen gerade in ihrer Eigenschaft als **Verbraucher** iSd § 2 II UWG iVm § 13 BGB zu schützen (BGH GRUR-RR 2018, 454 Rn. 34). Dafür ist es nicht erforderlich, dass der persönliche Anwendungsbereich der Vorschrift die Verbraucher- und Unternehmereigenschaft explizit voraussetzt (vgl. ErwGr. 14 Verbandsklagen-RL). So gehören bspw. die §§ 651a ff. BGB ebenfalls zu den Verbraucherschutzvorschriften (vgl. § 2 II Nr. 1 lit. i BGB), obgleich der persönliche Anwendungsbereich dieser Normen an den Begriffen „Reisender" und „Reiseveranstalter" anknüpft.

9   Zu den Verbraucherschutzvorschriften gehören insbes. solche Vorschriften, die den Schutz der Verbraucher im vorvertraglichen Bereich, etwa durch das Aufstellen von tätigkeits-, produkt- oder geschäftsbezogenen Informationspflichten (LG München WRP 2007, 1516 (1517)), sowie im vertraglichen Bereich, etwa die Festlegung einseitig zwingenden Rechts, bezwecken. Ob die Vorschrift **alle Verbraucher** oder nur **bestimmte Verbrauchergruppen** (zB Minderjährige) schützen will, ist unerheblich. Dagegen fallen die zivilrechtlichen Benachteiligungsverbote der §§ 19, 20 AGG (Allgemeines Gleichbehandlungsgesetz) nicht unter § 2, weil sie alle natürlichen Personen, nicht aber speziell Verbraucher schützen (OLG Hamm NJW-RR 2017, 684); ebenso wenig § 79 II ZPO (Vertretungsbeschränkung; OLG Frankfurt WRP 2015, 1246 Rn. 26).

2. Beispielskatalog des § 2 II

10   **a) Allgemeines.** § 2 II enthält eine Aufzählung von Verbraucherschutzgesetzen. Durch das VRUG ist der Umfang dieses gesetzlichen Beispielkatalogs von 14 auf 57 Nummern angewachsen, wobei einige Nummern noch weitere Untergliederungen (Nr. 1) oder wiederum eine Aufzählung mehrerer Rechtsakte enthalten (zB Nr. 20). § 2 II dient insoweit der Umsetzung von Anh. I Verbandsklagen-RL, der ursprünglich 66 Nummern umfasste, inzwischen aber weiter angewachsen ist. Der Katalog in Anh. I Verbandsklagen-RL folgt keinen inhaltlichen Ordnungskriterien, sondern es handelt sich um eine Aufzählung, die sich an dem Alter der Rechtsakte orientiert. Diese chronologische Katalogisierung hat der deutsche Gesetzgeber nicht vollständig übernommen, sondern die Aufzählung in § 2 II folgt einer Mischung aus inhaltlichen und zeitlichen Kriterien.

11   Die im Katalog des § 2 II verzeichneten Rechtsakte werden **in der jeweils geltenden Fassung** in Bezug genommen. Für die Rechtsakte des Unionsrechts ist dies nochmals besonders herausgestellt. Soweit ein im Katalog aufgeführter Rechtsakt durch einen anderen ersetzt wird (zB wenn eine neue Verordnung eine frühere Verordnung aufhebt), ist zu prüfen, welche Vorschriften des Nachfolgerechts den Vorgängerregelungen entsprechen. Häufig finden sich in den EU-Rechtsakten hierzu Entsprechungstabellen.

12   Die Aufzählung in § 2 II ist **nicht abschließend** (BGH GRUR 2012, 415 Rn. 23 – Überregionale Klagebefugnis; WRP 2016, 467 Rn. 17 – Buchungssystem II). Die Verbandsklagen-RL sieht ausdrücklich vor, dass die Mitgliedstaaten nationale Rechtsvorschriften, die den Bestimmungen der Richtlinie entsprechen, für Streitigkeiten, die nicht in den Anwendungsbereich von Anh. I Verbandsklagen-RL fallen, beibehalten oder einführen dürfen (ErwGr. 18 Verbandsklagen-RL). Zu weiteren Verbraucherschutzgesetzen → Rn. 70 ff.

13   **b) Verbraucherschutzgesetze im Einzelnen. Nr. 1** bezieht sich auf Vorschriften des BGB und des EGBGB über bestimmte Verträge zwischen Verbrauchern und Unternehmern. Die jeweilige Norm muss einen **Vertragsbezug** aufweisen. Erfasst werden nicht nur Normen, die innerhalb einer bereits geschlossenen Vertragsbeziehung gelten, sondern auch Regelungen, die zB vorvertragliche Verhaltenspflichten (etwa Informations- und Transparenzanforderungen) betreffen. Im Einzelnen sind erfasst:

– **(a) Außerhalb von Geschäftsräumen geschlossene Verträge** iSv § 312b BGB (§§ 312 ff. BGB; Art. 246a, 246b EGBGB); Umsetzung von Anh. I Nr. 37 Verbandsklagen-RL;
– **(b) Fernabsatzverträge** iSv § 312c BGB (§§ 312 ff. BGB); Umsetzung von Nr. 11 und Nr. 37 Verbandsklagen-RL; dabei kommen insbes. Verstöße gegen Informationspflichten in Betracht (§ 312d; § 312e BGB iVm Art. 246a, 246b EGBGB);
– **(c) Verträge im elektronischen Geschäftsverkehr** (§§ 312i ff. BGB); Umsetzung von Anh. I Nr. 6 Verbandsklagen-RL; dabei kommen insbes. Verstöße gegen die §§ 312i, 312j BGB iVm Art. 246c EGBGB in Betracht;

- **(d) Verbraucherverträge über digitale Produkte** (§§ 327–327u BGB; eingefügt durch G v. 23.6.2021 (BGBl. 2021 I 1858)); Umsetzung von Anh. I Nr. 65 Verbandsklagen-RL;
- **(e) Kaufverträge,** wobei nur Regeln über Verbrauchsgüterkäufe nach §§ 474 ff. BGB erfasst sind; Umsetzung von Anh. I Nr. 66 Verbandsklagen-RL; dabei kommen insbes. Verstöße gegen §§ 474, 476 oder 479 BGB in Betracht;
- **(f) Teilzeit-Wohnrechteverträge, Verträge über langfristige Urlaubsprodukte sowie Vermittlungsverträge und Tauschsysteme** (§§ 481–486a BGB); Umsetzung von Anh. I Nr. 20 Verbandsklagen-RL; dabei kommen insbes. Verstöße gegen §§ 482, 482a, 483, 484, 485 II, 486, 486a BGB in Betracht;
- **(g) Verbraucherdarlehensverträge** (§§ 491 ff. BGB); dabei kommen insbes. Verstöße gegen §§ 491a, 492 BGB iVm Art. 247 EGBGB, §§ 493, 496 II, III BGB in Betracht; **Finanzierungshilfen** (§§ 506 ff. BGB); dabei kommt insbes. ein Verstoß gegen § 507 BGB in Betracht; **Ratenlieferungsverträge** (§§ 510 ff. BGB); dabei kommt insbes. ein Verstoß gegen § 510 II 3 BGB in Betracht; Umsetzung von Anh. I Nr. 19 Verbandsklagen-RL;
- **(h) Bauverträge** (§§ 650a ff. BGB); dabei kommen insbes. Verstöße gegen § 650j BGB und § 650l BGB in Betracht;
- **(i) Pauschalreiseverträge, Verträge über die Vermittlung von Reisen und verbundener Reiseleistungen** (§§ 651a ff. BGB); Umsetzung von Anh. I Nr. 53 Verbandsklagen-RL; dabei kommen insbes. Verstöße gegen die §§ 651d, 651r, 651u III BGB in Betracht;
- **(j) Darlehensvermittlungsverträge** (§§ 655a ff. BGB); dabei kommen insbes. Verstöße gegen § 655a BGB iVm Art. 247a EGBGB (BGH GRUR-RR 2021, 509 Rn. 14; NJW-RR 2021, 1056 Rn. 14) oder §§ 655b I, 655d BGB in Betracht; Umsetzung von Anh. I Nr. 19 Verbandsklagen-RL;
- **(k) Zahlungsdiensteverträge** (§§ 675c ff. BGB); dabei kommen insbes. Verstöße gegen § 675d BGB iVm Art. 248 §§ 1–18 EGBGB in Betracht; Umsetzung von Anh. I Nr. 54 Verbandsklagen-RL.

Nr. 2 bezieht sich auf die Vorschriften des **Fernunterrichtsschutzgesetzes** (FernUSG); in **14** Betracht kommt zB ein Verstoß gegen § 3 FernUSG.

Nr. 3 (Umsetzung von Anh. I Nr. 33 Verbandsklagen-RL) bezieht sich auf diejenigen Vor- **15** schriften des **TMG,** die das Verhältnis zwischen Anbietern von elektronischen Informations- und Kommunikationsdiensten und Verbrauchern regeln, die §§ 8, 9, 70, 74 und 98 **Medienstaatsvertrag** (MStV), die §§ 4, 5, 5a, 5b und 6 **Jugendmedienschutz-Staatsvertrag** (JMStV), die §§ 10 und 11 **Deutsche-Welle-Gesetz** (DWG) und die §§ 2, 3, 3b und 3e **Netzwerkdurchsetzungsgesetz** (NetzDG). In Betracht kommen zB Verstöße gegen § 5 TMG (vgl. BGH GRUR 2007, 723 Rn. 10 – Internet-Versicherung; OLG München WRP 2019, 1067 Rn. 59).

Nr. 4 (Umsetzung von Anh. I Nr. 64 Verbandsklagen-RL) bezieht sich auf diejenigen Vor- **16** schriften des **Telekommunikation-Telemedien-Datenschutz-Gesetzes** (TTDSG), die das Verhältnis zwischen Unternehmern und Verbrauchern regeln; **Beispiel:** Als eine Verbraucherschutzvorschrift angesehen wurde **§ 25 TTDSG** (LG München I MMR 2023, 222 Rn. 88 ff.).

Nr. 5 bezieht sich auf die verbraucherschützenden Vorschriften des **Arzneimittelgesetzes** **17** (AMG), insbes. die §§ 6a, 7, 8, 10, 11, 21, 43 AMG; **Beispiel:** LG Dortmund BeckRS 2012, 22034 zu § 21 AMG.

Nr. 6 bezieht sich auf die §§ 3–13 **HWG; Beispiel:** OLG Hamm WRP 2019, 1371 zu § 10 **18** HWG.

Nr. 7 (Umsetzung von Anh. I Nr. 36 Verbandsklagen-RL) bezieht sich auf diejenigen Vor- **19** schriften des KAGB, die das Verhältnis zwischen Kapitalverwaltungsgesellschaften und Verbrauchern regeln. Dies betraf bis 21.7.2013 § 126 InvG und betrifft (seither) § 305 **KAGB** betreffend das Widerrufsrecht.

Nr. 8 (Umsetzung von Anh. I Nr. 23 Verbandsklagen-RL) bezieht sich auf die diejenigen **20** Vorschriften des Abschnitts 11 des **WpHG,** die das Verhältnis zwischen Wertpapierdienstleistungsunternehmen und Verbrauchern regeln. Erfasst sind insbes. die Pflichten in den **§§ 63 ff. WpHG.**

Nr. 9 bezieht sich auf das **RDG.** Dieses Gesetz enthält zugleich Marktverhaltensregelungen **21** iSd § 3a UWG (→ UWG § 3a Rn. 1.118 ff.). Allerdings ist nicht erforderlich, dass der Beklagte eine geschäftliche Handlung vorgenommen hat (OLG Frankfurt GRUR-RR 2019, 307 Rn. 25) oder Unternehmer ist (OLG Frankfurt WRP 2015, 1246 Rn. 11: gemeinnütziger Verein).

22   **Nr. 10** bezieht sich auf § 79 II und III sowie § 80 **EEG.** Dadurch soll es Verbraucherschutz-verbänden ermöglicht werden, den Ursachen ungerechtfertigter Belastungen der Verbraucher bei der Stromversorgung entgegenzutreten.

23   **Nr. 11** bezieht sich auf das **Wohn- und Betreuungsvertragsgesetz** (WBVG). Verbraucher-schützend sind zB **§ 3 WBVG** (Informationspflichten bei Vertragsschluss), **§ 6 WBVG** (Schrift-formerfordernis und Mindestanforderungen an den Vertragsinhalt) und **§ 14 I 1 WBVG** (BGH NJW 2015, 2573 Rn. 12).

24   **Nr. 12** (Umsetzung von Anh. I Nr. 43 Verbandsklagen-RL) betrifft § 2 II sowie die §§ 36 und 37 **VSBG** und Art. 14 **VO (EU) 524/2013** v. 21.5.2013 über Online-Streitbeilegung in Verbraucherangelegenheiten. Die genannten Vorschriften des VSBG dienen der Umsetzung des Art. 13 Verbraucherrechte-RL (RL 2011/83/EU). **§ 2 II VSBG** verbietet es Einrichtungen, sich als Verbraucherschlichtungsstelle zu bezeichnen, wenn sie nicht gesetzlich als solche an-erkannt, beauftragt oder eingerichtet ist. **§ 36 VSBG** begründet eine allgemeine Informations-pflicht des Unternehmers, der eine Webseite unterhält oder AGB verwendet, über seine Bereit-schaft oder Verpflichtung an Streitbeilegungsverfahren vor einer Verbraucherschlichtungsstelle teilzunehmen und ggf. auf die zuständige Verbraucherschlichtungsstelle hinzuweisen (dazu BGH WRP 2019, 1478; KG WM 2019, 966). **§ 37 VSBG** begründet Hinweispflichten des Unter-nehmers nach Entstehen einer Streitigkeit über einen Verbrauchervertrag (→ UWG § 3a Rn. 1.325a). – **Art. 14 I, II VO (EU) 524/2013** begründet Informationspflichten für in der Union niedergelassene Unternehmer, die Online-Kaufverträge und Online-Dienstleistungsver-träge eingehen, sowie für Online-Marktplätze. Sie müssen ua auf ihrer Webseite einen Link zur OS-Plattform (= Online-Streitbeilegung-Plattform) einstellen (→ UWG § 3a Rn. 1.325b).

25   **Nr. 13** (Umsetzung von Anh. I Nr. 56 Verbandsklagen-RL) betrifft die Vorschriften der **DS-GVO** in der jeweils geltenden Fassung, die für die Verarbeitung von Daten von Verbrauchern durch Unternehmer gelten. Nach früherer Rechtslage (§ 2 II 1 Nr. 11 aF) wurden nur be-stimmte Verstöße gegen Datenschutzvorschriften in den Anwendungsbereich des § 2 einbezogen (dazu und zur Entwicklung der Rechtslage → 41. Aufl. 2023, Rn. 17 ff.). Nach geltendem Recht fallen demgegenüber alle Bestimmungen der DS-GVO in den Anwendungsbereich der Verbandsklagen-RL, soweit sie im Verhältnis zwischen Unternehmer und Verbraucher anwend-bar sind und die Datenverarbeitung regeln. Aufgehoben wurde auch die frühere Einschränkung der Anwendung von § 2 auf bestimmte Datenschutzverstöße in § 2 II 2 (Begr. RegE, BR-Drs. 145/23, 125). Zu beachten ist, dass sich der Beseitigungsanspruch bei einer Rechtsverletzung nach den entsprechenden datenschutzrechtlichen Vorschriften richtet (§ 2 I 3) → Rn. 88.

26   **Nr. 14** bezieht sich auf § 31 **BDSG** und betrifft den Schutz bei Scoring und Bonitätsaus-künften.

27   **Nr. 15** (Umsetzung von Anh. I Nr. 49 Verbandsklagen-RL) bezieht sich auf „diejenigen Vorschriften des **Zahlungskontengesetzes,** die das Verhältnis zwischen Zahlungsdienstleistern und Verbrauchern regeln". Es handelt sich um die **§§ 5–15 ZKG.**

28   **Nr. 16** (Umsetzung von Anh. I Nr. 64 Verbandsklagen-RL) bezieht sich auf diejenigen Vorschriften des **TKG,** die das Verhältnis zwischen Anbietern von öffentlich zugänglichen Telekommunikationsleistungen und Verbrauchern regeln. In Bezug genommen sind die Vor-schriften in Teil 3 – Kundenschutz **(§§ 51–72 TKG),** soweit sie sich auf den Schutz der Verbraucher beziehen. Verbraucherschützend ist bspw. § 56 I 1 TKG (BGH GRUR 2023, 643 Rn. 24 – Basic-Phone-Vertrag). Bereits nach alter Rechtslage als Verbraucherschutzvorschrift anerkannt waren § 66a TKG aF (BGH GRUR 2016, 295 Rn. 11; die entsprechende Regelung enthält jetzt § 109 TKG), § 43b TKG aF (BGH GRUR 2022, 175 Rn. 23 ff. – Kabel-TV-Anschluss; entsprechende Schutzvorschriften sind jetzt in den §§ 66a ff. TKG enthalten).

29   **Nr. 17** (Umsetzung von Anh. I Nr. 1 Verbandsklagen-RL) betrifft die Vorschriften des **ProdHaftG.**

30   **Nr. 18** (Umsetzung von Anh. I Nr. 3 Verbandsklagen-RL) bezieht sich auf die Vorschriften der **VO (EG) Nr. 2027/97** v. 9.10.1997 über die Haftung bei der Beförderung von Fluggästen und deren Gepäck im Luftverkehr in der jeweils geltenden Fassung.

31   **Nr. 19** (Umsetzung von Anh. I Nr. 4 Verbandsklagen-RL) bezieht sich auf die Vorschriften der **PAngV.** Deren Vorschriften waren bereits nach alter Rechtslage als Verbraucherschutz-vorschriften anerkannt (→ 41. Aufl. 2023, Rn. 30c; KG NJOZ 2013, 318; OLG Hamburg BeckRS 2009, 9763). Zu den Einzelheiten s. die gesonderte Kommentierung der PAngV.

32   **Nr. 20** (Umsetzung von Anh. I Nr. 8 Verbandsklagen-RL) betrifft die §§ 3–7 **Produktsi-cherheitsgesetz** (ProdSichG), § 7 **Gasgerätedurchführungsgesetz** (GasgeräteDG), § 7 **PSA-Durchführungsgesetz** (PSA-DG) und die Vorschriften der **Verordnung über elektrische**

Betriebsmittel (1. ProdSV v. 17.3.2016, BGBl. 2016 I 502), der **Verordnung über die Sicherheit von Spielzeug** (2. ProdSV v. 7.7.2011, BGBl. 2011 I 1350, 1470), der **Verordnung über einfache Druckbehälter** (6. ProdSV v. 6.4.2016, BGBl. 2016 I 597), der **Maschinenverordnung** (9. ProdSV v. 12.5.1993, BGBl. 1993 I 704), der **Verordnung über Sportboote und Wassermotorräder** (10. ProdSV v. 29.11.2016, BGBl. 2016 I 2668), der **Explosionsschutzverordnung** (11. ProdSV v. 6.1.2016, BGBl. 2016 I 39), der **Aufzugsverordnung** (12. ProdSV v. 6.4.2016, BGBl. 2016 I 605), der **Aerosolpackungsverordnung** (13. ProdSV v. 27.9.2002, BGBl. 2002 I 3777, 3805) sowie der **Druckgeräteverordnung** (14. ProdSV v. 13.5.2015, BGBl. 2015 I 692), soweit diese Pflichten von Unternehmern zum Schutz der Verbraucher regeln.

Nr. 21 (Umsetzung von Anh. I Nr. 12 Verbandsklagen-RL) bezieht sich auf die Vorschriften **33** der **VO (EG) Nr. 178/2002** v. 28.1.2002 zur Festlegung der allgemeinen Grundsätze und Anforderungen des Lebensmittelrechts, zur Errichtung der Europäischen Behörde für Lebensmittelsicherheit und zur Festlegung von Verfahren zur Lebensmittelsicherheit in der jeweils geltenden Fassung, soweit sie das Verhältnis zwischen Unternehmern und Verbrauchern regeln. Orientierungspunkt für den Verbraucherschutz ist Art. 8 VO (EG) Nr. 178/2002, wonach zu den Praktiken, vor denen Verbraucher zu schützen sind, die folgenden gehören: (a) Praktiken des Betrugs oder der Täuschung, (b) die Verfälschung von Lebensmitteln und (c) alle sonstigen Praktiken, die den Verbraucher irreführen können.

Nr. 22 (Umsetzung von Anh. I Nr. 13 Verbandsklagen-RL) betrifft die Vorschriften der **VO 34 (EG) Nr. 261/2004** v. 11.2.2004 über die gemeinsame Regelung für Ausgleichs- und Unterstützungsleistungen für Fluggäste im Fall der Nichtbeförderung und bei Annullierung oder großer Verspätung von Flügen in der jeweils geltenden Fassung. Der Verbraucherschutzzweck dieser Verordnung war bereits vor der ausdrücklichen Aufnahme in den Katalog des § 2 II anerkannt (OLG Köln WRP 2021, 528 Rn. 7).

Nr. 23 (Umsetzung von Anh. I Nr. 17 Verbandsklagen-RL) betrifft die Vorschriften der **VO 35 (EG) Nr. 1107/2006** v. 5.7.2006 über die Rechte von behinderten Flugreisenden und Flugreisenden mit eingeschränkter Mobilität in der jeweils geltenden Fassung.

Nr. 24 (Umsetzung von Anh. I Nr. 18 Verbandsklagen-RL) betrifft die Vorschriften der **VO 36 (EU) 2021/782** v. 29.4.2021 über die Rechte und Pflichten der Fahrgäste im Eisenbahnverkehr in der jeweils geltenden Fassung.

Nr. 25 (Umsetzung von Anh. I Nr. 21 Verbandsklagen-RL) bezieht sich auf Art. 23 **VO 37 (EG) 1008/2008** v. 24.9.2008 über gemeinsame Vorschriften für die Durchführung von Luftverkehrsdiensten in der Gemeinschaft in der jeweils geltenden Fassung. Diese Regelung beinhaltet Informationsanforderungen sowie das Gebot der Nichtdiskriminierung von Kunden.

Nr. 26 (Umsetzung von Anh. I Nr. 22 Verbandsklagen-RL) betrifft Art. 1–35 **VO (EG) 38 1272/2008** v. 16.12.2008 über die Einstufung, Kennzeichnung und Verpackung von Stoffen und Gemischen in der jeweils geltenden Fassung.

Nr. 27 (Umsetzung von Anh. I Nr. 24 und 25 Verbandsklagen-RL) betrifft §§ 20a, 36, **39** 40–41, 41b, 42, 53a und 111a **EnWG**. Bereits zu § 2 aF war in der Rspr. anerkannt, dass Vorschriften aus dem vierten Teil des EnWG (§§ 36 ff. EnWG) verbraucherschützende Normen sein können (BGH BeckRS 2022, 42083 Rn. 14 zu § 41 III EnWG aF; EnWZ 2019, 262 Rn. 14 zu § 41 II EnWG aF; OLG Köln EnWZ 2022, 229 Rn. 17; EnWZ 2022, 178 Rn. 24 ff. zu § 36 I EnWG). Denn durch das Aufstellen von Informationspflichten im Zusammenhang mit der Unterrichtung über beabsichtigte Preisänderungen soll der Kunde in die Lage versetzt werden, Leistung und Gegenleistung zu vergleichen, um beurteilen zu können, ob er die neuen Bedingungen des Energieversorgers akzeptieren oder von seinem Sonderkündigungsrecht Gebrauch machen und den Lieferanten wechseln soll (BGH BeckRS 2022, 42083 Rn. 14). Die in Anh. I Nr. 24 Verbandsklagen-RL genannte RL 2009/72/EG wurde durch die RL (EU) 2019/944 v. 5.6.2019 mit gemeinsamen Vorschriften für den Elektrizitätsbinnenmarkt (ABl. 2019 L 158) ersetzt.

Nr. 28 (Umsetzung von Anh. I Nr. 26 Verbandsklagen-RL) betrifft die Vorschriften des **40 Zahlungsdiensteaufsichtsgesetzes** (ZAG), die das Verhältnis zwischen E-Geldinstituten und Verbrauchern regeln. Verbraucherschützend ist bspw. das Verbot abweichender Vereinbarungen in § 33 V ZAG.

Nr. 29 (Umsetzung von Anh. I Nr. 27 Verbandsklagen-RL) betrifft §§ 4, 5 **Energiever- 41 brauchsrelevante-Produkte-Gesetz** (EVPG). Die genannten Vorschriften regeln das Inverkehrbringen, die Inbetriebnahme und das Ausstellen von Produkten und stellen Informationspflichten auf.

42   **Nr. 30** (Umsetzung von Anh. I Nr. 28 Verbandsklagen-RL) betrifft §§ 1a, 6a, 7–9, 59 I 2 und 3 und IV 2, §§ 152, 154 und 155, auch in Verbindung mit den §§ 176 und 177 I **Versicherungsvertragsgesetz** (VVG). Es handelt sich dabei insbes. um Regelungen von Vertriebsmodalitäten, Informationspflichten, den Widerruf sowie das Verbot abweichender Vereinbarungen. Ebenfalls bejaht hat die Rspr. einen verbraucherschützenden Charakter von § 153 II VVG und § 138 II VAG sowie § 6 I MindZV (OLG Stuttgart GRUR-RS 2022, 2401 Rn. 21 ff.).

43   **Nr. 31** betrifft – ergänzend zu Nr. 30 – die **VVG-Informationspflichtenverordnung** (VVG-InfoV).

44   **Nr. 32** (Umsetzung von Anh. I Nr. 29 Verbandsklagen-RL) betrifft die Vorschriften der **VO (EG) Nr. 392/2009** v. 23.4.2009 über die Unfallhaftung von Beförderern von Reisenden auf See in der jeweils geltenden Fassung.

45   **Nr. 33** (Umsetzung von Anh. I Nr. 30 Verbandsklagen-RL) betrifft die Vorschriften der **VO (EU) 2021/1230** v. 14.7.2021 über grenzüberschreitende Zahlungen in der Union in der jeweils geltenden Fassung.

46   **Nr. 34** (Umsetzung von Anh. I Nr. 31 Verbandsklagen-RL) betrifft Art. 4–7 **VO (EU) 2020/740** v. 25.5.2020 über die Kennzeichnung von Reifen in Bezug auf die Kraftstoffeffizienz und andere Parameter in der jeweils geltenden Fassung.

47   **Nr. 35** (Umsetzung von Anh. I Nr. 32 Verbandsklagen-RL) betrifft Art. 3–8 VO (EG) Nr. 1223/2009 und Art. 19–21 **VO (EG) Nr. 1223/2009** v. 30.11.2009 über kosmetische Mittel in der jeweils geltenden Fassung.

48   **Nr. 36** (Umsetzung von Anh. I Nr. 34 Verbandsklagen-RL) betrifft Art. 9 und 10 **VO (EG) 66/2010** v. 25.11.2009 über das EU-Umweltzeichen in der jeweils geltenden Fassung.

49   **Nr. 37** (Umsetzung von Anh. I Nr. 35 Verbandsklagen-RL) betrifft die Vorschriften der **VO (EU) 1177/2010** v. 24.11.2010 über die Fahrgastrechte im See- und Binnenschiffsverkehr in der jeweils geltenden Fassung.

50   **Nr. 38** (Umsetzung von Anh. I Nr. 38 Verbandsklagen-RL) betrifft die Vorschriften der **VO (EU) 181/2011** v. 16.2.2011 über die Fahrgastrechte im Kraftomnibusverkehr in der jeweils geltenden Fassung.

51   **Nr. 39** (Umsetzung von Anh. I Nr. 39 Verbandsklagen-RL) betrifft die Vorschriften der **VO (EU) 1169/2011** v. 25.10.2011 betreffend die Information der Verbraucher über Lebensmittel in der jeweils geltenden Fassung.

52   **Nr. 40** (Umsetzung von Anh. I Nr. 40 Verbandsklagen-RL) betrifft die **§§ 4–11 HeizkostenV**, die §§ 3–5 FFVAV **(Fernwärme- oder Fernkälte-Verbrauchserfassungs- und -Abrechnungsverordnung)** und die §§ 29–32 MsbG **(Messstellenbetriebsgesetz)**. Bejaht hat die Rspr. auch einen verbraucherschützenden Charakter von § 37 II MbsG (LG Dortmund GRUR-RS 2019, 3674 Rn. 12).

53   **Nr. 41** betrifft die §§ 11–18 GasGVV **(Gasgrundversorgungsverordnung)**. Da GasGVV und StromGVV weitgehend parallel ausgestaltet sind, kann die Rspr. zum verbraucherschützenden Charakter von Vorschriften der StromGVV (→ Rn. 54) auf die entsprechenden Normen der GasGVV übertragen werden.

54   **Nr. 42** betrifft die §§ 11–18 StromGVV **(Stromgrundversorgungsverordnung)**. Als Verbraucherschutzvorschriften iSd § 2 aF anerkannt hat der BGH § 5 II 2 StromGVV, § 2 III 1 Nr. 5 und S. 3 StromGVV (BGH GRUR-RR 2018, 454 Rn. 34). Denn diese Vorschriften sollen gewährleisten, dass den Verbrauchern sowohl bei Vertragsschluss als auch bei einer Änderung des Stromentgelts zusätzliche Informationen über die Höhe der einzelnen Preisbestandteile bereitgestellt werden, um für sie die Transparenz zu erhöhen und sie besser in die Lage zu versetzen, Zusammensetzung und Änderungen der Allgemeinen Preise der Grundversorgung zu bewerten.

55   **Nr. 43** (Umsetzung von Anh. I Nr. 41 Verbandsklagen-RL) betrifft die Vorschriften der **VO (EU) 260/2012** v. 14.3.2012 zur Festlegung der technischen Vorschriften und der Geschäftsanforderungen für Überweisungen und Lastschriften in Euro (SEPA-VO) in der jeweils geltenden Fassung; **Beispiel:** Verbraucherschützend ist Art. 9 II SEPA-VO (BGH GRUR 2020, 654 Rn. 17 ff. – SEPA-Lastschrift unter Hinweis auf EuGH ECLI:EU:C:2019:673 = WRP 2019, 1567 Rn. 27 f. – Verein für Konsumenteninformation).

56   **Nr. 44** (Umsetzung von Anh. I Nr. 42 Verbandsklagen-RL) betrifft die Vorschriften der **VO (EU) 531/2012** v. 13.6.2012 über das Roaming in öffentlichen Mobilfunknetzen in der Union in der jeweils geltenden Fassung.

Nr. 45 (Umsetzung von Anh. I Nr. 46 Verbandsklagen-RL) betrifft die Vorschriften des **57** **Mess- und Eichgesetzes** (MessEG) sowie der **Mess- und Eichverordnung** (MessEV), soweit sie das Verhältnis zwischen Unternehmern und Verbrauchern regeln.

Nr. 46 (Umsetzung von Anh. I Nr. 50 Verbandsklagen-RL) betrifft die Vorschriften der **VO** **58** **(EU) 1286/2014** v. 26.11.2014 über Basisinformationsblätter für verpackte Anlageprodukte für Kleinanleger und Versicherungsanlageprodukte (PRIIP) in der jeweils geltenden Fassung.

Nr. 47 (Umsetzung von Anh. I Nr. 51 Verbandsklagen-RL) betrifft die Vorschriften der **VO** **59** **(EU) 2015/760** v. 29.4.2015 über europäische langfristige Investmentfonds in der jeweils geltenden Fassung.

Nr. 48 (Umsetzung von Anh. I Nr. 9 und 52 Verbandsklagen-RL) betrifft die Vorschriften **60** der **VO (EU) 2015/2120** v. 25.11.2015 über Maßnahmen zum Zugang zum offenen Internet in der jeweils geltenden Fassung.

Nr. 49 (Umsetzung von Anh. I Nr. 57 Verbandsklagen-RL) betrifft die Vorschriften des **61** **Kapitels II** der **VO (EU) 2017/745** v. 5.4.2017 über Medizinprodukte in der jeweils geltenden Fassung.

Nr. 50 (Umsetzung von Anh. I Nr. 58 Verbandsklagen-RL) betrifft die Vorschriften des **62** **Kapitels II** der **VO (EU) 2017/746** v. 5.4.2017 über In-vitro-Diagnostika in der jeweils geltenden Fassung.

Nr. 51 (Umsetzung von Anh. I Nr. 59 Verbandsklagen-RL) betrifft die Vorschriften der **VO** **63** **(EU) 2017/1128** v. 14.6.2017 zur grenzüberschreitenden Portabilität von Online-Inhaltediensten im Binnenmarkt in der jeweils geltenden Fassung.

Nr. 52 (Umsetzung von Anh. I Nr. 60 Verbandsklagen-RL) betrifft die Vorschriften der **VO** **64** **(EU) 2017/1129** v. 14.6.2017 über den Prospekt, der beim öffentlichen Angebot von Wertpapieren oder bei deren Zulassung zum Handel an einem geregelten Markt zu veröffentlichen ist in der jeweils geltenden Fassung,

Nr. 53 (Umsetzung von Anh. I Nr. 61 Verbandsklagen-RL) betrifft die Vorschriften der **VO** **65** **(EU) 2017/1131** v. 14.7.2017 über Geldmarktfonds in der jeweils geltenden Fassung.

Nr. 54 (Umsetzung von Anh. I Nr. 62 Verbandsklagen-RL) bezieht sich auf Art. 3–6 **VO** **66** **(EU) 2017/1369** vom 4.7.2017 zur Festlegung eines Rahmens für die Energieverbrauchskennzeichnung in der jeweils geltenden Fassung.

Nr. 55 (Umsetzung von Anh. I Nr. 63 Verbandsklagen-RL) bezieht sich auf Art. 3–5 **VO** **67** **(EU) 2018/302** v. 28.2.2018 (Geoblocking-VO) in der jeweils geltenden Fassung.

Nr. 56 (Umsetzung von Anh. I Nr. 67 Nerbandsklagen-RL) betrifft die Vorschriften der **VO** **68** **(EU) 2022/1925** v. 14.9.2022 über bestreitbare und faire Märkte im digitalen Sektor (Gesetz über digitale Märkte = Digital Markets Act) in der jeweils geltenden Fassung. Das Ziel des Verbraucherschutzes wird in den Erwägungsgründen dieser Verordnung mehrfach erwähnt (zB ErwGr. 72 VO (EU) 2022/1925). ErwGr. 104 VO (EU) 2022/1925 stellt zudem klar, dass die Verbandsklagen-RL auf Klagen anzuwenden ist, „die wegen Verstößen der Torwächter gegen Bestimmungen dieser Verordnung, die die Kollektivinteressen der Verbraucher beeinträchtigen oder beeinträchtigen können, angestrengt werden". Verbraucherschützende Regelungen sind insbesondere in Art. 5 ff. VO (EU) 2022/1925 geregelt, wenn diese das Verhältnis zu Verbrauchern betreffen. Die Verordnung spricht dabei allerdings nicht von Verbrauchern, sondern von Endnutzern (Art. 2 Nr. 20 VO (EU) 2022/1925).

Nr. 57 (Umsetzung von Nr. 68 Anh. I Nerbandsklagen-RL; Geltung ab 17.2.2024) betrifft **69** die Vorschriften der **VO (EU) 2022/2065** v. 19.10.2022 über einen Binnenmarkt für digitale Dienste (Gesetz über digitale Dienste = Digital Services Act) in der jeweils geltenden Fassung. Aus ErwGr. 149 VO (EU) 2022/2065 folgt, dass sich Nutzer bei Rechtsverletzungen an die Stellen iSd Verbandsklagen-RL wenden können. Verbraucherschutzvorschriften sind zB Art. 6 III VO (EU) 2022/2065 oder die Regelungen im Abschnitt 4 (Art. 29 ff. VO (EU) 2022/2065).

3. Weitere Verbraucherschutzgesetze

Da die Liste des § 2 II nicht abschließend ist (→ Rn. 12) können auch andere als die im **70** Katalog aufgeführten Vorschriften Verbraucherschutzgesetze iSv § 2 I 1 sein. Zu den sonstigen Verbraucherschutzgesetzen gehören alle Vorschriften, die **Verhaltenspflichten** des Unternehmers gegenüber dem Verbraucher begründen (BGH WRP 2020, 726 Rn. 15 – SEPA-Lastschrift) und deren Verletzung Kollektivinteressen der Verbraucher beeinträchtigt (BGH WRP 2020, 726 Rn. 36 – SEPA-Lastschrift). Maßgeblich für eine Einordnung als Verbraucherschutzgesetz sind die in → Rn. 4 ff. genannten Kriterien. Es genügt demnach, dass die Vorschrift zumindest auch dem Schutz der Verbraucher dient und dass dieser Schutz nicht nur untergeordnete Bedeutung hat oder eine nur zufällige Nebenwirkung ist (BGH WRP 2020, 726 Rn. 20 – SEPA-Lastschrift im Anschluss an EuGH WRP 2019, 1567 Rn. 27 – Verein für Konsumenteninformation).

71 **a) Verbraucherschützende Vorschriften des UWG.** Das UWG gehörte nach **früherer Auffassung** nicht zu den Verbraucherschutzgesetzen iSd § 2 I 1, obwohl es nach § 1 I 1 UWG auch dem Schutz der „Verbraucherinnen und Verbraucher" dient. Man sah das UWG im Verhältnis zum UKlaG als eine abschließende Regelung an und stützte sich dabei auf § 8 III UWG und § 8 V 2 UWG (vgl. BT-Drs. 15/1487, 23).

72 Schon zum **29.12.2009,** dem Zeitpunkt des Inkrafttretens der (kodifizierten) Unterlassungsklagen-RL 2009/22/EG, hatte sich diese **Rechtslage geändert.** Denn nach Art. 1 II Unterlassungsklagen-RL war ein Verstoß iS dieser Richtlinie jede Handlung, die den in Anh. I aufgeführten Richtlinien in der in die innerstaatliche Rechtsordnung der Mitgliedstaaten umgesetzten Form zuwiderlief und die in Art. 1 I genannten Kollektivinteressen der Verbraucher beeinträchtigte. Zu diesen Richtlinien gehörte nach Nr. 11 Anh. Unterlassungsklagen-RL auch die UGP-RL. Die Verbandsklagen-RL, die die Unterlassungsklagen-RL abgelöst hat, knüpft an diese Rechtslage an. Gemäß Anh. I Nr. 14 Verbandsklagen-RL gehören die Vorschriften der UGP-RL zu den Verbraucherschutzvorschriften iSv Art. 2 I Verbandsklagen-RL. Nr. 15 Anh. Verbandsklagen-RL bezieht zudem die Vorschriften der Werbe-RL in den Katalog der Verbraucherschutzvorschriften mit ein. Daraus folgt: Die **Vorschriften des UWG,** die der **Umsetzung der UGP-RL** dienen, sind als **Verbraucherschutzgesetze** iSd § 2 I 1 anzusehen. Es sind dies jedenfalls die Per-se-Verbote des Anh. § 3 III UWG und die Verbrauchergeneralklausel des § 3 II UWG, darüber hinaus aber auch § 3 I UWG iVm §§ 4a, 5, 5a und 5b UWG (ebenso BGH WRP 2019, 883 Rn. 37 – Prämiensparverträge; BGH GRUR 2023, 643 Rn. 27 – Basic-Phone-Vertrag). Weiterhin erfasst sind § 3 I UWG iVm § 6 II UWG. Auch § 7 UWG gehört zu den Verbraucherschutzvorschriften, weil und soweit diese Norm auch Verbraucher schützt (anders → 41. Aufl. 2023, Rn. 32). Dass diese Regelung in der UGP-RL keine Grundlage findet, steht der Anerkennung als Verbraucherschutzvorschrift nicht entgegen, da das nationale Recht weiter gehende Regelungen vorsehen darf (→ Rn. 12).

73 Von der Zuordnung zu den Verbraucherschutzvorschriften zu unterscheiden ist die Frage, ob Verstöße gegen Verbraucherschutzvorschriften zugleich unlautere geschäftliche Handlungen iSd UWG sein können. Dies beantwortet sich danach, ob die betreffenden Vorschriften zugleich **Marktverhaltensregelungen** iSd **§ 3a UWG** sind oder ob es sich um **unionsrechtliche Informationsanforderungen** iSv **§ 5b IV UWG** handelt, die als wesentliche Informationen gelten und Verbrauchern nicht vorenthalten werden dürfen (§ 5a I–III UWG). Ist dies, wie idR, der Fall (BGH WRP 2020, 726 Rn. 40 – SEPA-Lastschrift zu Art. 9 II SEPA-VO), so sind UKlaG und UWG nebeneinander anwendbar. Jedoch können die jeweiligen Ansprüche nur unter den für sie geltenden prozessrechtlichen und materiellrechtlichen Voraussetzungen des UKlaG bzw. des UWG (zB Verjährung; Spürbarkeit des Verstoßes) geltend gemacht werden (Kamlah WRP 2006, 33 (36)). – Bei unlauteren geschäftlichen Handlungen, die nicht zugleich Verstöße gegen Verbraucherschutzvorschriften sind, kommt nur das UWG zur Anwendung. **Beispiel** (nach LG München I WRP 2005, 1430): Werden an die Wettbewerbszentrale unerbetene Werbe-E-Mails versandt, so löst dies einen Unterlassungsanspruch zwar nicht nach § 2 I aus, weil kein Verbraucherschutzgesetz verletzt wurde, wohl aber einen Unterlassungsanspruch nach § 8 I UWG iVm § 7 II Nr. 2 UWG.

74 **b) Verbraucherschützende Vorschriften des BGB.** Über die in § 2 II Nr. 1 ohnehin aufgeführten Normen hinaus sind Verbraucherschutzvorschriften iSd § 2 I 1 alle **bürgerlichrechtlichen** Vorschriften, die vertragliche oder gesetzliche **Ansprüche** des Unternehmers gegen den Verbraucher **ausschließen oder beschränken,** wie etwa § 241a I BGB oder § 361 I BGB. Mit dem Unterlassungsanspruch lässt sich verhindern, dass der Unternehmer gleichwohl derartige Ansprüche geltend macht. Nicht erfasst sind dagegen die allgemeinen, also nicht zur Verbraucher schützenden Vorschriften wie §§ 123, 134, 138 BGB. Diesen Vorschriften fehlt der verbraucherspezifische Schutzzweck.

75 Als Verbraucherschutzvorschriften sind schließlich auch bürgerlich-rechtliche Vorschriften anzusehen, die **Ansprüche** des Verbrauchers gegen den Unternehmer begründen, wie zB Gewährleistungsansprüche oder Gewinnzusagen iSd § 661a BGB (Grüneberg/Grüneberg Rn. 3; MüKoZPO/Micklitz/Rott Rn. 39; aA → 41. Aufl. 2023, Rn. 30d). Denn auch die

Nichterfüllung eines zugunsten des Verbrauchers bestehenden Anspruchs kann eine Zuwiderhandlung gegen eine Verhaltenspflicht darstellen. Dem steht nicht entgegen, dass es dem einzelnen Verbraucher überlassen ist, ob er einen individuellen Anspruch geltend macht oder nicht. Soweit der Unternehmer den Verbraucher daran hindert, seine Ansprüche geltend zu machen, können überdies die Voraussetzungen einer Unlauterkeit gegeben sein (vgl. Anh. Nr. 27 UWG; § 3 II, §§ 4a, 5 UWG; → Rn. 31 ff.).

c) Weitere verbraucherschützende Regelungen. Ebenfalls zu den Verbraucherschutzvor- **76** schriften gehören spezialgesetzlichen **Werbeverbote** und **Werbebeschränkungen** zum Schutze der Verbraucher, soweit diese nicht schon im Beispielskatalog des § 2 II aufgeführt sind. Dazu gehören bspw. die Regelungen in **Art. 10 Health-Claims-VO, § 25 WeinG** und in der **Lebensmittelinformations-Durchführungsverordnung** (LMIDV), die ergänzende Regelungen zur VO (EU) 1169/2011 (§ 2 II Nr. 39 = Anh. I Nr. 39 Verbandsklagen-RL) enthält.

Weiterhin gehören zu den Verbraucherschutzvorschriften spezialgesetzlichen Regelungen zu **77** **Informations-** und **Verhaltenspflichten** gegenüber Verbrauchern. Dies umfasst insbes. **Produktkennzeichnungsvorschriften** wie zB aus der PKW-Energieverbrauchskennzeichnungsverordnung (PKW-EnVKV), die ergänzende Regelungen zum Energieverbrauchskennzeichnungsgesetz v. 30.1.2002 (BGBl. 2002 I 570) enthält, oder die Informationspflichten der **Dienstleistungserbringer** aus der **DL-InfoV,** da diese der Umsetzung der Anforderungen aus der RL 2006/123/EG (Dienstleistungs-RL) dient (s. dazu die gesonderte Kommentierung).

4. Abgrenzung zu anderen Vorschriften

Nicht zu den Verbraucherschutzgesetzen iSd § 2 I gehört das in den Art. 101, 102 AEUV **78** und im GWB geregelte **Kartellrecht,** auch wenn kartellrechtliche Vorschriften neben Mitbewerbern und sonstigen Marktteilnehmern die Verbraucher schützen. Auszugehen ist in richtlinienkonformer Auslegung von den Vorgaben der Verbandsklagen-RL, deren Anhang die Kartellschadensersatz-RL (RL 2014/104/EU) nicht erwähnt. Auch die Entstehungsgeschichte der beiden Richtlinien legt nahe, dass der Unionsgesetzgeber diese Regelungsbereiche nicht miteinander verbinden wollte, wenngleich sich durchaus Sachgründe für eine Einbeziehung von Kartellverstößen in den Anwendungsbereich der Verbandsklagen-RL finden lassen (Rentsch EuZW 2021, 524 (528)). Da die Aufzählung der Verbraucherschutzvorschriften in § 2 nicht abschließend ist, könnte das nationale Recht Kartellrechtsvorschriften in den Anwendungsbereich von § 2 einbeziehen. Dem steht jedoch entgegen, dass die privatrechtliche Verfolgung von Kartellrechtsverstößen im GWB abschließend geregelt ist, wie sich aus den §§ 33, 33a, 34a GWB ergibt. Die speziellen Regelungen zu Verbandsklagen dürfen nicht mit Hilfe des UKlaG umgangen werden. Anders gelagert ist demgegenüber der Fall, dass der Verstoß gegen eine Verbraucherschutzvorschrift zugleich als ein Wertungskriterium in die Anwendung des Kartellrechts einfließt, zB bei der Beurteilung eines missbräuchlichen Verhaltens (→ Vor § 1 Rn. 12).

III. Voraussetzungen des Unterlassungsanspruchs

Die Regelung der Voraussetzungen des Unterlassungsanspruchs in § 2 I 1 ist lückenhaft. Nach **79** allgemeinen Grundsätzen ist zwischen dem Verletzungsunterlassungsanspruch (→ Rn. 80 ff.) und dem vorbeugenden Unterlassungsanspruch (→ Rn. 85) zu unterscheiden.

1. Verletzungsunterlassungsanspruch

In § 2 I 1 ist ausdrücklich nur der sog. Verletzungsunterlassungsanspruch geregelt, der über **80** die Zuwiderhandlung hinaus eine Wiederholungsgefahr erfordert.

a) Zuwiderhandlung. Die Zuwiderhandlung gegen ein Verbraucherschutzgesetz setzt vo- **81** raus, dass dessen Tatbestand rechtswidrig verwirklicht wird. Dagegen ist ein Verschulden des Handelnden nicht erforderlich. Der Handelnde kann sich daher weder auf einen Tatsachennoch auf einen Rechtsirrtum berufen. Die Zuwiderhandlung kann durch ein positives Tun (zB Geltendmachung eines Anspruchs), aber auch durch ein pflichtwidriges Unterlassen (zB einer Widerrufsbelehrung) erfolgen.

b) Wiederholungsgefahr. Die Wiederholungsgefahr, also die ernstliche Gefahr einer Wie- **82** derholung desselben oder eines im Wesentlichen gleichartigen Verstoßes, ist ein ungeschriebenes Tatbestandsmerkmal. Sie wird widerleglich vermutet (BGH GRUR-RR 2018, 454 Rn. 34).

Diese Vermutung kann grds. nur durch eine **strafbewehrte Unterlassungserklärung,** nämlich durch Abgabe einer Unterlassungsverpflichtungserklärung, die durch das Versprechen einer angemessenen Vertragsstrafe für jeden Fall der Zuwiderhandlung gesichert ist (vgl. § 5 iVm § 13 I 1 UWG), ausgeräumt werden. Zu Einzelheiten → UWG § 8 Rn. 1.48 und → UWG § 13 Rn. 172 ff. Der strafbewehrten Unterlassungserklärung stehen insbes. gleich: die **Abschlusserklärung** nach Erlass einer einstweiligen Verfügung (→ UWG § 8 Rn. 1.51); das **rechtskräftige Urteil,** sofern sich der Schuldner darauf beruft (→ UWG § 8 Rn. 1.46 ff.); der (vollstreckbare) gerichtliche **Vergleich.**

83   **c) Geltendmachen im Verbraucherschutzinteresse.** Der Anspruch kann nach § 2 I 1 nur **„im Interesse des Verbraucherschutzes"** geltend gemacht werden. Damit ist der Schutz der **Kollektivinteressen** der Verbraucher gemeint, wie eine richtlinienkonforme Auslegung unter Berücksichtigung des Art. 2 I Verbandsklagen-RL ergibt. Zum Begriff der Kollektivinteressen → Rn. 7.

84   Dabei handelt es sich um eine materiellrechtliche Beschränkung des Unterlassungsanspruchs, nicht (auch) um eine Prozessvoraussetzung (hL; vgl. Grüneberg/Grüneberg Rn. 8; Greger NJW 2000, 2457 (2460)). Kollektive Interessen der Verbraucher sind dann berührt, wenn der Verstoß in seinem Gewicht und seiner Bedeutung über den Einzelfall hinausreicht und eine generelle Klärung geboten erscheinen lässt (vgl. BT-Drs. 14/2658, 53; BGH WRP 2020, 726 Rn. 36 – SEPA-Lastschrift). Dabei sind jedoch keine strengen Anforderungen zu stellen (ebenso LG München WRP 2007, 1516 (1517)). Denn eine Verfolgung des Verstoßes setzt ohnehin Wiederholungsgefahr (→ Rn. 82) voraus und der Verletzer hat es in der Hand, durch Abgabe einer strafbewehrten Unterlassungserklärung eine Verurteilung zu vermeiden (§ 5 iVm § 13 I 1 UWG). Daher sind lediglich Verstöße, die offensichtlich auf einem Versehen im Einzelfall beruhen, von der Verfolgung ausgeschlossen (OLG Köln WRP 2021, 528 Rn. 8).

2. Vorbeugender Unterlassungsanspruch

85   Nicht ausdrücklich im UKlaG geregelt, aber gewohnheitsrechtlich anerkannt, ist der vorbeugende Unterlassungsanspruch. Dieser setzt die **Erstbegehungsgefahr** einer Zuwiderhandlung iSv § 2 I 1 voraus. Diese Erstbegehungsgefahr wird nicht vermutet, sondern muss vom Anspruchsteller dargelegt und bewiesen werden. Zu Einzelheiten → UWG § 8 Rn. 1.15 ff.

IV. Inhalt des Unterlassungsanspruchs

86   Es gelten die allgemeinen Grundsätze (→ UWG § 8 Rn. 1.52 ff.).

V. Beseitigungsanspruch

1. Allgemeines

87   Neben dem Unterlassungsanspruch besteht seit der Neufassung des § 2 durch das G v. 16.2.2016 ein ebenfalls verschuldensunabhängiger Beseitigungsanspruch. Für diesen Anspruch gelten die allgemeinen Voraussetzungen, nämlich das Herbeiführen eines rechtswidrigen und weiterhin fortdauernden Störungszustands (zu Einzelheiten → UWG § 8 Rn. 1.69 ff.). Die Beseitigungsmaßnahmen müssen zumutbar und verhältnismäßig sein. Inhaltlich kann sich der Anspruch ggf. auch auf Aufklärung der betroffenen Verbraucher über die Rechtslage erstrecken (vgl. KG BeckRS 2013, 09271; Halfmeier NJW 2016, 1126 (1128)). Der Beseitigungsanspruch umfasst allein die unmittelbar aus der Rechtsverletzung resultierenden Störungen, nicht hingegen mittelbare Folgewirkungen. Das Geltendmachen von Leistungen an die Verbraucher erfolgt im Wege von Abhilfeklagen gemäß §§ 14 ff. VDuG.

2. Besonderheiten bei Zuwiderhandlungen gegen datenschutzrechtliche Vorschriften (§ 2 I 3)

88   Bei Zuwiderhandlungen gegen datenschutzrechtliche Vorschriften iSd § 2 II 1 Nr. 13 richtet sich der Beseitigungsanspruch nach den entsprechenden datenschutzrechtlichen Vorgaben (§ 2 I 3). Dazu gehören insbes. die Regelungen zur **Berichtigung** (Art. 16 DS-GVO) sowie zur **Löschung** (Art. 17 DS-GVO) von Daten. § 2 I 3 soll sicherstellen, dass der Anwendungsvorrang und die besonderen Voraussetzungen des Datenschutzrechts gewahrt bleiben und über das UKlaG keine weitergehenden oder inhaltlich abweichenden Beseitigungsansprüche begründet werden.

VI. Sonstige Ansprüche

Individuelle Schadensersatzansprüche aus der Verletzung von Verbraucherschutzgesetzen 89 können die betroffenen Verbraucher nach Maßgabe der § 9 II 1 UWG, § 823 II BGB oder der jeweiligen Verbraucherschutzgesetze geltend machen, nicht dagegen die in § 3 I genannten „anspruchsberechtigten Stellen". Für **Abhilfeklagen** gilt das VDuG; vgl. für die Einzelheiten die dortige Kommentierung. Zum **Auskunftsanspruch** vgl. §§ 13, 13a.

VII. Gläubiger und Schuldner

1. Gläubiger

Die Anspruchsberechtigten (Gläubiger) der Abwehransprüche sind in § 3 I abschließend 90 benannt.

2. Schuldner

a) Handelnder. Zur Unterlassung verpflichtet ist jeder, der den Tatbestand der Zuwider- 91 handlung durch ein positives Tun oder ein pflichtwidriges Unterlassen adäquat kausal und rechtswidrig verwirklicht (sog **Verletzer**). Mittäter und Teilnehmer einer Rechtsverletzung haften wie der Verletzer (vgl. § 830 I 1, II BGB). Denn auszugehen ist – ebenso wie im Lauterkeitsrecht – von den für Verhaltensunrecht geltenden Grundsätzen der Verantwortlichkeit (vgl. BGH GRUR 2011, 152 Rn. 48 – Kinderhochstühle im Internet I). Die Störerhaftung findet daher keine Anwendung (aA Grüneberg/Grüneberg Rn. 11).

b) Verantwortlichkeit Dritter. Verantwortlich ist (zusätzlich) derjenige, der für das Ver- 92 halten des Handelnden einzustehen hat. Eine solche Verantwortlichkeit kann sich insbes. für juristische Personen und rechtsfähige Personengesellschaften beim Handeln ihrer **Organe** oder **Repräsentanten** aus § 31 BGB (analog) ergeben.

Darüber hinaus ordnet § 2 I 2 an, dass der Inhaber eines Unternehmers auch für Zuwider- 93 handlungen seiner **Mitarbeiter** (zB Verkäufer) oder **Beauftragten** (zB Handelsvertreter) im Unternehmen verantwortlich ist. Die Vorschrift entspricht der Regelung in § 8 II UWG und ist wie diese auszulegen. Zu Einzelheiten vgl. → UWG § 8 Rn. 2.32 ff. Die §§ 278, 831 BGB sind nicht entspr. anwendbar.

VIII. Verjährung und Verwirkung; Rechtsmissbrauch.

Für die **Verjährung** gilt § 195 BGB. Ein konkurrierender Anspruch aus § 8 I UWG verjährt 94 hingegen nach § 11 I UWG. **Verwirkung:** → § 1 Rn. 19.
Rechtsmissbrauch: § 2c. 95

Unterlassungsanspruch bei Verstößen innerhalb der Europäischen Union

2a Wer einen Verstoß im Sinne des Artikels 3 Nummer 5 der Verordnung (EU) 2017/2394 des Europäischen Parlaments und des Rates vom 12. Dezember 2017 über die Zusammenarbeit zwischen den für die Durchsetzung der Verbraucherschutz- gesetze zuständigen nationalen Behörden und zur Aufhebung der Verordnung (EG) Nr. 2006/2004 (ABl. L 345 vom 27.12.2017, S. 1), die zuletzt durch die Richtlinie (EU) 2019/771 (ABl. L 136 vom 22.5.2019, S. 28) geändert worden ist, in der jeweils gelten- den Fassung, begeht, kann auf Unterlassung in Anspruch genommen werden.

Übersicht

I. Einordnung und Normzweck

1   Die Vorschrift geht auf die Neufassung des § 4a durch Art. 2 VI G v. 25.6.2020 (BGBl. 2020 I 1474) zurück. Das G zur Stärkung des fairen Wettbewerbs hat sie in den § 4e überführt. Mit dem VRUG wurde § 4e I als § 2a übernommen. Der Gesetzgeber begründete dies mit dem Ziel, dass alle Ansprüche nach dem UKlaG im Abschnitt 1 des Gesetzes geregelt werden sollen. Eine inhaltliche Änderung war nicht beabsichtigt (BR-Drs. 145/23, 125). § 2a erweitert den Anwendungsbereich des Unterlassungsanspruchs nach § 2 auf grenzüberschreitende Verstöße gegen Verbraucherschutzgesetze. Die Regelung soll dazu beitragen, die mit der VO (EU) 2017/2394 verfolgten Ziele der effektiven Rechtsdurchsetzung bei grenzüberschreitenden Verstößen gegen unionsrechtliche Regelungen zum Schutz der kollektiven Verbraucherinteressen zu verwirklichen (vgl. ErwGr. 3 VO (EU) 2017/2394).

2   Im Verhältnis zu § 2 hat § 2a eine **ergänzende Funktion** und soll Rechtsschutzlücken schließen (MüKoZPO/Micklitz/Rott § 4e Rn. 3). Anders als in § 2 sind in § 2a der Widerrufs- und Beseitigungsanspruch nicht erwähnt. Dies rechtfertigt sich daraus, dass nach der VO nur die Einstellung oder Untersagung von Verstößen verlangt werden kann (vgl. Art. 9 IV VO (EU) 2017/2394).

II. Unterlassungsanspruch

1. Voraussetzungen

3   **a) Art des Verstoßes.** § 2a setzt einen begangenen oder drohenden Verstoß gegen Art. 3 Nr. 5 VO (EU) 2017/2394 voraus. Nach dieser Bestimmung sind „Verstöße gegen diese Verordnung" Verstöße innerhalb der Union (Art. 3 Nr. 2; → Rn. 5), weitverbreitete Verstöße (Art. 3 Nr. 3; → Rn. 6) und weitverbreitete Verstöße mit Unions-Dimension (Art. 3 Nr. 4; → Rn. 7). Dabei geht es jeweils um die Durchsetzung des „Unionsrechts zum Schutz der Verbraucherinteressen" iSv Art. 3 Nr. 1 (→ Rn. 8; vgl. auch OLG Hamburg GRUR-RR 2022, 374 Rn. 9).

4   Durch § 2a wird es den klagebefugten Verbänden ermöglicht, insbes. gegen Unternehmen vorzugehen, die von einem anderen Mitgliedstaat aus operieren oder in einem anderen Mitgliedstaat ihre Niederlassung haben (sog. **„grenzüberschreitende Gesetzesverstöße"**; vgl. auch BGH WRP 2009, 1545 Rn. 28 – Klauseln in AGB ausländischer Luftverkehrsunternehmen).

5   **aa) „Verstoß innerhalb der Union".** Nach der Legaldefinition in Art 3 Nr. 2 VO (EU) 2017/2394 ist unter einem „Verstoß innerhalb der Union" jede Handlung oder Unterlassung zu verstehen, „die gegen Unionsrecht zum Schutz der Verbraucherinteressen verstößt und die Kollektivinteressen von Verbrauchern geschädigt hat, schädigt oder voraussichtlich schädigen kann, die in einem anderen Mitgliedstaat oder anderen Mitgliedstaaten ansässig sind, in dem

a) die Handlung oder Unterlassung ihren Ursprung hat oder stattfindet,
b) der für die Handlung oder Unterlassung verantwortliche Unternehmer niedergelassen ist, oder
c) Beweismittel oder Vermögensgegenstände des Unternehmers vorhanden sind, die einen Zusammenhang mit der Handlung oder Unterlassung aufweisen".

6   **bb) „Weitverbreiteter Verstoß".** Art. 3 Nr. 3 VO (EU) 2017/2394 definiert den weitverbreiteten Verstoß als

„a) jede Handlung oder Unterlassung, die gegen Unionsrecht zum Schutz der Verbraucherinteressen verstößt und die Kollektivinteressen von Verbrauchern geschädigt hat, schädigt oder voraussichtlich schädigen kann, die in mindestens zwei anderen Mitgliedstaaten als dem Mitgliedstaat ansässig sind, in dem

   i) die Handlung oder die Unterlassung ihren Ursprung hatte oder stattfand,
   ii) der für die Handlung oder Unterlassung verantwortliche Unternehmer niedergelassen ist, oder
   iii) Beweismittel oder Vermögensgegenstände des Unternehmers vorhanden sind, die einen Zusammenhang mit der Handlung oder der Unterlassung aufweisen, oder
 b) alle Handlungen oder Unterlassungen desselben Unternehmers, die gegen Unionsrecht zum Schutz der Verbraucherinteressen verstoßen und die Kollektivinteressen von Verbrauchern geschädigt haben, schädigen oder voraussichtlich schädigen können, und in mindestens drei Mitgliedstaaten gleichzeitig stattfinden sowie gemeinsame Merkmale aufweisen, einschließlich derselben unerlaubten Verhaltensweise und derselben verletzten Interessen".

cc) „Weitverbreiteter Verstoß mit Unions-Dimension". Gemäß Art. 3 Nr. 4 VO (EU) **7**
2017/2394 handelt es sich bei einem weitverbreiteten Verstoß mit Unions-Dimension um „einen weitverbreiteten Verstoß, der in mindestens zwei Dritteln der Mitgliedstaaten, die zusammen mindestens zwei Drittel der Bevölkerung der Union ausmachen, die Kollektivinteressen von Verbrauchern geschädigt hat, schädigt oder voraussichtlich schädigen kann". Es müssen also die qualitativen Kriterien gemäß Art. 3 Nr. 3 und die zusätzlichen quantitativen Erfordernisse aus Art. 3 Nr. 4 VO (EU) 2017/2394 erfüllt sein.

dd) „Unionsrecht zum Schutz der Verbraucherinteressen". Die „Verstöße nach dieser **8**
Verordnung" (Art. 3 Nr. 5 VO (EU) 2017/2394) erfordern gemäß Art. 3 Nr. 2, 3 und 4 jeweils einen Verstoß gegen das „Unionsrecht zum Schutz von Verbraucherinteressen". Dabei handelt es sich gemäß Art. 3 Nr. 1 VO (EU) 2017/2394 um Zuwiderhandlungen gegen „die im Anhang der Verordnung aufgeführten Verordnungen und Richtlinien, letztere in der in die innerstaatliche Rechtsordnung der Mitgliedstaaten umgesetzten Form". Die ursprüngliche Aufzählung von 26 Rechtsakten wurden auf inzwischen 28 erweitert. Dieser Katalog ist nicht identisch mit dem deutlich umfangreicheren Anhang I Verbandsklagen-RL. Im Einzelnen sind die folgenden Richtlinien und Verordnungen erfasst:
– **RL 93/13/EWG** v. 5.4.1993 über missbräuchliche Klauseln in Verbraucherverträgen (Klausel-RL),
– **RL 98/6/EG** v. 16.2.1998 über den Schutz der Verbraucher bei der Angabe der Preise der ihnen angebotenen Erzeugnisse (Preisangaben-RL),
– **RL (EU) 2019/771** v. 20.5.2019 über bestimmte vertragsrechtliche Aspekte des Warenkaufs (Warenkauf-RL),
– **RL 2000/31/EG** v. 8.6.2000 über bestimmte rechtliche Aspekte der Dienste der Informationsgesellschaft, insbesondere des elektronischen Geschäftsverkehrs, im Binnenmarkt (E-Commerce-RL),
– **RL 2001/83/EG** v. 6.11.2001 zur Schaffung eines Gemeinschaftskodexes für Humanarzneimittel: Art. 86–100 RL 2001/83/EG,
– **RL 2002/58/EG** v. 12.6.2002 über die Verarbeitung personenbezogener Daten und den Schutz der Privatsphäre in der elektronischen Kommunikation (ePrivacy-RL): Art. 13 RL 2002/58/EG,
– **RL 2002/65/EG** v. 23.9.2002 über den Fernabsatz von Finanzdienstleistungen an Verbraucher (Fernabsatz-Finanzdienstleistungs-RL),
– **VO (EG) 261/2004** v. 11.2.2004 über eine gemeinsame Regelung für Ausgleichs- und Unterstützungsleistungen für Fluggäste im Fall der Nichtbeförderung und bei Annullierung oder großer Verspätung von Flügen (Fluggastrechte-VO),
– **UGP-RL** (Beispiel: OLG Hamburg GRUR-RR 2022, 374),
– **VO (EG) 1107/2006** v. 5.7.2006 über die Rechte von behinderten Flugreisenden und Flugreisenden mit eingeschränkter Mobilität,
– **RL 2006/114/EG** v. 12.12.2006 über irreführende und vergleichende Werbung: Art. 1, 2 lit. c RL 2006/114/EG und Art. 4–8 RL 2006/114/EG,
– **RL 2006/123/EG** v. 12.12.2006 über Dienstleistungen im Binnenmarkt (Dienstleistungs-RL): Art. 20 RL 2006/123/EG,
– **VO (EG) 1371/2007** v. 23.10.2007 über die Rechte und Pflichten der Fahrgäste im Eisenbahnverkehr,
– **RL 2008/48/EG** v. 23.4.2008 über Verbraucherkreditverträge (Verbraucherkredit-RL),
– **VO (EG) 1008/2008** v. 24.9.2008 über gemeinsame Vorschriften für die Durchführung von Luftverkehrsdiensten in der Gemeinschaft: Art. 22, 23 und 24 VO (EG) 1008/2008,

- **RL 2008/122/EG** v. 14.1.2009 über den Schutz der Verbraucher im Hinblick auf bestimmte Aspekte von Teilzeitnutzungsverträgen, Verträgen über langfristige Urlaubsprodukte sowie Wiederverkaufs- und Tauschverträgen (Timesharing-RL),
- **RL 2010/13/EU** v. 10.3.2010 zur Koordinierung bestimmter Rechts- und Verwaltungsvorschriften der Mitgliedstaaten über die Bereitstellung audiovisueller Mediendienste (AVMD-RL): Art. 9, 10, 11 RL 2010/13/EU und Art. 19–26 RL 2010/13/EU,
- **VO (EU) 1177/2010** v. 24.11.2010 über die Fahrgastrechte im See- und Binnenschiffsverkehr,
- **VO (EU) 181/2011** v. 16.2.2011 über die Fahrgastrechte im Kraftomnibusverkehr,
- **Verbraucherrechte-RL,**
- **RL 2013/11/EU** v. 21.5.2013 über die alternative Beilegung verbraucherrechtlicher Streitigkeiten (ADR-RL): Art. 13 RL 2013/11/EU,
- **VO (EU) 524/2013** v. 21.5.2013 über die Online-Beilegung verbraucherrechtlicher Streitigkeiten (ODR-VO): Art. 14 VO (EU) 524/2013,
- **RL 2014/17/EU** v. 4.2.2014 über Wohnimmobilienkreditverträge für Verbraucher (Wohnimmobilienkredit-RL): Art. 10, 11, 13, 14, 15, 16, 17, 18, 21, 22 und 23 RL 2014/17/EU, Kap. 10 sowie Anh. I und II 23 RL 2014/17/EU,
- **RL 2014/92/EU** v. 23.7.2014 über die Vergleichbarkeit von Zahlungskontoentgelten, den Wechsel von Zahlungskonten und den Zugang zu Zahlungskonten mit grundlegenden Funktionen (Zahlungskonten-RL): Art. 3–18 RL 2014/92/EU und Art. 20 II RL 2014/92/EU,
- **RL (EU) 2015/2302** v. 25.11.2015 über Pauschalreisen und verbundene Reiseleistungen (Pauschalreise-RL),
- **VO (EU) 2017/1128** v. 14.6.2017 zur grenzüberschreitenden Portabilität von Online-Inhaltediensten im Binnenmarkt (Portabilitäts-VO),
- **VO (EU) 2018/302** v. 28.2.2018 über Maßnahmen gegen ungerechtfertigtes Geoblocking und andere Formen der Diskriminierung aufgrund der Staatsangehörigkeit, des Wohnsitzes oder des Ortes der Niederlassung des Kunden innerhalb des Binnenmarkts (Geoblocking-VO): nur wenn der Kunde ein Verbraucher iSd Art. 2 Nr. 12 VO (EU) 2018/302 ist,
- **RL (EU) 2019/770** v. 20.5.2019 über bestimmte vertragsrechtliche Aspekte der Bereitstellung digitaler Inhalte und digitaler Dienstleistungen (Digitale-Inhalte-RL).

9   Der Katalog der Rechtsakte im Anhang der Verordnung ist abschließend (Soergel/Fritzsche § 4a Rn. 9; NK-BGB/Joachimstaler/Walker § 4a Rn. 5; MüKoZPO/Micklitz/Rott § 4e Rn. 6). Soweit ErwGr. 47 VO (EU) 2017/2394 auf die DS-GVO Bezug nimmt, handelt es sich um die Klarstellung, dass die Rechtsdurchsetzung auf der Grundlage der VO (EU) 2017/2394 datenschutzkonform erfolgen muss. Dies erschließt sich aus den zwei weiteren in Bezug genommenen Rechtsakten zum Datenschutz.

10   **ee) Schädigung der Kollektivinteressen der Verbraucher.** Der Verstoß muss die **Kollektivinteressen von Verbrauchern** geschädigt haben, schädigen oder schädigen können. Dies folgt aus Art. 3 Nr. 2, 3 und 4 VO (EU) 2017/2394. Kollektivinteressen sind dann geschädigt, wenn die Interessen mehrerer Verbraucher durch einen Verstoß geschädigt worden sind oder geschädigt werden können (vgl. Art. 3 Nr. 14 VO (EU) 2017/2394), also nicht bloß einzelne Vertragspartner eines Lieferanten (vgl. BT-Drs. 16/2930, 26; KG WRP 2012, 102 Rn. 63). Ein gegenüber einem einzelnen Verbraucher vorgenommener Verstoß, wie zB eine unzulässige E-Mail-Werbung, reicht aber dann aus, wenn er seiner Art nach auf eine Fortsetzung angelegt ist.

11   **b) Begehungsgefahr.** Der Verstoß braucht **nicht schuldhaft** begangen zu sein. Es ist aber eine Begehungsgefahr erforderlich. Der Unterlassungsanspruch ist bereits bei **Erstbegehungsgefahr** gegeben (vorbeugender Unterlassungsanspruch), da es genügt, dass kollektive Verbraucherinteressen geschädigt werden können. Er dient weiterhin auch dazu, die Einstellung solcher Verstöße und ihr Verbot für die Zukunft anzuordnen, damit sich diese nicht wiederholen (vgl. ErwGr. 5 VO (EU) 2017/2394). In diesen Fällen muss eine **Wiederholungsgefahr** bestehen (Verletzungsunterlassungsanspruch). In der Praxis spielt dies aber, wenn deutsches Recht anwendbar ist, keine Rolle, da insoweit die Wiederholungsgefahr vermutet wird.

12   **c) Anwendbares Recht.** Ob ein Gesetzesverstoß iSd § 2a vorliegt oder droht, beurteilt sich nach dem im Streitfall anwendbaren Recht. Dieses wird wiederum nach den Grundsätzen des **Kollisionsrechts** (insbes. Art. 4, 6 Rom II-VO) und, soweit anwendbar, nach dem Herkunftslandprinzip, bestimmt (vgl. BGH WRP 2009, 1545 Rn. 15 ff. – Klauseln in AGB ausländischer Luftverkehrsunternehmen; OLG Frankfurt WRP 2019, 237 zu einer Rechtswahlklausel). Bei

einer Briefwerbung eines deutschen Unternehmers gegenüber in Frankreich ansässigen Verbrauchern ist beispielsweise das französische Recht anzuwenden. Erfolgt die Werbung dagegen mittels E-Mail, so ist nach § 4 TMG das deutsche Recht heranzuziehen.

2. Gläubiger

Gläubiger des Unterlassungsanspruchs sind die gemäß **§ 3 I 1** anspruchsberechtigten Stellen. **13** Nicht anspruchsberechtigt sind Mitbewerber des Verletzers. § 3 I 2 begründet eine unwiderlegliche Vermutung dafür, dass ein nach § 7 III EU-VSchDG benannter qualifizierter Wirtschaftsverband die Voraussetzungen nach § 3 I 1 Nr. 2 erfüllt (→ § 3 Rn. 6).

3. Schuldner

Schuldner des Anspruchs ist, wer nach dem anwendbaren Recht (→ Rn. 12) die Rechtsverlet- **14** zung begangen hat bzw. für die Rechtsverletzung verantwortlich ist. Ist auf den Gesetzesverstoß deutsches Recht anwendbar, so haftet nach § 31 BGB analog die juristische Person für das Handeln ihrer Organe.

Nach § 2 I 2 haftet der Inhaber eines Unternehmens für seine Angestellten und Beauftragten **15** (→ § 2 Rn. 21). Trotz des systematischen Standorts dieser Regelung in § 2 I 2 findet die Vorschrift auf die Unterlassungsansprüche gemäß § 2a Anwendung, da nach dem unionsrechtlichen Äquivalenzprinzip für die Verfolgung von Verbraucherrechtsverstößen gleiche Maßstäbe gelten müssen.

III. Verjährung und Verwirkung; Rechtsmissbrauch

Auszugehen ist von den für § 2 geltenden Grundsätzen (→ § 2 Rn. 94 f.).   **16**

Unterlassungsanspruch nach dem Urheberrechtsgesetz

2b   **Wer gegen § 95b Absatz 1 Satz 1 des Urheberrechtsgesetzes verstößt, kann auf Unterlassung in Anspruch genommen werden.**

I. Einordnung und Normzweck

Die Vorschrift wurde als § 2a durch Art. 3 Nr. 1 G zur Regelung des Urheberrechts in der **1** Informationsgesellschaft v. 10.9.2003 (BGBl. 2003 I 1774) in Umsetzung des Art. 8 IV UAbs. 1 RL 2001/29/EG (InfoSoc-RL) in das UKlaG aufgenommen. Das VRUG änderte § 2a zu § 2b, ließ die Vorschrift inhaltlich aber unverändert. § 2b knüpft an § 95b UrhG an. § 95b richtet sich an die Inhaber urheberrechtlich geschützter Positionen (Werke; sonstige Schutzgegenstände). Soweit ein Rechtsinhaber technische Maßnahmen nach Maßgabe des UrhG anwendet, ist er nach § 95b I 1 verpflichtet, den durch § 95b I 1 Nr. 1–13 Begünstigten, soweit sie rechtmäßig Zugang zu dem Werk oder Schutzgegenstand haben, die notwendigen Mittel zur Verfügung zu stellen, um von diesen Bestimmungen in dem erforderlichen Maße Gebrauch machen zu können. Verstößt der Rechtsinhaber gegen diese Verpflichtung, so hat nach § 95b II UrhG jeder Begünstigte einen Anspruch darauf, dass ihm die zur Verwirklichung seiner Befugnis benötigten Mittel zur Verfügung gestellt werden. Dieser individualrechtliche Schutz wird durch den kollektivrechtlichen Schutz nach § 2a I ergänzt. Die Verbandsklage dient der effektiven Durchsetzung der Ansprüche der Begünstigten. Sie soll darüber hinaus eine einheitliche Rechtspraxis fördern und eine über den Einzelfall hinausgehende Verbindlichkeit der Entscheidungen erreichen (vgl. BR-Drs. 684/02, 63 v. 16.8.2002).

II. Unterlassungsanspruch

Der Anspruch aus § 2a ist auf ein **Unterlassen** gerichtet. Es gelten die allgemeinen Grundsätze **2** für Unterlassungsansprüche. Danach kann der Anspruch auf die Unterlassung einer erstmaligen Rechtsverletzung (vorbeugender Unterlassungsanspruch; Erstbegehungsgefahr erforderlich) oder eine erneute Rechtsverletzung (Verletzungsunterlassungsanspruch; Wiederholungsgefahr wird widerleglich vermutet) gerichtet sein.

Der Rechtsinhaber hat es zu unterlassen, den Begünstigten die erforderlichen Mittel nicht zur **3** Verfügung zu stellen. In Wahrheit geht es aber darum, den Rechtsinhaber zu einem positiven Tun zu verpflichten. Die Einkleidung in einen Unterlassungsanspruch soll lediglich die Einbeziehung in das UKlaG ermöglichen. Die Zwangsvollstreckung bestimmt sich nach § 890 ZPO. Das Urteil hat keine Auswirkungen auf einen Individualprozess; § 11 ist nicht analog anzuwenden (Grüneberg/Grüneberg § 2a Rn. 1). Die Geltendmachung des Unterlassungsanspruchs setzt nicht voraus, dass zuvor ein Individualanspruch nach § 95b II UrhG angestrengt wurde.

4   **Gläubiger:** § 3a.

5   **Schuldner:** Derjenige, der die rechtsverletzende Handlung begeht. Zur Verhaltenszurechnung → § 1 Rn. 18c.

III. Verjährung und Verwirkung; Rechtsmissbrauch

6   Auszugehen ist von den für § 2 geltenden Grundsätzen (→ § 2 Rn. 94 f.).

Missbräuchliche Geltendmachung von Ansprüchen

2c   ¹Die Geltendmachung eines Anspruchs nach den §§ 1 bis 2b ist unzulässig, wenn sie unter Berücksichtigung der gesamten Umstände missbräuchlich ist, insbesondere wenn sie vorwiegend dazu dient, gegen den Anspruchsgegner einen Anspruch auf Ersatz von Aufwendungen oder Kosten der Rechtsverfolgung entstehen zu lassen. ²Eine missbräuchliche Geltendmachung ist im Zweifel anzunehmen, wenn

1. die Vereinbarung einer offensichtlich überhöhten Vertragsstrafe verlangt wird,
2. die vorgeschlagene Unterlassungsverpflichtung offensichtlich über die abgemahnte Rechtsverletzung hinausgeht,
3. mehrere Zuwiderhandlungen, die zusammen hätten abgemahnt werden können, einzeln abgemahnt werden oder
4. wegen einer Zuwiderhandlung, für die mehrere Zuwiderhandelnde verantwortlich sind, die Ansprüche gegen die Zuwiderhandelnden ohne sachlichen Grund nicht zusammen geltend gemacht werden.

³In diesen Fällen kann der Anspruchsgegner Ersatz der für seine Rechtsverteidigung erforderlichen Aufwendungen verlangen. ⁴Weitergehende Ersatzansprüche bleiben unberührt.

Übersicht

I. Einordnung und Normzweck

1   § 2c dient dem **Schutz vor einem rechtsmissbräuchlichen Geltendmachen von Ansprüchen** aus dem UKlaG. Die aktuelle Fassung geht zurück auf das VRUG. Die Vorschrift entspricht redaktionell der früheren Regelung in § 2b, die durch das G zur Verbesserung der zivilrechtlichen Durchsetzung von verbraucherschützenden Vorschriften des Datenschutzrechts vom 17.2.2016 (BGBl. 2016 I 233) eingeführt wurde. Ihr Vorläufer wiederum war eine (enger gefasste) Missbrauchsregelung in § 2 III aF. Die Rspr. zu den Vorgängerregelungen kann zur Auslegung von § 2c herangezogen werden.

II. Anwendungsbereich

Der Anwendungsbereich von § 2c erstreckt sich auf die Ansprüche aus § 1, § 1a, § 2 I, § 2a **2** sowie § 2b. Erfasst sind – entsprechend den für § 8c I UWG geltenden Grundsätzen (UWG → § 8c Rn. 9) nur die **gesetzlichen Ansprüche,** nicht hingegen vertragliche Ansprüche, auch wenn es sich um konkurrierende Ansprüche handelt. Eine analoge Anwendung von § 2c auf diesen Fälle ist mangels einer planwidrigen Regelungslücke ausgeschlossen.

III. Missbräuchliche Geltendmachung von Ansprüchen (§ 2c S. 1 und 2)

Nach § 2c S. 1 ist die Geltendmachung eines Anspruchs nach den §§ 1–2b unzulässig, wenn **3** sie unter Berücksichtigung der gesamten Umstände missbräuchlich ist, insbes. wenn sie vorwiegend dazu dient, gegen den Zuwiderhandelnden einen Anspruch auf Ersatz von Aufwendungen oder Kosten der Rechtsverfolgung entstehen zu lassen. Die Vorschrift ist nahezu wortgleich mit § 8c I Nr. 1 UWG und entspr. auszulegen (→ UWG § 8c Rn. 1 ff.; zu § 8 IV 1 UWG aF OLG Düsseldorf WRP 2014, 1094 Rn. 21; OLG Hamm NJOZ 2018, 1331 Rn. 12; BGH WRP 2019, 1182 Rn. 33 ff. – Umwelthilfe). – Der Missbrauchsvorwurf führt zu einer Einzelfallkontrolle. Davon zu unterscheiden ist die Klagebefugnis einer qualifizierten Einrichtung. Da die Voraussetzungen der Eintragung vom Bundesamt für Justiz zu prüfen sind, kann das Zivilgericht bei der Prüfung eines Missbrauchs einen vom Bundesamt für Justiz bereits geprüften Umstand berücksichtigen, wenn dieser als doppelrelevante Tatsache auch einen Anhaltspunkt für einen Missbrauch geben kann (BGH WRP 2019, 1182 Rn. 39 – Umwelthilfe).

§ 2c S. 2 enthält einen Katalog von Fällen, in denen **im Zweifel eine missbräuchliche 4 Geltendmachung** anzunehmen ist. Dies entspricht der Regelungstechnik in § 8c II UWG. Es besteht aber keine vollständige Parallelität, da § 8c II Nr. 2 und 3 UWG speziell mitbewerberbezogene Missbrauchstatbestände enthält, die auf eine Geltendmachung von Ansprüchen aus dem UKlaG nicht passen. Die Aufzählung in Nr. 1 bis 4 ist beispielhaft und nicht abschließend. Ein missbräuchliches Verhalten kann daher auch dann vorliegen, wenn die speziellen Voraussetzungen von § 2c S. 2 nicht erfüllt sind (Grüneberg/Grüneberg § 2b Rn. 1).

1. Nr. 1: Vereinbarung einer offensichtlich überhöhten Vertragsstrafe

Die Regelung entspricht derjenigen in § 8c II Nr. 4 UWG (→ UWG § 8c Rn. 20). Eine **5** offensichtliche Überhöhung ist dann anzunehmen, wenn die für einfache Fälle in § 13a III UWG gezogene Grenze von 1.000 Euro überschritten ist; im Übrigen dann, wenn die Vertragsstrafe den unter Berücksichtigung der in § 13a I UWG genannten Kriterien angemessenen Betrag offensichtlich, also nicht nur geringfügig überschreitet, und daher unangemessen hoch iSv § 13a IV UWG ist. Auch eine Vertragsstrafe unter 1.000 Euro kann im Einzelfall unangemessen hoch sein. Im Falle einer Vielzahl unwirksamer AGB-Klauseln wurde hingegen eine Vertragsstrafe iHv 4.000 Euro für angemessen erachtet (OLG Brandenburg GRUR-RS 2021, 2659).

2. Nr. 2: Vorgeschlagene Unterlassungsverpflichtung geht offensichtlich über die abgemahnte Rechtsverletzung hinaus

Die Regelung entspricht derjenigen in § 8c II Nr. 5 UWG (vgl. → UWG § 8c Rn. 21, 22).   **6**

3. Nr. 3: Mehrere Zuwiderhandlungen, die zusammen hätten abgemahnt werden können, werden einzeln abgemahnt

Die Regelung entspricht derjenigen in § 8c II Nr. 6 UWG (vgl. → UWG § 8c Rn. 23–25).   **7**

4. Nr. 4: Wegen einer Zuwiderhandlung, für die mehrere Zuwiderhandelnde verantwortlich sind, werden die Ansprüche gegen die Zuwiderhandelnden ohne sachlichen Grund nicht zusammen geltend gemacht.

Die Regelung entspricht derjenigen in § 8c II Nr. 7 UWG (vgl. → UWG § 8c Rn. 26–35).   **8**

5. Einzelfallbetrachtung

9   Die Formulierung „im Zweifel anzunehmen" bringt zum Ausdruck, dass in den genannten Fällen ein Missbrauch **widerleglich vermutet** wird. Es kommt also stets auf eine Beurteilung anhand aller relevanten Umstände des Einzelfalls an. Letztlich entsprechen die Regelungen in § 2c S. 2 der bisherigen Rechtsprechung.

IV. Gegenansprüche des Anspruchsgegners (§ 2c S. 3 und 4)

10   Nach § 2c S. 3 kann der Anspruchsgegner in den Fällen der missbräuchlichen Geltendmachung Ersatz der für die Rechtsverteidigung erforderlichen Aufwendungen verlangen. Die Vorschrift ist inhaltsgleich mit § 8c III 1 UWG und entspr. auszulegen (→ UWG § 8c Rn. 6). Nach § 2c S. 4 bleiben weitergehende Ersatzansprüche unberührt. Die Vorschrift ist inhaltsgleich mit § 8b III 3 UWG und entspr. auszulegen (→ UWG § 8c Rn. 6).

V. Verjährung und Verwirkung

11   Die **Verjährung** der Ansprüche nach den §§ 1–2b richtet sich nach den §§ 195, 199 BGB (OLG München WRP 2015, 1522 Rn. 47; zu Einzelheiten vgl. Köhler JZ 2005, 489). Für einen konkurrierenden Unterlassungs- und Beseitigungsanspruch aus dem UWG gilt dagegen § 11 UWG.

12   § 2c schließt eine Anwendung des allgemeinen Grundsatzes von **Treu und Glauben** (§ 242 BGB) nicht aus (Grüneberg/Grüneberg § 2b Rn. 1). Eine **Verwirkung** der Ansprüche aus §§ 1–2b kommt jedoch grds. nicht in Betracht, weil sie ohnehin nur von Stellen oder Einrichtungen geltend gemacht werden können, die nicht im Eigeninteresse, sondern im Interesse von bestimmten Gruppen von Verletzten, insbes. von Verbrauchern, tätig werden.

VI. Rechtsfolgen und Beweislast

13   Im Falle eines Rechtsmissbrauchs ist die Geltendmachung der Ansprüche aus §§ 1–2b ist – ebenso wie in den Fällen des § 8c UWG – **unzulässig** (→ UWG § 8c Rn. 3 ff.).

14   Zur **Beweislast** → UWG § 8c Rn. 42.

Abschnitt 2. Anspruchsberechtigte Stellen

Anspruchsberechtigte Stellen

3 (1) [1]Die in den §§ 1 bis 2a bezeichneten Ansprüche auf Unterlassung, auf Widerruf und auf Beseitigung stehen zu:

1. den qualifizierten Verbraucherverbänden, die in der Liste nach § 4 eingetragen sind, und den qualifizierten Einrichtungen aus anderen Mitgliedstaaten der Europäischen Union, die in dem Verzeichnis der Europäischen Kommission nach Artikel 5 Absatz 1 Satz 4 der Richtlinie (EU) 2020/1828 des Europäischen Parlaments und des Rates vom 25. November 2020 über Verbandsklagen zum Schutz der Kollektivinteressen der Verbraucher und zur Aufhebung der Richtlinie 2009/22/EG (ABl. L 409 vom 4.12.2020, S. 1) eingetragen sind,

2. den qualifizierten Wirtschaftsverbänden, die in die Liste nach § 8b des Gesetzes gegen den unlauteren Wettbewerb eingetragen sind, soweit ihnen eine erhebliche Zahl von Unternehmern angehört, die Waren und Dienstleistungen gleicher oder verwandter Art auf demselben Markt vertreiben, und die Zuwiderhandlung die Interessen ihrer Mitglieder berührt,

3. den Industrie- und Handelskammern, den nach der Handwerksordnung errichteten Organisationen und anderen berufsständischen Körperschaften des öffentlichen Rechts sowie den Gewerkschaften im Rahmen der Erfüllung ihrer Aufgaben bei der Vertretung selbstständiger beruflicher Interessen.

[2]Für Ansprüche nach § 2a wird unwiderleglich vermutet, dass ein nach § 7 Absatz 3 des EU-Verbraucherschutzdurchführungsgesetzes benannter qualifizierter Wirtschaftsverband die Voraussetzungen des Absatzes 1 Satz 1 Nummer 2 erfüllt. [3]Stellen

nach Satz 1 Nummer 1 und 2 können die Ansprüche nicht geltend machen, solange ihre Eintragung ruht.

(2) ¹Qualifizierte Verbraucherverbände und qualifizierte Wirtschaftsverbände nach Absatz 1 Satz 1 Nummer 1 und 2 können die Ansprüche nach den §§ 1 bis 2a nicht geltend machen, solange ihre Eintragung ruht. ²Die Ansprüche nach den §§ 1 bis 2a können nur an Stellen im Sinne des Absatzes 1 Satz 1 abgetreten werden.

(3) Die in Absatz 1 Satz 1 Nummer 1 bezeichneten Stellen können die folgenden Ansprüche nicht geltend machen:

1. Ansprüche nach § 1, wenn Allgemeine Geschäftsbedingungen gegenüber einem Unternehmer (§ 14 des Bürgerlichen Gesetzbuchs) oder einem öffentlichen Auftraggeber (§ 99 Nummer 1 bis 3 des Gesetzes gegen Wettbewerbsbeschränkungen) verwendet oder wenn Allgemeine Geschäftsbedingungen zur ausschließlichen Verwendung zwischen Unternehmern oder zwischen Unternehmern und öffentlichen Auftraggebern empfohlen werden,

2. Ansprüche nach § 1a, es sei denn, eine Zuwiderhandlung gegen § 288 Absatz 6 des Bürgerlichen Gesetzbuchs betrifft einen Anspruch eines Verbrauchers.

Übersicht

I. Einordnung und Normzweck

§ 3 regelt, welche Stellen die Ansprüche aus §§ 1–2a geltend machen können. Für die **1** Ansprüche aus § 2b findet sich eine spezielle Regelung § 3a. Die geltende Fassung des § 3 geht zurück auf das VRUG. Dieses G fasste die §§ 3–4f zugleich in einem neuen Abschnitt zusammen. Die in § 3 vorgenommenen Änderungen dienen der Umsetzung von Art. 4 I Verbandsklagen-RL und Art. 6 Verbandsklagen-RL (BR-Drs. 145/23, 125).

Die Vorgängerregelung des § 3 wurde durch das G zur Stärkung des fairen Wettbewerbs v. **2** 26.11.2020 (BGBl. 2020 I 2568) eingeführt, die gem. Art. 9 II Nr. 3 G zur Stärkung des fairen Wettbewerbs am 1.12.2021 in Kraft trat. Zur davor geltenden Fassung des § 3 → 38. Aufl. 2020, § 3 Rn. 4–6 sowie → 38. Aufl. 2020, UWG § 8 Rn. 330 ff.

II. Grundlagen

1. Anspruchsberechtigte Stellen

Da der Gesetzgeber den Schutz vor unwirksamen AGB (§ 1), vor unwirksamen Individualver- **3** einbarungen (§ 1a), und vor verbraucherschutzgesetzwidrigen Geschäftspraktiken (§ 2 und § 2a) privatrechtlich, nämlich durch Zuerkennung von Ansprüchen iSd § 194 BGB, regelte, musste er auch festlegen, wem diese Ansprüche zustehen. In § 3 I 1 sind die anspruchsberechtigten

„Stellen" **abschließend** aufgezählt. Eine Erweiterung auf sonstige Organisationen, Mitbewerber oder Verbraucher ist ausgeschlossen. Andererseits ist **jede** Stelle, die die Voraussetzungen des § 3 I 1 Nr. 1, 2 oder 3 erfüllt, anspruchsberechtigt. Daher begründet ein und dieselbe Zuwiderhandlung Ansprüche einer **unbestimmten Vielzahl von Anspruchsberechtigten.** Das Verhältnis der Anspruchsberechtigten und damit der Ansprüche zueinander ist im UKlaG ebenso wenig geregelt wie im UWG. Daher kann grds. jede Stelle unabhängig von der anderen die Ansprüche außergerichtlich (durch Abmahnung, § 5 iVm § 13 I 1 UWG) und gerichtlich geltend machen. Insbes. begründet die Klage einer Stelle keine Rechtshängigkeit, so dass eine weitere Klage einer anderen Stelle zulässig bleibt. Eine Schranke bildet nur der Missbrauchseinwand (§ 2c). Der Verletzer kann einer mehrfachen Inanspruchnahme nur dadurch entgehen, dass er eine strafbewehrte Unterlassungserklärung (§ 5 iVm § 13 I 1 UWG) abgibt und damit die Wiederholungsgefahr beseitigt, so dass der Anspruch ex nunc auch gegenüber allen anderen Anspruchsberechtigten entfällt. Die Wiederholungsgefahr wird aber auch durch eine Abschlusserklärung oder eine rechtskräftige Verurteilung beseitigt (→ § 1 Rn. 10).

2. Klagebefugnis

4   **a) Theorie der Doppelnatur.** Wie bei § 8 III Nr. 2 und 3 UWG (→ UWG § 8 Rn. 3.9f) stellt § 3 I nicht nur eine Regelung der **Anspruchsberechtigung** (Aktivlegitimation), sondern auch der **Klagebefugnis** (Prozessführungsbefugnis) dar (BGH WRP 2012, 467 Rn. 10 – Überregionale Klagebefugnis; Grüneberg/Grüneberg Rn. 2). Gegen diese Theorie der **Doppelnatur** bestehen zwar Bedenken (Balzer NJW 1992, 2721 (2726); Greger NJW 2000, 2457). Denn aus dem Wortlaut ist in § 3 nur die Anspruchsberechtigung und nicht auch die Prozessführungsbefugnis geregelt. Auch entspricht es dem allg. Verfahrensrecht, dass sich die Prozessführungsbefugnis bereits aus der behaupteten Inhaberschaft des geltend gemachten Rechts ergibt und nur dann selbstständig zu prüfen ist, wenn ein fremdes Recht im eigenen Namen, also in Prozessstandschaft geltend gemacht wird (vgl. BGH NJW 2011, 1667 Rn. 9; NJW-RR 2021, 1400 Rn. 23). Allerdings sind diese Erwägungen für die **Verbandsklage** nicht zwingend. Für eine Prüfung der Voraussetzungen des § 3 I als Prozessvoraussetzung und damit von Amts wegen spricht vielmehr, dass den Verbänden die Ansprüche nicht zur Wahrung eigener Interessen, sondern zur Wahrung der Interessen bestimmter Gruppen (Verbraucher im Falle des § 3 I 1 Nr. 1; Verbandsmitglieder im Falle des § 3 I Nr. 2 und 3) eingeräumt sind. (In der Sache kommt dies einer Prozessstandschaft nahe.) Sind die Voraussetzungen des § 3 I daher nicht erfüllt, ist die Klage daher als unzulässig und nicht bloß unbegründet abzuweisen. – Der praktische Unterschied beider Auffassungen beschränkt sich allerdings auf das Verfahren in der Revisionsinstanz. Die Voraussetzungen des § 3 sind auch noch vom Revisionsgericht ohne Bindung an die tatsächlichen Feststellungen des Berufungsgerichts im Wege des Freibeweises zu prüfen (BGH WRP 2012, 467 Rn. 10 – Überregionale Klagebefugnis).

5   **b) Satzungszweck als Grenze der Klagebefugnis.** Die Klagebefugnis setzt weiter voraus, dass die Klage im **konkreten Einzelfall** vom Satzungszweck gedeckt ist (BGH WRP 2012, 467 Rn. 11–14 – Überregionale Klagebefugnis). Ob und welche sachlichen oder räumlichen Beschränkungen daraus folgen, ist durch objektive Auslegung der Satzung zu ermitteln (BGH WRP 2012, 467 Rn. 16 ff. – Überregionale Klagebefugnis). So ist bspw. bei den Verbraucherzentralen der Bundesländer davon auszugehen, dass sie befugt sind, auch Wettbewerbsverstöße außerhalb des betreffenden Bundeslandes zu verfolgen (BGH WRP 2012, 467 Rn. 18–24 – Überregionale Klagebefugnis). Denn andernfalls wäre ein effektiver Schutz der Verbraucherinteressen nicht möglich.

6   **c) Vermutung (§ 3 I 2).** Nach § 3 I 2 gilt die unwiderlegliche Vermutung, dass ein nach § 7 III EU-VSchDG benannter qualifizierter Wirtschaftsverband die Voraussetzungen des § 3 I 1 Nr. 2 erfüllt. Dies entspricht der früheren Regelung in § 4e II 2 (BR-Drs. 145/23, 127). Diese Vermutung gilt allein für das Geltendmachen der Ansprüche aus § 2a, also die Unterlassungsansprüche bei Verstößen innerhalb der EU.

III. Einzelne Anspruchsberechtigte (§ 3 I)

1. Qualifizierte Verbraucherverbände und qualifizierte Einrichtungen (§ 3 I 1 Nr. 1)

7   § 3 I 1 Nr. 1 unterscheidet zwischen zwei anspruchsberechtigten Stellen, den qualifizierten Verbraucherverbänden und den qualifizierten Einrichtungen. Dies beruht auf Art. 4 Verbands-

klagen-RL, wonach einheitliche Kriterien nur für grenzüberschreitende Verbandsklagen aufgestellt werden, wohingegen die Mitgliedstaaten für nationale Verfahren weiterhin eigenständige
Regelungen vorsehen dürfen, sofern diese „ein wirksames und effizientes Funktionieren" von
Verbandsklagen gewährleisten (Art. 4 IV Verbandsklagen-RL; vgl. dazu auch Janal GRUR
2023, 985 (986)). Für innerstaatliche Unterlassungsklagen wollte der Gesetzgeber die bewährten
Kriterien für die Aufnahme eines Vereins in die Liste nach § 4 I UKlaG inhaltlich unverändert
beibehalten. Diese Verbände wurden aber in qualifizierte Verbraucherverbände umbenannt. Der
Begriff der qualifizierten Einrichtung bezeichnet demgegenüber ausschließlich die in- und
ausländischen qualifizierten Einrichtungen, die grenzüberschreitende Unterlassungsklagen erheben und in das Verzeichnis der Europäischen Union nach Art. 5 I 4 Verbandsklagen-RL eingetragen sind (Begr. RegE, BR-Drs. 145/23, 124). In beiden Fällen handelt es sich um **Verbraucherverbände.** Die Regelung in § 3 I 1 Nr. 1 entspricht § 8 III Nr. 3 UWG. Zu Einzelheiten → UWG § 8 Rn. 3.51 ff. – Allerdings wird die Berechtigung der qualifizierten
Verbraucherverbände und qualifizierten Einrichtungen zur Geltendmachung von Ansprüchen
nach § 1 durch § 3 III eingeschränkt (→ Rn. 12 ff.). Die Beschränkung betrifft nach hM
(→ Rn. 3; Grüneberg/Grüneberg Rn. 13) die Ansprüchsberechtigung. Bezieht sich die Klausel
auf das Verhältnis zu Unternehmen und Verbrauchern, so besteht der Anspruch nur hins. der
Verwendung gegenüber Verbrauchern. Dies ist auch im Klageantrag zum Ausdruck zu bringen,
um eine Teilabweisung zu vermeiden (Grüneberg/Grüneberg 2 Rn. 13).

2. Qualifizierte Wirtschaftsverbände (§ 3 I 1 Nr. 2)

Die durch das G zur Stärkung des fairen Wettbewerbs neugefasste Regelung entspricht § 8 III   **8**
Nr. 2 UWG iVm § 8b UWG und ist ebenso auszulegen. Zu Einzelheiten → UWG § 8
Rn. 3.11, 3.31 ff. – Die Klagebefugnis setzt jedoch – anders als im UWG – keine geschäftliche
Handlung des Beklagten voraus (OLG Frankfurt WRP 2015, 1246 Rn. 11).

3. Sonstige Ansprüchsberechtigte (§ 3 I Nr. 3)

Die durch das G zur Stärkung des fairen Wettbewerbs neugefasste Regelung entspricht § 8 III   **9**
Nr. 4 UWG. Zu Einzelheiten → UWG § 8 Rn. 3.65 ff.

IV. Ruhen der Eintragung und Abtretung (§ 3 II)

1. Ruhen der Eintragung (§ 3 II 1)

Gemäß § 3 II 1 können die qualifizierten Verbraucherverbände (§ 3 I 1 Nr. 1) und die   **10**
qualifizierten Wirtschaftsverbände (§ 3 I 1 Nr. 2) die Ansprüche nach den §§ 1–2a nicht geltend
machen, solange ihre Eintragung ruht. Das Ruhen der Eintragung richtet sich nach § 4c II bzw.
§ 8b III UWG iVm § 4c II.

2. Abtretung (§ 3 II 2)

Nach § 3 II 2 können Ansprüche aus §§ 1–2a nur an Stellen iSd § 3 I 1 abgetreten werden.   **11**
Dies soll verhindern, dass Ansprüche zu kommerziellen Zwecken an Dritte abgetreten werden.
Die Regelung erscheint insoweit überflüssig, als diese Stellen ohnehin ihren eigenen Anspruch
haben. Sie könnte aber in zwei Fallgestaltungen Bedeutung gewinnen. Zum einen, wenn eine
Stelle den Anspruch geltend machen will, „ihr" Anspruch aber verjährt ist, und sie sich deshalb
einen unverjährten Anspruch einer anderen Stelle „besorgen" möchte. Indessen muss die Verjährungseinrede auch in diesem Fall durchgreifen. Zum anderen, wenn eine Stelle während des
Rechtsstreits den Anspruch abgetreten hat. In diesem Falle wirkt ein rechtskräftiges Urteil auch
zugunsten des Rechtsnachfolgers (§ 325 ZPO). Die Stelle, die den Anspruch erworben hat, kann
dann nach Maßgabe des § 727 ZPO aus dem Urteil vorgehen, ohne selbst prozessieren zu
müssen. Es handelt sich um ein Abtretungsverbot; bei einem Verstoß ist die Abtretung unwirksam (Grüneberg/Grüneberg Rn. 8).

V. Ausnahmeregelung (§ 3 III)

§ 3 III enthält zwei Ausnahmeregelungen, die jedoch nur für die gemäß § 3 I 1 Nr. 1   **12**
ansprüchsberechtigten Stellen gelten.

1. Ausnahme für Ansprüche nach § 1 (§ 3 III Nr. 1)

13   Nach § 3 III Nr. 1 können die in § 3 I 1 Nr. 1 bezeichneten Stellen, dh qualifizierte Verbraucherverbände und qualifizierte Einrichtungen, **Ansprüche nach § 1** nicht geltend machen, wenn AGB gegenüber einem Unternehmer iSd § 14 BGB oder einem öffentlichen Auftraggeber iSd § 99 Nr. 1–3 GWB verwendet werden. Das Gleiche gilt, wenn AGB zur ausschließlichen Verwendung zwischen Unternehmern oder zwischen Unternehmern und Öffentlichen Auftraggebern empfohlen werden. Das rechtfertigt sich daraus, dass in diesen Fällen keine Verbraucherinteressen berührt sind. Voraussetzung ist im Falle einer Empfehlung von AGB, dass die Empfehlung ausdrücklich eingeschränkt ist oder aufgrund sonstiger Umstände feststeht, dass die im Streit befindlichen AGB nicht gegenüber Verbrauchern verwendet werden. Dies kann sich etwa daraus ergeben, dass die Empfehlung für einen Geschäftstyp ausgesprochen wird, der nur unter Unternehmern üblich ist, oder sich an Adressaten richtet (zB Großhändler), die es geschäftstypischerweise nicht mit Letztverbrauchern zu tun haben (BGH WRP 2008, 1358 (1359)).

2. Ausnahme für Ansprüche nach § 1a (§ 3 III Nr. 2)

14   Ebenfalls ausgeschlossen sind die nach § 3 I 1 Nr. 1 anspruchsberechtigten Stellen für das Geltendmachen von **Ansprüchen nach § 1a,** weil diese sich grds. nur gegen Geschäftspraktiken richten, die Verbraucher nicht betreffen. Etwas anderes gilt aber für Zuwiderhandlungen gegen § 288 VI BGB, wenn ein Verbraucher Gläubiger einer Entgeltforderung ist.

Anspruchsberechtigte Verbände nach § 2b

3a   ¹Der in § 2b bezeichnete Anspruch auf Unterlassung steht rechtsfähigen Verbänden zur nicht gewerbsmäßigen und nicht nur vorübergehenden Förderung der Interessen derjenigen zu, die durch § 95b Abs. 1 Satz 1 des Urheberrechtsgesetzes begünstigt werden. ²Der Anspruch kann nur an Verbände im Sinne des Satzes 1 abgetreten werden.

1   § 3a regelt die Anspruchsberechtigung für die Ansprüche aus § 2b (zur Entstehungsgeschichte → § 2b Rn. 1; BT-Drs. 15/387, 36). Eine Änderung erfolgte durch G v. 31.5.2021 (BGBl. 2021 I 1204). Das VRUG brachte eine redaktionelle Folgeanpassung mit sich.

2   Die Beschränkung der Anspruchsberechtigung auf rechtsfähige Verbände, die die Interessen der nach § 95b I 1 UrhG Begünstigten nicht gewerbsmäßig und nicht nur vorübergehend fördern, soll einen **Missbrauch** der außergerichtlichen und gerichtlichen Geltendmachung des Anspruchs aus § 2b **verhindern** und seine sachgerechte Ausnutzung ermöglichen.

3   Die **Rechtsfähigkeit** kann sich privatrechtlich (bei Vereinen Eintragung gemäß § 21 BGB in das Vereinsregister erforderlich) oder aus einer öffentlich-rechtlichen Grundlage ergeben (Grüneberg/Grüneberg Rn. 1). **Gewerbsmäßig** ist die Tätigkeit, wenn sie darauf abzielt, Einnahmen zu erzielen. **Vorübergehend** ist die Tätigkeit, wenn sie nicht auf Dauer angelegt ist. Mindestzeitraum dafür ist ein Jahr (Grüneberg/Grüneberg Rn. 1); dagegen ist nicht erforderlich, dass der Verband bereits ein Jahr tätig ist, wie dies für die Eintragung von Verbraucherverbänden in die Liste der qualifizierten Verbraucherverbände nach § 4 II 1 Nr. 2 vorgeschrieben ist.

4   S. 2 enthält eine § 3 II 2 entsprechende Regelung zur **Abtretung** (→ § 3 Rn. 11).

Liste der qualifizierten Verbraucherverbände

4   **(1) Das Bundesamt für Justiz führt eine Liste der qualifizierten Verbraucherverbände und veröffentlicht sie in der jeweils aktuellen Fassung auf seiner Internetseite.**

(2) ¹**Ein eingetragener Verein, zu dessen satzungsmäßigen Aufgaben es gehört, Interessen der Verbraucher durch nicht gewerbsmäßige Aufklärung und Beratung wahrzunehmen, wird auf seinen Antrag in die Liste eingetragen, wenn**

1. **er mindestens drei Verbände, die im gleichen Aufgabenbereich tätig sind, oder mindestens 75 natürliche Personen als Mitglieder hat,**

2. **er zum Zeitpunkt der Antragstellung seit mindestens einem Jahr im Vereinsregister eingetragen ist und ein Jahr seine satzungsmäßigen Aufgaben wahrgenommen hat,**

3. auf Grund seiner bisherigen Tätigkeit sowie seiner personellen, sachlichen und finanziellen Ausstattung gesichert erscheint, dass er
   a) seine satzungsgemäßen Aufgaben auch künftig dauerhaft wirksam und sachgerecht erfüllen wird und
   b) seine Ansprüche nicht vorwiegend geltend machen wird, um für sich Einnahmen aus Abmahnungen oder Vertragsstrafen zu erzielen,
4. den Mitgliedern keine Zuwendungen aus dem Vereinsvermögen gewährt werden und Personen, die für den Verein tätig sind, nicht durch unangemessen hohe Vergütungen oder andere Zuwendungen begünstigt werden.

² Es wird unwiderleglich vermutet, dass Verbraucherzentralen sowie andere Verbraucherverbände, wenn sie überwiegend mit öffentlichen Mitteln gefördert werden, diese Voraussetzungen erfüllen.

(3) ¹ Die Entscheidung über den Eintragungsantrag ist dem Antragsteller zuzustellen. ² Auf der Grundlage einer wirksamen dem Antrag stattgegebenen Entscheidung ist der Verein unter Angabe des Namens, der Anschrift, des zuständigen Registergerichts, der Registernummer und des satzungsmäßigen Zwecks in die Liste einzutragen.

(4) Auf Antrag erteilt das Bundesamt für Justiz einem qualifizierten Verbraucherverband, der in der Liste eingetragen ist, eine Bescheinigung über ihre Eintragung.

Übersicht

I. Einordnung und Normzweck

Gemäß § 3 I 1 Nr. 1 ist zwischen qualifizierten Verbraucherverbänden und qualifizierten **1** Einrichtungen zu unterscheiden. § 4 regelt die Voraussetzungen für die Eintragung eines qualifizierten Verbraucherverbands in die vom Bundesamt für Justiz geführte Liste. Die Voraussetzungen für die Eintragung in die Liste der qualifizierten Einrichtungen sind in § 4d geregelt.

§ 4 wurde durch das VRUG redaktionell angepasst. Die in § 4 II enthaltenen Anforderungen **2** gehen zurück auf das G zur Stärkung des fairen Wettbewerbs vom 26.11.2020 (BGBl. 2020 I 2568).

Die (nach alter Terminologie) qualifizierten Einrichtungen, die in der Liste nach § 4 I einge- **3** tragen sind, sollen nach dem Willen des Gesetzgebers weiterhin innerstaatliche Unterlassungsklagen im Sinne der Verbandsklagen-RL erheben können, ohne dass sie zusätzliche Anforderungen erfüllen müssen. Zur besseren Unterscheidung von qualifizierten Einrichtungen (nach neuer Terminologie), die von der Bundesrepublik Deutschland und anderen Mitgliedstaaten der EU benannt werden, um grenzüberschreitende Verbandsklagen im Sinne des Art. 3 Nr. 7 Verbandsklagen-RL zu erheben, wurde die Liste der qualifizierten Einrichtungen in Liste der qualifizierten Verbraucherverbände umbenannt (Begr. RegE, BR-Drs. 145/23, 127). § 18 I enthält eine Überleitungsvorschrift für die bislang als qualifizierte Einrichtungen eingetragenen Verbände.

II. Zuständigkeit des Bundesamts für Justiz (§ 4 I)

4   Das Bundesamt für Justiz führt die Liste der qualifizierten Verbraucherverbände und veröffentlicht sie auf seiner Internetseite in der jeweils aktuellen Fassung (§ 4 I 1). Die frühere Regelung in § 4 I 2 UKlaG, die eine Übermittlung der Liste an die Kommission vorsah, wurde aufgehoben. Die Liste der qualifizierten Verbraucherverbände, die nur innerstaatliche Verbandsklagen erheben können, ist nicht mehr an die Kommission zu übermitteln, da die qualifizierten Verbraucherverbände nicht in das Verzeichnis der Kommission nach Art. 5 I 4 der Verbandsklagen-RL eingetragen werden (BR-Drs. 145/23, 128).

III. Voraussetzungen der Eintragung (§ 4 II)

5   Die Eintragung in die Liste erfolgt grds. nur, wenn der Verband bestimmte Voraussetzungen erfüllt (Ausnahme: § 4 II 2). Damit soll einem Missbrauch der Ansprüche nach dem UKlaG (und dem UWG) besser entgegengewirkt werden. Insbes. soll einer Tätigkeit von sog. „Abmahnvereinen" vorgebeugt werden, deren Tätigkeit in erster Linie auf die Erzielung von Einnahmen gerichtet ist. Einzelheiten zur Eintragung sind in den §§ 1 ff. QEWV (VO zu qualifizierten Einrichtungen und qualifizierten Wirtschaftsverbänden) geregelt.

1. Antrag

6   Es muss ein Antrag gestellt werden (§ 4 II 1), und zwar von einem vertretungsberechtigten Organ des Verbandes (idR Vorstand iSd § 26 BGB). Das Fehlen eines (wirksamen) Antrags berührt allerdings nicht die Wirksamkeit der Eintragung. Einzelheiten zum Antragsinhalt sind in § 1 QEWV geregelt.

2. Eingetragener Verein

7   Der Verband, der die Eintragung anstrebt, muss die Rechtsform eines **eingetragenen Vereins** (§ 21 BGB im Gegensatz zu § 22 BGB) haben. Im Verwaltungsverfahren nach § 4 ist nicht zu überprüfen, ob die Voraussetzungen für die Eintragung in das Vereinsregister (§§ 55 ff. BGB) vorlagen.

3. Satzungsinhalt

8   Zu den satzungsmäßigen Aufgaben des Verbandes muss es gehören, Interessen der Verbraucher durch nicht gewerbsmäßige Aufklärung und Beratung wahrzunehmen (näher → UWG § 8 Rn. 3.56). Auch **Antidiskriminierungsverbände** iSd § 23 I AGG sind nur dann eintragungsfähig, wenn sie aktiv die Aufklärung und Beratung der von ihnen vertretenen Personenkreise im Hinblick auf den Verbraucherschutz betreiben (vgl. BT-Drs. 16/1780, 48 zu § 24 IV) und es sich dabei nicht um eine völlig untergeordnete Nebenaufgabe handelt. – Ein gewerbsmäßiges Tätigwerden liegt auch dann vor, wenn der Verein nicht nur ausschließlich Verbraucherinteressen wahrnimmt (Mischverband) und eine Interessenkollision zu befürchten ist (VG Köln GRUR-RS 2022, 12619).

4. Mitglieder

9   Der Verein muss entweder mindestens drei Verbände, die im gleichen Aufgabenbereich tätig sind, oder mindestens 75 natürliche Personen als Mitglieder haben (§ 4 II 1 Nr. 1). Einzelheiten sind in § 2 QEWV geregelt.

5. Mindestbestehensdauer

10   Der Verein muss zum Zeitpunkt der Antragstellung seit mindestens einem Jahr im Vereinsregister eingetragen sein und ein Jahr seine satzungsmäßigen Aufgaben wahrgenommen haben (§ 4 II Nr. 3). Einzelheiten sind in § 4 QEWV geregelt.

6. Prognose dauerhaft wirksamer und sachgerechter Aufgabenerfüllung

11   Es muss auf Grund seiner bisherigen Tätigkeit sowie seiner personellen, sachlichen und finanziellen Ausstattung gesichert erscheinen, dass der Verein seine satzungsmäßigen Aufgaben auch künftig dauerhaft wirksam und sachgerecht erfüllen wird (§ 4 II 1 Nr. 3 lit. a) und seine Ansprüche nicht vorwiegend geltend machen wird, um für sich Einnahmen aus Abmahnungen und Vertragsstrafen zu erzielen (§ 4 II Nr. 3 lit. b). Damit soll gewährleistet werden, dass nur solche Vereine in die Liste eingetragen werden, denen es wirklich um die Wahrnehmung von Verbraucherinteressen und nicht vorwiegend um die Erzielung von Einnahmen geht. Einzelheiten sind in den §§ 5 und 6 QEWV geregelt.

7. Keine Begünstigung von Mitgliedern und Dritten

Nach § 4 II 1 Nr. 4 ist weitere Voraussetzung der Eintragung, dass Mitgliedern keine Zu- **12** wendungen aus dem Vereinsvermögen gewährt werden und Personen, die für den Verein tätig sind, nicht durch unangemessen hohe Vergütungen oder andere Zuwendungen begünstigt werden. Dadurch wird verhindert werden, dass Mitglieder oder für den Verein tätige Personen, wie zB Vereinsorgane, Angestellte oder Rechtsanwälte, durch die Geltendmachung von Ansprüchen begünstigt werden. In der Regel wird das aber im Zeitpunkt der Antragstellung (noch) nicht feststellbar sein, sofern sich dazu aus der Satzung und der einjährigen Vereinstätigkeit nichts ergibt. Kommt es jedoch in der Folgezeit zu einer solchen Begünstigung, kann die Eintragung nach § 4c aufgehoben werden.

8. Unwiderlegliche Vermutung

Nach § 4 II 2 wird unwiderlegliche vermutet, dass Verbraucherzentralen und andere Ver- **13** braucherverbände, die überwiegend mit öffentlichen Mitteln gefördert werden, die Voraussetzungen des § 4 II 1 erfüllen, also in die Liste eingetragen werden können. Das für andere Verbraucherverbände geltende Erfordernis der **überwiegenden** Förderung mit öffentlichen Mitteln geht auf das G zur Stärkung des fairen Wettbewerbs und damit letztlich auf die Regelung in § 606 I 4 ZPO aF zurück (vgl. auch BGH WRP 2019, 1182 Rn. 26 – Umwelthilfe). Von einer überwiegenden Förderung durch öffentliche Mittel kann jedenfalls dann nicht die Rede sein, wenn dem Verein nur geringfügige oder einmalige, sei es nur für eine bestimmte Zeit oder nur für ein bestimmtes Projekt, Mittel zur Verfügung gestellt werden. Vielmehr muss sichergestellt sein, dass die öffentliche Hand dem Verein öffentliche Mittel zweckgebunden zur dauerhaften und sachgerechten Erfüllung seiner satzungsmäßigen Aufgaben zur Verfügung stellt, und diese Mittel die sonstige Finanzierung, etwa durch Mitgliedsbeiträge oder Spenden, überwiegen. Andernfalls ist die unwiderlegliche Vermutung iSd § 4 II 2 nicht gerechtfertigt. Von welcher öffentlichen Hand Fördermittel bereitgestellt werden, ist unerheblich. Fällt die Förderung durch öffentliche Mittel nach der Eintragung weg, kommt eine Aufhebung der Eintragung nach § 4c in Betracht, sofern auch die Voraussetzungen des § 4 II 1 nicht (mehr) vorliegen.

IV. Entscheidung über die Eintragung (§ 4 III)

Das Bundesamt für Justiz trifft nach § 4 III 1 über den Antrag auf Eintragung eine **Ent-** **14** **scheidung.** Diese ist dem antragstellenden Verband zuzustellen. Das Vorgehen entspricht der Regelung in § 4d III 1 für qualifizierte Einrichtungen. Auch wenn das Gesetz nicht mehr den Begriff „Bescheid" verwendet, sondern von einer „Entscheidung" spricht, handelt es sich um einen **Verwaltungsakt** (Grüneberg/Grüneberg Rn. 11).

Auf der Grundlage einer wirksamen dem Antrag stattgebenden Entscheidung hat das Bundes- **15** amt für Justiz dann nach § 4 III 2 den Verein unter Angabe des Namens, der Anschrift, des zuständigen Registergerichts, der Registernummer und des satzungsmäßigen Zwecks in die Liste einzutragen. Die Eintragung in die Liste begründet die Anspruchsberechtigung und Klagebefugnis nach § 3 I 1 Nr. 1 mit konstitutiver Wirkung. In einem Rechtsstreit hat daher das Gericht die Anspruchsberechtigung zu verneinen, wenn eine Eintragung nicht erfolgt ist, und zu bejahen, wenn eine Eintragung erfolgt ist. – Die **Klagebefugnis im konkreten Fall** folgt aber nicht schon aus der Eintragung des Verbands in die Liste. Vielmehr muss die jeweilige Prozessführung vom Satzungszweck des Verbands umfasst sein (BGH WRP 2019, 1182 Rn. 28 – Umwelthilfe; GRUR 2018, 1166 Rn. 20 – Prozessfinanzierer I). – § 4 III ist aufgrund der Verweisung in § 8b III UWG auch auf qualifizierte Wirtschaftsverbände anzuwenden.

V. Bescheinigung der Eintragung (§ 4 IV)

16 Das Bundesamt für Justiz erteilt nach § 4 IV einem qualifizierten Verbraucherverband, der in der Liste eingetragen ist, eine **Bescheinigung** über die Eintragung. Diese Bescheinigung dient dem Nachweis über die Eintragung (NK-BGB/Joachimstaler/Walker Rn. 11), entfaltet aber keine konstitutive Wirkung (Grüneberg/Grüneberg Rn. 11). § 4 IV findet gemäß § 8b III UWG auf qualifizierte Wirtschaftsverbände entsprechende Anwendung.

Überprüfung der Eintragung in der Liste nach § 4

4a (1) **Das Bundesamt für Justiz überprüft von Amts wegen, ob ein qualifizierter Verbraucherverband, der in der Liste nach § 4 eingetragen ist, die Eintragungsvoraussetzungen nach § 4 Absatz 2 Satz 1 erfüllt,**

1. **nach Ablauf von zwei Jahren nach seiner Ersteintragung und danach jeweils nach Ablauf von fünf Jahren nach Abschluss der letzten Überprüfung oder**
2. **unabhängig von den Fristen nach Nummer 1, wenn begründete Zweifel am Vorliegen der Eintragungsvoraussetzungen bestehen.**

(2) **Ergeben sich in einem Rechtsstreit begründete Zweifel daran, ob ein qualifizierter Verbraucherverband, der in der Liste nach § 4 eingetragen ist, die Eintragungsvoraussetzungen nach § 4 Absatz 2 Satz 1 erfüllt, kann das Gericht das Bundesamt für Justiz zur Überprüfung der Eintragung auffordern und die Verhandlung bis zum Abschluss der Überprüfung aussetzen.**

(3) **Das Bundesamt für Justiz kann die qualifizierten Verbraucherverbände und deren Vorstandsmitglieder zur Befolgung der Pflichten im Verfahren zur Überprüfung der Eintragung durch die Festsetzung eines Zwangsgelds anhalten.**

I. Einordnung und Normzweck

1 § 4a regelt die Einzelheiten der Überprüfung einer Eintragung in die Liste gemäß § 4. Die Vorschrift gilt für qualifizierte Verbraucherverbände. Parallelregelungen zu qualifizierten Einrichtungen enthält § 4d. § 4a wurde durch das VRUG redaktionell angepasst. Die Vorschrift findet aufgrund der Verweisung in § 8b III UWG auf qualifizierte Wirtschaftsverbände entsprechende Anwendung.

II. Überprüfung der Eintragungsvoraussetzungen

2 Nach § 4a I hat das Bundesamt für Justiz von Amts wegen zu überprüfen, ob ein qualifizierter Verbraucherverband, der in die Liste nach § 4 eingetragen ist, die Eintragungsvoraussetzungen (noch) erfüllt. Nach Nr. 1 hat diese Prüfung erstmals nach Ablauf von zwei Jahren nach der ersten Eintragung und danach jeweils nach Ablauf von fünf Jahren nach Abschluss der letzten Überprüfung zu erfolgen. Außerdem hat nach Nr. 2 eine Überprüfung jederzeit dann zu erfolgen, wenn begründete Zweifel am Vorliegen der Eintragungsvoraussetzungen bestehen. Das ist insbes. in den Fällen des § 4a II von Bedeutung. Entgegen der Begr. RegE (BT-Drs. 19/12084, 38) handelt es sich dabei um keine Sollvorschrift, sondern eine echte Verpflichtung, wobei lediglich im Fall der Nr. 2 ein Beurteilungsspielraum besteht. Einzelheiten sind in § 7 I QEWV geregelt.

III. Aussetzung der Verhandlung

3 Ergeben sich in einem Rechtsstreit **begründete Zweifel** an dem Vorliegen der Voraussetzungen nach § 4 II bei einer eingetragenen Einrichtung, so kann das Gericht nach § 4a II das Bundesamt für Justiz zur Überprüfung der Eintragung auffordern und die Verhandlung bis zu dessen Entscheidung aussetzen. Die Vorschrift entspricht dem § 4 IV aF (Begr. RegE, BT-Drs. 19/12084). An das Vorliegen „begründeter Zweifel" sind strenge Anforderungen zu stellen, weil andernfalls die wirksame Durchsetzung der Ansprüche aus den §§ 1, 2 UKlaG und § 8 I UWG gefährdet wäre (BGH GRUR 2010, 852 Rn. 11 – Gallardo Spyder; WRP 2019, 1182 Rn. 20 – Umwelthilfe; OLG Düsseldorf GRUR-RR 2018, 354 (355)). Unternehmensspenden, die für satzungsmäßige Zwecke verwendet werden, reichen grds. nicht aus, um begründete Zweifel hervorzurufen (BGH WRP 2019, 1182 Rn. 25 – Umwelthilfe). – Die Entscheidung über die Aussetzung ist nach § 252 ZPO mit der sofortigen Beschwerde anfechtbar.

IV. Festsetzung eines Zwangsgelds

Nach § 4a III kann das Bundesamt für Justiz die qualifizierten Verbraucherverbände und deren **4** Vorstandsmitglieder zur Befolgung der Pflichten im Verfahren zur Überprüfung der Eintragung gem. § 4a I durch die Festsetzung eines Zwangsgelds anhalten. Solche Pflichten bestehen insbes. hinsichtlich § 4 II Nr. 3 und 4. Für das Eintragungsverfahren gilt dies nicht, weil der Verein bei fehlender oder unzureichender Mitwirkung ohnehin nicht eingetragen wird.

Berichtspflichten und Mitteilungspflichten der qualifizierten Verbraucherverbände

4b (1) ¹Die qualifizierten Verbraucherverbände, die in der Liste nach § 4 eingetragen sind, sind verpflichtet, dem Bundesamt für Justiz bis zum 30. Juni eines jeden Kalenderjahres dem Bundesamt für Justiz für das vergangene Kalenderjahr zu berichten über

1. die Anzahl der von ihnen ausgesprochenen Abmahnungen unter Angabe der den Abmahnungen zugrunde liegenden Zuwiderhandlungen,
2. die Anzahl der aufgrund von Abmahnungen vereinbarten strafbewehrten Unterlassungspflichten und die Höhe der darin vereinbarten Vertragsstrafen,
3. die Gesamthöhe der entstandenen Ansprüche auf Aufwendungsersatz für Abmahnungen und die Gesamthöhe der Ansprüche auf verwirkte Vertragsstrafen sowie
4. die Anzahl ihrer Mitglieder zum 31. Dezember und deren Bezeichnung.

²Satz 1 Nummer 4 ist nicht anzuwenden auf qualifizierte Verbraucherverbände, für die die Vermutung nach § 4 Absatz 2 Satz 2 gilt.

(2) Das Bundesamt für Justiz kann die qualifizierten Verbraucherverbände und deren Vorstandsmitglieder zur Befolgung der Pflichten nach Absatz 1 durch die Festsetzung eines Zwangsgelds anhalten.

(3) Gerichte haben dem Bundesamt für Justiz Entscheidungen mitzuteilen, in denen festgestellt wird, dass ein qualifizierter Verbraucherverband, der in der Liste nach § 4 eingetragen ist, einen Anspruch missbräuchlich geltend gemacht hat.

I. Einordnung und Normzweck

§ 4b enthält Berichts- und Mitteilungspflichten. Diese betreffen zum einen die qualifizierten **1** Verbraucherverbände (§ 4b I), zum anderen Gerichte (§ 4b III). Die Vorschrift wurde durch das VRUG angepasst. Der Inhalt der Berichtspflichten wurde im Vergleich zur früheren Regelung reduziert. Aufgrund der Verweisung in § 8b III UWG gilt § 4b für qualifizierte Wirtschaftsverbände entsprechend.

II. Berichtspflichten der qualifizierten Verbraucherverbände

Nach § 4b I 1 sind qualifizierte Verbraucherverbände, die in die Liste nach § 4 I eingetragen **2** sind, verpflichtet, bis zum 30. Juni eines jeden Kalenderjahres dem Bundesamt für Justiz über bestimmte, in den Nr. 1–4 aufgelistete Tatsachen zu berichten. Die Verringerung der Berichtspflichten im Vergleich zur früheren Rechtslage beruht auf dem Umstand, dass alle einstweiligen Verfügungen und Unterlassungsklagen von qualifizierten Verbraucherverbänden zur Durchsetzung von Ansprüchen nach den §§ 1–2a sowie nach § 8 I UWG von den Gerichten im Verbandsklageregister bekanntgemacht werden (§ 6a). Der Gesetzgeber hielt daher eine gesonderte Berichtspflicht der qualifizierten Verbraucherverbände für entbehrlich (Begr. RegE, BR-Drs. 145/23, 129). Ebenfalls aufgehoben wurde die Berichtspflicht zu den Ansprüchen auf Erstattung der Kosten der gerichtlichen Rechtsverfolgung, da sie nach Auffassung des Gesetzgebers für die Überprüfung der Eintragungsvoraussetzungen allenfalls geringe Bedeutung habe, die den für die qualifizierten Verbraucherverbände damit verbundenen Aufwand nicht rechtfertige (Begr. RegE, BR-Drs. 145/23, 129). Einzelheiten zu diesen Berichtspflichten sind in § 7 II QEWV geregelt.

3   Die Pflichten nach § 4b I 1 Nr. 4 sind gemäß § 4b I 2 nicht anzuwenden auf qualifizierte Verbraucherverbände, für die die Vermutung nach § 4 II 2 gilt.

4   Zweck dieser Berichtspflichten ist es, dem Bundesamt für Justiz Informationen für die Überprüfung der Eintragung nach § 4a I im Hinblick auf die Eintragungsvoraussetzungen gem. § 4 II 1 zu verschaffen. Dabei geht es insbesondere darum, die Voraussetzungen des § 4 II Nr. 3 auf einer besseren Tatsachengrundlage zu überprüfen. Eine sachgerechte Aufgabenerfüllung soll nicht vorliegen, wenn Abmahnungen oder Klagen ganz überwiegend erfolglos geblieben sind (vgl. BT-Drs. 18/6916, 3).

III. Durchsetzung der Berichtspflichten

5   Nach § 4b II kann das Bundesamt für Justiz die qualifizierten Verbraucherverbände und deren Vorstandsmitglieder zur Befolgung der Pflichten nach § 4b I durch die Festsetzung eines Zwangsgelds anhalten.

IV. Mitteilungspflichten der Gerichte

6   Nach § 4b III haben Gerichte dem Bundesamt für Justiz Entscheidungen mitzuteilen, in denen festgestellt wird, dass eine qualifizierte Einrichtung, die in der Liste nach § 4 eingetragen ist, einen Anspruch missbräuchlich geltend gemacht hat. Damit sind Missbräuche iSd § 2c und § 8b UWG gemeint. Die Mitteilungen dienen dazu, dem Bundesamt für Justiz Informationen für die Überprüfung der Eintragung nach § 4a I im Hinblick auf die Eintragungsvoraussetzung des § 4 II Nr. 3 lit. b zu verschaffen.

Aufhebung der Eintragung in die Liste nach § 4

4c (1) **Die Eintragung eines qualifizierten Verbraucherverbands in der Liste nach § 4 ist mit Wirkung für die Zukunft aufzuheben, wenn**

1. der qualifizierte Verbraucherverband dies beantragt oder

2. bei dem qualifizierten Verbraucherverband die Voraussetzungen für die Eintragung in der Liste nach § 4 Absatz 2 Satz 1 nicht vorlagen oder weggefallen sind.

(2) ¹**Ist auf Grund tatsächlicher Anhaltspunkte damit zu rechnen, dass die Eintragung nach Absatz 1 Nummer 2 zurückzunehmen oder zu widerrufen ist, so soll das Bundesamt für Justiz das Ruhen der Eintragung für einen bestimmten Zeitraum anordnen.** ²**Das Ruhen darf für längstens drei Monate angeordnet werden.** ³**Ruht die Eintragung, ist dies in der Liste nach § 4 zu vermerken.**

(3) **Widerspruch und Anfechtungsklage gegen Entscheidungen nach Absatz 1 oder Absatz 2 haben keine aufschiebende Wirkung.**

(4) **Auf Antrag bescheinigt das Bundesamt für Justiz einem Dritten, der ein rechtliches Interesse daran hat, dass die Eintragung eines qualifizierten Verbraucherverbandes in der Liste nach § 4 ruht oder aufgehoben worden ist.**

I. Einordnung und Normzweck

1   § 4c wurde durch G v. 26.11.2020 (BGBl. 2020 I 2568) in das UKlaG eingefügt und durch das VRUG angepasst. Sie regelt die Aufhebung der Eintragung in die Liste nach § 4. Anzuwenden ist § 4c auf qualifizierte Verbraucherverbände. Eine Parallelvorschrift für qualifizierte Einrichtungen findet sich in § 4e III. Kraft der Verweisung in § 8b III UWG ist § 4c auch auf qualifizierte Wirtschaftsverbände anzuwenden.

II. Aufhebung der Eintragung (§ 4c I)

2   Das Bundesamt für Justiz hat die Eintragung eines qualifizierten Verbraucherverbands mit Wirkung für die Zukunft aufzuheben, und zwar **ohne Sachprüfung**, wenn der Verband dies beantragt (§ 4c I Nr. 1) oder **von Amts wegen,** wenn die Voraussetzungen für die Eintragung nicht vorlagen oder weggefallen sind (§ 4c I Nr. 2). Einzelheiten dazu sind in den §§ 8 und 9 QEWV iVm § 4d geregelt.

3   Die Aufhebung führt zum **Verlust der Anspruchsberechtigung** (und zum Verlust der Prozessführungsbefugnis mit Folge der Unzulässigkeit der Klage) mit Wirkung ex nunc. Auf den

Zeitpunkt der Bekanntmachung in der Liste kommt es nicht an (OVG Münster GRUR 2004, 347 (348)). Erklären die Parteien den Rechtsstreit für erledigt, sind die Kosten dem Verband aufzuerlegen, da er die Ursache für die Aufhebung gesetzt hat.

Eine Zurücknahme der Eintragung kommt insbes. dann in Betracht, wenn auf Grund der **4** bisherigen Tätigkeit des Vereins nicht mehr gesichert erscheint, dass der Verein seine satzungsmäßigen Aufgaben künftig dauerhaft wirksam und sachgerecht erfüllen wird (entsprechend § 4 II 1 Nr. 3 lit. a). Das ist nicht schon dann anzunehmen, wenn bei der Tätigkeit des Vereins Gewinnabschöpfungsklagen nach § 10 UWG im Vordergrund stehen, der Verein aber nicht über die erforderliche finanzielle Ausstattung verfügt, um die Prozesskostenrisiken zu tragen. Auch die Einschaltung eines gewerblichen Prozessfinanzierers ist innerhalb der Grenzen des § 10 VI UWG zulässig. – Die Prüfung der konkreten Mittelverwendung des Verbands ist zwar grds. dem Bundesamt für Justiz vorbehalten. Jedoch darf das Gericht diesen Umstand als sog. doppelrelevante Tatsache ebenfalls prüfen, wenn er einen Anhaltspunkt für einen Missbrauch der Klagebefugnis darstellt (BGH WRP 2019, 1182 Rn. 39 – Umwelthilfe). Das kann bspw. der Fall sein, wenn der eigentliche Zweck des Verbands nicht in der Verfolgung von Verbraucherinteressen, sondern in der Erzielung von Einnahmen für überhöhte Personalkosten besteht (vgl. § 4 I 1 Nr. 4; so bereits BGH WRP 2019, 1182 Rn. 46 – Umwelthilfe).

III. Ruhen der Eintragung (§ 4c II)

Nach § 4c II 1 soll das Bundesamt für Justiz das Ruhen der Eintragung für einen bestimmten **5** Zeitraum anordnen, wenn auf Grund tatsächlicher Anhaltspunkte damit zu rechnen ist, dass die Eintragung nach § 4c I Nr. 2 zurückzunehmen oder zu widerrufen ist. Das Ruhen darf nach § 4c II 2 für längstens **drei Monate** angeordnet werden. Ruht die Eintragung, ist dies nach § 4c II 3 in der Liste nach § 4 zu vermerken. Der Vermerk soll lediglich während des Ruhens der Eintragung bestehen und gelöscht werden, sobald die Eintragung nicht mehr ruht. Ist das Ruhen angeordnet, so darf das Gericht eine Klage nicht als unbegründet abweisen, sondern hat das Verfahren bis zur endgültigen Entscheidung auszusetzen (§ 4a II analog).

IV. Widerspruch und Anfechtungsklage (§ 4c III)

Nach § 4c III sind Widerspruch und Anfechtungsklage gegen Entscheidungen nach § 4c I **6** (Aufhebung) und § 4c II (Anordnung des Ruhens) zwar zulässig, haben aber keine aufschiebende Wirkung. Einzelheiten zur Aufhebung der Eintragung sind in der Verordnung des BMJV nach § 4f geregelt. Das Verfahren ist ein **Verwaltungsverfahren,** auf das grds. das VwVfG anwendbar ist (OVG Münster GRUR 2004, 347 (348)). Das Bundesamt für Justiz ermittelt den Sachverhalt daher von Amts wegen und bestimmt selbst Art und Umfang der Ermittlung (§ 24 VwVfG; OVG Münster GRUR 2004, 347 (348); OVG Münster WM 2018, 1309).

V. Bescheinigung für Dritte (§ 4c IV)

Nach § 4c IV hat das Bundesamt für Justiz einem Dritten, der ein rechtliches Interesse daran **7** hat, zu bescheinigen, dass die Eintragung eines qualifizierten Verbraucherverbands in der Liste nach § 4 ruht oder aufgehoben worden ist. Dritter kann auch eine Kammer oder ein Verband sein. Ein berechtigtes Interesse kann bspw. bestehen, wenn ein Dritter die Bescheinigung für ein aktuelles Verbandsklageverfahren benötigt (Begr. RegE, BR-Drs. 145/23, 133; Grüneberg/Grüneberg Rn. 1).

Liste der qualifizierten Einrichtungen für grenzüberschreitende Verbandsklagen

4d (1) ¹Das Bundesamt für Justiz führt eine Liste der qualifizierten Einrichtungen, die grenzüberschreitende Verbandsklagen nach Artikel 3 Nummer 7 der Richtlinie (EU) 2020/1828 erheben können. ²Es veröffentlicht die Liste in ihrer jeweils aktuellen Fassung auf seiner Internetseite. ³Es teilt der Europäischen Kommission zum 1. Dezember 2023 die bestehenden qualifizierten Einrichtungen unter Angabe des Namens oder der Firma und des satzungsmäßigen Zwecks mit und unterrichtet sie unverzüglich, wenn

1. eine qualifizierte Einrichtung in die Liste neu eingetragen wurde,

2. die Eintragung einer qualifizierten Einrichtung in der Liste aufgehoben wurde,

3. der Name oder der Satzungszweck einer qualifizierten Einrichtung geändert wurde.

(2) [1]Eine nach inländischem Recht gegründete juristische Person des Privatrechts wird auf ihren Antrag in die Liste der qualifizierten Einrichtungen eingetragen, wenn

1. ihr Satzungszweck auf den Schutz von Verbraucherinteressen, die in den Anwendungsbereich der Richtlinie (EU) 2020/1828 fallen, und nicht auf einen Erwerbszweck gerichtet ist,

2. sie vor der Antragstellung mindestens ein Jahr zum Schutz von Verbraucherinteressen öffentlich tätig war,

3. sie nicht aufgelöst werden muss oder aufgelöst wurde, insbesondere durch die Eröffnung eines Insolvenzverfahrens oder durch die Rechtskraft des Beschlusses, durch den die Eröffnung des Insolvenzverfahrens abgelehnt wurde,

4. sie durch interne Verfahren sicherstellt, dass

   a) sie nicht unter dem Einfluss von anderen Personen als Verbrauchern steht, insbesondere nicht unter dem Einfluss von Unternehmern, die ein wirtschaftliches Interesse an Verbandsklagen nach der Richtlinie (EU) 2020/1828 haben, und

   b) Konflikte zwischen den Interessen Dritter, die Verbandsklagen nach der Richtlinie (EU) 2020/1828 aus wirtschaftlichem Interesse finanzieren, und den mit den finanzierten Klagen verfolgten Verbraucherinteressen vermieden werden und

5. sie auf ihrer Internetseite klare und verständliche Angaben veröffentlicht zu

   a) ihrer Rechtsform,

   b) ihrem Satzungszweck,

   c) ihrer Mitglieder- und Organisationsstruktur, insbesondere zu ihren Geschäftsführungsorganen,

   d) ihren Tätigkeiten,

   e) den internen Verfahren nach Nummer 4 sowie

   f) ihrer Finanzierung im Allgemeinen.

[2]Aus den Angaben nach Satz 1 Nummer 5 muss für die Öffentlichkeit auch erkennbar sein, dass die qualifizierte Einrichtung alle Eintragungsvoraussetzungen nach Satz 1 erfüllt.

(3) [1]Die Entscheidung über den Eintragungsantrag ist der Antragstellerin zuzustellen. [2]Auf der Grundlage einer wirksamen, dem Antrag stattgebenden Entscheidung ist die juristische Person mit folgenden Angaben in die Liste einzutragen:

1. Name,

2. Anschrift und

3. satzungsmäßiger Zweck.

[3]Ist die qualifizierte Einrichtung in einem Register eingetragen, so sind auch die Registernummer und die registerführende Stelle in der Liste anzugeben. § 4 Absatz 4 ist entsprechend anzuwenden.

Übersicht

I. Einordnung und Normzweck

Gemäß § 3 I 1 Nr. 1 ist zwischen qualifizierten Verbraucherverbänden und qualifizierten **1**
Einrichtungen zu unterscheiden. Während § 4 die Voraussetzungen für die Eintragung eines
qualifizierten Verbraucherverbands in die vom Bundesamt für Justiz geführte Liste festlegt, regelt
§ 4d die Voraussetzungen für die Eintragung einer qualifizierten Einrichtung. Die qualifizierten
Einrichtungen können grenzüberschreitende Verbandsklagen nach Art. 3 Nr. 7 Verbandsklagen-RL, das heißt Verbandsklagen in anderen Mitgliedstaaten der Europäischen Union erheben
(Begr. RegE, BR-Drs. 145/23, 130).

§ 4d wurde durch das VRUG neu aufgenommen. Die Vorschrift dient insbesondere der **2**
Umsetzung von Art. 4 III Verbandsklagen-RL, wonach die Mitgliedstaaten verpflichtet sind,
qualifizierte Einrichtungen für grenzüberschreitende Verbandsklagen auf ihren Antrag zu benennen, wenn die Antragsteller die Kriterien des Art. 4 III dieser Richtlinie erfüllen (Begr. RegE,
BR-Drs. 145/23, 130).

II. Zuständigkeit des Bundesamts für Justiz (§ 4d I)

Das Bundesamt für Justiz führt neben der Liste der qualifizierten Verbraucherverbände (§ 4) **3**
auch die Liste der qualifizierten Einrichtungen (§ 4d I 1). Es veröffentlicht diese Liste auf seiner
Internetseite in der jeweils aktuellen Fassung (§ 4d I 2). Nach § 4d I 3 hat das Bundesamt für
Justiz der Europäischen Kommission zum 1.12.2023 die qualifizierten Einrichtungen mitzuteilen,
die in die Liste nach § 4d eingetragen wurden (**Erstmitteilung**). Diese Mitteilungspflicht
umfasst den Namen oder die Firma der qualifizierten Einrichtung sowie deren satzungsmäßiger
Zweck.

Darüber hinaus besteht eine **Unterrichtungspflicht,** wenn nach der Erstmitteilung qualifi- **4**
zierte Einrichtungen neu in die Liste eingetragen werden oder die Eintragung einer qualifizierten
Einrichtung aufgehoben wird oder sich der Name, die Firma oder der satzungsmäßige Zweck
einer eingetragenen qualifizierten Einrichtung ändert. Damit soll sichergestellt werden, dass das
Verzeichnis nach Art. 5 I 4 Verbandsklagen-RL aktualisiert werden kann. (Begr. RegE, BR-
Drs. 145/23, 130).

III. Voraussetzungen der Eintragung (§ 4d II)

§ 4d II legt die Voraussetzungen für eine Eintragung in die Liste der qualifizierten Einrichtun- **5**
gen fest.

1. Antrag

Erforderlich ist ein Antrag (§ 4d II 1), und zwar von einem vertretungsberechtigten Organ **6**
der qualifizierten Einrichtung. Das Fehlen eines (wirksamen) Antrags berührt allerdings nicht die
Wirksamkeit der Eintragung. Einzelheiten zum Antragsinhalt sind in § 18 QEWV geregelt.

2. Juristische Person des Privatrechts

Bei der qualifizierten Einrichtung muss es sich um eine nach dem inländischen Recht **7**
gegründete juristische Person des Privatrechts handeln. Hieraus ergibt sich ein wichtiger Unterschied im Vergleich zu den qualifizierten Verbraucherverbänden Während in die Liste der
qualifizierten Verbraucherverbände iSd § 4 nur eingetragene Vereine Aufnahme finden, können
qualifizierte Einrichtungen auch in einer anderen Rechtsform gegründet werden. Die amtlichen
Materialien erwähnen bspw. **Kapitalgesellschaften, Genossenschaften sowie Stiftungen,**
die nach deutschem Recht gegründet oder errichtet wurden. Diese können in die Liste der
qualifizierten Einrichtung eingetragen werden, wenn sie die übrigen Voraussetzungen des
§ 4d II 1 erfüllen, insbesondere in dieser Rechtsform ausschließlich ideelle Zwecke verfolgen
(Begr. RegE, BR-Drs. 145/23, 130).

3. Satzungsinhalt

Nach § 4d II 1 Nr. 1 muss es zu den satzungsmäßigen Aufgaben der qualifizierten Einrichtung **8**
gehören, **Verbraucherinteressen,** die in den Anwendungsbereich der Verbandsklagen-RL
fallen, **zu schützen.** Es genügt, wenn der Schutz von Verbrauchern auch vom Satzungszweck

umfasst ist. Die Satzung kann einen umfassenden Schutz von Verbraucherinteressen vorsehen, doch ist es auch zulässig, wenn sich der Satzungszweck nur auf den Schutz bestimmter Verbraucherinteressen bezieht, zB den Verbraucherdatenschutz oder den Gesundheitsschutz von Verbrauchern (Begr. RegE, BR-Drs. 145/23, 130). Umweltschutz ist, entgegen der insoweit missverständlichen amtlichen Begründung, nicht per se ein Verbraucherinteresse. Eine Einrichtung kann jedoch nach ihrer Satzung darauf gerichtet sein, Interessen der Verbraucher gerade im Zusammenhang mit dem Klima- und Umweltschutz zu schützen, zB durch den Zweck eines Schutzes vor unlauterer Umweltwerbung und „Greenwashing".

9   Zudem darf die Einrichtung **keinen Erwerbszweck** verfolgen. Für die Auslegung ist eine Orientierung an den für § 4 II geltenden Grundsätzen möglich.

4. Mindesttätigkeit

10   Die Einrichtung muss gemäß § 4d II 1 Nr. 2 vor der Antragstellung mindestens ein Jahr zum Schutz von Verbraucherinteressen öffentlich tätig geworden sein. Gemäß § 19 QEWV muss diese Vortätigkeit im Eintragungsantrag in Form eines Berichts nachgewiesen werden (Begr. RegE, BR-Drs. 145/23, 130).

5. Kein Auflösungsgrund

11   Die Einrichtung darf gemäß § 4d II 1 Nr. 3 nicht aufgelöst sein und es darf kein Auflösungsgrund vorliegen. Beispielhaft nennt das Gesetz insolvenzrechtliche Gründe wie die Eröffnung eines Insolvenzverfahrens oder die Rechtskraft des Beschlusses, durch den die Eröffnung des Insolvenzverfahrens abgelehnt wurde. Darüber hinaus können auch andere Auflösungsgründe zu berücksichtigen sein, weil die Auflösung immer dazu führt, dass der werbende Zweck der juristischen Person sich in den Liquidationszweck verwandelt. Damit verfolgt die juristische Person keinen Satzungszweck mehr, der die Anforderungen des § 4 II 1 Nr. 1 erfüllt (Begr. RegE, BR-Drs. 145/23, 130).

6. Einflussfreiheit und Vermeidung von Interessenkonflikten

12   Gemäß § 4d II 1 Nr. 4 lit. a muss die Einrichtung durch interne Verfahren sicherstellen, dass sie nicht unter dem **Einfluss** von anderen Personen als Verbrauchern steht, insbesondere nicht unter dem Einfluss von Unternehmern, die ein wirtschaftliches Interesse an der Erhebung von Verbandsklagen nach der Verbandsklagen-RL haben. Unternehmer können zu den Mitgliedern einer qualifizierten Einrichtung gehören, insbesondere wenn sie kein wirtschaftliches Interesse an den Verbandsklagen haben. Haben Unternehmer ein wirtschaftliches Interesse an der Erhebung von Verbandsklagen, wie zB Rechtsanwälte, die die juristische Person bei Verbandklagen vertreten können oder Unternehmer, die selbst oder deren Wettbewerber verklagt werden könnten, dürfen diese keinen entscheidenden Einfluss auf die Klageerhebung durch die juristische Person haben (Begr. RegE, BR-Drs. 145/23, 131).

13   Weiterhin muss nach § 4d II 1 Nr. 4 lit. b durch interne Verfahren sichergestellt sein, dass **Konflikte** zwischen den Interessen Dritter, die Verbandsklagen nach Verbandsklagen-RL aus wirtschaftlichem Interesse finanzieren, und den mit den finanzierten Klagen verfolgten Verbraucherinteressen vermieden werden.

14   Die von der Einrichtung vorgesehenen **internen Verfahren** müssen zum Zeitpunkt der Antragstellung eingerichtet sein und für das Bundesamt für Justiz ausreichend dokumentiert werden. Die Verfahren müssen so ausgestaltet sein, dass die Mitglieder, Organmitglieder oder Beschäftigten der juristischen Person, die über Verbandsklagen und deren Finanzierung entscheiden, verpflichtet sind, diese Verfahren zu beachten (Begr. RegE, BR-Drs. 145/23, 131). Die internen Verfahren müssen daher einen verbindlichen Charakter haben. Bloße Verhaltensempfehlungen genügen daher nicht. Diese Verfahrensregelungen müssen nach § 4d II 1 Nr. 5 lit. e zum Zeitpunkt der Antragstellung auch auf der Internetseite der juristischen Person allgemein zugänglich veröffentlicht sein.

7. Veröffentlichung von Angaben

15   Gemäß **§ 4d II 1 Nr. 5** muss die Einrichtung eine allgemein zugängliche Internetseite unterhalten, auf der sie die in lit. a bis f aufgeführten Informationen veröffentlicht. Diese Angaben müssen für Interessierte auf der Internetseite **klar und verständlich** sein. Dies setzt eine leichte Auffindbarkeit der Informationen voraus (Begr. RegE, BR-Drs. 145/23, 131). Die Informatio-

nen müssen öffentlich zugänglich sein, sie dürfen daher insbesondere nicht von einem vorherigen Registrierungsprozess abhängig gemacht werden. Ergänzend legt § 4d II 2 fest, dass die qualifizierte Einrichtung, die in der Liste nach § 4d I eingetragen ist, ihre Angaben auf der Internetseite so gestalten muss, dass für die Öffentlichkeit erkennbar ist, dass sie alle Eintragungsvoraussetzungen nach § 4d II 1 erfüllt.

Die Angabe zur **Rechtsform** (§ 4d II 1 Nr. 5 lit. a) kann sich bereits aus dem Namen oder **16** der Firma der juristischen Person ergeben. Sofern dies nicht der Fall ist, sind zusätzliche Angaben zur Rechtsform im Internet erforderlich. Bei Eintragung in ein Register sind auch die Registernummer und das Registergericht anzugeben, sofern sich diese Verpflichtung nicht bereits aus anderen Vorschriften ergibt (Begr. RegE, BR-Drs. 145/23, 131).

Die Angabe des **Satzungszwecks** (§ 4d II 1 Nr. 5 lit. b) kann durch eine Veröffentlichung **17** der gesamten Satzung erfolgen. Ist die Satzung nicht öffentlich zugänglich, sind Angaben zur Zwecksetzung erforderlich (Begr. RegE, BR-Drs. 145/23, 131).

Weiterhin erforderlich sind Angaben zur **Mitglieder- und Organisationsstruktur,** ins- **18** besondere zu den Geschäftsführungsorganen (§ 4d II 1 Nr. 5 lit. c). Diese Anforderungen können durch das Veröffentlichen der Satzung (ggf. in Verbindung mit der Veröffentlichung einer Geschäftsordnung der Organe) erfüllt werden (Begr. RegE, BR-Drs. 145/23, 132).

Die Angaben zur Mitgliederstruktur müssen mindestens Angaben dazu umfassen, welche **19** Arten der Mitgliedschaft möglich sind, unter welchen Voraussetzungen eine Mitgliedschaft erworben werden kann und welche Rechte und Pflichten sich aus der Mitgliedschaft ergeben (Begr. RegE, BR-Drs. 145/23, 131). Weiterhin sind Angaben darüber erforderlich, ob es verschiedene Arten von Mitgliedschaften gibt (und wenn ja, welche und zu welchen Anteilen), wie hoch die Anteile von Unternehmern und Verbrauchern sind sowie aus welchen Wirtschaftsbranchen die Mitglieder stammen (Begr. RegE, BR-Drs. 145/23, 132).

Die Angaben zu den Geschäftsführungsorganen umfassen insbesondere Angaben zur Anzahl, **20** zu den Mitgliedern und Aufgaben der Organe der juristischen Person. Die Angaben zum Vertretungsorgan müssen auch Vorname und Familienname der Organmitglieder und Angaben zur Vertretungsmacht der einzelnen Organmitglieder umfassen (Begr. RegE, BR-Drs. 145/23, 132).

Gemäß § 4d II 1 Nr. 5 lit. d muss die juristische Person über ihre **Tätigkeiten** berichten. **21** Dies erfordert insbesondere Informationen darüber, wie die Einrichtungen den satzungsmäßigen Schutz der Verbraucherinteressen verfolgt. Aus den Angaben zu den Tätigkeiten muss auch noch nach der Eintragung der juristischen Person in die Liste gemäß § 4d I erkennbar sein, dass die juristische Person schon vor der Antragstellung mindestens zwölf Monate zum Schutz von Verbraucherinteressen öffentlich tätig war (Begr. RegE, BR-Drs. 145/23, 132).

§ 4d II 1 Nr. 5 lit. e sieht Angaben zu den **internen Verfahren** gemäß § 4d II 1 Nr. 4 vor **22** (→ Rn. 12 ff.).

Schließlich sind gemäß § 4d II 1 Nr. 5 lit. f Angaben zur **Finanzierung im Allgemeinen** **23** erforderlich. Anzugeben sind mindestens die Gesamteinnahmen und -ausgaben für das letzte abgelaufene Geschäftsjahr. Ergänzend sind Angaben dazu erforderlich, welche Anteile die Mitgliedsbeiträge, Zuwendungen von Mitgliedern, Zuwendungen von Dritten und Erträge aus dem Vermögen oder aus Tätigkeiten der juristischen Person an den Gesamteinnahmen haben. Zu den Gesamtausgaben ist anzugeben, welcher Anteil der Ausgaben für Tätigkeiten zum Schutz von Verbraucherinteressen aufgewendet wurden, insbesondere für Verbandsklagen (Begr. RegE, BR-Drs. 145/23, 132).

IV. Entscheidung über die Eintragung (§ 4d III)

§ 4d III regelt die Entscheidung über die Eintragung sowie den Inhalt der Eintragung. Das **24** Bundesamt für Justiz trifft nach § 4d III 1 eine Entscheidung über den Antrag auf Eintragung, die dem antragstellenden Verband zuzustellen ist. Dieses Vorgehen entspricht der Regelung in § 4 III 1 für qualifizierte Verbraucherverbände.

Auf der Grundlage einer wirksamen dem Antrag stattgebenden Entscheidung hat das Bundes- **25** amt für Justiz dann nach § 4d III 2 die juristische Person unter Angabe des Namens, der Anschrift und des satzungsmäßigen Zwecks in die Liste einzutragen. Bei juristischen Personen, die in einem Register eingetragen sind, sind auch die Registernummer und die registerführende Stelle anzugeben (§ 4d III 3). Zur Wirkung der Eintragung → § 4 Rn. 15.

V. Bescheinigung der Eintragung (§ 4d III 4 iVm § 4 IV)

26   Das Bundesamt für Justiz erteilt nach § 4d III 4 iVm § 4 IV einer qualifizierten Einrichtung, die in der Liste eingetragen ist, eine **Bescheinigung** über die Eintragung. Diese Bescheinigung dient dem Nachweis über die Eintragung (→ § 4 Rn. 16). Sie entfaltet aber keine konstitutive Wirkung.

Überprüfung und Aufhebung einer Eintragung in die Liste nach § 4d

4e   (1) **Für die Überprüfung, ob eine qualifizierte Einrichtung, die in die Liste nach § 4d eingetragen ist, die Eintragungsvoraussetzungen nach § 4d Absatz 2 Satz 1 erfüllt, ist § 4a Absatz 1 und 3 entsprechend anzuwenden.**

(2) **Das Bundesamt für Justiz ist verpflichtet, die Eintragung einer qualifizierten Einrichtung in der Liste nach § 4d auch dann zu überprüfen, wenn die Europäische Kommission oder ein anderer Mitgliedstaat der Europäischen Union um die Überprüfung der Eintragung ersucht.**

(3) **¹Die Eintragung einer qualifizierten Einrichtung in die Liste nach § 4d ist aufzuheben, wenn**

1. **die qualifizierte Einrichtung dies beantragt oder**
2. **die Voraussetzungen für die Eintragung nach § 4d Absatz 2 nicht vorlagen oder weggefallen sind.**

²**§ 4c Absatz 3 und 4 ist entsprechend anzuwenden.**

I. Einordnung und Normzweck

1   Die Vorschrift wurde durch das VRUG neu in das UKlaG eingefügt. Sie regelt die Überprüfung und Aufhebung der Eintragung von qualifizierten Einrichtungen in die Liste gemäß § 4d. Die Regelungen orientieren sich weithin an dem Vorbild der Überprüfung und Aufhebung einer Eintragung in die Liste der qualifizierten Verbraucherverbände (§ 4a und § 4c). Ein Unterschied besteht aber darin, dass für die qualifizierten Einrichtungen kein Ruhen der Eintragung vorgesehen ist (→ Rn. 6). § 4c II findet daher auf qualifizierte Einrichtungen keine entsprechende Anwendung.

II. Überprüfung der Eintragungsvoraussetzungen

2   § 4e I und II enthalten nähere Aussagen zur Überprüfung der Eintragungsvoraussetzungen gemäß § 4d II 1. Zuständig ist das **Bundesamt für Justiz.** Gem. § 4e I iVm § 4a I erfolgt die Überprüfung (Nr. 1) nach Ablauf von zwei Jahren nach der Ersteintragung und danach jeweils nach Ablauf von fünf Jahren nach Abschluss der letzten Überprüfung oder (Nr. 2) unabhängig von den Fristen nach Nr. 1, wenn begründete Zweifel am Vorliegen der Eintragungsvoraussetzungen bestehen (→ § 4a Rn. 2). Das Überprüfungsverfahren ist in § 21 QEWV näher geregelt.

3   Nach § 4e I iVm § 4a III kann das Bundesamt für Justiz die qualifizierten Einrichtungen und deren Vorstandsmitglieder zur Befolgung der Pflichten im Verfahren zur Überprüfung der Eintragung durch die Festsetzung eines Zwangsgelds anhalten (→ § 4a Rn. 4).

4   Das Bundesamt für Justiz ist nach § 4e II dazu verpflichtet, eine Eintragung in der Liste der qualifizierten Einrichtungen auch dann zu überprüfen, wenn die Kommission oder ein anderer Mitgliedstaat darum ersucht. Ein solches **Ersuchen** wird typischerweise von einem zuständigen Gericht oder einer zuständigen Behörde im Rahmen eines Verbandsklageverfahrens an das Bundesamt für Justiz gerichtet. Dieses ist als nationale Kontaktstelle für solche Ersuchen der Europäischen Kommission oder der anderen Mitgliedstaaten der Europäischen Kommission nach Art. 5 I Verbandsklagen-RL zu benennen (Begr. RegE, BR-Drs. 145/23, 133).

III. Aufhebung der Eintragung

5   § 4e III 1 regelt die Aufhebung der Eintragung einer qualifizierten Einrichtung in die Liste gemäß § 4d. Die Gründe entsprechen denen in § 4c I für die Aufhebung der Eintragung eines qualifizierten Verbraucherverbands in die Liste gemäß § 4 (→ § 4c Rn. 2 ff.).

§ 4e III 2 verweist auf die Regelungen in § 4c III und IV, die entsprechende Anwendung **6** finden. Dies betrifft zum einen die Regelungen zu **Widerspruch** und **Anfechtungsklage** (→ § 4c Rn. 6), zum anderen die **Bescheinigung für Dritte** (→ § 4c Rn. 7). Bei der entsprechenden Anwendung ist zu beachten, dass der Gesetzgeber bewusst davon abgesehen hat, für qualifizierte Einrichtungen ein Ruhen der Eintragung vorzusehen. Es sei zweifelhaft, so heißt es in den amtlichen Materialien, ob eine Regelung zum Ruhen der Eintragung mit Art. 4–6 Verbandsklagen-RL vereinbar sei (Begr. RegE, BR-Drs. 145/23, 133).

Verordnungsermächtigung

4f Das Bundesministerium der Justiz wird ermächtigt, durch Rechtsverordnung ohne Zustimmung des Bundesrats die Einzelheiten zu regeln zu

1. der Eintragung von eingetragenen Vereinen in die Liste der qualifizierten Verbraucherverbände nach § 4, insbesondere zu den in dem Verfahren bestehenden Mitwirkungs- und Nachweispflichten,

2. der Überprüfung und Aufhebung von Eintragungen eines qualifizierten Verbraucherverbands in der Liste der qualifizierten Verbraucherverbände nach § 4, insbesondere zu den in diesem Verfahren bestehenden Mitwirkungs- und Nachweispflichten,

3. den Berichtspflichten der qualifizierten Verbraucherverbände nach § 4b Absatz 1 und

4. der Eintragung von juristischen Personen in die Liste der qualifizierten Einrichtungen für grenzüberschreitende Verbandsklagen nach § 4d, insbesondere zu den in diesem Verfahren bestehenden Mitwirkungs- und Nachweispflichten sowie

5. der Überprüfung und Aufhebung von Eintragungen einer qualifizierten Einrichtung in der Liste, insbesondere zu den in diesem Verfahren bestehenden Mitwirkungs- und Nachweispflichten.

§ 4f wurde neu in das UKlaG eingefügt durch das VRUG. Die Vorschrift tritt an die Stelle der **1** bislang bestehenden Verordnungsermächtigung aus § 4d aF. Das BMJV hat von der Ermächtigung Gebrauch gemacht und dazu die Verordnung zu qualifizierten Einrichtungen und qualifizierten Wirtschaftsverbänden (QEWV) vom 7.6.2021 (BGBl. 2021 I 1832) erlassen. Diese Verordnung wurde im Zuge der Umsetzung der Verbandsklagen-RL ebenfalls geändert und erweitert (Art. 11 VRUG).

Für das UKlaG gelten im Einzelnen die Regelungen zu den qualifizierten Verbraucherver **2** bänden (§§ 1–9 QEWV) sowie zu den qualifizierten Einrichtungen (§§ 18–21 QEWV), ferner die Vorschriften zu den jährlichen Berichtspflichten (§§ 22, 23 QEWV) und den Ordnungswidrigkeiten (§ 24 QEWV).

Die Regelungen der QEWV gelten nicht nur für qualifizierte Verbraucherverbände und **3** qualifizierte Einrichtungen, sondern entsprechend der Verweisung in § 8b III UWG auf § 4f auch für qualifizierte Wirtschaftsverbände (Abschnitt 2, §§ 10–17 QEWV).

Abschnitt 3. Verfahrensvorschriften

Unterabschnitt 1. Allgemeine Vorschriften

Anwendung der Zivilprozessordnung und anderer Vorschriften

5 Auf das Verfahren sind die Vorschriften der Zivilprozessordnung und § 12 Absatz 1, 3 und 4, § 13 Absatz 1 bis 3 und 5 sowie § 13a des Gesetzes gegen den unlauteren Wettbewerb anzuwenden, soweit sich aus diesem Gesetz nicht etwas anderes ergibt.

Übersicht

I. Einordnung und Normzweck

1 § 5 bestimmt, welche Vorschriften auf die Verfahren anzuwenden sind, die auf der Grundlage des UKlaG geführt werden. Das VRUG ließ die Vorschrift unverändert.

1a Ansprüche aus den §§ 1–2b sind bürgerlichrechtlicher Natur und daher nach den Vorschriften der ZPO gerichtlich geltend zu machen. Dies stellt § 5 klar. Für das Verfahren gelten dementsprechend die Dispositions- und die Verhandlungsmaxime (vgl. Grüneberg/Grüneberg Rn. 1). Es sind daher Anerkenntnisurteile möglich. Ergänzend ordnet § 5 an, dass **§ 12 I, III, IV UWG, § 13 I–III und V UWG** sowie **§ 13a UWG** anzuwenden sind. Der Vorbehalt „soweit sich aus diesem Gesetz nicht etwas anderes ergibt" ist insoweit bedeutungslos. – Zum Streitwert in Verfahren nach dem UKlaG vgl. BGH BeckRS 2018, 2978.

II. Abmahnung und Unterwerfung

1. Allgemeines

2 Die Verweisung auf § 13 I UWG besagt, dass die in den §§ 3, 3a genannten Gläubiger den Schuldner vor der Einleitung eines gerichtlichen Verfahrens abmahnen und ihm Gelegenheit geben sollen, den Streit durch Abgabe einer mit einer angemessenen Vertragsstrafe bewehrten Unterlassungsverpflichtung beizulegen. Die Gläubiger sind zwar zur Abmahnung materiellrechtlich nicht verpflichtet, und die Abmahnung stellt auch keine Prozessvoraussetzung dar. Jedoch riskieren sie, dass der Schuldner den Anspruch sofort anerkennt und ihnen dann nach **§ 93 ZPO** die Verfahrenskosten zur Last fallen.

2. Abmahnung

3 **a) Begriff.** Unter einer **Abmahnung** ist die Mitteilung an den Schuldner zu verstehen, dass er durch ein näher bezeichnetes Verhalten einen Gesetzesverstoß begangen hat, verbunden mit der Aufforderung, dieses Verhalten in Zukunft zu unterlassen und binnen einer bestimmten Frist eine strafbewehrte Unterlassungsverpflichtung (sog Unterwerfungserklärung) abzugeben (→ UWG § 13 Rn. 3 ff.). Die Anforderungen an eine Abmahnung sind in § 13 II UWG geregelt.

4 **b) Kosten.** Ist die Abmahnung berechtigt, so kann der Gläubiger nach § 5 iVm § 13 III UWG dafür Ersatz der erforderlichen **Aufwendungen** verlangen (Ausnahme: § 2c). Erforderlich sind die Abmahnkosten, die tatsächlich entstanden sind und nach Lage des Falls aus der Sicht des Abmahnenden objektiv notwendig waren (BGH WRP 2018, 434 Rn. 60 – Klauselersetzung). Der Anspruchsberechtigte kann eine **Kostenpauschale** (derzeit 374,50 € bei der Wettbewerbszentrale) verlangen, und zwar auch dann in voller Höhe, wenn die Abmahnung nur teilweise berechtigt war (BGHZ 177, 253 Rn. 50; BGH WRP 2010, 396 Rn. 39). – Kosten für die Einschaltung eines Anwalts sind nur ausnahmsweise bei besonderer rechtlicher oder tatsächlicher Schwierigkeit zu erstatten, nämlich dann, wenn der Verband mit seiner Ausstattung und Erfahrung (vgl. § 4 II, § 4d II) nicht in der Lage war, das Geschehen korrekt zu bewerten (BGH WRP 2018, 434 Rn. 59 – Klauselersetzung). Die anspruchsberechtigten Stellen müssen dementsprechend eine hinreichende personelle, sächliche und finanziellen Ausstattung aufweisen, die die Gewähr dafür bietet, dass sie in typischen und durchschnittlich schwierigen Fällen ohne anwaltliche Hilfe Gesetzesverstöße selbst erkennen und Abmahnungen aussprechen können (BGH GRUR 2009, 191 Rn. 9 – Auswärtiger Rechtsanwalt VII; WRP 2017, 1089 Rn. 14 –

Anwaltsabmahnung II; WRP 2018, 434 Rn. 60 – Klauselersetzung; OLG München WRP 2012, 350 Rn. 39). Dazu gehört auch der Fall, dass ein Anwalt eingeschaltet wird, nachdem die entscheidenden Rechtsfragen bereits höchstrichterlich geklärt wurden (OLG Stuttgart GRUR-RR 2015, 164 Rn. 36 ff.). In diesen Fällen ist die Beauftragung eines Anwalts nicht erforderlich. Geschieht dies trotzdem, besteht weder ein Anspruch auf Erstattung der Anwaltskosten noch auf Zahlung einer fiktiven Kostenpauschale. – Der Anspruch **verjährt** nach den §§ 195, 199 BGB; § 11 UWG findet keine Anwendung (OLG München WRP 2015, 1522 Rn. 72).

3. Unterlassungsverpflichtung

Als Unterlassungsverpflichtung wird die Abgabe einer unbedingten und unbefristeten Unter-   **5**
lassungsverpflichtungserklärung bezeichnet. Sie muss mit einer angemessenen Vertragsstrafe „bewehrt", dh mit einem Vertragsstrafeversprechen für jeden Fall der Zuwiderhandlung gesichert sein. Sie ist grds. erforderlich, aber auch geeignet, die Vermutung der Wiederholungsgefahr zu beseitigen. Ist die Unterwerfung erfolgt, so entfällt der gesetzliche Unterlassungsanspruch nicht nur des Abmahners, sondern – da die Wiederholungsgefahr unteilbar ist – aller anspruchsberechtigten Stellen. Er wird ersetzt durch den vertraglichen Unterlassungsanspruch des Abmahners. Bei einer schuldhaften Zuwiderhandlung entsteht daraus ein Anspruch auf Zahlung der Vertragsstrafe. Zu Einzelheiten → UWG § 13 Rn. 1.101 ff.

III. Verfahren der einstweiligen Verfügung

Der Erlass einer einstweiligen Verfügung setzt einen Verfügungsanspruch und einen Ver-   **6**
fügungsgrund voraus. Der Verfügungsanspruch ergibt sich aus den §§ 1–2b. Ausgenommen ist jedoch der Anspruch auf Widerruf nach § 1, weil eine einstweilige Verfügung die Entscheidung über die Hauptsache vorwegnehmen würde. Verfügungsgrund ist die Dringlichkeit der Entscheidung. Beide Voraussetzungen sind grds. vom Antragsteller darzulegen und glaubhaft zu machen. Die Dringlichkeit wird jedoch auf Grund der Verweisung auf § 12 I UWG widerleglich vermutet. Zu Einzelheiten → UWG § 12 Rn. 2.12 ff.

IV. Streitwertbegünstigung

Für das Klageverfahren bedeutet die Verweisung auf § 12 III und IV UWG, dass eine **Streit-**   **7**
wertbegünstigung möglich ist. Zu Einzelheiten → UWG § 12 Rn. 4.1–4.31.

Informationspflichten der qualifizierten Verbraucherverbände und qualifizierten Einrichtungen zu gerichtlichen Verfahren im Inland

5a   (1) [1]**Anspruchsberechtigte Stellen nach § 3 Absatz 1 Satz 1 Nummer 1, die Unterlassungsansprüche nach § 1, 2 oder 2a im Inland gerichtlich geltend machen, haben auf ihrer Internetseite spätestens mit der Einreichung des Antrags auf Erlass einer einstweiligen Verfügung oder mit der Einreichung einer Klage beim Gericht über den jeweils aktuellen Stand des Verfahrens zu berichten. [2]Zu dem Verfahren sind dort während dessen Dauer mindestens folgende bekannte Tatsachen unverzüglich zu veröffentlichen:**
1. **der Name oder die Firma und die Anschrift des Unternehmers, gegen den sich der Antrag auf Erlass einer auf einstweiligen Verfügung oder die Klage richtet,**
2. **die behauptete Zuwiderhandlung des Unternehmers, zu deren Verhinderung oder Beendigung die einstweilige Verfügung beantragt oder die Klage eingereicht wurde,**
3. **das Datum der Einreichung des Antrags auf Erlass der einstweiligen Verfügung oder der Klage beim Gericht,**
4. **die Zustellung des Antrags auf Erlass einer einstweiligen Verfügung oder der einstweiligen Verfügung an den Antragsgegner oder das Datum der Klageerhebung,**
5. **das Aktenzeichen des gerichtlichen Verfahrens,**
6. **der Hinweis, dass die einstweilige Verfügung oder die Klage im Verbandsklageregister bekannt gemacht ist und**
7. **das Datum der Beendigung des Verfahrens und die Art der Verfahrensbeendigung.**

(2) **Wurde ein in Absatz 1 genanntes Verfahren durch unanfechtbaren Beschluss oder unanfechtbares Urteil beendet, so ist der Beschluss oder das Urteil mindestens sechs Monate auf der Internetseite der anspruchsberechtigten Stelle zu veröffentlichen.**

(3) **Die Kosten der Veröffentlichungen auf der Internetseite nach den Absätzen 1 und 2 sind Kosten des Rechtsstreits.**

I. Einordnung und Normzweck

1   § 5a wurde durch das VRUG neu in das UKlaG aufgenommen. Die Vorschrift regelt Informationspflichten im Zusammenhang mit Verfahren nach dem UKlaG und dient der Umsetzung der Vorgaben aus Art. 13 I Verbandsklagen-RL. Die Norm verfolgt eine **Informations- und Transparenzfunktion** in Bezug auf die Verbandsklagen nach dem UKlaG. Die Informationspflicht gemäß § 5a ist zu unterscheiden von den Informationen im Verbandsklageregister, die gemäß § 6a vom Gericht zu veranlassen sind.

II. Anwendungsbereich

2   Die Normadressaten der Informationspflichten aus § 5a sind die anspruchsberechtigten Stellen gemäß § 3 I 1 Nr. 1, also **qualifizierte Verbraucherverbände** und **qualifizierte Einrichtungen**. Erfasst sind Verfahren, in denen Ansprüche aus §§ 1–2a im Inland gerichtlich geltend gemacht werden. Es genügt, wenn in einem Verfahren auch diese Ansprüche erhoben werden (Begr. RegE, BR-Drs. 145/23, 134). Die Informationspflicht gilt gleichermaßen für Verfahren im **einstweiligen Rechtsschutz** wie für **Hauptsacheverfahren**. § 5a findet aufgrund der Verweisung in § 8 V 2 UWG entsprechende Anwendung für Klagen, die auf § 8 I UWG gestützt sind.

III. Zeitpunkt, Art und Umfang der Information (§ 5a I und II)

3   Die Informationspflicht wird gemäß § 5a I 1 mit der **Einreichung** des Antrags auf Erlass einer einstweiligen Verfügung bzw. mit der Einreichung einer Klage beim Gericht ausgelöst. Eine frühere Information (zB über eine laufende außergerichtliche Rechtsdurchsetzung) ist möglich, aber nach § 5a I nicht zwingend geboten. Es besteht die Verpflichtung, über den jeweils aktuellen Stand des Verfahrens zu berichten. Dies umfasst Informationen über den jeweils dem qualifizierten Verbraucherverband bzw. der qualifizierten Einrichtung bekannten Verfahrensstand. Es besteht daher eine **fortlaufende Aktualisierungspflicht;** die Informationen und etwaige Veränderungen sind „unverzüglich" zu veröffentlichen (§ 5a I 2). Die Informationen müssen vollständig und inhaltlich zutreffend sein (Begr. RegE, BR-Drs. 145/23, 134).

4   Die Informationen sind auf der **Internetseite** des qualifizierten Verbraucherverbands bzw. der qualifizierten Einrichtung zu veröffentlichen. Es genügt, wenn die Internetseite von dem qualifizierten Verbraucherverband bzw. der qualifizierten Einrichtung inhaltlich (mit-)verantwortet wird. Es ist daher auch zulässig, dass diese Informationen über eine von Dritten im Auftrag der anspruchsberechtigten Stelle betreute Internetpräsenz gegeben oder Informationen verschiedener Verbände und Einrichtungen auf einer Internetseite zusammengeführt und gebündelt werden.

5   § 5a I 2 legt den **Mindestinhalt** der Informationen fest, die von dem qualifizierten Verbraucherverband bzw. der qualifizierten Einrichtung zur Verfügung gestellt werden müssen. Die Angaben aus § 5a I 2 Nr. 1–3 müssen spätestens mit der Einrichtung des Antrags bzw. der Klage veröffentlicht werden. Die Informationen aus § 5a I 2 Nr. 4 und 5 betreffen Informationen, die sich aus dem weiteren Fortgang des Verfahrens ergeben. § 5a I 2 Nr. 6 verlangt den Hinweis, dass die einstweilige Verfügung oder Klage im Verbandsklageregister bekannt gemacht ist. Schließlich ist nach § 5a I 2 Nr. 7 das Datum der Beendigung des Verfahrens und die Art der Verfahrensbeendigung anzugeben. Die anspruchsberechtigten Stellen können weitergehende Informationen zur Verfügung stellen.

6   Die Informationspflicht aus § 5a I besteht während der gesamten **Dauer des Verfahrens.** Dies umfasst den Zeitraum von der Einreichung des Antrags bzw. der Klage bis zur Beendigung. Unerheblich ist, wie das Verfahren beendet wurde. Wird das Verfahren durch einen unanfechtbaren Beschluss oder ein unanfechtbares Urteil beendet, so ist der Beschluss oder das Urteil mindestens sechs Monate auf der Internetseite der anspruchsberechtigten Stelle zu veröffentlichen (§ 5a II). Maßgeblich für den Beginn dieses Zeitraums ist der Zeitpunkt, in dem die

anspruchsberechtigte Stelle den Beschluss oder das Urteil im Wortlaut erhalten hat. Zu veröffentlichen ist der Tenor des Beschlusses oder des Urteils.

IV. Kosten der Veröffentlichung (§ 5a III)

Aus § 5a III ergibt sich, dass die Kosten für die Veröffentlichungen nach § 5a I und II Kosten **7** des gerichtlichen Verfahrens sind und damit nach § 91 I 1 ZPO von der unterliegenden Partei zu tragen sind (Begr. RegE, BR-Drs. 145/23, 135).

Zuständigkeit und Verfahren

6 (1) ¹Für Klagen nach diesem Gesetz ist das Oberlandesgericht ausschließlich zuständig, in dessen Bezirk der Beklagte seine gewerbliche Niederlassung oder in Ermangelung einer solchen seinen Wohnsitz hat. ²Hat der Beklagte im Inland weder eine gewerbliche Niederlassung noch einen Wohnsitz, so ist das Gericht des inländischen Aufenthaltsorts zuständig, in Ermangelung eines solchen das Gericht, in dessen Bezirk

1. die nach den §§ 307 bis 309 des Bürgerlichen Gesetzbuchs unwirksamen Bestimmungen in Allgemeinen Geschäftsbedingungen verwendet wurden,
2. gegen Verbraucherschutzgesetze verstoßen wurde oder
3. gegen § 95b Absatz 1 Satz 1 des Urheberrechtsgesetzes verstoßen wurde.

³Das Oberlandesgericht entscheidet nach den für das erstinstanzliche Verfahren geltenden Vorschriften.

(2) Gegen die Urteile der Oberlandesgerichte findet die Revision wie gegen Berufungsurteile der Oberlandesgerichte statt.

(3) Die vorstehenden Absätze gelten nicht für Klagen, die einen Anspruch der in § 13 bezeichneten Art zum Gegenstand haben.

Übersicht

I. Einordnung und Normzweck

§ 6 enthält von den allgemeinen Zuständigkeits- und Verfahrensvorschriften des Zivilverfah- **1** rensrechts abweichende Bestimmungen für Verfahren, die nach dem UKlaG geführt werden. Die Vorschrift wurde durch das VRUG in wesentlichen Punkten geändert. Das Gesetz führte insbesondere eine ausschließliche Eingangszuständigkeit der Oberlandesgerichte ein.

Der Gesetzgeber begründete die Neuregelung der Zuständigkeit ua mit dem Ziel, die Ver- **2** fahren zu beschleunigen. Bei den Verfahren über Ansprüche nach dem UKlaG seien überwiegend Rechtsfragen zu klären, so dass eine Tatsacheninstanz ebenso wie bei Musterfeststellungsklagen und Abhilfeklagen nach dem VDuG ausreichend sei. Das gelte insbesondere bei Ansprüchen nach § 1, aber auch bei Ansprüchen nach § 2. Da Unterlassungsklagen nun verjährungshemmende Wirkung hätten, sei zu erwarten, dass sie künftig noch häufiger, insbesondere auch vor Abhilfeklagen erhoben würden, um bestimmte Rechtsfragen vorab höchstrichterlich zu klären und das Kostenrisiko für eine Abhilfeklage zu begrenzen (Begr. RegE, BR-Drs. 145/23, 135). Zur Kritik → Rn. 10.

II. Ausschließliche Zuständigkeit der Oberlandesgerichte

1. Anwendungsbereich

3   Für **„Klagen nach diesem Gesetz"** besteht eine ausschließliche sachliche (→ Rn. 6) und örtliche (→ Rn. 7 f.) Zuständigkeit der Oberlandesgerichte. Darunter fallen **Unterlassungs-** und **Widerrufsklagen** nach den §§ 1–2b sowie **Klagen auf Aufwendungsersatz** für eine Abmahnung (arg. § 5 iVm § 13 III UWG) und folgerichtig auch Klagen auf Aufwendungsersatz für ein Abschlussschreiben. Weiter gehören hierher Anträge auf Erlass einer **einstweiligen Verfügung** (§ 937 ZPO) sowie Vollstreckungsgegenklagen (§§ 767, 802 ZPO).

4   **Nicht** erfasst sind dagegen auf Grund der Ausnahmeregelung in § 6 III **Auskunftsklagen** nach § 13. Gleiches gilt für eine Auskunftsklage nach § 13a (Grüneberg/Grüneberg Rn. 1); die Nichterwähnung des § 13a dürfte auf einem Redaktionsversehen beruhen. Die Streitfrage, ob unter § 6 I 1 auch Ansprüche aus **strafbewehrten Unterlassungserklärungen,** insbes. Vertragsstrafeansprüche, fallen, ist nach den gleichen Grundsätzen zu entscheiden, wie sie für § 13 UWG gelten. Folgt man der Rspr. des BGH (WRP 2017, 179 Rn. 19 ff.), ist die Frage zu bejahen (OLG Hamm GRUR-RR 2017, 464; Grüneberg/Grüneberg Rn. 1).

5   Für individuelle Streitigkeiten zwischen einem Verwender von AGB und einem Kunden gelten die allgemeinen Vorschriften über die Zuständigkeit (Grüneberg/Grüneberg Rn. 1).

2. Sachliche Zuständigkeit

6   § 6 I begründet die sachliche Zuständigkeit der Oberlandesgerichte.

3. Örtliche Zuständigkeit

7   Die örtliche Zuständigkeit des Oberlandesgerichts ergibt sich ebenfalls aus § 6 I. Nach § 6 I 1 ist in erster Linie das Oberlandesgericht zuständig, in dessen Bezirk der Beklagte seine **gewerbliche Niederlassung** oder, mangels einer solchen, seinen **Wohnsitz** hat (§ 6 I 1). Zum Begriff der gewerblichen Niederlassung vgl. § 21 ZPO; zum Begriff des Wohnsitzes vgl. §§ 7–11 BGB.

8   Hat der Beklagte im Inland weder eine gewerbliche Niederlassung noch einen Wohnsitz, so ist nach § 6 I 2 das Gericht des inländischen **Aufenthaltsorts** zuständig. Der Begriff des Aufenthaltsortes ist wie in § 16 ZPO zu verstehen. Hat der Beklagte auch keinen inländischen Aufenthaltsort, so ist im Falle des § 1 das Gericht zuständig, in dessen Bezirk die unwirksamen AGB verwendet wurden (§ 6 II 2 Nr. 1), im Falle von § 2 und § 2a das Gericht, in dessen Bezirk gegen Verbraucherschutzgesetze verstoßen wurde (§ 6 II 2 Nr. 2) und im Falle des § 2b das Gericht, in dessen Bezirk gegen § 95b UrhG verstoßen wurde (§ 6 II 2 Nr. 3). Die Fälle des § 1a sind der Verwendung von AGB gleichzustellen (Grüneberg/Grüneberg Rn. 3). Bei mehreren Orten, an denen eine AGB-Verwendung oder ein Verstoß gegen Verbraucherschutzgesetze oder gegen § 95b UrhG erfolgte, gilt § 35 ZPO (Wahlrecht). Für den Fall der Empfehlung von unwirksamen AGB gilt § 6 I 2 Nr. 1 entspr. Ort der Verwendung oder Empfehlung ist sowohl der Ort, an dem die entspr. Erklärungen abgegeben werden, als auch der Ort, an dem sie zugehen; auch insoweit gilt § 35 ZPO.

4. Internationale Zuständigkeit

9   Für die internationale Zuständigkeit ist zu unterscheiden. Sie folgt den Grundsätzen der örtlichen Zuständigkeit, sofern nicht vorrangiges Unionsrecht anzuwenden ist (BGH NJW 1992, 3158 f.; Grüneberg/Grüneberg Rn. 2; Soergel/Fritzsche Rn. 6; NK-BGB/Joachimstaler/Walker Rn. 6 ff.). Innerhalb des Anwendungsbereichs der Brüssel Ia-VO sind die darin enthaltenen Regelungen einschlägig (Janal GRUR 2023, 985 (986)).

5. Kritik

10   Die Neuregelung der erstinstanzlichen Zuständigkeit auf die Oberlandesgerichte hat während des Gesetzgebungsverfahrens deutliche und berechtigte Kritik erfahren. In der GRUR-Stellungnahme (Würtenberger/Freischem GRUR 2023, 626 (628)) werden im Wesentlichen die folgenden Einwände vorgetragen: Die Neuregelung breche mit anerkannten und aus guten Gründen beibehaltenen verfahrensrechtlichen Grundsätzen, wenn die Eingangszuständigkeit Gerichten übertragen werde, die nach der Konzeption des Zivilverfahrensrechts grundsätzlich für die

Rechtsmittelkontrolle zuständig seien. Dies weiche von der zivilverfahrensrechtlich bewährten Aufteilung zwischen Tatsacheninstanz und Rechtsmittelinstanz ab, bewirke eine Verkürzung des Rechtsweges und schränke den effektiven Rechtsschutz ein. Gerade bei Kollektivklagen könne eine sehr umfangreiche Tatsachenaufklärung erforderlich sein, die aufgrund ihrer Komplexität potenziell fehleranfällig sei, so dass im Interesse der Wahrung effektiven Rechtsschutzes eine Überprüfung der Tatsachenaufklärung und der Rechtsanwendung durch die nächste Instanz erhalten bleiben sollte. Die Verlagerung der Zuständigkeit auf die Oberlandesgerichte werde einen erheblichen Aufwand in den Justizverwaltungen zur Folge haben. Eine signifikante Entlastung der Justiz sei nicht zu erwarten. Durch die Zuweisung der Verfahren an die Oberlandesgerichte bleibe das bei den Landgerichten in der Vergangenheit aufgebaute Know-how ungenutzt. Die Regelung könne schließlich in der Praxis zur Folge haben, dass für Klagen, die auf ein- und denselben Rechtsverstoß zurückzuführen sind, je nach Klage drei unterschiedliche Eingangsinstanzen zuständig sind. **Beispiel:** Bei Verletzung einer verbraucherschützenden Vorschrift kommen – je nach Klage – die folgenden Eingangsinstanzen in Betracht: Für Individualansprüche von Verbrauchern aus § 9 II 1 gelten die allgemeinen Zuständigkeitsregeln der ZPO (§ 14 IV UWG; dh, es besteht eine streitwertabhängige sachliche Zuständigkeit der Amts- oder Landgerichte), für Ansprüche aus § 8 I UWG gelten die Zuständigkeitsregelungen in § 14 I–III UWG (ausschließliche sachliche Zuständigkeit der Landgerichte) und bei einer auf § 2 I gestützten Klage gilt nach § 6 I die ausschließliche Zuständigkeit der Oberlandesgerichte.

III. Verfahren; Rechtsmittel

Gemäß § 6 I 3 entscheidet das Oberlandesgericht nach den für das erstinstanzliche Verfahren **11** geltenden Vorschriften. Aus § 6 II ergibt sich weiter, dass gegen die erstinstanzlichen Urteile der Oberlandesgerichte wie gegen Berufungsurteile der Oberlandesgerichte die **Revision** nach § 542 I ZPO zulässig ist. Für die Statthaftigkeit der Revision gelten die gleichen Regelungen wie für in der Berufungsinstanz von den Oberlandesgerichten erlassene Urteile, insbesondere die § 542 II ZPO, § 543 ZPO und § 544 ZPO (Begr. RegE, BR-Drs. 145/23, 135).

IV. Frühere Konzentrationsermächtigung

Nach § 6 II 1 aF waren die Landesregierungen ermächtigt, durch Rechtsverordnung UKlaG- **12** Streitigkeiten einem Landgericht für die Bezirke mehrerer Landgerichte zuzuweisen. Die Ermächtigung konnte nach § 6 II 2 aF auf die Landesjustizverwaltungen übertragen werden. Von dieser Ermächtigung hatten Gebrauch gemacht: Bayern (§ 6 GZVJu, BayGVBl. 2012, 295: Landgerichte München I, Nürnberg-Fürth und Bamberg); Brandenburg (§ 2 I Nr. 3 2. GerZV v. 2.9.2014, GVBl. II/14: LG Potsdam); Hessen (§ 43 JuZuV, GVBl. 2013, 386: Landgericht Frankfurt a. M.); Mecklenburg-Vorpommern (§ 4 I Nr. 6 KonzVO, GVOBl. 1994, 514: Landgericht Rostock); Nordrhein-Westfalen (KonzVO-UKlaG, GVBl. 2002, 446: Landgerichte Düsseldorf, Dortmund und Köln); Sachsen (§ 7 SächsJOrgVO, GVBl. 2016, 103: Landgericht Leipzig). Mit dem VRUG (→ Rn. 1) ist diese spezielle Konzentrationsermächtigung entfallen. Eine allgemeine Konzentrationsermächtigung besteht aber nach § 13a GVG (Begr. RegE, BR-Drs. 145/23, 135).

Bekanntmachungen im Verbandsklageregister zu einstweiligen Verfügungen und Klagen zur Durchsetzung von Unterlassungsansprüchen

6a (1) ¹Das Gericht macht zu einem Antrag auf Erlass einer einstweiligen Verfügung, der durch eine anspruchsberechtigte Stelle nach § 3 Absatz 1 Satz 1 Nummer 1 zur Sicherung oder Regelung von Ansprüchen nach den §§ 1 bis 2a gestellt wurde, unverzüglich nach der Zustellung des Antrags an den Antragsgegner Folgendes im Verbandsklageregister bekannt:

1. die Bezeichnung des Antragstellers und des Antraggegners,
2. die Bezeichnung des Gerichts,
3. das Aktenzeichen des Verfahrens,
4. die Angabe der behaupteten Zuwiderhandlung, die Anlass des Antrags auf Erlass einer einstweiligen Verfügung ist,
5. das Datum des Eingangs des Antrags auf Erlass der einstweiligen Verfügung beim Gericht und

6. das Datum der Zustellung des Antrags auf Erlass der einstweiligen Verfügung an den Antragsgegner.

[2] Wurde die einstweilige Verfügung erlassen, ohne dass der Antrag auf Erlass der einstweiligen Verfügung dem Antragsgegner zugestellt wurde, so sind die Angaben nach Satz 1 unverzüglich nach dem Erlass der einstweiligen Verfügung bekanntzumachen; an die Stelle der Angabe nach Satz 1 Nummer 6 tritt das Datum des Erlasses der einstweiligen Verfügung. [3] In Fällen des Satzes 2 hat der Antragsteller ergänzend die Zustellung der einstweiligen Verfügung im Verbandsklageregister bekannt zu machen. [4] Die Bekanntmachung nach Satz 3 ist unverzüglich, nachdem dem Antragsteller die Zustellung bekannt ist, beim Bundesamt für Justiz zu beantragen. [5] Dem Antrag sind eine Abschrift der einstweiligen Verfügung und der Zustellungsnachweis beizufügen.

(2) Zu einer Klage einer anspruchsberechtigten Stelle nach § 3 Absatz 1 Satz 1 Nummer 1 zur Durchsetzung eines Anspruchs nach den §§ 1 bis 2a ist vom Gericht im Verbandsklageregister unverzüglich nach der Erhebung der Klage bekannt zu machen:

1. die Bezeichnung der Parteien,
2. die Bezeichnung des Gerichts,
3. das Aktenzeichen der Klage,
4. die Angabe der behaupteten Zuwiderhandlung, gegen die die Klage gerichtet ist,
5. das Datum der Anhängigkeit der Klage und
6. das Datum der Rechtshängigkeit der Klage.

(3) [1] Unverzüglich bekanntzumachen sind durch das Gericht, bei dem das Verfahren beendet wurde, auch das Datum der Beendigung des Verfahrens und die Art der Beendigung. [2] Wurde das Verfahren durch eine rechtskräftige Entscheidung beendet, so ist auch die Entscheidung bekannt zu machen.

I. Einordnung und Normzweck

1 § 6a wurde durch das VRUG neu in das UKlaG aufgenommen. Die Vorschrift beinhaltet nähere Vorgaben zu Informationen, die im Verbandsklageregister bekanntzumachen sind. Systematisch ist zwischen Bekanntmachungen bei einstweiligen Verfügungsverfahren (§ 6a I), Klageverfahren (§ 6a II) sowie Informationen zur Beendigung des Verfahrens (§ 6a III) zu unterscheiden. Von der Bekanntmachung gemäß § 6a ist die eigene Informationspflicht der qualifizierten Stellen zu gerichtlichen Verfahren im Inland gemäß § 5a zu unterscheiden.

2 Die Bekanntmachung gemäß § 6a hat eine **Informations- und Transparenzfunktion.** Sie muss zum einen im Zusammenhang mit der Regelung zur Hemmung der Verjährung in § 204a I 1 Nr. 1 und 2 BGB gesehen werden. Durch die Bekanntmachungen im Verbandsklageregister soll für die betroffenen Verbraucher und für Gerichte insbesondere die Dauer der Verjährungshemmung einfach feststellbar sein (BR-Drs. 145/23, 135). Zum anderen dient § 6a der Umsetzung der Verpflichtungen aus Art. 13 II–IV Verbandsklagen-RL.

3 § 8 V 1 UWG verweist für einstweilige Verfügungen und Unterlassungsklagen von qualifizierten Verbraucherverbänden und qualifizierten Einrichtungen zur Durchsetzung von Ansprüchen nach § 8 I UWG auf § 6a, sodass die Norm insoweit entsprechend anzuwenden ist.

4 Das Verbandsklageregister wird gemäß § 43 VDuG durch das **Bundesamt für Justiz** geführt. Einzelheiten dazu regelt die Verordnung über das Register für Verbandsklagen (Verbandsklageregisterverordnung – VKRegV), die aus der Musterfeststellungsklagenregister-Verordnung hervorgegangen ist (Begr. RegE, BR-Drs. 145/23, 116).

II. Bekanntmachung bei Verfahren im einstweiligen Rechtsschutz (§ 6a I)

5 § 6a I regelt die Bekanntmachung von Informationen bei Verfahren im einstweiligen Rechtsschutz. Die Pflicht zur Bekanntmachung trifft gemäß § 6a I 1 das zuständige Gericht, das mit der Geltendmachung eines Anspruchs aus §§ 1–2a befasst ist. Anspruchsteller in dem Verfahren muss gemäß § 3 I 1 Nr. 1 ein qualifizierter Verbraucherverband oder eine qualifizierte Einrichtung sein. Bekanntzugeben sind die in Nr. 1–6 aufgeführten Informationen. Ergänzend regelt S. 2 den Fall, dass die einstweilige Verfügung erlassen wurde, ohne dass der Antrag auf Erlass der einstweiligen Verfügung dem Antragsgegner zugestellt wurde. S. 3–5 enthalten daran anknüpfend ergänzende Pflichten, die den Antragsteller treffen.

III. Bekanntmachung bei Klagen (§ 6a II)

§ 6a II betrifft die Bekanntmachung von Informationen zu Klagen auf der Grundlage von **6** §§ 1–2a. Wie in den Fällen des § 6a I muss die Klage von einer anspruchsberechtigten Stelle gem. § 3 I 1 Nr. 1 erhoben worden sein.

IV. Bekanntmachung bei Verfahrensbeendigung (§ 6a III)

§ 6a III regelt die Bekanntmachung bei Verfahrensbeendigung. Verpflichtet ist das Gericht, **7** bei dem das Verfahren beendet wurde. Anzugeben sind das Datum und die Art der Beendigung (S. 1). Die Bekanntmachungspflicht erstreckt sich auf alle Erscheinungsformen der Verfahrens-beendigung. Im Falle einer rechtskräftigen Entscheidung ist diese bekanntzugeben (S. 2).

V. Zeitliche Aspekte

Die Pflichten zur Bekanntmachung gemäß § 6a sind jeweils „unverzüglich", also ohne ein **8** schuldhaftes Zögern (§ 121 I 1 BGB), zu erfüllen.

§ 6a ist nur auf Anträge auf Erlass einstweiliger Verfügungen und auf Klagen anzuwenden, die **9** Zuwiderhandlungen betreffen, die nach dem 24. Juni 2023 drohen oder stattfanden (§ 18 II).

Veröffentlichungsbefugnis

7 ¹ Wird der Klage stattgegeben, so kann dem Kläger auf Antrag die Befugnis zu-gesprochen werden, die Urteilsformel mit der Bezeichnung des verurteilten Be-klagten auf dessen Kosten im Bundesanzeiger, im Übrigen auf eigene Kosten bekannt zu machen. ² Das Gericht kann die Befugnis zeitlich begrenzen.

Übersicht

I. Einordnung und Normzweck

§ 7 geht zurück auf § 18 AGBG. Durch das VRUG ist die Norm unberührt geblieben. Die **1** Vorschrift enthält einen Anspruch auf Veröffentlichungsbefugnis, mit dem ein weiterer – speziel-ler – Beseitigungsanspruch geregelt wird (BGH GRUR 2018, 423 Rn. 32 – Klauselersetzung), dessen Zuerkennung allerdings in das pflichtgemäße Ermessen („kann") des Gerichts gestellt wird (BGH NJW-RR 2007, 1287 Rn. 47; näher Soergel/Fritzsche Rn. 5–7). Die Veröffentlichung hat den Zweck, eine fortdauernde Störung aus einer Zuwiderhandlung zu beseitigen. Ähnliche, aber nicht gleich lautende Regelungen enthalten § 103 UrhG, § 12 II UWG und § 21 Gesch-GehG. Die praktische Bedeutung der Vorschrift ist gering, weil eine Veröffentlichung im Bundesanzeiger kaum gelesen wird, eine Veröffentlichung in der Presse aber nur auf Kosten des Klägers möglich ist und es dazu an sich keiner Ermächtigung durch das Gericht bedarf

(→ Rn. 12). Im Übrigen hat das VRUG die Informationspflichten gemäß § 5a II sowie die Bekanntmachung im Verbandsklageregister gemäß § 6a III geschaffen, die einem Informationsbedürfnis in Bezug auf Klagen ebenfalls Rechnung tragen.

II. Voraussetzungen

1. Antrag des Klägers

2 **a) Klageverfahren.** Dem Wortlaut nach bezieht sich § 7 nur auf Klagen aus dem UKlaG und spricht von der Veröffentlichung der „Urteilsformel". Eine direkte oder analoge Anwendung der Vorschrift auf **einstweilige Verfügungen** ist – ebenso wie für § 12 II (→ UWG § 12 Rn. 3.9) abzulehnen (Soergel/Fritzsche Rn. 4; Grüneberg/Grüneberg Rn. 1; Erman/Witt § 7 Rn. 3; aA → 41. Aufl. 2023, Rn. 2; NK-BGB/Joachimsthaler/Walker Rn. 4; nur für einstweilige Verfügungen, die durch eine Abschlusserklärung „definitiv gestellt" sind Wolf/Lindacher/Pfeiffer/Lindacher Rn. 5). Nicht von § 7 erfasst ist eine erfolgreiche **negative Feststellungsklage** des (angeblichen) Schuldners (Soergel/Fritzsche Rn. 3; Grüneberg/Grüneberg Rn. 1).

3 **b) Antrag.** Der Kläger muss, spätestens in der letzten mündlichen Verhandlung, einen **Antrag** gestellt haben. Wird er nicht gestellt, so gilt § 308 I ZPO; wird er irrtümlich übergangen, so ist eine Urteilsergänzung nach § 321 ZPO möglich. Der Antrag ist zu begründen, dh es ist das Interesse an einer Urteilsbekanntmachung darzulegen, um dem Beklagten eine Erwiderung und dem Gericht eine Ermessensentscheidung zu ermöglichen.

2. Der Klage stattgebendes Urteil

4 **a) Obsiegen des Klägers.** Die Zuerkennung der Veröffentlichungsbefugnis setzt voraus, dass „**der Klage stattgegeben**" wird. Ein teilweises Obsiegen genügt. Nur dem erfolgreichen Kläger darf die Befugnis zugesprochen werden, nicht auch dem Beklagten im Falle der Klageabweisung.

5 **b) Urteil.** Das Verfahren muss mit einem **Urteil** enden, wobei es auf die Art des Urteils nicht ankommt.

3. Gerichtliche Entscheidung

6 **a) Entscheidung im Urteil.** Die Entscheidung erfolgt im Urteil und nicht etwa durch Beschluss. Sie ist zu begründen, damit überprüft werden kann, ob das Gericht die Grenzen seines Ermessens eingehalten hat (BGH NJW 1992, 1450 (1452)).

7 **b) Ermessensentscheidung.** Das Gericht „**kann**" die Befugnis zur Bekanntmachung zusprechen. Das schließt die Befugnis ein, die Befugnis zeitlich zu beschränken (§ 7 S. 2) oder sie auf einen Teil der Urteilsformel zu beschränken. Die Entscheidung liegt also im **pflichtgemäßen** Ermessen des Gerichts. Die Einhaltung der Ermessensgrenzen ist **revisibel** (vgl. BGH NJW 1992, 1450 (1452)). Die Entscheidung hat auf Grund einer Interessenabwägung unter Berücksichtigung des Grundsatzes der Verhältnismäßigkeit zu erfolgen. Anders als § 12 II UWG setzt § 7 nicht ausdrücklich voraus, dass der Kläger ein „berechtigtes Interesse" an der Veröffentlichung hat. Im Rahmen der Ermessensentscheidung ist gleichwohl zu prüfen, ob die Bekanntmachung **geeignet** und **erforderlich** ist, um die eingetretene Störung durch Unterrichtung der Öffentlichkeit zu beseitigen (BGH NJW 1992, 1450 (1452); WRP 2007, 977 Rn. 47 – Tankstellenhalter-Vertragswerk). Eine Veröffentlichungsbefugnis kommt vor allem dann in Betracht, wenn der Beklagte selbst einen größeren Kundenkreis hat, der von dem Urteil berührt sein könnte, oder wenn andere Verwender gleicher AGB (BGH NJW 1992, 503 (505)) oder andere Anwender verbraucherschutzwidriger Praktiken gewarnt werden sollen. Die Eignung ist zu verneinen, wenn die Urteilsformel nicht aussagekräftig ist oder sogar einen unzutreffenden Eindruck erwecken kann (BGH NJW 2003, 1237 (1241); BGHZ 124, 254 (262) = NJW 1994, 318; BGH WRP 2007, 977 Rn. 47 – Tankstellenhalter-Vertragswerk). Die Erforderlichkeit ist zu verneinen, wenn ein Interesse der Öffentlichkeit an der Unterrichtung über die Urteilsformel nicht zu erkennen ist oder wenn ohnehin mit einer Veröffentlichung der Entscheidung oder mit ihrem Bekanntwerden in der Öffentlichkeit zu rechnen ist (vgl. BGH BB 1997, 1862; WRP 2007, 977 Rn. 47 – Tankstellenhalter-Vertragswerk; Grüneberg/Grüneberg Rn. 1).

c) Streitwert und Kosten. Der Antrag auf Veröffentlichungsbefugnis ist ein **selbstständiger** 8
Streitgegenstand mit eigenem Streitwert, der mit einem Zehntel des Werts der Hauptsache in
Ansatz zu bringen ist (BGH NJW 2013, 995 Rn. 59). Gibt das Gericht dem Antrag nicht statt,
so gilt für die Kostenentscheidung § 92 ZPO, wobei jedoch eine Anwendung des § 92 II ZPO
in Betracht kommt (Grüneberg/Grüneberg Rn. 1).

4. Veröffentlichung vor Rechtskraft?

An sich braucht das Urteil **nicht rechtskräftig** zu sein, um von der Veröffentlichungsbefugnis 9
Gebrauch zu machen (Soergel/Fritzsche Rn. 7). Dies ergibt sich aus einem Vergleich mit den
abweichenden Regelungen in § 103 I 2 UrhG und in § 12 II 4 UWG, die einen Umkehrschluss
rechtfertigen. Der Gesetzgeber hatte bei Neufassung des UKlaG anlässlich der UWG-Reform
2004 gerade davon abgesehen, auf § 12 II UWG zu verweisen. Das Gericht kann jedoch im
Rahmen seines Ermessens anordnen, dass der Ausspruch der Bekanntmachungsbefugnis nicht
vorläufig vollstreckbar ist, somit die Veröffentlichung nicht vor Rechtskraft des Urteils erfolgen
darf. Es sollte dies auch tun, sofern nicht zwingende Gründe eine Veröffentlichung schon vor
Eintritt der Rechtskraft gebieten. Denn eine Veröffentlichung, die möglicherweise später berichtigt werden muss, kann die Öffentlichkeit verwirren. Mindestens muss die Bekanntmachung
einen deutlichen Hinweis auf die fehlende Rechtskraft enthalten. Erfolgt eine Veröffentlichung
vor Rechtskraft und wird das Urteil später aufgehoben oder abgeändert, so kann der Beklagte
nach § 717 II ZPO Schadensersatz durch Berichtigung in gleicher Weise wie die Veröffentlichung verlangen (Grüneberg/Grüneberg Rn. 2; NK-BGB/Joachimsthaler/Walker Rn. 6; diff.
Wolf/Lindacher/Pfeiffer/Lindacher Rn. 17).

III. Inhalt der Entscheidung

Das Gericht darf dem Kläger nur die Befugnis zusprechen, die **Urteilsformel mit der** 10
Bezeichnung des verurteilten Beklagten im Bundesanzeiger auf Kosten des Beklagten
(Zwangsvollstreckungskosten, §§ 788, 91, 103 ZPO), im Übrigen auf eigene Kosten bekannt zu
machen. Dazu gehören der Tatbestand und die Urteilsgründe nicht. Das Gericht kann nach § 7
S. 2 die Befugnis **zeitlich beschränken.** Es ist bei seiner Ermessensentscheidung aber, anders als
in § 103 II 2 UrhG und § 12 II 3 UWG, nicht an feste zeitliche Grenzen gebunden. Das
Gericht kann die Befugnis auch auf einen Teil der Urteilsformel beschränken, wenn nämlich nur
der betreffende Teil für die Öffentlichkeit von Interesse ist.

IV. Bekanntmachung

Die Bekanntmachung im **Bundesanzeiger** auf Kosten des Beklagten ist wenig hilfreich, weil 11
dieses Publikationsorgan von Klauselverwendern, Verbrauchern und Verbänden vermutlich
kaum gelesen wird. Von Nutzen ist daher wohl nur die Bekanntmachung in **anderen Presseer-**
zeugnissen (Tageszeitungen, Fachzeitschriften usw) in Form einer vom Kläger bezahlten Anzeige. Die Entscheidung begründet allerdings keinen Kontrahierungszwang für die Presseunternehmen, sofern sie keine Monopolstellung besitzen.

V. Veröffentlichung ohne richterliche Gestattung?

Ist dem Kläger die Bekanntmachungsbefugnis nicht zugesprochen worden, und sei es auch nur 12
deshalb, weil er keinen entspr. Antrag gestellt hat, so kann er gleichwohl auf eigene Kosten das
Urteil veröffentlichen. Darin liegt grds. kein Verstoß gegen § 823 I BGB (Verletzung des
allgemeinen Persönlichkeitsrechts oder des Rechts am Unternehmen) oder gegen § 824 BGB
(Kreditschädigung). Etwas anderes gilt, wenn die Entscheidung noch nicht rechtskräftig ist und
darauf nicht klar und deutlich hingewiesen wird. – Ist der Rechtsstreit durch Abgabe einer
strafbewehrten Unterlassungserklärung erledigt worden, kann der Gläubiger grds. auch diese auf
eigene Kosten veröffentlichen. Ein Anspruch auf Kostenerstattung besteht auch in diesem Falle
nicht.

Unterabschnitt 2. Besondere Vorschriften für Klagen nach § 1

Klageantrag und Anhörung

8 (1) **Der Klageantrag muss bei Klagen nach § 1 auch enthalten:**
1. **den Wortlaut der beanstandeten Bestimmungen in Allgemeinen Geschäftsbedingungen,**
2. **die Bezeichnung der Art der Rechtsgeschäfte, für die die Bestimmungen beanstandet werden.**

(2) **Das Gericht hat vor der Entscheidung über eine Klage nach § 1 die Bundesanstalt für Finanzdienstleistungsaufsicht zu hören, wenn Gegenstand der Klage**
1. **Bestimmungen in Allgemeinen Versicherungsbedingungen sind oder**
2. **Bestimmungen in Allgemeinen Geschäftsbedingungen sind, für die nach dem Bausparkassengesetz oder dem Kapitalanlagegesetzbuch eine Genehmigung vorgesehen ist.**

I. Einordnung und Normzweck

1   § 8 beinhaltet zwei unterschiedliche Regelungsbereiche. § 8 I geht zurück auf § 15 II AGBG und stellt besondere Anforderungen an den Klageantrag bei Klagen gemäß § 1 auf. § 8 II entspricht der früheren Regelung in § 16 AGBG. Beide Regelungen blieben durch das VRUG unberührt.

II. Anwendungsbereich

2   § 8 ist anzuwenden auf Klagen aus § 1; zur erweiterten Anwendung → Rn. 3 und → Rn. 8.

III. Fassung des Klageantrags (§ 8 I)

1. Allgemeines

3   Um der Breitenwirkung des Urteils (§§ 7, 11) Rechnung zu tragen, präzisiert § 8 I die Anforderungen an den Klageantrag iSd § 253 II Nr. 1 ZPO. Dies dient der zweifelsfreien Festlegung des Streitgegenstands (BGHZ 194, 208 Rn. 9 = NJW 2012, 3023; BGH NJW 2017, 3222 Rn. 18). Die Regelung gilt nicht nur für Unterlassungs- und Widerrufsklagen iSd § 1, sondern in analoger Anwendung auch für den Antrag auf Erlass einer einstweiligen Verfügung und für die Feststellungsklage des Verwenders oder Empfehlers (Grüneberg/Grüneberg Rn. 1; Wolf/Lindacher/Pfeiffer/Lindacher Rn. 2).

4   Entspricht der Antrag nicht den Anforderungen, so hat das Gericht nach § 139 ZPO auf eine sachdienliche Antragstellung hinzuwirken. Kommt der Kläger dem nicht nach, ist die Klage als unzulässig abzuweisen (BGHZ 194, 208 Rn. 9 = NJW 2012, 3023; BGH NJW 2017, 3222 Rn. 18). Haben weder das Gericht noch der Gegner die Antragsfassung beanstandet, so kann unter dem Gesichtspunkt des Anspruchs auf ein faires Verfahren eine Zurückverweisung geboten sein (vgl. BGH WRP 2002, 94 (96) – Widerruf der Erledigungserklärung).

2. Angabe des Klauselwortlauts

5   Nach § 8 I Nr. 1 muss der Klageantrag die beanstandete Klausel im Wortlaut enthalten und zwar so, wie sie der Anspruchsgegner verwendet und nicht wie sie der Anspruchsteller formuliert (BGH NJW 1995, 1488 (1489)). Ist str., ob die beanstandete Klausel in dieser Fassung vom Bekl. tatsächlich verwendet wird, ist dies eine Frage der Begründetheit (BGH NJW 2012, 3023 Rn. 12; 2017, 3222 Rn. 18). Ist die Klausel **teilbar,** so ist sie zum besseren Verständnis zwar ebenfalls im vollen Wortlaut wiederzugeben. Jedoch ist der Antrag auf den unwirksamen Teil zu beschränken, da andernfalls die Klage teilweise unbegründet ist (vgl. BGH NJW 2014, 630 Rn. 17).

3. Bezeichnung der einschlägigen Rechtsgeschäfte

Die Unwirksamkeit einer Klausel kann davon abhängen, für welche Art von Rechtsgeschäften **6** sie verwendet wird (vgl. BGH NJW 1993, 1133 (1134)). Daher muss der Klageantrag nach § 8 I Nr. 2 auch die „Bezeichnung der Art der Rechtsgeschäfte, für die die Bestimmungen beanstandet werden", enthalten (zur Urteilsformel vgl. § 9 Nr. 2). Bei einem zu weitgehenden Antrag ist die Klage teilweise unbegründet (vgl. BGH NJW 1993, 1133 (1134)). Sie kann sich auf alle Rechtsgeschäfte beziehen, in die der Verwender die Klausel einbeziehen will oder einbezogen hat. Soweit eine Ausgliederung aus der Gesamtheit der vom Verwender getätigten Geschäfte möglich ist, ist sie vorzunehmen.

Wie die betreffenden Rechtsgeschäfte zu beschreiben sind, sagt das Gesetz nicht. Es ist die **7** Bezeichnung zu wählen, die so konkret wie möglich ist (vgl. OLG Köln WM 2002, 2288). Es kann die Bezeichnung des **Vertragstypus** ausreichen (zB Kaufvertrag; Mietvertrag), wenn die Klausel für alle derartigen Verträge gelten soll. Ggf. sind aber weitere Einschränkungen geboten nach dem **Vertragsgegenstand** (zB Mietverträge über Wohnraum; BGH NJW 1989, 2247 (2250)), nach den **Modalitäten** des Vertragsschlusses (zB Kabelanschlussverträge als Haustürgeschäfte; BGH NJW 1993, 1133 (1134)) oder den **Vertragspartnern** (zB nur Verbraucher oder Unternehmer; vgl. § 3 II).

IV. Anhörung der BaFin (§ 8 II)

1. Allgemeines

Sind Gegenstand der Klage nach § 1 AVB (Allgemeine Versicherungsbedingungen) oder **8** AGB, die die BaFin nach den §§ 5 III, 8, 9 BSpKG oder nach (früher) § 43 InvG und (ab 22.7.2013) nach § 163 KAGB zu genehmigen hat, so hat das Gericht nach § 8 II die Bundesanstalt vor der Entscheidung zu hören. Anzuwenden ist die Regelung auch bei der Feststellungsklage eines Verwenders oder Empfehlers gegen einen Verband, der die Zulässigkeit der verwendeten bzw. empfohlenen AGB bestreitet (Wolf/Lindacher/Pfeiffer/Lindacher Rn. 13). Grds. gilt die Regelung im einstweiligen Rechtsschutz (→ Rn. 9).

Das Gericht soll sich den Sachverstand und die Erfahrungen der Bundesanstalt zunutze **9** machen, zumindest aber deren Standpunkt kennen lernen. Es geht dabei aber nur um die zutreffende Beurteilung der Wirksamkeit der Klausel. Eine Anhörung hat daher nicht stattzufinden, wenn das Gericht gar keine Sachentscheidung treffen, sondern die Klage als unzulässig abweisen will oder nur über einen Antrag auf Prozesskostenhilfe zu entscheiden hat. Eine Anhörung ist aber auch dann nicht erforderlich, wenn der Streit nur die Wiederholungsgefahr und nicht die Wirksamkeit der Klausel betrifft (OLG Karlsruhe NJW-RR 2003, 778 (780)). Im Verfahren der einstweiligen Verfügung kann eine Anhörung unterbleiben, wenn wegen bes. Dringlichkeit eine rasche Entscheidung geboten ist. Sie ist aber bei nächster Gelegenheit (zB im Widerspruchsverfahren oder im Hauptsacheverfahren, ggf. in der nächsten Instanz) nachzuholen. Die Anhörung setzt voraus, dass die Bundesanstalt ausreichend informiert ist. Das Gericht muss ihr daher alle wesentlichen Schriftsätze der Parteien, insbes. die Klageschrift und die Klageerwiderung, übermitteln und sie über die Termine der mündlichen Verhandlung unterrichten, damit sie ihren Standpunkt schriftlich oder mündlich vortragen kann. Eine neuerliche Gelegenheit zur Anhörung ist zu geben, wenn neue Tatsachen vorgebracht wurden, die eine neue Beurteilung möglich machen. Das Gericht hat der Bundesanstalt auch eine Ausfertigung seiner Entscheidung zu übermitteln. – Eine unterlassene Anhörung stellt zwar einen wesentlichen Verfahrensfehler dar. Eine Zurückverweisung scheidet jedoch aus, wenn das Berufungsgericht die Anhörung nachholt (OLG Köln NJW-RR 2017, 1502 Rn. 56 f.).

2. Verfahrensrechtliche Stellung der Bundesanstalt für Finanzdienstleistungsaufsicht

Die Bundesanstalt für Finanzdienstleistungsaufsicht ist zu einer Stellungnahme zwar berechtigt, **10** aber nicht verpflichtet (Soergel/Fritzsche Rn. 14; Grüneberg/Grüneberg Rn. 4; NK-BGB/ Joachimsthaler/Walker Rn. 10; aA Wolf/Lindacher/Pfeiffer/Lindacher Rn. 21, 27). Hat das Gericht der Bundesanstalt keine Gelegenheit zur Stellungnahme gegeben, so begründet dies einen Verfahrensmangel, der jedoch durch Anhörung in der nächsten Instanz geheilt werden kann. Allerdings hat die Bundesanstalt selbst keine prozessualen Rechte. Sie kann insbes. keine Anträge stellen oder Rechtsmittel einlegen. Sie kann einem Verfahren nicht als Nebenintervenient beitreten (Grüneberg/Grüneberg Rn. 4; Wolf/Lindacher/Pfeiffer/Lindacher Rn. 28).

Besonderheiten der Urteilsformel

9 Erachtet das Gericht die Klage nach § 1 für begründet, so enthält die Urteilsformel auch:

1. die beanstandeten Bestimmungen der Allgemeinen Geschäftsbedingungen im Wortlaut,
2. die Bezeichnung der Art der Rechtsgeschäfte, für welche die den Unterlassungsanspruch begründenden Bestimmungen der Allgemeinen Geschäftsbedingungen nicht verwendet oder empfohlen werden dürfen,
3. das Gebot, die Verwendung oder Empfehlung inhaltsgleicher Bestimmungen in Allgemeinen Geschäftsbedingungen zu unterlassen,
4. für den Fall der Verurteilung zum Widerruf das Gebot, das Urteil in gleicher Weise bekannt zu geben, wie die Empfehlung verbreitet wurde.

Übersicht

I. Einordnung und Normzweck

1   § 9 regelt Einzelheiten zur Urteilsformel. Die Norm geht zurück auf § 17 AGBG. Durch das VRUG blieb die Vorschrift unberührt. Nach § 313 I Nr. 4 ZPO muss das Urteil die Urteilsformel enthalten. In § 9 wird der Inhalt der Urteilsformel präzisiert und damit der Breitenwirkung des Urteils (§§ 7, 11) und den Erfordernissen der Zwangsvollstreckung Rechnung getragen.

II. Anwendungsbereich

1a   Anzuwenden ist § 9 nach dem Wortlaut auf Urteile, die auf Klagen gemäß § 1 ergehen. § 9 Nr. 1–3 gelten entsprechend auch für das Verfahren der einstweiligen Verfügung (Soergel/Fritzsche Rn. 2; NK-BGB/Joachimsthaler/Walker Rn. 2). Auch gerichtliche Vergleiche sollten sich an den Anforderungen des § 9 orientieren (Grüneberg/Grüneberg Rn. 1).

III. Die Anforderungen nach Nr. 1 und 2

2   Nr. 1 und Nr. 2 entsprechen den Anforderungen an den Klageantrag (vgl. § 8 I Nr. 1 und 2). Eine inhaltlich nicht teilbare Klausel in AGB kann nur in der vom Anspruchsgegner verwendeten Fassung Gegenstand einer Unterlassungsklage nach § 1 sein (vgl. BGH NJW 1995, 1488 Ls. 1). Die Urteilsformel muss die ganze Klausel beinhalten (Grüneberg/Grüneberg Rn. 2). Eine Aufbrauchsfrist ist bei unwirksamen AGB nicht zu gewähren (BGH NJW 1983, 1322 (1326)).

IV. Die Anforderungen nach Nr. 3

3   Nach Nr. 3 hat die Urteilsformel außerdem das Gebot zu enthalten, die Verwendung **inhaltsgleicher** Bestimmungen in AGB zu unterlassen. Inhaltsgleich bedeutet Gleichartigkeit im „Kern", dh die Klausel muss im Wesentlichen denselben Inhalt haben wie die beanstandete Klausel (vgl. OLG München NJW-RR 2003, 1286). Das Gebot muss sich auch auf die in Nr. 2 bezeichneten Rechtsgeschäfte erstrecken. Die Regelung dient dazu, künftige Umgehungen zu verhindern, indem sie die Zwangsvollstreckung bei Verwendung inhaltsgleicher Bestimmungen ermöglicht. In der Sache rechtfertigt sie sich daraus, dass bereits der Unterlassungsanspruch inhalts- oder kerngleiche Bestimmungen erfasst (sog **Kerntheorie**; → UWG § 8 Rn. 1.52; OLG Köln NJOZ 2019, 1475 Rn. 4). Allerdings ist das Gebot von Amts wegen, also unabhängig davon auszusprechen, ob der Klageantrag sich auf inhaltsgleiche Klauseln erstreckt (OLG Hamm BeckRS 2012, 22199 (II 1).

V. Die Anforderungen nach Nr. 4

Nach Nr. 4 hat die Urteilsformel im Falle der Verurteilung zum Widerruf auch das Gebot zu **4** enthalten, „das Urteil in gleicher Weise bekannt zu geben, wie die Empfehlung verbreitet wurde". Damit eine Vollstreckung des Urteils möglich ist, muss das Gericht in der Urteilsformel angeben, in welcher Form das Urteil bekannt zu geben ist. Grundsätzlich ist die Verbreitung der Empfehlung dafür maßgebend (zB Rundschreiben an Verbandsmitglieder; vgl. BGH NJW 1987, 1931 (1938)). Ist dies nicht möglich oder nicht zumutbar, so hat das Gericht eine möglichst gleichwertige Form anzugeben (zB Veröffentlichung in Zeitschriften). Das Gericht muss in der Urteilsformel auch festlegen, in welchem Umfang (nur Urteilsformel oder gesamtes Urteil) das Urteil bekannt zu machen ist. Die Kosten der Bekanntmachung hat der Schuldner zu tragen.

Einwendung wegen abweichender Entscheidung

10 Der Verwender, dem die Verwendung einer Bestimmung untersagt worden ist, kann im Wege der Klage nach § 767 der Zivilprozessordnung einwenden, dass nachträglich eine Entscheidung des Bundesgerichtshofs oder des Gemeinsamen Senats der Obersten Gerichtshöfe des Bundes ergangen ist, welche die Verwendung dieser Bestimmung für dieselbe Art von Rechtsgeschäften nicht untersagt, und dass die Zwangsvollstreckung aus dem Urteil gegen ihn in unzumutbarer Weise seinen Geschäftsbetrieb beeinträchtigen würde.

I. Einordnung und Normzweck

§ 11 geht zurück auf § 19 AGBG. Eine Änderung durch das VRUG ergab sich nicht. **1**

An sich begründet eine Änderung der höchstrichterlichen Rspr. keine Einwendung iSd § 767 **1a** ZPO (BGH NJW 2002, 2940 (2943)). Davon macht § 10 eine Ausnahme, um die Breitenwirkung des Unterlassungsurteils nach § 11 zu beseitigen (vgl. § 11 S. 2). Die Rechtsnatur dieser Klage ist str. (vgl. Wolf/Lindacher/Pfeiffer/Lindacher Rn. 3 mwN), aber für die Anwendung des § 10 bedeutungslos. Für die Klage ist das Oberlandesgericht ausschließlich zuständig, an dem die Klage nach § 1 erhoben worden ist (vgl. §§ 767, 802 ZPO iVm § 6).

II. Anwendungsbereich

§ 10 gilt für **Klagen nach § 1,** wie sich aus dem Wortlaut und der systematischen Stellung der **1b** Norm ergibt (→ Rn. 3 f.).

III. Voraussetzungen der erfolgreichen Klage

1. Klageberechtigung

Klageberechtigt ist dem Wortlaut nach nur der „Verwender". Jedoch ist eine analoge Anwen- **2** dung auf den Empfehler geboten (Grüneberg/Grüneberg Rn. 2; Soergel/Fritzsche Rn. 1; MüKoZPO/Micklitz/Rott Rn. 5; aA NK-BGB/Joachimsthaler/Walker Rn. 3; Ulmer/Brandner/Hensen/Witt Rn. 5).

2. Verbot der Verwendung einer bestimmten Klausel

Dem Verwender/Empfehler muss „die Verwendung einer Bestimmung untersagt worden" **3** sein. Erfasst sind Urteile, die im Verfahren nach § 1 gegen ihn ergangen sind. Neben Unterlassungsurteilen kann es sich auch um Feststellungs-, Versäumnis- oder Anerkenntnisurteile handeln (Soergel/Fritzsche Rn. 3; Grüneberg/Grüneberg Rn. 3). Nicht erfasst sind gerichtliche Vergleiche (NK-BGB/Joachimsthaler/Walker Rn. 4; aA → 41. Aufl. 2023, Rn. 3). Ein Urteil in einem Individualprozess reicht nicht aus. Das Urteil muss **nicht rechtskräftig** sein (NK-BGB/ Joachimsthaler/Walker Rn. 4). Jedoch fehlt das Rechtsschutzbedürfnis, wenn der Schuldner dagegen bereits ein Rechtsmittel, zB Berufung, eingelegt hat.

Auf Verbote, die im Verfahren der **einstweiligen Verfügung** ergangen sind, ist § 10 nicht **3a** anwendbar (Soergel/Fritzsche Rn. 3; Grüneberg/Grüneberg Rn. 3; NK-BGB/Joachimsthaler/

Walker Rn. 4). Insoweit ist der Verwender auf die Rechtsbehelfe aus §§ 936, 924, 926, 927 ZPO und auf das Hauptsacheverfahren beschränkt. Hat der Verwender eine **Abschlusserklärung** abgegeben, so kann er seine Verpflichtung zwar nicht nach § 10 angreifen, wohl aber kann er sie unter den gleichen Voraussetzungen wegen Störung der Geschäftsgrundlage kündigen (§ 313 BGB; aA Grüneberg/Grüneberg Rn. 3: § 314 BGB). Das Gleiche gilt für eine **strafbewehrte Unterlassungserklärung.**

3. Nachträgliche abweichende höchstrichterliche Entscheidung

4   **a) Zeitpunkt der Entscheidung.** Es muss nachträglich eine Entscheidung des **BGH** oder des **GemS OGH** ergangen sein, welche die Verwendung der fraglichen Bestimmung für dieselbe Art von Rechtsgeschäften nicht untersagt. **Nachträglich** bedeutet an sich, dass die Entscheidung nach der Verkündung der Entscheidung im Erstprozess ergangen sein muss. Indessen sind auch solche Entscheidungen zu berücksichtigen, die nach Schluss der mündlichen Verhandlung im Erstprozess ergangen sind (arg. § 767 II ZPO). Darauf, ob der Beklagte Kenntnis von der höchstrichterlichen Entscheidung hatte oder zumindest hätte erlangen können (dafür Wolf/Lindacher/Pfeiffer/Lindacher Rn. 18), kann es im Interesse der Rechtssicherheit nicht ankommen.

5   **b) Inhalt der Entscheidung.** Aus der Entscheidung muss hervorgehen, dass die Verwendung (oder Empfehlung) der Klausel **„nicht untersagt"** wird. Es muss sich um eine Sachentscheidung handeln. An sich muss die Entscheidung in einem Verfahren nach § 1 ergangen sein. Dem Verfahren nach § 1 steht eine erfolgreiche Feststellungsklage des Verwenders gleich. Eine Entscheidung in einem Individualprozess ist dagegen nicht ohne weiteres zu berücksichtigen (so aber Grüneberg/Grüneberg Rn. 4), sondern nur dann, wenn die Klausel nicht nur wegen Berücksichtigung der Umstände des Einzelfalls gebilligt worden ist (Wolf/Lindacher/Pfeiffer/Lindacher Rn. 15).

6   **c) Gegenstand der Entscheidung.** Die Entscheidung muss eine Bestimmung in AGB zum Gegenstand haben, die für dieselbe Art von Rechtsgeschäften gilt. Die Klausel und die Art der Rechtsgeschäfte müssen nicht identisch sein mit denjenigen, die Gegenstand des Verfahrens nach § 10 sind. Vielmehr genügt „Inhaltsgleichheit", dh Übereinstimmung im „Kern".

4. Unzumutbare Beeinträchtigung durch Zwangsvollstreckung

7   Weitere Voraussetzung für den Erfolg der Klage nach § 10 ist, dass die Zwangsvollstreckung den Geschäftsbetrieb des Verwenders in unzumutbarer Weise beeinträchtigen würde. Der Zwangsvollstreckung steht die freiwillige Befolgung des Urteils gleich. Eine unzumutbare Beeinträchtigung kann sich insbes. aus Wettbewerbsnachteilen gegenüber Mitbewerbern, die die betreffende Klausel weiterverwenden, und aus den Kosten für die Umstellung der Klausel ergeben.

Wirkungen des Urteils

11 [1]Handelt der verurteilte Verwender einem auf § 1 beruhenden Unterlassungsgebot zuwider, so ist die Bestimmung in den Allgemeinen Geschäftsbedingungen als unwirksam anzusehen, soweit sich der betroffene Vertragsteil auf die Wirkung des Unterlassungsurteils beruft. [2]Er kann sich jedoch auf die Wirkung des Unterlassungsurteils nicht berufen, wenn der verurteilte Verwender gegen das Urteil die Klage nach § 10 erheben könnte.

I. Einordnung und Normzweck

1   § 11 geht zurück auf § 21 AGBG. Eine Änderung durch das VRUG erfolgt nicht.

1a   Das in einem Verbandsverfahren nach § 1 erstrittene Verbot wäre an sich für einen Individualprozess zwischen Verwender und Kunden nicht präjudiziell. Müsste aber in jedem Individualprozess die Wirksamkeit der Klausel aufs Neue geprüft werden, würde das Verbandsverfahren mit seiner abstrakten Klauselkontrolle weitgehend entwertet. Der Verband könnte lediglich im Wege der Zwangsvollstreckung nach § 890 ZPO erreichen, dass eine Weiterverwendung der Klausel (einschließlich der Berufung auf sie) unterbleibt. Um eine **Breitenwirkung** des Urteils nach § 1 zu erreichen, ordnet § 11 S. 1 daher an, dass die verbotene Klausel als unwirksam anzusehen ist, „soweit sich der betroffene Vertragsteil auf die Wirkung des Unterlassungsurteils beruft". Es handelt sich um einen bes. geregelten Fall der **Rechtskrafterstreckung** auf **Einrede** hin (Grüneberg/Grüneberg Rn. 1; aA MüKoZPO/Micklitz/Rott Rn. 10; offengelassen von BGH NJW-RR 2022, 621 Rn. 27). Diese Regelung genügt den Anforderungen des Art. 7 RL 93/13/EWG (dazu EuGH GRUR 2012, 939 Rn. 35 ff. – Invitel).

II. Anwendungsbereich

§ 11 ist auf Unterlassungsgebote anzuwenden, die auf § 1 beruhen (→ Rn. 2 ff.). Dies ergibt **1b** sich aus dem Wortlaut und der systematischen Stellung der Vorschrift.

III. Voraussetzungen der Einrede

1. Unterlassungsurteil

Es muss eine **Entscheidung nach § 1** ergangen sein, in dem die Verwendung einer bestimm- **2** ten Klausel, da unwirksam, verboten wurde. Neben einem Unterlassungsurteil kommen auch ein Anerkenntnis- oder Versäumnisurteil in Betracht, da sonst der Verwender die Folgen des § 11 durch Anerkenntnis oder Säumnis verhindern könnte. Dagegen genügt eine einstweilige Verfügung wegen ihres nur vorläufigen Charakters nicht; ebenfalls nicht ausreichend ist ein Prozessvergleich (Soergel/Fritzsche Rn. 3; Grüneberg/Grüneberg Rn. 2; NK-BGB/Joachimsthaler/Walker Rn. 3).

Das Urteil muss gegen den **Verwender** ergangen sein, dessen Vertragspartner sich auf die **2a** Unwirksamkeit beruft. Nicht ausreichend ist ein Urteil gegen den Empfehler (Grüneberg/Grüneberg Rn. 2; NK-BGB/Joachimsthaler/Walker Rn. 4). Dem Urteil nach § 1 steht ein Urteil, das die Klage des Verwenders auf Feststellung der Wirksamkeit der Klausel abweist, gleich (Grüneberg/Grüneberg Rn. 2; Soergel/Fritzsche Rn. 3; Wolf/Lindacher/Pfeiffer/Lindacher Rn. 9).

Das Urteil muss **rechtskräftig** sein (vgl. BT-Drs. 7/5422, 13), da sonst die Rechtssicherheit **2b** gefährdet wäre (aA Bernreuther WRP 1998, 280 (286)). Eine analoge Anwendung des § 11 auf vertragliche Unterlassungspflichten (zB in einer strafbewehrten Unterlassungserklärung) scheidet aus, da es an einer gerichtlichen Feststellung der Unwirksamkeit fehlt. Dasselbe gilt für die Abschlusserklärung, die eine einstweilige Verfügung unangreifbar macht, sowie für einen gerichtlichen oder außergerichtlichen Vergleich.

2. Zuwiderhandlung

Der Verwender muss einem auf § 1 beruhenden Unterlassungsgebot zuwidergehandelt haben. **3** Das setzt die Verwendung derselben oder einer inhaltsgleichen Klausel (arg. § 9 Nr. 3) voraus. Die Verwendung muss nach Rechtskraft des Urteils erfolgt sein. Dagegen ist unerheblich, ob der Vertrag, der die unwirksame Klausel enthält, vor oder nach Rechtskraft des Urteils abgeschlossen wurde (vgl. BGH NJW 1981, 1511; BGHZ 127, 35 (37) = NJW 1994, 2693).

3. Geltendmachung der Einrede

Der Vertragspartner muss sich im Individualprozess auf die Wirkung des Unterlassungsurteils **4** berufen. Es handelt sich dabei um eine Einrede iSd § 282 I, II ZPO. Unterlässt er dies, so muss das Gericht die Wirksamkeit der Klausel selbst überprüfen.

4. Ausschluss der Einrede

Der Vertragspartner kann sich nach § 11 S. 2 auf die Wirkung des Unterlassungsurteils nicht **5** berufen, wenn der verurteilte Verwender gegen das Urteil die Klage nach § 10 erheben könnte. Die Beweislast für die Voraussetzungen einer Klage nach § 10 trägt der Verwender. Dementsprechend kann das Gericht den Ausschluss der Einrede nicht von Amts wegen, sondern nur dann berücksichtigen, wenn sich der Verwender auf die Klagemöglichkeit beruft, also eine „Gegeneinrede" erhebt (Grüneberg/Grüneberg Rn. 3).

IV. Rechtswirkungen

Die Wirkungen des § 11 S. 1 erstrecken sich auf die in der Klage gemäß § 1 festgestellten **6** Unwirksamkeitsgründe. Das Gericht hat ohne eine eigene Sachprüfung von der Unwirksamkeit der Klausel auszugehen (NK-BGB/Joachimsthaler/Walker Rn. 7). Der Verwender kann im Individualrechtsstreit allerdings geltend machen, dass die Unwirksamkeit der Klausel aufgrund besonderer Umstände entfällt oder es sich nicht um AGB, sondern um eine Individualabrede handelt (Grüneberg/Grüneberg Rn. 4; NK-BGB/Joachimsthaler/Walker Rn. 7).

Unterabschnitt 3. Besondere Vorschriften für Klagen nach § 2

Einigungsstelle

12 Für Klagen nach § 2 gelten § 15 des Gesetzes gegen den unlauteren Wettbewerb und die darin enthaltene Verordnungsermächtigung entsprechend.

1   § 12 beruht auf § 22 VI AGBG. Die Vorschrift spricht missverständlich von „Klagen nach § 2“. Zwar ist aus einem gerichtlichen Verfahren heraus eine Anrufung der Einigungsstelle möglich (vgl. § 15 X UWG), jedoch soll § 12 weitergehend die Möglichkeit einer außergerichtlichen Geltendmachung von Ansprüchen aus § 2 eröffnen. Die Verweisung auf § 15 UWG bedeutet daher, dass Ansprüche aus § 2 außergerichtlich vor einer Einigungsstelle einer IHK geltend gemacht werden können. Für die örtliche Zuständigkeit der Einigungsstellen gilt § 14 UWG entspr., nicht dagegen § 6. Nach § 15 III 2 UWG ist die Anrufung der Einigungsstelle ohne Zustimmung des Gegners möglich, weil eine Zuwiderhandlung gegen § 2 notwendigerweise Verbraucher betrifft. Die Einigungsstelle hat keine Entscheidungsbefugnis, sondern sie hat lediglich einen gütlichen Ausgleich anzustreben (§ 15 VI 1 UWG). Allerdings wird durch die Anrufung der Einigungsstelle die Verjährung in gleicher Weise wie durch Klageerhebung gehemmt (§ 15 IX 1 UWG). Zu Einzelheiten vgl. die Kommentierung zu § 15 UWG.

Anhörung der Datenschutzbehörden in Verfahren über Ansprüche nach § 2

12a [1]Das Gericht hat vor einer Entscheidung in einem Verfahren über einen Anspruch nach § 2, das eine Zuwiderhandlung gegen ein Verbraucherschutzgesetz nach § 2 Absatz 2 Satz 1 Nummer 11 zum Gegenstand hat, die zuständige inländische Datenschutzbehörde zu hören. [2]Satz 1 ist nicht anzuwenden, wenn über einen Antrag auf Erlass einer einstweiligen Verfügung ohne mündliche Verhandlung entschieden wird.

I. Einordnung und Normzweck

1   Die Vorschrift wurde durch das G zur Verbesserung der zivilrechtlichen Durchsetzung von verbraucherschützenden Vorschriften des Datenschutzrechts v. 17.2.2016 (BGBl. 2016 I 233) in das UKlaG eingefügt. Seit dem VRUG enthält sie einen redaktionellen Fehler, da der Gesetzgeber die Vorschrift nicht an die neue Aufzählung der Verbraucherschutzbestimmungen in § 2 II angepasst hat (→ Rn. 4).

2   § 12a ordnet für Verfahren über einen Anspruch nach § 2, die eine Zuwiderhandlung gegen datenschutzrechtliche Vorschriften zum Gegenstand haben, die Anhörung der zuständigen inländischen Datenschutzbehörde durch das Gericht an. Damit sollen der Sachverstand und die Erfahrungen der inländischen Datenschutzbehörden für die Verfahren genutzt werden. Dies entspricht dem Regelungsanliegen des § 8 II. Zugleich wird gewährleistet, dass die zuständige Datenschutzbehörde über ein Verfahren nach § 2 informiert wird, sich im Verfahren dazu äußern und ggf. auch selbst tätig werden kann (BT-Drs. 18/4631, 25; krit. Jaschinski/Piltz WRP 2016, 420 Rn. 29 ff.). Damit wird zugleich der Gefahr kollidierender Entscheidungen von Datenschutzbehörde und Gericht entgegengewirkt.

II. Anwendungsbereich

3   Die Vorschrift gilt sowohl für das **Klageverfahren** als auch für das **Verfügungsverfahren**. Nach § 12a S. 2 besteht keine Anhörungspflicht, wenn über einen Antrag auf Erlass einer einstweiligen Verfügung ohne mündliche Verhandlung entschieden wird, da es sonst zu einer Verzögerung der Entscheidung kommen könnte. Jedoch kann das Gericht nach eigenem Ermessen eine schriftliche Stellungnahme anfordern, wenn es dies für sinnvoll hält. Kommt es

allerdings zu einem Widerspruchs- oder zu einem Hauptsacheverfahren, so besteht eine Anhörungspflicht. Das Gericht muss die **zuständige inländische Datenschutzbehörde** anhören. Ausländische Datenschutzbehörden sind daher nicht angesprochen. Welche inländische Behörde jeweils zuständig ist, ergibt sich aus den Vorgaben des anwendbaren Datenschutzrechts. Es ist dies idR der Landesdatenschutzbeauftragte (vgl. Ehmann/Selmayr/Selmayr, 2. Aufl. 2018, DS-GVO Art. 51 Rn. 23 und 25).

Anzuwenden ist die Vorschrift auf Verfahren, in denen ein Anspruch aus § 2 geltend gemacht 4 wird. Die Verweisung auf § 2 II 1 Nr. 11 in § 12a S. 1 geht fehl, da nach der Neufassung von § 2 II durch das VRUG Verstöße gegen Datenschutzrecht in Nr. 13 (Zuwiderhandlungen gegen die DS-GVO) sowie Nr. 14 (Zuwiderhandlungen gegen § 31 BDSG) geregelt sind. § 12a bedarf daher – solange der Gesetzgeber nicht die gebotene Anpassung vornimmt – einer korrigierenden Auslegung. Nach dem Normzweck ist § 12a auf die Fälle von § 2 II Nr. 13 und 14 anzuwenden, da auch § 2 II 1 Nr. 11 aF sowohl Verstöße gegen das BDSG als auch gegen die DS-GVO erfasste.

III. Anhörung der Datenschutzbehörde

1. Durchführung

Da Vorschrift § 8 II nachgebildet ist, können die dazu entwickelten Grundsätze mutatis 5 mutandis auf § 12a übertragen werden (vgl. BT-Drs. 18/4631, 25). Eine Anhörung hat daher nicht stattzufinden, wenn das Gericht gar keine Sachentscheidung treffen, sondern die Klage als unzulässig abweisen will oder nur über einen Antrag auf Prozesskostenhilfe zu entscheiden hat. Eine Anhörung ist aber auch dann nicht erforderlich, wenn der Streit nur die Wiederholungsgefahr und nicht die Zuwiderhandlung als solche betrifft (vgl. OLG Karlsruhe NJW-RR 2003, 778 (780) zur AGB-Kontrolle). Die Anhörung setzt voraus, dass die Behörde ausreichend informiert ist. Das Gericht muss ihr daher alle wesentlichen Schriftsätze der Parteien, insbes. die Klageschrift und die Klageerwiderung, übermitteln und sie über die Termine der mündlichen Verhandlung unterrichten, damit sie ihren Standpunkt schriftlich oder mündlich vortragen kann. Eine neuerliche Gelegenheit zur Anhörung ist zu geben, wenn neue Tatsachen vorgebracht wurden, die eine neue Beurteilung möglich machen. Das Gericht hat der Behörde auch eine Ausfertigung seiner Entscheidung zu übermitteln.

2. Stellung der Datenschutzbehörde im Verfahren

Die Datenschutzbehörde ist zu einer Stellungnahme zwar **berechtigt**, aber **nicht verpflich-** 6 **tet** (aA Jaschinski/Piltz WRP 2016, 420 Rn. 34). Das Gericht muss der Behörde lediglich die **Gelegenheit** zu einer Stellungnahme zu geben, sei es durch Abgabe einer schriftlichen Äußerung, sei es durch Äußerung in der mündlichen Verhandlung. Ist die Behörde dazu nicht imstande, so darf dies nicht zu einer Verzögerung des Verfahrens führen. Hat das Gericht der Behörde aber keine oder keine ausreichende (zB durch zu kurze Fristsetzung) Gelegenheit zur Stellungnahme gegeben, so begründet dies einen Verfahrensmangel, der jedoch durch Anhörung in der nächsten Instanz geheilt werden kann. Allerdings hat die Behörde selbst keine prozessualen Rechte. Sie kann insbes. keine Anträge stellen oder Rechtsmittel einlegen. Das Urteil entfaltet auch keine Rechtskraft ihr gegenüber. Sie ist daher an die Rechtsauffassung des Gerichts nicht gebunden.

Abschnitt 4. Auskunft zur Durchsetzung von Ansprüchen

Auskunftsanspruch der anspruchsberechtigten Stellen

13 (1) **Wer geschäftsmäßig Post-, Telekommunikations- oder Telemediendienste erbringt oder an der Erbringung solcher Dienste mitwirkt, hat anspruchsberechtigten Stellen nach § 3 Absatz 1 Satz 1 auf deren Verlangen den Namen, und die zustellfähige Anschrift eines an Post-, Telekommunikations- oder Telemediendiensten Beteiligten mitzuteilen, wenn diese Stellen schriftlich versichern, dass sie die Angaben zur Durchsetzung eines Anspruchs nach den §§ 1 bis 2b benötigen und nicht anderweitig beschaffen können.**

(2) ¹Der Anspruch besteht nur, soweit die Auskunft ausschließlich anhand der bei dem Auskunftspflichtigen vorhandenen Bestandsdaten erteilt werden kann. ²Die Auskunft darf nicht deshalb verweigert werden, weil der Beteiligte, dessen Angaben mitgeteilt werden sollen, in die Übermittlung nicht einwilligt.

(3) ¹Der Auskunftspflichtige kann von dem Auskunftsberechtigten einen angemessenen Ausgleich für die Erteilung der Auskunft verlangen. ²Der Auskunftsberechtigte kann von dem Beteiligten, dessen Angaben mitgeteilt worden sind, Erstattung des gezahlten Ausgleichs verlangen, wenn er gegen diesen Beteiligten einen Anspruch nach den §§ 1 bis 2b hat.

Übersicht

I. Einordnung und Normzweck

1 § 13 begründet einen materiellrechtlichen Auskunftsanspruch und regelt dessen Einzelheiten. Die Vorschrift geht nicht auf eine Vorläuferregelung im AGBG zurück, sondern wurde bei Schaffung des UKlaG auf Anregung des Bundesrates in das Gesetz aufgenommen (BT-Drs. 14/6857, 39 und 70). Danach wurde die Norm mehrfach überarbeitet. Durch das VRUG erfolgten lediglich redaktionelle Anpassungen infolge der teilweisen Neuregelung der Ansprüche in §§ 1–2b.

1a Häufig hat der Anspruchsgegner nur ein Postfach, eine Telefon- oder Faxnummer oder eine Internetadresse angegeben. Die Ansprüche nach den §§ 1–2b sind aber gerichtlich nur durchsetzbar, wenn der Anspruchsberechtigte Kenntnis von Namen und ladungsfähiger Anschrift des Anspruchsverpflichteten hat. Denn diese Angaben sind in einer Klageschrift grds. zur Bezeichnung der Parteien nach § 253 II Nr. 1 ZPO erforderlich (BGHZ 102, 332; BVerfG NJW 1996, 1272). Daher gibt § 13 I dem Anspruchsberechtigten einen materiellrechtlichen **Anspruch auf Auskunft** gegen bestimmte Unternehmen („Diensteerbringer"), die Kenntnis von Namen und zustellungsfähiger Anschrift des Anspruchsverpflichteten haben. In § 13 II, III sind Einzelheiten geregelt. – Aus der Vorschrift kann mangels planwidriger Regelungslücke nicht im Wege der Analogie ein Anspruch gegen Verwender von AGB auf Einsichtnahme in die AGB und auf deren Zurverfügungstellung entnommen werden (BGH NJW-RR 2010, 1712 Rn. 38).

II. Auskunftsverpflichtete und Auskunftsberechtigte

1. Auskunftsverpflichtete

2 Zur Auskunft verpflichtet ist, „wer geschäftsmäßig Post-, Telekommunikations-, Telemediendienste erbringt oder an der Erbringung solcher Dienste mitwirkt" (Diensteerbringer). Denn diese Unternehmen sind es, die dem Unterlassungsschuldner die Bezeichnungen (Postfach; Telefon- oder Faxnummer; Internet-Adresse) zur Verfügung stellen, unter denen er im Geschäftsverkehr auftritt. Zu **Postdiensten** vgl. § 4 Nr. 4 PostG; zu **Telekommunikationsdiensten** § 3 Nr. 61 TKG; zu **Telemedien** § 1 I TMG und § 2 I 3 MStV. Bei Postfachadressen ist auskunftspflichtig die Deutsche Post AG; bei Telefon- und Faxnummern die betreffende Telefongesellschaft; bei Internet-Adressen die DENIC Verwaltungs- und Betriebsgesellschaft eG, Frankfurt a.M., soweit es um die Top-Level-Domain „de" und die Anschrift des Providers geht, und der Provider, soweit es um die Second-Level-Domain geht. **Mitwirkende** sind nur die beteiligten Unternehmen, nicht aber die Arbeitnehmer. **Geschäftsmäßig** handelt, wer, sei es auch ohne Gewinnerzielungsabsicht, mit der Tätigkeit am Erwerbsleben teilnimmt.

2. Auskunftsberechtigte

Der Auskunftsanspruch steht nach § 13 I 1 nur den **anspruchsberechtigten Stellen nach** **3** **§ 3 I 1** zu.

III. Anspruchsinhalt, Anspruchsvoraussetzungen und Anspruchsgrenzen

1. Anspruchsinhalt

Der Anspruch ist auf die Mitteilung des Namens und der zustellungsfähigen Anschrift eines an **4** der Erbringung von Post-, Telekommunikations- oder Telemediendiensten Beteiligten gerichtet. Die Angaben müssen es ermöglichen, eine Klageschrift zuzustellen (§ 253 II Nr. 1, IV ZPO iVm § 130 Nr. 1 ZPO). Unter dem Namen ist der vollständige Name des Beteiligten, also bei natürlichen Personen der Vor- und Nachname, bei juristischen Personen deren Name oder Firma, sowie deren gesetzlicher Vertreter anzugeben. Allerdings ist die Deutsche Post bei der Überlassung von Postfächern nach § 5 I PDLV (Postdienstleistungsverordnung) nur gehalten, sich eine zustellungsfähige Anschrift nachweisen zu lassen. Dazu genügt eine Angabe, die den Zustellungsempfänger und den Ort der Zustellung eindeutig individualisiert, so dass die namentliche Bezeichnung etwa des gesetzlichen Vertreters nicht erforderlich ist (OLG Köln GRUR-RR 2011, 468 (469)).

2. Anspruchsvoraussetzungen

Ein Auskunftsanspruch besteht nach § 13 I nur, wenn der Anspruchsberechtigte **schriftlich** **5** **versichert,** dass er die betreffenden Angaben (1) zur Durchsetzung eines Anspruchs nach den §§ 1–2b benötigt und (2) sich nicht anderweitig beschaffen kann. Zur Schriftform vgl. § 126 BGB; Ersetzung durch elektronische Form ist möglich (§ 126a BGB). Als anderweitige Beschaffungsmöglichkeit kommen insbes. Handelsregister, Adressbücher und Telefonauskunftsdienste (Rückwärtssuche) in Betracht. Voraussetzung des Anspruchs ist nur die schriftliche Versicherung, nicht ihre Richtigkeit (LG München I WRP 2005, 1430 (1431)). Weder der Anspruchsverpflichtete noch das Gericht brauchen die Richtigkeit nachzuprüfen. In Fällen offenkundiger Unrichtigkeit der Versicherung kann er jedoch den Missbrauchseinwand nach § 242 BGB erheben (LG München I WRP 2005, 1430 (1431); Grüneberg/Grüneberg Rn. 2).

3. Anspruchsgrenzen

Nach § 13 II 1 besteht der Auskunftsanspruch nur, „soweit die Auskunft ausschließlich anhand der bei dem Auskunftspflichtigen vorhandenen Bestandsdaten erteilt werden kann". Der **6** Auskunftsberechtigte kann daher nicht verlangen, dass der Auskunftspflichtige die begehrten Angaben sich anderweitig, etwa anhand von Verkehrsdaten (vgl. § 9 TTDSG), beschafft oder ermittelt (dazu LG Potsdam BeckRS 2012, 7102). Wird von einem „Mitwirkenden" Auskunft verlangt, beschränkt sich der Anspruch auf den bei ihm vorhandenen Datenbestand. Die Beweislast dafür, dass die Auskunft nicht anhand der vorhandenen Bestandsdaten erteilt werden kann, trägt der Auskunftspflichtige (Grüneberg/Grüneberg Rn. 5). – Der Auskunftspflichtige darf nach § 13 II 2 die Auskunft nicht deshalb verweigern, weil der Beteiligte, dessen Angaben mitgeteilt werden sollen, in die Übermittlung nicht einwilligt.

IV. Ausgleichsanspruch und Erstattungsanspruch

1. Ausgleichsanspruch

Für die Erteilung der Auskunft kann der Auskunftspflichtige nach § 13 III 1 vom Auskunfts- **7** berechtigten einen angemessenen Ausgleich verlangen. Die tatsächlich entstandenen Kosten können daher nicht in vollem, sondern nur in angemessenem Umfang ersetzt verlangt werden. Das rechtfertigt sich daraus, dass die Auskunfterteilung auch dem öffentlichen Interesse am Verbraucherschutz und an der Durchsetzung gleicher Wettbewerbsbedingungen für alle Unternehmen dient (vgl. BT-Drs. 14/6857, 71). Bei einem geringfügigen Aufwand kann ein Ausgleich entfallen. Der Auskunftspflichtige hat wegen seines Ausgleichsanspruchs ein Zurückbehaltungsrecht nach §§ 273, 274 BGB.

2. Erstattungsanspruch

8   Besteht der Anspruch nach den §§ 1–2b, dh ist dieser Anspruch gerichtlich oder außergerichtlich erfolgreich durchgesetzt, so kann der Auskunftsberechtigte von dem Beteiligten Erstattung des gezahlten Ausgleichs verlangen (§ 13 III 2). Mit „Ausgleich" ist der angemessene Ausgleich gemeint, der nicht notwendig dem tatsächlichen Aufwand entsprechen muss. Soweit die Angemessenheit gerichtlich festgestellt ist, ist dieser Betrag maßgebend; ist eine Zahlung freiwillig erfolgt, braucht der Beteiligte nur in Höhe des angemessenen Betrages zahlen (vgl. Grüneberg/Grüneberg Rn. 7).

V. Verfahren

9   Für die gerichtliche Geltendmachung von Ansprüchen aus § 13 gelten nach § 5 grds. die Vorschriften der ZPO, einschließlich der Zuständigkeitsregelungen. Denn § 6 I gilt nach § 6 III nicht für die Geltendmachung von Ansprüchen aus § 13. Wird allerdings im Gerichtsstand des § 6 I der Unterlassungsanspruch eingeklagt, so kann kraft Sachzusammenhangs daneben auch der Erstattungsanspruch nach § 13 IV 2 geltend gemacht werden (Grüneberg/Grüneberg Rn. 8). Die Verweisung in § 5 auf § 12 I, III und IV, § 13 I–III, V sowie § 13a UWG bezieht sich nur auf die Ansprüche nach den §§ 1–2b und nicht auch auf die Ansprüche aus § 13.

Auskunftsanspruch sonstiger Betroffener

13a Wer von einem anderen Unterlassung der Lieferung unbestellter Sachen, der Erbringung unbestellter sonstiger Leistungen oder der Zusendung oder sonstiger Übermittlung unverlangter Werbung verlangen kann, hat die Ansprüche gemäß § 13 mit der Maßgabe, dass an die Stelle eines Anspruchs nach den §§ 1 bis 2b sein Anspruch auf Unterlassung nach allgemeinen Vorschriften tritt.

I. Einordnung und Normzweck

1   § 13a wurde eingefügt durch das G zur Anpassung von Rechtsvorschriften an veränderte Zuständigkeiten oder Behördenbezeichnungen innerhalb der Bundesregierung sowie zur Änderung des UKlaG und des AWG v. 16.8.2002. Die Vorschrift wurde mehrfach angepasst. Das VRUG brachte lediglich eine redaktionelle Angleichung an die in §§ 1–2b geregelten Ansprüche.

1a   Hintergrund ist, dass die genannten Unterlassungsansprüche gegen Unternehmen oder Personen, die sich hinter einer Postfach-, Fax- oder Internetadresse verstecken, nicht durchsetzbar sind (vgl. dazu BT-Drs. 14/9353, 7). Denn eine Klage ist nur zustellungsfähig, wenn darin die Parteien „bezeichnet" sind (§ 253 II Nr. 1 ZPO; BGH GRUR 2008, 263 Rn. 12 – SMS-Werbung). Dazu gehört aber grds. die Angabe des Namens und der ladungsfähigen Anschrift (BGHZ 102, 332; BVerfG NJW 1996, 1272). Zweck des in § 13a geregelten Auskunftsanspruch gegen Diensterbringer iSd § 13 ist es dementsprechend, den Betroffenen zu diesen Angaben zu verhelfen. Ebenso wie § 13 begründet § 13a einen **materiellrechtlichen Auskunftsanspruch**, dessen Einzelheiten sich nach § 13 richten.

II. Anwendungsbereich

1b   Im Unterschied zu § 13 dient § 13a nicht der Durchsetzung von Ansprüchen aus §§ 1–2b, sondern soll die Durchsetzung von Unterlassungsansprüchen ermöglichen, die sich für individuell Betroffene aus den „allgemeinen Vorschriften" (→ Rn. 2) ergeben.

III. Anspruchsberechtigte und Anspruchsverpflichtete

1. Anspruchsberechtigte

2   Anspruchsberechtigt ist, „**wer von einem anderen Unterlassung der Lieferung unbestellter Waren, der Erbringung unbestellter Dienstleistungen oder der Zusendung oder sonstigen Übermittlung unverlangter Werbung verlangen kann**". Mit den allgemeinen

Vorschriften sind die Unterlassungsansprüche aus den §§ 3 I, 8 I UWG sowie den §§ 823 I, 862 I, 1004 I BGB analog (Verletzung des allgemeinen Persönlichkeitsrechts oder des Rechts am Unternehmen; Beeinträchtigung von Besitz oder Eigentum) gemeint (vgl. LG Bonn MMR 2004, 767). **Anspruchsberechtigt** nach § 13a sind somit nur die betroffenen Mitbewerber (§ 8 III Nr. 1 UWG iVm §§ 3 I, 8 I UWG) und die betroffenen Marktpartner (§§ 823 I, 862 I, 1004 I BGB). Die Regelung soll die Rechtsstellung dieser individuell berechtigten Anspruchsinhaber stärken (vgl. BGH GRUR 2008, 263 Rn. 11 – SMS-Werbung).

Der Auskunftsanspruch besteht unabhängig davon, ob gleichzeitig die in § 13 I genannten **2a** Organisationen einen solchen Anspruch haben und geltend machen. Die frühere Einschränkung in § 13a S. 2 aF (dazu BGH GRUR 2008, 263 Rn. 11 – SMS-Werbung) ist aufgehoben worden.

2. Anspruchsverpflichtete

Anspruchsverpflichtet ist nach § 13a iVm § 13 I jeder, der „geschäftsmäßig Post-, Telekom- **3** munikations-, Tele- oder Mediendienste erbringt oder an der Erbringung solcher Dienste mitwirkt" (→ § 13 Rn. 2). Eine analoge Anwendung auf sonstige Dienstleister (zB Austräger oder Verteiler von Werbematerial) scheidet aus (ebenso Grüneberg/Grüneberg Rn. 1).

IV. Anspruchsinhalt und Anspruchsvoraussetzungen

Es gelten die Regelungen in § 13 I, II mit der Maßgabe, dass an die Stelle des Anspruchs nach **4** den §§ 1–2b der Anspruch auf Unterlassung nach den allgemeinen Vorschriften (→ Rn. 2) tritt. Zu Einzelheiten → § 13 Rn. 4–6. Der Auskunftsanspruch ist – entgegen dem Wortlaut des § 13a – unabhängig davon gegeben, ob der Unterlassungsanspruch nach den allgemeinen Vorschriften tatsächlich besteht. Es reicht – wie bei § 13 I – aus, dass der Anspruchsberechtigte sein Bestehen schriftlich versichert. Denn § 13a folgt dem Regelungsmuster des § 13 (LG Bonn MMR 2004, 767). – Dem Auskunftsanspruch kann der Einwand nach § 242 BGB entgegenstehen, wenn der Anspruchsberechtigte die Information ohne Schwierigkeiten selbst erlangen kann (LG Bonn Beschl. v. 7.3.2008 – 5 S 174/07).

V. Ausgleichs- und Erstattungsanspruch

Für die Erteilung der Auskunft kann der Auskunftspflichtige nach § 13a iVm § 13 III 1 vom **5** Auskunftsberechtigten einen angemessenen Ausgleich verlangen (→ § 13 Rn. 7). Der Erstattungsanspruch gegen den Unterlassungsschuldner ergibt sich aus § 13a iVm § 13 III 2 (→ § 13 Rn. 8).

Abschnitt 5. Außergerichtliche Schlichtung

Schlichtungsverfahren und Verordnungsermächtigung

14 (1) ¹**Bei Streitigkeiten aus der Anwendung**
1. **der Vorschriften des Bürgerlichen Gesetzbuchs betreffend Fernabsatzverträge über Finanzdienstleistungen,**
2. **der §§ 491 bis 508, 511 und 655a bis 655d des Bürgerlichen Gesetzbuchs sowie Artikel 247a § 1 des Einführungsgesetzes zum Bürgerlichen Gesetzbuche,**
3. **der Vorschriften betreffend Zahlungsdiensteverträge in**
   a) **den §§ 675c bis 676c des Bürgerlichen Gesetzbuchs,**
   b) **die Verordnung (EU) 2021/1230 des Europäischen Parlaments und des Rates vom 14. Juli 2021 über grenzüberschreitende Zahlungen in der Union (kodifizierter Text) (ABl. L 274 vom 30.7.2021, S. 20),**
   c) **der Verordnung (EU) Nr. 260/2012 des Europäischen Parlaments und des Rates vom 14. März 2012 zur Festlegung der technischen Vorschriften und der Geschäftsanforderungen für Überweisungen und Lastschriften in Euro und zur Änderung der Verordnung (EG) Nr. 924/2009 (ABl. L 94 vom 30.3.2012, S. 22),**

die durch die Verordnung (EU) Nr. 248/2014 (ABl. L 84 vom 20.3.2014, S. 1) geändert worden ist,

d) der Verordnung (EU) 2015/751 des Europäischen Parlaments und des Rates vom 29. April 2015 über Interbankenentgelte für kartengebundene Zahlungsvorgänge (ABl. L 123 vom 19.5.2015, S. 1),

4. der Vorschriften des Zahlungsdiensteaufsichtsgesetzes, soweit sie Pflichten von E-Geld-Emittenten oder Zahlungsdienstleistern gegenüber ihren Kunden begründen,

5. der Vorschriften des Zahlungskontengesetzes, die das Verhältnis zwischen einem Zahlungsdienstleister und einem Verbraucher regeln,

6. der Vorschriften des Kapitalanlagegesetzbuchs, wenn an der Streitigkeit Verbraucher beteiligt sind, oder

7. sonstiger Vorschriften im Zusammenhang mit Verträgen, die Bankgeschäfte nach § 1 Absatz 1 Satz 2 des Kreditwesengesetzes oder Finanzdienstleistungen nach § 1 Absatz 1a Satz 2 des Kreditwesengesetzes betreffen, zwischen Verbrauchern und nach dem Kreditwesengesetz beaufsichtigten Unternehmen

können die Beteiligten unbeschadet ihres Rechts, die Gerichte anzurufen, eine vom Bundesamt für Justiz für diese Streitigkeiten anerkannte private Verbraucherschlichtungsstelle oder die bei der Deutschen Bundesbank oder die bei der Bundesanstalt für Finanzdienstleistungsaufsicht eingerichtete Verbraucherschlichtungsstelle anrufen. ²Die bei der Deutschen Bundesbank eingerichtete Verbraucherschlichtungsstelle ist für die Streitigkeiten nach Satz 1 Nummer 1 bis 5 zuständig; die bei der Bundesanstalt für Finanzdienstleistungsaufsicht eingerichtete Verbraucherschlichtungsstelle ist für die Streitigkeiten nach Satz 1 Nummer 6 und 7 zuständig. ³Diese behördlichen Verbraucherschlichtungsstellen sind nur zuständig, wenn es für die Streitigkeit keine zuständige anerkannte Verbraucherschlichtungsstelle gibt.

(2) ¹Jede Verbraucherschlichtungsstelle nach Absatz 1 muss mit mindestens zwei Schlichtern besetzt sein, die die Befähigung zum Richteramt haben. ²Die Schlichter müssen unabhängig sein und das Schlichtungsverfahren fair und unparteiisch führen. ³Sie sollen ihre Schlichtungsvorschläge am geltenden Recht ausrichten und sie sollen insbesondere die zwingenden Verbraucherschutzgesetze beachten. ⁴Für das Schlichtungsverfahren kann von einem Verbraucher kein Entgelt verlangt werden.

(3) ¹Das Bundesamt für Justiz erkennt auf Antrag eine Schlichtungsstelle als private Verbraucherschlichtungsstelle nach Absatz 1 Satz 1 an, wenn

1. der Träger der Schlichtungsstelle ein eingetragener Verein ist,

2. die Schlichtungsstelle für die Streitigkeiten nach Absatz 1 Satz 1 zuständig ist und

3. die Organisation, Finanzierung und Verfahrensordnung der Schlichtungsstelle den Anforderungen dieses Gesetzes und der Rechtsverordnung entspricht, die auf Grund dieses Gesetzes erlassen wurde.

²Die Verfahrensordnung einer anerkannten Schlichtungsstelle kann nur mit Zustimmung des Bundesamts für Justiz geändert werden.

(4) Das Bundesamt für Justiz nimmt die Verbraucherschlichtungsstellen nach Absatz 1 in die Liste nach § 33 Absatz 1 des Verbraucherstreitbeilegungsgesetzes auf und macht die Anerkennung und den Widerruf oder die Rücknahme der Anerkennung im Bundesanzeiger bekannt.

(5) Das Bundesministerium der Justiz und für Verbraucherschutz regelt im Einvernehmen mit dem Bundesministerium der Finanzen durch Rechtsverordnung, die nicht der Zustimmung des Bundesrates bedarf, entsprechend den Anforderungen der Richtlinie 2013/11/EU des Europäischen Parlaments und des Rates vom 21. Mai 2013 über die alternative Beilegung verbraucherrechtlicher Streitigkeiten und zur Änderung der Verordnung (EG) Nr. 2006/2004 und der Richtlinie 2009/22/EG (ABl. L 165 vom 18.6.2013, S. 63)

1. die näheren Einzelheiten der Organisation und des Verfahrens der bei der Deutschen Bundesbank und der bei der Bundesanstalt für Finanzdienstleistungsaufsicht nach diesem Gesetz eingerichteten Verbraucherschlichtungsstellen, insbesondere auch die Kosten des Schlichtungsverfahrens für einen am Schlichtungsverfahren beteiligten Unternehmer,

2. die Voraussetzungen und das Verfahren für die Anerkennung einer privaten Verbraucherschlichtungsstelle und für die Aufhebung dieser Anerkennung sowie die Voraussetzungen und das Verfahren für die Zustimmung zur Änderung der Verfahrensordnung,

3. die Zusammenarbeit der behördlichen Verbraucherschlichtungsstellen und der privaten Verbraucherschlichtungsstellen mit

    a) staatlichen Stellen, insbesondere der Bundesanstalt für Finanzdienstleistungsaufsicht, und

    b) vergleichbaren Stellen zur außergerichtlichen Streitbeilegung in anderen Vertragsstaaten des Abkommens über den Europäischen Wirtschaftsraum.

Übersicht

I. Einordnung und Normzweck

§ 14 wurde durch Art. 7 G zur Umsetzung der RL über alternative Streitbeilegung in Ver- **1** braucherangelegenheiten und zur Durchführung der Verordnung über Online-Streitbeilegung in Verbraucherangelegenheiten v. 19.2.2016 (BGBl. 2016 I 254) neu gefasst. Weitere Änderungen ergaben sich durch das G zur Umsetzung der Wohnimmobilienkredit-RL und zur Änderung handelsrechtlicher Vorschriften v. 11.3.2016 (BGBl. 2016 I 396) und das G zur Umsetzung der Zweiten Zahlungsdienste-RL v. 17.7.2017 (BGBl. 2017 I 2446). Das VRUG brachte eine Neufassung von § 14 I 1 Nr. 3 lit. b, da sich die unionsrechtliche Rechtsgrundlage geändert hat.

Die Vorschrift regelt in erster Linie die außergerichtliche Streitschlichtung durch Verbrau- **2** cherschlichtungsstellen bei Streitigkeiten aus der Anwendung bestimmter, näher aufgelisteter verbraucherschützender Vorschriften. Daneben enthält sie in Abs. 5 noch eine Verordnungsermächtigung.

§ 14 ist eingebettet in die unionsrechtlichen Regelungen zur Schlichtung (Überblick bei **3** MüKoZPO/Micklitz/Rott Rn. 4 ff.). Diese verfolgen das Ziel, mit der Schlichtung eine niedrigschwellige, schnelle und sachkundige Streitbeilegung zu ermöglichen und damit zugleich die Gerichte zu entlasten. Die Regelungen in § 14 orientieren sich an den Vorschriften des VSBG, sie sind aber mit diesen nicht deckungsgleich (näher zu den Abweichungen MüKoZPO/Micklitz/Rott Rn. 18). Das VSBG findet ergänzende Anwendung, soweit nicht § 14 und die FinSV (→ Rn. 10) abweichende Regelungen enthalten (§ 1 I 2 VSBG).

II. Verbraucherschlichtungsstellen

§ 14 unterscheidet zwei Arten von Verbraucherschlichtungsstellen, nämlich die privaten und **4** die behördlichen Verbraucherschlichtungsstellen.

1. Private Verbraucherschlichtungsstellen

Eine Schlichtungsstelle darf nur dann in den in § 14 I bezeichneten Streitigkeiten als private **5** Schlichtungsstelle tätig werden, wenn sie als solche vom Bundesamt für Justiz anerkannt ist. Die Voraussetzungen hierfür sind in § 14 III Nr. 1–3 aufgeführt. Dazu muss der Träger der Schlichtungsstelle ein eingetragener Verein (iSd § 21 BGB) sein; ferner muss die Schlichtungsstelle für die Streitigkeiten nach § 14 I 1 zuständig sein; schließlich muss die Organisation, Finanzierung und Verfahrensordnung der Schlichtungsstelle den gesetzlichen Anforderungen entsprechen. –

Das Bundesamt für Justiz nimmt die anerkannten privaten Verbraucherschlichtungsstellen in eine Liste gemäß § 33 I VSBG auf.

2. Behördliche Verbraucherschlichtungsstellen

6   Neben den privaten gibt es auch noch behördliche Verbraucherschlichtungsstellen. Es sind dies die bei der Deutschen Bundesbank und bei der Bundesanstalt für Finanzdienstleistungsaufsicht eingerichteten Verbraucherschlichtungsstellen. Sie haben aber nur eine **subsidiäre** Zuständigkeit, nämlich nur dann, wenn es für die konkrete Streitigkeit keine zuständige anerkannte Verbraucherschlichtungsstelle gibt (§ 14 I 3). Zwischen den beiden behördlichen Verbraucherschlichtungsstellen ist die Zuständigkeit nach der jeweiligen Streitigkeit aufgeteilt. Für Streitigkeiten nach § 14 I 1 Nr. 1–4 ist die bei der Deutschen Bundesbank eingerichtete Verbraucherschlichtungsstelle zuständig; für Streitigkeiten nach § 14 I 1 Nr. 6 und 7 ist die bei der Bundesanstalt für Finanzdienstleistungsaufsicht eingerichtete Verbraucherschlichtungsstelle zuständig.

3. Registrierung der Verbraucherschlichtungsstellen

7   Nach § 14 IV nimmt das Bundesamt für Justiz die anerkannten privaten und die behördlichen Verbraucherschlichtungsstellen in die Liste nach § 33 I VSBG auf und macht die Anerkennung und den Widerruf oder die Rücknahme der Anerkennung im Bundesanzeiger bekannt. Diese Liste (Stand: 2.1.2023) ist abrufbar auf den Internetseiten des Bundesamts für Justiz, s. https://www.bundesjustizamt.de/DE/Themen/Verbraucherrechte/Verbraucherstreitbeilegung/Liste Verbraucherschlichtungsstellen/ListeVerbraucherschlichtungsstellen_node.html.

III. Besetzung und Verfahren der Verbraucherschlichtungsstelle; Verfahrenskosten

8   Nach § 14 II 1 muss jede Verbraucherschlichtungsstelle mit mindestens zwei Schlichtern besetzt sein, die die Befähigung zum Richteramt haben. Es können daher auch weitere Schlichter mit oder ohne Befähigung zum Richteramt einbezogen werden. Die Schlichter müssen nach § 14 II 2 **unabhängig** sein und das Schlichtungsverfahren **fair** und **unparteiisch** führen. Leitbild ist insoweit der Richter in einem gerichtlichen Verfahren.

9   Nach § 14 II 3 sollen die Schlichter ihre Schlichtungsvorschläge am geltenden Recht ausrichten und sie sollen insbes. die zwingenden Verbraucherschutzgesetze beachten. Es handelt sich zwar nach dem Wortlaut um eine Sollvorschrift, doch sind die Vorgaben des geltenden Rechts auch im Schlichtungsverfahren **zwingend** zu beachten, weil die Streitschlichtung nur dann eine echte Alternative zu einem Gerichtsverfahren bildet (Soergel/Fritzsche Rn. 13; NK-BGB/Joachimsthaler/Walker Rn. 9; aA → 41. Aufl. 2023, Rn. 6). Entscheidend ist daher, ob und ggf. welchen Gestaltungsspielraum das geltende Recht im konkreten Fall zulässt. Das Ergebnis des Schlichtungsverfahrens ist für die Parteien nur verbindlich, wenn sich beide Parteien hierauf einigen.

10   Nach § 14 II 4 kann von einem Verbraucher **kein Entgelt** für das Verfahren verlangt werden. Im Umkehrschluss bedeutet dies, dass von anderen Beteiligten (Unternehmen, Verbände) ein solches Entgelt vorgesehen werden kann. Die Verfahrensbeteiligten müssen jedoch ihre durch die Teilnahme am Verfahren entstehenden Kosten selbst tragen.

IV. Ergänzende Regelungen durch Rechtsverordnung

11   Nach § 14 V werden durch Rechtsverordnung des BMJV im Einvernehmen mit dem BMF geregelt: (1) die Einzelheiten der Organisation und des Verfahrens der bei der Deutschen Bundesbank und der bei der Bundesanstalt für Finanzdienstleistungsaufsicht eingerichteten Verbraucherschlichtungsstellen; (2) die Voraussetzungen und das Verfahren für die Anerkennung einer privaten Verbraucherschlichtungsstelle und für die Aufhebung dieser Anerkennung sowie die Voraussetzungen und das Verfahren für die Zustimmung zur Änderung der Verfahrensordnung; (3) die Zusammenarbeit der behördlichen und der privaten Verbraucherschlichtungsstellen mit staatlichen Stellen und vergleichbaren Stellen zur außergerichtlichen Streitbeilegung in anderen Staaten des Europäischen Wirtschaftsraums. Diese Verordnung ist in der **Finanzschlichtungsstellenverordnung** (FinSV) v. 5.9.2016 (BGBl. 2016 I 2140) enthalten.

12   Die frühere SchlichtVerfV ist gemäß § 27 II FinSV am 31.1.2017 außer Kraft getreten.

V. Verhältnis zum gerichtlichen Rechtsschutz; Hemmung der Verjährung

Das Schlichtungsverfahren eröffnet eine zusätzliche Möglichkeit des Rechtsschutzes. Das **13** Recht der Beteiligten, die Gerichte anzurufen, bleibt gemäß § 14 I 1 unberührt. Für die Verjährung gelten § 204 I Nr. 4, II BGB.

Abschnitt 6. Anwendungsbereich

Ausnahme für das Arbeitsrecht

15 Dieses Gesetz findet auf das Arbeitsrecht keine Anwendung.

I. Einordnung und Normzweck

Obgleich der sechste Abschnitt des UKlaG allgemein mit „Anwendungsbereich" überschrie- **1** ben ist, enthält dieser Abschnitt lediglich eine Abgrenzung zum Arbeitsrecht. An sich unterliegen auch AGB in Arbeitsverträgen der Kontrolle nach den §§ 307–309 BGB, wie sich aus § 310 IV 2 BGB ergibt. Des Weiteren ist die Anwendung der Verbraucherschutzgesetze auf Arbeitnehmer nicht von vornherein ausgeschlossen (vgl. BAG NJW 2005, 3305). Der Gesetzgeber wollte jedoch keine Zuständigkeit der ordentlichen Gerichte für arbeitsrechtliche Streitigkeiten (vgl. BT-Drs. 14/7052, 189) begründen, zumal die kollektive Wahrnehmung der Interessen der Arbeitnehmer durch die Gewerkschaften und die Betriebsräte und nicht durch Verbraucherverbände erfolgt. Daher schließt § 15 die Anwendung des UKlaG auf das Arbeitsrecht aus.

II. Anwendungsbereich

Maßgebend ist der Anwendungsbereich des **Arbeitsrechts** als dem Sonderrecht der **Arbeit-** **2** **nehmer** (zu diesem Begriff BAG NJW 2015, 3469 Rn. 12–14; Grüneberg/Weidenkaff BGB Einf. v. § 611 Rn. 7; der Arbeitnehmerbegriff des Unionsrechts richtet sich nach Art. 45 AEUV). Dem Arbeitsrecht unterliegen nicht Dienstverträge mit Personen, die keine Arbeitnehmer sind. Auf Formularverträge mit **arbeitnehmerähnlichen Personen** (zu diesem Begriff BAG NJW 2007, 1709; Grüneberg/Weidenkaff BGB Einf. v. § 611 Rn. 9) sind die §§ 307–309 BGB anwendbar. Fraglich ist allenfalls, ob § 310 IV 2 BGB eingreift. Dies ist grds. im Interesse des Schutzes der arbeitnehmerähnlichen Personen zu verneinen, da ihre kollektiven Interessen nicht durch Gewerkschaften und Betriebsräte wahrgenommen werden. Dann aber ist der Bereich des Arbeitsrechts nicht eröffnet und folglich eine Anwendung des UKlaG möglich (str.).

Abschnitt 7. Bußgeldvorschriften

Bußgeldvorschriften

16 (1) Ordnungswidrig handelt, wer vorsätzlich oder fahrlässig

1. **entgegen § 4b Absatz 1 Satz 1, auch in Verbindung mit einer Rechtsverordnung nach § 4f Nummer 3, einen dort genannten Bericht nicht, nicht richtig, nicht vollständig oder nicht rechtzeitig erstattet,**
2. **einer Rechtsverordnung nach § 4f Nummer 1 oder 2 [oder] einer vollziehbaren Anordnung auf Grund einer solchen Rechtsverordnung zuwiderhandelt, soweit die Rechtsverordnung für einen bestimmten Tatbestand auf diese Bußgeldvorschrift verweist,**
3. **entgegen § 5a Absatz 1 Satz 2 eine Tatsache nicht, nicht richtig, nicht vollständig oder nicht rechtzeitig veröffentlicht,**

4. entgegen § 5a Absatz 2 einen Beschluss oder ein Urteil nicht oder nicht mindestens sechs Monate veröffentlicht oder

5. entgegen § 6a Absatz 1 Satz 3 die dort genannte Zustellung nicht oder nicht rechtzeitig bekannt macht.

(2) Die Ordnungswidrigkeit kann mit einer Geldbuße bis zu hunderttausend Euro geahndet werden.

(3) Verwaltungsbehörde im Sinne des § 36 Absatz 1 Nummer 1 des Gesetzes über Ordnungswidrigkeiten ist das Bundesamt für Justiz.

1 Die Bußgeldregelungen in § 16 gehen zurück auf das G zur Stärkung des fairen Wettbewerbs und wurden durch das VRUG erweitert. Sie sollen dem Zweck dienen, die Übermittlung der Angaben im Eintragungs- und Überprüfungsverfahren sowie bei den Berichtspflichten sicherzustellen (Begr. RegE, BT-Drs. 19/12084, 39). Das Gesetz sieht freilich bereits Zwangsgelder vor, um die Erfüllung der Pflichten zu gewährleisten (§ 4a III, § 4e I). Warum es darüber hinaus noch der Bußgeldbewehrung bedarf, erschließt sich nicht (zu Recht krit. daher MüKoZPO/Micklitz/Rott Rn. 2: „völlig überzogen"). Inhaltlich entsprechen die Regelungen weitgehend denen in § 20 I Nr. 2–5, II und III UWG. Daher kann auf die dortige Kommentierung verwiesen werden.

Abschnitt 8. Überleitungsvorschriften

Überleitungsvorschriften zu dem Gesetz zur Stärkung des fairen Wettbewerbs

17 (1) Abweichend von § 4a Absatz 1 Nummer 1 sind die Eintragungsvoraussetzungen bei qualifizierten Einrichtungen, die vor dem 2. Dezember 2020 in die Liste nach § 4 eingetragen wurden und die am 2. Dezember 2020 schon länger als zwei Jahre in der Liste nach § 4 eingetragen sind, vom Bundesamt für Justiz im Zeitraum vom 2. Dezember 2020 bis zum 31. Dezember 2021 zu überprüfen.

(2) Die Berichtspflichten nach § 4b Absatz 1 sind erstmals für das Kalenderjahr 2021 zu erfüllen.

1 Die Vorschrift wurde eingefügt durch das G zur Stärkung des fairen Wettbewerbs. Sie dient der Regelung der Übergangsphase im Hinblick auf die seinerzeit neu eingeführten Eintragungs- und Berichtsanforderungen (Begr. RegE, BT-Drs. 19/12084, 39). Eine Anpassung durch das VRUG erfolgte nicht. Daher ist in § 17 noch von qualifizierten Einrichtungen die Rede, obgleich § 4, § 4a und § 4b jetzt qualifizierte Verbraucherverbände betreffen. Die Vorschrift zielt auf die qualifizierten Einrichtungen iSd alten Rechts. Angesichts der inzwischen verstrichenen Zeit dürfte die Überleitungsvorschrift kaum noch praktische Bedeutung haben. Zur Auslegung s. die Kommentierung in der → 41. Aufl. 2023, Rn. 1 ff.

Überleitungsvorschrift zum Gesetz zur Umsetzung der Richtlinie (EU) 2020/1820 über Verbandsklagen zum Schutz der Kollektivinteressen der Verbraucher und zur Aufhebung der Richtlinie 2009/22/EG

18 (1) ¹Die Liste der qualifizierten Einrichtungen nach § 4 wird in „Liste der qualifizierten Verbraucherverbände nach § 4" umbenannt. ²Die in dieser Liste eingetragenen qualifizierten Einrichtungen werden zu qualifizierten Verbraucherverbänden.

(2) § 6a ist nur auf Anträge auf Erlass einstweiliger Verfügungen und auf Klagen anzuwenden, die Zuwiderhandlungen betreffen, die nach dem 24. Juni 2023 drohen oder stattfanden.

1 § 18 wurde durch das VRUG neu eingefügt. Da das Gesetz zwischen qualifizierten Verbraucherverbänden und qualifizierten Einrichtungen unterscheidet, wird die bisherige Liste der qualifizierten Einrichtungen nunmehr als „Liste der qualifizierten Verbraucherverbände nach § 4" bezeichnet (§ 18 I). Alle in der Liste eingetragenen Vereine werden damit zugleich zu qualifizierten Verbraucherverbänden (Begr. RegE, BR-Drs. 145/23, 139). § 18 II bezieht sich auf die Bekanntmachungen zu Anträgen auf einstweilige Verfügungen und Unterlassungsklagen gemäß § 6a. Diese gelten nur für Verfahren, die sich gegen Zuwiderhandlungen richten, die nach dem 24.6.2023 drohen oder stattgefunden haben (Begr. RegE, BR-Drs. 145/23, 139).

Verordnung über Informationspflichten für Dienstleistungserbringer (Dienstleistungs-Informationspflichten-Verordnung – DL-InfoV)

Vom 12. März 2010 (BGBl. 2010 I 267),

zuletzt geändert durch G v. 12.11.2021 (BGBl. 2021 I 4921)

§ 1 Anwendungsbereich

(1) Diese Verordnung gilt für Personen, die Dienstleistungen erbringen, die in den Anwendungsbereich des Artikels 2 der Richtlinie 2006/123/EG des Europäischen Parlaments und des Rates vom 12. Dezember 2006 über Dienstleistungen im Binnenmarkt (ABl. L 376 vom 27.12.2006, S. 36) fallen.

(2) Die Verordnung findet auch Anwendung, wenn im Inland niedergelassene Dienstleistungserbringer unter Inanspruchnahme der Dienstleistungsfreiheit in einem anderen Mitgliedstaat der Europäischen Union oder einem anderen Vertragsstaat des Abkommens über den Europäischen Wirtschaftsraum tätig werden.

(3) Die Verordnung findet keine Anwendung, wenn in einem anderen Mitgliedstaat der Europäischen Union oder einem anderen Vertragsstaat des Abkommens über den Europäischen Wirtschaftsraum niedergelassene Dienstleistungserbringer unter Inanspruchnahme der Dienstleistungsfreiheit im Inland tätig werden.

(4) ¹Die nach dieser Verordnung zur Verfügung zu stellenden Informationen sind in deutscher Sprache zu erbringen. ²Das gilt nicht für Informationen nach Absatz 2.

§ 2 Stets zur Verfügung zu stellende Informationen

(1) Unbeschadet weiter gehender Anforderungen aus anderen Rechtsvorschriften muss ein Dienstleistungserbringer einem Dienstleistungsempfänger vor Abschluss eines schriftlichen Vertrages oder, sofern kein schriftlicher Vertrag geschlossen wird, vor Erbringung der Dienstleistung folgende Informationen in klarer und verständlicher Form zur Verfügung stellen:

1. seinen Familien- und Vornamen, bei rechtsfähigen Personengesellschaften und juristischen Personen die Firma unter Angabe der Rechtsform,
2. die Anschrift seiner Niederlassung oder, sofern keine Niederlassung besteht, eine ladungsfähige Anschrift sowie weitere Angaben, die es dem Dienstleistungsempfänger ermöglichen, schnell und unmittelbar mit ihm in Kontakt zu treten, insbesondere eine Telefonnummer und eine E-Mail-Adresse oder Faxnummer,
3. falls er in ein solches eingetragen ist, das Handelsregister, Genossenschaftsregister, Gesellschaftsregister, Partnerschaftsregister oder Vereinsregister unter Angabe des Registergerichts und der Registernummer,
4. bei erlaubnispflichtigen Tätigkeiten Name und Anschrift der zuständigen Behörde oder der einheitlichen Stelle,
5. falls er eine Umsatzsteuer-Identifikationsnummer nach § 27a des Umsatzsteuergesetzes besitzt, die Nummer,
6. falls die Dienstleistung in Ausübung eines reglementierten Berufs im Sinne von Artikel 3 Absatz 1 Buchstabe a der Richtlinie 2005/36/EG des Europäischen Parlaments und des Rates vom 7. September 2005 über die Anerkennung von Berufsqualifikationen (ABl. L 255 vom 30.9.2005, S. 22) erbracht wird, die gesetzliche Berufsbezeichnung, den Staat, in dem sie verliehen wurde und, falls er einer Kammer, einem Berufsverband oder einer ähnlichen Einrichtung angehört, deren oder dessen Namen,
7. die von ihm gegebenenfalls verwendeten allgemeinen Geschäftsbedingungen,
8. von ihm gegebenenfalls verwendete Vertragsklauseln über das auf den Vertrag anwendbare Recht oder über den Gerichtsstand,

9. gegebenenfalls bestehende Garantien, die über die gesetzlichen Gewährleistungsrechte hinausgehen,

10. die wesentlichen Merkmale der Dienstleistung, soweit sich diese nicht bereits aus dem Zusammenhang ergeben,

11. falls eine Berufshaftpflichtversicherung besteht, Angaben zu dieser, insbesondere den Namen und die Anschrift des Versicherers und den räumlichen Geltungsbereich.

(2) Der Dienstleistungserbringer hat die in Absatz 1 genannten Informationen wahlweise

1. dem Dienstleistungsempfänger von sich aus mitzuteilen,

2. am Ort der Leistungserbringung oder des Vertragsschlusses so vorzuhalten, dass sie dem Dienstleistungsempfänger leicht zugänglich sind,

3. dem Dienstleistungsempfänger über eine von ihm angegebene Adresse elektronisch leicht zugänglich zu machen oder

4. in alle von ihm dem Dienstleistungsempfänger zur Verfügung gestellten ausführlichen Informationsunterlagen über die angebotene Dienstleistung aufzunehmen.

§ 3 Auf Anfrage zur Verfügung zu stellende Informationen

(1) Unbeschadet weiter gehender Anforderungen aus anderen Rechtsvorschriften muss der Dienstleistungserbringer dem Dienstleistungsempfänger auf Anfrage folgende Informationen vor Abschluss eines schriftlichen Vertrages oder, sofern kein schriftlicher Vertrag geschlossen wird, vor Erbringung der Dienstleistung in klarer und verständlicher Form zur Verfügung stellen:

1. falls die Dienstleistung in Ausübung eines reglementierten Berufs im Sinne von Artikel 3 Absatz 1 Buchstabe a der Richtlinie 2005/36/EG des Europäischen Parlaments und des Rates vom 7. September 2005 über die Anerkennung von Berufsqualifikationen (ABl. L 255 vom 30.9.2005, S. 22) erbracht wird, eine Verweisung auf die berufsrechtlichen Regelungen und dazu, wie diese zugänglich sind,

2. Angaben zu den vom Dienstleistungserbringer ausgeübten multidisziplinären Tätigkeiten und den mit anderen Personen bestehenden beruflichen Gemeinschaften, die in direkter Verbindung zu der Dienstleistung stehen und, soweit erforderlich, zu den Maßnahmen, die er ergriffen hat, um Interessenkonflikte zu vermeiden,

3. die Verhaltenskodizes, denen er sich unterworfen hat, die Adresse, unter der diese elektronisch abgerufen werden können, und die Sprachen, in der diese vorliegen, und

4. falls er sich einem Verhaltenskodex unterworfen hat oder einer Vereinigung angehört, der oder die ein außergerichtliches Streitschlichtungsverfahren vorsieht, Angaben zu diesem, insbesondere zum Zugang zum Verfahren und zu näheren Informationen über seine Voraussetzungen.

(2) Der Dienstleistungserbringer stellt sicher, dass die in Absatz 1 Nummer 2, 3 und 4 genannten Informationen in allen ausführlichen Informationsunterlagen über die Dienstleistung enthalten sind.

§ 4 Erforderliche Preisangaben

(1) Der Dienstleistungserbringer muss dem Dienstleistungsempfänger vor Abschluss eines schriftlichen Vertrages oder, sofern kein schriftlicher Vertrag geschlossen wird, vor Erbringung der Dienstleistung, folgende Informationen in klarer und verständlicher Form zur Verfügung stellen:

1. sofern er den Preis für die Dienstleistung im Vorhinein festgelegt hat, diesen Preis in der in § 2 Absatz 2 festgelegten Form,

2. sofern er den Preis der Dienstleistung nicht im Vorhinein festgelegt hat, auf Anfrage den Preis der Dienstleistung oder, wenn kein genauer Preis angegeben werden kann, entweder die näheren Einzelheiten der Berechnung, anhand derer der Dienstleistungsempfänger die Höhe des Preises leicht errechnen kann, oder einen Kostenvoranschlag.

(2) Absatz 1 findet keine Anwendung auf Dienstleistungsempfänger, die Verbraucher im Sinne des § 13 BGB des Bürgerlichen Gesetzbuches sind.

§ 5 Verbot diskriminierender Bestimmungen

[1] Der Dienstleistungserbringer darf keine Bedingungen für den Zugang zu einer Dienstleistung bekannt machen, die auf der Staatsangehörigkeit oder dem Wohnsitz des Dienstleistungsemp-

fängers beruhende diskriminierende Bestimmungen enthalten. ²Dies gilt nicht für Unterschiede bei den Zugangsbedingungen, die unmittelbar durch objektive Kriterien gerechtfertigt sind.

§ 6 Ordnungswidrigkeiten

Ordnungswidrig im Sinne des § 146 Absatz 2 Nummer 1 der Gewerbeordnung handelt, wer vorsätzlich oder fahrlässig

1. entgegen § 2 Absatz 1, § 3 Absatz 1 oder § 4 Absatz 1 eine Information nicht, nicht richtig, nicht vollständig, nicht in der vorgeschriebenen Weise oder nicht rechtzeitig zur Verfügung stellt,
2. entgegen § 3 Absatz 2 nicht sicherstellt, dass eine dort genannte Information in jeder ausführlichen Informationsunterlage enthalten ist, oder
3. entgegen § 5 Satz 1 Bedingungen bekannt macht.

§ 7 Inkrafttreten

Diese Verordnung tritt zwei Monate nach der Verkündung in Kraft.

Vorbemerkungen

Übersicht

Schrifttum: Dahns, Die Dienstleistungs-Informationspflichten-Verordnung, NJW-Spezial 2010, 318; Glückert, Die neue Dienstleistungsinformationspflichten-Verordnung, GewArch 2010, 195; Lindhorst, Vorhang auf zum nächsten Akt: Die Dienstleistungs-Informationspflichten-Verordnung, MMR 2010, 145; Lohbeck, Neue Informationspflichten für Dienstleistungserbringer, K&R 2010, 463; Lorenz, Auswirkungen der Dienstleistungs-Informationspflichten-Verordnung auf Internetangebote, VuR 2010, 323; Schlachter/Ohler, Europäische Dienstleistungsrichtlinie, 2008.

I. DL-InfoV als Umsetzung der Dienstleistungsrichtlinie

Die DL-InfoV dient der Umsetzung der Richtlinie 2006/123/EG über Dienstleistungen im **1** Binnenmarkt (Dienstleistungs-RL), speziell des Art. 22 Dienstleistungs-RL. Dementsprechend ist die DL-InfoV richtlinienkonform und in Übereinstimmung mit dem sonstigen Unionsrecht auszulegen.

II. Rechtsgrundlage und Schutzzweck der DL-InfoV

1. Rechtsgrundlage

2   Die DL-InfoV ist eine **Rechtsverordnung.** Sie ist am 17.5.2010 in Kraft getreten (§ 7 DL-InfoV) und wurde zuletzt durch Art. 2 PAngV 2021 geändert. Ihr Erlass beruht auf der Ermächtigungsgrundlage (Art. 80 I GG) des **§ 6c GewO** iVm § 146 II Nr. 1 GewO. (In § 6 Ia GewO wird klargestellt, dass § 6c GewO auf alle Gewerbetreibenden und sonstigen Dienstleistungserbringer iSd Art. 4 Nr. 2 Dienstleistungs-RL Anwendung findet, deren Dienstleistungen in den Anwendungsbereich dieser Richtlinie fallen.)

2. Schutzzweck

3   Zweck der DL-InfoV ist es, dem Dienstleistungsempfänger die Informationen zu verschaffen, die er für eine **informierte Entscheidung** über den Abschluss und die Durchführung eines Vertrags mit einem bestimmten Dienstleistungserbringer über eine bestimmte Dienstleistung benötigt. Damit wird zugleich die Wahrnehmung der Niederlassungsfreiheit und der freie Dienstleistungsverkehr erleichtert und die hohe Qualität der Dienstleistungen gewährleistet (vgl. Art. 1, 22 sowie ErwGr. 97 S. 1 Dienstleistungs-RL).

III. Grundbegriffe der DL-InfoV

1. Dienstleistung

4   Der Begriff der Dienstleistung ist in Art. 4 Nr. 1 Dienstleistungs-RL definiert als „jede von Art 50 des Vertrags [jetzt: Art 57 AEUV] erfasste selbstständige Tätigkeit, die in der Regel gegen Entgelt erbracht wird". Der Begriff des Entgelts ist dabei weit zu fassen und nicht auf das Entgelt des Dienstleistungsempfängers zu beschränken. Entgeltlichkeit ist daher auch dann gegeben, wenn die Dienstleistung durch Werbeeinnahmen finanziert wird (vgl. Lorenz VuR 2010, 323 (324)). Dazu gehört etwa das Bereitstellen einer kostenlos zu nutzenden Webseite (zB Suchmaschine, Übersetzungsdienst, elektronische Zeitung), auf der Werbebanner geschaltet sind. Zu Einzelheiten, welche Dienstleistungen in den Anwendungsbereich der Dienstleistungs-RL und damit auch der DL-InfoV fallen, vgl. ErwGr. 33 Dienstleistungs-RL. Soweit darin der Handel erwähnt ist, bezieht sich dies nur auf Dienstleistungen des Handels, wie zB Serviceleistungen, nicht dagegen auf den eigentlichen Warenabsatz.

2. Dienstleistungserbringer

5   Die DL-InfoV gilt nach § 1 I DL-InfoV nur für **Dienstleistungserbringer** iSd Art. 4 Nr. 2 Dienstleistungs-RL. Darunter fällt jede **natürliche Person,** die die Staatsangehörigkeit eines Mitgliedstaats besitzt, und jede in einem Mitgliedstaat niedergelassene **juristische Person** iSd Art. 54 AEUV (= ex-Art. 48 EG), die eine Dienstleistung anbietet oder erbringt. Der juristischen Person steht die rechtsfähige Personengesellschaft (§ 14 II BGB) gleich (vgl. § 2 I Nr. 1 DL-InfoV sowie ErwGr. 38 Dienstleistungs-RL).

3. Dienstleistungsempfänger

6   Der Begriff des Dienstleistungsempfängers ist in Art. 4 Nr. 3 Dienstleistungs-RL definiert als „jede natürliche Person, die die Staatsangehörigkeit eines Mitgliedstaats besitzt oder die in den Genuss von Rechten aus gemeinschaftsrechtlichen Rechtsakten kommt, oder jede in einem Mitgliedstaat niedergelassene juristische Person im Sinne des Art 48 des Vertrags [jetzt: Art 54 AEUV], die für berufliche oder andere Zwecke eine Dienstleistung in Anspruch nimmt oder in Anspruch nehmen möchte". Letzteres ist bedeutsam, weil die Informationspflichten aus der DL-InfoV gerade gegenüber solchen Personen bestehen, die noch keinen Vertrag mit dem Dienstleistungserbringer geschlossen haben, sondern dies nur beabsichtigen.

4. Reglementierter Beruf

7   Unter einem reglementierten Beruf (vgl. § 2 I Nr. 6, § 3 I Nr. 1) ist in richtlinienkonformer Auslegung nach Art. 4 Nr. 11 Dienstleistungs-RL „eine berufliche Tätigkeit oder eine Gruppe beruflicher Tätigkeiten" iSd Art. 3 I lit. a Berufsqualifikations-Richtlinie 2005/36/EG zu ver-

stehen (vgl. auch die Definition in Art. 2 lit. l UGP-RL). Sie zeichnen sich dadurch aus, dass bei ihnen „die Aufnahme oder Ausübung oder eine der Arten der Ausübung direkt oder indirekt an den Besitz bestimmter Berufsqualifikationen gebunden ist" Eine Art der Ausübung ist nach S. 1 Hs. 2 dieser Bestimmung „insbes die Führung einer Berufsbezeichnung, die durch Rechts- oder Verwaltungsvorschriften auf Personen beschränkt ist, die über eine bestimmte Berufsqualifikation verfügen".

IV. Verhältnis der DL-InfoV zu anderen Vorschriften

1. Verhältnis zum UWG

a) § 3a UWG. Die DL-InfoV enthält Marktverhaltensregelungen iSd **§ 3a UWG,** nämlich **8** gesetzliche Vorschriften, die auch dazu bestimmt sind, im Interesse der Marktteilnehmer, nämlich der Mitbewerber und der Dienstleistungsempfänger, das Marktverhalten zu regeln (OLG Hamm GRUR-RR 2013, 339 (340)). Verstöße gegen die Informationsanforderungen der DL-InfoV sind grds. geeignet, die Interessen der Marktteilnehmer spürbar iSd **§ 3a UWG** zu beeinträchtigen (OLG Düsseldorf WRP 2012, 731; Hamm GRUR-RR 2013, 339 (340) zu § 3 I UWG 2008; LG Wiesbaden WRP 2020, 1232 Rn. 21).

b) §§ 5a, 5b I UWG. Die Bestimmungen in den § 5a, 5b UWG wurden durch das G zur **9** Stärkung des Verbraucherschutzes im Wettbewerbs- und Gewerberecht vom 10.8.2021 (BGBl. 2021 I 3504) mit Wirkung ab dem 28.5.2022 in das UWG eingefügt. Sie gehen zwar weitgehend auf Art. 7 UGP-RL zurück, Sie regeln aber nicht nur das geschäftliche Handeln von Unternehmern gegenüber **Verbrauchern,** sondern teilweise auch gegenüber **sonstigen Markt-teilnehmern.** Insbes. die Grundregelung in § 5a I UWG gilt auch für sonstige Marktteilnehmer.] Die Dienstleistungs-RL gilt ihrerseits im Verhältnis zu allen Dienstleistungsempfängern (→ Rn. 6), auch wenn diese keine Verbraucher sind. Dennoch beansprucht die Dienstleistungs-RL keinen Vorrang vor der UGP-RL, sondern steht mit ihr „im Einklang" (ErwGr. 32 Dienstleistungs-RL). Die Informationsanforderungen aus Kap. V Dienstleistungs-RL ergänzen gem. Art. 22 V Dienstleistungs-RL lediglich „die bereits im Gemeinschaftsrecht vorgesehenen Anforderungen". Dem tragen die § 2 I, § 3 I („unbeschadet weiter gehender Anforderungen aus anderen Rechtsvorschriften") Rechnung.

Die Informationsanforderungen aus der DL-InfoV ergänzen dementsprechend lediglich die **10** Informationsanforderungen aus § 5a I UWG, verdrängen sie aber nicht. Darüber hinaus sind die Informationsanforderungen der DL-InfoV, soweit sie die „kommerzielle Kommunikation einschließlich Werbung und Marketing" gegenüber Verbrauchern iSd Art. 7 V UGP-RL betreffen, solche iSd § 5b IV UWG (ebenso OLG Hamm GRUR-RR 2013, 339 (340) zu § 5a IV UWG aF).

2. Verhältnis zur PAngV

Die Preisangabepflichten aus § 4 I DL-InfoV gelten nach der ausdrücklichen Bestimmung in **11** § 4 II DL-InfoV nicht im Verhältnis zu „Verbrauchern im Sinne des § 13 BGB". In diesem Bereich gelten daher ausschließlich die Vorschriften der PAngV. Dazu näher bei → § 4 Rn. 8.

3. Verhältnis zu sonstigen Vorschriften

Informationsanforderungen aus anderen Vorschriften sind neben denen aus der DL-InfoV **12** anzuwenden. Dazu gehören insbes. §§ 5, 6 TMG; Art. 246 §§ 1 ff. EGBGB; § 4 BGB-InfoV.

V. Sanktionen bei Verstößen gegen die DL-InfoV

1. Ordnungswidrigkeitenrechtliche Sanktionen

Nach § 6 DL-InfoV stellen vorsätzliche oder fahrlässige Verletzungen der Informationspflich- **13** ten aus § 2 I, § 3 I und II, § 4 I oder § 5 S. 1 DL-InfoV Ordnungswidrigkeiten iSd § 146 II Nr. 1 GewO dar.

2. Lauterkeitsrechtliche Sanktionen

Die DL-InfoV enthält Marktverhaltensregelungen iSd § 3a UWG (→ Rn. 8) sowie Informati- **14** onspflichten iSd § 5b IV nF UWG (→ Rn. 10). Verstöße gegen die DL-InfoV können daher den Tatbestand einer Zuwiderhandlung gegen § 3 I UWG, §§ 3a und 5a II, IV UWG erfüllen und lauterkeitsrechtliche Ansprüche aus den §§ 8, 9 und 10 UWG auslösen.

3. Sanktionen nach dem UKlaG

15   Die DL-InfoV stellt, soweit es das Verhältnis zu Verbrauchern betrifft, eine verbraucherschützende Regelung iSd § 2 I 1 UKlaG dar. Dies ergibt sich aus Art. 42 Dienstleistungs-RL iVm Anh. I Unterlassungsklagen-RL 2009/22/EG. Verstöße gegen die DL-InfoV können daher einen Unterlassungsanspruch nach § 2 I 1 UKlaG begründen, der von den in § 3 I UKlaG aufgeführten Verbänden geltend gemacht werden kann.

4. Bürgerlichrechtliche Sanktionen

16   Verstöße gegen die DL-InfoV können, soweit sie innerhalb eines Schuldverhältnisses aus der Aufnahme von Vertragsverhandlungen (§ 311 II Nr. 1 BGB) begangen werden, Pflichtverletzungen iSd § 241 II BGB darstellen. Aus schuldhaft begangenen Verstößen kann sich daraus ein Anspruch aus culpa in contrahendo, gerichtet auf Schadensersatz, ggf. in Gestalt der Aufhebung des Vertrages, ergeben. – Da die DL-InfoV darüber hinaus ein Schutzgesetz iSd § 823 II BGB darstellt, können sich aus einem Verstoß auch deliktsrechtliche Unterlassungs- und Schadensersatzansprüche des Dienstleistungsempfängers ergeben.

Anwendungsbereich

1 (1) **Diese Verordnung gilt für Personen, die Dienstleistungen erbringen, die in den Anwendungsbereich des Artikels 2 der Richtlinie 2006/123/EG des Europäischen Parlaments und des Rates vom 12. Dezember 2006 über Dienstleistungen im Binnenmarkt (ABl. L 376 vom 27.12.2006, S. 36) fallen.**

(2) **Die Verordnung findet auch Anwendung, wenn im Inland niedergelassene Dienstleistungserbringer unter Inanspruchnahme der Dienstleistungsfreiheit in einem anderen Mitgliedstaat der Europäischen Union oder einem anderen Vertragsstaat des Abkommens über den Europäischen Wirtschaftsraum tätig werden.**

(3) **Die Verordnung findet keine Anwendung, wenn in einem anderen Mitgliedstaat der Europäischen Union oder einem anderen Vertragsstaat des Abkommens über den Europäischen Wirtschaftsraum niedergelassene Dienstleistungserbringer unter Inanspruchnahme der Dienstleistungsfreiheit im Inland tätig werden.**

(4) **[1]Die nach dieser Verordnung zur Verfügung zu stellenden Informationen sind in deutscher Sprache zu erbringen. [2]Das gilt nicht für Informationen nach Absatz 2.**

I. Sachlicher Anwendungsbereich

1. Allgemeines

1   Die DL-InfoV gilt nach § 1 I DL-InfoV nur für solche Dienstleistungen, die in den Anwendungsbereich des Art. 2 Dienstleistungs-RL fallen. Das sind nach Art. 2 I Dienstleistungs-RL grds. alle Dienstleistungen mit Ausnahme der in Art. 2 II Dienstleistungs-RL aufgeführten Tätigkeiten.

2. Beispiele

2   Die Dienstleistungs-RL enthält keine enumerative Aufzählung der von ihr erfassten Dienstleistungen, zumal diese einem ständigen Wandel unterworfen sind. Sie begnügt sich mit Beispielen (vgl. ErwGr. 33 Dienstleistungs-RL), als da sind: **(1) Dienstleistungen für Unternehmen.** Dazu gehören ua Unternehmensberatung, Zertifizierungs- und Prüfungstätigkeiten, Anlagenverwaltung einschließlich Unterhaltung von Büroräumen, Werbung, Personalagenturen und Dienste von Handelsvertretern. **(2) Dienstleistungen für Unternehmen und Verbraucher.** Dazu gehören Rechts- oder Steuerberatung, Dienstleistungen des Immobilienwesens wie Tätigkeit von Immobilienmaklern, Dienstleistungen des Baugewerbes einschließlich Architektenleistungen, Handel, Veranstaltung von Messen, Vermietung von Kraftfahrzeugen, Dienste von Reisebüros. **(3) Dienstleistungen für Verbraucher.** Dazu gehören ua Dienstleistungen im Bereich des Fremdenverkehrs, Dienstleistungen im Freizeitbereich, Sportzentren und Freizeitparks, Unterstützungsdienste im Haushalt, sofern nicht unter Art. 2 II Dienstleistungs-RL fallend.

3. Ausnahmen

Der Katalog der Ausnahmen in Art. 2 II Dienstleistungs-RL umfasst ua: nicht-wirtschaftliche 3 Dienstleistungen von allgemeinem Interesse (zB Amateursport); Finanzdienstleistungen; Dienstleistungen und Netze der elektronischen Kommunikation (dazu Lorenz VuR 2010, 323); Gesundheitsdienstleistungen; audiovisuelle Dienste, auch im Kino- und Filmbereich; Glücksspiele, private Sicherheitsdienste, Tätigkeit von Notaren und Gerichtsvollziehern.

II. Räumlicher Anwendungsbereich (Herkunftslandprinzip)

1. Tätigkeit von Inländern im Ausland

Die DL-InfoV gilt außerdem nach § 1 II DL-InfoV für Dienstleistungen, die im Inland 4 niedergelassene Dienstleistungserbringer unter Inanspruchnahme der Dienstleistungsfreiheit (iSd Art. 56 AEUV) in einem anderen Mitgliedstaat oder einem anderen Vertragsstaat des Europäischen Wirtschaftsraums erbringen. Das entspricht Art. 30 I Dienstleistungs-RL.

2. Tätigkeit von Ausländern im Inland

Die DL-InfoV gilt nach § 1 III DL-InfoV nicht für Dienstleistungen, die in einem anderen 5 Mitgliedstaat oder in einem Vertragsstaat des Europäischen Wirtschaftsraums niedergelassene Dienstleistungserbringer unter Inanspruchnahme der Dienstleistungsfreiheit (iSd Art. 56 AEUV) im Inland erbringen.

III. Sprache der Informationserbringung

Die nach der DL-InfoV zur Verfügung zu stellenden Informationen sind nach § 1 IV 1 DL- 6 InfoV in **deutscher Sprache** zu erbringen. Dies gilt nach § 1 IV 2 DL-InfoV nicht, wenn in Deutschland niedergelassene Dienstleistungserbringer im Ausland (iSd § 1 II DL-InfoV) tätig werden. Da die DL-InfoV für die Tätigkeit von EU/EWR-Ausländern im Inland nach § 1 III DL-InfoV nicht gilt, fehlt es an einer Regelung für diesen Personenkreis.

Stets zur Verfügung zu stellende Informationen

2 (1) **Unbeschadet weiter gehender Anforderungen aus anderen Rechtsvorschriften muss ein Dienstleistungserbringer einem Dienstleistungsempfänger vor Abschluss eines schriftlichen Vertrages oder, sofern kein schriftlicher Vertrag geschlossen wird, vor Erbringung der Dienstleistung folgende Informationen in klarer und verständlicher Form zur Verfügung stellen:**

1. **seinen Familien- und Vornamen, bei rechtsfähigen Personengesellschaften und juristischen Personen die Firma unter Angabe der Rechtsform,**
2. **die Anschrift seiner Niederlassung oder, sofern keine Niederlassung besteht, eine ladungsfähige Anschrift sowie weitere Angaben, die es dem Dienstleistungsempfänger ermöglichen, schnell und unmittelbar mit ihm in Kontakt zu treten, insbesondere eine Telefonnummer und eine E-Mail-Adresse oder Faxnummer,**
3. **falls er in ein solches eingetragen ist, das Handelsregister, Genossenschaftsregister, Gesellschaftsregister, Partnerschaftsregister oder Vereinsregister unter Angabe des Registergerichts und der Registernummer,**
4. **bei erlaubnispflichtigen Tätigkeiten Name und Anschrift der zuständigen Behörde oder der einheitlichen Stelle,**
5. **falls er eine Umsatzsteuer-Identifikationsnummer nach § 27a des Umsatzsteuergesetzes besitzt, die Nummer,**
6. **falls die Dienstleistung in Ausübung eines reglementierten Berufs im Sinne von Artikel 3 Absatz 1 Buchstabe a der Richtlinie 2005/36/EG des Europäischen Parlaments und des Rates vom 7. September 2005 über die Anerkennung von Berufsqualifikationen (ABl. L 255 vom 30.9.2005, S. 22) erbracht wird, die gesetzliche Berufsbezeichnung, den Staat, in dem sie verliehen wurde und, falls er einer**

Kammer, einem Berufsverband oder einer ähnlichen Einrichtung angehört, deren oder dessen Namen,

7. die von ihm gegebenenfalls verwendeten allgemeinen Geschäftsbedingungen,

8. von ihm gegebenenfalls verwendete Vertragsklauseln über das auf den Vertrag anwendbare Recht oder über den Gerichtsstand,

9. gegebenenfalls bestehende Garantien, die über die gesetzlichen Gewährleistungsrechte hinausgehen,

10. die wesentlichen Merkmale der Dienstleistung, soweit sich diese nicht bereits aus dem Zusammenhang ergeben,

11. falls eine Berufshaftpflichtversicherung besteht, Angaben zu dieser, insbesondere den Namen und die Anschrift des Versicherers und den räumlichen Geltungsbereich.

(2) Der Dienstleistungserbringer hat die in Absatz 1 genannten Informationen wahlweise

1. dem Dienstleistungsempfänger von sich aus mitzuteilen,

2. am Ort der Leistungserbringung oder des Vertragsschlusses so vorzuhalten, dass sie dem Dienstleistungsempfänger leicht zugänglich sind,

3. dem Dienstleistungsempfänger über eine von ihm angegebene Adresse elektronisch leicht zugänglich zu machen oder

4. in alle von ihm dem Dienstleistungsempfänger zur Verfügung gestellten ausführlichen Informationsunterlagen über die angebotene Dienstleistung aufzunehmen.

Übersicht

I. Allgemeines

1. Überblick

1 In § 2 DL-InfoV ist – von der Preisangabenpflicht nach § 4 I Nr. 1 DL-InfoV abgesehen – abschließend geregelt, welche Informationen ein Dienstleistungserbringer einem Dienstleistungsempfänger **stets** zur Verfügung zu stellen hat und auf welche Weise dies zu geschehen hat. Davon zu unterscheiden sind die Informationen, die er nur „auf Anfrage" mitzuteilen hat (§ 3 DL-InfoV).

2. Verhältnis zu sonstigen Informationspflichten

Nach § 2 I DL-InfoV besteht die Verpflichtung **„unbeschadet weiter gehender Anforde-**   2
rungen aus anderen Rechtsvorschriften". Sie ergänzt also lediglich andere, sich aus dem
Unionsrecht oder dem nationalen Recht ergebenden Informationsanforderungen (dazu
→ PAngV Vor § 1 Rn. 8 ff.), ohne sie zu verdrängen.

3. Zeitpunkt der Information

Die in § 2 I DL-InfoV aufgeführten Informationen sind **vor dem Abschluss eines schriftli-**   3
chen Vertrages, oder sofern kein schriftlicher Vertrag geschlossen wird, vor Erbrin-
gung der Dienstleistung zur Verfügung zu stellen. Das muss „rechtzeitig"
(arg. Art. 22 IV Dienstleistungs-RL sowie § 6 Nr. 1 DL-InfoV [„nicht rechtzeitig"]) geschehen,
also so zeitig, dass der Dienstleistungsempfänger sich noch entscheiden kann, ob er den schriftlichen Vertrag abschließt oder die Dienstleistung in Anspruch nimmt. Da es sich bei § 2 I DL-
InfoV um kein Schriftformerfordernis iSd § 126 BGB handelt, ist unter einem schriftlichen
Vertrag nur der Gegensatz zu einem mündlich oder konkludent geschlossenen Vertrag zu
verstehen. Es reicht also aus, dass der Inhalt des Vertrages in Textform (vgl. § 126b BGB) vorliegt
(zB bei Vertragsschluss mittels E-Mail). Bei einem (fern)mündlichen Vertragsschluss oder bei
einem Vertrag, der konkludent durch Erbringung der Dienstleistung zustande kommt (vgl. § 151
BGB), muss die Information jedenfalls vor Erbringung der Dienstleistung erfolgen. Nach dem
Wortlaut des § 2 I DL-InfoV könnte den Dienstleistungserbringer eine unbedingte Rechtspflicht
treffen, die betreffenden Informationen zur Verfügung zu stellen. Zweck der Informationspflicht
ist es jedoch nur, dem Dienstleistungsempfänger eine „informierte" Entscheidung darüber zu
ermöglichen, ob er von einem bestimmten Dienstleistungsanbieter eine bestimmte Dienstleistung in Anspruch nehmen möchte (OLG Hamm GRUR-RR 2013, 339 (340)). Andererseits
besteht für Dienstleistungserbringer, sofern nicht gesetzlich vorgesehen, kein Kontrahierungszwang. Daher ist die Bestimmung so zu verstehen, dass die Informationspflicht nur dann verletzt
ist, wenn tatsächlich ein schriftlicher Vertrag geschlossen oder die Dienstleistung erbracht wird,
ohne dass zuvor die erbetene Information mitgeteilt wurde.

4. Form der Information

Die Informationen sind **„in klarer und verständlicher Form"** nach Maßgabe des § 2 II   4
DL-InfoV zur Verfügung zu stellen. Dabei ist auf die Sichtweise des **durchschnittlich infor-**
mierten, situationsadäquat aufmerksamen und verständigen Dienstleistungsempfän-
gers abzustellen.

II. Die einzelnen Informationsanforderungen

1. Angabe des Namens oder der Firma (Nr. 1)

Nach § 2 I Nr. 1 DL-InfoV muss der Dienstleistungserbringer „seinen Familien- und Vor-   5
namen, bei rechtsfähigen Personengesellschaften und juristischen Personen die Firma unter
Angabe der Rechtsform" angeben. Diese Bestimmung ist richtlinienkonform am Maßstab des
Art. 22 I lit. a Dienstleistungs-RL auszulegen. Danach müssen der Name des Dienstleistungserbringers, sein Rechtsstatus und seine Rechtsform angegeben werden. Das ist deshalb bedeutsam, weil § 2 I Nr. 1 DL-InfoV die Dienstleistungs-RL in diesem Punkt nicht ganz korrekt
umsetzt. Zweck der Angabe ist es, dem Dienstleistungsempfänger die Identifizierung des Dienstleistungserbringers zu ermöglichen, um Klarheit zu erlangen, wer sein (künftiger) Vertragspartner
ist.

Bei **natürlichen Personen** sind der Familienname und der Vorname anzugeben. Bei mehre-   6
ren Vornamen genügt die Angabe eines Vornamens; allerdings muss er ausgeschrieben werden,
Abkürzungen genügen also nicht. Soweit natürliche Personen Kaufmannseigenschaft (§ 1 HGB)
besitzen, müssen sie eine Firma bilden (§ 29 HGB), unter der sie ihre Geschäfte betreiben und
klagen und verklagt werden können (§ 17 HGB). Daher müssen sie in richtlinienkonformer
Auslegung zusätzlich zu ihrem bürgerlichen Namen ihre Firma unter Einschluss der Rechtsform
(zB „e. K."; vgl. § 19 I HGB) angeben (vgl. auch Art. 7 IV lit. b UGP-RL, der die Angabe des
„Handelsnamens", also der Firma, verlangt). Das ist auch sachgerecht. Denn nach § 37a I HGB
muss der Kaufmann ohnehin auf allen Geschäftsbriefen, die an einen bestimmten Empfänger
gerichtet sind, die Firma usw angeben.

7   Bei **rechtsfähigen Personengesellschaften** (vgl. § 14 II BGB) und **juristischen Personen** besteht die Pflicht zur Angabe der Firma und der Rechtsform nach Maßgabe der dafür geltenden Vorschriften (zB §§ 4, 5a I GmbHG). Allerdings dürfen und müssen nur Kaufleute eine Firma führen (§ 17 HGB), also zB nicht BGB-Gesellschaften, Partnerschaftsgesellschaften oder eingetragene Vereine. Diese müssen ihren Namen unter Hinzufügung der Rechtsform angeben. Abkürzungen sind zulässig, soweit keine zwingenden Vorschriften entgegenstehen und sie üblich und allgemein verständlich sind, wie etwa beim eingetragenen Verein der Zusatz „e. V." oder bei der Gesellschaft bürgerlichen Rechts der Zusatz „GbR". Auf ausländische Gesellschaften, die im Inland tätig werden, ist die DL-InfoV von vornherein nicht anwendbar (§ 1 III DL-InfoV), so dass sich das Problem der Rechtsformangabe nicht stellt.

2. Angabe der Anschrift und der Kontaktdaten (Nr. 2)

8   Nach § 2 I Nr. 2 DL-InfoV muss der Dienstleistungserbringer die Anschrift seiner Niederlassung oder, sofern keine Niederlassung besteht, eine ladungsfähige Anschrift sowie weitere Angaben, die es dem Dienstleistungsempfänger ermöglichen, schnell und unmittelbar mit ihm in Kontakt zu treten, insbes. eine Telefonnummer und eine E-Mail-Adresse oder Faxnummer, zur Verfügung stellen. Damit wird – überschießend – Art. 22 I lit. b Dienstleistungs-RL umgesetzt. Dementsprechend kommt der richtlinienkonformen Auslegung bes. Bedeutung zu. Soweit die Anforderungen des § 2 I Nr. 2 DL-InfoV über die der Dienstleistungs-RL hinausgehen, ist dies nach Art. 22 V Dienstleistungs-RL allerdings zulässig.

9   Zum Begriff der **Niederlassung** vgl. § 4 III GewO, der Art. 4 Nr. 5 Dienstleistungs-RL umsetzt. Danach besteht eine Niederlassung, wenn eine selbstständige gewerbsmäßige Tätigkeit auf unbestimmte Zeit und mittels einer festen Einrichtung von dieser aus tatsächlich ausgeübt wird. Unter **„Anschrift"** und **„ladungsfähiger Anschrift"** ist die **geografische Anschrift** zu verstehen. Dazu gehört die Angabe des Orts mit Postleitzahl, der Straße und der Hausnummer, ferner des Landes, wenn die Niederlassung im Ausland besteht. Nicht ausreichend ist daher zB die bloße Angabe eines Postfachs. Verfügt der Dienstleistungserbringer über mehrere Niederlassungen oder ladungsfähige Anschriften, hat er die Wahl, ob er eine oder mehrere angibt. Besitzt er keine ladungsfähige Anschrift (wie zB bei Personen ohne festen Wohnsitz), kann er seine Dienstleistung nicht anbieten, ohne gegen die Vorschrift zu verstoßen. Gibt er eine **falsche** oder nicht existierende Anschrift an, so kann dies eine irreführende Angabe über den Unternehmer iSd § 5 I 2 Nr. 3 UWG sein.

10   Zu den Angaben, die dem Dienstleistungsempfänger eine schnelle und unmittelbare Kontaktaufnahme ermöglichen sollen, gehören **„insbesondere eine Telefonnummer und eine E-Mail-Adresse oder Faxnummer"**. Das setzt voraus, dass der Dienstleistungserbringer über derartige Einrichtungen verfügt. Daher muss er sie sich verschaffen, wenn er seine Dienstleistung ohne Rechtsverstoß anbieten will. Auch in diesem Punkt geht die DL-InfoV – in zulässiger Weise (Art. 22 V Dienstleistungs-RL) – über die Anforderungen der Dienstleistungs-RL hinaus. (Art. 27 I 1 Dienstleistungs-RL bezieht sich auf die Angabe von Kontaktdaten nach Erbringung der Dienstleistung.)

3. Angabe der Registrierung (Nr. 3)

11   Nach § 2 I Nr. 3 DL-InfoV muss der Dienstleistungserbringer, falls er in ein solches eingetragen ist, das Handelsregister, Genossenschaftsregister, Gesellschaftsregister, Partnerschaftsregister oder Vereinsregister unter Angabe des Registergerichts und der Registernummer angeben. Damit soll es dem Dienstleistungsempfänger ermöglicht werden, Auskünfte über den Dienstleistungserbringer einzuholen (zB über die Höhe des Stammkapitals einer GmbH).

4. Angabe der zuständigen Behörde bei erlaubnispflichtigen Tätigkeiten (Nr. 4)

12   Nach § 2 I Nr. 4 DL-InfoV muss der Dienstleistungserbringer bei erlaubnispflichtigen Tätigkeiten Name und Anschrift der **zuständigen Behörde** oder der **einheitlichen Stelle** angeben. Erlaubnispflichtig sind bspw. die in §§ 33a, 33c, 33d, 33i, 34, 34b, 34c GewO aufgeführten Tätigkeiten, ferner die Tätigkeiten in Ausübung eines reglementierten Berufs (zB Rechtsanwalt). Welche Behörde zuständig ist, bestimmt sich nach Landesrecht. Zur „einheitlichen Stelle" vgl. § 6b GewO.

5. Angabe der Umsatzsteuer–Identifikationsnummer (Nr. 5)

Nach § 2 I Nr. 5 DL-InfoV muss der Dienstleistungserbringer, falls er eine Umsatzsteuer- **13** Identifikationsnummer nach § 27a UStG besitzt, die Nummer angeben.

6. Angaben bei Ausübung eines reglementierten Berufs (Nr. 6)

Nach § 2 I Nr. 6 DL-InfoV muss der Dienstleistungserbringer, falls er die Dienstleistung in **14** Ausübung eines reglementierten Berufs (dazu → PAngV Vor § 1 Rn. 7) erbringt, die gesetzliche Berufsbezeichnung (zB Rechtsanwalt), den Staat, in dem sie verliehen wurde, und, falls er einer Kammer, einem Berufsverband oder einer ähnlichen Einrichtung angehört, deren oder dessen Namen angeben.

7. Angaben über verwendete AGB (Nr. 7)

Nach § 2 I Nr. 7 DL-InfoV muss der Dienstleistungserbringer die von ihm gegebenenfalls **15** verwendeten Allgemeinen Geschäftsbedingungen angeben. Dies gilt auch im Verhältnis zu Unternehmen. Darauf, ob diese Klauseln zivilrechtlich wirksam sind, kommt es nicht an.

8. Angaben über Rechtswahl- und Gerichtsstandsklauseln (Nr. 8)

Nach § 2 I Nr. 8 DL-InfoV muss der Dienstleistungserbringer die gegebenenfalls von ihm **16** verwendeten Klauseln über das auf den Vertrag anwendbare Recht oder über den Gerichtsstand angeben. Darauf, ob diese Klauseln zivilrechtlich wirksam sind, kommt es nicht an. Soweit diese Informationen bereits – wie zumeist – in den verwendeten AGB enthalten sind, ist eine zusätzliche gesonderte Angabe nicht erforderlich (aA Lorenz VuR 2010, 323 (326)).

9. Angaben über Garantien (Nr. 9)

Nach § 2 I Nr. 9 DL-InfoV muss der Dienstleistungserbringer gegebenenfalls bestehende **17** Garantien, die über die gesetzlichen Gewährleistungsrechte hinausgehen, angeben. Damit wird Art. 22 I lit. h Dienstleistungs-RL, allerdings nicht ganz korrekt, umgesetzt. Denn die Richtlinie spricht nur von einer „gesetzlich nicht vorgeschriebenen nachvertraglichen Garantie". Das ist im Wege der richtlinienkonformen Auslegung zu berücksichtigen. Es kommt also nicht darauf an, ob bei dem abzuschließenden Vertrag gesetzliche Gewährleistungsansprüche bestehen (wie zB bei Miet-, Werk- und Reiseverträgen nach den §§ 536 ff., 634 ff., 651c ff. BGB) oder nicht (wie zB beim Dienstvertrag). Als Garantie kommt daher bspw. auch eine Geld-zurück-Garantie eines Repetitors beim Nichtbestehen einer Prüfung in Betracht.

10. Angaben über wesentliche Merkmale der Dienstleistung (Nr. 10)

Nach § 2 I Nr. 10 DL-InfoV muss der Dienstleistungserbringer die wesentlichen Merkmale **18** der Dienstleistung, soweit sich diese nicht bereits aus dem Zusammenhang ergeben, angeben. Das entspricht der Informationspflicht bei Fernabsatzverträgen aus Art. 246 § 1 Nr. 4 EGBGB. **Wesentlich** sind solche Merkmale, die für die Entscheidung des Dienstleistungsempfängers, einen Vertrag abzuschließen, von besonderer Bedeutung und deren Angabe dem Dienstleistungserbringer zumutbar ist (vgl. auch Art. 7 I, IV lit. a UGP-RL und § 5a II, III Nr. 1 UWG und dazu → PAngV Vor § 1 Rn. 9). „Aus dem Zusammenhang" ergeben sich solche Merkmale, wenn es sich um typische oder übliche Dienstleistungen handelt, über deren Inhalt kein Zweifel besteht. Insoweit genügt die Angabe der Berufsbezeichnung (zB Schneider, Rechtsanwalt, Kfz-Werkstätte).

11. Angaben über Berufshaftpflichtversicherung (Nr. 11)

Nach § 2 I Nr. 11 DL-InfoV muss der Dienstleistungserbringer, falls eine Berufshaftpflicht **19** besteht, Angaben zu dieser, insbes. zu dem Namen und der Anschrift des Versicherers, und ihren räumlichen Geltungsbereich, machen. Zu Letzterem sind im Zweifel alle Regelungen des Versicherungsvertrags anzugeben, die zu einer räumlichen Einschränkung des Versicherungsschutzes führen können (OLG Hamm GRUR-RR 2013, 339 (340)). Dagegen besteht keine Verpflichtung zur Angabe der Höhe der abgeschlossenen Versicherung (Glückert GewArch 2010, 195 (196); str., vgl. Lohbeck K&R 2010, 463 (465) mwN). Darauf, ob die Versicherung gesetzlich vorgeschrieben ist oder freiwillig abgeschlossen wurde, kommt es nicht an.

III. Möglichkeiten der Informationserbringung

1. Allgemeines

20   Nach § 2 II DL-InfoV hat der Dienstleistungserbringer die Wahl zwischen vier Möglichkeiten, die in Abs. 1 genannten Informationen dem Dienstleistungsempfänger zur Verfügung zu
stellen. Es bleibt ihm unbenommen, mehrere dieser Möglichkeiten gleichzeitig zu nutzen.
Allerdings muss er sicherstellen, dass bei jeder der gewählten Möglichkeiten **alle** erforderlichen
Informationen zur Verfügung gestellt werden. Es geht also nicht an, für die einzelnen Informationen unterschiedliche Wege der Übermittlung zu benutzen (so wohl auch OLG Hamm
GRUR-RR 2013, 339 (340); aA Dahns NJW-Spezial 2010, 318 (319)).

2. Mitteilung an den Dienstleistungsempfänger

21   Nach § 2 II Nr. 1 DL-InfoV kann der Dienstleistungserbringer die Informationen dem
Dienstleistungsempfänger von sich aus mitteilen. Zum Begriff des Mitteilens vgl. → § 3 Rn. 1.
Die Mitteilung kann insbes. im Zusammenhang mit einem Vertragsangebot erfolgen.

3. Vorhaltung am Ort der Leistungserbringung oder des Vertragsschlusses

22   Nach § 2 II Nr. 2 DL-InfoV kann der Dienstleistungserbringer die Informationen am Ort der
Leistungserbringung oder des Vertragsschlusses vorhalten, es muss dies aber so geschehen, dass sie
dem Dienstleistungsempfänger leicht zugänglich sind. Dazu gehört bspw. ein Aushang in der
Werkstätte oder im Geschäftslokal, der allerdings leicht zu sehen sein muss.

4. Zugang über eine Internet-Adresse

23   Nach § 2 II Nr. 3 DL-InfoV kann der Dienstleistungserbringer die Informationen über eine
von ihm angegebene Adresse elektronisch leicht zugänglich machen. Die gebräuchlichste Form
ist die Angabe einer Internet-Adresse.

5. Aufnahme in ausführliche Informationsunterlagen

24   Nach § 2 II Nr. 4 DL-InfoV kann der Dienstleistungserbringer die Informationen in alle von
ihm dem Dienstleistungsempfänger zur Verfügung gestellten ausführlichen Informationsunterlagen über die angebotene Dienstleistung aufnehmen. Dazu gehören gedruckte Prospekte, Kanz-
leibroschüren, Flyer, aber auch Dokumente, die über eine Internet-Adresse erschließbar sind
(vgl. ErwGr. 96 Dienstleistungs-RL).

Auf Anfrage zur Verfügung zu stellende Informationen

3 **(1) Unbeschadet weiter gehender Anforderungen aus anderen Rechtsvorschriften
muss der Dienstleistungserbringer dem Dienstleistungsempfänger auf Anfrage folgende Informationen vor Abschluss eines schriftlichen Vertrages oder, sofern kein
schriftlicher Vertrag geschlossen wird, vor Erbringung der Dienstleistung in klarer
und verständlicher Form zur Verfügung stellen:**

1. **falls die Dienstleistung in Ausübung eines reglementierten Berufs im Sinne von
Artikel 3 Absatz 1 Buchstabe a der Richtlinie 2005/36/EG des Europäischen Parlaments und des Rates vom 7. September 2005 über die Anerkennung von Berufsqualifikationen (ABl. L 255 vom 30.9.2005, S. 22) erbracht wird, eine Verweisung
auf die berufsrechtlichen Regelungen und dazu, wie diese zugänglich sind,**
2. **Angaben zu den vom Dienstleistungserbringer ausgeübten multidisziplinären Tätigkeiten und den mit anderen Personen bestehenden beruflichen Gemeinschaften,
die in direkter Verbindung zu der Dienstleistung stehen und, soweit erforderlich, zu
den Maßnahmen, die er ergriffen hat, um Interessenkonflikte zu vermeiden,**
3. **die Verhaltenskodizes, denen er sich unterworfen hat, die Adresse, unter der diese
elektronisch abgerufen werden können, und die Sprachen, in der diese vorliegen,
und**
4. **falls er sich einem Verhaltenskodex unterworfen hat oder einer Vereinigung angehört, der oder die ein außergerichtliches Streitschlichtungsverfahren vorsieht, An-**

gaben zu diesem, insbesondere zum Zugang zum Verfahren und zu näheren Informationen über seine Voraussetzungen.

(2) Der Dienstleistungserbringer stellt sicher, dass die in Absatz 1 Nummer 2, 3 und 4 genannten Informationen in allen ausführlichen Informationsunterlagen über die Dienstleistung enthalten sind.

Übersicht

I. Allgemeines

1. Abgrenzung von Grund- und Zusatzinformationen

Von den Informationen, die der Dienstleistungserbringer nach § 2 DL-InfoV **stets** zur Ver- **1** fügung zu stellen hat („Grundinformationen"), zu unterscheiden sind die Informationen, die der Dienstleistungserbringer nach § 3 I DL-InfoV nur **auf Anfrage** zu erbringen hat („Zusatzinformationen"; Art. 22 III Dienstleistungs-RL). Bei letzteren ist davon auszugehen, dass sie nur bei einem konkreten Informationsbedürfnis des Dienstleistungsempfängers mitzuteilen sind. Nach dem Wortlaut des § 3 I DL-InfoV sind diese Informationen zwar nur **„zur Verfügung (zu) stellen"**; in richtlinienkonformer Auslegung (Art. 22 III Dienstleistungs-RL) der Bestimmung müssen sie aber **„mitgeteilt"** werden. Sie müssen also an den anfragenden Dienstleistungsempfänger – etwa auf dem Postweg, durch Boten, per Fax oder per E-Mail – übermittelt werden. Die Anfrage muss maW beantwortet werden. § 3 DL-InfoV wird, soweit es Preisangaben betrifft, ergänzt durch § 4 I Nr. 2 DL-InfoV.

2. Verhältnis zu sonstigen Informationspflichten

Nach § 3 I DL-InfoV besteht diese Verpflichtung **„unbeschadet weiter gehender Anfor-** **2** **derungen aus anderen Rechtsvorschriften".** Sie ergänzt also lediglich andere, sich aus dem Unionsrecht oder dem nationalen Recht ergebende Informationsanforderungen (dazu → PAngV Vor § 1 Rn. 8 ff.), ohne sie zu verdrängen.

3. Erfordernis der „Anfrage"

Unter **„Anfrage"** ist jede Äußerung eines Dienstleistungsempfängers zu verstehen, aus der **3** ein durchschnittlicher Dienstleistungserbringer entnehmen kann, dass der Dienstleistungsempfänger bestimmte Informationen zu erhalten wünscht. Das setzt eine entsprechende Konkretisierung des Wunsches voraus. Allgemein gehaltene Anfragen derart, ob es noch zusätzliche Informationen gebe, die von Interesse sein könnten, reichen nicht aus.

4. Zeitpunkt der Mitteilung

Die in § 3 I DL-InfoV aufgeführten Informationen sind **„vor Abschluss eines schriftlichen** **4** **Vertrages oder, sofern kein schriftlicher Vertrag geschlossen wird, vor Erbringung der**

Dienstleistung" zur Verfügung zu stellen, in richtlinienkonformer Auslegung (→ Rn. 1) **mit-zuteilen**. Dazu gilt das zu → § 2 Rn. 1 Gesagte entsprechend.

5. Form der Mitteilung

5   Aus § 3 I DL-InfoV ergibt sich nicht, in welcher Form (mündlich, brieflich, Fax, E-Mail usw) die Informationen zu erteilen sind. Die Informationen müssen lediglich „in klarer und ver-ständlicher Form" zur Verfügung gestellt werden. Maßstab dafür ist der durchschnittlich infor-mierte, aufmerksame und verständige Dienstleistungsempfänger. Allerdings wird idR nur eine Information in **speicherbarer** Form in Betracht kommen, damit der Dienstleistungsempfänger nicht auf sein Gedächtnis angewiesen ist.

6. Pflicht zur Mitteilung?

6   Nach dem Wortlaut des § 3 I DL-InfoV könnte den Dienstleistungserbringer eine unbedingte Rechtspflicht zur Beantwortung der Anfrage treffen. Zweck der Informationspflicht ist es jedoch nur, dem Dienstleistungsempfänger eine „informierte" Entscheidung darüber zu ermöglichen, ob er von einem bestimmten Dienstleistungsanbieter eine bestimmte Dienstleistung in Anspruch nehmen möchte. Andererseits besteht für Dienstleistungserbringer, sofern nicht gesetzlich vor-gesehen, kein Kontrahierungszwang. Daher ist die Bestimmung so zu verstehen, dass die Informationspflicht nur dann verletzt ist, wenn tatsächlich ein schriftlicher Vertrag geschlossen oder die Dienstleistung erbracht wird, ohne dass zuvor die erbetene Information mitgeteilt wurde.

II. Liste der Zusatzinformationen

1. Verweisung auf berufsrechtliche Regelungen (§ 3 I Nr. 1 DL-InfoV)

7   Falls die Dienstleistung in Ausübung eines reglementierten Berufs erbracht wird, muss der Dienstleistungserbringer auf Anfrage eine Verweisung auf die entsprechenden berufsrechtlichen Regelungen, wie etwa bei Rechtsanwälten auf die BRAO und die BORA geben. Ferner muss er angeben, wie diese Regelungen zugänglich sind. Dafür wird idR ein Hinweis auf den Abruf dieser Regelungen im Internet ausreichen, bei Rechtsanwälten bspw. auf die Internetseiten der Bundesrechtsanwaltskammer, auf denen unter der Rubrik „Berufsrecht" alle einschlägigen Vor-schriften zu finden sind.

2. Angaben über multidisziplinäre Tätigkeiten und über Berufsgemeinschaften (§ 3 I Nr. 2 DL-InfoV)

8   **a) Angaben zu multidisziplinären Tätigkeiten.** Der Dienstleistungserbringer muss auf Anfrage Angaben über die von ihm ausgeübten multidisziplinären Tätigkeiten machen. Es sind dies Tätigkeiten in mehreren Berufen (vgl. dazu Art. 25 Dienstleistungs-RL). Soweit solche Mehrfachtätigkeiten erlaubt sind, müssen jedoch Interessenkonflikte zwischen diesen Tätigkeiten vermieden werden (vgl. Art. 25 II lit. a Dienstleistungs-RL). Dementsprechend ist der Dienst-leistungserbringer auch verpflichtet, „soweit erforderlich, zu den Maßnahmen, die er ergriffen hat, um Interessenkonflikte zu vermeiden", Angaben zu machen. Bei reglementierten Berufen ist regelmäßig gesetzlich geregelt, wie Interessenkonflikte zu vermeiden sind (vgl. zB § 47 BRAO).

9   **b) Angaben zu beruflichen Gemeinschaften mit anderen Personen.** Ferner muss der Dienstleistungserbringer auf Anfrage Angaben zu „den mit anderen Personen bestehenden beruflichen Gemeinschaften, die in direkter Verbindung zu der Dienstleistung stehen, und soweit erforderlich, zu den Maßnahmen, die er ergriffen hat, um Interessenkonflikte zu ver-meiden", machen. Bei reglementierten Berufen ist regelmäßig gesetzlich geregelt, wie Interes-senkonflikte zu vermeiden sind (vgl. zB § 47 BRAO). Dann ist darauf hinzuweisen. In sonstigen Fällen muss der Dienstleistungserbringer selbst entsprechende Maßnahmen ergreifen und darüber informieren (zB dass er Informationen, die ihm der Dienstleistungsempfänger mitteilt, vertraulich behandelt).

3. Angaben über Verhaltenskodizes (§ 3 I Nr. 3 DL-InfoV)

Der Dienstleistungserbringer muss nach § 3 I Nr. 3 DL-InfoV die Verhaltenskodizes (zum **10** Begriff vgl. die Definition in § 2 I Nr. 10 UWG), denen er sich unterworfen hat, die Adresse, unter der die diese elektronisch abgerufen werden können, also die Internet-Adresse, und die Sprachen, in der diese vorliegen, angeben. Hat er sich in Wahrheit nicht unterworfen, stellt die Angabe einen Verstoß gegen Nr. 1 Anh. zu § 3 III UWG dar.

4. Angaben über Streitschlichtungsverfahren (§ 3 I Nr. 4 DL-InfoV)

Falls der Dienstleistungserbringer sich einem Verhaltenskodex unterworfen hat oder einer **11** Vereinigung angehört, der oder die ein außergerichtliches Streitschlichtungsverfahren vorsieht, muss er nach § 3 I Nr. 4 DL-InfoV Angaben zu diesem, insbesondere zum Zugang zum Verfahren, und zu näheren Informationen über seine Voraussetzungen machen. Außergerichtliche Streitschlichtungsverfahren existieren insbes.: bei den **Kammern der freien Berufe,** bei Rechtsanwälten etwa das Schlichtungsverfahren der jeweiligen Rechtsanwaltskammer nach § 73 II Nr. 3 BRAO sowie die Schlichtungsstelle nach § 191f BRAO; bei den **Handwerks- kammern** und den **Industrie- und Handelskammern** für Streitigkeiten zwischen Dienstleistungsnehmern und Mitgliedern solcher Kammern, ferner etwa für das Kfz-Gewerbe. IdR genügen Verweisungen auf darauf bezogene Internet-Seiten.

III. Aufnahme der Zusatzinformationen in alle ausführlichen Informationsunterlagen

Nach § 3 II DL-Info muss der Dienstleistungserbringer sicherstellen, dass die in § 3 I Nr. 2, 3 **12** und 4 DL-InfoV genannten Informationen in allen ausführlichen Informationsunterlagen über die Dienstleistung enthalten sind. Die Regelung geht zwar über die Anforderungen aus Art. 22 III lit. c S. 2 Dienstleistungs-RL hinaus, ist aber durch Art. 22 V Dienstleistungs-RL gedeckt. Zum Begriff der „ausführlichen Informationsunterlagen" vgl. → § 2 Rn. 24.

Erforderliche Preisangaben

4 (1) **Der Dienstleistungserbringer muss dem Dienstleistungsempfänger vor Abschluss eines schriftlichen Vertrages oder, sofern kein schriftlicher Vertrag geschlossen wird, vor Erbringung der Dienstleistung, folgende Informationen in klarer und verständlicher Form zur Verfügung stellen:**

1. sofern er den Preis für die Dienstleistung im Vorhinein festgelegt hat, diesen Preis in der in § 2 Absatz 2 festgelegten Form,

2. sofern er den Preis der Dienstleistung nicht im Vorhinein festgelegt hat, auf Anfrage den Preis der Dienstleistung oder, wenn kein genauer Preis angegeben werden kann, entweder die näheren Einzelheiten der Berechnung, anhand derer der Dienstleistungsempfänger die Höhe des Preises leicht errechnen kann, oder einen Kostenvoranschlag.

(2) Absatz 1 findet keine Anwendung auf Dienstleistungsempfänger, die Verbraucher im Sinne des § 13 des Bürgerlichen Gesetzbuches sind.

I. Allgemeines

In § 4 DL-InfoV sind die Preisangabenpflichten geregelt. Die Vorschrift des § 4 I DL-InfoV **1** setzt Art. 22 I lit. i, II, III lit. a Dienstleistungs-RL um. Der Verordnungsgeber ist dabei allerdings von der Systematik und dem Regelungsgehalt der Dienstleistungs-RL abgewichen, so dass der richtlinienkonformen Auslegung bes. Bedeutung zukommt. So fehlt die in § 2 I und § 3 I DL-InfoV enthaltene Einschränkung „unbeschadet weiter gehender Anforderungen aus anderen Rechtsvorschriften". (Ein Beispiel dafür sind die Preisangabenpflichten im Reisevertragsrecht; § 4 BGB-InfoV). Der in § 4 II DL-InfoV vorgenommene Ausschluss der Anwendung des § 4 I DL-InfoV auf Dienstleistungsempfänger, die Verbraucher sind, ist dagegen durch die Mindestangleichungsklausel des Art. 22 V Dienstleistungs-RL gerechtfertigt (vgl. BGH WRP 2012, 1384 Rn. 10 – Preisverzeichnis bei Mietwagenangebot), da die PAngV 2021, in Kraft ab dem 28.5.2022, in den §§ 12, 13 III–V, 15 II PAngV nF strengere Vorschriften für Dienstleistungen enthält.

II. Preisangaben gegenüber Dienstleistungsempfängern, die keine Verbraucher sind

1. Stets zur Verfügung zu stellende Informationen

2   Hat der Dienstleistungserbringer den Preis für die Dienstleistung **im Vorhinein** festgelegt, so hat er nach § 4 I Nr. 1 DL-InfoV diesen Preis in der in § 2 II DL-InfoV festgelegten Form anzugeben (dazu → § 2 Rn. 3). Das ist von Bedeutung für standardisierte Dienstleistungen, die zu genau bestimmten Preisen angeboten werden (zB Dienstleistungen im Reinigungsgewerbe). Dass der Dienstleistungserbringer bereit ist, über den zuvor festgesetzten Preis zu verhandeln, ist unerheblich.

2. Auf Anfrage zur Verfügung zu stellende Information

3   Hat der Dienstleistungserbringer dagegen den Preis der Dienstleistung **nicht im Vorhinein** festgelegt, so hat er auf **Anfrage** den Preis der Dienstleistung oder, wenn kein genauer Preis angegeben werden kann, entweder die näheren Einzelheiten der Berechnung, anhand derer der Dienstleistungsempfänger die Höhe des Preises leicht errechnen kann, anzugeben oder einen Kostenvoranschlag (eigentlich: Kostenanschlag; vgl. § 649 BGB) zu machen. Unterbleibt eine Anfrage, besteht auch keine Preisinformationspflicht aus der DL-InfoV (möglicherweise aber nach anderen Vorschriften; vgl. §§ 5a I, 5b III Nr. 3 UWG; Art. 246 § 1 I Nr. 7 EGBGB).

3. Preis

4   Preis iSd § 4 I DL-InfoV ist der Gesamtpreis einschließlich der Mehrwertsteuer und sonstiger Preisbestandteile (aA Glückert GewArch 2010, 195 (196): Angabe des Nettopreises ausreichend). Nur so weiß der Dienstleistungsempfänger, welchen effektiven Preis er bezahlen muss. Damit werden auch Unklarheiten, ob und in welcher Höhe der Dienstleistungserbringer noch Mehrwertsteuer berechnen darf, vermieden. Dass der Dienstleistungserbringer die Mehrwertsteuer aus steuerlichen Gründen gesondert ausweisen muss, steht auf einem anderen Blatt. Soll die Dienstleistung für einen längeren Zeitraum erbracht werden, so genügt es nicht, den monatlichen Preis anzugeben, vielmehr ist der Gesamtpreis bezogen auf die Laufzeit des Vertrags, einschließlich der Mehrwertsteuer, anzugeben.

4. Einzelheiten der Preisberechnung

5   Einzelheiten der Preisberechnung, die es dem Dienstleistungsempfänger ermöglichen, den genauen Preis leicht zu errechnen, sind insbes. Tages-, Stunden- oder Verrechnungssätze, Kilometerpauschalen (vgl. auch die Regelung im Verhältnis zu Verbrauchern in § 12 I 2 und 3 PAngV).

5. Kostenvoranschlag

6   Unter Kostenvoranschlag (eigentlich: Kostenanschlag; § 649 BGB) ist die Angabe der voraussichtlichen Kosten der Dienstleistung zu verstehen. Zur bürgerlichrechtlichen Bedeutung vgl. § 649 BGB.

6. Klarheit und Verständlichkeit der Information

7   Die Informationen nach § 4 I sind „in klarer und verständlicher Form zur Verfügung zu stellen" (dazu OLG Düsseldorf WRP 2012, 731; LG Wiesbaden WRP 2020, 1232 Rn. 21; → § 2 Rn. 4). Maßstab hierfür ist die Sichtweise des normal informierten und angemessen aufmerksamen und verständigen durchschnittlichen Dienstleistungsempfängers.

III. Preisangaben gegenüber Verbrauchern

8   Nach § 4 II DL-InfoV, geändert durch Art. 2 PAngV 2021, in Kraft ab dem 28.5.2022, findet Abs. 1 keine Anwendung auf Dienstleistungsempfänger, die Verbraucher iSd § 13 BGB sind.

Verbot diskriminierender Bestimmungen

5 **¹Der Dienstleistungserbringer darf keine Bedingungen für den Zugang zu einer Dienstleistung bekannt machen, die auf der Staatsangehörigkeit oder dem Wohnsitz des Dienstleistungsempfängers beruhende diskriminierende Bestimmungen enthalten. ²Dies gilt nicht für Unterschiede bei den Zugangsbedingungen, die unmittelbar durch objektive Kriterien gerechtfertigt sind.**

Schrifttum: Hoffmann/Schneider, Preisdiskriminierung bei Dienstleistungsbuchungen im Internet, EuZW 2015, 47.

Zugangsbedingungen sind alle Regelungen, die allgemeine Voraussetzungen für den Zugang zu Dienstleistungen aufstellen. Sie können in AGB, in Satzungen oder in öffentlich-rechtlichen Benutzungsordnungen enthalten sein. **1**

Die Zugangsbedingungen dürfen nach S. 1 keine **diskriminierenden** Bestimmungen enthalten, die auf der **Staatsangehörigkeit** oder dem **Wohnsitz** des Dienstleistungsempfängers beruhen. Als diskriminierend iSv S. 1 ist nach ErwGr. 94 S. 1 Dienstleistungs-RL eine Verpflichtung anzusehen, wonach lediglich Staatsangehörige eines anderen Mitgliedstaats Originaldokumente, beglaubigte Kopien, Staatsangehörigkeitsausweise oder beglaubigte Übersetzungen von Unterlagen vorzulegen haben, um in den Genuss bestimmter Dienstleistungen, günstigerer Bedingungen oder Preisvorteile zu kommen. **2**

Ausgenommen sind nach S. 2 Unterschiede bei den Zugangsbedingungen, die **unmittelbar** durch **objektive Kriterien gerechtfertigt** sind. Dazu gehören nach ErwGr. 95 S. 2 Dienstleistungs-RL: entfernungsabhängige Zusatzkosten, technische Merkmale der Erbringung der Dienstleistung, unterschiedliche Marktbedingungen wie saisonbedingte stärkere oder geringere Nachfrage, unterschiedliche Ferienzeiten in den Mitgliedstaaten, unterschiedliche Preisgestaltung der Mitbewerber oder zusätzliche Risiken, die damit verbunden sind, dass sich die rechtlichen Rahmenbedingungen von denen des Niederlassungsmitgliedstaates unterscheiden. **3**

Ordnungswidrigkeiten

6 **Ordnungswidrig im Sinne des § 146 Absatz 2 Nummer 1 der Gewerbeordnung handelt, wer vorsätzlich oder fahrlässig**

1. **entgegen § 2 Absatz 1, § 3 Absatz 1 oder § 4 Absatz 1 eine Information nicht, nicht richtig, nicht vollständig, nicht in der vorgeschriebenen Weise oder nicht rechtzeitig zur Verfügung stellt,**
2. **entgegen § 3 Absatz 2 nicht sicherstellt, dass eine dort genannte Information in jeder ausführlichen Informationsunterlage enthalten ist, oder**
3. **entgegen § 5 Satz 1 Bedingungen bekannt macht.**

Schuldhafte Verletzungen der Informationspflichten aus § 2 I, § 3 I oder § 4 I DL-InfoV stellen Ordnungswidrigkeiten iSd § 146 II Nr. 1 GewO iVm § 6c GewO dar (nicht erfasst sind Verstöße gegen § 1 IV DL-InfoV). Die Begriffe **Vorsatz** und **Fahrlässigkeit** sind iSd Strafrechts (§ 15 StGB) zu verstehen. Für den Verstoß sind neben dem Täter alle Beteiligten (mittelbare Täter, Mittäter, Anstifter und Gehilfen) als **Täter** verantwortlich (§ 14 I OWiG). Zur Verantwortlichkeit von Organen vgl. § 9 OWiG. Die Vollzugsorgane werden nach § 155 II GewO von den Landesregierungen oder den von ihnen bestimmten Stellen benannt. **1**

Inkrafttreten

7 **Diese Verordnung tritt zwei Monate nach der Verkündung in Kraft.**

Die Verkündung ist im BGBl. 2010 I 267 am 17.3.2010 erfolgt. Dementsprechend ist die DL-InfoV am 17.5.2010 in Kraft getreten. **1**

Verordnung (EU) 2019/1150
des Europäischen Parlaments
und des Rates vom 20. Juni 2019 zur Förderung von Fairness und Transparenz für gewerbliche Nutzer von Online-Vermittlungsdiensten

(ABl. EU 2019 L 186, 57)

Art. 1 Gegenstand und Anwendungsbereich

(1) Mit dieser Verordnung soll zum reibungslosen Funktionieren des Binnenmarkts beigetragen werden, indem Vorschriften festgelegt werden, mit denen sichergestellt wird, dass für gewerbliche Nutzer von Online-Vermittlungsdiensten und Nutzer mit Unternehmenswebsite im Hinblick auf Suchmaschinen eine angemessene Transparenz, Fairness und wirksame Abhilfemöglichkeiten geschaffen werden.

(2) Diese Verordnung gilt für Online-Vermittlungsdienste und Online-Suchmaschinen, unabhängig vom Niederlassungsort oder Sitz der Anbieter dieser Dienste und unabhängig vom ansonsten anzuwendenden Recht, die gewerblichen Nutzern und Nutzern mit Unternehmenswebsite bereitgestellt bzw. zur Bereitstellung angeboten werden, die ihre Niederlassung oder ihren Wohnsitz in der Europäischen Union haben und die über diese Online-Vermittlungsdienste oder Online-Suchmaschinen Waren oder Dienstleistungen in der Europäischen Union befindlichen Verbrauchern anbieten.

(3) Diese Verordnung gilt nicht für Online-Zahlungsdienste, Online-Werbeinstrumente oder Online-Werbebörsen, die nicht bereitgestellt werden, um die Anbahnung direkter Transaktionen zu vermitteln, und bei denen kein Vertragsverhältnis mit Verbrauchern besteht.

(4) ¹Diese Verordnung gilt unbeschadet der Vorschriften der Mitgliedstaaten, durch die im Einklang mit dem Unionsrecht einseitige Handlungen oder unlautere Geschäftspraktiken verboten oder geahndet werden, soweit die relevanten Aspekte nicht durch diese Verordnung geregelt werden. ²Diese Verordnung berührt nicht das nationale Zivilrecht, insbesondere das Vertragsrecht, etwa die Bestimmungen über die Wirksamkeit, das Zustandekommen, die Wirkungen oder die Beendigung eines Vertrags, soweit die Vorschriften des nationalen Zivilrechts mit dem Unionsrecht in Einklang stehen und soweit die relevanten Aspekte nicht durch diese Verordnung geregelt werden.

(5) Diese Verordnung gilt unbeschadet der Rechtsvorschriften der Union, insbesondere jener für die Bereiche justizielle Zusammenarbeit in Zivilsachen, Wettbewerb, Datenschutz, Schutz von Geschäftsgeheimnissen, Verbraucherschutz, elektronischer Geschäftsverkehr und Finanzdienstleistungen.

Art. 2 Begriffsbestimmungen

Für die Zwecke dieser Verordnung bezeichnet der Ausdruck:

1. „gewerblicher Nutzer" jede im Rahmen einer geschäftlichen oder beruflichen Tätigkeit handelnde Privatperson oder jede juristische Person, die über Online-Vermittlungsdienste und für Zwecke im Zusammenhang mit ihrer gewerblichen, geschäftlichen, handwerklichen oder beruflichen Tätigkeit Verbrauchern Waren oder Dienstleistungen anbietet;

2. „Online-Vermittlungsdienste" Dienste, die alle nachstehenden Anforderungen erfüllen:
   a) Es handelt sich um Dienste der Informationsgesellschaft im Sinne des Artikels 1 Absatz 1 Buchstabe b der Richtlinie (EU) 2015/1535 des Europäischen Parlaments und des Rates.
   b) Sie ermöglichen es gewerblichen Nutzern, Verbrauchern Waren oder Dienstleistungen anzubieten, indem sie die Einleitung direkter Transaktionen zwischen diesen gewerblichen Nutzern und Verbrauchern vermitteln, unabhängig davon, wo diese Transaktionen letztlich abgeschlossen werden.
   c) Sie werden gewerblichen Nutzern auf der Grundlage eines Vertragsverhältnisses zwischen dem Anbieter dieser Dienste und den gewerblichen Nutzern, die den Verbrauchern Waren oder Dienstleistungen anbieten, bereitgestellt;

3. „Anbieter von Online-Vermittlungsdiensten" jede natürliche oder juristische Person, die gewerblichen Nutzern Online-Vermittlungsdienste bereitstellt oder zur Bereitstellung anbietet;

4. „Verbraucher" jede natürliche Person, die zu Zwecken handelt, die außerhalb der gewerblichen, geschäftlichen, handwerklichen oder beruflichen Tätigkeit dieser Person liegen;

5. „Online-Suchmaschine" einen digitalen Dienst, der es Nutzern ermöglicht, in Form eines Stichworts, einer Spracheingabe, einer Wortgruppe oder einer anderen Eingabe Anfragen einzugeben, um prinzipiell auf allen Websites oder auf allen Websites in einer bestimmten Sprache eine Suche zu einem beliebigen Thema vorzunehmen und Ergebnisse in einem beliebigen Format angezeigt zu bekommen, über die sie Informationen im Zusammenhang mit dem angeforderten Inhalt finden können;

6. „Anbieter von Online-Suchmaschinen" eine natürliche oder juristische Person, die Verbrauchern Online-Suchmaschinen bereitstellt oder zur Bereitstellung anbietet;

7. „Nutzer mit Unternehmenswebsite" eine natürliche oder juristische Person, die über eine Online-Schnittstelle, d. h. über eine Software (darunter Websites oder Teile davon und Anwendungen, einschließlich mobiler Anwendungen) und für Zwecke im Zusammenhang mit ihrer gewerblichen, geschäftlichen, handwerklichen oder beruflichen Tätigkeit Verbrauchern Waren oder Dienstleistungen anbietet;

8. „Ranking" die relative Hervorhebung von Waren und Dienstleistungen, die über Online-Vermittlungsdienste angeboten werden, oder die Relevanz, die Suchergebnissen von Online-Suchmaschinen zugemessen wird, wie von Anbietern von Online-Vermittlungsdiensten bzw. von Anbietern von Online-Suchmaschinen organisiert, dargestellt und kommuniziert, unabhängig von den für diese Darstellung, Organisation oder Kommunikation verwendeten technischen Mitteln;

9. „Kontrolle" das Eigentum an einem Unternehmen oder die Fähigkeit, bestimmenden Einfluss auf ein Unternehmen auszuüben, im Sinne von Artikel 3 Absatz 2 der Verordnung (EG) Nr. 139/2004 des Rates;

10. „allgemeine Geschäftsbedingungen" alle Bedingungen oder Bestimmungen, die unabhängig von ihrer Bezeichnung oder Form das Vertragsverhältnis zwischen dem Anbieter von Online-Vermittlungsdiensten und ihren gewerblichen Nutzern regeln und einseitig vom Anbieter der Online-Vermittlungsdienste festgelegt werden, wobei diese einseitige Festlegung auf der Grundlage einer Gesamtbewertung festgestellt wird, im Rahmen derer die relative Größe der betroffenen Parteien, die Tatsache, dass Verhandlungen stattgefunden haben, oder die Tatsache, dass einzelne Bestimmungen in diesen Bedingungen möglicherweise Gegenstand von Verhandlungen waren und gemeinsam von dem jeweiligen Anbieter und dem jeweiligen gewerblichen Nutzer festgelegt wurden, für sich genommen nicht entscheidend ist;

11. „Nebenwaren und -dienstleistungen" Waren und Dienstleistungen, die dem Verbraucher vor Abschluss der Transaktion, die mittels der Online-Vermittlungsdienste angebahnt wurde, zusätzlich und ergänzend zu der vom gewerblichen Nutzer über die Online-Vermittlungsdienste angebotenen Hauptware oder -dienstleistung angeboten werden;

12. „Mediation" ein strukturiertes Verfahren im Sinne des Artikels 3 Buchstabe a der Richtlinie 2008/52/EG;

13. „dauerhafter Datenträger" jedes Medium, das es gewerblichen Nutzern gestattet, an sie persönlich gerichtete Informationen so zu speichern, dass sie sie in der Folge für eine den Zwecken der Informationen angemessene Dauer abrufen und einsehen können, und das die unveränderte Wiedergabe der gespeicherten Informationen ermöglicht.

Art. 3 Allgemeine Geschäftsbedingungen

(1) Anbieter von Online-Vermittlungsdiensten stellen sicher, dass ihre allgemeinen Geschäftsbedingungen

a) klar und verständlich formuliert sind;

b) für gewerbliche Nutzer zu jedem Zeitpunkt ihrer Geschäftsbeziehung mit dem Anbieter von Online-Vermittlungsdiensten, auch während der Phase vor Vertragsabschluss, leicht verfügbar sind;

c) die Gründe benennen, bei deren Vorliegen entschieden werden kann, die Bereitstellung ihrer Online-Vermittlungsdienste für gewerbliche Nutzer vollständig oder teilweise auszusetzen oder zu beenden oder sie in irgendeiner anderen Art einzuschränken;

d) Informationen über zusätzliche Vertriebskanäle oder etwaige Partnerprogramme enthalten, über die der Anbieter von Online-Vermittlungsdiensten die vom gewerblichen Nutzer angebotenen Waren und Dienstleistungen vermarkten könnte;

e) allgemeine Informationen zu den Auswirkungen der allgemeinen Geschäftsbedingungen auf die Inhaberschaft und die Kontrolle von Rechten des geistigen Eigentums gewerblicher Nutzer enthalten.

(2) [1] Anbieter von Online-Vermittlungsdiensten unterrichten die betroffenen gewerblichen Nutzer auf einem dauerhaften Datenträger über jegliche vorgeschlagene Änderung ihrer allgemeinen Geschäftsbedingungen.

[2] [1] Die vorgeschlagenen Änderungen dürfen erst nach Ablauf einer im Hinblick auf Art und Umfang der geplanten Änderungen und deren Folgen für den betroffenen gewerblichen Nutzer angemessenen und verhältnismäßigen Frist umgesetzt werden. Diese Frist beträgt mindestens 15 Tage ab dem Zeitpunkt, an dem der Anbieter der Online-Vermittlungsdienste die betroffenen gewerblichen Nutzer über die vorgeschlagenen Änderungen unterrichtet hat. [2] Die Anbieter von Online-Vermittlungsdiensten müssen längere Fristen einräumen, wenn dies erforderlich ist, um es gewerblichen Nutzern zu ermöglichen, die aufgrund der Änderung notwendigen technischen oder geschäftlichen Anpassungen vorzunehmen.

[3] [1] Der betroffene gewerbliche Nutzer hat das Recht, den Vertrag mit dem Anbieter der Online-Vermittlungsdienste vor Ablauf der Frist zu kündigen. [2] Eine entsprechende Kündigung entfaltet innerhalb von 15 Tagen nach Eingang der Mitteilung gemäß Unterabsatz 1 Wirkung, sofern für den Vertrag keine kürzere Frist gilt.

[4] Die betroffenen gewerblichen Nutzer können nach Erhalt der Mitteilung nach Unterabsatz 1 jederzeit entweder durch eine schriftliche Erklärung oder eine eindeutige bestätigende Handlung auf die in Unterabsatz 2 genannte Frist verzichten.

[5] [1] Das Einstellen neuer Waren oder Dienstleistungen in den Online-Vermittlungsdiensten vor Ablauf der Frist ist als eindeutige bestätigende Handlung zu betrachten, durch die auf die Frist verzichtet wird, außer in den Fällen, in denen die angemessene und verhältnismäßige Frist mehr als 15 Tage beträgt, weil der gewerbliche Nutzer aufgrund der Änderungen der allgemeinen Geschäftsbedingungen erhebliche technische Anpassungen an seinen Waren oder Dienstleistungen vornehmen muss. [2] In diesen Fällen gilt das Einstellen neuer Waren und Dienstleistungen durch den gewerblichen Nutzer nicht automatisch als Verzicht auf die Frist.

(3) Allgemeine Geschäftsbedingungen oder darin enthaltene Einzelbestimmungen, die den Anforderungen des Absatzes 1 nicht genügen, sowie vom Anbieter von Online-Vermittlungsdiensten vorgenommene Änderungen der allgemeinen Geschäftsbedingungen, die den Bestimmungen von Absatz 2 zuwiderlaufen, sind nichtig.

(4) Die Frist nach Absatz 2 Unterabsatz 2 gilt nicht, wenn ein Anbieter von Online-Vermittlungsdiensten

a) aufgrund gesetzlicher oder behördlich angeordneter Verpflichtungen Änderungen der allgemeinen Geschäftsbedingungen in einer Art und Weise vornehmen muss, die es ihm nicht gestatten, die in Absatz 2 Unterabsatz 2 genannte Frist einzuhalten;

b) in Ausnahmefällen seine allgemeinen Geschäftsbedingungen zur Abwehr einer unvorhergesehenen und unmittelbar drohenden Gefahr ändern muss, um die Online-Vermittlungsdienste, Verbraucher oder gewerbliche Nutzer vor Betrug, Schadsoftware, Spam, Verletzungen des Datenschutzes oder anderen Cybersicherheitsrisiken zu schützen.

(5) Anbieter von Online-Vermittlungsdiensten stellen sicher, dass die Identität der gewerblichen Nutzer, die Waren und Dienstleistungen über die Online-Vermittlungsdienste anbieten, klar erkennbar ist.

Art. 4 Einschränkung, Aussetzung und Beendigung

(1) Beschließt ein Anbieter von Online-Vermittlungsdiensten, die Bereitstellung seiner Online-Vermittlungsdienste für einen bestimmten gewerblichen Nutzer in Bezug auf einzelne von diesem gewerblichen Nutzer angebotene Waren oder Dienstleistungen einzuschränken oder auszusetzen, so übermittelt er dem betroffenen gewerblichen Nutzer vor oder gleichzeitig mit dem Wirksamwerden der Aussetzung oder Einschränkung auf einem dauerhaften Datenträger eine Begründung dieser Entscheidung.

(2) Beschließt ein Anbieter von Online-Vermittlungsdiensten, die Bereitstellung seiner Online-Vermittlungsdienste für einen bestimmten gewerblichen Nutzer vollständig zu beenden, so

übermittelt er dem betroffenen gewerblichen Nutzer mindestens 30 Tage vor dem Wirksamwerden der Beendigung auf einem dauerhaften Datenträger eine Begründung dieser Entscheidung.

(3) ¹Im Falle einer Einschränkung, Aussetzung oder Beendigung bietet der Anbieter von Online-Vermittlungsdiensten dem gewerblichen Nutzer die Möglichkeit, die Tatsachen und Umstände im Rahmen des internen Beschwerdemanagementverfahrens gemäß Artikel 11 zu klären. ²Wird die Einschränkung, Aussetzung oder Beendigung durch den Anbieter von Online-Vermittlungsdiensten aufgehoben, setzt er den gewerblichen Nutzer umgehend wieder ein, wozu auch der Zugang zu personenbezogenen oder sonstigen Daten oder beidem gehört, die durch die Nutzung der einschlägigen Online-Vermittlungsdienste vor dem Wirksamwerden der Einschränkung, Aussetzung oder Beendigung generiert wurden.

(4) [1] Die Frist gemäß Absatz 2 gilt nicht, wenn ein Anbieter von Online-Vermittlungsdiensten

a) gesetzlichen oder behördlich angeordneten Verpflichtungen unterliegt, die eine vollständige Beendigung der Bereitstellung der Online-Vermittlungsdienste für einen bestimmten gewerblichen Nutzer erfordern und ihm dabei keine Einhaltung der Frist erlauben;

b) sein Recht auf Beendigung aufgrund eines zwingenden Grunds nach nationalem Recht, das im Einklang mit dem Unionsrecht steht, ausübt;

c) nachweisen kann, dass der betroffene gewerbliche Nutzer wiederholt gegen die geltenden allgemeinen Geschäftsbedingungen verstoßen hat, was zur vollständigen Beendigung der betreffenden Online-Vermittlungsdienste geführt hat.

[2] In den Fällen, in denen die in Absatz 2 genannte Frist nicht gilt, stellt der Anbieter von Online-Vermittlungsdiensten dem betroffenen gewerblichen Nutzer unverzüglich eine Begründung für seine Entscheidung auf einem dauerhaften Datenträger zur Verfügung.

(5) [1] In der in den Absätzen 1 und 2 und Absatz 4 Unterabsatz 2 genannten Begründung gibt der Anbieter der Online-Vermittlungsdienste die konkreten Tatsachen oder Umstände, einschließlich des Inhalts der Mitteilungen Dritter, die ihn zu seiner Entscheidung bewogen haben, und die für diese Entscheidung geltenden Gründe gemäß Artikel 3 Absatz 1 Buchstabe c an.

[2] Ein Anbieter von Online-Vermittlungsdiensten ist nicht verpflichtet, eine Begründung abzugeben, wenn er aufgrund gesetzlicher oder behördlich angeordneter Verpflichtungen die konkreten Tatsachen oder Umstände und den zutreffenden Grund bzw. die zutreffenden Gründe nicht offenlegen darf, oder wenn er nachweisen kann, dass der betroffene gewerbliche Nutzer wiederholt gegen die geltenden allgemeinen Geschäftsbedingungen verstoßen hat, was zur vollständigen Beendigung der betreffenden Online-Vermittlungsdienste geführt hat.

Art. 5 Ranking

(1) Anbieter von Online-Vermittlungsdiensten stellen in ihren allgemeinen Geschäftsbedingungen die das Ranking bestimmenden Hauptparameter und die Gründe für die relative Gewichtung dieser Hauptparameter gegenüber anderen Parametern dar.

(2) Die Anbieter von Online-Suchmaschinen stellen die Hauptparameter, die einzeln oder gemeinsam für die Festlegung des Rankings am wichtigsten sind, und die relative Gewichtung dieser Hauptparameter dar, indem sie in ihren Online-Suchmaschinen klar und verständlich formulierte Erläuterungen bereitstellen, die öffentlich und leicht verfügbar sind. Sie sorgen dafür, dass diese Beschreibungen stets aktuell sind.

(3) Enthalten die Hauptparameter die Möglichkeit, dass die gewerblichen Nutzer oder die Nutzer mit Unternehmenswebsite das Ranking beeinflussen können, indem sie dem jeweiligen Anbieter direkt oder indirekt ein Entgelt entrichten, so erläutert der Anbieter diese Möglichkeit und legt gemäß den in Absatz 1 und 2 genannten Anforderungen dar, wie sich derartige Entgelte auf das Ranking auswirken.

(4) Hat der Anbieter einer Online-Suchmaschine die Reihenfolge des Rankings in einem konkreten Fall geändert oder eine bestimmte Website infolge der Mitteilung eines Dritten ausgelistet, bietet der Anbieter dem Nutzer mit Unternehmenswebsite die Möglichkeit, den Inhalt der Mitteilung einzusehen.

(5) Die in den Absätzen 1, 2 und 3 genannten Erläuterungen müssen den gewerblichen Nutzern oder den Nutzern mit Unternehmenswebsite ein angemessenes Verständnis der Frage

ermöglichen, ob und gegebenenfalls wie und in welchem Umfang der Rankingmechanismus Folgendes berücksichtigt:

a) die Merkmale der Waren und Dienstleistungen, die Verbrauchern über Online-Vermittlungs- dienste oder Online-Suchmaschinen angeboten werden;

b) die Relevanz dieser Merkmale für diese Verbraucher;

c) im Falle von Online-Suchmaschinen die Gestaltungsmerkmale der Website, die von Nutzern mit Unternehmenswebsite verwendet werden.

(6) ¹Die Anbieter von Online-Vermittlungsdiensten und Anbieter von Online-Suchmaschi- nen sind zur Einhaltung der Anforderungen dieses Artikels nicht verpflichtet, Algorithmen oder Informationen offenzulegen, die mit hinreichender Sicherheit dazu führen würden, dass eine Täuschung oder Schädigung von Verbrauchern durch die Manipulation von Suchergebnissen möglich wird. ²Dieser Artikel gilt unbeschadet der Richtlinie (EU) 2016/943.

(7) Um die Anbieter von Online-Vermittlungsdiensten und die Anbieter von Online-Such- maschinen bei der Einhaltung der Anforderungen dieses Artikels zu unterstützen und um deren Durchsetzung zu erleichtern, begleitet die Kommission die in diesem Artikel festgelegten Trans- parenzanforderungen durch Leitlinien.

Art. 6 Nebenwaren und –dienstleistungen

Wenn Verbrauchern über die Online-Vermittlungsdienste entweder durch den Anbieter von Online-Vermittlungsdiensten oder durch Dritte Nebenwaren und -dienstleistungen, einschließ- lich Finanzprodukten, angeboten werden, nimmt der Anbieter von Online-Vermittlungsdiens- ten in seine allgemeinen Geschäftsbedingungen eine Beschreibung der Art der angebotenen Nebenwaren und -dienstleistungen und eine Angabe dazu auf, ob und unter welchen Bedingun- gen der gewerbliche Nutzer ebenfalls berechtigt ist, seine eigenen Nebenwaren und -dienst- leistungen über die Online-Vermittlungsdienste anzubieten.

Art. 7 Differenzierte Behandlung

(1) ¹Die Anbieter von Online-Vermittlungsdiensten erläutern in ihren allgemeinen Geschäfts- bedingungen jegliche etwaige differenzierte Behandlung von Waren und Dienstleistungen, die Verbrauchern über diese Online-Vermittlungsdienste einerseits entweder von diesem Anbieter selbst oder von gewerblichen Nutzern, die von diesem Anbieter kontrolliert werden, und andererseits von sonstigen gewerblichen Nutzern angeboten werden. ²Diese Erläuterung bezieht sich auf die wichtigsten wirtschaftlichen, geschäftlichen oder rechtlichen Erwägungen, die einer solchen differenzierten Behandlung zugrunde liegen.

(2) Die Anbieter von Online-Suchmaschinen erläutern jegliche etwaige differenzierte Behand- lung von Waren und Dienstleistungen, die Verbrauchern über diese Online-Suchmaschinen einerseits entweder von diesem Anbieter selbst oder von Nutzern mit Unternehmenswebsite, die von diesem Anbieter kontrolliert werden, und andererseits von sonstigen Nutzern mit Unter- nehmenswebsite angeboten werden.

(3) Die in den Absätzen 1 und 2 genannte Erläuterung umfasst gegebenenfalls insbesondere Angaben zu jeglicher differenzierten Behandlung durch konkrete Maßnahmen oder durch das Verhalten des Anbieters von Online-Vermittlungsdiensten oder des Anbieters von Online-Such- maschinen in Bezug auf Folgendes:

a) etwaiger Zugang des Anbieters oder der gewerblichen Nutzer, oder der Nutzer mit Unter- nehmenswebsite, die der Anbieter kontrolliert, zu personenbezogenen oder sonstigen Daten oder beidem, die gewerbliche Nutzer, Nutzer mit Unternehmenswebsite oder Verbraucher für die Nutzung der betreffenden Online-Vermittlungsdienste oder der betreffenden Online- Suchmaschinen zur Verfügung stellen oder die im Zuge der Bereitstellung dieser Dienste generiert werden;

b) Ranking oder andere Einstellungen, die der Anbieter anwendet und die den Zugang der Verbraucher zu Waren oder Dienstleistungen beeinflussen, die von anderen gewerblichen Nutzern über diese Online-Vermittlungsdienste oder von anderen Nutzern mit Unterneh- menswebsite über diese Online-Suchmaschinen angeboten werden;

c) etwaige direkte oder indirekte Entgelte für die Nutzung der betreffenden Online-Vermitt- lungsdienste oder Online-Suchmaschinen;

d) Zugang zu den Diensten, Funktionen oder technischen Schnittstellen, die für den gewerb- lichen Nutzer oder den Nutzer mit Unternehmenswebsite relevant sind und mit der Nutzung

der betreffenden Online-Vermittlungsdienste oder Online-Suchmaschinen unmittelbar im Zusammenhang stehen oder eine Ergänzung zu deren Nutzung sind, sowie die Bedingungen und die direkt oder indirekt erhobene Vergütung für die Nutzung dieser Dienste, Funktionen oder technischen Schnittstellen.

Art. 8 Besondere Vertragsbestimmungen

Um sicherzustellen, dass die Vertragsbeziehungen zwischen den Anbietern von Online-Vermittlungsdiensten und den gewerblichen Nutzern nach Treu und Glauben und auf der Grundlage des redlichen Geschäftsverkehrs gestaltet werden, sind die Anbieter von Online-Vermittlungsdiensten zu Folgendem verpflichtet:

a) Sie erlegen keine rückwirkenden Änderungen an den allgemeinen Geschäftsbedingungen auf, es sei denn, dies geschieht in Erfüllung einer gesetzlichen oder behördlich angeordneten Verpflichtung oder die rückwirkenden Änderungen sind für die gewerblichen Nutzer von Vorteil;

b) Sie sorgen dafür, dass ihre allgemeinen Geschäftsbedingungen Informationen über die Bedingungen enthalten, unter denen die gewerblichen Nutzer die Vertragsbeziehung mit dem Anbieter von Online-Vermittlungsdiensten beenden können; und

c) Sie nehmen in ihre allgemeinen Geschäftsbedingungen eine Beschreibung des vorhandenen oder nicht vorhandenen technischen und vertraglichen Zugangs zu den von dem gewerblichen Nutzer bereitgestellten oder generierten Informationen auf, den sie behalten, nachdem der Vertrag zwischen dem Anbieter von Online-Vermittlungsdiensten und dem gewerblichen Nutzer abgelaufen ist.

Art. 9 Datenzugang

(1) Die Anbieter von Online-Vermittlungsdiensten erläutern in ihren allgemeinen Geschäftsbedingungen den technischen und vertraglichen Zugang oder das Fehlen eines solchen Zugangs für gewerbliche Nutzer zu personenbezogenen oder sonstigen Daten oder beidem, die gewerbliche Nutzer oder Verbraucher für die Nutzung der betreffenden Online-Vermittlungsdienste zur Verfügung stellen oder die im Zuge der Bereitstellung dieser Dienste generiert werden.

(2) Mittels der in Absatz 1 genannten Erläuterung informieren die Anbieter von Online-Vermittlungsdiensten gewerbliche Nutzer angemessen insbesondere darüber,

a) ob der Anbieter der Online-Vermittlungsdienste Zugang zu personenbezogenen oder sonstigen Daten oder beidem hat, die gewerbliche Nutzer oder Verbraucher für die Nutzung dieser Dienste zur Verfügung stellen oder die im Zuge der Bereitstellung dieser Dienste generiert werden, sowie gegebenenfalls darüber, zu welchen Kategorien dieser Daten und zu welchen Bedingungen er Zugang hat;

b) ob ein gewerblicher Nutzer Zugang zu personenbezogenen oder sonstigen Daten oder beidem hat, die dieser gewerbliche Nutzer im Zusammenhang mit der Nutzung der betreffenden Online-Vermittlungsdienste durch den gewerblichen Nutzer zur Verfügung gestellt hat oder die im Zuge der Bereitstellung dieser Dienste für diesen gewerblichen Nutzer und die Verbraucher der Waren oder Dienstleistungen des gewerblichen Nutzers generiert wurden, sowie gegebenenfalls darüber, zu welchen Kategorien dieser Daten und zu welchen Bedingungen er Zugang hat;

c) zusätzlich zu Buchstabe b, ob ein gewerblicher Nutzer Zugang zu personenbezogenen Daten oder sonstigen Daten oder beidem, auch in aggregierter Form, hat, die im Zuge der allen gewerblichen Nutzern und Verbrauchern bereitgestellten Online-Vermittlungsdienste zur Verfügung gestellt oder generiert wurden, und gegebenenfalls darüber, zu welchen Kategorien dieser Daten und zu welchen Bedingungen er Zugang hat; und

d) ob die unter Buchstabe a genannten Daten Dritten zur Verfügung gestellt werden, einschließlich, wenn die Bereitstellung dieser Daten für Dritte für das ordnungsgemäße Funktionieren der Online-Vermittlungsdienste nicht erforderlich ist, Informationen zur Konkretisierung des Zwecks einer solchen Datenweitergabe sowie Möglichkeiten, die gewerblichen Nutzern für eine Ablehnung dieser Datenweitergabe offenstehen.

(3) Dieser Artikel lässt die Anwendung der Verordnung (EU) 2016/679, der Richtlinie (EU) 2016/680 und der Richtlinie 2002/58/EC unberührt.

Art. 10 Einschränkung der Möglichkeit, andere Bedingungen auf anderem Wege anzubieten

(1) [1]Schränken die Anbieter von Online-Vermittlungsdiensten bei der Bereitstellung ihrer Dienste gewerbliche Nutzer in ihrer Möglichkeit ein, Verbrauchern dieselben Waren und Dienstleistungen zu anderen Bedingungen auf anderem Wege als über ihre Dienste anzubieten, müssen sie in ihren allgemeinen Geschäftsbedingungen die Gründe für diese Einschränkung angeben und diese öffentlich leicht verfügbar machen. [2]Hierbei sind die wichtigsten wirtschaftlichen, geschäftlichen oder rechtlichen Gründe für die Einschränkungen anzugeben.

(2) Die in Absatz 1 genannte Verpflichtung berührt nicht etwaige Verbote oder Beschränkungen in Bezug auf die Auferlegung solcher Einschränkungen, die sich für Anbieter von Online-Vermittlungsdiensten aus der Anwendung anderer Unionsrechtsakte oder von nationalem Recht ergeben, das im Einklang mit dem Unionsrecht steht, denen der Anbieter von Online-Vermittlungsdiensten unterliegt.

Art. 11 Internes Beschwerdemanagementsystem

(1) [1] Die Anbieter von Online-Vermittlungsdiensten richten ein internes System für die Bearbeitung von Beschwerden gewerblicher Nutzer ein.

[2] [1]Dieses interne Beschwerdemanagementsystem muss für gewerbliche Nutzer leicht zugänglich und kostenfrei sein, und eine Bearbeitung innerhalb eines angemessenen Zeitrahmens muss sichergestellt sein. [2]Es muss auf den Grundsätzen der Transparenz, der Gleichbehandlung in gleichen Situationen und der Behandlung von Beschwerden in einer Art und Weise beruhen, die ihrer Bedeutung und ihrer Komplexität angemessen ist. [3]Es muss gewerblichen Nutzern die Möglichkeit bieten, Beschwerden in Bezug auf die folgenden Probleme direkt bei dem betreffenden Anbieter einzureichen:

a) die mutmaßliche Nichteinhaltung einer der in dieser Verordnung festgelegten Verpflichtungen durch den Anbieter, die sich auf den Beschwerde führenden gewerblichen Nutzer (im Folgenden „Beschwerdeführer") auswirkt;

b) technische Probleme, die in direktem Zusammenhang mit der Bereitstellung von Online-Vermittlungsdiensten stehen und die sich auf den Beschwerdeführer auswirken;

c) Maßnahmen oder Verhaltensweisen des Anbieters, die in direktem Zusammenhang mit der Bereitstellung der Online-Vermittlungsdienste stehen und die sich auf den Beschwerdeführer auswirken.

(2) Im Rahmen ihres internen Beschwerdemanagementsystems haben Anbieter von Online-Vermittlungsdiensten folgende Pflichten:

a) die sorgfältige Prüfung der eingereichten Beschwerden und die möglicherweise notwendige weitere Bearbeitung der Beschwerden, um eine angemessene Lösung für das Problem herbeizuführen;

b) die zügige und wirksame Bearbeitung von Beschwerden unter Berücksichtigung der Bedeutung und Komplexität des Problems;

c) die individuelle sowie klar und verständlich formulierte Unterrichtung des Beschwerdeführers über das Ergebnis des internen Beschwerdemanagementverfahrens.

(3) Die Anbieter von Online-Vermittlungsdiensten stellen in ihren allgemeinen Geschäftsbedingungen alle einschlägigen Informationen zur Verfügung, die sich auf den Zugang zu ihrem internen Beschwerdemanagementsystem und dessen Funktionsweise beziehen.

(4) [4] [1]Die Anbieter von Online-Vermittlungsdiensten erstellen Informationen zur Funktionsweise und Wirksamkeit ihres internen Beschwerdemanagementsystems und machen diese Informationen öffentlich leicht verfügbar. [2]Sie überprüfen die Informationen mindestens einmal jährlich und aktualisieren sie, wenn wesentliche Änderungen erforderlich sind.

[2] Hierbei sind die Anzahl der eingereichten Beschwerden, die wichtigsten Arten von Beschwerden, der durchschnittliche Zeitbedarf für die Bearbeitung der Beschwerden und aggregierte Informationen über das Ergebnis der Beschwerden anzugeben.

(5) Die Bestimmungen dieses Artikels gelten nicht für Anbieter von Online-Vermittlungsdiensten, bei denen es sich um kleine Unternehmen im Sinne des Anhangs zur Empfehlung 2003/361/EG der Kommission handelt.

Art. 12 Mediation

(1) [1] Die Anbieter von Online-Vermittlungsdiensten geben in ihren allgemeinen Geschäftsbedingungen zwei oder mehr Mediatoren an, mit denen sie bereit sind zusammenzuarbeiten, um mit gewerblichen Nutzern eine außergerichtliche Beilegung etwaiger Streitigkeiten zwischen dem Anbieter und dem gewerblichen Nutzer zu erzielen, die sich auf die Bereitstellung der betreffenden Online-Vermittlungsdienste, darunter auch auf Beschwerden beziehen, die nicht mit den in Artikel 11 genannten Mitteln des internen Beschwerdemanagementsystems gelöst werden können.

[2] Die Anbieter von Online-Vermittlungsdiensten können nur dann Mediatoren benennen, die ihre Mediationsdienste von einem Ort außerhalb der Europäischen Union erbringen, wenn sichergestellt ist, dass den betroffenen gewerblichen Nutzern effektiv kein im Unionsrecht oder dem Recht eines Mitgliedstaats festgelegter Rechtsschutz infolge der Tatsache vorenthalten wird, dass die Mediatoren ihre Mediationsdienste von außerhalb der Europäischen Union erbringen.

(2) Die in Absatz 1 genannten Mediatoren müssen folgende Bedingungen erfüllen:

a) Sie sind unparteiisch und unabhängig.

b) Ihre Mediationsdienste sind für gewerbliche Nutzer der betreffenden Online-Vermittlungsdienste erschwinglich.

c) Sie sind in der Lage, ihre Mediationsdienste in der Sprache der allgemeinen Geschäftsbedingungen zu erbringen, die das Vertragsverhältnis zwischen dem Anbieter der Online-Vermittlungsdienste und dem betroffenen gewerblichen Nutzer regeln.

d) Sie sind entweder physisch am Ort der Niederlassung oder am Wohnsitz des gewerblichen Nutzers oder mittels Kommunikationstechnik aus der Ferne leicht zu erreichen.

e) Sie können ihre Mediationsdienste unverzüglich erbringen.

f) Sie verfügen über ein ausreichendes Verständnis der allgemeinen Geschäftsbeziehungen zwischen Unternehmen, sodass sie wirksam zum Versuch der Streitbeilegung beitragen können.

(3) Ungeachtet des freiwilligen Charakters der Mediation beteiligen sich Anbieter von Online-Vermittlungsdiensten und gewerbliche Nutzer nach Treu und Glauben an allen Mediationsversuchen, die gemäß diesem Artikel unternommen werden.

(4) [1] Die Anbieter von Online-Vermittlungsdiensten tragen in jedem Einzelfall einen angemessenen Anteil an den Gesamtkosten der Mediation. [2] Der angemessene Anteil an den Gesamtkosten wird ausgehend von einem Vorschlag des Mediators unter Berücksichtigung aller einschlägigen Elemente des jeweiligen Falls, insbesondere der Stichhaltigkeit der Forderungen der Streitparteien, des Verhaltens der Parteien sowie der Größe und der Finanzstärke der Parteien im Verhältnis zueinander, bestimmt.

(5) Jeder Versuch, nach diesem Artikel eine Einigung über die Streitbeilegung durch Mediation herbeizuführen, berührt nicht das Recht der betreffenden Anbieter von Online-Vermittlungsdiensten und der betroffenen gewerblichen Nutzer, zu jedem Zeitpunkt vor, während oder nach der Mediation Klage vor Gericht zu erheben.

(6) Auf Ersuchen eines gewerblichen Nutzers müssen die Anbieter von Online-Vermittlungsdiensten vor oder während einer Mediation Informationen über das Funktionieren und die Wirksamkeit der Mediation im Zusammenhang mit ihren Tätigkeiten bereitstellen.

(7) Die in Absatz 1 genannte Verpflichtung gilt nicht für Anbieter von Online-Vermittlungsdiensten, bei denen es sich um kleine Unternehmen im Sinne des Anhangs zur Empfehlung 2003/361/EG handelt.

Art. 13 Spezialisierte Mediatoren

Die Kommission fordert in enger Zusammenarbeit mit den Mitgliedstaaten Anbieter von Online-Vermittlungsdiensten sowie Organisationen und Verbände, die diese vertreten, auf, einzeln oder gemeinsam eine oder mehrere Organisationen zu gründen, die Mediationsdienste anbieten und die in Artikel 12 Absatz 2 genannten Bedingungen erfüllen, um speziell die außergerichtliche Beilegung von Streitigkeiten mit gewerblichen Nutzern im Zusammenhang mit der Bereitstellung von Online-Vermittlungsdiensten und unter besonderer Berücksichtigung des grenzüberschreitenden Charakters dieser Dienste zu erleichtern.

Art. 14 Klageeinreichung vor Gericht durch repräsentative Organisationen oder Verbände und durch öffentliche Stellen

(1) Organisationen und Verbände, die ein berechtigtes Interesse an der Vertretung gewerblicher Nutzer oder von Nutzern mit Unternehmenswebsite haben, sowie in den Mitgliedstaaten eingerichtete öffentliche Stellen haben das Recht, zuständige nationale Gerichte in der Europäischen Union anzurufen, und zwar entsprechend den Rechtsvorschriften des Mitgliedstaats, in dem die Klage gegen einen Anbieter von Online-Vermittlungsdiensten oder von Online-Suchmaschinen wegen der Nichteinhaltung der einschlägigen, in dieser Verordnung festgelegten Bestimmungen mit dem Ziel eingereicht wird, diese Nichteinhaltung zu beenden oder zu untersagen.

(2) Die Kommission ermutigt die Mitgliedstaaten, bewährte Verfahren und Informationen mit anderen Mitgliedstaaten auf der Grundlage von Registern rechtswidriger Handlungen, die Gegenstand von Unterlassungsverfügungen seitens nationaler Gerichte waren, auszutauschen, sofern solche Register von den einschlägigen öffentlichen Stellen oder Behörden eingerichtet wurden.

(3) [1] Organisationen oder Verbände haben das in Absatz 1 genannte Recht nur dann, wenn sie alle folgenden Bedingungen erfüllen:

a) Sie sind nach dem Recht eines Mitgliedstaats ordnungsgemäß errichtet.

b) Sie verfolgen Ziele, die im kollektiven Interesse der Gruppe gewerblicher Nutzer oder der Nutzer mit Unternehmenswebsite sind, die sie dauerhaft vertreten.

c) Sie verfolgen keine Gewinnerzielungsabsicht.

d) Ihre Entscheidungsfindung wird nicht unangemessen durch Drittgeldgeber, insbesondere durch Anbieter von Online-Vermittlungsdiensten oder Online-Suchmaschinen, beeinflusst.

[2] Zu diesem Zweck veröffentlichen die Organisationen und Verbände alle Informationen darüber, wer ihre Mitglieder sind, und über ihre Finanzierungsquellen.

(4) In Mitgliedstaaten, in denen öffentliche Stellen eingerichtet wurden, sind diese berechtigt, das in Absatz 1 genannte Recht auszuüben, sofern sie nach dem Recht des betreffenden Mitgliedstaats damit beauftragt wurden, die kollektiven Interessen von gewerblichen Nutzern oder von Nutzern mit Unternehmenswebsite wahrzunehmen, oder dafür zu sorgen, dass die in dieser Verordnung festgelegten Bestimmungen eingehalten werden.

(5) ¹Die Mitgliedstaaten können

a) Organisationen oder Verbände mit Sitz in ihrem Mitgliedstaat, die mindestens die Anforderungen des Absatzes 3 erfüllen, auf deren Antrag sowie

b) öffentlichen Stellen mit Sitz in ihrem Mitgliedstaat, die die Anforderungen des Absatzes 4 erfüllen,

benennen, die das in Absatz 1 genannte Recht erhalten. ²Die Mitgliedstaaten teilen der Kommission Namen und Zweck aller solcher benannten Organisationen, Verbände oder öffentlichen Stellen mit.

(6) ¹Die Kommission erstellt ein Verzeichnis der gemäß Absatz 5 benannten Organisationen, Verbände und öffentlichen Stellen. ²Dieses Verzeichnis enthält den Zweck dieser Organisationen, Verbände und öffentlichen Stellen. ³Es wird im *Amtsblatt der Europäischen Union* veröffentlicht. ⁴Änderungen an diesem Verzeichnis werden umgehend veröffentlicht, und ein aktualisiertes Verzeichnis wird alle sechs Monate veröffentlicht.

(7) Die Gerichte akzeptieren die Liste nach Absatz 6 als Nachweis der Berechtigung der Organisation, des Verbands oder der öffentlichen Stelle zur Klageerhebung unbeschadet ihres Rechts zu prüfen, ob der Zweck des Klägers dessen Klageerhebung im Einzelfall rechtfertigt.

(8) Äußert ein Mitgliedstaat oder die Kommission Bedenken hinsichtlich der Erfüllung der in Absatz 3 genannten Kriterien durch eine Organisation oder einen Verband oder der in Absatz 4 genannten Kriterien durch eine öffentliche Stelle, so prüft der Mitgliedstaat, der die Organisation, den Verband oder die öffentliche Stelle nach Absatz 5 benannt hat, die Bedenken und widerruft gegebenenfalls die Benennung, wenn eines oder mehrere der Kriterien nicht erfüllt sind.

(9) Das in Absatz 1 genannte Recht gilt unbeschadet des Rechts gewerblicher Nutzer und der Nutzer mit Unternehmenswebsite, vor den zuständigen nationalen Gerichten und entsprechend dem Recht des Mitgliedstaats, in dem die Klage eingereicht wird, eine Klage zu erheben, die auf individuellen Rechten beruht und darauf abzielt, eine Nichteinhaltung der einschlägigen in

dieser Verordnung festgelegten Bestimmungen durch Anbieter von Online-Vermittlungsdiensten oder Anbieter von Online-Suchmaschinen zu unterbinden.

Art. 15 Durchsetzung

(1) Jeder Mitgliedstaat sorgt für eine angemessene und wirksame Durchsetzung dieser Verordnung.

(2) [1]Die Mitgliedstaaten erlassen Vorschriften über die Maßnahmen, die bei Verstößen gegen diese Verordnung anwendbar sind, und stellen deren Umsetzung sicher. [2]Die Maßnahmen müssen wirksam, verhältnismäßig und abschreckend sein.

Art. 16 Überwachung

[1]Die Kommission überwacht sorgfältig und in enger Zusammenarbeit mit den Mitgliedstaaten die Auswirkungen dieser Verordnung auf die Beziehungen zwischen Online-Vermittlungsdiensten und ihren gewerblichen Nutzern einerseits und Online-Suchmaschinen und Nutzern mit Unternehmenswebsite andererseits. [2]Zu diesem Zweck sammelt die Kommission, auch durch Durchführung einschlägiger Studien, relevante Informationen, mit deren Hilfe die Entwicklung dieser Beziehungen überwacht werden kann. [3]Die Mitgliedstaaten unterstützen die Kommission, indem sie auf Anfrage alle einschlägigen gesammelten Informationen, auch zu konkreten Fällen, übermitteln. [4]Die Kommission kann für die Zwecke dieses Artikels und des Artikels 18 Informationen von Anbietern von Online-Vermittlungsdiensten einholen.

Art. 17 Verhaltenskodex

(1) Die Kommission fordert die Anbieter von Online-Vermittlungsdiensten sowie Organisationen und Verbände, die diese vertreten, auf, zusammen mit gewerblichen Nutzern, einschließlich KMU, und ihren Vertretungsorganisationen Verhaltenskodizes auszuarbeiten, die die ordnungsgemäße Anwendung dieser Verordnung unterstützen und die den besonderen Merkmalen der verschiedenen Branchen, in denen Online-Vermittlungsdienste angeboten werden, sowie den besonderen Merkmalen von KMU Rechnung tragen.

(2) Die Kommission fordert die Anbieter von Online-Suchmaschinen sowie Organisationen und Verbände, die diese vertreten, auf, Verhaltenskodizes auszuarbeiten, die speziell darauf ausgerichtet sind, die ordnungsgemäße Anwendung von Artikel 5 zu unterstützen.

(3) Die Kommission fordert die Anbieter von Online-Vermittlungsdiensten auf, branchenspezifische Verhaltenskodizes anzunehmen und umzusetzen, wenn solche branchenspezifischen Verhaltenskodizes existieren und weit verbreitet sind.

Art. 18 Überprüfung

(1) Bis zum 13. Januar 2022 und danach alle drei Jahre wird die Kommission diese Verordnung evaluieren und dem Europäischen Parlament, dem Rat und dem Europäischen Wirtschafts- und Sozialausschuss einen Bericht vorlegen.

(2) [1] Bei der ersten Evaluierung dieser Verordnung wird vor allem auf Folgendes geachtet:

a) Bewertung der Einhaltung der in den Artikeln 3 bis 10 festgelegten Verpflichtungen und deren Auswirkungen auf die Online-Plattformwirtschaft;
b) Bewertung der Auswirkungen und der Wirksamkeit etwaiger erstellter Verhaltenskodizes bei der Verbesserung von Fairness und Transparenz;
c) weitere Untersuchung der Probleme, die durch die Abhängigkeit gewerblicher Nutzer von Online-Vermittlungsdiensten verursacht werden, und der Probleme, die durch unlautere Geschäftspraktiken von Anbietern von Online-Vermittlungsdiensten verursacht werden, und genauere Feststellung, in welchem Maß diese Praktiken weiterhin weit verbreitet sind;
d) Untersuchung der Frage, ob zwischen Waren und Dienstleistungen, die durch einen gewerblichen Nutzer angeboten werden, und Waren und Dienstleistungen, die von einem Anbieter von Online-Vermittlungsdiensten angeboten oder kontrolliert werden, ein lauterer Wettbewerb herrscht, und ob die Anbieter von Online-Vermittlungsdiensten diesbezüglich privilegierte Daten missbräuchlich nutzen;
e) Bewertung der Auswirkung dieser Verordnung auf etwaige Ungleichgewichte in den Beziehungen zwischen den Anbietern von Betriebssystemen und ihren gewerblichen Nutzern;

f) Bewertung der Frage, ob der Geltungsbereich der Verordnung, insbesondere hinsichtlich der Bestimmung des Begriffs „gewerblicher Nutzer", geeignet ist, Scheinselbstständigkeit keinen Vorschub zu leisten.

[2] ¹Durch die erste und die folgenden Evaluierungen wird ermittelt, ob zusätzliche Vorschriften, etwa zur Durchsetzung, möglicherweise notwendig sind, um für ein faires, vorhersehbares, tragfähiges und vertrauenswürdiges Online-Geschäftsumfeld im Binnenmarkt zu sorgen. ²Im Anschluss an die Evaluierungen ergreift die Kommission geeignete Maßnahmen, wozu auch Gesetzgebungsvorschläge gehören können.

(3) Die Mitgliedstaaten übermitteln der Kommission alle ihnen vorliegenden einschlägigen Informationen, die diese für die Ausarbeitung des in Absatz 1 genannten Berichts benötigt.

(4) Bei der Evaluierung dieser Verordnung berücksichtigt die Kommission unter anderem die Stellungnahmen und Berichte, die ihr von der Expertengruppe für die Beobachtungsstelle für die Online-Plattformwirtschaft vorgelegt werden. Außerdem berücksichtigt sie den Inhalt und die Funktionsweise der Verhaltenskodizes, die gegebenenfalls nach Artikel 17 erstellt wurden.

Art. 19 Inkrafttreten und Geltungsbeginn

(1) Diese Verordnung tritt am zwanzigsten Tag nach ihrer Veröffentlichung im *Amtsblatt der Europäischen Union* in Kraft.

(2) Sie gilt ab dem 12. Juli 2020.

Vorbemerkung (Vor Art. 1)

Übersicht

Schrifttum: *Alexander*, Transparenzanforderungen in der Plattformwirtschaft – Die Regelungsansätze der P2B-VO und des UWG, GRUR 2023, 14; *Alexander*, Kollektive und individuelle Rechtsdurchsetzung bei Zuwiderhandlungen gegen die VO (EU) 2019/1150, WRP 2021, 1375; *Alexander*, Geschäftsgeheimnisse und Ranking-Transparenz – Spannungsfeld zwischen dem Schutz von Geschäftsgeheimnissen und neuen Informationspflichten für die Anbieter von Online-Suchdiensten, MMR 2021, 690; *Alexander*, Anwendungsbereich, Regelungstechnik und einzelne Transparenzvorgaben der P2B-VO Verordnung, WRP 2020, 945; *Augenhofer/Schwarzkopf*, Bestpreisklauseln im Spannungsfeld europäischen Kartellrechts und mitgliedstaatlicher Lösungen, NZKart 2017, 446; *Busch*, P2B-VO, 2022; *Busch*, Mehr Fairness und Transparenz in der Plattformökonomie? Die neue P2B-Verordnung im Überblick, GRUR 2019, 788; *Busch/Dannemann/Schulte-Nölke/Wiewiórowska-Domagalska/Zoll*, The ELI Model Rules on Online Platforms, EuCML 2020; 61; *Dietrich*, Die situative Anwendung von Art. 17 Brüssel Ia-VO und Art. 6 Rom I-VO, 2020; *Eickemeier/Brodersen*, Die neue P2B-Verordnung für die Stärkung der Rechte gewerblicher Nutzer von Online-Vermittlungsdiensten und Suchmaschinen, K&R 2020, 397; *Härting*, Internetrecht, 6. Aufl. 2017; *Haucap*, Plattformökonomie und Wettbewerb, in: Kenning/Oehler/Reisch, Verbraucherwissenschaften, 2. Aufl. 2021; *Hoffer/Lehr*, Online-Plattformen und Big Data auf dem Prüfstand – Gemeinsame Betrachtung der Fälle Amazon, Google und Facebook, NZKart 2019, 10; *Höppner/Schulz*, Die EU-Verordnung 2019/1150 für Fairness und Transparenz von Online-Vermittlungsdiensten, ZIP 2019, 2329; Kastl, Algorithmen – Fluch oder Segen? Eine Analyse der Autocomplete-Funktion der Google-Suchmaschine, GRUR 2015, 136; Kohser/Jahn, Die P2B-Verordnung – Neue Pflichten für Plattformbetreiber und Suchmaschinenanbieter, GRUR-Prax 2020, 273; Naumann/Rodenhausen, Die P2B-Verordnung aus Unternehmenssicht: Herausforderungen für europäische Plattformen am Beispiel einer Hybrid-Online-Plattform, ZEuP 2020, 768; Omsels, Informationspflichten beim Ranking, WRP 2022, 275; Podszun, Empfiehlt sich eine stärkere Regulierung von Online-Plattformen und anderen Digitalunternehmen? Gutachten F zum 73. DJT Hamburg 2020/Bonn 2022, 2020; Polley/Pesch/Tönnies, Die P2B-Verordnung und ihre Bedeutung für das Kartellrecht, WuW 2019, 494; Querndt, Amazon ändert seine Marktplatz-AGB auf Druck des BkartA – zugleich Besprechung der Entscheidung des BKartA (B2 – 88/18) vom 17. Juli 2019, GRUR-Prax 2019, 456; Rohrßen, Internetvertrieb 2019/20 – Vertriebsvorgaben, (Best-)Preise & Platform-to-Business-Verordnung, ZVertriebsR 2019, 341; Schneider/Kremer, Ein zweiter, kritischer Blick auf die P2B-Verordnung: Nachhaltige Veränderung des Plattformökosystems?, WRP 2020, 1128; Schreiber, Digitale Angebote, 2022; Schweitzer, Digitale Plattformen als private Gesetzgeber: Ein Perspektivwechsel für die europäische „Plattform-Regulierung", ZEuP 2019, 1; Schweitzer/Haucap/Kerber/Welker, Modernisierung der Missbrauchsaufsicht für marktmächtige Unternehmen, 2018; Steinrötter, Europäische Plattformregulierung, 2023; Tribess, Die P2B-Verordnung zur Förderung von Fairness und Transparenz von Online-Diensten, GWR 2020, 233; Sosnitza, Bewertungen und Rankings im Internet – Neue lauterkeitsrechtliche Anforderungen, CR 2021, 329; Uitz, Die EU-Platform-to-Business-VO (P2B-VO). Europäische Regulierung der internetbasierten Plattformwirtschaft, 2023; Voigt/Reuter, Platform-to-Business-Verordnung. Neue Anforderungen für Anbieter von Online-Vermittlungsdiensten und Online-Suchmaschinen ab Juli 2020, MMR 2019, 783; Wais, B2B-Klauselkontrolle in der Plattform-Ökonomie: Der Kommissionsvorschlag für eine Verordnung über Online-Vermittlungsdienste, EuZW 2019, 221; Wendehorst/Graf von Westphalen, Auswirkungen neuer EuGH-Urteile auf § 306 II BGB – mehr neue Vorlagefragen als Antworten, EuZW 2021, 229; Graf von Westphalen, b2b-Plattform-Verordnung: Das AGB-Recht vor weitreichenden Veränderungen, BB 2020, 579.

A. Allgemeines

I. Regelungsgegenstand

1   Die VO (EU) 2019/1150 (im Folgenden: P2B-VO) enthält nähere Regelungen für das Verhältnis zwischen den Betreibern von Internet-Plattformen und Unternehmern, die diese Plattformdienste für ihre Geschäftstätigkeit nutzen. Adressaten der Verordnung sind **Online-Vermittlungsdienste** (Art. 2 Nr. 2) und **Online-Suchmaschinen** (Art. 2 Nr. 5). Unmittelbar geschützt sind gewerbliche Nutzergruppen, zu denen **gewerbliche Nutzer** (Art. 2 Nr. 1) und **Nutzer mit Unternehmenswebsite** (Art. 2 Nr. 7) gehören. Sachlich erfasst sind Plattformen, mit denen die gewerblichen Nutzer/Nutzer mit Unternehmenswebsite ihre Waren oder Dienstleistungen gegenüber Verbrauchern anbieten. Die Verordnung erstreckt sich damit auf das **Dreiecksverhältnis** zwischen einem Plattformbetreiber, den gewerblichen Nutzern/Nutzern mit Unternehmenswebsite und Verbrauchern (P2B2C-Verhältnis).

II. Unionsrechtliche Einordnung

1. Primärrecht

2   Die P2B-VO ist gestützt auf die **Binnenmarktkompetenz** des **Art. 114 AEUV.** Nach Ansicht des Unionsgesetzgebers haben Online-Vermittlungsdienste und Online-Suchmaschinen sowie die von diesen Diensten vermittelten Transaktionen „ein inhärent grenzübergreifendes Potenzial und sind in der Wirtschaft von heute für das reibungslose Funktionieren des Binnenmarkts der Union von besonderer Bedeutung. Die potenziell unlauteren und schädlichen Geschäftspraktiken bestimmter Anbieter solcher Dienste und das Fehlen wirksamer Abhilfemechanismen behindern die vollständige Erschließung dieses Potenzials und beeinträchtigen das reibungslose Funktionieren des Binnenmarkts" (ErwGr. 6). Die Verordnung steht damit im Zusammenhang mit dem Binnenmarktziel des **Art. 3 III EUV.** Nach **Art. 4 II lit. a AEUV** besteht für den Binnenmarkt eine geteilte Zuständigkeit zwischen den Mitgliedstaaten und der Union.

3   Die primärrechtlichen Wettbewerbsregeln aus **Art. 101 und 102 AEUV** bleiben durch die P2B-VO unberührt (Art. 1 V). Auf Seiten der Plattformbetreiber wie auf Seiten der gewerblichen Nutzer/Nutzer mit Unternehmenswebsite tangiert die P2B-VO jeweils insbesondere den Schutzbereich der Unternehmensfreiheit gemäß **Art. 16 GRCh** (ErwGr. 52). Die Etablierung von wirksamen Rechtsbehelfen für die gewerblichen Nutzer/Nutzer mit Unternehmenswebsite trägt nach Ansicht des Unionsgesetzgebers dazu bei, das justizielle Recht aus **Art. 47 GRCh**

(Recht auf einen wirksamen Rechtsbehelf und ein unparteiisches Gericht) zu stärken (ErwGr. 52 und Kommissionsentwurf, COM(2018) 238 final, S. 11).

2. Entstehung der P2B-VO

Die P2B-VO ist in einer vergleichsweise kurzen Zeit entstanden und verabschiedet worden (s. **4** dazu auch Busch/Busch Einl. Rn. 1 ff.; Uitz, Die P2B-VO, 2023, S. 30 ff.). Wichtige Entwicklungen im Vorfeld, die zur Entstehung der Verordnung beigetragen haben, sind die Strategie der EU-Kommission für einen digitalen Binnenmarkt für Europa sowie die Sektoruntersuchung der Kommission zum elektronischen Handel (dazu näher Naumann/Rodenhausen ZEuP 2020, 768 (771 ff.)).

Die Mitteilung der Kommission zur **Strategie für einen digitalen Binnenmarkt für** **5** **Europa** (COM(2015) 192 final vom 6.5.2015) betont die herausragende Bedeutung von Online-Plattformen (zB Suchmaschinen, soziale Medien, E-Commerce-Plattformen, AppStores, Preisvergleichs-Websites), weil diese den Verbrauchern die Möglichkeit geben, Informationen im Internet zu finden, und es Unternehmern erleichtern, sich die Vorteile des elektronischen Handels zunutze zu machen. Die Kommission verpflichtete sich, die Rolle von Online-Plattformen zu untersuchen.

Im Mai 2015 leitete die Kommission eine **Sektoruntersuchung zum elektronischen** **6** **Handel** ein. Diese Untersuchung bildete einen Teil der parallel angenommenen Strategie für einen digitalen Binnenmarkt. In ihrem Abschlussbericht zu der Sektoruntersuchung (COM (2017) 229 final vom 10.5.2017) unterstreicht die Kommission die besondere Bedeutung von Plattformen für den Vertrieb von Waren und Dienstleistungen im Internet. Sie benennt darin aber zugleich problematische Praktiken, die einer näheren Kontrolle bedürfen.

2016 veröffentlichte die Kommission eine **Mitteilung zu Online-Plattformen im digita-** **7** **len Binnenmarkt – Chancen und Herausforderungen in Europa** (COM(2016) 288 final vom 25.5.2016). In dieser Mitteilung formuliert die Kommission das Ziel, einen ausgewogenen Regelungsrahmen für Online-Plattformen im digitalen Binnenmarkt zu schaffen. Dabei geht die Kommission von vier Leitgedanken aus: gleiche Ausgangsbedingungen für vergleichbare digitale Dienste; verantwortungsvolles Management von Online-Plattformen zum Schutz der Grundwerte; Transparenz und Fairness zur Erhaltung des Nutzervertrauens und der Innovationsfähigkeit; offene und diskriminierungsfreie Märkte in einer datengesteuerten Wirtschaft. Ergänzend zu der Mitteilung wurden ein **Arbeitspapier der Kommissionsdienststellen** (Commission Staff Working Document: Online Platforms Accompanying the document Communication on Online Platforms and the Digital Single Market, SWD/2016/0172 final) sowie mehrere begleitende **Studien** vorgestellt (umfassende Zusammenstellung der Materialien zu Online-Plattformen unter https://digital-strategy.ec.europa.eu/en/policies/online-platforms-and-e-commerce).

Am 26.4.2018 stellte die Kommission den **Vorschlag für eine Verordnung zur Förderung** **8** **von Fairness und Transparenz für gewerbliche Nutzer von Online-Vermittlungsdiens-** **ten** vor (Kommissionsentwurf → Rn. 3).

Mit Entscheidung vom gleichen Tag setzte die Kommission eine **Expertengruppe für die** **9** **Beobachtung von Online-Plattformen** ein (C(2018) 2393 final). Diese Gruppe besteht aus 15 Mitgliedern und soll die Kommission umfassend in allen die Online-Plattformen betreffenden Angelegenheiten beraten (dazu näher Busch/Busch Art. 16 Rn. 2 ff.). Die Expertengruppe ist in Art. 18 IV erwähnt und ihre Stellungnahmen und Berichte sind bei dem Evaluierungsprozess der P2B-VO zu berücksichtigen.

Nach nur etwas mehr als einem Jahr nach der Veröffentlichung des Kommissionsentwurfs **10** wurde die P2B-VO am 20.6.2019 im ordentlichen Gesetzgebungsverfahren verabschiedet. Die Veröffentlichung im EU-Amtsblatt erfolgte am 11.7.2019 (ABl. EU 2019 L 186, 57). Sie gilt seit dem **12.7.2020** (Art. 19 II).

Ergänzend zur P2B-VO hat die Kommission im Dezember 2020 **Leitlinien zur Trans-** **11** **parenz des Rankings** veröffentlicht (ABl. 2020 EU C 424, 1). Diese Leitlinien soll es den Normadressaten der P2B-VO erleichtern, die Anforderungen aus Art. 5 einzuhalten. Eine Zusammenstellung von **Informationen zur P2B-VO** enthält ein Q&A-Dokument der Kommission (im Internet abrufbar unter https://ec.europa.eu/newsroom/dae/document.cfm? doc_id=68300). Weiterhin ist hinzuweisen auf das Dokument „Study on ,Support to the observatory for the online platform economy' ", das nähere Informationen zur Plattformökonomie und zu den Wirkungen der P2B-VO enthält (im Internet abrufbar unter https://op.europa.eu/ en/publication-detail/-/publication/ee55e580-ac80-11eb-9767-01aa75ed71a1), sowie die Studie zur praktischen Umsetzung der Anforderungen der P2B-VO durch Online-Plattformen ("Monitoring of the implementation of the Platform to Business Regulation"; im Internet abrufbar unter https://platformobservatory.eu/app/uploads/2021/01/P2B-Regulation-monitoring-analysis-January-2021.pdf). Stetig aktualisierte Informationen finden sich auch auf einer **speziellen Internetseite** (https://platformobservatory.eu).

III. Rechtswirkungen und Verhältnis zum nationalen Recht

12   Als Verordnung gehört die P2B-VO zu den **Sekundärrechtsakten** der Union. Sie entfaltet gemäß **Art. 288 II AEUV** "allgemeine Geltung" und ist "in allen ihren Teilen verbindlich und gilt unmittelbar in jedem Mitgliedstaat". Der P2B-VO kommt vor dem innerstaatlichen Recht ein **Anwendungsvorrang** zu. Der Verordnung entgegenstehende Bestimmungen des nationalen Rechts bleiben zwar wirksam, sind aber nicht anwendbar (Eickemeier/Brodersen K&R 2020, 397 (398)).

13   Die P2B-VO bedarf aufgrund ihres Charakters als Verordnung **keiner Umsetzung** in den Rechtsordnungen der Mitgliedstaaten. Allerdings beinhaltet die Verordnung kein in sich geschlossenes Regelungssystem, sondern sie verlangt an einigen Stellen ergänzende bzw. konkretisierende Vorschriften im Recht der Mitgliedstaaten. So enthält die P2B-VO bspw. nur partielle Vorschriften zu den Rechtsfolgen bei Rechtsverstößen (vgl. Art. 3 III). Gem. Art. 14 und Art. 15 sind die Mitgliedstaaten zur Schaffung von Maßnahmen berufen, um eine funktionsfähige Rechtsdurchsetzung sicherzustellen. Dieser Regelungsauftrag steht der unmittelbaren Anwendbarkeit und Verbindlichkeit der Bestimmungen der P2B-VO nicht entgegen (aA Höppner/Schulz ZIP 2019, 2329 (2337), wonach Verbote ohne mitgliedstaatliche Durchsetzungsmaßnahmen "nicht unmittelbar anwendbar" seien).

14   Als Verordnung kann die P2B-VO nach ihrer Rechtsnatur und ihrer Funktion im Rechtsquellensystem des Unionsrechts **Rechte der Einzelnen** begründen, zu deren Schutz die nationalen Gerichte berufen sind (vgl. EuGH Slg. 2002, I-7289 = BeckRS 2004, 75459 Rn. 27 – Muñoz und Superior Fruiticola). Dabei obliegt es den nationalen Gerichten, die im Rahmen ihrer Zuständigkeit das Unionsrecht anzuwenden haben, dessen volle Wirkung zu gewährleisten. Je nach der Zielrichtung der Verordnungsbestimmungen kann dies auch die Möglichkeit umfassen, Rechte gegenüber anderen Wirtschaftsteilnehmern im Wege eines Zivilverfahrens geltend zu machen (vgl. EuGH Slg. 2002, I-7289 = BeckRS 2004, 75459 Rn. 28, 30 – Muñoz und Superior Fruiticola).

IV. Verhältnis der P2B-VO zu anderen Rechtsakten

15   Die P2B-VO kann sich innerhalb ihres Anwendungsbereiches mit anderen Rechtsakten der Union überschneiden. An unterschiedlichen Stellen der Verordnung finden sich Bezugnahmen zu anderen Regelungsbereichen. Eine allgemeine Aussage zu Materien des Unionsrechts enthält Art. 1 V (→ Art. 1 Rn. 22 ff.). Speziell das Verhältnis zum Schutz von Geschäftsgeheimnissen ist in Art. 5 VI (→ Art. 5 Rn. 31 ff.) angesprochen. Art. 9 III trifft eine Aussage zum Verhältnis zum Datenschutzrecht (→ Art. 9 Rn. 15 f.).

B. Grundlagen der P2B-VO

I. Wirtschaftliche Bedeutung von Online-Vermittlungsdiensten und Online-Suchmaschinen als Plattformen

16   Bei der Präsentation und dem Vertrieb von Waren und Dienstleistungen im Internet kommt Online-Vermittlungsdiensten und Online-Suchmaschinen eine überragende Funktion zu. Die P2B-VO adressiert diese Marktakteure in ihrer Rolle als **Plattformen.**

17   Der Begriff der Plattform ist derzeit rechtlich nicht exakt festgelegt. Für das Unionsrecht ist eine Definition der **Online-Plattform** in Art. 2 lit. i VO (EU) 2022/2065 (Gesetz über digitale Dienste = Digital Services Act (DSA); ABl. 2022 L 277, 1) vorgesehen. Eine Online-Plattform ist danach ein "Hostingdienst, der im Auftrag eines Nutzers Informationen speichert und öffentlich verbreitet, sofern es sich bei dieser Tätigkeit nicht nur um eine unbedeutende und reine Nebenfunktion eines anderen Dienstes oder um eine unbedeutende Funktion des Hauptdienstes handelt, die aus objektiven und technischen Gründen nicht ohne diesen anderen Dienst genutzt werden

kann, und sofern die Integration der Funktion der Nebenfunktion oder der unbedeutenden Funktion in den anderen Dienst nicht dazu dient, die Anwendbarkeit dieser Verordnung zu umgehen".

Für das geltende Recht ist es möglich und zweckmäßig, an die ökonomische Einordnung **18** anzuknüpfen. Wenngleich in Detailfragen Abweichungen und Unsicherheiten bestehen, lassen sich aus ökonomischer Perspektive **zwei für Plattformen typische Charakteristika** benennen (dazu näher Haucap in Kenning/Oehler/Reisch, Verbraucherwissenschaften, 2. Aufl. 2021, 3.1; Schweitzer/Haucap/Kerber/Welker, Modernisierung der Missbrauchsaufsicht für marktmächtige Unternehmen, 2018, 9). Erstens: Über die Plattform interagieren (mindestens) zwei unterschiedliche Nutzergruppen miteinander und die Plattform nimmt zwischen diesen Nutzergruppen eine Mittlerrolle ein. Zweitens: Die Anwesenheit der einen Nutzergruppe auf der Plattform beeinflusst positiv oder negativ den Nutzen für die andere Nutzergruppe auf der Plattform. Man spricht insoweit von sog. indirekten Netzwerkeffekten.

Beispiel: Der Anbieter eines Online-Vermittlungsdienstes betreibt ein Internetportal, auf **19** dem Käufer und Verkäufer als unterschiedliche Nutzergruppen präsent sind. Über diesen Dienst finden die Nutzergruppen zueinander und können interagieren. Je nach dem angebotenen Leistungsspektrum des Dienstes ist neben der Anbahnung vielleicht auch der Abschluss von Verträgen möglich; ggf. kann auch ein Teil des Leistungsaustauschs (zB die Zahlungsabwicklung) über den Dienst erbracht werden. Für die Nutzergruppe der Käufer bzw. Kaufinteressenten ist der Dienst umso attraktiver, je mehr Verkäufer die Plattform für ihre Angebote nutzen. Denn die Käufer profitieren von der daraus resultierenden Angebotsvielfalt. Umgekehrt ist es für die Nutzergruppe der Verkäufer vorteilhaft, wenn möglichst viele Kaufinteressenten die Plattform aufsuchen, weil dies die Chancen auf einen erfolgreichen Geschäftsabschluss erhöht. Die spezifische Situation, in der ein Plattformbetreiber tätig ist, wird oft auch als **zwei- bzw. mehrseitiger Markt** charakterisiert.

Online-Vermittlungsdienste und Online-Suchmaschinen fungieren als **Intermediäre** zwischen Marktakteuren und nehmen selbst eine Schlüsselrolle ein. Oft eröffnet erst die Präsenz auf **20** einer Plattform (oder auf mehreren Plattformen) Unternehmen die Möglichkeit, eine Vielzahl von Kunden zu erreichen. Gerade den **kleinen und mittleren Unternehmen,** die Waren oder Dienstleistungen anbieten, eröffnen Plattformen die Möglichkeit, eine Vielzahl von Verbrauchern zu erreichen und vom Binnenmarkt zu profitieren. Denn sie „können schon mit geringen Investitionen und Anstrengungen erreichen, dass sie wahrgenommen werden, und Produkte über Drittplattformen an einen großen Kundenkreis und in mehrere Mitgliedstaaten verkaufen" (Abschlussbericht der Sektoruntersuchung, COM(2017) 229 final, Tz. 14). Damit korrespondieren die Vorteile für die **Verbraucher.** Oft erschließen erst die Dienste der Plattform-Betreiber die ungeheure Unternehmens- und Produktvielfalt im Internet, indem sie Angebote auffindbar machen, strukturieren, Suchanfragen kanalisieren und Angebot und Nachfrage zusammenführen. Aus der Sicht der Union sind Plattformen ein elementarer Faktor innerhalb des funktionsfähigen **digitalen Binnenmarktes.** Die Dienste von Plattform-Betreibern sind zudem geradezu prototypisch für eine grenzüberschreitende Wirtschaftstätigkeit.

Die Betreiber von Plattformen stellen oftmals eine umfassende **Infrastruktur** für die Anbah- **21** nung und Abwicklung von Geschäften zur Verfügung, sie gestalten die Wettbewerbs- und Transaktionsbedingungen aus und agieren dabei gleichsam als **„private Gesetzgeber"** (Schweitzer ZEuP 2019, 1 (3)). Das Betreiben von Plattform-Diensten kann ein höchst erfolgreiches Geschäftsmodell sein, das eine erhebliche wirtschaftliche Macht verschafft. Bei einem Teil der weltweit größten Unternehmen handelt es sich um Online-Plattformen (Hoffer/Lehr NZKart 2019, 10 (11)).

Der ökonomischen Besonderheiten der Online-Plattformen und ihrer Stellung innerhalb von **22** Märkten gilt schon seit einiger Zeit verstärkte Aufmerksamkeit (Plattformökonomie). Damit eng verbunden sind zahlreiche rechtliche Fragen, die man unter dem Schlagwort der **Plattformregulierung** zusammenfassen kann (Überblick dazu bei Podszun, Gutachten F zum 73. Deutschen Juristentag, 2020; s. auch BKartA, Arbeitspapier „Marktmacht von Plattformen und Netzwerken", 2016; Hintergrundpapier „Digitale Ökonomie – Internetplattformen zwischen Wettbewerbsrecht, Privatsphäre und Verbraucherschutz", 2015; Monopolkommission, Sondergutachten 68, Wettbewerbspolitik: Herausforderung digitaler Märkte, 2015). In der Wissenschaft wurden bereits konkrete Vorschläge für die Regulierung von Online-Plattformen unterbreitet (ELI Model Rules on Online Platforms; s. dazu Busch/Dannemann/Schulte-Nölke/Wiewiórowska-Domagalska/Zoll EuCML 2020, 61).

Die P2B-VO bildet nur einen – vergleichsweise kleinen – **Baustein** bei der Regulierung der **23** Geschäftstätigkeit von Internet-Plattformen. Größere und weiter greifende Regelungsansätze verfolgt die Union insbesondere mit dem **Digital Services Act** (→ Rn. 17) und der VO (EU) 2022/1925 vom 14.9.2022 über bestreitbare und faire Märkte im digitalen Sektor – Gesetz über digitale Dienste (**Digital Markets Act (DMA),** ABl. EU 2022 L 265, 1).

II. Aufbau und Regelungsansatz der P2B-VO

24   Die P2B-VO enthält in ihrem verfügenden Teil **19 Artikel,** eine systematische Untergliederung nach Abschnitten oder Kapiteln fehlt. Innerhalb der P2B-VO lassen sich die folgenden Regelungsbereiche unterscheiden: **Art. 1 und 2** enthalten allgemeine Aussagen zum Anwendungsbereich sowie die Begriffsbestimmungen. **Art. 3–10** legen die einzelnen Transparenzanforderungen fest. **Art. 11–13** beinhalten Vorgaben zum internen Beschwerdemanagement sowie zur Mediation im Falle eines Konflikts zwischen den gewerblichen Nutzern/Nutzern mit Unternehmenswebsite und dem Plattformbetreiber. **Art. 14 und Art. 15** regeln die Rechtsdurchsetzung bei Verstößen gegen die Verordnung. Schließlich finden sich in **Art. 16–19** Verpflichtungen der Kommission sowie die Schlussbestimmungen.

25   Die materiellrechtlichen Kernbereichsregelungen der Art. 3–10 sind leider wenig strukturiert (→ Rn. 38). Die Reihenfolge der Normen, teilweise aber auch deren tatbestandliche Ausgestaltung im Einzelnen wirken an vielen Stellen beliebig; manchmal werden **Sachzusammenhänge** geradezu **verschüttet** (so der innere Zusammenhang zwischen Art. 3 I, II und Art. 8 → Art. 3 Rn. 5). Die einzelnen Tatbestände sind vielfach umständlich und schwerfällig formuliert. Die Verordnung ist kein Beispiel für einen transparenten und leicht zugänglichen Rechtsakt.

26   Nähere Erläuterungen zu den Vorschriften finden sich in den **52 Begründungserwägungen,** die teilweise sehr umfangreich geraten sind und vielfach einen kommentarartigen Charakter haben. Die ErwGr. dienen der Erfüllung der Pflicht zur Begründung aller Rechtsakte der Union (Art. 296 II AEUV). Sie veranschaulichen und erläutern den Regelungsinhalt des verfügenden Teils. Die ErwGr. sind ein wichtiges **Hilfsmittel** zur autonomen Auslegung der Verordnung, da sie dazu beitragen, die Regelungen im verfügenden Teil der Verordnung zu konkretisieren oder auszufüllen. Bei der Heranziehung der Erwägungen ist aber zu beachten, dass deren Aussagen nur innerhalb des Anwendungsbereiches der Verordnung gelten.

27   Die Regelungen der P2B-VO sind von dem übergreifenden Ziel getragen, „**Fairness und Transparenz**" zu gewährleisten. Dies kommt schon in der Bezeichnung des Rechtsaktes zum Ausdruck. Art. 1 I benennt als zentrale Ziele neben der Schaffung von Transparenz und Fairness auch noch die Etablierung wirksamer Abhilfemöglichkeiten. Transparenz und Fairness sind für sich genommen zwar anschaulich und als Regelungsprinzipien weithin konsensfähig, bleiben jedoch in ihrem konkreten Aussagegehalt unscharf. Innerhalb der Begründungserwägungen und im Verordnungstext finden sich darüber hinaus weitere sehr **unbestimmte Rechtsbegriffe** wie „unlauter" (vgl. ErwGr. 2, 4, 6, 8, 18) oder „Treu und Glauben" (vgl. Art. 8, 12 III; ErwGr. 2, 32, 40, 42, 47). In der Sache lassen sich die Einzelregelungen der Verordnung als Anwendungsfälle und konkrete Ausprägungen dieser allgemeinen Prinzipien verstehen.

III. Systematische Einordnung und Regelungsinstrumente der P2B-VO

28   Die P2B-VO weist einen **Querschnittscharakter** auf. Sie lässt sich nicht einem einzelnen Rechtsgebiet zuordnen, sondern liegt – aus deutscher Perspektive – vor allem im Schnittfeld von Lauterkeits-, Kartell- und Vertragsrecht (Busch GRUR 2019, 788 (789); krit. Schneider/Kremer WRP 2020, 1128 (1130): Die Verordnung „mäandere" zwischen den verschiedenen Rechtsgebieten.). Sie ist sachlich dem Bestand an Normen und Rechtsregeln zuzuordnen, der sich mit der Regulierung von Plattformen befasst. Man kann die P2B-VO als einen Baustein innerhalb eines im Entstehen begriffenen **Plattformregulierungsrechts** begreifen (dazu in Einzelnen Steinrötter, Europäische Plattformregulierung, 2023).

29   Zur Verwirklichung ihrer Regelungsziele sieht die P2B-VO drei miteinander verbundene Regelungsinstrumente vor. In einem vergleichsweise geringen Umfang enthält sie **Verbote konkreter Praktiken** (zB das unangekündigte Sperren von Nutzerkonten oder die Änderung von AGB ohne vorherigen Hinweis). Darüber hinaus enthält die P2B-VO eine Reihe von spezifischen **Transparenzanforderungen,** die von den Plattformbetreiber gegenüber den gewerblichen Nutzergruppen zu erfüllen sind. Schließlich sieht die Verordnung **Mechanismen zur Streitbeilegung** vor.

30   Anders als zB die UGP-RL in Art. 5 kennt die P2B-VO **keine Generalklausel,** die es ermöglichen würde, auf neue Herausforderungen zu reagieren und mit neuen Entwicklungen

Schritt zu halten. Die P2B-VO beruht stattdessen auf einem **punktuellen** und vielfach geradezu **kleinteiligen Regelungsansatz.** Sie beschränkt sich auf zahlreiche Detailfragen, ohne ein in sich geschlossenes Regelungssystem zu errichten. Ebenfalls im Unterschied zur UGP-RL enthält sie keine „Schwarze Liste" von per-se missbilligten Klauseln oder Verhaltensweisen. Noch am ehesten kommt Art. 8 eine entsprechende Funktion zu.

Für die praktische Rechtsanwendung folgt aus dem Regelungsansatz der Verordnung, dass sie **31** einerseits das nationale Recht aufgrund ihres Vorrangs überlagert, andererseits aber der ergänzende Rückgriff auf das nationale Recht immer notwendig bleibt.

IV. Auslegung

Die Auslegung der P2B-VO erfolgt auf der Grundlage der für das Unionsrecht geltenden **32** Auslegungsgrundsätze. Die Bestimmungen und Begriffe der P2B-VO sind **autonom** auszulegen (vgl. EuGH ECLI:EU:C:2020:1015 = BeckRS 2020, 34335 Rn. 28 und 44 – Personal Exchange International; EuGH ECLI:EU:C:2012:542 = NJW 2012, 3225 Rn. 28 – Mühlleitner). Das bedeutet, dass jeweils die unionsrechtliche Bedeutung von Begriffen zugrunde zu legen ist, sofern die P2B-VO nicht ausdrücklich auf das nationale Recht der Mitgliedstaaten und die dort geltenden Begrifflichkeiten verweist. Insbesondere bei Begriffen und Formulierungen, die im innerstaatlichen Recht eine spezifische Bedeutung aufweisen, ist daher eine besondere Vorsicht bei der Rechtsanwendung geboten. **Beispiel:** Die P2B-VO verwendet den Begriff der AGB in einem eigenständigen Sinne (Art. 2 Nr. 10), der nicht identisch mit dem in § 305 I BGB ist.

Auch die **unbestimmten Rechtsbegriffe** der Verordnung, wie zB „Treu und Glauben" **33** (→ Rn. 27), sind unionsrechtsautonom zu verstehen. Ein Rückgriff auf spezifische Wertungen, die in den Rechtsordnungen einzelner Mitgliedstaaten verankert sind, ist nicht ohne Weiteres zulässig. Daher können etwa die für § 242 BGB geltenden Wertungen und Kriterien nicht einfach auf die P2B-VO übertragen werden. Anderes gilt nur dann, wenn die Wertungen und Kriterien einen übergreifenden Charakter haben, sich also in vergleichbarer Form im Recht mehrerer Mitgliedstaaten wiederfinden und zudem mit dem Unionsrecht in Einklang stehen.

Bei der Auslegung der Vorschriften der P2B-VO ist in erster Linie auf die **Systematik** und **34** die **Ziele** der Verordnung abzustellen, um deren **einheitliche Anwendung in allen Mitgliedstaaten** sicherzustellen (vgl. EuGH ECLI:EU:C:2020:1015 = BeckRS 2020, 34335 Rn. 28 – Personal Exchange International; EuGH ECLI:EU:C:2012:542 = NJW 2012, 3225 Rn. 28 – Mühlleitner).

Soweit die P2B-VO direkt auf Begriffe und Regelungen in anderen Rechtsakten verweist (zB **35** in Art. 2 Nr. 9 und Nr. 12), sind die dort jeweils geltenden Begriffsbestimmungen maßgeblich. Im Interesse einer **kohärenten Anwendung des Unionsrechts** ist bei der Auslegung jedoch auch ohne eine ausdrückliche Bezugnahme zu berücksichtigen, ob Begriffe der P2B-VO in anderen unionsrechtlichen Regelungen enthalten sind. In diesem Fall kann bei einem übereinstimmenden Schutzzweck der verschiedenen Rechtsakte eine einheitliche Auslegung geboten sein (vgl. EuGH ECLI:EU:C:2020:1015 = BeckRS 2020, 34335 Rn. 44 – Personal Exchange International; EuGH ECLI:EU:C:2018:37 = NJW 2018, 1003 Rn. 28 – Schrems/Facebook). **Beispiele** für Begriffe, die in diesem Sinne einer kohärenten Auslegung unterliegen: Merkmal der Gewerblichkeit in Art. 2 Nr. 1; Verbraucherbegriff (Art. 2 Nr. 4); dauerhafter Datenträger (Art. 2 Nr. 13). Aufgrund der sachlichen Regelungsnähe sind bei der Auslegung der P2B-VO insbesondere auch die Vorschriften der VO (EU) 2022/1952 (Digital Markets Act) und der VO (EU) 2022/2065 (Digital Services Act) zu berücksichtigen.

V. Kritik

Angesichts der noch kurzen Zeit ihrer Geltung lässt sich noch keine Bewertung der prakti- **36** schen Wirksamkeit der P2B-VO vornehmen. Überwachungs- und Überprüfungspflichten für die Kommission ergeben sich aus Art. 16 und 18. Wenngleich die Regelungsansätze der P2B-VO teilweise positiv gewürdigt werden (Uitz, Die P2B-VO, 2023, S. 280 ff.), finden sich in den Stellungnahmen von Wissenschaft und Praxis zur P2B-VO verbreitet **Zweifel,** ob die P2B-VO dazu geeignet ist, einen nachhaltigen Beitrag in der Plattformregulierung zu leisten. Die Kritik an der P2B-VO betrifft mehrere Ebenen.

Schon der allein auf die Herstellung von Transparenz gerichtete Regelungsansatz wird als **37** **unzureichend** angesehen: Dieses Regelungsmodell greife zu kurz, weil die Schaffung von Transparenz zur Bewältigung besonderer Abhängigkeitslagen und Interessenkonflikte nicht ausreiche

(Schweitzer ZEuP 2019, 1 (12); vgl. auch Eickemeier/Brodersen K&R 2020, 397 (402)). Weitere Kritikpunkte betreffen die Ausgestaltung der P2B-VO. Das sehr schnelle Gesetzgebungsverfahren (Naumann/Rodenhausen ZEuP 2019, 768 (779): „Expresslieferung") habe zur Folge gehabt, dass die Verordnung nicht einmal annähernd einen umfassenden Regelungsansatz für Online-Plattformen beinhalte. Weiterhin wird kritisiert, die Verordnung sei „ohne tiefere wissenschaftliche Begleitung durchgepeitscht" worden (Höppner/Schulz ZIP 2019, 2329 (2330)) und es habe in der Kürze der Zeit „an der wissenschaftlichen und empirischen Durchdringung der komplexen Strukturen der Plattformökonomie" gefehlt (Schneider/Kremer WRP 2020, 1128 (1129)).

38   Diese Kritikpunkte sind beachtenswert und berechtigt. Die P2B-VO wirkt sowohl in ihrem Regelungsansatz als auch in vielen Details **unausgegoren** und **unsystematisch** (vgl. auch Schneider/Kremer WRP 2020, 1128 (1129)). Kritisch ist zu sehen, dass die P2B-VO allein den Status quo und den derzeitigen Erkenntnisstand abbildet. **Offene Tatbestände** (insbesondere Generalklauseln → Rn. 30), die es ermöglichen würden, flexibel auf neue Herausforderungen in der plattformbasierten Digitalwirtschaft zu reagieren, **fehlen.** Angesichts der besonders schnellen Veränderungen auf digitalen Märkten und den typischen, oft disruptiven Veränderungen ist davon auszugehen, dass alsbald **Anpassungs- und/oder Änderungsbedarf** bestehen wird (Alexander WRP 2020, 945 (954)). Bereits jetzt sind Handlungsfelder zu erkennen, auf denen Nachjustierungen erforderlich sein werden (s. nur Naumann/Rodenhausen ZEuP 2020, 768 (793 ff.)).

C. Rechtsdurchsetzung und internationale Bezüge

39   Die Verordnung regelt die Rechtsdurchsetzung nur bruchstückhaft. Zur Beilegung von Streitigkeiten zwischen gewerblichen Nutzern/Nutzern mit Unternehmenswebsite und den Plattformbetreibern geht die P2B-VO von einem gestuften System aus. In der Regel soll im Verhältnis zu Online-Vermittlungsdiensten ein **internes Beschwerdemanagementsystem** zur Verfügung stehen (Art. 11). Darüber hinaus ist eine Konfliktbeilegung im Wege der **Mediation** vorgesehen (Art. 12, 13). Im Verhältnis zu Online-Suchmaschinen gelten dagegen allein Art. 14 und 15. Gemäß Art. 15 sind die Mitgliedstaaten dazu verpflichtet, für eine angemessene und wirksame Durchsetzung der Verordnung zu sorgen. Dazu gehört insbesondere die **gerichtliche Rechtsdurchsetzung.** Art. 14 enthält nähere Regelungen zur kollektiven und individuellen Rechtsdurchsetzung, die jedoch einer Ausgestaltung durch das innerstaatliche Recht der Mitgliedstaaten bedürfen.

39a   Die P2B-VO ist auf mehreren Ebenen mit dem nationalen Recht verbunden. Die **kollektive Rechtsdurchsetzung** erfolgt über das Lauterkeitsrecht, insbesondere § 3a und § 8a UWG (→ Art. 14 Rn. 7 ff.). Die individuelle Rechtsdurchsetzung wird über das nationale **Vertrags- und Deliktsrecht** verwirklicht (→ Art. 14 Rn. 46 ff.). Darüber hinaus können die Wertungen der P2B-VO in anderen Bereichen einbezogen werden, bspw. im Rahmen der kartellrechtlichen Missbrauchskontrolle (vgl. LG München BeckRS 2021, 10613 Rn. 75 unter Hinweis auf Polley/Pesch/Tönnies WuW 2019, 494 (497 ff.) und Kohser/Jahn GRUR-Prax 2020, 273 (275)).

39b   Hinsichtlich des **anwendbaren Rechts** ist zu unterscheiden. Im Falle einer Kollision des nationalen Rechts eines Mitgliedstaats mit den Vorschriften der P2B-VO ist von dem **Anwendungsvorrang** des Unionsrechts auszugehen. Gemäß Art. 1 II gilt die Verordnung ausdrücklich „unabhängig vom ansonsten anzuwendenden Recht", was darauf hindeutet, dass es sich bei den Bestimmungen der P2B-VO um **Eingriffsnormen** iSd Art. 9 I Rom I-VO und Art. 16 I Rom II-VO handelt, die sich gegenüber dem anwendbaren Recht eines Drittstaates durchsetzt (Busch/Schulte-Nölke Art. 1 Rn. 47; eingehend Busch/Höppner/Wick Art. 15 Rn. 32a ff.). Soweit die Rechtsdurchsetzung von Zuwiderhandlungen gegen die P2B-VO auf der Grundlage des UWG bzw. des nationalen Deliktsrechts erfolgt, ist von den insoweit geltenden Grundsätzen auszugehen.

39c   Für die **internationale Zuständigkeit** sieht die P2B-VO keine besonderen Regelungen vor. Gemäß Art. 1 V gilt die Verordnung „unbeschadet der Rechtsvorschriften der Union, insbesondere jener für die Bereiche justizielle Zusammenarbeit in Zivilsachen". Die internationale Zuständigkeit richtet sich damit nach den Bestimmungen der Brüssel Ia-VO (Busch/Höppner/Wick Art. 14 Rn. 13 ff. und Art. 15 Rn. 24 ff.). In Betracht kommen insbesondere **Art. 7 Nr. 1 Brüssel Ia-VO,** wenn eine Verletzung der P2B-VO innerhalb einer Vertragsbeziehung geltend gemacht wird (vgl. LG Hannover GRUR-RS 2021, 24622 Rn. 1) und **Art. 7 Nr. 2 Brüssel Ia-VO** bei einer sonstigen unerlaubten Handlung. Das Verhältnis von Art. 7 Nr. 1 und 2 Brüssel Ia-VO bestimmt sich nach den Grundsätzen der neueren EuGH-Rspr. (EuGH ECLI:

EU:C:2020:950 = NJW 2021, 144 Rn. 19 ff. – Wikingerhof) zur Durchsetzung von Kartell-rechtsverstößen (LG München BeckRS 2021, 10613 Rn. 37). Soweit Verletzungen der P2B-VO als Rechtsbruch über das Lauterkeitsrecht verfolgt werden, ist von den lauterkeitsrechtlichen Grundsätzen auszugehen (→ UWG Einl. 5.38 ff.).

D. Zeitliche Anwendbarkeit

Die P2B-VO ist auf alle Rechtsverhältnisse und Praktiken **ab dem Zeitpunkt ihrer Geltung** 40 (Art. 19 II) anzuwenden. Ein Übergangszeitraum ist nicht vorgesehen. Sie erfasst nicht nur Vertragsverhältnisse, die nach ihrem Inkrafttreten neu geschlossen werden, sondern auch solche, die bereits zum Zeitpunkt des Inkrafttretens bestehen. Daraus ergab sich für Verträge, die früher begründet worden sind, ein inhaltlicher Prüfungs- und ggf. Anpassungsbedarf. Nicht anzuwenden ist die P2B-VO hingegen auf Rechtsverhältnisse, die zum Zeitpunkt des Inkrafttretens der Verordnung bereits vollständig beendet sind und aus denen keine Pflichten mehr resultieren (Uitz, Die P2B-VO, 2023, S. 35).

E. P2B-VO und privatautonome Gestaltungsfreiheit

Die Frage nach einer Abdingbarkeit der Bestimmungen der P2B-VO muss vom Regelungsziel 41 der Verordnung insgesamt und vom Schutzzweck der jeweiligen Einzelnorm ausgehen. Da die P2B-VO dem Ziel dient, die gewerblichen Nutzergruppen zu schützen, weil sie sich gegenüber den Plattformbetreibern in einer unterlegenen und/oder abhängigen Position befinden, ist davon auszugehen, dass ihre Regelungen grundsätzlich **nicht zum Nachteil der gewerblichen Nutzergruppen abdingbar** sind. Anderes gilt nur, wenn eine Norm nach ihrem Wortlaut und ihrem Zweck eine privatautonome Abweichung zulässt. Es handelt sich insoweit – vergleichbar der Regelungstechnik im Verbraucherrecht – um **einseitig zwingendes Recht.** Entsprechend dieser Parallele greift der Schutz der P2B-VO auch dann, wenn Parteien den Versuch unternehmen, die Vorschriften durch anderweitige Gestaltungen zu umgehen **(Umgehungsverbot).** Abweichende Gestaltungen zum Vorteil der gewerblichen Nutzergruppen sind dagegen zulässig.

Gegenstand und Anwendungsbereich

1 (1) **Mit dieser Verordnung soll zum reibungslosen Funktionieren des Binnenmarkts beigetragen werden, indem Vorschriften festgelegt werden, mit denen sicher-gestellt wird, dass für gewerbliche Nutzer von Online-Vermittlungsdiensten und Nutzer mit Unternehmenswebsite im Hinblick auf Suchmaschinen eine angemessene Transparenz, Fairness und wirksame Abhilfemöglichkeiten geschaffen werden.**

(2) **Diese Verordnung gilt für Online-Vermittlungsdienste und Online-Suchmaschinen, unabhängig vom Niederlassungsort oder Sitz der Anbieter dieser Dienste und unabhängig vom ansonsten anzuwendenden Recht, die gewerblichen Nutzern und Nutzern mit Unternehmenswebsite bereitgestellt bzw. zur Bereitstellung angeboten werden, die ihre Niederlassung oder ihren Wohnsitz in der Europäischen Union haben und die über diese Online-Vermittlungsdienste oder Online-Suchmaschinen Waren oder Dienstleistungen in der Europäischen Union befindlichen Verbrauchern anbieten.**

(3) **Diese Verordnung gilt nicht für Online-Zahlungsdienste, Online-Werbeinstrumente oder Online-Werbebörsen, die nicht bereitgestellt werden, um die Anbahnung direkter Transaktionen zu vermitteln, und bei denen kein Vertragsverhältnis mit Verbrauchern besteht.**

(4) **¹Diese Verordnung gilt unbeschadet der Vorschriften der Mitgliedstaaten, durch die im Einklang mit dem Unionsrecht einseitige Handlungen oder unlautere Geschäftspraktiken verboten oder geahndet werden, soweit die relevanten Aspekte nicht durch diese Verordnung geregelt werden. ²Diese Verordnung berührt nicht das nationale Zivilrecht, insbesondere das Vertragsrecht, etwa die Bestimmungen über die Wirksamkeit, das Zustandekommen, die Wirkungen oder die Beendigung eines Vertrags, soweit die Vorschriften des nationalen Zivilrechts mit dem Unionsrecht in**

Einklang stehen und soweit die relevanten Aspekte nicht durch diese Verordnung geregelt werden.

(5) **Diese Verordnung gilt unbeschadet der Rechtsvorschriften der Union, insbesondere jener für die Bereiche justizielle Zusammenarbeit in Zivilsachen, Wettbewerb, Datenschutz, Schutz von Geschäftsgeheimnissen, Verbraucherschutz, elektronischer Geschäftsverkehr und Finanzdienstleistungen.**

Übersicht

I. Allgemeines

1   Art. 1 enthält allgemeine Aussagen zur P2B-VO, die für die Auslegung und Anwendung der weiteren Vorschriften von Bedeutung sind. Art. 1 I gibt Auskunft über die von der Verordnung verfolgten Regelungsziele. Art. 1 II bestimmt und Art. 1 III begrenzt den Anwendungsbereich der Verordnung. In Art. 1 IV und V finden sich nähere Aussagen zum Verhältnis der P2B-VO zu anderen Regelungsbereichen.

II. Zielsetzungen der P2B-VO (Art. 1 I)

2   Ausgehend von dem übergreifenden Ziel, einen Beitrag zum „reibungslosen Funktionieren des Binnenmarkts" zu leisten, formuliert Art. 1 I drei Regelungsziele der Verordnung: Sie soll (1) angemessene Transparenz, (2) Fairness und (3) wirksame Abhilfemöglichkeiten schaffen. Diese Ziele stehen nicht unverbunden nebeneinander, sondern sind **inhaltlich aufeinander bezogen** und greifen **komplementär ineinander.** In ihrem Verhältnis zueinander sind die Ziele **gleichrangig.** Sie sollen in ihrem Zusammenwirken dazu beitragen, „ein faires, tragfähiges und vertrauenswürdiges Online-Geschäftsumfeld im Binnenmarkt sicherzustellen" (ErwGr. 7).

3   Das Ziel der Schaffung von **angemessener Transparenz** dient dazu, die gewerblichen Nutzergruppen vor unerwarteten und überraschenden Praktiken zu schützen und ihnen eine angemessene Entscheidungsgrundlage zu verschaffen. Das Gebot der Transparenz bezweckt die „Förderung tragfähiger Geschäftsbeziehungen" und der „Vermeidung unlauteren Verhaltens" (ErwGr. 18). Die P2B-VO verfolgt das Ziel, gewerbliche Nutzer/Nutzer mit Unternehmenswebsite vor allem durch die Festlegung von **Informationsanforderungen** vor nachteiligen Vertragsbedingungen und Praktiken zu schützen. Diese gewerblichen Nutzer sollen von dem Plattformbetreiber über bestimmte Umstände aufgeklärt und durch die Informationen in die Lage versetzt werden, die eigenen geschäftlichen Entscheidungen (etwa über die Ausrichtung und Diversifizierung des Vertriebs ihrer Produkte, einen Wechsel der Plattform usw.) auf einer informierten Grundlage zu treffen. Das Erfordernis der **Angemessenheit** bringt zum Ausdruck, dass die Transparenzanforderungen stets eine Berücksichtigung der beiderseitigen Interessen erfordern und zudem der Grundsatz der Verhältnismäßigkeit zu berücksichtigen ist. Wenn die Rechtsordnung wie in der P2B-VO Transparenz als Regelungsziel und Regelungsinstrument bestimmt, dann ist zu bedenken, dass die Schaffung von angemessener Transparenz nur innerhalb bestimmter **Funktionsbedingungen** erfolgen kann. So stehen Transparenzanforderungen in einem engen Zusammenhang mit markt- und geschäftsbezogenen Entscheidungen von einzelnen Marktakteuren, es sind die Markt- und Wettbewerbsbedingungen zu berücksichtigen und schließlich erfordert Transparenz als Regelungsinstrument voraus, dass Marktakteure über die für eine freie und informierte Entscheidung erforderlichen Fähigkeiten verfügen (näher Alexander GRUR 2023, 14 (15 f.)).

Bei dem weiteren Ziel der **Fairness** handelt es sich um einen schillernden Begriff. Fairness **4** und Transparenz können sich überschneiden, denn eine Geschäftspraktik kann gerade deswegen unfair sein, weil sie intransparent ist. Das Ziel der Gewährleistung von Fairness weist aber darüber hinaus auch eine inhaltliche Komponente auf. Die Bezugnahme auf „Treu und Glauben" und die Grundsätze des „redlichen Geschäftsverkehrs" (zB in Art. 8) lässt erkennen, dass die P2B-VO darauf gerichtet ist, nachteiligen Praktiken entgegenzuwirken, also solchen Verhaltensweisen, die berechtigte Interessen der gewerblichen Nutzergruppen beeinträchtigen. Der Gesichtspunkt der Fairness kommt somit zum Tragen, indem die P2B-VO versucht, das typischerweise bestehende Ungleichgewicht und Machtgefälle zwischen den gewerblichen Nutzern/Nutzern mit Unternehmenswebsite und dem Plattformbetreiber auszugleichen. Dabei besteht das Ziel allerdings nicht in der Herstellung von vollständiger oder auch annähernder Vertragsparität, sondern in dem spezifischen Ausgleich von Ungleichgewichten und Nachteilen. Diese ergeben sich zum einen aus der Überlegenheit des Online-Vermittlungsdienstes bzw. der Online-Suchmaschine gegenüber den gewerblichen Nutzergruppen, zum anderen aus der Abhängigkeit der gewerblichen Nutzergruppe. Nicht zu Unrecht werden die Plattformen oft als „Gatekeeper" (s. nur Schweitzer/Haucap/Kerber/Welker, Modernisierung der Missbrauchsaufsicht für marktmächtige Unternehmen, 2018, 8) bezeichnet; eine Terminologie, die auch der Digital Markets Act (→ Vor Art. 1 Rn. 23) übernimmt.

Bei den zu schaffenden **wirksamen Abhilfemöglichkeiten** geht es schließlich um die **5** Einrichtung von funktionsfähigen Mechanismen zur Beilegung von Konflikten. Dabei ist auffällig, dass die P2B-VO den in einem Vertragsverhältnis Betroffenen Instrumente in die Hand geben will, um Streitigkeiten möglichst schon außergerichtlich zu lösen.

III. Anwendungsbereich (Art. 1 II und III)

Art. 1 II legt den Anwendungsbereich der P2B-VO näher fest. In Abgrenzung dazu folgt aus **6** Art. 1 III, welche Dienste der Verordnung nicht unterfallen.

1. Erfasste Dienste

Für den Anwendungsbereich der P2B-VO prägend ist das plattformtypische (→ Vor Art. 1 **7** Rn. 17 ff.) Bestehen eines **Drei-Personen-Verhältnisses.** Verkürzt gesagt geht es um über das Internet erbrachte Vermittlungs- bzw. Suchdienste, die zwischen der gewerblichen Nutzergruppe und Verbrauchern tätig werden.

Die P2B-VO erfasst nicht alle denkbaren Arten von Plattformen, sondern sie beschränkt sich **8** auf **Online-Vermittlungsdienste** (Art. 2 Nr. 2) und **Online-Suchmaschinen** (Art. 2 Nr. 5). Beiden Arten von Diensten ist gemeinsam, dass sie online, also über das Internet erbracht werden. Daraus folgt, dass stationäre Plattformdienste, die ihre Leistungen „offline" erbringen (zB Messen), nicht erfasst sind.

Nach Art. 1 II kommt es nicht darauf an, wo der Anbieter der Dienste seine Niederlassung **9** oder seinen Sitz hat. Wer **Anbieter** ist, richtet sich bei Online-Vermittlungsdiensten nach Art. 2 Nr. 3, bei Online-Suchmaschinen nach Art. 2 Nr. 6. Die Anwendbarkeit der Verordnung ist nicht davon abhängig, ob der Anbieter innerhalb der EU ansässig ist oder nicht. Die P2B-VO trägt damit der globalen Dimension solcher Dienste Rechnung (ErwGr. 9). Nicht entscheidend ist weiterhin das **ansonsten anwendbare Recht.** Der Anwendungsbereich der P2B-VO ist damit abgekoppelt von den jeweils geltenden Regelungen zum anwendbaren Recht. Mit dem ansonsten anwendbaren Recht ist sowohl das zwischen der gewerblichen Nutzergruppe und dem Anbieter als auch das zwischen der gewerblichen Nutzergruppe und den Verbrauchern geltende Recht gemeint.

Der Online-Dienst muss sich an **gewerbliche Nutzer** (Art. 2 Nr. 1) bzw. **Nutzer mit 10 Unternehmenswebsite** (Art. 2 Nr. 7) richten. In deren Person müssen **kumulativ** zwei Voraussetzungen erfüllt sein: Die gewerbliche Nutzergruppe muss erstens ihre Niederlassung oder ihren Wohnsitz in der EU haben (EU-Präsenz) und zweitens muss sie Waren oder Dienstleistungen in der EU befindlichen Verbrauchern (Art. 2 Nr. 4) anbieten (EU-Aktivität).

10a   Es ist nicht erforderlich, dass über den Online-Dienst nur Verbraucher angesprochen werden. Vielmehr genügt es, wenn gewerbliche Nutzer und Nutzer mit Unternehmenswebsite jedenfalls auch Verbraucher erreichen wollen. **Hybridplattformen,** die Unternehmer nutzen, um neben Verbrauchern auch Gewerbetreibende zu erreichen, fallen daher in den Anwendungsbereich der P2B-VO (Uitz, Die P2B-VO, 2023, S. 53 f.).

11   Für die Feststellung, ob gewerbliche Nutzer oder Nutzer mit Unternehmenswebsite Verbrauchern in der Union Waren oder Dienstleistungen anbieten, ist die Prüfung erforderlich, „ob es offenkundig ist, dass gewerbliche Nutzer oder Nutzer mit Unternehmenswebsite ihre Tätigkeiten auf Verbraucher in einem oder mehreren Mitgliedstaaten ausrichten" (ErwGr. 9). Dieses Kriterium ist entsprechend der einschlägigen Rechtsprechung des EuGH zu **Art. 17 I lit. c Brüssel Ia-VO** und zu **Art. 6 I lit. b Rom I-VO** auszulegen (Busch/Schulte-Nölke Rn. 23 ff.; Uitz, Die P2B-VO, 2023, S. 38 ff.; dazu näher EuGH ECLI:EU:C:2012:542 = NJW 2012, 3225 Rn. 26 ff. – Mühlleitner; ECLI:EU:C:2010:740 = NJW 2011, 505 Rn. 47 ff. – Pammer und Hotel Alpenhof; sehr eingehend Dietrich, Die situative Anwendung von Art. 17 Brüssel Ia-VO und Art. 6 Rom I-VO, 2020). Die von der gewerblichen Nutzergruppe angesprochenen Verbraucher müssen sich zwar in der Union befinden, jedoch ist es nicht erforderlich, dass sie ihren Wohnsitz in der Union haben oder die Staatsangehörigkeit eines Mitgliedstaats besitzen. Es genügt, wenn sich die Verbraucher „zumindest hinsichtlich eines Teils der Transaktion in der Union befinden" (ErwGr. 9).

12   Gemäß Art. 1 II muss der Online-Dienst der gewerblichen Nutzergruppe „bereitgestellt bzw. zur Bereitstellung angeboten werden". Dies entspricht dem Erfordernis in Art. 2 Nr. 3 und 6 (Art. 2 → Rn. 25 f.).

12a   Im Unterschied zu anderen Regulierungsansätzen (zB im Kartellrecht) kommt es weder auf die **Größe** noch auf die **Marktmacht** eines Dienstes an (Busch/Schulte-Nölke Rn. 9). Wenngleich die P2B-VO nach ihrer Regelungskonzeption erkennbar auf die großen Internetplattformen wie Amazon bei den Vertriebsplattformen oder Suchmaschinen wie Google zugeschnitten ist, erfasst die Verordnung auch Dienste kleiner oder mittlerer Anbieter (zB spezialisierte Online-Plattformen oder Suchdienste) und ebenso Newcomer (Alexander GRUR 2023, 14 (16)). Entscheidend ist allein, ob Dienste die Voraussetzungen eines Online-Vermittlungsdienstes oder einer Online-Suchmaschine erfüllen. Unerheblich ist weiter, ob die gewerblichen Nutzer oder Nutzer mit Unternehmenswebsite in einem **Abhängigkeitsverhältnis** zu dem Online-Vermittlungsdienst oder der Online-Suchmaschine stehen.

13   **Keine Anwendung** findet die P2B-VO, wenn gewerbliche Nutzer oder Nutzer mit Unternehmenswebsite nicht in der Union niedergelassen sind oder wenn sie zwar in der Union niedergelassen sind, aber Online-Vermittlungsdienste oder Online-Suchmaschinen nutzen, um Waren oder Dienstleistungen ausschließlich Verbrauchern außerhalb der Union oder Personen anzubieten, die keine Verbraucher sind (ErwGr. 9; dazu krit. Schreiber/Bierbuchen § 3 Rn. 301 ff.; Voigt/Reuter MMR 2019, 783 (784); Wais EuZW 2019, 221 (222)).

2. Nicht erfasste Plattformen

13a   Nicht vom Anwendungsbereich gemäß Art. 1 II erfasst sind Plattformdienste, bei denen gewerbliche Nutzer und Nutzer mit Unterwebsite Waren oder Dienstleistungen ausschließlich gegenüber anderen Gewerbetreibenden bzw. Unternehmern anbieten **(B2B-Plattformen).** Gleiches gilt für Plattformdienste, auf denen nur Verbraucher **(C2C-Plattformen)** oder andere nicht geschäftliche Marktakteure (zB gemeinnützige Vereine) untereinander in Kontakt treten (Uitz, Die P2B-VO, 2023, S. 62 ff.).

3. Sonstige nicht erfasste Online-Dienste

14   Gemäß Art. 1 III unterfallen Online-Zahlungsdienste, Online-Werbeinstrumente oder Online-Werbebörsen, die nicht bereitgestellt werden, um die Anbahnung von direkten Transaktionen zu vermitteln, und bei denen kein Vertragsverhältnis mit Verbrauchern besteht, nicht dem Anwendungsbereich der P2B-VO.

14a   **Online-Zahlungsdienste** sind bspw. Dienste wie PayPal, Klarna, Apple- oder GooglePay (Busch/Schulte-Nölke Rn. 38; Steinrötter, Europäische Plattformregulierung/Arncken, 2023, Kap. 16 Rn. 40). Orientierung bieten die Definitionen in Art. 2 Nr. 16 VO (EU) 2022/1925 (DMA) iVm Art. 4 Nr. 3 RL (EU) 2015/2366 (Zahlungsdienste-RL) sowie in Art. 2 Nr. 18

VO (EU) 2022/1925. Solche Dienste dienen nicht der Vermittlung von Transaktionen, sondern sie ermöglichen im Rahmen einer bereits bestehenden Rechtsbeziehung zwischen Beteiligten das Erbringen einer Zahlungsleistung.

Zu den **Online-Werbeinstrumenten** gehören Dienste, die – kurz gesagt – dafür sorgen, dass **14b** Nutzer (oft speziell auf sie ausgerichtete) Werbeinhalte sehen, etwa auf einer aufgerufenen Internetseite. Dienste dieser Art, zu denen zB Google Ads gehört (Busch/Schulte-Nölke Rn. 39), bilden oftmals eine wichtige Grundlage für die Finanzierung von Online-Vermittlungsdiensten und Online-Suchmaschinen. Die Transparenzregeln der P2B-VO passen jedoch auf solche Dienste größtenteils nicht (Busch/Schulte-Nölke Rn. 39; Steinrötter, Europäische Plattformregulierung/Arncken, 2023, Kap. 16 Rn. 41).

Ebenfalls anders gelagert ist die Interessenlage bei **Online-Werbebörsen.** Dabei handelt es **14c** sich um Dienste, die der Platzierung und Vermarktung von Online-Werbeplätzen dienen (Busch/Schulte-Nölke Rn. 39).

IV. Verhältnis der P2B-VO zu anderen Regelungsbereichen

Aufgrund ihres Querschnittscharakters (→ Vor Art. 1 Rn. 28) kann sich die P2B-VO mit **15** anderen Regelungsbereichen überschneiden. Systematisch ist dabei zwischen Vorschriften der Mitgliedstaaten (Art. 1 IV) und Rechtsvorschriften der Union (Art. 1 V) zu unterscheiden.

1. Recht der Mitgliedstaaten (Art. 1 IV)

a) Nationales Lauterkeits- und Kartellrecht. Gemäß Art. 1 IV 1 gilt die Verordnung **16** „unbeschadet" (engl.: „without prejudice") der Vorschriften der Mitgliedstaaten, durch die im Einklang mit dem Unionsrecht einseitige Handlungen oder unlautere Geschäftspraktiken verboten oder geahndet werden, soweit die relevanten Aspekte nicht durch die Verordnung geregelt werden. Es steht danach den Mitgliedstaaten frei, nationale Rechtsvorschriften anzuwenden, mit denen einseitige Handlungen oder unlautere Geschäftspraktiken untersagt oder geahndet werden, wenn und soweit die Verordnung keine speziellen oder abschließenden Regelungen enthält (vgl. ErwGr. 8).

Nationale Regelungen in Bezug auf **einseitige Verhaltensweisen** können insbesondere **17** **kartellrechtliche Missbrauchsverbote** sein. Nach deutschem Recht kommen hierbei insbesondere die §§ 19, 19a GWB und § 20 GWB in Betracht. Im Unterschied zu den kartellrechtlichen Tatbeständen stellt die P2B-VO keine Anforderungen an die Marktstärke oder Marktmacht eines Plattformbetreibers.

Vorschriften der Mitgliedstaaten in Bezug auf **unlautere Geschäftspraktiken** sind insbesondere die Bestimmungen des **UWG.** Von der P2B-VO erfasste Verhaltensweisen können daher **18** bspw. Gegenstand einer lauterkeitsrechtlichen Kontrolle durch das nationale Recht sein, etwa gemäß § 4a UWG bei einer aggressiven Einflussnahme im Vertikalverhältnis (Alexander WRP 2020, 945 (949)). Näher zur Rechtsdurchsetzung auf der Grundlage des UWG → Art. 14 Rn. 14 ff.

Aus der P2B-VO ergibt sich **keine Vermutung** und auch **kein Umkehrschluss** für die **19** kartellrechtliche oder lauterkeitsrechtliche Zulässigkeit von geschäftlichen Verhaltensweisen. Wenn bspw. die Art. 4–7 spezielle Transparenzanforderungen für einzelne Praktiken des Plattformbetreibers vorsehen, dann folgt daraus nur, dass der Plattformbetreiber verpflichtet ist, diese speziellen Transparenzvorgaben einzuhalten. Dagegen lässt sich aus den Vorschriften nicht weitergehend ableiten, dass die Verhaltensweisen bei Einhaltung der Transparenzvorgaben kartellrechtlich oder lauterkeitsrechtlich unangreifbar sind. Vielmehr ist es möglich, dass eine Verhaltensweise trotz der Einhaltung der Transparenzvorgaben aus speziellen Gründen unlauter und damit unzulässig sein kann.

b) Nationales Vertragsrecht. Art. 1 IV 2 bestimmt, dass die Verordnung **nicht** das nationa- **20** le Zivilrecht **berührt** (engl.: „shall not affect"). Dies gilt insbesondere für das Vertragsrecht mit seinen Bestimmungen über die Wirksamkeit, das Zustandekommen, die Wirkungen oder die Beendigung eines Vertrags, soweit die Vorschriften des nationalen Zivilrechts mit dem Unionsrecht in Einklang stehen und soweit die relevanten Aspekte nicht durch diese Verordnung geregelt werden.

Die Verordnung strebt demzufolge keine umfassenden vertragsrechtlichen Vorgaben für die **21** Ausgestaltung der Rechtsverhältnisse zwischen der gewerblichen Nutzergruppe und den Plattformbetreibern an. Das nationale Vertragsrecht bleibt folglich anwendbar, wenn und soweit die

P2B-VO bestimmte Fragen nicht oder nicht abschließend regelt. Im konkreten Fall wird dies typischerweise dazu führen, dass Vertragsverhältnisse einer **mehrschichtigen Rechtskontrolle** unterliegen, also anhand der P2B-VO und anhand des nationalen Vertragsrechts zu überprüfen sind. **Beispiel:** Die AGB von Plattformbetreibern (und deren Änderungen) können sowohl nach den Art. 3 ff. als auch nach den §§ 305 ff. BGB zu kontrollieren sein.

2. Unionsrecht (Art. 1 V)

22   Art. 1 V erwähnt mit der justiziellen Zusammenarbeit in Zivilsachen, dem Wettbewerb, dem Datenschutz, dem Schutz von Geschäftsgeheimnissen, dem Verbraucherschutz, dem elektronischen Geschäftsverkehr und den Finanzdienstleistungen einzelne Rechtsbereiche des Unionsrechts, mit denen sich die P2B-VO überschneiden kann. Auch insoweit soll die Verordnung **„unbeschadet"** dieser speziellen Regelungen gelten. Das bedeutet ebenso wie in Art. 1 IV 1 (→ Rn. 16), dass die P2B-VO die jeweiligen Sekundärrechtsregelungen weder einschränkt noch ausweitet.

23   **a) Kartellrecht.** Mit den **Regelungen zum Wettbewerb** sind die Bestimmungen des **EU-Kartellrechts** gemeint, vor allem Art. 101 und 102 AEUV. Hier gilt, dass die P2B-VO eine kartellrechtliche Kontrolle von Verhaltensweisen der Plattformbetreiber nicht ausschließt. Es ist daher eine **parallele Kontrolle** von Praktiken sowohl auf der Grundlage der P2B-VO als auch des Kartellrechts möglich (zu einigen Schnittbereichen Polley/Pesch/Tönnies WuW 2019, 494 ff. = WUW1313190; Überblick zu kartellrechtlichen Verfahren, die Online-Plattformen betreffend, bei Hoffer/Lehr NZKart 2019, 10 ff.).

24   **b) Lauterkeitsrecht.** Die **UGP-RL** und die ihrer Umsetzung dienenden Vorschriften verfolgen ein anders gelagertes Schutzziel als die P2B-VO. Während die UGP-RL einen unmittelbaren Schutz der Verbraucher und einen nur mittelbaren Schutz der Mitbewerber bezweckt, dient die P2B-VO dem unmittelbaren Schutz der gewerblichen Nutzer/Nutzer mit Unternehmenswebsites. Ein direkter Schutz der Verbraucher ist von der P2B-VO nicht bezweckt, doch geht der Unionsgesetzgeber davon aus, dass Verbraucher von einem wettbewerbsfähigen, fairen und transparenten „Online-Ökosystem" mittelbar profitieren (ErwGr. 3). Schon aufgrund dieser unterschiedlichen Ausrichtungen besteht kein spezifisches Konkurrenzverhältnis zwischen der UGP-RL und der P2B-VO. Allerdings sind im Einzelfall Überschneidungen denkbar, etwa wenn das geschäftliche Verhalten eines Plattformbetreibers sowohl die Interessen der gewerblichen Nutzergruppe als auch der Verbraucher berührt (**Beispiel:** Fehlende Transparenz beim Ranking von Suchergebnissen). Dann können beide Regelungsbereiche nebeneinander zur Anwendung kommen. Zum Teil finden sich in der P2B-VO auch Regelungen, die eine unmittelbare Verknüpfung mit den Anforderungen der UGP-RL aufweisen. **Beispiel:** Gemäß Art. 3 V muss der Anbieter eines Online-Vermittlungsdienstes sicherstellen, dass die Identität der gewerblichen Nutzer, die Waren und Dienstleistungen über den Online-Vermittlungsdienst anbieten, klar erkennbar ist. Diese Pflicht steht in einem Zusammenhang mit der Verpflichtung der Gewerbetreibenden, die auf einem Online-Marktplatz aktiv sind, ihre Identität gegenüber Verbrauchern offenzulegen (vgl. Art. 7 IV lit. f UGP-RL).

25   **c) Schutz von Geschäftsgeheimnissen.** Der **Schutz von Geschäftsgeheimnissen** – auf Unionsebene gewährleistet durch die RL (EU) 2016/943 – ist insbesondere im Zusammenhang mit Ranking-Algorithmen (Art. 5) von Bedeutung. Zu den Einzelheiten → Art. 5 Rn. 31 ff.

26   **d) VO (EU) 2022/1925 (Digital Markets Act – DMA).** Mit dem Digital Markets Act verfolgt der Unionsgesetzgeber das Ziel, besonders mächtige **„Torwächter"** (Art. 2 Nr. 1 VO (EU) 2022/1925) in der digitalen Wirtschaft einer strengeren Regulierung zu unterwerfen. Denn die Tätigkeit dieser Torwächter kann nach Einschätzung des Unionsgesetzgebers „zu schwerwiegenden Ungleichgewichten bei der Verhandlungsmacht und folglich zu unfairen Praktiken und Bedingungen für gewerbliche Nutzer und für Endnutzer der von Torwächtern angebotenen zentralen Plattformdienste führen, was sich nachteilig auf Preise, Qualität, fairen Wettbewerb, Auswahl und Innovation im digitalen Sektor auswirken würde" (ErwGr. 4). Die Vorschriften des Digital Markets Acts gelten **„unbeschadet"** der Regelungen in der P2B-VO (ErwGr. 12).

27   **e) VO (EU) 2022/2065 (Digital Services Act – DSA).** Der Digital Services Act stellt „auf Unionsebene verbindliche gezielte, einheitliche, wirksame und verhältnismäßige Vorschriften" auf, um die Voraussetzungen dafür zu schaffen, „dass im Binnenmarkt innovative digitale Dienste

entstehen und expandieren können" (ErwGr. 4). Gemäß Art. 2 IV lit. e VO (EU) 2022/2065 lässt die Verordnung die Vorschriften der P2B-VO **"unberührt".** Aus des Sicht des Unionsgesetzgebers handelt es sich bei der P2B-VO um einen Rechtsakt der Union, der andere Aspekte der Erbringung von Vermittlungsdiensten im Binnenmarkt regelt bzw. die Vorschriften der VO (EU) 2022/2065 präzisiert oder ergänzt.

Begriffsbestimmungen

2 Für die Zwecke dieser Verordnung bezeichnet der Ausdruck:

1. **"gewerblicher Nutzer"** jede im Rahmen einer geschäftlichen oder beruflichen Tätigkeit handelnde Privatperson oder jede juristische Person, die über Online-Vermittlungsdienste und für Zwecke im Zusammenhang mit ihrer gewerblichen, geschäftlichen, handwerklichen oder beruflichen Tätigkeit Verbrauchern Waren oder Dienstleistungen anbietet;

2. **"Online-Vermittlungsdienste"** Dienste, die alle nachstehenden Anforderungen erfüllen:

   a) Es handelt sich um Dienste der Informationsgesellschaft im Sinne des Artikels 1 Absatz 1 Buchstabe b der Richtlinie (EU) 2015/1535 des Europäischen Parlaments und des Rates.

   b) Sie ermöglichen es gewerblichen Nutzern, Verbrauchern Waren oder Dienstleistungen anzubieten, indem sie die Einleitung direkter Transaktionen zwischen diesen gewerblichen Nutzern und Verbrauchern vermitteln, unabhängig davon, wo diese Transaktionen letztlich abgeschlossen werden.

   c) Sie werden gewerblichen Nutzern auf der Grundlage eines Vertragsverhältnisses zwischen dem Anbieter dieser Dienste und den gewerblichen Nutzern, die den Verbrauchern Waren oder Dienstleistungen anbieten, bereitgestellt;

3. **"Anbieter von Online-Vermittlungsdiensten"** jede natürliche oder juristische Person, die gewerblichen Nutzern Online-Vermittlungsdienste bereitstellt oder zur Bereitstellung anbietet;

4. **"Verbraucher"** jede natürliche Person, die zu Zwecken handelt, die außerhalb der gewerblichen, geschäftlichen, handwerklichen oder beruflichen Tätigkeit dieser Person liegen;

5. **"Online-Suchmaschine"** einen digitalen Dienst, der es Nutzern ermöglicht, in Form eines Stichworts, einer Spracheingabe, einer Wortgruppe oder einer anderen Eingabe Anfragen einzugeben, um prinzipiell auf allen Websites oder auf allen Websites in einer bestimmten Sprache eine Suche zu einem beliebigen Thema vorzunehmen und Ergebnisse in einem beliebigen Format angezeigt zu bekommen, über die sie Informationen im Zusammenhang mit dem angeforderten Inhalt finden können;

6. **"Anbieter von Online-Suchmaschinen"** eine natürliche oder juristische Person, die Verbrauchern Online-Suchmaschinen bereitstellt oder zur Bereitstellung anbietet;

7. **"Nutzer mit Unternehmenswebsite"** eine natürliche oder juristische Person, die über eine Online-Schnittstelle, d. h. über eine Software (darunter Websites oder Teile davon und Anwendungen, einschließlich mobiler Anwendungen) und für Zwecke im Zusammenhang mit ihrer gewerblichen, geschäftlichen, handwerklichen oder beruflichen Tätigkeit Verbrauchern Waren oder Dienstleistungen anbietet;

8. **"Ranking"** die relative Hervorhebung von Waren und Dienstleistungen, die über Online-Vermittlungsdienste angeboten werden, oder die Relevanz, die Suchergebnissen von Online-Suchmaschinen zugemessen wird, wie von Anbietern von Online-Vermittlungsdiensten bzw. von Anbietern von Online-Suchmaschinen organisiert, dargestellt und kommuniziert, unabhängig von den für diese Darstellung, Organisation oder Kommunikation verwendeten technischen Mitteln;

9. **"Kontrolle"** das Eigentum an einem Unternehmen oder die Fähigkeit, bestimmenden Einfluss auf ein Unternehmen auszuüben, im Sinne von Artikel 3 Absatz 2 der Verordnung (EG) Nr. 139/2004 des Rates;

10. „allgemeine Geschäftsbedingungen" alle Bedingungen oder Bestimmungen, die unabhängig von ihrer Bezeichnung oder Form das Vertragsverhältnis zwischen dem Anbieter von Online-Vermittlungsdiensten und ihren gewerblichen Nutzern regeln und einseitig vom Anbieter der Online-Vermittlungsdienste festgelegt werden, wobei diese einseitige Festlegung auf der Grundlage einer Gesamtbewertung festgestellt wird, im Rahmen derer die relative Größe der betroffenen Parteien, die Tatsache, dass Verhandlungen stattgefunden haben, oder die Tatsache, dass einzelne Bestimmungen in diesen Bedingungen möglicherweise Gegenstand von Verhandlungen waren und gemeinsam von dem jeweiligen Anbieter und dem jeweiligen gewerblichen Nutzer festgelegt wurden, für sich genommen nicht entscheidend ist;

11. „Nebenwaren und -dienstleistungen" Waren und Dienstleistungen, die dem Verbraucher vor Abschluss der Transaktion, die mittels der Online-Vermittlungsdienste angebahnt wurde, zusätzlich und ergänzend zu der vom gewerblichen Nutzer über die Online-Vermittlungsdienste angebotenen Hauptware oder -dienstleistung angeboten werden;

12. „Mediation" ein strukturiertes Verfahren im Sinne des Artikels 3 Buchstabe a der Richtlinie 2008/52/EG;

13. „dauerhafter Datenträger" jedes Medium, das es gewerblichen Nutzern gestattet, an sie persönlich gerichtete Informationen so zu speichern, dass sie sie in der Folge für eine den Zwecken der Informationen angemessene Dauer abrufen und einsehen können, und das die unveränderte Wiedergabe der gespeicherten Informationen ermöglicht.

Übersicht

I. Allgemeines

1   Der Regelungstechnik des Unionsrechts entsprechend, enthält Art. 2 Definitionen von 13 **zentralen Begriffen,** die in den Vorschriften der P2B-VO Verwendung finden. Diese Begriffsbestimmungen gelten im gesamten Anwendungsbereich der Verordnung. Sie erleichtern die

unionsrechtlich gebotene autonome Auslegung der Verordnung. Überwiegend sind ausdrückliche Definitionen vorgesehen, teilweise finden jedoch auch Teil- oder Vollverweisungen auf die Begriffe anderer Rechtsakte.

II. Begriffsbestimmungen im Einzelnen

1. Gewerblicher Nutzer (Nr. 1)

Art. 2 Nr. 1 definiert den gewerblichen Nutzer. Der Begriff entspricht – abgesehen von dem **2** dort noch speziell vorausgesetzten Bezugspunkt des zentralen Plattformdienstes – dem Begriff des gewerblichen Nutzers gemäß Art. 2 Nr. 21 VO (EU) 2022/1925 (DMA). Neben den Nutzern mit Unternehmenswebsite (Art. 2 Nr. 7) gehören die gewerblichen Nutzer zu den durch P2B-VO geschützten Personen. Erfasst sind **Privatpersonen** (engl. „private individual") oder **juristische Personen** (engl.: „legal person"), die im Rahmen einer geschäftlichen oder beruflichen Tätigkeit handeln. Bei der juristischen Person ist von einem weiten Begriffsverständnis auszugehen. Aus unionsrechtlicher Sicht sind auch Personengesellschaften und sonstige Vereinigungen, die Trägerin von Rechten und Pflichten sein können, den juristischen Personen zuzuordnen. In erster Linie ist an **juristische Personen des Privatrechts** zu denken, jedoch können auch **juristische Personen des öffentlichen Rechts** als gewerbliche Nutzer in den Schutzbereich der P2B-VO einbezogen sein (Busch/Schulte-Nölke Rn. 4). Dafür spricht nicht nur, dass ErwGr. 1 auch die Nutzung von Online-Diensten durch den öffentlichen Sektor erwähnt. In neueren Rechtsakten bezieht das Unionsrecht in den Unternehmerbegriff des Verbraucherrechts neben juristischen Personen des Privatrechts ausdrücklich auch solche des öffentlichen Rechts mit ein (vgl. Art. 2 Nr. 5 RL (EU) 2019/770; Entsprechendes gilt für den Verkäuferbegriff in Art. 2 Nr. 3 RL (EU) 2019/771).

Die Privatperson oder juristische Person muss über einen Online-Vermittlungsdienst (Art. 2 **3** Nr. 2; → Rn. 6 ff.) für Zwecke im Zusammenhang mit ihrer gewerblichen, geschäftlichen, handwerklichen oder beruflichen Tätigkeit Verbrauchern (Art. 2 Nr. 4; → Rn. 27 ff.) Waren oder Dienstleistungen anbieten. Erfasst sind dabei **sämtliche Produktarten und Wirtschaftsbranchen.** Das **Anbieten** ist nicht auf Willenserklärungen im vertragsrechtlichen Sinne beschränkt (→ Rn. 10), sondern erfasst ist jedes Verhalten, das auf den Absatz von Waren oder Dienstleistungen gerichtet ist und das in eine direkte Transaktion einmünden kann (vgl. Art. 2 Nr. 2 lit. b). Unerheblich für das Anbieten ist, auf welchem Wege die angebotene Ware oder Dienstleistung erworben werden können.

Das Vorliegen einer gewerblichen, geschäftlichen, handwerklichen oder beruflichen Tätigkeit **4** richtet sich nach den gleichen Grundsätzen, die für den Begriff des Gewerbetreibenden gemäß **Art. 2 lit. b UGP-RL** und den Begriff des Unternehmers gemäß **Art. 2 Nr. 2 Verbraucherrechte-RL** gelten. Für diese beiden Bestimmungen hat der EuGH bereits entschieden, dass von einheitlichen Kriterien auszugehen ist (EuGH ECLI:EU:C:2018:808 = GRUR 2018, 1154 Rn. 25 ff. – Kamenova). Bei der Heranziehung dieser verbraucherrechtlichen Grundsätze ist jedoch zu berücksichtigen, dass die P2B-VO einen anders ausgerichteten Schutzansatz verfolgt (vgl. Busch/Schulte-Nölke Rn. 5).

Art und Umfang der Geschäftätigkeit eines Unternehmens sind für die Qualifikation als **5** gewerblicher Nutzer ebenso unerheblich wie die Frage, welcher Geschäftssparte das Unternehmen angehört. Ebenfalls nicht von Bedeutung ist seine wirtschaftliche Leistungsfähigkeit. Es kommt auch nicht darauf an, ob sich der gewerbliche Nutzer im konkreten Fall tatsächlich gegenüber dem Anbieter des Online-Vermittlungsdienstes in einer unterlegenen Position befindet. Es ist durchaus der Fall vorstellbar, dass ein starker gewerblicher Nutzer einem wirtschaftlich schwächeren Nischen-Plattformbetreiber gegenübersteht. Der Unionsgesetzgeber hat allerdings als typischen Anwendungsfall der P2B-VO die umgekehrte Situation vor Augen gehabt, wonach der gewerbliche Nutzer – vielleicht als KMU – einem mächtigen und weltweit agierenden Internet-Riesen gegenübersteht (Naumann/Rodenhausen ZEuP 2020, 768 (777)).

Personen in abhängiger Beschäftigung sind keine gewerblichen Nutzer. Die Abgrenzung **5a** kann allerdings bei plattformbasierten Geschäftsmodellen (zB bei Fahr- und Lieferdiensten, die von Fahrern erbracht und die durch UBER und ähnliche Plattformen vermittelt werden) schwierig sein (dazu näher Busch/Schulte-Nölke Rn. 7 ff.). Auszugehen ist von einer **autonom unionsrechtlichen Auslegung,** nicht dagegen von der nationalen Einordnung einer Person als Arbeitnehmer oder Selbstständiger.

2. Online-Vermittlungsdienste (Nr. 2)

6   Die in Art. 2 Nr. 2 definierten Online-Vermittlungsdienste sind neben den Online-Suchmaschinen (Art. 2 Nr. 5 → Rn. 29 ff.) diejenigen Dienste, deren Tätigkeit die P2B-VO reguliert. Die in Art. 2 lit. a bis c genannten Voraussetzungen müssen kumulativ erfüllt sein. Die Definition des Art. 2 Nr. 2 wird durch Art. 2 Nr. 4 VO (EU) 2022/1925 (DMA) in Bezug genommen und findet daher auch innerhalb des DMA Anwendung.

7   **a) Voraussetzungen. aa) Dienst der Informationsgesellschaft (lit. a). Erste Voraussetzung** (lit. a) ist das Vorliegen eines **Dienstes der Informationsgesellschaft iSv Art. 1 I lit. b RL (EU) 2015/1535** (RL (EU) 2015/1535 des Europäischen Parlaments und des Rates vom 9.9.2015 über ein Informationsverfahren auf dem Gebiet der technischen Vorschriften und der Vorschriften für die Dienste der Informationsgesellschaft, ABl. EU 2015 L 241, 1). Die entsprechende Definition lautet:

„Dienst' eine Dienstleistung der Informationsgesellschaft, d. h. jede in der Regel gegen Entgelt elektronisch im Fernabsatz und auf individuellen Abruf eines Empfängers erbrachte Dienstleistung.

Im Sinne dieser Definition bezeichnet der Ausdruck

i) ‚im Fernabsatz erbrachte Dienstleistung' eine Dienstleistung, die ohne gleichzeitige physische Anwesenheit der Vertragsparteien erbracht wird;
ii) ‚elektronisch erbrachte Dienstleistung' eine Dienstleistung, die mittels Geräten für die elektronische Verarbeitung (einschließlich digitaler Kompression) und Speicherung von Daten am Ausgangspunkt gesendet und am Endpunkt empfangen wird und die vollständig über Draht, über Funk, auf optischem oder anderem elektromagnetischem Wege gesendet, weitergeleitet und empfangen wird;
iii) ‚auf individuellen Abruf eines Empfängers erbrachte Dienstleistung' eine Dienstleistung die durch die Übertragung von Daten auf individuelle Anforderung erbracht wird."

8   Als Dienste der Informationsgesellschaft hat der EuGH bspw. **Airbnb** (EuGH ECLI:EU: C:2019:1112 = MMR 2020, 171 Rn. 39 ff. – Airbnb Ireland) sowie die **Star Taxi App,** die eine direkte Verbindung zwischen Taxikunden und Taxifahrern herstellt (EuGH ECLI:EU: C:2020:980 = MMR 2021, 309 Rn. 38 ff. – Star Taxi App), angesehen. Anh. I RL 2015/1535 enthält ergänzend eine Beispielliste von Diensten, die nicht der Definition des Art. 1 I lit. b RL 2015/1535 unterfallen. Diese Ausschlussliste gilt entsprechend für Art. 2 Nr. 2 lit. a.

9   **bb) Angebot von Waren oder Dienstleistungen an Verbraucher durch Vermittlung direkter Transaktionen (lit. b).** Als **zweite Voraussetzung** (lit. b) muss es der Dienst gewerblichen Nutzern ermöglichen, „Verbrauchern Waren oder Dienstleistungen anzubieten, indem sie die Einleitung direkter Transaktionen zwischen diesen gewerblichen Nutzern und Verbrauchern vermitteln, unabhängig davon, wo diese Transaktionen letztlich abgeschlossen werden". In diesem Tatbestandserfordernis kommt die plattformtypische **Mittlerrolle** des Dienstes als Intermediär zwischen gewerblichen Nutzern und Verbrauchern zum Ausdruck. Diese Mittlerrolle darf aber nicht von „nur untergeordneter Bedeutung" sein (ErwGr. 10).

10   Ein **Anbieten** von Waren oder Dienstleistungen ist nicht auf Angebote im vertragsrechtlichen Sinne (§§ 145 ff. BGB) beschränkt. Vielmehr wird jede Form der Werbung, Vorstellung oder Präsentation von Waren oder Dienstleistungen gegenüber Verbrauchern erfasst, die dem Absatz von Waren oder Dienstleistungen dient. Es ist nicht erforderlich, dass die gewerblichen Nutzer ihre Waren oder Dienstleistungen nur Verbrauchern anbieten. Es genügt, wenn Verbraucher jedenfalls auch zu den angesprochenen Adressaten gehören.

11   Die Vermittlung muss auf das **Einleiten einer direkten Transaktion** zwischen den gewerblichen Nutzern der Plattform und Verbrauchern gerichtet sein. Gemeint ist damit in erster Linie die Anbahnung eines Geschäfts in Form des Abschlusses eines Vertrags, wobei es nicht auf den Vertragstyp (zB Kaufvertrag, Werkvertrag, Dienstvertrag, Miet- oder Leasingvertrag, Reisevertrag, Versicherungsvertrag, Versorgungsverträge usw.) ankommt. Der Begriff der Transaktion kann darüber hinaus auch sonstige geschäftliche Maßnahmen erfassen, zB die Erweiterung oder Änderung von bestehenden Verträgen oder das Einleiten einer Transaktion mit dem Ziel, ein bestehendes Vertragsverhältnis zu beenden (**Beispiel:** Vermittlung zum Zweck des Anbieterwechsels).

12   Für Art. 2 Nr. 2 lit. b kommt es nicht darauf an, ob die Transaktion online, auf dem Online-Portal des jeweiligen Anbieters von Online-Vermittlungsdiensten oder des gewerblichen Nutzers, offline oder aber überhaupt nicht abgeschlossen wird. Als Voraussetzung dafür, dass Online-Vermittlungsdienste in den Geltungsbereich der Verordnung fallen, ist **kein Vertrags-**

verhältnis zwischen gewerblichen Nutzern und Verbrauchern erforderlich (ErwGr. 10). Die Vermittlung durch den Plattformbetreiber muss also nicht erfolgreich gewesen sein.

cc) Vertragsverhältnis (lit. c). Dritte Voraussetzung (lit. c) ist, dass der Dienst gewerb- **13** lichen Nutzern auf der Grundlage eines **Vertragsverhältnisses** zwischen dem Anbieter dieser Dienste (Art. 2 Nr. 3; → Rn. 23) und den gewerblichen Nutzern, die den Verbrauchern Waren oder Dienstleistungen anbieten, bereitgestellt wird. Dieser Vertrag bildet den rechtlichen Bezugspunkt für die Einzelregelungen der Art. 3 ff.

Vertragsrechtlich handelt es sich bei dem Vertragsverhältnis um die Erscheinungsform eines **13a** **Plattform(nutzungs)vertrags** (s. dazu Härting Internetrecht Kap. D Rn. 1052 ff.). Die P2B-VO trifft zur vertragsrechtlichen Einordnung keine näheren Aussagen, sodass sich diese nach dem nationalen Vertragsrecht der Mitgliedstaaten richtet. Nach deutschem Rechtsverständnis sind Verträge dieser Art Dauerschuldverhältnisse, die darauf gerichtet sind, dem gewerblichen Nutzer über eine technische Infrastruktur den Zugang und die Nutzung der Online-Plattform zu ermöglichen, wobei oftmals auch nähere Modalitäten des Vertragsabschlusses über die Plattform näher geregelt werden (zu den vertragsrechtlichen Einzelheiten Busch/von Westphalen Rn. 74 ff.).

In der Regel wird es sich um eine **entgeltliche Vertragsbeziehung** handeln, was sich bereits **13b** aus Art. 1 I lit. b RL (EU) 2015/1535 ergibt. Der Vertrag muss **keine besondere Form** aufweisen, insbesondere ist keine Schriftform erforderlich. Es ist davon auszugehen, dass ein solches Vertragsverhältnis besteht, wenn die beiden betroffenen Parteien in eindeutiger Weise auf einem dauerhaften Datenträger iSv Art. 2 Nr. 13 (→ Rn. 61 ff.) ihre Absicht bekunden, gebunden zu sein (ErwGr. 10).

An den **Inhalt** des Nutzungsvertrags stellt die P2B-VO im Ausgangspunkt keine speziellen **13c** Anforderungen (Busch/Schulte-Nölke Rn. 49). Aus ihren Transparenzregeln ergeben sich aber inhaltliche Vorgaben, die der Anbieter des Online-Vermittlungsdienstes als Vertragspartei zu beachten hat.

Es kommt nicht darauf an, welches Vertragsrecht im konkreten Fall auf den Vertrag zwischen **13d** dem gewerblichen Nutzer und dem Plattform-Betreiber anzuwenden ist (Busch/Schulte-Nölke Rn. 39). Auch muss der Vertrag nach dem nationalen Vertragsrecht (noch) **nicht wirksam zustande gekommen** sein (Busch/Schulte-Nölke Rn. 40; Steinrötter, Europäische Plattformregulierung/Arncken, 2023, Kap. 16 Rn. 29 ff.).

Teilweise wird die Ansicht vertreten, dass dem Vertragsverhältnis zwischen dem Anbieter des **13e** Online-Vermittlungsdienstes und dem gewerblichen Nutzer zugunsten von Verbrauchern eine **drittschützende Wirkung** zukomme (Busch/von Westphalen Rn. 78 ff.). Daran ist richtig, dass der Inhalt des Nutzungsvertrag in einigen Bereichen eine gewisse Ausstrahlungswirkung auf die Verbraucher entfalten kann, die den Online-Vermittlungsdienst nutzen. Es ist aber zweifelhaft, ob ein Drittschutz der Verbraucher tatsächlich ein typisches Vertragscharakteristikum bildet, zumal es sich bei dem Vertrag zugunsten Dritter bzw. dem Vertrag mit Schutzwirkung zugunsten Dritter um spezifische Rechtsfiguren des deutschen Schuldrechts handelt.

b) Einzelheiten. Auszugehen ist von einem tendenziell **weiten** und **technologieoffenen** **14** Verständnis des Online-Vermittlungsdienstes (vgl. auch Busch GRUR 2019, 788 (789)). In **ErwGr. 11** heißt es dazu:

„Bei den Online-Vermittlungsdiensten, die unter diese Verordnung fallen, sollte es sich daher beispielsweise um Online-Marktplätze für den elektronischen Geschäftsverkehr handeln, darunter auch kollaborative Marktplätze, auf denen gewerbliche Nutzer aktiv sind, Online-Dienste für Softwareanwendungen, etwa Vertriebsplattformen für Softwareanwendungen (application stores), und Online-Dienste sozialer Medien, ungeachtet der zur Bereitstellung der betreffenden Dienste verwendeten Technologie. In diesem Sinne könnten Online-Vermittlungsdienste auch durch Sprachassistenztechnologie bereitgestellt werden. Es sollte auch nicht von Belang sein, ob die oben genannten Transaktionen zwischen gewerblichen Nutzern und Verbrauchern Zahlungen von Geldbeträgen umfassen oder ob sie teilweise offline geschlossen werden."

Weitere **Beispiele** für Online-Vermittlungsdienste sind die vielfältigen **Buchungs- und Ver-** **15** **gleichsportale** im Internet (Busch GRUR 2019, 788 (789); Kohser/Jahn GRUR-Prax 2020, 273; Voigt/Reuter MMR 2019, 783 (784); vgl. zu Vergleichsportalen auch den umfassenden Überblick in der Sektoruntersuchung Vergleichsportale des BKartA aus dem Jahr 2019 (Az. V-21/17). **Soziale Netzwerke** wie Facebook oder Instagram können ebenfalls als Online-Vermittlungsdienste einzuordnen sein, wenn innerhalb dieser Netzwerke den Verbrauchern Produkte präsentiert werden (Busch GRUR 2019, 788 (789); Schneider/Kremer WRP 2020, 1128

(1130)). Exemplarisch für die Tätigkeit eines Online-Vermittlungsdienstes in der Form eines Marktplatzes ist etwa das Geschäftsmodell der Plattform Zalando (s. dazu eingehende Analyse und rechtliche Einordnung bei Naumann/Rodenhausen ZEuP 2019, 768 (780 ff.)).

16   Die Online-Vermittlungsdienste sind nicht auf bestimmte **Wirtschaftsbereiche oder Branchen** beschränkt, sodass Plattformen aus den verschiedensten Sektoren erfasst werden. Weiterhin ist die Einordnung als Online-Vermittlungsdienst unabhängig von dessen **Größe, Leistungsfähigkeit, Nutzeranzahl und Reichweite.** Die weltweit tätige Plattform mit Millionen von Nutzern kann dem Tatbestand ebenso unterfallen wie der hochspezialisierte Nischenanbieter oder ein Start-up (Naumann/Rodenhausen ZEuP 2020, 768 (776)).

17   Der Zuordnung eines Dienstes als Online-Vermittlungsdienst steht nicht entgegen, wenn sich der Plattformbetreiber nicht auf eine Mittlerrolle beschränkt, sondern seinerseits (konkurrierend und ergänzend zu den auf seiner Plattform aktiven gewerblichen Nutzern) **eigene Waren oder Dienstleistungen** vertreibt. Dies folgt aus Art. 6 und 7, die für solche Konstellationen ausdrückliche Transparenzregeln vorsehen.

18   Weiterhin ist nicht entscheidend, ob es sich um eine **offene oder geschlossene Plattform** handelt. Beide Formen unterscheiden sich danach, ob der Plattformbetreiber eine Vorauswahl zwischen den gewerblichen Nutzern trifft (zB weil der Eigenvertrieb von Produkten im Vordergrund steht und gewerbliche Nutzer nur zugelassen sind, um das Sortiment auf der Plattform zu verbreitern und Angebotslücken zu schließen) oder die Plattform grundsätzlich jedem gewerblichen Nutzer zur Verfügung steht (zur Abgrenzung s. auch Neumann/Rodenhausen ZEuP 2020, 768 (782)).

19   **c) Abgrenzungen. aa) Nicht erfasste Dienste.** Gemäß ErwGr. 11 unterfallen die folgenden Angebote **nicht** dem Begriff des Online-Vermittlungsdienstes:
– **Peer-to-Peer-Online-Vermittlungsdienste ohne Beteiligung gewerblicher Nutzer;** gedacht ist hier wohl an Sharing-Angebote (Busch GRUR 2019, 788 (789)). **Beispiel:** Dienst zur Koordinierung rein privater Mitfahrgelegenheiten.
– **Reine Business-to-Business-Online-Vermittlungsdienste,** die nicht Verbrauchern angeboten werden (krit. zur Ausgrenzung von B2B-Plattformdienste Busch GRUR 2019, 788 (790); Schneider/Kremer WRP 2020, 1128 (1130); Voigt/Reuter MMR 2019, 783 (784))).
– **Online-Werbeplatzierungsinstrumente** und **Online-Werbebörsen,** die nicht bereitgestellt werden, um die Anbahnung direkter Transaktionen zu vermitteln, und bei denen kein Vertragsverhältnis mit Verbrauchern besteht (Art. 1 → Rn. 14b und 14c).

20   Weiterhin **nicht erfasst** sind Softwaredienste für die **Suchmaschinenoptimierung** sowie Dienste im Zusammenhang mit **Werbeblocker-Software.** Dienste zur Suchmaschinenoptimierung sind Online-Dienste, die darauf ausgerichtet sind, dass eingerichtete Websites von Suchmaschinen besser aufgefunden werden. Zur Werbeblocker-Software gehören Dienste, die Werbeinhalte auf den Internetseiten von Nutzern ausblenden, unabhängig davon, wie dies technisch bewerkstelligt wird und ob das zugrunde liegende Geschäftsmodell im Übrigen (vgl. zur Software Adblock Plus BGHZ 218, 236 = GRUR 2018, 1251 – Werbeblocker II und BGHZ 223, 359 = GRUR 2019, 1305 – Werbeblocker III) rechtlich zulässig ist.

20a   Auch die technischen Funktionen und Schnittstellen, die lediglich Hardware und Anwendungen miteinander verbinden, unterfallen nicht der P2B-VO (ErwGr. 11). Gemeint sind damit offenbar die **Betriebssysteme,** die für das Funktionieren von Endgeräten erforderlich sind, zB Android oder iOS (Busch/Schulte-Nölke Rn. 41). Solche Funktionen bzw. Schnittstellen können jedoch mit bestimmten Online-Vermittlungsdiensten direkt verbunden sein oder als Ergänzung dienen; in diesem Fall unterliegen die entsprechenden Anbieter von Online-Vermittlungsdiensten Transparenzanforderungen mit Blick auf eine differenzierte Behandlung auf der Grundlage dieser Funktionen und Schnittstellen (ErwGr. 11). **Beispiel:** Ein solcher Dienst ist direkt in das Betriebssystem eines Smartphones eingebunden.

21   Schon aus Art. 1 III folgt, dass **Online-Zahlungsdienste** nicht den Online-Vermittlungsdiensten zuzuordnen sind, da diese die Anforderungen eines solchen Dienstes nicht selbst erfüllen, sondern eher ein mit der Transaktion der Bereitstellung von Waren und Dienstleistungen für die betreffenden Verbraucher inhärent verbundener Dienst sind (ErwGr. 11; Art. 1 → Rn. 14a).

22   **bb) Abgrenzung zu Online-Marktplätzen.** Online-Vermittlungsdienste iSv Art. 2 Nr. 2 werden regelmäßig zugleich die Voraussetzungen eines **Online-Marktplatzes** iSv Art. 2 lit. n UGP-RL sowie Art. 2 Nr. 17 Verbraucherrechte-RL erfüllen. Bei einem Online-Marktplatz

handelt es sich um einen Dienst, der es Verbrauchern durch die Verwendung von Software, einschließlich einer Website, eines Teils einer Website oder einer Anwendung, die vom oder im Namen des Gewerbetreibenden betrieben wird, ermöglicht, Fernabsatzverträge mit anderen Gewerbetreibenden oder Verbrauchern, abzuschließen. Der Unterschied ist nicht qualitativer Natur, sondern besteht in der Zielrichtung der an die jeweiligen Begriffe anknüpfenden unionsrechtlichen Regelungen. Bei den Online-Vermittlungsdiensten geht es um Pflichten gegenüber den gewerblichen Nutzern. Demgegenüber adressieren die UGP-RL und die Verbraucherrechte-RL verbraucherschützende Informationspflichten gegenüber dem gewerblichen Betreiber des Online-Marktplatzes. Ein Plattformbetreiber kann daher im Rahmen seiner geschäftlichen Tätigkeit zugleich als Anbieter eines Online-Vermittlungsdienstes wie auch als Online-Marktplatz spezifischen Transparenzanforderungen unterliegen.

cc) Abgrenzung zum Begriff des Online-Vermittlungsdienstes in der Vertikal-GVO. 22a
Die Vertikal-GVO sieht in **Art. 1 I lit. e** für das Kartellrecht eine **eigenständige Definition** des Online-Vermittlungsdienstes vor. Diese lautet:

„‚Online-Vermittlungsdienste' sind Dienste der Informationsgesellschaft im Sinne des Artikels 1 Absatz 1 Buchstabe b der Richtlinie (EU) 2015/1535 des Europäischen Parlaments und des Rates, die es Unternehmen ermöglichen, Waren oder Dienstleistungen anzubieten,

i) indem sie die Einleitung direkter Transaktionen mit anderen Unternehmen vermitteln oder
ii) indem sie die Einleitung direkter Transaktionen zwischen diesen Unternehmen und Endverbrauchern vermitteln,

unabhängig davon, ob und wo die Transaktionen letztlich abgeschlossen werden".

Die kartellrechtliche Definition greift weiter als die Begriffsbestimmung in Art. 2 Nr. 2, da sie 22b
auf den Anwendungsbereich von Art. 101 AEUV abgestimmt ist. Sie umfasst sowohl Online-Vermittlungsdienste, die die Einleitung direkter Transaktionen zwischen Unternehmen vermitteln, als auch Online-Vermittlungsdienste, die die Einleitung direkter Transaktionen zwischen Unternehmen und Endverbrauchern vermitteln (ErwGr. 11 Vertikal-GVO).

3. Anbieter von Online-Vermittlungsdiensten (Nr. 3)

Die in Art. 2 Nr. 3 definierten Anbieter von Online-Vermittlungsdiensten sind neben den 23
Anbietern von Online-Suchmaschinen (Art. 2 Nr. 6; → Rn. 35 f.) die **Normadressaten** der Pflichten aus der P2B-VO. Bei Rechtsverletzungen ist der Anbieter zugleich derjenige, gegen den sich die Sanktionen richten.

Anbieter können sowohl natürliche Personen als auch juristische Personen sein. Auszugehen 24
ist, ebenso wie bei Art. 2 Nr. 1 (→ Rn. 2) von dem unionsrechtlichen Begriff der juristischen Person.

Als Anbieter ist anzusehen, wer den Online-Vermittlungsdienst **„bereitstellt oder zur** 25
Bereitstellung anbietet" (engl.: „provides, or … offers to provide"). Aus rechtlicher Sicht geht es um die Bestimmung desjenigen Rechtssubjekts, das gegenüber den gewerblichen Nutzern verpflichtet ist und die Verantwortung für die Erbringung der Vermittlungsdienste trägt. Ausreichend ist hierfür das tatsächliche Vorhalten der für die Diensterbringung erforderlichen Einrichtungen (zB Speicherplatz, Software usw) sowie die Bereitschaft zur Leistungserbringung auf der Basis eines Vertragsverhältnisses mit den gewerblichen Nutzern iSv Art. 2 Nr. 2 lit. c. Unerheblich ist, ob der Anbieter die Vermittlungsdienste selbst oder durch Einschaltung von Hilfspersonen erbringt. Es kommt weiterhin nicht darauf an, ob zu gewerblichen Nutzern bereits Vertragsverhältnisse bestehen. Auch Anbieter von Online-Vermittlungsdiensten, die neu auf den Markt eintreten und erst Nutzer finden müssen, können Normadressaten sein.

Die Anbieter dürfen mit den gewerblichen Nutzergruppen, die auf der Plattform ihre Waren 26
oder Dienstleistungen vertreiben, nicht identisch sein. **Beispiel:** Ein Unternehmen, das über eine eigene Plattform nur die eigenen Produkte vorstellt und vermarktet, ist kein Anbieter eines Online-Vermittlungsdienstes. Bietet jedoch der Betreiber eines Online-Vermittlungsdienstes neben den gewerblichen Nutzergruppen auch eigene Waren oder Dienstleistungen an, tritt er also zu diesen in Konkurrenz, dann schließt dies seine Anbietereigenschaft nicht aus. Dies folgt aus Art. 6 und Art. 7.

4. Verbraucher (Nr. 4)

27   Art. 2 Nr. 4 definiert den Verbraucher. Der Verbraucher bildet den Bezugspunkt für das Angebot der Waren oder Dienstleistungen der gewerblichen Nutzergruppe über den Online-Vermittlungsdienst oder die Online-Suchmaschine. Mit Hilfe der Plattform soll (zumindest auch) die **Zielgruppe** der Verbraucher erreicht werden. Damit hat der Verbraucherbegriff die Funktion, den Anwendungsbereich der Verordnung näher zu bestimmen und zugleich abzugrenzen (ErwGr. 12).

28   Die Definition des Verbrauchers entspricht redaktionell weithin den Definitionen in **Art. 2 lit. a UGP-RL** und **Art. 2 Nr. 1 Verbraucherrechte-RL** sowie in weiteren Rechtsakten. Der EuGH tendiert dazu, den Verbraucherbegriff – ebenso wie die Begriffe des Gewerbetreibenden und des Unternehmers – einheitlich auszulegen (vgl. EuGH ECLI:EU:C:2019:1049 = BeckRS 2019, 30404 Rn. 56 f. – EVN Bulgaria Toplofikatsia). Ob eine vollständige inhaltliche Deckungsgleichheit beider Verbraucherbegriffe besteht, ist aufgrund der unterschiedlichen Zielrichtungen von UGP-RL und Verbraucherrechte-RL nicht abschließend geklärt (→ UWG § 2 Rn. 12.2). Jedenfalls bestehen zwischen den Definitionen große Schnittflächen. Da die P2B-VO auf Verbraucher als Adressaten von Waren- oder Dienstleistungsangeboten der gewerblichen Nutzergruppen abstellt, nicht aber auf Verbraucher als Vertragspartner, liegt es nahe, im Zweifelsfall eine Orientierung am lauterkeitsrechtlichen Verbraucherbegriff des Art. 2 lit. a UGP-RL vorzunehmen und dessen Kriterien zur Auslegung heranzuziehen.

5. Online-Suchmaschine (Nr. 5)

29   Die Online-Suchmaschine iSv Art. 2 Nr. 5 bildet eine **zweite Erscheinungsform der Vermittlung im Internet** neben dem Online-Vermittlungsdienst. Die Definition des Art. 2 Nr. 5 entspricht im Wesentlichen der Begriffsbestimmung in Art. 3 lit. j VO (EU) 2022/2065 (DSA). Die Definition des Art. 2 Nr. 5 wird durch Art. 2 Nr. 6 VO (EU) 2022/1925 (DMA) in Bezug genommen und findet daher auch innerhalb des DMA Anwendung.

29a   Der Begriff der Online-Suchmaschine umfasst digitale Dienste, die es den Nutzern ermöglichen, in Form eines Stichworts, einer Spracheingabe, einer Wortgruppe oder einer anderen Eingabe Anfragen einzugeben, um prinzipiell auf allen Websites oder auf allen Websites in einer bestimmten Sprache eine Suche zu einem beliebigen Thema vorzunehmen und Ergebnisse in einem beliebigen Format angezeigt zu bekommen, über die sie Informationen im Zusammenhang mit dem angeforderten Inhalt finden können.

30   Kennzeichnend für die Suchfunktion sind drei Elemente: **Erstens** muss es der digitale Dienst dem Nutzer erlauben, eine individuelle Eingabe vorzunehmen, um das Ziel seines Suchanliegens festzulegen (zB über Eintragsfelder für einzelne Worte oder Texte oder durch die Möglichkeit einer Spracheingabe). Das Erfordernis des **digitalen Dienstes** ist nicht gleichzusetzen mit einem Dienst der Informationsgesellschaft iSv Art. 2 Nr. 2 lit. a und Art. 1 I lit. b RL (EU) 2015/1535, sondern geht darüber hinaus (Busch/Schulte-Nölke Rn. 60). Erfasst sind auf digitalem Wege erbrachte Dienste, die auf eine **Verarbeitung von individuellen Suchanfragen** ausgerichtet sind. Nach dem Wortlaut muss der Dienst es Nutzern ermöglichen, „in Form eines Stichworts, einer Spracheingabe, einer Wortgruppe oder einer anderen Eingabe Anfragen anzugeben". Damit sind Portale, die lediglich eine redaktionelle oder maschinelle Zusammenstellung von Themen oder Rubriken (zB Sammlungen von Links) enthalten, aus denen ein Nutzer auswählen kann, nicht erfasst. Der Dienst muss dazu geeignet sein, die „Suche zu einem beliebigen Thema vorzunehmen". Der Dienst muss somit **themenoffen** ausgestaltet sein. Demgegenüber sind Dienste nicht erfasst, die jeweils nur spezifische Suchanfragen zu einzelnen Themen ermöglichen (Busch/Schulte-Nölke Rn. 63).

30a   **Zweitens** muss sich die Suche prinzipiell auf alle Websites oder auf alle Websites in einer bestimmten Sprache erstrecken. Erforderlich, aber auch ausreichend hierfür ist es, wenn der Dienst dazu in der Lage ist, eine **unbestimmte Vielzahl** von im Internet verfügbaren Websites auszuwerten. Es genügt bspw., wenn sich die Suche nur auf deutsch- oder englischsprachige Seiten erstreckt. Nicht erfasst sind hingegen Suchfunktionen innerhalb von geschlossenen Systemen, zB innerhalb des Webauftritts eines Unternehmens oder innerhalb eines institutionellen Intranets (Busch/Schulte-Nölke Rn. 64).

31   **Drittens** muss die Suchmaschine zu den individuellen Suchanfragen **Ergebnisse präsentieren.** Hierfür genügt es, wenn die Ergebnisse „in einem beliebigen Format angezeigt" werden, wodurch die Nutzer die „Informationen im Zusammenhang mit dem angeforderten Inhalt finden können". Wie diese Darstellung geschieht (zB durch eine optische oder akustische

Präsentation) und auf welcher Grundlage die Ergebnisse ermittelt werden, ist für Art. 2 Nr. 5 nicht von Bedeutung. Typischerweise werden Suchergebnisse in der Form einer **Treffer- bzw. Ergebnisliste** dargestellt, die auf einem Ranking (Art. 2 Nr. 8; → Rn. 43) beruht, doch kann es bereits genügen, wenn ein einziges Ergebnis ausgegeben wird (Busch/Schulte-Nölke Rn. 65).

Auszugehen ist von einem **weiten Begriffsverständnis.** Angesichts des hohen Innovations- **32** tempos ist die in der Verordnung verwendete Definition **technologieneutral** zu verstehen und schließt Spracheingaben mit ein (ErwGr. 13). Der Begriff der Online-Suchmaschine ist zudem **entwicklungsoffen,** dh es können auch Dienste, die auf neuen technischen Lösungen basieren, erfasst sein. Daher sind zB KI-basierte Suchangebote eingeschlossen, sofern die weiteren Voraussetzungen erfüllt sind (Steinrötter, Europäische Plattformregulierung/Arncken Kap. 16 Rn. 36).

Im Unterschied zu den Online-Vermittlungsdiensten ist es unerheblich, ob der Dienst auf **33** **vertraglicher Grundlage** erbracht oder ob der Dienst **rein tatsächlich** zur Nutzung für Suchanfragen bereitgehalten wird.

Online-Suchmaschinen müssen nicht als selbstständige Dienste ausgestaltet sein, sondern sie **34** können auch in den Webauftritt eines Unternehmens integriert sein. **Beispiel:** Suchfunktion auf einer Unternehmensseite, die bei der Suche auch Drittangebote berücksichtigt. Nicht erfasst sind hingegen Suchfunktionen innerhalb einer einzigen Webseite (Tribess GWR 2020, 233 (234)). Gleiches gilt, wenn die Suchfunktion nur die eigenen Angebote eines Unternehmens abdeckt. Denn dann fehlt es an der von der P2B-VO vorausgesetzten Personenverschiedenheit des Anbieters der Online-Suchmaschine und dem Nutzer mit Unternehmenswebsite.

6. Anbieter von Online-Suchmaschinen (Nr. 6)

Die Anbieter von Online-Suchmaschinen sind die **Norm- und Sanktionsadressaten** derje- **35** nigen Regeln in der P2B-VO, die spezifisch für Online-Suchmaschinen gelten. Gemeint ist das Rechtssubjekt, das die Online-Suchmaschine in eigener Verantwortung betreibt oder betreiben lässt.

Für die Anbietereigenschaft ist von den für Art. 2 Nr. 3 (→ Rn. 23 ff.) geltenden Kriterien **36** auszugehen. Im Unterschied zum Anbieter eines Online-Vermittlungsdienstes ist aber erforderlich, dass der Dienst gerade **gegenüber Verbrauchern** bereitgestellt oder zur Bereitstellung angeboten wird. Unschädlich ist es, wenn der Dienst neben Verbrauchern auch anderen Gruppen von Nutzern offensteht.

7. Nutzer mit Unternehmenswebsite (Nr. 7)

Neben den gewerblichen Nutzern gehören die Nutzer mit Unternehmenswebsite zu der **37** durch die P2B-VO **geschützten gewerblichen Nutzergruppe.** Kennzeichnend ist die gewerbliche bzw. unternehmerische Tätigkeit des Anbietens von Waren oder Dienstleistungen gegenüber Verbrauchern. Dies richtet sich nach den für Art. 2 Nr. 1 geltenden Kriterien (→ Rn. 2 ff.).

Ebenso wie bei den gewerblichen Nutzern kommt es nicht darauf an, welche **Geschäftstätig-** **38** **keit** ein Unternehmen ausübt und ob es sich gegenüber der Online-Suchmaschine in einer unterlegenen Position befindet (→ Rn. 5).

Das Angebot muss über eine **Online-Schnittstelle** erfolgen. Aus dem Wortlaut von Art. 2 **39** Nr. 7 ergibt sich, dass es sich bei einer Online-Schnittstelle um eine „Software (darunter Websites oder Teile davon und Anwendungen, einschließlich mobiler Anwendungen" handelt. Dies entspricht inhaltlich der Definition in Art. 2 lit. m VO (EU) 2022/2065 (DSA). Dieser Begriff der Online-Schnittstelle ist recht unscharf und für sich genommen wenig aussagekräftig. Erfasst sind **softwarebasierte Lösungen,** die eine **internetgestützte Interaktion** von menschlichen Nutzern mit dem Online-System ermöglichen (ähnlich Busch/Schulte-Nölke Rn. 72). Die Online-Schnittstelle muss das Anbieten von Waren oder Dienstleistungen ermöglichen. Dafür genügt es, wenn die Waren oder Dienstleistungen eines Unternehmens vorgestellt werden, ohne dass eine unmittelbare Bestell- oder Erwerbsmöglichkeit erforderlich ist (Busch/Schulte-Nölke Rn. 73).

Von Art. 2 Nr. 7 erfasst sind insbesondere Websites oder Teile davon sowie Anwendungen, **40** einschließlich mobiler Anwendungen. Bei **Websites** handelt es sich – im Unterschied zu einer einzelnen Webseite – um die Gesamtheit des Auftritts bzw. der Präsenz eines Unternehmens im Internet, unabhängig von der technischen und inhaltlichen Ausgestaltung. Erfasst sind zB Informationsseiten eines Unternehmens, ein Online-Shop, Webkataloge und dergleichen. **Teile von Websites** können alle einzelnen Bereiche sein, die mit einer Online-Suchmaschine erfassbar sind.

41   Mit **Anwendungen** sind insbesondere sog. Apps (Application Software) gemeint, also spezielle Anwendungsprogramme. Aus Art. 2 Nr. 7 folgt, dass keineswegs nur die typischen Apps für mobile Endgeräte (zB Smartphones) der Definition unterfallen, sondern zB auch sonstige Softwareanwendungen.

42   Der Begriff Online-Schnittstelle ist **weit, technologieneutral und entwicklungsoffen** zu verstehen.

42a   Ein **Vertragsverhältnis** zwischen dem Nutzer mit Unternehmenswebsite und dem Anbieter einer Online-Suchmaschine wird nicht vorausgesetzt. Die P2B-VO geht davon aus, dass im Regelfall „keine Vertragsbeziehung zwischen den Parteien vorliegt" (ErwGr. 26). Typischerweise bildet die technische Ausgestaltung, mit der die Auffindbarkeit einer Website oder von Teilen einer Website durch eine Online-Suchmaschine ermöglicht wird, einen rein **tatsächlichen Umstand,** der für sich genommen keine rechtliche Verbindung begründet. Auch von einem vertragsähnlichen oder vorvertraglichen Schuldverhältnis iSv § 311 II BGB zwischen den Beteiligten ist nicht auszugehen (aA Busch/Schulte-Nölke Rn. 79), sofern nicht besondere Umstände vorliegen.

8. Ranking (Nr. 8)

43   Das in Art. 2 Nr. 8 definierte Ranking ist insbesondere für die in Art. 5 geregelten Transparenzpflichten von Bedeutung. Eine etwas abweichende Definition findet sich in Art. 2 Nr. 22 VO (EU) 2022/1925 (DMA). Danach handelt es sich beim Ranking um „die relative Hervorhebung von Waren und Dienstleistungen, die über Online-Vermittlungsdienste, Online-Dienste sozialer Netzwerke, Video-Sharing-Plattform-Dienste oder virtuelle Assistenten angeboten werden, oder die Relevanz, die den Suchergebnissen von Online-Suchmaschinen mittels entsprechender Darstellung, Organisation oder Kommunikation durch die Unternehmen, die Online-Vermittlungsdienste, Online-Dienste sozialer Netzwerke, Video- Sharing-Plattform-Dienste, virtuelle Assistenten oder Online-Suchmaschinen anbieten, zugemessen wird, unabhängig von den für diese Darstellung, Organisation oder Kommunikation verwendeten technischen Mitteln und unabhängig davon, ob nur ein einziges Ergebnis dargestellt oder kommuniziert wird". Beim Ranking geht es um die **nach spezifischen Kriterien geordnete Präsentation** von Unternehmen und/oder Produkten durch Online-Vermittlungsdienste bzw. von Suchergebnissen durch Online-Suchmaschinen. Das Ranking iSv Art. 2 Nr. 8 ist charakterisiert durch die relative Hervorhebung der Angebote gewerblicher Nutzer oder die Relevanz, die Suchergebnissen zugemessen wird, wenn sie von den Anbietern von Online-Vermittlungsdiensten oder von den Anbietern von Online-Suchmaschinen – unter Verwendung von algorithmischer Sequenzierung, Beurteilungs- oder Bewertungsmechanismen oder von visueller Hervorhebung oder anderen Hervorhebungsinstrumenten oder einer Kombination davon – dargeboten, organisiert oder kommuniziert werden (ErwGr. 25). **Suchergebnisse** in diesem Sinne sind entsprechend der Definition in Art. 2 Nr. 23 VO (EU) 2022/1925 (DMA) „alle Informationen in beliebigem Format, darunter in Text-, grafischer, gesprochener oder sonstiger Form, die als Antwort auf eine Suchanfrage ausgegeben werden und sich auf diese beziehen, unabhängig davon, ob es sich bei den ausgegebenen Informationen um ein bezahltes oder ein unbezahltes Ergebnis, eine direkte Antwort oder ein Produkt, eine Dienstleistung oder eine Information handelt, das bzw. die in Verbindung mit den organischen Ergebnissen angeboten oder zusammen mit diesen angezeigt wird oder teilweise oder vollständig in diese eingebettet ist".

43a   ErwGr. 25 sowie die Leitlinien gemäß Art. 5 VII (Leitlinien zur Transparenz des Rankings gemäß der Verordnung (EU) 2019/1150, ABl. EU 2019 C 424, 1) geben zu erkennen, dass ein Ranking iSv Art. 2 Nr. 8 typischerweise auf dem **Einsatz von Algorithmen** basiert. Der Begriff des Algorithmus (s. dazu Kastl GRUR 2015, 136) wird in der P2B-VO nicht definiert, sondern vorausgesetzt (näher → Art. 5 Rn. 4a).

43b   Redaktionell und inhaltlich entspricht der Begriff des Rankings in Art. 2 Nr. 8 lit. b der Definition in **Art. 2 lit. m UGP-RL.** Zu den Einzelheiten → UWG § 2 Rn. 7.1 ff.

9. Kontrolle (Nr. 9)

44   Der Begriff der Kontrolle gemäß Art. 2 Nr. 9 hat Bedeutung für die speziellen Transparenzregelungen gemäß Art. 7. Die P2B-VO nimmt durch eine Verweisung Bezug auf den **kartellrechtlichen Begriff der Kontrolle** aus der FKVO (VO (EG) 139/2004, ABl. EG 2004 L 24, 1). **Art. 3 II FKVO** umschreibt die für eine Kontrolle erforderliche Form der Einflussnahme wie folgt:

„Die Kontrolle wird durch Rechte, Verträge oder andere Mittel begründet, die einzeln oder zusammen unter Berücksichtigung aller tatsächlichen oder rechtlichen Umstände die Möglichkeit gewähren, einen bestimmenden Einfluss auf die Tätigkeit eines Unternehmens auszuüben, insbesondere durch:

a) Eigentums- oder Nutzungsrechte an der Gesamtheit oder an Teilen des Vermögens des Unternehmens;
b) Rechte oder Verträge, die einen bestimmenden Einfluss auf die Zusammensetzung, die Beratungen oder Beschlüsse der Organe des Unternehmens gewähren."

10. AGB (Nr. 10)

Die in Art. 2 Nr. 10 definierten AGB bilden den Bezugspunkt in Art. 3–12. Es handelt sich **45** um einen Schlüsselbegriff der Verordnung (zu dessen spezieller Entstehungsgeschichte Busch/ von Westphalen Rn. 90 ff.).

Der Begriff der AGB in der P2B-VO ist **autonom** und **unabhängig** auszulegen (→ Vor **46** Art. 1 Rn. 32 ff.). Innerhalb des Unionsrechts findet sich eine abweichende (und erheblich kürzere) Definition von AGB in Art. 3 lit. u VO (EU) 2022/2065 (DSA), dort im Regelungskontext der Vorschriften zu digitalen Diensten. Art. 2 Nr. 10 liegt ein vom deutschen Recht (§ 305 I BGB) abweichendes Begriffsverständnis zugrunde (vgl. auch Tribess GWR 2020, 233 (234)). Der AGB-Begriff der P2B-VO und des nationalen Rechts sind **nicht deckungsgleich,** weisen aber Schnittmengen auf. Die Einschätzungen darüber, wie groß die Gemeinsamkeiten zwischen dem unionsrechtlichen Begriff gemäß Art. 2 Nr. 10 und dem nationalen Begriff gemäß § 305 I BGB sind, gehen im Schrifttum weit auseinander. Teilweise wird auf die „immense Differenz" zwischen beiden Begriffsbestimmungen hingewiesen (von Westphalen BB 2020, 579). Dem steht die Ansicht gegenüber, dass die beiden Begriffe „weitgehend" identisch seien (Busch GRUR 2019, 788 (790)). Zuzustimmen ist der überwiegenden Ansicht, wonach zwar große Schnittflächen zu erkennen sind, aber gleichwohl wesentliche Unterschiede verbleiben (Alexander WRP 2020, 945 (950); Eickemeier/Bodersen K&R 2020, 397 (398); Steinrötter, Europäische Plattformregulierung/Lokven, 2023, Kap. 17 Rn. 15; Naumann/Rodenhausen ZEuP 2020, 768 (785); Tribess GWR 2020, 233 (234)).

Der Art. 2 Nr. 10 P2B-VO zugrunde liegende AGB-Begriff ist **teilweise enger** und **teil- 47 weise weiter** als derjenige von § 305 I BGB. Enger gefasst ist Art. 2 Nr. 10 im Vergleich zu § 305 I BGB, weil nur AGB im B2B- bzw. P2B-Bereich erfasst sind (Rohrßen ZVertriebsR 2019, 341 (344)). Demgegenüber geht Art. 2 Nr. 10 über § 305 I BGB hinaus, weil Art. 2 Nr. 10 weder eine Vorformulierung noch eine Nutzung in einer Vielzahl von Verträgen voraussetzt (auch wenn dies praktisch in aller Regel der Fall sein wird). Weiterhin eröffnet Art. 2 Nr. 10 stärker als § 305 I BGB die Möglichkeit einer einzelfallbezogenen, wertenden Betrachtung (zu weiteren Abweichungen eingehend von Westphalen BB 2020, 579 ff.). Für § 305 I BGB ist entscheidend, ob ein Verwender die AGB einseitig „stellt", während es für Art. 2 Nr. 10 darauf ankommt, ob die Vertragsbedingungen „festgelegt" werden. Dies umfasst nicht nur das einseitige Festlegen durch den Anbieter des Online-Vermittlungsdienstes, sondern kann – je nach den Gesamtumständen – auch Konstellationen erfassen, in denen die Bedingungen „gemeinsam … festgelegt" wurden (Eickemeier/Brodersen K&R 2020, 397 (398); von Westphalen BB 2020, 579 (580)).

Art. 2 Nr. 10 unterscheidet sich auch von den Vertragsbedingungen iSv **Art. 3 I Klausel-RL 48** (RL 93/13/EG). Dies ergibt sich zum einen schon aus den unterschiedlichen Anwendungsbereichen der beiden Sekundärrechtsakte (die RL 93/13/EG gilt nur für B2C-Verträge), zum anderen daraus, dass es nach Art. 3 I RL 93/13/EG nur darauf ankommt, ob eine Vertragsklausel im Einzelnen ausgehandelt wurde (zur Abgrenzung s. auch Höppner/Schulz ZIP 2019, 2329 (2332) und Schneider/Kremer WRP 2020, 1128 (1131)).

a) Voraussetzungen. Auszugehen ist für den AGB-Begriff gemäß Art. 2 Nr. 10 von den **49** folgenden Kriterien, die **kumulativ** erfüllt sein müssen: Es handelt sich um (1) Bedingungen oder Bestimmungen im (2) Vertragsverhältnis zwischen dem Anbieter eines Online-Vermittlungsdienstes und gewerblichen Nutzern, die (3) einseitig von dem Anbieter des Online-Vermittlungsdienstes gestellt werden.

Bedingungen und **Bestimmungen** sind sämtliche Klauseln, Konditionen und sonstigen **50** Abreden, die innerhalb des Vertragsverhältnisses zwischen dem Anbieter eines Online-Vermittlungsdienstes und dem gewerblichen Nutzer dieses Dienstes gelten und den Vertragsinhalt (zB Leistungs- und Nebenpflichten, Leistungszeitraum, Rechtsfolgen bei Pflichtverletzungen usw.) näher bestimmen und ausgestalten sollen. Dies gilt unabhängig von der konkreten Form und

Bezeichnung. Daher können zB auch ergänzende Informationen, FAQs usw. als AGB iSv Art. 2 Nr. 10 angesehen werden, wenn sie dazu dienen, den Vertragsinhalt festzulegen oder diesen für beide Seiten verbindlich zu erläutern.

50a   Den rechtlichen Bezugspunkt der AGB bildet das „Vertragsverhältnis zwischen dem Anbieter von Online-Vermittlungsdiensten und ihren gewerblichen Nutzern". Dies betrifft das **vertragliche Nutzungsverhältnis** zwischen den Parteien, das den gewerblichen Nutzer zur Nutzung des Online-Vermittlungsdienstes zum Zwecke des Anbietens von Waren oder Dienstleistungen berechtigt.

51   Es ist nicht erforderlich, dass der Anbieter des Online-Vermittlungsdienstes die Bedingungen oder Bestimmungen selbst entwickelt und vorformuliert. Er kann sich auch ganz oder teilweise von Dritten erstellter Klauseln bedienen. Art. 2 Nr. 10 verlangt lediglich, dass die AGB **einseitig** von ihm **festgelegt** werden. Erforderlich ist keine begrifflich-formale, sondern eine **wertende Betrachtung.** Die einseitige Festlegung erfordert, dass der Anbieter des Online-Vermittlungsdienstes über die inhaltliche Ausgestaltung des Vertrags bestimmt, ohne dass die andere Vertragspartei in einem vergleichbaren Umfang die Möglichkeit hat, im Rahmen von echten Vertragsverhandlungen die eigenen Interessen angemessen zur Geltung zu bringen. Bei der wertenden Betrachtung sind jeweils **alle konkreten Umstände** zu berücksichtigen. Im **ErwGr. 14** wird dazu ausgeführt:

„Ob die allgemeinen Geschäftsbedingungen einseitig festgelegt wurden, sollte auf der Grundlage einer Gesamtbewertung im Einzelfall beurteilt werden. Für die Gesamtbewertung sollten die relative Größe der betroffenen Parteien, die Tatsache, dass Verhandlungen stattgefunden haben, oder die Tatsache, dass bestimmte Bestimmungen in diesen allgemeinen Geschäftsbedingungen möglicherweise Gegenstand entsprechender Verhandlungen waren und gemeinsam von dem jeweiligen Anbieter und dem jeweiligen gewerblichen Nutzer festgelegt wurden, für sich genommen nicht entscheidend sein. Darüber hinaus bedeutet die Verpflichtung für Anbieter von Online-Vermittlungsdiensten, ihre Geschäftsbedingungen gewerblichen Nutzern auch in der vorvertraglichen Phase ihrer Geschäftsbeziehungen leicht zugänglich zu machen, dass die gewerblichen Nutzer, denen es gelungen ist, erfolgreich zu verhandeln, nicht auf die Transparenz verzichten müssen, die sich aus dieser Verordnung ergibt."

52   Einem einseitigen Festlegen steht nicht entgegen, dass mit der anderen Vertragspartei in einem gewissen Umfang Vertragsverhandlungen stattgefunden haben und einzelne Bestimmungen in den Vertragsbedingungen möglicherweise aufgrund von solchen Verhandlungen **gemeinsam** von dem jeweiligen Anbieter und dem jeweiligen gewerblichen Nutzer festgelegt wurden. Hier zeigt sich, dass das einseitige Festlegen nicht mit dem einseitigen Stellen von Vertragsbedingungen iSv § 305 I BGB gleichzusetzen ist. Kein einseitiges Festlegen ist dagegen anzunehmen, wenn der Vertragsinhalt individuell zwischen den Parteien ausgehandelt wurde (→ Rn. 53 ff.).

53   **b) Abgrenzung zu Individualvereinbarungen.** Die **Abgrenzung** zwischen ausgehandelten Individualvereinbarungen und AGB iSv Art. 2 Nr. 10 kann im Einzelfall schwierig sein. Sie stellt sich in ähnlicher Weise wie für § 305 I 3 BGB (vgl. zu dieser Parallelproblematik auch v. Westphalen BB 2020, 579 (580)). Für § 305 I 3 BGB geht die stRspr davon aus, dass ein „Aushandeln" von Vertragsbedingungen mehr als ein „Verhandeln" erfordert. Von einem Aushandeln könne nur dann gesprochen werden, wenn der Verwender zunächst den in seinen AGB enthaltenen gesetzesfremden Kerngehalt, also die den wesentlichen Inhalt der gesetzlichen Regelung ändernden oder ergänzenden Bestimmungen, inhaltlich ernsthaft zur Disposition stellt und dem Verhandlungspartner Gestaltungsfreiheit zur Wahrung eigener Interessen einräumt mit zumindest der realen Möglichkeit, die inhaltliche Ausgestaltung der Vertragsbedingungen zu beeinflussen. Er müsse sich also deutlich und ernsthaft zur gewünschten Änderung einzelner Klauseln bereit erklären (s. nur BGH NJW 2015, 1952 Rn. 33).

54   Für Art. 2 Nr. 10 gelten keine geringeren, sondern eher noch **strengere Anforderungen.** Hat ein gewerblicher Nutzer nur die Wahl zwischen verschiedenen, von dem Plattformbetreiber vorgegebenen Gestaltungen, dann liegt keine Individualvereinbarung vor. Gleiches gilt, wenn der gewerbliche Nutzer lediglich in einzelnen Bereichen des Vertrages seine Vorstellungen einbringen kann. Punktuelle Modifizierungen eines im Übrigen vorgefertigten Vertragsinhalts schließen die Einordnung als AGB ebenfalls nicht aus. Von einer echten Individualvereinbarung ist erst dann auszugehen, wenn der Anbieter des Online-Vermittlungsdienstes dem gewerblichen Nutzer die tatsächliche Möglichkeit einräumt, in einem **wesentlichen Umfang** den Vertragsinhalt in der Weise mitzubestimmen, dass er seine Interessen gleichermaßen zur Geltung bringen kann wie der Anbieter des Online-Vermittlungsdienstes. Ein mögliches Indiz dafür kann darin bestehen, ob und inwieweit der konkrete Vertragsinhalt von den sonstigen Nutzungsverträgen abweicht. Je stärker der Vertragsinhalt standardisiert ist, desto eher wird dies für AGB sprechen. Im Zweifelsfall ist von AGB auszugehen (ähnlich Naumann/Rodenhausen ZEuP 2020, 768 (785): Es könne sich in der Praxis das Verständnis entwickeln, dass jede Bedingung oder Bestimmung als AGB anzusehen sei).

Das in Art. 2 Nr. 10 verankerte Gebot einer „Gesamtbewertung" schließt es aus, in einem **55** umfangreichen und inhaltlich zusammengehörigen Vertragswerk zwischen einseitig gestellten und individuell ausgehandelten Vertragsklauseln zu differenzieren. Stattdessen ist **einheitlich** und für das gesamte Regelungswerk zu entscheiden, ob es sich um AGB handelt (Schneider/ Kremer WRP 2020, 1128 (1131)).

11. Nebenwaren und Nebendienstleistungen (Nr. 11)

Das in Art. 2 Nr. 11 definierte Begriffspaar der Nebenwaren und Nebendienstleistungen ist **56** für **Art. 6** von Bedeutung. Es handelt sich dabei um **zusätzliche und ergänzende Produkte,** die Verbrauchern zu einer Hauptware oder -dienstleistung angeboten werden. Hauptware oder -dienstleistung ist die Ware oder Dienstleistung, die der Verbraucher von dem gewerblichen Nutzer über den Online-Vermittlungsdienst erwerben möchte.

Die Teilbegriffe Waren und Dienstleistungen sind autonom unionsrechtlich zu verstehen. **56a** Unter den primärrechtlichen Begriff der **Ware** fallen sämtliche Erzeugnisse, die einen Geldwert haben und deshalb Gegenstand von Handelsgeschäften sein können (EuGH ECLI:EU: C:2006:673 = BeckRS 2006, 70826 Rn. 23 – Kommission/Griechenland). **Dienstleistungen** sind Leistungen, die in der Regel gegen Entgelt erbracht werden, soweit sie nicht den Vorschriften über den freien Waren- und Kapitalverkehr und über die Freizügigkeit der Personen unterliegen (Art. 57 I AEUV). Dazu gehören insbesondere gewerbliche, kaufmännische, handwerkliche und freiberufliche Tätigkeiten (Art. 57 II AEUV). Aus dem Art. 2 lit. c UGP-RL zugrunde liegenden Begriffsverständnis lässt sich schlussfolgern, dass **digitale Dienstleistungen** und **digitale Inhalte** mitumfasst sind (iE ebenso Busch/Busch Art. 6 Rn. 10).

Die Nebenware und -dienstleistung muss dem Verbraucher **unmittelbar vor dem Ab-** **57** **schluss der Transaktion,** die mittels der Online-Vermittlungsdienste angebahnt wurde, angeboten werden (ErwGr. 29). Erforderlich ist also ein direkter zeitlich-situativer Zusammenhang. Es genügt daher nicht, wenn eine Ware oder Dienstleistung erst bei oder nach dem Abschluss der Transaktion über die Hauptware oder -dienstleistung angeboten wird. Als Transaktion ist nicht allein der Abschluss eines Vertrags anzusehen, sondern der zugrunde liegende **Geschäftsvorgang** (ähnlich Busch/Busch Art. 6 Rn. 12: Bestellvorgang), der sich – je nach der Art des Geschäfts – aus mehreren Schritten zusammensetzen kann.

Es ist erforderlich, dass der Ware oder Dienstleistung eine **Ergänzungsfunktion** zu der von **58** dem gewerblichen Nutzer angebotenen Hauptware oder -dienstleistung zukommt. Maßgebend ist ein funktionaler Bezug zur Hauptware oder -dienstleistung. Eine funktionale Ergänzung ist bei Produkten gegeben, die für ihre Funktion typischerweise von der Hauptware oder -dienstleistung abhängen und sich direkt auf sie beziehen (ErwGr. 29). Diese Voraussetzungen sind erfüllt, wenn ein Produkt nur zusammen oder in Kombination mit der Hauptware oder -dienstleistung bestimmungsgemäß eingesetzt werden kann (Busch/Busch Art. 6 Rn. 15). Demgegenüber genügt es nicht, wenn eine Ware oder Dienstleistung unabhängig von der Hauptware oder -dienstleistung eigenständig genutzt werden kann und nur **zusätzlich** angeboten wird.

Beispiele für Nebenwaren oder Nebendienstleistungen sind Reparaturdienste für eine be- **59** stimmte Ware, Finanzprodukte (etwa eine Versicherung) für einen Mietwagen oder Waren, die das von einem gewerblichen Nutzer angebotene Produkt in Form eines Upgrades oder eines Werkzeugs zur individuellen Anpassung des Produkts ergänzen (ErwGr. 29). Ebenfalls als Nebenprodukte anzusehen sind zubuchbare Leistungen wie etwa bei einem Flug der Flughafentransfer zu einem und von einem Hotel (Busch GRUR 2019, 788 (794)).

12. Mediation (Nr. 12)

Der Begriff der Mediation kommt in den Art. 12 und 13 zum Tragen. Art. 2 Nr. 11 verweist **60** hierfür auf die Definition in der **Mediations-RL** (RL 2008/52/EG des Europäischen Parlaments und des Rates vom 21. Mai 2008 über bestimmte Aspekte der Mediation in Zivil- und Handelssachen, ABl. EG 2008 L 136, 3). Gemäß **Art. 3 lit. a RL 2008/52/EG** ist Mediation:

„ein strukturiertes Verfahren unabhängig von seiner Bezeichnung, in dem zwei oder mehr Streitparteien mit Hilfe eines Mediators auf freiwilliger Basis selbst versuchen, eine Vereinbarung über die Beilegung ihrer Streitigkeiten zu erzielen. Dieses Verfahren kann von den Parteien eingeleitet oder von einem Gericht vorgeschlagen oder angeordnet werden oder nach dem Recht eines Mitgliedstaats vorgeschrieben sein.

Es schließt die Mediation durch einen Richter ein, der nicht für ein Gerichtsverfahren in der betreffenden Streitsache zuständig ist. Nicht eingeschlossen sind Bemühungen zur Streitbeilegung des angerufenen Gerichts oder Richters während des Gerichtsverfahrens über die betreffende Streitsache".

60a   Der in dieser Definition verwendete Begriff des **Mediators** wird durch **Art. 3 lit. b RL 2008/52/EG** näher präzisiert. Mediator ist danach

„eine dritte Person, die ersucht wird, eine Mediation auf wirksame, unparteiische und sachkundige Weise durchzuführen, unabhängig von ihrer Bezeichnung oder ihrem Beruf in dem betreffenden Mitgliedstaat und der Art und Weise, in der sie für die Durchführung der Mediation benannt oder mit dieser betraut wurde".

13. Dauerhafter Datenträger (Nr. 13)

61   Schließlich definiert Art. 2 Nr. 13 den Begriff des dauerhaften Datenträgers. Auf diesen nehmen Art. 3 II sowie 4 I, II und IV Bezug. Die Begriffsbestimmung ist – mit kleineren redaktionellen Abweichungen – mit derjenigen in **Art. 2 Nr. 10 Verbraucherrechte-RL** identisch. Auch **Art. 2 lit. f RL 2002/65/EG** (Fernabsatz-Finanzdienstleistung-RL) enthält eine entsprechende Definition. In Umsetzung dieser Richtlinienbestimmungen findet sich im deutschen Recht eine entsprechende Definition in **§ 126b S. 2 BGB**. Da diese Vorschrift aufgrund ihrer unionsrechtlichen Grundlagen unionsrechtskonform auszulegen ist, können die für diese Norm geltenden Grundsätze, Kriterien sowie die einschlägige Rspr. auch für Art. 2 Nr. 13 herangezogen werden.

62   Kennzeichnend für einen dauerhaften Datenträger ist ein **Trägermedium,** das es den gewerblichen Nutzern ermöglicht, an sie persönlich gerichtete Informationen zu **speichern,** also diese aufzubewahren. Hierfür ist nicht unbedingt ein physisches Speichermedium notwendig, wie sich aus dem zweiten Teil der Definition ergibt. Denn danach ist es erforderlich, aber auch ausreichend, dass die gespeicherte Information (von dem gewerblichen Nutzer als Adressaten) **abgerufen** und **eingesehen** werden kann. Zudem muss eine **unveränderte Wiedergabe** der gespeicherten Information gewährleistet sein.

63   Nach Auffassung des EuGH ist ein Datenträger dann als dauerhaft anzusehen, wenn dieser dem Adressaten die Speicherung dieser an ihn persönlich gerichteten Informationen erlaubt sowie die Gewähr dafür bietet, dass ihr Inhalt und ihre Zugänglichkeit während einer angemessenen Dauer nicht verändert werden, und dem Verbraucher die Möglichkeit ihrer originalgetreuen Wiedergabe eröffnet (EuGH ECLI:EU:C:2012:419 = NJW 2012, 2637 Rn. 43 – Content Services).

64   **Beispiele** für dauerhafte Datenträger sind nach ErwGr. 23 Verbraucherrechte-RL insbesondere **Papier, USB-Sticks, CD-ROMs, DVDs, Speicherkarten** oder die **Festplatten von Computern.** Auch **E-Mails** sind den dauerhaften Datenträgern zuzuordnen (Kohser/Jahn GRUR-Prax 2020, 273 (274)), während sonstige elektronische Nachrichten (zB über Messengerdienste) die Anforderungen eines dauerhaften Datenträgers nicht erfüllen (aA Busch/Busch Rn. 132).

65   **Internetseiten** erfüllen den Begriff des dauerhaften Datenträgers dagegen nicht ohne Weiteres (ErwGr. 20 RL 2002/65/EG). Bei einem Speichern von Informationen auf einzelnen Webseiten differenziert die Rspr. nach Art der Webseite. Eine sog. **fortgeschrittene Webseite** kann danach die Anforderungen eines dauerhaften Datenträgers erfüllen, wenn sie Elemente enthält, die den Adressaten mit an Sicherheit grenzender Wahrscheinlichkeit dazu anhalten, die Informationen in Papierform zu sichern oder auf einem anderen dauerhaften Datenträger zu speichern oder wenn sie einen sicheren Speicherbereich für den einzelnen Adressaten vorsieht, auf welchen nur dieser mittels Eingabe von Benutzernamen und Passwort zugreifen kann, sodass der Unternehmer keine Möglichkeit hat, die dort einmal eingestellten Informationen zu ändern (BGH NJW 2014, 2857 Rn. 23 unter Hinweis auf EFTA BeckRS 2010, 09830 Rn. 65 f.).

Allgemeine Geschäftsbedingungen

3 (1) Anbieter von Online-Vermittlungsdiensten stellen sicher, dass ihre allgemeinen Geschäftsbedingungen

a) klar und verständlich formuliert sind;

b) für gewerbliche Nutzer zu jedem Zeitpunkt ihrer Geschäftsbeziehung mit dem Anbieter von Online-Vermittlungsdiensten, auch während der Phase vor Vertragsabschluss, leicht verfügbar sind;

c) die Gründe benennen, bei deren Vorliegen entschieden werden kann, die Bereitstellung ihrer Online-Vermittlungsdienste für gewerbliche Nutzer vollständig oder teilweise auszusetzen oder zu beenden oder sie in irgendeiner anderen Art einzuschränken;

d) Informationen über zusätzliche Vertriebskanäle oder etwaige Partnerprogramme enthalten, über die der Anbieter von Online-Vermittlungsdiensten die vom gewerblichen Nutzer angebotenen Waren und Dienstleistungen vermarkten könnte;

e) allgemeine Informationen zu den Auswirkungen der allgemeinen Geschäftsbedingungen auf die Inhaberschaft und die Kontrolle von Rechten des geistigen Eigentums gewerblicher Nutzer enthalten.

(2) [1] Anbieter von Online-Vermittlungsdiensten unterrichten die betroffenen gewerblichen Nutzer auf einem dauerhaften Datenträger über jegliche vorgeschlagene Änderung ihrer allgemeinen Geschäftsbedingungen.

[2] [1] Die vorgeschlagenen Änderungen dürfen erst nach Ablauf einer im Hinblick auf Art und Umfang der geplanten Änderungen und deren Folgen für den betroffenen gewerblichen Nutzer angemessenen und verhältnismäßigen Frist umgesetzt werden. [2] Diese Frist beträgt mindestens 15 Tage ab dem Zeitpunkt, an dem der Anbieter der Online-Vermittlungsdienste die betroffenen gewerblichen Nutzer über die vorgeschlagenen Änderungen unterrichtet hat. [3] Die Anbieter von Online-Vermittlungsdiensten müssen längere Fristen einräumen, wenn dies erforderlich ist, um es gewerblichen Nutzern zu ermöglichen, die aufgrund der Änderung notwendigen technischen oder geschäftlichen Anpassungen vorzunehmen.

[3] [1] Der betroffene gewerbliche Nutzer hat das Recht, den Vertrag mit dem Anbieter der Online-Vermittlungsdienste vor Ablauf der Frist zu kündigen. [2] Eine entsprechende Kündigung entfaltet innerhalb von 15 Tagen nach Eingang der Mitteilung gemäß Unterabsatz 1 Wirkung, sofern für den Vertrag keine kürzere Frist gilt.

[4] Die betroffenen gewerblichen Nutzer können nach Erhalt der Mitteilung nach Unterabsatz 1 jederzeit entweder durch eine schriftliche Erklärung oder eine eindeutige bestätigende Handlung auf die in Unterabsatz 2 genannte Frist verzichten.

[5] [1] Das Einstellen neuer Waren oder Dienstleistungen in den Online-Vermittlungsdiensten vor Ablauf der Frist ist als eindeutige bestätigende Handlung zu betrachten, durch die auf die Frist verzichtet wird, außer in den Fällen, in denen die angemessene und verhältnismäßige Frist mehr als 15 Tage beträgt, weil der gewerbliche Nutzer aufgrund der Änderungen der allgemeinen Geschäftsbedingungen erhebliche technische Anpassungen an seinen Waren oder Dienstleistungen vornehmen muss. [2] In diesen Fällen gilt das Einstellen neuer Waren und Dienstleistungen durch den gewerblichen Nutzer nicht automatisch als Verzicht auf die Frist.

(3) Allgemeine Geschäftsbedingungen oder darin enthaltene Einzelbestimmungen, die den Anforderungen des Absatzes 1 nicht genügen, sowie vom Anbieter von Online-Vermittlungsdiensten vorgenommene Änderungen der allgemeinen Geschäftsbedingungen, die den Bestimmungen von Absatz 2 zuwiderlaufen, sind nichtig.

(4) Die Frist nach Absatz 2 Unterabsatz 2 gilt nicht, wenn ein Anbieter von Online-Vermittlungsdiensten

a) aufgrund gesetzlicher oder behördlich angeordneter Verpflichtungen Änderungen der allgemeinen Geschäftsbedingungen in einer Art und Weise vornehmen muss, die es ihm nicht gestatten, die in Absatz 2 Unterabsatz 2 genannte Frist einzuhalten;

b) in Ausnahmefällen seine allgemeinen Geschäftsbedingungen zur Abwehr einer unvorhergesehenen und unmittelbar drohenden Gefahr ändern muss, um die Online-Vermittlungsdienste, Verbraucher oder gewerbliche Nutzer vor Betrug, Schadsoftware, Spam, Verletzungen des Datenschutzes oder anderen Cybersicherheitsrisiken zu schützen.

(5) Anbieter von Online-Vermittlungsdiensten stellen sicher, dass die Identität der gewerblichen Nutzer, die Waren und Dienstleistungen über die Online-Vermittlungsdienste anbieten, klar erkennbar ist.

Übersicht

I. Allgemeines

1. Einordnung und Normzweck

1 Art. 3 enthält verschiedene Regelungen zu den AGB von Online-Vermittlungsdiensten. Da die Geschäftsbeziehung zwischen den gewerblichen Nutzern und dem Anbieter eines Online-Vermittlungsdienstes durch die AGB geregelt und ausgestaltet wird, soll Art. 3 nicht nur grundlegende Transparenzanforderungen sicherstellen, sondern die gewerblichen Nutzer zugleich vor überraschenden und nachteiligen Änderungen dieser Vertragsbedingungen schützen. Ein kartellrechtliches **Beispiel** für Praktiken im Zusammenhang mit der Ausgestaltung von AGB durch den Anbieter eines Online-Vermittlungsdienstes bildet das Verfahren des BKartA gegen Amazon (B2 – 88/18; s. dazu auch Querndt GRUR-Prax 2019, 456).

2 Leider ist Art. 3 – wie viele andere Vorschriften der Verordnung – **wenig übersichtlich** gefasst. Aus **Art. 3 I** ergeben sich inhaltliche Anforderungen an die AGB. **Art. 3 II und IV** betreffen die Modalitäten einer Änderung von AGB, wobei es sich bei Art. 3 IV um eine Ausnahmebestimmung zu Art. 3 II UAbs. 2 handelt. **Art. 3 III** sieht eine Regelung zu den Rechtsfolgen bei Verstößen gegen Art. 3 I und II vor. **Art. 3 V** hat dagegen mit den AGB nichts zu tun, sondern enthält eine tatsächliche Vorgabe für die Anbieter von Online-Vermittlungsdiensten.

3 Art. 3 hat drei ineinandergreifende **Funktionen:** Die Vorschrift enthält allgemeine Transparenzanforderungen für AGB (Art. 3 I). Des Weiteren schützt Art. 3 die gewerblichen Nutzer vor unangekündigten Änderungen der AGB und daraus resultierenden Nachteilen (Art. 3 II–IV). Schließlich soll die Vorschrift sicherstellen, dass die gewerblichen Nutzer auf dem Online-Vermittlungsdienst ihre Identität erkennbar machen können (Art. 3 V).

2. Anwendungsbereich und Normadressaten

Art. 3 gilt sachlich allein für **Online-Vermittlungsdienste** (Art. 2 Nr. 2); Normadressaten **4** sind die **Anbieter** dieser Dienste (Art. 2 Nr. 3). Unmittelbar geschützt durch Art. 3 sind die **gewerblichen Nutzer** von Online-Vermittlungsdiensten (Art. 2 Nr. 1). Den rechtlichen Bezugspunkt der Vorschriften aus Art. 3 I-IV bilden die von den Anbietern verwendeten AGB (Art. 2 Nr. 10).

3. Verhältnis zu Art. 8

Neben Art. 3 I finden sich in Art. 8 weitere Anforderungen an AGB, wobei Art. 8 lit. a ein **5** Verbot für rückwirkende Änderungen und Art. 8 lit. b und c inhaltliche Anforderungen enthalten. Art. 8 trägt die Überschrift „Besondere Vertragsbestimmungen", doch gibt es weder plausible inhaltliche noch systematische Gründe dafür, warum der Unionsgesetzgeber die Anforderungen aus Art. 3 I und Art. 8 nicht zusammengefasst oder zumindest in einem Sachzusammenhang geregelt hat.

4. Verhältnis zum nationalen Recht zur Kontrolle von AGB

Soweit die P2B-VO keine speziellen Regelungen vorsieht, richten sich die Einbeziehung und **6** die Inhaltskontrolle von AGB zwischen den gewerblichen Nutzern und dem Anbieter des Online-Vermittlungsdienstes nach dem nationalen Recht in den Mitgliedstaaten, in Deutschland also nach den **§§ 305 ff. BGB** (Busch GRUR 2019, 788 (790); Schneider/Kremer WRP 2020, 1128 (1131)). Da es sich um AGB in Verträgen zwischen Unternehmern handelt, gelten die modifizierten Einbeziehungs- und Kontrollmaßstäbe gemäß § 310 I BGB. Die **Transparenzkontrolle** gemäß § 307 I 2 BGB wird durch Art. 3 I lit. a vollständig verdrängt. Eine **Inhaltskontrolle** gemäß § 307 II bleibt jedoch möglich.

II. Allgemeine Anforderungen an AGB (Art. 3 I)

Art. 3 I enthält allgemeine Anforderungen für AGB von Online-Vermittlungsdiensten, wobei **7** lit. a und b generelle Anforderungen für die Verständlichkeit und Zugänglichkeit zu entnehmen sind, während lit. c bis e inhaltliche Anforderungen enthalten.

1. Klare und verständliche Formulierung (lit. a)

Das Gebot der Klarheit und Verständlichkeit gemäß Art. 3 I lit. a erfordert, dass die AGB so **8** gehalten sind, dass ein durchschnittlicher (→ Rn. 10) gewerblicher Nutzer ihren **Inhalt vollständig erfassen und verstehen kann.** Die gewerblichen Nutzer müssen erfahren können, welche gewerblichen Bedingungen für die Nutzung, Beendigung und Aussetzung von Online-Vermittlungsdiensten gelten (ErwGr. 15). Sie sollen vor Benachteiligungen geschützt werden, die sich daraus ergeben, dass ein Vertragsinhalt kompliziert, missverständlich oder zweideutig festgelegt ist, sodass zB Unsicherheiten über das vertragliche Leistungsspektrum sowie über Rechte und Pflichten entstehen. Klarheit und Verständlichkeit greifen als Kriterien ineinander. Eine Orientierung an den Wertungen von Art. 5 RL 93/13/EWG, wonach AGB-Klauseln „stets klar und verständlich abgefasst sein" müssen, ist zulässig und zweckmäßig (dazu näher Busch/von Westphalen Rn. 17 ff.)

AGB sind nach ErwGr. 15 dann nicht als klar und verständlich anzusehen, wenn sie **unbe- 9** **stimmt** oder **ungenau** abgefasst sind oder Angaben zu wichtigen gewerblichen Fragen **nicht ausführlich genug** regeln, und somit für den gewerblichen Nutzer in den wichtigsten Aspekten des Vertragsverhältnisses **kein angemessenes Maß an Vorhersehbarkeit** gegeben ist. **Irreführende Formulierungen** sind ebenfalls nicht klar und verständlich.

Unbestimmt und ungenau sind AGB, die gewerbliche Nutzer über die Inhalte der Vertrags- **9a** bedingungen **im Unklaren** lassen, es ihnen also erschweren, sich über die genauen Konditionen und die Funktionsweise des Vertrags, die vertraglichen Rechte und Pflichten sowie alle weiteren vertragsrelevanten Umstände angemessen zu informieren.

Klarheit und Verständlichkeit müssen sich an dem **Informationsbedürfnis** der gewerblichen **9b** Nutzer orientieren. Bei Online-Vermittlungsdiensten kann es sich um komplexe Leistungen handeln, die zudem ein umfangreiches technisches Wissen und Know-how erfordern. Es ist ein **ausgewogenes und richtig dosiertes Maß an Informationen** erforderlich. Verkürzte und lückenhafte Informationen können ebenso intransparent sein wie eine ungebremste Überflutung mit Details (Schneider/Kremer WRP 2020, 1128 (1131)). Die Ausführlichkeit von AGB ist deswegen kein Wert an sich. Im Gegenteil können **sehr umfangreiche, detailverliebte und hochkomplexe Klauselwerke** gerade aufgrund eines ausufernden und unverhältnismäßigen Umfangs nicht mehr klar und verständlich sein (s. dazu auch Busch/von Westphalen Rn. 31 ff.). Die Intransparenz folgt dann aus der nicht mehr zu bewältigenden Menge an Informationen. Die Anforderungen und Grenzen der Ausführlichkeit von AGB richten sich nach dem konkreten Geschäftsmodell und dem jeweiligen Regelungsbedürfnis. Wenig zielführend und abzulehnen ist eine Orientierung an einer Maximalseitenzahl, wie sie in der Kommissionsstudie „Study on contractual relationships between online platforms and their professional users", S. 48 (FWC JUST/2015/PR/01/0003/Lot1-02, Final Report) zum Ausdruck kommt. Danach sollte der Umfang von Klauselwerken bei einem Ausdruck im Standardformat („terms printed out in standard format") im Regelfall 10 Seiten nicht überschreiten. Ein derart schematischer Maßstab wird den höchst unterschiedlichen Bedürfnissen in der Praxis nicht gerecht.

9c Entscheidend ist weiterhin die **inhaltliche Vollständigkeit** der AGB. Daran fehlt es beispielsweise, wenn wichtige Informationen und Regelungen ausgelagert werden und sich wesentliche Vertragsinhalte zB erst in einer Zusammenschau von Hilfeseiten, FAQs, Anhängen, Hinweisen oder sonstigen Informationsquellen erschließen.

9d Formulierungen in AGB sind aufgrund einer Irreführung nicht klar und verständlich, wenn sie **unzutreffend** sind, zu **Missverständnissen** Anlass geben oder **Fehlschlüsse** hervorrufen können. Es ist nicht erforderlich, dass die Voraussetzungen einer lauterkeitsrechtlichen Irreführung iSv Art. 2 lit. b und Art. 3 RL 2006/114/EG erfüllt sind.

10 Das in ErwGr. 15 angesprochene angemessene Maß an Vorhersehbarkeit betrifft den Aspekt des anzulegenden Beurteilungsmaßstabs. Ob AGB iSv Art. 3 I lit. a klar und verständlich sind, ist an dem Maßstab solcher gewerblichen Nutzer auszurichten, die den Online-Vermittlungsdienst in Anspruch nehmen bzw. als eine mögliche Nutzergruppe in Betracht kommen. Abzustellen ist auf einen **durchschnittlich aufmerksamen, verständigen und informierten gewerblichen Nutzer** dieses Verkehrskreises (ähnlich Busch GRUR 2019, 788 (790)), wobei auch die Besonderheiten von einzelnen Branchen zu berücksichtigen sein können.

11 Zur Transparenz gehört schließlich die **Vermeidung von Sprachbarrieren.** Daher sind AGB nicht klar und verständlich, wenn sie nicht in der für die Vertragsanbahnung und die Vertragsdurchführung genutzten Sprache abgefasst sind.

2. Leichte Verfügbarkeit (lit. b)

12 Die AGB müssen nach Art. 3 I lit. b für die gewerblichen Nutzer leicht verfügbar sein. Das ist gegeben, wenn sich ein gewerblicher Nutzer **ohne Schwierigkeiten** über die für ihn geltenden Geschäftsbedingungen in Kenntnis setzen kann, also darauf Zugriff hat. Art. 3 I lit. b enthält **keine spezifische Formvorgabe,** sodass zB die Verwendung eines dauerhaften Datenträgers als Informationsmedium zwar möglich, aber nicht zwingend erforderlich ist (aA wohl Busch/von Westphalen Rn. 177 f.). Bei der Beurteilung ist wiederum (→ Rn. 10) von dem Maßstab eines durchschnittlichen gewerblichen Nutzers auszugehen.

13 In **zeitlicher Hinsicht** muss die leichte Verfügbarkeit nicht nur während der **gesamten Geschäftsbeziehung,** also vom Vertragsabschluss bis zur Beendigung des Vertragsverhältnisses, bestehen, sondern sie ist auch während der **Phase vor Vertragsabschluss** und bei etwaigen Vertragsverhandlungen sicherzustellen. Die Verpflichtung für Anbieter von Online-Vermittlungsdiensten, ihre Geschäftsbedingungen gewerblichen Nutzern auch in der vorvertraglichen Phase ihrer Geschäftsbeziehungen leicht zugänglich zu machen, bedeutet, dass die gewerblichen Nutzer, denen es gelungen ist, erfolgreich zu verhandeln, nicht auf die Transparenz verzichten müssen, die sich aus dieser Verordnung ergibt (ErwGr. 14). Die vorvertragliche Transparenzpflicht wird nicht erst bei der Abgabe der den Antrag enthaltenden Willenserklärung ausgelöst (also im Zeitraum der Einigung über den Vertrag gemäß §§ 145 ff. BGB), sondern bereits zuvor müssen die AGB zur Verfügung stehen (Eickemeier/Brodersen K&R 2020, 397 (399)). Schon für die geschäftliche Entscheidung, in Vertragsverhandlungen einzutreten bzw. einen Vertragsabschluss in Betracht zu ziehen, muss den gewerblichen Nutzern ein Einblick in die AGB möglich sein.

14 Ein praktikabler Weg, um eine leichte Verfügbarkeit sicherzustellen, dürfte darin bestehen, die AGB auf einer **Webseite** zur Verfügung zu stellen (Busch GRUR 2019, 788 (790); Eickemeier/ Brodersen K&R 2020, 397 (399); Schneider/Kremer WRP 2020, 1128 (1132)). Empfehlenswert ist das Zurverfügungstellen in einer Form, die ein jederzeitiges Abrufen und separates Speichern ermöglicht. Keine leichte Verfügbarkeit liegt vor, wenn AGB erst nach einer vorherigen Anmeldung auf einer Internetseite zugänglich sind oder nur auf Anfrage zur Verfügung gestellt werden (Steinrötter, Europäische Plattformregulierung/Louven Kap. 17 Rn. 31).

3. Gründe für Aussetzung, Beendigung oder Einschränkung des Online-Vermittlungsdienstes (lit. c)

Die AGB müssen gemäß Art. 3 I lit. c darüber Auskunft geben, aus welchen Gründen der **15** Anbieter eines Online-Vermittlungsdienstes die Entscheidung treffen kann, die von ihm geschuldete Bereitstellung des Dienstes gegenüber den gewerblichen Nutzern vollständig oder teilweise nicht vorzunehmen. Diese Transparenzregel steht in einem Sachzusammenhang mit den weiteren Vorgaben in Art. 4. Mit einem Aussetzen, Beenden oder sonstigen Einschränken sind geschäftliche Verhaltensweisen gemeint, die zum Ziel haben, dass der Anbieter des Online-Vermittlungsdienstes die von ihm **geschuldete(n) Leistung(en)** gar **nicht** oder – insbesondere zeitlich, quantitativ und qualitativ – **in geringerem Umfang** zu erbringen hat.

Ein **Aussetzen** ist anzunehmen, wenn die Bereitstellung des Dienstes für einen befristeten **16** oder unbefristeten Zeitraum nicht erfolgt. Eine **Beendigung** liegt vor, wenn die weitere Bereitstellung des Dienstes endgültig eingestellt und das Vertragsverhältnis nicht weiter fortgeführt wird, unabhängig von der Art dieser Beendigung (zB Zeitablauf, Kündigung, Aufhebungsvertrag). Als eine sonstige **Einschränkung** des Bereitstellungsdienstes gegenüber dem gewerblichen Nutzer ist jede für den gewerblichen Nutzer nachteilige Abweichung von dem vertraglich vorgesehenen Leistungsinhalt anzusehen.

Gründe iSv Art. 3 I lit. c sind alle **rechtlichen oder tatsächlichen Umstände,** die nach den **16a** Vertragsbedingungen eine Entscheidung über die Aussetzung, Beendigung oder Einschränkung der Bereitstellung des Online-Vermittlungsdienstes auslösen können.

Aus Art. 3 I lit. c folgt eine Pflicht zur Benennung, dh **Offenlegung** der Gründe. Daraus folgt **17** zum einen, dass die Aussetzung, Beendigung oder Einschränkung nicht nach Belieben erfolgen darf, sondern auf der Grundlage von zuvor festgelegten und klar kommunizierten Gründen. Diese Gründe müssen zudem benannt werden. Es muss deutlich werden, unter welchen Voraussetzungen ein Grund gegeben ist, der eine Aussetzung, Beendigung oder Einschränkung des Vertragsverhältnisses legitimiert. **Beispiel:** Es genügt nicht, wenn der Anbieter lediglich angibt, eine Beendigung sei aus „wichtigen" oder „erheblichen" Gründen möglich. Denn dadurch wird gerade nicht deutlich, welche Kriterien und Voraussetzungen maßgeblich sind.

Die Gründe müssen für den gewerblichen Nutzer **nachprüfbar** sein. Bspw. muss es möglich **18** sein, im Rahmen eines internen Beschwerdemanagementverfahrens gemäß Art. 11 zu klären, ob die Maßnahme, die der Anbieter ergriffen hat, nach seinen Vertragsbedingungen berechtigt war (vgl. Art. 11 I UAbs. 2 lit. c). ErwGr. 22 spricht zudem von „legitimen Gründen", was ebenfalls den Schluss nahelegt, dass die Gründe hinsichtlich ihrer konkreten Voraussetzungen einer Überprüfung zugänglich sein müssen (Voigt/Reuter MMR 2019, 783 (785)). Dies setzt voraus, dass es sich um **objektive Gründe** handelt. In diesem Sinne war in der Entwurfsfassung der Verordnung (COM(2018) 238 final) auch noch ausdrücklich von „objektiven Gründen" die Rede.

Im Interesse eines wirksamen Schutzes der gewerblichen Nutzer ist die Pflicht in Art. 3 I lit. c **19** weiterhin so zu verstehen, dass der Anbieter des Online-Vermittlungsdienstes nicht nur generell die Gründe für ein Aussetzen, Beenden oder Einschränken bezeichnen muss, sondern im Einzelnen darüber informieren muss, **aus welchen Gründen welche Reaktion** erfolgt. Ist ein Beenden der Bereitstellung bspw. aus anderen Gründen als ein Aussetzen möglich, dann muss der Anbieter in seinen AGB exakt aufschlüsseln.

Teilweise wird Art. 3 I lit. c dahingehend verstanden, dass der Anbieter nur Gründe vorsehen **20** darf, die sich nach den „marktüblichen und wirtschaftlich nachvollziehbaren" Belangen richten (Eickemeier/Brodersen K&R 2020, 397 (399)). Ein solcher Prüfungsauftrag wäre zwar sachgerecht, geht aber über den Wortlaut von Art. 3 I lit. c hinaus. Denn die Vorschrift sieht – abgesehen von dem Erfordernis der Nachprüfbarkeit – **keine Inhaltskontrolle** der Gründe vor. Sie bewertet also bspw. nicht, ob etwa die vollständige Einstellung des Dienstes eine unangemessene Reaktion des Anbieters des Online-Vermittlungsdienstes darstellt. Diese inhaltliche Angemessenheitsprüfung muss eigenständig nach § 307 I, II BGB erfolgen.

4. Vertriebskanäle und Partnerprogramme (lit. d)

Den Anbieter eines Online-Vermittlungsdienstes trifft nach Art. 3 I lit. d die Pflicht, über **21** zusätzliche Vertriebskanäle oder etwaige Partnerprogramme zu informieren, die die gewerblichen Nutzer unter Umständen für die Vermarktung der besagten Waren oder Dienstleistungen nutzen können. Diese Pflicht soll den gewerblichen Nutzern Klarheit darüber verschaffen, **wo** und **an wen** ihre Waren oder Dienstleistungen vermarktet werden (ErwGr. 16).

22 **Zusätzliche Vertriebskanäle** sind Vertriebswege, die ergänzend zu der primär geschuldeten Bereitstellung zur Verfügung stehen. **Beispiel:** Der Betreiber eines Online-Vermittlungsdienstes bietet neben der Aufnahme der Angebote des gewerblichen Nutzers auf einem Online-Shopping-Portal auch die Möglichkeit an, die Angebote über eine spezielle Shopping-App zur Verfügung zu stellen. Zu **Partnerprogrammen** gehört bspw. die Möglichkeit, dass die Angebote eines gewerblichen Nutzers auch bei einem anderen Online-Vermittlungsdienst angezeigt werden.

23 Zusätzliche Kanäle und Partnerprogramme sind **technologieneutral** zu verstehen; sie können unter anderem andere Websites, Softwareanwendungen oder sonstige Vermittlungsdienste umfassen, die zur Vermarktung der vom gewerblichen Nutzer angebotenen Waren und Dienstleistungen verwendet werden (ErwGr. 16).

5. Auswirkungen auf die Inhaberschaft und Kontrolle von geistigem Eigentum (lit. e)

24 Die Transparenzpflicht gemäß Art. 3 I lit. e beruht auf dem Gedanken, dass die Inhaberschaft und die Kontrolle von Rechten des geistigen Eigentums im Internet für die Anbieter von Online-Vermittlungsdiensten und für deren gewerbliche Nutzer von erheblicher wirtschaftlicher Bedeutung sein können. Der Unionsgesetzgeber hat dabei insbesondere Angaben zu der allgemeinen Verwendung von **Logos, Marken und geschäftlichen Bezeichnungen** im Blick (ErwGr. 17).

24a Der Begriff des **geistigen Eigentums** ist sowohl im Primärrecht (Art. 17 II GRCh) als auch im Sekundärrecht (zB in der RL 2004/48/EG) verankert. Er umfasst – kurz gesagt – **Immaterialgüterrechte** und lässt sich unter Hinzuziehung von **Art. 1 II TRIPS-Abkommen** konkretisieren (vgl. auch den Beschluss 94/800/EG v. 22.12.1994). Umfasst sind alle Arten des geistigen Eigentums, die Gegenstand der Abschnitte 1 bis 7 des Teils II des TRIPS-Abkommens sind, also das Urheberrecht und verwandte Schutzrechte, Marken, geographische Angaben, gewerbliche Muster und Modelle, Patente und Layout-Designs (Topographien) integrierter Schaltkreise. Der Schutz nicht offenbarter Informationen ist nach der Systematik des Unionsrechts eigenständig geregelt und vom geistigen Eigentum zu unterscheiden (vgl. ErwGr. 2 RL (EU) 2016/943).

24b Inhaberschaft und Kontrolle betreffen die **rechtliche Beziehung zu dem Immaterialgüterrecht.** Bei der Inhaberschaft geht es um die Zuordnung des Rechts zu einem Rechtssubjekt, dem Rechteinhaber. Zur Kontrolle gehören alle sonstigen Formen des berechtigten Zugriffs auf das Recht bzw. dessen wirtschaftlicher Verwertung und Nutzung; dies schließt Nutzungsberechtigte, zB Lizenznehmer (Busch/von Westphalen Rn. 327), mit ein.

25 Aufzuklären ist über die **Auswirkungen** der AGB auf Inhaberschaft und Kontrolle. Zu den Auswirkungen gehören alle Umstände, die für die Inhaberschaft und die Kontrolle von Rechten des geistigen Eigentums von Bedeutung sein können. Aufzuklären ist nach Art. 3 I lit. e bspw. darüber, ob und in welcher Weise geschützte Marken des gewerblichen Plattformnutzers verwendet werden (Busch GRUR 2019, 788 (791)).

III. Änderungen von AGB (Art. 3 II und IV)

26 Art. 3 II regelt einige Aspekte und Modalitäten der Änderung von AGB durch den Anbieter eines Online-Vermittlungsdienstes. Die gewerblichen Nutzer sollen davor geschützt werden, dass sie von den Anpassungen der AGB zu spät erfahren, sie durch solche Vorgänge überrascht werden und dadurch womöglich Schwierigkeiten haben, sich auf die veränderten Umstände einzustellen. Art. 3 II besteht aus einer **Gemengelage von Form-, Frist-, Verfahrens- und Informationsbestimmungen.** Art. 3 IV bildet systematisch eine Ergänzung zur Fristenregelung in Art. 3 II UAbs. 2.

1. Änderung von AGB

27 Von Art. 3 II erfasst ist allein die Änderung von AGB. Dies setzt ein bestehendes **Vertragsverhältnis** zwischen dem gewerblichen Nutzer und dem Anbieter eines Online-Vermittlungsdienstes und eine **inhaltliche Modifikation des Vertragsinhalts** voraus. Der Umfang der Änderung ist unbeachtlich. Auch die gesamte Ersetzung von AGB ist eine Änderung iSd Art. 3 II. Die Vorschrift gilt hingegen nicht – mangels Regelungslücke auch nicht analog – für

die **erstmalige Einbeziehung** von AGB in den Nutzungsvertrag. Diese richtet sich allein nach dem nationalen Recht, also nach § 305 I BGB, § 310 I BGB.

Eine **Anpassung, Modifizierung oder Verlängerung des Nutzungsvertrags** (zB eine **28** Erweiterung des Leistungsinhalts, eine Veränderung der Vertragslaufzeit usw.) ist bei wertender Betrachtung dem Ändern der AGB gleichzustellen, wenn diese Veränderung auch zur Folge hat, dass andere, erweiterte oder inhaltlich veränderte AGB gelten.

Die wirksame Einbeziehung der geänderten AGB setzt nach dem Vertragsrecht eine **Eini-** **29** **gung beider Parteien** voraus. Denn es handelt sich um eine Änderung des Schuldverhältnisses (§ 311 I BGB). Von diesem Erfordernis der Einigung befreit Art. 3 II nicht.

2. Informationsanforderungen

Der Anbieter ist verpflichtet, den gewerblichen Nutzer über die vorgeschlagene Änderung der **30** AGB zu unterrichten. Dies umfasst nicht nur das „Ob" der geplanten Änderung, sondern auch das „Wie", also den Inhalt dieser Änderungen. Die Information muss auf einem **dauerhaften Datenträger** iSv Art. 2 Nr. 13 erfolgen.

3. Frist zur Umsetzung

Der gewerbliche Nutzer soll sich auf die mit der Änderung der AGB verbundenen Neuerun- **31** gen einstellen können. Daher sieht Art. 3 II UAbs. 2, 1 vor, dass die Änderungen erst nach einer „angemessenen und verhältnismäßigen Frist" umgesetzt, also in Kraft gesetzt und angewendet werden dürfen. Es handelt sich praktisch um eine Art **Anpassungsfrist,** die es dem gewerblichen Nutzer ermöglichen soll, alle erforderlichen Anpassungsmaßnahmen zu ergreifen. Zugleich besteht innerhalb dieser Frist ein besonderes Kündigungsrecht des gewerblichen Nutzers (→ Rn. 40 ff.).

Die Angemessenheit und die Verhältnismäßigkeit bestimmen sich nach den **konkreten** **32** **Umständen des Einzelfalls,** wobei insbesondere Art und Umfang der geplanten Änderungen und deren Folgen zu berücksichtigen sind. Art. 3 II UAbs. 2 differenziert wie folgt: Im Grundsatz ist von einer Mindestfrist von 15 Tagen auszugehen, auf die verzichtet werden kann (→ Rn. 33 ff.). Im Einzelfall kann eine längere Frist gelten (→ Rn. 37). In besonderen Konstellationen gelten die Fristen nicht (→ Rn. 38 f.).

a) Mindestfrist und Erweiterungen. Als gesetzliche **Mindestfrist** sieht Art. 3 II UAbs. 2 **33** eine Frist von **15 Tagen** vor. Diese Frist beginnt im Zeitpunkt der ordnungsgemäßen Unterrichtung des gewerblichen Nutzers über die geplante Änderung der AGB (Art. 3 II UAbs. 2, 2).

Der Anbieter eines Online-Vermittlungsdienstes muss dem gewerblichen Nutzer eine **längere** **34** **Frist** einräumen, wenn dies nach den Umständen erforderlich ist, damit der gewerbliche Nutzer die aufgrund der Änderung notwendigen technischen oder geschäftlichen Anpassungen vornehmen kann (Art. 3 II UAbs. 2, 3). Dies kann zB bei besonders umfangreichen oder inhaltlich tiefgreifenden Veränderungen der Fall sein oder bei Änderungen, zu deren Umsetzung die gewerblichen Nutzer einen erheblichen Mehraufwand (etwa technischer Art) betreiben müssen.

Die gewerblichen Nutzer können auf die gesetzliche Mindestfrist von 15 Tagen **verzichten.** **35** Dies setzt eine **schriftliche Erklärung** oder eine eindeutige bestätigende Handlung, also ein **konkludentes Verhalten,** voraus (Art. 3 II UAbs. 4). Als ein konkludentes Verhalten gilt insbesondere das Einstellen neuer Waren oder Dienstleistungen innerhalb des Online-Vermittlungsdienstes innerhalb der 15tägigen gesetzlichen Mindestfrist (Art. 3 II UAbs. 5, 1). Denn hierdurch kommt zum Ausdruck, dass sich der gewerbliche Nutzer auf die Änderung eingestellt hat und insbesondere sein Kündigungsrecht gemäß Art. 3 II UAbs. 4 nicht ausübt. Das Einstellen führt „automatisch" (Umkehrschluss aus Art. 3 II UAbs. 5, 2) zu einem Verzicht auf die Frist.

In **zeitlicher Hinsicht** ist ein Verzicht erst nach dem Erhalt der Mitteilung über die **36** Änderung möglich, also nach dem Zugang dieser Information. Ein vom gewerblichen Nutzer vorher erklärter Verzicht ist unwirksam. Erst recht unwirksam wäre eine Klausel in AGB, die einen vorformulierten Verzicht enthält.

Gilt aufgrund der besonderen Umstände des Falles eine **längere als die gesetzliche Min-** **37** **destfrist von 15 Tagen,** dann ist das Einstellen von Waren oder Dienstleistungen nicht als ein Verzicht auf die Frist anzusehen (Art. 3 II UAbs. 5, 1). Ein Fristverzicht ist in dieser Konstellation zwar auch möglich, jedoch ist nach den allgemeinen Auslegungsgrundsätzen (§§ 133, 157 BGB) zu ermitteln, wie das Verhalten des gewerblichen Nutzers zu verstehen ist.

38   **b) Gesetzliche Ausnahme von der Fristenregelung.** In besonderen Fällen ist die gesetzliche Mindestfrist gemäß Art. 3 IV ausgeschlossen. Dieser Ausschluss erstreckt sich nicht nur auf
die 15tägige Mindestfrist, sondern auch (und erst recht) auf eine etwaige längere Frist. Denn
Art. 3 IV regelt **besondere Umstände,** in denen der Anbieter des Online-Vermittlungsdienstes
zum schnellen Handeln veranlasst ist und daher die Fristen nicht einhalten kann. Das schutzwürdige Interesse des gewerblichen Nutzers muss hier dem Interesse am Schutz anderer Güter
weichen.

39   Die Ausnahme betrifft zum einen **gesetzliche oder behördliche Verpflichtungen**
(Art. 3 IV lit. a), die dem Anbieter des Online-Vermittlungsdienstes auferlegt werden. **Beispiel:**
Der Gesetzgeber schafft für Plattformbetreiber neue gesetzliche Prüfpflichten, die eine Anpas-
sung der AGB erforderlich machen. Zum anderen gilt die Ausnahme für Maßnahmen zur
Abwehr von unvorhergesehenen und unmittelbar drohenden Gefahren (Art. 3 IV lit. b).
Beispiel: Zur Abwehr eines erkannten „Hacker"-Angriffs auf seine Plattform muss der Anbieter
des Online-Vermittlungsdienstes schnelle Schutzmaßnahmen ergreifen, die in der Folge eine
Anpassung der AGB erforderlich machen.

4. Kündigung durch den gewerblichen Nutzer

40   Art. 3 II UAbs. 3, 1 sieht ein spezielles, zeitlich limitiertes **Kündigungsrecht** für gewerbliche
Nutzer vor, die von dem Anbieter des Online-Vermittlungsdienstes eine Mitteilung über die
Änderung der AGB erhalten. Dieses Kündigungsrecht besteht innerhalb der nach Art. 3 II
UAbs. 2 geltenden Frist. Da das Kündigungsrecht mit der Frist aus Art. 3 II UAbs. 2 verkoppelt
ist, greift es nicht in den von Art. 3 IV erfassten Fällen einer Änderung von AGB ein.

41   Die **Modalitäten der Kündigung** sind, mit Ausnahme der Wirksamkeitsregelung in Art. 3 II
UAbs. 3 S. 2, nicht näher festgelegt. Sie richten sich deswegen nach dem nationalen Vertragsrecht. Danach ist die Kündigung ein Gestaltungsrecht, das durch eine **einseitige, empfangsbedürftige Willenserklärung** vom gewerblichen Nutzer gegenüber dem Anbieter des Online-
Vermittlungsdienstes auszuüben ist. Eine besondere **Form** ist nicht erforderlich.

42   Die Kündigung **beendet** das Vertragsverhältnis **ex nunc.** Die Kündigungserklärung entfaltet
ihre Wirksamkeit innerhalb von 15 Tagen nach dem Eingang der Mitteilung über die Änderung
der AGB. Praktisch führt das Zusammenspiel von Anpassungsfrist und Kündigungsmöglichkeit
dazu, dass der gewerbliche Nutzer einen **geschützten Zeitraum** erhält, um zu entscheiden, ob
er unter Geltung der veränderten AGB das Vertragsverhältnis fortsetzen möchte oder nicht.
Spätestens nach 15 Tagen soll jedoch für beide Parteien Klarheit über die Fortführung der
Geschäftsbeziehung bestehen. Für die Wirksamkeitsfrist aus Art. 3 II UAbs. 3 S. 1 kann im
Vertrag eine zeitliche Verkürzung vorgesehen werden (Art. 3 II UAbs. 3 S. 2).

IV. Nichtigkeit bei Verstößen (Art. 3 III)

43   Art. 3 III bestimmt, dass Verstöße gegen die Vorgaben aus Art. 3 I und II die Nichtigkeit der
AGB insgesamt oder darin enthaltener Einzelbestimmungen zur Folge haben. Die Nichtigkeit ist
eine besonders **einschneidende Sanktion** und es kann im Einzelfall zweifelhaft sein, ob eine
solche schwerwiegende Reaktion den gewerblichen Nutzern wirklich hilft (krit. etwa Höppner/
Schulz ZIP 2019, 2329 (2335 f.)). Unter Umständen ist die Nichtigkeit sogar kontraproduktiv,
weil der gewerbliche Nutzer die vertragliche Grundlage seiner Geschäftstätigkeit auf der Plattform verliert. Zudem erscheint die Nichtigkeitsfolge „willkürlich" (Schneider/Kremer WRP
2020, 1128 (1133)), weil sie nur in bestimmten Fällen vorgesehen ist und keinesfalls als ein
systematischer Ausdruck etwa gesteigerten Unrechts zu verstehen ist.

1. Reichweite der Nichtigkeit

44   Nichtigkeit iSv Art. 3 III bedeutet, dass die Wirkung **„erga omnes",** also nicht nur in einem
einzelnen Vertragsverhältnis („inter partes"), sondern gegenüber allen betroffenen gewerblichen
Nutzern, eintritt. Zudem gilt die Nichtigkeit **„ex tunc",** also rückwirkend. Dies gilt sowohl für
Verstöße gegen Art. 3 I als auch gegen Art. 3 II (ErwGr. 20). Dies hat zur Folge, dass die
Feststellung der Nichtigkeit in einem einzigen Fall zur Nichtigkeit aller Parallelbestimmungen in
anderen Verträgen führt (von Westphalen BB 2020, 579 (585)). Somit profitieren auch diejenigen gewerblichen Nutzer, die an einem Streitfall nicht beteiligt sind. Die P2B-VO sieht insoweit
allerdings keine spezielle Aufklärungspflicht des Anbieters des Online-Vermittlungsdienstes gegenüber den sonstigen gewerblichen Nutzern vor. Der Anregung, eine gesetzliche Informations-

pflicht zu schaffen (von Westphalen BB 2020, 579 (585)), ist der deutsche Gesetzgeber nicht gefolgt. Eine entsprechende Informationspflicht lässt sich aber auf § 241 II BGB und auf den Gedanken des Art. 8 (Information als Ausdruck von „Treu und Glauben" sowie der Grundsätze des „redlichen Geschäftsverkehrs") stützen.

Die Nichtigkeitsfolge gilt nur für die jeweiligen Bestimmungen der Geschäftsbedingungen, **45** die den gesetzlichen Vorgaben nicht genügen. Alle übrigen Bestimmungen des Vertrags bleiben wirksam und durchsetzbar, sofern sie getrennt von den nicht den Vorgaben entsprechenden Bestimmungen betrachtet werden können (ErwGr. 20). Ob die Voraussetzungen für eine **Teilnichtigkeit** erfüllt sind, muss im konkreten Einzelfall ermittelt werden. Maßgeblich ist eine wertende Betrachtung, wobei die Interessenlage der Parteien sowie der Umfang des Verstoßes zu berücksichtigen sind (nur auf Letzteres abstellend Steinrötter, Europäische Plattformregulierung/ Louven, Kap. 17 Rn. 56).

2. Weitere Rechtsfolgen

Keine näheren Aussagen trifft Art. 3 III zu der Frage, was anstelle der nichtigen Regelung **46** gelten soll. Auszugehen ist von den methodischen Grundsätzen des Vertragsrechts, das auf den Vertrag Anwendung findet (Uitz, Die P2B-VO, 2023, S. 130 f.). Danach wird in der Regel bei **Verstößen gegen Art. 3 I** die einschlägige **gesetzliche Vorschrift** anstelle der nichtigen Vertragsklausel(n) anzuwenden sein. Diese ergibt sich aus dem jeweils auf das Vertragsverhältnis anwendbare Recht (Schneider/Kremer WRP 2020, 1128 (1132)), da es ein allgemeines Unionsvertragsrecht für B2B-Nutzungsverträge nicht gibt. Verbleibt aufgrund der Nichtigkeit eine planwidrige Unvollständigkeit des Vertrags, die sich auch mit Hilfe gesetzlicher Vorschriften nicht beseitigen lässt, dann ist diese Lücke im Wege einer **ergänzenden Vertragsauslegung** zu schließen (aA Steinrötter, Europäische Plattformregulierung/Louven Kap. 17 Rn. 59). Nach stRspr. hat sich die ergänzende Vertragsauslegung nicht nur an dem hypothetischen Parteiwillen, sondern auch an dem objektiven Maßstab von Treu und Glauben zu orientieren und muss zu einer die beiderseitigen Interessen angemessen berücksichtigenden Regelung führen. Es geht daher darum zu ermitteln, was die Parteien bei einer angemessenen, objektiv generalisierenden Abwägung ihrer Interessen nach Treu und Glauben redlicherweise vereinbart hätten, wenn sie bedacht hätten, dass die Wirksamkeit der angewendeten Preisänderungsbestimmung jedenfalls unsicher war (vgl. BGH NJW 2016, 1718 Rn. 70).

Bei der Anwendung von Art. 3 III ist eine wertende Orientierung an den Grundsätzen **47** möglich, die für die Unwirksamkeit von Vertragsklauseln im B2C-Verhältnis gemäß der Klausel-RL (RL 93/13/EG) gelten (s. dazu auch Wendehorst/von Westphalen EuZW 2021, 229 ff.). Zu Art. 6 I RL 93/13/EG hat der **EuGH** anerkannt, dass die nationalen Gerichte dann, wenn ein zwischen einem Gewerbetreibenden und einem Verbraucher geschlossener Vertrag nach Aufhebung einer missbräuchlichen Klausel nicht fortbestehen kann, nicht daran gehindert sind, „diese missbräuchliche Klausel wegfallen zu lassen und sie in Anwendung vertragsrechtlicher Grundsätze durch eine dispositive Vorschrift des nationalen Rechts zu ersetzen, wenn die Ungültigerklärung der missbräuchlichen Klausel das Gericht zwingen würde, den Vertrag insgesamt für nichtig zu erklären, was für den Verbraucher besonders nachteilige Folgen hätte, so dass dieser dadurch geschädigt würde" (EuGH ECLI:EU:C:2020:954 = BeckRS 2020, 32090 Rn. 32 – Banca B.). Demgegenüber ist das Gericht, wenn es die Nichtigkeit einer missbräuchlichen Klausel in einem Vertrag zwischen einem Gewerbetreibenden und einem Verbraucher feststellt, nicht dazu berechtigt, den Vertrag durch eine Abänderung des Inhalts dieser Klausel anzupassen (EuGH ECLI:EU:C:2020:954 = BeckRS 2020, 32090 Rn. 30 – Banca B.). Dies entspricht dem **Verbot einer geltungserhaltenden Reduktion** (vgl. auch Schneider/Kremer WRP 2020, 1128 (1133)). Anderenfalls würde der „Abschreckungseffekt" beseitigt, der für die Gewerbetreibenden darin besteht, dass solche missbräuchlichen Klauseln gegenüber dem Verbraucher schlicht unangewendet bleiben, da diese nämlich versucht blieben, die betreffenden Klauseln zu verwenden, wenn sie wüssten, dass, selbst wenn die Klauseln für unwirksam erklärt werden sollten, der Vertrag gleichwohl im erforderlichen Umfang vom nationalen Gericht angepasst werden könnte, so dass das Interesse der Gewerbetreibenden auf diese Art und Weise gewahrt würde (EuGH ECLI:EU:C:2020:954 = BeckRS 2020, 32090 Rn. 31 – Banca B.). Zur Möglichkeit eines „Blue Pencil Tests" bei Klauseln → Rn. 49.

Bei einer Änderung von AGB unter **Verstoß gegen Art. 3 II** werden die Änderungen „so **48** betrachtet, als hätten sie nie bestanden" (ErwGr. 20). An die Stelle der nichtigen Bestimmung tritt damit die vorher zwischen den Parteien geltende Regelung.

49   Da Art. 3 III von **„Einzelbestimmungen"** (engl.: „specific provisions") spricht, eröffnet die Vorschrift die Möglichkeit zu einer teilweisen Unwirksamkeit von Klauseln, wenn diese inhaltlich teilbar sind **(„Blue Pencil Test")** und eine Teilunwirksamkeit nicht gegen das Verbot der geltungserhaltenden Reduktion verstößt (vgl. auch Schneider/Kremer WRP 2020, 1128 (1132)). Insoweit ist eine Bezugnahme auf die gefestigte höchstrichterliche deutsche Rechtsprechung möglich, wonach inhaltlich voneinander trennbare, einzeln aus sich heraus verständliche Regelungen in AGB Gegenstand einer gesonderten Prüfung sein können, auch wenn sie in einem äußeren sprachlichen Zusammenhang mit anderen – unwirksamen – Regelungen stehen. Nur dann, wenn der als wirksam anzusehende Rest im Gesamtgefüge des Vertrags nicht mehr sinnvoll, insbesondere der als unwirksam beanstandete Klauselteil von so einschneidender Bedeutung ist, dass von einer gänzlich neuen, von der bisherigen völlig abweichenden Vertragsgestaltung gesprochen werden muss, ergreift die Unwirksamkeit der Teilklausel die Gesamtklausel (vgl. BGHZ 179, 374 Rn. 15 = NJW 2009, 1664; BGH NJW 2014, 141 Rn. 14; 2015, 928 Rn. 23).

50   **Sonstige Sanktionen** bei Zuwiderhandlungen werden durch Art. 3 III nicht ausgeschlossen. Überblick zur Funktionsweise der Rechtsdurchsetzung → Art. 11 Rn. 9 ff.

V. Erkennbarkeit der Identität von gewerblichen Nutzern (Art. 3 V)

51   Art. 3 V ist systematisch **deplatziert,** denn die Vorschrift enthält im Unterschied zu Art. 3 I-IV keine Regelungen zu den AGB des Nutzungsverhältnisses, sondern erlegt den Anbietern von Online-Vermittlungsdiensten eine tatsächliche Pflicht auf. Sie müssen sicherstellen, dass die gewerblichen Nutzer, die über den Online-Vermittlungsdienst ihre Waren oder Dienstleistungen anbieten, klar erkennbar sind.

52   Die Regelung betrifft eine **komplexe Interessen- und Rechtslage** (vgl. auch Busch/von Westphalen Rn. 382). Die Online-Vermittlungsdienste haben ein wirtschaftliches Interesse daran, mit dem eigenen Angebot und als Unternehmen wahrgenommen zu werden und sich dementsprechend hervorgehoben zu präsentieren. Das kann zur Folge haben, dass Plattformbetreiber zur Verbesserung ihrer eigenen Wettbewerbsposition bisweilen die auf ihrer Plattform tätigen gewerblichen Nutzer an der Preisgabe ihrer Identität hindern (Tribess GWR 2020, 233 (235)).

52a   Auf Seiten der gewerblichen Nutzer ist zu berücksichtigen, dass diese nicht nur ein Interesse daran haben, auf der Plattform selbst in Erscheinung zu treten, sondern rechtlich auch dazu verpflichtet sind, bei einer geschäftlichen Tätigkeit ihre Identität gegenüber Verbrauchern offenzulegen (vgl. Art. 7 IV lit. b UGP-RL und Nr. 22 Anh. I UGP-RL). Die gewerblichen Nutzer müssen also, um diesen Pflichten nachzukommen, bei der Nutzung eines Online-Vermittlungsdienstes die **tatsächliche Möglichkeit** haben, Verbraucher ordnungsgemäß über ihre Identität zu informieren.

53   Schließlich unterliegen Online-Vermittlungsdienste, bei denen es sich um **Online-Marktplätze** iSv Art. 2 lit. n UGP-RL handelt (zur Abgrenzung → Art. 2 Rn. 22), ihrerseits besonderen Transparenzpflichten. Der Anbieter ist nach Art. 7 IV lit. f UGP-RL dazu verpflichtet, gegenüber Verbrauchern darüber Auskunft zu geben, ob es sich bei denjenigen, die ihre Waren oder Dienstleistungen auf der Plattform anbieten, um Gewerbetreibende (Unternehmer) handelt. Den Anbieter trifft hiernach **keine inhaltliche Prüfungspflicht** im Hinblick auf die wahre Identität des gewerblichen Nutzers, sondern die Information erfolgt auf der Basis einer **Selbstauskunft** gegenüber dem Anbieter.

54   Art. 3 V soll diese Interessenlage dahingehend auflösen, dass die Anbieter von Online-Vermittlungsdiensten die gewerblichen Nutzer nicht daran hindern dürfen, ihre unternehmerische Identität im Rahmen ihres Angebots bzw. ihrer Präsenz bei den betreffenden Online-Vermittlungsdiensten zu verwenden. Allerdings folgt aus diesem „Verbot einer Einmischung" nicht das Recht der gewerblichen Nutzer, einseitig über die Darstellung ihres Angebots oder ihrer Präsenz innerhalb des Online-Vermittlungsdienstes zu entscheiden (ErwGr. 21). Es bleibt daher dem Anbieter des Online-Vermittlungsdienstes unbenommen, bei Wahrung der Transparenzpflicht über die **Ausgestaltung seiner Plattform,** insbesondere die Präsentation und Darstellung der Angebote der gewerblichen Nutzer zu entscheiden. Zur Herstellung der notwendigen Transparenz können in der Praxis zB spezielle Felder, Rubriken oder ähnliche Informationsflächen in der Benutzeroberfläche des Online-Vermittlungsdienstes geeignet sein.

Einschränkung, Aussetzung und Beendigung

4 (1) Beschließt ein Anbieter von Online-Vermittlungsdiensten, die Bereitstellung seiner Online-Vermittlungsdienste für einen bestimmten gewerblichen Nutzer in Bezug auf einzelne von diesem gewerblichen Nutzer angebotene Waren oder Dienstleistungen einzuschränken oder auszusetzen, so übermittelt er dem betroffenen gewerblichen Nutzer vor oder gleichzeitig mit dem Wirksamwerden der Aussetzung oder Einschränkung auf einem dauerhaften Datenträger eine Begründung dieser Entscheidung.

(2) Beschließt ein Anbieter von Online-Vermittlungsdiensten, die Bereitstellung seiner Online-Vermittlungsdienste für einen bestimmten gewerblichen Nutzer vollständig zu beenden, so übermittelt er dem betroffenen gewerblichen Nutzer mindestens 30 Tage vor dem Wirksamwerden der Beendigung auf einem dauerhaften Datenträger eine Begründung dieser Entscheidung.

(3) ¹Im Falle einer Einschränkung, Aussetzung oder Beendigung bietet der Anbieter von Online-Vermittlungsdiensten dem gewerblichen Nutzer die Möglichkeit, die Tatsachen und Umstände im Rahmen des internen Beschwerdemanagementverfahrens gemäß Artikel 11 zu klären. ²Wird die Einschränkung, Aussetzung oder Beendigung durch den Anbieter von Online-Vermittlungsdiensten aufgehoben, setzt er den gewerblichen Nutzer umgehend wieder ein, wozu auch der Zugang zu personenbezogenen oder sonstigen Daten oder beidem gehört, die durch die Nutzung der einschlägigen Online-Vermittlungsdienste vor dem Wirksamwerden der Einschränkung, Aussetzung oder Beendigung generiert wurden.

(4) [1] Die Frist gemäß Absatz 2 gilt nicht, wenn ein Anbieter von Online-Vermittlungsdiensten

a) gesetzlichen oder behördlich angeordneten Verpflichtungen unterliegt, die eine vollständige Beendigung der Bereitstellung der Online-Vermittlungsdienste für einen bestimmten gewerblichen Nutzer erfordern und ihm dabei keine Einhaltung der Frist erlauben;

b) sein Recht auf Beendigung aufgrund eines zwingenden Grunds nach nationalem Recht, das im Einklang mit dem Unionsrecht steht, ausübt;

c) nachweisen kann, dass der betroffene gewerbliche Nutzer wiederholt gegen die geltenden allgemeinen Geschäftsbedingungen verstoßen hat, was zur vollständigen Beendigung der betreffenden Online-Vermittlungsdienste geführt hat.

[2] In den Fällen, in denen die in Absatz 2 genannte Frist nicht gilt, stellt der Anbieter von Online-Vermittlungsdiensten dem betroffenen gewerblichen Nutzer unverzüglich eine Begründung für seine Entscheidung auf einem dauerhaften Datenträger zur Verfügung.

(5) [1] In der in den Absätzen 1 und 2 und Absatz 4 Unterabsatz 2 genannten Begründung gibt der Anbieter der Online-Vermittlungsdienste die konkreten Tatsachen oder Umstände, einschließlich des Inhalts der Mitteilungen Dritter, die ihn zu seiner Entscheidung bewogen haben, und die für diese Entscheidung geltenden Gründe gemäß Artikel 3 Absatz 1 Buchstabe c an.

[2] Ein Anbieter von Online-Vermittlungsdiensten ist nicht verpflichtet, eine Begründung abzugeben, wenn er aufgrund gesetzlicher oder behördlich angeordneter Verpflichtungen die konkreten Tatsachen oder Umstände und den zutreffenden Grund bzw. die zutreffenden Gründe nicht offenlegen darf, oder wenn er nachweisen kann, dass der betroffene gewerbliche Nutzer wiederholt gegen die geltenden allgemeinen Geschäftsbedingungen verstoßen hat, was zur vollständigen Beendigung der betreffenden Online-Vermittlungsdienste geführt hat.

Übersicht

I. Allgemeines

1. Einordnung und Normzweck

1   Art. 4 sieht nähere Bestimmungen für den Fall vor, dass der Anbieter des Online-Vermittlungsdienstes die von ihm geschuldeten Leistungen gegenüber den gewerblichen Nutzern einschränkt, aussetzt oder die Geschäftsbeziehung beendet. Typisch sind Konstellationen, in denen **gewerbliche Nutzerkonten** von einem Online-Vermittlungsdienst **auf Zeit oder endgültig gesperrt oder deaktiviert** werden (**Beispiele** aus der Rspr.: LG Hannover GRUR-RS 2021, 24622; LG München BeckRS 2021, 10613; LG Stuttgart ZVertriebsR 2021, 252). Art. 4 soll sicherstellen, dass die gewerblichen Nutzer insbesondere über die Gründe für eine Einstellung der Dienste **informiert** werden und ihnen nötigenfalls ein **schnelles Verfahren zum Beschwerdemanagement** zur Verfügung steht.

2   Es sind vielfältige Gründe dafür denkbar, warum der Anbieter eines Online-Vermittlungsdienstes die Entscheidung trifft, seinen Dienst gegenüber einem gewerblichen Nutzer einzuschränken, auszusetzen oder zu beenden. Die Gründe können sich insbesondere aus **Vertrag** (zB Pflichtverletzung durch den gewerblichen Nutzer), **Gesetz** (zB gesetzliches Verbot eines Waren- oder Dienstleistungsvertriebs) oder aus einer **behördlichen Entscheidung** (zB Untersagung einer Gewerbetätigkeit) ergeben. Das Einschränken, Aussetzen oder Beendigen der Bereitstellung des Online-Vermittlungsdienstes durch den Anbieter kann einen gewerblichen Nutzer der Plattform hart und unter Umständen existenzgefährdend treffen. Denn mit der Einstellung des Dienstes ist es für den gewerblichen Nutzer möglicherweise erheblich schwieriger, die von ihm für seine Waren oder Dienstleistungen anvisierte Zielgruppe von Verbrauchern zu erreichen. Erfolgt die Einstellung des Dienstes noch dazu ohne eine nachvollziehbare Begründung, dann ist der gewerbliche Nutzer zusätzlich benachteiligt. Verhaltensweisen dieser Art waren unter anderem Gegenstand eines kartellrechtlichen Verfahrens des BKartA gegen Amazon (B2 – 88/18; s. dazu auch Querndt GRUR-Prax 2019, 456).

3   **Art. 4 I** regelt das Einschränken und Aussetzen, **Art. 4 II und IV** die Beendigung der Bereitstellung des Online-Vermittlungsdienstes. **Art. 4 III** sieht die Möglichkeit eines internen Streitbeilegungsverfahrens vor. Schließlich finden sich in **Art. 4 V** nähere Anforderungen für die Begründung der Entscheidung des Anbieters.

2. Anwendungsbereich und Normadressaten

4   Art. 4 gilt sachlich allein für **Online-Vermittlungsdienste** (Art. 2 Nr. 2). Normadressaten sind die **Anbieter** dieser Dienste (Art. 2 Nr. 3). Unmittelbar geschützt durch Art. 4 sind die **gewerblichen Nutzer** von Online-Vermittlungsdiensten (Art. 2 Nr. 1).

3. Verhältnis zu Art. 3 I lit. c

5   Art. 4 steht in einem engen **inhaltlichen Zusammenhang** mit Art. 3 I lit. c. Nach Art. 3 I lit. c müssen die AGB die Gründe erkennen lassen, bei deren Vorliegen der Anbieter des Online-Vermittlungsdienstes die Bereitstellung seines Dienstes aussetzen, beenden oder einschränken kann. Dabei geht es um eine **allgemeine Angabe** zu den vertraglich vorgesehenen Gründen. Demgegenüber regelt Art. 4 die konkrete Entscheidung des Anbieters, zielt Art. 4 auf die Entscheidung des Anbieters im Einzelfalls, zielt Art. 4 auf die Entschließung im Einzelfall, den Dienst einzuschränken, auszusetzen oder zu beenden. Den rechtlichen Bezugspunkt bildet somit die **konkrete Entscheidung** des Anbieters gegenüber einem gewerblichen Nutzer. Stützt sich der Anbieter bei seiner Entscheidung auf vertragliche Abreden, dann folgt aus Art. 3 I lit. c, dass diese Gründe in den AGB erwähnt sein müssen.

II. Einschränkung oder Aussetzung des Online-Vermittlungsdienstes (Art. 4 I)

Die Begriffe Einschränkung und Aussetzung sind wie in Art. 3 I lit. c zu verstehen (→ Art. 3 **6** Rn. 16). Wenngleich Art. 4 I nur die Einschränkung oder Aussetzung „in Bezug auf einzelne (…) Waren oder Dienstleistungen" erwähnt, wird auch die Einschränkung oder Aussetzung des Dienstes für **Waren- oder Dienstleistungsgruppen** oder das gesamte, vom gewerblichen Nutzer angebotene **Sortiment** erfasst. **Beispiele** für eine Aussetzung sind das Auslisten von Waren oder Dienstleistungen aus dem Online-Vermittlungsdienst oder die Herausnahme dieser Produkte aus den angezeigten Suchergebnissen. Als Einschränkung können Praktiken anzusehen sein, die darauf abzielen, den gewerblichen Nutzer innerhalb des Online-Vermittlungsdienstes zurückzustufen oder seine Präsenz auf der Plattform nachteilig zu verändern („dimming"), die unter Umständen auch zu einer Herabsetzung seines Rankings führt (ErwGr. 22).

Der Anbieter des Online-Vermittlungsdienstes ist dazu verpflichtet, dem gewerblichen Nutzer **7** eine Begründung für seine Entscheidung, den Dienst einzuschränken oder auszusetzen, zu übermitteln. Die **inhaltlichen Anforderungen** an die Begründung richten sich nach Art. 4 V (→ Rn. 19 ff.).

In **zeitlicher Hinsicht** muss die Begründung durch den Anbieter vor oder gleichzeitig mit **8** dem Wirksamwerden der Entscheidung gegenüber dem gewerblichen Nutzer erfolgen. Die Entscheidung über das Einschränken oder Aussetzen und die Begründung müssen demzufolge nicht zeitgleich erfolgen. Es ist zulässig, wenn der Anbieter des Online-Vermittlungsdienstes den gewerblichen Nutzer zunächst darüber informiert, dass er den Dienst einschränken oder aussetzen wird und erst danach die Begründung für diese Entscheidung liefert.

Die Begründung muss auf einem **dauerhaften Datenträger** iSv Art. 2 Nr. 13 erfolgen **9** (→ Art. 2 Rn. 61 ff.).

III. Beendigung des Online-Vermittlungsdienstes (Art. 4 II und IV)

Art. 4 II enthält spezielle Anforderungen für die Beendigung der Bereitstellung des Online- **10** Vermittlungsdienstes. Zum Begriff der Beendigung → Art. 3 Rn. 16. Es gelten im Vergleich zu Art. 4 I strengere Anforderungen, weil die Beendigung aufgrund der **vollständigen Einstellung der Leistung** einen gewerblichen Nutzer nochmals stärker als eine Aussetzung oder Einschränkung trifft. Insbesondere kann mit einer Beendigung verbundene Löschung von für die Nutzung von Online-Vermittlungsdiensten bereitgestellten oder durch die Nutzung dieser Dienste generierten Daten einen Verlust an wesentlicher Information bewirken, der gewerbliche Nutzer erheblich benachteiligt und ihre Fähigkeit zur ordnungsgemäßen Inanspruchnahme anderer ihnen nach dieser Verordnung gewährten Rechte beeinträchtigt (ErwGr. 23).

Der Anbieter muss seine Entscheidung, die Bereitstellung seines Dienstes zu beenden, begrün- **11** den. Diese Begründung muss er dem gewerblichen Nutzer auf einem dauerhaften Datenträger (Art. 2 Nr. 13) übermitteln. Es gilt – sofern nicht eine Ausnahme gemäß Art. 4 IV eingreift – eine erweiterte Informationsfrist von **mindestens 30 Tagen** vor dem Eintritt der Wirksamkeit der Beendigung.

Die **inhaltlichen Anforderungen** an die Begründung richten sich nach Art. 4 V **12** (→ Rn. 19 ff.).

Art. 4 IV legt fest, in welchen Fällen eine Abweichung von der Mindestfrist gemäß Art. 4 II **13** zulässig ist. Der Katalog des Art. 4 IV ist **abschließend.** Eine privatautonome Erweiterung zu Lasten des gewerblichen Nutzers ist nicht zulässig.

Die Mindestfrist von 30 Tagen gilt gemäß Art 4 IV UAbs. 1 nicht bei Beendigung der Bereit- **14** stellung aufgrund **gesetzlicher oder behördlich angeordneter Verpflichtungen,** wenn die Einhaltung der Frist nicht möglich ist (lit. a), aufgrund **zwingender Gründe des nationalen Rechts,** wobei dieses im Einklang mit dem Unionsrecht stehen muss (lit. b), und bei **wiederholten Verstößen des gewerblichen Nutzers gegen die geltenden AGB,** also bei Pflichtverletzungen (lit. c). Der Unionsgesetzgeber geht davon aus, dass die verschiedenen Ausnahmen von der 30 Tage-Frist insbesondere in Verbindung mit illegalen oder unangemessenen Inhalten, der Sicherheit einer Ware oder einer Dienstleistung, Fälschung, Betrug, Schadsoftware, Spam, Datenschutzverletzungen, sonstigen Cybersicherheitsrisiken oder der Eignung der Ware oder der Dienstleistung für Minderjährige von Bedeutung sein können (ErwGr. 23).

15   An die Stelle der 30 Tage-Frist tritt gemäß Art. 4 IV UAbs. 2 die Verpflichtung des Anbieters des Online-Vermittlungsdienstes, dem gewerblichen Nutzer **unverzüglich** eine Begründung für seine Entscheidung auf einem dauerhaften Datenträger zu übermitteln. Da das Unionsrecht den Begriff „unverzüglich" nicht näher festlegt, ist ein Rückgriff auf das nationale Recht möglich. Unverzüglich bedeutet demnach, dass der Anbieter ohne schuldhaftes Zögern (§ 121 I 1 BGB) handeln muss.

IV. Beschwerdemanagementverfahren (Art. 4 III)

16   Gemäß Art. 4 III 1 ist der Anbieter des Online-Vermittlungsdienstes dazu verpflichtet, ein internes Beschwerdemanagementverfahren vorzusehen. Ein solches Verfahren soll es den betroffenen gewerblichen Nutzern ermöglichen, sich gegen die Entscheidung des Anbieters, die Bereitstellung seines Dienstes einzuschränken, auszusetzen oder zu beenden, zur Wehr zu setzen. Dieses Verfahren muss den Anforderungen des Art. 11 entsprechen. Die gewerblichen Nutzer sind **nicht dazu verpflichtet,** diesen Weg zu gehen, sondern sie können auch auf andere Weise gegen die Entscheidung des Anbieters vorgehen (zB gleich ein gerichtliches Verfahren anstreben). Art. 4 III 1 und 11 eröffnen eine zusätzliche Möglichkeit des Rechtsschutzes. Die Vorschriften sollen bestehende Schutzmöglichkeiten nicht erschweren oder einschränken.

17   Art. 4 III enthält keine besonderen Gründe, warum der Anbieter eines Online-Vermittlungsdienstes seine Entscheidung, die Bereitstellung des Dienstes einzuschränken, auszusetzen oder zu beenden, rückgängig machen kann. So kann seine Entscheidung bspw. fälschlicherweise (etwa aufgrund von fehlerhaften Informationen) ergangen sein oder ein Verstoß des gewerblichen Nutzers gegen die AGB wurde von diesem nicht bösgläubig begangen und in zufriedenstellender Weise behoben (ErwGr. 22).

18   Entscheidet sich der Anbieter im Rahmen des internen Beschwerdemanagements, dem Begehren des gewerblichen Nutzers abzuhelfen und seine Entscheidung über die Einschränkung, Aussetzung oder Beendigung zu revidieren, dann ergibt sich aus Art. 4 III 2 ein **Wiedereinsetzungsanspruch** des gewerblichen Nutzers. Der gewerbliche Nutzer kann danach verlangen, dass der Ausgangszustand hergestellt wird, er also den Online-Vermittlungsdienst in der gleichen Weise nutzen kann wie vor dem Wirksamwerden der Entscheidung des Anbieters, den Dienst nicht mehr zu erbringen. Art. 4 III 2 erwähnt beispielhaft den Zugang zu personenbezogenen und/oder sonstigen Daten. Die Wiedereinsetzung soll „umgehend" erfolgen, was nach ErwGr. 22 als **„unverzüglich"** zu verstehen ist.

V. Begründungspflicht und Verhältnismäßigkeit (Art. 4 V)

19   Die Pflicht zur Begründung gemäß Art. 4 I, II und IV UAbs. 2 soll erstens gewährleisten, dass der gewerbliche Nutzer die Entscheidung des Anbieters des Online-Vermittlungsdienstes **nachvollziehen und überprüfen** kann. Dies **beugt** zweitens **willkürlichen und beliebigen Entscheidungen** vor. Drittens eröffnet die Begründung dem gewerblichen Nutzer die Möglichkeit, ggf. seine Praktiken zu korrigieren und anzupassen, falls sein Verhalten die Entscheidung des Anbieters hervorgerufen hat. Die Begründung kann dabei helfen, die **Regelkonformität wiederherzustellen** (ErwGr. 22).

20   Art. 4 V UAbs. 1 verpflichtet den Anbieter, die konkreten Tatsachen oder Umstände, einschließlich des Inhalts der Mitteilungen Dritter offenzulegen, die seiner Entscheidung zugrunde lagen. Dies zeigt, dass der Anbieter **konkrete Erwägungen** vorgenommen haben muss. ErwGr. 22 spricht von **„legitimen Gründen",** was bereits darauf hindeutet, dass die angegebenen Gründe einer Verhältnismäßigkeits- und Plausibilitätskontrolle zugänglich sein müssen. Anhand der Begründung sollten – so heißt es in dem ErwGr. weiter – „gewerbliche Nutzer beurteilen können, ob sie diese Entscheidung mit Aussicht auf Erfolg anfechten könnten, was diesen mehr Möglichkeiten eröffnet, bei Bedarf wirksamen Rechtsschutz zu ersuchen".

21   Mitzuteilen hat der Anbieter die für seine Entscheidung maßgeblichen konkreten Tatsachen oder Umstände, einschließlich des Inhalts der Mitteilungen Dritter. Bloß pauschale Aussagen genügen dem Begründungserfordernis nicht. **Beispiel:** Beruht die Aussetzungsentscheidung des Anbieters auf Kundenbeschwerden über den gewerblichen Nutzer, dann muss der Anbieter dem gewerblichen Nutzer diese Beschwerden zugänglich machen. Demgegenüber ist der bloße Hinweis auf das Vorliegen von nicht näher bezeichneten Beschwerden nicht ausreichend.

22   Art. 4 V UAbs. 2 **befreit** den Anbieter in zwei Fällen von den Erfordernissen des Art. 4 V UAbs. 1. Im **ersten Fall** unterliegt der Anbieter einer **gesetzlichen oder behördli-**

chen Vertraulichkeitsverpflichtung, dh, er darf die für seine Entscheidung maßgeblichen Informationen gegenüber dem gewerblichen Nutzer nicht offenbaren. Es geht hierbei um den Schutz von überwiegenden Geheimhaltungsinteressen, wobei konkret zu prüfen ist, ob diesem Interesse gegenüber dem Informationsinteresse des gewerblichen Nutzers Vorrang zukommen muss.

Im **zweiten Fall** hat der Anbieter des Online-Vermittlungsdienstes den Nachweis geführt, **22a** dass der gewerbliche Nutzer **wiederholt gegen die geltenden AGB verstoßen** hat, was dann den Anbieter dazu bewogen hat, die Bereitstellung des Online-Vermittlungsdienstes vollständig zu beenden. Hier ist die Angabe näherer Gründe entbehrlich, weil das maßgebliche Eigenverhalten dem gewerblichen Nutzer bekannt ist. Grundvoraussetzung hierfür ist, dass die AGB-Bestimmungen, gegen die der gewerbliche Nutzer verstoßen hat, wirksam sind. Ein wiederholter Verstoß ist gegeben, wenn mindestens zwei Verletzungen vorliegen (Busch/von Westphalen Rn. 33), wobei keine Gleichartigkeit der Verletzungshandlungen erforderlich ist. Die Rechtsverstöße müssen innerhalb eines Zeitraums stattfinden, in denen die Ansprüche bzw. Rechte, die sich für den Anbieter des Online-Vermittlungsdienstes aus dem Rechtsverstoß ergeben (zB vertragliche Schadensersatzansprüche), noch nicht verjährt oder aus anderen Gründen ausgeschlossen sind (ähnlich Busch/von Westphalen Rn. 34).

Bei der Entscheidung über die Einschränkung, Aussetzung oder Beendigung sowie den **23** erforderlichen Maßnahmen ist der **Grundsatz der Verhältnismäßigkeit** zu beachten (ErwGr. 22). Weil die Beendigung besonders einschneidende Wirkungen entfalten kann, ist bspw. im Fall des Art. 4 IV lit. b zu berücksichtigen, ob unter Berücksichtigung aller Umstände des Einzelfalls und unter Abwägung der Interessen beider Parteien nach vernünftigem Ermessen noch erwartet werden kann, dass das Vertragsverhältnis bis zum vereinbarten Ende oder bis zum Ablauf einer Frist fortgesetzt wird. Ebenso sollte der Anbieter eines Online-Vermittlungsdienstes, sofern dies angemessen und technisch möglich ist, nur einzelne Waren oder Dienstleistungen eines gewerblichen Nutzers auslisten, weil es sich bei der vollständigen Beendigung der Bereitstellung der Online-Vermittlungsdienste um die gravierendste Maßnahme handelt (ErwGr. 23).

VI. Rechtsdurchsetzung und Sanktionen

Art. 4 enthält keine näheren Regelungen zu Sanktionen bei Zuwiderhandlungen. Es gelten **24** daher die allgemeinen Grundsätze der Rechtsdurchsetzung (→ Art. 11 Rn. 9 ff.).

Ranking

5 (1) **Anbieter von Online-Vermittlungsdiensten stellen in ihren allgemeinen Geschäftsbedingungen die das Ranking bestimmenden Hauptparameter und die Gründe für die relative Gewichtung dieser Hauptparameter gegenüber anderen Parametern dar.**

(2) **[1] Die Anbieter von Online-Suchmaschinen stellen die Hauptparameter, die einzeln oder gemeinsam für die Festlegung des Rankings am wichtigsten sind, und die relative Gewichtung dieser Hauptparameter dar, indem sie in ihren Online-Suchmaschinen klar und verständlich formulierte Erläuterungen bereitstellen, die öffentlich und leicht verfügbar sind. [2] Sie sorgen dafür, dass diese Beschreibungen stets aktuell sind.**

(3) **Enthalten die Hauptparameter die Möglichkeit, dass die gewerblichen Nutzer oder die Nutzer mit Unternehmenswebsite das Ranking beeinflussen können, indem sie dem jeweiligen Anbieter direkt oder indirekt ein Entgelt entrichten, so erläutert der Anbieter diese Möglichkeit und legt gemäß den in Absatz 1 und 2 genannten Anforderungen dar, wie sich derartige Entgelte auf das Ranking auswirken.**

(4) **Hat der Anbieter einer Online-Suchmaschine die Reihenfolge des Rankings in einem konkreten Fall geändert oder eine bestimmte Website infolge der Mitteilung eines Dritten ausgelistet, bietet der Anbieter dem Nutzer mit Unternehmenswebsite die Möglichkeit, den Inhalt der Mitteilung einzusehen.**

(5) **Die in den Absätzen 1, 2 und 3 genannten Erläuterungen müssen den gewerblichen Nutzern oder den Nutzern mit Unternehmenswebsite ein angemessenes Verständnis der Frage ermöglichen, ob und gegebenenfalls wie und in welchem Umfang der Rankingmechanismus Folgendes berücksichtigt:**

a) die Merkmale der Waren und Dienstleistungen, die Verbrauchern über Online-Vermittlungsdienste oder Online-Suchmaschinen angeboten werden;
b) die Relevanz dieser Merkmale für diese Verbraucher;
c) im Falle von Online-Suchmaschinen die Gestaltungsmerkmale der Website, die von
Nutzern mit Unternehmenswebsite verwendet werden.

(6) [1]Die Anbieter von Online-Vermittlungsdiensten und Anbieter von Online-Such-
maschinen sind zur Einhaltung der Anforderungen dieses Artikels nicht verpflichtet,
Algorithmen oder Informationen offenzulegen, die mit hinreichender Sicherheit dazu
führen würden, dass eine Täuschung oder Schädigung von Verbrauchern durch die
Manipulation von Suchergebnissen möglich wird. [2]Dieser Artikel gilt unbeschadet der
Richtlinie (EU) 2016/943.

(7) Um die Anbieter von Online-Vermittlungsdiensten und die Anbieter von Online-Suchmaschinen bei der Einhaltung der Anforderungen dieses Artikels zu unterstützen und um deren Durchsetzung zu erleichtern, begleitet die Kommission die in
diesem Artikel festgelegten Transparenzanforderungen durch Leitlinien.

I. Allgemeines

1. Einordnung und Normzweck

1   Art. 5 befasst sich mit verschiedenen Aspekten des **Rankings** (Art. 2 Nr. 8 → Rn. 43) von
Angeboten bzw. Suchergebnissen. Dem Ranking kommt eine **Schlüsselfunktion** zu für den
Erfolg eines Online-Vermittlungsdienstes oder einer Online-Suchmaschine und derjenigen
Unternehmer, die über diese Plattformen ihre Waren oder Dienstleistungen anbieten bzw.
darüber gefunden werden können. Das Ranking der Waren und Dienstleistungen hat erheblichen Einfluss auf die **Wahlmöglichkeiten der Verbraucher** und damit auch auf den **geschäftlichen Erfolg** der Unternehmer, die diese Waren und Dienstleistungen den Verbrauchern
anbieten (ErwGr. 25 und 26).

2   **Art. 5 I und II** stellen Transparenzanforderungen im Hinblick auf die Hauptparameter des
Rankings und die relative Gewichtung dieser Hauptparameter auf. Kann das Ranking durch die
Zahlung von Entgelten beeinflusst werden, dann gelten hierfür gemäß **Art. 5 III** spezielle
Informationspflichten. **Art. 5 V** regelt die inhaltlichen Anforderungen für die nach Art. 5 I–III
erforderlichen Erläuterungen. **Art 5 IV** sieht eine spezielle Hinweispflicht bei der Änderung der
Reihenfolge des Rankings in Online-Suchmaschinen vor. **Art. 5 VI** begrenzt die Transparenz-

pflichten. **Art. 5 VII** beinhaltet eine Verpflichtung der Kommission zur Schaffung von Leitlinien zum Ranking. Diese Leitlinien liegen seit Ende 2020 vor (Leitlinien zur Transparenz des Rankings gemäß der Verordnung (EU) 2019/1150, ABl. EU 2019 C 424, 1) und können als eine Auslegungshilfe herangezogen werden (→ Rn. 34 ff.).

2. Anwendungsbereich und Normadressaten

Hinsichtlich des Anwendungsbereichs und der Normadressaten ist zwischen den verschiede- **3** nen Regelungsbereichen des Art. 5 zu unterscheiden. **Art. 5 I** gilt allein für Online-Vermittlungsdienste (Art. 2 Nr. 2). Normadressaten sind die Anbieter dieser Dienste (Art. 2 Nr. 3). Unmittelbar geschützt sind die gewerblichen Nutzer von Online-Vermittlungsdiensten (Art. 2 Nr. 1). **Art. 5 II und IV** gelten allein für Online-Suchmaschinen (Art. 2 Nr. 5). Normadressaten sind deren Anbieter (Art. 2 Nr. 6). Unmittelbar geschützt sind die Nutzer mit Unternehmenswebsite (Art. 2 Nr. 7). **Art. 5 III, V und VI** gelten hingegen sowohl für Online-Vermittlungsdienste als auch Online-Suchmaschinen und jeweils deren Anbieter. Geschützt sind die gewerblichen Nutzer und die Nutzer mit Unternehmenswebsite.

3. Ähnliche Transparenzregeln und regulatorischer Grundgedanke

Die in Art. 5 enthaltenen Vorgaben zur Transparenz finden sich in ähnlicher Form in weiteren **3a** gesetzlichen Bestimmungen wieder (zu den Parallelen s. auch Busch/Busch Rn. 5 ff. und 16 ff.). Eine besondere inhaltliche Nähe besteht zu **Art. 7 IVa UGP-RL.** Wenn „Verbrauchern die Möglichkeit geboten wird, mithilfe eines Stichworts, einer Wortgruppe oder einer anderen Eingabe nach Produkten zu suchen, die von verschiedenen Gewerbetreibenden oder von Verbrauchern angeboten werden", gelten nach dieser Vorschrift, „unabhängig davon, wo Rechtsgeschäfte letztendlich abgeschlossen werden, allgemeine Informationen, die die Hauptparameter für die Festlegung des Rankings der dem Verbraucher im Ergebnis der Suche vorgeschlagenen Produkte, sowie die relative Gewichtung dieser Parameter im Vergleich zu anderen Parametern, betreffen und die in einem bestimmten Bereich der Online-Benutzeroberfläche zur Verfügung gestellt werden, der von der Seite, auf der die Suchergebnisse angezeigt werden, unmittelbar und leicht zugänglich ist", als wesentliche Informationen. Im deutschen Recht ist diese Vorgabe in **§ 5b II UWG** umgesetzt (dazu näher Omsels WRP 2022, 275 ff.; → UWG § 5b Rn. 3.1 ff. Ergänzend hierzu enthält **Nr. 11a Anh. I UGP-RL** (= Nr. 11a Anhang UWG) ein spezielles per-se-Verbot. Stets unzulässig ist danach die „Anzeige von Suchergebnissen aufgrund der Online-Suchanfrage eines Verbrauchers ohne dass etwaige bezahlte Werbung oder spezielle Zahlungen, die dazu dienen, ein höheres Ranking der jeweiligen Produkte im Rahmen der Suchergebnisse zu erreichen, eindeutig offengelegt werden".

Die Anbieter von Online-Marktplätzen sind gemäß **Art. 6a I lit. a Verbraucherrechte-RL** **3b** in einer mit Art. 7 IVa UGP-RL vergleichbaren Weise zur Transparenz beim Ranking auf Online-Marktplätzen verpflichtet.

Für das Medienrecht bestimmt **§ 85 I 1 MStV,** dass die einer Medienplattform (§ 2 I Nr. 14 **3c** MStV) oder Benutzeroberfläche (§ 2 I Nr. 15 MStV) zugrunde liegenden Grundsätze für die Auswahl von Rundfunk, rundfunkähnlichen Telemedien und Telemedien nach § 19 I MStV und für ihre Organisation von dem Anbieter transparent gemacht werden müssen. Dies umfasst nach § 85 I 2 MStV die Kriterien, nach denen Inhalte sortiert, angeordnet und präsentiert werden, wie die Sortierung oder Anordnung von Inhalten durch den Nutzer individualisiert werden kann und nach welchen grundlegenden Kriterien Empfehlungen erfolgen und unter welchen Bedingungen Rundfunk oder rundfunkähnliche Telemedien nach § 80 MStV nicht in ihrer ursprünglichen Form dargestellt werden. Weiterhin legt **§ 93 I MStV** fest, dass die Anbieter von Medienintermediären (§ 2 II Nr. 16 MStV) zur Sicherung der Meinungsvielfalt nachfolgende Informationen leicht wahrnehmbar, unmittelbar erreichbar und ständig verfügbar zu halten haben: „(1.) die Kriterien, die über den Zugang eines Inhalts zu einem Medienintermediär und über den Verbleib entscheiden, (2.) die zentralen Kriterien einer Aggregation, Selektion und Präsentation von Inhalten und ihre Gewichtung einschließlich Informationen über die Funktionsweise der eingesetzten Algorithmen in verständlicher Sprache".

Art. 27 I VO (EU) 2022/2065 (DSA) (→ Vor Art. 1 Rn. 17) sieht vor, dass sehr große **3d** Online-Plattformen, die Empfehlungssysteme (Art. 3 lit. s DSA) verwenden, in ihren AGB in klarer und verständlicher Sprache die wichtigsten Parameter angeben müssen, die in ihren Empfehlungssystemen verwendet werden, sowie alle Möglichkeiten für die Nutzer, diese wichtigen Parameter zu ändern oder zu beeinflussen.

3e Diese Regelungen lassen sich auf den **gemeinsamen Grundgedanken** zurückführen, dass ein auf dem Einsatz von Algorithmen basierendes Ranking von Suchergebnissen die dem Ranking zugrunde liegenden zentralen Kriterien erkennen lassen muss. Das Aufstellen von spezifischen Transparenzanforderungen für die (Haupt-)Parameter und ggf. deren relative Gewichtung sollen der Gefahr entgegenwirken, dass Algorithmen gleichsam als eine „Black Box" fungieren und deswegen nicht nachvollziehbar ist, welche Informationen in das Ranking einbezogen und wie diese Informationen präsentiert werden.

II. Angaben zu Hauptparametern und Gewichtung (Art. 5 I und II)

1. Hauptparameter und relative Gewichtung der Hauptparameter

4 Art. 5 I und II stellen Transparenzanforderungen für die das Ranking bestimmenden Hauptparameter (→ Rn. 5 ff.) sowie die relative Gewichtung (→ Rn. 6) dieser Hauptparameter gegenüber anderen Parametern auf.

4a Aus dem Sinn und Zweck der Regelung sowie aus den Begründungserwägungen folgt, dass die Transparenzpflicht auf der Grundannahme des **Einsatzes von Algorithmen** beruht (→ Rn. 3e), also softwarebasiert erfolgt. Davon gehen auch die Leitlinien zur Art. 5 (→ Rn. 34 ff.) aus, die mehrfach den Begriff Algorithmus verwenden und voraussetzen. Eine in jeder Hinsicht eindeutige Definition des Begriffs Algorithmus gibt es derzeit nicht. In dem Papier der OECD (2017), Algorithms and Collusion: Competition Policy in the Digital Age, S. 8 (www.oecd.org/competition/algorithms-collusion-competition-policy-in-the-digital-age.htm) findet sich die folgende Umschreibung: „An algorithm is an unambiguous, precise, list of simple operations applied mechanically and systematically to a set of tokens or objects (…). The initial state of the tokens is the input; the final state is the output". In eine ähnliche Richtung geht die Begriffsbestimmung, wonach es sich bei einem Algorithmus um eine Rechenvorschrift handelt, „die so präzise formuliert ist, dass die einzelnen Verarbeitungsschritte eindeutig daraus hervorgehen und so ein mechanisch oder elektronisch arbeitendes Gerät die Regel ausführen kann. Im Wege des Durchlaufens dieser Rechenregeln werden bestimmte Eingaben in eine Ausgabe umgewandelt und so die umgeformte Version der Rohdaten sichtbar gemacht." (Kastl GRUR 2015, 136). Ein Algorithmus muss in der Lage sein, Parameter zu verarbeiten, unabhängig davon, wie dies technisch geschieht und wie viele Parameter der Algorithmus berücksichtigen kann.

5 **a) Hauptparameter.** Als **Hauptparameter** (engl.: „main parameters") sind alle allgemeinen Kriterien, Prozesse und spezifischen Signale anzusehen, die in die Algorithmen eingebunden sind, oder sonstige Anpassungs- oder Rückstufungsmechanismen, die im Zusammenhang mit dem Ranking eingesetzt werden (ErwGr. 24). Eine vergleichbare Umschreibung findet sich in ErwGr. 22 RL (EU) 2019/2161, dort allerdings generell für „Parameter".

5a Der Begriff Hauptparameter sowie die für die Bestimmung der Hauptparameter einschlägigen Kriterien beruhen in Art. 5 sowie in Art. 7 IVa UGP-RL auf **übereinstimmenden Grundsätzen** (aA Busch/Busch Rn. 9; Omsels WRP 2022, 275 f.). Dies bringt ausdrücklich ErwGr. 21 RL (EU) 2019/2161 zum Ausdruck, wonach **„gleichartige Transparenzanforderungen"** gelten sollen. Zwar schützen die UGP-RL und die P2B-VO unterschiedliche Marktakteure (UGP-RL: Verbraucher; P2B-VO: gewerbliche Nutzergruppen), jedoch dürfte das Informationsinteresse hinsichtlich der Funktionsweise des Rankings grundsätzlich vergleichbar sein. Denn beide Seiten nutzen die Suchfunktion des Online-Vermittlungsdienstes bzw. der Online-Suchmaschine, wenngleich sie gewissermaßen eine spiegelbildliche Perspektive einnehmen. Abstufungen und Differenzierungen können sich allerdings hinsichtlich des Beurteilungsmaßstabes ergeben, da es im Anwendungsbereich der UGP-RL auf den Durchschnittsverbraucher ankommt (ErwGr. 18 und Art. 5 III 1 UGP-RL), während für Art. 5 auf einen (gewerblichen) Durchschnittsnutzer abzustellen ist (→ Rn. 26).

5b Die Feststellung der Hauptparameter des Rankings erfordert eine Unterscheidung zwischen (sämtlichen) Parametern, die beim Ranking von Suchergebnissen eine Rolle spielen können (die also von dem zugrunde liegenden Algorithmus verarbeitet werden), und denjenigen, die als Hauptparameter eine **herausgehobene Bedeutung** haben (Alexander MMR 2021, 690 (693)). Nur auf diese besonders relevanten und wichtigen Parameter erstrecken sich dann die Transparenzpflichten des Art. 5. Parameter und Hauptparameter lassen sich nicht abstrakt bestimmen, sondern sind von der Art und der Struktur des jeweils angebotenen Dienstes abhängig. Es geht mithin um eine **Ermittlung und Festlegung im jeweiligen Einzelfall.** Zudem ist zu berücksichtigen, dass die dem Ranking zugrunde liegenden Parameter vielfach **dynamisch** sind (Busch/Busch Rn. 26), also immer wieder Anpassungen unterliegen (s. auch → Rn. 18).

Die Auswahl der Hauptparameter aus den für das Ranking relevanten Parametern erfordert **5c** einen Selektionsprozess. Die Leitlinien der Kommission geben Aufschluss über einige mögliche Kriterien, nach denen die notwendige Selektion erfolgen kann, wobei diese nicht in einem bestimmten Hierarchie-Verhältnis zueinanderstehen oder eine spezielle Reihenfolge erfordern. Aus der **Anbietersicht** ist danach zu fragen, welcher Konzeption der Algorithmus nach den Vorstellungen des Anbieters folgt. Unter diesem Gesichtspunkt kann etwa zu berücksichtigen sein, ob die Verbraucher Waren oder Dienstleistungen finden sollen, die lokal, kostengünstig, von hoher Qualität usw. sind (Leitlinien Rn. 41). Aus der **Nutzersicht** kann es darauf ankommen, welche Ergebnisse aus der Sicht der Nutzer des Dienstes am besten/nützlichsten sind bzw. welche Erwartungen die Nutzer an den Dienst haben. Hier können beispielsweise Erfahrungen des Anbieters einfließen, welche Filter und Kriterien besonders häufig von Nutzern bei der Suche eingesetzt werden (Leitlinien Rn. 41). Weiterhin ist ein **Ausschlussverfahren** möglich, bei dem diejenigen Faktoren als unwesentlich herausgefiltert werden, die ein Nutzer nach den Umständen nicht erwartet oder die ein Nutzer für irrelevant hält (Leitlinien Rn. 43). Um die Hauptparameter zu ermitteln, kann der Anbieter in einem Ausschlussverfahren diejenigen Parameter eliminieren, die bei der Festlegung des Rankings nur eine marginale Rolle spielen. Damit blieben nur die Hauptparameter übrig, die dann kategorisiert und untergliedert werden müssen (Leitlinien Rn. 42). Diese beispielhaft genannten Ansätze schließen sich nicht aus, sondern können auch miteinander verbunden und kombiniert werden.

Beispiele für Hauptparameter können die zur Messung der Qualität von Waren oder Dienst- **5d** leistungen der gewerblichen Nutzer verwendeten Indikatoren, die Verwendung von Editorprogrammen und ihre Fähigkeit, das Ranking dieser Waren oder Dienstleistungen zu beeinflussen, die Bandbreite der Auswirkung von Entgeltleistungen auf das Ranking sowie Elemente, die die Ware oder die Dienstleistung selbst nicht oder nur entfernt betreffen, etwa Darstellungsmerkmale des Online-Angebots, sein (ErwGr. 25). Eine sehr umfangreiche, aber nicht abschließende Zusammenstellung von möglichen Parametern enthält auch Anhang I der gemäß Art. 5 VII erstellten Leitlinien (s. ferner die Beispiele bei Sosnitza CR 2021, 329 (333)).

Bei den Hauptparametern handelt es sich um eine **begrenzte Anzahl der relevantesten 5e Parameter** aus einer möglicherweise großen Anzahl von Parametern, die sich auf das Ranking auswirken (ErwGr. 24). Trotz des dargestellten Auswahlverfahrens können allerdings unter Umständen eine Vielzahl von Hauptparametern verbleiben oder einzelne Hauptparameter können sich nochmals auffächern. **Beispiel** (nach den Leitlinien Rn. 53): Ein Anbieter knüpft das Ranking von Suchergebnissen an eine nutzerspezifische Personalisierung. Dabei werden den jeweiligen Nutzern bis zu 10.000 vordefinierte Merkmale zugewiesen, die der Ranking-Mechanismus berücksichtigen kann. Ist die Anzahl der Rankingparameter sehr groß, dann kann es nach Auffassung der Kommission sachgerecht sein, wenn der Anbieter die Parameter in **Kategorien** und ggf. auch weiter **Unterkategorien** unterteilt (Leitlinien Rn. 42).

Weiterhin ist zu beachten, dass die Hauptparameter bei einem Dienst nicht notwendigerweise **5f** identisch sein müssen. **Beispiel:** Der Anbieter stellt seinen Suchdienst für verschiedene Endgeräte zur Verfügung (etwa als browserbasierte Suche und als App für mobile Endgeräte). Wird der Dienst auf einem mobilen Endgerät ausgeführt, dann berücksichtigt der Suchalgorithmus beim Ranking, ob die als Ergebnis angezeigten Internetseiten speziell für eine mobile Darstellung angepasst sind. Da hier der Rankingmechanismus in Abhängigkeit vom Endgerät unterschiedlich funktioniert, kann von unterschiedlichen Hauptparametern auszugehen sein (Leitlinien Rn. 27).

b) Relative Gewichtung. Der **relativen Gewichtung** von Parametern kommt immer dann **6** Bedeutung zu, wenn das Ranking auf mehr als einem Parameter beruht (Omsels WRP 2022, 275 (279)). Zur relativen Gewichtung gehören alle Einstellungen, Gewichtungen und sonstigen Maßnahmen, nach denen sich bestimmt, in welchem Maße einzelne Parameter in ihrem Verhältnis zueinander beim Ranking berücksichtigt oder nicht berücksichtigt werden.

Auch wenn keine Verpflichtung zur Offenlegung der genauen Gewichtung der Hauptpara- **6a** meter oder gar der Algorithmen der Anbieter besteht, sollen die Erläuterungen des Anbieters „in gewissem Maße den inhärenten dynamischen Charakter des (typischerweise algorithmengesteuerten) Rankings in einer eher statischen Erläuterung erfassen" (Leitlinien Rn. 46). Bei **vorübergehenden Änderungen,** die vorhersehbar sind und die regelmäßig auftreten (etwa Sonderangebote oder Wettereinflüsse), genügt eine allgemeine Erläuterung, die jedoch nicht bei jeder vorübergehenden Änderung neu angepasst werden muss (Leitlinien Rn. 46). Demgegenüber sind **größere Änderungen** der Rankingmechanismen, die zu Veränderungen bei den „Hauptparametern" führen, einschließlich „evolutionärer" Änderungen, die im Laufe der Zeit infolge eines gewissen Deep-Learning-Niveaus auftreten, zu erläutern (Leitlinien Rn. 46).

2. Online-Vermittlungsdienste

7   Art. 5 I geht von dem **Grundsatz der Vorhersehbarkeit** aus. Das bedeutet, dass die Anbieter von Online-Vermittlungsdiensten das Ranking und die dafür geltenden Kriterien nicht willkürlich festlegen dürfen, sondern die Hauptparameter für das Ranking bereits im Vorfeld darlegen müssen, um die Vorhersehbarkeit für gewerbliche Nutzer zu erhöhen und um es diesen zu ermöglichen, die Funktionsweise des Ranking-Mechanismus besser zu verstehen und die Ranking-Praktiken verschiedener Anbieter zu vergleichen (ErwGr. 24).

8   Die Transparenzpflicht bezieht sich mit den Hauptparametern auf die für das Ranking **wichtigsten Parameter,** die nach den oben (→ Rn. 5 ff.) genannten Kriterien zu ermitteln sind. Eine Mindest- oder Höchstgrenze von Hauptparametern lässt sich nicht angeben, da die Art und Anzahl dieser Parameter insbesondere von der Art des Online-Vermittlungsdienstes, der Art der über diesen Dienst angebotenen Waren und Dienstleistungen sowie der zugrunde liegenden Technologie abhängig ist.

9   Art. 5 I erfordert von dem Anbieter des Online-Vermittlungsdienstes eine **begründete Beschreibung,** die es einem gewerblicher Nutzer ermöglicht, die Präsentation ihrer Waren und Dienstleistungen oder einige der inhärenten Merkmale der Waren und Dienstleistungen nachzuvollziehen und zu verbessern (ErwGr. 24).

10   Die Erläuterung muss in den **AGB** (Art. 2 Nr. 10) des Anbieters erfolgen. Art. 3 I lit. b legt hierzu fest, dass die AGB für gewerbliche Nutzer **zu jedem Zeitpunkt ihrer Geschäftsbeziehung** mit dem Anbieter von Online-Vermittlungsdiensten, auch während der **Phase vor Vertragsabschluss,** leicht verfügbar sein müssen. Das bedeutet, dass auch die Informationspflichten zum Ranking in dieser Weise bereitzustellen sind.

11   Aus Art. 5 I iVm Art. 3 I lit. a folgt weiterhin, dass die Informationen **klar und verständlich** zu erteilen sind. Für die inhaltlichen Anforderungen gilt Art. 5 V (→ Rn. 26 ff.).

3. Online-Suchmaschinen

12   Für Online-Suchmaschinen gelten nach Art. 5 II ähnliche Transparenzanforderungen wie für die Online-Vermittlungsdienste. Der Unionsgesetzgeber geht davon aus, dass das Ranking von Websites, über die Unternehmen ihre Waren und Dienstleistungen Verbrauchern anbieten, erhebliche **Auswirkungen auf die Wahlmöglichkeiten der Verbraucher** und auf den **geschäftlichen Erfolg von Nutzern mit Unternehmenswebsite** hat (ErwGr. 26).

13   Der Anbieter muss über diejenigen Hauptparameter informieren, die einzeln oder gemeinsam für die Festlegung des Rankings am **wichtigsten** sind (→ Rn. 5 ff.). Dem liegt die Überlegung zugrunde, dass die Suchmaschinen-Technologien in der Lage sind, eine Vielzahl von Parametern zu verarbeiten, sodass selbst bei den Hauptparametern noch eine Auswahl erforderlich sein kann. Auch die Angaben zur relativen Gewichtung (→ Rn. 6 f.) beziehen sich allein auf die Hauptparameter.

14   Da die Bereitstellung von Online-Suchmaschinen in aller Regel nicht auf der Grundlage eines Vertragsverhältnisses erfolgt, kommen im Unterschied zu Art. 5 I AGB als Informationsträger nicht in Betracht. Art. 5 II 1 fordert deswegen Erläuterungen, die **öffentlich und leicht verfügbar** sind. Der Zugang zu den Informationen muss für einen **durchschnittlichen Nutzer mit Unternehmenswebsite** ohne Schwierigkeiten möglich sein. Insbesondere dürfen **keine Zugangsbarrieren** bestehen, etwa in Gestalt eines Registrierungserfordernisses. Bereiche von Websites, bei denen sich die Nutzer mit Unternehmenswebsite erst einloggen oder registrieren müssen, sind nach der Wertung der Verordnung nicht als leicht und öffentlich zugänglich anzusehen (ErwGr. 26).

15   **Beispiele:** Die notwendigen Informationen sollten so in die Oberfläche einer Online-Suchmaschine integriert werden, dass sie etwa über eine einfache Verlinkung aufzufinden sind. Zwar öffentlich, aber nicht leicht zugänglich sind Erläuterungen, die erst über eine Mehrzahl von Verlinkungen aufzufinden sind oder die in einer Vielzahl von anderen Informationen untergehen.

16   Die **inhaltlichen Anforderungen** richten sich nach den Vorgaben des Art. 5 V (→ Rn. 26 ff.). Anbieter von Online-Suchmaschinen müssen eine Erläuterung der Hauptparameter zur Verfügung stellen, die das Ranking aller indexierten Websites, auch jener von Nutzern mit Unternehmenswebsite sowie anderer Websites, und die relative Bedeutung dieser Haupt-

parameter gegenüber anderen Parametern bestimmen. Geboten sind auch eine Erläuterung aller für die Nutzer mit Unternehmenswebsite verfügbaren Möglichkeiten zur aktiven Beeinflussung des Rankings gegen Entgelt sowie eine Erklärung, wie sich dies jeweils auswirken würde.

Diese Erläuterungen müssen **klar und verständlich** gefasst sein. Auszugehen ist dabei wieder- **17** um (→ Rn. 14) von dem Maßstab eines **durchschnittlichen Nutzers** mit Unternehmenswebsite.

Da die Funktionsweise von Online-Suchmaschinen stetig überarbeitet und ausgebaut wird, **18** können sich die Hauptparameter und deren Gewichtung verändern. Der Anbieter der Online-Suchmaschine ist daher gemäß Art. 5 II 2 verpflichtet, die Informationen stets **auf dem neuesten Stand** zu halten. In **ErwGr. 26** wird dazu ausgeführt:

„Um die Vorhersehbarkeit für Nutzer mit Unternehmenswebsite sicherzustellen, sollte die Erläuterung stets aktualisiert werden, und zwar so, dass beispielsweise Änderungen der Hauptparameter leicht erkennbar sind. Eine aktuelle Beschreibung der Hauptparameter käme neben den Nutzern der Online-Suchmaschine mit Unternehmenswebsite auch anderen Nutzern zugute. Die Anbieter von Online-Such-maschinen können unter Umständen beschließen, das Ranking in einem bestimmten Fall zu beein-flussen oder eine bestimmte Website aufgrund einer Mitteilung von Dritten auszulisten. Da keine Ver-tragsbeziehung zwischen den Parteien vorliegt, kann im Gegensatz zu den Anbietern von Online-Ver-mittlungsdiensten von Anbietern von Online-Suchmaschinen nicht erwartet werden, dass sie einen Nutzer mit Unternehmenswebsite direkt über eine aufgrund einer Mitteilung erfolgte Änderung im Ranking oder eine Auslistung benachrichtigen. Dennoch sollte es einem Nutzer mit Unternehmens-website möglich sein, den Inhalt der Mitteilung, der in dem jeweiligen Einzelfall zur Änderung im Ranking oder zur Auslistung einer bestimmten Website geführt hat, einzusehen und den Inhalt der Mitteilung, etwa über eine öffentlich zugänglichen Online-Datenbank, zu überprüfen. Damit würde einer miss-bräuchlichen Nutzung von möglicherweise zu einer Auslistung führenden Mitteilungen vonseiten der Wettbewerber entgegengewirkt werden.“

III. Beeinflussung des Rankings durch Entgelte (Art. 5 III)

Vielfach sehen Online-Vermittlungsdienste und Online-Suchmaschinen die Möglichkeit für **19** gewerbliche Nutzer und Nutzer mit Unternehmenswebsite vor, mit der Zahlung eines Entgelts **aktiv Einfluss auf das Ranking** zu nehmen. Art. 5 III erlegt daher den Anbietern dieser Dienste besondere Informationspflichten auf.

Der Begriff des Entgelts ist weit zu verstehen und erstreckt sich auf direkte oder indirekte **20** Leistungen. Als ein **direktes Entgelt** sind Zahlungen anzusehen, die mit dem hauptsächlichen oder ausschließlichen Ziel der Verbesserung des Rankings geleistet werden. **Indirekte Entgelte** bestehen darin, dass die gewerbliche Nutzergruppe Zusatzverpflichtungen akzeptiert, die als praktische Auswirkung eine Verbesserung des Rankings beinhalten. Dazu gehören zB die Nut-zung von Zusatzdiensten oder Premiumfunktionen (ErwGr. 25). Eine umfangreiche Zusam-menstellung von Beispielen zur Veranschaulichung direkter und indirekter Entgelte ist in **An-hang II der Leitlinien** gemäß Art. 5 VII enthalten.

Wenn eine Beeinflussung des Rankings durch eine Entgeltzahlung möglich ist, dann müssen **21** die Anbieter erstens darüber aufklären, dass und unter welchen Voraussetzungen diese Möglich-keit besteht. Zweitens sind sie zur Information darüber verpflichtet, wie sich diese Entgelte konkret auf das Ranking auswirken.

Die Aufklärungspflicht gegenüber den gewerblichen Nutzergruppen besteht unabhängig da- **22** von, ob für eine Einflussnahme auf das Ranking durch Entgeltzahlungen sonstige Transparenz-regeln bestehen. **Beispiel:** Im B2C-Verhältnis ist in diesen Fällen Nr. 11a Anh. UWG (= Nr. 11a Anh. I UGP-RL) zu beachten (→ Rn. 3a).

IV. Änderung der Reihenfolge des Rankings oder Auslistung bei Online-Suchmaschinen (Art. 5 IV)

Der Anbieter einer Online-Suchmaschine kann durch Mitteilungen Dritter dazu veranlasst sein, **23** **Veränderungen im Ranking** vorzunehmen. Dies kann zum einen durch Maßnahmen gesche-hen, die bewirken, dass Suchergebnisse höher, tiefer oder anders gerankt werden (Veränderung in der Reihenfolge des Rankings). Zum anderen kann der Anbieter die Entscheidung treffen, Nutzer mit Unternehmenswebsite und/oder deren Angebote ganz auszulisten, sodass diese auf Such-anfragen gar nicht mehr angezeigt werden. Für den betroffenen Nutzer muss in diesen Fällen die Möglichkeit bestehen, die Entscheidung des Anbieters nachvollziehen zu können.

Mangels einer Vertragsbeziehung zum Anbieter der Online-Suchmaschine ist dieser **nicht** **24** dazu **verpflichtet,** einen Nutzer mit Unternehmenswebsite **eigeninitiativ und direkt** über eine aufgrund einer Mitteilung erfolgte Änderung in der Reihenfolge des Rankings oder eine Auslistung zu benachrichtigen (ErwGr. 26).

25 Aus Art. 5 IV ergibt sich jedoch die Pflicht, es einem Nutzer mit Unternehmenswebsite zu ermöglichen, den Inhalt der Mitteilung, die im konkreten Einzelfall zur Änderung im Ranking oder zur Auslistung einer bestimmten Website geführt hat, **einzusehen** und den **Inhalt der Mitteilung,** etwa über eine öffentlich zugänglichen Online-Datenbank, zu **überprüfen.** Diese Transparenzpflicht soll zugleich einer missbräuchlichen Nutzung von möglicherweise zu einer Auslistung führenden Mitteilungen durch Konkurrenten entgegenwirken (ErwGr. 26).

V. Inhaltliche Anforderungen an die Erläuterungen (Art. 5 V)

26 Aus Art. 5 V ergeben sich inhaltliche Anforderungen an die in Art. 5 I–III vorgesehenen Erläuterungen. Der anzulegende **Beurteilungsmaßstab** wird dahingehend beschrieben, dass die Erläuterungen ein **„angemessenes Verständnis"** ermöglichen müssen, „ob und gegebenenfalls wie und in welchem Umfang" die in lit. ac genannten Umstände von dem Rankingmechanismus berücksichtigt werden. Das Erfordernis der Angemessenheit verdeutlicht, dass die konkreten Anforderungen eine Abwägung der betroffenen Interessen erfordern und sich an dem Prinzip der Verhältnismäßigkeit orientieren müssen. Auf Seiten der gewerblichen Nutzergruppe ist von den Verständnismöglichkeiten eines **Durchschnittsnutzers** auszugehen.

27 Bei den inhaltlichen Anforderungen differenziert Art. 5 V wiederum zwischen den verschiedenen Anbietern. Art. 5 V lit. a und b gelten für Online-Vermittlungsdienste und Online-Suchmaschinen. Zu den Umständen, die in den Erläuterungen gemäß Art. 5 I–III zu berücksichtigen sind, gehören danach:

– die **Merkmale** der Waren und Dienstleistungen, die Verbrauchern über Online-Vermittlungsdienste oder Online-Suchmaschinen angeboten werden (lit. a). Der Begriff der Merkmale ist weit zu verstehen und umfasst alle unmittelbaren und mittelbaren Eigenschaften einer Ware oder Dienstleistung.

– die **Relevanz** dieser Merkmale für diese Verbraucher (lit. b), also deren Bedeutung.

28 Nur für Online-Suchmaschinen gilt hingegen Art. 5 V lit. c. Zu berücksichtigen sind danach die **Gestaltungsmerkmale der Website,** die von Nutzern mit Unternehmenswebsite verwendet werden. Dies zielt insbesondere auf technische Eigenschaften und Spezifika solcher Seiten. Gedacht ist dabei zB an die Optimierung für die Anzeige auf Mobilgeräten (ErwGr. 26).

VI. Grenzen der Transparenzpflichten und Schutz von Geschäftsgeheimnissen (Art. 5 VI)

29 Art. 5 VI **begrenzt** die Transparenzpflichten. Die Vorschrift basiert auf dem Grundgedanken eines **angemessenen Interessenausgleichs.** Eine allgemeine Erläuterung der für das Ranking verwendeten Hauptparameter soll die Interessen der Anbieter wahren und zugleich den gewerblichen Nutzern und den Nutzern mit Unternehmenswebsite ein angemessenes Verständnis der Funktionsweise des Rankings im Rahmen der von ihnen vorgenommenen Nutzung spezifischer Online-Vermittlungsdienste oder Online-Suchmaschinen vermitteln. Allerdings darf die Berücksichtigung der geschäftlichen Interessen der Anbieter von Online-Vermittlungsdiensten oder Online-Suchmaschinen nicht dazu führen, dass die Offenlegung der für das Ranking entscheidenden Hauptparameter verweigert wird (ErwGr. 27). Im Einzelnen beruhen die Grenzen der Transparenzanforderungen auf unterschiedlichen Zielsetzungen. Während Art. 5 VI 1 die Transparenz aus Gründen des Schutzes von Verbrauchern und Dritten beschränkt (→ Rn. 30), dient Art. 5 IV 2 dem Schutz des Interesses an der Bewahrung von Geschäftsgeheimnissen (→ Rn. 31 ff.).

1. Schutz vor Täuschungen und Manipulationen

30 **Art. 5 VI 1** soll sicherstellen, dass die Anbieter in der Lage bleiben, gegen eine böswillige Manipulation des Rankings durch Dritte vorzugehen. Damit verfolgt die Regelung auch das Ziel des Schutzes von Verbrauchern, die die Plattform nutzen (ErwGr. 27). Nach den Leitlinien der Kommission (→ Rn. 34 ff.) sollten die Anbieter „sorgfältig prüfen, ob sie die Bestandteile ihrer Betrugsbekämpfungsmechanismen erläutern müssen. Zwar können diese Mechanismen per definitionem nicht im Detail offengelegt werden, ohne ihren Zweck und ihre Wirksamkeit zu untergraben, doch sollten sie die Anbieter zumindest über deren Existenz informieren und

aussagekräftig darlegen, wie sie das Ranking beeinflussen können – sofern es sich dabei um
‚Hauptparameter' handelt" (Leitlinien Rn. 73). Art. 5 VI 1 soll verhindern, dass die Offenlegung
von Algorithmen oder Informationen den Weg zu einer Täuschung oder Schädigung von
Verbrauchern durch die Manipulation von Suchergebnissen ebnet. Die Transparenzpflicht umfasst daher nicht solche Angaben, die zu einer **Verletzung dieser Verbraucherinteressen**
führen können. Zu beachten ist dabei, dass die bloße Möglichkeit einer Täuschung oder
Schädigung von Verbrauchern nicht ausreicht. Auch bloße Vermutungen oder vage Befürchtungen genügen nicht. Vielmehr fordert die Norm, dass die Angaben **„mit hinreichender
Sicherheit"** (engl.: „with reasonable certainty") ein Täuschungs- oder Schädigungspotenzial
aufweisen.

2. Schutz von Geschäftsgeheimnissen

Art. 5 VI 2 dient dem **Schutz berechtigter Geheimhaltungsinteressen** der Anbieter (dazu **31**
näher Alexander MMR 2021, 690 ff.). Die einem Ranking zugrunde liegenden Algorithmen
und das dafür eingesetzte Know-how werden typischerweise die Voraussetzungen eines Geschäftsgeheimnisses (iSd RL (EU) 2016/943 und des GeschGehG) erfüllen. Gemäß Art. 5 VI 2
gilt dieser Artikel „unbeschadet" der RL (EU) 2016/943. Aus dieser Regelung folgt nicht, dass
die Transparenzpflichten aus Art. 5 I–V den unionsrechtlich gewährleisteten Schutz von Geschäftsgeheimnissen nicht berühren. Vielmehr besteht ein Schnittbereich, weil die Informationen, auf die sich die Transparenzflicht erstreckt, nicht (mehr) als Geschäftsgeheimnis geschützt
sein können. Denn die Informationen müssen öffentlich zugänglich sein (→ Rn. 10, 14), sodass
sie nicht mehr die Anforderungen gemäß Art. 2 Nr. 1 RL (EU) 2016/943 (= § 2 Nr. 1 Gesch-
GehG) erfüllen können.

Die P2B-VO eröffnet **keine neuen Erlaubnistatbestände** für die Offenlegung und Nutzung **32**
von Geschäftsgeheimnissen (Schneider/Kremer WRP 2020, 1128 (1134)). Die inhaltliche Abstimmung zwischen den Informationspflichten gemäß Art. 5 und dem Schutz von Geschäftsgeheimnissen muss schon bei dem Begriff des Geschäftsgeheimnisses ansetzen.

Das **Spannungsfeld** zwischen den berechtigten Informationsinteressen und dem Interesse an **33**
einem Schutz von Geschäftsgeheimnissen ist durch eine **strukturierte Interessenabwägung**
aufzulösen (Alexander MMR 2021, 690 (695)). Dabei muss eine „Balance zwischen ausreichender Informationsvermittlung und legitimen Geheimhaltungsinteressen" (Sosnitza CR 2021, 329
(333)) gefunden werden. Die Anbieter sind nicht dazu verpflichtet, „die detaillierte Funktionsweise ihrer Rankingmethoden – einschließlich der Algorithmen – offenzulegen" (ErwGr. 27
und Leitlinien Rn. 79). Auch unter Berücksichtigung des Interesses an einem Schutz der Vertraulichkeit sollte sich aber „die Erläuterung in diesem Zusammenhang zumindest auf aktuelle
Daten zur Relevanz der für das Ranking verwendeten Parameter stützen" (ErwGr. 27). Die
Anbieter dürfen sich nicht weigern, ihren Informationspflichten nachzukommen, indem sie sich
„allein auf das Argument berufen, dass sie in der Vergangenheit noch nie ihre Parameter
offengelegt haben oder dass die betreffenden Informationen geschäftlich sensibel sind" (Leitlinien
Rn. 82).

VII. Leitlinien der Kommission (Art. 5 VII)

Die gesetzlichen Anforderungen des Art. 5 werden durch Leitlinien der Kommission „beglei- **34**
tet". Diese Leitlinien sollen den Anbietern von Online-Vermittlungsdiensten und von Online-
Suchmaschinen eine **Hilfestellung** bei der Anwendung der in dieser Verordnung für das
Ranking festgelegten Transparenzvorschriften bieten. Sie dienen dem Ziel, einen Beitrag zur
Optimierung der Art und Weise zu leisten, in der die Hauptparameter zur Festlegung des
Rankings ermittelt und gewerblichen Nutzern und Nutzern mit Unternehmenswebsite vor-
gestellt werden (ErwGr. 28). Die Kommission hat die Leitlinien Ende 2020 veröffentlicht
(→ Rn. 2).

Bei den Leitlinien handelt sich um **„soft law"** der EU. Ihre Inhalte sind **rechtlich unver-** **35**
bindlich (Leitlinien Rn. 9; vgl. auch Busch/Busch Rn. 75). Trotz dieser Unverbindlichkeit
handelt sich um wichtige Erkenntnisquellen für die praktische Rechtsanwendung. Nach der
Rspr. des EuGH können von der Kommission erarbeitete Leitlinien „einen nützlichen Bezugspunkt" darstellen (EuGH ECLI:EU:C:2000:356 = EuZW 2000, 531 Rn. 89 – Kommission/
Griechenland; ECLI:EU:C:2002:143 = BeckRS 2004, 76246 Rn. 52 – Italien/Kommission),

denn sie leisten einen wichtigen Beitrag für ein unionsweit einheitliches Verständnis und erleichtern eine einheitliche Auslegung.

36 Inhaltlich erstrecken sich die Leitlinien auf **sämtliche Regelungsbereiche des Art. 5.** So geben die Leitlinien insbesondere Auskunft über Art und Umfang der Anforderungen des Art. 5 (Leitlinien Rn. 26 ff.), die Hauptparameter und deren Auswahl einschließlich der Verhinderung böswilliger Manipulationen des Rankings (Leitlinien Rn. 39 ff. und 76 ff.), die erforderlichen Erläuterungen (Leitlinien Rn. 85 ff.), die Art und Weise der Erläuterungen (Rn. 93 ff.) sowie deren Standort (Leitlinien Rn. 110 ff.). Ferner enthalten die Leitlinien Aussagen zu der Notwendigkeit von Änderungen der Erläuterungen (Leitlinien Rn. 120 ff.) und zu den bei einer Aktualisierung gebotenen Maßnahmen (Leitlinien Rn. 128 ff.). Schließlich sind Hinweise zur Verpflichtung von Online-Suchmaschinen vorsehen, wonach diese den Nutzern mit Unternehmenswebsite die Möglichkeit einer Einsichtnahme in Mitteilungen Dritter gewähren müssen (Leitlinien Rn. 134 ff.).

VIII. Rechtsdurchsetzung und Sanktionen

37 Art. 5 enthält keine speziellen Regelungen zu Sanktionen bei Zuwiderhandlungen. Es gelten daher die allgemeinen Grundsätze (→ Art. 11 Rn. 9 ff.).

Nebenwaren und –dienstleistungen

6 Wenn Verbrauchern über die Online-Vermittlungsdienste entweder durch den Anbieter von Online-Vermittlungsdiensten oder durch Dritte Nebenwaren und –dienstleistungen, einschließlich Finanzprodukten, angeboten werden, nimmt der Anbieter von Online-Vermittlungsdiensten in seine allgemeinen Geschäftsbedingungen eine Beschreibung der Art der angebotenen Nebenwaren und –dienstleistungen und eine Angabe dazu auf, ob und unter welchen Bedingungen der gewerbliche Nutzer ebenfalls berechtigt ist, seine eigenen Nebenwaren und –dienstleistungen über die Online-Vermittlungsdienste anzubieten.

I. Allgemeines

1. Einordnung und Normzweck

1 Art. 6 enthält eine spezielle Transparenzpflicht, die an den Vertrieb von **Nebenwaren und Nebendienstleistungen** auf einem Online-Vermittlungsdienst anknüpft. Die P2B-VO erweitert gewissermaßen ihre Regelungsperspektive. Während sie überwiegend auf das Vertikalverhältnis zwischen gewerblicher Nutzergruppe und dem Plattform-Betreiber ausgerichtet ist, geht es hier um eine Transparenzpflicht im **Horizontalverhältnis.** Denn die Vorschrift beruht auf der Situation, dass der Anbieter des Online-Vermittlungsdienstes und/oder ein Dritter und der gewerbliche Nutzer der Plattform in Bezug auf die Nebenwaren oder Nebendienstleistungen in Konkurrenz stehen.

2 Die Frage, ob ein gewerblicher Nutzer dazu berechtigt ist, zu seinen Hauptprodukten Nebenwaren oder Nebendienstleistungen anzubieten, richtet sich nach dem **Inhalt des der Plattformnutzung zugrunde liegenden Vertragsverhältnisses** (Nutzungsvertrag). Der Anbieter des Online-Vermittlungsdienstes kann solche ergänzenden Angebote zulassen, ausschließen oder bestimmten Vorgaben oder Einschränkungen unterwerfen. Das **Regelungsziel** des Art. 6 besteht darin, den gewerblichen Nutzern Klarheit darüber zu verschaffen, ob ergänzend zu den von ihnen angebotenen Produkten Nebenwaren oder Nebendienstleistungen auf der Plattform vertrieben werden und, ob und unter welchen Bedingungen sie selbst dazu berechtigt sind, eigene Nebenwaren oder Nebendienstleistungen über die Plattform anzubieten. Diese Informationen sind von Bedeutung, weil der Vertrieb von ergänzenden Produkten einen wichtigen Teil der Absatz- und Vertriebspolitik von Unternehmen bilden kann.

2a Die Informationspflichten gemäß Art. 6 bestehen unabhängig davon, wie der Vertrieb von Nebenwaren und Nebendienstleistungen oder wie Beschränkungen der Vertriebsmöglichkeiten lauterkeitsrechtlich und kartellrechtlich zu beurteilen ist (vgl. dazu Busch/Busch Rn. 6 f.).

2. Anwendungsbereich und Normadressaten

Art. 6 gilt für **Online-Vermittlungsdienste** (Art. 2 Nr. 2); Normadressaten sind deren 3
Anbieter (Art. 2 Nr. 3). Geschützt sind die **gewerblichen Nutzer** (Art. 2 Nr. 1). Sachlich
erfasst ist das Angebot von Nebenwaren oder Nebendienstleistungen (Art. 2 Nr. 11) gegenüber
Verbrauchern (Art. 2 Nr. 4) auf der jeweiligen Plattform.

II. Transparenzanforderungen im Einzelnen

Gemäß Art. 6 müssen die erforderlichen Angaben innerhalb der **AGB** (Art. 2 Nr. 10) des 4
Online-Vermittlungsdienstes erfolgen. Wenngleich der Wortlaut des Art. 6 von einer „Beschreibung" spricht, können die Transparenzangaben mit den Regelungsinhalten der AGB verbunden
werden. Es ist also kein gesonderter „Beschreibungsabschnitt" in den AGB erforderlich. Für die
Beschreibung in den AGB gelten die allgemeinen Transparenzanforderungen gemäß Art. 3 I
(vgl. auch Busch/Busch Rn. 19).

Die Transparenzpflicht umfasst eine **„Beschreibung der Art"** der angebotenen Nebenwaren 5
und Nebendienstleistungen. Es muss also deutlich werden, welche Produkte ergänzend zu der
Hauptware oder Hauptdienstleistung vertrieben werden. Diese Beschreibung muss nicht notwendigerweise ganz bestimmte Waren oder Dienstleistungen im Einzelnen benennen (denn
möglicherweise gibt es eine sehr große Anzahl von ergänzenden Produktangeboten), sondern es
genügt die Bezeichnung der Art des Produkts, das in Ergänzung des Hauptprodukts des gewerblichen Nutzers angeboten wird (ErwGr. 29). Diese Umschreibung kann **gattungsmäßig** erfolgen. **Beispiel:** Werden ergänzend zum Angebot eines Mietwagens Versicherungsleistungen
angeboten, dann muss nicht etwa jedes einzelne Versicherungsprodukt eines jeden Anbieters
aufgeführt werden, sondern es genügt der Hinweis auf die Art der ergänzenden Versicherung
(Haftpflichtversicherung, Unfallversicherung usw.).

Die Beschreibung durch den Anbieter des Online-Vermittlungsdienstes muss **umfassend** 6
genug sein, um es einem gewerblichen Nutzer zu ermöglichen, zu verstehen, ob eine beliebige
Ware oder ein beliebiger Dienst als Nebenware oder -dienstleistung zu seinen Produkten verkauft wird. Den Beurteilungsmaßstab bildet das Verständnis eines **durchschnittlichen gewerblichen Nutzers** des Online-Vermittlungsdienstes.

Die Erläuterungspflicht besteht unabhängig davon, ob die Nebenware oder Nebendienstleis- 6a
tung von dem Anbieter eines **Online-Vermittlungsdienstes selbst** oder von einem **Dritten**
bereitgestellt wird (ErwGr. 29). Dritte in diesem Sinne sind alle Unternehmen, die nicht mit
dem jeweiligen Anbieter und dem betreffenden gewerblichen Nutzer identisch sind. Nähere
Informationen zur Identität der Dritten sind nach dem Wortlaut des Art. 6 nicht erforderlich.

Mitteilungspflichtig ist in jedem Fall der Umstand, **ob** der gewerbliche Nutzer Nebenwaren 7
oder Nebendienstleistungen auf der Plattform anbieten darf. Schließt der Anbieter dies aus, dann
muss er dies unmissverständlich offenlegen. Wenn hingegen die Möglichkeit zum Angebot von
Nebenwaren oder Nebendienstleistungen besteht, dann ist weiterhin anzugeben, **unter welchen
Bedingungen** der gewerbliche Nutzer diese Nebenprodukte über die Plattform anbieten darf
(ErwGr. 29). Anzugeben sind alle rechtlichen und tatsächlichen Anforderungen, von denen die
Zulässigkeit eines Angebots von Nebenwaren oder Nebendienstleistungen abhängt. Diese Infor-
mation muss so ausgestaltet sein, dass ein durchschnittlicher gewerbliche Nutzer (→ Rn. 6) in die
Lage versetzt wird, sein Angebot entsprechend den Vorgaben des Online-Vermittlungsdienstes
auszurichten und auszugestalten.

III. Rechtsdurchsetzung und Sanktionen

Art. 6 enthält keine näheren Regelungen zu Sanktionen bei Zuwiderhandlungen. Es gelten 8
daher die allgemeinen Grundsätze bei Zuwiderhandlungen gegen die P2B-VO (→ Art. 11
Rn. 9 ff.).

Differenzierte Behandlung

7 (1) [1]Die Anbieter von Online-Vermittlungsdiensten erläutern in ihren allgemeinen
Geschäftsbedingungen jegliche etwaige differenzierte Behandlung von Waren und
Dienstleistungen, die Verbrauchern über diese Online-Vermittlungsdienste einerseits
entweder von diesem Anbieter selbst oder von gewerblichen Nutzern, die von diesem
Anbieter kontrolliert werden, und andererseits von sonstigen gewerblichen Nutzern

angeboten werden. ²Diese Erläuterung bezieht sich auf die wichtigsten wirtschaftlichen, geschäftlichen oder rechtlichen Erwägungen, die einer solchen differenzierten Behandlung zugrunde liegen.

(2) Die Anbieter von Online-Suchmaschinen erläutern jegliche etwaige differenzierte Behandlung von Waren und Dienstleistungen, die Verbrauchern über diese Online-Suchmaschinen einerseits entweder von diesem Anbieter selbst oder von Nutzern mit Unternehmenswebsite, die von diesem Anbieter kontrolliert werden, und andererseits von sonstigen Nutzern mit Unternehmenswebsite angeboten werden.

(3) Die in den Absätzen 1 und 2 genannte Erläuterung umfasst gegebenenfalls insbesondere Angaben zu jeglicher differenzierten Behandlung durch konkrete Maßnahmen oder durch das Verhalten des Anbieters von Online-Vermittlungsdiensten oder des Anbieters von Online-Suchmaschinen in Bezug auf Folgendes:

a) etwaiger Zugang des Anbieters oder der gewerblichen Nutzer, oder der Nutzer mit Unternehmenswebsite, die der Anbieter kontrolliert, zu personenbezogenen oder sonstigen Daten oder beidem, die gewerbliche Nutzer, Nutzer mit Unternehmenswebsite oder Verbraucher für die Nutzung der betreffenden Online-Vermittlungsdienste oder der betreffenden Online-Suchmaschinen zur Verfügung stellen oder die im Zuge der Bereitstellung dieser Dienste generiert werden;

b) Ranking oder andere Einstellungen, die der Anbieter anwendet und die den Zugang der Verbraucher zu Waren oder Dienstleistungen beeinflussen, die von anderen gewerblichen Nutzern über diese Online-Vermittlungsdienste oder von anderen Nutzern mit Unternehmenswebsite über diese Online-Suchmaschinen angeboten werden;

c) etwaige direkte oder indirekte Entgelte für die Nutzung der betreffenden Online-Vermittlungsdienste oder Online-Suchmaschinen;

d) Zugang zu den Diensten, Funktionen oder technischen Schnittstellen, die für den gewerblichen Nutzer oder den Nutzer mit Unternehmenswebsite relevant sind und mit der Nutzung der betreffenden Online-Vermittlungsdienste oder Online-Suchmaschinen unmittelbar im Zusammenhang stehen oder eine Ergänzung zu deren Nutzung sind, sowie die Bedingungen und die direkt oder indirekt erhobene Vergütung für die Nutzung dieser Dienste, Funktionen oder technischen Schnittstellen.

Übersicht

I. Allgemeines

1. Einordnung und Normzweck

1   Die Anbieter von Online-Vermittlungsdiensten und Online-Suchmaschinen behandeln auf ihren Plattformen eigene Waren- oder Dienstleistungsangebote mitunter anders als die Angebote der gewerblichen Nutzer. Diese **Differenzierungen oder Diskriminierungen** können unterschiedliche Bereiche betreffen, etwa das Ranking und die Darstellung von Ergebnissen, den Zugang zu Daten, die Nutzbarkeit von technischen Schnittstellen usw. Ein typisches Phänomen ist die **Selbstbevorzugung** („self preferencing") eigener Dienste durch den Plattformbetreiber (Hoffer/Lehr NZKart 2019, 10 (16 ff.); Polley/Pesch/Tönnies WuW 2019, 494 ff. =

WUW1313190; vgl. auch Busch GRUR 2019, 788 (793)). **Beispiel:** Auf die Suchanfrage zu einem Produkt werden die eigenen Angebote des Plattform-Betreibers (oder von ihm kontrollierter Anbieter) stets bevorzugt und vor den Angeboten der sonstigen gewerblichen Nutzer angezeigt. Da sich die meisten „Klicks" der Verbraucher erfahrungsgemäß auf die vordersten Suchergebnisse konzentrieren, stoßen die nachrangig angezeigten Angebote auf ein geringeres Interesse (näher zu den ökonomischen Hintergründen Busch/Podszun Rn. 21 ff.).

Die in Art. 7 vorgesehenen Transparenzanforderungen sollen den „**lauteren Wettbewerb**" **1a** schützen und Praktiken entgegenwirken, mit denen die „**Wahlmöglichkeiten der Verbraucher**" eingeschränkt werden (ErwGr. 30; vgl. auch Busch/Podszun Rn. 2).

Ähnlich wie bei Art. 6 erweitert die P2B-VO ihren Regelungsansatz auf das **Horizontal- 2 verhältnis,** wenn die Anbieter von Online-Vermittlungsdiensten (oder von ihnen kontrollierte Unternehmen) mit den gewerblichen Nutzern in Konkurrenz stehen (vgl. auch ErwGr. 30). Diese Situation könnte dem Anbieter einen wirtschaftlichen Anreiz und die Möglichkeit geben, seine Kontrolle über Online-Vermittlungsdienste zu nutzen, um seinen eigenen Angeboten oder den Angeboten eines gewerblichen Nutzers, über den er die Kontrolle ausübt, technische und wirtschaftliche Vorteile einzuräumen, die er gewerblichen Nutzern verweigert, die mit ihm im Wettbewerb stehen (ErwGr. 30). Eine vergleichbare Gefährdungslage besteht im Verhältnis zwischen den Anbietern von Online-Suchmaschinen und Nutzern mit Unternehmenswebsite (ErwGr. 31).

Art. 7 verbietet die Ungleichbehandlung von Eigen- und Fremdangeboten nicht, verlangt **3** aber von den jeweiligen Anbietern, dass solche **Praktiken offengelegt und erläutert** werden. Dies dient dem Ausgleich einer Informationsasymmetrie zwischen dem Anbieter des Online-Vermittlungsdienstes und den gewerblichen Nutzern (Busch/Podszun Rn. 5). Die in Art. 7 verankerten Transparenzpflichten bestehen unabhängig davon, ob solche Ungleichbehandlungen nach den Vorschriften des Digital Markets Acts (vgl. etwa Art. 6 II und V VO (EU) 2022/1925) und des Kartellrechts (insbesondere nach den Missbrauchsverboten gemäß Art. 102 AEUV; § 19 I und II GWB, § 19a II GWB, § 20 I GWB) zulässig sind oder nicht (dazu näher Busch/ Podszun Rn. 12 ff.). Die Begünstigung eigener Dienste durch Google war bspw. Gegenstand eines kartellrechtlichen Verfahrens der Kommission, das sich auf den Missbrauchstatbestand des Art. 102 AEUV stützte (AT.39740 – Google Search (Shopping)). Die Bevorzugung der eigenen Einzelhandelsangebote durch Amazon und die Angebote von Marktplatz-Verkäufern, die die Logistik- und Zustellungsdienste von Amazon nutzen („Versand-durch-Amazon"), sind Gegenstand eines weiteren Verfahrens der Kommission (AT.40462 – Amazon Marketplace). Aus Art. 7 lässt sich nicht der Schluss ziehen, dass der Unionsgesetzgeber solche Differenzierungen generell zulassen oder für unbedenklich erklären wollte.

Die Transparenzverpflichten aus Art. 7 können sich überschneiden mit den Informations- **3a** pflichten, die für das Ranking (Art. 5) sowie den Datenzugang (Art. 9) gelten, soweit die differenzierte Behandlung gerade die dort speziell geregelten Verhaltensweisen betrifft. Die Transparenzpflichten greifen in diesem Fall ineinander. Es besteht kein Vorrangverhältnis (Busch/Podszun Rn. 11).

2. Anwendungsbereich und Normadressaten

Hinsichtlich des Anwendungsbereichs und der Normadressaten ist zwischen den verschiede- **4** nen Regelungsbereichen des Art. 7 zu unterscheiden. **Art. 7 I** gilt allein für Online-Vermittlungsdienste (Art. 2 Nr. 2). Normadressaten sind die Anbieter dieser Dienste (Art. 2 Nr. 3). Geschützt sind die gewerblichen Nutzer von Online-Vermittlungsdiensten (Art. 2 Nr. 1). **Art. 7 II** gilt hingegen allein für Online-Suchmaschinen (Art. 2 Nr. 5). Normadressaten sind die Anbieter dieser Dienste (Art. 2 Nr. 6). Geschützt sind die Nutzer mit Unternehmenswebsite (Art. 2 Nr. 7). Die Anforderungen des **Art. 7 III** gelten hingegen sowohl für Online-Vermittlungsdienste als auch Online-Suchmaschinen und jeweils deren Anbieter, allerdings sind inhaltliche Differenzierungen vorgesehen.

II. Differenzierte Behandlung bei Online-Vermittlungsdiensten (Art. 7 I)

Art. 7 I setzt eine differenzierte Behandlung voraus. Eine **differenzierte Behandlung** ist **5** anzunehmen, wenn **gleichartige Sachverhalte** (zB gleichartige Produktangebote) auf der Plattform **unterschiedlich behandelt** werden. Den **Vergleichsmaßstab** für die Feststellung einer differenzierten Behandlung bilden auf der einen Seite die eigenen Angebote von Waren oder

Dienstleistungen des Anbieters des Online-Vermittlungsdienstes (eigene Angebote) oder von gewerblichen Nutzern, die seiner Kontrolle unterliegen (vom Anbieter kontrollierte Angebote) und auf der anderen Seite die Angebote der sonstigen gewerblichen Nutzer.

6 Ob der Anbieter des Online-Vermittlungsdienstes einen gewerblichen Nutzer **kontrolliert,** richtet sich nach den Grundsätzen des Art. 3 II FKVO; dies folgt aus dem Verweis in Art. 2 Nr. 9. Entscheidend ist hierfür, ob der Anbieter Eigentümer des anderen Unternehmens ist oder über die Fähigkeit verfügt, einen bestimmten Einfluss auf dieses Unternehmen auszuüben.

7 Art. 7 I erfasst „jegliche" Formen von unterschiedlichen Behandlungen, unabhängig davon, ob diese durch rechtliche, geschäftliche oder technische Mittel (zB Funktionen unter Nutzung von Betriebssystemen) erfolgen (ErwGr. 30). **Beispiel:** Zurückstufung von Fremdangeboten zugunsten von Eigenangeboten des Plattformbetreibers.

8 Gemäß Art. 7 I 2 ist der Anbieter dazu verpflichtet, die wichtigsten wirtschaftlichen, geschäftlichen oder rechtlichen Erwägungen, die einer differenzierten Behandlung zugrunde liegen, zu erläutern. Zu den wichtigsten Erwägungen gehören die **wesentlichen Gründe** für das Vorgehen des Anbieters sowie die Funktionsweise der differenzierten Behandlung. Detaillierte Anforderungen ergeben sich aus Art. 7 III (→ Rn. 15 ff.).

9 Die Erläuterungspflicht unterliegt dem **Grundsatz der Verhältnismäßigkeit.** Aus diesem Grundsatz folgt, dass die Informationspflicht für die Ebene der Online-Vermittlungsdienste insgesamt gilt, nicht aber für die Ebene der einzelnen Waren oder Dienstleistungen, die über diese Dienste angeboten werden (ErwGr. 30).

10 Die erforderlichen Erläuterungen müssen in den **AGB** (Art. 2 Nr. 10) des Online-Vermittlungsdienstes erfolgen. Für diese Beschreibung in den AGB gelten die allgemeinen Transparenzanforderungen gemäß Art. 3 I.

10a Den Beurteilungsmaßstab bildet das Verständnis eines **durchschnittlichen gewerblichen Nutzers** des Online-Vermittlungsdienstes.

III. Differenzierte Behandlung bei Online-Suchmaschinen (Art. 7 II)

11 Auch die Anbieter von Online-Suchmaschinen müssen eine differenzierte Behandlung erläutern. Wie in Art. 7 I werden „jegliche" Arten von differenzierten Behandlungen erfasst (→ Rn. 7).

12 Den **Vergleichsmaßstab** für die Feststellung einer differenzierten Behandlung bilden in den Fällen des Art. 7 II auf der einen Seite die eigenen Angebote von Waren oder Dienstleistungen des Anbieters der Online-Suchmaschine (eigene Angebote) oder von Nutzern mit Unternehmenswebsite, die seiner Kontrolle unterliegen (vom Anbieter kontrollierte Angebote → Rn. 6) und auf der anderen Seite die Angebote der sonstigen Nutzer mit Unternehmenswebsite.

13 Die Anforderungen an die Erläuterungen gemäß Art. 7 I und II sind **deckungsgleich.** Der Anbieter der Online-Suchmaschine muss darlegen, ob er durch rechtliche, geschäftliche oder technische Mittel Waren oder Dienstleistungen, die er selbst oder über einen Nutzer mit Unternehmenswebsite, über den er die Kontrolle ausübt, anbietet, möglicherweise anders behandelt als solche, die von Nutzern mit Unternehmenswebsite angeboten werden, die mit ihm im Wettbewerb stehen. Um die Verhältnismäßigkeit zu wahren, gilt diese Verpflichtung für die Ebene der Online-Suchmaschine insgesamt, nicht jedoch für die Ebene der einzelnen Waren oder Dienstleistungen, die über diese Dienste angeboten werden (ErwGr. 31).

14 Da zwischen dem Anbieter einer Online-Suchmaschine und dem Nutzer mit Unternehmenswebsite in der Regel **kein vertragliches Nutzungsverhältnis** besteht, muss die Erläuterung auf andere Weise als durch AGB erfolgen. Denkbar sind etwa Hinweise und Informationen, die auf der Benutzeroberfläche der Suchmaschinenseite leicht zugänglich verlinkt sind. Die Erläuterungen sollten in gleicher Weise zugänglich sein, wie die nach Art. 5 II zum Ranking erforderlichen Informationen (→ Art. 5 Rn. 14 f.).

14a Den Beurteilungsmaßstab für die Transparenzanforderungen bildet das Verständnis eines **durchschnittlichen Nutzers mit Unternehmenswebsite,** dessen Waren oder Dienstleistungen über die Online-Suchmaschine zugänglich sind.

IV. Anforderungen an die Erläuterungen (Art. 7 III)

15 Art. 7 III konkretisiert die Anforderungen an die Erläuterungen zur differenzierten Behandlung gemäß Art. 7 I und II. Die in Art. 7 III lit. a–d genannten Umstände und Faktoren sind

„**gegebenenfalls**" zu erläutern, also dann, wenn aufgrund der konkreten Umstände des Falles ein entsprechender Informationsbedarf besteht.

1. Zugang zu personenbezogenen und sonstigen Daten

Gemäß **Art. 7 III lit. a** muss der Informationsverpflichtete Auskunft geben über einen **16** etwaigen Zugang des Anbieters oder der gewerblichen Nutzer, oder der Nutzer mit Unternehmenswebsite, die der Anbieter kontrolliert, zu personenbezogenen oder sonstigen Daten oder beidem, die gewerbliche Nutzer, Nutzer mit Unternehmenswebsite oder Verbraucher für die Nutzung der betreffenden Online-Vermittlungsdienste oder der betreffenden Online-Suchmaschinen zur Verfügung stellen oder die im Zuge der Bereitstellung dieser Dienste generiert werden.

Auszugehen ist von einem **weiten und unionsrechtsautonomen Datenbegriff.** Die **VO** **16a** **(EU) 2022/1925 (DMA)** definiert Daten in **Art. 2 Nr. 24** als „jegliche digitale Darstellung von Handlungen, Tatsachen oder Informationen sowie jegliche Zusammenstellung solcher Handlungen, Tatsachen oder Informationen, auch in Form von Ton-, Bild- oder audiovisuellem Material". Dieser Begriff kann auch bei der Auslegung der P2B-VO zugrunde gelegt werden. Daten sind sämtliche Zeichen und Symbole, die dazu eingesetzt werden, Informationen zu transportieren (Busch/Podszun Rn. 77 und Art. 9 Rn. 37 ff.). Eine scharfe Abgrenzung zwischen Daten und Informationen liegt dem unionsrechtlichen Sprachgebrauch in der VO (EU) 2022/1925 und der P2B-VO nicht zugrunde. Eine besondere Datenqualität ist nicht erforderlich. Weiterhin kommt es nicht darauf an, in welcher Form die Daten vorliegen. Die Daten müssen auch keine speziellen rechtlichen oder tatsächlichen Anforderungen erfüllen. Schließlich ist es nicht maßgeblich, ob und ggf. wem etwaige Rechte an den Daten zustehen.

Personengebundene Daten sind gemäß **Art. 4 Nr. 1 DS-GVO** „alle Informationen, die **16b** sich auf eine identifizierte oder identifizierbare natürliche Person (im Folgenden „betroffene Person") beziehen; als identifizierbar wird eine natürliche Person angesehen, die direkt oder indirekt, insbesondere mittels Zuordnung zu einer Kennung wie einem Namen, zu einer Kennnummer, zu Standortdaten, zu einer Online-Kennung oder zu einem oder mehreren besonderen Merkmalen, die Ausdruck der physischen, physiologischen, genetischen, psychischen, wirtschaftlichen, kulturellen oder sozialen Identität dieser natürlichen Person sind, identifiziert werden kann".

Sonstige Daten sind andere als personenbezogene Daten. Es handelt sich somit um Daten, **16c** die keine unmittelbaren oder mittelbaren Rückschlüsse auf Personen zulassen. Dies betrifft insbesondere technische Daten, die etwa Aufschluss über die Funktionsweise von technischen Abläufen zulassen.

Daten sind **zur Verfügung gestellt,** wenn diese von gewerblichen Nutzern, Nutzern mit **16d** Unternehmenswebsite oder Verbrauchern für den Zweck der Nutzung des Online-Vermittlungsdienstes oder der Online-Suchmaschine aktiv eingegeben werden (Busch/Podszun Rn. 81).

Im Zuge der Bereitstellung der Dienste **generierte Daten** sind solche, die aufgrund technischer Prozesse bei der Nutzung des Online-Vermittlungsdienstes oder der Online-Suchmaschine entstehen und/oder erfasst werden, zB durch Messungen von Transaktionsparametern (Busch/Podszun Rn. 82).

Zum **Zugang** gehören die tatsächlichen oder potenziellen Möglichkeiten eines Zugriffs auf **16f** die personenbezogenen oder sonstigen Daten (ähnlich Busch/Podszun Rn. 83 ff.). Dies gilt unabhängig davon, wie dieser Zugriff technisch realisiert wird.

2. Ranking und andere Einstellungen

Art. 7 III lit. b sieht vor, dass der Anbieter das Ranking oder andere Einstellungen, die der **17** Anbieter anwendet und die den Zugang der Verbraucher zu Waren oder Dienstleistungen beeinflussen, die von anderen gewerblichen Nutzern über diese Online-Vermittlungsdienste oder von anderen Nutzern mit Unternehmenswebsite über diese Online-Suchmaschinen angeboten werden, erläutern muss.

Der Begriff **Ranking** bestimmt sich nach Art. 2 Nr. 8. **Andere Einstellungen** sind Maß- **17a** nahmen und technische Vorkehrungen, die – einem Ranking vergleichbar – den Zugang der Verbraucher zu den Angeboten der Waren oder Dienstleistungen auf dem Online-Vermittlungsdienst oder der Online-Suchmaschine in irgendeiner Weise beeinflussen und steuern (Busch/Podszun Rn. 96).

3. Entgelte

18 Weiterhin muss der Anbieter nach **Art. 7 III lit. c** über etwaige direkte oder indirekte Entgelte für die Nutzung der betreffenden Online-Vermittlungsdienste oder Online-Such-maschinen informieren. **Direkte und indirekte Entgelte** bestimmen sich nach den Grund-sätzen, die für die Transparenz beim Ranking gelten (→ Art. 5 Rn. 19 ff.).

4. Zugang zu Diensten, Funktionen oder technischen Schnittstellen

19 Schließlich gilt gemäß **Art. 7 III lit. d** eine Erläuterungspflicht im Hinblick auf den Zugang zu den Diensten, Funktionen oder technischen Schnittstellen, die für den gewerblichen Nutzer oder den Nutzer mit Unternehmenswebsite relevant sind und mit der Nutzung der betreffenden Online-Vermittlungsdienste oder Online-Suchmaschinen unmittelbar im Zusammenhang stehen oder eine Ergänzung zu deren Nutzung sind, sowie die Bedingungen und die direkt oder indirekt erhobene Vergütung für die Nutzung dieser Dienste, Funktionen oder technischen Schnittstellen.

19a Die Begriffe Dienste, Funktionen und technische Schnittstellen sind **weit** zu verstehen und umfassen sämtliche Mechanismen, Einrichtungen und Einstellungen, die für die Nutzung eines Online-Vermittlungsdienstes bzw. einer Online-Suchmaschine von Bedeutung sein können. **Dienste** sind elektronisch erbrachte Dienstleistungen (vgl. auch die Definition in Art. 1 I lit. b RL (EU) 2015/1535). Als **Funktionen** sind sonstige Maßnahmen zur technischen Unterstüt-zung anzusehen (ähnlich Busch/Podszun Rn. 125). Zu den **technischen Schnittstellen** gehö-ren Elemente, die eine Verbindung von verschiedenen Systemen oder eine Kommunikation zwischen verschiedenen Systemen ermöglichen (ähnlich Busch/Podszun Rn. 126). Nach den Erläuterungen der Kommission zu den Änderungen der EU-Mehrwertsteuervorschriften bezüg-lich des Ortes von Telekommunikations-, Rundfunk- und elektronischen Dienstleistungen, die 2015 in Kraft treten (vom 3.4.2014, S. 16) handelt es sich bei einer Schnittstelle um ein „Gerät oder Programm (…), das die Kommunikation zwischen zwei unabhängigen Systemen oder zwischen einem System und dem Endanwender ermöglicht".

19b Die Dienste, Funktionen oder technischen Schnittstellen müssen für den gewerblichen Nutzer oder den Nutzer mit Unternehmenswebsite **relevant** sein. Maßgebend ist eine objektive Be-trachtung aus der Sicht eines verständigen gewerblichen Nutzers bzw. Nutzers mit Unterneh-menswebsite.

19c Weiterhin muss ein unmittelbarer Zusammenhang mit dem Online-Vermittlungsdienst oder der Online-Suchmaschine bestehen oder es muss sich um eine Ergänzung handeln. Ein **un-mittelbarer Zusammenhang** besteht, wenn ein Dienst, eine Funktion oder eine technische Schnittstelle für die Funktionalität und Nutzbarkeit der Online-Plattform erforderlich ist (Busch/Podszun Rn. 131). Als eine **Ergänzung** sind zusätzliche Nutzungsmöglichkeiten oder Erweiterungen anzusehen (Busch/Podszun Rn. 133).

19d Der Begriff des **Zugangs** ist wie in lit. a zu verstehen (→ Rn. 16e). Anzugeben sind die Bedingungen (insbesondere rechtliche und tatsächliche Voraussetzungen) sowie direkte und indirekte Vergütungen für die Nutzung der Dienste, Funktionen und technischen Schnittstellen. Dies umfasst insbesondere monetäre Entgelte (Busch/Podszun Rn. 137).

V. Rechtsdurchsetzung und Sanktionen

20 Art. 7 enthält keine näheren Regelungen zu Sanktionen bei Zuwiderhandlungen. Es gelten daher die allgemeinen Grundsätze (→ Art. 11 Rn. 9 ff.).

Besondere Vertragsbestimmungen

8 **Um sicherzustellen, dass die Vertragsbeziehungen zwischen den Anbietern von Online-Vermittlungsdiensten und den gewerblichen Nutzern nach Treu und Glau-ben und auf der Grundlage des redlichen Geschäftsverkehrs gestaltet werden, sind die Anbieter von Online-Vermittlungsdiensten zu Folgendem verpflichtet:**

a) **Sie erlegen keine rückwirkenden Änderungen an den allgemeinen Geschäftsbedin-gungen auf, es sei denn, dies geschieht in Erfüllung einer gesetzlichen oder behörd-lich angeordneten Verpflichtung oder die rückwirkenden Änderungen sind für die gewerblichen Nutzer von Vorteil;**

b) Sie sorgen dafür, dass ihre allgemeinen Geschäftsbedingungen Informationen über die Bedingungen enthalten, unter denen die gewerblichen Nutzer die Vertragsbeziehung mit dem Anbieter von Online-Vermittlungsdiensten beenden können; und

c) Sie nehmen in ihre allgemeinen Geschäftsbedingungen eine Beschreibung des vorhandenen oder nicht vorhandenen technischen und vertraglichen Zugangs zu den von dem gewerblichen Nutzer bereitgestellten oder generierten Informationen auf, den sie behalten, nachdem der Vertrag zwischen dem Anbieter von Online-Vermittlungsdiensten und dem gewerblichen Nutzer abgelaufen ist.

Übersicht

I. Allgemeines

1. Einordnung und Normzweck

1 Art. 8 ist eine der am wenigsten gelungenen Vorschriften der P2B-VO. Die Norm gehört gedanklich in einen **systematischen und inhaltlichen Zusammenhang mit den Regelungen des Art. 3 und 4** zu den AGB von Online-Vermittlungsdiensten sowie zur Vertragsbeendigung. Zugleich weist sie einen **Bezug zu Art. 9** auf. Eine Feinabstimmung dieser Vorschriften fehlt komplett. Warum der EU-Gesetzgeber die Regelungsbereiche voneinander getrennt hat, erschließt sich nicht. In der Literatur wird Art. 8 als eine Art „Rumpfversion" einer – letztlich nicht realisierten – „Schwarzen Liste" von besonders schädlichen Verhaltensweisen angesehen (Busch GRUR 2019, 788 (791)).

2 Inhaltlich wirkt Art. 8 **unausgegoren und unfertig.** Art. 8 lit. a enthält ein konkretes Verbot, nämlich das Verbot rückwirkender Änderungen von AGB. Dies bildet im Regelungskonzept der P2B-VO einen Fremdkörper. Demgegenüber enthalten Art. 8 lit. b und c inhaltliche Anforderungen an AGB, wobei die Informationspflicht des Art. 8 lit. c in der Sache Art. 9 ergänzt und die Informationspflicht aus Art. 8 lit. b systematisch zu Art. 3 I gehört. Im Unterschied zu Art. 3 III sieht Art. 8 **keinerlei Sanktionsregelungen** für den Fall einer Nichtbeachtung der Anforderungen vor (→ Rn. 19 ff.).

3 Am ehesten lassen sich die in Art. 8 enthaltenen Regelungen als eine – wenngleich rudimentäre – **Konkretisierung** und **Präzisierung** der Grundsätze von „Treu und Glauben" sowie des „**redlichen Geschäftsverkehrs**" begreifen. Der Unionsgesetzgeber ging offenbar davon aus, dass es sich bei den in Art. 8 geregelten Konstellationen um spezielle Fälle handelt, in denen sich das „Ungleichgewicht der Verhandlungsmacht" besonders nachteilig auswirken kann (ErwGr. 32).

3a Soweit sich die Verhaltensanforderungen und Transparenzregeln des Art. 8 mit anderen Pflichten aus der P2B-VO überschneiden, stehen diese Regelungen nebeneinander und ergänzen sich. Es besteht kein Vorrangverhältnis.

2. Anwendungsbereich und Normadressaten

4 Art. 8 gilt nur für **Online-Vermittlungsdienste** (Art. 2 Nr. 2); Normadressaten sind deren **Anbieter** (Art. 2 Nr. 3). Geschützt sind die **gewerblichen Nutzer** (Art. 2 Nr. 1). Die Anforderungen gelten für die **AGB** (Art. 2 Nr. 10), die dem Nutzungsverhältnis zwischen dem Anbieter eines Online-Vermittlungsdienstes und dem gewerblichen Nutzer zugrunde liegen.

II. Anforderungen im Einzelnen

1. Verbot rückwirkender Änderungen (lit. a)

5   Art. 8 lit. a untersagt die rückwirkende Änderung von AGB, sofern nicht Ausnahmen (→ Rn. 9 ff.) eingreifen.

6   **a) Verhältnis zu Art. 3 II und IV.** Die allgemeinen Anforderungen für eine Änderung der AGB ergeben sich aus Art. 3 II und IV (→ Art. 3 Rn. 26 ff.). Diese rechtlichen Vorgaben werden von Art. 8 nicht verdrängt (→ Rn. 3a). Vielmehr enthält Art. 8 lit. a ein darüber hinaus gehendes **Verbot**. Selbst eine Änderung, die allen Anforderungen von Art. 3 II und IV gerecht wird, ist unzulässig, wenn sie eine rückwirkende Änderung von AGB beinhaltet. Umgekehrt gilt: Auch wenn eine Ausnahme nach Art. 8 lit. a eingreift und die Änderung demgemäß zulässig wäre, müssen trotzdem die Anforderungen von Art. 3 II und IV eingehalten werden. Nach Auffassung des Unionsgesetzgebers ist es für die **Vorhersehbarkeit und Transparenz** erforderlich, dass die gewerblichen Nutzer eine reale Möglichkeit erhalten, sich mit Änderungen der allgemeinen Geschäftsbedingungen vertraut zu machen (ErwGr. 32).

6a   **b) Rückwirkende Änderung.** Der Begriff der **Änderung** von AGB in Art. 8 lit. a entspricht dem Sprachgebrauch in Art. 3 II (→ Art. 3 Rn. 27 ff.).

7   Erfasst sind allein **rückwirkende** Änderungen, also vergangenheitsbezogene Anpassungen von AGB. Den **zeitlichen Bezugspunkt** bildet die vom Anbieter des Online-Vermittlungsdienstes vorgenommene (nicht notwendig rechtswirksame) Änderung der AGB. Die P2B-VO gibt keine genaue Auskunft darüber, welche Sachverhalte als eine unzulässige Rückwirkung anzusehen sind. Auszugehen ist von dem Ziel des Art. 8 lit. a, einen gewerblichen Nutzer vor einer unvorhergesehenen Schlechterstellung seiner Position durch die Änderung der AGB zu bewahren. Zudem ist zu berücksichtigen, dass Art. 8 lit. a rückwirkende Änderungen zulässt, aus denen sich für gewerbliche Nutzer Vorteile ergeben (→ Rn. 10). Als eine unzulässige Rückwirkung sind daher alle Änderungen von AGB anzusehen, die dazu führen, dass sich die rechtliche oder tatsächliche Position des gewerblichen Nutzers für einen in der Vergangenheit liegenden Zeitpunkt oder Zeitraum nachteilig verändert. Der gewerbliche Nutzer muss infolge der AGB-Änderung schlechter stehen. **Beispiel:** Dem gewerblichen Nutzer werden für einen zurückliegenden Zeitraum vertraglich vorgesehene Vergünstigungen aberkannt.

8   Demgegenüber liegt **keine Rückwirkung** iSd Art. 8 lit. a vor, wenn lediglich ein in der Vergangenheit liegender oder noch nicht abgeschlossener Sachverhalt den Anknüpfungspunkt für eine zukunftsgerichtete Änderung der AGB bildet. **Beispiel:** Der Anbieter des Online-Vermittlungsdienstes nimmt auf der Grundlage von zurückliegenden Geschäftsvorgängen eine Neukategorisierung der gewerblichen Nutzer auf seiner Plattform vor. In Fällen dieser Art fehlt es nicht an der Vorhersehbarkeit der Änderung, denn der gewerbliche Nutzer hat die reale Möglichkeit, sich mit Änderungen der allgemeinen Geschäftsbedingungen vertraut zu machen und sich darauf einzurichten.

8a   Es genügt, wenn die AGB-Änderungen zumindest **auch eine rückwirkende Wirkung** entfalten sollen. Daher sind von Art. 8 lit. a auch Fälle erfasst, in denen nur Teilbereiche einer AGB-Anpassung einen rückwirkenden Charakter aufweisen. Nicht erfasst sind hingegen alle Vertragsänderungen, die ihre Wirkung ab oder erst nach dem maßgeblichen Zeitpunkt (→ Rn. 7) entfalten sollen.

9   **c) Ausnahmen.** Art. 8 lit. a sieht zwei **Ausnahmen** vor, in denen abweichend von dem Verbotsgrundsatz eine rückwirkende Änderung von AGB zulässig ist: Der **erste Fall** betrifft die Erfüllung einer **gesetzlichen oder behördlich angeordneten Verpflichtung.** Hier muss der Schutz des gewerblichen Nutzers hinter das gesetzliche oder behördliche Gebot zurücktreten. Erforderlich, aber auch ausreichend, ist das Bestehen einer **wirksamen Rechtsgrundlage** für die AGB-Änderung. Im Falle eines behördlichen Verwaltungsaktes genügt es, wenn dieser nicht nichtig ist. Die Rechtmäßigkeit bzw. Rechtswidrigkeit des Verwaltungsaktes ist für Art. 8 lit. a nicht von Bedeutung (aA wohl Busch/von Westphalen Rn. 13 f.). Insoweit ist ein eigenständige verwaltungs- bzw. verfassungsrechtliche Überprüfung der behördlichen Maßnahme möglich und geboten.

Die gesetzliche oder behördliche Verpflichtung kann sich aus den Bestimmungen des **Unions- 9a rechts** oder des **nationalen Rechts der Mitgliedstaaten** ergeben. Nicht ausreichend sind hingegen AGB-Änderungen, die auf einer Anpassung von privatautonom gesetzten Musterverträgen oder Musterbedingungen von Verbänden beruhen, selbst wenn es sich dabei um Wettbewerbsregeln iSv § 24 II GWB handelt, die von der Kartellbehörde gemäß § 26 GWB anerkannt worden sind.

Der **zweite Ausnahmefall** des Art. 8 lit. a betrifft **Vorteile,** die sich aus der rückwirkenden 10 Änderung der AGB ergeben. Berücksichtigungsfähig sind hierbei alle rechtlichen und tatsächlichen Umstände, die zur Folge haben, dass der gewerbliche Nutzer nach der Änderung der AGB für die Vergangenheit besser steht als zuvor. Mögliche **Beispiele** für Vorteile sind etwa rückwirkend reduzierte Entgelte oder Provisionen oder mildere Sanktionen bei Pflichtverletzungen (Busch/von Westphalen Rn. 17).

Bei der Bestimmung des Vorteils ist von einer **konkreten Betrachtung im Hinblick auf 10a den einzelnen, von der Änderung betroffenen Nutzer, auszugehen.** Es genügt hingegen nicht, dass sich die Änderung für einen Teil oder eine Mehrzahl von gewerblichen Nutzern der Plattform als günstig erweist.

2. Informationen zu den Bedingungen der Vertragsbeendigung (lit. b)

Gemäß Art. 8 lit. b müssen die Anbieter von Online-Vermittlungsdiensten dafür Sorge tragen, 11 dass ihre AGB Informationen über die **Bedingungen** enthalten, unter denen die gewerblichen Nutzer die **Vertragsbeziehung** mit dem Anbieter von Online-Vermittlungsdiensten **beenden** können. Der gewerbliche Nutzer soll darüber informiert werden, von welchen Umständen und Maßnahmen die Beendigung des Vertragsverhältnisses abhängig ist. Es handelt sich bei dieser Transparenzpflicht praktisch um das Gegenstück zu Art. 4, der die Vertragsbeendigung durch den Anbieter des Online-Vermittlungsdienstes regelt.

Die Informationspflicht des Art. 8 lit. b erstreckt sich auf alle **Formen und Modalitäten der 12 Vertragsbeendigung,** die sich aufgrund privatautonomer Regelung **aus dem Nutzungsverhältnis** selbst ergeben. Erfasst sind sowohl einseitige Möglichkeiten der Vertragsbeendigung (zB durch die Ausübung eines Gestaltungsrechts) als auch die einverständliche Beendigung des Vertragsverhältnisses (zB durch Aufhebungs- oder Auflösungsvertrag). Zu informieren ist bspw. über die Formbedürftigkeit von Willenserklärungen, das Bestehen von Fristen, Ausschlussgründe und sonstige Umstände. Die Anbieter von Online-Vermittlungsdiensten müssen sicherstellen, dass die Voraussetzungen für die Beendigung von Online-Vermittlungsdiensten stets verhältnismäßig sind und ohne unangemessene Schwierigkeiten erfüllt werden können (ErwGr. 32).

Ebenfalls Art. 8 lit. b unterfallen Informationen darüber, ob und ggf. welche **speziellen 12a vertragsrechtlichen Möglichkeiten zur Vertragsbeendigung** bestehen. Dazu gehören bspw. die ordentliche Kündigung und die außerordentliche Kündigung aus wichtigem Grund (Busch/von Westphalen Rn. 27 ff.), da es sich bei dem Nutzungsverhältnis typischerweise um ein Dauerschuldverhältnis handelt (→ Art. 2 Rn. 13a). Aufklärungspflichtig sind insbesondere vertragliche Einschränkungen gesetzlicher Beendigungsgründe.

Art. 8 lit. b gilt hingegen nicht für **allgemeine Regelungen des Vertragsrechts,** die eine 13 Lösung vom Vertrag bzw. eine Freistellung vom Vertrag ermöglichen, sofern diese nicht vertraglich modifiziert werden (ebenso BeckOK UWG/Wais Rn. 12; aA Uitz, Die P2B-VO, 2023, S. 185 ff.). Dies betrifft etwa die Möglichkeit zur Anfechtung im Falle von Irrtümern, das allgemeine Kündigungs- oder Rücktrittsrecht bei Leistungsstörungen oder die Freistellung vom Vertrag als Form des Schadensersatz (Naturalherstellung). Für eine solche Auslegung spricht erstens, dass die Möglichkeiten einer Vertragsbeendigung ausgesprochen mannigfaltig sind. Eine erschöpfende Informationspflicht zu sämtlichen Beendigungsmöglichkeiten widerspräche dem in Art. 1 I postulierten Ziel einer angemessenen, also verhältnismäßigen Transparenz. Zweitens beruhen die gesetzlichen Regelungen zur Vertragsbeendigung auf einem vom Gesetzgeber vorgegebenen Interessenausgleich, der keiner zusätzlichen Fairnesskontrolle unterliegt (vgl. BeckOK UWG/Wais Rn. 12 unter Hinweis auf die Rspr. zur RL 93/13/EWG). Drittens kann der gewerbliche Nutzer alle für die Vertragsbeendigung relevanten Umstände dem Gesetz selbst entnehmen, sodass kein besonderes Informationsbedürfnis besteht.

Der Wortlaut der Norm („beenden können"; engl. „can terminate"; frz.: „peuvent mettre 13a fin") deutet darauf hin, dass der Unionsgesetzgeber an Beendigungsgründe gedacht hat, die ein aktives **Tätigwerden des Vertragspartners** erfordern (zB Kündigungserklärung). Indessen sollten auch Vertragsgestaltungen einbezogen werden, in denen bspw. eine **vertragliche Be-**

fristung vorgesehen ist und mit dem Ablauf dieser Frist das Vertragsverhältnis ohne weiteres Zutun endet. Denn in diesem Fall ist es für den Vertragspartner wichtig zu wissen, dass er für eine Vertragsbeendigung nicht gesondert tätig werden muss. Es bestehen insoweit eine vergleichbare Interessenlage und ein vergleichbares Schutzbedürfnis (Uitz, Die P2B-VO, 2023, S. 187 f.). Gleiches muss dann konsequenterweise gelten, wenn im Vertrag vorgesehen ist, dass bei dem **Eintritt einer bestimmten Bedingung** das Vertragsverhältnis endet. Demgegenüber folgt aus Art. 8 lit. b keine Pflicht, über die Bedingungen zu informieren, unter denen ein Vertragsverhältnis nach einer Beendigung wiederbegründet werden kann. **Beispiel:** Ein Vertrag sieht vor, dass nach dessen Beendigung eine Wiederaufnahme und Fortsetzung unter erleichterten oder speziellen Voraussetzungen möglich ist.

3. Verbleibender Zugang zu Informationen nach Vertragsende (lit. c)

14   Art. 8 lit. c enthält eine Informationspflicht im Hinblick auf **Umstände nach der Beendigung des Nutzungsverhältnisses** zwischen dem Anbieter eines Online-Vermittlungsdienstes und einem gewerblichen Nutzer.

15   **a) Verhältnis zu Art. 9.** Neben Art. 8 lit. c enthält Art. 9 I, II spezielle Transparenzpflichten zum Umgang mit Daten. Allerdings gelten die Anforderungen des Art. 9 für den Zeitraum **während des Bestehens der Vertragsbeziehung.**

16   **b) Verbleibender Zugang zu Daten.** Gemäß Art. 8 lit. c muss der Anbieter des Online-Vermittlungsdienstes in seinen AGB eine Beschreibung des vorhandenen oder nicht vorhandenen **technischen und vertraglichen Zugangs** zu den von dem gewerblichen Nutzer bereitgestellten oder generierten Informationen vorsehen, den sie nach dem Ablauf des Vertrages zwischen dem Anbieter von Online-Vermittlungsdiensten und dem gewerblichen Nutzer behalten.

17   Diese Transparenzpflicht beruht auf der Überlegung, dass in der Zeit der Präsenz eines gewerblichen Nutzers auf der Plattform des Anbieters umfangreiche Informationen aggregiert werden. Der gewerbliche Nutzer soll darüber informiert werden, **ob und gegebenenfalls in welchem Umfang** der Anbieter des Online-Vermittlungsdienstes auch nach dem Ablauf des Nutzungsvertrages Zugriff auf die Daten behält, die der gewerbliche Nutzer im Rahmen der Nutzung des Online-Vermittlungsdienstes liefert oder generiert. Informationspflichtig ist jeglicher verbleibende Zugriff (ErwGr. 32). Die Informationspflicht besteht unabhängig davon, ob der gewerbliche Nutzer (oder ein Dritter) Rechte an diesen Daten hat und ob die Nutzung dieser Daten speziellen Anforderungen (etwa nach dem Datenschutzrecht) unterliegt.

18   Der Begriff des **„Ablaufens" des Vertragsverhältnisses** (engl.: „expiry of the contract") umfasst sämtliche Formen der Beendigung des Vertrages, unabhängig davon, ob der Vertrag zwischen dem Anbieter des Online-Vermittlungsdienstes und dem gewerblichen Nutzer einvernehmlich oder einseitig beendet wird oder – bei Abschluss eines befristeten Nutzungsverhältnisses – durch Zeitablauf endet. Auch der Beendigungsgrund ist unerheblich.

18a   Im Unterschied zu Art. 7 lit. a und Art. 9 spricht Art. 8 lit. c nicht von Daten, sondern von **Informationen.** Angesichts des unscharfen Sprachgebrauchs der P2B-VO (→ Art. 7 Rn. 16a) lassen sich hieraus jedoch keine sachlichen Einschränkungen ableiten (Busch/von Westphalen Rn. 42). Vielmehr sind **sämtliche Daten** erfasst, die dem gewerblichen Nutzer bereitgestellt oder generiert wurden (vgl. zu den Begriffen → Art. 7 Rn. 16c und 16d).

18b   Zur Beschreibung des **Zugangs** gehören Informationen zu den tatsächlichen und/oder rechtlichen Zugriffsmöglichkeiten nach dem Ablauf des Vertragsverhältnisses.

III. Rechtsdurchsetzung und Sanktionen

19   Art. 8 enthält keine näheren Regelungen zu den Sanktionen bei Zuwiderhandlungen. Daher ist von den allgemeinen Grundsätzen (→ Art. 11 Rn. 9 ff.) auszugehen.

20   Für Verstöße gegen Art. 8 lit. a, also unzulässige rückwirkende Änderungen von AGB, ist in entsprechender Anwendung von Art. 3 III eine **Nichtigkeit** in Betracht zu ziehen. Denn Art. 8 lit. a ist als ein spezielles Verhaltensverbot ausgestaltet und ergänzt den Schutz der gewerblichen Nutzer bei der Änderung von AGB durch Art. 3 II. Wenn bereits die Nichteinhaltung der in Art. 3 II vorgesehenen Modalitäten gemäß Art. 3 II zur Nichtigkeit führt, dann muss dies auch und erst recht gelten, wenn der Anbieter des Online-Vermittlungsdienstes versucht, die AGB rückwirkend zu ändern. Dafür spricht insbesondere, dass die Interessen der gewerblichen Nutzer

durch eine rückwirkende Änderung der AGB mindestens in gleicher Weise beeinträchtigt werden wie in den Fällen des Art. 3 II. Ohne die Rechtsfolge der Nichtigkeit wären die gewerblichen Nutzer zudem nicht effektiv vor unzulässigen rückwirkenden Änderungen der AGB durch den Anbieter des Online-Vermittlungsdienstes geschützt. Zur gleichen Rechtsfolge der Nichtigkeit der Änderung gelangt man, wenn man Art. 8 lit. a als ein Verbotsgesetz iSd § 134 BGB qualifiziert oder die – für AGB speziellere – Vorschrift des § 306 I BGB heranzieht.

Datenzugang

9 (1) **Die Anbieter von Online-Vermittlungsdiensten erläutern in ihren allgemeinen Geschäftsbedingungen den technischen und vertraglichen Zugang oder das Fehlen eines solchen Zugangs für gewerbliche Nutzer zu personenbezogenen oder sonstigen Daten oder beidem, die gewerbliche Nutzer oder Verbraucher für die Nutzung der betreffenden Online-Vermittlungsdienste zur Verfügung stellen oder die im Zuge der Bereitstellung dieser Dienste generiert werden.**

(2) **Mittels der in Absatz 1 genannten Erläuterung informieren die Anbieter von Online-Vermittlungsdiensten gewerbliche Nutzer angemessen insbesondere darüber,**

a) **ob der Anbieter der Online-Vermittlungsdienste Zugang zu personenbezogenen oder sonstigen Daten oder zu beidem hat, die gewerbliche Nutzer oder Verbraucher für die Nutzung dieser Dienste zur Verfügung stellen oder die im Zuge der Bereitstellung dieser Dienste generiert werden, sowie gegebenenfalls darüber, zu welchen Kategorien dieser Daten und zu welchen Bedingungen er Zugang hat;**

b) **ob ein gewerblicher Nutzer Zugang zu personenbezogenen oder sonstigen Daten oder beidem hat, die dieser gewerbliche Nutzer im Zusammenhang mit der Nutzung der betreffenden Online-Vermittlungsdienste durch den gewerblichen Nutzer zur Verfügung gestellt hat oder die im Zuge der Bereitstellung dieser Dienste für diesen gewerblichen Nutzer und die Verbraucher der Waren oder Dienstleistungen des gewerblichen Nutzers generiert wurden, sowie gegebenenfalls darüber, zu welchen Kategorien dieser Daten und zu welchen Bedingungen er Zugang hat;**

c) **zusätzlich zu Buchstabe b, ob ein gewerblicher Nutzer Zugang zu personenbezogenen Daten oder sonstigen Daten oder beidem, auch in aggregierter Form, hat, die im Zuge der allen gewerblichen Nutzern und Verbrauchern bereitgestellten Online-Vermittlungsdienste zur Verfügung gestellt oder generiert wurden, und gegebenenfalls darüber, zu welchen Kategorien dieser Daten und zu welchen Bedingungen er Zugang hat; und**

d) **ob die unter Buchstabe a genannten Daten Dritten zur Verfügung gestellt werden, einschließlich, wenn die Bereitstellung dieser Daten für Dritte für das ordnungsgemäße Funktionieren der Online-Vermittlungsdienste nicht erforderlich ist, Informationen zur Konkretisierung des Zwecks einer solchen Datenweitergabe sowie Möglichkeiten, die gewerblichen Nutzern für eine Ablehnung dieser Datenweitergabe offenstehen.**

(3) **Dieser Artikel lässt die Anwendung der Verordnung (EU) 2016/679, der Richtlinie (EU) 2016/680 und der Richtlinie 2002/58/EC unberührt.**

Übersicht

I. Allgemeines

1. Einordnung und Normzweck

1   Bei den Online-Vermittlungsdiensten handelt es sich um **datenbasierte Geschäftsmodelle.** Die Möglichkeit, auf Daten, einschließlich personenbezogener Daten, zuzugreifen und diese zu nutzen, bildet nach der Einschätzung des Unionsgesetzgebers ein zentrales Element in der **Wertschöpfung der Online-Plattformwirtschaft.** Dies gilt nicht nur generell, sondern auch ganz konkret für die beteiligten gewerblichen Nutzer und Online-Vermittlungsdienste (ErwGr. 33). Angesichts dieser besonderen Bedeutung von Daten besteht das Regelungsziel des Art. 9 – kurz gesagt – darin, Transparenz hinsichtlich des Zugangs und Umgangs mit Daten für den Zeitraum des laufenden Nutzungsverhältnisses zwischen dem Anbieter des Online-Vermittlungsdienstes und dem gewerblichen Nutzer herzustellen.

2   Art. 9 beschränkt sich auf das Aufstellen von Transparenzpflichten im Hinblick auf den Umgang mit den Daten (zur Kritik an diesem Regelungsansatz Busch/Podszun Rn. 128 ff.). Die Rechtmäßigkeit der Erhebung und des Umgangs mit Daten im Rahmen der Nutzung des Online-Vermittlungsdienstes richtet sich nach den einschlägigen Bestimmungen des Datenschutzrechts (vgl. Art. 9 III) sowie den sonstigen Rechtsgrundlagen (zB Urheberrecht; Recht der Geschäftsgeheimnisse usw.).

2. Anwendungsbereich und Normadressaten

3   Art. 9 gilt nur für die **Online-Vermittlungsdienste** (Art. 2 Nr. 2); Normadressaten sind deren **Anbieter** (Art. 2 Nr. 3). Die Vorschrift schützt die **gewerblichen Nutzer** (Art. 2 Nr. 1). Die Anforderungen gelten für die AGB (Art. 2 Nr. 10), die dem Nutzungsverhältnis zwischen dem Anbieter eines Online-Vermittlungsdienstes und dem gewerblichen Nutzer zugrunde liegen.

3. Verhältnis zu Art. 7 III lit. a und Art. 8 lit. c

4   Art. 9 wird ergänzt durch weitere datenbezogene Transparenzpflichten in der P2B-VO. **Art. 7 III lit. a** enthält Transparenzanforderungen hinsichtlich des Zugangs zu personenbezogenen und sonstigen Daten (→ Art. 7 Rn. 16 ff.). **Art. 8 lit. c** sieht Erläuterungspflichten für den Zeitraum nach der Beendigung des Vertragsverhältnisses vor (→ Art. 8 Rn. 14 ff.).

4. Verhältnis zum Kartellrecht

5   Unberührt durch Art. 9 bleiben die kartellrechtlichen Anforderungen im Hinblick auf den Umgang mit Daten und die Nutzung von Daten. Dies ergibt sich aus Art. 1 V (→ Art. 1 Rn. 23). Ein Beispiel für eine kartellrechtliche Kontrolle anhand des Missbrauchsverbots des Art. 102 AEUV bildet das Kommissions-Verfahren gegen Amazon (AT.40462 – Amazon Marketplace).

II. Transparenzanforderungen im Einzelnen (Art. 9 I und II)

1. Grundanforderungen

6   Art. 9 I verpflichtet die Anbieter von Online-Vermittlungsdiensten dazu, in ihren AGB den technischen und vertraglichen Zugang oder das Fehlen eines solchen Zugangs für gewerbliche Nutzer zu personenbezogenen oder sonstigen Daten oder beidem zu erläutern. Die Vorschrift verfolgt einen **weiten Ansatz:** Sie erfasst neben personenbezogenen Daten auch sonstige (zB technische) Daten. Diese Begriffe sind wie in Art. 7 III lit. a zu verstehen (→ Art. 7 Rn. 16a ff.).

6a   Eingeschlossen sind die Daten des jeweiligen gewerblichen Nutzers wie auch die Daten der Verbraucher, die auf dem Online-Vermittlungsdienst aktiv sind und dort zB nach Waren oder Dienstleistungen suchen. Es kommt nicht darauf an, ob die Daten aktiv zur Verfügung gestellt werden (etwa durch das bewusste Eingeben von Informationen) oder ob die Daten „im Zuge der Bereitstellung dieser Dienste generiert werden", also eine automatisierte Erhebung stattfindet.

7   Die Informationspflicht erstreckt sich auf den „technischen und vertraglichen Zugang" zu den Daten oder das Fehlen eines solchen Zugangs. Zum **technischen Zugang** gehören alle tatsächlichen Maßnahmen und Erfordernisse, um auf die Daten zugreifen zu können (Busch/Podszun Rn. 76). Dazu zählen bspw. technische Modalitäten, Erfordernisse oder Einschränkungen. Der

vertragliche Zugang meint die sich aus dem Vertrag ergebenden rechtlichen Anforderungen für den Zugriff auf Daten (ähnlich Busch/Podszun Rn. 80). Dies umfasst etwa besondere Bedingungen, Voraussetzungen oder Pflichten. Beschränkt sich der Zugang auf bestimmte Arten von Daten oder bestehen sonstige Limitierungen, dann muss der Anbieter dies ebenfalls erläutern.

Als generelle Vorgabe gilt, dass die Anbieter von Online-Vermittlungsdiensten den gewerb- **8** lichen Nutzern klar **den Umfang, die Art und die Bedingungen ihres Zugriffs** auf bestimmte Datenkategorien sowie deren Nutzung darlegen müssen (ErwGr. 33). Nähere inhaltliche Anforderungen zu den erforderlichen Informationen ergeben sich aus Art. 9 II. Die in lit. a bis d aufgeführten Umstände sind **nicht abschließend** (vgl. Wortlaut: „insbesondere").

Art und Umfang der Informationspflichten des Art. 9 II unterliegen dem **Maßstab der 9 Angemessenheit.** Dies ist als eine Ausprägung des Grundsatzes der Verhältnismäßigkeit zu verstehen, was im ErwGr. 33 deutlich zum Ausdruck kommt:

„Die Erläuterung sollte verhältnismäßig sein und könnte eher auf allgemeine Zugriffsbedingungen verweisen anstatt eine umfassende Auflistung aktueller Daten oder Datenkategorien zu enthalten. Die Auflistung bestimmter Arten aktueller Daten, die für gewerbliche Nutzer von großer Bedeutung sein könnten, und die spezifischen Zugriffsbedingungen können jedoch ebenfalls in die Erläuterung aufgenommen werden. Diese Daten könnten auch Bewertungen und Rezensionen umfassen, die gewerbliche Nutzern bei den Online-Vermittlungsdiensten angesammelt haben. Insgesamt sollten die gewerblichen Nutzer dank der Erläuterung verstehen können, ob sie die Daten zur Steigerung ihrer Wertschöpfung, auch durch die etwaige Einschaltung von Datendiensten Dritter, nutzen können."

Die Erläuterungen sollen den gewerblichen Nutzern ein angemessenes Verständnis (vgl. auch **10** die Formulierung in Art. 5 V) der für den Datenzugang relevanten Umstände ermöglichen. Auszugehen ist von dem **Verständnishorizont eines durchschnittlichen gewerblichen Nutzers** der konkreten Plattform. Die Angemessenheit erfordert eine Abwägung zwischen den Informationsinteressen der gewerblichen Nutzer und den berechtigten Interessen des Anbieters des Online-Vermittlungsdienstes.

Da die Informationen in den AGB des Anbieters des Online-Vermittlungsdienstes zu erläutern **10a** sind, finden die allgemeinen Transparenzanforderungen des **Art. 3 I** Anwendung.

2. Informationskatalog

Art. 9 II lit. a betrifft den **eigenen Zugang des Anbieters des Online-Vermittlungs- 11 dienstes zu Daten.** Er muss darüber informieren, ob er Zugang zu personenbezogenen oder sonstigen Daten oder zu beidem hat, die gewerbliche Nutzer oder Verbraucher für die Nutzung dieser Dienste zur Verfügung stellen oder die im Zuge der Bereitstellung dieser Dienste generiert werden, sowie gegebenenfalls darüber, zu welchen Kategorien dieser Daten und zu welchen Bedingungen er Zugang hat.

Art. 9 II lit. b regelt den **Zugang der gewerblichen Nutzer zu Daten, die auf seine 12 Nutzung des Online-Vermittlungsdienstes zurückgehen.** Der Anbieter des Online-Vermittlungsdienstes muss erläutern, ob ein gewerblicher Nutzer Zugang zu personenbezogenen oder sonstigen Daten oder beidem hat, die dieser gewerbliche Nutzer im Zusammenhang mit der Nutzung der betreffenden Online-Vermittlungsdienste durch den gewerblichen Nutzer zur Verfügung gestellt hat oder die im Zuge der Bereitstellung dieser Dienste für diesen gewerblichen Nutzer und die Verbraucher der Waren oder Dienstleistungen des gewerblichen Nutzers generiert wurden, sowie gegebenenfalls darüber, zu welchen Kategorien dieser Daten und zu welchen Bedingungen er Zugang hat.

Ergänzend zu Art. 9 II lit. b besteht nach **Art. 9 II lit. c** eine Informationspflicht in Bezug **13** auf **Daten, die auf die Nutzung des Online-Vermittlungsdienstes durch andere gewerbliche Nutzer und Verbraucher** zurückgehen. Der Anbieter des Online-Vermittlungsdienstes muss hierzu erläutern, ob ein gewerblicher Nutzer Zugang zu personenbezogenen Daten oder sonstigen Daten oder beidem, auch in aggregierter Form, hat, die im Zuge der allen gewerblichen Nutzern und Verbrauchern bereitgestellten Online-Vermittlungsdienste zur Verfügung gestellt oder generiert wurden, und gegebenenfalls darüber, zu welchen Kategorien dieser Daten und zu welchen Bedingungen er Zugang hat.

Schließlich geht es in **Art. 9 II lit. d** um das **Zurverfügungstellen von Daten gegenüber 14 Dritten.** Den rechtlichen Anknüpfungspunkt bilden die Daten des Anbieters des Online-Vermittlungsdienstes (Art. 9 II lit. a). Dritte sind nicht nur andere Unternehmen, sondern auch sonstige Einrichtungen, Stellen oder Institutionen, die Daten erhalten (Busch/Podszun Rn. 35).

Mitteilungspflichtig ist, ob die genannten Daten Dritten zur Verfügung gestellt werden, einschließlich, wenn die Bereitstellung dieser Daten für Dritte für das ordnungsgemäße Funktionieren der Online-Vermittlungsdienste nicht erforderlich ist, Informationen zur Konkretisierung des Zwecks einer solchen Datenweitergabe sowie Möglichkeiten, die gewerblichen Nutzern für eine Ablehnung dieser Datenweitergabe offenstehen. Zum Inhalt dieser Informationspflicht heißt es in ErwGr. 34:

„Für die gewerblichen Nutzer ist es gleichermaßen wichtig, zu verstehen, ob der Anbieter Daten an Dritte weitergibt, die bei der Nutzung des Vermittlungsdienstes durch die gewerblichen Nutzer generiert werden. Die gewerblichen Nutzer sollten insbesondere auf die Weitergabe von Daten an Dritte aufmerksam gemacht werden, die zu Zwecken erfolgt, die für das ordnungsgemäße Funktionieren der Online-Vermittlungsdienste nicht erforderlich sind, etwa wenn der Anbieter die Daten aus geschäftlichen Erwägungen zu Geld macht. Damit die gewerblichen Nutzer ihr Mitspracherecht hinsichtlich einer solchen Datenweitergabe uneingeschränkt wahrnehmen können, sollten die Anbieter von Online-Vermittlungsdiensten auch ausdrücklich die Möglichkeiten für eine Ablehnung der Datenweitergabe erläutern, sofern diese im Rahmen ihrer vertraglichen Beziehungen zu den gewerblichen Nutzern bestehen."

III. Verhältnis der P2B-VO zum Datenschutzrecht (Art. 9 III)

15 Aus Art. 9 III folgt, dass die datenbezogenen Transparenzpflichten aus Art. 9 I und II die spezifischen Anforderungen des EU-Datenschutzrechts „unberührt" lassen. Dies gilt namentlich für die Regelungen der **DS-GVO,** der **RL (EU) 2016/680** vom 27.4.2016 zum Schutz natürlicher Personen bei der Verarbeitung personenbezogener Daten durch die zuständigen Behörden zum Zwecke der Verhütung, Ermittlung, Aufdeckung oder Verfolgung von Straftaten oder der Strafvollstreckung (ABl. EU 2016 L 119, 89) und der **RL 2002/58/EG** vom 12.7.2002 über die Verarbeitung personenbezogener Daten und den Schutz der Privatsphäre in der elektronischen Kommunikation (ABl. EG 2002 L 201, 37). Die Transparenzpflichten des Art. 9 I und II bestehen selbstständig und unabhängig neben den datenschutzrechtlichen Anforderungen. Sie haben keine Modifikation (Erweiterung oder Verengung) des datenschutzrechtlichen Schutzniveaus zur Folge. Im Schrifttum wird kritisiert, dass die Vorgaben der P2B-VO und der DS-GVO inhaltlich kaum aufeinander abgestimmt sind (dazu näher Schneider/Kremer WRP 2020, 1128 (1135)).

16 Die Anforderungen gemäß Art. 9 I und II sind nicht als Pflicht für die Anbieter von Online-Vermittlungsdiensten zu verstehen, ihren gewerblichen Nutzern personenbezogene oder nicht personenbezogene Daten mitzuteilen oder darauf zu verzichten. Die Transparenzmaßnahmen könnten jedoch zu einem verstärkten Austausch von Daten beitragen und als Hauptquelle für Innovation und Wachstum das Ziel der **Schaffung eines gemeinsamen europäischen Datenraums** stärken (ErwGr. 35).

IV. Rechtsdurchsetzung und Sanktionen

17 Art. 9 sieht keine spezielle Regelung zu Sanktionen bei Zuwiderhandlungen vor. Daher gelten die allgemeinen Grundsätze der Verordnung (→ Art. 11 Rn. 9 ff.).

Einschränkung der Möglichkeit, andere Bedingungen auf anderem Wege anzubieten

10 (1) ¹Schränken die Anbieter von Online-Vermittlungsdiensten bei der Bereitstellung ihrer Dienste gewerbliche Nutzer in ihrer Möglichkeit ein, Verbrauchern dieselben Waren und Dienstleistungen zu anderen Bedingungen auf anderem Wege als über ihre Dienste anzubieten, müssen sie in ihren allgemeinen Geschäftsbedingungen die Gründe für diese Einschränkung angeben und diese öffentlich leicht verfügbar machen. ²Hierbei sind die wichtigsten wirtschaftlichen, geschäftlichen oder rechtlichen Gründe für die Einschränkungen anzugeben.

(2) Die in Absatz 1 genannte Verpflichtung berührt nicht etwaige Verbote oder Beschränkungen in Bezug auf die Auferlegung solcher Einschränkungen, die sich für Anbieter von Online-Vermittlungsdiensten aus der Anwendung anderer Unionsrechtsakte oder von nationalem Recht ergeben, das im Einklang mit dem Unionsrecht steht, denen der Anbieter von Online-Vermittlungsdiensten unterliegt.

I. Allgemeines

1. Einordnung und Normzweck

Gegenstand von Art. 10 sind **Vertriebsbeschränkungen,** die der Anbieter eines Online- **1** Vermittlungsdienstes den gewerblichen Nutzern seiner Plattform auferlegt. Die Betreiber von Online-Vermittlungsdiensten haben typischerweise ein Interesse daran, die Nutzergruppen der Plattform an diese zu binden bzw. sie von einer Nutzung alternativer Plattformen oder Bezugswege abzuhalten. Um dieses Ziel zu erreichen, besteht ein Instrument darin, die gewerblichen Nutzer in ihrer Möglichkeit zu beschränken, die von ihnen angebotenen Waren oder Dienstleistungen zu anderen Bedingungen auf anderem Wege als über diesen Online-Vermittlungsdienst anzubieten. Dies kann sich bspw. auf einen alternativen Direktvertrieb der Produkte des gewerblichen Nutzers beziehen, aber auch auf die Präsenz des gewerblichen Nutzers auf anderen Online-Vermittlungsdiensten. **Beispiel:** Der Inhaber eines Hotels vermarktet seine Leistungen über den Online-Vermittlungsdienst A sowie über die konkurrierenden Plattformen B und C; zudem bietet der Hotelier eine Direktbuchung seiner Zimmer über seine eigenen Internet-Seiten und offline an. Um zu erreichen, dass möglichst viele Kunden seinen Vermittlungsdienst nutzen, wird er verhindern wollen, dass die Hotelleistungen auf anderen Portalen oder im Direktvertrieb zu besseren Konditionen angeboten werden (vgl. zur Problematik auch BGH GRUR 2021, 1213 ff. – Booking.com).

Plattformbetreiber sehen daher oft vertragliche Regelungen vor, die gewerbliche Nutzer in **2** ihrer **Entscheidungsfreiheit einschränken,** wo und wie sie ihre Waren oder Dienstleistungen ergänzend zum Online-Vermittlungsdienst vertreiben. Solche Vertriebsbeschränkungen können in unterschiedlicher Form auftreten. Praktische Bedeutung haben vor allem die **Bestpreis- oder Meistbegünstigungsklauseln** erlangt (Busch GRUR 2019, 788 (795); Rohrßen ZVertriebsR 2019, 341 (343)). Solche Klauseln können in unterschiedlichen Erscheinungsformen auftreten (vgl. zur Abgrenzung zwischen engen und weiten Bestpreisklauseln Busch GRUR 2019, 788 (795); Busch/Höppner/Wick Rn. 1; Rohrßen ZVertriebsR 2019, 341 (343)).

Art. 10 untersagt solche Praktiken nicht (Voigt/Reuter MMR 2019, 783 (787)), wie sich aus **3** **Art. 10 II** ergibt. **Art. 10 I** verpflichtet die Anbieter der Online-Vermittlungsdienste aber zur Transparenz, wenn sie in ihren AGB entsprechende Einschränkungen vorsehen.

2. Anwendungsbereich und Normadressaten

Art. 10 gilt nur für die **Online-Vermittlungsdienste** (Art. 2 Nr. 2); Normadressaten sind **4** deren **Anbieter** (Art. 2 Nr. 3). Die Vorschrift schützt die **gewerblichen Nutzer** (Art. 2 Nr. 1). Die Anforderungen gelten für die AGB (Art. 2 Nr. 10), die dem Nutzungsverhältnis zwischen dem Anbieter eines Online-Vermittlungsdienstes und dem gewerblichen Nutzer zugrunde liegen.

II. Transparenzanforderungen im Einzelnen (Art. 10 I)

1. Erfasste Einschränkungen

Die Transparenzpflicht des Art. 10 I gilt für **sämtliche Verbote, Vorgaben oder sonstige** **5** **Festlegungen** des Anbieters eines Online-Vermittlungsdienstes, die die gewerblichen Nutzer in ihrer Möglichkeit einschränken, Verbrauchern dieselben Waren und Dienstleistungen zu anderen Bedingungen auf anderem Wege als über ihre Dienste anzubieten. Einschränkungen in diesem

Sinne können unmittelbare vertragliche Verbote, aber auch sonstige Regelungen sein, die einen gewerblichen Nutzer davon abhalten sollen, alternative Vertriebswege zu wählen. Auszugehen ist von einem weiten Begriffsverständnis, das jede Art von Benachteiligungen erfasst (Busch/Höppner/Wick Rn. 14 f.). **Beispiele:** Ein Vertrag sieht eine wirtschaftliche Schlechterstellung von gewerblichen Nutzern vor, die ihre Produkte auf anderen Plattformen anbieten, oder diese gewerblichen Nutzer werden vom Anbieter des Online-Vermittlungsdienstes im Ranking zurückgesetzt.

5a   Es genügt, wenn die Einschränkung Angebote betrifft, die sich jedenfalls **auch an Verbraucher** richten. Nicht eingeschlossen sind dagegen Konstellationen, in denen Waren oder Dienstleistungen allein anderen Gewerbetreibenden oder sonstigen Nicht-Verbrauchern angeboten werden (Busch/Höppner/Wick Rn. 9).

6   Von der Vorschrift erfasst sind nur Beschränkungen, die **„dieselben Waren oder Dienstleistungen"** betreffen. Gemeint sind diejenigen Waren oder Dienstleistungen, die der gewerbliche Nutzer auf dem betroffenen Online-Vermittlungsdienst Verbrauchern anbietet. Dagegen gilt die Transparenzpflicht nicht für Einschränkungen, die zB gleichartige, ähnliche oder ergänzende Produkte betreffen.

7   Weiterhin greift die Transparenzpflicht nur ein, wenn die betroffenen Waren oder Dienstleistungen **„zu anderen Bedingungen"** auf anderen Wegen angeboten werden. Praktisch dürfte es dabei vor allem um Konstellationen gehen, in denen der gewerbliche Nutzer seine Produkte anderswo günstiger, also zu einem **niedrigeren Preis** anbietet. Andere Bedingungen können jedoch auch **andere Vertragsbedingungen** (zB andere Storno-Regelungen; abweichende Vertragslaufzeit), **modifizierte Leistungsinhalte** (zB Angebot eines Hotelzimmers mit Zusatzleistungen) oder dergleichen sein. Es kommt nicht darauf an, ob die anderen Bedingungen im Vergleich besser oder schlechter sind (Busch/Höppner/Wick Rn. 12).

8   Vertragliche **Exklusiv- oder Ausschließlichkeitsvereinbarungen,** die dem gewerblichen Nutzer untersagen, seine Waren oder Dienstleistungen zu den gleichen Bedingungen auf alternativen Wegen anzubieten, sind **nicht erfasst.** Dies ist rechtspolitisch fragwürdig. Teilweise wird daher vorgeschlagen, die Informationspflicht im Wege einer Einzelanalogie auf diese Fälle zu erweitern (Uitz, Die P2B-VO, 2023, S. 202), teilweise wird der Wortlaut von vornherein auf sämtliche Arten von Vertriebsbeschränkungen erstreckt (BeckOK UWG/Fritzsche Rn. 17).

9   Als ein Angebot **„auf anderem Wege"** sind alle Vertriebsmöglichkeiten anzusehen, die als Alternative zum Angebot über den betroffenen Online-Vermittlungsdienst in Betracht kommen. Zu denken ist insbesondere an den Direktvertrieb durch den gewerblichen Nutzer, den Einsatz von Absatzmittlern oder die Nutzung von anderen Plattformen.

2. Erforderliche Informationen

10   Gemäß Art. 10 I 1 muss der Anbieter des Online-Vermittlungsdienstes die **Gründe** für die Einschränkung in den AGB angeben und diese Information öffentlich leicht verfügbar machen. Diese Anforderung ist insofern **strenger** als andere Transparenzpflichten der P2B-VO, als allein die klare Angabe der Gründe in den AGB nicht ausreicht. Vielmehr müssen die Gründe auch öffentlich leicht verfügbar sein. Diese zusätzliche Anforderung erklärt sich möglicherweise aus dem Ziel einer **mittelbaren Verbraucherinformation.** Nicht nur für die gewerblichen Nutzer, sondern auch für die Verbraucher, die den Online-Vermittlungsdienst nutzen, soll deutlich werden, dass Vertriebsbeschränkungen für Produkte bestehen. Denn sie können daraus Rückschlüsse ziehen, ob es sinnvoll ist, nach alternativen Angeboten Ausschau zu halten. Darüber hinaus wird die rechtliche Kontrolle der Einschränkungen erleichtert (→ Rn. 12).

11   Die Anforderungen an eine **öffentliche** und **leichte Verfügbarkeit** entsprechen den Kriterien, die für Art. 5 II und Art. 11 IV gelten; das Erfordernis der leichten Verfügbarkeit findet sich darüber hinaus auch in Art. 3 I lit. b. Weil die Informationen in den AGB des Anbieters des Online-Vermittlungsdienstes zu erläutern sind, finden die allgemeinen Transparenzanforderungen die **Art. 3 I** Anwendung.

12   Der Anbieter des Online-Vermittlungsdienstes muss gemäß Art. 10 I 2 die wichtigsten wirtschaftlichen, geschäftlichen oder rechtlichen Gründe für die von ihm auferlegten Einschränkungen angeben. Den Anbieter des Online-Vermittlungsdienstes trifft damit nicht nur eine Pflicht, darüber Auskunft zu geben, dass überhaupt Einschränkungen bestehen, sondern es ist auch eine **inhaltliche Begründung** für diese Einschränkungen erforderlich. Praktisch dürfte diese erweiterte Informationspflicht die Funktion haben, ggf. eine rechtliche Überprüfung der Einschränkung zu ermöglichen. So erfordert bspw. die kartellrechtliche Prüfung solcher Praktiken typi-

scherweise eine Berücksichtigung von sachlichen Gründen für die wettbewerbsbeschränkende Maßnahme. Wenn der Anbieter seine Erwägungen von vornherein offenlegt, fällt es möglicherweise leichter, die Zulässigkeit der Einschränkung rechtlich zu würdigen. Der Anbieter muss dabei jedoch keineswegs alle Umstände seines Handelns und seiner Geschäftspolitik erläutern, sondern er kann sich auf die „wichtigsten", also auf die für ihn **zentralen Erwägungen** beschränken. Ob die vom Anbieter des Online-Vermittlungsdienstes angegebenen Gründe sachlich nachvollziehbar und plausibel sind, ist für Art. 10 I nicht entscheidend.

III. Verhältnis der Transparenzanforderungen zu anderen Verboten oder Einschränkungen (Art. 10 II)

Art. 10 II enthält eine **rein deklaratorische Aussage,** die neben Art. 1 IV und V überflüssig **13** ist. Die Vorschrift stellt klar, dass die nach Art. 10 I bestehenden Pflichten nicht etwaige Verbote oder Beschränkungen berühren, denen der Anbieter von Online-Vermittlungsdiensten unterliegt. Mit Verboten und Beschränkungen sind Regelungen in Bezug auf die Auferlegung der tatbestandlich erfassten Einschränkungen gemeint, die sich aus der Anwendung anderer Unionsrechtsakte oder aus dem nationalen Recht ergeben, das im Einklang mit dem Unionsrecht steht. Der Unionsgesetzgeber war offenbar bestrebt, den Eindruck zu vermeiden, dass Bestpreis- und Meistbegünstigungsklauseln sowie vergleichbare Einschränkungen bereits mit dem Einhalten der Transparenzanforderungen legalisiert und damit einer sonstigen Rechtsprüfung entzogen sind.

Eine Kontrolle der von Art. 10 I erfassten Verhaltensweisen richtet sich vor allem nach dem **14** **Kartellrecht.** Im Vordergrund dürfte dabei die Missbrauchskontrolle gemäß Art. 102 AEUV und gemäß § 19 I, II GWB; § 19a GWB; § 20 I GWB stehen. Nach Art. 5 I lit. d Vertikal-GVO gilt die Freistellung nach Art. 2 Vertikal-GVO nicht für in vertikalen Vereinbarungen enthaltene „unmittelbare oder mittelbare Verpflichtungen, die einen Abnehmer von Online-Vermittlungsdiensten veranlassen, Endverbrauchern Waren oder Dienstleistungen nicht über konkurrierende Online-Vermittlungsdienste zu günstigeren Bedingungen anzubieten, zu verkaufen oder weiterzuverkaufen". Die deutsche Rspr. hat sich bereits mehrfach mit Meistbegünstigungsklauseln und ähnlichen Gestaltungen befasst (s. nur BGH GRUR 2021, 1213 – Booking.com; OLG Düsseldorf NZKart 2015, 148 – Bestpreisklausel; OLG Düsseldorf NZKart 2019, 379 – Enge Bestpreisklausel II).

Meistbegünstigungsklauseln und speziell Bestpreisklauseln sowie ähnliche Vereinbarungen **15** können über das Kartellrecht hinaus ggf. einer weiteren **Rechtskontrolle** unterliegen (Überblick zu nationalen Regelungen bei Augenhofer/Schwarzkopf NZKart 2017, 446 ff.; Rohrßen ZVertriebsR 2019, 341 (343)). Bspw. kennt das österreichische Recht in Nr. 32 Anh. zu § 1a östUWG einen speziellen Verbotstatbestand.

IV. Rechtsdurchsetzung und Sanktionen

Art. 10 sieht keine spezielle Regelung zu Sanktionen bei Zuwiderhandlungen vor. Daher **16** gelten die allgemeinen Grundsätze der Verordnung (→ Art. 11 Rn. 9 ff.).

Internes Beschwerdemanagementsystem

11 (1) [1] **Die Anbieter von Online-Vermittlungsdiensten richten ein internes System für die Bearbeitung von Beschwerden gewerblicher Nutzer ein.**
[2] **¹Dieses interne Beschwerdemanagementsystem muss für gewerbliche Nutzer leicht zugänglich und kostenfrei sein, und eine Bearbeitung innerhalb eines angemessenen Zeitrahmens muss sichergestellt sein. ²Es muss auf den Grundsätzen der Transparenz, der Gleichbehandlung in gleichen Situationen und der Behandlung von Beschwerden in einer Art und Weise beruhen, die ihrer Bedeutung und ihrer Komplexität angemessen ist. ³Es muss gewerblichen Nutzern die Möglichkeit bieten, Beschwerden in Bezug auf die folgenden Probleme direkt bei dem betreffenden Anbieter einzureichen:**

a) **die mutmaßliche Nichteinhaltung einer der in dieser Verordnung festgelegten Verpflichtungen durch den Anbieter, die sich auf den Beschwerde führenden gewerblichen Nutzer (im Folgenden „Beschwerdeführer") auswirkt,**

b) **technische Probleme, die in direktem Zusammenhang mit der Bereitstellung von Online-Vermittlungsdiensten stehen und die sich auf den Beschwerdeführer auswirken;**

c) Maßnahmen oder Verhaltensweisen des Anbieters, die in direktem Zusammenhang mit der Bereitstellung der Online-Vermittlungsdienste stehen und die sich auf den Beschwerdeführer auswirken.

(2) Im Rahmen ihres internen Beschwerdemanagementsystems haben Anbieter von Online-Vermittlungsdiensten folgende Pflichten:

a) die sorgfältige Prüfung der eingereichten Beschwerden und die möglicherweise notwendige weitere Bearbeitung der Beschwerden, um eine angemessene Lösung für das Problem herbeizuführen;

b) die zügige und wirksame Bearbeitung von Beschwerden unter Berücksichtigung der Bedeutung und Komplexität des Problems;

c) die individuelle sowie klar und verständlich formulierte Unterrichtung des Beschwerdeführers über das Ergebnis des internen Beschwerdemanagementverfahrens.

(3) Die Anbieter von Online-Vermittlungsdiensten stellen in ihren allgemeinen Geschäftsbedingungen alle einschlägigen Informationen zur Verfügung, die sich auf den Zugang zu ihrem internen Beschwerdemanagementsystem und dessen Funktionsweise beziehen.

(4) [1] [1] Die Anbieter von Online-Vermittlungsdiensten erstellen Informationen zur Funktionsweise und Wirksamkeit ihres internen Beschwerdemanagementsystems und machen diese Informationen öffentlich leicht verfügbar. [2] Sie überprüfen die Informationen mindestens einmal jährlich und aktualisieren sie, wenn wesentliche Änderungen erforderlich sind.

[2] Hierbei sind die Anzahl der eingereichten Beschwerden, die wichtigsten Arten von Beschwerden, der durchschnittliche Zeitbedarf für die Bearbeitung der Beschwerden und aggregierte Informationen über das Ergebnis der Beschwerden anzugeben.

(5) Die Bestimmungen dieses Artikels gelten nicht für Anbieter von Online-Vermittlungsdiensten, bei denen es sich um kleine Unternehmen im Sinne des Anhangs zur Empfehlung 2003/361/EG der Kommission handelt.

Übersicht

I. Allgemeines

1. Einordnung und Normzweck

Art. 11–15 enthalten nähere Vorschriften zur Beilegung von Streitigkeiten sowie zur Rechts- 1
durchsetzung. Die P2B-VO sieht hierfür ein **differenziertes System des Rechtsschutzes** vor
(→ Rn. 9 ff.). Diese Regeln sind geprägt von dem Gedanken eines Schutzes durch die „Prozeduralisierung" der Verantwortlichkeit von Intermediären (Busch/Busch Rn. 2). Innerhalb
dieses Systems verpflichtet Art. 11 die Anbieter von Online-Vermittlungsdiensten, ein **internes
Beschwerdemanagementsystem** einzurichten. Die Vorschrift regelt die **Anforderungen** an
dieses Beschwerdemanagementsystem und statuiert spezielle **Verhaltens-, Transparenz- und
Berichtspflichten.** Die gewerblichen Nutzer sollen dadurch Zugang zu einem unmittelbaren,
geeigneten und wirksamen Abhilfemechanismus bei Konfliktfällen haben (ErwGr. 37).

Diese Vorgaben beruhen auf der Erkenntnis, dass sich die gewerblichen Nutzer gegenüber 2
dem Anbieter eines Online-Vermittlungsdienstes auch deswegen in einer nachteiligen Position
befinden können, weil es oftmals an **wirksamen und niedrigschwelligen Möglichkeiten des
Rechtsschutzes** fehlt. Es besteht daher die Gefahr, dass die gewerblichen Nutzer bei Streitigkeiten im Zusammenhang mit der Nutzung des Online-Vermittlungsdienstes von einer Wahrnehmung ihrer Rechte absehen. Zugleich soll es die Errichtung eines internen Beschwerdemanagements den Anbietern von Online-Vermittlungsdiensten erleichtern, **Streitfälle unkompliziert und rasch beizulegen sowie etwaigen Missbräuchen entgegenzutreten.** In
ErwGr. 38 wird dazu ausgeführt:

„Die in dieser Verordnung festgelegten Anforderungen an die internen Beschwerdemanagementsysteme
haben den Zweck, den Anbietern von Online-Vermittlungsdiensten ein angemessenes Maß an Flexibilität
bei der Handhabung dieser Systeme und beim Umgang mit einzelnen Beschwerden einzuräumen, um
den Verwaltungsaufwand so gering wie möglich zu halten. Außerdem bezwecken die internen Beschwerdemanagementsysteme es, den Anbietern von Online-Vermittlungsdiensten zu ermöglichen, bei Bedarf
angemessen auf eine etwaige missbräuchliche Nutzung dieser Systeme zu reagieren, auf die es möglicherweise manche Nutzer abgesehen haben."

2. Anwendungsbereich und Normadressaten

a) Grundsatz. Art. 11 gilt nur für **Online-Vermittlungsdienste** (Art. 2 Nr. 2); Norm- 3
adressaten sind deren **Anbieter** (Art. 2 Nr. 3). Art. 11 V sieht allerdings eine Ausnahme für
kleine Unternehmen vor (→ Rn. 4 ff.). Geschützt sind die **gewerblichen Nutzer** (Art. 2 Nr. 1).
Ausdrücklich nimmt die P2B-VO in Art. 4 III sowie in Art. 12 I auf das interne Beschwerdemanagementsystem iSd Art. 11 Bezug.

b) Ausnahme für kleine Unternehmen (Art. 11 V). Die Pflichten aus Art. 11 I–IV gelten 4
nach Art. 11 V nicht für die Anbieter von Online-Vermittlungsdiensten, bei denen es sich um
kleine Unternehmen im Sinne des Anhangs zur **Empfehlung der Kommission 2003/361/
EG** vom 6.5.2003 betreffend die Definition der Kleinstunternehmen sowie der kleinen und
mittleren Unternehmen (ABl. EG 2003 L 124, 36) handelt.

Diese Ausnahme beruht auf dem Umstand, dass die Einrichtung und der Betrieb von internen 5
Beschwerdemanagementsystemen Kosten verursacht, die kleine Unternehmen erheblich und
unverhältnismäßig belasten können (ErwGr. 38). Der Unionsgesetzgeber hatte dabei möglicherweise „Start-ups" der Plattformökonomie vor Augen (Busch GRUR 2019, 788 (795)), doch ist
die Ausnahme keineswegs nur auf diese Fälle beschränkt. Auch bereits fest etablierte Online-
Plattformen, die sich auf eine Nische spezialisiert haben, können in den Genuss dieser Ausnahme
kommen. Die kleinen Unternehmen sind durch diesen Ausnahmetatbestand nicht daran gehindert, auf **freiwilliger Basis** ein internes Beschwerdemanagementsystem vorzuhalten (ErwGr.
38).

Als **Unternehmen** ist gemäß Art. 1 Anh. zur Empfehlung 2003/361/EG jede Einheit 6
anzusehen, „unabhängig von ihrer Rechtsform, die eine wirtschaftliche Tätigkeit ausübt. Dazu
gehören insbesondere auch jene Einheiten, die eine handwerkliche Tätigkeit oder andere Tätigkeiten als Einpersonen- oder Familienbetriebe ausüben, sowie Personengesellschaften oder Vereinigungen, die regelmäßig einer wirtschaftlichen Tätigkeit nachgehen".

Gemäß **Art. 2 I Anh. zur Empfehlung 2003/361/EG** setzt sich die Größenklasse der 7
Kleinstunternehmen sowie der kleinen und mittleren Unternehmen (KMU) „aus Unternehmen

zusammen, die weniger als 250 Personen beschäftigen und die entweder einen Jahresumsatz von höchstens 50 Mio. EUR erzielen oder deren Jahresbilanzsumme sich auf höchstens 43 Mio. EUR beläuft." Innerhalb der Kategorie der KMU wird ein **kleines Unternehmen** gemäß **Art. 2 II Anh. zur Empfehlung 2003/361/EG** definiert als ein Unternehmen, das

– weniger als **50 Personen** beschäftigt und
– dessen Jahresumsatz bzw. Jahresbilanz **10 Mio. EUR** nicht übersteigt.

8   Die Einzelheiten zur Berechnung der Mitarbeiterzahlen sowie der finanziellen Schwellenwerte sind in **Art. 3 ff. Anh. zur Empfehlung 2003/361/EG** näher geregelt. Die Kommission hat zudem einen umfangreichen **Benutzerleitfaden** zur Definition von KMU veröffentlicht (im Internet abrufbar unter https://publications.europa.eu/resource/cellar/79c0ce87-f4dc-11e6-8a35-01aa75ed71a1.0004.01/DOC_1).

3. Überblick zur Streitbeilegung und zur Rechtsdurchsetzung bei Zuwiderhandlungen gegen die P2B-VO

9   Die P2B-VO enthält **kein in sich geschlossenes System** der Streitbeilegung und der Rechtsdurchsetzung bei Zuwiderhandlungen. Vielmehr sieht sie eine gestufte Struktur des Rechtsschutzes vor. Diese Strukturvorgaben sind an vielen Stellen ergänzungs- und ausfüllungsbedürftig. Zudem ist zwischen Online-Vermittlungsdiensten und Online-Suchmaschinen zu unterscheiden.

10   Im Verhältnis zu den **Anbietern von Online-Vermittlungsdiensten** sind im Regelfall (Ausnahmen bestehen gemäß Art. 11 V und Art. 12 VII) **drei Möglichkeiten des Rechtsschutzes** vorgesehen, die praktisch auf einen „mehrstufigen Eskalationsprozess" (Busch/Busch Rn. 4) hinauslaufen: Die erste Maßnahme des Rechtsschutzes bildet die Streitbeilegung im Rahmen eines internen Beschwerdemanagementsystems (Art. 11). Sie bildet das niedrigschwelligste Instrument. Sodann ist als zweite Option eine Mediation (Art. 2 Nr. 12) als außergerichtliche Form der Streitbeilegung vorgesehen (Art. 12 und Art. 13). Schließlich steht als dritte Möglichkeit die gerichtliche Rechtsdurchsetzung zur Verfügung. Art. 14 enthält hierzu nähere Bestimmungen zur Verbands- und Individualklage. Art. 15 erlegt den Mitgliedstaaten die allgemeine Verpflichtung auf, durch geeignete Maßnahmen eine angemessene und wirksame Durchsetzung der P2B-VO sicherzustellen.

11   Die verschiedenen Möglichkeiten der Streitbeilegung müssen in einem Konfliktfall nicht nacheinander durchlaufen werden. Der gewerbliche Nutzer kann frei entscheiden, welchen Weg er zur Streitbeilegung wählt. Der Anbieter eines Online-Vermittlungsdienstes ist zwar dazu verpflichtet, ein internes Beschwerdemanagementsystem vorzuhalten und Mediatoren zu benennen. Die Teilnahme an diesen beiden Verfahren ist in einem konkreten Streitfall aber für beide Beteiligte – gewerblicher Nutzer wie Anbieter des Online-Vermittlungsdienstes – **freiwillig und nicht verpflichtend** (wobei Art. 12 III dies im Hinblick auf Treu und Glauben etwas relativiert; → Art. 12 Rn. 18 f.).

12   Im Verhältnis zu den **Anbietern von Online-Suchmaschinen** gelten die Art. 11–13 nicht. Es bleibt insoweit allein bei den Vorgaben aus Art. 14 und Art. 15.

II. Grundanforderungen an das interne Beschwerdemanagement (Art. 11 I)

13   Art. 11 I UAbs. 1 enthält die **Verpflichtung** für die Anbieter von Online-Vermittlungsdiensten, ein internes Beschwerdemanagementsystem einzurichten. Dieses System dient der Bearbeitung von Beschwerden der gewerblichen Nutzer im Zusammenhang mit Verhaltensweisen des Anbieters des Online-Vermittlungsdienstes. Der Anbieter des Online-Vermittlungsdienstes ist durch Art. 11 I UAbs. 1 nicht daran gehindert, sein Beschwerdesystem darüber hinaus für andere Beschwerdefälle zu öffnen.

14   Das Beschwerdemanagementsystem muss einen **„internen" Charakter** aufweisen, es muss also in der Unternehmens- und Verantwortungssphäre des Anbieters des Online-Vermittlungsdienstes verortet sein. Dies schließt eine Einschaltung von externen Dienstleistern oder sonstigen Dritten zur Einrichtung und zum Betrieb des Beschwerdemanagementsystems nicht aus. Es muss aber gewährleistet sein, dass ein solcher Dienstleister oder eine andere Stelle über die volle Befugnis und Möglichkeit verfügt, dafür zu sorgen, dass das interne Beschwerdemanagementsystem die Anforderungen der P2B-VO erfüllt (ErwGr. 39).

1. Qualitative Anforderungen, Grundsätze und Gegenstand von Beschwerden

Aus Art. 11 I UAbs. 2, 1 ergeben sich drei qualitative Anforderungen an das interne Be- 15
schwerdemanagementsystem. Art. 11 I UAbs. 2, 2 enthält drei Grundsätze, denen das interne
Beschwerdemanagementsystem entsprechen muss. Diese Grundsätze werden durch die in
Art. 11 II geregelten Pflichten weiter konkretisiert. Art. 11 I UAbs. 2, 3 beinhaltet einen Katalog von Umständen, die Gegenstand eines internen Beschwerdeverfahrens sein können.

a) Leichte Zugänglichkeit, Kostenfreiheit, angemessener Zeitraum. Als erstes qualitati- 16
ves Erfordernis muss das interne Managementsystem für die gewerblichen Nutzer **leicht zugänglich** sein. Das bedeutet, es dürfen keine tatsächlichen oder rechtlichen Hindernisse einer
Inanspruchnahme entgegenstehen. Auch im Falle der Sperrung eines Nutzerkontos muss einem
gewerblichen Nutzer die Möglichkeit offenstehen, auf das Beschwerdemanagementsystem zugreifen zu können (Busch/Busch Rn. 9).

Zweitens muss das interne Beschwerdemanagementsystem für die gewerblicher Nutzer **kos-** 17
tenfrei sein. Der Anbieter des Online-Vermittlungsdienstes darf daher von den gewerblichen
Nutzern keine Kosten für die Nutzung erheben. Dies umfasst neben direkten Kosten (zB eine
„Beschwerdegebühr") auch indirekte Kosten, wie etwa eine wirtschaftliche Schlechterstellung
des gewerblichen Nutzers bei oder nach nach einer Beschwerde.

Drittens muss eine Bearbeitung innerhalb eines **angemessenen Zeitrahmens** sichergestellt 18
sein. Ein fester Zeitraum ist nicht vorgegeben und lässt sich sinnvollerweise auch nicht angeben,
da je nach der Art der eingehenden Beschwerde ein unterschiedlich langer Bearbeitungszeitraum
erforderlich sein kann. Einfache Sachverhalte können möglicherweise bereits in wenigen Stunden zu erledigen sein, während für die Bearbeitung komplexer Beschwerden auch mehrere Tage
noch angemessen sein können. Freilich besteht ohne feste Vorgaben die Gefahr, dass ein internes
Beschwerdemanagementsystems seine Funktionsfähigkeit als Instrument zur einfachen Streitbeilegung verliert, wenn die Abwicklung langwierig ist und vielleicht bewusst umständlich ausgestaltet wird.

b) Transparenz, Gleichbehandlung, Angemessenheit als Verfahrensanforderungen. 19
Der Grundsatz der **Transparenz** bildet das erste Leitprinzip, dem das interne Beschwerdemanagementsystem genügen muss. Die gesamte Funktionsweise des internen Beschwerdemanagementsystems, der Zugang sowie die Entscheidungsmöglichkeiten müssen für die gewerblichen
Nutzer nachvollziehbar sein.

Zweitens besteht ein **Gleichbehandlungsgebot.** Aus diesem folgt, dass gleiche Sachverhalte 20
nicht ohne sachlich gerechtfertigten Grund ungleich behandelt werden dürfen (Diskriminierungsverbot).

Drittens ist die **Angemessenheit** zu beachten. Das interne Beschwerdemanagementsystem 21
muss so funktions- und leistungsfähig sein, dass ein erheblicher Teil der Beschwerden in einem
angemessenen Zeitraum bilateral zwischen dem Anbieter des Online-Vermittlungsdienstes und
den betroffenen gewerblichen Nutzern beigelegt werden kann (ErwGr. 37).

c) Gegenstände von internen Beschwerdeverfahren. Gemäß Art. 11 I UAbs. 2, 3 können 22
die folgenden Situationen Gegenstand eines internen Beschwerdeverfahrens sein:
– die mutmaßliche Nichteinhaltung von Verpflichtungen, zu deren Einhaltung der Anbieter
  nach der P2B-VO verpflichtet ist, und die sich auf den gewerblichen Nutzer, der die
  Beschwerde erhebt, auswirkt (lit. a; → Rn. 22a),
– technische Probleme, die in direktem Zusammenhang mit der Bereitstellung von Online-
  Vermittlungsdiensten stehen und die sich auf den Beschwerdeführer auswirken (lit. b;
  → Rn. 22b) und
– Maßnahmen oder Verhaltensweisen des Anbieters, die in direktem Zusammenhang mit der
  Bereitstellung der Online-Vermittlungsdienste stehen und die sich auf den Beschwerdeführer
  auswirken (lit. c; → Rn. 22c und → Rn. 22d).

Art. 11 I UAbs. 2, 3 lit. a umfasst Fälle der mutmaßlichen **Verletzung von Verpflichtun-** 22a
gen, zu deren Einhaltung der Anbieter nach der P2B-VO verpflichtet ist. Auf die **Art** der
geltend gemachten Rechtsverletzung kommt es nicht an. Erforderlich ist aber, dass sich die
Rechtsverletzung auf den gewerblichen Nutzer, der die Beschwerde erhebt, auswirkt. Er muss
also **selbst** in seinen Interessen und in seiner geschäftlichen Tätigkeit **betroffen** sein (Busch/
Busch Rn. 14). Dies ist insbesondere der Fall, wenn der Beschwerdeführer durch die mutmaßliche Rechtsverletzung wirtschaftliche Nachteile erleiden kann.

22b   **Technische Probleme** iSv Art. 11 I UAbs. 2, 3 lit. b sind sämtliche Störungen, die unmittelbar die technische Infrastruktur des Online-Vermittlungsdienstes berühren. Dies betrifft
neben der Erreichbarkeit des Dienstes sämtliche technischen Abläufe, die für die Funktionsfähigkeit des Dienstes erforderlich sind (Busch/Busch Rn. 15). Unerheblich ist, auf welche Ursachen
(zB Hardware- oder Softwarefehler; Fehlbedienungen) die technischen Probleme zurückzuführen sind. Auch hier ist ein individueller Bezug zum gewerblichen Nutzer erforderlich, denn die
Störung muss sich „auf den Beschwerdeführer auswirken".

22c   Art. 11 I UAbs. 2, 3 lit. c umfasst schließlich **sonstige „Maßnahmen oder Verhaltensweisen des Anbieters".** Es handelt sich um einen **offenen Tatbestand,** der Fälle erfassen soll,
die sich nicht bereits lit. a oder b zuordnen lassen. Im Interesse eines wirksamen Schutzes des
gewerblichen Nutzers ist eine weite Auslegung zu befürworten, wobei keine besondere Erheblichkeitsschwelle überschritten sein muss (Busch/Busch Rn. 17).

22d   Allerdings enthält der Tatbestand zwei **Korrektive:** Zum einen ist ein **direkter Bezug zur
Bereitstellung des Online-Vermittlungsdienstes** erforderlich. Hierfür genügt ein unmittelbarer tatsächlicher oder rechtlicher Zusammenhang. Die Bereitstellung umfasst die gesamte
Zugänglichkeit und Funktionsfähigkeit des Online-Vermittlungsdienstes. Es kommt nicht darauf
an, ob das streitauslösende Problem in den Regelungsbereich der P2B-VO fällt oder von dieser
ausgeklammert wird (aA Busch/Busch Rn. 18). Denn der Tatbestand stellt mit der „Bereitstellung" auf einen tatsächlichen Umstand ab, nicht hingegen auf den rechtlichen Regelungsumfang der P2B-VO. Zudem würde die Streitschlichtung anderenfalls mit der Frage belastet,
welche Verhaltensweisen vom Anwendungsbereich der Verordnung erfasst sind. Zum anderen
muss sich die sonstige Maßnahme oder Verhaltensweise „auf den Beschwerdeführer auswirken",
also den gewerblichen Nutzer **individuell betreffen.**

23   Die Aufzählung ist **nicht abschließend.** Der Anbieter kann daher das interne Beschwerdemanagementverfahren auch für weitere Konfliktfälle öffnen. Angesichts der recht weiten Fassungen im Katalog von Beschwerdegegenstände dürfte dies in der Praxis nur eine geringe Bedeutung
haben. Es ist zu vermuten, dass gewerbliche Nutzer ein internes Beschwerdeverfahren vor allem
in Konstellationen in Betracht ziehen werden, in denen sie – auch ohne das Bestehen eines
solchen Systems – eine einvernehmliche Lösung mit dem Anbieter suchen würden (Voigt/
Reuter MMR 2019, 783 (784)).

2. Beteiligte, Entscheidungsmöglichkeiten beim internen Beschwerdemanagement und Verhältnis zum gerichtlichen Rechtsschutz

24   **Beteiligte** an dem internen Beschwerdemanagementverfahren sind der Anbieter des Online-
Vermittlungsdienstes sowie der gewerbliche Nutzer, der eine Beschwerde erhebt; die P2B-VO
spricht insoweit von dem Beschwerdeführer.

25   Zu den konkreten Entscheidungsmöglichkeiten im Rahmen des internen Beschwerdemanagements enthält die P2B-VO mit Ausnahme von Art. 4 III (→ Art. 4 Rn. 16 ff.) keine näheren
Vorgaben. Aus Art. 11 I UAbs. 2, 2 lässt sich aber ableiten, dass eine **angemessene Behandlung der Beschwerden** sicherzustellen ist. Dies setzt voraus, dass einer berechtigten Beschwerde
wirksam abgeholfen wird, also zB eine Pflichtverletzung abgestellt oder ein technisches Problem
beseitigt wird. Demgegenüber genügt die bloße Feststellung der Berechtigung einer Beschwerde
in aller Regel nicht. Während einer laufenden Beschwerde kann der Anbieter eines Online-
Vermittlungsdienstes die von ihm bereits getroffene Entscheidung aufrechterhalten (ErwGr. 37).

26   Das Einleiten und Durchlaufen eines internen Beschwerdemanagementverfahrens sind keine
Voraussetzungen für einen **weitergehenden oder parallelen Rechtsschutz.** Dies gilt gleichermaßen für die gewerblichen Nutzer wie für den Anbieter des Online-Vermittlungsdienstes.
Die Bemühungen, eine Einigung mithilfe des internen Beschwerdemanagementverfahrens herbeizuführen, berühren daher nicht das Recht der Anbieter von Online-Vermittlungsdiensten
oder der gewerblichen Nutzer, während des internen Beschwerdemanagementverfahrens oder
danach jederzeit Klage vor Gericht zu erheben (ErwGr. 37).

III. Pflichten des Anbieters des Online-Vermittlungsdienstes (Art. 11 II)

27   Anknüpfend an die allgemeinen Grundsätze, die für das interne Beschwerdemanagementsystem gelten (→ Rn. 15 ff.), sieht Art. 11 II spezielle Pflichten vor. Diese Pflichten betreffen die
Ausgestaltung des Beschwerdeverfahrens. Sie sollen sicherstellen, dass das interne Beschwer-

demanagementsystem tatsächlich einen wirksamen und effektiven Schutz für die gewerblichen Nutzer darstellt.

Den Anbieter des Online-Vermittlungsdienstes trifft die Pflicht zur sorgfältigen **Prüfung** der 28 eingereichten Beschwerden und – sofern dies geboten und notwendig ist – zur weiteren **Bearbeitung** der Beschwerden, um eine angemessene Lösung für das Problem herbeizuführen (Art. 11 II lit. a). Geboten ist insbesondere eine inhaltliche und einzelfallbezogene Auseinandersetzung mit einer vorgebrachten Beschwerde.

Weiterhin ist der Anbieter des Online-Vermittlungsdienstes zu einer **zügigen und wirksamen** Bearbeitung von Beschwerden unter Berücksichtigung der Bedeutung und Komplexität des Problems verpflichtet (Art. 11 II lit. b). Dies umfasst insbesondere eine Bearbeitung in einem angemessenen Zeitraum → Rn. 18. Zudem muss der Anbieter des Online-Vermittlungsdienstes **zweckmäßige und sachdienliche Abhilfemaßnahmen** vorsehen. 29

Schließlich muss der Anbieter des Online-Vermittlungsdienstes die Beschwerdeführer **individuell** sowie **klar und verständlich** über das Ergebnis des internen Beschwerdemanagementverfahrens **unterrichten** (Art. 11 II lit. c). Diese Unterrichtung muss eine Auseinandersetzung mit den vom Beschwerdeführer vorgebrachten Darlegungen enthalten. Insbesondere muss ersichtlich und nachvollziehbar sein, warum die Beschwerde als unbegründet oder begründet angesehen wird und welche Maßnahmen der Anbieter des Online-Vermittlungsdienstes zur Abhilfe bereithält. 30

Es genügt nicht, wenn der Anbieter des Online-Vermittlungsdienstes auf eine Beschwerde 31 lediglich schematisch (etwa allein mit Hilfe von vorgefertigten Textbausteinen und Standardantworten) und ohne eine Berücksichtigung der konkreten Umstände des Einzelfalls reagiert. **Beispiel:** „Wir haben Ihre Beschwerde erhalten und sehen diese als unbegründet an."

IV. Transparenzpflichten (Art. 11 III und IV)

1. Informationen in AGB

Gemäß Art. 11 III muss der Anbieter des Online-Vermittlungsdienstes in seinen AGB (Art. 2 32 Nr. 10) alle einschlägigen Informationen zur Verfügung stellen, die sich auf den **Zugang** zu seinem internen Beschwerdemanagementsystem und dessen **Funktionsweise** beziehen. Dies umfasst insbesondere Angaben dazu, unter welchen Voraussetzungen und auf welchem Weg die Beschwerde zu erheben ist, was Gegenstand einer Beschwerde sein kann, wie die Beschwerde bearbeitet wird und welche Entscheidungsmöglichkeiten bestehen. Da die Informationen in den AGB des Anbieters des Online-Vermittlungsdienstes zu erläutern sind, finden die allgemeinen Transparenzanforderungen des **Art. 3 I** Anwendung.

2. Berichtspflicht

Weiterhin besteht eine besondere Berichtspflicht gemäß Art. 11 IV. Diese steht **selbstständig** 33 neben der Informationspflicht gemäß Art. 11 III, auch wenn sich die Inhalte partiell überschneiden. Die Funktion der Berichtspflicht nach Art 11 IV besteht vor allem darin, den gewerblichen Nutzern einen Eindruck zu vermitteln, wie das interne Beschwerdemanagementsystem praktisch funktioniert.

Der Anbieter eines Online-Vermittlungsdienstes muss gemäß Art. 11 IV UAbs. 1 Informationen zur Funktionsweise und Wirksamkeit des internen Beschwerdemanagementsystems erstellen und diese Informationen **öffentlich leicht verfügbar** machen. Die Anforderungen an die öffentliche und leichte Verfügbarkeit entsprechen denen in Art. 3 I lit. b, Art. 5 II und Art. 10 I. Der informationspflichtige Anbieter muss die Informationen mindestens einmal jährlich überprüfen und aktualisieren, wenn wesentliche Änderungen erforderlich sind. 34

Der Bericht muss gemäß Art. 11 IV UAbs. 2 die folgenden Angaben enthalten: 35

– die **Anzahl** der eingereichten Beschwerden,
– die wichtigsten **Arten** von Beschwerden,
– der durchschnittliche **Zeitbedarf** für die Bearbeitung der Beschwerden und
– aggregierte Informationen über das **Ergebnis** der Beschwerden.

Diese Aufzählung ist nicht abschließend. Der Anbieter kann daher in seinen Bericht weitere Informationen aufnehmen.

V. Rechtsdurchsetzung und Sanktionen

36   Art. 11 sieht keine spezielle Regelung zu Sanktionen bei der Missachtung der Anforderungen für das interne Beschwerdemanagement vor. Es gelten daher im Grundsatz die **allgemeinen Sanktionen** bei Zuwiderhandlungen gegen die P2B-VO, gemäß Art. 14 und 15. Die Möglichkeit einer internen Beschwerde des gewerblichen Nutzers scheidet als Rechtsschutzmöglichkeit aus, wenn der Anbieter des Online-Vermittlungsdienstes entweder gar kein internes Beschwerdemanagementsystem vorsieht oder wenn das von ihm eingerichtete System unzureichend ist, also den Anforderungen des Art. 11 nicht gerecht wird. Hat das interne Beschwerdemanagement keinen Erfolg, kommt eine Mediation gemäß Art. 12 I in Betracht.

Mediation

12 (1) [1] Die Anbieter von Online-Vermittlungsdiensten geben in ihren allgemeinen Geschäftsbedingungen zwei oder mehr Mediatoren an, mit denen sie bereit sind zusammenzuarbeiten, um mit gewerblichen Nutzern eine außergerichtliche Beilegung etwaiger Streitigkeiten zwischen dem Anbieter und dem gewerblichen Nutzer zu erzielen, die sich auf die Bereitstellung der betreffenden Online-Vermittlungsdienste, darunter auch auf Beschwerden beziehen, die nicht mit den in Artikel 11 genannten Mitteln des internen Beschwerdemanagementsystems gelöst werden können.
[2] Die Anbieter von Online-Vermittlungsdiensten können nur dann Mediatoren benennen, die ihre Mediationsdienste von einem Ort außerhalb der Europäischen Union erbringen, wenn sichergestellt ist, dass den betroffenen gewerblichen Nutzern effektiv kein im Unionsrecht oder dem Recht eines Mitgliedstaats festgelegter Rechtsschutz infolge der Tatsache vorenthalten wird, dass die Mediatoren ihre Mediationsdienste von außerhalb der Europäischen Union erbringen.

(2) Die in Absatz 1 genannten Mediatoren müssen folgende Bedingungen erfüllen:
a) Sie sind unparteiisch und unabhängig.
b) Ihre Mediationsdienste sind für gewerbliche Nutzer der betreffenden Online-Vermittlungsdienste erschwinglich.
c) Sie sind in der Lage, ihre Mediationsdienste in der Sprache der allgemeinen Geschäftsbedingungen zu erbringen, die das Vertragsverhältnis zwischen dem Anbieter der Online-Vermittlungsdienste und dem betroffenen gewerblichen Nutzer regeln.
d) Sie sind entweder physisch am Ort der Niederlassung oder am Wohnsitz des gewerblichen Nutzers oder mittels Kommunikationstechnik aus der Ferne leicht zu erreichen.
e) Sie können ihre Mediationsdienste unverzüglich erbringen.
f) Sie verfügen über ein ausreichendes Verständnis der allgemeinen Geschäftsbeziehungen zwischen Unternehmen, sodass sie wirksam zum Versuch der Streitbeilegung beitragen können.

(3) Ungeachtet des freiwilligen Charakters der Mediation beteiligen sich Anbieter von Online-Vermittlungsdiensten und gewerbliche Nutzer nach Treu und Glauben an allen Mediationsversuchen, die gemäß diesem Artikel unternommen werden.

(4) ¹Die Anbieter von Online-Vermittlungsdiensten tragen in jedem Einzelfall einen angemessenen Anteil an den Gesamtkosten der Mediation. ²Der angemessene Anteil an den Gesamtkosten wird ausgehend von einem Vorschlag des Mediators unter Berücksichtigung aller einschlägigen Elemente des jeweiligen Falls, insbesondere der Stichhaltigkeit der Forderungen der Streitparteien, des Verhaltens der Parteien sowie der Größe und der Finanzstärke der Parteien im Verhältnis zueinander, bestimmt.

(5) Jeder Versuch, nach diesem Artikel eine Einigung über die Streitbeilegung durch Mediation herbeizuführen, berührt nicht das Recht der betreffenden Anbieter von Online-Vermittlungsdiensten und der betroffenen gewerblichen Nutzer, zu jedem Zeitpunkt vor, während oder nach der Mediation Klage vor Gericht zu erheben.

(6) Auf Ersuchen eines gewerblichen Nutzers müssen die Anbieter von Online-Vermittlungsdiensten vor oder während einer Mediation Informationen über das Funk-

tionieren und die Wirksamkeit der Mediation im Zusammenhang mit ihren Tätigkeiten bereitstellen.

(7) **Die in Absatz 1 genannte Verpflichtung gilt nicht für Anbieter von Online-Vermittlungsdiensten, bei denen es sich um kleine Unternehmen im Sinne des Anhangs zur Empfehlung 2003/361/EG handelt.**

Übersicht

I. Allgemeines

1. Einordnung und Normzweck

Neben dem internen Beschwerdemanagementsystem (Art. 11) sieht Art. 12 als eine weitere **1** Variante der **Beilegung von Streitigkeiten** zwischen den gewerblichen Nutzern und den Anbietern von Online-Vermittlungsdiensten die Mediation (Art. 2 Nr. 12) vor. Ebenso wie die interne Behandlung von Beschwerden durch ein internes Beschwerdemanagementsystem dient die Mediation der Etablierung eines wirksamen und niedrigschwelligen Rechtsschutzes, den die gewerblichen Nutzer in Anspruch nehmen können (→ Art. 11 Rn. 2). Art. 12 begründet – insoweit ebenfalls mit dem Regelungsansatz des Art. 11 vergleichbar – **Verhaltens-, Transparenz- und Berichtspflichten.**

Nach Einschätzung des Unionsgesetzgebers bietet eine Mediation den Anbietern von Online- **2** Vermittlungsdiensten und deren gewerblichen Nutzern eine Möglichkeit, Streitigkeiten zufriedenstellend beizulegen, ohne ein Gerichtsverfahren anstrengen zu müssen, das möglicherweise langwierig und kostspielig ist (ErwGr. 40). Die Mediation bildet hiernach eine **Alternative zur gerichtlichen Rechtsdurchsetzung.** Dieser Regelungsansatz fügt sich ein in die Bestrebungen der EU, Mediation als ein Instrument zur außergerichtlichen Streitbeilegung insgesamt zu fördern (Busch/Höppner/Wick Rn. 2). Der Unionsgesetzgeber sieht – ausweislich ErwGr. 6 RL 2008/52/EG (→ Rn. 8) – in der Mediation ein auf die **Bedürfnisse der Parteien zugeschnittenes Verfahren,** das „eine kostengünstige und rasche außergerichtliche Streitbeilegung in Zivil- und Handelssachen" ermöglicht. Zudem fördere die Mediation die **Akzeptanz** von streitbeilegenden Lösungen, da Vereinbarungen, die im Mediationsverfahren erzielt wurden, „eher freiwillig eingehalten" werden und „eher eine wohlwollende und zukunftsfähige Beziehung zwischen den Parteien" wahren. Diese Vorteile seien in Fällen mit grenzüberschreitenden Elementen noch deutlicher sichtbar.

2. Anwendungsbereich und Normadressaten

3   **a) Grundsatz.** Art. 12 gilt nur für **Online-Vermittlungsdienste** (Art. 2 Nr. 2); Normadressaten sind deren **Anbieter** (Art. 2 Nr. 3). Art. 12 VII sieht allerdings eine Ausnahme für kleine Unternehmen vor (→ Rn. 4). Geschützt sind die **gewerblichen Nutzer** (Art. 2 Nr. 1).

4   **b) Ausnahme für kleine Unternehmen.** Die Ausnahmeregelung in Art. 12 VII für kleine Unternehmen entspricht der **Parallelvorschrift** des Art. 11 V. Die dortigen Erläuterungen (→ Art. 11 Rn. 4 ff.) gelten entsprechend.

3. Abgrenzung zu Art. 11 und zu anderen Formen der außergerichtlichen Streitbeilegung

5   Von dem internen Beschwerdemanagementsystem iSd Art. 11 unterscheidet sich die Mediation durch die Einbeziehung des Mediators, der als externer Dritter die Streitbeilegung zwischen den Streitparteien unterstützt. Bei der Mediation handelt es sich um ein **konsensorientiertes Verfahren zur Streitbeilegung,** bei dem die Parteien die volle Entscheidungsautonomie über ihre Konfliktlösung behalten. Kennzeichnend für die Mediation iSd P2B-VO ist die **Freiwilligkeit des Verfahrens,** wobei die Parteien selbst für das Verfahren verantwortlich sind und es jederzeit einleiten und beenden können (ErwGr. 40). Nicht der Mediator, sondern die Parteien selbst entscheiden darüber, wie sie den bestehenden Konflikt lösen. Die Inanspruchnahme des internen Beschwerdemanagementsystems ist für die gewerblichen Nutzer kostenfrei (Art. 11 I UAbs. 2, 1). Demgegenüber kann die Mediation für die gewerblichen Nutzer kostenpflichtig sein (Art. 12 IV).

6   Nicht in der P2B-VO geregelt ist die **Schlichtung.** Sie unterscheidet sich von der Mediation dadurch, dass die Mediation die Selbstlösung eines bestehenden Konflikts zwischen den daran beteiligten Parteien in strukturierter Form begleitet, während ein Schlichter bzw. eine Schlichtungsstelle eine Empfehlung abgibt (Schlichtungsspruch), um die Konfliktlösung vorzubereiten und zugleich eine rechtliche Basis für die Einigung der Parteien zu schaffen.

7   Ebenfalls abzugrenzen ist die Mediation von **Schiedsverfahren** oder schiedsgerichtlichen Verfahren iSd §§ 1025 ff. ZPO, bei denen aufgrund einer privatautonomen Vereinbarung ein Schiedsrichter oder ein Schiedsgericht eine Entscheidung trifft.

4. Verhältnis zur RL 2008/52/EG und zum MediationsG

8   Für den Art. 12 zugrunde liegenden Begriff der Mediation nimmt Art. 2 Nr. 12 ausdrücklich Bezug auf die **RL 2008/52/EG,** die ihrerseits allgemeine Vorgaben zur Mediation enthält. Diese Richtlinie gilt gemäß Art. 1 II RL 2008/52/EG bei grenzüberschreitenden Streitigkeiten für Zivil- und Handelssachen, nicht jedoch für Rechte und Pflichten, über die die Parteien nach dem einschlägigen anwendbaren Recht nicht verfügen können. Innerhalb des Anwendungsbereiches der Richtlinie gelten deren Vorgaben auch für die Mediation gemäß Art. 12, sofern nicht die P2B-VO vorrangige Regelungen vorsieht. Im deutschen Recht ist die RL 2008/52/EG durch das **MediationsG** umgesetzt. Dementsprechend sind auf die Mediation nach Art. 12 auch die Bestimmungen des MediationsG in richtlinienkonformer Auslegung anzuwenden.

II. Grundanforderungen an die Mediation

1. Anwendungsbereich und Gegenstand der Mediation; Informationspflicht in AGB (Art. 12 I)

9   Art. 12 I UAbs. 1 sieht die **Verpflichtung** des Anbieters eines Online-Vermittlungsdienstes vor, **zwei oder mehr Mediatoren** zu benennen, die in Konfliktfällen von den gewerblichen Nutzern angerufen werden können. Bei den Mediatoren kann es sich um **öffentliche oder private Mediatoren** handeln. Das Ziel der Verpflichtung zur Angabe einer Mindestanzahl an Mediatoren besteht darin, die Neutralität der Mediatoren zu wahren (ErwGr. 40). Die Mediatoren müssen die in Art. 12 II benannten Kriterien erfüllen.

10   Die Information über die Mediatoren muss in den **AGB** (Art. 2 Nr. 10) des Nutzungsvertrages erfolgen, der zwischen dem Anbieter des Online-Vermittlungsdienstes und den gewerblichen Nutzern besteht. Weil die Informationen in den AGB des Anbieters des Online-Vermittlungsdienstes zu erläutern sind, finden die allgemeinen Transparenzanforderungen des **Art. 3 I** Anwendung.

Gegenstand der Mediation können Streitigkeiten über die Bereitstellung des Online-Ver-   **11**
mittlungsdienstes sein, einschließlich solcher Beschwerden, die nicht mit den in Art. 11 genannten Mitteln des internen Beschwerdemanagementsystems gelöst werden können. Die Anwendungsbereiche des internen Beschwerdemanagements und der Mediation sind demzufolge nicht
vollständig identisch, sondern die Mediation kann über Art. 11 hinausgehende Konfliktfälle
einschließen.

Dem Anbieter eines Online-Vermittlungsdienstes und seinen gewerblichen Nutzern steht es   **12**
ungeachtet der nach Art. 12 I benannten Mediatoren frei, gemeinsam einen **Mediator ihrer**
Wahl zu benennen, wenn eine Streitigkeit zwischen ihnen entstanden ist (ErwGr. 40).

Unter den in Art. 12 I UAbs. 2 genannten Voraussetzungen können auch Mediatoren be-   **13**
nannt werden, die ihre **Dienste außerhalb der EU** erbringen. In diesen Fällen muss aber
gewährleistet sein, dass diese Mediationsleistungen qualitativ und nach ihrem Schutz- und Funk-
tionsstandard den Diensten vergleichbar sind, die von Mediatoren erbracht werden, die innerhalb
der EU tätig sind. Es muss sichergestellt sein, dass den betroffenen gewerblichen Nutzern kein
Nachteil entsteht, insbesondere ihre Rechte, die ihnen nach dem Unionsrecht oder dem Recht
der Mitgliedstaaten zustehen, nicht verkürzt oder vorenthalten werden. Diese Rechte umfassen
insbesondere die Anforderungen der P2B-VO, die Vorschriften des Datenschutzrechts sowie die
Regelungen zum Schutz von Geschäftsgeheimnissen (ErwGr. 40).

2. Qualitative Anforderungen an Mediatoren (Art. 12 II)

Art. 12 II enthält einen **Kriterienkatalog,** den die Mediatoren iSv Art 12 I erfüllen müssen.   **14**
Diese Kriterien haben eine **Qualitätssicherungsfunktion.** Sie sollen gewährleisten, dass die
Mediation gut zugänglich ist, lauter und rasch sowie effizient und wirksam funktioniert
(ErwGr. 40).

Es handelt sich bei den Kriterien um **Mindestanforderungen.** Es steht bspw. Organisationen   **15**
und Verbänden frei, bei der Schaffung spezialisierter Organisationen für Mediationsdienste
gemäß Art. 13 (→ Art. 12 Rn. 16) weitere Voraussetzungen aufzustellen. Im Einzelnen müssen
jedenfalls die folgenden Voraussetzungen erfüllt sein:
– Die Mediatoren sind unparteiisch und unabhängig (lit. a → Rn. 15a).
– Die von ihnen angebotenen Mediationsdienste sind für gewerbliche Nutzer der betreffenden
  Online-Vermittlungsdienste erschwinglich (lit. b → Rn. 15b).
– Die Mediatoren sind in der Lage, ihre Mediationsdienste in der Sprache der AGB zu erbringen,
  die das Vertragsverhältnis zwischen dem Anbieter der Online-Vermittlungsdienste und dem
  betroffenen gewerblichen Nutzer regeln (lit. c → Rn. 15c).
– Die Mediatoren sind entweder physisch am Ort der Niederlassung oder am Wohnsitz des
  gewerblichen Nutzers oder mittels Kommunikationstechnik aus der Ferne leicht zu erreichen
  (lit. d → Rn. 15d).
– Die Mediatoren sind in der Lage, ihre Mediationsdienste unverzüglich zu erbringen (lit. e
  → Rn. 15e).
– Die Mediatoren verfügen über ein ausreichendes Verständnis der AGB zwischen Unternehmen, sodass sie wirksam zum Versuch der Streitbeilegung beitragen können (lit. f → Rn. 15f).

Die **Unparteilichkeit** ist bereits innerhalb der Begriffsdefinition des Mediators gemäß Art. 3   **15a**
lit. b RL 2008/52/EG (→ Art. 2 Rn. 60a) vorausgesetzt. Die **Unabhängigkeit** erfordert, dass
der Mediator seine Mediationstätigkeit ausüben kann, ohne dabei den Weisungen von einer Seite
der am Mediationsverfahren Beteiligten zu unterliegen (Busch/Höppner/Wick Rn. 37). Beide
Anforderungen greifen ineinander.

Die **Erschwinglichkeit** ist objektiv zu bestimmen (Busch/Höppner/Wick Rn. 39). Die   **15b**
Kosten für die Tätigkeit des Mediators müssen in einem angemessenen Verhältnis zu dem
erforderlichen Aufwand stehen. Dabei sind die Anforderungen des Art. 12 IV (→ Rn. 20 ff.) zu
berücksichtigen.

Die Mediationsdienste sind durch den Mediator in der **Sprache der AGB** zu erbringen, die   **15c**
das Vertragsverhältnis zwischen dem Anbieter der Online-Vermittlungsdienste und dem betroffenen gewerblichen Nutzer regeln. Dies beruht auf der schützenswerten Erwartung, dass eine
Streitschlichtung in der Sprache erfolgt, in der auch die vertragliche Kommunikation stattgefunden hat. Bei **mehrsprachigen AGB** ist auf die Sprache abzustellen, in der die Parteien die
Vertragsverhandlungen haben (Busch/Höppner/Wick Rn. 41).

Das Erfordernis der **leichten Erreichbarkeit** des Mediators soll gewährleisten, dass die   **15d**
Inanspruchnahme der Mediation für alle Seiten möglichst unkompliziert ausgestaltet ist. Ins-

besondere ist zu gewährleisten, dass eine einfache und zügige Kommunikation gewährleistet ist, damit das Mediationsverfahren reibungslos ablaufen kann. Für Mediatoren, die ihre Mediationsdienste außerhalb der EU erbringen, gelten die speziellen Anforderungen gemäß Art. 12 I UAbs. 2 (→ Rn. 13).

15e   Mit der leichten Erreichbarkeit in enger Verbindung steht das weitere Erfordernis, wonach die Mediationsdienste **unverzüglich** zu erbringen sind. Unverzüglichkeit bedeutet nicht, dass stets der schnellstmögliche Weg gesucht werden muss. Vielmehr sind unangemessene und sachlich nicht gerechtfertigte Verzögerungen zu vermeiden. Feste Zeitvorgaben lassen sich angesichts der Vielfalt von möglichen Streitfällen nicht geben. Teilweise wird ein Richtwert von 43 Tagen als angemessen angesehen (Busch/Höppner/Wick Rn. 43).

15f   Schließlich müssen die Mediatoren über ein ausreichendes Verständnis der AGB zwischen Unternehmen verfügen, sodass sie wirksam zum Versuch der Streitbeilegung beitragen können. Hierbei handelt es sich um eine spezielle Ausprägung des allgemeinen Grundsatzes, dass ein Mediator **sachkundig** sein muss (vgl. Art. 3 lit b RL 2008/52/EG). Entgegen dem zu engen Wortlaut zu Art. 12 II lit. f, der nur auf das Verständnis der AGB abstellt, sollte der Mediator generell ein „Grundverständnis" (Busch/Höppner/Wick Rn. 44) der rechtlichen, tatsächlichen und wirtschaftlichen Umstände mitbringen, um die Grundlagen eines Streits zu erfassen und die Interessenlage der Beteiligten nachvollziehen zu können.

3. Entwicklung eines spezialisierten Angebots von Mediationsdiensten (Art. 13)

16   Die Mediationsverfahren in den Art. 12 unterfallenden Streitfällen werden eine höhere Akzeptanz finden und ihre Durchführung wird mehr Erfolg versprechen, wenn die Mediatoren über spezifische Kenntnisse und Erfahrungen in diesem Bereich verfügen. Um den Aufbau eines entsprechenden **Know-hows für die Mediation** zu fördern, sieht **Art. 13** vor, dass die Kommission die Anbieter von Online-Vermittlungsdiensten und ihre Interessenvertreter (Verbände und sonstige Organisationen) dazu auffordert, spezielle Mediationsdienste zu etablieren, die alle in Art. 12 II genannten Bedingungen erfüllen. In **ErwGr. 43** wird dazu ausgeführt:

„Um die Streitbeilegung im Zusammenhang mit der Bereitstellung von Online-Vermittlungsdiensten mittels Mediation in der Union zu erleichtern, sollte die Kommission in enger Zusammenarbeit mit den Mitgliedstaaten die Einrichtung spezialisierter Mediationsorganisationen, an denen es derzeit fehlt, fördern. Die Einbeziehung von Mediatoren, die über Fachkenntnisse im Bereich der Online-Vermittlungsdienste sowie der einzelnen Wirtschaftszweige, in denen diese Dienste angeboten werden, verfügen, dürfte das Vertrauen beider Parteien in den Mediationsprozess stärken und die Wahrscheinlichkeit erhöhen, dass das Verfahren rasch, gerecht und zufriedenstellend abgeschlossen werden kann."

16a   Art. 13 hat einen **Appellcharakter.** Aus der Norm ergibt sich keine rechtliche Verpflichtung für die Anbieter von Online-Vermittlungsdiensten und deren Interessenverbänden, einzeln oder gemeinsam eine oder mehrere Organisationen zu gründen, die Mediationsdienste anbieten (aA Busch/Höppner/Wick Rn. 2). Aus der Norm folgt aber, dass die Kommission mit einer Aufforderung die Einrichtung solcher Stellen fördern soll. Zudem korrespondiert die Regelung mit **Art. 4 I RL 2008/52/EG,** wonach die Mitgliedstaaten mit allen ihnen geeignet erscheinenden Mitteln die Entwicklung und Einhaltung von freiwilligen Verhaltenskodizes durch Mediatoren und Organisationen, die Mediationsdienste erbringen, sowie andere wirksame Verfahren zur Qualitätskontrolle für die Erbringung von Mediationsdiensten, fördern.

16b   Hinsichtlich der qualitativen Anforderungen an die zu gründenden Organisationen verweist Art. 13 auf die Vorgaben gemäß Art. 12 II (→ Rn. 14 ff.).

III. Beteiligung an der Mediation (Art. 12 III)

17   Aus der in Art. 12 I UAbs. 1 verankerten Pflicht, Mediatoren zu benennen, folgt keine generelle Pflicht zur Einleitung und Durchführung eines Mediationsverfahrens bei einer Streitigkeit zwischen dem Anbieter eines Online-Vermittlungsdienstes und einem gewerblichen Nutzer. Art. 12 III betont vielmehr den **freiwilligen Charakter** der Mediation als Streitbeilegungsverfahren.

18   Beide Parteien unterliegen aber der Verpflichtung, den Grundsatz von **Treu und Glauben** zu beachten. Diese Pflicht gilt generell für das bestehende Vertragsverhältnis zwischen dem Anbieter des Online-Vermittlungsdienstes und den gewerblichen Nutzern. Als eine konkrete Ausprägung besteht nach Treu und Glauben die Pflicht, sich konstruktiv an einem Mediationsverfahren zu beteiligen. Leitet eine Seite ein Mediationsverfahren zur Beilegung eines Streits ein, so sollte sich

die andere Seite nicht ohne sachliche Gründe der Mediation entziehen. Im Interesse des Erhalts einer wirksamen Streitschlichtung durch Mediation sind **strenge Anforderungen** an die Gründe zu stellen, die nach Treu und Glauben eine Verweigerung der Mediation legitimieren. Es kann sich nur um **Ausnahmefälle** (noch enger Busch/Höppner/Wick Rn. 16 f.: „Extremfälle") handeln, in denen eine **Mediation von vornherein aussichtslos** erscheint. Sachliche Gründe können sich bspw. aus einem missbräuchlichen Verhalten der Gegenseite oder aus dem Umstand ergeben, dass frühere Mediationsversuche bereits misslungen sind und daher eine erneute Mediation wenig aussichtsreich erscheint. In **ErwGr. 43** wird dazu ausgeführt:

„Die Anbieter von Online-Vermittlungsdiensten sollten nicht verpflichtet sein, in die Mediation zu gehen, wenn ein gewerblicher Nutzer ein Verfahren in einer Streitsache einleitet, zu der dieser gewerbliche Nutzer in der Vergangenheit ein Mediationsverfahren eingeleitet hat und in der der Mediator zu dem Schluss gekommen ist, dass der gewerbliche Nutzer wider Treu und Glauben gehandelt hat. Die Anbieter von Online-Vermittlungsdiensten sollten ebenso wenig verpflichtet sein, mit gewerblichen Nutzern in die Mediation zu gehen, deren Mediationsversuche mehrfach gescheitert sind. Diese Sonderfälle sollten nicht die Möglichkeit des gewerblichen Nutzers beschränken, ein Mediationsverfahren in einem Fall einzuleiten, in dem der Mediator festgestellt hat, dass der Gegenstand der Mediation keinen Bezug zu früheren Fällen aufweist."

Kein Verstoß gegen Treu und Glauben ist gegeben, wenn der gewerbliche Nutzer die **19** Beteiligung an einem Mediationsverfahren ablehnt, bei dem der Mediator nicht die Voraussetzungen von Art. 12 II erfüllt.

IV. Kosten der Mediation (Art. 12 IV)

Art. 12 IV regelt die **Kostentragung bei der Mediation.** Welche Kosten für eine Streitbei- **20** legung durch Mediation anfallen, unterliegt der Festlegung durch den jeweiligen Mediator. Aus Art. 12 II lit. b ergibt sich insoweit nur, dass der Mediationsdienst für die Beteiligten **„erschwinglich"** sein muss. Erschwinglichkeit bedeutet nicht, dass nur die niedrigsten Kosten akzeptabel sind. Vielmehr muss die Kostenstruktur des Mediators nachvollziehbar auf die wirtschaftliche Bedeutung möglicher Streitfälle sowie auf den jeweils erforderlichen Aufwand der Mediation abgestimmt sein. Die Kosten dürfen nicht so hoch angesetzt sein, dass ein wirtschaftlich vernünftig denkender Unternehmer eine Mediation nicht mehr als sinnvolle Alternative der Streitbeilegung in Betracht zieht.

Art. 12 IV 1 geht davon aus, dass unabhängig von dem konkreten Ausgang der Mediation der **21** Anbieter des Online-Vermittlungsdienstes „in jedem Einzelfall einen angemessenen Anteil an den Gesamtkosten der Mediation" zu tragen hat. Die Anbieter von Online-Vermittlungsdiensten sind daher stets zu einer **(Teil-)Kostentragung** verpflichtet. Diese Regelung soll dazu beitragen, dass gewerbliche Nutzer nicht bereits deswegen von einem Mediationsverfahren absehen, weil sie eine vollständige Belastung mit den Kosten befürchten müssen. Umgekehrt führt die Regelung allerdings zu einer Belastung der Anbieter der Online-Vermittlungsdienste, weil diese selbst dann einen Anteil der Mediationskosten übernehmen müssen, wenn die Streitbeilegung ganz zu ihren Gunsten ausfällt.

Die Frage der angemessenen Höhe des vom Anbieter des Online-Vermittlungsdienstes zu **22** tragenden Kostenanteils richtet sich gemäß Art. 12 IV 2 nach den konkreten Umständen des jeweiligen Streitfalles. Der Mediator soll einen **Vorschlag** zur Kostenverteilung vorlegen, aus dem sich ergibt, welchen Anteil der Kostenübernahme durch den Anbieter des Online-Vermittlungsdienstes er im Einzelfall für angemessen hält (ErwGr. 42). Zu den berücksichtigungsfähigen Umständen gehören insbesondere die Stichhaltigkeit der Forderungen der Streitparteien, das Verhalten der Parteien sowie die Größe und die Finanzstärke der Parteien im Verhältnis zueinander. Diese Aufzählung ist nicht abschließend, sodass weitere Umstände einbezogen werden können. Der von dem Mediator unterbreitete Vorschlag für die Kostenverteilung ist für die Parteien nicht bindend, sie können eine davon abweichende Kostentragung vereinbaren.

V. Verhältnis der Mediation zu anderen Möglichkeiten des Rechtsschutzes (Art. 12 V)

Die Mediation ist als eine ergänzende Möglichkeit der Beilegung von Streitigkeiten vorgese- **23** hen. Art. 12 V stellt klar, dass jedes Bemühen, eine Einigung über die Streitbeilegung durch Mediation herbeizuführen, das Recht der betreffenden Anbieter von Online-Vermittlungsdiensten und der betroffenen gewerblichen Nutzer unberührt lässt, eine Klage vor Gericht zu erheben. Wenngleich nur von einer Klage gesprochen wird, ist damit **jedes gerichtliche Verfahren** gemeint, zB auch der einstweilige Rechtsschutz.

24 Das Recht, ein gerichtliches Verfahren anzustrengen, gilt für **jeden Zeitpunkt** des Mediationsverfahrens. Der Beginn eines Mediationsverfahrens entfaltet keine ein Gerichtsverfahren ausschließende oder einschränkende Wirkung. Ob neben einem Mediationsverfahren ein gerichtliches Verfahren angestrengt wird, ist keine rechtliche, sondern eine strategische Entscheidung. So könnte ein gewerblicher Nutzer durch ein paralleles Vorgehen versucht sein, die eigene Verhandlungsposition zu verbessern. Ein gerichtlicher Rechtsschutz kann auch während einer laufenden Mediation in Anspruch genommen werden. Schließlich sind beide Seiten nicht daran gehindert, selbst nach einem erfolgreichen Abschluss der Mediation eine gerichtliche Klärung herbeizuführen.

VI. Auskunftspflicht (Art. 12 VI)

25 Art. 12 VI enthält eine eigenartig ausgestaltete **Auskunftspflicht.** Danach muss der Anbieter eines Online-Vermittlungsdienstes Informationen über das Funktionieren und die Wirksamkeit der Mediation im Zusammenhang mit seinen Tätigkeiten bereitstellen. Diese Informationspflicht ähnelt bei flüchtiger Betrachtung der Berichtspflicht über das interne Beschwerdemanagementsystem gemäß Art. 11 IV. Allerdings ist die Auskunftspflicht nach Art. 12 VI in mehrfacher Hinsicht abweichend ausgestaltet und eingeschränkt.

26 **Auskunftsverpflichtet** ist nach Art. 12 VI der Anbieter des Online-Vermittlungsdienstes, nicht der Mediator. **Auskunftsberechtigt** ist der gewerbliche Nutzer. Die Informationen müssen allerdings nur **„auf Ersuchen"** gegeben werden, dh die Auskunftspflicht besteht nur auf individuelles Verlangen.

27 Weiterhin spricht Art. 12 VI von dem Ersuchen **„eines" gewerblichen Nutzers,** während Art. 12 I, III und V die gewerblichen Nutzer im Plural erwähnen. Will man dies nicht als eine redaktionelle Zufälligkeit ansehen (was aufgrund des gleichartigen Sprachgebrauchs in der englischen Fassung nicht nahe liegt), dann soll offenbar nur ein konkret an einem Mediationsverfahren bereits beteiligter gewerblicher Nutzer bzw. derjenige, der ein solches Mediationsverfahren in einem konkreten Streitfall einleiten wird, die Informationen erhalten. Diese Einschränkung beruht möglicherweise auf dem Umstand, dass Mediationsverfahren – je nach Streitfall und Mediator – im Einzelnen unterschiedlich ausgestaltet sein und verlaufen können. Für andere gewerbliche Nutzer bedeutet dies aber, dass sie, abgesehen von der allgemeinen Mitteilung zu den Mediatoren gemäß Art. 12 I, zunächst keine näheren Informationen zu den Mediationsverfahren erhalten.

28 Auch in zeitlicher Hinsicht ist die Auskunftspflicht limitiert. Sie gilt nur für den Zeitraum **„vor und während"** einer Mediation. Eine Information vor der Mediation könnte dem Zweck dienen, dem gewerblichen Nutzer eine Einschätzung der Erfolgsaussichten des Mediationsverfahrens zu ermöglichen, bevor er diesen Schritt geht. Demgegenüber wird eine Information während eines bereits laufenden Mediationsverfahrens zumeist nur bedingt hilfreich sein, weil die Entscheidung des gewerblichen Nutzers dann bereits getroffen ist. Gänzlich unverständlich ist, warum die Informationspflicht nach der Mediation nicht (mehr) bestehen soll. Der gewerbliche Nutzer könnte zB daran interessiert sein zu erfahren, wie sein abgeschlossenes Mediationsverfahren (etwa im Hinblick auf den Ablauf, die Schnelligkeit, das Ergebnis, die Kosten usw.) im Vergleich zu anderen Verfahren einzuschätzen ist, weil ihm das wichtige Aufschlüsse darüber vermittelt, wie er sich in Zukunft bei neuen Streitfällen verhalten wird. Eine solche Information ist jedoch in Art. 12 VI nicht vorgesehen.

29 Inhaltlich umfasst die Informationspflicht Angaben über das **Funktionieren** und die **Wirksamkeit** der Mediation im Zusammenhang mit der Tätigkeit des Anbieters des Online-Vermittlungsdienstes. Diese Vorgaben sind ausgesprochen vage. Angaben zum Funktionieren erfordern Informationen zum konkreten Ablauf und zu den Modalitäten der Mediation. Als Angaben zur Wirksamkeit sind Informationen anzusehen, die dem gewerblichen Nutzer einen Aufschluss darüber geben, ob die Mediation für ihn geeignet ist, einen effektiven Rechtsschutz zu gewähren. Um dem berechtigten Informationsinteresse der gewerblichen Nutzer Rechnung zu tragen, sollten die Anforderungen aus Art. 11 IV UAbs. 2 entsprechend herangezogen werden.

30 Insgesamt ist Art. 12 VI als eine **weithin misslungene Vorschrift** anzusehen. Sie folgt keinem klaren Schutzkonzept. Die tatbestandlichen Anforderungen und Restriktionen sind nicht überzeugend. Es mangelt an einer inhaltlichen Abstimmung mit Art. 11 IV. Schließlich fehlen

nähere Aussagen dazu, wie die Informationspflicht durch den Anbieter des Online-Vermittlungsdienstes zu erfüllen ist.

VII. Rechtsdurchsetzung und Sanktionen

Art. 12 sieht keine spezielle Regelung zu Sanktionen bei der Missachtung der Anforderungen **31** für die Mediation vor. Es gelten daher im Grundsatz die **allgemeinen Sanktionen** bei Zuwiderhandlungen gegen die P2B-VO gemäß Art. 14 und 15. Sofern die Zuwiderhandlung darin besteht, dass ein vom Anbieter des Onlinevermittlungsdienstes benannter Mediator die Anforderungen des Art. 12 nicht erfüllt, kann der Nutzer seine Beteiligung an der Mediation verweigern (→ Rn. 19).

Spezialisierte Mediatoren

13 Die Kommission fordert in enger Zusammenarbeit mit den Mitgliedstaaten Anbieter von Online-Vermittlungsdiensten sowie Organisationen und Verbände, die diese vertreten, auf, einzeln oder gemeinsam eine oder mehrere Organisationen zu gründen, die Mediationsdienste anbieten und die in Artikel 12 Absatz 2 genannten Bedingungen erfüllen, um speziell die außergerichtliche Beilegung von Streitigkeiten mit gewerblichen Nutzern im Zusammenhang mit der Bereitstellung von Online-Vermittlungsdiensten und unter besonderer Berücksichtigung des grenzüberschreitenden Charakters dieser Dienste zu erleichtern.

Die Funktion von Art. 13 ist im Zusammenhang mit Art. 12 II erläutert (→ Art. 12 **1** Rn. 16 ff.).

Klageeinreichung vor Gericht durch repräsentative Organisationen oder Verbände und durch öffentliche Stellen

14 (1) Organisationen und Verbände, die ein berechtigtes Interesse an der Vertretung gewerblicher Nutzer oder von Nutzern mit Unternehmenswebsite haben, sowie in den Mitgliedstaaten eingerichtete öffentliche Stellen haben das Recht, zuständige nationale Gerichte in der Europäischen Union anzurufen, und zwar entsprechend den Rechtsvorschriften des Mitgliedstaats, in dem die Klage gegen einen Anbieter von Online-Vermittlungsdiensten oder von Online-Suchmaschinen wegen der Nichteinhaltung der einschlägigen, in dieser Verordnung festgelegten Bestimmungen mit dem Ziel eingereicht wird, diese Nichteinhaltung zu beenden oder zu untersagen.

(2) Die Kommission ermutigt die Mitgliedstaaten, bewährte Verfahren und Informationen mit anderen Mitgliedstaaten auf der Grundlage von Registern rechtswidriger Handlungen, die Gegenstand von Unterlassungsverfügungen seitens nationaler Gerichte waren, auszutauschen, sofern solche Register von den einschlägigen öffentlichen Stellen oder Behörden eingerichtet wurden.

(3) [1] Organisationen oder Verbände haben das in Absatz 1 genannte Recht nur dann, wenn sie alle folgenden Bedingungen erfüllen:

a) Sie sind nach dem Recht eines Mitgliedstaats ordnungsgemäß errichtet.
b) Sie verfolgen Ziele, die im kollektiven Interesse der Gruppe gewerblicher Nutzer oder der Nutzer mit Unternehmenswebsite sind, die sie dauerhaft vertreten.
c) Sie verfolgen keine Gewinnerzielungsabsicht.
d) Ihre Entscheidungsfindung wird nicht unangemessen durch Drittgeldgeber, insbesondere durch Anbieter von Online-Vermittlungsdiensten oder Online-Suchmaschinen, beeinflusst.

[2] Zu diesem Zweck veröffentlichen die Organisationen und Verbände alle Informationen darüber, wer ihre Mitglieder sind, und über ihre Finanzierungsquellen.

(4) In Mitgliedstaaten, in denen öffentliche Stellen eingerichtet wurden, sind diese berechtigt, das in Absatz 1 genannte Recht auszuüben, sofern sie nach dem Recht des betreffenden Mitgliedstaats damit beauftragt wurden, die kollektiven Interessen von gewerblichen Nutzern oder von Nutzern mit Unternehmenswebsite wahrzunehmen,

oder dafür zu sorgen, dass die in dieser Verordnung festgelegten Bestimmungen eingehalten werden.

(5) [1]Die Mitgliedstaaten können

a) Organisationen oder Verbände mit Sitz in ihrem Mitgliedstaat, die mindestens die Anforderungen des Absatzes 3 erfüllen, auf deren Antrag sowie

b) öffentlichen Stellen mit Sitz in ihrem Mitgliedstaat, die die Anforderungen des Absatzes 4 erfüllen,

benennen, die das in Absatz 1 genannte Recht erhalten. [2]Die Mitgliedstaaten teilen der Kommission Namen und Zweck aller solcher benannten Organisationen, Verbände oder öffentlichen Stellen mit.

(6) [1]Die Kommission erstellt ein Verzeichnis der gemäß Absatz 5 benannten Organisationen, Verbände und öffentlichen Stellen. [2]Dieses Verzeichnis enthält den Zweck dieser Organisationen, Verbände und öffentlichen Stellen. [3]Es wird im *Amtsblatt der Europäischen Union* veröffentlicht. [4]Änderungen an diesem Verzeichnis werden umgehend veröffentlicht, und ein aktualisiertes Verzeichnis wird alle sechs Monate veröffentlicht.

(7) Die Gerichte akzeptieren die Liste nach Absatz 6 als Nachweis der Berechtigung der Organisation, des Verbands oder der öffentlichen Stelle zur Klageerhebung unbeschadet ihres Rechts zu prüfen, ob der Zweck des Klägers dessen Klageerhebung im Einzelfall rechtfertigt.

(8) Äußert ein Mitgliedstaat oder die Kommission Bedenken hinsichtlich der Erfüllung der in Absatz 3 genannten Kriterien durch eine Organisation oder einen Verband oder der in Absatz 4 genannten Kriterien durch eine öffentliche Stelle, so prüft der Mitgliedstaat, der die Organisation, den Verband oder die öffentliche Stelle nach Absatz 5 benannt hat, die Bedenken und widerruft gegebenenfalls die Benennung, wenn eines oder mehrere der Kriterien nicht erfüllt sind.

(9) Das in Absatz 1 genannte Recht gilt unbeschadet des Rechts gewerblicher Nutzer und der Nutzer mit Unternehmenswebsite, vor den zuständigen nationalen Gerichten und entsprechend dem Recht des Mitgliedstaats, in dem die Klage eingereicht wird, eine Klage zu erheben, die auf individuellen Rechten beruht und darauf abzielt, eine Nichteinhaltung der einschlägigen in dieser Verordnung festgelegten Bestimmungen durch Anbieter von Online-Vermittlungsdiensten oder Anbieter von Online-Suchmaschinen zu unterbinden.

Übersicht

I. Allgemeines

1. Einordnung und Normzweck

Art. 14 regelt – in einem engen Sachzusammenhang mit Art. 15 – die Rechtsdurchsetzung **1** bei Verstößen gegen die P2B-VO. Dabei unterscheidet Art. 14 zwischen der **kollektiven Rechtsdurchsetzung** durch Organisationen und Verbände (Art. 14 I) oder öffentliche Stellen (Art. 14 IV) und der **individuellen Rechtsdurchsetzung** durch die gewerblichen Nutzer oder die Nutzer mit Unternehmenswebsite (Art. 14 IX).

Art. 14 und Art. 15 verdeutlichen, dass die gerichtliche Rechtsdurchsetzung nicht allein auf **2** die P2B-VO gestützt werden kann, weil sie **keinen eigenen Sanktionsmechanismus** vorsieht (Tribess GWR 2020, 233 (237)). Art. 14 dient dem Zweck, innerhalb der Union einen **harmonisierten Standard** zu etablieren. Die Vorschrift enthält keine abschließende Regelung, sondern sie erfordert ein **Zusammenwirken mit dem nationalen Recht.** Aus Art. 15 I folgt die Verpflichtung der Mitgliedstaaten, für eine angemessene und wirksame Durchsetzung der Verordnung zu sorgen. Ausdrücklich sind die Mitgliedstaaten gemäß Art. 15 II 1 zur Schaffung von Vorschriften berufen, die Maßnahmen für den Fall des Verstoßes gegen die P2B-VO beinhalten.

Die Verordnung eröffnet die Möglichkeit zu einer privaten und/oder behördlichen Rechts- **3** durchsetzung in den Mitgliedstaaten. Der Unionsgesetzgeber hat die Ausgestaltung der Rechtsdurchsetzung ganz bewusst den Mitgliedstaaten überlassen. Das dadurch erforderliche Zusammenwirken des Unionsrechts mit dem nationalen Recht der Mitgliedstaaten beruht auf den **unterschiedlichen Strukturen der Rechtsdurchsetzung** im innerstaatlichen Recht der Mitgliedstaaten. Die verschiedenen Durchsetzungssysteme sollen nicht beseitigt werden, sondern die P2B-VO sieht diese als wichtige Instrumente einer leistungsfähigen Rechtsdurchsetzung an (vgl. ErwGr. 46). Deutschland hat sich für den Weg der **privaten Rechtsdurchsetzung** entschieden.

Wenn eine Verordnung – wie die P2B-VO – den Mitgliedstaaten die Ausgestaltung der **4** Rechtsdurchsetzung überantwortet, dann folgt aus **Art. 4 III EUV** die Aufgabe aller Stellen der Mitgliedstaaten, einschließlich der Gerichte, im Rahmen ihrer jeweiligen Zuständigkeiten die geeigneten Maßnahmen zur Erfüllung der Verpflichtungen zu ergreifen, die sich aus der Verordnung ergeben. Um deren volle Wirksamkeit zu gewährleisten und den Schutz der Rechte sicherzustellen, die sie dem Einzelnen einräumt, sind diese Stellen verpflichtet, das nationale Recht so weit wie möglich im Licht des Wortlauts und des Zwecks der Verordnung auszulegen und anzuwenden, um das mit ihr angestrebte Ergebnis zu erreichen (EuGH ECLI:EU:C:2013:613 = NJW 2013, 3429 Rn. 64 – ÖBB-Personenverkehr).

2. Anwendungsbereich

Art. 14 gilt für alle Fälle der **Nichteinhaltung der Bestimmungen der P2B-VO** durch die **5** Anbieter von Online-Vermittlungsdiensten (Art. 2 Nr. 2 und 3) sowie die Anbieter von Online-Suchmaschinen (Art. 2 Nr. 5 und 6). Es geht um Rechtsverletzungen zulasten der gewerblichen Nutzer (Art. 2 Nr. 1) und der Nutzer mit Unternehmenswebsite (Art. 2 Nr. 7).

Nicht erfasst sind **Verletzungen von Verbraucherinteressen,** auch wenn sich diese teil- **6** weise mit den geschützten Interessen der gewerblichen Nutzer oder der Nutzer mit Unternehmenswebsite überschneiden können (zB bei den Transparenzpflichten zum Ranking).

II. Kollektive Rechtsdurchsetzung durch Organisationen und Verbände (Art. 14 I–VIII)

7   Die P2B-VO enthält in Art. 14 I–VIII nähere Bestimmungen zur kollektiven Rechtsdurchsetzung. Der Unionsgesetzgeber geht von der Befürchtung aus, dass ein nur auf individueller Rechtsdurchsetzung beruhendes Sanktionssystem nicht ausreicht, um die Einhaltung der Bestimmungen der P2B-VO sicherzustellen. Denn die gewerblichen Nutzer oder Nutzer mit Unternehmenswebsite könnten möglicherweise aus unterschiedlichen Gründen Zurückhaltung üben, etwa weil sie die finanziellen Mittel für eine Auseinandersetzung fehlen, weil sie Sorge vor Vergeltungsmaßnahmen haben, weil sie Exklusivbestimmungen für die Wahl des geltenden Rechts und des Gerichtsstands unterliegen (vgl. ErwGr. 44) oder aus sonstigen Gründen einen Rechtsstreit scheuen.

1. Funktionsweise und Voraussetzungen der kollektiven Rechtsdurchsetzung gemäß Art. 14 I

8   Art. 14 I sieht das Recht von Organisationen und Verbänden (oder öffentlichen Stellen) vor, eine Klage vor den Gerichten der Mitgliedstaaten wegen einer Rechtsverletzung zu erheben, die auf eine Beendigung oder Untersagung des Rechtsverstoßes gerichtet ist. Dieses Recht besteht „entsprechend den Rechtsvorschriften des Mitgliedstaates, in dem die Klage (…) eingereicht wird". Daraus folgt, dass Art. 14 I mit dem jeweiligen nationalen Recht der Mitgliedstaaten verknüpft ist. Die Mitgliedstaaten müssen innerhalb ihres jeweiligen Rechtsdurchsetzungssystems dafür sorgen, dass die Verwirklichung dieses Klagerechts gewährleistet ist und somit eine effektive Sanktionierung von Zuwiderhandlungen (vgl. Art. 15) möglich ist. Art. 14 I ist daher nicht aus sich heraus „selbstexekutiv", sondern die Mitgliedstaaten müssen **nationale „Scharniernormen"** schaffen. Im deutschen Recht übernimmt diese Funktion für Verbandsklagen § 8a UWG (→ Rn. 14 ff.).

9   **a) Organisationen und Verbände.** Organisationen und Verbände iSd Art. 14 I sind – in Abgrenzung zu den öffentlichen Stellen (Art. 14 IV) – **privatrechtliche Einrichtungen,** die alle Voraussetzungen nach Art. 14 III erfüllen. Sie müssen Träger von Rechten und Pflichten sowie prozessual handlungsfähig sein.

10   **b) Berechtigtes Interesse an der Vertretung gewerblicher Nutzer oder von Nutzern mit Unternehmenswebsite.** Weiterhin ist ein berechtigtes Interesse an der Vertretung von gewerblichen Nutzern oder von Nutzern mit Unternehmenswebsite erforderlich. Die Formulierung bedeutet nicht, dass die Einrichtungen die gebündelten Individualinteressen der gewerblichen Nutzergruppe wahrnehmen und durchsetzen. Vielmehr handeln sie zur Durchsetzung der spezifisch **kollektiven Interessen** der gewerblichen Nutzer und Nutzer mit Unternehmenswebsite (→ Rn. 23). Dies ergibt sich aus Art. 14 III lit. b sowie aus Art. 14 IV, da beide Vorschriften ausdrücklich die Wahrnehmung von kollektiven Interessen ansprechen. Unter kollektiven Interessen sind dabei Interessen zu verstehen, die einer **Gruppe von Marktakteuren** gemeinsam sind. Ein berechtigtes Interesse ist insbesondere gegeben bei Organisationen und Verbänden, die im kollektiven Interesse ihrer Mitglieder tätig werden (zB Branchenverbände).

11   **c) Recht zur Klageerhebung.** Gemäß Art. 14 I haben die Organisationen und Verbände das Recht, ein zuständiges nationales Gericht wegen dieser Rechtsverletzung anzurufen. Es handelt sich um ein **subjektives Recht,** das sich unmittelbar aus Art. 14 I ergibt (ebenso Busch/Höppner/Wick Rn. 8). Der konkrete Inhalt dieses Rechts sowie seine Geltendmachung bestimmen sich jedoch nach dem jeweiligen Recht der Mitgliedstaaten. Die Rechtsgrundlage des materiellen Anspruchs der Organisationen und Verbände sowie ihre Anspruchs- und Klageberechtigung bilden damit Art. 14 I iVm mit der/den jeweiligen nationalen Rechtvorschrift/en, die ein Mitgliedstaat gemäß Art. 15 II 1 geschaffen hat. Für das deutsche Recht bilden Art. 14 I iVm § 8a UWG und § 8 I UWG die Grundlage der kollektiven Rechtsdurchsetzung.

12   **d) Ziel: Beendigung oder Untersagung des Rechtsverstoßes.** Der materiell-rechtliche Anspruch der Organisation oder des Verbands ist darauf gerichtet, die Nichteinhaltung der P2B-VO (also die Rechtsverletzung) „zu beenden oder zu untersagen". ErwGr. 44 präzisiert das damit gemeinte Ziel dahingehend, dass Verstöße gegen die in der P2B-VO festgelegten Bestimmungen **eingestellt oder verboten** werden. Dadurch soll zugleich eine künftige Schädigung, die die Tragfähigkeit der Geschäftsbeziehungen in der Online-Plattformwirtschaft beeinträchtigen könnte, vermieden werden.

Nach deutschem Rechtsverständnis entsprechen diese Rechtsschutzziele praktisch dem Inhalt 13 der **Abwehransprüche** (vorbeugender Unterlassungsanspruch, Verletzungsunterlassungsanspruch sowie Beseitigungsanspruch). Sämtliche dieser Ansprüche beinhalten eine **Verbotsaussage** (Untersagung des rechtsverletzenden Verhaltens) und ermöglichen es, eine **Einstellung der Zuwiderhandlung** zu erzwingen (Beendigung). Zur Beendigung gehören auch Maßnahmen, die darauf gerichtet sind, unmittelbare Störungen, die von der Rechtsverletzung ausgehen, abzustellen (Störungsbeseitigung). Denn solange die Rechtsverletzung als Störungsquelle noch fortwirkt, also nachteilige Auswirkungen auf die geschützten Unternehmer und das Marktumfeld entfaltet, wirkt die Rechtsverletzung fort und verzerrt den Wettbewerb. Ein solcher schädlicher Einfluss auf das Wettbewerbsgeschehen steht dem Ziel der P2B-VO entgegen, ein wettbewerbsfähiges, faires und transparentes Online-Ökosystem zu schaffen, in dem sich Unternehmen verantwortungsvoll verhalten (ErwGr. 3), und „einen gesunden Wettbewerb [zu] ermöglichen, der mehr Wahlmöglichkeiten für die Verbraucher schafft" (ErwGr. 8). Art. 14 I umfasst daher Ansprüche, die auf Beseitigungsmaßnahmen gerichtet sind.

e) § 8a UWG als nationale „Scharniernorm". Der deutsche Gesetzgeber hat sich dazu 14 entschieden, die kollektive Rechtsdurchsetzung bei Zuwiderhandlungen gegen die P2B-VO in das Regelungssystem des UWG einzubetten. Er ging davon aus, dass ein Verstoß gegen die Vorschriften dieser Verordnung den Tatbestand des **§ 3a UWG** erfüllt, da ihre Vorschriften **Marktverhaltensregeln** iSd § 3a UWG sind. Weil aber die Voraussetzungen der Klageberechtigung in Art. 14 von den Voraussetzungen in § 8 UWG abweichen, war nach Einschätzung des Gesetzgebers eine spezielle Regelung notwendig (BT-Drs. 19/20664, 8; vgl. auch Wissenschaftliche Dienste BT, WD 5–3000-038/20).

Die Normen der P2B-VO sind aufgrund ihres Schutzzwecks Vorschriften, die auch dazu 15 bestimmt sind, im Interesse der Marktteilnehmer das Marktverhalten zu regeln. Sie beinhalten Verhaltensanforderungen für geschäftliche Handlungen im B2B-Verhältnis und unterfallen damit dem Anwendungsbereich von § 3a UWG (Alexander WRP 2020, 945 (949); BeckOK UWG/Fritzsche P2B-VO Art. 15 Rn. 2; Busch/Höppner/Wick Art. 15 Rn. 9; Schneider/Kremer WRP 2020, 1128 (1136); Voigt/Reuter MMR 2019, 783 (787)). Die Änderung der höchstrichterlichen Rspr. zur lauterkeitsrechtlichen Erfassung einer Verletzung von verbraucherschützenden Informationspflichten (BGH GRUR 2022, 930 Rn. 16 ff. – Knuspermüsli II) wirkt sich auf die Durchsetzung der Transparenzanforderungen der P2B-VO nicht aus (dazu näher Alexander GRUR 2023, 14 (18 f.)). Bei der Anwendung von § 3a UWG ist zu beachten, dass der „reine" Rechtsverstoß noch keine Unlauterkeit begründet. Vielmehr muss der Verstoß darüber hinaus zur spürbaren Beeinträchtigung geschützter Interessen geeignet sein. Maßgeblich sind insoweit die geschützten Interessen der gewerblichen Nutzer bzw. der Nutzer mit Unternehmenswebsite, bei denen es sich lauterkeitsrechtlich typischerweise (anders aber in den Fällen von Art. 6 und Art. 7, weil dort ein konkretes Wettbewerbsverhältnis zum Plattformbetreiber bestehen kann) um sonstige Marktteilnehmer iSv § 2 I Nr. 3 UWG handelt. Erst aus dem **Zusammenwirken von Rechtsverstoß und Spürbarkeit** resultiert der Vorwurf der **Unlauterkeit,** der wiederum die Grundlage für die Ansprüche aus § 8 I UWG bildet.

Aus der tatbestandlichen Verbindung von § 8a UWG und § 8 I UWG folgt, dass den 16 Organisationen und Verbänden die in § 8 I UWG enthaltenen **materiell-rechtlichen Ansprüche** zustehen. Diese Einrichtungen sind **anspruchs- und klageberechtigt,** um Verletzungen der Vorschriften der P2B-VO vor deutschen Gerichten geltend zu machen. Die beiden UWG-Vorschriften begrenzen jedoch zugleich die Reichweite des kollektiven Rechtsschutzes. Den Organisationen und Verbänden stehen nur die in § 8 I UWG geregelten Abwehransprüche zu. Hingegen besteht kein Recht zur Forderung von Schadensersatz, weil das UWG keinen Schadensersatzanspruch für Verbände vorsieht. Ebenso wenig können die Organisationen und Verbände einen zu Unrecht erzielten Gewinn von dem Anbieter eines Online-Vermittlungsdienstes oder dem Anbieter einer Online-Suchmaschine herausverlangen, da § 8a nicht auf § 10 UWG verweist (dazu krit. Busch/Höppner/Wick Art. 15 Rn. 14).

§ 8a UWG verdrängt **vollständig** die allgemeinen Regelungen zur Anspruchs- und Klageberechtigung gemäß § 8 III UWG, da die Norm auf den gesamten dritten Absatz und nicht nur auf die qualifizierten Wirtschaftsverbände gemäß § 8 III Nr. 2 UWG, § 8b UWG Bezug nimmt. Die **Mitbewerber** von Online-Vermittlungsdiensten und Online-Suchmaschinen sind bei Verletzungen der P2B-VO ebenso wie **Verbraucherschutzverbände** nicht anspruchs- und

klageberechtigt (LG Stuttgart ZVertriebsR 2021, 252 Rn. 81; aA Busch/Höppner/Wick Art. 15
Rn. 15 ff.); vermittelnd Steinrötter, Europäische Plattformregulierung/Tribess Kap. 18
Rn. 85 ff.). Zu den Einzelheiten → UWG § 8a Rn. 2 ff.

18 Die Besonderheiten der kollektiven Rechtsdurchsetzung gemäß § 8a UWG gelten allein für
die Konstellation des Rechtsbruchs. Bei sonstigen Zuwiderhandlungen gegen das Lauterkeitsrecht, zB bei einer **aggressiven Einflussnahme** des Plattformbetreibers auf einen Unternehmer
im Vertikalverhältnis gemäß § 4a UWG, bleibt es bei den allgemeinen Regeln des UWG
(ebenso BeckOK UWG/Fritzsche P2B-VO Art. 15 Rn. 2). Dies folgt aus Art. 1 IV.

19 **f) Verhältnis zur individuellen Rechtsdurchsetzung gemäß Art. 14 IX.** Die kollektive
Rechtsdurchsetzung durch Organisationen und Verbände bzw. die öffentlichen Stellen besteht
gleichberechtigt neben der individuellen Rechtsdurchsetzung durch die von einer Zuwiderhandlung betroffenen gewerblichen Nutzer oder Nutzer mit Unternehmenswebsite gemäß
Art. 14 IX (→ Rn. 46).

2. Anforderungen an die Organisationen und Verbände und Informationspflicht (Art. 14 III)

20 Aus Art. 14 III 1 ergeben sich die näheren Anforderungen, die eine Organisation oder ein
Verband erfüllen muss, um nach Art. 14 I anspruchs- und klageberechtigt zu sein. Diese
Kriterien sollen gewährleisten, dass die Organisation oder der Verband die nach Art. 14 I
bestehenden Rechte **wirksam und angemessen** wahrnehmen kann. Sie gelten nur für die
Organisationen und Verbände, nicht aber für öffentliche Stellen iSv Art. 14 IV (ErwGr. 44).

21 Eine Benennung der Organisationen und Verbände gemäß Art. 14 V und deren Aufnahme in
das nach Art. 14 VI geführte Verzeichnis der Kommission sind **keine materiellen Voraus-**
setzungen für die Anspruchs- und Klageberechtigung. Organisationen und Verbände, die nicht
von einem Mitgliedstaat benannt wurden, haben gleichwohl die Möglichkeit, Gerichtsverfahren
vor den nationalen Gerichten anzustrengen, wobei die Berechtigung zur Klageerhebung anhand
der in der Verordnung vorgegebenen Kriterien zu prüfen ist (ErwGr. 45). Ihnen kommt nur die
Nachweisfunktion des Verzeichnisses gemäß Art. 14 VII (→ Rn. 43) nicht zugute.

22 **a) Kriterien (Art. 14 III 1). aa) Ordnungsgemäße Errichtung (lit. a).** Die Organisation
oder der Verband muss nach dem Recht eines Mitgliedstaats **ordnungsgemäß errichtet** sein.
Hierfür ist nach dem deutschen Recht die **Rechtsfähigkeit** erforderlich, also die Fähigkeit,
Träger von Rechten und Pflichten zu sein. Es ist nicht erforderlich, dass die Organisation oder
der Verband gerade in dem Mitgliedstaat ordnungsgemäß errichtet ist, in dem er die kollektiven
Interessen seiner Mitglieder verfolgt und Klagen erhebt.

23 **bb) Wahrnehmung kollektiver Interessen (lit. b).** Die Organisation oder der Verband
muss Ziele verfolgen, die im kollektiven Interesse der Gruppe gewerblicher Nutzer oder der
Nutzer mit Unternehmenswebsite sind. Der Begriff des kollektiven Interesses ist unionsrechtsautonom in Anlehnung an Art. 3 Nr. 3 VerbandsklagenRL („Kollektivinteressen der Verbraucher") auszulegen. Unter kollektiven Interessen sind daher die **allgemeinen Interessen** der
gewerblichen Nutzer/Nutzer mit Unternehmenswebsite oder **spezifische gemeinsame Inte-**
ressen einer Gruppe von gewerblichen Nutzern/Nutzern mit Unternehmenswebsite (kollektive
Gruppeninteressen) zu verstehen. Art. 14 I 1 lit. b verlangt nicht, dass die Organisation oder der
Verband ausschließlich die Interessen von gewerblichen Nutzern/Nutzern mit Unternehmenswebsite vertreten muss. Es ist daher zulässig, wenn die Organisation oder der Verband zB auch
Kollektivinteressen der Verbraucher wahrnimmt (Uitz, Die P2B-VO, 2023, S. 253). Die Ziele
müssen in der **Satzung** der Organisation oder des Verbands verankert sein, wenn das Bestehen
einer Satzung zur ordnungsgemäßen Errichtung (→ Rn. 22) gehört (Busch/Höppner/Wieck
Rn. 30).

23a Keine näheren Vorgaben bestehen zur **Mitgliederstruktur** der Organisation oder des Ver-
bands. Es ist nicht erforderlich, dass der Organisation oder dem Verband nur gewerbliche
Nutzer/Nutzer mit Unternehmenswebsite als Mitglieder angehören (aA Busch/Höppner/Wieck
Rn. 30), da sich eine solche Exklusivität weder aus dem Wortlaut der Norm noch aus dem
Normzweck ableiten lässt. Weiterhin ist keine Homogenität in der Zusammensetzung der
Mitgliederschaft (etwa iSd Vertriebs gleichartiger Waren oder Dienstleistungen) erforderlich;
auch eine Mindestanzahl von Mitgliedern ist nicht notwendig (Busch/Höppner/Wieck Rn. 30).
Die Interessenvertretung kann sich auf bestimmte Gruppen von gewerblichen Nutzern oder
Nutzern mit Unternehmenswebsite beschränken (zB Interessenvertretung von Unternehmen

einer bestimmten Branche). Art. 14 III 2 verlangt, dass Mitglieder veröffentlicht werden
(→ Rn. 30 ff.).

Zur **Vermeidung von Interessenkonflikten** muss sichergestellt sein, dass die Organisatio- **23b**
nen oder Verbände, die die kollektiven Interessen von gewerblichen Nutzern/Nutzern mit
Unternehmenswebsite vertreten, nicht einem generellen oder einzelfallbezogenen unangemessenen Einfluss der Anbieter von Online-Vermittlungsdiensten oder Online-Suchmaschinen unterliegen (ErwGr. 44; vgl. auch BeckOK UWG/Dämmer Rn. 6). Denn anderenfalls wäre die
Wirksamkeit und Effektivität der Rechtsdurchsetzung gefährdet. Als Nicht-Mitglieder dürfen
Online-Vermittlungsdienste und Online-Suchmaschinen keinen finanziellen Einfluss auf die
Tätigkeit nehmen (Art. 14 I 1 lit. d; → Rn. 27 ff.). Gehören Anbieter von Online-Vermittlungsdiensten oder Online-Suchmaschinen oder Organisation oder dem Verband als Mitglieder
an (was nach hier vertretener Ansicht möglich ist; → Rn. 23a), dann muss durch die interne
Organisation eine Vermeidung von Interessenkonflikten gewährleistet sein.

Das Erfordernis der **Dauerhaftigkeit** soll die Ad-hoc-Gründung von Organisationen oder **24**
Verbänden verhindern, die nur zu dem Zweck geschaffen werden, eine Klage (oder mehrere
Klagen) einzureichen, oder die nur Erwerbszwecken dienen (ErwGr. 44).

cc) Handeln ohne Gewinnerzielungsabsicht (lit. c). Die Organisation oder der Verband **25**
darf keine Gewinnerzielungsabsicht verfolgen. Ob eine solche Absicht vorliegt, bestimmt sich
nach den **Umständen des Einzelfalls.** Es genügt nicht, wenn die Organisation oder der
Verband durch seine rechtsverfolgende Tätigkeit Überschüsse erzielt, weil die Einrichtung
ansonsten dazu gezwungen wäre, ihre Tätigkeit nach einer bestimmten Anzahl von Abmahnungen oder erwirkter Vertragsstrafen einzustellen, sobald sie ihre darauf entfallenen Kosten gedeckt
hätte (vgl. BGH GRUR 2019, 966 Rn. 45 – Umwelthilfe).

Einen Anhaltspunkt für das Bestehen einer Gewinnerzielungsabsicht kann sich aus der Höhe **26**
der **Vergütung der leitungsbefugten Personen** ergeben. Die entsprechenden Personalkosten
können als ein Indiz gewertet werden, wenn ihre Höhe den konkreten Verdacht rechtfertigt, der
eigentliche Zweck des Vereins liege nicht in der Verfolgung von Verbraucherinteressen, sondern
in der Generierung von Einnahmen für (überhöhte) Personalkosten. Dafür kommt es nicht auf
die absolute Höhe der Personalkosten an, sondern auf deren Verhältnis zu den Aufwendungen
für satzungsgemäße Zwecke im Übrigen (vgl. BGH GRUR 2019, 966 Rn. 46 – Umwelthilfe).

dd) Keine unangemessene Beeinflussung der Entscheidungsfindung durch Drittgeld- **27**
geber (lit. d). Schließlich darf die Entscheidungsfindung der Organisation oder des Verbandes
nicht unangemessen durch Drittgeldgeber, insbesondere durch die Anbieter von Online-Vermittlungsdiensten oder von Online-Suchmaschinen, beeinflusst sein. Diese Anforderung soll
verhindern, dass die Plattformbetreiber oder sonstige Dritte auf die Rechtsdurchsetzungstätigkeit
der Organisation oder des Verbandes durch wirtschaftliche Mittel einen **steuernden Einfluss**
nehmen.

Eine **(Mit-)Finanzierung** der Tätigkeit der Organisation oder des Verbandes durch Dritte – **28**
auch durch Plattformbetreiber – ist für sich genommen nicht unzulässig. Es muss aber in jedem
Fall gewährleistet sein, dass die Organisation oder der Verband eigenständig und unabhängig die
eigenen Ziele verfolgen kann, insbesondere frei ist in der Entscheidung, ob und welche Maßnahmen zum Zwecke der Rechtsdurchsetzung zu ergreifen sind. Dies entspricht dem in ErwGr.
44 erklärten Ziel, Interessenkonflikte zu vermeiden (→ Rn. 23b).

Die Einflussnahme kann durch **direkte oder indirekte Zuwendungen mit Geldwert** **29**
erfolgen, aber zB auch durch die Androhung einer Zurückhaltung oder Entziehung von bislang
gewährten Vorteilen. Ob ein unangemessener Einfluss vorliegt, bestimmt sich nach den Umständen des Einzelfalls. Dabei ist auch der ausdrücklich erklärte oder sich konkludent aus dem
Verhalten ergebende Wille des Drittgeldgebers zu berücksichtigen. Entscheidend ist, ob ein
Drittgeldgeber durch seine wirtschaftlichen Zuwendungen (oder deren Entzug) gerade einen die
Entscheidung der Organisation oder des Verbandes konkret lenkenden Einfluss nehmen will.

b) Offenlegungspflicht (Art. 14 III 2). Die Organisationen und Verbände sind gemäß **30**
Art. 14 III 2 dazu verpflichtet, alle Informationen darüber zu veröffentlichen, wer ihre **Mit-**
glieder sind. Zudem müssen sie ihre **Finanzierungsquellen** offenlegen. Der Zweck dieser
Verpflichtung besteht zum einen darin, Transparenz darüber zu schaffen, wie sich die Organisation oder der Verband zusammensetzt und wie die Tätigkeit dieser Einrichtung finanziert wird.
Zum anderen kann die Offenlegung den nationalen Gerichten die Beurteilung der Frage
erleichtern, ob die Kriterien gemäß Art. 14 III 1 erfüllt sind.

31   Bei den Angaben zu den Mitgliedern ist eine genaue Bezeichnung der Mitglieder mit **Namen und Anschrift** erforderlich, die eine klare Zuordnung und Identifizierung ermöglicht. Daher sind anonymisierte Mitgliederlisten oder bloße Gruppenbezeichnungen von Mitgliedern nicht ausreichend.

32   Die Angaben zu den Finanzierungsquellen umfassen Informationen zu der **Art der Finanzierung** der Tätigkeit der Organisation oder des Verbandes. Erhält die Einrichtung Zuwendungen von Drittgeldgebern, dann sind diese individualisiert zu bezeichnen. Nicht erforderlich sind dagegen Angaben zur konkreten Höhe von einzelnen Zuwendungen. Es kann allerdings geboten sein, das Verhältnis verschiedener Finanzierungsquellen zueinander offenzulegen. So lässt es bspw. auf eine unangemessene Einflussnahme eines Drittgeldgebers schließen, wenn dessen Zuwendungen den größten Teil der Finanzierung einer Einrichtung ausmachen.

33   Die Organisationen und Verbände müssen die genannten Informationen **veröffentlichen.** In Anlehnung an die sonstigen Anforderungen der P2B-VO (vgl. Art. 3 I lit. b; 5 II; 10 I; 11 IV UAbs. 1) sollten diese Angaben öffentlich leicht verfügbar sein.

3. Öffentliche Stellen (Art. 14 IV)

34   Die Mitgliedstaaten können im innerstaatlichen Recht die Möglichkeit vorsehen, dass anstelle oder neben den privaten Organisationen und Verbänden öffentliche Stellen die Rechte iSv Art. 14 I ausüben. Gedacht ist hier insbesondere an **Behörden oder sonstige öffentliche Institutionen,** die marktüberwachende Aufgaben wahrnehmen.

35   Diejenigen Mitgliedstaaten, die über solche öffentlichen Stellen verfügen, können diese dazu berechtigen, die Rechte aus Art. 14 I auszuüben. Hierzu müssen die öffentlichen Stellen nach dem Recht des betreffenden Mitgliedstaats damit **beauftragt** werden, die kollektiven Interessen von gewerblichen Nutzern oder von Nutzern mit Unternehmenswebsite wahrzunehmen, oder dafür zu sorgen, dass die in dieser Verordnung festgelegten Bestimmungen eingehalten werden. Die Mitgliedstaaten sind jedoch nicht dazu verpflichtet, solche öffentlichen Stellen zu schaffen oder – sofern bereits vorhanden – eine entsprechende Aufgabenerweiterung vorzunehmen.

36   Eine **Benennung** der öffentlichen Stellen gemäß Art. 14 V und deren Aufnahme in das nach Art. 14 VI geführte Verzeichnis der Kommission sind – ebenso wie bei den privaten Einrichtungen – keine materiellen Voraussetzungen für eine etwaige Klageberechtigung. Öffentliche Stellen, die nicht von einem Mitgliedstaat benannt wurden, haben auch ohne Benennung die Möglichkeit, Gerichtsverfahren vor den nationalen Gerichten anzustrengen, wobei die Berechtigung zur Klageerhebung im konkreten Fall zu prüfen ist. Ihnen kommt aber die Nachweisfunktion des Verzeichnisses gemäß Art. 14 VII (→ Rn. 43) zugute.

37   In **Deutschland** gibt es derzeit **keine öffentliche(n) Stelle(n),** die diese Aufgaben wahrnehmen. Auf eine Anfrage der Wissenschaftlichen Dienste des BT teilte das BMWi mit, eine behördliche Durchsetzung der P2B-VO sei in Deutschland nicht vorgesehen, sondern die Durchsetzung solle allein durch zivilrechtliche Instrumente geschehen (Wissenschaftliche Dienste BT, WD 5 – 3000 – 038/20).

38   In der Literatur wird das Fehlen von behördlichen Befugnissen in Deutschland zT kritisch gesehen und eine entsprechende **Ausweitung der Aufgaben des BKartA** befürwortet (Busch GRUR 2019, 788 (796)). Indessen haben die Kartellbehörden nach dem geltenden Recht erheblich wirksamere Kontrollinstrumente als die im Vergleich dazu schwächere P2B-VO. Insbesondere ist im deutschen Recht abzuwarten, welche Bedeutung § 19a GWB in der Praxis entfalten wird. Im Kern geht es bei den in der P2B-VO geregelten Fällen um vertragliche Anforderungen und lauteres Verhalten im Geschäftsverkehr. Es ist daher folgerichtig, auf die bewährten Instrumente des Lauterkeitsrechts zu setzen, zu denen die Verbandsklage gehört. Bislang ist nicht ersichtlich, dass das Lauterkeitsrecht einen weniger wirksamen Rechtsschutz der kollektiven Interessen gewährleisten könnte als etwaige kartellbehördliche Eingriffsbefugnisse.

39   Verstöße gegen die P2B-VO sind **keine Ordnungswidrigkeiten,** die im Wege eines Ordnungswidrigkeitenverfahrens sanktioniert werden könnten (aA Kohser/Jahn GRUR-Prax 2020, 273 (275)).

4. Benennung von klageberechtigten Einrichtungen durch die Mitgliedstaaten und Verzeichnis (Art. 14 V–VII)

40   Art. 14 V 1 sieht vor, dass die Mitgliedstaaten die nach Art. 14 I klageberechtigten privaten Organisationen und Verbände bzw. die öffentlichen Stellen gegenüber der Kommission **benennen** können. Dies geschieht bei den Organisationen und Verbänden, die ihren Sitz in dem

Mitgliedstaat haben und alle Voraussetzungen von Art. 14 III erfüllen, auf deren Antrag (lit. a). Bei öffentlichen Stellen besteht kein Antragserfordernis (lit. b). Die Benennung durch die Mitgliedstaaten gegenüber der Kommission umfasst die Mitteilung des Namens und des Zwecks der Organisationen, Verbände oder öffentlichen Stellen (Art. 14 V 2), damit deren **Identität** erkennbar ist. Die Mitgliedstaaten sind auch dazu angehalten, in ihrer Mitteilung gezielt auf die einschlägigen nationalen Bestimmungen hinzuweisen, nach denen die Organisation, der Verband oder die öffentliche Stelle gegründet wurde, sowie gegebenenfalls auf das einschlägige öffentliche Register, in dem die Organisation oder der Verband erfasst ist (ErwGr. 45).

Auf der Grundlage dieser Mitteilungen erstellt die Kommission gemäß Art. 14 VI 1 ein **Ver-** **41** **zeichnis** der nach Art. 14 V benannten Organisationen, Verbände und öffentlichen Stellen, die zur Rechtsdurchsetzung gemäß Art. 14 I berechtigt sind. Dieses Verzeichnis muss Angaben zum Zweck dieser Organisationen, Verbände und öffentlichen Stellen enthalten (Art. 14 VI 2). Die Veröffentlichung dieses Verzeichnisses erfolgt im **EU-Amtsblatt** (Art. 14 VI 3). Änderungen an diesem Verzeichnis sind umgehend zu veröffentlichen; ein aktualisiertes Verzeichnis ist alle sechs Monate zu publizieren (Art. 14 VI 4). Eine Auflistung findet sich in ABl. EU 2020 C 300, 2 und ABl. EU 2021 C 402, 5.

Das Verzeichnis der klageberechtigten Organisationen, Verbände und öffentlichen Stellen hat **42** zum einen eine **Informationsfunktion** für die gewerblichen Nutzer und Nutzer mit Unternehmenswebsite. Sie können sich auf dieser Grundlage darüber informieren, wer im Falle einer Rechtsverletzung ein geeigneter Anspruchspartner ist und erhalten so „ein gewisses Maß an Rechtssicherheit und Vorhersehbarkeit", auf das sie sich verlassen können (ErwGr. 45).

Zum anderen hat das Verzeichnis eine **Nachweisfunktion** im Falle einer Klage. Gemäß **43** Art. 14 VII akzeptieren die mit einem Streitfall befassten Gerichte die nach Art. 14 VI erstellte Liste als Nachweis der Berechtigung der Organisation, des Verbands oder der öffentlichen Stelle zur Klageerhebung. Der durch die Liste erbrachte Nachweis ist „widerleglich". Er soll dazu beitragen, die Gerichtsverfahren effizienter zu gestalten und zu beschleunigen (ErwGr. 45). Der Nachweis erstreckt sich nicht darauf, ob der Zweck der klagenden Einrichtung die Klageerhebung im Einzelfall rechtfertigt. Dies betrifft bspw. die Frage, ob die Tätigkeit des klagenden Verbandes in einem konkreten Streitfall von seinem Satzungszweck gedeckt ist.

5. Informationsaustausch zwischen den Mitgliedstaaten (Art. 14 II)

Die Mitgliedstaaten können im innerstaatlichen Recht **Register** einrichten, in denen rechts- **44** widrige Handlungen, die Gegenstand von Unterlassungsverfügungen seitens nationaler Gerichte waren und die P2B-VO betreffen, erfasst werden. Nach Art. 14 II ermutigt die Kommission die Mitgliedstaaten, auf der Grundlage solcher Register Informationen auszutauschen. Diese Informationen können Aufschluss über die Art und Verbreitung von Praktiken im Binnenmarkt geben, die nicht mit der P2B-VO vereinbar sind.

6. Verhältnis der kollektiven zur individuellen Rechtsdurchsetzung

Die kollektive Rechtsdurchsetzung durch Verbandsklagen gemäß § 8a UWG iVm Art. 14 III **45** steht einer individuellen Rechtsdurchsetzung gemäß Art. 14 IX (→ Rn. 46 ff.) nicht entgegen (Eickemeier/Brodersen K&R 2020, 397 (402)). Ein gewerblicher Nutzer oder ein Nutzer mit Unternehmenswebsite kann daher **unabhängig** von einer etwaige Verbandsklage eigene Rechte und Ansprüche wegen einer Zuwiderhandlung gegen die Vorschriften der P2B-VO geltend machen.

III. Individuelle Rechtsdurchsetzung (Art. 14 IX)

Neben dem kollektiven Rechtsschutz können Verletzungen der Transparenzanforderungen **46** der P2B-VO auch im Wege des **Individualrechtsschutzes** durchgesetzt werden. Dieser bildet die zweite Säule der Rechtsdurchsetzung. Das in Art. 14 I genannte Recht gilt nach Art. 14 IX unbeschadet des Rechts gewerblicher Nutzer und der Nutzer mit Unternehmenswebsite, vor den zuständigen nationalen Gerichten und entsprechend dem Recht des Mitgliedstaats, in dem die Klage eingereicht wird, eine Klage zu erheben, die auf individuellen Rechten beruht und darauf abzielt, eine Nichteinhaltung der einschlägigen in dieser Verordnung festgelegten Bestimmungen durch Anbieter von Online-Vermittlungsdiensten oder Anbieter von Online-Suchmaschinen zu unterbinden.

1. Funktionsweise und Voraussetzungen der individuellen Rechtsdurchsetzung gemäß Art. 14 IX

47   Gewerbliche Nutzer und Nutzer mit Unternehmenswebsite, die durch einen Verstoß gegen die P2B-VO individuell betroffen sind, können ihre Rechte eigenständig und unabhängig von einem Vorgehen gemäß Art. 14 I geltend machen, da die Transparenzregeln der Verordnung individualschützend sind. Dieser individualschützende Charakter ihrer Vorschriften ergibt sich unmittelbar aus der Verordnung selbst. Missverständlich ist die Aussage, gewerbliche Nutzer und Nutzer mit Unternehmenswebsite seien nach der P2B-VO nicht klageberechtigt (so LG Stuttgart ZVertriebsR 2021, 252 Rn. 84 unter Hinweis auf Schneider/Kremer WRP 2020, 1128 (1136 Rn. 65); ähnlich Busch/Höppner/Wick Art. 15 Rn. 20a und 21). Die P2B-VO sieht zwar keine individuellen Ansprüche der Betroffenen vor, die sich im Falle einer Rechtsverletzung unmittelbar aus der Verordnung ergeben, sie verlangt aber einen wirksamen und effektiven Individualrechtsschutz und setzt die Möglichkeit einer individuellen Anspruchs- und Klageberechtigung voraus. Verwirklicht wird die individuelle Rechtsdurchsetzung sodann gemäß Art. 14 IX „vor den zuständigen Gerichten und entsprechend den Rechtsvorschriften des Mitgliedstaates, in dem die Klage eingereicht wird". Daraus ergibt sich, dass Art. 14 IX – ebenso wie Art. 14 I (→ Rn. 8 ff.) – eine Verknüpfung mit dem jeweiligen nationalen Recht der Mitgliedstaaten erfordert. Die Mitgliedstaaten müssen innerhalb ihres jeweiligen Rechtsdurchsetzungssystems dafür sorgen, dass die Verwirklichung dieses Klagerechts gewährleistet ist und somit eine effektive Sanktionierung von Zuwiderhandlungen (vgl. Art. 15) möglich ist.

48   Für die individuelle Rechtsdurchsetzung **fehlt** allerdings eine § 8a UWG vergleichbare spezielle **„Scharniernorm",** die gewerblichen Nutzern und Nutzern mit Unternehmenswebsite individuelle Ansprüche einräumt. Warum der deutsche Gesetzgeber davon abgesehen hat (oder eine entsprechende Regelung möglicherweise für entbehrlich hielt), lässt sich anhand der Gesetzgebungsmaterialien nicht sicher nachvollziehen. In der Begründung (BT-Drs. 19/20664, 8) wird lediglich ausgeführt, die Rechtsdurchsetzung solle bei Verstößen gegen die P2B-VO über das UWG erfolgen. Das UWG kennt indessen keine individuellen Ansprüche von Unternehmern im B2B-Vertikalverhältnis, sondern es sieht nur individuelle Ansprüche von Mitbewerbern (§ 9 I UWG) sowie von Verbrauchern (§ 9 II UWG) vor. Die individuelle Rechtsdurchsetzung bei Verstößen gegen die P2B-VO muss sich daher **außerhalb des UWG** vollziehen, weil anderenfalls eine unionsrechtswidrige Rechtsschutzlücke verbliebe.

2. Vertragsrechtlicher Rechtsschutz

49   Eine individuelle Rechtsdurchsetzung auf vertragsrechtlicher Grundlage kommt in Betracht, sofern zwischen einem Unternehmer und einem Plattformbetreiber ein **Nutzungsvertrag** besteht. Die P2B-VO geht davon aus, dass dies im Verhältnis zwischen den **gewerblichen Nutzern** und dem **Anbieter eines Online-Vermittlungsdienstes** der Fall ist. Eine Reihe von Informationspflichten der P2B-VO knüpft unmittelbar an die für dieses Nutzungsverhältnis geltenden AGB (Art. 2 Nr. 10) an. Soweit die Transparenz- und Verhaltenspflichten einen Bezug zum Vertragsverhältnis aufweisen, handelt es sich um vertragsrechtliche Pflichten im Sinne von Pflichten innerhalb des Schuldverhältnisses. Zumeist werden diese Pflichten als **Nebenpflichten iSd § 241 II BGB** zu qualifizieren sein (vgl. auch Busch/Höppner/Wick Art. 15 Rn. 22), doch können einzelne Pflichten aufgrund der Besonderheiten des Nutzungsverhältnisses oder aufgrund privatautonomer Festlegung auch zu Hauptleistungspflichten aufgewertet sein. Ist ein Nutzungsvertrag noch nicht zustande gekommen, können vorvertragliche Nebenpflichten gemäß § 311 II, III BGB, § 241 II BGB bestehen.

50   Bei der Verletzung dieser vertragsbezogenen Pflichten der P2B-VO handelt es sich im schuldrechtlichen Sinne um eine **Pflichtverletzung,** die entsprechend dem allgemeinen Leistungsstörungsrecht Ansprüche und Rechte eines gewerblichen Nutzers auslösen kann. Aus Art. 14 IX folgt, dass jedenfalls das Recht eines Betroffenen bestehen muss, die Rechtsverletzung „zu unterbinden". Während der Wortlaut von Art. 14 I und IX hinsichtlich der Rechtsfolgen in der deutschen Fassung abweicht (Art. 14 I: „zu beenden oder zu untersagen"; Art. 14 IX: „zu unterbinden"), ist in der englischen Fassung in beiden Fällen von dem Ziel die Rede, die Rechtsverletzung zu stoppen bzw. zu beenden („to stop any non-compliance"). Dies spricht dafür, dass die Individualrechte der Betroffenen gemäß Art. 14 IX qualitativ nicht hinter den Rechten der Organisationen und Verbände bzw. öffentlichen Stellen gemäß Art. 14 I zurückstehen. Es wäre auch rechtspolitisch nicht überzeugend, wenn den Betroffenen weniger Rechte als den klageberechtigten Einrichtungen zustünden.

Art. 14 IX regelt die individuellen Rechtsfolgen von Betroffenen **nicht abschließend,** sondern legt, ebenso wie Art. 14 I, einen Rechtsdurchsetzungsstandard fest. Da es im nationalen Recht keine den individuellen Rechtsschutz begrenzende Norm gibt, sind über eine „Unterbindung" der Rechtsverletzung hinausgehende Rechtsfolgen nicht ausgeschlossen. In Betracht kommen insbesondere Schadensersatzansprüche gemäß § 280 I 1 BGB, § 241 II BGB (vgl. auch Busch GRUR 2019, 788 (792); Höppner/Schulz ZIP 2019, 2329 (2336); Voigt/Reuter MMR 2019 783 (787)). Das rechtsverletzende Verhalten von Organen und Repräsentanten ist dem Anbieter eines Online-Vermittlungsdienstes bzw. dem Anbieter einer Online-Suchmaschine analog §§ 31, 89 BGB zuzurechnen. Das Verhalten von Mitarbeitern und Beauftragten ist einem Anbieter unter den Voraussetzungen des § 278 BGB zurechenbar. **51**

3. Deliktischer Rechtsschutz

Soweit ein Vertragsverhältnis nicht oder nicht mehr besteht, scheidet eine individuelle Rechtsdurchsetzung auf vertraglicher Grundlage aus. Dies gilt generell für Rechtsverstöße der **Anbieter von Online-Suchmaschinen** gegenüber den **Nutzern mit Unternehmenswebsite,** weil insoweit schon von vornherein kein Nutzungsvertrag und auch kein Näheverhältnis isV § 311 II, III BGB besteht. Damit verbleibt für Unternehmen, die außerhalb einer Vertragsbeziehung von einem Verstoß gegen die P2B-VO betroffen sind, nur die Möglichkeit eines deliktischen Rechtsschutzes. **52**

Den tatbestandlichen Anknüpfungspunkt bildet mangels einer speziellen Norm **§ 823 II BGB,** da es sich bei den Vorschriften der P2B-VO um Normen mit einer – jedenfalls auch – individualschützenden Funktion handelt, die alle Voraussetzungen eines Schutzgesetzes erfüllen (vgl. auch Busch/Höppner/Wick Art. 15 Rn. 22). Auf „Unterbindung" der Rechtsverletzung gerichtete Ansprüche können – ebenso wie bei der Verletzung sonstiger Schutzgesetze – in analoger Anwendung von **§ 1004 I BGB** durchgesetzt werden. In den Fällen einer vorsätzlichen Schädigung kommen daneben Ansprüche aus **§ 826 BGB** in Betracht. Das rechtsverletzende Verhalten von Organen und Repräsentanten ist dem Anbieter eines Online-Vermittlungsdienstes bzw. dem Anbieter einer Online-Suchmaschine analog §§ 31, 89 BGB zuzurechnen. Das Verhalten von Mitarbeitern und Beauftragten ist einem Anbieter dagegen nicht zurechenbar, da § 278 BGB auf deliktische Ansprüche nicht anzuwenden ist. Es bleibt daher nur die Haftung für Verrichtungsgehilfen nach § 831 I BGB bzw. eine Haftung für Organisationsverschulden gemäß § 823 I BGB. **53**

4. Kritik

Die derzeit bestehenden Grundlagen für individuelle Ansprüche von gewerblichen Nutzern und Nutzern mit Unternehmenswebsite auf vertragsrechtlicher und deliktsrechtlicher Grundlage sind de lege lata **unzureichend** (dazu Alexander WRP 2021, 1375 ff.). So gilt für vertragliche Schadensersatzansprüche die Vermutung des Vertretenmüssens gemäß § 280 I 2 BGB, während im Deliktsrecht das Verschulden des Rechtsverletzers nachzuweisen ist. Eine Zurechnung des Verhaltens von Mitarbeitern und Beauftragten ist nur bei vertragsrechtlichen Ansprüchen möglich. Wenngleich Art. 14 IX die Ausgestaltung der individuellen Rechtsdurchsetzung den Mitgliedstaaten überantwortet, müssen die Mitgliedstaaten innerhalb ihres Gestaltungsspielraums eine unionsrechtskonforme Rechtsdurchsetzung sicherstellen. Die derzeitige Rechtslage stellt aufgrund der unterschiedlichen Ausgestaltung der vertraglichen und deliktischen Haftung **keine uneingeschränkte und einheitliche Anwendung des Unionsrechts** sicher (vgl. zu diesem Erfordernis EuGH ECLI:EU:C:2021:47 = EuZW 2021, 164 Rn. 47 – Whiteland Import Export). Zudem ist Art. 14 IX die Wertung zu entnehmen, dass die individuelle Rechtsdurchsetzung für gewerbliche Nutzer und Nutzer mit Unternehmenswebsite qualitativ vergleichbar ausgestaltet sein muss. Dies ist nach dem geltenden Recht nicht gegeben. Daher ist de lege ferenda die Schaffung einer speziellen gesetzlichen Grundlage zu befürworten, die einheitliche Instrumente für die individuelle Rechtsdurchsetzung vorsieht (Regelungsvorschlag: Alexander WRP 2022, 1375 (1382 f.). **54**

IV. Keine Ansprüche von Verbrauchern und Verbraucherverbänden

Wenngleich die P2B-VO zumindest indirekt auch Verbraucherinteressen im Blick hat (vgl. ErwGr. 2–4, 8), stehen bei Zuwiderhandlungen gegen ihre Bestimmungen den einzelnen Verbraucher keine Individualansprüche zu. Denn die P2B-VO schützt keine Individualinteressen **55** der Verbraucher und sie sieht deswegen folgerichtig auch keine Individualrechte von Verbrauchern vor (offengelassen von Voigt/Reuter MMR 2019, 738 (787)). Art. 11a UGP-RL ist ebenso wie § 9 II UWG auf Verletzungen der P2B-VO nicht anzuwenden, weil diese Bestimmungen nur für Geschäftspraktiken bzw. geschäftliche Handlungen im B2C-Verhältnis gelten. Auch Ansprüche und Klagerechte von Verbraucherverbänden zum Schutz kollektiver Verbraucherinteressen bestehen nicht, weil diese durch § 8a UWG ausgeschlossen sind (→ Rn. 17).

Durchsetzung

15 (1) Jeder Mitgliedstaat sorgt für eine angemessene und wirksame Durchsetzung dieser Verordnung.

(2) ¹Die Mitgliedstaaten erlassen Vorschriften über die Maßnahmen, die bei Verstößen gegen diese Verordnung anwendbar sind, und stellen deren Umsetzung sicher. ²Die Maßnahmen müssen wirksam, verhältnismäßig und abschreckend sein.

I. Allgemeines

1. Einordnung und Normzweck

1   Art. 15 enthält einen an die Mitgliedstaaten gerichteten **Regelungsauftrag**. Sie müssen für eine wirksame Rechtsdurchsetzung Sorge tragen. Den Mitgliedstaaten steht dabei ein **Regelungs- und Gestaltungsspielraum** zu. Angesichts unterschiedlicher Systeme der Rechtsdurchsetzung (vgl. ErwGr. 46) können die Mitgliedstaaten selbst darüber entscheiden, wie sie die Rechtsdurchsetzung ausgestalten. Das Regelungskonzept entspricht damit eher dem einer Richtlinie als dem einer Verordnung. Im Unterschied bspw. zur DS-GVO (s. Art. 82 DS-GVO) finden sich in der P2B-VO keine Anspruchsgrundlagen.

2   Art. 15 und Art. 14 stehen in einem engen inhaltlichen Zusammenhang. Die allgemeinen Anforderungen des Art. 15 werden durch Art. 14 für die Verbands- und Individualklage konkretisiert und präzisiert (→ Art. 14 Rn. 1 ff.). Die Vorgaben aus Art. 14 sind jedoch **nicht abschließend,** sodass die Mitgliedstaaten nicht daran gehindert sind, darüber hinaus gehende Möglichkeiten der Rechtsdurchsetzung vorzusehen.

2. Anwendungsbereich

3   Für den Anwendungsbereich gelten die Erläuterungen zu Art. 14 (→ Art. 14 Rn. 5 f.) entsprechend.

II. Regelungsauftrag an die Mitgliedstaaten

1. Rechtsdurchsetzung als mitgliedstaatliche Aufgabe (Art. 15 I)

4   Gemäß Art. 15 I sind die Mitgliedstaaten zu einer angemessenen und wirksamen Durchsetzung der P2B-VO verpflichtet. Diese Vorgabe entspricht einer gängigen Formulierung, die sich auch in anderen Sekundärrechtsakten der EU findet (zB Art. 21 I RL (EU) 2019/770). Seine primärrechtliche Grundlage findet dieser Regelungsauftrag in dem **Loyalitätsgrundsatz** des Art. 4 III EUV.

2. Schaffung von Maßnahmen im innerstaatlichen Recht (Art. 15 II)

5   Gemäß Art. 15 II 1 sind die Mitgliedstaaten dazu verpflichtet, Vorschriften über die Maßnahmen, die bei Verstößen gegen die P2B-VO anwendbar sind, zu erlassen und deren Umsetzung sicherzustellen. Die Mitgliedstaaten können wählen, ob sie hierfür eine **private und/oder behördliche Rechtsdurchsetzung** vorsehen. Bei der Ausgestaltung der Rechtsdurchsetzung können sie an bereits vorhandene Regelungen und Institutionen anknüpfen. Bspw. können sie die Befugnisse von bestehenden Behörden erweitern. Die Mitgliedstaaten sind aber nicht dazu verpflichtet, eine Durchsetzung von Amts wegen vorzusehen oder Geldbußen festzusetzen (ErwGr. 46).

6   Der deutsche Gesetzgeber ist seiner Verpflichtung zum Erlass von Maßnahmen zur Rechtsdurchsetzung im innerstaatlichen Recht bislang nur **teilweise** nachgekommen. Zur Verwirklichung des kollektiven Rechtsschutzes iSv Art. 14 I–VIII hat der deutsche Gesetzgeber § 8a UWG geschaffen (→ Art. 14 Rn. 14 ff.). Demgegenüber fehlt eine Parallelregelung für den

individuellen Rechtsschutz von gewerblichen Nutzern und Nutzern mit Unternehmenswebsite iSv Art. 14 IX. Mangels einer solchen Regelung bestimmt sich der individuelle Rechtsschutz nach den allgemeinen Vorschriften des Vertrags- und Deliktsrechts (→ Art. 14 Rn. 49 ff.).

Die in Art. 15 II 1 ebenfalls angesprochene Verpflichtung zur „Umsetzung" von Maßnahmen **7** ist missverständlich. Aus dem Kontext der Regelung erschließt sich, dass die Mitgliedstaaten im innerstaatlichen Recht die konkrete **Anwendung und Funktionsfähigkeit** der von ihnen geschaffenen Vorschriften gewährleisten müssen. Es genügt also nicht, wenn die Mitgliedstaaten lediglich auf dem Papier Rechte einräumen, vielmehr müssen die innerstaatlichen Regelungen zur Rechtsdurchsetzung tatsächlich funktionsfähig sein. Dies umfasst die materiellrechtlichen Grundlagen ebenso wie die verfahrensrechtlichen Erfordernisse.

Art. 15 II 2 formuliert die unionsrechtlichen Anforderungen an die im innerstaatlichen Recht **8** für die Rechtsdurchsetzung zu schaffenden Maßnahmen. Diese entsprechen den üblichen Vorgaben in anderen Rechtsakten (zB Art. 13 I 2 UGP-RL). Die zur Rechtsdurchsetzung geschaffenen Maßnahmen müssen erstens wirksam sein, also dem **„Effet utile"**-Leitgedanken des Unionsrechts (Grundsatz der praktischen Wirksamkeit) gerecht werden. Dieser erfordert, dass die Bestimmungen des Unionsrechts ihre volle Wirkung einheitlich in sämtlichen Mitgliedstaaten vom Zeitpunkt ihres Inkrafttretens an und während der gesamten Dauer ihrer Gültigkeit entfalten (stRspr., s. nur EuGH ECLI:EU:C:1978:49 = NJW 1978, 1741 Rn. 14, 16 – Simmenthal). Eine Sanktionsregelung ist danach wirksam, wenn sie so ausgestaltet ist, dass die Verhängung der vorgesehenen Sanktion (und damit die Verwirklichung der vom Unionsrecht vorgegebenen Ziele) nicht praktisch unmöglich gemacht oder übermäßig erschwert wird (Schlussanträge GA Kokott ECLI:EU:C:2004:624 Rn. 88 – Berlusconi u.a.; Busch/Höppner/Wick Rn. 5).

Die Maßnahmen müssen zweitens verhältnismäßig sein, also mit dem unionsrechtlichen **9** **Prinzip der Verhältnismäßigkeit** in Übereinstimmung stehen. Dieses Prinzip gehört zu den allgemeinen Grundsätzen des Unionsrechts und verlangt, dass die eingesetzten Mittel zur Erreichung des angestrebten Zieles geeignet sind und nicht über das dazu erforderliche Maß hinausgehen (stRspr., s. nur EuGH ECLI:EU:C:2011:504 = BeckRS 2011, 81146 Rn. 124 – Etimine; ECLI:EU:C:2004:802 = BeckRS 2004, 78264 Rn. 47 – Swedish Match). Eine Sanktion ist verhältnismäßig, wenn sie zur Erreichung der mit ihr verfolgten legitimen Ziele geeignet (also insbesondere wirksam und abschreckend) und außerdem erforderlich ist. Wenn mehrere (gleich) geeignete Sanktionen zur Auswahl stehen, ist die am wenigsten belastende zu wählen. Ferner müssen die Auswirkungen der Sanktion auf den Betroffenen in einem angemessenen Verhältnis zu den angestrebten Zielen stehen (Schlussanträge GA Kokott ECLI:EU:C:2004:624 Rn. 90 – Berlusconi u.a.; Busch/Höppner/Wick Rn. 5).

Drittens müssen die Maßnahmen abschreckend sein. Eine Sanktion erfüllt diese Vorausset- **10** zung, wenn sie eine **Präventionseignung** aufweist, also den Einzelnen davon abhält, gegen die unionsrechtlich vorgegebenen Ziele und Regelungen zu verstoßen. Bei dem Kriterium der Abschreckung kommt es nicht nur auf Art und Höhe der Sanktion an, sondern auch auf die Wahrscheinlichkeit, mit der sie verhängt werden wird: Wer einen Verstoß begeht, muss befürchten, auch tatsächlich mit der Sanktion belegt zu werden. Insoweit liegt ein Überschneidungsbereich zwischen den Kriterien der Abschreckung und der Wirksamkeit vor (Schlussanträge GA Kokott ECLI:EU:C:2004:624 Rn. 89 – Berlusconi u.a.; Busch/Höppner/Wick Rn. 5).

Überwachung

16 ¹Die Kommission überwacht sorgfältig und in enger Zusammenarbeit mit den Mitgliedstaaten die Auswirkungen dieser Verordnung auf die Beziehungen zwischen Online-Vermittlungsdiensten und ihren gewerblichen Nutzern einerseits und Online-Suchmaschinen und Nutzern mit Unternehmenswebsite andererseits. ²Zu diesem Zweck sammelt die Kommission, auch durch Durchführung einschlägiger Studien, relevante Informationen, mit deren Hilfe die Entwicklung dieser Beziehungen überwacht werden kann. ³Die Mitgliedstaaten unterstützen die Kommission, indem sie auf Anfrage alle einschlägigen gesammelten Informationen, auch zu konkreten Fällen, übermitteln. ⁴Die Kommission kann für die Zwecke dieses Artikels und des Artikels 18 Informationen von Anbietern von Online-Vermittlungsdiensten einholen.

1   Normadressatin von Art. 16 ist die **Kommission.** Die Vorschrift sieht eine Verpflichtung zum Monitoring der P2B-VO und ihrer Anwendung in der Praxis vor. In **ErwGr. 47** wird dazu ausgeführt:

„Die Kommission sollte die Anwendung dieser Verordnung in enger Zusammenarbeit mit den Mitgliedstaaten fortlaufend überwachen. In diesem Zusammenhang sollte die Kommission auf die Einrichtung eines breiten Netzes für den Informationsaustausch hinwirken, indem sie einschlägige Fachgremien, Exzellenzzentren und die Beobachtungsstelle für die Online-Plattformwirtschaft nutzt. Die Mitgliedstaaten sollten der Kommission auf Anfrage alle einschlägigen Informationen übermitteln, über die sie in diesem Zusammenhang verfügen. Schließlich sollte dieser Maßnahme die insgesamt verbesserte Transparenz der Geschäftsbeziehungen zwischen gewerblichen Nutzern und Anbietern von Online-Vermittlungsdiensten und zwischen Nutzern mit Unternehmenswebsite und Online-Suchmaschinen zugutekommen, die mit dieser Verordnung erreicht werden soll. Damit die Kommission ihre Überwachungs- und Überprüfungsaufgaben nach dieser Verordnung wirksam erfüllen kann, sollte sie bestrebt sein, Informationen von Anbietern von Online-Vermittlungsdiensten einzuholen. Die Anbieter von Online-Vermittlungsdiensten sollten nach Treu und Glauben mit der Kommission zusammenarbeiten, indem sie die Erhebung der entsprechenden Daten erforderlichenfalls erleichtern.“

Verhaltenskodex

17 (1) **Die Kommission fordert die Anbieter von Online-Vermittlungsdiensten sowie Organisationen und Verbände, die diese vertreten, auf, zusammen mit gewerblichen Nutzern, einschließlich KMU, und ihren Vertretungsorganisationen Verhaltenskodizes auszuarbeiten, die die ordnungsgemäße Anwendung dieser Verordnung unterstützen und die den besonderen Merkmalen der verschiedenen Branchen, in denen Online-Vermittlungsdienste angeboten werden, sowie den besonderen Merkmalen von KMU Rechnung tragen.**

(2) **Die Kommission fordert die Anbieter von Online-Suchmaschinen sowie Organisationen und Verbände, die diese vertreten, auf, Verhaltenskodizes auszuarbeiten, die speziell darauf ausgerichtet sind, die ordnungsgemäße Anwendung von Artikel 5 zu unterstützen.**

(3) **Die Kommission fordert die Anbieter von Online-Vermittlungsdiensten auf, branchenspezifische Verhaltenskodizes anzunehmen und umzusetzen, wenn solche branchenspezifischen Verhaltenskodizes existieren und weit verbreitet sind.**

1   Art. 17 bringt zum Ausdruck, dass der Unionsgesetzgeber Verhaltenskodizes als ein wirksames Instrument der **Selbstregulierung** innerhalb des Anwendungsbereiches der P2B-VO ansieht. Zur Funktion von Verhaltenskodizes heißt es in ErwGr. 48:

„Verhaltenskodizes, die entweder von den betreffenden Diensteanbietern oder von den diese vertretenden Organisationen oder Verbänden ausgearbeitet werden, können zur ordnungsgemäßen Anwendung dieser Verordnung beitragen und sollten daher gefördert werden. Bei der Ausarbeitung solcher Verhaltenskodizes in Rücksprache mit allen einschlägigen interessierten Kreisen sollte den besonderen Merkmalen der jeweiligen Wirtschaftszweige sowie den besonderen Merkmalen der KMU Rechnung getragen werden. Diese Verhaltenskodizes sollten objektiv und diskriminierungsfrei formuliert werden.“

2   Normadressatin der Vorschrift ist die **Kommission,** die dazu verpflichtet ist, Plattformbetreiber bzw. Organisationen und Interessenverbände dazu aufzufordern, Verhaltenskodizes zu schaffen (Art. 17 I und II) sowie bestehende Kodizes praktisch anzuwenden (Art. 17 III). Art. 17 I betrifft ebenso wie Art. 17 III Verhaltenskodizes für die Tätigkeit von Online-Vermittlungsdiensten (Art. 2 Nr. 2). Demgegenüber geht es in Art. 17 II um spezielle Verhaltenskodizes von Online-Suchmaschinen (Art. 2 Nr. 5) im Hinblick auf die Anforderungen für das Ranking (Art. 2 Nr. 8) gemäß Art. 5.

3   Der Art. 17 zugrunde liegende **Begriff des Verhaltenskodex** steht der Definition in Art. 2 lit. f UGP-RL nahe (vgl. auch BeckOK UWG/Fritzsche P2B-VO Art. 17 Rn. 2), es besteht aber keine Deckungsgleichheit. Denn Art. 2 lit. f UGP-RL gilt für Verhaltenskodizes „in Bezug auf eine oder mehrere spezielle Geschäftspraktiken oder Wirtschaftszweige“. Es geht also nur um solche Verhaltensweisen, die Art. 2 lit. b UGP-RL unterfallen, dh um Praktiken im B2C-Verhältnis.

4   In Anlehnung an Art. 2 lit. g UGP-RL kann **„Urheber eines Kodex“** jede Rechtspersönlichkeit sein, einschließlich einzelner Gewerbetreibender oder Gruppen von Gewerbetreibenden, die für die Formulierung und Überarbeitung eines Verhaltenskodex und/oder für die Überwachung der Einhaltung dieses Kodex durch alle diejenigen, die sich darauf verpflichtet haben, zuständig ist (vgl. auch BeckOK UWG/Fritzsche P2B-VO Art. 17 Rn. 3).

Überprüfung

18 (1) **Bis zum 13. Januar 2022 und danach alle drei Jahre wird die Kommission diese Verordnung evaluieren und dem Europäischen Parlament, dem Rat und dem Europäischen Wirtschafts- und Sozialausschuss einen Bericht vorlegen.**

(2) [1] **Bei der ersten Evaluierung dieser Verordnung wird vor allem auf Folgendes geachtet:**

a) **Bewertung der Einhaltung der in den Artikeln 3 bis 10 festgelegten Verpflichtungen und deren Auswirkungen auf die Online-Plattformwirtschaft;**

b) **Bewertung der Auswirkungen und der Wirksamkeit etwaiger erstellter Verhaltenskodizes bei der Verbesserung von Fairness und Transparenz;**

c) **weitere Untersuchung der Probleme, die durch die Abhängigkeit gewerblicher Nutzer von Online-Vermittlungsdiensten verursacht werden, und der Probleme, die durch unlautere Geschäftspraktiken von Anbietern von Online-Vermittlungsdiensten verursacht werden, und genauere Feststellung, in welchem Maß diese Praktiken weiterhin weit verbreitet sind;**

d) **Untersuchung der Frage, ob zwischen Waren und Dienstleistungen, die durch einen gewerblichen Nutzer angeboten werden, und Waren und Dienstleistungen, die von einem Anbieter von Online-Vermittlungsdiensten angeboten oder kontrolliert werden, ein lauterer Wettbewerb herrscht, und ob die Anbieter von Online-Vermittlungsdiensten diesbezüglich privilegierte Daten missbräuchlich nutzen;**

e) **Bewertung der Auswirkung dieser Verordnung auf etwaige Ungleichgewichte in den Beziehungen zwischen den Anbietern von Betriebssystemen und ihren gewerblichen Nutzern;**

f) **Bewertung der Frage, ob der Geltungsbereich der Verordnung, insbesondere hinsichtlich der Bestimmung des Begriffs „gewerblicher Nutzer", geeignet ist, Scheinselbstständigkeit keinen Vorschub zu leisten.**

[2] **Durch die erste und die folgenden Evaluierungen wird ermittelt, ob zusätzliche Vorschriften, etwa zur Durchsetzung, möglicherweise notwendig sind, um für ein faires, vorhersehbares, tragfähiges und vertrauenswürdiges Online-Geschäftsumfeld im Binnenmarkt zu sorgen. Im Anschluss an die Evaluierungen ergreift die Kommission geeignete Maßnahmen, wozu auch Gesetzgebungsvorschläge gehören können.**

(3) **Die Mitgliedstaaten übermitteln der Kommission alle ihnen vorliegenden einschlägigen Informationen, die diese für die Ausarbeitung des in Absatz 1 genannten Berichts benötigt.**

(4) [1]**Bei der Evaluierung dieser Verordnung berücksichtigt die Kommission unter anderem die Stellungnahmen und Berichte, die ihr von der Expertengruppe für die Beobachtungsstelle für die Online-Plattformwirtschaft vorgelegt werden.** [2]**Außerdem berücksichtigt sie den Inhalt und die Funktionsweise der Verhaltenskodizes, die gegebenenfalls nach Artikel 17 erstellt wurden.**

Anknüpfend an Art. 16 enthält Art. 18 eine Pflicht zur **Evaluierung der P2B-VO.** Norm- **1** adressatin ist – wie bei Art. 16 und Art. 17 – die **Kommission.** Art. 18 enthält nähere Anforderungen an den Inhalt und die Vorgehensweise bei der Evaluation. Der Erstbericht sollte bis zum 13.1.2022 vorgelegt werden, jedoch hat sich die Erstellung aus verschiedenen Gründen verzögert. **ErwGr. 49** führt zur Evaluation aus:

„Die Kommission sollte diese Verordnung regelmäßig bewerten und ihre Auswirkungen auf die Online-Plattformwirtschaft genau überwachen; dabei sollte sie insbesondere feststellen, inwieweit Änderungen angesichts der einschlägigen technologischen oder geschäftlichen Entwicklungen notwendig geworden sind. Diese Bewertung sollte auch die Auswirkungen auf die gewerblichen Nutzer umfassen, die sich aus der allgemeinen Anwendung von Exklusivbestimmungen für die Wahl des geltenden Rechts und des Gerichtsstands in den einseitig vom Anbieter von Online-Vermittlungsdiensten festgelegten allgemeinen Geschäftsbedingungen ergeben könnten. Um einen umfassenden Überblick über die Entwicklungen in dieser Branche zu erhalten, sollte bei der Bewertung berücksichtigt werden, welche Erfahrungen die Mitgliedstaaten und die einschlägigen Interessenträger gemacht haben. Die Expertengruppe der Beobachtungsstelle für die Online-Plattformwirtschaft, die im Einklang mit dem Beschluss C(2018)2393 der Kommission eingerichtet wurde, ist äußerst wichtig, wenn es darum geht, Informationen für die Bewertung dieser Verordnung durch die Kommission zur Verfügung zu stellen. Die Kommission sollte daher die Stellungnahmen und Berichte, die ihr von der Gruppe vorgelegt werden, gebührend berücksichtigen. Im Anschluss an die Bewertung sollte die Kommission geeignete Maßnahmen ergreifen. Weitere Maßnahmen, auch legislativer Art, können angezeigt sein, falls bzw. dort, wo sich die in dieser Verordnung festgelegten Bestimmungen als unzureichend erweisen, um in dieser Branche fortbestehende Ungleichgewichte und unlautere Geschäftspraktiken angemessen in Angriff zu nehmen."

Inkrafttreten und Geltungsbeginn

19 (1) **Diese Verordnung tritt am zwanzigsten Tag nach ihrer Veröffentlichung im *Amtsblatt der Europäischen Union* in Kraft.**

(2) **Sie gilt ab dem 12. Juli 2020.**

1   Art. 19 regelt als Schlussvorschrift das Inkrafttreten sowie den Geltungsbeginn der Verordnung. Die P2B-VO wurde am **11.7.2019** im ABl. EU 2019 L 186, 57 veröffentlicht. Tag ihres **Inkrafttretens** war gemäß Art. 19 I der **31.7.2021.** Mit ihrem Inkrafttreten mussten sich die Mitgliedstaaten, aber auch alle Normadressaten, auf die Anforderungen der P2B-VO einstellen. Tag des **Geltungsbeginn** war dann der **12.7.2021** (Art. 19 II). Es bestand somit ein Jahr Anpassungszeit zwischen dem Inkrafttreten und dem Geltungsbeginn. Dieser Übergangszeitraum ermöglichte es den Mitgliedstaaten und den von der P2B-VO betroffenen Marktteilnehmern, die notwendigen Anpassungen vorzunehmen (Busch/Busch Rn. 2). Mit dem Geltungsbeginn ist die P2B-VO als Verordnung unmittelbar anzuwenden.

2   Die P2B-VO gilt für alle von ihrem Anwendungsbereich umfassten Sachverhalte nach dem Geltungseintritt. Eine **Übergangsfrist** ist ebenso wie eine **zeitliche Grenze ihrer Geltung** nicht vorgesehen. Die P2B-VO entfaltet somit ihre Rechtswirkungen bis zu dem Zeitpunkt, in dem sie aufgehoben oder durch einen anderen EU-Rechtsakt geändert oder ersetzt wird.

Verbraucherrechtedurchsetzungsgesetz (VDuG)

Art. 1 Gesetz zur Umsetzung der Richtlinie (EU) 2020/1828 über Verbandsklagen zum Schutz der Kollektivinteressen der Verbraucher und zur Aufhebung der Richtlinie 2009/22/EG (Verbandsklagenrichtlinienumsetzungsgesetz – VRUG)

vom 8. Oktober 2023 (BGBl. 2023 I Nr. 272)

Abschnitt 1. Allgemeine Vorschriften

§ 1 Verbandsklagen

(1) In bürgerlichen Rechtsstreitigkeiten, die Ansprüche und Rechtsverhältnisse einer Vielzahl von Verbrauchern gegen einen Unternehmer betreffen, können klageberechtigte Stellen folgende Verbandsklagen gegen Unternehmer erheben:

1. Abhilfeklagen und
2. Musterfeststellungsklagen.

(2) ¹Kleine Unternehmen gelten als Verbraucher im Sinne dieses Gesetzes. ²Kleine Unternehmen sind solche, die weniger als 10 Personen beschäftigen und deren Jahresumsatz oder Jahresbilanz 2 Millionen Euro nicht übersteigt.

§ 2 Klageberechtigte Stellen

(1) Klageberechtigte Stellen für Verbandsklagen sind

1. qualifizierte Verbraucherverbände, die
   a) in der Liste nach § 4 des Unterlassungsklagengesetzes eingetragen sind und
   b) nicht mehr als 5 Prozent ihrer finanziellen Mittel durch Zuwendungen von Unternehmen beziehen, sowie
2. qualifizierte Einrichtungen aus anderen Mitgliedstaaten der Europäischen Union, die in dem Verzeichnis der Europäischen Kommission nach Artikel 5 Absatz 1 Satz 4 der Richtlinie (EU) 2020/1828 des Europäischen Parlaments und des Rates vom 25. November 2020 über Verbandsklagen zum Schutz der Kollektivinteressen der Verbraucher und zur Aufhebung der Richtlinie 2009/22/EG (ABl. L 409 vom 4.12.2020, S. 1) eingetragen sind.

(2) Bestehen ernsthafte Zweifel daran, dass die Voraussetzung nach Absatz 1 Nummer 1 Buchstabe b vorliegt, so verlangt das Gericht vom Kläger die Offenlegung seiner finanziellen Mittel.

(3) Es wird unwiderleglich vermutet, dass Verbraucherzentralen und andere Verbraucherverbände, die überwiegend mit öffentlichen Mitteln gefördert werden, die Voraussetzung des Absatzes 1 Nummer 1 Buchstabe b erfüllen.

§ 3 Zuständigkeit; Verordnungsermächtigung

(1) Für Verbandsklagen ist dasjenige Oberlandesgericht sachlich und örtlich ausschließlich zuständig, in dessen Bezirk sich der allgemeine Gerichtsstand des Unternehmers, gegen den sich die Verbandsklage richtet, befindet.

(2) ¹Regelungen in Rechtsakten der Europäischen Union bleiben unberührt. ²Regelungen in völkerrechtlichen Vereinbarungen, soweit sie unmittelbar anwendbares innerstaatliches Recht sind, gehen den Vorschriften dieses Gesetzes vor.

(3) ¹Die Landesregierungen können durch Rechtsverordnung einem Oberlandesgericht die Entscheidung und Verhandlung für die Bezirke mehrerer Oberlandesgerichte oder dem Obersten Landesgericht zuweisen, sofern

1. in dem Land mehrere Oberlandesgerichte errichtet sind und
2. die Zuweisung für das Verbandsklageverfahren förderlich ist.

²Die Landesregierungen können die Ermächtigung durch Rechtsverordnung auf ihre Landesjustizverwaltung übertragen.

§ 4 Verbraucherquorum; Finanzierung

(1) ¹Eine Verbandsklage ist nur zulässig, wenn die klageberechtigte Stelle nachvollziehbar darlegt, dass

1. von der Abhilfeklage Ansprüche von mindestens 50 Verbrauchern betroffen sein können oder
2. von den Feststellungszielen der Musterfeststellungsklage die Ansprüche oder Rechtsverhältnisse von mindestens 50 Verbrauchern abhängen können.

²Im Fall des § 7 Absatz 1 ist die Gesamtzahl der von der gemeinschaftlichen Klage betroffenen Verbraucher maßgeblich.

(2) Eine Verbandsklage ist unzulässig, wenn sie von einem Dritten finanziert wird,

1. der ein Wettbewerber des verklagten Unternehmers ist,
2. der vom verklagten Unternehmer abhängig ist,
3. dem ein wirtschaftlicher Anteil an der vom verklagten Unternehmer zu erbringenden Leistung von mehr als 10 Prozent versprochen ist oder
4. von dem zu erwarten ist, dass er die Prozessführung der klageberechtigten Stelle, einschließlich Entscheidungen über Vergleiche, zu Lasten der Verbraucher beeinflussen wird.

(3) ¹Mit Klageeinreichung hat die klageberechtigte Stelle dem Gericht die Herkunft der Mittel, mit denen die Klage finanziert wird, offenzulegen. ²Wird die Klage durch einen Dritten finanziert, sind darüber hinaus die mit dem finanzierenden Dritten getroffenen Vereinbarungen offenzulegen. ³Dies gilt auch in den Fällen, in denen die Finanzierung der Klage erst nach Klageeinreichung erfolgt.

§ 5 Klageschrift

(1) Die Klageschrift, mit der eine Verbandsklage erhoben wird, muss Folgendes enthalten:

1. die Angabe und den Nachweis, dass der Kläger eine klageberechtigte Stelle ist,
2. die nachvollziehbare Darlegung, dass
   a) von der Abhilfeklage Ansprüche von mindestens 50 Verbrauchern betroffen sein können oder
   b) von den Feststellungszielen der Musterfeststellungsklage die Ansprüche oder Rechtsverhältnisse von mindestens 50 Verbrauchern abhängen können,
3. die Angabe des Werts des Streitgegenstands und
4. die Angabe, ob ein Dritter die Verbandsklage finanziert, sowie gegebenenfalls den Namen des Dritten.

(2) Die Klageschrift soll für den Zweck der Bekanntmachung im Verbandsklageregister eine kurze Darstellung des Lebenssachverhalts enthalten, aus dem die geltend gemachten Ansprüche von Verbrauchern hergeleitet werden.

(3) Im Übrigen ist § 253 der Zivilprozessordnung entsprechend anzuwenden.

§ 6 Offenlegung von Beweismitteln; Androhung und Festsetzung von Ordnungsgeld

(1) Ordnet das Gericht die Vorlage einer Urkunde oder sonstiger Unterlagen (§ 142 der Zivilprozessordnung), die Vorlage von Akten (§ 143 der Zivilprozessordnung) oder die Vorlage eines Gegenstandes (§ 144 der Zivilprozessordnung) an, so kann es der vorlagepflichtigen Partei für den Fall, dass diese der Anordnung nicht nachkommt, die Festsetzung eines Ordnungsgelds in Höhe von bis zu 250 000 Euro androhen.

(2) ¹Kommt die vorlagepflichtige Partei der gerichtlichen Anordnung trotz Androhung eines Ordnungsgeldes nicht nach, so ist das angedrohte Ordnungsgeld durch Beschluss festzusetzen. ²Das Ordnungsgeld kann erneut festgesetzt werden, wenn die vorlagepflichtige Partei der gerichtlichen Anordnung wiederholt nicht nachkommt.

§ 7 Streitgenossenschaft

(1) ¹Mehrere klageberechtigte Stellen können gemeinschaftlich gegen einen Unternehmer klagen. ²Mehrere Unternehmer können gemeinschaftlich verklagt werden.

(2) Die §§ 59 bis 63 der Zivilprozessordnung sind entsprechend anzuwenden.

§ 8 Sperrwirkung der Verbandsklage

¹Ab Anhängigkeit einer Verbandsklage kann gegen denselben Unternehmer keine weitere Verbandsklage erhoben werden, deren Streitgegenstand denselben Lebenssachverhalt und dieselben Ansprüche oder dieselben Feststellungsziele betrifft. ²Diese Sperrwirkung entfällt, sobald die Verbandsklage ohne Entscheidung in der Sache beendet wird.

§ 9 Gerichtlicher Vergleich

(1) ¹Zur gütlichen Beilegung des Rechtsstreits können die Parteien einen gerichtlichen Vergleich auch mit Wirkung für die im Verbandsklageregister angemeldeten Verbraucher schließen. ²Der gerichtliche Vergleich kann nicht vor Ablauf des in § 46 Absatz 1 Satz 1 genannten Zeitpunkts geschlossen werden.

(2) ¹Der Vergleich bedarf der Genehmigung des Gerichts. ²Das Gericht genehmigt den Vergleich durch Beschluss, wenn es ihn unter Berücksichtigung des Sach- und Streitstands, insbesondere der Interessen der betroffenen Verbraucher, als angemessene gütliche Beilegung des Rechtsstreits erachtet. ³Andernfalls lehnt das Gericht die Genehmigung des Vergleichs durch Beschluss ab.

§ 10 Austritt aus dem Vergleich

(1) ¹Jeder im Verbandsklageregister angemeldete Verbraucher kann innerhalb einer Frist von einem Monat gegenüber dem Bundesamt für Justiz den Austritt aus dem Vergleich erklären. ²Die Frist beginnt mit der Bekanntgabe des Vergleichs im Verbandsklageregister.

(2) ¹Verbraucher, die ihren Austritt wirksam erklärt haben, werden durch den Vergleich nicht gebunden. ²Der Austritt berührt nicht die Wirksamkeit der Anmeldung im Verbandsklageregister.

§ 11 Sperrwirkung der Anmeldung; Bindungswirkung

(1) Hat ein Verbraucher vor der Bekanntgabe der Verbandsklage im Verbandsklageregister eine Klage gegen den Unternehmer erhoben, die die Ansprüche oder Rechtsverhältnisse oder Feststellungsziele und den Lebenssachverhalt der Verbandsklage betrifft, und meldet er seinen Anspruch oder sein Rechtsverhältnis zum Verbandsklageregister an, so setzt das Gericht das Verfahren bis zur rechtskräftigen Entscheidung über die Verbandsklage oder bis zur sonstigen Erledigung der Verbandsklage oder bis zur wirksamen Rücknahme der Anmeldung zum Verbandsklageregister aus.

(2) Während der Rechtshängigkeit der Verbandsklage kann ein angemeldeter Verbraucher gegen den Unternehmer keine Klage erheben, deren Streitgegenstand denselben Lebenssachverhalt und dieselben Ansprüche oder dieselben Feststellungsziele betrifft.

(3) ¹Rechtskräftige Urteile über Verbandsklagen binden ein zur Entscheidung eines Rechtsstreits zwischen einem angemeldeten Verbraucher und dem verklagten Unternehmer berufenes Gericht, soweit dessen Entscheidung den Lebenssachverhalt der Verbandsklage und einen mit der Abhilfeklage geltend gemachten Anspruch oder ein mit der Musterfeststellungsklage geltend gemachtes Feststellungsziel betrifft. ²Satz 1 gilt nicht für Abhilfeendurteile nach § 18.

§ 12 Informationspflichten

(1) ¹Die klageberechtigte Stelle ist verpflichtet, auf ihrer Internetseite zu informieren über:

1. Verbandsklagen, die sie erheben will,
2. Verbandsklagen, die sie bereits erhoben hat, und
3. den Verfahrensstand der Verbandsklagen.

²Auf der Internetseite ist ferner darüber zu informieren, dass Verbraucher nur dann von den Wirkungen einer Verbandsklage erfasst werden, wenn sie Ansprüche oder Rechtsverhältnisse, die Gegenstand der Verbandsklage sind, zur Eintragung in das Verbandsklageregister anmelden.

(2) Wird ein Verfahren über eine Verbandsklage durch unanfechtbaren Beschluss, unanfechtbares Urteil oder durch einen Vergleich nach § 9 beendet, so ist der Beschluss, das Urteil oder der Vergleich in veröffentlichungsfähiger anonymisierter Form ab dem Zeitpunkt der Beendigung des Verfahrens mindestens sechs Monate auf der Internetseite der klageberechtigten Stelle zu veröffentlichen.

(3) Die Kosten der Veröffentlichungen auf der Internetseite nach den Absätzen 1 und 2 sind Kosten des Rechtsstreits.

§ 13 Anwendung der Zivilprozessordnung

(1) ¹Auf Verbandsklageverfahren sind die Vorschriften der Zivilprozessordnung anzuwenden, soweit sich aus diesem Gesetz nicht etwas anderes ergibt. ²Auf das Verfahren vor den Oberlandesgerichten sind dabei die im ersten Rechtszug für das Verfahren vor den Landgerichten geltenden Vorschriften entsprechend anzuwenden.

(2) Die §§ 66 bis 74 der Zivilprozessordnung sind nicht anzuwenden im Verhältnis zwischen den Parteien der Verbandsklage und denjenigen Verbrauchern, die

1. einen Anspruch oder ein Rechtsverhältnis zum Verbandsklageregister angemeldet haben oder
2. behaupten, entweder einen Anspruch gegen den verklagten Unternehmer zu haben oder von ihm in Anspruch genommen zu werden oder zu ihm in einem Rechtsverhältnis zu stehen.

(3) § 128 Absatz 2 sowie die §§ 306 und 307 Satz 2 der Zivilprozessordnung sind nicht anzuwenden.

(4) Ein Urteil oder Abhilfegrundurteil ergeht nicht vor Ablauf von sechs Wochen nach dem Schluss der mündlichen Verhandlung.

Abschnitt 2. Abhilfeklagen

Unterabschnitt 1. Besondere Voraussetzungen

§ 14 Abhilfeklage

¹Mit der Abhilfeklage begehrt die klageberechtigte Stelle die Verurteilung des Unternehmers zu einer Leistung an die betroffenen Verbraucher. ²Als Leistung kann auch die Zahlung eines kollektiven Gesamtbetrags begehrt werden.

§ 15 Gleichartigkeit der Verbraucheransprüche; Klageschrift

(1) ¹Die Abhilfeklage ist nur zulässig, wenn die von der Klage betroffenen Ansprüche von Verbrauchern im Wesentlichen gleichartig sind. ²Das ist der Fall, wenn

1. die Ansprüche auf demselben Sachverhalt oder auf einer Reihe im Wesentlichen vergleichbarer Sachverhalte beruhen und
2. für die Ansprüche die im Wesentlichen gleichen Tatsachen- und Rechtsfragen entscheidungserheblich sind.

(2) ¹Die Klageschrift muss Angaben zur Gleichartigkeit der betroffenen Ansprüche von Verbrauchern enthalten. ²Beantragt die klageberechtigte Stelle die Verurteilung des Unternehmers zur Zahlung eines kollektiven Gesamtbetrags, so muss die Klageschrift auch die Höhe des einzelnen Verbraucheranspruchs angeben, wenn alle Ansprüche der betroffenen Verbraucher der Höhe nach gleich sind. ³Andernfalls soll die Methode angegeben werden, nach der sich die Höhe der jeweiligen einzelnen Ansprüche der betroffenen Verbraucher berechnen lässt.

Unterabschnitt 2. Abhilfeentscheidung

§ 16 Urteil und Abhilfegrundurteil

(1) ¹Hält das Gericht eine Abhilfeklage, die auf Zahlung eines kollektiven Gesamtbetrages oder auf die Verurteilung zu einer anderen Leistung als zur Zahlung gerichtet ist, dem Grunde nach für begründet, so erlässt es ein Abhilfegrundurteil. ²Wird die Leistung an namentlich benannte Verbraucher begehrt, entscheidet das Gericht im Fall einer Verurteilung zur Zahlung durch

Urteil. ³ Hält das Gericht die Abhilfeklage für unzulässig oder unbegründet, weist es die Klage durch Urteil ab.

(2) ¹ Die Urteilsformel eines Abhilfegrundurteils enthält folgende Angaben:

1. die konkreten Voraussetzungen, nach denen sich die Anspruchsberechtigung der betroffenen Verbraucher bestimmt und
2. die von jedem einzelnen Verbraucher im Umsetzungsverfahren zu erbringenden Berechtigungsnachweise.

² Wird mit der Abhilfeklage ein kollektiver Gesamtbetrag geltend gemacht, so enthält die Urteilsformel ferner den Betrag, der jedem berechtigten Verbraucher zusteht oder, wenn die den berechtigten Verbrauchern zustehenden Beträge unterschiedlich hoch sind, die Methode, nach der die den berechtigten Verbrauchern jeweils zustehenden Einzelbeträge zu berechnen sind. ³ Wird mit der Abhilfeklage die Verurteilung zu einer anderen Leistung als zur Zahlung begehrt, so ist die Verurteilung in der Urteilsformel auszusprechen.

(3) Im Fall des Absatzes 1 Satz 1 bleibt die Kostenentscheidung dem Abhilfeendurteil vorbehalten.

(4) ¹ Im Fall des Absatzes 1 Satz 1 entscheidet das Gericht durch Urteil, wenn

1. beide Parteien dies beantragen und
2. Bemühungen um einen Vergleich nach § 17 Absatz 1 aussichtslos erscheinen.

² In diesem Fall enthält die Urteilsformel die Angaben nach Absatz 2 und § 18 Absatz 1; § 18 Absatz 2 und 3 ist entsprechend anzuwenden.

(5) ¹ Gegen Urteile nach den Absätzen 1 und 4 findet die Revision statt. ² Diese bedarf keiner Zulassung.

§ 17 Vergleichsvorschlag; Fortsetzung des Abhilfeverfahrens

(1) ¹ Nach der Verkündung des Abhilfegrundurteils soll das Gericht die Parteien auffordern, einen schriftlichen Vergleichsvorschlag zur Umsetzung des Abhilfegrundurteils zu unterbreiten. ² Das Gericht kann den Parteien eine Frist zur Unterbreitung des Vergleichsvorschlags setzen. ³ Auf Antrag einer Partei und mit Zustimmung der Gegenpartei kann das Gericht diese Frist verlängern. ⁴ Die §§ 9 und 10 sind entsprechend anzuwenden.

(2) ¹ Wird das Abhilfeverfahren nicht durch wirksamen Vergleich beendet und ist das Abhilfegrundurteil rechtskräftig, so setzt das Gericht das Abhilfeverfahren fort. ² Es entscheidet durch Abhilfeendurteil.

§ 18 Abhilfeendurteil

(1) Die Urteilsformel des Abhilfeendurteils enthält folgende Angaben:

1. die Anordnung des Umsetzungsverfahrens,
2. die vorläufige Festsetzung der Kosten des Umsetzungsverfahrens,
3. die Verurteilung des Unternehmers zur Zahlung der nach Nummer 2 vorläufig festgesetzten Kosten des Umsetzungsverfahrens zu Händen des Sachwalters sowie
4. die Entscheidung über die Kosten des Verfahrens.

(2) Wird mit der Abhilfeklage ein kollektiver Gesamtbetrag geltend gemacht, enthält die Urteilsformel außerdem die Verurteilung des Unternehmers zur Zahlung eines solchen Betrags zu Händen des Sachwalters.

(3) Das Gericht kann bei Vorliegen besonderer Umstände, insbesondere einer Vielzahl betroffener Verbraucheransprüche, im Abhilfeendurteil die Widerspruchsfrist nach § 28 Absatz 2 Satz 1 angemessen verlängern.

(4) ¹ Gegen Abhilfeendurteile findet die Revision statt. ² Diese bedarf keiner Zulassung.

§ 19 Kollektiver Gesamtbetrag

(1) Das Gericht kann die Höhe des kollektiven Gesamtbetrags unter Würdigung aller Umstände nach freier Überzeugung bestimmen.

(2) § 287 der Zivilprozessordnung ist entsprechend anzuwenden.

§ 20 Kosten des Umsetzungsverfahrens

(1) Kosten des Umsetzungsverfahrens im Sinne dieses Gesetzes sind:

1. die Auslagen des Sachwalters, insbesondere Verbindlichkeiten, die er zur ordnungsgemäßen Erfüllung seiner Aufgaben begründet, und
2. die Vergütung des Sachwalters.

(2) Die Kosten des Umsetzungsverfahrens trägt der Unternehmer.

§ 21 Erhöhung des kollektiven Gesamtbetrags

(1) ¹Die klageberechtigte Stelle kann während des Umsetzungsverfahrens die Erhöhung des kollektiven Gesamtbetrags beantragen. ²Die Klage ist nur zulässig, wenn die klageberechtigte Stelle Tatsachen vorträgt, aus denen sich ergibt, dass der kollektive Gesamtbetrag nicht zur Erfüllung der berechtigten Zahlungsansprüche aller angemeldeten Verbraucher ausreicht.

(2) ¹Reicht der kollektive Gesamtbetrag nicht zur Erfüllung der berechtigten Zahlungsansprüche aller angemeldeten Verbraucher aus, so ist der Unternehmer zur Zahlung eines weiteren kollektiven Gesamtbetrags zu verurteilen, der der Erhöhung entspricht. ²§ 19 gilt entsprechend. ³Das Umsetzungsverfahren ruht während des Erhöhungsverfahrens.

Unterabschnitt 3. Umsetzungsverfahren

§ 22 Zuständigkeit; Entscheidungen im Umsetzungsverfahren

(1) Für das Umsetzungsverfahren ist ausschließlich das Prozessgericht der Abhilfeklage zuständig.

(2) Die Entscheidungen des Gerichts im Umsetzungsverfahren können ohne mündliche Verhandlung ergehen.

§ 23 Bestellung des Sachwalters

(1) ¹Das Gericht bestellt einen Sachwalter. ²Vor der Bestellung sollen die Parteien des Abhilfeverfahrens zur Person des Sachwalters gehört werden.

(2) ¹Zum Sachwalter ist eine geeignete und von den Parteien unabhängige Person zu bestellen. ²Die Unabhängigkeit wird nicht schon dadurch ausgeschlossen, dass die Person von einer Partei vorgeschlagen worden ist. ³Das Gericht kann von der als Sachwalter vorgesehenen Person den Nachweis einer Berufshaftpflichtversicherung verlangen, deren Deckungssumme dem Umfang des Umsetzungsverfahrens angemessen ist.

(3) ¹Der Sachwalter erhält vom Gericht eine Urkunde über seine Bestellung. ²Bei Beendigung seines Amtes hat der Sachwalter dem Gericht die Urkunde zurückzugeben.

(4) ¹Ein Sachwalter kann von den Parteien aus denselben Gründen, die nach § 42 der Zivilprozessordnung zur Ablehnung eines Richters berechtigen, abgelehnt werden. ²Der Ablehnungsgrund ist glaubhaft zu machen; zur Versicherung an Eides statt darf die Partei nicht zugelassen werden. ³Ein Sachwalter kann auch wegen Ungeeignetheit abgelehnt werden.

(5) ¹Ein Ablehnungsantrag ist binnen zwei Wochen nach der Verkündung oder der Zustellung des Beschlusses über die Bestellung zu stellen. ²Zu einem späteren Zeitpunkt ist der Antrag auf Ablehnung nur zulässig, wenn die Partei glaubhaft macht, dass sie ohne ihr Verschulden verhindert war, den Ablehnungsgrund früher geltend zu machen.

(6) Gegen den Beschluss, durch den die Ablehnung für begründet erklärt wird, findet kein Rechtsmittel statt.

§ 24 Eröffnungsbeschluss

Das Gericht beschließt die Eröffnung des Umsetzungsverfahrens, sobald der Unternehmer die folgenden Beträge zu Händen des Sachwalters gezahlt hat:
1. den vorläufig festgesetzten Kostenbetrag (§ 18 Absatz 1 Nummer 2),
2. den kollektiven Gesamtbetrag (§ 18 Absatz 2), sofern der Unternehmer zur Zahlung eines solchen verurteilt ist.

§ 25 Umsetzungsfonds

(1) [1]Der Sachwalter errichtet einen Umsetzungsfonds. [2]In diesen sind der vorläufig festgesetzte Kostenbetrag und gegebenenfalls der kollektive Gesamtbetrag sowie gegebenenfalls dessen Erhöhung einzuzahlen.

(2) [1]Der Umsetzungsfonds ist vom Vermögen des Sachwalters getrennt zu führen. [2]Der Sachwalter verwaltet den Umsetzungsfonds und verfügt über ihn.

(3) [1]Berechtigte Ansprüche von Verbrauchern auf Zahlung erfüllt der Sachwalter unmittelbar durch Zahlung aus dem Umsetzungsfonds. [2]Beträge zur Begleichung von Kosten des Umsetzungsverfahrens und Vorschüsse darf der Sachwalter dem Umsetzungsfonds nur nach Anordnung des Gerichts entnehmen. [3]Diese Entnahmen dürfen in ihrer Gesamtsumme den vorläufig festgesetzten Kostenbetrag nicht übersteigen.

(4) Die Gelder des Umsetzungsfonds unterliegen nicht der Pfändung.

§ 26 Teilnahme am Umsetzungsverfahren

An dem Umsetzungsverfahren nehmen alle Verbraucher teil, die ihre Ansprüche wirksam zum Verbandsklageregister angemeldet haben und die ihre Anmeldung nicht wirksam zurückgenommen haben.

§ 27 Aufgaben des Sachwalters

Der Sachwalter hat folgende Aufgaben und Befugnisse:

1. er weist dem Gericht den Erhalt folgender Beträge nach:
   a) den Erhalt des vorläufig festgesetzten Kostenbetrags und
   b) für den Fall der Verurteilung zur Zahlung eines kollektiven Gesamtbetrags den Erhalt des kollektiven Gesamtbetrags sowie gegebenenfalls dessen Erhöhung,
2. er kann vom Bundesamt für Justiz einen Auszug aus dem Verbandsklageregister verlangen, der die am Umsetzungsverfahren teilnehmenden Verbraucher sowie sämtliche Angaben ausweist, die im Verbandsklageregister zu den geltend gemachten Ansprüchen vermerkt sind,
3. er prüft die Anspruchsberechtigung der am Umsetzungsverfahren teilnehmenden Verbraucher nach Maßgabe des Abhilfegrundurteils,
4. er setzt den am Umsetzungsverfahren teilnehmenden Verbrauchern, sofern er dies für erforderlich hält, eine Frist zur Vorlage der Berechtigungsnachweise,
5. er kann im Einzelfall ergänzende Erklärungen der Verbraucher oder des Unternehmers verlangen und zu diesem Zwecke Fristen setzen,
6. er kann nicht fristgerecht eingegangene Berechtigungsnachweise und Erklärungen zurückweisen, wenn er den betroffenen Verbraucher zuvor auf diese Rechtsfolge hingewiesen hat,
7. er stellt die Gesamthöhe der berechtigten Ansprüche aller Verbraucher auf Zahlung in einem Auszahlungsplan zusammen,
8. er informiert die Parteien, sofern der kollektive Gesamtbetrag nicht zur Erfüllung der berechtigten Zahlungsansprüche aller angemeldeten Verbraucher ausreicht,
9. er erfüllt berechtigte Ansprüche von Verbrauchern auf Zahlung und sorgt für den Fall, dass nach dem Auszahlungsplan der kollektive Gesamtbetrag nicht zur Erfüllung der berechtigten Ansprüche aller Verbraucher ausreicht, für eine gleichmäßige Verteilung,
10. er fordert für den Fall der Verurteilung zu einer anderen Leistung als zur Zahlung den Unternehmer zur Erfüllung berechtigter Verbraucheransprüche auf, setzt ihm zu diesem Zweck angemessene Fristen und verlangt die Anzeige der Erfüllung sowie die Vorlage von Nachweisen und
11. er kann die Erfüllung geltend gemachter Ansprüche von Verbrauchern ganz oder teilweise ablehnen.

§ 28 Widerspruchsverfahren

(1) Der Sachwalter teilt dem betroffenen Verbraucher und dem Unternehmer in Textform mit, ob sich ein Anspruch nach Prüfung ganz oder teilweise als berechtigt erweist.

(2) [1]Der betroffene Verbraucher und der Unternehmer können vorbehaltlich einer Entscheidung nach § 18 Absatz 3 binnen vier Wochen nach Zugang der Mitteilung des Sachwalters widersprechen. [2]Der Widerspruch ist in Textform an den Sachwalter zu richten und zu begründen.

(3) Der Sachwalter übermittelt dem betroffenen Verbraucher und dem Unternehmer seine Entscheidung über den Widerspruch in Textform.

(4) ¹Der betroffene Verbraucher und der Unternehmer können bei dem Prozessgericht des Abhilfeverfahrens binnen zwei Wochen nach Zugang der Widerspruchsentscheidung des Sachwalters eine gerichtliche Entscheidung über den Widerspruch beantragen, soweit sie durch die Widerspruchsentscheidung des Sachwalters beschwert sind. ²Das Gericht entscheidet durch Beschluss. ³Es kann die Entscheidung auf einen Einzelrichter übertragen. ⁴Die Entscheidung kann im schriftlichen Verfahren nach Anhörung des betroffenen Verbrauchers und des Unternehmers ergehen. ⁵§ 78 Absatz 1 Satz 1 der Zivilprozessordnung ist nicht anzuwenden. ⁶Die Entscheidung des Gerichts ist unanfechtbar.

§ 29 Zwangsmittel gegen den Unternehmer

(1) ¹Kommt der Unternehmer einer Aufforderung des Sachwalters zur Erfüllung eines Anspruchs eines Verbrauchers, der auf eine andere vertretbare Handlung als Zahlung oder auf eine nicht vertretbare Handlung gerichtet ist, nicht fristgerecht nach, so kann das Gericht auf Antrag des Sachwalters anordnen, dass der Unternehmer durch Zwangsgeld und für den Fall, dass dieses nicht beigetrieben werden kann, durch Zwangshaft zur Vornahme der anderen vertretbaren Handlung oder der nicht vertretbaren Handlung anzuhalten sei. ²Für die Zwecke der Vollstreckung der Zwangsmittel tritt der Sachwalter an die Stelle des Gläubigers.

(2) ¹Auf andere vertretbare Handlungen als Zahlung ist § 888 der Zivilprozessordnung mit Ausnahme seines Absatzes 1 Satz 1 entsprechend anzuwenden; § 887 Absatz 1 und 2 der Zivilprozessordnung ist auf solche Handlungen nicht anzuwenden. ²Auf nicht vertretbare Handlungen ist § 888 Absatz 1 Satz 1 der Zivilprozessordnung nicht anzuwenden.

§ 30 Gerichtliche Aufsicht; Zwangsmittel gegen den Sachwalter

(1) Der Sachwalter untersteht der Aufsicht des Gerichts.

(2) ¹Das Gericht kann dem Sachwalter zur Durchführung des Umsetzungsverfahrens Fristen setzen. ²Es kann vom Sachwalter jederzeit Zwischenberichte über den Stand des Umsetzungsverfahrens anfordern, insbesondere Auskunft darüber verlangen,

1. auf welche Art und Weise der Sachwalter die von Verbrauchern zu erbringenden Berechtigungsnachweise prüft und
2. welche von Verbrauchern geltend gemachten Ansprüche der Sachwalter in welcher Höhe bereits erfüllt hat.

³Das Gericht kann dem Sachwalter Fristen zur Übermittlung von Zwischenberichten setzen.

(3) ¹Erfüllt der Sachwalter die ihm nach diesem Gesetz obliegenden Pflichten nicht, so kann das Gericht nach vorheriger Androhung ein Zwangsgeld gegen ihn festsetzen. ²Das einzelne Zwangsgeld darf den Betrag von 25 000 Euro nicht übersteigen. ³Nach vorheriger Androhung kann das Gericht den Sachwalter aus wichtigem Grund entlassen.

§ 31 Haftung des Sachwalters

¹Verletzt der Sachwalter schuldhaft ihm nach diesem Gesetz obliegende Pflichten, so ist er zum Schadensersatz verpflichtet, und zwar

1. dem Unternehmer, wenn die verletzte Pflicht den Schutz des Unternehmers bezweckt, und
2. dem Verbraucher, wenn die verletzte Pflicht den Schutz des Verbrauchers bezweckt.

²Der Sachwalter hat für die Sorgfalt eines ordentlichen und gewissenhaften Sachwalters einzustehen.

§ 32 Ansprüche des Sachwalters

(1) Der Sachwalter hat Anspruch auf

1. die Erstattung der Auslagen, die er zur ordnungsgemäßen Erfüllung seiner Aufgaben begründet,
2. eine angemessene Vergütung für seine Geschäftsführung und
3. einen Vorschuss auf seine Auslagen und seine Vergütung, soweit dies zur Erfüllung seiner Aufgaben notwendig ist.

(2) Auf Antrag des Sachwalters setzt das Gericht die Höhe der Auslagen, der Vergütung und des Vorschusses fest.

§ 33 Schlussrechnung

[1]Der Sachwalter hat dem Gericht bei Beendigung seines Amtes Schlussrechnung zu legen. [2]Die Rechnung einschließlich der Belege muss spätestens einen Monat nach Beendigung des Umsetzungsverfahrens

1. elektronisch oder auf der Geschäftsstelle des Gerichts eingereicht werden und
2. zur Einsicht des Unternehmers zur Verfügung stehen.

[3]Das Gericht benachrichtigt den Unternehmer unverzüglich vom Eingang der Schlussrechnung. [4]Der Unternehmer ist berechtigt, Einwendungen gegen die Schlussrechnung zu erheben. [5]Soweit binnen zwei Wochen nach der Benachrichtigung keine Einwendungen erhoben werden, gilt die Rechnung als anerkannt.

§ 34 Schlussbericht

(1) [1]Der Sachwalter teilt dem Gericht die Beendigung des Umsetzungsverfahrens unverzüglich mit. [2]Das Gericht setzt dem Sachwalter eine angemessene Frist zur Vorlage des Schlussberichts. [3]Die Sätze 1 und 2 gelten auch für den Fall der vorzeitigen Beendigung des Amtes des Sachwalters und der Einstellung des Umsetzungsverfahrens.

(2) Der Schlussbericht enthält folgende Angaben:

1. eine Auflistung der im Umsetzungsverfahren von Verbrauchern geltend gemachten Ansprüche, die
   a) vom Sachwalter ganz oder teilweise durch Zahlung erfüllt wurden unter Angabe des jeweiligen Namens des Verbrauchers, des jeweiligen Zahlungszeitpunkts und des jeweiligen Zahlungsbetrags oder
   b) vom Unternehmer anders als durch Zahlung erfüllt wurden unter Angabe des jeweiligen Namens des Verbrauchers und des Zeitpunkts der Erbringung der jeweiligen Leistung,
2. eine Auflistung der vollständig oder teilweise abgelehnten Ansprüche von Verbrauchern unter Angabe
   a) des jeweiligen Namens des Verbrauchers,
   b) der jeweiligen Art oder der jeweiligen Höhe des geltend gemachten Anspruchs sowie
   c) des Umfangs der jeweiligen Ablehnung,
3. eine zusammenfassende Gegenüberstellung der aus dem Umsetzungsfonds geleisteten Zahlungen und des kollektiven Gesamtbetrags.

(3) Die Parteien erhalten vom Gericht eine formlose Abschrift des Schlussberichts.

§ 35 Prüfung des Schlussberichts und der Schlussrechnung

(1) Das Gericht prüft den Schlussbericht und die Schlussrechnung des Sachwalters.

(2) Beanstandet das Gericht den Schlussbericht oder die Schlussrechnung, so fordert es den Sachwalter unter Fristsetzung dazu auf, der Beanstandung abzuhelfen.

§ 36 Feststellung der Beendigung des Umsetzungsverfahrens

(1) [1]Das Gericht stellt die Beendigung des Umsetzungsverfahrens fest. [2]Der Beschluss enthält:

1. die endgültige Festsetzung der Kosten des Umsetzungsverfahrens,
2. die Festsetzung eines vom Unternehmer noch an den Sachwalter zu zahlenden Kostenbetrags, wenn die Kosten des Umsetzungsverfahrens den vorläufig festgesetzten Kostenbetrag übersteigen, sowie
3. die Angabe, ob und in welcher Höhe ein Restbetrag verbleibt.

[3]Der Beschluss steht hinsichtlich seiner Vollstreckbarkeit einem Kostenfestsetzungsbeschluss gleich.

(2) Der Beschluss ist den Parteien und dem Sachwalter zuzustellen.

§ 37 Nicht abgerufene Beträge

[1]Ist der kollektive Gesamtbetrag nach Beendigung des Umsetzungsverfahrens nicht vollständig ausgekehrt oder übersteigt der vorläufig festgesetzte Kostenbetrag die endgültig festgesetzten

Kosten des Umsetzungsverfahrens, so ist der Sachwalter dem Unternehmer zur Erstattung des verbleibenden Betrags verpflichtet. ²Dieser Rückzahlungsanspruch ist mit der Bekanntmachung des Beschlusses über die Feststellung der Beendigung des Umsetzungsverfahrens im Verbandsklageregister fällig.

§ 38 Insolvenzverfahren über das Vermögen des Unternehmers; Restrukturierung

(1) ¹Die Eröffnung eines Insolvenzverfahrens über das Vermögen des Unternehmers hindert die Durchführung des Umsetzungsverfahrens nicht. ²Auf Antrag des Sachwalters wird das Umsetzungsverfahren zwecks Klärung möglicher Insolvenzanfechtungsansprüche auf Rückzahlung der nach § 24 gezahlten Beträge ausgesetzt oder, sofern nach Einschätzung des Sachwalters ein Anfechtungsanspruch besteht und dieser nicht offensichtlich unbegründet ist, eingestellt. ³Das Umsetzungsverfahren ist auch einzustellen, wenn zum Zeitpunkt der Verfahrenseröffnung lediglich ein Teil der nach § 24 zu leistenden Zahlungen erbracht ist.

(2) ¹Wird das Umsetzungsverfahren eingestellt, sind alle nach § 24 erfolgten Zahlungen an die Insolvenzmasse zurückzugewähren. ²Die zurückzugewährenden Zahlungen gelten als auf den vorläufig festgesetzten Kostenbetrag (§ 18 Absatz 1 Nummer 3) und den kollektiven Gesamtbetrag (§ 18 Absatz 2) in dem Verhältnis geleistet, in dem beide Beträge zueinander stehen.

(3) ¹Der auf den kollektiven Gesamtbetrag entfallende Teil der nach Absatz 2 an die Masse zurückgewährten Zahlungen bildet eine Sondermasse zur Befriedigung derjenigen Verbraucher, die im Rahmen des Umsetzungsverfahrens einen berechtigten Zahlungsanspruch gehabt hätten; dies gilt nicht für Zahlungen, die der Insolvenzanfechtung unterliegen. ²Zur Verwaltung und Verteilung der Sondermasse ist der Sachwalter zum Sonderinsolvenzverwalter zu bestellen.

(4) § 11 Absatz 3 gilt auch im Verhältnis zu allen Insolvenzgläubigern.

(5) ¹Werden die in einem Abhilfegrundurteil ausgeurteilten Ansprüche in einen Restrukturierungsplan nach dem Unternehmensstabilisierungs- und -restrukturierungsgesetz einbezogen, so ist für die betroffenen Anspruchsinhaber im Restrukturierungsplan eine eigenständige Gruppe zu bilden. ²Die Abwicklung der durch den Plan gestalteten Verbraucherforderungen ist dem Restrukturierungsbeauftragten zu übertragen.

Unterabschnitt 4. Individualklagen

§ 39 Offene Verbraucheransprüche

Hat der Sachwalter die Erfüllung eines vom Verbraucher geltend gemachten Anspruchs im Umsetzungsverfahren vollständig oder teilweise abgelehnt oder hat der Sachwalter einen Anspruch eines Verbrauchers bis zur Beendigung des Umsetzungsverfahrens nicht oder nur teilweise erfüllt, so kann der Verbraucher diesen Anspruch im Wege der Individualklage geltend machen, soweit er ihn nicht bereits im Widerspruchsverfahren nach § 28 hätte geltend machen können.

§ 40 Herausgabeanspruch des Unternehmers

(1) Der Unternehmer kann Einwendungen, die den vom Verbraucher im Verbandsklageverfahren geltend gemachten Anspruch selbst betreffen, im Wege der Klage geltend machen, soweit er die Gründe, auf denen sie beruhen, vor dem Prozessgericht des Abhilfeverfahrens oder im Widerspruchsverfahren nach § 28 nicht hätte geltend machen können.

(2) ¹Der Herausgabeanspruch des Unternehmers gegen den Verbraucher bestimmt sich nach den Vorschriften des Bürgerlichen Gesetzbuchs über die Herausgabe der ungerechtfertigten Bereicherung. ²§ 818 Absatz 3 des Bürgerlichen Gesetzbuchs ist nicht anzuwenden. ³Der Anspruch erlischt, wenn er nicht binnen neun Monaten nach Leistung an den Verbraucher diesem gegenüber schriftlich geltend gemacht wird.

Abschnitt 3. Musterfeststellungsklagen

§ 41 Musterfeststellungsklage

(1) Mit der Musterfeststellungsklage begehrt die klageberechtigte Stelle die Feststellung des Vorliegens oder Nichtvorliegens von tatsächlichen und rechtlichen Voraussetzungen für das

Bestehen oder Nichtbestehen von Ansprüchen oder Rechtsverhältnissen (Feststellungsziele) zwischen Verbrauchern und einem Unternehmer.

(2) Der Zulässigkeit einer Musterfeststellungsklage steht nicht entgegen, dass die klageberechtigte Stelle Abhilfeklage erheben könnte.

§ 42 Revision

[1] Gegen Musterfeststellungsurteile findet die Revision statt. [2] Diese bedarf keiner Zulassung.

Abschnitt 4. Verbandsklageregister

§ 43 Verbandsklageregister

(1) [1] Das Bundesamt für Justiz führt ein Register für Verbandsklagen (Verbandsklageregister). [2] Das Verbandsklageregister kann elektronisch betrieben werden.

(2) [1] Öffentliche Bekanntmachungen und Eintragungen sind unverzüglich vorzunehmen. [2] Die öffentliche Bekanntmachung von Terminen muss spätestens zwei Wochen vor dem jeweiligen Terminstag erfolgen.

(3) Die im Verbandsklageregister erfassten öffentlichen Bekanntmachungen und Eintragungen sind bis zum Schluss des zehnten Jahres nach der rechtskräftigen Entscheidung oder anderweitigen Beendigung des jeweiligen Verbandsklageverfahrens aufzubewahren und sodann zu löschen.

§ 44 Bekanntmachung von Angaben zu Verbandsklagen

Die folgenden Angaben zu einer rechtshängigen Verbandsklage sind im Verbandsklageregister öffentlich bekannt zu machen:

1. Bezeichnung der Parteien,
2. Bezeichnung des Gerichts und des Aktenzeichens,
3. Art der Verbandsklage,
4. Zeitpunkt der Anhängigkeit und der Rechtshängigkeit,
5. Abhilfeantrag des Klägers, einschließlich der Merkmale, nach denen sich die Gleichartigkeit der von Verbrauchern geltend gemachten Ansprüche bestimmt, oder die Feststellungsziele,
6. kurze Darstellung des vom Kläger vorgetragenen Lebenssachverhalts,
7. Zeitpunkt der Bekanntmachung im Verbandsklageregister,
8. Befugnis der Verbraucher, Ansprüche oder Rechtsverhältnisse, die mit der Abhilfe- oder Musterfeststellungsklage geltend gemacht werden, zur Eintragung in das Verbandsklageregister anzumelden, Form, Frist und Wirkung der Anmeldung sowie ihrer Rücknahme,
9. Terminsbestimmung, Hinweise und Zwischenentscheidungen des Gerichts,
10. gerichtlich genehmigte Vergleiche, Befugnis der angemeldeten Verbraucher zum Austritt aus dem Vergleich, Form, Frist und Wirkung des Austritts,
11. Urteile im Verbandsklageverfahren,
12. Einlegung eines Rechtsmittels,
13. Eintritt der Rechtskraft,
14. Beschluss über die Bestellung eines Sachwalters, Beschluss, durch den die Ablehnung eines Sachwalters für begründet erklärt wird, sowie Beschluss über die Entlassung eines Sachwalters,
15. Beschluss über die Eröffnung eines Umsetzungsverfahrens,
16. Beschluss über die Feststellung der Beendigung des Umsetzungsverfahrens,
17. sonstige Beendigung des Verbandsklageverfahrens,
18. die Eröffnung des Insolvenzverfahrens über das Vermögen des Unternehmers,
19. Verpflichtung des Bundesamts für Justiz, einem angemeldeten Verbraucher auf dessen Verlangen einen Auszug über die Angaben zu überlassen, die im Verbandsklageregister zu ihm und seiner Anmeldung erfasst sind.

§ 45 Veranlassung der Bekanntmachung durch das Gericht

Das Gericht übermittelt dem Bundesamt für Justiz unverzüglich veröffentlichungsfähige Fassungen der im Verbandsklageregister öffentlich bekannt zu machenden Angaben (§ 44 Nummer 1 bis 6 und 9 bis 18), insbesondere der Terminsbestimmungen, Hinweise, Zwischenentscheidungen und Urteile.

§ 46 Anmeldung von Ansprüchen; Rücknahme der Anmeldung

(1) [1]Verbraucher können Ansprüche oder Rechtsverhältnisse, die Gegenstand einer Verbandsklage sind, bis zum Ablauf von drei Wochen nach dem Schluss der mündlichen Verhandlung zur Eintragung in das Verbandsklageregister anmelden. [2]§ 193 des Bürgerlichen Gesetzbuchs findet keine Anwendung.

(2) [1]Die Anmeldung ist nur wirksam, wenn sie frist- und formgerecht erfolgt und folgende Angaben enthält:

1. Name und Anschrift des Verbrauchers,
2. Angabe, ob die Anmeldung als kleines Unternehmen im Sinne des § 1 Absatz 2 erfolgt,
3. Bezeichnung des Gerichts und Aktenzeichen,
4. Bezeichnung des Beklagten,
5. Gegenstand und Grund des Anspruchs oder des Rechtsverhältnisses des Verbrauchers,
6. Versicherung der Richtigkeit und Vollständigkeit der Angaben.

[2]Wird ein Zahlungsanspruch angemeldet, so soll die Anmeldung auch Angaben zur Höhe dieses Anspruchs enthalten.

(3) Die Angaben der wirksamen Anmeldung werden ohne inhaltliche Prüfung in das Verbandsklageregister eingetragen.

(4) [1]Die Anmeldung kann bis zu dem in Absatz 1 genannten Zeitpunkt zurückgenommen werden. [2]§ 193 des Bürgerlichen Gesetzbuchs findet keine Anwendung.

§ 47 Formvorschriften

(1) Anmeldung und Rücknahme sind in Textform gegenüber dem Bundesamt für Justiz zu erklären.

(2) [1]Wird die Anmeldung oder die Rücknahme durch einen Rechtsanwalt erklärt, muss für die Erklärung das vom Bundesamt für Justiz hierfür elektronisch bereitgestellte Formular genutzt werden. [2]Ist dies aus technischen Gründen vorübergehend nicht möglich, so ist die Übermittlung in Textform zulässig. [3]Die vorübergehende Unmöglichkeit ist bei der Ersatzeinreichung oder unverzüglich danach glaubhaft zu machen; auf Anforderung des Bundesamts für Justiz ist die Erklärung mittels des elektronisch bereitgestellten Formulars nachzuholen. [4]§ 703 der Zivilprozessordnung gilt entsprechend.

(3) Die Absätze 1 und 2 sind auf die Erklärung des Austritts aus einem Vergleich entsprechend anzuwenden.

§ 48 Einsichtnahme und Auskunft

(1) Öffentliche Bekanntmachungen können von jedermann unentgeltlich im Verbandsklageregister eingesehen werden.

(2) [1]Das Bundesamt für Justiz hat dem Gericht sowie dem bestellten Sachwalter auf dessen Anforderung jeweils einen Auszug aller im Verbandsklageregister erfassten Angaben über die Verbraucher zu übersenden, die sich wirksam zu einer Verbandsklage zur Eintragung in das Verbandsklageregister angemeldet und ihre Anmeldung nicht wirksam zurückgenommen haben. [2]Das Gericht übermittelt den Parteien formlos eine Abschrift des Auszugs.

(3) Das Bundesamt für Justiz hat einem angemeldeten Verbraucher auf dessen Verlangen einen schriftlichen Auszug über die Angaben zu überlassen, die im Klageregister zu ihm und seiner Anmeldung erfasst sind.

(4) Das Bundesamt für Justiz hat den Parteien einer Verbandsklage auf deren Anforderung jeweils einen Auszug aller im Verbandsklageregister erfassten Angaben über diejenigen Verbraucher zu überlassen, die sich wirksam zu einer Verbandsklage zur Eintragung in das Verbandsklageregister angemeldet und ihre Anmeldung nicht wirksam zurückgenommen haben.

§ 49 Verordnungsermächtigung

Das Bundesministerium der Justiz wird ermächtigt, durch Rechtsverordnung ohne Zustimmung des Bundesrates die näheren Einzelheiten zum Verbandsklageregister zu regeln, insbesondere Bestimmungen über Inhalt, Aufbau, Führung und Art des Betriebs des Verbandsklageregisters, die Einreichung, Eintragung, Änderung und Vernichtung der im Verbandsklageregister

erfassten Angaben, die Erteilung von Auszügen aus dem Verbandsklageregister sowie zur Information angemeldeter Verbraucher, zur Datensicherheit und Barrierefreiheit zu treffen.

Abschnitt 5. Schlussvorschriften

§ 50 Evaluierung
Dieses Gesetz ist fünf Jahre nach dem Inkrafttreten zu evaluieren.

Vorbemerkung (Vor § 1 VDuG)

Übersicht

Schrifttum:

1. Rechtsgutachten, Stellungnahmen und Gesetzesmaterialien Bruns, Rechtsgutachten v. 27.10.2021: Umsetzung der EU-Verbandsklagerichtlinie in deutsches Recht, https://www.dihk.de/resource/blob/60208/dc65ef7b610a1d1c5c9c769d8782aa1f/gutachten-verbandsklagerichtlinie-data.pdf
Gsell/Meller-Hannich, vzbv Rechtsgutachten v. 4.2.2021: Die Umsetzung der neuen EU-Verbandsklagenrichtlinie. https://www.vzbv.de/sites/default/files/downloads/2021/02/03/21-02-04_vzbv_verbandsklagen-rl_gutachten_gsell_meller-hannich.pdf
Gsell/Meller-Hannich, vzbv Folgegutachten v. 23.2.2022: Die Umsetzung der neuen EU-Verbandsklagenrichtlinie, https://www.vzbv.de/sites/default/files/2022-02/22-02-23_vzbv_EU-Verbandsklage_Folgegutachten_final.pdf; ww.vzbv.de/sites/default/files/downloads/2021/02/03/21-02-04_vzbv_verbandsklagen-rl_gutachten_gsell_meller-hannich.pdf; Gsell/Meller-Hannich, vzbv Folgegutachten v. 23.2.2022: Die Umsetzung der neuen EU-Verbndsklagenrichtlinie, https://www.vzbv.de/sites/default/files/2022-02/22-02-23_vzbv_EU-Verbandsklage_Folgegutachten_final.pdf
Stellungnahmen zum Referentenentwurf gegenüber BMJ, https://www.bmj.de/SharedDocs/Gesetzgebungsverfahren/2023_DE/VRUG.html?nn=10518: Verbraucherzentrale Hessen; Sozialverband Deutschland; Zentrale zur Bekämpfung unlauteren Wettbewerbs Frankfurt am Main e.V.; Deutscher Richterbund; Deutscher Reiseverband; Verband Internet Reisevertrieb e. V. (VIR); Deutscher Fondsverband BVI; Deutscher Anwaltsverein; U.S.Chamber Institute for Legal Reform; Deutscher Reiseverband; Verband der Elektro- und Digitalindustrie /ZVEI e.V.); Anleger- und Verbraucherschutzbund e. V. (avsb);Bundesverband E-Commerce und Versandhandel Deutschland e. V. (bevh); Neue Richtervereinigung (NRV); Bauherren-Schutzverband e. V. (BSV); European Justice Forum; foodwatch; Verbraucherzentrale Bayern; Zentralverband der Deutschen Werbewirtschaft e. V. (ZAW); Deutscher Dialogmarketingverband e. V. (DDV); Verbraucherzentrale Bundesverband e. V. (vzbv); Bundesrechtsanwaltskammer (BRAK); Gesellschaft für Freiheitsrechte (GFF); BUND; Deutscher Naturschutzring e. V. (DNR); Bundesverband Medizintechnologie e. V. (BVMed); Verband der Chemischen Industrie e. V. (VCI); Autoclub Europa e. V. (ACE); 14 Wirtschafts-

verbände; DGB; ADAC e. V.; Zentrum für Europäischen Verbraucherschutz e. V. (ZEV); Deutscher Mieterbund e. V. (DMB); Greenpeace e. V., Germanwatch e. V., Deutsche Umwelthilfe e. V., Naturschutzbund Deutschland e. V.; Zentralverband des Deutschen Handwerks e. V. (ZDH); Verband Insolvenzverwalter und Sachwalter Deutschlands e. V. (VID); Verbraucherzentrale Baden-Württemberg; Bundesverband Deutscher Inkasso-Unternehmen e. V. (BDIU); Verbands Sozial Wettbewerb e. V. (VSW); Wirtschaft im Wettbewerb – Verein für Lauterkeit in Handel und Industrie e. V.; Deutscher Konsumentenbund e. V.; Legal Tech Verband Deutschland e. V.; bitcom e. V.; Deutscher Verbraucherschutzverein e. V.; Bund Deutscher Rechtspfleger; Nivalion AG; International Legal Finance Association (ILFA); BAG Selbsthilfe; Deutsche Vereinigung für Gewerblichen Rechtsschutz und Urheberrecht (GRUR); Deutscher Bauernverband e. V.; Bundesverband Großhandel, Außenhandel, Dienstleistungen e. V.;

Stellungnahmen in der Anhörung des Rechtsausschusses, https://www.bundestag.de/dokumente/textarchiv/2023/kw19-pa-recht-verbandklage-945426: Bruns, Gsell, Verbraucherzentrale Sachsen e.V., Löhner, Meller-Hannich, Röthemeyer, Verbraucherzentrale Bundesverband e. V., Neue Richtervereinigung e. V., Deutsche Industrie- und Handelskammer.

2. Schrifttum Albrecht, Anspruch nach Gewinnabschöpfung gem. § 10 UWG – Haftungserweiterungen für Unternehmensleitungen sind in absehbarer Zukunft erwartbar, GWR 2023, 193; Althammer, Die Bindung des Rechtsnachfolgers an den vom Rechtsvorgänger abgeschlossenen Prozessvergleich, Besprechungsaufsatz zu BGH, Urteil v. 14.9.2018 – I V ZR 267/17, JZ 2019, 286;_Ashkar/Schröder, Aktuelle Entwicklungen im Bereich der Data Privacy Litigation, BB 2023, 451; Dickert, Thesen zur Modernisierung des Zivilprozesses, DRiZ 2020, 296; Diller, Arbeitsrechtliche Verbandsklagen vor dem OLG?, NZA 2023, 673; Gerdes, Die Taxonomie-VO: ein stumpfes Schwert für „Sustainable Finance"? – Eine Analyse, ZG 2023, 138; Heese, Sachaufklärung im Dieselskandal – Probleme und Abhilfen, NJW 2021, 887; Heese, Was der Dieselskandal über die Rechtsdurchsetzung, deren Protagonisten und die Funktion des Privatrechts verrät, NZV 2019, 273; Heese/Schumann, Ein Vorabentscheidungsverfahren beim BGH, NJW 2021, 3023; Heinze/Engel, Der neue Schadensersatzanspruch für Verbraucher bei UWG-Verstößen, NJW 2021, 2609; Heinzke/Storkenmaier, Die kollektive Rechtsdurchsetzung bei Verletzung des Datenschutzrechts – Teil II, CR 2021, 582 Rn. 22 ff.; Hundertmark/Meller-Hannich, Digitale Verfahrensstruktur in Massenverfahren, RDi 2023, 317; Huth/Caba, Die Umsetzung der EU-Verbandsklagenrichtlinie (VRUG) – Neuordnung des deutschen Kollektivrechtsschutzsystems oder nur Kosmetik?, REL 2023 Nr. 2, 44; Koch/Friebel, Inhalt, Reichweite und Auswirkungen des prozessrechtlichen Verbraucherbegriffs (§ 29c Abs. 2 ZPO), GPR 2019, 280; Krausbeck, Kollektiver Rechtsschutz im Zivilprozess – Zusammenfassung und Bewertung des Gutachtens für den Deutschen Juristentag 2018 vor dem Hintergrund von Musterfeststellungsklage und „New Deal", VuR 2018, 287; Laumen, Die sekundäre Behauptungslast, MDR 2019, 193; Liebscher, Das KapMuG als klassisches Drama in fünf Akten, AG 2020, 35; Max, Das Gesetz zur Stärkung des fairen Wettbewerbs und seine Auswirkungen auf die Verbraucherverbände, VuR 2021, 129; Melhardt, Friktionen zwischen § 8 KapMuG und der Verbraucherverbandsklage nach dem VRUG-E, WM 2023, 1305; Meller-Hannich, Sammelklage am Europäischen Verbrauchergerichtsstand? Anmerkung zum EuGH, Urteil vom 25.1.2018, Rs. C-498/16 – Schrems/Facebook Ireland Limited, ZEuP 2019, 202; Prütting, Neue Litigations-Risiken – Massenverfahren und EU-Verbandsklage, RAW 2023, 3; Röß, Die Auswirkungen einer Zession auf das Verhältnis von Musterfeststellungs- und Individualverfahren, NJW 2020, 953; Röthemeyer, Musterfeststellungsklage, 2020; Röthemeyer, Verbraucherrechtedurchsetzungsgesetz, 2024; Schmitt, Verbraucherschutzrecht: Verbrauchereigenschaft bei Publikation eines Nutzers auf einem privaten Facebook-Konto, Anmerkung zu EuGH, Urteil vom 25.1.2018 – C 498/16 (Schrems/Facebook Ireland Limited) EuZW 2018, 197; Schweiger, Neuerungen im RegE des Verbandsklagenrichtlinienumsetzungsgesetzes, DB 2023, M4; Steinbrück/Güzel, Berlin-Report, DAR 2023, 239; Thönissen, ESG-Klagen und kollektiver Rechtsschutz, NJW 2023, 945; Vollkommer, Verbandsklagenrichtlinienumsetzungsgesetz (VRUG), MDR 2022, R325; Fehler! Verweisquelle konnte nicht gefunden werden.; Fehler! Verweisquelle konnte nicht gefunden werden.; Waßmuth/von Rummel, Das Gesetz zur Umsetzung der EU-Verbandsklagenrichtlinie, ZIP 2023, 1515; Fehler! Verweisquelle konnte nicht gefunden werden.; Wilke, Die Model European Rules of Civil Procedure: Ein Vorschlag für einheitliche Regeln für Zivilprozesse in Europa; EuZW 2021, 187; Willert/Isfort, Potential der europäischen Verbandsklage für Klimaklagen, KlimR 2023, 49.

S. auch die Verzeichnisse zu den einzelnen Paragrafen.

I. Gegenstand und Zweck des VDuG

1. Kollektiver Verbraucherrechtsschutz

1   Das VDuG ermöglicht die Verbandsklage zur effizienten Regelung eines **kollektiven Verbraucherrechtsschutz** auf **Abhilfe,** also auf Leistung einer Zahlung durch den Unternehmer oder auf Leistung einer nicht in einer Zahlung bestehenden Handlung, beispielsweise Nachbesserung oder Ersatzlieferung und die **Musterfeststellungsklage** zur Feststellung des Vorliegens oder Nichtvorliegens von tatsächlichen und rechtlichen Voraussetzungen für das Bestehen oder Nichtbestehen von Ansprüchen oder Rechtsverhältnissen zwischen einem Verbraucher und einem Unternehmer. Das Gesetz setzt im Hinblick auf die Abhilfeklage die **Verbandsklagen-RL** (RL (EU) 2020/1828) um. Die Musterfeststellungsklage ist nicht unionsrechtlich

geregelt. Das Gesetz sollte gem. Art. 24 I 3 Verbandsklagen-RL an sich ab dem 25.6.2023 angewendet werden; am 25.6.2023 war das Gesetz aber noch nicht vom Gesetzgeber beschlossen worden. Dies geschah erst am 7.7.2023 auf die Beschlussempfehlung RA vom 5.7.2023 (BT-Drs. 20/7631), die auf dem Regierungsentwurf vom 29.3.2023 (BT-Drs. 20/6520) basierte.

Es handelt sich bei dem **VDuG nicht** um eine **abschließende** Regelung des **kollektiven** **2** **Verbraucherrechtsschutzes:** Neben dem VDuG ist das UKlaG und das UWG (§ 8 III Nr. 2–4 UWG, § 10 UWG), ebenso § 33 I, IV GWB, § 34a GWB für die Verbandsklage anwendbar. Hierbei ermöglicht das UKlaG den kollektiven Verbraucherrechtsschutz auf Unterlassung und Beseitigung bei Zuwiderhandlung des Unternehmers gegen Verbraucherschutzgesetze und Schutz vor Verwendung unwirksamer AGB. Das UWG, das GWB und das UKlaG ermöglichen kollektiven Rechtsschutz nicht nur für Verbraucherverbände, sondern auch für Unternehmerverbände. Das VDuG gibt Verbraucherverbänden, aber **nicht Unternehmerverbänden** das Klagerecht. Arbeitsrechtliche Streitigkeiten können nicht mit Abhilfe- oder Musterfeststellungsklagen nach dem VDuG erledigt werden, für sie bleiben ausschließlich die Vorschriften des ArbGG maßgeblich.

Dem Sinn und Zweck des VDuG, das sowohl **Abhilfeklagen** als auch **Musterfeststellungs-** **3** **klagen** regelt, liegt das massive Ungleichgewicht zwischen dem einzelnen Verbraucher und dem Unternehmer zugrunde: Der einzelne Verbraucher ist häufig aufgrund von **„rationaler Apathie"** (Sattler IWZR 2019, 78 „the damage suffered by each individual is so small that rational apathy overrides the desire for compensation") nicht bereit oder auch nicht in der Lage, selbst den Rechtsweg zu beschreiten, wenn er von einem Unternehmer in seinen Rechten verletzt wurde (Gsell/Meller-Hannich Rechtsgutachten S. 6, 16; Folgegutachten S. 42; Koch MDR 2018, 1410; kritisch hierzu Bruns Rechtsgutachten S. 5). Dies gilt insbesondere, aber keineswegs nur, wenn es sich um eher geringfügige Streuschäden handelt (zu der Differenzierung zwischen Streu- und Massenschäden Balke/Liebscher/Steinbrück ZIP 2018, 1321; Krausbeck VuR 2018, 287 (288 f.); Gsell BKR 2021, 521 (522 f.); krit. hierzu Bruns NJW 2018, 2753 (2756)). Daher sollten die Verbände zweckmäßigen und wirksamen kollektiven Rechtsschutz für die Verbraucher gewährleisten. Allerdings ist der kollektive Rechtsschutz als solcher keineswegs ausschließlich positiv konnotiert – auf das **Erpressungspotential** des kollektiven Rechtsschutzes und die Möglichkeit der massiven medialen Inszenierung zur Druckausübung auf die Unternehmen wird in der Literatur durchaus hingewiesen (vgl. nur Geissler GWR 2018, 189 (191)).

In der Verbandsklage **repräsentiert** der Verband die **betroffenen Verbraucher.** Er kann **4** einen Abhilfeanspruch einklagen, mit dem den betroffenen Verbrauchern entweder eine Zahlung oder eine andere Leistung gewährt wird oder er kann eine Musterfeststellungsklage erheben, in der das Vorliegen oder Nichtvorliegen von tatsächlichen und rechtlichen Voraussetzungen für das Bestehen oder Nichtbestehen von Ansprüchen oder Rechtsverhältnissen zwischen Verbrauchern und einem Unternehmer festgestellt wird. Von der Verbandsklage müssen mindestens 50 Verbraucher betroffen sein. Dies muss nachvollziehbar dargelegt werden, damit die erwünschte Breitenwirkung der Verbandsklage gewährleistet ist.

2. Abhilfeklage

Bei der **Abhilfeklage** gliedert sich das gerichtliche Verfahren in **drei Phasen:** Die erste Phase **5** endet mit einem Abhilfegrundurteil bzw. bei namentlicher Benennung der Verbraucher mit einem Endurteil, die zweite Phase betrifft einen gerichtlichen Vergleichsversuch der Parteien, sofern dieser scheitert, folgt das Abhilfeendurteil. Erscheint der Vergleichsversuch aussichtslos und beantragen beide Parteien ein Urteil, ergeht eine Kombination aus Abhilfegrund- und Abhilfeendurteil. Anschließend sorgt ein Sachwalter in der **vierten Phase** mittels eines Umsetzungsfonds im **Umsetzungsverfahren** für die Befriedigung der im Verbandsklageregister wirksam angemeldeten Verbraucher. Dieses Umsetzungsverfahrens bedarf es nur dann nicht, wenn der Verband konkretisierte Anträge zugunsten namentlich benannter Verbraucher stellt und das Gericht daher über einzelne konkrete Verbraucheransprüche entscheiden kann. Dann vollstreckt der Verband diese individualisierten Titel zugunsten der einzelnen berechtigten Verbraucher. Den Verbrauchern sind im VDuG kleine Unternehmen mit weniger als zehn Beschäftigten und einem Jahresumsatz oder einer Jahresbilanz von maximal 2 Mio. Euro gleichgestellt.

Das VDuG berücksichtigt sowohl die prozessualen Interessen der repräsentierten Verbraucher **6** als auch des beklagten Unternehmers: Es besteht eine **Sperrwirkung** der Verbandsklage, so dass der Unternehmer weder kollektiv noch individuell durch angemeldeten Verbraucher zeitgleich wegen des gleichen Sachverhalts einen Rechtsstreit führen muss. Auch besteht eine Bindungswirkung sowohl kollektiv als auch individuell nach rechtskräftigem Abschluss der Verbandsklage durch Sachentscheidung. Lediglich **Einwendung,** die vom Unternehmer nicht in der Verbandsklage auf Abhilfe und im späteren Widerspruchsverfahren geltend gemacht werden konnten, sind weiterhin möglich. Sind die Abhilfeansprüche des Verbrauchers im Rahmen des an die Verbandsklage anschließenden Umsetzungsverfahrens nicht oder nur teilweise befriedigt worden, steht ihm das Widerspruchsverfahren und anschließen die Individualklage auf Abhilfe offen, sofern es sich um Gesichtspunkte handelt, die er im Widerspruchsverfahren nicht hätte geltend machen können. Hier kommt ihm die **Bindungswirkung** zugute.

3. Musterfeststellungsklage

7   Die **Musterfeststellungsklage,** die in §§ 606–614 ZPO aF geregelt war, wird in das VDuG integriert und entfällt in der ZPO, so dass deren gesamtes 6. Buch wegfällt. Die Musterfeststellungsklage soll trotz Bestehens der Abhilfeklage erhalten bleiben, da der Gesetzgeber einen rechtspraktischen Bedarf für die Feststellung des Vorliegens oder Nichtvorliegens von tatsächlichen und rechtlichen Voraussetzungen für das Bestehen oder Nichtbestehen von Ansprüchen oder Rechtsverhältnissen zwischen einem Verbraucher und einem Unternehmer gesehen hat. Sowohl die Abhilfeklage als auch die Musterfeststellungsklage sollen in einem eigenen Stammgesetz, dem VDuG, gebündelt werden, um eine Zersplitterung der Verbandsklagenmaterie zu vermeiden.

8   Die **Verbandsklage** nach dem VDuG umfasst daher **sowohl Abhilfe- als auch Musterfeststellungsklagen.** Zahlreiche Regelungen der §§ 606 ZPO aF finden sich als Vorbilder für Bestimmungen der Verbandsklage im VDuG wieder. Da diese betreffenden Bestimmungen von der Verbandsklagen-RL nicht erfasst sind, können sie durch nationales Recht geregelt werden. ErwGr. 11 Verbandsklagen-RL statuiert ausdrücklich, dass die Mitgliedstaaten nicht gehindert sind, Rechtsvorschriften für Klagen zur Erwirkung von Feststellungsentscheidungen durch ein Gericht zu erlassen. Auch kann demnach dem Verband die Wahl überlassen werden, welches Verfahren er nutzen möchte.

II. Verhältnis zu anderen Rechtsinstituten

1. UKlaG

9   Die **Unterlassungsklage,** die ebenfalls nun von der Verbandsklagen-RL geregelt wird, ist jedoch **nicht im VDuG,** sondern nach wie vor im UKlaG und im UWG geregelt. Die dort erfassten Ansprüche betreffen nicht nur Verstöße gegen Verbraucherrecht, sondern auch Verstöße gegen Normen, die im Verhältnis zwischen Unternehmern gelten; diese Ansprüche stehen **auch Unternehmerverbänden** zu, die nicht zu den klagebefugten Verbänden iSd VDuG gehören. Daher hat der Gesetzgeber sich dafür entschieden, die Unterlassungsklagen nicht im Rahmen des VDuG zu regeln.

10   Das UKlaG ermöglicht Verbänden, im Interesse der Allgemeinheit das Rechtsleben vor der Verwendung oder Empfehlung gem. §§ 307 ff. BGB unwirksamer AGB zu schützen und verbraucherschutzgesetzwidrige Praktiken zu unterbinden. Nach §§ 1, 1a, 2, 2a UKlaG kann daher durch den Verband **Unterlassung, Widerruf und Beseitigung** verlangt werden. Das UKlaG ist damit ein Rechtsinstitut des **kollektiven Rechtsschutzes.** Allerdings stehen diese Ansprüche gem. §§ 3, 3a UKlaG neben Verbraucherverbänden auch qualifizierten Wirtschaftsverbänden gem. § 8b UWG, Industrie- und Handelskammern, Handwerkskammern, Handwerksinnungen, Kammern der freien Berufe und Gewerkschaften zu (→ UWG § 8 Rn. 3.65, → UKlaG § 3 Rn. 6).

11   Die Unterlassungsklage kann **unabhängig** von Musterfeststellungsklage bzw. Abhilfeklage geltend gemacht werden. Beispielsweise kann wegen desselben Rechtsverstoßes, etwa der Verwendung gem. §§ 307–309 BGB unwirksamer AGB, durch die den betroffenen Verbrauchern ein Schaden entstanden ist, durch einen Verbraucherverband einerseits Unterlassung gem. § 1 UKlaG von dem Unternehmer verlangt werden, andererseits Abhilfe gem. § 14 für die geschädigten Verbraucher, und zwar in Form des Schadensersatzes durch eine Geldzahlung.

2. KapMuG

Ebenfalls ein Verfahren des **kollektiven Rechtsschutzes** ist das Verfahren nach dem Kap- 12 MuG, das seit 2005 besteht und 2012 novelliert wurde; dieses soll gem. § 28 KapMuG nF am 31.8.2024 außer Kraft treten.

Nach § 2 KapMuG kann ein Musterverfahrensantrag zur Feststellung von **Feststellungs-** 13 **zielen** gestellt werden. Ein zulässiger Musterverfahrensantrag wird gem. § 3 II KapMuG im Klageregister bekannt gemacht. Sind innerhalb von sechs Monaten nach der Bekanntmachung des ersten Musterverfahrensantrag weitere neun gleichgerichtete Musterverfahrensanträge bekannt gemacht worden, wird ein Vorlagebeschluss über die Feststellungsziele gleichgerichteter Musterverfahrensanträge gem. § 6 I KapMuG herbeigeführt. Danach werden alle bereits anhängigen oder noch anhängig werdenden Verfahren über die Feststellungsziele gem. § 8 I KapMuG **ausgesetzt**, wenn die Entscheidung von den geltend gemachten Feststellungszielen abhängt. Die Einleitung eines weiteren Musterverfahrens für die ausgesetzten Verfahren ist gem. § 7 KapMuG unzulässig. Das OLG bestimmt gem. § 9 I Nr. 1 KapMuG den **Musterkläger.** Gem. § 9 II KapMuG kann innerhalb einer Frist von sechs Monaten ein Anspruch zum Musterverfahren angemeldet werden. Gem. § 9 III KapMuG sind die Kläger, die nicht als Musterkläger ausgewählt wurden, Beigeladene des Musterverfahrens. Der nach § 16 KapMuG ergehende **Musterentscheid** ist gem. § 22 I 1 KapMuG für alle gem. § 8 I KapMuG ausgesetzten Verfahren **bindend.**

Hier wird gewissermaßen die **Wahrung der Individualinteressen durch den Musterklä-** 14 **ger** gem. § 9 I Nr. 1, II KapMuG bewirkt, wobei hier keine Beschränkung auf Verbraucher existiert. Das Verhältnis zum KapMuG war bereits unter Geltung der **Musterfeststellungsklage** gem. §§ 606 ff. ZPO aF nicht vollständig geklärt: Eine Rangfolgenregelung oder auch nur eine Regelung, ob Feststellungsziele eines Musterverfahrens nach dem KapMuG zum Gegenstand eines Musterfeststellungsverfahrens gem. §§ 606 ff. ZPO aF gemacht werden können, existierte nicht (MüKoZPO/Menges ZPO Vor § 606 Rn. 8; Rotter VuR 2019, 283, jeweils mwN).

So ordneten weder § 610 I 1 ZPO aF noch § 7 KapMuG eine Sperrwirkung eines Muster- 15 verfahrens nach dem KapMuG gegenüber einem nachfolgenden Musterfeststellungsverfahren nach § 606 ZPO aF an. Hierzu wurde vorgeschlagen, dass das Gericht gem. § 613 II ZPO aF das Musterverfahren nach dem KapMuG aussetzen solle, da das Musterfeststellungsurteil die maßgebliche Bindungswirkung entfaltet, weil § 613 II ZPO aF die weitergehenden Voraussetzungen enthält (MüKoZPO/Menges ZPO Vor § 606 Rn. 9). Daher muss für das VDuG davon ausgegangen werden, dass bei sich **deckenden Feststellungszielen** die **Musterfeststellungsklage Vorrang** genießt, und zwar nunmehr gem. § 8: Ab Anhängigkeit einer Musterfeststellungsklage kann gegen den verklagten Unternehmer kein Musterverfahren nach dem KapMuG erhoben werden, das denselben Streitgegenstand betrifft. Zwar klagt bei einem Kapitalanleger-Musterverfahren kein Verband, vielmehr wird die Wahrung der Individualinteressen durch den Musterkläger bewirkt. Jedoch handelt es sich ebenso wie bei der Musterfeststellungsklage um ein Verfahren des kollektiven Rechtsschutzes, das Bindungswirkung gegenüber allen Angemeldeten hat. Diese Argumente werden gestützt durch die Tatsache, dass gem. § 28 KapMuG nF dieses am 31.8.2024 außer Kraft treten soll und daher in der Musterfeststellungsklage nach § 41 die faktische Nachfolgeregelung zu sehen ist (aA – ohne allerdings auf die zeitliche Limitierung des KapMuG durch § 28 KapMuG einzugehen – Melhardt WM 2023, 1305 (1308)).

An sich müsste Entsprechendes gem. § 8 für die **Abhilfeklage** hinsichtlich eines Muster- 16 verfahrens nach dem KapMuG gelten. Zum einen sind jedoch die Streitgegenstände bereits aufgrund der Anträge notwendigerweise in der Abhilfeklage einerseits und dem Musterverfahren nach dem KapMuG andererseits nicht identisch. Hier könnte jedoch die immanente Feststellungswirkung Abhilfe leisten, so dass trotz unterschiedlicher Anträge Identität der Streitgegenstände vorläge.

Da aber es aber gem. § 41 II der Zulässigkeit einer Musterfeststellungsklage nicht entgegen- 17 steht, dass die klageberechtigte Stelle Abhilfeklage erheben könnte, so dass bei Vorliegen desselben Lebenssachverhalts der Verbraucherverband – selbst wenn er auf Leistung, also Abhilfe klagen könnte, statt dessen, ungehindert durch § 256 ZPO – Musterfeststellungsklage erheben kann, ist das Musterverfahren nach dem KapMuG bei Vorliegen desselben Lebenssachverhalts **nicht** gem. § 8 durch die Erhebung einer **Abhilfeklage gesperrt** (nach aA ist die Abhilfeklage gem. § 8 KapMuG auszusetzen; Melhardt WM 2023, 1305 (1309, 1311)).

3. Gewinnabschöpfungsanspruch gem. § 10 I UWG nF

18   **a) Gemeinsamkeiten.** Zu dem **Gewinnabschöpfungsanspruch nach § 10 I UWG nF** als solchem bestehen für den Abhilfeanspruch **keine Verbindungen:** Beide Rechtsinstitute haben – obwohl sie im Ergebnis für den Unternehmer Kosten verursachen – keine inhaltlichen oder teleologischen Gemeinsamkeiten. Zwar kann der Gewinnabschöpfungsanspruch nach § 10 UWG ebenso wie der Abhilfeanspruch nur von Verbänden geltend gemacht werden. Jedoch will der Gewinnabschöpfungsanspruch einen rechtswidrig erzielten Gewinn des Unternehmers diesem entziehen; der Unternehmer soll den rechtswidrig erzielen Gewinn nicht behalten dürfen (→ UWG § 10 Rn. 3). Der Gewinnabschöpfungsanspruch dient außerdem der zivilrechtlichen Prävention (→ UWG § 10 Rn. 3).

19   Der **Abhilfeanspruch** hingegen legt den Fokus auf die Schädigung der Verbraucher durch die Beeinträchtigung ihrer Rechte und will diesem Manko abhelfen. Der Abhilfeanspruch will also die Verbraucher so stellen, wie sie stünden, wenn ihre Rechte durch den Unternehmer nicht verletzt worden wären. Beide Rechtsinstitute verhalten sich ähnlich zueinander wie die Rechtsgedanken des Bereicherungsrechts einerseits, des Schadensersatzrechts andererseits: Will das Bereicherungsrecht eine vorhandene ungerechtfertigte Bereicherung des Schuldners diesem wieder entziehen, so will das Schadensersatzrecht einen rechtswidrigen Verlust an Rechtsgütern beim Gläubiger ausgleichen.

20   **b) Verkoppelung über § 10 II UWG.** Lediglich über **§ 10 II 1, 2 UWG nF** können beide Rechtsinstitute **verkoppelt** sein: Zum einen sind gem. § 10 II 1 UWG nF auf den Gewinn diejenigen Leistungen anzurechnen, die der Schuldner aufgrund der Zuwiderhandlung an Dritte oder an den Staat erbracht hat. Wenn man nun zu dem Resultat kommt, dass nach einem erfolgreichen Abhilfeverfahren der erzielte Gewinn des Unternehmers durch die Abhilfeleistungen an die repräsentierten Verbraucher teilweise oder vollständig aufgezehrt worden ist, kommt man – bei entsprechender zeitlicher Abfolge – zu dem Ergebnis, dass durch die Aufzehrung des Gewinns beim Unternehmer dieser Gewinn nicht mehr gem. § 10 I UWG nF abgeschöpft werden kann. Dieser Gewinn ist nämlich gem. § 10 II 1 UWG nF durch Leistung an Dritte, nämlich die angemeldeten Verbraucher des Abhilfeverfahrens nicht mehr vorhanden.

21   Da jedoch für § 10 II 1 UWG nF **nur tatsächlich erbrachte Leistungen** relevant sind, kann sich der Unternehmer im Abschöpfungsverfahren nicht darauf berufen, dass er mit der Geltendmachung von Abhilfeansprüchen rechnen muss oder sogar bereits ein Abhilfeverfahren eingeleitet worden ist (→ UWG § 10 Rn. 13). Vielmehr sind nur tatsächlich erbrachte Leistungen gem. § 10 II 1 UWG anzurechnen auf den rechtswidrig erzielten Gewinn. Beide Rechtsinstitute müssen daher für eine Anrechnung gem. § 10 II 1 UWG nF **zeitlich so gestaffelt** sein, dass das Abhilfeverfahren einschließlich des Umsetzungsverfahrens durch Leistungserbringung an alle berechtigten Verbraucher bereits **beendet** ist, wenn der Unternehmer auf Gewinnabschöpfung in Anspruch genommen wird.

22   Dies bedeutet, dass das **Umsetzungsverfahren gem. § 36 beendet** sein muss, da sich aus dem Feststellungsbeschluss der Beendigung des Umsetzungsverfahrens gem. § 36 ergibt, ob über den gezahlten kollektiven Gesamtbetrag hinausgehend ein Restbetrag verbleibt, was bedeutet, dass nur aus der Angabe gem. § 36 I Nr. 3 die exakte Höhe der Geldleistung des Unternehmers ersehen lässt. Sind andere Leistungen als Geldzahlungen durch den Unternehmer an die Verbraucher erbracht worden, etwa Nachlieferungen oder Nachbesserungen, so muss ebenfalls das Umsetzungsverfahren beendet sein, da nur aus dem Schlussbericht des Sachwalters gem. § 34 II Nr. 1 lit. b sich die Erfüllungsleistungen des Unternehmers ergeben. Dieser Schlussbericht wird vom Gericht gem. § 35 geprüft und sodann die Beendigung des Umsetzungsverfahrens festgestellt, § 36.

23   Die **Kosten des Umsetzungsverfahrens** können hingegen **nicht** in Abzug von dem gem. § 10 I UWG abzuschöpfenden Gewinn gebracht werden, da sie wirtschaftlich gesehen die Funktion haben, die sonst die Kosten einer Zwangsvollstreckung von Dritten gegen den Unternehmer wegen deren Ansprüche haben, so dass sie keine Leistung an Dritte iSd § 10 II 1 UWG darstellen können. Auch können sie keine Leistungen an den Staat darstellen, zum einen, weil sie an den Sachwalter zur Bestreitung der Kosten des Umsetzungsverfahrens gem. § 20 gezahlt werden müssen, zum anderen, weil die an den Staat zu zahlenden Beträge lediglich Geldstrafen, Bußgelder, Ordnungsgelder aus einer Unterlassungsvollstreckung etc. darstellen (→ UWG § 10 Rn. 13).

24   Ist das Abhilfeverfahren durch **Vergleich** beendet worden, so dass ein Umsetzungsverfahren nicht erforderlich wurde, obliegt es dem Unternehmer seine bereits aufgrund des Vergleichs

erbrachten Leistungen an die Verbraucher für die Anrechnung gem. § 10 II 1 UWG nachzuweisen. Hierzu ist die Vorlage des Vergleichs einschließlich Einzelquittungen der betroffenen Verbraucher erforderlich.

Sind hingegen erst nach Beendigung des Abschöpfungsverfahrens die Abhilfeleistungen erbracht worden, bleibt für den Unternehmer nur die Möglichkeit, gem. **§ 10 II 2 UWG nF** sich die von ihm erbrachten **Leistungen** vom Bundesamt für Justiz **zurückerstatten** zu lassen. Auch besteht – bei entsprechender Sachlage – die Möglichkeit wegen der nach der Beendigung des Abschöpfungsverfahrens erbrachten Abhilfeleistungen eine Vollstreckungsabwehrklage gem. § 767 ZPO zu erheben (→ UWG § 10 Rn. 13). **25**

Daher bestehen **beide Rechtsinstitute nebeneinander.** Es existiert weder eine gesetzlich angeordnete Subsidiarität noch eine Rangfolge, etwa dergestalt, dass immer die Abhilfeklage einschließlich des Umsetzungsverfahrens vorher durchgeführt sein müsste. Beide Rechtsinstitute können also zusammen vorliegen, müssen dies aber nicht, da keineswegs zwangsläufig ein Gewinn beim Unternehmer entstanden ist, wenn er Rechte der Verbraucher verletzt hat. Beide Rechtsinstitute sind in ihren Voraussetzungen und Rechtsfolgen – abgesehen von § 10 II 1, 2 UWG nF – unabhängig voneinander. **26**

4. „Verbrauchereinziehungsklage" gem. § 79 II 1, 2 Nr. 3 ZPO

Ebenfalls keine Verbindungen bestehen zu der **„Verbrauchereinziehungsklage"** nach **§ 79 II 1, 2 Nr. 3 ZPO** (ebenso MüKoZPO/Menges ZPO Vor § 606 Rn. 13): Hier handelt es sich um einen Individualrechtsstreit, in dem Verbraucherzentralen und andere mit öffentlichen Mitteln geförderte Verbraucherverbände Forderungen einzelner Verbraucher einziehen. Dieses Rechtsinstitut ist in Kraft seit 1.7.2008. Es handelt sich hierbei um keinen kollektiven Rechtsschutz, sondern lediglich um einen individuellen Parteiprozess, in dem der klagende Verbraucher – da eine Vertretung durch Rechtsanwälte gem. § 78 ZPO nicht geboten ist – einen Bevollmächtigten aus dem Katalog des § 79 II ZPO gewählt hat, der kein Rechtsanwalt, sondern eine Verbraucherzentrale oder ein anderer mit öffentlichen Mitteln geförderter Verbraucherverband ist. **27**

§ 79 ZPO regelt den Parteiprozess und bildet damit das Gegenstück zum Anwaltsprozess gem. § 78 ZPO. Gleichwohl können sich die Parteien vertreten lassen; der Ausschluss bestimmter Vertretungen durch den enumerativen Katalog des § 79 II ZPO dient dabei dem Schutz der Rechtssuchenden vor unqualifizierter Vertretung und zudem dem reibungslosen Verfahrensablauf vor Gericht (Zöller/Vollkommer ZPO § 79 Rn. 1; BeckOK ZPO/Piekenbrock ZPO § 79 Rn. 1) **Verbraucherzentralen** und **Verbraucherverbände** sind gem. § 79 II 1, 2 Nr. 3 ZPO in diesem enumerativen Katalog der Vertretungsbefugten enthalten. Voraussetzung für ihre Vertretungsbefugnis ist neben der Verbrauchereigenschaft der vertretenen Partei eine Geldforderung als Gegenstand des Rechtsstreits sowie die Zugehörigkeit der gerichtlichen Vertretung von Verbrauchern zum Aufgabenbereich des Verbandes (Zöller/Vollkommer ZPO § 79 Rn. 8). Auf das Verbraucherinteresse für die Befugnis zur Vertretung ist nicht zusätzlich abzustellen, da insoweit der Gesetzeswortlaut klar ist (ebenso Thomas/Putzo/Hüßtege ZPO § 79 Rn. 14; BeckOK ZPO/Piekenbrock ZPO § 79 Rn. 13). **28**

5. Legal-Tech-Inkasso

Kein Modell des **kollektiven Rechtsschutzes** ist das **Abtretungsmodell** von Legal-Tech-Inkassounternehmen: Das Modell operiert mit der treuhänderischen Abtretung eines Schadensersatzanspruchs durch den Geschädigten an das Inkassounternehmen, welches als Forderungsinhaber die Leistung im eigenen Namen einklagt, sofern nicht die außergerichtliche Forderungsbeitreibung durch ihn erfolgreich war. Ein Entgelt erhält er dafür nur, wenn er erfolgreich ist – das Schlagwort lautet „no win, no fee" (ausf. Scherer VuR 2022, 443 (446); Scherer VuR 2020, 83, jeweils mwN). Der Inkassounternehmer, der die abgetretene Forderung geltend macht, arbeitet mit Vertragsanwälten zusammen und wird regelmäßig durch einen Kapitalgeber finanziert (hierzu Woopen IWZR 2018, 160 (161 f.)). Im Jahr 2020 existierten bereits ca. 200 solcher Legal-Tech-Angebote im Internet (Prütting ZIP 2020, 197). **29**

Dieses Geschäftsmodell basiert darauf, dass über das **Internet** die **Rechtsverfolgung standardisiert** werden kann: In Kern identische Sachverhalte, die identische Rechtsprobleme aufweisen und über weitestgehend digitalisierte Rechtsverfolgung handhabbar sind. Häufig ist eine algorithmusbasierte Anspruchsprüfung auf der Internetseite des Inkassounternehmens vorgeschaltet; mittels Algorithmen können die potentiellen Forderungsinhaber feststellen, ob sie einen **30**

Anspruch haben und sodann den Inkassounternehmer mit der Forderungsdurchsetzung nach treuhänderischer Abtretung beauftragen. Die abgetretenen Forderungen werden sodann vom Inkassounternehmen im Wege der objektiven Klagehäufung gerichtlich geltend gemacht (Scherer VuR 2022, 443 (446) mwN). Dadurch wird der Aufwand für die einzelne Rechtsverfolgung für das Inkassounternehmen minimiert: Da die Sachverhalte und die Rechtsprobleme im Kern identisch sind, muss letztlich nur einmal die Vorbereitung vom Inkassounternehmer geleistet werden. Bereits im „Dieselskandal" haben die Inkassodienstleister in objektiver Klagehäufung, § 260 ZPO abertausende abgetretene Schadensersatzansprüche gebündelt in einem Verfahren geltend gemacht (Lerch/Valdini NJW 2023, 420 Rn. 2; Prütting RAW 2023, 3: „in der Praxis höchst erfolgreicher neuer Verfahrenstyp").

31   Generell kann festgestellt werden, dass das Abtretungsmodell und die anschließende Forderungsbeitreibung durch Legal-Tech-Inkassounternehmen für Verbraucher eine **effiziente und wirksame Möglichkeit** ist, ihre Forderung – abzüglich der Provision – zu realisieren. Dabei ist zu berücksichtigen, dass dieser Weg **für die Verbraucher unkompliziert** ist und – wegen der digitalen Abwicklung und des Entfallens der Notwendigkeit weiterer Aktivitäten durch den Verbraucher – nur eine sehr geringe Hürde für die Überwindung ihrer rationalen Apathie darstellt (Scherer VuR 2022, 443 (447)). Insbesondere die Abhilfeklage wird daher mit dem Abtretungsmodell von Legal-Tech-Inkassounternehmen **konkurrieren** müssen. Die Rechtspraxis wird zeigen, welches Modell von den rechtsuchenden Verbrauchern bevorzugt wird. Es ist jedoch bezeichnend, dass bereits für die Musterfeststellungsklage und die Überwindung des rationalen Desinteresses durch sie ausgeführt wurde: „Wie man glauben kann, die rationale Passivität gerade dadurch überwinden zu können, dass jeder gleich zweimal tätig werden muss – einmal für die Registrierung, dann für die Leistungsklage –, ist freilich rätselhaft" (Stadler VuR 2018, 83 (84)).

6. Gruppenklage

32   Zunächst ist festzuhalten, dass zwischen der Klage einer Mehrzahl von Klägern, die als Streitgenossen auftreten und damit eine subjektive Klagehäufung bilden, welche lediglich den Regeln der §§ 59 ff. ZPO folgt und der **„class action"**, die aus den USA bekannt ist, ein klarer Unterschied besteht: Die subjektive Klagehäufung führt dazu, dass sich die einzelnen Streitgenossen gem. § 61 ZPO als Einzelne dergestalt gegenüber stehen, dass die Handlungen des einen Streitgenossen dem anderen weder zum Vorteil noch zum Nachteil gereicht, es sei denn es liegt ein Fall der notwendigen Streitgenossenschaft gem. § 62 ZPO vor. Beispielsweise klagen mehrere Käufer eines bestimmten Produktes auf Nachlieferung, da eine beworbene Produkteigenschaft tatsächlich nicht vorhanden ist. Es handelt sich bei der Streitgenossenschaft um eine Verbindung von einzelnen Prozessrechtsverhältnissen, nicht um kollektiven Rechtsschutz.

33   Die „class Action" hingegen ist ein Rechtsinstitut des kollektiven Rechtsschutzes und führt dazu, dass Tat- und Rechtsfragen, die für eine Vielzahl von Betroffenen von Bedeutung sein können, für alle einheitlich geklärt werden. Subjektive Klagehäufung und „class action" haben daher nichts miteinander zu tun. Die „class action" in der aus den USA bekannten Form (ausf. Woopen NJW 2018, 133; Prütting ZIP 2020, 197 mwN) **existiert im deutschen und im europäischen Rechtsraum nicht.** Vielmehr existieren verschiedene andere Rechtsinstitute des kollektiven Rechtsschutzes im deutschen und im europäischen Rechtsraum. Die US-amerikanische „class action" kann sowohl Schadensersatz als auch Unterlassung oder Feststellung zum Gegenstand haben (Bruns Rechtsgutachten S. 9). Das Verfahren arbeitet mit einem „opt-out"-Modell und gerichtlicher Zertifizierung (Bruns Rechtsgutachten S. 8 f.). Das Urteil bindet den Beklagten und die repräsentierten Klassenmitglieder (Bruns Rechtsgutachten S. 9).

34   In England existieren die „representative proceedings" und die nach dem „opt-in"-Modell ausgestalteten „group actions" (Bruns Rechtsgutachten S. 12). Die in Schweden bestehende „Grupptalan" bündelt individuelle Ansprüche und wird mit Bindungswirkung für alle Vertretenen erhoben, wobei aber nur der Gruppenrepräsentant Partei des Prozesses wird (Gsell/Meller-Hannich Rechtsgutachten 2021, S. 15). Diese Klage kommt nur in Frage, wenn es sich um gleichartige Ansprüche und eine klar definierte Gruppe handelt, wobei die Klage sowohl durch Einzelpersonen als auch durch Verbände erhoben werden kann, die sogar auch ad hoc zu diesem Zweck gegründet werden dürfen (Gsell/Meller-Hannich Rechtsgutachten, 2021, S. 15).

7. Gesetz zur Einführung eines Leitentscheidungsverfahren beim BGH

Auch das geplante **Gesetz zur Einführung eines Leitentscheidungsverfahren** beim BGH, **35** das bisher nur im Referentenentwurf vom 14.6.2023 vorliegt, stellt keinen kollektiven Rechtsschutz dar, sondern es soll dazu dienen, Massenverfahren besser bewältigen können. Es hat dadurch nur faktische Berührungspunkte mit der Abhilfeklage und der Musterfeststellungsklage, denn ihnen allen liegen massenhafte (Schadens-)ereignisse zugrunde, bei denen die Betroffenen Rechtsschutz suchen. Bei diesen Massenverfahren, die zur Schaffung des Gesetzes zur Einführung eines Leitentscheidungsverfahrens beim Bundesgerichtshof geführt haben, werden massenhafte Einzelklagen eingereicht, bei denen sich im Wesentlichen dieselben Rechtsfragen stellen, beispielsweise im Dieselskandal oder bei der Beurteilung der Wirksamkeit von Klauseln, etwa in Versicherungs-, Fitnessstudio- oder Bankverträgen. Zwar entfaltet eine höchstrichterliche Klärung dieser Rechtsfragen durch den BGH keine Bindungswirkung für die Untergerichte; jedoch können die Verfahren, die bei den Instanzgerichten noch anhängig sind, relativ schnell anhand dieser höchstrichterlichen Rechtsprechung entschieden werden.

Wird daher in einem Massenverfahren Revision eingelegt, so kann der BGH dieses Verfahren **36** zu einem Leitentscheidungsverfahren bestimmen. Aus den bei ihm anhängigen Revisionen kann der BGH ein geeignetes Verfahren auswählen, das ein breites Spektrum an **offenen Rechtsfragen** bietet, und das ihm tauglich erscheint, für die übrigen Einzelklagen als Leitentscheidung zu dienen. Die Instanzgerichte können anhängige Einzelklagen währenddessen mit Zustimmung der Parteien aussetzen. Selbst wenn die Revision zurückgenommen wird oder sich auf andere Weise erledigt, entscheidet der BGH über die Rechtsfragen in Form der Leitentscheidung. Diese Entscheidung dient den Instanzgerichten und der Öffentlichkeit als **Orientierungshilfe** dafür, wie die höchstrichterliche Beurteilung der Rechtsfragen lautet. Dies soll nach dem Willen des Gesetzgebers für Rechtssicherheit sorgen und dazu beitragen, die Gerichte von weiteren Klagen zu entlasten.

Hierzu wird die **ZPO ergänzt,** indem **§ 552b ZPO neu eingeführt** wird, der ermöglicht, **37** dass der BGH, wenn in einem Massenverfahren Revision eingelegt wird, ein Verfahren als Leitentscheidungsverfahren bestimmen kann. Hier kann der BGH gem. **§ 565 ZPO nF** eine Leitentscheidung durch Beschluss treffen, selbst wenn in dem Leitentscheidungsverfahren – wegen Revisionsrücknahme oder Beendigung des Revisionsverfahrens auf andere Weise – kein Revisionsurteil ergeht. Gem. **§ 148 IV ZPO nF** werden die Aussetzungsvorschriften erweitert.

III. Entstehungsgeschichte, Rechtsentwicklung und unionsrechtlicher Hintergrund

1. Unionsrecht

Das VDuG setzt die **Verbandsklagen-RL** (RL (EU) 2020/1828) vom 25.11.2020 um. Diese **38** geht auf einen Vorschlag für eine Richtlinie über Verbandsklagen zum Schutz der Kollektivinteressen der Verbraucher und zur Aufhebung der RL 2009/22/EG (COM (2018) 184 final) zurück, den die Europäische Kommission als Teil des New Deal for Consumers am 11.4.2018 vorgelegt hat. Am 4.11.2020 wurde die Verbandsklagen-RL vom Rat und am 24.11.2020 vom Europäischen Parlament beschlossen. Sie trat am 24.12.2020 in Kraft.

Die **Verbandsklagen-RL löst die Unterlassungsklagen-RL** (RL 2009/22/EG) vom **39** 23.4.2009 **ab,** die ihrerseits ihre Vorläuferin in der vorausgehenden Unterlassungsklagen-RL (98/27/EG) hatte. Eine Regelung der Musterfeststellungsklage ist nicht in der Verbandsklagen-RL enthalten; vielmehr ermöglicht die Richtlinie den Mitgliedstaaten, vorhandene Klagearten zur Erreichung kollektiven Rechtsschutzes für Verbraucher beizubehalten, Art. 1 II Verbandsklagen-RL, (ErwGr. 11 Verbandsklagen-RL). Der deutsche Gesetzgeber hat hiervon Gebrauch gemacht und die Musterfeststellungsklage, die vorher in §§ 606 ff. ZPO aF regelt war, in das VDuG integriert; damit soll die Verbandsklagenmaterie gebündelt werden, um eine weitere Zersplitterung dieser Materie zu vermeiden.

Der Anwendungsbereich der Verbandsklagen-RL ist deutlich weiter als der Anwendungs- **40** bereich der Unterlassungsklagen-RL, welche lediglich 17 Unionsrechtsakte in ihrem Anhang als Anwendungsbereich umfasst; die Verbandsklagen-RL umfasst hingegen **66 EU-Rechtsakte.** Erfasst weder sowohl innerstaatliche als auch grenzüberschreitende Verstöße. Die Mitgliedstaaten werden zudem verpflichtet, mit der Abhilfeklage eine weitere Verbandsklagenart vorzusehen. Dabei können die Mitgliedstaaten ein gerichtliches oder ein behördliches Verfahren vorsehen, ebenso zwischen Opt-in oder Opt-out hinsichtlich der Repräsentation der Verbraucher wählen.

2. Zweck der Verbandsklagen-RL

41   Mit dieser **Abhilfeklage** sollen individuelle Rechte von Verbrauchern gegen Unternehmer durchgesetzt werden, die durch Verstöße gegen die im Anhang genannten Unionsrechtsakte entstanden sind. Vorhandene Verbandsklageverfahren können jedoch neben der Abhilfeklage bestehen bleiben. Die klageberechtigten qualifizierten Einrichtungen können die ihnen zum Schutz der Kollektivinteressen der Verbraucher zur Verfügung stehenden Verfahren frei wählen. Nicht die repräsentierten Verbraucher, sondern die qualifizierten Einrichtungen sind Partei der Verbandsklage. Die konkrete Ausgestaltung des gerichtlichen oder behördlichen Verfahrens obliegt der Entscheidung der Mitgliedstaaten. Die Abhilfeklage ist ein **Novum** im kollektiven Rechtsschutz der Union.

42   Die Verbandsklagen-RL soll ein **wirksames Mittel** schaffen, Verstöße gegen das Verbraucherrecht zu beenden und für Verbraucher Abhilfe zu schaffen, da ohne solche Möglichkeiten das Vertrauen der Verbraucher in den Binnenmarkt beeinträchtigt wird (ErwGr. 1 Verbandsklagen-RL). Außerdem kann das Fehlen wirksamer Mittel zur **Durchsetzung des Verbraucherrechts** zu **Wettbewerbsverzerrungen** zwischen gesetzestreuen und nicht gesetzestreuen Wettbewerbern führen, die sich auch grenzüberschreitend auswirken können (ErwGr. 2 Verbandsklagen-RL). Daher soll sichergestellt werden, dass den Verbrauchern in allen Mitgliedstaaten mindestens ein wirksames und effizientes Verbandsklageverfahren auf Unterlassung und Abhilfe zur Verfügung steht (ErwGr. 7 Verbandsklagen-RL). Auch sollen die Hindernisse für die Rechtsverfolgung, die bei Verbrauchern durch das ungünstige Verhältnis zwischen den erwarteten Kosten und dem Nutzen einer Einzelklage bestehen, beseitigt werden (ErwGr. 9 S. 2 Verbandsklagen-RL). Von diesem ungünstigen Verhältnis zwischen den erwarteten Kosten und dem Nutzen einer Einzelklage sind typischerweise Massenstreuschäden umfasst, die es unverhältnismäßig erscheinen lassen, eine Einzelklage zu erheben (vgl. hierzu Scherer VuR 2022, 443 mwN).

43   Durch die Bestimmungen der Verbandsklagen-RL sollen die **Kollektivinteressen der Verbraucher** geschützt werden, Art. 1 I 1 Verbandsklagen-RL. Gleichzeitig sollen angemessene Schutzmaßnahmen zur **Verhinderung von Klagemissbrauch** getroffen werden, Art. 1 I 1 Verbandsklagen-RL. Gem. Art. 1 I 2, 3 Verbandsklagen-RL ist es Zweck dieser Richtlinie, durch Angleichung bestimmter Aspekte der Rechts- und Verwaltungsvorschriften der Mitgliedstaaten mit Bezug auf Verbandsklagen ein **hohes Verbraucherschutzniveau** zu erreichen und damit zum ordnungsgemäßen Funktionieren des Binnenmarkts beizutragen. Hierzu soll diese Richtlinie auch den **Zugang der Verbraucher zur Justiz** verbessern.

3. Rechtssetzungsverfahren für das VDuG

44   Auf einen Referentenentwurf vom 16.9.2022 für das **Verbandsklagenrichtlinienumsetzungsgesetz (VRUG), das in Art. 1 VRUG** das Gesetz zur gebündelten Durchsetzung von Verbraucherrechten **(Verbraucherrechtedurchsetzungsgesetz – VDuG)** enthält, und der am 16.2.2023 von Bundesministerium der Justiz offiziell veröffentlicht wurde, folgte der **Regierungsentwurf vom 29.3.2023** (BT-Drs. 20/6520). Hier **änderte** sich gegenüber dem Referentenentwurf im Wesentlichen das vorherige frühe Opt-in, das nach § 46 I 1 RefE nur bis zum Ablauf des Tages vor Beginn des ersten Termins möglich war, in ein deutlich späteres Opt-in, das nach § 46 I 1 RegE nun bis zum Ablauf von zwei Monaten nach dem ersten Termin möglich sein sollte.

45   Auch **änderte** sich die Frist zur Rücknahme der Anmeldung, die gem. § 46 IV RefE nur bis zum Ablauf des Tages des Beginns der mündlichen Verhandlung möglich war, gem. § 46 IV RegE in die Frist von zwei Monaten nach dem ersten Termin, § 46 IV RegE. Auch ist durch den Regierungsentwurf für die klageberechtigten Stellen gem. § 2 I Nr. 1 der Eintragungszeitraum von vier Jahren, der noch in § 2 I Nr. 1 lit. b RefE enthalten war, weggefallen. Außerdem hat sich die Widerspruchsfrist gegen die Prüfungsentscheidungen des Sachwalters gem. § 28 II RegE von zwei auf vier Wochen verlängert. Des Weiteren wurden einige Klarstellungen im Gesetzestext und kleinere Ergänzungen durch den Regierungsentwurf vorgenommen. Am 10.5.2023 fand die **Anhörung im Rechtsausschuss** statt. Am 12.5.2023 nahm der **Bundesrat** Stellung zum Regierungsentwurf (BT-Drs. 20/6878). Er forderte ua die Beitrittsfrist von zwei Monaten nach der ersten mündlichen Verhandlung zu verlängern und eine weitere Aussetzungsmöglichkeit zu schaffen. In ihrer Gegenäußerung lehnte die Bundesregierung dies ab, da kein Bedarf für eine Änderung erkennbar sei (BT-Drs. 20/6878).

In der **Beschlussempfehlung RA** vom 5.7.2023 (BT-Drs. 20/7631) wurden Änderungen an **46** verschiedenen Normen vorgeschlagen, ua die Glaubhaftmachung des Verbraucherquorums in eine „nachvollziehbare Darlegung" einer potentiellen Betroffenheit abgemildert, hinsichtlich der Drittfinanzierung strengere Regelungen aufgestellt, für den Beginn der Sperrwirkung der Verbandsklage auf die Anhängigkeit abgestellt und demzufolge für die Ausnahme für die Anhängigkeit gestrichen, im Widerspruchsverfahren eine gerichtliche Überprüfungsmöglichkeit eingeführt, ein Modell für eine Zusammenfassung von Abhilfegrund- und Abhilfeendurteil installiert, die Opt-in-Frist deutlich verlängert und die Anforderungen an die Gleichartigkeit der von der Abhilfeklage betroffenen Ansprüche abgesenkt. Diese Beschlussempfehlung RA lag dem Bundestag für seine Abstimmung am 7.7.2023 vor und wurde mit der Mehrheit der Regierungsparteien gegen die Stimmen CDU/CSU und AfD angenommen.

IV. Aufbau

Das VDuG gliedert sich in **fünf Abschnitte,** wobei der zweite Abschnitt über **weitere vier** **47** **Unterabschnitte** verfügt. Der **erste Abschnitt** regelt die „Allgemeinen Vorschriften" (§§ 1–13). Dies umfasst die Regelung von Verbandsklagen (§ 1), klageberechtige Stellen (§ 2), Zuständigkeit und Verordnungsermächtigung (§ 3), Verbraucherquorum sowie Finanzierung (§ 4), Klageschrift (§ 5), Offenlegung von Beweismitteln und Androhung und Festsetzung von Ordnungsgeld (§ 6), Streitgenossenschaft (§ 7), Sperrwirkung der Verbandsklage (§ 8), gerichtlicher Vergleich und Austritt aus diesem (§ 9, § 10), Sperrwirkung der Anmeldung und Bindungswirkung (§ 11), Informationspflichten (§ 12) und Anwendung der ZPO (§ 13).

Der **zweite Abschnitt** regelt die Abhilfeklagen (§§ 14–40), wobei im **ersten Unter-** **48** **abschnitt** die „Besonderen Voraussetzungen" hinsichtlich Abhilfeklage (§ 14) und der Gleichartigkeit der Verbraucheransprüche sowie der Klageschrift (§ 15) geregelt sind. Der **zweite Unterabschnitt** betrifft die „Abhilfeentscheidung" und regelt das Abhilfegrundurteil bzw. das Endurteil bei namentlicher Nennung der Verbraucher (§ 16), Vergleichsvorschlag und Fortsetzung des Abhilfeverfahrens (§ 17), das Abhilfeendurteil (§ 18), den kollektiven Gesamtbetrag und seine Erhöhung (§ 19, § 21) und die Kosten des Umsetzungsverfahrens (§ 20).

Der **dritte Unterabschnitt** betrifft das „Umsetzungsverfahren". Hier wird die Zuständigkeit **49** und die Entscheidung im Umsetzungsverfahren (§ 22) geregelt, des Weiteren die Bestellung des Sachwalters, seine Aufgaben und seine Ansprüche (§ 23, § 27, 32), der Eröffnungsbeschluss (§ 24), der Umsetzungsfonds (§ 25), die Teilnahme am Umsetzungsverfahren (§ 26), das Widerspruchsverfahren (§ 28), die Zwangsmittel gegen den Unternehmer (§ 29), die gerichtliche Aufsicht und die Zwangsmittel gegen den Sachwalter (§ 30) sowie seine Haftung (§ 31), Schlussrechnung, Schlussbericht und beider Prüfung (§ 33, § 34, § 35), die Feststellung der Beendigung des Umsetzungsverfahrens (§ 36), nicht abgerufene Beträge (§ 37) sowie das Insolvenzverfahren über das Vermögen des Unternehmers und eine Restrukturierung (§ 38). Im **vierten Unterabschnitt** werden „Individualklagen" behandelt, nämlich offene Verbraucheransprüche (§ 39) und Herausgabeansprüche des Unternehmers (§ 40).

Der **dritte Abschnitt** betrifft die Musterfeststellungsklagen (§§ 41–42), wobei hier lediglich **50** die Musterfeststellungsklage und die Revision gegen sie geregelt ist (§ 41, § 42). Der **vierte Abschnitt** erfasst das „Verbandsklagenregister" (§§ 43–49) und regelt neben dem Verbandsklagenregister (§ 43) die Bekanntmachung von Angaben zu Verbandsklagen und die Veranlassung der Bekanntmachung durch das Gericht (§ 44, § 45), die Anmeldung von Ansprüchen und ihre Rücknahme (§ 46), Formvorschriften (§ 47), Einsichtnahme und Auskunft (§ 48) und eine Verordnungsermächtigung (§ 49). Der **fünfte Abschnitt** zum Gegenstand „Schlussvorschriften" umfasst nur eine Norm, nämlich § 50, der die Evaluierung des Gesetzes nach fünf Jahren vorschreibt.

Abschnitt 1. Allgemeine Vorschriften

Verbandsklagen

1 (1) **In bürgerlichen Rechtsstreitigkeiten, die Ansprüche und Rechtsverhältnisse einer Vielzahl von Verbrauchern gegen einen Unternehmer betreffen, können klageberechtigte Stellen folgende Verbandsklagen gegen Unternehmer erheben:**

1. Abhilfeklagen und
2. Musterfeststellungsklagen.

(2) ¹**Kleine Unternehmen gelten als Verbraucher im Sinne dieses Gesetzes.** ²**Kleine Unternehmen sind solche, die weniger als 10 Personen beschäftigen und deren Jahresumsatz oder Jahresbilanz 2 Millionen Euro nicht übersteigt.**

Schrifttum: Amrhein, Die Musterfeststellungsklage, Streitgegenstand/ Rechtshängigkeit/ Musterfeststellungsurteil, 2020; Augenhofer, Die neue Verbandsklagen-Richtlinie – effektiver Verbraucherschutz durch Zivilprozessrecht?, NJW 2021, 113 Rn. 6 ff.; Augenhofer, Die Reform des Verbraucherrechts durch den „New Deal" – ein Schritt zu einer effektiven Rechtsdurchsetzung?, EuZW 2019, 5; Axtmann/Staudigel, Richtlinienvorschlag zur Verbandsklage – kurzer Überblick, ZRP 2020, 80; Basedow, Trippelschritte zum kollektiven Rechtsschutz, Aktionismus in Berlin und Brüssel, EuZW 2018, 609; Basedow, Rechtsdurchsetzung und Streitbeilegung, Die Vielfalt der Durchsetzungsformen im Lichte von Zielkonflikten, JZ 2018, 1; Beckmann/Waßmuth, Die Musterfeststellungsklage – Teil I, WM 2019, 45; Beckmann/Waßmuth, Die Musterfeststellungsklage – Teil II, WM 2019, 89; Berger, „Kollektiver Rechtsschutz": Das neue Musterfeststellungsverfahren, ZZP (133) 2020, 3; Biard/Kramer, The EU Directive on Representative Actions für Consumers: a Milestone or Another Missed Opertunity?, ZEuP 2019, 249; Bruns, Instrumentalisierung des Zivilprozesses im Kollektivinteresse durch Gruppenklagen?, NJW 2018, 2753; Dangl, Die EU-Richtlinie über Verbandsklagen – ein Ultra-vires-Akt?, EuZW 2020, 798; Deutscher Richterbund, Arbeitsgemeinschaft Massenverfahren, Vorschläge für besseren Bewältigung von Massenverfahren durch die Justiz, 13.5.2022 (DRB), https://www.drb.de/fileadmin/DRB/pdf/Stellungnahmen/2022/DRB_220513_Stn_Nr_1_Massenverfahren.pdf; Diller, Arbeitsgerichtliche Verbandsklagen vor dem OLG?, NZW 2023, 673; Domej, Die geplante EU-Verbandsklagenrichtlinie – Sisyphos vor dem Gipfelsieg?, ZEuP 2019, 446; Felgentreu/Gängel, Zur Klagebefugnis eines Verbrauchverbandes im Musterfeststellungsverfahren, VuR 2019, 323; Fuhrmann/ Kurka, Musterfeststellungsklage – Risiken und Fallstricke bei der Wahl des Klagevehikels, NJW 2020, 3414; Gascón Incausti, A new European way to collective redress? Representative actions under Directive 2020/ 1828 of 25 November, GPR 2021, 61, Grewe/Stegmann, EU-Verbandsklagenrichtlinie, Bekommt das Private Enforcement im Datenschutz jetzt Zähne?, ZD 2021, 183; Gsell, Die Umsetzung der Verbandsklagenrichtlinie als Chance für eine Bewältigung als Streu- und Massenschadensereignissen, JZ 2022, 421; Gsell, Europäische Verbandsklagen zur Schutz kollektiver Verbraucherinteressen – Königs- oder Holzweg?, BKR 2021, 521; Gsell/Meller-Hannich, Die Umsetzung der Verbandsklagen-Richtlinie als Chance für eine Bewältigung von Streu- und Massenschadensereignissen, JZ 2022, 421; Gsell/Rübbeck, Beseitigung als Folgenbeseitigung? – Kollektivklagen der Verbraucherverbände auf Rückzahlung unrechtmäßig erzielter Gewinne, ZfPW 2018, 409; Guski, Konfliktermöglichung durch überindividuellen Rechtsschutz: Funktion und Dogmatik der Verbandsklage, ZZP 131 (2018), 353; Hakenberg, Die neue Verbandsklagen-Richtlinie der Europäischen Union, NJOZ 2021, 673; Halfmeier/Rott, Verbandsklage mit Zähnen? – Zum Vorschlag einer Richtlinie über Verbandsklagen zum Schutz der Kollektivinteressen der Verbraucher, VuR 2018, 243; Heinzke/Storkenmaier, Die kollektive Rechtsdurchsetzung bei Verletzung des Datenschutzrechts – Teil I, CR 2021, 299; Heinzke/Storkenmaier, Die kollektive Rechtsdurchsetzung bei Verletzung des Datenschutzrechts – Teil II, CR 2021, 582; Henke, Kollektiver Verbraucherschutz durch einstweilige Verfügungen nach der Verbandsklagen-RL, VuR 2021, 137; Hornkohl, Up- and Downsides of the New EU Directive on Representative Actions für the Protection of the Collektive Interests fo Consumers – Comments on Key Aspects, EuCML 2021, 189; Janal, Die Umsetzung der Verbandsklagenrichtlinie, GRUR 2023, 985; Koch, Die Musterfeststellungsklage, Überblick über die und Bewertung der neuen Regelungen, MDR 2018, 1409; Langheid, Muster ohne Wert – Die Musterfeststellungsklage im Praxistest, VersR 2020, 789; Leidenmühler, Die freiwillige „Übererfüllung" unionsrechtlicher Vorgaben durch die Mitgliedstaaten, EuR 2019, 383;

Lerch/Valdini, Herausforderungen an den Zivilprozess bei Massenverfahren, Ein Blick aus den anwaltlichen Praxis, NJW 2023, 420; Lühmann, Anforderungen und Herausforderungen der RL (EU) 2020/1828 über Verbandsklagen zum Schutz der Kollektivinteressen von Verbrauchern, ZIP 2021, 824; Lühmann, Der Vorschlag einer europäischen Verbandsklage, Ein weiteres Instrument des kollektiven Rechtsschutzes, NJW 2019, 570; Lühmann, Kollektiver Rechtsschutz – Ein aktueller Überblick, NJW 2020, 1706; Lühmann/ Schuhmacher/Stegemann, Gegenwart und Zukunft kollektiver Rechtsdurchsetzung im Datenschutzrecht, ZD 2023, 131; Mayrhofer/Koller, Die „Gleichartigkeit" als Nadelöhr der Abhilfeklage, ZIP 2023, 1065; Mekat/Amrhein, Die Umsetzung der Verbandsklagen-RL in Deutschland nach dem Referentenentwurf, RAW 2023, 23; Meller-Hannich, Wenn die Klage sich nicht lohnt – Effektiver Rechtsschutz bei geringen Streitwerten, NZM 2022, 353; Meller-Hannich, Die Richtlinie über Verbandsklagen zum Schutz der Kollektivinteressen der Verbraucher, VbR 2021, 40; Meller-Hannich, Kollektiver Rechtsschutz – Neue Instrumente im Zivilprozess, DRiZ 2018, 298; Nagy, Die Verwandlung von „Sein" in „Sollen"?, EuZW 2022, 637; Nordholtz/Mekat, Musterfeststellungsklage, 2019; Prütting, Neue Entwicklungen im Bereich des kollektiven Rechtsschutzes, ZIP 2020, 197; Rentsch, Kollektiver Rechtsschutz unter der EU-Verbandskla-genrichtlinie, Systemwettbewerb unter Brüsel Ia?, EuZW 2021, 524; Röthemeyer, Die neue Verbands-klagen-Richtlinie, VuR 2021, 43; Röthemeyer, Das rechtliche Gehör im Musterfeststellungsverfahren, Die Stellung des Anmelders und die Notwendigkeit eines „gehörsfreundlichen" richterlichen Prozessmanage-ments, MDR 2019, 6; Röthemeyer, Musterfeststellungsklage und Individualanspruch – Zur Kritik und zu den Entwicklungsmöglichkeiten, VuR 2019, 87; Röthemeyer, Zweieinhalb Jahre Musterfeststellungsklage – eine Zwischenbilanz im Spiegel der Rechtsprechung BKR 2021, 191; Sattler, No Third Party founding of skim-off claims, IWZR 2019, 78; Scherer, Abhilfeanspruch gem. Art. 9 Abs. 1 VerbandsklagenRL§ 1 Abs. 1 Nr. 1 VDuG-E und Verbraucherschadensersatzanspruch gem. § 9 Abs. 2 UWG – Kollektivrechtsschutz contra Individualrechtsschutz?, VuR 2022, 443; Scherer, Prozessuale Fragestellungen beim „Folgenbeseiti-gungsanspruch" im Lauterkeitsrecht, VuR 2019, 243; Schneider, Die zivilprozessuale Musterfeststellungs-klage, Kollektivrechtsschutz durch Verbraucherschutzverbände statt Class Actions?, BB 2018, 1986; Scholl, Die Musterfeststellungsklage nach §§ 606 ff. ZPO, Eine kritische Würdigung mit Bezügen zum französischen, niederländischen und US-amerikanischen Recht, ZfPW 2019, 317; Schuschnigg, Die Verbandsklagen-Richtlinie, Umsetzungsbreite und ihre Grenzen, EuZW 2022, 1043; Stadler, Musterfeststellungsklagen im deutschen Verbraucherrecht?, VuR 2018, 83; Stellungnahmen zum Referentenentwurf gegenüber BMJ; Stellungnahmen im Anhörung des Rechtsausschusses; Synatschke/Wölber/Nicolai, Umsetzung der Ver-bandsklagenrichtlinie ins nationale Recht, ZRP 2021, 197; Thönissen, Die EU-Verbandsklagenrichtlinie als Bewährungsprobe für das Internationale Privat- und Verfahrensrecht, ZZP 134 (2021), 273; Voigt, Europäi-sche Verbandsklage – Anpassungsbedarf der ZPO bei Parteistellung und Prozessbeteiligung von Verbänden und Verbrauchern, ZZP 134 (2021), 343; Vollkommer, EU-Verbrauchersammelklage, Ein Überblick über die Regelungen der Richtlinie über Verbandsklagen zum Schutz der Kollektivinteressen der Verbraucher sowie ihre mögliche Umsetzung in deutsches Recht, MDR 2021, 129; Witte/Wetzig, Die Musterfest-stellungsklage. Placebo oder Allheilmittel für den deutschen Verbraucherschutz? – Ein Kommentar zur Einführung der MFK aus rechtsvergleichender Sicht, WM 2019, 52; Woopen, Kollektiver Rechtsschutz und Verbandsklagenrichtlinie: Recht ist keine Assetklasse, Rechtsbruch kein Geschäftsmodell, VersR 2023, 886; Woopen, Kollektiver Rechtsschutz – Chancen der Umsetzung, Die Europäische Verbandsklage auf dem Weg ins deutsche Recht, JZ 2021, 601; Woopen, Kollektiver Rechtsschutz – Ziele und Wege, NJW 2018, 133; Woopen, Kollektiver Rechtsschutz, Das Desaster naht, IWRZ 2018, 160.

I. Systematik

1 Die Norm setzt durch Abs. 1 Art. 1 II Verbandsklagen-RL um. Die Regelung in Nr. 1, also **Abhilfeklagen,** bezieht sich auf den Abschnitt 2, wo ab § 14 die Abhilfeklage ausführlich statuiert ist. Das Abhilfeverfahren findet seine nähere Ausgestaltung in §§ 16 ff., wo das Abhilfe-grundurteil (bzw. bei namentlicher Benennung der Verbraucher das Endurteil bzw. bei Aus-sichtslosigkeit vom Vergleichsbemühungen und beiderseitigem Antrag eine Kombination aus Abhilfegrund- und Abhilfeendurteil), der Vergleichsvorschlag und das Abhilfeendurteil sowie anschließend in §§ 22 ff. das Umsetzungsverfahren detailliert geregelt sind, ebenso die offenen Verbraucheransprüche nach einer Abhilfeklage in § 39 und der Herausgabeanspruch des Unter-nehmers nach einer Abhilfeklage in § 40. Der Anhang der Verbandsklagen-RL zählt 66 Unions-Rechtsakte auf, die bei einem Verstoß den Abhilfeanspruch auslösen können.

2 Zugleich regelt die Norm in durch Abs. 1 Nr. 2 die **Musterfeststellungsklage,** die sich auf Abschnitt 3 bezieht, wo in §§ 41 f. die näheren Bestimmungen für die Musterfeststellungsklage statuiert sind. Diese Regelung hat ihren Vorläufer §§ 606 ff. ZPO und ist nicht unionsrechtlich determiniert, da die Verbandsklagen-RL lediglich Bestimmungen zu Unterlassungsentscheidun-gen und Abhilfeentscheidungen enthält, nicht aber zu Musterfeststellungsklagen, Art. 1 II Ver-bandsklagen-RL. In ErwGr. 11 Verbandsklagen-RL statuiert diese ausdrücklich, dass die Mit-gliedstaaten nicht gehindert sind, Rechtsvorschriften für Klagen zur Erwirkung von Feststel-lungsentscheidungen durch ein Gericht zu erlassen. Auch kann demnach dem Verband die Wahl überlassen werden, welches Verfahren er nutzen möchte. Gem. § 41 II hat daher der Verband die Wahl, ob er mit einer Abhilfeklage auf Leistung oder mit der Musterfeststellungsklage auf Feststellung klagt.

II. Gegenstand und Zweck der Abhilfeklage

3   Die in Abs. 1 Nr. 1 geregelte **Abhilfeklage** ist das **Herzstück** der Verbandsklagen-RL und hat nach Art. 9 I Verbandsklagen-RL folgenden Gegenstand: „Durch eine Abhilfeentscheidung wird der Unternehmer verpflichtet, den betroffenen Verbrauchern, je nach Fall und soweit dies im Unionsrecht oder im nationalen Recht vorgesehen ist, Abhilfe in Form von Schadenersatz, Reparatur, Ersatzleistung, Preisminderung, Vertragsauflösung oder Erstattung des gezahlten Preises zu leisten." Eine entsprechende Regelung enthält Art. 3 Nr. 10 Verbandsklagen-RL. Der deutsche Gesetzgeber setzte diesen detailliert beschreibenden Inhalt in § 14 S. 1 mit der Kurzbeschreibung „Verurteilung des Unternehmers zu einer Leistung an die betroffenen Verbraucher" um. Die Verbandsklage aus Nr. 1 kann daher sowohl auf **Zahlung eines Geldbetrages,** womit gem. § 14 S. 2 auch die Zahlung eines kollektiven Gesamtbetrags umfasst ist, als auch die in Art. 9 I Verbandsklagen-RL, Art. 3 Nr. 10 Verbandsklagen-RL genannten nicht auf Geldzahlung gerichteten **sonstigen Leistungen** gerichtet sein. Die Abhilfeklage kann innerstaatlich als auch grenzüberschreitend erhoben werden,(Art. 3 Nr. 6, Nr. 7 Verbandsklagen-RL). Die Abhilfeklage ist ein **völliges Novum** im kollektiven Rechtsschutz und überdies in der deutschen Rechtstradition, die bisher nur Unterlassungsklagen und seit 1.11.2018 die Musterfeststellungsklage gem. § 606 ZPO aF kannte.

4   Die Abhilfeklage kann sowohl zugunsten namentlich benannter als auch namentlich nicht benannter Verbraucher vom klagebefugten Verband erhoben werden, wobei lediglich der Verband, nicht aber die Verbraucher Parteien der Abhilfeklage werden. Nach den Bestimmungen von Art. 9 VI Verbandsklagen-RL müssen die Mitgliedstaaten sicherstellen, dass den betroffenen Verbrauchern die in der Abhilfeentscheidung vorgesehene Abhilfe zugutekommt, **ohne** dass sie eine **gesonderte Klage** erheben müssen. Daher wird entweder durch das in einem Vergleich gefundene Ergebnis für die Abhilfe von dem Unternehmer an die Verbraucher geleistet oder die im Endurteil ausgeurteilte Leistung wird – sofern der Verband konkretisierte Anträge zugunsten namentlich benannter Verbraucher gestellt hat – vom Gericht hinsichtlich dieser einzelnen konkreten Verbraucheransprüche ausgeurteilt. Dann vollstreckt der Verband diesen individualisierten Titel zugunsten der einzelnen berechtigten Verbraucher. Gibt es weder einen Vergleich noch eine namentliche Benennung der einzelnen Verbraucher, ist anschließend an das Abhilfeendurteil im Umsetzungsverfahren durch einen Sachwalter die Befriedigung der repräsentierten Verbraucher mittels des vom Unternehmer gezahlten kollektiven Gesamtbetrags zu leisten.

III. Gegenstand und Zweck der Musterfeststellungsklage

5   Die in Abs. 1 Nr. 2 geregelte Musterfeststellungsklage war in **§§ 606 ff. ZPO aF** seit 1.11.2018 geregelt. Bereits dort war in einem weiten Anwendungsbereich gem. § 606 I 1 ZPO aF vorgesehen, dass der Verband auf die Feststellung des Vorliegens oder Nichtvorliegens von tatsächlichen und rechtlichen Voraussetzungen für das Bestehen oder Nichtbestehen von Ansprüchen oder Rechtsverhältnissen zwischen Verbrauchern und einem Unternehmer klagen konnte. Der Gesetzgeber hat hier beschlossen, um einen **Rückfall hinter** bereits in Deutschland **geltende Verbraucherschutzstandards** zu vermeiden, die Musterfeststellungsklage beizubehalten und diesen weiten Anwendungsbereich ebenfalls. Die Musterfeststellungsklage soll trotz Bestehens der Abhilfeklage erhalten bleiben, da der Gesetzgeber einen rechtspraktischen Bedarf für die Feststellung des Vorliegens oder Nichtvorliegens von tatsächlichen und rechtlichen Voraussetzungen für das Bestehen oder Nichtbestehen von Ansprüchen oder Rechtsverhältnissen zwischen Verbrauchern und einem Unternehmer gesehen hat.

6   Die Musterfeststellungsklage wird nun aber **aus der ZPO ausgegliedert** und gemeinsam mit der Abhilfeklage im VDuG geregelt, um eine Zersplitterung der Rechtsmaterie der Verbandsklagen zu vermeiden. Da hier aufgrund fehlendem Regelungsgegenstand Art. 3 Nr. 1 Verbandsklagen-RL nicht anwendbar ist, ist für den Verbraucherbegriff § 29c ZPO maßgeblich (Begr. RegE, BT-Drs. 20/6520, 69). Nach § 41 II muss der klagende Verband entscheiden, ob er den Anspruch oder das Rechtsverhältnis nur mit der Musterfeststellungsklage feststellen lässt, oder mit der Abhilfeklage auf Leistung klagt.

IV. Unionsrechtlicher Hintergrund

Maßgeblich für die Regelung der Abhilfeklage, nicht aber der Musterfeststellungsklage ist **7** Art. 9 I Verbandsklagen-RL, Art. 3 Nr. 10 Verbandsklagen-RL, die die Abhilfeklage neben der Unterlassungsklage als Verbandsklage verpflichtend nennt. Mit der **Verbandsklagen-RL** will der Unionsgesetzgeber daher sichergestellt wissen, dass den Verbrauchern in allen Mitgliedstaaten mindestens ein wirksames und effizientes Verbandsklageverfahren auf Unterlassungsentscheidungen und ein wirksames Verbandsklageverfahren auf Abhilfeentscheidungen auf nationaler Ebene und auf Unionsebene zur Verfügung steht (ErwGr. 7 S. 1 Verbandsklagen-RL). Die Richtlinie soll **Verstöße gegen die in Anhang I** genannten Bestimmungen des Unionsrechts abdecken, soweit diese Bestimmungen dem Schutz der Interessen der Verbraucher dienen, unabhängig davon, ob diese Verbraucher darin als Verbraucher, als Reisende, Nutzer, Kunden, Kleinanleger, Einzelinvestoren, Datensubjekte oder anderweitig bezeichnet werden (ErwGr. 14 S. 1 Verbandsklagen-RL).

In Art. 1 II 1 Verbandsklagen-RL ist jedoch bestimmt, dass die Mitgliedstaaten nicht gehin- **8** dert sind, auf nationaler Ebene verfahrensrechtliche Mittel zum Schutz der Kollektivinteressen der Verbraucher zu schaffen oder beizubehalten. Ausdrücklich betont die Verbandsklagen-RL in ErwGr. 11 S. 3 Verbandsklagen-RL, dass die **Mitgliedstaaten nicht gehindert** sind, Rechtsvorschriften zur **Erwirkung von Feststellungsentscheidungen** zu erlassen. Auch kann demnach dem Verband die Wahl überlassen werden, welches Verfahren er nutzen möchte (ErwGr. 11 S. 4 Verbandsklagen-RL). Daher war der deutsche Gesetzgeber nicht durch die Verbandsklagen-RL gehindert, die Musterfeststellungsklage beizubehalten und den Verbänden die Wahl zwischen beiden Verbandsklagearten zu lassen. Zudem gestattet die Verbandsklagen-RL ausdrücklich, Bestimmungen dieser Richtlinie auf Bereiche anzuwenden, die nicht in den Anwendungsbereich dieser Richtlinie fallen, wie beispielsweise nationale Rechtsvorschriften, die nicht in den Anwendungsbereich von Anhang I fallen (ErwGr. 18 Verbandsklagen-RL), mithin autonomes nationales Recht.

V. Inhalt der Norm

1. Abs. 1

a) Bürgerliche Rechtsstreitigkeiten. Bürgerliche Rechtsstreitigkeiten sind im Hinblick **9** auf Abhilfeklagen nicht nur die Rechtsstreitigkeiten, die auf einem Verstoß gegen alle in Anhang I der Verbandsklagen-RL genannten Unionsrechtsakte beruhen, sondern auch rein nationale Rechtsakte; gleiches gilt für die Musterfeststellungsklage (zum Problem der freiwilligen Übererfüllung bei der Umsetzung von Richtlinien durch sogenanntes „Gold Plating" Leidenmühler EuR 2019, 383). Der deutsche Gesetzgeber war durch die Verbandsklage-RL nicht gehindert, nationale Vorschriften, die die Verbraucher schützen, auch zum Gegenstand der Abhilfeklage und der Musterfeststellungsklage zu machen (ErwGr. 18 Verbandsklagen-RL, ErwGr. 11 S. 3 Verbandsklagen-RL). Da bereits die Musterfeststellungsklage gem. §§ 606 ff. ZPO aF einen weiten Anwendungsbereich hatte, wollte der deutsche Gesetzgeber nicht hinter die bis dato geltenden Verbraucherschutzstandards mit der Neuregelung und Umsetzung zurückfallen (Begr. RegE, BT-Drs. 20/6520, 69) Daher differenziert der Begriff der bürgerlichen Rechtsstreitigkeiten nicht zwischen Recht europäischen Ursprungs und Recht nationalen Ursprungs.

Arbeitsrechtliche Streitigkeiten sind jedoch **nicht umfasst,** sondern allein durch das **10** ArbGG geregelt. Gelegentlich wird in der Literatur davon ausgegangen, dass dies im Gesetzestext nicht angelegt sei (so Diller NZA 2023, 673); jedoch ist zu beachten, dass sich diese Auslegung bereits aus Pflicht zur richtlinienkonformen Interpretation ergibt, so dass eine entsprechende Ergänzung im Gesetzestext überflüssig ist.

b) Ansprüche und Rechtsverhältnisse. Ansprüche und **Rechtsverhältnisse** beziehen sich **11** auf den **Streitgegenstand** von Abhilfe- und Musterfeststellungsklage: Bei der Musterfeststellungsklage bildet den Antrag auf Feststellung des Vorliegens oder Nichtvorliegens von tatsächlichen und rechtlichen Voraussetzungen für das Bestehen oder Nichtbestehen von Ansprüchen oder Rechtsverhältnissen zwischen einem Verbraucher und einem Unternehmer das Feststellungsziel, was in § 41 I legal definiert ist. Das Feststellungsziel bildet auf der Grundlage des nach § 5 II kurz darzustellenden Lebenssachverhalts, aus dem die geltend gemachten Ansprüche der Verbraucher hergeleitet werden, den Streitgegenstand der Musterfeststellungsklage. Jedes Fest-

stellungsziel bildet dabei ein eigenes Rechtsschutzbegehren und mithin einen eigenen Streitgegenstand (BGH VersR 2020, 119 Rn. 10; Langheid VersR 2020, 789 (890)). Bei der
Abhilfeklage bildet der Abhilfeanspruch, beispielsweise auf Zahlung oder Nachlieferung eines
bestimmten Produkts aufgrund des vorgetragenen Lebenssachverhalts oder der Reihe im Wesentlichen vergleichbarer Sachverhalte, § 15 I Nr. 1 den Streitgegenstand. Jeder Abhilfeanspruch
bildet dabei einen eigenen Streitgegenstand.

12   Zwar verlangt § 253 II Nr. 2 ZPO die **bestimmte Angabe** des Gegenstandes und des
Grundes des erhobenen Anspruchs. Jedoch war bereits für § 606 I ZPO aF gesehen worden, dass
das Gesetz nicht die Darstellung der konkreten Beziehungen sämtlicher repräsentierten Verbraucher zum Unternehmer verlangt, vielmehr bereits durch § 606 I ZPO aF den Schwerpunkt
auf das **typisierte** vertragliche Verhalten des Unternehmers oder seine deliktischen Handlungen
gegenüber den Verbrauchern gelegt wird (vgl. MüKoZPO/Menges ZPO § 606 Rn. 38). Nach
§ 5 II ist daher für die Verbandsklage zum Zweck der Bekanntmachung im Verbandsklageregister eine kurze Darstellung des Lebenssachverhalts in der Klageschrift vorzunehmen, aus dem
die geltend gemachten Ansprüche der Verbraucher hergeleitet werden. Entsprechendes war
bereits in § 606 II 2 ZPO aF geregelt. Diese Anpassung ist den Gegebenheiten des **kollektiven
Rechtsschutzes** in einem überindividuellen Massenverfahren geschuldet. Es betrifft daher vorliegend sowohl die Musterfeststellungsklage als auch die Abhilfeklage. Relevant für die **Bestimmung des Lebenssachverhalts** beider Verbandsklagen sind daher die **entindividualisierten**
und **verallgemeinernden Elemente.**

13   **c) Vielzahl von Verbrauchern.** Was unter einer **Vielzahl** von Verbrauchern zu verstehen
ist, bestimmt § 4 I: Durch diese Norm wird sowohl in Nr. 1 für die Abhilfeklage als auch in
Nr. 2 für die Musterfeststellungsklage die Zahl auf **50 Verbraucher** festgelegt. Gem. Nr. 1
müssen die Ansprüche von mindestens 50 Verbraucher betroffen sein können und gem. Nr. 2
von den Feststellungszielen die Ansprüche oder Rechtsverhältnisse von mindestens 50 Verbrauchern abhängen können. Dies muss durch den Verband als Voraussetzung für die Zulässigkeit der Verbandsklage nachvollziehbar dargelegt werden. Die Zahl der Verbraucher entspricht
der Regelung von § 606 III Nr. 3 ZPO aF, wonach für die Zulässigkeit der Musterfeststellungsklage zwei Monate nach öffentlicher Bekanntmachung der Musterfeststellungsklage mindestens
50 Verbraucher ihre Ansprüche oder Rechtsverhältnisse zur Eintragung in das Klageregister
wirksam angemeldet haben mussten. Auch hier wurde der erreichte Standard beim Verbraucherschutz durch die Neuregelung nicht unterschritten, sondern sogar eher vergrößert, da eine
Eintragung – anders als nach § 606 III Nr. 3 ZPO aF – vorliegend nicht erforderlich ist.

14   **d) Verbraucherbegriff.** Der **Verbraucherbegriff** wird durch Art. 3 Nr. 1 Verbandsklagen-
RL bestimmt, soweit die Abhilfeklage betroffen ist, jedoch gem. § 29c II ZPO, sofern die
Musterfeststellungsklage erhoben ist. Gem. Art. 3 Nr. 1 Verbandsklagen-RL ist Verbraucher
„jede natürliche Person die zu Zwecken handelt, die außerhalb ihrer gewerblichen, geschäftlichen, handwerklichen oder beruflichen Tätigkeit liegen". Gem. § 29c II ZPO ist der Verbraucherbegriff nach etwas weiter, denn er umfasst „jede natürliche Person, die
bei dem Erwerb des Anspruchs oder Begründung des Rechtsverhältnisses nicht überwiegend im
Rahmen ihrer gewerblichen oder selbständigen beruflichen Tätigkeit handelt". Unselbständige
berufliche Tätigkeiten werden daher ausdrücklich vom prozessualen Verbraucherbegriff gem.
§ 29c II ZPO ausgenommen, ebenso wie vom materiellen Verbraucherbegriff gem. § 13 BGB,
so dass demnach auch ein Arbeitnehmer, der beispielsweise Berufskleidung kauft, Verbraucher
ist; dieser Verbraucherbegriff ist daher auf den ersten Blick weiter als der unionsrechtliche, der
seinem Wortlaut nach bereits bei jedem Bezug zu beruflicher Tätigkeit, nicht nur bei selbstständiger, die Verbrauchereigenschaft ausschließt (vgl. Grüneberg/Ellenberger BGB § 13 Rn. 3;
Ohly/Sosnitza/Sosnitza UWG § 2 Rn. 109, jeweils mwN).

15   Jedoch gehen gewichtige Stimmen davon aus, dass der **unionsrechtliche Verbraucherbegriff** ebenso wie der **nationale** als berufliche Tätigkeiten **lediglich selbständige** berufliche
Tätigkeiten begreift (→ UWG § 2 Rn. 12.3 mwN), so dass zwischen dem nationalen Verbraucherbegriff und dem unionsrechtlichen Verbraucherbegriff insoweit kein Unterschied besteht. Diese Auslegung ist vorzuziehen, da der Verbraucherbegriff beider Verbandsklagen gleich
sein sollte. Hat die natürliche Person jedoch überwiegend im Rahmen ihrer gewerblichen oder
selbständigen beruflichen Tätigkeit gehandelt, kann sie lediglich gem. § 1 II als kleines Unternehmen in der Verbandsklage repräsentiert werden, sofern die Voraussetzungen des § 1 II
vorliegen. Dass der Verbraucherbegriff des Art. 3 Nr. 1 Verbandsklagen-RL aber keine „überwiegende" Zuordnung kennt wie § 29c II ZPO wird auch durch § 1 II aufgefangen: Sofern die

Handlung einem **gemischten Zweck** dient, unterfällt der Betreffende nicht mehr dem europäischen Verbraucherbegriff, es sei denn der gewerbliche Zweck spielt nur eine ganz untergeordnete Rolle (Koch/Friebel GPR 2019, 280 (284); Musielak/Voit/Stadler Brüssel Ia-VO Art. 17 Rn. 1); in diesen Fällen kann der Betroffene als kleines Unternehmen gem. § 1 II durch die Verbandsklage repräsentiert werden.

Eine Einbeziehung von **Personengemeinschaften** in den Verbraucherbegriff der Verbands-   **16** klage, wie für die Musterfeststellungsklage und § 29c II ZPO, ebenso wie für § 13 BGB angenommen (vgl. MüKoZPO/Patzina ZPO § 29c Rn. 11; Grüneberg/Ellenberger BGB § 13 Rn. 2 jeweils mwN) ist für beide Verbandsklagen gegeben, jedoch nur, wenn die Personengemeinschaft ausschließlich aus natürlichen Personen besteht und die Personengemeinschaft nicht gewerblichen oder selbständig beruflichen Zwecken tätig ist. Ist sie dies jedoch, kann sie lediglich gem. § 1 II als kleines Unternehmen in der Verbandsklage repräsentiert werden, sofern die Voraussetzungen dieser Norm vorliegen. Da Verbraucher lediglich natürliche Personen sein können, scheiden auch **juristische Personen** aus dem Verbraucherbegriff aus; diese können jedoch nach Abs. 2 Kleinunternehmen sein (ebenso Mekat/Amrhein RAW 2023, 23 (25)). Sind sie dies, gelten sie gem. Abs. 2 für die Verbandsklagen als Verbraucher.

Die Verbandsklage richtet sich gegen einen **Unternehmer,** für dessen Bestimmung Art. 3   **17** Nr. 2 Verbandsklagen-RL maßgeblich ist. Dieser statuiert, dass Unternehmer „jede natürliche oder juristische Person [ist], unabhängig davon, ob letztere privater oder öffentlicher Natur ist, die selbst oder durch eine andere Person, die in ihrem Namen oder Auftrag handelt, zu Zwecken tätig wird, die ihrer gewerblichen, geschäftlichen, handwerklichen oder beruflichen Tätigkeit zugerechnet werden können". Hier gilt Entsprechendes, wie für den Verbraucherbegriff ausgeführt, dass nämlich nicht unselbständige berufliche Tätigkeiten eine Person zum Unternehmer machen, sondern lediglich selbständige.

Unklar ist, inwieweit die **Kleinunternehmer,** die gem. Abs. 2 als Verbrauchern im Sinne   **18** dieses Gesetzes gelten, im Rahmen der Verbandsklagen passivlegitimiert sind, da sie vom Gesetzgeber als auf der Klägerseite stehend, weil vom Verbraucherverband repräsentiert, angesehen werden. Aus der Gesetzesbegründung lässt sich nichts dafür entnehmen, dass die Kleinunternehmer vom Anwendungsbereich des Abs. 1 ausgeschlossen sind, also **nicht als passivlegitimiert** gelten. Dies sollte jedoch konsequenterweise so angewendet werden, denn wenn die Kleinunternehmer aufgrund ihrer Schutzwürdigkeit vom Gesetzgeber den Verbrauchern gleichgestellt werden, wäre es systemwidrig, sie andererseits als Gegner der Verbraucher zu sehen. Welche Stelle eine **klageberechtige Stelle** ist, ergibt sich aus § 2 I: Hiernach sind qualifizierte Verbraucherverbände solche, deren Qualifikation sich gem. § 2 I Nr. 1, Nr. 2 ergibt. Dabei betrifft Nr. 1 die Klagebefugnis inländischer Verbände und Nr. 2 die Klagebefugnis für Verbände aus anderen Mitgliedstaaten.

2. Abs. 2

a) Kleinunternehmen. Gem. S. 1 gelten kleine Unternehmen bei Verbandsklagen als Ver-   **19** brauchern iSd VDuG, so dass kleine Unternehmen auch als durch den klagenden Verband repräsentierte Personen auf der Klägerseite stehen können. Kleine Unternehmen sind gem. Abs. 2 S. 2 solche, die **weniger als zehn Personen** beschäftigen und deren **Jahresumsatz** oder **Jahresbilanz 2 Mio. Euro** nicht übersteigt. Beschäftigungszahl und Umsatz bzw. Bilanzsumme muss kumulativ vorliegen, Jahresumsatz bzw. Jahresbilanz können alternativ vorliegen, so dass bei einem von beiden die festgelegte Grenze überschritten werden darf (ErwGr. 4 Empfehlung 2003/361/EG). Voraussetzung für die Repräsentation der kleinen Unternehmen ist, dass der Rechtsstreit ihre Ansprüche bzw. Rechtsverhältnisse ebenso betrifft wie die der Verbraucher. Unter diesen Umständen können sie sich ebenso wie Verbraucher zum Verbandsklageregister anmelden und von den Wirkungen der Verbandsklage profitieren. Die Berechnung der Mitarbeiterzahl richtet sich nach Art. 5, 6 2003/361/EG.

Die Beschäftigtenzahl und der Jahresumsatz bzw. die Jahresbilanz waren noch im **Regierungs-**   **20** **entwurf,** der die Grenze von 50 Mitarbeitern und 10 Million vorsah, aus Art. 2 II Empfehlung 2003/361/EG der Europäischen Kommission vom 6.5.2003 betreffend die Definition der Kleinstunternehmen sowie der kleinen und mittleren Unternehmen entnommen. Nach ErwGr. 4 Empfehlung 2003/361/EG ist das Kriterium der Mitarbeiterzahl das aussagekräftigste, muss jedoch ergänzt werden durch ein finanzielles Kriterium, um die tatsächliche Bedeutung, Leistungsfähigkeit und Wettbewerbsfähigkeit eines Unternehmens beurteilen zu können. Jedoch kann nicht nur der Umsatz als alleiniges finanzielles Kriterium maßgeblich sein, allein schon deshalb, weil der Umsatz der Handelsunternehmen und des Vertriebs naturgemäß über dem des verarbeitenden Gewerbes liegt. Das Kriterium des Umsatzes muss also mit dem der Bilanzsumme kombiniert werden, welches die Gesamtheit des Wertes eines Unternehmens widerspiegelt, wobei bei einem dieser Kriterien die festgelegte Grenze überschritten werden darf (ErwGr. 4 Empfehlung 2003/361/EG). Bei den **Kleinunternehmen** ist sowohl die **Eigenschaft als natürliche oder juristische Person als auch die konkrete Rechtsform irrelevant** (ähnlich Mekat/Amrhein RAW 2023, 23 (25)).

21   Jedoch hat Rechtsausschuss in seiner Beschlussempfehlung die **Grenze bei zehn Mitarbeitern** und **2 Mio.** festgesetzt; dies wurde letztlich auch von Bundestag so beschlossen. Begründet wird dies damit, dass bei Unternehmen, die diese Schwellen überschreiten, davon ausgegangen werden kann, dass sie bereits über ausreichende Ressourcen zur selbständigen Anspruchsdurchsetzung verfügen. Ihre Interessenlage sei im Hinblick auf eine Verbandsklage mit der Interessenlage von Verbrauchern im materiellen Sinne daher weniger vergleichbar (Beschlussempfehlung RA, BT-Drs. 20/7631, 109).

22   **b) Passivlegitimation der Kleinunternehmen.** Diese Kleinunternehmer des Abs. 2 sollten, da der Gesetzgeber sie hinsichtlich ihrer Schutzwürdigkeit den Verbrauchern gleichstellt, konsequenterweise **nicht** als **passivlegitimiert** angesehen werden; sie sollten daher vom Anwendungsbereich des Abs. 1 ausgenommen werden, so dass sie nicht beklagter Unternehmer einer Abhilfe- oder Musterfeststellungsklage sein können: Denn es wäre systemwidrig, sie einerseits als so schutzwürdig wie Verbraucher anzusehen, sie andererseits aber als Gegner der Verbraucher zu behandeln.

Klageberechtigte Stellen

2 (1) **Klageberechtigte Stellen für Verbandsklagen sind**

1. **qualifizierte Verbraucherverbände, die**
   a) **in der Liste nach § 4 des Unterlassungsklagengesetzes eingetragen sind und**
   b) **nicht mehr als 5 Prozent ihrer finanziellen Mittel durch Zuwendungen von Unternehmen beziehen, sowie**
2. **qualifizierte Einrichtungen aus anderen Mitgliedstaaten der Europäischen Union, die in dem Verzeichnis der Europäischen Kommission nach Artikel 5 Absatz 1 Satz 4 der Richtlinie (EU) 2020/1828 des Europäischen Parlaments und des Rates vom 25. November 2020 über Verbandsklagen zum Schutz der Kollektivinteressen der Verbraucher und zur Aufhebung der Richtlinie 2009/22/EG (ABl. L 409 vom 4.12.2020, S. 1) eingetragen sind.**

(2) **Bestehen ernsthafte Zweifel daran, dass die Voraussetzung nach Absatz 1 Nummer 1 Buchstabe b vorliegt, so verlangt das Gericht vom Kläger die Offenlegung seiner finanziellen Mittel.**

(3) **Es wird unwiderleglich vermutet, dass Verbraucherzentralen und andere Verbraucherverbände, die überwiegend mit öffentlichen Mitteln gefördert werden, die Voraussetzung des Absatzes 1 Nummer 1 Buchstabe b erfüllen.**

Übersicht

Schrifttum: Augenhofer, Die neue Verbandsklagen-Richtlinie – effektiver Verbraucherschutz durch Zivilprozessrecht?, NJW 2021, 113; Augenhofer, Die Reform des Verbraucherrechts durch den „New Deal" – ein Schritt zu einer effektiven Rechtsdurchsetzung?, EuZW 2019, 5; Axtmann/Staudigel, Richtlinienvorschlag zur Verbandsklage – kurzer Überblick, ZRP 2020, 80; Basedow, Trippelschritte zum kollektiven Rechtsschutz, Aktionismus in Berlin und Brüssel, EuZW 2018, 609; Beckmann/Waßmuth, Musterfeststellungsklage, -Teil 1-, WM 2019, 45; Biard/Kramer, The EU Directive on Representative Actions for Consumers: a Milestone or Another Misssed Opportunity? ZEuP 2019, 249; Felgentreu/Gängel, Zur Klagebefugnis eines Verbraucherverbandes im Musterfeststellungsverfahren, VuR 2019, 323; Fuhrmann/Kurka,

Musterfeststellungsklage – Risiken und Fallstricke bei der Wahl des Klagevehikels, NJW 2020, 3414; Gascón Inchausti, A new European way to collective redress? Representative actions under Directive 2020/1828 of 25 November, GPR 2021, 61; Geissler, Die geplante (deutsche) Musterfeststellungsklage und die (europäische) Sammelklage: Fluch oder Segen für die deutsche Industrie?, GWR 2018, 189; Gsell, Europäische Verbandsklagen zum Schutz kollektiver Verbraucherinteressen – Königs- oder Holzweg?, BKR 2021, 521; Gsell, Europäische Verbandsklagen zur Schutz kollektiver Verbraucherinteressen – Königs- oder Holzweg?, BKR 2021, 521; Hakenberg, Die neue Verbandsklagen-Richtlinie der Europäischen Union, NJOZ 2021, 673; Halfmeier/Rott, Verbandsklage mit Zähnen? – Zum Vorschlag einer Richtlinie über Verbandsklagen zum Schutz der Kollektivinteressen der Verbraucher, VuR 2018, 243; Hartmann, Zu den Voraussetzungen einer qualifizierten Einrichtung für die Erhebung einer Musterfeststellungsklage, EWiR 2020, 159; Heese, Die Musterfeststellungsklage und der Dieselskandal, Stationen auf dem langen deutschen Weg in die prozessuale Moderne, JZ 2019, 429; Hornkohl, Up- and Downsides of the New EU Directive on Representative Actions für the Protection of the Collective Interests fo Consumers – Comments on Key Aspects, EuCML 2021, 189; Lühmann, Anforderungen und Herausforderungen der RL (EU) 2020/1828 über Verbandsklagen zum Schutz der Kollektivinteressen von Verbrauchern, ZIP 2021, 824; Lühmann, Der Vorschlag einer europäischen Verbandsklage, Ein weiteres Instrument des kollektiven Rechtsschutzes, NJW 2019, 570; Meller-Hannich/Krausbeck, Kollektiver Rechtsschutz in der EU – Die Entwicklungen der letzten Jahre, der „New Deal for Consumers" und die deutsche Musterfeststellungsklage, DAR-Extra 2018, 721; Merkt/ Zimmermann, Die neue Musterfeststellungsklage: Eine erste Bewertung, VuR 2018, 363; Rentsch, Kollektiver Rechtsschutz unter der EU-Verbandsklagenrichtlinie, System-Wettbewerb unter Brüssel Ia?, EuZW 2021, 524; Röthemeyer, Zweieinhalb Jahre Musterfeststellungsklage – eine Zwischenbilanz im Spiegel der Rechtsprechung, BKR 2021, 191; Röthemeyer, Anmerkung zu BGH, Urteil vom 17.11.2020, Az. XI ZR 171/19, NJW 2021, 1014; Röthemeyer, Urteilsanmerkung zu BGH, Urteil vom 30.3.2023, Az. VII ZR 10/ 22, NJW 2023, 1818; Röthemeyer, Die neue Verbandsklage-Richtlinie, VuR 2021, 43; Vollkommer, EU-Verbrauchersammelklage – Ein Überblick über die Regelungen der Richtlinie über Verbandsklagen zum Schutz der Kollektivinteressen der Verbraucher sowie ihre mögliche Umsetzung in deutsches Recht, MDR 2021, 129; Witte/ Wetzig, Die Musterfeststellungsklage: Placebo oder Allheilmittel für den deutschen Verbraucherschutz? – Ein Kommentar zur Einführung der MFK aus rechtsvergleichender Sicht–, WM 2019, 52; Woopen, Kollektiver Rechtsschutz – Chancen der Umsetzung, Die Europäische Verbandsklage auf dem Weg ins deutsche Recht, JZ 2021, 601.

I. Systematik und unionsrechtlicher Hintergrund

Die Norm steht **systematisch** in Zusammenhang mit **§ 5 I Nr. 1,** wo durch die Klägerin **1** einer Verbandsklage angegeben und nachgewiesen werden muss, dass sie eine klageberechtigte Stelle ist. Damit wird **Art. 4 Verbandsklagen-RL** umsetzt, der in seinem Abs. 1 bestimmt, dass die Mitgliedstaaten sicherstellen, dass die in dieser Richtlinie vorgesehenen Verbandsklagen von hierzu von den Mitgliedstaaten benannten qualifizierten Einrichtungen erhoben werden können. Zudem bestimmt **Art. 6 I Verbandsklagen-RL,** dass die Mitgliedstaaten sicherstellen, dass qualifizierte Einrichtungen, die in einem anderen Mitgliedstaat für die Zwecke grenzüberschreitender Verbandsklagen vorab benannt wurden, vor ihren Gerichten oder Verwaltungsbehörden diese Verbandsklagen erheben können. Nach der Konzeption der Verbandsklagen-RL, und in deren Umsetzung das VDuG, sind lediglich die Verbände als solche klageberechtigt; daher sind auch nur die Verbände Partei eines Verbandsklageverfahrens, nicht hingegen die angemeldeten Verbraucher. Natürliche Personen und Gruppen von natürlichen Personen – selbst, wenn sie Verbraucher sind – sind daher ausgeschlossen als klageberechtigte Stellen gem. § 2 (Gascón Incausti GPR 2021, 61 Rn. 15).

II. Norminhalt

1. Klageberechtigte Stellen (Abs. 1)

Die Norm entsprach noch im RefE im Wesentlichen § 606 I 1, 2 Nr. 1–5 ZPO aF, wurde **2** jedoch durch den Regierungsentwurf stark in Nr. 1 verändert, so dass nunmehr in Nr. 1 lediglich noch **zwei Voraussetzungen** für qualifizierte Verbraucherverbände bestehen, nämlich eine Eintragung in der Liste nach § 4 UKlaG und ein Bezug von nicht mehr als 5 Prozent ihrer finanziellen Mittel durch Zuwendungen von Unternehmen. Dies wird nicht nur aus der Rechtswissenschaft (Bruns, Stellungnahme in der Anhörung des Rechtsausschusses, S. 13), sondern auch aus der **Rechtspraxis kritisiert,** da nunmehr das Risiko gesehen wird, dass anlassbezogene Spontangründungen eines Verbraucherverbandes vorgenommen werden, dessen – im Sinne der Verbraucher – sachgerechte Verfahrensführung fraglich sein könne (Allgayer, Stellungnahme in der Anhörung des Rechtsausschusses, S. 1). Bereits im Zuge der Entstehung der Verbandsklagenrichtlinie wurde die Vermutung geäußert, dass durch die Möglichkeit anlassbezogener Spontangründungen die Bildung von Interesseorganisationen für politisch erwünschte Klagen gefördert werden könnte (Halfmeier/Rott VuR 2018, 243 (244)). In der Tat ist diese Befürchtung nicht von der Hand zu weisen, da die Voraussetzungen einer Eintragung gem. § 4 UKlaG eine recht niedrige Hürde sind.

3   Hinsichtlich des Problems einer „**Internetmitgliedschaft**" von **nicht stimmberechtigten** Mitgliedern des klagenden Verbandes hat der BGH wiederholt entschieden, dass eine Internetmitgliedschaft ohne Stimmrecht nicht ausreichend ist, um die erforderliche Mitgliederzahl herzustellen (BGH NJW 2023, 1816 Rn. 23 – Musterfeststellungsklage – Anforderungen an qualifizierte Einrichtungen; NJW 2021, 1014 Rn. 18; 2021, 1018 Rn. 18; hierzu Hartmann EWiR 2020, 159; Röthemeyer NJW 2023, 1818 mwN). Für die erforderliche Mitgliederzahl gem. § 4 UKlaG zählen daher nur solche Verbände und natürliche Personen, die kraft der ihnen organschaftlich zustehenden Rechte in relevanter Weise auf das Verhalten und die Geschicke des Vereins Einfluss nehmen können. Die Möglichkeit, in dieser Weise Einfluss zu nehmen, setzt danach ein Stimmrecht auf den Versammlungen des Vereins voraus; eine bloße Internetmitgliedschaft ohne Stimmrecht genügt nicht (BGH NJW 2023, 1816 Rn. 23 – Musterfeststellungsklage – Anforderungen an qualifizierte Einrichtungen; NJW 2021, 1014 Rn. 18; 2021, 1018 Rn. 18).

4   Regelungstechnisch sind Verbraucherverbände aus dem **Inland** in Abs. 1 Nr. 1 erfasst, Verbraucherverbände aus **anderen Mitgliedstaaten der EU** in Abs. 1 Nr. 2. Terminologisch sind die inländischen Verbände als „qualifizierte Verbraucherverbände" bezeichnet, die Verbände aus anderen Mitgliedstaaten der EU als „qualifizierte Einrichtungen". Diese unterschiedliche Bezeichnung ist jedoch als solche ohne rechtliche Folge; vielmehr dient sie lediglich dazu, die Voraussetzungen der Klageberechtigung, die unterschiedlich sind, zu erfassen. Nach **Nr. 1 lit. a** müssen die Verbraucherverbände in die Liste nach § 4 UKlaG eingetragen sein.

5   Durch **Nr. 1 lit. b** soll eine Interessenkollision von Verbraucher- und Unternehmerinteressen verhindert werden; die Norm entspricht § 606 I 2 Nr. 5 ZPO aF. Sind die Voraussetzungen der Nr. 1 nicht kumulativ gegeben, weist das Gericht die Klage als unzulässig ab. **Abs. 1 Nr. 2** entspricht § 606 I 2 Nr. 2, Hs. 2 ZPO aF. Hier sind Verbraucherverbände erfasst, die aus anderen Mitgliedstaaten der EU stammen und in dem Verzeichnis der Kommission nach **Art. 5 I 4 Verbandsklagen-RL** eingetragen sind. Problematisch könnte sein, dass für diese Verbraucherverbände aus anderen Mitgliedstaaten niedrigere Anforderungen als für die inländischen Verbraucherverbände gem. Nr. 1 lit. a–lit. e gelten und es daher zu einer Inländerdiskriminierung kommt (ähnlich Stellungnahme Legal Tech Verband Deutschland e.V., S. 6; ADAC S. 5; Stellungnahme Greenpeace, Germanwatch, Deutsche Umwelthilfe, Naturschutzbund Deutschland, S. 3 f.; Gsell/Meller-Hannich Folgegutachten S. 29).

2. Ernsthafte Zweifel hinsichtlich Drittfinanzierung (Abs. 2)

6   Die Norm entspricht teilweise **§ 606 I 3 ZPO aF**; sie gibt dem Gericht – wie bisher schon für die Musterfeststellungsklage – die Möglichkeit, bei **ernsthaften Zweifeln** daran, ob die Voraussetzungen nach Abs. 1 Nr. 1 lit. b vorliegen, die Offenlegung der finanziellen Mittel des Verbraucherverbandes zu verlangen. Die Offenlegung dient der Überprüfung durch das Gericht, ob die Klageberechtigung insoweit erfüllt ist. Gem. § 4 III 1 muss der klagende Verband schließlich mit seiner Klageeinreichung dem Gericht die Herkunft der Mittel, mit denen die Klage finanziert wird, offenlegen; wird die Klage durch einen Dritten finanziert, sind darüber hinaus die mit dem finanzierenden Dritten getroffenen Vereinbarungen offenzulegen (§ 4 III 2).

3. Vermutung zugunsten der Verbraucherzentrale (Abs. 3)

7   Die Norm entspricht vom Regelungsgehalt **§ 606 I 4 ZPO aF**; auch dort wurde bereits für die Musterfeststellungsklage **unwiderleglich vermutet**, dass die **Verbraucherzentralen** und andere überwiegend mit öffentlichen Mitteln geförderten Verbraucherverbände die Voraussetzungen für die Klagebefugnis erfüllen; vorliegend sind jedoch die Voraussetzungen für die Klagebefugnis wesentlich knapper gestaltet als noch in § 606 I 2 ZPO aF. Die unwiderlegliche Vermutung entlastet diese Verbände von dem Nachweis sowohl gem. Abs. 3 als auch gem. § 5 I Nr. 1, dass bei ihnen die Voraussetzungen insoweit vorliegen.

Zuständigkeit; Verordnungsermächtigung

3 (1) Für Verbandsklagen ist dasjenige Oberlandesgericht sachlich und örtlich ausschließlich zuständig, in dessen Bezirk sich der allgemeine Gerichtsstand des Unternehmers, gegen den sich die Verbandsklage richtet, befindet.

(2) ¹Regelungen in Rechtsakten der Europäischen Union bleiben unberührt. ²Regelungen in völkerrechtlichen Vereinbarungen, soweit sie unmittelbar anwendbares innerstaatliches Recht sind, gehen den Vorschriften dieses Gesetzes vor.

(3) ¹Die Landesregierungen können durch Rechtsverordnung einem Oberlandesgericht die Entscheidung und Verhandlung für die Bezirke mehrerer Oberlandesgerichte oder dem Obersten Landesgericht zuweisen, sofern

1. in dem Land mehrere Oberlandesgerichte errichtet sind und
2. die Zuweisung für das Verbandsklageverfahren förderlich ist.

²Die Landesregierungen können die Ermächtigung durch Rechtsverordnung auf ihre Landesjustizverwaltung übertragen.

Übersicht

Schrifttum: Beckmann/Waßmuth, Musterfeststellungsklage, -Teil 1-, WM 2019, 45; Fölsch, Einzelne Aspekte zur Musterfeststellungsklage aus richterlicher Sicht, DAR-Extra 2018, 736; Heese, Die Musterfeststellungsklage und der Dieselskandal, Stationen auf dem langen deutschen Weg in die prozessuale Moderne, JZ 2019, 429; Koch, Die Musterfeststellungsklage, Überblick über die und Bewertung der neuen Regelungen, MDR 2018, 1409; **Fehler! Verweisquelle konnte nicht gefunden werden.;** Schmitt, Anmerkung zu EuGH, Urteil vom 25.1.2018 – C-498/16, EuZW 2018, 199; Thönissen, Zuständigkeit und Sperrwirkung bei Verbandsabhilfeklagen, EuZW 2023, 637.

I. Systematik und unionsrechtlicher Hintergrund

Die Norm betrifft die **sachliche** und die **örtliche** sowie die **internationale Zuständigkeit** 1 bei Verbandsklagen. Zugleich enthält sie eine **Verordnungsermächtigung** für die Landesregierungen hinsichtlich einer Konzentrationsmöglichkeit auf ein OLG bzw. das Oberste Landesgericht. Diese Norm steht in einer Reihe mit verschiedenen Anordnungen von Rechtsmitteln im VDuG, wie etwa § 42, § 18 IV, § 16 V die die Revision als Rechtsmittel anordnen. Eine **unionsrechtliche** Determinierung durch die Verbandsklagen-RL besteht **nicht,** vielmehr liegt diese verfahrensrechtliche Bestimmung in der autonomen Regelungskompetenz des nationalen Gesetzgebers.

II. Norminhalt

1. Abs. 1

a) Sachliche Zuständigkeit. Die Norm regelt die **sachliche und örtliche Zuständigkeit** 2 der Eingangsinstanz. Hier erfolgt eine streitwertunabhängige Zuweisung an die Oberlandesgerichte. Die Regelung entspricht im Hinblick auf die sachliche Zuständigkeit § 119 III GVG aF für die Musterfeststellungsklage, wonach das OLG im ersten Rechtszug für Verhandlung und Entscheidung zuständig war. Vorliegend wird die Zuständigkeit für beide Verbandsklagen, also sowohl Abhilfeklage als auch Musterfeststellungsklage angeordnet. Die Zuständig wird sowohl sachlich als auch örtlich als ausschließlich angeordnet, so dass eine Prorogation, sowohl ausdrücklich als auch stillschweigend aufgrund rügeloser Einlassung zur Hauptsache nicht zur Anwendung kommt, §§ 38–40 ZPO. Gleiches gilt für die Derogation, also eine Parteivereinbarung, wonach das an sich zuständige Gericht nicht zuständig sein soll.

3   Angesichts der Breitenwirkung der mit den Verbandsklagen verfolgten Rechtsschutzziele rechtfertigt die Bedeutung eine **ausschließliche Befassung durch das OLG** (Begr. RegE, BT-Drs. 20/8620, 70). Gegen dessen Urteil ordnet § 42 die Revision bei Musterfeststellungs-klagen als zulässiges Rechtsmittel an, das es nach dem ausdrücklichen Wortlaut von § 42 S. 2 bei Musterfeststellungsklagen keiner Zulassung der Revision gem. § 543 I Nr. 1 ZPO durch das erkennende OLG mehr bedarf. Gleichfalls entfällt die Nichtzulassungsbeschwerde gem. § 544 ZPO. Für die Abhilfeklage gibt es in § 16 V für Abhilfegrundurteile und Endurteile gem. § 16 I 2 sowie in § 18 IV für Abhilfeendurteile eine entsprechende Vorschrift, so dass es nach dem ausdrücklichen Wortlaut dieser Norm ebenfalls bei Abhilfegrundurteilen, Endurteilen nach § 16 I 2 und Abhilfeendurteilen keiner Zulassung der Revision gem. § 543 ZPO bedarf.

4   **b) Örtliche Zuständigkeit.** Die **örtliche Zuständigkeit** für Verbandsklagen hat ihre Vor-läufernorm in § 32c ZPO aF der das Gericht des Allgemeinen Gerichtsstandes des Beklagten, sofern dieser im Inland lag, für ausschließlich zuständig erklärte. Die örtliche Zuständigkeit ist ebenfalls eine **ausschließliche Zuständigkeit** wie die der sachlichen Zuständigkeit. Für die örtliche Zuständigkeit ist der allgemeine Gerichtsstand maßgeblich. Bei natürlichen Personen ist die der **Wohnsitz** des Unternehmers gem. § 13 ZPO iVm § 7 BGB, bei juristischen Personen ist dies der **Sitz** gem. § 17 ZPO. Wenn mehrere Wohnsitze des Unternehmers gem. § 7 II BGB in verschiedenen OLG-Bezirken bestehen, hat der klagende Verband die Wahl in Anwendung von § 35 ZPO. Jedoch ist bei mehreren Wohnsitzen innerhalb eines deutschen Bundeslandes, welches mehrere OLG-Bezirke innerhalb seines Gebietes hat, zu berücksichtigen, dass dieses Land möglicherweise von der Verordnungsermächtigung nach Abs. 3 Gebrauch gemacht hat. In diesem Fall ist selbst bei mehreren Wohnsitzen innerhalb dieses Bundeslandes lediglich das in der Verordnung bestimmte OLG zuständig, so dass kein Wahlrecht gem. § 35 ZPO bestehen kann.

2. Abs. 2

5   **a) Internationale Zuständigkeit.** Die Norm hat deklaratorischen Charakter und soll als Hinweis- und Warnung (Begr. RegE, BT-Drs. 20/8620, 70) für den Rechtsanwender dienen, dass die einschlägigen und vorrangigen Bestimmungen des Unionsrechts zur **internationalen Zuständigkeit** von Gerichten von den Bestimmungen des Abs. 2 unberührt bleiben. Entspre-chende Regelungen finden sich in § 97 I FamFG sowie Art. 3 EGBGB. Der Anwendungs-vorrang der Rechtsakte der EU besteht ohnehin aus den allgemeinen Prinzipien des Unions-rechts und bei Verordnungen aus Art. 288 II AEUV. Die internationale Zuständigkeit gegen einen Unternehmer ohne Sitz oder Wohnsitz in Deutschland, aber innerhalb der EU richtet sich nach der Brüssel Ia-VO (VO (EU) 1215/2012). Die Norm richtet sich nach Art. 2 III Verbands-klagen-RL, die ebenfalls deklaratorisch Entsprechendes bestimmt (ErwGr. 21 Verbandsklagen-RL).

6   Für die Gerichtsstandsbestimmung kommt es auf den **kollektiven Abhilfeanspruch** des **Verbandes** bzw. die **Feststellungsziele der Musterfeststellungsklage** an, da ausschließlich der Verband Partei des Rechtsstreits ist, nicht aber konkrete Verbraucher mit ihren individuellen Ansprüchen, weil es sich vorliegend nicht um Individualklagen, sondern um **kollektiven Rechtsschutz** handelt. Die jeweiligen **Individualansprüche** konkreter Verbraucher oder die den Feststellungszielen zugrunde liegenden individuellen Rechtsverhältnisse konkreter Verbrau-cher haben daher für eine Gerichtsstandsbestimmung **außer Betracht** zu bleiben. Selbst für **abgetretene Verbraucheransprüche** an einen anderen Verbraucher hat der EuGH in seiner Entscheidung vom 25.1.2018 einen „Gerichtsstandswechsel" durch die Abtretung abgelehnt, da ansonsten Missbräuche zu befürchten seien; der Verbrauchergerichtsstand sei aus Gründen des Verbraucherschutzes nur eröffnet, wenn der Verbraucher persönlich klage (EuGH EuZW 2018, 197 Rn. 42 ff. mAnm Schmitt). Dies muss erst recht gelten, wenn keine Abtretung von Ver-braucheransprüchen der Klage zu Grunde liegt, sondern es sich um einen kollektiven Abhilfe-anspruch bzw. die Feststellungsziele einer Musterfeststellungsklage handelt. Für den klagenden Verband besteht daher **nicht die internationale Zuständigkeit des Verbrauchergerichts-stand des Art. 18 Brüssel Ia-VO** (ebenso Thönissen EuZW 2023, 637 (639)). Ebenso kann **kein besonderer Gerichtsstand gem. Art. 7 Nr. 1 Brüssel Ia-VO** (Vertragsgerichtsstand) oder **gem. Art. 7 Nr. 2 Brüssel Ia-VO** (deliktischer Gerichtsstand) in Betracht kommen, da der Verband nicht die Ansprüche der Verbraucher, sondern einen eigenen kollektiven Abhilfe-

anspruch bzw. kollektive Feststellungsziele geltend macht (aA Thönissen EuZW 2023, 637 (639)).

Die konkreten Verbraucher und ihre Rechtsverhältnisse zum Unternehmer sind nur insoweit **7** relevant, als sie den kollektiven Abhilfeanspruch bzw. die Feststellungsziele begründen. Ausdrücklich heißt es in **ErwGr. 34 S. 1–3** Verbandsklagen-RL: „Erhebt eine qualifizierte Einrichtung eine Verbandsklage, so sollte sie dem Gericht oder der Verwaltungsbehörde hinreichende Angaben zu den von der Verbandsklage betroffenen Verbrauchern machen. Diese Angaben sollten es dem Gericht beziehungsweise der Verwaltungsbehörde erlauben, festzustellen, ob sie zuständig sind und welches das anwendbare Recht ist. Im Falle einer Klage im Zusammenhang mit einer **unerlaubten Handlung** müsste dem Gericht oder der Verwaltungsbehörde im Rahmen dieser Verpflichtung mitgeteilt werden, wo das schädigende Ereignis zum Nachteil der Verbraucher auftrat oder aufzutreten droht."

b) Erfüllung des Verbraucherquorums. Ob in diesen Fällen das **Verbraucherquorum 8** **des § 4 I** in dem **Forumstaat** erfüllt sein muss oder auch Verbraucher aus anderen Mitgliedstaaten zur Erfüllung des Quorums zählen, geht weder aus § 3 noch aus § 4 hervor. Da grenzüberschreitende Verbandsklagen gem. Art. 2 I 3 Verbandsklagen-RL (ErwGr. 20 S. 1 Verbandsklagen-RL) ausdrücklich als erklärtes Ziel der Richtlinie genannt werden, müssen für die Erfüllung des Verbraucherquorum gem. § 4 I konsequenterweise sämtliche Verbraucher mitgezählt werden, gleichgültig in welchen Mitgliedstaaten sie ansässig sind. **Hierfür spricht auch die Regelung in § 4 I 2,** wonach bei einer Streitgenossenschaft gem. § 7 die Gesamtzahl der von der gemeinschaftlichen Klage betroffenen Verbraucher maßgeblich ist für die Erfüllung des Verbraucherquorums.

Um **Missbräuchen bei der Gerichtsstandswahl vorzubeugen,** sollte jedoch verlangt **9** werden, dass die **überwiegende Zahl** der Verbraucher des von § 4 I verlangten Quorums im **Formstaat** erfüllt wird. Hingegen würde es das erklärte Ziel der Richtlinie konterkarieren, grenzüberschreitende Verbandsklagen zu ermöglichen, wenn bei grenzüberschreitenden Sachverhalten in dem jeweiligen Forumstaat die Erfüllung des Verbraucherquorums verlangt würde, denn in diesem Fall würde der Verband bei einem grenzüberschreitenden Sachverhalt höhere Hürden für die Erfüllung des Verbraucherquorum erfüllen müssen, als bei einem rein inländischen Sachverhalt – es müsste nämlich nicht nur insgesamt die potentielle Betroffenheit von 50 Verbrauchern nachvollziehbar dargelegt werden, sondern es müssten diese 50 Verbraucher auch im Forumstaat ansässig sein, die Verbraucher aus anderen Mitgliedstaaten würden nicht mitzählen.

c) Potentielle Probleme. Generell wird befürchtet, dass durch die Möglichkeit der **grenz- 10** **überschreitenden Verbandsklagen** es zu einer Vielzahl an Klagen kommen wird und in der Folge zu **„multiple litigations, forum shopping, and irreconcilable judgements",** da bereits der VW-Dieselskandal Klagen in vier unterschiedlichen Mitgliedstaaten hervorgerufen hat, die jeweils nach nationalem Recht beurteilt wurden (Biard/Kramer ZEuP 2019, 249 (253)). Eine Anordnung, die dafür sorgt, dass die Anwendung jeweils unterschiedlicher Rechtsordnungen bei Abhilfe- und Musterfeststellungsklage verhindert wird, existiert nicht. Divergierende Prozessordnungen einschließlich divergierender Opt-in und Opt-out-Modelle führen zu Unsicherheiten im Erkenntnis- und Vollstreckungsverfahren (Biard/Kramer ZEuP 2019, 249 (253)). Die Antwort der Kommission auf diese missliche Lage lautete lediglich: „existing rules laid down in the Brussels I Regulation should be fully exploited" (COM (2013) 401/2 final, 13 v. 11.6.2013).

3. Verordnungsermächtigung (Abs. 3)

Die Norm enthält eine Verordnungsermächtigung für die Landesregierungen, die durch **11** Rechtsverordnung einem Oberlandesgericht – sofern in ihrem Bundesland mehrere Oberlandesgerichte bestehen – die Entscheidung und Verhandlung für die Bezirke mehrerer OLG oder dem Obersten Landesgericht zuweisen können. Voraussetzung ist die Annahme einer Effizienz für das Verbandsklageverfahren (S. 1 Nr. 2). Die Landesregierungen können diese Ermächtigung durch Rechtsverordnung gem. S. 2 auf ihre Landesjustizverwaltungen übertragen. Bezweckt wird mit dieser Konzentrationsmöglichkeit die Schaffung einer organisatorischen und inhaltlichen Spezialisierung besonderer Gerichte für Verbandsklagen. Auf diese Weise soll die Effizienz des Verfahrens erhöht und die Qualität der Entscheidungen gesteigert werden (Begr. RegE, BT-Drs. 20/8620, S. 70).

12   Bereits für die **Musterfeststellungsklage** gab es nahezu gleichlautend eine entsprechende Vorschrift in **§ 119 III GVG aF**, von der zB NRW (§ 1 VO über die Konzentration der Verhandlung und Entscheidung von Musterfeststellungsverfahren aF: Übertragung auf das OLG Hamm) und Bayern (§ 8a GZVJu aF: Übertragung auf das Bayerische Oberste Landesgericht) Gebrauch gemacht haben.

Verbraucherquorum; Finanzierung

4   (1) [1]Eine Verbandsklage ist nur zulässig, wenn die klageberechtigte Stelle nachvollziehbar darlegt, dass

1. von der Abhilfeklage Ansprüche von mindestens 50 Verbrauchern betroffen sein können oder

2. von den Feststellungszielen der Musterfeststellungsklage die Ansprüche oder Rechtsverhältnisse von mindestens 50 Verbrauchern abhängen können.

[2]Im Fall des § 7 Absatz 1 ist die Gesamtzahl der von der gemeinschaftlichen Klage betroffenen Verbraucher maßgeblich.

(2) Eine Verbandsklage ist unzulässig, wenn sie von einem Dritten finanziert wird,

1. der ein Wettbewerber des verklagten Unternehmers ist,

2. der vom verklagten Unternehmer abhängig ist,

3. dem ein wirtschaftlicher Anteil an der vom verklagten Unternehmer zu erbringenden Leistung von mehr als 10 Prozent versprochen ist oder

4. von dem zu erwarten ist, dass er die Prozessführung der klageberechtigten Stelle, einschließlich Entscheidungen über Vergleiche, zu Lasten der Verbraucher beeinflussen wird.

(3) [1]Mit Klageeinreichung hat die klageberechtigte Stelle dem Gericht die Herkunft der Mittel, mit denen die Klage finanziert wird, offenzulegen. [2]Wird die Klage durch einen Dritten finanziert, sind darüber hinaus die mit dem finanzierenden Dritten getroffenen Vereinbarungen offenzulegen. [3]Dies gilt auch in den Fällen, in denen die Finanzierung der Klage erst nach Klageeinreichung erfolgt.

Übersicht

Schrifttum: Augenhofer, Die neue Verbandsklagen-Richtlinie – effektiver Verbraucherschutz durch Zivilprozessrecht?, NJW 2021, 113; Augenhofer, Die Reform des Verbraucherrechts durch den „New Deal" – ein Schritt zu einer effektiven Rechtsdurchsetzung?, EuZW 2019, 5; Axtmann,/Staudigel, Richtlinienvorschlag zur Verbandsklage – kurzer Überblick, ZRP 2020, 80; Biard/Kramer, The EU Directive on Representative Actions for Consumers: a Milestone or Another Missed Opportunity?, ZEuP 2019, 249; Domej, Die geplante EU-Verbandsklagenrichtlinie – Sisyhos vor dem Gipfelsieg?, ZEuP 2019, 446; Felgentreu/Gängel, Zur Klagebefugnis eines Verbraucherverbandes im Musterfeststellungsverfahren, VuR 2019, 323; Grewe/Stegemann, EU-Verbandsklagerichtlinie, Bekommt das Private Enforcement im Datenschutz jetzt Zähne?, ZD 2021, 183; Gsell, Europäische Verbandsklagen zum Schutz kollektiver Verbraucherinteressen – Königs- oder Holzweg?, BKR 2021, 521; Halfmeier, Zu den Voraussetzungen einer Musterfeststellungsklage bezüglich Schadenersatzansprüchen von Käufern abgasmanipulierter Diesel-PKW, Anmerkung zu BGH, Beschluss vom 30.7.2019, Az. VI ZB 59/18, EWiR 2019, 737; Halfmeier/Rott, Verbandsklage mit Zähnen? – Zum Vorschlag einer Richtlinie über Verbandsklagen zum Schutz der Kollektivinteressen der Verbraucher, VuR 2018, 243; Koch, Die Musterfeststellungsklage, Überblick über die und Bewertung der neuen Regelungen, MDR 2018, 1409; Lühmann, Anforderungen und Herausforderungen der RL (EU) 2020/1828 über Verbandsklagen zum Schutz der Kollektivinteressen von Verbrauchern, ZIP 2021, 824; Meller-Hannich/Krausbeck, Kollektiver Rechtsschutz in der EU – Die Entwicklungen der letzten Jahre, der,,New Deal for Consumers" und die deutsche Musterfeststellungsklage, DAR-Extra 2018, 721; Rentsch, Kollektiver Rechtsschutz unter der EU-Verbandsklagerichtlinie, System-Wettbewerb unter Brüssel Ia?, EuZW 2021, 524; Röthemeyer, Die neue Verbandsklagen-Richtlinie, VuR 2021, 43; Stellungnahmen in der Anhörung des Rechtsausschusses; Synatschke/Wölber/Nicolai, Umsetzung der Verbandsklagerichtlinie ins nationale Recht, ZRP 2021, 197; Woopen, Kollektiver Rechtsschutz – Chancen der Umsetzung, Die Europäische Verbandsklage auf dem Weg ins deutsche Recht, JZ 2021, 601.

I. Systematik

Die Norm betrifft **besondere Zulässigkeitsvoraussetzungen** der Verbandsklage hinsicht- 1
lich eines **Verbraucherquorums** und einer **Drittfinanzierung;** zudem enthält sie Pflicht zur **Offenlegung** der Herkunft der finanziellen Mittel gegenüber dem Gericht und bei Drittfinanzierung der zugrunde liegenden Vereinbarungen. § 4 und § 5 hängen eng zusammen und nehmen inhaltlich aufeinander Bezug: Das in § 4 I geforderte Verbraucherquorum muss mit der Klageschrift gem. § 5 I Nr. 2 nachvollziehbar dargelegt werden. Zudem dient § 4 II der Umsetzung von Art. 10 I, II Verbandsklagen-RL, welcher die Finanzierung von Verbandsklagen regelt und hierbei Interessenkollisionen vermeiden will. § 4 III setzt Art. 10 III, IV Verbandsklagen-RL um, welcher das Gericht in die Lage versetzen will, die Einhaltung der Regelung von Art. 10 I, II Verbandsklagen-RL, mithin § 4 II zu überprüfen. Die besonderen Zulässigkeitsvoraussetzungen sollen bezüglich des Verbraucherquorums sicherstellen, dass der Verbandsklage eine gewisse Breitenwirkung zukommt, die für den kollektiven Rechtsschutz unerlässliche Voraussetzung ist, und dass ein Interessenkonflikt bei der Drittfinanzierung der Verbandsklage vermieden wird. Letztlich dient beides der Vermeidung von Missbrauch einer Verbandsklage.

II. Norminhalt

1. Abs. 1

a) Gewährleistung der Breitenwirkung. Diese Regelung der **besonderen Zulässigkeits-** 2
voraussetzung der Verbandsklage soll sicherstellen, dass sowohl die Abhilfeklage als auch die Musterfeststellungsklage nicht lediglich individuelle Bedeutung hat, sondern dass ihnen in jedem Fall eine **gewisse Breitenwirkung** zukommt. Noch im Regierungsentwurf wurde von § 4 I verlangt, dass die klageberechtigte Stelle glaubhaft macht, dass von der Abhilfeklage Ansprüche von mindestens 50 Verbrauchern betroffen sind bzw. von den Feststellungszielen der Musterfeststellungsklage die Ansprüche oder Rechtsverhältnisse von mindestens 50 Verbrauchern abhängen. Nunmehr wird lediglich verlangt, dass die klageberechtigte Stelle nachvollziehbar darlegt, dass gem. Nr. 1 von der Abhilfeklage Ansprüche von mindestens 50 Verbrauchern betroffen sein können und gem. Nr. 2 von den Feststellungszielen der Musterfeststellungsklage die Ansprüche oder Rechtsverhältnisse von mindestens 50 Verbrauchern abhängen können.

In jedem Fall wird dadurch verlangt, dass **nicht lediglich eine individuelle Bedeutung** 3
besteht, sondern eine gewissen Breitenwirkung gewährleistet ist. Auch ist zu berücksichtigen, dass gem. § 1 II kleine Unternehmen als Verbrauchern gelten, so dass auch sie zum Quorum zählen. Die mögliche Betroffenheit von 50 Verbrauchern muss vom Verband lediglich nachvollziehbar dargelegt werden; eine Eintragung von Verbrauchern in das Verbandsklagenregister – wie noch in § 606 III Nr. 3 ZPO aF – verlangt die Norm nicht. Vielmehr entfällt diese – für die frühere Musterfeststellungsklage bestehende – Eintragungspflicht als Zulässigkeitsvoraussetzung (Begr. RegE, BT-Drs. 20/6510, 71). Die nachvollziehbare Darlegung der potenziellen Betroffenheit von 50 Verbrauchern ist eine besondere Zulässigkeitsvoraussetzung für die Verbandsklage.

In **§ 606 III Nr. 2, Nr. 3 ZPO aF** war die besondere Zulässigkeitsvoraussetzung der Muster- 4
feststellungsklage enthalten, dass glaubhaft gemacht wurde, dass von den Feststellungszielen die Ansprüche oder Rechtsverhältnisse von mindestens 10 Verbrauchern abhängen und dass zwei Monate nach öffentlicher Bekanntmachung der Musterfeststellungsklage mindestens 50 Verbraucher ihre Ansprüche oder Rechtsverhältnisse zur Eintragung in das Klageregister wirksam angemeldet hatten. Zwar hat der Gesetzgeber die gestufte Regelung von § 606 III Nr. 2, 3 ZPO aF bereits im Referentenentwurf des § 4 I **nicht aufgegriffen,** so dass hier also nicht – wie bei der früheren Musterfeststellungsklage – zunächst die Glaubhaftmachung lediglich erfordert, dass von den Feststellungzielen die Ansprüche oder Rechtsverhältnisse von mindestens 10 Verbrauchern abhängen und sodann sich nach zwei Monaten nach Bekanntmachung mindestens 50 Verbraucher wirksam angemeldet haben müssen. Vielmehr war der Gesetzgeber von Anfang an der Ansicht, dass dieses Quorum von 50 Verbrauchern bei allen bislang erhobenen Musterfest-

stellungsklagen erreicht worden ist und in der Praxis tatsächlich nur Musterfeststellungsklagen erhoben worden sind, die Relevanz für eine Vielzahl von Verbrauchern hatten (Begr. RegE, BT-Drs. 20/6510, 71).

5   **b) Keine Eintragung erforderlich.** Denkbar wäre demzufolge nach neuer Rechtslage eine Situation, in der es trotz nachvollziehbarer Darlegung der potentiellen Betroffenheit **keine Eintragungen** im Verbandsklageregister gibt. Dennoch wäre in diesem Fall nach der gesetzlichen Konzeption die Verbandsklage zulässig, da es nur auf die nachvollziehbare Darlegung einer möglichen Betroffenheit, nicht aber auf die Eintragung für die Zulässigkeit gem. § 4 I ankommt. Ein ähnliches Problem stellte sich nach altem Recht nur dann, wenn sich von den gem. § 606 III Nr. 3 ZPO aF wirksam angemeldeten 50 Verbrauchern alle wirksam abgemeldet hätten, was nach einer Ansicht das Rechtsschutzbedürfnis für die Musterfeststellungsklage gem. §§ 606 ff. ZPO aF hätte entfallen lassen, da die Musterfeststellungsklage in diesem Fall keinerlei rechtliche Wirkung gehabt hätte (Zöller/Vollkommer ZPO § 606 Rn. 23 mwN). Eine aA hingegen ging davon aus, dass eine wirksame Abmeldung der Verbraucher keinen Einfluss auf die Zulässigkeit der Musterfeststellungsklage hatte (MüKoZPO/Menges ZPO § 606 Rn. 46 mwN).

6   Eine **mögliche Abhilfe** für dieses **offensichtlich unerwünschte Ergebnis** nach der gesetzlichen Konzeption des § 4 I wäre in diesem Fall die Beurteilung der nachvollziehbaren Darlegung der möglichen Betroffenheit als fehlgeschlagen. Da die nachvollziehbare Darlegung besondere Zulässigkeitsvoraussetzung der Verbandsklage ist, wird über sie erst in der letzten mündlichen Verhandlung entschieden, so dass sie in diesem Fall durchaus als fehlgeschlagen angesehen werden kann. Will man dies nicht, bleibt lediglich die Lösung über das **Fehlen des Rechtsschutzbedürfnisses** für die konkrete Verbandsklage, da ohne Eintragung von Verbrauchern im Verbandsklageregister diese Verbandsklage rechtlich wirkungslos bleibt.

7   **c) Nachvollziehbare Darlegung.** Die besondere Zulässigkeitsvoraussetzung der nachvollziehbaren Darlegung der möglichen Betroffenheit von mindestens 50 Verbrauchern bedeutet ausdrücklich **keine Glaubhaftmachung** gem. § 294 ZPO, da diese in der vorherigen Gesetzestextfassung des Regierungsentwurfs verlangt wurde und durch die Beschlussempfehlung RA in das Erfordernis der „nachvollziehbare Darlegung" geändert wurde. Dadurch sollte noch deutlicher werden, dass die klageberechtigte Stelle allein die **mögliche Betroffenheit** („können") von mindestens 50 Verbrauchern lediglich nachvollziehbar darzulegen hat, nicht jedoch einen Beweis der tatsächlichen Betroffenheit für die Zulässigkeit der Verbandsklage zu erbringen hat (Beschlussempfehlung RA, BT-Drs. 20/7631, 110). Weder ist daher die Wahrheitsüberzeugung des Gerichts von der Betroffenheit von 50 Verbrauchern gem. § 286 ZPO erforderlich, noch die überwiegende Wahrscheinlichkeit gem. § 294 ZPO.

8   Die **nachvollziehbare Darlegung** erfordert lediglich eine schlüssige Darstellung, dass mindestens 50 Verbraucher betroffen sein können. Dazu muss der Sachverhalt dergestalt sein, dass sich bereits aus der **Sachverhaltsschilderung** ergibt, dass aufgrund seiner Konstellation **keine individuelle beschränkte Wirkung** vorliegen kann, sondern die **erforderliche Breitenwirkung bereits im Sachverhalt angelegt** ist. Bloße Spekulationen hinsichtlich einer möglichen Betroffenheit reichen hingegen nicht aus, eben so wenig bloße Behauptungen, dass das Quorum erfüllt ist (BGH NJW 2020, 341 Rn. 12 – Glaubhaftmachung der Betroffenheit im Musterklageverfahren); diese Rechtsprechung zum alten Musterfeststellungsverfahren gilt grundsätzlich nach wie vor, da für eine nachvollziehbare Darlegung **sachliche Informationen erforderlich** sind, aus denen sich die Möglichkeit einer Betroffenheit von mindestens 50 Verbrauchern ergibt. Die nachvollziehbare Darlegung muss – ebenso wie die Glaubhaftmachung für die Musterfeststellungsklage gem. § 606 III Nr. 2 ZPO – **für jedes Feststellungsziel** und **jeden Abhilfeanspruch gesondert** erbracht werden (BGH NJW 2020, 341 Rn. 10 – Glaubhaftmachung der Betroffenheit im Musterklageverfahren; zust. Halfmeier EWiR 2019, 737).

9   Dies kann dazu führen, dass **für mehrere, untereinander jeweils gleichartige Ansprüche** jeweils die nachvollziehbare Darlegung der möglichen Betroffenheit von mindestens 50 Verbrauchern erforderlich wird (Begr. RegE, BT-Drs. 20/6510, 79 f. zu § 15 Abs. 1). Dies kritisiert Gsell (Stellungnahme in der Anhörung des Rechtsausschusses, S. 8, allerdings noch zu der Fassung des Regierungsentwurfs, die die „Glaubhaftmachung der Betroffenheit" vorsah) als hinderlich für den klagenden Verband, da dies dazu führe, dass die Berechnungsformel im Klageantrag allgemeiner als nötig gefasst wird, damit zwei oder mehr „Untergruppen" unter diese allgemeine Berechnungsformel passen, womit das Umsetzungsverfahren mit unnötigem Feststellungsaufwand belastet werde. Allerdings ist zu berücksichtigen, dass die konkreten Voraussetzungen, nach denen die Anspruchsberechtigung der betroffenen Verbraucher bestimmt werden und die von jedem einzelnen Verbraucher zu erbringenden Berechtigungsnachweise ohnehin durch das Abhilfegrundurteil festgestellt werden; der jeweilige Feststellungsaufwand wird daher durch das Abhilfegrundurteil festgelegt (ähnlich Löhner Stellungahme in der Anhörung des Rechtsausschusses, S. 7 f.).

Zudem ging bereits zu § 606 II 1 Nr. 2 ZPO aF Halfmeier davon aus, dass bei einer der- **10** artigen Breitenwirkung wie im Dieselskandal „10 Verbraucher leicht gefunden werden können", so dass die Betroffenheit von 10 Verbrauchern durch den Verband gem. § 606 III Nr. 2 ZPO aF leicht nachzuweisen sei (Halfmeier EWiR 2019, 737 (738)). Dieser Gedanke ist erst recht übertragbar auf die nachvollziehbare Darlegung einer möglichen Betroffenheit von 50 Verbrauchern bei einer Fallkonstellation mit einer entsprechenden Breitenwirkung. Zudem ist in **S. 2** bestimmt, dass bei einer **Streitgenossenschaft** gem. § 7 I die **Gesamtzahl** der von der gemeinschaftlichen Klage betroffenen Verbraucher maßgeblich ist, so dass die Anforderungen an die Anzahl der Verbraucher in der jeweiligen einzelnen Verbandsklage noch weiter abgesenkt werden.

§ 5 I Nr. 2 schreibt ausdrücklich vor, dass **in der Klageschrift,** mit der eine Verbandsklage **11** erhoben wird, die nachvollziehbare Darlegung hinsichtlich des Verbraucherquorums, also der **möglichen Betroffenheit bzw. Abhängigkeit** enthalten sein muss. Eine bloße Behauptung, dass das Quorum erfüllt ist, reicht nicht aus (BGH NJW 2020, 341 Rn. 12 – Glaubhaftmachung der Betroffenheit im Musterklageverfahren); diese Rechtsprechung zum alten Musterfeststellungsverfahren gilt grundsätzlich weiter, da für eine nachvollziehbare Darstellung bloße Behauptungen oder spekulative Vermutungen nicht ausreichen können, sondern vielmehr Sachinformationen, anhand derer auf die mögliche Betroffenheit von 50 Verbrauchern geschlossen werden kann, erforderlich sind. Ist das Gericht der Auffassung, dass im konkreten Fall die Darlegung hinsichtlich des Verbraucherquorums nicht ausreichend nachvollziehbar ist, wird das Gericht einen **Hinweisbeschluss gem. § 139 ZPO** erlassen, auf den der Verband dann entsprechend reagieren muss, will er diese besondere Zulässigkeitsvoraussetzung erfüllen.

2. Drittfinanzierung (Abs. 2)

Diese Regelung dient im Wesentlichen der Umsetzung von Art. 10 I, II Verbandsklagen-RL. **12** Dort ist geregelt, dass Verbandsklagen keine Interessenkollisionen durch Drittfinanzierungen erleiden dürfen, wodurch das Risiko besteht, dass der Schutz der Verbraucherinteressen aus dem Blick gerät. Dies wäre insbesondere der Fall, wenn ein **Wettbewerber** des beklagten Unternehmers die Verbandsklage finanziert (Art. 10 II lit. b Verbandsklagen-RL), da in diesem Fall möglicherweise ein Interesse an der Schädigung des Beklagten im Vordergrund steht; es wäre weiter der Fall, wenn der **Prozessfinanzierer** vom beklagten Unternehmer **abhängig** ist, Art. 10 II lit. b Verbandsklagen-RL, da in diesem Fall der Finanzierer lediglich Mittel für eine solche Prozessführung zur Verfügung stellen könnte, die den beklagten Unternehmer möglichst wenig trifft oder sogar schließlich zu einem Prozessverlust führt. Und schließlich wäre es dann der Fall, wenn der Drittfinanzierer die Entscheidungen des Verbandes einschließlich der Entscheidungen über Vergleiche ungebührlich in einer Weise beeinflussen würden, die den **Kollektivinteressen** der repräsentierten Verbraucher **abträglich** wäre (Art. 10 II lit. a Verbandsklagen-RL).

§ 4 II setzt in Nr. 1 und Nr. 2 Art. 10 II lit. b Verbandsklagen-RL um, in Nr. 4 setzt die **13** Norm Art. 10 II lit. a Verbandsklagen-RL um. Neu hinzugekommen durch die Beschlussempfehlung RA ist Nr. 3, der für unzulässig erklärt, wenn eine **Finanzierung durch einen Dritten** vorliegt, dem ein wirtschaftlicher Anteil an der vom verklagten Unternehmer zu erbringenden Leistung von **mehr als 10 %** versprochen ist. In der Formulierung „wirtschaftlicher Anteil" kommt nach der Begründung der Beschlussempfehlung RA (BT-Drs. 20/7631, 110) zum Ausdruck, dass es unerheblich sein soll, über welche rechtliche Konstruktion dem Dritten ein solcher Vorteil versprochen wird oder eingeräumt werden soll. Ungeachtet der Anpassung dürfen Leistungen des Unternehmers im Falle eines streitigen Urteils über eine Abhilfeklage von vornherein nur an berechtigte angemeldete Verbraucher gehen, was durch die Ergänzung der Norm nicht in Frage gestellt werde (Beschlussempfehlung RA, BT-Drs. 20/7631, 110).

3. Offenlegung der Mittelherkunft (Abs. 2)

Die Norm setzt Art. 10 III, IV Verbandsklagen-RL um. Durch Art. 10 III, IV Verbands- **14** klagen-RL soll dem Gericht ermöglicht werden, die Einhaltung von Art. 10 I, II Verbandsklagen-RL hinsichtlich der Drittfinanzierung zu überprüfen. Art. 10 III 2 Verbandsklagen-RL bestimmt des Weiteren, dass zu diesem Zweck die qualifizierten Einrichtungen dem Gericht die **Herkunft der Mittel** offenzulegen hat, in der die für die Verbandsklage in Anspruch genommenen Finanzierungsquellen aufgelistet sind. Dies wird in § 4 III S. 1 umgesetzt. Diese Offenlegungspflicht hinsichtlich der Mittelherkunft **gilt generell,** unabhängig von einer Drittfinanzierung. Sie dient der sachgerechten Kontrolle der Einhaltung der in Absatz 2 vorgegebenen Grenzen einer Drittfinanzierung (Beschlussempfehlung RA, BT-Drs. 20/7631, 110), da sie eine Drittfinanzierung bei Offenlegung überhaupt erst ersichtlich werden lässt.

15   Zudem wird in S. 2 bei **Vorliegen einer Drittfinanzierung** die Offenlegung einer mit dem Drittfinanzierer getroffenen **Vereinbarung** angeordnet, da die Offenlegung der Finanzierungsübersicht ohne die Angabe einer hierüber getroffenen Vereinbarung unvollständig wäre, weil sich ohne sie nicht eine ungebührliche Einflussnahme auf den klagenden Verband erschließen würde. Wird eine Drittfinanzierung erst nach Klageeinrichtung vereinbart, wird die Pflicht gem. S. 3 zur Offenlegung zum Zeitpunkt der Vereinbarung ausgelöst (Beschlussempfehlung RA, BT-Drs. 20/7631, 110).

16   Wenn sich nach der Prüfung herausstellt, dass die Drittfinanzierung gegen § 4 II verstößt, wird die Verbandsklage **durch Prozessurteil abgewiesen,** da ihr eine **besondere Zulässigkeitsvoraussetzung fehlt.** Entsprechend prozessualer Dogmatik werden hierdurch die Ansprüche und Rechtsverhältnisse der repräsentierten Verbraucher nicht berührt, so dass diese nicht gehindert sind, sich durch einen anderen Verband in einer Klage mit identischem Streitgegenstand repräsentieren zu lassen, was für den anderen Verband aufgrund des Wegfalls der Sperrwirkung durch das Prozessurteil gegen den ersten Verband gem. § 8 S. 2 möglich ist.

Klageschrift

5 (1) **Die Klageschrift, mit der eine Verbandsklage erhoben wird, muss Folgendes enthalten:**

1. **die Angabe und den Nachweis, dass der Kläger eine klageberechtigte Stelle ist,**
2. **die nachvollziehbare Darlegung, dass**
a) **von der Abhilfeklage Ansprüche von mindestens 50 Verbrauchern betroffen sein können oder**
b) **von den Feststellungszielen der Musterfeststellungsklage die Ansprüche oder Rechtsverhältnisse von mindestens 50 Verbrauchern abhängen können,**
3. **die Angabe des Werts des Streitgegenstands und**
4. **die Angabe, ob ein Dritter die Verbandsklage finanziert, sowie gegebenenfalls den Namen des Dritten.**

(2) **Die Klageschrift soll für den Zweck der Bekanntmachung im Verbandsklageregister eine kurze Darstellung des Lebenssachverhalts enthalten, aus dem die geltend gemachten Ansprüche von Verbrauchern hergeleitet werden.**

(3) **Im Übrigen ist § 253 der Zivilprozessordnung entsprechend anzuwenden.**

Übersicht

Schrifttum: Beckmann/Waßmuth, Musterfeststellungsklage. – Teil 1 –, WM 2019, 45; Dittmann/Gollnast, Anforderungen an den Klageantrag bei Abhilfeverbandsklagen nach dem VDuG-E: Zulässig oder unzulässig – das ist hier die Frage, VuR 2023, 153; Felgentreu/Gängel, Zur Klagebefugnis eines Verbraucherverbandes im Musterfeststellungsverfahren, VuR 2019, 323; Lühmann, Der Vorschlag einer europäischen Verbandsklage, Ein weiteres Instrument des kollektiven Rechtsschutzes, NJW 2019, 570.

I. Systematik

Die Norm regelt die **Besonderheiten der Klageschrift** gegenüber § 253 ZPO, der im 1
Übrigen durch § 5 III anzuwenden ist. § 5 I stellt dabei sicher, dass die Klageschrift die Informationen enthält, die das Gericht benötigt, um die besonderen Zulässigkeitsvoraussetzungen der Verbandsklage gem. § 4 prüfen zu können und feststellen zu können, ob der klagende Verband gem. § 2 klageberechtigt ist. Dabei hängen **§ 2, § 4** und **§ 5 eng zusammen** und nehmen **inhaltlich aufeinander Bezug:** Die in § 4 I aufgestellte besondere Zulässigkeitsvoraussetzung des Verbraucherquorums der potentiellen Betroffenheit von 50 Verbrauchern muss gem. § 5 I Nr. 2 nachvollziehbar dargelegt werden. Die Einschränkungen hinsichtlich der Zulässigkeit einer Drittfinanzierung gem. § 4 II, III müssen gem. § 5 I Nr. 4 dargelegt werden. Die Klageberechtigung, für die die Vorgaben gem. § 2 bestehen, muss gem. § 5 I Nr. 1 dargelegt und nachgewiesen werden.

Zudem muss der Wert des Streitgegenstandes gem. § 5 I Nr. 3 abweichend von § 253 III 2
Nr. 2 ZPO immer angegeben werden. § 5 II hat ihren Vorläufer in § 606 II 2 ZPO aF, der für die Musterfeststellungsklage für den Zweck der Bekanntmachung im Klageregister eine kurze Darstellung des vorgetragenen Lebenssachverhalts verlangte. § 5 wird **ergänzt durch § 15,** der hinsichtlich der Abhilfeklage weitere Vorschriften für den notwendigen Inhalt der Klageschrift statuiert. Vorgaben aus der Verbandsklagen-RL bestehen hingegen hinsichtlich der Klageschrift nicht, so dass der deutsche Gesetzgeber in seiner Rechtssetzung keine unionsrechtliche Determinierung zu beachten hatte.

II. Norminhalt

1. Notweniger Inhalt (Abs. 1)

Alle in Abs. 1 genannten Inhalte der Klageschrift sind **Muss-Vorschriften,** so dass die in 3
Abs. 1 vorgeschriebenen Inhalte notwendiger Inhalt jeder Klageschrift einer Verbandsklage sind, zusätzlich zu dem von § 253 II ZPO vorgeschriebenem notwendigen Inhalt. Die Vorschrift benennt mehrere Besonderheiten der Klageschrift, die gegenüber der Bestimmung des § 253 ZPO für die Verbandsklage gelten. Darüber hinaus gilt § 253 ZPO, sofern durch Abs. 1 keine anderweitige Regelung getroffen wird. Die Klageschrift muss gem. § 184 GVG in deutscher Sprache abgefasst sein, auch wenn der klagende Verband in einem nichtdeutschsprachigen Mitgliedstaat seinen Sitz hat.

a) Klageberechtigte Stelle. Nr. 1 verlangt in der Klageschrift die Angabe und den Nach- 4
weis, dass der Kläger eine **klageberechtigte Stelle iSd § 2** ist. Dafür muss der klagende Verband ihre Klagebefugnis iSd § 2 darlegen und nachweisen, wobei zu berücksichtigen ist, dass ein solcher **Nachweis entfällt,** wenn gem. § 2 III unwiderleglich vermutet wird, dass die Verbraucherzentralen und andere Verbraucherverbände, die überwiegend mit öffentlichen Mitteln gefördert werden, die Voraussetzungen des § 2 I Nr. 1 lit. b erfüllen.

b) Verbraucherquorum. Zudem ist bei der Abhilfeklage gem. **Nr. 2 lit. a** die **nachvoll-** 5
ziehbare Darlegung erforderlich, dass bei der Abhilfeklage Ansprüche von mindestens 50 Verbrauchern betroffen sein können, bei der Musterfeststellungsklage gem. **Nr. 2 lit. b** die nachvollziehbare Darlegung, dass von den Feststellungszielen die Ansprüche oder Rechtsverhältnisse von mindesten 50 Verbrauchern abhängen können. Zu berücksichtigen ist hier zunächst, dass gem. § 1 II **kleine Unternehmen** als Verbrauchern gelten, so dass auch sie zum Quorum zählen. Da eine namensmäßige Individualisierung der Verbraucher gem. § 4 I nicht erforderlich ist, diese sogar noch nicht einmal bekannt sein müssen, bedarf es hierzu keiner Angaben in der Klageschrift. Dieses nach Nr. 2 nachvollziehbar darzulegende Quorum ist eine besondere Zulässigkeitsvoraussetzung gem. § 4 I.

Die nachvollziehbare Darlegung des Verbraucherquorums hat **für jeden Abhilfeanspruch** 6
und jedes Feststellungsziel gesondert zu erfolgen (BGH NJW 2020, 341 Rn. 10 – Glaubhaftmachung der Betroffenheit im Musterklageverfahren). Bei Streitgenossenschaft gem. § 7 I ist jedoch beim Verbraucherquorum die Gesamtzahl der von der gemeinschaftlichen Klage betroffenen Verbraucher maßgeblich (§ 4 I 2).

Für die nachvollziehbare Darlegung des Verbraucherquorums in der **Klageschrift** muss der 7
Sachverhalt bereits in der Klageschrift dergestalt dargelegt werden, dass sich schon aus der **Sachverhaltsschilderung** ergibt, dass aufgrund seiner Konstellation **keine individuelle beschränk-**

te **Wirkung vorliegen kann,** sondern die erforderliche Breitenwirkung bereits im Sachverhalt angelegt ist. Bloße Spekulationen hinsichtlich einer möglichen Betroffenheit reichen hingegen nicht aus, eben so wenig bloße Behauptungen, dass das Quorum erfüllt ist (BGH NJW 2020, 341 Rn. 12 – Glaubhaftmachung der Betroffenheit im Musterklageverfahren); diese Rechtsprechung zum alten Musterfeststellungsverfahren gilt grundsätzlich nach wie vor, da für eine nachvollziehbare Darlegung **sachliche Informationen** erforderlich sind, aus denen sich die Möglichkeit einer Betroffenheit von mindestens 50 Verbrauchern ergibt.

8   **c) Wert des Streitgegenstandes.** Bei der Angabe des **Wertes des Streitgegenstandes,** zu der **Nr. 3** verpflichtet, ist zu berücksichtigen, dass dieser nicht – wie von § 253 III Nr. 2 ZPO verlangt, nur dann angegeben werden muss, wenn hiervon die Zuständigkeit des Gerichts abhängt und der Streitgegenstand nicht in einer bestimmten Geldsumme besteht – sondern **immer** in der Klageschrift der Verbandsklage **angegeben werden muss.** Hierbei ist relevant, wie viele Verbraucheransprüche der mit der Verbandsklage geltend gemachte Verstoß voraussichtlich betrifft. Wird nämlich ein **kollektiver Gesamtbetrag** verlangt für Verbraucher, die nur abstrakt anhand gleichartiger Voraussetzungen als Berechtigte bestimmt werden, muss die voraussichtliche kollektive Gesamtsumme der geltend gemachten Anspruchswerte angegeben werden (Begr. RegE, BT-Drs. 20/6520, 72). Diese Summe ist nicht auf die Addition der Anspruchswerte der nachvollziehbar dargelegten potenziell betroffenen 50 Verbraucher für das Verbraucherquorum beschränkt, sondern der klagende Verband muss berücksichtigen, wie viele Verbraucheransprüche insgesamt von der Verbandsklage nach aktuellem Kenntnisstand betroffen sind (Begr. RegE, BT-Drs. 20/6520, 72).

9   **§ 15 II 2** macht hinsichtlich der Höhe des einzelnen Verbraucheranspruchs ergänzend zu § 5 Nr. 3 Vorgaben, wenn ein kollektiver Gesamtbetrag eingeklagt wird; in diesem Fall muss in der Klageschrift auch die Höhe des einzelnen Verbraucheranspruchs angegeben werden, wenn alle Ansprüche der betroffenen Verbraucher der Höhe nach gleich sind. Andernfalls soll gem. **§ 15 II 3** die Methode angegeben werden, nach der sich die Höhe der jeweiligen einzelnen Ansprüche der betroffenen Verbraucher berechnen lässt. Werden hingegen **konkret bezifferte Einzelansprüche** namentlich benannter Verbraucher mit der Verbandsklage geltend gemacht, ist die Summe dieser konkret bezifferten Einzelansprüche maßgeblich für den Wert des Streitgegenstandes.

10   **d) Drittfinanzierung. Nr. 4** verlangt in der Klageschrift die Angabe, ob ein Dritter die Verbandsklage finanziert, sowie gegebenenfalls den Namen des Dritten. Diese Verpflichtung bezieht sich auf § 4 II, wo als besondere Zulässigkeitsvoraussetzung statuiert, dass eine Unzulässigkeit im Fall der **Drittfinanzierung** in den von Nr. 1–4 genannten Fällen besteht. Um dem Gericht zu ermöglichen, diese Voraussetzungen, die § 4 II Nr. 1–4 aufstellt, zu überprüfen, muss der Verband in der Klageschrift angeben, ob ein Dritter die Verbandsklage finanziert und sofern dies der Fall ist, den Namen des Dritten angeben.

2. Kurzdarstellung des Lebenssachverhalts (Abs. 2)

11   Die Vorgängernorm von Abs. 2 war § 606 II 2 ZPO aF, der für die Musterfeststellungsklage für den Zweck der Bekanntmachung im Klageregister eine kurze Darstellung des vorgetragenen **Lebenssachverhalts** verlangt. Sinn und Zweck ist sowohl für die alte als auch für die neue Bestimmung, dass zum einen mit einer kurzen Darstellung des Lebenssachverhalts den Verbrauchern bei der Bekanntmachung im Verbandsklageregistern möglichst verständlich und einfach der Verfahrensgegenstand der Verbandsklage vermittelt werden soll. Die Vorschrift ist – im Gegensatz zu den Bestimmungen von Abs. 1 – lediglich eine Soll-Vorschrift, was bedeutet, dass sie nicht den notwendigen Inhalt der Klageschrift betrifft, sondern nur fakultativ ist.

3. Anwendung von § 253 ZPO (Abs. 2)

12   Die Norm ordnet die Geltung von **§ 253 ZPO** an, sofern nicht sich aus Sondervorschriften der in den Abs. 1 und 2 geregelten Bestimmungen etwas anderes ergibt. Hier ist für den Fall der **Beantragung** eines kollektiven Gesamtbetrags die Sonderregelung des § 15 II zu berücksichtigen. Für die von § 253 II Nr. 2 ZPO geforderte **Angabe des Grundes** des erhobenen Anspruchs ist zu berücksichtigen, dass es sich nicht um nicht die Darstellung der Beziehungen sämtlicher repräsentierten Verbraucher zum Unternehmer handeln kann; vielmehr wurde bereits durch § 606 I ZPO aF der Schwerpunkt auf das **typisierte vertragliche Verhalten** des

Unternehmers oder auf seine **typisierten deliktischen Handlungen** gegenüber den Verbrauchern gelegt (vgl. MüKoZPO/Menges ZPO § 606 Rn. 38).

Dies kommt auch durch die Angaben gem. § 5 II zum Ausdruck. Diese Anpassung ist den 13 **Gegebenheiten des kollektiven Rechtsschutzes** in einem überindividuellen Massenverfahren geschuldet. Es betrifft daher vorliegend sowohl die Musterfeststellungsklage als auch die Abhilfeklage, so dass durch § 253 II Nr. 2 ZPO keine Darstellung der individualisierten Beziehungen der jeweils repräsentierten Verbraucher zum Unternehmer erforderlich sind, anders als bei streitgenössischen Individualklagen.

Offenlegung von Beweismitteln; Androhung und Festsetzung von Ordnungsgeld

6 (1) **Ordnet das Gericht die Vorlage einer Urkunde oder sonstiger Unterlagen (§ 142 der Zivilprozessordnung), die Vorlage von Akten (§ 143 der Zivilprozessordnung) oder die Vorlage eines Gegenstandes (§ 144 der Zivilprozessordnung) an, so kann es der vorlagepflichtigen Partei für den Fall, dass diese der Anordnung nicht nachkommt, die Festsetzung eines Ordnungsgelds in Höhe von bis zu 250 000 Euro androhen.**

(2) **¹Kommt die vorlagepflichtige Partei der gerichtlichen Anordnung trotz Androhung eines Ordnungsgeldes nicht nach, so ist das angedrohte Ordnungsgeld durch Beschluss festzusetzen. ²Das Ordnungsgeld kann erneut festgesetzt werden, wenn die vorlagepflichtige Partei der gerichtlichen Anordnung wiederholt nicht nachkommt.**

Übersicht

Schrifttum: s. bei Vor § 1.

I. Allgemeines

Die Norm regelt die Vorlage von Beweismitteln (Urkunden oder sonstige Unterlagen, Akten, 1 augenscheinstauglicher Gegenstand) und die Sanktion für den Fall der Nichtvorlage, nämlich Androhung und Festsetzung von Ordnungsgeld. Die Norm bezieht sich auf Art. 18 Verbandsklagen-RL und stellt eine Umsetzung dieser Vorgabe dar.

II. Norminhalt

1. Abs. 1

a) Vorlage von Beweismitteln. Die Norm betrifft die Vorlage bestimmter Dokumente, 2 nämlich Urkunden oder sonstiger Unterlagen, § 142 ZPO, Akten, § 143 ZPO sowie augenscheinstaugliche Gegenstände, § 144 ZPO. Durch die genannten Normen der ZPO und der vorliegenden Norm ist **Art. 18 Verbandsklagen-RL** umgesetzt. Art. 18 Verbandsklagen-RL enthält eine Regelung für die Vorlage von Beweismitteln, die sich im Besitz des Beklagten oder Dritter befinden und auf die der klagende Verband daher keinen Zugriff hat, sie mithin auch nicht vorlegen kann. In diesem Fall kann das Gericht auf Antrag des klagenden Verbandes anordnen, dass diese Beweismittel vom Beklagten oder dem Dritten offengelegt werden. In §§ 142–144 ZPO ist für die Anordnung kein Antrag des Klägers nötig. Vielmehr geschieht die Anordnung von Amts wegen nach pflichtgemäßem Ermessen.

Ein **Antrag** des klagenden Verbandes wird im Rahmen des pflichtgemäßen Ermessens 3 berücksichtigt. **Kein Ermessen** des Gerichts besteht hingegen, wenn der klagende Verband die Vorlage im Rahmen des Urkundsbeweises, § 421, § 428 ZPO, oder im Rahmen des Augenscheinsbeweises, § 371 II ZPO beantragt. Die §§ 142–144 ZPO haben eine zweifache Funktion im Prozess: Zum einen dienen sie der materiellen Prozessleitung, zum anderen dem Beweis (BGH NJW 2007, 155 Rn. 5; MüKoZPO/Fritzsche ZPO §§ 142–144 Rn. 1). Jedoch werden die Parteien durch §§ 142–144 ZPO nicht von ihrer Darlegungs- und Beweislast befreit (BGH NJW 2007, 2989 Rn. 20). Auch wird § 138 ZPO durch die vorliegende Norm nicht berührt, so dass der klagende Verband als auch der beklagte Unternehmer sowohl an die Wahrheitspflicht des § 138 I ZPO als auch an den Verhandlungsgrundsatz gebunden ist. Ebenso wenig wird die Darlegungs- und Beweislast durch die vorliegende Norm verändert.

4   Zwar sprechen §§ 142–144 ZPO nur von „den Parteien", so dass hiernach auch der Kläger Adressat der Anordnung sein kann. Jedoch gilt im Rahmen der Verbandsklage der Grundsatz der **richtlinienkonformen Auslegung,** so dass diese sich vorliegend an **Art. 18 Verbandsklagen-RL** zu orientieren hat. Nach dieser Norm muss der klagende Verband alle unter zumutbarem Aufwand zugänglichen Beweismittel bereits vorgelegt haben, die zur Stützung seiner Verbandsklage ausreichen, und darauf hingewiesen haben, dass zusätzliche Beweismittel der Verfügung des Beklagten oder Dritter unterliegen, so dass der klagende Verband als Adressat der gerichtlichen Anordnung zur Vorlage der Beweismittel nicht in Frage kommen kann. Adressaten der gerichtlichen Anordnung können daher nur der Beklagte oder Dritte sein. Als **Sanktion** für die Verletzung der Vorlagepflicht sieht Abs. 1 zunächst die Androhung eines **Ordnungsgeldes in Höhe bis zu 250 000 Euro** vor.

5   **b) Dokumente und augenscheinstaugliche Gegenstände. Urkunden** oder sonstige Unterlagen müssen durch den Vortrag des klagenden Verbandes soweit konkretisiert sein, dass die Urkunde oder die sonstigen Unterlagen identifizierbar sind. Dies ist dann der Fall, wenn der Kläger sie nach Art, Datum und Inhalt zu beschreiben vermag; ein Vorlageverlangen „ins Blaue hinein" zur bloßen Informationsgewinnung reicht hingegen nicht aus (BGH NJW 2014, 3312 Rn. 29). Dritte können bei Bestehen eines Zeugnisverweigerungsrechts die Vorlage verweigern; auch sind sie bei Unzumutbarkeit der Vorlegung nicht hierzu verpflichtet (§ 142 II ZPO). Für fremdsprachige Urkunden kann das Gericht eine Übersetzung anordnen (§ 142 III 1 ZPO), jedoch nicht gegenüber Dritten (§ 142 III 5 ZPO).

6   Die in § 143 ZPO benannten **Akten,** deren Vorlage das Gericht anordnen kann, sind Akten der Parteien und der Rechtsanwälte, jedoch wegen der vorliegend gebotenen richtlinienkonformen Auslegung lediglich die Akten des Beklagten und seines Rechtsanwalts. Umfasst sind auch elektronisch gespeicherte Schriftstücke.

7   Die in § 144 ZPO genannten **augenscheinstauglichen Gegenstände** müssen sich im Besitz des Beklagten oder eines Dritten befinden. Es können auch Urkunden sein, sofern es nicht auf ihren Inhalt, sondern auf ihre äußeren Eigenschaften ankommt (Thomas/Putzo/Seiler ZPO § 144 Rn. 1). Die Gegenstände müssen keine beweglichen Sachen sein, sondern es kann sich auch um Immobilien handeln. Bei diesen sowie bei schwer beweglichen Gegenständen wird die Duldung des Augenscheins angeordnet. Besteht für Dritte ein Zeugnisverweigerungsrecht gem. §§ 383–385 ZPO oder ist die Vorlegung für sie unzumutbar, können sie die Vorlage verweigern.

2. Abs. 2

8   **a) Ordnungsgeld.** Als **Sanktion** für die Verletzung der Vorlagepflicht sieht Abs. 2 vor, dass das nach Abs. 1 angedrohte Ordnungsgeld in Höhe bis zu 250.000 Euro durch Beschluss festzusetzen ist. Dies dient der Umsetzung von **Art. 19 Verbandsklagen-RL.** Diese Norm verpflichtet in ihrem Abs. 1 die Mitgliedstaaten bei Verstoß ua gegen Art. 18 Verbandsklagen-RL Sanktionen zu verhängen, die wirksam, verhältnismäßig und abschreckend sein müssen. In Art. 19 II Verbandsklagen-RL werden die Mitgliedstaaten verpflichtet, sicher zu stellen, dass Sanktionen unter anderem in Form von Geldbußen verhängt werden können. Nach erneuter Androhung kann das Ordnungsgeld, durchaus auch in anderer Höhe als beim ersten Mal, erneut festgesetzt werden.

9   **b) Rechtsmittel.** Die Festsetzung des Ordnungsgeld ergeht durch Beschluss. Gegen diesen ist nach allgemeinen Regeln die **Rechtsbeschwerde gem. § 574 ZPO** statthaft. Hier bedarf es einer Zulassung durch das erkennende Gericht gem. § 574 I 1 Nr. 2, III ZPO. Allerdings muss hierfür die Rechtssache gem. § 574 II ZPO entweder grundsätzliche Bedeutung haben (Nr. 1) oder die Fortbildung des Rechts oder die Sicherung einer einheitlichen Rechtsprechung muss eine Entscheidung des Rechtsbeschwerdegerichts erfordern (Nr. 2). Dies wird bei der Festset-

zung von Ordnungsgeldern nicht immer der Fall sein, da die Sanktion für das Nichtvorlegen der Beweismittel trotz gerichtlicher Anordnung nicht zwangsläufig die Bedeutung des Streitgegenstands der Verbandsklage erhält.

Streitgenossenschaft

7 (1) ¹**Mehrere klageberechtigte Stellen können gemeinschaftlich gegen einen Unternehmer klagen.** ²**Mehrere Unternehmer können gemeinschaftlich verklagt werden.**
(2) **Die §§ 59 bis 63 der Zivilprozessordnung sind entsprechend anzuwenden.**

Übersicht

Schrifttum: Halfmeier/Rott, Verbandsklage mit Zähnen? – Zum Vorschlag einer Richtlinie über Verbandsklagen zum Schutz der Kollektivinteressen der Verbraucher, VuR 2018, 243; Meller-Hannich, Kollektiver Rechtsschutz – Neue Instrumente im Zivilprozess, DRiZ 2018, 298; Prütting, Neue Entwicklungen im Bereich des kollektiven Rechtsschutzes, ZIP 2020, 197; Thönissen, Zuständigkeit und Sperrwirkung bei Verbandsabhilfeklagen, EuZW 2023, 637.

I. Systematik und unionsrechtlicher Hintergrund

Die Norm regelt die Streitgenossenschaft zwischen mehreren klagenden Verbänden. Dabei **1** regelt sie eine Streitgenossenschaft sowohl auf Kläger- als auch auf Beklagtenseite. Sie schreibt die Anwendung der einschlägigen Normen der ZPO vor und dient dabei der Konkretisierung. Die Norm steht mit § 8 I, der die Sperrwirkung der Verbandsklage regelt, in Zusammenhang. Die Norm ist **unionsrechtlich** von **Art. 6 II Verbandsklagen-RL** bestimmt, der grenzüberschreitende Verbandsklagen regelt.

Zudem enthält Art. 9 IV 1 Verbandsklagen-RL die Regelung, dass die Mitgliedstaaten Vor- **2** schriften festlegen, um **sicherzustellen,** dass Verbraucher, die ausdrücklich oder stillschweigend ihren Willen geäußert haben, sich in einer Verbandsklage **repräsentieren** zu lassen, sich **weder in anderen Verbandsklagen** dieser Art aus demselben Klagegrund und gegen denselben Unternehmer repräsentieren lassen können, noch die Möglichkeit haben, eine Einzelklage aus demselben Klagegrund und gegen denselben Unternehmer zu erheben. Zwar sind Verbraucher nicht Partei einer Verbandsklage, jedoch spielt diese Regelung eine Rolle für die **Berechtigung des jeweiligen Verbrauchers,** die im Umsetzungsverfahren vom Sachwalter gem. § 27 Nr. 3 zu prüfen ist, falls mehrere Verbandsklagen in Streitgenossenschaft wegen desselben Abhilfeanspruchs gegen den Unternehmer erhoben worden sind.

II. Norminhalt

1. Abs. 1

a) Anfängliche und nachträgliche Streitgenossenschaft. Mehrere Verbände können ge- **3** meinsam mit einer Verbandsklage gegen einen Unternehmer vorgehen (Abs. 1 S. 1). Dies führt zu einer **Streitgenossenschaft auf der Klägerseite.** Dies gilt sowohl dann, wenn Verbraucher nur aus dem Inland betroffen sind, als auch wenn Verbraucher aus verschiedenen Mitgliedstaaten betroffen sind, vgl. Art. 6 II Verbandsklagen-RL. Gleichfalls können Verbände, die alle ihren Sitz im Inland haben als auch solche, die ihren Sitz in anderen Mitgliedstaaten haben gemeinsam klagen. Ebenso können mehrere Unternehmer gemeinschaftlich verklagt werden (Abs. 1 S. 2); dies führt zu einer **Streitgenossenschaft auf der Beklagtenseite.** Haben die beklagten Unternehmer gem. § 3 **unterschiedliche Gerichtsstände** kommt die Gerichtsstandsbestimmung gem. § 36 I Nr. 3 ZPO zur Anwendung. Liegt ein grenzüberschreitender Sachverhalt iSd Art. 8 Nr. 1 Brüssel Ia-VO vor, besteht ein Gerichtsstand am Sitz eines der Streitgenossen; dieser begründet sowohl internationale als auch örtliche Zuständigkeit (Thönissen EuZW 2023, 637

(642)); allerdings greift Art. 8 Nr. 1 Brüssel Ia-VO nur dann ein, wenn mindestens einer der Streitgenossen an seinem allgemeinen Gerichtsstand gem. Art. 4 Brüssel Ia-VO verklagt wird, nicht bei einer Klage an einem besonderen Gerichtsstand gem. § 7 Brüssel Ia-VO (Thönissen EuZW 2023, 637 (641 f.)).

4   Eine Streitgenossenschaft kann **anfänglich** durch gemeinsame Klageerhebung als auch an sich **nachträglich** durch eine **Verbindung gem. § 147 ZPO** durch das Gericht entstehen. Jedoch scheidet wegen der Sperrwirkung der Verbandsklage gem. § 8, die mit Anhängigkeit entsteht bei demselben Lebenssachverhalt und demselben Ansprüchen oder Feststellungszielen eine Verbindung gem. § 147 Alt. 2 ZPO aus, so dass nur eine Verbindung gem. § 147 Alt. 1 ZPO möglich ist, wenn die Ansprüche, die den Gegenstand dieser Prozesse bilden, zwar nicht identisch sind, aber in rechtlichem Zusammenhang stehen.

5   **b) Besonderheiten bei Verbindung gem. § 147 ZPO.** Die zweite Alternative dieser Norm wäre nämlich lediglich dann denkbar, wenn **verschiedene Verbände denselben Abhilfeanspruch** aufgrund desselben Lebenssachverhalts mit ihrer Abhilfeklage geltend machen, beispielsweise Nachlieferung eines bestimmten fehlerhaften Produktes. Da nach § 8 S. 1 jedoch die Sperrwirkung mit der Anhängigkeit der ersten Abhilfeklage ausgelöst wird und hierfür bei tagesgleich eingereichten Klagen der Zeitstempel maßgeblich ist (so ausdrücklich die Beschlussempfehlung RA, BT-Drs. 20/7631, 110), kann es nicht zu dieser Fallkonstellation der zeitgleichen Anhängigkeit mehrerer Abhilfeklagen mit demselben Abhilfeanspruch kommen; fehlt ausnahmsweise die Dokumentation der Uhrzeit, gelten hingegen beide Klagen gem. § 222 ZPO iVm § 187 II BGB als zu Beginn des Tages gemacht, so dass keine gegenüber der anderen eine Sperrwirkung entfaltet (→ § 8 Rn. 6). Die erste Alternative des § 147 ZPO wäre dann denkbar, wenn zwar **nicht derselbe Anspruch** durch die Verbände geltend gemacht wird, die Ansprüche aber gemeinsame sachliche und rechtliche Voraussetzung haben, etwa einerseits Nachlieferung, andererseits Reparatur des fehlerhaften Produktes.

6   Da diese **Sperrwirkung** gem. § 8 S. 2 erst **entfällt,** sobald die Verbandsklage ohne Entscheidung in der Sache beendet wird; danach kann eine weitere Verbandsklage mit demselben Lebenssachverhalt und denselben Ansprüche oder Feststellungszielen erhoben werden. Die Konstellation des § 147, 2. Alt. ZPO kann daher nach der Konzeption des VDuG nicht entstehen. Vielmehr kann immer nur eine Verbandsklage mit dem jeweiligen konkreten Streitgegenstand anhängig sein, ausgenommen die Klage wurde ohnehin gemeinschaftlich von mehreren Verbänden erhoben. Es können also **lediglich Verbandsklagen** mit **unterschiedlichem,** aber in rechtlichem Zusammenhang stehenden Streitgegenstände **verbunden** werden.

7   Ein **Verbindungsverbot** für Verbandsklagen generell ist nach geltendem Recht **nicht ersichtlich.** Ist die anfängliche Streitgenossenschaft unzulässig, so trennt das Gericht gem. § 145 I ZPO die Verfahren und die Verbände führen ihre Klagen in getrennten Prozessen fort.

2. Voraussetzungen der Streitgenossenschaft (Abs. 2)

8   Voraussetzung für die Zulässigkeit der **einfachen Streitgenossenschaft gem. § 59 ZPO** ist die Identität des Grundes in tatsächlicher oder rechtlicher Hinsicht, § 59 Alt. 2 ZPO. Dies ist immer dann der Fall, wenn der Lebenssachverhalt oder das Rechtsverhältnis identisch sind, also beispielsweise wenn zwei Verbände gemeinsam auf Nachlieferung eines fehlerhaften Produktes klagen oder ein Verband auf Nachlieferung, der andere auf Nachbesserung. Eine Rechtsgemeinschaft der Verbände (§ 59 Alt. 1 ZPO) ist nicht existent. Die Konsequenzen dieser einfachen Streitgenossenschaft sind lediglich, dass eine gemeinsame Verhandlung geführt wird; gem. § 61 ZPO stehen die Verbände dabei dem Unternehmer dergestalt als Einzelne gegenüber, dass die Handlungen des einen streitgenössischen Verbandes dem anderen weder zum Vorteil noch zum Nachteil gereichen.

9   Fraglich ist jedoch, ob eine **notwenige Streitgenossenschaft gem. § 62 ZPO** zwischen den klagenden Verbänden oder den verklagten Unternehmern vorliegen kann. Eine notwendige gemeinschaftliche Klage gem. § 62 Alt. 2 ZPO kann nicht vorliegen, da die Verbände jeweils als Einzelne prozessführungsbefugt sind. Eine notwendige Streitgenossenschaft könnte aber nach § 62 Alt. 1 ZPO wegen notwendiger einheitlicher Sachentscheidung gegeben sein; vorliegend ist jedoch zu berücksichtigen, dass zwar die Streitgegenstände identisch sind, beispielsweise Nachlieferung des betreffenden fehlerhaften Produktes, nicht jedoch die repräsentierten Verbraucher.

10   Daher kann theoretisch der eine Verband mit seiner Abhilfeklage obsiegen, so dass die von ihm repräsentierten Verbraucher Ersatz erhalten, der andere Verband (etwa bei nachlässiger

Prozessführung) kann theoretisch unterliegen, mit den entsprechenden Konsequenzen für die von ihm repräsentierten Verbraucher. Rechtspraktisch wird dies jedoch bereits deshalb nicht vorkommen, da mehrere klageberechtigte Stellen, die gemeinsam gegen einen Unternehmer klagen, bereits wegen der Sperrwirkung bei Anhängigkeit einer Verbandsklage gem. § 8 S. 1 eine **gemeinsame Klageschrift einreichen** und gemeinsame Schriftsätze, so dass eine einheitliche Prozessführung bei gemeinsamer Klageerhebung für alle beteiligten Verbands-Streitgenossen gewährleistet ist. Hinsichtlich mehrerer beklagter Unternehmer hingegen kann es durchaus – aufgrund unterschiedlicher Prozessführung ihrerseits – zu divergierenden Entscheidungen kommen.

Sperrwirkung der Verbandsklage

8 [1] **Ab Anhängigkeit einer Verbandsklage kann gegen denselben Unternehmer keine weitere Verbandsklage erhoben werden, deren Streitgegenstand denselben Lebenssachverhalt und dieselben Ansprüche oder dieselben Feststellungsziele betrifft.** [2] **Diese Sperrwirkung entfällt, sobald die Verbandsklage ohne Entscheidung in der Sache beendet wird.**

Übersicht

Schrifttum: Gascón Inchausti, A new European way to collective redress? Representative actions under Directive 2020/1828 of 25 November, GPR 2021, 61; Halfmeier/Rott, Verbandsklage mit Zähnen? – Zum Vorschlag einer Richtlinie über Verbandsklagen zum Schutz der Kollektivinteressen der Verbraucher, VuR 2018, 243; Lühmann, Anforderungen und Herausforderungen der RL (EU) 2020/1828 über Verbandsklagen zum Schutz der Kollektivinteressen von Verbrauchern, ZIP 2021, 824; Lühmann, Der Vorschlag einer europäischen Verbandsklage, Ein weiteres Instrument des kollektiven Rechtsschutzes, NJW 2019, 570; Redenius-Hövermann/Halfmeier, Kapitalmarkt und kollektiver Rechtsschutz, 2023; Thönissen, Zuständigkeit und Sperrwirkung bei Verbandsabhilfeklagen, EuZW 2023, 637.

I. Systematik

Die Norm regelt die **Sperrwirkung** der Verbandsklage bei **identischem Streitgegenstand,** **1** die mit Anhängigkeit beginnt und auch nach rechtskräftigem Abschluss des Verbandsklageverfahrens mit einer Sachentscheidung erhalten bleibt. Sinn und Zweck der Norm ist der **Schutz des Unternehmers** vor weiteren Verbandsklagen mit identischem Streitgegenstand. Der Rechtsgedanke entspricht prinzipiell dem Schutz, der durch die Rechtshängigkeitssperre des § 261 III Nr. 1 ZPO bewirkt wird. Eine weitere Klage ist daher aufgrund der Sperrwirkung durch Prozessurteil abzuweisen.

Die Norm wird ergänzt durch die **§ 11 II** angeordnete Sperrwirkung für **Individualklagen** **2** und die durch **§ 11 I** angeordnete **Aussetzungspflicht** für das Gericht bei vor der Bekanntgabe der Verbandsklage erhobene Individualklagen. Die Systematik innerhalb der Norm betriff den Beginn der Sperrwirkung, der S. 1 geregelt ist, das Ende der Sperrwirkung ist in S. 2 bestimmt. Im Umkehrschluss kann daher dem S. 2 die Perpetuierung der Sperrwirkung bei einer Sachentscheidung entnommen werden.

II. Norminhalt

1. Pendant zu § 261 III Nr. 1 ZPO

Maßgeblich für die Sperrwirkung der Verbandsklage ist die **Anhängigkeit,** nicht die Rechts- **3** hängigkeit. Diese Änderung wurde durch die Beschlussempfehlung RA aufgenommen und schließlich mit diesem Wortlaut Gesetz. Der Gedanke, dass für die Sperrwirkung auf die Rechtshängigkeit abgestellt wird und der noch so im Regierungsentwurf enthalten war, war bereits in § 610 I ZPO aF betreffend die Musterfeststellungsklage so geregelt, wo auf denselben Lebenssachverhalt und dieselben Feststellungsziele abgestellt wurde und damit dem Rechtsgedanken des § 261 III Nr. 1 ZPO Rechnung getragen wurde. Voraussetzung für diese Rechtsfolge gem. § 261 III Nr. 1 ZPO ist jedoch die Identität der Parteien. Diese kann hier nicht gegeben sein, da **unterschiedliche Verbände** als Kläger auftreten. Daher kann das Ergebnis der Unzulässigkeit einer weiteren Klage mit identischem Streitgegenstand nicht aus § 261 III Nr. 1 ZPO gewonnen werden, sondern es bedurfte einer speziellen Norm, die der Tatsache der unterschiedlichen Kläger Rechnung trägt.

4   Die endgültige Fassung des § 8, die auf die Anhängigkeit abstellt, enthält jedoch einen **ähnlichen Gedanken wie § 610 I ZPO aF und § 261 III Nr. 1 ZPO:** Ab Anhängigkeit besteht die Sperrwirkung, die eine **weitere Verbandsklage** gegen denselben Beklagten mit identischem Streitgegenstand **unzulässig** macht. Beide Verbandsklagen müssen daher denselben Lebenssachverhalt und dieselben Ansprüche oder dieselben Feststellungsziele verfolgen. Wird nach Anhängigkeit einer Verbandsklage daher eine weitere Verbandsklage eingereicht, die denselben Lebenssachverhalt und dieselben Ansprüche oder Feststellungziele beinhaltet, ist sie unzulässig und wird durch **Prozessurteil** abgewiesen.

5   Für die Anhängigkeit kommt es nicht nur auf den Tag der Einreichung an, sondern bei **Taggleichheit** gilt S. 1 ebenfalls und die Anhängigkeit richtet sich nach der **Uhrzeit.** Selbst wenn daher **am selben Tag mehr als eine Verbandsklage mit identischem Streitgegenstand anhängig** wird, gilt die Sperrwirkung mit der Priorität der früheren Verbandsklage ebenfalls. Ausdrücklich spricht die Begründung der Beschlussempfehlung RA davon, dass bei taggleich eingereichten Klagen der **Zeitstempel** maßgeblich ist (so ausdrücklich die Beschlussempfehlung RA, BT-Drs. 20/7631, 110). Die noch im Regierungsentwurf enthaltene Ausnahmebestimmung, dass wenn am selben Tag mehrere Verbandsklagen eingereicht werden, die denselben Streitgegenstand betreffen, § 147 ZPO Anwendung findet, mithin die Klagen verbunden werden, ist weggefallen. Es gilt daher die **strikte Priorität der zeitlich zuerst eingereichten Klage.** § 167 ZPO ist hier ohnehin nicht anwendbar, da sich seine Fiktion auf die Rechtshängigkeit bezieht, auf die es jedoch für S. 1 nicht ankommt.

6   Lediglich in dem Fall, dass die **Uhrzeit nicht dokumentiert** wurde, ist das Tatbestandsmerkmal „ab" Anhängigkeit gem. § 222 ZPO iVm § 187 II BGB als der Beginn des Tages anzusehen (ähnlich für die alte Musterfeststellungsklage MüKoZPO/Menges ZPO § 610 Rn. 12; BeckOK ZPO/Lutz ZPO § 610 Rn. 32), so dass in diesem Fall beide Verbandsklagen als am selben Tag und zur selben Uhrzeit eingereicht gelten. Keine der beiden Verbandsklagen entfaltet in diesem Fall eine Sperrwirkung gegenüber der anderen, so dass sie unabhängig von der Regelung des S. 1 gem. § 147 ZPO verbunden werden. Klagen mit anfänglicher Streitgenossenschaft gem. § 7 I 1 mehrere klageberechtigte Stellen gemeinschaftlich gegen einen Unternehmer, gehen die Klagen zeitgleich bei Gericht ein, da sie in einer gemeinsamen Klageschrift abgefasst sind, so dass sich dieses Problem nicht stellt. Für Sachverhalte mit **Zuständigkeitsbegründung in mehreren EU-Mitgliedstaaten** kann es zu parallelen Verbandsabhilfeklagen in mehreren Mitgliedstaaten kommen; hinsichtlich der damit verbunden Probleme vgl. ausf. Thönissen EuZW 2023, 637 (641 f.).

2. Entfallen der Sperrwirkung

7   Die Sperrwirkung nach S. 1 **entfällt** gem. **S. 2** lediglich dann, wenn die Verbandsklage **ohne Sachentscheidung beendet** wird. Dies bedeutet, dass sich mit einer rechtskräftigen Sachentscheidung die Sperrwirkung fortsetzt und der Unternehmer vor einer weiteren Verbandsklage mit identischem Streitgegenstand durch andere Verbände geschützt ist. Ein Schutz besteht lediglich dann nicht, wenn das Verfahren anderweitig beendet wird, beispielsweise durch Prozessurteil, Klagerücknahme gem. § 269 ZPO, beidseitige Erledigterklärung gem. § 91a ZPO oder Vergleich gem. § 9, da in diesen Fällen keine Sperrwirkung für eine weitere Verbandsklage mit identischem Streitgegenstand mehr besteht. Gerechtfertigt wird dies beim Prozessurteil, bei der Klagerücknahme und bei der übereinstimmenden Erledigterklärung dadurch, dass keine Resultate in der Sache für die repräsentierten Verbraucher erzielt wurden.

8   Für den **Vergleich gilt** diese **fehlende Sperrwirkung** ebenso, da die Gesetzesbegründung ausdrücklich auf den rechtskräftigen Abschluss der Verbandsklage abstellt (Begr. RegE, BT-Drs. 20/6520, 73 f.) und es durch die Bindungswirkung bei einem wirksamen Vergleich nicht zu Friktionen bei der Sperrwirkung mit einer weiteren Verbandsklage kommen kann: Zwar war für die Musterfeststellungsklage gem. § 611 ZPO aF vertreten worden, dass der gerichtlich genehmigte und damit wirksame Vergleich ebenfalls Sperrwirkung für eine weitere Musterfeststel-

lungsklage entfaltet (MüKoZPO/Menges ZPO § 611 Rn. 19; aA Thomas/Putzo/Seiler ZPO § 610 Rn. 2); begründet wurde dies damit, dass § 611 V 4 ZPO aF voraussetzte, dass die Bindungswirkung des Vergleichs nicht später nach § 613 I 1 ZPO aF durch die Bindungswirkung eines Musterfeststellungsurteils in einem (zweiten) Musterfeststellungsverfahren mit identischem Gegenstand überspielt werden könne. Zudem hat nunmehr S. 2 den entsprechenden Wortlaut wie § 610 I 2 ZPO aF.

Jedoch ist zu beachten, dass für ein Überspielen des Ergebnisses des Vergleichs durch die **9** Bindungswirkung der Verbandsklage die angemeldeten Verbraucher hinsichtlich des Vergleichs einerseits und hinsichtlich der zweiten Verbandsklage andererseits identisch sein müssten. Theoretisch denkbar ist dies zwar, wenn **derselbe Verband** noch einmal dieselbe Klage erheben würde. In diesem Fall würde es jedoch am Rechtsschutzbedürfnis fehlen, so dass es **nicht zu einem Sachurteil** kommen könnte und daher auch keine Sachentscheidung fallen könnte, die Friktionen mit der Bindungswirkung des Vergleichs hervorrufen könnte.

Sofern ein **anderer Verband** klagt, sind insoweit regelmäßig andere Verbraucher im Verbandsklageregister eingetragen, für die der Vergleich keine Bindungswirkung haben kann, da sie **10** nicht von dem vergleichsschließenden Verband repräsentiert wurden. Sollte im Einzelfall ein **konkreter Verbraucher doppelt angemeldet** sein – sowohl bei dem vergleichsschließenden Verband als auch bei dem die zweite Verbandsklage erhebenden Verband – muss für ihn zur Vermeidung widersprechender Verfahrensergebnisse. der erste verfahrensbeendigende Akt, also der Vergleich maßgeblich sein. Der Vergleich hat daher keine Sperrwirkung iSd § 8 S. 1. Für die **Kontrolle,** ob im konkreten Fall Verbraucher doppelt angemeldet sind und daher doppelte Leistungen erhalten würden, ist der **Sachwalter im Umsetzungsverfahren zuständig;** er hat zu überprüfen, ob der konkrete Verbraucher bei anderen Verbandsklagen angemeldet war, die durch Vergleich endeten. Ist dies der Fall, ist der Anspruch dieses konkreten Verbrauchers nicht berechtigt, § 27 Nr. 3 und der geltend gemachte Anspruch ist vom Sachwalter abzulehnen (§ 27 Nr. 11).

III. Sperrwirkung gegenüber KapMuG?

Die Relation der **Musterfeststellungsklage** zum KapMuG und damit eine (gegenseitige) **11** Sperrwirkung war bereits unter Geltung der Musterfeststellungsklage gem. §§ 606 ff. ZPO aF nicht vollständig geklärt: Eine Rangfolgenbestimmung oder auch nur eine Regelung, ob Feststellungsziele eines Musterverfahrens nach dem KapMuG zum Gegenstand eines Musterfeststellungsverfahrens gem. §§ 606 ff. ZPO aF gemacht werden können, existierte nicht (MüKoZPO/Menges ZPO Vor § 606 Rn. 8).

So ordneten weder § 610 I 1 ZPO aF noch § 7 KapMuG eine Sperrwirkung eines Muster- **12** verfahrens nach dem KapMuG gegenüber einem nachfolgenden Musterfeststellungsverfahren nach §§ 606 ZPO aF an. Hierzu wurde vorgeschlagen, dass das Gericht gem. § 613 II ZPO aF das Musterverfahren nach dem KapMuG aussetzt, da das Musterfeststellungsurteil nach §§ 606 ff. ZPO aF die maßgebliche Bindungswirkung entfaltet, weil § 613 II ZPO aF die weitergehenden Voraussetzungen enthält (MüKoZPO/Menges ZPO Vor § 606 Rn. 9).

Daher muss für das Musterfeststellungsverfahren nach dem VDuG davon ausgegangen werden, **13** dass bei sich **deckenden Feststellungszielen** die **Musterfeststellungsklage Vorrang** genießt, und zwar nunmehr gem. § 8 S. 1: Ab Anhängigkeit einer Musterfeststellungsklage kann gegen den verklagten Unternehmer kein Musterverfahren nach dem KapMuG erhoben werden, welches denselben Streitgegenstand, mithin denselben Lebenssachverhalt und dieselben Feststellungsziele betrifft. Zwar klagt bei einem Kapitalanleger-Musterverfahren kein Verband, vielmehr wird die Wahrung der Individualinteressen durch den Musterkläger bewirkt. Jedoch handelt es sich ebenso wie bei der Musterfeststellungsklage um ein Verfahren des kollektiven Rechtsschutzes, das Bindungswirkung gegenüber allen Angemeldeten hat.

An sich müsste Entsprechendes gem. § 8 für die **Abhilfeklage** hinsichtlich eines Muster- **14** verfahrens nach dem KapMuG gelten. Zum einen sind jedoch die Streitgegenstände bereits aufgrund der Anträge notwendigerweise in der Abhilfeklage einerseits und dem Musterverfahren nach dem KapMuG andererseits nicht identisch. Hier könnte jedoch die immanente Feststellungswirkung Abhilfe leisten, so dass trotz unterschiedlicher Anträge Identität der Streitgegenstände vorläge.

Da aber es aber gem. § 41 II der Zulässigkeit eines Musterfeststellungsklage nicht entgegen- **15** steht, dass die klageberechtigte Stelle Abhilfeklage erheben könnte, so dass bei Vorliegen desselben Lebenssachverhalts der Verbraucherverband – selbst wenn er auf Leistung, also Abhilfe klagen könnte, statt dessen, ungehindert durch § 256 ZPO – Musterfeststellungsklage erheben kann, ist das Musterverfahren nach dem KapMuG bei Vorliegen desselben Lebenssachverhalts **nicht** gem. § 8 durch die Erhebung einer **Abhilfeklage gesperrt** (vgl. → Vor § 1 Rn. 12 ff.). Dieses Problem der Sperrwirkung gegenüber dem KapMuG wird sich jedoch voraussichtlich mit Ablauf des 31.8.2024 erledigt haben, da dann das KapMuG gem. § 28 KapMuG nF außer Kraft tritt.

Gerichtlicher Vergleich

9 (1) ¹Zur gütlichen Beilegung des Rechtsstreits können die Parteien einen gerichtlichen Vergleich auch mit Wirkung für die im Verbandsklageregister angemeldeten Verbraucher schließen. ²Der gerichtliche Vergleich kann nicht vor Ablauf des in § 46 Absatz 1 Satz 1 genannten Zeitpunkts geschlossen werden.

(2) ¹Der Vergleich bedarf der Genehmigung des Gerichts. ²Das Gericht genehmigt den Vergleich durch Beschluss, wenn es ihn unter Berücksichtigung des Sach- und Streitstands, insbesondere der Interessen der betroffenen Verbraucher, als angemessene gütliche Beilegung des Rechtsstreits erachtet. ³Andernfalls lehnt das Gericht die Genehmigung des Vergleichs durch Beschluss ab.

Übersicht

Schrifttum: Althammer, Die Bindung des Rechtsnachfolgers an den vom Rechtsvorgänger abgeschlossenen Prozessvergleich, JZ 2019, 286; Augenhofer, Die neue Verbandsklagen-Richtlinie – effektiver Verbraucherschutz durch Zivilprozessrecht?, NJW 2021, 113; Axtmann/Staudigel, Richtlinienvorschlag zur Verbandsklage – kurzer Überblick, ZRP 2020, 80; Beckmann/Waßmuth, Musterfeststellungsklage, -Teil 2-, WM 2019, 89; Berger, Kollektiver Rechtsschutz – Das neue Musterfeststellungsverfahren, ZZP 133 (2020), 3; Domej, Die geplante EU-Verbandsklagenrichtlinie – Sisyhos vor dem Gipfelsieg?, ZEuP 2019, 446; Gascón Inchausti, A new European way to collective redress? Representative actions under Directive 2020/1828 of 25 November, GPR 2021, 61; Grewe/Stegemann, EU-Verbandsklagerichtlinie, Bekommt das Private Enforcement im Datenschutz jetzt Zähne?, ZD 2021, 183; Gsell, Europäische Verbandsklagen zum Schutz kollektiver Verbraucherinteressen – Königs- oder Holzweg?, BKR 2021, 521; Halfmeier/Rott, Verbandsklage mit Zähnen? – Zum Vorschlag einer Richtlinie über Verbandsklagen zum Schutz der Kollektivinteressen der Verbraucher, VuR 2018, 243; Hartmann, Drei Hauptmerkmale im neuen Musterfeststellungsverfahren, VersR 2019, 528; Heese, Die Musterfeststellungsklage und der Dieselskandal, Stationen auf dem langen deutschen Weg in die prozessuale Moderne, JZ 2019, 429; Jetzinger, Die Umsetzung der Vergleichsmöglichkeiten der Verbandsklage-RL in Österreich unter Berücksichtigung der deutschen Musterfeststellungsklage, wbl 2021, 197; Kähler, Zur Angemessenheit eines Vergleichs in der Musterfeststellungsklage, ZIP 2020, 293; Koch; Die Musterfeststellungsklage, Überblick über die und Bewertung der neuen Regelungen, MDR 2018, 1409; Lühmann, Der Vorschlag einer europäischen Verbandsklage, Ein weiteres Instrument des kollektiven Rechtsschutzes, NJW 2019, 570; Magnus, Die Wirkungen des Vergleichs im Musterfeststellungsverfahren, NJW 2019, 3177; Meller-Hannich, Sammelklagen, Gruppenklagen, Verbandsklagen – bedarf es neuer Instrumente des kollektiven Rechtsschutzes im Zivilprozess?, NJW-Beilage 2018, 29; Meller-Hannich/Krausbeck, Kollektiver Rechtsschutz in der EU – Die Entwicklungen der letzten Jahre, der „New Deal for Consumers" und die deutsche Musterfeststellungsklage, DAR-Extra 2018, 721; Merkt/Zimmermann, Die neue Musterfeststellungsklage: Eine erste Bewertung, VuR 2018, 363; Prütting, Neue Entwicklungen im Bereich des kollektiven Rechtsschutzes, ZIP 2020, 197; Röß, Die Bindung des angemeldeten Verbraucher an einen Kollektivvergleich,, NJW 2020, 2068; Stadler, Grenzüberschreitende Wirkung von Vergleichen und Urteilen im Musterfeststellungsverfahren, NJW 2020, 265.

I. Systematik und unionsrechtlicher Hintergrund

1. Voraussetzung und Wirkung des Vergleichs

Die Norm regelt den Vergleich, seine Bindungswirkung und als Voraussetzungen für seine **1**
Wirksamkeit die gerichtliche Genehmigung. Sie setzt damit **Art. 11 Verbandsklagen-RL** um,
und zwar Abs. 1 Art. 11 I Verbandsklagen-RL, Abs. 2 Art. 11 II Verbandsklagen-RL. Zugleich
orientiert sich § 9 an § 611 ZPO aF, der einen Vergleich mit Genehmigung durch das Gericht
zum Abschluss der Musterfeststellungsklage ohne Sachentscheidung vorsah.

Systematisch hängt die Norm mit § 10 zusammen, der den Austritt aus dem Vergleich **2**
innerhalb eines Monats nach Bekanntgabe des Vergleichs im Verbandsklageregister regelt. In
einem solchen Fall entfällt die in § 9 angeordnete Bindungswirkung des Vergleichs für den
Austretenden, jedoch nicht die Wirksamkeit seiner Anmeldung im Verbandsklageregister. Da
gem. § 44 Nr. 10 im Verbandsklagenregister nicht nur der gerichtlich genehmigte Vergleich,
sondern auch die Befugnis der angemeldeten Verbraucher zum Austritt aus dem Vergleich sowie
Form, Frist und Wirkung des Austritts bekannt zu machen sind, sind die angemeldeten Verbraucher insoweit über ihre diesbezüglichen Rechte und die Konsequenzen eines Austritts
informiert. Ist bereits ein Abhilfegrundurteil ergangen, regelt § 17 die Pflicht des Gerichts,
hinsichtlich eines Abhilfevergleichs initiativ zu werden.

2. Prozessbeendigung und materiell-rechtliche Wirkung

Der Vergleich **beendet** aufgrund der **Doppelnatur** des Prozessvergleichs den **Prozess** **3**
zwischen dem Verband und dem Unternehmer. Nach § 9 schließen die Parteien, also der
Unternehmer und der Verband den Vergleich. Die **materiell-rechtliche Wirkung** des Vergleichs tritt aber zwischen dem Unternehmer und den **repräsentierten Verbrauchern** ein, die
nicht gem. § 10 innerhalb eines Monats nach Bekanntgabe des Vergleichs im Verbandsklageregister gegenüber dem Bundesamt für Justiz ihren Austritt aus dem Vergleich erklärt haben.
Dieser unterbliebene Austritt könnte aufgrund der Regelung der § 9 I 1, § 10 II 1 Erklärungscharakter haben und eine Genehmigung der Stellvertretung durch den Verband hinsichtlich des
Vergleichs gem. § 177 I BGB darstellen; dazu müssten die Verbraucher jedoch vertragschließende Partei sein, was sie gem. § 9 nicht sind.

Hinsichtlich der **Einräumung von Rechten** kann der Vergleich daher als Vertrag zugunsten **4**
Dritter angesehen werden. Da aber ein Vergleich durchaus auch Rechtspositionen aufgeben
kann, aber ein Vertrag zu Lasten Dritter unzulässig ist, muss diesbezüglich eine andere Konstruktion gefunden werden. Da die angemeldeten Verbraucher gem. § 44 Nr. 10 umfassend
über die Konsequenzen ihres Austritts informiert werden, kann diesem „informierten Schweigen" Erklärungscharakter zugemessen werden (vgl. nur Stadler NJW 2020, 265 (270) mwN).
Der **Verzicht auf Rechte** der Verbraucher durch den Verband stellt daher eine Verfügung
eines Nichtberechtigten dar, und das Unterbleiben eines Austritts innerhalb der Frist des § 10 I
die Genehmigung durch die konkreten Verbraucher (Musielak/Stadler ZPO § 611 Rn. 4 mwN).
Die Rechtsnatur des Vergleichs stellt daher – trotz des potentiell auch Nachteile umfassenden
Vergleichsinhalts – keinen Vertrag zu Lasten Dritter dar (vgl. BeckOK ZPO/Augenhofer ZPO
§ 611 Rn. 5a f. mwN). Zu dem Spezialproblem der Gewährung einer **Anfechtungsmöglich-
keit** für Verbraucher vgl. Magnus NJW 2019, 3177 (3179 ff.).

II. Norminhalt

1. Abs. 1

a) Bindungswirkung. Die Norm ermöglicht in S. 1 dem klagenden Verband, einen Ver- **5**
gleich mit dem Unternehmer auch mit Wirkung für und gegen die im Verbandsklageregister
angemeldeten Verbraucher zu schließen. Sie statuiert damit eine **Bindungswirkung** gegenüber
den repräsentierten Verbrauchern. Der Inhalt der Bindungswirkung ist beschrieben in § 11 III;
zwar ist dort die Bindungswirkung für rechtskräftige Urteile geregelt, sie kann jedoch auch für
wirksame Vergleiche entsprechend herangezogen werden, da § 10 II 1 explizit davon spricht,
dass die Verbraucher nach ihrem Austritt durch den Vergleich „nicht gebunden" werden. Die
„Wirkung für die im Verbandsklagenregister angemeldeten Verbraucher", von der § 9 I 1
spricht, ist daher die in § 11 III beschriebene Bindungswirkung. Die Anmeldung muss wirksam
sein gem. § 46.

6   Die Wirkung ist in diesem Fall, dass bei einem anschließenden **Individualrechtsstreit** zwischen gebundenem Verbraucher und gebundenem Unternehmer über den Gegenstand des Vergleichs der **Inhalt des Vergleichs maßgeblich** ist. Ist beispielsweise in dem Vergleich ein Erlass durch den Verband auf Teile der mit der Abhilfeklage geltend gemachten Ansprüche erklärt worden, und klagt der gebundene Verbraucher nun mit seiner Individualklage diese Ansprüche ein, ist für das befasste Gericht der im Vergleich erklärte Erlass maßgeblich, so dass es die Individualklage abweisen muss. An einem solchen Erlass ist der Verband nicht gem. § 13 III gehindert, da diese Norm nur Verzichtsurteile betrifft, nicht aber materielle Erlassverträge gem. § 397 I BGB. Für das Spezialproblem der Bindung von **Rechtsnachfolgern** an den vom Rechtsvorgänger abgeschlossenen Prozessvergleich vgl. Althammer JZ 2019, 286; unmittelbar einschlägig ist die Bindung der Rechtsnachfolger bei einer Rechtsnachfolge hinsichtlich des Verbandes, mittelbar ist jedoch jede wirksam angemeldete Forderung betroffen, die nach Verstreichen des Austrittsfrist aus dem Vergleich gem. § 10 noch im Verbandsklageregister aufgeführt ist, da die Bindungswirkung die Forderung als solche ergreift.

7   Für diese Klageabweisung wegen des Vergleichs muss gesehen werden, dass trotz der Bindungswirkung nicht eine Abweisung durch Prozessurteil wegen entgegenstehender materieller Rechtskraft in Frage kommen kann, da der Vergleich ohnehin keine materielle Rechtskraft entfalten kann und zudem die Parteiidentität fehlt; die Bindungswirkung des § 9 bewirkt daher lediglich eine Sachabweisung aufgrund Präjudizialität. Die Verbraucher, die **gem. § 10** wirksam ihren **Austritt** aus dem Vergleich erklärt haben, nehmen gem. § 10 II 1 nicht an der Bindungswirkung teil, so dass sie im Weg der Individualklage gegen den Unternehmer vorgehen können.

8   Der Vergleich enthält zusätzlich zu den materiellen Regelungen notwendigerweise ein Prüf- und Verteilungssystem zur Umsetzung des Vergleichs, welches die Parteien in der Folgezeit selbständig durchführen. Eine Sachentscheidung des Gerichts und in der Folge ein Umsetzungsverfahren §§ 22 ff. wird auf diese Weise überflüssig; der Rechtsstreit wird durch übereinstimmenden Parteiwillen aufgrund des Vergleichs beendet, sofern dieser wirksam ist. Jedoch bedarf dieser Vergleich, anders als Prozessvergleiche, die nicht im Verbandsklageverfahren geschlossen werden, zu seiner **Wirksamkeit** einer gerichtlichen Genehmigung; diese ist in Abs. 2 geregelt. Die Norm setzt Art. 11 I Verbandsklagen-RL um und lehnt sich am § 611 I ZPO aF an. Bereits dort war vorgesehen, einen gerichtlichen Vergleich auch mit Wirkung für und gegen die angemeldeten Verbraucher zu schließen. § 9 erfasst nun sowohl Musterfeststellungsklagen als auch Abhilfeklagen.

9   Dass in § 9 I 1 lediglich die Rede ist von „für" die im Verbandsklageregister angemeldeten Verbraucher, schließt jedoch nicht aus, dass diese Verbraucher auch eine Wirkung des Vergleichs gegen sie hinnehmen müssen, da der Vergleich durch ein gegenseitiges Nachgeben der Parteien überhaupt erst ermöglicht wird und daher auch **Nachteile** für beide Prozessparteien und damit die repräsentierten Verbraucher beinhaltet (Begr. RegE, BT-Drs. 20/6520, 74; so auch bereits zur alten Musterfeststellungsklage BeckOK ZPO/Augenhofer ZPO § 611 Rn. 5a f.). Dass die Nachteile für die repräsentierten Verbraucher **hinnehmbar** sind, wird durch die **gerichtliche Genehmigung gewährleistet**, da diese die Nachteile nach einer Gesamtwürdigung des Vergleichs, insbesondere im Hinblick auf die Interessen der betroffenen Verbraucher, als angemessen ansieht.

10   **b) Wirksame Anmeldung.** Die **Anmeldung** der Verbraucher muss **gem. § 46 wirksam** sein; dies ist bei der Anmeldung der Ansprüche nicht selbstverständlich, da im VW-Musterfeststellungsverfahren unter den ca. 463.000 Anmeldungen „sich nach ersten Stichproben auch Personen, die gar keinen VW fahren (sondern einen Mercedes), weiter Personen mit einem VW mit Ottomotor, ferner Personen mit Comicfigur-Namen" befanden (Prütting ZIP 2020, 197 (199)). Zudem werden die Wirksamkeitsvoraussetzungen von der Rechtsprechung streng gehandhabt (vgl. → § 46 Rn. 19 ff.)

11   **Nicht angemeldete Verbraucher** oder nicht wirksam angemeldete sind von der Bindungswirkung nicht erfasst; dies hindert die vergleichsschließenden Parteien jedoch nicht daran, den nicht angemeldeten Verbrauchern ebenfalls Leistungen zuzusagen und im Vergleich diese Personen in das Prüf- und Verteilungssystem einzubeziehen. Da jedoch ein Vertrag zu Lasten Dritter nicht zulässig ist, wird durch die bloße Einbeziehung in den Vergleich die Rechtsposition der nicht repräsentierten Verbraucher nicht geschmälert; erst wenn sie die entsprechende Leistung erhalten haben, beispielsweise eine Nachlieferung eines mangelhaften Produktes, fällt dadurch materiell ihr diesbezüglicher Anspruch weg.

Der Vergleich muss vor Gericht geschlossen werden und zwar nicht vor Ablauf des in § 46 I 1 **12** genannten Zeitpunkts, mithin drei Wochen nach dem Schluss der mündlichen Verhandlung. Diese **Frist** soll sicherstellen, dass die Verbraucher ausreichend lange Zeit haben, sich im Klageregister einzutragen, um an dem Vergleich zu partizipieren (Begr. RegE, BT-Drs. 20/6520, 74). Einen empfohlenen **Mindestinhalt,** wie noch in der Soll-Vorschrift des § 611 II ZPO aF vorgesehen, enthält die Vorschrift jedoch **nicht.** Die Parteien sind daher frei, den Inhalt zu vereinbaren.

Jedoch wäre es sinnvoll für die Parteien, sich an den in § 611 II ZPO aF genannten Soll- **13** Regelungen zu orientieren, und daher mindestens in den Vergleich Vereinbarungen aufzunehmen zu 1. den auf die angemeldeten Verbraucher entfallenden Leistungen, 2. den von den angemeldeten Verbrauchern zu erbringenden Nachweis der Leistungsberechtigung, 3. der Fälligkeit der Leistungen, 4. der Aufteilung der Kosten zwischen den Parteien. Ebenso können Vereinbarungen über die Errichtung eines Abwicklungsfonds enthalten sein; auch ist ein Eckpunktevergleich, also ein Vergleich über den Entschädigungsrahmen möglich. Weiter können die Konsequenzen einer Pflichtverletzung des durch den Vergleich statuierten Pflichten im Vergleich enthalten sein. Auch ist ein reiner Feststellungsvergleich möglich, in dem die Parteien nur einen Vergleich über Feststellungsziele schließen. Werden Leistungen im Vergleich zugesagt, enthält dieser zwecks Umsetzung Regelungen für ein Prüfungs- und Verteilungssystem.

c) Keine Sperrwirkung für weitere Verbandsklage. Der **Vergleich** hat **keine Sperr- 14 wirkung** iSd § 8 I 2 für eine weitere Verbandsklage. Zum einen stellt die Gesetzesbegründung ausdrücklich auf den rechtskräftigen Abschluss der Verbandsklage ab (Begr. RegE, BT-Drs. 20/6520, 82), zum anderen kann es durch die Bindungswirkung bei einem wirksamen Vergleich nicht zu Friktionen bei der Sperrwirkung mit einer weiteren Verbandsklage kommen: Zwar war für die Musterfeststellungsklage gem. § 611 ZPO a. vertreten worden, dass der gerichtlich genehmigte und damit wirksame Vergleich ebenfalls Sperrwirkung für eine weitere Musterfeststellungsklage entfaltet (MüKoZPO/Menges ZPO § 611 Rn. 19; aA Thomas/Putzo/Seiler ZPO § 610 Rn. 2); begründet wurde dies damit, dass § 611 V 4 ZPO aF voraussetzte, dass die Bindungswirkung des Vergleichs nicht später nach § 613 I 1 ZPO aF durch die Bindungswirkung eines Musterfeststellungsurteils in einem (zweiten) Musterfeststellungsverfahren mit identischem Gegenstand überspielt werden könne. Zudem hat nunmehr § 8 I 2, der das Entfallen der Sperrwirkung anordnet, den gleichen Wortlaut wie § 610 I 2 ZPO aF.

Jedoch ist zu beachten, dass für die Bindungswirkung die angemeldeten Verbraucher hinsicht- **15** lich des Vergleichs einerseits und hinsichtlich der zweiten Verbandsklage andererseits identisch sein müssten, um das Ergebnis des Vergleichs überspielen zu können. Theoretisch denkbar ist dies zwar, wenn derselbe Verband noch einmal dieselbe Klage erheben würde. In diesem Fall würde es jedoch am Rechtsschutzbedürfnis fehlen, so dass es **nicht zu einem Sachurteil** kommen könnte und daher auch keine Sachentscheidung fallen könnte, die Friktionen mit der Bindungswirkung des Vergleichs hervorrufen könnte. Sofern ein anderer Verband klagt, sind insoweit in aller Regel andere Verbraucher im Verbandsklageregister eingetragen, für die der Vergleich keine Bindungswirkung haben kann, da sie nicht von dem vergleichsschließenden Verband repräsentiert wurden. Sollte im Einzelfall ein konkreter **Verbraucher doppelt angemeldet** sein – sowohl bei dem vergleichsschließenden Verband als auch bei dem die zweite Verbandsklage erhebenden Verband – muss für ihn zur Vermeidung widersprechender Verfahrensergebnisse der erste verfahrensbeendigende Akt, also der Vergleich maßgeblich sein.

Dies wird durch eine **richtlinienkonforme Interpretation** erreicht, da **Art. 9 IV 1 Ver- 16 bandsklagen-RL** lautet: „ Die Mitgliedstaaten legen Vorschriften fest, um sicherzustellen, dass Verbraucher, die ausdrücklich oder stillschweigend ihren Willen geäußert haben, sich in einer Verbandsklage repräsentieren zu lassen, sich weder in anderen Verbandsklagen dieser Art aus demselben Klagegrund und gegen denselben Unternehmer repräsentieren lassen können, noch die Möglichkeit haben, eine Einzelklage aus demselben Klagegrund und gegen denselben Unternehmer zu erheben." Der Vergleich hat daher keine Sperrwirkung iSd § 8 S. 2. Hinsichtlich der Konsequenzen einer Doppelanmeldung und Verhinderung doppelter Berücksichtigung bei einer Leistung vgl. → § 8 Rn. 10.

d) Frist. Der **Vergleich** kann gem. Abs. 1 S. 2 **nicht vor Ablauf** des in § 46 I 1 genannten **17** Zeitpunkts geschlossen werden, mithin von **drei Wochen nach dem Schluss der mündlichen Verhandlung.** Dies soll nach der Gesetzesbegründung sicherstellen, dass die Verbraucher ausreichend lange Gelegenheit haben, sich im Verbandsklageregister einzutragen, um so an dem Vergleich partizipieren zu können (Begr. RegE, BT-Drs. 20/6520, 74); bei einem früheren

Vergleichsschluss wäre die Frist für die Anmeldung der Verbraucheransprüche im Verbandsklageregister nach § 46 I 1 nämlich noch nicht abgelaufen und die zu diesem Zeitpunkt noch nicht angemeldeten Verbraucher hätten deshalb keine Möglichkeit gehabt, an dem Vergleich teilzunehmen. Dies gilt unabhängig davon, dass durch die Beschlussempfehlung RA der Zeitpunkt des § 46 I 1 erheblich verschoben wurde: Von zwei Monaten nach dem ersten Termin zur mündlichen Verhandlung zu drei Wochen nach dem Schluss der mündlichen Verhandlung: Der dieser Regelung des Abs. 1 S. 2 zugrunde liegende Gedanke hinsichtlich des Vergleichsschlusses ist immer derselbe.

18   Allerdings ergeben sich durch diesen sehr späten Zeitpunkt eines möglichen Vergleichsschlusses Probleme hinsichtlich § 278 ZPO: Für das **Gericht** ist es gem. **§ 278 I ZPO in jeder Lage des Verfahrens möglich einen Vergleichsvorschlag zu unterbreiten;** dies wird auch durch die Bestimmung des § 17 hinsichtlich eines Vergleichsvorschlags nach Erlass des Abhilfegrundurteils nicht untersagt. Das Gericht kann daher durchaus in jeder Lage des Verfahrens in dieser Richtung aktiv werden. Nunmehr ist allerdings der **Ausschlusszeitraum** des § 9 I zu beachten, der verbietet, den Vergleich vor Ablauf von drei Wochen nach dem Schluss der mündlichen Verhandlung zu schließen. Da die mündliche Verhandlung geschlossen wird, wenn ein Termin zur Verkündung eines Urteils bestimmt wird, ist es nicht möglich, während laufendem Verfahren einen Vergleich zu schließen, selbst wenn die Parteien sich insoweit geeinigt haben. Wird dies von den Parteien gewünscht, müssten sie den Rechtsstreit übereinstimmend für erledigt erklären, mit der Rechtsfolge, dass gem. § 91a ZPO der Prozess in der Hauptsache beendet ist.

2. Abs. 2

19   **a) Gerichtliche Genehmigung.** Abs. 2 setzt Art. 11 II Verbandsklagen-RL um. Eine ähnliche Vorschrift enthielt § 611 III ZPO aF für die Musterfeststellungsklage, wo ebenfalls für einen Vergleich eine **gerichtliche Genehmigung** erforderlich war. Die Genehmigung des Vergleichs ist, anders als bei anderen Prozessvergleichen, **Wirksamkeitsvoraussetzung** des Vergleichs. Der wirksame Vergleich im Verbandsklageverfahren hat, wie andere wirksame Prozessvergleiche auch, prozessbeendigende Wirkung. Ein Quorum, wie noch in § 611 V 1 ZPO aF gefordert, wo nur weniger als 30 % der angemeldeten Verbraucher ihren Austritt aus dem Vergleich erklärt haben durften, damit dieser nicht unwirksam wurde, ist im VDuG nicht enthalten. Sowohl die Genehmigung des Vergleichs als auch die Ablehnung der Genehmigung ergeht durch **Beschluss**, S. 2, S. 3.

20   Da Art. 11 II Verbandsklagen-RL explizit vorgibt, dass bei der Abwägung vor der Genehmigung des Vergleichs die Rechte und Interessen aller Parteien, insbesondere die **Interessen der Verbraucher** zu berücksichtigen sind, ist dies im Hinblick auf die Verbraucher in den Wortlaut der Norm aufgenommen worden in S. 2. Auch bereits für § 611 III ZPO aF war man der Auffassung, dass im Rahmen der Prüfung des Vergleichs die formelle und materielle Angemessenheit und in diesem Rahmen die Interessen der repräsentierten Personen zu berücksichtigen seien, um zu verhindern, dass der Vergleich einen Missbrauch zu Lasten der Verbraucher und der am beklagten Unternehmen beteiligten Aktionäre bewirkt (Kähler ZIP 2020, 293 (296)). Zwar sind die am beklagten Unternehmen beteiligten Aktionäre nicht ausdrücklich in § 9 genannt, jedoch benennt Art. 11 II Verbandsklagen-RL explizit die Berücksichtigung der „Rechte und Interessen aller Parteien". Hierbei sind zwar die Aktionäre des beklagten Unternehmens nicht unmittelbar erfasst, jedoch ebenso wie die Verbraucher mittelbar, so dass deren Interessen ebenfalls zu berücksichtigen sind. Zudem nennt ErwGr. 14 Verbandsklagen-RL ausdrücklich ua Kleinanleger als geschützte Personen.

21   Für die **Angemessenheitsprüfung** nach Abs. 2 S. 2 ist daher erforderlich, dass zunächst die Frage von Rechtsverstößen durch den Vergleich beantwortet wird, was Art. 11 II Verbandsklagen-RL explizit vorgibt; gleichfalls vorgegeben durch diese Norm muss geprüft werden, ob der Vergleich Bedingungen enthält, die nicht vollstreckbar sind. Die sodann folgende Angemessenheitsprüfung kann sich jedoch nicht damit begnügen, dass keine Verstöße gegen § 138 BGB und ein Einklang mit Treu und Glauben, § 242 BGB gegeben sind. Vielmehr muss unter Berücksichtigung des Sach- und Streitstandes anhand der ungefähren Chancen und Risiken bei hypothetischer Fortführung des Verfahrens überprüft werden, ob ein Missverhältnis zwischen vergleichsweise vereinbarter Leistung und Gegenleistung besteht (Kähler ZIP 2020, 293 (295)).

22   Relevant für die Angemessenheit sind ebenfalls das Zustandekommen des Vergleichs und eine ausreichende Prüfungsmöglichkeit für beide Prozessparteien, was überraschende Vergleichsvorschläge mit kurzen Ultimaten ausschließt (Kähler ZIP 2020, 293 (296)). Ein schlüssiges Gesamt-

konzept des Vergleichs kann hingegen nicht verlangt werden, da jeder Vergleich durch eine umfassende Verhandlung aller Punkte entsteht und durch gegenseitiges Nachgeben die einzelnen Elemente kreiert werden (ähnlich Kähler ZIP 2020, 293 (299)). Erachtet das Gericht den Vergleich für angemessen, so genehmigt es den Vergleich durch Beschluss.

b) Rechtsmittel. Die Genehmigung des Vergleichs ebenso wie die Ablehnung einer Geneh-　23
migung des Vergleichs ergeht durch Beschluss, S. 2, S. 3. Gegen diesen ist nach allgemeinen Regeln die **Rechtsbeschwerde gem. § 574 ZPO** statthaft. Hier bedarf es einer Zulassung durch das erkennende Gericht gem. § 574 I 1 Nr. 2, III ZPO. Allerdings muss hierfür die Rechtssache gem. § 574 II ZPO entweder grundsätzliche Bedeutung haben, Nr. 1, oder die Fortbildung des Rechts oder die Sicherung einer einheitlichen Rechtsprechung muss eine Entscheidung des Rechtsbeschwerdegerichts erfordern, Nr. 2. Dies wird bei einer Ablehnung einer Genehmigung des Vergleichs typischerweise der Fall sein, da diese Ablehnung zwangsläufig die Bedeutung des Streitgegenstands der Verbandsklage enthält. Bei einer Genehmigung des Vergleichs muss dies nicht zwangsläufig der Fall sein.

Austritt aus dem Vergleich

10 (1) ¹Jeder im Verbandsklageregister angemeldete Verbraucher kann innerhalb einer Frist von einem Monat gegenüber dem Bundesamt für Justiz den Austritt aus dem Vergleich erklären. ²Die Frist beginnt mit der Bekanntgabe des Vergleichs im Verbandsklageregister.

(2) ¹Verbraucher, die ihren Austritt wirksam erklärt haben, werden durch den Vergleich nicht gebunden. ²Der Austritt berührt nicht die Wirksamkeit der Anmeldung im Verbandsklageregister.

Schrifttum: Beckmann/Waßmuth, Musterfeststellungsklage, – Teil 2 –, WM 2019, 89.

I. Systematik

Die Norm regelt die **Austrittsmöglichkeit** aus dem Vergleich, den Austrittsadressaten und　1
die Austrittsfrist und die Konsequenzen eines Austritts für die Bindungswirkung sowie für die Wirksamkeit der Anmeldung des austretenden Verbrauchs für seine Anmeldung im Verbands-klageregister. § 10 setzt damit Art. 11 IV Verbandsklagen-RL um. Zugleich orientiert sich die Norm an § 611 IV ZPO aF, der ebenfalls eine Austrittsmöglichkeit aus der Musterfeststellungs-klage mit Austrittsfrist und –form sowie der fehlenden Konsequenzen für die Wirksamkeit der Anmeldung des Austretenden regelte.

Systematisch hängt die Norm zusammen mit § 9, der als Möglichkeit zur Beendigung des　2
Verbandsklageverfahrens ohne Sachentscheidung den Abschluss eines Vergleichs regelt, zudem die Bindungswirkung des Vergleichs und als Voraussetzung für die Wirksamkeit des Vergleichs die gerichtliche Genehmigung. Die Form des Austritts wird in § 47 III geregelt. Gem. § 44 Nr. 10 muss im Verbandsklagenregister der gerichtlich genehmigte Vergleich sowie die Befugnis der angemeldeten Verbraucher zum Austritt aus dem Vergleich sowie Form, Frist und Wirkung des Austritts bekannt gemacht werden.

II. Norminhalt

1. Abs. 1

a) Frist für Austritt. Die Norm ermöglicht den Austritt aus dem Vergleich für alle angemel-　3
deten Verbraucher und setzt damit **Art. 11 IV Verbandsklagen-RL** um. Die Frist für die Erklärung des Austritts beträgt einen Monat und beginnt mit der Bekanntgabe des gerichtlich genehmigten Vergleichs im Verbandsklageregister, der gem. § 44 Nr. 10 vom Bundesamt für Justiz öffentlich bekannt gemacht werden muss und von jedermann unentgeltlich eingesehen werden kann, § 48 I. Die Frist ist – ebenso wie in § 611 IV 2 ZPO aF – abschließend, eine Wiedereinsetzung in den vorigen Stand gem. § 233 ZPO ist nicht vorgesehen. Da das Verbands-klageregister von allen Verbrauchern jederzeit eingesehen werden kann und der Vergleich dort bekannt gemacht wird, ist der Zeitraum von einem Monat für die Austrittserklärung ausreichend bemessen (Begr. RegE, BT-Drs. 20/6520, 74). Zustellungen des genehmigten Vergleichs an die

angemeldeten Verbraucher, wie noch nach § 611 IV 1, 2 ZPO aF vorgeschrieben, bedarf daher es nicht.

4   **b) Form des Austritts.** Dass eine Befugnis zum Austritt aus einem gerichtlich genehmigten Vergleich möglich ist einschließlich seiner Form, Frist und Wirkung, muss den angemeldeten Verbrauchern gem. § 44 Nr. 10 im Verbandsklageregister ebenfalls bekannt gemacht werden. **Adressat** der Austrittserklärung ist das Bundesamt für Justiz, das das Verbandsklagenregister führt und daher sogleich die Eintragung des Austritts registrieren kann. Eine **Form** nennt die vorliegende Norm nicht, anders als § 611 IV 3 ZPO aF, der eine schriftliche Erklärung gegenüber dem Gericht oder zu Protokoll der Geschäftsstelle vorschrieb.

5   Jedoch ist in § 47 I für die Anmeldung zum Verbandsklageregister ebenso wie für die Rücknahme die **Erklärung in Textform** (§ 126b BGB) vorgeschrieben, sofern sie durch einen Rechtsanwalt erfolgt gem. § 47 II durch das vom Bundesamt für Justiz hierfür **elektronisch bereitgestellte Formular;** sofern dies aus technischen Gründen nicht möglich ist, hat die Übermittlung in Textform zu erfolgen. **Gem. § 47 III** ist diese Vorschrift auch auf den **Austritt aus einem Vergleich entsprechend** anzuwenden. Hierauf bezieht sich ausdrücklich auch die Begründung des Rechtsausschusses, auf dessen Beschlussempfehlung hin die Wendung „**wirksam**" in die Norm aufgenommen wurde (Beschlussempfehlung RA, BT-Drs. 20/7631, 110): Es sollte nicht der Fehlschluss entstehen, dass das Entfallen der Bindung nach Abs. 2 S. 1 lediglich eine fristgerechte, nicht aber auch gem. § 47 III formgerechte Erklärung erfordere. Da das Bundesamt für Justiz auf seinem Online-Portal Online-Formulare hierzu anbietet, ist die formgerechte Abgabe der Erklärung auf einfache Weise auch für nicht rechtsanwaltlich vertretene Verbraucher möglich und entlastet zudem die Registerführung.

2. Wirkung des Austritts (Abs. 2)

6   Die form- und fristgerechte Austrittserklärung führt gem. S. 1 dazu, dass gegenüber diesen Verbrauchern die **Bindungswirkung gem. § 9 I 1 nicht besteht.** Daher steht es diesen Personen auch offen, ihre Ansprüche im Wege einer Individualklage zu verfolgen. Der Austritt führt jedoch gem. S. 2 nicht dazu, dass die Anmeldung im Verbandsklageregister entfällt, was bereits entsprechend für die Musterfeststellungsklage in § 611 IV 4 ZPO aF geregelt war. Da gem. § 44 Nr. 10 im Verbandsklagenregister nicht nur der gerichtlich genehmigte Vergleich, sondern auch die Befugnis der angemeldeten Verbraucher zum Austritt aus dem Vergleich sowie Form, Frist und Wirkung des Austritts bekannt zu machen sind, sind die angemeldeten Verbraucher insoweit über ihre diesbezüglichen Rechte und die Konsequenzen eines Austritts informiert.

Sperrwirkung der Anmeldung; Bindungswirkung

11 (1) **Hat ein Verbraucher vor der Bekanntgabe der Verbandsklage im Verbandsklageregister eine Klage gegen den Unternehmer erhoben, die die Ansprüche oder Rechtsverhältnisse oder Feststellungsziele und den Lebenssachverhalt der Verbandsklage betrifft, und meldet er seinen Anspruch oder sein Rechtsverhältnis zum Verbandsklageregister an, so setzt das Gericht das Verfahren bis zur rechtskräftigen Entscheidung über die Verbandsklage oder bis zur sonstigen Erledigung der Verbandsklage oder bis zur wirksamen Rücknahme der Anmeldung zum Verbandsklageregister aus.**

(2) **Während der Rechtshängigkeit der Verbandsklage kann ein angemeldeter Verbraucher gegen den Unternehmer keine Klage erheben, deren Streitgegenstand denselben Lebenssachverhalt und dieselben Ansprüche oder dieselben Feststellungsziele betrifft.**

(3) ¹**Rechtskräftige Urteile über Verbandsklagen binden ein zur Entscheidung eines Rechtsstreits zwischen einem angemeldeten Verbraucher und dem verklagten Unternehmer berufenes Gericht, soweit dessen Entscheidung den Lebenssachverhalt der Verbandsklage und einen mit der Abhilfeklage geltend gemachten Anspruch oder ein mit der Musterfeststellungsklage geltend gemachtes Feststellungsziel betrifft.** ²**Satz 1 gilt nicht für Abhilfeendurteile nach § 18.**

Übersicht

Schrifttum: Gascón Inchausti, A new European way to collective redress? Representative actions under Directive 2020/1828 of 25 November, GPR 2021, 61; Koch, Die Musterfeststellungsklage, Überblick über die und Bewertung der neuen Regelungen, MDR 2018, 1409; Mekat/Nordholtz, Die Flucht in die Musterfeststellungsklage, Prozesstaktische Überlegungen zu Individualklagen bei Musterfeststellungsverfahren, NJW 2019, 411; **Fehler! Verweisquelle konnte nicht gefunden werden.;** Müller, Zivilprozessuale Musterfeststellungsklage: Sperrwirkung nach § 610 II ZPO und Forderungszession, GWR 2019, 399; Lühmann, Kurzkommentar zu BGH, Urteil vom 20.4.2022, Az. VII ZR 99/21, EWiR 2022, 765.

I. Systematik und unionsrechtlicher Hintergrund

Die Norm betrifft die **Sperrwirkung** der Anmeldung für **Individualklagen** durch eine **1** Verbandsklage und die **Bindungswirkung** von rechtskräftigen Verbandsklageurteilen, und zwar sowohl klageabweisende Abhilfeurteile, § 16 I 3, Abhilfegrundurteile gem. § 16 I 1, Endurteile gem. § 16 I 2 als auch Musterfeststellungsklagenurteile gem. § 41 I, nicht aber Abhilfeendurteile gem. § 18. Im Rahmen des aus Abhilfegrund- und Abhilfeendurteils kombinierten Urteils gem. § 16 IV entfaltet daher nur der Teil, der dem Abhilfeendurteil zuzurechnen ist, keine Bindungswirkung. Zugleich regelt § 11 I die Aussetzung einer Individualklage, die vor Bekanntgabe der Verbandsklage rechtshängig war. Die Sperrwirkung für Individualklagen nach § 11 II und die **Aussetzungspflicht** für das mit der Individualklage befasste Gericht gem. § 11 I wird **ergänzt** durch die Sperrwirkung für **Verbandsklagen** gem. § 8, so dass ein Schutz für den verklagten Unternehmer dergestalt besteht, dass er weder kollektiv noch individuell zeitgleich zusätzlich zur Verbandsklage wegen des gleichen Sachverhalts einen Rechtsstreit führen muss. Er selbst kann außerdem gem. § 148 II ZPO nF die Aussetzung einer Individualklage beantragen, in der er Kläger ist und in der die Feststellungsziele und Rechtsfragen der Verbandsklage präjudiziell sind. Abs. 1 und Abs. 2 der Norm regeln – obwohl von etwas unterschiedlichem Wortlaut – beide die Identität der Verfahren (ebenso Bruns Stellungnahme in der Anhörung des Rechtsausschusses, S. 26).

Der unionsrechtliche Hintergrund besteht in **Art. 9 IV 1 Verbandsklagen-RL,** der be- **2** stimmt: „Die Mitgliedstaaten legen Vorschriften fest, um sicherzustellen, dass Verbraucher, die ausdrücklich oder stillschweigend ihren Willen geäußert haben, sich in einer Verbandsklage repräsentieren zu lassen, sich weder in anderen Verbandsklagen dieser Art aus demselben Klagegrund und gegen denselben Unternehmer repräsentieren lassen können, noch die Möglichkeit haben, eine Einzelklage aus demselben Klagegrund und gegen denselben Unternehmer zu erheben." Hier wird die **Sperrwirkung** festgelegt, die der deutsche Gesetzgeber für eine Einzelklage in § 11 II geregelt hat.

Zudem bestimmt **Art. 9 IV 2 Verbandsklagen-RL:** „Die Mitgliedstaaten legen ferner Vor- **3** schriften fest, um sicherzustellen, dass Verbraucher nicht mehr als einmal eine Entschädigung aus demselben Klagegrund gegen denselben Unternehmer erhalten." Hier wird nicht nur das schadensrechtliche Bereicherungsverbot in Bezug genommen, sondern für seine Sicherstellung eine prozessuale **Bindungswirkung** an die Entscheidung über die Verbandsklage bei einem Individualrechtsstreit zwischen einem repräsentierten Verbraucher und dem verklagten Unternehmer bestimmt, was in § 11 III vom deutschen Gesetzgeber umgesetzt wurde.

II. Norminhalt

1. Abs. 1

4   **a) Aussetzungspflicht.** Diese Regelung entspricht § 613 II ZPO aF, der die **Aussetzungspflicht** für die Musterfeststellungsklage regelte. Voraussetzung für die Aussetzungspflicht ist die Klageerhebung der **Individualklage** vor Bekanntgabe der Verbandsklage im Klageregister. Hierzu muss die Individualklage spätestens am Tag vor Bekanntgabe der Verbandsklage an den Unternehmer zugestellt worden sein (§ 253 I ZPO, § 261 I ZPO). Anschließend muss der Verbraucher seinen Anspruch oder sein Rechtsverhältnis zum Verbandsklageregister angemeldet haben. Die **Anmeldung** der Verbraucher muss **gem. § 46 wirksam** sein; dies ist bei der Anmeldung der Ansprüche keineswegs selbstverständlich, da im VW-Musterfeststellungsverfahren unter den ca. 463.000 Anmeldungen sich nach ersten Stichproben auch Personen, die gar keinen VW fahren (sondern einen Mercedes), weiter Personen mit einem VW mit Ottomotor, ferner Personen mit Comicfigur-Namen befanden (Prütting ZIP 2020, 197 (199)).

5   **b) Identität.** Die Individualklage des Verbrauchers und die Verbandsklage müssen denselben Lebenssachverhalt betreffen und dieselben Ansprüche oder Rechtsverhältnisse oder Feststellungsziele geltend machen. Identische Streitgegenstände im technischen Sinn können zwar bereits deshalb nicht vorliegen, weil **keine Parteiidentität** besteht, wohl aber kann der Streitgegenstand der Verbandsklage **präjudiziell** für den Streitgegenstand der Individualklage sein; auch können die Streitgegenstände im wirtschaftlichen Sinn gleich sein. Klagt beispielsweise der Verbraucher mit seiner Individualklage eine Nachlieferung eines fehlerhaften Produkts ein und betrifft die Verbandsklage ebenfalls den Anspruch auf Nachlieferung dieses fehlerhaften Produkts, liegen gleiche Ansprüche und der gleiche Lebenssachverhalt iSd Abs. 1 vor.

6   Selbst wenn hingegen der Verbraucher mit seiner Individualklage Nachbesserung oder Minderung verlangt hat, nun aber sich zu der Verbandsklage auf Nachlieferung angemeldet hat, sind zwar nicht die gleichen Ansprüche betroffen, wohl aber das **gleiche Rechtsverhältnis** mit sich **gegenseitig ausschließenden Ansprüchen,** so dass ebenfalls eine Aussetzungspflicht besteht (→ Rn. 10). Diese Aussetzungspflicht kann der angemeldete Verbraucher nur dadurch vermeiden, dass er seine Anmeldung zum Verbandsklageregister wirksam gem. § 46 IV zurücknimmt. Das zur Aussetzung verpflichtete Gericht iSd Abs. 1 kann nicht der BGH sein, da ein Revisionsverfahren nicht ausgesetzt werden kann, um die Entscheidung eines niederrangigen Gerichts, hier des OLG abzuwarten (BGH EWiR 2022, 765 – keine Aussetzung von Individualverfahren beim BGH im Hinblick auf anhängiges Musterfeststellungsverfahren).

7   **c) Aussetzung von Amts wegen.** Die Aussetzung geschieht **von Amts wegen** durch das Gericht. Die Aussetzung erstreckt sich bis zur rechtskräftigen Entscheidung über die Verbandsklage, nach der dann für die Individualklage Bindungswirkung nach Abs. 3 entsteht. Erledigt sich die Verbandsklage durch wirksamen Vergleich, entsteht ebenfalls Bindungswirkung durch den Vergleich gem. § 9 I. Lediglich bei Erledigung der Verbandsklage durch Klagerücknahme, § 269 ZPO oder beidseitige Erledigterklärung, § 91a ZPO entsteht keine Bindungswirkung, sondern der Prozess hinsichtlich der Individualklage nimmt seinen Fortgang. Gem. § 148 II ZPO nF hat der Unternehmer die Möglichkeit, eine Aussetzung seiner Individualklage zu beantragen, wenn die Verbandsklage präjudiziell ist und er insoweit Kläger ist, vorausgesetzt als Beklagter ist kein angemeldeter Verbraucher beteiligt, da ansonsten ohnehin von Amts wegen durch das Gericht ausgesetzt werden muss. Die Rechtsfolgen der Aussetzung bestimmen sich gem. § 249 ZPO.

8   **d) Abtretung.** Bei **Abtretung** der angemeldeten Forderung gilt Entsprechendes, da nicht auf den Rechtsinhaber, sondern auf das streitbefangene Recht abzustellen ist. Zwar spricht der Wortlaut der Norm nur vom angemeldeten Verbraucher. Jedoch ist anhand der Normen der §§ 265, 325, 261 III Nr. 1 ZPO ersichtlich, dass das Zivilprozessrecht nicht auf den Rechtsinhaber als solchen, sondern auf das streitbefangene Recht abstellt. Es ist daher auch bei einem abgetretenen Anspruch die Individualklage auszusetzen (ebenso Müller GWR 2019, 399 (400); → Rn. 11).

2. Abs. 2

9   **a) Sperrwirkung: Pendant zu § 261 III Nr. 1 ZPO.** Die hier angeordnete **Sperrwirkung** führt zu einer Klageabweisung der Individualklage des angemeldeten Verbrauchers durch Prozessurteil. Sie enthält einen Vorläufer in § 610 III ZPO aF hinsichtlich der Sperrwirkung der Musterfeststellungsklage gegenüber einer Individualklage angemeldeter Verbraucher. Der Rechtsgedanke des § 11 II entspricht prinzipiell dem Schutz, der durch die Rechtshängigkeitssperre des § 261 III Nr. 1 ZPO bewirkt wird; diese ist hier jedoch mangels Parteiidentität nicht anwendbar. Auch hier muss die Anmeldung wirksam sein gem. § 46, um die Sperrwirkung auszulösen.

Die Sperrwirkung besteht auch, wenn zwar die Lebenssachverhalte gleich sind, die Ansprüche 10 jedoch nicht gleich sind, wohl aber eine **Präjudizialität** dergestalt besteht, dass das gleiche Rechtsverhältnis betroffen ist und die mit der Individualklage und der Verbandsklage geltend gemachten Ansprüche sich gegenseitig ausschließen (ähnlich Müller GWR 2019, 399). Beispielsweise würde dies gegeben sein, wenn mit der Verbandsklage Nachbesserung verlangt wird, mit der Individualklage Nachlieferung hinsichtlich desselben fehlerhaften Produkts. Will der repräsentierte Verbraucher dieses Ergebnis vermeiden, liegt es an ihm, rechtzeitig vor Erhebung seiner Individualklage seine Anmeldung zum Verbandklageregister gem. § 46 IV wirksam zurücknehmen. Ist dies nicht mehr möglich, da die in § 46 IV bestimmte Frist bereits verstrichen ist, muss er die Abweisung seiner Individualklage hinnehmen.

b) Abtretung. Wurde die angemeldete Forderung **abgetreten,** so gelten diese Regelungen 11 ebenfalls, da nicht auf den konkreten Kläger, nämlich den angemeldeten Verbraucher, sondern auf den Streitgegenstand abgestellt werden muss (ebenso Müller GWR 2019, 399 (400)). Zwar spricht der Wortlaut der Norm nur vom angemeldeten Verbraucher. Die in Abs. 2 angeordnete Sperrwirkung entspricht aber der Rechtshängigkeitssperre des § 261 III Nr. 1 ZPO und erstreckt sich daher auch auf den Rechtsnachfolger, dem der streitbegangene Anspruch abgetreten worden ist (ebenso Müller GWR 2019, 399 (400)), da das Zivilprozessrecht ausweislich §§ 265, 325, 261 III Nr. 1 ZPO nicht auf den Rechtsinhaber als solchen, sondern auf das streitbefangene Recht abstellt (ebenso Müller GWR 2019, 399 (400)).

3. Abs. 3

a) Bindungswirkung. Die Regelung entspricht § 613 I ZPO aF, der die **Bindungswirkung** 12 für die Musterfeststellungklage regelte. Bindungswirkung kommt Musterfeststellungsurteilen gem. § 41 I, klageabweisenden Abhilfeurteilen gem. § 16 I 3, Abhilfegrundurteilen gem. § 16 I 1 und Endurteilen gem. § 16 I 2 zu. Abhilfeendurteile gem. § 18 werden hingegen in S. 2 ausdrücklich von der Bindungswirkung ausgenommen. Im Rahmen des aus Abhilfegrund- und Abhilfeendurteils kombinierten Urteils gem. § 16 IV entfaltet daher nur der Teil, der dem Abhilfeendurteil zuzurechnen ist, keine Bindungswirkung. Die Bindungswirkung bewirkt zwar keine materielle Rechtskraft gem. § 322 I ZPO, § 325 I ZPO gegenüber dem repräsentierten Verbraucher, da keine Parteiidentität zwischen ihm und den die Verbandsklage führenden Parteien besteht und er auch kein Rechtsnachfolger ist. Jedoch bewirkt die rechtskräftige Sachentscheidung der Verbandsklage, dass die Gerichte, die anschließend mit einer Individualklage des repräsentierten Verbrauchers befasst sind, an die in Rechtskraft erwachsene Entscheidung des Verbandsklageurteils gebunden sind. Der sachliche Umfang der Bindung bestimmt sich nach § 322 I ZPO. Auch hier muss die Anmeldung gem. § 46 wirksam sein, um die Bindungswirkung auszulösen.

Dies bedeutet für **klageabweisende Abhilfeurteile** und **klagabweisende Musterfeststel-** 13 **lungsurteile,** dass eine Bindung des Gerichts an die rechtskräftige Feststellung des Nichtbestehens des Anspruchs bzw. des Feststellungsziels besteht, wenn der Verbraucher eine gleichgerichtete Individualklage erhebt. Da keine Rechtskrafterstreckung wegen § 325 ZPO vorliegen kann, kann auch keine Klageabweisung durch Prozessurteil erfolgen, sondern die gleichgerichtete Individualklage ist aufgrund der rechtskräftigen Feststellung des Nichtbestehens des geltend gemachten Anspruchs ohne weitere Prüfung des mit der Individualklage befassten Gerichts wegen Präjudizialität durch Sachurteil abzuweisen. Eine Abweisung der Abhilfeklage oder der Musterfeststellungsklage als unzulässig bewirkt mangels Sachentscheidung keine Bindung in der Sache, so dass für eine Individualklage des Verbrauchers keine rechtskräftige Entscheidung und damit keine Bindung besteht.

Für **Abhilfegrundurteile** gem. § 16 I 1 bedeutet die Bindungswirkung, dass der Verbrau- 14 cher, der im Umsetzungsverfahren die im Abhilfegrundurteil zugesprochene Erfüllung nicht erhalten hat, weil beispielsweise der Sachwalter die Erfüllung des geltend gemachten Anspruchs aufgrund fehlender Berechtigungsnachweise abgelehnt hat und der Verbraucher das Widerspruchsverfahren erfolglos durchlaufen hat, er nun im Wege der Individualklage nach § 39 mit dem zuerkennende Abhilfegrundurteil nur noch seine Berechtigung nachweisen muss (Begr. RegE, BT-Drs. 20/6510, 75), da durch Haftung des Unternehmers dem Grunde nach feststeht; allerdings ist er insoweit präkludiert, als es sich um Tatsachen handelt, die er bereits im Widerspruchsverfahren hätte geltend machen müssen. Hingegen darf das Gericht nicht mehr die bereits rechtskräftig geklärte Haftung des Unternehmers dem Grunde nach prüfen, ebenso wenig die Frage, welches die Berechtigungsvoraussetzungen und welches die zu erbringenden Nachweise sind (Begr. RegE, BT-Drs. 20/6510, 75), sondern hat diese ungeprüft zugrunde zu legen. Für Abhilfegrundurteile, die mit dem Abhilfeendurteil gem. § 16 IV kombiniert sind, gilt Entsprechendes.

15   Für **Endurteile** gem. § 16 I 2 bei namentlicher Nennung der Verbraucher sind diese an den Urteilstenor gebunden; da jedoch bereits mit diesem Endurteil ein vollstreckbarer Titel vorliegt, den der klagende Verbraucherband als Titelgläubiger zugunsten der namentlich benannten Verbraucher vollstreckt, besteht für eine Individualklage der namentlich benannten Verbraucher kein Rechtsschutzbedürfnis mehr, so dass diese als unzulässig abzuweisen ist. Die Bindungswirkung für Endurteile gem. § 16 I 2 besteht für alle Endurteile mit jeder Verurteilung, gleichgültig, zu welcher Leistung das Endurteil verurteilt. Zwar wird in § 16 I 2 lediglich die Zahlung genannt, so dass sich die Frage stellt, was mit dem Antrag auf eine andere Leistung als Zahlung bei namentlich benannten Verbrauchern zu geschehen hat.

16   Jedoch hat der **Gesetzgeber** wohl diesen Fall bei der Regelung des § 16 I 2 **übersehen**. Auch in den Gesetzesmaterialien findet diese Fallkonstellation keine Erwähnung. Da Grundkonstellation und damit die Interessenlage insoweit gleich ist, können auch Endurteile ergehen, die bei namentlich benannten Verbrauchern zu einer anderen Leistung als Zahlung verurteilen; diese entfalten dann dieselben Bindungswirkung wie Endurteile bei namentlich benannten Verbrauchern, die auf Zahlung lauten.

17   Bei der **klagestattgebenden Musterfeststellungsklage** besteht die Bindung an die rechtskräftig festgestellten Feststellungsziele, etwa die Haftung des Unternehmers, die ebenfalls vom mit der Individualklage befassten Gericht ungeprüft seiner Entscheidung zugrunde zu legen sind.

18   **b) Abtretung.** Ist das streitige Recht **nach Anmeldung abgetreten** worden, greift die Bindungswirkung des Abs. 3 auch gegenüber dem Zessionar entsprechend § 325 I ZPO; Individualklagen des Zessionars sind gem. Abs. 2 als unzulässig abzuweisen bzw. gem. Abs. 1 auszusetzen (ebenso Müller GWR 2019, 399; Röß NJW 2020, 953 (957); → Rn. 11). Zwar spricht der Wortlaut der Norm nur vom angemeldeten Verbraucher, jedoch stellt das Zivilprozessrecht ausweislich §§ 265, 325, 261 III Nr. 1 ZPO nicht auf den Rechtsinhaber als solchen, sondern auf das streitbefangene Recht ab (ebenso Müller GWR 2019, 399 (400)), so dass es hier auch lediglich auf das streitbefangene Recht ankommt.

Informationspflichten

12 (1) ¹Die klageberechtigte Stelle ist verpflichtet, auf ihrer Internetseite zu informieren über:

1. Verbandsklagen, die sie erheben will,
2. Verbandsklagen, die sie bereits erhoben hat, und
3. den Verfahrensstand der Verbandsklagen.

²Auf der Internetseite ist ferner darüber zu informieren, dass Verbraucher nur dann von den Wirkungen einer Verbandsklage erfasst werden, wenn sie Ansprüche oder Rechtsverhältnisse, die Gegenstand der Verbandsklage sind, zur Eintragung in das Verbandsklageregister anmelden.

(2) Wird ein Verfahren über eine Verbandsklage durch unanfechtbaren Beschluss, unanfechtbares Urteil oder durch einen Vergleich nach § 9 beendet, so ist der Beschluss, das Urteil oder der Vergleich in veröffentlichungsfähiger anonymisierter Form ab dem Zeitpunkt der Beendigung des Verfahrens mindestens sechs Monate auf der Internetseite der klageberechtigten Stelle zu veröffentlichen.

(3) Die Kosten der Veröffentlichungen auf der Internetseite nach den Absätzen 1 und 2 sind Kosten des Rechtsstreits.

Schrifttum: Augenhofer, Die Reform des Verbraucherrechts durch den „New Deal" – ein Schritt zu einer effektiven Rechtsdurchsetzung?, EuZW 2019, 5; Lühmann, Der Vorschlag einer europäischen Verbandsklage, Ein weiteres Instrument des kollektiven Rechtsschutzes, NJW 2019, 570; Röthemeyer, Die neue Verbandsklagen-Richtlinie, VuR 2021, 43.

I. Systematik und unionsrechtlicher Hintergrund

Die Norm, die **Informationspflichten** über die geplanten und laufenden Verbandsklagen für **1** den Verband anordnet, setzt **Art. 13 Verbandsklagen-RL** um. Systematisch steht sie im **Zusammenhang** mit den **sonstigen Normen,** die Informationspflichten anordnen, allerdings nicht für den einzelnen Verband, sondern für das Bundesamt für Justiz, das das Verbandsklageregister gem. § 43 führt. In diesem sind die von § 44 genannten Informationen zu einer rechtshängigen Verbandsklage zu veröffentlichen; zudem ist gem. § 43 II 2 die Pflicht zur öffentlichen Bekanntmachung von Terminen statuiert. Diese Informationspflichten dienen allgemein dazu, die Verbraucher über rechtshängige Verbandsklagen und die Termine zu informieren; die Informationspflichten des § 12 dienen insbesondere dazu, die Verbraucher bereits in Vorfeld von Verbandsklagen über die hierfür geplanten Aktivitäten des Verbandes zu informieren und bei laufender Klage über den Inhalt und den Verfahrensstand.

Ebenfalls muss den Verbrauchern verdeutlicht werden, dass die Wirkung einer Verbandsklage **2** ihnen nur dann zugutekommen kann, wenn sie **insoweit angemeldet** sind und wo und wie ihre Anmeldung zu erfolgen hat. Für ein rechtskräftiges Urteil, einen rechtskräftigen Beschluss oder einen Vergleich, die eine Verbandsklage beenden, gilt ebenfalls die Informationspflicht für den klagenden Verband. Die **Kostentragung** für die Veröffentlichung richtet sich durch die Verweisung in Abs. 3 nach § 91 I 1 ZPO.

II. Norminhalt

1. Informationspflicht über Verbandsklagen (Abs. 1)

Die Regelung dient der Umsetzung von Art. 13 I, II Verbandsklagen-RL. Art. 13 I lit. a **3** Verbandsklagen-RL statuiert, dass der Verband bereits informieren muss über Verbandsklagen, der er erheben will. Sinn und Zweck dieser **frühen Informationspflicht** ist es, den Verbrauchern die Möglichkeit zu geben, eine Entscheidung zu treffen, ob sie hierzu Ansprüche oder Rechtsverhältnisse zum Verbandsklageregister anmelden wollen. Die Beschreibung des Sachverhalts durch den Verbraucherverband auf seiner Internetseite und das von ihm angestrebte Klageziel verschaffen den Verbrauchern zu Möglichkeit hierzu. Explizit nennt ErwGr. 58 Verbandsklagen-RL als Ziel der Informationspflicht: „damit die Verbraucher eine fundierte Entscheidung darüber treffen können, ob sie sich an einer Verbandsklage beteiligen möchten, und rechtzeitig die notwendigen Schritte einleiten können". Entsprechendes gilt für eine bereits erhobene Verbandsklage (ErwGr. 59 Verbandsklagen-RL).

Auf der Internetseite des Verbandes ist den Verbrauchern zudem die Information zu geben, **4** dass die **Wirkungen einer Verbandsklage** sie nur dann betreffen, wenn sie ihre Ansprüche oder ihre Rechtsverhältnisse, die Gegenstand dieser Verbandsklage sind, zur Eintragung in das Verbandsklagenregister anmelden. Die von den Verbrauchern zu ergreifenden notwendigen Schritte einschließlich der Sicherung von Beweismitteln, müssen von der Information umfasst werden, damit die Verbraucher für sich Nutzen aus der jeweiligen Entscheidung ziehen können (ErwGr. 58 Verbandsklagen-RL).

2. Informationspflicht über Beendigung (Abs. 2)

Die Informationspflicht durch den klagenden Verband umfasst auch **rechtskräftige Ent-** **5** **scheidungen oder Vergleiche** (ErwGr. 60 Verbandsklagen-RL). Diese Norm hat ihren Vorläufer in § 612 ZPO aF für Musterfeststellungsklagen, der jedoch nur das Musterfeststellungsurteil und die Einlegung eines Rechtsmittels hiergegen umfasste, sowie den Eintritt der Rechtskraft, was jeweils im Klageregister öffentlich bekannt zu machen war. Der Zweck dieser Informationspflicht ist es nach ErwGr. 60 Verbandsklagen-RL, die Verbraucher „über ihre Rechte nach Feststellung eines Verstoßes und über alle weiteren Schritte, die von den von der Verbandsklage betroffenen Verbrauchern insbesondere im Hinblick auf die Inanspruchnahme von Abhilfe zu veranlassen sind, informiert werden".

Verfahrensbeendigung kann eintreten durch ein Musterfeststellungsurteil, ein klageab- **6** weisendes Abhilfegrundurteil oder ein klagestattgebendes Abhilfeendurteil sowie ein Endurteil bei namentlicher Benennung der Verbraucher, gegen die jeweils die Revisionsfrist fruchtlos verstrichen ist oder insoweit das Revisionsurteil vorliegt. Gleichfalls kann ein Vergleich gem. § 9 das Verfahren beenden. Ein unanfechtbarer Beschluss liegt bei einer Verfahrensbeendigung mittels beidseitiger Erledigterklärung im Fall des § 91a I, II 1, 2 ZPO und durch Klagerücknahme im Fall des § 269 V ZPO vor oder wenn die Beschwerdefrist fruchtlos verstrichen ist.

3. Kosten der Veröffentlichung (Abs. 3)

7   Die Norm zur **Kostentragung** der in Abs. 1 und Abs. 2 angeordneten Veröffentlichungspflichten des Verbandes dient der Umsetzung von Art. 13 V Verbandsklagen-RL. Vorliegend bezieht sich § 12 III auf die Kostentragungspflicht nach § 91 I 1 ZPO, der die Kosten des Rechtsstreits der unterlegenen Partei aufbürdet. § 12 III hat hierbei die Funktion, dass die Kosten der Veröffentlichung auf der Internetseite des Verbandes, soweit sie die Pflichten nach Abs. 1 und 2 der Norm erfüllen, diese Kosten als Kosten des Rechtsstreits ansehen. Dies bedeutet, dass die Kostentragungspflicht den Unternehmer nur dann trifft, wenn der Verband das Verfahren gewinnt; bei Unterliegen des Verbandes trägt somit der Verband die Veröffentlichungskosten.

Anwendung der Zivilprozessordnung

13   (1) ¹Auf Verbandsklageverfahren sind die Vorschriften der Zivilprozessordnung anzuwenden, soweit sich aus diesem Gesetz nicht etwas anderes ergibt. ²Auf das Verfahren vor den Oberlandesgerichten sind dabei die im ersten Rechtszug für das Verfahren vor den Landgerichten geltenden Vorschriften entsprechend anzuwenden.

(2) **Die §§ 66 bis 74 der Zivilprozessordnung sind nicht anzuwenden im Verhältnis zwischen den Parteien der Verbandsklage und denjenigen Verbrauchern, die**

1. einen Anspruch oder ein Rechtsverhältnis zum Verbandsklageregister angemeldet haben oder

2. behaupten, entweder einen Anspruch gegen den verklagten Unternehmer zu haben oder von ihm in Anspruch genommen zu werden oder zu ihm in einem Rechtsverhältnis zu stehen.

(3) **§ 128 Absatz 2 sowie die §§ 306 und 307 Satz 2 der Zivilprozessordnung sind nicht anzuwenden.**

(4) **Ein Urteil oder Abhilfegrundurteil ergeht nicht vor Ablauf von sechs Wochen nach dem Schluss der mündlichen Verhandlung.**

Übersicht

Schrifttum: Gurkmann/Jahn, Außergerichtlicher Vergleich im Rahmen einer Musterfeststellungsklage, VuR 2020, 243; Gurkmann/Jahn, Außergerichtlicher Vergleich im Rahmen einer Musterfeststellungsklage, Am Beispiel des Vergleichs zwischen VW und dem vzbv, VuR 2020, 243; Lühmann, Anforderungen und Herausforderungen der RL (EU) 2020/1828 über Verbandsklagen zum Schutz der Kollektivinteressen von Verbrauchern, ZIP 2021, 824; Röß, Die Klagänderung im Musterfeststellungsverfahren, NJOZ 2021, 1569; Scholl, Die Musterfeststellungsklage nach §§ 606 ff. ZPO. Eine Kritische Würdigung mit Bezügen zum französischen, niederländischen und US-amerikanischen Recht, ZfPW 2019, 317; Windau, Spannungen im „Dreiecksverhältnis" der Musterfeststellungsklage, jM 2019, 404.

I. Abs. 1

1. Anwendbare Vorschriften

Da die **ZPO anwendbar** ist, soweit sich nicht aus dem VDuG etwas anderes ergibt, sind die **1** **Rechtsinstitute** der ZPO im Hinblick auf ihre Anwendbarkeit für die Verbandsklagen zu überprüfen. Nach Abs. 1 S. 1 sind auf das Verfahren vor den Oberlandesgerichten die im ersten Rechtszug für das **Verfahren vor den Landgerichten geltenden Vorschriften** entsprechend anwendbar, mithin die §§ 253 ff. ZPO einschließlich der Vorschriften des Allgemeinen Teils der ZPO. Diese Ergänzung des Abs. 1 durch S. 2 geht auf den Änderungswunsch des Bundesrats zurück, den die Bundesregierung in ihrer Stellungnahme akzeptierte; durch die Beschlussempfehlung RA wurde dieser Text schließlich in die Norm aufgenommen, so dass ein Satz 2 in Abs. 1 eingefügt worden ist, der die Geltung der Vorschriften für das Verfahren vor den Landgerichten im ersten Rechtszug regelt. Da gem. § 3 I die Oberlandesgerichte ausschließlich zuständig sind, hat das mit der Verbandsklage befasste OLG die im ersten Rechtszug die für das Verfahren vor den Landgerichten geltenden Vorschriften entsprechend anzuwenden.

2. Parteien

Parteien sind lediglich der klagende **Verbraucherverband** und der beklagte **Unternehmer** **2** (Art. 7 VI 1 Verbandsklagen-RL, Begr. RegE, BT-Drs. 20/6520, 70 zu § 2). Ein **Verbraucher kann nicht Partei** des Verbandsklageverfahrens sein. Selbst wenn Verbraucher namentlich in der Abhilfeklage benannt werden, werden sie nicht Parteien der Abhilfeklage und auch nicht des (möglicherweise) nachfolgenden Vollstreckungsverfahrens (Begr. RegE, BT-Drs. 20/6520, 70 zu § 2). Gleichgültig, ob repräsentiert oder auch nichtrepräsentiert, kann ein Verbraucher daher **Zeuge** sein (§§ 373 ff. ZPO).

3. Prozessführungsbefugnis

Der Verband hat **Prozessführungsbefugnis** aufgrund eines **eigenen materiellen Rechts;** **3** dies war bereits zu den Unterlassungsklagen stRspr (BGH NJW-RR 1990, 886 (887); WRP 2012, 467; 2004, 490 mwN). Die zu den Unterlassungsklagen der Verbände angenommene „Theorie der Doppelnatur" (→ UWG § 3 Rn. 3; BeckOK ZPO/Lutz ZPO § 606 Rn. 26 mwN), die davon ausgeht, dass der Verband nicht nur die Anspruchsberechtigung, also die Aktivlegitimation besitzt, sondern auch die Prozessführungsbefugnis hat (BGH WRP 2012, 467 Rn. 10), weil er ein eigenes materielles Recht im eigenen Namen geltend macht, muss auch hier gelten. Nach allgemeinen zivilprozessualen Regeln besitzt derjenige Prozessführungsbefugnis, der ein eigenes Recht im eigenen Namen geltend macht; dies ist hier der Verband. Dass es sich bei dem **Abhilfeanspruch** und den **Feststellungszielen** nur um ein eigenes materielles Recht des Verbandes und nicht um ein Recht der repräsentierten Verbraucher handeln kann, ergibt sich bereits daraus, dass die **Verbraucher** bei Klageerhebung **noch nicht einmal konkret feststehen** müssen: Es genügt gem. § 4 I die bloße nachvollziehbare Darlegung, dass mindestens 50 Verbraucher betroffen sein können. Eine Eintragung ist – anders als noch für § 606 III Nr. 3 ZPO aF – nicht erforderlich, erst recht nicht eine namentliche Nennung konkreter Verbraucher in der Klageschrift.

Nach der **Konzeption des VDuG** ist daher die Geltendmachung des Abhilfeanspruchs **4** ebenso wie der Feststellungsziele unabhängig von der Eintragung auch nur eines einzigen konkreten Verbrauchers, erst recht von einer namentlichen Individualisierung des betroffenen Verbrauchers. Für die Geltendmachung eines **fremden Rechts** müsste jedoch ein **konkreter Rechtsträger** identifiziert werden, ansonsten könnte weder das konkrete Recht, noch die Einwilligung des Rechtsträgers noch das rechtliche Interesse des Klägers an der Geltendmachung des fremden Rechts überprüft werden (ebenso Bruns Rechtsgutachten S. 27). Selbst bei der gesetzlichen Prozessstandschaft muss der konkrete Rechtsträger feststehen, da das konkrete Recht vom Gericht geprüft werden muss. Es kann sich daher sowohl beim Abhilfeanspruch als auch beim Feststellungsziel nicht um konkrete fremde Rechte handeln, da theoretisch sogar nach der Konzeption des VDuG eine Abhilfe- und eine Musterfeststellungsklage ohne die Eintragung auch nur eines einzigen Verbrauchers im Verbandsklageregister möglich wäre. Daher liegt jeweils die Geltendmachung eines **kollektiven Rechts** des Verbandes vor (ähnlich Bruns Rechtsgutachten S. 39 ff.; aA Gsell/Meller-Hannich Rechtsgutachten S. 41, 24 ff., 51: „verhaltene Prozessstandschaft"; wohl auch Lühmann ZIP 2021, 824 (828 f.)).

5   Eine **„Prozessstandschaft im Kollektivinteresse"** (Musielak/Voit/Stadler ZPO § 606 Rn. 4 mwN), wie zu der Musterfeststellungsklage gem. §§ 606 ff. ZPO aF vertreten, ist **nach prozessualer Dogmatik nicht möglich.** Zwar streitet der Verband für fremde Interessen, nämlich die der Verbraucher, jedoch mittels eigenem Verbandsklagerecht. Selbst nach der Konzeption der Verbandsklagen-RL, die die nähere Verfahrensausgestaltung den jeweiligen nationalen Prozessrechten überlässt, müssen keine konkreten Verbraucher feststehen, vielmehr reicht auch hier gem. Art. 9 V Verbandsklagen-RL die Festlegung einer abstrakt umschriebenen Verbrauchergruppe aus.

6   Die Bejahung eines eigenen materiellen Rechts des Verbandes mit der Konsequenz der Geltendmachung eines eigenen Rechts im eigenen Namen steht daher im Einklang mit der Verbandsklagen-RL (ebenso Bruns Rechtsgutachten S. 39 ff.; aA Gsell/Meller-Hannich Rechtsgutachten S. 24 ff.). Selbst wenn die repräsentierten Verbraucher sämtlich in das Verbandsklageregister bereits bei Rechtshängigkeit eingetragen wären, kann die Ausurteilung eines **kollektiven Gesamtbetrages** zur Einzahlung in den **Umsetzungsfonds,** der im Umsetzungsverfahren aufgrund eines Nachweises der Verbraucher hinsichtlich ihrer Berechtigung zu verteilen ist, **kein Recht der Verbraucher** sein, sondern nur ein Recht des Verbandes, da nicht die Verbraucher, sondern nur der Verband einen Anspruch auf einen kollektiven Gesamtbetrag zur Einzahlung in den Umsetzungsfonds haben kann. Ebenso können bei der Geltendmachung von Feststellungszielen nicht die Verbraucher diese Feststellung gem. § 256 ZPO verlangen, sondern nur der Verband – die Verbraucher müssten auf Leistung klagen.

7   Lediglich dann, wenn die Verbraucher bereits in der Klageschrift namentlich benannt sind, wären die konkreten Rechtsinhaber und die konkreten Rechte identifizierbar und die genannten Argumente in diesem Fall nicht relevant; da jedoch eine einheitliche Beurteilung für die Verbandsklage nötig ist, muss eine Orientierung an dem Fall vorgenommen werden, dass die Verbraucher lediglich anhand abstrakter Merkmale kollektiv beschrieben worden sind. Der Verband macht daher bei der Verbandsklage in jedem Fall ein eigenes kollektives Recht im eigenen Namen geltend. Bei **fehlenden Voraussetzungen für die Klageberechtigung des Verbandes,** etwa einer fehlenden Eintragung in die Liste nach § 4 UKlaG, ist daher die Abhilfe- bzw. Musterfeststellungsklage des Verbandes als **unzulässig,** nicht als unbegründet abzuweisen.

4. Rechtshängigkeitssperre und Rechtskraftsperre

8   Eine **Rechtshängigkeitssperre (§ 261 III Nr. 1 ZPO)** bzw. eine **Rechtskraftsperre (§ 322 I ZPO)** kann nur bestehen, wenn **derselbe Verband** wie bei der ersten Verbandsklage mit identischem Streitgegenstand klagt. Ansonsten besteht die Sperrwirkung gem. § 8 S. 1 ab Anhängigkeit hinsichtlich einer weiterer Verbandsklage mit identischem Streitgegenstand durch einen anderen Verband sowie durch § 11 II bei einer Individualklage während Rechtshängigkeit der Verbandsklage durch einen repräsentierten Verbraucher. Gem. § 11 III besteht Bindungswirkung für einen repräsentierten Verbraucher ab Rechtskraft des Urteils.

5. Parteiänderung

9   Eine **gesetzliche Parteiänderung** entsteht, wenn ein Dritter anstelle des bisherigen Klägers oder Beklagten den Prozess fortführt. Denkbar wäre diese gesetzliche Parteiänderung etwa, wenn ein einzelkaufmännisch geführtes Unternehmen verklagt wird und der Einzelkaufmann stirbt während des Prozesses, so dass sein Erbe neue Partei des Rechtsstreits wird. Eine automatische Verfahrensunterbrechung gem. § 239 ZPO tritt auch beim Tod der Partei nicht ein, da gem. **§ 246 I ZPO** ohnehin eine Vertretung durch einen Anwalt gem. § 78 ZPO stattfindet, da das Verbandsklageverfahren gem. § 3 I vor dem OLG stattfindet. Da die repräsentierten Verbraucher nicht Partei werden, sind diese Normen für sie nicht anwendbar.

10   Eine **gewillkürte Parteiänderung** stößt auf deutlich mehr Probleme als die gesetzliche Parteiänderung: Eine gewillkürte **Parteierweiterung** auf der Klägerseite kommt nicht in Frage,

da gem. § 8 S. 1 eine Sperrwirkung für jede weitere Klage mit identischem Streitgegenstand besteht. Eine gewillkürte Parteierweiterung auf der Beklagtenseite, so dass also der Verband einen weiteren Unternehmer in diesem Verbandsklageverfahren verklagt, bzw. zwei Verbandsklagen erhebt, die vom Gericht gem. § 147 ZPO verbunden werden, ist hingegen möglich, sofern für diese weitere Verbandsklage ebenfalls das Verbraucherquorum gem. § 4 nachvollziehbar darlegt ist.

Ein gewillkürter **Parteiwechsel** auf der Klägerseite, so dass also der klagende Verband aus **11** dem Verfahren ausscheidet und ein anderer Verband statt seiner als Kläger das Verfahren übernimmt, kann **nicht zulässig** sein: Da die Klage des ursprünglichen Verbandes bereits ab Rechtshängigkeit gem. § 44 im Verbandsklageregister bekannt gemacht worden ist und hier die **Parteien gem. § 44 Nr. 1 anzugeben** waren, ist eine Veränderung im Hinblick auf die Parteien **nicht mehr möglich**. Alles andere würde die Interessen der Verbraucher missachten, die diese Informationen für ihre Entscheidung, ob sie sich zu dieser Verbandsklage anmelden wollen, als unerlässliche Grundvoraussetzung benötigten und auf diese Informationen vertrauten.

Als Lösung kann daher nur in Frage kommen, dass der Verband die **Klage zurücknehmen 12** und der andere Verband eine **neue Klage** erheben muss. Entsprechendes gilt für eine gewillkürte Parteiänderung auf der Beklagtenseite, wenn nämlich der Verband im Laufe des Verfahrens einen anderen Unternehmer statt des Beklagten verklagen möchte: Auch hier bleibt nichts anderes übrig, als die Klage gegen den ursprünglichen Beklagten zurückzunehmen und eine neue Klage gegen einen anderen Unternehmer zu erheben.

6. Objektive Klageänderung

Hinsichtlich einer objektiven **Klageänderung** muss gelten, dass lediglich Erweiterung und **13** Reduzierung gem. **§ 264 Nr. 2 ZPO** bzw. Forderung des Interesses gem. **§ 264 Nr. 3 ZPO** möglich sind. Zwar sind die Abhilfeanträge bzw. Feststellungsziele gem. § 44 Nr. 5 bereits im Verbandsklagenregister bekannt gemacht worden. Jedoch muss gesehen werden, dass das Gesetz in § 264 Nr. 2, Nr. 3 ZPO die Fiktion einer Nichtklageänderung statuiert, um den Anwendungsbereich des § 263 ZPO zu umgehen (MüKoZPO/Becker-Eberhard ZPO § 264 Rn. 4); zudem bleiben auch in diesen Fallgestaltungen die Interessen der repräsentierten Verbraucher gewahrt, da der Lebenssachverhalt derselbe bleibt und der Abhilfeanspruch bzw. die Feststellungsziele lediglich erweitert bzw. reduziert wird oder aber das Interesse verlangt wird. So hat der BGH bereits für die alte Musterfeststellungsklage ausgeführt, dass eine Klageerweiterung gem. § 264 Nr. 2 ZPO zulässig ist (BGH NJW 2020, 341 Rn. 15 – Glaubhaftmachung der Betroffenheit im Musterklageverfahren).

Jede **nicht von § 264 Nr. 2, Nr. 3 ZPO erfasste Klageänderung** ist hingegen **nicht 14 zulässig**, da sich entweder der Lebenssachverhalt und/oder der Antrag dergestalt verändert würde, dass die veröffentlichen Angaben zu der Verbandsklage, auf die die Verbraucher für ihre Options-Entscheidung vertraut haben, sich grundlegend ändern würden (ähnlich für die alte Musterfeststellungsklage bereits Zöller/Vollkommer ZPO § 610 Rn. 16; aA Musielak/Voit/ Stadler ZPO § 606 Rn. 12a).

Zu einer anderweitigen objektiven Klageänderung als nach § 264 Nr. 2 ZPO verhält sich die **15** Entscheidung des BGH hinsichtlich einer Klageerweiterung gem. § 264 Nr. 2 ZPO nicht (BGH NJW 2020, 341 Rn. 15 – Glaubhaftmachung der Betroffenheit im Musterklageverfahren). Jedoch hat der BGH in dieser Entscheidung klargestellt, dass die in § 606 II 1 Nr. 2, III Nr. 3 ZPO aF verlangten **Verbraucherquoren nachträglich erfüllt** werden müssen (ebenso auch Röß NJOZ 2021, 1569, der von ausgeht, dass für die Musterfeststellungsklage die Voraussetzungen der § 606 III Nr. 2, 3 ZPO aF für § 264 Nr. 2, 3 ZPO eingehalten werden müssen; ähnlich auch BeckOK ZPO/Lutz ZPO § 610 Rn. 16 f.; anders wohl Scholl ZfPW 2019, 317 (345)). Daher muss auch bei einer **Klageänderung gem. § 264 Nr. 2, 3 ZPO** nachträglich das Verbraucherquorum gem. § 4 I ergänzt werden, indem für ein über das bisher Feststellungsziel hinausgehendes bzw. über den bisherigen Abhilfeanspruch hinausgehenden Anspruch jeweils eine nachvollziehbare Darlegung hinsichtlich der möglichen Betroffenheit von mindestens 50 Verbrauchern gem. § 4 I vom Verband nachgereicht wird. Gleiches gilt für eine Reduzierung und für die Geltendmachung des Interesses (§ 264 Nr. 2, 3 ZPO).

7. Erledigterklärung

Eine **einseitige Erledigterklärung** ist demnach durch den klagenden Verband möglich, weil **16** nach der Klageänderungstheorie (MüKoZPO/Schulz ZPO § 91a Rn. 80 ff. mwN) insoweit eine

Klageänderung gem. § 264 Nr. 2 ZPO vorliegt, da die ursprüngliche Klage in eine Feststellungsklage geändert wurde, mit dem Inhalt, dass die ursprüngliche Klage zulässig und begründet war
und durch ein nach Rechtshängigkeit eingetretenes Ereignis unzulässig oder unbegründet
geworden ist. Das Feststellungsinteresse gem. § 256 I ZPO ist hier für den Verband bereits
deshalb zu bejahen, weil er bei Obsiegen nicht die Prozesskosten gem. § 91 ZPO tragen muss.

17   Eine **beidseitige Erledigterklärung** gem. § 91a ZPO führt dazu, dass keine Sachentscheidung, sondern lediglich eine Kostenentscheidung ergeht. Dies ist möglich, da lediglich ein
Verzicht des Verbandes gem. § 306 ZPO durch Abs. 3 ausgeschlossen ist (iE ebenso BeckOK
ZPO/Lutz ZPO § 610 Rn. 18). Da keine Sachentscheidung ergeht, kann eine identische Klage
durch denselben Verband wiederholt erhoben werden. Die repräsentierten Verbraucher werden
durch die beidseitige Erledigterklärung nicht in ihren Interessen verletzt, da für sie zum einen die
Sperrwirkung der rechtshängigen Verbandsklage gem. § 11 II entfällt und zum anderen eine
Sachentscheidung die mit Rechtskraft gem. § 11 III Bindungswirkung für sie entfalten könnte,
nicht ergeht.

8. Klagerücknahme

18   Eine **Klagerücknahme gem. § 269 ZPO** ist möglich (ebenso Gurkmann/Jahn VuR 2020,
243; aA BeckOK ZPO/Lutz ZPO § 610 Rn. 18), da lediglich ein Verzicht des Verbandes gem.
§ 306 ZPO durch Abs. 3 ausgeschlossen ist. Da bei Rücknahme der Verbandsklage ohnehin
kein Urteil ergeht, § 269 III 1 ZPO, kann eine identische Klage durch denselben Verband
wiederholt erhoben werden. Lediglich die Prozesskosten muss gem. § 269 III 2 ZPO der Verband bei Klagerücknahme tragen. Die angemeldeten Verbraucher werden durch die Klagerücknahme nicht in ihren Interessen verletzt, da für sie zum einen die Sperrwirkung der rechtshängigen Verbandsklage gem. § 11 II entfällt und zum anderen ein Urteil, das mit Rechtskraft
gem. § 11 III Bindungswirkung für sie entfalten könnte, nicht ergeht.

9. Anerkenntnis und Verzicht

19   Ein **Anerkenntnis gem. § 307 ZPO** ist möglich, da es vom Beklagten abzugeben ist;
lediglich eine **Verzichtserklärung (§ 306 ZPO)** ist durch Abs. 3 **ausgeschlossen,** ebenso wie
der mögliche Verzicht auf die mündliche Verhandlung gem. § 307 S. 2. Aufgrund der An-
erkenntniserklärung des Beklagten ergeht ein Anerkenntnisurteil, das der Abhilfe- bzw. Musterfeststellungsklage in vollem Umfang stattgibt, so dass die Interessen der repräsentierten Verbraucher dadurch bestmöglich gewahrt sind. Lediglich die Möglichkeit des Entfallens der
mündlichen Verhandlung gem. § 307 S. 2 ZPO ist durch Abs. 3 gestrichen.

10. Widerklage

20   Eine **Widerklage** wäre lediglich gegen den klagenden Verband, nicht aber gegen die repräsentierten Verbraucher möglich, da diese nicht Partei sind. Im Übrigen muss gesehen werden,
dass Abs. 2, der die Anwendung der §§ 66–74 ZPO, also Nebenintervention und Streitverkündung verbietet, erst recht eine Drittwiderklage gegen diese Verbraucher ausschließt (ebenso auch
BeckOK ZPO/Lutz ZPO § 610 Rn. 20). Gegen den Verband sind jedoch konnexe Ansprüche,
die für eine Widerklage gem. § 33 ZPO erforderlich wären, nicht ersichtlich. Das **kontradikto-
rische Gegenteil** der Abhilfeklage bzw. der Feststellungsziele ist ohnehin vom dem **Streitgegenstand** der Verbandsklage **erfasst,** so dass für diesen Inhalt einer Widerklage die Rechtshängigkeitssperre gem. § 261 III Nr. 1 ZPO gilt. Selbst wenn jedoch ausnahmsweise konnexe
Ansprüche vorhanden wären, muss gesehen werden, dass nach der Konzeption des VDuG der
Verband lediglich als Kläger und Vergleichspartei die Interessen der repräsentierten Verbraucher
wahrnehmen darf, nicht aber auch als Beklagter zur Wahrnehmung der Verbraucherinteressen
autorisiert ist (aA wohl BeckOK ZPO/Lutz ZPO § 610 Rn. 19 mwN). Eine Widerklage gegen
den klagenden Verband ist daher nicht möglich, erst recht nicht gegen die repräsentierten
Verbraucher.

11. Nebenintervention und Streitverkündung

21   Hinsichtlich **Nebenintervention und Streitverkündung** muss gesehen werden, dass die
Aufzählung in Abs. 2 **enumerativ** ist. Von ihr sind dem Wortlaut der Norm entsprechend nur
Verbraucher erfasst. § 66 ZPO, § 72 ZPO ermöglichen daher die Einbeziehung von Regress-

ketten, so dass der beklagte Unternehmer den Streit an seine Zulieferer etc. verkünden kann bzw. diese als Nebenintervenienten ihm beitreten können.

12. Säumnis

Der Erlass eines Versäumnisurteils bei **Säumnis** dieser Partei ist sowohl gegenüber dem **22** klagenden Verband gem. § 330 ZPO als auch gegenüber dem beklagten Unternehmer bei Schlüssigkeit der Klage gem. § 331 I, II ZPO möglich. Da das Versäumnisurteil Sachurteil ist, ergibt sich hier kein Unterschied zu einem kontradiktorischen Urteil, so dass das Versäumnisurteil gegen den beklagten Unternehmer als Abhilfegrundurteil, als Endurteil bei namentlich benannten Verbrauchern, als Abhilfeendurteil und als Kombination aus Abhilfegrund- und Abhilfeendurteil ergehen kann. Das Versäumnisurteil, gleichgültig ob gegen den beklagten Unternehmer als zusprechendes Urteil oder gegen den klagenden Verband als Sachabweisung erwächst als Sachentscheidung in Rechtskraft und bewirkt dadurch – neben der Fortdauer der Sperrwirkung gem. § 8 S. 2 – die Bindungswirkung gem. § 11 III für die repräsentierten Verbraucher. Ein Ruhen des Verfahrens, das gem. § 251a I, III ZPO, § 251 ZPO angeordnet werden kann, darf jedoch nicht unbegrenzt dauern (Bruns Rechtsgutachten S. 63 f.), da ansonsten die Rechte der Verbraucher wegen der Sperrwirkung gem. § 11 II, § 8 S. 1 auf Dauer blockiert sind; nach einer vom Gericht gesetzten Frist muss daher eine Sachentscheidung fallen.

13. Darlegungs- und Beweislast

In der **Darlegungs- und Beweislast** gibt es wegen des formellen Parteibegriffs keinen **23** Unterschied zu sonstigen Zivilverfahren. Insbesondere die Regelungen des **§ 138 III, IV ZPO** führen nicht zu einer Erkundigungspflicht für den Verband, so dass dieser sich die Kenntnisse der repräsentierten Verbraucher weder durch Befragung verschaffen muss noch gar diese ihm zugerechnet werden, so dass er Tatsachen, die Handlungen der repräsentierten Verbraucher und deren Wahrnehmung betreffen gem. § 138 IV ZPO mit Nichtwissen bestreiten kann. Eine Erkundigungspflicht besteht weder durch eine Regelung oder die Gesamtkonzeption der Verbandsklagen-RL noch durch das VDuG; sie wäre auch praktisch sehr schwierig umzusetzen, da zur Zeit der Vorbereitung der Klage noch kein Verbraucher konkret bekannt sein muss, geschweige denn eingetragen.

Das OLG München (BeckRS 2020, 19794 Rn. 74) hat daher für die Musterfeststellungsklage **24** gem. § 606 ZPO aF ausdrücklich ausgeführt: „[…] der Musterkläger hat keine Kenntnis von den Verträgen, die der angemeldete Verbraucher mit der Schuldnerin geschlossen hat, während es dem Musterbeklagten unschwer möglich und zumutbar ist, nähere Angaben dazu zu machen". Rechtspraktisch bedeutet dies das Vorliegen erhöhter Anforderungen an die Darlegungslast des beklagten Unternehmers, der dies jedoch regelmäßig bewältigen kann, da er beispielsweise die Vertragsunterlagen in seiner Verfügung hat, nicht aber der klagende Verband.

14. Zwangsvollstreckung

Für die **Zwangsvollstreckung** gibt § 29 eine **Sonderregelung:** An sich wäre für eine **25** Leistung, die nicht in einer Geldzahlung besteht – etwa eine Reparaturleistung eines mangelhaften Produkts durch den Unternehmer – die Zwangsvollstreckung wegen einer vertretbaren Handlung gem. § 887 ZPO gegeben; jedoch erklärt § 29 II 1 diese Zwangsvollstreckung gem. § 887 I, II ZPO für die sonstigen Leistungen durch den Unternehmer nicht für anwendbar. Stattdessen wird für diese Fälle einer vertretbaren Handlung, die in einer sonstigen Leistung des Unternehmers besteht, in § 29 I eine Zwangsvollstreckung statuiert, die § 888 ZPO nachgebildet ist, um den Besonderheiten eines Massenverfahrens Rechnung zu tragen und insoweit Schwierigkeiten zu vermeiden. Ebenso umfasst § 29 I die unvertretbaren Handlungen; dies wurde auf den Änderungswunsch des Bundesrats hin von der Bundesregierung akzeptiert, wie sie in ihrer Stellungnahme auf deren Änderungswunsch bekanntgab. Der Rechtsausschuss nahm dies in seine Beschlussempfehlung auf (BT-Drs. 20/7631, 112), so dass in § 29 I nicht nur die vertretbaren, sondern nun auch die unvertretbaren Handlungen geregelt sind. § 888 I 1 ZPO ist gem. § 29 II 2 auf die zwangsweise Durchsetzung nicht vertretbarer Handlungen nicht anzuwenden.

Der Sachwalter gilt insoweit nach § 29 I als **Titelgläubiger.** § 888 ZPO findet mit Ausnahme **26** von § 888 I 1 ZPO auf diese vertretbaren Handlungen, die eine sonstige Leistung des Unternehmers darstellen, ebenso wie auf die nicht vertretbaren Handlungen Anwendung. Im Übrigen gilt für die Zwangsvollstreckung das von §§ 704 ff. ZPO vorgegebene Verfahren: Der Verbraucher-verband ist als Titelgläubiger zur zwangsweisen Beitreibung des gem. § 18 II titulierten kollekti-ven Gesamtbetrags und des gem. § 18 I Nr. 2 vorläufig festgesetzten Kostenbetrags gegen den Unternehmer als Titelschuldner befugt.

27 Der **Sachwalter** ist gem. § 36 I 2 Nr. 2, 3 **Titelgläubiger** für die Zahlung eines **Rest-betrags der Umsetzungskosten:** Gem. § 36 ergeht nach Prüfung des Schlussberichts und der Schlussrechnung durch das Gericht gem. §§ 34, 35 der Feststellungsbeschluss hinsichtlich der Beendigung des Umsetzungsverfahrens. In diesem Beschluss werden gem. § 36 I 2 Nr. 2 auch die vom Unternehmer noch an den Sachwalter zu zahlenden Kosten festgesetzt, wenn die Kosten des Umsetzungsverfahrens den vorläufig festgesetzten Kostenbetrag nach § 18 I Nr. 2 über-steigen. Gem. § 36 I 3 steht dieser Beschluss hinsichtlich seiner Vollstreckbarkeit einem Kosten-festsetzungsbeschluss gleich und ist damit gem. § 794 Nr. 2 ZPO Vollstreckungstitel für den Sachwalter. Der Anspruch des Sachwalters ergibt sich aus § 32 I, § 20 I, II. Da die Kostenfest-setzung im Abhilfeendurteil gem. § 18 I Nr. 2 nur vorläufig war, steht erst durch den Beendi-gungsbeschluss endgültig die tatsächliche Höhe der Umsetzungskosten fest; besteht insoweit eine Unterdeckung, ist diese direkt vom Sachwalter beim Unternehmer zu vollstrecken.

28 Der **Unternehmer** ist **Titelgläubiger** für die Rückzahlung eines **Restbetrages gem. § 37:** Verbleibt bei dem kollektiven Gesamtbetrag oder bei dem vorläufig festgesetzten Kostenbetrag ein Restbetrag, da sowohl der kollektive Gesamtbetrag als auch der vorläufig festgesetzte Kosten-betrag nur geschätzt wurden und damit erst durch den Feststellungsbeschluss der Beendigung des Umsetzungsverfahrens gem. § 36 I 2 Nr. 1–3 der endgültige Kostenbetrag und – da der tatsäch-lich verausgabte kollektive Gesamtbetrag niedriger als der im Abhilfeendurteil gem. § 18 II festgesetzte kollektive Gesamtbetrag war – ein Restbetrag beim kollektiven Gesamtbetrag fest-stehen, kann der Unternehmer den jeweiligen Überschuss zurück verlangen (§ 37). Da der Beendigungsbeschluss gem. § 36 I 3 hinsichtlich seiner Vollstreckbarkeit einem Kostenfestset-zungsbeschluss gem. § 794 I Nr. 2 ZPO gleichsteht, ist der Beendigungsbeschluss insoweit ein Vollstreckungstitel für den Unternehmer. Daher kann der Unternehmer gem. § 37 seinen Erstattungsanspruch gegen den Sachwalter als Titelgläubiger vollstrecken.

II. Ausnahmen bei Nebenintervention und Streitverkündung (Abs. 2)

29 Diese Norm bestimmt **Ausnahmen** bei der Anwendung von **Nebenintervention** und **Streitverkündung** gem. §§ 66–74 ZPO. Sie ist enumerativ und umfasst lediglich Verbraucher. Nach Nr. 1 sind dies Verbraucher, die einen Anspruch oder ein Rechtsverhältnis zur Verbands-klage angemeldet haben, nach Nr. 2 sind dies Verbraucher, die behaupten, entweder einen Anspruch gegen den verklagten Unternehmer zu haben oder von ihm in Anspruch genommen zu werden oder zu ihm in einem Rechtsverhältnis zu stehen.

30 Die Regelung entspricht § 610 VI ZPO aF und soll **verhindern,** dass Verbraucher, die ihre Ansprüche bereits angemeldet haben oder behaupten, in einem Rechtsverhältnis zum verklagten Unternehmer zu stehen durch eine Nebenintervention oder Streitverkündung **in den Rechts-streit hineingezogen** zu werden. Zwar haben die Verbraucher ein rechtliches Interesse iSd § 66 ZPO am Ausgang der Verbandsklage, da die gerichtliche Entscheidung auf ihre Rechts-verhältnisse zu dem beklagten Unternehmer sich auswirkt. Ausdrücklich wünscht der Gesetz-geber jedoch eine Begrenzung der Verfahrensbeteiligten (Begr. RegE, BT-Drs. 20/6520, 76). Dies ist für die Effizienz der Verbandsklage unerlässlich.

III. Kein schriftliches Verfahren oder Verzicht (Abs. 3)

31 Diese Norm **untersagt** den Verzicht auf die mündliche Verhandlung mit Zustimmung der Parteien gem. § 128 II ZPO sowie gem. § 307 S. 2 ZPO, somit also die Durchführung eines **schriftlichen Verfahrens** und die Anwendung des **Verzichts** gem. § 306 ZPO für den klagenden Verbraucherverband. Die Anwendung des § 128 II ZPO, also die Durchführung des Verbandsklageverfahrens als schriftliches Verfahren und der Verzicht auf die mündliche Ver-handlung gem. § 307 S. 2 wird von dieser Regelung untersagt, da zum einen § 46 I, IV zur Anmeldung an einen Termin zur mündlichen Verhandlung anknüpfen und zum anderen das Verbandsklageverfahren eine erhebliche Breitenwirkung hat (Begr. RegE, BT-Drs. 20/6520, 76; Beschlussempfehlung RA, BT-Drs. 20/7631, 111). Hingegen ist in **§ 28 IV S. 4** für die Entscheidung hinsichtlich der Überprüfung der Widerspruchsentscheidung des Sachwalters **aus-**

drücklich die Entscheidung im schriftlichen Verfahren nach Anhörung des betroffenen Verbrauchers und des Unternehmers **zugelassen.**

Der Verzicht gem. § 306 ZPO ist deshalb untersagt, weil der Verbraucherverband **nicht im** **32** **Eigeninteresse,** sondern im kollektiven Interesse der Verbraucher tätig wird und ein Verzichtsurteil gem. § 306 ZPO, mithin eine aberkennende Sachentscheidung hinsichtlich der Abhilfe und den Feststellungszielen als Konsequenz hätte, welche wiederum die Verbraucher gem. § 11 III binden würde. Daher würde ein Verzicht durch den Verband die Interessen der Verbraucher massiv verletzen. Daher untersagt die Norm eine Verzichtserklärung, so dass auch kein Verzichtsurteil ergehen kann. Bereits zur alten Musterfeststellungsklage enthielt § 610 V 2 ZPO aF eine entsprechende Regelung.

IV. Ausschlusszeitraum (Abs. 4)

Da sowohl Anmeldung als auch Abmeldung noch bis zum Ablauf von drei Wochen nach dem **33** Schluss der mündlichen Verhandlung gem. § 46 I 1, IV möglich sind, wurde vom Rechtsausschuss in seiner Beschlussempfehlung die **Ausschlussfrist** auf **sechs Wochen** nach dem Schluss der mündlichen Verhandlung festgelegt. Begründet wird diese Ausschlussfrist damit, dass so sichergestellt werde, dass ein Urteil oder Abhilfegrundurteil nicht vor Ablauf der Frist für die Anmeldung oder Rücknahme der Anmeldung ergehen kann (BT-Drs. 20/7631, 111). Damit die Parteien vor dem Ergehen eines Urteils des Abhilfegrundurteils noch Kenntnis von der schlussendlich erreichten Zahl von Anmeldungen erlangen können, sei eine Verkündung des Urteils oder Abhilfegrundurteils nur nach Ablauf weiterer drei Wochen nach Ende der Frist für die Anmeldung oder Rücknahme zulässig (BT-Drs. 20/7631).

Da gem. **§ 44 Nr. 9** alle Termine zur mündlichen Verhandlung im Verbandsklageprozess im **34** Verbandsklageregister **öffentlich bekannt** zu machen sind, sorgt diese Mitteilung dafür, dass die Verbraucher Klarheit gewinnen können, wenn frühestens mit einem Urteil zu rechnen ist. Diese **Frist** sorgt dafür, dass die Verbraucher zunächst über die gesamte Verfahrensdauer hinweg den Prozess beobachten können, um zu entscheiden, ob sie sich für dieses Verbandsklageverfahren anmelden. Bei gutem Verlauf im Sinne der Verbraucher ist es für sie möglich, hineinzuoptieren; bei schlechtem Verlauf im Sinne der Verbraucher ist es für sie möglich, rechtzeitig gem. Abs. 4 sich wieder abzumelden, wenn sie sich bereits vorher angemeldet hatten.

Das **Prozessrisiko** zwischen Unternehmer und Verbrauchern wird damit massiv **zu Lasten** **35** **des Unternehmers verschoben,** denn auf diese Weise kann der Unternehmer zu Beginn des Verfahrens nicht annähernd abschätzen, wie viele berechtigte Verbraucheransprüche maximal im Fall eines Prozessverlusts zu befriedigen sind. Die Verbraucher hingegen können abwarten, wie sich der Prozess entwickelt, in dem sie Befriedigung ihres Anspruchs ohne eigene Prozessführung erhalten und ihre Interessen durchsetzen können.

Noch im **Referentenentwurf** war ein **sehr früher Termin** vorgesehen, nämlich der Ablauf **36** des Tages vor Beginn des ersten Termins zur mündlichen Verhandlung. Abs. 4 existierte im Referentenentwurf noch nicht, da eine solche Regelung wegen des deutlich früheren Termins nicht erforderlich war. Da dieser Termin jedoch zwischen den Parteien der Regierungskoalition stark umstritten war, wurde er schließlich durch den **Regierungsentwurf** auf den Ablauf von zwei Monaten nach dem ersten Termin verlängert. Die Beschlussempfehlung RA schob diesen bereits verlängerten Termin noch wesentlich weiter nach hinten, so dass nunmehr die gesamte Dauer der mündlichen Verhandlung für die Beobachtung und Optionsentscheidung der Verbraucher zur Verfügung steht. Immerhin ist dies jedoch noch früher als das vom vzbv bevorzugte Modell eines opt-in erst nach Erlass des Abhilfeurteils (Gsell/Meller-Hannich Rechtsgutachten 4.2.2021, S. 20 f.).

Abschnitt 2. Abhilfeklagen

Unterabschnitt 1. Besondere Voraussetzungen

Abhilfeklage

14 [1]Mit der Abhilfeklage begehrt die klageberechtigte Stelle die Verurteilung des Unternehmers zu einer Leistung an die betroffenen Verbraucher. [2]Als Leistung kann auch die Zahlung eines kollektiven Gesamtbetrags begehrt werden.

Übersicht

Schrifttum: Augenhofer, Die neue Verbandsklagen-Richtlinie – effektiver Verbraucherschutz durch Zivilprozessrecht?, NJW 2021, 113; Augenhofer, Die Reform des Verbraucherrechts durch den „New Deal" – ein Schritt zu einer effektiven Rechtsdurchsetzung?, EuZW 2019, 5; Axtmann/Staudigel, Richtlinienvorschlag zur Verbandsklage – kurzer Überblick, ZRP 2020, 80; Biard/Kramer, The EU Directive on Representative Actions für Consumers: a Milestone or Another Missed Opertunity?, ZEuP 2019, 249; Bruns, Instrumentalisierung des Zivilprozesses im Kollektivinteresse durch Gruppenklagen?, NJW 2018, 2753; Dangl, Die EU-Richtlinie über Verbandsklagen – ein Ultra-vires-Akt?, EuZW 2020, 798; Domej, Die geplante EU-Verbandsklagenrichtlinie – Sisyhos vor dem Gipfelsieg?, ZEuP 2019, 446; Lühmann, Anforderungen und Herausforderungen der RL (EU) 2020/1828 über Verbandsklagen zum Schutz der Kollektivinteressen von Verbrauchern, ZIP 2021, 824; Deutscher Richterbund, Arbeitsgemeinschaft Massenverfahren, Vorschläge zur besseren Bewältigung von Massenverfahren durch die Justiz, 13.5.2022 (DRB),https://www.drb.de/fileadmin/DRB/pdf/Stellungnahmen/2022/DRB_220513_Stn_Nr_1_Massenverfahren.pdf; Domej, Die geplante EU-Verbandsklagenrichtlinie – Sisyphos vor dem Gipfelsieg?, ZEuP 2019, 446; Grewe/Stegmann, EU-Verbandsklagenrichtlinie, Bekommt das Private Enforcement im Datenschutz jetzt Zähne?, ZD 2021, 183; Gsell, Europäische Verbandsklagen zur Schutz kollektiver Verbraucherinteressen – Königsoder Holzweg?, BKR 2021, 521; Gsell, Beseitigung als Folgenbeseitigung? – Kollektivklagen der Verbraucherverbände auf Rückzahlung unrechtmäßig erzielter Gewinne, ZfPW 2018, 409; Gsell, Die Umsetzung der Verbandsklagenrichtlinie als Chance für eine Bewältigung als Streu- und Massenschadensereignissen, JZ 2022, 421; Guski, Konfliktermöglichung durch überindividuellen Rechtsschutz: Funktion und Dogmatik der Verbandsklage, ZZP 131 (2018), 353; Hakenberg, Die neue Verbandsklagen-Richtlinie der Europäischen Union, NJOZ 2021, 673 ff.; Halfmeier/Rott, Verbandsklage mit Zähnen? – Zum Vorschlag einer Richtlinie über Verbandsklagen zum Schutz der Kollektivinteressen der Verbraucher, VuR 2018, 243; Henke, Kollektiver Verbraucherschutz durch einstweilige Verfügung nach der Verbandsklagen-RL, VuR 2021, 137; Hornkohl, Up- and Downsides of the New EU Directive on Representative Actions für the Protection of the Collective Interests fo Consumers – Comments on Key Aspects, EuCML 2021, 189; Lerch/Valdini, Herausforderungen an den Zivilprozess bei Massenverfahren, Ein Blick aus den anwaltlichen Praxis, NJW 2023, 420; Lühmann, Anforderungen und Herausforderungen der RL (EU) 2020/1828 über Verbandsklagen zum Schutz der Kollektivinteressen von Verbrauchern, ZIP 2021, 824; Lühmann, Der Vorschlag einer europäischen Verbandsklage, Ein weiteres Instrument des kollektiven Rechtsschutzes, NJW 2019, 570; Lühmann, Kollektiver Rechtsschutz – Ein aktueller Überblick, NJW 2020, 1706; Meller-Hannich, Wenn die Klage sich nicht lohnt – Effektiver Rechtsschutz bei geringen Streitwerten, NZM 2022, 353; Meller-Hannich, Die Richtlinie über Verbandsklagen zum Schutz der Kollektivinteressen der Verbraucher, VbR 2021, 40; Meller-Hannich, Kollektiver Rechtsschutz – Neue Instrumente im Zivilprozess, DRiZ 2018, 298; Nagy, Die Verwandlung von „Sein" in „Sollen"?, EuZW 2022, 637; Prütting, Neue Entwicklungen im Bereich des kollektiven Rechtsschutzes, ZIP 2020, 197; Rentsch, Kollektiver Rechtsschutz unter der EU-Verbandsklagenrichtlinie, Systemwettbewerb unter Brüsel Ia?, EuZW 2021, 524; Röthemeyer, Die neue Verbandsklagen-Richtlinie, VuR 2021, 43; Sattler, No Third Party founding of skim-off claims, IWZR 2019, 78; Scherer, Abhilfeanspruch gem. Art. 9 Abs. 1 VerbandsklagenRL§ 1 Abs. 1 Nr. 1 VDuG-E und Verbraucherschadensersatzanspruch gem. § 9 Abs. 2 UWG – Kollektivrechtsschutz contra Individualrechtsschutz?, VuR 2022, 443; Scherer, Prozessuale Fragestellungen beim „Folgenbeseitigungsanspruch" im Lauterkeitsrecht, VuR 2019, 243; Schuschnigg, Die Verbandsklagen-Richtlinie, Umsetzungsbreite und ihre Grenzen, EuZW

2022, 1043; 160 Synatschke/Wölber/Nicolai, Umsetzung der Verbandsklagenrichtlinie ins nationale Recht, ZRP 2021, 197; Thönissen, Die EU-Verbandsklagenrichtlinie als Bewährungsprobe für das Internationale Privat- und Verfahrensrecht, ZZP 134 (2021), 273; Voigt, Europäische Verbandsklage – Anpassungsbedarf der ZPO bei Parteistellung und Prozessbeteiligung von Verbänden und Verbrauchern, ZZP 134 (2021), 343; Vollkommer, EU-Verbrauchersammelklage, Ein Überblick über die Regelungen der Richtlinie über Verbandsklagen zum Schutz der Kollektivinteressen der Verbraucher sowie ihre mögliche Umsetzung in deutsches Recht, MDR 2021, 129; Woopen, Kollektiver Rechtsschutz – Chancen der Umsetzung, Die Europäische Verbandsklage auf dem Weg ins deutsche Recht, JZ 2021, 601; Woopen, Kollektiver Rechtsschutz – Ziele und Wege, NJW 2018, 133; Woopen, Kollektiver Rechtsschutz, Das Desaster naht, IWRZ 2018, 160.

I. Systematik

Die **Abhilfeklage** ist neben der Musterfeststellungsklage eine der beiden durch das VDuG **1** geregelten Verbandsklagen (§ 1 I Nr. 1, Nr. 2). Mit der Abhilfeklage setzt der Gesetzgeber Art. 9 I Verbandsklagen-RL um. Mit dieser Klage kann eine **Geldzahlung** oder ein **sonstiger Anspruch** an die repräsentierten Verbraucher eingefordert werden. Die Verbraucher können entweder namentlich benannt werden und die ihnen zustehenden Ansprüche in **exakter Höhe** geltend gemacht werden oder bei nicht namentlich benannten, sondern nur anhand abstrakter Merkmale kollektiv beschriebenen Verbrauchern kann ein **kollektiver Gesamtbetrag** eingeklagt werden.

Der kollektive Gesamtbetrag wird im **Umsetzungsverfahren,** welches geregelt ist in Ab- **2** schnitt 2, Unterabschnitt 3, §§ 22 ff. durch einen Sachwalter nach Prüfung der Berechtigung an die repräsentierten Verbraucher verteilt. Klageberechtigt sind ausschließlich **Verbände,** die in § 2 genannten Anforderungen erfüllen. Nur sie sind neben dem beklagten Unternehmer **Partei** des Rechtsstreits der Abhilfeklage. Selbst wenn Verbraucher namentlich in der Abhilfeklage benannt werden, werden sie nicht Parteien der Abhilfeklage und auch nicht des (möglicherweise) nachfolgenden Vollstreckungsverfahrens (Begr. RegE, BT-Drs. 20/6520, 70).

Die Abhilfeklage hat in Abschnitt 1, §§ 1 ff. allgemeine Vorschriften, die sowohl für sie als **3** auch für die Musterfeststellungsklagen gelten. Die Abhilfeklage gliedert sich in **drei gerichtliche Phasen** und die **außergerichtliche Phase** des Umsetzungsverfahrens, so dass ein vierphasiges Verfahren besteht. Die drei gerichtlichen Phasen stellen das Abhilfegrundurteil, § 16, der Vergleichsversuch, § 17 und bei dessen Scheitern das Abhilfeendurteil, § 18 dar. Sofern beide Parteien dies beantragen und ein Vergleichsversuch aussichtslos erscheint, kann das Gericht auch gleich ein Urteil erlassen, dass Element des Abhilfegrundurteils und des Abhilfeendurteils kombiniert, § 16 IV. Sofern konkrete Geldzahlungen oder andere konkrete Ansprüche an namentlich benannte Verbraucher gem. § 16 I 2 vom Gericht ausgeurteilt werden, wird dieses Urteil durch den Verband zugunsten der namentlich benannten Verbraucher vollstreckt, ohne dass es eines Abhilfeendurteils und eines Umsetzungsverfahrens bedarf.

Ist ein kollektiver Gesamtbetrag ausgeurteilt oder eine andere nicht auf Zahlung gerichtete **4** Leistung an nicht namentlich benannte Verbraucher, folgt das Umsetzungsverfahren §§ 22 ff. Die Abhilfeklage ist ein **völliges Novum** im kollektiven Rechtsschutz und überdies in der deutschen Rechtstradition, die bisher nur Unterlassungsklagen und seit 1.11.2018 die Musterfeststellungsklage gem. § 606 ZPO aF kannte.

II. Unionsrechtlicher Hintergrund und Norminhalt

1. Leistung

§ 14 setzt **Art. 9 I Verbandsklagen-RL** um, welcher bestimmt: „Durch eine Abhilfeent- **5** scheidung wird der Unternehmer verpflichtet, den betroffenen Verbrauchern, je nach Fall und soweit dies im Unionsrecht oder im nationalen Recht vorgesehen ist, Abhilfe in Form von Schadenersatz, Reparatur, Ersatzleistung, Preisminderung, Vertragsauflösung oder Erstattung des gezahlten Preises zu leisten." Entsprechend ist auch die „Abhilfeentscheidung" gem. Art. 3 Nr. 10 Verbandsklagen-RL definiert. Der deutsche Gesetzgeber hat dies in Kurzform gefasst durch den Begriff der **„Leistung"** an die betroffenen Verbraucher; klarstellend hat er in S. 2 als Leistung auch die Zahlung eines **kollektiven Gesamtbetrags** statuiert. Die beantragte Leistung kann daher auf alle in Art. 9 I Verbandsklagen-RL aufgezählten Abhilfemöglichkeiten lauten, einschließlich des in S. 2 genannten kollektiven Gesamtbetrags.

Der kollektive Gesamtbetrag ist **näher geregelt in § 19;** danach kann das Gericht die Höhe **6** des kollektiven Gesamtbetrags unter Würdigung aller Umstände nach freier Überzeugung bestimmen, wobei § 287 ZPO anzuwenden ist. Der kollektive Gesamtbetrag kann **nach § 21**

erhöht werden, wenn sich während des Umsetzungsverfahrens zeigt, dass er nicht ausreicht zur Erfüllung der berechtigten Zahlungsansprüche aller angemeldeten Verbraucher. Der Verband muss in diesem Fall Klage auf Erhöhung des kollektiven Gesamtbetrages erheben, § 21 I, der Unternehmer ist gem. § 19 entsprechend zur Zahlung eines weiteren kollektiven Gesamtbetrags zu verurteilen, § 21 II 1. Während dieser Zeit ruht das Umsetzungsverfahren hinsichtlich des bereits bisher erlangten kollektiven Gesamtbetrags, § 21 II 3. Der kollektive Gesamtbetrag ist vom Sachwalter in einen **Umsetzungsfonds gem. § 25 I** einzuzahlen, aus dem gem. § 25 III der Sachwalter schließlich nach Prüfung gem. § 27 Nr. 3 die Ansprüche der berechtigten Verbraucher **erfüllt** (§ 27 Nr. 9).

7   Dieser kollektive Gesamtbetrag ist dann einzuklagen, wenn eine **unbestimmte Anzahl** von Betroffenen besteht und daher die genaue Forderungshöhe bei Klageerhebung nicht feststeht: Zum einen ist nicht bekannt, wie hoch die Forderungshöhe der einzelnen betroffenen Verbraucher ist, und selbst wenn diese Forderungshöhe feststehen sollte, ist zum anderen nicht bekannt, wie viele Verbraucher betroffen sind. Die Verbraucher sind demzufolge anhand abstrakter Merkmale kollektiv zu umschreiben. In diesem Fall ist ein kollektiver Gesamtbetrag einzuklagen, der im Umsetzungsverfahren an die angemeldeten Verbraucher, die ihre Berechtigung gegenüber dem Sachwalter nachgewiesen haben, verteilt wird. Steht jedoch die exakte Leistung, bei Geldzahlung also die exakte Forderungshöhe sowie die einzelnen, konkreten Verbraucher fest, so kann der Verband die Leistung an die konkreten namentlich benannten Verbraucher verlangen. In diesem Fall vollstreckt der Verband als Titelgläubiger den Titel zugunsten der konkreten, namentlich benannten Verbraucher.

2. Wirksame Anmeldung

8   Die repräsentierten Verbraucher müssen wirksam angemeldet sein gem. **§ 46 I, II.** Die Anmeldung darf auch nicht gem. § 46 IV wieder zurückgenommen worden sein. Hierbei ist es gleichgültig, ob die Verbraucher namentlich benannt worden sind oder ob sie lediglich anhand abstrakter Merkmale kollektiv umschrieben worden sind. Da die Verbraucher nicht Partei der Abhilfeklage sind, kann der Nutzen der Abhilfeklage für sie nur anhand der Eintragung in das Verbandsklagenregister gem. § 46 erzielt werden.

3. Klageberechtigte Stelle

9   Klageberechtigte Stelle ist nur eine solche, die die Voraussetzungen von § 2 erfüllt. Der klageberechtigte Verband kann inländisch als auch aus anderen Mitgliedstaaten sein. Nur diese Verbände, nicht aber die repräsentierten Verbraucher werden Partei der Abhilfeklage; dies gilt auch dann, wenn die repräsentierten Verbraucher und ihre Forderung konkret benannt worden sind. Gleiches gilt für ein eventuell sich an die Abhilfeklage anschließendes Vollstreckungsverfahren, das der Verband als Vollstreckungsgläubiger gegen den Unternehmer als Vollstreckungsschuldner betreibt. Ausdrücklich bestimmt Art. 9 VI Verbandsklagen-RL, dass die Verbraucher die Abhilfe erhalten, ohne selbst klagen zu müssen: „Die Mitgliedstaaten stellen sicher, dass Verbraucher aufgrund einer Abhilfeentscheidung Anspruch darauf haben, dass ihnen die in diesen Abhilfeentscheidungen vorgesehene Abhilfe zugutekommt, ohne eine gesonderte Klage erheben zu müssen."

4. Unterschiede zur Musterfeststellungsklage

10   Dies ist ein **zentraler Unterschied** zum Verfahren der Musterfeststellungsklage, in dem lediglich das Vorliegen oder Nichtvorliegen von tatsächlichen und rechtlichen Voraussetzungen für das Bestehen oder Nichtbestehen von Ansprüchen oder Rechtsverhältnissen zwischen Verbrauchern und einem Unternehmer festgestellt wird, der repräsentierte Verbraucher dadurch aber noch nicht die begehrte Leistung erhält. Vielmehr muss der Verbraucher die von ihm geforderte Leistung anschließend selbst gegen den Unternehmer einklagen, wobei ihm nur die Bindungswirkung des Musterfeststellungsurteils gem. § 11 III 1 zugutekommt.

11   Selbst bei einem **Vergleich im Musterfeststellungsverfahren,** der keine Leistung an die repräsentierten Verbraucher vorsieht, sondern nur Feststellungen trifft, müssen die Verbraucher ihre Ansprüche individuell gegen den Unternehmer geltend machen. Zwar kommt den repräsentierten Verbrauchern bei einem wirksamen Vergleich die Bindungswirkung gem. § 9 I zugute, die Leistung, die nicht in dem wirksamen Vergleich enthalten ist, müssen sie jedoch bei vorausgegangenen Musterfeststellungsverfahren individuell einklagen.

Gleichartigkeit der Verbraucheransprüche; Klageschrift

15 (1) ¹Die Abhilfeklage ist nur zulässig, wenn die von der Klage betroffenen Ansprüche von Verbrauchern im Wesentlichen gleichartig sind. ²Das ist der Fall, wenn

1. die Ansprüche auf demselben Sachverhalt oder auf einer Reihe im Wesentlichen vergleichbarer Sachverhalte beruhen und
2. für die Ansprüche die im Wesentlichen gleichen Tatsachen- und Rechtsfragen entscheidungserheblich sind.

(2) ¹Die Klageschrift muss Angaben zur Gleichartigkeit der betroffenen Ansprüche von Verbrauchern enthalten. ²Beantragt die klageberechtigte Stelle die Verurteilung des Unternehmers zur Zahlung eines kollektiven Gesamtbetrags, so muss die Klageschrift auch die Höhe des einzelnen Verbraucheranspruchs angeben, wenn alle Ansprüche der betroffenen Verbraucher der Höhe nach gleich sind. ³Andernfalls soll die Methode angegeben werden, nach der sich die Höhe der jeweiligen einzelnen Ansprüche der betroffenen Verbraucher berechnen lässt.

Übersicht

Schrifttum: Dittmann/Gollnast, Anforderungen an den Klageantrag bei Abhilfeverbandsklagen nach dem VDuG-E: Zulässig oder unzulässig – das ist hier die Frage, VuR 2023, 135; Janal, Die Umsetzung der Verbandsklagenrichtlinie, GRUR 2023, 985; Lühmann, Der Vorschlag einer europäischen Verbandsklage, Ein weiteres Instrument des kollektiven Rechtsschutzes, NJW 2019, 570; Mayrhofer/Koller, Die „Gleichartigkeit" als Nadelöhr der Abhilfeklage, ZIP 2023, 1065; Mekat/Amrhein, Die Umsetzung der Verbandsklagen-RL in Deutschland nach dem Referentenentwurf, RAW 2023, 23; Scherer, Abhilfeanspruch gem. Art. 9 Abs. 1 VerbandsklagenRL § 1 Abs. 1 Nr. 1 VDuG-E und Verbraucherschadensersatzanspruch gem. § 9 Abs. 2 UWG – Kollektivrechtsschutz contra Individualrechtsschutz?, VuR 2022, 443; Schulze-Moderow/Steinle/Muchow, Die neue Sammelklage – ein Balanceakt zwischen Verbraucher- und Unternehmensinteressen, BB 2023, 72; Thönissen, Zuständigkeit und Sperrwirkung bei Verbandsabhilfeklagen, EuZW 2023, 637.

I. Systematik und unionsrechtlicher Hintergrund

1. Gleichartigkeit für nötige Effizienz

Die Norm stellt eine besondere Zulässigkeitsvoraussetzung für die Abhilfeklage auf. Sie betrifft **1** die Gleichartigkeit der Verbraucheransprüche für die Abhilfeklage und die Angaben bei der Beantragung eines kollektiven Gesamtbetrags. Sie steht dabei in **systematischem Zusammenhang mit § 5**, der die notwendigen besonderen Inhalte einer Klageschrift für eine Verbandsklage regelt, wobei diese Norm sowohl für die Abhilfeklage als auch für die Musterfeststellungsklage gilt, § 15 hingegen nur für die Abhilfeklage. Die Beantragung eines **kollektiven Gesamtbetrags** bezieht sich auf **§ 19, § 21.**

Sowohl die Voraussetzung der Gleichartigkeit der Verbraucheransprüche als auch die Angaben **2** hinsichtlich des kollektiven Gesamtbetrags sind erforderlich für das **zusprechende Abhilfegrundurteil gem. § 16 I 1**, das gem. § 16 II Nr. 1 die konkreten Voraussetzungen nennt, nach denen sich die Anspruchsberechtigung der betroffenen Verbraucher bestimmt und gem. Nr. 2 die von jedem einzelnen Verbraucher zu erbringenden Berechtigungsnachweise enthält. Bei der Beantragung eines kollektiven Gesamtbetrags muss das Abhilfegrundurteil zudem den Betrag nennen, der jedem berechtigten Verbraucher zusteht oder, wenn die den berechtigten Verbrauchern zustehenden Beträge unterschiedlich hoch sind, die Methode, nach der die den berechtigten Verbrauchern jeweils zustehenden Einzelbeträge zu berechnen sind. Wird kein kollektiver Gesamtbetrag beantragt, da die Verbraucher alle namentlich benannt sind und die konkrete Höhe ihrer Ansprüche feststeht, § 16 I 2, ist es dennoch erforderlich, dass die Ansprüche gleichartig nach Abs. 1 sind.

3   § 15 hat als unionsrechtlichen Hintergrund den **ErwGr. 12 Verbandsklagen-RL.** Dieser bestimmt in seinen Sätzen 1–3: „Im Einklang mit dem Grundsatz der Verfahrensautonomie sollte die vorliegende Richtlinie nicht dazu dienen, jeden Aspekt der Verbandsklage zu regeln. Dementsprechend obliegt es den Mitgliedstaaten, die für Verbandsklagen geltenden Vorschriften beispielsweise hinsichtlich der Zulässigkeit, der Beweismittel oder der Rechtsbehelfe festzulegen. So sollten beispielsweise die Mitgliedstaaten entscheiden, welchen Grad der Ähnlichkeit die Einzelansprüche aufweisen müssen oder welche Mindestzahl von Verbrauchern von einer Verbandsklage auf Abhilfe betroffen sein muss, damit eine Verbandsklage in einer Angelegenheit zulässig ist."

4   Abs. 2 S. 2, 3 dient letztlich der Umsetzung von **Art. 9 V Verbandsklagen-RL** in Art. 16 I Verbandsklagen-RL, indem Abs. 2 S. 2, 3 in der Klageschrift die besonderen Zulässigkeitsvoraussetzungen betreffend die Gleichartigkeit der Ansprüche regelt. Art. 9 V Verbandsklagen-RL bestimmt: „Werden in der Abhilfeentscheidung nicht einzelne Verbraucher aufgeführt, die Anspruch auf die in der Abhilfeentscheidung vorgesehene Abhilfe haben, so muss darin zumindest die Gruppe von Verbrauchern festgelegt werden, die Anspruch auf die genannte Abhilfe hat." Zudem dient Abs. 2 der Umsetzung von Art. 7 II Verbandsklagen-RL, der es den klageberechtigten Stellen ermöglicht, bei Betroffensein von Verbrauchern aus mehreren Mitgliedstaaten, die Klage auf inländische Verbraucher zu beschränken.

5   Der deutsche Gesetzgeber stand bei der Umsetzung der Verbandsklagen-RL im VDuG vor der Aufgabe, das neue Verbandsklageverfahren auf Abhilfe **möglichst effizient** auszugestalten, und zwar in einem Maße, dass gewährleistet ist, dass aufgrund der Ähnlichkeit der Sach- und Rechtsfragen eine schablonenhafte Behandlung möglich ist. Dies **schließt eine individuelle Einzelfallprüfung aus.** Der kollektive Rechtsschutz gewinnt seine Effizienz gerade durch die Abstraktheit und Typizität des Lebenssachverhalts, der dem Gericht vorgelegt wird. Der typisierte Sachverhalt, der eine größere Menge von Verbrauchern betrifft, ermöglicht damit dem Gericht ein standardisiertes und rationalisiertes Vorgehen. Nur wenn keine Einzelfallprüfung für das Gericht erforderlich wird, sondern das sachlich Charakteristische und rechtlich Übereinstimmende des Lebenssachverhalts und der Rechtsfragen vom Gericht zu beurteilen sind, ist ein wirksamer und effizienter kollektiver Rechtsschutz möglich (vgl. Scherer VuR 2022, 443 mwN). Das Schlagwort für die Abhilfeklage lautet daher: **„Vielzahl, Gemeinsamkeit, Typizität"** (Bruns Gutachten S. 38, 44).

6   Nach der **Beschlussempfehlung RA** wurde der Text des Regierungsentwurfs **abgeändert:** Der Text des Regierungsentwurfs enthielt nicht die Wendung „im Wesentlichen", auch nicht „im Wesentlichen vergleichbar" und auch nicht „die im Wesentlichen gleichen Tatsachen- und Rechtsfragen", sondern lautete nur auf die Termini „gleichartig", „vergleichbar" und „die gleichen". Die Beschlussempfehlung RA griff mit dieser Änderung teilweise einen entsprechenden Änderungsantrag des Bundesrats auf. Begründet wurde dies vom Rechtsausschuss damit, dass einzelne Unterschiede zwischen den von einer Abhilfeklage betroffenen Ansprüchen deren Durchsetzung in einem einheitlichen Verfahren nicht hindern, solange eine effektive Prozessführung gewahrt sei und die Bündelung daher prozessökonomisch sinnvoll bleibe. Die Formulierung „im Wesentlichen" sei hinreichend offen, um zu im Einzelfall sachgerechten Ergebnissen zu gelangen (Beschlussempfehlung RA, BT-Drs. 20/7631, 111).

2. Potentielle Probleme

7   Aus der **Rechtspraxis** wurde ohnehin bereits die **Befürchtung** geäußert, dass die Zulässigkeitsvoraussetzung der Gleichartigkeit die Rechtsprechung vor nicht unerhebliche Auslegungs- und Anwendungsprobleme stellen wird, die einer Verfahrenseffizienz nicht unbedingt förderlich sein werden (Allgayer Stellungnahme in der Anhörung des Rechtsausschusses). Es wird darauf hingewiesen, dass deshalb das Zulässigkeitserfordernis der **Gleichartigkeit eng auszulegen** sein wird, weil ansonsten eine effiziente, schablonenhafte Prüfung durch das Gericht ausscheidet (Löhner Stellungnahme in der Anhörung des Rechtsausschusses S. 2, 7 f.). Dies würde der Abhilfeklage wesentliche Teile ihrer angestrebten Effizienz nehmen, da zentrale Fragen in die Individualverfahren verlagert würden. Andererseits wird befürchtet, dass bei zu enger Auslegung nur ein minimaler Anwendungsbereich für die Abhilfeklage verbleibt; dies könne den unionsrechtlichen effet utile verletzen, so dass versucht wird, anhand von aus der US-amerikanischen class action entlehnten Überlegungen die Auslegung der Gleichartigkeit zu erweitern (Dittmann/Gollnast VuR 2023, 135 (137 ff.)). Selbst kritische Stimmen, die eine Verringerung der Möglichkeiten zur Erhebung einer Abhilfeklage durch die Gleichartigkeit sehen, gehen jedoch davon aus, dass eine Abhilfeklage nicht statthaft ist, wenn es an einer „schablonenhaften Prüfung" oder „formelhaften Berechenbarkeit" fehlt (Janal GRUR 2023, 985 (991 f.)). Auch wird angenommen, dass wegen der Probleme hinsichtlich des Zulässigkeitserfordernisses der Gleichartigkeit ein Ausweichen der Verbände von der Abhilfeklage auf die Musterfeststellungsklage erfolgen könnte (Janal GRUR 2023, 985 (991 f.)).

Es ist jedoch zu berücksichtigen, dass die Möglichkeit einer **schablonenhaften Prüfung** für **8** die Effizienz der Abhilfeklage **unerlässlich** ist, da ansonsten die Klärung der Fragen in das Individualverfahren verlagert wird. Daher wird zu Recht auf das Zusammenspiel der Gleichartigkeit mit dem anschließenden Umsetzungsverfahren hingewiesen und für einen Entscheidungsspielraum des Gerichts hinsichtlich der Gleichartigkeit plädiert, die auf die praktikable Umsetzung durch den Sachwalter abgestellt ist (Mayrhofer/Koller ZIP 2023, 1065 (1072)). Die nunmehr im Gesetzestext enthaltene Wendung „im Wesentlichen gleichartig" sowie die Aufnahme dieses Wesentlichkeitsbegriffs in die Voraussetzungen der Gleichartigkeit in Abs. 1 Nr. 1, Nr. 2 wird die Gerichte in die Lage versetzten, die gebotene **Flexibilität** walten zu lassen, ohne die zwingende Voraussetzung der schablonenhaften Prüfung zu außer Acht zu lassen.

II. Norminhalt

1. Abs. 1

a) **Gleichartigkeit.** Hier wird eine **besondere Zulässigkeitsvoraussetzung** für Abhilfekla- **9** gen aufgestellt, die ihren Grund in der notwendigen Typizität und Abstraktheit des Sachverhalts hat, da nur so effizienter kollektiver Rechtsschutz bewirkt werden kann (vgl. Scherer VuR 2022, 443 mwN). Erforderlich ist daher die im Wesentlichen bestehende **Gleichartigkeit** der von der Abhilfeklage **betroffen Ansprüche.** Wann diese Gleichartigkeit vorliegt, bestimmt sich anhand der Frage, ob für das Gericht eine individuelle Einzelfallprüfung erforderlich würde; wäre eine solche **Einzelfallprüfung** erforderlich, muss die Gleichartigkeit **verneint** werden. Es ist daher ein Grad an Ähnlichkeit der Ansprüche nötig, der eine schablonenhafte, abstrakte und typisierte Prüfung der Anspruchsvoraussetzungen in tatsächlicher und rechtlicher Hinsicht durch das Gericht ermöglicht (Begr. RegE, BT-Drs. 20/6520, 77).

Die Gesetzesbegründung nennt hier als **Beispiel** Entschädigungsansprüche von Verbrauchern **10** aufgrund einer Annullierung desselben Fluges, wenn für alle Ansprüche die gleichen Anspruchsvoraussetzungen, etwa nach den Vorschriften der VO (EG) Nr. 261/2004 (Fluggastrechteverordnung) gelten und sich die einzelnen Lebenssachverhalte hinsichtlich der gleichen entscheidungserheblichen Tatsachen entsprechen (Begr. RegE, BT-Drs. 20/6520, 77). Hier wird es dem Gericht nämlich ermöglicht, die von allen repräsentierten Verbrauchern zum Nachweis ihrer Anspruchsberechtigung zu erbringenden Beweise, beispielsweise die Vorlage des Flugtickets einheitlich zu bestimmen (Begr. RegE, BT-Drs. 20/6520, 77).

Entweder ist der auf jeden repräsentierten Verbraucher entfallenden Anspruch identisch, etwa **11** eine **Zahlung exakt derselben Summe** an jeden Verbraucher oder die Nachlieferung exakt des gleichen Produktes gegen Rückgabe und Rückübereignung exakt des gleichen mangelhaften Produktes. Oder aber die Anspruchshöhe lässt sich anhand derselben Formel berechnen, wenn gleichartige Verbraucheransprüche der Höhe nach variieren, so dass jeder repräsentierte Verbraucher einen der Höhe nach individuell verschiedenen Anspruch hat. Die Gesetzesbegründung nennt hier als Beispiel die Fallgestaltung, dass Kunden eines Geldinstituts aufgrund unwirksamer Vertragsbedingungen Zinsnachzahlungsansprüche zustehen, die jeweilige konkrete Forderungshöhe aber von der Dauer des Bestehens der Geldanlage und dem Betrag des angelegten Vermögens abhängt (Begr. RegE, BT-Drs. 20/6520, 78).

Zudem ist die Gleichartigkeit der Verbraucheransprüche nicht nur für die wirksame und **12** effiziente Gewährung kollektiven Rechtsschutzes bei der Abhilfeklage relevant, sondern auch für das **Umsetzungsverfahren:** Nach dem Abhilfeendurteil schließt sich das Umsetzungsverfahren an, in dem der Sachwalter über die Berechtigung der einzelnen angemeldeten Verbraucher und ihre Anspruchshöhe zu entscheiden hat. Um diese **Sachwalterentscheidung** zu ermöglichen, müssen für alle Verbraucher die gleichen Bedingungen hinsichtlich der Voraussetzungen und des

Nachweises ihrer Berechtigung gelten; ansonsten ist es dem Sachwalter nicht möglich, über die individuelle Berechtigung nach Maßgabe des Abhilfegrundurteils zu entscheiden (§ 16 I 1, II, § 27 Nr. 3).

13   **b) Derselbe Sachverhalt.** Die Gleichartigkeit bestimmt sich nach **Abs. 1 Nr. 1** danach, ob sie auf **demselben Sachverhalt** oder auf einer **Reihe im Wesentlichen vergleichbarer Sachverhalte** beruhen. Hier ist die Gleichartigkeit in tatsächlicher Hinsicht gemeint. Als Beispiel nennt die Gesetzesbegründung die Annullierung eines konkreten Fluges, was Zahlungsansprüche der gebuchten Fluggäste auslöst (Begr. RegE, BT-Drs. 20/6520, 77). Als eine Reihe vergleichbarer Sachverhalte nennt die Gesetzesbegründung, dass mehrere Verbraucher zu unterschiedlichen Zeitpunkten individuelle Sparverträge abschließen, die unterschiedlichen Verträge oder Vertragstypen aber alle die gleiche unwirksame Allgemeine Geschäftsbedingungen enthalten (Begr. RegE, BT-Drs. 20/6520, 78).

14   Auch könnte man hier den **Erwerb eines bestimmten Produkts** eines Herstellers durch die Verbraucher annehmen, und zwar **gleichgültig, auf welche Weise der Erwerb stattfand** – im stationären Verkauf, über die Homepage des Herstellers, über andere Online-Anbieter, über Teleshopping etc. – da alle Sachverhalte darin vergleichbar sind, dass sie den Erwerb dieses konkreten Produkts betreffen.

15   **c) Gleiche Tatsachen- und Rechtsfragen.** Nach **Abs. 1 Nr. 2** ist für die im Wesentlichen vorliegende Gleichartigkeit zudem erforderlich, dass für die Ansprüche die im Wesentlichen gleichen Tatsachen und Rechtsfragen entscheidungserheblich sind. Durch diese Norm soll gewährleistet werden, dass das Gericht in die Lage versetzt wird, „schablonenhaft" zu entscheiden, mithin keine tatsächliche oder rechtliche Einzelfallprüfung vorzunehmen. Das Gericht kann aufgrund dieser Bestimmung nach den im Wesentlichen gleichen tatsächlichen und rechtlichen Voraussetzungen abstrakt und typisiert entscheiden. Sind jedoch **Tat- oder Rechtsfragen** zu klären, die nicht in allen Sachverhalten ebenso bestehen, wäre eine **Einzelfallprüfung** durch das Gericht vorzunehmen, was jedoch gerade nicht im Abhilfeverfahren statthaft ist. Nur ohne diese Einzelfallprüfung kann das Gericht über die geltend gemachten Verbraucheransprüche einheitlich abschließend entscheiden oder einheitliche Anspruchsvoraussetzungen und Berechtigungsnachweise in einem Abhilfegrundurteil festlegen.

16   Die Gesetzesbegründung nennt für das im Wesentlichen **Fehlen** im Wesentlichen **gleicher Tatsachen** das **Beispiel,** wenn nicht alle Produkte einer Serie mangelhaft sind und im Einzelfall jeweils geklärt werden müsste, ob das konkret erworbene Produkt tatsächlich mangelhaft ist oder nicht; oder aber eine Fallgestaltung, die die Frage aufwirft, ob ein konkreter Verbraucher von einem bestimmten Umstand beim Vertragsschluss Kenntnis hatte (Begr. RegE, BT-Drs. 20/6520, 78). Auch könnte man für das Fehlen im Wesentlichen gleicher Tatsachenfragen die Fallgestaltung nehmen, dass es auf die Wahrnehmung einer bestimmten Werbebehauptung durch die Verbraucher – etwa über das Vorhandensein eines bestimmten, beworbenen Produktes – ankommt sowie auf die Frage auf die Frage der Kausalität, ob beispielsweise Aufwendungen wegen dieser Werbebehauptung durch die Verbraucher getätigt worden sind, etwa Fahrtkosten zur Fahrt in das Geschäftslokal des Werbenden, oder aber, ob diese Fahrtkosten ohnehin angefallen wären, da dieser konkrete Verbrauche sowieso das Geschäftslokal des Werbenden aufsuchen wollte, da er dort Routineeinkäufe tätigen wollte (ein ähnliches Beispiel bei Janal GRUR 2023, 985 (991 f.), die jedoch eine daraus folgende starke Beschneidung der Abhilfeklage durch unterschiedliche Kenntnisstände der Verbraucher feststellt und dies als problematisch ansieht). Auch kritische Stimmen, die eine Verringerung der Möglichkeiten zur Erhebung einer Abhilfeklage hierdurch sehen, gehen jedoch davon aus, dass eine Abhilfeklage nicht statthaft ist, wenn es an einer „schablonenhaften Prüfung" oder „formelhaften Berechenbarkeit" fehlt (Janal GRUR 2023, 985 (991 f.)).

17   Für das **Fehlen** im Wesentlichen **gleicher Rechtsfragen** nennt die Gesetzesbegründung die Fallgestaltung, dass einige betroffene Verbraucheransprüche verjährt sein können, andere aber noch nicht, oder dass unterschiedliche Vertragskonstellationen bestehen, etwa wenn einige Fluggäste direkt bei der Airline gebucht haben, andere über einen Reiseanbieter (Begr. RegE, BT-Drs. 20/6520, 78). Auch könnte man für das Fehlen im Wesentlichen gleicher Rechtsfragen die Fallgestaltung fassen, ob für bestimmte Verbraucher ein Anfechtungsrecht bestand, für andere wiederum nicht.

18   **d) Testfrage.** Nr. 1 und Nr. 2 sind **kumulativ anzuwenden,** so dass beide Voraussetzungen vorliegen müssen, um eine im Wesentlichen vorliegende Gleichartigkeit bejahen zu können.

Plakativ lautet die **Testfrage** für das Vorliegen von im Wesentlichen gleichartigen Ansprüchen: **„Ist eine individuelle Einzelfallprüfung nötig?"** Wenn diese Frage bejaht wird, liegt keine Gleichartigkeit gem. § 15 I vor und die Abhilfeklage ist daher unzulässig. Gem. § 15 II 1 muss die Klageschrift der Abhilfeklage Angaben zur Gleichartigkeit der betroffenen Ansprüche enthalten.

2. Angaben in der Klageschrift (Abs. 2)

Ohne das Bestehen der Bestimmung von § 15 II müsste an sich gem. § 253 II Nr. 2 ZPO der **19** klagende Verband im Klageantrag die konkreten Verbraucher und die konkrete Summe exakt bezeichnen nach Namen der Verbraucher und ihrer jeweils konkreten Forderungshöhe. Durch § 15 II wird der Verband von dieser Notwendigkeit befreit: Zum einen genügen die **Angaben zur Gleichartigkeit** der betroffenen Ansprüche (§ 15 II 1). Zum anderen besteht die Möglichkeit, einen **kollektiven Gesamtbetrag** durch das Abhilfeendurteil gem. § 18 II zu erhalten. In diesem Fall muss für das Abhilfeendurteils bereits in der Klageschrift – sofern eine identische Höhe aller Ansprüche vorliegt – lediglich generell die Höhe des einzelnen Anspruchs angeben werden, ohne jeweils einen Antrag für namentlich benannte Verbraucher mit jeweils dieser konkreten Forderungshöhe zu stellen.

Bei **unterschiedlicher Höhe** der Einzelansprüche soll die **Methode** angegeben werden, **20** nach der sich die Höhe der jeweiligen Einzelansprüche berechnen lässt (§ 15 II 2, 3); diese Einzelansprüche werden dann im Umsetzungsverfahren durch den Sachwalter gem. § 25 III, § 27 Nr. 9 berechnet und an die Verbraucher, die ihre Berechtigung nachgewiesen haben, entsprechend ausgezahlt. Hat der klagende Verband jedoch für konkrete, in der Klageschrift **namentlich benannte Verbraucher jeweils bestimmte Leistungsanträge** gestellt, so dass für jeden konkret benannten Verbraucher ein exakter Leistungsantrag vorhanden ist, sind die Erleichterungen des § 15 II nicht erforderlich, da hier ein exakter Antrag gem. § 253 II Nr. 2 ZPO vom klagenden Verband gestellt worden ist.

Zudem ermöglicht die Norm dem klagenden Verband seine **Abhilfeklage auf Inlandssach- 21 verhalte zu beschränken:** Hat beispielsweise der beklagte Unternehmer durch sein Verhalten Verbrauchern in mehreren EU-Mitgliedstaaten geschädigt, kann der klagende Verband durch die Beschreibung der gleichartigen Sachverhalte nur solche erfassen, die Inlandsbezug haben und entsprechend nur die inländische Verbrauchergruppe für den kollektiven Gesamtbetrag vorsehen (Begr. RegE, BT-Drs. 20/6520, 78).

Unterabschnitt 2. Abhilfeentscheidung

Urteil und Abhilfegrundurteil

16 (1) ¹Hält das Gericht eine Abhilfeklage, die auf Zahlung eines kollektiven Gesamtbetrages oder auf die Verurteilung zu einer anderen Leistung als zur Zahlung gerichtet ist, dem Grunde nach für begründet, so erlässt es ein Abhilfegrundurteil. ²Wird die Leistung an namentlich benannte Verbraucher begehrt, entscheidet das Gericht im Fall einer Verurteilung zur Zahlung durch Urteil. ³Hält das Gericht die Abhilfeklage für unzulässig oder unbegründet, weist es die Klage durch Urteil ab.

(2) ¹Die Urteilsformel eines Abhilfegrundurteils enthält folgende Angaben:
1. die konkreten Voraussetzungen, nach denen sich die Anspruchsberechtigung der betroffenen Verbraucher bestimmt und
2. die von jedem einzelnen Verbraucher im Umsetzungsverfahren zu erbringenden Berechtigungsnachweise.

²Wird mit der Abhilfeklage ein kollektiver Gesamtbetrag geltend gemacht, so enthält die Urteilsformel ferner den Betrag, der jedem berechtigten Verbraucher zusteht oder, wenn die den berechtigten Verbrauchern zustehenden Beträge unterschiedlich hoch sind, die Methode, nach der die den berechtigten Verbrauchern jeweils zustehenden Einzelbeträge zu berechnen sind. ³Wird mit der Abhilfeklage die Verurteilung zu einer anderen Leistung als zur Zahlung begehrt, so ist die Verurteilung in der Urteilsformel auszusprechen.

(3) Im Fall des Absatzes 1 Satz 1 bleibt die Kostenentscheidung dem Abhilfeendurteil vorbehalten.

(4) [1]Im Fall des Absatzes 1 Satz 1 entscheidet das Gericht durch Urteil, wenn

1. beide Parteien dies beantragen und
2. Bemühungen um einen Vergleich nach § 17 Absatz 1 aussichtslos erscheinen.

[2]In diesem Fall enthält die Urteilsformel die Angaben nach Absatz 2 und § 18 Absatz 1; § 18 Absatz 2 und 3 ist entsprechend anzuwenden.

(5) [1]Gegen Urteile nach den Absätzen 1 und 4 findet die Revision statt. [2]Diese bedarf keiner Zulassung.

Übersicht

I. Systematik und unionsrechtlicher Hintergrund

1. Abhilfegrundurteil als erster Verfahrensschritt

1   Die Norm ermöglicht es dem Gericht, ein Abhilfegrundurteil zu erlassen und bezeichnet damit den **ersten Schritt** in dem vierphasigen Abhilfeverfahren. Mit dem Abhilfegrundurteil steht die Haftung des Unternehmers dem Grunde nach fest. Die Bestimmung steht damit in **systematischem Zusammenhang mit § 17,** der als nächsten Schritt im Abhilfeverfahren einen **Vergleichsversuch** vorsieht und – wenn ein Vergleich nicht zustande kommt – das **Abhilfeendurteil gem. § 18** sowie daran anschließend als vierten und letzten Schritt das **Umsetzungsverfahren gem. § 22** folgen lässt. Erscheint ein Vergleich aussichtslos und beantragen beide Parteien ein Urteil, so ergeht ein Urteil, das eine Kombination aus Abhilfegrundurteil und Abhilfeendurteil darstellt (Abs. 4). Der **systematische Zusammenhang mit § 15** ist dergestalt, dass diese Norm die Voraussetzungen für die Gleichartigkeit der Verbraucheransprüche, ohne die kein Abhilfeverfahren stattfinden kann, bestimmt. Ein Abhilfegrundurteil nach Abs. 1 S. 1 kommt dann in Betracht, wenn die repräsentierten Verbraucher nicht namentlich benannt sind, sondern lediglich gem. § 15 I anhand abstrakter Umschreibung der die Gleichartigkeit begründenden Umstände kollektiv beschrieben werden.

2   Klagt der Verband hingegen unter namentlicher Nennung der repräsentierten Verbraucher, ist ein Abhilfegrundurteil nicht nötig. Vielmehr kann das Gericht dann nach Prüfung dieser Ansprüche sofort ein Endurteil erlassen, welches von dem Verband als Titelgläubiger zugunsten der Verbraucher gegen den Unternehmer vollstreckt wird (Abs. 1 S. 2). Der **kollektive Gesamtbetrag,** den Abs. 2 S. 2 nennt, bezieht sich auf **§ 19, § 21** und ist im Umsetzungsverfahren vom Sachwalter nach Nachweis ihrer Berechtigung an die Verbraucher zu verteilen. Geht hingegen das Gericht – gleichgültig ob bei namentlicher Nennung der repräsentierten Verbraucher oder nur ihrer abstrakten kollektiven Umschreibung – davon aus, dass die Ansprüche nicht bestehen, weist es die Klage durch Sachurteil ab, bei Fehlen einer Zulässigkeitsvoraussetzung durch Prozessurteil (Abs. 1 S. 3).

3   In beiden Fällen enthält dieses auch die **Kostenentscheidung.** Bei Erlass eines Abhilfegrundurteils ist über die Kosten hingegen im Abhilfeendurteil gem. § 18 zu entscheiden (Abs. 3). Für den Fall, dass beide Parteien es beantragen und Bemühungen um einen Vergleich aussichtslos erscheinen, wird ein Urteil erlassen, das in seiner Urteilsformel die Elemente des Abhilfegrund urteils gem. Abs. 2 als auch die Elemente des Abhilfeendurteils gem. § 18 Abs. 1 enthält, mithin eine Kombination als Abhilfegrund- und -endurteil darstellt (Abs. 4).

2. Verfahrensautonomie des deutschen Gesetzgebers

Die Norm dient der Umsetzung von **Art. 9 V Verbandsklagen-RL,** der bestimmt: „Wer- 4
den in der Abhilfeentscheidung nicht einzelne Verbraucher aufgeführt, die Anspruch auf die in der Abhilfeentscheidung vorgesehene Abhilfe haben, so muss darin zumindest die Gruppe von Verbrauchern festgelegt werden, die Anspruch auf die genannte Abhilfe hat." Dies wird durch Abs. 2 erfüllt. Im Übrigen enthält die Verbandsklagen-RL keine Bestimmungen über die konkrete Ausgestaltung des Abhilfeverfahrens; vielmehr wird dieses dem nationalen Gesetzgeber überlassen. So bestimmt **ErwGr. 12 S. 1 Verbandsklagen-RL** ausdrücklich: „Im Einklang mit dem Grundsatz der Verfahrensautonomie sollte die vorliegende Richtlinie nicht dazu dienen, jeden Aspekt der Verbandsklage zu regeln."

Dass der deutsche Gesetzgeber daher das eingangs beschriebene vierphasige Modell für die 5
Abhilfeklage entwickelt hat, lag in seiner Verfahrensautonomie und ist nicht von der Verbandsklagen-RL determiniert. Lediglich in **ErwGr. 50 S. 1 Verbandsklagen-RL** hat der europäische Gesetzes seine Vorstellung in Umrissen dargestellt, was aus seiner Sicht in einer Abhilfeentscheidung enthalten sein sollte, nämlich dort „sollten die einzelnen Verbraucher oder zumindest die Gruppe von Verbrauchern genannt werden, denen die in diesen Abhilfeentscheidungen vorgesehene Abhilfe zugutekommt, und es sollten, sofern zutreffend, die Berechnungsmethode für die Schäden dargelegt und die relevanten Schritte beschrieben werden, die von Verbrauchern und Unternehmern zur Umsetzung der Abhilfe einzuleiten sind". Dieser Beschreibung entsprechen die Bestimmungen in Abs. 2 S. 1 Nr. 1, 2. Dass die Klage gem. Abs. 1 S. 2 bereits im ersten der eingangs erwähnten Verfahrensschritte abgewiesen werden kann, setzt **Art. 7 VII Verbandsklagen-RL** um, der bestimmt, dass offensichtlich unbegründete Klagen in einem möglichst frühen Verfahrensstadium abgewiesen werden können.

II. Norminhalt

1. Abs. 1

a) Vier mögliche Fallgestaltungen. Die Norm regelt **vier mögliche Fallgestaltungen:** 6
Zum einen die **Unzulässigkeit** der Abhilfeklage (Abs. 1 **S. 3**); hier wird die Abhilfeklage durch Prozessurteil abgewiesen. Zum anderen die **Unbegründetheit** der Abhilfeklage (Abs. 1 **S. 3**); dies ist dann der Fall, wenn die eingeklagten Ansprüche bereits dem Grunde nach nicht bestehen, wobei gleichgültig ist, ob die repräsentierten Verbraucher namentlich genannt werden oder nur durch abstrakte Merkmale kollektiv beschrieben. Hier wird die Abhilfeklage durch Sachurteil abgewiesen. Drittens die **Begründetheit** der Abhilfeklage, **jedoch nur dem Grunde nach,** aber bei **abstrakter Umschreibung** der kollektiven Verbrauchergruppe; dies ist dann der Fall, wenn die eingeklagten Ansprüche als solche bestehen, (Abs. 1 **S. 1**). Hier wird das Abhilfegrundurteil erlassen.

Und viertens der Fall, dass die repräsentierten Verbraucher **namentlich genannt** sind und die 7
geltend gemachten Ansprüche begründet sind (Abs. 1 **S. 2**); hier ist kein Abhilfegrundurteil nötig, da ein weiterer Nachweis der Berechtigung und dafür die von jedem einzelnen Verbraucher gem. Abs. 2 zu erbringenden Berechtigungsnachweise nicht erforderlich sind. Vielmehr erlässt das Gericht in diesem Fall ein zusprechendes Endurteil, welches ohne weiteres vom Verband zugunsten der repräsentierten Verbraucher gegen den Unternehmer vollstreckt wird. Hier ist klar, dass hier das vierphasige Abhilfeverfahren nicht erforderlich ist, vielmehr bereits nach allgemeinen zivilprozessualen Regeln verfahren werden kann (Begr. RegE, BT-Drs. 20/6520, 79).

Zwar spricht der Gesetzestext in dem in S. 2 geregelten Fall der namentlichen Benennung der 8
repräsentierten Verbraucher nur von **„Verurteilung zur Zahlung",** so dass sich die Frage stellt, ob auch bei einer Verurteilung zu einer **anderen Leistung** als einer Zahlung nach S. 2 zu verfahren ist. Die Gesetzbegründung äußert sich dazu nicht. Da jedoch die **Grundkonstellation** der namentlichen Benennung sowohl bei einer Verurteilung zu einer Zahlung als auch bei einer Verurteilung zu einer anderen Leistung **dieselbe** ist, und damit auch die Interessenlage identisch ist, ist auch in diesem gesetzlich nicht geregelten Fall nach S. 2 zu verfahren (ähnlich Röthemeyer Stellungnahme in der Anhörung des Rechtsausschusses S. 7).

9   Eine **fünfte Möglichkeit** hingegen enthält **Abs. 4,** der durch die Beschlussempfehlung RA
in den Normtext aufgenommen wurde, allerdings nicht in Abs. 1, sondern in einem gesonderten
Abs. 4: Hier besteht die Möglichkeit, wenn Bemühungen um einen Vergleich nach § 17 I
aussichtslos erscheinen und beide Parteien es beantragen, sofort ein Urteil zu erlassen, das
Elemente des **Abhilfegrundurteils** und des **Abhilfeendurteils** miteinander verbindet. In der
Urteilsformel wird diese **Kombination** realisiert, da die Urteilsformel sowohl die Angaben nach
Abs. 2 als auch die Angaben nach § 18 I enthalten muss.

10   **b) Mögliche Ansprüche.** Im Abhilfegrundurteil wird die **Haftung des beklagten Unternehmers** für die repräsentierten Verbraucheransprüche dem Grunde nach für gerechtfertigt
erklärt. Diese Ansprüche können **Zahlungsansprüche** sein, müssen dies jedoch nicht; vielmehr
nennt Art. 9 I Verbandsklagen-RL auch **andere Ansprüche** als Gegenstand, wie etwa „Abhilfe
in Form von Schadenersatz, Reparatur, Ersatzleistung, Preisminderung, Vertragsauflösung oder
Erstattung des gezahlten Preises". Entsprechendes bezeichnet auch die Definition der „Abhilfeentscheidung" in Art. 3 Nr. 10 Verbandsklagen-RL. In § 14 wird dies vom deutschen Gesetzgeber kurz umschrieben mit der Wendung „Verurteilung […] zu einer Leistung", was demzufolge sowohl eine Zahlung als auch eine sonstige Leistung beinhalten kann.

2. Abs. 2

11   **a) Voraussetzungen und Nachweise für Verbraucherberechtigung.** Die Norm enthält
Sonderbestimmungen für die Urteilsformel eines Abhilfegrundurteils. Sie soll im Fall einer
lediglich kollektiven Bestimmung anhand abstrakter Merkmale die Feststellung ermöglichen, wer
von den repräsentierten Verbrauchern tatsächlich zu den Anspruchsberechtigten gehört. Zudem
soll sie nach S. 2 für den eingeklagten kollektiven Gesamtbetrag die Höhe der Forderung
nennen, die jedem einzelnen Verbraucher zusteht bzw. bei unterschiedlicher Forderungshöhe
die Methode für die im Umsetzungsverfahren gem. § 27 Nr. 3 anstehende Einzelberechnung.
Hierfür benötigt der damit betraute Sachwalter die in S. 1 Nr. 2 genannten Nachweise bzw. die
in S. 2 genannte Angabe der Methode, wie die Berechnung vorzunehmen ist. Die konkrete
Bezifferung des kollektiven Gesamtbetrags bleibt dem Abhilfeendurteil gem. § 18 II vorbehalten.

12   Für die **Berechtigung** der repräsentierten Verbraucher enthält S. 1 Nr. 1 und Nr. 2 Bestimmungen über die Voraussetzungen der Berechtigung der Verbraucher (Nr. 1) und über die
Führung eines Nachweises durch die betroffenen Verbraucher im Umsetzungsverfahren (Nr. 2).
Die Worte „im Umsetzungsverfahren" wurden als Ergänzung des Gesetzestextes vom Bundesrat
in seiner Stellungnahme empfohlen und von der Bundesregierung akzeptiert, und schließlich in
die Beschlussempfehlung RA aufgenommen (Beschlussempfehlung BR, BT-Drs. 20/7631, 111),
so dass sie nunmehr Teil des Normtextes von S. 1 Nr. 2 sind. Mit dieser Ergänzung soll noch
deutlicher herausgestellt werden, dass eine Einschränkung des Berechtigungsnachweises auf die
vom Gericht im Abhilfegrundurteil bezeichneten Möglichkeiten nur für das **Umsetzungsverfahren** im Rahmen der Abhilfeklage gilt. Wird die Berechtigung hiernach verneint, bleiben den
konkreten Verbrauchern in einem Individualverfahren alle alternativ denkbaren Nachweismög-
lichkeiten erhalten (Beschlussempfehlung RA, BT-Drs. 20/7631, 111).

13   Beide Normen sind aufeinander bezogen: **Nr. 1** nennt die **konkreten Voraussetzungen,**
beispielsweise ein Vertragsschluss eines bestimmten Typs durch die repräsentierten Verbraucher
mit dem beklagten Unternehmer oder der Erwerb eines bestimmten Produkts durch den
repräsentierten Verbraucher von dem beklagten Unternehmer (Begr. RegE, BT-Drs. 20/6510,
79). Die Gesetzesbegründung nennt hier beispielsweise Verträge über die Buchung eines bestimmten, später annullierten Fluges, Formularsparverträge mit unwirksamen Zinsanpassungs-
klauseln oder Kaufverträge über ein bestimmtes, in der Produktionsserie immer sachmangelbe-
haftetes Produkt (Begr. RegE, BT-Drs. 20/6520, 79 f.).

14   Auch kann etwa durch Nr. 1 ein Zeitpunkt festgelegt werden, vor dem der Vertrag geschlossen oder eine Erklärung des Unternehmers oder des Verbrauchers abgegeben wurde, etwa eine
Kündigung oder die Ausübung eines Optionsrechts. **Nr. 2** betrifft den **Nachweis** der Berechtigung der Verbraucher: Diese müssen einen Nachweis über ihre Berechtigung, mithin über die
Erfüllung der in Nr. 1 genannten Voraussetzungen durch ihre Person erbringen, um im Umsetzungsverfahren an der Verteilung teilnehmen zu können, § 27 Nr. 3. Dieser Nachweis kann
beispielsweise die Vorlage eines Flugtickets, einer Boardingcard, eines bestimmten Sparvertrags,
einer Konzertkarte oder einer Rechnung über den Kauf eines bestimmten Produkts sein (Begr.
RegE, BT-Drs. 20/6520, 80 f.).

b) Kollektiver Gesamtbetrag. S. 2 regelt **zwei Fallgestaltungen** hinsichtlich der Forde- **15** rungshöhe der einzelnen Verbraucher bei einem dem Grunde nach gerechtfertigtem Anspruch. In beiden Fällen wird ein **kollektiver Gesamtbetrag** gem. § 19 ausgeurteilt. In der ersten Alternative ist die konkrete Forderungshöhe für alle repräsentierten Verbraucher identisch, so dass diese Forderungshöhe angegeben werden muss im Abhilfegrundurteil. In der zweiten Alternative sind die konkrete Forderungshöhen nicht identisch. In diesem Fall muss die Methode, nach der die den repräsentierten Verbrauchern jeweils individuell zustehenden Einzel- beträge berechnet werden, im Abhilfegrundurteil angegeben werden. Für den ersten Fall nennt die Gesetzesbegründung als Beispiel die Entschädigung von Flugpassagieren nach der Fluggast- rechteverordnung; für den zweiten Fall nennt die Gesetzesbegründung als Beispiel Zinsnach- zahlungsansprüche, die sich individuell nach der konkreten Dauer der Laufzeit und nach der Höhe des Sparvermögens berechnen (Begr. RegE, BT-Drs. 2076520, 80).

Die Bezifferung der exakten Forderungshöhe des kollektiven Gesamtbetrags bleibt hingegen **16** dem Abhilfeendurteil gem. § 18 II vorbehalten. Wird mit der Abhilfeklage die Verurteilung zu **einer anderen Leistung als einer Zahlung** beantragt, so ist die Verurteilung zu dieser Leistung im Urteilstenor auszusprechen (S. 3). Dies kann etwa eine Ersatzlieferung oder eine Reparatur sein. Das durch ein sich anschließendes Abhilfeendurteil anzuordnende Umsetzungs- verfahren dient dann dem Nachweis der Anspruchsberechtigung der betroffenen Verbraucher nach Maßgabe der nach S. 1 in der Urteilsformel des Abhilfegrundurteils zu bestimmenden Voraussetzungen (Begr. RegE, BT-Drs. 20/6520, 80).

3. Kostenentscheidung (Abs. 3)

Nach dieser Norm ist lediglich in der Fallgestaltung des Abs. 1 S. 1 die **Kostenentscheidung** **17** nicht im aktuellen Urteil, sondern im Abhilfeendurteil zu fällen. Dies liegt daran, dass sowohl bei Klageabweisung, gleichgültig ob durch Prozessurteil oder Sachurteil oder Klagestattgabe durch Leistungsurteil bei namentlicher Nennung der repräsentierten Verbraucher es ohnehin kein Abhilfeendurteil gibt und diese Entscheidung daher die endgültige Entscheidung darstellt – anders als beim Abhilfegrundurteil, das zur endgültigen Erledigung des Rechtsstreits entweder einen wirksamen Vergleich gem. § 17 oder ein Abhilfeendurteil gem. § 18 benötigt.

4. Kombination (Abs. 4)

Die Norm wurde erst durch die Beschlussempfehlung RA (BT-Drs. 20/7631) in den Ge- **18** setzestext aufgenommen. Sie regelt eine Kombination aus Abhilfegrundurteil und Abhilfeend- urteil: Wenn beide Parteien es beantragen und die Bemühungen um einen Vergleich nach § 17 I aussichtlos erscheinen, entscheidet das Gericht durch Urteil, dessen Urteilsformel nicht nur die Elemente für die Urteilsformel des Abhilfegrundurteils gem. Abs. 2 enthält, sondern auch die Elemente der Urteilsformel des Abhilfeendurteils nach § 18 I, wobei § 18 II, III entsprechend anzuwenden sind. Diese **Kombination** aus **Abhilfegrundurteil** und **Abhilfeendurteil** umgeht letztlich die Notwendigkeit von zwei Urteilen – ein gesondertes Abhilfegrundurteil und ein gesondertes Abhilfeendurteil – und erleichtert damit den Abschluss des Verfahrens. Das in Abs. 4 geregelte Kombinations-Urteil ist letztlich die **fünfte Möglichkeit** neben den vier Möglich- keiten, die in Abs. 1 geregelt sind.

Der **Rechtsausschuss** (Beschlussempfehlung RA, BT-Drs. 20/7631, 111) führt dazu aus, dass **19** mit dieser **Ergänzung** den Parteien die Möglichkeit eröffnet werde, bei entsprechendem beiderseitigem Antrag **unmittelbar ein Urteil** iSd § 300 ZPO zu erhalten, **ohne dass zuvor ein Abhilfegrundurteil** ergehen müsste. Das Gericht habe einem solchen übereinstimmenden Antrag der Parteien zu entsprechen, wenn auch aus seiner Sicht weitere Bemühungen um einen Vergleich nach § 17 I aussichtlos sind. Dafür stellten entsprechende Parteianträge regelmäßig ein gewichtiges Indiz dar. Nach S. 2 setzt sich die Urteilsformel bei einem unmittelbar ergehenden regulären Urteil aus den sonst auf das Abhilfegrundurteil und das Abhilfeendurteil aufgeteilten Angaben nach Abs. 2 und § 18 I zusammen, wobei Besonderheiten der Tenorierung in den Fällen des § 18 II, III entsprechend gelten.

In die **Urteilsformel** dieses **Kombinations**-Urteils müssen daher nicht nur die konkreten **20** Voraussetzungen, nach denen sich die Anspruchsberechtigung der betroffenen Verbraucher bestimmt, die von jedem konkreten Verbraucher zu erbringenden Berechtigungsnachweise, den jedem Verbraucher zustehenden Betrag bzw. die Methode, nach der die den berechtigten Verbrauchern jeweils zustehenden Einzelbeträge zu berechnen sind, ausgeurteilt werden, son- dern auch die Anordnung des Umsetzungsverfahrens, die vorläufige Festsetzung der Kosten des

Umsetzungsverfahrens, die Verurteilung des Unternehmers zur Zahlung dieser vorläufig festgesetzten Kosten sowie die Entscheidung über die Kosten des Verfahrens; bei Geltendmachung eines kollektiven Gesamtbetrags muss außerdem auch die Verurteilung des Unternehmers zur Zahlung dieses Betrags zu Händen des Sachwalters tenoriert werden.

5. Revision (Abs. 5)

21 Die Norm ordnet die Revision als Rechtsmittel für Urteile nach Abs. 1 und für die Kombinationsurteile nach Abs. 4 an. Diese Norm ist an die Regelung des § 614 ZPO aF angelehnt, die die **Revision** für Musterfeststellungsklagen für zulässig erklärte und statuierten, dass die Sache stets grundsätzliche Bedeutung iSd § 543 II Nr. 1 ZPO hatte. Insoweit ist dies für Musterfeststellungsklage nunmehr in § 42 geregelt. Da das OLG gem. § 3 ohnehin für Verbandsklagen sachlich ausschließlich zuständig ist – wie bereits bisher gem. § 119 III GVG aF für die Musterfeststellungsklage – das Rechtsmittel der Revision als solches auch für **Abhilfegrund-, Leistungs-, Kombinations- und klageabweisende Urteile gem. Abs. 1, Abs. 4 sowie Abhilfeendurteile,** § 18 IV vorgegeben.

22 Es bedarf **keiner Zulassung** der Revision durch das jeweilige erkennende Gericht (S. 2). Daher ist auch die Nichtzulassungsbeschwerde gem. § 544 ZPO hier gegenstandslos. Der Gesetzgeber konnte diese Regelung treffen, da Regelungen für Rechtsmittel gegen Abhilfegrund-, Leistungs-, Kombinations- und klageabweisende Urteile sowie Abhilfeendurteile nicht in der Verbandsklagen-RL enthalten sind und daher **keine unionsrechtliche Determinierung** besteht.

Vergleichsvorschlag; Fortsetzung des Abhilfeverfahrens

17 (1) [1]Nach der Verkündung des Abhilfegrundurteils soll das Gericht die Parteien auffordern, einen schriftlichen Vergleichsvorschlag zur Umsetzung des Abhilfegrundurteils zu unterbreiten. [2]Das Gericht kann den Parteien eine Frist zur Unterbreitung des Vergleichsvorschlags setzen. [3]Auf Antrag einer Partei und mit Zustimmung der Gegenpartei kann das Gericht diese Frist verlängern. [4]Die §§ 9 und 10 sind entsprechend anzuwenden.

(2) [1]Wird das Abhilfeverfahren nicht durch wirksamen Vergleich beendet und ist das Abhilfegrundurteil rechtskräftig, so setzt das Gericht das Abhilfeverfahren fort. [2]Es entscheidet durch Abhilfeendurteil.

Übersicht

Schrifttum: Röthemeyer, Die neue Verbandsklagen-Richtlinie, VuR 2021, 43; Mekat/Amrhein, Umsetzung der Verbandsklagen-RL nach dem Referentenentwurf, RAW 2023, 25; Stadler, Grenzüberschreitende Wirkung von Vergleichen und Urteilen im Musterfeststellungsverfahren, NJW 2020, 265 ff.

I. Systematik und unionsrechtlicher Hintergrund

1. Initialisierung eines Vergleichs

1 Die Norm dient der Umsetzung von **Art. 11 I Verbandsklagen-RL,** der eine Regelung über **Abhilfevergleiche** enthält und ihre Initialisierung durch das Gericht in lit. b und eine Initialisierung durch den Verband und den Unternehmer in lit. a statuiert. Die Initialisierungsmöglichkeit durch den Verband und den Unternehmer ist nicht in § 17 umgesetzt worden, auch findet sie sich nicht in § 9 I, der den Vergleich als solchen betrifft und sowohl für Musterfeststellungsklagen als auch für Abhilfeklagen gilt; vielmehr wird diese Initialisierungsmöglichkeit durch die Parteien nach allgemeinen zivilprozessualen Regeln vorausgesetzt; auch nach Erlass eines Abhilfegrundurteils können die Parteien daher aufgrund eigner Initiative einen Vergleich schließen und müssen nicht auf eine Aufforderung durch das Gericht warten.

Die Abhilfevergleiche sollen deshalb gem. **Art. 11 I Verbandsklagen-RL** gefördert werden, 2
weil eine einvernehmliche Beilegung des Rechtsstreits die **Effizienz** und die **Wirksamkeit** der Abhilfe stärkt (ErwGr. 53 **Verbandsklagen-RL**). Deshalb soll das Gericht den Unternehmer und den klagenden Verband auffordern können, Vergleichsverhandlungen aufzunehmen (ErwGr. 54 **Verbandsklagen-RL**). Eine nähere Bestimmung hinsichtlich des Verfahrens der Abhilfevergleiche enthält die Verbandsklagen-RL nicht, so dass der deutsche Gesetzgeber dies insoweit autonom regeln konnte.

2. Vergleichsvorschlag als zweiter Verfahrensschritt

Systematisch ist die Norm einzuordnen als **zweiter Verfahrensschritt,** nachdem das Ab- 3
hilfegrundurteil als erster Verfahrensschritt gem. § 16 I 1 erlassen wurde und vor dem dritten Verfahrensschritt, dem Abhilfeendurteil gem. § 18, welches erst dann möglich ist, wenn der Vergleich scheitert (§ 17 II). Das Umsetzungsverfahren gem. §§ 22 ff. als vierter Verfahrensschritt schließt sich an ein Abhilfeendurteil an. Die letzten beiden Schritte kommen nicht zur Anwendung, wenn nach dem Abhilfegrundurteil ein Vergleich zwischen Verband und Unternehmer geschlossen wurde, da im Vergleich regelmäßig ein Prüf- und Verteilungssystem zur Umsetzung des Abhilfegrundurteils vereinbart wurde. Erscheint ein Vergleich hingegen aussichtslos und beantragen beide Parteien den Erlass eines Urteils, so ergeht hingegen eine Kombination aus Abhilfegrund- und Abhilfeendurteil, welches in seiner Urteilsformel die Elemente des § 16 II und es § 18 I enthält, § 16 IV.

Ein Vergleich kann gem. § 9 I 2 drei Wochen nach dem Schluss der mündlichen Verhandlung 4
(und zu jedem weiteren Zeitpunkt danach vor einem Urteil) geschlossen werden, so dass im Fall eines Vergleichsschlusses kein Urteil ergeht. Liegt jedoch ein Abhilfegrundurteil vor, soll das Gericht initiativ werden und zum Vergleichsschluss auffordern. Dies schließt jedoch nicht aus, dass die Parteien bereits vor der gerichtlichen Aufforderung aufgrund von Eigeninitiative einen Vergleich präsentieren. Der Vergleich bedarf zu seiner **Wirksamkeit der Genehmigung** durch das Gericht, § 9 II, und zwar gleichgültig, ob er auf Aufforderung durch das Gericht oder durch Eigeninitiative der Parteien entstanden ist. Damit wird **Art. 11 II Verbandsklagen-RL** umgesetzt. Ein Austritt aus dem Vergleich ist für die angemeldeten Verbraucher gem. § 10 möglich; dadurch wird **Art. 11 IV Verbandsklagen-RL** umgesetzt. Sowohl auf § 9 als auch auf § 10 verweist § 17 I 4.

II. Norminhalt

1. Abs. 1

a) Aufforderung durch das Gericht. Da eine einvernehmliche Beendigung des Rechts- 5
streits zeit- und ressourcenschonend für alle Prozessbeteiligten sind und zudem so weit wie möglich **Autonomie** für die Vergleichsparteien herrscht, soll die **vergleichsweise Beilegung** mittels einer **Aufforderung** durch das Gericht nach Erlass des Abhilfegrundurteils gefördert werden. Bei Parteien müssen nun von dem Bestehen des geltend gemachten Abhilfeanspruchs dem Grunde nach ausgehen und können sich daher im Vergleich auf ein Prüf- und Verteilungssystem zur Umsetzung der Abhilfegrundentscheidung einigen, welches sie in Folge selbständig und eigenverantwortlich durchführen (Begr. RegE, BT-Drs. 20/6520, 80). Der **Zeitpunkt** für die Aufforderung durch das Gericht liegt nach **Verkündung** des Abhilfegrundurteils, also seinem Erlass gem. § 310 I 1 ZPO.

Eine Frist zur Unterbreitung eines Vergleichsvorschlags kann durch das Gericht gesetzt werden 6
(§ 17 I 2); diese kann auf Antrag einer Partei mit Zustimmung der Gegenpartei verlängert werden (§ 17 I 3). Die Aufforderungspflicht nach § 17 I 1 besteht jedoch für das Gericht lediglich aufgrund einer „Soll"-Vorschrift, was bedeutet, dass immer dann, wenn eine vergleichsweise Regelung nicht ausgeschlossen ist, das Gericht aktiv zu werden hat. Lediglich in den Fällen, in denen eine einvernehmliche Verfahrensbeendigung völlig unwahrscheinlich erscheint, kann dies unterbleiben.

7   Zwar wird dem **Gericht** durch die vorliegende Regelung **nicht auferlegt,** selbst einen **Vergleichsvorschlag zu unterbreiten;** dies ist jedoch gem. § 278 I ZPO in jeder Lage des Verfahrens für das Gericht möglich und wird durch die vorliegende Bestimmung nicht untersagt, so dass das Gericht durchaus in dieser Richtung aktiv werden kann. Allerdings ist der Ausschlusszeitraum des § 9 I zu beachten, der verbietet, den Vergleich vor Ablauf von drei Wochen nach dem Schluss der mündlichen Verhandlung zu schließen. Da die mündliche Verhandlung geschlossen wird, wenn ein Termin zur Verkündung eines Urteils bestimmt wird, ist es nicht möglich, während laufendem Verfahren einen Vergleich zu schließen, selbst wenn die Parteien sich insoweit geeinigt haben. Wird dies von den Parteien gewünscht, müssten sie den Rechtsstreit übereinstimmend für erledigt erklären, mit der Rechtsfolge, dass gem. § 91a ZPO der Prozess in der Hauptsache beendet ist.

8   **b) Autonomie für die Parteien.** Die Aufforderung bezieht sich auf das **Abhilfegrundurteil** und seine **Umsetzung.** Die Parteien müssen also für den Inhalt ihres Abhilfevergleichs vom dort festgestellten Bestehen der eingeklagten Ansprüche ausgehen; für die Umsetzung dieses Urteils, mithin der Erfüllung dieser Ansprüche sollen sie ein **Prüf- und Verteilungssystem** vorschlagen. Weitere Vereinbarungen können sie – sofern diese nicht das Abhilfegrundurteil konterkarieren – ebenfalls treffen, etwa den repräsentierten Verbrauchern weitere Leistungen zusagen; insoweit können sie auch nicht repräsentierte Verbraucher einbeziehen.

9   Sind andere Leistungen als Geldzahlungen zu erfüllen, kann insoweit auch ein umfassendes Abwicklungssystem vereinbart werden, über das beispielsweise Reparaturen abgewickelt werden. Diese freiwillige Erfüllung durch autonome Vereinbarung ermöglicht dem Unternehmer maßgeblich auf die Art und Weise der Umsetzung des Abhilfegrundurteils Einfluss zu nehmen und damit die entstehenden Kosten, die ihm zur Last fallen, niedrig zu halten bzw. überhaupt Einfluss auf sie zu nehmen; dies wäre nicht möglich bei einem Umsetzungsverfahren gem. §§ 22 ff. (Begr. RegE, BT-Drs. 20/6520, 80). Der Abhilfevergleich bedarf – ebenso wie der Vergleich, der ohne Vorliegen eines Abhilfegrundurteils zustande gekommen ist – der **Genehmigung** durch das **Gericht** (§ 17 I 4, § 9 II).

2. Abs. 2

10   **a) Prozessbeendigung und materiellrechtliche Wirkung.** Der aufgrund der gerichtlichen Aufforderung gem. Abs. 1 zustande gekommene Vergleich hat, wie alle **Prozessvergleiche** eine **Doppelnatur:** Aufgrund der prozessualen Wirkung wird der **Prozess beendet.** Aufgrund der **materiell-rechtlichen Wirkung** ergeben sich entsprechende **Änderung in den Rechtsverhältnissen** zwischen den repräsentierten Verbrauchern und dem Unternehmer, sofern die Verbraucher nicht gem. § 10 I, § 17 I 4 innerhalb eines Monats nach Bekanntgabe des Vergleichs im Verbandsklageregister gegenüber dem Bundesamt für Justiz ihren Austritt aus dem Vergleich erklärt haben. Dieser unterbliebene Austritt könnte aufgrund der Regelung der § 9 I 1, § 10 II 1, § 17 I 4 Erklärungscharakter haben und eine Genehmigung der Stellvertretung durch den Verband hinsichtlich des Vergleichs dar, § 177 I BGB darstellen; dazu müssten die Verbraucher jedoch vertragschließende Partei sein, was sie aber gem. § 9 nicht sind.

11   Hinsichtlich der **Einräumung von Rechten** kann der Vergleich daher als Vertrag zugunsten Dritter angesehen werden. Da ein Vergleich jedoch durchaus auch Rechtspositionen aufgeben kann, aber ein Vertrag zu Lasten Dritter unzulässig ist, muss diesbezüglich eine andere Konstruktion maßgeblich sein. Da die angemeldeten Verbraucher gem. § 44 Nr. 10 umfassend über die Konsequenzen ihres Austritts informiert werden, kann diesem „informierten Schweigen" Erklärungscharakter zugemessen werden (vgl. nur Stadler NJW 2020, 265 (270) mwN). Der **Verzicht auf Rechte** der Verbraucher durch den Verband stellt daher eine Verfügung eines Nichtberechtigten dar, das Unterbleiben eines Austritts innerhalb der Frist des § 10 I die Genehmigung durch die konkreten Verbraucher (Musielak/Stadler ZPO § 611 Rn. 4 mwN). Die Rechtsnatur des Vergleichs stellt daher – trotz des potentiell auch Nachteile umfassenden Vergleichsinhalts – keinen Vertrag zu Lasten Dritter dar (vgl. BeckOK ZPO/Augenhofer ZPO § 611 Rn. 5a f. mwN).

12   **b) Scheitern des Vergleichs.** Kommt **kein Vergleich** zustande oder wird dieser mangels gerichtlicher Genehmigung **nicht wirksam,** wird das Verfahren fortgesetzt (S. 1). Zunächst muss jedoch die **Rechtskraft** des Abhilfegrundurteils gem. § 705 ZPO eingetreten sein; dies ist deshalb erforderlich, weil durch Einlegung der Revision gegen das Abhilfegrundurteil gem. § 16 IV, § 548 ZPO keine Rechtskraft eintritt, sondern das Abhilfegrundurteil vom Revisionsgericht überprüft wird. Erst mit Eintritt der Rechtskraft steht jedoch die Haftung des Unternehmers dem Grunde nach endgültig fest. Bei Vorliegen der Rechtskraft wird das Abhilfeverfahren durch das OLG fortgesetzt und schließlich das Abhilfeendurteil gem. § 18 erlassen (S. 2).

c) Aussichtslosigkeit eines Vergleichs. Erscheint ein Vergleich aussichtslos, so können **13** beide Parteien gem. § 16 IV beantragen, dass das Gericht durch Urteil gem. § 16 IV entscheidet. Das dann ergehende Urteil ist letztlich eine Kombination aus Abhilfegrundurteil und Abhilfeendurteil, denn die Urteilsformel muss nicht nur die Elemente gem. § 16 II enthalten, sondern auch die Elemente des § 18 I; zudem sind § 18 II, III entsprechend anzuwenden (§ 16 IV 2). Dieses Kombinations-Urteil ermöglich den Parteien, **unmittelbar ein Urteil** iSd § 300 ZPO zu **erhalten, ohne** dass **zuvor ein Abhilfegrundurteil** ergehen müsste; es erleichtert so den Abschluss des Verfahrens.

Abhilfeendurteil

18 (1) **Die Urteilsformel des Abhilfeendurteils enthält folgende Angaben:**
1. **die Anordnung des Umsetzungsverfahrens,**
2. **die vorläufige Festsetzung der Kosten des Umsetzungsverfahrens,**
3. **die Verurteilung des Unternehmers zur Zahlung der nach Nummer 2 vorläufig festgesetzten Kosten des Umsetzungsverfahrens zu Händen des Sachwalters sowie**
4. **die Entscheidung über die Kosten des Verfahrens.**

(2) **Wird mit der Abhilfeklage ein kollektiver Gesamtbetrag geltend gemacht, enthält die Urteilsformel außerdem die Verurteilung des Unternehmers zur Zahlung eines solchen Betrags zu Händen des Sachwalters.**

(3) **Das Gericht kann bei Vorliegen besonderer Umstände, insbesondere einer Vielzahl betroffener Verbraucheransprüche, im Abhilfeendurteil die Widerspruchsfrist nach § 28 Absatz 2 Satz 1 angemessen verlängern.**

(4) ¹**Gegen Abhilfeendurteile findet die Revision statt.** ²**Diese bedarf keiner Zulassung.**

Übersicht

I. Systematik und unionsrechtlicher Hintergrund

1. Abhilfeendurteil als dritter Verfahrensschritt

Die Norm regelt die Abhilfeendurteile, die **systematisch** der **dritte Schritt** im Abhilfever- **1** fahren sind: Nach dem Abhilfegrundurteil gem. § 16 I 1 als erstem Schritt folgt gem. § 17 der Vergleichsversuch als zweiter Schritt. Erst wenn dieser scheitert, erlässt das Gericht auf der Grundlage des Abhilfegrundurteils das Abhilfeendurteil. Das Umsetzungsverfahren gem. §§ 22 ff. als vierter Verfahrensschritt schließt sich an das Abhilfeendurteil an. Im Abhilfeendurteil geht das Gericht von der im Abhilfegrundurteil gem. § 16 I 1 festgestellten Haftung des Unternehmers den Grunde nach aus, so dass es im Abhilfeendurteil nur noch die Modalitäten des Vollzugs zu entscheiden sind, wie gegebenenfalls die Zahlung eines kollektiven Gesamtbetrags durch den Unternehmer, die Anordnung und die vorläufige Kostenfestsetzung des Umsetzungsverfahrens, insoweit die Zahlungsverurteilung des Unternehmers sowie die Kostenentscheidung bezüglich der Verfahrenskosten.

2   Das Abhilfeendurteil kann jedoch gem. § 16 IV faktisch kombiniert werden mit dem Abhilfegrundurteil, wenn Bemühungen um einen Vergleich nach § 17 I aussichtslos erscheinen und beide Parteien dies beantragen. Dann wird ein Urteil erlassen, dass in seinem Tenor sowohl die Angaben nach § 16 II als auch die Angaben nach § 18 I und entsprechend auch § 18 II, II enthält. Dies ermöglicht den Parteien unmittelbar ein Urteil iSd § 300 ZPO zu erhalten, **ohne** dass **zuvor ein Abhilfegrundurteil** ergehen müsste.

2. Grundlage für das Umsetzungsverfahren

3   Das Abhilfeendurteil bildet daher gemeinsam mit dem Tenor des Abhilfegrundurteils gem. § 16 II hinsichtlich der Bestimmung über die Berechtigungsnachweise der Verbraucher und deren Forderungshöhe bzw. der Methode, diese zu berechnen, die **Grundlage für das Umsetzungsverfahren.**

3. Verfahrensautonomie des deutschen Gesetzgebers

4   **Art. 12 I Verbandsklagen-RL** enthält eine Bestimmung bezüglich der **Kostentragung** hinsichtlich der Verfahrenskosten, die die unterlegen Partei zu tragen hat; hier wird von Art. 12 I Verbandsklagen-RL auf das nationale Recht verwiesen, mithin also auf §§ 91 ff. ZPO. Gleiches gilt für den ErwGr. 38 Verbandsklagen-RL. Im Übrigen ist zu berücksichtigen, dass ein Verfahren für den Ablauf des Abhilfeverfahrens von der Verbandsklagen-RL nicht vorgegeben ist; vielmehr wird dieses dem nationalen Gesetzgeber überlassen. So bestimmt **ErwGr. 12 S. 1 Verbandsklagen-RL** ausdrücklich: „Im Einklang mit dem Grundsatz der Verfahrensautonomie sollte die vorliegende Richtlinie nicht dazu dienen, jeden Aspekt der Verbandsklage zu regeln." Dass der deutsche Gesetzgeber daher das eingangs beschriebene vierphasige Modell für die Abhilfeklage entwickelt hat, lag in seiner Verfahrensautonomie und ist als solches nicht unionsrechtlich determiniert.

II. Norminhalt

1. Abs. 1

5   Diese Regelung enthält die Bestimmung über die **Inhalte des Urteilstenors** des **Abhilfeendurteils.** Hierfür ist deshalb eine solch detaillierte Regelung erforderlich, da das Abhilfeendurteil gemeinsam mit der Tenorierung des Abhilfegrundurteils gem. § 16 II hinsichtlich der Bestimmung über die Berechtigungsnachweise der Verbraucher und deren Forderungshöhe bzw. der Methode, diese zu berechnen, die Grundlage für das anschließende Umsetzungsverfahren darstellt und den Sachwalter in die Lage versetzen soll, jedem berechtigten Verfahren die ihm gebührende Leistung zukommen zu lassen.

6   **a) Anordnung des Umsetzungsverfahrens.** Gem. **Nr. 1** wird im Abhilfeendurteil das **Umsetzungsverfahren** gem. §§ 22 ff. angeordnet. In diesem Umsetzungsverfahren werden durch den Sachwalter entweder aus dem vom Unternehmer ausgezahlten kollektiven Gesamtbetrag die Ansprüche der Verbraucher nach dem Nachweis ihrer Berechtigung befriedigt oder aber, wenn die Ansprüche auf eine sonstige Leistung gerichtet sind, wird durch den Sachwalter die sonstige Leistung des Unternehmers für die Verbraucher organisiert. Dieses Umsetzungsverfahren ist immer dann nötig, wenn die **Verbraucher lediglich anhand abstrakter Merkmale kollektiv umschrieben** sind, nicht aber wenn sie namentlich vom klagenden Verband benannt sind. In letzterem Fall ergeht ein Leistungsurteil gem. § 16 I 2, das der klagende Verband als Titelgläubiger zugunsten der namentlich benannten Verbraucher vollstreckt. Die Kosten des Umsetzungsverfahrens werden gem. § 18 I Nr. 2 vorläufig festgesetzt und sind gem. § 20 II vom Unternehmer zu tragen; gem. § 18 II Nr. 3 enthält die Urteilsformel des Abhilfeendurteils ebenfalls die Verurteilung des Unternehmers zur Kostentragung des Umsetzungsverfahrens zu Händen des Sachwalters.

b) Vorläufige Festsetzung der Kosten des Umsetzungsverfahrens. Gem. **Nr. 2** setzt die **7** Urteilsformel des Abhilfeendurteils die **Kosten des Umsetzungsverfahrens** vorläufig fest. Diese Kosten des Umsetzungsverfahrens bestimmen sich gem. § 20 und setzten sich zusammen aus den Auslagen des Sachwalters und der Vergütung des Sachwalters. Für die Höhe der Umsetzungskosten muss das Gericht den Umfang und den zu erwartenden Aufwand des Sachwalters antizipieren und die hierfür nötigen Auslagen, die gem. § 20 I Nr. 1 zu den Umsetzungskosten zählen, errechnen. Zu diesen Auslagen gehören insbesondere Verbindlichkeiten, die der Sachwalter zur ordnungsgemäßen Erfüllung seiner Aufgaben begründet.

Die Kosten des Umsetzungsverfahrens können nur **vorläufig** ermittelt werden, da sich im **8** Verlauf des Umsetzungsverfahrens weitere Auslagen des Verwalters ergeben können. Aus dem Verbandsklageregister kann durch das Gericht entnommen werden, wie viele Verbraucheransprüche vom Sachwalter im Umsetzungsverfahren zur Prüfung anstehen werden. Hierdurch kann ein Anhaltspunkt für die Einschätzung des Umfangs des Umsetzungsverfahrens und des damit verbundenen Aufwands durch das Gericht gewonnen werden. Die Bestimmungen in der Urteilsformel des Abhilfegrundurteils gem. § 16 II lassen einen Schluss auf den Prüfungsumfang zu, mit dem sich der Sachwalter konfrontiert sieht (Begr. RegE, BT-Drs. 20/5620, 82). Ebenfalls zu den Kosten des Umsetzungsverfahrens gehört nach § 20 I Nr. 2 die Vergütung des Sachwalters. Die endgültige Kostenfestsetzung des Umsetzungsverfahrens findet gem. § 36 I bei Beendigung des Umsetzungsverfahrens statt.

c) Verurteilung des Unternehmers zur Kostentragung. Gem. **Nr. 3** enthält der Tenor **9** des Abhilfeendurteils die **Verurteilung des Unternehmers** zur **Zahlung** der nach Nr. 2 vorläufig festgesetzten **Kosten** des Umsetzungsverfahrens zu Händen des Sachwalters. Um zu gewährleisten, dass die im Umsetzungsverfahren anfallenden Kosten beglichen werden, sind die vorläufig festgesetzten Umsetzungskosten vom Unternehmer schon vorab an den Sachwalter auszuzahlen. Dies lässt das Risiko entfallen, dass der Sachwalter Vergütungs- und Auslagenerstattungsansprüche nicht beim Unternehmer liquidieren kann und gewährleistet die zügige und reibungslose Durchführung des Umsetzungsverfahrens (Begr. RegE, BT-Drs. 20/5620, 82).

Eine **ähnliche Regelung** besteht in § 887 II ZPO, der dem Kläger die Möglichkeit gibt, auf **10** Antrag den Schuldner zur Vorauszahlung der Kosten zu verurteilen, die durch die Vornahme der vertretbaren Handlung durch die Ersatzvornahme gem. § 887 I ZPO entstehen werden. Die Zahlung zu Händen des Sachwalters gewährleistet eine Abwicklung des Umsetzungsverfahrens ohne Verzögerung. Das Abhilfeendurteil schafft auch insoweit einen Vollstreckungstitel für den klagenden Verband, so dass dieser nicht nur den kollektiven Gesamtbetrag, sondern auch die vorläufigen Kosten des Umsetzungsverfahrens anhand des Abhilfeendurteils vollstrecken kann. Endgültig werden die Kosten des Umsetzungsverfahrens bei Beendigung des Umsetzungsverfahrens gem. § 36 I festgesetzt.

d) Verfahrenskostenentscheidung. Gem. **Nr. 4** enthält der Tenor des Abhilfeendurteils **11** die Entscheidung über die **Kosten des Verfahrens.** Diese Kostenentscheidung betrifft die Tragung der **Gerichtskosten** und der **Rechtsanwaltsvergütung** und bestimmt sich inhaltlich nach §§ 91 ff. ZPO. Die Verfahrenskosten sind nicht identisch mit den Kosten des Umsetzungsverfahrens, vielmehr fallen die Verfahrenskosten in jedem Gerichtsverfahren, somit auch in einem Verbandsklageverfahren auf Abhilfe an. Die Kosten des Umsetzungsverfahrens hingegen sind spezifisch der Notwendigkeit eines Umsetzungsverfahrens geschuldet und bestimmen sich gem. § 20 I.

Für die Verfahrenskosten wurden im GKG einige Änderungen vorgenommen: Durch die **12** **Neufassung des § 48 GKG** wird der Streitwert der Abhilfeverfahren sowie in Verfahren über die Erhöhung des kollektiven Gesamtbetrags auf 300.000 Euro begrenzt. Der **neue § 9 II GKG** lautet: „Die Gebühr für das Umsetzungsverfahren nach dem Verbraucherrechtedurchsetzungsgesetz wird mit dessen Eröffnung fällig." Zudem wurde der **neue § 26a GKG** eingefügt, der lautet: „Die Kosten des Umsetzungsverfahrens nach dem Verbraucherrechtedurchsetzungsgesetz schuldet nur der im zugrundeliegenden Abhilfeverfahren verurteilte Unternehmer." Hinsichtlich des Streitwertes des Umsetzungsverfahrens wird jedoch durch den **neuen § 59a GKG** bestimmt: „Im Umsetzungsverfahren nach dem Verbraucherrechtedurchsetzungsgesetz bestimmt sich die Gebühr nach dem Gesamtwert der von dem Umsetzungsverfahren erfassten Ansprüche." Der Gesamtwert des Umsetzungsverfahrens kann daher gem. § 59a GKG auch durchaus höher liegen als der Streitwert des Abhilfeverfahrens gem. § 48 GKG.

2. Abs. 2

13   **a) Kollektiver Gesamtbetrag.** Wird mit der Abhilfeklage ein **kollektiver Gesamtbetrag** geltend gemacht, muss die Urteilformel auch die Verurteilung des Unternehmers zur Zahlung eines solchen Betrags zu Händen des Sachwalters enthalten. Dazu muss das Gericht in der Urteilsformel den kollektiven Gesamtbetrag exakt beziffern, da dieser vom klagenden Verband, falls keine freiwillige Leistung durch den Unternehmer an den Sachwalter erfolgt, vollstreckt werden muss. Für die repräsentierten Verbraucher gibt dies keinen Vollstreckungstitel, da sie nicht Partei des Verfahrens sind. Vielmehr kann lediglich der klagende Verband aus dem Abhilfeendurteil die Vollstreckung betreiben. Ist der tenorierte kollektive Gesamtbetrag an den Sachwalter ausgezahlt, sorgt dieser im Umsetzungsverfahren für die Befriedigung der Ansprüche der repräsentierten Verbraucher gem. § 27 Nr. 9, nachdem diese ihre Berechtigung nachgewiesen haben (§ 27 Nr. 3). Welcher Berechtigungsnachweis zu erbringen ist, hat das Gericht im Abhilfegrundurteil gem. § 16 II Nr. 2 festgelegt.

14   Dieser kollektive Gesamtbetrag wird vom klagenden Verband jedoch **nur dann beantragt** werden, wenn die repräsentierten Verbraucher nicht namentlich benannt werden können. Ist dies jedoch der Fall, wird das Gericht ohne Abhilfegrund- und Abhilfeendurteil ein Leistungsurteil auf Zahlung bzw. Erbringung einer sonstigen Leistung an die namentlich benannten Verbraucher erlassen (§ 16 I 2), welches sodann vom klagenden Verband zugunsten der einzelnen angemeldeten Verbraucher vollstreckt wird. Bei nur kollektiv anhand abstrakter Merkmale beschriebener Verbraucher bedarf es bei einem Zahlungsanspruch eines kollektiven Gesamtbetrags, um deren Zahlungsansprüche im Umsetzungsverfahren befriedigen zu können.

15   **b) Andere Leistung als Zahlung.** Besteht jedoch die vom Unternehmer zu erbringende Leistung **nicht in einer Zahlung,** sondern in einer sonstigen Leistung, ist ein kollektiver Gesamtbetrag nicht erforderlich, da hier die sonstige Leistung im Umsetzungsverfahren an die berechtigten Verbraucher erbracht werden muss. Die Kosten, die das Organisieren der Erbringung dieser sonstigen Leistung verursacht, gehören zu gem. § 20 I Nr. 1 zu den Kosten des Umsetzungsverfahrens und sind gem. § 20 II vom Unternehmer zu tragen; sie werden gem. § 18 I Nr. 2 im Abhilfeendurteil vorläufig festgesetzt und gem. § 18 II Nr. 3 erfolgt insoweit im Tenor des Abhilfeendurteils die Verurteilung des Unternehmers zur Kostentragung.

3. Verlängerung der Widerspruchsfrist (Abs. 5)

16   Bei Vorliegen besonderer Umstände kann das Gericht im Abhilfeendurteil die **Widerspruchsfrist des § 28 II 1** angemessen **verlängern.** Bei dieser Widerspruchsfrist handelt es sich um die von § 28 II 1 vorgesehene Regelfrist von **vier Wochen,** die die Verbraucher und der Unternehmer erhalten, um der Entscheidung des Sachwalters hinsichtlich der Berechtigung der angemeldeten Verbraucheransprüche zu widersprechen: Der Sachwalter prüft anhand der vorgelegten Berechtigungsnachweise der Verbraucher gem. § 27 Nr. 3, § 16 II 2, ob die von ihnen angemeldeten Ansprüche ganz oder zumindest teilweise berechtigt sind. Seine Entscheidung wird sowohl dem konkreten Verbraucher als auch dem Unternehmer gem. § 28 I 1 mitgeteilt; gegen diese Entscheidung können sowohl der konkrete Verbraucher als auch der Unternehmer gem. § 28 II widersprechen.

17   Hierzu bestimmt § 28 II 1 eine Widerspruchsfrist von vier Wochen; diese Frist kann vom Gericht verlängert werden. Dies ist im Abhilfeendurteil zu tenorieren. Die Fristverlängerung ist vom Gericht vorzunehmen, wenn absehbar ist, dass insbesondere dem beklagten Unternehmer eine vollständige Nachprüfung der vom Sachwalter für ganz oder teilweise berechtigt erklärten Ansprüche innerhalb der in § 28 II vorgesehenen Frist von vier Wochen **nicht zumutbar** ist (Begr. RegE, BT-Drs. 20/5620, 82). Dies wird insbesondere in komplexen Umsetzungsverfahren mit einer hohen Anzahl angemeldeter Verbraucheransprüche der Fall sein. Die Frist ist in diesem Fall angemessen zu verlängern. Die Angemessenheit richtet sich nach der im Abhilfeendurteil zu begründenden Einschätzung des Gerichts und hat von Amts wegen zu geschehen.

4. Revision (Abs. 4)

18   Diese Norm ist an die Regelung des § 614 ZPO aF angelehnt, die die **Revision** für Musterfeststellungsklagen für zulässig erklärte und statuierten, dass die Sache stets grundsätzliche Bedeutung iSd § 543 II Nr. 1 ZPO hatte. Insoweit ist dies für Musterfeststellungsklage nunmehr in § 42 geregelt. Da das OLG gem. § 3 ohnehin für Verbandsklagen sachlich ausschließlich zuständig ist – wie bereits bisher gem. § 119 III GVG aF für die Musterfeststellungsklage – ist das

Rechtsmittel der Revision als solches auch für **Abhilfegrundurteile, § 16 IV** und **Abhilfeend-urteile** vorgegeben. Es bedarf **keiner Zulassung** der Revision durch das jeweilige erkennende Gericht (S. 2). Daher ist auch die Nichtzulassungsbeschwerde gem. § 544 ZPO hier gegen-standslos. Der Gesetzgeber konnte diese Regelung treffen, da Regelungen für Rechtsmittel gegen Abhilfegrundurteile und Abhilfeendurteile nicht in der Verbandsklagen-RL enthalten sind und daher **keine unionsrechtliche Determinierung** besteht.

Kollektiver Gesamtbetrag

19 (1) **Das Gericht kann die Höhe des kollektiven Gesamtbetrags unter Würdigung aller Umstände nach freier Überzeugung bestimmen.**

(2) **§ 287 der Zivilprozessordnung ist entsprechend anzuwenden.**

Übersicht

Schrifttum: Mekat/Amrhein, Die Umsetzung der Verbandsklagen-RL nach dem Referentenentwurf, RAW 2023, 25.

I. Systematik und unionsrechtlicher Hintergrund

1. Klageantrag und Erhöhungsverfahren

Die Norm steht **systematisch** in **Zusammenhang mit § 14 S. 2,** der bestimmt, dass der **1** klagende Verband als Leistung auch die Zahlung eines kollektiven Gesamtbetrags verlangen kann. Die Verbraucher können nämlich entweder namentlich benannt werden und die ihnen zustehenden Ansprüche in exakter Höhe geltend gemacht werden oder bei nicht namentlich benannten, sondern nur anhand abstrakter Merkmale kollektiv beschriebenen Verbrauchern kann ein **kollektiver Gesamtbetrag** eingeklagt werden.

Ein **Kontext besteht zu § 15 II 2,** wo der klagende Verbraucherverband die Verurteilung **2** des Unternehmers zur Zahlung eines kollektiven Gesamtbetrags beantragen kann; sie steht zudem in **Zusammenhang mit § 16 II 2,** wo in der Urteilsformel des Abhilfegrundurteils bei Antrag auf Zahlung des kollektiven Gesamtbetrags Angaben hinsichtlich der konkreten Forde-rungshöhe bzw. der Methode zur Berechnung der individuellen Einzelbeträge enthalten sein müssen; außerdem steht die Norm in **Zusammenhang mit § 18 II,** wo in der Urteilsformel des Abhilfeendurteils die Verurteilung des Unternehmers zur Zahlung eines kollektiven Gesamt-betrags zu Händen des Sachwalters auszuurteilen ist, wenn ein kollektiver Gesamtbetrag be-antragt wurde; dieser ist im Tenor des Abhilfeendurteils exakt zu beziffern.

Gem. **§ 21** kann der ursprünglich in § 18 II ausgeurteilte kollektive Gesamtbetrag im Klage- **3** weg **erhöht** werden, wenn sich während des Umsetzungsverfahrens ergibt, dass es zur Erfüllung aller berechtigten Zahlungsansprüche nicht ausreichend ist. Der kollektive Gesamtbetrag ist vom Sachwalter in einen **Umsetzungsfonds gem. § 25 I** einzuzahlen, aus dem gem. § 25 III der Sachwalter schließlich nach Prüfung gem. § 27 Nr. 3 die Ansprüche der berechtigten Ver-braucher **erfüllt** (§ 27 Nr. 9). Verbleibt ein Restbetrag nach Befriedigung aller berechtigten Verbraucheransprüche, ist dieser gem. § 37 S. 1 an den Unternehmer zurückzuzahlen.

2. Verfahrensautonomie des deutschen Gesetzgebers

Unionsrechtlich ist die Rechtsfigur des kollektiven Gesamtbetrags nicht determiniert. Die **4** Verbandsklagen-RL enthält nämlich keine Bestimmungen über die konkrete Ausgestaltung des Abhilfeverfahrens; vielmehr wird dieses dem nationalen Gesetzgeber überlassen. So bestimmt **ErwGr. 12 S. 1 Verbandsklagen-RL** ausdrücklich: „Im Einklang mit dem Grundsatz der

Verfahrensautonomie sollte die vorliegende Richtlinie nicht dazu dienen, jeden Aspekt der Verbandsklage zu regeln." In **ErwGr. 50 S. 2, 3 Verbandsklagen-RL** ist lediglich bestimmt, dass in den Abhilfeentscheidungen „[…] die relevanten Schritte beschrieben werden, die von Verbrauchern und Unternehmern zur Umsetzung der Abhilfe einzuleiten sind. Verbraucher, die Anspruch auf Abhilfe haben, sollten diese erlangen können, ohne ein gesondertes Verfahren anstrengen zu müssen." Auf diesem Hintergrund war der deutsche Gesetzgeber nicht gehindert, mittels der Rechtsfigur des kollektiven Gesamtbetrags die Abhilfe hinsichtlich einer Geldzahlung für die lediglich anhand abstrakter Merkmale kollektiv umschriebenen Verbraucher zu gewährleisten.

II. Norminhalt

1. Höhe des kollektiven Gesamtbetrags (Abs. 1)

5   Die Norm regelt die Festsetzung des kollektiven Gesamtbetrags durch das Gericht, das den Betrag in **exakter Höhe** in der Urteilsformel des Abhilfeendurteils gem. § 18 II beziffern muss. Dem Gericht wird hierbei ein Beurteilungsspielraum eingeräumt, so dass es nach freier Überzeugung den kollektiven Gesamtbetrag bestimmen kann. Hierfür muss das Gericht in den Urteilsgründen die Tatsachen und die daraus abgeleiteten Anhaltspunkte für seine Überzeugung darlegen. Beispielsweise ist ein wichtiger Anhaltspunkt die **Anzahl der angemeldeten Verbraucher:** Ist eine **einheitliche Forderungshöhe** für alle Verbraucher maßgeblich, so bildet die Summe der jeweiligen Einzelansprüche den kollektiven Gesamtbetrag.

6   **Erschwert** wird dies jedoch durch die Tatsache, dass durch die Beschlussempfehlung RA die **Anmeldefrist** gem. § 46 I bis auf **drei Wochen nach Schluss der mündlichen Verhandlung** verlängert worden ist und ein **Kombinations-Urteil** aus Abhilfegrund- und Abhilfeendurteil gem. § 16 IV möglich ist. Dadurch ist es dem Gericht bis zum Schluss der mündlichen Verhandlung nicht möglich, die Anzahl der an dem Abhilfeverfahren teilnehmenden Verbraucher festzustellen, da noch bis zu drei Wochen nach Schluss der mündlichen Verhandlung weitere Anmeldungen eingehen können. Es bleibt daher dem Gericht nichts anderes übrig, als eine **Schätzung** vorzunehmen, wie viele Verbraucher schließlich ihre Ansprüche zum Verbandsklageregister anmelden werden.

7   Das Gericht darf – sofern es die Würdigung der Umstände zulässt – bei seiner Schätzung unterstellen, dass **alle angemeldeten Ansprüche** in voller Höhe **berechtigt** sind. Es kann daher die Summe der denkbaren Höchstbeträge aller Einzelansprüche als kollektiven Gesamtbetrag nehmen (Begr. RegE, BT-Drs. 20/6520, 94). Dies ist deshalb unproblematisch, da ein im Umsetzungsverfahren nach Befriedigung aller Verbraucher verbleibender Restbetrag an den Unternehmer zurückzuzahlen ist (§ 37). Sind hingegen die **Forderungshöhen unterschiedlich,** so muss das Gericht darlegen, wie hoch der durchschnittliche Betrag voraussichtlich ist; hieraus bildet es anhand der Anzahl der angemeldeten Verbraucher dann den kollektiven Gesamtbetrag. Auch hier kann es unterstellen, dass alle angemeldeten Ansprüche in voller Höhe berechtigt sind.

2. Abs. 2

8   **a) Schätzung gem. § 287 ZPO.** Die Regelung soll nach der Gesetzesbegründung das **Gericht** davon **entlasten,** aufwändige Tatsachenermittlungen durchzuführen und in umfangreiche Beweisaufnahmen einzutreten; Einzelprüfungen zur Bestimmung der Schadenshöhe müssen nicht vorgenommen werden (Begr. RegE, BT-Drs. 20/6520, 83). Hinsichtlich einer **Schätzung** der exakten Höhe des kollektiven Gesamtbetrags gelten die in § 287 ZPO bestimmten **Erleichterungen,** die für Beweismaß und Beweisverfahren maßgeblich sind; so bleibt es gem. § 287 S. 2 ZPO dem Ermessen des Gerichts überlassen, ob und inwieweit eine beantragte Beweisaufnahme oder von Amts wegen die Begutachtung durch Sachverständige anzuordnen ist.

9   Generell dient die **Schätzung** gem. § 278 ZPO dazu, die **Schwierigkeiten zu reduzieren,** die für das Gericht mit der vollständigen Aufklärung aller hierfür maßgebenden Umstände bei Schadensentstehung und Schadenshöhe verbunden sind; durch die Anordnung in Abs. 1 ist vorliegend jedoch nur die Forderungshöhe von der Schätzung betroffen, da die Haftung des Unternehmens dem Grund nach bereits durch das Abhilfegrundurteil festgestellt wurde. Das Gericht hat im Urteil die Bemessungsfaktoren, wie etwa die Anzahl der angemeldeten bzw. beim Kombinations-Urteil die zusätzlich erwarteten Eintragungen hinsichtlich der Verbraucher-

ansprüche, die jeweilige identische Forderungshöhe bzw. den Durchschnitt der Forderungshöhen darzulegen.

Allerdings wird von Seiten der **Rechtspraxis** die Praktikabilität dieser Schätzung des kollektiven Gesamtbetrags **bezweifelt** (Mekat/Amrhein RAW 2023, 23 (25, 28)): Da bis zu ca. 40 % der Anmeldungen im Durchschnitt die Voraussetzungen eines Anspruchs bzw. einer wirksamen Anmeldung nicht erfüllen, sei die abstrakte Zahl der Anmeldungen nicht aussagekräftig. Zudem könnten Gebrauchsvorteile, die zwischenzeitlich erzielt wurden aus Gründen des schadensrechtlichen Bereicherungsverbots anzurechnen sein. Insgesamt wird daher die Anknüpfung an die Anmeldungen als nicht zielführend angesehen. **10**

b) Möglichkeit eines Erhöhungsverfahren. Sollte die **Prognose** sich aus **unrichtig** herausstellen, da der kollektive Gesamtbetrag im Umsetzungsverfahren tatsächlich nicht ausreicht, um alle berechtigten Verbraucheransprüche zu befriedigen, kann der Verbraucherverband im Wege des **Erhöhungsverfahrens** gem. § 21 die Erhöhung des kollektiven Gesamtbetrags verlangen. Entscheidet der Verbraucherverband sich gegen eine Erhöhungsklage, hat der Sachwalter den zu geringen kollektiven Gesamtbetrag gem. § 27 Nr. 9 gleichmäßig an alle Verbraucher zu verteilen, deren Ansprüche sich nach Prüfung gem. § 27 Nr. 3 als berechtigt erwiesen haben. Ist der kollektive Gesamtbetrag hingegen nach Beendigung des Umsetzungsverfahrens nicht vollständig ausgekehrt, ist der Sachwalter gem. § 37 gegenüber dem Unternehme verpflichtet, diesem den **Restbetrag** zurück zu zahlen. **11**

Kosten des Umsetzungsverfahrens

20 (1) **Kosten des Umsetzungsverfahrens im Sinne dieses Gesetzes sind:**

1. die Auslagen des Sachwalters, insbesondere Verbindlichkeiten, die er zur ordnungsgemäßen Erfüllung seiner Aufgaben begründet, und

2. die Vergütung des Sachwalters.

(2) **Die Kosten des Umsetzungsverfahrens trägt der Unternehmer.**

Übersicht

I. Systematik und unionsrechtlicher Hintergrund

1. Kosten des Umsetzungsverfahrens

Die Norm steht **systematisch** in **Zusammenhang** mit **§§ 22 ff.**, die das **Umsetzungsverfahren** betreffen, ebenso wie mit **§ 18 I Nr. 2, 3**, die durch die **Urteilsformel des Abhilfeendurteils** die vorläufige Festsetzung der Umsetzungskosten sowie der Verurteilung des Unternehmers zur Kostentragung regeln: Hat der klagende Verband nämlich nicht die repräsentierten Verbraucher namentlich benannt und die ihnen zustehenden Ansprüche in exakter Höhe geltend gemacht, so dass es bei zusprechendem Leistungsurteil gem. § 16 I 2 den Titel zugunsten der namentlich benannten Verbraucher vollstrecken kann, sondern hat die Verbraucher nur anhand abstrakter Merkmale beschrieben und einen kollektiven Gesamtbetrag oder eine nicht auf Zahlung gerichtete Leistung eingeklagt, muss dieser kollektive Gesamtbetrag oder die sonstige Leistung im Umsetzungsverfahren an die berechtigten Verbraucher verteilt werden. Dies ist Aufgabe eines vom Gericht zu bestellenden **Sachwalters (§ 23 I, § 27)**. **1**

Der Sachwalter hat einen Anspruch auf eine **Vergütung** gem. § 32 I Nr. 2, die gem. Abs. 1 Nr. 2 zu den Kosten des Umsetzungsverfahrens gehört und zu deren Zahlung nach vorläufiger **2**

Festsetzung der Unternehmer **gem. § 18 I Nr. 3** im Abhilfeendurteil zu verurteilen ist. Das Gericht setzt diese Kosten des Umsetzungsverfahrens im Abhilfeendurteil **gem. § 18 I Nr. 2** vorläufig fest. Zudem besteht ein systematischer **Zusammenhang mit § 27**, der die umfangreichen, mit der Befriedigung der Verbraucher verbundenen **Aufgaben** des Sachwalters regelt. Zur ordnungsgemäßen Erfüllung dieser Aufgaben ist es teilweise erforderlich, dass der Sachwalter Verbindlichkeiten mit Dritten eingeht, die **Zahlungspflichten** für ihn mit sich bringen.

3 Auf die **Erstattung** seiner Auslagen, die er zur ordnungsgemäßen Erfüllung seiner Aufgaben eingegangen ist, hat der Sachwalter gem. § 32 I Nr. 1 einen Anspruch. Auch diese vorläufig veranschlagten Summen werden als Kosten des Umsetzungsverfahrens vom Gericht im Abhilfeendurteil gem. § 18 I Nr. 2 vorläufig festgesetzt; der Unternehmer hat nach seiner Verurteilung zur Zahlung gem. § 18 I Nr. 3 diese vorläufig festgesetzte Summe zu Händen des Sachwalters in den vom Sachwalter **gem. § 25 I zu errichtenden Umsetzungsfonds** zu zahlen. Abs. 2 bürdet die Kosten des Umsetzungsverfahrens dem Unternehmer auf. Ausdrücklich nicht umfasst von den Umsetzungskosten sind die Verfahrenskosten, für die § 18 I Nr. 4 eine gesonderte Regelung entsprechend der §§ 91 ff. ZPO trifft.

2. Verfahrensautonomie des deutschen Gesetzgebers

4 **Unionsrechtlich** besteht insoweit **keine Determinierung:** Weder hat der Unionsgesetzgeber Regelungen zu einem Umsetzungsverfahrens getroffen, noch zu den Kosten des Vollzugs der Abhilfe. Die in Art. 12 Verbandsklagen-RL genannten Kosten betreffen ausdrücklich lediglich die Verfahrenskosten der Abhilfeklage, ebenso wie die in ErwGr. 38 Verbandsklagen-RL thematisierten Kosten. Vielmehr hatte der deutsche Gesetzgeber nach der Verbandsklagen-RL Gestaltungsfreiheit: Diese enthält nämlich keine Bestimmungen über die konkrete Ausgestaltung des Abhilfeverfahrens; vielmehr wird dieses dem nationalen Gesetzgeber überlassen.

5 So bestimmt **ErwGr. 12 S. 1 Verbandsklagen-RL** ausdrücklich: „Im Einklang mit dem Grundsatz der Verfahrensautonomie sollte die vorliegende Richtlinie nicht dazu dienen, jeden Aspekt der Verbandsklage zu regeln." In **ErwGr. 50 S. 2, 3 Verbandsklagen-RL** ist lediglich bestimmt, dass in den Abhilfeentscheidungen „[...] die relevanten Schritte beschrieben werden, die von Verbrauchern und Unternehmern zur Umsetzung der Abhilfe einzuleiten sind. Verbraucher, die Anspruch auf Abhilfe haben, sollten diese erlangen können, ohne ein gesondertes Verfahren anstrengen zu müssen." Auf diesem Hintergrund war der deutsche Gesetzgeber nicht gehindert, mittels der Installation des Umsetzungsfonds, des Sachwalters, seiner Vergütung, der Erstattung seiner Auslagen sowie der Vorschusszahlung auf beides die Abhilfe hinsichtlich einer Geldzahlung oder einer sonstigen Leistung für die lediglich anhand abstrakter Merkmale kollektiv umschriebenen Verbraucher zu gewährleisten.

II. Norminhalt

1. Abs. 1

6 a) **Zusammensetzung der Kosten.** Die Norm regelt den Inhalt der Kosten des Umsetzungsverfahrens gem. §§ 22 ff. Sie setzen sich zusammen aus den **Auslagen** des Sachwalters (Nr. 1) sowie der **Vergütung** des Sachwalters (Nr. 2). **Nicht davon umfasst** sind die **Verfahrenskosten,** für die § 18 I Nr. 4 eine Regelung im Abhilfeendurteil durch die Urteilsformel zur Kostentragung trifft. Für die im Umsetzungsverfahren anfallenden Gerichtskosten sind ausschließlich die Vorschriften des GKG anzuwenden (Begr. RegE, BT-Drs. 20/6520, 83). Hierfür wurde der **neue § 26a GKG** eingefügt, der lautet: „Die Kosten des Umsetzungsverfahrens nach dem Verbraucherrechtedurchsetzungsgesetz schuldet nur der im zugrundeliegenden Abhilfeverfahren verurteilte Unternehmer."

7 Der **neue § 9 II GKG** lautet: „Die Gebühr für das Umsetzungsverfahren nach dem Verbraucherrechtedurchsetzungsgesetz wird mit dessen Eröffnung fällig." Dies geschieht durch den Eröffnungsbeschluss gem. § 24. Durch die **Neufassung des § 48 GKG** wird der Streitwert der Abhilfeverfahren sowie in Verfahren über die Erhöhung des kollektiven Gesamtbetrags auf 300.000 Euro begrenzt. Jedoch wird durch den **neuen § 59a GKG** bestimmt: „Im Umsetzungsverfahren nach dem Verbraucherrechtedurchsetzungsgesetz bestimmt sich die Gebühr nach dem Gesamtwert der von dem Umsetzungsverfahren erfassten Ansprüche." Dieser Gesamtwert der vom Umsetzungsverfahren erfassten Ansprüche kann daher gem. § 59a GKG durchaus auch höher liegen als der Streitwert des Abhilfeverfahrens gem. § 48 GKG.

b) Auslagen des Sachwalters. Gem. **Nr. 1** sind die **Auslagen** des Sachwalters Kosten des 8 Umsetzungsverfahrens. Von diesen Auslagen sind insbesondere Verbindlichkeiten des Sachwalters umfasst, die er zur ordnungsgemäßen Erfüllung seiner Aufgaben begründet. Diese wurden bereits mit der **vorläufigen Veranschlagung** und Festsetzung der Kosten des Umsetzungsverfahrens im Abhilfeendurteil gem. § 18 I Nr. 2 erfasst; sie mussten als Voraussetzung für den Eröffnungsbeschluss des Umsetzungsverfahrens gem. § 24 Nr. 1 vom Unternehmer zu Händen des Sachwalters in den von diesem errichteten Umsetzungsfonds eingezahlt werden, § 25 I. In längeren und komplexen Umsetzungsverfahren kann es dazu kommen, dass der Sachwalter gem. § 32 I Nr. 3 einen **Vorschuss** auf die von ihm zu tätigenden Auslagen benötigt, den das Gericht auf seinen Antrag gem. § 32 II 1 festsetzt. Verzichtet der Sachwalter auf einen solchen Antrag auf Vorschusszahlung, kann er auch gem. § 36 I Nr. 1, 2 die **endgültige Festsetzung** der Kosten des Umsetzungsverfahrens und – für den Fall einer Unterdeckung – die Festsetzung eines vom Unternehmer noch an ihn zu zahlenden Kostenbetrags abwarten. Diesen Kostenbetrag kann er gem. § 36 I Nr. 2 vom Unternehmer verlangen, wobei der gerichtliche Beschluss gem. § 36 I 2 iVm § 794 I Nr. 2 ZPO insoweit einen Vollstreckungstitel für den Sachwalter darstellt.

Die Auslagen können dadurch entstehen, dass der Sachwalter im Rahmen seiner Befugnisse 9 **Verbindlichkeiten** gegenüber Dritten begründet, etwa dadurch, dass er nicht in der Lage ist, umfangreiche Umsetzungsverfahren allein zu bewältigen und daher **Hilfspersonen** benötigt: Für eine zügige und reibungslose Durchführung eines Umsetzungsverfahren kann beispielsweise die Einrichtung und das Betreiben eines Online-Portals nötig werden, auf dem die Verbraucher bestimmte Berechtigungsnachweise hochladen können (Begr. RegE, BT-Drs. 20/6520, 83), die das Abhilfegrundurteil gem. § 16 II Nr. 2 für den Nachweis der Anspruchsberechtigung verlangt. Auch können Schreibkräfte und juristisch geschultes Personal zur Bewältigung des konkreten Umsetzungsverfahrens erforderlich sein.

c) Vergütung des Sachwalters. Gem. Nr. 2 gehört die **Vergütung** des Sachwalters ebenso 10 zu den Umsetzungskosten. Die Vergütung des Sachwalters ist nicht gesetzlich festgelegt; sie bestimmt sich gem. § 32 I Nr. 2, der regelt, dass der Sachwalter Anspruch auf „eine angemessene Vergütung für seine Geschäftsführung" hat. Hiernach ist die **Höhe der Vergütung** weder beziffert noch sind die Parameter festgelegt, nach denen sich die Vergütung berechnet. Vielmehr ist die Angemessenheit vom Gericht anhand der besonderen Umstände des Einzelfalls zu bemessen und kann etwa der erforderlichen Qualifikation des Sachwalters, der Dauer und der Komplexität des Umsetzungsverfahrens und dem Haftungsrisiko, das für den Sachwalter gem. § 31 besteht korrelieren; auch ist es möglich, die Anzahl der zu leistenden Arbeitsstunden in einem Stundensatz festzulegen.

Eine ähnliche Vorschrift findet sich in § 9 VI SvertO (Schifffahrtsrechtliche Verteilungsord- 11 nung). Da bei längerer Verfahrensdauer nicht von dem Sachwalter verlangt wird, dass er hinsichtlich seiner Vergütung umfassend in Vorleistung tritt, hat der Sachwalter gem. § 32 I Nr. 3 einen Anspruch auf **Vorschuss** hinsichtlich seiner Vergütung; alternativ kann er aber die **endgültige Kostenfestsetzung** gem. § 36 I bei Beendigung des Umsetzungsverfahrens abwarten und insoweit seine nicht gedeckte Vergütung direkt vom Unternehmer erhalten, notfalls durch Zwangsvollstreckung gem. § 36 I 2 iVm § 794 I Nr. 2 ZPO.

2. Kostentragung durch den Unternehmer (Abs. 1)

Diese Norm regelt die **Kostentragung für das Umsetzungsverfahren,** die dem **Unter-** 12 **nehmer** überbürdet wird. Das Umsetzungsverfahren tritt nach seiner wirtschaftlichen Bedeutung an die Stelle einer Vollstreckung des Titels durch den Titelgläubiger, mithin den klagenden Verbraucherverband. Auch in diesem Fall müsste der Unternehmer, mithin der Vollstreckungsschuldner gem. § 788 I ZPO die Kosten tragen. Die Verbraucher, die wirtschaftlich die Nutznießer des Umsetzungsverfahrens sind, müssen deshalb keine Kosten des Umsetzungsverfahrens tragen, weil sie die Begünstigten des Abhilfeverfahrens sind.

Im Abhilfeendurteil ist insoweit die Verurteilung zur Kostentragung der **vorläufig** festsetzten 13 Kosten des Umsetzungsverfahrens auszusprechen (§ 18 I Nr. 3, Nr. 2). Die **endgültige** Kostenfestsetzung findet bei Beendigung des Umsetzungsverfahrens gem. § 36 I statt. Dass der Unternehmer in jedem Fall die Kosten des Umsetzungsverfahrens trägt, und zwar nicht nur die vorläufig festgesetzten Kosten, sondern auch bei einer Unterdeckung noch die restlichen Kosten nach endgültiger Festsetzung direkt an den Sachwalter zahlen muss, ergibt sich aus § 36 I Nr. 2 iVm § 20 II.

Erhöhung des kollektiven Gesamtbetrags

21 (1) ¹Die klageberechtigte Stelle kann während des Umsetzungsverfahrens die Erhöhung des kollektiven Gesamtbetrags beantragen. ²Die Klage ist nur zulässig, wenn die klageberechtigte Stelle Tatsachen vorträgt, aus denen sich ergibt, dass der kollektive Gesamtbetrag nicht zur Erfüllung der berechtigten Zahlungsansprüche aller angemeldeten Verbraucher ausreicht.

(2) ¹Reicht der kollektive Gesamtbetrag nicht zur Erfüllung der berechtigten Zahlungsansprüche aller angemeldeten Verbraucher aus, so ist der Unternehmer zur Zahlung eines weiteren kollektiven Gesamtbetrags zu verurteilen, der der Erhöhung entspricht. ²§ 19 gilt entsprechend. ³Das Umsetzungsverfahren ruht während des Erhöhungsverfahrens.

Übersicht

I. Systematik und unionsrechtlicher Hintergrund

1   Die Norm steht in **systematischem Zusammenhang mit § 19,** der den kollektiven Gesamtbetrag betrifft und sowie **§ 14 S. 2, § 18 II:** Der kollektive Gesamtbetrag wird dann vom klagenden Verbraucherverband beantragt, wenn dieser die repräsentierten Verbraucher in seiner Abhilfeklage nicht namentlich benennt sowie die exakte Forderungshöhe angibt, sondern die Verbraucher nur nach abstrakten Merkmalen kollektiv umschreibt und für diese einen Gesamtbetrag einklagt. Der kollektive Gesamtbetrag wird im Umsetzungsverfahren durch den Sachwalter an die Verbraucher verteilt, nachdem diese ihre im Abhilfegrundurteil gem. § 16 II Nr. 2 bestimmte Berechtigung nachgewiesen haben. Dann kann im Lauf des Umsetzungsverfahrens ein **praktisches Problem** auftreten, das seinen Entstehungsgrund in der lediglich auf einer Schätzung des Gerichts gem. § 19 II beruhenden Angabe der Summe des kollektiven Gesamtbetrags hat: Dieser kann – wie sich erst während des Umsetzungsverfahrens herausstellt – zu niedrig bemessen worden sein. Er reicht daher nicht aus, um alle berechtigten Verbraucheransprüche zu befriedigen.

2   Die Lösung des nationalen Gesetzgebers ist nun die Möglichkeit eines **weiteren Klageverfahrens** durch den Verbraucherverband, welches eine Erhöhung dieses kollektiven Gesamtbetrags zum Gegenstand hat, um alle berechtigten Ansprüche der angemeldeten Verbraucher zu befriedigen, nämlich dem **Erhöhungsverfahren.** Die Norm ermöglicht dem Verbraucherverband, **trotz Rechtskraft** des Abhilfeendurteils erneut Klage auf einen gegenüber dem rechtskräftigen Abhilfeendurteil erhöhten kollektiven Gesamtbetrag zu erheben, welche – ohne diese Norm – an der materiellen Rechtskraft § 322 I ZPO scheitern würde. Die Regelung ist dogmatisch verwandt mit der Möglichkeit einer Abänderung von rechtskräftigen Urteilen gem. § 323 ZPO. Bestünde diese Möglichkeit zur klageweisen Erhöhung des kollektiven Gesamtbetrags nicht, müssten die angemeldeten Verbraucher ihre noch offenen Ansprüche im Wege der Individualklage gem. § 39 gegen den Unternehmer geltend machen.

3   Dies wiederum würde gegen **Art. 9 VI Verbandsklagen-RL** verstoßen, der vorschreibt, dass die Mitgliedstaaten sicherstellen, dass die Verbraucher aufgrund einer Abhilfeentscheidung Anspruch darauf haben, dass ihnen die in diesen Abhilfeentscheidungen vorgesehene Abhilfe zugutekommt, ohne dass sie eine gesonderte Klage erheben müssen. Ebenso ist in **ErwGr. 50 S. 3 Verbandsklagen-RL** bestimmt, dass Verbraucher, die Anspruch auf Abhilfe haben, diese erhalten sollten, ohne ein gesondertes Verfahren anstrengen zu müssen. Dies wird gewährleistet durch das Erhöhungsverfahren, das der klagende Verbraucherverband führt. Der Unternehmer hat dann die titulierte Summe, die dem Erhöhungsbetrag entspricht, in den Umsetzungsfonds gem. § 25 I einzuzahlen; damit kann der Sachwalter das während des Erhöhungsverfahrens ruhende Umsetzungsverfahren fortsetzen und alle berechtigten Verbraucheransprüche befriedigen.

II. Norminhalt

1. Abs. 1

a) Ausschließlich Zuständigkeit des Prozessgerichts des Abhilfeverfahrens. Der Ver- 4 braucherverband, der das Abhilfeverfahren gegen den Unternehmer geführt hat, kann in einem Erhöhungsverfahren als klageberechtigte Stelle nach § 2 auf Erhöhung des kollektiven Gesamtbetrags klagen. Zuständig ist das **Prozessgericht des Abhilfeverfahrens** (Begr. RegE, BT-Drs. 20/6520, 84). Zwar erwähnt die Norm weder die Zuständigkeit des Prozessgerichts der Abhilfeklage, noch eine **ausschließliche Zuständigkeit** dieses Prozessgerichts. Jedoch entspricht dies der **Systematik des Abhilfeverfahrens:** Die in § 3 bestimmte sachliche und örtliche Zuständigkeit ist ausschließlich, die in § 22 I für das Umsetzungsverfahren bestimmte ebenfalls. In beiden Fällen hat dies seine Gründe in der Bedeutung des Abhilfeverfahrens und der Prozessökonomie, da im Umsetzungsverfahren dasjenige Gericht zuständig sein soll, das bereits mit dem Rechtsstreit vertraut ist (Begr. RegE, BT-Drs. 20/6520, 84).

Da hier der kollektive Gesamtbetrag, der gem. § 18 II vom Prozessgericht festgesetzt worden 5 ist, erhöht werden soll, entspricht es auch hier der **Prozessökonomie,** dass eine ausschließliche Zuständigkeit für dieses Gericht besteht, so dass weder durch Prorogation noch durch Derogation die Zuständigkeit eines anderen Gerichts begründet werden kann (§§ 38–40 ZPO). Zuständig ist daher das Prozessgericht, welches sachlich gem. § 3 I ein OLG ist; örtlich ist dies gem. § 3 I das Gericht, in dessen Bezirk der Unternehmer seinen allgemeinen Gerichtsstand hat.

b) Durchbrechung der materiellen Rechtskraft. In Durchbrechung der materiellen 6 Rechtskraft gem. § 322 I ZPO gestattet die Norm eine **Korrektur von Prognosefehlern,** die aufgrund der Schätzung des kollektiven Gesamtbetrags gem. § 19 II entstanden sind und die bei Unterbleiben einer Korrektur dazu führen würden, dass die angemeldeten Verbraucher ihre berechtigten Ansprüche nicht im Umsetzungsverfahren befriedigt erhalten könnten, sondern eine Individualklage gem. § 39 erheben müssten. Das Erhöhungsverfahren gem. § 21 hat den gleichen Streitgegenstand wie die Abhilfeklage und ist dogmatisch verwandt mit der Abänderungsklage gem. § 323 ZPO. Die Ausnahmebestimmung des § 21 ermöglicht es, obwohl die maßgeblichen Tatsachen bereits zur Zeit der letzten mündlichen Verhandlung des Abhilfeverfahrens vorlagen und daher ein diesbezügliches Vorbringen durch den Rechtsgedanken des § 767 II ZPO präkludiert wäre, dennoch auf diese Tatsachen die Erhöhungsklage zu stützen.

Für die **Zulässigkeit der Erhöhungsklage** müssen Tatsachen vorgetragen werden, aus denen 7 sich ergibt, dass der kollektive Gesamtbetrag, der im Abhilfeendurteil § 18 II tenoriert wurde, nicht zur Erfüllung der berechtigten Zahlungsansprüche der angemeldeten Verbraucher ausreicht. Dieser Klagevortrag begründet, da er vom Gesetz in der Zulässigkeit angesiedelt wird, das **Rechtsschutzbedürfnis** des klagenden Verbandes für die Erhöhungsklage. Ähnlich begründet der Vortrag einer wesentlichen Veränderung der der Entscheidung zugrunde liegenden tatsächlichen oder rechtlichen Verhältnisse gem. § 323 I ZPO das Rechtsschutzbedürfnis für die Abänderungsklage (Thomas/Putzo/Hüßtege ZPO § 323 Rn. 19). Der klagende Verbraucherverband muss somit darlegen, weshalb der im Abhilfeendurteil gem. § 18 II tenorierte kollektive Gesamtbetrag nicht ausreicht, um alle berechtigten Verbraucheransprüche zu erfüllen.

c) Unterschied zur Urteilsberichtigung gem. § 319 ZPO. Zu unterscheiden ist die 8 Erhöhungsklage von einer Urteilsberichtigungen gem. § 319 ZPO, wo ua Rechenfehler jederzeit von dem Gericht auch **von Amts wegen zu berichtigen** sind: Sind beispielsweise bei der Berechnung des kollektiven Gesamtbetrags, der die Anzahl der angemeldeten Verbraucher als maßgebliche Größe einzubeziehen hat, einheitliche Forderungshöhen für alle repräsentierten Verbraucher gegeben, so dass die Summe der Einzelansprüche den kollektiven Gesamtbetrag bildet und ist hier ein Rechenfehler bei der Addition unterlaufen, hat das Gericht dies auch von Amts wegen durch Beschluss zu berichtigen. Auch kann der Verbraucherverband insoweit einen **Antrag auf Urteilsberichtigung** stellen. Eine Erhöhungsklage ist hier mangels Rechtsschutzbedürfnisses unzulässig, da durch einen effizienteren Weg der gleiche Rechtsschutz erreicht werden kann.

2. Abs. 2

9   **a) Prozessuales Gestaltungsurteil.** Das zusprechend Urteil der Erhöhungsklage nach S. 1 ist einerseits ein **Leistungsurteil** für den klagenden Verbraucherverband und gibt ihm hinsichtlich des nun tenorierten weiteren kollektiven Gesamtbetrags, der der Erhöhung entspricht, einen Vollstreckungstitel gegen den Unternehmer; das Urteil ist zugleich ein **prozessuales Gestaltungsurteil** hinsichtlich der Erhöhung des rechtskräftig tenorierten kollektiven Gesamtbetrags des Abhilfeendurteils (entsprechend für das Abänderungsurteil gem. § 323 ZPO: Thomas/ Putzo/Hüßtege ZPO § 323 Rn. 2). Die Erhöhung ist vom Gericht wiederum nach freier Überzeugung gem. § 19 festzusetzen, S. 2; nach Würdigung aller Umstände muss das Gericht daher die konkrete Summe der Erhöhung des kollektiven Gesamtbetrags tenorieren. In der Begründung für die Erhöhung ist insbesondere darzustellen, weshalb und woraus sich gegenüber den Entscheidungsgründen des Abhilfeendurteils dessen Prognose als unrichtig herausgestellt hat und die weitere Summe des kollektiven Gesamtbetrags nun als erforderlich zur Befriedigung aller berechtigten Verbraucheransprüche angesehen wird.

10   Gegen das **Erhöhungsurteil** ist – ebenso wie gegen das Abhilfeendurteil gem. § 18 IV und das Abhilfegrundurteil gem. § 16 V – die **Revision** zulässig und zwar ohne, dass es insoweit einer Zulassung der Revision durch das erkennende Gericht bedarf. Zwar ist weder die Revision noch ihre Zulässigkeit in § 19 oder in der vorliegenden Norm erwähnt; jedoch entspricht dies der **Systematik des Abhilfeverfahrens,** da das Erhöhungsurteil eine Abänderung des Abhilfeendurteils darstellt und im Hinblick auf die Festsetzung des kollektiven Gesamtbetrags im Abhilfeendurteil ohnehin gem. § 18 IV die Revision für zulässig erklärt wird. Daher muss konsequenterweise für eine Erhöhung des kollektiven Gesamtbetrags durch Urteil des Prozessgerichts dasselbe gelten wie für die Festsetzung des kollektiven Gesamtbetrags durch das Abhilfeendurteil gem. § 18 II und daher hier ebenfalls die Revision zulässig sein.

11   **b) Ruhen des Umsetzungsverfahrens.** Das Umsetzungsverfahren ruht **während des Erhöhungsverfahrens** (S. 3). Dies ist wesentlich effizienter, als mangels zu verteilendem kollektiven Gesamtbetrag das laufende Umsetzungsverfahren zu beenden und mittels des neu zu zahlenden Erhöhungsbetrags ein neues Umsetzungsverfahren zu beginnen. Ist vom Unternehmer der weitere kollektive Gesamtbetrag in den Umsetzungsfonds eingezahlt worden, findet das Umsetzungsverfahren seinen **Fortgang.**

12   **c) Weitere Erhöhungsverfahren.** Sollte auch dieser **erhöhte kollektive Gesamtbetrag nicht ausreichen,** um alle berechtigten Ansprüche der angemeldeten Verbraucher zu befriedigen, kann ein **weiteres Erhöhungsverfahren** nach der vorliegenden Norm stattfinden. Ist der kollektive Gesamtbetrag hingegen nach Beendigung des Umsetzungsverfahrens nicht vollständig ausgekehrt – auch weil der im Erhöhungsverfahren zuerkannte weitere kollektive Gesamtbetrag zu hoch bemessen war – ist der Sachwalter gem. § 37 gegenüber dem Unternehmer verpflichtet, diesem den Restbetrag zurück zu zahlen. Entscheidet sich hingegen der Verbraucherverband gegen ein Erhöhungsverfahren, hat der Sachwalter den zu geringen kollektiven Gesamtbetrag gem. § 27 Nr. 9 gleichmäßig an alle Verbraucher zu verteilen, deren Ansprüche sich nach Prüfung gem. § 27 Nr. 3 als berechtigt erwiesen haben.

Unterabschnitt 3. Umsetzungsverfahren

Zuständigkeit; Entscheidungen im Umsetzungsverfahren

22 (1) **Für das Umsetzungsverfahren ist ausschließlich das Prozessgericht der Abhilfeklage zuständig.**

(2) **Die Entscheidungen des Gerichts im Umsetzungsverfahren können ohne mündliche Verhandlung ergehen.**

Übersicht

I. Systematik und unionsrechtlicher Hintergrund

1. Umsetzungsverfahren als vierter Verfahrensschritt

Mit der Norm beginnt der Unterabschnitt 3 – Umsetzungsverfahren – des VDuG. Das **1** Umsetzungsverfahren ist **systematisch** der **vierte** und letzte **Schritt** des Abhilfeverfahrens, nachdem im ersten Schritt das Abhilfegrundurteil gem. § 16 I 1 ergangen ist, im zweiten Schritt der Vergleichsversuch gem. § 17 unternommen wurde und nach dessen Scheitern im dritten Schritt das Abhilfeendurteil gem. § 18 erlassen wurde.

Das Umsetzungsverfahren ist in allen Fällen **erforderlich,** in denen der klagende Verbrau- **2** cherverband **nicht** die repräsentierten **Verbraucher namentlich benannt** hat und ihre Forderungen exakt angegeben hat, sondern die Verbraucher lediglich anhand abstrakter Merkmale kollektiv umschrieben worden sind. In diesem Fall muss der gem. § 18 II ausgeurteilte kollektive Gesamtbetrag an die repräsentierten Verbraucher nach Nachweis ihrer Berechtigung verteilt werden bzw. die sonstige Leistung muss für sie bereitgestellt werden. Sind die betroffenen Verbraucher vom klagenden Verband namentlich benannt worden und die individuelle Forderungshöhe ist exakt angegeben worden bzw. die sonstige Leistung durch den Unternehmer exakt bezeichnet worden, bedarf es keines Umsetzungsverfahrens, da der Verband das zusprechende Abhilfeurteil selbst als Titelgläubiger zugunsten der Verbraucher vollstreckt.

Welche Nachweise für die Berechtigung der nicht namentlich benannten Verbraucher nötig **3** sind und welche Forderungshöhe bzw. welche Methode, die Forderungshöhe zu berechnen, maßgeblich ist, bestimmt das Abhilfegrundurteil gem. § 16 II; der kollektive Gesamtbetrag, der vom Unternehmer zu Händen des Sachwalters zu zahlen ist, wird vom Abhilfeendurteil gem. § 18 II bestimmt. Das **Abhilfeendurteil** bildet daher gemeinsam mit dem Tenor des **Abhilfegrundurteils** gem. § 16 II hinsichtlich der Bestimmung über die Berechtigungsnachweise der Verbraucher und deren Forderungshöhe bzw. der Methode, diese zu berechnen, die **Grundlage für das Umsetzungsverfahren.**

2. Sachwalter führt das Umsetzungsverfahren

Im Umsetzungsverfahren wird vom Gericht ein **Sachwalter** gem. § 23 bestellt; sobald der **4** Unternehmer den vorläufig festgesetzten Kostenbetrag des Umsetzungsverfahrens gem. § 18 I Nr. 2 und gegebenenfalls den kollektiven Gesamtbetrag gem. § 18 II an den Sachwalter gezahlt hat, wird das Umsetzungsverfahren durch das **Gericht eröffnet** (§ 24). Der Sachwalter **prüft** die Anspruchsberechtigung der angemeldeten Verbraucher gem. § 27 Nr. 3 und **erfüllt** die berechtigten Ansprüche gem. § 27 Nr. 9.

Er hat Ansprüche auf Erstattung seiner Auslagen gem. § 32 I Nr. 1 sowie auf eine angemesse- **5** ne Vergütung gem. § 32 I Nr. 2 und kann für beides Vorschuss beantragen, § 32 I Nr. 3. Ist der kollektive Gesamtbetrag nach Beendigung des Umsetzungsverfahrens nicht vollständig aufgebraucht worden, ist er gem. § 37 an den Unternehmer zurück zu erstatten. War der kollektive Gesamtbetrag im Abhilfeendurteil zu niedrig bemessen, so kann der Verbraucherverband eine entsprechende Erhöhung gem. § 21 beantragen. **Verbraucheransprüche,** die im Umsetzungsverfahren vom Sachwalter vollständig oder teilweise **abgelehnt** wurden oder nur teilweise oder gar **nicht erfüllt** wurden, können die betroffenen Verbraucher zunächst innerhalb des Umsetzungsverfahrens durch Widerspruch gem. § 28, bei Misserfolg gem. § 39 im Wege der **Individualklage** verfolgen, sofern diese Gründe nicht bereits im Widerspruchsverfahren gem. § 28 hätten geltend gemacht werden können. Der Unternehmer kann Einwendungen, die er gegen den Verbraucheranspruch nicht Abhilfeverfahren oder im Widerspruchsverfahren geltend machen konnte, gegen die Verbraucher im Wege der Individualklage gem. § 40 auf **Herausgabe** einer ungerechtfertigten Bereicherung geltend machen.

3. Verfahrensautonomie des deutschen Gesetzgebers

6   **Unionsrechtlich** ist das Umsetzungsverfahren nicht determiniert. Weder besteht in der Verbandsklagen-RL eine Normierung des vom deutschen Gesetzgeber entwickelten eingangs beschriebenen vierphasigen Modells des Abhilfeverfahrens noch besteht eine Vorgabe bezüglich des Umsetzungsverfahrens. Ausdrücklich bestimmt **ErwGr. 12 S. 1 Verbandsklagen-RL:** „Im Einklang mit dem Grundsatz der Verfahrensautonomie sollte die vorliegende Richtlinie nicht dazu dienen, jeden Aspekt der Verbandsklage zu regeln." **Art. 7 VI 2 Verbandsklagen-RL** bestimmt für die Abhilfe lediglich: „Die von einer Verbandsklage betroffenen Verbraucher sind befugt, den Nutzen aus der in Absatz 4 in Bezug genommenen Maßnahmen ziehen zu können." Hiermit ist die Abhilfeentscheidung gem. Art. 7 IV lit. b Verbandsklagen-RL in Bezug genommen.

7   **Art. 9 VI Verbandsklagen-RL** bestimmt: „Die Mitgliedstaaten stellen sicher, dass Verbraucher aufgrund einer Abhilfeentscheidung Anspruch darauf haben, dass ihnen die in diesen Abhilfeentscheidungen vorgesehene Abhilfe zugutekommt, ohne eine gesonderte Klage erheben zu müssen." Eine konkrete Verfahrensausgestaltung des Umsetzungsverfahrens ist damit nicht determiniert. Der deutsche Gesetzgeber war daher autonom in der Ausgestaltung und nur insoweit gebunden, als die Umsetzung „eine wirksame und effiziente Möglichkeit" zum Schutz „der Kollektivinteressen der Verbraucher" entsprechend **ErwGr. 9 S. 1 Verbandsklagen-RL** bieten muss.

II. Norminhalt

1. Ausschließliche Zuständigkeit des Prozessgerichts (Abs. 1)

8   Die Norm bestimmt für die gerichtlichen Aufgaben und Entscheidungen im Umsetzungsverfahren die **ausschließliche Zuständigkeit** des **Prozessgericht** der Abhilfeklage. Die Zuständigkeit wird als ausschließlich angeordnet, so dass eine Prorogation, sowohl ausdrücklich als auch stillschweigend aufgrund rügeloser Einlassung zur Hauptsache nicht zur Anwendung kommt (§§ 38–40 ZPO). Gleiches gilt für die Derogation, also eine Parteivereinbarung, wonach das an sich zuständige Gericht nicht zuständig sein soll.

9   Dies hat seine Sachgründe in der **Prozessökonomie:** Hier sollen die gerichtlichen Aufgaben und Entscheidungen des Umsetzungsverfahrens grundsätzlich von dem Gericht wahrgenommen werden, das über die Abhilfeklage entschieden hat; dieses Gericht ist bereits mit dem konkreten Abhilfeverfahren vertraut und hat das Abhilfegrundurteil erlassen, welches gemeinsam mit dem kollektiven Gesamtbetrag, der im Abhilfeendurteil ebenfalls von diesem Gericht festgesetzt wurde, Grundlage des Umsetzungsverfahrens ist. Das Prozessgericht ist daher bereits umfassend informiert und kann daher optimal und ohne Zeitverlust durch Einarbeitung die Beachtung des im Abhilfegrundurteil getroffenen Maßgaben überwachen (Begr. RegE, BT-Drs. 20/6520, 84). Zuständig ist daher das Prozessgericht, welches sachlich gem. § 3 I ein OLG ist; örtlich ist dies gem. § 3 I das Gericht, in dessen Bezirk der Unternehmer seinen allgemeinen Gerichtsstand hat.

2. Abs. 2

10   **a) Entscheidung durch Beschluss.** Das Prozessgericht kann seine Entscheidungen im Umsetzungsverfahren **ohne mündliche Verhandlung** treffen; es entscheidet somit durch **Beschluss,** da die mündliche Verhandlung freigestellt ist. Dass die mündliche Verhandlung freigestellt ist hat seine Gründe in der **Prozessökonomie:** Zum einen sind keine materiell-rechtlichen Entscheidungen zu treffen; diese sind bereits im Abhilfegrundurteil getroffen worden, welches die Haftung des Unternehmers dem Grunde nach festgestellt hat und die konkreten Voraussetzungen, nach denen sich die Anspruchsberechtigung der betroffenen Verbraucher bestimmt sowie bei identischer Höhe den konkreten Einzelbetrag oder bei unterschiedlicher Höhe die Methode, nach der die jeweiligen Einzelbeträge zu berechnen sind, festgelegt hat. Die einzige **Ausnahme** hiervon ist die Entscheidung des Gerichts hinsichtlich der Widerspruchsentscheidung des Sachwalters gem. **§ 28 IV;** hier hat das Gericht zwar eine **Entscheidung in**

der **Sache** zu treffen hinsichtlich der Haftung des Unternehmers gegenüber einem konkreten Verbraucher. Auch hier jedoch entscheidet das Gericht durch **Beschluss, § 28 IV 2**.

Im **Umsetzungsverfahren** sind diese **Entscheidungen** nur noch vom **Sachwalter zu voll- 11 ziehen**; dies kommt von seiner wirtschaftlichen Bedeutung einer Zwangsvollstreckung gleich. Eine Entscheidung des Sachwalters über individuelle Verbraucheransprüche – selbst bei Ablehnung dieser Ansprüche – ist hiermit nicht verbunden; vielmehr haben die Verbraucher, deren Ansprüche vom Sachwalter abgelehnt wurden, die Möglichkeit, im Wege des Widerspruchsverfahrens gem. § 28 bzw. der Individualklage gem. § 39 diese Ansprüche durchzusetzen. Das Gericht hat im Umsetzungsverfahren – bis auf die Ausnahme des § 28 IV – lediglich Kontroll-, Überwachungs- und Begleitfunktion hinsichtlich der Tätigkeit des Sachwalters bei der Umsetzung der Abhilfeentscheidung.

b) Aufgaben des Gerichts. Die **wesentliche Tätigkeit des Gerichts** sind ausweislich 12 seiner **Aufgaben** im Umsetzungsverfahren **sehr vielfältig:** Es sind dies die Bestellung des Sachwalters gem. § 23, die Eröffnung des Umsetzungsverfahrens gem. § 24, die Anordnung der Entnahme von Beträgen zur Begleichung von Kosten des Umsetzungsverfahrens und Vorschüssen gem. § 25 III 2, der Beschluss über einen Widerspruch des Verbrauchers oder des Unternehmers, § 28 IV, die Anordnung, dass der Unternehmer durch Zwangsgeld und für den Fall, dass dieses nicht beigetrieben werden kann, durch Zwangshaft zur Vornahme einer anderen vertretbaren Handlung als Zahlung anzuhalten sei gem. § 29, die Beaufsichtigung des Sachwalters gem. § 30 I, die Setzung von Fristen für den Sachwalter zur Durchführung des Umsetzungsverfahrens gem. § 30 II 1, die Anforderung von Zwischenberichten über den Stand des Umsetzungsverfahrens sowie der Anforderung spezieller Auskünfte einschließlich Fristsetzungen hierfür gem. § 30 II 2, die Androhung und die Festsetzung eines Zwangsgeldes bei Nichterfüllung dieser Anforderungen, § 30 III 1, die Entlassung des Sachwalters aus wichtigem Grund nach vorheriger Androhung, § 30 III 3, die Festsetzung der Höhe der Auslagen des Sachwalters, seiner Vergütung und des Vorschusses gem. § 32 II, Empfangnahme der Schlussrechnung gem. § 33 S. 1 und Benachrichtigung des Unternehmers von ihrem Eingang gem. § 33 S. 3, Fristsetzung zur Vorlage des Schlussberichts an den Sachwalter gem. § 34 I 2, Erteilung einer formlosen Abschrift des Schlussberichts an die Parteien gem. § 34 III, Prüfung des Schlussberichts und der Schlussrechnung gem. § 35 I sowie gegebenenfalls Beanstandung und Fristsetzung zur Abhilfe gem. § 35 II sowie Feststellung der Beendigung des Umsetzungsverfahrens gem. § 36.

Die Kompetenz hinsichtlich einer **Entscheidung über die Berechtigung des konkreten** 13 **Verbraucheranspruchs im Widerspruchsverfahren gem. § 28 IV** bildet die einzige Regelung, die nicht der Kontroll-, Überwachungs- und Begleitfunktion hinsichtlich der Tätigkeit des Sachwalters bei der Umsetzung der Abhilfeentscheidung zugeordnet werden kann. Jedoch ist diese Sachentscheidungskompetenz gewissermaßen eine Kontrolle der Sachwalterentscheidung hinsichtlich der Berechtigung des konkreten Verbraucheranspruchs.

c) Rechtsmittel. Gegen die **Beschlüsse** des Gerichts im Umsetzungsverfahren ist nach 14 allgemeinen Regeln die **Rechtsbeschwerde gem. § 574 ZPO** statthaft. Hier bedarf es einer Zulassung durch das OLG gem. § 574 I 1 Nr. 2, III ZPO. Allerdings muss hierfür die Rechtssache § 574 II ZPO entweder grundsätzliche Bedeutung haben, Nr. 1, oder die Fortbildung des Rechts oder die Sicherung einer einheitlichen Rechtsprechung muss eine Entscheidung des Rechtsbeschwerdegerichts erfordern, Nr. 2. Dies wird bei den verschiedenartigen Beschlüssen im Umsetzungsverfahren individuell zu entscheiden sein. Kraft Gesetzes ist jedoch der Beschluss hinsichtlich des Widerspruchs gem. § 28 IV 6 unanfechtbar.

Bestellung des Sachwalters

23 (1) ¹Das Gericht bestellt einen Sachwalter. ²Vor der Bestellung sollen die Parteien des Abhilfeverfahrens zur Person des Sachwalters gehört werden.

(2) ¹Zum Sachwalter ist eine geeignete und von den Parteien unabhängige Person zu bestellen. ²Die Unabhängigkeit wird nicht schon dadurch ausgeschlossen, dass die Person von einer Partei vorgeschlagen worden ist. ³Das Gericht kann von der als Sachwalter vorgesehenen Person den Nachweis einer Berufshaftpflichtversicherung verlangen, deren Deckungssumme dem Umfang des Umsetzungsverfahrens angemessen ist.

(3) ¹Der Sachwalter erhält vom Gericht eine Urkunde über seine Bestellung. ²Bei Beendigung seines Amtes hat der Sachwalter dem Gericht die Urkunde zurückzugeben.

(4) ¹Ein Sachwalter kann von den Parteien aus denselben Gründen, die nach § 42 der Zivilprozessordnung zur Ablehnung eines Richters berechtigen, abgelehnt werden. ²Der Ablehnungsgrund ist glaubhaft zu machen; zur Versicherung an Eides statt darf die Partei nicht zugelassen werden. ³Ein Sachwalter kann auch wegen Ungeeignetheit abgelehnt werden.

(5) ¹Ein Ablehnungsantrag ist binnen zwei Wochen nach der Verkündung oder der Zustellung des Beschlusses über die Bestellung zu stellen. ²Zu einem späteren Zeitpunkt ist der Antrag auf Ablehnung nur zulässig, wenn die Partei glaubhaft macht, dass sie ohne ihr Verschulden verhindert war, den Ablehnungsgrund früher geltend zu machen.

(6) Gegen den Beschluss, durch den die Ablehnung für begründet erklärt wird, findet kein Rechtsmittel statt.

Übersicht

Schrifttum: Schmittmann, Die insolvenzrechtlichen Aspekte des Referentenentwurfs zur Umsetzung der Richtlinie (EU) 2020/1828 über Verbandsklagen zum Schutz der Kollektivinteressen der Verbraucher und zur Aufhebung der Richtlinie 2009/22/EG, ZIR 2023, 277.

I. Systematik und unionsrechtlicher Hintergrund

1   Die Norm bestimmt die Bestellung des **Sachwalters** durch das Gericht, das Verfahren hierzu und die Rechtsmittel gegen die Beschlüsse des Gerichts bei Bestellung des Sachwalters. Der Sachwalter hat die zentrale **Schlüsselposition** im Umsetzungsverfahren inne, in dem – als vierten Schritt im vierphasigen Verlauf des Abhilfeverfahrens – der kollektive Gesamtbetrag, den das Gericht im Abhilfeendurteil gem. § 18 II festgesetzt hat oder die nicht auf Zahlung gerichtete Leistung des Unternehmers als die repräsentierten Verbraucher organisiert wird, sofern diese ihre Berechtigung, die das Gericht im Abhilfegrundurteil gem. § 16 II Nr. 2 festgesetzt hat, nachgewiesen haben. Der Sachwalter hat für die erforderliche Feststellung der Berechtigung, für die Verwaltung des Umsetzungsfonds, für die Information der Verbraucher und des Unternehmers sowie für die Befriedigung der berechtigten Verbraucheransprüche umfassende Befugnisse. Seine **Aufgaben** während des Umsetzungsverfahrens sind detailliert in **§ 27** beschrieben. Weitere Aufgaben ergeben sich am Ende des Umsetzungsverfahrens gem. § 33, § 34 sowie gegebenenfalls sogar noch nach Beendigung des Umsetzungsverfahrens gem. § 37.

2   Eine unionsrechtliche Determinierung für die Bestellung des Sachwalters existiert nicht, da die Verbandsklagen-RL noch nicht einmal Regelungen hinsichtlich des vierphasige Modells enthält; vielmehr hat der nationale Gesetzgeber insoweit Gestaltungsfreiheit. Lediglich **ErwGr. 50 S. 2 Verbandsklagen-RL** bestimmt, dass Verbraucher, die Anspruch auf Abhilfe haben, diese erlangen können sollten, ohne ein gesondertes Verfahren anstrengen zu müssen. In **ErwGr. 50 S. 4 Verbandsklagen-RL** ist festgelegt, dass von den Verbrauchern gefordert werden kann, dass sie zur Erlangung individueller Abhilfe bestimmte Maßnahmen ergreifen, wie beispielsweise sich bei der für die Durchsetzung der Abhilfeentscheidung zuständigen Einrichtung zu melden. Die Schaffung eines Umsetzungsverfahrens mit dem Sachwalter als Schlüsselfigur und damit der

„zuständigen Einrichtung" iSd dieser Bestimmung bewegt sich daher im Rahmen der Verbands-klagen-RL.

II. Norminhalt

1. Bestellung, Beginn und Ende des Amtes (Abs. 1)

Die Norm bestimmt in S. 1 iVm § 22 II, dass das Gericht den Sachwalter durch **Beschluss** 3 bestellt; eine mündliche Verhandlung ist freigestellt. Die in S. 2 vorgeschriebene **Anhörung** der Parteien des Abhilfeverfahrens – beklagter Unternehmer und klagender Verbraucherverband – zur Person des Sachwalters kann nur unterbleiben, wenn besondere Gründe vorliegen, da es sich um eine Sollvorschrift handelt. Diese Anhörung muss jedoch nicht in einer mündlichen Verhandlung stattfinden, sondern kann auch schriftlich erfolgen. Zwar ist es der Norm nicht zu entnehmen, jedoch ist entsprechend § 56 I 1 InsO zu verlangen, dass es sich bei dem Sachwalter um eine **natürliche Person** handelt (ebenso Schmittmann ZRI 2023, 277 (279)). Juristische Personen oder Personengesellschaften sind damit als Sachwalter ausgeschlossen. Dass dies vom Gesetzgeber ebenfalls unausgesprochen vorausgesetzt wird, ergibt sich bereits daraus, dass in der Gesetzesbegründung durchgehend von „einem Sachwalter oder einer Sachwalterin" gesprochen wird; wäre der Sachwalter keine natürliche Person, könne er nicht entweder männlichen oder weiblichen Geschlechts sein.

Das **Amt** des Sachwalters **beginnt** mit seiner Bestellung; es **endet** entweder mit Erfüllung 4 aller Aufgaben des Sachwalters im Umsetzungsverfahren, die jedoch in bestimmten Fällen gem. § 37 sogar noch nach Beendigung des Umsetzungsverfahrens gem. § 36 liegen können; oder es endet mit seiner Entlassung gem. § 30 III 3 durch das Gericht nach vorheriger Androhung aus wichtigem Grund. Eine gesetzlich nicht ausdrücklich geregelte Entlassung, die jedoch bereits aufgrund allgemeiner Regeln möglich ist, ist die Entlassung durch das Gericht auf eigenen Wunsch des Sachwalters.

2. Abs. 2

a) Eignung der Person. Die Norm regelt die Eignung des potentiellen Sachwalters und den 5 Nachweis einer Berufshaftpflichtversicherung. Die Regelung **ähnelt § 56 I 1, 3 InsO,** wo hinsichtlich der Eignung und der Unabhängigkeit des Insolvenzverwalters ähnliche Bestimmungen getroffen werden wie hinsichtlich des Sachwalters. Auch bestehen gewisse Parallelen zu § 9 I SVertO (Schifffahrtsrechtliche Verteilungsordnung). Die **Eignung** des Sachwalters gem. S. 1 kann nicht generell, sondern nur für das konkrete Umsetzungsverfahren bestimmt werden, da die Komplexität, der Umfang und die Schwierigkeiten des Verfahrens individuell sehr verschieden sein kann. Das Gericht, das als Prozessgericht gem. § 22 I das Abhilfeverfahren verhandelt und entschieden hat, muss hier aufgrund seiner umfassenden Kenntnis der Streitsache im konkreten Einzelfall die Eignung bestimmen.

Das Gericht sollte auf die Vorauswahllisten der Insolvenzgerichte und auf Initiativbewerbun- 6 gen geeigneter Personen, wie dies Insolvenzverwalter häufig sein werden, zurückgreifen (ebenso Schmittmann ZRI 2023, 277 (279 f.)). Die Person, die zum Sachwalter bestellt wird, muss von den Parteien **unabhängig** sein. Dies wird gem. S. 2 nicht bereits dadurch ausgeschlossen, dass die Person von einer Partei **vorgeschlagen** worden ist; hierdurch wird den Parteien ermöglicht, dem Gericht eine aus ihrer Sicht geeignete Person vorzuschlagen. Das Gericht ist jedoch an diesen Vorschlag nicht gebunden.

Als Sachwalter kommen daher etwa **Rechtsanwälte, Steuerberater, Betriebswirte, Insol-** 7 **venzverwalter oder Wirtschaftsprüfer** in Frage (Begr. RegE, BT-Drs. 20/6520, 85). Bei umfangreicheren und komplexeren Umsetzungsverfahren kommen daher nach der Konzeption des Gesetzgebers insbesondere Personen in Betracht, die nicht nur über eine qualifizierten Ausbildung und entsprechende Berufserfahrung verfügen, sondern auch professionell ausgestattete Büros mit besonders geschulten Mitarbeitern haben; insbesondere bei umfangreichen Umsetzungsverfahren, in denen eine große Anzahl von Einzelansprüchen zu prüfen ist, benötigen die Sachwalter einen größeren Mitarbeiterstab und eine professionelle technische Ausrüstung (Begr. RegE, BT-Drs. 20/6520, 85). In kleineren und einfach gelagerten Umsetzungsverfahren, in denen lediglich eine überschaubare Anzahl von Individualansprüchen zu prüfen ist, kann durchaus ein Sachwalter ohne Mitarbeiterstab die Prüfung mit geringem zeitlichem und organisatorischem Aufwand abwickeln.

8 **b) Berufshaftpflichtversicherung.** Nach S. 3 kann das Gericht von der als Sachwalter vorgesehenen Person den Nachweis einer **Berufshaftpflichtversicherung** verlangen, da der Sachwalter gem. § 31 bei schuldhafter Pflichtverletzung der ihm nach dem VDuG obliegenden Pflichten dem Unternehmer sowie den Verbrauchern auf Schadensersatz haftet. Die Deckungssumme muss dem Umfang des Umsetzungsverfahrens angemessen sein. Da die Vorschrift eine Kannvorschrift ist, wird das Gericht insbesondere bei komplexen Umsetzungsverfahren, in denen ein großer kollektiver Gesamtbetrag zu verteilen ist, den Nachweis einer solchen Berufshaftpflichtversicherung verlangen.

3. Urkunde (Abs. 3)

9 Die Norm regelt den Erhalt und die Rückgabe der Bestallungsurkunde des Sachwalters. Die Regelung **entspricht § 56 II InsO,** wo nahezu wortgleich hinsichtlich des Insolvenzverwalters eine entsprechende Regelung besteht. Die Urkunde ist vom Gericht dem Sachwalter zu übergeben; sie enthält alle für die Identifikation der Person und der Befugnisse nötigen Daten. Die Urkunde dient während des Umsetzungsverfahrens zur **Legitimation** des Sachwalters. Eine Gutglaubenswirkung ist jedoch mit der Bestallungsurkunde des Sachwalters ebenso wenig verbunden wie mit der Bestallungsurkunde des Insolvenzverwalters gem. § 56 II InsO (so für die Bestallungsurkunde des Insolvenzverwalters Andres/Leithaus/Andres InsO § 56 Rn. 14). Ein **gutgläubiger Erwerb** vom Sachwalter richtet sich vielmehr nach **allgemeinen Regeln.**

10 Nach Abschluss des Verfahrens gem. § 36, Entlassung des Sachwalters gem. § 30 III 3 oder einem erfolgreichen Ablehnungsantrag bei bereits begonnener Tätigkeit des Sachwalters gem. Abs. 4, Abs. 5 (sowie gegebenenfalls erst nach Schließung des Umsetzungsfonds aufgrund von erfolgter Rückzahlung des Restbetrags an den Unternehmer gem. § 37) ist sie **an das Gericht zurückzugeben,** da sie zum einen nicht mehr vom Sachwalter, dessen Amt beendet ist, gebraucht wird und zum anderen, um Missbräuche zu verhindern.

4. Ablehnung des Sachwalters (Abs. 4)

11 Ein Sachwalter kann gem. S. 1 von den Parteien abgelehnt werden, und zwar aus denselben Gründen, die zur **Richterablehnung gem. § 42 ZPO** berechtigen. Dies sind zum einen die Gründe, die kraft Gesetzes von der Ausübung des Richteramtes ausschließen gem. § 41 ZPO, zum anderen ist dies die Besorgnis der Befangenheit; diese liegt gem. § 42 II ZPO immer dann vor, wenn ein Grund gegeben ist, der geeignet ist, Misstrauen gegen die **Unparteilichkeit** eines Richters zu rechtfertigen. Diese Regelung ähnelt der Sachverständigenablehnung gem. § 406 ZPO und dient der Sicherstellung der Unparteilichkeit des Sachwalters (Begr. RegE, BT-Drs. 20/6520, 97). Diese ist deshalb erforderlich, weil sowohl der Unternehmer als auch der Verbraucher Vertrauen in die pflichtgemäße und damit unparteiliche Amtsausübung des Sachwalters haben müssen, da ihre Vermögensinteressen von diesem gewahrt werden sollen.

12 Der Ablehnungsgrund nach § 42 ZPO ist **glaubhaft** zu machen, wobei die Partei – entgegen § 294 I ZPO – nicht zur Versicherung an Eides statt zugelassen ist, S. 2; diese Regelung ist § 44 II 1 ZPO nachgebildet, wo ebenfalls die Versicherung an Eides statt nicht für die Glaubhaftmachung zugelassen ist. Glaubhaft gemacht ist der Ablehnungsgrund dann, wenn eine überwiegende Wahrscheinlichkeit dafür besteht, was der freien Würdigung durch das Gericht unterliegt (MüKoZPO/Stackmann ZPO § 44 Rn. 9). Der Sachwalter kann gem. S. 3 auch wegen Ungeeignetheit abgelehnt werden, etwa weil er nicht die nötige professionelle Qualifikation besitzt. Das Ablehnungsrecht steht in allen Fällen beiden Parteien zu.

5. Ablehnungsantrag (Abs. 5)

13 Die Norm regelt die **Frist** für den Ablehnungsantrag. Dies ist gem. S. 1 binnen **zwei Wochen** nach der Verkündung oder der Zustellung des Beschlusses über die Bestellung des Sachwalters gem. Abs. 1 zu stellen; ein späterer Antrag ist nur zulässig, wenn die Partei glaubhaft macht, ohne ihr Verschulden an einer früheren Geltendmachung des Ablehnungsgrundes verhindert gewesen zu sein, S. 2. Die Norm ist § 406 II 1, 2 ZPO nachgebildet, die für die Sachverständigenablehnung Entsprechendes anordnet.

14 Sollte ein Ablehnungsantrag zu einer Zeit erfolgreich sein, in der der **Sachwalter bereits seine Tätigkeit aufgenommen** hat, ist wie bei einer Entlassung des Sachwalters aus wichtigem Grund gem. § 30 III 3 zu verfahren und ein neuer Sachwalter zu ernennen; der entlassene

Sachwalter hat daher gem. § 33 Schlussrechnung zu legen, einen Schlussbericht gem. § 34 zu geben und die Bestallungsurkunde gem. Abs. 3 S. 2 an das Gericht zurückzugeben.

6. Rechtsmittel (Abs. 6)

Die Norm ist § 406 V ZPO nachgebildet und schließt ein Rechtsmittel gegen den Beschluss, **15** durch den die **Ablehnung für begründet** erklärt wird, aus. Dieser Ablehnungsbeschluss gegen den Sachwalter ist daher **unanfechtbar.** Der Beschluss, durch den die **Ablehnung für unbegründet** erklärt wird, ist nach allgemeinen Regeln mit der **Rechtsbeschwerde** gem. § 574 ZPO anfechtbar. Da in § 406 V ZPO auch bei Zurückweisung des Ablehnungsantrag wegen **Unzulässigkeit** die Anfechtbarkeit bejaht wird (Thomas/Putzo/Seiler ZPO § 406 Rn. 11), ist dies auch im vorliegenden Fall sinnvoll.

Ist daher der **Ablehnungsantrag** einer Partei **beispielsweise mangels Rechtsschutz-** **16** **bedürfnis** zurückgewiesen worden, ist **ebenfalls** die **Rechtsbeschwerde** gem. § 574 ZPO gegeben. Für deren Zulässigkeit müssen im konkreten Fall noch die Voraussetzungen von § 574 I Nr. 2, III ZPO vorliegen müssen. Dies bedeutet, dass die Rechtssache entweder gem. § 574 II Nr. 1 ZPO grundsätzliche Bedeutung hat oder gem. § 574 II Nr. 2 ZPO die Fortbildung des Rechts oder die Sicherung einer einheitlichen Rechtsprechung eine Entscheidung des Rechtsbeschwerdegerichts erfordert.

Eröffnungsbeschluss

24 Das Gericht beschließt die Eröffnung des Umsetzungsverfahrens, sobald der Unternehmer die folgenden Beträge zu Händen des Sachwalters gezahlt hat:
1. den vorläufig festgesetzten Kostenbetrag (§ 18 Absatz 1 Nummer 2),
2. den kollektiven Gesamtbetrag (§ 18 Absatz 2), sofern der Unternehmer zur Zahlung eines solchen verurteilt ist.

Übersicht

I. Systematik und unionsrechtlicher Hintergrund

1. Voraussetzungen der Eröffnung

Die Norm legt die **Voraussetzungen** für die **Eröffnung** des Umsetzungsverfahrens fest, das **1** **systematisch** als **letzter Schritt** des vierphasigen Modells des Abhilfeverfahrens auf das Abhilfegrundurteil gem. § 16 I 1, den gescheiterten Vergleichsversuch gem. § 17 und das Abhilfeendurteil gem. § 18 folgt. Im Abhilfeendurteil ist ein **kollektiver Gesamtbetrag** gem. § 18 II zu tenorieren, sofern der Verband diesen gem. § 14 S. 2, § 15 II 2, 3 beantragt hat, da er die in der Abhilfeklage repräsentierten Verbraucher nicht namentlich benannt hat, sondern anhand abstrakter Merkmale kollektiv umschrieben hat und eine Zahlung verlangt, die entweder aus einem identischen Betrag für alle Einzelansprüche besteht oder aber aufgrund einer im Tenor des Abhilfegrundurteils angegebenen Methode erlaubt, die Höhe der Individualansprüche zu berechnen (§ 16 II 2). Da das Umsetzungsverfahren erst beginnen kann, wenn diese Summe des kollektiven Gesamtbetrags zur Verteilung durch den Sachwalter zur Verfügung steht, ist dies eine der beiden Voraussetzungen für die Eröffnung des Umsetzungsverfahrens.

Die andere Voraussetzung ist der Eingang des vorläufig festgesetzten **Kostenbetrags:** Der **2** Unternehmer muss diesen dem Verwalter zur Verfügung stellen, da er hierzu gem. § 18 Nr. 2, 3 im Abhilfeendurteil verurteilt worden ist. Diese Kosten des Umsetzungsverfahrens setzten sich zusammen aus den **Auslagen** des Sachwalters, insbesondere den Verbindlichkeiten, die er zur ordnungsgemäßen Erfüllung seiner Aufgaben begründet (§ 20 I Nr. 1) und der **Vergütung** des Sachwalters (§ 20 I Nr. 2). Der kollektive Gesamtbetrag wird an die Verbraucher, die ihre Berechtigung nachgewiesen haben, § 27 Nr. 3 durch den Sachwalter zur Befriedigung ihrer Ansprüche verteilt (§ 27 Nr. 9). Sofern er nicht ausreichend ist zur Befriedigung aller berechtigter Verbraucheransprüche kann er aufgrund einer Erhöhungsklage durch den Verbraucherverband erhöht werden (§ 21). Verbleibt bei Beendigung des Umsetzungsverfahrens ein Restbetrag, ist dieser an den Unternehmer zurückzuzahlen (§ 37).

2. Verfahrensautonomie des deutschen Gesetzgebers

3 Eine **unionsrechtliche Determinierung** hinsichtlich der Voraussetzungen des Eröffnungs-beschlusses besteht **nicht**. Die Verbandsklagen-RL enthält noch nicht einmal Regelungen hinsichtlich des vierphasige Modells, also erst recht nicht hinsichtlich der Ausgestaltung des Eröffnungsbeschlusses; vielmehr hat der nationale Gesetzgeber insoweit Gestaltungsfreiheit. Ausdrücklich bestimmt **ErwGr. 12 S. 1 Verbandsklagen-RL:** „Im Einklang mit dem Grundsatz der Verfahrensautonomie sollte die vorliegende Richtlinie nicht dazu dienen, jeden Aspekt der Verbandsklage zu regeln." Daher war der deutsche Gesetzgeber in der Ausgestaltung des Umsetzungsverfahrens und der Voraussetzungen für seine Eröffnung nur insoweit gebunden, als die Umsetzung „eine wirksame und effiziente Möglichkeit" zum Schutz „der Kollektivinteressen der Verbraucher" entsprechend **ErwGr. 9 S. 1 Verbandsklagen-RL** bieten muss.

4 Dass die zu verteilende Summe bei Beginn des Umsetzungsverfahrens dem Sachwalter zur Verfügung steht und er ebenso auf die vorläufig festgesetzten Kosten des Umsetzungsverfahrens für dessen reibungslosen Verlauf zugreifen kann, garantiert eine wirksame und effiziente Prüfung und Befriedigung der Verbraucheransprüche. Lediglich die **Bekanntmachung des Eröffnungsbeschlusses** des Umsetzungsverfahrens, die gem. **§ 44 Nr. 12** im Verbandsklageregister öffentlich bekannt zu machen ist, ist nach **ErwGr. 60 S. 1 Verbandsklagen-RL** hinsichtlich der Verbraucherinformation determiniert.

II. Norminhalt

1. Eingang der tenorierten Summen

5 Die Norm beschreibt die **Voraussetzungen** für den Erlass des Eröffnungsbeschlusses hinsichtlich des Umsetzungsverfahrens durch das Prozessgericht. Die zwei Voraussetzungen beziehen sich beide auf den **Eingang** bestimmter **Summen** bei dem Sachwalter, der gem. § 23 vom Gericht bestellt worden ist. Der Sachwalter überprüft die Übereinstimmung der eingegangenen Summen mit den im Abhilfeendurteil tenorierten Summen; stimmen diese überein, teilt er den Zahlungseingang dem Gericht gem. § 27 Nr. 1 mit. Das Prozessgericht entscheidet gem. § 22 durch **Beschluss,** nachdem es vom Sachwalter über die Zahlungseingänge informiert worden sind. Die Summen müssen in den vom Sachwalter zu errichtenden Umsetzungsfonds gem. § 25 I vom Unternehmer eingezahlt werden; dieser Umsetzungsfonds ist vom Vermögen des Sachwalters gem. § 25 II getrennt zu führen. Praktisch wird der Sachwalter ein eigenes dafür eingerichtetes Konto nutzen und vom Unternehmer die Überweisung der tenorierten Summen hierauf verlangen.

6 Dass der verurteilte Unternehmer als Schuldner selbst die Zahlungen geleistet hat, weil er hierzu durch das Abhilfeendurteil verpflichtet war, ist insoweit irrelevant, weil es aufgrund von § 267 BGB nur darauf ankommt, ob auf die tenorierte Schuld geleistet worden ist, so dass auch **Dritte die Zahlung** an den Sachwalter **leisten** können. Sind die eingegangenen Summen geringer als die tenorierten Summen oder ist innerhalb einer vom Sachwalter gesetzten Frist keine Zahlung eingegangen, hat der Sachwalter dies dem obsiegenden Verbraucherverband mitzuteilen; dieser Verband ist dann als Titelgläubiger zur zwangsweisen Beitreibung der titulierten Summen gem. §§ 802a ff., 803 ff., 865 ff. ZPO befugt. Bei einer zu hohen Zahlung durch den Unternehmer kann dieser das zu viel Geleistete wegen § 814 BGB nicht gem. § 812 I 1 Alt. 1 BGB zurückfordern, da er aufgrund der Titulierung Kenntnis der Rechtslage hatte; ausgenommen ist hiervon eine versehentliche Mehrüberweisung, etwa bei einem Schreibfehler.

7 Die Voraussetzung gem. **Nr. 1** ist der Eingang des im Abhilfeendurteil tenorierten **vorläufig festgesetzten Kostenbetrags** (§ 18 I Nr. 2). Dieser vorläufig festgesetzte Kostenbetrag muss deshalb eingegangen sein, weil ansonsten der Sachwalter zum einen hinsichtlich seiner Auslagen,

die er zur Durchführung des Umsetzungsverfahrens tätigen muss, in Vorlage treten müsste, zum anderen bekäme der Sachwalter ohne den Eingang dieser Summe keine Vergütung während des laufenden Umsetzungsverfahrens (§ 20 I). Da beides praktisch nicht zu realisieren ist, ist die Verfügung des Sachwalters über diese Summe essentiell für die Durchführung des Umsetzungs-verfahrens. Die Voraussetzung **gem. Nr. 2** ist den Eingang des im Abhilfeendurteils tenorierten **kollektiven Gesamtbetrags** (§ 18 II). Damit dieser an die berechtigten Verbraucher zur Befriedigung ihrer Ansprüche gem. § 27 Nr. 9 ausgekehrt werden kann, muss er dem Sachwalter zur Verfügung stehen. Der Eingang des kollektiven Gesamtbetrags ist daher ebenfalls aus praktischen Gründen essentiell für die Durchführung des Umsetzungsverfahrens.

2. Andere Leistung

Nicht zu den Voraussetzungen der Norm gehört der Eingang einer **anderen Leistung,** 8 etwa einer Nachlieferung von Produkten: Die Erfüllung der berechtigten Verbraucheransprüche, die auf eine andere Leistung als Zahlung gerichtet sind, ist zwar nach der gesetzlichen Kon-zeption **Aufgabe des Unternehmers,** der Sachwalter fordert den Unternehmer lediglich auf, an die konkret bezeichneten Verbraucher die sonstige Leistung zu erbringen. Jedoch ist es dem Sachwalter nicht untersagt, in Kooperation mit dem Unternehmer die Leistung an die Ver-braucher in anderer Weise zu organisieren (ähnlich Bruns, Stellungnahme bei der Anhörung des Rechtsausschusses, S. 35, der sogar für einen Naturabhilfefonds plädiert).

3. Zwangsvollstreckung

Bei **Verweigerung einer Leistung durch Unternehmer** bleibt hingegen lediglich die 9 **Zwangsvollstreckung** gegen ihn gem. § 29, angepasst an den jeweils konkreten Umsetzungs-fall. Bei Kooperation und **freiwilliger Erfüllung** durch den Unternehmer hingegen kann beispielsweise in einer Fallgestaltung, in der eine Nachlieferung geschuldet ist, der Unternehmer nach Aufforderung durch den Sachwalter direkt an die berechtigten Verbraucher die geschulde-ten Produkte liefern oder aber nach Absprache mit dem Sachwalter kann die Lieferung an diesen erfolgen, der diese Produkte sodann an die berechtigten Verbraucher weiterleitet; dies ist etwa in denjenigen Fallgestaltungen denkbar, in denen der Sachwalter aus Gründen einer erhöhten Effizienz des Umsetzungsverfahrens diese Verfahrensweise praktizieren will. Hiervon ist jedoch die Eröffnung des Umsetzungsverfahrens nicht abhängig.

4. Öffentliche Bekanntmachung im Verbandsklageregister

Der Eröffnungsbeschluss ist gem. **§ 44 Nr. 15** im **Verbandsklageregister öffentlich be-** 10 **kannt** zu machen. Dadurch erhalten die angemeldeten Verbraucher Kenntnis davon, dass das Umsetzungsverfahren begonnen hat und jetzt ihr angemeldeter Anspruch zur Prüfung durch den Sachwalter ansteht. Sie sind dadurch informiert, dass demnächst der Sachwalter die Vorlage ihrer Berechtigungsnachweise verlangen wird.

Umsetzungsfonds

25 (1) ¹Der Sachwalter errichtet einen Umsetzungsfonds. ²In diesen sind der vor-läufig festgesetzte Kostenbetrag und gegebenenfalls der kollektive Gesamtbetrag sowie gegebenenfalls dessen Erhöhung einzuzahlen.

(2) ¹Der Umsetzungsfonds ist vom Vermögen des Sachwalters getrennt zu führen. ²Der Sachwalter verwaltet den Umsetzungsfonds und verfügt über ihn.

(3) ¹Berechtigte Ansprüche von Verbrauchern auf Zahlung erfüllt der Sachwalter unmittelbar durch Zahlung aus dem Umsetzungsfonds. ²Beträge zur Begleichung von Kosten des Umsetzungsverfahrens und Vorschüsse darf der Sachwalter dem Umset-zungsfonds nur nach Anordnung des Gerichts entnehmen. ³Diese Entnahmen dürfen in ihrer Gesamtsumme den vorläufig festgesetzten Kostenbetrag nicht übersteigen.

(4) **Die Gelder des Umsetzungsfonds unterliegen nicht der Pfändung.**

Übersicht

I. Systematik und unionsrechtlicher Hintergrund

1. Wirtschaftliches Rückgrat des Umsetzungsverfahrens

1   **Systematisch** steht die Norm in unmittelbaren **Zusammenhang** mit der **Eröffnung** des Umsetzungsverfahrens gem. § 24, da der Zahlungseingang des vorläufig festgesetzten Kostenbetrags (§ 18 I Nr. 2) und des kollektiven Gesamtbetrags (§ 18 II) zu Händen des Sachwalters die Voraussetzungen für die Eröffnung des Umsetzungsverfahrens darstellen. Ebenso besteht ein Zusammenhang mit der Durchführung der **Befriedigung** von berechtigten Verbraucheransprüchen durch den Sachwalter gem. § 27 Nr. 9. Auch mit den **Auslagen,** die der Sachwalter zum Zweck der Durchführung des Umsetzungsverfahrens machen musste, da diese Auslagen zu den Kosten des Umsetzungsverfahrens gem. § 20 I Nr. 1 gehören, steht die Norm systematisch in Zusammenhang und ebenso mit der vom Sachwalter zu beanspruchenden **Vergütung** für seine Dienste, welche ebenfalls gem. § 20 I Nr. 2 zu den Kosten des Umsetzungsverfahrens gehören. Damit ist der Umsetzungsfonds faktisch das wirtschaftliche Rückgrat des Umsetzungsverfahrens.

2   Damit der Sachwalter auf die eingezahlten Summen zugreifen kann, hat er die **Verwaltungs- und Verfügungsbefugnis** über den Umsetzungsfonds. Er ist verpflichtet zur **Rechnungslegung** in der Schlussrechnung gem. § 33, in der er über die im Umsetzungsfonds eingezahlten Beträge Rechenschaft gibt, und über die Verwendung dieser Beträge zur Befriedigung der berechtigten Verbraucheransprüche durch den **Schlussbericht** gem. § 34. Sind die eingezahlten Beträge teilweise nicht abgerufen worden, sind sie bei Beendigung des Umsetzungsverfahrens an den Unternehmer zurück zu erstatten (§ 37).

2. Verfahrensautonomie des deutschen Gesetzgebers

3   Eine **unionsrechtliche Determinierung** hinsichtlich des Umsetzungsfonds besteht **nicht,** da dem nationalen Gesetzgeber ohnehin noch nicht einmal das von ihm installierten vierphasige Modell des Abhilfeverfahrens durch die Verbandsklagen-RL vorgegeben war. Vielmehr war er im Rahmen seiner Verpflichtung „eine wirksame und effiziente Möglichkeit" zum Schutz „der Kollektivinteressen der Verbraucher" entsprechend **ErwGr. 9 S. 1 Verbandsklagen-RL** zu schaffen, frei in der Gestaltung des Umsetzungsfonds.

4   Hierzu dient die **detaillierte Regelung hinsichtlich des Umsetzungsfonds,** da die getrennte Führung des Fonds von Vermögens des Sachwalters, seine Verwaltungs- und Verfügungsbefugnis über ihn, das Erfordernis einer gerichtlichen Anordnung von anderen Entnahmen als zur Befriedigung von berechtigten Verbraucheransprüchen einschließlich der Beachtung des Deckungsprinzip und der Unpfändbarkeit des Umsetzungsfonds eine wirksame und effiziente Durchführung des Umsetzungsverfahrens zur Befriedigung der berechtigten Verbraucheransprüche garantieren. Dass in den Umsetzungsfonds der vorläufig festgesetzte Kostenbetrag und gegebenenfalls der kollektive Gesamtbetrag eingezahlt werden und die berechtigten Verbraucheransprüche auf Zahlung unmittelbar durch Zahlung aus dem Umsetzungsfonds durch den Sachwalter erfüllt werden, entspricht dem eigentlichen Zweck des Umsetzungsfonds.

II. Norminhalt

1. Errichtung des Umsetzungsfonds (Abs. 1)

Die Norm regelt in S. 1 die Pflicht des Sachwalters, einen **Umsetzungsfonds zu errichten.** 5
In diesen Fonds sind gem. S. 2 vom **Unternehmer** die titulierten Summen hinsichtlich des vorläufig festgesetzten Kostenbetrags gem. § 18 I Nr. 2 und gegebenenfalls des kollektiven Gesamtbetrags gem. § 18 II **einzuzahlen.** Der vorläufig festgesetzte Kostenbetrag ist in jedem Fall tituliert, der kollektive Gesamtbetrag nur dann, wenn der klagende Verbraucherverband diesen beantragt hat, weil er die repräsentierten Verbraucher nur anhand abstrakter Merkmale kollektiv beschrieben hat und diese einen Anspruch auf Zahlung haben. Bei einem anderen Anspruch als einem Zahlungsanspruch ist lediglich der vorläufig festgesetzte Kostenbetrag tituliert. Falls der kollektive Gesamtbetrag in einem Erhöhungsverfahren gem. § 21 erhöht wird, ist auch dieser weitere kollektive Gesamtbetrag in den Umsetzungsfonds einzuzahlen.

Praktisch wird der Sachwalter **bereits anfänglich ein gesondertes Konto** für den Umset- 6
zungsfonds einrichten und den **Unternehmer auffordern, nur auf dieses Konto** die titulierten Summen einzuzahlen. Dies ist deshalb von besonderer Relevanz, weil **gem. Abs. 4 Unpfändbarkeit** nur für die Beträge des Umsetzungsfonds besteht, nicht aber für Beträge auf anderen Konten des Sachwalters. Wenn daher die an den Sachwalter zu zahlenden Beträge nicht auf die Konten des Umsetzungsfonds, sondern auf andere Konten des Sachwalters vom Unternehmer überwiesen werden, sind die Beträge auf den anderen Konten des Sachwalters nicht von der Unpfändbarkeit gem. Abs. 4 erfasst; zudem würden sie im Fall einer Insolvenz des Sachwalters in die Insolvenzmasse fallen und wären damit für die Befriedigung der angemeldeten Verbraucher faktisch verloren (hierauf weist auch Bruns Stellungnahme bei der Anhörung des Rechtsausschusses, S. 42 f. hin).

2. Abs. 2

a) Trennung vom Vermögen des Sachwalters. Die Norm regelt in S. 1 die Pflicht des 7
Sachwalters, den **Umsetzungsfonds getrennt** von seinem Vermögen zu führen. Praktisch und effizient wird dies dadurch erreicht, dass der Sachwalter ein eigenes Konto für den Umsetzungsfonds errichtet und alle Zahlungseingänge und -abgänge hinsichtlich des Umsetzungsverfahrens ausschließlich über dieses Konto abwickelt. Dies gewährleistet zum einen, dass die im Umsetzungsfonds befindlichen Beträge separat verwaltet werden können und zum anderen, dass der Sachwalter bzw. das Gericht den Verbleib der Beträge effizient kontrollieren und überwachen kann (Begr. RegE, BT-Drs. 20/5620, 86); schließlich ist zu beachten, dass nur bei einem **gesonderten Konto** für den Umsetzungsfonds die **Unpfändbarkeit der dortigen Beträge gem. Abs. 4 gewährleistet** ist. Die Frage, welcher Art das vom Sachwalter zu führende Konto zu sein hat, wird vom Gesetz nicht beantwortet; ob dies ein Treuhandanderkonto oder ein Insolvenz-Sonderkonto (vgl. Stellungnahme zum RefE Verband Insolvenzverwalter und Sachwalter Deutschlands e. V. (VID) S. 9) zu sein hat, ist von der Praxis zu klären; für das Treuhandanderkonto spricht die treuhänderische Stellung des Sachwalters.

Da der Sachwalter sowohl den vorläufig festgesetzten Kostenbetrag als auch den kollektiven 8
Gesamtbetrag lediglich zu treuen Händen erhält, kann er als treuhänderisch Beauftragter nicht eine Eingliederung der Gelder in sein Vermögen beanspruchen. S. 2 gibt dem Sachwalter das **Verwaltungs- und Verfügungsrecht** über den Umsetzungsfonds; er kann daher im eigenen Namen das Konto führen und im eigenen Namen die Beträge an die berechtigten Verbraucher zur Befriedigung ihrer Ansprüche auszahlen. Über den Verbleib der Gelder hat der Sachwalter Rechenschaft gem. § 33, § 34 zu geben. Bei schuldhafter Verletzung seiner Pflichten, beispielsweise einer ordnungswidrigen Ausgabe der Beträge, haftet der Sachwalter gem. § 31 I Nr. 1 gegenüber dem Unternehmer.

b) Andere Leistung. Die Norm enthält **keine Regelung** darüber, was mit Leistungen des 9
Unternehmers zu geschehen hat, die **nicht auf Zahlung** gerichtet sind, **beispielsweise die Nachlieferung von Produkten** an die repräsentierten Verbraucher: Muss der Unternehmer nämlich eine andere Leistung als eine Zahlung erbringen, ist dies zwar nach der gesetzlichen Konzeption an sich dergestalt zu lösen, dass der Sachwalter den Unternehmer zur Erbringung dieser Leistung an die Verbraucher auffordert, Frist setzt und Erfüllungsanzeige und -nachweise

verlangt (§ 27 Nr. 10) und bei Verweigerung einer Kooperation durch Zwangsvollstreckung gegen den Unternehmer gem. § 29 diese Leistung an die Verbraucher bewirken lässt.

10   Jedoch **verbietet** das VDuG **nicht eine andere, einvernehmliche Lösungsfindung** zwischen Sachwalter und Unternehmer. Daher kann in einer Fallgestaltung, in der eine Nachlieferung geschuldet ist, diese einvernehmlich auf zweierlei Weise bewirkt werden: Der Unternehmer kann nach Absprache mit dem Sachwalter die geschuldeten Produkte direkt an die berechtigten Verbraucher liefern oder aber nach Vereinbarung an den Sachwalter, der diese Produkte sodann an die berechtigten Verbraucher weiterleitet (ähnlich Bruns Stellungnahme in der Anhörung des Rechtsausschusses, S. 53, der sogar für die Einrichtung eines Naturalabhilfefonds plädiert).

11   Das gesetzliche Modell geht zwar prinzipiell davon aus, dass der Unternehmer direkt an die berechtigten Verbraucher leistet; eine einvernehmliche andere Regelung zur Gewährleistung einer effizienten und zügigen Abwicklung untersagt das Gesetz jedoch nicht. Werden die Produkte an den Sachwalter zur Weiterleitung durch ihn an die berechtigten Verbraucher geliefert, werden sie zwar **Eigentum** des Sachwalters; dieses Eigentum besteht jedoch nur **treuhänderisch**. Das Eigentum an den beweglichen Sachen, die im Rahmen des Umsetzungsverfahrens an den Sachwalter übereignet werden, steht daher ebenso in einer fiduziarischen Zweckbindung wie seine Gläubigerstellung hinsichtlich der überwiesenen Gelder. Auch das treuhänderische Eigentum gehört zum Umsetzungsfonds und ist getrennt vom übrigen Vermögen des Sachwalters zu halten.

3. Abs. 3

12   **a) Erfüllung von Verbraucheransprüchen.** Nach S. 1 dieser Norm ist der Sachwalter verpflichtet, berechtige Zahlungsansprüche von Verbrauchern unmittelbar durch **Zahlung** aus dem Umsetzungsfonds zu **erfüllen.** Dies geschieht praktisch dadurch, dass nach Prüfung der Berechtigung des individuellen Verbraucheranspruchs der Sachwalter bei Erfüllung der Vorgaben des Abhilfegrundurteils gem. § 16 II Nr. 2 durch den konkreten Verbraucher die geschuldete Summe direkt aus dem kollektiven Gesamtbetrag an den konkreten Verbraucher zahlt. Da der Sachwalter regelmäßig ein eigenes Konto für den Umsetzungsfonds errichtet hat, auf dem der kollektive Gesamtbetrag gem. § 24 Nr. 2 eingezahlt worden ist, wird er den Betrag von diesem Konto direkt auf das Konto des konkreten Verbrauchers überweisen (Begr. RegE, BT-Drs. 20/6520, 86).

13   Zu beachten ist dabei, dass der **Verbraucheranspruch nur aus dem kollektiven Gesamtbetrag, nicht** aber aus dem **vorläufig festgesetzten Kostenbetrag bezahlt** werden darf, den Unternehmer ebenfalls gem. § 24 Nr. 1 in den Umsetzungsfonds eingezahlt hat. Dies ist deshalb relevant, weil der kollektive Gesamtbetrag ausschließlich der Befriedigung von Verbraucheransprüchen, die auf Zahlung gerichtet sind, dient; der vorläufig festgesetzte Kostenbetrag hingegen dient ausschließlich der Deckung der Kosten des Umsetzungsverfahrens. Zur optimalen Übersicht, insbesondere bei komplexen und länger dauernden Umsetzungsverfahren empfiehlt es sich daher, **zwei getrennte Konten** im Umsetzungsfonds zu führen, eines ausschließlich für den kollektiven Gesamtbetrag, das andere ausschließlich für den vorläufig festgesetzten Kostenbetrag.

14   **b) Vorschüsse und Kosten des Umsetzungsverfahrens.** Nach S. 2 dieser Norm dürfen Beträge zur Begleichung von Kosten des Umsetzungsverfahrens und Vorschüsse vom Sachwalter dem Umsetzungsfonds nur nach **Anordnung des Gerichts** entnommen werden. Der Sachwalter ist daher verpflichtet, vor Entnahme diesbezüglicher Beträge beim Prozessgericht eine Anordnung gem. § 32 zu beantragen. Eine **Entnahme ohne Anordnung** stellt eine **Pflichtverletzung** des Sachwalters dar, die eine Haftung gem. § 31 auslösen kann. Diese gerichtliche Anordnung garantiert zugleich, dass das in S. 3 statuierte **Deckungsprinzip** beachtet wird: Die Entnahmen dürfen in ihrer Gesamtsumme den vorläufig festgesetzten Kostenbetrag nicht übersteigen.

15   Da das **Gericht** vor der Anordnung **prüft**, ob ein begründeter Anspruch für die geltend gemachte Kostenerstattung oder den geltend gemachten Vorschuss besteht, kann es zugleich gewährleisten, dass die Entnahme zur Kostendeckung oder für Vorschüsse den dafür vorläufig festgesetzten Betrag nicht überschreiten (Begr. RegE, BT-Drs. 20/6520, 86). Damit wird zudem gewährleistet, dass der ausschließlich zur Befriedigung von Verbraucheransprüchen dienende kollektive Gesamtbetrag nicht durch Entnahmen zur Kostendeckung oder für Vorschüsse zu Lasten der berechtigten Verbraucheransprüche geschmälert oder gar aufgezehrt wird.

4. Unpfändbarkeit (Abs. 1)

Die Norm untersagt die Pfändung der Gelder des Umsetzungsfonds. Bei einer Zwangsvollstre- **16** ckung eines **Gläubigers des Sachwalters** gegen diesen darf der Gläubiger nicht in die Gelder des Umsetzungsfonds vollstrecken. Findet dennoch eine **Pfändung entgegen** diesem **Verbot** statt, fragt es sich, ob dies die Pfändung unwirksam und damit nichtig und ohne Rechtswirkung oder nur fehlerhaft, aber wirksam und anfechtbar macht. Unwirksam ist eine Vollstreckungs- maßnahme wie die Pfändung dann, wenn analog § 44 VwVfG ein schwerwiegender und offen- kundiger Fehler vorliegt; dies ist beispielsweise das Fehlen eines Titels, die funktionelle Unzustän- digkeit des Vollstreckungsorgans (zB Gerichtsvollzieher pfändet Geldforderung), Verstoß gegen die wesentlichsten Vorschriften der Pfändung (zB „telefonische Pfändung", Fehlen der Zustel- lung des Pfändungsbeschlusses an den Drittschuldner gem. § 829 III ZPO; vgl. Thomas/Putzo/ Seiler ZPO Vor § 704 Rn. 58; Thomas/Putzo/Seiler ZPO § 829 Rn. 26).

Hinsichtlich eines Verstoßes gegen § 865 ZPO bei einer Mobiliarvollstreckung in Gegen- **17** stände, die der Immobiliarvollstreckung gem. § 865 ZPO unterliegen, ist umstritten, ob dieser Verstoß die Zwangsvollstreckung nichtig oder nur anfechtbar macht (vgl. MüKoZPO/Dörn- dorfer ZPO § 865 Rn. 63 mwN). Bei einem Verstoß gegen § 808 ZPO sowie gegen § 809 ZPO, wenn gepfändet wird, obwohl kein (Allein-)Gewahrsam des Schuldners und keine Heraus- gabebereitschaft des Dritten als (Mit-)Gewahrsamsinhaber besteht, ist hingegen allgemeine Mei- nung, dass **Wirksamkeit des Vollstreckungsaktes** besteht und dieser nur mit der Vollstre- ckungserinnerung gem. § 766 ZPO angreifbar ist (vgl. Thomas/Putzo/Seiler ZPO § 808 Rn. 19; Thomas/Putzo/Seiler ZPO § 809 Rn. 9).

Ebenso verhält es sich bei Unpfändbarkeit von Gegenständen gem. § 811 ZPO (vgl. Thomas/ **18** Putzo/Seiler ZPO § 811 Rn. 27) oder der Unpfändbarkeit von Einkommen (vgl. Thomas/ Putzo/Seiler ZPO § 850 Rn. 14). Hieraus muss geschlossen werden, dass bei einer Pfändung der Gelder des Umsetzungsfonds trotz gesetzlichen Verbots ebenfalls kein schwerwiegender und offenkundiger Fehler vorliegt, sondern **lediglich ein Rechtsverstoß,** der entweder mit einer Vollstreckungserinnerung gem. § 766 ZPO (wenn keine vorherige Anhörung des Titelschuld- ners, nämlich des Sachwalters stattgefunden hat) oder mit der sofortigen Beschwerde gem. § 793 ZPO (wenn vorher eine Anhörung des Titelschuldners, nämlich des Sachwalters stattgefunden hat) geltend gemacht werden kann.

Teilnahme am Umsetzungsverfahren

26 An dem Umsetzungsverfahren nehmen alle Verbraucher teil, die ihre Ansprüche wirksam zum Verbandsklageregister angemeldet haben und die ihre Anmeldung nicht wirksam zurückgenommen haben.

Übersicht

I. Systematik und unionsrechtlicher Hintergrund

Die Norm regelt die Teilnahme am Umsetzungsverfahren und steht systematisch in Zusam- **1** menhang mit **Bindungswirkung des Abhilfegrundurteils** gem. § 16 iVm § 11 III: Die Ver- braucher, die gem. § 46 I, II wirksam angemeldet sind und sich nicht gem. § 46 IV wirksam wieder abgemeldet haben, werden durch das Abhilfegrundurteil gebunden, so dass nunmehr feststeht, dass der Unternehmer den angemeldeten Verbrauchern gegenüber dem Grunde nach haftet; zudem sind in § 16 II Nr. 1 die konkreten Voraussetzungen tenoriert, nach denen sich die Anspruchsberechtigung der betroffenen Verbraucher bestimmt und gem. § 16 II Nr. 2 sind die von jedem einzelnen Verbraucher zu erbringenden Berechtigungsnachweis festgelegt. Wel- che konkrete Leistung, bei Zahlungsansprüchen welche individuelle Forderungshöhe jeder konkrete Verbraucher zu beanspruchen hat, ergibt sich bei Zahlungsansprüchen aus § 16 II 2, entweder mit einer einheitlichen Forderungshöhe oder bei unterschiedlichen Forderungshöhen mittels der im Tenor des Abhilfegrundurteils angegebenen Berechnungsmethode.

2   **Unionsrechtlich** besteht hinsichtlich der Teilnahme am Umsetzungsverfahren keine Determinierung, lediglich der Rechtsakt der Anmeldung der Verbraucher, der als Opt-In oder Opt-Out ausgestaltet sein kann, ist vorausgesetzt für die Teilnahme der **Verbraucher** am Abhilfeverfahren gem. **Art. 9 II Verbandsklagen-RL.** Da der deutsche Gesetzgeber von der Möglichkeit eines Opt-In, also des Hineinoptierens der Verbraucher Gebrauch gemacht hat, müssen die Verbraucher zur Teilnahme am Abhilfeverfahren, hier am letzten Schritt, dem Umsetzungsverfahren, im Verbandsklageregister wirksam angemeldet sein.

II. Norminhalt

1. Wirksame Anmeldung

3   Voraussetzung für die Teilnahme am Umsetzungsverfahren gem. §§ 22 ff. ist für die betroffenen Verbraucher, dass sie zum einen ihre Ansprüche **wirksam gem. § 46 I, II** zum Verbandsklageregister **angemeldet** haben. Hierbei findet § 193 BGB gem. § 46 I 2 keine Anmeldung, so dass es gleichgültig ist, ob gem. § 46 I 1 der Stichtag zur **Fristwahrung** – Ablauf von drei Wochen nach dem Schluss der mündlichen Verhandlung – ein Samstag, Sonntag oder ein staatlich anerkannter allgemeiner Feiertag ist. Dies ist deshalb unproblematisch, da bei einer Anmeldung durch einen Rechtsanwalt ohnehin das vom Bundesamt für Justiz hierfür elektronisch bereitgestellt Formular genutzt werden muss, § 47 II. Die nicht anwaltlich vertretenen Verbraucher können ebenfalls das elektronische Formular nutzen, § 47 I. Zudem wird dadurch diese Nichtanwendung des § 193 BGB dem Bundesamt für Justiz die Registerführung erleichtert. Der Termin wird gem. § 44 Nr. 9 im Verbandsklageregister öffentlich bekannt gemacht. Daher können auch nicht anwaltlich vertretene Verbraucher leicht für die fristgerechte Anmeldung Sorge tragen.

4   Die Anmeldung muss zudem die gem. § 46 II vorgeschriebenen **Pflichtangaben** enthalten, mithin Angaben zu Namen und Anschrift des Verbrauchers, Angabe, ob die Anmeldung als kleines Unternehmen im Sinne des § 1 II erfolgt, Bezeichnung des Gerichts, des Aktenzeichens und des Beklagten, Gegenstand und Grund des Anspruchs oder des Rechtsverhältnisses des Verbrauchers (höchstens 2.500 Zeichen, § 3 II VKRegV) und die Versicherung der Richtigkeit und Vollständigkeit der Angaben; bei Anmeldung von Zahlungsansprüchen soll die Anmeldung auch Angaben zur Höhe dieses Anspruchs enthalten. Ob diese Angaben tatsächlich inhaltlich zutreffen oder ob der Anmeldende tatsächlich nicht gem. § 1 I, II Verbraucher oder gleichgestellter Kleinunternehmer ist oder ob der geltend gemachten Anspruch auch nur theoretisch für ihn bestehen kann, wird bei der Registereintragung ausdrücklich nicht geprüft, § 46 III, so dass dies bei Fehlen der Registereintragung nicht hindert. Die näheren Bestimmungen sind in der Verbandsklagenregisterverordnung – VKRegV – enthalten, die die Musterfeststellungsklagenregister-Verodnung (MFKRegV) abgelöst hat.

5   Da § 46 III jedoch vom Unterbleiben einer inhaltlichen Prüfung der „Angaben der wirksamen Anmeldung" spricht, muss für eine **Teilnahme am Verfahren** auch die **inhaltliche Richtigkeit** der Angaben gegen sein: Es ist beispielsweise nicht möglich, mit einer Anmeldung eines Kaufvertrags für einen „Mercedes"-Pkw an einer Verbandsklage wegen des „VW-Abgasskandals" teilzunehmen. Ausdrücklich betonte der **BGH** in seiner Rechtsprechung zu § 608 ZPO aF, dass es unerheblich sei, dass gem. § 608 II 3 ZPO aF die Richtigkeit der nach § 608 II ZPO aF zu machenden Angaben bei der Anmeldung nicht geprüft werde, sondern erst in einem späteren Verfahren (BGH BeckRS 2022, 33057 Rn. 24). Ausdrücklich betont auch der Gesetzgeber, dass die Regelung in § 46 III inhaltlich der Regelung des § 608 II 3 ZPO aF entspreche (Begr. RegE, BT-Drs. 20/6520, 101) und daher am Rechtszustand unter § 608 II 3 ZPO aF nichts geändert werden soll.

6   Ob die Anmeldung daher wirksam ist, ist häufig nicht leicht festzustellen und für die betroffenen Verbraucher ohne anwaltliche Beratung oft unsicher. In seiner Rechtsprechung zu § 608 ZPO aF hat der **BGH** ebenso wie die Untergerichte diese Anforderung insbesondere zu § 608 II Nr. 4 ZPO **relativ streng** gefasst (BGH NJW 2023, 1888 – Anmeldung zum MFK-Klagenregister – Anspruchsindividualisierung mwN). Im Zuge des Dieselskandals hatte sich der Kläger des dieser Entscheidung zugrunde liegenden Sachverhalts in das Musterfeststellungsklagenregister eingetragen und als „Gegenstand und Grund des erhobenen Anspruchs oder des Rechtsverhältnisses" angegeben: „Software Manipulation VW Touran Bj. 2011".

Der **BGH** ging davon aus, dass diese Anmeldung den Anforderungen an die Individualisierung 7 des Anspruchs nicht genügten: Für die bestimmte Angabe von Gegenstand und Grund des Anspruchs in der Klageschrift nach § 253 II Nr. 2 ZPO sei es erforderlich, aber im Allgemeinen auch ausreichend, dass der **Anspruch als solcher identifizierbar** sei, indem er durch seine Kennzeichnung von anderen Ansprüchen so unterschieden und abgegrenzt werden könne, dass er Grundlage eines der materiellen Rechtskraft fähigen Vollstreckungstitels sein können; entsprechende Anforderungen gälten für die verjährungshemmende Angabe von Gegenstand und Grund des Anspruchs in der Anmeldung zum Klageregister (BGH NJW 2023, 1888 Rn. 17 f. – Anmeldung zum MFK-Klagenregister – Anspruchsindividualisierung). Auch die Frage der Verbrauchereigenschaft gem. § 608 II Nr. 1 ZPO aF wurde vom BGH streng beurteilt: Die Anmeldung eines Unternehmers zur einer Musterfeststellungsklage wurde als unwirksam angesehen, da die Anmeldung zur Musterfeststellungsklage Angaben zur Verbrauchereigenschaft erfordere (BGH BeckRS 2022, 33057).

Die Wirksamkeit der Anmeldung und damit die Teilnahmeberechtigung der konkreten Ver- 8 braucher hat im Abhilfeverfahren der **Sachwalter** bei der Anspruchsberechtigung dieser konkreten Verbraucher gem. § 27 Nr. 3 zu prüfen, da die Voraussetzung für die Teilnahme am Umsetzungsverfahren, von der § 27 Nr. 3 ausgeht, in § 26 iVm § 46 geregelt sind. **Verneint** der Sachwalter die Wirksamkeit der Anmeldung, bleibt dem Verbraucher nach erfolglosem Widerspruch gem. § 28 nur der Weg über die **Individualklage** gegen den Unternehmer nach § 39, sofern es sich um Gründe handelt, die nicht bereits im Widerspruchsverfahren hätten geltend gemacht werden können. In dieser Individualklage kann dann auch die Frage der Wirksamkeit der Anmeldung gem. § 46 vom Gericht geklärt werden, soweit der konkrete Verbraucher dies nicht bereits im Widerspruchsverfahren und der Möglichkeit gerichtlicher Überprüfung gem. § 28 IV geltend machen konnte. Bei der Musterfeststellungsklage wird – mangels Umsetzungsverfahrens – die Wirksamkeit der Anmeldung im folgendes Individualverfahren des Verbrauchers gegen den Unternehmer geklärt.

2. Keine wirksame Rücknahme

Zudem darf der angemeldete Verbraucher seine Anmeldung **nicht wirksam gem. § 46 IV** 9 **zurückgenommen** haben. Der Normtext, der noch in der Fassung des Regierungsentwurfs lautete „die ihre Anmeldung nicht oder nicht fristgerecht zurückgenommen haben" wurde durch die Beschlussempfehlung RA durch die Wendung „ihre Anmeldung nicht wirksam zurückgenommen haben" ersetzt. Der Rechtsausschuss begründete dies damit, dass der Fehlschluss vermieden werden solle, das Ausscheiden aus dem Verfahren setze eine lediglich fristgerechte, nicht aber auch gem. § 47 I, II formgerechte Erklärung voraus. (Beschlussempfehlung RA, BT-Drs. 20/7631, 111).

Der **Stichtag** ist hier der derselbe wie nach § 46 I, nämlich drei Wochen nach dem Schluss 10 der mündlichen Verhandlung. Auch ist in § 46 IV 2 – ebenso wie in § 46 I 2 – eine Bestimmung über die Nichtanwendung des § 193 BGB enthalten. Dies beruht ebenso wie in § 46 I 2 darauf, dass auch die Abmeldung elektronisch auf einfache Weise durch Online-Formulare des Bundesamtes für Justiz erfolgen kann, selbst wenn Verbraucher nicht anwaltlich vertreten sind. Auch wird hier wiederum die Registerführung für das Bundesamt für Justiz erleichtert; für die Verbraucher wiederum ist es einfach, die Frist einzuhalten, da der Termin gem. § 44 Nr. 9 im Verbandsklageregister öffentlich bekannt gemacht. Bei wirksamer Anmeldung und fehlender wirksamer Rücknahme der Anmeldung nehmen die konkreten Verbraucher am Umsetzungsverfahren teil und können daher – nach dem im Abhilfegrundurteil verlangten Nachweis ihrer Berechtigung – Befriedigung ihres Anspruchs erhalten.

Aufgaben des Sachwalters

27 Der Sachwalter hat folgende Aufgaben und Befugnisse:
1. er weist dem Gericht den Erhalt folgender Beträge nach:
   a) den Erhalt des vorläufig festgesetzten Kostenbetrags und
   b) für den Fall der Verurteilung zur Zahlung eines kollektiven Gesamtbetrags den Erhalt des kollektiven Gesamtbetrags sowie gegebenenfalls dessen Erhöhung,
2. er kann vom Bundesamt für Justiz einen Auszug aus dem Verbandsklageregister verlangen, der die am Umsetzungsverfahren teilnehmenden Verbraucher sowie

sämtliche Angaben ausweist, die im Verbandsklageregister zu den geltend gemachten Ansprüchen vermerkt sind,

3. er prüft die Anspruchsberechtigung der am Umsetzungsverfahren teilnehmenden
   Verbraucher nach Maßgabe des Abhilfegrundurteils,
4. er setzt den am Umsetzungsverfahren teilnehmenden Verbrauchern, sofern er dies
   für erforderlich hält, eine Frist zur Vorlage der Berechtigungsnachweise,
5. er kann im Einzelfall ergänzende Erklärungen der Verbraucher oder des Unternehmers verlangen und zu diesem Zwecke Fristen setzen,
6. er kann nicht fristgerecht eingegangene Berechtigungsnachweise und Erklärungen
   zurückweisen, wenn er den betroffenen Verbraucher zuvor auf diese Rechtsfolge
   hingewiesen hat,
7. er stellt die Gesamthöhe der berechtigten Ansprüche aller Verbraucher auf Zahlung in einem Auszahlungsplan zusammen,
8. er informiert die Parteien, sofern der kollektive Gesamtbetrag nicht zur Erfüllung
   der berechtigten Zahlungsansprüche aller angemeldeten Verbraucher ausreicht,
9. er erfüllt berechtigte Ansprüche von Verbrauchern auf Zahlung und sorgt für den
   Fall, dass nach dem Auszahlungsplan der kollektive Gesamtbetrag nicht zur Erfüllung der berechtigten Ansprüche aller Verbraucher ausreicht, für eine gleichmäßige Verteilung,
10. er fordert für den Fall der Verurteilung zu einer anderen Leistung als zur Zahlung
    den Unternehmer zur Erfüllung berechtigter Verbraucheransprüche auf, setzt ihm
    zu diesem Zweck angemessene Fristen und verlangt die Anzeige der Erfüllung
    sowie die Vorlage von Nachweisen und
11. er kann die Erfüllung geltend gemachter Ansprüche von Verbrauchern ganz oder
    teilweise ablehnen.

Übersicht

Schrifttum: Mekat/Amrhein, Die Umsetzung der Verbandsklagen-RL nach dem Referentenentwurf,
RAW 2023, 25.

I. Systematik und unionsrechtlicher Hintergrund

1. Sachwalter als Schlüsselfigur

1   Die Norm steht **systematisch** in Zusammenhang mit § 23, in dem die Bestellung des
Sachwalters als zentrale **Schlüsselfigur** des Umsetzungsverfahrens durch das Gericht bestimmt
ist, zum anderen in Zusammenhang mit § 25, in dem der **Umsetzungsfonds,** der die wirtschaftliche Voraussetzung für das tatsächliche Stattfinden des Umsetzungsverfahrens darstellt,
geregelt ist. Zudem besteht ein wesentlicher Zusammenhang mit dem **Tenor des Abhilfegrundurteils,** in dem gem. § 16 II 1 Nr. 2 die von jedem einzelnen Verbraucher zu erbringenden Berechtigungsnachweise bestimmt sind sowie gem. § 16 II 2 bei identischer Forderungshöhe von Zahlungsansprüchen die konkrete Höhe, die jedem berechtigten Verbraucher zusteht,

bei unterschiedlicher Forderungshöhe die Methode, nach der die den berechtigten Verbrauchern jeweils zustehenden Einzelbeträge zu berechnen sind.

Auf diese **tenorierten Inhalte** des Abhilfegrundurteils beziehen sich die **Prüfungsverpflich-** 2 **tungen** und Berechnungspflichten des Sachwalters. Die berechtigten Ansprüche der gem. § 26 am Umsetzungsverfahren teilnehmenden Verbraucher hat er zu erfüllen oder die Erfüllung abzulehnen. In letzterem Fall steht diesen Verbrauchern das Widerspruchsverfahren gem. § 28 sowie die Individualklage gem. § 39 offen, sofern es sich um Gründe handelt, die nicht bereits im Widerspruchsverfahren hätten geltend gemacht werden können.

2. Unionsrechtlicher Hintergrund

Eine **unionsrechtliche** Determinierung der Aufgaben des Sachwalters besteht nicht, da im 3 der Verbandsklagen-RL noch nicht einmal das vom deutschen Gesetzgeber installierte vierphasige Abhilfeverfahren unionsrechtlich vorgegeben ist, geschweige denn die konkreten Aufgaben des Sachwalters. In **ErwGr. 50 S. 4 Verbandsklagen-RL** ist lediglich festgelegt, dass von den Verbrauchern verlangt werden kann, dass sie zur Erlangung individueller Abhilfe bestimmte Maßnahmen ergreifen, wie beispielsweise sich bei der für die Durchsetzung der Abhilfeentscheidung zuständigen Einrichtung zu melden. Die Schaffung eines Umsetzungsverfahrens mit dem Sachwalter als Schlüsselfigur und damit der „zuständigen Einrichtung" iSd dieser Bestimmung sowie den detailliert beschriebenen Aufgaben des Sachwalters zur Befriedigung der berechtigten Verbraucheransprüche bewegt sich daher im Rahmen der Verbandsklagen-RL.

Lediglich hinsichtlich einer **mehrfachen Repräsentation** enthält Art. 9 IV 1 Verbandskla- 4 gen-RL die Regelung, dass die Mitgliedstaaten Vorschriften festlegen, um sicherzustellen, dass Verbraucher, die ausdrücklich oder stillschweigend ihren Willen geäußert haben, sich in einer Verbandsklage repräsentieren zu lassen, sich weder in anderen Verbandsklagen dieser Art aus demselben Klagegrund und gegen denselben Unternehmer repräsentieren lassen können, noch die Möglichkeit haben, eine Einzelklage aus demselben Klagegrund und gegen denselben Unternehmer zu erheben; zudem bestimmt Art. 9 IV 2 Verbandsklagen-RL das Verbot einer Mehrfachleistung aus demselben Klagegrund gegen denselben Unternehmer. Diese Mehrfachrepräsentation muss zur Verhinderung einer mehrfachen Leistungserhalts für die Berechtigung des konkreten Verbrauchers durch den Sachwalter gem. Nr. 3 geprüft und ausgeschlossen worden sein.

II. Norminhalt

Die Norm legt detailliert die **Aufgaben** und **Befugnisse** des Sachwalters fest. Die einzelnen 5 Aufgaben beziehen sich dabei auf vorangegangene oder nachfolgende Bestimmungen des VDuG.

1. Nr. 1 lit. a

Gem. **Nr. 1 lit. a** hat der Sachwalter dem Gericht den **Erhalt des vorläufig festgesetzten** 6 **Kostenbetrags** nachzuweisen; dies muss deshalb dem Gericht angezeigt und nachgewiesen werden, da es gem. § 24 Nr. 1 zu den Eröffnungsvoraussetzungen des Umsetzungsverfahrens gehört. Der vorläufig festgesetzte Kostenbetrag wird im Tenor des Abhilfeendurteils gem. § 18 I Nr. 2 tituliert und ist vom Unternehmer zu Händen des Sachwalters gem. § 25 I in den Umsetzungsfonds einzuzahlen. Damit wird die wirtschaftliche Voraussetzung geschaffen, um das Umsetzungsverfahren durchführen zu können, und zwar gleichgültig, ob die betroffen Verbraucheransprüche auf Zahlung oder auf eine sonstige Leistung gerichtet sind.

2. Nr. 1 lit. b

Gem. **Nr. 1 lit. b** hat der Sachwalter dem Gericht ebenfalls den **Erhalt des kollektiven** 7 **Gesamtbetrags** nachzuweisen, da dessen Erhalt gem. § 24 Nr. 2 zu den Eröffnungsvoraussetzungen des Umsetzungsverfahrens gehört. Der kollektive Gesamtbetrag wird im Tenor des Abhilfeurteils gem. § 18 II tituliert und ist vom Unternehmer zu Händen des Sachwalters gem. § 25 I in den Umsetzungsfonds einzuzahlen. Damit wird die wirtschaftliche Voraussetzung geschaffen, um die berechtigten Ansprüche der Verbraucher, die auf Zahlung gerichtet sind, erfüllen zu können. Ist der kollektive Gesamtbetrag im Erhöhungsverfahren gem. § 21 erhöht worden, ist dieser ebenfalls zu Händen des Sachwalters in dem Umsetzungsfonds einzuzahlen und der Sachwalter hat insoweit ebenfalls das Gericht gem. Nr. 1 lit. b zu informieren.

3. Nr. 2

8   Damit der Sachwalter sich eine Übersicht über die im Umsetzungsverfahren zu berücksichtigenden Verbraucheransprüche zu verschaffen vermag, kann er gem. **Nr. 2** vom Bundesamt für Justiz sich einen **Auszug** aus dem **Verbandsklageregister** verlangen; dieser Auszug hat die am Umsetzungsverfahren teilnehmenden Verbraucher sowie sämtliche Angaben auszuweisen, die im Verbandsklageregister zu den geltend gemachten Ansprüchen vermerkt sind. Der Auszug muss aktuell sein und alle entsprechenden Daten umfassen. Diesem Anspruch korrespondierte die Pflicht des Bundesamts für Justiz gem. § 48 II, dem Sachwalter auf dessen Anforderung jeweils einen Auszug aller im Verbandsklageregister erfassten Angaben über die angemeldeten Personen zu übersenden.

4. Nr. 3

9   Da im bisherigen Verfahren keine individuelle Prüfung der einzelnen Verbraucheransprüche vorgenommen wurden, sondern vielmehr im Abhilfegrundurteil gem. § 16 II 1 Nr. 1, 2 nur die konkreten Voraussetzungen, nach denen sich die Anspruchsberechtigung der betroffenen Verbraucher bestimmt und die von jedem einzelnen Verbraucher zu erbringenden Berechtigungsnachweise festgelegt wurden, muss der Sachwalter gem. **Nr. 3** die **Anspruchsberechtigung** der am Umsetzungsverfahren teilnehmenden Verbraucher nach Maßgabe des Abhilfegrundurteils **prüfen.**

10   Hierzu muss der Sachwalter **angemessene Vorkehrungen** dafür treffen, dass die Verbraucher die im Abhilfegrundurteil bestimmten **Berechtigungsnachweise vorlegen** können. In Umsetzungsverfahren mit großem Beteiligungskreis von Verbrauchern empfiehlt sich etwa die Einrichtung eines Online-Portals zur elektronischen Einreichung der gem. § 16 II Nr. 2 erforderlichen Berechtigungsnachweise. Auch können Legal-Tech-Tools vom Sachwalter eingesetzt werden, die die Prüfung der Anspruchsberechtigung mittels automatisierter Verfahren erleichtern (Mekat/Amrhein RAW 2023, 23 (25, 29); Begr. RegE, BT-Drs. 20/6520, 87). In jedem Fall muss die Gestaltung der Prüfung der Effizienzanforderung genügen, um sicherzustellen, dass berechtigte Verbraucheransprüche erfüllt werden können.

11   Ebenfalls muss der Sachwalter prüfen, ob eine **Mehrfachrepräsentation** des konkreten Verbrauchers vorliegt: Nach **Art. 9 IV 1 Verbandsklagen-RL** müssen die Mitgliedstaaten **verhindern,** dass eine Mehrfachrepräsentation aus demselben Klagegrund gegen denselben Unternehmer durch einen Verbraucher vorliegt; damit soll sichergestellt werden, dass gem. **Art. 9 IV 2 Verbandsklagen-RL** kein mehrfacher Leistungserhalt stattfindet, denn bei Mehrfachrepräsentation bestünde das Risiko, dass dieser Verbraucher an mehreren Umsetzungsverfahren teilnimmt und jeweils eine Leistung erhält. Daher muss der Sachwalter anhand des Verbandsklagenregisters, in das er gem. Nr. 2, § 48 II einen Anspruch auf Einsichtnahme und Übersendung eines Auszugs hat, überprüfen, ob der konkrete Verbraucher an einem früheren Abhilfeverfahren aus demselben Klagegrund gegen denselben Unternehmer teilgenommen hat, welches entweder durch einen Vergleichsschluss beendet wurde oder einen Abhilfeantrag verfolgte, der in einem Ausschlussverhältnis zu dem vorliegend geltend gemachten steht, beispielsweise einerseits Nachlieferung, andererseits Nachbesserung hinsichtlich eines konkreten Produkts. Zudem muss der Sachwalter prüfen, ob überhaupt eine wirksame Anmeldung des konkreten Verbrauchers vorliegt, da ansonsten keine Teilnahmeberechtigung am Umsetzungsverfahren gem. § 26 gegeben ist.

5. Nr. 4

12   Für die Vorlage der Berechtigungsnachweise kann der Sachwalter gem. **Nr. 4** den am Umsetzungsverfahren teilnehmenden Verbrauchern, sofern er dies für erforderlich hält, eine **Frist zur Vorlage** der Berechtigungsnachweise setzten. Diese Option ermöglicht es dem Sachwalter, das Umsetzungsverfahren in angemessener Zeit durchzuführen, aber dennoch dabei eine sorgfältige Prüfung der Berechtigungsnachweise vornehmen zu können. Hierfür muss er innerhalb einer angemessenen Zeitspanne alle Berechtigungsnachweise vorliegen haben. Diese Mitwirkung kann von den Verbrauchern bereits deshalb verlangt werden, weil es in ihrem Interesse

liegt, das Umsetzungsverfahren so zügig wie möglich durchzuführen, da dies mit der Befriedigung ihrer Ansprüche verbunden ist.

Die Frist ist vom Sachwalter so zu bemessen, dass für die Verbraucher ausreichend Zeit zur **13** Verfügung steht, um ihrer Obliegenheit zur Vorlage ihres Berechtigungsnachweises nachzukommen; hierbei sind die zur Verfügung stehenden Kommunikationsmittel, die Komplexität der zu erbringenden Berechtigungsnachweise ebenso zu berücksichtigen wie der Umfang des Umsetzungsverfahrens (Begr. RegE, BT-Drs. 20/6520, 87 f.). Mit der Fristsetzung sollte der **Hinweis** an die Verbraucher verbunden sein, dass ihre Nachweise bei nicht fristgerechter Vorlage gem. Nr. 6 zurückgewiesen werden können, da nur bei entsprechendem Hinweis der Sachwalter zur Zurückweisung der Nachweise gem. Nr. 6 befugt ist.

6. Nr. 5

Sind im Einzelfall die Angaben der Verbraucher unvollständig oder unverständlich, kann der **14** Sachwalter gem. **Nr. 5** eine **ergänzende Erklärung** der Verbraucher oder des Unternehmers verlangen; hierzu kann er jeweils eine **Frist** setzten. Da den Verbraucher keine notwendige Vertretung durch einen Rechtsanwalt für die Teilnahme am Umsetzungsverfahren vorgeschrieben ist, kann es im Einzelfall vorkommen, dass sie unklare oder unvollständige Angaben machen. Zwar hat der Unternehmer gem. § 78 ZPO die Pflicht zur anwaltlichen Vertretung, jedoch nur vor dem Prozessgericht während der Abhilfeklage, nicht aber für seine Kommunikation mit dem Sachwalter. Auch hier kann es daher zu unklaren oder unvollständigen Angaben kommen, obwohl der Sachwalter für eine effiziente Amtsführung auf klare und vollständige Angaben angewiesen ist.

Nur durch korrekte Angaben kann eine zutreffende Grundlage für die Prüfung der Berechti- **15** gung der Ansprüche geschaffen werden bzw. die Erfüllung der Ansprüche korrekt durchgeführt werden. Der Sachwalter kann in diesen Fällen auf ergänzende Erklärungen hinwirken. Die Möglichkeit der Fristsetzung für den konkreten Verbraucher oder den Unternehmer besteht, um nicht das Umsetzungsverfahren unnötig zu verzögern (Begr. RegE, BT-Drs. 20/6520, 88). Mit der Fristsetzung sollte der **Hinweis** an die konkreten Verbraucher verbunden sein, dass ihre Erklärungen bei nicht fristgerechter Vorlage gem. Nr. 6 zurückgewiesen werden können, da nur bei entsprechendem Hinweis der Sachwalter zur Zurückweisung der ergänzenden Erklärungen gem. Nr. 6 befugt ist; dies gilt nicht gegenüber dem Unternehmer, da die Norm insoweit nur den Hinweis gegenüber dem Verbraucher in Bezug nimmt.

7. Nr. 6

Um eine Verzögerung des Umsetzungsverfahrens vorzubeugen, kann der Sachwalter **nicht** **16** **fristgerecht** eingegangene Berechtigungsnachweise und Erklärungen gem. **Nr. 6 zurückweisen,** wenn er die betroffenen Verbraucher zuvor auf diese Rechtsfolge hingewiesen hat. Die Norm setzt voraus, dass gem. Nr. 4, Nr. 5 eine Frist zur Vorlage der Berechtigungsnachweise oder der ergänzenden Erklärungen für die Verbraucher vom Sachwalter gesetzt wurde und der Hinweis an die Verbraucher gegeben wurde, dass ihr Nachweis bzw. ihre ergänzende Erklärung bei nicht fristgerechter Vorlage vom Sachwalter zurückgewiesen werden kann. Der Sachwalter ist nach der gesetzlichen Konzeption nur verpflichtet, fristgerecht eingegangene Berechtigungsnachweise und Erklärungen zu berücksichtigen, um eine Verzögerung des Umsetzungsverfahrens zu verhindern (Begr. RegE, BT-Drs. 20/6520, 88). Es steht in seinem **Ermessen,** ob er verspätet eingegangene Berechtigungsnachweise und Erklärung noch akzeptiert, so dass er beispielsweise bei unverschuldeter Säumnis, generellen Sprachbarrieren oÄ **Handlungsspielraum** hat.

8. Nr. 7

Um sich einen Überblick über die Höhe der berechtigten Zahlungsansprüche aller Ver- **17** braucher zu verschaffen gibt es gem. **Nr. 7** die Pflicht für den Sachwalter, die **Gesamthöhe** der **berechtigten Ansprüche** aller Verbraucher auf Zahlung in einem **Auszahlungsplan** zusammenzustellen. Anhand dieses Auszahlungsplans kann der Sachwalter erkennen, ob der kollektive Gesamtbetrag, den der Unternehmer an den Umsetzungsfonds überwiesen hat, ausreicht zur Befriedigung aller berechtigter Verbraucheransprüche. Ist dies nicht der Fall, benachrichtigt er insoweit den Verbraucherverband von der **Unterdeckung** gem. Nr. 8 und regt eventuell ein Erhöhungsverfahren hinsichtlich eines weiteren kollektiven Gesamtbetrags gem. § 21 an; führt der Verband ein solches Erhöhungsverfahren, um die Unterdeckung zu beseitigen, ruht während der Zeit des Erhöhungsverfahrens das Umsetzungsverfahren gem. § 21 II 2.

18   Verzichtet der Verband auf ein Erhöhungsverfahren, muss der Verwalter die berechtigten Ansprüche der Verbraucher **anteilig kürzen,** so dass diese keine volle Befriedigung im Umsetzungsverfahren erhalten, Nr. 9. Beide Parteien müssen vom Sachwalter gem. Nr. 8 darüber informiert werden, dass der kollektive Gesamtbetrag nicht zur Erfüllung der berechtigten Zahlungsansprüche aller angemeldeten Verbraucher ausreicht. Den Verbrauchern bleibt in diesem Fall der Unterdeckung ohne Erhöhungsverfahren nur die Möglichkeit, nach Beendigung des Umsetzungsverfahrens eine Individualklage gem. § 39 gegen den Unternehmer im Hinblick auf den noch nicht befriedigten Teil ihres Anspruchs zu erheben, wobei ihnen die Bindungswirkung des Abhilfegrundurteils gem. § 11 III zugutekommt. Um eine Ungleichbehandlung der Verbraucher zu vermeiden, sollten Auszahlungen durch den Sachwalter unterbleiben, bis alle Ansprüche vollständig geprüft sind (Stellungnahme DAV S. 18).

9. Nr. 8

19   Sofern der Sachwalter aufgrund des gem. Nr. 7 aufgestellten Auszahlungsplan oder auch unabhängig von diesem anhand anderer Anhaltspunkte festgestellt hat, dass der **kollektive Gesamtbetrag nicht** zur Erfüllung der berechtigten Zahlungsansprüche aller angemeldeten Verbraucher **ausreicht,** muss er gem. **Nr. 8** die Parteien hierüber **informieren** und die Umstände darlegen, weshalb eine Unterdeckung zu erwarten ist; die Darstellung kann auch bereits Angaben umfassen, die für den späteren Schlussbericht gem. § 34 ohnehin gegeben werden müssen (Begr. RegE, BT-Drs. 20/6520, 88). Hinsichtlich des Verbraucherverbandes wird der Sachwalter dies ohnehin bereits deshalb tun, weil er nur auf diese Weise den Verbraucherverband zu einem Erhöhungsverfahren bestimmen kann, da dieser ohne Kenntnis von der Unterdeckung beim kollektiven Gesamtbetrag kein Erhöhungsverfahren in Erwägung ziehen kann. Für den Unternehmer ist die Information deshalb erforderlich, damit er sich auf ein mögliches Erhöhungsverfahren einstellen kann oder freiwillig einen weiteren Betrag nachschießt.

10. Nr. 9

20   Der Sachwalter muss gem. **Nr. 9** berechtigte Ansprüche von Verbrauchern auf Zahlung **erfüllen** und für den Fall, dass nach dem Auszahlungsplan gem. Nr. 7 der kollektive Gesamtbetrag nicht zur Erfüllung der berechtigten Ansprüche aller Verbraucher ausreicht, für eine gleichmäßige Verteilung sorgen. Die **Zahlungsansprüche** der Verbraucher, die ihre Berechtigung nachgewiesen haben, werden vom Sachwalter gem. § 25 III 1 unmittelbar durch eine Überweisung aus dem Umsetzungsfonds an diese Verbraucher erfüllt. War dieser Anspruch nicht gem. § 16 II 2 Alt. 1 mit seiner konkreten Höhe im Tenor des Abhilfegrundurteils bestimmt, sondern nur gem. § 16 II 2 Alt. 2 mit der im Tenor des Abhilfegrundurteils angegebenen Berechnungsmethode zu ermitteln, berechnet der Sachwalter anhand dieser Berechnungsmethode die individuelle Anspruchshöhe vor Auszahlung.

21   Besteht **Unterdeckung** hinsichtlich des kollektiven Gesamtbetrags, kürzt der Verwalter die an die konkreten Verbraucher auszuzahlenden Beträge anteilsmäßig, so dass eine gleichmäßige Verteilung gewährleistet ist. Um eine Ungleichbehandlung der Verbraucher zu vermeiden, sollten Auszahlungen durch den Sachwalter unterbleiben, bis alle Ansprüche vollständig geprüft sind (Stellungnahme DAV S. 18). Die nicht vollständig befriedigten Verbraucher haben die Möglichkeit, nach Beendigung des Umsetzungsverfahrens eine Individualklage gem. § 39 gegen den Unternehmer wegen ihres noch nicht befriedigten Anspruchsteils zu erheben; dabei besteht zu ihren Gunsten die Bindungswirkung des Abhilfegrundurteils gem. § 11 III.

11. Nr. 10

22   Hinsichtlich der Ansprüche, die **nicht auf Zahlung** gerichtet sind, fordert der Sachwalter vom Unternehmer gem. **Nr. 10** Erfüllung innerhalb einer von ihm zu setzenden angemessenen Frist und verlangt die Anzeige der Erfüllung sowie die Vorlage diesbezüglicher Nachweise. Ein solcher Anspruch kann etwa bei mangelhaften Produkten auf Nachlieferung des Produkts oder Nachbesserung, mithin Reparatur dieses Produkts gehen. Der Sachwalter kontrolliert, ob innerhalb der von ihm gesetzten Frist die Leistung durch den Unternehmer an die Verbraucher bewirkt worden ist.

Dabei kann der Sachwalter bei Einvernehmen mit dem Unternehmer die Modalitäten der 23
Leistung angepasst an das individuelle Umsetzungsverfahren so festlegen, dass die **Leistung
möglichst effizient** und zügig erbracht wird; beispielsweise bei einer Nachlieferung kann
sowohl die Lieferung der Produkte direkt vom Unternehmer an die Verbraucher festgelegt
werden, als auch nach Absprache die Lieferung der Produkte an den Sachwalter selbst, der diese
Produkte sodann an die berechtigten Verbraucher weiterleitet. Das gesetzliche Modell geht zwar
davon aus, dass der Unternehmer nach Fristsetzung durch den Sachwalter direkt an die berechtigten Verbraucher leistet; eine **einvernehmliche andere Regelung** zur Gewährleistung einer
effizienten und zügigen Abwicklung verbietet das Gesetz jedoch nicht.

Erbringt der Unternehmer die Leistung innerhalb der vom Verwalter gesetzten Frist **nicht,** 24
und verweigert jede Kooperation, muss der Sachwalter durch Zwangsvollstreckung gem. § 29
die Leistung an die berechtigten Verbraucher bewirken lassen. Dafür ist der Sachwalter antragsbefugt, da er gem. § 29 I 2 für die Zwecke der Zwangsvollstreckung an die Stelle des Titelgläubigers tritt.

12. Nr. 11

Der Sachwalter kann die **Erfüllung** geltend gemachter Ansprüche von Verbrauchern gem. 25
Nr. 11 ganz oder teilweise **ablehnen.** Dies wird er dann tun müssen, wenn die betreffenden
Verbraucher entweder nicht wirksam angemeldet sind, keine Berechtigungsnachweise vorgelegt
haben oder die von ihnen vorgelegten Berechtigungsnachweise nicht den Anforderungen der im
Abhilfegrundurteil gem. § 16 II Nr. 2 bezeichneten Berechtigungsnachweise entsprechen.
Ebenso muss es eine Erfüllung im Fall der Doppelanmeldung des konkreten Verbrauchers
ablehnen, da dann das jeweils erste Ergebnis, also das Ergebnis der früheren Abhilfeklage maßgeblich ist, sei es durch Vergleich oder durch Urteil bei demselben Lebenssachverhalt, aber sich
gegenseitig ausschließenden Ansprüchen entstanden. Gleichfalls wird er die Erfüllung teilweise
ablehnen müssen, wenn seine Prüfung ergibt, dass der geltend gemachte Anspruch zwar als
solcher besteht, jedoch nicht in der vom Verbraucher geltend gemachten Höhe oder dem
geltend gemachten Umfang einer nicht auf Zahlung gerichteten Leistung.

Die betroffenen Verbraucher haben die Möglichkeit, **Widerspruch** gem. § 28 gegen diese 26
Ablehnungsentscheidung zu erheben, was zu einer weiteren Entscheidung des Sachwalters
hinsichtlich dieses Widerspruchs gem. § 28 III 1 führt; diese Widerspruchsentscheidung des
Sachwalters kann gem. § 28 IV gerichtlich überprüft werden. Schließlich besteht die Möglichkeit, dass der Verbraucher gem. § 39 Individualklage gegen den Unternehmer auf Erfüllung
erheben kann, sofern der die maßgeblichen Gründe nicht bereits im Widerspruchsverfahren
erheben konnte. In allen Verfahren kommt ihm dabei die Bindungswirkung des Abhilfegrundurteils gem. § 11 III zugute.

Widerspruchsverfahren

28 (1) Der Sachwalter teilt dem betroffenen Verbraucher und dem Unternehmer in
Textform mit, ob sich ein Anspruch nach Prüfung ganz oder teilweise als
berechtigt erweist.

(2) [1]Der betroffene Verbraucher und der Unternehmer können vorbehaltlich einer
Entscheidung nach § 18 Absatz 3 binnen vier Wochen nach Zugang der Mitteilung des
Sachwalters widersprechen. [2]Der Widerspruch ist in Textform an den Sachwalter zu
richten und zu begründen.

(3) Der Sachwalter übermittelt dem betroffenen Verbraucher und dem Unternehmer
seine Entscheidung über den Widerspruch in Textform.

(4) [1]Der betroffene Verbraucher und der Unternehmer können bei dem Prozessgericht des Abhilfeverfahrens binnen zwei Wochen nach Zugang der Widerspruchsentscheidung des Sachwalters eine gerichtliche Entscheidung über den Widerspruch
beantragen, soweit sie durch die Widerspruchsentscheidung des Sachwalters beschwert
sind. [2]Das Gericht entscheidet durch Beschluss. [3]Es kann die Entscheidung auf einen
Einzelrichter übertragen. [4]Die Entscheidung kann im schriftlichen Verfahren nach
Anhörung des betroffenen Verbrauchers und des Unternehmers ergehen. [5]§ 78 Absatz 1 Satz 1 der Zivilprozessordnung ist nicht anzuwenden. [6]Die Entscheidung des
Gerichts ist unanfechtbar.

Übersicht

I. Systematik und unionsrechtlicher Hintergrund

1. Prüfungspflicht des Sachwalters

1   **Systematisch** hängt die Norm mit der **Prüfungspflicht des Sachwalters gem. § 27 Nr. 3** zusammen: Der Sachwalter muss prüfen, ob die Verbraucher zum Nachweis ihrer Berechtigung die im **Abhilfegrundurteil gem. § 16 II 1 Nr. 2** bestimmten **Nachweise** vorgelegt haben. Das Ergebnis dieser Prüfung muss der Sachwalter sowohl dem Verbraucher als auch dem Unternehmer mitteilen. Ein endgültig positives Prüfungsergebnis ist die Voraussetzung für eine Teilnahme des Verbrauchers an der Verteilung des kollektiven Gesamtbetrags, sofern Zahlungsansprüche mit der Abhilfeklage geltend gemacht wurden oder eine Teilnahme an der Erbringung einer nicht auf Zahlung gerichteten Leistung. Die grundsätzliche Teilnahmeberechtigung am Umsetzungsverfahren setzt wiederum eine wirksame Anmeldung gem. § 46 voraus.

2   Eine vollständige oder teilweise Ablehnung der Berechtigung durch den Verwalter ermöglicht dem Verbraucher, im **Widerspruchsverfahren** den Verwalter zu einer erneuten Entscheidung zu verpflichten. Das Widerspruchsverfahren, das das negative Prüfungsergebnis bestätigt, schließt den Verbraucher vom Verteilungsverfahren aus, wenn nicht der Verbraucher gem. Abs. 4 die Entscheidung des Sachwalters gerichtlich überprüfen lässt. Bei dieser **gerichtlichen Überprüfung** wird die **Widerspruchsentscheidung des Sachwalters** vom Prozessgericht des Abhilfeverfahrens überprüft und festgestellt, ob der Verbraucher die Voraussetzungen für die Teilnahme am Umsetzungsverfahren gem. § 26 erfüllt und die im Abhilfegrundurteil zugelassenen Berechtigungsnachweise gem. § 16 II 1 Nr. 2 vorgelegt hat. Diese gerichtliche Entscheidung ist gem. Abs. 4 S. 6 unanfechtbar.

3   In der **Individualklage gem. § 39** gegen den Unternehmer kann der Verbraucher alle sonstigen Tatsachen und Rechtsfragen klären lassen, die er nicht im Widerspruchsverfahren klären konnte, und so seinen nicht im Umsetzungsverfahren erfüllten Anspruch einklagen; hierbei kommt ihm die Bindungswirkung des Abhilfegrundurteils gem. § 11 III zugute. Der Unternehmer, dessen Widerspruch nicht abgeholfen wurde, kann **gem. § 40** in einer **Herausgabeklage** gegen den Verbraucher vorgehen, sofern die Gründe, auf denen seine Einwendungen beruhen, vor dem Prozessgericht des Abhilfeverfahrens oder im Widerspruchsverfahren nicht hätten geltend gemacht werden können.

2. Verfahrensautonomie des deutschen Gesetzgebers

4   Eine **unionsrechtliche** Determinierung des Widerspruchsverfahrens besteht **nicht,** da in der Verbandsklagen-RL noch nicht einmal das vom deutschen Gesetzgeber installierte vierphasige Abhilfeverfahren unionsrechtlich vorgegeben ist, geschweige denn das Widerspruchsverfahren nach Ablehnung der Berechtigung des konkreten Verbraucheranspruchs. Der nationale Gesetzgeber war lediglich verpflichtet, eine „wirksame und effiziente Möglichkeit" zu schaffen, die „Kollektivinteressen der Verbraucher zu schützen" (**ErwGr. 9 S. 1 Verbandsklagen-RL**).

5   Dass daher noch im Rahmen des Umsetzungsverfahrens eine **Möglichkeit** für die betroffenen Verbraucher installiert wurde, sich gegen eine ablehnende Sachwalterentscheidung zu wehren und dem Sachwalter die Möglichkeit zu geben, diese ablehnende Entscheidung zu überdenken (ähnlich dem Widerspruchsverfahren bei Verwaltungsakten), sowie diese Widerspruchsentscheidung gerichtlich überprüfen zu lassen, ist wesentlich **effizienter,** als die betroffenen Verbraucher sofort – ohne eine solche Möglichkeit – auf den Weg der Individualklage gegen den Unternehmer zu verweisen, wollen sie ihre Forderung realisieren. Entsprechendes gilt für eine Einwendung des Unternehmers. Auch die unmittelbare gerichtliche Überprüfungsmöglichkeit nach § 28 IV, die erst durch die Beschlussempfehlung RA in den Normtext aufgenommen wurde, hat diese Zielsetzung (Beschlussempfehlung RA, BT-Drs. 20/7631, 112).

II. Norminhalt

1. Abs. 1

a) Prüfung. Der Sachwalter hat **gem. § 27 Nr. 3 zu prüfen,** ob die im **Abhilfegrundurteil** 6 **gem. § 16 II 1 Nr. 1** verlangten Berechtigungsnachweise von dem konkreten Verbraucher vorgelegt worden sind; zudem hat er zu prüfen, ob der geltend gemachte Verbraucheranspruch vollständig oder nur teilweise besteht. Zudem hat er die grundsätzliche **Teilnahmeberechtigung** des konkreten Verbrauchers am Umsetzungsverfahren **gem. § 26** zu prüfen, mithin die Wirksamkeit der Anmeldung. Das Ergebnis dieser Prüfung muss der Sachwalter den konkreten **Verbraucher** und dem **Unternehmer** mitteilen. Bei einem positiven Prüfungsergebnis nimmt der konkrete Verbraucheranspruch – ohne einen erfolgreichen Widerspruch des Unternehmers – an der Verteilung des kollektiven Gesamtbetrags teil bzw. erhält der konkrete Verbraucher Befriedigung seines nicht auf Zahlung gerichteten Anspruchs.

b) Negatives Prüfungsergebnis. Bei einem **negativen Prüfungsergebnis** ist diese Mit- 7 teilung für den konkreten Verbraucher die zentrale Information für seine Entscheidung, ob er gem. Abs. 2 dieser Sachwalterentscheidung widersprechen möchte. Für den Unternehmer bedeutet die Mitteilung des Prüfungsergebnisses gleichfalls die Informationsgrundlage für seine Entscheidung hinsichtlich einer Widerspruchseinlegung. Die Mitteilung muss in Textform gem. § 126b BGB durch den Sachwalter geschehen. Der Zugang dieser Information bei dem konkreten Verbraucher bzw. dem Unternehmer lässt die vierwöchige Widerspruchsfrist gem. Abs. 2 S. 1 beginnen.

2. Widerspruch (Abs. 2)

Halt der konkrete Verbraucher bzw. der Unternehmer das Prüfungsergebnis des Sachwalters 8 für unrichtig, kann er **widersprechen.** Der Widerspruch ist Textform gem. § 126b BGB an den Verwalter zu richten. Die Widerspruchsfrist beträgt **vier Wochen** und beginnt mit **Zugang der Mitteilung** des Sachwalters. Die Frist kann vom Prozessgericht im Abhilfeendurteil gem. § 18 III angemessen verlängert werden. Der Fristbeginn, der von dem **Zugang der Mitteilung** des Sachwalters abhängt, führt dazu, dass die Widerspruchsfrist für den Verbraucher einerseits, für den Unternehmer andererseits zu **unterschiedlichen Terminen beginnen und enden** können. Der Widerspruch ist durch den Widerspruchsführer zu begründen; dies soll zum einen sicherstellen, dass der Widerspruch nicht ins Blaue hinein erfolgt, zum anderen soll der Sachwalter dadurch konkrete Anhaltspunkte erhalten, um zu überdenken, ob er an seiner Entscheidung festhalten oder dem Widerspruch abhelfen will (Begr. RegE, BT-Drs. 20/6520, 89).

3. Abs. 3:

a) Widerspruchsentscheidung. Wird ein Widerspruch eingelegt, muss der Sachwalter gem. 9 S. 1 **nochmals entscheiden,** ob der geltend gemachte Verbraucheranspruch berechtigt ist. Der Sachwalter ist hierbei nicht durch seine vorausgegangene Entscheidung gebunden. Er kann dem Widerspruch abhelfen und bei vorheriger negativer Entscheidung nun den Anspruch für berechtigt ansehen oder aber bei vorheriger positiver Entscheidung nunmehr den Anspruch ablehnen. Dadurch kann entweder der Verbraucher oder der Unternehmer auch erstmals beschwert werden. Ebenso kann der Sachwalter bei seiner ursprünglichen Entscheidung bleiben, so dass der ursprünglich beschwerte Teil durch die Widerspruchsentscheidung weiterhin beschwert ist. Die Entscheidung muss in **Textform gem. § 126b BGB** an den konkreten Verbraucher und den Unternehmer übermittelt werden, wobei gleichgültig ist, wer der Widerspruchsführer war. Dies gewährleistet durchgängig Transparenz im Umsetzungsverfahren.

b) Anfechtbarkeit. Die **Widerspruchsentscheidung** war noch in der Fassung des Regie- 10 rungsentwurf nach dem nunmehr gestrichenen S. 2 unanfechtbar. Dieser S. 2 wurde durch die

Beschlussempfehlung RA gestrichen. Statt dessen wurde in Abs. 4 eine Anfechtbarkeit durch **Entscheidung des Prozessgerichts** eingefügt, die ihrerseits unanfechtbar ist gem. Abs. 4 S. 6. Dies soll eine effiziente Durchführung des Umsetzungsverfahrens gewährleisten (Beschlussempfehlung RA, BT-Drs. 20/7631, 112).

11   **c) Berechtigung.** Ausdrücklich betont die Gesetzesbegründung, dass Art. 9 VI Verbandsklagen-RL dieser Regelung **nicht entgegensteht,** welcher bestimmt, dass Verbraucher aufgrund einer Abhilfeentscheidung Anspruch darauf haben, dass ihnen die in diesen Abhilfeentscheidungen vorgesehene Abhilfe zugutekommt, ohne eine gesonderte Klage erheben zu müssen: Da die Voraussetzungen für die Berechtigung der Verbraucher und die für diese Berechtigung zu erbringenden Nachweise im Abhilfegrundurteil festgelegt werden und der Sachwalter diesbezüglich zur Prüfung befugt ist, sind diejenigen Verbraucher, die diese Nachweise nicht erbringen, gerade nicht iSd Art. 9 VI Verbandsklagen-RL berechtigt, so dass sie keinen Anspruch „aufgrund einer Abhilfeentscheidung" haben (Begr. RegE, BT-Drs. 20/6520, 89).

12   Gäbe es daher diese Möglichkeit nicht, ihre Berechtigung nicht nachweisende Verbraucher von der Befriedigung ihres Anspruchs im Umsetzungsverfahren auszuschließen, würde Personen im Umsetzungsverfahren zu einer Leistung verholfen, die „aufgrund einer Abhilfeentscheidung" gerade nicht berechtigt sind (Begr. RegE, BT-Drs. 20/6520, 89). Dies würde das Abhilfeverfahren als solches ad absurdum führen. Von den **Verbrauchern** kann daher verlangt werden, dass sie im gerichtlichen Überprüfungsverfahren die Richtigkeit der Widerspruchsentscheidung des Sachwalters überprüfen lassen und im Übrigen bei Tatsaschen und Rechtsfragen, die nicht Gegenstand des **gerichtlichen Überprüfungsverfahrens gem. Abs. 4** waren und auch nicht hätten sein können, Individualklage **gem. § 39** erheben. Für den **Unternehmer** ist die Unanfechtbarkeit deshalb hinzunehmen, da er nicht gehindert ist, Einwendungen **gem. § 40,** die den vom Verbraucher im Verbandsklageverfahren geltend gemachten Anspruch selbst betreffen, im Wege einer Klage auf Herausgabe des im Umsetzungsverfahren Erlangten geltend zu machen, soweit er die Gründe, auf denen sie beruhen, vor dem Prozessgericht des Abhilfeverfahrens bzw. im Widerspruchsverfahren durch **gerichtliche Überprüfung gem. Abs. 4** nicht hätte geltend machen können.

4. Gerichtliche Überprüfung der Widerspruchsentscheidung (Abs. 4)

13   Die Norm regelt die **gerichtliche Überprüfung** der Widerspruchsentscheidung des Sachwalters durch den betroffenen Verbraucher und den Unternehmer. Sie war im Regierungsentwurf noch nicht enthalten, vielmehr wurde sie erst durch die Beschlussempfehlung RA in den Normtext aufgenommen. Die Überprüfung beschränkt sich auf die Reichweite des Widerspruchs, so dass das Gericht allein die **Richtigkeit der Entscheidung des Sachwalters nachzuprüfen** hat (Beschlussempfehlung RA, BT-Drs. 20/7631, 112). Alle übrigen Tatsachen und Rechtsfragen, die den individuellen Anspruch des konkreten Verbrauchers betreffen, sind weiterhin nicht beim Prozessgericht des Abhilfeverfahrens, sondern nach den allgemeinen Vorschriften bei den zuständigen Eingangsinstanzen zu erhebenden Individualklagen gem. §§ 39, 40 zu klären. Dies betrifft nach der Begründung der Beschlussempfehlung RA insbesondere Fälle, in denen der betroffene Verbraucher seine Berechtigung nur mit sonstigen, im Abhilfegrundurteil nicht zugelassenen Mitteln – etwa durch Zeugenbeweis – nachweisen kann oder der Unternehmer individuelle Einwendungen gegen den vom Verbraucher erhobenen Anspruch geltend macht (Beschlussempfehlung RA, BT-Drs. 20/7631, 112).

14   Die gerichtliche Entscheidung hinsichtlich der Widerspruchsentscheidung des Sachwalters kann binnen **zwei Wochen** nach Zugang der Widerspruchsentscheidung des Sachwalters beantragt werden (S. 1). Zuständig ist das **Prozessgericht des Abhilfeverfahrens,** mithin ein OLG; ein Anwaltszwang besteht jedoch nicht, da § 78 I 1 ZPO gem. S. 5 nicht anzuwenden ist. Das Gericht entscheidet durch Beschluss, S. 2 und kann gem. S. 3 die Entscheidung auf einen Einzelrichter übertragen. Zudem kann die Entscheidung im schriftlichen Verfahren nach Anhörung des betroffenen Verbrauchers und des Unternehmers ergehen, S. 4. Der Beschluss ist gem. S. 6 unanfechtbar.

Zwangsmittel gegen den Unternehmer

29 (1) ¹**Kommt der Unternehmer einer Aufforderung des Sachwalters zur Erfüllung eines Anspruchs eines Verbrauchers, der auf eine andere vertretbare Handlung**

als Zahlung oder auf eine nicht vertretbare Handlung gerichtet ist, nicht fristgerecht nach, so kann das Gericht auf Antrag des Sachwalters anordnen, dass der Unternehmer durch Zwangsgeld und für den Fall, dass dieses nicht beigetrieben werden kann, durch Zwangshaft zur Vornahme der anderen vertretbaren Handlung oder der nicht vertretbaren Handlung anzuhalten sei. ²Für die Zwecke der Vollstreckung der Zwangsmittel tritt der Sachwalter an die Stelle des Gläubigers.

(2) ¹Auf andere vertretbare Handlungen als Zahlung ist § 888 der Zivilprozessordnung mit Ausnahme seines Absatzes 1 Satz 1 entsprechend anzuwenden; § 887 Absatz 1 und 2 der Zivilprozessordnung ist auf solche Handlungen nicht anzuwenden. ²Auf nicht vertretbare Handlungen ist § 888 Absatz 1 Satz 1 der Zivilprozessordnung nicht anzuwenden.

Übersicht

I. Systematik und unionsrechtlicher Hintergrund

1. Vollstreckungsverfahren

Soll eine **Leistung** des Unternehmers vollstreckt werden, die **nicht** in einer **Zahlung** besteht **1** und eine **vertretbare Handlung** darstellt, würde gem. § 13 an sich – ohne die Norm des § 29 – das Vollstreckungsverfahren gem. § 887 ZPO vollzogen werden müssen: Die vertretbare Handlung, die der Vollstreckungsschuldner zu erbringen hat, beispielsweise eine Reparatur eines mangelhaften Produkts, **müsste mittels Ersatzvornahme** vollzogen werden, so dass gem. § 887 I ZPO der Vollstreckungsgläubiger, mithin der Verbraucherverband auf Kosten des Vollstreckungsschuldners nach Ermächtigung des Prozessgerichts des ersten Rechtszug die Handlung vornehmen lassen könnte, wobei er zugleich gem. § 887 II ZPO beantragen könnte, den Schuldner zur Vorauszahlung der Kosten für die Ersatzvornahme zu verurteilen, unbeschadet des Rechts auf eine Nachforderung falls die Vornahme der Handlung einen größeren Kostenaufwand verursacht.

Dies wäre jedoch – selbst wenn nicht der Verbraucherverband, sondern der Sachwalter für die **2** Zwecke der Zwangsvollstreckung als Titelgläubiger gelten würde – im **Umsetzungsverfahren** mit erheblichen **Schwierigkeiten** für den Sachwalter verbunden, der diese Ersatzvornahme in allen Fällen berechtigter Verbraucheransprüche unter Einsatz von Dritten organisieren müsste, da der Unternehmer sich unkooperativ erweist. Insgesamt würde dies zu einer erheblichen zeitlichen Verzögerung und zahlreichen organisatorischen Komplikationen bei einem Massenverfahren führen. Um diese Schwierigkeiten zu umgehen, hat der Gesetzgeber entschieden, dass **§ 887 I, II ZPO nicht** zur Anwendung kommt; vielmehr statuiert § 29 für die besonderen Herausforderungen des Umsetzungsverfahrens als Massenverfahren eine Regelung für die Vollstreckung, die der Zwangsvollstreckung wegen unvertretbaren Handlungen gem. § 888 I 1 ZPO nachgebildet ist (Begr. RegE, BT-Drs. 20/6520, 90).

Bei einer **unvertretbaren Handlung** soll die Norm nach der akzeptierenden Gegenäußerung **3** der Bundesregierung auf den Vorschlag des Bundesrats (BT-Drs. 20/6878) **ebenso gelten.** Dieser Vorschlag wurde in der Beschlussempfehlung RA (BT-Drs. 20/7631) aufgegriffen und in den Normtext aufgenommen. Die Anwendung von § 888 I 1 ZPO wurde hingegen durch Abs. 2 S. 2 ausgeschlossen.

2. Pendant zu Verweigerung der Einzahlung des kollektiven Gesamtbetrags

4   **Systematisch** regelt die Norm das **Gegenstück** zu dem bei einer Weigerung des Unternehmers hinsichtlich der **Einzahlung** des kollektiven Gesamtbetrags in den Umsetzungsfonds erforderlich werdenden Vorgehens durch den Verbraucherverband als Titelgläubiger: Der Verband ist in diesem Fall als Titelgläubiger zur zwangsweisen Beitreibung der titulierten Summe gem. §§ 802a ff., 803 ff., 865 ff. ZPO befugt. Diese Vollstreckung wegen einer Geldzahlung ist jedoch vergleichsweise einfach, so dass hier unproblematisch gem. § 13 auf die Normen der ZPO zur zwangsweisen Beitreibung des kollektiven Gesamtbetrags zurückgegriffen werden kann. Da vorliegend jedoch keine Zahlungsansprüche zu erfüllen sind, sondern die ungleich kompliziertere Zwangsvollstreckung wegen einer vertretbaren Handlung gem. § 887 ZPO erforderlich wäre, sah sich der Gesetzgeber zu einer anderen Konstruktion veranlasst.

3. Verfahrensautonomie des deutschen Gesetzgebers

5   Eine **unionsrechtliche Determinierung** hinsichtlich des Zwangsvollstreckungsverfahrens besteht **nicht,** und zwar weder hinsichtlich einer Zwangsvollstreckung zur Vornahme einer Geldzahlung noch zur Vornahme von anderen Leistungen als einer Geldzahlung. Vielmehr überlässt der Unionsgesetzgeber die Ausgestaltung der zwangsweisen Beitreibung der vom Unternehmer geschuldeten Leistungen dem nationalen Gesetzgeber. Ausdrücklich heißt es hierzu in **ErwGr. 9, S. 1, 2 Verbandsklagen-RL:** „Im Einklang mit dem Grundsatz der Verfahrensautonomie sollte die vorliegende Richtlinie nicht dazu dienen, jeden Aspekt der Verbandsklage zu regeln. Dementsprechend obliegt es den Mitgliedstaaten, die für Verbandsklagen geltenden Vorschriften beispielsweise hinsichtlich der Zulässigkeit, der Beweismittel oder der Rechtsbehelfe festzulegen." Dies umfasst gleichfalls den Bereich der Zwangsvollstreckung, der in der vorliegenden Norm geregelt ist.

II. Norminhalt

1. Abs. 1

6   **a) Andere Leistung als Zahlung.** Die Norm setzt zeitlich ein, nachdem das **Umsetzungsverfahrens eröffnet** worden ist: Da hierfür gem. § 24 Nr. 1 die Zahlung des vorläufig festgesetzten Kostenbetrags zu Händen des Sachwalters erforderlich ist, der im Abhilfeendurteil gem. § 18 I Nr. 2 festgesetzt worden ist, muss dieser bereits vom Unternehmer eingezahlt worden sein, damit das Umsetzungsverfahren gem. § 24 eröffnet werden konnte. Ist dies nicht der Fall, muss der Verband als Titelgläubiger den vorläufig festgesetzten Kostenbetrag gem. §§ 802a ff., 803 ff., 865 ff. ZPO beim Unternehmer als Titelschuldner vollstrecken, um das Umsetzungsverfahren überhaupt eröffnen zu können. Im Umsetzungsverfahren soll nun nach dem Abhilfegrundurteil eine Leistung an die repräsentierten Verbraucher vom Unternehmer bewirkt werden, die in einer **anderen vertretbaren Leistung** als einer Zahlung oder einer **nicht vertretbaren Handlung** besteht.

7   **b) Aufforderung durch Sachwalter.** Zu dieser anderen Leistung als einer Zahlung fordert der Sachwalter **gem. S. 1** den Unternehmer auf, jedoch erbringt der Unternehmer diese Leistung nicht innerhalb der vom Sachwalter gesetzten Frist; diese Fristsetzung gehört zu den Befugnissen des Sachwalters gem. § 27 Nr. 10. Es reicht auch für eine Nichtleistung durch den Unternehmer aus, wenn der Sachwalter und der Unternehmer, der an sich leistungsbereit ist, im Hinblick auf die Modalitäten der unternehmerischen Leistungserbringung kein Einvernehmen erzielen können: Besteht Einvernehmen zwischen beiden, kann durchaus auch – etwa aus Gründen größerer Effizienz – der Sachwalter in die Organisation der Leistungserbringung eingebunden werden. Wird jedoch keine Einigung erzielt, ist nur relevant, dass der Unternehmer innerhalb einer vom Sachwalter **gesetzten Frist** die geschuldete Leistung **nicht** an die Verbraucher erbracht hat, da die Leistungserbringung nach der gesetzlichen Konzeption ausschließlich Aufgabe des Unternehmers ist.

8   **c) Antrag.** Der Sachwalter hat für die **zwangsweise Erbringung** dieser sonstigen Leistung an die berechtigten Verbraucher nun die Möglichkeit, beim Prozessgericht gem. Abs. 1 S. 1 den

Antrag zu stellen, den Unternehmer durch Zwangsgeld und für den Fall, dass dieses nicht beigetrieben werden kann, durch Zwangshaft zur Vornahme der anderen vertretbaren oder nicht vertretbaren Handlung, mithin der geschuldeten sonstigen Leistung anzuhalten. Da der Sachwalter nicht Titelgläubiger ist, tritt er **gem. S. 2** für die Zwecke der Vollstreckung der Zwangsmittel an die Stelle des Gläubigers, so dass er im Rahmen der Zwangsvollstreckung behandelt wird, als wäre er **Titelgläubiger** des Abhilfegrundurteils.

In keinem Fall sind die repräsentierten **Verbraucher** zur Antragstellung befugt, da sie **nicht** 9 Titelgläubiger sind: Selbst wenn sie namentlich im Abhilfegrundurteil benannt sind, können sie nicht aus diesem Urteil gegen den Unternehmer die Zwangsvollstreckung betreiben, da dieser Titel zwischen dem Verbraucherverband als Kläger und dem Unternehmer als Beklagten ergangen ist und sie dadurch keinen Vollstreckungstitel erhalten; da auch eine Rechtsnachfolge nicht besteht, ist auch die Erteilung einer vollstreckbaren Ausfertigung auf sie gem. § 727 ZPO nicht möglich. Die Verbraucher sind daher zur Befriedigung ihrer berechtigten Ansprüche auf das Umsetzungsverfahren verwiesen.

d) Rechtsmittel. Gegen den Beschluss aus S. 1 ist die **Rechtsbeschwerde** gem. § 574 I 1 10 Nr. 2, III ZPO gegeben, sofern sie vom Gericht zugelassen ist; hierzu ist erforderlich, dass die Rechtssache entweder gem. § 574 II Nr. 1 ZPO grundsätzliche Bedeutung hat oder gem. § 574 II Nr. 2 ZPO die Fortbildung des Rechts oder die Sicherung einer einheitlichen Rechtsprechung eine Entscheidung des Rechtsbeschwerdegerichts erfordert.

2. Abs. 2

a) Zwangsgeld, Zwangshaft. Die Norm bestimmt, dass auf andere vertretbare Handlungen 11 als Zahlung § 888 I 2, 3, II, III ZPO anwendbar ist. § 887 I, II ZPO ist hingegen nicht anwendbar. Dies bedeutet, dass das einzelne **Zwangsgeld** aus Abs. 1 den Betrag von 25.000 Euro nicht übersteigen darf (§ 888 I 2 ZPO); der Mindestbetrag ist 5 Euro, Art. 6 I 1 EGStGB. Die **Zwangshaft** richtet sich nach §§ 802g–802j ZPO; sie darf gem. § 802j I ZPO die Dauer von sechs Monaten nicht übersteigen, danach wird der Schuldner von Amts wegen aus der Haft entlassen. Das Mindestmaß der Zwangshaft ist ein Tag (Art. 6 II 1 EGStGB). Ist die Zwangshaft als **Ersatzzwangshaft** für die Nichtbeitreibung eines Zwangsgeldes verhängt, so steht die Dauer der Zwangshaft in Verhältnis zur Höhe des verhängten Zwangsgeldes. Bei **juristischen Personen** ist das Zwangsgeld nur gegen die juristische Person, nicht gegen die Organe zu verhängen, die Zwangshaft ist hingegen gegen die Organe zu verhängen (MüKoZPO/Gruber ZPO § 888 Rn. 28).

Sowohl das Zwangsgeld als auch die Zwangshaft können **mehrfach verhängt** werden. Zwar 12 geht dies aus § 29 nicht direkt hervor; es ist jedoch aus dem für anwendbar geklärten § 888 I 2 ZPO zu schließen, der von dem „einzelnen Zwangsgeld" spricht und sich zudem aus dem Beugecharakter der Norm ergibt. Hieraus folgt, dass das Zwangsgeld und konsequenterweise auch die Zwangshaft nach Vollstreckung des zunächst festgesetzten Zwangsmittels wiederholt angeordnet werden kann (MüKoZPO/Gruber ZPO § 888 Rn. 28; Thomas/Putzo/Seiler ZPO § 888 Rn. 12; OLG Brandenburg FamRZ 1998, 180 Rn. 6). Die Einschränkung, die durch § 802j III ZPO für die Haft angeordnet ist, ist den Besonderheiten der Abgabe der Vermögensauskunft geschuldet und kann daher nicht auf § 29 iVm § 888 I 2 ZPO übertragen werden. Eine **Androhung** des Zwangsmittels findet gem. § 888 II ZPO **nicht** statt.

b) Keine Dienstleistung. Gem. § 888 III ZPO kommt diese Zwangsvollstreckung nicht zur 13 Anwendung bei der Verurteilung zur **Leistung von Diensten** aus einem Dienstvertrag; gleichgestellt sind die **Geschäftsbesorgung** gem. § 675 BGB und der **Auftrag** gem. § 662 BGB (MüKoZPO/Gruber ZPO § 888 Rn. 20). Zwar gilt dies gem. § 888 III ZPO lediglich bei unvertretbaren Dienstleistungen, Abs. 2 Hs. 1 erklärt die Norm jedoch für „andere vertretbare Handlungen als Zahlung" für anwendbar; eine Dienstleistung wird aber bei der vom Unternehmer geschuldeten Leistung gegenüber den berechtigten Verbrauchern ohnehin nicht in Frage kommen, da als „andere vertretbare Handlungen als Zahlung" im Umsetzungsverfahren lediglich Reparatur und Nachlieferung in Frage kommen.

Die **Reparatur** stellt jedoch eine **Werkleistung** dar und die **Nachlieferung** ist eine **kauf-** 14 **vertragliche Verpflichtung.** Sowohl die Werkleistung (MüKoZPO/Gruber ZPO § 888 Rn. 20) als auch kaufvertragliche Verpflichtungen werden nicht von § 888 III ZPO erfasst, da sie keine Dienstleistungen oder gleichgestellte Leistungen sind. Bei einer Vertragsaufhebung werden lediglich die gegenseitigen Leistungen rückabgewickelt, so dass der Unternehmer zur

(Rück-)Zahlung des Preises verpflichtet ist und daher keine andere vertretbare Handlung als Zahlung in Betracht kommt.

15   **c) Keine Anwendung von § 888 I 1 ZPO.** Die Anwendung von **§ 888 I 1 ZPO** auf **nicht vertretbare Handlungen** wird durch Abs. 2 S. 2 **ausgeschlossen**; der Grund liegt darin, dass sowohl Abs. 1 S. 1 als auch § 888 I 1 ZPO für die Zwangsvollstreckung von nicht vertretbaren Handlungen die gleiche Vollstreckungsart anordnen, nämlich Verhängung von Zwangsgeld und für den Fall der Nichtbeitreibbarkeit Zwangshaft. Da aber gewünscht war, dass die Anordnung von Abs. 1 S. 2, nämlich, dass der Sachwalter für die Zwecke der Zwangsvollstreckung an die Stelle des Titelgläubigers tritt, auch für unvertretbare Handlungen erhalten bleibt, wurde § 888 I 1 ZPO ausgeschlossen. Ob dies nötig war, oder ob nicht ohnehin die Anordnung aus Abs. 1 S. 2 auch für § 888 I 1 ZPO den Sachwalter als für die Zwangsvollstreckung Antragsbefugten und Vollstreckungsgläubigers ausgewiesen hätte, kann dahin gestellt bleiben, da nun der Normtext insoweit eindeutig ist.

Gerichtliche Aufsicht; Zwangsmittel gegen den Sachwalter

30 (1) **Der Sachwalter untersteht der Aufsicht des Gerichts.**

(2) ¹Das Gericht kann dem Sachwalter zur Durchführung des Umsetzungsverfahrens Fristen setzen. ²Es kann vom Sachwalter jederzeit Zwischenberichte über den Stand des Umsetzungsverfahrens anfordern, insbesondere Auskunft darüber verlangen,

1. auf welche Art und Weise der Sachwalter die von Verbrauchern zu erbringenden Berechtigungsnachweise prüft und
2. welche von Verbrauchern geltend gemachten Ansprüche der Sachwalter in welcher Höhe bereits erfüllt hat.

³Das Gericht kann dem Sachwalter Fristen zur Übermittlung von Zwischenberichten setzen.

(3) ¹Erfüllt der Sachwalter die ihm nach diesem Gesetz obliegenden Pflichten nicht, so kann das Gericht nach vorheriger Androhung ein Zwangsgeld gegen ihn festsetzen. ²Das einzelne Zwangsgeld darf den Betrag von 25 000 Euro nicht übersteigen. ³Nach vorheriger Androhung kann das Gericht den Sachwalter aus wichtigem Grund entlassen.

Übersicht

I. Systematik und unionsrechtlicher Hintergrund

1. Pflichten des Sachwalters

1   Ein **systematischer Zusammenhang** der Norm besteht zu den in § 27 beschriebenen vielfältigen Pflichten des Sachwalters im Umsetzungsverfahren. Da dieser gerichtlich bestellt worden ist, § 23, und im Rahmen des Umsetzungsverfahrens das Prozessgericht der Abhilfeklage zuständig ist, hat dieses auch den Sachwalter zu **beaufsichtigen.** Diese gerichtliche Befugnis hat eine **Parallele** zu der Beaufsichtigung des Insolvenzverwalters durch das Insolvenzgericht gem. **§ 58 InsO.** § 30 ist in mehreren Details dieser insolvenzrechtlichen Norm nachgebildet. Auch bestehen hinsichtlich der Aufsicht gewisse Parallelen zu § 9 V 1 SVertO (Schifffahrtsrechtliche Verteilungsordnung).

Das Gericht kann den Sachwalter aus wichtigem Grund **entlassen;** diese Möglichkeit hat 2
ebenfalls Parallelen zu der gerichtlichen Entlassungsmöglichkeit hinsichtlich des Insolvenzverwalters gem. § 59 InsO, ebenso zu § 9 V 2 SVertO. Auch hinsichtlich der Festsetzung eines
Zwangsgeldes bei **Nichterfüllung** der Pflichten und der sogar Höhe des Zwangsgeldes besteht
Übereinstimmung mit § 58 InsO. Diese gerichtliche Aufsicht soll einer Pflichtverletzung des
Sachwalters vorbeugen bzw. ihr entgegenwirken. Sie soll helfen, die Effizienz des Umsetzungsverfahrens zu steigern und dieses zügig und korrekt abzuschließen.

2. Verfahrensautonomie des deutschen Gesetzgebers

Eine **unionsrechtliche Vorgabe** für die gerichtliche Überwachung und die gerichtliche 3
Entlassung des Sachwalters besteht **nicht,** da die Verbandsklagen-RL die Ausgestaltung des
Abhilfeverfahrens in seinen Einzelheiten dem nationalen Gesetzgeber überlassen hat. Ausdrücklich heißt es hierzu in **ErwGr. 9 S. 1, 2 Verbandsklagen-RL:** „Im Einklang mit dem Grundsatz der Verfahrensautonomie sollte die vorliegende Richtlinie nicht dazu dienen, jeden Aspekt
der Verbandsklage zu regeln." Da der Unionsgesetzgeber noch nicht einmal das vierphasige
Modell des Abhilfeverfahrens vorgeschrieben hat, geschweige denn die Details des Umsetzungsverfahrens und die Aufgaben des Sachwalters, bestehen erst recht keine Vorgaben für die gerichtliche Aufsicht und Entlassung des Sachwalters. Der nationale Gesetzgeber war daher autonom in
seiner Gestaltung der gerichtlichen Befugnisse hinsichtlich der Tätigkeit des Sachwalters.

II. Norminhalt

1. Aufsicht des Gerichts (Abs. 1)

Die Norm hat Parallelvorschriften in § 58 I 1 InsO und § 9 V 1 SVertO. Die hier angeord- 4
nete gerichtliche Aufsicht über den Sachwalter dient der korrekten Erfüllung seiner Pflichten
und der zügigen Durchführung des Umsetzungsverfahrens. Die gerichtliche Beaufsichtigung
beginnt mit der Bestellung des Sachwalters gem. § 23. Sie **endet** mit dem **Ende des Amtes**
des Sachwalters. Dieses endet entweder mit Erfüllung aller Aufgaben im Umsetzungsverfahren,
die jedoch in bestimmten Fällen gem. § 37 sogar noch nach Beendigung des Umsetzungsverfahrens gem. § 36 liegen können; oder es endet mit seiner Entlassung gem. Abs. 3 S. 3 nach
vorheriger Androhung aus wichtigem Grund. Eine gesetzlich nicht ausdrücklich geregelte Entlassung, die jedoch bereits aufgrund allgemeiner Regeln möglich ist, ist die Entlassung auf
eigenen Wunsch des Sachwalters.

Die gerichtliche Aufsicht über den Sachwalter hat **Dauercharakter,** so dass das Gericht nicht 5
erst bei Anzeichen von Pflichtverstößen mit der Aufsicht beginnt, sondern nach pflichtgemäßem
Ermessen während der gesamten Amtsdauer des Sachwalters. Hinsichtlich der Intensität der
gerichtlichen Aufsicht muss gesehen werden, dass dem Sachwalter ein erhebliches Ermessen bei
der Wahrnehmung seiner Aufgaben gem. § 27 eingeräumt ist und er die Effizienz des Umsetzungsverfahrens bei seiner Tätigkeit immer beachten muss, so dass ein gerichtlicher Einfluss auf
das konkrete Vorgehen des Sachwalters ohne Anzeichen von Nachlässigkeit oder Inkompetenz
seinerseits eher gering ausgeprägt sein sollte. Waren jedoch bereits Pflichtverstöße durch den
Sachwalter vorgekommen oder bestehen Anzeichen für eine nachlässige oder inkompetente
Amtsführung des Sachwalters, muss die gerichtliche Kontrolldichte höher sein.

2. Fristsetzung durch Gericht (Abs. 2)

In Erfüllung der Aufsichts- und Kontrollaufgaben nach Abs. 1 kann das Gericht dem Sach- 6
walter zur Durchführung des Umsetzungsverfahrens **Fristen** nach S. 1 setzten. Die Fristsetzung
geschieht in Ausübung des pflichtgemäßen Ermessens des Gerichts und richtet sich nach dem
Vorgehen des Sachwalters bei der Erfüllung seiner **Aufgaben gem. § 27.** Die Fristsetzung eine
effektive Kontrolle durch das Gericht ermöglichen; sie kann sich auf alle Aufgaben des Sachwalters beziehen, die dieser nach den gesetzlichen Vorgaben zu erfüllen hat. Zudem kann das
Gericht jederzeit **Zwischenberichte** über den Stand des Umsetzungsverfahrens vom Sachwalter
gem. S. 2 anfordern.

Sofern diese für das Gericht Anlass zur Beanstandung geben, weist das Gericht den Sachwalter 7
entsprechend an; es kontrolliert im weiteren Verlauf die Beachtung dieser Anweisung durch den
Sachwalter. Bei Nichtbefolgung kann das Gericht Sanktionen nach Abs. 3 verhängen. In den
Zwischenberichten kann das Gericht insbesondere **Auskunft** darüber verlangen, auf welche Art

und Weise der Sachwalter die von Verbrauchern zu erbringenden Berechtigungsnachweise prüft **(Nr. 1)**, und welche von Verbrauchern geltend gemachten Ansprüche der Sachwalter in welcher Höhe bereits erfüllt hat **(Nr. 2)**. Die Pflicht hinsichtlich Nr. 1 ergibt sich für den Sachwalter aus § 27 Nr. 3, die Pflicht hinsichtlich Nr. 2 aus § 27 Nr. 9 und hinsichtlich anderer Ansprüche als Zahlung aus § 27 Nr. 10; in beiden Fällen handelt es sich um zentrale Punkte des Umsetzungsverfahrens, mithin um essentielle Pflichten des Sachwalters.

8   Die Anforderung von Zwischenberichten und das Auskunftsverlangen dient für das **Gericht zur Orientierung,** ob die Prüfung der Berechtigung der Verbraucheransprüche durch den Sachwalter hinreichend sind und in welchem Zeitraum das Umsetzungsverfahren voraussichtlich beendet sein wird. Zur Übermittlung dieser Zwischenberichte kann das Gericht dem Sachwalter gem. S. 3 **Fristen setzen,** was eine effektive Kontrolle der Sachwaltertätigkeit für das Gericht ermöglicht.

3. Abs. 3

9   **a) Zwangsgeld.** Die Norm statuiert die **Sanktionsmöglichkeiten** des Gerichts gegenüber dem Sachwalter, der die ihm obliegenden Pflichten nicht ordnungsgemäß erfüllt. Die Pflichtverletzung kann sich daraus ergeben, dass der Sachwalter einer gerichtlichen Weisung nicht nachkommt oder dass er die Prüfung der Verbraucheransprüche nicht in angemessener Zeit oder nicht auf korrekte Weise durchführt, generell bei seiner Amtsführung nachlässig ist oder in anderer Form gegen seine Pflichten verstößt. Hat das Gericht einen solchen Pflichtverstoß festgestellt, kann das Gericht nach vorheriger Androhung ein **Zwangsgeld** gem. S. 1 gegen den Sachwalter festsetzen. Gem. S. 2 darf dieses Zwangsgeld **25.000 Euro** nicht übersteigen; das Mindestmaß beträgt 5 Euro gem. Art. 6 I 1 EGStGB. Bei der Festsetzung eines Zwangsgeldes ist jedoch zu beachten, dass eine **schuldhafte** Pflichtverletzung des Sachwalters für die Verhängung des Zwangsgeldes erforderlich.

10   Zwar geht dies aus der Norm nicht hervor; jedoch ist in Anlehnung an die **Parallelvorschrift des § 58 II 1 InsO zu verlangen,** dass zumindest eine **Fahrlässigkeit** des Sachwalters für den Pflichtverstoß gegeben ist (so für den Insolvenzverwalter Andres/Leithaus/Andres InsO § 58 Rn. 8). Der Sachwalter hat bei der Erfüllung der ihm obliegenden Pflichten für die Sorgfalt eines ordentlichen und gewissenhaften Sachwalters einzustehen, § 31 S. 2. Zudem darf das Zwangsgeld nicht mehr festgesetzt werden, wenn der Sachwalter zwar nach Ablauf der gesetzten Frist, aber vor Festsetzung des Zwangsgeldes seine Pflicht noch erfüllt hat (so für den Insolvenzverwalter MüKoInsO/Graeber InsO § 58 Rn. 52; Andres/Leithaus/Andres InsO § 58 Rn. 14).

11   **b) Entlassung.** Zudem kann das Gericht den Sachwalter aus **wichtigem Grund entlassen** (S. 3); dies bedarf einer vorherigen **Androhung** durch das Gericht. Die vorherige Androhung ist deshalb erforderlich, damit dem Sachwalter der Ernst seines Pflichtverstoßes vor Augen geführt wird und er die Konsequenz seines Amtsverlustes bei Beharren auf dem Pflichtverstoß erkennt. Eine Entlassung aus wichtigem Grund hat erhebliche Folgen für den zeitlichen und organisatorischen Ablauf des Umsetzungsverfahrens. Sie ist daher ultima ratio und nur dann vom Gericht vorzunehmen, wenn sich beispielsweise herausstellt, dass die konkrete Person **objektiv ungeeignet** für die ordnungsgemäße Abwicklung des Umsetzungsverfahrens ist oder **persönlich unzuverlässig,** etwa aufgrund von mittlerweile bestehender Abhängigkeit von einer Partei (ähnlich Stellungnahme Verband Insolvenzverwalter und Sachwalter Deutschlands e. V. (VID), S. 11), so dass eine Gewährleistung der Zweckerfüllung des Umsetzungsverfahrens durch diesen Sachwalter nicht gegeben ist.

12   Das Gericht hat bei seiner Entscheidung den Verhältnismäßigkeitsgrundsatz zu beachten (so für den Insolvenzverwalter MüKoInsO/Graeber InsO § 59 Rn. 11). Es darf nicht mehr vertretbar erscheinen, diesen Sachwalter im Amt zu belassen (so für den Insolvenzverwalter MüKoInsO/Graeber InsO § 59 Rn. 11). Im Hinblick auf die Parallelvorschrift des § 59 I InsO muss somit für den wichtigen Grund verlangt werden, dass die **Verfahrensabwicklung objektiv nachhaltig beeinträchtigt** ist (MüKoInsO/Graeber InsO § 59 Rn. 13).

13   **Gesetzlich nicht geregelt,** aber nach allgemeinen Regeln zulässig, ist die Entlassung des Sachwalters durch das Gericht **auf eigenen Wunsch** des Sachwalters; dies kann vielfältige Gründe haben, die vom Gericht nicht zu überprüfen sind. Eine vorherige Androhung der Entlassung scheidet hier aus, da die Aufgabe des Amtes ohnehin Absicht des Sachwalters ist. Ist der Sachwalter entlassen, gleichgültig, ob nach S. 3 oder auf eigenen Wunsch, ist vom Gericht gem. § 23 ein neuer Sachwalter zu bestellen. Das Umsetzungsverfahren ruht während dieser Zeit.

Der **entlassene Sachwalter** hat gem. § 33 Schlussrechnung zu legen, einen Schlussbericht 14
gem. § 34 zu geben und die Bestallungsurkunde gem. § 23 III 2 an das Gericht zurückzugeben.
Diese Pflichten können wiederum gem. S. 1 mit der Festsetzung eines Zwangsgeldes durch das
Gericht nach vorheriger Androhung zwangsweise durchgesetzt werden.

Sowohl gegen den Beschluss der Festsetzung eines Zwangsgeldes nach S. 1 als auch gegen den 15
Beschluss der Entlassung des Sachwalters nach S. 3 ist die **Rechtsbeschwerde gem. § 574 I 1
Nr. 2, III ZPO** gegeben, sofern sie vom Gericht zugelassen ist. Hierfür müssen die Voraussetzungen des § 574 II ZPO im konkreten Fall zusätzlich erfüllt sein. Dies bedeutet, dass die
Rechtssache entweder gem. § 574 II Nr. 1 ZPO grundsätzliche Bedeutung hat oder gem.
§ 574 II Nr. 2 ZPO die Fortbildung des Rechts oder die Sicherung einer einheitlichen Rechtsprechung eine Entscheidung des Rechtsbeschwerdegerichts erfordert.

Haftung des Sachwalters

31 Verletzt der Sachwalter schuldhaft ihm nach diesem Gesetz obliegende Pflichten, so ist er zum Schadensersatz verpflichtet, und zwar

1. dem Unternehmer, wenn die verletzte Pflicht den Schutz des Unternehmers bezweckt, und
2. dem Verbraucher, wenn die verletzte Pflicht den Schutz des Verbrauchers bezweckt.
²Der Sachwalter hat für die Sorgfalt eines ordentlichen und gewissenhaften Sachwalters einzustehen.

Übersicht

I. Systematik und unionsrechtlicher Hintergrund

Die Norm lehnt sich an **§ 60 I InsO** an, in der die Haftung des Insolvenzverwalters geregelt 1
ist. Eine § 60 II InsO entsprechende Norm, die die Einsetzung fremden Personals und insoweit
die Nichtanwendung vom § 278 BGB regelt, fehlt hingegen im VDuG, da der Sachwalter nicht
auf die Verwendung von fremdem Personal zurückgreifen muss, sondern das von ihm eingesetzte
Personal selbst auswählen kann. **Systematisch** steht die Norm in **Zusammenhang** mit den in
§ 27 geregelten Aufgaben des Sachwalters, insbesondere seinen Prüfungspflichten gem. § 27
Nr. 3 hinsichtlich der Anspruchsberechtigung der am Umsetzungsverfahren teilnehmenden Verbraucher nach Maßgabe des Abhilfegrundurteils, die er vor Erfüllung gem. § 27 Nr. 9, 10 positiv
bewertet haben muss.

Weitere Pflichten ergeben sich am Ende des Umsetzungsverfahrens gem. § 33, § 34 sowie 2
gegebenenfalls sogar noch nach Beendigung des Umsetzungsverfahrens gem. § 37. Relevant ist
bei jeder einzelnen Pflicht, ob sie den Schutz des Unternehmers oder den Schutz des
Verbrauchers bezweckt, damit die jeweiligen Geschädigten Ansprüche wegen Verletzung der
Norm erhalten. Eine **unionsrechtliche Determinierung** besteht **nicht,** da die Verbandsklagen-RL noch nicht einmal das vierphasige Abhilfeverfahren des VDuG vorgibt, geschweige
denn Regelungen zur Haftung des Sachwalters erhält.

II. Norminhalt

1. Verletzung einer gesetzlichen Pflicht

Es muss zunächst eine **gesetzliche Pflicht** durch den Sachwalter objektiv **verletzt** worden 3
sein. Als Pflichten, die dem Sachwalter kraft Gesetzes aufgrund der Regelungen des VDuG

obliegen, kommen zunächst die Pflichten des § 27 in Frage. Hier sind die während des Umsetzungsverfahrens zur Erfüllung der berechtigten Verbraucheransprüche nötigen Aufgaben des Sachwalters detailliert geregelt. Zudem bestehen Pflichten des Sachwalters am Ende des Umsetzungsverfahrens gem. § 33 hinsichtlich eines Schlussrechnungslegung, gem. § 34 hinsichtlich der Erstellung eines Schlussberichts und gegebenenfalls sogar noch nach Beendigung des Umsetzungsverfahrens, wenn nach Feststellung der Beendigung des Umsetzungsverfahrens durch das Gericht und der endgültigen Festsetzung des Kosten des Umsetzungsverfahrens gem. § 36 I ein eventueller Restbetrag gem. § 37 vom Sachwalter an den Unternehmer zurückzuerstatten ist. Die Pflichten im Rahmen des Widerspruchsverfahrens gem. § 28 und die Pflichten im Rahmen einer Zwangsvollstreckung gegen den Unternehmer hinsichtlich einer anderen vertretbaren Handlung als einer Zahlung gem. § 29 sind den Pflichten des § 27 Nr. 11, Nr. 9, Nr. 10 beigeordnet. Auch besteht eine Pflicht gem. § 25 III 2, vor einer Entnahme von Beträgen zur Begleichung von Kosten des Umsetzungsverfahrens und Vorschüssen aus dem Umsetzungsfonds nur nach gerichtlicher Anordnung zu entnehmen.

2. Verschulden

4   Die Verletzung einer dieser Pflichten durch den Sachwalter muss **schuldhaft** geschehen sein; **Maßstab** für die Fahrlässigkeit gem. § 276 I 1, II BGB ist hier die Sorgfalt eines ordentlichen und gewissenhaften Sachwalters gem. **S. 2.** Dies beinhaltet, dass der Sachwalter über die professionellen Kenntnisse und Fähigkeiten verfügen muss, die für die Ausübung dieses Amtes erforderlich sind und dass er diese Professionalität bei seiner Tätigkeit einsetzten muss. Da der objektivierte und normativierte Sorgfaltsmaßstab gilt, der aufgrund des Vertrauensschutzes auf die allgemeinen Verkehrsbedürfnisse ausgerichtet ist (Grüneberg/Grüneberg BGB § 276 Rn. 15) spielen tatsächlich (nicht) vorhandene Kenntnisse und Fähigkeiten des konkreten Sachwalters keine Rolle. Gehaftet wird bereits bei leichter Fahrlässigkeit.

5   Der Sachwalter hat gem. **§ 278 BGB** für seine Erfüllungsgehilfen einzustehen, da zwischen ihm und dem Unternehmer bzw. den angemeldeten Verbrauchern ein Schuldverhältnis bereits zum Zeitpunkt der Ausübung seiner Pflichten besteht. Als Erfüllungsgehilfen des Sachwalters kommen alle Personen in Betracht, deren er sich zur Erfüllung seiner gesetzlichen Aufgaben bedient, wie etwa Schreibkräfte, Betreuer eines Online-Portals, juristisch geschulte Kräfte, die etwa zur Prüfung der Berechtigungsnachweise eingesetzt werden etc.

3. Schutzzweck der Pflichten aus § 27

6   Die verletzte Pflicht muss entweder den **Schutz** des **Unternehmers** bezwecken (S. 1 Nr. 1) oder den Schutz des **Verbrauchers** bezwecken (S. 1 Nr. 2). Welches davon zutrifft, kann nur anhand der konkreten Pflicht festgestellt werden. Die Pflicht gem. **§ 27 Nr. 1 lit. a** hinsichtlich des Nachweises gegenüber dem Gericht bezüglich des Erhalts des vorläufig festgesetzten Kostenbetrags ist unerlässlich für die Eröffnung des Umsetzungsverfahrens gem. § 24 Nr. 1, da sie die wirtschaftlichen Voraussetzungen zur Durchführung des Umsetzungsverfahrens schafft. Sie dient daher den repräsentierten Verbrauchern. Zugleich dient sie dem Unternehmer, da eine unrichtige Meldung dazu führen kann, dass der klagende Verband als Titelgläubiger eine zwangsweise Betreibung des geschuldeten Betrags unternimmt.

7   Die Pflicht gem. **§ 27 Nr. 1 lit. b** hinsichtlich des Nachweises gegenüber dem Gericht bezüglich des Erhalts des kollektiven Gesamtbetrags sowie gegebenenfalls dessen Erhöhung dient gleichfalls zum einen den repräsentierten Verbrauchern, da der Erhalt des kollektiven Gesamtbetrags gem. § 24 Nr. 2 zu den Eröffnungsvoraussetzung gehört und zudem mit seinem Erhalt die wirtschaftlichen Voraussetzungen zur Befriedigung der berechtigten Verbraucheransprüche geschaffen werden, sofern diese auf eine Geldzahlung gehen. Zum anderen dient diese Pflicht dem Unternehmer, da eine unrichtige Meldung dazu führen kann, dass der Unternehmer von einer zwangsweisen Beitreibung des geschuldeten kollektiven Gesamtbetrags bedroht ist.

8   Die Befugnis gem. **§ 27 Nr. 2** hinsichtlich eines Auszugs aus dem Verbandsklageregister, der die Daten zu den am Umsetzungsverfahren teilnehmenden Verbrauchern sowie sämtliche Angaben ausweist, die im Verbandsklageregister zu den geltend gemachten Ansprüchen vermerkt sind, dient ebenfalls sowohl dem Schutz der Verbraucher als auch dem Schutz des Unternehmers: Wird das Umsetzungsverfahren vom Sachwalter aufgrund von unrichtigen Daten durchgeführt, kann dies dazu führen, dass berechtigte Ansprüche von Verbrauchern abgelehnt

werden; dies verletzt zum einen die Interessen der betroffenen Verbraucher und schafft zum anderen das Risiko einer Individualklage des betroffenen Verbrauchers gegen den Unternehmer gem. § 39.

Ebenso kann ein Irrtum des Sachwalters hier dazu führen, dass unberechtigte Verbraucher- **9** ansprüche als berechtigt angesehen werden, was in der Konsequenz zu Lasten des Unternehmers geht und zudem die Verteilungsmasse des kollektiven Gesamtbetrags schmälert, so dass hier möglicherweise eine Unterdeckung entstehen kann, was zu einer nicht vollständigen Befriedigung der berechtigten Verbraucheransprüche führen kann. Für die Prüfungspflicht gem. **§ 27 Nr. 3** gilt Entsprechendes; auch diese Pflicht dient sowohl dem Schutz der Verbraucher als auch dem Schutz des Unternehmers. Gleiches gilt für die Pflicht des Sachwalters im Widerspruchsverfahren gem. § 28.

Die Befugnis gem. **§ 27 Nr. 4** zur Fristsetzung für die teilnehmenden Verbraucher für eine **10** Vorlage ihrer Berechtigungsnachweise bezweckt die zügige Durchführung des Umsetzungsverfahrens; sie dient somit den Verbrauchern. Die Befugnis gem. **§ 27 Nr. 5** zur Anforderung ergänzender Erklärungen der Verbraucher oder des Unternehmers und eine Fristsetzung hierfür bezweckt, unklare oder unvollständige Angaben zu korrigieren und damit eine zutreffende Grundlage für die Prüfung der Berechtigung der Ansprüche zu schaffen bzw. die Erfüllung der Ansprüche korrekt durchführen zu können. Wird die Prüfung nicht zutreffend erledigt, können berechtigte Verbraucheransprüche als nicht berechtigt beurteilt werden und unberechtigte als berechtigt, was letztlich zu Lasten des Unternehmers geht. Die Pflicht dient daher zum einen den Verbrauchern, zum anderen ebenso dem Unternehmer. Die Befugnis zur Zurückweisung nicht fristgerecht eingegangener Berechtigungsnachweise und Erklärungen gegenüber den Verbrauchern nach vorherigem Hinweis gem. **§ 27 Nr. 6** dient den Verbrauchern, da hier eine zügige Durchführung des Umsetzungsverfahrens intendiert ist.

Die Pflicht zur Zusammenstellung der Gesamthöhe der berechtigten Ansprüche aller Ver- **11** braucher auf Zahlung in einem Auszahlungsplan gem. **§ 27 Nr. 7** bezweckt, anhand dieses Auszahlungsplans für den Sachwalter erkennbar zu machen, ob der kollektive Gesamtbetrag, den der Unternehmer an den Umsetzungsfonds überwiesen hat, ausreicht zur Befriedigung aller berechtigter Verbraucheransprüche. Ist dies nicht der Fall, kann der Unternehmer durch den Verbraucherverband auf Erhöhung des kollektiven Gesamtbetrages gem. § 21 in einem Erhöhungsverfahren verklagt werden. Die korrekte Erstellung des Auszahlungsplans dient daher sowohl den Verbrauchern, da ein ausreichender kollektiver Gesamtbetrag die wirtschaftliche Grundlage der Befriedigung ihrer berechtigten Ansprüche darstellt; ebenso dient sie dem Unternehmer, da bei nicht korrekter Erstellung das Risiko besteht, dass eine Unterdeckung vom Sachwalter ausgewiesen wird, wodurch dem Unternehmer die Gefahr eines Erhöhungsverfahrens gem. § 21 droht.

Für die Pflicht zur Information der Parteien von einer Unterdeckung gem. **§ 27 Nr. 8** gilt **12** Entsprechendes: Unterbleibt diese Information oder gibt sie nicht das korrekte Ergebnis des Auszahlungsplans wieder, wird der Unternehmer in falscher Sicherheit gewiegt, so dass die Information dem Unternehmer dient. Der Verbraucherverband hingegen wird bei unterbliebener oder unrichtiger Information nicht zur Einleitung eines Erhöhungsverfahrens bestimmt, was letztlich zu Lasten der Verbraucher geht, da diese ihre Ansprüche nicht vollständig befriedigt erhalten können; die Information dient daher auch den Verbrauchern.

Die Pflicht zur Erfüllung berechtigter Verbraucheransprüche auf Zahlung gem. **§ 27 Nr. 9** **13** dient zunächst den Verbrauchern; werden berechtigte Ansprüche jedoch aufgrund eines Fehlers des Sachwalters nicht erfüllt, wird dadurch das Risiko einer Individualklage des Verbrauchers gegen den Unternehmer gem. § 39 geschaffen. Somit dient die Erfüllungspflicht auch den Interessen des Unternehmers.

Die Setzung einer Frist gem. **§ 27 Nr. 10** an den Unternehmer zur Erfüllung berechtigter **14** Ansprüche von Verbrauchern, die nicht auf Zahlung gerichtet sind, dient den Verbrauchern; gleiches gilt für die damit verbundene Befugnis des Sachwalters zur Beantragung der Zwangsvollstreckung gem. § 29. Gleiches gilt für das Verlagen der Anzeige der Erfüllung sowie der Vorlage von diesbezüglichen Nachweisen gem. **§ 27 Nr. 10.**

Die lediglich anteilige Befriedigung der berechtigten Verbraucheransprüche für den Fall einer **15** Unterdeckung gem. **§ 27 Nr. 9** bezweckt die gleichmäßige Verteilung des vorhandenen, aber nicht für vollständige Befriedigung aller berechtigter Verbraucheransprüche ausreichenden kollektiven Gesamtbetrags an die Verbraucher. Wird diese Verteilung daher nicht gleichmäßig vorgenommen, verletzt dies die Interessen der Verbraucher. Gleichzeitig wird damit das Risiko einer Individualklage der benachteiligten Verbraucher gegen den Unternehmer gem. § 39 gesteigert, so dass diese Pflicht zur gleichmäßigen Befriedigung auch den Interessen des Unternehmers dient.

16   Die Befugnis zur vollständigen oder teilweisen Ablehnung geltend gemachter Verbraucheransprüche gem. **§ 27 Nr. 11** bezweckt, nur solche Verbraucheransprüche zu berücksichtigen, die berechtigt sind, da der geltend gemachte Anspruch gegen den Unternehmer tatsächlich besteht. Werden nun Ansprüche vom Sachwalter abgelehnt, obwohl sie bestehen, wird dadurch einerseits das Interesse der Verbraucher verletzt, andererseits das Risiko einer Individualklage des betroffenen Verbrauchers gegen den Unternehmer gem. § 39 geschaffen. Daher sind durch § 27 Nr. 11 sowohl die Interessen der Verbraucher als auch die Interessen des Unternehmers geschützt.

4. Schutzzweck der Pflichten aus § 33, § 34

17   Die Pflicht zur Erteilung einer **Schlussrechnung** durch den Sachwalter gem. **§ 33** bezweckt, den Unternehmer eine korrekte Informationsgrundlage zu verschaffen, so dass er entscheiden kann, ob er gem. § 33 S. 4 Einwendungen gegen die Schlussrechnung erhebt. Diese Pflicht dient daher dem Schutz des Unternehmers. Die Pflicht des Sachwalters zur Erteilung eines **Schlussberichts** gem. **§ 34** bezweckt die Dokumentation des Verlaufs des Umsetzungsverfahrens im Detail bezüglich aller Transaktionen, insbesondere der Verwendung des kollektiven Gesamtbetrags zur Befriedigung von konkreten Verbraucheransprüchen bzw. der Befriedigung von Verbraucheransprüchen, die nicht auf Zahlung gerichtet sind.

18   Der **Schlussbericht** dient daher zum einen den konkreten Verbrauchern zum Nachweis, dass ihr angemeldeter Anspruch nicht oder nicht vollständig befriedigt wurde, was sie im Rahmen ihrer Individualklage gem. § 39 als Beleg für ihren offenen Anspruch trotz Teilnahme am Umsetzungsverfahren verwenden können. Der Schlussbericht dient somit den Interessen der Verbraucher. Der Unternehmer kann ebenfalls aus dem Schlussbericht ersehen, ob ein konkreter Verbraucher im Umsetzungsverfahren vollständig, teilweise oder gar nicht befriedigt worden ist, so dass er in einer Individualklage gem. § 39 ebenfalls Belege für ein Erlöschen des geltend gemachten Individualanspruchs hat. Diese Pflicht schützt daher auch die Interessen des Unternehmers. Die Pflicht zur Rückzahlung eines Restbetrags des kollektiven Gesamtbetrags bzw. des vorläufig festgesetzten Kostenbetrags durch den Sachwalter an den Unternehmer gem. **§ 37** dient den Interessen des Unternehmers.

5. Schutzzweck der Pflichten aus § 25 III 2

19   Auch die Pflicht gem. **§ 25 III 2,** eine Entnahme von Beträgen zur Begleichung von Kosten des Umsetzungsverfahrens und Vorschüssen aus dem Umsetzungsfonds nur nach gerichtlicher Anordnung vorzunehmen, schützt die Interessen der Verbraucher und des Unternehmers: Die gerichtliche Anordnung garantiert zum einen, dass gesichert ist, dass diese Ansprüche wirklich bestehen und zum anderen, dass das in § 25 III 3 statuierte Deckungsprinzip beachtet wird; die Entnahmen dürfen in ihrer Gesamtsumme den vorläufig festgesetzten Kostenbetrag nämlich nicht übersteigen. Damit wird zudem gewährleistet, dass der ausschließlich zur Befriedigung von Verbraucheransprüchen dienende kollektive Gesamtbetrag nicht durch Entnahmen zur Kostendeckung oder für Vorschüsse zu Lasten der berechtigten Verbraucheransprüche geschmälert oder gar aufgezehrt wird und der Unternehmer dem Risiko eines Erhöhungsverfahrens gem. § 21 ausgesetzt wird.

6. Adäquat-kausaler Schaden

20   Der entstandene Schaden des Unternehmers oder des Verbrauchers muss durch die Pflichtverletzung **adäquat-kausal** verursacht worden sein. Hat beispielsweise der Sachwalter einen Verbraucheranspruch unrichtigerweise abgelehnt und klagt dieser konkrete Verbraucher nun – nach **Abschluss des Widerspruchsverfahrens** und gerichtlicher Überprüfung gem. § 28 IV – im Wege der Individualklage gem. § 39 diesen Anspruch gegen den Unternehmer ein, müssten sämtliche Prozesskosten dieser Individualklage durch die Pflichtverletzung des Sachwalters adäquat-kausal verursacht worden sein: Hier ist jedoch zu berücksichtigen, dass die Überprüfungsmöglichkeit gem. § 28 IV bereits wahrgenommen wurde und erfolglos war, so dass nun die Individualklagen nicht mehr auf die unrichtige Sachwalterentscheidung gestützt werden kann, da die Gründe hierfür bereits in der gerichtlichen Überprüfung der Widerspruchsentscheidung geltend gemacht werden mussten, § 39 Hs. 2 iVm § 28 IV. Handelte es sich um Gründe, die

außerhalb des Widerspruchsverfahrens zu verorten waren, konnten sie auch nicht Gegenstand der Sachwalterentscheidung gewesen sein, so dass in beiden Fällen **keine Pflichtwidrigkeit des Sachwalters** die Ursache gewesen sein kann.

Ist der konkrete Verbraucheranspruch unrichtigerweise vom Sachwalter abgelehnt worden, **21** und beschreitet dieser Verbraucher **nicht das Widerspruchsverfahren** mit der gerichtlichen Überprüfung gem. § 28 IV, kann er vom Sachwalter auch nicht Schadensersatz in Höhe seines unrichtigerweise abgelehnten Anspruchs verlangen: Hier ist **keine Kausalität** gegeben, da der Verbraucher das Widerspruchsverfahren mit der Möglichkeit gerichtlicher Überprüfung hätte wählen muss.

Ansprüche des Sachwalters

32 (1) **Der Sachwalter hat Anspruch auf:**

1. die Erstattung der Auslagen, die er zur ordnungsgemäßen Erfüllung seiner Aufgaben begründet,

2. eine angemessene Vergütung für seine Geschäftsführung und

3. einen Vorschuss auf seine Auslagen und seine Vergütung, soweit dies zur Erfüllung seiner Aufgaben notwendig ist.

(2) **Auf Antrag des Sachwalters setzt das Gericht die Höhe der Auslagen, der Vergütung und des Vorschusses fest.**

Übersicht

I. Systematik und unionsrechtlicher Hintergrund

Die Norm steht **systematisch** in **Zusammenhang** mit der vorläufigen Festsetzung der **1** Kosten des Umsetzungsverfahrens im Tenor des Abhilfeendurteils gem. § 18 I Nr. 2 und der Bestimmung des § 20, der die Auslagen des Sachwalters in § 20 I Nr. 1 und die Vergütung des Sachwalters in § 20 I Nr. 2 als Kosten des Umsetzungsverfahrens bestimmt. Diese Kosten des Umsetzungsverfahrens sind vom Unternehmer gem. § 20 II zu tragen. Die endgültige Kostenfestsetzung findet sich gem. § 36 I 1 Nr. 1 im gerichtlichen Beschluss, der die Beendigung des Umsetzungsverfahrens feststellt.

Dieser Beschluss ist zugleich ein Vollstreckungstitel für den Sachwalter hinsichtlich seiner noch **2** nicht gedeckten Auslagen und seiner offenstehenden Vergütungsforderung (§ 36 I 2). Da während des Umsetzungsverfahrens, insbesondere bei länger dauernden Verfahren nicht vom Sachwalter verlangt wird, dass er vollständig in Vorlage tritt hinsichtlich seiner Auslagen und seine auf Vergütung bis zur Beendigung des Verfahrens warten muss, hat der Gesetzgeber dem Sachwalter die Möglichkeit eingeräumt, einen Vorschuss auf seine Auslagen und seine Vergütung zu verlangen (§ 32 I Nr. 3). Dieser Vorschuss wird – ebenso wie die Höhe der Auslagen und der Vergütung – vom Gericht festgesetzt. **Unionsrechtliche Vorgaben** bestehen **nicht,** da die Verbandsklagen-RL noch nicht einmal das Amts des Sachwalters nennt, vielmehr hat der nationale Gesetzgeber die Ansprüche des Sachwalters und ihre Behandlung in seiner Verfahrensautonomie festgesetzt.

II. Norminhalt

1. Abs. 1

3   **a) Entnahme aus Umsetzungsfonds.** In der Norm werden die Ansprüche des Sachwalters geregelt. Dieser hat nach **Nr. 1** Anspruch auf Erstattung der **Auslagen,** die er zur ordnungsgemäßen Erfüllung seiner Aufgaben begründet. Diese wurden zwar bereits, ebenso wie die vom Sachwalter gem. **Nr. 2** zu beanspruchende **Vergütung** mit der vorläufigen Veranschlagung und Festsetzung der Kosten des Umsetzungsverfahrens im Abhilfeendurteil gem. § 18 I Nr. 2 erfasst; sie mussten als einer der beiden Voraussetzung für den Eröffnungsbeschluss des Umsetzungsverfahrens gem. § 24 Nr. 1 vom Unternehmer zu Händen des Sachwalters in den von diesem errichteten Umsetzungsfonds eingezahlt werden (§ 25 I). Jedoch kann der Sachwalter – obwohl er den Umsetzungsfonds gem. § 25 II 2 verwaltet und über ihn verfügt – nicht einfach auf den Umsetzungsfonds in eigener Sache zugreifen, um sich Befriedigung für seine eigenen Auslagen und Vergütungsansprüche zu gewähren. Vielmehr bedarf es hierfür gem. § 25 III 2 eines gerichtlichen Beschlusses, in dem die Höhe der Auslagen, der Vergütung und des insoweit zu gewährenden **Vorschusses** gem. **Nr. 3** festgesetzt ist.

4   **b) Auslagen.** Die **Auslagen** gem. Nr. 1 iVm § 20 I Nr. 1 umfassen insbesondere **Verbindlichkeiten** des Sachwalters, die er zur ordnungsgemäßen Erfüllung seiner Aufgaben begründet. Dies wird beispielsweise dadurch erforderlich, dass er nicht in der Lage ist, umfangreiche Umsetzungsverfahren allein zu bewältigen und daher **Hilfspersonen** benötigt: Für eine zügige und reibungslose Durchführung eines Umsetzungsverfahren kann beispielsweise die Einrichtung und das Betreiben eines Online-Portals nötig werden, auf dem die Verbraucher bestimmte Berechtigungsnachweise hochladen können (Begr. RegE, BT-Drs. 20/6520, 83), die das Abhilfegrundurteil gem. § 16 II Nr. 2 für den Nachweis der Anspruchsberechtigung verlangt. Auch können Schreibkräfte und juristisch geschultes Personal zur Bewältigung des konkreten Umsetzungsverfahrens erforderlich sein.

5   Erstattungsfähig sind nur solche Auslagen, die dem Sachwalter bei ordnungsgemäßer Erfüllung seiner Aufgaben entstehen, nicht aber Auslagen, die anderen Zwecken dienen. Der Sachwalter ist dabei ausdrücklich nach der Gesetzesbegründung gehalten, stets die **Erforderlichkeit** der Ausgaben zu bedenken und damit zugleich auch die Interessen des Unternehmers an einer kostenangemessenen Abwicklung ausreichend zu berücksichtigen (Begr. RegE, BT-Drs. 20/6520, 91). Dies schützt den Unternehmer davor, mit Kosten belastet zu werden, die nicht zur Durchführung des Umsetzungsverfahrens nötig waren. Ist der Sachwalter nicht sicher, ob eine konkret vorgesehene Auslage erstattungsfähig sein kann, kann er das Gericht um Prüfung ersuchen, bevor er diese Verbindlichkeit eingeht (Begr. RegE, BT-Drs. 20/6529, 91).

6   **c) Vergütung.** Die **Vergütung** des Sachwalters gem. Nr. 2 iVm § 20 I Nr. 2 ist gesetzlich nicht festgelegt. Gem. Nr. 2 hat der Sachwalter Anspruch auf „eine angemessene Vergütung für seine Geschäftsführung". Hiernach ist die **Höhe** der Vergütung weder beziffert noch sind die Parameter festgelegt, nach denen sich die Vergütung bemisst. Vielmehr ist die Angemessenheit vom Gericht anhand der besonderen **Umstände des Einzelfalls** zu festzulegen und kann etwa der erforderlichen Professionalität und der Qualifikation des Sachwalters, der Dauer und der Komplexität des Umsetzungsverfahrens und dem Haftungsrisiko, das für den Sachwalter gem. § 31 besteht korrelieren; auch ist es möglich, die Anzahl der zu leistenden Arbeitsstunden in einem Stundensatz festzulegen.

7   **d) Vorschuss.** Da vom Gesetzgeber nicht von dem Sachwalter – insbesondere bei längerer Verfahrensdauer – verlangt wird, dass er hinsichtlich seiner Vergütung und seiner Auslagen umfassend in Vorleistung tritt, hat der Sachwalter gem. Nr. 3 einen Anspruch auf **Vorschuss** hinsichtlich seiner Vergütung und seiner Auslagen. Wie hoch dieser Vorschuss zu gestalten ist, ist dem Einzelfall überlassen; er darf jedoch nicht die gesamte zu beanspruchende Vergütung bzw. sämtliche zu erwartende Auslagen umfassen. Der Vorschuss muss außerdem dem Zeitraum, für den er gewährt wird, angemessen sein.

2. Abs. 2

8   **a) Antrag des Sachwalters.** Der Vorschuss setzt gem. S. 1 einen **Antrag** des Sachwalters an das Gericht voraus, ebenso bedarf es eines Antrags hinsichtlich der der Höhe der Auslagen und

der Vergütung, woraus sich die Höhe des Vorschusses bestimmt. Ist dies durch **gerichtlichen Beschluss** festgesetzt worden, kann der Sachwalter die festgesetzten Vorschussbeträge für Auslagen und Vergütung dem Umsetzungsfonds, und zwar ausschließlich dem vorläufig festgesetzten Kostenbetrag entnehmen. Der kollektive Gesamtbetrag darf hierfür nicht herangezogen werden, vielmehr ist dieser ausschließlich für die Befriedigung der berechtigten Verbraucheransprüche auf Zahlung bestimmt.

b) Endgültige Kostenfestsetzung. Alternativ zur Beantragung eines Vorschusses kann der **9** Sachwalter aber auch die **endgültige Kostenfestsetzung** gem. § 36 I 1 Nr. 1 bei Beendigung des Umsetzungsverfahrens abwarten; ist ein Teil seiner Vergütung oder ein Teil seiner Auslagen nicht vom vorläufig festgesetzten Kostenbetrag gedeckt, wird gem. § 36 I 1 Nr. 2 der vom Unternehmer noch an den Sachwalter zu zahlenden Kostenbetrag festgesetzt; insoweit kann der Sachwalter seine nicht gedeckte Vergütung und die nicht gedeckten Auslagen direkt vom Unternehmer erhalten, nötigenfalls gem. § 36 I 2 durch Zwangsvollstreckung, da dieser Beschluss hinsichtlich seiner Vollstreckbarkeit einem Kostenfestsetzungsbeschluss gem. § 794 I Nr. 2 ZPO gleichsteht.

c) Rechtsmittel. Gegen den Beschluss nach Abs. 1 ist die **Rechtsbeschwerde** gem. **10** § 574 I 1 Nr. 2, III ZPO gegeben, sofern sie vom Gericht zugelassen wird. Hierfür müssen die Voraussetzungen des § 574 II ZPO im konkreten Fall zusätzlich erfüllt sein. Dies bedeutet, dass die Rechtssache entweder gem. § 574 II Nr. 1 ZPO grundsätzliche Bedeutung hat oder gem. § 574 II Nr. 2 ZPO die Fortbildung des Rechts oder die Sicherung einer einheitlichen Rechtsprechung eine Entscheidung des Rechtsbeschwerdegerichts erfordert.

Schlussrechnung

33 [1] **Der Sachwalter hat dem Gericht bei Beendigung seines Amtes Schlussrechnung zu legen.** [2] **Die Rechnung einschließlich der Belege muss spätestens einen Monat nach Beendigung des Umsetzungsverfahrens**
1. elektronisch oder auf der Geschäftsstelle des Gerichts eingereicht werden und
2. zur Einsicht des Unternehmers zur Verfügung stehen.
[3] **Das Gericht benachrichtigt den Unternehmer unverzüglich vom Eingang der Schlussrechnung.** [4] **Der Unternehmer ist berechtigt, Einwendungen gegen die Schlussrechnung zu erheben.** [5] **Soweit binnen zwei Wochen nach der Benachrichtigung keine Einwendungen erhoben werden, gilt die Rechnung als anerkannt.**

Übersicht

I. Systematik und unionsrechtlicher Hintergrund

Die Norm verfügt für des **Ende** des Umsetzungsverfahrens, welches mit dem gerichtlichen **1** Eröffnungsbeschluss gem. § 24 beginnt, die Vorlage einer Schlussrechnung; **systematisch** hängt hiermit eng zusammen die Vorlage eines Schlussberichts gem. § 34 sowie die Prüfung beider Dokumente durch das Gericht gem. § 35. Der Sachwalter, der das Umsetzungsverfahren geführt hat, hat beides dem Gericht vorzulegen. Die **Schlussrechnung** ist dafür erforderlich, dass exakt **jede einzelne finanzielle Transaktion** hinsichtlich des **vorläufig festgesetzten Kostenbetrags** nachvollzogen werden kann und zu erkennen ist, welche Forderungen des Sachwalters noch offen sind, so dass der Unternehmer entscheiden kann, ob er Einwendungen gegen die Schlussrechnung erheben will.

Eine Kontrollmöglichkeit für den Unternehmer ist deshalb nötig, weil es die von ihm zur **2** Verfügung zu stellenden Beträge sind, die im Umsetzungsverfahren durch den Sachwalter verausgabt wurden: Zum einen ist dies der **vorläufig festgesetzte Kostenbetrag,** der im Tenor des Abhilfeendurteils gem. § 18 I Nr. 2 tituliert wurde und eine der beiden Eröffnungsvoraussetzungen für das Umsetzungsverfahren gem. § 24 Nr. 1 ist; hier ist die Schlussrechnung die zur Verfügung zu stellende Kontrollmöglichkeit, die dem Unternehmer Einwendungen ermöglicht.

3   Zum anderen ist dies gegebenenfalls der **kollektive Gesamtbetrag,** sofern dieser vom klagenden Verbraucherverband beantragt und im Abhilfeendurteil gem. § 18 II tituliert wurde, welcher gegebenenfalls die andere Eröffnungsvoraussetzung gem. § 24 Nr. 2 ist; hier gibt der **Schlussbericht** die **vollständige Übersicht,** was an die teilnehmende Verbraucher aus dem kollektiven Gesamtbetrag bzw. anders als durch Zahlung geleistet wurde (§ 34 II Nr. 1, Nr. 2) und die zusammenfassende Gegenüberstellung liefert einen Gesamtüberblick (§ 34 II Nr. 3).

4   Bei der Verwendung des kollektiven Gesamtbetrags hatte der Unternehmer bereits aufgrund des **Widerspruchsverfahrens** gem. § 28 eine Kontrollmöglichkeit, die ihm Einwendungen ermöglichte. Das Gericht prüft gem. § 35 den Schlussbericht und die Schlussrechnung; wenn es den Schlussbericht oder die Schlussrechnung beanstandet, so fordert das Gericht den Sachwalter unter Fristsetzung dazu auf, der Beanstandung abzuhelfen. Eine **unionsrechtliche Determinierung** besteht **nicht,** da die Verbandsklagen-RL noch nicht einmal das Umsetzungsverfahren mit der Rechtsfigur des Sachwalters vorgibt, also erst recht nicht die Verpflichtung des Sachwalters hinsichtlich der Stellung einer Schlussrechnung gegenüber dem Gericht zur Prüfung durch den Unternehmer.

II. Norminhalt

1. Kontrollmöglichkeit über die Ausgaben

5   Die Regelung ist an **§ 9 VII SVertO** (Schifffahrtsrechtliche Verteilungsordnung), welcher lautet: „Der Sachwalter hat bei der Beendigung seines Amtes dem Verteilungsgericht Schlussrechnung zu legen. Die Rechnung muss mit den Belegen spätestens eine Woche nach der Beendigung auf der Geschäftsstelle zur Einsicht der Beteiligten niedergelegt werden. Der Schuldner, jeder an dem Verfahren teilnehmende Gläubiger und ein etwa nachfolgender Sachwalter sind berechtigt, Einwendungen gegen die Rechnung zu erheben. Soweit binnen einer Woche nach der Niederlegung Einwendungen nicht erhoben werden, gilt die Rechnung als anerkennt." Die Schlussrechnung soll am Ende des Umsetzungsverfahrens – ähnlich wie im seerechtlichen Verteilungsverfahren nach der SVertO – gewährleisten, dass eine **Kontrollmöglichkeit** über die Ausgaben geschaffen wird. Die Schlussrechnung enthält daher eine Aufstellung aller dem Sachwalter durch die Aufgabenwahrnehmung im Umsetzungsverfahren entstandenen Kosten einschließlich seiner Vergütung (Begr. RegE, BT-Drs. 20/6520, 92).

6   Daher kann aus der Schlussrechnung detailliert jede **finanzielle Transaktion** entnommen werden, die vom Sachwalter aus dem vorläufig festgesetzten und vom Unternehmer gem. § 25 I 2 in den Umsetzungsfonds zu zahlenden Kostenbetrag getätigt wurden. Aus der Schlussrechnung können daher auch Vorschusszahlungen gem. § 32 I Nr. 3 ersehen werden; ebenso ergibt sich aus der Schlussrechnung, ob Forderungen des Sachwalters hinsichtlich seiner Vergütung gem. § 32 I Nr. 2 oder seiner Auslagen gem. § 32 I Nr. 1 noch offen sind. Die Schlussrechnung ist gem. S. 1 dem Gericht vorzulegen.

2. Frist

7   Die Frist für die Schlussrechnungslegung beträgt gem. S. 2 **einen Monat** nach Beendigung des Umsetzungsverfahrens. Die Beendigung des Umsetzungsverfahren ist tatsächlich, nicht rechtlich gem. § 36 zu verstehen, da § 36 lediglich die Feststellung der Beendigung des Umsetzungsverfahrens betrifft, so dass dieser Beendigungstatbestand, der vom Gericht festzustellen ist, bei der Feststellung bereits vorliegen muss; zudem ist das Vorliegen einer korrekten Schlussrechnung die Voraussetzung für die endgültige Festsetzung der Kosten des Umsetzungsverfahrens, die in der gerichtlichen Feststellung der Beendigung des Umsetzungsverfahrens gem. § 36 I Nr. 1 enthalten sein müssen. Beendigung bedeutet daher den faktischen Abschluss des Umsetzungsverfahrens durch die Befriedigung aller berechtigten Ansprüche oder deren Ablehnung, nötigenfalls nach Durchführung eines Widerspruchsverfahrens gem. § 28.

3. Form

Die Schlussrechnung muss gem. S. 2 bei Gericht einschließlich der Belege für die einzelnen 8
finanziellen Transaktionen zum einen **elektronisch** oder auf der Geschäftsstelle des Gerichts
eingereicht werden, Nr. 1, und zum anderen **zur Einsicht** des Unternehmers zur Verfügung
stehen, Nr. 2; dies ist deshalb erforderlich, da die Schlussrechnung dem Unternehmer zur
Kontrolle des Verbleibs des von ihm gezahlten vorläufig festgesetzten Kostenbetrags dient. Gem.
S. 3 benachrichtigt das Gericht den Unternehmer unverzüglich vom Eingang der Schlussrechnung, so dass dieser mit der Prüfung der Schlussrechnung beginnen kann. Gem. S. 4 ist der
Unternehmer berechtigt, **Einwendungen** gegen die Schlussrechnung zu erheben. Für das
weitere Verfahren ergeben sich **zwei Verlaufsmöglichkeiten:** In der ersten Verlaufsmöglich-
keit erhebt der Unternehmer keine Einwendungen gegen die Schlussrechnung, in der zweiten
Verlaufsmöglichkeit erhebt er Einwendungen dagegen.

4. Fiktion der Anerkennung

Werden vom Unternehmer binnen zwei Wochen nach der Benachrichtigung **keine Einwen-** 9
dungen erhoben, gilt gem. S. 5 die **Schlussrechnung als anerkannt.** Das Gericht wird
dadurch einer eigenen Prüfung der Schlussrechnung gem. § 35 I enthoben; der Gesetzgeber
geht davon aus, dass der Unternehmer dadurch konkludent erklärt, dass die Kostenaufstellung
der Schlussrechnung korrekt ist und die darin aufgeführten Kosten von ihm zu tragen sind (Begr.
RegE, BT-Drs. 20/6520, 92). Diese gesetzliche Fiktion entlastet das Gericht von einer eigenen
Prüfung der Schlussrechnung. Für diese gesetzliche Fiktion spielt es keine Rolle, ob der
Unternehmer die Schlussrechnung tatsächlich geprüft hat oder seiner fehlenden Einwendung
keine Prüfung zugrunde liegt. Vielmehr reicht die Möglichkeit einer Prüfung aus, die dadurch
erreicht ist, dass die Schlussrechnung zur Einsicht des Unternehmers zur Verfügung steht. Die
Frist von zwei Wochen dient einer zügigen Beendigung des Prüfungsverfahrens.

5. Einwendungen des Unternehmers

Erhebt der Unternehmer hingegen **Einwendungen** gegen die Schlussrechnung, ergibt sich 10
für das Gericht daraus die Pflicht, sich bei der anstehenden **Prüfung gem. § 35 I** mit dem
Vorbringen auseinanderzusetzten, da dies die Gewährung rechtlichen Gehörs erfordert. Die
Schlussrechnung muss vom Gericht gebilligt werden und damit die geltend gemachten Kosten
und die beanspruchte Vergütung; beanstandet hingegen das Gericht gem. § 35 II die Schlussrechnung, gegebenenfalls unter Übernahme der Einwendung des Unternehmers, so fordert es
den Sachwalter unter Setzung einer Frist dazu auf, der Beanstandung abzuhelfen. Erst wenn die
gerichtlichen Beanstandungen vom Sachwalter behoben sind, stellt das Gericht die Beendigung
des Umsetzungsverfahrens gem. § 36 fest, wobei es auch gem. § 36 I Nr. 1 die Kosten des
Umsetzungsverfahrens endgültig festsetzt; hierfür wird die korrekte Schlussrechnung benötigt.

Schlussbericht

34 (1) ¹Der Sachwalter teilt dem Gericht die Beendigung des Umsetzungsverfahrens
unverzüglich mit. ²Das Gericht setzt dem Sachwalter eine angemessene Frist
zur Vorlage des Schlussberichts. ³Die Sätze 1 und 2 gelten auch für den Fall der
vorzeitigen Beendigung des Amtes des Sachwalters und der Einstellung des Umsetzungsverfahrens.

(2) Der Schlussbericht enthält folgende Angaben:

1. eine Auflistung der im Umsetzungsverfahren von Verbrauchern geltend gemachten
Ansprüche, die
   a) vom Sachwalter ganz oder teilweise durch Zahlung erfüllt wurden unter Angabe
   des jeweiligen Namens des Verbrauchers, des jeweiligen Zahlungszeitpunkts und
   des jeweiligen Zahlungsbetrags oder
   b) vom Unternehmer anders als durch Zahlung erfüllt wurden unter Angabe des
   jeweiligen Namens des Verbrauchers und des Zeitpunkts der Erbringung der
   jeweiligen Leistung,
2. eine Auflistung der vollständig oder teilweise abgelehnten Ansprüche von Verbrauchern unter Angabe
   a) des jeweiligen Namens des Verbrauchers,

b) der jeweiligen Art oder der jeweiligen Höhe des geltend gemachten Anspruchs sowie

c) des Umfangs der jeweiligen Ablehnung,

3. eine zusammenfassende Gegenüberstellung der aus dem Umsetzungsfonds geleisteten Zahlungen und des kollektiven Gesamtbetrags.

(3) Die Parteien erhalten vom Gericht eine formlose Abschrift des Schlussberichts.

Übersicht

I. Systematik und unionsrechtlicher Hintergrund

1   Die Norm steht **systematisch** in engem Zusammenhang mit **§ 33,** der die Schlussrechnung betrifft sowie mit **§ 35,** der die Prüfung des Schlussberichts und der Schlussrechnung durch das Gericht vorschreibt. Am Ende des Umsetzungsverfahrens muss ein **Nachweis** hinsichtlich der Befriedigung bzw. Ablehnung der geltend gemachten Verbraucheransprüche und eine Übersicht hinsichtlich der Verwendung des kollektiven Gesamtbetrags sowie ein Nachweis hinsichtlich des Verbleibs des vorläufig festgesetzten Kostenbetrags für das Gericht vom Sachwalter vorgelegt werden. Der erstgenannte Nachweis wird vom Sachwalter durch den Schlussbericht erbracht, der zweitgenannte durch die Schlussrechnung gem. § 33.

2   Im Schlussbericht muss der Sachwalter dem Gericht nachweisen, welche der geltend gemachten **Verbraucheransprüche** befriedigt wurden und auf welche Weise, welche der geltend gemachten Verbraucheransprüche von ihm abgelehnt wurden und in welchem Umfang; gleichfalls ist von ihm die Verwendung des kollektiven Gesamtbetrags nachzuweisen durch eine zusammenfassende Gegenüberstellung der aus dem Umsetzungsfonds geleisteten Zahlungen und des kollektiven Gesamtbetrags. Der Schlussbericht ermöglicht daher dem Gericht zu überprüfen, ob der Sachwalter seine Aufgabe ordnungsgemäß erfüllt hat und alle angemeldeten Verbraucheransprüche bearbeitet und beschieden hat sowie die konkrete Verwendung des kollektiven Gesamtbetrags für bestimmte Ansprüche. Er gibt daher eine Kontrolle für das Gericht über den Verbleib des kollektiven Gesamtbetrags (Begr. RegE, BT-Drs. 20/6520, 93).

3   Sowohl der Unternehmer als auch der klagende Verbraucherverband erhalten eine Abschrift des Schlussberichts. Anders als bei der Schlussrechnung gem. § 33 S. 4 hat der Unternehmer beim Schlussbericht keine Möglichkeit, Einwendungen zu erheben. Dies ist deshalb beim Schlussbericht nicht erforderlich, da er hinsichtlich der **Verwendung des kollektiven Gesamtbetrags,** über dessen Verbleib im Schlussbericht Rechenschaft abgelegt wird, bereits im Widerspruchsverfahren gem. § 28 Einwendungsmöglichkeiten hatte.

4   Das **Gericht prüft** gem. § 35 den Schlussbericht und die Schlussrechnung; wenn es den Schlussbericht oder die Schlussrechnung beanstandet, so fordert das Gericht den Sachwalter unter Fristsetzung dazu auf, der Beanstandung abzuhelfen. Eine **unionsrechtliche Determinierung** hinsichtlich des Schlussberichts besteht **nicht,** da die Verbandsklagen-RL noch nicht einmal das Umsetzungsverfahren mit der Rechtsfigur des Sachwalters vorgibt, also erst recht nicht die Verpflichtung des Sachwalters hinsichtlich der Rechenschaftslegung durch einen Schlussbericht gegenüber dem Gericht.

II. Norminhalt

1. Abs. 1

a) Mitteilung durch Sachwalter. Die Norm verpflichtet nach S. 1 den Sachwalter, dem **5**
Gericht die Beendigung des Umsetzungsverfahrens unverzüglich **mitzuteilen.** Unverzüglich
bedeutet nach allgemeinen Regeln ohne schuldhaftes Zögern, so dass die konkreten Umstände
für den Sachwalter den Zeitraum für die Mitteilung an das Gericht bestimmen. Die Beendigung
des Umsetzungsverfahrens ist tatsächlich zu verstehen, nicht rechtlich iSd § 36, da § 36 lediglich
die Feststellung der Beendigung des Umsetzungsverfahrens betrifft, so dass dieser Beendigungstatbestand, der vom Gericht festzustellen ist, bei der Feststellung bereits vorliegen muss; es ist
daher der faktische Abschluss des Umsetzungsverfahrens durch die Befriedigung aller berechtigten Ansprüche oder deren Ablehnung, nötigenfalls nach Durchführung eines Widerspruchsverfahrens gem. § 28 für die Beendigung maßgeblich.

b) Frist. Nach Eingang der Information über die Beendigung des Umsetzungsverfahrens **6**
fordert das Gericht beim Sachwalter unter Setzung einer **angemessenen Frist** gem. S. 2 den
Schlussbericht an. Die Frist richtet sich daher nach Umfang und Komplexität des Umsetzungsverfahrens (Begr. RegE, BT-Drs. 20/6520, 93). Hierdurch wird sichergestellt, dass das Gericht
die ordnungsgemäße Durchführung des Umsetzungsverfahrens in angemessener Zeit überprüfen
kann. Gem. S. 3 gilt dies auch für den Fall der **vorzeitigen Beendigung** des Amtes des
Sachwalters und der Einstellung des Umsetzungsverfahrens gem. § 38 I 2; dies betrifft den Fall
der Eröffnung eines Insolvenzverfahrens über das Vermögen des Unternehmers, wo das Umsetzungsverfahren auf Antrag des Sachwalters zwecks Klärung möglicher Insolvenzanfechtungsansprüche auf Rückzahlung der nach § 24 gezahlten Beträge ausgesetzt bzw. eingestellt wird.

2. Notwendiger Inhalt des Schlussberichts (Abs. 2)

In dieser Norm sind die **nötigen Inhalte** des Schlussberichts enumerativ aufgezählt. Die **7**
Norm untersagt dem Sachwalter jedoch nicht, zusätzliche Angaben im Schlussbericht zu
machen, etwa hinsichtlich einer Kooperationsbereitschaft des Unternehmers, Komplikationen
bei der Umsetzung etc. Die nötigen Inhalte des Schlussberichts sind in Nr. 1–3 genannt.

a) Nr. 1 lit. a. Dies ist zunächst gem. **Nr. 1 lit. a** eine Auflistung der im Umsetzungsver- **8**
fahren von Verbrauchern geltend gemachten Ansprüche, die vom Sachwalter ganz oder teilweise
durch **Zahlung** erfüllt wurden unter Angabe des jeweiligen Namens des Verbrauchers, des
jeweiligen Zahlungszeitpunkts und des jeweiligen Zahlungsbetrags. In dieser Bestimmung werden nur die auf Geldleistung gerichteten Ansprüche erfasst, die Angaben zu den sonstigen
Ansprüchen sind gesondert in Nr. 1 lit. b geregelt.

Die Zahlung ist aus dem **kollektiven Gesamtbetrag** vom Sachwalter an den Verbraucher **9**
zur Befriedigung seines konkreten Anspruchs überwiesen worden; der kollektive Gesamtbetrag
wurde vom Unternehmer zu diesem Zweck zu Händen des Sachwalters in den Umsetzungsfonds
gem. § 25 I 2 eingezahlt. Aus diesen Angaben zu Nr. 1 lit. a lässt sich beispielsweise ersehen,
dass ein bestimmter, weil namentlich bezeichneter Verbraucher einen Zahlungsanspruch von
56,38 Euro geltend gemacht hat, der vom Sachwalter an einem bestimmten Datum in voller
Höhe befriedigt wurde; oder es lässt sich ersehen, dass ein namentlich bezeichneter Verbraucher
einen Zahlungsanspruch von 185 Euro geltend gemacht hat, der vom Sachwalter an einem
bestimmten Datum iHv 93 Euro teilweise befriedigt wurde (Begr. RegE, BT-Drs. 20/6520, 93).
Die Angaben zur teilweisen oder vollständigen Ablehnung der Ansprüche richten sich nach
Nr. 2; der letztgenannte Verbraucheranspruch hat daher sowohl unter Nr. 1 lit. a als auch unter
Nr. 2 zu erscheinen.

b) Nr. 1 lit. b. In **Nr. 1 lit. b** hingegen sind die **nicht auf Zahlung** gerichteten Verbrau- **10**
cheransprüche erfasst. Der Schlussbericht muss hierzu folgende Angaben enthalten: Eine Auflistung der im Umsetzungsverfahren von Verbrauchern geltend gemachten Ansprüche, die vom
Unternehmer anders als durch Zahlung erfüllt wurden unter Angabe des jeweiligen Namens des
Verbrauchers und des Zeitpunkts der Erbringung der jeweiligen Leistung. Aus diesen Angaben
zu Nr. 1 lit. b lässt sich beispielsweise ersehen, dass ein bestimmter, weil namentlich bezeichneter
Verbraucher einen Nachlieferungsanspruch über ein bestimmtes Produkt geltend gemacht hat
und der Unternehmer auf Aufforderung des Sachwalters diesem Verbraucher an einem bestimm-

ten Datum ein neues Produkt geliefert hat (Begr. RegE, BT-Drs. 20/6520, 93). Oder es lässt sich ersehen, dass ein namentlich bezeichneter Verbraucher einen Nachbesserungsanspruch hinsichtlich eines bestimmten Produktes geltend gemacht hat und der Unternehmer auf Aufforderung des Sachwalters diesem Verbraucher an einem bestimmten Datum durch Einbau eines Ersatzteils in das konkrete Produkt Nachbesserung verschafft hat.

11   c) **Nr. 2.** Nach **Nr. 2** muss der Schlussbericht eine **Auflistung der vollständig oder teilweise abgelehnten Ansprüche von Verbrauchern** enthalten; dies muss unter Angabe des jeweiligen Namens des Verbrauchers, der jeweiligen Art oder der jeweiligen Höhe des geltend gemachten Anspruchs sowie des Umfangs der jeweiligen Ablehnung geschehen. Die Angaben zu Nr. 2 betreffen die vom Sachwalter gem. § 27 Nr. 11 ganz oder teilweise abgelehnten Verbraucheransprüche. Eine Ablehnung hat der Sachwalter dann vorgenommen, wenn die betreffenden Verbraucher entweder keine Berechtigungsnachweise vorgelegt haben oder die von ihnen vorgelegten Berechtigungsnachweise nicht den Anforderungen der im Abhilfegrundurteil gem. § 16 II Nr. 2 bezeichneten Berechtigungsnachweise entsprochen haben oder bereits keine wirksame Anmeldung vorlag, die gem. § 26 die Voraussetzung für die Teilnahme am Umsetzungsverfahren ist,; auch hat er die volle Erfüllung abgelehnt, wenn seine Prüfung ergibt, dass der geltend gemachte Anspruch zwar als solcher besteht, jedoch nicht in der vom Verbraucher geltend gemachten Höhe oder dem geltend gemachten Umfang einer nicht auf Zahlung gerichteten Leistung.

12   Aus dem Schlussbericht lässt sich daher **beispielsweise ersehen,** dass ein namentlich bezeichneter Verbraucher einen Anspruch auf Zahlung von 185 Euro geltend gemacht hat, der iHv 92 Euro abgelehnt worden ist; oder es lässt sich ersehen, dass ein Nachlieferungsanspruch hinsichtlich eines bestimmten Produkts eines namentlich bezeichneten Verbrauchers vollständig abgelehnt worden ist. Ist ein Anspruch nur teilweise abgelehnt, teilweise aber erfüllt worden, muss dieser Anspruch sowohl mit den Angaben nach Nr. 1 als auch mit den Angaben nach Nr. 2 im Schlussbericht aufgeführt werden.

13   d) **Nr. 3.** Nach **Nr. 3** muss der Schlussbericht eine zusammenfassende Gegenüberstellung der aus dem Umsetzungsfonds geleisteten Zahlungen und des kollektiven Gesamtbetrags enthalten. Aus dieser zusammenfassenden Gegenüberstellung ergibt sich, ob der kollektive Gesamtbetrag durch die Zahlungen an die Verbraucher vollständig aufgezehrt wurde oder ob ein **Restbetrag** verblieben ist. Ist ein solcher Restbetrag verblieben, ist dieser an den Unternehmer gem. § 37 vom Sachwalter zurück zu zahlen; zu diesem Zweck ist der aus dem Schlussbericht ersichtliche Restbetrag in der Feststellung der Beendigung des Umsetzungsverfahrens gem. § 36 I 1 Nr. 3 auszuweisen; mit Bekanntmachung des Beschlusses über die Feststellung der Beendigung des Umsetzungsverfahrens im Verbandsklageregister ist er gem. § 37 S. 2 fällig.

3. Abschrift für Parteien (Abs. 3)

14   Die Norm regelt, dass die Parteien des Abhilfeverfahrens, also der **Verbraucherverband** und der **Unternehmer** eine formlose **Abschrift** des Schlussberichts durch das Gericht erhalten. Dies dient dazu, die Parteien des Abhilfeverfahrens über die Tätigkeit des Sachwalters sowie das Ergebnis des Umsetzungsverfahrens zu informieren. Eine Möglichkeit, Einwendungen gegen die Verwendung des kollektiven Gesamtbetrags zur Befriedigung konkreter Verbraucheransprüche geltend zu machen, wie dies in der Schlussrechnung gem. § 33 S. 4 für den Unternehmer hinsichtlich des vorläufig festgesetzten Kostenbetrags der Fall ist, hatte der Unternehmer bereits im Widerspruchsverfahren gem. § 28; dort konnte er bereits Widerspruch gegen die Entscheidung des Sachwalters hinsichtlich einer vollständigen oder teilweisen Berechtigung eines konkreten Verbraucheranspruchs, der aus dem kollektiven Gesamtbetrag zu befriedigen ist, erheben.

15   Daher gibt es nunmehr für keine Partei die Möglichkeit, Einwendungen gegen den Schlussbericht zu erheben. Vielmehr **prüft** diesen nun das **Gericht gem. § 35.** Beanstandet das Gericht den Schlussbericht, so fordert es den Sachwalter und Fristsetzung auf, der Beanstandung abzuhelfen. Erst wenn diesen Beanstandungen durch den Sachwalter abgeholfen wurde, stellt das Gericht gem. § 36 die Beendigung des Umsetzungsverfahrens fest.

Prüfung des Schlussberichts und der Schlussrechnung

35 (1) **Das Gericht prüft den Schlussbericht und die Schlussrechnung des Sachwalters.**

(2) **Beanstandet das Gericht den Schlussbericht oder die Schlussrechnung, so fordert es den Sachwalter unter Fristsetzung dazu auf, der Beanstandung abzuhelfen.**

Übersicht

I. Systematik und unionsrechtlicher Hintergrund

Die Regelung steht **systematisch** in engem Zusammenhang mit der Vorschrift über die 1 Erteilung der Schlussrechnung gem. § 33 und der Erstellung des Schlussberichts gem. § 34: Am Ende des Umsetzungsverfahrens muss mittels dieser vom Sachwalter zu erstellenden Dokumente für das Gericht nicht nur die Verwendung der vom Unternehmer in den Umsetzungsfonds gem. § 25 I 2 eingezahlten Beträge hinsichtlich der vorläufig festgesetzten Kosten und gegebenenfalls des kollektiven Gesamtbetrags **nachprüfbar** sein, sondern auch die Bearbeitung aller angemeldeten Verbraucheransprüche und die Entscheidung des Sachwalters hinsichtlich einer Ablehnung oder einer vollständigen oder teilweisen Befriedigung dieser Verbraucheransprüche.

Das Gericht **überprüft** jedoch **nicht,** ob die jeweilige Entscheidung des Sachwalters hinsicht- 2 lich der Berechtigung der konkreten Verbraucheransprüche **rechtlich korrekt** ist; die inhaltliche Prüfung hinsichtlich der Berechtigung der geltend gemachten Verbraucheransprüche obliegt alleine dem Sachwalter. Das Gericht ist nach § 35 nämlich nicht zur Prüfung der Individualansprüche berufen, da das Gericht vorliegend keine rechtsprechenden Aufgaben wahrnimmt, sondern im Umsetzungsverfahren lediglich Überwachungs- und Kontrollfunktion hinsichtlich des ordnungsgemäßen Ablaufs des Umsetzungsverfahrens und der korrekten Verwendung der vom Unternehmer in den Umsetzungsfonds eingezahlten Beträge hat (Begr. RegE, BT-Drs. 20/6520, 93).

Hat der Unternehmer gem. § 33 S. 4 **Einwendungen** gegen die Schlussrechnung **erhoben,** 3 muss sich das Gericht mit seinem **Vorbringen auseinandersetzten,** da dies die Gewährung rechtlichen Gehörs erfordert; hat er jedoch keine Einwendungen erhoben, gilt die Schlussrechnung gem. § 33 S. 5 als anerkannt, so dass insoweit das Gericht keine Prüfung vorzunehmen hat. Wenn das Gericht keine Beanstandungen erhebt oder diesen Beanstandungen vom Sachwalter abgeholfen worden ist, stellt das Gericht die Beendigung des Umsetzungsverfahrens gem. § 36 fest.

Eine **unionsrechtliche Determinierung** hinsichtlich der gerichtlichen Prüfung der Schluss- 4 rechnung und des Schlussberichts besteht **nicht,** da die Verbandsklagen-RL noch nicht einmal das Umsetzungsverfahren mit der Rechtsfigur des Sachwalters vorgibt, geschweige denn die Verpflichtung des Sachwalters hinsichtlich der Rechenschaftslegung durch eine Schlussrechnung und eines Schlussberichts gegenüber dem Gericht und die gerichtliche Prüfung des ordnungsgemäßen Ablaufs des Umsetzungsverfahrens anhand beider Dokumente.

II. Norminhalt

1. Abs. 1

a) Prüfungspflicht des Gerichts. Die Norm bestimmt die Pflicht des **Gerichts,** den vom 5 Sachwalter vorgelegten Schlussbericht gem. § 34 und die Schlussrechnung gem. § 33 zu **prüfen.** Bei der **Schlussrechnung** gem. § 33 handelt es sich darum, dass exakt jede einzelne finanzielle Transaktion hinsichtlich des **vorläufig festgesetzten Kostenbetrags** nachvollzogen werden kann: Hier müssen alle durch die Aufgabenwahrnehmung des Sachwalters verursachte Kosten sowie die von ihm beanspruchte Vergütung aufgeführt sein; die Schlussrechnung gibt daher Aufschluss über die Verwendung des vom Gericht im Abhilfeendurteil gem. § 18 I Nr. 2 festgesetzten Kostenbetrags, etwa welche Vorschüsse wann an wen ausbezahlt wurden sowie welche Forderungen des Sachwalters in welcher Höhe noch ausstehen.

6   Mithin kann auch ersehen werden, ob und wenn ja, in welcher Höhe ein Restbetrag des vorläufig festgesetzten Kostenbetrags vorhanden ist, der an den Unternehmer gem. § 37 vom Sachwalter zurückzuzahlen ist. Hat jedoch der Unternehmer, der gem. § 33 S. 4 berechtigt ist, Einwendungen gegen die **Schlussrechnung** zu erheben, **keine Einwendungen** innerhalb der zweiwöchigen Frist des § 33 S. 5 erhoben, gilt die Schlussrechnung als **anerkannt.** Das Gericht ist in diesem Fall nicht verpflichtet, die Schlussrechnung zu prüfen, da der Unternehmer derjenige ist, in dessen Interesse der Nachweis der korrekten Verwendung des vorläufig festgesetzten Gesamtbetrags liegt; hat dieser keine Einwendungen erhoben, wird fingiert, dass die Schlussrechnung und damit die Verwendung des vorläufig festgesetzten Gesamtbetrags korrekt ist und das Gericht somit von einer Prüfung entlastet.

7   **b) Kontroll- und Überwachungsfunktion des Gerichts.** Beim **Schlussbericht** gem. § 34 handelt es sich um einen **Nachweis** hinsichtlich der Befriedigung bzw. Ablehnung der geltend gemachten Verbraucheransprüche und eine Übersicht hinsichtlich der Verwendung des **kollektiven Gesamtbetrags:** Dem Gericht wird durch den Schlussbericht die Überprüfung ermöglicht, ob der Sachwalter seine Aufgabe korrekt erfüllt hat und alle angemeldeten Verbraucheransprüche bearbeitet und beschieden hat; die konkrete Verwendung des kollektiven Gesamtbetrags für bestimmte Ansprüche wird dargestellt. Der Schlussbericht gibt daher eine Kontrolle für das Gericht über den Verbleib des kollektiven Gesamtbetrags.

8   Eine Fiktion der Anerkennung des **Schlussberichts** wie in § 33 S. 5 hinsichtlich der Schlussrechnung existiert jedoch nicht, so dass das Gericht insoweit nicht von einer Prüfung entlastet ist. Das Gericht überprüft jedoch **nicht** die **sachliche Richtigkeit** der Entscheidung des Sachwalters hinsichtlich einer Berechtigung oder einer teilweisen oder vollständigen Ablehnung der angemeldeten individuellen Verbraucheransprüche, da das Gericht im Umsetzungsverfahren lediglich Kontroll- und Überwachungsfunktion, nicht aber rechtsprechende Funktion ausübt. Zweck der Überprüfung ist lediglich die Feststellung einer ordnungsgemäßen Ausübung des Amtes des Sachwalters und einer korrekten Durchführung des Umsetzungsverfahrens (Begr. RegE, BT-Drs. 20/6520, 93 f.).

2. Abs. 2

9   Ergibt die gerichtliche Prüfung Anlass zur **Beanstandung** hinsichtlich des Schlussberichts oder der Schlussrechnung, so beanstandet das Gericht den jeweiligen konkreten Punkt gegenüber dem Sachwalter, durchaus auch unter Aufgreifen einer Einwendung des Unternehmers, die dieser gegen die Schlussrechnung gem. § 33 S. 4 erhoben hat; das Gericht fordert den Sachwalter gleichzeitig zur **Abhilfe** auf. Hierfür setzt es eine **Frist.** Die Länge dieser Frist ist jedoch durch das Gesetz nicht bestimmt, so dass die Frist lediglich angemessen für die Abhilfe des Beanstandungspunktes durch den Sachwalter sein muss. Die Länge der Frist richtet sich daher nach dem Inhalt der Beanstandung und der erforderten Zeit zur Beseitigung des beanstandeten Punktes.

10   Ergibt die gerichtliche Prüfung beispielsweise, dass konkrete Verbraucheransprüche noch nicht geprüft worden sind oder berechtigte Verbraucheransprüche auf Zahlung noch nicht befriedigt worden sind, obwohl noch ein Restbetrag des kollektiven Gesamtbetrags im Umsetzungsfonds vorhanden ist, fordert das Gericht den Sachwalter auf, diese konkreten Verbraucheransprüche noch zu prüfen bzw. die berechtigten Verbraucheransprüche durch Zahlung aus dem noch vorhandenen kollektiven Gesamtbetrag zu erfüllen (Begr. RegE, BT-Drs. 20/6520, 94). Die **zu setzende Frist** richtet sich nach der für diese Aufgaben vom Sachwalter **benötigten Zeit.**

11   Hat dieser die beanstandeten Punkte erfüllt, informiert er das Gericht unter **Nachweis ihrer Erledigung** entsprechend § 33, § 34. Erst wenn die Beanstandung beseitigt ist, stellt das Gericht gem. § 36 die Beendigung des Umsetzungsverfahrens fest. Ergeben sich hingegen durch die Prüfung keine Beanstandungen hinsichtlich des Schlussberichts oder der Schlussrechnung oder besteht die Fiktion der Anerkennung gem. § 33 S. 5, so stellt das Gericht gem. § 36 die Beendigung des Umsetzungsverfahrens durch Beschluss fest. Einwendungen gegen die Schlussrechnung, die vom Unternehmer erhoben worden sind, die das Gericht aber für nicht begründet hat, weist es in der Begründung des Beendigungsbeschlusses zurück.

Feststellung der Beendigung des Umsetzungsverfahrens

36 (1) ¹Das Gericht stellt die Beendigung des Umsetzungsverfahrens fest. ²Der Beschluss enthält:

1. die endgültige Festsetzung der Kosten des Umsetzungsverfahrens,
2. die Festsetzung eines vom Unternehmer noch an den Sachwalter zu zahlenden Kostenbetrags, wenn die Kosten des Umsetzungsverfahrens den vorläufig festgesetzten Kostenbetrag übersteigen, sowie
3. die Angabe, ob und in welcher Höhe ein Restbetrag verbleibt.

³Der Beschluss steht hinsichtlich seiner Vollstreckbarkeit einem Kostenfestsetzungsbeschluss gleich.

(2) Der Beschluss ist den Parteien und dem Sachwalter zuzustellen.

Übersicht

I. Systematik und unionsrechtlicher Hintergrund

Die Norm hängt **systematisch** eng mit der **Prüfungspflicht des Gericht** nach § 35 für den **1** **Schlussbericht** gem. § 34 und der **Schlussrechnung** gem. § 33 zusammen: Die endgültige Festsetzung der Kosten des Umsetzungsverfahrens, die im Beendigungsbeschluss vom Gericht zu treffen ist, benötigt zu ihrer Feststellung die vom Sachwalter erstellt Schlussrechnung; diese ist vom Gericht zu prüfen ist, sofern nicht die Anerkennungsfiktion durch fehlende Einwendungen des Unternehmers gem. § 33 S. 5 eingreift. Aus der Prüfung des Schlussberichts kann das Gericht ersehen, dass sämtliche angemeldeten Verbraucheransprüche im Umsetzungsverfahren vom Sachwalter geprüft und beschieden worden sind, entweder durch vollständige oder teilweise Erfüllung oder eine entsprechende Ablehnung. Diese beanstandungsfreie Prüfung oder die Beseitigung vorhandener Beanstandungen durch den Sachwalter nach Fristsetzung durch das Gericht ist die Voraussetzung für die Feststellung der Beendigung des Umsetzungsverfahrens.

Zudem besteht ein **systematischer Zusammenhang** mit **§ 37:** Ergibt der Schlussbericht **2** beanstandungsfrei das Vorhandensein eines Restbetrags des kollektiven Gesamtbetrags, da insoweit – obwohl sämtliche berechtigten Verbraucheransprüche im Umsetzungsverfahren befriedigt worden sind – ein Überschuss im Umsetzungsfonds verblieben ist, ist dieser nicht ausgekehrte Teil des kollektiven Gesamtbetrags gem. § 37 an den Unternehmer zurückzuzahlen. Gleiches gilt, wenn sich aufgrund der Schlussrechnung ein Überschuss bei dem vorläufig festgesetzten Kostenbetrag ergibt.

Ergibt jedoch die Schlussrechnung eine Unterdeckung bei dem vorläufig festgesetzten Kosten- **3** betrag, ist dieser vom Unternehmer noch an den Sachwalter zu zahlen. Eine **unionsrechtliche Determinierung** hinsichtlich der Feststellung der Beendigung des Umsetzungsverfahrens besteht **nicht,** da die Verbandsklagen-RL noch nicht einmal das Umsetzungsverfahren als solches vorgibt, somit erst recht nicht die Feststellung seiner Beendigung durch das Gericht.

II. Norminhalt

1. Abs. 1

a) Beendigungsbeschluss. Nachdem das Gericht die Prüfung von Schlussbericht und **4** Schlussrechnung gem. § 35 vollzogen hat und die Prüfung beanstandungsfrei geblieben ist oder den Beanstandungen vom Sachwalter abgeholfen worden ist, stellt das Gericht durch Beschluss die Beendigung des Umsetzungsverfahrens gem. S. 1 fest. Damit steht für alle Beteiligten des Abhilfeverfahrens fest, dass im Umsetzungsverfahren über alle zu berücksichtigenden Verbraucheransprüche entschieden worden ist (Begr. RegE, BT-Drs. 20/6520, 94). Das Abhilfeverfahren als Verfahren des kollektiven Rechtsschutzes ist damit beendet. Ob sich **Individualklagen** auf Leistung gegen den Unternehmer aufgrund im Abhilfeverfahren nicht befriedigten Verbraucheransprüche gem. § 39 anschließen, liegt außerhalb des Abhilfeverfahrens.

5   **b) Endgültige Kosten.** Der notwendige Inhalt des Beschlusses ist in S. 2 Nr. 1–3 geregelt. Danach enthält gem. **Nr. 1** der Beschluss die endgültige Festsetzung der Kosten des Umsetzungsverfahrens. Die Kosten des Umsetzungsverfahrens sind in § 20 I festgelegt: Zum einen gehören dazu die Auslagen des Sachwalters, insbesondere Verbindlichkeiten, die er zur ordnungsgemäßen Erfüllung seiner Aufgaben begründet, § 20 I Nr. 1, zum anderen die Vergütung des Sachwalters (§ 20 I Nr. 2). Die Kosten des Umsetzungsverfahrens wurden im Abhilfeendurteil gem. § 18 I Nr. 2 nur vorläufig festgesetzt. Aufgrund der **Schlussrechnung** stehen nun die **endgültigen Kosten** des Umsetzungsverfahrens fest, welche entweder durch die Anerkennungsfiktion gem. § 33 S. 5 oder nach Prüfung durch das Gericht gem. § 35 gebilligt wurden. Diese Kosten werden daher vom Gericht als endgültige Kosten des Umsetzungsverfahrens festgesetzt; sie sind gem. § 20 II vom Unternehmer zu tragen.

6   **c) Unterdeckung.** Divergieren die gem. Nr. 1 endgültig festgesetzten Kosten des Umsetzungsverfahrens von den vorläufig festgesetzten, kommt es darauf an, ob ein Überschuss oder eine Unterdeckung vorhanden ist. Ist eine **Unterdeckung** vorhanden, so dass die endgültigen **Kosten** die vorläufig festgesetzten Kosten übersteigen, sind diese nicht gedeckten Kosten gem. **Nr. 2** im Feststellungsbeschluss exakt zu beziffern. Der Unternehmer ist gem. § 20 II verpflichtet auch diese Kosten zu tragen, so dass der Sachwalter einen Anspruch auf die gem. Nr. 2 exakt bezifferten Kosten gegen den Unternehmer hat. Ausdrücklich spricht Abs. 1 S. 2 Nr. 2 von der Festsetzung eines „vom Unternehmer noch an den Sachwalter" zu zahlenden Kostenbetrags. Gem. S. 3 ist der Beendigungsbeschluss ein Vollstreckungstitel für den Sachwalter, da der Beendigungsbeschluss einem Kostenfestsetzungsbeschluss gem. § 794 I Nr. 2 ZPO gleichgestellt ist. Der Anspruch des Sachwalters gegen den Unternehmer ergibt sich aus § 32 I, § 20 I, II.

7   Hinsichtlich des **kollektiven Gesamtbetrags** ist eine **Unterdeckung** nicht im Beendigungsbeschluss geregelt: Das Problem einer Unterdeckung wurde bereits im Umsetzungsverfahren relevant und musste dort gelöst werden. Hier musste der Sachwalter eine Unterdeckung hinsichtlich des kollektiven Gesamtbetrags gem. § 27 Nr. 8 sowohl an den Verbraucherverband als auch an den Unternehmer melden; entschloss sich der Verbraucherverband mittels des **Erhöhungsverfahrens gem. § 21** einen Nachschuss hinsichtlich des kollektiven Gesamtbetrags einzuklagen, war das Problem einer Unterdeckung beseitigt. Verzichtete der Verbraucherverband hierauf, musste der Sachwalter die Ansprüche gem. **§ 27 Nr. 9 anteilig kürzen,** so dass eine gleichmäßige Verteilung der Unterdeckung gewährleistet wurde und das Problem auf diese Weise gelöst war.

8   **d) Überschuss.** Ist ein **Überschuss** vorhanden, so dass die endgültigen Kosten die vorläufig festgesetzten Kosten unterschreiten, sind diese Kosten gem. **Nr. 3** exakt zu beziffern; Nr. 3 bezieht sich – anders als Nr. 1, Nr. 2 – sowohl auf die **Kosten des Umsetzungsverfahrens** als auch auf den **kollektiven Gesamtbetrag** (Begr. RegE, BT-Drs. 20/6520, 94). Die Feststellung, ob ein Restbetrag verbleibt, ist daher sowohl hinsichtlich der Kosten des Umsetzungsverfahrens zu treffen als auch hinsichtlich des kollektiven Gesamtbetrags. Dieser Überschuss ist gem. § 37 vom Sachwalter an den Unternehmer zurückzuzahlen. Hierbei ist der Beendigungsbeschluss ein Vollstreckungstitel für den Unternehmer gem. S. 3, da der Beendigungsbeschluss einem Kostenfestsetzungsbeschluss gem. § 794 I Nr. 2 ZPO gleichgestellt ist. Der Unternehmer kann daher die Rückzahlung des Restbetrags gegen Sachwalter vollstrecken.

9   **e) Vollstreckungstitel.** Nach S. 3 ist der **Beendigungsbeschluss** hinsichtlich der Zahlungsansprüche ein **Vollstreckungstitel,** da er einem Kostenfestsetzungsbeschluss gem. **§ 794 I Nr. 2 ZPO** gleichgestellt ist. Der Sachwalter kann daher seinen Anspruch hinsichtlich der von ihm noch gem. Nr. 2 zu beanspruchenden Kosten des Umsetzungsverfahrens gegen den Unternehmer vollstrecken. Der Unternehmer kann seinen Anspruch aus § 37 auf Rückzahlung eines Restbetrags nach Nr. 3 gegen den Sachwalter vollstrecken.

2. Zustellung an Parteien (Abs. 2)

Der Beschluss ist nach S. 1 den Parteien, also dem Verbraucherverband und dem Unternehmer und zudem dem Sachwalter **zuzustellen.** Dies dient zum einen dazu, den Akteuren des Abhilfe Klarheit über die Beendigung des Umsetzungsverfahrens zu verschaffen. Auch können der Unternehmer und der Sachwalter aus dem Inhalt des Beendigungsbeschlusses ersehen, ob und wenn ja, Ansprüche in welcher Höhe für sie bzw. gegen sie bestehen. Für den Unternehmer sowie den Sachwalter ist der Beendigungsbeschluss zudem gegebenenfalls als Vollstreckungstitel hinsichtlich ihrer Ansprüche auf Rückzahlung bzw. Restzahlung relevant. **10**

Gegen diesen Beschluss ist gem. § 574 ZPO die **Rechtsbeschwerde** gegeben, wenn das **11** Gericht sie gem. § 574 I Nr. 2, III ZPO zugelassen hat. Dazu muss die Rechtssache entweder gem. § 574 II Nr. 1 ZPO grundsätzliche Bedeutung haben oder gem. § 574 II Nr. 2 ZPO muss die Fortbildung des Rechts oder die Sicherung einer einheitlichen Rechtsprechung eine Entscheidung des Rechtsbeschwerdegerichts dies erfordern.

Nicht abgerufene Beträge

37 ¹Ist der kollektive Gesamtbetrag nach Beendigung des Umsetzungsverfahrens nicht vollständig ausgekehrt oder übersteigt der vorläufig festgesetzte Kostenbetrag die endgültig festgesetzten Kosten des Umsetzungsverfahrens, so ist der Sachwalter dem Unternehmer zur Erstattung des verbleibenden Betrags verpflichtet. ²Dieser Rückzahlungsanspruch ist mit der Bekanntmachung des Beschlusses über die Feststellung der Beendigung des Umsetzungsverfahrens im Verbandsklageregister fällig.

I. Systematik und unionsrechtlicher Hintergrund

Die Norm steht in **systematischem** Zusammenhang mit **§ 36,** der den Beschluss zur **1** **Beendigung des Umsetzungsverfahrens** regelt: Gem. § 36 I 2 Nr. 3 muss als notwendiger Beschlussinhalt angegeben werden, ob ein Restbetrag bezüglich des vorläufig festgesetzten Kostenbetrags und hinsichtlich des kollektiven Gesamtbetrags besteht und wenn ja, wie hoch er exakt ist. Dass ein Restbetrag verbleibt, lässt sich vom Gericht einerseits aus der vom Sachwalter einzureichenden **Schlussrechnung gem. § 33** ersehen, in der die Kosten des Umsetzungsverfahrens detailliert dargestellt sind, so dass festgestellt werden kann, ob sie den vom Unternehmer gem. § 25 I in den Umsetzungsfonds eingezahlten vorläufig festgesetzten Kostenbetrag aus dem **Abhilfeendurteil gem. § 18 I Nr. 2** unterschreiten.

Dieser endgültige Kostenbetrag wird – nach Prüfung durch das Gericht gem. § 35 – ebenfalls **2** im Beendigungsbeschluss gem. § 36 I Nr. 1 dargestellt. Hinsichtlich des kollektiven Gesamtbetrags lässt sich das Vorhandensein eines Restbetrags aus dem **Schlussbericht gem. § 34 II Nr. 3** nach Prüfung durch das Gericht gem. § 35 ersehen, in dem die aus dem Umsetzungsfonds geleisteten Zahlungen und der kollektive Gesamtbetrag einander zusammenfassend gegenübergestellt sind. Da der kollektive Gesamtbetrag, der gem. **§ 18 II** im Abhilfeendurteil tituliert ist, lediglich auf einer Schätzung beruht, können die tatsächlich geleisteten Zahlungen zur Befriedigung berechtigter Verbraucheransprüche diese Schätzung unterschreiten. Die vorhandenen Restbeträge müssen an den Unternehmer vom Sachwalter erstattet werden.

Bezüglich einer **unionsrechtlichen Determinierung** schreibt **Art. 9 VII 2 Verbandsklagen-RL** lediglich vor: „Die Mitgliedstaaten können Vorschriften bezüglich der Zweckbestimmung nicht in Anspruch genommener Abhilfebeträge, die während der festgelegten Fristen nicht abgerufen werden, festlegen." **ErwGr. 42 S. 3 Verbandsklagen-RL** bestimmt: „Diese Richtlinie sollte es nicht ermöglichen, dem zuwiderhandelnden Unternehmer nach nationalem Recht Strafschadenersatz aufzuerlegen." Der deutsche Gesetzgeber war daher frei im Hinblick auf eine Regelung bezüglich der eventuell verbleibenden Restbeträge. Da ein „Strafschadensersatz" im Einklang mit ErwGr. 42 S. 3 Verbandsklagen-RL ausdrücklich nicht gewollt war (Begr. RegE, BT-Drs. 20/6520, 95), wurde der Sachwalter zur Rückzahlung an den Unternehmer verpflichtet, was im Einklang mit der Verbandsklagen-RL steht.

II. Norminhalt

1. Erstattungspflicht

4   Gem. S. 1 muss ein verbleibender **Restbetrag** vom Sachwalter an den Unternehmer erstattet werden. Der im Beschluss des Gerichts über die Feststellung der Beendigung des Umsetzungsverfahrens gem. **§ 36 I 2 Nr. 3** ausgewiesene Restbetrag ist von der Norm gemeint; dieser Restbetrag kann sowohl hinsichtlich des vorläufig festgesetzten und in den Umsetzungsfonds vom Unternehmer eingezahlten **Kostenbetrags** (§ 18 I Nr. 2, § 25 I 2) als auch hinsichtlich des **kollektiven Gesamtbetrags** gem. § 18 II bestehen, der ebenfalls vom Unternehmer in den Umsetzungsfonds gem. § 25 I 2 eingezahlt wurde.

5   Dass sich ein solcher Restbetrag ergibt, war für das Gericht bei seiner Prüfung gem. § 35 aus der Schlussrechnung gem. § 33 und aus dem Schlussbericht gem. § 34 ersichtlich. Dieser Restbetrag muss im Beendigungsbeschluss gem. § 36 I 2 Nr. 3 **exakt beziffert** sein. Auf Rückzahlung dieser Summe hat der Unternehmer gegen den Sachwalter einen Anspruch. Sobald der Sachwalter diesen Restbetrag an den Unternehmer zurückgezahlt hat, **schließt der Sachwalter den Umsetzungsfonds,** da dieser nunmehr über kein Guthaben mehr verfügt (Begr. RegE, BT-Drs. 20/6520, 95). Der **Sachwalter** ist hierzu berechtigt, da er gem. § 25 II 2 **verwaltungs- und verfügungsbefugt über den Umsetzungsfonds** ist. Mit Schließung des Umsetzungsfonds ist das Amt des Sachwalters in diesem Fall beendet.

2. Fälligkeit

6   Dieser Anspruch ist **fällig** gem. S. 2 mit der **Bekanntmachung** des Beschlusses über die Feststellung der Beendigung des Umsetzungsverfahrens im **Verbandsklageregister.** Dass dieser Beschluss im Verbandsklageregister öffentlich bekannt zu machen ist, ergibt sich aus **§ 44 Nr. 16.** Die Fälligkeit dieses Zahlungsanspruchs ist deshalb an die öffentliche Bekanntmachung im Verbandsklageregister geknüpft, weil der Beschluss, mit dem die Beendigung des Umsetzungsverfahrens festgestellt wird, über das Bestehen und den Umfang eines Restbetrags abschließend Auskunft gibt (Begr. RegE, BT-Drs. 20/6520, 95).

3. Vollstreckungstitel

7   Leistet der Sachwalter **nicht freiwillig,** kann der Unternehmer gegen den Sachwalter **aus dem Beendigungsbeschluss vollstrecken,** da gem. § 36 I 3 der Beendigungsbeschluss hinsichtlich seiner Vollstreckbarkeit einem Kostenfestsetzungsbeschluss gleichsteht und damit gem. § 794 I Nr. 2 ZPO ein Vollstreckungstitel ist. Im **umgekehrten Fall,** nämlich einer Unterdeckung hinsichtlich der tatsächlich entstandenen Kosten des Umsetzungsverfahrens hat der Sachwalter gegen den Unternehmer einen Anspruch auf Zahlung des gem. § 36 I Nr. 2 exakt bezifferten Fehlbetrags; für diesen Anspruch ist **ebenfalls** der **Feststellungsbeschluss** zur Beendigung des Umsetzungsverfahrens ein **Vollstreckungstitel** für den Sachwalters gegen den Unternehmer.

Insolvenzverfahren über das Vermögen des Unternehmers; Restrukturierung

38 (1) ¹**Die Eröffnung eines Insolvenzverfahrens über das Vermögen des Unternehmers hindert die Durchführung des Umsetzungsverfahrens nicht.** ²**Auf Antrag des Sachwalters wird das Umsetzungsverfahren zwecks Klärung möglicher Insolvenzanfechtungsansprüche auf Rückzahlung der nach § 24 gezahlten Beträge ausgesetzt oder, sofern nach Einschätzung des Sachwalters ein Anfechtungsanspruch besteht und dieser nicht offensichtlich unbegründet ist, eingestellt.** ³**Das Umsetzungsverfahren ist auch einzustellen, wenn zum Zeitpunkt der Verfahrenseröffnung lediglich ein Teil der nach § 24 zu leistenden Zahlungen erbracht ist.**

(2) ¹**Wird das Umsetzungsverfahren eingestellt, sind alle nach § 24 erfolgten Zahlungen an die Insolvenzmasse zurückzugewähren.** ²**Die zurückzugewährenden Zahlungen gelten als auf den vorläufig festgesetzten Kostenbetrag (§ 18 Absatz 1 Nummer 3) und den kollektiven Gesamtbetrag (§ 18 Absatz 2) in dem Verhältnis geleistet, in dem beide Beträge zueinander stehen.**

(3) ¹Der auf den kollektiven Gesamtbetrag entfallende Teil der nach Absatz 2 an die Masse zurückgewährten Zahlungen bildet eine Sondermasse zur Befriedigung derjenigen Verbraucher, die im Rahmen des Umsetzungsverfahrens einen berechtigten Zahlungsanspruch gehabt hätten; dies gilt nicht für Zahlungen, die der Insolvenzanfechtung unterliegen. ²Zur Verwaltung und Verteilung der Sondermasse ist der Sachwalter zum Sonderinsolvenzverwalter zu bestellen.

(4) § 11 Absatz 3 gilt auch im Verhältnis zu allen Insolvenzgläubigern.

(5) ¹Werden die in einem Abhilfegrundurteil ausgeurteilten Ansprüche in einen Restrukturierungsplan nach dem Unternehmensstabilisierungs- und -restrukturierungsgesetz einbezogen, so ist für die betroffenen Anspruchsinhaber im Restrukturierungsplan eine eigenständige Gruppe zu bilden. ²Die Abwicklung der durch den Plan gestalteten Verbraucherforderungen ist dem Restrukturierungsbeauftragten zu übertragen.

Übersicht

Schrifttum: Schmittmann, Die insolvenzrechtlichen Aspekte des Referentenentwurfs zur Umsetzung der Richtlinie (EU) 2020/1828 über Verbandsklagen zum Schutz der Kollektivinteressen der Verbraucher und zur Aufhebung der Richtlinie 2009/22/EG, ZIR 2023, 277; Thönissen, Insolvenz und kollektiver Rechtsschutz, KTS 2023, 205.

I. Systematik und unionsrechtlicher Hintergrund

1. Insolvenzverfahren

Um die **systematische Einordnung** und Bedeutung der Norm erfassen zu können, ist **1** zunächst ein Blick auf die Konsequenzen der Eröffnung eines **Insolvenzverfahrens** für das Umsetzungsverfahren zu werfen: Da zur Eröffnung des Umsetzungsverfahrens gem. § 24 Zahlungen vom Unternehmer in den Umsetzungsfonds zu leisten sind, ist davon auszugehen, dass mangels Zahlungsfähigkeit des Unternehmers (§ 17 InsO) die Zahlungen bei Insolvenzverfahrenseröffnung noch nicht geleistet worden sind. Im Insolvenzverfahren sind diese Ansprüche lediglich **Insolvenzforderungen** iSd § 38 InsO. Dies bedeutet, dass hierauf nach Anmeldung zur Insolvenztabelle gem. § 174 InsO lediglich die **Quote** entfällt. Zudem würde es durch das Insolvenzverfahren zu erheblichen Verzögerungen des Umsetzungsverfahrens kommen, da die Forderungen erst gem. § 176 InsO geprüft und sodann gem. § 178 InsO festgestellt werden müssen.

Ist hingegen **vor Insolvenzverfahrenseröffnung** der vorläufig festgesetzte Kostenbetrag und **2** der kollektive Gesamtbetrag bereits vollständig oder zumindest teilweise in den Umsetzungsfonds eingezahlt worden, besteht das Risiko, dass der Insolvenzverwalter aufgrund **Insolvenzanfechtung** gem. §§ 129 ff. InsO diese Beträge **zurückverlangt** und – selbst wenn das Umsetzungsverfahren nach vollständiger Zahlung mittlerweile eröffnet worden ist – durch die Rückgewähr dieser Beträge zur Insolvenzmasse im Umsetzungsfonds keinerlei Beträge zur Befriedigung der teilnehmenden Verbraucher mehr zur Verfügung stehen, so dass das **Umsetzungsverfahren faktisch gescheitert** ist.

2. Verfahrensautonomie des deutschen Gesetzgebers

3   Diese Probleme sollen durch die vorliegende Norm gelöst werden. Eine **unionsrechtliche Determinierung** hinsichtlich des Verhältnisses des Umsetzungsverfahrens zum Insolvenzverfahren besteht **nicht,** da noch nicht einmal das Umsetzungsverfahren selbst durch die Verbandsklagen-RL vorgegeben ist. Der nationale Gesetzgeber war daher autonom in seiner Rechtsgestaltung zur Lösung der beschriebenen Probleme.

II. Norminhalt

1. Abs. 1

4   **a) Keine Hinderung der Durchführung.** S. 1 stellt hier zunächst klar, dass die **Eröffnung eines Insolvenzverfahrens** über das Vermögens des Unternehmers die **Durchführung des Umsetzungsverfahrens nicht hindert.** Diese Bestimmung setzt jedoch voraus, dass sowohl der kollektive Gesamtbetrag (§ 18 II) als auch der vorläufig festgesetzte Kostenbetrag (§ 18 I Nr. 2) vom Unternehmer bereits in den Umsetzungsfonds gem. § 25 I vollständig eingezahlt wurde, sonst hätte das Umsetzungsverfahren nicht vom Gericht eröffnet werden können (§ 24). Sind diese Beträge hingegen noch nicht vollständig vom Unternehmer bei Insolvenzverfahrenseröffnung in den Umsetzungsfonds eingezahlt, ist das Umsetzungsverfahren ohnehin noch nicht eröffnet worden. Dies unterbleibt auch auf Dauer, da die für die Eröffnung des Umsetzungsverfahrens nach § 24 nötigen Beträge vom Unternehmer nicht mehr gezahlt werden; vielmehr wäre lediglich im Insolvenzverfahren die Quote hierauf zu erlangen, so dass eine Durchführung des Umsetzungsverfahrens ohnehin nicht möglich wäre. In diesem Fall kommt S. 3 zur Anwendung.

5   Das **bereits gem. § 24 eröffnete Umsetzungsverfahren** wird daher als solches durch die Eröffnung des Insolvenzverfahrens nicht tangiert. Jedoch besteht hier generell das Problem, dass die vom Unternehmer in den Umsetzungsfonds eingezahlten Beträge der Insolvenzanfechtung unterliegen, da sie gem. § 129 InsO Rechtshandlungen sind, die vor Eröffnung des Insolvenzverfahrens vorgenommen wurden und die Insolvenzgläubiger benachteiligen, da sie zur gemeinschaftlichen Befriedigung der Insolvenzgläubiger nicht mehr zur Verfügung stehen und somit die auf die Insolvenzgläubiger entfallende Quote schmälern. Macht der Insolvenzverwalter daher eine Insolvenzanfechtung geltend, sind die in den Umsetzungsfonds eingezahlten Beträge gem. § 143 InsO vom Sachwalter an die Insolvenzmasse zurückzugewähren.

6   **b) Aussetzung oder Einstellung des Umsetzungsverfahrens.** Daher ermöglicht S. 2 in dieser Situation dem Sachwalter, bei Gericht zu beantragen, das **Umsetzungsverfahren** zwecks Klärung möglicher Insolvenzanfechtungsansprüche auf Rückzahlung der nach § 24 gezahlten Beträge **auszusetzen** oder, sofern nach Einschätzung des Sachwalters ein Anfechtungsanspruch besteht und dieser nicht offensichtlich unbegründet ist, **einzustellen.** Das Umsetzungsverfahren findet durch diese Einstellung sein Ende. Wann jedoch ein Anfechtungsanspruch nicht offensichtlich unbegründet ist, lässt das Gesetz offen, was wegen der weitreichenden wirtschaftlichen Folgen sehr unglücklich ist (dies kritisiert auch Schmittmann ZRI 2023, 277 (283)).

7   Das **Gericht stellt** nach Antrag das **Umsetzungsverfahren ein,** wenn der Sachwalter seine Einschätzung hinsichtlich der Anfechtbarkeit der Zahlungen schlüssig darlegt und der Anfechtungsanspruch nicht offensichtlich unbegründet ist (Begr. RegE, BT-Drs. 20/6520, 96). Geht hingegen der Sachwalter in konkreten Fall davon aus, dass eine Insolvenzanfechtung der Zahlungen des Unternehmers in den Umsetzungsfonds nicht möglich ist, wird das Umsetzungsverfahren durch ihn fortgesetzt; die in den Umsetzungsfonds vom Unternehmer gezahlten Beträge verbleiben zur Befriedigung der Verbraucher und zur Finanzierung der Kosten des Umsetzungsverfahrens im Umsetzungsfonds.

8   **c) Einstellungspflicht.** Satz 3 bestimmt, dass das Umsetzungsverfahren **auch einzustellen** ist, wenn zum Zeitpunkt der Verfahrenseröffnung **lediglich ein Teil** der nach § 24 zu leis-

tenden **Zahlungen erbracht** ist, also der Unternehmer zum Zeitpunkt der Eröffnung des Insolvenzverfahrens die ihm nach § 24 obliegenden Zahlungen noch nicht vollständig geleistet hat. In dieser Fallgestaltung kann das Umsetzungsverfahren an sich noch nicht eröffnet worden sein, weil der Unternehmer noch nicht beide Beträge, die er in den Umsetzungsfonds gem. § 24 einzahlen muss, vollständig geleistet hat. Da jedoch in diesem Fall keine Aussicht besteht, dass die Zahlungen vor Ende des Insolvenzverfahrens noch erfolgen, müsste für eine Entscheidung bis zum Ende des Insolvenzverfahrens zugewartet werden. Daher ist bei nicht vollständiger Zahlung ebenfalls das Umsetzungsverfahren einzustellen, so dass es sein Ende findet und es ist hinsichtlich der eingezahlten Beträge nach Abs. 2 zu verfahren (Begr. RegE, BT-Drs. 20/6520, 96).

2. Abs. 2

a) Rückgewährpflicht. Diese Norm setzt bei der Einstellung des eröffneten Umsetzungs- **9** verfahrens gem. Abs. 1 S. 2 an: Die **im Umsetzungsfonds vorhandenen Beträge** des kollektiven Gesamtbetrags und des vorläufig festgesetzten Kostenbetrags sind an die Insolvenzmasse zurückzugewähren, S. 1. Dies gilt auch dann, wenn von einer Insolvenzanfechtung lediglich ein Teil der besagten Beträge erfasst wären, Abs. 1 S. 3 (Begr. RegE, BT-Drs. 20/6520, 96). Das Umsetzungsverfahren ist durch die Einstellung beendet worden. In der Insolvenzmasse bildet gem. Abs. 3 der auf den kollektiven Gesamtbetrag entfallende Teil dieser Zahlungen eine Sondermasse zur Befriedigung derjenigen Verbraucher, die im Rahmen des Umsetzungsverfahrens einen berechtigten Zahlungsanspruch gehabt hätten, es sei denn die Zahlungen unterlägen des Insolvenzanfechtung.

Der Gesetzgeber betont ausdrücklich, dass die **Bildung einer Sondermasse** aus geleisteten **10** Zahlungen auf den kollektiven Gesamtbetrag **gerechtfertigt** ist, weil diese Zahlungen vor der Insolvenzverfahrenseröffnung anfechtungsfest aus dem Vermögen des Unternehmers ausgeschieden sind und als Haftungsmasse bereits abschließend den in der Verbandsklage repräsentierten Verbrauchern mit berechtigten Zahlungsansprüchen zugewiesen worden waren (Begr. RegE, BT-Drs. 20/6520, 96). Ausdrücklich bestimmt das Gesetz daher, dass dies nicht für Zahlungen gilt, die der Insolvenzanfechtung unterliegen (Abs. 3 S. 2). Zur Verwaltung und Verteilung dieser Sondermasse ist gem. Abs. 3 der Sachwalter als **Sonderinsolvenzverwalter** befugt, was **Konflikte vorprogrammiert** (→ Rn. 19 ff.).

b) Fiktion der anteiligen Tilgungsbestimmung. S. 2 enthält eine **Fiktion** für Abs. 3 **11** hinsichtlich der dort genannten Sondermasse: Nach S. 2 gelten die zurückzugewährenden Zahlungen als auf den vorläufig festgesetzten Kostenbetrag und den kollektiven Gesamtbetrag in dem Verhältnis geleistet, in dem beide Beträge zueinanderstehen. Ausgehend vom Wortlaut des Abs. 3 S. 1 werden Zahlungen des Unternehmers auf den vorläufig festgesetzten Kostenbetrag nicht Teil der Sondermasse; sie dienen in der Insolvenzmasse zur Begleichung des Mehraufwands, der mit der Verteilung der Sondermasse verbunden ist.

Die Fiktion der **anteiligen Tilgungsbestimmung** des S. 2 dient dazu, die zur Sondermasse **12** gehörenden Zahlungen rechtssicher bestimmen zu können (Begr. RegE, BT-Drs. 20/6520, 96). Wurden beispielsweise 100.000 Euro für den kollektiven Gesamtbetrag gem. § 18 II und 50.000 Euro für den vorläufig festgesetzten Kostenbetrag gem. § 18 I Nr. 2 vom Unternehmer in den Umsetzungsfonds einbezahlt und sind nun 120.000 Euro noch im Umsetzungsfonds vorhanden, die zur Insolvenzmasse zurückzugewähren sind, so entfällt nach der Fiktion des S. 2 ein Betrag iHv 80.000 Euro auf die Sondermasse.

Auch im Fall des Abs. 1 S. 3 bei **lediglich teilweiser Erfüllung** bei Insolvenzverfahrenseröff- **13** nung müssen die im Umsetzungsfonds befindlichen Beträge zur Insolvenzmasse zurückgewährt werden; der auf den kollektiven Gesamtbetrag entfallende Anteil bildet auch hier eine Sondermasse, aus dem diejenigen Verbraucheransprüche zu befriedigen sind, die berechtigte Zahlungsansprüche haben. Die Fiktion der anteiligen Tilgungsbestimmungsanordnung gem. S. 2 kommt auch bei den hier vorliegenden Teilleistungen zur Anwendung. Ist daher beispielsweise im Abhilfeendurteil ein kollektiver Gesamtbetrag von 100.000 Euro tituliert und ein vorläufig festgesetzter Kostenbetrag von 50.000 Euro und waren zum Zeitpunkt der Eröffnung des Insolvenzverfahrens lediglich Zahlungen iHv 90.000 Euro in den Umsetzungsfond eingegangen, werden diese zur Insolvenzmasse zurückgewährt; hiervon entfallen 60.000 Euro auf die Sondermasse.

c) Ausbezahlte Beträge an Verbraucher. Unklar und nicht aus dieser Norm zu 14 ersehen ist, was hinsichtlich der **ausbezahlten Beträge** zu geschehen hat, wenn bereits ein Teil des in den Umsetzungsfond eingezahlten kollektiven Gesamtbetrags an die repräsentierten Verbraucher ausbezahlt worden ist: Hier muss nach den allgemeinen insolvenzrechtlichen Regeln eine Anfechtung dieser Zahlungen bei den jeweiligen Zahlungsempfängern erfolgen, sofern ein **Anfechtungsgrund** gem. §§ 130 ff. InsO gegeben ist. An sich könnte man lediglich in der Zahlung des Unternehmers an den Sachwalter eine anfechtbare Rechtshandlung gem. § 129 InsO sehen und daher nur bei dem Sachwalter eine Rückzahlungspflicht gem. § 143 InsO annehmen, nicht aber bei den Verbrauchern, da der Unternehmer nicht an diese gezahlt hat.

15   Zu beachten ist jedoch, dass die Zahlungen des Unternehmers nur deshalb **nicht direkt** von ihm an die Verbraucher geleistet werden, weil die Verbraucher im konkreten Fall **nicht namentlich benannt** waren und daher mittels des Umsetzungsverfahrens der kollektive Gesamtbetrag an sie verteilt wurde. Daher muss eine Auszahlung des kollektiven Gesamtbetrags auf die berechtigten Verbraucheransprüche als eine **Zahlung des Unternehmers** an diese konkreten Verbraucher angesehen werden. Sie ist daher vom Insolvenzverwalter gegenüber den konkreten Verbrauchern anzufechten; die Verbraucher haben die erhaltenen Beträge an die Insolvenzmasse zurückzugewähren (so wohl auch Thönissen, KTS 2023, 205 (216)). Da die Beträge der **Insolvenzanfechtung unterliegen**, sind sie nicht in den Teil, der gem. Abs. 3 S. 1 als Sondermasse zur Befriedigung der Verbraucher zur Verfügung steht zurückzugewähren, Abs. 3 S. 2, sondern in die restliche Insolvenzmasse. Die konkreten Verbraucher können auf diese Ansprüche nach Anmeldung zur Insolvenztabelle lediglich die Insolvenzquote erhalten. Zu beachten ist jedoch, dass gem. Abs. 3 S. 2 der Sachwalter zum Sonderinsolvenzverwalter hinsichtlich dieser Sondermasse zu bestellen ist und an die Verwaltungsbefugnis an sich das Anfechtungsrecht geknüpft ist, so dass hier Konflikte vorprogrammiert sind (→ Rn. 19 ff.).

3. Abs. 3

16   **a) Bildung einer Sondermasse.** Die Norm bestimmt, dass der auf den kollektiven Gesamtbetrag entfallende Teil der nach Abs. 2 an die Masse zurückgewährten Zahlungen eine Sondermasse zur Befriedigung derjenigen Verbraucher bildet, die im Rahmen des Umsetzungsverfahrens einen **berechtigten Zahlungsanspruch** gehabt hätte, es sei denn es handelt sich um Zahlungen, die der Insolvenzanfechtung unterliegen. Dies gilt sowohl bei vollständiger Zahlung als auch bei teilweiser Zahlung. Nur der auf den kollektiven Gesamtbetrag entfallende Teil bildet die Sondermasse, nicht der auf den vorläufig festgesetzten Kostenbetrag. Dieser ist vielmehr für die Begleichung des Mehraufwands, der mit der Verteilung der Sondermasse verbunden ist vorgesehen.

17   **b) Anfechtungsfestigkeit.** Die **Bildung der Sondermasse** aus den auf den kollektiven Gesamtbetrag entfallende Teil der geleisteten Zahlungen wird deshalb angeordnet, weil diese Zahlungen vor der Insolvenzverfahrenseröffnung **anfechtungsfest** aus dem Vermögen des Unternehmers ausgeschieden sind und als Haftungsmasse bereits abschließend den repräsentierten Verbrauchern mit berechtigten Zahlungsansprüchen zugewiesen worden waren (Begr. RegE, BT-Drs. 20/6520, 96). Ausdrücklich bestimmt das Gesetz daher, dass dies nicht **für Zahlungen** gilt, die der **Insolvenzanfechtung unterliegen**, (Abs. 3 S. 1 Hs. 2). Da jedoch hinsichtlich dieser Sondermasse der Sachwalter zum Sonderinsolvenzverwalter gem. Abs. 3 S. 2 zu bestellen ist und er zur Verwaltung und Verteilung der Sondermasse befugt ist und an die Verwaltungsbefugnis an sich auch das Anfechtungsrecht geknüpft ist, sind insoweit Konflikte vorprogrammiert (→ Rn. 19 ff.).

18   Waren daher **beispielsweise** bei vollständiger Zahlung 200.000 Euro für den kollektiven Gesamtbetrag und 100.000 Euro für den vorläufig festgesetzten Kostenbetrag durch den Unternehmer in den Umsetzungsfond einbezahlt worden und sind nun noch 60.000 Euro im Umsetzungsfonds vorhanden und gem. Abs. 2 S. 1 an die Insolvenzmasse zurückzugewähren, so entfallen nach der Fiktion des Abs. 2 S. 2 40.000 Euro auf die **Sondermasse**. Bei teilweiser Zahlung ist eine entsprechende Fiktion gegeben: Waren 200.000 Euro für den kollektiven Gesamtbetrag tituliert und 100.000 Euro für den vorläufig festgesetzten Gesamtbetrag, und zum Zeitpunkt der Eröffnung des Insolvenzverfahrens lediglich Zahlungen iHv 90.000 Euro in den Umsetzungsfond eingegangen, werden diese zur Insolvenzmasse zurückgewährt; hiervon entfallen 60.000 Euro auf die Sondermasse.

19   **c) Sachwalter als Sonderinsolvenzverwalter.** Der Sachwalter ist zum Zweck der Verwaltung und Verteilung der Sondermasse zum **Sonderinsolvenzverwalter** zu bestellen, S. 2. Die InsO kennt den Begriff des „Sonderinsolvenzverwalters" nicht; vielmehr existiert dort

lediglich ein Insolvenzverwalter, auf den mit Eröffnung des Insolvenzverfahrens die Befugnis zur Verwaltung und Verfügung über das zur Insolvenzmasse gehörende Vermögen gem. § 80 I InsO übergeht und bei dem auch das Anfechtungsrecht gem. §§ 129 ff. InsO liegt. S. 2 wurde erst durch die Beschlussempfehlung RA in den Normtext aufgenommen, im Regierungsentwurf fand sich der Passus zum „Sonderinsolvenzverwalter" nicht.

Als **Begründung nennt der Rechtsausschuss**, dass der Sachwalter seine Aufgabe der Ver- **20** waltung und Verteilung der Sondermasse nicht mehr effektiv erfüllen kann, wenn zwischen ihm und dem Insolvenzverwalter unterschiedliche Auffassungen darüber bestehen, ob die an den Sachwalter geleistete Zahlung anfechtungsfest ist; in einem solchen Fall wäre der Sachwalter zwar gehalten, den Anfechtungsanspruch im Interesse der Verbraucher abzuwehren, die zur Teilnahme am Verteilungsverfahren berechtigt sind (Beschlussempfehlung RA, BT-Drs. 20/3176, 112). Allerdings lässt sich in einem solchen Fall nicht ausschließen, dass die Verteidigung letztendlich nicht erfolgreich ist und dass infolge der dann gebotenen Erstattung der an den Sachwalter geflossenen Zahlungen keine Beträge zur Erfüllung der Vergütungsansprüche des Sachwalters verbleiben, so dass der Sachwalter das Risiko habe, dass noch nicht einmal das in diesem Fall nicht unerhebliche Haftungsrisiko abgegolten wird (Beschlussempfehlung RA, BT-Drs. 20/3176, 112). Wird der Sachwalter jedoch zum Sonderinsolvenzverwalter bestellt, ist gewährleistet, dass seine Tätigkeit und sein Haftungsrisiko vergütungsmäßig gedeckt werden (Beschlussempfehlung RA, BT-Drs. 20/3176, 112). Da jedoch ohnehin nur der auf den kollektiven Gesamtbetrag entfallende Teil der nach Abs. 2 an die Masse zurückzugewährenden Zahlungen die Sondermasse bildet, nicht aber der auf den vorläufig festgesetzten Kostenbetrag entfallende Teil, aus dem jedoch die Vergütung des Sachwalters gem. § 32 zu zahlen ist, ist diese **Begründung nicht schlüssig**.

Die Installation der Rechtsfigur der **„Sonderinsolvenzverwalters" neben dem Insolvenz-** **21** **verwalter** nach §§ 56 ff. InsO programmiert zudem Konflikte: Der Sonderinsolvenzverwalter erhält das Verwaltungs- und Verfügungsrecht über die Sondermasse gem. § 80 InsO, an die das Anfechtungsrecht gem. §§ 129 ff. InsO geknüpft ist. Zwar ist an sich der Insolvenzverwalter zur Insolvenzanfechtung gem. §§ 129 ff. InsO befugt, so dass es nach der Konzeption der InsO ihm obliegt, zu entscheiden, ob eine Insolvenzanfechtung erfolgen soll und wie über die Insolvenzmasse verfügt werden soll. Durch die Bestellung des Sonderinsolvenzverwalter über die Sondermasse, also die gem. Abs. 2 in die Insolvenzmasse zurückzugewährenden Zahlungen, wird somit nicht anderes vorgenommen, als die **Sondermasse der Verwaltungs- und Verfügungsbefugnis** des Insolvenzverwalters zu **entziehen**. Dies wiederum bedeutet, dass das **Umsetzungsverfahren faktisch seinen Fortgang findet**: Selbst wenn die gezahlten Beträge nach Abs. 1 komplett an die Insolvenzmasse zurückgewährt werden, wird damit faktisch die Beurteilung der Anfechtbarkeit dem Sachwalter als Sonderinsolvenzverwalter überlassen und das Verwaltungs- und Verfügungsrecht über die Sondermasse dem Sonderinsolvenzverwalter übertragen.

Zwar bestimmt S. 1 Hs. 2, dass Zahlungen, die der Insolvenzanfechtung unterliegen, nicht zur **22** Sondermasse gehören. Da jedoch der Sachwalter als Sonderinsolvenzverwalter nach der Begründung des Rechtsausschusses als eine zentrale Aufgabe die Abwehr dieses Anfechtungsanspruchs hat, **bestimmt faktisch der Sachwalter** als Sonderinsolvenzverwalter, welche Beträge **angefochten werden können** und damit, welche Beträge zur Sondermasse gehören und dadurch ausschließlich seiner Verwaltungs- und Verfügungsbefugnis unterliegen. Diese kann er auch an die teilnehmenden Verbraucher auszahlen, da er als Sonderinsolvenzverwalter insoweit das Verfügungsrecht hat. Damit ist die **Grundregel des Insolvenzverfahrens**, nämlich die gleichmäßige Befriedigung der Insolvenzgläubiger („par conditio creditorum") **außer Kraft gesetzt**, da die teilnehmenden Verbraucher in jedem Fall damit rechnen können, dass die vom Unternehmer in den Umsetzungsfond gezahlten Beträge zu ihrer Befriedigung verbleiben und an sie ausgezahlt werden – gleichgültig, ob sie anfechtungsfest oder anfechtbar sind, da der Sachwalter als Sonderinsolvenzverwalter über die Anfechtung entscheidet und die Beträge der Sondermasse an die teilnehmenden Verbraucher aufgrund seines Verfügungsrechts auszahlen kann. In der Literatur wird – bereits zu der existierenden Fassung der Norm – davon gesprochen, dass schon allein aufgrund der Existenz und Sondermasse eine Art Absonderungsrecht für die Verbraucher bestehe (so Thönissen KTS 2023, 205 (215)).

4. Abs. 4

23   **a) Geltung der Bindungswirkung.** Da die Verbraucher, die im Insolvenzverfahren des Unternehmers die **Quote** auf ihre im Umsetzungsverfahren nicht befriedigte Forderung erhalten wollen, diese zur Insolvenztabelle gem. § 174 InsO anmelden müssen, diese Forderung jedoch vom Insolvenzverwalter oder einem Insolvenzgläubiger bestritten werden kann und sie damit gem. § 178 I InsO als nicht festgestellt gilt, ist insoweit eine **Feststellungsklage erforderlich**. Die vorliegende Norm ordnet daher die Geltung der Bindungswirkung gem. § 11 III auch im Verhältnis zu allen Insolvenzgläubigern an. § 11 III bestimmt im hier maßgeblichen Regelungsteil, dass rechtskräftige Urteile über Verbandsklagen ein zur Entscheidung eines Rechtsstreits zwischen einem angemeldeten Verbraucher und dem verklagten Unternehmer berufenes Gericht binden, soweit dessen Entscheidung den Lebenssachverhalt der Verbandsklage und einen mit der Abhilfeklage geltend gemachten Anspruch betrifft. Zwar erfasst der **Wortlaut** nur Insolvenzgläubiger, die Bindungswirkung muss jedoch sinnvollerweise gegenüber jedem Widerspruch, also auch gegenüber dem Widerspruch des Insolvenzverwalters gelten (Begr. RegE, BT-Drs. 20/6520, 96).

24   Daher **binden rechtskräftige Abhilfegrundurteile**, in denen die Haftung des Unternehmers dem Grunde nach festgestellt worden ist, das Gericht, das im Rechtsstreit der Feststellung der Forderung zur Insolvenztabelle gem. § 179 I InsO, § 180 InsO zur Entscheidung berufen ist. Ein solcher Feststellungsrechtsstreit gem. § 179 InsO ist immer dann nötig, wenn eine zur Insolvenztabelle angemeldete Forderung, die ohne vollstreckbaren Schuldtitel ist, vom Insolvenzverwalter oder einem Insolvenzgläubiger bestritten wird. Will der Gläubiger der bestrittenen Forderung daher den Widerspruch beseitigen, muss er dies im Klageweg tun und zwar muss er die Feststellung der Forderung zur Insolvenztabelle nach Betrag, Rang und gegebenenfalls Schuldgrund gem. § 181 InsO beantragen.

25   **Bestreitet der Insolvenzverwalter** oder ein **Insolvenzgläubiger die Forderung** des teilnehmenden Verbrauchers, hat der **Verbraucher** somit gem. § 179 I InsO, § 180 I InsO **Klage auf Feststellung seiner Forderung zur Insolvenztabelle** zu erheben – **nicht** aber **umkehrt** gem. § 179 II InsO der widersprechende Insolvenzverwalter oder ein anderer Insolvenzgläubiger, obwohl ein rechtskräftiges Abhilfegrundurteil vorliegt: Das Abhilfegrundurteil ist deshalb kein gem. § 179 II InsO zu behandelnder Titel, da es für die Forderung der teilnehmenden Verbraucher keinen vollstreckbaren Schuldtitel gibt, sondern nur die Haftung des Unternehmers dem Grunde nach feststeht (AA Thönissen KTS 2023, 205 (222), der davon ausgeht, dass ein Verfahren nur Forderungsfeststellung gem. §§ 179 ff. InsO nicht erforderlich ist; hierbei wird jedoch übersehen, dass – selbst wenn das Widerspruchsverfahren gem. § 28 durchlaufen wurde – kein vollstreckbarer Schuldtitel für den Verbraucher vorliegt).

26   Dabei ist es gleichgültig, ob an Stelle des Insolvenzverwalters der **Sonderinsolvenzverwalter** gem. Abs. 3 S. 2 die **Forderung bestritten** hat: Zwar obliegt dem Insolvenzverwalter gem. § 175 I InsO die Eintragung der angemeldeten Forderungen in die Insolvenztabelle und gem. § 178 I InsO steht ihm auch das Recht zu, einer angemeldeten Forderung zu widersprechen. Da jedoch gem. Abs. 3 S. 2 der Sachwalter als Sonderverwalter hinsichtlich der Sondermasse verwaltungs- und verteilungsbefugt ist, könnte ihm auch insoweit das Widerspruchsrecht gem. § 178 I InsO zustehen; jedoch ändert sich dadurch nichts an der Geltung der Bindungswirkung und der Notwendigkeit einer Feststellungsklage für den teilnehmenden Verbraucher.

27   **b) Geltung gegenüber Insolvenzgläubigern und Insolvenzverwalter.** Ob der konkrete Verbraucher daraus Ansprüche herleiten kann, ist **erst durch den Nachweis seiner Berechtigung festgestellt**. Die Bindungswirkung besteht nur, sofern der Lebenssachverhalt der Abhilfeklage und der mit der Abhilfeklage geltend gemachte Anspruch auch die mit der Feststellungsklage geltend gemachte Forderung betrifft: Hier muss das Gericht davon ausgehen, dass der Unternehmer dem Grunde nach haftet; zu prüfen ist daher nur noch, ob und wenn ja, in welcher Höhe die konkrete Forderung des angemeldeten Verbrauchers besteht. Diese **Bindungswirkung gilt** – trotz des etwas irritierenden Wortlauts, der lediglich die Insolvenzgläubiger für die Bindungswirkung in Bezug nimmt – nach der ausdrücklichen Angabe des Gesetzgebers unabhängig davon, ob die Forderung vom **Insolvenzverwalter** oder von einem **Insolvenzgläubiger** bestritten wurde (Begr. RegE, BT-Drs. 20/6520, 96).

5. Abs. 5

a) Restrukturierungsplan nach StaRUG. Die Norm setzt in S. 1 voraus, dass die in einem 28
Abhilfegrundurteil ausgeurteilten Ansprüche in einen **Restrukturierungsplan nach dem Un-
ternehmensstabilisierungs- und –restrukturierungsgesetz (StaRUG)** einbezogen werden.
Das StaRUG vom 22.12.2020, in Kraft seit 1.1.2021 bezweckt eine Krisenfrüherkennung und
ein Krisenmanagement bei juristischen Personen; Ziel ist die Durchsetzung und Umsetzung
eines Sanierungskonzept des Schuldners und damit die Vermeidung eines Insolvenzverfahrens.
Kern des Sanierungskonzepts ist der Restrukturierungsplan des Schuldners, der in §§ 5 ff.
StaRUG geregelt ist. Zur Annahme des Restrukturierungsplan durch die vom Plan Betroffenen
sind bestimmte Mehrheiten erforderlich, die in § 25 StaRUG geregelt sind.

Nach § 25 I StaRUG ist es erforderlich, dass zur Annahme des Plans in jeder Gruppe auf die 29
dem Plan zustimmenden Gruppenmitglieder mindestens drei Viertel der Stimmrechte in dieser
Gruppe entfallen. Wird in einer Gruppe die nach § 25 StaRUG erforderliche Mehrheit nicht
erreicht, kann das Votum einer Gruppe durch das Restrukturierungsgericht gem. § 26 StaRUG
ersetzt werden. Gem. § 26 I Nr. 1 StaRUG ist dafür die Voraussetzung, dass die Mitglieder
dieser Gruppe durch den Restrukturierungsplan voraussichtlich nicht schlechter gestellt werden,
als sie ohne einen Plan stünden.

b) Bildung einer eigenständigen Gruppe. Da Abs. 5 vorschreibt, dass für die betroffenen 30
Anspruchsinhaber **im Restrukturierungsplan** eine **eigenständige Gruppe** zu bilden ist, wird
auf diese Weise sichergestellt, dass die ausdrückliche Zustimmung ihrer Gruppe gem. § 25 I
StaRUG immer erforderlich ist, falls sie durch den Restrukturierungsplan voraussichtlich
schlechter gestellt würden als ohne diesen Plan, da in diesem Fall eine gerichtliche Ersetzung der
Zustimmung gem. § 26 I Nr. 1 StaRUG nicht möglich ist.

Die **Vergleichsüberlegung,** wie die betroffenen Anspruchsinhaber ohne diesen Restruktu- 31
rierungsplan stünden, muss davon ausgehen, dass ein Insolvenzverfahren eröffnet wird, in dem
sie aus der gem. Abs. 2, Abs. 3 zu bildenden Sondermasse befriedigt werden könnten. Ein
einzelner Verbraucher, der gegen den Plan gestimmt, aber in der Minderheit geblieben ist, kann
gem. § 64 I 1 StaRUG beantragen, dass das Gericht die Bestätigung des Plans versagt, sofern er
durch den Plan voraussichtlich schlechter gestellt wird als er ohne Plan stünde. Nach S. 2 ist die
Abwicklung der durch den Plan gem. § 5 StaRUG gestalteten Verbraucherforderungen dem
Restrukturierungsbeauftragen, der vom Restrukturierungsgericht gem. § 73 I 1 Nr. 1 StaRUG
von Amts wegen bestellt wird, da im Rahmen der Restrukturierung die Rechte von Verbrauchern berührt werden sollen, zu übertragen.

Grundsätzlich wird kritisiert, dass die am Abhilfeverfahren teilnehmenden Verbraucher 32
überhaupt eine eigenständige Gruppe im Restrukturierungsverfahren bilden, da ihre Interessen
denen der nicht am Abhilfeverfahren teilnehmenden Verbraucher gleichgerichtet sind (Schmittmann ZRI 2023, 277 (285)); ein sachlicher Grund hierfür ist wegen Interessenidentität mit den
übrigen Verbrauchern nicht vorhanden.

Unterabschnitt 4. Individualklagen

Offene Verbraucheransprüche

39 Hat der Sachwalter die Erfüllung eines vom Verbraucher geltend gemachten Anspruchs im Umsetzungsverfahren vollständig oder teilweise abgelehnt oder
hat der Sachwalter einen Anspruch eines Verbrauchers bis zur Beendigung des Umsetzungsverfahrens nicht oder nur teilweise erfüllt, so kann der Verbraucher diesen Anspruch im Wege der Individualklage geltend machen, soweit er ihn nicht bereits im
Widerspruchsverfahren nach § 28 hätte geltend machen können.

I. Systematik und unionsrechtlicher Hintergrund

1. Individualklage

1 **Systematisch** steht die Norm in Zusammenhang mit der die **Bindungswirkung** anordnenden Bestimmung des **§ 11 III:** Im Abhilfegrundurteil wurde die Haftung des Unternehmers dem Grunde nach festgestellt. Diese Feststellung bindet das Gericht, das nach Beendigung des Umsetzungsverfahrens in einer Individualklage zur Entscheidung über den konkreten Verbraucheranspruch berufen ist. Eine Individualklage ist immer dann für den konkret betroffenen Verbraucher nötig, wenn sein Anspruch vom Sachwalter im **Umsetzungsverfahren** gem. § 27 Nr. 3, Nr. 11 als **nicht berechtigt** abgelehnt wurde und die Berechtigung auch im Widerspruchsverfahren gem. § 28 nicht geltend gemacht werden konnte oder aber trotz grundsätzlicher Berechtigung der konkrete Anspruch nicht in der geltend gemachten Höhe als berechtigt angesehen wurde und im Widerspruchsverfahren die vollständige Berechtigung nicht geltend gemacht werden konnte; ebenfalls ist es möglich, dass der Anspruch trotz Berechtigung in voller Höhe nicht vollständig oder auch nur teilweise befriedigt werden konnte, § 27 Nr. 9, da der **kollektive Gesamtbetrag nicht ausreichend** war und ein Erhöhungsverfahren gem. § 21 vom Verbraucherverband nicht geführt wurde.

2 Die Individualklage hat den konkreten materiell-rechtlichen Anspruch zum Streitgegenstand, der von diesem Verbraucher im Verbandsklageregister angemeldet wurde und insoweit noch nicht durch Befriedigung im Umsetzungsverfahren erloschen ist. Hierbei besteht eine **Präklusion** desjenigen Sachvortrags, der nach Hs. 2 bereits im Widerspruchsverfahren nach § 28 IV geltend zu machen war. Die Individualklage ist **nicht** mehr Teil des **Abhilfeverfahrens,** das mit Feststellung der Beendigung des Umsetzungsverfahrens gem. § 36 oder mit Einstellung gem. § 38 I 2, 3 als kollektiver Rechtsschutz sein Ende gefunden hat.

2. Unionsrechtlicher Hintergrund

3 **Unionsrechtlich** stellt diese Norm gemeinsam mit dem die **Bindung** regelnden Bestimmung des § 11 III eine Umsetzung von **Art. 15 Verbandsklagen-RL** dar. Art. 15 Verbandsklagen-RL bestimmt: „Die Mitgliedstaaten stellen sicher, dass die rechtskräftige Entscheidung eines Gerichts […] eines Mitgliedstaats über das Vorliegen eines Verstoßes zum Schaden der Kollektivinteressen der Verbraucher von allen Parteien als Beweismittel gemäß dem nationalen Recht über die Beweismittelwürdigung im Rahmen anderer Klagen vor ihren nationalen Gerichten […], mit denen Abhilfeentscheidungen gegen denselben Unternehmer wegen derselben Praktik angestrebt werden, vorgelegt werden kann."

4 Auch für den **Unionsgesetzgeber** war somit **evident,** dass es Fälle gibt, in denen im Abhilfeverfahren die konkreten Verbraucheransprüche nicht befriedigt werden; es musste daher für die Möglichkeit Vorsorge treffen, wenn wegen des der Abhilfeklage zugrunde liegenden Lebenssachverhalts und den daraus resultierenden materiell-rechtlichen Ansprüchen individuell der Rechtsweg von repräsentierten Verbrauchern beschritten wird. Diese sollen hierbei ausweislich von Art. 15 Verbandsklagen-RL auf die rechtskräftige Entscheidung im Abhilfeverfahren zurückgreifen können. Eine entsprechende Regelung für rechtskräftige Musterfeststellungsurteile und anschließende Individualklagen zwischen einem angemeldeten Verbraucher und dem Unternehmer fand sich bereits in § 613 ZPO aF.

5 Zudem enthält **Art. 9 IV 1 Verbandsklagen-RL** die Regelung, dass die Mitgliedstaaten Vorschriften festlegen, um sicherzustellen, dass Verbraucher, die ausdrücklich oder stillschweigend ihren Willen geäußert haben, sich in einer Verbandsklage repräsentieren zu lassen, sich weder in anderen Verbandsklagen dieser Art aus demselben Klagegrund und gegen denselben Unternehmer repräsentieren lassen können, noch die Möglichkeit haben, eine Einzelklage aus demselben Klagegrund und gegen denselben Unternehmer zu erheben. Diese Norm der Verbandsklagen-RL wird hinsichtlich des Verbots einer Einzelklage umgesetzt durch die Sperr- und Bindungswirkung gem. § 11 II, III sowie die Aussetzungspflicht des § 11 I.

3. Ergänzung durch Verjährungsregeln

Eine **materiell-rechtliche Ergänzung** für die im Abhilfeverfahren geltend gemachten kon- 6
kreten Verbraucheransprüche, die nun mit einer individuellen Leistungsklage eingeklagt werden,
findet sich in den **Verjährungsregeln** gem. § 204a I Nr. 4, II Nr. 2, III, IV BGB nF, Art. 229
§ 65 EGBGB nF. Generell stellt der Gesetzgeber klar, dass Verbraucher, die sich für ihre
Teilnahme am Abhilfeverfahren entscheiden, kein Risiko eingehen, ihre materiell-rechtlichen
Ansprüche zu verlieren (Begr. RegE, BT-Drs. 20/6520, 107).

II. Norminhalt

1. Kein Erlöschen von Ansprüchen

Sofern die konkreten Verbraucheransprüche im Umsetzungsverfahren vollständig befriedigt 7
worden sind, erlöschen sie gem. § 362 BGB. Die vorliegende Norm regelt den gegenteiligen
Fall, nämlich dass die konkreten **Verbraucheransprüche nicht** oder nicht vollständig **erloschen** sind, da sie im Umsetzungsverfahren **nicht** oder nur teilweise **befriedigt** wurden. Dies ist
die Voraussetzung für eine Individualklage von im Abhilfeverfahren angemeldeten Verbraucheransprüchen. Die Nichtbefriedigung der angemeldeten Verbraucheransprüche liegt entweder an
einer **Ablehnung** oder einer **Nichterfüllung** durch den Sachwalter.

Eine vollständige oder teilweise Ablehnung durch den Sachwalter oder eine vollständige oder 8
teilweise Nichterfüllung der angemeldeten Ansprüche durch den Sachwalter kann **unterschiedliche Ursachen** haben: Dies kann geschehen, weil der Sachwalter die vom Verbraucher gem.
§ 27 Nr. 3 vorgelegten Berechtigungsnachweise, die vom Abhilfegrundurteil gem. § 16 II Nr. 2
gefordert wurden als **ungenügend** zum Beweis der Berechtigung dieses Verbrauchers angesehen
hat oder dieser Verbraucher keine Nachweise vorgelegt hat; der Sachwalter hat daher den
Anspruch gem. § 27 Nr. 11 abgelehnt. Oder der Sachwalter hat die Erfüllung abgelehnt, weil er
der Ansicht war, dass eine wirksame Anmeldung zur Abhilfeklage nicht vorlag und damit die
Teilnahmeberechtigung am Umsetzungsverfahren gem. § 26 fehlte.

Eine vollständige oder teilweise Nichtbefriedigung kann ebenfalls geschehen, wenn zwar der 9
Sachwalter die Nachweise grundsätzlich als ausreichend angesehen hat, aber die **geltend gemachte** Forderung als **zu hoch;** oder aber wenn auch die geltend gemachte Forderungshöhe
vom Sachwalter als korrekt beurteilt wurde, jedoch der **kollektive Gesamtbetrag nicht** zur
vollständigen oder auch nur teilweisen Befriedigung aller angemeldeten Ansprüche ausgereicht
hat (§ 27 Nr. 9) und der Verbraucherverband keine Erhöhungsklage gem. § 21 gegen den
Unternehmer erheben wollte.

2. Endgültigkeit der Nichtbefriedigung; Präklusion

Bei einer vollständigen oder teilweisen Ablehnung gem. § 27 Nr. 3, Nr. 11 muss der konkrete 10
Verbraucher zunächst im **Widerspruchsverfahren** gem. § 28 den Versuch unternommen
haben, die ablehnende Entscheidung des Sachwalters zu revidieren, Hs. 2. Gelingt dies nicht,
kann er im Abhilfeverfahren seinen Anspruch endgültig nicht realisieren, wobei jedoch die
Präklusion des Hs. 2 für die Individualklage zu beachten ist. Sofern keine Sachwalterentscheidung über den Anspruch getroffen wurde, muss das **Umsetzungsverfahren** als solches **beendet**
sein, entweder durch den gerichtlichen Beschluss hinsichtlich der Beendigung des Umsetzungsverfahrens gem. § 36 oder durch die Einstellung des Umsetzungsverfahrens gem. § 38 I 2, 3.
Dann steht endgültig fest, dass in diesem Umsetzungsverfahren dieser konkrete Anspruch keine
Befriedigung erhalten hat. Es bleibt daher nur eine Individualklage für diesen Verbraucher zur
Befriedigung seiner Ansprüche.

Die **Notwendigkeit** der Durchführung eines **Widerspruchsverfahrens** ergibt sich nunmehr 11
direkt aus dem Wortlaut des § 39 Hs. 2; diese Ergänzung war durch die Beschlussempfehlung
RA in den Normtext aufgenommen worden, nachdem sie im Text des Regierungsentwurfs
noch nicht enthalten war (dies hatte bereits Meller-Hannich Stellungnahme in der Anhörung des
RA, S. 8 kritisiert). Nunmehr muss nicht nur Widerspruch bei negativer Entscheidung gegenüber dem Sachwalter gem. § 28 II eingelegt werden, sondern auch die **gerichtliche Überprüfung** der Widerspruchsentscheidung des Sachwalters gem. § 28 IV muss unternommen
worden sein.

Insoweit besteht ausdrücklich durch Hs. 2 eine **Präklusion** hinsichtlich der Individualklage, 12
die bei Fehlen der gerichtlichen Überprüfung nach § 28 IV das **Rechtsschutzbedürfnis** des

Verbrauchers für die Individualklage entfallen lässt. Wurde die gerichtliche Überprüfung unternommen, wirkt die in Hs. 2 angeordnete Präklusion dergestalt, dass der Verbraucher mit einem diesbezüglichen Sachvortrag in der Individualklage ausgeschlossen ist und er daher die Individualklage nur noch auf Umstände stützen kann, die sich nicht auf die Richtigkeit der Entscheidung des Sachwalters im Rahmen von dessen Entscheidungskompetenz beziehen (Beschlussempfehlung RA, BT-Drs. 20/7631, 112). Ausdrücklich betont die Begründung des Rechtsausschusses, dass die betroffenen Verbraucher in der Individualklage nach § 39 „Umstände, die sich allein auf die Richtigkeit der Entscheidung des Sachwalters im Rahmen von dessen Entscheidungskompetenz beziehen […] nicht mehr vorbringen können" (Beschlussempfehlung RA, BT-Drs. 20/7631, 112).

13 Ist die Nichtbefriedigung auf den Mangel an Geldmitteln beim kollektiven Gesamtbetrag zurückzuführen, muss **endgültig** feststehen, dass der betreffende Verbraucher im Umsetzungsverfahren trotz positiver Entscheidung des Sachwalters **keine** oder keine vollständige **Befriedigung im Umsetzungsverfahren erhalten** hat. Dies geschieht bei einer Einstellung des Umsetzungsverfahrens bei Insolvenz des Unternehmers gem. § 38 I 2, 3 oder bei einem Beendigungsbeschluss gem. § 36. Die nicht beendete Durchführung eines Widerspruchsverfahren kann ebenfalls ausreichen, wenn ein **Widerspruch durch den Verbraucher erhoben** wurde, jedoch vor Erlass des Beendigungsbeschlusses noch **nicht** vom Sachwalter **beschieden** wurde (darauf lässt auch Begr. RegE, BT-Drs. 20/6520, 97 schließen). Ansonsten muss davon ausgegangen werden, dass der konkrete Verbraucher seine im Umsetzungsverfahren gegebenen Rechtsschutzmöglichkeiten nicht ausgeschöpft hat und daher seine Individualklage auf Leistung **kein Rechtsschutzbedürfnis** hat.

3. Bindungswirkung

14 Im Rahmen dieser Leistungsklage des konkreten Verbrauchers gegen den Unternehmer gilt die **Bindungswirkung gem. § 11 III:** Durch diese Bindungswirkung führt die rechtskräftige Sachentscheidung der Verbandsklage dazu, dass die Gerichte, die nunmehr mit einer Individualklage des repräsentierten Verbrauchers befasst sind, an die in Rechtskraft erwachsene Entscheidung des Verbandsklageurteils gebunden sind. Der sachliche Umfang der Bindung bestimmt sich nach § 322 I ZPO.

15 Für **Abhilfegrundurteile** bedeutet die Bindungswirkung, dass der Verbraucher, der im Umsetzungsverfahren die im Abhilfegrundurteil zugesprochene Erfüllung mangels ausreichenden kollektiven Gesamtbetrags nicht erhalten hat, nun im Wege der Individualklage mit dem zuerkennenden Abhilfegrundurteil nur noch seine Berechtigung nachweisen muss (Begr. RegE, BT-Drs. 20/6520, 75). Hingegen darf das Gericht nicht mehr die bereits rechtskräftig geklärte Haftung des Unternehmers dem Grunde nachprüfen, ebenso wenig die Berechtigungsvoraussetzungen und die zu erbringenden Nachweise (Begr. RegE, BT-Drs. 20/6520, 75), sondern hat diese ungeprüft zugrunde zu legen. Ist hingegen seine Berechtigung durch den Sachwalter verneint worden, muss im Widerspruchsverfahren die Bindungswirkung beachtet werden, so dass das Gericht, das gem. § 28 IV die Richtigkeit der Sachwalterentscheidung nachzuprüfen hat, die Bindungswirkung beachten muss.

16 Dass **Art. 15 Verbandsklagen-RL** von „Beweismitteln" und „Beweismittelwürdigung im Rahmen anderer Klagen" spricht, ist der Gewährleistung der Verfahrensautonomie der Mitgliedstaaten geschuldet, denn aus dem Normtext geht hervor, dass die „rechtskräftige Entscheidung eines Gerichts […] über das Vorliegen eines Verstoßes" maßgeblich für ein anschließenden Individualverfahren eines repräsentierten Verbrauchers Gegenstand der Regelung von Art. 15 Verbandsklagen-RL sein soll. Für die Individualklage geltend die allgemeinen Vorschriften, nicht das VDuG, da sie nicht mehr Teil des kollektiven Rechtsschutzes des Abhilfeverfahrens ist.

Herausgabeanspruch des Unternehmers

40 (1) **Der Unternehmer kann Einwendungen, die den vom Verbraucher im Verbandsklageverfahren geltend gemachten Anspruch selbst betreffen, im Wege der Klage geltend machen, soweit er die Gründe, auf denen sie beruhen, vor dem Prozessgericht des Abhilfeverfahrens oder im Widerspruchsverfahren nach § 28 nicht hätte geltend machen können.**

(2) **¹Der Herausgabeanspruch des Unternehmers gegen den Verbraucher bestimmt sich nach den Vorschriften des Bürgerlichen Gesetzbuchs über die Herausgabe der**

ungerechtfertigten Bereicherung. § 818 Absatz 3 des Bürgerlichen Gesetzbuchs ist nicht anzuwenden. [2]Der Anspruch erlischt, wenn er nicht binnen neun Monaten nach Leistung an den Verbraucher diesem gegenüber schriftlich geltend gemacht wird.

Übersicht

I. Systematik und unionsrechtlicher Hintergrund

Die Norm steht **systematisch** in Zusammenhang mit § 39, der die Individualklagen derjeni- 1 gen Verbraucher regelt, deren Ansprüche im Rahmen des Umsetzungsverfahrens abgelehnt oder aus anderen Gründen vollständig oder teilweise nicht befriedigt wurden. Die vorliegende Norm betrifft ebenfalls eine **Individualklage** nach vorausgegangenem Abhilfeverfahren, diesmal jedoch eine Klage des Unternehmers **gegen** einen am Umsetzungsverfahren teilnehmenden **Verbraucher,** dessen Anspruch vollständig oder teilweise befriedigt wurde.

Im Umsetzungsverfahren hatte der Sachwalter vorliegend den Anspruch als berechtigt angese- 2 hen, der Unternehmer hatte zwar **widersprochen** gem. **§ 28,** der Sachwalter entschied jedoch für den Verbraucher und erfüllte dessen Anspruch. Da jedoch die Haftung des Unternehmers dem Grunde nach bereits im Abhilfegrundurteil gem. § 16 I bejaht wurde, betrifft die vorliegende Norm lediglich den konkreten Individualanspruch des jeweils im Umsetzungsverfahren befriedigten Verbrauchers. Zudem bestehen zwei Präklusionen hinsichtlich der Einwendungen, die im Abhilfeverfahren oder Widerspruchsverfahren gem. § 28 nicht geltend gemacht werden konnten. Fand jedoch kein Umsetzungsverfahren statt, da die Verbraucher vom klagenden Verbraucherverband namentlich benannt wurden, ergeben sich letztlich keine Besonderheiten bei den Einwendungen des verurteilten Unternehmers gegenüber einer Einzelklage. Eine **unionsrechtliche** Determinierung besteht **nicht.**

II. Norminhalt

1. Abs. 1

a) Materiell-rechtliche Einwendungen. Die Norm regelt mögliche Einwendungen für eine 3 Herausgabeklage des Unternehmers hinsichtlich des im Umsetzungsverfahren von einem konkreten Verbraucher Erlangten, dessen Anspruch jedoch nicht oder zumindest nicht im geltend gemachten Umfang bestand. Die **Einwendungen** des Unternehmers sind **materiell-rechtlich** und betreffen den vom konkreten Verbraucher im Verbandsklageregister angemeldeten Anspruch. Die Einwendungen können prinzipiell rechtshindernd, rechtshemmend und rechtsvernichtend sein. Beispielsweise könnte der Unternehmer geltend machen, dass der Anspruch deshalb nicht im Umsetzungsverfahrens hätte befriedigt werden dürfen, weil die Willenserklärung des konkreten Verbrauchers wegen Geschäftsunfähigkeit bei Vertragsschluss nichtig war (§ 104 Nr. 2 BGB, § 105 I BGB) und daher kein Anspruch entstanden ist; oder er könnte einwenden, dass er den Anspruch bereits vor Zahlung des Sachwalters an den Verbraucher im Umsetzungsverfahren befriedigt habe und daher bei Zahlung des Sachwalters der Anspruch bereits gem. § 362 I BGB erloschen war (Begr. RegE, BT-Drs. 20/6520, 97).

b) Präklusion. Allerdings ist zu beachten, dass in Hs. 2 **zwei Präklusionsvorschriften** 4 enthalten ist, die § 767 II ZPO nachgebildet sind: Der Unternehmer kann Einwendungen dann nicht geltend machen, soweit er die Gründe, auf denen sie beruhen vor dem Prozessgericht des Abhilfeverfahrens oder im Widerspruchsverfahren nach § 28 hätte machen können. Der Unternehmer ist daher zum einen mit jedem Einwand präkludiert, den er bereits vor dem Prozessgericht des Abhilfeverfahrens hätte geltend machen können. Maßgeblich ist hier, ebenso wie in § 767 II ZPO das objektive Vorliegen der Einwendung, nicht die subjektive Kenntnis des Unternehmers (MüKoZPO/Karsten Schmidt/Brinkmann ZPO § 767 Rn. 81). Für die Präklusion muss deshalb Folgendes gesehen werden: Waren die konkreten Verbraucher in der Abhilfeklage **namentlich benannt,** so hätte der Unternehmer bereits im Abhilfeverfahren hinsichtlich der konkreten Ansprüche alle Einwendungen vortragen können, die zu diesem Zeitpunkt objektiv vorlagen; alle **rechthindernden** Einwendungen sind in diesem Fall **ausgeschlossen.**

5   Die **rechtshemmenden** und **rechtsvernichtenden** Einwendungen sind dann ausgeschlossen, wenn sie bereits vor der **letzten** mündlichen Verhandlung vor dem Prozessgericht der Abhilfeklage objektiv vorlagen. Beispielsweise könnte der Unternehmer bei namentlicher Benennung der Verbraucher in der Abhilfeklage nicht mehr seine anschließende Herausgabeklage darauf stützen, dass eine rechthindernde Einwendung gegen den im Abhilfeverfahren geltend gemachten Anspruch vorliegt, zB Stornierung der Buchung, da er dies bereits im Verfahren der Abhilfeklage hätte vortragen können. Hinsichtlich des Erlöschens des Anspruchs durch Erfüllung durch den Unternehmer gem. § 362 I BGB kommt es darauf an, ob die Erfüllung nach der letzten mündlichen Verhandlung vor dem Prozessgericht stattgefunden hat.

6   Sind die repräsentierten Verbraucher hingegen **nicht namentlich** benannt, sondern nur anhand abstrakter Merkmale kollektiv umschrieben, hätte der Unternehmer diese Einwendungen nicht im Rahmen des Verfahrens der Abhilfeklage vortragen können, da sie sich nur auf einen konkreten Verbraucheranspruch (den er zudem aufgrund der Klageschrift gar nicht als teilnehmend erkennen konnte), nicht aber auf seine Haftung dem Grunde nach gegen die nur anhand abstrakter Merkmale beschriebenen Verbraucher richten. Dann kommt er darauf an, ob er diese Einwendungen im Widerspruchsverfahren gem. § 28 II und der gerichtlichen Überprüfung gem. § 28 IV hätte geltend machen können.

7   Sind die rechtshindernden Einwendungen daher **nicht für alle,** lediglich kollektiv umschriebenen Verbraucher **gleichermaßen zutreffend,** beispielsweise die Geschäftsunfähigkeit des Unternehmers bei persönlichem Vertragsschluss, so können diese Einwendungen lediglich im Widerspruchsverfahren gem. § 28 gegenüber dem Sachwalter vorgetragen werden, der den Anspruch nach Prüfung der Berechtigungsnachweise gem. § 16 II 1 Nr. 2 für berechtigt gehalten hat, und bei Widerspruchsentscheidung des Sachwalters zugunsten des Unternehmers im Verfahren der gerichtlichen Überprüfung gem. § 28 IV, aber **nicht** vor dem **Prozessgericht** der Abhilfeklage. Daher kann nur auf diese materiell-rechtlichen Einwendungen, die nicht im Prozess der Abhilfeklage und auch nicht im Widerspruchsverfahren vorgetragen werden konnten, nun die Herausgabeklage des Unternehmers gestützt werden.

2. Abs. 2

8   **a) Bereicherungsrechtlicher Herausgabeanspruch.** Der Herausgabeanspruch gem. S. 1 bestimmt sich nach § 812 I 1 Alt. 1 BGB, da es sich um eine **Leistung** des Unternehmers im Umsetzungsverfahren handelte, die **ohne Rechtsgrund** erbracht wurde. Die hinsichtlich des betroffenen Verbraucheranspruchs nicht individualisierten gerichtlichen Abhilfeentscheidungen stellen keinen Rechtsgrund für die konkrete Abhilfeleistung dar (Begr. RegE, BT-Drs. 20/6520, 97), da die repräsentierten Verbraucher **nicht namentlich** benannt waren, sondern lediglich anhand abstrakter Merkmale kollektiv umschrieben und vom Sachwalter nach Prüfung der Berechtigungsnachweise ihre Ansprüche für berechtigt gehalten und erfüllt wurden.

9   Daher ist bei Begründetheit der in Abs. 1 genannten Einwendungen kein rechtlicher Grund für das Behaltendürfen der im Umsetzungsverfahren erhaltenen Leistungen vorhanden. Sind die teilnehmenden Verbraucher hingegen **namentlich benannt,** besteht durch das Abhilfeurteil insoweit ein Rechtsgrund gegenüber den namentlich benannten Verbrauchern, als es um die Haftung des Unternehmers gegenüber diesen konkreten Verbrauchern wegen dieses konkreten Anspruchs geht. Bestehen jedoch begründete Einwendungen nach Abs. 1, ist dieser Rechtsgrund entfallen.

10   **b) Kein Entreicherungseinwand.** In beiden Fällen ist daher das von dem konkreten Verbraucher **Erlangte** an den Unternehmer zurückzugewähren. Der Umfang bestimmt sich nach § 818 I, II BGB, so dass eine Geldsumme zurückzuzahlen ist, eine übereignete und übergebene Sache zurück übereignet und übergeben werden muss; bei einer erhaltenen Reparatur ist der Wert zu ersetzten. S. 2 bestimmt, dass § 818 III BGB nicht anzuwenden ist, so dass der konkrete Verbraucher sich **nicht** auf **Entreicherung** berufen kann. § 818 III BGB ist vom Gesetzgeber

deshalb von der Anwendung ausgeschlossen worden, weil er ausdrücklich davon ausgeht, dass die Verbraucher wegen der Möglichkeit für den Unternehmer, gem. Abs. 1 Einwendungen geltend zu machen, nicht darauf vertrauen können, dass sie das im Umsetzungsverfahren Erlangte behalten dürfen (Begr. RegE, BT-Drs. 20/6520, 97).

c) Ausschlussfrist. Nach S. 3 besteht eine **materielle Ausschlussfrist** von neuen Monaten 11 für den Herausgabeanspruch des Unternehmers, die bei Verfristung zum **Erlöschen** des Anspruchs kraft Gesetzes führt. Diese Ausschlussfrist wurde erst durch die Beschlussempfehlung RA in den Normtext aufgenommen und war im Text des Regierungsentwurfs noch nicht enthalten. **Begründet** wurde diese Ergänzung durch den Rechtsausschuss damit, dass Verbraucher, die im Rahmen des Umsetzungsverfahrens eine Leistung erhalten haben, nach dem Ablauf von neuen Monaten Gewissheit darüber erlangen, ob sie diese endgültig behalten dürfen oder aber an einer Rückforderung des Unternehmers wegen individueller Einwendungen ausgesetzt sind (Beschlussempfehlung RA, BT-Drs. 20/7631, 113).

d) Form und Fristbeginn. Fristbeginn ist nach dem Wortlaut der Norm die Leistung des 12 Unternehmers; unklar ist hierbei, ob bei einer zeitlichen Distanzleistung der Erhalt der Leistung durch den Verbraucher oder die Absendung bzw. Erbringung der Leistung durch den Unternehmer maßgeblich ist. Aufgrund der Begründung der Norm hinsichtlich der Rechtssicherheit des Verbrauchers über das Behaltendürfen der Leistung muss der **Erhalt der Leistung** durch den Verbraucher maßgeblich sein. Die Geltendmachung des Herausgabeanspruchs muss **schriftlich** erfolgen. Erklärungsadressat ist der Verbraucher. Eine Begründung des Herausgabeverlangens ist zwar im Normtext nicht vorgesehen, daher auch nicht erforderlich, jedoch sehr sinnvoll, da nur auf diese Weise dem Verbraucher klar sein kann, weshalb die erbrachte Leistung durch den Unternehmer herausverlangt wird.

Abschnitt 3. Musterfeststellungsklagen

Musterfeststellungsklage

41 (1) **Mit der Musterfeststellungsklage begehrt die klageberechtigte Stelle die Feststellung des Vorliegens oder Nichtvorliegens von tatsächlichen und rechtlichen Voraussetzungen für das Bestehen oder Nichtbestehen von Ansprüchen oder Rechtsverhältnissen (Feststellungsziele) zwischen Verbrauchern und einem Unternehmer.**

(2) **Der Zulässigkeit einer Musterfeststellungsklage steht nicht entgegen, dass die klageberechtigte Stelle Abhilfeklage erheben könnte.**

Übersicht

Schrifttum: Amrhein, Die Musterfeststellungsklage, Streitgegenstand/ Rechtshängigkeit/ Musterfeststellungsurteil, 2020; Balke/Liebscher/Steinbrück, Der Gesetzentwurf zur Einführung einer Musterfeststellungsklage, ZIP 2018, 1321; Basedow, Trippelschritte zum kollektiven Rechtsschutz, Aktionismus in Berlin und Brüssel, EuZW 2018, 609; Beck, Musterfeststellungsklageverfahren und einheitliche Tatsachenfeststellung, ZIP 2018, 1915; Beckmann/Waßmuth, Die Musterfeststellungsklage – Teil I, WM 2019, 45; Beckmann/ Waßmuth, Die Musterfeststellungsklage – Teil II, WM 2019, 89; Berger, „Kollektiver Rechtsschutz": Das neue Musterfeststellungsverfahren, ZZP (133) 2020, 3; Bruns, Instrumentalisierung des Zivilprozesses im Kollektivinteresse durch Gruppenklagen?, NJW 2018, 2753; Djazayeri, Neue Entwicklungen im Rahmen des kollektiven Rechtsschutzes – Zur Entbehrlichkeit der Einführung einer allgemeinen Musterfeststellungsklage bzw. Sammelklage in Verbraucherangelegenheiten in Deutschland, jurisPR-BKR 3/2018 Anm. 1; Felgentreu/Gängel, Zur Klagebefugnis eines Verbraucherverbandes im Musterfeststellungsverfahren, VuR 2019, 323; Fölsch, Einzelne Aspekte zur Musterfeststellungsklage aus richterlicher Sicht, DAR-Extra 2018, 736; Fuhrmann/Kurka, Musterfeststellungsklage – Risiken und Fallstricke bei der Wahl des Klagevehikels, NJW 2020, 3414; Geissler, Die geplante (deutsche) Musterfeststellungsklage und die (europäische) Sammelklage: Fluch oder Segen für die deutsche Industrie?, GWR 2018, 189; Gurkmann/Jahn, Außergerichtlicher Vergleich im Rahmen einer Musterfeststellungsklage, Am Beispiel des Vergleichs zwischen VW und dem vzbv, VuR 2020, 243; Halfmeier, Zu den Voraussetzungen einer Musterfeststellungsklage bezüglich Schadensersatzansprüchen von Käufern abgasmanipulierter Diesel-PKW, Anmerkung zu BGH, Beschluss vom 30.7.2019, Az. VI ZB 59/18, EWiR 2019, 737; **Fehler! Verweisquelle konnte nicht gefunden werden.; Fehler! Verweisquelle konnte nicht gefunden werden.;** Heese, Die Musterfeststellungsklage und der Dieselskandal, Stationen auf dem langen deutschen Weg in die prozessuale Moderne, JZ 2019, 429; Hettenbach, Negative Musterfeststellungsklage?, WM 2019, 577; Horn, Grenzüberschreitende Musterfeststellungsklagen, ZVglRWiss 118 (2019), 314; Kähler, Zur Angemessenheit eines Vergleichs in der Musterfeststellungsklage, ZIP 2020, 293; Koch, Die Musterfeststellungsklage, Überblick über die und Bewertung der neuen Regelungen, MDR 2018, 1409; Langheid, Muster ohne Wert – Die Musterfeststellungsklage im Praxistest, VersR 2020, 789; Lerch/Valdini, Herausforderungen an den Zivilprozess bei Massenverfahren, ein Blick aus der anwaltlichen Praxis, NJW 2023, 420; Magnus, Die Wirkung des Vergleichs im Musterfeststellungsverfahren, NJW 2019, 3177; Mekat/Nordholtz, Die Flucht in die Musterfeststellungsklage, Prozesstaktische Überlegungen zu Individualklagen bei Musterfeststellungsverfahren, NJW 2019, 411; Meller-Hannich, Kollektiver Rechtsschutz – Neue Instrumente im Zivilprozess, DRiZ 2018, 298; Merkt/Zimmermann, Die neue Musterfeststellungsklage: Eine erste Bewertung, VuR 2018, 363; Müller, Sperrwirkung nach § 610 III ZPO und Forderungszession,GWR 2019, 399; Nordholtz/Mekat, Musterfeststellungsklage, 2019; Prütting, Neue Entwicklungen im Bereich des kollektiven Rechtsschutzes, ZIP 2020, 197; Röß, Die Auswirkungen einer Zession auf das Verhältnis von Musterfeststellungs- und Individualverfahren, NJW 2020, 953; Röß, Die Bindung der angemeldeten Verbraucher an einen Kollektivvergleich, NJW 2020, 2068; Röß, Die Klageänderung im Musterfeststellungsverfahren, NJOZ 2021, 1569; Röthemeyer, Das rechtliche Gehör im Musterfeststellungsverfahren, Die Stellung des Anmelders und die Notwendigkeit eines „gehörsfreundlichen" richterlichen Prozessmanagements, MDR 2019, 6; Röthemeyer, Musterfeststellungsklage und Individualanspruch – Zur Kritik und zu den Entwicklungsmöglichkeiten, VuR 2019, 87; Röthemeyer, Zweieinhalb Jahre Musterfeststellungsklage – eine Zwischenbilanz im Spiegel der Rechtsprechung BKR 2021, 191; Röthemeyer, Anmerkung zu OLG Stuttgart, Urteil vom 20.3.2019, Az. 6 MK 1/18, BKR 2019, 298; Röthemeyer, Anmerkung zu BGH, Urteil vom 17.11.2020, Az. XI ZR 171/19, NJW 2021, 1014; Schmidt, Widerruf von Verbraucherdarlehen und Musterfeststellungsklage – ein Gedankenexperiment, WM 2018, 1966; Schneider, Die zivilprozessuale Musterfeststellungsklage, Kollektivrechtsschutz durch Verbraucherschutzverbände statt Class Actions?, BB 2018, 1986; Scholl, Die Musterfeststellungsklage nach §§ 606 ff. ZPO – Eine kritische Würdigung mit Bezügen zum französischen, niederländischen und US-amerikanischen Recht, ZfPW 2019, 317; Stadler, Grenzüberschreitende Wirkung von Vergleichen und Urteilen im Musterfeststellungsverfahren, NJW 2020, 265; Stadler, Pyrrhussieg für den Verbraucherschutz – vzbv umgeht durch Vereinbarung mit VW gesetzliche Sicherungsmechanismen, VuR 2020, 163; Stadler, Musterfeststellungsklagen im deutschen Verbraucherrecht?, VuR 2018, 83; Thiery/Schlingmann, Musterfeststellungsklage:„Wilder Westen" oder alles halb so wild?, DB 2018, 2550; Vollkommer, Anmerkung zu BGH, Urteil vom 24.4.2023 – VIa ZR 1072/22, NJW 2023, 1891; Vollkommer, Anmerkung zu BGH, Urteil vom 30.7.2019 – VI ZB 59/18, MDR 2020, 81; Waclawik, Die Musterfeststellungsklage NJW 2018, 2921; Windau, Spannungen im „Dreiecksverhältnis" der Musterfeststellungsklage, jM 2019, 404; Witte/Wetzig, Die Musterfeststellungsklage. Placebo oder Allheilmittel für den deutschen Verbraucherschutz? – Ein Kommentar zur Einführung der MFK aus rechtsvergleichender Sicht, WM 2019, 52; Woopen, Kollektiver Rechtsschutz – Ziele und Wege, NJW 2018, 133; Woopen, Kollektiver Rechtsschutz, Das Desaster naht, IWRZ 2018, 160; Woopen, Kollektiver Rechtsschutz – Chancen der Umsetzung, Die Europäische Verbandsklage auf dem Weg ins deutsche Recht, JZ 2021, 601.

I. Systematik und unionsrechtlicher Hintergrund

1   Die Norm stellt **eine der beiden Verbandsklagen,** die im VDuG geregelt sind dar. Neben der Musterfeststellungsklage gem. § 1 I Nr. 2 ist dies die **Abhilfeklage** gem. § 1 I Nr. 1, die näher in §§ 14 ff. geregelt ist. Die **Musterfeststellungsklage** war zwar seit 1.11.2018 bereits in §§ 606 ff. ZPO aF geregelt, wird nun aber gemeinsam mit der Abhilfeklage im VDuG geregelt, um eine Zersplitterung der Rechtsmaterie der Verbandsklagen zu vermeiden. Die Musterfeststellungsklage ermöglicht dem klagenden Verbraucherverband, die Feststellung des Vorliegens oder Nichtvorliegens von tatsächlichen und rechtlichen Voraussetzungen für das Bestehen oder Nichtbestehen von Ansprüchen oder Rechtsverhältnissen (Feststellungszielen) zwischen Verbrauchern und einem Unternehmer zu verlangen. Durch die Neufassung von § 48 GKG wird in dessen Abs. 1 S. 2 der **maximale Streitwert** für Musterfeststellungsklagen auf **250.000 Euro gedeckelt.**

Anders als bei der Abhilfeklage kann mit der Musterfeststellungsklage aber **keine Leistung** 2 durch den klagenden Verbraucherverband für die repräsentierten Verbraucher vom Unternehmer erstritten werden, sondern lediglich eine Feststellung, von der die Ansprüche oder Rechtsverhältnisse dieser Verbraucher abhängig sind. Eine Leistung muss der Verbraucher in einem **folgenden Individualprozess** gegen den Unternehmer einklagen. Dabei kommt ihm die **Bindungswirkung** des § 11 III zugute. Häufig einigen sich der beklagte Unternehmer und der konkrete Verbraucher jedoch außergerichtlich unter Zugrundelegung des rechtskräftigen Musterfeststellungsurteils.

Eine **unionsrechtliche Determinierung** durch die Verbandsklagen-RL besteht **nicht**. In 3 **ErwGr. 11 Verbandsklagen-RL** statuiert diese ausdrücklich, dass die Mitgliedstaaten nicht gehindert sind, Rechtsvorschriften für Klagen zur Erwirkung von Feststellungsentscheidungen durch ein Gericht zu erlassen. Auch kann demnach dem Verband die Wahl überlassen werden, welches Verfahren er nutzen möchte. Die Musterfeststellungsklage richtet sich daher nach den allgemeinen Vorschriften der Verbandsklage. Zahlreiche Regelungen der §§ 606 ZPO aF finden sich als Vorbilder für Bestimmungen der Verbandsklage im VDuG wieder.

II. Norminhalt

1. Abs. 1

a) Keine Vorgaben durch Verbandsklagen-RL. Die Norm hatte ihre Vorläuferregelung 4 in § 606 I ZPO aF seit dem 1.11.2018. Das Rechtsinstitut der Musterfeststellungsklage wird als weitere Verbandsklage neben der Abhilfeklage vom Verbraucherrechtedurchsetzungsgesetz übernommen (§ 1 Nr. 1, Nr. 2). Hierzu enthält die **Verbandsklagen-RL keine Vorgaben,** so dass der Gesetzgeber frei war, die Musterfeststellungsklage neben der Abhilfeklage beizubehalten. Trotz Bestehens der Abhilfeklage soll die Musterfeststellungsklage erhalten bleiben, da der Gesetzgeber einen rechtspraktischen Bedarf für die Feststellung des Vorliegens oder Nichtvorliegens von tatsächlichen und rechtlichen Voraussetzungen für das Bestehen oder Nichtbestehen von Ansprüchen oder Rechtsverhältnissen zwischen einem Verbraucher und einem Unternehmer gesehen hat. Die Musterfeststellungsklage richtet sich daher ebenso wie die Abhilfeklage nach den gemeinsamen Vorschriften der Verbandsklage.

b) Legaldefinition der Feststellungsziele. Die Feststellungsziele werden in **Abs. 1** legalde- 5 finiert. Ein Feststellungsziel ist demnach die Feststellung des Vorliegens oder Nichtvorliegens von tatsächlichen und rechtlichen Voraussetzungen für das Bestehen oder Nichtbestehen von Ansprüchen oder Rechtsverhältnissen. **Zukünftig entstehende** Ansprüche oder Rechtsverhältnisse sind bereits nach der Legaldefinition **nicht erfasst** (BGH NJW 2020, 341 Rn. 14 – Glaubhaftmachung der Betroffenheit im Musterklageverfahren): Der **BGH** geht davon aus, dass der Sinn und Zweck dieser Legaldefinition eine Auslegung dahingehend verbietet, dass sie die Klärung zukünftig entstehender Frage erlauben würde; die Parteien sollen sich im Sinne einer Ressourcenschonung auf die Klärung grundsätzlicher, in einer Vielzahl von Fällen wiederkehrender tatsächlicher und rechtlicher Fragen konzentrieren. Die Durchführung eines Musterfeststellungsverfahrens ist daher nur bei einer Vorgreiflichkeit der jeweiligen Feststellungsziele und gerechtfertigt (BGH NJW 2020, 341 Rn. 14 – Glaubhaftmachung der Betroffenheit im Musterklageverfahren). Auch die **Literatur** geht davon aus, dass zukünftige Rechtsverhältnisse nicht von der Definition der Feststellungsziele erfasst sind und daher mit der Musterfeststellungsklage nicht festgestellt werden können (so bereits für § 606 ZPO aF Thomas/Putzo/Seiler ZPO § 606 Rn. 1; MüKoZPO/Menges ZPO § 606 Rn. 30).

Das Feststellungsziel bildet den **Streitgegenstand** der Musterfeststellungsklage. Es können 6 auch einzelne Elemente oder Vorfragen eines Rechtsverhältnisses oder eines Anspruchs Feststellungsziel sein, ebenso wie reine Rechtsfragen, die für eine Vielzahl der Rechtsverhältnisse der betroffenen Verbraucher relevant sind (Thomas/Putzo/Seiler ZPO § 606 Rn. 1; MüKoZPO/Menges ZPO § 606 Rn. 30), so dass der Begriff des Feststellungsziels weiter als der des Rechtsverhältnisses gem. § 256 I ZPO ist.

c) Formulierung der Feststellungsziele. Für die **Rechtspraxis** problematisch war bereits 7 unter Geltung von § 606 ZPO die die Frage der **Formulierung der Feststellungsziele.** Die Vielzahl der in einer Musterfeststellungsklage repräsentierten Verbraucher und die daraus resultierende Verschiedenheit dieser Vielzahl führt zu sehr vielen Variablen, die von den zu stellenden Feststellungsanträgen erfasst werden müssen. Diese Unterschiedlichkeit birgt das Risiko zu weiter

Feststellungsanträge oder zu enger Feststellungsanträge: Im ersten Fall verlagern sich die Fragen auf den Individualprozess, in dem festgestellt werden muss, ob der konkrete Verbraucher tatsächlich von den zum Schadensersatz berechtigenden Umständen betroffen ist, im zweiten Fall wird ein Teil der Betroffenen gar nicht erst erfasst (ausf. Langheid VersR 2020, 789 (791 ff.)). In diesem Zusammenhang wird gelegentlich in der Rechtspraxis das Schlagwort „hard cases make bad law" gebraucht, in dem anklingt, dass es den „einen Massensachverhalt", über den nur einmal zu entscheiden wäre, nicht gibt (Lerch/Valdini NJW 2023, 420 Rn. 13 f.).

8   **d) Verbraucherquorum.** Das für eine Feststellungsklage nötige **Feststellungsinteresse** wird dadurch dokumentiert, dass gem. § 4 I Nr. 2 von den Feststellungszielen der Musterfeststellungsklage die Ansprüche oder Rechtsverhältnisse von **mindestens 50 Verbrauchern** abhängen, was der klagende Verband gem. § 4 I Nr. 2 nachvollziehbar darzulegen hat. Hierdurch wird gezeigt, dass die eingeklagten Feststellungsziele nicht lediglich individuelle Bedeutung haben, sondern dass eine Breitenwirkung besteht, die das Feststellungsinteressen für die Musterfeststellungsklage begründet.

9   Dies stellt eine **deutliche Änderung gegenüber dem gestuften Verfahren** von § 606 II 1 Nr. 2, III Nr. 2, Nr. 3 ZPO dar, in dem zunächst nur die Abhängigkeit der Ansprüche oder Rechtsverhältnisse von mindestens zehn Verbrauchern von den Feststellungszielen in der Klageschrift dargelegt werden musste und gem. § 606 III Nr. 2 glaubhaft gemacht werden musste, dass von den Feststellungszielen die Ansprüche oder Rechtsverhältnisse von mindestens zehn Verbrauchern abhängen und sodann zwei Monate nach öffentlicher Bekanntmachung der Musterfeststellungsklage mindestens 50 Verbraucher ihre Ansprüche oder Rechtsverhältnisse zur Eintragung in das Klageregister wirksam angemeldet haben mussten. Demgegenüber ist vorliegend **keine Eintragung und auch keine Glaubhaftmachung** für die Zulässigkeit der Musterfeststellungsklage mehr erforderlich, sondern lediglich die nachvollziehbare Darlegung gem. § 4 I Nr. 2.

10   Die besondere Zulässigkeitsvoraussetzung der **nachvollziehbaren Darlegung** der möglichen Betroffenheit von mindestens 50 Verbrauchern, § 4 I Nr. 2 bedeutet ausdrücklich **keine Glaubhaftmachung** gem. § 294 ZPO, da diese in der vorherigen Gesetzestextfassung des Regierungsentwurfs verlangt wurde und durch die Beschlussempfehlung RA in das Erfordernis der „nachvollziehbare Darlegung" geändert wurde. Dadurch sollte noch deutlicher werden, dass die klageberechtigte Stelle allein die **mögliche Betroffenheit** („können") von mindestens 50 Verbrauchern lediglich nachvollziehbar darzulegen hat, nicht jedoch einen Beweis der tatsächlichen Betroffenheit für die Zulässigkeit der Verbandsklage zu erbringen hat (Beschlussempfehlung RA, BT-Drs. 20/7631, 110). Weder ist daher die Wahrheitsüberzeugung des Gerichts von der Betroffenheit von 50 Verbrauchern gem. § 286 ZPO erforderlich, noch die überwiegende Wahrscheinlichkeit gem. § 294 ZPO.

11   **e) Verbraucherbegriff.** Der Verbraucherbegriff für die Musterfeststellungsklage bestimmt sich nach § 29c II ZPO, da hier keine unionsrechtliche Determinierung durch Art. 3 Nr. 1 Verbandsklagen-RL besteht. Allerdings gilt auch hier § 1 II, wonach **Kleinunternehmer** als Verbraucher im Sinne dieses Gesetzes gelten.

2. Abs. 2

12   **a) Keine Subsidiarität zur Abhilfeklage.** Den allgemeinen zivilprozessualen Grundsätzen folgend, ist eine Feststellungsklage dann unzulässig, wenn eine Leistungsklage erhoben werden könnte, da in diesem Fall das **Feststellungsinteresse** gem. § 256 I ZPO fehlt (stRspr, vgl. nur BGH NJW 2017, 1823 Rn. 13 ff.; 2018, 227 Rn. 12 mwN). Die Norm will daher vermeiden, dass wegen der Möglichkeit, auf Abhilfe zu klagen, für eine Musterfeststellungsklage des Feststellungsinteresse fehlt. Das Feststellungsinteresse ist daher auch dann für die Musterfeststellungsklage geben, wenn der Verband auch **Leistungsklage auf Abhilfe** erheben könnte. Sinn und Zweck dieser Bestimmung ist die Beurteilungsfreiheit für den Verband, welches Vorgehen am zweckmäßigsten für die Verbraucher ist (Begr. RegE, BT-Drs. 20/6520, 98).

13   Die Musterfeststellungsklage kann für den Verband etwa deshalb **effizienter** erscheinen als die Leistungsklage auf Abhilfe, weil ein Umsetzungsverfahren in diesem konkreten Fall ungeeignet erscheint. Der Verband hat daher die **Wahl,** ob er Abhilfeklage auf Leistung erheben will oder mit der Musterfeststellungsklage lediglich die Ansprüche oder Rechtsverhältnisse zwischen Verbrauchern und einem Unternehmer feststellen lassen will.

b) Anschließende Individualklage nötig. Anders als bei der Abhilfeklage, wo die repräsen- 14
tierten Verbraucher die Abhilfe erhalten, ohne selbst klagen zu müssen, muss der repräsentierte
Verbraucher nach Obsiegen des Verbandes bei der Musterfeststellungsklage selbst klägerisch tätig
werden, um die von ihm begehrte Leistung zu erhalten. Dies ist ein **zentraler Unterschied** der
Musterfeststellungsklage zum Verfahren der **Abhilfeklage:** Bei der Musterfeststellungsklage,
in der lediglich das Vorliegen oder Nichtvorliegen von tatsächlichen und rechtlichen Voraussetzungen für das Bestehen oder Nichtbestehen von Ansprüchen oder Rechtsverhältnissen
zwischen Verbrauchern und einem Unternehmer festgestellt wird, erhält der repräsentierte Verbraucher durch diese Feststellung noch nicht die begehrte Leistung.

Vielmehr muss der Verbraucher nach Abschluss des Musterfeststellungsverfahrens die vom ihm 15
geforderte Leistung selbst gegen den Unternehmer im Wege der **Individualklage** einklagen,
wobei ihm nur die **Bindungswirkung** des Musterfeststellungsurteils gem. § 11 III 1 zugutekommt. Selbst bei einem Vergleich im Musterfeststellungsverfahren, der keine Leistung an die
repräsentierten Verbraucher vorsieht, sondern nur Feststellungen trifft, müssen die Verbraucher
ihre Ansprüche individuell gegen den Unternehmer geltend machen. Zwar kommt den repräsentierten Verbrauchern bei einem wirksamen Vergleich die Bindungswirkung gem. § 9 zugute;
die Leistung, die nicht in dem wirksamen Vergleich enthalten ist, müssen sie jedoch bei vorausgegangenem Musterfeststellungsverfahren individuell einfordern.

Bei der **Abhilfeklage** hingegen erhalten die repräsentierten Verbraucher, die ihre Berechti- 16
gung entsprechend den im Abhilfegrundurteil gem. § 16 I Nr. 2 verlangten Berechtigungsnachweise gegenüber dem Sachwalter im Umsetzungsverfahren nachgewiesen haben, die **Befriedi-**
gung ihrer Ansprüche durch den Unternehmer – sei es, dass sie durch den Sachwalter aufgrund
des vom Unternehmer gem. § 18 II, § 25 I gezahlten kollektiven Gesamtbetrags eine Zahlung
erhalten oder eine sonstige Leistung. Eine Individualklage der Verbraucher ist nach einem
Abhilfeverfahren nur gem. § 39 erforderlich, wenn ihre Ansprüche nach Prüfung durch den
Sachwalter gem. § 27 Nr. 11 abgelehnt oder nicht oder nur teilweise erfüllt wurden, beispielsweise weil der vom Unternehmer gezahlte kollektive Gesamtbetrag nicht zur Befriedigung aller
Ansprüche ausgereicht hat. Auch kann die Individualklage im Fall einer Ablehnung der Ansprüche durch den Sachwalter nur dann geltend gemacht werden, wenn im Widerspruchsverfahren die Überprüfung gem. § 28 IV nicht stattfinden konnte, da sich die Gründe nicht auf die
Richtigkeit der Entscheidung des Sachwalters bezogen, § 39 Hs. 2. In der **Musterfeststellungs-**
klage hingegen ist eine **anschließende Individualklage auf Leistung unerlässlich.**

Revision

42 [1] **Gegen Musterfeststellungsurteile findet die Revision statt.** [2] **Diese bedarf keiner**
Zulassung.

Diese Regelung entspricht ihrem Regelungsinhalt nach **§ 614 S. 1 ZPO aF.** Da das OLG 1
gem. § 3 I ohnehin für Verbandsklagen sachlich ausschließlich zuständig ist – wie bereits bisher
gem. § 119 III GVG aF für die Musterfeststellungsklage – ist das Rechtsmittel der Revision als
solches vorgegeben. Ausdrücklich bedarf es gem. S. 2 **keiner Zulassung der Revision** durch
das jeweilige erkennende Gericht: Der Gesetzgeber geht davon aus, dass die Musterfeststellungsklage **wegen ihrer Breitenwirkung stets grundsätzliche Bedeutung** iSd § 543 II Nr. 1
ZPO hat (Begr. RegE, BT-Drs. 20/6520, 98), so dass eine gesonderte Zulassung der Revision
entfällt.

Daher ist auch die Nichtzulassungsbeschwerde gem. § 544 ZPO hier gegenstandslos. Der 2
Gesetzgeber konnte diese Regelung treffen, da Regelungen für Rechtsmittel gegen Musterfeststellungsurteile nicht in der Verbandsklagen-RL enthalten sind und daher **keine unionsrecht-**
liche Determinierung besteht. Für die Abhilfeklage gibt es sowohl für Abhilfegrundurteile als
auch für Abhilfeendurteile, ebenso wie für die Kombination aus Abhilfegrund- und Abhilfeendurteil gem. § 16 IV in § 16 V und § 18 IV entsprechende Vorschriften, die ebenso wie § 42
insoweit die Zulässigkeit der Revision anordnen.

Abschnitt 4. Verbandsklagenregister

Verbandsklageregister

43 (1) ¹Das Bundesamt für Justiz führt ein Register für Verbandsklagen (Verbandsklageregister). ²Das Verbandsklageregister kann elektronisch betrieben werden.

(2) ¹Öffentliche Bekanntmachungen und Eintragungen sind unverzüglich vorzunehmen. ²Die öffentliche Bekanntmachung von Terminen muss spätestens zwei Wochen vor dem jeweiligen Terminstag erfolgen.

(3) Die im Verbandsklageregister erfassten öffentlichen Bekanntmachungen und Eintragungen sind bis zum Schluss des zehnten Jahres nach der rechtskräftigen Entscheidung oder anderweitigen Beendigung des jeweiligen Verbandsklageverfahrens aufzubewahren und sodann zu löschen.

Schrifttum: Beckmann/Waßmuth, Musterfeststellungsklage, –Teil 1–, WM 2019, 45; Merkt/Zimmermann, Die neue Musterfeststellungsklage: Eine erste Bewertung, VuR 2018, 363; Windau, Spannungen im „Dreiecksverhältnis" der Musterfeststellungsklage, jM 2019, 404.

I. Systematik und unionsrechtlicher Hintergrund

1   Die Norm hängt **systematisch** mit allen Regelungen im Abschnitt 4 zusammen, die das Verbandsklagenregister betreffen; ebenso besteht ein systematischer Zusammenhang mit den Informationspflichten des **§ 12.** Die vorliegende Norm setzt **Art. 9 II, III Verbandsklagen-RL** um, welche lauten: „Die Mitgliedstaaten legen Vorschriften dazu fest, auf welche Weise und in welchem Stadium einer Verbandsklage auf Abhilfeentscheidungen die einzelnen von einer Verbandsklage betroffenen Verbraucher nach Erhebung der Verbandsklage innerhalb einer angemessenen Frist ausdrücklich oder stillschweigend ihren Willen äußern können, ob sie durch die qualifizierte Einrichtung im Rahmen der Verbandsklage auf Abhilfeentscheidungen repräsentiert werden wollen und an das Ergebnis der Verbandsklage gebunden sein wollen. Ungeachtet des Abs. 2 stellen die Mitgliedstaaten sicher, dass einzelne Verbraucher, die ihren gewöhnlichen Aufenthaltsort nicht in dem Mitgliedstaat des Gerichts […] haben, vor dem […] eine Verbandsklage erhoben worden ist, ihren Willen, bei der Klage repräsentiert zu sein, ausdrücklich äußern müssen, damit diese Verbraucher an das Ergebnis des Verbandsklageverfahrens gebunden sind." Hierzu dient das Verbandsklagenregister, in dem sich die Verbraucher, die durch diese Verbandsklage **repräsentiert** werden wollen, sich gem. **§ 46 anmelden** können.

2   Eine Möglichkeit für die Mitgliedstaaten zur Einrichtung nationaler elektronischer Datenbanken, die ua Informationen über laufende und abgeschlossene Verbandsklagen enthalten, enthält **Art. 14 I Verbandsklagen-RL.** Art. 13 Verbandsklagen-RL ordnet hingegen lediglich bestimmte Informationspflichten an, die jedoch bereits durch § 12 dem klageberechtigten Verband übertragen wurde. Für das Verbandsklageregister ist jedoch das Bundesamt für Justiz die registerführende Stelle. Zudem dienen die Informationspflichten des § 12 insbesondere dazu, die Verbraucher bereits im Vorfeld von Verbandsklagen über die hierfür geplanten Aktivitäten des Verbandes zu informieren und bei laufender Klage über den Inhalt und den Verfahrensstand.

3   Die Informationen des Verbandsklageregisters dienen nicht nur zur Dokumentation der repräsentierten Verbraucher, sondern auch allgemein dazu, die Verbraucher über rechtshängige Verbandsklagen und die Termine zu informieren sowie beispielsweise über den Eintritt der Rechtskraft, den Eröffnungsbeschluss hinsichtlich des Umsetzungsverfahrens und den Feststellungsbeschluss hinsichtlich seiner Beendigung, was gem. **§ 44 öffentlich bekanntzumachen** ist. Die näheren Bestimmungen hinsichtlich des Verbandsklagenregisters finden sich in der Verbandsklagenregisterverordnung **(VKRegV)** die nach Ermächtigung gem. § 49 durch das Bundesjustizministerium geregelt wird.

II. Norminhalt

1. Bundesamt für Justiz zuständig (Abs. 3)

Die Norm löst § 609 I ZPO aF hinsichtlich des Musterfeststellungsklageregister ab. Inhaltlich **4** findet nur insoweit eine Änderung statt, als das Register nunmehr sowohl für Abhilfeklagen und Musterfeststellungsklagen geführt und der Name sich in **Verbandsklagenregister** ändert. Das Verbandsklagenregister steht Verbrauchern sowohl mit Wohnsitz im Inland als auch mit Wohnsitz in einem anderen Mitgliedstaat offen. Das Verbandsklagenregister wird – wie bereits bisher das Musterfeststellungsklageregister – vom **Bundesamt für Justiz** geführt. Es kann, wie bisher bereits, gem. S. 2 elektronisch betrieben werden. In der Änderung der Musterfeststellungsklagenregister-Verordnung schlägt sich diese Änderung im Wesentlich durch die Änderung in der Umbenennung „Verordnung über das Register für Verbandsklagen" (Verbandsklagenregisterverordnung – VKRegV) nieder.

2. Fristen für Bekanntmachung (Abs. 2)

Das Bundesamt für Justiz nimmt gem. S. 1 die erforderlichen öffentlichen Bekanntmachungen **5** und Eintragungen vor; gem. **§ 44** sind bestimmte **Pflichtangaben** zu einer rechtshängigen Verbandsklage für die öffentliche Bekanntmachung vorgeschrieben. Gem. § 46 III sind Anmeldungen von Verbrauchern und Rücknahme der Anmeldung einzutragen. Diese öffentlichen Bekanntmachungen und Eintragungen sind **unverzüglich,** also ohne schuldhaftes Zögern vorzunehmen; dies war bereits in § 609 II 1 ZPO aF für das Musterfeststellungsklageregister entsprechend geregelt. Vom Gericht anberaumte Termine sind gem. S. 2 spätestens zwei Wochen vor dem Terminstag öffentlich bekannt zu machen, um Verbraucher hinreichend vor dem Termin zu informieren. Das Gericht übermittelt gem. **§ 45** dem Bundesamt für Justiz unverzüglich veröffentlichungsfähige Fassungen der im Verbandsklageregister öffentlich bekannt zu machenden Angaben (§ 44 Nr. 1–6, 9– 18) insbesondere der Terminsbestimmungen, Hinweise, Zwischenentscheidungen und Urteile.

3. Löschungsfrist (Abs. 3)

Die Norm geht auf die Vorläuferregelung des § 609 II 2 ZPO aF zurück. Dort war bestimmt, **6** dass die Angaben im Musterfeststellungsklageregister bis zum Schluss des dritten Jahres nach der rechtskräftigen Entscheidung oder anderweitigen Beendigung des Verfahrens aufzubewahren sind. Vorliegend wird die **Frist** auf **zehn Jahre** erhöht. Dies berücksichtigt nach ausdrücklicher Begründung des Gesetzgebers, dass Verbandsklageverfahren auch durch Rücknahme oder Vergleiche beendet werden können; angemeldete Verbraucher sollen ausreichend lange Zeit haben, um Einsicht in die öffentlichen Bekanntmachungen und die sie betreffenden Eintragungen im Verbandsklagenregister zu nehmen, um ihre Ansprüche selbst gerichtlich geltend machen zu können (Begr. RegE, BT-Drs. 20/6520, 99).

Bekanntmachung von Angaben zu Verbandsklagen

44 Die folgenden Angaben zu einer rechtshängigen Verbandsklage sind im Verbandsklageregister öffentlich bekannt zu machen:

1. Bezeichnung der Parteien,
2. Bezeichnung des Gerichts und des Aktenzeichens,
3. Art der Verbandsklage,
4. Zeitpunkt der Anhängigkeit und der Rechtshängigkeit,
5. Abhilfeantrag des Klägers, einschließlich der Merkmale, nach denen sich die Gleichartigkeit der von Verbrauchern geltend gemachten Ansprüche bestimmt, oder die Feststellungsziele,
6. kurze Darstellung des vom Kläger vorgetragenen Lebenssachverhalts,
7. Zeitpunkt der Bekanntmachung im Verbandsklageregister,
8. Befugnis der Verbraucher, Ansprüche oder Rechtsverhältnisse, die mit der Abhilfe- oder Musterfeststellungsklage geltend gemacht werden, zur Eintragung in das Verbandsklageregister anzumelden, Form, Frist und Wirkung der Anmeldung sowie ihrer Rücknahme,

9. Terminsbestimmungen, Hinweise und Zwischenentscheidungen des Gerichts,
10. gerichtlich genehmigte Vergleiche, Befugnis der angemeldeten Verbraucher zum Austritt aus dem Vergleich, Form, Frist und Wirkung des Austritts,
11. Urteile im Verbandsklageverfahren,
12. Einlegung eines Rechtsmittels,
13. Eintritt der Rechtskraft,
14. Beschluss über die Bestellung eines Sachwalters, Beschluss, durch den die Ablehnung eines Sachwalters für begründet erklärt wird, sowie Beschluss über die Entlassung eines Sachwalters,
15. Beschluss über die Eröffnung eines Umsetzungsverfahrens,
16. Beschluss über die Feststellung der Beendigung des Umsetzungsverfahrens,
17. sonstige Beendigung des Verbandsklageverfahrens
18. die Eröffnung des Insolvenzverfahrens über das Vermögen des Unternehmers,
19. Verpflichtung des Bundesamts für Justiz, einem angemeldeten Verbraucher auf dessen Verlangen einen Auszug über die Angaben zu überlassen, die im Verbandsklageregister zu ihm und seiner Anmeldung erfasst sind.

Übersicht

Schrifttum: Beckmann/Waßmuth, Musterfeststellungsklage, -Teil 1-, WM 2019, 45; Koch, Die Musterfeststellungsklage, Überblick über die und Bewertung der neuen Regelungen, MDR 2018, 1409.

I. Systematik und unionsrechtlicher Hintergrund

1 Die Norm steht **systematisch** in Zusammenhang mit **§ 43,** in welchem dem Bundesamt für Justiz die Führung des Verbandsklagenregisters aufgegeben wird sowie mit **§ 46,** in welchem als weitere Funktion des Verbandsklagenregisters – neben der vorliegend geregelten öffentlichen Bekanntmachung – die **Anmeldung** von Verbraucheransprüchen zur Eintragung in das Verbandsklageregister und ihre Rücknahme geregelt sind. Die für diese öffentliche Bekanntmachung nach der vorliegenden Norm erforderlichen **Informationen** muss das mit Verbandsklage befasste Gericht gem. **§ 45** dem Bundesamt für Justiz übermitteln.

2 Die näheren Bestimmungen hinsichtlich des Verbandsklagenregisters finden sich in der Verbandsklagenregisterverordnung **(VKRegV)** die nach Ermächtigung gem. § 49 durch das Bundesjustizministerium geregelt wird. Den Mitgliedstaaten wird über Art. 14 I Verbandsklagen-RL ermöglicht, nationale elektronische Datenbanken, die ua Informationen über laufende und abgeschlossene Verbandsklagen enthalten, zu errichten. Die in **Art. 13 Verbandsklagen-RL** angeordneten Informationspflichten sind bereits durch **§ 12** dem klageberechtigten Verband übertragen worden, nicht aber dem Bundesamt für Justiz hinsichtlich des Verbandsklageregisters.

II. Norminhalt

1. Enumerative Aufzählung für Bekanntmachung

3 Die Norm regelt die **öffentlichen Bekanntmachungen** zu einer rechtshängigen Verbandsklage im Verbandsklageregister. Ihre Aufzählung ist **enumerativ.** Sie lehnt sich an § 607 I ZPO aF an, der hinsichtlich des Musterfeststellungsklageregisters ebenfalls für bestimmte Angaben die öffentliche Bekanntmachung vorschrieb. Ziel dieser Regelung ist es, die Verbraucher, die von dieser Praktik des Unternehmers betroffen sein könnten, über die Rechtshängigkeit einer Verbandsklage zu informieren und ihnen so zu ermöglichen, von dem Verfahren durch die Anmeldung eigener Ansprüche oder Rechtsverhältnisse zu profitieren (Begr.

RegE, BT-Drs. 20/6520, 99). Das Verbandsklageregister ist, da es, wie bereits bisher, gem. § 43 I 3 elektronisch geführt wird, leicht einzusehen und somit einfach zugänglich, übersichtlich und verständlich. Eine gesonderte Zustellung von Terminen, gerichtlichen Entscheidungen etc. an die im Verbandsklageregister angemeldeten Verbraucher ist daher nicht nötig; dies trägt zudem zur Entlastung der Gerichte bei (Begr. RegE, BT-Drs. 20/6520, 99).

Das Gericht übermittelt gem. **§ 45** dem Bundesamt für Justiz unverzüglich veröffentlichungs- 4 fähige Fassungen der im Verbandsklageregister öffentlich bekannt zu machenden Angaben (§ 44 Nr. 1–6, 9–18) insbesondere der Terminsbestimmungen, Hinweise, Zwischenentscheidungen und Urteile. Die öffentliche Bekanntgabe der Informationen hinsichtlich der Verbandsklage ist unabhängig von ihrer Zulässigkeit. Durch die **Rechtshängigkeit** einer Verbandsklage (§ 253 I ZPO, § 261 I ZPO) wird gem. § 204a I Nr. 3, Nr. 4, II Nr. 2 BGB nF für die angemeldeten Verbraucher die Verjährung ihrer betreffenden Ansprüche gehemmt.

2. Nr. 1–6

Nach **Nr. 1** ist die Bezeichnung der **Parteien** der Verbandsklage zu veröffentlichen, mithin 5 die Daten des klagenden Verbraucherverbands und des beklagten Unternehmers. Gem. **Nr. 2** ist die Bezeichnung des **Gerichts** nebst **Aktenzeichen** der Verbandsklage zu veröffentlichen; durch beide Bestimmungen werden die interessierten Verbraucher darüber informiert, wer gegen wen vor welchem Gericht eine Verbandsklage führt. Zudem ist gem. **Nr. 3** die **Art der Verbandsklage,** also ob es sich um eine Abhilfeklage oder eine Musterfeststellungsklage handelt und gem. **Nr. 4** der Zeitpunkt der Anhängigkeit und der Rechtshängigkeit öffentlich bekannt zu machen.

Diese beiden Katalogtatbestände von Nr. 3, Nr. 4 wurden erst durch die **Beschlussemp-** 6 **fehlung RA** in den Normtext aufgenommen. Begründet wurde dies damit, dass dies der Übersichtlichkeit diente, wenn für die Verbraucher klar ist, ob es sich um eine Musterfeststellungsklage oder eine Abhilfeklage handelt; auch werde durch den Zeitpunkt der Anhängigkeit einer Klage das auf eine Verbandsklage anwendbare Recht nach dem neu eingefügten § 46 EGZPO aus dem Verbandsklagenregister selbst heraus erkennbar. Zudem sei es für die Verbraucher wichtig, den Zeitpunkt der Rechtshängigkeit zu kennen, damit sie die Verjährungshemmung ohne zusätzliche Angaben bereits aus dem Register selbst heraus berechnen können (Beschlussempfehlung RA, BT-Drs. 20/7631, 113). Hier scheint der Gesetzgeber allerdings einer deutlich zu optimistischen Einschätzung der juristischen Fähigkeiten juristischer Laien zu erliegen: Denn dass juristische Laien in der Lage sein sollten ohne kompetente Rechtsberatung anhand einer Registereintragung eine Verjährungshemmung zu berechnen, ist mehr als fraglich.

Zur Bestimmung des Inhalts der Verbandsklage ist sowohl gem. **Nr. 5** als auch gem. **Nr. 6** der 7 **Abhilfeantrag** des Klägers, einschließlich der Merkmale, nach denen sich die **Gleichartigkeit** der von Verbrauchern geltend gemachten Ansprüche bestimmt, oder die **Feststellungziele** und außerdem eine kurze Darstellung des vom Kläger vorgetragenen **Lebenssachverhalts** erforderlich.

Haben die Verbraucher diese Informationen, können sie aufgrund dieser Informationsgrund- 8 lage entscheiden, ob sie an dieser Verbandsklage durch Anmeldung ihrer Ansprüche gem. § 46 teilnehmen wollen, da ihnen somit klar ist, ob ihre Ansprüche die Merkmale der Gleichartigkeit ebenfalls aufweisen und ob der dargestellte Lebenssachverhalt auf ihre Ansprüche zutrifft. Ebenso können sie entscheiden, ob sie sich an einer **Musterfeststellungsklage** mit der anschließenden obligatorischen Individualklage repräsentieren lassen wollen, oder ob sie sich zu einer **Abhilfe-klage** mit dem sich anschließenden Umsetzungsverfahren anmelden wollen.

3. Nr. 7–9

Zur umfassenden Information der Verbraucher muss gem. **Nr. 7** der **Zeitpunkt** der Bekannt- 9 machung im Verbandsklageregister öffentlich bekannt gemacht werden sowie gem. **Nr. 8** die Befugnis der Verbraucher, Ansprüche oder Rechtsverhältnisse, die mit der Abhilfe- oder Musterfeststellungsklage geltend gemacht werden, zur Eintragung in das Verbandsklagenregister **anzumelden**, Form, Frist und Wirkung der Anmeldung sowie ihrer Rücknahme. Dies dient dazu, die Verbraucher auf die Notwendigkeit, die Voraussetzungen und die Wirkung einer Anmeldung ihrer Ansprüche zur Teilnahme an der Verbandsklage hinzuweisen. Gem. **Nr. 9** müssen **Terminbestimmungen**, Hinweise und Zwischenentscheidungen des Gerichts öffentlich bekannt gemacht werden, was den interessierten Verbrauchern ermöglicht, sich über den Stand des Verfahrens zu informieren.

4. Nr. 10–14

10   Ebenso müssen gem. **Nr. 10** gerichtlich genehmigte **Vergleiche** und die Befugnis der angemeldeten Verbraucher zum **Austritt** aus dem Vergleich, außerdem Form, Frist und Wirkung des Austritts aus dem Vergleich bekannt gemacht werden; dies ermöglicht den teilnehmenden Verbraucher zu entscheiden, ob sie an dem Vergleich partizipieren wollen oder nicht. Die Informationen über Urteil im Verbandsklageverfahren gem. **Nr. 11**, Einlegung eines Rechtsmittels gem. **Nr. 12** sowie Eintritt der Rechtskraft gem. **Nr. 13** gibt den Verbrauchern die Information sowohl im Musterfeststellungsverfahren als auch im Abhilfeverfahren, dass nun die **Bindungswirkung** gem. § 11 III besteht; zudem ermöglich es im Abhilfeverfahren eine Orientierung, wann mit dem Beginn eines Umsetzungsverfahrens zu rechnen ist.

11   Gem. **Nr. 14** muss ebenso der Beschluss über die Bestellung eines **Sachwalters**, der Beschluss, durch den die Ablehnung eines Sachwalters für begründet erklärt wird, sowie der Beschluss über die Entlassung eines Sachwalters öffentlich bekannt gemacht werden. Diese Ergänzung wurde erst durch die **Beschlussempfehlung RA** in den Normtext aufgenommen, da der Rechtsausschuss der Auffassung war, dass die angemeldeten Verbraucher, die ihre Berechtigung dem Sachwalter gegenüber nachweisen müssen, ein berechtigtes Interesse an diesen Informationen haben.

5. Nr. 15, 16

12   Hinsichtlich des Umsetzungsverfahrens wird sowohl gem. **Nr. 15** der Beschluss über die **Eröffnung** des Umsetzungsverfahrens gem. § 24 als auch gem. **Nr. 16** der Beschluss über die Feststellung der **Beendigung** des Umsetzungsverfahrens gem. § 36 öffentlich bekannt gemacht. Die Verbraucher wissen dadurch zum einen, dass der Beginn einer Prüfung ihrer Ansprüche durch den Sachwalter nun erfolgen wird, zum anderen, dass die Prüfung der Verbraucheransprüche durch den Sachwalter mittlerweile abgeschlossen ist. Nicht ausdrücklich erwähnt in Nr. 16 ist die **Einstellung** des Umsetzungsverfahrens **gem. § 38 I 2, 3**; da diese Information ebenso eine Beendigung des Umsetzungsverfahrens betrifft und gleichfalls für die betroffenen Verbrauchern von erheblicher Bedeutung ist, ist auch die Einstellung nach § 38 I 2 gem. Nr. 16 öffentlich bekannt zu machen.

6. Nr. 17–19

13   Nach **Nr. 17** ist auch eine **sonstige Beendigung** des Verbandsklageverfahrens, beispielsweise durch Klagerücknahme öffentlich bekannt zu machen. Gem. **Nr. 18** muss auch die Eröffnung des **Insolvenzverfahrens** über das Vermögen des Unternehmers bekannt gemacht werden, damit den betroffenen Verbrauchern deutlich wird, dass eine Befriedigung, die im Umsetzungsverfahren nicht erfolgt ist, nun möglicherweise durch den Sachwalter als Sonderverwalter gem. § 38 III 2 erfolgen wird, ansonsten von ihnen nunmehr durch Anmeldung ihrer Forderung zur Insolvenztabelle gem. § 174 InsO verfolgt werden muss.

14   Nach **Nr. 19** muss auch die Verpflichtung des Bundesamts für Justiz, einem angemeldeten Verbraucher auf dessen Verlangen einen **Auszug** über die Angaben zu überlassen, die im Verbandsklagenregister zu ihm und seiner **Anmeldung** erfasst sind, öffentlich bekannt gemacht werden. Dies dient der Information der Verbraucher über ihren Auskunftsanspruch; dadurch können sie einen Auszug über ihre Angaben im Verbandsklagenregister erhalten und damit in einer folgenden Individualklage ihre wirksame Anmeldung darlegen und beweisen (Begr. RegE, BT-Drs. 20/6520, 100). Über die **Form** der Überlassung enthält die Norm keine Vorschriften, wobei noch im Referentenentwurf die schriftliche Form vorgeschrieben war; nunmehr kann sowohl die Auskunft **schriftlich als auch als elektronisches Dokument**, welches die Anforderungen des § 130a ZPO erfüllt, überlassen werden (Begr. RegE, BT-Drs. 20/6520, 100), da ansonsten die Perpetuierung nicht gewährleistet ist.

Veranlassung der Bekanntmachung durch das Gericht

45 Das Gericht übermittelt dem Bundesamt für Justiz unverzüglich veröffentlichungsfähige Fassungen der im Verbandsklagenregister öffentlich bekannt zu machenden Angaben (§ 44 Nummer 1 bis 6 und 9 bis 18), insbesondere der Terminsbestimmungen, Hinweise, Zwischenentscheidungen und Urteile.

I. Systematik und unionsrechtlicher Hintergrund

Die Norm bezieht sich **systematisch** auf die Pflicht des Bundesamts für Justiz zur **öffent-** 1
lichen Bekanntmachung von bestimmten Angaben gem. **§ 44:** Das Gericht zur Entscheidung
über die Verbandsklage berufene Gericht wird hier verpflichtet, die betreffenden Daten dem
Bundesamt für Justiz zu übermitteln, damit eine Veröffentlichung im Verbandsklagenregister
erfolgen kann.

Eine **unionsrechtliche** Determinierung besteht **nicht;** zwar ist das Verbandsklagenregister als 2
solches abstrakt gem. **Art. 9 II, III Verbandsklagen-RL** unionsrechtlich vorgegeben. Eine
Verpflichtung für das mit der Verbandsklage befasst Gericht hinsichtlich einer Mitteilung an das
Bundesamt für Justiz besteht jedoch nicht. Die in **Art. 13 Verbandsklagen-RL** angeordneten
Informationspflichten sind bereits durch **§ 12** dem klageberechtigten Verband übertragen wor-
den, nicht aber dem Bundesamt für Justiz hinsichtlich des Verbandsklageregisters.

II. Norminhalt

1. Normadressat

Normadressat ist das mit der Verbandsklage befasst **Gericht.** Dieses muss dem Bundesamt für 3
Justiz unverzüglich, also ohne schuldhaftes Zögern bestimmte Angaben übermitteln; diese
Angaben müssen in veröffentlichungsfähiger Form gehalten sein. Dies beinhaltet insbesondere
die **Anonymisierung** bestimmter personenbezogener Daten: Sind beispielsweise in einer Klageschrift Namen, Anschriften oder Angaben zum persönlichen Vermögen Betroffener enthalten,
sind diese vom Gericht unkenntlich zu machen, soweit der Inhalt der Entscheidung dies zulässt
(Begr. RegE, BT-Drs. 20/6520, 100). Der Grad der nötigen Anonymisierung bestimmt sich
nach den Umständen des Einzelfalls und ist vom Gericht zu beurteilen und zu entscheiden.

2. Angaben

Die **Angaben** ergeben sich aus **§ 44 Nr. 1–6;** es sind somit die Bezeichnung der Parteien, des 4
Gerichts, des Aktenzeichens, der Art der Verbandsklage, des Zeitpunkts der Anhängigkeit und
der Rechtshängigkeit, der Abhilfeantrag des Klägers, einschließlich der Merkmale, nach denen
sich die Gleichartigkeit der von Verbrauchern geltend gemachten Ansprüche bestimmt, oder die
die Feststellungsziele sowie eine kurze Darstellung des vom Kläger vorgetragenen Lebenssachverhalts.

Zudem sind **Angaben** gem. **§ 44 Nr. 9–18** erfasst; es sind somit Terminsbestimmungen, 5
Hinweise und Zwischenentscheidungen des Gerichts, gerichtlich genehmigte Vergleiche, die
Befugnis des angemeldeten Verbraucher zum Austritt aus dem Vergleich, Form, Frist und
Wirkung des Austritts, Urteile im Verbandsklageverfahren, Einlegung eines Rechtsmittels, Eintritt der Rechtskraft, der Beschluss über die Bestellung eines Sachwalters, der Beschluss, durch
den die Ablehnung eines Sachwalters für begründet erklärt wird, der Beschluss über die Entlassung eines Sachwalters, der Beschluss über die Eröffnung eines Umsetzungsverfahrens, der
Beschluss über die Feststellung der Beendigung des Umsetzungsverfahrens, die sonstige Beendigung des Verbandsklageverfahrens sowie die Eröffnung des Insolvenzverfahrens über das Vermögen des Unternehmers.

Nicht genannt im Normtext, gleichwohl aber vom Gericht **mitzuteilen** ist der **Beschluss** 6
gem. § 38 I 2, 3 über die Einstellung des Umsetzungsverfahrens, da dies ebenso wie der
Beschluss hinsichtlich der Feststellung der Beendigung des Umsetzungsverfahrens gem. § 44
Nr. 16 öffentlich bekannt zu machen ist.

Anmeldung von Ansprüchen; Rücknahme der Anmeldung

46 (1) ¹**Verbraucher können Ansprüche oder Rechtsverhältnisse, die Gegenstand**
einer Verbandsklage sind, bis zum Ablauf von drei Wochen nach dem Schluss
der mündlichen Verhandlung zur Eintragung in das Verbandsklageregister anmelden.
²**§ 193 des Bürgerlichen Gesetzbuchs findet keine Anwendung.**

(2) ¹**Die Anmeldung ist nur wirksam, wenn sie frist- und formgerecht erfolgt und**
folgende Angaben enthält:
1. **Name und Anschrift des Verbrauchers,**

2. **Angabe, ob die Anmeldung als kleines Unternehmen im Sinne des § 1 Absatz 2 erfolgt,**
3. **Bezeichnung des Gerichts und Aktenzeichen,**
4. **Bezeichnung des Beklagten,**
5. **Gegenstand und Grund des Anspruchs oder des Rechtsverhältnisses des Verbrauchers,**
6. **Versicherung der Richtigkeit und Vollständigkeit der Angaben.**

[2]**Wird ein Zahlungsanspruch angemeldet, so soll die Anmeldung auch Angaben zur Höhe dieses Anspruchs enthalten.**

(3) **Die Angaben der wirksamen Anmeldung werden ohne inhaltliche Prüfung in das Verbandsklageregister eingetragen.**

(4) [1]**Die Anmeldung kann bis zu dem in Absatz 1 genannten Zeitpunkt zurückgenommen werden.** [2]**§ 193 des Bürgerlichen Gesetzbuchs findet keine Anwendung.**

Übersicht

Schrifttum: Augenhofer, Die neue Verbandsklagen-Richtlinie – effektiver Verbraucherschutz durch Zivilprozessrecht?, NJW 2021, 113; Basedow, Trippelschritte zum kollektiven Rechtsschutz, Aktionismus in Berlin und Brüssel, EuZW 2018, 609; Gascón Inchausti, A new European way to collective redress? Representative actions under Directive 2020/1828 of 25 November, GPR 2021, 61; Hartmann, Drei Hauptmerkmale im neuen Musterfeststellungsverfahren, VersR 2019, 528; Merkt/Zimmermann, Die neue Musterfeststellungsklage: Eine erste Bewertung, VuR 2018, 363; Prütting, Neue Entwicklungen im Bereich des kollektiven Rechtsschutzes, ZIP 2020, 197; Vollkommer, Anmerkung zu BGH, Urteil vom 24.4.2023 – VIa ZR 1072/22, NJW 2023, 1891; Windau, Spannungen im „Dreiecksverhältnis" der Musterfeststellungsklage, jM 2019, 404; Witte/Wetzig, Die Musterfeststellungsklage: Placebo oder Allheilmittel für den deutschen Verbraucherschutz? – Ein Kommentar zur Einführung der MFK aus rechtsvergleichender Sicht –, WM 2019, 52.

I. Systematik

1. Teilnahme am Verbandsklageverfahren

1   Die Norm ist von **zentraler Bedeutung** für die Verbraucher, da nur durch die Verbandsklage repräsentierte Verbraucher von ihren Ergebnissen profitieren können: Nur wenn die Verbraucher ihre Ansprüche oder Rechtsverhältnisse wirksam zum Verbandsklageregister angemeldet haben, nehmen sie an diesem Verbandsklageverfahren teil und können Befriedigung hinsichtlich

ihrer angemeldeten Ansprüche bzw. Feststellung ihrer Rechtsverhältnisse erhalten, ebenso die Bindungswirkung gem. § 11 III erzielen.

Die **wirksame Anmeldung** ist hierfür die zentrale Bedingung. Welche Voraussetzungen für **2** die Wirksamkeit der Anmeldung erforderlich sind, regelt die vorliegende Norm. Dass die Anmeldung wirksam ist, ist bei der Anmeldung der Ansprüche nicht selbstverständlich, da im VW-Musterfeststellungsverfahren unter den ca. 463.000 Anmeldungen sich nach ersten Stichproben auch Personen, die gar keinen VW führen (sondern einen Mercedes), weiter Personen mit einem VW mit Ottomotor, ferner Personen mit Comicfigur-Namen befanden (Prütting ZIP 2020, 197 (200); auf die Fehleranfälligkeit der Anmeldung weist auch bereits Windau jM 2019, 404 (405) hin). Der BGH hat die Anforderungen für die Wirksamkeit in seiner Rechtsprechung zu § 608 ZPO aF näher bestimmt (→ Rn. 19 ff. zu Abs. 2).

Für Verbraucher, die ihren **gewöhnlichen Aufenthalt in einem anderen Mitgliedstaat 3** haben, ist das Opt-in ebenfalls zwingend, selbst wenn in ihrem Wohnsitzstaat das opt-out-Modell gilt; so bestimmt Art. 9 III Verbandsklagen-RL: „Ungeachtet des Absatzes 2 stellen die Mitgliedstaaten sicher, dass einzelne Verbraucher, die ihren gewöhnlichen Aufenthaltsort nicht in dem Mitgliedstaat des Gerichts oder der Verwaltungsbehörde haben, vor dem beziehungsweise vor der eine Verbandsklage erhoben worden ist, ihren Willen, bei der Klage repräsentiert zu sein, ausdrücklich äußern müssen, damit diese Verbraucher an das Ergebnis des Verbandsklageverfahrens gebunden sind." Alle Ansprüche, die durch das Verbandsklageverfahren repräsentiert werden sollen, müssen daher zum Verbandsklageregister angemeldet werden.

Systematisch hängt die Norm zusammen mit **§ 47,** die die **Form** von Anmeldung und **4** Rücknahme der Anmeldung bestimmt, sowie mit der allgemeinen Bestimmung über die **Führung** des Verbandsklagenregisters durch das Bundesamt für Justiz gem. **§ 43.** In der Verbandsklagenregisterverordnung (VKRegV) sind die näheren Ausführungsbestimmungen für die Eintragung nach der vorliegenden Norm enthalten (**§§ 3, 4 VKRegV**); eine ergänzende Bestimmung enthält § 7 VKRegV.

2. Hemmung der Verjährung

a) Voraussetzungen der Hemmung. Die wirksame Anmeldung sorgt zugleich für eine **5** **Hemmung der Verjährung gem. § 204a I 1 Nr. 3, Nr. 4 BGB nF.** Zwar wird in § 204a I 1 Nr. 3, Nr. 4 BGB nF – anders als noch in § 204 I Nr. 1a BGB aF – nicht mehr der Begriff der „wirksamen" Anmeldung verwendet. Jedoch wird ausdrücklich in der Begründung des Regierungsentwurfs betont, dass die verjährungshemmende Wirkung durch eine Musterfeststellungsklage nur für diejenigen Verbraucher gegeben ist, die ihre Ansprüche **wirksam angemeldet** haben, da eine Änderung zu dem vorherigen Rechtszustand nicht gewollt war und daher die neue Regelung der bisherigen Regelung entsprechen soll (Begr. RegE, BT-Drs. 20/6520, 107). Ebenso wie bei der Regelung des § 204 I 1 Nr. 1a BGB aF soll es für den Eintritt der Hemmungswirkung genügen, dass die Musterfeststellungsklage selbst innerhalb der gesetzlichen Frist erhoben oder nach Maßgabe des § 167 ZPO anhängig gemacht wurde. Die Hemmung der Verjährung durch Abhilfeklagen gem. § 204 I 1 Nr. 4 BGB nF entspricht der Hemmungsregelung für Musterfeststellungsklagen.

Zur Hemmungswirkung hat der BGH in seiner Entscheidung vom 29.7.2021 (BGH NJW **6** 2021, 3250 Rn. 21 – Verjährungshemmung durch Erhebung einer Musterfeststellungsklage) zudem bereits hinsichtlich der alten Musterfeststellungsklage judiziert, dass keine Rechtsmissbräuchlichkeit vorliegt, wenn eine **bereits verjährte Forderung angemeldet** wird, da die Hemmungswirkung nach § 204 I Nr. 1a BGB aF im Fall eines wirksam angemeldeten Anspruchs grundsätzlich bereits mit Erhebung der Musterfeststellungsklage eintritt und nicht erst mit wirksamer Anmeldung des Anspruchs zu deren Register, auch wenn die Anspruchsanmeldung selbst erst nach Ablauf der ursprünglichen Verjährungsfrist erfolgt. Dem Verbraucher ist es auch nicht nach § 242 BGB verwehrt, sich auf diesen Hemmungstatbestand zu berufen.

Die **Hemmung der Verjährung durch Abhilfeklagen gem. § 204a I 1 Nr. 4 BGB nF 7** ist der Hemmungsregelung für Musterfeststellungsklagen nachgebildet. Die Verjährung soll immer für den gesamten Anspruch gehemmt werden, und zwar unabhängig davon, ob die Ansprüche durch die Abhilfeklage in vollem Umfang oder nur teilweise geltend gemacht werden (Begr. RegE, BT-Drs. 20/6520, 107). Dies ist mit Art. 16 II Verbandsklagen RL vereinbar, der die Mitgliedstaaten verpflichtet, Regelungen zu treffen, die gewährleisten, dass die Ansprüche der von der Abhilfeklage betroffenen Verbraucher gehemmt werden (Begr. RegE, BT-Drs. 20/

6520, 107). Auch hierfür muss notwendigerweise die Wirksamkeit der Anmeldung verlangt werden, da ein Gleichlauf zur Musterfeststellungsklage erforderlich ist.

8   **b) Ende der Hemmung.** Die Hemmung endet **gem. § 204a III BGB nF** in entsprechender Anwendung von § 204 II 1 BGB sechs Monate nach der rechtskräftigen Entscheidung oder anderweitigen Beendigung des Verfahrens. Nach § 204a III 2 BGB nF endet die Hemmung der Verjährung eines Anspruchs, der zu einer Musterfeststellungsklage oder einer Abhilfeklage angemeldet wurde, sechs Monate nach dem Zeitpunkt, zu dem der Verbraucher nicht mehr an der Klage teilnimmt, insbesondere durch Rücknahme der Anmeldung zum Verbandsklageregister gem. § 46 IV.

9   **c) Rechtfertigung.** Zwar hat der **Bundesrat** in seiner Stellungnahme vom 12.5.2023 darum gebeten, „zu prüfen, ob eine **Ausweitung der Regelung zur Verjährungshemmung** europarechtlich geboten ist, sodass diese bei Erhebung einer Abhilfeklage unabhängig von einer Anmeldung zum Verbandsklageregister eintritt" (BT-Drs. 20/6878 unter Nr. 14).

10   Die Bundesregierung hat diese Prüfungsbitte jedoch in ihrer **Gegenäußerung** jedoch **zurückgewiesen:** „Die Bundesregierung hat bereits geprüft, welche Regelung erforderlich ist, um Artikel 16 Absatz 2 der Richtlinie 2020/1828 umzusetzen. Artikel 16 Absatz 2 der Richtlinie 2020/1828 verlangt nach Ansicht der Bundesregierung, dass eine anhängige Verbandsklage auf Abhilfeentscheidungen für die von der Verbandsklage betroffenen Verbraucher eine Hemmung oder Unterbrechung der Verjährungsfristen bewirkt. Die Betroffenheit der Verbraucher bestimmt sich nach der Ausgestaltung der Abhilfeklagen nach dem nationalen Recht. Betroffen von einer Abhilfeklage nach § 1 VDuG-E können nur die Verbraucher sein, deren Ansprüche mit der Klage geltend gemacht werden. Die Ansprüche eines Verbrauchers werden mit der Klage nur geltend gemacht, wenn er seine Ansprüche rechtzeitig zur Eintragung in das Verbandsklageregister angemeldet hat. Die Ansprüche von Verbrauchern, die ihre Ansprüche nicht rechtzeitig angemeldet haben, werden nicht Gegenstand der Klage, so dass diese Verbraucher von der Klage nicht betroffen werden." (BT-Drs. 20/6878 unter Nr. 14)

II. Unionsrechtlicher Hintergrund

11   **Unionsrechtlich** ist die Teilnahme der Verbraucher am Verbandsklageverfahren durch Opt-in oder Opt-out in die Entscheidung der Mitgliedstaaten gestellt. Hierzu bestimmt **Art. 9 II, III Verbandsklagen-RL:** „Die Mitgliedstaaten legen Vorschriften dazu fest, auf welche Weise und in welchem Stadium einer Verbandsklage auf Abhilfeentscheidungen die einzelnen von einer Verbandsklage betroffenen Verbraucher nach Erhebung der Verbandsklage innerhalb einer angemessenen Frist ausdrücklich oder stillschweigend ihren Willen äußern können, ob sie durch die qualifizierte Einrichtung im Rahmen der Verbandsklage auf Abhilfeentscheidungen repräsentiert werden wollen und an das Ergebnis der Verbandsklage gebunden sein wollen. Ungeachtet des Absatzes 2 stellen die Mitgliedstaaten sicher, dass einzelne Verbraucher, die ihren gewöhnlichen Aufenthaltsort nicht in dem Mitgliedstaat des Gerichts […] haben, vor dem […] eine Verbandsklage erhoben worden ist, ihren Willen, bei der Klage repräsentiert zu sein, ausdrücklich äußern müssen, damit diese Verbraucher an das Ergebnis des Verbandsklageverfahrens gebunden sind."

12   Der deutsche Gesetzgeber hat das **Opt-in-Prinzip** gewählt, so dass sich die Verbraucher, die am Verbandsklageverfahren teilnehmen wollen, hierfür **anmelden** müssen. Dafür dient das **Verbandsklagenregister,** in dem sich die Verbraucher, die durch diese Verbandsklage repräsentiert werden wollen, nach der vorliegenden Norm anmelden müssen.

III. Norminhalt

1. Abs. 1

13   **a) Frist zur Anmeldung.** Die Norm hat ihren Vorläufer in § 608 I ZPO aF, enthält jedoch eine wesentlich längere Frist zur **Anmeldung** als auch in Abs. 4 zur Abmeldung. Sie legt in S. 1 die Frist zur Anmeldung der Ansprüche oder Rechtsverhältnisse der Verbraucher fest auf den Ablauf von **drei Wochen nach dem Schluss der mündlichen Verhandlung.** Dieser Schluss der mündlichen Verhandlung wird für die Verbraucher dadurch ersichtlich, dass gem. § 44 Nr. 9 im Verbandsklageregister der Termin zur Verkündung eines Urteils öffentlich bekannt zu machen ist. Dadurch ist ersichtlich, dass der vorausgegangene Termin der Schluss der mündlichen Verhandlung war.

Diese **Frist** wurde durch die Beschlussempfehlung RA aufgenommen und die vorherige Frist, **14** die nach dem **Regierungsentwurf** zwei Monate nach dem ersten Termin zur mündlichen Verhandlung betrug, wurde insoweit abgeändert. Noch im **Referentenentwurf** war ein **wesentlich früherer Termin** vorgesehen, nämlich der Ablauf des Tages vor Beginn des ersten Termins zur mündlichen Verhandlung. Da dieser Termin jedoch zwischen den Parteien der Regierungskoalition stark umstritten war, wurde er schließlich durch den Regierungsentwurf auf den Ablauf von zwei Monaten nach dem ersten Termin verlängert, welcher dann nochmals deutlich durch die Beschlussempfehlung verlängert wurde. Immerhin ist der nun im Normtext enthaltene Termin von drei Wochen nach dem Schluss der mündlichen Verhandlung früher als das vom vzbv bevorzugte Modell eines opt-in erst nach Erlass des Abhilfeurteils (Gsell/Meller-Hannich Rechtsgutachten 4.2.2021, S. 20 f.).

Diese nochmals abgeänderte Frist sorgt nun dafür, dass die Verbraucher **faktisch den ge-** **15** **samten Verfahrensverlauf beobachten** können, bis sie sich entscheiden müssen, ob sie sich im Verbandsklageregister eintragen bzw. bei vorgenommener Eintragung sich wieder gem. Abs. 4 abmelden. Bei gutem Verlauf im Sinne der Verbraucher ist es für sie möglich, bis kurz vor Erlass des Urteils hineinzuoptieren; bei schlechtem Verlauf im Sinne der Verbraucher ist es für sie möglich, kurz vor Erlass des Urteils sich gem. Abs. 4 wieder abzumelden, wenn sie sich bereits vorher angemeldet hatten.

Das **Prozessrisiko** zwischen Unternehmer und Verbrauchern wird damit deutlich **zu Lasten** **16** **des Unternehmers verschoben,** denn auf diese Weise kann der Unternehmer zu Beginn des Verfahrens nicht annähernd abschätzen, wie viele berechtigte Verbraucheransprüche maximal im Fall eines Prozessverlusts zu befriedigen sind. Die Verbraucher hingegen können bis kurz von Urteilsverkündung abwarten, wie sich der Prozess entwickelt, in dem sie Befriedigung ihres Anspruchs ohne eigene Prozessführung erhalten und ihre Interessen durchsetzen können. Wird die mündliche Verhandlung trotz der Veröffentlichung eines Termins zur Verkündung eines Urteils wiedereröffnet, ist die Frist des S. 1 nicht abgelaufen und es bleiben Anmeldungen und Abmeldungen bis zum tatsächlichen Schluss der mündlichen Verhandlung zulässig (Beschlussempfehlung RA, BT-Drs. 20/7631, 113).

b) Nichtanwendbarkeit von § 193 BGB. In S. 2 ist bestimmt, dass **§ 193 BGB nicht** **17** **anwendbar** ist, so dass – selbst wenn der erste Termin auf einem Tag lag, der zwei Monate später ein Samstag, ein Sonntag oder ein staatlich anerkannter allgemeiner Feiertag ist – dennoch der Ablauf dieses Samstags, Sonntags oder des Feiertags für die Fristwahrung maßgeblich ist. Bis 23.59 Uhr dieses Samstags, Sonntags oder Feiertags müssen die Verbraucher sich in diesem Fall zum Verbandsklageregister angemeldet haben, ebenso, wie wenn der Tag auf einen anderen Wochentag fällt. Da das Verbandsklageregister ohnehin elektronisch geführt wird gem. § 43 I 2 und der Termin außerdem gem. § 43 II 2 zwei Wochen vorher bekannt gegeben wird, haben Verbraucher ausreichend Gelegenheit, sich rechtzeitig anzumelden.

c) Ergänzung. Eine **wichtige Ergänzung** hinsichtlich der Frist enthält **§ 7 VKRegV,** der **18** bestimmt: „Macht der Verbraucher glaubhaft, dass seine Anmeldung oder seine Rücknahme der Anmeldung aufgrund einer vorübergehenden technischen Störung des Verbandsklageregisters nicht eingegangen ist, und holt er die Anmeldung oder die Rücknahme unverzüglich nach, so ist sie als zum Zeitpunkt der glaubhaft gemachten vorherigen Anmeldung oder Rücknahme eingegangen anzusehen. Das Bundesamt für Justiz dokumentiert den Zeitpunkt des Beginns und des Endes von technischen Störungen des Verbandsklageregisters." Diese Fiktion des rechtzeitigen Eingangs der Erklärung schützt vor einem Rechtsverlust aufgrund einer technischen Störung des vom Bundesamt für Justiz gem. § 3 I, § 4 I VKRegV zur Verfügung gestellten und daher nicht mehr in den Risikobereich des Verbrauchers fallenden Online-Formulars.

2. Abs. 2

a) Wirksamkeitsvoraussetzungen der Anmeldung. Die Norm entspricht § 608 II ZPO **19** aF; sie legt in S. 1 die Wirksamkeitsvoraussetzungen der Anmeldung fest. Dies ist zum einen die Einhaltung der Form gem. § 47, der eine Anmeldung in **Textform (§ 126b BGB)** vorschreibt; sofern einen Rechtsanwalt die Anmeldung erklärt, muss für die Erklärung das vom Bundesamt für Justiz hierfür elektronisch bereitgestellte Formular genutzt werden (§ 47 II 1). Erklärungsadressat ist in jedem Fall das Bundesamt für Justiz. Die **Anmeldungsfrist** ist in **Abs. 1** geregelt. Die Anmeldung muss die in Nr. 1–6 vorgeschriebenen **Angaben** enthalten; diese sind an die für eine Klageschrift nötigen Angaben gem. § 253 II ZPO angelehnt.

20   **b) Angaben zum Verbraucher oder Kleinunternehmen.** Dies ist in **Nr. 1** Name und Anschrift des Verbrauchers und in **Nr. 2** die Angabe, ob die Anmeldung als kleines Unternehmen iSd § 1 Abs. 2 erfolgt; diese Angabe dient zum einen dazu, dem Bundesamt für Justiz die postalischen Kontaktdaten für die Übermittlung etwaiger Auskünfte zu geben; auch wird auf diese Weise gewährleistet, dass der Unternehmer Kenntnis über die Identität des angemeldeten Verbrauchers erhalten kann (Begr. RegE, BT-Drs. 20/6520, 101). Zum anderen dient die Angabe hinsichtlich eines Kleinunternehmens dazu, sicherzustellen, dass das Gericht Kenntnis davon erlangt, wenn Gegenstand der Verbandsklage auch Ansprüche oder Rechtsverhältnisse von kleinen Unternehmen sind (Beschlussempfehlung RA, BT-Drs. 20/7631, 113). Diese Kenntnis kann für eine ordnungsgemäße Verfahrensführung sowie für Umfang und Strukturierung der Prüfung der geltend gemachten Ansprüche bzw. der von ihr aufgeworfenen Tatsachen und Rechtsfragen relevant sein (Beschlussempfehlung RA, BT-Drs. 20/7631, 113).

21   Die **Frage der Verbrauchereigenschaft** gem. § 608 II Nr. 1 ZPO aF wurde vom **BGH** als unerlässlich für die Wirksamkeit der Anmeldung angesehen und streng beurteilt: Die Anmeldung eines Unternehmers zur einer Musterfeststellungsklage wurde als unwirksam angesehen, da die Anmeldung zur Musterfeststellungsklage Angaben zur Verbrauchereigenschaft erfordere (BGH BeckRS 2022, 33057). Gleiches muss für die Eigenschaft als Kleinunternehmen gelten, so dass die Anmeldung als Kleinunternehmen bei Fehlen der Kleinunternehmereigenschaft unwirksam ist. Die Literatur beurteilt das Vorliegen der Verbrauchereigenschaft teilweise großzügiger (BeckOK ZPO/Lutz ZPO § 608 Rn. 22 mwN).

22   **c) Gericht und Aktenzeichen, Beklagter.** Nach **Nr. 3** muss die Bezeichnung des Gerichts und des Aktenzeichens enthalten sein; dies dient der eindeutigen Zuordnung der Anmeldung. Nach **Nr. 4** muss die Bezeichnung des Beklagten in der Anmeldung enthalten sein; dies ist der beklagte Unternehmer der Abhilfe- oder Musterfeststellungsklage. Auch dieses Erfordernis dient der eindeutigen Zuordnung der Anmeldung.

23   **d) Gegenstand und Grund von Anspruch oder Rechtsverhältnis.** Nach **Nr. 5** muss Gegenstand und Grund des Anspruchs oder des Rechtsverhältnisses des Verbrauchers bei seiner Anmeldung angegeben werden. Diese genaue Bezeichnung des potentiellen Streitgegenstandes ermöglicht den Parteien und Gerichten in einem nachfolgenden Rechtsstreit die Prüfung, ob die Verjährung des konkreten Anspruchs durch die Anmeldung gem. § 204a I Nr. 3, Nr. 4, II Nr. 2 BGB gehemmt wurde. In seiner Rechtsprechung zu § 608 ZPO aF hat der **BGH** ebenso wie die Untergerichte diese Anforderung **relativ streng** gefasst (BGH NJW 2023, 1888 – Anmeldung zum MFK-Klagenregister – Anspruchsindividualisierung mwN). Im Zuge des Dieselskandals hatte sich der Kläger des dieser Entscheidung zugrunde liegenden Sachverhalts in das Musterfeststellungsklagenregister eingetragen und als „Gegenstand und Grund des erhobenen Anspruchs oder des Rechtsverhältnisses" angegeben: „Software Manipulation VW Touran Bj. 2011". Die Klage war in allen drei Instanzen an der fehlenden Wirksamkeit der Anmeldung gescheitert, da die vorgenommene Anmeldung als unwirksam und damit nicht verjährungshemmend angesehen wurde.

24   Der **BGH** ging in dieser Entscheidung davon aus, dass diese Anmeldung den Anforderungen an die Individualisierung des Anspruchs nicht genügten: Für die bestimmte Angabe von Gegenstand und Grund des Anspruchs in der Klageschrift nach § 253 II Nr. 2 ZPO sei es erforderlich, aber im Allgemeinen auch ausreichend, dass der **Anspruch als solcher identifizierbar** sei, indem er durch seine Kennzeichnung von anderen Ansprüchen so unterschieden und abgegrenzt werden könne, dass er Grundlage eines der materiellen Rechtskraft fähigen Vollstreckungstitels sein können; entsprechende Anforderungen gälten für die verjährungshemmende Angabe von Gegenstand und Grund des Anspruchs in der Anmeldung zum Klageregister (BGH NJW 2023, 1888 Rn. 17 f. – Anmeldung zum MFK-Klagenregister – Anspruchsindividualisierung).

25   Anhand dieser Kriterien habe das Gericht in einem **nachfolgenden Rechtsstreit zu prüfen,** ob die individuellen Angaben des Verbrauchers in der Anmeldung zum Klageregister im Einzelfall den Gegenstand und Grund des Anspruchs **unzweifelhaft und unverwechselbar identifiziert** haben (BGH NJW 2023, 1888 Rn. 19 – Anmeldung zum MFK-Klagenregister – Anspruchsindividualisierung). Bei der schlagwortartigen Umschreibung „Software Manipulation VW Touran Bj. 2011" sei dies nicht möglich, da **hier offenbleibe,** aus welchem **individuellen Rechtsgeschäft** der Kläger den geltend gemachten Anspruch herleite, da VW Tourans in großen Mengen existierten (BGH NJW 2023, 1888 Rn. 19 ff. – Anmeldung zum MFK-Klagenregister – Anspruchsindividualisierung). Eine nachträglich erfolgte Individualisierung der Angaben zu Gegenstand und Grund des Anspruchs ist jedoch ungeeignet, die bei Klageerhebung

bereits eingetretene Verjährung rückwirkend zu hemmen (BGH NJW 2023, 1888 Rn. 24 – Anmeldung zum MFK-Klagenregister – Anspruchsindividualisierung).

Zwar ist diese höchstrichterliche Rechtsprechung auf **Kritik** gestoßen: Ihr wird vorgeworfen, **26** dass sie zwar methodisch nicht zu beanstanden sei, aber mit großer Deutlichkeit eine Schwäche der gesetzlichen Regelung offenbare, weil durch sie kollektiver Rechtsschutz durch Verbandsklagen oft ins Leere laufen werde (Vollkommer NJW 2023, 1891). Da nach dieser Rechtsprechung die Anmeldung zum Klageregister eine individuelle Rechtsverfolgung darstelle und inhaltlich den Angaben einer Klage entsprechen müsse, deren Nichtbeachtung zum Rechtsverlust führe, stelle dies den Sinn des kollektiven Rechtsschutzes durch eine Verbandsklage in Frage (Vollkommer NJW 2023, 1891).

Zu beachten ist jedoch, dass die Anmeldung – neben den anderen Wirkungen der Teilnahme **27** an der Verbandsklage – **verjährungshemmend** für den angemeldeten Anspruch wirkt, wofür eine **unzweifelhafte Identifizierung** des in der Verjährung gehemmten Anspruchs unerlässlich ist. Hierfür ist zwingend, dass dieser Anspruch von anderen Ansprüchen ähnlichen Inhalts unterschieden werden kann. Dafür ist erforderlich, dass eine so genaue Angabe des Gegenstandes und des Grundes des erhobenen Anspruchs gemacht wird, dass die Identität des Lebenssachverhalts unverwechselbar feststeht.

Eine **allgemeine, schlagwortartige Bezeichnung** ist daher **nicht** in der Lage, diese Identi- **28** tät des Lebenssachverhalts zu liefern: Dass es die Manipulation der VW-Motorsteuerungssoftware gab, ist eine allgemeine Tatsache und VW Tourans, Baujahr 2011 gibt es Zigtausende. Für Nr. 5 ist daher zumindest die Angabe der Beteiligten sowie von Ort und Zeit des Erwerbs, mithin Angaben zu dem Kaufvertrag einschließlich Käufer, Verkäufer, Kaufgegenstand (mit manipulierter Software), Kaufpreis und Kaufdatum erforderlich, da der Lebenssachverhalt bei Eintragung feststehen muss. Eine nachträgliche Individualisierung ist zur Verjährungshemmung und damit zur wirksamen Eintragung nicht tauglich.

e) Versicherung zu Richtigkeit und Vollständigkeit. Nach **Nr. 6** muss bei der Anmel- **29** dung die Versicherung der Richtigkeit und Vollständigkeit der Angaben abgegeben werden. Dies dient dazu, Missbräuche auszuschließen und zu gewährleisten, dass Sinn und Zweck hinsichtlich des kollektiven Rechtsschutzes nicht verfehlt werden (Begr. RegE, BT-Drs. 20/6520 Rn. 101).

f) Ergänzungen. In **§ 3 I VKRegV** ist bestimmt, dass das Bundesamt für Justiz den Ver- **30** brauchern für die Anmeldung zur Eintragung von Ansprüchen oder Rechtsverhältnissen unentgeltlich ein **Formular** gemeinsam mit einer Ausfüllanleitung zur Verfügung stellt und zwar sowohl elektronisch als auch in Papierform. Zudem bestimmt § 3 II VKRegV, dass die nach der vorliegenden Norm verpflichtenden Angaben im Formular als verpflichtend zu kennzeichnen sind; beim Formularfeld zu Gegenstand und Grund des Anspruchs oder des Rechtsverhältnisses ist darauf hinzuweisen, dass die Angabe hierzu **höchstens 2.500 Zeichen** betragen soll.

In S. 2 ist bestimmt, dass bei der Anmeldung eines Zahlungsanspruchs die Anmeldung auch **31** Angaben zur **Höhe** dieses **Anspruchs** enthalten soll; dies gibt sowohl dem Unternehmer als auch dem Verbraucherverband über die Höhe der jeweiligen Einzelansprüche. Das wiederum ist relevant einerseits für die Höhe des geltend zu machenden **kollektiven Gesamtanspruchs,** sofern die repräsentierten Verbraucher nicht namentlich benannt, sondern nur anhand abstrakter Merkmale kollektiv beschrieben werden; andererseits dient es dem Unternehmer als Orientierung hinsichtlich der **Gesamthöhe der Verbraucheransprüche** und damit seines Prozessrisikos, das er allerdings – wegen des späten Fristablaufs nach Abs. 1 erst drei Wochen nach dem Schluss der mündlichen Verhandlung – nicht genauer einschätzen kann, so dass die Angaben für ihn faktisch nutzlos sind.

3. Eintragung ohne inhaltliche Prüfung (Abs. 3)

In **Abs. 3** ist – ebenso wie in § 608 II 3 ZPO aF für die frühere Musterfeststellungsklage – **32** bestimmt, dass eine **inhaltliche Prüfung** der Angaben der Anmeldung **nicht** stattfindet. Vielmehr werden diese Angaben ohne inhaltliche Prüfung in das Verbandsklagenregister eingetragen. Die inhaltliche Prüfung im Hinblick auf die Verbrauchereigenschaft bzw. die Eigenschaft als Kleinunternehmer gem. § 1 II, auf Bestand und Höhe der Forderung findet ohne namentliche Nennung der repräsentierten Verbraucher in der Abhilfeklage erst im Umsetzungsverfahren gem. § 27 Nr. 3, Nr. 11 durch die Prüfung von Seiten des Sachwalters statt. Werden die repräsentierten Verbraucher namentlich in der Abhilfeklage genannt, prüft das Gericht ihre Ansprüche entsprechend.

4. Abs. 4

33   **a) Frist für Rücknahme.** Abs. 4 bestimmt, dass die Anmeldung bis zu dem in Abs. 1 genannten Zeitpunkt **zurückgenommen** werden kann, mithin bis zum Ablauf von drei Wochen nach dem Schluss der mündlichen Verhandlung. Diese Regelung hat ihre Vorläufernorm in § 608 III ZPO aF, wo allerdings eine deutlich kürzere Frist vorgeschrieben war. Auch für die Rücknahme der Anmeldung gilt gem. § 47 I die Textform gem. § 126b BGB sowie bei Erklärung durch einen Rechtsanwalt die zwingende Benutzung des vom Bundesamt für Justiz gem. § 47 II bereitgestellten elektronischen Formulars. § 4 I VKRegV ist ebenso wie in § 3 I VKRegV unentgeltlich ein **Formular** gemeinsam mit einer Ausfüllanleitung zur Verfügung stellt und zwar sowohl elektronisch als auch in Papierform.

34   **b) Wirkung der Rücknahme.** Durch die **Rücknahme der Anmeldung entfallen** für die betroffenen Verbraucher die Aussetzungspflicht gem. § 11 I, die Sperrwirkung gem. § 11 II, die Bindungswirkung gem. § 11 III sowie die Verjährungshemmung gem. § 204a I Nr. 3, 4, II Nr. 2 BGB. Eine **wichtige Ergänzung** hinsichtlich der Frist zur Rücknahme der Anmeldung enthält **§ 7 VKRegV,** der eine Fiktion eines rechtzeitigen Eingangs der Erklärung bei technischen Störungen des Verbandsklageregisters enthält.

Formvorschriften

47 (1) **Anmeldung und Rücknahme sind in Textform gegenüber dem Bundesamt für Justiz zu erklären.**

(2) **¹Wird die Anmeldung oder die Rücknahme durch einen Rechtsanwalt erklärt, muss für die Erklärung das vom Bundesamt für Justiz hierfür elektronisch bereitgestellte Formular genutzt werden. ²Ist dies aus technischen Gründen vorübergehend nicht möglich, so ist die Übermittlung in Textform zulässig. ³Die vorübergehende Unmöglichkeit ist bei der Ersatzeinreichung oder unverzüglich danach glaubhaft zu machen; auf Anforderung des Bundesamts für Justiz ist die Erklärung mittels des elektronisch bereitgestellten Formulars nachzuholen. ⁴§ 703 der Zivilprozessordnung gilt entsprechend.**

(3) **Die Absätze 1 und 2 sind auf die Erklärung des Austritts aus einem Vergleich entsprechend anzuwenden.**

I. Systematik und unionsrechtlicher Hintergrund

1   Die Norm hängt **systematisch** mit der Anmeldung von Verbraucheransprüchen zum Verbandsklageregister gem. **§ 46 I** und der Rücknahme dieser Anmeldung gem. **§ 46 IV** zusammen. Ebenfalls hängt sie mit dem in **§ 10** geregelten Austritt aus einem Vergleich zusammen, den der klagende Verbraucherverband und der Unternehmer geschlossen haben zur konsensualen Beilegung der Verbandsklage: An sich entfaltet dieser Vergleich Bindungswirkung gem. § 9 I iVm § 11 III für alle angemeldeten Verbraucher; hat jedoch ein Verbraucher innerhalb eines Monats nach Bekanntgabe des Vergleichs gegenüber dem Bundesamt für Justiz seinen Austritt aus dem Vergleich erklärt, ist er nicht gem. § 10 II gebunden.

2   Eine **unionsrechtliche** Determinierung hinsichtlich der Formvorschriften für Anmeldung, Rücknahme und Austritt besteht **nicht.** Lediglich die Anmeldung zum Verbandsklageregister als solche für die teilnehmenden Verbraucher ist gem. **Art. 9 II, III Verbandsklagen-RL** bei der Opt-in-Lösung, die der deutsche Gesetzgeber gewählt hat, vorgegeben.

II. Norminhalt

1. Form und Erklärungsadressat (Abs. 1)

3   Die Norm entspricht der **Vorläuferregelung** des § 608 IV ZPO aF, wo sich eine wortgleiche Regelung fand, die allerdings nur die Musterfeststellungsklage betraf. Die Textform sowohl der Anmeldungs- als auch der Rücknahmeerklärung bestimmt sich gem. **§ 126b BGB.** Erklärungsadressat ist das Bundesamt der Justiz. Sowohl Anmeldung als auch Rücknahme können auf

einfache Weise über Online-Formulare von den Verbrauchern vorgenommen werden, die das Bundesamt für Justiz auf seinem Online-Portal anbietet; hierzu sind **§ 3 I VKRegV, § 4 I VKRegV (Verbandsklagenregisterverordnung)** maßgeblich, welche bestimmen, dass für die Anmeldungen zur Eintragung von Ansprüchen oder Rechtsverhältnissen in das Verbandsklageregister nach § 43 durch das Bundesamt für Justiz für die Verbraucher unentgeltlich ein Formular gemeinsam mit einer Ausfüllanleitung zur Verfügung gestellt wird, wobei das Formular und die Ausfüllanleitung jeweils elektronisch als auch in Papierform zur Verfügung gestellt werden. Dies ermöglicht auch Verbrauchern ohne Nutzung des Online-Formulars ihre Erklärung abzugeben.

2. Besonderheiten bei Erklärung durch Rechtsanwalt (Abs. 2)

Da sich die Verbraucher bei ihrer Erklärung gem. § 46 I, IV, § 10 vertreten lassen können, ist **4** in Abs. 2 S. 1 die Form für die Erklärung durch einen **Vertreter** geregelt: Ist dies ein **Rechtsanwalt,** muss für die Erklärung verpflichtend das vom Bundesamt für Justiz hierfür elektronisch bereitgestellte Formular gem. § 3 I VKRegV, § 4 I VKRegV genutzt werden. Dies ist deshalb unproblematisch, da für die Rechtsanwälte – bereits aufgrund der Nutzungspflicht des besonderen elektronischen Anwaltspostfachs – die Nutzung von Online-Angeboten ohnehin Teil ihres Berufs ist. S. 2 enthält eine Ausnahme für den Fall, dass dies aus technischen Gründen vorübergehend nicht möglich ist; in diesem Fall ist die Übermittlung der Erklärung in Textform, § 126b BGB zulässig.

Gem. S. 3 ist die vorübergehende Unmöglichkeit der elektronischen Übermittlung bei der **5** Ersatzeinreichung oder unverzüglich danach glaubhaft zu machen. Auf Anforderung des Bundesamts für Justiz ist die Erklärung mittels des elektronisch bereitgestellten Formulars nachzuholen. Gem. S. 4 gilt **§ 703 ZPO entsprechend,** so dass es bei der Erklärung durch einen Rechtsanwalt für einen Verbraucher nicht den Nachweis einer Vollmacht braucht; die ordnungsgemäße Bevollmächtigung durch den Rechtsanwalt ist jedoch zu versichern. Stellt sich anschließend heraus, dass die Vollmacht nicht erteilt war, sind die vorgenommenen Erklärungen unwirksam (Thomas/Putzo/Hüßtege ZPO § 703 Rn. 3).

3. Austritt aus Vergleich (Abs. 3)

Auf die Erklärung eines **Austritts** aus dem Vergleich gem. **§ 10** sind die Abs. 1 und 2 **6** entsprechend anzuwenden. Die dargestellten Formvorschriften gelten daher auch für den Fall, dass ein Verbraucher selbst oder durch einen Rechtsanwalt seinen Austritt aus einem Vergleich erklärt. Die Frist hierfür ist in § 10 geregelt und beläuft sich auf einen Monat beginnend mit der Bekanntgabe des Vergleichs im Verbandsklageregisters. Auch hier ist die Erklärung gegenüber dem Bundesamt für Justiz abzugeben.

Dass ein Vergleich zwischen dem klagenden Verbraucherverband und dem Unternehmer **7** geschlossen und gerichtlich genehmigt ist worden, wird im Verbandsklageregister gem. § 44 Nr. 10 öffentlich bekannt gemacht. Zwar ist in der VKRegV keine gesonderte Regelung hinsichtlich der Zurverfügungstellung eines Online-Formulars durch das Bundesamt für Justiz enthalten, wie dies hingegen für die Anmeldung gem. § 3 I VKRegV und die Rücknahme der Anmeldung gem. § 4 I VKRegV vorgeschrieben ist. Jedoch muss gesehen werden, dass aufgrund von Abs. 3 die Regelungen aus Abs. 1 und 2 entsprechend gelten, so dass für den **Austritt** aus dem Vergleich ebenfalls **entsprechend § 4 I VKRegV** heranzuziehen ist.

Einsichtnahme und Auskunft

48 (1) **Öffentliche Bekanntmachungen können von jedermann unentgeltlich im Verbandsklageregister eingesehen werden.**

(2) ¹**Das Bundesamt für Justiz hat dem Gericht sowie dem bestellten Sachwalter auf dessen Anforderung jeweils einen Auszug aller im Verbandsklageregister erfassten Angaben über die Personen zu übersenden, die sich wirksam zu einer Verbandsklage zur Eintragung in das Verbandsklageregister angemeldet und ihre Anmeldung nicht wirksam zurückgenommen haben.** ²**Das Gericht übermittelt den Parteien formlos eine Abschrift des Auszugs.**

(3) **Das Bundesamt für Justiz hat einem angemeldeten Verbraucher auf dessen Verlangen einen schriftlichen Auszug über die Angaben zu überlassen, die im Klageregister zu ihm und seiner Anmeldung erfasst sind.**

(4) **Das Bundesamt für Justiz hat den Parteien einer Verbandsklage auf deren Anforderung jeweils einen Auszug aller im Verbandsklageregister erfassten Angaben über diejenigen Verbraucher zu überlassen, die sich wirksam zu einer Verbandsklage zur Eintragung in das Verbandsklageregister angemeldet und ihre Anmeldung nicht wirksam zurückgenommen haben.**

Übersicht

I. Systematik

1   Die Norm hängt **systematisch** mit **§ 44** zusammen, der die öffentliche Bekanntmachung für bestimmte Angaben zu einer rechtshängigen Verbandsklage vorschreibt, damit die korrekte Information der Verbraucher über laufende Verbandsklagen sichergestellt ist und sie damit eine sichere Grundlage für ihre Entscheidung einer Anmeldung haben. Die vorliegende Norm gewährleistet jedermann eine unentgeltliche Einsicht. Zudem steht die Norm in systematischem Zusammenhang mit **§ 27 Nr. 2,** wo dem Sachwalter auf Anforderung der Anspruch gegen das Bundesamt für Justiz auf Übermittlung eines Auszugs aus dem Verbandsklageregister gegeben wird, der die am Umsetzungsverfahren teilnehmenden Verbraucher ausweist sowie sämtlicher Angaben, die im Verbandsklageregister zu den geltend gemachten Ansprüchen vermerkt sind.

2   Dies gewährleistet eine **faktenbasierte Planung** des Umsetzungsverfahrens für den Sachwalter; gleichermaßen ist für das Gericht, das gem. **§ 30 I** den Sachwalter zu beaufsichtigen hat, eine Gewährleistung für korrekte Informationen hinsichtlich der Ausgangsbasis des Umsetzungsverfahrens gegeben. Für die faktenbasierte, interessengerechte Planung ihrer Prozessführung haben die Parteien einen entsprechenden Anspruch. Das Gericht hat ohnehin hinsichtlich der gesamten Verbandsklage den Bedarf nach umfassender Information hinsichtlich der angemeldeten Verbraucher.

II. Unionrechtlicher Hintergrund

3   **Unionsrechtlich** ist das Einsichtnahme- und Auskunftsrecht **nicht** determiniert. Die in Art. 13 Verbandsklagen-RL statuierten Informationspflichten kennen als Normadressaten lediglich die qualifizierte Einrichtung und nach gerichtlicher Anordnung den Unternehmer. Eine **Möglichkeit** für die Mitgliedstaaten zur Einrichtung nationaler elektronischer Datenbanken, die ua Informationen über laufende und abgeschlossene Verbandsklagen enthalten, enthält **Art. 14 I Verbandsklagen-RL.**

III. Norminhalt

1. Recht auf freie Einsichtnahme (Abs. 1)

4   Die Regelung entspricht **§ 609 III ZPO aF** und enthielt gleichlautend das unentgeltliche Einsichtsrecht für jedermann hinsichtlich des bisherigen Klageregisters für die Musterfeststellungsklage. Erfasst von dem **Recht auf freie Einsichtnahme** sind alle im Verbandsklagenregister öffentlich bekannt zu machenden Angaben; auf diese Weise wird gewährleistet, dass interessierte Verbraucher entscheiden können, ob eine sie betreffende Verbandsklage rechtshängig ist und ob für ihren Anspruch oder ihre Rechtsverhältnisse eine Anmeldung sinnvoll ist (Begr. RegE, BT-Drs. 20/6520, 102). Ebenso können sie entscheiden, ob sie einen wirksam gewordenen Vergleich gegen sich gelten lassen wollen oder ob sie ihren Austritt erklären, ob ein Umsetzungsverfahren begonnen hat oder beendet wurde. Ein Recht zur Akteneinsicht, zum eigenen Vortrag und damit auch das Recht, Beachtung aufgrund rechtlichen Gehörs zu erreichen, hat der Einzelne hingegen nicht (so für das bisherige Klageregister Thomas/Putzo/Seiler ZPO § 609 Rn. 3).

2. Auszugerteilung an Gericht und Sachwalter (Abs. 2)

Die Regelung entspricht **§ 609 V ZPO aF** für die alte Musterfeststellungsklage. Das zur **5** Entscheidung über die Verbandsklage berufene **Gericht** und der bestellten Sachwalter erhält vom Bundesamt für Justiz einen Auszug aller im Verbandsklageregister erfassten Angaben über **wirksam angemeldete** und nicht wieder wirksam abgemeldete Verbraucher gem. S. 1. In § 609 V ZPO aF war noch die Anforderung auch durch das Gericht beim Bundesamt für Justiz ausdrücklich erforderlich, in Abs. 2 S. 1 scheint dies nach dem Wortlaut der Norm nicht mehr der Fall zu sein, da sich die Wendung „dessen Aufforderung" grammatikalisch lediglich auf den Sachwalter zu beziehen scheint – anders als in Abs. 4, wo nach dem klaren Wortlaut die Aufforderung sich auf beide Parteien bezieht.

Die **Gesetzesbegründung äußert sich hierzu nicht,** so dass nicht klar ist, ob insoweit eine **6** Rechtsänderung gegenüber § 609 V ZPO aF intendiert ist. Vorliegend ist daher wohl eher davon auszugehen, dass **lediglich eine Anforderung** durch den Sachwalter nötig ist, die Übersendung das Gericht durch das Bundesamt für Justiz von Amts wegen zu erfolgen hat.

Zwar ist die Zulässigkeit der Verbandsklage nicht mehr – wie noch gem. § 606 III Nr. 3 ZPO **7** aF – von einem Quorum von 50 angemeldeten Verbrauchern abhängig, vielmehr genügt mittlerweile die nachvollziehbare Darlegung gem. § 4 I, dass von der Verbandsklage die Ansprüche von mindestens 50 Verbrauchern betroffen sind (§ 5 I Nr. 2). Jedoch ist die **Kenntnis** über die Anzahl der angemeldeten Verbraucher für das Gericht für eine **sachgerechte Prozessführung,** etwaige Vergleichsvorschläge und die Durchführung eines Umsetzungsverfahrens erforderlich, da das Gericht den Sachwalter, der das Umsetzungsverfahren durchführt, beaufsichtigen muss, § 30 I. Insbesondere ist die Kenntnis über die Anzahl der angemeldeten Verbraucher für das Gericht im Rahmen der Verbandsklage hinsichtlich der Festlegung des kollektiven Gesamtbetrags gem. § 18 II und der vorläufigen Festsetzung der Kosten des Umsetzungsverfahrens gem. § 18 I Nr. 2 von Bedeutung. Dies wird jedoch dadurch erschwert, dass die Anmeldung bis zum Ablauf von drei Wochen nach Schluss der mündlichen Verhandlung möglich ist, § 46 I, ebenso entsprechend die Abmeldung (§ 46 IV).

Der **Sachwalter** muss gem. S. 1 den Auszug anfordern. Für den Sachwalter ist die Kenntnis **8** der genauen Anzahl und der Identität aller angemeldeten Verbraucher unerlässlich für die ordnungsgemäße Durchführung des Umsetzungsverfahrens, da er die Ansprüche der jeweiligen konkreten Verbraucher befriedigen muss bzw. den Unternehmer hierzu auffordern muss, § 27 Nr. 9. Ohne Kenntnis der exakten Anzahl und der genauen Daten dieser teilnehmenden Verbraucher ist für den Sachwalter die ordnungsgemäße Ausführung des Umsetzungsverfahrens nicht möglich. Den **Parteien** ist gem. S. 2 vom Gericht der Verbandsklage eine formlose Abschrift des Auszugs zu übermitteln, den das Gericht gem. S. 1 vom Bundesamt für Justiz erhalten hat. Die Parteien benötigen diese Informationen zur Planung ihrer Prozessführung, für etwaige Vergleichsangebote und für den Unternehmer die Kalkulation, welchen finanziellen und organisatorischen Aufwand die Durchführung eines Umsetzungsverfahrens mit sich bringen wird.

3. Auskunftserteilung an Verbraucher (Abs. 3)

Nach dieser Norm können angemeldete Verbraucher vom Bundesamt für Justiz **Auskunft 9** über die zu ihrer Anmeldung im Klageregister erfassten Angaben verlangen; das Bundesamt für Justiz hat einem angemeldeten Verbraucher auf dessen Verlangen einen schriftlichen Auszug über die Angaben zu überlassen, die im Klageregister zu ihm und seiner Anmeldung erfasst sind. Diese Norm resultiert daraus, dass die angemeldeten Verbraucher nicht bereits über einen Auskunftsanspruch nach Art. 15 DS-GVO verfügen; daher hat der Gesetzgeber die bisherige Regelung von **§ 609 IV ZPO aF** sinngemäß übernommen (Begr. RegE, BT-Drs. 20/6520, 103).

4. Auszugerteilung an Parteien (Abs. 4)

Die Regelung entspricht **§ 609 VI ZPO aF.** Die Parteien erhalten hier einen Anspruch gegen **10** das Bundesamt für Justiz auf Übermittlung eines Auszugs aus dem Verbandsklageregister hinsichtlich aller Angaben hinsichtlich der wirksam angemeldeten und nicht wirksam wieder abgemeldeten Verbraucher; dieser Auszug muss von der jeweiligen Partei angefordert werden. Dieser Anspruch der Parteien tritt neben die Verpflichtung des Gerichts gem. Abs. 2 S. 2, den Parteien formlos eine Abschrift des Auszugs zu übermitteln.

Verordnungsermächtigung

49 **Das Bundesministerium der Justiz wird ermächtigt, durch Rechtsverordnung ohne Zustimmung des Bundesrats die näheren Einzelheiten zum Verbandsklageregister zu regeln, insbesondere Bestimmungen über Inhalt, Aufbau, Führung und Art des Betriebs des Verbandsklageregisters, die Einreichung, Eintragung, Änderung und Vernichtung der im Verbandsklageregister erfassten Angaben, die Erteilung von Auszügen aus dem Verbandsklageregister sowie zur Information angemeldeter Verbraucher, zur Datensicherheit und Barrierefreiheit zu treffen.**

1   Die Norm entspricht **§ 609 VII ZPO aF.** Das Bundesministerium der Justiz wird ermächtigt, ohne Zustimmung des Bundesrats eine Rechtsverordnung zu erlassen, die die nähere Ausgestaltung des Verbandsklageregisters, insbesondere die Einzelheiten der elektronischen Registerführung bestimmt werden. Zu § 609 VII ZPO aF wurde die Verordnung über das Register für Musterfeststellungsklagen (MFKRegV) vom 24.10.2018 geschaffen. Für die Verbandsklage wird nun gem. § 49 eine Verbandsklagenregisterverordnung – VKREgV – auf den Weg gebracht.

2   Diese Verbandsklagenregisterverordnung – **VKRegV** – wurde durch Änderung der Musterfeststellungsklagenregisterverordnung in Art. 2 VRUG geschaffen. Inhaltlich wurde hier hauptsächlich eine Anpassung an die Bestimmungen des VDuG vorgenommen. Das Verbandsklagenregister wird außerdem nicht nur für Musterfeststellungsklagen und Abhilfeklagen nach dem VDuG, sondern auch für einstweilige Verfügungen und Unterlassungsklagen gem. § 1 I Nr. 1–3 VRegV für die in der Regelung aufgeführten Ansprüche nach dem UKlaG und dem UWG geführt.

Abschnitt 5. Schlussvorschriften

Evaluierung

50 **Dieses Gesetz ist fünf Jahre nach dem Inkrafttreten zu evaluieren.**

1   Die Norm ordnet eine **Evaluierung** des Gesetzes an, die fünf Jahre nach seinem Inkrafttreten zu erfolgen hat. Sie war nicht im Regierungsentwurf enthalten und wurde erst durch die Beschlussempfehlung RA in das Gesetz aufgenommen. Begründet wurde dies vom Rechtsausschuss damit, dass mit diesem Gesetz eine gänzlich neue zivilprozessuale Klageart eingeführt wird. Daher ist das Gesetz – ungeachtet der von der Europäischen Kommission nach Art. 23 Verbandsklange-RL vorzulegenden Evaluierung der Richtlinie – auch national zu evaluieren (Beschlussempfehlung RA, BT-Drs. 20/7631, 113).

2   Sowohl der **Referentenentwurf** als auch der **Regierungsentwurf** gingen noch beide explizit davon aus, dass eine derartige **nationale Evaluierung** neben der Evaluierung auf EU-Eben **nicht erforderlich** ist (Begr. RefE, 68; Begr. RegE, BT-Drs. 20/6520, 76), da eine separate nationale Evaluierung angesichts der Tatsache, dass die Evaluierung durch die EU-Kommission insbesondere auch eine Bewertung des Anwendungsbereichs der Richtlinie einschließt.

3   **Wesentlicher Gegenstand** der Evaluierung sollen insbesondere die Regelungen über den **Sachwalter,** über die **Frist zur Anmeldung** sowie zur **Verjährungshemmung** sein. Die Frist von fünf Jahren ist erforderlich, damit zum Zeitpunkt der Evaluierung überhaupt erste Erfahrungen mit den Regelungen ausgewertet werden können (Beschlussempfehlung RA, BT-Drs. 20/7631, 113). Es ist davon auszugehen, dass eine Evaluierung zudem auch die **empirische Tatsache** nicht unberücksichtigt lassen kann, **wie viele Verbandsklagen** im Laufe dieser fünf Jahre **erhoben** werden und wie viele davon **Erfolg** haben.

4   Eine **krasse Diskrepanz** bei den **gesetzgeberischen Erwartungen** gegenüber der **Rechtswirklichkeit** zeigte sich hier bei den alten Musterfeststellungsklagen, von denen vom Gesetz-

geber ca. 450 pro Jahr erwartet wurden (BT-Drs. 19/2439, 20), jedoch insgesamt von 2018 bis 2023 lediglich 38 erhoben wurden. Nunmehr ist die Erwartung des Gesetzgebers, dass durchschnittlich 15 Abhilfeklagen und zehn Musterfeststellungsklagen pro Jahr erhoben werden (Begr. RegE, BT-Drs. 20/6520, 74). Für die Musterfeststellungsklage werden Anmeldezahlen von durchschnittlich ca. 1.500 Anmeldungen angenommen, für die Abhilfeklage von durchschnittlich ca. 3.000 (Beschlussempfehlung RA, BT-Drs. 20/7631, 113). Ob sich diese Erwartungen erfüllen, oder die empirischen Daten wiederum weit hinter den Erwartungen des Gesetzgebers zurückbleiben, wird sich zeigen.

Fundstellenverzeichnis für Entscheidungen des Europäischen Gerichtshofs (EuGH)

Dat.	RS	Slg	GRUR Int	GRUR	WRP	NJW	Name der Entscheidung	ECLI
1962 6. 4.	13/61	62, 97	62, 307				Kledingverkoopbedrijf de Geus en Uitdenbogerd/ Bosch und N. V. Maatschappij tot Voortzetting van de Zaken der Firma Willem van Rijn	ECLI:EU: C:1962:11
1966 13. 7.	56/64, 58/64	66, 321	66, 580				Consten und Grundig/ Kommission	ECLI:EU: C:1966:41, ECLI:EU: C:1965:60
1970 18. 3.	43/69	70, 127					Bilger/Jehle	ECLI:EU: C:1970:20
1971 25.11.	22/71	71, 949	72, 495				Béguelin/S. A. G. L. Import Export	ECLI:EU: C:1971:113
1973 6. 2.	48/72	73, 77	73, 640				Brasserie de Haecht/Wilkin und Janssen	ECLI:EU: C:1973:11
1974 11. 7.	8/74	74, 837	74, 467			75, 515	Staatswissenschaft/Dassonville	ECLI:EU: C:1974:82
1975 20. 2.	12/74	75, 181	77, 25			75, 1622	Kommission/Deutschland (Sekt/Weinbrand)	ECLI:EU: C:1975:23
1976 22. 6.	119/75	76, 1039	76, 402				Terrapin Overseas Ltd./ Terranova Industrie	ECLI:EU: C:1976:94
30.11.	21/76	76, 1735				77, 493	Handelskwerkerij G. J. Bier/Mines de Potasse d Alsace	ECLI:EU: C:1976:166
1977 25.10.	26/76	77, 1875	78, 254				Metro SB-Großmärkte/ Kommission	ECLI:EU: C:1977:167
14.12.	59/77	77, 2359				78, 1106	Ets. A. de Bloos/Bouyer	ECLI:EU: C:1977:207
1978 23. 5.	102/77	78, 1139	78, 291				Hoffmann La Roche/Centrafarm	ECLI:EU: C:1978:108
1979 13. 2.	85/76	79, 461					Hoffmann-La Roche/ Kommission	ECLI:EU: C:1979:36
20. 2.	120/78	79, 649	79, 468			79, 1766	Rewe/Bundesmonopolverwaltung für Branntwein	ECLI:EU: C:1979:42
5. 4.	148/78	79, 1629					Ratti	ECLI:EU: C:1979:110
1980 11.12.	31/80	80, 3775	81, 315				L'Oréal/De Nieuwe Amck	ECLI:EU: C:1980:289
16.12.	27/80	80, 3839				81, 1148	Fietje	ECLI:EU: C:1980:293

Fundstellenverzeichnis EuGH 1981–1988

Dat.	RS	Slg	GRUR Int	GRUR	WRP	NJW	Name der Entscheidung	ECLI
1981								
20. 1.	55/80, 57/80	81, 147	81, 229			81, 1143	Musik Vertrieb membran und K-tel, International/ GEMA	ECLI:EU: C:1981:10
17. 6.	113/80	81, 1625	82, 117			81, 2634	Kommission/Irland	ECLI:EU: C:1981:139
14. 7.	155/80	81, 1993				81, 1885	S. Oebel	ECLI:EU: C:1981:177
17.12.	279/80	81, 3305					J. Webb	ECLI:EU: C:1981:314
1982								
2. 3.	6/81	82, 707	82, 439				Industrie Diensten/Beeler Handelmaatschappij	ECLI:EU: C:1982:72
5. 5.	15/81	82, 1409					Gaston Schul Duane Expediteur/Inspecteur der Invoerrechten en Accijnzen Roosendaal	ECLI:EU: C:1982:135
10.11.	261/81	82, 3961					Rau Lebensmittelwerke/ De Smedt	ECLI:EU: C:1982:382
6.10.	283/81					83, 1257	CILFIT und Lanificio di Gavardo/Ministero della Sanitá	ECLI:EU: C:1982:335
15.12.	286/81	82, 4575	83, 648			83, 1256	Oosthoek s Uitgeversmaatschappij	ECLI:EU: C:1982:438
1984								
7. 2.	238/82	84, 523				85, 542	Duphar/Niederlande	ECLI:EU: C:1984:45
13. 3.	16/83	84, 1299	84, 291	84, 343		84, 1291	Prantl	ECLI:EU: C:1984:101
6. 9.	177/83	84, 3651	85, 110		85, 141		Th. Kohl/Ringelhahn & Rennet und Ringelhahn	ECLI:EU: C:1984:334
1985								
7. 2.	240/83	85, 53					Procureur de la République/Association de défense de brûleurs d huiles usagées	ECLI:EU: C:1985:59
7.11	60/84, 61/84	85, 2605	86, 194	86, 114		86, 1421	Cinéthèque/FNCF	ECLI:EU: C:1985:329
1986								
28. 1.	161/84	86, 353	86, 193				Pronuptia de Paris/Pronuptia de Paris I. Schillgalis	ECLI:EU: C:1986:41
26. 2.	152/84	86, 723				86, 2178	Marshall/Health Authority	ECLI:EU: C:1986:84
24.6.	53/85	86, 1965					AKZO Chemie/Kommission	ECLI:EU: C:1986:256
22.10.	75/84	86, 3021	88, 237				Metro SB-Großmärkte/ Kommission	ECLI:EU: C:1986:399
4.12.	179/85	86, 3879	87, 414				Kommission/Deutschland („pétillant de raisan")	ECLI:EU: C:1986:466
1987								
12. 3.	178/84	87, 1227	87, 404	87, 245		87, 1133	Kommission/Deutschland (Reinheitsgebot für Bier)	ECLI:EU: C:1987:126
21. 5.	249/85	87, 2345	87, 585			87, 2153	Albako/Bundesanstalt für landwirtschaftliche Marktordnung	ECLI:EU: C:1987:245
8.10.	80/86	87, 3969					K. Nijmegen	ECLI:EU: C:1987:431
1988								
14. 7.	407/85	88, 4233				88, 2169	3 Glocken und Kritzinger/ USL	ECLI:EU: C:1988:401
20. 9.	302/86	88, 4607				89, 3084	Kommission/Dänemark (Getränkepfandflaschen)	ECLI:EU: C:1988:421

Dat.	RS	Slg	GRUR Int	GRUR	WRP	NJW	Name der Entscheidung	ECLI
1989								
2. 2.	247/87	89, 229				89, 1428	Kommission/Deutschland (Reinheitsgebot für Fleischerzeugnisse (Wurst))	ECLI:EU: C:1989:58
2. 2.	C-186/87	89, 195					Cowan/Trésor public	ECLI:EU: C:1989:47
7. 3.	217/87	89, 617				89, 2185	Schumacher/Hauptzollamt Frankfurt am Main-Ost	ECLI:EU: C:1988:425
11. 5.	76/86	89, 1021				89, 2184	Kommission/Deutschland (Verkehrsverbot für Milch-ersatzstoffe)	ECLI:EU: C:1989:184
22. 6.	103/88	89, 1839				90, 3071	Fratelli Constanzo/Stadt Mailand	ECLI:EU: C:1989:256
13.12.	C-322/88	89, 4407					Salvatore Grimaldi/Fonds des maladies professionelles	ECLI:EU: C:1989:646
1990								
7. 3.	C-326/88	90, I-667	90, 955		93, 578		GB-Inno-BM/Confédération des commerces luxembourgeois	ECLI:EU: C:1990:291
8.11.	C-231/89	90, I-4003					Gmurzynska-Bscher/ Oberfinanzdirektion Köln	ECLI:EU: C:1990:386
13.11.	C-269/89	90, I-4169					Bonfait	ECLI:EU: C:1990:399
13.12.	C-238/89	90, I-4827	91, 215		91, 562	91, 1406	Pall Corp/P. J. Dalhausen & Co.	ECLI:EU: C:1990:473
1991								
16. 4.	C-347/89	91, I-1763				91, 2951	Freistaat Bayern/Eurim Pharma	ECLI:EU: C:1991:148
19.11.	C-6/90, C-9/90	91, I-5357				92, 165	Francovich/Italien	ECLI:EU: C:1991:428
13.12.	C-18/88	91, I-5941					Régie des télégraphes et des téléphones/GB-Inno-BM	ECLI:EU: C:1991:474
1992								
16. 1.	C-373/90	92, I-131			92, 233		Ermittlungsverfahren gegen X	ECLI:EU: C:1992:17
4. 6.	C-13/91, C-113/90	92, I-3617					M. Debus	ECLI:EU: C:1992:247, ECLI:EU: C:1991:365
10.11.	C-3/91	92, I-5529	93, 76				Exportur SA/LOR und Confiserie du Tech	ECLI:EU: C:1992:420
1993								
18. 5.	C-126/91	93, I-2361	93, 763	93, 747	93, 615	93, 3187	Schutzverband/Yves Rocher	ECLI:EU: C:1993:191
13.10.	C-93/92	93, I-5009					CMC Motorradcenter/Pelin Baskiciogullari	ECLI:EU: C:1993:838
24.11.	C-267/91, C-268/91	93, I-6097	94, 56	94, 296	94, 99	94, 121	Keck und Mithouard	ECLI:EU: C:1993:905
30.11.	C-317/91	93, I-6227	94, 168	94, 286	94, 294		Deutsche Renault/Audi	ECLI:EU: C:1993:908
15.12.	C-292/92	93, I-6787	94, 170	94, 299	94, 297	94, 781	Hünermund/Landesapothekenkammer Baden-Württemberg	ECLI:EU: C:1993:932
1994								
13. 1.	C-376/92	94, I-15	94, 429	94, 300		94, 643	Metro SB-Großmärkte/ Cartier	ECLI:EU: C:1994:5
2. 2.	C-315/92	94, I-317	94, 231	94, 303	94, 380	94, 1207	Verband sozialer Wettbewerb/Clinique	ECLI:EU: C:1994:34
24. 3.	C-275/92	94, I-1039				94, 2013	Her Majesty s Customs und Exise/Schindler	ECLI:EU: C:1994:119

Dat.	RS	Slg	GRUR Int	GRUR	WRP	NJW	Name der Entscheidung	ECLI
19.5.	C-36/92	94, I-1911					SEP/Kommission	ECLI:EU:C:1994:205
2. 6.	C-69/93, C-258/93	94, I-2355				94, 2141	Punto Casa/Sindaco del Comune di Capena	ECLI:EU:C:1994:226
2. 6.	C-401/92, C-402/92	94, I-2199				94, 2141	Tankstation t Heukskevof und J. B. E. Boermans	ECLI:EU:C:1994:220
22. 6.	C-9/93	94, I-2789	94, 614			95, 3244	IHT Internationale Heiztechnik und Danzinger/ Ideal Standard und Wabco Standard GmbH	ECLI:EU:C:1994:261
14. 7.	C-91/92	94, I-3325	94, 954			94, 2473	Faccini Dori/Recrep	ECLI:EU:C:1994:292
10.11.	C-320/93	94, I-5243					Ortscheit/Eurim-Pharma Arzneimittel	ECLI:EU:C:1994:379
1995								
9. 2.	C-384/93	95, I-179	95, 496		95, 470		Société d Importation Edouard Leclerc- Siplex/ TF 1 Publicité und MG Publicité	ECLI:EU:C:1995:126
10. 5.	C-384/93	95, I-1141	95, 900		95, 801	95, 2541	Alpine Investments/Minister van Financién	ECLI:EU:C:1995:126
29. 6.	C-391/92	95, I-1621					Kommission/Griechenland (Säuglingsnahrung)	ECLI:EU:C:1995:199
29. 6.	C-456/93	95, I-1737	95, 903			WettbR 96, 39	Zentrale /Langguth	ECLI:EU:C:1995:206
6. 7.	C-470/93	95, I-1923	95, 804		95, 677	95, 3243	Verein gegen Unwesen im Handel und Gewerbe Köln/Mars	ECLI:EU:C:1995:224
11. 8.	C-63/94	95, I-2467				96, 1735	Groupement National des Négociants en Pomme de Terre de Belgique/ITM Belgium und Vocarex	ECLI:EU:C:1995:270
19.10.	C-128/94	95, I-3389				96, 113	Hönig/Stadt Stockach	ECLI:EU:C:1995:341
24.10.	C-70/93	95, I-3439	96, 147				BMW/ALD	ECLI:EU:C:1995:344
24.10.	C-266/93	95, I-3477	96, 150				Bundeskartellamt/Volkswagen und V. A. G. Leasing GmbH	ECLI:EU:C:1995:345
26.10.	C-51/94	95, I-3599					Kommission/Deutschland	ECLI:EU:C:1995:352
1996								
15. 2.	C-309/94	96, I-677					Nissan/Dupasquier	ECLI:EU:C:1996:57
5. 3.	C-46/93	96, I-1029				96, 1267	Brasserie du Pêcheur/ Deutschland	ECLI:EU:C:1996:79
7. 3.	C-192/94	96, I-1281				96, 1401	El Corte Inglés/Blàzques Rivere	ECLI:EU:C:1996:88
11. 7.	C-71/94, C-72/94, C-73/94	96, I-3603	96, 311		96, 867	97, 1632	Eurim Pharm Arzneimittel/Beiersdorf	ECLI:EU:C:1996:286
11. 7.	C-232/94	96, I-3671	96, 1151		96, 874			ECLI:EU:C:1996:289
11. 7.	C-427/93, C-429/93, C-436/93	96, I-3545	96, 1144		96, 880	97, 1627	Bristol-Myers Squibb/Paranova	ECLI:EU:C:1996:282
8.10.	C-178/94, C-179/94, C-188/94, C-	96, I-4845				96, 3141	Dillenkofer/Deutschland	ECLI:EU:C:1996:375

Dat.	RS	Slg	GRUR Int	GRUR	WRP	NJW	Name der Entscheidung	ECLI
17.10.	189/94, C-190/94 C-283/ 94, C-291/94, C-292/94	96, I-5063			97, 119		Denkavit International/ Bundesamt für Finanzen	ECLI:EU: C:1996:387
26.11.	C-313/94	96, I-6039	97, 546		97, 546	WettbR 97, 154	Graffione/Fransa	ECLI:EU: C:1996:450
5.12.	C-267/ 95, C-268/95	96, I-6285	97, 250			WettbR 97, 135	Merck/Prime Crown und Bucham/Europharm	ECLI:EU: C:1996:468
2.12.	C-3/95	96, I-6511					Broede/Sandker	ECLI:EU: C:1996:487
1997								
5. 6.	C-41/96	97, I-3123	97, 907		97, 841	97, 2667	V. A. G. Händlerbeirat/ SYD-Consult	ECLI:EU: C:1997:283
26. 6.	C-368/95	97, I-3689	97, 829		97, 706	WettbR 97, 211	Vereinigte Familiapress/ Bauer Verlag	ECLI:EU: C:1997:325
9. 7.	C-34/96, C-35/96, C-36/96	97, I-3843	97, 913		98, 145	WettbR 98, 1	Konsumentenombudsman-nen/De Agostini und TV-Shop	ECLI:EU: C:1998:303, ECLI:EU: C:1997:445
17. 7.	C-17/96	97, I-4617					Badische Erfrischungs-getränke/Baden-Württem-berg	ECLI:EU: C:1997:381
9.12.	C-265/95	97, I-6959				98, 1931	Kommission/Frankreich (Straßenblockade)	ECLI:EU: C:1997:595
18.12.	C-129/96	97, I-7411					Inter-Environnement Wal-lonie/Région wallonne	ECLI:EU: C:1997:628
1998								
28. 4.	C-158/96	98, I-1931				98, 1771	Kohl/Union des caisses de maladie	ECLI:EU: C:1998:171
14. 7.	C-385/96	98, I-4431	98, 793				H. J. Goerres	ECLI:EU: C:1998:356
14. 7.	C-389/96	98, I-4473				99, 203	Aher-Waggon/Deutsch-land	ECLI:EU: C:1998:357
16. 7.	C-210/96	98, I-4657	98, 795		98, 848	98, 3183	Gut Springenheide/OKD Steinfurt	ECLI:EU: C:1998:369
17.11.	C-70/97	98, I-7183	99, 257				Kruidvat/Kommission	ECLI:EU: C:1998:545
1999								
28. 1.	C-303/97	99, I-513	99, 345		99, 307	99, 2430	Verbraucherschutzverein/ Sektkellerei Kessler	ECLI:EU: C:1999:35
4. 3.	C-87/97	99, I-1301	99, 443		99, 486	WettbR 99, 155	Gorgonzola/Cambozola	ECLI:EU: C:1999:115
28.10.	C-6/98	99, I-7599			99, 1260	00, 2657	ARD/PRO Sieben	ECLI:EU: C:1999:532
2000								
13. 1.	C-220/98		00, 354		00, 289	00, 1173	Estée Lauder/Lancaster	ECLI:EU: C:2000:8
13. 1.	C-254/98				00, 293		Schutzberband/TK Heim-dienst Sass	ECLI:EU: C:2000:12
3. 2.	C-228/98	00, I-577					Charalampos Dounias/ Ypourgio Oikonomikon	ECLI:EU: C:2000:65
9. 3.	C-355/98	00, I-1221					Kommission/Belgien	ECLI:EU: C:2000:113
9. 3.	C-358/98	00, I-1255					Kommission/Italien	ECLI:EU: C:2000:114
23. 5.	C-58/99	00, I-3811					Kommission/Italien	ECLI:EU: C:2000:280
8. 6.	C-264/99	00, I-4417					Kommission/Italien	ECLI:EU: C:2000:311

Dat.	RS	Slg	GRUR Int	GRUR	WRP	NJW	Name der Entscheidung	ECLI
4. 7.	C–387/97	00, I–5047					Kommission Griechenland	ECLI:EU:C:2000:356
11. 7.	C–473/98	00, I–5681					Kemikalieinspektionen/Toolex Alpha AB	ECLI:EU:C:2000:379
26. 9.	C–23/99	00, I–7653	01, 57				Kommission/Frankreich	ECLI:EU:C:2000:500
26. 9.	C–225/98	00, I–7445				00, 3629	Kommission/Frankreich	ECLI:EU:C:2000:494
12.10.	C–3/99	00, I–8749					Cidrerie Ruwet/Cidre Stassen	ECLI:EU:C:2000:560
12.10.	C–314/98	00, I–8633					Snellers Auto s/Algemeen Directeur van de Dienst Wegverkeer	ECLI:EU:C:2000:557
16.11.	C–217/99	00, I–10251					Kommission/Belgien	ECLI:EU:C:2000:638
14.12.	C–55/99	00, I–11499					Kommission/Frankreich	ECLI:EU:C:2000:693
2001								
25. 1.	C–398/98	01, I–7915					Kommission/Griechenland	ECLI:EU:C:2001:565
8. 3.	C–405/98	01, I–1795	01, 553				Konsumentombudsmannen/Gourmet International	ECLI:EU:C:2001:135
8. 3.	C–68/99	01, I–1865				02, 58	Kommission/Deutschland	ECLI:EU:C:2001:137
15. 3.	C–165/98	01, I–2189					Strafverfahren gegen André Mazzoleni	ECLI:EU:C:2001:162
31. 5.	C–283/99	01, I–4363					Kommission/Italien	ECLI:EU:C:2001:307
14. 6.	C–84/00	02, I–4553					Kommission/Frankreich	ECLI:EU:C:2001:339
21. 6.	C–30/99						Kommission/Irland	ECLI:EU:C:2001:346
26. 6.	C–70/99	02, I–4845					Kommission/Portugal	ECLI:EU:C:2001:355
4. 7.	C–447/99	01, I–5203					Kommission/Italien	ECLI:EU:C:2001:382
12. 7.	C–368/98	01, I–5363					Vanbraekel	ECLI:EU:C:2001:400
12. 7.	C–157/99	01, I–5473				01, 3391	Smits und Peerbooms	ECLI:EU:C:2001:404
25.10.	C–493/99	01, I–8163					Kommission/Deutschland	ECLI:EU:C:2001:578
25.10.	C–49/98, C–50/98	01, I–7831				01, 3769	Kommission/Deutschland	ECLI:EU:C:2001:564
25.10.	C–112/99		02, 50				Toshiba/Katun	ECLI:EU:C:2001:566
22.11.	C–53/00	01, I–9067					Ferring/ACOSS	ECLI:EU:C:2001:627
29.11.	C–17/00	01, I–9445					François De Coster/Collège des bourgmestre et échevins de Watermael-Boitsfort	ECLI:EU:C:2001:651
2002								
24. 1.	C–164/99	02, I–787					Portugaia Construções Ld	ECLI:EU:C:2002:40
7. 2.	C–279/00	02, I–1425					Kommission/Italien	ECLI:EU:C:2002:89
19. 2.	C–295/00	02, I–1737					Kommission/Italien	ECLI:EU:C:2002:100
7. 3.	C–310/99	02, I–2316					Italien/Kommission	ECLI:EU:C:2002:143

Dat.	RS	Slg	GRUR Int	GRUR	WRP	NJW	Name der Entscheidung	ECLI
23. 4.	C–443/99	02, I-3703	02, 745		02, 673	02, 2858	Merck, Sharp & Dohme	ECLI:EU:C:2002:245
6. 6.	C–360/00	02, I-5089		02, 689	02, 816	02, 2858	Land Hessen/G. Ricordi & Co. Bühnen- und Musikverlag GmbH – La Bohème	ECLI:EU:C:2002:346
25. 6.	C–66/00	02, I-5917	02, 849	02, 1052	02, 932		Bigi (Parmesan)	ECLI:EU:C:2002:397
11. 7.	C–294/00	02, I-6515			02, 918		Gräbner/Paracelsus	ECLI:EU:C:2002:442
3.10.	C–136/00	02, I-8147					Rolf Dieter Danner	ECLI:EU:C:2002:558
8.10.	C–190/02	02, I-8300					Viacom Outdoor/Giotto Immobilier	ECLI:EU:C:2002:569
5.11.	C–325/00	02, I-9977	02, 1021		02, 1420	02, 3609	CMA-Gütezeichen	ECLI:EU:C:2002:633
12.11.	C–206/01	02, I-10273	03, 229	03, 55	02, 1415		Arsenal Football Club plc/Reed	ECLI:EU:C:2002:651
2003								
9. 1.	C–292/00	03, I-389	03, 353	03, 240	03, 370		Davidoff/Gofkid	ECLI:EU:C:2003:9
21. 1.	C–318/00	03, I-905	03, 453				Bacardi-Martini SAS und Cellier des Dauphins/Football Company Ltd	ECLI:EU:C:2003:41
6. 2.	C–92/01	03, I-1291					Stylianakis/Dimosio	ECLI:EU:C:2003:72
6. 2.	C–245/00	03, I-1251	03, 529	03, 325		03, 3400	SENA/NOS	ECLI:EU:C:2003:68
13. 2.	C–131/01	03, I-1659	03, 629	04, 852			Kommission/Italienische Republik	ECLI:EU:C:2003:96
6. 3.	C–6/02	03, I-2389	03, 543				Kommission der EG/Französische Republik	ECLI:EU:C:2003:136
11. 3.	C–40/01	03, I-2439		03, 425			Ansul/Ajax	ECLI:EU:C:2003:145
20. 3.	C–291/00	03, I-2799	03, 533	03, 422			Arthur/Arthur et Félicie	ECLI:EU:C:2003:169
8. 4.	C–244/00	03, I-3051	03, 643	03, 512	03, 623	03, 2895	Van Doren + Q. GmbH/Lifestyle sports + sportswear Handelsgesellschaft mbH – stüssy	ECLI:EU:C:2003:204
8. 4.	C–53/01, C–54/01, C–55/01	03, I-3161	03, 632	03, 514	03, 627	03, 2597	Linde/Winward, Rado	ECLI:EU:C:2003:206
8. 4.	C–44/01	03, I-3095	03, 742	03, 533	03, 3095	03, 2443	Pippig Augenoptik/Harttauer	ECLI:EU:C:2003:205
10. 4.	C–305/00	03, I-3225		03, 868		03, 2895	Christian Schulin/Saatgut	ECLI:EU:C:2003:218
6. 5.	C–104/01	03, I-3793	04, 886	03, 604	03, 735	04, 354	Libertel/Benelux Merkenbureau	ECLI:EU:C:2003:244
13. 5.	C–385/99	03, I-4509				03, 2298	V. G. Müller-Fauré/Onderlinge Waarborgmaatschappij OZ Zorgverzekeringen UA und E. E. M. van Riet/Onderlinge Waarborgmaatschappij ZAO Zorgverzekeringen	ECLI:EU:C:2003:270
20. 5.	C–469/00	03, I-5033		03, 609		03, 3465	Grana padano – Ravil SARL/Belon import SARL	ECLI:EU:C:2003:295
20. 5.	C–108/01	03, I-5121		03, 616		03, 3465	Prosciutto di Parma/Asta Stores Ltd.	ECLI:EU:C:2003:296
12. 6.	C–234/01	03, I-5933					Gerritse/Finanzamt Neukölln-Nord	ECLI:EU:C:2003:340

Dat.	RS	Slg	GRUR Int	GRUR	WRP	NJW	Name der Entscheidung	ECLI
17. 6.	C-383/01	03, I-6065					De Danske Bilimportører/ Skatteministeriet, Told- og Skattestyrelsen	ECLI:EU: C:2003:352
19. 6.	C-420/01	03, L-6445	03, 826				Kommission/Italien	ECLI:EU: C:2003:363
26. 6.	C-234/01	03, I-6445					Försäkringsaktiebolaget Skandia (publ u. Ola)	ECLI:EU: C:2003:340
9. 9.	C-361/ 01P		04, 35				Christina Kik/HABM – „KIK"	ECLI:EU: C:2003:434
9. 9.	C-198/01		04, 40			04, 351	CONSOTEIO Industrie Fiammigeri/Autorità à Garante della Concorrenza e del Mercat – „CIF"	ECLI:EU: C:2003:430
17.09.	C-253/00	02, I-7289					Muñoz und Superior Fruiticola	ECLI:EU: C:2002:497
18. 9.	C-292/01	03, I-9449					Ramstedt/Riksskatteverket	ECLI:EU: C:2003:480
18. 9.	C-338/ 00P	03, I-9189	04, 45				Volkswagen/Kommission der EG	ECLI:EU: C:2003:473
18.10.	C-433/02	03, I-12191	03, 1011				Kommission/Belgien	ECLI:EU: C:2003:567
23.10.	C-191/ 01P	03, I-12447	04, 124	04, 146			Wrigley/HABM-„Doublemint"	ECLI:EU: C:2003:579
23.10.	C-408/01		04, 121	04, 58			Adidas/Fitnessworld	ECLI:EU: C:2003:582
23.10.	C-245/01	03, I-12489	04, 242				RTL/Niedersächsische Landesmedienanstalt für privaten Rundfunk	ECLI:EU: C:2003:580
23.10.	C-115/02	03, I-12705	04, 39			05, 167	Administration des douanes et droit indirect/Rioglass SA	ECLI:EU: C:2003:587
18.11.	C-216/01	03, I-13617	04, 131		04, 131		Budejovick Budvar/Ammersin-„American Bud"	ECLI:EU: C:2003:618
23.11.	C-221/00	03, I-1007	03, 536				Kommission/Österreich (Gesundheitsbezogene Angaben)	ECLI:EU: C:2003:44
23.11.	C-421/ 00, C-426/00, C-16/01	03, I-1065	03, 540				Sterbenz und Haug	ECLI:EU: C:2003:46
27.11.	C-283/01		04, 126	04, 54			Shield Mark/Kist	ECLI:EU: C:2003:641
27.11.	C-34/01- C-38/01	03, I-14243						ECLI:EU: C:2003:640
11.12.	C-322/01	03, I-14887	04, 418	04, 174	04, 205	04, 131	Deutscher Apothekenverband/Doc Morris	ECLI:EU: C:2003:664
11.12.	C-127/00	03, I-14781		04, 225			Hässle AB/ratiopharm „Omeprazd"	ECLI:EU: C:2003:661
2004 6. 1.	C-2/01P, C-3/01P	04, I-23	04, 508	04, 710			Bundesverband der Arzneimittel-Importeure/Kommission	ECLI:EU: C:2004:2
7. 1.	C-100/02	04, I-691	04, 320	04, 234		04, 1441	Gerolsteiner/Putsch	ECLI:EU: C:2004:11
7. 1.	C-60/02	04, I-651	04, 317	04, 501			Landesgericht Eisenstadt/ Strafverfahren gegen X/ Straffreie Rolex-Plagiate	ECLI:EU: C:2004:10
12. 2.	C-218/01		04, 413	04, 428	04, 475		Henkel KG aA	ECLI:EU: C:2004:88
12. 2.	C-265/00		04, 410	04, 680			Campina Melkunie BV/ Benelux-Merkenbureau – „BIOMILD"	ECLI:EU: C:2004:87
12. 2.	C-363/99		04, 500	04, 674				

Dat.	RS	Slg	GRUR Int	GRUR	WRP	NJW	Name der Entscheidung	ECLI
		04, I-1619					Koninklijke UPN Nederland NV/Benelux-Merkenbureau – „Postkentoor"	ECLI:EU:C:2004:86
11. 3.	C-182/01	04, I-2263	04, 621	04, 587			Saatgut/Jäger	ECLI:EU:C:2004:135
25. 3.	C-71/02	04, I-3025	04, 626	04, 965	04, 599	04, 3550	Herbert Karner Industrie-Auktionen/Troostwijk – „Industrie Auktionen"	ECLI:EU:C:2004:181
28. 4.	C-3/03P	04, I-3657	04, 843	05, 597			Matratzen Concord/HABM	ECLI:EU:C:2004:233
29. 4.	C-473/01P, C-474/01P	04, I-5173	04, 639				Procter & Gamble/HABM-„Dreidimensionale Tablettenform III"	ECLI:EU:C:2004:260
29. 4.	C-456/01P, C-457/01P	04, I-5089	04, 631	04, 957	04, 722		Henkel/HABM – „Dreidimensionale Tablettenform I"	ECLI:EU:C:2004:258
29. 4.	C-418/01	04, I-5039	04, 644	04, 524	04, 717	04, 2725	IMS/Health	ECLI:EU:C:2004:257
29. 4.	C-468/01P- C-472/01P	04, I-5141	04, 635				Procter & Gamble/HABM – „Dreidimensionale Tablettenform II"	ECLI:EU:C:2004:259, ECLI:EU:C:2004:259
29. 4.	C-371/02	04, I-5791	04, 629	04, 682	04, 728		Björnekulla Fruktindustrier AB/Procordia Food AB – „Bostongurka"	ECLI:EU:C:2004:275
17. 6.	C-255/03		04, 849				Kommission/Belgien – „Wallonisches Qualitätszeichen"	ECLI:EU:C:2004:378
13. 7.	C-429/02	04, I-6613	04, 941	05, 268	04, 1156		Bacardi France/SI Télévision française	ECLI:EU:C:2004:432
13. 7.	C-262/02	04, I-6569	05, 39	05, 268		04, 2957	Kommission der Europäischen Gemeinschaften/Französische Republik	ECLI:EU:C:2004:431
15. 7.	C-239/02	04, I-7007	04, 1016				Douwe Egberts/Westrom Pharma	ECLI:EU:C:2004:445
16. 9.	C-329/02P	04, I-8317	05, 44	04, 943			SAT 1/HABM – „SAT 2"	ECLI:EU:C:2004:532
16. 9.	C-404/02	04, I-8499	05, 42	04, 946			Nichols/Registrar of Trade Marks	ECLI:EU:C:2004:538
7.10.	C-136/02P	04, I-9165	05, 135				Mag. Instrument/HABM – „Maglite"	ECLI:EU:C:2004:592
12.10.	C-106/03P	04, I-9573	05, 221	05, 516			Vedial SA/HABM	ECLI:EU:C:2004:611
14.10.	C-336/02	04, I-9801		05, 236			Saatgut/Brangewitz GmbH	ECLI:EU:C:2004:622
19.10.	C-31/03	04, I-1000	05, 219	05, 139			Pharmacia Italia SpA/DPMA	ECLI:EU:C:2004:641
21.10.	C-64/02P	04, I-10031	05, 224	04, 1027			HABM/Erpo Möbelwerk – „Prinzip der Bequemlichkeit"	ECLI:EU:C:2004:645
21.10.	C-447/02P	04, I-10107	05, 227	05, 597			KWA Saat/HABM	ECLI:EU:C:2004:649
9.11.	C-203/02	04, I-10415	05, 247	05, 244			BHB Ltd/William Hill Organization Ltd – „BHB Pferdewetten"	ECLI:EU:C:2004:695
9.11.	C-46/02	04, I-10365	05, 244				Fixtures Marketing/Oy Veikhaus Ab – „FIXTURES MARKETING III"	ECLI:EU:C:2004:694
9.11.	C-338/02	04, I-10497	05, 243	05, 252			Fixtures Marketing Ltd/Svenska Spel AB – „Fixtures Fußballspielpläne I"	ECLI:EU:C:2004:696
9.11.	C-444/02	04, I-10549	05, 239	05, 254				ECLI:EU:C:2004:697

Dat.	RS	Slg	GRUR Int	GRUR	WRP	NJW	Name der Entscheidung	ECLI
							Fixtures Marketing Ltd/ OPAP – „Fixtures Fußball-spielpläne II"	
16.11.	C-245/02		05, 231	05, 153			Anheuser-Busch/Budvar	ECLI:EU: C:2004:717
30.11.	C-16/03	04, I-11313	05, 314	05, 507			Peak Holding	ECLI:EU: C:2004:759
24.12.	C-210/03	04, I-11900					Swedish Match	ECLI:EU: C:2004:802
2005								
13. 1.	C-145/02	05, I-51						ECLI:EU: C:2005:9
17. 2.	C-250/03	05, I-1267				05, 963	Giorgio Emanuele Mauri/ Ministero della Giustizia	ECLI:EU: C:2005:96
17. 2.	C-134/03	05, I-1167		05, 509		05, 1101	Gilette Company/LA-Laboratories Viacom Out-door	ECLI:EU: C:2005:94
26. 5.	C-20/03	05, I-4133				05, 2977	Ambulanter Verkauf von Zeitschriftenabonnements	ECLI:EU: C:2005:307
2. 6.	C-89/04	05, I-4891				05, 3056	Mediakabel/Commissariaat voor de Media	ECLI:EU: C:2005:348
9. 6.	C-211/ 03, C-299/03, C-316/ 03-C-318/03	05, I-5141			05, 863		HLH Warenvertriebs GmbH, Orthica BV	ECLI:EU: C:2005:370
30. 6.	C-286/04	05, I-5797	05, 823	06, 352			Eurocermex SA/HABM – „Eurocermex"	ECLI:EU: C:2005:422
7. 7.	C-418/02	05, I-5873	05, 827	05, 764	05, 1154		Praktiker Bau- und Heim-werkermärkte AG	ECLI:EU: C:2005:425
12. 7.	C-154/ 04, C-155/04	05, I-6451			05, 1142		Alliance for Natural Health	ECLI:EU: C:2005:449, ECLI:EU: C:2004:848
14. 7.	C-40/ 03P	05, I-6811					Rica Foods	ECLI:EU: C:2005:455
21. 7.	C-231/03	05, I-7287					Consorzio Aziende Meta-no/Cingia de Botti	ECLI:EU: C:2005:487
8. 9.	C-40/04	05, I-7755				06, 204	Yonemoto	ECLI:EU: C:2005:519
6.10.	C-120/04	05, I-8551	06, 37	05, 1042	05, 1505		THOMSON LIFE	ECLI:EU: C:2005:594
18.10.	C-405/03	05, I-8735	06, 40	06, 146		06, 359	Class International/Colga-te-Palmolive	ECLI:EU: C:2005:616
20.10.	C-264/03	05, I-8831					Kommission/Frankreich	ECLI:EU: C:2005:620
10.11.	C-432/03	05, I-9665					Kommission/Portugal	ECLI:EU: C:2005:669
24.11.	C-366/04	05, I-10139					Schwarz/Stadt Salzburg	ECLI:EU: C:2005:719
2006								
10. 1.	C-147/04	06, I-245					De Groot en Slot Allium/ Ministre de l Économie, des Finances et de l'Indus-trie	ECLI:EU: C:2006:7
12. 1.	C-173/ 04P	06, I-551	06, 226	06, 233			Deutsche SiSi-Werke/ HABM – Standbeutel	ECLI:EU: C:2006:20
12. 1.	C-361/ 04P	06, I-643	06, 229	06, 237			Claude Ruiz-Picasso/ HABM PICASSO	ECLI:EU: C:2006:25
23. 2.	C-59/05	06, I-2147	06, 399	06, 345			Siemens/VIPA	ECLI:EU: C:2006:147
9. 3.	C-421/04		06, 502	06, 411			Matratzen Concord/Hukla	

Dat.	RS	Slg	GRUR Int	GRUR	WRP	NJW	Name der Entscheidung	ECLI
		06, I-2304						ECLI:EU:C:2006:164
23. 3.	C-206/04P	06, I-2717	06, 504	06, 413			Muelhens/HABM ZIRH/SIR	ECLI:EU:C:2006:194
30. 3.	C-259/04	06, I-3089		06, 594	06, 416		Elizabeth Florence Emanuel/Continental Shèlf 128 Ltd. – ELIZABETH EMANUEL	ECLI:EU:C:2006:215
30. 3.	C-451/03	06, I-2941					Servizi Ausiliari Dottori Commercialisti/Calafiori	ECLI:EU:C:2006:208
6. 4.	C-410/04	06, I-3303				06, 1578	ANAV	ECLI:EU:C:2006:237
16. 5.	C-372/04	06, I-4326					Watts/Bedford Primary Care Trust	ECLI:EU:C:2006:325
14. 9.	C-386/04	06, I-8203				06, 3765	Centro di Musicologia Walter Stauffer/Finanzamt München	ECLI:EU:C:2006:568
19. 9.	C-356/04	06, I-8501	07, 826	07, 69	06, 1348		LIDL Belgium/Colruyt	ECLI:EU:C:2006:585
26.10.	C-65/05	06, I-10344					Kommission/Griechenland	ECLI:EU:C:2006:6730
2007								
6. 3.	C-338/04, C-359/04, C-360/04	07, I-1891			07, 525	07, 1515	Placanica	ECLI:EU:C:2007:133, ECLI:EU:C:2006:71
19. 4.	C-381/05	07, I-3115	07, 588	07, 511			De Landtsheer Emmanuel/Comité Interprofessionnel du Vin de Champagne (CHAMPAGNERBIER)	ECLI:EU:C:2007:230
12. 6.	C-334/05	07, I-4529	07, 833	07, 700			HABM/Shaker – Limoncello/LIMONCHELO	ECLI:EU:C:2007:333
14. 6.	C-246/05	07, I-4673	07, 836	07, 702	07, 939		Häupl/Lidl Stiftung & Co. KG – Le Chef DE CUISINE	ECLI:EU:C:2007:340
20. 9.	C-371/06	07, I-7709	08, 42	07, 970	07, 1331		Benetton/G-Star	ECLI:EU:C:2007:542
18.10.	C-195/06	07, I-8817	08, 132				KommAustria/ORF (Quiz-Express)	ECLI:EU:C:2007:613
8.11.	C-374/05	07, I-9517	08, 224	08, 267	08, 205		Gintec/VSW	ECLI:EU:C:2007:654
8.11.	C-143/06	07, I-9623		08, 264	08, 201		Ludwigs-Apotheke München/Juers Pharma	ECLI:EU:C:2007:656
2008								
14. 2.	C-450/06	08, I-601					Varec SA/Belgien	ECLI:EU:C:2008:91
26. 2.	C-132/05	08, I-957	08, 731	08, 524			Kommission/Deutschland (Parmesan)	ECLI:EU:C:2008:117
13. 3.	C-285/06	08, I-1501	08, 737	08, 528			Schneider/Rheinland-Pfalz (Réserve)	ECLI:EU:C:2008:164
12. 6.	C-533/06	08, I-4231	08, 825	08, 698			O2/H3G	ECLI:EU:C:2008:339
11. 9.	C-141/07	08, I-6935				08, 3693	Kommission/Deutschland (deutsches ApoG)	ECLI:EU:C:2008:492
16. 9.	C-468/06-C-478/06	08, I-7139	09, 228				Sot. Lelos kai Sia EE/GlaxoSmithKline AEVE Farmakeftikon Proïonton	ECLI:EU:C:2008:504, ECLI:EU:C:2007:68
9.10.	C-304/07	08, I-7565	08, 1027	08, 1077			Directmedia/Albert-Ludwigs-Universität Freiburg	ECLI:EU:C:2008:552
16.10.	C-298/07	08, I-7841				08, 3553	vbz/deutsche internet versicherung	ECLI:EU:C:2008:572
27.11.	C-252/07		09, 319	09, 56				

Dat.	RS	Slg	GRUR Int	GRUR	WRP	NJW	Name der Entscheidung	ECLI
		08, I-8823					Intel Corporation/CPM United Kingdom	ECLI:EU:C:2008:655
22.12.	C-276/05	08, I-10479		09, 154			Wellcome/Paranova	ECLI:EU:C:2008:756
9.12.	C-442/07	08, I-9223	09, 324	09, 156			Radetzky-Orden/BKFR	ECLI:EU:C:2008:696
11.12.	C-52/07	08, I-9275	09, 316	09, 421			TV 4/STIM	ECLI:EU:C:2008:703
18.12.	C-16/06P	08, I-10053	09, 397				Les Editions Albert René Sàrl/HABM – MOBELIX/OBELIX	ECLI:EU:C:2008:739
2009								
15. 1.	C-495/07	09, I-137		09, 410			Silberquelle/Maselli	ECLI:EU:C:2009:10
15. 1.	C-140/07	09, I-41		09, 511			Hecht-Pharma/Gewerbeaufsichtsamt Lüneburg	ECLI:EU:C:2009:5
20. 1.	C-240/07	09, I-263	09, 404	09, 393			Sony Music Entertainment/Falcon Neue Medien Vertrieb	ECLI:EU:C:2009:19
12. 2.	C-93/08	09, I-903	09, 407	09, 482			Schenker/Valsts ienemumu dienests	ECLI:EU:C:2009:93
12. 2.	C-39/08, C-43/08			09, 667			Bild.T-Online.de und ZVS	ECLI:EU:C:2009:91
19. 2.	C-557/07	09, I-1227	09, 711	09, 579		09, 2875	LSG/Tele2	ECLI:EU:C:2009:107
19. 2.	C-62/08	09, I-1279		09, 1156			UDV/Brandtraders	ECLI:EU:C:2009:111
5. 3.	C-545/07	09, I-1627	09, 501	09, 572			Apis-Hristovich/Lakorda	ECLI:EU:C:2009:132
23. 4.	C-59/08	09, I-3421	09, 716	09, 593	09, 938	09, 3709	Copad/Dior	ECLI:EU:C:2009:260
23. 4.	C-261/07, C-299/07	09, I-2949	09, 852	09, 599	09, 722	09, 3224	VTB/Total Belgium und Galatea/Sanoma	ECLI:EU:C:2009:244
23. 4.	C-533/07	09, I-3327	09, 848	09, 753		09, 1865	Falco Privatstiftung/Weller Linhorst	ECLI:EU:C:2009:257
30. 4.	C-27/08	09, I-3785		09, 790	09, 728		BIOS Naturprodukte	ECLI:EU:C:2009:278
19. 5.	C-171/07, C-172/07	09, I-4174			09, 797	09, 2112	,DocMorris'	ECLI:EU:C:2009:316, ECLI:EU:C:2007:311
11. 6.	C-529/07	09, I-4893	09, 914	09, 763			Lindt & Sprüngli/Franz Hauswirth	ECLI:EU:C:2009:361
18. 6.	C-487/07	09, I-5185	09, 1010	09, 756	09, 930		L'Oréal/Bellure	ECLI:EU:C:2009:378
2. 7.	C-32/08	09, I-5611	09, 1018	09, 867			FEIA/Cul de Sac	ECLI:EU:C:2009:418
2. 7.	C-302/08	09, I-5671	09, 1017	09, 870			Davidoff/Bundesfinanzdirektion Südost	ECLI:EU:C:2009:422
2. 7.	C-343/07	09, I-5491		09, 961			Bavaria/Bayerischer Brauerbund – BAVARIA	ECLI:EU:C:2009:415
16. 7.	C-5/08	09, I-6569	10, 35	09, 1041		10, 753	Infopaq International A/S/Danske Dagblades Forening I	ECLI:EU:C:2009:465
16. 7.	C-202/08P, C-208/08P	09, I-6933	10, 45				American Clothing Associates NV/HABM	ECLI:EU:C:2009:477, ECLI:EU:C:2009:80
16.7.	C-189/08	09, I-6917				09, 3501	Zuid-Chemie	ECLI:EU:C:2009:475
3. 9.	C-498/07	09, I-7371	10, 129				Aceites del Sur-Coosur SA/Koipe Corporación SL	ECLI:EU:C:2009:503

Dat.	RS	Slg	GRUR Int	GRUR	WRP	NJW	Name der Entscheidung	ECLI
3. 9.	C-489/07	09, I-7315					Pia Messner/Stefan Krüger	ECLI:EU:C:2009:502
8. 9.	C-42/07	09, I-7633				09, 3221	Bwin Int Ltd/Dep de Jogos da Santa Casa da Misericórdia de Lisboa	ECLI:EU:C:2009:519
8. 9.	C-478/07	09, I-7721	10, 401	10, 143			Budejovicky Budvar/Ammersin GmbH (American Bud II)	ECLI:EU:C:2009:521
10. 9.	C-366/08	09, I-8439				09, 1496	Zentrale/Darbo – „zuckerarme Konfitüre"	ECLI:EU:C:2009:546
10. 9.	C-446/07	09, I-8041	10, 410	10, 151			Alberto Severi/Regione Emilia-Romagna (Salami Felino-Art)	ECLI:EU:C:2009:530
6.10.	C-301/07	09, I-9429	10, 134	09, 1158	10, 92		PAGO/Tirolmilch	ECLI:EU:C:2009:611
15.10.	C-324/08	09, I-10019	10, 135	09, 1159			Makro/Diesel	ECLI:EU:C:2009:633
9.12.	C-494/08P		10, 500	10, 534			PRANAHAUS	ECLI:EU:C:2009:759
2010								
14. 1.	C-304/08	10, I-217	10, 221	10, 244	10, 232	10, 1867	Plus Warenhandelsgesellschaft	ECLI:EU:C:2010:12
21. 1.	C-398/08P	10, I-535	10, 225	10, 228	10, 364		Audi – „Vorsprung durch Technik"	ECLI:EU:C:2010:29
25. 2.	C-408/08P	10, I-1347	10, 506	10, 931			Lancôme – COLOR EDITION	ECLI:EU:C:2010:92
23. 3.	C-236/08-C-238/08	10, I-2417	10, 385	10, 445		10, 2029	Google und Google France	ECLI:EU:C:2010:159, ECLI:EU:C:2008:389
25. 3.	C-278/08	10, I-2517	10, 398	10, 451			BergSpechte/trekking.at Reisen	ECLI:EU:C:2010:163
26. 3.	C-91/09		10, 859	10, 641			Eis.de/BBY Vertriebsgesellschaft (Bananabay)	ECLI:EU:C:2010:174
15. 4.	C-511/08	10, I-3047				10, 1941	Heinrich Heine GmbH/Verbraucherzentrale	ECLI:EU:C:2010:189
15. 4.	C-518/08	10, I-3091	10, 588	10, 526		11, 737	Gala-Salvador Dalí und VEGAP/ADAGP	ECLI:EU:C:2010:191
3. 6.	C-127/09	10, I-4965	10, 713	10, 723	10, 865		Coty Prestige Lancaster Group/Simex Trading	ECLI:EU:C:2010:313
3. 6.	C-569/08	10, I-4871	10, 849	10, 733			Internetportal und Marketing/Richard Schlicht	ECLI:EU:C:2010:311
24. 6.	C-51/09P	10, I-5803	10, 857	10, 933			BARBARA BECKER	ECLI:EU:C:2010:368
8. 7.	C-558/08	10, I-6959	10, 861	10, 841	10, 1350		Portakabin/Primakabin	ECLI:EU:C:2010:416
8. 7.	C-447/08, C-448/08	10, I-06921	10, 992				Sjöberg und Bergin	ECLI:EU:C:2010:415, ECLI:EU:C:2008:616
29. 7.	C-214/09P	10, I-7661	10, 869	10, 1012	10, 1131		Anheuser Busch/HABM (BUDWEISER)	ECLI:EU:C:2010:456
2. 9.	C-254/09P	10, I-7989	10, 978	10, 1098	10, 1368		Calvin Klein/„CK CREACIONES KENNYA"	ECLI:EU:C:2010:488
8. 9.	C-316/07, C-358/07-C-360/07, C-409/07, C-410/07	10, I-8069				10, 1338	Markus Stoß /Wetteraukreis	ECLI:EU:C:2010:504, ECLI:EU:C:2007:602
8. 9.	C-409/06	10, I-8015					Winner Wetten/Stadt Bergheim	ECLI:EU:C:2010:503

Dat.	RS	Slg	GRUR Int	GRUR	WRP	NJW	Name der Entscheidung	ECLI
9. 9.	C-265/09P	10, I-8265	10, 982	10, 1096			HABM/BORCO (Buchstabe alpha)	ECLI:EU:C:2010:508
14. 9.	C-48/09P	10, I-8403	10, 985	10, 1008	10, 1359		Lego Juris/HABM (Roter Legostein)	ECLI:EU:C:2010:516
14. 9.	C-550/07P	10, I-8301			10, 1374	10, 3557	Akzo Nobel	ECLI:EU:C:2010:512
30. 9.	C-479/09P		11, 258				Evets Corp./HABM	ECLI:EU:C:2010:571
14.10.	C-280/08P	10, I-9555	11, 405				Deutsche Telekom AG/Europäische Kommission	ECLI:EU:C:2010:603
21.10.	C-467/08	10, I-10055	10, 1043	11, 50			Padawan/SGAE	ECLI:EU:C:2010:620
28.10.	C-449/09	10, I-10835	11, 135	11, 147	11, 49		Canon/IPN Bulgaria	ECLI:EU:C:2010:651
9.11.	C-540/08	10, I-10909	11, 46	11, 76	11, 45		Mediaprint/„Österreich"-Zeitungsverlag	ECLI:EU:C:2010:660
18.11.	C-159/09	10, I-11761	11, 50	11, 159	11, 195		Lidl/Vierzon	ECLI:EU:C:2010:696
25.11.	C-47/09		11, 152	-RR 11, 373			Europäische Kommission/Italienische Republik (Reine Schokolade)	ECLI:EU:C:2010:714
7.12.	C-439/08	10, I-12083	11, 155				VEBIC	ECLI:EU:C:2010:739
7.12.	C-585/08	10, I-12570				11, 505	Pammer und Hotel Alpenhof	ECLI:EU:C:2010:740
9.12.	C-421/09	10, I-12869	11, 252				Humanplasma GmbH/Republik Österreich	ECLI:EU:C:2010:760
16.12.	C-137/09	10, I-13019	11, 245				Marc Michel Josemans/Burgemeester van Maastricht	ECLI:EU:C:2010:774
22.12.	C-120/08	10, I-13393	11, 137	11, 240	11, 189		Bavaria/Bayerischer Brauerbund	ECLI:EU:C:2010:798
22.12.	C-208/08	10, I-13693	11, 240				Ionka Sayn-Wittgenstein/Landeshauptmann von Wien	ECLI:EU:C:2010:806
22.12.	C-393/09	10, I-13971	11, 148	11, 220			BSA/Kulturministerium	ECLI:EU:C:2010:816
2011								
13. 1.	C-92/10P		11, 255				Media-Saturn-Holding GmbH/HABM	ECLI:EU:C:2011:15
27. 1.	C-168/09	11, I-181	11, 235	11, 216			Flos SpA/Semeraro Casa e Famiglia SpA	ECLI:EU:C:2011:29
10. 2.	C-260/09P	11, I-419	11, 320				Activision Blizzard Germany GmbH/Europäische Kommission	ECLI:EU:C:2011:62
17. 2.	C-52/09	11, I-527	11, 413				Konkurrensverket/TeliaSonera Sverige AB	ECLI:EU:C:2011:83
3. 3.	C-161/09	11, I-915	11, 314				Kakavetsos/Nomarchiaki	ECLI:EU:C:2011:110
10. 3.	C-51/10P	11, I-1541	11, 400	11, 1035	11, 550		Agencja Wydawnicza/HABM	ECLI:EU:C:2011:139
24. 3.	C-552/09P	11, I-2063	11, 500				Ferrero SpA/HABM	ECLI:EU:C:2011:177
29. 3.	C-96/09P	11, I-2131	11, 506	11, 737			Anheuser Busch Inc./Budejovicky Budvar	ECLI:EU:C:2011:189
12. 4.	C-235/09	11, I-2801	11, 514	11, 518	11, 736		DHL Express France/Chronopost	ECLI:EU:C:2011:238
3. 5.	C-375/09	11, I-3055	11, 606				Prezes/Tele2 Polska	ECLI:EU:C:2011:270
5. 5.	C-249/09	11, I-3155	11, 732				Novo Nordisk AS/Ravimiamet	ECLI:EU:C:2011:272
5. 5.	C-316/09	11, I-3249		11, 1160			MSD Sharp & Dohme GmbH/Merckle GmbH	ECLI:EU:C:2011:275

Dat.	RS	Slg	GRUR Int	GRUR	WRP	NJW	Name der Entscheidung	ECLI
12. 5.	C-122/10	11, I-3903	11, 726	11, 930	12, 189		Konsumentombudsmann/Ving Sverige AB	ECLI:EU:C:2011:299
16. 5.	C-429/10P		11, 720				X Technology Swiss GmbH/HABM	ECLI:EU:C:2011:307
19. 5.	C-308/10P		11, 602				Union Investment Privatfonds GmbH/HABM	ECLI:EU:C:2011:327
9. 6.	C-52/10	11, I-4973	11, 733		11, 1052		ALTER CHANNEL	ECLI:EU:C:2011:374
16. 6.	C-462/09	11, I-5331	11, 716	11, 909			Stichting de Thuiskopie/Opus Supplies Deutschland GmbH	ECLI:EU:C:2011:397
16. 6.	C-317/10P	11, I-5471	11, 722	11, 915			Union Investment Privatfonds GmbH/UniCredito Italiano SpA	ECLI:EU:C:2011:405
30. 6.	C-212/08	11, I-5633	11, 947		11, 1294		Zeturf Ltd/Premier ministre	ECLI:EU:C:2011:437
30. 6.	C-271/10	11, I-5815	11, 850	11, 913			VEWA/Belgien	ECLI:EU:C:2011:442
30. 6.	C-288/10	11, I-5835	11, 853				Wamo BVBA/JBC NV, Modemakers Fashion NV	ECLI:EU:C:2011:443
5. 7.	C-263/09P	11, I-5853	11, 821	11, 1132			Edwin Co/HABM (ELIO FIORUCCI)	ECLI:EU:C:2011:452
7. 7.	C-445/09	11, I-5917	11, 944				IMC Securities BV/Stichting Autoriteit Financiele Markten	ECLI:EU:C:2011:459
12. 7.	C-324/09	11, I-6011	11, 839	11, 1025	11, 1129		L'Oréal/eBay	ECLI:EU:C:2011:474
14. 7.	C-46/10	11, I-6161	11, 827				Viking Gas/Kosan Gas	ECLI:EU:C:2011:485
14. 7.	C-4/10, C-27/10	11, I-6131	11, 834	11, 926			Bureau national interprofessionnel du Cognac	ECLI:EU:C:2011:484
21.7.	C-15/10	11, I-6725					Etimine	ECLI:EU:C:2011:504
28. 7.	C-400/09, C-207/10	11, I-7063	11/830	11, 814			Orifarm und Paranova/Merck Sharp & Dohme	ECLI:EU:C:2011:519, ECLI:EU:C:2011:38
28. 7.	C-195/09	11, I-07011	11, 934				Synthon BV/Merz Pharma GmbH	ECLI:EU:C:2011:518
6. 9.	C-442/09	11, I-7419			11, 1427		Bablok/Freistaat Bayern	ECLI:EU:C:2011:541
22. 9.	C-482/09	11, I-8701	11, 939	12, 519	11, 1559		Budejovicky Budvar, narodni podnik/Anheuser-Busch Inc.	ECLI:EU:C:2011:605
22. 9.	C-323/09	11, I-8625	11, 1050	11, 1124	11, 1550		Interflora Inc./Marks & Spencer plc	ECLI:EU:C:2011:604
22. 9.	C-244/10, C-245/10	11, I-8777	12, 53				Mesopotamia Broadcast A/S METV und Roj TV A/S/Bundesrepublik Deutschland	ECLI:EU:C:2011:607, ECLI:EU:C:2010:465
22. 9.	C-426/10P	11, I-8849	12, 241				Bell & Ross BV/HABM	ECLI:EU:C:2011:612
4.10.	C-403/08, C-429/08	11, I-9083	11, 1063	12, 156	12, 434		Football Association Premier League Ltd./Leisure und Karen Murphy/Media Protection Services	ECLI:EU:C:2011:631
13.10.	C-439/09	11, I-9419	11, 1077	12, 844	11, 1577		Pierre Fabre Dermo-Cosmétique SAS/Präsident der Wettbewerbsbehörde und Minister für Wirtschaft, Industrie und Arbeit	ECLI:EU:C:2011:649
13.10.		11, I-9363	11, 1058					ECLI:EU:C:2011:648

Dat.	RS	Slg	GRUR Int	GRUR	WRP	NJW	Name der Entscheidung	ECLI
	C-431/ 09, C-432/09						Airfield NV und Canal Digitaal BV/Belgische Vereniging van Auteurs	
18.10.	C-406/09	11, I-9773	12, 32	12, 848	11, 1582	11, 3568	Realchemie Nederland/ Bayer CropScience AG	ECLI:EU: C:2011:668
18.10.	C-344/ 10P, C-345/10P		12, 39	12, 610	11, 1566		Freixenet/HABM	ECLI:EU: C:2011:680, ECLI:EU: C:2010:667
18.10.	C-34/10	11, I-9821	11, 1045	11, 1104			Oliver Brüstle/Greenpeace e. V.	ECLI:EU: C:2011:669
20.10.	C-140/10	11, I-10075		12, 49			Greenstar-Kanzi Europe NV/Jean Hustin	ECLI:EU: C:2011:677
20.10.	C-281/10 P	11, I-10153	12, 43	12, 506			PepsiCo, Inc/HABM	ECLI:EU: C:2011:679
25.10.	C-509/ 09, C-161/10	11, I-10269	12, 47	12, 300	11, 1571	12, 137	eDate Advertising GmbH/ X, Oliver Martinez, Robert Martinez/MGN Limited	ECLI:EU: C:2011:685, ECLI:EU: C:2010:656
24.11.	C-70/10	11, I-11959	12, 153	12, 265			Scarlet/SABAM	ECLI:EU: C:2011:771
24.11.	C-322/10	11, I-12051	12, 140	12, 257			Medeva BV/Comptroller General of Patents, Designs and Trade Marks	ECLI:EU: C:2011:773
24.11.	C-422/10	11, I-12057	12, 144				Georgetown University ect./Comptroller General of Patents, Designs and Trade Marks	ECLI:EU: C:2011:776
24.11.	C-283/10	11, I-12031	12, 150				Circul Globus Bucuresti/ Uniunea Compoziotorilor si Muzicologilor din Romania	ECLI:EU: C:2011:772
25.11.	C-630/10	11, I-12231	12, 356				University of Queensland und CSL Ltd/Comptroller General of Patents, Designs and Trade Marks	ECLI:EU: C:2011:780
25.11.	C-518/10	11, I-12209	12, 356	12, 261			Yeda	ECLI:EU: C:2011:779
1.12.	C-145/10	11, I-12533	12, 158	12, 166			Eva-Maria Painer/Standard VerlagsGmbH	ECLI:EU: C:2013:138
1.12.	C-446/ 09, C-495/09	11; I-2435	12, 134	12, 828	12, 303	12, 1497	Koninklijke Philips Electronics NV/Luncheng Meijing Sourcing Ltd.; Nokia Corporation/Her Majesty's Commissioners of Revenue and Customs	ECLI:EU: C:2011:796, ECLI:EU: C:2011:9
7.12.	C-45/ 11P		12, 333				Deutsche Bahn AG/ HABM	ECLI:EU: C:2011:808
8.12.	C-125/10	11, I-12987	12, 147				Merck Sharp & Dohme Corp./Deutsches Patent- und Markenamt	ECLI:EU: C:2011:812
15.12.	C-119/10	11, I-13179	12, 234	12, 268			Frisdranken Industrie Winters BV/Red Bull GmbH	ECLI:EU: C:2011:837
2012								
17. 1.	C-302/10		12, 336				Infopaq International/ Danske Dagblades Forening II	ECLI:EU: C:2012:16
19. 1.	C-53/11		12, 236				HABM/Nike International Ltd	ECLI:EU: C:2012:27
9. 2.	C-442/11		12, 523				Novartis AG/Actavis UK Ltd	ECLI:EU: C:2012:66
9. 2.	C-277/10		12, 341	12, 489				

Dat.	RS	Slg	GRUR Int	GRUR	WRP	NJW	Name der Entscheidung	ECLI
					12, 806		Martin Luksan/Petrus van der Let	ECLI:EU: C:2012:65
16. 2.	C-360/10		12, 350	12, 382	12, 429		SABAM/Netlog	ECLI:EU: C:2012:85
16. 2.	C-488/10		12, 353	12, 510			Celaya Emparanza y Galdos Internacional SA/Proyectos Integrales de Balizamiento SL/Celaya Emparanza y Galdos Internacional	ECLI:EU: C:2012:88
1. 3.	C-604/10		12, 436	12, 386	12, 695		Football Dacato/Yahoo	ECLI:EU: C:2012:115
15. 3.	C-162/10		12, 448	12, 597			Phonographic Performance Ltd/Irland, Attorney (General)	ECLI:EU: C:2012:141
15. 3.	C-453/10		12, 551	12, 639	12, 547		Perenicová und Perenic/SOS	ECLI:EU: C:2012:144
15. 3.	C-135/10		12, 440	12, 593	12, 689		Società Consortile Fonografici (SCF)/Marco del Corso	ECLI:EU: C:2012:140
15. 3.	C-90/11, C-91/11		12, 428	12, 616			Alfred Strigl/Deutsches Patent- und Markenamt, Securvita Gesellschaft zur Entwicklung alternativer Versicherungskonzepte mbH/Öko-Invest Verlagsgesellschaft mbH	ECLI:EU: C:2012:147
15. 3.	C-292/10		12, 544				G/Cornelius de Visser	ECLI:EU: C:2012:142
22. 3.	C-190/10		12, 431	12, 613			Génesis/Boy Toys SA	ECLI:EU: C:2012:157
27. 3.	C-209/10		12, 922				Post Danmark-	ECLI:EU: C:2012:172
29.3.	C-1/11						Interseroh Scrap and Metals Trading GmbH/Sonderabfall-Management-Gesellschaft Rheinland Pfalz mbH	ECLI:EU: C:2012:194
29. 3.	C-334/11 P		12, 627				Lancome parfums et beauté & Cie/HABM	ECLI:EU: C:2012:198
19. 4.	C-549/10 P				12, 680		Tomra Systems/Kommission	ECLI:EU: C:2012:221
19. 4.	C-523/10		12, 526	12, 654			Wintersteiger AG/Products 4U Sondermaschinenbau GmbH	ECLI:EU: C:2012:220
19. 4.	C-461/10		12, 540	12, 703	12, 699		Bonnier Audio AB/Perfect Communication Sweden AB	ECLI:EU: C:2012:219
26. 4.	C-510/10		12, 529	12, 810			DR, TV2 Danmark AS/NCB	ECLI:EU: C:2012:244
26. 4.	C-472/10			12, 939			Invitel	ECLI:EU: C:2012:242
26. 4.	C-456/10		12, 356				ANETT	ECLI:EU: C:2012:241
26. 4.	C-307/ 11P		13, 134	13, 519			Deichmann/HABM	ECLI:EU: C:2012:254
2. 5.	C-406/10		12, 534	12, 814	12, 802		SAS Institute/World Programming	ECLI:EU: C:2012:259
10. 5.	C-100/11 P		12, 630				Helena Rubinstein SNC, L'Oréal SA/HABM	ECLI:EU: C:2012:285
24. 5.	C-98/11 P		12, 637	12, 925			Chocoladefabriken Lindt & Sprüngli AG/HABM	ECLI:EU: C:2012:307
24. 5.	C-196/ 11P		12, 640	12, 825			Formula One Licensing BV/HABM	ECLI:EU: C:2012:314

Dat.	RS	Slg	GRUR Int	GRUR	WRP	NJW	Name der Entscheidung	ECLI
14. 6.	C–158/11		12, 769		12, 1371		Auto 24/Jaguar Land Rover France	ECLI:EU:C:2012:351
21. 6.	C–5/11		12, 766	12, 817	12, 927		Donner	ECLI:EU:C:2012:370
21. 6.	C–84/11		12, 103				Susisalo	ECLI:EU:C:2012:374
5. 7.	C–49/11					12, 2637	Content Services/Bundesarbeitskammer	ECLI:EU:C:2012:419
12. 7.	C–616/10		12, 1008	12, 1169			Solvay	ECLI:EU:C:2012:445
12. 7.	C–138/11		12, 1028	13, 191			Compass-Datenbank/ Österreich	ECLI:EU:C:2012:449
12. 7.	C–176/11		12, 1032		12, 1071		HIT und HIT LARIX	ECLI:EU:C:2012:454
12. 7.	C–171/11						Fra.bo/DVGW	ECLI:EU:C:2012:453
19. 7.	C–112/11					12, 2867	ebookers.com	ECLI:EU:C:2012:487
19. 7.	C–376/11		12, 918	12, 937	12, 1376		Pie Optiek	ECLI:EU:C:2012:502
6. 9.	C–308/11		12, 1025	12, 1167	13, 175		Chemische Fabrik Kreussler	ECLI:EU:C:2012:548
6. 9.	C–38/10						Kommission/Portugal	ECLI:EU:C:2012:521
6. 9.	C–96/11P		12, 1017				August Storck KG/HABM	ECLI:EU:C:2012:537
6. 9.	C–190/11				12, 1373	12, 3225	Mühlleitner/Yusufi	ECLI:EU:C:2012:542
6. 9.	C–544/10		12, 1022	12, 1161	12, 1368		Deutsches Weintor	ECLI:EU:C:2012:526
18.10.	C–428/11		12, 1120	12, 1269	12, 1509		Purely Creative/ Office of Fair Trading	ECLI:EU:C:2012:651
18.10.	C–37/11		12, 1109				Kommission/Tschechische Republik	ECLI:EU:C:2012:640
18.10.	C–101/11P, C–102/11P		12, 1116	13, 178			Neuman/Banea Grupo	ECLI:EU:C:2012:641 ECLI:EU:C:2011:236
25.10.	C–133/11		13, 173	13, 98	13, 177	13, 287	Folien Fischer/Ritrama	ECLI:EU:C:2012:664
6.11.	C–551/10P				13, 319		Éditions Odile Jacob/ Kommission	ECLI:EU:C:2012:681
6.11.	C–199/11		13, 490		13, 52		Europäische Gemeinschaft/Otis	ECLI:EU:C:2012:684
15.11.	C–180/11		13, 86	13, 203			Bericap	ECLI:EU:C:2012:717
22.11.	C–219/11			13, 82			Brain Products/BioSemi	ECLI:EU:C:2012:742
6.12.	C–457/10P						AstraZeneca/Kommission	ECLI:EU:C:2012:770
13.12.	C–226/11		13, 285		13, 172		Expedia/Autorité de la concurrence	ECLI:EU:C:2012:795
19.12.	C–149/11		13, 137	13, 182			Leno Merken/Hagelkruis Beheer	ECLI:EU:C:2012:816
2013								
17. 1.	C–206/11		13, 267	13, 297	13, 460		Georg Köck/Schutzverband gegen unlauteren Wettbewerb	ECLI:EU:C:2013:14
22. 1.	C–283/11		13, 288				Sky Österreich GmbH/ Österreichischer Rundfunk	ECLI:EU:C:2013:28
24. 1.	C–186/11, C–209/11			13, 524			Stanleybet Int. Ltd und Sportingbet plc/Ypourgos Oikonomias kai Oikono-	ECLI:EU:C:2013:33

Dat.	RS	Slg	GRUR Int	GRUR	WRP	NJW	Name der Entscheidung	ECLI
							mikon und Ypourgos Politismou	
7. 2.	C–68/12				13, 462		Protimonopolný úrad Slovenskej republiky/Slovenská sporiteľňa	ECLI:EU: C:2013:71
7. 2.	C–266/ 12P		13, 451				Majtczak/Feng Shen Technology [FS]	ECLI:EU: C:2013:73
21. 2.	C–561/ 11		13, 337	13, 516	13, 614		Fédération Cynologique Int./Federación Canina Int.	ECLI:EU: C:2013:91
7. 3.	C–607/11		13, 380	13, 500	13, 618		ITV Broadcasting/ TVCatchup	ECLI:EU: C:2013:147
7. 3.	C–343/12		13, 936				Euronics Belgium/Kamera Express	ECLI:EU: C:2013:154
14. 3.	C–32/11				13, 610		Allianz Hungária Biztosító/Gazdasági Versenyhivatal	ECLI:EU: C:2013:160
11. 4.	C–535/11		13, 538	13, 854	13, 892		Novartis Pharma/Apozyt	ECLI:EU: C:2013:226
11. 4.	C–636/11			13, 853	13, 896	13, 1725	Karl Berger/Freistaat Bayern	ECLI:EU: C:2013:227
18. 4.	C–12/12		13, 566	13, 722	13, 761		Colloseum/Levi Strauss	ECLI:EU: C:2013:253
14. 5.	C–294/ 12P		13, 921				You-Q/HABM	ECLI:EU: C:2013:300
30. 5.	C–357/ 12P		13, 924				Harald Wohlfahrt/HABM	ECLI:EU: C:2013:356
6. 6.	C–536/11		13, 696		13, 898		Bundeswettbewerbsbehörde/Donau Chemie	ECLI:EU: C:2013:366
18. 6.	C–681/11		13, 837		13, 1019	13, 3083	Bundeswettbewerbsbehörde/Schenker	ECLI:EU: C:2013:404
27. 6.	C–457/ 11, C–458/11, C–459/ 11, C–460/11		13, 821	13, 812	13, 1174	13, 2653	VG Wort/Kyocera, Fujitsu/VG Wort	ECLI:EU: C:2013:426
27. 6.	C–320/12		13, 792	13, 919	13, 1166		Malaysia Dairy/Ankenævnet for Patenter og Varemærker	ECLI:EU: C:2013:435
11. 7.	C–521/11		13, 949	13, 1025	13, 1169		Amazon.com International Sales/Austro-Mechana	ECLI:EU: C:2013:515
11. 7.	C–657/11		13, 937	13, 1049	13, 1161		Belgian Electronic Sorting Technology/Visys	ECLI:EU: C:2013:516
18. 7.	C–265/12		13, 942	13, 1154	13, 1308		Citroen Belux/FvF	ECLI:EU: C:2013:498
18. 7.	C–299/12		13, 946	13, 1061	13, 1311		Green Swan/Státní zemědělská a potravinářská inspekce	ECLI:EU: C:2013:501
18. 7.	C–252/12		13, 928	13, 922	13, 1314		Specsavers International Healthcare/Asda Stores	ECLI:EU: C:2013:497
18. 7.	C–501/ 11P				13, 1318		Schindler Holding/Kommission	ECLI:EU: C:2013:522
18. 7.	C–621/ 11P		13, 933				New Yorker SHK Jeans/ HABM	ECLI:EU: C:2013:484
18. 7.	C–201/ 11P		13, 964				UEFA/Kommission	ECLI:EU: C:2013:519
18. 7.	C–234/12		13, 974				Sky Italia/AGCOM	ECLI:EU: C:2013:496
19. 9.	C–661/11		13, 1036	13, 1140	14, 41		Martin Y Paz/Gauquie	ECLI:EU: C:2013:577
19. 9.	C–435/11		13, 1060	13, 1157	14, 38		CHS Tour Services	ECLI:EU: C:2013:574

Dat.	RS	Slg	GRUR Int	GRUR	WRP	NJW	Name der Entscheidung	ECLI
26. 9.	C-609/11P		13, 1041				Centrotherm Systemtechnik/centrotherm Clean Solutions	ECLI:EU:C:2013:592
26. 9.	C-610/11P		13, 1047				Centrotherm Systemtechnik/HABM	ECLI:EU:C:2013:593
26.09.	C-509/11					13, 3429	ÖBB-Personenverkehr AG	ECLI:EU:C:2013:613
3.10.	C-59/12		13, 1155	13, 1159	13, 1454	14, 288	BKK Mobil Oil/Zentrale	ECLI:EU:C:2013:634
3.10.	C-170/12		13, 1073		13, 1456		Pinckney/KDG Mediatech	ECLI:EU:C:2013:635
17.10.	C-391/12		13, 1158		13, 1575		RLvS Verlagsgesellschaft/ Stuttgarter Wochenblatt (GOOD NEWS)	ECLI:EU:C:2013:669
19.12.	C-281/12		14, 276	14, 196	14, 161		Trento Sviluppo	ECLI:EU:C:2013:859
2014								
6. 2.	C-98/13		14, 298	14, 283	14, 935		Blomqvist/Rolex	ECLI:EU:C:2014:55
13. 2.	C-479/12		14, 406	14, 368	14, 821		H. Gautzsch Großhandel	ECLI:EU:C:2014:75
13. 2.	C-466/12		14, 392	14, 360	14, 414	14, 759	Svensson u. a./Retriever Sverige	ECLI:EU:C:2014:76
13. 3.	C-52/13		14, 467	14, 493	14, 933		Posteshop/Autorità della Concorrenza e del Mercato	ECLI:EU:C:2014:150
27. 3.	C-314/12		14, 469	14, 468	14, 540	14, 1577	UPC-Telekabel/Constantin Film	ECLI:EU:C:2014:192
3. 4.	C-515/12		14, 592	14, 680	14, 816		4finance	ECLI:EU:C:2014:211
3. 4.	C-319/13		14, 588		14, 681		Udo Rätzke / S+K	ECLI:EU:C:2014:210
10. 4.	C-609/12		14, 595	14, 587	14, 819		Ehrmann/Wettbewerbszentrale	ECLI:EU:C:2014:252
10. 4.	C-435/12		14, 605	14, 546	14, 682		ACI Adam ua/Thuiskopie ua	ECLI:EU:C:2014:254
8. 5.	C-35/13		14, 687	14, 674	14, 1044		Assica	ECLI:EU:C:2014:306
13. 5.	C-131/12		14, 719	14, 895	14, 805	14, 2257	Google Spain/AEPD	ECLI:EU:C:2014:317
5. 6.	C-360/12		14, 873	14, 806	14, 1047		Coty Germany/First Note	ECLI:EU:C:2014:1318
5. 6.	C-360/13		14, 694	14, 654	14, 825	14, 2562	PRCA/NLA	ECLI:EU:C:2014:1195
5. 6.	C-557/12		14, 864	14, 1018	14, 829		KONE ua/ÖBB-Infrastruktur	ECLI:EU:C:2014:1317
12. 6.	C-156/13		14, 854	14, 876	14, 1172	14, 3012	Digibet ua/Westdeutsche Lotterie	ECLI:EU:C:2014:1756
19. 6.	C-217/13, C-218/13		14, 815	14, 776	14, 940		Sparkassen-Rot	ECLI:EU:C:2014:2012
19. 6.	C-345/13		14, 861	14, 774	14, 1042		Karen Millen Fashions Ltd/Dunnes Stores	ECLI:EU:C:2014:2013
10. 7.	C-421/12		14, 964				Kommission/Königreich Belgien	ECLI:EU:C:2014:2064
10. 7.	C-421/13		14, 945	14, 866	14, 937		Apple/DPMA	ECLI:EU:C:2014:2070
10. 7.	C-420/13		14, 948	14, 869	14, 1175		Netto-Marken-Discount/ DPMA	ECLI:EU:C:2014:2069
3. 9.	C-201/13		14,969	14, 972	14, 1181		Vrijheidsfonds//Vandersteen	ECLI:EU:C:2014:2132
18. 9.	C-205/13		14, 1043	14, 1097	14, 1298		Hauck/Stokke ua	ECLI:EU:C:2014:2233

Dat.	RS	Slg	GRUR Int	GRUR	WRP	NJW	Name der Entscheidung	ECLI
21.10.	C–348/13				14, 1441		BestWater Int./Mebes	ECLI:EU: C:2014:2315
5.11.	C–137/13		15, 247	15, 86	15, 184		Herbaria Kräuterparadies	ECLI:EU: C:2014:2335
2015								
15. 1.	C–573/13		15, 253	15, 281	15, 326	15, 1081	Air Berlin	ECLI:EU: C:2015:11
15. 1.	C–537/13		15, 256		15, 442	15, 1289	Šiba/Devěna	ECLI:EU: C:2015:14
22. 1.	C–441/13		15, 288	15, 296	15, 332		Hejduk/EnergieAgentur.NRW	ECLI:EU: C:2015:28
22. 1.	C–419/13		15, 284	15, 256	15, 334		Art & Allposters/Stichting	ECLI:EU: C:2015:27
5. 3.	C–463/12		15, 367	15, 478	15, 706		Copydan Bandkopi/Nokia Danmark	ECLI:EU: C:2015:144
16. 4.	C–388/13		15, 572	15, 600	15, 698		UPC Magyarország	ECLI:EU: C:2015:225
4. 6.	C–195/14		15, 732		15, 847		Teekanne	ECLI:EU: C:2015:361
16. 7.	C–580/13		15, 836	15, 894	15, 1078	15, 3158	Coty Germany/Stadtsparkasse Magdeburg	ECLI:EU: C:2015:485
16. 7.	C–544/13, C–545/13			15, 1028	15, 1206		Abcur/Apoteket Farmaci	ECLI:EU: C:2015:481
3. 9.	C–125/14		15, 1129	15, 1002	15, 1212		Iron & Smith/Unilever	ECLI:EU: C:2015:539
16. 9.	C–215/14		15, 1028	15, 1198	15, 1455		Nestlé/Cadbury	ECLI:EU: C:2015:604
6.10.	C–362/14				15, 1319	15, 3151	Schrems/Data Protection Commissioner	ECLI:EU: C:2015:650
6.10.	C–500/14		15, 1170	16, 77	16, 705		Ford Motor Company/Wheeltrims	ECLI:EU: C:2015:680
29.10.	C–490/14		15, 1161	15, 1187	16, 32		Freistaat Bayern/Verlag Esterbauer	ECLI:EU: C:2015:735
12.11.	C–572/13		16, 28	16, 55	16, 176	16, 39	Hewlett-Packard Belgium/Reprobel	ECLI:EU: C:2015:750
2016								
4. 2.	C–163/15		16, 350	16, 372	16, 580		Youssef Hassan/Breiding Vertriebsgesellschaft	ECLI:EU: C:2016:71
3. 3.	C–179/15		16, 352	16, 375	16, 447		Daimler/Együd Garage Gépjárm [udblac] javitó és Értékesit	ECLI:EU: C:2016:134
17. 3.	C–99/15			16, 485	16, 821		Christian Liffers/Producciones Mandarina	ECLI:EU: C:2016:173
7. 7.	C–476/14		16, 936	16, 945	16, 1096	16, 2557	Citroën Commerce/ZLW	ECLI:EU: C:2016:527
14. 7.	C–19/15				16, 1466		Innova Vital	ECLI:EU: C:2016:563
28. 7.	C–191/15				16, 1469		Amazon EU	ECLI:EU: C:2016:612
7. 9.	C–310/15		16, 1045	16, 1180	16, 1342		Vincent Deroo-Blanquart/Sony Europe	ECLI:EU: C:2016:633
8. 9.	C–160/15		16, 1056	16, 1152	16, 1347	16, 3149	GS Media/Sanoma Media	ECLI:EU: C:2016:644
15. 9.	C–484/14		16, 1060	16, 1146	16, 1486	16, 3503	McFadden/Sony Music Entertainment Germany	ECLI:EU: C:2016:689
22. 9.	C–113/15		16, 1051		17, 154		Breitsamer und Ulrich/Landeshauptstadt München	ECLI:EU: C:2016:718
22. 9.	C–110/15		16, 1066	17, 155	16, 1482		Microsoft u. a./MIBAC u. a.	ECLI:EU: C:2016:717
22. 9.	C–223/15		16, 1040	16, 1166	16, 1492		combit Software/Commit Business Solutions	ECLI:EU: C:2016:719

Dat.	RS	Slg	GRUR Int	GRUR	WRP	NJW	Name der Entscheidung	ECLI
12.10.	C–166/15		16, 1155	16, 1271	16, 1475		Aleksandrs Ranks u. a./Microsoft Corp. u. a.	ECLI:EU: C:2016:762
13.10.	C–277/15		16, 1149		17, 161		Servoprax/Roche Diagnostics Deutschland	ECLI:EU: C:2016:770
19.10.	C–582/14		16, 1169		16, 1478	16, 3579	Patrick Breyer/Bundesrepublik Deutschland	ECLI:EU: C:2016:779
19.10.	C–148/15		16, 1152	16, 1312	17, 36	16, 3771	Deutsche Parkinsonvereinigung/Wettbewerbszentrale	ECLI:EU: C:2016:776
20.10.	C–169/15		16, 1159	17, 64	17, 166		Montis Design/Goossens Meubelen	ECLI:EU: C:2016:790
26.10.	C–611/14		17, 64	16, 1307	17, 31		Canal Digital Denmark	ECLI:EU: C:2016:800
26.10.	C–276/15		17, 72	17, 206	17, 158		Hecht-Pharma/Hohenzollern Apotheke	ECLI:EU: C:2016:801
9.11.	C–448/14		17, 156		17, 152		Davitas/Stadt Aschaffenburg	ECLI:EU: C:2016:839
10.11.	C–174/15		17, 75	16, 1266	17, 42	17, 461	Vereniging Openbare Bibliotheken/Stichting Leenrecht	ECLI:EU: C:2016:856
10.11.	C–297/15		17, 50	17, 69	17, 164		Ferring Lægemidler/Orifarm	ECLI:EU: C:2016:857
16.11.	C–301/15		17, 79	17, 62	17, 42		Marc Soulier u. a./Premier ministre u. a.	ECLI:EU: C:2016:878
23.11.	C–177/15		17, 159	17, 100	17, 292		Nelsons/Ayonnax Nutripharm u. a.	ECLI:EU: C:2016:888
24.11.	C–662/15		17, 152	17, 102	17, 294		Lohmann & Rauscher/BIOS Medical Services	ECLI:EU: C:2016:903
15.12.	C–667/15		17, 147	17, 193	17, 408		Loterie Nationale/Paul Adriaensen u. a.	ECLI:EU: C:2016:958
21.12.	C–618/15		17, 173		17, 416		Concurrence/Samsung Electronics France u. a.	ECLI:EU: C:2016:976
21.12.	C–654/15		17, 145	17, 185	17, 411		Länsförsäkringar/Matek	ECLI:EU: C:2016:998
2017								
18. 1.	C–427/15		17, 279	17, 316	17, 413		NEW WAVE/ALLTOYS	ECLI:EU: C:2017:18
19. 1.	C–282/15		17, 259		17, 288		Queisser Pharma/Bundesrepublik Deutschland	ECLI:EU: C:2017:26
25. 1.	C–375/15		17, 250		17, 528	17, 871	BAWAG/Verein für Konsumenteninformation	ECLI:EU: C:2017:38
25. 1.	C–367/15		17, 265	17, 264	17, 534	17, 1373	Stowarzyszenie „Oławska Telewizja Kablowa"/Stowarzyszenie Filmowców Polskich	ECLI:EU: C:2017:36
8. 2.	C–562/15		17, 255	17, 280	17, 405	17, 1657	Carrefour Hypermarchés/ITM Alimentaire International	ECLI:EU: C:2017:95
16. 2.	C–219/15		17, 352	17, 633	17, 531	17, 1161	Elisabeth Schmitt/TÜV Rheinland LGA Products	ECLI:EU: C:2017:128
16. 2.	C–641/15		17, 357	17, 385	17, 415		Verwertungsgesellschaft Rundfunk/Hettegger Hotel Edelweiss	ECLI:EU: C:2017:131
1. 3.	C–275/15		17, 359	17, 512	17, 685		ITV Broadcasting u. a./TVCatchup u. a.	ECLI:EU: C:2017:144
2. 3.	C–568/15		17, 346	17, 395	17, 403	17, 1229	Zentrale zur Bekämpfung unlauteren Wettbewerbs Frankfurt am Main/comtech	ECLI:EU: C:2017:154
7. 3.	C–390/15				17, 687		Rzecznik Praw Obywatelskich (RPO)/Marszałek Sejmu Rzeczypospolitej Polskiej u. a.	ECLI:EU: C:2017:174
15. 3.	C–536/15							

Dat.	RS	Slg	GRUR Int	GRUR	WRP	NJW	Name der Entscheidung	ECLI
					17, 691		Tele2 (Netherlands) u. a./ Autoriteit Consument en Markt (ACM)	ECLI:EU: C:2017:214
16. 3.	C-138/16		17, 446	17, 510	17, 682		AKM/Zürs.net	ECLI:EU: C:2017:218
30. 3.	C-146/16		17, 431	17, 535	17, 674	17, 1873	Verband Sozialer Wettbewerb/DHL Paket	ECLI:EU: C:2017:243
26. 4.	C-527/15		17, 527	17, 610	17, 677	17, 1933	Stichting Brein/Jack Frederik Wullems	ECLI:EU: C:2017:300
4. 5.	C-339/15		17, 519	17, 627	17, 670		Luc Vanderborght	ECLI:EU: C:2017:335
18. 5.	C-617/15		17, 626	17, 728	17, 788		Hummel Holding/Nike u. a.	ECLI:EU: C:2017:390
8. 6.	C-689/15		17, 630	17, 816	17, 1066		W. F. Gözze Frottierweberei u. a./Verein Bremer Baumwollbörse	ECLI:EU: C:2017:434
8. 6.	C-296/16		17, 642	17, 1051	17, 927		Dextro Energy/Europäische Kommission	ECLI:EU: C:2017:437
14. 6.	C-422/16		17, 776	17, 828	17, 784		Verband Sozialer Wettbewerb/TofuTown.com	ECLI:EU: C:2017:458
14. 6.	C-610/15		17, 781	17, 790	17, 936		Stichting Brein/Ziggo u. a.	ECLI:EU: C:2017:456
22. 6.	C-49/16				17, 1069		Unibet International/ Nemzeti Adó- és Vámhivatal Központi Hivatala	ECLI:EU: C:2017:491
6. 7.	C-290/16				17, 1062		Air Berlin/Verbraucherzentrale Bundesverband	ECLI:EU: C:2017:523
6. 7.	C-139/16		17, 759	17, 912	17, 1193		Juan Moreno Marín u. a./ Abadía Retuerta SA	ECLI:EU: C:2017:518
13. 7.	C-433/16		17, 906	17, 1129	17, 1319		BMW AG/Acacia Srl	ECLI:EU: C:2017:550
20. 7.	C-93/16		17, 868	17, 1132	17, 1452		Ornua/T&S	ECLI:EU: C:2017:571
14. 9.	C-177/16		17, 1100		17, 1322		AKKA/LAA	ECLI:EU: C:2017:689
27. 9.	C-24/16, C-25/16		18, 62	17, 1120	17, 1457		Nintendo/BigBen	ECLI:EU: C:2017:724
5.10.	C-341/16		17, 1069	17, 1167	18, 46		Hanssen Beleggingen BV/ Prast-Knipping	ECLI:EU: C:2017:738
12.10.	C-289/16			17, 1277	17, 1451		Zentrale zur Bekämpfung unlauteren Wettbewerbs e. V./ Kamin und Grill Shop GmbH	ECLI:EU: C:2017:758
17.10.	C-194/16			18, 108	17, 1465	17, 3433	Bolagsupplysningen OÜ/ Svensk Handel AB	ECLI:EU: C:2017:766
19.10.	C-295/16			18, 303	18, 165		Europamur Alimentación SA/ Dirección General de Comercio y Protección del Consumidor de la Comunidad Autónoma de la Región de Murcia	ECLI:EU: C:2017:782
19.10.	C-231/16		18, 165	17, 1250	18, 37		Merck KGaA/Merck & Co. Inc. u. a.	ECLI:EU: C:2017:771
19.10.	C-425/16		18, 259	17, 1254	18, 43		Raimund/Aigner	ECLI:EU: C:2017:776
25.10.	C-389/15		18, 147		18, 292		Europäische Kommission/ Rat	ECLI:EU: C:2017:798
23.11.	C-381/16			18, 78	18, 180		Benjumea Bravo de Laguna/Torras Ferrazzuolo	ECLI:EU: C:2017:889
29.11.	C-265/16		18, 364	18, 68	18, 48		VCAST Limited/RTI SpA	ECLI:EU: C:2017:913
6.12.	C-230/16		18, 2667	18, 211	18, 33			ECLI:EU: C:2017:941

Dat.	RS	Slg	GRUR Int	GRUR	WRP	NJW	Name der Entscheidung	ECLI
							Coty Germany GmbH/ Parfümerie Akzente GmbH	
7.12.	C-329/16		18, 274	18, 333	18, 314	18, 281	Syndicat national de l'industrie des technologies médicales u. a./Premier ministre u. a.	ECLI:EU: C:2017:947
20.12.	C-434/15			18, 308	18, 167		Asociación Profesional Elite Taxi/ Uber Systems Spain SL	ECLI:EU: C:2017:98
20.12.	C-393/16		18, 569	18, 327	18, 170		Comité interprofessionnel du Vin de Champagne/Aldi Süd Dienstleistungs-GmbH & Co. OHG	ECLI:EU: C:2017:991
20.12.	C-397/ 16, C-435/16		18, 700	18, 284	18, 308		Acacia Srl/Pneusgarda Srl	ECLI:EU: C:2017:992
20.12.	C-291/16		18, 678	18, 191	18, 175		Schweppes SA/Red Paralela SL u. a.	ECLI:EU: C:2017:990
2018								
23. 1.	C-179/16		18, 495		18, 297		F. Hoffmann-La Roche Ltd u. a./ Autorità Garante della Concorrenza e del Mercato	ECLI:EU: C:2018:25
25. 1.	C-498/16				18, 304	18, 1003	Schrems/Facebook Ireland Limited	ECLI:EU: C:2018:37
21. 2.	C-132/17			18, 321	18, 543		Peugeot Deutschland GmbH/ Deutsche Umwelthilfe e. V.	ECLI:EU: C:2018:85
8. 3.	C-395/16		18, 847	18, 612	18, 546		DOCERAM GmbH/CeramTec GmbH	ECLI:EU: C:2018:172
14. 3.	C-557/16			18, 747	18, 676		Astellas Pharma/Firmea	ECLI:EU: C:2018:181
10. 4.	C-320/16		18, 1065	18, 739	18, 544		Uber France SAS/Nabil Bensalem	ECLI:EU: C:2018:221
19. 4.	C-148/17		18, 820	18, 616	18, 680		Peek & Cloppenburg KG, Hamburg/ Peek & Cloppenburg KG, Düsseldorf	ECLI:EU: C:2018:271
17. 5.	C-642/16		18, 917	18, 736	18, 929		Junek Europ-Vertrieb GmbH/Lohmann & Rauscher International GmbH & Co. KG	ECLI:EU: C:2018:322
5. 6.	C-210/16		18, 853		18, 805	18, 2537	Unabhängiges Landeszentrum für Datenschutz Schleswig-Holstein/ Wirtschaftsakademie Schleswig-Holstein GmbH	ECLI:EU: C:2018:388
7. 6.	C-44/17		18, 823	18, 843	18, 813		Scotch Whisky Association/Klotz	ECLI:EU: C:2018:415
12. 6.	C-163/16			18, 842	18, 811		Louboutin u. a./Van Haren Schoenen BV	ECLI:EU: C:2018:423
19.6.	C-15/16					18, 2615	Bundesanstalt für Finanzdienstleistungsaufsicht/ Ewald Baumeister	ECLI:EU: C:2018:464
5. 7.	C-339/17			18, 1061	18, 1186		Verein für lauteren Wettbewerb/Princesport	ECLI:EU: C:2018:539
10. 7.	C-25/17				18, 1056	19, 285	Jehovan todistajat	ECLI:EU: C:2018:551
25. 7.	C-632/16			18, 940	18, 1049		Dyson Ltd u. a./BSH Home Appliances NV	ECLI:EU: C:2018:599
7. 8.	C-161/17		18, 1204	18, 911	18, 1052	18, 3501	Land Nordrhein-Westfalen/ Renckhoff	ECLI:EU: C:2018:634
7. 8.	C-485/17			18, 943				

Dat.	RS	Slg	GRUR Int	GRUR	WRP	NJW	Name der Entscheidung	ECLI
					18, 1183		Verbraucherzentrale Berlin/Unimatic	ECLI:EU: C:2018:642
25. 7.	C–129/17		18, 1187	18, 917	18, 1317		Mitsubishi Shoji Kaisha u. a./Duma Forklifts u. a.	ECLI:EU: C:2018:594
7. 8.	C–521/17		19, 69	18, 921	18, 1314	18, 2781	SNB-REACT/Deepak Mehta	ECLI:EU: C:2018:639
13. 9.	C–54 und 55/17			18, 1156	18, 1304		Autorità Garante della Concorrenza e del Mercato/Wind Tre u. a.	ECLI:EU: C:2018:710
13. 9.	C–332/17			19, 212	18, 1441		Starman/Tarbijakaitseamet	ECLI:EU: C:2018:721
19. 9.	C–109/17				19, 44		Bankia/Juan Carlos Marí Merino u. a.	ECLI:EU: C:2018:735
4.10.	C–105/17			18, 1154	18, 1311		Komisia za zashtita na potrebitelite/Evelina Kamenova u. a.	ECLI:EU: C:2018:808
18.10.	C–149/17		19, 190	18, 1234	18, 1438	19, 33	Bastei Lübbe/Michael Strotzer	ECLI:EU: C:2018:841
25.10.	C–462/17				19, 47		Tänzer & Trasper/Altenweddinger Geflügelhof	ECLI:EU: C:2018:866
13.11.	C–310/17		19, 292	19, 73	19, 55	19, 753	Levola Hengelo/Smilde Foods	ECLI:EU: C:2018:899
15.11.	C–330/17				19, 41	19, 985	Verbraucherzentrale Baden-Württemberg/Germanwings	ECLI:EU: C:2018:916
21.11.	C–29/17			19, 91	19, 49		Novartis Farma/Agenzia Italiana del Farmaco (AIFA) u. a.	ECLI:EU: C:2018:931
6.12.	C–629/17		19, 393	19, 163	19, 178		J. Portugal Ramos Vinhos/Adega Cooperativa de Borba	ECLI:EU: C:2018:988
19.12.	C–572/17		19, 497	19, 161	19, 455		Imran Syed	ECLI:EU: C:2018:1033
19.12.	C–367/17		19, 407	19, 183	19, 452		S/EA u. a.	ECLI:EU: C:2018:1025
2019								
23. 1.	C–430/17			19, 296	19, 312	19, 1363	Walbusch Walter Busch/Zentrale zur Bekämpfung unlauteren Wettbewerbs	ECLI:EU: C:2019:47
30. 1.	C–220/17			19, 309	19, 446		Planta Tabak-Manufaktur Dr. Manfred Obermann/Land Berlin	ECLI:EU: C:2019:76
14. 2.	C–423/17		19, 493	19, 428	19, 587		Staat der Nederlanden/Warner-Lambert Company	ECLI:EU: C:2019:125
14. 3.	C–21/18		19, 473	19, 513	19, 717		Textilis u. a./Svenskt Tenn	ECLI:EU: C:2019:199
14. 3.	C–724/17		19, 603		19, 1004	19, 1197	Vantaan kaupunki/Skanska Industrial Solutions u. a.	ECLI:EU: C:2019:204
27. 3.	C–681/17				19, 590	19, 1507	slewo//schlafen leben wohnen/Sascha Ledowski	ECLI:EU: C:2019:255
27. 3.	C–578/17		19, 818	19, 511	19, 868		Oy Hartwall/Patentti- ja rekisterihallitus	ECLI:EU: C:2019:261
28. 3.	C–637/17		19, 586		19, 720		Cogeco Communications/Sport TV Portugal u. a.	ECLI:EU: C:2019:263
3. 4.	C–617/17		19, 706		19, 1294		Powszechny Zakład Ubezpieczeń na Życie/Prezes Urzędu Ochrony Konkurencji i Konsumentów	ECLI:EU: C:2019:283
11. 4.	C–690/17		19, 678	19, 621	19, 863		ÖKO-Test Verlag/Dr. Rudolf Liebe	ECLI:EU: C:2019:317
2. 5.	C–614/17		19, 835	19, 737	19, 870		Fundación Consejo Regulador de la Denominación de Origen Protegida Que-	ECLI:EU: C:2019:344

Dat.	RS	Slg	GRUR Int	GRUR	WRP	NJW	Name der Entscheidung	ECLI
5. 6.	C-142/18		19, 839		19, 1290		so Manchego/Industrial Quesera Cuquerella u. a. Skype Communications Sàrl/Institut belge des services postaux et des télécommunications (IBPT)	ECLI:EU: C:2019:460
12. 6.	C-628/17			19, 1064	19, 1153		Prezes Urzędu Ochrony Konkurencji i Konsumentów/Orange Polska	ECLI:EU: C:2019:480
13. 6.	C-193/18		19, 940		19, 1001	19, 2597	Google/Bundesrepublik Deutschland	ECLI:EU: C:2019:498
4. 7.	C-393/17			19, 846	19, 1286		Freddy Lucien Magdalena Kirschstein u. a., Vlaamse Gemeenschap	ECLI:EU: C:2019:563
10. 7.	C-649/17			19, 958	19, 997		Verbraucherzentrale Bundesverband/Amazon EU	ECLI:EU: C:2019:576
29. 7.	C-469/17			19, 934	19, 1170		Funke Medien NRW/Bundesrepublik Deutschland	ECLI:EU: C:2019:623
29. 7.	C-516/17			19, 940	19, 1162		Spiegel Online/Volker Beck	ECLI:EU: C:2019:625
29. 7.	C-476/17			19, 929	19, 1156	19, 2913	Pelham GmbH u. a./Ralf Hütter u. a.	ECLI:EU: C:2019:624
29. 7.	C-40/17			19, 977	19, 1146	19, 2755	Fashion ID/Verbraucherzentrale NRW	ECLI:EU: C:2019:629
4. 9.	C-686/17			19, 1067	19, 1433		Zentrale zur Bekämpfung unlauteren Wettbewerbs/Prime Champ Deutschland Pilzkulturen	ECLI:EU: C:2019:659
5. 9.	C-172/18			19, 1047	19, 1437		AMS Neve u. a./Heritage Audio u. a.	ECLI:EU: C:2019:674
5 9.	C-28/18				19, 1567		Verein für Konsumenteninformation/Deutsche Bahn	ECLI:EU: C:2019:673
12. 9.	C-541/18			19, 1194	19, 1444		AS/Deutsches Patent- und Markenamt	ECLI:EU: C:2019:725
12. 9.	C-299/17			19, 1188	19, 1446		VG Media/Google	ECLI:EU: C:2019:716
12. 9.	C-683/17			19, 1185	19, 1449	19, 3437	Cofemel/G-Star Raw	ECLI:EU: C:2019:721
19. 9.	C-527/18			19, 1196	19, 1557		Gesamtverband Autoteile-Handel e. V./KIA Motors Corporation	ECLI:EU: C:2019:762
24. 9.	C-136/17			19, 1310	19, 1460	19, 3503	GC u. a./Commission nationale de l'informatique et des libertés (CNIL)	ECLI:EU: C:2019:773
24. 9.	C-507/17			19, 1317	19, 1467	19, 3499	Google/Commission nationale de l'informatique et des libertés (CNIL)	ECLI:EU: C:2019:772
1.10.	C-673/17			19, 1198	19, 1455	19, 3433	Verbraucherzentrale Bundesverband/Planet49	ECLI:EU: C:2019:801
3.10.	C-18/18			19, 1208	19, 1452	19, 3287	Eva Glawischnig-Piesczek/Facebook	ECLI:EU: C:2019:821
12.11.	C-363/18			19, 1296	20, 176		Organisation juive européenne u. a./Ministre de l'Économie et des Finances	ECLI:EU: C:2019:954
14.11.	C-484/18			19, 1286	20, 181	20, 753	Spedidam/Institut national de l'audiovisuel	ECLI:EU: C:2019:970
21.11.	C-678/18			20, 108	20, 193		Procureur-Generaal bij de Hoge Raad der Nederlanden	ECLI:EU: C:2019:998
4.12.	C-432/18			20, 69	20, 37			ECLI:EU: C:2019:1045

Dat.	RS	Slg	GRUR Int	GRUR	WRP	NJW	Name der Entscheidung	ECLI
							Consorzio Tutela Aceto Balsamico di Modena/Balema	
5.12.	C-708/17, C-725/17				20, 300		EVN Bulgaria Toplofikatsia/Nikolina Stefanova Dimitrova (u. a.)	ECLI:EU:C:2019:1049
12.12.	C-435/18				20, 179		Otis u. a./Land Oberösterreich u. a.	ECLI:EU:C:2019:1069
18.12.	C-666/18			20, 186	20, 190		IT Development/Free Mobile	ECLI:EU:C:2019:1099
19.12.	C-263/18			20, 179	20, 185	20, 827	Nederlands Uitgeversverbond u. a./Tom Kabinet Internet u. a.	ECLI:EU:C:2019:1111
19.12.	C-390/18						Airbnb Ireland	ECLI:EU:C:2019:1112
2020								
29. 1.	C-785/18			20, 413	20, 565		GAEC Jeanningros/Institut national de l'origine et de la qualité (INAO) u. a.	ECLI:EU:C:2020:46
29. 1.	C-371/18			20, 288	20, 306		Sky u. a./SkyKick u. a.	ECLI:EU:C:2020:45
30. 1.	C-524/18			20, 310	20, 296		Dr. Willmar Schwabe/Queisser Pharma	ECLI:EU:C:2020:60
27. 2.	C-240/18 P			20, 395	20, 438		Constantin Film Produktion/EUIPO („Fack Ju Göhte")	ECLI:EU:C:2020:118
3. 3.	C-482/18				20, 941		Google Ireland/Nemzeti Adó- és Vámhivatal Kiemelt Adó- és Vámigazgatósága	ECLI:EU:C:2020:141
11. 3.	C-511/17				20, 571		Györgyné Lintner/UniCredit Bank Hungary	ECLI:EU:C:2020:188
12. 3.	C-583/18				20, 568		Verbraucherzentrale Berlin/DB Vertrieb	ECLI:EU:C:2020:199
26. 3.	C-622/18			20, 635	20, 838		AR/Cooper International Spirits u. a.	ECLI:EU:C:2020:241
2. 4.	C-567/18			20, 637	20, 707		Coty Germany/Amazon Services Europe u. a.	ECLI:EU:C:2020:267
2. 4.	C-753/18			20, 609	20, 715		Stim und SAMI/Fleetmanager Sweden u. a.	ECLI:EU:C:2020:268
23. 4.	C-28/19			20, 995	20, 718		Ryanair u. a./Autorità Garante della Concorrenza e del Mercato – Antitrust u. a.	ECLI:EU:C:2020:301
23. 4.	C-101/19, C-102/19			20, 658	20, 836		Deutsche Homöopathie-Union DHU-Arzneimittel/Bundesrepublik Deutschland	ECLI:EU:C:2020:304
23. 4.	C-237/19			20, 631	20, 710		Gömböc Kutató, Szolgáltató és Kereskedelmi/Szellemi Tulajdon Nemzeti Hivatala	ECLI:EU:C:2020:296
30. 4.	C-772/18			20, 744	20, 841		A/B	ECLI:EU:C:2020:341
14. 5.	C-266/19			20, 753	20, 843		EIS/TO	ECLI:EU:C:2020:384
11. 6.	C-786/18			20, 764	20, 1004	20, 2019	ratiopharm/Novartis Consumer Health	ECLI:EU:C:2020:459
11. 6.	C-833/18			20, 736	20, 1006		SI, Brompton Bicycle/Chedech/Get2Get	ECLI:EU:C:2020:461
25. 6.	C-380/19				20, 1289		Verbraucherzentrale Bundesverband/Deutsche Apotheker- und Ärztebank	ECLI:EU:C:2020:498

Dat.	RS	Slg	GRUR Int	GRUR	WRP	NJW	Name der Entscheidung	ECLI
2. 7.	C-684/19			20, 868	20, 1002		mk advokaten/MBK Rechtsanwälte	ECLI:EU:C:2020:519
9. 7.	C-264/19			20, 840	20, 1174		Constantin Film Verleih/YouTube u. a.	ECLI:EU:C:2020:542
16. 7.	C-311/18				20, 1158	20, 2613	Data Protection Commissioner/Facebook Ireland, Maximilian Schrems	ECLI:EU:C:2020:559
16. 7.	C-73/19				20, 1550		Belgische Staat u. a./Movic u. a.	ECLI:EU:C:2020:568
3. 9.	C-539/19				20, 1547		Verbraucherzentrale Bundesverband/Telefónica Germany	ECLI:EU:C:2020:634
8. 9.	C-265/19			20, 1082	20, 1553	21, 371	Recorded Artists Actors Performers/Phonographic Performance (Ireland) u. a.	ECLI:EU:C:2020:677
10. 9.	C-363/18			20, 1230	20, 1420		Konsumentombudsmannen/Mezina	ECLI:EU:C:2020:693
15. 9.	C-807/18 u. C-39/19				20, 1564	21, 219	Telenor Magyarország/Nemzeti Média- és Hírközlési Hatóság Elnöke	ECLI:EU:C:2020:708
1. 10.	C-485/18			20, 1233	20, 1417		Groupe Lactalis/Premier ministre u. a.	ECLI:EU:C:2020:763
1. 10.	C-649/18			20, 1219	20, 1410		A/Daniel B u. a.	ECLI:EU:C:2020:764
8. 10.	C-641/19			21, 495	20, 1559	20, 3771	EU/PE Digital	ECLI:EU:C:2020:808
8. 10.	C-456/19			20, 1195	21, 34		Aktiebolaget Östgötatrafiken/Patent- och registreringsverket	ECLI:EU:C:2020:813
21.10.	C-529/19			21, 493	20, 1562	20, 3707	Möbel Kraft/ML	ECLI:EU:C:2020:846
22.10.	C-720/18 u. C-721/18			20, 1301	21, 29		Ferrari/DU	ECLI:EU:C:2020:854
28.10.	C-637/19			20, 1295	21, 27	20, 3645	BY/CX	ECLI:EU:C:2020:863
18.11.	C-147/19			21, 60	21, 322		Atresmedia Corporación de Medios de Comunicación/Asociación de Gestión de Derechos Intelectuales (AGEDI) u. a.	ECLI:EU:C:2020:935
24.11.	C-59/19			21, 116	21, 24	21, 144	Wikingerhof/Booking.com	ECLI:EU:C:2020:950
25.11.	C-269/19					21, 611	Banca B. SA	ECLI:EU:C:2020:954
25.11.	C-372/19			21, 95	21, 316		Belgische Vereniging van Auteurs, Componisten en Uitgevers (SABAM)/Weareone.World u. a.	ECLI:EU:C:2020:959
3.12.	C-62/19				21, 310		Star Taxi App	ECLI:EU:C:2020:980
10.12.	C-774/19				21, 458		A. B. u. a./Personal Exchange International	ECLI:EU:C:2020:1015
17.12.	C-607/19			21, 613	21, 325		Husqvarna/Lidl Digital International	ECLI:EU:C:2020:1044
17.12.	C-490/19			21, 490	21, 177		Syndicat interprofessionnel de défense du fromage Morbier/Société Froagère du Livradois	ECLI:EU:C:2020:1043
17.12.	C-667/19			21, 510	21, 173		A. M./E. M.	ECLI:EU:C:2020:1039
2021								
21. 1.	C-308/19						Whiteland Import Export	

Dat.	RS	Slg	GRUR Int	GRUR	WRP	NJW	Name der Entscheidung	ECLI
								ECLI:EU:C:2021:47
3. 2.	C–555/19			21, 621	21, 593	21, 755	Fussl Modestraße Mayr/SevenOne Media u. a.	ECLI:EU:C:2021:89
3. 2.	C–922/19				21, 455		Stichting Waternet/MG	ECLI:EU:C:2021:91
25. 2.	C–857/19				21, 732		Slovak Telekom/Protimonopolný úrad Slovenskej republiky	ECLI:EU:C:2021:139
9. 3.	C–392/19			21, 706	21, 600		VG Bild-Kunst/Stiftung Preußischer Kulturbesitz	ECLI:EU:C:2021:181
15. 4.	C–53/20			21, 860	21, 889		Hengstenberg/Spreewaldverein	ECLI:EU:C:2021:279
3. 6.	C–762/19			21, 1075	21, 1146		CV-Online Latvia/Melons	ECLI:EU:C:2021:434
10. 6.	C–65/20			21, 1205	21, 1149	21, 2015	VI/KRONE – Verlag Gesellschaft	ECLI:EU:C:2021:471
15. 6.	C–645/19				21, 1547	21, 2495	Facebook Ireland u.a./Gegevensbeschermingsautoriteit	ECLI:EU:C:2021:483
17. 6.	C–597/19			21, 1067	21, 1033		Mircom International Content Management & Consulting (M. I. C. M.)/Telenet u. a.	ECLI:EU:C:2021:492
17. 6.	C–800/19				21, 1283		Mittelbayerischer Verlag/SM	ECLI:EU:C:2021:489
22. 6.	C–682/18 u. 683/18			21, 1054	21, 1019	21, 2571	Frank Peterson u. a./Google, YouTube u. a.	ECLI:EU:C:2021:503
8. 7.	C–178/20			21, 1429	21, 1528		Pharma Expressz Szolgáltató és Kereskedelmi/Országos Gyógyszerész	ECLI:EU:C:2021:551
15. 7.	C–190/20			21, 1325	21, 1277		DocMorris/Apothekerkammer Nordrhein	ECLI:EU:C:2021:609
15. 7.	C–30/20				21, 1280		RH/AB Volvo u. a.	ECLI:EU:C:2021:604
2. 9.	C–371/20			21, 1312	21, 1411		Peek & Cloppenburg Düsseldorf/Peek & Cloppenburg Hamburg	ECLI:EU:C:2021:674
9. 9.	C–783/19			21, 1390	21, 1532		Comité Interprofessionnel du Vin de Champagne/GB	ECLI:EU:C:2021:713
6. 10.	C–13/20			21, 1508	21, 1537		Top System/État belge	ECLI:EU:C:2021:811
6. 10.	C–882/19				21, 1540	21, 3583	Sumal/Mercedes Benz Trucks España	ECLI:EU:C:2021:800
14.10.	C–29/20			22, 96	22, 38		Biofa/Sikma D.	ECLI:EU:C:2021:843
11.11.	C–388/20			21, 1550	22, 40		Verbraucherzentrale Bundesverband/Dr. August Oetker Nahrungsmittel	ECLI:EU:C:2021:913
18.11.	C–306/20			22, 105	22, 302		„Visma Enterprise" SIA/Konkurences padome	ECLI:EU:C:2021:935
25.11.	C–102/20			22, 87	22, 33		StWL Städtische Werke Lauf a. d. Pegnitz/eprimo	ECLI:EU:C:2021:954
2. 12.	C–484/20				22, 420	22, 529	Vodafone Kabel Deutschland/Verbraucherzentrale Bundesverband	ECLI:EU:C:2021:975
9. 12.	C–370/20			22, 93	22, 159	22, 1081	Pro Rauchfrei/JS	ECLI:EU:C:2021:988
21.12.	C–251/20			22, 268	22, 162	22, 765	Gtflix/DR	ECLI:EU:C:2021:1036
2022								
13. 1.	C–881/19			22, 244	22, 568		Tesco Stores ČR/Ministerstvo zemědělství	ECLI:EU:C:2022:15

Dat.	RS	Slg	GRUR Int	GRUR	WRP	NJW	Name der Entscheidung	ECLI
9. 2.	C–35/21				22, 964		Konservinvest/Bulkons Parvomay	ECLI:EU: C:2022:84
24. 2.	C–536/20			22, 1236	22, 1234	22, 2457	Tiketa/M. Š.	ECLI:EU: C:2022:112
3. 3.	C–421/20			22, 569	22, 586		Acacia/Bayerische Motoren Werke	ECLI:EU: C:2022:152
10. 3.	C–183/21			22, 573	22, 693		Maxxus Group/Globus Holding	ECLI:EU: C:2022:174
15. 3.	C–302/20				22, 1055	22, 2671	Herr A/Autorité des marchés financiers (AMF)	ECLI:EU: C:2022:190
22. 3.	C–117/20				22, 577		bpost/Autorité belge de la concurrence	ECLI:EU: C:2022:202
24. 3.	C–433/20			22, 558	22, 582		Austro-Mechana/Strato	ECLI:EU: C:2022:217
24. 3.	C–533/20			22, 577	22, 566		Somogy Megyei Kormány- hivatal/Upfield Hungary	ECLI:EU: C:2022:211
31. 3.	C–96/21				22, 590		DM/CTS Eventim	ECLI:EU: C:2022:238
7. 4.	C–249/21			22, 1071	22, 712	22, 1439	Fuhrmann-2/B.	ECLI:EU: C:2022:269
26. 4.	C–401/19			22, 820	22, 700	22, 1663	Republik Polen/Europäi- sches Parlament u. a.	ECLI:EU: C:2022:297
28. 4.	C–559/20			22, 849	22, 708	22, 1799	Koch Media/FU	ECLI:EU: C:2022:317
28. 4.	C–531/20			22, 853	22, 696		NovaText/Ruprecht- Karls–Universität Heidelberg	ECLI:EU: C:2022:316
28. 4.	C–44/21			22, 811	22, 924		Phoenix Contact/HAR- TING Deutschland u. a.	ECLI:EU: C:2022:309
28. 4.	C–319/20			22, 920	22, 684	22, 1740	Meta Platforms Ireland/ Verbraucherzentrale Bundesverband	ECLI:EU: C:2022:322
5. 5.	C–179/21			22, 832	22, 688	22, 1871	absoluts –bikes and more–/ the-trading-company	ECLI:EU: C:2022:353
12. 5.	C–377/20				22, 826		Servizio Elettrico Nazionale u.a./Autorità Garante della Concorrenza e del Mercato	ECLI:EU: C:2022:379
19. 5.	C–466/20			22, 985	22, 840		HEITEC/HEITECH Promotion u. a.	ECLI:EU: C:2022:400
2. 6.	C–122/21			22, 1006	22, 962		Get Fresh Cosmetics/Valstybinė vartotojų teisių apsaugos tarnyba	ECLI:EU: C:2022:421
22. 6.	C–267/20				22, 969		Volvo und DAF Trucks/ RM	ECLI:EU: C:2022:494
7. 7.	C–7/21				22, 1097	22, 2461	LKW WALTER Internationale Transportorganisation/CB u. a.	ECLI:EU: C:2022:527
1. 8.	C–588/20				22, 1093		Landkreis Northeim/ Daimler u. a.	ECLI:EU: C:2022:607
8. 9.	C–263/21			22, 1522	22, 1496		Ametic/Administración del Estado u. a.	ECLI:EU: C:2022:644
8. 9.	C–716/20			22, 1598	22, 1492		RTL Television/Grupo Pestana u. a.	ECLI:EU: C:2022:643
20. 9.	C–793/19				22, 1449	22, 3135	Bundesrepublik Deutschland/SpaceNet und Telekom Deutschland	ECLI:EU: C:2022:702
29. 9.	C–633/20			22, 1682	23, 37	22, 3407	Verbraucherzentrale Bundesverband/TC Medical Air Ambulance Agency	ECLI:EU: C:2022:733
13. 10.	C–355/21			22, 1672	23, 43		Perfumesco.pl/Procter & Gamble International Operations u. a.	ECLI:EU: C:2022:791

Dat.	RS	Slg	GRUR Int	GRUR	WRP	NJW	Name der Entscheidung	ECLI
13. 10.	C–256/21			22, 1669	23, 40		KP/TV, Gemeinde Bodman–Ludwigshafen	ECLI:EU: C:2022:786
27. 10.	C–197/21			22, 1746	22, 1488		Soda–Club (CO 2) u.a./ MySoda	ECLI:EU: C:2022:834
27. 10.	C–418/21			22, 1765	22, 1484		Orthomol/Verband Sozialer Wettbewerb	ECLI:EU: C:2022:831
27. 10.	C–129/21			23, 86	22, 1502		Proximus/Gegevensbeschermingsautoriteit	ECLI:EU: C:2022:833
27. 10.	C–411/21			22, 1740	23, 172		Instituto do Cinema e do Audiovisual/NOWO Communications	ECLI:EU: C:2022:836
17. 11.	C–204/20			23, 165	23, 634		Bayer Intellectual Property/kohlpharma	ECLI:EU: C:2022:892
17. 11.	C–147/20			23, 159	23, 299		Novartis Pharma/Abacus Medicine	ECLI:EU: C:2022:891
17. 11.	C–175/21			23, 101	23, 509		Harman International Industries/AB	ECLI:EU: C:2022:895
17. 11.	C–253/20, C–254/20			23, 170	23, 509		Impexeco und PI Pharma/ Novartis	ECLI:EU: C:2022:894
24. 11.	C–358/21				23, 635	23, 33	Tilman/Unilever Supply Chain Company	ECLI:EU: C:2022:923
1. 12.	C–595/21			23, 352	23, 296		LSI – Germany/Freistaat Bayern	ECLI:EU: C:2022:949
8. 12.	C–460/20			23, 184	23, 174	23, 747	TU u.a./Google	ECLI:EU: C:2022:962
22. 12.	C–530/20			23, 268	23, 161		EUROAPTIEKA	ECLI:EU: C:2022:1014
22. 12.	C–148/21, C–184/21			23, 250	23, 166		Christian Louboutin/Amazon Europe u. a.	ECLI:EU: C:2022:1016
2023								
12. 1.	C–395/21			23, 822	23, 951	23, 903	D. V./M. A.	ECLI:EU: C:2023:14
19. 1.	C–680/20				23, 304		Unilever Italia Mkt. Operations/Autorità Garante della Concorrenza e del Mercato u. a.	ECLI:EU: C:2023:33
19. 1.	C–147/21			23, 354	23, 551		CIHEF u.a./Ministre de la Transition écologique u. a.	ECLI:EU: C:2023:31
2. 2.	C–208/21				23, 288		K. D./Towarzystwo Ubezpieczeń Ż	ECLI:EU: C:2023:64
16. 2.	C–312/21			23, 520	23, 425		Tráficos Manuel Ferrer u.a./Daimler	ECLI:EU: C:2023:99
16. 2.	C–472/21			23, 482	23, 430		Monz Handelsgesellschaft International/Büchel	ECLI:EU: C:2023:105
2. 3.	C–684/21			23, 633	23, 434		Papierfabriek Doetinchem/ Sprick GmbH Bielefelder Papier- und Wellpappenwerk & Co.	ECLI:EU: C:2023:141
9. 3.	C–356/22			23, 501	23, 549	23, 1345	Pro Rauchfrei/JS II	ECLI:EU: C:2023:174
9. 3.	C–177/22				23, 571		JA/Wurth Automotive	ECLI:EU: C:2023:185
20. 4.	C–263/22			23, 827	23, 946		Ocidental – Companhia Portuguesa de Seguros de Vida/LP	ECLI:EU: C:2023:311
20. 4.	C–775/21, C–826/21			23, 717	23, 681	23, 1871	Blue Air Aviation/UCMR – ADA u. a.	ECLI:EU: C:2023:307
20. 4.	C–25/21				23, 671		ZA u.a./Repsol Comercial de Productos Petrolíferos	ECLI:EU: C:2023:298
27. 4.	C–686/21			23, 803			VW/SW u. a.	

Dat.	RS	Slg	GRUR Int	GRUR	WRP	NJW	Name der Entscheidung	ECLI
					23, 676			ECLI:EU: C:2023:357
27. 4.	C-104/22			23, 805	23, 678		Lännen MCE/Berk u. a.	ECLI:EU: C:2023:343
27. 4.	C-628/21			23, 799	23, 810		TB/Castorama Polska und Knor	ECLI:EU: C:2023:342
4. 5.	C-300/21			23, 980	23, 686	23, 1930	UI/Österreichische Post	ECLI:EU: C:2023:370
4. 5.	C-60/22				23, 694		UZ/Bundesrepublik Deutschland	ECLI:EU: C:2023:373
4. 5.	C-487/21				23, 690	23, 2253	F. F./Österreichische Datenschutzbehörde	ECLI:EU: C:2023:369
17. 5.	C-97/22				23, 813	23, 2171	DC/HJ	ECLI:EU: C:2023:413
8. 6.	C-455/21				23, 942		OZ/Lyoness Europe	ECLI:EU: C:2023:455
8. 6.	C-654/21		23, 1021		23, 919		LM/KP	ECLI:EU: C:2023:462
29. 6.	C-211/22				23, 1054		Super Bock Bebidas u.a./ Autoridade da Concorrência	ECLI:EU: C:2023:529
29. 6.	C-543/21		23, 1115		23, 916		Verband Sozialer Wettbewerb/famila-Handelsmarkt Kiel	ECLI:EU: C:2023:527
4.7.	C-252/21		23, 1131		23, 924		Meta Platforms Ireland (vormals Facebook Ireland) u.a./Bundeskartellamt	ECLI:EU: C:2023:537
6. 7.	C-593/22						FS und WU/First Bank SA	ECLI:EU: C:2023:555
13. 7.	C-265/22				23, 1149		ZR und PI/Banco Santander SA	ECLI:EU: C:2023:578
13. 7.	C-426/21				23, 1059		Ocilion IPTV Technologies/Seven.One Entertainment Group u. a.	ECLI:EU: C:2023:564
13. 7.	C-35/22						CAJASUR Banco SA/JO und IM	ECLI:EU: C:2023:569
14. 9.	C-83/22						RTG/Tuk Tuk Travel SL	ECLI:EU: C:2023:664
14. 9.	C-27/22						Volkswagen Group Italia SpA und Volkswagen AG/ Autorità Garante della Concorrenza e del Mercato	ECLI:EU: C:2023:663
21. 9.	C-510/22						Romaqua Group SA/Societatea Na#ională a Apelor Minerale SA und Agen#ia Na#ională pentru Resurse Minerale	ECLI:EU: C:2023:694
21. 9.	C-139/22						AM und PM/mBank S. A.	ECLI:EU: C:2023:692
28. 9.	C-133/22						LACD GmbH/BB Sport GmbH & Co. KG	ECLI:EU: C:2023:710

Fundstellenverzeichnis für Entscheidungen des Bundesgerichtshofs

Dat.	AktZ	BGHZ	LM, Nr. zu §	GRUR	WRP	NJW	Schlagwort
1950							
19.12.	I ZR 62/50	1, 31	2, § 24 WZG	51, 159		51, 272	Störche
1951							
22. 1.	IV ZR 172/50		1, § 1922 BGB			51, 229	Lichtspieltheater
26. 1.	I ZR 19/50		1, § 14 UWG	51, 283		51, 352	Möbelbezugsstoffe
16. 2.	I ZR 73/50	1, 194	1, § 10 PatG	51, 314		51, 561	Motorblock
5. 3.	I ZR 40/50	1, 241	1, § 8 WZG	51, 324		51, 521	Piekfein
16. 3.	I ZR 76/50		1, § 16 UWG	51, 410		51, 520	Luppy
20. 4.	I ZR 103/50			51, 412			Graphia
15. 6.	V ZR 86/50		2, § 242 Ba BGB			51, 836	Kalisalz
15. 6.	I ZR 59/50	2, 387	3, § 6 PatG	51, 452		51, 712	Mülltonnen
19. 6.	I ZR 77/50	2, 394	3, § 24 WZG	52, 35		51, 843	Widia/Ardia
5.10.	I ZR 74/50	3, 193	1, § 343 BGB	52, 141		52, 101	Tauchpumpe
25.10.	3 StR 549/51	2, 79 (St)	1, § 286 StGB	52, 235		52, 34/673	Schneeballsystem
26.10.	I ZR 8/51	3, 270	5, § 1 UWG	52, 410		52, 660	Constanze I
9.11.	I ZR 32/51	3, 339	2, § 1 UWG	52, 193		52, 221	Rasierklingen
9.11.	I ZR 107/50		4, § 1 UWG	52, 239		52, 222	Farina
13.11.	I ZR 111/50	3, 365	5, § 6 PatG	52, 562		52, 302	Gummisohle
13.11.	I ZR 44/51		3, § 1 UWG	52, 416		52, 223	Dauerdose
23.11.	I ZR 24/51		2, Art 5 MRV 78			52, 344	Brauereidarlehen
30.11.	I ZR 9/50	4, 96	3, § 16 UWG	52, 511			Farina/Urkölsch
30.11.	V ZR 13/51						Ufa-Film
11.12.	I ZR 21/51	4, 167	2, § 16 UWG	52, 418		52, 503	DUZ
1952							
18. 1.	I ZR 87/51		16, § 812 BGB			52, 417	Nadelfabrikanten
22. 1.	I ZR 68/51	5, 1	1, § 25 WZG	52, 516		52, 784	Hummel-Figuren I
22. 1.	IV ZB 82/51	4, 323	1, § 16 VerschG			52, 579	
7. 2.	3 StR 331/51	2, 139 (St)	2, § 266 StGB			52, 392/673	Schneeballsystem
8. 2.	I ZR 63/51	5, 71	2, Art 5 MRG 56			52, 500	Kundenschutzklausel I
13. 2.	II ZR 88/51	5, 126	3, Art V 9c MRV 78			52, 502	Columbus-Kaffee
15. 2.	I ZR 135/51		5, § 24 WZG	52, 419			Gumax
22. 2.	I ZR 117/51	5, 189	4, § 24 WZG	52, 577		52, 665	Zwilling
4. 3.	I ZR 91/51						Goerner–Quell
8. 4.	I ZR 80/51		7, § 1 UWG	52, 582			Sprechstunden
9. 5.	I ZR 128/51	6, 137	1, § 1 WZG	53, 34		52, 1055	Lockwell
13. 5.	1 StR 670/51	2, 396 (St)				52, 898	Sub-Post-Ingenieur
14. 5.	II ZR 256/51		12, § 1 UWG			52, 1056	St.-Brauerei
16. 5.	I ZR 143/51		6, § 24 WZG	52, 521			Minimax
20. 5.	I ZR 168/51		11, § 1 UWG	53, 37		52, 1056	Schlachtergenossenschaft
27. 5.	1 StR 382/51	2, 370 (St)	1, § 24 WZG (St)			52, 898	Faber-Castell
30. 5.	II ZR 144/51						Maßmieder
19. 6.	III ZR 295/51	7, 30	1, § 616 BGB			52, 1249	Laderampe
11. 7.	I ZR 129/51		3, § 31 WZG	53, 40			Goldzack
11. 7.	I ZR 155/51		8, § 3 UWG				Pico
28.11.	I ZR 21/52	8, 142	4, § 823 (Ai) BGB	53, 130		53, 297	Schwarze Listen
16.12.	I ZR 39/52	8, 202	4, § 31 WZG	53, 175		53, 188	Kabel-Kennstreifen
17.12.	II ZR 55/52		2, MRV 78			53, 579	Werbeauftrag
1953							
15. 1.	IV ZR 76/52	8, 318				53, 577	Pazifist

Dat.	AktZ	BGHZ	LM, Nr. zu §	GRUR	WRP	NJW	Schlagwort
27. 1.	I ZR 55/52		5, § 16 UWG	53, 252			Weyland & Hoever
30. 1.	I ZR 88/52	8, 387	4, § 16 UWG	53, 290		53, 900	Fernsprechnummer
7. 2.	2 StR 341/52	4, 44 (St)				53, 592	Blindenware
5. 3.	5 StR 734/52	4, 94 (St)					Schulspeisung
17. 3.	I ZR 118/52			53, 293			Fleischbezug
30. 3.	IV ZR 176/52		6, § 16 UWG	53, 446			Verein d. Steuerberater
20. 5.	I ZR 52/52	10, 22	1, § 13 PatG	53, 385		53, 1260	Konservendosen I
3. 6.	II ZR 236/52		3, Art V MRG 56			53, 1426	Bierlieferung
9. 6.	I ZR 97/51	10, 196	7, § 16 UWG	54, 271		53, 1348	Dun-Europa
17. 6.	VI ZR 51/52	10, 104	9, § 1004 BGB				
25. 6.	3 StR 80/53	5, 12 (St)				53, 1802	HeilmittelwerbeVO
3. 7.	I ZR 91/52	10, 211	2, § 11 WZG	53, 486		53, 1626	Nordona
6.10.	I ZR 220/52		1, Art II KRG 1	54, 111			Repassiermaschine
9.10.	I ZR 115/52			54, 192			Dreikern/Dreiring
20.10.	I ZR 134/52		8, § 16 UWG	54, 70			Rohrbogen
26.10.	I ZR 156/52						
28.10.	II ZR 149/52	10, 385					Kalkstein
30.10.	I ZR 147/52			54, 123			Auto-Fox
30.10.	I ZR 94/52	11, 129	5, § 25 WZG	54, 121		54, 390	Zählkassetten
6.11.	I ZR 97/52	11, 135	1, § 22a LUG	54, 216		54, 305	Schallplatte
13.11.	I ZR 79/52		16, § 1 UWG	54, 163		54, 388	Bierlieferungsverträge
21.11.	VI ZR 91/52		15, § 1 UWG			54, 147	Innungsboykott
8.12.	ZR 192/52	11, 214	9, § 16 UWG	54, 195		54, 388	KfA
15.12.	5 StR 238/53					54, 320	Nordmark
15.12.	I ZR 146/52	11, 286	4, § 1 ZugbVO	54, 167		54, 475	Kundenzeitschrift
15.12.	I ZR 168/53	11, 260	2, § 1 ZugbVO	54, 174		54, 469	Kunststoff-Figuren I
15.12.	I ZR 167/53	11, 274	3, § 1 ZugbVO	54, 170		54, 472	Orbis
19.12.	VI ZR 330/52	12, 72					Hamburger Bauzuschuss
1954							
22. 1.	I ZR 200/52		18, § 1 UWG	54, 274			Goldwell
26. 1.	I ZR 192/52			54, 331			Alpha
23. 2.	I ZR 265/52		3, § 14 UWG	54, 333			Molkereizeitung
3. 3.	VI ZR 303/52						
12. 3.	I ZR 201/52		19, § 1 UWG	54, 337			Radschutz
16. 3.	I ZR 179/52	13, 33	6, Art 5 MRV 78	54, 342		54, 917	Warenkredit
30. 3.	I ZR 153/52		7, § 24 WZG	54, 346			Strahlenkranz
31. 3.	VI ZR 138/52						
9. 4.	5 StR 503/53						Schlachtermeister
30. 4.	I ZR 245/52			54, 404			Fachmann
4. 5.	I ZR 149/52	13, 210	20, § 1 UWG	54, 391		54, 1238	Prallmühle
11. 5.	I ZR 178/52	13, 244	10, § 3 UWG	55, 37		54, 1566	Cupresa/Kunstseide
25. 5.	I ZR 211/53	13, 334		55, 197		54, 1404	Leserbriefe
11. 6.	I ZR 174/52	14, 15	5, § 31 WZG	55, 91		54, 1565	Römer
18. 6.	I ZR 158/52			55, 95			Buchgemeinschaft
25. 6.	I ZR 7/53		8, § 24 WZG	54, 457			Irus/Urus
6. 7.	I ZR 167/52	14, 155	11, § 16 UWG	55, 42		54, 1681	Farina/rote Blume
6. 7.	I ZR 38/53	14, 163	12, § 1004 BGB	55, 97		54, 1682	Constanze II
13. 7.	V ZR 166/52	14, 294	21, § 1 UWG			54, 1483	Kirchenstiftung
13. 7.	I ZR 14/53	14, 286	12, § 16 UWG	55, 150		54, 1931	Farina-Belgien
14. 7.	I ZR 240/52						Händlerrabatt
12.10.	I ARZ 233/54			55, 101		54, 1932	Blitzableiter
22.10.	I ZR 46/53	15, 107	7, § 15 WZG	55, 299		55, 137	Koma
16.11.	I ZR 180/53		1, § 17 UWG	55, 402		55, 463	Anreißgerät
16.11.	I ZR 12/53		24, § 1 UWG	55, 342		55, 546	Holländische Obstbäume
26.11.	I ZR 266/52	15, 249		55, 201			Cosima Wagner
30.11.	I ZR 143/52	15, 338		55, 351		55, 382	Gema
3.12.	I ZR 262/52	15, 356	23, § 1 UWG	55, 346		55, 377	Progressive Kundenwerbung
18.12.	II ZR 76/54	16, 7	1, § 138 (Cf) BGB		55, 192	55, 337	Rückkehrverbot
18.12.	II ZR 222/53	16, 59	1. ZwangskartG			55, 384	Zwangskartell

Dat.	AktZ	BGHZ	LM, Nr. zu §	GRUR	WRP	NJW	Schlagwort
21.12.	I ZR 54/53		11, § 3 UWG	55, 409		55, 379	Vampyrette
21.12.	I ZR 36/53	16, 82	6, § 25 WZG	55, 406		55, 380	Wickelsterne
1955							
11. 1.	I ZR 16/53		22, § 1 UWG	55, 411	55, 43		Zahl 55
18. 1.	I ZR 142/53		10, § 24 WZG	55, 415	55, 50	55, 543	Arctuvan/Artesan
18. 1.	I ZR 102/53		15, § 3 UWG	55, 251	55, 64		Silberal
25. 1.	I ZR 15/53	16, 172	2, § 1 KO	55, 388	55, 196	55, 628	Düko-Geheimverfahren
28. 1.	I ZR 88/53		1, § 823 (Ag) BGB	55, 390	55, 196		Spezialpresse
15. 2.	I ZR 86/53	16, 296	7, § 25 WZG	55, 418	55, 80	55, 630	rote Herzwandvase
25. 2.	I ZR 124/53		14, § 16 UWG	55, 481	55, 98		Hamburger Kinderstube
25. 2.	I ZR 107/53		1, § 4 WZG	55, 421	55, 104		Forellenbild
15. 3.	I ZR 111/53		2, § 17 UWG	55, 424			Möbelpaste
18. 3.	I ZR 144/53	17, 41	3, § 17 UWG 25, § 1 UWG	55, 468		55, 829	Kokillenguss
19. 4.	I ZR 172/53						Reiseschreibmaschine
26. 4.	I ZR 21/53		2, AHKG 8	55, 479			Repassiernadel
10. 5.	I ZR 91/53		1, § 16 UWG	55, 484	55, 193	55, 1152	Luxor/Luxus
10. 5.	I ZR 120/53	17, 209	9, § 12 BGB	55, 490	55, 165	55, 1151	Heynemann
10. 5.	I ZR 177/53		15, § 16 UWG	55, 487	55, 162		Alpha
18. 5.	I ZR 8/54	17, 266	3, § 15 LitUrhG	55, 492		55, 1276	Magnettonband
24. 5.	I ZR 138/53			56, 212			Wirtschaftsarchiv
7. 6.	I ZR 64/53	18, 1	3, Art 1 AHKG	55, 575		55, 1435	Hückel
24. 6.	I ZR 178/53	17, 376	1, § 27 LitUrhG	55, 549		55, 1356	Betriebsfeiern
24. 6.	I ZR 88/54	18, 44	12, §§ 11, 15 LitUrhG			55, 1433	Photokopien
28. 6.	I ZR 81/54		12, § 24 WZG 8, § 31 WZG	55, 579	55, 218	55, 1555	Sunpearl
5. 7.	I ZR 205/53						Sprechstunden II
8. 7.	I ZR 52/54		26, § 1 UWG	55, 541	55, 206		Bestattungswerbung (-in-stitut)
11. 7.	II ZR 96/54			57, 44			Firmenhandel
12. 7.	I ZR 31/54		6, § 13 PatG	55, 535			Zählwerkegetriebe
20. 9.	I ZR 194/53	18, 175	27, § 1 UWG 13, § 11 LitUrhG	55, 598	55, 280	55, 1753	Matern (Werbeidee)
23. 9.	5 StR 110/55	8, 221 (St)	12, MRVO (BrZ) 78, Art 5		56, 21	56, 68	Zementindustrie
25.10.	I ZR 200/53	18, 319	4, § 1 LitUrhG	56, 88		55, 1918	Bebauungsplan
28.10.	I ZR 188/54		12, § 123 BGB	56, 93	56, 17		Bioglutan
11.11.	I ZR 157/53	19, 23	1, §§ 9, 5 WZG	56, 172	56, 73	56, 591	Magirus
11.11.	I ZR 176/53	19, 72	11, MRVO (BrZ) 78, Art 5	56, 118	56, 110	56, 341	Gesangbuch
18.11.	V ZR 47/54	19, 130	26, § 1004 BGB 8/9/10 MRVO (BrZ) 78, Art 5		56, 76	56, 548	Grabpflege
18.11.	I ZR 208/53		10, § 15 WZG	56, 179	56, 135	56, 54	Ettal-Flasche
24.11.	5 StR 311/55	8, 360 (St)				56, 431	Epithelan
29.11.	I ZR 4/54		11, § 15 WZG	56, 183	56, 171	56, 54	Drei-Punkt Farben
30.11.	VI ZR 100/54		29, § 549 ZPO			56, 711	Warnungen öffentlicher Körperschaften
13.12.	I ZR 20/54		3, Art 1 §§ 1, 3 RechtsberatG	57, 425		56, 591	Ratgeber
13.12.	I ZR 86/54		16, § 3 UWG	56, 270	56, 127	56, 589	Rügenwalder Teewurst
20.12.	I ZR 24/54	19, 299	30, § 1 UWG	56, 216	56, 105	56, 339	Bad Ems
1956							
10. 1.	I ZR 14/55		2, § 241 BGB	56, 238	56, 238		Westfalen-Zeitung
17. 1.	I ZR 98/54		4, § 1 Rechts-beratG 1, § 327 LAG			56, 749	LA-Sachen
20. 1.	I ZR 146/53	19, 367	2, § 4 WZG 12, § 25 WZG 12, § 31 WZG	56, 219	56, 199	56, 828	W5

Dat.	AktZ	BGHZ	LM, Nr. zu §	GRUR	WRP	NJW	Schlagwort
27. 1.	I ZR 146/54	19, 392	31, § 1 UWG	56, 223	56, 99	56, 588/ 1318	Anzeigenblatt (Freiburger Wochenbericht)
31. 1.	I ZR 74/55		17, § 3 UWG	56, 187	56, 108		English-Lavender
10. 2.	I ZR 61/54		25, § 1004 BGB	56, 227	56, 316		Reisebüro
16. 2.	II ZR 141/54		1, § 324 BGB	57, 83			Wasserzähler
17. 2.	I ZR 57/54		33, § 1 UWG	56, 273	56, 162	56, 909	Drahtverschluss
28. 2.	I ZR 84/54	20, 119	8, § 89 BGB			56, 746	Fischwirtschaft
2. 3.	I ZR 161/54		18, § 3 UWG	56, 276	56, 164	56, 910	Desinfektionsapparat
13. 3.	I ZR 49/54			57, 426			Getränkeindustrie
13. 3.	I ZR 132/54		1, § 138 BGB			56, 1065	Schlepper
16. 3.	I ZR 62/55		1, § 12 PatG	56, 265	56, 246		Rheinmetall Borsig I
16. 3.	I ZR 162/54		31a, § 1 UWG 6, § 1 LUG	56, 284	56, 185		Rheinmetall Borsig II
19. 3.	II ZR 25/55		1, Int PrivR		56, 166		Importagent
20. 3.	I ZR 162/55		3, § 2 ZugbVO	56, 279	56, 167	56, 911	Olivin
27. 3.	I ZR 73/54						Union-Verlag
10. 4.	1 StR 526/55	9, 114 (St)	1, MRG (AmZ) 56		56, 227	56, 959	Brotpreis
10. 4.	I ZR 165/54		27, § 1004 BGB	57, 84	57, 156		Einbrand-Flasche
13. 4.	I ZR 41/54		16, § 16 UWG	56, 321	56, 221		Synochem
4. 5.	I ZR 194/54		2, ADSp-Allg		56, 228	56, 1201/ 1714	ADSp
4. 5.	I ZR 55/54		14, § 31 WZG	56, 376	56, 219	56, 1920	Berliner Illustrierte
8. 5.	I ZR 62/54	20, 345	1, § 823 BGB	56, 427		56, 1554	Dahlke
11. 5.	VI ZR 209/55		2, § 823 (Bd) BGB				Presse
15. 5.	I ZR 148/54		19, § 3 UWG	56, 550	56, 251		Tiefenfurter Bauernbrot
25. 5.	VI ZR 66/55	21, 1	1, § 138 BGB		56, 287	56, 1201	Aufnahmezwang
5. 6.	I ZR 4/55		35, § 1 UWG	57, 23	56, 244	56, 1556	Bünder-Glas
8. 6.	I ZR 175/54		6, § 1 ZugbVO	57, 40	56, 305	56, 1559	Puppenservice
12. 6.	I ZR 130/54					56, 1918	Kreiszeichen
15. 6.	I ZR 71/54	21, 66	16, § 24 WZG	57, 25	56, 279	56, 1557	Hausbücherei
15. 6.	I ZR 149/54		14, § 12 BGB	57, 87	56, 302	56, 1713	Meisterbrand
15. 6.	I ZR 105/54	21, 85	17, § 16 UWG	57, 29	56, 275	56, 1559	Spiegel
22. 6.	I ZR 152/54			57, 274	56, 249		nach Maß
29. 6.	I ZR 129/54		36, § 1 UWG	56, 553	57, 257		Coswig
29. 6.	I ZR 176/54		2, § 23 UWG 16, § 25 WZG	56, 558	57, 24		Regensburger Karmelitengeist
3. 7.	I ZR 137/54	21, 182	14, § 25 WZG 3, § 4 WZG	57, 88		56, 1595	Ihr Funkberater
10. 7.	I ZR 106/54			57, 428			Bücherdienst
11. 7.	1 StR 306/55	9, 319 (St)	1, § 2 WiStG			56, 1568	Hausbrandkohle
13. 7.	I ZR 18/55						Pschorr
13. 7.	I ZR 137/55	21, 266	15, § 25 WZG	57, 37	56, 333	56, 1676	Uhrrohwerk
13. 7.	I ZR 75/54		17, § 24 WZG	57, 34	57, 122		Hadef
2.10.	I ZR 9/54	22, 1	3, Art 12 EGBGB	57, 215		57, 140	Flava-Erdgold
4.10.	II ZR 121/55	21, 370	1, § 25 BGB			56, 1793	Vereinsstrafe
5.10.	I ZR 94/54		39, § 1 UWG	57, 123	57, 9		Lowitz
12.10.	I ZR 12/56						Vereinigte Uhrenfabriken
12.10.	I ZR 34/56		4, § 14 UWG	57, 93	57, 19		Jugendfilmverleih
12.10.	I ZR 171/54		15, § 31 WZG	57, 339		57, 142	Tropostasin
16.10.	I ZR 2/55		40, § 1 UWG	57, 219	57, 7		Westenberg
23.10.	I ZR 76/54		22, § 3 UWG	57, 128	57, 74	57, 182	Steinhäger
23.10.	I ZR 8/55		13, § 15 WZG	57, 125	57, 49		Troika
25.10.	I ZR 18/56	22, 88		57, 195		56, 1873	Indrohag
29.10.	II ZR 79/55	22, 90	1. Allg. Geschäftsbedingungen			57, 17	Fabrikneue Möbel

Dat.	AktZ	BGHZ	LM, Nr. zu §	GRUR	WRP	NJW	Schlagwort
30.10.	I ZR 199/55		15, § 12 BGB	57, 342			Underberg
30.10.	I ZR 225/55		7, § 1 ZugbVO	57, 378	57, 54	57, 219	Bilderschecks
7.11.	V ZR 39/56		6, Art V MRG 56		57, 28		Siedlungsgenossenschaft
16.11.	I ZR 69/55		1, § 5 Rechts-beratG	57, 226	57, 154	57, 301	Sprechsaal II
16.11.	I ZR 150/54	22, 167	42, § 1 UWG	57, 131	57, 117	57, 59	Arzneifertigwaren
23.11.	I ZR 104/55		16, § 31 WZG	57, 222	57, 239	57, 343	Sultan
23.11.	I ZR 41/55						Doppelt gebrannt
27.11.	I ZR 57/55	22, 209	2, § 2 KUG	57, 291		57, 220	Europapost
4.12.	I ZR 106/55		20, § 3 UWG	57, 348	57, 73		Klasen-Möbel
11.12.	I ZR 93/55		3, § 11 WZG	57, 350	57, 236		Raiffeisensymbol
11.12.	I ZR 61/55		3, § 1 WZG	57, 224	57, 210	57, 462	Ex. Odor/Odorex
14.12.	I ZR 105/55	22, 347		57, 387			Clemens Laar
17.12.	II ZR 202/55						Wäschereibetrieb
18.12.	I ZR 40/55						Rundschreiben
21.12.	I ZR 68/55		17, § 31 WZG	57, 228	57, 275		Astrawolle
1957							
8. 1.	VIII ZR 225/56		3, § 536 BGB	58, 45	57, 207		Bäckerei
8. 1.	I ZR 58/55		18, § 25 WZG	57, 275	57, 184	57, 909	Star-Revue
8. 1.	I ZR 65/55			58, 141		57, 1919	Spiegel der Woche
15. 1.	I ZR 190/55		30, § 1004 BGB	57, 278	57, 273	57, 827	Evidur
15. 1.	I ZR 39/55	23, 100	14, § 15 WZG	57, 231		57, 910	Pertussin I
15. 1.	I ZR 56/55		22, § 24 WZG	57, 352			Pertussin II
22. 1.	I ZR 191/55			57, 280			Kassa-Preis
25. 1.	I ZR 5/56		8, § 1 ZugbVO	57, 380	57, 142	57, 749	Kunststoffiguren II
25. 1.	I ZR 158/55		21, § 16 UWG	57, 281	57, 180		Karo-As
25. 1.	I ZR 45/55						
25. 1.	I ZR 66/56						Erstes Kulmbacher
28. 1.	I ZR 88/55		21, § 3 UWG	57, 285	57, 173		Spalttabletten
29. 1.	I ZR 53/55	23, 184	44, § 1 UWG	57, 355	57, 288	57, 949	Plasticummännchen
5. 2.	I ZR 168/55			57, 287			Kölnisch Eis
8. 2.	I ZR 157/55		23, § 3 UWG	57, 358	57, 171		MHZ
19. 2.	I ZR 13/55			57, 488			
22. 2.	I ZR 68/56	23, 365	47, § 1 UWG	57, 365	57, 134	57, 748	Suwa
22. 2.	I ZR 205/55		43, § 1 UWG	57, 363	57, 139		Sunil
22. 2.	I ZR 123/55		11, § 823 (Aj) BGB	57, 360	57, 300		Phylax-Apparate
15. 3.	I ZR 72/55		5, § 4 WZG	57, 430			Havanna
15. 3.	I ZR 7/56		18, § 31 WZG	57, 433	57, 241		St. Hubertus
29. 3.	I ZR 107/55		17, § 25 WZG	57, 369	57, 306		Rosa-Weiß-Packung
2. 4.	I ZR 29/56		25, § 3 UWG	57, 372	57, 201		2 DRP
2. 4.	VI ZR 9/56	24, 72	2, § 823 (Ah) BGB			57, 1146	Krankenpapiere
2. 4.	I ZR 58/56		5, § 47 PatG	57, 336		57, 591 L	Rechnungslegung
5. 4.	I ZR 151/55		6, § 1 WZG	58, 78	57, 367	57, 1837	Stolper Jungchen
5. 4.	I ZR 127/55		25, § 24 WZG	57, 435			Estarin
16. 4.	I ZR 115/56		26, § 3 UWG	57, 600	57, 227		Westfalenblatt
17. 4.	IV ZR 2/57						Verlagsdruckerei
26. 4.	I ZR 220/55		46, § 1 UWG 24, § 3 UWG	57, 491	57, 259		Wellaform
26. 4.	I ZR 35/57			57, 506			Doppel Export
30. 4.	VIII ZR 201/56	24, 165				57, 988	Schuhgeschäft
2. 5.	4 StR 119–120/56	10, 269 (St)	2, § 12 UWG – Sts	58, 25		57, 1243	Vorzimmer
10. 5.	I ZR 33/56		5, § 1 WZG	57, 499			Wipp
10. 5.	I ZR 234/55	24, 200	12, § 823 (Ai) BGB	57, 494		57, 1315	Spätheimkehrer
14. 5.	I ZR 165/55	24, 257	19, § 31 WZG	57, 553	57, 304	57, 1557	Tintenkuli
14. 5.	I ZR 94/55	24, 238	16, § 12 BGB	57, 547	57, 265		tabu I

Dat.	AktZ	BGHZ	LM, Nr. zu §	GRUR	WRP	NJW	Schlagwort
14. 5.	I ZR 50/56		17, § 12 BGB	57, 550	57, 264		tabu II
21. 5.	I ZR 19/56		1, PBefG	57, 558	57, 294	57, 1319	Bayern-Expreß
28. 5.	I ZR 231/55		20, § 25 WZG	57, 603	57, 308		Taschenstreifen
31. 5.	I ZR 93/56		24, § 16 UWG	57, 561	57, 269		REI-Chemie
31. 5.	I ZR 163/55		32, § 1004 BGB	58, 30	57, 330	57, 1676	Außenleuchte
18. 6.	I ZR 89/56		13, Art 5 MRVO 78	57, 545		57, 1318; 57, 1558	Schraubstock
28. 6.	I ZR 230/55		48, § 1 UWG	58, 32			Haferschleim
10. 7.	4 StR 5/57	10, 358 (St)	3, § 12 UWG	58, 27		57, 1604	Beschaffungsstelle
12. 7.	I ZR 8/56		3, Arzneimittel-VO	57, 606	57, 291		Heiltee
12. 7.	I ZR 4/56		49, § 1 UWG	58, 35	57, 327		Fundstelle
12. 7.	I ZR 52/55		20, § 823 (Bf) BGB	58, 86	57, 361	57, 1762	Ei-fein
24. 7.	I ZR 21/56		18, § 12 BGB	58, 189	58, 17	58, 17	Zeiß
17. 9.	I ZR 105/56		30, § 3 UWG	58, 39	57, 332	57, 1676	Rosenheimer Gummimäntel
20. 9.	I ZR 14/56		26, § 16 UWG	58, 90	58, 22	57, 1761	Hähnel
27. 9.	I ZR 140/56		18, § 15 WZG	58, 81	58, 116		Thymopect
15.10.	I ZR 103/56		1, § 5 Geschm-MG	58, 97	58, 122		Gartensessel
22.10.	I ZR 96/56	25, 369	53, § 1 UWG	58, 233	58, 60	58, 300	mit dem feinen Whipp
25.10.	I ZR 38/56		20, § 12 BGB	58, 339			Technika
25.10.	I ZR 136/56		4, § 11 WZG	58, 185		58, 383	Wyeth
29.10.	I ZR 116/56		19, § 12 BGB	58, 143	58, 46	58, 217	Schwardmann
29.10.	I ZR 108/56		22, § 31 WZG	58, 604	58, 118		Wella-Perla
29.10.	I ZR 192/56		3, § 254 ZPO	58, 149			Bleicherde
12.11.	I ZR 44/56		55, § 1 UWG	58, 343	58, 206		Bohnergerät
15.11.	I ZR 83/56	26, 52	27, § 16 UWG	58, 354	58, 243	58, 459	Sherlock Holmes
18.11.	GSSt 2/57	11, 67 (St)				58, 228	Erotische Literatur
22.11.	I ZR 144/56		6, § 260 BGB	58, 346	58, 210	58, 377	Spitzenmuster
22.11.	I ZR 152/56		11, § 9 PatG	58, 179	58, 155		Resin
3.12.	I ZR 157/56		9, § 794 ZPO	58, 359	58, 318		Sarex
6.12.	5 StR 408/57	11, 85 (St)	2, HeilmWVO	58, 238		58, 19	Schlankheitsmittel
10.12.	I ZR 175/56		1, GWB Allg	58, 240	58, 88	58, 589	Waldbaur (Markenschokolade)
10.12.	I ZR 208/55		2, GWB Allg	58, 247		58, 591	Verlagserzeugnisse
12.12.	BVerwG I C 68/55			58, 200			Sonderveranstaltung
20.12.	I ZR 112/56		1, § 11 UWG	58, 294			Essenzlimonaden
1958							
7. 1.	I ZR 73/57		2, § 18 UWG	58, 297	58, 213	58, 671	Petromax
14. 1.	I ZR 40/57		57, § 1 UWG	58, 351	58, 138	58, 789	Deutschlanddecke
31. 1.	I ZR 182/56		31, § 3 UWG	58, 455	58, 151	58, 789	Federkernmatratze
31. 1.	I ZR 178/56		8, § 1 WZG	58, 544	58, 221		Colonia
4. 2.	I ZR 23/57		21, § 12 BGB	58, 302			Lego
4. 2.	I ZR 48/57		58, § 1 UWG	58, 402	58, 144		Lili-Marleen
14. 2.	I ZR 151/56	26, 349	12, § 847 BGB	58, 408		58, 827	Herrenreiter
14. 2.	I ZR 3/57		4, § 5 WZG	58, 393	58, 154		Ankerzeichen
25. 2.	I ZR 15/57		3, MRVO (BrZ) 96	58, 459	58, 684		Schneideautomat
28. 2.	I ZR 185/56		60, § 1 UWG	58, 485	58, 237	58, 1235	Odol
28. 2.	I ZR 129/56	27, 1	33, § 3 UWG	58, 444	58, 140; 58, 178	58, 866	Emaillelack
25. 3.	I ZR 38/57		1, § 9a UWG	58, 395	58, 185	58, 945	Sonderveranstaltung I (Hähnchen)
1. 4.	I ZR 49/57		1, § 16 KUG	58, 500		58, 1587	Mecki-Igel
18. 4.	I ZR 10/57		5, § 5 WZG	58, 437	58, 278		Tricoline
18. 4.	I ZR 158/56		61, § 1 UWG	58, 487	58, 202	58, 1140	Antibiotica

Dat.	AktZ	BGHZ	LM, Nr. zu §	GRUR	WRP	NJW	Schlagwort
22. 4.	I ZR 67/57	27, 264	68, § 1 UWG	58, 549	58, 269	58, 1486	Programmheft
25. 4.	I ZR 97/57		6, § 14 UWG	58, 448	58, 208	58, 1043	Blanko-Verordnungen
25. 4.	I ZR 84/57		34, § 3 UWG	58, 492	58, 239		Eis-Pralinen
29. 4.	I ZR 56/57		65, § 1 UWG	59, 31	58, 302	58, 2112	Feuerzeug
3. 5.	I ZR 26/57		62, § 1 UWG	58, 553	58, 238	58, 1486	Saugrohr
20. 5.	I ZR 104/57		ZahnheilkundeG	59, 35	58, 242	58, 2112	Zahnprothetiker
20. 5.	I ZR 57/56		7 Art V MRG 56	58, 567	58, 284		Sursum Corda
20. 5.	VI ZR 104/57	27, 284		58, 615		58, 1344	Tonbandaufnahme I
30. 5.	I ZR 21/57	27, 351		58, 562		58, 1585	Candida-Schrift
30. 5.	I ZR 134/56	27, 369	2, § 1 RabG	58, 555	58, 276	58, 1349	Elektrogeräte I
30. 5.	V ZR 280/56		14, § 139 BGB			58, 1772	Nante
6. 6.	I ZR 78/57		6, § 5 WZG	58, 606	58, 311		Kronenmarke
6. 6.	I ZR 33/57	28, 1	37, § 3 UWG	59, 38	58, 337	58, 1819	Buchgemeinschaft II
27. 6.	I ZR 76/57		30, § 28 WZG	58, 610	58, 314		Zahnrad
27. 6.	I ZR 109/56	28, 54	76, § 1 UWG	58, 557		58, 1347	Direktabsatz
8. 7.	I ZR 68/57						4711
9. 7.	KAR 1/58		1, § 87 GWB	58, 617	58, 285	58, 1395	Abitz I
11. 7.	I ZR 85/57		5, § 11 WZG	59, 25	58, 338	58, 1726	Triumph
11. 7.	I ZR 187/56		30, § 16 UWG	59, 45	59, 54	58, 1777	Deutsche Illustrierte
23. 9.	I ZR 101/57		23, § 31 WZG	59, 130	59, 120		Vorrasur/Nachrasur
26. 9.	I ZR 87/57		2, ZahnheilkG	59, 84	59, 27	58, 2112	Dentist
7.10.	I ZR 69/57	28, 203	2, Vorbem § 253 ZPO	59, 152	59, 191	59, 388	Berliner Eisbein
7.10.	I ZR 62/57		71, § 1 UWG	59, 138	59, 21	59, 195	Italienische Note
8.10.	KZR 1/58	28, 208	1, § 15 GWB	58, 621	58, 344	58, 1868	Farina/4711
21.10.	I ZR 74/57						Vereinigte Westfalenztg.
28.10.	I ZR 114/57		22, § 12 BGB	59, 87	59, 58		Bierhaus Fischl
4.11.	I ZR 91/57		1, BliWVG	59, 143	59, 23		Blindenseife
11.11.	I ZR 152/57	28, 320	25, § 31 WZG	59, 182	59, 93	59, 675	Quick
11.11.	I ZR 179/57		77, § 1 UWG	59, 277		59, 675	Künstlerpostkarten
14.11.	I ZR 167/57		24, § 31 WZG	59, 134	59, 95		Calciduran
21.11.	I ZR 115/57		75, § 1 UWG	59, 244	59, 83		Versandbuchhandlung
21.11.	I ZR 61/57	28, 387		59, 240	59, 79	59, 576	Nelkenstecklinge
24.11.	KRB 2/58	28, 397 12, 148 (St)	1, § 38 GWB (StS)	59, 151	59, 123	59, 252	Verdingungskartell
25.11.	I ZR 15/58		7, § 1 LUG	59, 251	59, 163		Einheitsfahrschein
5.12.	IV ZR 95/58		23, § 12 BGB				Gedenktafel
9.12.	VI ZR 199/57	29, 65	16, § 823 (Ai) BGB	59, 282		59, 479	Stromunterbrechung
9.12.	I ZR 112/57	29, 62	23, § 25 WZG	59, 289	59, 122	59, 882	Rosenthal-Vase
19.12.	I ZR 176/57		2, § 96 GWB	59, 293	59, 193	59, 575	Bremsmotoren
19.12.	I ZR 153/57	59, 331	14, § 823 BGB	59, 331		59, 934 L	Dreigroschenroman
1959							
7. 1.	2 StR 434/58	12, 335 (St)	2, BierStG			59, 995	Süßbier I
20. 1.	I ZR 116/57			59, 604			Sarotti
21. 1.	KRB 11/58	12, 333 (St)	1, § 82 GWB	59, 338	59, 127	59, 587	Nullpreis I
21. 1.	KRB 12/58	12, 295 (St)	1, § 41 GWB	59, 339	59, 126	59, 586	Bußgeld
23. 1.	I ZR 158/57		3, § 1 RabG	59, 326	59, 185		Kaffeeversandhandel
23. 1.	I ZR 14/58			59, 365			Englisch-Lavendel
23. 1.	I ZR 130/58		78, § 1 UWG	59, 285	59, 81		Bienenhonig
27. 1.	I ZR 185/55			60, 200			Abitz II
6. 2.	I ZR 50/57		79, § 1 UWG	59, 367	59, 178		Ernst Abbé
24. 2.	I ZR 54/58		4, § 1 RabG	59, 329	59, 188	59, 1182	Teilzahlungskauf
25. 2.	KZR 2/58	29, 344	1, § 27 GWB	59, 340	59, 154	59, 880	Sanifa
3. 3.	I ZR 7/58			60, 124			Füllhalterclip
17. 3.	I ZR 21/58		26, § 31 WZG	59, 360	59, 189		Elektrotechnik
18. 3.	IV ZR 182/58	30, 7	3, § 823 (Ah) BGB	59, 430	59, 234	59, 1269	Caterina Valente

Dat.	AktZ	BGHZ	LM, Nr. zu §	GRUR	WRP	NJW	Schlagwort
8. 4.	KRB 1/59						Bauaufträge
13. 4.	II ZR 39/58		1, § 18 HGB	59, 375	59, 180		Doktortitel
14. 4.	VIII ZR 29/58	30, 74	1, Montanunions-vertrag			59, 1176	Kohlenverkauf
21. 4.	I ZR 189/57			59, 599			Teekanne
23. 4.	VII ZR 2/58	30, 89	12, § 1041 ZPO		59, 242	59, 1438	Flugplatz
5. 5.	I ZR 47/57						Elektrogeräte II
8. 5.	I ZR 4/58		28, § 31 WZG	59, 420			Opal-Ekopal
8. 5.	I ZR 16/58		24, § 25 WZG	59, 423	59, 239		Fußballstiefel
15. 5.	VI ZR 98/58			60, 135	59, 304		Druckaufträge
5. 6.	I ZR 63/58		38, § 16 UWG	59, 484	59, 273	59, 1678	Condux
9. 6.	VIII ZR 61/58		2, § 138 (Cc) BGB		59, 250	59, 1423	Kabelbruch
11. 6.	II ZR 106/57		19, Art V MR-VO (BrZ) 78		59, 245	59, 1679	Tankstelle
15. 6.	KAR 1/59	30, 186	4, § 96 GWB	59, 494	59, 243	59, 1435	Markenschokolade II
25. 6.	II ZB 6/59	30, 288	2, § 24 HGB			59, 2255	Eduard X.
26. 6.	I ZR 81/58		81, § 1 UWG	59, 488	59, 269		Konsumgenossenschaft
30. 6.	I ZR 31/58	30, 357	25, § 25 WZG	60, 83	60, 318	59, 2256	Nährbier
7. 7.	I ZR 101/58		39, § 16 UWG	59, 541	59, 276	59, 2015	Nussknacker
10. 7.	I ZR 103/57			59, 497			Cadbury
10. 7.	I ZR 105/57						Nescafé
10. 7.	I ZR 8/58			59, 613			Lesezirkel
13. 7.	I ZR 96/58		11, § 1 ZugbVO	59, 544/606	59, 348	59, 2213	Modenschau
18. 9.	I ZR 118/57			60, 33			Zamek
25. 9.	I ZR 41/59		3, § 18 HGB	60, 93	60, 225	59, 2209	Martinsberg
2.10.	I ZR 126/58		40a, § 16 UWG	60, 137	60, 23	60, 39	Astra
7.10.	KRB 3/59		3, § 38 GWB	60, 303		59, 2213	Nullpreis II
9.10.	I ZR 78/58		86/87, § 1 UWG	60, 144	60, 17	60, 37	Bambi
13.10.	I ZR 58/58		38, § 24 WZG	60, 126	59, 351		Sternbild
16.10.	I ZR 90/58		31, § 31 WZG	60, 130			Sunpearl II
20.10.	VIII ZR 127/58		1, § 18 GWB	60, 349	60, 52	60, 41	Bierbezugsvereinbarung
20.10.	VIII ZR 136/58		10, § 241 BGB	60, 307	60, 52		Bierbezugsvertrag
26.10.	KZR 2/59	31, 105	1, § 1 GWB 1, § 106 GWB	60, 304	60, 84	60, 145/	Gasglühkörper
27.10.	I ZR 55/58		3, § 355 ZPO	60, 232		60, 145	Feuerzeug
27.10.	I ZR 76/58		40, § 24 WZG	60, 183	60, 163	60, 628	Kosaken-Kaffee
27.10.	I ZR 94/58		1, BierStG	60, 240	60, 127	60, 339	Süßbier II
3.11.	I ZR 120/58		90a, § 1 UWG	60, 193	60, 13	60, 284	Frachtenrückvergütung
11.11.	KZR 1/59	31, 162	1, § 92 GWB	60, 350		60, 93	Malzflocken
19.11.	II ZR 73/59						Berufsboxerverband
24.11.	I ZR 88/58		41, § 24 WZG	60, 186	60, 79	60, 628	Arctos
24.11.	1 StR 439/59	13, 333 (St)		60, 294		60, 207	Kaltfließpreßverfahren
27.11.	I ZR 24/58		91, § 1 UWG	60, 244	60, 72		Simili-Schmuck
4.12.	I ZR 135/58		8, § 259 BGB	60, 247	60, 55		Krankenwagen
18.12.	I ZR 62/58		41/42, § 16 UWG	60, 372	60, 249		Kodak
18.12.	I ZR 127/58			60, 261			Hörgeräte
18.12.	I ZR 154/58	31, 374	3, MMA	60, 235		60, 1103	Toscanella
22.12.	VI ZR 175/58	31, 308	6, Art 5 GG	60, 449		60, 476	Alte Herren
1960							
5. 1.	I ZR 100/58		10, § 13 UWG	60, 379	60, 161		Zentrale
8. 1.	I ZR 7/59		8, § 14 UWG	60, 331	60, 157		Schleuderpreise
12. 1.	I ZR 52/59			60, 382			Verbandsstoffe
12. 1.	I ZR 30/58		49, § 1004 BGB	60, 500		60, 672	Plagiatsvorwurf
22. 1.	I ZR 41/58		5, § 15 LUG	60, 340		60, 771	Tonbandgeräte
14. 1.	KRB 12/59			60, 353	60, 112	60, 723	Kohlenpreise

Dat.	AktZ	BGHZ	LM, Nr. zu §	GRUR	WRP	NJW	Schlagwort
		32, 123 14, 55 (St)					
26. 1.	I ZR 5/59			60, 296			Reiherstieg
2. 2.	I ZR 137/58		10, § 1 LUG	60, 346		60, 768	Naher Osten
26. 2.	I ZR 159/58	32, 103	29, § 12 BGB	60, 490	60, 191	60, 1008	Vogeler
26. 2.	I ZR 166/58			60, 384			Mampe Halb u. Halb I
4. 3.	I ZR 43/59		30, § 12 BGB	60, 550	60, 285		Promonta
29. 3.	I ZR 145/58			61, 237			TOK-Band
29. 3.	I ZR 89/58	32, 133	11, § 1 WZG	61, 33	60, 314	60, 1450	Drei-Tannen
29. 3.	I ZR 109/58		18, § 6 PatG	60, 423		60, 1154	Kreuzbodenventilsäcke
8. 4.	I ZR 24/59		94, § 1 UWG	60, 431	60, 155	60, 1294	Kfz-Nummernschilder
25. 4.	III ZR 55/59	32, 208	7, Art 14 GG			60, 1149	Fahrendes Kaufhaus
13. 5.	I ZR 33/59			60, 434			Volksfeuerbestattung
17. 5.	VI ZR 90/59		5, § 823 (Bd) BGB	60, 505			Inseratensperre
17. 5.	I ZR 34/59		3, § 18 UWG	60, 554	60, 227	60, 2000	Handstrickverfahren
20. 5.	I ZR 93/59		95, § 1 UWG	60, 558	60, 235	60, 1853	Eintritt in Kundenbestellung
31. 5.	I ZR 53/58	33, 1	6, § 2 LitUrhG	60, 619		60, 2051	Schallplatten-Künstlerlizenz
31. 5.	I ZR 64/58	33, 20	4, § 2 LitUrhG	60, 614		60, 2043	Figaros Hochzeit
31. 5.	I ZR 87/58	33, 38	7, § 2 LitUrhG	60, 627		60, 2048	Rundfunk-Künstlerlizenz
31. 5.	I ZR 16/59		39, § 3 UWG	60, 563	60, 238	60, 1856	Sektwerbung
10. 6.	I ZR 86/58		6, § 1 RabattG	60, 495	60, 280		WIR-Rabatt
28. 6.	I ZR 13/59		40, § 3 UWG	60, 567	60, 268		Kunstglas
1. 7.	I ZR 72/59		5, § 17 UWG	61, 40	60, 241	60, 1999	Wurftaubenpresse
9. 8.	1 StR 675/59		1, § 70 OWiG			60, 2110	Staatskasse
7. 9.	I ZR 56/59			61, 241			Socsil
20. 9.	I ZR 77/59	33, 163	7, § 339 BGB	61, 307	61, 26	60, 2332	Krankenwagen II
20.10.	KVR 1/59	33, 222	1, § 103 GWB 2, § 106 GWB	61, 200	61, 20	61, 170	RWE
7.11.	KRZ 1/60	33, 259	1, 2, § 26 GWB	61, 142	61, 22	61, 172/	Molkereigenossenschaft
15.11.	I ZR 58/57		98, § 1 UWG	61, 85	61, 43		Pfiffikus-Dose
17.11.	I ZR 78/59		99, § 1 UWG	61, 189	61, 79	61, 508	Rippenstreckmetall I
17.11.	I ZR 110/59	34, 1	28, § 15 WZG	61, 181		61, 508	Mon Chéri I
22.11.	I ZR 163/58		1, § 6 WeinG	61, 477	61, 218	61, 1160	Forster Jesuitengarten
1.12.	I ZR 6/59		41, § 3 UWG	61, 193	61, 152		Medaillenwerbung
2.12.	I ZR 35/59		42, § 3 UWG	61, 284	61, 120	61, 825	Buchgemeinschaft III
9.12.	I ZR 98/60		12, § 1 WZG	61, 232			Hobby
15.12.	KVR 1/60	34, 42		61, 247	61, 128	61, 673	Buchprüfer
15.12.	KVR 2/60	34, 47	1, § 73 GWB	61, 203	61, 130	61, 403	IG Bergbau
15.12.	KZR 2/60	34, 53	3, § 87 GWB	61, 301		61, 405	Apotheke
19.12.	I ZR 14/59		11, § 13 UWG	61, 288	61, 113		Zahnbürsten
19.12.	I ZR 39/59		30, § 15 WZG	61, 280	61, 167		Tosca
19.12.	I ZR 57/59	34, 91	45, § 16 UWG	61, 294	61, 192	61, 668	ESDE
1961							
3. 1.	I ZR 118/59			61, 244			„natürlich in Revue"
20. 1.	I ZR 79/59		44, § 3 UWG	61, 356	61, 158	61, 826	Pressedienst
20. 1.	I ZR 110/59		3, § 321 ZPO	61, 283	61, 229	61, 829	Mon Chéri II
23. 1.	III ZR 8/60	34, 188	18, Art 14 (Cf) GG			61, 968	Rezeptsammelstelle
27. 1.	I ZR 95/59		9, § 5 WZG	61, 343	61, 226		Messmer Tee
30. 1.	III ZR 221/59						
7. 2.	I ZR 123/59		45, § 3 UWG	61, 361	61, 154		Hautleim
13. 2.	I ZR 134/59	34, 264	13, § 1 ZugbVO	61, 588	61, 162	61, 1207	Einpfennig-Süßwaren
17. 2.	I ZR 115/59	34, 299	34, § 31 WZG	61, 347	61, 248	61, 1018	Almglocke
20. 2.	II ZR 139/59		3, § 5 RechtsberatG	61, 418		61, 1113	Rechtsschutzversicherung
24. 2.	I ZR 15/60		13, § 1 WZG	61, 413		61, 1206	Dolex
24. 2.	I ZR 83/59	34, 320	46, § 24 WZG	61, 354	61, 228	61, 1017	Vitasulfal

Dat.	AktZ	BGHZ	LM, Nr. zu §	GRUR	WRP	NJW	Schlagwort
3. 3.	I ZR 83/60		7, § 1 RabG	61, 367	61, 223		Schlepper
7. 3.	I ZR 2/60	34, 345	44, Art 7 ff. EG BGB	61, 420	61, 254	61, 1205	Cuypers
7. 3.	I ZR 22/60			62, 241			Lutin
10. 3.	I ZR 142/59		47, § 3 UWG	61, 425	61, 188		Möbelhaus des Handwerks
17. 3.	I ZR 26/60		104, § 1 UWG	61, 482	61, 212	61, 1308	Spritzgussmaschine
22. 3.	VIII ZR 98/60		6, § 536 BGB	61, 437			Eisdiele
14. 4.	I ZR 7/60			61, 485			Fleischereimaschinen
14. 4.	I ZR 150/59		48, § 3 UWG	61, 538	61, 214	61, 1526	Feldstecher
25. 4.	I ZR 31/60			61, 535			arko
12. 5.	I ZR 12/60		49, § 3 UWG	61, 541	61, 217		Buschbohne
16. 5.	I ZR 175/58			62, 34			Torsana
26. 5.	I ZR 177/60		1, NRW-Gemeindeordnung	62, 159			Blockeis I
23. 6.	I ZR 124/60		3, § 9a UWG	62, 36	61, 277		Sonderangebot
23. 6.	I ZR 132/59		108, § 1 UWG	61, 581	61, 343		Hummelfiguren II
23. 6.	I ZR 105/59		2, FernsprechO	61, 630	61, 318	61, 1860	Fernsprechbuch
23. 6.	I ZR 1/60		106, § 1 UWG	62, 42	61, 275	61, 1768	SdVeranstaltung II
27. 6.	I ZR 13/60		50, § 3 UWG	61, 545	61, 240		Plastic-Folien
27. 6.	I ZR 135/59			61, 544			Hühnergegacker
30. 6.	I ZR 39/60	35, 329	12, Art 30 EGBGB 111, § 1 UWG	62, 243	62, 13	62, 37	Kindersaugflasche
30. 6.	I ZR 3/60		49, § 16 UWG	62, 91	61, 347	61, 1919	Jenaer Glas
30. 6.	I ZR 49/60			61, 644			DEA-Erzeugnisse
4. 7.	I ZR 102/59		5, § 551 Ziff 7 ZPO 3, § 5 GeschmMG	61, 640	61, 352	61, 1815	Straßenleuchte
14. 7.	I ZR 40/60		109, § 1 UWG	62, 45	61, 307	61, 1916	Betonzusatzmittel
14. 7.	I ZR 44/59	35, 341	1, § 7 GeschmMG	62, 144	62, 51	61, 2107	Buntstreifensatin I
19. 9.	VI ZR 259/60	35, 363	18, § 847 BGB	62, 105		61, 2059 62, 736	Ginsengwurzel
22. 9.	V ZB 16/61	35, 378	3, § 874 BGB			61, 2157	Tankstelle
26. 9.	I ZR 55/60		51/52, § 3 UWG	62, 97	62, 93	62, 40	Tafelwasser
28. 9.	KRB 1/61			62, 53			Baupreisabsprache
3.10.	VI ZR 238/60	35, 396					Merkantiler Minderwert
24.10.	VI ZR 204/60	36, 77	13, § 823 (Ah) BGB	62, 108		62, 32	Waffenhändler
26.10.	KZR 1/61	36, 91	1, § 98 GWB	62, 263	62, 60	62, 196	Gummistrümpfe
26.10.	KZR 3/61	36, 105	9, § 566 ZPO	62, 154	62, 94	62, 247/391	Speditionswerbung
27.10.	I ZR 140/60		35, § 31 WZG	62, 195	62, 49		Palettenbildzeichen
10.11.	I ZR 78/60		5, § 23 Kunst-UrhG	62, 211			Hochzeitsbild
21.11.	1 StR 424/61	16, 367 (St)	57, § 263 StGB			62, 312	Melkmaschine
21.11.	VI ZR 73/61		9, Art 5 GG	62, 153		62, 152	Bund der Vertriebenen
23.11.	KZR 5/60		10, Art 1 MR VO (BrZ) 78	62, 599	62, 100	62, 392	DEA-Tankstelle
28.11.	I ZR 127/60			62, 360			Trockenrasierer I
6.12.	V ZR 186/60		5, § 1090 BGB	62, 198	62, 140	62, 486	Franziskaner
19.12.	I ZR 117/60		112, § 1 UWG	62, 254	62, 163	62, 629	Fußball-Programmheft
19.12.	I ZR 115/60		53, § 3 UWG	62, 249	62, 165	62, 587	Schaumweinwerbung naturrein
22.12.	I ZR 58/60		14, § 1 ZugVO	62, 415	62, 200		Glockenpackung
22.12.	I ZR 110/60		59, § 1004 BGB	62, 315	62, 128		Dt. Miederwoche
22.12.	I ZR 152/59	36, 252		62, 310	62, 331	62, 1103	Gründerbildnis
1962							
5. 1.	I ZR 107/60			62, 409			Wandsteckdose
5. 1.	VI ZR 72/61		16, § 823 (Ah) BGB	62, 324		62, 1004	Doppelmörder

Dat.	AktZ	BGHZ	LM, Nr. zu §	GRUR	WRP	NJW	Schlagwort
9. 1.	I ZR 142/60			62, 299			form-strip
26. 1.	I ZR 84/60			62, 411			Watti
1. 2.	KRB 2/61	36, 357 17, 112 (St)	2, § 82 GWB	62, 653			Brauerbund
6. 2.	VI ZR 193/61		4, § 824 BGB	62, 382	62, 175	62, 731	Konstruktionsbüro
15. 2.	KVR 1/61	36, 370	2, § 16 GWB	62, 423	62, 207	62, 1010	Rollfilme
15. 2.	KRB 3/61			62, 479			Stukkateure
20. 2.	1 StR 496/61		58, § 263 StGB			62, 973	Bauausschreibung
23. 2.	I ZR 114/60			62, 354			Furniergitter
27. 2.	I ZR 118/60	37, 1	1, § 3 KUG	62, 470		62, 1295	AKI
8. 3.	KZR 8/61	37, 30	116, § 1 UWG	62, 426	62, 306	62, 1105	Selbstbedienungsgroß-handel
9. 3.	I ZR 149/60		50, § 16 UWG	62, 419	62, 366		Leona
13. 3.	I ZR 18/61		16, § 47 PatG	62, 401			Kreubodenventilsäcke III
16. 3.	I ZR 144/60			63, 34	63, 62		Werkstatt und Betrieb
23. 3.	I ZR 138/60		115, § 1 UWG	62, 461	62, 233		Film-Werbeveranstaltung
26. 3.	II ZR 151/60		13, § 138 BGB (Cb)	62, 466	62, 247	62, 1099	Festgeldanlage
27. 4.	I ZB 4/61	37, 107		62, 456		62, 1247	Germataler Sprudel
11. 5.	I ZR 158/60		33, § 25 WZG	62, 459	62, 261		Lichtkuppeln
24. 5.	KZR 4/61		51, § 24 WZG	62, 537	62, 334	62, 1567	Radkappe
24. 5.	KZR 10/61	37, 160	83, § 13 GVG	62, 601		62, 1508	Prüfungsverband
25. 5.	I ZR 181/60		61, § 1004 BGB	62, 650	62, 330	62, 1390	Weinetikettierung
29. 5.	I ZR 132/60		17, § 47 PatG	62, 509		62, 507	Dia-Rähmchen II
5. 6.	VI ZR 236/61	37, 187	62, § 1004 BGB	62, 652		62, 1438/ 1813	Eheversprechen
7. 6.	KZR 6/60	37, 194	4, § 1 GWB	63, 43	62, 373	62, 1955	SPAR
15. 6.	I ZR 15/61			62, 522			Ribana
22. 6.	I ZR 27/61		33, § 15 WZG	62, 647	62, 372		Strumpf-Zentrale
13. 7.	VI ZR 200/61			62, 537			Radkappe
13. 7.	I ZR 23/61		55, § 3 UWG	63, 36	62, 364		Fichtennadelextrakt
13. 7.	I ZR 43/61		56, § 3 UWG	63, 270	62, 404	62, 2149	Bärenfang
27. 9.	KZR 6/61	38, 90	3, § 16 GWB	63, 86	63, 53	63, 293	Grote-Revers
2.10.	VI ZR 253/61		2, § 11 PresseG	63, 83		63, 151	Staatskarossen
12.10.	I ZR 99/61		14, § 1 WZG	63, 263	63, 180	63, 348	Formfit
16.10.	I ZR 162/60		34, § 253 ZPO	63, 218	63, 28		Mampe Halb u. Halb II
16.10.	KZR 2/62		9, § 26 GWB 57, § 3 UWG	63, 142	63, 169		Original-Ersatzteile
16.10.	KZR 11/61			63, 207			Kieselsäure
26.10.	I ZR 21/61		119, § 1 UWG	63, 152	63, 87		Rotaprint
30.10.	I ZR 128/61		117, § 1 UWG	63, 197	63, 50	63, 107	Zahnprothesenpflege-mittel
5.11.	I ZR 39/61	38, 200	19, § 823 (Ai) BGB	63, 255		63, 531	Kindernähmaschinen
27.11.	I ZR 55/61		58, § 3 UWG	63, 203	63, 131		Vollreinigung
6.12.	KZR 4/62	38, 306	5, § 1 GWB 113, § 1 HGB	63, 382	63, 177	63, 646	Bonbonniere
6.12.	KZR 1/62		5, § 1027 ZPO	63, 331		63, 646	Basaltlava
7.12.	I ZR 68/61		15, § 1 ZugVO	63, 322	63, 140	63, 537	Mal- und Zeichenschule
18.12.	VI ZR 220/61		20, § 823 (Ai) BGB	63, 277	63, 183	63, 484	Maris
21.12.	I ZR 47/61	38, 391	6, § 17 UWG	63, 367	63, 138	63, 856	Industrieböden
1963							
4. 1.	I b ZR 95/61		120, § 1 UWG	63, 423	63, 198	63, 855	coffeinfrei
7. 1.	VII ZR 149/ 61	39, 1	16, § 667 BGB	63, 320	63, 136	63, 649	Ladeneinrichtung
14. 1.	I b ZB 29/62		8, § 4 WZG	63, 469	63, 215		Nola
18. 1.	I ZR 149/61		59, § 3 UWG	63, 371	63, 129	63, 536	Wäschestärkemittel
23. 1.	I b ZR 78/61		50, Art 7 ff. EG BGB	63, 473		63, 1543	Filmfabrik Köpenick

Dat.	AktZ	BGHZ	LM, Nr. zu §	GRUR	WRP	NJW	Schlagwort
30. 1.	I b ZR 118/61		19, § 242 (Cc) BGB	63, 478	63, 247		Bleiarbeiter
30. 1.	I ZR 96/61		5, § 1 GschmG	63, 328			Fahrradschutzbleche
30. 1.	I b ZR 183/61			63, 482			Hollywood-Duftschaumbad
8. 2.	I b ZR 132/61				65, 97		Kaugummikugeln
8. 2.	I b ZR 76/61		52, § 16 UWG	63, 378	63, 211	63, 1004	Deutsche Zeitung
27. 2.	I b ZR 141/61		1, Heilmittel-WerbeVO	63, 536	63, 203	63, 1673	Iris
27. 2.	I b ZR 180/61		122, § 1 UWG	63, 485	63, 206		Micky-Maus-Orangen
5. 3.	VI ZR 55/62	39, 124	11, Art 5 GG	63, 490		63, 902/ 1403	Fernsehansagerin
5. 3.	VI ZR 61/62		10, Art 5 GG			63, 904/ 1404	Hauptdrahtzieher
6. 3.	I b ZB 2/62		10, § 5 WZG	63, 524			Digesta
6. 3.	I b ZB 13/62		11, § 5 WZG	63, 572	63, 216		Certo
8. 3.	I b ZR 87/61	39, 220	2, § 6 WZG	63, 527		63, 1541	Waldes-Koh-i-noor
15. 3.	I b ZR 98/61		32, § 12 BGB	64, 38	63, 345	63, 2267	Dortmund grüßt
22. 3.	I b ZR 161/61		1, § 12 RabattG 13, § 13 UWG	63, 438	63, 242		Fotorabatt
27. 3.	I b ZR 129/61	39, 306	11, § 1 LitUrhG	63, 633	63, 302	63, 1877	Rechenschieber
3. 4.	I b ZR 162/61		53, § 16 UWG	63, 430	63, 244		Erdener Treppchen
9. 4.	VI ZR 54/62		3, § 11 RPresseG	63, 638		63, 1155	Geisterreigen
18. 4.	KRB 1/62	39, 351 18, 352 (St)	3, § 82 GWB	63, 643		63, 1558	Bußgeldbescheid
24. 4.	I b ZR 2/62		15, § 1 WZG	63, 533			Windboy
24. 4.	I b ZR 109/61		14, § 13 UWG	63, 434	63, 240		Reiseverkäufer
3. 5.	I b ZR 119/61		37, § 31 WZG	63, 622			Sunkist
3. 5.	I b ZR 93/61		60, § 3 UWG	63, 539	63, 276		echt skai
3. 5.	I b ZB 30/62	39, 266	12, § 5 WZG	63, 626		63, 2122	Sunsweet
10. 5.	I b ZB 24/62		13, § 5 WZG	63, 630			Polymar
24. 5.	I b ZR 62/62	39, 352	125, § 1 UWG	63, 575	63, 299	63, 1742	Vortragsabend
29. 5.	I b ZR 155/61		127, § 1 UWG	63, 578	63, 330	63, 2021	Sammelbesteller
6. 6.	KVR 1/62	39, 370	4, § 16 GWB	64, 99	63, 311	63, 2115	Osco Parat
14. 6.	KZR 5/62	40, 135	5, § 16 GWB 18, § 264 ZPO	64, 154	63, 402	64, 152	Trockenrasierer II
19. 6.	I b ZB 7/62		14, § 5 WZG	64, 26			Milburan
19. 6.	I b ZR 15/62		2, § 12 RabattG	64, 88	63, 306		Verona-Gerät
26. 6.	VIII ZR 2/62		2, MRG (AmZ) Art I, V	64, 105			Astra
2. 7.	VI ZR 251/62		5, § 824 BGB	64, 162		63, 1871	Elektronen-Orgeln
10. 7.	I b ZR 21/62		4, § 18 UWG	64, 31	63, 333	63, 2120	Petromax II
10. 7.	I b ZR 214/62		12, Art 5 GG	64, 77	63, 393	64, 29	Blinkfüer
12. 7.	I b ZR 174/61		128, § 1 UWG	64, 82			Lesering
12. 7.	I b ZR 187/61			63, 589			Lady Rose
18. 9.	I b ZR 21/62		9, § 4 WZG	64, 136	64, 28		Schweizer Käse
27. 9.	I b ZR 24/62		61, § 3 UWG	64, 144	63, 400	64, 157	Sintex
27. 9.	I b ZR 27/62		54, § 16 UWG	64, 71	64, 60		Kaffeekanne
9.10.	I b ZR 50/62		130, § 1 UWG	64, 146	64, 14	64, 352	Genossenschaftliche Rückvergütung
9.10.	I b ZR 46/62		41, § 31 WZG	64, 140	63, 415		Odol Flasche
9.10.	I b ZR 28/62			64, 208	64, 237	64, 818	Fernsehinterview
23.10.	I b ZB 40/62	41, 187	11, § 4 WZG 16, § 1 WZG	64, 454	64, 213	64, 1370	Palmolive
24.10.	KVR 3/62	41, 42	1, § 3 GWB	64, 334	64, 167	64, 925	Fensterglas I
30.10.	I b ZR 42/62			64, 33	64, 85		Bodenbeläge
30.10.	I b ZR 72/62		134, § 1 UWG	64, 210	64, 85		Landwirtschaftsausstellung
6.11.	I b ZR 37/62	41, 55	139, § 1 UWG	64, 621	64, 208	64, 920	Klemmbausteine I
6.11.	I b ZR 41/62 und 40/63		132, § 1 UWG	64, 215	64, 49	64, 351	Milchfahrer

Dat.	AktZ	BGHZ	LM, Nr. zu §	GRUR	WRP	NJW	Schlagwort
8.11.	I b ZR 25/62		15, § 13 UWG	64, 263	64, 171		Unterkunde
27.11.	I b ZR 49/62		2, § 21 UWG	64, 218	64, 128	64, 493	Düngekalkhandel
27.11.	I b ZR 60/62			64, 274	64, 248		Möbelrabatt
29.11.	I b ZR 71/62		63, § 3 UWG	64, 269	64, 128	64, 447	Grobdesin
29.11.	I b ZR 33/62		64, § 3 UWG	64, 314	64, 131	64, 819	Kiesbaggerei
5.12.	KVR 1/63	41, 61	1, § 75 GWB	64, 339	64, 165	64, 929	Zigaretten
5.12.	KZR 9/62		20, § 1025 ZPO	64, 405			Mikrophos
13.12.	I b ZR 212/62		138, § 1 UWG	64, 389	64, 125		Fußbekleidung
20.12.	I b ZR 104/62	40, 391	10, Art. 12 EGBGB	64, 316	64, 122	64, 969	Stahlexport
1964							
10. 1.	I b ZR 78/62		140, § 1 UWG	64, 320	64, 161	64, 917	Maggi
22. 1.	VIII ZR 274/62		5, § 138 (Bc) BGB				
22. 1.	I b ZR 92/62	41, 84	55, § 24 WZG	64, 372		64, 972	Maja
23. 1.	KZR 2/63	41, 194	4, § 87 GWB	64, 693	64, 388	64, 1518	Apothekerkammer
5. 2.	I b ZR 70/62		42, § 31 WZG	64, 376			Eppeleinsprung
21. 2.	I b ZR 108/62		141, § 1 UWG	64, 392		64, 1181	Weizenkeimöl
21. 2.	I b ZR 115/63		1, BrotG	64, 325	64, 204		Toastschnitten
4. 3.	I b ZR 118/62			65, 39			Ahlborn
10. 3.	VI ZR 83/62		4, § 11 RPresseG	64, 562		64, 1132	Uhren-Weiß
13. 3.	I b ZR 117/62		16, § 1 ZugbVO	64, 509		64, 1274	Wagenwaschplatz
13. 3.	I b ZR 119/62		10, § 4 WZG	64, 381			WKS-Möbel
13. 3.	I b ZR 120/62		76a, § 3 UWG	64, 397	64, 239		Damenmäntel
16. 3.	I b ZR 121/62		5, § 16 WZG	64, 385	64, 420		Kaffeetafelrunde
16. 3.	I b ZR 129/62		9, § 11 WZG	64, 458			Düssel
17. 3.	I a ZR 193/63	42, 340	51, § 322 ZPO	65, 327		65, 689	Gliedermaßstäbe
2. 4.	KZR 10/62	41, 271	5, § 315 BGB	64, 515	64, 424	64, 1617	Werkmilchabzug
2. 4.	KZR 7/63						Milchkaufpreis
24. 4.	I b ZR 73/63	41, 314	3, § 24 UWG	64, 567	64, 250	64, 1369	Lavamat I
3. 6.	I b ZB 4/63	42, 44	17, § 1 WZG	65, 33	64, 386	64, 2252	Scholl
3. 6.	I b ZR 49/63		6, § 16 GWB	64, 629	64, 315	64, 1955	Grauer Markt
3. 6.	I b ZR 140/62		18, § 1 WZG	65, 86		64, 2409	Schwarzer Kater
10. 6.	I b ZR 128/62	42, 134	142, § 1 UWG 66, § 3 UWG	65, 96	64, 370	64, 2247	20 % unter dem empfohlenen Richtpreis
10. 6.	VIII ZR 262/63		25, § 581 BGB		64, 314	64, 2203	
16. 6.	I a ZR 198/63		15, § 4 SaatgutG	64, 682		64, 1722	Climax
25. 6.	KZR 4/63		1, § 368n RVO	65, 110	64, 410	64, 2208	Eu-med
1. 7.	KZR 12/63		7, § 1 GWB 9, § 274 Abs. 2 Nr. 3 ZPO	65, 260		64, 2343	Flussspat
3. 7.	I b ZR 179/62		65, § 3 UWG	64, 686	64, 349		Glockenpackung II
8. 7.	I b ZR 177/62			67, 490	67, 444		Pudelzeichen
8. 7.	I b ZB 7/63	42, 151	12, § 4 WZG	65, 146	64, 415	64, 2410	Rippenstreckmetall II
30. 9.	I b ZR 65/63			65, 198			Küchenmaschine
1.10.	KZR 5/64		1, § 20 GWB	65, 160	65, 268	65, 499	Abbauhammer
6.10.	VI ZR 176/63	42, 210	25, § 823 (Ai) BGH 16, § 50 ZPO			65, 29	Gewerkschaft
9.10.	I b ZR 149/62			65, 309			gemafrei
13.10.	VI ZR 167/63		75, § 1004 BGB		65, 31	65, 35	Lüftungsanlage
13.10.	VI ZR 130/63		7, § 824 BGB			65, 36	Schwacke-Bericht
21.10.	I b ZR 22/63			65, 665			Carla
4.11.	I b ZR 3/63		18, § 13 UWG	65, 155	65, 110	65, 251	Werbefahrer
13.11.	I b ZB 11/63	42, 307	16, § 5 WZG 2, § 41h PatG	65, 183	65, 231	65, 498	derma
20.11.	KZR 3/64	42, 318	11, § 26 GWB	65, 267	65, 117	65, 500	Rinderbesamung I
20.11.	I b ZR 15/63			65, 310			Speisekartoffeln
27.11.	I b ZR 23/63		144, § 1 UWG	65, 313	65, 104		Umsatzauskunft
27.11.	KVR 3/63		1, § 104 GWB		65, 265		Zeitgleiche Summenmessung

Dat.	AktZ	BGHZ	LM, Nr. zu §	GRUR	WRP	NJW	Schlagwort
4.12.	I b ZR 38/63		146, § 1 UWG	65, 315	65, 95	65, 678	Werbewagen
9.12.	I b ZR 29/63		68, § 3 UWG	65, 317	65, 152	65, 630	Kölnisch Wasser
9.12.	I b ZR 181/62		41, § 823 (Bf) BGB	65, 690		65, 2007	Facharzt
9.12.	I b ZR 24/63		69, § 3 UWG	65, 431		65, 748	Wickel
18.12.	I b ZR 51/64		145, § 1 UWG	65, 361	65, 102	65, 630	Taxi–Bestellung
1965							
14. 1.	KZR 9/63			65, 381			Weinbrand
15. 1.	I b ZR 44/63		5, § 291 BGB 2, § 22 KUG	65, 495		65, 1374	Wie uns die Anderen sehen
15. 1.	I b ZR 46/63			65, 363			Fertigbrei
19. 1.	1 Str 497/64	20, 143 (St)	11, § 161 StGB 38, § 266 StGB			65, 770/ 1088	Auslieferungslager
22. 1.	I b ZR 109/63		70, § 3 UWG	65, 368	65, 148	65, 1077	Kaffee C
26. 1.	VI ZR 204/63		16, Art. 5 GG	65, 256			Gretna Green
27. 1.	I b ZR 5/63			65, 540			Hudson
5. 2.	I b ZR 30/63	43, 140	83b, § 1 UWG 71, § 3 UWG	65, 365	65, 146	65, 967	Lavamat II
12. 2.	I b ZR 42/63		149, § 1 UWG	65, 373	65, 139		Blockeis II
19. 2.	I b ZR 45/63		150, § 1 UWG 19, § 13 UWG	65, 485	65, 140		Versehrtenbetrieb
19. 2.	I b ZR 6/63		10, § 41p PatG	65, 502		65, 1332	Gaselan
24. 2.	I b ZR 48/63			65, 438			Sinnbild und Maßstab
24. 2.	IV ZR 81/64	43, 245	33, § 12 BGB	65, 377		65, 859	GDP
26. 2.	I b ZR 51/63	43, 278	151, § 1 UWG	65, 489	65, 223	65, 1325	Kleenex
26. 2.	I b ZR 37/63		152, § 1 UWG	65, 542	65, 257	65, 1329	OMO
12. 3.	KZR 4/64			65, 616			Esslinger Wolle
12. 3.	KZR 8/63			65, 440			Milchboykott
17. 3.	I b ZR 58/63		56, § 16 UWG	66, 38		65, 1856	Centra
24. 3.	2 StR 541/64	20, 210 (St)	4, § 12 UWG			65, 1340	Schmiergelder
2. 4.	I b ZR 71/63		156, § 1 UWG	65, 607	65, 326	65, 1661	Funkmietwagen
7. 4.	I b ZR 32/63		158, § 1 UWG	66, 45	65, 367	65, 1963	Markenbenzin
7. 4.	I b ZR 1/64		73, § 3 UWG	65, 676	65, 331	65, 2150	Nevada-Skibindung
7. 4.	I b ZR 86/63		72, § 3 UWG	65, 610	65, 329		Diplom-Ingenieur
8. 4.	KVR 2/64	43, 307	3, § 3 GWB	65, 558	65, 235	65, 1379	Linoleum
14. 4.	I b ZR 80/63		18, Art. 5 GG	65, 547	65, 298		Zonenbericht
14. 4.	I b ZR 92/63		45, § 31 WZG	66, 30	65, 261		Konservenzeichen I
14. 4.	I b ZR 72/63	43, 359	154, § 1 UWG	65, 612	65, 253	65, 1527	Warnschild
12. 5.	I b ZR 22/64		46, § 31 WZG	65, 665	65, 401	65, 1859	Liquiderma
12. 5.	I b ZR 59/63			65, 670			Basoderm
17. 5.	KVR 1/64		1, § 5 GWB		65, 403	65, 2153	Zement
19. 5.	I b ZR 36/63	44, 16	74, § 3 UWG	65, 681	65, 371	65, 1853	de Paris
21. 5.	I b ZR 106/63		155, § 1 UWG	66, 47	65, 369	65, 1662	Indicator
21. 5.	I b ZR 121/63		7, § 1 GschmG	66, 97	65, 375		Zündaufsatz
9. 6.	I b ZR 89/63			66, 150			Kim I
24. 6.	KZR 7/64	44, 279	2, § 25 GWB 2, § 94 GWB	65, 392	66, 58	65, 2249	Brotkrieg
25. 6.	I b ZB 1/64	44, 60	17, § 5 WZG	65, 672	65, 301	65, 1591	Agyn
7. 7.	I b ZR 9/64		56a, § 16 UWG	66, 267			White Horse
9. 7.	I b ZR 70/63			65, 601			roter Punkt
9. 7.	I b ZR 83/63		17, Art. 30 EGBGB	66, 104		65, 1664	Pilsner Brauereien
14. 7.	I b ZR 81/63		17, § 1 ZugbVO	66, 214	65, 438		Einführungsangebot
17. 9.	I b ZR 11/64	44, 208	159, § 1 UWG			66, 393	Novo-Petrin
29. 9.	I b ZR 88/63		5, Arzneimittel-VO	66, 35			multikord
29. 9.	I b ZR 100/63		18, § 1 ZugbVO	66, 338			Drogisten-Illustrierte
6.10.	I b ZR 4/64		75, § 3 UWG	66, 92	66, 24	66, 48	Bleistiftabsätze
13.10.	I b ZR 111/63	44, 288	161, § 1 UWG	66, 503	66, 134	66, 542	Apfel-Madonna
13.10.	I b ZR 93/63			66, 152			Nitrolingual
28.10.	KRB 3/65		1, § 25 GWB	66, 394	66, 211	66, 460	Niedrigpreisgeschäft

Dat.	AktZ	BGHZ	LM, Nr. zu §	GRUR	WRP	NJW	Schlagwort
		44, 358 20, 333 (St)					
10.11.	I b ZR 101/63		35, § 12 BGB	66, 623	66, 30	66, 343	Kupferberg
10.11.	I b ZR 112/63		76, § 3 UWG	66, 211	66, 28		Ölfilter
19.11.	I b ZR 122/63		162, § 1 UWG	66, 263	66, 139		Bau-Chemie
24.11.	I b ZR 103/63		48, § 31 WZG	66, 259	66, 145		Napoléon I
24.11.	I b ZR 4/64	45, 131	50, § 31 WZG 14, § 4 WZG	66, 676	66, 254	66, 1122	Shortening
25.11.	KZR 11/64		8, § 1 GWB	66, 277	66, 169	66, 252	Nachfolger
1.12.	I b ZB 155/63		85, § 1004 BGB	66, 272	66, 61		Arztschreiber
16.12.	KZR 1/65			66, 399			Arzneispezialitäten
22.12.	I b ZR 119/63	45, 1	163, § 1 UWG 4a, LadenschlussG	66, 323	66, 257	66, 828	Ratio
1966							
5. 1.	I b ZR 23/65	45, 115	83c, § 3 UWG	66, 327	66, 172	66, 977	Richtpreiswerbung I
10. 1.	VII ZR 58/64						Kreditschutzsystem
11. 1.	I a ZR 135/63			66, 386			Wärmeschreiber II
11. 1.	VI ZR 175/64		28, § 823 (Ai) BGB	66, 386	66, 215		Warentest
12. 1.	I b ZR 5/64	44, 372	58, § 24 WZG	66, 375	66, 262	66, 823	Messmer-Tee II
27. 1.	KZR 8/64		5, § 35 GWB	66, 344	66, 270	66, 975	Glühlampenkartell
27. 1.	KRB 2/65	45, 313 21, 18 (St)	2, § 12 OWiG	66, 456	66, 266	66, 842	Klinker
28. 1.	I b ZR 29/64		25, § 242 (Cc) BGB	66, 427	66, 270		Prince Albert
9. 2.	I b ZR 13/64		49, § 31 WZG	66, 681			Laternenflasche
9. 2.	I b ZR 24/64		77, § 3 UWG	66, 333	66, 179	66, 982	Richtpreiswerbung II
16. 2.	I b ZR 16/64		14, RabattG	66, 382	66, 184	66, 975	Jubiläum
25. 2.	I b ZB 7/64	45, 173	19, § 5 WZG	66, 432	66, 277	66, 1314	Epigran I
9. 3.	I b ZB 2/65		15, § 4 WZG	66, 436	66, 310		Vita-Malz
16. 3.	I b ZB 11/64		20, § 5 WZG	66, 493	66, 338		Lili
23. 3.	I b ZR 120/63	46, 130	179a, § 1 UWG	67, 298	67, 49	67, 495	Modess
23. 3.	VIII ZR 295/63					66, 1117	Alleinverkauf
23. 3.	I b ZR 28/64		80, § 3 UWG	66, 445	66, 340		Glutamal
15. 4.	I b ZR 85/64		16, § 4 WZG	66, 495	66, 369	66, 1560	Uniplast
20. 4.	I b ZR 42/64		166, § 1 UWG	66, 509	66, 280		Assekuranz
20. 4.	1b ZR 40/64			66, 515			Kukident
28. 4.	III ZR 199/63						Gleiche Wettbewerbs- bedingungen
11. 5.	I b ZB 8/65	45, 246	21, § 5 WZG	66, 499	66, 372	66, 1563	Merck
18. 5.	I b ZR 60/64		167, § 1 UWG	66, 564	66, 312	66, 1558	Hausverbot
20. 5.	KZR 10/64		3, § 91 GWB	66, 576	66, 348		Zimcofot
3. 6.	I b ZR 79/64			66, 615			King Size
8. 6.	I b ZR 74/64		11, § 11 ZWG	67, 89	67, 16	66, 2208	Rose
10. 6.	KZR 4/65		3, § 25 GWB	67, 210	66, 356	66, 1919	Flaschenbier
15. 6.	I b ZR 72/64		169, § 1 UWG	67, 30	66, 375		Rum-Verschnitt
21. 6.	VI ZR 261/64	45, 296		66, 693	66, 383	66, 1617	Höllenfeuer
21. 6.	VI ZR 266/64		9, § 824 BGB	66, 633	66, 380	66, 2010	Teppichkehrmaschine
24. 6.	I b ZR 45/64		81, § 3 UWG	66, 686	66, 354	66, 1559	Richtpreiswerbung III
24. 6.	I b ZR 32/64			66, 617	66, 397		Saxophon
29. 6.	I b ZR 99/64			67, 100	67, 264		Edeka-Schloss Export
30. 6.	KZR 5/65	46, 74	7, § 16 GWB	67, 158	67, 54	67, 343	Schallplatten I
13. 7.	I b ZR 80/64		168, § 1 UWG	67, 36	66, 400		Rollkostenzuschüsse
13. 7.	1b ZB 6/65	46, 152	22, § 5 WZG 54, § 31 WZG 31a, § 5 WZG	67, 246	66, 400	67, 1182	Vitapur
15. 7.	KZR 3/65	46, 168	2, § 28 GWB	67, 43	66, 403	66, 2291 67, 829	Bauindustrie
16. 9.	VI ZR 268/64		9, § 23 KUG	67, 205		66, 2353	Vor unserer eigenen Tür

Dat.	AktZ	BGHZ	LM, Nr. zu §	GRUR	WRP	NJW	Schlagwort
5.10.	I b ZR 136/64		170, § 1 UWG	67, 104	67, 21		Stubenhändler
11.10.	2 BvR 179, 477/476/64				67, 46	67, 339	Gebühren
18.10.	VI ZR 29/65						Warentest
19.10.	I b ZR 10/65			67, 253		67, 1178	Conny
19.10.	I b ZR 156/64		172, § 1 UWG	67, 138	67, 26	67, 46	Streckenwerbung
19.10.	I b ZB 9/65		6, § 13 WZG	67, 94	67, 23		Stute
21.10.	I b ZR 104/64		171, § 1 UWG	67, 202	67, 60		Gratisverlosung
21.10.	I b ZR 138/64		83, § 3 UWG	67, 143	67, 63		Ewiglicht
25.10.	KZR 7/65	46, 365	3, 4, 5, § 20 GWB	67, 378	67, 208		Schweißbolzen
26.10.	I b ZR 126/64		178, § 1 UWG	67, 360	67, 184		Maßkleidung
26.10.	I b ZR 140/64		2, § 7 GschmG	67, 533		67, 499	Myoplastik
4.11.	I b ZR 161/64			67, 199			Napoléon II
4.11.	I b ZR 77/65		1, § 72 UrhG	67, 315	67, 212	67, 723	skai-cubana
11.11.	I b ZR 91/64		25, § 826 (Gd) BGB	67, 304	67, 90	67, 413	Siroset
15.11.	VI ZR 65/65						Kritik
18.11.	I b ZR 12/65		23, § 5 WZG	67, 292	67, 94		Zwillingspackung
18.11.	I b ZR 16/65		24, § 5 WZG 7, § 16 WZG	67, 355			Rabe
30.11.	I b ZR 111/64		175, § 1 UWG	67, 308	67, 126		Backhilfsmittel
2.12.	I b ZR 147/64		15, § 1 + 2 RabG	67, 371	67, 96	67, 391	BSW I
14.12.	I b ZR 125/64	46, 305	14. LebMG	67, 362	67, 216	67, 675	Spezialsalz
16.12.	I b ZB 11/65		25, § 5 WZG 57, § 31 WZG	67, 294		67, 1188	Triosorbin
21.12.	I b ZR 146/64		176, § 1 UWG	67, 428		67, 873	Anwaltsberatung
1967							
11. 1.	I b ZR 63/65			68, 431			Unfallversorgung
18. 1.	I b ZR 64/65		16, RabG	67, 433	67, 186	67, 1182	Schrankwand
24. 1.	I b ZR 19/65		3, KäseVO	67, 495	67, 269		Samo
27. 1.	I b ZR 21/65			67, 254	67, 274		Waschkugel
1. 2.	I b ZR 3/65		179, § 1 UWG	67, 430		67, 1420	Grabsteinaufträge I
10. 2.	I b ZR 72/65		19, § 1 Zugabe-VO	67, 530	67, 222		Fahrschule
15. 2.	I b ZR 4/65			67, 256			stern
16. 2.	I a ZR 114/64		6, 7, SaatgutG	67, 419			Favorit
22. 2.	I b ZR 32/65	47, 259	180, § 1 UWG	67, 592	67, 271	67, 1509	gesunder Genuss
22. 2.	I b ZR 1/65		20, § 1 Zugabe-VO	67, 665	67, 276		Fernsehprogramm
8. 3.	I b ZR 37/65			67, 664			Baugeld
15. 3.	I b ZR 25/65		181, § 1 UWG	67, 596	67, 311		Kuppelmuffenverbindung
15. 3.	I b ZR 160/64		17, Art. 10.1 GG	67, 611	68, 15		Jägermeister I
22. 3.	I b ZR 88/65		86, § 3 UWG	67, 600	67, 315		Rhenodur I
22. 3.	I b ZR 38/65		184, § 1 UWG	68, 44	67, 357		Schwerbeschädigtenbetrieb
5. 4.	I b ZB 13/65		58, § 31 WZG	67, 660	67, 361	67, 1470	Sirax
5. 4.	I b R 80/65			67, 482			WKS-Möbel II
25. 4.	VI ZR 208/65		20, § 824 BGB	67, 540			Nächte der Birgit Malmström
26. 4.	I b ZR 45/65		26, § 826 BGB	67, 526	67, 319		Hörmittelhändler
26. 4.	I b ZR 22/65		17, RabattG	68, 95	67, 367		Büchereinachlass
3. 5.	I b ZR 18/65		59, § 31 WZG	67, 485	67, 396		badedas
3. 5.	I b ZR 57/65			68, 53			Probetube
5. 5.	KZR 1/66		6, § 20 GWB	67, 670	67, 436	67, 1715	Fischbearbeitungsmaschine
5. 5.	KVR 1/65		2, § 17 GWB	67, 613	67, 436		Dixan
9. 5.	I b ZR 59/65	48, 12	5, § 5 RechtsberatG			67, 1558	Preisbindungsüberwachung – Treuhand
24. 5.	I b ZR 213/62				68, 50		Spielautomat
31. 5.	I b ZR 119/65		183, § 1 UWG	68, 49	68, 54		Zentralschlossanlagen

Dat.	AktZ	BGHZ	LM, Nr. zu §	GRUR	WRP	NJW	Schlagwort
7. 6.	I b ZR 34/65		185, § 1 UWG	68, 382	67, 363		Favorit II
8. 6.	KZR 2/66			67, 676			Gymnastiksandale
8. 6.	KZR 5/66		13, § 26 GWB	68, 159	67, 399		Rinderbesamung II
21. 6.	I b ZR 159/64		87, § 3 UWG 13, § 26 GWB	68, 200	67, 440		Acrylglas
21. 6.	VIII ZR 26/63	48, 118	6, § 480 BGB			67, 1903	Trevira
21. 6.	I b ZR 8/66			68, 148			Zwillingsfrischbeutel
23. 6.	I b ZR 54/66		42, § 25 WZG	68, 371	68, 18		Maggi
23. 6.	I b ZR 18/66		7, § 13 WZG	67, 681			D-Tracetten
5. 7.	I b ZR 20/66		33, § 3 ZPO	68, 106	67, 405	67, 2402	Ratio-Markt I
12. 7.	I b ZR 47/65		43, § 25 WZG	68, 581	68, 57		Blunazit
20. 9.	I b ZR 105/65		59, § 16 UWG	68, 212	68, 95	68, 349	Hellige
20. 9.	I b ZB 13/66			68, 59			Golden Toast
4.10.	I b ZR 14/66		8, § 16 WZG	68, 365	68, 62		praliné
11.10.	I b ZR 144/65		2, § 413 BGB	68, 329		68, 392	Der kleine Tierfreund
18.10.	I b ZR 81/65		60, § 31 WZG	68, 256			Zwillingskaffee
25.10.	I b ZR 62/65		44, § 25 WZG	68, 419	68, 97		feuerfest I
25.10.	I b ZR 159/65		189, § 1 UWG	68, 425	68, 103		feuerfest II
27.10.	I b ZR 140/65		88, § 3 UWG	68, 209			Lengede
3.11.	VI ZR 65/66			57, 222	57, 239	57, 543	Südkurier
9.11.	KZR 7/66	49, 40	14, § 26 GWB	68, 268	68, 68	68, 400	Jägermeister II
9.11.	KZR 10/65		2, § 34 GWB	68, 219	68, 64	68, 403	Getränkebezug
9.11.	KZR 10/66	49, 33	3, § 94 GWB	68, 218	68, 66	68, 351	Kugelschreiber
9.11.	KZR 9/65			68, 272			Trockenrasierer III
15.11.	I b ZR 70/65		90, § 3 UWG	68, 433		68, 279	Westfalenblatt II
15.11.	I b ZR 137/65		11, § 824 BGB	68, 205			Teppichreinigung
15.11.	I b ZR 119/66		58, § 16 UWG	68, 259	68, 180		NZ
15.11.	I b ZR 39/66		6, § 23 UWG	68, 437	68, 180		Westfalen-Blatt III
1.12.	I b ZR 131/66		1, § 31a WZG	68, 333	68, 183	68, 593	Faber
15.12.	KZR 6/66		53, § 242 BGB	68, 654	68, 184		Shell-Tankstelle
20.12.	I b ZR 127/65		191, § 1 UWG	68, 314	68, 188		fix und clever
20.12.	I b ZR 141/65		12, § 824 BGB	68, 262	68, 190	68, 644	Fälschung
20.12.	I b ZR 75/65		18, RabattG	68, 266	68, 106		BSW II
20.12.	IX (IV) ZR 167/66						Textilzeitung
1968							
10. 1.	I b ZR 149/65		61, § 31 WZG	68, 367	68, 193		Corrida
10. 1.	I b ZR 43/66	50, 1	196, § 1 UWG	68, 645	68, 282	68, 1419	Pelzversand
31. 1.	I b ZR 48/66		193, § 1 UWG	68, 387			Spezialreinigung
5. 2.	KVR 1/67	49, 367	4, 5, § 36 GWB	68, 659	68, 222	68, 1037	Fensterglas II
7. 2.	I b ZR 6/66		21, § 1 Zugabe-VO	68, 649	68, 196		Rocroni-Ascher
14. 2.	I b ZB 6/66		62, § 31 WZG	68, 414	68, 285		Fe
21. 2.	I b ZR 60/66		91, § 3 UWG	68, 440	68, 288	68, 1088	Luftfahrt-Fachzeitschrift
21. 2.	I b ZR 11/66			69, 222		69, 28	Le Galion
23. 2.	I b ZR 148/65	49, 325	194, § 1 UWG	68, 443	68, 199	68, 746	40 % können Sie sparen
29. 2.	I a ZR 49/65	49, 331	9, SaatgutG	68, 195		68, 1042	Voran
14. 3.	KVR 4/67			68, 710	68, 325	68, 1723	Fahrlehrer-Verband
20. 3.	I ZR 44/66	50, 133		68, 552		68, 1773	Mephisto
27. 3.	I ZR 163/65		6, § 12 UWG	68, 587	68, 292	68, 1572	Bierexport
10. 4.	I ZR 15/66	50, 77	63, § 31 WZG	68, 550	68, 298	68, 1183	Poropan
30. 4.	I ZR 20/66			68, 600			Ratio-Markt II
30. 4.	I ZR 96/65			68, 603			Ratio-Markt III
30. 4.	I ZR 92/67			72, 428	72, 140		Bilderpunkte
3. 5.	I ZR 66/66	50, 125	195, § 1 UWG	68, 591	68, 327	68, 1474	Pulverbehälter
15. 5.	I ZR 63/66	50, 169	92, § 3 UWG	68, 595	68, 440	68, 1521	Wiederverkäufer
15. 5.	I ZR 17/66		197, § 1 UWG	68, 648	68, 297		Farbbildangebot
15. 5.	I ZR 105/66			68, 698			Rekordspritzen
22. 5.	I ZB 12/67	50, 219	17, § 4 WZG	68, 694	68, 400	68, 1628/2188	Polyestra
22. 5.	I ZB 3/67		64, § 31 WZG	69, 40	68, 367	68, 2191	Pentavenon

Dat.	AktZ	BGHZ	LM, Nr. zu §	GRUR	WRP	NJW	Schlagwort
29. 5.	I ZR 85/67	50, 207	1, DVO/RabattG	68, 707	68, 330	68, 1523	Rheinkaffee
5. 6.	I ZB 5/67		8, § 8 WZG	69, 43		68, 2188	Marpin
14. 6.	I ZR 79/66			68, 697			SR
26. 6.	I ZR 55/66		12, § 11 WZG	69, 48	68, 443	68, 1827	Alcacyl
26. 6.	I ZR 24/66		199, § 1 UWG	69, 190	68, 369		halazon
27. 6.	KVR 3/67	50, 357	4, § 75 GWB	69, 99	69, 65	68, 2376	ZVN
3. 7.	I ZR 45/66		93, § 3 UWG	69, 277			Whisky
4. 7.	III ZR 146/65						Bevorzugung
12. 7.	I ZR 70/66		198, § 1 UWG	69, 51	68, 332		Glassteine
12. 7.	I ZR 111/66			68, 702			Hamburger Volksbank
9.10.	I ZR 75/66		22, § 1 Zugabe-VO	69, 299	69, 26	69, 134	Probierpaket
16.10.	BVerfG 1 BvR 241/66			69, 137			Aktion Rumpelkammer
17.10.	KVR 5/67	51, 21	3, § 17 GWB	69, 308	69, 68	69, 323	Signal
17.10.	KZR 11/66		8, § 20 GWB	69, 409			Metallrahmen
22.10.	KVR 5/68		5, § 75 GWB	69, 240	69, 72	69, 133	Filtertüten I
30.10.	I ZR 52/66	51, 41	200, § 1 UWG	69, 186	69, 108	69, 46	Reprint
30.10.	I ZR 115/66		68, § 31 WZG	69, 601			Candahar
8.11.	I ZR 104/66			69, 538			Rheumalind
14.11.	KZR 3/67		5, § 38 BGB	69, 242	69, 111	69, 316	Landessportbund
14.11.	KVR 1/68	51, 61	1, § 62 GWB	69, 429	69, 151	69, 748	Taxiflüge
14.11.	KZR 1/68	51, 263	9, § 20 GWB	69, 493		69, 1247	Silobehälter
27.11.	I ZR 138/66		45, § 25 WZG	69, 541			Grüne Vierkantflasche
4.12.	I ZR 17/67		201, § 1 UWG	69, 283	69, 113		Schornsteinauskleidung
5.12.	KVR 2/68	51, 163	4, § 15 GWB(L)	69, 496	69, 232	69, 1024	Farbumkehrfilme
6.12.	I ZR 88/67			69, 620	69, 492		Auszeichnungspreis
18.12.	I ZR 113/66	51, 236	28, Art. 5 GG	69, 287	69, 193	69, 744	Stuttgarter Wochenblatt I
18.12.	I ZB 3/68		18, § 4 WZG	69, 345	69, 149		red white
18.12.	I ZR 130/66		203, § 1 UWG	69, 292			Buntstreifensatin II
18.12.	I ZR 85/65			70, 250			Hummel III
1969							
14. 1.	VI ZR 196/67		359, § 823 (Ai) BGB	69, 304			Kredithaie
15. 1.	I ZR 52/67	51, 295	94, § 3 UWG	69, 280	69, 197	69, 976	Scotch Whisky
15. 1.	I ZR 8/68		19, RabG	69, 362	69, 200		Rabatt für branchenfremde Wiederverkäufer
22. 1.	I ZR 49/67			69, 295	69, 154	69, 690	Goldener Oktober
28. 1.	VI ZR 232/67		36, § 823 (AH) BGB	69, 368			Unternehmensberater
30. 1.	X ZR 66/67		54, Art. 7 ff. EGBGB	69, 487			Ihagee
5. 2.	I ZR 134/66		5, ParÜb	69, 357	69, 235		Sihl
12. 2.	I ZR 30/67	51, 330	66, § 31 WZG 62, § 24 WZG	69, 348		69, 980	Anker Export
12. 2.	I ZR 137/66			69, 413	69, 341		Angélique II
21. 2.	I ZR 40/67		67, § 31 WZG	69, 355			Kim II
26. 2.	I ZR 108/67		95, § 3 UWG	69, 415	69, 239		Kaffeerösterei
26. 2.	I ZR 133/67		12, § 16 WZG	69, 274	69, 343		Mokka-Express
27. 2.	KVR 5/68	51, 371		69, 499	69, 278	69, 1027	Filtertüten II
27. 2.	KZR 3/68		2, § 1029 ZPO	69, 501		69, 978	Fruchtsäfte
3. 3.	KVR 6/68	52, 65	16, § 26 GWB	69, 629	69, 373	69, 1716	Sportartikelmesse II
7. 3.	I ZR 116/67			69, 418			Standesbeamte
7. 3.	I ZR 36/67			70, 138			Alemite
7. 3.	I ZR 41/67		97, § 3 UWG	69, 546	69, 375		med
12. 3.	I ZR 79/67		96, § 3 UWG	69, 422	69, 241		Kaltverzinkung
12. 3.	I ZR 32/67			69, 681			Kochendwassergerät
28. 3.	I ZR 33/67		206, § 1 UWG	69, 474	69, 378	69, 1293/1810	Bierbezug I
2. 4.	I ZR 47/67		205, § 1 UWG	69, 607	69, 345	69, 1534	Recrin
16. 4.	I ZR 59–60/67		22, § 13 UWG	69, 479	69, 280	69, 2046	Colle de Cologne

Dat.	AktZ	BGHZ	LM, Nr. zu §	GRUR	WRP	NJW	Schlagwort
17. 4.	KZR 15/68	52, 55	10, § 20 GWB	69, 560	69, 347	69, 1810	Frischhaltegefäß
23. 4.	I ZR 129/67			70, 302			Hoffmanns Katze
30. 4.	I ZR 27/67		38, § 15 WZG	69, 683	69, 283		Isolierte Hand
30. 4.	I ZR 122/67			69, 686			Roth-Händle
13. 5.	I ZB 3/66	52, 274	20, §§ 1, 4 WZG	70, 75		70, 139	Streifenmuster
13. 5.	I ZB 1/68		20, § 4 WZG	70, 77			Ovalumrandung
14. 5.	I ZB 7/68	52, 337	29, §§ 5, 15 WZG	70, 80	70, 108	70, 563	Dolan
20. 5.	VI ZR 256/67		13, § 824 BGB	69, 555			Cellulitis
21. 5.	I ZR 131/66		69, § 31 WZG	69, 690	69, 443		Faber
30. 5.	I ZR 90/67			70, 31			Heinzelmännchen
4. 6.	I ZR 115/67		64, § 25 WZG	69, 694	69, 408	69, 1485	Brillant
9. 6.	VII ZR 49/67	52, 171	1, § 624 BGB	69, 698	69, 411	69, 1662	Stationärvertrag
20. 6.	VI ZR 234/67		37, § 823 (Ai) BGB	69, 624	70, 15	70, 187	Hormoncreme
25. 6.	I ZR 15/67	52, 216	5, § 133 (D) BGB	69, 611	70, 64	69, 2083	Champagner-Weizenbier III
25. 6.	I ZR 26/68		2, Dt-franz. Abk ü. d. Schutz v. Herkunftsangaben	69, 615	69, 486	69, 2087	Champi-Krone
26. 6.	X ZR 52/66		25, § 9 PatG	69, 677			Rüben-Verladeeinrichtung
27. 6.	I ZR 125/67		13, § 11 WZG	69, 604	69, 489		Slip
2. 7.	I ZR 118/67			69, 618		69, 61	Kunststoffzähne
10. 7.	KZR 12/68			69, 701			Auto-Lok
17. 9.	I ZR 131/67			70, 528			Migrol
17. 9.	I ZR 35/68	52, 302	98, § 3 UWG	70, 33	69, 446	69, 2143	Lockvogel
1.10.	I ZB 10/68		28, § 5 WZG	70, 85	70, 111		Herba
2.10.	KZR 10/68		27, § 138 (Rb) BGB	70, 195	70, 113	70, 279	Bierbezug II
8.10.	I ZR 7/68	52, 365	27, § 5 WZG	70, 27		70, 141	Ein-Tannen-Zeichen
8.10.	I ZR 149/67	52, 359	40, § 675 BGB	70, 87	69, 483	70, 35	Muschi-Blix
15.10.	I ZR 3/68	52, 393	23, § 13 UWG	70, 189	70, 20	70, 243/604	Fotowettbewerb
22.10.	I ZR 47/68		62, § 16 UWG	70, 141	70, 140	70, 605	Europharma
29.10.	I ZR 63/68	53, 339	100, § 3 UWG	70, 461	70, 254	70, 1364	Euro-Spirituosen
10.11.	II ZR 273/67	53, 65		70, 320		70, 704	Doktor-Firma
20.11.	KZR 1/69	53, 76		70, 322	70, 174	70, 858	Schallplatten II
21.11.	I ZR 135/67		63, § 16 UWG	70, 315		70, 997	Napoléon III
26.11.	I ZR 34/68		207, § 1 UWG	70, 179	70, 217	70, 562	Lohnsteuerzahler
28.11.	I ZR 38/66		1, § 1 HeilmittelwerbeG	70, 420		70, 513	DRT-Methode
28.11.	I ZR 139/67		38, § 823 (Ai) BGB			70, 378	Sportkommission
3.12.	I ZR 151/67		208, § 1 UWG	70, 182		70, 471	Bierfahrer
9.12.	KZR 4/69		4, § 27 GWB	70, 198	70, 115		Grossisten-Verband
10.12.	I ZR 20/68		106, § 1004 BGB	70, 254		70, 557	Remington
17.12.	I ZR 23/68		209, § 1 UWG	70, 244	70, 117		Spritzgussengel
17.12.	I ZR 152/67			70, 465			Prämixe
1970							
7. 1.	I ZB 6/68		18, § 41p PatG	70, 311		70, 611	Samos
30. 1.	KZR 3/69		41, § 551 Nr. 1 ZPO	70, 200			Tonbandgeräte-Importeur
30. 1.	I ZR 48/68		14, § 16 WZG	70, 305	70, 178		Löscafé
13. 2.	I ZR 51/68		29, § 242 (Cc) BGB	70, 308			Duraflex
26. 2.	KZR 17/68		28, § 138 (Bb) BGB			70, 855	Tankstellenverwalter
26. 2.	KVR 2/69	53, 298		70, 374	70, 259	70, 1040	Tennisbälle
26. 2.	KZR 5/69	53, 304		70, 482	70, 256	70, 1139	Diskothek
27. 2.	I ZR 52/68			70, 416			Turpo

Dat.	AktZ	BGHZ	LM, Nr. zu §	GRUR	WRP	NJW	Schlagwort
13. 3.	I ZR 108/68		99, § 3 UWG	70, 467		70, 1186	Vertragswerkstatt
17. 3.	VI ZR 151/68		38, § 847 BGB	70, 370		70, 1077	Nachtigall
20. 3.	I ZR 54/68		64, § 16 UWG	70, 479	70, 262	70, 1365	Treppchen
20. 3.	I ZR 7/69		43, § 15 WZG	70, 552			Felina-Britta
3. 4.	I ZR 117/68		101, § 3 UWG	70, 609	70, 267		regulärer Preis
3. 4.	I ZR 67/698		211, § 1 UWG	70, 422	70, 264		Tauchkühler
9. 4.	KZR 7/69	54, 145	29, § 138 (Bb) BGB	71, 42	70, 384	70, 2157	Biesenkate
9. 4.	KRB 2/69	23, 246 (St)		70, 572	70, 269	70, 1317	context
10. 4.	I ZR 121/68		38, § 12 BGB	70, 481	70, 271	70, 1270	Weserklause
24. 4.	I ZR 69/68		20, RabattG	70, 563	70, 310	70, 1365	Beiderseitige Rabattver-stöße
24. 4.	I ZR 105/68		214, § 1 UWG	70, 510	70, 308		Fußstützen
29. 4.	I ZR 123/68		102, § 3 UWG	70, 425	70, 306		Melitta-Kaffee
29. 4.	I ZR 30/68	55, 1	40, § 823 (Ai) BGB	71, 46	70, 388	70, 2060	Bubi Scholz
8. 5.	I ZR 19/69		213, § 1 UWG	70, 513	70, 389		Mini-Car
15. 5.	I ZR 50/68		103, § 3 UWG	70, 515	70, 312	70, 1543	Selbstbedienung
22. 5.	I ZR 125/68		104, § 3 UWG	70, 517	70, 354		Kölsch-Bier
29. 5.	I ZR 49/68		215, § 1 UWG	70, 521	70, 435		gema-frei II
29. 5.	I ZR 25/69		216, § 1 UWG	70, 557	71, 66	70, 1457	Erotik in der Ehe
19. 6.	I ZR 72/68		105, § 3 UWG	71, 29	70, 357	70, 2105	Deutscher Sekt
19. 6.	I ZR 115/68	54, 188		70, 523	70, 305	70, 1738	Telefonwerbung I
26. 6.	I ZR 14/69		217, § 1 UWG	70, 558		70, 1967	Sanatorium I
8. 7.	KVR 1/70	54, 227		71, 230	71, 22	71, 35	Zigaretten-Automaten
16. 9.	VIII ZR 239/68		Nr. 30 zu § 138 (Bb) BGB			70, 2017	Kopplung
18. 9.	I ZR 123/69		219, § 1 UWG	71, 322	70, 437	70, 2245	Lichdi-Center
25. 9.	I ZR 47/69		220, § 1 UWG	71, 119	71, 67	70, 2294	Branchenverzeichnis
25. 9.	I ZR 72/69			71, 121	71, 24		Gummischutzmittelauto-maten
30. 9.	I ZR 57/69			71, 361	71, 172		Vierfarbkugelschreiber
1.10.	KVR 2/70	54, 311		71, 125	71, 69	71, 37	Gummiartikel
7.10.	VIII ZR 202/68		31, § 138 (Bb) BGB		71, 22	70, 2243	Zur Laterne
9.10.	I ZR 23/69		108, § 3 UWG	71, 255	71, 120		Plym-Gin
23.10.	I ZR 89/69		8, § 32 ZPO	71, 153	71, 26	71, 323	Tampax
28.10.	I ZR 51/69		221, § 1 UWG	71, 162	71, 29	71, 190	Diagnose-Zentrum
28.10.	I ZR 39/69		226, § 1 UWG	71, 223	71, 261		clix-Mann
29.10.	KZR 3/70		4, § 22 GWB	71, 171	71, 122		Hamburger Volksbühne
29.10.	KZR 9/69			71, 272			Blitzgeräte
13.11.	I ZR 49/69		224, § 1 UWG	71, 164		71, 378	Discount-Geschäft
16.11.	KVR 5/70	55, 40	2, §§ 62, 64 GWB	71, 273	71, 125	71, 510	Chamotte
27.11.	I ZR 89/68		225, § 1 UWG	71, 159	71, 173	71, 379	Motoryacht
4.12.	I ZR 96/69		203, § 1 UWG	71, 168	71, 219	71, 237	Ärztekammer
17.12.	KRB 1/70	55, 104 24, 54 (St)	1, § 1 GWB-StS	71, 276	71, 128		Teerfarben
1971							
22. 1.	I ZR 76/69		227, § 1 UWG	71, 259	71, 222	71, 804	W. A. Z.
26. 1.	VI ZR 95/70		41, § 847 BGB	72, 97		71, 698/801	Liebestropfen
30. 1.	I ZR 48/68		14, § 16 WZG				Löscafé
19. 2.	I ZR 97/69		228, § 1 UWG	71, 358	71, 224		Textilspitzen
26. 2.	I ZR 67/69		15, § 16 WZG	71, 251	71, 312	71, 458	Oldtimer
3. 3.	KZR 5/70	55, 381		71, 326	71, 315	71, 879	Ufa-Musikverlage
5. 3.	I ZR 101/69		67, § 24 ZWG	71, 305	71, 320		Konservenzeichen II
10. 3.	I ZR 73/69			71, 516	71, 264		Brockhaus Enzyklopädie
10. 3.	I ZR 109/69		3, HMWG	71, 585	71, 469	71, 1889	Spezialklinik
12. 3.	I ZR 119/69	56, 18	229, § 1 UWG	71, 317	71, 226	71, 1216	Grabsteinaufträge II

Dat.	AktZ	BGHZ	LM, Nr. zu §	GRUR	WRP	NJW	Schlagwort
12. 3.	I ZR 115/69		110, § 3 UWG	71, 313	71, 266		Bocksbeutelflasche
19. 3.	I ZR 102/69		47, § 25 WZG	72, 122	72, 314		Schablonen
26. 3.	I ZR 128/69		232, § 1 UWG	71, 477	71, 269	71, 2025	Stuttgarter Wochenblatt II
26. 3.	I ZR 84/69		15, § 11 WZG	71, 309			Zamek II
30. 3.	I ZR 130/69		231, § 1 UWG	71, 320	71, 272		Schlankheitskur
2. 4.	I ZR 22/70		111, § 3 UWG	71, 365	71, 274		Wörterbuch
2. 4.	I ZB 3/70		30, § 5 WZG	71, 577	71, 419		Raupentin
2. 4.	I ZR 41/70		66, § 16 UWG	71, 517	71, 323	71, 1522	Swops
27. 4.	VI ZR 171/69		113, § 1004 BGB	71, 417	71, 368	71, 1359	Haus auf Teneriffa
29. 4.	KVR 1/71	56, 155	1, § 68 GWB	71, 527	71, 421	71, 1937	Bankenverband
18. 5.	VI ZR 220/69			71, 591			Sabotage
28. 5.	I ZR 35/70		22, § 1 WZG	71, 409	71, 972		Stallmeister
16. 6.	I ZR 11/70		6, § 9a UWG	72, 125	72, 517		Sonderveranstaltung III
16. 6.	KZR 11/70		4, § 138 (Cc) BGB	72, 718	71, 422		Stromversorgung für US-Streitkräfte
19. 6.	I ZR 31/68			71, 355			Epigran II
21. 6.	KZR 8/70	56, 327	234, § 1 UWG; 19, § 26 GWB	72, 40	71, 472	71, 2027	Verbandszeitschrift (Feld und Wald I)
25. 6.	I ZR 68/70		3. Branntwein-monopolG	71, 580			Johannisbeersaft
1. 7.	KZR 16/70		12, § 315 BGB				Elektrizitätsversorgung
2. 7.	I ZR 43/70		234a, § 1 UWG	71, 582	71, 369	71, 1749	Kopplung im Kaffeehandel
7. 7.	I ZR 23/70		116, § 3 UWG	72, 360	72, 77		Kunststoffglas
7. 7.	I ZR 38/70		9, § 8 WZG	71, 573		71, 1936	Nocado
13. 7.	KZR 10/70		18, § 26 GWB	72, 44	71, 475		Ostmüller
17. 9.	I ZR 142/69		236, § 1 UWG	72, 127	72, 38		Formulare
30. 9.	KZR 13/70		21, § 26 UWG	72, 379	72, 131	72, 483	Leasing
30. 9.	KZR 12/70		20, § 26 UWG	72, 377	71, 517	72, 486	IATA
1.10.	I ZR 51/70		114, § 3 UWG	72, 129	71, 519	72, 104	Der meistgekaufte der Welt
8.10.	I ZR 12/70	57, 116	235, § 1 UWG	72, 189	71, 520	72, 102	Wandsteckdose II
8.10.	I ZR 143/69		4, HWG	72, 138	71, 523	72, 342	Präparat 28
15.10.	I ZR 25/70		48, § 25 WZG	72, 546	72, 193		Trainingsanzug
22.10.	I ZR 36/70		115, § 3 UWG	72, 132	71, 525		Spezialzucker
29.10.	I ZR 19/71	57, 217	1, § 6b UWG	72, 135	71, 527	72, 105	Kunden-Einkaufsdienst
5.11.	I ZR 85/69		5, HWG	72, 372	72, 79	72, 339	Pflanzensäfte
9.11.	VI ZR 57/70		115, § 1004 BGB	72, 435			Grundstücksgesellschaft
19.11.	I ZR 69/70		238, § 1 UWG	72, 364	72, 83	72, 291	Mehrwert-Fahrten
19.11.	I ZR 72/70		69, § 24 WZG	72, 180	72, 309	72, 198	Cheri
26.11.	I ZB 8/71		23, § 4 WZG	72, 357	72, 134	72, 255	euromarin
30.11.	VI ZR 115/70	57, 325	44, § 823 [Ah] BGB	72, 666		72, 431	Freispruch
3.12.	I ZR 46/69		237, § 1 UWG	72, 367	72, 85	72, 203	Besichtigungsreisen
3.12.	I ZR 137/69			72, 709			Patentmark
10.12.	I ZR 65/70		7, § 23 UWG	72, 550	72, 252		Spezialsalz II
17.12.	I ZR 79/70		74, § 31 WZG	72, 549	72, 313	72, 318	Messinetta
15.12.	2 StR 566/71	24, 272 (St)	5, § 4 UWG	72, 479	72, 136	72, 136	Vorführgeräte
1972							
4. 1.	I ZR 104/70					72, 1132	Optiker
10. 1.	III ZR 202/66		43, § 847 BGB	72, 383			Bundesbahn-Amtmann
12. 1.	I ZR 84/70		239, § 1 UWG	72, 555	72, 137		Kaufausweis I
12. 1.	I ZR 60/70		240, § 1 UWG	72, 553	72, 195		Statt Blumen Onko-Kaffee
14. 1.	I ZR 95/70			72, 427			Mitgliederwerbung
20. 1.	KZR 18/70	58, 93	6, § 18 GWB	72, 496	72, 197	72, 581	Güterumschlag
20. 1.	KZR 34/71		33, § 138 [Bb] BGB				Eiskremerzeugnisse
4. 2.	I ZR 104/70		3. HeilpraktikerG			72, 1132	Augenoptiker
18. 2.	I ZR 82/70		241, § 1 UWG	72, 558	72, 198		Teerspritzmaschinen

Dat.	AktZ	BGHZ	LM, Nr. zu §	GRUR	WRP	NJW	Schlagwort
18. 2.	I ZB 6/70			73, 361			San Remo
3. 3.	I ZB 7/70		31, § 5 WZG	72, 600	72, 403		Lewapur
24. 3.	I ZR 130/70		24, § 1 ZugVO	72, 611	72, 254		Cognac-Portionierer
21. 4.	I ZR 100/70		4. Zahnheilkund-eG			72, 1518	Zahnheilkunde
26. 4.	27 W (pat) 645/69				72, 371		Filigran
28. 4.	I ZR 140/69	58, 341	6, HWG	72, 663	72, 365	72, 1519	Vibrationsmassagekissen
5. 5.	I ZR 124/70		243, § 1 UWG	72, 603	72, 366	72, 1275	Kunden-Einzelbeförderung
26. 5.	I ZR 8/71		3, SteuerberatungsG	72, 607	72, 431	72, 1470	Steuerbevollmächtigter I
26. 5.	I ZR 123/70		21, RabattG	73, 272	72, 429	72, 1467	Fahrschul-Rabatt
26. 5.	I ZR 44/71			73, 363	72, 578	72, 2123	Baader
30. 5.	VI ZR 6/71	59, 30	42, § 823 [Ai]	73, 90		72, 1366	Demonstrationsschaden
30. 5.	VI ZR 174/72		18, § 824 BGB			72, 1571	
30. 5.	VI ZR 139/70		43, § 823 [Ai] BGB				Memoiren
31. 5.	KVR 2/71	59, 42		72, 715		72, 1369	Strom-Tarif
31. 5.	KZR 43/71		10, § 1041 Abs. 1 Ziff. 2 ZPO	73, 97	72, 522		Eiskonfekt
9. 6.	I ZR 27/71		2. LadenschlussG	72, 609	72, 369	72, 1469	Feierabend-Vergnügen
14. 6.	VIII ZR 14/71		34, § 138 [Bb] BGB			72, 1459	Bierbezugsvertrag
16. 6.	I ZR 154/70	59, 72	3, § 218 BGB	72, 721	73, 326	72, 1460	Kaffeewerbung
20. 6.	VI ZR 26/71	59, 76	16, § 824 BGB	72, 722	73, 327	72, 1658	Geschäftsaufgabe
21. 6.	I ZR 140/70			73, 201			Trollinger
26. 6.	KZR 64/71		7, § 18 GWB		72, 433	72, 1712	Großkücheneinrichtungen
30. 6.	I ZR 16/71		25, § 13 UWG	73, 78	72, 525	72, 1988	Verbraucherverband
30. 6.	I ZR 1/71		249, § 1 UWG	73, 203	73, 19	72, 2303	Badische Rundschau
7. 7.	I ZR 96/71		118, § 3 UWG	73, 206	73, 21	72, 2125	Skibindungen
7. 7.	I ZR 136/70		3. LadenschlussG	73, 144	72, 527	72, 2087	Mischbetrieb
7. 7.	I ZR 67/70			73, 265			Charme + Chic
22. 9.	I ZR 73/71			73, 530			Crailsheimer Stadtblatt
22. 9.	I ZR 19/72		250, § 1 UWG	73, 208	73, 23		Neues aus der Medizin
22. 9.	I ZR 104/71		247, § 1 UWG	73, 81	72, 529	72, 2124	Gewinnübermittlung
28. 9.	KVR 3/71	59, 294		73, 274	73, 24	73, 243	Original-VW-Ersatzteile
29. 9.	I ZR 101/71		252, § 1 UWG	73, 146	73, 27		Flughafen-Zubringerdienst
6.10.	I ZR 138/71		251, § 1 UWG	73, 212	73, 85		Minicar-Nummerierung
6.10.	I ZR 54/71	59, 317	254, § 1 UWG	73, 210	73, 29	73, 42	Telexwerbung
11.10.	I ZB 1/71		6, § 10 WZG	73, 523	73, 86		Fleischer-Fachgeschäft
11.10.	I ZR 142/71		253, § 1 UWG	73, 268	73, 31	73, 43	Verbraucher-Briefumfrage
11.10.	I ZR 38/71			73, 532			Millionen trinken …
13.10.	I ZR 68/71			74, 340			Privat-Handelsschule
20.10.	I ZR 125/71		4, LadSchlG	74, 31	73, 145	73, 246	Perserteppiche
20.10.	I ZR 147/71			73, 314			Gentry
25.10.	I ZA 1/72			73, 491			Akteneinsicht XIII
25.10.	I ZR 22/71		119, § 3 UWG	73, 534	73, 88	73, 93	Mehrwert II
26.10.	KZR 54/71		22, § 26 GWB	73, 277	73, 149	73, 280	Ersatzteile für Registrierkassen
3.11.	I ZR 106/71		9, SonderveranstaltungsAO	73, 653	73, 466	73, 1607	Ferienpreis
6.11.	KZR 63/71		12, § 20 GWB	73, 331			Nahtverlegung
6.11.	KRB 1/72		5, § 25 GWB	73, 218	73, 32	73, 94	Wetterschutzanzüge
6.11.	KZR 65/71			78, 319			Gaststättengrundstück
8.11.	I ZR 25/71		26, § 13 UWG	73, 370	73, 91		Tabac
10.11.	I ZR 60/71		120, § 3 UWG	73, 371	73, 93	73, 279	Gesamtverband
14.11.	VI ZR 102/71		46, § 823 [Ah] BGB	73, 550			„halbseiden"

Dat.	AktZ	BGHZ	LM, Nr. zu §	GRUR	WRP	NJW	Schlagwort
17.11.	I ZR 71/71		256, § 1 UWG	73, 474	73, 152/ 208	73, 621	Preisausschreiben
17.11.	I ZB 15/71			73, 467			Praemix
24.11.	I ZR 94/71		8, Sonderver- anstaltungsAO	73, 416	73, 94		Porzellanumtausch
24.11.	I ZR 157/71			73, 270			Der sanfte Bitter
14.12.	II ZR 141/71		17, § 138 [Cb] BGB	73, 382		73, 363	„Schiffsmakler"
15.12.	I ZR 45/71			73, 538			Idee-Kaffee II
20.12.	I ZR 34/71			73, 541			contact + graphic
20.12.	I ZR 1/72			73, 539			product-contact
1973							
12. 1.	I ZR 103/71			73, 477			Für den Osterkauf
19. 1.	I ZR 39/71	60, 168	257, § 1 UWG	73, 478		73, 800	Modeneuheit
19. 1.	I ZB 1/72	60, 159	32, § 5 WZG	73, 316	73, 399	73, 652	Smarty
26. 1.	I ZR 21/72		121, § 3 UWG	73, 418	73, 210	73, 652	Das goldene A
26. 1.	I ZR 152/71		122, § 3 UWG	73, 320	73, 212	73, 652	Buchhaltungskraft
2. 2.	I ZR 85/71	60, 185	44, § 15 WZG	73, 468	73, 401	73, 1079	Cinzano
16. 2.	I ZR 74/71	60, 206	67, § 16 UWG	73, 375	73, 213	73, 622	Miss Petite
16. 2.	I ZR 160/71	60, 296	48, § 823 [Ah] BGB	73, 552	73, 329	73, 1119	Briefwerbung
23. 2.	I ZR 117/71		40, § 767 ZPO	73, 429	73, 216	73, 803	Idee-Kaffee
23. 2.	I ZR 70/71			73, 426	73, 261	73, 802	Medizin-Duden
2. 3.	I ZR 5/72			73, 384	73, 263	73, 901	Goldene Armbänder
2. 3.	I ZR 16/72		25, § 1 Zugabe- VO	74, 402	73, 330		Service-Set
2. 3.	I ZR 11/73		33, § 5 WZG	73, 605	73, 405		Anginetten
7. 3.	I ZR 24/72		126, § 3 UWG	73, 481	73, 406		Weingeist
14. 3.	IV ZR 172/72						
15. 3.	KZR 11/72	60, 312	13, § 20 GWB	74, 40		73, 1238/ 2109	Bremsrolle
16. 3.	I ZR 154/71		260, § 1 UWG	73, 483	73, 335		Betriebsspionage
16. 3.	I ZR 20/72		259, § 1 UWG	73, 591	73, 333	73, 1972	Schatzjagd
23. 3.	I ZR 9/72			73, 486			Bayerische Bank
23. 3.	I ZR 33/72		125, § 3 UWG	73, 594	73, 407		Ski-Sicherheitsbindung
23. 3.	2 StR 390/72		2, EG OWiG 1, § 33 OWiG 1968			73, 1511	Laurentiuskapelle
4. 5.	I ZR 11/72		261, § 1 UWG	74, 97	73, 410		Spielautomaten II
11. 5.	I ZR 123/71		44, § 823 [C] BGB	74, 105		73, 1460	Kollo-Schlager
11. 5.	I ZB 2/71				73, 411		Gyromat
17. 5.	KVR 2/72	61, 1		73, 489	73, 415	73, 1236	Änderung gebundener Preise
18. 5.	I ZR 31/72		262, § 1 UWG	73, 655	73, 467	73, 1371	Möbelauszeichnung
18. 5.	I ZR 12/72		68, § 16 UWG	73, 661	73, 576	73, 2152	Metrix
23. 5.	VII ZR 12/72						Werbeagentur
25. 5.	VII ZR 49/71			74, 284			Bastel-Wettbewerb I
25. 5.	I ZR 94/72			74, 280			Divi-Einkaufszentren
25. 5.	I ZR 27/72		263, § 1 UWG	74, 156	74, 21	74, 45	Geld-Gewinnspiel
31. 5.	KZR 48/71		10, § 1041 I Ziff. 2 ZPO				
8. 6.	I ZR 6/72		71, § 24 WZG	74, 84			Trumpf
13. 6.	I ZR 61/72		10, Sonderver- anstaltungsAO	73, 658	73, 470	73, 1608	Probierpreis
13. 6.	I ZR 65/72		22, RabattG	74, 345	74, 23	74, 46	Geballtes Bunt
4. 7.	VIII ZR 156/ 72						
5. 7.	KVR 3/72		4, § 99 GWB		73, 584		Fernost-Schifffahrtskon- ferenzen
5. 7.	VII ZR 12/73	61, 118		74, 286			Bastel-Wettbewerb II

Dat.	AktZ	BGHZ	LM, Nr. zu §	GRUR	WRP	NJW	Schlagwort
6. 7.	I ZR 129/71			74, 162			„etirex"
12. 7.	KRB 2/72			74, 102			Rohrlieferungen
13. 7.	I ZR 30/72		49, § 25 WZG	74, 337	73, 471	73, 1840	Stonsdorfer
13. 7.	I ZR 101/72			74, 53	73, 520	73, 1837	Nebelscheinwerfer
24. 9.	KZR 2/73						Platzschutz
28. 9.	I ZR 80/72		128, § 3 UWG	74, 225	74, 27		Lager-Hinweiswerbung
28. 9.	I ZR 136/71		3, § 21 UWG		74, 30	73, 2285	Brünova
28. 9.	I ZB 10/72			74, 93	74, 25	73, 2201	Räuber
16.10.	I ZR 112/72			74, 349			KKB/LKB
19.10.	I ZB 3/73		76, § 31 WZG	74, 220	74, 32	74, 143	Club-Pilsener
22.10.	KZR 22/72		24, § 26 GWB	74, 168	74, 36	74, 141	Büro-Maschinen
22.10.	KZR 3/73			74, 283		74, 901/ 1556	Rheinelektra
26.10.	I ZR 67/72		72, § 24 WZG	74, 276	74, 142	74, 142	King
26.10.	I ZR 112/72			74, 349			KKB
27.10.	KZR 9/71						Flughafenunternehmen
2.11.	I ZR 111/72		268, § 1 UWG	74, 729	74, 200		Sweepstake
2.11.	I ZR 13/72		127, § 3 UWG	74, 158	74, 38		Rhenodur II
6.11.	VI ZR 197/71				74, 38		
9.11.	I ZR 126/72			74, 158	74, 40	74, 140	Clipper
16.11.	I ZR 98/72		1, § 6a UWG	74, 474	74, 85	74, 460	Großhandelshaus
16.11.	I ZR 129/72						Füllanzeigen
19.11.	II ZR 52/72						Glashandel
23.11.	I ZR 59/72		2, § 414 ZPO				Provence
30.11.	I ZB 14/72		35, § 5 V WZG	74, 279	74, 144	74, 279	ERBA
11.12.	X ZR 14/70	62, 29	8, § 823 [Ag] BGB	74, 290	74, 145	74, 315	Maschinenfester Strumpf
14.12.	I ZR 36/72				74, 149	74, 461	Campagne
14.12.	I ZR 26/71		11, §§ 1, 2 SonderveranstaltungsAO	74, 341		74, 461	
21.12.	I ZR 37/73			74, 344	74, 264		Intermarkt
21.12.	I ZR 161/71		7, § 249 BGB	74, 351	74, 152		Frisiersalon
21.12.	I ZR 100/72			74, 394	74, 202		Verschlusskapselprämie
21.12.	IV ZR 158/72	62, 71					IATA
21.12.	I ZR 54/72						Probierprämie
1974							
18. 1.	I ZR 13/73		23, RBerG	74, 396	74, 204	74, 537	Unfallhelfer-Ring II
18. 1.	I ZR 3/73		36, § 5 WZG	74, 465	74, 266		Lomapect
23. 1.	I ZR 14/73		26, § 1 Zugabe-VO	75, 199	74, 617		Senf-Henkelglas
23. 1.	I ZB 12/72		9, PVÜ	74, 777	74, 267	74, 1049	Lemonsoda
8. 2.	I ZB 5/71		77, § 31 WZG	74, 467		74, 749	Sieben-Schwaben-Motiv
20. 2.	VIII ZR 198/ 72		2, PreisauszVO	74, 416	74, 270	74, 859	Tagespreis
22. 2.	I ZR 106/72		269, § 1 UWG	74, 477	74, 271		Hausagentur
5. 3.	VI ZR 89/73		51, § 847 BGB	75, 794			Todesgift
8. 3.	I ZB 6/73	62, 212	25, § 1 WZG	74, 657	74, 393	74, 1196	Concentra
8. 3.	I ZR 26/73						Brunnen
29. 3.	I ZR 15/73		27, § 13 UWG	75, 75	74, 394/ 547	74, 1141	Wirtschaftsanzeigen public-relations
18. 4.	KZR 6/73					74, 1903	Flughafen
26. 4.	I ZR 8/73		273, § 1 UWG	74, 733	74, 397	74, 1333	Schilderverkauf
26. 4.	I ZR 19/73		130, § 3 UWG	74, 665	74, 487	74, 1559	Germany
3. 5.	I ZR 52/73		271, § 1 UWG	74, 666	74, 400	74, 1244	Reparaturversicherung
3. 5.	I ZB 4/73			74, 659			Porotex
10. 5.	I ZR 46/73		272, § 1 UWG 25, § 1 Rechtsber G	75, 23		74, 1244	Ersatzwagenvermietung
10. 5.	I ZR 80/73		69, § 16 UWG	74, 735	74, 403		Pharmamedan
10. 5.	I ZB 2/73		24, § 4 WZG	74, 661	74, 405		St. Pauli-Nachrichten

Dat.	AktZ	BGHZ	LM, Nr. zu §	GRUR	WRP	NJW	Schlagwort
14. 5.	VI ZR 48/73		14, § 249 [D] BGB	75, 150	74, 489	74, 1503	Prüfzeichen
17. 5.	KZR 2/72						Elektrizitätsgenossenschaft
20. 5.	I ZR 107/72			75, 491	75, 150		Schräger Dienstag
30. 5.	VI ZR 174/72		18, § 824 BGB	75, 89		74, 1470	Brüning-Memoiren I
30. 5.	I ZR 199/72		85, § 546 Abs. 1 ZPO	75, 94		74, 1470	Brüning-Memoiren II
31. 5.	I ZR 28/73		74, § 24 WZG	75, 135	75, 151	75, 496	Kim-Mohr
31. 5.	I ZR 50/73		50, § 25 WZG	75, 67	74, 619	74, 1511	Kroatzbeere
4. 6.	VI ZR 68/73		35, Art. 5 GG	74, 797		74, 1371	Fiete Schulze
14. 6.	I ZR 77/73		1, § 26 WZG	74, 781	74, 550	74, 1708	Sweden
14. 6.	I ZR 104/73		274, § 1 UWG	75, 26	74, 547	74, 1559	Colgate
18. 6.	VI ZR 16/73		36, Art. 5 GG	75, 208	74, 547	74, 1762	Deutschland-Stiftung
19. 6.	I ZR 20/73				76, 370		Ovalpuderdose
28. 6.	I ZR 62/72		131, § 3 UWG	75, 78	74, 552	74, 1822	Preisgegenüberstellung
2. 7.	VI ZR 121/73		52, § 823 [Ah] BGB	75, 561		74, 1947	Nacktaufnahmen
3. 7.	I ZR 91/73		23, RabattG	75, 320	74, 623	74, 1906	Werbegeschenke
3. 7.	I ZR 65/73		2, § 14 GeschmMG	75, 85	74, 620		Clarissa
9. 7.	VI ZR 112/73		14, § 138 ZPO	75, 36		74, 1710	Arbeits–Realitäten
12. 7.	I ZR 92/73		132, § 3 UWG	75, 262	75, 34	75, 120	10-DM-Schein
19. 9.	KZR 14/73		25, § 26 GWB 7, § 38 GWB StS	75, 326	74, 673	74, 2236	Wartungsvertrag
4.10.	I ZR 75/73		31, § 242 [Cc] BGB	75, 69	74, 675	74, 2282	Marbon
4.10.	I ZR 81/73		70, § 16 UWG	75, 269	75, 35		Chepromin
10.10.	KZR 1/74		14, § 20 GWB	75, 206	75, 155		KunststoffschaumBahnen
11.10.	I ZR 72/73		275, § 1 UWG	75, 375	75, 104	75, 119	Kaufausweis II
18.10.	I ZR 118/73			75, 257			Buddelei
25.10.	I ZR 94/73		134, § 3 UWG	75, 141	75, 39	75, 215	Unschlagbar
25.10.	I ZR 8/74		276, § 1 UWG	75, 553	75, 37		Preisgarantie
12.11.	I ZR 43/73			75, 144			Vorsaison-Preis
12.11.	I ZR 111/73		25, RabattG	75, 203	75, 105	75, 215	Buchbeteiligungszertifikate
22.11.	I ZR 23/74		278, § 1 UWG	75, 264	75, 212	75, 689	Werbung am Unfallort I
22.11.	I ZR 50/74		277, § 1 UWG	75, 266	75, 213	75, 691	Werbung am Unfallort II
29.11.	I ZR 117/73		135, § 3 UWG	75, 377	75, 215		Verleger von Tonträgern
2.12.	II ZR 78/72	63, 282		76, 43	75, 218	75, 771	Deutscher Sportbund
6.12.	I ZR 110/73			75, 434			BOUCHET
20.12.	I ZR 4/74			75, 442	75, 150		Vaasbüttel
20.12.	I ZR 12/74			75, 441			Passion
1975							
17. 1.	I ZR 62/74		78, § 31 WZG	75, 312	75, 223		Bi Ba
24. 1.	I ZR 85/73		136, § 3 UWG	75, 380	75, 296		Die Oberhessische
29. 1.	KRB 4/74	63, 389 26, 56		76, 37	75, 225	75, 788	Aluminiumhalbzeug
31. 1.	I ZR 14/74		18, § 11 WZG	75, 258	75, 228		Importvermerk
7. 2.	I ZR 42/73						Bauhausverlosung
7. 2.	I ZR 103/73		279, § 1 UWG	75, 315	75, 231	75, 923	Metacolor
7. 2.	I ZB 1/74		7, § 10 WZG	75, 368	75, 234		Elzym
21. 2.	I ZR 18/74		79, § 31 WZG	75, 370	75, 298		Protesan
21. 2.	I ZR 46/74				76, 100		MARS
24. 2.	KZR 3/74		6, §§ 34, 18 GWB	75, 498		75, 1170	Werkstück–Verbindungsmaschinen
24. 2.	KZR 5/74		15, §§ 1, 18 GWB	75, 387	75, 354		Kundenschutzzusage
28. 2.	I ZR 101/73		1, UrhG/ÄndG	76, 317			Unsterbliche Stimmen
28. 2.	I ZR 42/74		4, § 6b UWG	75, 382	75, 299	75, 877	Kaufausweis III
14. 3.	I ZR 71/73		26, § 1 WZG	75, 487	75, 357	75, 1223	WMF-Mondmännchen
3. 4.	KVR 1/74		1, § 37a GWB	76, 266	75, 355	75, 1282	Polyester Grundstoffe

Dat.	AktZ	BGHZ	LM, Nr. zu §	GRUR	WRP	NJW	Schlagwort
4. 4.	KZR 6/74	64, 232		76, 153	75, 525	75, 1223	Krankenhaus-Zuschuss-versicherung
4. 4.	KAR 1/75	64, 342		75, 610	75, 664	75, 1840	Abschleppaufträge
15. 4.	VI ZR 93/73	64, 178		75, 502		75, 1161	Porno-Schriften
21. 4.	II ZR 60/74						Flugasche
23. 4.	I ZR 3/74		280, § 1 UWG	76, 305	75, 436		Baumaschinen
16. 5.	I ZR 6/74		27, § 1 ZWG	75, 550	75, 439		Drahtbewehrter Gummi-schlauch
21. 5.	I ZR 43/74			75, 658			Sonnenhof
22. 5.	KZR 9/74	65, 147		76, 323	76, 37	76, 194	Thermalquelle
23. 5.	I ZR 39/74			75, 555	75, 441	75, 1361	Speiseeis
23. 5.	I ZR 56/74		13, Sonderver-anstaltungsAO	75, 661	75, 528		Strumpfhose
30. 5.	I ZR 37/74			75, 604	76, 35		Effecten-Spiegel
30. 5.	I ZR 45/74		28, § 1 Zugabe-VO	76, 314	75, 721		Büro-Service-Vertrag
3. 6.	VI ZR 123/74		137, § 1004 BGB	76, 210	76, 227	75, 1882	Der Geist von Oberzell
4. 6.	I ZR 58/74		282, § 1 UWG	76, 32	75, 530		Präsentation
11. 6.	I ZR 90/74		137, § 3 UWG	76, 96	75, 729	75, 107	Gelegenheitsanzeigen
19. 6.	KVR 2/74	65, 30		76, 40	75, 665	75, 1837	Zementverkauf Nieder-sachsen II
19. 6.	KVR 3/74				76, 550		Kabinettartikel
19. 6.	KZR 10/74					75, 2065	Grenzmengenabkommen
27. 6.	I ZR 81/74		72, § 16 UWG	75, 606	75, 668	75, 1927	IFA
27. 6.	I ZR 97/74		283, § 1 UWG	76, 427	75, 724		Einfirmenvertreter
4. 7.	I ZR 115/73		7, § 17 UWG	76, 367	75, 727	76, 193	Ausschreibungsunterla-gen
4. 7.	I ZR 27/74	65, 68	284, § 1 UWG	76, 248	75, 672	76, 51	Vorspannangebot
11. 7.	I ZR 77/74		75, § 24 WZG	76, 353	75, 731		Colorboy
11. 7.	I ZR 78/74			75, 664	76, 40		Idee-Kaffee III
11. 7.	I ZR 95/74			76, 195			Treffpunkt Mocca Press
19. 9.	I ZB 3/74		82, § 31 WZG	76, 143	75, 723		Biovital
23. 9.	KZR 11/74			76, 204			Eiskonfekt II
23. 9.	KZR 14/74			76, 101	75, 733		EDV-Zubehör
26. 9.	I ZR 72/74		138, § 3 UWG	76, 146	75, 735		Kaminisolierung
26. 9.	I ZB 4/74			75, 658		76, 107	Kim/KING
24.10.	I ZR 34/74		26, RabattG	76, 259	76, 42		3 Wochen reisen – 2 Wochen zahlen
24.10.	I ZR 59/74		139, § 3 UWG	76, 197	76, 44		Herstellung und Vertrieb
31.10.	I ZR 114/73			76, 145		76, 496	Terranova/Terrapin I
31.10.	I ZR 89/74		73, § 16 UWG	76, 254	76, 46		Management-Seminare
7.11.	I ZR 128/74		42, § 12 BGB	76, 379	76, 102		KSB
7.11.	I ZR 31/74		30, § 1 Zugabe-VO	76, 316	76, 155		Besichtigungsreisen II
7.11.	I ZR 84/74						Besichtigungsreisen III
14.11.	I ZB 9/74		28, § 1 WZG	76, 355	76, 231	76, 1027	P-tronics
14.11.	I ZR 48/75		1, § 9 UWG	76, 250	76, 104	76, 1262	Preisgegenüberstellung II
20.11.	KZR 1/75		27, § 26 WZG	76, 206	76, 156	76, 801	Rossignol
20.11.	KVR 1/75	65, 269	2, § 23 GWB	76, 327	76, 107	76, 243	Zementmahlanlage
5.12.	I ZR 122/74			76, 256	76, 162		Rechenscheibe
5.12.	I ZB 3/75			76, 587			Happy
9.12.	VI ZR 157/73	65, 325		76, 268	76, 166	76, 620	Warentest II
16.12.	VI ZR 53/74						
19.12.	I ZR 120/74		286, § 1 UWG		76, 172	76, 520	Versandhandels-Preisaus-schreiben
1976							
9. 1.	I ZR 71/74		43, § 12 BGB	76, 311			Sternhaus
9. 1.	I ZR 24/75		2, § 9 UWG	76, 702	76, 174		Sparpreis
16. 1.	I ZR 32/75		287, § 1 UWG	76, 308	76, 233	76, 753	Unicef-Grußkarten
23. 1.	I ZR 69/74			76, 356			Boxin
23. 1.	I ZR 95/75		29, § 13 UWG	76, 370	76, 235		Lohnsteuerhilfevereine I
30. 1.	I ZR 108/74		288, § 1 UWG	76, 372	76, 237		Möbelentwürfe

Dat.	AktZ	BGHZ	LM, Nr. zu §	GRUR	WRP	NJW	Schlagwort
3. 2.	VI ZR 23/72			77, 114	76, 240	76, 799	VUS
6. 2.	I ZR 125/74			76, 430		76, 1154	Fencheltee
6. 2.	I ZR 127/74		289, § 1 UWG	76, 375	76, 304		Raziol
13. 2.	I ZR 1/75		35, § 242 [Be] BGB	78, 52	76, 306		Fernschreibverzeichnis
20. 2.	I ZR 64/74		290, § 1 UWG	76, 434	76, 308		Merkmalklötze
24. 2.	KZR 15/74		3, § 92 GWB	77, 267	76, 536		Fotokopiergerät
24. 2.	KVR 3/75		29, § 26 GWB	76, 711	76, 675		Bedienungsgroßhändler
12. 3.	I ZR 9/75						Globetrotter
12. 3.	I ZR 15/75			76, 698			MAHAG
22. 3.	GSZ 1/75	66, 229		76, 658	76, 463	76, 1797	Studentenversicherung
22. 3.	GSZ 2/75	67, 81		77, 51	76, 678	76, 1941	Auto-Analyzer
26. 3.	I ZR 65/74	66, 159	5, LadenschlussG	76, 438	76, 466	76, 964	Tag der offenen Tür
6. 4.	VI ZR 246/74	66, 182		76, 651		76, 1198	Der Fall Bittenbinder
7. 5.	I ZR 27/75		27, § 1 I RabattG	77, 264	76, 538		Miniaturgolf
12. 5.	KZR 14/75		28, § 26 II GWB	76, 600	76, 467	76, 2302	Augenoptiker
12. 5.	KZR 17/75		7, § 34 GWB	76, 603	76, 543	76, 1743	Automatenaufstellvertrag
14. 5.	I ZR 29/73			76, 643			Interglas
19. 5.	I ZR 35/75		292, § 1 UWG	76, 699	76, 606		Die 10 Gebote heute
19. 5.	I ZR 62/75		140, § 3 UWG	76, 596	76, 469	76, 2214	Aluminiumrolläden
19. 5.	I ZR 81/75		44, § 12 BGB	76, 644	76, 609		Kyffhäuser
11. 6.	I ZR 55/75		293, § 1 UWG	76, 635	76, 546	76, 1635	Sonderberater in Bausachen
22. 6.	X ZR 44/74		10, § 823 [Ag] BGB	76, 715	76, 682	76, 2162	Spritzgießmaschine
24. 6.	I ZR 25/75		295, § 1 UWG	77, 157	76, 551	76, 1977	Filmzusendung
30. 6.	I ZR 86/74		31, § 1 Zugabe-VO	76, 704	76, 553	76, 2165	Messbecher
30. 6.	I ZR 119/74		294, § 1 UWG	76, 637	76, 555	76, 2013	Rustikale Brettchen
30. 6.	I ZR 10/75						Opalglasscheibe
30. 6.	I ZR 31/75		32, § 1 Zugabe-VO	77, 38	76, 685		Grüne Salatschale
30. 6.	I ZR 150/75		296, § 1 UWG	77, 110	76, 557	77, 1397	Kochbuch
30. 6.	VIII ZR 267/75				76, 611		Adressenmaterial
30. 6.	I ZR 82/74						Frühstückskörbchen
1. 7.	KZR 34/75			77, 49			BMW-Direkthändler
3. 7.	KVR 4/75	67, 104		77, 169	76, 688	76, 2259	Vitamin-B-12
7. 7.	I ZR 85/75		297, § 1 UWG	77, 36	76, 694	76, 2301	Arztpraxismiete
7. 7.	I ZR 113/75		74, § 16 UWG	77, 165	76, 695		Parkhotel
7. 7.	I ZR 17/75						Gabe
14.10.	KZR 36/75	68, 6			77, 330	77, 804	Fertigbeton
15.10.	I ZR 23/75			77, 159			Ostfriesische Tee-Gesellschaft
3.11.	I ZB 11/75		2, § 17 UWG	77, 488	77, 94		DIN-geprüft
12.11.	I ZR 45/75		75, § 16 I UWG	77, 226	77, 95		Wach und Schließ
19.11.	I ZR 46/75			77, 229			WSV-Kurier
26.11.	I ZR 86/75		143, § 3 UWG	77, 494	77, 173		Dermatex
30.11.	X ZR 81/72	68, 90				77, 1194	Kunststoffhohlprofil
3.12.	I ZR 34/75		298, § 1 UWG	77, 257	77, 177	77, 631	Schaufensteraktion
3.12.	I ZR 151/75		141, § 3 UWG	77, 503	77, 180		Datenzentrale
3.12.	I ZB 4/75		83, § 31 WZG	77, 218	77, 176		MERCOL
7.12.	VI ZR 272/75		32, § 823 [Eh] BGB			77, 626	Editorial I
8.12.	I ZR 18/75		57, § 253 ZPO	77, 260	77, 186	77, 1060	Friedrich Karl Sprudel
13.12.	I ZR 1/75		35, § 242 [Be] BGB				
16.12.	KVR 5/75		6, § 25 GWB		77, 480		Architektengebühren
16.12.	KVR 2/76	68, 23		77, 269	77, 253	77, 675	Valium
17.12.	I ZR 26/75		301, § 1 UWG	77, 608	77, 260	77, 1060	Feld und Wald II
17.12.	I ZR 77/75		299, § 1 UWG	77, 619	77, 183	77, 1242	Eintrittsgeld

Dat.	AktZ	BGHZ	LM, Nr. zu §	GRUR	WRP	NJW	Schlagwort
1977							
14. 1.	I ZR 170/75		84, § 31 WZG	77, 491	77, 264		ALLSTAR
18. 1.	KZR 4/74					77, 1103	Autoanalyzer II
18. 1.	KVR 3/76		16, § 16 GWB	77, 506			Briefmarkenalben
21. 1.	I ZR 49/75			77, 602			Trockenrasierer
21. 1.	I ZR 68/75			77, 547			Kettenkerze
28. 1.	I ZR 109/75		302, § 1 UWG	77, 614			Gebäudefassade
1. 2.	VI ZR 204/74			77, 801			Halsabschneider
2. 2.	VIII ZR 320/75	67, 389		77, 498	77, 391	77, 714	Aussteuer-Sortimente
4. 2.	I ZR 129/75			80, 173			Martin
11. 2.	I ZR 39/75			77, 666	77, 484		Einbauleuchten
11. 2.	I ZR 17/76		308, § 1 UWG	77, 727	77, 566	77, 2075	Kaffee-Verlosung I
18. 2.	I ZR 112/75		8, § 17 UWG	77, 539	77, 332	77, 1062	Prozessrechner
25. 2.	I ZR 165/75	68, 132	76, § 16 UWG	77, 543	77, 394	77, 951	Der 7. Sinn
4. 3.	I ZR 117/75			78, 54	77, 569		Preisauskunft
4. 3.	I ZR 122/75		14, SonderveranstaltungsAO	77, 791	77, 399		Filialeröffnung
11. 3.	I ZR 101/75		305, § 1 UWG	77, 668	77, 400		WAZ-Anzeiger
3. 5.	VI ZR 36/74	68, 331		77, 674		77, 1288	Abgeordnetenbestechung
3. 5.	VI ZR 24/75		9, § 32 ZPO		77, 487	77, 1590	„profil"
6. 5.	I ZR 114/75		146, § 3 UWG	78, 55	77, 570		Quellwasser
13. 5.	I ZR 115/75		19, § 5 VII WZG	77, 672	77, 572	77, 2211	Weltweit-Club
13. 5.	I ZR 177/75	68, 383	19, § 11 WZG		77, 490	77, 1453	Doppelkamp
20. 5.	I ZR 17/76		52, § 3 ZPO	77, 748	77, 568		Kaffee-Verlosung II
20. 5.	I ZB 6/76		8, § 10 WZG	77, 664	77, 574		CHURRASCO
1. 6.	KZR 3/76	69, 59	30, § 26 II GWB	77, 744	77, 700	77, 2121	Badebetrieb
1. 6.	KRB 3/76	69, 398 27, 196 (St)				77, 1784	Brotindustrie
3. 6.	I ZR 114/73		77, § 16 UWG	77, 719	77, 635	77, 1587	Terranova/Terrapin II
3. 6.	I ZR 152/75		147, § 3 UWG	77, 729	77, 575		Synthetik-Wildleder
3. 6.	I ZB 8/76		26, § 4 II WZG	77, 717	77, 578		Cokies
3. 6.	I ZB 11/76		9, § 13 WZG	77, 789	77, 577		Tribol/Liebol
14. 6.	VI ZR 111/75	69, 181		77, 745		77, 1681	Heimstättengemeinschaft
24. 6.	I ZR 98/75						Modellwechsel
28. 6.	KVR 2/77						Autoruf-Genossenschaft
29. 6.	I ZR 186/76			77, 805	77, 704	77, 2313	Klarsichtverpackung
6. 7.	I ZR 174/75		15, SonderveranstaltungsAO	77, 794	77, 706		Geburtstagswerbung I
13. 7.	I ZR 136/75		76, §§ 24, 16 WZG	77, 789	77, 708		Tina-Spezialversand
23. 9.	I ZR 156/75		148, § 3 UWG	78, 57	77, 781		Förderanlagen
28. 9.	I ZB 4/76	70, 143	40, § 5 VII WZG	78, 294		78, 1198	Orbizin
14.10.	KRB 1/76			77, 739			Doppelmandat
14.10.	I ZB 10/76		85, § 31 WZG	78, 170	78, 41		FAN
14.10.	I ZR 160/75		33, § 1 Zugabe-VO	78, 182	78, 119		Kinder-Freifahrt
14.10.	I ZR 119/76		21, § 339 BGB	78, 192	78, 38		Hamburger Brauch
14.10.	I ZR 143/76		150, § 3 UWG	78, 255	78, 874		Sanatoriumswerbung
18.10.	VI ZR 171/76		60, § 823 [Ah] BGB	78, 258			Schriftsachverständiger
21.10.	I ZR 8/76		31, §§ 1, 2 RabG	78, 315	78, 204		Auszeichnungspreis II
21.10.	I ZB 1/77		1, § 9 II WZG				Verlängerungsgebühr
25.10.	VI ZR 166/75						
26.10.	2 StR 432/77					78, 173	
4.11.	I ZR 39/76		7, § 9a UWG	78, 112	78, 382	78, 756	Inventur
4.11.	I ZR 11/76		30, §§ 1, 2 RabG	78, 185	78, 197	78, 542	Taschenrechnerpackung
4.11.	I ZR 24/76		32, §§ 1, 2 RabG	78, 375	78, 442		Spitzensportlernachlass
11.11.	I ZR 14/76			78, 180	78, 126		Lohnsteuerhilfevereine II
11.11.	I ZR 179/75	70, 18	2, § 6a UWG	78, 173	78, 43	78, 267	Metro
15.11.	VI ZR 101/76	70, 39	21, § 824 BGB	78, 187	78, 129		Alkoholtest

Dat.	AktZ	BGHZ	LM, Nr. zu §	GRUR	WRP	NJW	Schlagwort
25.11.	I ZR 63/76		149, § 3 UWG	78, 252	78, 199		Kaffee-Hörfunk-Werbung
1.12.	KZR 5/76		9, § 34 GWB	78, 320	78, 207	78, 823	Belüftungsgitter
1.12.	KZR 6/76		8, § 34 GWB		78, 202	78, 822	Bierbezugsbindung „Püff"
1.12.	KVR 4/76		11, § 18 GWB	78, 488	78, 799		Brauerei-Darlehen
2.12.	I ZR 143/75		150, § 3 UWG	78, 251	78, 209	78, 822	Euro-Sport
7.12.	VIII ZR 101/76	70, 79				78, 585	Praxisräume
9.12.	I ZR 21/76		5, § 6b UWG	78, 311		78, 1525	BSW III
9.12.	I ZR 59/76		6, § 6b UWG	78, 370			BSW IV
20.12.	I ZR 1/76		151, § 3 UWG	78, 249	78, 210		Kreditvermittlung
1978							
23. 1.	I ZR 104/76		152, § 3 UWG	78, 368	78, 362		Gemmologe DGemG
3. 2.	I ZR 163/76			78, 536	78, 535		B. u. W.-Spedition
10. 2.	I ZB 19/76						SPAR
10. 2.	I ZR 149/75		52, § 823 BGB	78, 364	78, 364	78, 2548	Golfrasenmäher
14. 2.	X ZR 19/76	71, 86	11, § 823 [Ag] BGB	78, 492		78, 1377	Fahrradgepäckträger II
15. 2.	I ZR 141/76		17, SonderveranstaltungsAO	78, 372	78, 368	78, 1055	Farbbilder
21. 2.	KVR 4/77	71, 102	5a, § 24 GWB	78, 439	78, 800	78, 1320	Kfz-Kupplungen
21. 2.	KZR 7/76		8, § 15 GWB	78, 445	78, 371	78, 2095	„4 zum Preis von 3"
21. 2.	KZR 6/77	70, 331		78, 378	78, 370	78, 1001	Gabelstaplerverleih
24. 2.	I ZR 79/76		34, § 1 Zugabe-VO	78, 485	78, 443	78, 1856	Gruppenreisen
28. 2.	VI ZR 246/76		147, § 13 GVG	78, 448		78, 1860	Umgehungsgründung
10. 3.	I ZR 127/76		3, § 6a UWG	78, 477	78, 445		Groß- und Einzelhandel
6. 4.	I ZR 94/77			79, 804	78, 811		Falschmeldung
11. 4.	KRB 1/77	71, 348 28, 53 (St)					Labor-Inserat
11. 4.	KZR 1/77		12, § 18 GWB	78, 489	78, 447		Gaststättenverpachtung
21. 4.	I ZR 115/76		1, § 1 SpeiseVO	78, 605			Eiskalte Schlürfer
21. 4.	I ZR 165/76		35, § 1 Zugabe-VO	78, 547	78, 537		Automatentruhe
28. 4.	I ZR 157/76		314, § 1 UWG	79, 55	78, 806	78, 2598	Tierbuch
30. 5.	VI ZR 117/76			78, 551	78, 715	78, 1797	Ungeist der Sympathie (Terroranschlag)
30. 5.	KZR 8/76						Fertighäuser
30. 5.	KZR 12/77	71, 367	6, § 87 GWB	78, 658		78, 2096	Pankreaplex I
2. 6.	I ZR 137/76		2, Preisangaben-VO	79, 61	78, 877		Schäfer-Shop
7. 6.	I ZR 125/76		20, § 11 I Nr. 4 WZG	78, 647	78, 813		TIGRESS
9. 6.	I ZR 67/76		41, § 5 WZG	78, 642	78, 814		SILVA
13. 6.	KZR 14/77						BMW-Direkthändler III
20. 6.	VI ZR 66/77		62, §§ 823, 824 BGB			79, 265	Fehlmeldungen
23. 6.	I ZR 149/76				79, 193		Sanatorium II
23. 6.	I ZR 2/77		27, § 4 WZG	78, 591	78, 817		KABE
7. 7.	I ZR 169/76		155, § 3 UWG	78, 649	78, 658		Elbe-Markt
7. 7.	I ZR 38/77		156, §§ 3, 1 UWG	78, 652	78, 656		mini-Preis
18. 9.	KZR 17/77		31, § 26 II GWB	79, 69	79, 439	78, 107	Fassbierpflegekette
18. 9.	KZR 21/77			79, 124	79, 116		Objektschutz
25. 9.	X ZR 17/78			78, 726			Unterlassungsvollstreckung
29. 9.	I ZR 122/76		158, § 3 UWG	79, 116	79, 881		Superhit
29. 9.	I ZR 107/77			79, 121	79, 883	79, 217	Verjährungsunterbrechung
10.10.	KZR 10/77		32, § 26 II GWB	79, 177	79, 35		Zeitschriften-Grossisten
20.10.	I ZR 160/76		316, § 1 UWG	79, 119	79, 443		Modeschmuck

Dat.	AktZ	BGHZ	LM, Nr. zu §	GRUR	WRP	NJW	Schlagwort
20.10.	I ZR 5/77		20. Sonderver-anstaltungsAO	79, 402	79, 753	79, 2561	direkt ab LKW
27.10.	I ZR 96/76						„Nur-Beleg"
31.10.	KVR 7/77		3, § 62 GWB	79, 180			Air-Conditioning
31.10.	KVR 3/77		4, § 24 GWB	79, 328		79, 2563	Weichschaum-Rohstoffe
31.10.	KZR 5/77					80, 183	Metzeler Schaum
3.11.	I ZR 90/77		311, § 1 UWG	79, 157	79, 117		Kindergarten-Malwett-bewerb
14.11.	X ZR 11/75		6, § 406 ZPO	79, 271		79, 720	Schaumstoffe
14.11.	KZR 24/77	72, 371	2, § 100 GWB	79, 263		79, 490	Butaris
8.12.	I ZR 56/77		19, Sonderver-anstaltungsAO	79, 406	79, 195	79, 1205	Mords-Preis-Gaudi
8.12.	I ZR 57/77			79, 474	79, 197		10-Jahres Jubiläum
12.12.	KZR 15/77		12, § 34 GWB				Genossenschaftsinstitut
12.12.	KVR 6/77	73, 65	3, § 24 GWB	79, 256		79, 918	Strom und Gas
12.12.	KZR 16/77					79, 1208	Bundeswehrheime
15.12.	I ZR 40/77		319, § 1 UWG	79, 409	79, 360		Lippische Rundschau
19.12.	VI ZR 137/77			79, 418		79, 647	Telefongespräch
1979							
17. 1.	KZR 1/78		34, § 26 II 2 GWB	79, 560	79, 445	79, 2152	Fernsehgeräte I (Nord-mende)
17. 1.	VIII ZR 262/77		44, § 138 [Bb] BGB			72, 865	Tanzcafé
19. 1.	I ZR 166/76		12, § 823 [Ag] BGB	79, 332	79, 361	79, 916	Brombeerleuchte
19. 1.	I ZR 152/76						Fettglasur
24. 1.	VIII ZR 56/78		17, § 536 BGB	79, 431	79, 365	79, 1404	Konkurrenzschutz
26. 1.	I ZR 18/77		7, § 6b UWG	79, 411	79, 298	79, 1890	Metro II
26. 1.	I ZR 112/78		159, § 3 UWG	79, 415	79, 448	79, 1166	Cantil-Flasche
31. 1.	I ZR 21/77		318, § 1 UWG	79, 321	79, 300	79, 2611	Verkauf unter Einstands-preis (Mineralwasser)
6. 2.	VI ZR 46/77		53, § 823 [Ai] BGB	79, 425	79, 536	79, 2203	Fußballspieler
7. 2.	VIII ZR 279/77	73, 259				79, 1206	Barsortimenter
9. 2.	I ZB 23/77						Torch I
12. 2.	KVR 3/79						Valium II
16. 2.	I ZB 8/77		43, § 5 WZG	79, 468	79, 450		audio 1
23. 2.	I ZR 27/77			79, 637	79, 705	79, 2610	White Christmas
2. 3.	I ZB 3/77		44, § 5 VII WZG	79, 551	79, 451		lamod
2. 3.	I ZR 29/77			79, 568			Feuerlöschgerät
2. 3.	I ZR 46/77		79, § 16 UWG	79, 642	79, 629		Billich
6. 3.	KZR 12/78		11, § 34 GWB	79, 488	79, 453	79, 2247	Püff II
6. 3.	KZR 4/78			79, 650		80, 185	Erbauseinandersetzung
6. 3.	KRB 2/78			79, 649	79, 709		Möbelpreis
7. 3.	I ZR 45/77	74, 1	78, § 16 UWG	79, 470	79, 534	79, 2311	RBB/RBT
7. 3.	I ZR 89/79		36, § 1 Zugabe-VO	79, 482	79, 456	80, 884	Briefmarken-Auktion
13. 3.	KVR 1/77		7, § 17 GWB	79, 490		79, 1411	Sammelrevers 74
13. 3.	KVR 8/77	74, 172		79, 653		79, 2105	Pfaff
13. 3.	KZR 23/77			79, 657		79, 1605	Ausscheidungsvereinba-rung
13. 3.	KZR 25/77						IATA
13. 3.	KZR 4/77		33, § 26 GWB	79, 493	79, 458	79, 1412	Bücherbeschaffung
16. 3.	I ZR 39/77		320, § 1 UWG	79, 553	79, 460		Luxus-Ferienhäuser
23. 3.	I ZB 18/77		14, PVÜ	79, 549	79, 462	80, 521	Mepiral
23. 3.	I ZR 50/70		46, § 12 BGB	79, 564	79, 462	80, 280	Metallzeitung
6. 4.	I ZR 35/77		160, § 3 UWG	79, 716	79, 639		Kontinent-Möbel
6. 4.	I ZR 94/77		23, § 824 BGB	79, 804	79, 636	79, 2197	Falschmeldung
11. 4.	I ZR 118/77	74, 215	8, § 6b UWG	79, 644	79, 539	79, 1889	Kaufscheinwerbung
7. 5.	II ZB 3/79					80, 127	Henrich
8. 5.	KVR 1/78	74, 359		79, 796	79, 707	79, 2401	Paritätische Beteiligung

Dat.	AktZ	BGHZ	LM, Nr. zu §	GRUR	WRP	NJW	Schlagwort
8. 5.	KVR 13/78		35, § 26 II GWB	79, 792	79, 642	79, 2515	Modelbauartikel II
21. 5.	I ZR 117/77		17, § 1 GeschmMG	79, 705			Notizklötze
21. 5.	I ZR 109/77		7, HWG	79, 646		79, 1937	Klosterfrau-Melissen-geist
25. 5.	I ZR 132/77	75, 7	46, § 15 WZG / 52, § 25 WZG	79, 853	79, 780	79, 2400	Lila
25. 5.	I ZB 13/76		45, § 5 VII WZG	79, 707	79, 647		Haller I
29. 5.	KVR 2/78	74, 322		79, 790	79, 709	79, 2613	Organische Pigmente
29. 5.	KVR 4/78	79, 327			80, 35	79, 2517	Wohnanlage
1. 6.	I ZR 48/77						HSB
22. 6.	I ZR 70/77		322, § 1 UWG	79, 779	79, 711		Wert-Coupons
26. 6.	KZR 7/78		36, § 26 GWB	79, 731		79, 2154	Markt-Renner
26. 6.	KZR 25/78		7, § 38 BGB	79, 788	79, 782	80, 186	Anwaltverein
26. 6.	VI ZR 108/78		7, § 18 GWB	79, 732		79, 2205	Fußballtor
26. 6.	KZR 15/78						Metallhütte
29. 6.	I ZB 24/77	75, 150	47, § 5 WZG	80, 52		80, 593	Contiflex
29. 6.	I ZR 65/76						Münzautomatenhersteller
6. 7.	I ZR 55/79			79, 807			Schlumpfserie
6. 7.	I ZR 96/77		163, § 3 UWG	80, 60	79, 853	80, 886	„10 Häuser erwarten Sie"
13. 7.	I ZR 128/77		161, § 3 UWG	79, 781	79, 715	79, 2245	„radikal gesenkte Preise"
13. 7.	I ZR 138/77		323, § 1 UWG	79, 859	79, 784	80, 700	Hausverbot II
13. 7.	I ZB 25/77		46, § 5 WZG	79, 856	79, 782		Flexiole
18. 9.	VI ZR 140/78			80, 67	80, 68		Verfolgungsschicksal
24. 9.	KZR 14/78		32, § 9 PatG		80, 196		Fullplastverfahren
24. 9.	KZR 16/78						„robbe-Modellsport"
24. 9.	KZR 20/78		37, § 26 GWB	80, 125			Modellbauartikel II
28. 9.	I ZB 2/78		29, § 4 WZG	80, 173	79, 855	80, 1279	Fürstenthaler
28. 9.	I ZR 69/77		164, § 3 UWG	80, 108	80, 72	80, 288	„… unter empf. Preis"
28. 9.	I ZR 125/75		325, § 1 UWG	80, 110	80, 74		Torch
28. 9.	I ZR 139/77		22, SonderveranstaltungsAO	80, 112		80, 342	Sensationelle Preissenkungen
28. 9.	I ZR 146/77	75, 172	80, § 16 UWG	80, 114	80, 70	80, 522	Concordia
5.10.	I ZR 133/77		8, HMWG	80, 119	80, 76	80, 639	Ginseng
5.10.	I ZR 140/77		13, § 14 UWG	80, 116		80, 941	Textildrucke
19.10.	I ZB 5/78		30, § 4 II 1 WZG	80, 106		80, 1391	Prazepamin
23.10.	KZR 19/78		38, § 266 BGB	80, 180	80, 78	80, 941	Fernsehgeräte II
23.10.	KZR 21/78		10, § 32 ZPO	80, 130		80, 1224	BMW-Importe
23.10.	KVR 3/78		5, § 24 GWB	80, 253	80, 136	80, 1389	Zementmahlanlage II
23.10.	KZR 22/78		10, § 15 GWB	80, 249		80, 1046	Berliner Musikschule
9.11.	I ZR 24/78		329, § 1 UWG	80, 241	80, 253	80, 1843	Rechtsschutzbedürfnis
9.11.	I ZR 162/77		327, § 1 UWG	80, 176	80, 139		Fährbetrieb
13.11.	KZR 1/79		326, § 1 UWG	80, 242	80, 200		Denkzettel-Aktion
23.11.	I ZR 60/77		328, § 1 UWG	80, 296	80, 325		Konfektions-Stylist
27.11.	VI ZR 148/78		67, § 823 (AH)	80, 259		80, 994	Wahlkampfillustrierte
30.11.	I ZR 148/77		166, § 3 UWG	80, 299	80, 327		Keller-Geister
30.11.	I ZR 1/78			80, 302	80, 483		Rohstoffgehaltsangabe in Versandhandelsanzeige
7.12.	I ZR 157/77		4, § 2 UrhG				
11.12.	KZR 25/79			80, 329			Rote Liste
14.12.	I ZR 29/78		332, § 1 UWG	80, 790	80, 392	80, 1690	Werbung am Unfallort III
14.12.	I ZR 36/78		331, § 1 UWG	80, 246		80, 1337	Praxiseigenes Zahnersatzlabor
14.12.	I ZR 44/78		82, § 16 UWG	80, 247	80, 537		Capital-Service
18.12.	KVR 2/79	76, 55		80, 734	80, 394	80, 1381	Anzeigenmarkt
18.12.	KZR 16/79						Vertriebsbindung
19.12.	I ZR 130/77			80, 235	80, 141		Play-family
19.12.	I ZB 4/78		48, § 5 WZG	80, 289			Trend

Dat.	AktZ	BGHZ	LM, Nr. zu §	GRUR	WRP	NJW	Schlagwort
1980							
16. 1.	I ZR 25/78		335, § 1 UWG	80, 304	80, 328	80, 1388	Effektiver Jahreszins
23. 1.	II ZR 30/79			81, 428			Unternehmensbetreuung
25. 1.	I ZR 10/78		167, § 3 UWG	80, 307	80, 330		Preisgegenüberstellung III
5. 2.	VI ZR 174/78		69, § 823 [Ah] BGB	80, 309	80, 401	80, 1685	Straßen- und Autolobby
5. 2.	KZR 13/79		12, § 140 BGB	80, 807	80, 538	80, 2517	Spielautomat
8. 2.	I ZR 145/76		333, § 1 UWG	80, 793	80, 485		Wein-Wiege Aktion
8. 2.	I ZR 159/77						Dugena/Eduscho
8. 2.	I ZR 22/78		23, SonderveranstaltungsAO	80, 724	80, 255	80, 1793	Grand Prix
8. 2.	I ZR 58/78		24, SonderveranstaltungsAO	80, 722	80, 540		Einmalige Gelegenheit
8. 2.	X ZR 46/78			81, 422			Orion Swiss
12. 2.	KVR 3/79	76, 142	10, § 22 GWB	80, 742	80, 259	80, 1164	Valium II
12. 2.	KZR 7/79		17, § 20 GWB	80, 750	80, 403	80, 1338	Pankreaplex II
12. 2.	KZR 8/79	77, 1	15, § 34 GWB	80, 747	80, 485	80, 1529	Preisblätter II
27. 2.	I ZR 155/77		334, § 1 UWG	80, 800	80, 404	80, 2354	Schwerbeschädigtenhilfe e. V.
27. 2.	I ZR 8/78		337, § 1 UWG	80, 797	80, 541		Topfit Boonekamp
27. 2.	I ZR 41/78		336, § 1 UWG	80, 855		80, 910	Innenarchitektur
27. 2.	I ZR 64/78		168, § 3 UWG	80, 794	80, 406		Bundeszentrale für Fälschungsbekämpfung
24. 3.	KZR 17/79		14, § 34 GWB	80, 809	80, 547	81, 343	Schlossbrauerei
25. 3.	KZR 9/79		1, § 38a GWB	80, 805	80, 545	81, 2574	Probier-Preis-Aktion
25. 3.	KZR 10/79		2, § 273 ZPO	80, 875	80, 544	80, 1848	Beweisantritt
26. 3.	I ZR 1/80		34, § 719 ZPO	80, 755	80, 551		Acrylstern
15. 4.	VI ZR 76/79		68, § 823 [Ah] BGB	80, 813		80, 1790	Familienname
22. 4.	KZR 20/79		22, § 1 GWB	80, 866	80, 616		Sortimentsabgrenzung
22. 4.	KZR 4/79		23, § 1 GWB	80, 940	80, 551	80, 2813	Taxi-Besitzer-Vereinigung
9. 5.	I ZR 76/78		339, § 1 UWG	80, 858	80, 617	80, 2018	Asbestimporte
6. 6.	I ZR 97/78		171, § 3 UWG	81, 71	81, 18		Lübecker Marzipan
13. 6.	I ZR 96/78		24, § 91 ZPO	80, 1074		81, 224	Aufwendungsersatz
18. 6.	VIII ZR 185/79		55, § 459 BGB			80, 2127	„fabrikneu"
24. 6.	KVR 6/79	77, 366	6, § 3 GWB	80, 1080	80, 689	81, 119	Kanalguss
24. 6.	KVR 5/79	77, 279	11, § 22 GWB	80, 1012	80, 686	80, 2583	Hydrostatischer Antrieb
24. 6.	KZR 12/79		8, § 554b ZPO		81, 55		
27. 6.	I ZB 5/79		49, § 5 WZG	80, 1075		81, 637 L	Frisium
27. 6.	I ZR 123/78		1, Bäckerei ArbeitszeitG		81, 138		Backwaren-Nachttransporte
27. 6.	I ZR 70/78			81, 66			„MAN/G-mann"
4. 7.	I ZR 56/78		9, § 6 WZG	81, 53			Arthrexforte
4. 7.	I ZR 120/78		8, § 9a UWG	80, 1000	80, 621		10-Jahres-Jubiläum II
8. 7.	VI ZR 177/78	78, 24		80, 1090		80, 2807	Das Medizin-Syndikat I
8. 7.	VI ZR 158/78		70, § 823 (A) BGB	80, 1099		80, 2810	Das Medizin-Syndikat II
8. 7.	VI ZR 159/78	78, 9		80, 1105		80, 2801	Das Medizin-Syndikat III
8. 7.	VI ZR 176/78	78, 22		81, 80		80, 2813	Das Medizin-Syndikat IV
10. 7.	III ZR 160/78	78, 41		80, 1007	81, 27	80, 270	Innerörtliche reine Reklamefahrten
11. 7.	I ZR 105/78		170, § 3 UWG	81, 69	81, 21		Alterswerbung für Filialen

Dat.	AktZ	BGHZ	LM, Nr. zu §	GRUR	WRP	NJW	Schlagwort
14. 7.	KRB 6/79						markt-intern Informationsdienste
26. 9.	I ZR 19/78		23, § 11 WZG	81, 57		81, 233 L	„Jena"
26. 9.	I ZR 69/78		17, § 16 WZG	81, 60			Sitex
1.10.	I ZR 142/78		172, § 3 VWG	81, 137	81, 86		Tapetenpreisempfehlung
1.10.	I ZR 174/78		18, § 16 GWB	81, 277			Biene Maja
7.10.	KZR 25/79	78, 190	7, § 25 GWB	81, 208	81, 88	81, 634	Rote Liste
7.10.	KZR 8/80				81, 202		Stellenanzeige
10.10.	I ZR 121/78		343, § 1 UWG	81, 202	81, 91		RAMA-Mädchen
10.10.	I ZR 108/78		26, SonderveranstaltungsAO	81, 284	81, 141		Pelz-Festival
17.10.	I ZR 132/78		340, § 1 UWG	81, 140	81, 23		Flughafengebühr
17.10.	I ZR 8/79		344, § 1 UWG	81, 282	81, 203		Apothekenbotin
17.10.	I ZR 185/79		345, § 1 UWG	81, 280	81, 205		Apothekenbegünstigung
24.10.	I ZR 74/78		173, § 3 UWG	81, 206	81, 93		4 Monate Preisschutz
24.10.	I ZR 114/78		27, SonderveranstaltungsAO	81, 279	81, 143		„Nur drei Tage"
4.11.	KRB 3/80						ARA
7.11.	I ZR 160/78	79, 99	7, LadenschlussG	81, 424	81, 207	81, 1514	Tag der offenen Tür II
14.11.	I ZR 134/78			81, 142			Kräutermeister
14.11.	I ZR 138/78		341, § 1 UWG	81, 286	81, 265		Goldene Karte I
14.11.	I ZR 181/78		34, § 1 II RabattG	81, 290	81, 267		Goldene Karte II
14.11.	I ZR 23/79		346, § 1 UWG	81, 289	81, 209	81, 1272	Kilopreise
28.11.	I ZR 182/78		17, § 945 ZPO	81, 295	81, 269	81, 2579	Fotoartikel
2.12.	KVR 1/80	79, 62	12, § 22 GWB	81, 365	81, 310	81, 1786	Strebausbauanlagen
2.12.	KZR 5/80		36, § 839 [K] BGB	81, 292	81, 270	81, 636	Heil- und Kostenpläne
5.12.	I ZR 179/78		13, § 242 (Cb) BGB	81, 447	81, 319	81, 1955	Abschlussschreiben
12.12.	I ZR 158/78		354, §§ 1, 3 UWG	81, 654	81, 454	81, 2413	Testpreiswerbung
19.12.	I ZR 157/78			81, 435			„56 Pfund abgenommen"
1981							
16. 1.	I ZR 29/79	79, 390	11, StberG	81, 596	81, 380	81, 2519	Apotheken-Steuerberatungsgesellschaft
16. 1.	I ZR 140/78		19, § 16 WZG	81, 362			Aus der Kurfürst-Quelle
20. 1.	VI ZR 162/79		65, Art. 5 GG	81, 437		81, 1089	Der Aufmacher I
20. 1.	VI ZR 163/79		73, § 823 (Ak) BGB	81, 441		81, 1366	Der Aufmacher II
23. 1.	I ZR 30/79	79, 239	342, § 1 UWG	81, 428	81, 317	81, 873	Unternehmensbetreuung
23. 1.	I ZR 48/79		351, § 1 UWG	81, 517	81, 514	81, 2252	Rollhocker
27. 1.	KVR 4/80	80, 43	11, § 15 GWB	81, 605	81, 314	81, 2052	Garant-Lieferprogramm
28. 1.	IV b ZR 581/80	79, 265				81, 914	Vierte Partei
30. 1.	I ZR 144/79		1, KaffeeVO	81, 433	81, 384		Monte-Maro
13. 2.	I ZR 63/79		31, § 13 I UWG	81, 529	81, 385	81, 1616	Rechtsberatungsanschein
13. 2.	I ZR 111/78			81, 535			Wirtschaftsprüfervorbehalt
27. 2.	I ZR 75/79		347, § 1 UWG	81, 655	81, 456		Laienwerbung für Makleraufträge
27. 2.	I ZR 78/79		83, § 16 UWG	81, 591	81, 517		Gigi-Modelle
13. 3.	V ZR 35/80						Vertragsbruch
20. 3.	I ZR 1/79		174, § 3 UWG	81, 656			Schlangenzeichen
20. 3.	I ZR 10/79		352, § 1 UWG	81, 658	81, 457	81, 2304	Preisvergleich
24. 3.	KZR 2/80		43, § 26 II GWB	81, 610		81, 2355	SB-Verbrauchermarkt
24. 3.	KZR 18/80			81, 612	81, 460		Fernsicht
3. 4.	I ZR 72/79		20, § 16 WZG	81, 592			Championne du Monde
3. 4.	I ZR 41/80		348, § 1 UWG	81, 665	81, 573	81, 2008	Knochenbrecherin
10. 4.	I ZR 162/79		175, § 3 UWG	81, 666	81, 518		Ungarische Salami
28. 4.	VI ZR 80/79					81, 2017	Orthopäde

Dat.	AktZ	BGHZ	LM, Nr. zu §	GRUR	WRP	NJW	Schlagwort
			2, Bay. BerufsO f. Ärzte				
5. 5.	VI ZR 184/79			81, 616		81, 2117	Abgeordnetenprivileg
5. 5.	KZR 9/80						Ganser-Dahlke
13. 5.	I ZR 144/79		176, § 3 UWG	81, 670	81, 575		Gemeinnützig
22. 5.	I ZR 85/79		349, § 1 UWG	81, 746	81, 576		Ein-Groschen-Werbeaktion
22. 5.	I ZB 3/80		32, § 4 II Nr. 1 WZG	82, 49			Insulin-Semitard
22. 5.	I ZB 7/80		31, § 4 WZG	81, 910			Der größte Biermark der Welt
26. 5.	KZR 16/80		12, § 15 GWB	81, 836	82, 87		Bundeswehrheime
26. 5.	KZR 22/80	80, 371	44, § 26 GWB	81, 752	81, 520	81, 2701	Privatgleisanschluss
26. 5.	KZR 25/80			81, 675			Brunnenhof
26. 5.	KZR 26/80		6, § 99 GWB	81, 838	82, 145		Gruppenpauschalreise
26. 5.	KRB 1/81						Ölbrenner II
26. 5.	KZR 31/80						Pilskate
15. 6.	VIII ZR 166/80	81, 46	6, § 549 BGB			81, 2246	Tankstelle
16. 6.	KVZ 3/80	81, 53	1, § 74 GWB	81, 640	81, 578	81, 2460	Levis Jeans-Supermarkt
19. 6.	I ZR 100/79			81, 823	82, 207	81, 2811	Ecclesia-Versicherungsdienst
19. 6.	I ZR 107/79		350, § 1 UWG	81, 748	81, 580		Leserstrukturanalyse
22. 6.	KVR 5/80						Tonolli-Blei- und Silberhütte Braubach
22. 6.	KVR 7/80	81, 56	1, § 44 GWB	81, 762	81, 633	81, 2699	Transportbeton – Sauerland
26. 6.	I ZR 71/79		355, § 1 UWG	81, 827	81, 636	81, 2752	Vertragswidriger Testkauf
26. 6.	I ZR 73/79	81, 75	32, Art. 9 GG	81, 846		81, 2402	Rennsport-Gemeinschaft
30. 6.	KZR 11/80		26, § 26 II GWB	81, 767 82, 744	81, 638	81, 2357	Belieferungsunwürdige Verkaufsstätten I
30. 6.	KZR 19/80			81, 917			adidas
3. 7.	I ZR 84/79	81, 291	358, § 1 UWG	82, 53	82, 17	82, 335	Bäckerfachzeitschrift
3. 7.	I ZR 127/79	81, 130	357, § 1 UWG	81, 831	82, 19	81, 2517	Grippewerbung
10. 7.	I ZR 77/79		3, § 9 UWG	81, 833	81, 643	81, 2754	Alles 20 % billiger
10. 7.	I ZR 96/79	81, 247	356, § 1 UWG	81, 835	81, 642	81, 2573	Getarnte Werbung I
10. 7.	I ZR 124/79		53, § 3 UWG	82, 51			Rote-Punkt-Garantie
16. 9.	VIII ZR 161/80			81, 919			Vertraglich vereinbarter Konkurrenzschutz
18. 9.	I ZR 11/80		80, § 24 WZG	82, 111	82, 214		Original-Maraschino
22. 9.	KVR 8/80	81, 322	45, § 26 GWB	82, 60	82, 147	82, 46	Original-VW-Ersatzteile II
29. 9.	KVR 2/80	82, 1	10, §§ 24 I, 22 I GWB	82, 126	82, 203	82, 337	Straßenverkaufszeitungen
2.10.	I ZR 116/79		28, SonderveranstaltungsAO	82, 56	82, 22		Sommerpreis
7.10.	III ZR 229/80	82, 21					Tagespreis
16.10.	I ZB 10/80 (BPatG)		33, § 4 II Nr. 1 WZG				Zahl 17
16.10.	I ZR 45/80		11, HWG	82, 124	82, 211	82, 702	Vegetative Dystonie
23.10.	I ZR 62/79		11, § 2 UrhG	82, 305			Büromöbelprogramm
30.10.	I ZR 93/79		56, Art 5 GG	82, 234	82, 259	82, 637	Großbanken-Restquoten
30.10.	I ZR 149/77		181, § 3 UWG	82, 423	82, 405		Schlossdoktor/ Klosterdoktor
30.10.	I ZR 156/79	82, 138	359, § 1 UWG	82, 118	82, 88	82, 236	Kippdeckeldose
30.10.	I ZR 7/80	82, 152	48, §§ 15, 24 WZG	82, 115	82, 217 L		Öffnungshinweis
3.11.	KZR 33/80					82, 2000	Holzpaneele
6.11.	I ZR 164/69		182, § 3 UWG	82, 374	82, 266		Ski-Auslaufmodelle
6.11.	I ZR 158/79		363, § 1 UWG	82, 311	82, 264	82, 1331	Berufsordnung für Heilpraktiker
13.11.	I ZR 2/80		364, § 1 UWG	82, 239	82, 319		

Dat.	AktZ	BGHZ	LM, Nr. zu §	GRUR	WRP	NJW	Schlagwort
							Allgemeine Deutsche Steuerberatungsgesellschaft
13.11.	I ZR 40/80		365, § 1 UWG	82, 236	82, 268	82, 825	Realkredite
24.11.	X ZR 7/80	82, 299		82, 301		82, 1154	Kunststoffhohlprofil II
24.11.	VI ZR 164/79			82, 181			Tonbandaufnahme II
24.11.	X ZR 36/80	82, 310		82, 286			Fersenabstützvorrichtung
27.11.	I ZR 194/79			82, 417	82, 321		Ranger
1.12.	KRB 3/79		25, § 1 GWB	82, 244			Mixbeton
1.12.	KRB 5/79	82, 332 30, 270 (St)	24, § 1 GWB	82, 248	82, 322	82, 938	Baustoffhändler
1.12.	VI ZR 200/80		76, § 823 (Ah) BGB	82, 183		82, 635	Rudimente der Fäulnis
1.12.	KZR 37/80	82, 238	47, § 26 GWB	82, 187	82, 324	82, 644	Dispositionsrecht
4.12.	I ZR 9/80		4, § 9 UWG	82, 241	82, 218	82, 1393	Sonderangebot in der Karenzzeit
11.12.	I ZR 150/79		366, § 1 UWG	82, 313	82, 326	82, 1330	Rezeptsammlung für Apotheker
17.12.	X ZR 71/80	82, 369	5, § 18 UWG	82, 225		82, 937	Straßendecke II
18.12.	I ZR 198/79		184, § 3 UWG	82, 242	82, 270		Anforderungsschecks für Barauszahlungen
18.12.	I ZR 34/80	82, 375	154, § 13 GVG	82, 425		82, 2117	Brillen-Selbstabgabestellen I
18.12.	I ZR 116/80						Brillen-Selbstabgabestellen II
1982							
9. 1.	I ZR 180/79			82, 229			Klix/Klick
15. 1.	V ZR 50/81	83, 12	25, § 91 ZPO			82, 1598	Erledigung der Hauptsache
27. 1.	I ZR 61/80	83, 52	84, § 16 UWG	82, 431	82, 407	82, 2255	POINT
9. 2.	VI ZR 123/80		77, § 823 (Ah) BGB	82, 318		82, 1805	Schwarzer Filz
10. 2.	I ZR 65/80		185, § 3 UWG	82, 491	82, 409		Möbel-Haus
16. 2.	KVR 1/81			82, 439	82, 456		Münchener Anzeigenblätter
18. 2.	I ZR 23/80			82, 563	82, 459		Betonklinker
25. 2.	I ZR 175/79			82, 433	82, 460	82, 2125	Kinderbeiträge
25. 2.	I ZR 4/80			82, 419			Noris
4. 3.	I ZR 30/80			82, 493	82, 411	82, 1877	Sonnenring
4. 3.	I ZR 19/80			82, 489	82, 518	82, 2774	Korrekturflüssigkeit
11. 3.	I ZR 39/78			82, 495	82, 463		Domgarten-Brand
11. 3.	I ZR 71/80		186, § 3 UWG	82, 437	82, 413	82, 1596	Test Gut
11. 3.	I ZR 58/80		89, § 31 WZG	82, 420			BBC/DDC
23. 3.	KZR 18/81	82, 234	13, § 15 GWB		82, 578	82, 2067	Mendener Hof
23. 3.	KZR 5/81	83, 251	1, § 15 PatG				Veräußerungsmittel
23. 3.	KZR 28/80	83, 238	48, § 26 GWB	82, 576	82, 520	82, 1759	Meierei-Zentrale
22. 4.	I ZR 66/80			82, 677	82, 632	83, 171	Unentgeltliche Übernahme der Preisauszeichnung
29. 4.	I ZR 111/80			82, 564	82, 570		Elsässer Nudeln
29. 4.	I ZR 70/80			82, 613	82, 573	82, 2317	Buchgemeinschafts-Mitgliedsausweis
6. 5.	I ZR 94/80			82, 672			Aufmachung von Qualitätsseifen
6. 5.	I ZR 102/80			82, 679	82, 575	83, 45	Planungsbüro
13. 5.	I ZR 40/80						Form-Möbel
13. 5.	I ZR 205/80			82, 688	82, 634	83, 167	Seniorenpass
18. 5.	KZR 15/81	84, 125	19, § 34 GWB	82, 635	82, 640	82, 2871	Vertragszweck
18. 5.	KVR 6/81	84, 118	7, § 3 GWB	82, 585	82, 524	82, 2319	RUV
18. 5.	KVR 3/81		4, § 5 GWB	82, 581	82, 637		Steinbruchunternehmen
19. 5.	I ZR 122/80	84, 130		82, 615	82, 526	82, 2502	Flughafen-Verkaufsstellen

Dat.	AktZ	BGHZ	LM, Nr. zu §	GRUR	WRP	NJW	Schlagwort
27. 5.	I ZR 49/80			82, 618	82, 576	82, 2605	Klinik-Prospekt
27. 5.	I ZR 35/80			82, 681	82, 642		Skistiefel
8. 6.	VI ZR 139/80	84, 237		82, 627	83, 14	83, 1194	Satirisches Gedicht
9. 6.	I ZR 87/80			82, 684	82, 645	82, 2606	Arzneimittel-Preisanga-ben
9. 6.	I ZR 96/80			82, 737	83,16	83, 169	Eröffnungsrabatt
22. 6.	VI ZR 251/80		78, § 823 (Ah) BGB	82, 631		82, 2246	Klinikdirektoren
22. 6.	VI ZR 225/80		79, § 823 (Ah) BGB	82, 633	83, 21	82, 2248	Geschäftsführer
24. 6.	I ZR 62/80		49, § 31 WZG	82, 611			Prodont
24. 6.	I ZR 108/80			82, 685	82, 648		Ungarische Salami II
29. 6.	KVR 5/81	84, 320	2, § 72 GWB	82, 691	83, 88	82, 2775	Anzeigenraum
29. 6.	KZR 19/81	84, 322	20, § 34 GWB	82, 638		82, 2872	Laterne
29. 6.	KVR 7/81						Braun/Almo
8. 7.	I ZR 110/80		84, § 24 WZG	83, 177			Aqua King
22. 9.	VIII ZR 215/79			83, 41			Butterreinfett
28. 9.	KVR 8/81		9, § 23 GWB	83, 38	83, 89	83, 818	Zeitungsverlag
29. 9.	I ZR 88/80	85, 84	380, § 1 UWG	83, 120	83, 145	83, 569	ADAC-Verkehrsrechts-schutz
29. 9.	I ZR 25/80		194, § 3 UWG	83, 32	83, 203		Stangenglas I
7.10.	I ZR 93/80		378, § 1 UWG	83, 34	83, 205		Bestellschreiben
7.10.	I ZR 120/80		38, § 1 Zugabe-VO	83, 127	83, 91	83, 941	Vertragsstrafeversprechen
14.10.	I ZR 81/81			83, 129	83, 207	83, 1061	Mischverband
19.10.	KZR 31/81		3, § 100 GWB	83, 78	83, 93		Erzeugerbetrieb
9.11.	KZR 5/82					83, 2261	Insertionsverträge
9.11.	KZR 26/81		22, § 34 GWB	83, 138	83, 152	83, 1493	Ingenieur-Vertrag
11.11.	I ZR 126/80		381, § 1 UWG	83, 130	83, 154	83, 993	Lohnsteuerhilfe-Bundes-verband
11.11.	I ZB 15/81		34, § 4 WZG	83, 243			BEKA Robusta
19.11.	I ZR 99/80		383, § 1 UWG	83, 179	83, 209	84, 239	Stapel-Automat
25.11.	I ZR 130/80			83, 182	83, 261	83, 2382	Concordia-Uhren
25.11.	I ZR 145/80		195, § 3 UWG	83, 245	83, 260		„naturrot"
2.12.	I ZR 121/80		12, § 9a UWG	83, 186	83, 264	83, 1060	Wiederholte Unterwer-fung I
2.12.	I ZR 106/80		379, § 1 UWG	83, 184	83, 266		Eine Fülle von Sonder-angeboten
9.12.	I ZR 133/80	86, 90	385, § 1 UWG	83, 247	83, 268	83, 1431	Rolls-Royce
16.12.	I ZR 163/80		387, § 1 UWG	83, 374	83, 387	83, 1737	Spendenbitte
16.12.	I ZR 155/80			83, 443	83, 385	83, 1558	Kfz-Endpreis
1983							
20. 1.	I ZR 13/81		384, § 1 UWG	83, 249	83, 328	83, 2085	Apothekenwerbung
20. 1.	I ZR 183/80	86, 277	388, § 1 UWG	83, 333	83, 337	83, 2087	Grippewerbung II
20. 1.	I ZR 167/80		386, § 1 UWG	83, 332	83, 330	83, 1431	Hausfrauenkredite
25. 1.	KVZ 1/82			83, 198		83, 1911	Auskunftsbescheid
27. 1.	I ZR 141/80		39, § 1 Zugabe-VO	83, 252	83, 335	83, 1328	Diners-Club
27. 1.	I ZR 160/80			83, 262	83, 339	83, 1184	UWE
27. 1.	I ZR 177/80		390, § 1 UWG	83, 377	83, 484		Brombeer Muster
27. 1.	I ZR 179/80		196, § 3 UWG	83, 335			Trainingsgerät
2. 2.	I ZR 191/80		199, § 3 UWG	83, 254	83, 390	83, 1327	Nachhilfeunterricht
2. 2.	I ZR 199/80		197, § 3 UWG	83, 256	83, 389		Sauerteig
10. 2.	I ZR 170/80		382, § 1 UWG	83, 257	83, 391		bis zu 40 %
17. 2.	I ZR 194/80		38, § 13 UWG	83, 379	83, 395	83, 1559	Geldmafiosi
17. 2.	I ZR 203/80		395, § 1 UWG	83, 393	83, 393	83, 2634	Novodigal/temagin
24. 2.	I ZR 16/81		7, Schlussver-kaufsVO	83, 383	83, 400	84, 176	Stündlich neue Angebote
24. 2.	I ZR 207/80			83, 467	83, 398	83, 2195	Photokina
8. 3.	KZR 1/82		50, § 26 GWB	83, 396	83, 401		Modellbauartikel III

Dat.	AktZ	BGHZ	LM, Nr. zu §	GRUR	WRP	NJW	Schlagwort
17. 3.	I ZR 198/80		397, § 1 UWG	83, 448	83, 487	84, 175	Sonderangebote außerhalb der Karenzzeit
14. 4.	I ZR 173/80		16, HWG	83, 595	83, 551	83, 2633	Grippewerbung III
21. 4.	I ZR 15/81		203, § 3 UWG	83, 582	83, 553	83, 2505	Tonbandgerät
21. 4.	I ZR 28/81		17, HWG	83, 597	83, 608	83, 2636	Kneipp-Pflanzensaft
21. 4.	I ZR 30/81		391, § 1 UWG	83, 451	83, 403	83, 2447	Ausschank unter Eichstrich I
21. 4.	I ZR 201/80			83, 602	83, 609	83, 2143	Vertragsstraferückzahlung
28. 4.	I ZR 202/80		392, § 1 UWG	83, 585	83, 611		Gewindeschneidemaschine
28. 4.	I ZR 52/81			83, 764			Haller II
5. 5.	I ZR 46/81		205, § 3 UWG	83, 650	83, 613		Kamera
5. 5.	I ZR 47/81		393, § 1 UWG	83, 651	83, 615	83, 2381 (L)	Feingoldgehalt
5. 5.	I ZR 49/81		204, § 3 UWG	83, 512	83, 489		Heilpraktikerkolleg
11. 5.	I ZR 64/81		210, § 3 UWG	84, 467	84, 62		Das unmögliche Möbelhaus
11. 5.	I ZR 68/81		394, § 1 UWG	83, 587	83, 663	83, 2144	Letzte Auftragsbestätigung
19. 5.	I ZR 55/81		211, § 3 UWG	83, 588	83, 555	84, 1106	Überall Westfalenblatt
19. 5.	I ZR 77/81		212, § 3 UWG	83, 777	83, 665	84, 52	Möbelkatalog
1. 6.	I ZR 103/81		18, HWG	83, 599	83, 617	83, 2637	Ginseng-Präparate
1. 6.	I ZR 78/81		79, § 242 (Ba) BGB	84, 72	84, 14		Vertragsstrafe für versuchte Vertreterabwerbung
9. 6.	I ZR 73/81		12, § 239 ZPO	83, 775	83, 667	84, 668	Ärztlicher Arbeitskreis
9. 6.	I ZR 106/81		207, § 3 UWG	83, 654	83, 668		Kofferschaden
23. 6.	I ZR 75/81		400, § 1 UWG	83, 658	83, 556	83, 2705	Hersteller – Preisempfehlung in Kfz-Händlerwerbung
23. 6.	I ZR 109/81		208, § 3 UWG	83, 661	83, 559	83, 2703	Sie sparen 4000,– DM
30. 6.	I ZR 164/80			83, 682	83, 672		Fach-Tonband-Kassetten
30. 6.	I ZR 96/81			83, 768			Capri-Sonne
7. 7.	I ZR 113/81		401, § 1 UWG	83, 665	83, 674	83, 2707	qm-Preisangaben
7. 7.	I ZR 119/81		213, § 3 UWG	83, 779	83, 675	84, 174 (L)	Schuhmarkt
14. 7.	I ZR 67/81		402, § 1 UWG	83, 781	83, 619	84, 51	Buchklub-Vorspannangebot
22. 9.	I ZR 166/81		403, § 1 UWG	84, 129	84, 134		shop-in-the-shop I
22. 9.	I ZR 108/81		405, § 1 UWG	84, 376	84, 254		Johannisbeer-Konzentrat
4.10.	KVR 2/82	88, 273	12, §§ 23, 24, 70 GWB	84, 227	84, 17	84, 2886	Elbe-Wochenblatt
4.10.	KVR 3/82	88, 284	14, §§ 22 II, 24 GWG	84, 150	84, 64, 192	84, 2700	Gemeinschaftsunternehmen für Mineralölprodukte
6.10.	I ZR 39/83		409, § 1 UWG	84, 204	84, 136	84, 1618	Verkauf unter Einstandspreis II
13.10.	I ZB 3/82		35, § 4 WZG				„Msi" Data Corp
13.10.	I ZR 138/81		406, § 1 UWG	84, 282	84, 256		Telekonverter
20.10.	I ZR 130/81		412, § 1 UWG	84, 283	84, 258		Erbenberatung
25.10.	KZR 27/82		4, § 91 GWB	84, 296	84, 193	84, 1355	Vereins-Schiedsklausel
27.10.	I ZR 146/81		404, § 1 UWG	84, 210	84, 194		AROSTAR
27.10.	I ZR 148/81			84, 378	84, 376		Hotel Krone
27.10.	I ZR 151/81		214, § 3 UWG	84, 212	84, 139		unechter Einzelpreis
27.10.	III ZR 126/82	89, 1		84, 473		84, 2220	Abwrackfonds
8.11.	I BvR 1249/81			84, 276	84, 128		PrAngVO
10.11.	I ZR 107/81		9, SchlussverkaufsVO	84, 285	84, 196	84, 1687	WSV
10.11.	I ZR 125/81		51, § 15 WZG	84, 530		84, 1295 84, 2036 (Anm. Reich)	Valium-Roche

Dat.	AktZ	BGHZ	LM, Nr. zu §	GRUR	WRP	NJW	Schlagwort
10.11.	I ZR 158/81		407, § 1 UWG	84, 453	84, 259		Hemdblusenkleid
15.11.	VI ZR 251/82		83, § 823 (Ah) BGB	84, 231		84, 1102	Wahlkampfrede
17.11.	I ZR 5/81	89, 78	408, § 1 UWG	84, 291	84, 261	84, 1406	Heilpraktikerwerbung III
17.11.	I ZR 168/81		52, § 15 WZG	84, 352		84, 1298	Ceramix
22.11.	KVR 2/83		12, § 38 GWB	84, 230	84, 142	84, 1354	Freistellungsmissbrauch
22.11.	KZR 22/82	89, 88	12, § 96 GWB	84, 295	84, 198	84, 1464	Stangenlademagazine
22.11.	KZR 29/83						Geschäftsraum Miete
23.11.	VIII ZR 333/82			84, 298			Bierlieferungs- Nachfolgerklausel
24.11.	I ZR 192/81		410, § 1 UWG	84, 214	84, 199	85, 62	Copy-Charge
24.11.	I ZR 124/81		50, § 15 WZG	84, 354			Tina Spezial Versand II
1.12.	I ZR 164/81		411, § 1 UWG	84, 292	84, 262	84, 1407	„THX"-Injektionen
8.12.	I ZR 118/81		216, § 3 UWG	84, 455	84, 316		Französischer Brandy
8.12.	I ZR 183/81	89, 178		84, 382	84, 264	84, 791	Anwaltsberatung
8.12.	I ZR 189/81		9, LSchlG	84, 361	84, 202	84, 872	Hausfrauen–Info-Abend
13.12.	KRB 3/83		10, § 38 GWB-StS	84, 379	84, 318		Bieter- und Arbeitsgemeinschaft
20.12.	VI ZR 94/82	89, 198		84, 301	84, 377	84, 1104	Aktionärversammlung
1984							
19. 1.	I ZR 194/81		89, § 16 UWG	84, 545	84, 380	86, 56	Schamotte–Einsätze
26. 1.	I ZR 195/81		15, § 198 BGB	84, 820	84, 678	85, 1023	Intermarkt II
26. 1.	I ZR 227/81		222, 223, 224, § 3 UWG	84, 457	84, 382		„Deutsche Heilpraktikerschaft"
2. 2.	I ZR 4/82		414, § 1 UWG	84, 461	84, 321	85, 60	Kundenboykott
2. 2.	I ZR 190/81		413, § 1 UWG	84, 463	84, 386	85, 327	Mitmacher–Tour
2. 2.	I ZR 219/81			84, 465			Natursaft
7. 2.	VI ZR 193/82	90, 114	85, § 823 (Ah) BGB	84, 474		84, 1607	Bundesbahnplanungsvorhaben
9. 2.	I ZR 11/82		88, § 16 UWG	84, 471	84, 323		Gabor/Caber
16. 2.	I ZR 22/82				84, 388		Werbung eines Immobilienhändlers
22. 2.	I ZR 13/82		1, AMPreisVO	84, 748	84, 538	86, 1544	Apothekerspannen
22. 2.	I ZR 202/81		14, § 9a UWG	84, 590	84, 389	85, 3075	„Sonderangebote auf 3000 qm"
1. 3.	I ZR 8/82	90, 232	24, SteuerberatG	84, 540	84, 391	84, 2705	Lohnsteuerberatung I
1. 3.	I ZR 48/82		217, § 3 UWG	84, 737	84, 540		Ziegelfertigstürze
15. 3.	I ZR 74/82		218, § 3 UWG	84, 593	84, 394		adidas–Sportartikel
20. 3.	KVR 12/83		2, § 37a GWB	84, 680	84, 463		Kaufmarkt
20. 3.	KZR 11/83						Strohgau–Wochenjournal
29. 3.	I ZR 41/82		15, § 9a UWG	84, 664	84, 396		Winterpreis
29. 3.	I ZR 69/82		219, § 3 UWG	84, 596	84, 398		Vorratskauf
29. 3.	KZR 28/83			84, 753			Heizkessel–Nachbau
4. 4.	I ZR 25/82			84, 597			vitra programm
4. 4.	I ZR 9/82		416, § 1 UWG	84, 665	84, 399	85, 1623	Werbung in Schulen
4. 4.	I ZR 222/81			84, 823			Charterfluggesellschaften
10. 4.	KZR 6/83		23, § 24 GWB	84, 610	84, 401		Kalktransporte
10. 4.	KZR 14/83						Korkschrot
10. 4.	KVR 8/83		4, § 62 II GWB	84, 607			Coop/Supermagazin
12. 4.	I ZR 45/82		42, § 683 BGB	84, 691	84, 405	84, 2525	Anwaltsabmahnung
12. 4.	I ZR 14/82						Steuerberaterkammer/Gemeinschaftswerbung
17. 4.	VI ZR 246/82	91, 117	63, § 823 (Ai) BGB	84, 684	84, 465	84, 1956	Mordoro
15. 5.	KVR 11/83	91, 178	3, § 11 GWB	84, 682	84, 468	84, 2697	Wettbewerbsregeln
17. 5.	I ZR 5/82		52, § 5 WZG	84, 813			Ski-Delial
17. 5.	I ZR 73/82		36, Art 1 GG	84, 907	84, 681		Frischzellenkosmetik
22. 5.	VI ZR 105/82	91, 233	164, § 1004 BGB	84, 688	84, 470	84, 1886	AEG–Aktionär
23. 5.	I ZB 6/83	91, 262	9, § 10 WZG	84, 815		85, 2760	Indorektal
23. 5.	I ZR 140/82		220, § 3 UWG	84, 740	84, 542	84, 2365	Anerkannter Kfz–Sachverständiger
29. 5.	KZR 28/83						Stadler Kessel

Dat.	AktZ	BGHZ	LM, Nr. zu §	GRUR	WRP	NJW	Schlagwort
20. 6.	I ZR 61/82		30, § 1 WZG	85, 41			REHAB
20. 6.	I ZR 60/82			84, 872			Wurstmühle
26. 6.	I ZR 73/79		32, Art 1 GG				Rennsportgemeinschaft
28. 6.	I ZR 93/82	92, 30	5, HdwO	85, 56	84, 684	84, 2883	Bestellter Kfz-Sachver-ständiger
5. 7.	I ZR 88/82		221, § 3 UWG	84, 741	84, 601		patented
9. 7.	KRB 1/84	92, 84	2, § 31 OWiG 75	84, 753	84, 544	84, 2372	Submissionsabsprache
12. 7.	I ZR 2/82		26, § 11 WZG	85, 46			IDEE-Kaffee
12. 7.	I ZR 123/82		32, § 315 BGB	85, 155		85, 191	Vertragsstrafe bis zu
12. 7.	I ZR 37/82		418, § 1 UWG	85, 58	85, 274	85, 1032	Mischverband II
12. 7.	I ZR 49/82		90, § 16 UWG	85, 72	84, 1549	85, 741	Consilia
20. 9.	I ZB 9/83		37, § 4 WZG	85, 383			BMW-Niere
2.10.	KVR 5/83	92, 223	15, § 22 GWB	85, 311	85, 327	85, 1626	Gruner + Jahr-Zeit
2.10.	KZR 17/82						Leichtmetallheizkörper
11.10.	I ZB 14/83		53, § 5 WZG	85, 385			FLUOSOL
11.10.	I ZR 137/82		11, § 6b UWG	85, 292	85, 296	85, 916	Codekarte
17.10.	I ZR 187/82		227, § 3 UWG	85, 140			Größtes Teppichhaus der Welt
25.10.	I ZR 129/82		38, RabattG	85, 392		85, 975	Sparpackung
6.11.	KVR 13/83		16, § 22 GWB	85, 318	85, 490	86, 846	Favorit
6.11.	KZR 20/83		51, § 26 GWB	85, 321		86, 49	Kreditvermittlung
8.11.	I ZR 206/80			85, 396			5 Sterne Programm
8.11.	I ZR 128/82		424, § 1 UWG	85, 876		86, 381	Tchibo/Rolex I
22.11.	I ZR 164/82		420, § 1 UWG	85, 305		85, 1397	THX-Krebsvorsorge
22.11.	I ZR 101/82		91, § 16 UWG	85, 389	85, 550	86, 57	Familienname
22.11.	I ZR 98/82		422, § 1 UWG	85, 881		85, 1624	Bliestal-Spiegel
29.11.	I ZR 158/82	93, 96	423, § 1 UWG	85, 550		86, 379	Dimple
13.12.	I ZR 107/82		135, § 256 ZPO	85, 571		86, 1815	Feststellungsinteresse
13.12.	I ZR 71/83		425, § 1 UWG	85, 555			Abschleppseile
19.12.	I ZR 148/82		19, § 945 ZPO	85, 397			Fotoartikel II
19.12.	I ZR 133/82		10, § 17 UWG	85, 294	85, 365		Füllanlage
19.12.	I ZR 79/83		421, § 1 UWG	85, 445			Amazonas
19.12.	I ZR 181/82	93, 177	426, § 1 UWG	85, 447		85, 3018	Provisionsweitergabe

Dat.	AktZ	BGHZ	GRUR	WRP	NJW	NJW-RR	Schlagwort
1985							
15. 1.	KZR 17/83		85, 986				Guten Tag Apotheke
17. 1.	I ZR 107/83		85, 926		85, 2762		topfitz/topfit
17. 1.	I ZR 172/82		85, 461	85, 338			Gefa/Gewa
22. 1.	KZR 4/84		85, 468	85, 340			Ideal-Standard
22. 1.	KZR 35/83		85, 394	85, 264	85, 2135		Technics
22. 1.	VI ZR 28/83		85, 398		85, 1617		Nacktfoto
24. 1.	I ZR 22/83		85, 973	85, 546			„DIN 2093"
24. 1.	I ZR 173/81		85, 450	85, 342			Benzinverbrauch
24. 1.	I ZR 16/83		85, 929	85, 690	85, 2949		Späterer Preis
29. 1.	VI ZR 130/83		85, 470		85, 1620		Mietboykott
29. 1.	X ZR 54/83	93, 327	85, 472		85, 1693		Thermotransformator
1. 2.	V ZR 244/83				85, 2423		Unterwerfungserklärung
12. 2.	VI ZR 225/83		86, 188		85, 1621		Türkeiflug
14. 2.	I ZR 20/83		85, 937	85, 404	85, 2021		Vertragsstrafe bis zu II
28. 2.	I ZR 7/83		85, 886	85, 406 85, 482 (Anm)			Cocktail-Getränk
28. 2.	I ZR 174/82		85, 883	85, 691			Abwehrblatt
7. 3.	I ZR 34/83		85, 975	85, 693	86, 318		Sparkassenverkaufsaktion
12. 3.	X ZR 3/84		85, 520	85, 407			Konterhauben-Schrumpfsystem
21. 3.	I ZR 190/82		85, 566	85, 410			Hydair

Dat.	AktZ	BGHZ	GRUR	WRP	NJW	NJW-RR	Schlagwort
28. 3.	I ZR 111/82	94, 218	85, 970	85, 621, 626	86, 432		Shamrock I
28. 3.	I ZR 127/82		85, 978	85, 624, 626	86, 434		Shamrock II
28. 3.	I ZR 42/83		85, 936	85, 483	85, 2194 (LS)		Sanatorium II
3. 4.	I ZR 101/83		86, 325	85, 548			Peters
3. 4.	I ZB 17/84		85, 1052				LECO
3. 4.	I ZR 29/83		86, 79				Mietrechtsberatung
18. 4.	I ZR 155/83		85, 980	85, 484	85, 2333		Tennisschuhe
18. 4.	I ZB 4/84		85, 1053				ROAL
18. 4.	I ZR 220/83		85, 983	85, 628	85, 2950		Kraftfahrzeug-Rabatt
23. 4.	KRB 7/84						Sportartikelhandel
23. 4.	KVR 4/84		85, 933	85, 552	86, 1256		Schulbuch-Preisbindung
23. 4.	KRB 8/84						Nordmende
23. 4.	KRB 6/84						
24. 4.	I ZR 130/84		86, 93				Berufungssumme
2. 5.	I ZR 200/83		85, 932	85, 486	85, 2332		Veralteter Test
2. 5.	I ZB 8/84		85, 1055			86, 219	Datenverarbeitungsprogramm als „Ware"
2. 5.	I ZR 47/83		85, 939	85, 1118	86, 2701		Kalkulationshilfe
9. 5.	I ZR 52/83	94, 276	85, 1041		86, 192		Inkasso-Programm
9. 5.	I ZR 99/83		85, 1059	85, 555	85, 2895		Vertriebsbindung
5. 5.	I ZR 25/83		85, 1065	86, 141	86, 127		Erfüllungsgehilfe
23. 5.	I ZR 31/83		86, 81				Hilfsdienst für Rechtsanwälte
23. 5.	I ZR 18/83		85, 1063	85, 694		86, 33	Landesinnungsmeister
5. 6.	I ZR 127/83		86, 245				India-Gewürze
5. 6.	I ZR 77/83		86, 72				Tabacco d Harar
5. 6.	I ZR 151/83		86, 168				Darcy
25. 6.	KVR 3/84		86, 180	86, 26		86, 525	Edelstahlbestecke
25. 6.	KZR 31/84		86, 91	85, 705	86, 58		Preisabstandsklausel
4. 7.	I ZR 54/83		86, 316	85, 696			Urselters
4. 7.	I ZR 147/83		85, 1064	85, 698			Heilpraktikerbezeichnung
9. 7.	KZR 7/84		86, 87	85, 700			Preisbindungs-Treuhänder-Empfehlung
9. 7.	KZR 8/84		85, 988	85, 631		86, 336	Heizwerk
9. 7.	VI ZR 214/83	95, 212	86, 190		85, 2644		Wehrmachtsoffizier
11. 7.	I ZR 63/83		85, 982	85, 704	86, 319		Großer Werbeaufwand
11. 7.	I ZR 145/83		85, 1066		86, 133		Ausschlussfrist
26. 9.	I ZR 85/83		86, 252				Sportschuhe
26. 9.	I ZR 86/83		86, 248		87, 127		Sporthosen
26. 9.	I ZR 181/83		86, 253	86, 82		86, 196	Zentis/Säntis
1.10.	KVR 6/84	96, 69	86, 556	86, 192	86, 1874		Mischwerke
1.10.	I ZR 240/83		86, 318	86, 146		86, 395	Verkaufsfahrten
10.10.	I ZR 135/83		86, 74	86, 142	86, 435 (LS)		Shamrock III
10.10.	I ZR 170/83				86, 1432		
24.10.	I ZR 209/83		86, 315			86, 396	COMBURTEST
29.10.	KVR 1/84		86, 393	86, 198			Philip Morris/Rothmans
7.11.	I ZR 105/83		86, 320	86, 201	86, 1347		Wettbewerbsverein I
7.11.	I ZB 12/84		86, 380			86, 914	RE-WA-MAT
14.11.	I ZR 168/83		86, 322	86, 202		86, 526	Unterschiedliche Preisankündigung
28.11.	I ZR 152/83		86, 538			86, 783	Ola
1.12.	KVR 2/84						Schwarzbuntzüchter
3.12.	VI ZR 160/84		86, 330		86, 981		Wartentest III
5.12.	I ZR 161/83		86, 322	86, 203		86, 584	Modemacher
10.12.	KZR 2/85		86, 332	86, 204		86, 583	AIKIDO-Verband
10.12.	KZR 22/85	96, 337	86, 397	86, 261	86, 1877	86, 589	Abwehrblatt II

Dat.	AktZ	BGHZ	GRUR	WRP	NJW	NJW-RR	Schlagwort
12.12.	I ZR 1/84		86, 402	86, 265	86, 2761		Fürstenberg
18.12.	I ZR 122/83		86, 475	86, 267			Fernschreibkennung
18.12.	I ZR 216/83		86, 469	86, 322	86, 2575		Stangenglas II
1986							
30. 1.	I ZR 170/83		86, 545	86, 373	86, 1432		Weichwährungsflugschei-ne
4. 2.	KZR 18/84				86, 2210 (L)		Schaumstoffplatten
4. 2.	KZR 33/84		86, 478	86, 375			Herstellerpreiswerbung
4. 2.	KRB 11/85		86, 561	86, 464	87, 266		Brancheninformations-dienst Augenoptik
6. 2.	I ZR 243/83		86, 673	86, 377		86, 1041	Beschlagprogramm
6. 2.	I ZR 98/84		86, 895	86, 541		87, 160	Notenstichbilder
20. 2.	I ZR 153/83		86, 668		86, 3025		Gebührendifferenz IV
20. 2.	I ZR 202/83		86, 618	86, 465		86, 973	Vorsatz-Fensterflügel
20. 2.	I ZR 149/83		86, 615	86, 324	86, 2836		Reimportierte Kraftfahr-zeuge
20. 2.	I ZR 153/83				86, 3025		Gebührendifferenz II
27. 2.	I ZR 210/83		86, 547	86, 379	86, 2053		Handzettelwerbung
27. 2.	I ZR 7/84		86, 548	86, 654		86, 841	Dachsteinwerbung
6. 3.	I ZR 218/83		86, 621	86, 380		86, 840	Taxen-Farbanstrich
6. 3.	I ZR 14/84		86, 676	86, 467		86, 972	Bekleidungswerk
11. 3.	KVR 2/85		86, 743	86, 543			Kaufhof/Metro
11. 3.	KRB 7/85						Aktenvermerke
11. 3.	KRB 8/85						Bußgeldhaftung
11. 3.	KZR 28/84						Rassehunde-Zuchtver-band
11. 3.	KRB 10/85						Angebotsliste
11. 3.	KZR 26/84						Verband für Deutsches Hundewesen
13. 3.	I ZR 27/84		86, 678	86, 469	86, 1041		Wettbewerbsverein II
20. 3.	I ZR 13/84		86, 812	86, 547	87, 1082		Gastrokritiker
20. 3.	I ZR 10/84		86, 542		86, 3139		King II
20. 3.	I ZR 228/83		86, 622	86, 381			Umgekehrte Versteige-rung
10. 4.	GemS OGB 1/85	97, 312	86, 685		86, 2359		Orthopädische Hilfsmit-tel
15. 4.	KVR 3/85	97, 317	86, 750	86, 596	86, 2954		E-H-Partner Vertrag
15. 4.	KVR 6/85		86, 755	86, 600		86, 880	Wegenutzungsrecht
15. 4.	KVR 1/85		86, 747	86, 550		86, 1298	Taxigenossenschaft
17. 4.	I ZR 18/84		86, 892				Gaucho
17. 4.	I ZR 213/83		86, 739				Anwaltsschriftsatz
24. 4.	I ZR 56/84		87, 45	86, 603			Sommerpreiswerbung
24. 4.	I ZR 127/84		86, 814				Whisky-Mischgetränke
28. 4.	II ZR 254/85		86, 763	86, 606	86, 2944		Praxisverkauf
7. 5.	I ZB 9/85		86, 893				Stelzer-Motor
7. 5.	I ZR 119/84		86, 819		87, 124		Zeitungsbestellkarte
7. 5.	I ZR 95/84		86, 816	86, 660	87, 125		Widerrufsbelehrung bei Teilzahlungskauf
7. 5.	VIII ZR 238/85		86, 679	86, 663	86, 2435		Adressenverlag
15. 5.	I ZR 25/84		86, 820			86, 1428	Probe-Jahrbuch
15. 5.	I ZR 32/85	98, 65	86, 822	86, 608	86, 3084		Lakritz-Konfekt
22. 5.	I ZR 11/85		87, 49	87, 166	87, 437		Cola-Test
22. 5.	I ZR 72/84		86, 898			86, 1484	Frank der Tat
27. 5.	KZR 38/85		86, 758	86, 665		86, 1300	Annahmeerklärung
27. 5.	VI ZR 169/85		86, 683		86, 2503		Ostkontakte
27. 5.	KZR 8/83						Pronuptia
27. 5.	KZR 32/84		86, 910	86, 666			Spielkarten
27. 5.	KVR 7/84		86, 826				Donau-Kurier
3. 6.	VI ZR 102/85	98, 94	86, 759	86, 669	86, 2951		BMW
4. 6.	I ZR 43/84		87, 52	87, 101		87, 102	Tomatenmark

Dat.	AktZ	BGHZ	GRUR	WRP	NJW	NJW-RR	Schlagwort
4. 6.	I ZR 29/85		86, 823		86, 3201		Fernsehzuschauer-Forschung
4. 6.	I ZB 5/85		86, 895				OCM
10. 6.	VI ZR 154/84			87, 381			Zeugenaussage
12. 6.	I ZR 52/84		86, 902	87, 21		87, 163	Angstwerbung
12. 6.	I ZR 70/84		88, 319	86, 671	87, 438		Video-Rent
19. 6.	I ZR 54/84		87, 116	87, 22	87, 60		Kommunaler Bestattungswirtschaftsbetrieb I
19. 6.	I ZR 53/84		87, 119	87, 25	87, 62		Kommunaler Bestattungswirtschaftsbetrieb II
19. 6.	I ZR 65/84		87, 54	86, 672			Aufklärungspflicht des Abgemahnten
26. 6.	I ZR 103/84		86, 903	86, 674	87, 63		Küchencenter
3. 7.	I ZR 77/85		87, 182	87, 30		87, 230	Stoll
9. 7.	GSZ 1/86				87, 50		
10. 7.	I ZR 203/84		87, 63	87, 103	87, 324		Kfz-Preisgestaltung
10. 7.	I ZR 59/84		86, 905		87, 329		Innungskrankenkassenwesen
18. 9.	I ZR 179/84			87, 105	87, 1200		Aussageprotokollierung
18. 9.	I ZR 82/84		87, 124	87, 168	87, 324		„echt versilbert“
1.10.	I ZR 126/84		87, 171	87, 242			Schlussverkaufswerbung
1.10.	I ZR 80/84		87, 185	87, 239		87, 352	Rabattkarte
9.10.	I ZR 158/84		87, 125	87, 169		87, 288	Berühmung
9.10.	I ZR 138/84	98, 330	87, 172	87, 446	87, 1323		Unternehmungsberatungsgesellschaft I
9.10.	I ZR 16/85	98, 337	87, 176	87, 450	87, 1326		Unternehmungsberatungsgesellschaft II
14.10.	VI ZR 10/86		87, 128				NENA
16.10.	I ZR 157/84		87, 365	87, 375		87, 735	Gemologisches Institut
21.10.	KZR 28/85		87, 178	87, 310		87, 485	Guten Tag Apotheke II
21.10.	I ZR 169/84						Busreise nach London
23.10.	I ZR 169/84						Verstöße gegen PersonenbeförderungsG
6.11.	I ZR 208/84	99, 69	87, 302	87, 313	87, 956		Unternehmeridentität I
6.11.	I ZR 196/84		87, 292				KLINT
18.11.	KVR 1/86			87, 316			Baumarkt-Statistik
18.11.	KZR 41/85		87, 304	87, 106	87, 954		Aktion Rabattverstoß
20.11.	I ZR 156/84		87, 241	87, 318			Arztinterview
20.11.	I ZR 160/84		87, 360			87, 750	Werbepläne
25.11.	VI ZR 269/85		87, 187	87, 376			ANTISEPTICA
25.11.	VI ZR 57/86		87, 189		87, 1400		Veröffentlichungsbefugnis beim Ehrenschutz
4.12.	I ZR 170/84		87, 243	87, 320	87, 908		Alles frisch
10.12.	I ZR 136/84		87, 180	87, 379	87, 1021		Ausschank unter Eichstrich II
10.12.	I ZR 213/84		87, 301	87, 378			6 Punkt Schrift
10.12.	I ZR 15/85		87, 903		87, 2678		Le Corbusier-Möbel
16.12.	KZR 25/85		87, 459	87, 381			Belieferungsunwürdige Verkaufsstätten II
18.12.	I ZR 111/84	99, 244	87, 520				Chanel No. 5 I
18.12.	I ZR 67/85		87, 524				Chanel No. 5 II
1987							
13. 1.	VI ZR 45/86		87, 316				Türkeiflug II
15. 1.	I ZR 112/84	99, 314	87, 367	87, 455	87, 1084		Einrichtungs-Pass
15. 1.	I ZR 215/84		87, 532	87, 606		87, 932	Zollabfertigung
22. 1.	I ZR 211/84		87, 371	87, 461		87, 877	Kabinettwein
22. 1.	I ZR 230/85	99, 340	87, 402	87, 459	87, 2680		Parallelverfahren
5. 2.	I ZR 100/86		87, 373	87, 462	87, 1834		Rentenberechnungsaktion
5. 2.	I ZR 56/85	100, 26	87, 525		87, 2164		Litaflex
10. 2.	KZR 43/85	100, 51	87, 438		87, 2016		Handtuchspender
10. 2.	KZR 31/85		88, 73	87, 608	87, 2931		Importvereinbarung

Dat.	AktZ	BGHZ	GRUR	WRP	NJW	NJW-RR	Schlagwort
10. 2.	KZR 6/86		87, 393	87, 612	87, 3197		Freundschaftswerbung
12. 2.	I ZR 70/85		87, 364	87, 466			Vier-Streifen-Schuh
12. 2.	I ZR 54/85		87, 444	87, 463	87, 2087		Laufende Buchführung
16. 2.	II ZR 285/86	100, 75	87, 747		87, 2081		Gleichnamigkeit mit Firmenstifter
17. 2.	VI ZR 77/86		87, 397	87, 550		87, 754	Insiderwissen
10. 3.	VI ZR 244/85		87, 464		87, 2667		BND-Interna
10. 3.	VI ZR 144/86		87, 468	87, 616	87, 2223		Warentest IV
12. 3.	I ZR 71/85		87, 704			87, 1081	Warenzeichenlexika
12. 3.	I ZR 40/85		87, 534	87, 553		87, 991	McHappy-Tag
12. 3.	I ZR 31/85		87, 710	87, 620	87, 3005		Schutzrechtsüberwachung
19. 3.	I ZR 98/85		87, 647	87, 554		87, 1521	Briefentwürfe
19. 3.	I ZR 23/85		87, 822			87, 1147	Panda Bär
24. 3.	KVR 10/85		87, 745	87, 722	87, 2868		Frischemärkte
24. 3.	VI ZR 217/86				87, 3120		Verjährungshemmung
24. 3.	KZR 39/85		88, 159				SABA-Primus
25. 3.	I ZR 61/85		87, 835	87, 622		87, 1445	Lieferbereitschaft
26. 3.	VII ZR 70/86						Vertragsstrafenklausel
2. 4.	I ZR 27/85		87, 711	87, 667		87, 1389	Camel-Tours
2. 4.	I ZR 220/85					87, 1118	Leasing
9. 4.	I ZR 201/84		87, 535	87, 625		87, 1059	Wodka Woronoff
9. 4.	I ZR 44/85		87, 568	87, 627	87, 3138		Gegenangriff
30. 4.	I ZR 39/85		87, 707			87, 1442	Ankündigungsrecht I
30. 4.	I ZR 237/85		87, 823			87, 1443	Ankündigungsrecht II
30. 4.	I ZR 8/85		87, 648	87, 555		87, 3253	Anwalts-Eilbrief
30. 4.	I ZR 95/85		88, 311	87, 670		87, 1179	Beilagen-Werbung
7. 5.	I ZR 250/85		88, 396			88, 332	Archivvertrag
7. 5.	I ZR 195/85		88, 318			87, 1117	Verbreitungsgebiet
7. 5.	I ZR 141/85		87, 638	87, 629	87, 2929		Deutsche Heilpraktiker
7. 5.	I ZR 112/85					87, 1447	Aktion Heizung 83
12. 5.	VI ZR 195/86				87, 2225		
13. 5.	I ZR 68/85		88, 68		88, 767		Lesbarkeit I
13. 5.	I ZR 86/85		88, 70	88, 96	88, 768		Lesbarkeit II
13. 5.	I ZR 85/85		88, 71				Lesbarkeit III
13. 5.	I ZR 75/85		87, 938			87, 1522	Videorechte
13. 5.	I ZR 79/85		87, 640/ 919	87, 557	87, 3251		Wiederholte Unterwerfung II
26. 5.	KVR 3/86		88, 226	88, 157		88, 227	[Niederrheinische] Anzeigenblätter
26. 5.	KZR 13/85	101, 72	87, 829		88, 772		Krankentransporte
26. 5.	KVR 4/86	101, 100	87, 928		87, 3007		Gekoppelter Kartenverkauf
27. 5.	I ZR 153/85		87, 748	87, 724	87, 3196		Getarnte Werbung II
27. 5.	I ZR 121/85		87, 839	88, 591	87, 2930		Professorentitel in der Arzneimittelwerbung
4. 6.	I ZR 117/85				88, 1022		Kabelfernsehen II
4. 6.	I ZR 109/85		88, 453	88, 25	88, 644		Ein Champagner unter den Mineralwässern
24. 6.	I ZR 74/85		87, 714	87, 726	87, 3003		Schuldenregulierung
30. 6.	KZR 12/86		87, 926	88, 97		88, 50	Taxi-Preisgestaltung
30. 6.	KZR 7/86					88, 39	Gas-Zug
2. 7.	I ZR 167/85		88, 38	88, 99		88, 99	Leichenaufbewahrung
9. 7.	I ZR 147/85		87, 825	87, 28		87, 1444	Helopyrin
9. 7.	I ZR 120/85		87, 916	88, 28	87, 3006		Gratis-Sehtest
9. 7.	I ZR 161/85		87, 834		88, 262		Data-Tax-Control
9. 7.	I ZR 140/85		87, 832	88, 593	87, 3132		Konkurrenzschutzklausel
13. 7.	II ZR 188/86		87, 850		87, 3081		US-Broker
22. 9.	KZR 21/86						Interfunk
22. 9.	KVR 5/86		88, 323	88, 160		88, 484	Gruner + Jahr/Zeit II
8.10.	I ZR 182/85		88, 382	88, 356		88, 620	Schelmenmarkt
8.10.	I ZB 2/86		88, 820			88, 166	OIL OF OLAZ

Dat.	AktZ	BGHZ	GRUR	WRP	NJW	NJW-RR	Schlagwort
8.10.	I ZR 184/85		88, 130	88, 101		88, 225	Verkaufsreisen I
8.10.	I ZR 44/86		88, 321	88, 236	88, 492		Zeitwertgarantie
13.10.	VI ZR 83/87		88, 399		88, 1016		Tonbandmitschnitt
15.10.	I ZR 96/85		88, 296		88, 1847		„Gema-Vermutung IV"
15.10.	I ZR 180/85			88, 237		88, 677	In unserem Haus muss alles schmecken
15.10.	I ZR 212/86						Bau-Kommerz
19.10.	II ZR 43/87				88, 552		Gewerkschaftsfremde Liste
22.10.	I ZB 9/86		88, 211		88, 1674		Wie hammas denn
22.10.	I ZB 8/86	102, 88	88, 377		88, 1672		Apropos Film I
22.10.	I ZR 247/85		88, 402	88, 358	88, 1589		Mit Verlogenheit zum Geld
28.10.	I ZR 165/85		88, 635	88, 440		88, 553	Grundcommerz
28.10.	I ZR 5/86		88, 213		88, 1388		Griffband
5.11.	I ZR 186/85		88, 315	88, 295		88, 676	Pelzausverkauf
5.11.	I ZB 11/86	102, 163	88, 306		88, 913		Hörzeichen
5.11.	I ZR 212/85		88, 313	88, 359		88, 554	Auto F. GmbH
10.11.	KZR 18/86						Abrechnungsstelle für Apothekenleistungen
10.11.	KZR 15/86	101, 100	88, 327	88, 296	88, 2175		Cartier-Uhren
10.11.	KVR 7/86	102, 180	88, 392	88, 361	88, 1850		Singener Wochenblatt
12.11.	I ZR 200/85		88, 316	88, 299		88, 552	Räumungsverkaufsunterlagen
12.11.	I ZR 19/86		88, 638			88, 877	Hauers-Auto-Zeitung
12.11.	I ZR 97/86		88, 316	88, 365	88, 1847		Fertighaus
26.11.	I ZR 178/85		88, 310	88, 239	88, 2243		Sonntagsvertrieb
26.11.	I ZR 123/85		88, 307			88, 676	Gaby
26.11.	I ZB 1/87		88, 379/821			88, 1124	RIGIDITE
10.12.	I ZR 213/85		88, 384				Immobilien-Anzeige
10.12.	I ZR 221/85		88, 308	88, 366		88, 809	Informationsdienst
17.12.	I ZR 190/85		88, 459	88, 368		88, 810	Teilzahlungsankündigung
17.12.	I ZR 206/85		88, 458			89, 235	Ärztehaus
1988							
28. 1.	I ZR 219/86		88, 461	88, 369		88, 1000	Radio-Recorder
28. 1.	I ZB 2/87		88, 542			88, 932	ROYALE
28. 1.	I ZR 21/86	103, 171	88, 560	88, 443	88, 1912		Christophorus-Stiftung
28. 1.	I ZR 34/86		88, 385	88, 371		88, 876	Wäsche-Kennzeichnungsbänder
3. 2.	I ZR 222/85	103, 203	88, 614	88, 522	88, 1670		Btx-Werbung
3. 2.	I ZR 183/85		88, 764	88, 525			Krankenkassen-Fragebogen
11. 2.	I ZR 201/86		88, 483	88, 446	88, 1466		„AGIAV"/Gerichtsstand
11. 2.	I ZR 24/86		88, 545			88, 808	Ansprechpartner
11. 2.	I ZR 117/86		88, 623	88, 527		89, 550	Betriebsärztlicher Dienst
23. 2.	KVR 2/87		88, 640	88, 533	89, 226		Reparaturbetrieb
23. 2.	KZR 17/86		89, 142			88, 1069	Sonderungsverfahren
23. 2.	KZR 20/86		88, 642	88, 529		88, 1502	Opel-Blitz
25. 2.	I ZR 116/85				88, 1752		AOK-Mitgliederwerbung
3. 3.	I ZR 69/86	103, 349	88, 838	88, 598	88, 2244		Kfz-Versteigerung
10. 3.	I ZR 217/85	103, 355	88, 624	88, 601	88, 2538		Buchführungs- und Steuerstelle
10. 3.	I ZR 72/86		88, 636	88, 604		88, 1068	Golddarm
17. 3.	I ZR 98/86		88, 619	88, 605		88, 1067	Lieferantenwechsel
30. 3.	I ZR 40/86		88, 561	88, 608	88, 1907		Verlagsverschulden
30. 3.	I ZR 101/86		88, 629	89, 11	88, 1978		Konfitüre
30. 3.	I ZR 209/86		88, 699	88, 652	88, 2471		qm-Preisangaben II
30. 3.	I ZR 17/86		88, 767	88, 607		89, 429	Ernährungsbroschüre
14. 4.	I ZR 99/86		88, 690		89, 383		Kristallfiguren
14. 4.	I ZR 35/86		88, 620	88, 654		88, 1122	Vespa-Roller

Dat.	AktZ	BGHZ	GRUR	WRP	NJW	NJW-RR	Schlagwort
21. 4.	I ZR 136/86	104, 185	88, 823	88, 722	88, 3152		Entfernung von Kontroll-nummern I
21. 4.	I ZR 82/86		88, 700	89, 13	88, 2468		Messpuffer
21. 4.	I ZR 129/86		88, 787	89, 16	89, 106		Nichtigkeitsfolgen der PreisangabenVO
28. 4.	I ZR 27/87		88, 785	89, 84	88, 3267		Örtliche Zuständigkeit
3. 5.	KZR 17/87	104, 246	88, 779	88, 657	88, 2737		neuform-Bereich
3. 5.	KZR 4/87		88, 782	89, 85		88, 1187	Gema-Wertungsverfah-ren
5. 5.	I ZR 179/86		88, 826	88, 725	88, 3154		Entfernung von Kontroll-nummern II
5. 5.	I ZR 151/86		88, 716	89, 90		88, 1066	Aufklärungspflicht ge-genüber Verbänden
5. 5.	I ZR 124/86		88, 831	88, 660			Rückkehrpflicht
19. 5.	I ZR 170/86		88, 832	88, 663		88, 1443	Benzinwerbung
19. 5.	I ZR 52/86		88, 918	88, 662		88, 1444	Wettbewerbsverein III
26. 5.	I ZR 227/86		88, 776	88, 665	88, 2469		„PPC"
26. 5.	I ZR 238/86			89, 366			Entfernung von Kontroll-nummern IV
1. 6.	I ZR 22/86		88, 907				Hufeisen-Uhren
1. 6.	I ZR 49/87	104, 316	90, 385	88, 728	88, 2953		Frischzellenbehandlun-gen
1. 6.	I ZR 83/87			89, 369		89, 360	Entfernung von Kontroll-nummern III
15. 6.	I ZR 51/87	104, 384	88, 841	88, 730	88, 2954		Fachkrankenhaus
15. 6.	I ZR 211/86		90, 218	89, 91	89, 391		Verschenktexte
7. 7.	I ZR 36/87		88, 829	88, 668		88, 1309	Verkaufsfahrten II
7. 7.	I ZR 230/87	105, 89	88, 834	88, 609	88, 3156		Schilderwald
14. 7.	I ZR 140/87		88, 836	88, 733	88, 3157		Durchgestrichener Preis I
14. 7.	I ZR 184/86		88, 916	88, 734		88, 1441	Pkw-Schleichbezug
29. 9.	I ZR 57/87		89, 110	89, 155		89, 357	Synthesizer
29. 9.	I ZR 218/86					89, 101	Brillenpreise
6.10.	III ZR 94/87				89, 584		Haustürgeschäft
13.10.	I ZR 15/87		89, 106		89, 384		Oberammergauer Pas-sionsspiele II
20.10.	I ZR 238/87		91, 546	89, 163	89, 712		… aus Altpapier
20.10.	I ZR 5/88		89, 59	89, 159		89, 233	Anfängl. effekt. Jahres-zinssatz
20.10.	I ZR 219/87	105, 277	91, 548	89, 160		89, 711	Umweltengel
25.10.	KVR 1/87		89, 220	89, 229		89, 485	Lüsterbehangsteine
25.10.	KRB 4/88						markt-intern-Dienst
27.10.	I ZR 29/87		90, 371	89, 468		89, 356	Preiskampf
27.10.	I ZR 47/87		89, 211	89, 471		89, 301	shop in the shop II
3.11.	X ZB 12/86		89, 103				Verschlussvorrichtung für Gießpfannen
3.11.	I ZR 12/87		89, 116	89, 472		89, 297	Nachtbackverbot
3.11.	I ZR 242/86	105, 374	89, 68	89, 476	89, 456		Präsentbücher
3.11.	I ZR 231/86		89, 113	89, 232		89, 428	Mietwagen – Testfahrt
9.11.	I ZR 96/86					89, 299	St. Petersquelle
9.11.	I ZR 230/86		89, 115	89, 480		89, 426	Mietwagen – Mitfahrt
24.11.	I ZR 118/87		89, 213	89, 375		89, 618	Gesamtes Angebot
24.11.	I ZR 144/86		93, 53	89, 482		89, 301	Lesbarkeit IV
24.11.	I ZR 200/87		93, 60	89, 304		89, 425	Komplettpreis
1.12.	I ZR 190/87					89, 746	Künstlerverträge
1.12.	I ZB 10/87					89, 870	„KSÜD"
1.12.	I ZR 160/86	106, 101	89, 440	89, 377	89, 1804		Dresdner Stollen I
1.12.	I ZB 5/87		89, 264			89, 695	REYNOLDS R1/EREINTZ
14.12.	I ZR 131/86		89, 218	89, 484		89, 484	Werbeteam-Rabatt
14.12.	I ZR 235/86					89, 481	
14.12.	I ZB 6/87		89, 349			89, 691	Roth-Händle – Ken-tucky/Cenduggy

Dat.	AktZ	BGHZ	GRUR	WRP	NJW	NJW-RR	Schlagwort
20.12.	VI ZR 95/88		89, 222	89, 305			Filmbesprechung
20.12.	VI ZR 182/88	106, 229	89, 225	89, 308	89, 902		Handzettel – Wurfsendung
1989							
19. 1.	I ZR 223/86		89, 350			89, 692	Abbo/Abo
19. 1.	I ZR 217/86		90, 361			89, 690	Kronenthaler
26. 1.	I ZR 18/88		89, 446	89, 486	89, 2063		Preisauszeichnung
26. 1.	I ZB 8/88		89, 425			89, 703	Superplanar
26. 1.	I ZB 4/88		89, 421		89, 264		Conductor
2. 2.	I ZR 150/86		89, 425			89, 941	Herzsymbol
2. 2.	I ZR 183/86		89, 449	89, 717		89, 808	Maritim
16. 2.	I ZR 72/87		89, 516	89, 488		89, 937	Vermögensberater
16. 2.	I ZR 76/87		89, 445	89, 491	89, 1545		Professorenbezeichnung in der Arztwerbung
21. 2.	KZR 3/88		89, 701	89, 722		89, 1310	Frankiermaschine
21. 2.	VI ZR 18/88		89, 539	89, 789	89, 1923		Warentest V
21. 2.	KZR 7/88	107, 40	89, 430	89, 493	89, 2325		Krankentransportbestellung
23. 2.	I ZR 18/87		89, 432	89, 496		89, 941	Kachelofenbauer
23. 2.	I ZB 11/87	107, 71	89, 347		89, 1931		Microtonic
23. 2.	I ZR 138/86		89, 366	90, 28		89, 744	Wirtschaftsmagazin
2. 3.	I ZR 7/87		89, 422			89, 1126	FLASH
2. 3.	I ZR 70/87		89, 606	89, 501		89, 939	Unverbindliche Preisempfehlung
2. 3.	I ZR 234/86		89, 447	89, 500		89, 943	Geschäftsfortführung nach Ausverkauf
9. 3.	I ZR 189/86	107, 117	90, 221		90, 52		Forschungskosten
9. 3.	I ZR 153/86		89, 510			89, 1000	Teekanne II
9. 3.	I ZR 54/87		90, 390				Friesenhaus
15. 3.	VIII ZR 62/88		89, 534				Reinigungsbetrieb
16. 3.	I ZR 30/87		89, 437	89, 508	89, 2125		Erbensucher
16. 3.	I ZR 241/86		89, 434	89, 504		89, 811	Gewinnspiel
16. 3.	I ZR 56/87		89, 673	89, 568		89, 1060	Zahnpasta
30. 3.	I ZR 85/87	107, 136		89, 572	89, 2327		Bioäquivalenz-Werbung
30. 3.	I ZR 21/87		89, 668	89, 513	89, 2326		Generikum Preisvergleich
30. 3.	I ZB 6/88	107, 129	89, 506				Widerspruchsunterzeichnung
30. 3.	I ZR 33/87		89, 609	89, 570		89, 1122	Fotoapparate
6. 4.	I ZR 43/87		89, 508			89, 1002	CAMPIONE del MONDO
6. 4.	I ZR 59/87		89, 602	89, 577		89, 1261	Die echte Alternative
13. 4.	I ZR 62/87		89, 624	89, 579	89, 2329		Kuranstalt
13. 4.	I ZR 147/87		89, 612	89, 582		89, 1125	Nur wenige Tage im SB-Warenhaus
20. 4.	I ZR 40/87			90, 97			Konkurrenzverbot
20. 4.	I ZR 26/88		89, 848	89, 519		89, 1124	Kaffeepreise
26. 4.	I ZR 125/87		89, 608	89, 584		89, 1123	Raumausstattung
26. 4.	I ZR 172/87		89, 601	89, 585	89, 2324		Institutswerbung
26. 4.	I ZR 105/87		90, 49	90, 99		89, 1437	Rückkehrpflicht II
11. 5.	I ZR 132/87		89, 697	89, 654		89, 1314	Vertrauensgarantie
11. 5.	I ZR 141/87			89, 655		89, 1263	Konkursvermerk
11. 5.	I ZR 91/87		89, 603	89, 587		89, 1120	Kommunaler Bestattungswirtschaftsbetrieb III
17. 5.	I ZR 181/87		89, 626	89, 590		89, 1201	Festival Europäischer Musik
17. 5.	I ZR 151/87		89, 669	90, 165		89, 1306	Zahl nach Wahl
1. 6.	I ZR 152/87		89, 856	90, 229		89, 1388	Commerzbau
1. 6.	I ZR 81/87		89, 773	89, 657		89, 1312	Mitarbeitervertretung
1. 6.	I ZR 60/87		89, 611	89, 591	89, 2256		Bearbeitungsgebühr
8. 6.	I ZR 135/87	107, 384	95, 668	90, 231	90, 1986		Emil Nolde

Dat.	AktZ	BGHZ	GRUR	WRP	NJW	NJW-RR	Schlagwort
8. 6.	I ZR 178/87		89, 753	90, 169	89, 2820		Telefonwerbung II
8. 6.	I ZR 233/87		89, 855	90, 235		89, 1382	Teilzahlungskauf II
8. 6.	I ZB 17/88		89, 666			89, 1128	Sleepover
15. 6.	I ZR 183/87	108, 39	89, 762/836	90, 239	89, 3016		Stundungsangebote
15. 6.	I ZR 158/87		89, 838	90, 237		89, 1515	Lohnsteuerhilfeverein III
22. 6.	I ZR 126/87		89, 832	90, 321		89, 1383	Schweizer Außenseiter
22. 6.	I ZR 171/87		89, 835	90, 245		89, 1438	Rückkehrpflicht III
22. 6.	I ZR 39/87	108, 89	89, 760	90, 242	89, 3014		Titelschutzanzeige
22. 6.	I ZR 120/87		89, 758	90, 319		89, 1313	Gruppenprofil
29. 6.	I ZR 88/87		89, 754	89, 794		89, 1308	Markenqualität
29. 6.	I ZR 180/87		89, 757	89, 799	89, 3013		Haustürgeschäft Mc Bacon
29. 6.	I ZR 166/87		89, 827	90, 246		89, 1385	Werbeverbot für Heilpraktiker
6. 7.	I ZR 111/87		89, 828	90, 248	90, 185		Maklerzuschrift auf Chiffreanzeige
6. 7.	I ZR 234/87		90, 274			89, 1516	Klettverschluss
11. 7.	VI ZR 255/88		89, 781			90, 1058	Wassersuche
13. 7.	I ZR 157/87		90, 39				Taurus
13. 7.	I ZR 160/87		89, 830	90, 250	90, 1991		Impressumspflicht
21. 9.	I ZR 34/88		90, 37	90, 170		90, 295	Quelle
21. 9.	I ZR 27/88		90, 463	90, 254		90, 534	Firmenrufnummer
5.10.	I ZR 89/89		90, 50	90, 260	90, 1046		Widerrufsbelehrung bei Vorauszahlung
5.10.	I ZR 201/87					90, 173	Beförderungsauftrag
5.10.	I ZR 119/88		90, 282	90, 102		90, 480	REVUE-Carat
5.10.	I ZR 56/89		90, 282	90, 255		90, 102	Wettbewerbsverein IV
10.10.	KZR 22/88		90, 474	90, 263	90, 1531		Neugeborenentransporte
12.10.	I ZR 29/88		90, 373	90, 270	90, 1529		Schönheits–Chirurgie
12.10.	I ZR 155/87		90, 44	90, 266		90, 296	Annoncen-Avis
12.10.	I ZR 80/88						N-Spray
12.10.	I ZR 228/87		90, 1010	90, 268		90, 360	Klinikpackung
19.10.	I ZR 22/88		90, 68	90, 274		90, 480	VOGUE-Ski
19.10.	I ZR 193/87		90, 52	90, 273		90, 228	Ortsbezeichnung
19.10.	I ZR 63/88		90, 381	90, 276	90, 1905		Antwortpflicht des Abgemahnten
25.10.	VIII ZR 345/88	109, 127	90, 46	90, 278	90, 181		Heizgeräte-Vertrieb
26.10.	I ZR 242/87	109, 153		90, 282	90, 578		Anwaltswahl durch Mieterverein
26.10.	I ZR 216/87					90, 361	Programmbearbeitung
26.10.	I ZR 13/88		93, 63	90, 286		90, 424	Bonusring
3.11.	I ZB 20/88		90, 360			90, 503	Apropos Film II
8.11.	I ZR 55/88		90, 280	90, 288		90, 359	Telefonwerbung III
8.11.	I ZR 102/88		90, 367			90, 335	alpi/Alba Moda
8.11.	I ZR 255/88		90, 378	90, 327	90, 1179		Meister-Aktuell
16.11.	I ZR 107/87		90, 377	90, 409		90, 423	RDM
30.11.	I ZR 170/83		90, 459				Weichwährungsflugscheine II
30.11.	I ZR 55/87		90, 617	90, 488	90, 1294		Metro III
30.11.	I ZR 191/87		92, 329	90, 613		90, 538	AjS-Schriftenreihe
7.12.	I ZR 3/88		90, 375	90, 624		90, 479	Steuersparmodell
7.12.	I ZR 62/88		90, 542	90, 670	90, 1906		Aufklärungspflicht des Unterwerfungsschuldners
7.12.	I ZR 237/87		90, 534	90, 622		90, 561	Abruf-Coupon
7.12.	I ZR 139/87		90, 50			90, 562	Widerrufsbelehrung bei Vorauszahlung
14.12.	I ZR 17/88	109, 364	90, 601	90, 500	90, 1605		Benner
14.12.	I ZR 37/88				90, 1366		Rückkehrpflicht IV
14.12.	I ZR 1/88		90, 364			90, 618	Baelz

Dat.	AktZ	BGHZ	GRUR	WRP	NJW	NJW-RR	Schlagwort
1990							
25. 1.	I ZR 83/88		90, 453			90, 1192	L-Thyroxin
25. 1.	I ZR 19/87	110, 156	90, 522	90, 672	91, 287		HBV-Familien- und Wohnungsrechtsschutz
25. 1.	I ZR 182/88					90, 678	Buchführungshelfer
25. 1.	I ZR 133/88		90, 465	90, 414		90, 807	mehr als …% sparen
1. 2.	I ZR 108/88		90, 461	90, 411		90, 744	Dresdner Stollen II
1. 2.	I ZR 45/88		90, 609	90, 680		90, 757	Monatlicher Raten-zuschlag
1. 2.	I ZR 161/87		90, 532	90, 701		90, 1186	Notarieller Festpreis
21. 2.	VIII ZR 216/89				90, 886		
22. 2.	I ZR 201/88		90, 1028	90, 819		90, 1255	incl MwSt II
22. 2.	I ZR 146/88		90, 1027	90, 818		90, 1254	incl MwSt I
22. 2.	I ZR 50/88		90, 528	90, 683		90, 1128	Rollen-Clips
22. 2.	I ZR 78/88	110, 278	90, 611	90, 626	90, 3199		Werbung im Programm
1. 3.	VII ZR 159/89	110, 308			90, 1732		Haustürgeschäft
8. 3.	I ZR 65/88		90, 681			90, 1194	Schwarzer Krauser
8. 3.	I ZR 239/87		90, 1032	90, 688		91, 494	Krankengymnastik
8. 3.	I ZR 116/88		90, 530	90, 685	90, 3147		Unterwerfung durch Fernschreiben
15. 3.	KVR 4/88	110, 371	90, 702	90, 821	90, 2815		Sportübertragungen
15. 3.	I ZR 95/88		90, 1018	90, 694		90, 1130	Fernmeldeanlagen
15. 3.	I ZR 53/88		90, 1016	90, 692		90, 1011	Sprachkurs
15. 3.	I ZR 120/88					90, 1257	Mietkauf
22. 3.	I ZB 2/89		90, 517			90, 1254	SMARTWARE
22. 3.	I ZR 43/88		90, 711	90, 696		90, 1127	Telefonnummer 4711
29. 3.	I ZR 74/88		90, 607	90, 699		90, 1376	Meister-Kaffee
29. 3.	I ZR 76/88		90, 606	90, 750	90, 2317		Belegkrankenhaus
5. 4.	I ZB 7/89	111, 134	91, 838		90, 3083		IR-Marke FE
5. 4.	I ZR 41/88		90, 693	90, 754		90, 1189	Fahrrad-Schlussverkaufs-werbung
5. 4.	I ZR 19/88		90, 604	90, 752	91, 752		Dr. S.-Arzneimittel
26. 4.	I ZR 198/88	111, 182	90, 678			91, 38	Herstellerkennzeichen auf Unfallwagen
26. 4.	I ZR 99/88		90, 687	91, 16	90, 2469		Anzeigenpreis II
26. 4.	I ZR 71/88	111, 188	90, 685	90, 830	90, 2468		Anzeigenpreis I
26. 4.	I ZR 58/89		90, 1052			90, 1322	Streitwertbemessung
26. 4.	I ZR 127/88		90, 1012	91, 19		90, 1184	Pressehaftung I
8. 5.	KZR 23/88		90, 1047	91, 23		90, 1190	Nora-Kunden-Rückver-gütung
10. 5.	I ZR 218/88		90, 1026	91, 26		90, 1317	Keine WSV-Angebote
14. 5.	AnwZ (B) 12/90				90, 2130		Eigenmächtige Fach-anwaltsbezeichnung
23. 5.	I ZR 211/88		90, 1022			90, 1374	Importeurwerbung
23. 5.	I ZR 176/88		90, 1035	91, 76		90, 1187	Urselters II
31. 5.	I ZR 285/88		90, 1051	91, 27	90, 1390		Vertragsstrafe ohne Obergrenze
31. 5.	I ZB 6/89		91, 535				IR-Marke ST
31. 5.	I ZR 228/88		90, 1039	91, 79	90, 3204		Anzeigenauftrag
7. 6.	I ZR 207/88		90, 1015	91, 82	90, 3144		Order-Karte
7. 6.	I ZR 206/88		91, 859		90, 2316		Leserichtung bei Pflicht-angaben
7. 6.	I ZR 298/88		90, 1042	91, 83		90, 1318	Datacolor
21. 6.	I ZR 303/88		90, 1020	91, 94	90, 3265		Freizeitveranstaltung
21. 6.	I ZR 258/88		90, 1024	91, 92			Lohnsteuerhilfeverein IV
21. 6.	I ZB 11/89		91, 136		91, 1424		NEW MAN
21. 6.	I ZR 240/88		90, 1041	91, 90		91, 1451	Fortbildungskassetten
28. 6.	I ZR 287/88		90, 1038		90, 3149		Haustürgeschäft
5. 7.	I ZR 148/88		91, 76	91, 97	91, 297		Abschlusserklärung
5. 7.	I ZR 217/88		90, 1029	91, 29		90, 1256	incl MwSt III

Dat.	AktZ	BGHZ	GRUR	WRP	NJW	NJW-RR	Schlagwort
5. 7.	I ZR 164/88		90, 1053	91, 100	91, 493		Versäumte Meinungs- umfrage
12. 7.	I ZR 236/88		91, 138		91, 296		Flacon
12. 7.	I ZR 237/88		91, 139			91, 112	Duft-Flacon
12. 7.	I ZR 62/89		91, 53	91, 102	91, 1759		Kreishandwerkerschaft I
12. 7.	I ZR 278/88				91, 1759		Kreishandwerkerschaft II
7. 9.	I ZR 220/90		91, 159		90, 1117		Zwangsvollstreckungs- einstellung
27. 9.	I ZR 213/89		91, 150	91, 154		91, 426	Laienwerbung für Kredit- karten
27. 9.	I ZR 87/89		91, 153	91, 151	91, 1350		Pizza & Pasta
4.10.	I ZR 39/89		91, 550	91, 159	91, 1229		Zaunlasur
4.10.	I ZR 106/88		91, 215			91, 298	Emilio Adani
4.10.	I ZR 299/88		91, 540	91, 157		91, 363	Gebührenausschreibung
11.10.	I ZR 8/89		91, 155	91, 162		91, 364	Rialto
11.10.	I ZR 10/89		91, 552	91, 163		91, 428	TÜV-Prüfzeichen
11.10.	I ZR 35/89		91, 254	91, 216	91, 1114		Unbestimmter Unterlas- sungsantrag
18.10.	I ZR 292/88	112, 317	91, 459		91, 1355		Silenta
18.10.	I ZR 113/89	112, 311	91, 542	91, 219	91, 701		Biowerbung mit Fahr- preiserstattung
18.10.	I ZR 283/88		91, 223		91, 1485		Finnischer Schmuck
24.10.	XII ZR 112/ 89		91, 157			91, 934	Johanniter-Bier
8.11.	I ZR 48/89		91, 462			91, 809	Wettbewerbsrichtlinien der Privatwirtschaft
15.11.	I ZR 30/89		91, 323	91, 221		91, 680	incl MwSt IV
15.11.	I ZR 254/88		91, 332		91, 1109		Lizenzmangel
15.11.	I ZR 245/88		91, 319			91, 558	HURRICANE
15.11.	I ZR 22/89	113, 11	91, 462	91, 294	91, 1054		Kauf im Ausland
22.11.	I ZR 14/89		91, 393	91, 222	91, 1353		Ott International
22.11.	I ZR 50/89		91, 329	91, 225		91, 560	Family-Karte
29.11.	I ZR 13/89	113, 82	91, 464	91, 228	91, 3212		Salomon
29.11.	I ZR 241/88		91, 545	91, 227	91, 1228		Tageseinnahme für Mit- arbeiter
6.12.	I ZR 27/89		91, 331	91, 383	91, 1352		Ärztliche Allgemeine
6.12.	I ZR 297/88	113, 115	91, 609	91, 295	91, 3214		SL
6.12.	I ZR 249/88		91, 317	91, 231		91, 539	MEDICE
6.12.	I ZR 25/89		91, 401	91, 381	91, 1183		Erneute Vernehmung
13.12.	I ZR 103/89		91, 554	91, 385		91, 751	Bilanzbuchhalter
13.12.	I ZR 31/89		91, 324	91, 236		91, 561	Finanz- und Vermögens- berater
13.12.	I ZB 9/89		91, 521				La PERLA
1991							
17. 1.	I ZR 117/89		91, 472	91, 387		91, 752	Germania
24. 1.	I ZR 133/89	113, 282	91, 764	91, 470		91, 2087	Telefonwerbung IV
24. 1.	I ZR 60/89		91, 607			91, 863	VISPER
31. 1.	I ZR 71/89		92, 48			91, 1321	frei Öl
7. 2.	I ZR 140/89		91, 468	91, 564		91, 1060	Preisgarantie II
7. 2.	I ZR 104/89		91, 614	91, 391		91, 1257	Eigenvertriebssystem
21. 2.	I ZR 106/89		92, 66	91, 473		91, 1061	Königl-Bayerische Weisse
28. 2.	I ZR 94/89		91, 680			91, 1136	Porzellanmanufaktur
28. 2.	I ZR 110/89		91, 475	91, 477		91, 1063	Caren Pfleger
7. 3.	I ZR 148/89		91, 556	91, 482		91, 1190	Leasing Partner
7. 3.	I ZR 127/89		91, 848			91, 1391	Rheumalind II
12. 3.	KVR 1/90	114,40			91, 3152		Verbandszeichen
12. 3.	KZR 26/89		91, 868				Einzelkostenerstattung
14. 3.	I ZR 55/89	114, 82	91, 616	91, 484	91, 2151		Motorboot-Fachzeit- schrift
21. 3.	I ZR 111/89	114, 105	91, 863	91, 568	91, 3218		Avon
21. 3.	I ZR 151/89		91, 679	91, 573		91, 1135	Fundstellenangabe
21. 3.	I ZR 158/89		92, 523	91, 575	91, 2211		Betonsteinelemente

Dat.	AktZ	BGHZ	GRUR	WRP	NJW	NJW-RR	Schlagwort
8. 4.	II ZR 259/90				91, 2023		„A"
11. 4.	I ZR 131/89		91, 556	91, 486			Yves Rocher
11. 4.	I ZR 82/89		91, 684			91, 1138	Verbandsausstattung I
11. 4.	I ZR 166/89		91, 685	91, 578		91, 1192	Zirka-Preisangabe
11. 4.	I ZR 175/89		91, 682	91, 579	91, 2636		Kaffeekauf
11. 4.	I ZR 196/89		91, 768	91, 581		91, 1139	Fahrschulunterricht
18. 4.	I ZR 176/89		91, 760			91, 1066	Jenny/Jennifer
25. 4.	I ZR 283/89		91, 843			91, 1512	Testfotos
25. 4.	I ZR 134/90		91, 772		91, 3029		Anzeigenrubrik I
25. 4.	I ZR 192/89		91, 774		91, 3030		Anzeigenrubrik II
25. 4.	I ZR 232/89				91, 3038		Fehlender Tatbestand
2. 5.	I ZR 184/89		91, 112			91, 1266	pulpwash
2. 5.	I ZR 227/89		91, 769			91, 1258	Honoraranfrage
2. 5.	I ZR 258/89		92, 70	91, 642		91, 1392	„40 % weniger Fett"
16. 5.	I ZR 207/89		91, 701	93, 465	92, 747		Fachliche Empfehlung I
16. 5.	I ZR 218/89		91, 929	93, 467	92, 749		Fachliche Empfehlung II
16. 5.	I ZR 1/90		91, 780	91, 645		91, 1260	TRANSATLANTISCHE
23. 5.	I ZR 286/89		91, 914	93, 91		92, 232	Kastanienmuster
23. 5.	I ZR 172/89		91, 933	91, 648		91, 1324	One for Two
23. 5.	I ZR 265/89		91, 847	91, 759		91, 1511	Kilopreise II
23. 5.	I ZR 294/89		91, 862	91, 649		91, 1191	Rückfahrkarte
29. 5.	I ZR 204/89		91, 852	93, 95		91, 1512	Aquavit
29. 5.	I ZR 284/89	114, 354	91, 860	93, 469	92, 751		Katovit
6. 6.	I ZR 234/89		91, 921	91, 708		91, 1445	Sahnesiphon
6. 6.	I ZR 291/89		91, 847	91, 652	91, 2706		Nebenkosten
12. 6.	VIII ZR 178/90			92, 27		91, 1524	Freizeitveranstaltung II
20. 6.	I ZR 277/89		92, 61	91, 654		91, 1318	Preisvergleichsliste
20. 6.	I ZR 13/90		91, 873	91, 777		91, 1467	Eidesstattliche Versicherung
27. 6.	I ZR 279/89	115, 57	91, 936	91, 711	92, 42		Goldene Kundenkarte
27. 6.	I ZR 22/90	115, 62	91, 901	91, 779	92, 3150		Horoskop-Kalender
4. 7.	I ZB 9/90		91, 839		92, 629		Z-TECH
4. 7.	I ZR 16/90			91, 715	92, 750		Chelat-Infusionstherapie
4. 7.	I ZR 2/90	115, 105	91, 917	91, 660	91, 2641		Anwaltswerbung
11. 7.	I ZR 33/90		92, 117	91, 789	92, 369		IEC-Publikation
11. 7.	I ZR 31/90		92, 116	91, 719		92, 37	Topfgucker-Scheck
11. 7.	I ZR 23/90		92, 123	91, 785			Kachelofenbauer
11. 7.	I ZR 5/90		91, 850	91, 717		92, 38	Spielzeug-Autorennbahn
8. 8.	I ZR 141/91		91, 943	91, 721	92, 376		Einstellungsbegründung
26. 9.	I ZR 177/89		92, 45	92, 29		92, 172	Cranpool
26. 9.	I ZR 149/89	115, 210	92, 176	92, 93	92, 429		Abmahnkostenverjährung
26. 9.	I ZR 189/91		92, 65	92, 32		92, 189	Fehlender Vollstreckungsschutzantrag I
10.10.	I ZR 136/89		92, 130	92, 96		92, 175	Bally/BALL
24.10.	I ZR 287/89		92, 106			92, 174	Barbarossa
24.10.	I ZR 271/89		92, 121	92, 101		92, 367	Dr. Stein … GmbH
7.11.	I ZR 180/89				92, 838		Frachtprüfer
7.11.	I ZR 272/89		92, 108			92, 431	Oxygenol
12.11.	KZR 18/90		92, 191	92, 237			Amtsanzeiger
14.11.	I ZR 24/90		92, 110	92, 309	92, 695		dipa/dib
14.11.	I ZR 15/91				92, 983		Greifbare Gesetzwidrigkeit I
21.11.	I ZR 263/89		92, 72	92, 103	92, 648		quattro
28.11.	I ZR 297/89		92, 203			92, 998	Roter mit Genever
5.12.	I ZR 53/90		92, 316	92, 309	92, 1109		Postwurfsendung
5.12.	I ZR 63/90		92, 171	92, 165		92, 427	Vorgetäuschter Vermittlungsauftrag
5.12.	I ZR 11/90		92, 175	92, 307		92, 430	Ausübung der Heilkunde
1992							
16. 1.	I ZR 20/90		92, 404	92, 311		92, 618	Systemunterschiede

Dat.	AktZ	BGHZ	GRUR	WRP	NJW	NJW-RR	Schlagwort
16. 1.	I ZR 84/90		92, 318	92, 314		92, 617	Jubiläumsverkauf
23. 1.	I ZR 62/90		92, 320	92, 376	92, 1894		„R. S. A."/„Cape"
23. 1.	I ZR 129/90		92, 463	92, 378		92, 807	Anzeigenplazierung
30. 1.	I ZR 54/90		92, 314			92, 806	Opium
30. 1.	I ZR 113/90	117, 115	92, 448	92, 466	92, 2700		Pullovermuster
13. 2.	I ZR 79/90		92, 450	92, 380	92, 2231		Beitragsrechnung
20. 2.	I ZR 68/90	117, 230	92, 465	92, 472	92, 1689		Rent-o-mat
20. 2.	I ZR 32/90		92, 406	92, 409		92, 804	Beschädigte Verpackung I
27. 2.	I ZR 103/90		92, 547	92, 759		92, 1128	Morgenpost
27. 2.	I ZR 35/90		92, 474	92, 757	92, 2235		Btx-Werbung II
12. 3.	I ZR 58/90		92, 527	92, 474		92, 936	Plagiatsvorwurf II
12. 3.	I ZR 110/90		92, 550	92, 474		92, 935	ac-pharma II
19. 3.	I ZR 64/90	117, 353	92, 518	92, 550	92, 2089		Ereignis-Sponsorwerbung
19. 3.	I ZR 104/90		92, 521	92, 480	92, 1889		Grüne Woche
19. 3.	I ZR 122/90		92, 627	92, 557		92, 1065	Pajero
26. 3.	I ZR 166/90		93, 53		92, 3093		Ausländischer Inserent
2. 4.	I ZR 131/90	118, 1		92, 482			Ortspreis
2. 4.	I ZR 146/90		92, 552	92, 557		92, 1069	Stundung ohne Aufpreis
2. 4.	I ZR 217/90		92, 860	93, 765		92, 1392	Bauausschreibungen
9. 4.	I ZR 171/90		92, 561	92, 560		92, 1068	Unbestimmter Unterlassungsantrag I
9. 4.	I ZR 240/90	118, 53	92, 525	92, 561	92, 2358		Professorenbezeichnung in der Arztwerbung
9. 4.	I ZR 173/90		92, 855	92, 692	92, 3040		Gutscheinübersendung
30. 4.	I ZR 287/90		92, 617	92, 638	92, 1958		Briefkastenwerbung
7. 5.	I ZR 176/90		92, 621	92, 644		92, 1192	Glücksball-Festival
7. 5.	I ZR 119/90		92, 618	92, 640	92, 2765		Pressehaftung II
7. 5.	I ZR 163/90		92, 619	92, 642		92, 1067	Klemmbausteine II
14. 5.	I ZR 204/90		92, 622	92, 646	92, 2419		Verdeckte Laienwerbung
14. 5.	I ZB 12/90		93, 43	93, 9		92, 1255	Römigberg
21. 5.	I ZR 9/91		93, 62	92, 693		92, 1453	Kilopreise III
21. 5.	I ZR 141/90		92, 856	92, 695	92, 1318		Kilopreise IV
11. 6.	I ZR 161/90		92, 857	92, 696		92, 1394	Teilzahlungspreis I
11. 6.	I ZR 226/90		92, 625	92, 697	92, 2969		Therapeutische Äquivalenz
17. 6.	I ZR 177/90		92, 871		92, 2967		Femovan
17. 6.	I ZR 221/90		92, 873	93, 473	92, 2964		Pharma–Werbespot
17. 6.	I ZR 107/90	119, 20	93, 55	92, 700	92, 2753		Tchibo/Rolex II
25. 6.	I ZR 136/90		92, 858	92, 768		92, 1318	Clementinen
25. 6.	I ZR 60/91		92, 707	92, 770	92, 3304		Erdgassteuer
25. 6.	I ZR 120/90			92, 706	92, 3037		Haftungsbeschränkung bei Anwälten
2. 7.	I ZR 215/90		92, 874	92, 773	92, 2965		Hyanit
2. 7.	I ZR 250/90		92, 865	92, 776		92, 1454	Volksbank
23. 9.	I ZR 150/90	119, 225	93, 399	93, 234	93, 196		Überörtliche Anwaltssozietät
23. 9.	I ZR 224/90		93, 157	93, 99	93, 333		„Dauernd billig"
23. 9.	I ZR 248/90		93, 156		93, 667		Vertragsauslegung
23. 9.	I ZR 251/90	119, 237	93, 151	93, 101	93, 918		Universitätsemblem
23. 9.	I ZB 3/92	119, 246	93, 420	93, 382	93, 148		Rechtswegprüfung I
6.10.	KZR 21/91		93, 137			93, 550	Zinssubvention
8.10.	I ZR 205/90			93, 106		93, 225	EWG-Baumusterprüfung
8.10.	I ZR 220/90		93, 572			93, 746	Fehlende Lieferfähigkeit
15.10.	I ZR 259/90		93, 118		93, 787		Corvaton/Corvasal
22.10.	I ZR 284/90		93, 127	93, 108		93, 226	Teilzahlungspreis II
22.10.	IX ZR 36/92		93, 415	93, 308			Straßenverengung
29.10.	I ZR 264/90	120, 103	93, 404	93, 175	93, 459		Columbus
29.10.	I ZR 306/90		93, 397	93, 178	93, 363		Trockenbau
29.10.	I ZR 89/91		93, 403		93, 787		Bronchocedin
10.11.	KVR 26/91			93, 474			Taxigenossenschaft II

Dat.	AktZ	BGHZ	GRUR	WRP	NJW	NJW-RR	Schlagwort
19.11.	I ZR 254/90	120, 228	93, 692	93, 383	93, 852		Guldenburg
19.11.	I ZR 61/91		93, 483	93, 312		93, 496	Unentgeltliche Partner-vermittlung
19.11.	I ZR 63, 191		93, 569	93, 388	93, 1709		Camcorder
26.11.	I ZR 108/91		93, 563	93, 390		93, 870	Neu nach Umbau
26.11.	I ZR 261/90		93, 837		93, 1135		Lohnsteuerberatung II
3.12.	I ZR 276/90	120, 320	93, 980	93, 314	93, 1010		Tariflohn-Unterschreitung
3.12.	I ZR 132/91			93, 239	93, 1069		Sofortige Beziehbarkeit
10.12.	I ZR 262/90		93, 488	93, 318	93, 1466		Verschenktexte II
10.12.	I ZR 19/91			93, 694		93, 553	apetito/apitta
10.12.	I ZR 186/90	121, 13		93, 240	93, 721		Fortsetzungszusammen-hang
17.12.	I ZR 3/91	121, 58	93, 476		93, 1714		Zustellungswesen
17.12.	I ZR 61/91			93, 243		93, 423	Versandhandelspreis I
17.12.	I ZR 73/91	121, 52		93, 392	93, 1013		Widerrufsbelehrung
1993							
14. 1.	I ZR 301/90		93, 756	93, 697		93, 617	Mild-Abkommen
14. 1.	I ZB 24/91	121, 126	93, 667	93, 394	93, 1659		Rechtswegprüfung II
19. 1.	KZR 1/92		93, 696		93, 1653		Flaschenkästen
19. 1.	KVR 95/91		93, 592		93, 1944		Herstellerleasing
20. 1.	I ZR 250/91			94, 310	94, 1224		Anzeigen-Einführungspreis
21. 1.	I ZR 25/91	121, 157	93, 767	93, 701	93, 1465		Zappelfisch
21. 1.	I ZR 43/91		93, 675	93, 703	93, 1331		Kooperationspartner
4. 2.	I ZR 319/90			93, 396	93, 1991		Maschinenbeseitigung
4. 2.	I ZR 42/91	121, 242	93, 556	93, 399	93, 2873		TRIANGLE
18. 2.	I ZR 14/91		93, 561	93, 476		93, 868	Produktinformation
18. 2.	I ZR 219/91		93, 565	93, 478		93, 936	Faltenglätter
4. 3.	I ZR 15/91		93, 679	94, 167	93, 1993		PS-Werbung I
4. 3.	I ZR 65/91		93, 576			93, 1129	Datatel
11. 3.	I ZR 264/91		94, 191			93, 1002	Asterix-Persiflagen
18. 3.	I ZR 178/91	122, 71	93, 574		93, 2236		Decker
1. 4.	I ZR 70/91	122, 172	93, 998	93, 764	93, 2685		Verfügungskosten
1. 4.	I ZR 85/91		93, 579			93, 934	Römer GmbH
1. 4.	I ZR 136/91		93, 677	93, 480		93, 1000	Bedingte Unterwerfung
22. 4.	I ZR 52/91	122, 262	93, 757	93, 625	93, 1989		Kollektion „Holiday"
22. 4.	I ZR 75/91		93, 761	93, 619		93, 1063	Makler-Privatangebot
29. 4.	I ZR 92/91		93, 774	93, 758	93, 2937		Hotelgutschein
6. 5.	I ZR 123/91		93, 923	93, 705		93, 1065	Pic Nic
6. 5.	I ZR 183/91		93, 837	93, 745	93, 2938		Lohnsteuerberatung II
6. 5.	I ZR 144/92		93, 926	93, 762	93, 2993		Apothekenzeitschriften
13. 5.	I ZB 8/91		93, 744			93, 1131	MICRO CHANNEL
13. 5.	I ZR 113/91		93, 769	93, 755		93, 1319	Radio Stuttgart
27. 5.	I ZR 115/91		93, 920	93, 752		93, 1263	Emilio Adani II
27. 5.	I ZB 7/91		93, 746	94, 385		93, 1512	Premiere
3. 6.	I ZR 147/91		93, 760	93, 623		93, 1194	Provisionsfreies Makler-angebot
3. 6.	I ZB 6/91		93, 832	93, 769		93, 1389	Piesporter Goldtröpfchen
3. 6.	I ZB 9/91		93, 825		93, 3139		DOS
16. 6.	I ZR 140/91				93, 1322		Funkzentrale
16. 6.	I ZR 167/91		93, 912			93, 1451	BINA
16. 6.	I ZB 14/91	123, 30	93, 969		93, 2942		Indorektal II
24. 6.	I ZR 187/91		93, 913			93, 1387	KOWOG
1. 7.	I ZR 194/91		93, 972			93, 1452	Sana/Schosana
1. 7.	I ZR 299/91		93, 984	93, 761	93, 2869		Geschäftsraumwerbung
8. 7.	I ZR 174/91	123, 157	93, 917	93, 741	93, 2680		Abrechnungssoftware für Zahnärzte
8. 7.	I ZR 202/91		94, 59	93, 747	93, 2868		Empfangsbestätigung
14. 7.	I ZR 189/91		94, 57	93, 749	93, 3060		Geld-zurück-Garantie
30. 9.	I ZR 54/91		94, 146	94, 37	94, 45		Vertragsstrafebemessung
30. 9.	I ZB 16/91		94, 120		94, 196		EUROCONSULT

Dat.	AktZ	BGHZ	GRUR	WRP	NJW	NJW-RR	Schlagwort
30. 9.	I ZB 17/91						EUROINVEST
7.10.	I ZR 284/91		94, 638	94, 31	94, 53		Fehlende Planmäßigkeit
7.10.	I ZR 293/91	123, 330	94, 126	94, 28	93, 3329		Folgeverträge I
7.10.	I ZR 317/91			94, 34	94, 194		Geschäftsfortführung nach Ausverkauf II
14.10.	I ZR 131/89		94, 306	94, 33		94, 232	Yves Rocher II
14.10.	I ZR 218/91		94, 222	94, 101		94, 301	Flaschenpfand
14.10.	I ZR 40/93		94, 220	94, 104	94, 456		PS-Werbung II
28.10.	I ZR 246/91		94, 230	94, 108	94, 388		Euroscheck-Differenzzahlung
28.10.	I ZR 247/91		94, 228	94, 106		94, 362	Importwerbung
4.11.	I ZR 320/91		94, 224	94, 179	94, 584		Teilzahlungspreis III
11.11.	I ZR 225/91		94, 527	94, 169	94, 728		Werbeagent
11.11.	I ZR 315/91		94, 311	94, 177		94, 302	Finanzkaufpreis „ohne Mehrkosten"
25.11.	I ZR 259/91	124, 230	94, 219	94, 175	94, 730		Warnhinweis
25.11.	I ZR 281/91	124, 224		94, 172	94, 786		GmbH-Zahnbehandlungsangebot
9.12.	I ZR 276/91		94, 304	94, 181	94, 751		Zigarettenwerbung in Jugendzeitschriften
9.12.	I ZB 23/91	124, 289	94, 366	94, 245		94, 693	rigidite II
9.12.	I ZB 1/92		94, 370	94, 249	94, 1218		rigidite III
16.12.	I ZR 277/91		94, 307	94, 256		94, 619	Mozzarella I
16.12.	I ZR 210/91		94, 310	94, 260		94, 622	Mozzarella II
16.12.	I ZR 231/91		94, 288	94, 252	94, 1068		Malibu
16.12.	I ZR 285/91		94, 380	94, 262	94, 1071		Lexikothek (Telefonwerbung III)
1994							
20. 1.	I ZR 250/91		94, 390	94, 310	94, 1224		Anzeigen-Einführungspreis
20. 1.	I ZR 267/91		94, 363	94, 299	94, 1216		Holzhandelsprogramm
20. 1.	I ZR 283/91	125, 1	94, 383	94, 303	94, 1658		Genossenschaftsprivileg
20. 1.	I ZR 10/92		94, 389	94, 311		94, 501	Versandhandelspreis II
27. 1.	I ZR 191/91		94, 374	94, 237	94, 3040		Kerlone VB
27. 1.	I ZR 234/91		94, 376	94, 240	94, 3040		Mexitil
27. 1.	I ZR 276/91		94, 385	94, 305		95, 255	Streitwertherabsetzung
27. 1.	I ZR 326/91			94, 387	94, 2289		Indizienkette
27. 1.	I ZR 1/92		94, 387	94, 313		94, 814	Back-Frites
27. 1.	I ZR 65/92		94, 372	94, 242	94, 3040		Sermion
3. 2.	I ZR 282/91		94, 519	94, 533	94, 2030		Grand Marnier
3. 2.	I ZR 321/91		94, 441	94, 398		94, 872	Kosmetikstudio
3. 2.	I ZR 54/92		94, 456	94, 393		94, 871	Prescriptives
8. 2.	VI ZR 286/93		94, 394		94, 1281		Bilanzanalyse
10. 2.	I ZR 316/91		94, 454	94, 529		94, 874	Schlankheitswerbung
10. 2.	I ZR 16/92		94, 443	94, 504	94, 2096		Versicherungsvermittlung im öffentlichen Dienst
10. 2.	I ZR 79/92	125, 91	94, 808	94, 495	94, 1954		Markenverunglimpfung I
24. 2.	I ZR 230/91		94, 905	94, 616		94, 1255	Schwarzwald-Sprudel
24. 2.	I ZR 59/92		94, 516	94, 506		94, 1001	Auskunft über Notdienste
24. 2.	I ZR 74/92		94, 447	94, 511		94, 728	Sistierung von Aufträgen
10. 3.	I ZR 36/92		94, 639	94, 515		94, 941	Pinguin-Apotheke
10. 3.	I ZR 51/92		94, 445	94, 400	94, 1536		Beipackzettel
10. 3.	I ZR 166/92	125, 54	94, 656	94, 540		94, 942	Stofftragetasche
17. 3.	I ZR 304/91		94, 530	94, 543	94, 3248		Beta
24. 3.	I ZR 62/92		94, 523	94, 531		94, 941	Ölbrennermodelle
24. 3.	I ZR 152/92		94, 635	94, 516		94, 944	Pulloverbeschriftung
24. 3.	I ZR 42/93	125, 322	94, 630	94, 519	94, 1958		Cartier-Armreif
14. 4.	I ZR 12/92			94, 859	95, 785		GmbH-Werbung für ambulante ärztliche Leistungen
14. 4.	I ZR 123/92		94, 640	94, 524		94, 1196	Ziegelvorhangfassade
21. 4.	I ZR 271/91		94, 642	94, 527		94, 1067	Chargennummer

Dat.	AktZ	BGHZ	GRUR	WRP	NJW	NJW-RR	Schlagwort
21. 4.	I ZR 291/91		94, 512	94, 621		94, 1070	Simmenthal
21. 4.	I ZR 22/92		94, 652	94, 536	94, 2765		Virion
21. 4.	I ZR 31/92	125, 382	94, 794	94, 750	94, 2607		Rolling Stones
28. 4.	I ZR 68/92		94, 743	94, 610	94, 2152		Zinsgünstige Finanzierung durch Herstellerbank
28. 4.	I ZR 107/92		94, 839	94, 605			Kontraindikationen
28. 4.	I ZR 5/92		94, 730	94, 747		94, 1127	VALUE
5. 5.	I ZR 57/92		94, 736	94, 613	94, 2288		Intraurbane Sozietät
5. 5.	I ZR 168/92		94, 818	94, 597	94, 2028		Schriftliche Voranmeldung
26. 5.	I ZR 33/92		94, 908	94, 743		94, 1460	WIR IM SÜDWESTEN
26. 5.	I ZR 85/92	126, 145	94, 831	94, 737	94, 2548		Verbandsausstattung II
26. 5.	I ZR 108/92			94, 862		95, 42	Bio-Tabletten
26. 5.	I ZB 4/94			94, 763	94, 2363		Greifbare Gesetzwidrigkeit II
9. 6.	I ZR 272/91	126, 208	94, 732	94, 599		94, 1323	McLaren
9. 6.	I ZR 91/92		94, 830	94, 732		94, 1327	Zielfernrohr
9. 6.	I ZR 116/62		94, 828	94, 615		94, 1126	Unipor-Ziegel
16. 6.	I ZR 66/92		95, 422			94, 1480	Kanzleieröffnungsanzeige
16. 6.	I ZR 67/92		94, 825	94, 608	94, 2284		Strafverteidigungen
23. 6.	I ZR 15/92	126, 287	94, 844	94, 822	94, 2820		Rotes Kreuz
23. 6.	I ZR 73/92	126, 270	94, 832	94, 818	95, 137		Zulassungsnummer
23. 6.	I ZR 106/92	126, 266		94, 765	94, 2298		Vollmachtsnachweis
23. 6.	I ZB 7/92		94, 805			94, 1531	Alphaferon
30. 6.	I ZR 40/92		94, 841	94, 739	94, 2827		Suchwort
30. 6.	I ZR 56/92		94, 827	94, 730		94, 1326	Tageszulassungen
30. 6.	I ZR 167/92		94, 820	94, 728		94, 1385	Produktinformation II
7. 7.	I ZR 30/92		94, 846	94, 810	94, 3107		Parallelverfahren II
7. 7.	I ZR 63/92	126, 368	94, 849	94, 733	94, 2765		Fortsetzungsverbot II
7. 7.	I ZR 104/93		94, 821	94, 814	94, 2953		Preisrätselgewinnauslobung I
7. 7.	I ZR 162/92		94, 823	94, 816	94, 2954		Preisrätselgewinnauslobung II
27. 9.	I ZR 156/93		96, 70	96, 11	96, 317		Sozialversicherungsfreigrenze
29. 9.	I ZR 114/84		95, 50			95, 424	Indorektal/Indohexal
29. 9.	I ZR 76/92		95, 60	95, 9		95, 306	Napoléon IV
29. 9.	I ZR 138/92		95, 122	95, 104	95, 724		Laienwerbung für Augenoptiker
29. 9.	I ZR 172/92		95, 68	95, 89	95, 324		Schlüssel-Funddienst
13.10.	I ZR 96/92		95, 65	95, 11		95, 493	Produktionsstätte
13.10.	I ZR 99/92		95, 54	95, 13		95, 358	Nicoline
19.10.	I ZR 130/92		95, 57	95, 92	95, 871		Markenverunglimpfung II
19.10.	I ZR 156/92		95, 47	95, 18		95, 306	Rosaroter Elefant
19.10.	I ZR 187/92		95, 169	95, 290		95, 495	Kosten des Verfügungsverfahrens bei Antragsrücknahme
19.10.	I ZB 10/92		95, 48			95, 494	Metoproloc
3.11.	I ZR 71/92	127, 262	95, 117	95, 96	95, 2724		NEUTREX
3.11.	I ZR 82/92		95, 163	95, 102	95, 462		Fahrtkostenerstattung
3.11.	I ZR 122/92		95, 62			95, 304	Betonerhaltung
10.11.	I ZR 147/92		95, 751	95, 302	95, 870		Schlussverkaufswerbung II
10.11.	I ZR 201/92		95, 125	95, 183	95, 873		Editorial
10.11.	I ZR 216/92		95, 270	95, 186		95, 301	Dubioses Geschäftsgebaren
17.11.	I ZR 136/92		95, 505	95, 600		95, 873	APISERUM
17.11.	I ZR 193/92		95, 165	95, 192		95, 428	Kosmetikset
1.12.	I ZR 128/92		95, 127	95, 304			Schornsteinaufsätze
1.12.	I ZR 139/92		95, 167	95, 300	95, 715		

Dat.	AktZ	BGHZ	GRUR	WRP	NJW	NJW-RR	Schlagwort
							Kosten bei unbegründeter Abmahnung
8.12.	I ZR 189/92		95, 220/492			95, 613	Telefonwerbung V
8.12.	I ZR 192/92		95, 156	95, 307		95, 357	Garant-Möbel
15.12.	I ZR 121/92		95, 216	95, 320	95, 1677		Oxygenol II
15.12.	I ZR 154/92		95, 223	95, 310	95, 1617		Pharma-Hörfunkwerbung
1995							
19. 1.	I ZR 197/92		95, 354	95, 398		95, 676	Rügenwalder Teewurst II
19. 1.	I ZR 209/92		95, 419	95, 386	95, 1615		Knoblauchkapseln
19. 1.	I ZR 41/93		96, 213	95, 475	95, 2352		Sterbegeldversicherung
26. 1.	I ZR 39/93		95, 358	95, 389		95, 1361	Folgeverträge II
2. 2.	I ZR 13/93		95, 274	95, 392	95, 1893		Dollar-Preisangaben
2. 2.	I ZR 16/93		95, 349	95, 393	95, 1420		Objektive Schadensberechnung
2. 2.	I ZR 31/93			95, 591		95, 808	Gewinnspiel II
9. 2.	I ZR 35/93		95, 353	95, 485	95, 1755		Super-Spar-Fahrkarten
9. 2.	I ZR 44/93		95, 742	95, 487	95, 1964		Arbeitsplätze bei uns
9. 2.	I ZB 21/92		97, 366		95, 1752		quattro II
21. 2.	I ZR 33/93		95, 765				Kfz-Vertragshändler
23. 2.	I ZR 15/93		95, 424	95, 489		95, 810	Abnehmerverwarnung
23. 2.	I ZR 75/93		95, 427	95, 493	95, 1965		Schwarze Liste
23. 2.	I ZR 36/94		95, 427	95, 495	95, 1756		Zollangaben
9. 3.	I ZR 157/93		95, 494	95, 594	95, 2358		Pressemitteilung über Lohnsteuerberatung
23. 3.	I ZR 221/92		95, 515	95, 605		95, 871	2 für 1-Vorteil
23. 3.	I ZR 92/93		95, 601	95, 691	95, 2168		Bahnhofs-Verkaufsstellen
30. 3.	I ZR 23/93		95, 763	95, 810	95, 2925		30 % Ermäßigung
30. 3.	I ZR 60/93		95, 507	95, 615		95, 1002	City-Hotel
30. 3.	I ZR 84/93		95, 603	95, 693	95, 2558		Räumungsverkauf an Sonntagen
4. 4.	KZR 34/93		95, 690	95, 624	95, 2293		Hitlisten-Platten
5. 4.	I ZR 59/93		95, 610	95, 596	95, 3124		Neues Informationssystem
5. 4.	I ZR 67/93		95, 518	95, 608	95, 2170		Versäumte Klagenhäufung
5. 4.	I ZR 133/93		95, 605	95, 696	95, 2355		Franchise-Nehmer
25. 4.	VI ZR 272/94		95, 621		95, 1956		Grundstücksnachbarn
27. 4.	I ZR 11/93		95, 608	95, 603		95, 1069	Beschädigte Verpackung II
27. 4.	I ZR 77/93		95, 616	95, 699	95, 2561		Fahrtkostenerstattung II
27. 4.	I ZR 116/93		95, 612	95, 701	95, 3054		Sauerstoff-Mehrschritt-Therapie
11. 5.	I ZR 107/93		95, 604	95, 695	95, 2588		Vergoldete Visitenkarten
18. 5.	I ZR 91/93		95, 592	95, 688	95, 2486		Busengrapscher
18. 5.	I ZR 178/93						Anhängigkeit des Berufungsverfahrens
18. 5.	I ZR 99/93		95, 583	95, 706		95, 1251	MONTANA
18. 5.	I ZB 22/94				95, 2295		Remailing I
22. 6.	I ZR 153/93		95, 760	95, 824	95, 2988		Frischkäsezubereitung
22. 6.	I ZR 198/94			96, 194		WettbR 96, 18	Goldkrone
23. 6.	I ZR 161/93		95, 761	95, 813			Paketpunktsystem
25. 6.	I ZR 137/93		95, 892	95, 1026	95, 3187		Verbraucherservice
29. 6.	I ZR 24/93		95, 754	95, 910			Altenburger Spielkarten
6. 7.	I ZR 4/93	130, 182	95, 817	96, 6	96, 122		Legehennenhaltung
6. 7.	I ZR 58/93	130, 205	95, 744	95, 923	95, 3177		Feuer, Eis & Dynamit I
6. 7.	I ZR 2/94		95, 750	95, 930	95, 3182		Feuer, Eis & Dynamit II
6. 7.	I ZR 110/93		95, 595	95, 682	95, 2490		Kinderarbeit

Dat.	AktZ	BGHZ	GRUR	WRP	NJW	NJW-RR	Schlagwort
6. 7.	I ZR 239/93	130, 196	95, 598	95, 679	95, 2488		Ölverschmutzte Ente
6. 7.	I ZR 180/94		95, 600	95, 686	95, 2492		H. I. V. POSITIVE
12. 7.	I ZR 85/93		95, 697	95, 815	96, 122		FUNNY PAPER
12. 7.	I ZR 140/93	130, 276	95, 825	95, 918	95, 2985		Torres
12. 7.	I ZR 176/93	130, 288	95, 678	95, 820	95, 2788		Kurze Verjährungsfrist
27. 9.	I ZR 156/93		96, 70	96, 11	96, 317		Sozialversicherungsfrei-grenze
12.10.	I ZR 191/93			96, 13	96, 260		Spielzeugautos
18.10.	I ZR 126/93	131, 90	96, 217	96, 197	96, 391		Anonymisierte Mitglie-derliste
18.10.	I ZR 227/93		96, 71	96, 98		96, 162	Produktinformation III
18.10.	I ZR 4/94		96, 292	96, 194		96, 362	Aknemittel
24.10.	KVR 17/94			96, 295	96, 595		Backofenmarkt
25.10.	I ZR 255/93		96, 208	96, 100	96, 660		Telefax-Werbung
2.11.	IX ZR 141/94		96, 104				Unterlassungsverfügung ohne Strafandrohung
9.11.	I ZR 212/93		96, 290	96, 199	96, 723		Wegfall der Wieder-holungsgefahr I
9.11.	I ZR 220/95		96, 78	96, 107	96, 78		Umgehungsprogramm
16.11.	I ZR 175/93			96, 202			Widerrufsbelehrung II
16.11.	I ZR 25/94			96, 204			Widerrufsbelehrung III
16.11.	I ZR 177/93			96, 292	96, 457		Ausbildungsverträge
16.11.	I ZR 229/93		96, 379	96, 284		96, 554	Wegfall der Wieder-holungsgefahr II
16.11.	I ZB 14/95				96, 25		Remailing II
30.11.	I ZR 194/93		96, 372	96, 210		96, 419	Zulassungsnummer II
30.11.	I ZR 233/93		96, 363	96, 286		96, 616	Saustarke Angebote
30.11.	IX ZR 115/94		96, 812		96, 397		Unterlassungsurteil gegen Sicherheitsleistung
14.12.	I ZR 213/93			96, 290	96, 1135		Umweltfreundliches Bau-en
14.12.	I ZR 240/93		96, 210/ 368	96, 279		96, 616	Vakuumpumpen
1996							
16. 1.	XI ZR 57/95	132, 1	96, 375	96, 426	96, 929		Telefonwerbung als Haustürgeschäft
16. 1.	XI ZR 116/95	131, 385		96, 422	96, 926		Widerruf bei Darlehens-vertrag
18. 1.	I ZR 15/94		96, 365,	96, 288	96, 852		Tätigkeitsschwerpunkte
1. 2.	I ZR 50/94		96, 502	96, 721		96, 1190	Energiekosten-Preisver-gleich
8. 2.	I ZR 216/93		96, 422	96, 541	96, 1672		J. C. Winter
8. 2.	I ZR 147/94		96, 421	96, 720	96, 1759		Effektivzins
15. 2.	I ZR 1/94		96, 778	96, 889		96, 1188	Stumme Verkäufer
15. 2.	I ZR 9/94		96, 910	96, 729	96, 2161		Der meistverkaufte Ra-sierer Europas
15. 2.	I ZR 10/94		96, 510	96, 737	96, 1965		Unfallersatzwagentarife
29. 2.	I ZR 6/94		96, 796	96, 734	96, 3341		Setpreis
7. 3.	I ZR 33/94		96, 798	96, 894		96, 1320	Lohnentwesungen
14. 3.	I ZR 53/94		96, 791	96, 892	96, 2580		Editorial II
19. 3.	KZR 1/95		96, 808	96, 905	96, 2656		Pay-TV-Durchleitung
28. 3.	I ZR 11/94		96, 508	96, 710		96, 805	Uhren-Applikation
28. 3.	I ZR 39/94		96, 781	96, 713		96, 1196	Verbrauchsmaterialien
28. 3.	I ZR 14/96		96, 512	96, 743	96, 1970		Fehlender Vollstre-ckungsschutzantrag II
25. 4.	I ZR 58/94		96, 995	97, 328	96, 2866		Übergang des Vertrags-strafeversprechens
25. 4.	I ZR 82/94			96, 1102	96, 3280		Großimporteur
25. 4.	I ZR 106/94		96, 917	96, 897	96, 2308		Internationale Sozietät
2. 5.	I ZR 99/94		96, 806	96, 1018	96, 3077		HerzASS
2. 5.	I ZR 108/94		96, 983	97, 549			Dauertiefpreise

Dat.	AktZ	BGHZ	GRUR	WRP	NJW	NJW-RR	Schlagwort
2. 5.	I ZR 152/94		96, 983	96, 1097	96, 3153		Preistest
9. 5.	I ZR 107/94		96, 800	96, 899	96, 2729		EDV-Geräte
23. 5.	I ZR 76/94		96, 985	96, 1156	96, 3419		PVC-frei
23. 5.	I ZR 122/94			96, 1099		97, 104	Testfotos II
7. 6.	I ZR 103/94		96, 802	96, 1032	96, 3083		Klinik
7. 6.	I ZR 114/94		96, 786	96, 1020	96, 2577		Blumenverkauf an Tank-stellen
13. 6.	I ZR 114/93		96, 789	96, 1024	96, 3081		Laborbotendienst
13. 6.	I ZR 102/94		97, 136	96, 1149	96, 799		Laborärzte
20. 6.	I ZR 113/94		96, 793	96, 1027	96, 3078		Fertiglesebrillen
24. 6.	NotZ 35/95		96, 908	96, 1105	96, 2733		Notarwerbung mit Logo
2. 7.	KZR 20/91		96, 920	96, 1038	96, 3212		Fremdleasingboykott II
11. 7.	I ZR 183/93		97, 145	96, 1153	96, 3278		Preisrätselgewinnauslo-bung IV
11. 7.	I ZR 79/94		96, 804	96, 1034	96, 3276		Preisrätselgewinnauslo-bung III
19. 9.	I ZR 72/94		97, 304	97, 179		97, 424	Energiekostenpreisver-gleich II
19. 9.	I ZR 124/94		97, 229	97, 183	97, 464		Beratungskompetenz
19. 9.	I ZR 130/94		97, 139	97, 24		97, 235	Organgenhaut
19. 9.	I ZR 76/95		97, 141	97, 83	97, 588		Kompetenter Fachhänd-ler
26. 9.	I ZR 265/95	133, 316	97, 382	97, 312	97, 1702		Altunterwerfung I
26. 9.	I ZR 194/95	133, 331	97, 386	97, 318	97, 1706		Altunterwerfung II
1.10.	VI ZR 206/95		97, 125		97, 1152		Bob Dylan
10.10.	I ZR 129/94		97, 313	97, 325	97, 2180		Architektenwettbewerb
17.10.	I ZR 153/94		97, 308	97, 306		97, 741	Wärme fürs Leben
17.10.	I ZR 159/94		97, 306	97, 302		97, 680	Naturkind
22.10.	KZR 19/95	134, 1	97, 774	97, 186	97, 574		Stromeinspeisung II
24.10.	III ZR 127/91	134, 30		97, 27	97, 123		Brasserie du Pêcheur
7.11.	I ZR 138/94		97, 472	97, 429	97, 1780		Irrtum vorbehalten
7.11.	I ZR 183/94		97, 227	97, 182		97, 423	Aussehen mit Brille
14.11.	I ZR 162/94		97, 479	97, 431	97, 1782		Münzangebot
14.11.	I ZR 164/4		97, 476	97, 439		97, 800	Geburtstagswerbung II
21.11.	I ZR 149/94		97, 468	97, 1093	97, 1928		NetCom
28.11.	I ZR 184/94		97, 473	97, 434	97, 1304		Versierter Ansprechpart-ner
28.11.	I ZR 197/94		97, 767	97, 735		97, 1133	Brillenpreise II
5.12.	I ZR 140/94		97, 666	97, 724		97, 1192	Umweltfreundliche Rei-nigungsmittel
5.12.	I ZR 157/94		97, 311	97, 310		97, 614	Yellow Phone
5.12.	I ZR 203/94		97, 539	97, 709		97, 1130	Kfz-Waschanlagen
12.12.	I ZR 7/94		97, 537	97, 721		97, 931	Lifting-Creme
1997							
14. 1.	KZR 36/96		97, 543	97, 776	97, 2182		Kölsch-Vertrag
16. 1.	I ZR 225/94		97, 669	97, 731	97, 2817		Euromint
16. 1.	I ZR 9/95	134, 250	97, 459		97, 1363		CB-infobank I
20. 1.	II ZR 105/96				97, 1069		Genossenschaftsmodell
23. 1.	I ZR 238/93		97, 541	97, 711		97, 934	Produktinterview
23. 1.	I ZR 29/94		97, 681	97, 715	97, 2757		Produktwerbung
23. 1.	I ZR 226/94		97, 380	97, 437	97, 1370		Füllanzeigen
30. 1.	I ZR 20/94		97, 927	97, 846		WettbR 98, 25	Selbsthilfeeinrichtung der Beamten

Dat.	AktZ	BGHZ	GRUR	WRP	NJW	NJW-RR	Schlagwort
6. 2.	I ZR 234/94		97, 758	97, 946		97, 1193	Selbsternannter Sachverständiger
20. 2.	I ZR 187/94		97, 903	97, 1081	97, 2952		GARONOR
20. 2.	I ZR 12/95		97, 907	97, 843		97, 1401	Emil-Grünbär-Club
27. 2.	I ZR 217/94		97, 478	97, 441		97, 801	Haustürgeschäft II
27. 2.	I ZR 5/95		97, 933			WettbR 97, 229	EP
11. 3.	KZR 44/95		97, 482	97, 555	97, 2954		Magic Print
11. 3.	KVR 39/95	135, 74	97, 677	97, 771	97, 1911		NJW auf CD-ROM
11. 3.	KZR 2/96		97, 770	97, 779	97, 2200		Gasdurchleitung
13. 3.	I ZR 34/95		97, 665	97, 719		97, 950	Schwerpunktgebiete
20. 3.	I ZR 241/94		97, 672	97, 727		97, 1131	Sonderpostenhändler
20. 3.	I ZR 246/94		97, 754	97, 748	97, 2739		grau/magenta
10. 4.	I ZR 65/92		97, 629	97, 742	97, 2449		Sermion II
10. 4.	I ZR 178/94		97, 661	97, 751			B. Z./Berliner Zeitung
10. 4.	I ZR 242/94	135, 183	97, 899	97, 1189	97, 3443		Vernichtungsanspruch
10. 4.	I ZR 3/95		97, 909	97, 1059		97, 1468	Branchenbuch-Nomenklatur
17. 4.	I ZR 219/94		97, 925	97, 1064	97, 3236		Ausgeschiedener Sozius
22. 4.	XI ZR 191/96			97, 783	97, 2314		Sittenwidriges Schneeballsystem
24. 4.	I ZR 210/94		97, 920	97, 1176	98, 76		Automatenaufsteller
24. 4.	I ZR 233/94		97, 902	97, 1181	97, 3315		FTOS
24. 4.	I ZR 44/95	135, 278	98, 155	97, 1184	97, 3313		POWER POINT
30. 4.	I ZR 196/94		97, 912	97, 1048	97, 2679		Die Besten I
30. 4.	I ZR 154/95		97, 914	97, 1051	97, 2681		Die Besten II
30. 4.	I ZR 30/95		97, 934	97, 1179			50 % Sonder-AfA
6. 5.	KVR 9/96	135, 323	97, 784	97, 964	97, 3173		Gaspreis
15. 5.	I ZR 10/95		97, 761	97, 940	97, 604		Politikerschelte
26. 5.	AnwZ (B) 64/96			97, 1074	97, 2682		Forderungseinzug
26. 5.	AnwZ (B) 65/96			97, 1072	97, 2842		Versicherungsberatung
5. 6.	I ZR 38/95	136, 11	97, 749	97, 952	97, 2948		L Orange
5. 6.	I ZR 69/95		98, 489	98, 42		98, 835	Unbestimmter Unterlassungsantrag III
12. 6.	I ZR 39/95		97, 922	97, 1075	97, 3238		Rechtsanwalt als Minister
12. 6.	I ZR 36/95		98, 167	98, 48	98, 1078		Restaurantführer
17. 6.	VI ZR 114/96		97, 942	98, 391	97, 2593		PC-Drucker-Test
19. 6.	I ZR 16/95	136, 111	97, 916	97, 1054	97, 3302		Kaffeebohne
19. 6.	I ZR 46/95		97, 929	97, 1062	97, 3376		Herstellergarantie
19. 6.	I ZR 72/95		98, 170	97, 1070		98, 111	Händlervereinigung
26. 6.	I ZR 192/94		97, 756	97, 983			Kessler-Hochgewächs
26. 6.	I ZR 14/95		98, 165	98, 51		98, 253	RBB
26. 6.	I ZR 53/95		98, 498	98, 117	98, 815		Fachliche Empfehlung III
26. 6.	I ZR 56/95		97, 845	97, 1091		97, 1402	Immo-Data
10. 7.	I ZR 42/95		97, 896	97, 1079		97, 1404	Mecki-Igel III
10. 7.	I ZR 51/95				98, 181	98, 818	

Dat.	AktZ	BGHZ	GRUR	WRP	NJW	NJW-RR	Schlagwort
							Warentests für Arzneimittel
10. 7.	I ZR 62/95		98, 483	98, 296		98, 617	Der M.-Marktpackt aus
10. 7.	I ZR 201/95		98, 486	98, 301		98, 616	Geburtstags-Angebot
17. 7.	I ZR 40/95		97, 937	97, 1067	97, 3087		Sekundenschnell
17. 7.	I ZR 77/95		97, 936	97, 1175	98, 1796		Naturheilmittel
17. 7.	I ZR 58/95		98, 407	98, 306	98, 1792		TIAPRIDAL
23. 7.	VIII ZR 130/96	136, 295		97, 1096	97, 3304		Benetton I
23. 7.	VIII ZR 134/96				97, 3309		Benetton II
18. 9.	I ZR 71/95		98, 471	98, 164	98, 1144		Modenschau im Salvatorkeller
18. 9.	I ZR 119/95		98, 475	98, 162		98, 401	Erstcoloration
25. 9.	I ZR 84/95		98, 500	98, 388		98, 1201	Skibindungsmontage
2.10.	I ZR 94/95		98, 961	98, 312	98, 820		Lebertran I
2.10.	I ZR 130/95		98, 495	98, 499	98, 1797		Lebertran II
9.10.	I ZR 92/95		98, 487	98, 172	98, 822		Professorenbezeichnung in der Arztwerbung III
9.10.	I ZR 95/95		98, 412	98, 373		98, 694	Analgin
9.10.	I ZR 122/95		98, 417	98, 175	98, 1148		Verbandsklage in Prozessstandschaft
23.10.	I ZR 98/95		98, 1043	98, 294		98, 1198	GS-Zeichen
23.10.	I ZR 123/95		98, 169			98, 833	Auto '94
30.10.	I ZR 185/95		98, 591	98, 502		98, 693	Monopräparate
30.10.	I ZR 127/95		98, 949	98, 598	98, 1953		D-Netz-Handtelefon
6.11.	I ZR 102/95		98, 477	98, 377		98, 1048	Trachtenjanker
6.11.	I ZB 17/95			98, 495		98, 1261	Today
13.11.	I ZR 159/95		98, 943	98, 381		98, 1119	Farbkennnummern
26.11.	I ZR 109/95		98, 415	98, 383		WettbR 98, 241	Wirtschaftsregister
26.11.	I ZR 148/95		98, 419	98, 386	98, 1227		Gewinnspiel im Ausland
4.12.	I ZR 125/96		98, 493	98, 505		98, 691	Gelenknahrung
4.12.	I ZR 143/95		98, 502	98, 489	98, 1152		Umtauschrecht I
18.12.	I ZR 79/95		98, 568		98, 2144		Beatles-Doppel-CD
1998							
15. 1.	I ZB 20/97		98, 744	98, 624	98, 2743		Kassenrechtsstreit über Mitgliederwerbung
15. 1.	I ZR 244/95		98, 585	98, 487		98, 1118	Lagerverkauf
15. 1.	I ZR 282/95		98, 1010	98, 877		98, 1651	WINCAD
22. 1.	I ZR 177/95		98, 587	98, 512	98, 1399		Bilanzanalyse Pro 7
22. 1.	I ZR 18/96		98, 963	98, 864	98, 3342		Verlagsverschulden II
5. 2.	I ZR 151/95		98, 735	98, 724		98, 1199	Rubbelaktion
5. 2.	I ZR 211/95	138, 55	98, 824	98, 718	98, 2208		Testpreis-Angebot
12. 2.	I ZR 110/96		98, 951	98, 861	98, 3349		Die große deutsche Tages- und Wirtschaftszeitung
12. 2.	I ZR 241/95		98, 696	98, 604	98, 2045		Rolex-Uhr mit Diamanten
12. 2.	I ZR 5/96				98, 3205		Gewillkürte Prozessstandschaft
19. 2.	I ZR 120/95		98, 947	98, 595		98, 831	AZUBI 94
19. 2.	I ZR 138/95		98, 1034	98, 978		98, 1499	Makalu
5. 3.	I ZR 13/96	138, 143	98, 830	98, 732	98, 3773		Les-Paul-Gitarren
5. 3.	I ZR 185/95		98, 958	98, 741		98, 1421	Verbandsinteresse
5. 3.	I ZR 202/95		98, 953	98, 743	98, 2439		Altunterwerfung III
5. 3.	I ZR 229/95		98, 1039	98, 973	98, 3203		Fotovergrößerungen
17. 3.	KZR 30/96		98, 1049	98, 783		98, 1730	Bahnhofsbuchhandel
19. 3.	I ZR 173/95		98, 959	98, 983	98, 3412		Neurotrat forte
19. 3.	I ZR 264/95		98, 1045	98, 739		98, 1571	Brennwertkessel

Dat.	AktZ	BGHZ	GRUR	WRP	NJW	NJW-RR	Schlagwort
26. 3.	I ZR 222/95		99, 256	98, 857		98, 1497	1000,– DM Umwelt-Bonus
26. 3.	I ZR 231/95		98, 1037	98, 727		98, 1420	Schmuck-Set
2. 4.	I ZR 4/96		98, 835	98, 729	98, 2553		Zweigstellenverbot
23. 4.	I ZR 2/96		99, 69	98, 1065	98, 3561		Preisvergleichsliste II
30. 4.	I ZR 268/95	138, 349	99, 161	98, 1181	98, 3781		MAC Dog
30. 4.	I ZR 40/96		98, 955	98, 867		98, 1574	Flaschenpfand II
7. 5.	I ZR 214/95		99, 177	98, 1168	99, 137		umgelenkte Auktionskunden
7. 5.	I ZR 85/96		98, 1041	98, 1068	98, 3350		Verkaufsveranstaltung in Aussiedlerwohnheim
12. 5.	KZR 23/96		99, 276	99, 101		99, 189	Depotkosmetik
12. 5.	KZR 25/96			99, 203			Hochwertige Kosmetikartikel
12. 5.	KZR 18/97		98, 1047	98, 777		98, 1508	Subunternehmervertrag
14. 5.	I ZR 10/96		98, 945	98, 854	98, 2531		Co-Verlagsvereinbarung
14. 5.	I ZR 116/96		99, 259	99, 98	99, 497		Klärung vermögensrechtlicher Ansprüche
14. 5.	I ZB 17/98		99, 88	98, 1076	98, 3418		Ersatzkassen-Telefonwerbung
28. 5.	I ZR 275/95		99, 183	98, 1171	99, 287		Ha-Ra/HARIVA
25. 6.	I ZR 62/96		98, 956	98, 976	98, 3563		Titelschutzanzeigen für Dritte
25. 6.	I ZR 75/96		98, 1046	98, 982		98, 1573	Geburtstagswerbung III
2. 7.	I ZR 54/96		99, 251	98, 998			Warsteiner I
2. 7.	I ZR 55/96	139, 138	99, 252	98, 1002	98, 3489		Warsteiner II
2. 7.	I ZR 66/96		99, 270	99, 181	99, 217		Umtauschrecht II
2. 7.	I ZR 77/96		99, 272	99, 183		99, 404	Die Luxusklasse zum Nulltarif
9. 7.	I ZR 72/96		99, 179	98, 1071	98, 3414		Patientenwerbung
20. 8.	I ZB 38/98				98, 3784		
17. 9.	I ZR 117/96		99, 515	99, 424	99, 1398		Bonusmeilen
8.10.	I ZR 187/97	139, 368	99, 264	99, 90	99, 214		Handy für 0,00 DM
8.10.	I ZR 7/97		99, 261	99, 94	99, 211		Handy-Endpreis
8.10.	I ZR 72/97			99, 505			Nur 1 Pfennig
8.10.	I ZR 94/97			99, 509		WettbR 99, 25	Handy für 1 DM
8.10.	I ZR 107/97			99, 512			Aktivierungskosten
8.10.	I ZR 147/97			99, 517			„Am Telefon nicht süß sein?"
15.10.	I ZR 69/96	139, 378	99, 501	99, 414	99, 948		Vergleichen Sie
29.10.	I ZR 163/96		99, 507	99, 657		99, 982	Teppichpreiswerbung
5.11.	I ZB 50/98		99, 520	99, 439	99, 1786		Abrechnungsprüfung
12.11.	I ZR 105/96		99, 267	99, 176		99, 767	Verwaltungsstellenleiter
12.11.	I ZR 173/96		99, 594	99, 650		99, 1490	Holsteiner Pferd
26.11.	I ZR 179/96		99, 504	99, 501	99, 1784		Implantatbehandlungen
3.12.	I ZR 119/96	140, 134	99, 1128	99, 643	99, 2737		Hormonpräparate
3.12.	I ZR 63/96		99, 757	99, 839	99, 2190		Auslaufmodelle I
3.12.	I ZR 74/96		99, 760	99, 842	99, 2193		Auslaufmodelle II
3.12.	I ZR 112/96		99, 748	99, 824	99, 2444		Steuerberaterwerbung auf Fachmessen
10.12.	I ZR 100/96	140, 183	99, 325	99, 417	99, 1964		Elektronische Pressearchive
10.12.	I ZR 137/96		99, 512	99, 315	99, 865		Optometrische Leistungen
10.12.	I ZR 141/96		99, 509	99, 421	99, 1332		Vorratslücken
1999							
14. 1.	I ZR 149/96		99, 992	99, 931		99, 1344	BIG PACK

Dat.	AktZ	BGHZ	GRUR	WRP	NJW	NJW-RR	Schlagwort
14. 1.	I ZR 203/96		99, 751	99, 816		99, 984	Güllepumpen
14. 1.	I ZR 2/97		99, 934	99, 912		99, 1131	Weinberater
21. 1.	I ZR 135/96		99, 522	99, 544	99, 1337		Datenbankabgleich
28. 1.	I ZR 192/96		99, 755	99, 828		00, 117	Altkleider Wertgutscheine
4. 2.	I ZR 71/97		99, 1011	99, 924		00, 340	Werbebeilage
11. 2.	I ZR 18/97		99, 1014	99, 920	99, 3406		Verkaufsschütten vor Apotheken
25. 2.	I ZR 4/97		99, 762	99, 845	99, 2195		Herabgesetzte Schlussverkaufspreise
16. 3.	I ZR 76/98			99, 660			Einverständnis mit Telefonwerbung
18. 3.	I ZR 33/97		99, 936	99, 918		99, 1418	Hypotonietee
25. 3.	I ZR 190/96		99, 600	99, 821			Haarfärbemittel
25. 3.	I ZR 77/97		99, 1100	99, 1141		00, 631	Generika-Werbung
15. 4.	I ZR 83/97		99, 1097	99, 1133		99, 1563	Preissturz ohne Ende
22. 4.	I ZR 159/96		99, 1007	99, 915		99, 1565	Vitalkost
22. 4.	I ZR 108/97		00, 73	99, 1145	00, 870		Tierheilpraktiker
27. 4.	KZR 35/97		00, 95	99, 1175		00, 733	Feuerwehrgeräte
27. 4.	KZR 54/97		99, 1031	99, 941			Sitzender Krankentransport
6. 5.	I ZR 199/96	141, 329	99, 923	99, 831	99, 2898		Tele-Info-CD
6. 5.	I ZR 5/97					WettbR 99, 249	Telfonbuch-CD
20. 5.	I ZR 31/97		99, 1119	99, 1159		00, 634	RUMMS!
20. 5.	I ZR 40/97		99, 1009	99, 1136	99, 3414		Notfalldienst für Privatpatienten
20. 5.	I ZR 42/97		99, 1102				Privatärztlicher Bereitschaftsdienst
20. 5.	I ZR 54/97		99, 1104	99, 1139	99, 3416		ärztlicher Hotelservice
20. 5.	I ZR 66/97		99, 1116	99, 1163	00, 73		Wir dürfen nicht feiern
17. 6.	I ZR 213/96		99, 1106	99, 1031		00, 338	Rollstuhlnachbau
17. 6.	I ZR 149/97		00, 239	00, 92	00, 588		Last-Minute-Reise
24. 6.	I ZR 164/97				99, 3269		
8. 7.	I ZR 118/97		00, 235	00, 168	00, 586		Werbung am Unfallort IV
15. 7.	I ZR 130/96		99, 1113	99, 1022		WettbR 99, 217	Außenseiteranspruch I
15. 7.	I ZR 204/96		99, 1017	99, 1035	99, 3638		Kontrollnummernbeseitigung
15. 7.	I ZR 14/97	142, 192	99, 1109	99, 1026	99, 3034		Entfernung der Herstellungsnummer
15. 7.	I ZR 44/97		99, 1122	99, 1151	99, 3267		EG-Neuwagen I
15. 7.	I ZR 204/96		99, 1017	99, 1035	99, 3638		Kontrollnummernbeseitigung
22. 7.	KZR 13/97		00, 340	99, 1283	00, 866		Kartenlesegerät
19. 8.	I ZR 225/97		99, 1125	99, 1155	99, 3491		EG-Neuwagen II
19. 8.	I ZR 145/98						
15. 9.	I ZR 131/97		00, 436	00, 383		00, 1417	Ehemalige Herstellerpreisempfehlung
28. 9.	KZR 18/98		00, 344	00, 89	00, 206		Beteiligungsverbot für Schilderpräger

Dat.	AktZ	BGHZ	GRUR	WRP	NJW	NJW-RR	Schlagwort
6.10.	I ZR 46/97		00, 237	00, 170	00, 864		Giftnotruf-Box
6.10.	I ZR 92/97		00, 616	00, 514		00, 1204	Auslaufmodelle III
6.10.	I ZR 242/97					WettbR 00, 232	Handy „fast geschenkt" für 0,49 DM
20.10.	I ZR 86/97		00, 727	00, 628		00, 1138	Lorch Premium
20.10.	I ZR 95/97			00, 546		00, 922	Stülpkarton
20.10.	I ZR 167/97		00, 619	00, 517		00, 1490	Orient-Teppichmuster
10.11.	I ZR 121/97		00, 613	00, 506	00, 1789		Klinik Sanssouci
10.11.	I ZR 212/97		00, 546	00, 502	00, 2742		Johanniskraut-Präparat
24.11.	I ZR 171/97		00, 731	00, 633	00, 1639		Sicherungsschein
24.11.	I ZR 189/97		00, 438	00, 389	00, 1792		Gesetzeswiederholende Unterlassungsanträge
1.12.	I ZR 130/96	143, 232	00, 724	00, 734	00, 2504		Außenseiteranspruch II
1.12.	I ZR 49/97	143/214	00, 709	00, 746	00, 2195		Marlene Dietrich
1.12.	I ZR 226/97		00, 715	00, 754	00, 2201		Der blaue Engel
8.12.	I ZR 101/97		00, 521	00, 493			Modulgerüst
8.12.	I ZR 254/95					01, 48	
15.12.	I ZR 159/97		00, 337	00, 386		00, 704	Preisknaller
2000							
13. 1.	I ZR 253/97		00, 914	00, 1129	00, 2821		Tageszulassung II
13. 1.	I ZR 271/97		00, 918	00, 1138		00, 1351	Null-Tarif
13. 1.	I ZR 223/97		00, 506	00, 535		00, 856	ATTACHE/TISSE-RAND
18. 1.	KVR 23/98			00, 397	00, 1288		Tariftreueerklärung II
20. 1.	I ZR 196/97			00, 1135		00, 1290	Ambulanter Schlussverkauf
20. 1.	I ZB 50/97		00, 894	00, 1166		01, 38	Micro-PUR
20. 1.	I ZB 32/97		00, 883	00, 1152		01, 116	PAPAGALLO
27. 1.	I ZR 241/97		00, 818	00, 722	00, 2677		Telefonwerbung VI
27. 1.	I ZB 47/97		00, 895	00, 1301		00, 1427	EWING
27. 1.	I ZB 39/97		00, 892	00, 1299		01, 181	MTS
10. 2.	I ZR 97/98		00, 528	00, 510		00, 1284	L-Carnitin
10. 2.	I ZB 37/97		00, 720	00, 739		00, 1484	Unter Uns
17. 2.	I ZR 239/97		00, 820	00, 724		00, 1136	Space Fidelity Peep Show
17. 2.	I ZR 254/97		00, 911	00, 1248	00, 3001		Computerwerbung
17. 2.	I ZB 33/97		00, 882	00, 1140	00, 3355	00, 1647	Bücher für eine bessere Welt
24. 2.	I ZB 13/98		00, 722	00, 741		00, 1352	LOGO
24. 2.	I ZR 168/97		00, 1028	00, 1148		01, 114	Ballermann
14. 3.	KZR 15/98			00, 759	00, 3426		Zahnersatz aus Manila
14. 3.	KZB 34/99		00, 736	00, 636	00, 2749		Hörgeräteakustik
14. 3.	KZR 8/99						
16. 3.	I ZR 214/97		00, 734	00, 730	00, 2277		Rechtsbetreuende Verwaltungshilfe
16. 3.	I ZR 229/97			00, 1131			Lieferstörung
16. 3.	I ZB 43/97		00, 886	01, 37		01, 1049	Bayer/BeiChem
30. 3.	I ZR 289/97		00, 729	00, 727	00, 2108		Sachverständigenbeauftragung
30. 3.	I ZB 41/97		00, 1038	00, 1161		00, 1708	Kornkammer
6. 4.	I ZR 294/97		01, 178	00, 1397	01, 896		Impfstoffversand an Ärzte
6. 4.	I ZR 67/98		01, 82	00, 1263	01, 441	00, 1710	Neu in Bielefeld I

Dat.	AktZ	BGHZ	GRUR	WRP	NJW	NJW-RR	Schlagwort
6. 4.	I ZR 76/98	144, 165	00, 1089	00, 1269	00, 3566		Missbräuchliche Mehr-fachverfolgung
6. 4.	I ZR 114/98		01, 84	00, 1266		00, 1644	Neu in Bielefeld II
6. 4.	I ZR 75/98						
13. 4.	I ZB 6/98		01, 56	00, 1290			Likörflasche
13. 4.	I ZR 282/97		00, 703	00, 1243			Mattscheibe
13. 4.	I ZR 290/97					00, 1633	
13. 4.	I ZR 220/97		01, 54	00, 1296	00, 3716		SUBWAY/Subwear
27. 4.	I ZR 236/97		00, 875	00, 1142			Davidoff
27. 4.	I ZR 292/97		00, 822	00, 1127	00, 3000		Steuerberateranzeige
27. 4.	I ZR 287/97		00, 1093	00, 1275		01, 36	Fachverband
4. 5.	I ZR 256/97	144, 232	01, 51	00, 1407	00, 3783		Parfumflakon
9. 5.	KZR 1/99			00, 757			Aussetzungszwang
9. 5.	KZR 28/98		00, 1108	00, 762		00, 1286	Designer-Polstermöbel
11. 5.	I ZR 28/98	144, 255	00, 1076	00, 1116	00, 3351	01, 184	Abgasemissionen
11. 5.	I ZB 22/98		01, 162	01, 35		01, 253	Rational Software Cor-poration
11. 5.	I ZR 193/97		00, 879	00, 1280			stüssy
24. 5.	I ZR 222/97		01, 78	00, 1402	01, 73		Falsche Herstellerpreis-empfehlung
24. 5.	I ZR 80/98					01, 170	Internationaler Straßen-güterverkehr
8. 6.	I ZB 12/98		00, 1031	00, 1155		00, 1707	Carl Link
8. 6.	I ZR 269/97		01, 181	01, 28	01, 1791		Dentalästhetika
15. 6.	I ZB 4/98		01, 161	01, 33		01, 255	Buchstabe „K"
15. 6.	I ZR 90/98		01, 251	01, 153		01, 405	Messerkennzeichnung
15. 6.	I ZR 231/97		00, 872		01, 228		Schiedsstellenanrufung I
15. 6.	I ZR 202/98						
15. 6.	I ZR 193/98						
29. 6.	I ZR 122/98		01, 256	01, 144	01, 753		Gebührenvereinbarung
29. 6.	I ZR 128/98		01, 80	00, 1394		01, 327	ad-hoc-Meldung
29. 6.	I ZR 155/98		00, 1106	00, 1278	01, 153		Möbel-Umtauschrecht
29. 6.	I ZR 29/98		00, 907	00, 1258		01, 620	Filialleiterfehler
29. 6.	I ZR 59/98		00, 1080	00, 1121	00, 2745		Verkürzter Versorgungs-weg
29. 6.	I ZR 155/98			00, 1278			Möbel-Umtauschrecht
6. 7.	I ZR 21/98		01, 158	01, 41			Drei-Streifen-Kennzeich-nung
6. 7.	I ZR 243/97		01, 85	00, 1404	00, 3645		Altunterwerfung IV
6. 7.	I ZR 244/97	145, 7	01, 153	00, 1309	00, 3571		OEM-Version
13. 7.	I ZR 49/98				01, 448	01, 681	Haftungsumfang des Frachtführers
13. 7.	I ZR 156/98					00, 1631	
13. 7.	I ZR 219/98		00, 1023	00, 1312		01, 182	3-Speichen-Felgenrad
13. 7.	I ZR 203/97		00, 1084			01, 32	

Dat.	AktZ	BGHZ	GRUR	WRP	NJW	NJW-RR	Schlagwort
				00, 1253			Unternehmenskennzeichnung
10. 8.	I ZR 126/98		01, 73	00, 1284		00, 1640	Stich den Buben
10. 8.	I ZR 283/97		00, 1032	00, 1293		01, 179	EQUI 00
8. 9.	I ZB 21/99		01, 87	00, 1303			Sondenernährung
21. 9.	I ZR 216/98		01, 352	01, 394	01, 3411		Kompressionsstrümpfe
21. 9.	I ZR 143/98		01, 164	01, 165		01, 1192	Wintergarten
21. 9.	I ZB 35/98		01, 240	01, 157		01, 252	SWISS ARMY
21. 9.	I ZR 12/98		01, 176	00, 1410	01, 1794		Myalgien
28. 9.	I ZR 201/98		01, 358	01, 258		01, 624	Rückgaberecht I
28. 9.	I ZR 141/98		01, 255	01, 151		01, 407	Augenarztanschreiben
5.10.	I ZR 1/98		01, 448	01, 539	01, 3192	01, 1188	Kontrollnummernbeseitigung II
5.10.	I ZR 166/98	145, 279	01, 344	01, 273	01, 1868		DB Immobilienfonds
5.10.	I ZR 224/98		01, 354	01, 255	01, 2089		Verbandsklage gegen Vielfachabnehmer
5.10.	I ZR 210/98		01, 258	01, 146	01, 522		Immobilienpreisangaben
5.10.	I ZR 237/98		01, 260	01, 148	01, 371		Vielfachabmahner
19.10.	I ZR 89/98		01, 422	01, 549		01, 978	ZOCOR
19.10.	I ZR 225/98		01, 443	01, 534		01, 824	Viennetta
19.10.	I ZB 62/98		01, 337	01, 408		01, 1050	EASYPRESS
19.10.	I ZR 176/00				01, 230		
26.10.	I ZR 117/98						
26.10.	I ZR 144/98						
26.10.	I ZR 180/98		01, 453	01, 400	01, 3414	01, 684	TCM-Zentrum
26.10.	I ZB 3/98		01, 239	01, 31			Zahnpastastrang
2.11.	I ZR 154/98						
2.11.	I ZR 246/98	145, 366	01, 329	01, 276	01, 2173		Gemeinkostenanteil
9.11.	I ZR 167/98		01, 529	01, 531		01, 1406	Herz-Kreislauf-Studie
9.11.	I ZR 185/98		01, 348	01, 397		01, 851	Beratungsstelle im Nahbereich
16.11.	I ZB 36/98		01, 734	01, 690			Jeanshosentasche
16.11.	I ZR 34/98		01, 507	01, 694		01, 827	EVIAN/REVIAN
16.11.	I ZR 186/98		01, 446	01, 392		01, 686	1-Pfennig-Farbbild
21.11.	KVR 21/99			01, 410			Treuhanderwerb
21.11.	KVR 16/99		01, 364	01, 280		01, 762	Minderheitsbeteiligung im Zeitschriftenhandel
21.11.	KVZ 28/99		01, 367				Einspeisesperre
23.11.	I ZR 78/98						
23.11.	I ZR 195/98		01, 350				OP-Lampen
23.11.	I ZR 130/98						
23.11.	I ZB 34/98		01, 735	01, 692			Test it
23.11.	I ZB 15/98		01, 334	01, 261			Gabelstapler
23.11.	I ZB 46/98			01, 269			Rado-Uhr
23.11.	I ZB 18/98		Int 01, 462	01, 265			Stabtaschenlampen
23.11.	I ZR 93/98		01, 242	01, 160		01, 975	Classe E
7.12.	I ZR 260/98			01, 1171			Eusovit
7.12.	I ZR 146/98		01, 755	01, 804			Telefonkarte
7.12.	I ZR 179/98			01, 699	01, 2548		Impfstoffe
7.12.	I ZR 158/98		01, 450	01, 542	01, 3414	01, 1329	Franzbranntwein-Gel
14.12.	I ZR 181/99		01, 846	01, 926	01, 3707		Metro V
14.12.	I ZB 39/98		01, 732	01, 807			BAUMEISTER-HAUS
14.12.	I ZB 25/98		01, 418				Montre
14.12.	I ZR 147/98		01, 752	01, 688			Eröffnungswerbung
14.12.	I ZB 27/98			01, 405		01, 980	SWATCH
14.12.	I ZB 26/98		01, 416	01, 403		01, 980	OMEGA
19.12.	X ZB 14/00	146, 202			01, 1492		Divergenzvorlage

Dat.	AktZ	BGHZ	GRUR	WRP	NJW	NJW-RR	Schlagwort
2001							
18. 1.	I ZR 175/98		01, 1164	01, 931			Buendgens
25. 1.	I ZR 53/99		01, 1181	01, 1068		02, 326	Telefonwerbung für Blindenwaren
25. 1.	I ZR 287/98		01, 764	01, 809	01, 2878		Musikproduktionsvertrag
25. 1.	I ZR 323/98	146, 318	01, 758	01, 702	01, 2622		Trainingsvertrag
25. 1.	I ZR 120/98		01, 420	01, 546		01, 1047	SPA
1. 2.	I ZB 51/98		01, 1046	01, 1084			GENESCAN
1. 2.	I ZB 55/98		01, 1047	01, 1080			LOCAL PRESENCE, GLOBAL POWER
15. 2.	I ZR 232/98		01, 1161	01, 1207			CompuNet/ComNet
15. 2.	I ZR 333/98		01, 503	01, 946		01, 1119	Sitz-Liegemöbel
22. 2.	I ZR 227/00		01, 754				Zentrum für Implantologie
22. 2.	I ZR 194/98		01, 1158	02, 1160			Dorf MÜNSTERLAND I
1. 3.	I ZR 211/98	147, 56	01, 1050	01, 1188	02, 372		Tagesschau
1. 3.	I ZR 205/98		01, 1054	01, 1193			Tagesreport
1. 3.	I ZB 54/98		01, 1042	01, 1205			REICH UND SCHOEN
1. 3.	I ZB 57/98		01, 1154	01, 1198			Farbmarke violettfarben
1. 3.	I ZB 42/98		01, 1151	01, 1082			marktfrisch
1. 3.	I ZR 300/98	147, 71	02, 84	01, 923	01, 2087		Anwaltswerbung II
5. 3.	I ZR 58/00						
6. 3.	KZR 32/98		01, 849				Remailing-Angebot
6. 3.	KVR 18/99		01, 861	01, 935		01, 1261	Werra Rundschau
6. 3.	KZR 37/99	147, 81	01, 857	01, 812	01, 2541		Kabel-Hausverteilanlagen
6. 3.	KVZ 20/00						
15. 3.	I ZR 163/98		01, 1156	01, 1312			Der Grüne Punkt
15. 3.	I ZR 337/98			02, 71	01, 2886		Anwaltsrundschreiben
15. 3.	5 StR 454/00				01, 2102		
21. 3.	KVR 16/99		01, 364	01, 280		01, 762	Minderheitsbeteiligung im Zeitschriftenhandel
29. 3.	I ZR 263/98		02, 57	01, 1326	02, 221		Adalat
5. 4.	I ZR 32/99						
5. 4.	I ZR 78/00			01, 1359			Packungsbeilage
5. 4.	I ZR 168/98		02, 171	01, 1315			Marlboro-Dach
5. 4.	I ZR 132/98		01, 1139	01, 1345	02, 603		Gesamtvertrag privater Rundfunk
5. 4.	I ZR 39/99		01, 851	01, 1185		02, 1191	Rückgaberecht II
19. 4.	I ZR 238/98		02, 190			02, 612	DIE PROFIS
19. 4.	I ZR 46/99		02, 81	02, 81	01, 3193		Anwalts- und Steuerkanzlei
19. 4.	I ZR 283/98	147, 244	01, 826	01, 940	01, 2402		Barfuß ins Bett
25. 4.	X ZR 50/99						
26. 4.	I ZR 212/98		02, 167	01, 1320			Bit/Bud
26. 4.	I ZR 314/98	147, 296	01, 1178	01, 1073		01, 1547	Gewinn-Zertifikat
3. 5.	I ZR 18/99		02, 65	01, 1447			Ichthyol
3. 5.	I ZR 153/99		02, 91				Spritzgießwerkzeuge

Dat.	AktZ	BGHZ	GRUR	WRP	NJW	NJW-RR	Schlagwort
				01, 1174			
3. 5.	I ZR 318/98		02, 182	02, 74		02, 329	Das Beste jeden Morgen
8. 5.	KVZ 23/00						
8. 5.	KVR 12/99	147, 325	02, 99	01, 1218	01, 3782		Ost-Fleisch
17. 5.	I ZR 251/99	148, 13	01, 1038	01, 1305	01, 3265		ambiente.de
17. 5.	I ZR 216/99	148, 1	01, 1061	01, 1286	01, 3262		Mitwohnzentrale.de
17. 5.	I ZR 189/99		01, 1177	01, 1164		02, 834	Feststellungsinteresse II
17. 5.	I ZB 60/98		01, 1043	01, 1202			Gute Zeiten – Schlechte Zeiten
17. 5.	I ZR 187/98		02, 59	01, 1211			ISCO
17. 5.	I ZR 291/98	148, 26	01, 841	01, 918			Entfernung der Herstellungsnummer II
31. 5.	I ZR 82/99		02, 180	01, 1179		02, 608	Weit-Vor-Winter-Schlussverkauf
31. 5.	I ZR 106/99		01, 1174	01, 1076	02, 66	01, 1483	Berühmungsaufgabe
7. 6.	I ZR 198/98						
7. 6.	I ZR 210/97						
7. 6.	I ZR 81/98						
7. 6.	I ZR 157/98		02, 287	02, 94	02, 442		Widerruf der Erledigungserklärung
7. 6.	I ZB 20/99		01, 1150	01, 1310			LOOK
7. 6.	I ZR 115/99		02, 177	01, 1182	01, 3710		Jubiläumsschnäppchen
7. 6.	I ZR 21/99		01, 1036	01, 1231	01, 3789	02, 617	Kauf auf Probe
12. 6.	X ZB 10/01	148, 55		01, 1227			Ehrenamtlicher Beisitzer
21. 6.	I ZR 27/99		02, 176	02, 89			Auto Magazin
21. 6.	I ZR 245/98		02, 153	02, 96	02, 1053	02, 255	Kinderhörspiele
21. 6.	I ZR 69/99		02, 75	01, 1291		02, 38	„SOOOO ... BIILIG!"?
21. 6.	I ZR 197/00		01, 1170	01, 1166	01, 3408		Optometrische Leistungen II
28. 6.	I ZA 2/00						
28. 6.	I ZB 1/99		02, 64	01, 1445			INDIVIDUELLE
28. 6.	I ZR 121/99		02, 95	01, 1300		02, 249	Preisempfehlung bei Alleinvertrieb
28. 6.	I ZB 58/98		01, 1153	01, 1201			anti KALK
3. 7.	KZR 11/00						
3. 7.	KZR 31/99		02, 554	01, 1331			Festbeträge
3. 7.	KZR 10/00		02, 97	01, 1224		02, 180	Nachvertragliche Konzessionsabgabe II
5. 7.	I ZR 311/98	148, 221	02, 248	02, 214	02, 896		SPIEGEL-CD-ROM
5. 7.	I ZR 335/98		02, 246	02, 219	02, 964		Scanner
5. 7.	I ZB 8/99		02, 261	02, 91			AC
5. 7.	I ZR 104/99		01, 1166	01, 1301		01, 1693	Fernflugpreise
11. 7.	1 StR 576//00				01, 3718		
11. 7.	1 StR 576/00				01, 3718		
12. 7.	I ZR 100/99		02, 340	02, 330		02, 467	Fabergé
12. 7.	I ZR 89/99		02, 72	01, 1441	02, 376		Preisgegenüberstellung im Schaufenster

Dat.	AktZ	BGHZ	GRUR	WRP	NJW	NJW-RR	Schlagwort
12. 7.	I ZR 40/99		02, 86	01, 1294			Laubhefter
12. 7.	I ZR 261/98		02, 77	02, 85	02, 964	02, 108	Rechenzentrum
19. 9.	I ZB 6/99		02, 538	02, 452			Grün eingefärbte Prozessorengehäuse
19. 9.	I ZB 3/99		02, 427	02, 450			Farbmarke gelb/grün
19. 9.	I ZR 343/98		02, 282	02, 105			Bildagentur
19. 9.	I ZR 54/96		02, 160	01, 1450			Warsteiner III
11.10.	I ZR 168/99		02, 616	02, 544			Verbandsausstattungsrecht
11.10.	I ZB 5/99		02, 540	02, 455			OMEPRAZOK
11.10.	I ZR 172/99		02, 269	02, 323	02, 1500	02, 395	Sportwetten-Genehmigung
18.10.	I ZR 22/99		02, 618	02, 532		02, 832	Meißner Dekor
18.10.	I ZR 193/99		02, 550	02, 527	02, 1718		Elternbriefe
18.10.	I ZR 91/99		02, 280	02, 221	02, 669		Rücktrittsfrist
25.10.	I ZR 51/99						
25.10.	I ZR 29/99		02, 717	02, 679	02, 2039		Vertretung der Anwalts-GmbH
8.11.	I ZR 139/99		02, 626	02, 705		02, 1407	IMS
8.11.	I ZR 124/99		02, 548	02, 524		02, 1193	Mietwagenkostenersatz
8.11.	I ZR 199/99		02, 275	02, 207			Noppenbahnen
15.11.	I ZR 74/99						
15.11.	I ZR 75/99					02, 1075	
15.11.	I ZR 275/99		02, 271	02, 211	02, 962		Hörgeräteversorgung
22.11.	I ZR 138/99	149, 191	02, 622	02, 694	02, 2031		shell.de
22.11.	I ZR 111/99		02, 542	02, 534			BIG
6.12.	I ZR 136/99		02, 814	02, 987			Festspielhaus
6.12.	I ZR 316/98		02, 996	02, 964	02, 2877		Bürgeranwalt
6.12.	I ZR 101/99		02, 993	02, 970	02, 2879		Wie bitte?!
6.12.	I ZR 214/99		02, 985	02, 952	02, 2880		WISO
6.12.	I ZR 14/99		02, 987	02, 956	02, 2882		Wir Schuldenmacher
6.12.	I ZR 284/00	149, 247	02, 360	02, 434	02, 1200		„H. I. V. POSITIVE" II
6.12.	I ZR 11/99				02, 2884		ohne Gewähr
11.12.	KZR 13/00		02, 647	02, 550		02, 1405	Sabet/Massa
11.12.	KZR 5/00		02, 461	02, 457	02, 2952	02, 763	Privater Pflegedienst
11.12.	KZB 12/01		02, 464	02, 333	02, 1351		LDL-Behandlung
13.12.	I ZR 164/99		02, 722	02, 684		02, 1039	Haflinger Hengstfohlen
13.12.	I ZR 44/99		02, 602	02, 715			Musikfragmente
13.12.	I ZR 41/99		02, 332	02, 442	02, 1713		Klausurerfordernis
20.12.	I ZR 80/99						
20.12.	I ZR 188/98						
20.12.	I ZR 60/99		02, 809	02, 982		02, 1617	FRÜHSTÜCKS-DRINK I
20.12.	I ZR 135/99		02, 812	02, 985		02, 1617	FRÜHSTÜCKS-DRINK II
20.12.	I ZR 15/98		02, 713	02, 980	02, 2250		Zeitlich versetzte Mehrfachverfolgung
20.12.	I ZR 215/98		02, 715	02, 977	02, 3473	02, 1122	Scanner-Werbung
20.12.	I ZR 227/99		02, 637	02, 676	02, 2038		Werbefinanzierte Telefongespräche
20.12.	I ZR 78/99		02, 342	02, 326		02, 610	ASTRA/ESTRA-PUREN
2002							
17. 1.	I ZR 290/99		02, 426	02, 542		02, 685	Champagner bekommen, Sekt bezahlen
17. 1.	I ZR 215/99		02, 828	02, 973	02, 2781		Lottoschein
17. 1.	I ZR 161/99		02, 633	02, 828		02, 982	Hormonersatztherapie
17. 1.	I ZR 241/99	149, 371	02, 357	02, 320	02, 1494		Missbräuchliche Mehrfachabmahnung
24. 1.	I ZR 102/99	150, 6	02, 605	02, 712	02, 2394		Verhüllter Reichstag

Dat.	AktZ	BGHZ	GRUR	WRP	NJW	NJW-RR	Schlagwort
24. 1.	I ZR 156/99		02, 544	02, 537		02, 829	BANK 24
5. 2.	KZR 3/01	149, 391	02, 644	02, 709	02, 2176		Jugendnachtfahrten
7. 2.	I ZR 289/99		02, 820	02, 1054		02, 1332	Bremszangen
7. 2.	I ZR 304/99	150, 32	02, 532	02, 552	02, 3248		Unikatrahmen
7. 2.	I ZR 258/98		02, 613	02, 547	02, 2584		GERRI/KERRY Spring
21. 2.	I ZR 230/99		02, 898	02, 1066	02, 3551		defacto
21. 2.	I ZR 281/99		02, 902	02, 1050	02, 2642		Vanity-Nummer
21. 2.	I ZR 140/99		02, 709	02, 947	02, 3175	02, 1119	Entfernung der Herstellungsnummer III
21. 2.	I ZR 265/99		02, 629	02, 1058		02, 1261	Blendsegel
27. 2.	I ZB 23/01					02, 1070	
28. 2.	I ZR 177/99	150, 82	02, 967	02, 1148	02, 3332		Hotel Adlon
28. 2.	I ZB 10/99		02, 816	02, 1073		02, 1617	BONUS II
28. 2.	I ZR 195/99		02, 703	02, 700	02, 2093		VOSSIUS & PARTNER
28. 2.	I ZR 318/99			02, 839	02, 2312		Videofilmverwertung
14. 3.	I ZB 16/99		02, 884	02, 1069			B-2 alloy
14. 3.	I ZR 238/99		02, 901	02, 1064	02, 3174		Domicil
14. 3.	I ZR 279/99		02, 636	02, 688	02, 2175		Sportwetten
28. 3.	I ZR 235/99		02, 917	02, 1169	02, 3539	02, 1401	Düsseldorfer Stadtwappen
28. 3.	I ZR 283/99		02, 725	02, 682		02, 1041	Haar-Transplantationen
11. 4.	I ZR 231/99		02, 958	02, 1177		02, 1568	Technische Lieferbedingungen
11. 4.	I ZR 225/99		02, 1003	02, 1136		02, 1466	Gewinnspiel im Radio
11. 4.	I ZR 306/99		02, 720	02, 832	02, 2391		Postfachanschrift
11. 4.	I ZR 317/99		02, 706	02, 691	02, 2096		vossius.de
11. 4.	I ZB 6/02						
11. 4.	I ZR 185/99						
16. 4.	KZR 5/01		02, 915	02, 1082			Wettbewerbsverbot im Realteilungsvertrag
18. 4.	I ZR 72/99		02, 1074	02, 1286			Original Oettinger
18. 4.	I ZB 23/99		02, 970	02, 1071			Zahl „1"
18. 4.	I ZB 22/99						
25. 4.	I ZR 272/99		02, 982	02, 1138	02, 3399		„DIE STEINZEIT IST VORBEI!"
25. 4.	I ZR 296/99		02, 824	02, 1075		02, 1613	Teilunterwerfung
25. 4.	I ZR 250/00	150, 343	02, 825	02, 943	02, 2645		Elektroarbeiten
2. 5.	I ZR 250/00		02, 1079	02, 1293			TIFFANY II
2. 5.	I ZR 45/01	150, 377	02, 1046	02, 1173		02, 1617	Faxkarte
2. 5.	I ZR 300/99		02, 972	02, 1156			FROMMIA
8. 5.	I ZB 4/00		02, 1067	02, 1152			DKV/OKV
8. 5.	I ZR 28/00			02, 1077		02, 1433	„Vergleichsverhandlungen"
8. 5.	I ZR 98/00	151, 15	02, 799	02, 990	02, 3246		Stadtbahnfahrzeug
6. 6.	I ZR 108/00		02, 1083	02, 1279		02, 1563	1, 2, 3 im Sauseschritt
6. 6.	I ZR 307/99		02, 1091	02, 1267		02, 1615	Bodensee-Tafelwasser

Dat.	AktZ	BGHZ	GRUR	WRP	NJW	NJW-RR	Schlagwort
6. 6.	I ZR 45/00		02, 1000	02, 1133	02, 3401		Testbestellung
6. 6.	I ZR 79/00		02, 795	02, 993		02, 1565	Titelexklusivität
13. 6.	I ZB 1/00		02, 1070	02, 1281			Bar jeder Vernunft
13. 6.	I ZR 71/01		02, 979	02, 1259	02, 3405		Kopplungsangebot II
13. 6.	I ZR 312/99		02, 1072	02, 1284		02, 1562	SYLT-Kuh
13. 6.	I ZR 173/0	151, 84	02, 976	02, 1256	02, 3403		Kopplungsangebot I
13. 6.	I ZR 1/00	151, 92	02, 961	02, 1181	02, 3549		Mischtonmeister
13. 6.	I ZR 72/01						
27. 6.	I ZR 19/00		02, 1095	02, 1430		02, 1686	Telefonische Vorrats-anfrage
27. 6.	I ZR 103/00		03, 436	03, 384		03, 623	Feldenkrais
27. 6.	I ZR 86/00		02, 1093		02, 3408	02, 1560	Kontostandsauskunft
4. 7.	I ZR 81/00						
4. 7.	I ZR 313/99		03, 982	02, 1304	02, 3541		Hotelvideoanlagen
4. 7.	I ZR 38/00		02, 1088	02, 1269			Zugabenbündel
4. 7.	I ZR 55/00		02, 1085	02, 1263	02, 3396		Belehrungszusatz
9. 7.	KZR 30/00	151, 274	03, 77	02, 1426	02, 3779		Fernwärme für Börnsen
9. 7.	KVR 1/01	151, 260	02, 1005		02, 3545		Stellenmarkt für Deutschland
9. 7.	KZR 13/01						
11. 7.	I ZR 35/00		02, 1053	02, 1273		02, 1687	Aspirin
11. 7.	I ZB 24/99		02, 1077	02, 1290			BWC
11. 7.	I ZR 285/99		02, 1050	02, 1302	02, 3473		Zeitungsbericht als Tagesereignis
11. 7.	I ZR 255/00	151, 300	02, 963	02, 1296	02, 3393		Elektronischer Pressespiegel
11. 7.	I ZR 219/99		02, 1059	02, 1163		02, 1685	Zantac/Zantic
11. 7.	I ZR 34/01	151, 286	02, 910	02, 1141	02, 3469		Muskelaufbaupräparate
11. 7.	I ZR 273/99						
11. 7.	I ZR 219/01				03, 589		
11. 7.	I ZR 198/99						
15. 8.	I ZA 1/01				02, 3410		
15. 8.	3 StR 11/02			02, 1432	02, 3415		Kaffeefahrten
15. 8.	I ZB 14/00						
24. 9.	KZR 38/99		03, 542	03, 1244		03, 834	Vorleistungspflicht
24. 9.	KZR 34/01		03, 257	03, 277			Wertgutscheine für Asylbewerber
24. 9.	KZR 4/01		03, 167	03, 73	03, 752		Kommunaler Schilderprägebetrieb
24. 9.	KVR 15/01	152, 84	03, 169	03, 77	03, 748		Fährhafen Puttgarden
24. 9.	KZR 10/01			03, 86	03, 347		Salvatorische Klausel
24. 9.	KVR 8/01	152, 97	03, 80	02, 1436	03, 205		Konditionenanpassung
26. 9.	I ZR 44/00	152, 153	03, 349	03, 374	03, 819		Anwalts-Hotline
26. 9.	I ZR 101/00		03, 255	03, 389		03, 478	Anlagebedingter Haarausfall
26. 9.	I ZR 89/00		03, 247	03, 275		03, 260	THERMAL BAD

Dat.	AktZ	BGHZ	GRUR	WRP	NJW	NJW-RR	Schlagwort
26. 9.	I ZR 293/99		03, 164	03, 262	03, 586		Altautoverwertung
26. 9.	I ZR 102/00						
2.10.	I ZR 90/00		03, 444	03, 637	03, 2680		„Ersetzt"
2.10.	I ZB 27/00		03, 546	03, 655		03, 1042	TURBO-TABS
2.10.	I ZR 177/00		03, 162	03, 72		03, 174	Progona
10.10.	I ZR 16/00						
10.10.	I ZR 235/00		03, 428	03, 647			BIG BERTHA
10.10.	I ZR 180/00		03, 234	03, 393		03, 917	EROC III
10.10.	I ZR 193/00		03, 173	03, 83	03, 664		Filmauswertungspflicht
10.10.	I ZB 7/02						
16.10.	IV ZR 307/01			03, 76		03, 103	Ersetzung unwirksamer Versicherungsbedingungen
24.10.	I ZR 3/00	152, 233	03, 416	03, 758	03, 2014		CPU-Klausel
24.10.	I ZR 100/00		03, 361	03, 1224		03, 1039	Sparvorwahl
24.10.	I ZR 50/00		03, 163	03, 273	03, 894		Computerwerbung II
31.10.	I ZR 138/00		03, 519	03, 751		03, 914	Knabberbärchen
31.10.	I ZR 60/00		03, 353	03, 505		03, 544	Klinik mit Belegärzten
31.10.	I ZR 207/00	152, 268	03, 242	03, 380			Dresdner Christstollen
31.10.	I ZR 132/00		03, 252	03, 266			Widerrufsbelehrung IV
7.11.	I ZR 276/99		03, 628	03, 747			Klosterbrauerei
7.11.	I ZR 64/00		03, 356	03, 500		03, 618	Präzisionsmessgeräte
7.11.	I ZR 202/00		03, 340	03, 534		03, 1403	Mitsubishi
7.11.	I ZR 175/00	152, 316	03, 328		03, 1609	03, 549	Sender Felsberg
12.11.	KZR 11/01	152, 347	03, 633	03, 765			Ausrüstungsgegenstände für Feuerlöschzüge
12.11.	KVR 5/02	152, 361	03, 363	03, 770	03, 1736		Wal*Mart
12.11.	KZR 16/00		03, 250	03, 270		03, 1622	Massenbriefsendungen aus dem Ausland
14.11.	I ZR 137/00		03, 446	03, 509			Preisempfehlung für Sondermodelle
14.11.	I ZR 134/00		03, 243	03, 268		03, 327	Zulassungsnummer III
14.11.	I ZR 199/00		03, 231	03, 279	03, 665		Staatsbibliothek
28.11.	I ZR 204/00		03, 712	03, 889		03, 1040	Goldbarren
28.11.	I ZR 110/00		03, 249	03, 379		03, 404	Preis ohne Monitor
28.11.	I ZR 168/00	153, 69	03, 228		03, 668		P-Vermerk
5.12.	I ZR 115/00		03, 540	03, 745	03, 1814		Stellenanzeige
5.12.	I ZB 19/00		03, 342	03, 519	03, 1867		Winnetou
5.12.	I ZR 91/00	153, 131	03, 332	03, 521	03, 1669	03, 620	Abschlusstück
5.12.	I ZB 25/02				03, 1127		
12.12.	I ZR 124/00		03, 447	03, 503	03, 2989	03, 1038	Bricanyl II
12.12.	I ZR 141/00		03, 434	03, 531		03, 911	Pulmicort
12.12.	I ZR 133/00		03, 336	03, 528		03, 475	Beloc
12.12.	I ZR 131/00		03, 338	03, 526		03, 477	Bricanyl I
12.12.	I ZR 221/00		03, 359	03, 496			Pflegebett
12.12.	I ZB 29/02			03, 391	03, 901		Auswärtiger Rechtsanwalt I
19.12.	I ZR 297/99		03, 699	03, 994			Eterna
19.12.	I ZB 24/02		03, 549		03, 1194		Arzneimittelversandhandel
19.12.	I ZR 119/00		03, 453	03, 642		03, 833	Verwertung von Kundenlisten
19.12.	I ZR 160/00		03, 450	03, 511		03, 984	Begrenzte Preissenkung
19.12.	I ZB 21/00		03, 343	03, 517			Buchstabe „Z"
2003							
16. 1.	I ZR 51/02		03, 454	03, 514		03, 831	Sammelmitgliedschaft
16. 1.	I ZB 34/02					03, 645	
16. 1.	I ZR 18/00		03, 786	03, 998	03, 3708	03, 1279	Innungsprogramm
16. 1.	I ZR 130/02						Innungsprogramm
23. 1.	I ZR 171/00		03, 440	03, 644	03, 1869		Winnetous Rückkehr
23. 1.	I ZR 18/01		03, 433	03, 653		03, 910	Cartier-Ring

Dat.	AktZ	BGHZ	GRUR	WRP	NJW	NJW-RR	Schlagwort
30. 1.	I ZR 136/99		03, 792				Festspielhaus II
30. 1.	I ZR 142/00		03, 624	03, 886			Kleidersack
13. 2.	I ZR 41/00		03, 800	03, 1111		03, 1267	Schachcomputerkatalog
13. 2.	I ZR 281/01		03, 545	03, 756		03, 916	Hotelfoto
13. 2.	I ZB 23/02		03, 456	03, 516	03, 1257		Kosten einer Schutz-schrift
18. 2.	KVR 24/01	154, 21		03, 1131	03, 3055		Verbundnetz II
18. 2.	X ZB 43/02	154, 32					
18. 2.	X ZB 44/02						
24. 2.	X ZB 12/02	154, 95					
27. 2.	I ZR 253/00	154, 105	03, 538	03, 743	03, 1671		Gesamtpreisangebot
27. 2.	I ZR 25/01		03, 448	03, 640			Gemeinnützige Woh-nungsgesellschaft
27. 2.	I ZB 22/02	154, 102	03, 548	03, 658	03, 1531		Rechtsbeschwerde I
13. 3.	I ZR 122/00		03, 880	03, 1228	03, 3562		City Plus
13. 3.	I ZR 143/00		03, 886	03, 1103	03, 3046		Erbenermittler
13. 3.	I ZR 290/00		03, 622	03, 891	03, 1932		Abonnementvertrag
13. 3.	I ZR 212/00		03, 626	03, 742	03, 2096		Umgekehrte Versteige-rung II
13. 3.	I ZR 146/00						
20. 3.	I ZR 60/01		03, 963	03, 1353		03, 1483	AntiVir/AntiVirus
20. 3.	I ZR 117/00	154, 260	03, 956	03, 1235	03, 3633		Gies-Adler
20. 3.	I ZB 1/02		03, 708				Schlüsselanhänger
20. 3.	I ZB 2/02						
20. 3.	I ZB 29/01		03, 705	03, 992	03, 2534		Euro-Billy
20. 3.	I ZB 27/01		03, 707	03, 990	03, 2535		DM-Tassen
20. 3.	I ZR 225/00			03, 981		03, 1056	Kommissionsagenturver-trag
3. 4.	I ZR 222/00		03, 889	03, 1222	03, 3055		Internet-Reservierungs-system
3. 4.	I ZR 1/01	154, 342	03, 716	03, 896	03, 2317		Reinigungsarbeiten
3. 4.	I ZR 203/00		03, 631	03, 883		03, 1123	L-Glutamin
3. 4.	I ZB 37/02		03, 639	03, 755		03, 913	Kosten des Patentanwalts
8. 4.	KZR 39/99		03, 809	03, 988	03, 2684		Konkurrenzschutz für Schilderpräger
8. 4.	KZR 3/02		03, 637	03, 899	03, 2682		„1 Riegel extra"
10. 4.	I ZR 276/00		03, 973	03, 1338		03, 1551	Tupperwareparty
10. 4.	I ZR 291/00		03, 890	03, 1217	03, 3197		Buchclub-Kopplungs-angebot
10. 4.	I ZB 36/02		03, 725	03, 894	03, 2027		Auswärtiger Rechts-anwalt II
8. 5.	I ZB 40/02		03, 724	03, 895		03, 1075	Rechtsbeschwerde II
8. 5.	I ZR 287/02		03, 973	03, 1111		03, 1687	Lohnsteuerhilfeverein
15. 5.	I ZR 292/00		03, 969	03, 1350		03, 1685	Ausschreibung von Ver-messungsleistungen
15. 5.	I ZR 277/00		03, 900	03, 1238	03, 3274		Feststellungsinteresse III
15. 5.	I ZR 214/00		03, 892	03, 1220		03, 1482	Alt Luxemburg
15. 5.	I ZR 217/00		03, 798	03, 1107		03, 1288	Sanfte Schönheitschirurgie
20. 5.	KZR 29/02						
20. 5.	KZR 19/02			03, 1448		03, 1635	Apollo-Optik
20. 5.	KZR 27/02		03, 1062	03, 1454		03, 1624	Preisbindung durch Fran-chisegeber II

Dat.	AktZ	BGHZ	GRUR	WRP	NJW	NJW-RR	Schlagwort
22. 5.	I ZR 8/01		03, 1057	03, 1428	03, 3632		Einkaufsgutschein
22. 5.	I ZB 32/02						
22. 5.	I ZR 185/00		03, 804	03, 1101	03, 2988		Foto-Aktion
22. 5.	I ZB 38/02			03, 1000		03, 1293	Prozessgebühr beim Kostenwiderspruch
3. 6.	X ZR 215/01		03, 896	03, 1129			Chirurgische Instrumente
5. 6.	I ZR 192/00		03, 1035	03, 1460	04, 594		Hundertwasser-Haus
5. 6.	I ZB 43/02						
24. 6.	KVR 14/01	155, 214		03, 1248	03, 3776		HABET/Lekkerland
24. 6.	KZR 32/01		03, 893	03, 1122	03, 3345	03, 1348	Schülertransporte
24. 6.	KZR 32/02	155, 189	03, 807	03, 1118	03, 2525		Buchpreisbindung
24. 6.	KZR 18/01		03, 979	03, 1125			Wiederverwendbare Hilfsmittel
26. 6.	I ZB 11/03						
26. 6.	I ZR 296/00	155, 273	03, 897	03, 1215	03, 2978		maxem.de
26. 6.	I ZR 269/00				03, 3058		
26. 6.	I ZR 176/01	155, 257	03, 876	03, 1135	03, 2828		Sendeformat
3. 7.	I ZB 21/01		04, 331	04, 351		04, 477	Westie-Kopf
3. 7.	I ZR 66/01						
3. 7.	I ZR 211/01	155, 301	03, 971	03, 1347	03, 3343		Telefonischer Auskunftsdienst
3. 7.	I ZB 36/00		03, 901	03, 1233			MAZ
3. 7.	I ZR 297/00		03, 899	03, 1116	03, 3270	03, 1278	Olympiasiegerin
3. 7.	I ZB 30/00		03, 903	03, 1115			Katzenstreu
3. 7.	I ZR 270/01		03, 903	03, 1138	03, 2834	03, 3202	ABC der Naturheilkunde
17. 7.	I ZB 13/03					03, 1507	
17. 7.	I ZR 295/00	156, 1		03, 1458			Hinreichende Individualisierung
17. 7.	I ZR 259/00		03, 985	03, 1341	03, 3406	04, 639	Paperboy
17. 7.	I ZR 256/00		03, 878	03, 1231		03, 1402	Vier Ringe über Audi
17. 7.	I ZB 10/01		03, 882	03, 1226			Lichtenstein
17. 7.	I ZB 42/00						
28. 8.	I ZB 5/03		04, 76	04, 103			turkey & corn
28. 8.	I ZB 26/01		04, 77	03, 1445			PARK & BIKE
28. 8.	I ZR 257/00	156, 112	03, 1040	03, 1431		04, 130	Kinder
28. 8.	I ZB 6/03		03, 1050	03, 1429			Cityservice
28. 8.	I ZB 1/03		03, 1068	03, 1443		04, 41	Computerfax
28. 8.	I ZB 5/00		03, 1067	03, 1444			BachBlüten Ohrkerze
28. 8.	I ZR 9/01		03, 1044	03, 1436		03, 1546	Kelly
28. 8.	I ZR 293/00		03, 1047	03, 1439		03, 1548	Kellogg's/Kelly's

Dat.	AktZ	BGHZ	GRUR	WRP	NJW	NJW-RR	Schlagwort
4. 9.	I ZR 32/01		04, 72				Coenzym Q 10
4. 9.	I ZR 23/01	156, 126	04, 151	04, 227		04, 251	Farbmarkenverletzung I
4. 9.	I ZR 44/01		04, 154	04, 232		04, 256	Farbmarkenverletzung II
16. 9.	X ZB 12/03				04, 292		
24. 9.	X ZR 234/00		04, 73				Filterstäube
2.10.	I ZR 150/01	156, 250	04, 244	04, 339	04, 1163		Marktführerschaft
2.10.	I ZR 76/01		04, 70		04, 290	04, 335	Preisbrecher
2.10.	I ZR 252/01		04, 162	04, 225	04, 439		Mindestverzinsung
2.10.	I ZR 117/01		04, 247	04, 337		04, 547	Krankenkassenzulassung
9.10.	I ZR 65/00		04, 512	04, 610		04, 1112	Leysieffer
9.10.	I ZR 167/01		04, 164	04, 221	04, 440		Arztwerbung im Internet
21.10.	X ZB 10/03						
23.10.	I ZR 64/01		04, 346	04, 485	04, 1099		Rechtsanwaltsgesell-schaft
23.10.	I ZB 45/02	156, 335	04, 264	04, 235	04, 506		Euro-Einführungsrabatt
23.10.	I ZR 193/97		04, 156	04, 243		04, 254	stüssy II
30.10.	I ZR 176/01		04, 271				Tatbestandsberichtigung
30.10.	I ZR 236/97		04, 235	04, 360	04, 600		Davidoff II
30.10.	I ZR 59/00					04, 935	Produktvermarktung
30.10.	I ZB 9/01		04, 510	04, 766			S 100
30.10.	I ZB 8/01						
4.11.	KZB 8/03						
4.11.	KRB 20/03			04, 625	04, 1539		Frankfurter Kabelkartell
4.11.	KZR 16/02	156, 379	04, 255	04, 376	04, 1875	04, 1178	Strom und Telefon I
4.11.	KZR 38/02		04, 259	04, 382	04, 1875		Strom und Telefon II
4.11.	KZR 2/02		04, 351	04, 374		04, 689	Depotkosmetik im Inter-net
13.11.	I ZR 187/01		04, 420	04, 615		04, 916	Kontrollbesuch
13.11.	I ZR 141/02		04, 251	04, 348	04, 854		Hamburger Auktionato-ren
13.11.	I ZR 40/01		04, 249	04, 345	04, 852		Umgekehrte Versteige-rung im Internet
13.11.	I ZR 103/01		04, 241	04, 357		04, 765	GeDIOS
13.11.	I ZR 184/01		04, 240	04, 355		04, 548	MIDAS/medAS
20.11.	I ZR 104/01		04, 253	04, 487	04, 847		Rechtsberatung durch Automobilclub
20.11.	I ZR 151/01	157, 55	04, 602	04, 896	04, 2083		20 Minuten Köln
20.11.	I ZR 120/00			04, 746			Zeitung zum Sonntag
20.11.	I ZB 15/98		04, 502	04, 752			Gabelstapler II
20.11.	I ZB 18/98		04, 506	04, 755			Stabtaschenlampen II
20.11.	I ZB 46/98		04, 505	04, 761			Rado-Uhr II
20.11.	I ZB 48/98		04, 507	04, 749			Transformatorengehäuse
27.11.	I ZR 79/01		04, 514	04, 758			Telekom
27.11.	I ZR 148/01		04, 239	04, 353		04, 550	DONLINE
27.11.	I ZR 94/01		04, 246	04, 343		04, 616	Mondpreise?
4.12.	I ZB 19/03		04, 444	04, 619		04, 119	Arzneimittelsubstitution?
4.12.	I ZB 38/00		04, 329	04, 492		04, 617	Käse in Blütenform
9.12.	X ZB 14/03			04, 503			Kosten des Nachprü-fungsverfahrens
11.12.	I ZR 68/01		04, 350	04, 350			Pyrex
11.12.	I ZR 74/01		04, 344	04, 481		04, 687	Treue-Punkte
11.12.	I ZR 83/01		04, 343	04, 483		04, 615	Playstation
11.12.	I ZR 50/01		04, 605	04, 735	04, 2235		Dauertiefpreise
18.12.	I ZB 18/03		04, 448	04, 495		04, 856	Auswärtiger Rechts-anwalt IV
18.12.	I ZR 84/01		04, 349	04, 496			Einkaufsgutschein II
18.12.	I ZB 21/03		04, 447			04, 855	Auswärtiger Rechts-anwalt III
2004							
15. 1.	I ZR 121/01		04, 600	04, 763		04, 1116	d-c-fix/CD-FIX
15. 1.	I ZR 160/01						
15. 1.	I ZR 180/01		04, 435	04, 490		04, 906	FrühlingsgeFlüge

Dat.	AktZ	BGHZ	GRUR	WRP	NJW	NJW-RR	Schlagwort
15. 1.	I ZR 135/00		04, 669	04, 1057			Musikmehrkanaldienst
29. 1.	I ZR 132/01		04, 437	04, 606		04, 980	Fortfall einer Hersteller-preisempfehlung
29. 1.	I ZR 163/01		04, 427	04, 613		04, 1118	Computergehäuse
5. 2.	I ZR 90/01		04, 522	04, 608	05, 66	04, 841	Zeitschriftenabonnement im Internet
5. 2.	I ZR 87/02		04, 520	04, 603		04, 978	Telefonwerbung für Zusatzeintrag
5. 2.	I ZR 171/01	158, 26	04, 607	04, 739	04, 1951		Genealogie der Düfte
9. 2.	X ZB 44/03	158, 43		04, 498	04, 2092		„Hochdruck-Wasser-nebellöschanlage"
10. 2.	KZR 14/02		04, 527	04, 621	04, 2237	04, 839	Galopprennübertragung
10. 2.	KZR 7/02						Verbindung von Telefonnetzen
19. 2.	I ZR 76/02		04, 613	04, 904	04, 2521		Schlauchbeutel
19. 2.	I ZR 172/01		04, 594	04, 909		04, 1042	Ferrari-Pferd
19. 2.	I ZR 82/01		04, 967	04, 769	04, 1793		kurt-biedenkopf.de
4. 3.	I ZR 221/01	158, 174	04, 696	04, 1017	04, 2080		Direktansprache am Arbeitsplatz I
4. 3.	I ZR 50/03		04, 622				ritter.de
4. 3.	I ZR 244/01		04, 767	04, 1184			Verteilung des Vergütungsaufkommens
11. 3.	I ZR 161/01						
11. 3.	I ZR 304/01	158, 236	04, 860	04, 1287	04, 3102		Internet-Versteigerung
11. 3.	I ZR 62/01		04, 615	04, 775	04, 1651		Partnerschafts-Kurzbezeichnung
11. 3.	I ZR 81/01		04, 517	04, 731	04, 1655		E-Mail-Werbung
25. 3.	I ZB 28/03		04, 623	04, 777		04, 857	Unterbevollmächtigter I
25. 3.	I ZR 130/01		04, 775	04, 1037		04, 1268	EURO 2000
25. 3.	I ZR 289/01		04, 598	04, 907		04, 1114	Kleiner Feigling
25. 3.	I ZR 23/02		04, 623	04, 777		04, 857	Unterbevollmächtigter
30. 3.	KZR 24/02		04, 616	04, 778		04, 1185	Wegfall der Freistellung
30. 3.	KZR 1/03	158, 334	04, 706	04, 1181	04, 2375		Der Oberhammer
1. 4.	I ZR 23/02		04, 947	04, 1364		04, 1687	Gazoz
1. 4.	I ZR 227/01		04, 699	04, 1160	04, 2593		Ansprechen in der Öffentlichkeit
1. 4.	I ZR 317/01	158, 343	04, 693	04, 899	04, 2158		Schöner Wetten
22. 4.	I ZR 189/01		04, 778	04, 1173		04, 1412	URLAUB DIREKT
22. 4.	I ZB 16/03		04, 771	04, 1179			Ersttagssammelblätter
22. 4.	I ZB 15/03		04, 770	04, 1177			Abgewandelte Verkehrszeichen
22. 4.	I ZR 303/01		04, 704	04, 1021	04, 2385		Verabschiedungsschreiben
22. 4.	I ZR 21/02		04, 701	04, 1029		04, 1619	Klinikpackung II
22. 4.	I ZR 174/01		04, 938	04, 1497	05, 151		Comic-Übersetzungen III
29. 4.	I ZR 233/01		04, 790	04, 1032			Gegenabmahnung
29. 4.	I ZB 26/02	159, 57	04, 683	04, 1040			Farbige Arzneimittelkapsel
29. 4.	I ZR 191/01		04, 779	04, 1046			Zwilling/Zweibrüder
6. 5.	I ZR 265/01		04, 799	04, 1163		04, 1267	Lebertrankapseln

Dat.	AktZ	BGHZ	GRUR	WRP	NJW	NJW-RR	Schlagwort
6. 5.	I ZB 27/03		04, 886	04, 1169		04, 1500	Auswärtiger Rechtsanwalt im Berufsverfahren
6. 5.	I ZR 223/01		04, 783	04, 1043		04, 1413	NEURO-VIBOLEX/ NEURO-FIBRAFLEX
6. 5.	I ZR 275/01		04, 793	04, 1024	04, 3122		Sportlernahrung II
6. 5.	I ZR 197/03		04, 712	04, 1051	04, 3188		PEE-WEE
6. 5.	I ZR 2/03		04, 789	04, 903	04, 2448		Selbstauftrag
11. 5.	KZR 37/02		04, 763	04, 1053			Nachbauvergütung
13. 5.	I ZR 261/01		04, 882	04, 1277			Honigwein
13. 5.	I ZR 264/00		04, 1035	04, 1484			Rotpreis-Revolution
18. 5.	X ZB 7/04	159, 186					
9. 6.	I ZR 31/02		04, 868	04, 1361			Dorf MÜNSTERLAND II
9. 6.	I ZR 70/02		04, 939	04, 1175			Klemmhebel
9. 6.	I ZR 187/02		04, 960	04, 1359		04, 1557	500 DM-Gutschein für Autokauf
9. 6.	I ZR 13/02		05, 160	05, 106		05, 123	SIM-Lock I
17. 6.	I ZR 284/01		04, 786	04, 1165		04, 1487	Größter Online-Dienst
17. 6.	I ZR 136/01		05, 148	05, 230	05, 596		Oceano Mare
24. 6.	I ZR 308/01		04, 949	04, 1285			Regiopost/Regional Post
24. 6.	I ZR 26/02		04, 877	04, 1272	04, 3032		Werbeblocker
24. 6.	I ZR 44/02		05, 162	05, 222			SodaStream
8. 7.	I ZR 25/02		04, 855	04, 1293		04, 1629	Hundefigur
8. 7.	I ZR 142/02		04, 961	04, 1479	05, 67		Grundeintrag Online
13. 7.	KZR 17/03		05, 177	05, 109		05, 49	Sparberaterin I
13. 7.	KZR 40/02	160, 67	04, 966	04, 1372		05, 269	Standard-Spundfass
13. 7.	KZR 10/03		05, 62	04, 1378			CITROËN
13. 7.	KVR 2/03		04, 1048	04, 1369			Sanacorp/ANZAG
15. 7.	I ZR 37/01		05, 163	05, 219		05, 548	Aluminiumräder
15. 7.	I ZR 142/01		04, 941	04, 1498			Metallbett
22. 7.	I ZR 204/01		04, 865	04, 1281		04, 1491	Mustang
22. 7.	I ZR 288/01		04, 1037	04, 1481			Johanniskraut
22. 7.	I ZR 135/01		05, 262	05, 338	05, 1198		soco.de
12. 8.	I ZB 6/04		04, 1062	04, 1490			Mitwirkender Patentanwalt
12. 8.	I ZR 98/02		04, 958	04, 1366	04, 3322		Verwarnung aus Kennzeichenrecht
12. 8.	I ZB 1/04		05, 257	05, 217		05, 685	Bürogebäude
12. 8.	I ZB 19/01		05, 158	05, 211			Stabtaschenlampe „MA-GLITE"
9. 9.	I ZR 93/02		05, 443	05, 485	05, 1050		Ansprechen in der Öffentlichkeit II
9. 9.	I ZR 65/02		05, 430	05, 488	05, 1196		mho.de
9. 9.	I ZB 5/04		05, 84	04, 1492		04, 1724	Unterbevollmächtigter II

Dat.	AktZ	BGHZ	GRUR	WRP	NJW	NJW-RR	Schlagwort
30. 9.	I ZR 261/02		05, 433	05, 598	05, 1266		Telekanzlei
30. 9.	I ZR 89/02		05, 436	05, 602	05, 1268		Steuerberater-Hotline
30. 9.	I ZR 30/04			05/126			„Erledigung der Hauptsache in der Rechtsmittelinstanz"
30. 9.	I ZR 14/02		05, 172	05, 207		05, 342	Stresstest
30. 9.	I ZR 207/02		05, 52			05, 121	Topinasaal
5.10.	KVR 14/03	160, 321	04, 1045	04, 1502	04, 3711		Staubsaugerbeutelmarkt
7.10.	I ZB 20/04				05, 513		Zuständigkeit nach Rücknahme des Mahnantrags
7.10.	I ZR 91/02		05, 427	05, 616		05, 631	Lila-Schokolade
13.10.	I ZR 163/02		05, 431	05, 493	05, 1435		HOTEL MARITIME
13.10.	I ZR 277/01		04, 1039	04, 1486	05, 603	05, 46	SB-Beschriftung
13.10.	I ZR 181/02		05, 264	05, 213	05, 601		Das Telefon-Sparbuch
13.10.	I ZR 66/02		05, 61	05, 97		05, 185	CompuNet/ComNet II
13.10.	I ZB 10/02		05, 258	05, 99			Roximycin
13.10.	I ZB 4/02		05, 326				il Padrone/Il Portone
13.10.	I ZR 49/03		05, 48	05, 112		05, 191	man spricht deutsch
13.10.	I ZR 245/01		05, 55	05, 104			GEDIOS Corporation
28.10.	I ZR 326/01		05, 166	05, 88		05, 685	Puppenausstattungen
28.10.	I ZR 59/02		05, 176	05, 94			Nur bei Lotto
11.11.	I ZR 72/02		05, 522	05/742		05, 839	Sammelmitgliedschaft II
11.11.	I ZR 182/02		05, 355	05, 330	05, 968		Testamentsvollstreckung durch Steuerberater
11.11.	I ZR 213/01		05, 353	05, 333	05, 969		Testamentsvollstreckung durch Banken
11.11.	I ZR 156/02		05, 171	05, 205			Ausschreibung von Ingenieurleistungen
25.11.	I ZB 16/04		05, 272	05, 1015		05, 363	Umsatzsteuererstattung
25.11.	I ZR 145/02	161, 161	05, 502	05, 624	05, 1656		Götterdämmerung
25.11.	I ZR 49/02		05, 320	05, 359			Kehraus
2.12.	I ZR 92/02		05, 357	05, 500	05, 978		Pro Fide Catholica
2.12.	I ZR 30/02	161, 204	05, 349	05, 476		05, 983	Klemmbausteine III
2.12.	I ZR 273/01		05, 348	05, 336	05, 1888		Bestellnummernübernahme
2.12.	I ZB 4/04		05, 271	05, 224			Unterbevollmächtigter III
2.12.	I ZR 207/01		05, 687	05, 893	05, 2315		weltonline.de
2.12.	I ZB 8/04		05, 578	05, 889			LOKMAUS
16.12.	I ZB 12/02		05, 417	05, 490			BerlinCard
16.12.	I ZR 69/02		05, 517	05, 614	05, 1503		Literaturhaus
16.12.	I ZR 222/02		05, 438	05, 480			Epson-Tinte
16.12.	I ZR 177/02		05, 419	05, 605		05, 915	Räucherkate
16.12.	I ZB 23/04			05, 505	05, 2017	05, 725	Baseball-Caps
21.12.	KVR 26/03			05, 302		05, 474	Deutsche Post/trans-o-flex
21.12.	KVZ 3/04		05, 524			05, 769	Fristverlängerung
2005							
20. 1.	I ZR 29/02		05, 581	05, 881		05, 914	The Colour of Elegance
20. 1.	I ZR 96/02		05, 442	05, 474		05, 684	Direkt ab Werk
20. 1.	I ZR 34/02		05, 423	05, 496			Staubsaugerfiltertüten
20. 1.	I ZB 31/03		05, 515	05, 620			FERROSIL
20. 1.	I ZR 255/02		05, 448	05, 508		05, 650	SIM-Lock II
27. 1.	I ZR 202/02		05, 520	05, 738	05, 1644		Optimale Interessenvertretung
27. 1.	I ZR 146/02		05, 689	05, 1007		05, 1128	Sammelmitgliedschaft III
27. 1.	I ZR 119/02		05, 670	05, 1018	05, 2698		WirtschaftsWoche

Dat.	AktZ	BGHZ	GRUR	WRP	NJW	NJW-RR	Schlagwort
3. 2.	I ZR 45/03		05, 414	05, 610			Russisches Schaum-gebäck
3. 2.	I ZR 159/02		05, 583	05, 896	05, 2856		Lila-Postkarte
22. 2.	KZR 28/03			05, 628	05, 1660		Bezugsbindung
22. 2.	KZR 2/04		05, 609	05, 747	05, 2014		Sparberaterin II
24. 2.	I ZR 128/02		05, 604	05, 739	05, 2458		Fördermittelberatung
24. 2.	I ZR 101/02	162, 246	05, 519	05, 735	05, 1788		Vitamin-Zell-Komplex
24. 2.	I ZB 2/04		05, 513	05, 744			MEY/Ella May
24. 2.	I ZR 161/02		05, 871	05, 1164		05, 1350	Seicom
3. 3.	I ZR 117/02		05, 599	05, 876	05, 2085		Traumcabrio
3. 3.	I ZB 24/04			05, 753		05, 922	Zweigniederlassung
3. 3.	I ZR 111/02		05, 860	05, 1263		05, 1403	Fash 2000
3. 3.	I ZR 133/02		05, 505	05, 622	05, 1581		Atlanta
24. 3.	I ZR 131/02		05, 600	05, 878		05, 1126	Handtuchklemmen
7. 4.	I ZR 314/02		05, 690	05, 886	05, 2229		Internet-Versandhandel
7. 4.	I ZR 140/02		05, 603	05, 874	05, 2012		Kündigungshilfe
7. 4.	I ZR 221/02		05, 864	05, 1248	05, 3357	05, 1489	Meißner Dekor II
21. 4.	I ZR 190/02		05, 607	05, 884	05, 2707		Optometrische Leistun-gen III
21. 4.	I ZR 1/02		05, 940	05, 1538		05, 1707	Marktstudien
21. 4.	I ZR 201/02		05, 1059	05, 1508	05, 3718		Quersubventionierung von Laborgemeinschaften
4. 5.	I ZR 127/02		05, 692	05, 1009	05, 2550		„statt"-Preis
19. 5.	I ZR 262/02		05, 957	05, 1530		06, 326	Champagner Bratbirne
19. 5.	I ZR 285/02	163, 109	05, 937	05, 1542	05, 3354		Der Zauberberg
19. 5.	I ZR 299/02	163, 119	05, 757	05, 1177	05, 2708		PRO-Verfahren
2. 6.	I ZR 252/02		06, 164	06, 84		06, 257	Aktivierungskosten II
2. 6.	I ZR 215/02		05, 875	05, 1240	05, 3422		Diabetesteststreifen
2. 6.	I ZR 246/02		05, 768	05, 1011			DIESEL
9. 6.	I ZR 279/02		05, 1061	05, 1511	05, 3716		Telefonische Gewinnaus-kunft
9. 6.	I ZR 231/01		06, 158	06, 90	06, 146		segnitz.de
23. 6.	I ZR 263/02		06, 143	06, 117		06, 184	Catwalk
23. 6.	I ZR 288/02		06, 159	06, 238		06, 412	hufeland.de
23. 6.	I ZR 227/02		05, 854	05, 1173	05, 3576		Karten-Grundsubstanz
23. 6.	I ZR 194/02	163, 265	05, 778	05, 1161	05, 2705		Atemtest I
7. 7.	I ZB 35/04		05, 971	05, 1250		06, 48	Schutzfristüberwachung
7. 7.	I ZR 253/02		05, 877	05, 1242	05, 3287		Werbung mit Testergeb-nis
7. 7.	I ZR 115/01		05, 959	05, 1525	06, 617	05, 1703	FACTS II
15. 7.	GSZ 1/04	164/1	05, 882	05, 1408, 1550	05, 3141		Unberechtigte Schutz-rechtsverwarnung
21. 7.	I ZR 293/02		05, 1047	05, 1527		05, 1628	OTTO
21. 7.	I ZR 312/02		06, 56	06, 96		06, 117	BOSS-Club
21. 7.	I ZR 170/02		05, 960	05, 1412		05, 1562	Friedhofsruhe
21. 7.	I ZR 94/02		05, 1067	05, 1515	06, 800		Konsumentenbefragung

Dat.	AktZ	BGHZ	GRUR	WRP	NJW	NJW-RR	Schlagwort
21. 7.	I ZR 318/02		05, 873	05, 1246			Star Entertainment
21. 7.	I ZR 172/04		05, 886	05, 1251		06, 356	Glücksbon–Tage
21. 7.	I ZR 290/02	164, 37	05, 857	05, 1267	05, 3216		HIT BILANZ
28. 7.	I ZB 20/05		05, 1041	05, 1532			Altmuster
13. 9.	X ZB 30/04		05, 1072	05, 1546		05, 1662	Auswärtiger Rechts-anwalt V
15. 9.	I ZB 10/03		06, 150	06, 241			NORMA
15. 9.	I ZR 151/02		06, 346	06, 467	06, 1978		Jeans II
22. 9.	I ZR 28/03		06, 161	06, 69		06, 409	Zeitschrift mit Sonnen-brille
22. 9.	I ZR 55/02	164, 153	06, 75	06, 67	06, 149		Artenschutz
22. 9.	I ZB 40/03		06, 60	06, 92			coccodrillo
22. 9.	I ZR 266/02		06, 136	06, 274	06, 615		Pressefotos
22. 9.	I ZR 188/02	164, 139	05, 1044	05, 1521		06, 114	Dentale Abformmasse
6.10.	I ZB 20/03		06, 152	06, 102		06, 260	GALLUP
6.10.	I ZB 37/05		06, 168	06, 106	06, 775		Unberechtigte Abmah-nung
6.10.	I ZR 266/02		06, 136	06, 274	06, 615		Pressefotos
6.10.	I ZR 322/02		06, 419	06, 587		06, 834	Noblesse
20.10.	I ZB 21/05		06, 439	06, 237		06, 501	Geltendmachung der Abmahnkosten
20.10.	I ZR 10/03		06, 82	06, 79	06, 381		Betonstahl
20.10.	I ZR 112/03		06, 77	06, 72	06, 225		Schulfotoaktion
3.11.	I ZR 29/03		06, 329	06, 470		06, 691	Gewinnfahrzeug mit Fremdemblem
3.11.	I ZR 311/02		06, 493	05, 765		06, 1132	Michel-Nummern
17.11.	I ZR 300/02		06, 243	06, 354		06, 474	MEGA SALE
2006							
19. 1.	I ZR 217/03		06, 433	06, 579	06, 1432		Unbegründete Abneh-merverwarnung
19. 1.	I ZR 5/03		06, 319	06, 476	07, 679		Alpensinfonie
19. 1.	I ZR 151/02		06, 346	06, 467	06, 1978		Jeans II
19. 1.	I ZR 98/02		06, 432	06, 468		06, 832	Verwarnung aus Kenn-zeichenrecht II
26. 1.	I ZR 121/03		06, 429	06, 584	06, 2630	06, 1044	Schlank-Kapseln
26. 1.	I ZR 83/03		06, 428	06, 741	06, 1804		Abschleppkosten-Inkasso
7. 2.	KZR 33/04	166, 154	06, 773	06, 1113	06, 2627		Probeabonnement
9. 2.	I ZR 73/02		06, 426	06, 577	06, 1665		Direktansprache am Ar-beitsplatz II
9. 2.	I ZR 124/03		06, 875	06, 1109	06, 2764		Rechtsanwalts-Ranglis-ten
23. 2.	I ZR 245/02		06, 511	06, 582	06, 1739		Umsatzsteuererstattungs-Modell
23. 2.	I ZR 164/03		06, 517	06, 747		06, 1046	Blutdruckmessungen
23. 2.	I ZR 27/03	166, 233	06, 504	06, 749		06, 1048	Parfümtestkäufe
23. 2.	I ZR 272/02	166, 253	06, 421	06, 590		06, 1118	Markenparfümverkäufe
16. 3.	I ZR 103/03		06, 778	06, 1023			Sammelmitgliedschaft IV
16. 3.	I ZR 92/03		06, 879	06, 1027		06, 1378	Flüssiggastank
30. 3.	I ZR 24/03	167, 91	06, 513	06, 736	06, 2630		Arzneimittelwerbung im Internet
30. 3.	I ZR 144/03		06, 596	06, 888	06, 2120		10 % billiger
6. 4.	I ZR 272/03		06, 598	06, 891	06, 2481		Zahnarztbriefbogen
6. 4.	I ZR 125/03		06, 776	06, 885	06, 2479		Werbung für Klingeltöne
27. 4.	I ZR 126/03		06, 1044	06, 1511	06, 3424		Kundendatenprogramm
27. 4.	I ZR 109/03		06, 594	06, 898		06, 982	SmartKey

Dat.	AktZ	BGHZ	GRUR	WRP	NJW	NJW-RR	Schlagwort
27. 4.	I ZR 162/03		06, 863	06, 1233			ex works
11. 5.	I ZR 206/02		06, 780	06, 882		06, 1273	Insolvenzwarenverkauf
11. 5.	I ZR 250/03		06, 872	06, 1117	06, 3358		Kraftfahrzeuganhänger mit Werbeschildern
18. 5.	I ZR 116/03		06, 873	06, 1118			Brillenwerbung
18. 5.	I ZR 183/03	168, 28	07, 65	06, 1513	07, 153		Impuls
1. 6.	I ZR 268/03		06, 955	06, 1221	06, 3569		Gebührenvereinbarung II
1. 6.	I ZR 167/03		07, 164	07, 67	06, 3781		Telefax–Werbung II
1. 6.	I ZR 143/03		07, 165	06, 1223	06, 3568		Erbenermittler als Rechtsbeistand
23. 6.	I ZR 288/02		06, 159	06, 238		06, 412	hufeland.de
29. 6.	I ZR 171/03		07, 162	07, 177		07, 335	Mengenausgleich in Selbstentsorgergemeinschaft
6. 7.	I ZR 145/03		06, 949	06, 1370	06, 3203		Kunden werben Kunden
6. 7.	I ZR 175/03	168, 266	06, 848	06, 1243	06, 3644		Vergaberichtlinien
13. 7.	I ZR 241/03		06, 1042	06, 1502	06, 3490		Kontaktanzeigen
13. 7.	I ZR 234/03		06, 953	06, 1505		07, 36	Warnhinweis II
13. 7.	I ZR 222/03		07, 161	07, 66		07, 337	dentalästhetika II
20. 7.	I ZR 185/03		07, 137	07, 88		07, 342	Bodenrichtwertsammlung
20. 7.	I ZR 228/03		07, 159	06, 1507	06, 3633		Anbieterkennzeichnung im Internet
21. 9.	I ZR 201/03		07, 259	07, 76	07, 682		solingen.info
21. 9.	I ZR 270/03		07, 339	07, 313			Stufenleitern
21. 9.	I ZR 6/04		07, 431	07, 533	07, 1524		Steckverbindergehäuse
28. 9.	I ZR 261/03		07, 500	07, 663	07, 1712		Sächsischer Ausschreibungsdienst
5.10.	I ZR 277/03	169, 193	07, 168	07, 78	07, 684		kinski-klaus.de
5.10.	I ZR 7/04		07, 245	07, 174	07, 569		Schulden Hulp
26.10.	I ZR 182/04	169, 340	07, 139	07, 83	07, 689		Rücktritt des Finanzministers
26.10.	I ZR 33/04		07, 247	07, 303	07, 919		Regenwaldprojekt I
26.10.	I ZR 97/04		07, 251	07, 308	07, 922		Regenwaldprojekt II
26.10.	I ZR 37/04	169, 295	07, 235	07, 186			Goldhase
26.10.	III ZB 2/06				07, 155		
9.11.	I ZB 28/06		07, 535	07, 641	07, 1819		Gesamtzufriedenheit
16.11.	I ZR 191/03		07, 607	07, 775			Telefonwerbung für „Individualverträge"
16.11.	I ZR 218/03		07, 610	07, 778			Sammelmitgliedschaft V
23.11.	I ZR 276/03		07, 631	07, 783	07, 3645		Abmahnaktion
7.12.	I ZR 271/03		07, 603	07, 769			UVP
7.12.	I ZR 166/03		07, 605	07, 772		07, 1522	Umsatzzuwachs
14.12.	I ZR 34/04		07, 693	07, 986		07, 1530	Archivfotos
14.12.	I ZR 11/04		07, 705	07, 960			Aufarbeitung von Fahrzeugkomponenten
21.12.	I ZB 17/06		07, 629	07, 781	07, 3645		Zugang des Abmahnschreibens
2007							
11. 1.	I ZR 96/04	171, 73	07, 800	07, 951	07, 2999		Außendienstmitarbeiter
11. 1.	I ZR 198/04		07, 795	07, 1076		08, 124	Handtaschen
11. 1.	I ZR 87/04		07, 805	07, 1085	07, 3002		Irreführender Kontoauszug
23. 1.	I ZB 42/06		07, 726	07, 957		07, 1561	Auswärtiger Rechtsanwalt VI

Dat.	AktZ	BGHZ	GRUR	WRP	NJW	NJW-RR	Schlagwort
25. 1.	I ZR 22/04	171, 89	07, 780	07, 1090		07, 1637	Pralinenform
25. 1.	I ZR 133/04		07, 802	07, 1082		07, 1335	Testfotos III
25. 1.	I ZB 58/06			07, 1104		07, 863	Verputzarbeiten
8. 2.	I ZR 71/04		07, 592	07, 958			bodo Blue Night
8. 2.	I ZR 77/04		07, 784	07, 1095		07, 1262	AIDOL
8. 2.	I ZR 59/04	171, 104	07, 811	07, 1207	07, 2633		grundke.de
15. 2.	I ZR 63/04		07, 882	07, 1197			Parfümtester
15. 2.	I ZR 114/04	171, 151	07, 871	07, 1219	08, 757		Wagenfeld-Leuchte I
1. 3.	I ZR 51/04		07, 809	07, 1088		07, 1338	Krankenhauswerbung
21. 3.	I ZR 184/03		07, 896	07, 1181			Eigenpreisvergleich
21. 3.	I ZR 66/04		07, 875	07, 1184			Durchfuhr von Original-ware
29. 3.	I ZR 80/04		07, 502	07, 665 07, 1108			Tonträger aus Drittstaa-ten
29. 3.	I ZR 152/04		07, 807	07, 955	07, 2334		Fachanwälte
29. 3.	I ZR 164/04		07, 987	07, 1341			Änderung der Voreinstel-lung I
29. 3.	I ZR 122/04		07, 1079	07, 1346			Bundesdruckerei
19. 4.	I ZR 35/04	172, 119	07, 708	07, 964	07, 2636		Internet-Versteigerung II
19. 4.	I ZR 57/05		07, 981	07, 1337	08, 231		150 % Zinsbonus
19. 4.	I ZR 92/04		07, 994	07, 1356	08, 300		Gefälligkeit
26. 4.	I ZR 190/04		07, 723	07, 797			Internet-Versicherung
26. 4.	I ZR 34/05	172, 165	07, 995	07, 1354	08, 301		Schuldnachfolge
26. 4.	I ZR 120/04		07, 991	07, 1351	07, 3573		Weltreiterspiele
3. 5.	I ZR 19/05		07, 978	07, 1334	07, 3570		Rechtsberatung durch Haftpflichtversicherer
24. 5.	I ZR 130/04	172, 268	07, 685	07, 989	08, 755		Gedichttitelliste I
24. 5.	I ZR 130/04		07, 688	07, 993			Gedichttitelliste II
24. 5.	I ZR 42/04		07, 691	07, 996	08, 757		Staatsgeschenk
24. 5.	I ZR 104/04		07, 984	07, 1455			Gartenliege
24. 5.	I ZB 37/04		08, 71	08, 107			Fronthaube
24. 5.	I ZB 66/06		07, 973	07, 1459			Rado-Uhr III
14. 6.	I ZR 173/04		07, 1075	07, 1472			STILNOX
26. 6.	XI ZR 277/05				07, 2989		
28. 6.	I ZR 49/04	173, 57	07, 884	07, 1200		08, 57	Cambridge Institute
28. 6.	I ZR 153/04		08, 186	08, 220			Telefonaktion
28. 6.	I ZR 132/04		08, 258	08, 232			INTERCONNECT/T-Inter-Connect
12. 7.	I ZR 18/04	173, 188	07, 890	07, 1173	08, 758		Jugendgefährdende Me-dien bei eBay
12. 7.	I ZR 147/04	173, 217	08, 156	08, 102			Aspirin II
12. 7.	I ZR 148/04	173, 230	08, 160	08, 226			CORDARONE
12. 7.	I ZR 82/05		08, 183	08, 214			Tony Taler
19. 7.	I ZR 93/04	173, 269	07, 877	07, 1187			Windsor Estate

Dat.	AktZ	BGHZ	GRUR	WRP	NJW	NJW-RR	Schlagwort
19. 7.	I ZR 137/04		07, 888	07, 1193			Euro Telekom
19. 7.	I ZR 191/04		08, 263	08, 355	08, 1236		SMS-Werbung
13. 9.	I ZR 33/05		08, 254	08, 236			THE HOME STORE
20. 9.	I ZR 88/05		08, 189	08, 224			Suchmaschineneintrag
20. 9.	I ZR 94/04		07, 1066	07, 1466			Kinderzeit
20. 9.	I ZR 6/05		07, 1071	07, 1461		08, 1140	Kinder II
20. 9.	I ZR 88/05		08, 189	08, 224			Suchmaschineneintrag
20. 9.	I ZR 171/04		08, 443	08, 666		08, 851	Saugeinlagen
4.10.	I ZR 22/05		08, 532	08, 782	08, 1595		Umsatzsteuerhinweis
4.10.	I ZR 143/04		08, 84	08, 98	08, 1384		Versandkosten
4.10.	I ZR 182/05		08, 442	08, 659	08, 1388		Fehlerhafte Preisauszeichnung
18.10.	I ZR 162/04		08, 616	08, 802			AKZENTA
18.10.	I ZR 24/05		08, 614	08, 794			ACERBON
18.10.	I ZR 102/05		08, 534	08, 771	08, 1882		ueber18.de
25.10.	I ZR 18/05		08, 505	08, 797			TUC-Salzcracker
25.10.	I ZB 22/04		08, 510	08, 791		08, 854	Milchschnitte
8.11.	I ZR 172/05		08, 360	08, 249	08, 1001		EURO und Schwarzgeld
8.11.	I ZR 60/05		08, 530	08, 777	08, 1888		Nachlass bei der Selbstbeteiligung
8.11.	I ZR 192/06			08, 780			Hagelschaden
22.11.	I ZR 183/04		08, 262	08, 219	08, 855		Direktansprache am Arbeitsplatz III
22.11.	I ZR 77/05		08, 625	08, 924			Fruchtextrakt
6.12.	I ZR 169/04		08, 628	08, 930			Imitationswerbung
6.12.	I ZR 184/05		08, 726	08, 936		08, 1212	Duftvergleich mit Markenparfüm
6.12.	I ZB 16/07		08, 639	08, 947	08, 2040		Kosten eines Abwehrschreibens
13.12.	I ZR 89/05		08, 707	08, 944		08, 1215	Micardis
13.12.	I ZR 71/05		08, 727	08, 1085		08, 1214	Schweißmodulgenerator
13.12.	I ZB 26/05		08, 714	08, 1092			idw
13.12.	I ZB 39/05		08, 719	08, 1098			Idw Informationsdienst Wissenschaft
20.12.	I ZR 205/04		08, 275	08, 356			Versandhandel mit Arzneimitteln
20.12.	I ZR 51/05		08, 729	08, 928			Werbung für Telefondienstleistungen
20.12.	I ZR 42/05	175, 135	08, 693	08, 1121	08, 2345		TV-Total
2008							
10. 1.	I ZR 38/05		08, 621	08, 785			AKADEMIKS
10. 1.	I ZR 196/05		08, 724	08, 1069	08, 2509		Urlaubsgewinnspiel
10. 1.	I ZR 67/05		08, 790	08, 1234			Baugruppe
30. 1.	I ZB 8/07		08, 447	08, 675	08, 1389		Treuebonus
30. 1.	I ZR 134/05		08, 801	08, 1189	08, 2923		Hansen-Bau
30. 1.	I ZR 131/05		08, 786	08, 1229			Mulitfunktionsgeräte
14. 2.	I ZR 207/05	175, 238	08, 438	08, 661	08, 2044		ODDSET
14. 2.	I ZR 69/04		08, 413	08, 669		08, 711	Bayerisches Bier
14. 2.	I ZR 162/05		08, 803	08, 1192			HEITEC
14. 2.	I ZR 55/05		08, 796	08, 1200		08, 1364	Hollister
14. 2.	I ZR 135/05		08, 933	08, 1227	08, 2716		Schmiermittel

Dat.	AktZ	BGHZ	GRUR	WRP	NJW	NJW-RR	Schlagwort
21. 2.	I ZB 24/05		08, 710	08, 1087			VISAGE
21. 2.	I ZR 142/05		08, 815	08, 1180	08, 2590		Buchführungsbüro
4. 3.	KZR 36/05			08, 1376		08, 1491	Post-Wettannahmestelle
4. 3.	KVR 21/07	176, 1		08, 823		08, 996	Soda-Club II
13. 3.	I ZB 20/07		08, 640	08, 951		08, 1093	Kosten der Schutzschrift III
13. 3.	I ZR 95/05		08, 1014	08, 1335			Amlodipin
13. 3.	I ZB 53/05		08, 900	08, 1338			SPA II
13. 3.	I ZR 151/05		08, 912	08, 1353		09, 184	Metrosex
19. 3.	I ZR 225/06			08, 938			Entwendete Datensätze
19. 3.	I ZR 166/05		08, 984	08, 1440	08, 3784		St. Gottfried
3. 4.	I ZB 46/05		08, 1000	08, 1432			Käse in Blütenform II
3. 4.	I ZB 73/07		08, 837	08, 1112			Münchner Weißwurst
3. 4.	I ZB 61/07		08, 903	08, 1342			SIERRA ANTIGUO
3. 4.	I ZR 49/05		08, 1002	08, 1434		09, 536	Schuhpark
10. 4.	I ZB 98/07		08, 1027	08, 1438			Cigarettenpackung
10. 4.	I ZB 14/07		08, 1029	08, 1454	08, 3220		Nachweis der Sicherheitsleistung
10. 4.	I ZR 167/05		09, 60	08, 1544		09, 53	LOTTOCARD
10. 4.	I ZR 227/05		08, 1097	08, 1517	08, 3714	09, 120	Namensklau im Internet
10. 4.	I ZR 164/05	176, 116	08, 611	08, 940			audison
24. 4.	I ZB 21/06		08, 1093	08, 1428		08, 1569	Marlene-Dietrich-Bildnis
24. 4.	I ZR 159/05		08, 1099	08, 1520	08, 3716		afilias.de
24. 4.	I ZB 72/07		08, 1126	08, 1550			Weisse Flotte
24. 4.	I ZR 30/05		08, 1087	08, 1557		09, 338	Lefax/Lefaxin
30. 4.	I ZR 73/05		08, 702	08, 1104		08, 1136	Internet-Versteigerung III
30. 4.	I ZB 4/07		08, 731	08, 1110			alphaCAM
30. 4.	I ZB 25/08		08, 732	08, 1113			Tegeler Floristik
30. 4.	I ZR 123/05		08, 793	08, 1196			Rillenkoffer
8. 5.	I ZR 83/06		08, 928	08, 1188	08, 2651		Abmahnkostenersatz
8. 5.	I ZR 88/06		08, 929	08, 1225	08, 2849		Vertragsstrafeneinforderung
29. 5.	I ZR 75/05		08, 816	08, 1178	08, 2850		Ernährungsberatung
29. 5.	I ZB 55/05		08, 909	08, 1345			Pantogast
29. 5.	I ZB 54/05		08, 905	08, 1349			Pantohexal
29. 5.	I ZR 189/05		08, 1121	08, 1560	08, 3711		Freundschaftswerbung im Internet

Dat.	AktZ	BGHZ	GRUR	WRP	NJW	NJW-RR	Schlagwort
30. 5.	1 StR 166/07	52, 227 (St)	08, 818	08, 1071			Strafbare Werbung im Versandhandel
5. 6.	I ZR 4/06		08, 807	08, 1175	08, 2672		Millionen-Chance I
5. 6.	I ZR 169/05		08, 798	08, 1202	08, 2653		POST I
5. 6.	I ZR 108/05			08, 1206			City Post
5. 6.	I ZR 96/07		08, 1124	08, 1524	08, 3782	09, 82	Zerknitterte Zigarettenschachtel
5. 6.	I ZR 223/05			08, 1527			Schau mal Dieter
5. 6.	I ZR 208/05		08, 1089	08, 1554		09, 335	KLACID PRO
26. 6.	I ZR 112/05		08, 834	08, 1209		08, 1255	HMB-Kapseln
26. 6.	I ZR 61/05		08, 830	08, 1213			L-Carnitin II
26. 6.	I ZR 190/05		08, 917	08, 1319		09, 114	EROS
26. 6.	I ZR 221/05		08, 915	08, 1326	08, 2995		40 Jahre Garantie
26. 6.	I ZR 170/05		08, 1115	08, 1510		08, 1726	ICON
3. 7.	I ZR 145/05	177, 150	08, 810	08, 1182			Kommunalversicherer
3. 7.	I ZR 204/05		08, 1081	08, 1565		09, 764	Musical Starlights
16. 7.	VIII ZR 348/06	177, 253	08, 1010	09, 56	08, 3055		PayBack
17. 7.	I ZR 75/06		08, 923	08, 1328	08, 2997		Faxanfrage im Autohandel
17. 7.	I ZR 197/05		08, 925	08, 1330	08, 2999		FC Troschenreuth
17. 7.	I ZR 133/07		08, 922	08, 1333		08, 1623	In-vitro-Diagnostika
17. 7.	I ZR 109/05	177, 319	08, 989	08, 1371	09, 765		Sammlung Ahlers
17. 7.	I ZR 206/05		08, 993	08, 1445		08, 1574	Kopierstationen
17. 7.	I ZR 219/05		08, 996	08, 1449	08, 3565		Clone-CD
17. 7.	I ZR 160/05		09, 71	09, 45			Sammelaktion für Schoko-Riegel
17. 7.	I ZR 139/05		09, 73	09, 48			Telefonieren für 0 Cent!
17. 7.	I ZR 168/05		09, 181	09, 182	09, 1882		Kinderwärmekissen
31. 7.	I ZR 158/05		08, 1102 / 09, 413	08, 1530 / 09, 334			Haus & Grund I
31. 7.	I ZR 171/05		08, 1104 / 09, 413	08, 1532 / 09, 334			Haus & Grund II
31. 7.	I ZR 21/06		08, 1108	08, 1537			Haus & Grund III
14. 8.	KVR 54/07			08, 1456			Lottoblock
11. 9.	I ZR 120/06		08, 1114	08, 1508			Räumungsfinale
11. 9.	I ZR 74/06	178, 63	09, 173	09, 177	09, 1504		bundesligakarten.de
11. 9.	I ZR 58/06		09, 418	09, 304		09, 470	Fußpilz
2.10.	I ZR 227/05		08, 1097	08, 1517	08, 3714	09, 120	Namensklau im Internet
2.10.	I ZR 51/06		09, 75	09, 51		09, 110	Priorin
2.10.	I ZR 48/06		09, 416	09, 432			Küchentiefstpreis-Garantie

Dat.	AktZ	BGHZ	GRUR	WRP	NJW	NJW-RR	Schlagwort
2.10.	I ZR 6/06		09, 407	09, 319		09, 542	Whistling for a train
2.10.	I ZB 96/07		09, 191	09, 67		09, 556	Auswärtiger Rechtsanwalt VII
2.10.	I ZB 111/07		09, 523	09, 69		09, 859	Zurückweisungsantrag nach Rechtsmittelbegründung
2.10.	I ZR 220/05		08, 1118	08, 1513		09, 50	MobilPlus-Kapseln
2.10.	I ZR 18/06		09, 53	09, 80		09, 274	PC
2.10.	I ZB 30/08			09, 75			Kürzung der Verfahrensgebühr
9.10.	I ZR 126/06		09, 79	09, 76			Gebäckpresse
9.10.	I ZR 100/04		09, 509	09, 625		09, 620	Schoenenberger Artischockensaft
14.10.	KVR 30/08	178, 203		09, 330	09, 1611		Faber/Basalt
23.10.	I ZB 48/07		09, 669	09, 815			POST II
23.10.	I ZR 11/06		09, 608	09, 734	09, 1756		raule.de
23.10.	I ZR 197/06		09, 692	09, 811	09, 1886		Sammelmitgliedschaft VI
23.10.	I ZR 121/07			09, 435			Edelmetallankauf
5.11.	I ZR 55/06		09, 690	09, 809		09, 1135	XtraPac
5.11.	I ZR 39/06		09, 766	09, 831			Stofffähnchen
11.11.	KVR 18/08			09, 455		09, 694	Werhahn/Norddeutsche Mischwerke
11.11.	KZR 43/07			09, 746			Neue Trift
11.11.	KVR 17/08		09, 424	09, 208	09, 1753		Bau und Hobby
20.11.	I ZR 94/02		09, 179	09, 187		09, 473	Konsumentenbefragung II
20.11.	I ZR 122/06		09, 788	09, 951	09, 2541		20 % auf alles
20.11.	I ZR 112/06		09, 403	09, 308	09, 770		Metall auf Metall
20.11.	I ZR 62/06		09, 480	09, 462	09, 1353		Kopierläden II
26.11.	VIII ZR 200/05	179, 27			09, 427		Quelle
4.12.	I ZB 31/08		09, 700	09, 846			Integrierte Versorgung
4.12.	I ZR 100/06		09, 413	09, 300		09, 531	Erfokol-Kapseln
4.12.	I ZB 48/08		09, 778	09, 813			Willkommen im Leben
4.12.	I ZR 3/06		09, 871	09, 967			Ohrclips
4.12.	I ZR 49/06		09, 939	09, 1008		09, 1499	Mambo No. 5
10.12.	KZR 54/08		09, 698		09, 1751		Subunternehmervertrag II
18.12.	I ZR 23/06		09, 395	09, 313	09, 774		Klingeltöne für Mobiltelefone
18.12.	I ZR 63/06		09, 515	09, 445			Motorradreiniger
18.12.	I ZB 83/08		09, 427	09, 307			ATOZ II
18.12.	I ZB 32/06		09, 427	09, 637	09, 921		Mehrfachverstoß gegen Unterlassungstitel
18.12.	I ZB 118/07		09, 519	09, 634		09, 995	Hohlfasermembranspinnanlage
18.12.	I ZR 200/06		09, 772	09, 971			Augsburger Puppenkiste
18.12.	I ZB 68/08		09, 794	09, 996	09, 2308		Auskunft über Tintenpatronen
2009							
15. 1.	I ZB 30/06		09, 411	09, 439		09, 534	STREETBALL
15. 1.	I ZR 123/06		09, 878	09, 1082		09, 1496	Fräsautomat
15. 1.	I ZR 141/06		09, 881	09, 1089			Überregionaler Krankentransport
15. 1.	I ZR 57/07		09, 841	09, 1139			Cybersky
22. 1.	I ZR 125/07		09, 498	09, 451	09, 2400		Bananabay I
22. 1.	I ZR 30/07		09, 500	09, 435	09, 2382		Beta Layout
22. 1.	I ZR 139/07		09, 502	09, 441	09, 2384		pcb

Dat.	AktZ	BGHZ	GRUR	WRP	NJW	NJW-RR	Schlagwort
22. 1.	I ZR 31/06		09, 875	09, 950	09, 2749		Jeder 100. Einkauf gratis
22. 1.	I ZB 52/08		09, 952	09, 960			DeutschlandCard
22. 1.	I ZB 34/08		09, 949	09, 963			My World
22. 1.	I ZB 115/07	180, 72	09, 890	09, 999			Ordnungsmittelandro-hung Urteilsverfügung
22. 1.	I ZR 247/03		09, 840	09, 1127	09, 2960		Le-Corbusier-Möbel II
22. 1.	I ZR 19/07		09, 942	09, 1274			Motezuma
4. 2.	VIII ZR 32/08	179, 319	09, 506	09, 628	09, 1337		Mobiltelefon
5. 2.	I ZR 167/06		09, 484	09, 616		09, 757	METROBUS
5. 2.	I ZR 119/06		09, 876	09, 1086		09,1493	Änderung der Voreinstel-lung II
5. 2.	I ZR 124/07		09, 990	09, 1098			Metoprolol
10. 2.	KVR 67/07	180, 323				09, 1635	Gaslieferverträge
19. 2.	I ZR 135/06		09, 685	09, 803	09, 2388		ahd.de
19. 2.	I ZR 195/06	180, 77	09, 783	09, 956			UHU
26. 2.	I ZR 106/06		09, 606	09, 611		09, 691	Buchgeschenk vom Stan-desamt
26. 2.	I ZR 28/06		09, 603	09, 613	09, 1420		Versicherungsunterver-treter
26. 2.	I ZR 219/06		09, 888	09, 1080	09, 2747		Thermoroll
26. 2.	I ZR 222/06		09, 883	09, 1092		09, 1553	MacDent
26. 2.	I ZR 163/06		09, 982	09, 1247	09, 3095		Dr. Clauder's Hufpflege
26. 2.	I ZR 142/06		09, 1046	09, 1404			Kranhäuser
3. 3.	KZR 82/07			09, 1254		10, 392	Reisestellenkarte
11. 3.	I ZR 114/06	180, 134	09, 597	09, 730	09, 1960		Halzband
11. 3.	I ZR 194/06		09, 1064	09, 1229	10, 612		Geld-zurück-Garantie II
11. 3.	I ZR 8/07		09, 1085	09, 1269	09, 3032		Wer wird Millionär?
26. 3.	I ZR 44/06		09, 660	09, 847		09, 1053	Resellervertrag
26. 3.	I ZR 213/06	180, 355	09, 984	09, 1240	10, 181		Festbetragsfestsetzung
26. 3.	I ZR 153/06	180, 344	09, 946	09, 1278	10,186		Reifen Progressiv
26. 3.	I ZR 99/07		09, 1082	09, 1385	10, 397		DeguSmiles & more
2. 4.	I ZR 78/06		09, 672	09, 824		09, 1130	OSTSEE-POST
2. 4.	I ZR 209/06		09, 678	09, 839			POST/RegioPost
2. 4.	I ZB 8/06		09, 780	09, 820		09, 1126	Ivadal
2. 4.	I ZB 94/06		09, 954	09, 1250			Kinder III
2. 4.	I ZR 144/06		09, 1069	09, 1374 09, 1509		09,1703	Knoblauchwürste
2. 4.	I ZR 199/06		09, 1073	09, 1372		10, 53	Ausbeinmesser
7. 4.	KVR 34/08			09, 1391		10, 51	Versicherergemeinschaft
22. 4.	I ZR 216/06		09, 845	09, 1001	09, 3511		Internet-Videorecorder
22. 4.	I ZR 176/06		09, 1080	09, 1369	09, 3365		Auskunft der IHK
22. 4.	I ZR 5/07	181, 1	09, 1052	09, 1412		10, 612	Seeing is Believing

Dat.	AktZ	BGHZ	GRUR	WRP	NJW	NJW-RR	Schlagwort
22. 4.	I ZR 14/07		09, 1180	09, 1510			0,00 Grundgebühr
30. 4.	I ZR 191/05		09, 852			09, 1558	Elektronischer Zolltarif
30. 4.	I ZR 45/07		09, 972	09, 1235			Lorch Premium II
30. 4.	I ZR 42/07	181, 77	09, 1162	09, 1526		10, 960	DAX
30. 4.	I ZR 66/07		09, 1183	09, 1501			Räumungsverkauf wegen Umbau
30. 4.	I ZR 68/07		09, 1185	09, 1503		10, 923	Totalausverkauf
30. 4.	I ZR 117/07		09, 1189	09, 1517		10, 399	Blutspendedienst
6. 5.	KZR 39/06	180, 312	09, 694	09, 858		09, 1047	Orange-Book-Standard
14. 5.	I ZR 98/06	181, 98	09, 856	09, 1129	09, 3722		Tripp-Trapp-Stuhl
14. 5.	I ZR 231/06		09, 1055	09, 1533			airdsl
14. 5.	I ZR 82/07		09, 1186	09, 1505			Mecklenburger Obstbrände
14. 5.	I ZR 179/07		09, 886	09, 1513	09, 3368		Die clevere Alternative
20. 5.	I ZR 220/06		09, 970	09, 1095		09, 1650	Versicherungsberater
20. 5.	I ZB 107/08		09, 994	09, 1102			Vierlinden
20. 5.	I ZB 53/08		09, 992	09, 1104			Schuhverzierung
20. 5.	I ZR 239/06		09, 864	09, 1143	09, 3509		CAD-Software
20. 5.	I ZR 218/07		09, 980	09, 1246	09, 2958		E-Mail-Werbung II
28. 5.	I ZR 124/06		10, 80	10, 94		10, 339	LIKEaBIKE
10. 6.	I ZR 37/07		10, 167	10, 100			Unrichtige Aufsichtsbehörde
10. 6.	I ZR 226/06		10, 62	10, 120		10, 620	Nutzung von Musik für Werbezwecke
18. 6.	I ZR 47/07		10, 156	10, 266		10, 462	EIFEL-ZEITUNG
18. 6.	I ZR 224/06		10, 247	10, 237	10, 618		Solange der Vorrat reicht
23. 6.	KZR 21/08			09, 1402		10, 618	Entega
23. 6.	KZR 58/07		10, 84	09, 1551		10, 615	Gratiszeitung Hallo
2. 7.	I ZR 147/06		09, 969	09, 1227	09, 3097		Winteraktion
2. 7.	I ZR 146/07	181, 373	09, 1096	09, 1388	09, 3303		Mescher weis
9. 7.	I ZR 13/07		09, 977	09, 1076	09, 3097		Brillenversorgung
9. 7.	I ZB 88/07		10, 138	10, 260			ROCHER-Kugel
9. 7.	I ZR 64/07		10, 158	10, 238	10, 616		FIFA-WM-Gewinnspiel
9. 7.	I ZR 193/06		10, 169	10, 247			CE-Kennzeichnung
16. 7.	I ZR 223/06		09, 988	09, 1100			Arzneimittelpräsentation im Internet
16. 7.	I ZR 56/07		09, 1075	09, 1377		09, 1633	Betriebsbeobachtung
16. 7.	I ZR 140/07		10, 251	10, 245		10, 1051	Versandkosten bei Froogle I
16. 7.	I ZR 50/07		10, 248	10, 370		10, 915	Kamerakauf im Internet
16. 7.	I ZB 53/07	182, 325	10, 231	10, 377			Legostein
29. 7.	I ZR 166/06		09, 1077	09, 1380	09, 3242		Finanz-Sanierung
29. 7.	I ZB 83/08		10, 270	10, 269			ATOZ III

Dat.	AktZ	BGHZ	GRUR	WRP	NJW	NJW-RR	Schlagwort
29. 7.	I ZR 102/07		10, 235	10, 381		10, 966	AIDA/AIDU
29. 7.	I ZR 169/07		10, 239	10, 384			BTK
29. 7.	I ZR 87/07		10, 237	10, 390			Zoladex
29. 7.	I ZR 77/07		10, 349	10, 518	10, 1968		EKW-Steuerberater
13. 8.	I ZB 43/08			09, 1559		10, 279	Erstellung eines Buchauszuges
17. 9.	Xa ZR 2/08	182, 245	09, 1142	09, 1394		10, 110	MP3-Player-Import
17. 9.	I ZR 217/07		10, 355	10, 649		10, 1127	Testfundstelle
17. 9.	I ZR 103/07		10, 365	10, 531		10, 1059	Quersubventionierung von Laborgemeinschaften II
1.10.	I ZR 134/07		10, 161	10, 252			Gib mal Zeitung
1.10.	I ZR 94/07		10, 343	10, 527	10, 2213		Oracle
7.10.	I ZR 216/07		10, 257	10, 258		10, 1130	Schubladenverfügung
7.10.	I ZR 38/07	182, 337	09, 1148	09, 1561	10, 771		Talking to Addison
7.10.	I ZR 109/06		09, 1167	09, 1520			Partnerprogramm
7.10.	I ZR 150/07		10, 346	10, 644			Rufumleitung
22.10.	I ZR 73/07		10, 352	10, 636			Hier spiegelt sich Erfahrung
22.10.	I ZR 58/07		10, 454	10, 640			Klassenlotterie
29.10.	I ZR 168/06		10, 57	10, 123		10, 1135	Scannertarif
29.10.	I ZR 180/07		10, 455	10, 746		10, 917	Stumme Verkäufer II
29.10.	I ZR 65/07		10, 546	10, 780		10, 855	Der strauchelnde Liebling
12.11.	I ZR 160/07		10, 530	10, 784		10, 1414	Regio-Vertrag
12.11.	I ZR 210/07		10, 542	10, 761	10, 2139		Tierarzneimittelversand
12.11.	I ZB 101/08		10, 367	10, 657	10, 1882		Auswärtiger Rechtsanwalt VIII
12.11.	I ZR 183/07		10, 642	10, 764		10, 851	WM-Marken
12.11.	I ZR 166/07		10, 616	10, 922		10, 1276	marions-kochbuch.de
19.11.	I ZR 186/07		10, 160	10, 250		10, 767	Quizalofop
19.11.	I ZR 141/07		10, 658	10, 757		10, 1191	Paketpreisvergleich
19.11.	I ZR 128/07		10, 620	10, 933		10, 1280	Film-Einzelbilder
19.11.	I ZB 76/08		10, 637	10, 888			Farbe gelb
19.11.	I ZR 142/07		10, 729	10, 1046			MIXI
2.12.	I ZR 44/07		10, 646	10, 893			OFFROAD
2.12.	I ZR 152/07		10, 654	10, 876			Zweckbetrieb
10.12.	I ZR 46/07	183, 309	10, 253	10, 241		10, 554	Fischdosendeckel
10.12.	I ZR 195/07		10, 649	10, 1017			Preisnachlass nur für Vorratsware
10.12.	I ZR 189/07		10, 754 10, 864	10, 869			Golly Telly
10.12.	I ZR 149/07		10, 744	10, 1023			Sondernewsletter
2010							
14. 1.	I ZR 138/07		10, 259	10, 374			Zimtkapseln
14. 1.	I ZB 32/09		10, 640	10, 891			hey!
14. 1.	I ZR 88/08		10, 726	10, 1039			Opel-Blitz II
14. 1.	I ZR 92/08		10, 838	10, 1043			DDR-Logo
14. 1.	I ZR 82/08						CCCP
21. 1.	I ZR 23/07		10, 359	10, 522		10, 610	Vorbeugen mit Coffein!
21. 1.	I ZR 47/09		10, 354	10, 525	10, 1208		Kräutertee
21. 1.	I ZR 176/07		10, 418	10, 539		10, 1410	Neues vom Wixxer
21. 1.	I ZR 206/07		10, 828	10, 1154			DiSC
4. 2.	I ZR 66/09		10, 852	10, 1143		10, 1560	Gallardo Spyder

Dat.	AktZ	BGHZ	GRUR	WRP	NJW	NJW-RR	Schlagwort
4. 2.	I ZR 51/08		10, 835	10, 1165		10, 1273	POWER BALL
4. 2.	I ZR 30/08		10, 1038	10, 1169			Kosten für Abschluss-schreiben
11. 2.	I ZR 154/08			10, 759			Bundesdruckerei
11. 2.	I ZR 85/08	185, 66	10, 847	10, 1146	10, 3780		Ausschreibung in Bulga-rien
11. 2.	I ZR 178/08		10, 822	10, 1174	10, 2661		Half-Life 2
25. 2.	I ZB 19/08		10, 833	10, 1159			Malteserkreuz II
25. 2.	I ZB 18/08		10, 859	10, 1162			Malteserkreuz III
11. 3.	I ZR 123/08		10, 936	10, 1246			Espressomaschine
11. 3.	I ZR 27/08		10, 939	10, 1249	10, 3239		Telefonwerbung nach Unternehmenswechsel
11. 3.	I ZR 18/08		10, 920	10, 1268			Klingeltöne für Mobilte-lefone II
18. 3.	I ZR 158/07	185, 11	10, 536	10, 750		10, 1053	Modulgerüst II
18. 3.	I ZR 203/08			10, 761			Darstellung als Imitation
18. 3.	I ZB 37/09		10, 1037	10, 776			Unzuständigkeitsrüge
18. 3.	I ZR 172/08		10, 1024	10, 1390		10, 1628	Master of Science Kiefer-orthopädie
18. 3.	I ZR 16/08		10, 1110	10, 1498			Versandkosten bei Froo-gle II
25. 3.	I ZB 116/08	185, 124	10, 662	10, 777	10, 1883		„Vollstreckung von Ord-nungsmittelbeschlüssen im Ausland"
25. 3.	I ZR 197/08		10, 944	10, 1401			braunkohle-nein.de
25. 3.	I ZR 47/08		10, 1004	10, 1403		10, 1633	Autobahnmaut
25. 3.	I ZR 68/09		10, 1115	10, 1489		11, 43	Freier Architekt
25. 3.	I ZR 122/08		10, 1090	10, 1520	11, 758		Werbung des Nachrich-tensenders
31. 3.	I ZR 174/07		10, 738	10, 880			Peek & Cloppenburg I
31. 3.	I ZR 27/09			10, 902			Streitwert eines Besichti-gungsanspruchs
31. 3.	I ZB 62/09	185, 152	10, 825	10, 1149		10, 1563	Marlene-Dietrich Bild-nis II
31. 3.	I ZR 75/08		10, 1022	10, 1388	10, 3306		Ohne 19 % Mehrwert-steuer
31. 3.	I ZR 36/08		10, 1020	10, 1397		10, 1631	Verbraucherzentrale
31. 3.	I ZR 34/08		10, 1117	10, 1475	11, 76		Gewährleistungsaus-schluss im Internet
15. 4.	I ZR 145/08		10, 1125	10, 1465		11, 45	Femur-Teil
22. 4.	I ZR 29/09		10, 1113	10, 1502	11, 79		Grabmalwerbung
22. 4.	I ZR 17/05		10, 1103	10, 1508			Pralinenform II
22. 4.	I ZR 17/09		10, 952	10, 880		10, 1478	Simply the Best!
22. 4.	I ZR 89/08	185, 224	10, 718	10, 896			Verlängerte Limousinen
22. 4.	I ZR 197/07		10, 1093	10, 1523	11, 775		Concierto de Aranjuez
29. 4.	I ZR 68/08		10, 623	10, 927	10, 2354		Restwertbörse
29. 4.	I ZR 69/08	185, 291	10, 628	10, 916	10, 2731		Vorschaubilder I
29. 4.	I ZR 23/08		10, 652	10, 872	10, 2521		Costa del Sol
29. 4.	I ZR 202/07		10, 749	10, 1030		10, 1343	Erinnerungswerbung im Internet

Dat.	AktZ	BGHZ	GRUR	WRP	NJW	NJW-RR	Schlagwort
29. 4.	I ZR 66/08		10, 1142	10, 1517	10, 3566		Holzhocker
29. 4.	I ZR 3/09		10, 1107	10, 1512			JOOP!
29. 4.	I ZR 99/08		11, 82	11, 55			Preiswerbung ohne Umsatzsteuer
29. 4.	I ZR 39/08		11, 56	11, 88	11, 769		Session-ID
12. 5.	I ZR 121/08	185, 330	10, 633	10, 912	10, 2061		Sommer unseres Lebens
12. 5.	I ZR 185/07		10, 756	10, 1020		10, 1478	One Touch Ultra
12. 5.	I ZR 214/07		11, 166	11, 59			Rote Briefkästen
12. 5.	I ZR 209/07		11, 59	11, 92			Lärmschutzwand
19. 5.	I ZR 177/07		10, 855	10, 1035			Folienrollos
19. 5.	I ZR 140/08		10, 1120	10, 1495		11, 335	Vollmachtsnachweis
19. 5.	I ZR 71/08		11, 142	11, 100			Untersetzer
19. 5.	I ZR 158/08		11, 79	11, 51			Markenheftchen
10. 6.	I ZR 42/08		11, 85	11, 63		11, 401	Praxis Aktuell
10. 6.	I ZB 39/09		11, 65	11, 65			Buchstabe T mit Strich
24. 6.	I ZR 182/08		10, 850	10, 1139		11, 260	Brillenversorgung II
24. 6.	I ZR 166/08		10, 1026	10, 1393		10, 1705	Photodynamische Therapie
24. 6.	I ZB 40/09		10, 1034	10, 1399			LIMES LOGISTIK
24. 6.	I ZB 115/08		10, 1100	10, 1504			TOOOR!
1. 7.	I ZR 19/08		10, 942	10, 1243		10, 1407	Ginkgo-Extrakt
1. 7.	I ZB 35/09		10, 935	10, 1254			Die Vision
1. 7.	I ZR 161/09		11, 163	11, 210			Flappe
1. 7.	I ZB 68/09		11, 158	11, 235			Hefteinband
5. 7.	I ZR 99/09		11, 355	11, 220			Gelenknahrung II
15. 7.	I ZR 57/08		11, 148	11, 230		11, 331	Goldhase II
22. 7.	I ZR 139/08		11, 152	11, 223			Kinderhochstühle im Internet
17. 8.	I ZB 59/09		11, 230	11, 347			SUPERgirl
17. 8.	I ZB 61/09			11, 349			FREIZEIT Rätsel Woche
17. 8.	I ZR 97/09		11, 423				Baugruppe II
1. 9.	StbSt (R) 2/10		RR 11, 7			11, 210	Steuerberater-suedniedersachsen.de
9. 9.	I ZR 193/07		10, 1136	10, 1482	10, 3721		UNSER DANKESCHÖN FÜR SIE
9. 9.	I ZR 72/08		10, 1130	10, 1485	10, 3724		Sparen Sie beim Medikamentenkauf!
9. 9.	I ZR 98/08		10, 1133	10, 1471			Bonuspunkte
9. 9.	I ZR 26/08		10, 1122	10, 1491			Gas-Heizkessel
9. 9.	I ZR 157/08		11, 431	11, 444			FSA-Kodex
9. 9.	I ZR 107/09		11, 453	11, 446			Handlanger
9. 9.	I ZB 81/09		11, 654	11, 753			Yoghurt-Gums
5.10.	I ZR 90/08		10, 1140	10, 1479		11, 49	Mundspüllösung
5.10.	I ZR 127/09		11, 415	11, 609			Kunstausstellung im Online-Archiv
5.10.	I ZR 46/09		11, 433	11, 576			Verbotsantrag bei Telefonwerbung
5.10.	I ZR 4/06	187, 231	11, 532	11, 557			Millionen-Chance II
14.10.	I ZR 11/08		11, 61	11, 95		11, 343	Gesamtvertrag-Musikabrufdienste

Dat.	AktZ	BGHZ	GRUR	WRP	NJW	NJW-RR	Schlagwort
14.10.	I ZR 191/08	187, 240	11, 513	11, 762	11, 2436		AnyDVD
14.10.	I ZR 5/09		11, 535	11, 747			Lohnsteuerhilfeverein Preußen
14.10.	I ZR 95/09		11, 537	11, 569			Anwerbung selbständiger Buchhalter
14.10.	I ZR 212/08		11, 546	11, 758	11, 2138		Mega-Kasten-Gewinnspiel
28.10.	I ZR 18/09		11, 714	11, 913			Der Frosch mit der Maske
28.10.	I ZR 60/09	187, 255	11, 436	11, 561	11, 1811		Hartplatzhelden.de
28.10.	I ZR 174/08		11, 543	11, 749			Änderung der Voreinstellung III
4.11.	I ZR 118/09		11, 539	11, 742			Rechtsberatung durch Lebensmittelchemiker
4.11.	I ZR 139/09		11, 633	11, 858		11, 1125	BIO TABAK
18.11.	I ZR 168/07		11, 169	11, 213			Lotterien und Kasinospiele
18.11.	I ZR 137/09		11, 631	11, 870		11, 1130	Unser wichtigstes Cigarettenpapier
18.11.	I ZR 155/09		11, 617	11, 881			Sedo
18.11.	I ZR 119/08		11, 647	11, 921		11, 1132	Markt & Leute
1.12.	I ZR 12/08		11, 134	11, 249	11, 761		Perlentaucher
1.12.	I ZR 55/08		11, 343	11, 449	11, 2207		Zweite Zahnarztmeinung I
1.12.	I ZR 196/08		11, 724	11, 927			Zweite Zahnarztmeinung II
1.12.	I ZR 70/09		11, 720	11, 1076			Mulitmediashow
10.12.	1 StR 213/10		11, 227				Italienische Bauhausmöbel I
16.12.	I ZR 161/08		11, 459	11, 467	11, 1513		Satan der Rache
16.12.	I ZR 149/08		11, 440	11, 565			Spiel mit
2011							
13. 1.	I ZR 22/09		11, 246	11, 344			Gurktaler Kräuterlikör
13. 1.	I ZR 111/08		11, 345	11, 451	11, 2211		Hörgeräteversorgung II
13. 1.	I ZR 125/07		11, 828	11, 1160	11, 3032		Bananabay II
20. 1.	I ZR 122/09		11, 352	11, 463	11, 929		Makler als Vertreter im Zwangsversteigerungsverfahren
20. 1.	I ZR 19/09		11, 328	11, 470			Destructive Emotions
20. 1.	I ZR 31/09		11, 824	11, 1157			Kappa
20. 1.	I ZR 10/09		11, 831	11, 1174			BCC
20. 1.	I ZR 28/09		11, 846	11, 1149	11, 2972		Kein TelekomAnschluss nötig
3. 2.	I ZR 129/08		11, 418	11, 480			UsedSoft
3. 2.	I ZR 134/08		11, 810	11, 1197	11, 2732		World's End
3. 2.	I ZR 26/10		11, 820	11, 1180			Kuchenbesteck-Set
10. 2.	I ZR 183/09		11, 340	11, 459		11, 398	Irische Butter
10. 2.	I ZR 136/09	188, 326	11, 444	11, 596			Flughafen Frankfurt-Hahn
10. 2.	I ZB 63/09		11, 557	11, 900		11, 907	Parallelverwender
10. 2.	I ZR 172/09		11, 817	11, 1164			RENNIE
10. 2.	I ZR 164/09		11, 936	11, 1153	11, 2657		Double-opt-in-Verfahren
24. 2.	5 StR 514/09	56, 174 (St)	11, 941	11, 572	11, 1236		Schneeballseminare

Dat.	AktZ	BGHZ	GRUR	WRP	NJW	NJW-RR	Schlagwort
24. 2.	I ZR 181/09		11, 754	11, 1057			Kosten des Patent-anwalts II
10. 2.	I ZR 8/09		11, 842	11, 1144			RC-Netzmittel
24. 2.	I ZR 154/09		11, 826	11, 1168			Enzymax/Enzymix
3. 3.	I ZR 167/09		11, 747	11, 1054	11, 3159		Kreditkartenübersendung
17. 3.	I ZR 183/09		11, 560	11, 752		11, 909	Streitwertherabsetzung II
17. 3.	I ZR 93/09		11, 946	11, 1302			KD
17. 3.	I ZR 170/08		11, 1050	11, 1444		11, 1408	Ford-Vertragspartner
17. 3.	I ZR 81/09		11, 1151	11, 1587			Original Kanchipur
24. 3.	I ZR 108/09	189, 56	11, 521	11, 878			TÜV I
24. 3.	I ZR 211/08		11, 1112	11, 1621			Schreibgeräte
30. 3.	KZR 6/09	189, 94	11, 943	11, 909	11, 2730		MAN-Vertragswerkstatt
7. 4.	I ZR 53/09		11, 544	11, 902			Messgerät
7. 4.	I ZR 34/09		11, 742	11, 873	11, 2787		Leistungspakete im Preis-vergleich
7. 4.	I ZR 56/09		11, 1117	11, 1463			ICE
14. 4.	I ZR 50/09		11, 629	11, 863			Einwilligungserklärung für Werbeanrufe
14. 4.	I ZR 133/09		11, 638	11, 866	11, 2653		Werbung mit Garantie
14. 4.	I ZR 41/08		11, 623	11, 886		11, 1337	Peek & Cloppenburg II
14. 4.	I ZR 129/09		11, 1165	11, 1450	11, 3363		Injektionslösung
14. 4.	I ZR 33/10		11, 1135	11, 1602			GROSSE INSPEKTION FÜR ALLE
5. 5.	I ZR 157/09		11, 1153	11, 1593			Creation Lamis
12. 5.	I ZR 20/10		11, 1140	11, 1606			Schaumstoff Lübke
12. 5.	I ZR 119/10		12, 81	12, 962			Innerhalb 24 Stunden
12. 5.	I ZR 53/10		12, 58				Seilzirkus
12. 6.	I ZR 147/09		12, 74	12, 77			Coaching-Newsletter
1. 6.	I ZR 80/09			11, 1064			Klageverzicht als Prozess-handlung
1. 6.	I ZR 140/09		11, 803	11, 1070		12, 174	Lernspiele
1. 6.	I ZR 25/10		11, 843	11, 1146			Vorrichtung zur Schäd-lingsbekämpfung
1. 6.	I ZB 52/09		12, 64	12, 83			Maalox/Melox-GRY
9. 6.	I ZR 58/10		12, 79	12, 964			Rechtsberatung durch Einzelhandelsverband
9. 6.	I ZR 41/10		12, 180	12, 980			Werbegeschenke
9. 6.	I ZR 113/10		12, 215	12, 75	12, 235		Zertifizierter Testaments-vollstrecker
9. 6.	I ZR 17/10		12, 188	12, 975			Computer-Bild
22. 6.	I ZB 64/10		11, 808	11, 1196		11, 1343	Aussetzung eines Schlich-tungsverfahrens
22. 6.	I ZB 9/10		12, 89	11, 1461			Stahlschluessel
22. 6.	I ZR 159/10		11, 1018	11, 1469	11, 3443		Automobil-Onlinebörse
22. 6.	I ZB 78/10		12, 272	12, 321			Rheinpark-Center Neuss
28. 6.	KZR 75/10	190, 145	12, 291	12, 209	12, 928		ORWI
30. 6.	I ZR 157/10		12, 184	12, 194	12, 1449		Branchenbuch Berg
7. 7.	I ZR 207/08		11, 835	11, 1171		11, 1488	Gartencenter Pötschke

Dat.	AktZ	BGHZ	GRUR	WRP	NJW	NJW-RR	Schlagwort
7. 7.	I ZR 173/09		12, 208	12, 311			10 % Geburtstags-Rabatt
7. 7.	I ZR 181/10		12, 213	12, 316			Frühlings-Special
7. 7.	I ZB 68/10		12, 314				Medicus.log
21. 7.	I ZR 30/11		11, 1012	11, 1483			PC II
21. 7.	I ZR 28/11		11, 1007	11, 1478			Drucker und Plotter II
21. 7.	I ZR 192/09		12, 402	12, 450			Treppenlift
17. 8.	I ZR 108/09		11, 1043	11, 1454			TÜV II
17. 8.	I ZR 134/10		12, 82	12, 198			Auftragsbestätigung
17. 8.	I ZR 57/09	191, 19	11, 1038	11, 1609			Stiftparfüm
17. 8.	I ZR 13/10		11, 1163	11, 1590		11, 1606	Arzneimitteldatenbank
17. 8.	I ZR 84/09		11, 1142	11, 1615			PROTI
17. 8.	I ZB 20/11		12, 427		11, 3791		Aufschiebende Wirkung
17. 8.	I ZB 7/11		12, 94	11, 3651			Radiologisch-diagnostische Untersuchungen
17. 8.	I ZB 70/10		12, 276	12, 472			Institut der Norddeutschen Wirtschaft e. V.
17. 8.	I ZB 98/10		12, 315	12, 474			akustilon
17. 8.	I ZR 148/10		12, 411	12, 453	12, 1514		Glücksspielverband
22. 9.	I ZR 127/10		12, 496	12, 565			Das Boot
22. 9.	I ZR 69/04		12, 394	12, 550		12, 618	Bayerisches Bier II
22. 9.	I ZR 229/10		12, 415	12, 467	12, 1812		Überregionale Klagebefugnis
28. 9.	I ZR 48/10		11, 1158	12, 318		12, 39	Teddybär
28. 9.	I ZR 188/09		12, 534	12, 1271			Landgut Borsig
28. 9.	I ZR 92/09		12, 193	12, 201			Sportwetten im Internet II
28. 9.	I ZR 93/10		12, 201	12, 966			Poker im Internet
28. 9.	I ZB 97/09		12, 319		12, 938		Ausländischer Verkehrsanwalt
28. 9.	I ZR 23/10		12, 512	12, 558			Kinderwagen
28. 9.	I ZR 191/10		12, 539	12, 1116			Freie Wähler
28. 9.	I ZR 96/10		12, 647	12, 705			INJECTIO
6.10.	I ZR 6/10		12, 392	12, 469		12, 616	Echtheitszertifikat
6.10.	I ZR 42/10		12, 286	12, 464		12, 499	Falsche Suchrubrik
6.10.	I ZR 54/10		12, 405	12, 461	12, 1589		Kreditkontrolle
6.10.	I ZR 117/10		12, 407	12, 456			Delan
19.10.	I ZR 140/10		12, 602	12, 721	12, 1886		Vorschaubilder II
19.10.	I ZR 223/06		RR 12, 259				
27.10.	I ZR 131/10		12, 651	12, 1118	12, 2279		regierung-oberfranken.de
27.10.	I ZB 23/11		12, 429	12, 555			Simca
9.10.	I ZR 150/09		12, 304	12, 330			Basler Haar-Kosmetik
9.11.	I ZR 216/10		12, 172				Stuttgart 21
9.11.	I ZR 123/10		12, 643	12, 710	12, 1814		Überschrift zur Widerrufsbelehrung
24.11.	I ZR 206/10		12, 177	12, 326			Stofffähnchen II
24.11.	I ZR 175/09		12, 618	12, 813			Medusa
24.11.	I ZR 154/10		12, 645	12, 817	12, 1963		Mietwagenwerbung
30.11.	I ZB 56/11		12, 317	12, 339			Schokoladenstäbchen
30.11.	I ZR 8/11		12, 734	12, 1099			Glucosamin Naturell
30.11.	I ZR 212/10		12, 819	12, 1418			Blühende Landschaften
15.12.	I ZR 129/10		12, 728	12, 935			Einkauf Aktuell

Dat.	AktZ	BGHZ	GRUR	WRP	NJW	NJW-RR	Schlagwort
15.12.	I ZR 174/10		12, 730	12, 930			Bauheizgerät
21.12.	I ZB 56/09		12, 270	12, 337			Link economy
21.12.	I ZB 87/09		12, 401				Thüringer Klöße
21.12.	I ZR 196/10		12, 756				Kosten des Patent-anwalts III
21.12.	I ZR 190/10		12, 842	12, 1096	12, 2276		Neue Personenkraft-wagen
2012							
12. 1.	I ZB 43/11		12, 541				Titelschuldner im Zwangsvollstreckungs-verfahren
12. 1.	I ZR 211/10		12, 954	12, 1101			Europa-Apotheke Buda-pest
18. 1.	I ZR 170/10		12, 288	12, 309			Betriebskrankenkasse
18. 1.	I ZR 187/10	192, 204	12, 417	12, 1265	12, 2034		gewinn.de
18. 1.	I ZR 83/11		12, 1058	12, 1091			Euminz
18. 1.	I ZR 17/11		12, 928	12, 1104			Honda-Grauimport
18. 1.	I ZR 104/10		12, 942	12, 1094		12, 1066	Neurologisch/Vaskuläres Zentrum
2. 2.	I ZR 162/09	192, 285	12, 910	12, 1405	12, 3512		Delcantos Hits
2. 2.	I ZR 81/10		12, 945	12, 1222			Tribenuronmethyl
2. 2.	I ZR 50/11		12, 930	12, 1234			Bogner B/Barbie B
9. 2.	I ZR 100/10		12, 1040	12, 1241			pjur/pure
9. 2.	I ZR 178/10		12, 943	12, 1083			Call-by-Call
23. 2.	I ZB 28/11			12, 829			Ordnungsmittelfestset-zung nach einseitiger Er-ledigungserklärung
23. 2.	I ZR 231/10		12, 1050	12, 1226			Dentallaborleistungen
23. 2.	I ZR 136/10		12, 1048	12, 1230			MOVICOL-Zulassungs-antrag
8. 3.	I ZR 75/10		12, 621	12, 716		12, 943	OSCAR
8. 3.	I ZR 202/10		12, 1053	12, 1216			Marktführer Sport
8. 3.	I ZR 85/10		12, 1153	12, 1390	12, 3241		Unfallersatzgeschäft
8. 3.	I ZR 124/10		12, 1139	12, 1540			Weinkaraffe
15. 3.	I ZR 52/10		12, 626	12, 819			CONVERSE I
15. 3.	I ZR 137/10		12, 630	12, 824			CONVERSE II
15. 3.	I ZR 44/11		12, 1164	12, 1386			ARTROSTAR
15. 3.	I ZR 128/10		RR 12, 475				
22. 3.	I ZR 55/10		12, 635	12, 712			METRO/ROLLER's Metro
22. 3.	I ZR 102/11		12, 1265	12, 1526			Stimmt's?
22. 3.	I ZR 21/11		12, 1155	12, 1379			Sandmalkasten
22. 3.	I ZR 111/11		12, 1159	12, 1384			Preisverzeichnis bei Mietwagenangebot
19. 4.	I ZR 86/10		12, 1145	12, 1392		12, 1506	Pelikan

Dat.	AktZ	BGHZ	GRUR	WRP	NJW	NJW-RR	Schlagwort
19. 4.	I ZR 173/11			12, 1233			Bester Preis der Stadt
19. 4.	I ZB 80/11	195, 257	12, 1026	12, 1250	12, 2958		Alles kann besser werden
25. 4.	I ZR 105/10		12, 1279	12, 1517			DAS GROSSE RÄT-SELHEFT
25. 4.	I ZR 235/10		12, 1263	12, 1530		13, 48	Clinique happy
25. 4.	I ZR 156/10		12, 1261	12, 1533			Orion
10. 5.	I ZR 70/11		12, 759				Kosten des Patentanwalts IV
10. 5.	I ZR 145/11		12, 1248	13, 65			Fluch der Karibik
16. 5.	I ZR 158/11			12, 938			Keine Werbung
16. 5.	I ZR 74/11		12, 1275	13, 57	13, 314		Zweigstellenbriefbogen
31. 5.	I ZR 135/10		12, 832	12, 940			ZAPPA
31. 5.	I ZR 198/11						Kundenschutzklausel II
31. 5.	I ZR 45/11		12, 949	12, 1086			Missbräuchliche Vertragsstrafe
31. 5.	I ZR 112/10		13, 68	13, 61			Castell/VIN CASTEL
31. 5.	I ZR 106/10		13, 176	13, 336	13, 787		Ferienluxuswohnung
31. 5.	I ZR 234/10		13, 196	13, 184	13, 793		Playboy am Sonntag
19. 7.	I ZR 2/11		12, 1056	12, 1219			GOOD NEWS I
13. 6.	I ZR 228/10		12, 1273	12, 1523			Stadtwerke Wolfsburg
28. 6.	I ZR 35/11		12, 1069	12, 1421			Hi Hotel
28. 6.	I ZR 1/11		12, 1065	12, 1246			Parfumflakon II
28. 6.	I ZR 110/11		13, 186	13, 182		13, 287	Traum-Kombi
12. 7.	I ZR 54/11		13, 301	13, 491			Solarinitiative
12. 7.	I ZR 102/11		13, 285	13, 341			Kinderwagen II
12. 7.	I ZR 18/11	194, 339	13, 370	13, 332	13, 784		Alone in the Dark
12. 7.	AnwZ (Brfg) 37/11	194, 79			12, 3102		Sozietät
19. 7.	I ZR 24/11		12, 914	12, 1257		12, 1127	Take Five
19. 7.	I ZR 70/10	194, 136	12, 916	12, 1259	12, 3301		M2Trade
19. 7.	I ZR 105/11		13, 305	13, 327			Honorarkürzung
19. 7.	I ZR 199/10		13, 307	13, 329		13, 369	Unbedenkliche Mehrfachabmahnung
19. 7.	I ZR 40/11		13, 421	13, 479			Pharmazeutische Beratung über Call-Center
16. 8.	I ZR 200/11			12, 1526			Über 400 Jahre Brautradition
16. 8.	I ZR 74/10		12, 1253	12, 1536			Gartenpavillon
13. 9.	I ZR 230/11	194, 314	13, 401	13, 472			Biomineralwasser
20. 9.	I ZR 116/11		13, 88		13, 72		Fraktionszeitung
20. 9.	I ZR 90/09		13, 509	13, 808		13, 878	UniBasic-IDOS
2.10.	I ZB 89/11		13, 729	13, 626			READY TO FUCK
2.10.	I ZR 82/11		13, 638	13, 785			Völkl
11.10.	1 StR 213/10	St 58, 15	13, 62				Italienische Bauhausmöbel II
18.10.	I ZR 137/11		13, 409	13, 496	13, 1373		Steuerbüro
18.10.	I ZR 191/11		13, 412	13, 486		13, 606	Taxibestellung
25.10.	I ZR 169/10		13, 531	13, 767	13, 2683		Einwilligung in Werbeanrufe II
25.10.	I ZR 162/11		13, 717	13, 911		13, 1057	Covermount
31.10.	I ZR 205/11		13, 644	13, 764		13, 817	Preisrätselgewinnauslobung V

Dat.	AktZ	BGHZ	GRUR	WRP	NJW	NJW-RR	Schlagwort
15.11.	I ZR 74/12		13, 511	13, 799	13, 1441		Morpheus
15.11.	I ZR 128/11		13, 647	13, 770			Rechtsmissbräuchlicher Zuschlagsbeschluss
22.11.	I ZR 72/11		13, 739	13, 902			Barilla
22.11.	I ZB 72/11		13, 731	13, 909			Kaleido
5.12.	I ZR 36/11		13, 189	13, 180			Monsterbacke
5.12.	I ZB 7/12		13, 535			13, 490	Nebenintervention
5.12.	I ZR 135/11		13, 725	13, 1034		13, 987	Duff Beer
5.12.	I ZR 85/11		13, 833	13, 1038			Culinaria/Villa Culinaria
5.12.	I ZB 48/12		13, 536	13, 628		13, 751	Heiligtümer des Todes
5.12.	I ZR 146/11		13, 851	13, 1029			Herstellergarantie II
5.12.	I ZR 92/11	196, 254					CEPS-Pipeline
13.12.	I ZR 217/10		13, 290	13, 505		13, 555	MOST-Pralinen
13.12.	I ZR 150/11		13, 294	13, 338		13, 487	dlg.de
13.12.	I ZR 182/11		13, 614	13, 804	13, 1885		Metall auf Metall II
13.12.	I ZR 161/11		13, 857	13, 1024			Voltaren
13.12.	I ZR 23/12		13, 830	13, 1050			Bolerojäckchen
2013							
10. 1.	I ZR 190/11		13, 945	13, 1183	13, 2756		Standardisierte Mandats- bearbeitung
17. 1.	I ZR 187/09		13, 414	13, 488		13, 681	Flonicamid
17. 1.	I ZR 5/12		13, 958	13, 1179		13, 1262	Vitalpilze
24. 1.	I ZR 171/10		13, 527	13, 515			Digibet
24. 1.	I ZR 60/11		13, 397	13, 499		13, 748	Peek & Cloppenburg III
24. 1.	I ZR 51/11		13, 956			13, 1197	Glückspäckchen im Osternest
24. 1.	I ZR 136/11		13, 951	13, 1188			Regalsystem
24. 1.	I ZR 174/11		13, 1067	13, 1364			Beschwer des Unterlas- sungsschuldners
6. 2.	I ZR 61/11		13, 649	13, 772			Basisinsulin mit Ge- wichtsvorteil
6. 2.	I ZR 13/12		13, 1069	13, 1362			Basis3
6. 2.	I ZR 106/11		13, 925	13, 1198			VOODOO
6. 2.	I ZB 79/11		13, 1071	13, 1485			Umsatzangaben
6. 2.	I ZR 124/11		13, 1035	13, 1355			Videospiel–Konsolen
20. 2.	I ZR 146/12		13, 950	13, 1332	13, 2671		auch zugelassen am OLG Frankfurt
20. 2.	I ZR 175/11		13, 1058	13, 1333			Kostenvergleich bei Ho- norarfactoring
20. 2.	I ZR 172/11		13, 1044	13, 1343			Beate Uhse
28. 2.	I ZR 237/11		13, 917	13, 1196	13, 2760		Vorbeugende Unterwer- fungserklärung
7. 3.	I ZR 30/12		13, 850	13, 1022			Grundpreisangabe im Su- permarkt
20. 3.	I ZR 209/11		13, 1170	13, 1461			Telefonwerbung für DSL–Produkte
27. 3.	I ZR 100/11		13, 631	13, 778			AMARULA/Marulablu
27. 3.	I ZR 9/12			13, 1620			SUMO
27. 3.	I ZR 93/12		13, 1150	13, 1473			Baumann I

Dat.	AktZ	BGHZ	GRUR	WRP	NJW	NJW-RR	Schlagwort
11. 4.	I ZR 152/11		13, 618	13, 793			Internet-Videorecorder II
11. 4.	I ZR 214/11			13, 1601			VOLKSWAGEN/Volks. Inspektion
11. 4.	I ZR 91/11		13, 1137	13, 1480			Marcel-Breuer-Möbel I
18. 4.	I ZR 180/12		13, 1169	13, 1459			Brandneu von der IFA
18. 4.	I ZR 53/09			13, 1592			Messgerät II
8. 5.	I ZR 98/12			13, 1587			RezeptBonus
8. 5.	I ZR 90/12			13, 1590			Rezept-Prämie
16. 5.	I ZR 46/12		13, 818	13, 1047			Die Realität
16. 5.	I ZR 216/11			13, 1613			Kinderhochstühle im Internet II
16. 5.	I ZR 28/12						Beuys-Aktion
16. 5.	I ZR 175/12						Treuepunkte-Aktion
6. 6.	I ZR 2/12						Pflichtangaben im Internet
20. 6.	I ZR 201/11			13, 1483			Markenheftchen II
17. 7.	I ZR 21/12		13, 1052	13, 1339			Einkaufswagen III
17. 7.	I ZR 222/11		13, 1056	13, 1336			Meisterpräsenz
17. 7.	I ZR 129/08		14, 264	14, 308		14, 360	UsedSoft II
17. 7.	I ZR 52/12		14, 258	14, 178	14, 771		Pippi-Langstrumpf-Kostüm
14. 8.	I ZB 76/10				13, 2906		Zwangsmittelfestsetzung
15. 8.	I ZR 80/12		13, 1030	13, 1348	13, 3245		File-Hosting-Dienst
15. 8.	I ZR 188/11	198, 159	13, 1161	13, 1465		14, 479	Hard Rock Cafe
15. 8.	I ZB 68/12		13,1286	13, 1484	13, 3104		
12. 9.	I ZR 208/12		13, 1259	13, 1579			Empfehlungs–E-Mail
12. 9.	I ZR 123/12		14, 403	14, 435			DER NEUE
12. 9.	I ZB 39/13		14, 607	14, 583		14, 886	Klageerhebung an einem dritten Ort
18. 9.	I ZR 183/12		13, 1250	13, 1585			Krankenzusatzversicherung
18. 9.	I ZR 29/12		13, 1247	13, 1593			Buchungssystem
18. 9.	I ZR 65/12		14, 494	14, 559			Diplomierte Trainerin
24. 9.	I ZR 89/12		13, 1254	13, 1596		14, 153	Matratzen Factory Outlet
24. 9.	I ZR 219/12		13, 1252	13, 1582			Medizinische Fußpflege
24. 9.	I ZR 73/12		14, 405	14, 429			Atemtest II
24. 9.	I ZR 133/12		14, 407	14, 849		14, 1304	„abmahnsicher"
9.10.	I ZR 24/12		14, 580	14, 545		14, 817	Alpenpanorama im Heißluftballon
9.10.	I ZR 99/12						Micardis
17.10.	I ZR 51/12			13, 1611			Davidoff Hot Water I
17.10.	I ZB 65/12		14, 438	14, 483			test
17.10.	I ZR 41/12		14, 556	14, 716		14, 1949	Rechteeinräumung Synchronsprecher
17.10.	I ZR 173/12		14, 573	14,552			Werbung für Fremdprodukte

Dat.	AktZ	BGHZ	GRUR	WRP	NJW	NJW-RR	Schlagwort
31.10.	I ZR 139/12		14,576	14, 689			2 Flaschen GRATIS
31.10.	I ZR 49/12		14,378	14, 445			OTTO CAP
6.11.	I ZR 104/12		14, 88	14, 57		14, 669	Vermittlung von Netto-Policen
6.11.	I ZR 147/12		14, 496	14, 557		14, 611	Kooperation mit Wirtschaftsprüfer
6.11.	I ZR 153/12		14, 506	14, 584		14, 611	sr.de
6.11.	KZR 58/11	199, 1		14, 185			VBL-Gegenwert
13. 11	I ZR 143/12	199, 52	14, 175	14, 172	14, 469		Geburtstagszug
13. 11	I ZR 77/12		14,595	14, 587	14, 2180		Vertragsstrafenklausel
13.11.	I ZR 15/12	199, 43	14, 86	13, 2349	14, 554		Kommanditistenbrief
28.11.	I ZR 34/13		14, 498	14, 556			Kostenlose Schätzung
28.11.	I ZR 7/13		14, 398	14, 431			Online-Versicherungsvermittlung
28.11.	I ZR 76/12		14, 549	14, 699	14, 2117		Meilensteine der Psychologie
12.12.	I ZR 83/12		14, 689	14, 847			Testen Sie Ihr Fachwissen
12.12.	I ZR 192/12		14, 686	14, 831	14, 2279		Goldbärenbarren
12.12.	I ZR 131/12		14, 601	14, 548	14, 2504		Englischsprachige Pressemitteilung
2014							
8. 1.	I ZR 38/13		14, 662	14, 856			Probiotik
8. 1.	I ZR 169/12	200, 76	14, 657	14, 851	14, 2360		BearShare
22. 1.	I ZR 218/12		14, 682	14, 835	14, 2282		Nordjob-Messe
22. 1.	I ZR 71/12		14, 382	14, 452			REAL-Chips
22. 1.	I ZR 164/12		14, 393	14, 424	14, 1534		wetteronline.de
30. 1.	I ZR 19/13		14, 794	14, 945			Gebundener Versicherungsvermittler
30. 1.	I ZR 107/10		14, 385	14, 443		14, 557	H 15
6. 2.	I ZR 2/11		14, 879	14, 1058			GOOD NEWS II
6. 2.	I ZR 75/13		14, 904	14, 1067			Aufruf zur Kontokündigung
19. 2.	I ZR 230/12		14, 578	14, 697	14, 3033		Umweltengel für Tragetasche
19. 2.	I ZR 17/13		14, 584	14, 686		14, 860	Typenbezeichnung
19. 2.	I ZR 86/12		14,363	14, 455	14, 1888		Peter Fechter
26. 2.	I ZR 45/13		14, 588	14, 694			Himbeer-Vanille-Abenteuer
26. 2.	I ZR 79/10		14, 593	14, 692	14, 3245		Sofort-Bonus
26. 2.	I ZR 178/12		14, 500	14, 562		14, 1129	Praebiotik
26. 2.	I ZR 77/09		14, 591	14, 566	14, 3243		Holland-Preise
5. 3.	2 StR 616/12		14, 886	14, 1189	14, 2595		Routenplaner
13. 3.	I ZR 120/13		14, 1009	14, 1056			Kooperationsapotheke
19. 3.	I ZR 185/12		14, 1007	14, 1054	14, 3095		Geld-Zurück-Garantie III
3. 4.	I ZR 96/13		14, 1117	14, 1301			Zeugnisaktion
3. 4.	I ZB 3/12		14, 909	14, 861			Ordnungsmittelandrohung nach Prozessvergleich
8. 4.	KZR 53/12			14, 956			VBL-Versicherungspflicht
10. 4.	I ZR 43/13		14, 1114	14, 1307			nickelfrei
10. 4.	I ZR 46/12						Die Realität II
30. 4.	I ZR 245/12		14, 1122	14, 1311			Abwerbeverbot

Dat.	AktZ	BGHZ	GRUR	WRP	NJW	NJW-RR	Schlagwort
30. 4.	I ZR 170/10		14, 1120	14, 1304			Betriebskrankenkasse II
30. 4.	I ZR 224/12		14, 785	14, 839	14, 3307		Flugvermittlung im Internet
8. 5.	I ZR 210/12		14, 797	14, 948			fishtailparka
15. 5.	I ZR 137/12		14, 791	14, 844		14, 1188	Teil-Berufsausübungsgemeinschaft
15. 5.	I ZR 131/13			14, 1458			Olympia-Rabatt
15. 5.	I ZB 71/13			14, 1468			Deus Ex
27. 5.	XI ZR 264/13				14, 3312		
12. 6.	I ZB 37/13						
18. 6.	I ZR 242/12		14, 883	14, 1050			Geschäftsführerhaftung
3. 7.	I ZR 84/13			15, 186	15, 191		Wir zahlen Höchstpreise
3. 7.	I ZR 28/11		14, 979	14, 1211			Drucker und Plotter III
3. 7.	I ZR 30/11		14, 984	14, 1203			PC III
10. 7.	I ZR 188/12				15, 455		Werbeschreiben bei Kapitalanlagen
22. 7.	KZR 27/13			14, 1323		14, 3089	Stromnutzungsentelt VI
22. 7.	KZR 13/13			14, 1327		14, 3092	Stromnutzungsentgelt VII
24. 7.	I ZR 53/13		15, 286		15, 340		Spezialist für Familienrecht
24. 7.	I ZR 221/12		14, 1013	14, 1184			Original Bach-Blüten
24. 7.	I ZR 119/13		15, 393	15, 450			Der neue SLK
24. 7.	I ZR 68/13		15, 283	15, 344			Hörgeräteversorgung III
18. 9.	I ZR 34/12		14, 1211	14, 1447			Runes of Magic II
18. 9.	I ZR 201/12		14, 1444				Preis zuzüglich Überführung
18. 9.	I ZR 228/12		14, 1101	14, 1314			Gelbe Wörterbücher
18. 9.	I ZR 138/13		14, 1197	14, 1465			TK 50
9.10.	I ZR 167/12		164, 1224	14, 1453	15, 166		ENERGY & VODKA
	I ZB 57/13						
9.10.	I ZR 162/13			15, 498	15, 569		Combiotik
23.10.	I ZR 133/13		15, 603	15, 717			Keksstangen
6.11.	I ZR 26/13		15, 504	15, 565			Kostenlose Zweitbrille
6.11.	I ZB 38/14		15, 509	15, 753			Flugkosten
17.11.	I ZR 97/13		15, 187	15, 198			Zuwiderhandlung während Schwebezeit
27.11.	I ZR 1/11		15, 689	15, 735			Parfumflakon III
27.11.	I ZR 67/11		15, 692	15, 854			Hohlkammerprofilplatten
27.11.	I ZR 124/11		15, 672	15, 739			Videospiel-Konsolen II
27.11.	I ZR 16/14			15, 452			KONDOME – Made in Germany
11.12.	I ZR 113/13		15, 694	15, 856			Bezugsquellen für Bachblüten
18.12.	I ZR 129/13		15, 698	15, 851	15, 2263		Schlafzimmer komplett
2015							
8. 1.	I ZR 123/13		15, 916	15, 1095		15, 1315	Abgabe ohne Rezept
8. 1.	I ZR 141/13		15, 811	15, 969			Mundspüllösung II
22. 1.	I ZR 107/13		15, 909	15, 1090			Extenterzähne

Dat.	AktZ	BGHZ	GRUR	WRP	NJW	NJW-RR	Schlagwort
22. 1.	I ZR 59/14		15, 822	15, 979			Kosten für Abschluss-schreiben II
22. 1.	I ZR 95/14			15, 454			
5. 2.	I ZR 240/12		15, 485	15, 577			Kinderhochstühle im Internet III
5. 2.	I ZR 136/13		15, 906	15, 1098			TIP der Woche
12. 2.	I ZR 36/11		15, 403	15, 444			Monsterbacke II
12. 2.	I ZR 213/13		15, 813	15, 966			Fahrdienst zur Augenklinik
19. 2.	I ZB 55/13		15, 511	15, 1022			Kostenquote bei beziffertem Ordnungsmittelantrag
5. 3.	I ZR 164/13		15, 1017	15, 1087			Neue Personenkraftwagen II
5. 3.	I ZR 185/13		15, 1033	15, 1105			Patientenindividuell zusammengestellte Arzneimittelblister
5. 3.	I ZR 161/13		15, 1004	15, 1219			IPS/ISP
12. 3.	I ZR 29/13		15, 611	15, 721			RESCUE-Produkte
12. 3.	I ZR 188/13		15, 607	15, 714			Uhrenankauf im Internet
12. 3.	I ZR 84/14		15, 1025	15, 1085			TV-Wartezimmer
19. 3.	I ZR 157/13		15, 1134	15, 1341			Schufa-Hinweis
19. 3.	I ZR 94/13		15, 1129	15, 1326		15, 3443	Hotelbewertungsportal
2. 4.	I ZR 167/13		15, 1136	15, 1336			Staubsaugerbeutel im Internet
16. 4.	I ZR 130/13		15, 705	15; 863			Weihrauch-Extrakt-Kapseln
16. 4.	I ZR 27/14		15, 1140	15, 1332			Bohnengewächsextrakt
30. 4.	I ZR 153/13		15, 703	15, 860			Teststreifen zur Blutzuckerkontrolle
30. 4.	I ZR 13/14		15, 1228	15, 1468			Tagesschau-App
30. 4.	I ZR 196/13		15, 1235	15, 1461			Rückkehrpflicht V
30. 4.	I ZR 127/14		16, 93	16, 48			Abschlagpflicht I
7. 5.	I ZR 158/14		15, 1240	15, 1464			Der Zauber des Nordens
7. 5.	I ZR 29/14		15, 1244	16, 44		16, 417	Äquipotenzangabe in Fachinformation
21. 5.	I ZR 183/13		15, 1237	16, 41			Erfolgsprämie für die Kundengewinnung
11. 6.	I ZR 226/13		16, 88	16, 35			Deltamethrin I
18. 6.	I ZR 26/14		16, 213	16, 193			Zuweisung von Verschreibungen
18. 6.	I ZR 74/14		16, 209	16, 187	16, 804		Haftung für Hyperlink
25. 6.	I ZR 205/13		16, 302	16, 191			Mundspüllösung III
25. 6.	I ZR 145/14		15, 1019	15, 1102		16, 159	Mobiler Buchhaltungsservice
25. 6.	I ZR 11/14						Chlorhexidin
9. 7.	I ZR 224/13		15, 1021	15.1214		16, 155	Kopfhörer-Kennzeichnung
23. 7.	I ZR 83/14		16, 298	16, 323			Gutscheinaktion beim Buchankauf
23. 7.	I ZR 143/14		16, 295	16, 327		16, 491	Preisangabe für Telekommunikationsdienstleistung
30. 7.	I ZR 29/12		16, 1015	16, 392	16, 467		Buchungssystem II

Dat.	AktZ	BGHZ	GRUR	WRP	NJW	NJW-RR	Schlagwort
30. 7.	I ZR 104/14		15, 1223	15, 1501		16, 673	Poster-Lounge
30. 7.	I ZR 18/14		16, 292	16, 321			Treuhandgesellschaft
30. 7.	I ZR 250/12		16, 406	16, 331		16, 485	Piadina-Rückruf
27. 8.	I ZR 148/14		15, 1251	16, 86	16, 816	16, 300	Schiedsstellenanrufung II
17. 9.	I ZR 47/14		16, 526	16, 489			Irreführende Lieferanten-angabe
17. 9.	I ZR 92/14		16, 395	16, 454			Smartphone-Werbung
23. 9.	I ZR 105/14	207, 71	15, 1214	15, 1477			Goldbären
8.10.	I ZR 136/14		16, 606	16, 721			Allgemeine Marktnach-frage
8.10.	I ZR 225/13		16, 513	16, 586			Eizellspende
15.10.	I ZR 260/14		16, 207	16, 184	16, 814		All Net Flat
21.10.	I ZR 51/12		16, 497	16, 707	16, 2190		Davidoff Hot Water II
21.10.	I ZR 23/14		16, 197	16, 199			Bounty
21.10.	I ZR 173/14		16, 201	16, 203			Ecosoil
5.11.	I ZR 182/14		16, 521	16, 590			Durchgestrichener Preis II
5.11.	I ZR 50/14		16, 705	16, 869			ConText
5.11.	I ZR 76/11		16, 487	16, 599	16, 2338		Wagenfeld-Leuchte II
5.11.	I ZR 91/11		16, 490	16, 596	16, 2335		Marcel-Breuer-Möbel II
5.11.	I ZR 88/13		16, 493	16, 603	16, 2341		Al Di Meola
12.11.	I ZR 167/14		16, 836	16, 985			Abschlagspflicht II
19.11.	I ZR 109/14		16, 720	16, 854			Hot Sox
19.11.	I ZR 149/14		16, 725	16, 850			Pippi-Langstrumpf-Kos-tüm II
19.11.	I ZR 151/13		16, 792	16, 1123			Gesamtvertrag Unterhal-tungselektronik
26.11.	I ZR 174/14	208, 82	16, 268	16, 341	16, 794		Störerhaftung des Access-Providers
2.12.	I ZR 176/14		16, 730	16, 966			Herrnhuter Stern
2.12.	I ZR 239/14		16, 702	16, 874			Eligard
2.12.	I ZR 45/13		16, 738	16, 838			Himbeer-Vanille-Aben-teuer II
10.12.	I ZR 222/13		16, 412	16, 471			Lernstark
10.12.	I ZR 177/14		16, 749	16, 877			Landgut A. Borsig
17.12.	I ZR 21/14		16, 697	16, 1009			Königshof
17.12.	I ZR 69/14		16, 368	16, 485	16, 2576		Exklusivinterview
17.12.	I ZR 219/13						Dr. Estrich
2016							
14. 1.	I ZR 107/14		16, 820	16, 861		16, 1056	Schadensregulierung durch Versicherungsmak-ler
14. 1.	I ZR 61/14		16, 516	16, 581		16, 1322	Wir helfen im Trauerfall
14. 1.	I ZR 65/14		16, 946	16, 958	16, 3445		Freunde finden
20. 1.	I ZR 102/14		16, 421	16, 477			Erledigungserklärung nach Gesetzesänderung
21. 1.	I ZR 252/14		16, 828	16, 974		16, 1010	Kundenbewertung im In-ternet
21. 1.	I ZR 274/14		16, 825	16, 977			Tarifwechsel
21. 1.	I ZR 90/14		16, 860	16, 1142			Deltamethrin II
28. 1.	I ZR 202/14		16, 939	16, 999			wetter.de
28. 1.	I ZR 40/14		16, 803	16, 1135			Armbanduhr
28. 1.	I ZR 231/14		16, 399	16, 459			MeinPaket.de
28. 1.	I ZR 36/14		16, 418	16, 463			Feuchtigkeitsspendendes Gel-Reservoir
4. 2.	I ZR 181/14		16, 954	16, 1100		16, 1379	Energieeffizienzklasse I
4. 2.	I ZR 194/14		16, 403	16, 450		16, 1439	Fressnapf

Dat.	AktZ	BGHZ	GRUR	WRP	NJW	NJW-RR	Schlagwort
25. 2.	I ZR 238/14		16, 957	16, 980			Mehrwertdienstenummer
3. 3.	I ZR 110/15		16, 961	16, 1102	16, 3306		Herstellerpreisempfeh-lung bei Amazon
3. 3.	I ZR 140/14		16, 936	16, 1107			Angebotsmanipulation bei Amazon
10. 3.	I ZR 138/14		16, 930	16, 1112			TK 50 II
10. 3.	I ZR 183/14		16, 1187	16, 1351		17, 166	Stirnlampen
10. 3.	I ZR 180/15						Dieses Produkt macht schlau
22. 3.	I ZB 44/15		16, 636	16, 728		17, 105	Gestörter Musikvertrieb
24. 3.	I ZR 263/14			16, 1500	16, 3176		Kreiskliniken Calw
24. 3.	I ZR 185/14		16, 1093	16, 1383			Grit-lehmann.de
24. 3.	I ZR 243/14		16, 833	16, 858			Bio-Gewürze
24. 3.	I ZR 7/15		16, 1068	16, 1219			Textilkennzeichnung
31. 3.	I ZR 88/15		16, 1189	16, 1232	16, 3441		Rechtsberatung durch Entwicklungsingenieur
31. 3.	I ZR 31/15		16, 1070	16, 1217		16, 1185	Apothekenabgabepreis
31. 3.	I ZR 86/13	209, 302	16, 741	16, 1004			Himalaya Salz
31. 3.	I ZR 160/14		16, 710	16, 843	16, 3373		Im Immobiliensumpf
7. 4.	I ZR 237/14		16, 1066	16, 1242			mt-perfect
7. 4.	I ZR 81/15		16, 1200	16, 1359			Repair-Kapseln
12. 4.	VI ZR 505/14		16, 1315			17, 98	Pressebericht über Or-ganentnahme
21. 4.	I ZR 198/13	210, 77	16, 596	16, 711	16, 2418		Verlegeranteil
21. 4.	I ZR 100/15		16, 1316	16, 1494	17, 171		Notarielle Unterlassungs-erklärung
21. 4.	I ZR 43/14		16, 1048	16, 1114			An Evening with Marle-ne Dietrich
21. 4.	I ZR 276/14		16, 831	16, 866		16, 1511	Lebens-Kost
21. 4.	I ZR 151/15		16, 1193	16, 1354		17, 234	Ansprechpartner
21. 4.	I ZR 220/14		16, 716	16, 834			Flugpreise
28. 4.	I ZR 23/15		16, 1073	16, 1228	16, 3310		Geo-Targeting
28. 4.	I ZR 254/14		16, 1300	16, 1510			Kinderstube
28. 4.	I ZR 82/14		16, 810	16, 1252			profitbricks.es
4. 5.	I ZR 58/14	210, 144	17, 79	17, 51			Segmentstruktur
12. 5.	I ZR 86/15	210. 224	16, 1289	16, 1522	17, 333		Silver Linings Playbook
12. 5.	I ZR 48/15		16, 1280	17, 79	17, 78		Everytime we touch
12. 5.	I ZR 1/15		16, 1275	16, 1525	17, 814		Tannöd
31. 5.	I ZB 39/15		16, 934	16, 1109			Oui
2. 6.	I ZR 226/14		16, 1057	16, 1377			Kraftfahrzeugfelgen
2. 6.	I ZR 268/14		16, 970	16, 1245			Champagner Sorbet I
2. 6.	I ZR 75/15		17, 75	17, 74			Wunderbaum
16. 6.	I ZR 222/14		16, 1291	16, 1517			Geburtstagskarawane
16. 6.	I ZR 46/15		17, 194	17, 64			Orthopädietechniker

Dat.	AktZ	BGHZ	GRUR	WRP	NJW	NJW-RR	Schlagwort
23. 6.	I ZR 241/14		16, 965	16, 1236			Baumann II
23. 6.	I ZR 71/15		17, 95	17, 69		17, 419	Arbeitnehmerüberlassung
23. 6.	I ZR 137/15		17, 92	17, 46		17, 294	Fremdcoupon-Einlösung
21. 7.	I ZR 26/15		16, 1076	16, 1221			LGA tested
21. 7.	I ZR 255/14		17, 172	17, 206			Musik-Handy
21. 7.	I ZR 212/14		17, 161	17, 193			Gesamtvertrag Speichermedien
21. 7.	I ZB 52/15		16, 1167	16, 1364			Sparkassen-Rot
21. 7.	I ZR 127/15	211, 268	17, 199	17, 169	17, 823		Förderverein
28. 7.	I ZR 9/15	211, 309	16, 1157	16, 1260	17, 806		auf fett getrimmt
15. 9.	I ZR 20/15		16, 1296	16, 1531	17, 819		GVR Tageszeitungen III
15. 9.	I ZR 24/16		17, 212				Finanzsanierung
21. 9.			17, 203	17, 173			Quecksilberhaltige Leuchtstofflampen
29. 9.	I ZR 160/15		17, 283	17, 298		17, 549	Servicepauschale
29. 9.	I ZB 34/15		17, 208	17, 305			RESCUE-Tropfen
6.10.	I ZR 165/15		17, 71	17, 189			Debrisoft
6.10.	I ZR 25/15		17, 266	17, 320			World of Warcraft I
6.10.	I ZR 154/15		17, 386	17, 448	17, 1961		Afterlife
3.11.	I ZR 101/15		17, 520	17, 555			MICRO COTTON
3.11.	I ZR 227/14		17, 418	17, 422			Optiker-Qualität
9.11.	I ZB 43/15		17, 186	17, 183			Stadtwerke Bremen
10.11.	I ZR 191/15		17, 730	17, 811			Sierpinski-Dreieck
10.11.	I ZR 29/15		17, 286	17, 296			Hörgeräteausstellung
24.11.	I ZR 220/15		17, 617	17, 705	17, 1965		WLAN-Schlüssel
24.11.			17, 635	17, 694			Freunde werben Freunde
1.12.	I ZR 143/15		17, 641	17, 536			Zuzahlungsverzicht bei Hilfsmitteln
8.12.	I ZB 118/15		17, 318	17, 328		17, 382	Dügida, Angemessenheit eines Ordnungsmittels
15.12.	I ZR 197/15		17, 734	17, 792			Bodendübel
15.12.	I ZR 221/15		17, 292	17, 313			Energieverbrauchskennzeichnung im Internet
15.12.	I ZR 213/15		17, 288	17, 309			Energieverbrauchskennzeichnung
15.12.	I ZR 241/15		17, 295	17, 303			Entertain
2017							
12. 1.	I ZR 258/15		17, 412	17, 549			YouTube-Werbekanal
12. 1.			17, 409	17, 418			Motivkontaktlinsen
12. 1.	I ZR 253/14		17, 397	17, 434			World of Warcraft II
19. 1.	I ZR 242/15		17, 390	17, 573			East Side Gallery
26. 1.	I ZR 217/15		17, 918	17, 1085			Wettbewerbsbezug
26. 1.	I ZR 207/14		17, 422	17, 426			ARD-Buffet
30. 1.	I ZR 257/15			17, 546			Calcium im Mineralwasser
8. 2.	I ZR 983/16		17, 536		17, 2425		Gebührengenerierung
9. 2.	I ZR 91/15			17, 451			Flughafen Lübeck
9. 2.	I ZR 130/13		17, 833	17, 948			Weihrauch-Extrakt-Kapseln
21. 2.	XI ZR 467/15				17, 1823		
23. 2.	I ZR 92/16		17, 793	17, 956			Mart-Stam-Stuhl
23. 2.	I ZR 267/15		17, 514	17, 569			Cordoba I
23. 2.	I ZR 126/15		17, 517	17, 560			PUC
2. 3.	I ZR 45/16		17, 894	17, 1119			Verhandlungspflicht
2. 3.	I ZR 194/15		17, 537	17, 542			Konsumgetreide

Dat.	AktZ	BGHZ	GRUR	WRP	NJW	NJW-RR	Schlagwort
2. 3.	I ZR 30/16		17, 914	17, 1104			Medicon-Apotheke/Me-diCo Apotheke
2. 3.	I ZR 41/16		17, 922	17, 1081			Komplettküchen
2. 3.	I ZR 273/14		17, 541	17, 579		17, 676	Videospiel-Konsolen III
16. 3.	I ZR 35/15		17, 684	17, 815			externe Festplatten
16. 3.	I ZR 39/15		17, 702	17, 962			PC mit Festplatte I
16. 3.	I ZR 42/15		17, 716	17, 978			PC mit Festplatte II
16. 3.	I ZR 36/15		17, 694	17, 826			Gesamtvertrag PCs
30. 3.	I ZR 263/15			17, 1337			Bretaris Genuair
30. 3.	I ZR 19/16						Loud
6. 4.	I ZR 159/16		17, 928	17, 1098			Energieeffizienzklasse II
6. 4.	I ZR 33/16		17, 926	17, 1089			Anwaltsabmahnung II
6. 4.	I ZB 39/16						Schokoladenstäbchen III
26. 4.	I ZB 41/16		17, 854	17, 835			Anwaltskosten im Gestat-tungsverfahren
27. 4.	I ZR 215/15		17, 819	17, 941			Aufzeichnungspflicht
27. 4.	I ZR 209/15		17, 742	17, 790			Flugpreisangabe
27. 4.	I ZR 247/15		17, 798	17, 951			AIDA-Kussmund
27. 4.	I ZR 55/16						Preisportal
4. 5.	I ZR 113/16						Reisewerte
4. 5.	I ZR 208/15		17, 823	17, 944			Luftentfeuchter
11. 5.	I ZR 60/16			17, 1328			Testkauf im Internet
11. 5.	I ZB 6/16		17, 1043	17, 1209			Dorzo
18. 5.	I ZR 100/16		17, 1278	17, 1471			Märchensuppe
18. 5.	I ZR 3/16		17, 743	17, 801			Uber Black I
1. 6.	I ZR 152/13		17, 938	17, 1094			Teststreifen zur Blut-zuckerkontrolle II
1. 6.	I ZR 115/16		17, 895	17, 1114			Metall auf Metall III
1. 6.	I ZR 139/15		17, 901	17, 1109			Afghanistan Papiere
14. 6.	I ZR 54/16		17, 930	17, 1074			Werbeprospekt mit Be-stellpostkarte I
29. 6.	I ZR 9/16		18, 72	18, 91			Bettgestell
6. 7.	I ZB 59/16		18, 111	18, 197			PLOMBIR
13. 7.	I ZR 135/16		17, 934	17, 1091			Grüne Woche II
13. 7.	I ZR 193/16		18, 189	18, 210	18, 781		Benutzerkennung
13. 7.	I ZR 64/16		18, 219	18, 217	18, 235		Rechtskraft des Zwangs-mittelbeschlusses
27. 7.	I ZR 228/15		17, 1027	17, 1213			Reformistischer Auf-bruch
27. 7.	I ZR 162/15		18, 196	18, 186			Eigenbetrieb Friedhöfe
27. 7.	I ZR 153/16		18, 199	18, 182		18, 227	19 % MwSt. GE-SCHENKT
14. 9.	I ZR 2/16		17, 1135	17, 1332			Leuchtballon
14. 9.	I ZR 231/14		17, 1269	18, 65			MeinPaket.de II
21. 9.	I ZR 29/13		18, 206	18, 193			RESCUE-Produkte II
21. 9.	I ZR 11/16		18, 178	18, 201	18, 772		Vorschaubilder III
21. 9.	I ZR 58/16		17, 1236	17, 1488			Sicherung der Drittaus-kunft
21. 9.	I ZB 8/17		18, 222	18, 221			Projektunterlagen
21. 9.	I ZR 74/16		18, 104	18, 56			Kulturchampignons
21. 9.	I ZR 53/16		18, 320	18, 328			Festzins Plus
5.10.	I ZR 117/16		17, 1273	18, 51			Tabakwerbung im Internet

Dat.	AktZ	BGHZ	GRUR	WRP	NJW	NJW-RR	Schlagwort
5.10.	I ZR 163/16		18, 100	18, 72			Rückrufsystem
5.10.	I ZR 7/16		18, 96	18, 87			Cookie-Einwilligung
5.10.	I ZR 232/16		18, 438	18, 420		18, 424	Energieausweis
5.10.	I ZR 172/16		17, 1281	18, 60			Großhandelszuschläge
5.10.	I ZB 97/16		18, 301	18, 459		18, 106	Pippi-Langstrumpf-Marke
5.10.	I ZR 184/16		18, 203	18, 190			Betriebspsychologe
11.10.	I ZR 210/16		18, 317	18, 324			Portierungsauftrag
11.10.	I ZR 78/16		18, 431	18, 413			Tiegelgröße
11.10.	I ZB 96/16		18, 292	18, 473	18, 1317		Produkte zur Wundversorgung
18.10.	I ZR 6/16		18, 297	18, 551		18, 222	media control
18.10.	I ZR 84/16		18, 324	18, 320		18, 554	Kraftfahrzeugwerbung
18.10.	I ZB 3/17		18, 411	18, 445			Traubenzuckertäfelchen
18.10.	I ZB 105/16		18, 404	18, 451			Quadratische Tafelschokoladenverpackung
9.11.	I ZB 45/16		18, 79	18, 82			OXFORD/Oxford Club
9.11.	I ZR 164/16		18, 84	18, 77			Parfummarken
9.11.	I ZR 134/16		18, 417	18, 466			Resistograph
9.11.	I ZR 110/16		18, 516	18, 461			form-strip II
16.11.	I ZR 161/16		18, 535	18, 424			Knochenzement I
16.11.	I ZR 160/16		18, 541	18, 429			Knochenzement II
16.11.	I ZR 91/16		18, 311	18, 332			Handfugenpistole
6.12.	I ZR 186/16		18, 400	18, 480			Konferenz der Tiere
14.12.	I ZR 184/15		18, 423	18, 434			Klauselersetzung
15.12.	I ZR 258/14		18, 335	18, 478			Aquaflam
2018							
11. 1.	I ZR 85/17		18, 608	18, 701		18, 877	Krankenhausradio
11. 1.	I ZR 187/16		18, 832	18, 950			Ballerinaschuh
1. 2.	I ZR 82/17		18, 627	18, 827		18, 805	Gefäßgerüst
15. 2.	I ZR 201/16		18, 935	18, 1081			goFit
15. 2.	I ZR 138/16		18, 924	18, 1074			ORTLIEB I
15. 2.	I ZR 243/16		18, 740	18, 824		18, 1003	Gewohnt gute Qualität
1. 3.	I ZR 264/16		18, 622	18, 682			Verkürzter Versorgungsweg II
22. 3.	I ZR 265/16		18, 914	18, 1087	18, 2891		Riptide
22. 3.	I ZR 76/17		18, 853	18, 961			Schutzhülle für Tablet-Computer
22. 3.	I ZR 25/17		18, 1063	18, 1193		18, 1442	Zahlungsaufforderung
22. 3.	I ZR 118/16		18, 1161	18, 1329	BeckRS 18, 23065	19, 159	Hohlfasermembranspinnanlage II
29. 3.	I ZB 17/17			18, 950			(Gegenstandswert im Markenlöschungsstreit)
29. 3.	I ZR 11/18		18, 655				(Posterversandkosten)
29. 3.	I ZR 34/17		18, 946	18, 932	18, 2484		Bonusaktion für Taxi App
29. 3.	I ZR 243/14		18, 745	18, 822		18, 940	Bio-Gewürze II
12. 4.	I ZR 253/16		18, 848	18, 947			Deutscher Balsamico
19. 4.	I ZR 244/16		18, 950	18, 1069	18, 3242		Namensangabe
19. 4.	I ZR 154/16	218, 236	18, 1251	18, 1322	18, 3640		Werbeblocker II
26.4.	I ZR 248/167		19, 199	19, 180			Abmahnaktion II
26.4.	I ZR 121/17		18, 1271	19, 61			Applikationsarzneimittel
9. 5.	I ZB 62/17		18, 969	18, 964	18, 2572		Auswärtiger Rechtsanwalt IX
17. 5.	I ZR 252/16		18, 1266	18, 1461		19, 31	Bekömmliches Bier
6. 6.	X ARZ 303/18				18, 2200		

Dat.	AktZ	BGHZ	GRUR	WRP	NJW	NJW-RR	Schlagwort
7. 6.	I ZB 117/17		18, 973	18, 1066		18, 960	Ordnungsmittelandrohung durch Schuldner
7. 6.	I ZB 57/17		18, 971		18, 2894		Matratzenwerbung
7. 6.	I ZB 48/17		18, 1294	19, 80	18, 3720		Pizzafoto
21. 6.	I ZB 61/17		18, 932	18, 1169			#darferdas?
21. 6.	I ZR 157/16		18, 1263	18, 1458		19, 102	Vollsynthetisches Motorenöl
21. 6.	I ZR 40/17		18, 955	18, 1198			Ersatzteilinformation
28. 6.	I ZR 257/16		18, 1181	18, 1348		19, 61	Anschrift des Klägers
28. 6.	I ZR 236/16		19, 165	19, 200			keine-vorwerk-vertretung
28. 6.	I ZR 221/16		19, 76	19, 77			beauty for less
12. 7.	I ZR 162/16		18, 959	18, 1062			B-Vitamine
12. 7.	I ZB 86/17		18, 1183	18, 1346	19, 56		(Wirbel um Bauschutt)
12. 7.	I ZB 74/17		18, 173	18, 197			combit/Commit
12. 7.	I ZR 268/14		19, 185	19, 193			Champagner Sorbet II
26. 7.	I ZR 64/17	219, 276	18, 1044	18, 1202	18, 3779		Dead Island
26. 7.	I ZR 20/17		18, 1059	18, 1200			Davidoff Hot Water III
26. 7.	I ZR 226/14		18, 1246	19, 82			Kraftfahrzeugfelgen II
13. 9.	I ZR 140/15		18, 1132	18, 1338			YouTube
13. 9.	I ZR 26/17		18, 1166	18, 1452	18, 3581		Prozessfinanzierer I
13. 9.	I ZR 187/17		19, 292	19, 209	BeckRS 18, 24788		(Sportwagenfoto)
13. 9.	I ZR 117/15		18, 1258	18, 1476	19, 784		YouTube-Werbekanal II
14.9.	I V ZR 267/17						
20. 9.	I ZR 53/17		18, 1239	18, 1480			uploaded
20. 9.	I ZR 71/17		19, 196	19, 184			Industrienähmaschinen
10.10.	XI ZR 456/16				18, 227		
11.10.	I ZR 259/15		19, 518	19, 610			Curapor
11.10.	I ZR 165/15		19, 515	19, 614			Debrisoft II
17.10.	I ZR 136/17		19, 79	19, 73			Tork
31.10.	I ZR 235/16		19, 97	19, 58			Apothekenmuster
31.10.	I ZR 73/17		19, 82	19, 68		19, 610	Jogginghosen
8.11.	I ZR 108/17		19, 627	19, 731			Deutschland-Kombi
8.11.	I ZR 126/15		19, 527	19, 617			PUC II
21.11.	I ZR 51/18			19, 747			(Erstattung von Abmahnkosten)
29.11.	I ZR 237/16		19, 203	19, 187			Versandapotheke
13.12.	I ZR 165/17		19, 741	19, 886			Durchleitungssystem
13.12.	I ZR 3/16		19, 298	19, 327			Uber Black II
20.12.	I ZR 112/17		19, 189	19, 317	19, 763		Crailsheimer Stadtblatt II
20.12.	I ZR 104/17		19, 284	19, 458	19, 757		Museumsfotos
20.12.	I ZB 26/18		19, 835	19, 1032			Sportbrille
20.12.	I ZB 25/18		19, 832	19, 1028			Sporthelm
2019							
10. 1.	I ZR 267/15		19, 813	19, 1013			Cordoba II
24. 1.	I ZR 200/17		19, 631	19, 736		19, 813	Das beste Netz
24. 1.	I ZR 164/17		19, 398	19, 464			Meda Gate

Dat.	AktZ	BGHZ	GRUR	WRP	NJW	NJW-RR	Schlagwort
31. 1.	I ZB 114/17		19, 549	19, 624			Kaffeekapsel
31. 1.	I ZB 58/18		19, 548	19, 623			Future-Institute
31. 1.	I ZR 97/17		19, 535	19, 602			Das Omen
14. 2.	I ZB 34/17		19, 1058	19, 1316			KNEIPP
14. 2.	I ZR 6/17		19, 638	19, 727	19, 2024		Kündigung der Unterlassungsvereinbarung
21. 2.	I ZR 98/17		19, 609	19, 756	19, 2322		HHole for Mannheim
21. 2.	I ZR 99/17		19, 621		19, 2331		(PHaradise)
21. 2.	I ZR 15/18		19, 619		19, 2331		(Minigolfanlage)
21. 2.	I ZR 153/17		19, 504	19, 627			YouTube-Drittauskunft
7. 3.	I ZR 169/17		19, 744	19, 633			Erotikartikel
7. 3.	I ZR 254/16		19, 644	19, 743		19, 933	Knochenzement III
7. 3.	I ZR 195/17		19, 522	19, 749			SAM
7. 3.	I ZR 225/17		19, 648	19, 597		19, 863	Olympiareif
7. 3.	I ZR 184/17		19, 746	19, 874			Energieeffizienzklasse III
7. 3.	I ZR 53/18		19, 947	19, 1025			Bring mich nach Hause
7. 3.	I ZR 61/18		19, 953	19, 1186			Kühlergrill
28. 3.	I ZR 132/17		19, 950	19, 1191			Testversion
28. 3.	I ZR 85/18		19, 641	19, 724			Kaffeekapseln
11. 4.	I ZR 54/16		19, 961	19, 1176			Werbeprospekt mit Bestellpostkarte II
25. 4.	I ZR 113/18		19, 725	19, 890			Deutsche Digitale Bibliothek
25. 4.	I ZR 23/18		19, 750	19, 879			WifiSpot
25. 4.	I ZR 93/17		19, 754	19, 883			Prämiensparverträge
9. 5.	I ZB 83/18		19, 983	19, 1195			Kosten des Patentanwalts V
9. 5.	I ZR 205/17		19, 850	19, 1009			Prozessfinanzierer II
6. 6.	I ZR 60/18		19, 1078				(1 Euro-Gutschein)
6. 6.	I ZR 216/17			19, 1471			Identitätsdiebstahl
6. 6.	I ZR 206/17		19, 1071	19, 1296			Brötchen-Gutschein
6. 6.	I ZR 67/18		19, 970	19, 1304	19, 3065		Erfolgshonorar für Versicherungsberater
6. 6.	I ZR 212/17		19, 1051	19, 1321			Bewässerungsspritze
6. 6.	I ZR 150/18		19, 1044	19, 1475			Der Novembermann
4. 7.	I ZR 149/18		19, 966	19, 1182	19, 3377		Umwelthilfe
4. 7.	I ZR 161/18		20, 299	20, 317			IVD-Gütesiegel
25. 7.	I ZR 29/18		19, 1053	19, 1311			ORTLIEB II
30. 7.	VI ZB 59/18				20, 341		
19. 9.	I ZR 91/18		19, 1299	19, 1570			Gelenknahrung III
19. 9.	I ZR 116/18		20, 322	20, 332	20, 766		Chickenwings
2. 10.	I ZR 19/19			20, 195			(Versicherungsberatung mit Erfolghonorar)
17.10.	I ZB 19/19		20, 548	20, 324			
17.10.	I ZR 34/18		20, 57	20, 74			Valentins
17.10.	I ZR 44/19		20, 307	20, 314			Sonntagsverkauf von Backwaren
23.10.	I ZR 46/19		20, 292	20, 330			Da Vinci
7.11.	I ZR 222/17		20, 647	20, 730			Club Hotel Robinson
7.11.	I ZR 42/19		20, 429	20, 452			Sportwetten in Gaststätten

Dat.	AktZ	BGHZ	GRUR	WRP	NJW	NJW-RR	Schlagwort
28.11.	I ZR 23/19		20, 303	20, 320		20, 361	Pflichten des Batterieher-stellers
12.12.	I ZR 173/16		20, 401	20, 465			ÖKO-TEST I
12.12.	I ZR 117/17		20, 405	20, 470			ÖKO-TEST II
12.12.	I ZR 21/19		20, 294	20, 459			Culatello di Parma
19.12.	I ZB 37/19		20, 558	20, 588			Schokoladenstäbchen IV
19.12.	I ZB 78/18		20, 415	20, 326			Spreewälder Gurken
19.12.	I ZR 163/16		20, 652	20, 745			Rückrufsystem II
2020							
16. 1.	I ZR 74/16		20, 432	20, 456		20, 492	Kulturchampignons II
30. 1.	I ZR 1/19		20, 392	20, 478			Front kit
30. 1.	I ZB 61/17		20, 411	20, 586			#darferdas? II
30. 1.	I ZR 40/17		20, 426	20, 443		20, 683	Ersatzteilinformation II
30. 1.	I ZR 25/19		20, 420	20, 446			Inbox-Werbung
6. 2.	I ZB 21/19		20, 870	20, 1025			INJEKT/INJEX
6. 2.	I ZR 93/18		20, 654	20, 726	20, 1737		SEPA-Lastschrift
20. 2.	I ZR 214/18		20, 659	20, 722			Gewinnspielwerbung
20. 2.	I ZR 176/18		20, 611	20, 591			Das Boot II
20. 2.	I ZR 193/18		20, 543	20, 574	20, 1520		Kundenbewertungen auf Amazon
20. 2.	I ZR 5/19		20, 550	20, 581		20, 743	Sofort-Bonus II
5. 3.	I ZR 32/19		20, 738	20, 861			Internet-Radiorecorder
12. 3.	I ZR 126/18		20, 755	20, 851			WarnWetter-App
12. 3.	I ZB 64/19		20, 776	20, 740			Übermittlung per E-Mail
23. 4.	I ZR 85/19		20, 886	20, 1017		20, 929	Preisänderungsregel
30. 4.	I ZR 228/15		20, 859	20, 1050	20, 2554		Reformistischer Auf-bruch II
30. 4.	I ZR 139/15		20, 853	20, 1043	20, 2547		Afghanistan-Papiere II
30. 4.	I ZR 115/16		20, 843	20, 1033			Metall auf Metall IV
28. 5.	I ZR 186/17		20, 896	20, 1182			App-Zentrum
28. 5.	I ZR 253/16		20, 884	20, 1022			Deutscher Balsamico II
28. 5.	I ZR 7/16		20, 891	20, 1009	20, 2540		Cookie-Einwilligung II
28. 5.	I ZB 25/18		20, 1016				
18. 6.	I ZR 93/19		20, 990	20, 1189			Nachlizenzierung
18. 6.	I ZR 171/19		20, 1297	20, 1573			Rundfunkübertragung in Ferienwohnungen
25. 6.	I ZR 96/19			20, 1426			LTE-Geschwindigkeit
25. 6.	I ZR 176/19		20, 1002	20, 1300			Zigarettenausgabeautomat
25. 6.	I ZR 74/19		20, 997	20, 1295			GRAZIA StyleNights
25. 6.	I ZR 162/16		20, 1007	20, 1306			B-Vitamine II
9. 7.	I ZB 79/19			20, 1426			
9. 7.	I ZB 80/18		20, 1202	20, 1453			YOOFOOD/YO
23. 7.	I ZR 143/19		20, 1101	20, 1570			Vitalis
23. 7.	I ZR 56/19		20, 1198	20, 1449			HEITEC II
23. 7.	I ZR 114/19		20, 1191	20, 1443			Fotopool
23. 7.	I ZB 42/19		20, 1089	20, 1311			Quadratische Tafelscho-koladenverpackung II

Dat.	AktZ	BGHZ	GRUR	WRP	NJW	NJW-RR	Schlagwort
3. 9.	I ZB 72/19		21, 615	21, 464			Schwarzwälder Schinken II
10. 9.	I ZR 66/19		21, 604	21, 644			Gesamtvertragsnachlass
10. 9.	I ZR 63/19		21, 600	21, 647			Außenseiter
24. 9.	I ZR 169/17		21, 84	21, 192			Verfügbare Telefonnummer
24. 9.	I ZB 59/19		20, 1239	20, 1577			Kosten des Patentanwalts VI
7. 10.	I ZR 137/19		21, 473	21, 196			Papierspender
15.10.	I ZR 8/19		21, 80	21, 38			Gruppenversicherung
15.10.	I ZR 135/19		21, 724	21, 627			PEARL/PURE PEARL
15.10.	I ZR 147/18		20, 1306	21, 50			Querlieferungen
15.10.	I ZR 13/19	227, 173	21, 63	21, 56			Störerhaftung des Registrars
15.10.	I ZR 210/18		20, 1311	21, 42			Vorwerk
5.11.	I ZR 234/19		21, 497	21, 184			Zweitmarkt für Lebensversicherungen
5.11.	I ZR 204/19		21, 513	21, 327			Sinupret
17.11.	XI ZR 171/19	227, 365		21, 831	21, 1014		
17.11.	XI ZB 1/19				21, 1018		
19.11.	I ZR 27/19		21, 478	21, 331			Nichtangriffsabrede
26.11.	I ZB 6/20		21, 482	21, 336			RETROLYMPICS
10.12.	I ZR 26/20		21, 742	21, 753			Steuerberater-LLP
10.12.	I ZR 153/17		21, 470	21, 201	21, 779		YouTube-Drittauskunft II
17.12.	I ZR 239/19		21, 721	21, 761			Verjährungsverzicht
17.12.	I ZB 99/19		21, 767	21, 764			
17.12.	I ZR 228/19		21, 714	21, 633	21, 2023		Saints Row
17.12.	I ZR 235/16		21, 628	21, 615		21, 492	Apothekenmuster II
2021							
14. 1.	I ZR 40/20	228, 226	21, 736	21, 623			STELLA
21. 1.	I ZR 17/18		21, 752	21, 746	21, 762		Berechtigte Gegenabmahnung
21. 1.	I ZR 20/17		21, 730	21, 471			Davidoff Hot Water IV
21. 1.	I ZR 59/19	228, 277	21, 711	21, 641			Kastellaun
21. 1.	I ZR 120/19		21, 636	21, 492	21, 1303		Clickbaiting
21. 1.	I ZR 207/19		21, 643	21, 484	21, 1311		Urlaubslotto
11. 2.	I ZR 241/19		21, 739	21, 619			Herstellergarantie III
11. 2.	I ZR 227/19		21, 758	21, 610			Rechtsberatung durch Architektin
11. 2.	I ZR 126/19		21, 746	21, 604			Dr. Z
25. 3.	I ZR 247/19		21, 866	21, 900		21, 830	Abschlagspflicht III
25. 3.	I ZR 203/19		21, 863	21, 757		21, 975	Nutzungsentgelt für bargeldlose Zahlungen
25. 3.	I ZR 37/20		21, 971	21, 904			myboshi
1. 4.	I ZR 45/20		21, 1181	21, 1160			Gesamtvertrag USB-Sticks und Speicherkarten
1. 4.	I ZR 9/18		21, 955	21, 1042			Das Boot III
1. 4.	I ZR 115/20		21, 977	21, 892			Ferrari 458 Speciale
15. 4.	I ZR 134/20		21, 979	21, 895		21, 1050	Testsiegel auf Produktabbildung
29. 4.	I ZR 193/20		21, 1290	21, 1461	22, 782		Zugangsrecht des Architekten
6. 5.	I ZR 167/20		21, 1207	21, 1154			Vorsicht Falle
6. 5	I ZR 61/20		21, 1303	21, 1455			Die Filsbacher
18. 5.	KVR 54/20		21, 1213	21, 1313		21, 1404	Booking.com
27. 5.	I ZR 55/20		21, 1191	21, 1170			Hyundai-Grauimport

Dat.	AktZ	BGHZ	GRUR	WRP	NJW	NJW-RR	Schlagwort
27. 5.	I ZB 21/20		21, 1195	21, 1166			Black Friday
27. 5.	I ZR 119/20		21, 1286	21, 1309			Lautsprecherfoto
17. 6.	I ZB 93/20		21, 1297	21, 1302			Werknutzer
1. 7.	I ZB 31/20		21, 1186	21, 1175			Sattelunterseite
1. 7.	I ZR 137/20		21, 1544	22, 48			Kaffeebereiter
22. 7.	I ZB 16/20		21, 1526	21, 1566			NJW-Orange
22. 7.	I ZR 194/20		21, 1534	21, 1556			Rundfunkhaftung
22. 7.	I ZR 212/17		21, 1389	21, 1459			Bewässerungsspritze II
22. 7	I ZR 123/20		21, 1422	21, 1441	21, 3464		Vorstandsabteilung
29. 7.	I ZR 135/20		21, 1320	21, 1290			Flaschenpfand III
29. 7.	I ZR 114/20		21, 1315	21, 1444		21, 1491	Kieferorthopädie
29. 7.	I ZR 139/20		21, 1199	21, 1295			Goldhase III
29. 7.	I ZR 163/19		21, 1395	21, 1450			Hohenloher Land-schwein
19.7.	VI ZR 1118/20	231, 1			21, 3250		
9. 9.	I ZR 90/20	231, 38	21, 1400	21, 1415	21, 3450		Influencer I
9. 9.	I ZR 125/20	231, 87	21, 1414	21, 1429			Influencer II
9. 9.	I ZR 118/20		21, 1516	22, 62	22, 779		Eigennutzung
9. 9.	I ZR 113/18	231, 116	21, 1511	21, 1572	21, 3786		Deutsche Digitale Biblio-thek II
9. 9.	I ZR 113/20		21, 1425	21, 1437			Vertragsdokumentenge-nerator
22. 9.	I ZR 192/20		22, 160	22, 177			Flying V
22. 9.	I ZR 83/20		21, 1519	21, 1577	22, 775		Uli-Stein-Cartoon
22. 9.	I ZR 20/21		22, 82	22, 57			Layher
23. 9.	I ZB 10/21		22, 189	22, 191			Heizkörperdesign
7. 10.	I ZB 78/18		22, 156	22, 186			Spreewälder Gurken II
20.10.	I ZR 17/21		22, 170	22, 172		22, 414	Identitätsdiebstahl II
20.10.	I ZR 96/20		21, 1531	22, 54		22, 121	Kurventreppenlift
18.11.	I ZB 86/20		22, 591	22, 459			Geschäftsgeheimnis bei Hohlfasermembranspinn-anlagen
18.11.	I ZR 214/18		22, 391	22, 434		22, 613	Gewinnspielwerbung II
18.11.	I ZR 106/20		22, 175	22, 165			Kabel-TV-Anschluss
25.11.	I ZR 148/20		22, 241	22, 315			Kopplungsangebot III
9. 12.	I ZR 146/20		22, 399	22, 426		22, 549	Werbung für Fernbe-handlung
16.12.	I ZR 201/20		22, 229	22, 318			ÖKO-TEST III
2022							
13. 1.	I ZR 35/21		22, 490	22, 441	22, 2106		Influencer III
13. 1.	I ZR 25/19		22, 995	22, 859			Inbox-Werbung II
27. 1.	I ZR 7/21		22, 658	22, 597		22, 1126	Selbständiger Erstattungs-anspruch
10. 2.	I ZR 38/21		22, 500	22, 452			Zufriedenheitsgarantie
24. 2.	I ZR 176/19		22, 993	22, 863			Zigarettenausgabeauto-mat III
24. 2.	I ZR 128/21		22, 729	22, 727		22, 691	Zweitmarkt für Lebens-versicherungen II

Dat.	AktZ	BGHZ	GRUR	WRP	NJW	NJW-RR	Schlagwort
24. 2.	I ZR 2/21		22, 665	22, 601	22, 1676		Tina Turner
10. 3.	I ZR 70/21		22, 999	22, 865	22, 2336		Prozessvertretung durch Haftpflichtversicherer
10. 3.	I ZR 1/19		22, 1061	22, 988			Front kit II
24. 3.	I ZR 16/21		22, 911	22, 742			Schneidebrett
7. 4.	I ZR 143/19		22, 930	22, 847		22, 1052	Knuspermüsli II
7. 4.	I ZR 222/20		22, 899	22, 729			Porsche 911
7. 4.	I ZR 107/21		22, 1441				Der Idiot
7. 4.	I ZR 5/21		22, 837	22, 720		22, 838	Kinderzahnärztin
7. 4.	I ZR 217/20		22, 844	22, 715		22, 911	Kinderzahnarztpraxis
20. 4.	VII ZR 99/21					22, 927	
21. 4.	I ZB 56/21		22, 1379	22, 1263			Außerstrafrechtliches Doppelahndungsverbot
21. 4.	I ZR 214/20		22, 1158	22, 983	22, 2614		Dr. Stefan Frank
12. 5.	I ZR 203/20		22, 925	22, 856		22, 1202	Webshop Awards
19. 5.	I ZR 69/21		22, 1163	22, 977			Grundpreisangabe im Internet
2. 6.	I ZR 140/15		22, 1308	22, 1106	22, 2980		YouTube II
2. 6.	I ZR 53/17		22, 1324	22, 1120	22, 2994		uploaded II
2. 6.	I ZR 135/18		22, 1328	22, 1269	22, 2998		uploaded III
2. 6.	I ZR 93/21		22, 1347	22, 1253			7 x mehr
14. 7.	I ZR 97/21		22, 1336	22, 1246	22, 3213		dortmund.de
14. 7.	I ZR 121/21		22, 1675	22, 1519			Google-Drittauskunft
28. 7.	I ZR 205/20		22, 1447	22, 1259		22, 1417	Servicepauschale
28. 7.	I ZR 171/21		22, 1694	22, 1513	22, 3783		Reizdarmsyndrom
28. 7.	I ZR 141/20		22, 1427	22, 1125	22, 3422		Elektronischer Pressespiegel II
1. 9.	I ZR 108/20		22, 1819	23, 65	23, 762		Riptide II
26.9.	VIa ZR 124/22					BeckRS 2022, 33057	
13. 10.	I ZR 98/21		23, 839	23, 589			
13. 10.	I ZR 111/21		22, 1812	23, 75	23, 288		DNS-Sperre
13. 10.	I ZB 59/19		23, 446	23, 458			Kosten des Patentanwalts VII
27. 10.	I ZR 53/22		23, 421	23, 582			
27. 10.	I ZR 141/21		22, 1839	23, 71		23, 480	Vertragsstrafenverjährung
10. 11.	I ZR 186/17		23, 193	23, 189			App-Zentrum II
10. 11.	I ZR 241/19		22, 1832	23, 57	23, 1648		Herstellergarantie IV
10. 11.	I ZB 10/22		23, 634	23, 328	23, 1290		
10. 11.	I ZR 10/22		23, 479	23, 461		23, 550	rakuten.de
10. 11.	I ZR 16/22		23, 416	23, 447			Stickstoffgenerator
24. 11.	I ZR 25/22		23, 597	23, 464			
1. 12.	I ZR 144/21	235, 222	23, 255	23, 184	23, 1654		Wegfall der Wiederholungsgefahr III
15. 12.	I ZR 173/21		23, 571	23, 591			Vitrinenleuchte
15. 12.	I ZR 8/19		23, 503	23, 442			Gruppenversicherung II
2023							
12. 1.	I ZR 223/19		23, 264	23, 324			Arzneimittelbestelldaten
12. 1.	I ZR 86/22		23, 808	23, 715			DACHSER
12. 1.	I ZR 49/22		23, 742	23, 709	23, 2197		Unterwerfung durch PDF
26. 1.	I ZR 15/22		23, 736	23, 699			KERRYGOLD
26. 1.	I ZR 27/22		23, 343	23, 437		23, 745	Haftung für Affiliates
26. 1.	I ZR 111/22		23, 585	23, 576		23, 682	Mitgliederstruktur

Dat.	AktZ	BGHZ	GRUR	WRP	NJW	NJW-RR	Schlagwort
26. 1.	I ZR 56/19		23, 332	23, 452			HEITEC III
9. 2.	I ZR 61/22		23, 897	23, 817			Kosten für Abschluss-schreiben III
23. 2.	I ZR 155/21		23, 732	23, 705		23, 956	Rundfunkhaftung II
23. 2.	I ZR 157/21		23, 577	23, 595			Action Replay
9. 3.	I ZR 167/21		23, 887	23, 825			Tellerschleifgerät
23. 3.	I ZR 17/22		23, 1116	23, 961			Aminosäurekapseln
30. 3.	VII ZR 10/22			23, 841	23, 1816		Musterfeststellungsklage
20. 4.	I ZR 108/22		23, 831	23, 820			Hautfreundliches Des-infektionsmittel
24. 4.	VIa ZR 1072/22				23, 1888		
1. 6.	I ZR 109/22		23, 1046	23, 957			Botanicals
1. 6.	I ZB 65/22		23, 1293	23, 1089			Silver Horse/Power Horse
15. 6.	I ZB 31/20		23, 1290	23, 1205			Sattelunterseite II
13. 7.	I ZR 182/22		23, 1318	23, 1198			Gutscheinwerbung
13. 7.	I ZR 152/21		23, 1299	23, 1083			muenchen.de
27. 7.	I ZR 144/22		23, 1307	23, 1074			Zweibrücken Fashion Outlet
27. 7.	I ZR 65/22		23, 1311	23, 1078			Doppeltarifzähler
14. 9.	I ZR 74/22						Metall auf Metall V
14. 9.	I ZR 4/21						Femannose

Stichwortverzeichnis

Fette Zahlen bezeichnen Paragraphen oder Artikel.
Magere Zahlen bezeichnen vor dem Punkt das Kapitel, nach dem Punkt die Randnummern.
Paragrafen ohne Gesetzesangaben sind solche des UWG.

Stichwortverzeichnis

Stichwortverzeichnis

Stichwortverzeichnis

Stichwortverzeichnis